Tipps für die Benutzung

Jedes Stichwort in Blau auf einer neuen Zeile

Flạch·bild·schirm *der* ein moderner Bildschirm für Fernseher oder Computer, der nur wenige Zentimeter dick ist
Flạch·dach *das* ein Dach, das horizontal auf einem Gebäude liegt, ohne schräge Flächen

Sternchen markieren deutschen Zentralwortschatz

★ **Ju̲·gend·li·che** *der/die*; (-n, -n) eine Person, die kein Kind mehr, aber noch kein Erwachsener ist ■ *ein Jugendlicher; der Jugendliche; den, dem, des Jugendlichen*

Möglichkeiten der Silbentrennung

au·dio·vi·su·ẹll ADJEKTIV *meist attributiv* zugleich akustisch und optisch wirksam ⟨Medien, der Unterricht⟩

Hochgestellte Ziffern für gleich aussehende Stichwörter mit unterschiedlicher Bedeutung

★ **be·tre̲·ten**[1] VERB (betritt, betrat, hat betreten) **etwas betreten** in einen Raum hineingehen ⟨ein Zimmer betreten⟩ ↔ *verlassen*
★ **be·tre̲·ten**[2] ADJEKTIV mit einem Gesichtsausdruck, der verrät, dass man sich schämt oder etwas peinlich findet ⟨ein betretenes Gesicht machen; betreten lächeln, schweigen⟩ ≈ *verlegen* ● hierzu **Be·tre̲·ten·heit** *die*

Ausspracheangaben in internationaler Lautschrift bei Wörtern, deren Aussprache Probleme bereiten könnte

Note·book ['noutbʊk] *das*; (-s, -s) ein kleiner, tragbarer PC

Log·gia ['lɔdʒa] *die*; (-, Log·gi·en ['lɔdʒi̯ən]) ein großer Balkon oder eine Terrasse mit Dach und Säulen oder Pfeilern

Angabe des bestimmten Artikels bei Substantiven

Nụtz·pflan·ze *die* eine Pflanze, die man anbaut, vor allem um sie zu essen

Angabe der Wortart

fạr·ben·froh ADJEKTIV mit vielen (leuchtenden) Farben ≈ *bunt* | *Sie bevorzugt farbenfrohe Kleidung*

Genitiv Singular und Nominativ Plural in runden Klammern

Mas·seur [ma'søːɐ̯] *der*; (-s, -e) eine Person, die beruflich andere Personen massiert ● hierzu **Mas·se̲u̲·rin** *die*

3. Person Singular Präsens, Präteritum und Perfekt in runden Klammern

★ **be·tre̲·ten**[1] VERB (betritt, betrat, hat betreten) **etwas betreten** in einen Raum hineingehen ⟨ein Zimmer betreten⟩ ↔ *verlassen*

Hinweise zum Sprachgebrauch

Jạ̈n·ner *der*; (-s, -); *meist Singular*; Ⓐ ≈ *Januar*

Ka·lo·ri̲·en·bom·be *die*; *gesprochen* eine Speise oder ein Getränk, die viele Kalorien enthalten

★ **krạft** PRÄPOSITION *mit Genitiv*; *admin geschrieben* wegen etwas ≈ *aufgrund* | *etwas kraft seines Amtes entscheiden*

hẹl·le ADJEKTIV; *humorvoll oder ironisch* ⟨jemand ist helle⟩ ≈ *klug, intelligent*

Definitionen in Normalschrift

Ener·gi̲e·spar|lam·pe *die* ein Leuchtmittel, das wenig Strom verbraucht

He·li·kop·ter *der*; (-s, -) ≈ *Hubschrauber*	Synonyme
Ark·tis *die*; (-) das Gebiet um den Nordpol ↔ *Antarktis*	Antonyme
Tur·bu·len·zen *die*; *Plural* **1** starke Strömungen in der Luft **2** turbulente Ereignisse	Arabische Ziffern zur Bedeutungsunterscheidung
grin·sen VERB (grinste, hat gegrinst) mit breit auseinandergezogenen Lippen (meist mit spöttischer Absicht) lächeln ⟨frech, höhnisch, schadenfroh, spöttisch grinsen; jemanden grinsend ansehen; ein grinsendes Gesicht⟩ | *Er verzog sein Gesicht zu einem breiten Grinsen*	Typische Verbindungen in spitzen Klammern
über·ar·bei·tet ■ PARTIZIP PERFEKT **1** → überarbeiten ■ ADJEKTIV **2** geprüft und verbessert | *eine aktualisierte und inhaltlich überarbeitete Neuauflage* **3** von zu viel Arbeit sehr erschöpft und anfällig für Krankheiten | *Er ist total überarbeitet*	Beispiele in Kursivschrift
satt·se·hen VERB (sieht sich satt, sah sich satt, hat sich sattgesehen) **1** **sich an etwas** (*Dativ*) **sattgesehen haben** etwas oft oder schon zu oft gesehen haben **2** **sich an etwas** (*Dativ*) **nicht sattsehen können** etwas immer wieder ansehen wollen, weil es einem so gut gefällt	Muster zur Satzbildung in fetter Schrift
Ge·he·ge *das*; (-s, -) ein Gelände mit einem Zaun, in dem Tiere gehalten werden, z. B. in einem Zoo ■ ID **jemandem ins Gehege kommen** *gesprochen* jemandes Absichten und Pläne stören	Redewendungen nach ■ ID in fetter Schrift
pan·zern VERB (panzerte, hat gepanzert) **etwas panzern** etwas mit festen Teilen aus Metall schützen ⟨ein gepanzertes Schiff, Auto⟩ **i** meist im Passiv mit dem Hilfsverb *sein*	Wichtige Zusatzinformation nach **i**
★ **Fahr·kar·te** *die* wenn man mit dem Bus, mit dem Zug usw. fahren will, muss man eine Fahrkarte kaufen ⟨eine Fahrkarte lösen, entwerten (lassen)⟩ **K** Fahrkartenautomat, Fahrkartenkontrolle, Fahrkartenschalter; Busfahrkarte, Straßenbahnfahrkarte, Zugfahrkarte	Komposita mit dem Stichwort nach **K**
lang·le·big ADJEKTIV ⟨Geräte, Motoren, Apparate⟩ fähig, lange Zeit voll zu funktionieren ● hierzu **Lang·le·big·keit** *die*	Abgeleitete Wörter
Christ·met·te [k-] *die* der Gottesdienst am späten Abend des 24. Dezember **i** → Infos unter **Weihnachten**	Verweise auf Info-Fenster, Abbildungen, Grundformen oder andere Stichwörter
Wind·schutz|schei·be *die* die vordere Glasscheibe des Autos ≈ *Frontscheibe* **i** → Abb. unter **Auto**	
wird *Präsens, 3. Person Singular* → **werden**[1]	

Langenscheidt
Großwörterbuch
Deutsch als Fremdsprache

Langenscheidt
Großwörterbuch

Deutsch als Fremdsprache

Das einsprachige Wörterbuch für alle, die Deutsch lernen

Herausgeber
Professor Dr. Dieter Götz

Langenscheidt

Herausgeber der aktuellen Ausgabe:
Professor Dr. Dieter Götz

Herausgeber der ersten Ausgabe:
Professor Dr. Dieter Götz
Professor Dr. Günther Haensch †
Professor Dr. Hans Wellmann †

Lexikografische Arbeiten: Susanne Billes M.A., Prof. Dr. Dieter Götz,
Andreas Greiser M.A.

Illustrationen: Dipl. Des. (FH) Arndt Knieper

Warenzeichen, Marken und gewerbliche Schutzrechte
Wörter, die unseres Wissens eingetragene Warenzeichen oder Marken oder sonstige gewerbliche Schutzrechte darstellen, sind als solche – soweit bekannt – gekennzeichnet.
Die jeweiligen Berechtigten sind und bleiben Eigentümer dieser Rechte.
Es ist jedoch zu beachten, dass weder das Vorhandensein noch das Fehlen derartiger Kennzeichnungen die Rechtslage hinsichtlich dieser gewerblichen Schutzrechte berührt.

1. Auflage 2019 (1,02 - 2020)

www.langenscheidt.com

Typografisches Konzept nach: KOCHAN & PARTNER GmbH, München
Satz: preXtension, Grafrath
Druck und Bindung: Druckerei C. H. Beck, Nördlingen
Printed in Germany

ISBN 978-3-12-514067-7 (Hardcover)
ISBN 978-3-12-514066-0 (Broschur)

Inhalt

Vorwort

Das **Langenscheidt Großwörterbuch Deutsch als Fremdsprache** erschien erstmals 1993. In kurzer Zeit wurde es zum Standard-Nachschlagewerk für Deutschlernende in aller Welt. In den vergangenen 25 Jahren sind mehrere Neubearbeitungen des Wörterbuchs erschienen.

„Die Zeiten ändern sich" – und für ein Wörterbuch bedeutet das: Immer wieder fließen neue Entwicklungen, neue Themen und neue gesellschaftliche Phänomene in den Wortschatz der Neuauflagen ein. Manches wird heute anders gesehen, anders verstanden, anders erklärt als noch vor 10 oder 20 Jahren.

Von einem modernen Wörterbuch erwarten die Benutzer neben dem aktuellen Sprachgebrauch vor allem „Lesefreundlichkeit". Die wichtigen Informationen sollen übersichtlich dargerstellt werden, die Erklärungen sollen einfach sein. Deshalb enthalten die Wörterbucheinträge der nun vorliegenden Ausgabe kaum noch Abkürzungen oder Fachterminologie, etwa bei den grammatischen Angaben. Die komplizierten Verweise der früheren Auflagen wurden aufgegeben.

Zahlreiche Gebrauchshinweise und sorgfältig ausgewählte Beispiele erläutern die Konstruktionsangaben im Wörterbucheintrag. Neben der Standardsprache (Schriftsprache) ist auch die Alltagssprache in allen Variationen vertreten, von der familiären Umgangssprache bis zur Jugendsprache.

Modern gestaltete Zeichnungen zu wichtigen Wortfeldern, Homonymen, schwer erklärbaren Begriffen und „typisch deutschen" Konzepten illustrieren die Worterklärungen auf anschauliche Weise und unterstützen den Leser beim Verstehen und Lernen. Ergänzt werden sie durch zahlreiche Info-Fenster, in denen sich hilfreiche Informationen zu landeskundlichen Themen, Grammatik und Sprachgebrauch finden.

Das ursprüngliche Konzept des Großwörterbuchs Deutsch als Fremdsprache mit einer Darstellung des Deutschen, wie sie zum Erwerb einer Fremdsprache förderlich ist, wurde beibehalten: Die Wörterbucheinträge – mit Strukturformeln, Erklärungen, Synonymen, Wortbildungen, speziellen Anmerkungen und idiomatischen Wendungen – sind als eine strukturierte Sammlung von Hinweisen angelegt. Sie zeigen, wie ein Wort grammatisch korrekt in den Satzzusammenhang eingebaut wird, mit welchen anderen Wörtern es sich verbinden kann und welche Situationen damit sprachlich ausgedrückt werden können.

Damit ist das **Langenscheidt Großwörterbuch Deutsch als Fremdsprache** nach wie vor ein unentbehrliches Standardwerk für das Lesen und Schreiben, das Verstehen und Sprechen der Fremdsprache Deutsch.

Die gebundene Ausgabe enthält außerdem einen persönlichen Code, mit dem man nach einer einfachen Registrierung den Zugang zur Onlineversion des Wörterbuchs bekommt. Nähere Informationen ganz vorn im Buch.

Herausgeber und Verlag

Tipps für die Benutzung

Diese Hinweise sollen zeigen, wie das **Langenscheidt Großwörterbuch Deutsch als Fremdsprache** aufgebaut ist.

Mit den folgenden Seiten wird es Ihnen leichter fallen, das Wörterbuch sicher zu benutzen: Sie werden spezielle Informationen schneller finden, und die regelmäßige Benutzung des Wörterbuchs wird Ihnen für das Sprechen und Schreiben des Deutschen größere Sicherheit geben.

Auf der inneren Seite des Umschlags, am Ende des Buches, finden Sie eine Übersicht zur Gliederung der Wörterbuchartikel (im Folgenden als „Einträge" bezeichnet).

Der Aufbau der Einträge wird im Abschnitt 6 ausführlich beschrieben.

1 Der Wortschatz

1.1 Welche Wörter sind in diesem Wörterbuch zu finden?

Das **Langenscheidt Großwörterbuch Deutsch als Fremdsprache** ist für diejenigen gemacht, die Deutsch lernen. Dieses Nachschlagewerk gibt einfache, leicht verständliche Erklärungen zu mehr als 60000 aktuellen Stichwörtern und Wendungen. Die Wörterbuchbenutzer erhalten auch die nötigen Hinweise, um diese Wörter und Wendungen richtig zu gebrauchen. Diese Hinweise sollen beim Sprechen und Schreiben helfen, auch beim Übersetzen, beim Lesen und beim Verstehen der gesprochenen Sprache.

Um den Nutzern die wichtigsten Informationen über den deutschen Sprachgebrauch geben zu können, wurde auf kleinere Teile des Wortschatzes verzichtet. Dazu gehören besonders solche Wörter, die meist nur in Fachsprachen verwendet werden und an anderer Stelle (in enzyklopädischen Lexika oder Terminologiesammlungen) besser und genauer beschrieben sind.

Einige der international weit verbreiteten Wörter wurden ebenfalls nicht aufgenommen, wie z. B. *Sitcom, Avatar, Bluetooth, Boygroup, Cappuccino, Ciabatta, Hashtag* usw.

1.2 Der „Zentralwortschatz"

In diesem Wörterbuch sind ca. 5500 Stichwörter mit dem Zeichen ★ markiert. Dabei handelt es sich um Wörter, die in verschiedenen sogenannten Grundwortschätzen und Aufbauwortschätzen enthalten sind und für viele Sprachprüfungen benötigt werden. Ergänzt wurden diese Listen um Wörter, die in den

Häufigkeitslisten (DeReWo) des Instituts für deutsche Sprache (IDS) und des Projekts Deutscher Wortschatz der Universität Leipzig zu den 4000 häufigsten Wörtern gehören, wenn sie für Deutschlernende wichtig erschienen. In den meisten Fällen sind dies auch Wörter, die zur Beschreibung mehrere Verwendungsangaben erfordern.

Mit dem Sternchen markierte Wörter sind also für den Lerner besonders wichtig. Dies bedeutet jedoch nicht, dass die nicht markierten Wörter „unwichtig" sind.

2 Wo findet man was?

2.1 Alphabetische Ordnung

Die Stichwörter sind alphabetisch geordnet. Die sogenannten Umlaute *ä*, *ö* und *ü* werden wie die Vokale *a*, *o* und *u* behandelt (also nicht alphabetisch als *ae*, *oe* oder *ue*). Dies gilt auch für *äu*, das wie *au* behandelt wird. Die Wörter, die z. B. mit *Mä-* beginnen, stehen also nicht alle in einer Reihe nach *mad...*, sondern werden wie die Wörter mit *Ma-* eingeordnet:

Mahlzeit	**Marathon**
Mähne	**Märchen**
mahnen	**märchenhaft**
	Marder

Der Buchstabe *ß* wird als Variante von *ss* behandelt und genauso eingeordnet:

Maßarbeit	**Massel**
Masse	**-maßen**
Maßeinheit	**Massen-**

Bei Stichwörtern mit gleicher Buchstabenfolge stehen kleingeschriebene Wörter vor großgeschriebenen, vollständige Wörter vor Elementen der Wortbildung (mit Bindestrich):

alt	**Eck**
Alt	**Eck-**
alt-	**-eck**
Alt-	**EC-Karte**
älter	**Eckball**

2.2 Abkürzungen, Abkürzungswörter

In den Hauptteil des Wörterbuchs wurden wichtige Abkürzungswörter aufgenommen, z. B. *IHK*, *EU* oder *NATO*. Auch geläufige Abkürzungen wie *v. Chr.*, *MwSt.* usw. werden als eigene Stichwörter behandelt. Die Abkürzungen, die im Wörterbuch verwendet werden, sind auf Seite 35 erklärt.

2.3 Komposita: K

Die Zahl der Komposita im Deutschen ist in gewisser Weise sehr hoch: Sehr viele Substantive können von der Wortbildung her mit anderen Substantiven verbunden werden. Sie bilden dann ein neues Wort: *Wohnung* → *Wohnungstür* → *Wohnungstürschlüssel* usw. Natürlich können im Wörterbuch nicht alle diese Zusammensetzungen in voller Länge erklärt werden.

Bei vielen dieser Zusammensetzungen ist es möglich, die Bedeutung zu erschließen, und zwar über die Bedeutung der einzelnen Teile. Deshalb erscheinen solche „transparenten" Komposita unter der entsprechenden Bedeutung des Stichworts (oder beider Stichwörter). In diesen Fällen ist eine eigene Erklärung nicht nötig:

> ★ **Mo·nat** *der;* (-s, -e) **1** […] **K** Monatsanfang, Monatsende, Monatslohn, Monatsmitte, monatelang; Kalendermonat, Sommermonat, Herbstmonat, Wintermonat […]

Komposita, deren Bedeutung sich nicht aus den einzelnen Teilen ableiten lässt, werden als eigene Stichwörter behandelt.

2.4 Abgeleitete Wörter: • *hierzu*

Am Ende eines Wörterbucheintrags steht oft ein Abschnitt, der mit „hierzu" anfängt:

> **ab·stam·men** VERB (stammte ab); *kein Perfekt* **1** **von jemandem/etwas abstammen […]** **2** **etwas stammt von etwas ab […]** • hierzu **Ab·stam·mung** *die*

Das Verb *abstammen* (das Stichwort) und das Substantiv *Abstammung* gehören zusammen. Wenn man die Bedeutung des Stichworts *abstammen* kennt, kann man auf die Bedeutung und Verwendung des Wortes *Abstammung* schließen. Mehr zu solchen Wörtern ohne eigenen Eintrag siehe Abschnitt 6.10.

2.5 Wörter mit gleicher Schreibung

In einigen Fällen haben unterschiedliche Wörter eine gleiche Schreibung. Die Aussprache ist oft dieselbe, manchmal aber auch verschieden:

> **Bank**[1] *die;* (-, Bän·ke) **1** ein länglicher Sitz […] **2** ein Tisch mit einem Stuhl in der Schule […]

Bạnk[2] *die*; (-, -en) **1** ein Unternehmen, das Geschäfte mit Geld macht [...] **2** das Gebäude, in dem eine Bank ihren Sitz hat **3** *nur Singular* die Kasse (einer Spielbank) [...]

Te·nor[1] *der*; (-s, Te·nö·re) **1** *nur Singular* die höchste Singstimme bei Männern [...] **2** ein Sänger, der Tenor singt

Te·nor[2] *der*; (-s); *geschrieben* die allgemeine Einstellung, die in etwas zum Ausdruck kommt [...]

Diese Wörter werden also in getrennten und nummerierten Einträgen behandelt.

2.6 Elemente der Wortbildung

Um die Arten der Wortbildung zu zeigen, werden viele Elemente der Wortbildung als eigene Stichwörter behandelt. Zu diesen gehören sowohl Substantive und Adjektive (z. B. *Rahmen-*, *-muffel*, *wohl-*, *-bereit*) als auch Vorsilben und Nachsilben (z. B. *auf-*, *be-*, *-heit*, *-ung*). In den entsprechenden Wörterbucheinträgen werden typische Bedeutungen, Funktionen und Verbindungen erklärt.

Darüber hinaus zeigt die Angabe *nicht/begrenzt/sehr produktiv* an, mit welcher Wahrscheinlichkeit diese Wortbildungselemente in weiteren Verbindungen vorkommen können:

★ **-fach** *im Adjektiv, unbetont, begrenzt produktiv, meist attributiv* **zweifach, dreifach, vierfach**; **mehrfach, vielfach** *und andere* etwas ist in der genannten Menge vorhanden [...]

vọll-[2] [f-] *im Adjektiv, betont, begrenzt produktiv* **vollelastisch, vollgefressen, vollgepumpt, vollgestopft, vollgetankt** *und andere* ganz oder in sehr hohem Maße [...]

-voll [f-] *im Adjektiv nach Substantiv, unbetont, begrenzt produktiv* **liebevoll, mitleidsvoll, sehnsuchtsvoll, taktvoll, temperamentvoll, vertrauensvoll** *und andere* so, dass das Genannte (in großer Zahl, in hohem Maße) vorhanden ist [...]

2.7 Idiomatische Wendungen, Redensarten: ■ ID

Feste Wendungen, die aus mehreren Wörtern bestehen (wie z. B. *nicht auf den Mund gefallen sein; Wer zuletzt lacht, lacht am besten*), werden in diesem Wörterbuch nach ■ ID aufgeführt. Bestimmend für die Einordnung ins Wörterbuch ist dabei im Allgemeinen das erste Substantiv in der Wendung: *nicht auf den Mund gefallen sein* steht daher im Eintrag zu *Mund*; *Das ist schon die halbe Miete* steht unter *Miete*.

Wenn die Wendung kein Substantiv enthält, wird sie nach dem ersten Adjektiv bzw. Verb eingeordnet: *Wer zuletzt lacht, lacht am besten* steht daher im Eintrag *lachen*.

Ausnahmen in dieser Zuordnung sind in begründeten Fällen möglich.

Sprichwörter werden in ihrer üblichen Form angegeben (also oft als ganze Sätze). Idiomatische Wendungen und Redensarten werden entweder mit dem Verb im Infinitiv angegeben (z. B. *jemandem auf die Pelle rücken*) oder, falls die Wendung normalerweise in einer ganz bestimmten Form auftritt, dann in genau dieser Form (*Jeder hat sein Päckchen zu tragen*).

Zu einer größeren Zahl von Wörtern gibt es relativ viele solcher idiomatischen Wendungen. Manche der entsprechenden Abschnitte unter ■ ID sind sehr lang und deshalb mit Wegweisern gegliedert (siehe dazu auch Abschnitt 6.9).

> ★ **Ge·sịcht** *das*; (-(e)s, -er) **1** das Gesicht ist der Teil des Kopfes mit Augen, Mund und Nase ⟨ein hübsches, hässliches, schmales, rundliches, markantes, ausdrucksloses Gesicht⟩ […]
> ■ ID ▸Gesicht als Objekt: **jemand macht ein langes Gesicht** jemand sieht enttäuscht aus; **das Gesicht verlieren** […]
> ▸Präposition plus Gesicht: **jemand ist einer Person wie aus dem Gesicht geschnitten** jemand ist einer anderen Person sehr ähnlich; **Ich wollte ihm/ihr ins Gesicht springen** […]

2.8 Zusatzinformationen, Info-Fenster, Abbildungen und Anhänge

Zusätzliche Informationen zu einem Stichwort oder einer der Verwendungen werden nach dem Zeichen **i** angegeben. Dabei handelt es sich um Angaben zur Grammatik, um Hinweise zur Verwendung bzw. zu möglichen Abkürzungen oder um Hinweise auf andere Stichwörter, Abbildungen und Info-Fenster mit ausführlicheren Informationen usw. Gelten diese Angaben für mehrere Verwendungen, wird entsprechend darauf hingewiesen.

In diesem Wörterbuch gibt es auch zahlreiche sogenannte Info-Fenster. Diese enthalten zusätzliche Informationen zur Grammatik (z. B. zur Deklination und zur Verwendung der Präpositionen), zum Wortschatz (z. B. zur Unterscheidung bedeutungsähnlicher Wörter oder zu Formulierungen in Briefen) und zur Landeskunde (z. B. zur Begrüßung, zu typischen Bräuchen).

Die Abbildungen sollen dabei helfen, die Erklärungen besser zu verstehen. Einige der Abbildungen decken einen größeren Sachbereich ab, zeigen z. B. die wichtigsten Musikinstrumente oder all das, was man in Deutschland auf einem Frühstückstisch finden könnte. Durch andere Zeichnungen wird klar, welches Wort man in welchem Kontext benutzt, z. B. bei *Griff* – *Henkel*.

Geografische Namen sind nur im Anhang (ab S. 1325) aufgelistet, sofern sie nicht noch weitere Bedeutungen haben (z. B. *Wiener* ‚Würstchen' und *Perser* ‚Teppich'). Dort befinden sich auch Übersichten über Kardinal- und Ordinalzahlen sowie eine Liste der häufigsten unregelmäßigen Verben.

3 Die Schreibung der Wörter

3.1 Die Orthografie

Die Orthografie der Wörter entspricht der aktuellen deutschen Rechtschreibung gemäß den gültigen amtlichen Regeln und orientiert sich an den DUDEN-Empfehlungen.

Bei Wörtern mit unterschiedlicher Schreibweise wird von der selteneren Form auf die üblichere Form verwiesen:

Re·cọr·der [-k-] *der* → Rekorder

Im Eintrag steht immer die weiter verbreitete Form zuerst:

Ge·schọss *das*; (-es, -e), **Ge·scho̱ß** Ⓐ [...]

Die Rechtschreibregeln erlauben in vielen Fällen alternative Schreibungen. Die möglichen Alternativen sind zu zahlreich, um immer vollständig aufgeführt zu werden. Für den Lerner ist es wichtig, auf eine Weise zu schreiben, welche die meisten Muttersprachler als korrekt ansehen würden. Daher sind nur dann Varianten angegeben, wenn sie einigermaßen verbreitet und üblich sind.

Können Wörter sowohl groß- als auch kleingeschrieben werden, so sind im entsprechenden Eintrag beide Schreibweisen aufgeführt, in anderen Einträgen wird jedoch nur die empfohlene Schreibweise verwendet:

★ **Hịl·fe** *die*; (-, -n) [...] **5** **Erste/erste Hilfe** die ersten und meist sehr wichtigen medizinischen Maßnahmen [...]

Von manchen zusammengesetzten Wörtern gibt es auch eine getrennt geschriebene Form. Die Wörter stehen alphabetisch nach ihrem ersten Teil, und die empfohlene Schreibweise wird als erste gegeben:

★ **an·stẹl·le**, **an Stẹl·le** PRÄPOSITION *mit Genitiv* stellvertretend für ≈ *(an)statt* [...]

★ **kẹn·nen·ler·nen**, **kẹn·nen ler·nen** VERB (lernte kennen, hat kennengelernt/kennen gelernt) [...]

sịt·zen blei·ben, **sịt·zen·blei·ben** VERB (blieb sitzen, ist sitzen geblieben/sitzengeblieben) [...]

Auf besondere Probleme und Verwechslungsmöglichkeiten wird hingewiesen:

ge·ra̱·de·bie·gen VERB (bog gerade, hat geradegebogen) **etwas (wieder) geradebiegen** *gesprochen* etwas wieder in Ordnung bringen ▮ aber: *einen Draht gerade biegen* (getrennt geschrieben)

3.2 Die Trennung der Wörter

Im Deutschen können Wörter am Zeilenende getrennt werden. Die Trennung orientiert sich an den Sprechsilben: *auf-ma-chen*. Buchstabenfolgen, die zusammen einen einzelnen Laut darstellen (*ch*, *ck* und *sch*), werden nie getrennt.

Bei jedem Stichwort werden die Trennmöglichkeiten durch einen Punkt zwischen den Sprechsilben angegeben: *auf·ma·chen*, *Ma·le·rei*, *Hun·de*.

Besonders bei Fremdwörtern gibt es manchmal auch mehrere Trennmöglichkeiten an der Silbengrenze. Man kann z. B. *elektrisch* vor oder nach dem *t* trennen. In diesem Wörterbuch wird jeweils nur eine dieser Möglichkeiten genannt: *elekt·risch*.

Bei Komposita, die aus mehr als zwei Wörtern bestehen, ersetzt ein senkrechter Strich einen der Punkte an der Trennstelle: *Fach|ober·schu·le*. Dieser Strich gibt an, aus welchen größeren Einheiten das gesamte Wort aufgebaut ist. Das Wort kann natürlich auch an der Stelle des Striches getrennt werden, also *Fach-oberschule*.

Der Strich wird auch verwendet, um Probleme bei der Aussprache zu vermeiden: *be|in·hal·ten*, *Lach|er·folg*.

4 Hinweise zur Wortart und zu den Wortformen

4.1 Substantive

Substantive werden nach folgendem Muster angegeben:

★ **Au·to** *das*; (-s, -s) […]

Nach dem Stichwort steht der bestimmte Artikel (*der*, *die* oder *das*). Es folgt in runden Klammern (…) die Form des Genitivs im Singular, nach einem Komma dann die Form des Nominativs im Plural. Der waagerechte Strich ersetzt das Stichwort: -s (also: *des Autos*), und die Pluralform: -s (also: *die Autos*). Erscheint der Strich allein als Angabe, bedeutet dies, dass das Stichwort in seiner Form unverändert bleibt:

★ **Ar·bei·ter** *der*; (-s, -) […]

Der Genitiv Singular ist also *des Arbeiters*, der Nominativ Plural *die Arbeiter*.

Eingeklammerte Teile der Form können auch weggelassen werden:

★ **Ring** *der*; (-(e)s, -e) […]

Der Genitiv Singular ist also *des Rings* oder *des Ringes*, der Nominativ Plural *die Ringe*.

Wenn ein Substantiv ohne den bestimmten Artikel im Singular eine andere Form hat, wird dies deutlich angegeben; ebenso, wenn es seine Form nicht nur im Genitiv, sondern auch im Akkusativ und Dativ Singular ändert:

> ★ **Be·ạm·te** *der*; (-n, -n) […] **!** *ein Beamter; der Beamte; den, dem, des Beamten* […]

Diese Angaben stehen, wie in vielen modernen Lehrbüchern, in der Reihenfolge Nominativ – Akkusativ – Dativ – Genitiv.

Wenn sich der Plural vom Singular nicht nur durch die Endung unterscheidet, sondern auch durch Veränderung des Wortstamms, wird die komplette Form angegeben:

> **Cel·lo** ['tʃɛlo] *das*; (-s, Cel·li) […]
>
> ★ **Maus** *die*; (-, Mäu·se) […]

Auch auf andere Unterschiede zwischen den Formen des Singulars und des Plurals wird deutlich hingewiesen – so z. B., wenn sich im Plural die Betonung ändert:

> ★ **Di·rẹk·tor** *der*; (-s, Di·rek·to·ren) […]

Wenn es mehrere Pluralformen gibt, so werden diese aufgeführt und durch einen Schrägstrich voneinander getrennt. Wenn man zwischen den Pluralformen nicht beliebig wählen kann, ist diejenige, welche von der Bedeutung her infrage kommt, bei der entsprechenden Ziffer angegeben:

> ★ **Wọrt** *das*; (-(e)s, Wor·te/Wör·ter) **1** *(Plural Wörter)* […] **2** *(Plural Worte)* […]

Bei Komposita wird aus Platzgründen meist auf die oben beschriebenen Angaben verzichtet:

> **Mahn·ge·bühr** *die* eine Summe Geld, die man als Strafe zahlen muss, wenn man eine Mahnung bekommen hat

Die Genitiv- und Pluralformen lassen sich vom Grundwort (hier: *Gebühr*) ableiten.

Wenn das Substantiv nur im Singular gebraucht wird, wird nur der Genitiv Singular angegeben:

> ★ **Mut** *der*; (-(e)s) […]

Bei Substantiven, die nur im Plural verwendet werden, erscheint ein entsprechender Hinweis:

Ma·chen·schaf·ten *die; Plural; abwertend* […]

Die Angaben *meist Singular* und *meist Plural* nach dem Substantiv beziehen sich darauf, dass das betreffende Wort normalerweise im Singular bzw. im Plural verwendet wird.

4.2 Verben

4.2.1 Die Formen

Direkt nach dem Infinitiv steht die Bezeichnung VERB. Danach folgt die Form der 3. Person Singular des Präteritums (hier: *mischte*) und die Form des Perfekts in runden Klammern (…) (hier: *hat gemischt*):

★ **mi·schen** VERB (mischte, hat gemischt) […]

Bei unregelmäßigen Verben wird auch die Form der 3. Person Singular des Präsens angegeben, wenn sie vom Stamm des Infinitivs abweicht:

★ **ge·ben** VERB (gibt, gab, hat gegeben) […]

Wenn das Verb in den zusammengesetzten Zeiten mit *sein* konstruiert wird, lautet die Angabe beim Perfekt *ist:*

★ **kom·men** VERB (kam, ist gekommen) […]

Wenn eine Konstruktion mit *sein* oder mit *haben* möglich ist, steht *hat/ist*:

★ **ren·nen** VERB (rannte, hat/ist gerannt) […]

Bei Verben, die immer mit *sich* gebraucht werden, wird angegeben:

be·trin·ken VERB (betrank sich, hat sich betrunken) **sich betrinken** […]

Bei Verben, die mit einer Vorsilbe beginnen (z. B. *an-*, *auf-*, *ein-*, *hinter-*, *unter-* usw.), die vor die Formen des Grundverbs gesetzt wird, wird aus Platzgründen anstelle aller Formen nur das Hilfsverb genannt, das in den zusammengesetzten Zeiten gebraucht wird (*hat/ist* bzw. bei Pluralsubjekt *haben/sind*):

an·ma·len VERB (*hat*) […]

Die Formen von *anmalen* sind also *malte an* und *hat angemalt*.

Manchmal werden jedoch auch bei zusammengesetzten Verben die Vergangenheitsformen angegeben, vor allem wenn das Verb nicht trennbar ist oder wenn das Perfekt ohne *ge-* gebildet wird:

★ **um·ge·ben** VERB (umgibt, umgab, hat umgeben) [...]

In den Einträgen zu den Vorsilben selbst (hier: *an-*, *um-*) wird ein Muster für die Formen des Präteritums und des Perfekts aufgeführt, das zeigt, ob die Vorsilbe abgetrennt wird oder nicht und ob im Perfekt das *ge-* des Grundverbs erhalten bleibt oder nicht:

★ **an-**[1] *im Verb, betont und trennbar, sehr produktiv; Diese Verben werden so gebildet:* (anschreiben, schrieb an, angeschrieben) [...]

um-[2] *im Verb, unbetont, nicht trennbar, begrenzt produktiv; Diese Verben werden so gebildet:* (umfließen, umfloss, umflossen) [...]

4.2.2 Die Konstruktionen

Die Verben werden je nach Konstruktion in verschiedene Kategorien eingeteilt.

Die Konstruktionen werden unten im Abschnitt 6.2. erklärt.

4.3 Adjektive und Adverbien

4.3.1 Form

Nach dem Stichwort wird die Wortart mit ADJEKTIV oder ADVERB angegeben. Adjektive erscheinen in ihrer Grundform ohne Endung (also wie in einem Satz nach einer Form des Hilfsverbs *sein*, z. B. *Der Film war schlecht*):

★ **schlecht** ADJEKTIV [...]

Eine Reihe von Adjektiven wird nie ohne Endung verwendet. Auf solche Fälle verweist ein Strich am Ende des Wortes:

★ **näch·s·t-** ADJEKTIV [...]

Einige andere Adjektive können überhaupt nicht verändert (flektiert) werden. Diese werden mit der Angabe *nur in dieser Form* bezeichnet:

ro·sa ADJEKTIV *nur in dieser Form* [...]

Wo es sinnvoll ist, werden auch die Formen des Komparativs und des Superlativs angegeben:

★ **arm** ADJEKTIV (ärmer, ärmst-) [...]

★ **gern, ger·ne** ADVERB (lieber, am liebsten) [...]

4.3.2 Verwendung

Mit der Angabe ADJEKTIV nach dem Stichwort ist das Folgende gemeint:

- Das Adjektiv kann vor einem Substantiv stehen, z. B. in *ein schlechter Film* (also „attributiv" verwendet).
- Das Adjektiv kann nach einer Form des Verbs *sein* stehen, wie z. B. in *Der Film war schlecht.* (Dann wird es „prädikativ" verwendet.)
- Es ist auch eine Verwendung möglich wie in *Er hat schlecht gearbeitet* (oft als „adverbiell" bezeichnet). Bei Adjektiven wie z. B. *echt* ist auch eine Verwendung neben einem Adjektiv möglich wie in: *Das war ein echt komischer Film.*

Allerdings: Nicht jedes Adjektiv lässt alle drei Verwendungsarten zu. Wenn ein Adjektiv eher attributiv als prädikativ oder umgekehrt verwendet wird, wird darauf durch die Angaben *meist attributiv* bzw. *meist prädikativ* hingewiesen. Die Angabe *meist adverbiell* weist daraufhin, dass hier die Kombination mit Verben und anderen Adjektiven besonders häufig ist.

Diese Hinweise können sich auch nur auf eine der verschiedenen Verwendungen des Adjektivs beziehen und stehen dann nicht nach der Wortartangabe, sondern nach einer der Gliederungsziffern:

★ **all·ge·mein** ADJEKTIV **1** *meist attributiv* [...] **2** *nur adverbiell* [...]

Bei ausschließlich adverbieller Verwendung wird als Wortart ADVERB gewählt:

★ **hier** ADVERB [...]

rück·lings ADVERB [...]

4.4 Weitere Wortarten

Die anderen Wortarten sind in den Einträgen durch verständliche Bezeichnungen beschrieben:

- ARTIKEL, z. B. *der, die, das, ein, dieser*
- BINDEWORT, z. B. *aber, obwohl*
- FRAGEWORT, z. B. *wer?, wann?, welche?*
- PARTIKEL, z. B. *eigentlich, schon*
- PRONOMEN, z. B. *ich, du, wir, alle*
- ZAHLWORT, z. B. *eins, zwei, drei*

Diese Bezeichnungen sind nicht Teil einer strengen sprachwissenschaftlichen Terminologie. Sie sollen vielmehr dabei helfen, den Gebrauch des Wortes zu verstehen.

Die sogenannten Ausrufe (Interjektionen) werden durch ein Ausrufezeichen markiert: *au!*, *oh!*

Wenn man bei einem Wort sagen kann, die Verwendung gehöre zu mehreren Wortarten, wird dies berücksichtigt. Dann werden Angaben gemacht wie z. B. ARTIKEL/PRONOMEN, oder die Verwendung z. B. als Artikel oder Pronomen wird durch entsprechende Gliederungselemente (■ ARTIKEL, ■ PRONOMEN usw.) deutlich gemacht:

★ **dein** ■ ARTIKEL **1** *zur 2. Person Singular* (*du*) [...]
■ PRONOMEN **2** *zur 2. Person Singular* (*du*) [...]

5 Stilistische Hinweise

5.1 Angaben zur Gebrauchsebene

Es gibt in jeder Sprache Wörter, die nur in bestimmten Sprech- oder Schreibsituationen verwendet werden. Manche Wörter gelten z. B. als vulgär, manche werden nur im Gespräch mit Kindern gebraucht. Andere gehören zu einem Fachwortschatz oder zu einer regionalen Variante, wiederum andere treten meist in amtlichen Schreiben auf.

Der Gebrauch dieser Wörter hängt von einer Reihe von Faktoren ab. Auf diese Faktoren wird im Wörterbuch durch verschiedene Bezeichnungen verwiesen. In einigen Fällen wird die Verwendung des Wortes auch in der Erklärung kurz beschrieben. Im Folgenden werden die verwendeten Angaben erklärt.

5.2 *gesprochen – geschrieben – admin – literarisch*

Eine Reihe von Wörtern oder Wortverbindungen wird – normalerweise – nur in der gesprochenen Sprache verwendet, z. B. *durchdrehen* (‚sehr nervös werden, die Nerven verlieren') oder *echt* (‚wirklich' – wie in *Das hast du echt toll gemacht!*). Solche Wörter kann man verwenden, wenn man mit Freunden oder Bekannten spricht, also in einer privaten, alltäglichen Unterhaltung. Sie werden mit *gesprochen* gekennzeichnet.

Natürlich kann man sie auch schreiben, etwa in privaten Briefen; man findet sie auch in Romanen, Theaterstücken usw., wenn gesprochene Sprache wiedergegeben wird (etwa in Dialogen). Man wird sie aber nur selten im Nachrichtenteil einer Zeitung lesen oder in Aufsätzen verwenden.

Im Gegensatz zu diesem „gesprochenen" Wortschatz gibt es auch Wörter, die man normalerweise eher in der geschriebenen Sprache verwendet, z. B. *Miss-*

helligkeiten (‚Streit') oder *Argwohn* (‚Misstrauen'). Solche Wörter werden in diesem Wörterbuch mit *geschrieben* gekennzeichnet. Die meisten dieser so bezeichneten Ausdrücke könnte man auch als „förmlich" bezeichnen. Natürlich kann man sie auch in der gesprochenen Sprache (z. B. in einer Rede) benutzen, sie gehören aber nicht zur allgemein üblichen Alltagssprache

Einige Wörter werden fast ausschließlich in Geschäftsbriefen, im administrativen Bereich, in offiziellen Anordnungen usw. gebraucht. Wörter dieser Art werden hier mit *admin* gekennzeichnet:

> **Fahr·zeug·hal·ter** *der; admin* der Eigentümer eines Fahrzeugs

Die Markierung *literarisch* kennzeichnet Wörter, die meist in (älteren) literarischen Texten vorkommen (z. B. *der Dämmer*).

5.3 *gesprochen!* und *gesprochen* ▲: Verstehen – aber nicht verwenden

Um die Sprachwirklichkeit annähernd zu beschreiben, wurden auch Wörter und Ausdrücke aufgenommen, die normalerweise in Sprachlehrwerken nicht behandelt werden. Es handelt sich dabei um Schimpfwörter, Kraftausdrücke und solche Wörter, die als vulgär, ordinär, verletzend oder beleidigend gelten. Solche Wörter erhalten die Kennzeichnung *gesprochen* ▲. Lernende sollten solche Wörter nicht verwenden.

Die genauen Grenzen zwischen einem „schlimmen" Wort oder Ausdruck und einem „normalen" Wort oder Ausdruck sind nur schwer zu ziehen und werden von verschiedenen Sprechern unterschiedlich beurteilt. Es gibt viele Wörter, bei deren Verwendung man – aus den verschiedensten Gründen – vorsichtig sein sollte. Diese Wörter werden hier als *gesprochen!* bezeichnet.

In der Erklärung wird in der Regel erwähnt, wenn es sich um einen verletzenden, rassistischen, sexistischen oder aggressiven Gebrauch handelt, den man vermeiden sollte:

> **dis·sen** VERB (disste, hat gedisst); *gesprochen!* **jemanden dissen** ≈ *beleidigen, mobben* ■ von Personen verwendet, die sich absichtlich aggressiv und primitiv ausdrücken

> **Schei·ße** *die;* (-); *gesprochen* ▲ [...]

5.4 Sprache und Zeit: *veraltet – veraltend – historisch*

Die Sprache ist immer in Veränderung und entwickelt sich mit den Lebensformen der Leute und dem Fortschritt der Technik, mit der Veränderung des Wissens und der Veränderung der Werte. Manche Wörter verlieren dabei an Aktualität, neue kommen hinzu.

Es gibt eine Reihe von Wörtern, die nur noch relativ selten gebraucht werden. Den meisten Sprechern erscheinen sie dann als „altmodisch", vor allem wenn sie von der älteren Generation verwendet werden. Solche Wörter (wie z. B. *Missetat, geziemend*) werden hier mit *veraltend* gekennzeichnet.

Andere Wörter und Konstruktionen, die früher üblich waren, werden heute nicht mehr oder nur mit einem besonderen Effekt gebraucht. Solche Wörter sind als *veraltet* gekennzeichnet (z. B. die Abkürzung *qm* für Quadratmeter oder das Wort *Pestilenz*). Dies gilt manchmal auch nur für einzelne Formen wie *schwur* statt *schwor* und *buk* statt *backte*.

Oft hat die Entwicklung der Gesellschaft bestimmte Gegenstände aus dem Alltag verdrängt. Wenn man über solche Dinge spricht, die es früher gegeben hat, dann sind – genau genommen – nicht die Bezeichnungen veraltet, sondern die bezeichneten Dinge selbst sind veraltet, z. B. *Postkutsche, Guillotine*. Solche Wörter werden mit *historisch* gekennzeichnet:

> **Rüs·tung** *die*; (-, -en) […] **2** *historisch* eine Kleidung aus Metall für Ritter […]

5.5 Sprache und Region

In dieses Wörterbuch wurden in gewissem Umfang auch Wörter aufgenommen, die vorwiegend in einigen Regionen des deutschen Sprachgebietes gebraucht werden. Die Kennzeichnungen hierfür sind:

- Ⓓ für den Sprachgebrauch in Deutschland
- Ⓐ für den Sprachgebrauch in Österreich
- (CH) für den Sprachgebrauch in der deutschsprachigen Schweiz
- *norddeutsch, süddeutsch* und *ostdeutsch* für den Sprachgebrauch im nördlichen, südlichen oder östlichen Teil Deutschlands.

Diese Kennzeichnung wird auch dann verwendet, wenn in den politischen oder juristischen Systemen der deutschsprachigen Länder abweichende Bezeichnungen üblich sind.

5.6 Wort und Sachgebiet: Fachwortschatz

In dieses Wörterbuch wurden auch Wörter aus Fachsprachen und Berufssprachen aufgenommen, die in der Allgemeinsprache gebraucht werden. Aus den Erklärungen der Stichwörter geht hervor, zu welchem Fachgebiet sie gehören und in welcher Art von Texten sie normalerweise verwendet werden.

5.7 Kindersprache

Mit *Kindersprache* werden in diesem Wörterbuch Wörter bezeichnet, die kleine Kinder verwenden oder Erwachsene, wenn sie mit kleinen Kindern sprechen, z. B. *Wauwau* für Hund und *killekille!*, wenn man jemanden kitzelt.

5.8 Die Einstellung des Sprechers

Um auf besondere Sprechabsichten hinzudeuten, die mit dem Gebrauch einiger Wörter verbunden sind, werden folgende Markierungen verwendet:

- *euphemistisch*: vor allem in Bezug auf den Tod für solche Wörter verwendet, mit denen man das „direkte" Wort vermeidet. Mit *euphemistisch* wird z. B. das Wort *entschlafen* bezeichnet, das manchmal anstelle von *sterben* verwendet wird.
- *abwertend*: Mit so gekennzeichneten Wörtern ist eine negative Wertung durch den Sprecher verbunden, z. B. wenn man ein relativ großes *Mietshaus* als *Mietskaserne* bezeichnet.
- *humorvoll*: Mit so charakterisierten Ausdrücken ist meistens eine scherzhafte, freundliche Einstellung verbunden, z. B. *meine bessere Hälfte* anstelle von *meine Frau/mein Mann*.
- *ironisch*: Ironischer Sprachgebrauch liegt z. B. vor, wenn man sagt, *Du hast mir gerade noch gefehlt*, und damit meint: ‚Dich kann ich in dieser Situation wirklich nicht gebrauchen'.

Natürlich können im Deutschen – wie in anderen Sprachen auch – viele Wörter manchmal ironisch verwendet werden. Ihre ursprüngliche Bedeutung wird dabei ins Gegenteil verkehrt. So bedeutet *großartig* bei ironischem Gebrauch ‚sehr schlecht'. Auf diese weit verbreiteten sprachlichen Phänomene wird aber im Wörterbuch nicht immer ausdrücklich hingewiesen. Ganz allgemein gilt, dass insbesondere „positive" Adjektive oft ironisch verwendet werden, um etwas Negatives zu bezeichnen.

6 Bedeutungen und Verwendungsangaben: der Aufbau der Wörterbucheinträge

6.1 Die Beschreibung und Gliederung

Nach dem Stichwort folgt – im Anschluss an die Angaben zur Aussprache, zur Grammatik und die stilistischen Hinweise – die Beschreibung der Bedeutung und Verwendung.

Es gibt Wörter, deren Verwendung man relativ kurz beschreiben kann:

> **Mịt·läu·fer** *der; abwertend* eine Person, die eine (meist negativ beurteilte) politische Bewegung oder Organisation unterstützt, ohne selbst aktiv zu sein

Manche Wörter brauchen mehr Platz zur Beschreibung, andere sogar wesentlich mehr. In solchen Fällen werden die unterschiedlichen Verwendungen zur besseren Übersicht und Gliederung nummeriert. Diese Ziffern sind nicht immer als „Lesarten" oder „Bedeutungen" zu verstehen, sondern oft auch als idiomatische Wortkombinationen oder häufige Kontexte:

> ★ **Mụt·ter**[1] *die;* (-, Müt·ter) **1** eine Frau, die ein Kind geboren hat [...] **2** eine Frau, die Kinder so versorgt, als wäre sie ihre Mutter [...] **3** ein weibliches Tier, das Junge hat **4** **eine werdende Mutter** [...] **5** **die Mutter Gottes** [...] **6** **die Mutter Erde/Natur** [...]

Mehrere Verwendungen sind durch Wegweiser zu Gruppen zusammengefasst, die entweder ähnliche syntaktische Merkmale oder Bedeutungsmerkmale haben. Siehe hierzu die Punkte 6.2 und 6.9.

6.2 Strukturformeln: Wörter und ihre Konstruktionen

6.2.1 Verben – und Muster für den Satzbau

Besonders bei Verben dient die Gliederung auch der Unterscheidung unterschiedlicher Muster für den Satzbau:

> ★ **ent·schei·den** [...] **1** **jemand entscheidet (etwas)** [...] **2** **etwas entscheidet (etwas); etwas entscheidet (über etwas** (*Akkusativ*)**)** [...] **3** **jemand entscheidet (etwas); jemand entscheidet (über etwas** (*Akkusativ*)**)** [...] **4** **jemand entscheidet etwas für 'sich** [...]. . . . .

Meist steht unmittelbar nach einer Ziffer eine Art Formel (fett gedruckt, z. B. oben bei **1** **jemand entscheidet (etwas)**). Das ist eine Angabe zu einer grammatischen Konstruktion. So hat die genannte Verwendung von *entscheiden* ein Subjekt, das meist eine Person oder Gruppe bezeichnet (in der Formel: **jemand**). Nach dem Verb kann ein Objekt im Akkusativ folgen (in der Formel: **etwas**).

Das Verb kann aber auch ohne ein Akkusativobjekt stehen. Um dies deutlich zu machen, stehen die Klammern ( ).

Bei der nächsten Verwendung nach der Ziffer **2** stehen zwei Formeln: **etwas entscheidet (etwas)**; **etwas entscheidet über (etwas** (*Akkusativ*)). Die erste Formel hat ein Subjekt, das eine Sache oder Situation beschreibt, ein direktes Objekt kann gesetzt werden oder auch nicht. Die zweite Verwendung kann für dieselbe Bedeutung verwendet werden wie die erste. Sie kann aber statt eines direkten Objekts eine Ergänzung mit **über** haben. Die Verwendung nach der Ziffer **3** hat auch zwei Formeln: Die erste Formel hat ein Subjekt, das eine Person oder Gruppe bezeichnet, ein direktes Objekt kann stehen oder nicht. Die zweite Verwendung zeigt eine mögliche Ergänzung mit **über**.

Die Verwendung nach der Ziffer **4** hat eine Konstruktion mit einem belebten Subjekt, einem Akkusativobjekt und einem zusätzlichen Teil mit dem Wort **für** und einem betonten **sich**: **jemand entscheidet etwas für 'sich**.

Hier noch einige Beispiele dafür, welche Information mit den Strukturformeln gegeben werden kann:

> ★ **emp·fin·den** VERB (empfand, hat empfunden) **1** **etwas empfinden** das genannte Gefühl haben ‹Durst, Hitze, Schmerzen, Liebe, Angst, Trauer, Hass empfinden› [...]

Die Formel **etwas empfinden** beschreibt ein Verb mit einem direkten Objekt. Die Erklärung bringt das Objekt in einen Zusammenhang mit Gefühlen. Die Kollokationen in spitzen Klammern ‹ › nennen einige dieser Gefühle.

Die fett gedruckten Strukturformeln enthalten auch Teile, die nicht stehen müssen, aber stehen können, vgl. einige Konstruktionen oben bei den Formeln für *entscheiden*. Solche Angaben stehen dann in runden Klammern ( ):

> ★ **ta·deln** VERB (tadelte, hat getadelt) **jemanden (wegen etwas) tadeln** [...]

In diesem Fall kann man z. B. sagen: *Sie hat ihn getadelt* oder *Sie hat ihn wegen seiner Bemerkungen getadelt.*

> ★ **strei·ten** (stritt, hat gestritten) ■ VERB [...] **2** **eine Person streitet mit jemandem über etwas** (*Akkusativ*); **Personen streiten über etwas** (*Akkusativ*) [...]

Auch hier gibt es zwei Möglichkeiten: *Maria hat mit Peter über die Schuld an dem Unfall gestritten* oder *Sie haben über die Schuld an dem Unfall gestritten.*

Wenn in der Formel ein Schrägstrich / zwischen zwei Angaben erscheint, dann heißt dies, dass beide Möglichkeiten zur Wahl stehen:

★ **ken·nen** [...] **3** **jemanden/etwas kennen** [...]

Man kann also z. B. sagen: *Ich kenne ihn* oder auch *Ich kenne diesen Weg.*

Es ist natürlich wichtig zu wissen, in welchem Kasus die Ergänzung zum Verb stehen muss (besonders nach Präpositionen). In Zweifelsfällen wird deshalb der Kasus angegeben:

★ **er·in·nern** [...] **1** **jemanden an etwas** (*Akkusativ*) **erinnern** [...]

fei·len [...] **2** **an etwas** (*Dativ*) **feilen** [...]

★ **nach·ge·hen** [...] **2** **einer Sache** (*Dativ*) **nachgehen** [...]

Beispiele: *Ich werde sie an den Termin erinnern. Er feilt schon seit Tagen an seiner Rede. Sie ging ihren Geschäften nach.*

Eine zweite Möglichkeit, den Kasus zu erkennen, ist die jeweilige Form von **jemand**:

jemand (Nominativ) **jemandem** (Dativ)
jemanden (Akkusativ) **jemandes** (Genitiv)

6.2.2 Typen von Verben

Viele Verben können ein Objekt im Akkusativ haben, also **etwas** (*Akkusativ*) oder **jemanden,** siehe oben den Ausschnitt für das Verb *entscheiden*. In vielen Grammatiken werden Verben in dieser Verwendung als „transitive Verben" bezeichnet.
Oft werden Verben aber auch nur mit indirektem oder ganz ohne Objekt verwendet, wie bei der Formel (**jemandem/etwas**) **gehorchen**. Man kann also z. B. sagen: *Er gehorcht dem Befehl. Sie hat gelacht*. In vielen Grammatiken werden Verben in dieser Verwendung als „intransitive Verben" bezeichnet.

Zu manchen dieser Verben gehören aber, von der grammatischen Konstruktion her, auch andere Kombinationen. Diese Konstruktionen werden ebenfalls mit Strukturformeln beschrieben, z. B.:

★ **wa̤r·ten** VERB [...] **1** (**auf jemanden/etwas**) **warten**

Es gibt auch Verwendungen, die mit dem Wort *sich* konstruiert werden, wie etwa *sich sehnen* in dem Satz *Ich sehne* ***mich*** *nach Ruhe.*

Das Pronomen *mich* ist der Akkusativ zu *ich* (*du – dich, er/sie/es – sich, wir – uns* usw.) In der Strukturformel erscheint das Wort **sich**. Verben in solchen Verwendungen werden in vielen Grammatiken als „reflexive Verben" bezeichnet. Das Wort *sich* erscheint auch in Verwendungen wie z. B. *sich etwas vorstellen*. Dieses **sich** steht im Satz aber in der Form eines Dativs: *Ich stelle* ***mir*** *vor, dass …* Bei diesen Verben steht in der Strukturformel dann „**sich** (*Dativ*)":

> ★ **vor·stel·len** VERB […] **3** **sich** (*Dativ*) **jemanden/etwas (irgendwie) vorstellen** […]

Einige Verben werden nur zusammen mit dem Subjekt *es* verwendet (die sogenannten unpersönlichen Verben). Ein Beispiel für unpersönlich konstruierte Verben ist: *Es regnet.*

Die Strukturformel ist:

> ★ **reg·nen** VERB […] **1** **es regnet** […]

6.2.3 Substantive, Adjektive, weitere Wortarten

Auch für Substantive sind Strukturformeln angegeben, z. B.:

> ★ **Hoff·nung** *die* […] **1** **eine Hoffnung (auf etwas** (*Akkusativ*)) […] **3** **Hoffnung in jemanden/etwas setzen** […]

Entsprechend dieser Formeln kann man sagen: *Wir hatten nie die Hoffnung verloren. Die Hoffnung auf Rettung hatten wir nie verloren. Alle setzten große Hoffnung in ihn/in die neue Regierung.*

Strukturangaben stehen auch bei Adjektiven:

> **ei·fer·süch·tig** ADJEKTIV **eifersüchtig (auf jemanden/etwas)** […]

Entsprechend der Formel kann man sagen: *Er war eifersüchtig. Sie war eifersüchtig auf ihn. Sie war eifersüchtig auf seinen Erfolg.*

Bei den Präpositionen in Strukturformeln wird der Kasus nicht angegeben, wenn die Präposition immer denselben Kasus hat (z. B. die Präposition *um*, die immer den Dativ braucht). Selbstverständlich ist die Kasusangabe beim Stichwort zu finden (also beim Wörterbucheintrag zur Präposition ***um***).

Daneben gibt es weitere Informationen in den Strukturformeln, z. B.:

> ★ **flie·gen** VERB […] **12** **jemanden/etwas irgendwohin fliegen** […]

In diesem Fall bedeutet die unbestimmte Angabe **irgendwohin** ‚hin zu einem Ort, zu dem genannten Ort, in eine Richtung, in die genannte Richtung'. Ein

Beispiel für eine solche Konstruktion ist: *Das Rote Kreuz flog Medikamente in das Katastrophengebiet.*

Weitere unbestimmte Angaben sind:

- **irgendwann** (bezeichnet eine Zeitangabe)
- **irgendwie** (bezeichnet eine Beschreibung einer Art und Weise oder eines Zustands)
- **irgendwo** (bezeichnet eine Ortsangabe)
- **irgendwoher** (bezeichnet die Richtung von einem Ort zu einem Ziel hin)

Andere Bestandteile der Konstruktionen sind im Allgemeinen anhand der Beispielsätze leicht zu erkennen.

6.3 Die Erklärung

Die Verwendungsbeschreibung beginnt mit der Erklärung und wird dann mit weiteren Angaben fortgesetzt. Die Erklärungen der Stichwörter sind, soweit es möglich ist, in einem einfachen und verständlichen Wortschatz geschrieben. Die Erklärungen sollen deutlich machen, wie das Wort typischerweise verwendet wird. Weitere Angaben sind insbesondere Wörter mit ähnlicher Bedeutung, Kollokationen (typische Verbindungen), Anwendungsbeispiele und Komposita (Zusammensetzungen). Diese Informationen betten das Stichwort sozusagen in das lexikalische und grammatische Umfeld ein und zeigen es im üblichen sprachlichen Kontext.

6.4 Wörter mit ähnlicher Bedeutung: ≈

Gelegentlich werden zum Zweck der Erklärung Wörter verwendet, die nach dem Zeichen ≈ stehen. Hierbei handelt es sich um Wörter mit ähnlicher Bedeutung, die in manchen Zusammenhängen statt des gerade erklärten Wortes verwendet werden können. Diese Wörter werden nur dann gegeben, wenn sie zu dem relativ einfachen Wortschatz (oder zu einem internationalen Wortschatz) gehören und so die Erklärung unterstützen:

> **Ma·ga·zin** [...] **3** (vor allem in Geschäften, Bibliotheken und Museen) ein großer Raum, in welchem die Dinge gelagert werden, die man im Moment nicht braucht oder zeigt ≈ *Lager* [...]

Das Wort *Lager* hat hier in etwa die gleiche Bedeutung wie *Magazin* und kann in vielen Fällen anstelle von *Magazin* verwendet werden. Es darf jedoch nicht vergessen werden, dass es kaum ein Wortpaar gibt, bei dem man immer das eine Wort für das andere nehmen kann.

Angaben mit ≈ finden sich auch anstelle der Worterklärung (eine Erklärung findet sich aber in dem Eintrag zu dem Wort, das nach dem ≈ steht):

> **Ẹck** **1** [...] *süddeutsch* Ⓐ ≈ *Ecke* [...]

6.5 Wörter mit gegensätzlicher Bedeutung: ↔

In einigen Fällen wird nach dem Zeichen ↔ ein Wort angegeben, das eine Art Gegenteil zur betreffenden Erklärung bildet. Wie die Wörter nach ≈ sind auch die Wörter nach dem Zeichen ↔ als Ergänzung der Bedeutungsbeschreibung zu sehen:

> ★ **ạlt** [...] **6** schon seit langer Zeit in Benutzung ⟨Schuhe, Kleider, Möbel; ein Auto, ein Haus, eine Kirche⟩ ↔ *neu* [...]

6.6 Kollokationen

Kollokationen sind typische Kombinationen aus mehreren Wörtern, die zusammen eine syntaktische Einheit bilden. Sie sind für den Lernenden von besonderer Bedeutung, denn sie zeigen die übliche Wort-Umgebung des Stichworts. Das ist wichtig für die Sprachproduktion, bei der es ja besonders darauf ankommt, die Wörter unterschiedlicher Wortarten so zu verknüpfen, dass sie zusammenpassen.

Der Begriff Kollokation wird in diesem Wörterbuch relativ weit gefasst. Es zählen auch solche Kombinationen dazu, die für häufig vorkommende Situationen eingesetzt werden. Die Kollokationen erscheinen hier in spitzen Klammern:

> ★ **Meer** [...] **1** [...] ⟨das weite, glatte, raue, offene Meer; auf das Meer hinausfahren; über das Meer fahren; ans Meer fahren; am Meer sein; im Meer baden⟩

Auch die Beispielsätze enthalten oft typische Kombinationen.

Dieses Wörterbuch ist kein „Wörterbuch der Kollokationen". Wenn eine Kombination hier nicht genannt wird, heißt das nicht, dass sie selten, ungewöhnlich oder gar falsch ist.

6.7 Beispiele

Um die Angaben zum Stichwort weiter zu vertiefen, werden auch Beispiele für den Gebrauch angegeben. Diese Beispiele bzw. Beispielsätze stehen nach dem Zeichen | und sind kursiv gedruckt. Am Ende des Beispielsatzes steht in der Regel kein Punkt:

★ **kri·tisch** […] **2** […] | *Er äußerte sich kritisch zu den neuen Beschlüssen der Regierung* | […] **3** *Der Kranke befindet sich in einem äußerst kritischen Zustand, es ist fraglich, ob er die Nacht überlebt*

Manchmal folgen auf Beispielsätze erklärende Hinweise in Klammern und in gerader Schrift:

★ **Mo·de** […] **2** […] | *Auch Sportarten sind der Mode unterworfen* (Sie sind mal mehr, mal weniger beliebt) […]

In manchen Fällen erscheinen innerhalb der Beispielsätze Wörter wie „dass", „ob" oder „zu", die blau gedruckt sind. Es handelt sich hier um Fälle, in denen ein *etwas* aus der dazugehörigen Strukturformel (vergleiche Abschnitt 6.2) durch einen Nebensatz ersetzt wird. Der Gebrauch der blauen Schrift in Beispielsätzen deutet also auf Konstruktionen hin, in denen statt eines Substantivs ein Satzteil steht:

★ **fest·ste·hen** […] **etwas steht fest** | […] *Mein Entschluss steht fest* | *Steht schon fest, wann sie heiraten?*

★ **glau·ben** […] VERB **1** **(etwas) glauben** | […] *Ich glaube, dass er kommen wird* | *Ich glaube, er kommt* | *Sie glaubte, im Recht zu sein* […]

6.8 Komposita K

Im Eintrag wird durch K angezeigt, dass im Folgenden einige Komposita genannt werden. Diese Komposita sind typische Zusammensetzungen mit dem Stichwort am Anfang oder am Ende, deren Bedeutung sich aus den beiden Bestandteilen leicht erschließen lässt. Sie geben auch wichtige Hinweise auf Verwendung und Bedeutung des gerade behandelten Wortes und unterstützen so die Erklärung. So sind unter dem Stichwort *Branche* die Komposita *Elektrobranche, Lebensmittelbranche, Textilbranche* verzeichnet. Diese Komposita nennen einige Bereiche der Wirtschaft, die als *Branche* bezeichnet werden können:

★ **Bran·che** ['brã:ʃə] *die;* […] K Branchenkenntnis; Elektrobranche, Lebensmittelbranche, Textilbranche

6.9 Die „Wegweiser"

Bei sehr langen Einträgen wird die Übersicht durch „Wegweiser" erleichtert. Die Wegweiser stehen vor Verwendungen mit einem wichtigen gemeinsamen Merkmal und geben eine ungefähre Orientierung:

★ **fr̩isch** ADJEKTIV (frischer, frischest-)
▸Lebensmittel, Blumen usw. […]
▸neu […]
▸voll Energie […]
▸Luft, Wasser, Wind […] **12** ziemlich stark, kräftig ‹eine Brise, ein Lüftchen, ein Wind› | *Am Meer wehte eine frische Brise* […]

Mit solchen Hinweisen lässt sich die Bedeutung von *frisch* wie etwa in *ein frischer Wind* schnell finden.

Noch ein Beispiel für die Gliederung großer Einträge von Verben (hier: *halten*):

★ **hạl·ten** VERB […]
▸mit der Hand, im Arm **1** **jemanden/etwas halten** […]
▸Position **2** **etwas irgendwohin halten** […]
▸Körperhaltung **7** **sich irgendwie halten** […]
▸Richtung **8** **sich irgendwo(hin) halten** […]

6.10 Abgeleitete Wörter

Wenn ein Wort direkt (ohne Bedeutungswandel) von dem Stichwort abgeleitet ist, steht dieses abgeleitete Wort ohne eigene Erklärung am Ende des Eintrags, siehe auch oben Abschnitt 2.4.

Bei manchen so angegebenen Wörtern erscheint zusätzlich eine Ziffer. Diese Ziffer bezieht sich auf die Nummer einer Erklärung im jeweiligen Haupteintrag:

★ **ru̲·dern** […] • zu (2 – 3) **Ru̲·de·rer** *der*

Das heißt, dass das Substantiv *Ruderer* in der Bedeutung gebraucht wird, wie sie unter Ziffer 2 und Ziffer 3 im Eintrag *rudern* steht.

Bei Substantiven nach • wird das grammatische Geschlecht durch die Artikel *der, die, das* angegeben. Bei Adjektiven und Adverbien steht die Wortart.

Wenn Verben als Ableitungen genannt werden, dann stehen die Wortartangabe „VERB" und die Angabe „*(hat)*" oder „*(ist)*" für die Bildung der zusammengesetzten Formen der Vergangenheit:

De·ge·ne·ra·ti·on [-ˈts̯i̯oːn] *die*; (-, -en); *meist Singular* **1** *geschrieben* eine negative geistige oder moralische Entwicklung | *die moralische Degeneration einer übersättigten Gesellschaft* **2** der Verlust von (positiven) Eigenschaften oder Merkmalen (meist im Laufe von mehreren Generationen) • hierzu **de·ge·ne·ri̲e·ren** VERB *(ist)*

Die Aussprache des Deutschen

Die Aussprache wird in der deutschen Sprache durch die Schrift sehr regelmäßig abgebildet. Allerdings gibt es von diesen Regeln einige Abweichungen. Gesonderte Angaben zur Aussprache gibt es deshalb meist nur bei Stichwörtern, deren Aussprache nicht den allgemeinen Regeln entsprechen – also etwa dann, wenn Verwechslungsgefahr besteht oder bei Fremdwörtern. Außerdem werden bei einzelnen Wortteilen, deren Aussprache möglicherweise Probleme bereitet, Angaben zu der entsprechenden Stelle gemacht.

Als Grundlage für die Angaben dient die Aussprache, wie sie im „DUDEN Band 6: Das Aussprachewörterbuch" beschrieben ist. Die verwendeten Symbole orientieren sich an der Vorgabe der *International Phonetic Association*.

1 Angaben im Stichwort

Die Silben mit der Hauptbetonung sind bei den meisten Stichwörtern durch einen Punkt oder einen Strich unter dem Vokal bzw. Diphthong gekennzeichnet. Längere Wörter haben häufig zwei Silben, die betont werden.

Ein Punkt unter einem Vokal zeigt an, dass es sich um einen kurzen Laut handelt: *Fẹns·ter, Rạt·te, Tịsch, Mụ̈t·ze.*

Ein Strich unter einem Vokal zeigt an, dass ein langer Laut vorliegt. Dabei ist *ie* wie [iː] auszusprechen: *Ta̱g, Ra̱hmen, Mi̱e̱·te, Be̱e̱·re, Se̱·gen, Me̱hl.*
Betonte Diphthonge erhalten ebenfalls diesen Strich: *Gle̱i̱s, Ha̱u̱s, Le̱u̱·te.*

Bei zwei verschiedenen Betonungs- oder Aussprachemöglichkeiten wird das Stichwort wiederholt: *ụnheimlich, unhe̱i̱mlich; Republi̱k, Republịk.*

Länge oder Kürze wird nur für den jeweils betonten Vokal bzw. Diphthong angegeben: *Frü̱h·lings·tag, Ko̱·pi·lot.* Hier wird also das lange [aː] von *-tag* (*Ta̱g*) bzw. das lange [oː] von *-pilot* (*Pi·lo̱t*) nicht besonders gekennzeichnet.

Wenn die Silbenbetonung mit der Lautschrift angegeben ist, gibt es keine Betonungsangabe beim Stichwort.

2 Angaben in Lautschrift

Bei Wörtern, deren Aussprache möglicherweise Probleme bereitet, werden Angaben in Lautschrift gegeben. Diese Angaben stehen immer zwischen eckigen Klammern. Manchmal sind nur bei einzelnen Lauten oder bei Teilen eines Wortes

Probleme bei der Aussprache zu erwarten. Dann sind nur die betreffenden Laute oder Wortteile in der Lautschrift angegeben: *Cẹm·ba·lo* [tʃ-]; *er·t·lạr·ven* [-f-]. Das Wort *Cembalo* beginnt mit einem [tʃ], nicht mit einem [k] oder einem [ts], und der Buchstabe *v* in *entlarven* wird [f] gesprochen, nicht [v]. Die verwendeten Zeichen werden im Abschnitt 5 dargestellt.

3 Regionale Varianten

Nicht nur im Wortschatz und in der Grammatik gibt es regionale Unterschiede. Auch die Aussprache des Deutschen hat eine Vielfalt regionaler Varianten. Auf solche Varianten wird in diesem Wörterbuch nicht im Detail eingegangen. Bis auf wenige Ausnahmen wird nur die als Standard geltende Aussprache angegeben.

4 Hauptbetonung in Strukturformeln und idiomatischen Wendungen

In manchen Strukturen und idiomatischen Wendungen werden einzelne Wörter deutlich betont. Oft ist die Betonung deutlich stärker als sonst üblich. Die Betonung kann auch an einer Stelle eines Satzes oder Wortes liegen, die normalerweise unbetont ist. Eine solche Betonung wird in den Strukturformeln und in idiomatischen Wendungen mit dem Betonungszeichen ' angezeigt:

★ **so** ■ ADVERB
[…] 7 **'so und/oder 'so** auf diese und/oder andere Weise
| *Das kann man so und so/so oder so sehen* […]

5 Die verwendeten Lautschrift-Symbole

5.1 Vokale

Symbol	Beispiel	Beispiel in Lautschrift
a	**hat**	hat
aː	**Tag**	taːk
ɐ	**bitter**	'bɪtɐ
ɐ̯	**leer**	leːɐ̯
ã	**balancieren**	balã'siːrən
ãː	**Croissant**	kro̯a'sãː

e	**Tenor**	te'noːɐ̯
eː	**fehlen**	'feːlən
ɛ	**hätte**	'hɛtə
ɛː	**wählen**	'vɛːlən
ɛ̃	**Interieur**	ɛ̃te'riøːɐ̯
ɛ̃ː	**Bassin**	ba'sɛ̃ː
ə	**Affe**	'afə
i	**Triumph**	tri'ʊmf
iː	**viel**	fiːl
i̯	**Podium**	'poːdi̯ʊm
ɪ	**bitte**	'bɪtə
o	**Poesie**	poe'ziː
oː	**rot**	roːt
o̯	**Toilette**	to̯a'lɛtə
õ	**Fondue**	fõ'dyː
õː	**Fonds**	fõː
ɔ	**toll**	tɔl
ø	**ökonomisch**	øko'noːmɪʃ
øː	**hören**	'høːrən
œ	**spöttisch**	'ʃpœtɪʃ
œ̃ː	**Parfum**	par'fœ̃ː
u	**kulant**	ku'lant
uː	**Schuhe**	'ʃuːə
u̯	**aktuell**	ak'tu̯ɛl
ʊ	**null**	nʊl
y	**dynamisch**	dy'naːmɪʃ
yː	**über, Mühe**	'yːbɐ, 'myːə
y̆	**Nuance**	'ny̆ãːsə
ʏ	**synchron**	zʏn'kroːn

5.2 Vokale: Diphthonge

Symbol	Beispiel	Beispiel in Lautschrift
ai̯	**steil**	ʃtai̯l
au̯	**Laut, Tower**	lau̯t, 'tau̯ə
eɪ̯	**Aids**	eɪ̯dz
ou̯	**Know-how**	nou̯'hau̯
ɔy̯	**heute, Joystick**	'hɔy̯tə, d͜ʒɔy̯stɪk

5.3 Konsonanten

Symbol	Beispiel	Beispiel in Lautschrift
b	**Ball**	bal
ç	**ich**	ɪç
x	**achten**	'axtn̩
d	**du**	duː
d͜ʒ	**Gin**	d͜ʒɪn
f	**Vater**	'faːtɐ
g	**gern**	gɛrn
h	**Hut**	huːt
j	**ja**	jaː
k	**Kunst**	kʊnst
l	**Lust**	lʊst
l̩	**Nebel**	'neːbl̩
m	**Moment**	mo'mɛnt
m̩	**großem**	'groːsm̩
n	**nett**	nɛt
n̩	**reden**	'reːdn̩
ŋ	**lang, Mangel**	laŋ, 'maŋl̩
p	**Pelz**	pɛlt͜s
r	**Ring**	rɪŋ
s	**Nest, Ruß**	nɛst, ruːs
ʃ	**Schotte**	'ʃɔtə
t	**Tag**	taːk
t͜s	**Zunge, Benzin**	't͜sʊŋə, bɛn't͜siːn

t͜ʃ	**Putsch**	pʊt͜ʃ
θ	**Thriller**	'θrɪlɐ
v	**Wasser, Vase**	'vasə, 'vaːzə
z	**sagen, Reise**	'zaːgn̩, 'ra͜izə
ʒ	**Manege**	ma'neːʒə

5.4 Sonderzeichen

'	Der Betonungsakzent steht vor der betonten Silbe.
ː	Das Längenzeichen nach einem Vokal drückt aus, dass dieser lang gesprochen wird.
~	Das Zeichen für nasalierte Vokale steht über dem betreffenden Laut.
‿	Der Bindebogen verbindet zusammengehörige Laute, wie z. B. Diphthonge.
̯	Der kleine Halbkreis unter einem Vokal zeigt an, dass der Vokal innerhalb der Silbe nur mitklingt, aber nicht besonders hervorgehoben wird. Aus typografischen Gründen befindet sich diese Angabe bei y über dem Vokalzeichen: y̆.
̩	Das Zeichen für die silbischen Konsonanten l̩, m̩ und n̩, also Konsonanten, die mit einem kurzen ə-Laut kombiniert werden und deshalb eine eigene Silbe bilden.
|	Der senkrechte Strich zeigt einen Knacklaut vor Vokalen an, der in Wörtern wie *beachten* [bə'|axtn̩] vorkommt. Bevor der betonte Vokal (hier das *a*) gesprochen wird, entsteht eine kleine Pause; für das folgende *a* wird neu angesetzt.

Abkürzungen und Symbole

Ⓐ	österreichischer Sprachgebrauch
→ Abb.	siehe Abbildung
admin	*administrativ*: Sprachgebrauch in der Verwaltung
bzw.	beziehungsweise
Ⓒⓗ	schweizerischer Sprachgebrauch
Ⓓ	nur oder vorzugsweise in der Bundesrepublik Deutschland gebraucht
■ ID	idiomatische Wendungen, Redewendungen
K	Kompositum, Komposita
i	wichtige Zusatzinformation
o. Ä.	oder Ähnliche(s)
®	eingetragene Marke
usw.	und so weiter
z. B.	zum Beispiel
★	Zentralwortschatz
≈	Synonym; Wort mit (fast) gleicher Bedeutung
↔	Antonym; Wort mit gegensätzlicher Bedeutung
→	Verweis: siehe
•	Ableitung
⚠	Achtung: für den aktiven Sprachgebrauch nicht zu empfehlen

A

A, a [aː] *das;* (-, -/*gesprochen auch* -s) 1 der erste Buchstabe des Alphabets ‹ein großes A; ein kleines a› 2 der sechste Ton der C-Dur-Tonleiter K A-Dur, a-Moll ■ ID **das A und O** +*Genitiv*/**von etwas** das Wichtigste; **von A bis Z** von Anfang bis Ende; **Wer A sagt, muss auch B sagen** Wer eine Sache beginnt, muss sie auch zu Ende bringen

Ä, ä [ɛː] *das;* (-, -/*gesprochen auch* -s) der Umlaut des *a* ‹ein großes Ä; ein kleines ä›

★ **à** [a] PRÄPOSITION +*Akkusativ* gibt zusammen mit einer Zahl den Preis, das Gewicht o. Ä. einer Sache an | *zwei Briefmarken à 145 Cent* H Das folgende Substantiv wird ohne Artikel verwendet.

a- *im Adjektiv, betont, nicht produktiv* **ahistorisch, alogisch, amusisch, anormal, asymmetrisch** drückt das Gegenteil des Adjektivs ohne *a-* aus H Man benutzt *ab-* in *abnorm* und *an-* in *anorganisch*

Aa [aˈ|a] (*das*); (-); *Kindersprache* ‹Aa machen› ≈ *Kot*

Aal *der;* (-(e)s, -e) ein Fisch, der wie eine Schlange aussieht K Aalfang, Aalsuppe; Flussaal, Räucheraal ■ ID **sich winden wie ein Aal** versuchen, sich aus einer Situation (meist mit Ausreden) zu befreien

aa·len VERB (aalte sich, hat sich geaalt) **sich aalen** sich bequem ausstrecken und ruhen ‹sich in der Sonne aalen›

aal·glatt ADJEKTIV; *abwertend* fähig, sich geschickt durch alle (unangenehmen) Situationen zu bewegen | *ein aalglatter Politiker*

Aas *das;* (-es) 1 das Fleisch von einem toten Tier | *Geier und Hyänen fressen Aas* K Aasfresser 2 *gesprochen, abwertend* als Schimpfwort verwendet für einen bösen Menschen 3 **kein Aas** *gesprochen, abwertend* ≈ *niemand* | *Das interessiert doch kein Aas!*

aa·sen VERB (aaste, hat geaast) **(mit etwas) aasen** *gesprochen* etwas verschwenden ‹mit seinem Geld, seinen Kräften aasen›

Aas·gei·er *der* 1 ein Geier, der sich von Aas ernährt 2 *gesprochen, abwertend* eine Person, die andere Menschen ausnutzt und so Vorteile hat

★ **ab** ■ PRÄPOSITION +*Dativ* 1 nennt den Ort, Punkt oder Zeitpunkt, bei dem etwas beginnt ↔ *bis* | *Ab hier kannst du allein weitergehen* | *Auf der Heimfahrt hat es ab Dortmund geregnet* | *Ab 18 darf man wählen* | *Ab nächster Woche habe ich wieder mehr Zeit* | *ein Stammbaum ab der zweiten Generation* H a) → Infos unter **Präposition**; b) selten auch mit Akkusativ: *ab nächstem/nächsten Sonntag.* ■ ADVERB 2 **von irgendwann/irgendwo ab** verwendet, um einen Ort, Punkt oder Zeitpunkt zu bezeichnen, an dem etwas beginnt ‹von heute, jetzt, hier, Mittwoch ab› 3 steht in Fahrplänen zwischen Ort und Zeitpunkt der Abfahrt eines Zuges, Busses o. Ä. ↔ *an* | *München ab 8:32 Uhr, Augsburg an 9:05 Uhr* 4 *gesprochen* verwendet, um jemandem zu befehlen, sofort wegzugehen | *Ab (ins Bett mit dir)!* 5 **etwas ist (von etwas) ab** etwas ist von der Stelle getrennt, wo es ursprünglich war | *An meinem Mantel sind zwei Knöpfe ab* | *Der Ast ist ab* 6 **ab und zu; ab und an** nicht oft ≈ *manchmal* 7 drückt in Bühnenanweisungen aus, dass jemand die Bühne verlässt | *wütend ab* 8 als Befehl an Soldaten verwendet, etwas zu senken oder abzusetzen | *Helm ab!* | *Gewehr ab!*

AB [aˈbeː] *der;* (-(s), -s); *gesprochen* Kurzwort für *Anrufbeantworter* | *Er hat mir was auf den AB gesprochen*

★ **ab-** (*im Verb, betont und trennbar, sehr produktiv; Diese Verben werden so gebildet:* abschreiben, schrieb ab, abgeschrieben) 1 **abfahren, abfliegen, abreisen; etwas abschicken** *und andere* drückt aus, dass sich jemand/etwas von einem Ort entfernt oder von einem Ort entfernt wird | *Wir fuhren in Köln morgens um sieben ab* (Wir verließen Köln um sieben Uhr) 2 **etwas abbeißen, abhacken, abmähen, abschneiden, abtrennen** *und andere* drückt aus, dass etwas (mit einem Werkzeug) von etwas getrennt wird | *Er sägte den Ast ab* (Er trennte den Ast mit einer Säge vom Baum) 3 **etwas abbürsten, abkratzen, absaugen, abschleifen, abwischen** *und andere* drückt aus, dass Schmutz o. Ä. entfernt wird und etwas auf diese Weise sauber, frei von etwas wird | *Sie wischte den Staub von den Regalen ab/Sie wischte die Regale ab* (Sie entfernte mit einem Lappen den Staub, der auf den Regalen lag) 4 **etwas abdrehen, abschalten, absperren, abstellen** *und andere* drückt aus, dass die Funktion, der Betrieb eines Gerätes o. Ä. beendet wird | *Er drehte die Heizung ab* (Er drehte an der Heizung, sodass sie nicht mehr heizte) 5 **etwas abmalen, abschreiben, abtippen, abzeichnen** *und andere* drückt aus, dass ein Vorbild oder ein Original imitiert wird | *Die Schüler zeichnen eine Statue ab* (Die Schüler zeichnen eine Statue, die so aussieht wie die Statue, die vor ihnen steht) 6 **jemanden (von etwas) abberufen; jemandem etwas abgewöhnen; (jemandem) (von etwas) abraten** *und andere* drückt aus, dass das Gegenteil von dem geschieht, was das Verb ohne *ab-* bezeichnet | *Er bestellte die Zeitung ab* (Er teilte mit, dass er die Zeitung nicht mehr bekommen will)

ab·än·dern VERB (*hat*) **etwas abändern** etwas ein wenig ändern ‹den Antrag abändern; den Rock, die Hose abändern› ● hierzu **Ab·än·de·rung** *die*

ab·ar·bei·ten VERB (*hat*) 1 **etwas abarbeiten** etwas durch Arbeiten reduzieren und schließlich beseitigen ‹eine Schuld, eine Strafe abarbeiten› 2 **sich abarbeiten** sehr lange und sehr schwer arbeiten, bis man völlig erschöpft ist | *Da arbeitet man sich tagelang ab, und das ist nun der Dank!* ● zu (1) **Ab·ar·bei·tung** *die*

Ab·art *die* **eine Abart** +*Genitiv* eine Tier- oder Pflanzenart, die sich nur wenig von einer anderen Art unterscheidet | *Der schwarze Panther ist eine Abart des Leoparden*

ab·ar·tig ADJEKTIV (vor allem im sexuellen Verhalten) vom Normalen stark abweichend ‹abartig veranlagt sein› ≈ *pervers*

ab·bau·bar ADJEKTIV so, dass es abgebaut werden kann ‹Erz, Kohle, Misstrauen, Angst, Gift, Abfall; biologisch abbaubar›

★ **ab·bau·en** VERB (*hat*) 1 **etwas abbauen** wertvolle Stoffe aus der Erde holen ‹Erz, Eisen, Kohle (im Tagebau, unter Tage) abbauen› ≈ *fördern* 2 **etwas abbauen** etwas für den Transport in kleine Teile zerlegen ‹eine Baracke, ein Gerüst, einen Stand, ein Zelt abbauen› ↔ *aufbauen* 3 **etwas abbauen** die Zahl oder Menge einer Sache kleiner machen ‹Arbeitsplätze/Stellen, Personal, Schulden, Vorurteile abbauen› 4 **etwas baut etwas ab** etwas zerlegt etwas in einfachere Moleküle ‹etwas baut Fett, Stärke, Schadstoffe ab› 5 **jemand baut ab** jemand wird schwächer oder müde und kann nicht mehr so viel leisten ● hierzu **Ab·bau** *der*

ab·bei·ßen VERB (*hat*) **(etwas) (von etwas) abbeißen** von einem großen Stück ein kleines Stück mit den Zähnen trennen | *ein Stück Brot abbeißen* | *Willst du mal abbeißen?*

ab·be·kom·men VERB (bekam ab, hat abbekommen) 1 **etwas (von jemandem/etwas) abbekommen** einen Teil von etwas bekommen | *ein Stück Kuchen abbekommen* 2 **etwas abbekommen** einen Schaden erleiden | *Er hat bei dem Unfall ein paar Kratzer/nichts abbekommen* 3 **etwas abbekommen** es schaffen, etwas von etwas zu entfernen oder abzumachen | *Wie bekomme ich nun diese Fettflecken von der Hose ab?*

ab·be·ru·fen VERB (berief ab, hat abberufen) **jemanden (von etwas) abberufen** eine Person aus ihrem Amt entlassen oder ihr ein neues Amt geben | *einen Botschafter von seinem Posten abberufen* ● hierzu **Ab·be·ru·fung** *die*

ab·be·stel·len VERB (bestellte ab, hat abbestellt) **1** **etwas abbestellen** mitteilen, dass man etwas, das man bestellt hat, nicht mehr haben will | *ein gebuchtes Hotelzimmer abbestellen* **2** **jemanden abbestellen** eine Person, die man zu sich bestellt hat, nicht kommen lassen | *die Handwerker wieder abbestellen* ● hierzu **Ab·be·stel·lung** *die*

ab·be·zah·len VERB (bezahlte ab, hat abbezahlt) **1** **etwas abbezahlen** Geld so zurückzahlen, dass man in festen Abständen (z. B. jeden Monat) einen Teil davon bezahlt | *Wie lange müsst ihr eure Schulden noch abbezahlen?* **2** **etwas abbezahlen** für eine Ware in festen Abständen (z. B. jeden Monat) einen Teil des Preises bezahlen | *das Auto, die Waschmaschine abbezahlen* ● hierzu **Ab·be·zah·lung** *die*

★ **ab·bie·gen** VERB **1** **jemand/etwas biegt ab** *(ist)* jemand/eine Straße ändert die Richtung ⟨(nach) links/rechts abbiegen; von der Hauptstraße, in eine Seitenstraße abbiegen⟩ | *Die Straße biegt nach 50 Metern (nach) links ab* | *Er hatte beim Abbiegen einen Fußgänger übersehen und ihn überfahren* **2** **etwas abbiegen** *(hat)* etwas in eine andere Richtung biegen | *Wie weit kannst du die Finger nach hinten abbiegen?* **3** **etwas abbiegen** *(hat)* etwas durch geschicktes Verhalten verhindern oder unwirksam machen | *Der Vorstoß in Sachen Vermögenssteuer wurde von der Regierung abgebogen* (Der Vorschlag, eine Vermögenssteuer einzuführen, wurde zurückgewiesen)

Ab·bie·gung *die* ≈ *Abzweigung*

Ab·bild *das* ein Abbild stellt eine Sache als Bild, als Grafik oder in Worten usw. dar und ist ihr sehr ähnlich | *Die Computersimulation soll ein möglichst getreues Abbild der Realität liefern*

★ **ab·bil·den** VERB *(hat)* **1** **jemanden/etwas abbilden** jemanden/etwas auf einer Zeichnung, einem Bild oder Foto zeigen | *Auf der Rückseite der Münze war ein Adler abgebildet* | *Kennen Sie eine der auf dem Foto abgebildeten Personen?* **2** **etwas abbilden** etwas darstellen | *Sie diskutierten, ob Sprache die Wirklichkeit abbildet oder erst erschafft*

★ **Ab·bil·dung** *die*; (-, -en) **1** ein Bild (meist eine Zeichnung) vor allem in einem Buch, das einen Text ergänzt | *ein Schulbuch mit vielen farbigen Abbildungen* **I** Abkürzung: *Abb.* **2** die Darstellung durch ein Bild o. Ä. | *Im Islam ist die Abbildung Gottes verboten*

ab·bin·den *(hat)* **1** **etwas abbinden** etwas, das mit einem Knoten irgendwo befestigt ist, lösen ⟨ein Kopftuch, eine Krawatte, eine Schürze abbinden⟩ **2** **etwas abbinden** etwas so fest zusammenpressen, dass kein Blut mehr fließt ⟨die Adern, die Nabelschnur, eine Wunde abbinden⟩ | *Die Schlagader ist verletzt, der Arm muss abgebunden werden* **3** **etwas abbinden** eine Flüssigkeit mit Mehl o. Ä. mischen, damit sie dicker wird ⟨eine Soße, eine Suppe⟩ **4** **etwas bindet ab** etwas wird hart ⟨ein Kleber, der Mörtel, der Zement⟩

Ab·bit·te *die*; *meist Singular*; *veraltend* eine Bitte darum, dass jemand einen Fehler, den man gemacht hat, verzeiht ⟨(jemandem) Abbitte leisten, schulden, tun⟩

ab·bla·sen VERB *(hat)* **etwas abblasen** *gesprochen* etwas nicht stattfinden lassen, obwohl es angekündigt war ⟨ein Fest, eine Veranstaltung abblasen⟩ **I** weitere Verwendungen → **ab-**

ab·blät·tern VERB *(ist)* **etwas blättert ab** etwas löst sich in kleinen flachen Stücken und fällt herunter ⟨die Farbe; etwas blättert von der Wand ab⟩

ab·blen·den VERB *(hat)* **1** **etwas abblenden** ein Licht (z. B. mit einem Tuch) teilweise oder ganz verdecken (damit es nicht direkt in die Augen scheint) **2** bei einem Auto o. Ä. das Fernlicht abschalten und das Abblendlicht einschalten

Ab·blend|licht *das*; *nur Singular* die Beleuchtung des Autos, die man benutzt, wenn nachts ein Auto entgegenkommt (weil so die anderen Fahrer nicht geblendet werden) ⟨das Abblendlicht einschalten⟩

ab·blit·zen VERB *(ist)*; *gesprochen* **1** **bei jemandem (mit etwas) abblitzen** bei jemandem (mit etwas) keinen Erfolg haben ⟨bei jemandem mit einem Vorschlag, einer Bitte abblitzen⟩ **2** **jemanden abblitzen lassen** nicht auf einen Flirt reagieren **3** **jemanden abblitzen lassen** jemandes Forderung, Wunsch ablehnen

ab·blo·cken VERB (blockte ab, hat abgeblockt) **jemanden/etwas abblocken** etwas tun, damit etwas nicht die gewünschte Wirkung hat ⟨einen Angriff, jemandes Kritik abblocken⟩

ab·brau·sen VERB **1** **jemanden/etwas abbrausen** *(hat)* aus der Dusche Wasser über jemanden, sich selbst oder etwas laufen lassen **2** *gesprochen (ist)* schnell und mit lautem Geräusch von irgendwo wegfahren

★ **ab·bre·chen** VERB **1** **etwas (von etwas) abbrechen** *(hat)* etwas Hartes von etwas anderem trennen, indem man es bricht | *einen dürren Ast vom Baum abbrechen* **2** **etwas abbrechen** *(hat)* etwas vor der üblichen Zeit oder dem gewünschten Ziel (plötzlich) beenden ⟨eine Beziehung, ein Studium, eine Verhandlung, eine Veranstaltung abbrechen⟩ **3** **etwas abbrechen** *(hat)* ein Gebäude zerstören, das nicht mehr benutzt wird, um Platz zu schaffen **4** **sich** *(Dativ)* **einen abbrechen** *gesprochen (hat)* sich sehr anstrengen (oft, weil man etwas nicht geschickt genug macht) **5** **etwas bricht ab** *(ist)* etwas Hartes bricht und wird so geteilt oder von etwas getrennt ⟨ein Bleistift, ein Messer⟩ | *Bei dem Sturm sind viele Äste abgebrochen* **6** **etwas bricht ab** *(ist)* etwas hört plötzlich auf | *Die Musik brach plötzlich ab* **7** **jemand bricht (mitten in …) ab** *(hat)* jemand hört plötzlich mit etwas auf | *Er brach mitten im Satz ab*

ab·brem·sen VERB *(hat)* **(etwas) abbremsen** die Geschwindigkeit reduzieren (bis man zum Stehen kommt) | *Er musste (das Auto) stark abbremsen*

ab·bren·nen VERB **1** **etwas abbrennen** *(hat)* etwas durch Feuer zerstören | *eine alte Hütte abbrennen* **2** **ein Feuerwerk abbrennen** *(hat)* verschiedene Feuerwerkskörper anzünden und explodieren lassen **3** **etwas brennt ab** *(ist)* etwas wird durch Feuer völlig zerstört

ab·brin·gen VERB *(hat)* **jemanden von etwas abbringen** jemanden dazu bringen oder überreden, etwas nicht zu tun ⟨jemanden von einem Gedanken, einem Vorhaben abbringen⟩ | *Der Polizist konnte den Mann im letzten Moment davon abbringen, von der Brücke zu springen*

Ab·bruch *der*; (-(e)s, Ab·brü·che) **1** das Abbrechen eines Gebäudes, um Platz zu schaffen ⟨reif zum/für den Abbruch sein⟩ **K** Abbrucherlaubnis, Abbruchfirma, Abbruchgenehmigung, Abbruchunternehmen **2** das Zerlegen von Dingen in einzelne Teile für den Transport | *der Abbruch des Zeltlagers/Gerüsts* **3** das vorzeitige Beenden | *Nach dem Abbruch der Friedensverhandlungen kam es zu neuen Kämpfen* **4** **etwas tut einer Sache** *(Dativ)* **(keinen) Abbruch** etwas schadet einer Sache (nicht)

ab·bruch·reif ADJEKTIV ⟨ein Haus, ein Gebäude⟩ in so schlechtem Zustand, dass es abgerissen werden muss

ab·brum·men VERB *(hat)* **etwas abbrummen** *gesprochen* eine Strafe im Gefängnis verbüßen | *Er muss noch zwei Jahre* *abbrummen*

ab·bu·chen VERB (*hat*) **etwas (von etwas) abbuchen** Geld(beträge) von einem Konto wegnehmen | *Die Miete wird vom Konto abgebucht* ● hierzu **Ab·bu·chung** *die*

ab·bü·geln VERB (*hat*); *gesprochen* **jemanden/etwas abbügeln** vernünftige oder berechtigte Vorschläge, Wünsche usw. schnell ablehnen, ohne darüber nachzudenken | *Alle weiteren Anträge wurden mit dem Hinweis auf knappe Kassen abgebügelt*

ab·bürs·ten VERB (*hat*) **etwas abbürsten** etwas mit einer Bürste reinigen | *einen Mantel abbürsten* | *Haare von der Jacke abbürsten*

★ **Abc** [abeˈtseː] *das*; (-, -); *meist Singular* **1** die Buchstaben von A bis Z ⟨das Abc lernen, aufsagen⟩ **2** **das Abc** +*Genitiv* die Anfänge, die wichtigsten Kenntnisse | *Das gehört zum Abc des Segelns*

ABC-Waf·fen [abeˈtseː-] *die*; *Plural* atomare, biologische und chemische Waffen

ab·däm·men VERB (*hat*) **etwas abdämmen** eine Fläche durch einen Damm vor Wasser schützen

ab·damp·fen VERB (*ist*); *gesprochen, humorvoll* ≈ *wegfahren*

ab·dan·ken VERB (*hat*) von einer hohen Position zurücktreten ⟨ein Herrscher, ein König, ein Präsident⟩ ● hierzu **Ab·dan·kung** *die*

ab·de·cken VERB (*hat*) **1** **etwas (mit etwas) abdecken** etwas meist Schützendes auf etwas legen ⟨ein Beet, einen Brunnen, den Fußboden abdecken⟩ **K** Abdeckhaube, Abdeckplane **2** **etwas abdecken** das Dach eines Gebäudes entfernen ⟨ein Dach, ein Haus abdecken⟩ | *Der Sturm hat viele Häuser abgedeckt* **3** **jemand/etwas deckt etwas ab** jemand handelt so (oder eine Vorschrift o. Ä. ist so gemacht), dass das getan wird, was in der aktuellen Situation nötig ist ⟨jemandes Bedürfnisse, einen Bedarf abdecken⟩ | *Diese Regel deckt sämtliche Fälle ab* | *Der Plan des Kanzlers deckt auch einige Forderungen der Opposition ab* **4** **(den Tisch) abdecken** (nach dem Essen) das Geschirr vom Tisch entfernen

ab·dich·ten VERB (*hat*) **etwas abdichten** etwas vor Wasser oder kalter Luft schützen ⟨ein Fenster, eine Tür abdichten⟩ ≈ *isolieren* ● hierzu **Ab·dich·tung** *die*

ab·drän·gen VERB (*hat*) **jemanden/etwas (von etwas) abdrängen** jemanden/etwas von einer Stelle wegdrängen | *jemanden vom Weg/von der Straße abdrängen*

★ **ab·dre·hen** VERB **1** **sich/etwas abdrehen** (*hat*) das Gesicht oder den Körper von jemandem/etwas weg in eine andere Richtung drehen ≈ *abwenden* ↔ *zuwenden* **2** **etwas abdrehen** *gesprochen* (*hat*) etwas stoppen, indem man einen Hahn schließt oder einen Schalter dreht ⟨das Gas, die Heizung, den Strom, das Wasser abdrehen⟩ ≈ *abschalten, abstellen* ↔ *aufdrehen* **3** **etwas abdrehen** (*hat*) etwas durch eine drehende Bewegung von etwas trennen, entfernen ⟨einen Knopf, einen Schraubverschluss abdrehen⟩ **4** **etwas abdrehen** (*hat*) etwas zu Ende filmen ⟨einen Film, eine Szene abdrehen⟩ **5** **etwas dreht ab** (*hat/ist*) meist ein Flugzeug oder Schiff ändert die Richtung

ab·drif·ten VERB (*ist*) **ein Boot driftet ab** ein Boot kann den Kurs nicht halten, wird (von der Strömung) weggetrieben

Ab·druck[1] *der*; (-(e)s, -e) **1** die gedruckte Version eines Gedichts, Romans, Vortrags usw. **2** das neue Drucken eines Textes ⟨einen Abdruck genehmigen⟩

Ab·druck[2] *der*; (-(e)s, Ab·drü·cke) die Form, die ein Körper durch festen Druck auf ein Material hinterlässt ⟨einen Abdruck (in Gips, in Wachs) von etwas machen⟩ **K** Fingerabdruck, Fußabdruck, Gebissabdruck, Gipsabdruck

ab·dru·cken VERB (*hat*) **etwas abdrucken** etwas meist in einer Zeitung oder Zeitschrift erscheinen lassen ≈ *drucken* | *einen Artikel in einer Zeitung abdrucken*

ab·drü·cken VERB (*hat*) **1** bei einer Waffe einen Schuss auslösen | *Sie zog ihre Waffe, drückte aber nicht ab* **2** **etwas abdrücken** *gesprochen* viel Geld für etwas bezahlen | *Ich musste zwanzig Euro Eintritt abdrücken* **3** **(jemandem) etwas abdrücken** (jemandem oder sich selbst) einen Körperteil so stark drücken, dass kein Blut oder keine Luft mehr hindurchgeht | *Mein Bein ist eingeschlafen, weil ich mir irgendwie eine Ader abgedrückt habe* **4** **etwas drückt sich (in etwas** (*Dativ*)**) ab** etwas drückt die eigene Form als Muster in weiches Material | *Unsere Fußspuren hatten sich im Sand abgedrückt* **5** **sich (von etwas) abdrücken** fest gegen etwas drücken, um zu springen oder loszufliegen ⟨sich vom Sprungbrett abdrücken⟩

ab·dun·keln VERB (*hat*) **1** **etwas abdunkeln** das Licht schwächer machen, sodass es dunkler wird ⟨ein Zimmer, eine Lampe abdunkeln⟩ **2** **etwas abdunkeln** meist eine Farbe dunkler machen

ab·eb·ben VERB (ebbte ab, ist abgeebbt) **etwas ebbt ab** etwas wird geringer, weniger, schwächer ⟨das Hochwasser, das Interesse, der Lärm⟩

-a·bel *im Adjektiv, betont, begrenzt produktiv* **akzeptabel, praktikabel, reparabel** *und andere* macht aus einem Verb auf *-ieren* ein Adjektiv und drückt aus, dass etwas möglich ist oder jemand/etwas geeignet ist | *Substantive sind deklinabel* (Substantive können dekliniert werden) | *Dein Vorschlag ist nicht akzeptabel* (Dein Vorschlag ist für uns nicht geeignet) **!** *reparabel* → *ein reparables Problem*

★ **Abend** *der*; (-s, -e) **1** die Tageszeit von ungefähr 18 bis 24 Uhr ⟨am frühen, späten Abend; am Abend; gegen Abend⟩ ↔ *Morgen* **K** Abenddämmerung, Abendmahlzeit, Abendnachrichten, Abendprogramm, Abendsonne, Abendspaziergang, Abendzeit, Abendzeitung; Sommerabend, Winterabend, Sonntagabend, Montagabend *usw.* **2** *Adverb* + **Abend** am Abend des genannten Tages ⟨gestern, heute, morgen Abend⟩ **!** mit den Namen von Wochentagen zusammengeschrieben: *Sie arbeitet Montagabend* **3** eine gesellschaftliche Veranstaltung am Abend ⟨ein festlicher, literarischer, musikalischer Abend⟩ | *ein bunter Abend* (mit einem abwechslungsreichen Programm) **4** **der Heilige Abend** der 24. Dezember **5** **Abend für Abend** an jedem Abend **6** **zu Abend essen** die Abendmahlzeit essen ■ ID **Guten Abend!** verwendet als Gruß, wenn man eine Person am Abend trifft oder sich von ihr verabschiedet ⟨jemandem einen guten Abend wünschen⟩

Abend·brot *das*; *nur Singular* ein (einfaches) Essen am Abend, meist mit Brot

★ **Abend·es·sen** *das* die Mahlzeit, die man abends isst | *Was gibts heute zum Abendessen?*

abend·fül·lend ADJEKTIV *meist attributiv* mehrere Stunden eines Abends dauernd ⟨ein Film, ein Programm⟩

Abend·gym·na·si·um *das* eine Schule, an der Erwachsene, die während des Tages arbeiten, am Abend den Unterricht besuchen, damit sie das Abitur bekommen können

Abend·kas·se *die* die Kasse, die am Abend, direkt vor der Veranstaltung, geöffnet ist ⟨Karten für einen Ball, ein Konzert an der Abendkasse kaufen⟩

Abend·kleid *das* ein elegantes und meist langes Kleid für eine festliche Veranstaltung am Abend

Abend·land *das*; *nur Singular*; *geschrieben* die europäischen Völker zusammen als kulturelle Einheit (im Gegensatz zu den Ländern des Ostens) ● hierzu **abend·län·disch** ADJEKTIV

abend·lich ADJEKTIV *meist attributiv* am Abend stattfindend, für den Abend typisch ⟨die Dämmerung, eine Feierstunde, die Kühle⟩

Abend·mahl *das; meist Singular* **1** **das letzte Abendmahl** die Mahlzeit, die Christus mit den Jüngern in der Nacht einnahm, in der er gefangen genommen wurde **2** eine religiöse Handlung in christlichen Kirchen, bei der durch das Essen der Hostie und das Trinken von Wein an den Tod Christi erinnert wird ⟨das Abendmahl empfangen⟩

Abend·rot *das; nur Singular* die gelbrote Farbe, welche der Himmel bei schönem Wetter am Abend hat, wenn die Sonne untergeht

★ **abends** ADVERB am Abend ↔ *morgens*

Abend·schu·le *die* eine Schule, an welcher der Unterricht abends stattfindet und die vor allem von Berufstätigen besucht wird

Abend·stern *der* der Stern (der Planet Venus), der abends sehr hell am Himmel leuchtet

★ **Aben·teu·er** *das;* (-s, -) **1** ein spannendes und aufregendes Erlebnis oder eine Aktion mit Gefahren ⟨ein aufregendes, gefährliches, riskantes, waghalsiges Abenteuer; ein Abenteuer bestehen, erleben, wagen⟩ | *die fantastischen Abenteuer des Odysseus* | *Die Reise war das größte Abenteuer seines Lebens* **K** Abenteuerfilm, Abenteuergeschichte, Abenteuerroman, Abenteuerurlaub **2** eine kurze sexuelle Beziehung zu einer Person ⟨ein amouröses, erotisches, romantisches, sexuelles Abenteuer; ein Abenteuer suchen⟩ **K** Liebesabenteuer ■ **ID** **sich in (jedes) Abenteuer stürzen** (immer wieder) außergewöhnliche Erlebnisse suchen • zu (1) **Aben·teu·rer** *der;* zu (1) **Aben·teu·re·rin** *die*

aben·teu·er·lich ADJEKTIV **1** so, dass etwas ein Abenteuer ist oder mit Abenteuern verbunden ist | *eine abenteuerliche Reise* **2** ≈ *abwegig* | *eine abenteuerliche Theorie*

Aben·teu·er·lust *die; nur Singular* der Wunsch, Abenteuer zu erleben • hierzu **aben·teu·er·lus·tig** ADJEKTIV

★ **aber** ■ BINDEWORT **1** leitet einen Gegensatz, Widerspruch oder eine Einschränkung ein; die Satzstellung ist die eines Hauptsatzes | *Die Sonne schien zwar nicht, es war aber trotzdem ziemlich warm* | *Ich habe jetzt leider keine Zeit, aber wir könnten uns vielleicht morgen treffen* **H** Das *aber* kann auch vor solchen Wörtern stehen, die man im Satz betonen will: ..., *wir könnten uns aber vielleicht morgen treffen/wir könnten uns vielleicht aber morgen treffen;* mit entsprechender Betonung ist auch die Stellung nach dem Subjekt möglich: *Peter ist immer freundlich, 'Hans aber (ist) oft unhöflich.* **2** verwendet für gegensätzliche Ergänzungen | *klein, aber fein* | *Er ist intelligent, aber faul* | *Wir kommen langsam, aber sicher ans Ziel*
■ PARTIKEL *unbetont* **3** verwendet, um zu sagen, dass etwas ungewöhnlich ist oder nicht so zu erwarten war | *Das hast du aber fein gemacht!* | *Ist das aber kalt!* **4** verwendet, um Ungeduld oder Ärger auszudrücken | *Jetzt sei aber endlich still!* | *Nun hör aber mal auf!* | *Aber, aber, so streitet doch nicht!* | *Aber Kinder, was soll denn das?* | *Wie kann man aber auch nur so dumm sein?* **5** verwendet, um zu protestieren | *Aber nein!* | *Aber warum denn?* | *Aber das kann doch nicht wahr sein!* **6** verwendet, um meist eine positive Antwort auf eine Frage zu verstärken | *„Kommst du mit?" – „Aber ja/Aber gern/Aber sicher/Aber natürlich!"*

Aber *das;* (-s, -) ■ **ID** **ohne Wenn und Aber** ohne Einwände oder Einschränkungen, Bedingungen

Aber·glau·be(n) *der* der Glaube an Dinge, die Glück bringen oder schaden, die man nicht mit der Vernunft erklären kann • hierzu **aber·gläu·bisch** ADJEKTIV

Aber·hun·dert, **aber·hun·dert** ZAHLWORT *nur in dieser Form* viele Hundert | *Aberhundert wilde Bienen*

Aber·hun·der·te, **aber·hun·der·te** ZAHLWORT **Aberhunderte** +*Genitiv;* **Aberhunderte (von Personen/Dingen)** viele Hunderte | *Aberhunderte kleiner Insekten/von kleinen Insekten*

ab|er·ken·nen VERB (erkannte ab/aberkannte, hat aberkannt) **(jemandem) etwas aberkennen** durch einen Beschluss etwas für ungültig erklären ⟨jemandem ein Recht, eine Auszeichnung aberkennen⟩ | *Ihm wurde der Titel des Boxweltmeisters aberkannt* | *Das Gericht erkannte ihm die Bürgerrechte ab* • hierzu **Ab|er·ken·nung** *die*

aber·ma·lig ADJEKTIV *meist attributiv; geschrieben* noch einmal stattfindend

aber·mals ADVERB; *geschrieben* noch einmal

ab·ern·ten VERB *(hat)* **etwas abernten** alle Früchte, das ganze Gemüse, das ganze Getreide o. Ä. ernten | *die Äpfel/den Weizen abernten* | *den Apfelbaum/das Feld abernten*

Aber·tau·send, **aber·tau·send** ZAHLWORT *nur in dieser Form* viele Tausend | *Abertausend kleine Mücken*

Aber·tau·sen·de, **aber·tau·sen·de** ZAHLWORT **Abertausende** +*Genitiv;* **Abertausende (von Personen/Dingen)** viele Tausende | *Tausende und Abertausende von Vögeln nisten auf diesen Klippen*

aber·wit·zig ADJEKTIV völlig unsinnig ⟨eine Vorstellung, ein Plan⟩ • hierzu **Aber·witz** *der*

★ **ab·fah·ren** VERB **1** *(ist)* eine Fahrt oder Reise beginnen ↔ *ankommen* | *Schnell jetzt, in fünf Minuten fahren wir/fährt der Zug ab!* **2** **(ins Tal) abfahren** *(ist)* mit Skiern von einem Berg nach unten fahren **3** **auf jemanden/etwas abfahren** *gesprochen (ist)* von jemandem/etwas begeistert sein | *Er fährt total auf dich/auf Hip-Hop ab* **H** → auch **abgefahren** **4** **etwas abfahren** *(hat/ist)* eine Strecke fahren, um jemanden/etwas zu suchen | *Wir fahren den Weg einfach noch mal ab, vielleicht finden wir deine Jacke ja* **5** **die Reifen abfahren** *(hat)* die Reifen durch häufiges Fahren abnutzen **6** **etwas abfahren** *(hat)* etwas abholen und an einen anderen Ort transportieren | *Wann wird der Bauschutt abgefahren?* • zu (1) **ab·fahr·be·reit** ADJEKTIV

★ **Ab·fahrt** *die* **1** der Beginn einer Fahrt oder Reise ↔ *Ankunft* | *Die Abfahrt des Zuges verzögert sich noch um ein paar Minuten* **K** Abfahrtsort, Abfahrtssignal, Abfahrtstermin, Abfahrtszeit **2** eine Straße, auf der man die Autobahn verlässt ⟨die Abfahrt verpassen⟩ ≈ *Ausfahrt* ↔ *Auffahrt* **3** eine Fahrt auf Skiern vom Berg ins Tal **K** Abfahrtslauf, Abfahrtsrennen **4** eine Strecke (beim Skifahren o. Ä.), die vom Berg ins Tal führt | *eine anspruchsvolle Abfahrt* • zu (1) **ab·fahrt·be·reit** ADJEKTIV

★ **Ab·fall** *der* **1** Reste, die man nicht mehr braucht und wegwirft ⟨giftige, organische, radioaktive, verwertbare Abfälle; Abfälle entsorgen, wiederverwerten⟩ ≈ *Müll* **K** Abfallbeseitigung, Abfalleimer, Abfallstoffe, Abfallverwertung; Küchenabfälle; Holzabfälle, Stoffabfälle **2** *nur Singular* der Vorgang, wenn etwas geringer, schwächer wird | *ein plötzlicher Abfall des Kabinendruckes* **K** Leistungsabfall, Spannungsabfall, Temperaturabfall **3** ein steiler Abhang **4** **der Abfall von etwas** *nur Singular* der Vorgang, wenn man den Glauben an etwas verliert ⟨der Abfall vom Glauben, von Gott⟩

★ **ab·fal·len** VERB *(ist)* **1** **etwas fällt ab** etwas löst sich von etwas anderem und fällt herunter | *Im Herbst fallen die Blätter der Bäume ab* **2** **etwas fällt ab** etwas geht schräg nach unten ⟨ein Hang, eine Straße, ein Weg⟩ ↔ *ansteigen* | *Die Straße fällt hier steil ab* **3** **etwas fällt ab** etwas wird niedriger oder schlechter | *Nachts fielen die Temperaturen empfindlich ab* | *Die Leistungen des Schülers sind im zweiten Halbjahr stark abgefallen* **4** **etwas fällt (von etwas) (für jemanden) ab** *gesprochen* jemand bekommt etwas nebenbei als Gewinn, Vorteil oder Anteil | *„Was fällt für mich ab, wenn ich euch helfe?"* **5** **von jemandem/etwas abfal-**

len eine Person oder Sache nicht länger unterstützen ⟨von einer Partei, vom Glauben abfallen⟩ **6** **jemand/etwas fällt (neben/gegenüber einer Person/Sache) ab**; **jemand/etwas fällt (gegen eine Person/Sache) ab** jemand/etwas ist im Vergleich zu einer anderen Person/Sache schwächer oder schlechter | *Neben dem ersten fällt sein zweiter Film stark ab*

ab·fäl·lig ADJEKTIV mit Verachtung, ohne Respekt ⟨eine Bemerkung; sich abfällig (über jemanden) äußern⟩

Ab·fall·pro·dukt *das* **1** ein Produkt, das bei einem Arbeitsprozess entsteht und nicht mehr gebraucht wird ≈ *Rest* **2** ein Produkt, das ungeplant bei der Arbeit an einer neuen Erfindung entsteht **3** ein Produkt, das aus Abfällen hergestellt wird

ab·fäl·schen VERB *(hat)* **etwas abfälschen** den Schuss einer anderen Person durch eine (meist unabsichtliche) Berührung in eine andere Richtung lenken ⟨den Ball, einen Schuss abfälschen⟩

ab·fan·gen VERB *(hat)* **1** **jemanden/etwas abfangen** verhindern, dass jemand/etwas das Ziel erreicht ⟨einen Brief, einen Spion abfangen⟩ **2** **jemanden abfangen** auf eine Person warten, um sie zu sprechen, bevor sie an ihrem Ziel ankommt | *Ich fing ihn ab, um ihn zu warnen* **3** **etwas abfangen** etwas wieder unter Kontrolle bringen ⟨ein Flugzeug, ein Fahrzeug abfangen⟩ **4** **etwas abfangen** etwas durch eine Gegenbewegung abschwächen ⟨einen Schlag, einen Stoß abfangen⟩ **5** **jemanden abfangen** jemanden bei einem Rennen überholen | *Er konnte den Läufer gerade noch vor dem Ziel abfangen*

ab·fär·ben VERB *(hat)* **1** **etwas färbt ab** etwas überträgt Farbe auf etwas anderes | *Vorsicht, der Stoff färbt ab!* **2** **etwas färbt (auf jemanden) ab** etwas wirkt sich auf eine andere Person (meist negativ) aus | *Das schlechte Benehmen seines Freundes färbt auf ihn ab*

ab·fas·sen VERB *(hat)* **etwas abfassen** etwas schriftlich formulieren, verfassen ⟨einen Artikel, ein Testament, einen Brief o. Ä. abfassen⟩ • hierzu **Ab·fas·sung** *die*

ab·fe·dern VERB *(hat)* **1** **etwas abfedern** die Wirkung von Stößen verringern ⟨einen Aufprall, einen Sturz, Erschütterungen, Stöße abfedern⟩ **2** **etwas abfedern** so handeln, dass nur wenige schlimme oder nicht gewollte Folgen entstehen | *die Schwankungen von Wechselkursen abfedern*

ab·fei·ern VERB *(hat)* **etwas abfeiern** *gesprochen* für Überstunden, die man gearbeitet hat, statt (mehr) Geld (mehr) Freizeit nehmen ⟨Überstunden, Mehrarbeit abfeiern⟩

ab·fer·ti·gen VERB *(hat)* **1** **jemanden abfertigen** die notwendigen Formalitäten für eine Person erledigen, damit sie ihre Reise fortsetzen kann ⟨Fluggäste am Schalter, bei der Passkontrolle abfertigen⟩ **2** **jemanden (mit etwas) abfertigen** *gesprochen* jemanden unfreundlich behandeln ⟨jemanden schroff, kurz, an der Tür abfertigen⟩

Ab·fer·ti·gung *die*; (-, -en) **1** *meist Singular* das Abfertigen, meist von Fluggästen oder Gepäck K Abfertigungshalle, Abfertigungsschalter; Gepäckabfertigung **2** Ⓐ ≈ *Abfindung*

ab·feu·ern VERB *(hat)* **1** **etwas abfeuern** aus einer Schusswaffe schießen ⟨einen Schuss abfeuern⟩ **2** **etwas abfeuern** ⟨eine Rakete abfeuern⟩ ≈ *abschießen*

ab·fin·den VERB *(hat)* **1** **jemanden (mit etwas) abfinden** jemandem für einen Schaden oder für einen Verlust Geld geben ⟨jemanden großzügig abfinden⟩ **2** **sich mit jemandem/etwas abfinden** jemanden/etwas akzeptieren (meist weil es nichts Besseres gibt) | *Er kann sich mit der Entlassung/dem Schicksal nicht abfinden*

Ab·fin·dung *die*; (-, -en) **1** eine einmalige Bezahlung an eine Person, die einen Schaden oder Verlust hat **2** das Geld, das eine Person bekommt, wenn sie eine Arbeit geleistet oder auf ein Recht verzichtet hat K Abfindungssumme

ab·fi·schen VERB *(hat)* **etwas abfischen** etwas leer fischen ⟨einen Teich, einen Weiher abfischen⟩

ab·fla·chen VERB (flachte ab, hat/ist abgeflacht) **1** **etwas flacht ab** *(ist)* etwas wird flacher | *Das Ufer flacht hier etwas ab* **2** **etwas flacht ab** *(ist)* etwas wird (in der Qualität) schwächer oder schlechter | *Die steile Kursentwicklung flacht jetzt wieder ab* | *Gegen Mittag flachte die Konzentration der Kursteilnehmer ab* **3** **etwas abflachen** *(hat)* etwas flach(er) machen ⟨ein Dach, eine Kante, eine Schräge abflachen⟩ • hierzu **Ab·fla·chung** *die*

ab·flau·en VERB (flaute ab, ist abgeflaut) **etwas flaut ab** etwas wird allmählich schwächer ⟨der Lärm, der Wind, die Leidenschaft⟩

★ **ab·flie·gen** VERB *(hat/ist)* **1** **jemand/etwas fliegt ab** *(ist)* ein Flugzeug (bzw. dessen Besatzung) startet und fliegt weg | *Unsere Maschine ist/Wir sind pünktlich abgeflogen* **2** **jemand fliegt etwas (nach etwas) ab** *(hat/ist)* jemand sucht eine Strecke, ein Gebiet in einem Flugzeug ab | *Der Pilot hat das Dschungelgebiet nach dem abgestürzten Hubschrauber abgeflogen*

ab·flie·ßen VERB *(ist)* **1** **etwas fließt ab** etwas fließt an eine andere Stelle (weg) | *Das Wasser konnte nicht abfließen, weil das Rohr verstopft war* **2** ⟨Geld, Kapital⟩ **fließt ins Ausland ab** Geld wird im Ausland und nicht im Inland investiert

Ab·flug *der* der Start eines Flugzeugs K Abflugsort, Abflugszeit • hierzu **ab·flug·be·reit** ADJEKTIV

Ab·fluss *der* **1** *nur Singular* das Abfließen (des Wassers) **2** eine Stelle, an der eine Flüssigkeit abfließt | *Der Abfluss des Waschbeckens ist verstopft* K Abflussgraben, Abflussrinne, Abflussrohr

Ab·fol·ge *die* eine zeitliche Reihenfolge ⟨in rascher, logischer Abfolge; die Abfolge der Ereignisse⟩

ab·fra·gen VERB *(hat)* **1** **(jemanden) (etwas) abfragen** einer Person Fragen über etwas stellen, um ihre Kenntnisse zu prüfen | *Der Lehrer fragte den Schüler die Vokabeln ab* **2** **etwas abfragen** sich von einem Computer Daten geben lassen ⟨Informationen abfragen⟩

ab·frie·ren VERB **1** **sich** *(Dativ)* **etwas abfrieren** *gesprochen* *(hat)* an einem Körperteil solche Erfrierungen bekommen, dass dieser nicht mehr funktionieren kann | *Ich habe mir bei der Bergtour fast eine Zehe abgefroren* **2** **sich** *(Dativ)* **einen abfrieren** *gesprochen, humorvoll* stark frieren **3** **eine Pflanze friert ab** *(ist)* eine Pflanze stirbt wegen Frost ab

Ab·fuhr *die*; (-, -en) **1** *meist Singular* das Abtransportieren ⟨die Abfuhr der Waren⟩ K Müllabfuhr **2** *gesprochen* eine Absage, eine Zurückweisung ⟨jemandem eine Abfuhr erteilen; sich *(Dativ)* eine Abfuhr holen⟩ **3** eine sehr hohe Niederlage ⟨eine Abfuhr bekommen⟩

ab·füh·ren VERB *(hat)* **1** **jemanden abführen** eine Person, die festgenommen wurde, wegbringen | *Der Polizist führte den Verbrecher ab* **2** **etwas (an jemanden) abführen** an jemanden Geld bezahlen ⟨Steuern, Beiträge, Gelder abführen⟩ **3** **etwas führt ab** etwas bewirkt, dass sich der Darm entleert

Ab·führ|mit·tel *das* ein Medikament oder Mittel, das eine schnelle Entleerung des Darms bewirkt

ab·fül·len VERB *(hat)* **1** **etwas (in etwas** *(Akkusativ)***) abfüllen** eine Flüssigkeit in kleinere Gefäße füllen ⟨Wein in Flaschen abfüllen⟩ **2** **jemanden abfüllen** *gesprochen* jemanden betrunken machen

★ **Ab·ga·be** *die* **1** *nur Singular* der Vorgang, einer Person eine verlangte Sache zu geben | *die pünktliche Abgabe der Abschlussarbeit* K Abgabetermin **2** **die Abgabe (an jemanden)** *meist Singular* der Verkauf (einer Ware) (an jemanden)

| *Abgabe von Alkohol nur an Erwachsene!* K Abgabepreis **3** *nur Singular* das Verkünden z. B. einer Erklärung oder eines Urteils | *Der Minister sah sich zur Abgabe einer Stellungnahme genötigt* **4** das Zuspielen des Balls an einen anderen Spieler (z. B. beim Fußball) K Ballabgabe **5** der Verlust z. B. eines Punktes oder eines Satzes bei einem sportlichen Wettkampf **6** *nur Singular* das Abgeben des Stimmzettels bei einer Wahl K Stimmabgabe **7** *nur Singular* das Abfeuern eines Schusses **8** *meist Plural* Geld, das für einen speziellen Zweck an den Staat oder eine Institution gezahlt werden muss ⟨Abgaben erheben, entrichten, zahlen⟩ K Sozialabgaben

ab·ga·ben·frei ADJEKTIV; *admin* so, dass man dafür keine Abgaben/Steuern zahlen muss

ab·ga·ben·pflich·tig, ab·ga·be·pflich·tig ADJEKTIV; *admin* **1** verpflichtet, Abgaben/Steuern zu zahlen **2** so, dass man dafür Abgaben/Steuern zahlen muss ⟨eine Tätigkeit⟩

★ **Ab·gang** *der* **1** das Verlassen eines Ortes, vor allem der Bühne (als Schauspieler oder Künstler) ⟨ein glänzender Abgang⟩ **2** *nur Singular* das Beenden einer Schulausbildung, einer Tätigkeit in einem Amt o. Ä. | *der Abgang des Expräsidenten von der politischen Bühne* K Abgangszeugnis; Schulabgang **3** ein Gang oder eine Treppe, die nach unten führen K Treppenabgang **4** ein Sprung von einem Turngerät am Ende der Übung | *ein gelungener Abgang vom Reck* **5** der Vorgang, bei dem etwas den Körper verlässt | *der Abgang von Nierensteinen* **6** **einen Abgang haben** eine Fehlgeburt haben ■ ID **sich** (*Dativ*) **einen guten Abgang verschaffen** sich so verhalten, dass andere Personen einen guten Eindruck haben, wenn man weggeht ● zu (2) **Ab·gän·ger** *der*; zu (2) **Ab·gän·ge·rin** *die*

ab·gän·gig ADJEKTIV; *süddeutsch* Ⓐ vermisst, verschwunden | *Das Kind war drei Tage lang abgängig*

★ **Ab·gas** *das*; (-es, -e); *meist Plural* Gase, die entstehen, wenn etwas verbrennt K Abgaskatalysator, Abgastest, Abgasturbine, Abgasuntersuchung; Auspuffabgase, Industrieabgase ● hierzu **ab·gas·re·du·ziert** ADJEKTIV

ab·gas·arm ADJEKTIV ⟨ein Fahrzeug, ein Auto⟩ so, dass sie wenig Abgase produzieren

ab·gau·nern VERB (gaunerte ab, hat abgegaunert) **jemandem etwas abgaunern** *gesprochen* von jemandem etwas durch einen Trick bekommen

ab·ge·ar·bei·tet ■ PARTIZIP PERFEKT **1** → abarbeiten ■ ADJEKTIV **2** von langer und anstrengender Arbeit sehr müde, erschöpft oder schwach ⟨abgearbeitet sein, aussehen⟩

★ **ab·ge·ben** VERB (*hat*) **1** **etwas (bei jemandem) abgeben** einer Person etwas in die Hand geben | *die Schularbeiten beim Lehrer abgeben* **2** **etwas abgeben** etwas verkaufen oder verschenken | *Junge Kätzchen kostenlos abzugeben* **3** **(jemandem) etwas abgeben** jemandem einen Teil von einer Sache geben, die man besitzt | *Willst du mir nicht ein Stück von deiner Schokolade abgeben?* **4** **etwas abgeben** ein Amt freiwillig nicht länger ausüben | *Sie hat den Vorsitz aus gesundheitlichen Gründen abgegeben* **5** **etwas abgeben** etwas schriftlich oder mündlich formulieren und anderen Personen bekannt machen ⟨eine Erklärung, ein Gutachten, ein Urteil abgeben⟩ **6** **etwas abgeben** in einem Wettkampf etwas verlieren ⟨einen Punkt, einen Satz abgeben⟩ **7** **den Ball abgeben** (in einem Team) den Ball einem Mitspieler zuspielen **8** **einen Schuss abgeben** mit einer Waffe schießen ⟨aus/mit einem Gewehr/einer Pistole einen Schuss abgeben⟩ **9** **seine Stimme abgeben** bei einer Wahl die Hand heben oder Namen auf einer Liste ankreuzen und die Liste in eine Urne werfen ≈ *wählen* **10** **etwas gibt etwas ab** eine Sache überträgt das Genannte von sich auf die Umgebung ⟨Wärme, Energie, Strahlen abgeben⟩ **11** **jemand/etwas gibt etwas ab** jemand/etwas ist oder wird so wie die genannte Person oder Sache ⟨jemand gibt eine traurige Figur, ein gutes Vorbild ab; etwas gibt ein schönes Motiv ab⟩ | *Er wird einen guten Ehemann abgeben* **12** **sich mit jemandem/etwas abgeben** *gesprochen, meist abwertend* sich mit einer Person oder Sache beschäftigen | *Mit solchen Kleinigkeiten gebe ich mich nicht ab* **13** **sich mit jemandem abgeben** *gesprochen* enge Kontakte zu einer Person haben, die man für nicht geeignet oder schlecht hält | *Du solltest dich nicht mit so einem Kerl abgeben!*

ab·ge·brüht ADJEKTIV *gesprochen, abwertend* (durch negative Erlebnisse) hart und ohne Rücksicht auf andere Menschen ⟨ein Betrüger, ein Killer⟩ ≈ *skrupellos* ● hierzu **Ab·ge·brüht·heit** *die*

ab·ge·dro·schen ADJEKTIV; *gesprochen, abwertend* zu oft gebraucht und abgenutzt ⟨eine Redensart, eine Phrase, eine Ausrede⟩ ≈ *banal* ● hierzu **Ab·ge·dro·schen·heit** *die*

ab·ge·fah·ren ■ PARTIZIP PERFEKT **1** → abfahren ■ ADJEKTIV **2** *gesprochen* gut oder ungewöhnlich | *eine völlig abgefahrene Idee/Party*

ab·ge·feimt ADJEKTIV; *abwertend* mit böser Absicht und sehr schlau ⟨ein Gauner, ein Schurke, ein Lügner⟩

ab·ge·fuckt [-fakt] ADJEKTIV; *gesprochen* ⚠ verwendet, um etwas als sehr schlecht oder negativ zu bezeichnen | *ein total abgefuckter Typ*

ab·ge·grast ■ PARTIZIP PERFEKT **1** → abgrasen ■ ADJEKTIV **2** *gesprochen* keine Möglichkeiten mehr bietend, sich damit zu beschäftigen ⟨ein Bereich der Wissenschaft⟩

ab·ge·grif·fen ADJEKTIV **1** durch häufiges Anfassen abgenutzt ⟨ein Buch⟩ **2** *abwertend* oft gebraucht und banal ⟨eine Phrase⟩ ≈ *abgedroschen*

ab·ge·hackt ■ PARTIZIP PERFEKT **1** → abhacken ■ ADJEKTIV **2** nicht fließend und harmonisch ⟨Bewegungen; abgehackt sprechen⟩

ab·ge·half·tert ADJEKTIV; *gesprochen, oft abwertend* ⟨ein Funktionär, ein Politiker⟩ ohne den Einfluss und die Position, die sie einmal gehabt haben

ab·ge·han·gen ADJEKTIV durch langes Hängen weich und zart geworden ⟨Fleisch, Filet; gut abgehangen⟩

ab·ge·härmt ADJEKTIV; *geschrieben* von Sorgen und Kummer gezeichnet ⟨ein Gesicht⟩

★ **ab·ge·hen** VERB (*ist*) **1** **von etwas abgehen** einen Ort verlassen, wenn man mit etwas fertig ist, oder eine Ausbildung beenden | *von der Bühne abgehen* | *mit einem Sprung vom Reck/Barren abgehen* | *nach der zehnten Klasse von der Schule abgehen* **2** **von etwas abgehen** etwas aufgeben, nicht mehr haben oder tun wollen ⟨von den eigenen Forderungen, Gewohnheiten, dem eigenen Standpunkt abgehen⟩ **3** **etwas geht irgendwo ab** etwas beginnt an einer Stelle und führt in eine andere Richtung weiter | *Hier geht ein kleiner Weg ab* **4** **etwas geht (von etwas) ab** *gesprochen* etwas löst sich | *Mir ist ein Knopf vom Mantel abgegangen* **5** **etwas geht (von etwas) ab** etwas wird von etwas abgezogen | *Vom Preis gehen noch fünf Prozent ab* **6** **etwas geht irgendwie ab** *gesprochen* etwas geschieht oder endet irgendwie | *Das ist noch einmal glimpflich abgegangen* | *Wenn die zwei sich streiten, geht es nicht ohne Tränen ab* **7** **jemand/etwas geht jemandem ab** *gesprochen* jemand/etwas fehlt einer Person | *Mir gehen 100 Euro ab* | *Ihm geht jedes Verständnis für Kinder ab* | *Wo warst du denn so lange? Du bist mir schon abgegangen* **8** **es geht irgendwo ab** *gesprochen* irgendwo gibt es spannende Aktivitäten | *Was geht denn hier ab?* | *In diesem Viertel geht es abends ganz schön ab* **9** **jemand geht ab** *gespro-*

chen jemand ist in einer sehr aktiven Stimmung | *Bei Hip-Hop geht sie total ab* (tanzt sie voller Energie) | *Bei dem Thema geht er immer ab wie eine Rakete* (diskutiert er erregt)

ạb·ge·kämpft ADJEKTIV sichtbar müde oder erschöpft ⟨einen abgekämpften Eindruck machen⟩

ạb·ge·kar·tet ADJEKTIV; *abwertend* **ein abgekartetes Spiel; eine abgekartete Sache** eine Sache, die (zum Nachteil einer anderen Person) heimlich beschlossen wurde

ạb·ge·klärt ■ PARTIZIP PERFEKT **1** → abklären ■ ADJEKTIV **2** so, dass jemand ruhig und klug ist oder handelt | *abgeklärt reagieren* | *abgeklärt über etwas sprechen* • zu (2) **Ạb·ge·klärt·heit** *die*

ạb·ge·le·gen ADJEKTIV weit entfernt und isoliert ⟨ein Dorf⟩ • hierzu **Ạb·ge·le·gen·heit** *die*

ạb·gel·ten VERB (*hat*) **etwas abgelten** eine Schuld bezahlen oder wiedergutmachen • hierzu **Ạb·gel·tung** *die*

ạb·ge·neigt ADJEKTIV *meist prädikativ* **1** **jemandem/etwas abgeneigt (sein)** jemandem/etwas gegenüber negativ eingestellt (sein) **2** **nicht abgeneigt sein zu** *+Infinitiv* nichts dagegen haben, etwas zu tun

★ **Ạb·ge·ord·ne·te** *der/die*; (-n, -n) **1** ein gewähltes Mitglied eines Parlaments K Bundestagsabgeordnete, Landtagsabgeordnete, Parlamentsabgeordnete, Volkskammerabgeordnete F *ein Abgeordneter; der Abgeordnete; den, dem, des Abgeordneten* **2** eine Person, die von einer Gruppe dazu bestimmt wurde, sie bei einer Versammlung o. Ä. zu vertreten ≈ *Delegierte*

Ạb·ge·ord·ne·ten·haus *das* ≈ *Parlament*

ạb·ge·ris·sen ■ PARTIZIP PERFEKT **1** → abreißen ■ ADJEKTIV **2** in schlechter Kleidung **3** von vielen Pausen unterbrochen, ohne Zusammenhang ⟨Äußerungen; eine Sprechweise⟩

Ạb·ge·sand·te *der/die*; (-n, -n); *veraltend* eine Person, die von einem Herrscher mit einer Botschaft oder einem Auftrag zu jemandem geschickt wird F *ein Abgesandter; der Abgesandte; den, dem, des Abgesandten*

ạb·ge·schie·den ADJEKTIV **1** weit entfernt von anderen Häusern, Dörfern, Städten o. Ä. ⟨ein Haus, ein Dorf, eine Lage⟩ **2** ohne Kontakt zu anderen Menschen | *ein abgeschiedenes Leben führen* • hierzu **Ạb·ge·schie·den·heit** *die*

ạb·ge·schlafft ADJEKTIV; *gesprochen* müde und erschöpft ⟨ein abgeschlaffter Typ; abgeschlafft aussehen⟩

ạb·ge·schla·gen ■ PARTIZIP PERFEKT **1** → abschlagen ■ ADJEKTIV **2** ⟨einen abgeschlagenen Eindruck machen⟩ ≈ *erschöpft* **3** klar geschlagen, besiegt | *Sie landete abgeschlagen auf dem 14. Platz*

ạb·ge·schlos·sen ■ PARTIZIP PERFEKT **1** → abschließen ■ ADJEKTIV **2** für sich eine Einheit bildend ⟨eine Wohnung⟩

ạb·ge·schmackt ADJEKTIV; *abwertend* ⟨Redensarten, Späße⟩ ≈ *taktlos*

ạb·ge·se·hen ■ PARTIZIP PERFEKT **1** → absehen ■ ADVERB **2** **abgesehen von; von ... abgesehen** wenn man die genannte Person oder Sache nicht für wichtig hält | *Abgesehen von der Fahrt/Von der Fahrt abgesehen war der Urlaub sehr schön* **3** **abgesehen davon** zusätzlich zu der vorher genannten Sache | *Abgesehen davon wissen wir gar nicht, wo er wohnt*

ạb·ge·spannt ADJEKTIV müde und ohne Energie ⟨abgespannt aussehen, wirken⟩ • hierzu **Ạb·ge·spannt·heit** *die*

ạb·ge·spielt ■ PARTIZIP PERFEKT **1** → abspielen ■ ADJEKTIV **2** durch häufigen Gebrauch abgenutzt ⟨eine Schallplatte, ein Film, ein Tennisball⟩

ạb·ge·stan·den ■ PARTIZIP PERFEKT **1** → abstehen ■ ADJEKTIV **2** nicht mehr frisch ⟨Luft, Wasser; ein Geruch⟩

ạb·ge·ta·kelt ADJEKTIV; *gesprochen, abwertend* so, dass eine Person alt und verbraucht aussieht

ạb·ge·win·nen VERB (*hat*) **1** **jemandem etwas abgewinnen** von jemandem etwas gewinnen | *Er hat ihm beim Pokern 2.000 Euro abgewonnen* **2** **jemandem etwas abgewinnen** erreichen, dass jemand etwas tut ⟨jemandem ein Lächeln, ein Versprechen abgewinnen⟩ **3** **einer Sache** (*Dativ*) **etwas abgewinnen** etwas Gutes an etwas finden | *Ich kann der Sache nichts Positives abgewinnen*

ạb·ge·wöh·nen VERB (*hat*) **1** **jemandem etwas abgewöhnen** eine Person oder sich selbst dazu bringen, eine schlechte Gewohnheit aufzugeben | *Ich versuche gerade, mir das Rauchen abzugewöhnen* **2** **etwas ist zum Abgewöhnen** etwas ist so, dass man nichts mehr davon haben möchte | *Das Fernsehprogramm ist mal wieder zum Abgewöhnen!*

ạb·ge·zehrt ADJEKTIV von Hunger, Krankheit oder großer Anstrengung sehr erschöpft und mager | *Sie macht einen abgezehrten Eindruck*

ạb·gie·ßen VERB (*hat*) **1** **etwas abgießen** eine Flüssigkeit (aus einem Gefäß, von etwas) weggießen | *das Wasser von den Kartoffeln abgießen* **2** **etwas abgießen** etwas durch einen Guss nachbilden ⟨eine Statue, eine Büste abgießen⟩

Ạb·glanz *der; nur Singular* **1** der reflektierte Glanz z. B. des Mondscheins **2** **ein Abglanz** *+Genitiv geschrieben* ein Rest, an dem man die Spuren von etwas Vergangenem noch erkennt | *nur ein schwacher Abglanz des vergangenen Reichtums*

ạb·glei·chen VERB (*hat*) **etwas mit etwas abgleichen** Daten vergleichen, um sie zu prüfen, zu ergänzen oder zu korrigieren | *Behörden vernetzen, damit sie ihre Daten miteinander abgleichen können*

ạb·glei·ten VERB (*ist*) **(von etwas) abgleiten** (den Halt verlieren und mit etwas) seitlich meist nach unten gleiten | *Er ist mit dem Messer abgeglitten und hat sich geschnitten*

Ạb·gott *der* **1** eine Person, die sehr geliebt oder zu sehr verehrt wird **2** *veraltend* ein heidnischer Gott

ạb·göt·tisch ADJEKTIV *meist attributiv* sehr stark übertrieben ⟨eine Liebe; jemanden abgöttisch verehren, lieben⟩

ạb·gra·ben VERB (*hat*) **jemandem das Wasser abgraben** eine Person beruflich oder geschäftlich so stark schädigen, dass ihre Existenz gefährdet wird

ạb·gra·sen VERB (*hat*) **1** **ein Tier grast etwas ab** ein Tier frisst das Gras von etwas weg | *Das Vieh graste die Weide ab* **2** **etwas (nach jemandem/etwas) abgrasen** *gesprochen* gründlich überall suchen | *Ich habe alle Geschäfte nach Orangenlikör abgegrast*

ạb·grei·fen VERB (*hat*); *gesprochen* **1** **etwas abgreifen** ohne Skrupel alles nehmen, was man bekommen kann ≈ *absahnen, abstauben* | *Die wollen doch nur die Fördergelder abgreifen!* **2** **etwas abgreifen** sich heimlich, illegal Daten beschaffen | *Die Hacker haben die Zugangsdaten tausender Nutzer abgegriffen*

ạb·gren·zen VERB (*hat*) **1** **etwas abgrenzen** etwas durch eine Grenze von etwas trennen | *Die Schnur grenzt das Becken für Nichtschwimmer ab* **2** **etwas (gegen etwas) abgrenzen; etwas (von etwas) abgrenzen** zeigen, wo die Grenze zwischen zwei Dingen liegt | *die Rechte deutlich von den Pflichten abgrenzen* **3** **sich von jemandem/etwas abgrenzen** etwas sagen oder tun, um zu sagen, dass man eine andere Meinung als die genannte Person oder Institution hat | *Sie versuchte, sich von der Politik ihrer Partei abzugrenzen* • hierzu **Ạb·gren·zung** *die*

Ạb·grund *der* **1** eine sehr große, gefährliche Tiefe ⟨ein tiefer Abgrund; in einen Abgrund stürzen⟩ **2** *nur Singular* ⟨jemanden an den Rand des Abgrunds bringen⟩ ≈ *Verderben* **3** ein Gegensatz, den man nicht überwinden kann | *Zwischen der Opposition und der Regierung tun sich Abgründe auf* **4** **ein gähnender Abgrund** *geschrieben* ein tiefer, dunkler Abgrund

ab·grün·dig ADJEKTIV **1** *geschrieben* ⟨ein Geheimnis, ein Gedanke, ein Lächeln; abgründig lächeln⟩ ≈ *geheimnisvoll* **2** in negativer Weise das normale Maß überschreitend ⟨abgründig boshaft, gemein⟩

ab·grund·tief ADJEKTIV (auf negative Weise) enorm stark, intensiv ⟨ein Hass, eine Wut; jemanden abgrundtief hassen, verachten⟩

ab·gu·cken VERB *(hat); gesprochen* **1** **etwas (bei jemandem) abgucken; (jemandem) etwas abgucken** etwas so tun, wie man es bei jemandem gesehen hat | *Diesen Trick hat er (bei) seinem Vater abgeguckt* **2** **(etwas) (bei jemandem) abgucken** heimlich das übernehmen, was ein anderer Schüler schreibt

Ab·guss *der* die Nachbildung eines Originals ⟨ein Abguss in Bronze, Gips, Wachs; der Abguss einer Statue⟩

ab·ha·ben VERB *(hat); gesprochen* **1** **etwas (von etwas) abhaben** einen Teil von etwas bekommen | *Willst du auch ein Stück von dem Kuchen abhaben?* **H** meist im Infinitiv **2** **etwas abhaben** etwas nicht (auf dem Kopf) tragen ⟨den Hut, die Mütze, die Brille abhaben⟩

ab·ha·cken VERB *(hat)* **etwas abhacken** etwas mit einer Hacke oder Axt von etwas anderem trennen | *einen abgestorbenen Ast abhacken*

ab·ha·ken VERB *(hat)* **1** **etwas abhaken** einen Punkt in einer Liste mit einem Haken markieren, als Zeichen dafür, dass er erledigt ist | *die Namen auf einer Liste abhaken* **2** **etwas abhaken** ein (unangenehmes) Erlebnis schnell vergessen | *Unser Streit ist bereits abgehakt*

★ **ab·hal·ten** VERB *(hat)* **1** **jemanden von etwas abhalten** jemanden daran hindern, etwas zu tun ⟨jemanden von der Arbeit abhalten⟩ | *Sei ruhig und halte mich nicht ständig vom Lernen ab!* **2** **etwas abhalten** etwas veranstalten, stattfinden lassen ⟨eine Sitzung, einen Kurs, Wahlen abhalten⟩ **3** **etwas hält etwas ab** etwas bewirkt, dass Schnee, Licht, Hitze o. Ä. nicht eindringt | *Laub auf Gemüsebeeten soll den Frost abhalten* • zu (2) **Ab·hal·tung** *die*

ab·han·deln VERB *(hat)* **1** **jemandem etwas abhandeln** so lange mit einer Person handeln, bis diese etwas zu einem Preis verkauft, den man zu zahlen bereit ist **2** **etwas abhandeln** etwas wissenschaftlich bearbeiten oder behandeln ⟨ein Thema, eine Frage, ein Kapitel abhandeln⟩ • zu (2) **Ab·hand·lung** *die*

ab·han·den·kom·men VERB (kam abhanden, ist abhandengekommen) **etwas kommt (jemandem) abhanden** etwas geht verloren

Ab·hang *der* eine schräge Fläche zwischen einem höher und einem tiefer gelegenen Gelände ⟨ein steiler, sanfter Abhang⟩ **K** Bergabhang

★ **ab·hän·gen**[1] VERB (hing ab, hat abgehangen) **1** **etwas hängt von etwas ab** der genannte Umstand entscheidet über eine Sache ⟨etwas hängt vom Glück, Wetter, Zufall ab⟩ | *Ob ich mitkomme, hängt davon ab, ob ich mit meiner Arbeit rechtzeitig fertig werde* **2** **von jemandem/etwas abhängen** Unterstützung, Wohlwollen oder eine andere Sache von einer anderen Person brauchen | *vom Geld der Eltern abhängen* | *Als Selbstständiger hänge ich davon ab, dass ich genügend Aufträge bekomme* **3** **mit jemandem/irgendwo abhängen** *gesprochen* die Freizeit ohne besondere Aktivität mit anderen/an einem Ort verbringen | *Sie hängen nach der Schule gern gemeinsam am Bahnhof ab*

★ **ab·hän·gen**[2] VERB (hängte ab, hat abgehängt) **1** **etwas abhängen** etwas von einem Haken oder Nagel nehmen ⟨ein Bild abhängen⟩ **2** **etwas (von etwas) abhängen** eine Verbindung lösen ⟨einen Wagen, einen Waggon abhängen⟩ **3** **jemanden abhängen** *gesprochen* jemanden hinter sich lassen, weil man schneller oder besser ist ⟨einen Verfolger, einen Konkurrenten abhängen⟩

★ **ab·hän·gig** ADJEKTIV **1** **(von jemandem) abhängig sein** die Hilfe, Unterstützung o. Ä. einer Person brauchen ⟨von den Eltern abhängig sein⟩ ↔ *selbstständig* **2** **etwas ist abhängig von etwas** der genannte Umstand entscheidet über eine Sache ⟨vom Erfolg, Wetter, Zufall abhängig⟩ **3** **etwas ist von etwas abhängig** ein Staat o. Ä. ist politisch, wirtschaftlich und militärisch nicht selbstständig **4** **abhängig (von etwas)** süchtig nach etwas | *Ihr Freund ist (von Drogen und Tabletten) abhängig* **5** **etwas von etwas abhängig machen** eine Bedingung stellen, unter der man etwas akzeptiert • zu (1 – 4) **Ab·hän·gig·keit** *die*

-ab·hän·gig *im Adjektiv, unbetont, begrenzt produktiv* **1** **altersabhängig, leistungsabhängig, wetterabhängig** *und andere* so, dass etwas durch das Genannte bestimmt ist **2** **alkoholabhängig, drogenabhängig, heroinabhängig, tablettenabhängig** *und andere* nach der genannten Sache süchtig

ab·här·ten VERB *(hat)* **1** **etwas härtet ab** etwas macht den Körper oder die Seele weniger empfindlich **2** **sich (gegen etwas) abhärten** den eigenen Körper (z. B. durch kalte Duschen) gegen Krankheiten weniger empfindlich machen • hierzu **Ab·här·tung** *die*

ab·hau·en VERB (haute ab, ist abgehauen); *gesprochen* von einem Ort weggehen, an dem man nicht gerne ist | *Er ist mit 16 von zu Hause abgehauen* ■ ID **Hau ab!** als unhöfliche Aufforderung verwendet, dass jemand weggehen soll

★ **ab·he·ben** VERB *(hat)* **1** **etwas abheben** eine Geldsumme vom Bankkonto o. Ä. nehmen ↔ *einzahlen* | *500 Euro vom Girokonto abheben* **2** **(den Telefonhörer) abheben** ans Telefon gehen, wenn man angerufen wird ≈ *abnehmen* ↔ *auflegen* | *Ich lasse es schon lange klingeln, aber es hebt keiner ab* **3** **etwas hebt ab** etwas hebt sich beim Start in die Luft ⟨ein Flugzeug⟩ ↔ *landen* **4** *gesprochen* sehr eingebildet werden | *Hoffentlich hebt er nicht ab, wenn er den Job kriegt!* **5** **eine Person/etwas hebt sich (von jemandem/etwas) ab** jemand/etwas unterscheidet sich deutlich von der genannten Person oder Sache | *Das Rot hebt sich deutlich vom Hintergrund ab* | *Sie hebt sich in ihren Leistungen stark von ihrer Kollegin ab*

ab·hef·ten VERB *(hat)* **etwas abheften** etwas in einen Ordner oder Hefter einordnen ⟨Rechnungen, Briefe abheften⟩

ab·hei·len VERB *(ist)* **etwas heilt ab** etwas heilt vollständig | *Die Wunde ist ohne Narbe abgeheilt*

ab·hel·fen VERB *(hat)* **einer Sache** *(Dativ)* **abhelfen** etwas durch gezielte Maßnahmen beseitigen ⟨der Not, dem Übel, einer Krankheit abhelfen⟩

ab·het·zen VERB *(hat); gesprochen* **sich abhetzen** sich so beeilen, dass man erschöpft ist

Ab·hil·fe *die; meist Singular* das Beseitigen eines negativen Zustands ⟨Abhilfe schaffen; für Abhilfe sorgen⟩ **H** Ein Anschluss mit Genitiv ist nicht möglich.

ab·hold ADJEKTIV; *veraltet* **jemandem/etwas abhold sein** jemanden/etwas ablehnen, nicht mögen

★ **ab·ho·len** VERB *(hat)* **1** **etwas abholen** etwas, das bereit liegt oder das bestellt wurde, mitnehmen | *eine Kinokarte an der Kasse abholen* | *beim Bäcker die bestellten Brötchen abholen* **2** **jemanden abholen** eine Person an einem Ort treffen und zusammen mit ihr von dort weggehen oder -fahren | *Ich hole dich vom/am Bahnhof ab* • hierzu **Ab-**

ho·lung *die*

Ab·hol·markt *der* ein Geschäft, in dem man Waren (meist Getränke oder Möbel) für einen günstigen Preis bekommt, wenn man sie selbst abholt (anstatt sie nach Hause liefern zu lassen) K Getränkeabholmarkt, Möbelabholmarkt

Ab·hol·preis *der* ein Preis, den man für Waren (z. B. Möbel) zahlt, wenn man sie selbst im Geschäft abholt

ab·hol·zen VERB (holzte ab, hat abgeholzt) **etwas abholzen** Bäume eines Waldes fällen ⟨einen Wald abholzen⟩ • hierzu **Ab·hol·zung** *die*

★ **ab·hö·ren** VERB *(hat)* **1** **jemandem etwas abhören; jemanden abhören** jemanden durch Fragen prüfen ≈ *abfragen* | *einem Schüler die Vokabeln abhören* | *Willst du mich abhören?* **2** **jemanden/etwas abhören** (als Arzt) eine Person auf die Geräusche des Herzens oder der Lunge untersuchen **3** **jemanden/etwas abhören** etwas heimlich mit anhören ⟨Telefongespräche abhören; jemand wird abgehört⟩ K Abhöraktion, Abhörgerät • zu (3) **ab·hör·si·cher** ADJEKTIV

Abi *das;* (-s, -s); *meist Singular; gesprochen* Kurzwort für *Abitur*

★ **Abi·tur** *das;* (-s, -e); *meist Singular* die abschließende Prüfung an einem Gymnasium, die man bestehen muss, um an der Universität zu studieren K Abiturklasse, Abiturnote, Abiturprüfung, Abiturzeugnis

Abi·tu·ri·ent *der;* (-en, -en) **1** ein Schüler der letzten Klasse des Gymnasiums kurz vor, im oder nach dem Abitur **2** eine Person, die das Abitur hat | *Viele dieser Lehrstellen werden mit Abiturienten besetzt* ID *der Abiturient; den, dem, des Abiturienten* • hierzu **Abi·tu·ri·en·tin** *die*

ab·ja·gen VERB *(hat)* **jemandem etwas abjagen** eine Person so lange verfolgen, bis man ihr etwas wegnehmen kann | *dem gegnerischen Spieler den Ball abjagen*

ab·kan·zeln VERB (kanzelte ab, hat abgekanzelt); *gesprochen* **jemanden abkanzeln** eine Person scharf kritisieren und dabei ihre Würde verletzen | *Er hat mich vor allen Leuten abgekanzelt*

ab·kap·seln VERB (kapselte sich ab, hat sich abgekapselt) **sich (von jemandem) abkapseln** sich von der Umgebung oder von den Freunden isolieren • hierzu **Ab·kap·se·lung** *die*

ab·kas·sie·ren VERB (kassierte ab, hat abkassiert) **(jemanden) abkassieren** Geld von jemandem kassieren ⟨Fahrgäste, Gäste eines Restaurants abkassieren⟩ | *Darf ich bitte abkassieren, ich habe jetzt Dienstschluss*

ab·kau·fen VERB *(hat)* **1** **(jemandem) etwas abkaufen** von jemandem etwas kaufen **2** **jemandem etwas abkaufen** *gesprochen* jemandem etwas glauben | *Diese Geschichte kauft ihm doch keiner ab!*

Ab·kehr *die;* (-) **die Abkehr (von jemandem/etwas)** das Aufgeben oder Ändern der früheren Ansichten, Gewohnheiten usw. ⟨die Abkehr vom Glauben, von Gott, von einem Laster, von einer politischen Überzeugung⟩

ab·keh·ren VERB **1** **etwas/sich (von jemandem/etwas) abkehren** *(hat)* etwas/sich von jemandem/etwas wegdrehen | *Enttäuscht kehrte er den Blick von ihr ab* **2** **etwas abkehren** *(hat)* etwas mit einem Besen entfernen oder sauber machen ID weitere Verwendungen → **ab-** **3** **von etwas abkehren** *(ist)* eine Überzeugung oder Gewohnheit aufgeben oder ändern | *Die Partei kehrte von ihrer Reformpolitik ab* **4** **sich von etwas abkehren** *(hat)* eine Überzeugung oder Gewohnheit aufgeben oder ändern | *Wie kann man verhindern, dass sich junge Leute von den traditionellen Werten abkehren?*

ab·klap·pern VERB *(hat); gesprochen* **Personen/Orte (nach etwas) abklappern** nacheinander zu einer Anzahl von Personen oder Orten gehen, um etwas zu finden | *Ich habe alle Geschäfte nach dieser Sorte Tee abgeklappert*

ab·klä·ren VERB *(hat)* **etwas abklären** ein Problem lösen oder eine Frage entscheiden

Ab·klatsch *der;* (-(e)s); *abwertend* eine Nachahmung, Imitation ohne großen Wert | *der billige Abklatsch einer griechischen Statue*

ab·klat·schen VERB *(hat)* **1** **(jemanden) abklatschen** mit der Hand die Schulter eines Tänzers berühren, zum Zeichen, dass man selbst an seiner Stelle weitertanzen will | *Schon nach zwei Tänzen mit Birgit klatschte mich Robert ab* **2** **(jemanden/mit jemandem) abklatschen** die Hand in Höhe der Schulter gegen die Hand einer anderen Person schlagen, um so Triumph oder Begeisterung auszudrücken | *Jubelnd rannte er auf mich zu und wir klatschten uns ab* **3** **etwas abklatschen (lassen)** den Ball mit der flachen Hand abwehren | *Den Freistoß konnte der Torwart nur abklatschen lassen*

ab·klem·men VERB *(hat)* **etwas abklemmen** etwas mit einer Zange o. Ä. zusammenpressen (und trennen) ⟨ein Kabel abklemmen⟩

ab·klin·gen VERB *(ist)* **1** **etwas klingt ab** etwas wird leiser ⟨der Lärm, die Lautstärke⟩ **2** **etwas klingt ab** etwas wird schwächer, weniger intensiv ⟨das Fieber, eine Krankheit⟩

ab·klop·fen VERB *(hat)* **1** **jemanden/etwas abklopfen** jemanden/etwas durch Klopfen untersuchen | *Der Arzt klopfte ihn/seinen Rücken ab* | *Sie klopfte die Wand ab* **2** **etwas auf etwas** *(Akkusativ)* **(hin) abklopfen; etwas nach etwas abklopfen** etwas auf etwas hin untersuchen, prüfen | *Argumente auf ihre Stichhaltigkeit hin abklopfen* | *einen Plan nach Fehlern abklopfen* ID weitere Verwendungen → **ab-**

ab·knal·len VERB *(hat); gesprochen, abwertend* **jemanden abknallen** einen Menschen oder ein Tier ohne Mitleid durch Schüsse töten

ab·kni·cken VERB **1** **etwas abknicken** *(hat)* etwas durch Knicken nach unten biegen oder ganz abtrennen ⟨einen Stiel, eine Blume abknicken⟩ **2** **etwas knickt ab** *(ist)* etwas bekommt einen Knick ⟨eine abknickende Vorfahrt(straße)⟩ | *Die Blumen sind abgeknickt*

ab·knöp·fen VERB *(hat); gesprochen* **jemandem etwas abknöpfen** eine Person dazu bringen, etwas (meist gegen ihren Willen) herzugeben ⟨jemandem Geld abknöpfen⟩ ID weitere Verwendungen → **ab-**

ab·knut·schen VERB *(hat); gesprochen, oft abwertend* **jemanden abknutschen** jemanden lange und heftig küssen

ab·ko·chen VERB *(hat)* **etwas abkochen** etwas durch Kochen von Bakterien befreien ⟨Wasser, Milch, medizinische Instrumente abkochen⟩

ab·kom·man·die·ren VERB (kommandierte ab, hat abkommandiert); *meist gesprochen, humorvoll* **jemanden (zu etwas) abkommandieren** einer Person sagen, welche Arbeit sie machen soll | *Meine Mutter hat mich zum Geschirrspülen abkommandiert*

★ **ab·kom·men** VERB *(ist)* **1** **vom Weg abkommen** sich (ohne es zu wollen) von der Richtung entfernen, in die man sich bereits bewegt hat **2** **von der Straße abkommen** beim Fahren mit den Reifen auf den Boden neben der Straße geraten **3** **vom Thema abkommen** über etwas anderes sprechen oder schreiben, als eigentlich geplant war **4** **von etwas abkommen** etwas aufgeben, nicht beibehalten ⟨von einer Ansicht, einem Plan, einem Vorhaben abkommen⟩

Ab·kom·men *das;* (-s, -) **1** **ein Abkommen über etwas** *(Akkusativ)*; **ein Abkommen zu etwas** ein Vertrag zwischen Staaten oder Institutionen ⟨ein internationales Abkommen; ein Abkommen treffen, schließen, unterzeichnen, ratifizieren; einem Abkommen beitreten⟩ | *ein Abkommen über ein Verbot von Landminen/zum Schutz der Wälder* K Handelsabkommen, Kulturabkommen **2** **das Schengener Abkommen** der Vertrag, die Grenzkontrollen zwischen Staaten der EU abzuschaffen

ab·kömm·lich ADJEKTIV *meist prädikativ* frei für eine andere Arbeit oder Aufgabe | *Keiner unserer Mitarbeiter ist zurzeit abkömmlich* **H** meist verneint

Ab·kömm·ling *der*; (-s, -e); *veraltend* ≈ *Nachkomme* | *Er ist ein Abkömmling einer berühmten Familie*

ab·kön·nen VERB (*hat*); *norddeutsch, gesprochen* **jemanden/etwas nicht abkönnen** jemanden oder etwas nicht mögen oder nicht ertragen können

ab·krat·zen VERB **1** **etwas abkratzen** (*hat*) etwas durch Kratzen entfernen oder sauber machen | *Erde von den Schuhen abkratzen* | *den Topf abkratzen* **2** *gesprochen* ⚠ (*ist*) (auf elende Art) sterben

ab·krie·gen VERB (*hat*); *gesprochen* **etwas abkriegen** ≈ *abbekommen*

ab·küh·len VERB (*hat*) **1** **etwas abkühlen** etwas kühler machen | *Ich habe meine Füße in kaltes Wasser gestellt, um sie abzukühlen* **2** **etwas kühlt (sich) ab** etwas wird kühler ⟨die Herdplatte, die Suppe, der Tee, das Wetter⟩ | *Heute Nacht hat es (sich) merklich abgekühlt* **3** **sich abkühlen** sich erfrischen | *ins Wasser springen, um sich abzukühlen*

ab·kup·fern VERB (kupferte ab, hat abgekupfert); *gesprochen* **(etwas) abkupfern** fremde Ideen übernehmen und als eigene ausgeben | *Er hat das halbe Referat von mir abgekupfert*

★ **ab·kür·zen** VERB (*hat*) **1** **etwas abkürzen** zwischen zwei Orten einen kürzeren Weg als den normalen finden ⟨einen Weg abkürzen⟩ **2** **etwas abkürzen** etwas zeitlich kürzer machen | *Können wir das Verfahren nicht etwas abkürzen?* **3** **etwas abkürzen** Buchstaben weglassen, damit ein Wort kürzer wird | *„Und so weiter" kürzt man „usw." ab*

★ **Ab·kür·zung** *die*; (-, -en) **1** ein kürzerer Weg zwischen zwei Orten als der normale ⟨eine Abkürzung gehen, nehmen⟩ **2** ein abgekürztes Wort | *„Fa." ist die Abkürzung von „Firma"* **K** Abkürzungsverzeichnis **3** der Vorgang des Abkürzens | *Eine Abkürzung des Verfahrens ist leider nicht möglich*

ab·küs·sen VERB (*hat*) **jemanden abküssen** jemanden mehrere Male heftig küssen

ab·la·den VERB (*hat*) **1** **etwas (von etwas) abladen** etwas meist von einem Wagen heraus- oder herunternehmen | *Säcke mit Mehl vom Wagen abladen* **2** **etwas abladen** meist einen Wagen leer machen, indem man die Ladung herunternimmt | *einen Lastwagen abladen* **3** **etwas auf jemanden abladen** *gesprochen* jemandem etwas Unangenehmes weitergeben oder jemanden mit etwas Unangenehmem belasten | *Er hat die ganze Verantwortung auf mich abgeladen* **4** **etwas (bei jemandem) abladen** *gesprochen* einer anderen Person von den eigenen Problemen oder Sorgen erzählen (und sich dadurch erleichtern) | *den eigenen Kummer bei einem Freund abladen*

Ab·la·ge *die* **1** ein Fach o. Ä. (im Büro) für Briefe und Dokumente **K** Ablagekorb **2** *nur Singular* das Ordnen von Akten | *die Ablage machen* **3** ein Brett oder Fach, auf das man Kleider legen kann **K** Hutablage, Kleiderablage **4** (CH) ≈ *Agentur, Zweigstelle*

ab·la·gern VERB (*hat*) **1** **etwas lagert etwas/sich ab** etwas bleibt liegen und sammelt sich an | *Hier lagert der Fluss Sand ab* | *In der Wasserleitung lagert sich Kalk ab* **2** **etwas ablagern** etwas lange lagern und es dadurch in der Qualität verbessern ⟨Weine, Fleisch ablagern⟩ **3** **etwas lagert ab** etwas wird durch langes Lagern in der Qualität besser ⟨Wein, Fleisch, Zigarren⟩ • hierzu **Ab·la·ge·rung** *die*

Ab·lass *der*; (-es, Ab·läs·se) (im katholischen Glauben) eine Art Versprechen, dass es für manche Sünden keine oder eine leichtere Strafe geben wird **K** Ablassbrief

ab·las·sen VERB (*hat*) **1** **etwas ablassen** eine Flüssigkeit oder ein Gas aus etwas herausströmen lassen **2** **Dampf ablassen** *gesprochen* Wut oder Ärger deutlich zeigen **3** **von etwas ablassen** etwas nicht mehr planen oder tun | *von einem Plan/von einer Gewohnheit ablassen*

Ab·lass·han·del *der* **1** eine Praxis der Kirche im Mittelalter, Urkunden zu verkaufen, die einer Person bestätigten, dass ihr ihre Sünden erlassen sind **2** eine Handlung, die der Ausgleich für etwas sein soll, für das man sich schuldig fühlt ⟨ein moderner, politischer Ablasshandel⟩

★ **Ab·lauf** *der* **1** die Art und Weise, wie etwas geschieht | *der reibungslose Ablauf der Verhandlungen* **K** Arbeitsablauf, Handlungsablauf, Produktionsablauf **2** die (meist zeitliche) Reihenfolge einer Sache | *Steht der Ablauf des Programms schon fest?* **K** Programmablauf, Tagesablauf **3** das Ende einer Frist | *nach Ablauf der Wartezeit* **4** ein Loch, durch das eine Flüssigkeit aus einem Becken oder einer Wanne fließt ≈ *Abfluss* | *der Ablauf im Waschbecken* **K** Ablaufrohr

Ab·lauf·da·tum *das* das Datum, bis zu dem eine Frist gilt, eine Sache benutzt werden kann oder gültig ist ⟨das Ablaufdatum einer Kreditkarte, einer Versicherung, eines Vertrags⟩

★ **ab·lau·fen** VERB **1** **etwas läuft irgendwie ab** (*ist*) etwas geschieht auf die genannte Weise | *Wie soll das Programm*

WORTSCHATZ

▶ Häufig benutzte Abkürzungen

Abb.	Abbildung
Abs.	Absatz
allg.	allgemein
bzgl.	bezüglich
bzw.	beziehungsweise
ca.	zirka (circa)
cm	Zentimeter
dgl.	dergleichen
d. h.	das heißt
Dr.	Doktor (Titel)
etc.	etcetera
e. V.	eingetragener Verein
evtl.	eventuell
ggf.	gegebenenfalls
h	Stunde
inkl.	inklusive
km	Kilometer
l	Liter
m	Meter
m. E.	meines Erachtens
Mio.	Million(en)
Mrd.	Milliarde(n)
MwSt.	Mehrwertsteuer
Nr.	Nummer
o. Ä.	oder Ähnliches
s.	siehe
S.	Seite
sog.	sogenannt(e, -er, -es)
Tel.	Telefon
u. a.	unter anderem, und anderes
u. U.	unter Umständen
usw.	und so weiter
v. a.	vor allem
vgl.	vergleiche
z. B.	zum Beispiel
z. T.	zum Teil
zzgl.	zuzüglich

ablaufen? **2** **etwas läuft ab** (*ist*) etwas geht zu Ende ⟨eine Frist, eine Wartezeit⟩ **3** **etwas läuft ab** (*ist*) etwas wird ungültig ⟨ein Pass, ein Visum, ein Vertrag⟩ **4** **etwas läuft ab** (*ist*) etwas fließt weg (oft: in den Abfluss) | *In der Dusche läuft das Wasser schlecht ab* **5** **etwas ablaufen** (*hat/ist*) an etwas suchend, prüfend entlanggehen ⟨eine Strecke, ein Gebiet ablaufen⟩ **6** **etwas ablaufen** (*hat*) etwas durch häufiges Laufen abnutzen ⟨die Schuhe, die Sohlen ablaufen⟩

Ab·laut *der; meist Singular* der Wechsel des Vokals in der betonten Silbe von (etymologisch) verwandten Wörtern | *Bei „singen – sang – gesungen" liegt ein Ablaut vor*

Ab·le·ben *das;* (-s); *geschrieben* der Tod eines Menschen

ab·le·cken VERB (*hat*) **etwas ablecken** etwas durch Lecken entfernen oder sauber machen | *den Honig vom Löffel ablecken* | *den Löffel ablecken*

★ **ab·le·gen** VERB (*hat*) **1** **(etwas) ablegen** ein Kleidungsstück vom Körper nehmen ⟨den Mantel, die Jacke ablegen⟩ ≈ *ausziehen* ↔ *anziehen* | *Wollen Sie nicht (den Mantel) ablegen?* **2** **etwas ablegen** eine Prüfung machen ⟨ein Examen, eine Prüfung ablegen⟩ **3** **etwas ablegen** das genannte Verhalten nicht mehr zeigen | *die Schüchternheit ablegen* **4** **etwas ablegen** etwas in einen Ordner tun, damit man es später wieder findet ⟨einen Brief, ein Dokument ablegen⟩ **5** **einen Eid ablegen** etwas (offiziell) schwören **6** **ein Geständnis ablegen** (vor Gericht oder vor der Polizei) zugeben, dass man ein Verbrechen begangen hat **7** **ein Schiff legt ab** ein Schiff fährt vom Ufer weg

Ab·le·ger *der;* (-s, -) der Teil einer Pflanze, den man abschneidet und in Wasser oder in Erde steckt, damit er Wurzeln bildet und zu einer neuen Pflanze heranwächst

★ **ab·leh·nen** VERB (*hat*) **1** **etwas ablehnen** etwas nicht annehmen, weil man es nicht haben will oder kann ⟨ein Amt, eine Einladung, ein Geschenk ablehnen⟩ **2** **etwas ablehnen** etwas nicht akzeptieren, nicht darauf eingehen ⟨eine Bitte, ein Gesuch, eine Forderung, einen Vorschlag ablehnen⟩ **3** **etwas ablehnen** sich weigern, etwas zu tun | *eine Diskussion über etwas ablehnen* | *es ablehnen, einen Befehl auszuführen* **4** **jemanden/etwas ablehnen** jemanden/etwas nicht mögen, für schlecht o. Ä. halten | *Sie wird von ihren Mitschülern abgelehnt* • hierzu **Ab·leh·nung** *die*

ab·leis·ten VERB (*hat*) **etwas ableisten** eine Zeit lang einen Dienst tun ⟨ein Praktikum, den Wehrdienst ableisten⟩

ab·lei·ten VERB (*hat*) **1** **etwas ableiten** störende Gase, Flüssigkeiten oder Strom an einen anderen Ort leiten ⟨Rauch, Dampf ableiten⟩ **2** **etwas von jemandem/etwas ableiten** etwas auf den Ursprung zurückführen **3** **etwas leitet sich von etwas ab** etwas hat den Ursprung in etwas | *Das Wort „Wein" leitet sich von dem lateinischen „vinum" ab*

Ab·lei·tung *die;* (-, -en) **1** *meist Singular* das Ableiten z. B. einer Flüssigkeit in eine andere Richtung **K** Ableitungsrohr **2** *nur Singular* das Zurückführen einer Sache auf den Ursprung **3** ein Wort, das aus einem anderen Wort gebildet wurde | *„säubern" ist eine Ableitung von „sauber"*

★ **ab·len·ken** VERB (*hat*) **1** **etwas lenkt etwas ab** etwas lenkt etwas in eine andere Richtung **2** **(jemanden) (von etwas) ablenken** die Aufmerksamkeit einer Person auf etwas anderes lenken | *jemanden von der Arbeit ablenken* | *Lenk nicht ab!* **3** **(jemanden) (von etwas) ablenken** jemanden auf andere Gedanken bringen ⟨jemanden von den Sorgen, dem Kummer ablenken⟩

Ab·len·kung *die* das Ablenken

Ab·len·kungs·ma·nö·ver *das* Mit einem Ablenkungsmanöver versucht man, die Konzentration oder die Aufmerksamkeit einer anderen Person zu stören

ab·le·sen VERB (*hat*) **1** **(etwas) (von etwas) ablesen** etwas sprechen oder singen, was man schriftlich vor sich hat **2** **etwas ablesen** feststellen, welchen Wert ein Messgerät anzeigt oder welche Information etwas enthält | *die Temperatur vom Thermometer ablesen* | *eine Entwicklung aus einer Statistik ablesen* **3** **jemandem etwas von den Augen, vom Gesicht ablesen** schon an dem Gesichtsausdruck einer Person erkennen, was sie denkt oder was sie sich wünscht • zu (2,3) **ab·les·bar** ADJEKTIV

ab·lich·ten VERB (lichtete ab, hat abgelichtet) **1** **etwas ablichten** *geschrieben* ≈ *fotokopieren* **2** **jemanden/etwas ablichten** *gesprochen* ≈ *fotografieren* • hierzu **Ab·lich·tung** *die*

ab·lie·fern VERB (*hat*) **etwas (bei jemandem) abliefern** jemandem etwas geben oder liefern, wie es besprochen oder befohlen war | *Die Schüler mussten ihre Handys beim Lehrer abliefern* • hierzu **Ab·lie·fe·rung** *die*

ab·lö·schen VERB (*hat*) **etwas (mit etwas) ablöschen** Flüssigkeit zu einer kochenden oder bratenden Speise gießen | *den Braten mit Weißwein ablöschen*

Ab·lö·se *die;* (-, -n) **1** *besonders süddeutsch* Ⓐ die Summe Geld, die man für Möbel o. Ä. zahlt, die man beim Einzug in eine Wohnung vom bisherigen Mieter übernimmt | *Der Vormieter hat eine Ablöse von 4.000 Euro für die Küche verlangt* **2** die Summe Geld, die beim Wechsel eines Sportlers von einem Verein zum anderen bezahlt wird **K** Ablösesumme

★ **ab·lö·sen** VERB (*hat*) **1** **etwas (von etwas) ablösen** etwas vorsichtig von etwas entfernen | *alte Tapeten von der Wand ablösen* **2** **jemanden ablösen** die Tätigkeit oder Arbeit einer anderen Person (für eine begrenzte Zeit) übernehmen | *einen Kollegen bei der Arbeit ablösen* **3** **etwas ablösen** etwas vollständig bezahlen ⟨eine Hypothek⟩ **4** **Dinge (von jemandem) ablösen** dem vorherigen Mieter Geld geben für Dinge, die er in der Wohnung lässt | *In der neuen Wohnung müssen wir die Küche ablösen* **5** **etwas löst sich (von etwas) ab** etwas löst sich (von etwas), etwas wird getrennt • hierzu **Ab·lö·sung** *die;* zu (1,3) **ab·lös·bar** ADJEKTIV

ab·luch·sen [-k-] VERB (luchste ab, hat abgeluchst); *gesprochen* **jemandem etwas abluchsen** jemanden mit List dazu bringen, einem etwas zu geben | *Sie wollte mir 50 Euro für ihr altes Handy abluchsen*

★ **ab·ma·chen** VERB (*hat*) **1** **etwas (von etwas) abmachen** *gesprochen* einen Gegenstand, der eng mit einem anderen Gegenstand verbunden ist, lösen oder entfernen ↔ *anbringen* | *ein Schild/ein Plakat von der Wand abmachen* **2** **etwas (mit jemandem) abmachen** einen Termin mit jemandem machen | *Wir müssen noch einen Termin für unser nächstes Treffen abmachen* **3** **Personen machen etwas (unter sich) ab** Personen klären ein Problem im Gespräch | *Wir wollen das lieber unter uns abmachen* **4** **etwas mit sich** (*Dativ*) **selbst abmachen** selbst die Lösung zu einem Problem finden, es bewältigen ■ ID **Abgemacht!** verwendet, um zu sagen, dass man einen Vorschlag akzeptiert | *„Wir treffen uns morgen, ja?" – „Abgemacht!"*; **Das war eine abgemachte Sache!** drückt aus, dass jemand in einer Situation keine echte Chance hatte, weil andere Personen etwas schon vorher heimlich besprochen hatten • zu (2,3) **Ab·ma·chung** *die*

ab·ma·gern VERB (magerte ab, ist abgemagert) mager werden | *Sie sieht sehr abgemagert aus* • hierzu **Ab·ma·ge·rung** *die*

ab·mah·nen VERB (*hat*) **jemanden abmahnen** eine Person offiziell wegen eines falschen Verhaltens tadeln, kritisieren und ihr mit einer Strafe oder der Kündigung des Vertrags drohen | *wegen des Downloads von Filmen aus dem Inter-*

net abgemahnt werden | *Nach Ansicht des Gerichts hätte der Arbeitnehmer vor der Kündigung abgemahnt werden müssen* **H** oft im Passiv

Ab·mah·nung *die* **1** ein Brief, in dem der Arbeitgeber einen Angestellten dazu auffordert, sich anders zu verhalten **2** ein Brief, mit dem ein Anwalt von einer Person Geld als Strafe verlangt, weil sie Texte, Bilder, Filme, Musik o. Ä. im Internet verwendet hat, obwohl sie nicht das Recht dazu hatte

Ab·marsch *der* der Vorgang, wenn sich eine Gruppe Wanderer oder Soldaten auf den Weg macht ≈ *Aufbruch* ● hierzu **ab·marsch·be·reit** ADJEKTIV

★ **ab·mel·den** VERB *(hat)* **1** **jemanden (bei etwas/von etwas) abmelden** offiziell mitteilen, dass man selbst oder eine andere Person nicht mehr Mitglied sein oder an etwas teilnehmen will ↔ *anmelden* | *die Kinder beim Turnverein abmelden* | *sich von einem Lehrgang wieder abmelden* **2** **etwas abmelden** der zuständigen Institution mitteilen, dass ein Fahrzeug, Telefon o. Ä. nicht mehr benutzt wird ↔ *anmelden* | *das Motorrad über den Winter abmelden* **3** **jemanden abmelden** man meldet sich oder seine Familie beim Einwohnermeldeamt ab, wenn man ins Ausland zieht ↔ *anmelden* **H** → Infos unter **anmelden** **4** **sich (bei jemandem) abmelden** einem Vorgesetzten mitteilen, dass man an einen anderen Ort oder in Urlaub geht ↔ *zurückmelden* ■ **ID bei jemandem abgemeldet sein** *gesprochen* durch das eigene Verhalten jemandes Sympathie verloren haben ● hierzu **Ab·mel·dung** *die*

ab·mes·sen VERB *(hat)* **etwas abmessen** die Größe oder Menge messen | *einen halben Liter Milch abmessen* | *abmessen, ob genug Platz für den Schrank ist*

Ab·mes·sung *die* **1** *nur Singular* das Abmessen einer Größe oder Menge **2** *meist Plural* die Länge, Breite und Höhe eines Gegenstands | *die Abmessungen eines Sportplatzes*

ab·mil·dern VERB *(hat)* **etwas mildert etwas ab** etwas macht etwas schwächer, geringer ⟨etwas mildert den Lärm, den Druck ab⟩ | *Der weiche Boden milderte den Sturz ab* ● hierzu **Ab·mil·de·rung** *die*

ab·mon·tie·ren VERB (montierte ab, hat abmontiert) **etwas (von etwas) abmontieren** etwas von etwas entfernen | *die Räder (von dem Auto) abmontieren*

ab·mü·hen VERB *(hat)* **sich (mit jemandem/etwas) abmühen** sich mit einer (anstrengenden) Arbeit oder mit einer anderen Person große Mühe geben (z. B. um dieser Person etwas zu lehren)

ab·murk·sen VERB (murkste ab, hat abgemurkst) **jemanden abmurksen** *gesprochen, abwertend* ≈ *töten*

ab·na·beln VERB (nabelte ab, hat abgenabelt) **1** **jemanden abnabeln** ein neugeborenes Kind von der Nabelschnur trennen **2** **sich (von jemandem) abnabeln** *gesprochen* sich aus einer sehr engen Bindung zu jemandem lösen ● hierzu **Ab·na·be·lung** *die*

Ab·nä·her *der*; (-s, -) eine zusätzliche Falte, die in ein Kleidungsstück genäht wird, um es enger zu machen ● hierzu **ab·nä·hen** VERB *(hat)*

Ab·nah·me *die*; (-) **1** ≈ *Kauf* | *die Abnahme großer Mengen Getreide* **2** der Verlust von Körpergewicht | *Eine Abnahme von 10 Pfund ist bei dieser Diät durchaus möglich* **K** Gewichtsabnahme **3** die Tatsache, dass eine Zahl kleiner wird | *die starke Abnahme der Geburten* **4** das Feststellen von Kenntnissen oder einer Leistung | *die Abnahme der Prüfung*

★ **ab·neh·men** VERB *(hat)* **1** **etwas abnehmen** etwas von der bisherigen Position herunternehmen ⟨den Telefonhörer, den Hut, einen Deckel, die Wäsche, ein Bild abnehmen⟩ | *Nimm bitte die Mütze ab!* **2** **etwas abnehmen** eine Leistung, den Zustand einer Sache prüfen, kontrollieren ⟨eine Prüfung, ein Fahrzeug abnehmen⟩ **3** **(jemandem) etwas abnehmen** einem Händler Waren abkaufen **4** **jemandem etwas abnehmen** einen schweren Gegenstand oder eine schwierige Aufgabe für jemanden übernehmen | *jemandem eine Last/ein großes Problem abnehmen* **5** **jemandem etwas abnehmen** etwas von jemandem verlangen und es behalten | *Ihm wurde wegen zu schnellen Fahrens der Führerschein abgenommen* | *Wenn man da reinwill, nehmen sie einem fünf Euro ab* **6** **jemandem etwas abnehmen** *gesprochen* einer Person glauben, was sie erzählt | *Du glaubst doch nicht, dass ich dir diese Geschichte abnehme!* | *Hat er dir abgenommen, dass du krank warst?* **7** **(jemandem) etwas abnehmen** jemandem einen Körperteil entfernen, abtrennen ⟨jemandem den Arm, einen Finger abnehmen⟩ ≈ *amputieren* **8** **(etwas) abnehmen** beim Stricken weniger Maschen machen | *am Rand zwei Maschen abnehmen* **9** **(etwas) abnehmen** an Gewicht verlieren ↔ *zunehmen* | *Ich habe schon drei Kilo abgenommen!* **10** **etwas nimmt ab** etwas wird in der Intensität schwächer ⟨der Sturm, die Kälte, das Gehör, das Leistungsvermögen⟩ ≈ *nachlassen* **11** **etwas nimmt ab** etwas wird immer weniger, reduziert sich | *Die Zahl der Geburten nimmt ständig ab* **12** **der Mond nimmt ab** Der Mond ist jede Nacht zu einem kleineren Teil sichtbar als die Nacht davor

Ab·neh·mer *der*; (-s, -) eine Person oder Firma, die etwas kauft | *Ich brauche einen Abnehmer für meine zwei Konzertkarten* ● hierzu **Ab·neh·me·rin** *die*

★ **Ab·nei·gung** *die* **eine Abneigung (gegen jemanden/etwas)** *meist Singular* ein starkes Gefühl, dass man eine Person oder Sache nicht mag ↔ *Zuneigung*

ab·ni·cken VERB *(hat)*; *gesprochen* **etwas abnicken** einem Vorschlag, Antrag o. Ä. ohne Diskussion oder Kritik zustimmen und damit einverstanden sein | *Der Stadtrat hatte die Baupläne damals einfach abgenickt*

ab·nip·peln VERB (nippelte ab, ist abgenippelt); *norddeutsch, gesprochen, abwertend* ≈ *sterben*

ab·norm ADJEKTIV **1** anders als das, was allgemein als normal gilt ⟨eine Veranlagung; jemandes Verhalten⟩ **2** über das Normale hinausgehend | *ein abnorm übergewichtiger Mann*

ab·nor·mal ADJEKTIV ≈ *abnorm*

ab·nö·ti·gen VERB *(hat)* **jemandem etwas abnötigen** eine Person oder sich selbst mit psychischem Druck dazu bringen, etwas zu tun ⟨jemandem eine Erklärung, ein Geständnis, ein Kompliment abnötigen; sich *(Dativ)* ein Lächeln abnötigen⟩

ab·nut·zen VERB *(hat)* **1** **etwas abnutzen** etwas durch häufigen Gebrauch im Wert mindern oder in der Funktion schlechter machen ⟨Kleider, Geräte, ein Sofa, einen Stuhl abnutzen⟩ **2** **etwas nutzt sich ab** etwas verliert durch den Gebrauch an Wert, wird schlechter ● hierzu **Ab·nut·zung** *die*

Abo *das*; (-s, -s); *gesprochen* Kurzwort für *Abonnement*

Abon·ne·ment [abɔn(ə)'mã:] *das*; (-s, -s) **ein Abonnement (für etwas)** ein Vertrag, mit dem man sich verpflichtet, etwas für längere Zeit immer wieder zu kaufen ⟨ein Abonnement für eine Zeitung, eine Zeitschrift, das Theater; ein Abonnement haben, erneuern, abbestellen; etwas im Abonnement haben⟩

Abon·nent *der*; (-en, -en) eine Person, die ein Abonnement hat **H** *der Abonnent; den, dem, des Abonnenten* ● hierzu **Abon·nen·tin** *die*

★ **abon·nie·ren** VERB (abonnierte, hat abonniert) **etwas abonnieren** etwas so kaufen, dass man es regelmäßig bekommt ⟨eine Zeitung, eine Zeitschrift abonnieren⟩ ■ **ID auf etwas**

(*Akkusativ*) **abonniert sein** immer wieder in die genannte Situation geraten | *Ich bin zurzeit auf Autounfälle abonniert*

ab·ord·nen VERB (*hat*) **jemanden (zu/nach etwas) abordnen** jemandem einen offiziellen Auftrag geben

Ab·ord·nung *die* **1** *nur Singular* das Abordnen **2** eine Gruppe von Personen, die offiziell zu einer Veranstaltung geschickt wird ⟨eine Abordnung entsenden⟩ ≈ *Delegation* K Regierungsabordnung

Abort *der* **1** ≈ *Toilette* H *Abort* wird in der Hochsprache gemieden, ist aber in der Amtssprache noch gebräuchlich. **2** *geschrieben* ⟨einen Abort haben⟩ ≈ *Fehlgeburt*

ab·pa·cken VERB (*hat*) **etwas abpacken** eine kleine Menge einer Sache verpacken, um es zu verkaufen | *Fleisch, Wurst und Käse sind abgepackt* ● hierzu **Ab·pa·ckung** *die*

ab·pas·sen VERB (*hat*) **1 jemanden abpassen** auf eine Person warten, um mit ihr zu sprechen | *Die Journalisten passten den Minister am Eingang zum Bundestag ab* **2 etwas abpassen** warten, bis der Zeitpunkt für etwas gekommen ist ⟨den richtigen Augenblick, eine günstige Gelegenheit abpassen⟩

ab·per·len VERB (*ist*) **etwas perlt ab** etwas kann in etwas nicht eindringen und bildet deswegen an dessen Oberfläche Tropfen | *Das Wasser perlt an den Federn der Ente ab*

ab·pfei·fen VERB (*hat*) **(etwas) abpfeifen** (als Schiedsrichter) ein Spiel durch einen Pfiff beenden ● hierzu **Ab·pfiff** *der*

ab·pla·gen VERB (*hat*) **sich (mit etwas) abplagen** ≈ *abmühen*

ab·plat·zen VERB (*ist*) **etwas platzt (von etwas) ab** etwas löst sich als Schicht plötzlich von der Oberfläche eines Gegenstandes ⟨die Farbe, der Lack⟩

ab·pral·len VERB (*ist*) **etwas prallt irgendwo ab** etwas wird beim Auftreffen auf einen Gegenstand zurückgeworfen | *Der Ball prallte vom Torpfosten ab* ● hierzu **Ab·prall** *der*

ab·pum·pen VERB (*hat*) **etwas abpumpen** etwas mit einer Pumpe von irgendwo entfernen | *Die Feuerwehr pumpte das Wasser ab, das im Keller stand*

ab·put·zen VERB (*hat*) **etwas (von etwas) abputzen** Schmutz von etwas entfernen und etwas sauber machen | *die Erde von den Schuhen abputzen* | *Putz dir die Schuhe ab, bevor du ins Haus gehst!*

ab·quä·len VERB (*hat*) **1 sich (mit jemandem/etwas) abquälen** sich mit jemandem/etwas so viel Mühe geben, dass es zur Qual wird **2 sich** (*Dativ*) **etwas abquälen** etwas mit großer Mühe und Anstrengung schaffen ⟨sich (*Dativ*) ein Lächeln abquälen⟩

ab·qua·li·fi·zie·ren VERB (qualifizierte ab, hat abqualifiziert) **jemanden/etwas abqualifizieren** von den Eigenschaften einer Person oder Sache eine sehr schlechte Meinung haben | *einen Kandidaten abqualifizieren*

ab·ra·ckern VERB (*hat*) **sich (mit etwas) abrackern** *gesprochen* ≈ *abmühen*

Ab·ra·ka·dab·ra (*das*); (-s) verwendet (als Zauberformel) von Zauberkünstlern, bevor sie einen Trick vorführen

ab·ra·sie·ren VERB (rasierte ab, hat abrasiert) **1 (jemandem) etwas abrasieren** etwas durch Rasieren entfernen | *Ich will mir den Bart/die Haare abrasieren* **2 etwas rasiert etwas ab** *gesprochen* eine Explosion, ein Sturm o. Ä. entfernt etwas oder zerstört es völlig

ab·ra·ten VERB (*hat*) **(jemandem) (von etwas) abraten** jemandem empfehlen, etwas nicht zu tun | *jemandem von einem Plan abraten* | *Da kann ich nur abraten*

ab·räu·men VERB (*hat*) **(etwas) abräumen** Gegenstände, die auf (der Oberfläche von) etwas stehen, von dort wegnehmen ⟨das Geschirr, den Tisch abräumen⟩

ab·rau·schen VERB (*ist*); *gesprochen* sich schnell entfernen

ab·re·a·gie·ren VERB (reagierte ab, hat abreagiert) **1 etwas (an jemandem/etwas) abreagieren** (einer Person oder Sache) etwas tun, damit man die Aggressionen o. Ä. los wird ⟨den Ärger, die Enttäuschung an jemandem/etwas abreagieren⟩ | *Er reagiert seine schlechte Laune ständig an mir ab* **2 sich (an jemandem/etwas) abreagieren** (jemandem/etwas) etwas tun, um sich wieder zu beruhigen | *Er reagiert sich ständig an seinen Kindern ab* | *Ich kann mich beim Sport toll abreagieren*

★ **ab·rech·nen** VERB (*hat*) **1 etwas (von etwas) abrechnen** etwas von einer Summe, einer Zahl abziehen/subtrahieren | *die Unkosten vom Umsatz abrechnen* | *die Steuern vom Lohn abrechnen* **2** am Ende eines Zeitraums eine Rechnung machen | *Die Kassiererin muss jeden Abend genau abrechnen* **3 mit jemandem abrechnen** sich an einer Person für ein Unrecht rächen, das sie getan hat

Ab·rech·nung *die* **1** die Rechnung, die alle Kosten einer Arbeit enthält ⟨die monatliche, jährliche Abrechnung machen⟩ K Abrechnungsbuch, Abrechnungsunterlagen; Betriebsabrechnung, Jahresabrechnung, Lohnabrechnung, Gehaltsabrechnung **2 die Abrechnung (mit jemandem)** *nur Singular* so handeln, dass eine Person für den Schaden, den sie gemacht hat, bestraft wird oder deshalb Probleme bekommt | *Die Stunde der Abrechnung ist gekommen*

Ab·re·de *die* **etwas in Abrede stellen** *geschrieben* deutlich sagen und dabei stark betonen, dass etwas nicht wahr ist

ab·re·gen VERB (*hat*) **sich (wieder) abregen** *gesprochen* ≈ *beruhigen* | *Komm, reg dich ab!*

ab·rei·ben VERB (*hat*) **1 etwas abreiben** etwas durch Reiben entfernen oder sauber machen | *den Rost von dem Blech abreiben* | *das Blech abreiben* **2 jemanden abreiben** jemanden, sich selbst oder etwas (mit einem Handtuch) trocken reiben **3 etwas reibt sich ab** etwas nutzt sich durch starke Reibung mit der Unterlage ab, wird beschädigt ⟨ein Reifen, ein Stoff, ein Tuch⟩

Ab·rei·bung *die* **1** *gesprochen* Schläge oder Prügel, die jemand als Strafe bekommt ⟨jemandem eine gehörige, anständige Abreibung verabreichen, verpassen⟩ **2** das Einreiben der Haut z. B. mit Schnee (zu Heilzwecken)

Ab·rei·se *die*; *meist Singular* der Beginn einer Reise ⟨bei der Abreise⟩ K Abreisetag, Abreisetermin

ab·rei·sen VERB (*ist*) mit einer Reise beginnen

ab·rei·ßen VERB **1 etwas (von etwas) abreißen** (*hat*) etwas durch Reißen von etwas trennen | *ein Blatt vom Kalender abreißen* K Abreißblock, Abreißkalender **2 etwas abreißen** etwas Gebautes in Teile zerlegen und diese wegbringen ⟨ein Gebäude, ein Gerüst abreißen⟩ **3 etwas reißt ab** (*ist*) etwas hört plötzlich auf oder wird unterbrochen ⟨die Telefonverbindung, der Kontakt⟩ **4 etwas reißt nicht ab** (*ist*) etwas hört nicht auf | *Die Kette der schlimmen Unfälle auf den Autobahnen reißt nicht ab*

ab·rich·ten VERB (*hat*) **ein Tier abrichten** ein Tier erziehen ≈ *dressieren* ● hierzu **Ab·rich·tung** *die*

Ab·rieb *der*; (-(e)s) **1** die Abnutzung durch Reibung K Reifenabrieb **2** das abgeriebene Material

ab·rieb·fest ADJEKTIV so, dass etwas nicht durch Reibung entfernt werden kann ⟨eine Farbe, eine Lackierung, eine Schicht⟩

ab·rie·geln VERB (riegelte ab, hat abgeriegelt) **etwas abriegeln** mit einem Riegel oder einer anderen Art von Sperre verhindern, dass etwas geöffnet oder betreten wird ⟨die Tür, das Tor, das Fenster abriegeln⟩ | *Die Polizei hat die Unfallstelle abgeriegelt* ● hierzu **Ab·rie·ge·lung** *die*

ab·rin·gen VERB (*hat*) **1 jemandem etwas abringen** von jemandem etwas nur mit großer Mühe bekommen | *den Eltern eine Erlaubnis abringen* **2 sich** (*Dativ*) **etwas abringen** sich mühsam zwingen, etwas zu sagen oder zu tun

| *Ich rang mir ein Lächeln ab*

Ab·riss *der; meist Singular* **1** der Vorgang, wenn ein Gebäude abgerissen wird K Abrissarbeiten, Abrissfirma, Abrissgebäude **2** eine kurze Darstellung, ein Überblick über das Wichtigste | *ein Abriss der deutschen Geschichte*

ab·rol·len VERB **1** **etwas (von etwas) abrollen** (*hat*) etwas von einer Rolle herunternehmen, indem man es abwickelt ⟨ein Seil, ein Kabel abrollen⟩ **2** **etwas rollt ab** (*ist*) etwas läuft von einer Rolle herunter ⟨ein Kabel, ein Seil, ein Film⟩ **3** **sich abrollen** (*hat*) mit dem Körper eine rollende Bewegung machen, um einen Aufprall zu mindern | *Bei der Landung rollte sich der Fallschirmspringer geschickt ab*

ab·rub·beln VERB (*hat*) **jemanden abrubbeln** *besonders norddeutsch, gesprochen* den eigenen Körper oder den einer anderen Person kräftig trocken reiben

ab·rü·cken VERB **1** **von jemandem/etwas abrücken** (*ist*) sich von jemandem/etwas ein kleines Stück entfernen | *Er rückte ein bisschen von seinem Sitznachbarn ab* **2** **von jemandem/etwas abrücken** (*ist*) deutlich zeigen, dass man mit jemandem/etwas nicht mehr einverstanden ist | *von seinen Anschauungen abrücken* **3** **Soldaten rücken ab** (*sind*) Soldaten verlassen einen Ort **4** **etwas (von etwas) abrücken** (*hat*) etwas ein kleines Stück von etwas wegschieben | *den Schrank von der Wand abrücken*

Ab·ruf *der; meist Singular* **1** **auf Abruf** bereit, sofort einer Aufforderung zu folgen | *sich auf Abruf bereithalten* **2** das Bestellen einer Ware **3** die Entnahme von Informationen aus dem Computer

★ **ab·ru·fen** VERB (*hat*) **1** **etwas abrufen** sagen, dass man bestellte Waren jetzt haben will **2** **etwas abrufen** Daten aus dem Speicher eines Computers holen • zu (1) **ab·ruf·be·reit** ADJEKTIV

ab·run·den VERB (*hat*) **1** **etwas abrunden** etwas rund machen ⟨eine Kante, eine Ecke abrunden⟩ **2** **etwas (auf etwas (*Akkusativ*)) abrunden** eine Zahl auf die nächste runde oder volle Zahl bringen, indem man etwas davon abzieht (oder seltener etwas hinzufügt) ↔ *aufrunden* | *10,35 € auf 10 € abrunden* | *die Zahl 6,391 auf 6,39 abrunden* **3** **jemand/etwas rundet etwas ab** jemand oder etwas verbessert, vervollständigt den Gesamteindruck einer Sache ⟨etwas rundet ein Programm, einen Bericht, den Geschmack ab⟩ • hierzu **Ab·run·dung** *die*

ab·rupt ADJEKTIV plötzlich und überraschend (eintretend) ⟨ein Ende; etwas abrupt abbrechen, beenden⟩

ab·rüs·ten VERB (*hat*) **ein Staat rüstet ab** ein Staat reduziert die Zahl der Waffen und Soldaten

Ab·rüs·tung *die; nur Singular* das Abrüsten K Abrüstungsabkommen, Abrüstungsverhandlungen

ab·rut·schen VERB (*ist*) **1** (den Halt verlieren und) seitwärts (nach unten) rutschen **2** *gesprochen* im Niveau sinken, schlechter werden ⟨jemandes Leistungen⟩ | *Dieses Jahr ist er in Mathematik stark abgerutscht*

ABS [aːbeːˈ|ɛs] **Antiblockiersystem** *das; nur in dieser Form* ein System, das verhindert, dass die Reifen eines Autos blockieren, wenn man stark bremst | *Der Wagen ist mit ABS ausgerüstet*

ab·sa·cken VERB (*ist*); *gesprochen* **1** **etwas sackt ab** etwas sinkt (plötzlich) nach unten ⟨der Boden, das Fundament, das Flugzeug⟩ **2** **jemand/etwas sackt ab** jemand oder etwas wird im Niveau schlechter ⟨jemandes Leistungen⟩ | *Er ist dieses Jahr in Chemie abgesackt*

Ab·sa·cker *der; (-s, -); gesprochen* ein letztes alkoholisches Getränk vor dem Heimweg oder Schlafengehen | *Wollen wir noch einen Absacker trinken?*

Ab·sa·ge *die* **1** die Mitteilung, dass etwas abgelehnt ist ⟨eine Absage erhalten; jemandem eine Absage erteilen⟩ ↔ *Zusage* **2** **eine Absage an jemanden/etwas** die Zurückweisung oder Ablehnung einer Sache | *Sein Austritt aus der Partei war eine Absage an diese Art der Politik*

★ **ab·sa·gen** VERB (*hat*) **1** **etwas absagen** mitteilen, dass etwas nicht stattfindet ⟨ein Konzert, eine Konferenz, den Besuch absagen⟩ ↔ *ankündigen* **2** **(jemandem) absagen** jemandem mitteilen, dass etwas Geplantes nicht stattfinden kann ↔ *zusagen* | *Sie wollte kommen, aber dann hat sie abgesagt*

ab·sä·gen VERB (*hat*) **1** **etwas (von etwas) absägen** etwas von etwas durch Sägen entfernen | *einen abgestorbenen Ast absägen* **2** **jemanden absägen** *gesprochen* eine Person aus ihrer Position entfernen oder diese entlassen ⟨einen Politiker, einen Trainer absägen⟩

ab·sah·nen VERB (sahnte ab, hat abgesahnt) **(etwas) absahnen** *gesprochen* etwas Wertvolles (auf nicht ganz korrekte Weise) in den eigenen Besitz bringen | *bei einem Geschäft eine Menge Geld absahnen*

★ **Ab·satz** *der* **1** der Teil eines geschriebenen Textes, der mit einer neuen Zeile beginnt und meist aus mehreren Sätzen besteht ≈ *Abschnitt* | *einen/mit einem neuen Absatz beginnen* | *einen Absatz lesen* **2** eine Stelle in einem geschriebenen Text, an der ein neuer Absatz beginnt ⟨einen Absatz machen⟩ **3** *meist Singular* der Verkauf von Waren ⟨etwas findet großen, guten, reißenden Absatz; der Absatz stockt⟩ K Absatzflaute, Absatzgebiet, Absatzkrise, Absatzmarkt **4** eine große, breite Stufe, die eine Treppe unterbricht | *auf dem Absatz stehen bleiben* **5** der erhöhte Teil der Schuhsohle unter der Ferse ⟨flache/niedrige, hohe Absätze⟩ K Gummiabsatz, Stiefelabsatz ■ ID **auf dem Absatz kehrtmachen** plötzlich umkehren

ab·sau·fen VERB (*ist*); *gesprochen* **1** ⟨ein Schiff⟩ ≈ *sinken* **2** ≈ *ertrinken* **3** **etwas säuft ab** etwas funktioniert nicht mehr, weil die Zündkerzen nass sind ⟨ein Auto, ein Motor⟩

ab·sau·gen VERB (*hat*) **etwas (aus/von etwas) absaugen** etwas durch Saugen entfernen oder sauber machen | *den Teppich absaugen* | *das Regenwasser mit einer Pumpe absaugen*

★ **ab·schaf·fen** VERB (schaffte ab, hat abgeschafft) **1** **etwas abschaffen** Gesetze oder Regelungen nicht mehr gültig sein lassen ⟨die Todesstrafe abschaffen⟩ **2** **etwas abschaffen** *gesprochen* etwas (das regelmäßig Geld kostet oder viel Mühe macht) aus dem eigenen Besitz weggeben ⟨ein Haustier, ein Auto abschaffen⟩ ↔ *anschaffen* **3** **etwas abschaffen** *gesprochen* etwas für immer beseitigen | *Diese langen Sitzungen sollte man abschaffen/gehören abgeschafft* • hierzu **Ab·schaf·fung** *die*

★ **ab·schal·ten** VERB (*hat*) **1** **(etwas) abschalten** mit einem Schalter bewirken, dass ein Motor oder ein elektrisches Gerät nicht mehr in Betrieb ist ↔ *einschalten* | *den Fernseher abschalten* **2** *gesprochen* aufhören, sich auf etwas zu konzentrieren | *Gegen Ende des Vortrages schaltete ich ab* **3** nicht mehr an Sorgen denken, sondern sich entspannen | *im Urlaub mal richtig abschalten*

★ **ab·schät·zen** VERB (*hat*) **etwas abschätzen** überlegen, wie etwas (vor allem in Zukunft) sein könnte ⟨einen Gewinn, ein Risiko abschätzen⟩ | *abschätzen, wie lange etwas noch dauern wird* • hierzu **Ab·schät·zung** *die*

ab·schät·zig ADJEKTIV ⟨eine Bemerkung, ein Blick⟩ so, dass Verachtung oder Spott deutlich werden | *jemanden/etwas abschätzig beurteilen*

ab·schau·en VERB (*hat*); *gesprochen* ≈ *abgucken*

Ab·schaum *der; nur Singular; abwertend* die Menschen, die von anderen Menschen als moralisch schlecht oder minderwertig angesehen werden ⟨der Abschaum der Menschheit, der Gesellschaft⟩

★ **Ab·scheu** *der;* (-s), **Ab·scheu** *die;* (-) **Abscheu (vor/gegenüber jemandem/etwas)** ein physischer oder moralischer Ekel, ein heftiger Widerwille, eine sehr starke Abneigung ⟨tiefe/tiefer Abscheu; Abscheu haben, empfinden⟩

ab·scheu·er·re·gend, Ab·scheu er·re·gend ADJEKTIV so, dass man Abscheu empfindet ⟨ein Anblick, ein Geruch⟩

★ **ab·scheu·lich** ADJEKTIV **1** aus moralischer Sicht sehr schlecht ⟨ein Laster, ein Verbrechen, eine Lüge⟩ **2** so unangenehm, dass man es nicht ertragen kann ⟨ein Gestank; abscheulich aussehen, riechen⟩ ≈ *ekelhaft* **3** *gesprochen* in negativer Weise das normale Maß weit überschreitend ≈ *schrecklich* | *Es ist abscheulich kalt* | *Das tut abscheulich weh* ● hierzu **Ab·scheu·lich·keit** *die*

ab·schi·cken VERB *(hat)* **etwas abschicken** Post an jemanden senden ⟨einen Brief, ein Paket abschicken⟩

ab·schie·ben VERB **1** **etwas auf jemanden abschieben** *(hat)* etwas, das man nicht haben will, auf eine andere Person übertragen ⟨die Schuld, die Verantwortung auf jemanden abschieben⟩ **2** **jemanden abschieben** *(hat)* eine Person zwingen, das Land sofort zu verlassen, weil man nicht will, dass diese dort lebt ⟨Asylanten, Flüchtlinge, unerwünschte Personen abschieben⟩ K Abschiebehaft **3** **jemanden abschieben** *gesprochen (hat)* einer Person die Macht nehmen, indem man sie an einem anderen Ort einsetzt | *einen Richter in die Provinz abschieben* H weitere Verwendungen → ab- **4** *gesprochen, abwertend (ist)* weggehen | *Er schob beleidigt ab* | *Schieb ab!* ● zu (2,3) **Ab·schie·bung** *die*

★ **Ab·schied** *der;* (-(e)s, -e); *meist Singular* **1** **der Abschied (von jemandem/etwas)** die Situation, die Worte und die Geste, wenn man selbst oder eine andere Person weggeht | *ein tränenreicher Abschied* K Abschiedsbrief, Abschiedsfeier, Abschiedskuss, Abschiedsschmerz, Abschiedswort **2** **(von jemandem/etwas) Abschied nehmen** *geschrieben* sich von jemandem/etwas verabschieden **3** *geschrieben* die (Bitte um) Entlassung meist eines hohen Beamten oder Offiziers ⟨den Abschied nehmen, einreichen⟩ K Abschiedsgesuch

SPRACHGEBRAUCH

▶ Der Abschied

Man kann sich, je nach Situation, mit folgenden Worten verabschieden:

höflich und neutral:

(Auf) Wiedersehen!; *süddeutsch* Ⓐ **Auf Wiederschauen!**; Ⓒⓗ **Auf Wiederluege!**;
Bis später!, Bis morgen!, Bis bald!, Bis zum nächsten Mal!

am Freitag:

Schönes Wochenende!

am Telefon:

(Auf) Wiederhören!

unter Freunden:

Tschüs(s)!, Machs gut!, Man sieht sich!,
süddeutsch Ⓐ **Servus!**, Ⓐ **Baba!**, Ⓒⓗ **Salü!**

vor den Ferien oder dem Urlaub:

Schöne Ferien!, Schönen Urlaub!, Gute Reise!

vor dem Schlafengehen:

Gute Nacht!, Schlaf(t) gut!

ab·schie·ßen VERB *(hat)* **1** **etwas abschießen** etwas (z. B. einen Pfeil oder eine Rakete) in Bewegung setzen **2** **etwas abschießen** eine Schusswaffe benutzen ⟨eine Pistole, ein Gewehr o. Ä. abschießen⟩ **3** **ein Tier abschießen** ein wildes Tier mit einem Schuss töten **4** **jemanden/etwas abschießen** ein Fahrzeug oder Flugzeug (im Krieg) durch Schüsse zerstören ⟨ein Flugzeug, einen Panzer abschießen⟩ | *Er wurde abgeschossen, als er über feindliches Territorium flog* **5** **jemanden abschießen** *gesprochen* eine Person, die eine hohe Stellung hat, von ihrem Posten entfernen ⟨einen Politiker, einen Manager, einen Trainer abschießen⟩ H weitere Verwendungen → ab-

ab·schir·men VERB (schirmte ab, hat abgeschirmt) **1** **jemanden/etwas (gegen etwas) abschirmen** eine Person/Sache vor etwas schützen oder eine Sache von jemandem/etwas fernhalten | *jemanden gegen neugierige Blicke abschirmen* **2** **etwas abschirmen** die (unangenehme) Wirkung einer Sache mit einem schützenden Gegenstand verringern ⟨Licht, Lärm abschirmen⟩ ● hierzu **Ab·schir·mung** *die*

ab·schlach·ten VERB *(hat)* **jemanden abschlachten** Menschen oder Tiere grausam (und in großer Zahl) töten

Ab·schlag *der* **1** der erste Teil einer Geldsumme, die gezahlt werden muss K Abschlagssumme, Abschlagszahlung **2** der Betrag, um den ein Preis reduziert wird | *ein Abschlag von zehn Prozent* **3** das Abschlagen des Balls

ab·schla·gen VERB *(hat)* **1** **(jemandem) etwas abschlagen** den Wunsch einer anderen Person nicht erfüllen ⟨jemandem eine Bitte, einen Wunsch abschlagen⟩ **2** **(den Ball) abschlagen** (beim Fußball) den Ball (vom Tor aus) ins Spielfeld schießen H weitere Verwendungen → ab-

ab·schlä·gig ADJEKTIV; *geschrieben* ablehnend ⟨eine Antwort, ein Bescheid; etwas abschlägig beantworten⟩

ab·schlei·fen VERB *(hat)* **1** **etwas abschleifen** etwas durch Schleifen entfernen oder glatt und sauber machen | *die alte Farbe vom Schrank abschleifen* | *das Brett abschleifen* **2** **etwas schleift sich ab** etwas wird durch Reibung glatt

★ **ab·schlep·pen** VERB *(hat)* **1** **jemanden/etwas abschleppen** ein kaputtes Fahrzeug mithilfe eines anderen Fahrzeugs irgendwohin ziehen | *Er hat mich/mein Auto abgeschleppt* K Abschleppdienst, Abschleppseil, Abschleppstange **2** **jemanden abschleppen** *gesprochen* jemanden (meist mit sexuellen Absichten) zu sich nach Hause nehmen **3** **sich (mit etwas) abschleppen** *gesprochen* große Mühe beim Tragen von etwas Schwerem haben

Ab·schlepp|wa·gen *der* ein kleiner Lastwagen mit einer Art Kran, mit dem man Autos abtransportiert

★ **ab·schlie·ßen** VERB *(hat)* **1** **etwas abschließen** etwas mit einem Schlüssel verschließen ⟨einen Schrank, eine Tür, eine Wohnung abschließen⟩ ↔ *aufschließen* **2** **etwas abschließen** etwas wie geplant beenden ⟨eine Schule, ein Studium, eine Untersuchung (erfolgreich) abschließen⟩ | *Für diese Stelle benötigen Sie eine abgeschlossene Ausbildung* **3** **etwas abschließen** sich mit jemandem über etwas einigen oder etwas unterschreiben und in Kraft setzen ⟨eine Versicherung, einen Vertrag, eine Wette abschließen⟩ ≈ *vereinbaren* **4** **jemanden/etwas von etwas abschließen** jemanden/etwas durch ein Hindernis von der Umwelt trennen | *Das Dorf wurde durch die Lawine von der Umwelt abgeschlossen* H meist im Passiv **5** **etwas hermetisch/luftdicht abschließen** einen Raum so schließen, dass keine Luft herauskommen oder hineinkommen kann **6** **jemand/etwas schließt mit etwas ab** *geschrieben* jemand/etwas endet mit etwas | *Die Geschichte schließt mit dem Tod des Helden ab* **7** **mit etwas abschließen** etwas in der Bilanz ermitteln ⟨mit Gewinn, Verlust abschließen⟩ **8** **sich (von jemandem/gegen jemanden) abschließen** *geschrieben* den Kontakt zu jemandem aufgeben

Ab·schluss *der* **1** das geplante (erfolgreiche) Ende einer

Sache ⟨der Abschluss des Studiums, der Arbeit, der Untersuchung, der Verhandlung; zu einem Abschluss gelangen/kommen; etwas zum Abschluss bringen⟩ K Abschlussbericht **2** die Prüfung, mit der eine Ausbildung endet ⟨einen Abschluss machen; keinen, einen guten Abschluss haben⟩ | *die Schule ohne Abschluss verlassen* K Abschlussball, Abschlussfeier, Abschlussprüfung, Abschlusszeugnis; Hauptschulabschluss, Realschulabschluss, Schulabschluss **3** das Abschließen von Verträgen o. Ä. ⟨der Abschluss eines Bündnisses, eines Vertrags, einer Versicherung; kurz vor dem Abschluss stehen⟩ K Geschäftsabschluss, Vertragsabschluss **4** die Bilanz, die ein Geschäft aufstellt ⟨den Abschluss machen⟩ K Jahresabschluss

ab·schme·cken VERB (*hat*) **(etwas) abschmecken** (während der Zubereitung) den Geschmack einer Speise prüfen und sie dann entsprechend würzen ⟨die Soße abschmecken⟩

ab·schmel·zen VERB (*ist*) **etwas schmilzt ab** etwas Gefrorenes wird frei von Eis oder flüssig ⟨ein Gletscher, die Pole⟩

ab·schmet·tern VERB (*hat*) **jemanden/etwas abschmettern** *gesprochen* jemandes Wunsch oder Plan sehr entschlossen (und unerwartet) ablehnen ⟨einen Antrag, eine Beschwerde abschmettern⟩

ab·schmie·ren VERB (*ist*) **1** ⟨ein Flugzeug⟩ **schmiert ab** ein Flugzeug dreht sich zur Seite (und stürzt dann ab) **2** **etwas schmiert ab** etwas hört plötzlich auf zu funktionieren ⟨ein Computer, ein Programm⟩

ab·schmin·ken VERB (*hat*) **jemanden abschminken**; **(sich** (*Dativ*)**) etwas abschminken** jemanden oder sich selbst von Schminke säubern | *einen Schauspieler/sich abschminken* | *sich das Gesicht abschminken* ■ ID **Das kannst du dir abschminken!** *gesprochen* das kommt absolut nicht infrage

ab·schnal·len VERB (*hat*) **1** **jemanden abschnallen**; **(jemandem) etwas abschnallen** (jemandem oder sich selbst) einen Gurt o. Ä. abnehmen, indem man eine Schnalle öffnet | *den Sicherheitsgurt abschnallen* **2** **Da schnallst du ab!** *gesprochen* das ist kaum zu glauben | *Wenn du das siehst, (da) schnallst du ab!*

★ **ab·schnei·den** VERB (*hat*) **1** **(sich** (*Dativ*)**) etwas abschneiden** etwas durch Schneiden von etwas trennen | *Blumen/ein Stück Kuchen abschneiden* | *Warum hast du dir denn deine schönen langen Haare abgeschnitten?* | *Beinahe hätte er sich den Finger abgeschnitten* **2** **etwas schneidet eine Person/Sache von jemandem/etwas ab** etwas trennt eine Person/Sache von einer anderen räumlich | *Der starke Schneefall schnitt das Dorf vom Umland ab* **3** **jemandem das Wort abschneiden** jemanden im Gespräch unterbrechen **4** **jemandem den Weg abschneiden** eine Abkürzung benutzen, um früher als eine Person an einem Ort zu sein und sie aufzuhalten **5** **(bei etwas) irgendwie abschneiden** die genannte Art von Ergebnis erzielen ⟨bei einem Test gut, schlecht abschneiden⟩ | *Er schnitt bei der Prüfung hervorragend ab*

★ **Ab·schnitt** *der* **1** ein inhaltlich zusammengehöriger Teil eines Texts | *Der Aufsatz gliedert sich in drei Abschnitte* **2** ein begrenzter Zeitraum ≈ *Periode* | *Nach seiner Entlassung aus dem Gefängnis begann ein neuer Abschnitt in seinem Leben* K Lebensabschnitt **3** ein Teil eines Gebietes, einer Strecke ⟨einen Abschnitt abfahren, absuchen, überprüfen⟩ K Autobahnabschnitt, Frontabschnitt, Streckenabschnitt **4** ein Teil eines Formulars, einer Eintrittskarte o. Ä., den man abtrennen kann | *Bewahren Sie diesen Abschnitt gut auf!* ● zu (1 – 3) **ab·schnitt(s)·wei·se** ADJEKTIV

ab·schnü·ren VERB (*hat*) **jemand/etwas schnürt (jemandem) etwas ab** jemand oder etwas unterbricht das Strömen einer Sache (z. B. des Bluts in den Adern) durch Druck von außen | *Der enge Kragen schnürt mir die Luft ab* → Luft ● hierzu **Ab·schnü·rung** *die*

ab·schöp·fen VERB (*hat*) **1** **etwas (von etwas) abschöpfen** etwas, das sich oben auf einer Flüssigkeit befindet, mit einem Löffel o. Ä. wegnehmen | *die Sahne von der Milch/das Fett von der Suppe abschöpfen* **2** **etwas abschöpfen** Gewinne behalten und nicht neu investieren ⟨Gewinne abschöpfen⟩ ● hierzu **Ab·schöp·fung** *die*

ab·schot·ten VERB (schottete ab, hat abgeschottet) **jemanden/etwas abschotten** dafür sorgen, dass eine Person oder Sache oder man selbst keinen Kontakt mehr hat | *ein Land während einer Krise abschotten* | *sich abschotten, um in Ruhe arbeiten zu können*

ab·schrau·ben VERB (*hat*) **1** **etwas (von etwas) abschrauben** etwas durch eine drehende Bewegung von etwas entfernen | *den Deckel des Marmeladenglases abschrauben* **2** **etwas abschrauben** etwas, das mit Schrauben irgendwo befestigt ist, (durch Lösen der Schrauben) von dort entfernen

ab·schre·cken VERB (*hat*) **1** **jemanden (von etwas) abschrecken** jemanden durch Androhen oder Zeigen von etwas Negativem dazu bringen, eine geplante Handlung nicht auszuführen | *jemanden durch hohe Strafen vom Stehlen abschrecken* | *abschreckende Maßnahmen ergreifen* | *ein abschreckendes Beispiel geben* **2** **etwas schreckt jemanden (von etwas) ab** etwas hindert eine Person an ihrer Absicht | *Die extreme Kälte schreckt mich nicht davon ab, nach Sibirien zu fahren* **3** **etwas abschrecken** einen heißen Gegenstand schnell mit kaltem Wasser abkühlen ⟨gekochte Eier, Eisen abschrecken⟩

Ab·schre·ckung *die*; (-, -en); *meist Singular* das Abschrecken z. B. eines Gegners oder Verbrechers ⟨jemandem zur/als Abschreckung dienen⟩ K Abschreckungsmittel, Abschreckungspolitik, Abschreckungsstrategie, Abschreckungswaffe

★ **ab·schrei·ben** VERB (*hat*) **1** **(etwas) (von jemandem) abschreiben** einen Text einer anderen Person übernehmen oder kopieren und behaupten, dass man den Text selbst verfasst hat | *Er hat fast den ganzen Aufsatz vom Banknachbarn abgeschrieben* **2** **etwas (von/aus etwas) abschreiben** einen Text lesen und dabei noch einmal schreiben **3** **etwas abschreiben** den Preis von beruflich genutzten Gegenständen allmählich vom Einkommen abziehen und deswegen weniger Steuern zahlen | *Den Computer kann man über fünf Jahre hinweg abschreiben* **4** **jemanden (als etwas) abschreiben** *gesprochen* jemanden nicht mehr als Freund ansehen oder nicht mehr glauben, dass jemand noch lebt | *Diesen komischen Typ kannst du (als Freund) wohl abschreiben* **5** **etwas abschreiben** *gesprochen* nicht mehr hoffen, etwas noch zu haben oder zu bekommen | *Die zwanzig Euro, die du ihm geliehen hast, kannst du abschreiben* ● zu (3) **Ab·schrei·bung** *die*

ab·schrei·ten VERB (*hat/ist*) **1** **etwas abschreiten** eine Strecke mit großen Schritten entlanggehen, um ihre Länge festzustellen **2** **die Front abschreiten** (bei einem Staatsbesuch) mit feierlichen und langsamen Schritten an einer Reihe von Soldaten entlanggehen

Ab·schrift *die* ≈ *Kopie* ↔ *Original* | *eine beglaubigte Abschrift eines Zeugnisses einreichen*

ab·schuf·ten VERB (*hat*) **sich abschuften** *gesprochen* ≈ *abarbeiten*

ab·schür·fen VERB (*hat*) **(sich** (*Dativ*)**) etwas abschürfen** die Haut durch starke Reibung verletzen | *Er schürfte sich beim Sturz das Knie/am Knie die Haut ab*

Ab·schür·fung *die* **1** eine Wunde, die durch Abschürfen entstanden ist K Hautabschürfung **2** das Abschürfen der Haut

Ab·schuss *der* **1** der Vorgang, z. B. eine Rakete oder Kanonenkugel in die Luft zu schießen **K** Abschussbasis, Abschussrampe **2** das Töten von wilden Tieren durch Schüsse ⟨das Wild zum Abschuss freigeben⟩ **K** Abschussquote, Abschusszahl, Abschusszeit ■ **ID** **Das ist der Abschuss!** *gesprochen* verwendet, um Verärgerung oder Empörung über etwas auszudrücken

ab·schüs·sig ADJEKTIV sich stark in eine Richtung neigend ⟨ein Hang, eine Straße, ein Ufer⟩ ● hierzu **Ab·schüs·sig·keit** *die*

Ab·schuss·lis·te *die* ■ **ID** **(bei jemandem) auf der Abschussliste stehen** *gesprochen* **a** verwendet, um zu sagen, dass eine Person bei jemandem sehr unbeliebt ist **b** verwendet, um zu sagen, dass jemand bald den Arbeitsplatz verlieren soll

ab·schüt·teln VERB *(hat)* **1** **etwas (von etwas) abschütteln** etwas durch Schütteln von etwas entfernen | *das Mehl (von der Schürze) abschütteln* **2** **etwas abschütteln** *gesprochen* sich von etwas Unangenehmem befreien ⟨die Müdigkeit abschütteln⟩ | *Ich kann meine Angst vor Spinnen einfach nicht abschütteln* **3** **jemanden abschütteln** *gesprochen* schneller sein als die Verfolger und deshalb fliehen können | *Dem Dieb gelang es, die Polizei abzuschütteln*

ab·schwä·chen VERB *(hat)* **1** **etwas abschwächen** etwas mildern, schwächer machen ⟨seine Aussagen abschwächen⟩ **2** **etwas schwächt sich ab** etwas wird milder, schwächer ⟨der Lärm, der Wind⟩ ● hierzu **Ab·schwä·chung** *die*

ab·schwat·zen VERB *(hat)* **jemandem etwas abschwatzen** *gesprochen* eine Person (durch langes Reden) dazu bringen, dass man etwas von ihr bekommt | *den Eltern ein höheres Taschengeld abschwatzen*

ab·schwei·fen VERB *(ist)* **von etwas abschweifen** sich vom Thema entfernen (und eine Zeit lang von etwas anderem reden) ● hierzu **Ab·schwei·fung** *die*

ab·schwel·len VERB (schwillt ab, schwoll ab, ist abgeschwollen) **1** **etwas schwillt ab** etwas wird allmählich leiser oder weniger intensiv ⟨der Lärm, das Dröhnen eines Flugzeugs⟩ **2** **etwas schwillt ab** etwas wird nach dem Schwellen (z. B. wegen einer Entzündung, einer Verletzung) wieder normal ⟨ein Gelenk, ein Muskel⟩

ab·schwir·ren VERB *(ist)*; *gesprochen, abwertend* ■ **ID** **Schwirr ab!** Verschwinde!

ab·schwö·ren VERB *(hat)* **einer Sache** *(Dativ)* **abschwören** *geschrieben* eine schlechte Angewohnheit, eine Einstellung aufgeben ⟨dem Alkohol, einem Glauben abschwören⟩

ab·seg·nen VERB *(hat)* **etwas absegnen** *gesprochen, humorvoll* (meist als Vorgesetzter) einem Plan zustimmen

ab·seh·bar ADJEKTIV **1** so, dass man es früh erkennen kann ⟨eine Entwicklung⟩ **2** **in absehbarer Zeit** *geschrieben* ziemlich bald

★ **ab·se·hen** VERB *(hat)* **1** **von etwas absehen** etwas, das man geplant oder gewollt hat, nicht durchführen/tun ⟨von einer Strafe absehen⟩ **2** **von etwas absehen** etwas nicht berücksichtigen, weil es nicht sehr wichtig ist | *von jemandes Fehlern absehen* | *Wenn wir mal davon absehen, dass der Aufsatz viele Rechtschreibfehler enthält, ist er richtig gut* **I** → auch **abgesehen** **3** **es auf jemanden/etwas abgesehen haben** *gesprochen* das starke Verlangen haben, mit jemandem in Kontakt zu treten oder etwas zu bekommen, zu erreichen | *Er hat es auf die hübsche Nachbarin abgesehen* | *Sie hatte es schon lange auf diesen Posten abgesehen* | *Du hast es wohl darauf abgesehen, mich zu ärgern?* **4** **es auf jemanden abgesehen haben** *gesprochen* einer Person auf unfaire Weise ständig zeigen, dass man Macht über sie hat | *Heute hat es der Meister auf den Lehrling abgesehen* **5** **etwas absehen** etwas vorher richtig einschätzen oder erwarten ⟨die Folgen, den Ausgang einer Sache absehen⟩ | *Ein Ende des Streiks ist noch nicht abzusehen*

ab·sei·hen VERB *(hat)* **etwas abseihen** eine Flüssigkeit durch ein Sieb gießen, um sie so zu reinigen oder um feste Bestandteile darin aufzufangen | *die Brühe abseihen*

ab·sei·len VERB (seilte ab, hat abgeseilt) **1** **jemanden (von etwas) abseilen** jemanden oder sich selbst an einem Seil herunterlassen | *einen Bergsteiger an einem Strick vom Felsen abseilen* **2** **sich (irgendwohin) abseilen** *gesprochen* sich schnell und unauffällig entfernen | *sich ins Ausland abseilen*

★ **ab·seits** ■ PRÄPOSITION *mit Genitiv* **1** seitlich von etwas entfernt ⟨abseits des Weges, der Straße⟩ **I** auch zusammen mit *von*: *abseits vom Trubel*
■ ADVERB **2** in relativ großer Entfernung, weit entfernt (vom Standpunkt des Sprechers) ⟨sich abseits halten⟩ **3** **jemand ist abseits** jemand ist beim Fußball im Abseits

Ab·seits *das*; (-) **1** beim Fußball die Situation, in der mindestens ein angreifender Spieler vor dem Tor des Gegners in einer verbotenen Position ist ⟨im Abseits stehen, sein; ins Abseits laufen⟩ | *(Das war) Abseits! Das Tor gilt nicht* **K** Abseitsposition, Abseitsstellung **2** **ins Abseits geraten**; **im Abseits stehen** vernachlässigt, nicht mehr beachtet werden

ab·seits·ste·hen VERB (stand abseits, hat/ist abseitsgestanden) **1** **jemand/etwas steht abseits** jemand/etwas steht in relativ großer Entfernung, weit entfernt (vom Standpunkt des Sprechers) | *In den Pausen steht er immer abseits und spricht nicht mit den anderen* **2** **jemand steht abseits** der angreifende Stürmer im Fußball befindet sich ohne Ball in dem Raum zwischen dem Torwart und dem letzten Verteidiger des Gegners

ab·sen·den VERB (sandte/sendete ab, hat abgesandt/abgesendet) **etwas absenden** ≈ *abschicken* **K** Absendetermin ● hierzu **Ab·sen·dung** *die*

★ **Ab·sen·der** *der*; (-s, -) **1** die Person, die einen Brief, ein Paket, eine E-Mail, eine SMS o. Ä. abschickt ↔ *Empfänger* **2** der Name und die Adresse des Absenders, die auf einem Brief o. Ä. stehen **I** Abkürzung: *Abs.* ● zu (1) **Ab·sen·de·rin** *die*

ab·sen·ken VERB *(hat)* **1** **etwas absenken** etwas tiefer, niedriger legen ≈ *senken* **2** **etwas senkt sich ab** etwas senkt sich, neigt sich ⟨das Gelände⟩

Ab·senz *die*; (-, -en) **1** *geschrieben* das Fehlen einer Person an einem Ort ↔ *Anwesenheit* **2** *süddeutsch* Ⓐ Ⓒⓗ das Fehlen eines Schülers in der Schule **K** Absenzenheft, Absenzenliste

ab·ser·vie·ren VERB (servierte ab, hat abserviert) **1** **jemanden abservieren** *gesprochen* eine Person aus ihrer (beruflichen) Stellung entlassen ⟨einen Angestellten, einen Minister abservieren⟩ **2** **jemanden (mit etwas) abservieren** *gesprochen* ≈ *abspeisen*

★ **ab·set·zen** VERB *(hat)*
▸Gegenstände: **1** **etwas absetzen** etwas vom Kopf oder der Nase herunternehmen ⟨den Hut, die Mütze, die Brille absetzen⟩ ≈ *abnehmen* ↔ *aufsetzen* **2** **etwas absetzen** etwas Schweres kurz auf den Boden stellen, bevor man es wieder hochhebt | *Ich muss den Koffer mal kurz absetzen* **3** **etwas absetzen** die Benutzung einer Sache kurz unterbrechen ⟨die Feder, die Geige, das Glas absetzen⟩
▸Personen: **4** **jemanden irgendwo absetzen** jemanden mit dem Auto an den genannten Ort bringen und dort aussteigen lassen | *jemanden am Flughafen absetzen* **5** **jemanden absetzen** jemanden aus dem Amt entlassen ⟨den Kö-

nig, die Regierung absetzen⟩ ↔ *einsetzen* | *den Leiter einer Behörde absetzen*
▸Waren: **6** **etwas absetzen** Waren in großer Menge oder Zahl verkaufen
▸Stoffe: **7** **etwas setzt etwas ab** wenn ein Fluss oder eine Flüssigkeit Stoffe absetzt, sinken diese nach unten und bleiben dort liegen | *Der Fluss setzte Sand/Geröll ab* **8** **etwas setzt sich ab** etwas bildet eine Schicht am Boden oder an den Wänden ⟨Schlamm, Geröll⟩ | *Am Rohr/Wasserkessel hat sich eine dicke Kalkschicht abgesetzt*
▸Konzert, Medikament: **9** **etwas (von etwas) absetzen** entscheiden, dass ein Plan nicht mehr gültig ist oder etwas Geplantes nicht stattfindet ≈ *streichen* | *ein Theaterstück vom Spielplan absetzen* **10** **etwas absetzen** ein Medikament (für längere Zeit) nicht mehr einnehmen ⟨die Pille, die Tabletten absetzen⟩
▸von der Steuer: **11** **etwas (von der Steuer) absetzen** die Kosten einer Sache von der Summe des Einkommens abziehen, auf die man Steuern zahlen muss ⟨Arbeitskleidung, ein Arbeitszimmer, Fahrtkosten, Sonderausgaben, Spenden, Werbekosten absetzen⟩
▸Flucht: **12** **sich (irgendwohin) absetzen** irgendwohin fliehen (weil man verfolgt oder von der Polizei gesucht wird) ⟨sich ins Ausland absetzen⟩
▸Vorsprung: **13** **sich von Personen/etwas absetzen** in einem Wettkampf den Vorsprung zu einer Gruppe vergrößern ⟨sich vom Hauptfeld, von der Abstiegszone absetzen⟩ | *Sie konnte sich von den anderen Teilnehmern absetzen und ging mit 10 Sekunden Vorsprung durchs Ziel*
▸Kontrast: **14** **etwas (von etwas) absetzen** einen deutlichen Kontrast herstellen | *eine Farbe deutlich vom Hintergrund absetzen* **15** **jemand/etwas setzt sich von einer Person/Sache ab** eine Person oder Sache ist deutlich anders als eine andere Person oder Sache **16** **sich von etwas absetzen** deutlich zeigen, dass man mit etwas nicht einverstanden ist ≈ *distanzieren* • zu (5,6,10,11) **ạb·setz·bar** ADJEKTIV

Ab·set·zung *die* **1** das Absetzen, Entlassen eines Königs, einer Regierung usw. **2** das Absetzen eines geplanten Konzerts **3** das Beenden der Einnahme eines Medikaments

ạb·si·chern VERB *(hat)* **1** **etwas (mit/durch etwas) absichern** durch gezielte Maßnahmen verhindern, dass für andere Menschen eine Gefahr entsteht | *eine Baugrube mit einem Seil absichern* **2** **sich (gegen etwas) absichern** durch gezielte Maßnahmen verhindern, dass etwas Unerwünschtes eintritt ⟨sich vertraglich absichern⟩ | *sich gegen unerwartete Reparaturkosten absichern* • hierzu **Ạb·si·che·rung** *die*

★ **Ạb·sicht** *die*; (-, -en) **1** **die Absicht (zu +Infinitiv)** das, was eine Person bewusst tun will ⟨eine Absicht haben; sich mit einer Absicht tragen; etwas liegt (nicht) in jemandes Absicht⟩ | *Er hatte die Absicht, nach Amerika auszuwandern* K Absichtserklärung **2** **etwas mit/ohne Absicht tun** etwas ganz bewusst/aus Versehen tun **3** **ernste Absichten (auf jemanden/mit jemandem) haben** jemanden heiraten wollen **4** **in der besten Absicht** ohne etwas Böses zu wollen • zu (1) **ạb·sichts·los** ADJEKTIV

★ **ạb·sicht·lich** ADJEKTIV bewusst und mit Absicht, nicht aus Versehen ⟨eine Beleidigung, ein Foul; jemanden absichtlich ärgern⟩

ạb·sin·ken VERB *(ist)* **1** **jemand/etwas sinkt ab** jemand/etwas sinkt nach unten **2** **etwas sinkt ab** etwas wird schlechter, schwächer ⟨jemandes Leistungen; das Niveau⟩

ạb·sit·zen VERB **1** **etwas absitzen** *gesprochen (hat)* während der genannten Zeit nichts oder nichts Sinnvolles tun | *Er sitzt jeden Tag seine acht Stunden im Büro ab* **2** **etwas absitzen** *gesprochen (hat)* eine Freiheitsstrafe verbüßen | *eine Strafe/zehn Jahre absitzen* **3** **(von einem Pferd) absitzen** *(ist)* (von einem Pferd) heruntersteigen ↔ *aufsitzen* **4** Ⓒⓗ *(ist)* ≈ *hinsetzen* | *Sitz ab!*

★ **ab·so·lut** ADJEKTIV **1** *gesprochen* so, dass es eine Grenze erreicht hat, die nicht mehr übertroffen wird | *das absolut beste Konzert, das ich je gehört habe* | *Das ist absoluter Blödsinn/absolut blödsinnig!* | *Er wollte absolut nicht mitmachen* **2** ohne Störung oder Einschränkung ⟨Frieden, Konzentration, Ruhe, Stille⟩ | *Es war absolut still im Zimmer* **3** von niemandem in der Macht gehindert, allein herrschend ⟨ein Herrscher, ein Monarch⟩ **4** → Gehör **5** → Mehrheit

Ab·so·lu·ti·on [-'tsi̯o:n] *die*; (-, -en) das Befreien von den Sünden, die gerade gebeichtet wurden ⟨jemandem die Absolution erteilen⟩

Ab·so·lu·tịs·mus *der*; (-); *historisch* **1** eine Form der Monarchie, bei welcher der Kaiser/König alle Macht allein hatte, vor allem im Europa des 17. und 18. Jahrhunderts **2** die Epoche des Absolutismus in Europa • zu (1) **ab·so·lu·tịs·tisch** ADJEKTIV

Ab·sol·vẹnt [-v-] *der*; (-en, -en) eine Person, die eine (höhere) Schule oder einen Kurs abgeschlossen hat K Hochschulabsolvent ▮ *der Absolvent; den, dem, des Absolventen* • hierzu **Ab·sol·vẹn·tin** *die*

ab·sol·vie·ren [-v-] VERB (absolvierte, hat absolviert); *geschrieben* **1** **etwas absolvieren** eine Schule oder einen Kurs erfolgreich beenden ⟨eine Fachschule, einen Lehrgang absolvieren⟩ **2** **etwas absolvieren** eine geforderte Leistung erfüllen ⟨ein Pensum, das Training absolvieren⟩ **3** **etwas absolvieren** eine Prüfung ablegen und bestehen ⟨ein Examen absolvieren⟩

ab·sọn·der·lich ADJEKTIV; *geschrieben* stark von einer Norm, vom Üblichen abweichend ⟨ein Verhalten, eine Idee, ein Gedanke, ein Mensch⟩ ≈ *merkwürdig* • hierzu **Ab·sọn·der·lich·keit** *die*

ạb·son·dern VERB *(hat)* **1** **eine Person/Sache (von jemandem/etwas) absondern** jemanden oder etwas von einer Gruppe trennen oder selbst keinen Kontakt mehr halten | *kranke Tiere von der Herde absondern* | *Er sondert sich in den Pausen oft von den anderen Kindern ab* **2** **jemand/etwas sondert etwas ab** jemand oder ein Körperteil produziert etwas, das nach außen gelangt ⟨Flüssigkeit, Schweiß absondern⟩ | *Die Wunde sondert Eiter ab*

Ạb·son·de·rung *die*; (-, -en) **1** ein Stoff, der aus dem Körper ausgeschieden wird, z. B. Schweiß oder Eiter K Drüsenabsonderung, Körperabsonderung **2** *nur Singular* das Absondern von Stoffen wie z. B. Schweiß, Eiter

ab·sor·bie·ren VERB (absorbierte, hat absorbiert) **1** **etwas absorbiert etwas** etwas nimmt etwas in sich auf ⟨etwas absorbiert Dämpfe, Strahlen⟩ **2** **etwas absorbiert jemanden/etwas** *geschrieben* etwas fordert sehr viel Kraft und Konzentration | *Mein neuer Beruf absorbiert mich völlig* • zu (1) **Ab·sorp·ti·on** *die*

ạb·spal·ten VERB (spaltete ab, hat abgespaltet/abgespalten) **1** **etwas (von etwas) abspalten** etwas durch Spalten von etwas trennen **2** **eine Person/Sache spaltet sich (von jemandem/etwas) ab** eine Person oder Sache trennt sich von einer anderen (und bildet eine eigene Einheit) | *Eine Gruppe hat sich von der Partei abgespalten* • hierzu **Ạb·spal·tung** *die*

ạb·spa·ren VERB *(hat)* **sich** *(Dativ)* **etwas (von etwas) absparen** so lange weniger Geld für etwas ausgeben, bis man etwas anderes, das man braucht oder gerne haben möchte, mit dem gesparten Geld kaufen kann | *Er sparte sich das Geschenk vom Taschengeld ab*

ạb·spe·cken VERB (speckte ab, hat abgespeckt) **(etwas) abspecken** *gesprochen* das Körpergewicht reduzieren, indem man weniger isst | *zwei Kilo abspecken*

ạb·spei·chern VERB *(hat)* **etwas abspeichern** Daten, die man mit einem Computer bearbeitet hat, speichern ‹eine Grafik, einen Text abspeichern›

ạb·spei·sen VERB *(hat)* **jemanden (mit etwas) abspeisen** einer Person etwas versprechen oder etwas von geringem Wert geben, damit sie aufhört zu bitten oder zu fordern ‹jemanden mit leeren Versprechungen, mit ein paar Euro abspeisen; sich nicht abspeisen lassen›

ạb·spens·tig ADJEKTIV *meist prädikativ* **jemandem eine Person abspenstig machen** eine Person von jemandem weglocken (damit sie zu einem selbst kommt) | *Er hat mir meine Freundin abspenstig gemacht*

★ **ạb·sper·ren** VERB *(hat)* **1** **etwas absperren** eine Sperre errichten und so verhindern, dass jemand an einen Ort gehen kann ‹die Unglücksstelle absperren› **2** **(etwas) absperren** etwas mit einem Schlüssel oder Riegel sicher schließen ‹eine Tür, eine Wohnung absperren›

Ạb·sper·rung *die;* (-, -en) **1** *nur Singular* das Absperren ‹die Absperrung einer Unfallstelle› **2** ein Zaun, ein Band o. Ä., an dem man nicht vorbeigehen oder vorbeifahren darf ‹eine Absperrung errichten, umgehen, niederreißen›

★ **ạb·spie·len** VERB *(hat)* **1** **etwas abspielen** etwas von Anfang bis Ende laufen lassen, um es anzuhören ‹eine CD, eine DVD, ein Video, eine Aufnahme abspielen; Musik abspielen› **2** **(etwas) (an jemanden) abspielen** (etwas) an einen Mitspieler weitergeben ‹den Ball, den Puck abspielen› **3** **etwas spielt sich ab** etwas geschieht, ereignet sich | *Die Schießerei spielte sich auf offener Straße ab* • zu (2) **Ạb·spiel** *das*

ạb·spre·chen VERB *(hat)* **1** **etwas (mit jemandem) absprechen** (mit jemandem) über etwas sprechen und es gemeinsam beschließen ‹eine Reise, einen Termin absprechen› | *einen Zeitplan mit einem Kollegen absprechen* **2** **jemandem etwas absprechen** ein Recht, ein Privileg, das jemand genießt, für ungültig erklären **3** **jemandem etwas absprechen** *geschrieben* behaupten, dass jemand etwas nicht hat | *jemandem den guten Willen absprechen* | *Einen gewissen Charme kann man ihm nicht absprechen* **4** **eine Person spricht sich mit jemandem ab; Personen sprechen sich ab** zwei oder mehrere Personen gleichen ihre Pläne/Ziele an • zu (1,4) **Ạb·spra·che** *die*

ạb·sprin·gen VERB *(ist)* **1** sich von der Unterlage (mit den Füßen und Beinen) abdrücken und springen | *beim Hochsprung kräftig abspringen* **2** **(von etwas) abspringen** von irgendwo herunterspringen ‹vom Pferd abspringen› | *Er ist mit dem Fallschirm abgesprungen* **3** **etwas springt (von etwas) ab** ≈ *abplatzen* **4** **(von etwas) abspringen** *gesprochen* bei etwas nicht mehr mitmachen | *von einer geplanten Reise abspringen* | *Vier Teilnehmer sind vom Kurs bereits abgesprungen* • zu (1,2,4) **Ạb·sprung** *der*

ạb·sprit·zen VERB **1** **jemanden/etwas abspritzen** *(hat)* jemanden/etwas durch Bespritzen mit Wasser sauber machen ‹das Auto abspritzen› **2** **etwas spritzt (von etwas) ab** *(ist)* etwas wird in kleinen Tropfen vom Boden weggeschleudert ‹Matsch, Wasser›

ạb·spu·len VERB *(hat)* **1** **etwas abspulen** etwas von einer Spule oder Rolle ziehen ‹einen Faden, einen Film abspulen› **2** **etwas abspulen** *gesprochen* etwas immer wieder tun, erzählen o. Ä. | *alte Geschichten abspulen*

ạb·spü·len VERB *(hat)* **1** **(etwas) abspülen** Geschirr durch Spülen reinigen K Abspülmittel **2** **etwas abspülen** etwas mit fließendem Wasser entfernen | *den Schmutz mit Wasser abspülen*

ạb·stam·men VERB (stammte ab); *kein Perfekt* **1** **von jemandem/etwas abstammen** der Nachkomme (z. B. ein Kind, ein Enkel) von jemandem oder etwas sein ‹von einer guten Familie abstammen› **2** **etwas stammt von etwas ab** etwas hat den Ursprung in etwas | *Das Wort „Wein" stammt vom lateinischen „vinum" ab* • hierzu **Ạb·stam·mung** *die*

Ạb·stam·mungs·leh·re *die* die Theorie, dass sich alle so genannten höheren Lebewesen aus anderen (einfacheren) entwickelt haben

★ **Ạb·stand** *der* **1** **ein Abstand (von/zu jemandem/etwas)** eine (relativ geringe) räumliche Entfernung zwischen zwei Dingen/Personen ≈ *Zwischenraum* | *Der Abstand von ihm zum Haus/der Abstand vom/zum Haus beträgt zwei Meter* | *beim Autofahren großen Abstand zum Vordermann halten* K Achsenabstand, Radabstand, Zeilenabstand **2** **ein Abstand (auf jemanden/etwas); ein Abstand (zu jemandem/etwas)** die Zeit, die zwischen zwei Aktionen, Ereignissen o. Ä. liegt ‹in kurzen Abständen aufeinanderfolgen, wiederkehren› | *Der zweite Läufer hat zehn Minuten Abstand/einen Abstand von zehn Minuten auf den/zum ersten* K Altersabstand, Zeitabstand **3** **Abstand (von/zu jemandem)** *nur Singular* eine Haltung gegenüber einer Person, der man wenig Gefühle zeigt und mit der man nur wenig Kontakt hat ‹(gebührenden, großen) Abstand halten, wahren; jemandem mit (einem gewissen) Abstand begegnen› ≈ *Zurückhaltung* **4** **Abstand (von/zu jemandem/etwas)** die Fähigkeit, jemanden/etwas nach einer gewissen Zeit objektiv, ohne heftige Gefühle zu beschreiben, zu bewerten ‹(nicht) genug Abstand haben; Abstand gewinnen› | *Er hat noch nicht genug Abstand zu seiner Scheidung, um darüber zu sprechen* **5** eine Summe, die man als neuer Mieter dem vorherigen Mieter für Einbauten oder Möbel zahlt, die er in der Wohnung lässt K Abstandszahlung, Abstandsforderung, Abstandssumme **6** **mit Abstand** +*Superlativ* mit großem Vorsprung | *Er war mit Abstand der Jüngste in der Klasse* **7** **von etwas Abstand nehmen** *geschrieben* etwas, das man geplant oder gewollt hat, nicht tun

ạb·stat·ten VERB (stattete ab, hat abgestattet); *geschrieben* **1** **jemandem einen Besuch abstatten** jemanden besuchen **2** **jemandem seinen Dank abstatten** jemandem danken

★ **ạb·stau·ben** VERB *(hat)* **1** **etwas abstauben** den Staub von einem Gegenstand entfernen ‹die Bücher, den Schrank abstauben› **2** **etwas (irgendwo) abstauben** *gesprochen* es schaffen, etwas billig, kostenlos oder ohne Anstrengung zu bekommen

ạb·ste·chen VERB *(hat)* **1** **etwas abstechen** etwas mit einem Messer, Spaten o. Ä. von etwas trennen | *das Gras am Rand des Beets abstechen* **2** **ein Tier abstechen** ein Tier töten, indem man ihm mit einem Messer die Ader am Hals durchschneidet **3** **jemanden abstechen** *gesprochen* jemanden brutal mit einem Messer töten **4** **eine Person/Sache sticht von jemandem/etwas ab** eine Person oder Sache unterscheidet sich deutlich von einer anderen Person oder Sache H in dieser Bedeutung nicht im Perfekt verwendet

Ạb·ste·cher *der;* (-s, -) ein kleiner Ausflug zu einem Ort, der abseits der Reiseroute liegt | *einen Abstecher nach Köln machen*

ạb·ste·cken VERB *(hat)* **1** **etwas abstecken** die Größe einer Fläche oder die Länge einer Strecke durch Markierungen zeigen ‹ein Grundstück abstecken› **2** **etwas abstecken** etwas für andere Personen deutlich und klar machen ‹Grenzen, Ziele abstecken› | *Die Fronten zwischen den Parteien sind abgesteckt* **3** **etwas abstecken** ein Kleidungsstück vor dem Nähen mit Stecknadeln dem Körper anpassen

ạb·ste·hen VERB *(hat/ist)* **etwas steht (von etwas) ab** etwas bildet einen großen, weiten Winkel mit etwas anderem ⟨Haare, Zöpfe, Ohren⟩ | *Er hat abstehende Ohren*

Ạb·stei·ge *die;* (-, -n); *abwertend* ein billiges, meist schmutziges Hotel o. Ä.

ạb·stei·gen VERB *(ist)* **1** **(von etwas) absteigen** von etwas heruntersteigen ⟨vom Fahrrad, vom Pferd absteigen⟩ **2** **irgendwo absteigen** ein Zimmer in einem Hotel o. Ä. mieten | *im Hotel „Europe" absteigen* **3** ⟨eine Mannschaft⟩ **steigt ab** eine Mannschaft muss am Ende der Saison in eine tiefere Liga gehen • zu (3) **Ạb·stei·ger** *der*

★ **ạb·stel·len** VERB *(hat)* **1** **etwas irgendwo abstellen** etwas, das man (zurzeit) nicht braucht, an einen geeigneten Platz bringen | *einen alten Schrank auf dem Speicher abstellen* K Abstellfläche, Abstellkammer, Abstellplatz, Abstellraum **2** **etwas (irgendwo) abstellen** etwas (Schweres) irgendwohin stellen ⟨ein Tablett, einen Koffer abstellen⟩ **3** **jemanden (für etwas) abstellen** *admin* jemandem befehlen, (meist für eine andere Person) eine Aufgabe zu erledigen | *Soldaten für Hilfsarbeiten abstellen* **4** **etwas abstellen** etwas mit einem Schalter oder Hahn außer Betrieb setzen ⟨das Gas, das Licht, eine Maschine, den Motor, den Strom, das Wasser abstellen⟩ ≈ *abschalten* **5** **etwas abstellen** *geschrieben* einen schlechten Zustand beenden ⟨Mängel, Missstände, jemandes Unarten abstelle⟩ **6** **etwas auf jemanden/etwas abstellen** etwas so gestalten, dass es sich für jemanden oder einen Zweck eignet | *Diese Werbung ist ganz auf junge Konsumenten abgestellt* • zu (3 – 6) **Ạb·stel·lung** *die*

Ạb·stell·gleis *das* ein Gleis, auf dem Eisenbahnwagen abgestellt werden, wenn sie nicht gebraucht werden ■ ID **jemanden aufs Abstellgleis schieben** *gesprochen* eine Person in eine Position bringen, in der sie fast keinen Einfluss mehr hat

ạb·stem·peln VERB *(hat)* **1** **etwas abstempeln** einen Stempel auf etwas drücken ⟨einen Brief, eine Briefmarke, ein Dokument abstempeln⟩ **2** **jemanden/etwas als etwas abstempeln** jemanden/etwas als etwas (Negatives) bezeichnen | *jemanden als Lügner abstempeln*

ạb·ster·ben VERB *(ist)* **1** **eine Pflanze stirbt ab** eine Pflanze wird krank (und stirbt dann meist) oder ein Teil der Pflanze wird welk und trocken | *Am Apfelbaum ist ein Ast abgestorben* **2** **etwas stirbt ab** ein Teil des Körpers wird krank oder hat so wenig Blut, dass man dort nichts mehr fühlen kann oder ihn nicht mehr bewegen kann ⟨Zehen, Finger, Gliedmaßen⟩

Ạb·stieg *der;* (-s, -e); *meist Singular* **1** das Gehen oder der Weg vom Berg ins Tal ⟨der Abstieg vom Gipfel⟩ | *Die Wanderer haben sich beim Abstieg von der Zugspitze verirrt* **2** eine Verschlechterung der Lebensverhältnisse einer Person ⟨ein wirtschaftlicher, sozialer Abstieg⟩ **3** (im Sport) der Wechsel am Ende der Saison in eine niedrigere Division oder Liga ⟨gegen den Abstieg kämpfen⟩ | *Unsere Mannschaft hat das letzte Spiel verloren und ist jetzt vom Abstieg bedroht* K Abstiegsgefahr, Abstiegskampf, Abstiegskandidat • zu (2,3) **ạb·stiegs·ge·fähr·det** ADJEKTIV

★ **ạb·stim·men** VERB *(hat)* **1** **Personen stimmen (über jemanden/etwas) ab** Personen geben ihre Stimme ab, um über eine Person oder Sache zu entscheiden ⟨geheim, offen, durch Handzeichen über einen Antrag abstimmen⟩ **2** **etwas auf jemanden/etwas abstimmen** etwas so machen oder gestalten, dass es zu einer Person oder etwas passt | *die Werbung auf den Verbraucher abstimmen* **3** **eine Person stimmt sich/etwas mit jemandem ab; Personen stimmen sich/etwas ab** Personen sprechen über einen Plan o. Ä., sodass alle damit zufrieden sind

★ **Ạb·stim·mung** *die* **1** **die Abstimmung (über etwas)** eine Entscheidung, bei der mehrere Personen ihre Stimme abgeben ⟨eine geheime, namentliche Abstimmung⟩ **2** **die Abstimmung (auf jemanden/etwas)** eine Gestaltung einer Sache, die zu jemandem/etwas passt | *die Abstimmung des Angebots auf das Publikum* **3** **etwas zur Abstimmung bringen** über etwas abstimmen **4** **etwas kommt zur Abstimmung** etwas wird durch eine Abstimmung entschieden ⟨ein Antrag, ein Gesetz⟩

abs·ti·nẹnt ADJEKTIV so, dass man auf manche Genüsse (vor allem Alkohol) verzichtet ⟨abstinent leben, sein⟩ • hierzu **Abs·ti·nẹnz** *die;* **Abs·ti·nẹnz·ler** *der;* **Abs·ti·nẹnz·le·rin** *die*

ạb·stop·pen VERB *(hat)* **1** **etwas abstoppen** ≈ *stoppen* | *die Maschine abstoppen* **2** **etwas abstoppen** die Zeit mit der Stoppuhr messen **3** **jemand stoppt ab** jemand hält (mit einem Fahrzeug) plötzlich an

Ạb·stoß *der* **1** ein Stoß, mit dem sich jemand von einer Stelle wegbewegt ⟨der Abstoß vom Boden, vom Sprungbrett⟩ **2** ein Schuss, mit dem der Ball vom Torwart wieder ins Spiel gebracht wird

ạb·sto·ßen VERB *(hat)* **1** **etwas abstoßen** etwas von sich wegstoßen | *Magneten stoßen einander ab* | *Es kommt vor, dass ein fremdes Organ nach der Transplantation abgestoßen wird* **2** **etwas abstoßen** die Spitze eines Gegenstandes (unabsichtlich) beschädigen ⟨Ecken abstoßen⟩ **3** **etwas abstoßen** etwas (billig) verkaufen, weil man es nicht mehr haben will oder weil man dringend Geld braucht **4** **etwas stößt (jemanden) ab** etwas ruft in jemandem Ekel oder Widerwillen hervor | *Sein Benehmen stößt mich ab* **5** **sich (von etwas) abstoßen** sich mit einem kräftigen Stoß von etwas wegbewegen | *Der Schwimmer hat sich vom Beckenrand abgestoßen*

ạb·sto·ßend ■ PARTIZIP PRÄSENS **1** → abstoßen
■ ADJEKTIV **2** so, dass bei jemandem Ekel oder Widerwillen entsteht ⟨ein Anblick, ein Äußeres, ein Gedanke; abstoßend hässlich⟩

ạb·stot·tern VERB *(hat)* **etwas abstottern** *gesprochen* etwas in vielen (kleinen) Raten bezahlen | *Wenn du das Geld jetzt nicht hast, kannst du die Schulden auch abstottern*

ạb·stra·fen VERB *(hat)* **jemanden/etwas abstrafen** auf das Verhalten einer Person negativ reagieren ↔ *belohnen* | *für politische Fehler bei den Wahlen abgestraft werden*

abs·tra·hie·ren [-'hiːrən] VERB (abstrahierte, hat abstrahiert) aus dem Besonderen, aus den Details die allgemeinen Prinzipien, das Typische entnehmen | *eine abstrahierte Darstellung des menschlichen Körpers durch geometrische Formen*

ạb·strah·len VERB *(hat)* **etwas strahlt etwas ab** etwas gibt Strahlen, Wärme usw. an die Umgebung ab | *Nachts strahlen die Straßen die Hitze des Tages wieder ab*

★ **abs·trạkt** ADJEKTIV (abstrakter, abstraktest-) **1** nur in der Theorie, ohne Bezug zur Wirklichkeit ⟨eine Darstellung, ein Vortrag, Wissen⟩ ↔ *konkret* **2** so, dass sich darin ein allgemeines Prinzip zeigt ⟨ein Begriff, eine Denkweise⟩ **3** so, dass keine bekannten Gegenstände zu sehen sind ⟨die Kunst, die Malerei, ein Gemälde⟩

Abs·trak·ti·on [-'tsjoːn] *die;* (-, -en) **1** das Abstrahieren K Abstraktionsvermögen **2** etwas, das abstrakt ist

ạb·stram·peln VERB *(hat)* **sich abstrampeln** *gesprochen* sich (vor allem beim Radfahren) sehr anstrengen

ạb·strei·fen VERB *(hat)* **1** **etwas abstreifen** etwas mit leichtem Druck von etwas entfernen | *Johannisbeeren von den Stielen abstreifen* | *Die Schlange streift ihre alte Haut ab* **2** **etwas abstreifen** sich von einer lästigen Sache befreien, oft von einem Gefühl oder einer Erinnerung | *die Schüch-*

ternheit abstreifen **3** **sich** (*Dativ*) **die Füße/Schuhe abstreifen** die Sohlen der Schuhe sauber machen, bevor man in ein Haus geht

ab·strei·ten VERB (*hat*) **1** **etwas abstreiten** (mit Nachdruck) sagen, dass etwas, das eine andere Person behauptet, nicht wahr ist | *Er streitet ab, dass er der Schuldige ist* | *Sie streitet ab, die Tat begangen zu haben* **2** **jemandem etwas abstreiten** behaupten, dass jemand etwas nicht hat | *jemandem den guten Willen abstreiten*

Ab·strich *der* **1** *nur Plural* eine Kürzung einer Geldsumme ⟨Abstriche am Etat, am Haushaltsgeld hinnehmen müssen, machen⟩ **2** das Entnehmen von kleinen Teilen der Haut, Schleimhaut o. Ä., um diese im Labor untersuchen zu können ⟨einen Abstrich machen⟩ **3** der kleine Teil der Haut o. Ä., der zur Untersuchung im Labor entnommen wurde

abs·trus ADJEKTIV (abstruser, abstrusest-) nicht klar, nicht logisch und daher auch unverständlich ⟨ein Gedanke, eine Idee⟩

ab·stu·fen VERB (*hat*) **1** **etwas abstufen** etwas in eine Skala, Reihenfolge bringen ⟨Farben, Gehälter, Löhne abstufen⟩ **2** **etwas abstufen** etwas in Stufen unterteilen ⟨ein Gelände, einen Hang abstufen⟩ **3** **jemanden/etwas abstufen** jemandem in einer Hierarchie eine schlechtere Position (mit schlechterer Bezahlung) geben • hierzu **Ab·stu·fung** *die*

ab·stump·fen VERB (stumpfte ab, hat/ist abgestumpft) **1** **etwas abstumpfen** (*hat*) etwas stumpf machen ⟨Ecken, Kanten abstumpfen⟩ **2** **etwas stumpft (jemanden) ab** (*hat*) etwas macht jemanden gefühllos und apathisch | *Die Ereignisse haben ihn abgestumpft* **3** **etwas stumpft ab** (*ist*) etwas wird stumpf ⟨eine Spitze, eine Schere⟩ **4** **jemand/etwas stumpft ab** (*ist*) jemand/etwas wird gefühllos ⟨Menschen; jemandes Gefühle, Gewissen⟩ • zu (4) **Ab·ge·stumpft·heit** *die*

Ab·sturz *der* **1** das Abstürzen, der Sturz aus großer Höhe | *der Absturz eines Hubschraubers* K Absturzstelle, Absturzursache; Flugzeugabsturz **2** der Zustand, in dem ein Computer nicht mehr reagiert | *Ein Systemfehler hat den Computer zum Absturz gebracht*

ab·stür·zen VERB (*ist*) **1** **jemand/etwas stürzt ab** jemand/etwas fällt aus großer Höhe hinunter ⟨ein Flugzeug⟩ **2** **etwas stürzt ab** etwas ist sehr steil ⟨eine Felswand⟩ **3** **etwas stürzt ab** ein Computer reagiert auf keine Eingabe mehr und muss abgeschaltet werden ⟨ein Computer, ein Programm stürzt ab⟩

ab·stüt·zen VERB (*hat*) **1** **etwas abstützen** etwas so stützen, dass es nicht umfallen oder einstürzen kann ⟨eine Brücke, ein Dach, eine Mauer abstützen⟩ **2** **sich (von etwas) abstützen** sich durch Drücken mit Armen oder Beinen von etwas weghalten | *sich vom Boden abstützen* • hierzu **Ab·stüt·zung** *die*

ab·su·chen VERB (*hat*) **etwas (nach jemandem/etwas) absuchen** suchend durch ein Gelände, eine Gegend o. Ä. gehen | *Die Polizei suchte den Wald nach der Vermissten ab*

ab·surd ADJEKTIV (absurder, absurdest-) ohne Sinn, nicht logisch ⟨eine Idee; etwas klingt absurd; etwas absurd finden⟩ • hierzu **Ab·sur·di·tät** *die*

Abs·zess [aps'tsɛs] *der*; (-es, -e) eine geschwollene Stelle am oder im Körper, die voll Eiter ist

Abs·zis·se [aps'tsɪsə] *die*; (-, -n) der Abstand, den ein Punkt von der senkrechten y-Achse eines Koordinatensystems hat ↔ *Ordinate* K Abszissenachse

Abt *der*; (-(e)s, Äb·te) ein Mann, der ein Kloster leitet • hierzu **Äb·tis·sin** *die*

ab·tas·ten VERB (*hat*) **jemanden/etwas abtasten** besonders jemandes Körper oder Kleidung vorsichtig an mehreren Stellen berühren, um nach etwas zu suchen | *Der Arzt tastete den Bauch des Patienten ab*

ab·tau·chen VERB (*ist*) **1** **jemand/etwas taucht ab** jemand/etwas geht unter Wasser ⟨ein U-Boot⟩ **2** **jemand taucht (in etwas** (*Akkusativ*)**) ab** eine Person verschwindet aus ihrem bisherigen Leben und versteckt sich so vor der Öffentlichkeit, der Polizei o. Ä. ⟨in die Anonymität, in die Illegalität, in den Untergrund, in die Unterwelt abtauchen⟩ **3** **jemand taucht in etwas** (*Akkusativ*) **ab** eine Person beschäftigt sich so intensiv mit einer Sache, dass sie nichts anderes mehr interessiert ⟨in digitale Welten, in eine Fantasiewelt, in eine Traumwelt abtauchen⟩

ab·tau·en VERB **1** **etwas abtauen** (*hat*) etwas von Eis befreien, indem man das Eis tauen lässt ⟨die Gefriertruhe, den Kühlschrank abtauen⟩ K Abtauautomatik **2** **etwas taut ab** (*ist*) etwas wird durch Tauen von Eis frei **3** **etwas taut ab** (*ist*) etwas löst sich von etwas, indem es taut ⟨das Eis⟩

Ab·tei *die*; (-, -en) ein Kloster, das von einem Abt oder einer Äbtissin geleitet wird

★ **Ab·teil** *das* **1** ein kleiner Raum für wenige Personen in einem Zug K Abteiltür; Dienstabteil, Gepäckabteil, Schlafwagenabteil, Zugabteil **2** ein kleiner Raum, der durch Wände von einem größeren Raum getrennt ist | *ein Abteil eines Kellers/eines Schrankes* K Kellerabteil, Schrankabteil

ab·tei·len VERB (*hat*) **etwas abteilen** einen Raum in zwei oder mehr Teile trennen

★ **Ab·tei·lung**[1] *die* **1** ein relativ selbstständiger Teil innerhalb einer Behörde, einer Firma, eines Kaufhauses, eines Krankenhauses usw. K Abteilungschef, Abteilungsleiter; Exportabteilung, Importabteilung, Verkaufsabteilung, Versandabteilung, Werbeabteilung **2** eine Gruppe von Soldaten, die eine Einheit bilden K Abteilungsführer, Abteilungskommandeur

Ab·tei·lung[2] *die*; *meist Singular* das Abteilen oder Trennen von Räumen

ab·tip·pen VERB (*hat*) **etwas abtippen** *gesprochen* einen (mit der Hand geschriebenen) Text in den Computer eingeben

Ab·tö·nung *die* ≈ *Schattierung, Farbton*

ab·tör·nen VERB (törnte ab, hat abgetörnt); *gesprochen* **etwas törnt (jemanden) ab** etwas wirkt abstoßend auf jemanden, nimmt ihm die Lust auf etwas | *Wenn jemand nach Zigaretten riecht, törnt mich das total ab*

ab·tö·ten VERB (*hat*) **etwas abtöten** sehr kleine Lebewesen oder einzelne Körperzellen töten oder zerstören ⟨Bakterien, Keime, Mikroorganismen abtöten⟩ • hierzu **Ab·tö·tung** *die*

★ **ab·tra·gen** VERB (*hat*) **1** **etwas trägt etwas ab** etwas beseitigt Teile einer Sache, macht ein Gelände flach | *Wind, Wasser und Eis können mit der Zeit ganze Gebirge abtragen* **2** **etwas abtragen** einen Teil des Erdbodens wegnehmen | *mit dem Bagger eine Schicht Erde abtragen* **3** **etwas abtragen** ein altes Gebäude abreißen ⟨ein Haus, eine Mauer abtragen⟩ **4** **etwas abtragen** Schulden allmählich bezahlen ⟨eine Hypothek, Schulden abtragen⟩ **5** **etwas abtragen** ein Kleidungsstück durch häufiges Tragen abnutzen | *abgetragene Schuhe* **6** **(etwas) abtragen** *geschrieben* etwas vom Tisch abräumen ⟨Getränke, Speisen abtragen⟩ • zu (1 – 4) **Ab·tra·gung** *die*

ab·träg·lich ADJEKTIV *meist prädikativ* **jemandem/etwas abträglich** schädlich, nachteilig für jemanden/etwas | *Rauchen ist der Gesundheit abträglich* • hierzu **Ab·träg·lich·keit** *die*

ab·trans·por·tie·ren VERB (transportierte ab, hat abtransportiert) **jemanden/etwas abtransportieren** jemanden oder etwas mit einem Fahrzeug von einem Ort wegbringen | *die Verletzten im Krankenwagen abtransportieren* • hierzu **Ab·trans·port** *der*

ab·trei·ben VERB **1** **(ein Kind) abtreiben** (*hat*) eine Schwangerschaft abbrechen (lassen) **2** **etwas treibt jemanden/etwas ab** (*hat*) etwas bewirkt, dass sich jemand oder etwas in eine andere als die gewünschte Richtung bewegt | *Der Wind hat den Ballon/das Boot abgetrieben* **3** **jemand/etwas treibt ab** (*ist*) jemand oder etwas wird vom Wind, von der Strömung abgetrieben | *Das Boot trieb vom Ufer ab*

Ab·trei·bung *die*; (-, -en) das Abbrechen einer Schwangerschaft K Abtreibungsklinik, Abtreibungspille, Abtreibungsverbot

★ **ab·tren·nen** VERB (*hat*) **etwas (von etwas) abtrennen** etwas (das mit etwas verbunden ist) von etwas trennen | *die Knöpfe (vom Mantel) abtrennen* | *einen Teil des Kellers abtrennen*

★ **ab·tre·ten** VERB **1** **etwas (an jemanden) abtreten** (*hat*) einer anderen Person etwas geben, auf das man eigentlich selbst ein Recht hat ⟨Rechte, Forderungen abtreten⟩ | *Der Übersetzer hat die Rechte an den Verlag abgetreten* **2** **(jemandem) etwas abtreten** *gesprochen* (*hat*) jemandem etwas geben, wovon man genügend hat | *Kannst du mir ein Taschentuch abtreten? Ich hab keine mehr* **3** **etwas abtreten** (*hat*) etwas durch häufiges Betreten abnutzen ⟨einen Teppich abtreten⟩ **4** **etwas abtreten** (*hat*) etwas durch Treten von etwas entfernen | *vor der Haustür den Schnee von den Schuhen abtreten* **5** **(sich** (*Dativ*)**) die Schuhe abtreten** (*hat*) die Sohlen der Schuhe sauber machen, bevor man in ein Haus geht **6** (*ist*) ein Amt, eine Tätigkeit aufgeben | *Wer wird wohl sein Nachfolger, wenn der Präsident abtritt?* | *Nach der Niederlage wurde der Trainer aufgefordert abzutreten* ● zu (1) **Ab·tre·tung** *die*

★ **ab·trock·nen** VERB **1** **(jemandem) etwas abtrocknen; jemanden abtrocknen** (*hat*) einen Körperteil mit einem Tuch trocken machen | *Trockne dir erst mal die Hände ab* | *Sie kam aus dem Wasser und legte sich auf die Decke, ohne sich vorher abzutrocknen* **2** **(etwas) abtrocknen** (*hat*) Geschirr mit einem Tuch trocken machen **3** **etwas trocknet ab** (*ist/auch: hat*) *etwas wird trocken* | *Die Straße ist nach dem Regen schnell wieder abgetrocknet*

ab·trop·fen VERB (*ist*) **1** **etwas tropft (von etwas) ab** etwas fällt in Form von Tropfen herunter | *Tau tropft von den Blättern ab* **2** **etwas tropft ab** etwas verliert Feuchtigkeit in Tropfen ⟨das Geschirr abtropfen lassen⟩

ab·trot·zen VERB (*hat*) **jemandem etwas abtrotzen** etwas (vor allem durch ständiges Fragen und Bitten) gegen Widerstand von jemandem bekommen | *jemandem ein Versprechen abtrotzen*

ab·trün·nig ADJEKTIV; *geschrieben* so, dass man nicht mehr folgt oder gehorcht ⟨Gefolgsleute, Vasallen; einem Glauben, einem König, einer Partei abtrünnig werden⟩ ● hierzu **Ab·trün·ni·ge** *der/die*

ab·tun VERB (*hat*) **1** **etwas (als etwas) abtun** etwas als unwichtig bezeichnen, ohne vorher darüber nachzudenken ⟨einen Einwand, ein Problem als unwichtig abtun⟩ **2** **etwas abtun** *gesprochen* ⟨die Brille, den Ring abtun⟩ ≈ *abnehmen*

ab·tup·fen VERB (*hat*) **etwas abtupfen** etwas z. B. mit Watte oder einem weichen Tuch tupfend entfernen oder sauber machen | *sich die Lippen mit der Serviette abtupfen* | *den Schweiß von der Stirn abtupfen*

ab·ur·tei·len VERB (*hat*) **1** **jemanden aburteilen** in einem Prozess ein (negatives) Urteil über jemanden aussprechen ⟨einen Verbrecher aburteilen⟩ **2** **etwas aburteilen** etwas sehr negativ beschreiben, bewerten | *die moderne Kunst leichtfertig aburteilen* ● zu (1) **Ab·ur·tei·lung** *die*

ab|ver·lan·gen VERB (verlangte ab, hat abverlangt) **1** **etwas verlangt jemandem etwas ab** etwas stellt hohe Anforderungen an jemanden | *Diese Aufgabe verlangt mir höchste Konzentration ab* **2** **jemandem etwas abverlangen** viel Geld, Leistung o. Ä. von jemandem verlangen

ab·wä·gen VERB (wog/wägte ab, hat abgewogen/selten abgewägt) **etwas abwägen** mehrere Möglichkeiten sorgfältig prüfen ⟨die Chancen, ein Urteil, seine Worte abwägen⟩ | *die Vor- und Nachteile einer Sache sorgfältig gegeneinander abwägen* ● hierzu **Ab·wä·gung** *die*

ab·wäh·len VERB (*hat*) **Personen wählen jemanden ab** Personen wählen jemanden bei einer Wahl nicht noch einmal, sondern eine andere Person | *Der Bürgermeister wurde abgewählt* ● hierzu **Ab·wahl** *die*

ab·wäl·zen VERB (*hat*) **etwas auf jemanden abwälzen** etwas Unangenehmes auf eine andere Person übertragen und sie damit belasten ⟨die Schuld, die Verantwortung auf jemanden abwälzen⟩

ab·wan·deln VERB (*hat*) **etwas abwandeln** die Form oder den Inhalt einer Sache (meist nur wenig) ändern ⟨ein Thema abwandeln⟩ ● hierzu **Ab·wand·lung** *die*

ab·wan·dern VERB (*ist*) an einen anderen Ort, in einen anderen Bereich wechseln | *Die ersten Zuschauer wandern bereits ab* (gehen nach Hause) | *Viele unserer Wähler sind zu anderen Parteien abgewandert* ● hierzu **Ab·wan·de·rung** *die*

Ab·wart *der*; (-(e)s, -e); (CH) ≈ *Hausmeister*

★ **ab·war·ten** VERB (*hat*) **1** **(jemanden/etwas) abwarten** warten, bis jemand kommt oder bis etwas geschieht ⟨eine günstige Gelegenheit, jemandes Ankunft, den weiteren Verlauf der Entwicklung abwarten⟩ **2** **(etwas) abwarten** warten, bis etwas vorbei ist ⟨den Regen, das Unwetter abwarten⟩ ■ ID **abwarten und Tee trinken** *gesprochen* Geduld haben und warten, bis etwas geschieht

★ **ab·wärts** ADVERB **1** in Richtung nach unten ↔ *aufwärts* | *Der Weg kam mir abwärts viel kürzer vor* K Abwärtsbewegung, Abwärtstrend **2** **von jemandem (an) abwärts** in einer Hierarchie unter der genannten Position | *Vom Unteroffizier (an) abwärts müssen alle im Kasernenhof antreten*

ab·wärts- (*im Verb, betont und trennbar, begrenzt produktiv; Diese Verben werden so gebildet:* abwärtsgehen, ging abwärts, ist abwärtsgegangen) **abwärtsfahren, abwärtsgehen, abwärtslaufen** *und andere* beschreibt eine Bewegung von oben nach unten | *Der Weg führte steil abwärts* (Der Weg führte steil nach unten)

ab·wärts·ge·hen VERB (*ist*) **mit jemandem/etwas geht es abwärts** jemandes Situation/etwas wird schlechter | *Mit ihrer Gesundheit geht es abwärts* H weitere Verwendungen → **abwärts-**

Ab·wasch *der*; (-(e)s) **1** das schmutzige Geschirr, das abgewaschen werden muss **2** das Abwaschen des Geschirrs ⟨den Abwasch machen⟩ K Abwaschlappen, Abwaschwasser ■ ID **Das geht in 'einem Abwasch** *gesprochen* das kann man alles zusammen erledigen

★ **ab·wa·schen** VERB (*hat*) **1** **(etwas) abwaschen** Geschirr mit Wasser sauber machen | *Ich koche und du wäschst ab, in Ordnung?* **2** **etwas abwaschen** etwas mit Wasser entfernen | *den Staub vom Wagen abwaschen* | *Die Farbe kann man nicht mehr abwaschen* **3** **etwas abwaschen** etwas mit Wasser sauber machen | *Kann man die Tapete abwaschen?* ● zu (3) **ab·wasch·bar** ADJEKTIV

Ab·was·ser *das*; (-s, Ab·wäs·ser) Wasser, das schmutzig ist, weil es in einem Haus oder in Fabriken usw. benutzt wurde | *Der Betrieb darf kein Abwasser mehr in den Fluss leiten* K Abwasserkanal, Abwasserkläranlage, Abwasserleitung, Abwasserreinigung

ab·wat·schen VERB; *gesprochen* **jemanden abwatschen** jemanden bestrafen oder heftig kritisieren | *Der Minister wurde von der Opposition abgewatscht*

ab·wech·seln [-ks-] VERB (hat) **1** **eine Person wechselt sich mit jemandem (bei etwas) ab; Personen wechseln sich (bei etwas) ab** zwei oder mehrere Personen tun etwas im Wechsel | *Wir wechseln uns bei langen Fahrten immer ab* **2** **etwas wechselt sich mit etwas ab; Dinge wechseln sich ab** etwas geschieht oder zeigt sich in regelmäßigem Wechsel mit etwas anderem | *In seinem Leben wechselten (sich) Glück und Unglück ständig ab*

★ **Ab·wechs·lung** [-ks-] die; (-, -en) **1** eine unterhaltsame Unterbrechung des Alltags | *viel Abwechslung haben* **2** *nur Singular* eine (interessante) Folge von verschiedenen Dingen | *Abwechslung ins Programm bringen* ● hierzu **ab·wechs·lungs·reich** ADJEKTIV

Ab·we·ge die; *Plural* **auf Abwege geraten/kommen; auf Abwegen sein** ein Leben führen, welches die meisten Menschen für unmoralisch halten

ab·we·gig ADJEKTIV nicht normal und daher sonderbar oder nicht erwünscht ‹ein Gedanke, ein Vergleich› ● hierzu **Ab·we·gig·keit** *die*

Ab·wehr die; (-) **1** das Zurückschlagen eines Gegners oder eines feindlichen Angriffs ≈ *Verteidigung* K Abwehrbereitschaft **2** ein Verhalten, mit dem man eine Person oder Sache, die man nicht mag, ablehnt oder abweist ‹bei jemandem auf Abwehr stoßen› ≈ *Ablehnung* K Abwehrhaltung, Abwehrreaktion **3** die Gruppe der verteidigenden Spieler einer Mannschaft K Abwehrreihe, Abwehrspieler ● zu (3) **ab·wehr·schwach** ADJEKTIV; zu (3) **ab·wehr·stark** ADJEKTIV

ab·weh·ren VERB (hat) **1** **jemanden/etwas abwehren** verhindern, dass ein Gegner oder etwas Bedrohliches Erfolg hat ‹den Feind, eine Attacke abwehren› **2** **jemanden/etwas abwehren** jemanden/etwas von sich weisen ‹Neugierige, Reporter, jemandes Hilfe abwehren› **3** **(etwas) abwehren** etwas erfolgreich zurückschlagen ‹einen Ball abwehren; einen Angriff abwehren›

Ab·wehr|kraft die; *meist Plural* die Fähigkeit des Körpers, sich vor Krankheiten zu schützen

Ab·wehr|stoff der; *meist Plural* ≈ *Antikörper*

★ **ab·wei·chen** VERB (wich ab, ist abgewichen) **1** **von etwas abweichen** die Richtung verändern ‹vom Kurs, von der Route abweichen› **2** **jemand/etwas weicht von etwas ab** jemand/etwas unterscheidet sich von etwas ‹von der Wahrheit abweichen› | *Sein Ergebnis weicht von unseren Erkenntnissen ab* ● hierzu **Ab·wei·chung** *die*

ab·wei·sen VERB (hat) **1** **jemanden/etwas abweisen** jemanden/etwas heftig, entschieden ablehnen ‹eine Bitte, einen Antrag abweisen› **2** **jemanden abweisen** eine Person wegschicken, ohne mit ihr zu sprechen | *einen Bettler an der Haustür abweisen* ● hierzu **Ab·wei·sung** *die*

ab·wei·send ■ PARTIZIP PRÄSENS **1** → abweisen ■ ADJEKTIV **2** misstrauisch und unfreundlich ‹eine Bewegung, eine Geste; sich abweisend verhalten›

ab·wen·den VERB **1** **sich/etwas (von jemandem/etwas) abwenden** (*wendete/wandte ab*) das Gesicht oder den Körper von jemandem oder etwas wegdrehen oder zur anderen Seite drehen | *Sie wandte sich/den Blick vom Fenster ab* **2** **etwas abwenden** (*wendete ab*) verhindern, dass etwas wirksam wird ‹Schaden, eine Gefahr von jemandem abwenden› ● zu (2) **Ab·wen·dung** *die*

ab·wer·ben VERB (hat) **(jemandem) eine Person abwerben** eine Person dazu bringen, bei der eigenen Firma zu arbeiten, zu kaufen o. Ä. statt dort, wo sie früher gearbeitet, gekauft o. Ä. hat ‹(jemandem) die Arbeitskräfte, Kunden, Leser, Mitglieder abwerben› ● hierzu **Ab·wer·bung** *die*

ab·wer·fen VERB (hat) **1** **etwas abwerfen** etwas aus der Höhe fallen lassen | *Im Herbst werfen die Bäume ihr Laub ab* **2** **etwas wirft etwas ab** etwas bringt etwas als Gewinn ‹ein Geschäft wirft hohe Gewinne, Profite ab› ● zu (1) **Ab·wurf** *der*

ab·wer·ten VERB (hat) **1** **etwas abwerten** den Wert einer Währung reduzieren **2** **etwas abwerten** den Wert oder die Bedeutung einer Sache als sehr gering beschreiben, bewerten | *abwertende Bemerkungen machen* ● hierzu **Ab·wer·tung** *die*

★ **ab·we·send** ADJEKTIV **1** nicht da, wo man/es sein sollte ↔ *anwesend* | *Der Schüler war bei der Prüfung abwesend* **2** nicht (auf das Wesentliche) konzentriert ↔ *aufmerksam* | *Sie sah mich abwesend an* ● zu (1) **Ab·we·sen·de** *der/die*

Ab·we·sen·heit die; (-) **1** das (körperliche) Abwesendsein ‹während/in jemandes Abwesenheit› ↔ *Anwesenheit* **2** der Zustand, in dem jemand nicht konzentriert ist ■ ID **durch Abwesenheit glänzen** *gesprochen, ironisch* einen schlechten Eindruck machen, weil man nicht da ist

Ab·we·sen·heits·no·tiz die eine E-Mail, die automatisch als Antwort verschickt wird, wenn man wegen Urlaub o. Ä. und nicht selbst reagieren kann

ab·wet·zen VERB (hat) **etwas abwetzen** etwas durch Reibung abnutzen | *Das Sofa ist schon alt und abgewetzt*

ab·wi·ckeln VERB (hat) **1** **etwas abwickeln** etwas von einer Spule oder Rolle abrollen ‹einen Faden abwickeln› **2** **etwas abwickeln** etwas ordnungsgemäß erledigen, zu Ende bringen ‹ein Geschäft reibungslos abwickeln› ● hierzu **Ab·wick·lung** *die*

ab·wie·geln VERB (wiegelte ab, hat abgewiegelt) **1** **jemanden abwiegeln** eine Person, die wütend ist, beruhigen | *Demonstranten abwiegeln* **2** **(etwas) abwiegeln** *oft abwertend* etwas harmloser darstellen, als es ist, um eine wütende Person zu beruhigen

ab·wie·gen VERB (wog ab, hat abgewogen) **etwas abwiegen** das Gewicht einer Menge durch Wiegen feststellen | *ein Pfund Äpfel abwiegen*

ab·wim·meln VERB (hat) **jemanden/etwas abwimmeln** *gesprochen* jemanden/etwas von sich weisen, fernhalten ‹einen lästigen Verehrer, einen Auftrag abwimmeln›

ab·win·ken VERB (hat) **(jemandem) abwinken** jemandem zu verstehen geben, dass man etwas ablehnt | *Ich wollte ihn trösten, aber er winkte ab*

ab·wirt·schaf·ten VERB (hat) **etwas hat abgewirtschaftet** etwas ist wirtschaftlich ruiniert | *Die Firma hat abgewirtschaftet*

ab·wi·schen VERB (hat) **etwas abwischen** etwas durch Wischen entfernen oder sauber machen | *den Staub vom Schrank abwischen* | *den Tisch abwischen*

ab·wra·cken VERB (wrackte ab, hat abgewrackt) **etwas abwracken** ein Fahrzeug in alle Einzelteile zerlegen und zu Schrott machen ‹ein Auto, ein Schiff abwracken›

ab·wür·gen VERB (hat); *gesprochen* **1** **etwas abwürgen** etwas autoritär oder undemokratisch beenden ‹eine Diskussion, jede Kritik abwürgen› **2** **den Motor abwürgen** den Motor eines Autos zum Stillstand bringen, wenn man das Auto falsch bedient, z. B. zu wenig Gas gibt

ab·zah·len VERB (hat) **etwas abzahlen** etwas (in Raten) bezahlen ‹ein Darlehen, einen Kredit abzahlen; ein Auto in Raten abzahlen›

ab·zäh·len VERB (hat) **Personen/Dinge abzählen** die genaue Zahl/Menge von Personen/Dingen feststellen ‹die Schüler, das Geld abzählen›

Ab·zah·lung die **1** *nur Singular* das Abzahlen K Abzahlungsgeschäft, Abzahlungsrate **2** ein Teil der Geldsumme, die bezahlt werden muss **3** **etwas auf Abzahlung kaufen** etwas kaufen und jeden Monat den vorher beschlossenen Teil der gesamten Geldsumme bezahlen

ab·zap·fen VERB (hat) **1** **etwas abzapfen** einen Hahn öffnen, damit eine Flüssigkeit aus einem Behälter fließt ⟨Bier, Wein abzapfen⟩ **2** **jemandem Geld abzapfen** *gesprochen* von jemandem auf nicht ganz korrekte Weise Geld nehmen

Ab·zei·chen *das* **1** ein kleiner Gegenstand aus Metall oder Stoff, den man meist an der Kleidung befestigt, um zu zeigen, dass man Mitglied einer Organisation ist oder zu einer Gruppe gehört | *ein Abzeichen an der Jacke tragen* **K** Parteiabzeichen **2** ein Abzeichen, das man aufgrund des Rangs oder der Leistungen bekommt **K** Rangabzeichen, Sportabzeichen

ab·zeich·nen VERB *(hat)* **1** **etwas abzeichnen** etwas genau so zeichnen, wie es ist, eine Vorlage in Form einer Zeichnung kopieren **2** **etwas abzeichnen** etwas mit den Anfangsbuchstaben des eigenen Namens versehen, um zu sagen, dass man mit etwas einverstanden ist | *Der Chef muss den Bericht noch abzeichnen* **3** **etwas zeichnet sich ab** etwas wird in den Ausmaßen allmählich deutlich, erkennbar ⟨ein Trend, ein Umschwung, eine Wende, eine Gefahr⟩

★ **ab·zie·hen** VERB **1** **etwas (von etwas) abziehen** *(hat)* etwas durch Ziehen entfernen ⟨den Zündschlüssel abziehen⟩ | *die Schutzfolie vom Display abziehen* **2** **etwas abziehen** *(hat)* eine Hülle durch Ziehen von etwas entfernen ⟨die Betten, die Bettbezüge abziehen; einem Tier das Fell, die Haut abziehen⟩ **3** **etwas abziehen** *(hat)* eine Fotokopie von einem Text oder Bild machen **4** **jemanden/etwas (aus etwas) abziehen** *(hat)* jemanden/etwas aus einem Gebiet zurückholen ⟨Soldaten, Truppen, einen Botschafter abziehen; Kapital, Waffen abziehen⟩ **5** **etwas (von etwas) abziehen** *(hat)* eine Zahl oder Summe um etwas geringer machen | *jemandem Punkte abziehen* | *Werbungskosten von der Steuer abziehen* | *Wenn man zwei von fünf abzieht, bleibt ein Rest von drei* **6** **etwas abziehen** *gesprochen* sich auffällig benehmen und für Aufregung sorgen ⟨eine Show abziehen⟩ | *Das ist doch nicht mehr normal, was der hier abzieht!* **7** **jemanden abziehen** *gesprochen* jemanden um Geld betrügen | *Von denen wird man doch nur abgezogen!* **8** **jemanden/etwas abziehen** *gesprochen* jemandem etwas mit Gewalt oder Drohungen wegnehmen | *Er hat anderen Jugendlichen die Handys abgezogen* **9** **etwas zieht ab** *(ist)* etwas bewegt sich von einem Ort weg ⟨ein Gewitter, Nebel, Rauch⟩ **10** **Soldaten ziehen ab** *(sind)* Soldaten verlassen ein Gebiet **11** *gesprochen (ist)* ≈ *weggehen* | *Peter zog mit seinem Geschenk zufrieden ab*

ab·zie·len VERB *(hat)* **jemand zielt mit etwas auf etwas** *(Akkusativ)* **ab**; **etwas zielt auf etwas** *(Akkusativ)* **ab** jemand/etwas hat etwas als Ziel oder Absicht | *Seine Bemerkung zielte auf unser Mitleid ab* | *Er zielt doch nur darauf ab, dich wütend zu machen*

ab·zi·schen VERB *(ist)*; *gesprochen, oft abwertend* ≈ *weggehen* | *„Zisch ab, du nervst mich!"*

Ab·zo·cke *die*; (-); *gesprochen, abwertend* ein viel zu hoher Preis (vor allem für solche Dinge und Leistungen, die von Vielen gebraucht werden und relativ billig sein sollten) | *Diese Gebühren sind doch reine Abzocke!*

ab·zo·cken VERB *(hat)*; *gesprochen, abwertend* **jemanden abzocken** beim Kartenspiel oder bei einem Geschäft viel Geld von jemandem gewinnen

★ **Ab·zug** *der* **1** *meist Plural* das Geld, das vom Lohn jeden Monat abgezogen wird, um Steuern, Versicherungen zu zahlen | *hohe monatliche Abzüge haben* **K** Lohnabzug **2** eine Anlage, durch die Gase oder Dämpfe abgeleitet werden **K** Abzugsrohr, Abzugsschacht; Dunstabzug **3** *meist Singular* der Vorgang, wenn Soldaten gemeinsam einen Ort verlassen **4** um zu schießen, drückt man auf den Abzug der Pistole, des Gewehrs | *Er hat den Finger am Abzug* **K** Abzugsbügel **5** eine von mehreren Fotokopien eines Originals **6** ein Foto auf festem Papier (das von einem entwickelten Film stammt) **K** Probeabzug

ab·züg·lich PRÄPOSITION *mit Genitiv; geschrieben* so, dass ein Betrag von einer Summe abgezogen, weggenommen wird ↔ *zuzüglich* | *die Miete abzüglich der Nebenkosten* | *ein Preis abzüglich 3 % Skonto* **H** → Infos unter **Präposition**

ab·zugs·fä·hig ADJEKTIV so, dass man deswegen weniger Steuern zahlen muss ⟨Ausgaben⟩

ab·zwa·cken VERB *(hat)* **etwas (von etwas) abzwacken** *gesprochen* von einer (kleinen) Geldsumme noch etwas Geld für einen anderen Zweck wegnehmen

ab·zwei·gen VERB **1** **etwas zweigt (irgendwohin) ab** *(ist)* eine Straße oder ein Weg geht weg von der bisherigen Richtung und in eine andere ⟨etwas zweigt nach links/rechts ab⟩ **2** **(sich** *(Dativ)*) **etwas abzweigen**; **etwas für sich abzweigen** *(hat)* etwas (auf nicht ganz korrekte Weise) für einen Zweck beiseiteschaffen ⟨Geld abzweigen⟩

Ab·zwei·gung *die*; (-, -en) ein abzweigender Weg, eine abzweigende Straße | *die rechte Abzweigung nehmen*

ab·zwi·cken VERB *(hat)* **etwas abzwicken** *gesprochen* etwas mit einer Zange o. Ä. durchtrennen ⟨einen Draht, ein Kabel, einen Ast abzwicken⟩

Ac·ces·soire [aksɛ'so̯aːɐ̯] *das*; (-s, -s); *meist Plural* kleine, modische Dinge, die zu etwas, vor allem zur Kleidung, dazugehören, z. B. Schmuck, Gürtel, Sonnenbrille

Ac·count [ɛ'kaunt] *der*; (-s, -s) der Zugang zu einem Computersystem, einer Website o. Ä., den jemand bekommt, der sich mit persönlichen Daten angemeldet hat ≈ *Benutzerkonto* | *Um Beiträge im Forum zu veröffentlichen, musst du dir erst einen Account einrichten*

★ **ach!** **1** verwendet, um Bedauern oder Schmerz auszudrücken | *Ach Gott!* | *Ach, du lieber Himmel!* | *Ach, das tut mir aber leid!* **2** verwendet, um einen Wunsch oder Sehnsucht auszudrücken | *Ach, wäre die Prüfung doch schon vorbei!* **3** verwendet, um Erstaunen oder Freude auszudrücken | *Ach, ist das Wetter herrlich!* | *Ach, wie nett, Sie zu treffen!* **4** **ach ja** verwendet, um zu sagen, dass man sich an etwas erinnert | *Ach ja, jetzt weiß ich, wen du meinst!* **5** **Ach ja?** verwendet, um Zweifel oder Überraschung auszudrücken | *„Das war keine Absicht von mir." – „Ach ja?"* | *„Er sitzt schon wieder im Gefängnis." – „Ach ja?"* **6** **Ach so!** verwendet, um zu sagen, dass man etwas plötzlich verstanden hat | *Ach so, jetzt ist mir das klar!* **7** **Ach wo/Ach woher/Ach was!** verwendet, um zu sagen, dass man jemandes Vermutung, Behauptung o. Ä. ablehnt | *Ach wo, das stimmt doch überhaupt nicht!*

Ach *gesprochen* **1** **mit Ach und Krach** mit größter Mühe, gerade noch ⟨eine Prüfung mit Ach und Krach bestehen⟩ **2** **Ach und Weh schreien** laut jammern

Achil·les·fer·se *die* der Bereich, in dem man jemanden verletzen, beleidigen oder ärgern kann

Achil·les·seh·ne *die* eine Sehne am Unterschenkel zwischen Wadenmuskel und Ferse

★ **Ach·se** [-ks-] *die*; (-, -n) **1** eine Stange, die als Teil eines Fahrzeugs zwei gegenüberliegende Räder verbindet **K** Achsabstand, Achsenbruch; Antriebsachse, Hinterachse, Mittelachse, Vorderachse **2** eine gedachte oder gezeichnete Linie, die bei einer Drehung ihre Lage nicht verändert ⟨sich um die eigene Achse drehen⟩ **K** Erdachse, Koordinatenachse, Mittelachse, Symmetrieachse, x-Achse, y-Achse ■ **ID** **auf Achse sein** *gesprochen* unterwegs sein

Ach·sel [-ks-] *die*; (-, -n) **1** die Stelle, an welcher die Arme in den Körper übergehen ⟨unter den Achseln schwitzen; die Achseln hochziehen⟩ **K** Achselhaar, Achselhöhle, Achselschweiß **2** **mit den Achseln zucken** beide Schultern hoch-

WORTSCHATZ

▶ Ach!

Im Deutschen gibt es kurze Wörter, die als Ausrufe verwendet werden. Ihre Bedeutung ist von Zusammenhang und Intonation abhängig. Mit **Ach!** kann man zum Beispiel Bedauern, einen Wunsch, Erstaunen oder Freude ausdrücken:

Ach (je), das ist aber schade!
Ach, wie gerne würde ich jetzt zum Skifahren gehen!
Ach so, jetzt hab ich es verstanden!
Ach, wirklich?
Ach, ist das schön hier!

Andere häufige Ausrufe und ihre Bedeutung oder Verwendung:

Ah!	Erstaunen, Bewunderung, wenn man sich sehr wohl fühlt oder wenn man etwas verstanden hat
Aha!	wenn man etwas verstanden hat oder wenn etwas geschieht, was man vorausgesehen hat
Ätsch!	Schadenfreude
Au / Aua / Autsch!	Schmerz
Au ja!	begeisterte Zustimmung
Hoppla!	wenn jemand stolpert oder wenn etwas herunterfällt
Huch!	Erschrecken, auch wenn eine Berührung unangenehm ist
Igitt!	wenn etwas sehr schlecht riecht oder schmeckt, wenn es eklig, hässlich oder schmutzig ist
Na!	Ärger, Ungeduld
Na?	verwendet, um eine Frage oder Aufforderung einzuleiten
Na, na, na!	Kritik
Nanu?	Überraschung
Oh!	Freude, Überraschung, Entsetzen, Enttäuschung
Oho!	Erstaunen, Protest
Oje / O weh!	Bedauern, Erschrecken
Pfui!	wenn man etwas als schmutzig, eklig oder unmoralisch empfindet
Pst!	verwendet, um jemanden aufzufordern, still zu sein
Puh!	wenn man etwas anstrengend oder unangenehm findet oder wenn man erleichtert ist
Tja!	wenn man keine Lösung weiß, noch nachdenken muss oder wenn man verlegen, traurig oder verärgert ist
Uff!	wenn man etwas anstrengend findet oder wenn man erleichtert ist
Ui!	Überraschung, Begeisterung
Ups!	wenn man einen dummen Fehler gemacht hat

ziehen, um jemandem zu zeigen, dass man keinen Rat geben kann, keine Antwort weiß oder dass man kein Interesse hat K Achselzucken

ach·sel·zu·ckend ADJEKTIV *meist attributiv; oft abwertend* keine Gefühle oder kein Interesse zeigend | *Er nahm seine Entlassung achselzuckend zur Kenntnis*

-ach·sig *im Adjektiv, unbetont, nicht produktiv* **einachsig, zweiachsig, dreiachsig** *und andere* mit der genannten Zahl von Achsen

★ **acht** ZAHLWORT/ADJEKTIV **1** (als Zahl, Ziffer) 8 **H** → Anhang **Zahlen** und Beispiele unter **vier** **2** **zu acht** (mit) insgesamt 8 Personen | *zu acht einen Ausflug machen* | *Wir waren zu acht* **3** *meist attributiv* in einer Reihenfolge an der Stelle acht ≈ *8.* **H** → Beispiele unter **viert-** **4** **der achte Teil (von etwas)** (in Ziffern) ⅛ ■ **ID in/vor acht Tagen** *gesprochen* in/vor einer Woche

Acht[1] *die*; (-, -en) **1** die Zahl 8 **2** etwas mit der Form der Ziffer 8 | *eine Acht auf dem Eis laufen* **3** jemand oder etwas mit der Ziffer/Nummer 8 (z. B. ein Spieler, ein Bus o. Ä.)

Acht[2] **1** **etwas außer Acht lassen** einen Umstand, eine Bedingung nicht berücksichtigen, nicht beachten **2** **sich (vor jemandem/etwas) in Acht nehmen** aufpassen, um sich vor Schaden schützen | *Nimm dich in Acht vor Dieben!* | *Nimm dich in Acht, dass du nicht krank wirst* **3** **Acht geben/haben** → achtgeben, achthaben

Acht[3] *die*; (-); *historisch* ein Zustand, in dem jemand vom Schutz des geltenden Rechts ausgeschlossen ist ⟨die Acht über jemanden verhängen, aussprechen; jemanden in Acht und Bann erklären, tun⟩

acht·bar ADJEKTIV drückt aus, dass jemand/etwas Respekt verdient ⟨ein Bürger, ein Ergebnis, eine Leistung; achtbar handeln⟩

Acht·eck *das*; (-s, -e) eine geometrische Figur, die acht Ecken hat ● hierzu **acht·e·ckig** ADJEKTIV

ach·tel ADJEKTIV *meist attributiv nur in dieser Form* den 8. Teil einer Sache bildend ≈ ⅛ | *ein achtel Liter*

Ach·tel *das/*Ⓒ *auch der*; (-s, -) **1** der 8. Teil (⅛) von einer Menge oder Masse | *ein Achtel eines Liters* **2** eine Achtelnote in der Musik

Ach·tel·fi·na·le *das* der Teil eines Wettbewerbs, in dem die letzten 16 Spieler oder Mannschaften um das Weiterkommen kämpfen ⟨ins Achtelfinale einziehen, kommen; im Achtelfinale ausscheiden⟩

Ach·tel·no·te *die* die Note ♪, welche den achten Teil einer ganzen Note dauert

★ **ach·ten** VERB (achtete, hat geachtet) **1** **jemanden achten** eine hohe Meinung von einer Person haben (z. B. wegen ihrer Leistungen oder ihres Wissens) **2** **jemanden/etwas achten** eine Person oder Sache mit Respekt behandeln (auch wenn man sie nicht mag) ⟨die Mitmenschen, die Gefühle anderer achten⟩ | *Er ist mir zwar unsympathisch, aber ich achte ihn wegen seiner Leistungen* **3** **auf jemanden/etwas achten** jemandem Aufmerksamkeit schenken oder an jemandem/etwas Interesse haben ≈ *beachten* | *Während des Vortrags achtete er kaum auf die Zuhörer* **4** **auf jemanden/ etwas achten** eine Person oder Sache beobachten, um zu verhindern, dass etwas Unangenehmes passiert ⟨auf ein Kind achten⟩ ≈ *aufpassen* ● zu (1,2) **ach·tens·wert** ADJEKTIV

äch·ten VERB (ächtete, hat geächtet) **1** **jemanden ächten** *geschrieben* jemanden nicht mehr in einer Gemeinschaft sein lassen **2** **etwas ächten** *geschrieben* Handlungen oder Institutionen verdammen ⟨die Todesstrafe ächten⟩ **3** **jemanden ächten** *historisch* über jemanden die Acht aussprechen ≈ *verbannen* ● hierzu **Äch·tung** *die*

ach·tens ADVERB verwendet bei einer Aufzählung, um anzuzeigen, dass etwas an 8. Stelle kommt

Ach·ter *der*; (-s, -) **1** *gesprochen* die Ziffer 8 **2** *gesprochen* etwas, das mit der Zahl 8 bezeichnet wird, meist ein Bus oder eine Straßenbahn **3** ein schmales und schnelles Boot mit acht Ruderern K Rennachter **4** *gesprochen* eine verbogene Stelle eines Rades (meist bei Fahrrädern) | *Das Fahrrad hat einen Achter (am/im Vorderrad)*

Ach·ter·bahn *die* eine Bahn (auf einem Jahrmarkt, im Vergnügungspark) mit kleinen Wagen, die auf Schienen steil nach oben oder unten und scharfe Kurven fährt ⟨Achterbahn fahren⟩

ach·tern ADVERB hinten (vor allem bei Booten und Schiffen) | *Der Wind kommt von achtern*

acht·ge·ben, **Acht ge·ben** VERB (gibt acht/Acht, gab acht/Acht, hat achtgegeben/Acht gegeben) **(auf jemanden/etwas) achtgeben** jemandem oder etwas besondere Aufmerksamkeit geben, damit kein Schaden entsteht ⟨auf ein kleines Kind, auf die Gesundheit, auf den Verkehr achtgeben⟩ ≈ *aufpassen* | *Gib acht, damit du nicht stolperst!*

acht·ha·ben, **Acht ha·ben** VERB (hat acht/Acht, hatte acht/Acht, hat achtgehabt/Acht gehabt) **Hab(t) acht!** *veraltend* ≈ *Vorsicht!*

acht·hun·dert ZAHLWORT (als Zahl) 800

acht·los ADJEKTIV *meist adverbiell* ohne die nötige Sorgfalt, ohne über die Folgen nachzudenken ⟨achtlos mit etwas umgehen⟩ | *achtlos eine brennende Zigarette im Wald wegwerfen* ● hierzu **Acht·lo·sig·keit** *die*

acht·sam ADJEKTIV; *geschrieben* **1** *meist adverbiell* mit großer Sorgfalt ⟨achtsam mit etwas umgehen⟩ ≈ *vorsichtig* **2** ⟨achtsam zuhören⟩ ≈ *aufmerksam* ● hierzu **Acht·sam·keit** *die*

Acht·stun·den|tag *der*; *meist Singular* ein Tag mit einer Arbeitszeit von acht Stunden

acht·tä·gig ADJEKTIV *meist attributiv* **1** acht Tage dauernd **2** *gesprochen* sieben Tage, eine Woche dauernd

acht·tau·send ZAHLWORT (als Zahl) 8000

Acht·tau·sen·der *der*; (-s, -) ein Berg, der (mehr als) 8000 Meter hoch ist

★ **Ach·tung** *die*; (-) **1** die gute Meinung, die man von jemandem hat ⟨in jemandes Achtung steigen, fallen; sich allgemeiner Achtung erfreuen⟩ **2** **die Achtung (vor jemandem/etwas)** die respektvolle Behandlung einer Person oder Sache ≈ *Respekt* ↔ *Missachtung* | *Sie ist eine Achtung gebietende Erscheinung* (Wenn man sie sieht, bekommt man Respekt vor ihr) K Selbstachtung **3** **Achtung!** verwendet, um jemanden vor einer Gefahr zu warnen oder um jemanden auf etwas aufmerksam zu machen | *Achtung, Stufe!* | *Achtung, Achtung, eine wichtige Durchsage!* ■ ID **Alle Achtung!** *gesprochen* verwendet, um Bewunderung auszudrücken ● zu (2) **ach·tungs·voll** ADJEKTIV

★ **acht·zehn** ['axtse:n] ZAHLWORT (als Zahl) 18 H → Anhang **Zahlen**

acht·zehn·hun·dert ['axtse:n-] ZAHLWORT (als Zahl) 1800 H Als Jahreszahl sagt man *achtzehnhundert* und nicht *eintausendachthundert*.

acht·zehn·t- ['axtse:nt-] ADJEKTIV **1** in einer Reihenfolge an der Stelle 18 ≈ *18.* **2** **der achtzehnte Teil (von etwas)** ≈ *1/18*

★ **acht·zig** ['axtsıç, -ık] ZAHLWORT **1** (als Zahl) 80 H → Anhang **Zahlen** **2** **Anfang/Mitte/Ende achtzig sein** ungefähr 80 bis 83/84 bis 86/87 bis 89 Jahre alt sein

Acht·zig ['axtsıç, -ık] *die*; (-, -en); *meist Singular* **1** die Zahl 80 **2** jemand oder etwas mit der Zahl/Nummer 80

acht·zi·ger ['axtsıgɐ] ADJEKTIV *meist attributiv*; *nur in dieser Form* die zehn Jahre (eines Jahrhunderts oder Menschenlebens) von 80 bis 89 ⟨die achtziger Jahre; jemand ist in den Achtzigern⟩ K Achtzigerjahre

Acht·zi·ger ['axtsıgɐ] *der*; (-s, -); *gesprochen* eine Person, die zwischen 80 und 89 Jahre alt ist ● hierzu **Acht·zi·ge·rin** *die*

äch·zen VERB (ächzte, hat geächzt) **1** vor Schmerz oder Anstrengung stöhnend ausatmen ⟨sich ächzend bücken⟩ | *unter Ächzen und Stöhnen einen schweren Koffer tragen* **2** **etwas ächzt** etwas gibt ein ächzendes Geräusch von sich ⟨das Gebälk, ein Stuhl, eine Treppe⟩

★ **Acker** *der*; (-s, Äcker) eine große Fläche, auf der ein Bauer z. B. Getreide oder Kartoffeln anbaut ⟨einen Acker bearbeiten, bebauen, bestellen, pflügen⟩ ≈ *Feld* K Ackerboden, Ackerfläche, Ackerland; Kartoffelacker, Krautacker, Rübenacker

Acker·bau *der*; *nur Singular* das Bepflanzen und Nutzen von Äckern in der Landwirtschaft ⟨Ackerbau treiben; Ackerbau und Viehzucht⟩

Acker·gaul *der* ein großes, schweres Pferd, das Pflüge und schwere Wagen zieht

ackern VERB (ackerte, hat geackert) **1** **(etwas) ackern** ⟨das Feld ackern⟩ ≈ *pflügen* **2** *gesprochen* hart, schwer arbeiten | *Er musste ganz schön ackern, um die Prüfung zu bestehen*

Ac·ryl [a'kry:l] *das*; (-s) ein Kunststoff, aus dem man vor allem Farben und Textilien macht K Acrylfaser, Acryllack

a. D. [a:'de:] außer Dienst verwendet hinter der Berufsbezeichnung von Beamten oder Offizieren, die pensioniert oder aus anderen Gründen nicht mehr im Staatsdienst sind | *ein General a. D.*

ad ab·sur·dum *geschrieben* ■ ID **jemanden/etwas ad absurdum führen** Widersprüche aufdecken und so beweisen, dass jemand unrecht hat oder dass etwas falsch, sinnlos ist

ADAC [a:de:|a:'tse:] *der*; (-(s)) Allgemeiner Deutscher Automobil-Club ein Verein für Autofahrer in Deutschland, welcher den Mitgliedern Pannenhilfe, Straßenkarten usw. anbietet und deren Interessen vertritt

ad ac·ta [at'akta] *geschrieben* ■ ID **etwas ad acta legen** a ein Dokument o. Ä. zu den Akten legen b die genannte Angelegenheit als erledigt ansehen ⟨einen Fall, ein lästiges Problem ad acta legen⟩

Adam (*der*); (-s) (in der Bibel) der erste Mensch, der von Gott erschaffen wurde ■ ID **bei Adam und Eva anfangen** (bei einem Vortrag) sehr lange reden, bevor man zum eigentlichen Thema kommt, und damit die Zuhörer langweilen; **nach Adam Riese** *gesprochen, humorvoll* wenn man richtig rechnet | *Sieben und sechs macht nach Adam Riese dreizehn*

Adams·ap·fel *der*; *nur Singular* der Teil der Kehle, der sich sichtbar bewegt, wenn jemand (vor allem ein Mann) spricht oder schluckt

Adams·kos·tüm *das* **im Adamskostüm** *gesprochen, humorvoll* (als Mann) nackt, ohne Kleidung ⟨im Adamskostüm herumlaufen⟩

Adap·ta·ti·on [-'tsio:n] *die*; (-, -en) **1** *geschrieben* die Abänderung eines literarischen Werks für ein anderes Medium, eine andere Gattung | *die Adaptation eines Romans für den Film* K Filmadaptation, Theateradaptation **2** *nur Singular* die Anpassung von Organismen an die jeweiligen Bedingungen der Umwelt **3** *nur Singular* die Anpassung des menschlichen Verhaltens an die gesellschaftlichen Konventionen ● hierzu **adap·tie·ren** VERB (*hat*)

Adap·ter *der;* (-s, -) ein kleines Gerät oder ein Zwischenstück, das man benutzt, um ein Gerät an eine Stromquelle anzuschließen oder um zwei Geräte zu verbinden, die sonst nicht zusammenpassen

adä·quat ADJEKTIV; *geschrieben* den Umständen angemessen, entsprechend ⟨eine Bezeichnung, eine Bezahlung⟩ | *einen Ausdruck adäquat übersetzen*

ad·die·ren VERB (addierte, hat addiert) **(Dinge) addieren**; **(etwas zu etwas) addieren** die Summe errechnen ⟨Zahlen addieren⟩ ↔ *subtrahieren* K Addiermaschine • hierzu **Ad·di·ti·on** *die*

ade! *gesprochen* verwendet als Abschiedsgruß unter Bekannten oder Freunden ⟨jemandem ade/Ade sagen⟩

Adel *der;* (-s) **1** (in manchen Ländern) die Gruppe von Leuten, die (durch ihre Herkunft) einer sozialen Schicht angehören, die früher besondere Privilegien hatte | *Adel und Geistlichkeit waren die privilegierten Stände im Mittelalter* **2 von Adel sein** aus einer aristokratischen Familie stammen

ade·lig ADJEKTIV → adlig • hierzu **Ade·li·ge** *der/die*

adeln VERB (adelte, hat geadelt) **1 jemanden adeln** eine Person in den Adel aufnehmen und ihr einen Adelstitel geben **2 etwas adelt jemanden/etwas** *geschrieben* etwas sorgt dafür, dass jemand/etwas einen guten Ruf bekommt | *Das Restaurant wurde mit drei Sternen geadelt*

Adels·prä·di·kat *das* ein Teil des Namens von adligen Personen | *„von" ist das häufigste Adelsprädikat*

Adels·ti·tel *der* ein Bestandteil des (adeligen) Namens, der auch als Titel gebraucht wird (z. B. *Graf, Herzog*) **I** meist erkennbar am Zusatz *von*: *Fürst Otto von Bismarck*

★ **Ader** *die;* (-, -n) **1** in den Adern fließt das Blut durch den Körper K Pulsader **2** eine sichtbare Linie auf einem Blatt oder dem Flügel von Insekten K Blattader **3** eine Schicht unter der Erde oder in Felsen, in der Mineralien oder Erze liegen oder Wasser fließt | *Die Bergleute stießen auf eine ergiebige Ader* K Goldader, Wasserader **4 eine Ader (für etwas)** die Begabung, das Talent für etwas ⟨eine dichterische, künstlerische Ader haben⟩ | *Er hat keine Ader für technische Dinge* ■ ID **jemanden zur Ader lassen** **a** *gesprochen, humorvoll* jemandem viel Geld abnehmen **b** *historisch* (als Arzt) jemandem Blut abnehmen

Ader·lass *der;* (-es, Ader·läs·se) **1** *historisch* das Abnehmen einer großen Menge Blut ⟨einen Aderlass vornehmen⟩ **2** *geschrieben* der große Verlust an Menschen durch Tod oder Flucht (im Krieg o. Ä.)

ad hoc [at'hɔk] *geschrieben* spontan, aus der Situation heraus ⟨etwas ad hoc entscheiden; einen Ausdruck ad hoc bilden⟩ K Ad-hoc-Bildung

adi·eu! [a'djøː] *veraltend* verwendet als Abschiedsgruß

★ **Ad·jek·tiv** [-f] *das;* (-s, -e) ein Wort, das man deklinieren und meist auch steigern kann, das im Deutschen entweder beim Verb oder vor dem Substantiv steht und das diesem eine Eigenschaft/ein Merkmal zuschreibt | *Der Satz „Das kleine Kind ist krank" enthält die Adjektive „klein" und „krank"* • hierzu **ad·jek·ti·visch** [-v-] ADJEKTIV **I** → Info-Fenster nächste Seite

Ad·ju·tant *der;* (-en, -en) ein Offizier, der (meist in einem Büro) Arbeiten für einen höheren Offizier macht **I** *der Adjutant; den, dem, des Adjutanten*

Ad·ler *der;* (-s, -) **1** der größte Raubvogel in Europa K Adlerhorst **2** der Adler als Symbol eines Königs, eines Landes o. Ä., der auf Fahnen, Münzen und Wappen abgebildet ist | *der preußische Adler und der gallische Hahn*

Ad·ler·au·ge *das* **Adleraugen haben** sehr gut sehen können

Ad·ler·blick *der; nur Singular* ein scharfer, durchdringender Blick ⟨einen Adlerblick haben⟩

ad·lig ADJEKTIV zum Adel gehörend • hierzu **Ad·li·ge** *der/die*

Ad·mi·nis·tra·ti·on [-'tsjoːn] *die;* (-, -en); *geschrieben* ≈ *Verwaltung* • hierzu **ad·mi·nis·tra·tiv** ADJEKTIV

Ad·mi·ral *der;* (-s, -e/Ad·mi·rä·le) ein General in der Marine K Admiralsstab • hierzu **Ad·mi·ra·li·tät** *die*

adop·tie·ren VERB (adoptierte, hat adoptiert) **jemanden adoptieren** ein Kind, dessen Vater/Mutter man selbst nicht ist, als eigenes Kind annehmen • hierzu **Adop·ti·on** *die*

Adop·tiv·el·tern [-f-] *die* die Eltern eines (von ihnen) adoptierten Kindes

Adop·tiv·kind [-f-] *das* ein Kind, das adoptiert wurde

Ad·re·na·lin *das;* (-s) ein Hormon, das der Körper bei Stress und Angst produziert K Adrenalinschub, Adrenalinspiegel, Adrenalinstoß

Ad·res·sat *der;* (-en, -en) diejenige Person, an die eine Sendung oder Botschaft gerichtet ist ⟨der Adressat eines Briefes⟩ ≈ *Empfänger* ↔ *Absender* **I** *der Adressat; den, dem, des Adressaten* • hierzu **Ad·res·sa·tin** *die*

Ad·ress·buch *das* **1** ein Heft, in das man Adressen und Telefonnummern von Freunden und Bekannten schreibt **2** ein Buch mit den Adressen der Einwohner einer Stadt oder Gemeinde

★ **Ad·res·se** *die;* (-, -n) **1** die Angabe des Namens, der Straße und des Wohnorts einer Person ⟨die Adresse angeben, aufschreiben, hinterlassen; jemandes Adresse lautet ...⟩ | *Auf dem Brief fehlt noch die Adresse des Absenders* K Adressenverzeichnis **2** *geschrieben* ein offizieller Brief oder eine feierliche Rede als Begrüßung oder als Dank K Dankadresse, Grußadresse **3** eine Nummer oder ein Name, unter denen man Informationen im Speicher eines Computers ablegt/findet **4** eine Folge von Buchstaben und Zeichen, die man in einen Computer eingeben muss, um jemanden über das Internet zu erreichen K E-Mail-Adresse, Internetadresse ■ ID **bei jemandem an die falsche/verkehrte Adresse kommen/geraten**, **bei jemandem an der falschen/verkehrten Adresse sein** *gesprochen* sich mit einer Bitte, einem Wunsch o. Ä. an die falsche Person gewandt haben; **an der richtigen Adresse sein** *gesprochen* sich an die richtige Person oder Stelle gewandt haben, die helfen kann | *Mit Ihrer Beschwerde sind Sie hier an der richtigen Adresse*

ad·res·sie·ren VERB (adressierte, hat adressiert) **1 etwas adressieren** die Adresse des Empfängers auf etwas schreiben ⟨einen Brief, ein Paket, eine Karte adressieren⟩ **2 etwas an jemanden adressieren** etwas an jemanden schicken, senden | *Der Brief war an mich adressiert* **I** meist im Passiv mit dem Hilfsverb *sein* **3 etwas an jemanden adressieren** jemanden zum Empfänger einer Mitteilung bestimmen | *Diese Beschwerde/Dieser Vorwurf war an dich adressiert* **I** meist im Passiv mit dem Hilfsverb *sein*

ad·rett ADJEKTIV (adretter, adrettest-) hübsch und sehr gepflegt, aber nicht elegant ⟨ein Mädchen; adrett angezogen sein⟩

Ad·vent [-v-] *der;* (-(e)s) **1** die Zeit vom vierten Sonntag vor Weihnachten bis Weihnachten ⟨im Advent⟩ K Adventssonntag, Adventszeit **2 erster/zweiter/dritter/vierter Advent** der erste/zweite/dritte/vierte Sonntag in der Adventszeit | *Die Weihnachtsfeier des Vereins findet am ersten Advent statt* **I** → Info-Fenster nächste Seite

Ad·vents·ka·len·der *der* ein Kalender für Kinder für die Zeit vom 1. bis zum 24. Dezember mit 24 geschlossenen Fenstern, von denen jeden Tag eines geöffnet werden darf. Dahinter ist ein Bild, Schokolade o. Ä.

Ad·vents·kranz *der* ein Kranz aus Tannenzweigen

ADVENTSKRANZ

GRAMMATIK

▶ Adjektive

		Deklinationstyp A (schwache Deklination)			Deklinationstyp B (starke Deklination)			Deklinationstyp C (gemischte Deklination)		
Nominativ										
Singular	männlich	jener	junge	Mann		frischer	Wind	kein	junger	Mann
	weiblich	jene	junge	Frau		frische	Luft	keine	junge	Frau
	sächlich	jenes	junge	Mädchen		frisches	Wasser	kein	junges	Mädchen
Plural		jene	jungen	Leute	(einige)	junge	Leute	keine	jungen	Leute
Akkusativ										
Singular	männlich	jenen	jungen	Mann	(für)	frischen	Wind	keinen	jungen	Mann
	weiblich	jene	junge	Frau	(für)	frische	Luft	keine	junge	Frau
	sächlich	jenes	junge	Mädchen	(für)	frisches	Wasser	kein	junges	Mädchen
Plural		jene	jungen	Leute	(einige)	junge	Leute	keine	jungen	Leute
Dativ										
Singular	männlich	jenem	jungen	Mann	(mit)	frischem	Wind	keinem	jungen	Mann
	weiblich	jener	jungen	Frau	(mit)	frischer	Luft	keiner	jungen	Frau
	sächlich	jenem	jungen	Mädchen	(mit)	frischem	Wasser	keinem	jungen	Mädchen
Plural		jenen	jungen	Leuten	(einigen)	jungen	Leuten	keinen	jungen	Leuten
Genitiv										
Singular	männlich	jenes	jungen	Mannes	(trotz)	frischen	Windes	keines	jungen	Mannes
	weiblich	jener	jungen	Frau	(trotz)	frischer	Luft	keiner	jungen	Frau
	sächlich	jenes	jungen	Mädchens	(trotz)	frischen	Wassers	keines	jungen	Mädchens
Plural		jener	jungen	Leute	(einiger)	junger	Leute	keiner	jungen	Leute

Ob ein Adjektiv nach Typ A, Typ B oder Typ C dekliniert wird, hängt von dem vorausgehenden Wort ab.

LANDESKUNDE

▶ Advent

In Deutschland ist es Brauch, den Advent – die Zeit vom vierten Sonntag vor Weihnachten bis Weihnachten – zu feiern. Man stellt einen **Adventskranz** aus Tannenzweigen auf, auf dem vier Kerzen stecken.

Am ersten Adventssonntag wird die erste Kerze angezündet, am zweiten Adventssonntag kommt die zweite dazu, bis dann am letzten Wochenende vor Weihnachten alle vier Kerzen brennen.

Für die Kinder gibt es **Adventskalender**, die für jeden Tag vom 1. Dezember bis Weihnachten eine kleine Überraschung oder ein kleines Fenster haben, hinter dem ein Bild oder Schokolade verborgen ist.

In der Adventszeit werden auch Plätzchen, Lebkuchen und Stollen gegessen.

Besonders an den Sonntagen und wenn es dunkel wird, geht man gern auf einen **Weihnachtsmarkt** (*süddeutsch:* **Christkindlmarkt**), den es in vielen Orten gibt. Dort trinkt man einen Glühwein oder Punsch, isst einen kleinen Imbiss und kauft weihnachtliche Dekoration und kleine Geschenke.

mit vier Kerzen, von denen man am ersten Adventssonntag eine anzündet, am zweiten zwei usw.

★ **Ad·vẹrb** [-v-] *das;* (-s, Ad·ver·bi·en [-i̯ən]) Adverbien werden im Satz nicht verändert und geben an, wann, wo, wie, warum usw. etwas geschieht ≈ *Umstandswort* | *Der Satz „Sie ist gestern hier gewesen" enthält die Adverbien „gestern" und „hier"* [K] Kausaladverb, Lokaladverb, Modaladverb, Temporaladverb ● hierzu **ad·ver·bi·a̲l** ADJEKTIV; **ad·ver·bi·ẹll** ADJEKTIV

Ad·vo·ka̲t [-v-] *der;* (-en, -en); ⒶⒸⒽ, *sonst veraltend* ≈ *Rechtsanwalt* [H] *der Advokat; den, dem, des Advokaten* ● hierzu **Ad·vo·ka̲·tin** *die*

Ae·ro·bic [ɛ'ro:bɪk] *(das);* (-s) eine Form der Gymnastik mit Musik

ae·ro·dy·na̲·misch ['ɛ:ro-] ADJEKTIV mit einer Form, welche der Luft wenig Widerstand entgegensetzt ⟨ein Auto, ein Flugzeug⟩ ● hierzu **Ae·ro·dy·na̲·mik** *die*

AfD [a:|ɛf'de:] *die;* (-) Alternative für Deutschland eine politische Partei in Deutschland

Af·fä̲·re *die;* (-, -n) **1** ein (unangenehmer) Vorfall, eine (peinliche) Angelegenheit ⟨eine peinliche Affäre; eine Affäre aus der Welt schaffen; jemanden in eine Affäre hineinziehen, verwickeln⟩ [K] Bestechungsaffäre **2** eine Liebesbeziehung | *Er hatte eine Affäre mit seiner Nachbarin* [K] Liebesaffäre **3** *gesprochen* ≈ *Angelegenheit* | *Das Ganze war eine Affäre von höchstens zehn Minuten* ■ ID **sich aus der Affäre ziehen** sich geschickt aus einer unangenehmen Situation befreien

★ **Af·fe** *der;* (-n, -n) **1** ein Säugetier, das dem Menschen ähnlich ist und gerne (auf Bäume) klettert [K] Affenkäfig [H] *der Affe; den, dem, des Affen* **2** *gesprochen, abwertend* verwendet als Schimpfwort für eine Person, über die man sich ärgert | *So ein eingebildeter Affe!* | *Du Affe!* **ID** **(Ich denk,) mich laust der Affe!** *gesprochen* verwendet, um Überraschung auszudrücken; **dem Affen Zucker geben** *gesprochen, humorvoll* das tun, was man gerne möchte; **einen Affen (sitzen) haben** *gesprochen* betrunken sein; **einen Affen an jemandem gefressen haben** *gesprochen* jemanden übertrieben gern haben; **Du bist wohl vom (wilden) Affen gebissen?** *gesprochen* Du bist wohl verrückt?

Af·fekt *der*; (-(e)s, -e) **im Affekt** in einem so wütenden, erregten Zustand, dass man die Kontrolle über sich verliert ⟨ein Mord, eine Tötung im Affekt; im Affekt handeln⟩ | *Er hatte seine Frau im Affekt geschlagen* **K** Affektausbruch, Affekthandlung

af·fek·tiert ADJEKTIV (affektierter, affektiertest-); *abwertend* im Benehmen nicht natürlich und so, dass es lächerlich oder unsympathisch wirkt ⟨ein Benehmen, ein Getue, ein Lachen, ein Wesen; sich affektiert benehmen, geben⟩ | *Sie fiel durch ihre affektierte Art unangenehm auf* ● hierzu **Af·fek·tiert·heit** *die*

Af·fen- *im Substantiv, betont, begrenzt produktiv; gesprochen* **die Affenhitze, die Affenkälte, das Affentempo** *und andere* verwendet, um Substantive zu verstärken

Af·fen·lie·be *die; gesprochen, meist abwertend* eine übertriebene Liebe, bei der jemand die Fehler und Schwächen einer anderen Person nicht beachtet

Af·fen·the·a·ter *das; nur Singular; gesprochen* eine Situation, ein Vorgang, ein Verhalten o. Ä., die man lästig, lächerlich und überflüssig findet ⟨ein Affentheater machen, veranstalten⟩

Af·fen·zahn *der; gesprochen* eine sehr hohe Geschwindigkeit ⟨mit einem Affenzahn fahren⟩ | *einen Affenzahn draufhaben* (sehr schnell fahren)

af·fig ADJEKTIV; *gesprochen, abwertend* eitel und affektiert ⟨ein Getue⟩

Af·fi·ni·tät *die*; (-, -en) **1** **eine Affinität (zu jemandem/etwas); eine Affinität (zwischen Personen/Dingen)** *geschrieben* eine gewisse Ähnlichkeit und (bei Personen) die Sympathie, die sich so ergibt | *Zwischen den Werken Mozarts und Haydns bestehen zahlreiche Affinitäten* **2** die Eigenschaft einer chemischen Substanz, sich häufig mit einer bestimmten anderen Substanz zu verbinden

af·fir·ma·tiv [-f] ADJEKTIV; *geschrieben* mit einer bestätigenden oder bejahenden Aussage ⟨eine Äußerung⟩

Af·front [aˈfrõː] *der*; (-s, -s) **ein Affront (gegen jemanden/etwas)** *geschrieben* eine schwere Beleidigung oder Verspottung ⟨etwas als einen Affront empfinden⟩ | *Sein Benehmen war ein Affront gegen den Gastgeber*

Af·gha·ne [afˈgaːnə] *der*; (-n, -n) **1** ein Bewohner von Afghanistan **H** *der Afghane; den, dem, des Afghanen* **2** ein Windhund mit langem, seidigem Fell ● zu (1) **Af·gha·nin** *die*

★ **Af·ri·ka** *(das)*; (-s) der drittgrößte Kontinent der Erde **K** Afrikaforscher, Afrikareisende(r) ● hierzu **Af·ri·ka·ner** *der*; **Af·ri·ka·ne·rin** *die*; **af·ri·ka·nisch** ADJEKTIV

Af·ro·ame·ri·ka·ner *der*; (-s, -) ein Amerikaner afrikanischer Herkunft ● hierzu **Af·ro·ame·ri·ka·ne·rin** *die*

★ **Af·ter** *der*; (-s, -) der Ausgang des Darms, durch den feste Reste der Nahrung ausgeschieden werden

AG [aˈgeː] *die* **1** Abkürzung für *Aktiengesellschaft* **2** Abkürzung für *Arbeitsgruppe, Arbeitsgemeinschaft*

Agen·da *die*; (-, Agenden) **1** ein Buch, in das man die Dinge schreibt, die man erledigen muss **2** eine Liste von Themen, vor allem bei Verhandlungen, Konferenzen oder Tagungen

Agent *der*; (-en, -en) **1** eine Person, die versucht (für eine Regierung) geheime Informationen zu bekommen (z. B. über militärische Einrichtungen eines anderen Landes) ⟨einen Agenten entlarven, enttarnen⟩ **K** Agentenfilm, Agentenring, Agententätigkeit, Agententhriller, Agentenzentrale; Geheimagent **H** *der Agent; den, dem, des Agenten* **2** ein Agent hilft Künstlern dabei, Aufträge und Engagements zu bekommen **3** *veraltend* eine Person, die im Auftrag einer Firma Geschäfte macht ≈ *Vertreter* **K** Versicherungsagent ● hierzu **Agen·tin** *die*

Agen·tur *die*; (-, -en) **1** eine Geschäftsstelle eines Unternehmens **K** Immobilienagentur, Versicherungsagentur **2** Kurzwort für *Nachrichtenagentur* **K** Agenturbericht, Agenturmeldung **3** Kurzwort für *Werbeagentur* **4** **Agentur für Arbeit** Ⓓ eine Behörde, die Leuten dabei hilft, einen Arbeitsplatz zu finden, wenn diese arbeitslos sind

Ag·gre·gat *das*; (-(e)s, -e) eine Maschine oder ein Gerät, das aus mehreren (zusammenwirkenden) Einzelteilen besteht **K** Stromaggregat

Ag·gre·gat·zu·stand *der*; *meist Singular* die Form, die eine Substanz haben kann (fest, flüssig oder als Gas) ⟨im festen, flüssigen, gasförmigen Aggregatzustand sein⟩ | *Wasser wird durch Erhitzen vom flüssigen in den gasförmigen Aggregatzustand gebracht*

★ **Ag·gres·si·on** *die*; (-, -en) **1** von Aggression spricht man, wenn Tiere und Menschen Gewalt anwenden, kämpfen oder Macht ausüben ⟨zu Aggressionen neigen⟩ **K** Aggressionshemmung, Aggressionslust, Aggressionsstau, Aggressionstrieb, aggressionsfördernd, aggressionshemmend **2** **Aggressionen (gegen jemanden/etwas)** ein Gefühl der Wut oder Ablehnung ⟨(angestaute) Aggressionen abbauen; (an jemandem/etwas) die Aggressionen abreagieren; Aggressionen bekommen, haben⟩ **3** **eine Aggression (gegen etwas)** ein militärischer Angriff eines Landes **K** Aggressionskrieg

★ **ag·gres·siv** [-f] ADJEKTIV **1** mit der Neigung zu Aggressionen ⟨ein Mensch, ein Verhalten; aggressiv reagieren; sich aggressiv (gegenüber jemandem) verhalten⟩ ≈ *streitsüchtig* **2** ohne Rücksicht ⟨eine Fahrweise; aggressiv fahren⟩ ↔ *defensiv* **3** energisch und gezielt | *eine aggressive politische Werbung* **4** mit dem (ständigen) Willen anzugreifen ⟨ein Spieler, eine Spielweise; aggressiv spielen⟩ **5** mit dem Ziel eines Angriffs | *eine aggressive Politik betreiben* ● zu (1,3 – 5) **Ag·gres·si·vi·tät** *die*

Ag·gres·sor *der*; (-s, Ag·gres·so·ren) ein Land, das ein anderes angreift

Ägi·de *die* **unter jemandes Ägide (stehen)** *geschrieben* unter jemandes Leitung, Schutz (sein)

agie·ren VERB (agierte, hat agiert) **1** **irgendwie agieren** *geschrieben* irgendwie (meist überlegt) handeln ⟨behutsam, selbstständig, vorsichtig agieren⟩ **2** **gegen jemanden agieren** *geschrieben* (heimlich) versuchen, jemanden bewusst zu schädigen | *Viele der Kollegen agierten hinter seinem Rücken gegen ihn* **3** *veraltend* als Schauspieler auftreten ⟨auf der Bühne agieren⟩

agil ADJEKTIV; *geschrieben* **1** geistig und körperlich in einer sehr guten Verfassung | *Trotz des hohen Alters war er immer noch sehr agil* **2** aktiv und beweglich ⟨ein Fußballspieler⟩ ● hierzu **Agi·li·tät** *die*

Agi·ta·ti·on [-ˈtsjoːn] *die*; (-, -en); *meist Singular* **Agitation (für/gegen jemanden/etwas)** *geschrieben, abwertend* wenn eine Person, eine Partei o. Ä. Agitation betreibt, versucht sie auf aggressive Weise die Meinung der Menschen zu ändern und politische Ziele zu erreichen **K** Wahlagitation

agi·tie·ren VERB (agitierte, hat agitiert) **(für/gegen jemanden/etwas) agitieren** *geschrieben, abwertend* Agitation betreiben ● hierzu **Agi·ta·tor** *der*; **agi·ta·to·risch** ADJEKTIV

Ago·nie *die;* (-, -n [-'niːən]) das Stadium, das unmittelbar vor dem Tod kommt ⟨in Agonie liegen, verfallen⟩

Ag·rar- *im Substantiv, betont, begrenzt produktiv* **Agrarbetriebe, Agrarprodukte**; **der Agrarexperte** *und andere ≈ landwirtschaftlich*

Ag·rar·ge·sell·schaft *die* ein Staat oder Volk, in dem die meisten Menschen von der Landwirtschaft leben

ag·ra·risch ADJEKTIV *meist attributiv; geschrieben ≈ landwirtschaftlich* | *agrarische Erzeugnisse*

Ag·rar·land *das* **1** landwirtschaftlich genutzte Flächen **2** *≈ Agrarstaat*

Ag·rar·staat *der* ein Staat, in dem hauptsächlich Landwirtschaft (und nur wenig Industrie) betrieben wird

ah! **1** verwendet, um Erstaunen, (angenehme) Überraschung, Bewunderung auszudrücken | *Ah, du bist es!* | *Ah, das war mir neu!* | *Ah, wie interessant* **2** verwendet, um auszudrücken, dass man sich wohlfühlt oder zufrieden ist | *Ah, wie herrlich kühl es im Schatten ist!* | *Ah, tut das gut!* **3** verwendet, um zu sagen, dass man etwas verstanden hat | *Ah, jetzt weiß ich, warum es vorher nicht funktionierte!*

äh! **1** verwendet, um beim Reden eine kleine Pause zu füllen, wenn man nicht (mehr) weiß, was man ursprünglich sagen wollte | *Äh, wo war ich stehen geblieben?* **2** **äh!** drückt Ekel aus **3** **äh?** drückt aus, dass man etwas nicht versteht

aha [a'ha(ː)] PARTIKEL **1** verwendet, um zu sagen, dass man etwas plötzlich verstanden hat | *Aha, jetzt ist mir alles klar!* **2** verwendet, wenn man etwas zufrieden feststellt | *Aha, das wurde aber auch Zeit!*

Aha-Ef·fekt [a'ha(ː)-] *der; meist Singular* die Reaktion, die eintritt, wenn man über etwas sehr erstaunt ist oder etwas plötzlich verstanden hat | *Manchmal dauert es ein wenig, bis der Aha-Effekt kommt*

Aha-Er·leb·nis [a'ha(ː)-] *das; meist Singular* das plötzliche Verstehen einer Situation, eines Zusammenhangs | *Als sie das erste Mal gemeinsam Urlaub machten, war es für beide ein richtiges Aha-Erlebnis*

Ahn *der;* (-s/-en, -en); *meist Plural* eine Person, die in früheren Zeiten gelebt hat und von der man abstammt | *Ihre Ahnen stammen aus Italien* K Ahnenbild, Ahnenforschung, Ahnengalerie, Ahnenkult, Ahnfrau, Ahnherr H *der Ahn; den, dem Ahn/Ahnen; des Ahns/Ahnen* • hierzu **Ah·nin** *die*

ahn·den VERB (ahndete, hat geahndet) **etwas (mit etwas) ahnden** *geschrieben* (meist von einer Institution) etwas (streng) bestrafen ⟨ein Unrecht, ein Verbrechen, ein Vergehen (mit einer Strafe) ahnden⟩ | *einen Mord mit einer Freiheitsstrafe ahnden* | *Das Foul des Verteidigers wurde mit einem Platzverweis geahndet* • hierzu **Ahn·dung** *die*

äh·neln VERB (ähnelte, hat geähnelt) **eine Person/Sache ähnelt jemandem/etwas (in etwas** *(Dativ)*) zwei Personen oder Dinge sind ähnlich oder sehen (in Bezug auf etwas) ähnlich aus | *Sie ähnelt ihrer Mutter* | *Seine Gedichte ähneln sich alle (in ihrer Thematik)* | *Seine beiden Geschwister ähneln einander sehr* | *Ein Wolkenkratzer ähnelt dem anderen*

★ **ah·nen** VERB (ahnte, hat geahnt) **1** **etwas ahnen** von einem (zukünftigen) Geschehen eine vage Vorstellung oder Vermutung haben ⟨ein Geheimnis, die Wahrheit ahnen⟩ *≈ vermuten* | *Ich konnte doch nicht ahnen, dass ihn das so kränken würde* **2** **etwas ahnen** das Gefühl haben, dass etwas Unangenehmes passieren wird ⟨ein Unglück, ein Unheil ahnen; nichts Gutes, Böses ahnen⟩ | *etwas dunkel ahnen* (etwas Unangenehmes befürchten) | *Als ich nichts ahnend in den Keller ging, stand der Boden unter Wasser* ■ ID **(Ach,) du ahnst es nicht!** *gesprochen* verwendet als Ausruf, wenn man unangenehm überrascht ist

Ah·nen·ta·fel *die; geschrieben* eine Übersicht, die zeigt, wie die Ahnen einer Person miteinander verwandt sind

★ **ähn·lich** ■ ADJEKTIV **1** **ähnlich (wie jemand/etwas)** in wichtigen, auffallenden Merkmalen übereinstimmend *↔ anders* | *Ich hatte einen ähnlichen Gedanken wie du* | *Mandarinen schmecken so ähnlich wie Orangen* **2** **jemandem/etwas ähnlich sein/sehen** mit jemandem/etwas in Bezug auf äußere Merkmale übereinstimmen ⟨jemandem/etwas täuschend, verblüffend, zum Verwechseln ähnlich sein/sehen⟩ | *Sie ist/sieht ihrer Mutter sehr ähnlich* | *Seine beiden Geschwister sehen sich/einander sehr ähnlich* **3** **oder so ähnlich** *gesprochen* verwendet, um zu sagen, dass man etwas (meist einen Namen) nicht (mehr) genau weiß | *Er heißt Naumann oder so ähnlich* **4** **und Ähnliches/oder Ähnliches** verwendet nach einer Aufzählung von Dingen vergleichbarer Art | *Bücher, Zeitschriften und Ähnliches* H Abkürzung: *u. Ä./o. Ä.*
■ PRÄPOSITION *mit Dativ* **5** **jemandem/etwas ähnlich**; **ähnlich jemandem/etwas** *geschrieben* ungefähr so wie jemand/etwas | *Er betrat das Lokal ähnlich einem Westernhelden* • zu (1,2) **Ähn·lich·keit** *die*

-ähn·lich *im Adjektiv, unbetont, begrenzt produktiv* **gottähnlich, menschenähnlich, parkähnlich** *und andere* drückt aus, dass jemand oder etwas in vielem so ist wie das, was im ersten Wortteil genannt wird | *eine wüstenähnliche Landschaft* (eine Landschaft, die fast so öde ist wie eine Wüste) | *Er fiel in einen todesähnlichen Schlaf* (Er schlief so fest und bewegungslos, dass er wie tot wirkte)

ähn·lich·se·hen VERB (sieht ähnlich, sah ähnlich, hat ähnlichgesehen) **Das sieht dir/ihm/ihr ähnlich!** *gesprochen* das ist typisch für dich/ihn/sie H aber: *Es ist oft so, dass Kinder ihren Eltern ähnlich sehen* (getrennt geschrieben)

★ **Ah·nung** *die;* (-, -en) **1** ein vages Gefühl von einem Ereignis (in der Zukunft) oder von einer Sache, über die man nicht viel weiß ⟨eine böse, dunkle, düstere Ahnung; eine Ahnung befällt, überkommt jemanden⟩ | *Meine Ahnungen haben nicht getrogen* (waren richtig) | *Ich hatte schon so eine Ahnung, dass das nicht klappen wird* **2** **(von etwas) eine Ahnung haben** etwas wissen oder sich etwas vorstellen können ⟨von etwas nicht die entfernteste, geringste, leiseste, mindeste Ahnung haben⟩ | *Hast du eine Ahnung, wie er heißt?* | *Ich hatte ja keine Ahnung, dass du schon zurück bist* | *Habt ihr eine Ahnung, wie der Unfall passiert ist?* H meist in verneinter oder fragender Form **3** **(von etwas) (eine) Ahnung haben** in einem Bereich Kenntnisse haben, die man durch Lernen erworben hat ⟨von etwas keine, wenig, viel Ahnung haben⟩ | *Er hat von Technik absolut keine Ahnung* ■ ID **Hast 'du eine Ahnung!** *gesprochen* Da täuschst du dich aber!; **Keine Ahnung!** *gesprochen* verwendet als Antwort, um zu sagen, dass man etwas nicht weiß • hierzu **ah·nungs·los** ADJEKTIV; **Ah·nungs·lo·sig·keit** *die;* zu (1) **ah·nungs·voll** ADJEKTIV

ahoi! **(Boot, Schiff) ahoi!** verwendet als Ruf von Seeleuten, um andere Schiffe zu grüßen oder zu warnen

Ahorn *der;* (-(e)s, -e); *meist Singular* **1** ein Laubbaum, der vor allem in kühlen, nördlichen Ländern wächst K Ahornblatt, Ahornsirup **2** das Holz des Ahorns

Äh·re *die;* (-, -n) der oberste Teil eine Getreidepflanze (dort wo die Körner sind) K Ährenfeld, Ährenkranz, Ährenlese; Getreideähre

ÄHRE

★ **Aids** [eidz] *(das);* (-) eine ansteckende

Krankheit, welche die Abwehrkräfte des Körpers so schwächt, dass man viele andere Krankheiten bekommt und meist an einer dieser Krankheiten stirbt K Aidsinfektion, Aidsinfizierte(r), Aidskampagne, Aidskranke(r), Aidspatient(in), Aidstest, Aidstote(r); aidsinfiziert, aidskrank

Air·bag ['ɛ:gbɛk] *der;* (s, -s) ein großes Kissen im Auto, das sich bei einem Unfall sehr schnell mit Luft füllt, sodass man sich nicht so schwer verletzt K Seitenairbag

ais, Ais ['a:ɪs] *das;* (-, -) der Halbton über dem a K ais-Moll

Aka·de·mie *die;* (-, -n [-'mi:ən]) **1** eine Vereinigung von Gelehrten, welche die Kunst, Literatur und Wissenschaften unterstützt | *die Akademie der Künste/Wissenschaften* K Akademiemitglied; Dichterakademie, Sprachakademie **2** eine Fachhochschule oder Kunstschule K Fachakademie, Kunstakademie, Musikakademie **3** das Gebäude, in dem sich eine Akademie befindet

Aka·de·mi·ker *der;* (-s, -) eine Person, die ein Studium an einer Universität (oder Hochschule) abgeschlossen hat K Akademikerarbeitslosigkeit, Akademikerschwemme • hierzu **Aka·de·mi·ke·rin** *die*

aka·de·misch ADJEKTIV **1** *meist attributiv* an einer Universität oder Hochschule (erworben) ⟨eine Bildung, eine Laufbahn, ein Grad, ein Titel⟩ **2** *abwertend* wenig verständlich, zu theoretisch ⟨eine Auffassung, eine Ausdrucksweise, ein Stil⟩ | *Seine Äußerungen zur Kunst sind mir zu akademisch*

Aka·zie [-tsiə] *die;* (-, -n) ein Baum oder Strauch, der in warmen Ländern wächst und schmale, lange Blätter und kleine, runde, gelbe Blüten hat

Ak·kla·ma·ti·on [-'tsio:n] *die;* (-, -en); *besonders* Ⓐ, *geschrieben* **1** ≈ *Zustimmung* **2** **jemanden durch Akklamation wählen** eine Person wählen, indem man ihren Namen ruft

ak·kli·ma·ti·sie·ren VERB (akklimatisierte sich, hat sich akklimatisiert) **sich (irgendwo) akklimatisieren** sich an eine neue Umgebung, an neue (klimatische) Verhältnisse gewöhnen | *Wenn du im Winter in die Südsee reist, musst du dich dort erst mal akklimatisieren* | *Hast du dich im neuen Job schon akklimatisiert?* • hierzu **Ak·kli·ma·ti·sie·rung** *die*

Ak·kord *der;* (-(e)s, -e) **1** wenn man mit einem Klavier, einer Gitarre usw. gleichzeitig mehrere Töne spielt, ist das ein Akkord ⟨einen Akkord spielen, anschlagen⟩ K Durakkord, Mollakkord **2** *nur Singular* eine Bezahlung nach der Menge der geleisteten Arbeit, nicht nach der Zeit ⟨im Akkord arbeiten⟩ K Akkordarbeit, Akkordlohn

Ak·kor·de·on *das;* (-s, -s) ein tragbares Musikinstrument mit Tasten und Knöpfen, bei dem die Töne durch Ziehen und Drücken des mittleren Teils erzeugt werden und das vor allem für Volksmusik verwendet wird K Akkordeonspieler

AKKORDEON

ak·kre·di·tie·ren VERB (akkreditierte, hat akkreditiert) **jemanden akkreditieren** eine Person als offiziellen Vertreter (des eigenen Staates, der eigenen Regierung, der Presse) anerkennen ⟨einen Botschafter, einen Diplomaten, einen Gesandten, einen Journalisten akkreditieren⟩ • hierzu **Ak·kre·di·tie·rung** *die*

Ak·ku *der;* (-s, -s) Kurzwort für *Akkumulator*

Ak·ku·mu·la·tor *der;* (-s, Ak·ku·mu·la·to·ren) ein Gerät, mit dem man Strom speichert ⟨einen Akkumulator aufladen⟩

ak·ku·mu·lie·ren VERB (akkumulierte, hat akkumuliert) **1** **etwas akkumulieren** *geschrieben* ≈ *anhäufen, speichern* | *Radioaktive Strahlen werden im Körper von Menschen und Tieren akkumuliert* **2** **etwas akkumuliert sich** *geschrieben* etwas wird immer mehr | *Bei dem Forschungsprojekt akkumulierten sich die Schwierigkeiten* • hierzu **Ak·ku·mu·la·ti·on** *die*

ak·ku·rat ■ ADJEKTIV (akkurater, akkuratest-) **1** äußerst sorgfältig, ordentlich ⟨ein Mensch, eine Handschrift; akkurat arbeiten, gekleidet sein⟩

■ ADVERB **2** *süddeutsch* Ⓐ ≈ *genau* | *Es ist akkurat drei Uhr* | *Akkurat 'das habe ich gemeint!*

Ak·ku·sa·tiv [-f] *der;* (-s, -e) der Kasus, in dem vor allem das (direkte) Objekt eines Verbs steht ⟨etwas steht im Akkusativ⟩ ≈ *Wenfall* | *Die Präposition „für" verlangt den Akkusativ* | *In dem Satz „Ich habe sie gefragt" steht „sie" im Akkusativ* K Akkusativobjekt H → Infos unter **Deklination**

Ak·ne *die;* (-) eine Erkrankung der Haut in Form von eitrigen Pickeln vor allem im Gesicht, die meist bei Jugendlichen vorkommt

Ak·ri·bie *die;* (-); *geschrieben* sehr große Genauigkeit und Sorgfalt | *mit wissenschaftlicher Akribie arbeiten* • hierzu **ak·ri·bisch** ADJEKTIV

Ak·ro·bat *der;* (-en, -en) Akrobaten führen vor allem im Zirkus schwierige Übungen vor, balancieren z. B. über ein Seil hoch über dem Boden H *der Akrobat; den, dem, des Akrobaten* • hierzu **Ak·ro·ba·tin** *die*

Ak·ro·ba·tik *die;* (-) **1** die Übungen eines Akrobaten **2** (körperliche) Geschicklichkeit K Gedankenakrobatik • zu (1) **ak·ro·ba·tisch** ADJEKTIV

Ak·ro·nym [-'ny:m] *das;* (-s, -e) ein Wort, das aus den Anfangsbuchstaben mehrerer Wörter oder der Teile eines langen Wortes gebildet wird. Viele Akronyme kann man in Großbuchstaben oder als normales Wort schreiben, wie NATO oder Nato, UFO oder Ufo usw.

WORTSCHATZ

▶ Häufig benutzte Akronyme

die **AG**	die Aktiengesellschaft; die Arbeitsgemeinschaft
das **AIDS, Aids**	eine Immunschwächekrankheit
die **EU**	die Europäische Union
der **GAU**	der größte anzunehmende Unfall
die **GmbH**	die Gesellschaft mit beschränkter Haftung
k.o.	kaputt, erschöpft
der **Lkw**	der Lastkraftwagen
die **NATO, Nato**	ein politisches Bündnis
o.k.	in Ordnung, gut
der **PC**	der Computer
die **PIN**	die persönliche Identifikationsnummer
der **Pkw**	das Auto
die **SMS**	eine Kurznachricht am Handy
der **TÜV**	der Technische Überwachungsverein
das **Ufo, UFO**	das unbekannte Flugobjekt
die **UNO, Uno**	die Vereinten Nationen
die **USA**	die Vereinigten Staaten von Amerika
die **WG**	die Wohngemeinschaft
das **WLAN**	die kabellose Netzwerkverbindung
die **WM**	die Weltmeisterschaft

★ **Akt**[1] *der;* (-(e)s, -e) **1** *geschrieben* etwas, das mit Absicht getan worden ist oder getan werden soll ⟨ein rechtswidriger Akt; ein Akt der Empörung, Verzweiflung⟩ ≈ *Tat* K Gnadenakt, Racheakt, Terrorakt **2** eine feierliche Handlung nach festen und meist traditionellen Regeln ⟨ein denkwürdiger, feierlicher, festlicher Akt⟩ ≈ *Zeremonie* | *der Akt der Trauung* K Festakt **3** ein größerer Abschnitt eines Theaterstücks, der meist aus mehreren Szenen besteht | *Ein klassisches Drama besteht aus fünf Akten* K Schlussakt **4** eine einzelne Vorführung beim Zirkus | *ein akrobatischer Akt* K Balanceakt, Dressurakt **5** ein Bild oder eine Statue, die einen nackten Menschen darstellen ⟨ein männlicher, weiblicher, liegender, sitzender Akt; einen Akt malen, zeichnen⟩ K Aktfoto, Aktmalerei, Aktmodell, Aktzeichnung

Akt[2] *der;* (-(e)s, -en); *süddeutsch* Ⓐ ≈ *Akte*

★ **Ak·te** *die;* (-, -n); *meist Plural* eine (geordnete Sammlung von) Unterlagen zu einem Fall oder Thema ⟨(un)erledigte, geheime, vertrauliche Akten; eine Akte bearbeiten, ablegen⟩ | *Der Vorfall kommt in die/zu den Akten* (wird als Notiz in den Akten registriert) K Aktennotiz, Aktenordner, Aktenschrank, Aktenvermerk, Aktenzeichen; Gerichtsakte, Polizeiakte, Prozessakte ■ ID **etwas zu den Akten legen** etwas als abgeschlossen oder erledigt ansehen; **über etwas** (*Akkusativ*) **die Akten schließen** etwas für abgeschlossen erklären

Ak·ten·kof·fer *der* ein (meist schmaler, eleganter) Koffer, in dem man Unterlagen für Sitzungen, Geschäfte usw. transportiert

ak·ten·kun·dig ADJEKTIV **jemand/etwas ist/wird aktenkundig** jemand/etwas wird in offiziellen Akten, Schriften genannt und ist also bekannt

Ak·ten·map·pe *die* **1** ≈ *Aktentasche* **2** ein Ordner, eine Hülle o. Ä. aus ziemlich starkem Papier, in denen Akten liegen

Ak·ten·ta·sche *die* eine Tasche mit Griff, in der man Dokumente, Bücher o. Ä. bei sich trägt

Ak·ten·ver·nich·ter *der* ein Gerät, das Papier in schmale Streifen schneidet, damit man den Text darauf nicht mehr lesen kann

-ak·ter *der;* (-s, -); *im Substantiv, unbetont, nicht produktiv* **Einakter, Zweiakter, Dreiakter** *und andere* ein Theaterstück mit der genannten Zahl von Akten (Teilen)

Ak·teur [ak'tø:ɐ̯] *der;* (-s, -e) **1** *geschrieben* eine Person, die aktiv an einem Geschehen teilnimmt | *Die eigentlichen Akteure in dem Spionagefall wurden nie gefasst* **2** ≈ *Schauspieler* **3** ≈ *Spieler, Wettkämpfer* | *der beste Akteur auf dem Platz* ● hierzu **Ak·teu·rin** [ak'tø:rɪn] *die*

★ **Ak·tie** ['aktsi̯ə] *die;* (-, -n) eine von vielen Urkunden über einen Anteil am Kapital und am Gewinn eines großen Unternehmens ⟨die Aktien steigen, fallen; Geld in Aktien anlegen⟩ | *Er will die Aktien schnell abstoßen, bevor sie fallen* | *Die Firma gibt neue Aktien aus* K Aktiengeschäft, Aktieninhaber, Aktienkapital, Aktienkauf, Aktienkurs, Aktienmarkt ■ ID **jemandes Aktien steigen** *gesprochen* jemandes Aussichten auf Erfolg werden besser; **Wie stehen die Aktien?** *gesprochen, humorvoll* Wie gehts?

Ak·ti·en·ge·sell·schaft *die* ein großes Unternehmen, das Aktien ausgibt, die an der Börse gehandelt werden H Abkürzung: *AG*

★ **Ak·ti·on** [-'tsi̯o:n] *die;* (-, -en) **1** eine gemeinsame Handlung, mit der ein Ziel erreicht werden soll ⟨eine militärische, politische Aktion; eine Aktion planen, einleiten, starten, durchführen⟩ | *zu einer Aktion für den Frieden aufrufen* | *die Aktion „Brot für die Welt"* K Aktionsgemeinschaft, Aktionsprogramm, Aktionswoche; Befreiungsaktion, Rettungsaktion, Spendenaktion **2** *geschrieben* das, was eine Person tut ≈ *Handlung* | *Seine Aktionen beschränkten sich auf das Nötigste* | *Sie beobachtete jede meiner Aktionen* | *Eine tolle Aktion des Hamburger Torwarts!* K Einzelaktion ■ ID **(voll) in Aktion sein, sich in (voller) Aktion befinden** gerade (intensiv) mit etwas beschäftigt sein; **in Aktion treten** aktiv oder wirksam werden

Ak·ti·o·när [-tsi̯o-] *der;* (-s, -e) eine Person, die Aktien besitzt ● hierzu **Ak·ti·o·nä·rin** *die*

Ak·ti·o·nis·mus [-tsi̯o-] *der;* (-) **1** der Versuch, vor allem das Bewusstsein und die Einstellung der Menschen durch viele (oft provozierende) Aktionen zu verändern **2** *meist abwertend* eine Art zu handeln, bei der viel getan wird, aber nur wenig erreicht wird ⟨blinder, purer Aktionismus⟩ ● hierzu **Ak·ti·o·nist** *der;* **Ak·ti·o·nis·tin** *die*

Ak·ti·ons·ra·di·us *der* **1** *geschrieben* jemandes Wirkungs- oder Einflussbereich **2** die Entfernung, die z. B. ein Flugzeug zurücklegen kann, ohne neu tanken zu müssen

★ **ak·tiv** [-f] ADJEKTIV **1** so, dass man gern und freiwillig etwas tut oder sich für ein Ziel einsetzt ⟨politisch, sexuell aktiv sein; etwas aktiv mitgestalten, unterstützen; aktiv mitwirken, mitarbeiten, mitmachen; sich aktiv an etwas beteiligen⟩ **2** **aktiv sein** mit Engagement, Interesse und Tatkraft etwas tun oder ausführen ↔ *passiv* **3** voller Energie und Unternehmungslust ⟨ein aktives Leben führen⟩ ↔ *inaktiv* | *Trotz seiner 70 Jahre ist er noch sehr aktiv* **4** als Mitglied eines Sportvereins an Übungen und Wettkämpfen teilnehmen ⟨ein Mitglied, ein Sportler⟩ | *sportlich aktiv* | *ein aktiver Tennisspieler* **5** **irgendwo aktiv sein** sich als Mitglied einer Gruppe für deren Ziele engagieren | *in der Frauenbewegung aktiv sein* **6** so, dass es eine besondere Wirkung auf etwas ausübt ⟨biologisch, hygienisch aktiv⟩ | *Das Mittel wirkt aktiv auf Herz und Kreislauf* **7** besonders gut zu chemischen Reaktionen fähig ⟨Sauerstoff, Wasserstoff⟩ K Aktivkohle ● hierzu **Ak·ti·vi·tät** [-v-] *die;* zu (4,5) **Ak·ti·ve** *der/die*

-ak·tiv [-f] *im Adjektiv nach Substantiv, unbetont, begrenzt produktiv* **1** **atmungsaktiv, oberflächenaktiv, stoffwechselaktiv** *und andere* drückt aus, dass das im ersten Wortteil Genannte unterstützt oder aktiviert wird | *psychoaktive Substanzen* (Substanzen, die eine Wirkung auf den psychischen Zustand haben) **2** **dämmerungsaktiv, nachtaktiv, tagaktiv** so, dass ein Tier zur genannten Zeit wach und auf Futtersuche ist

Ak·tiv [-f] *das;* (-s) die Form, in welcher das Verb steht, wenn das Subjekt des Verbs auch die Handlung ausführt ↔ *Passiv* | *In dem Satz „Er trinkt Wasser" steht das Verb im Aktiv* K Aktivkonstruktion, Aktivsatz ● hierzu **ak·ti·visch** [-v-] ADJEKTIV

Ak·ti·va [-v-] *die; Plural* das Vermögen (z. B. an Geld oder Wertpapieren), das eine Firma hat ↔ *Passiva*

Ak·tiv·bür·ger *der;* Ⓒⓗ ein Bürger mit aktivem Wahlrecht ● hierzu **Ak·tiv·bür·ge·rin** *die*

ak·ti·vie·ren [-v-] VERB (aktivierte, hat aktiviert) **1** **jemanden (zu etwas) aktivieren** jemanden davon überzeugen, aktiv zu werden, sich zu engagieren | *die Jugend zu politischer Mitarbeit aktivieren* **2** **etwas aktivieren** die Tätigkeit einer Sache anregen | *Das Medikament aktiviert den Kreislauf* **3** **etwas aktivieren** etwas zur chemischen Reaktion fähig machen ● hierzu **Ak·ti·vie·rung** *die*

Ak·ti·vist [-v-] *der;* (-en, -en) eine Person, die entschieden und durch persönliches Handeln für eine Sache eintritt (vor allem in der Politik) H *der Aktivist; den, dem, des Aktivisten* ● hierzu **Ak·ti·vis·tin** *die*

Ak·tiv·ur·laub *der* ein Urlaub, in dem man sich viel bewegt und vor allem Sport treibt

ak·tu·a·li·sie·ren VERB (aktualisierte, hat aktualisiert) **etwas aktualisieren** etwas so bearbeiten und verändern, dass es auf dem neuesten Stand ist und wieder in die Gegenwart passt ⟨ein Wörterbuch, einen Reiseführer aktualisieren⟩ ● hierzu **Ak·tu·a·li·sie·rung** *die*

★ **ak·tu·ell** ADJEKTIV **1** gegenwärtig vorhanden und wichtig oder interessant ⟨ein Ereignis, ein Problem, ein Thema, ein Theaterstück⟩ | *Was gibt es Aktuelles?* (Welche Neuigkeiten gibt es?) **2** modisch und zeitgemäß ⟨ein Trend⟩ | *Krawatten sind wieder aktuell geworden* ● hierzu **Ak·tu·a·li·tät** *die*

Aku·punk·tur *die; (-, -en)* bei der Akupunktur sticht der Arzt viele feine Nadeln in die Haut, um Schmerzen oder eine Krankheit zu bekämpfen ● hierzu **aku·punk·tie·ren** VERB *(hat)*

Akus·tik *die; (-)* **1** die Lehre vom Schall und der Ausbreitung des Schalls **2** die Wirkung von Schall und Klang bei Rede und Musik in einem geschlossenen Raum | *Der Saal hat eine gute Akustik* ● hierzu **akus·tisch** ADJEKTIV

akut ADJEKTIV (akuter, akutest-) **1** im Augenblick sehr dringend ⟨eine Frage, ein Problem; etwas ist/wird akut⟩ | *Die Umweltverschmutzung stellt eine akute Bedrohung für uns dar* **2** so, dass man erst seit kurzer Zeit krank ist (und nicht schon lange Zeit) ⟨eine Erkrankung⟩ ↔ *chronisch*

AKW [aka'veː] *das; (-(s), -s); gesprochen* Kurzwort für *Atomkraftwerk*

★ **Ak·zent** *der; (-(e)s, -e)* **1** *meist Singular* wenn man mit einem Akzent spricht, können andere hören, aus welchem Land oder welcher Region man stammt ⟨mit starkem, ausländischem Akzent sprechen⟩ | *Sein polnischer Akzent ist leicht zu erkennen* **2** der Schwerpunkt, der auf etwas gelegt wird ≈ *Nachdruck* | *auf eine Aussage besonderen Akzent legen* **3** das Hervorheben eines Vokals oder einer Silbe (innerhalb eines Wortes oder eines Satzes), indem man sie (stark) betont und/oder die Tonhöhe ändert ≈ *Betonung* | *Im Wort „Moral" liegt der Akzent auf der letzten Silbe* **K** Satzakzent, Wortakzent **4** ein Zeichen über einem Buchstaben, das anzeigt, welche Silbe betont ist (z. B. im Spanischen) oder wie ein Vokal ausgesprochen wird (z. B. im Französischen) ■ **ID (neue) Akzente setzen** Anregungen (meist für etwas Neues) geben ● zu (1) **ak·zent·frei** ADJEKTIV

ak·zen·tu·ie·ren VERB (akzentuierte, hat akzentuiert); *geschrieben* **1 (etwas) akzentuieren** etwas besonders deutlich aussprechen oder betonen | *(die Wörter) genau akzentuieren* **2 etwas akzentuiert etwas** etwas betont etwas, hebt etwas hervor | *Der dunkle Hintergrund akzentuiert die hellen Farben im Vordergrund des Bildes* ● hierzu **Ak·zen·tu·ie·rung** *die*

ak·zep·ta·bel ADJEKTIV (akzeptabler, akzeptabelst-) ⟨ein Angebot, ein Preis, eine Leistung⟩ so, dass man sie akzeptieren oder mit ihnen zufrieden sein kann **H** *akzeptabel → ein akzeptabler Vorschlag* ● hierzu **Ak·zep·ta·bi·li·tät** *die*

Ak·zep·tanz *die; nur Singular* die Bereitschaft, etwas Neues zu akzeptieren

★ **ak·zep·tie·ren** VERB (akzeptierte, hat akzeptiert) **1 etwas akzeptieren** mit etwas einverstanden sein ⟨ein Angebot, einen Vorschlag, eine Bedingung akzeptieren⟩ **2 etwas akzeptieren** etwas als gegeben hinnehmen (weil man es nicht ändern kann) ⟨das Schicksal, die Krankheit akzeptieren⟩ | *Du musst akzeptieren, dass man daran nichts ändern kann* **3 etwas akzeptieren** etwas gelten lassen, mit etwas zufrieden sein ⟨jemandes Entschuldigungen, Gründe (für etwas) akzeptieren⟩ **4 jemanden (als etwas) akzeptieren** mit einer Person (in einer Funktion) einverstanden sein ≈ *anerkennen* | *Er wurde von allen (als Partner) akzeptiert*

-al *im Adjektiv, betont, begrenzt produktiv* **1 horizontal, katastrophal, normal, triumphal** *und andere* in der Art und Weise von jemandem/etwas oder wie jemand/etwas **2 formal, hormonal, kolonial, national, regional** *und andere* in Bezug auf die genannte Sache, in Zusammenhang mit ihr **H** vergleiche **-ell**

à la ['ala] PRÄPOSITION *+Nominativ/Akkusativ* **1** in der typischen Art, dem Stil vor allem einer Person | *ein Hut à la Humphrey Bogart* **2** so zubereitet, wie es für jemanden, eine Gegend typisch ist | *Rinderbraten à la Esterhazy*

à la carte [ala'kart] **à la carte essen/bestellen** nicht ein festes Menü essen, sondern Gerichte von der Speisekarte wählen

★ **Alarm** *der; (-(e)s, -e)* **1** ein Signal (z. B. das Heulen einer Sirene oder das Läuten einer Glocke), das vor einer Gefahr warnen soll ⟨Alarm auslösen, geben, läuten⟩ **K** Alarmanlage, Alarmglocke; Bombenalarm, Feueralarm, Fliegeralarm **2** die Zeit, in der Gefahr besteht (und in der z. B. Polizei, Feuerwehr oder Militär in Aktion sind) | *Der Alarm dauerte mehrere Stunden* **K** Alarmzustand **3 blinder Alarm** die Situation, wenn Alarm ausgelöst wird oder große Aufregung herrscht, obwohl es keine akute Gefahr gibt ■ **ID Alarm schlagen** auf ein Problem oder eine Gefahr aufmerksam machen

-alarm *der; im Substantiv, unbetont, begrenzt produktiv* **Abhöralarm, Dopingalarm, Gammelfleischalarm, Klimaalarm** *und andere* große Aufregung und eine intensive Beschäftigung in der Öffentlichkeit und in den Medien mit dem genannten Thema | *Die Wohlfahrtsverbände schlagen Pflegealarm: Es gibt viel zu wenig Personal und Betten in Pflegeheimen*

Alarm·be·reit·schaft *die; nur Singular* das Bereitsein (z. B. der Feuerwehr), im Notfall sofort Hilfe zu leisten ⟨in Alarmbereitschaft sein; jemanden in Alarmbereitschaft versetzen⟩ ● hierzu **alarm·be·reit** ADJEKTIV

Alarm·glo·cke *die* eine Glocke, eine Klingel oder ein Tonsignal, die vor einer akuten Gefahr warnen ■ **ID bei jemandem schrillen die Alarmglocken** jemand wird misstrauisch oder fühlt sich bedroht

alar·mie·ren VERB (alarmierte, hat alarmiert) **1 jemanden alarmieren** jemanden zum Einsatz, zu Hilfe rufen ⟨die Feuerwehr, die Polizei, die Bergwacht, den Nachbarn alarmieren⟩ **2 etwas alarmiert jemanden** etwas versetzt jemanden in Aufregung, Unruhe oder Schrecken | *Sein Schreien alarmierte die ganze Nachbarschaft* | *Sein Gesundheitszustand ist alarmierend* (sehr schlecht)

Alarm·sig·nal *das* ein Zeichen, das vor einer Gefahr warnt oder warnen sollte | *Blut im Urin ist ein Alarmsignal*

Alarm·stu·fe *die* eine von mehreren Stufen auf einer Skala (meist von eins bis drei), die angeben, wie groß die Gefahr ist | *Es wurde Alarmstufe drei gegeben*

Al·bat·ros *der; (-, -se)* ein sehr großer, meist weißer Vogel (im südlichen Teil der Erde), der sehr lange Strecken fliegen kann

Alb·druck *der; meist Singular* ein Gefühl der Angst oder Beklemmung (im Schlaf), das meist durch einen schlimmen Traum ausgelöst wird

Alb·drü·cken *das; (-s)* ≈ *Albdruck*

al·bern ADJEKTIV; *abwertend* **1** nicht vernünftig, nicht passend ⟨ein Kichern, ein Lachen, ein Witz; ein Benehmen, ein Getue; sich albern aufführen⟩ | *Es ist doch albern, dass du dich nicht untersuchen lassen willst* **2** *gesprochen* ⟨ein Fehler, Zeug⟩ ≈ *unwichtig* | *Wegen so einer albernen Erkältung gehst du nicht zur Arbeit?* ● zu (1) **Al·bern·heit** *die*

Al·bi·no *der; (-s, -s)* meist ein Tier, dem natürlicher Farbstoff von Geburt an fehlt und dessen Haut und Haare daher ganz hell sind

Alb·traum *der* **1** ein Traum von schrecklichen Erlebnissen ⟨einen Albtraum haben⟩ **2** eine schlimme Vorstellung | *Im Hochhaus wohnen zu müssen, ist ein Albtraum für mich*

Al·bum *das; (-s, Al·ben/gesprochen auch -s)* **1** ein Buch mit ziemlich dicken Blättern, in dem man vor allem Briefmarken oder Fotos sammelt | *Fotos in ein Album kleben* **K** Briefmarkenalbum, Fotoalbum **2** eine oder zwei zusammengehörende CDs | *Die Popgruppe hat ein neues Album herausgebracht* **K** Doppelalbum, Plattenalbum

Al·chi·mie *die;* (-); *historisch* Chemie in früheren Zeiten, die vor allem versuchte, Metalle in Gold zu verwandeln ● hierzu **Al·chi·mist** *der;* **al·chi·mis·tisch** ADJEKTIV

ALG-II-Emp·fän·ger [a|ɛlge:ˈtsvai-] *der;* ⓓ eine Person, die in Not ist und vom Staat mit Arbeitslosengeld II unterstützt wird

Al·ge *die;* (-, -n) eine einfache, meist sehr kleine Pflanze, die im Wasser schwimmt **K** Algenteppich

Al·geb·ra, Al·geb·ra *die;* (-) ein Gebiet der Mathematik, in dem man Symbole und Buchstaben vor allem zur Lösung von Gleichungen benutzt ● hierzu **al·geb·ra·isch** ADJEKTIV

Al·go·rith·mus *der;* (-, Al·go·rith·men) eine Reihe von Anweisungen, Befehlen o. Ä., die in einer festen (wiederholten) Folge ausgeführt werden, um ein Problem zu lösen oder um etwas zu berechnen

ali·as PRÄPOSITION *+Nominativ/Akkusativ* zwischen zwei Namen verwendet, von denen einer der echter Name einer Person ist und der andere der Name, unter dem diese (z. B. als Künstler) bekannt ist

Ali·bi *das;* (-s, -s) **1** **ein Alibi (für etwas)** der Nachweis, dass jemand zur Zeit eines Verbrechens nicht am Tatort war und somit nicht der Täter sein kann ⟨ein lückenloses, glaubhaftes Alibi haben; ein Alibi vorweisen; jemandes Alibi bestätigen, anzweifeln⟩ | *Er hat für die Tatzeit kein Alibi* **2** **ein Alibi (für etwas)** eine Ausrede oder Rechtfertigung (für ein Fehlverhalten) ⟨nach einem Alibi suchen⟩

Ali·bi- *im Substantiv, betont, begrenzt produktiv* drückt aus, dass eine Person oder Sache nur benutzt wird, damit andere einen falschen Eindruck von einer Situation bekommen | *die Alibifrau* (die einzige Frau in einem Gremium, das von Männern dominiert wird) | *Diese Maßnahmen haben nur eine Alibifunktion* (sie sollen nur andere Missstände verbergen) | *Er kam mit einer Alibifrage* (eigentlich wollte er nur plaudern)

Ali·men·te *die; Plural; veraltet* die Summe Geld, die eine Person (monatlich) für den Lebensunterhalt einer anderen Person zahlen muss (meist der Vater für ein Kind, mit dessen Mutter er nicht verheiratet ist) ⟨Alimente zahlen; einen Mann auf Alimente verklagen⟩ **H** Heute verwendet man *Unterhalt.*

Al·ka·li *das;* (-s, Al·ka·li·en [-i̯ən]) eine bittere Substanz, die sich in Wasser löst und die mit Säuren Salze (z. B. Soda) bildet ● hierzu **al·ka·lisch** ADJEKTIV

★ **Al·ko·hol** [-ho(:)l] *der;* (-s, -e) **1** *meist Singular* eine farblose, leicht brennbare Flüssigkeit, die z. B. in Bier und Wein enthalten ist oder die zur Desinfizierung verwendet wird ⟨reiner, destillierter Alkohol; eine Wunde mit Alkohol desinfizieren⟩ | *Dieser Schnaps enthält 40 % Alkohol* **K** Alkoholgehalt **2** *nur Singular* verwendet als Bezeichnung für alle Getränke, die Alkohol enthalten und von denen man betrunken werden kann ⟨sich (*Dativ*) nichts aus Alkohol machen; dem Alkohol verfallen sein; (stark) nach Alkohol riechen⟩ | *Wir haben keinen Tropfen Alkohol im Haus* **K** Alkoholgenuss, Alkoholkonsum, Alkoholmissbrauch, Alkoholsucht, Alkoholtest, Alkoholverbot, Alkoholverbrauch, Alkoholvergiftung, alkoholabhängig, alkoholkrank, alkoholsüchtig ■ ID **etwas in Alkohol ertränken** Probleme, Kummer oder Sorgen durch Trinken von großen Mengen Alkohol zu vergessen versuchen; **jemanden unter Alkohol setzen** jemanden betrunken machen; **unter Alkohol stehen** angetrunken, betrunken sein; **Alkohol löst die Zunge** Alkohol bewirkt, dass man mehr und ungehemmter redet als sonst ● zu (1) **al·ko·ho·lisch** ADJEKTIV; **al·ko·hol·frei** ADJEKTIV; **al·ko·hol·hal·tig** ADJEKTIV

Al·ko·ho·li·ka *die; Plural; geschrieben* alkoholische Getränke

Al·ko·ho·li·ker *der;* (-s, -) **1** eine Person, die viel und oft Alkohol trinkt und süchtig ist **2** **Anonyme Alkoholiker** eine Gruppe von Personen, die nach Alkohol süchtig sind und die sich regelmäßig treffen, um gemeinsam zu versuchen, ohne Alkohol zu leben **H** Abkürzung: *AA* ● zu (1) **Al·ko·ho·li·ke·rin** *die*

★ **al·ko·ho·li·siert** ADJEKTIV; *geschrieben* der Zustand, in dem sich eine Person befindet, die Alkohol getrunken hat | *Der alkoholisierte Fahrer verursachte einen Unfall* | *Das Opfer war stark alkoholisiert*

Al·ko·ho·lis·mus *der;* (-); *geschrieben* das krankhafte Bedürfnis, Alkohol (in großen Mengen) zu trinken

Al·ko·hol·spie·gel *der* die Konzentration von Alkohol im Blut ⟨ein hoher, niedriger Alkoholspiegel; der Alkoholspiegel sinkt, steigt⟩ | *Sein Alkoholspiegel betrug 1,2 Promille*

★ **all** ARTIKEL/PRONOMEN **1** verwendet, um die maximale Menge, Größe, Stärke o. Ä. des Genannten zu bezeichnen | *alle Menschen dieser Welt* | *trotz aller Bemühungen* | *Das sage ich mit aller Deutlichkeit!* | *Allen Flüchtlingen muss geholfen werden* | *alles Leid auf dieser Welt* **H** Vor dem bestimmten Artikel kann *all* in dieser Form stehen, vor allem in der geschriebenen Sprache (*all die Jahre – alle die Jahre; in all den Jahren – in allen den Jahren*). Bei Substantiven, die keinen Plural haben, heißt es jedoch z. B. *all das Leid – alles Leid.* Ebenso *all das Gepäck – all mein/dein/dieses/jenes (usw.) Gepäck – alles Gepäck.* Adjektive, die nach einer Form von *all* stehen, werden nach Typ B gebildet, → Tabelle unter **Adjektiv**. *Alle* im Plural hat die Formen *alle – alle – allen – aller.* **2** verwendet, um zu betonen, dass man jede Person einer Gruppe oder jeden Teil einer Menge meint | *Alle fünf waren wir todmüde* | *Alle der Teilnehmer bekommen einen kleinen Preis* **3** für solche Personen oder Dinge verwendet, die genannt wurden oder in der Situation vorhanden sind | *Sie wird von allen sehr geschätzt* | *Alle kamen zu seinem Geburtstag: sämtliche Geschwister mit den Ehepartnern und die Kinder* | *Er hat alles aufgegessen* | *Sind jetzt endlich alle da?* | *Grüße bitte alle, die mich kennen* **4** **alles an Personen/Dingen** die gesamte Anzahl oder Menge der Personen oder Dinge | *Ich esse alles an Gemüse* **5** verwendet mit einer Zeit- oder Maßangabe, um zu sagen, dass etwas (in regelmäßigen Abständen) wiederholt wird oder immer wieder geschieht | *Wir treffen uns nur alle vier Jahre* | *Alle zehn Kilometer machten wir eine kleine Pause* | *Der Bus fährt alle 10 Minuten* ■ ID **alles in allem** im Ganzen (gesehen) ≈ *insgesamt* | *Alles in allem war ihre Leistung ganz gut;* **vor allem** verwendet, um etwas hervorzuheben ≈ *besonders, hauptsächlich* | *Die Bergtour war schön, aber vor allem sehr anstrengend* **H** Abkürzung: *v. a.;* **Das ist alles** Mehr von dem, was gerade genannt wurde oder da ist, gibt es nicht | *Das soll alles sein?* | *Ist das wirklich alles?*

All *das;* (-s) ⟨das All erforschen; ins All vordringen⟩ ≈ *Weltraum* | *einen Satelliten ins All schicken*

★ **all-** *im Adjektiv, unbetont, nicht produktiv* **1** **allabendlich, alljährlich, alltäglich** *und andere* so, dass etwas immer zu der genannten Zeit passiert | *den allsonntäglichen Spaziergang machen* **2** **allbekannt, allgegenwärtig, allmächtig** *und andere* ohne Einschränkung, überall, immer oder in allen Bereichen | *ein allgewaltiger Herrscher* (ein Herrscher mit uneingeschränkter Macht)

all·abend·lich ADJEKTIV *meist attributiv* jeden Abend (geschehend oder stattfindend)

all·be·kannt ADJEKTIV *meist attributiv* überall, allgemein bekannt
all·dem → alledem
al·le ■ ADJEKTIV/PRONOMEN **1** → all
■ ADVERB **2** **etwas ist alle** *gesprochen* etwas ist völlig verbraucht, zu Ende | *Das Brot ist alle* **3** **etwas wird alle** *gesprochen* etwas geht zu Ende | *Die Vorräte werden alle* **4** **etwas alle machen** *gesprochen* etwas aufessen
al·le·dem all diesem ⟨trotz, von alledem⟩ | *Nichts von alledem ist wahr*
Al·lee *die*; (-, -n [a'le:(ə)n]) ein Weg oder eine Straße mit Bäumen an beiden Seiten **K** Birkenallee, Pappelallee

ALLEE

Al·le·go·rie *die*; (-, -n [-'ri:ən]) die Darstellung eines abstrakten Begriffs (z. B. des Todes, der Liebe) als Bild oder Person in der Malerei, Dichtung usw. • hierzu **al·le·go·risch** ADJEKTIV
★ **al·lein** *nur in dieser Form* ■ ADJEKTIV *nicht attributiv* **1** ohne andere Personen ⟨jemanden allein lassen; allein sein wollen⟩ | *In diesem Wald sind wir ganz allein* | *Ich verreise/wohne ganz gern allein* **2** traurig, weil man keinen Kontakt zu anderen Menschen hat ≈ *einsam* | *Hier in der Stadt fühle ich mich so allein ohne dich* → alleinlassen **3** ohne dass jemand hilft ⟨etwas allein erledigen, können, machen; allein mit etwas fertig werden⟩ | *Unser Sohn konnte mit elf Monaten schon allein laufen* **4** **von allein** ohne dass jemand aktiv wird, etwas dazu tut | *Die Flasche ist ganz von allein umgefallen* | *Ich weiß schon von allein, was ich tun muss!* **5** **allein selig machend/seligmachend** nach katholischem Glauben oder nach jemandes Überzeugung allein wahr oder richtig
■ PARTIKEL *betont und unbetont* **6** keine andere Person, nichts anderes | *Allein er muss das entscheiden* | *Du allein kannst mir noch helfen* **7** **(schon) allein; allein (schon)** verwendet, um eine Aussage als besonders wichtig zu betonen | *Allein schon der Gesundheit zuliebe solltest du nicht rauchen, von den horrenden Kosten ganz abgesehen* | *Schon allein der Gedanke, das zu tun, ist abscheulich*
■ BINDEWORT **8** *literarisch* leitet einen Widerspruch ein ≈ *aber* | *Man bot ihm Hilfe an, allein er lehnte ab*
Al·lein- *im Substantiv, betont, begrenzt produktiv* **die Alleinherrschaft, der Alleininhaber, die Alleinschuld** *und andere* verwendet, um zu sagen, dass etwas nur auf eine Person zutrifft, jemand etwas als Einziger (ohne andere Personen), tut oder hat | *der Alleinerbe eines Vermögens sein*
al·lei·ne ADJEKTIV *meist prädikativ; gesprochen* ≈ *allein*
al·lein·er·zie·hend, al·lein er·zie·hend ADJEKTIV ⟨ein Vater, eine Mutter⟩ ohne Ehepartner • hierzu **Al·lein·er·zie·her** *der*
Al·lein·gang *der* **1** eine Handlungsweise, bei der man sich nur auf sich selbst verlässt und auf Hilfe oder Rat verzichtet ⟨etwas im Alleingang tun, unternehmen⟩ **2** eine Aktion eines Einzelnen ohne die Hilfe der Mannschaft | *ein Tor im Alleingang erzielen*
al·lei·nig ADJEKTIV **1** *meist attributiv* ⟨der Erbe, der Herrscher, der Grund⟩ ≈ *einzig* **2** Ⓐ ohne Ehepartner ≈ *alleinstehend* | *ein alleiniger Herr*
al·lein·las·sen VERB (lässt allein, ließ allein, hat alleingelassen) **jemanden alleinlassen** jemandem in einer schwierigen Situation nicht helfen | *Sie fühlte sich schrecklich alleingelassen* **H** aber: *Kannst du dein Kind schon so lange allein lassen?* (getrennt geschrieben)
Al·lein·sein *das*; (-s) das Leben ohne die Gesellschaft anderer Menschen | *Angst vor dem Alleinsein haben* | *Die jungen Leute genossen das Alleinsein in der neuen Wohnung*
al·lein·ste·hend ADJEKTIV **1** ohne Familie oder Ehepartner ⟨eine Frau, ein Mann, ein Herr⟩ **2** *meist attributiv* einzeln, für sich stehend ⟨ein Haus, ein Baum⟩ **H** in dieser Verwendung auch getrennt geschrieben • zu (1) **Al·lein·ste·hen·de** *der/die*
Al·lein·stel·lungs·merk·ma *das* eine besondere Eigenschaft, die ein Angebot für Kunden deutlich attraktiver macht als das Angebot der Konkurrenz
al·le·mal ADVERB; *gesprochen* ■ verwendet, um zu sagen, dass man sehr sicher ist, dass etwas Zukünftiges eintritt oder gelingt | *Das schaffen wir allemal!* | *Das bringe ich allemal (noch) fertig* **2** verwendet, um positiv auf eine Frage zu antworten | *„Wird es funktionieren?" – „Allemal!"* **3** *norddeutsch* jedes Mal | *Es hat noch allemal geklappt* **H** aber: *ein für alle Mal*
★ **al·len·falls** ■ ADVERB **1** drückt aus, dass eine Menge o. Ä. gering ist und die angegebene Grenze nicht überschreitet ≈ *höchstens* | *Es kann allenfalls noch zehn Minuten dauern* | *Die Bilder unterscheiden sich allenfalls geringfügig, wenn überhaupt*
■ PARTIKEL **2** verwendet, wenn man ein negatives Urteil abgibt. Man drückt damit aus, dass man nichts Positiveres sagen kann | *Dieses alte Fahrrad kannst du allenfalls verschenken, kaufen wird es keiner!* (wahrscheinlich will es auch keiner geschenkt haben) | *Seine Leistungen kann man allenfalls als mittelmäßig bezeichnen* (eigentlich sind sie schlecht)
al·lent·hal·ben ADVERB; *veraltend* ≈ *überall*
al·ler- *im Adjektiv und Adverb, betont, sehr produktiv; gesprochen* **allerbest-, allerhöchstens, allerletzt-, allerspätestens** *und andere* verwendet, um Superlative zu verstärken | *am allerletzten Tag des Jahres* (am 31.12.) | *ein Ausflug bei allerschönstem Wetter* (bei einem Wetter, das nicht hätte schöner sein können)
★ **al·ler·dings** ADVERB *unbetont* verwendet, um etwas Gesagtes einzuschränken ≈ *jedoch* | *Ich muss allerdings zugeben, dass ich selbst nicht dabei war* | *Das Essen war gut, allerdings etwas teuer*
Al·ler·gen *das*; (-s, -e) eine Substanz, die eine Allergie auslösen kann
Al·ler·gie *die*; (-, -n [-'gi:ən]) **eine Allergie (gegen etwas)** wenn man eine Allergie hat, reagiert der Körper z. B. mit Schnupfen, Asthma oder Hautausschlag auf manche Stoffe der Umwelt (z. B. Pollen, Staub) oder Nahrungsmittel ⟨an einer Allergie leiden⟩ | *Meine Mutter hat eine Allergie gegen Hausstaub*
Al·ler·gi·ker *der*; (-s, -) eine Person, die Allergien hat • hierzu **Al·ler·gi·ke·rin** *die*
al·ler·gisch ADJEKTIV **1** so, dass jemand eine Allergie hat ⟨eine Krankheit, eine Reaktion⟩ **2** **allergisch (gegen etwas)**

an einer Allergie leidend | *Ihre Haut ist allergisch gegen Haarspray* **3** **allergisch gegen etwas sein** *gesprochen* etwas hassen oder sehr unangenehm finden | *Ich bin allergisch gegen solche Witze* **4** **allergisch auf jemanden/etwas reagieren** *gesprochen* durch jemanden/etwas gereizt werden und allzu energisch handeln | *Auf Faulheit reagiert sie allergisch*

al·ler·hand **1** ziemlich viel, einiges | *allerhand Ärger haben* | *Ich war auf allerhand vorbereitet, nur darauf nicht* **2** **Das ist (ja/doch/wirklich) aller'hand!** *gesprochen* das geht zu weit, ist unverschämt **H** *Allerhand* verwendet man wie vor einem Substantiv (*allerhand Probleme*) oder alleine.

Al·ler·hei·li·gen (*das*) der katholische Feiertag am 1. November (zum Gedenken an die Heiligen) ‹an/zu Allerheiligen› | *Morgen ist Allerheiligen*

al·ler·lei ADJEKTIV/PRONOMEN *nur in dieser Form* **1** viele (verschiedene) Dinge oder Arten einer Sache | *allerlei Ideen haben* | *Wir hatten uns allerlei zu erzählen* **H** *Allerlei* verwendet man vor einem Substantiv (*allerlei Unsinn*) oder alleine (*Du hast sicher allerlei zu erzählen*). **2** **so allerlei** *gesprochen* ≈ *einiges, manches* | *Man erzählt sich/Man hört so allerlei*

Al·ler·lei *das*; (-s) eine Zusammenstellung aus verschiedenen Sorten von Dingen | *ein buntes Allerlei* (eine vielfältige Mischung) | *ein Allerlei aus Käse, Wurst und Gemüse*

al·ler·letz·t- ADJEKTIV *nur attributiv gesprochen* drückt aus, dass man jemanden/etwas schrecklich findet | *Du hast wieder mal die allerletzte Frisur!* | *Das/Der ist ja wirklich das Allerletzte!* **H** weitere Verwendungen → **aller-**

al·ler·liebst ADJEKTIV sehr hübsch ‹ein Mädchen, ein Kleidchen› **H** weitere Verwendungen → **aller-**

al·ler·orts ADVERB; *veraltend* ≈ *überall*

Al·ler·see·len (*das*) der katholische Gedenktag für die Verstorbenen am 2. November ‹an/zu Allerseelen›

al·ler·seits ADVERB; *gesprochen* alle(n) (zusammen) | *Guten Morgen allerseits!* | *Ich wünsche allerseits eine gute Nacht!*

Al·ler·welts- *im Substantiv, betont, begrenzt produktiv; gesprochen, meist abwertend* **der Allerweltsgeschmack, das Allerweltsgesicht, der Allerweltsname, das Allerweltsthema** *und andere* ganz normal, allgemein bekannt und deswegen nicht interessant

Al·ler·wer·tes·te *der*; (-n, -n); *gesprochen, humorvoll* ≈ *Gesäß*

★ **al·les** → all

al·le·samt *gesprochen* alle zusammen, ohne Ausnahme | *Wir haben allesamt den Raum verlassen*

Al·les·fres·ser *der*; (-s, -) ein Tier, das sowohl Fleisch als auch Pflanzen frisst | *Das Schwein ist ein Allesfresser*

Al·les·kle·ber *der* ein Klebstoff, der für viele verschiedene Materialien verwendet werden kann

all·fäl·lig ADJEKTIV unter bestimmten Umständen möglich ≈ *eventuell* | *Wer kommt für allfällige Reparaturen auf?*

all·ge·gen·wär·tig ADJEKTIV überall und immer vorkommend

★ **all·ge·mein** ADJEKTIV **1** *meist attributiv* allen (oder den meisten) Leuten gemeinsam ‹das Interesse, die Meinung› | *auf allgemeinen Wunsch* **2** *nur adverbiell* bei allen, von allen ‹allgemein bekannt, beliebt, üblich (sein); es wird allgemein berichtet, erzählt, gefordert, dass ...› | *ein allgemein erwartetes Ergebnis* **3** *meist attributiv* so, dass das Genannte für alle bestimmt ist, für alle gilt ‹die (politische, wirtschaftliche) Lage, die Not, die Lieferbedingungen› | *das allgemeine Wahlrecht* **K** allgemeingültig, allgemeinverbindlich; Allgemeingültigkeit **4** nicht auf Details eingehend oder beschränkt ‹eine Aussage, ein Begriff, ein Überblick› ↔ *speziell* | *eine allgemein gehaltene Definition* **K** Allgemeinwissen **5** *oft abwertend* ohne konkreten Inhalt ‹eine Formulierung; Redensarten› ≈ *oberflächlich* | *Allgemeines Geschwätz hilft bei der Lösung eines Problems nicht weiter* **6** **im Allgemeinen** in den meisten Fällen **7** **allgemein verständlich** für alle gut verständlich ‹eine Erklärung, eine Erläuterung, eine Anweisung; sich allgemein verständlich ausdrücken›

All·ge·mein|arzt *der* ein Arzt, der nicht auf die Behandlung ganz bestimmter Krankheiten/Organe spezialisiert ist • hierzu **All·ge·mein|ärz·tin** *die*

All·ge·mein|bil·dung *die* **1** eine umfassende Bildung **2** der Teil der Bildung, der nicht auf den eigenen Beruf bezogen ist

All·ge·mein|gut *das; meist Singular* etwas, das (fast) alle wissen | *Die Erkenntnis, dass die Erde sich um die Sonne dreht, gehört schon lange zum Allgemeingut*

All·ge·mein·heit *die* **1** *nur Singular* alle Leute ‹etwas für das Wohl der Allgemeinheit; etwas für die Allgemeinheit tun; etwas dient der Allgemeinheit; etwas ist (nicht) für die Allgemeinheit bestimmt› **2** *nur Singular* ≈ *Vagheit* | *eine Definition von zu großer Allgemeinheit* **3** *nur Plural* allgemeine oder triviale Bemerkungen ‹sich in Allgemeinheiten ergehen›

All·ge·mein|me·di·zin *die* der medizinische Bereich für die Behandlung meist leichterer Krankheiten, für die kein Spezialist notwendig ist • hierzu **All·ge·mein·me·di·zi·ner** *der*; **All·ge·mein·me·di·zi·ne·rin** *die*

All·ge·mein|platz *der; meist Plural; abwertend* ≈ *Gemeinplatz*

all·ge·mein·ver·ständ·lich ADJEKTIV ≈ *allgemein verständlich*

all·ge·wal·tig ADJEKTIV; *geschrieben* absolute Gewalt ausübend

All|heil·mit·tel *das; meist abwertend oder ironisch* **1** eine Medizin gegen viele Krankheiten **2** ein Mittel zur Lösung aller Probleme | *Dieser Vorschlag ist auch kein Allheilmittel*

Al·li·anz *die*; (-, -en) **1** *historisch* ein Bündnis zwischen Staaten oder deren Armeen **K** Militärallianz **2** die NATO oder das NATO-Bündnis ‹ein Staat tritt der Allianz bei, verlässt die Allianz›

Al·li·ga·tor *der*; (-s, Al·li·ga·to·ren) eine Art Krokodil, das in Seen, Flüssen und Sümpfen der warmen Gegenden Amerikas und Chinas lebt

al·li·iert [ali'i:ɐt] ADJEKTIV **1** durch ein politisches Bündnis vereint ‹die Truppen, die Soldaten› **2** zu den Alliierten gehörend, in Zusammenhang mit diesen ‹die Truppen›

Al·li·ier·te [ali'i:ɐtə] *der/die*; (-n, -n) **1** *meist Plural* ein Mitgliedsstaat eines Bündnisses, ein Verbündeter **H** *ein Alliierter; der Alliierte; den, dem, des Alliierten* **2** **die Alliierten** *historisch nur Plural* die Staaten, die sich vor allem im Zweiten Weltkrieg gegen Deutschland verbündeten

Al·li·te·ra·ti·on [-'tsjo:n] *die*; (-, -en); *geschrieben* die Wiederholung von gleichen oder ähnlichen Lauten am Anfang von aufeinanderfolgenden Wörtern, um einen stilistischen Effekt zu erzeugen | *„Haus und Hof" oder „wogende Wellen" sind Alliterationen*

all·jähr·lich ADJEKTIV *meist attributiv* jedes Jahr (geschehend oder stattfindend)

All·macht *die; nur Singular* **1** die absolute, grenzenlose Macht über alle und alles | *die Allmacht Gottes* **2** *geschrieben* die absolute Ausübung von Macht (in einem Bereich) ‹die Allmacht der Natur, des Staates, der Partei, des Geldes›

all·mäch·tig ADJEKTIV mit absoluter Macht über alles und alle | *der allmächtige Gott*

All·mäch·ti·ge *der*; (-n); *geschrieben* verwendet nur mit bestimmtem Artikel als Bezeichnung für den christlichen Gott | *bei Gott, dem Allmächtigen, schwören* **H** *der Allmächtige; den, dem, des Allmächtigen*

★ **all·mäh·lich** ADJEKTIV langsam und kontinuierlich ↔ *plötz-*

lich | Es wird allmählich dunkel | Es trat eine allmähliche Besserung des Gesundheitszustandes ein

all·mo·nat·lich ADJEKTIV *meist attributiv* jeden Monat geschehend oder stattfindend

All·rad|an·trieb *der* ein Antrieb, der auf alle Räder eines Autos wirkt | *ein Geländewagen mit Allradantrieb*

All·round- [ɔːl'raund-] *im Substantiv, betont, begrenzt produktiv* **das Allroundgenie, der Allroundmusiker, der Allroundsportler** *und andere* drückt aus, dass jemand sehr vielseitig ist

all·seits ADVERB bei, von allen ⟨allseits beliebt, bekannt (sein)⟩ ≈ *überall | Es wird allseits gefordert, dass …* ● hierzu **all·sei·tig** ADJEKTIV

★ **All·tag** *der; nur Singular* **1** der normale Ablauf des Lebens, der ständig im gleichen Rhythmus geschieht und wenig Abwechslung oder Freude mit sich bringt ⟨im Alltag; der graue, triste, monotone Alltag; dem Alltag entfliehen⟩ **K** Alltagsbeschäftigung, Alltagserfahrung, Alltagskleid, Alltagskleidung, Alltagsleben, Alltagssorgen, Alltagssprache, Alltagstrott; alltagstauglich; Arbeitsalltag **2** der (normale) Arbeitstag oder Werktag (im Gegensatz zum Wochenende oder zu einem Feiertag)

all·täg·lich ADJEKTIV **1** ohne etwas Besonderes ≈ *gewöhnlich | Sie hatte ein alltägliches Gesicht | Das Konzert war ein nicht alltägliches Erlebnis* (war etwas Besonderes) **2** *meist attributiv* an jedem Tag | *beim alltäglichen Abwasch* ● zu (1) **All·täg·lich·keit** *die*

all·um·fas·send ADJEKTIV; *geschrieben* alles einschließend | *eine allumfassende Erneuerung der Wirtschaft*

Al·lü·re *die;* (-, -n); *meist Plural* ein auffallendes Benehmen einer Person, die sich für sehr wichtig hält ⟨Allüren annehmen, ablegen, haben⟩ | *Allüren an den Tag legen* (Allüren zeigen) | *ein Filmstar ohne Allüren* **K** Starallüre

all·wis·send ADJEKTIV mit einem alles umfassenden Wissen (oft als eine Eigenschaft Gottes) ● hierzu **All·wis·sen·heit** *die*

all·wö·chent·lich ADJEKTIV *meist attributiv* jede Woche geschehend oder stattfindend

all·zu ADVERB in zu hohem Maße ⟨allzu früh, gern, oft, sehr, viel, wenig⟩ | *ein allzu auffälliges Benehmen | Er ist nicht allzu intelligent | Es ist nicht allzu weit von hier* ■ **ID nur allzu gern** sehr gern | *Sie hat ihm nur allzu gern geholfen*

All·zweck- *im Substantiv, betont, begrenzt produktiv* **die Allzweckhalle, die Allzweckmöbel, der Allzweckreiniger, das Allzwecktuch** *und andere* für sehr viele verschiedene Zwecke verwendbar

Alm *die;* (-, -en) eine Wiese im Hochgebirge, auf der im Sommer das Vieh weidet ⟨das Vieh auf die Alm treiben; das Vieh von der Alm abtreiben⟩ **K** Almabtrieb, Almauftrieb, Almhirt, Almhütte

Al·ma·nach *der;* (-s, -e) **1** ein Katalog oder Buch, in dem ein Verlag einige der Bücher (in Form von Teilen der Texte) vorstellt, die innerhalb eines Jahres bei ihm erschienen sind **K** Verlagsalmanach **2** *veraltend* ein Kalender mit einer Sammlung von Geschichten zu speziellen Themen (z. B. Reisen, Theater)

Al·mo·sen *das;* (-s, -) **1** ein Lohn, den man als nicht ausreichend empfindet oder ein wertloses Geschenk ⟨nicht auf Almosen angewiesen sein⟩ **2** *veraltend* etwas (z. B. Essen, Kleidung, Geld), das man armen Leuten schenkt ⟨einem Bettler ein Almosen geben; um (ein) Almosen bitten⟩ **K** Almosenempfänger

alo·gisch ADJEKTIV; *geschrieben* nicht logisch

Alp *die;* (-, -en); Ⓒⓗ ≈ *Alm*

Al·pa·ka *das;* (-s, -s) **1** ein Lama, das in den südamerikanischen Anden lebt **2** *nur Singular* die Wolle des Alpakas

Alp·druck *der* → Albdruck

Alp·drü·cken *das;* (-s) → Albdrücken

Al·pe *die;* (-, -n); Ⓐ ≈ *Alm*

Al·pen *die; Plural* verwendet als Bezeichnung für das höchste europäische Gebirge **K** Alpenflora, Alpenländer, Alpensalamander, Alpenverein

Al·pen·glü·hen *das;* (-s) das (rötliche) Leuchten der Gipfel der Alpen bei Sonnenuntergang

Al·pen·ro·se *die* eine Rhododendron-Art in den Alpen

Al·pen·veil·chen *das* eine Blume mit roten bis weißen Blüten, die in den Voralpen wächst, im Winter blüht und die viele Leute als Zimmerpflanze halten

Al·pha [-f-] *das;* (-(s), -s) der erste Buchstabe des griechischen Alphabets (A, α)

Al·pha- [-f-] *im Substantiv, betont, begrenzt produktiv* **1 das Alphatier, der Alphawolf** *und andere* mit dem höchsten Rang in einer Gruppe von Tieren | *Im Wolfsrudel pflanzt sich normalerweise nur das Alphaweibchen fort* **2** mit viel Selbstbewusstsein und Durchsetzungskraft | *Die Vergabe der Posten machen die Alphatiere/Alphamänner unter sich aus*

★ **Al·pha·bet** [-f-] *das;* (-(e)s, -e) die feste Reihenfolge der Buchstaben einer Sprache ⟨das lateinische, griechische, kyrillische Alphabet⟩ | *Bücher nach dem Alphabet ordnen* ● hierzu **al·pha·be·tisch** ADJEKTIV

GRAMMATIK

▶ Das Alphabet

Das deutsche Alphabet besteht aus 26 Buchstaben, davon stehen fünf für **Vokale (a, e, i, o, u)** und die anderen für **Konsonanten.** Zusätzlich gibt es noch die **Umlaute (ä, ö, ü)** und den Buchstaben **ß** – das sogenannte **scharfe S.**

al·pha·be·ti·sie·ren [-f-] VERB (alphabetisierte, hat alphabetisiert) **1 etwas alphabetisieren** etwas nach dem Alphabet ordnen | *Karteikarten alphabetisieren* **2 Personen alphabetisieren** Analphabeten das Lesen und Schreiben beibringen ● hierzu **Al·pha·be·ti·sie·rung** *die*

Al·pha·be·ti·sie·rungs·kurs *der* ein Kurs, in dem Erwachsene lesen und schreiben lernen

al·pha·nu·me·risch [-f-] ADJEKTIV ⟨ein Zeichen, ein Ausdruck⟩ so, dass sie sowohl Buchstaben als auch Zahlen enthalten oder verwenden

Alp·horn *das* ein sehr langes Blasinstrument aus Holz (das vor allem in der Schweiz verwendet wird) ⟨das, auf dem Alphorn blasen⟩ **K** Alphornbläser

al·pin ADJEKTIV **1** im Hochgebirge gelegen, auf die Alpen bezogen ⟨eine Landschaft; Skigebiete⟩ **2** im Hochgebirge vorkommend ⟨die Fauna, die Flora⟩ **3** *meist attributiv* zu den Sportarten gehörig, bei denen man mit Skiern den Berg hinunterfährt (Abfahrtslauf, Slalom und Riesenslalom) ⟨eine Sportart, eine Disziplin, ein Wettbewerb⟩ **4** *meist attributiv* für das Bergsteigen ⟨eine Ausrüstung⟩

Al·pi·nis·mus *der;* (-); *geschrieben* das Bergsteigen im (alpinen) Hochgebirge ● hierzu **Al·pi·nist** *der;* **Al·pi·nis·tin** *die*

Alp·traum *der* → Albtraum

★ **als** BINDEWORT

▸Zeit: **1** Das Ereignis des *als*-Satzes geschieht zur gleichen Zeit wie das Ereignis des Hauptsatzes ≈ *während | Als ich gehen wollte, (da) läutete das Telefon* **!** Die Reihenfolge der Satzteile kann vertauscht werden: *Das Telefon läutete, als ich gehen wollte.* **2** Das Ereignis des Hauptsatzes geschah schon vor dem Ereignis des *als*-Satzes und dauerte noch an | *Als er nach Hause kam, (da) war seine Frau bereits fort* **3** (*mit Plusquamperfekt*) Das Ereignis des *als*-Satzes geschah schon vor dem Ereignis des Hauptsatzes ≈*nachdem* | *Als er gegangen war, (da) fing das Fest erst richtig an* **4** verwendet, um einen Zeitpunkt anzugeben | *Vor einem Jahr, als ich noch in Amerika studierte, ...* | *in dem Augenblick, als plötzlich die Tür aufging* **H** Die Wortstellung in diesen Verwendungen ist die des Nebensatzes: *Als ich gehen wollte, ...*

▸Vergleich, Kontrast: **5** verwendet, um einen Vergleich zu ziehen | *Er ist größer als du* | *Sie ist raffinierter, als du glaubst* **H** In der gesprochenen Sprache wird beim Vergleich auch *wie* verwendet. **6** **als (ob/wenn ...)** verwendet, um zu beschreiben, wie jemand oder etwas auf eine andere Person wirkt | *Er machte (auf mich) den Eindruck, als schliefe er/als ob er schliefe* | *Es kam mir vor, als wenn er gerade erst aufgestanden wäre* **H** Wenn *als* ohne *ob* oder *wenn* gebraucht wird, folgt der Konjunktiv und eine Umstellung von Verb und Subjekt. **7** **als (ob/wenn ...)** +*Konjunktiv II* leitet einen verkürzten Ausrufesatz ein, der Empörung darüber ausdrückt, dass ein falscher Eindruck entstanden ist oder entstehen könnte | *Als wäre es ein Verbrechen!* (Das ist doch kein Verbrechen!) | *Als ob/wenn er nicht ganz genau Bescheid wüsste!* (Natürlich weiß er Bescheid) **8** **was/wer/wo** *usw.* **sonst als** + *Substantiv/Pronomen* drückt aus, dass nur eine einzige Person oder Sache in Frage kommt | *Wo sonst als hier kann man so gut essen?* (Das kann man bestimmt nirgends) | *Wer sonst als dein Vater könnte das gesagt haben?* (Natürlich niemand!) **9** **alles andere als** überhaupt nicht | *Das ist ja alles andere als billig* **10** **anders als** nicht so wie **11** **kein anderer als jemand**; **niemand anders als jemand**; **nichts anderes als etwas** nur die genannte Person oder Sache und keine andere | *Sie redet doch nichts (anderes) als Unsinn* **12** **so bald/schnell/... als möglich** so bald/schnell/... wie möglich

▸Erklärung: **13** verwendet, um an manche Verben ein Substantiv oder ein Adjektiv anzuschließen | *Die Behauptung hat sich als falsch erwiesen/herausgestellt* | *Ich habe seine Bemerkungen als (eine) Frechheit empfunden* | *Er hat den Geldschein als Fälschung erkannt* **14** verwendet, um einen Zweck, eine Funktion zu nennen | *einen Raum als Gästezimmer benutzen* | *jemandem etwas als Andenken schenken* | *Nimm doch einen Stein als Hammer!* **15** verwendet, um eine genauere Beschreibung zu geben, welche meist die Funktion oder Eigenschaft des Genannten beschreibt | *ich als Vorsitzender* | *meine Aufgabe als Erzieher* | *Du als Fachfrau müsstest das doch wissen* **H** Der Kasus des Substantivs nach *als* richtet sich nach dem Kasus des Substantivs oder Pronomens, auf das es sich bezieht: *Ihm als erfahrenem Autofahrer hätte das nicht passieren dürfen*; nach einer Konstruktion mit dem Genitiv steht nach *als* der Nominativ: *der Ruf meines Vaters als Arzt.* **16** **zu** +*Adjektiv*, **als dass ...** Das zuerst Genannte ist der Grund dafür, dass das andere eigentlich nicht sein kann oder nicht in Frage kommt | *Meine Zeit ist zu kostbar, als dass ich sie hier vergeude* | *Du bist viel zu klug, als dass du das nicht wüsstest* **H** meist mit Konjunktiv **17** **umso** +*Komparativ*, **als ...** Das zuerst Genannte trifft vor allem aus dem danach genannten Grund zu | *Das Ganze ist umso peinlicher, als wir uns dadurch selbst lächerlich machen* | *Das Argument ist umso wichtiger, als es zum ersten Mal den Kern der Frage trifft* **18** **als da sind/wäre(n)** verwendet zur Einleitung, wenn jemand/etwas genauer benannt werden soll | *Prominente, als da sind: Politiker, Schauspieler, Sänger und dergleichen* | *„Dafür gibt es natürlich einen guten Grund" – „Ach ja, als da wäre?"* (Und was ist dieser Grund?)

als·bạld ADVERB; *veraltend* kurz darauf, sogleich

als·dạnn ADVERB **1** *veraltend* ≈*dann* | *Alsdann wandte er sich dem Besucher zu* **2** *süddeutsch* Ⓐ, *gesprochen* verwendet, um jemanden aufzufordern, etwas zu tun, oder um eine abschließende Bemerkung einzuleiten | *Alsdann, reden Sie endlich!* | *Alsdann, bis morgen!*

★ **ạl·so** ■ ADVERB **1** verwendet, um eine logische Schlussfolgerung auszudrücken ≈*folglich* | *Es brannte Licht, also musste jemand da sein* **2** *veraltet* so, auf diese Art | *Also sprach Zarathustra*

■ BINDEWORT **3** verwendet, um das Gesagte zusammenzufassen oder genauer zu sagen | *Bier, Wein, Schnaps, also alkoholische Getränke, gibt es nicht für Jugendliche* | *Ihm gefällt die Musik der Wiener Klassik, also Haydn, Mozart und Beethoven*

■ PARTIKEL **4** *betont und unbetont* verwendet, um ein Gespräch zu beenden oder sich zu verabschieden | *Also dann, auf Wiedersehen und viel Spaß!* | *Also, das wars für heute, tschüs!* **5** *unbetont* verwendet, wenn man etwas für das Ergebnis eines Gesprächs hält und erwartet, dass andere Personen zustimmen | *Ihr wisst jetzt also Bescheid, oder?* | *Wir treffen uns also morgen!* **6** *unbetont* verwendet, um nach einer Unterbrechung wieder weiterzusprechen | *Ich bin der Meinung ... Also, was ich sagen wollte: Ich glaube, dass ...* **7** *gesprochen unbetont* verwendet, um eine plötzliche Erkenntnis auszudrücken | *Aha, dann ist es also doch anders, als ich geglaubt habe!* **8** *gesprochen betont und unbetont* verwendet, um eine positive Reaktion einzuleiten, die man am Anfang vielleicht nicht geben wollte | *Also gut/schön, dann machen wir das so* | *Also in Ordnung, du bekommst die 50 Euro!* **9** *gesprochen betont* am Anfang des Satzes verwendet, meist bevor man etwas erklärt oder beschreibt | *Also, ich erkläre euch das jetzt mal: ...* **10** *gesprochen betont und unbetont* verwendet, um eine Aufforderung, Aussage oder Frage einzuleiten | *Also, kommt jetzt!* | *Also, jetzt ist aber Schluss!* | *Also, kann ich jetzt gehen oder nicht?* | *Also, wenn Sie mich fragen, ...* **11** **Na 'also!** *gesprochen* verwendet, um zufrieden festzustellen, dass etwas doch funktioniert oder geschieht | *Na also, warum nicht gleich so!* **12** **Also 'bitte!** *gesprochen* verwendet, um Empörung zu zeigen | *Also bitte! Hältst du mich vielleicht für blöd?*

★ **ạlt** ADJEKTIV (älter, ältest-)

▸Lebewesen: **1** schon seit vielen Jahren lebend oder vorhanden ⟨Menschen, Tiere, Pflanzen⟩ ↔*jung* | *Er ist nicht sehr alt geworden* | *Alte Leute sind nicht mehr so beweglich wie junge* **2** mit Merkmalen des Alterns, mit Spuren eines langen Lebens ⟨sich alt fühlen, vorkommen⟩ | *Seine alten Hände zitterten* **3** verwendet, um das Alter zu nennen oder danach zu fragen | *ein drei Monate altes Baby* | *Wie alt bist du?* | *Für wie alt schätzen Sie ihn denn?* | *Unser Auto ist erst ein Jahr alt* **4** verwendet, um vor allem Menschen in Bezug auf ihr Alter zu vergleichen | *Sie ist erheblich älter als er* | *Ich bin doppelt so alt wie du* | *seine um vier Jahre ältere Schwester*

▸Dinge: **5** schon vor langer Zeit entstanden oder hergestellt ↔*frisch* | *Das Brot schmeckt aber ziemlich alt* | *Narben von alten Wunden* | *Die Spur ist schon alt und verwischt* **6** schon seit langer Zeit in Benutzung ⟨Schuhe, Kleider, Möbel; ein Auto, ein Haus, eine Kirche⟩ ↔*neu* | *für die Gartenarbeit seine älteste Hose anziehen*

▸Abstraktes: **7** seit langer Zeit ohne Veränderung vorhanden ⟨eine Gewohnheit, Rechte, eine Tradition⟩ ↔*neu* **8** so, dass etwas sehr oft vorkommt ⟨ein Fehler, ein Problem, Vorurteile, Erinnerungen⟩ **9** schon lange und überall bekannt (und daher nicht mehr interessant) ⟨ein Trick, ein

Witz⟩ ↔ *neu* **10** (von früher her) bekannt ≈ *vertraut, gewohnt* | *Ihnen bot sich das alte Bild*
▸bei Beziehungen: **11** schon lange Zeit in der genannten Beziehung zu jemandem ⟨ein Kunde, ein Freund⟩ ≈ *langjährig* ↔ *neu* **12** ehemalig, von früher ⟨ein Kollege, ein Schüler, ein Lehrer⟩ | *Unsere alte Wohnung war größer als diese*
▸historisch: **13** aus einer früheren Zeit, Epoche ⟨Lieder, Sagen⟩ | *eine Uniform aus der alten Zeit* | *Gemälde alter Meister* **14** aus dem Altertum ⟨die Germanen, die Griechen, die Römer; Sprachen⟩ ↔ *modern* **15** durch das Alter wertvoll geworden ⟨Münzen, Porzellan⟩
▸in Anreden, Bezeichnungen: **16** *gesprochen* von Männern verwendet, um einen anderen Mann auf vertrauliche Weise anzureden | *Na, alter Junge/Freund/Knabe, wie gehts?* **17** *gesprochen, abwertend* verwendet, um ein Schimpfwort, eine negative Charakterisierung einer Person zu verstärken ⟨dieser alte Gauner, Geizkragen, Schwätzer, Egoist!; diese alte Hexe, Schlampe, Ziege!⟩
■ ID **Alt und Jung** alte und junge Menschen, alle | *Er ist beliebt bei Alt und Jung*; **Es bleibt alles beim Alten** Nichts wird sich ändern; **immer noch der/die Alte sein** *gesprochen* sich nicht verändert haben; **(ganz schön) alt aussehen** *gesprochen* ziemlich große Probleme haben; **Hier werde ich nicht alt!** *gesprochen* Hier bleibe ich nicht lange; **etwas macht jemanden alt** *gesprochen* etwas (z. B. eine Frisur, ein Kleid) lässt ein Person älter aussehen, als sie in Wirklichkeit ist

Alt *der*; (-(e)s) **1** eine tiefe Singstimme bei Frauen oder Jungen ⟨Alt singen⟩ **2** alle tiefen Frauen- oder Knabenstimmen eines Chors | *Der Alt setzte zu spät ein* **3** eine relativ hohe Stimme bei Blasinstrumenten, etwas tiefer als Sopran K Altflöte, Altklarinette, Altposaune, Altsaxophon

alt- *im Adjektiv, betont, nicht produktiv* **altbekannt, altbewährt, altgewohnt** *und andere* schon seit Langem | *in der altvertrauten Umgebung*

Alt- *im Substantiv, betont, begrenzt produktiv* **1** **das Alteisen, das Altglas, die Altkleider, das Altmetall, das Altöl, das Altpapier** *und andere* verwendet, um zu sagen, dass etwas bereits benutzt wurde und jetzt Abfall ist, den man aber noch einmal für andere Zwecke bearbeiten oder verwenden kann **2** **der Altbundeskanzler, der Altbundespräsident, der Altbürgermeister** *und andere* ≈ *ehemalig*

Al·tar *der*; (-(e)s, Al·tä·re) ein Tisch (vor allem in christlichen Kirchen), an dem der Priester steht und religiöse Handlungen durchführt ⟨an den, vor den, zum Altar treten⟩ K Altarbild, Altargemälde, Altarleuchter, Altarraum ■ ID **eine Frau zum Altar führen** *geschrieben* eine Frau heiraten

alt·ba·cken ADJEKTIV **1** nicht mehr frisch ⟨Brot, Plätzchen⟩ **2** *abwertend* ⟨altbacken gekleidet sein⟩ ≈ *altmodisch* ↔ *modern* | *Seine Ansichten sind ein wenig altbacken*

Alt·bau *der*; (-s, -ten) ein Haus, das meist schon vor dem Zweiten Weltkrieg gebaut wurde K Altbausanierung, Altbausiedlung, Altbauwohnung

★ **Al·te¹** *der/die*; (-n, -n) **1** als Bezeichnung für alte Personen verwendet | *Als Junger hat mich so etwas sehr geärgert, aber jetzt als Alter seh ich das gelassener* K Altenbetreuung, Altenclub, Altenpflege, Altenpfleger, Altentagesstätte, Altenwohnheim ■ *ein Alter; der Alte; den, dem, des Alten* **2** *gesprochen!* als Bezeichnung für die Eltern einer Person verwendet | *Hat dein Alter was dagegen?* | *Meine Alten haben mir das verboten* **3** *gesprochen!* als Bezeichnung für den Ehepartner verwendet | *Mein Alter/Meine Alte sitzt dauernd vor dem Fernseher* ■ zu 2 und 3: meist mit einem Artikel wie *mein, dein* usw. verwendet **4** *gesprochen!* als Bezeichnung für den Chef oder die Chefin verwendet | *Ist der/die Alte schon da?* ■ meist mit dem bestimmten Artikel verwendet **5** **Alter/Alte!** *gesprochen!* von jungen Leuten untereinander als Anrede verwendet ■ von Personen verwendet, die sich absichtlich aggressiv und primitiv ausdrücken **6** **die Alte** das Muttertier | *Die Alte säugt ihre Jungen* **7** **die Alten** die Eltern eines Tieres | *Die Alten füttern die Jungen* **8** **wie ein Alter/eine Alte** wie ein Erwachsener

Al·te² *das*; (-n) Dinge, Gebräuche und Gewohnheiten aus früheren Zeiten ⟨am Alten hängen; dem Alten nachtrauern⟩ ■ *Altes; das Alte; dem, des Alten*

Al·ten·heim *das* ≈ *Altersheim*

Al·ten·hil·fe *die*; *admin* die Unterstützung und Betreuung alter und meist kranker Menschen durch den Staat, die Kirche o. Ä.

Al·ten·teil *das* wenn ein Bauer alt wird und seinen Hof meist einem seiner Kinder gibt, bekommt er von ihm sein Altenteil (alles, was er zum Leben braucht) ■ ID **sich aufs Altenteil zurückziehen/setzen** nicht mehr aktiv am öffentlichen Leben teilnehmen

äl·ter ADJEKTIV **1** *Komparativ von alt* | *Sie ist zwei Jahre älter als ich* **2** ziemlich alt | *ein älterer Mann* | *Ihr Freund ist schon etwas älter* **3** *humorvoll* ⟨ein Herr, eine Dame, Herrschaften⟩ ≈ *alt*

★ **Al·ter** *das*; (-s) **1** die Anzahl der Jahre, die ein Mensch, ein Tier oder eine Pflanze bereits gelebt hat ⟨jemanden nach dem Alter fragen; jemandes Alter schätzen⟩ | *Er starb im Alter von 60 Jahren* | *im (zarten) Alter von acht Jahren* K Altersgruppe, Altersstufe **2** ein Stadium des Lebens, in dem man ein gewisses Alter erreicht hat ⟨ins schulpflichtige, heiratsfähige Alter kommen; ein schwieriges, gefährliches Alter; im fortgeschrittenen, hohen Alter⟩ | *Mein Opa ist im hohen Alter noch sehr rüstig* K Babyalter, Erwachsenenalter, Greisenalter, Jugendalter, Kindesalter **3** die Zeit, seit der eine Sache existiert | *das Alter eines Kunstgegenstandes schätzen* **4** der letzte Abschnitt des Lebens, in dem man bereits lange lebt ⟨vom Alter gebeugt sein⟩ | *Im Alter lässt oft die Konzentration nach* K Altersbeschwerden, Alterserscheinung, Altersfürsorge, Altersrente, Altersschwäche, Altersstarrsinn **5** das lange Bestehen einer Sache ⟨etwas ist durch durch das Alter abgenutzt, brüchig, verblichen, vergilbt, zerfressen⟩ **6** alte Menschen ⟨das Alter achten, ehren⟩ ↔ *Jugend* ■ ID **ein biblisches Alter erreichen/haben** seit sehr vielen Jahren leben; **ein Mann im besten Alter** ein Mann im Alter von etwa 40 bis 60 Jahren; **jedes Alter** Menschen aus allen Altersgruppen | *Jedes Alter war auf dem Familienfest vertreten*; **Alter schützt vor Torheit nicht** Auch ältere Menschen tun oft noch dumme Dinge ● zu (1 – 5) **al·ters·be·dingt** ADJEKTIV

Äl·ter·chen *(das)*; (-s); *abwertend oder humorvoll* verwendet als (vertrauliche) Anrede für einen alten Mann

Äl·te·re *der/die*; (-n, -n); *historisch* **der/die Ältere** nach Namen verwendet, um von zwei berühmten Personen mit gleichem Namen diejenige zu bezeichnen, die früher geboren wurde ↔ *Jüngere* | *Johann Strauß der Ältere* ■ *ein Älterer; der Ältere; den, dem, des Älteren*

al·tern VERB VERB (alterte, hat/ist gealtert) *(ist)* **1** (sichtlich) älter, alt werden ⟨in Würde altern⟩ | *Er ist in den letzten Jahren stark gealtert* | *Wenn die Haut altert, bekommt sie Falten und wird schlaff* **2** ⟨die Bevölkerung, eine Gesellschaft⟩ **altert** es gibt immer mehr alte Menschen und immer weniger junge *(hat)* **3** **etwas künstlich altern** etwas chemisch oder mechanisch so behandeln, dass es älter wirkt als es ist | *künstlich gealtertes Holz* ● hierzu **Al·te·rung** *die*

★ **al·ter·na·tiv** [-f] ADJEKTIV ■ *geschrieben* ⟨ein Konzept, ein Plan, ein Programm⟩ so, dass sie eine zweite Möglichkeit sein können | *Es stehen alternativ zwei Vorschläge zur*

Wahl **2** in starkem Gegensatz zu dem stehend, was bisher üblich war ⟨eine Politik, eine Ernährungsweise; Energiequellen, Lebensformen⟩ **K** Alternativenergie, Alternativmedizin, Alternativszene **3** mit dem Ziel, die Umwelt zu schonen und zu schützen und dafür auf zu viel Konsum und Technik zu verzichten ⟨ein Leben, ein Mensch; alternativ denken, leben, wohnen⟩ • zu (3) **Al·ter·na·ti·ve** *der/die*

Al·ter·na·ti·ve [-və] *die*; (-, -n); *geschrieben* **1** die Entscheidung oder Wahl zwischen zwei Möglichkeiten, die sich gegenseitig ausschließen ⟨sich vor eine Alternative gestellt sehen⟩ | *Ich stehe vor der Alternative, entweder zu studieren oder eine Lehre anzufangen* **2** eine (von mehreren) andere(n) Möglichkeit(en) | *Sonnen- und Windenergie als Alternativen zur Atomenergie*

al·ter·na·tiv·los ADJEKTIV so, dass keine andere Möglichkeit besteht | *Der Minister bezeichnete die geplanten Maßnahmen als alternativlos* **!** *Alternativlos* wird gern von Politikern verwendet, die über eine Entscheidung nicht diskutieren wollen.

al·ter·nie·ren VERB (alternierte, hat alterniert) **etwas alterniert mit etwas**; **Dinge alternieren (miteinander)** *geschrieben* zwei Dinge folgen abwechselnd aufeinander, wechseln sich ab | *In dem Gemälde alternieren helle und dunkle/helle mit dunklen Farben*

al·ters von alters her; **seit alters her** *veraltend* schon immer, von jeher

al·ters·ab·hän·gig ADJEKTIV vom Alter bestimmt | *eine altersabhängige Gehaltszulage*

Al·ters·ge·nos·se *der* eine Person, welche das gleiche Alter hat | *Sie spielt nicht gern mit Altersgenossen, sondern am liebsten mit älteren Kindern* • hierzu **Al·ters·ge·nos·sin** *die*

Al·ters·gren·ze *die* **1** das Alter, ab dem man etwas tun oder nicht mehr tun darf/kann ⟨eine Altersgrenze festlegen⟩ | *Die Altersgrenze für das aktive Wahlrecht liegt bei 18 Jahren* **2** das Alter, ab dem man (normalerweise) eine Rente oder Pension bekommt

Al·ters·grün·de *die*; *Plural* **aus Altersgründen** weil man ein relativ hohes Alter erreicht hat | *aus Altersgründen ein Amt niederlegen*

★ **Al·ters·heim** *das* ein Heim, in dem alte Menschen wohnen und gepflegt und betreut werden

Al·ters·jahr *das*; (CH) ≈ *Lebensjahr*

Al·ters·klas·se *die* **1** Personen, die (etwa) das gleiche Alter haben **2** eine Kategorie für die Sportler, die etwa das gleiche Alter haben (z. B. Senioren, Junioren)

al·ters·schwach ADJEKTIV **1** wegen des hohen Alters körperlich nicht mehr in guter Verfassung **2** *gesprochen, meist humorvoll* schon relativ alt und deshalb nicht mehr voll funktionsfähig ⟨ein Auto, ein Tisch⟩ • hierzu **Al·ters·schwä·che** *die*

Al·ters·teil·zeit *die*; *nur Singular*; (D)(A) die Möglichkeit, in den letzten Jahren vor der Rente weniger Stunden zu arbeiten oder früher in Rente zu gehen ⟨in Altersteilzeit gehen⟩

Al·ters·ver·sor·gung *die* die finanzielle Versorgung alter Menschen durch eine Versicherung, Rente oder durch private Fürsorge

Al·ter·tum *das*; (-s, Al·ter·tü·mer) **1** *nur Singular* der älteste historische Zeitabschnitt einer Kultur oder eines Volkes, vor allem in Europa ↔ *Neuzeit* **2** *nur Singular* die älteste historische und kulturelle Epoche der Griechen und Römer ≈ *Antike* **3** *nur Plural* die Überreste (vor allem Monumente, Kunstgegenstände) aus dem Altertum ⟨Altertümer sammeln⟩ **K** Altertumsforscher, Altertumskunde, Altertumswissenschaft

al·ter·tüm·lich ADJEKTIV **1** typisch für eine vergangene Zeit ⟨ein Bauwerk; eine Schreibweise⟩ ↔ *modern* **2** *abwertend* ⟨Vorstellungen, Ansichten⟩ ≈ *altmodisch* ↔ *modern*

Al·ter·tums·wert *der* ■ **ID etwas hat/besitzt (schon fast/nur noch) Altertumswert** *gesprochen, humorvoll* etwas ist sehr alt und daher altmodisch oder nicht mehr nützlich

Äl·tes·te *der/die*; (-n, -n) **1** das älteste Mitglied oder Oberhaupt einer Gemeinschaft, Gemeinde **K** Dorfälteste, Gemeindeälteste **2** *gesprochen* der älteste Sohn, die älteste Tochter | *Unsere Älteste heiratet demnächst* **!** *mein Ältester; der Älteste; den, dem, des Ältesten*

Äl·tes·ten·rat *der* **1** die Gruppe der Ältesten einer Gesellschaft, die über Fragen des Zusammenlebens entscheidet **2** (D) die Institution, die aus Mitgliedern der Parteien besteht, die im Bundestag vertreten sind, und unter anderem die Aufgabe hat, den Bundestagspräsidenten bei der Arbeit zu unterstützen

alt·ge·dient ADJEKTIV lange im Dienst gewesen ⟨ein Soldat⟩

Alt·glas *das*; *nur Singular* bereits verwendete Flaschen und Gläser, die gesammelt und wiederverwendet werden **K** Altglasbehälter, Altglassammlung, Altglasverwertung

Alt·gold *das* **1** Gold, das eine dunklere Farbe bekommen hat **2** bereits verarbeitetes Gold, aus dem neue Gegenstände gemacht werden können

alt|her·ge·bracht ADJEKTIV seit langer Zeit vorhanden und üblich ⟨Sitten, Vorstellungen⟩ ≈ *traditionell*

alt·hoch·deutsch ADJEKTIV verwendet als Bezeichnung für die älteste Stufe der hochdeutschen Dialekte vom 8. bis 11. Jahrhundert **!** Abkürzung: *ahd.* • hierzu **Alt·hoch·deutsch** *das*; **Alt·hoch·deut·sche** *das*

Alt·klei·der|samm·lung *die* eine (öffentliche) Sammlung von bereits getragener Kleidung (die z. B. an Arme und Obdachlose gegeben wird)

alt·klug ADJEKTIV (altkluger/altklüger, altklugst-/altklügst-); *abwertend* in der Sprache und Art auf leicht unangenehme Art einem Erwachsenen ähnlich ⟨ein Kind, eine Bemerkung, ein Spruch⟩ | *Du solltest den Erwachsenen nicht so altkluge Ratschläge erteilen*

Alt·last *die*; *meist Plural* **1** Flächen, die einen Schaden haben, weil dort früher giftige Abfälle gelagert waren (oder diese immer noch dort sind) ⟨Altlasten aufbereiten, beseitigen, sanieren⟩ **K** Altlastenproblem **2** *gesprochen* ein Problem, für das es noch keine Lösung gibt

ält·lich ADJEKTIV; *oft humorvoll* (schon) mit einigen Merkmalen des Alters, nicht mehr ganz jung (aussehend) ⟨ein Fräulein, ein Herr, eine Dame; ältlich aussehen⟩

Alt·ma·te·ri·al *das* alte Sachen (z. B. Papier, Gegenstände aus Metall), die wiederverwendet werden können **K** Altmaterialsammlung

Alt·meis·ter *der* **1** der bedeutendste (meist ältere oder verstorbene) Vertreter eines Bereichs (vor allem in der Kunst oder Wissenschaft) **2** ein Sportler, eine Mannschaft oder ein Verein, die früher eine Meisterschaft gewonnen haben • hierzu **Alt·meis·te·rin** *die*

alt·mo·disch ADJEKTIV **1** nicht (mehr) der aktuellen Mode entsprechend ⟨Kleidung, Möbel⟩ ↔ *modern, modisch* | *altmodisch gekleidet sein* **2** konservativ, nicht mehr der gegenwärtigen Zeit angemessen ⟨Ansichten, Sitten⟩ | *Seine Eltern sind ein wenig altmodisch*

Alt·pa·pier *das*; *nur Singular* gebrauchtes Papier, das gesammelt und so bearbeitet wird, dass man es wiederverwenden kann **K** Altpapiersammlung

Alt·phi·lo·lo·ge [-f-] *der* eine Person, welche eine Sprache (Griechisch oder Latein) und Literatur der klassischen Antike studiert (hat) • hierzu **Alt·phi·lo·lo·gin** *die*; **Alt·phi·lo·lo·gie** *die*

Al·tru·is·mus *der;* (-); *geschrieben* eine Art zu denken und zu handeln, welche das Glück und Wohl anderer Menschen als das Wichtigste betrachtet • hierzu **Al·tru·ist** *der;* **Al·tru·is·tin** *die;* **al·tru·is·tisch** ADJEKTIV

Alt·sil·ber *das* **1** Silber, das eine dunklere Farbe bekommen hat **2** bereits verarbeitetes Silber, aus dem neue Gegenstände gemacht werden können

★ **Alt·stadt** *die* der älteste (meist historische) Teil einer Stadt ⟨in der Altstadt wohnen⟩ **K** Altstadtsanierung

alt·tes·ta·men·ta·risch ADJEKTIV nach der Art des Alten Testaments, im Alten Testament (vorkommend)

Alt·wa·ren *die; Plural* gebrauchte Gegenstände, z. B. Möbel, Geschirr **K** Altwarenhändler

Alt·wei·ber|som·mer *der* eine Zeit im Herbst, in welcher das Wetter noch so schön wie im Sommer ist

Alu *das;* (-s); *gesprochen* Kurzwort für *Aluminium* **K** Alufelge, Alufolie, Alurad

Alu·mi·ni·um *das;* (-s) ein leichtes, silbriges Metall, aus dem z. B. Fahrräder, Flugzeugteile und Kochtöpfe hergestellt werden **K** Aluminiumblech, Aluminiumfolie **H** chemisches Zeichen: *Al*

Alz·hei·mer *(die);* (-); *gesprochen* eine Krankheit des Gehirns, bei der man allmählich das Gedächtnis verliert und schließlich völlig hilflos wird

★ **am** PRÄPOSITION MIT ARTIKEL **1** an dem **H** *Am* kann nicht durch *an dem* ersetzt werden in geografischen Namen (*Frankfurt am Main*), in Datumsangaben (*am Dienstag, am 20. Mai*) und in festen Wendungen wie: *am Ende sein, etwas am Stück kaufen.* **2** verwendet, um den Superlativ von Adjektiven und Adverbien zu bilden | *schön, schöner, am schönsten* | *viel, mehr, am meisten* **3** *süddeutsch* Ⓐ, *gesprochen* auf dem | *Er liegt am Sofa* **4** **am** *+Infinitiv* **sein** *gesprochen* drückt aus, dass das, was jemand gerade tut, noch nicht zu Ende ist | *Ich bin gerade am Überlegen, was wir machen sollen*

Amal·gam *das;* (-s, -e) **1** eine Mischung für Zahnfüllungen **K** Amalgamfüllung **2** *geschrieben* eine untrennbare Mischung ≈ *Verschmelzung*

Ama·teur [ama'tøːɐ̯] *der;* (-s, -e) **1** eine Person, die eine Tätigkeit als Hobby betreibt **K** Amateurfilmer, Amateurfotograf, Amateurfunker **2** ein aktiver Sportler (in einem Verein), der für die sportliche Tätigkeit nicht bezahlt wird **K** Amateurboxer, Amateurfußball, Amateurliga, Amateursportler, Amateurstatus **3** *abwertend* eine Person, die Anfänger oder Laie auf einem Gebiet ist • hierzu **Ama·teu·rin** *die;* zu (3) **ama·teur·haft** ADJEKTIV; *abwertend*

Ama·zo·ne *die;* (-, -n) **1** *gesprochen* eine Reiterin **2** (in der griechischen Mythologie) eine Angehörige eines kriegerischen Volkes von Frauen **3** *abwertend* eine sehr männlich wirkende Frau

Am·bi·gu·i·tät *die;* (-, -en); *geschrieben* eine Zwei- oder Mehrdeutigkeit • hierzu **am·big** ADJEKTIV

Am·bi·ti·on [-'tsjoːn] *die;* (-, -en); *meist Plural* **Ambitionen (auf etwas** *(Akkusativ)***) haben** mit viel Ehrgeiz ein Ziel erreichen wollen ⟨künstlerische, politische Ambitionen haben⟩ | *Er hat Ambitionen auf das Amt des Präsidenten*

am·bi·ti·o·niert [-tsjo-] ADJEKTIV; *geschrieben* ≈ *ehrgeizig*

am·bi·va·lent [-v-] ADJEKTIV; *geschrieben* ⟨eine Meinung, ein Gefühl⟩ so, dass sie in verschiedene Richtungen gehen und sich selbst oft widersprechen • hierzu **Am·bi·va·lenz** *die*

Am·boss *der;* (-es, -e) **1** ein eiserner Block mit einer ebenen Fläche, auf dem der Schmied das (heiße) Eisen mit dem Hammer formt **2** einer von drei kleinen Knochen im Ohr, welche den Schall ins Innere des Gehörs weiterleiten

am·bu·lant ADJEKTIV so, dass der Patient dabei nicht im Krankenhaus bleiben muss ⟨eine Behandlung; einen Patienten ambulant behandeln⟩ ↔ *stationär*

Am·bu·lanz *die;* (-, -en) **1** ≈ *Rettungswagen* **2** eine Abteilung in einem Krankenhaus, in welcher die Patienten ambulant behandelt werden

AMEISE

★ **Amei·se** *die;* (-, -n) ein kleines Insekt, das in gut organisierten Gemeinschaften lebt und Hügel baut, in denen die Gruppe lebt ⟨fleißig, emsig sein wie eine Ameise⟩ | *In diesem Wald wimmelt es von Ameisen* **K** Ameisengift, Ameisenkönigin, Ameisenstaat

Amei·sen|ei *das; meist Plural; gesprochen* eine der Puppen in einem Ameisenhaufen

Amei·sen·hau·fen *der* ein kleiner Hügel (aus kleinen Pflanzenteilen und Erde), in dem Ameisen leben

Amei·sen·säu·re *die; nur Singular* eine organische Säure, die z. B. im Gift der Ameisen vorkommt

amen verwendet als Schlusswort nach dem Gebet, der Predigt oder dem Segen

Amen *das;* (-s) das Schlusswort des Gebets, der Predigt oder des Segens ⟨das Amen sagen⟩ **ID** **Das ist so sicher wie das Amen in der Kirche** *gesprochen* das trifft ganz sicher zu; **sein Amen (zu etwas) geben** *gesprochen* sagen, dass man etwas zustimmt und damit einverstanden ist; **zu allem Ja/ja und Amen/amen sagen** *gesprochen* (kritiklos) alles akzeptieren

★ **Ame·ri·ka** *(das);* (-s) **1** der zweitgrößte Kontinent der Erde **K** Mittelamerika, Nordamerika, Südamerika **2** *gesprochen* die Vereinigten Staaten von Amerika ≈ *USA* • zu (2) **Ame·ri·ka·ner** *der;* zu (2) **Ame·ri·ka·ne·rin** *die;* zu (2) **ame·ri·ka·nisch** ADJEKTIV

Ame·ri·ka·ni·sie·rung *die;* (-) der Vorgang oder die Handlung, bei denen die Verhältnisse in einem Land nach dem Vorbild der USA gestaltet werden • hierzu **ame·ri·ka·ni·sie·ren** VERB *(hat)*

Ami *der;* (-(s), -(s)); *gesprochen, oft abwertend* Kurzwort für *Amerikaner*

Ami·no·säu·re *die* eine der organischen Säuren

Am·mann *der;* (-(e)s, Am·män·ner); Ⓒⓗ ≈ *Bürgermeister* **K** Gemeindeammann, Stadtammann

Am·me *die;* (-, -n) eine Frau, die ein fremdes Kind mit ihrer Muttermilch ernährt (und es betreut)

Am·men·mär·chen *das* eine erfundene Geschichte, die nur ein naiver Zuhörer glauben kann

Am·mo·ni·ak, Am·mo·ni·ak *das;* (-s) ein farbloses, scharf riechendes Gas aus Stickstoff und Wasserstoff, das z. B. als Kühlmittel verwendet wird **K** Ammoniaksalz

Am·ne·sie *die;* (-, -n [-iːən]) ein teilweiser oder ganzer Verlust des Gedächtnisses ≈ *Gedächtnisschwund*

Am·nes·tie *die;* (-, -n [-iːən]) durch eine Amnestie wird für eine Gruppe von Verurteilten die Strafe geringer gemacht oder erlassen ⟨eine Amnestie erlassen; unter die Amnestie fallen⟩ **K** Generalamnestie **H** Eine *Amnestie* gilt für mehrere Personen, eine *Begnadigung* nur für eine einzelne Person • hierzu **am·nes·tie·ren** VERB *(hat);* **Am·nes·tie·rung** *die*

Amö·be *die;* (-, -n) ein sehr kleines Lebewesen, das aus nur einer Zelle besteht, meist im Wasser lebt und ständig die Form ändert. Amöben können Krankheiten übertragen **K** Amöbenruhr

Amok, Amok **1** **Amok laufen** in blinder, krankhafter Wut mit einer Waffe umherlaufen und töten **K** Amoklauf,

Amokläufer, Amokschütze **2** **Amok fahren** sehr rücksichtslos mit dem Auto fahren und dabei Unfälle verursachen **K** Amokfahrer, Amokfahrt

amo·ra·lisch ADJEKTIV ⟨ein Mensch, eine Handlung⟩ so, dass sie nicht der Moral entspricht

amorph [-f] ADJEKTIV **1** *geschrieben* nicht geformt, ohne Gestalt ⟨eine Masse⟩ **2** ohne feste Gestalt ⟨Körperformen⟩ | *Eine Amöbe ist amorph*

amor·ti·sie·ren VERB (amortisierte, hat amortisiert) **1** **etwas amortisieren** Schulden nach einem festen Plan allmählich zurückzahlen ⟨eine Hypothek, ein Darlehen amortisieren⟩ **2** **etwas amortisieren** Geld, das durch Ausgaben verloren ging, durch Gewinne zurückbekommen ⟨Kosten, Investitionen amortisieren⟩ **3** **etwas amortisiert sich** etwas bringt die Kosten einer Investition wieder ein ⟨eine Anschaffung⟩ • hierzu **Amor·ti·sa·ti·on** *die*

amou·rös [amu'rø:s] ADJEKTIV in Form einer flüchtigen sexuellen Beziehung ⟨ein Abenteuer⟩

★ **Am·pel** *die*; (-, -n) **1** Ampeln stehen vor allem an Kreuzungen und regeln durch Licht (das blinkt oder die Farbe wechselt) den Verkehr | *Er verlor den Führerschein, weil er bei Rot über die Ampel fuhr* **K** Verkehrsampel **2** ein hängendes Gefäß für Zimmerpflanzen und Blumen **K** Blumenampel

Am·pel·ko·a·li·ti·on *die* eine Koalition zwischen SPD, FDP und Grünen

Am·pere [am'pɛ:ɐ̯] *das*; (-(s), -) die Einheit, in der man die Stärke des elektrischen Stroms misst | *Diese Sicherung ist mit 15 Ampere belastbar* **I** Abkürzung nach Zahlen: *A*

Am·phi·bie [am'fi:bi̯ə] *die*; (-, -n) ein Tier (z. B. ein Frosch), das sowohl auf dem Land als auch im Wasser leben kann • hierzu **am·phi·bisch** ADJEKTIV

Am·phi·bi·en·fahr·zeug [am'fi:bi̯ən-] *das* ein Fahrzeug, das man auf dem Land und im Wasser verwenden kann

Am·phi·the·a·ter [am'fi:-] *das* ein rundes oder ovales Bauwerk ohne Dach mit stufenförmig angeordneten Sitzreihen, das vor allem in der Antike für Wettkämpfe, Spiele und Theateraufführungen benutzt wurde | *Das Kolosseum in Rom ist das größte Amphitheater der Welt*

Amp·li·tu·de *die*; (-, -n) die Distanz zwischen der Mitte und dem oberen oder unteren Maximum einer Schwingung | *Die Lautstärke nimmt zu, wenn sich die Amplitude der Schallwelle vergrößert*

Am·pul·le *die*; (-, -n) ein kleines Rohr aus Glas für sterile Flüssigkeiten, z. B. für Injektionen

am·pu·tie·ren VERB (amputierte, hat amputiert) **(jemandem) etwas) amputieren** ein Körperteil durch eine Operation vom Körper abtrennen | *Die Ärzte mussten ihm den Finger amputieren* • hierzu **Am·pu·ta·ti·on** *die*

Am·sel *die*; (-, -n) ein mittelgroßer Singvogel. Das Männchen ist schwarz und hat einen gelben Schnabel

★ **Amt** *das*; (-(e)s, Äm·ter) **1** eine offizielle Stellung (z. B. beim Staat, in der Kirche), die mit Aufgaben und Pflichten verbunden ist ⟨ein ehrenvolles, verantwortungsvolles Amt; ein Amt antreten, ausüben, bekleiden, innehaben, übernehmen; das Amt niederlegen, zur Verfügung stellen; jemandem ein Amt anvertrauen; jemanden des Amtes entheben; für ein Amt kandidieren; sich um ein Amt bewerben⟩ | *jemanden für das Amt des Parteivorsitzenden suchen* **K** Amtsantritt, Amtseid, Amtsinhaber, Amtskollege, Amtsmissbrauch, Amtsniederlegung, Amtsperiode, Amtsvorgänger, Amtszeit **2** eine Aufgabe oder Verpflichtung, die jemand übernommen hat | *Er übt das Amt als Jugendleiter gewissenhaft aus* | *Ich habe das schwere Amt, die schlechte Nachricht zu überbringen* **3** eine öffentliche (zentrale oder örtliche) Institution ⟨ein Amt einschalten⟩ ≈ *Behörde* | *das Amt für Forstwirtschaft* **K** Amtsarzt, Amtsbezirk, Amtsgang, Amtsvorsteher, Amtszimmer; Arbeitsamt, Gesundheitsamt, Landratsamt, Schulamt **4** ein Gebäude, in dem ein Amt oder eine Behörde ist ⟨auf ein Amt gehen⟩ **5** **Auswärtiges Amt** Ⓓ verwendet als offizielle Bezeichnung für das Außenministerium ■ **ID** **in Amt und Würden** *oft ironisch* in einer gesicherten beruflichen Stellung; **kraft meines Amtes (als ...)** *veraltend oder humorvoll* weil ich das Amt (als ...) habe; **von Amts wegen** *geschrieben* **a** im Auftrag eines Amts **b** aus beruflichen Gründen; → walten

am·tie·rend ADJEKTIV *meist attributiv* aktuell im Amt ⟨der Bürgermeister, der Ministerpräsident⟩

amt·lich ADJEKTIV **1** *meist attributiv* von einem Amt oder einer Behörde ⟨ein Schreiben, eine Bekanntmachung, eine Bescheinigung; eine Abschrift, eine Fotokopie amtlich beglaubigen lassen; etwas amtlich bestätigen, dementieren⟩ | *etwas aus amtlicher Quelle erfahren* | *das Auto mit dem amtlichen Kennzeichen M–AD 500* **2** dienstlich oder offiziell ⟨in amtlicher Eigenschaft; in amtlichem Auftrag⟩ ↔ *privat* **3** ernst aussehend, wirkend ⟨eine amtliche Miene machen, aufsetzen⟩ ■ **ID** **Ist das amtlich?** **a** Steht das offiziell fest? **b** Ist das auch wirklich wahr?; **Das ist amtlich** Das ist ganz sicher

Amt·mann *der*; (-(e)s, Amt·män·ner/Amt·leu·te); Ⓓ ein Beamter des gehobenen Dienstes in Verwaltung oder Justiz • hierzu **Amt·män·nin** *die*; **Amt·frau** *die*

Amts·be·fug·nis *die*; *meist Plural* die Berechtigung und die Macht, die mit einem Amt verbunden sind ⟨seine Amtsbefugnisse überschreiten⟩

Amts·deutsch *das*; *meist abwertend* die komplizierte Ausdrucksweise, wie sie vor allem in juristischen und administrativen Texten üblich ist

Amts·ein·füh·rung *die* ein feierlicher, zeremonieller Akt, bei der eine Person ein neues Amt erhält | *die Amtseinführung des Ministers*

Amts·ge·richt *das* **1** das unterste Gericht in der Hierarchie der Gerichte (zuständig für Entscheidungen im Straf-, Zivil- und Handelsrecht) **2** das Gebäude des Amtsgerichts

Amts·ge·schäf·te *die*; *Plural* alle Tätigkeiten, die mit einem (meist öffentlichen) Amt verbunden sind

Amts·hand·lung *die* etwas, das man tut, weil man durch ein Amt das Recht oder die Pflicht dazu hat

Amts·hil·fe *die* die Hilfe, die sich Behörden gegenseitig bei der Erfüllung ihrer Aufgaben leisten

Amts·rich·ter *der* ein Richter an einem Amtsgericht • hierzu **Amts·rich·te·rin** *die*

Amts·schim·mel *der*; *nur Singular*; *humorvoll, meist abwertend* das pedantische Einhalten und Befolgen von Dienstvorschriften ■ **ID** **den Amtsschimmel reiten** *humorvoll, meist abwertend* die Dienstvorschriften zu genau einhalten

Amts·spra·che *die* die Sprache (oder eine von mehreren Sprachen), die in einem Staat offiziell gesprochen wird

Amts·stun·den *die*; *Plural* die Öffnungszeiten einer Behörde, eines Amtes

Amts·weg *der* **jemand/etwas geht/nimmt den Amtsweg** jemandes Angelegenheit wird von einer Behörde (oder von mehreren Behörden hintereinander) bearbeitet

Amu·lett *das*; (-(e)s, -e) ein kleiner Gegenstand, den man (meist an einer Kette um den Hals) trägt, weil man glaubt, dass er vor Unheil schützen oder Glück bringen kann

amü·sant ADJEKTIV (amüsanter, amüsantest-) lustig und unterhaltsam | *eine amüsante Geschichte erzählen*

Amü·se·ment [amyz(ə)'mã:] *das*; (-s, -s); *geschrieben* **1** ein interessanter oder unterhaltsamer Zeitvertreib ≈ *Vergnügen* **2** eine (meist kurze, oberflächliche) Liebesbeziehung

★ **amü·sie·ren** VERB (amüsierte, hat amüsiert) **1** **etwas amüsiert jemanden** etwas bringt jemanden zum Lachen | *Sein komisches Gesicht amüsierte uns* **2** **sich (irgendwie) amüsieren** auf angenehme oder lustige Weise die Zeit verbringen ⟨sich glänzend, großartig, königlich, köstlich, prächtig amüsieren⟩ ↔ *langweilen* | *Amüsierst du dich (gut)?* **3** **sich über jemanden/etwas amüsieren** über jemanden/etwas lachen, spotten **4** **sich mit jemandem amüsieren** mit jemandem eine kurze sexuelle Beziehung haben

★ **an**[1] PRÄPOSITION
▸Ort: **1** *mit Dativ* direkt neben oder sehr nahe bei jemandem/etwas | *an der Hauptstraße wohnen* | *Wien an der Donau* | *an der Atlantikküste* | *Sie saß an der Bar/nahe an der Tür* | *Er ging an ihrer Seite* H → Infos unter **Präposition** **2** *mit Dativ* in Kontakt zu einem Objekt oder einer Fläche | *die Wäsche an der Leine* | *Das Bild hängt an der Wand* H → Infos unter **Präposition** **3** *mit Akkusativ* verwendet, um die Richtung einer Bewegung zu beschreiben, die zu einem Kontakt oder zu Nähe führt | *etwas an die Mauer lehnen/an die Wand hängen* | *sich an den Tisch setzen* H → Infos unter **Präposition** **4** *mit Dativ* genau dort, wo der genannte Ort ist | *Schmerzen am Rücken* | *Das ist die Stelle, an der das Geld gefunden wurde* | *Wir treffen uns an dem gleichen Ort wie das letzte Mal*
▸Zeit: **5** *mit Dativ* verwendet, um einen Tag oder eine Tageszeit anzugeben, im Süddeutschen auch vor der Bezeichnung von Festtagen | *an einem Sonntagmorgen* | *an meinem Geburtstag* | *an diesem Abend* | *an Ostern* | *an Weihnachten* H Zur Angabe des Datums wird *am* verwendet: *am 1. Mai, am 24. Oktober.*
▸Institution: **6** *mit Dativ* verwendet, wenn jemand in einer Institution arbeitet oder Schüler ist | *die Lehrer und Schüler an der Mittelschule* | *ein Studium an der Universität* | *An welchem Theater ist er jetzt?* **7** *mit Akkusativ* verwendet, wenn jemand Schüler oder Mitarbeiter einer Institution wird | *An welche Universität willst du denn gehen/wechseln?*
▸als Ergänzung: **8** *mit Dativ* drückt aus, dass eine Tätigkeit noch nicht beendet ist | *an einem Haus bauen* | *an einem Brief schreiben* | *an einem Pullover stricken* | *Ich bin noch/schon an der Arbeit* **9** *mit Dativ* verwendet mit bestimmten Verben, um eine Ergänzung anzuschließen | *an Typhus erkranken/leiden/sterben* | *an einer Meinung festhalten* (sie nicht ändern) | *an einem Kurs teilnehmen* | *Die Kinder hängen sehr an der Katze* (Sie haben sie sehr gern) **10** *mit Akkusativ* verwendet mit bestimmten Verben, um eine Ergänzung anzuschließen | *Ich denke oft an unseren Urlaub in Sizilien* | *an Gott glauben* | *sich an jemanden/etwas erinnern* | *Wende dich ruhig an mich, wenn du etwas brauchst* **11** *mit Dativ* verwendet mit bestimmten Substantiven und Adjektiven, um eine Ergänzung anzuschließen | *reich an Ideen* | *an einem Unfall schuld sein* | *an Krimis interessiert sein* | *ein Mangel an Wasser*
▸sonstige Verwendungen: **12** *mit Dativ* verwendet, um sich auf eine unbestimmte Menge ähnlicher Dinge zu beziehen | *Was haben Sie an Kameras da?* | *Was besitzt er noch an Immobilien?* **13** **Kopf an Kopf, Tür an Tür** *und andere* meist zwischen zwei gleichen Substantiven ohne Artikel verwendet, um große Nähe zwischen Personen/Dingen auszudrücken oder die große Anzahl zu betonen | *Ich habe jahrelang Tür an Tür mit ihm gewohnt* | *Die Zuschauer standen Schulter an Schulter/dicht an dicht vor der Bühne* | *Es reihten sich Häuser an Häuser/Fehler an Fehler* **14** **an was** *gesprochen* ≈ *woran* **15** **an (und für) sich** ≈ *eigentlich* | *Das ist eine an und für sich ganz gute Idee*

★ **an**[2] ADVERB **1** gibt in Fahrplänen die Zeit an, zu der ein Zug, Bus o. Ä. irgendwo ankommt ↔ *ab* | *Zürich Hauptbahnhof an 16:44* **2** **von … an** gibt einen örtlichen Ausgangspunkt an | *Von hier an wird das Gelände sumpfig* **3** **von … an** gibt den zeitlichen Ausgangspunkt von etwas an ≈ *ab* | *von jetzt/heute an* | *von Kindheit an* | *Von Montag an bin ich im Urlaub* **4** **an die** +*Zahl gesprochen* drückt aus, dass man eine Zahl nicht genau kennt ≈ *ungefähr* | *Ich schätze, er ist so an die 30 Jahre alt* | *Bis Hamburg sind es noch an die 200 Kilometer* **5** **etwas ist an** *gesprochen* etwas ist angeschaltet, in Betrieb ↔ *aus* | *Das Licht ist an* **6** **ohne/mit etwas an** *gesprochen* ohne/mit der genannten Kleidung am Körper | *ohne was an/ohne eine Badehose an schwimmen* | *Ich bin nur schnell mit Hausschuhen an in den Garten*

★ **an-**[1] (*im Verb, betont und trennbar, sehr produktiv; Diese Verben werden so gebildet:* anschreiben, schrieb an, angeschrieben) **1** **etwas (an etwas** (*Dativ/Akkusativ*) **anbinden, ankleben, anknoten, anschrauben** *und andere* drückt aus, dass man etwas irgendwo festmacht | *Er nagelte die Latte am Zaun an* (Er machte die Latte mit Nägeln am Zaun fest) **2** **etwas anbeißen, anbohren, annagen, ansägen** *und andere* drückt aus, dass eine Handlung nur für kurze Zeit oder nur zu einem geringen Grad ausgeführt wird | *das Fleisch bei hoher Hitze anbraten* (das Fleisch nur kurze Zeit bei hoher Hitze braten) | *Die Mäuse haben den Käse angefressen* (Die Mäuse haben einen Teil des Käses gefressen) | *Er hat das Brett angesägt* (Er hat das Brett nicht ganz abgesägt) **3** **jemanden anbetteln, angähnen, anlächeln, anschreien; jemanden/etwas ansehen, anstarren** *und andere* drückt aus, dass eine Handlung auf eine Person/Sache gerichtet ist, eine Person/Sache als Ziel hat | *Der Hund bellte den Briefträger an* (Der Hund bellte in die Richtung des Briefträgers) **4** **angelaufen, angerannt, angeschlichen kommen** *und andere* drückt im Partizip Perfekt zusammen mit *kommen* aus, dass eine Person, ein Tier oder eine Sache näher zu jemandem kommt | *Wir warteten gerade auf den Bus, da kam Peter auf dem Motorrad angebraust* (…, da näherte sich Peter mit hoher Geschwindigkeit auf dem Motorrad)

an-[2] *im Adjektiv, betont, nicht produktiv* → a-

Ana·chro·nis·mus [-kro-] *der*; (-, Ana·chro·nis·men); *geschrieben* **1** eine Einrichtung oder Erscheinung, die nicht mehr zu der aktuellen Zeit passt ⟨etwas ist zu einem Anachronismus geworden⟩ **2** eine Aussage, die nicht wahr sein kann, weil ihre Teile zeitlich nicht zueinanderpassen | *In dem Satz „Goethe telefonierte öfter mit Schiller" steckt ein Anachronismus* ● hierzu **ana·chro·nis·tisch** ADJEKTIV

anal ADJEKTIV *meist attributiv* am oder im After, Po

ana·log ADJEKTIV **1** **analog zu jemandem/etwas); analog (jemandem/etwas)** *geschrieben* jemandem oder einer Sache in manchen Eigenschaften entsprechend oder ähnlich ⟨eine Erscheinung, ein Ergebnis; in analoger Reihenfolge, Weise⟩ | *analog (zu) diesem Fall* **2** auf herkömmliche Weise aufgenommen ⟨eine Aufnahme⟩ ↔ *digital* **3** ⟨ein Messgerät, eine Uhr, eine Waage⟩ mit Skala bzw. Zifferblatt

Ana·lo·gie *die*; (-, -n [-i:ən]) **eine Analogie (zwischen Personen/Dingen)** eine ähnliche oder fast gleiche Struktur von gleichen Merkmalen ⟨etwas weist eine Analogie auf; in Analogie zu jemandem/etwas⟩ | *Zwischen den beiden Romanen besteht eine Analogie* K Analogieschluss

An·al·pha·bet ['an|alfabe:t] *der*; (-en, -en) eine Person, die nicht lesen und schreiben gelernt hat H *der Analphabet; den, dem, des Analphabeten* ● hierzu **An·al·pha·be·tin** *die*

An·al·pha·be·ten·tum *das*; (-s) die Situation, wenn viele Menschen eines Landes o. Ä. nicht lesen und schreiben können

An·al·pha·be·tis·mus *der;* (-); *geschrieben* ≈ *Analphabetentum*

★ **Ana·ly·se** [-'ly:zə] *die;* (-, -n) **1** der Vorgang oder ein Text, bei dem man etwas analysiert ⟨eine kritische, wissenschaftliche Analyse durchführen, vornehmen; etwas einer Analyse unterziehen⟩ **2** eine Methode, mit der man herausfinden will, welche chemischen Bestandteile eine Substanz hat ⟨eine qualitative, quantitative Analyse durchführen⟩ ↔ *Synthese* **3** *gesprochen* Kurzwort für *Psychoanalyse*

★ **ana·ly·sie·ren** VERB (analysierte, hat analysiert) **1** **etwas analysieren** die Eigenschaften und Details einer Sache einzeln untersuchen, um sie zu verstehen ⟨einen Satz, einen Text, einen Traum, ein Musikstück, ein Buch analysieren; Probleme analysieren⟩ **2** **jemanden analysieren** eine Person psychoanalytisch behandeln **3** **etwas analysieren** eine chemische Analyse (mit einer Substanz) durchführen

Ana·ly·tik [-'ly:-] *die;* (-) die Lehre und Kunst des Analysierens ● hierzu **Ana·ly·ti·ker** *der;* **Ana·ly·ti·ke·rin** *die;* **ana·ly·tisch** ADJEKTIV

Anä·mie *die;* (-, -n [-i:ən]) eine Erkrankung durch Mangel an roten Blutkörperchen ≈ *Blutarmut* ● hierzu **anä·misch** ADJEKTIV

Ana·nas *die;* (-, -/-se) **1** eine bräunlich gelbe tropische Frucht mit sehr saftigem und süßlich schmeckendem Fleisch **K** Ananasscheibe, Ananasstück **2** eine tropische Pflanze, deren Frucht die Ananas ist

Anar·chie [anar'çi:] *die;* (-, -n [-i:ən]) **1** ein chaotischer Zustand in einem Staat mit Unruhen und ohne Beachtung der Gesetze | *einen Staat an den Rand der Anarchie bringen* **2** das Ideal einer Gesellschaft, in welcher die Menschen ohne gesetzlichen Zwang vernünftig und friedlich zusammenleben

anar·chisch ADJEKTIV **1** ohne Herrschaft und Ordnung ⟨Verhältnisse, Zustände⟩ **2** (von Personen) nicht bereit, sich Gesetzen zu unterwerfen ● zu (2) **Anar·chist** *der;* zu (2) **Anar·chis·tin** *die*

Anar·cho *der;* (-s, -s); *gesprochen, abwertend* eine Person, die vor allem mit Gewalt gegen die politischen Zustände und die Macht des Staates protestiert und kämpft **K** Anarchogruppe, Anarchoszene, Anarchoterror

An·äs·the·sie *die;* (-, -n [-'zi:ən]) **1** ein Zustand (meist durch Narkose herbeigeführt), in dem man weder Schmerzen noch Kälte oder Hitze usw. spürt **2** der Vorgang, durch den eine Anästhesie herbeigeführt wird ⟨lokale Anästhesie⟩ ≈ *Narkose* ● zu (2) **An·äs·the·sist** *der;* zu (2) **An·äs·the·sis·tin** *die;* zu (2) **an·äs·the·sie·ren** VERB *(hat)*

Ana·tom *der;* (-en, -en) eine Person, die sich wissenschaftlich mit Anatomie beschäftigt **H** *der Anatom; den, dem, des Anatomen*

Ana·to·mie *die;* (-, -n [-'mi:ən]) **1** *nur Singular* die Wissenschaft vom Körperbau des Menschen und der Tiere und vom Bau der Pflanzen **2** der Aufbau, die Struktur des (menschlichen) Körpers | *die unterschiedliche Anatomie von Mann und Frau* ● zu (2) **ana·to·misch** ADJEKTIV

an·bag·gern VERB *(hat)* **jemanden anbaggern** *gesprochen* vor allem als Mann versuchen, sexuellen Kontakt zu bekommen

an·bah·nen VERB *(hat)* **1** **etwas bahnt sich an** etwas beginnt, sich zu entwickeln ⟨eine Freundschaft, eine Wende⟩ **2** **etwas anbahnen** Vorbereitungen treffen, damit etwas zustande kommt ⟨eine Heirat, ein Gespräch anbahnen⟩ ● zu (1) **An·bah·nung** *die*

an·bän·deln VERB (bändelte an, hat angebändelt) **jemand bändelt mit einer Person an** *gesprochen* jemand versucht, mit einer anderen Person eine (nicht ernsthafte) Liebesbeziehung zu beginnen

★ **An·bau** *der;* (-(e)s, -ten) **1** *nur Singular* der Vorgang, einen Teil nachträglich an ein Gebäude anzubauen **2** der Teil, den man nachträglich an ein Gebäude anbaut oder angebaut hat **3** *nur Singular* der Vorgang, Pflanzen auf einem Feld oder Beet anzubauen ⟨der Anbau von Getreide, Kartoffeln, Gemüse, Wein⟩ **K** Anbaufläche, Anbaugebiet; Gemüseanbau, Obstanbau, Weinanbau

An·bau- *im Substantiv, betont, begrenzt produktiv* **die Anbauküche, die Anbaumöbel, der Anbauschrank** *und andere* verwendet, um zu sagen, dass etwas aus einzelnen Teilen besteht, die gut zusammenpassen und ergänzt werden können | *im Wohnzimmer eine Anbauwand stehen haben* (aus Schränken und Regalen)

★ **an·bau·en** VERB *(hat)* **1** **(etwas (an etwas** *(Akkusativ)*)) **anbauen** einen neuen Teil an ein Gebäude bauen | *eine Garage (an das Haus) anbauen* **H** als Ergebnis oft mit Dativ: *die Garage war am Haus angebaut* **2** **etwas anbauen** Pflanzen auf ein Feld oder Beet pflanzen, um später Getreide, Gemüse, Früchte usw. zu ernten

An·be·ginn *(der)* **1** **von Anbeginn (an)** *geschrieben* von Anfang an **2** **seit Anbeginn** ⟨der Welt⟩ *veraltend* seit Beginn

an·be·hal·ten VERB (behält an, behielt an, hat anbehalten) **etwas anbehalten** ein (oder mehrere) Kleidungsstück(e) angezogen lassen ⟨die Schuhe anbehalten⟩ | *Sie können Ihren Mantel ruhig anbehalten*

an·bei ADVERB; *admin* zusammen mit einem Schreiben, Brief, Paket | *Anbei übersenden wir Ihnen das angeforderte Informationsmaterial*

an·bei·ßen VERB *(hat)* **1** **etwas anbeißen** anfangen, etwas zu essen, den ersten Biss in etwas machen | *einen Apfel anbeißen* **2** **ein Fisch beißt an** ein Fisch verschluckt den Köder, hängt an der Angel | *Ich glaube, es hat einer angebissen* **3** **(auf etwas** *(Akkusativ)*) **anbeißen** *gesprochen* so handeln, dass man ein Angebot annimmt, einer Werbung oder einem Versprechen glaubt | *Auf das Sonderangebot haben die meisten Kunden sofort angebissen* ■ ID **zum Anbeißen sein/aussehen** *gesprochen, humorvoll* sehr hübsch oder attraktiv sein

an·be·lan·gen VERB **was jemanden/etwas anbelangt** was jemanden/etwas betrifft

an·bel·len VERB *(hat)* **1** **ein Hund bellt jemanden/etwas an** ein Hund bellt in Richtung von jemandem/etwas **2** **jemanden anbellen** *gesprochen* jemanden anschreien

an·be·rau·men VERB (beraumte an, hat anberaumt) **etwas anberaumen** *admin* etwas (für einen genauen Zeitpunkt) festsetzen ⟨ein Treffen, einen Termin, eine Sitzung anberaumen⟩ ● hierzu **An·be·rau·mung** *die*

an·be·ten VERB *(hat)* **1** **jemanden anbeten** zu einem Gott beten und ihn verehren ⟨Gott, einen Götzen anbeten⟩ **2** **jemanden/etwas anbeten** jemanden/etwas in extremem Maße verehren ● zu (1) **An·be·tung** *die*

An·be·tracht **in Anbetracht** *(+Genitiv) geschrieben* wenn man berücksichtigt oder beachtet, dass ... | *in Anbetracht dessen, dass ...* | *in Anbetracht der gegenwärtigen Situation*

an·be·tref·fen VERB **was jemanden/etwas anbetrifft** *geschrieben* was jemanden/etwas betrifft

an·bie·dern VERB (biederte sich an, hat sich angebiedert) **sich (bei jemandem) anbiedern** *abwertend* mit einer Person so sprechen, wie sie es gern hört, damit man ihr sympathisch ist | *Ich will mich nicht bei meinem Chef anbiedern* ● hierzu **An·bie·de·rung** *die*

★ **an·bie·ten** VERB *(hat)* **1** **(jemandem) etwas anbieten** einer Person durch Worte oder Gesten zeigen, dass man ihr etwas Angenehmes, Nützliches oder Hilfreiches geben will ⟨jemandem einen Stuhl, einen Platz anbieten; jemandem

Hilfe, Begleitung, Schutz anbieten; einem Gast ein Getränk, eine Mahlzeit anbieten⟩ | *Er bot mir an, mich ins Theater zu begleiten* | *Darf ich euch etwas (zum Trinken) anbieten?* **2** **(jemandem) etwas anbieten** einer Person einen Vorschlag machen (den sie ablehnen oder annehmen kann) ⟨eine Lösung, einen Tausch anbieten⟩ | *jemandem das Du anbieten* (jemandem vorschlagen, dass man jetzt *du* statt *Sie* zueinander sagt) | *Der Vorsitzende bot dem Komitee den Rücktritt an* **3** **(jemandem) etwas anbieten** für etwas werben, das man verkaufen will | *auf dem Markt Waren (zum Verkauf) anbieten* | *einem Verlag ein Manuskript (zur Veröffentlichung) anbieten* **4** **jemand/etwas bietet (einer Person) etwas an** Personen bekommen die Möglichkeit, an einer Veranstaltung teilzunehmen | *Die Volkshochschule bietet verschiedene Sprachkurse und Exkursionen an* **5** **sich (jemandem) anbieten** sich bereit erklären, eine Aufgabe oder Tätigkeit zu übernehmen | *sich (jemandem) als Dolmetscher anbieten* **6** **etwas bietet sich (für etwas) an** etwas ist eine günstige Möglichkeit oder gut geeignet | *Bei den vielen Feiertagen bietet es sich doch geradezu an, jetzt Urlaub zu machen*

An·bie·ter *der;* (-s, -) eine Firma, die ein Produkt oder einen Dienst anbietet ⟨den Anbieter wechseln⟩ K Internetanbieter, Mobilfunkanbieter, Stromanbieter, Telefonanbieter

an·bin·den VERB *(hat)* **jemanden/etwas (an etwas** *(Dativ)***) anbinden** jemanden/etwas mit einer Schnur, Leine o. Ä. an etwas befestigen | *den Hund am Zaun anbinden*

An·blick *der* **1** *nur Singular* der Vorgang, wenn man etwas sieht | *Beim Anblick des Unfalls wurde ihr schlecht* **2** das, was man im Moment sieht ⟨ein schrecklicher, seltener, trauriger, ungewohnter Anblick⟩ | *Nach dem Ausbruch des Vulkans bot sich den Helfern ein trostloser Anblick* | *Die vielen Verletzten bei dem Unfall waren kein schöner Anblick*

an·bli·cken VERB *(hat)* **jemanden/etwas anblicken** die Augen auf eine andere Person oder eine Sache richten ⟨jemanden fassungslos, fragend, lächelnd, mit großen Augen anblicken⟩

an·blin·ken VERB *(hat)* **jemanden anblinken** vor allem beim Autofahren jemandem (mit der Lichthupe) ein Lichtsignal geben | *Ein Autofahrer blinkte mich an, weil ich vergessen hatte, die Scheinwerfer einzuschalten*

an·boh·ren VERB *(hat)* **1** **etwas anbohren** durch eine Bohrung in etwas eindringen (um es zu nutzen) ⟨ein Erdgasfeld, ein Fass anbohren⟩ **2** **etwas anbohren** ein Loch in etwas bohren, das aber nicht sehr tief ist ⟨ein Brett anbohren⟩

an·bra·ten VERB *(hat)* **etwas anbraten** etwas bei großer Hitze kurz braten ⟨Fleisch anbraten⟩

an·bräu·nen VERB *(hat)* **etwas anbräunen** etwas in heißem Fett oder Öl ein wenig braun werden lassen ⟨Zwiebeln anbräunen⟩

an·bre·chen VERB **1** **etwas anbrechen** *(hat)* etwas (meist Essbares) (zum Verbrauch) öffnen | *eine Tafel Schokolade/eine Flasche Wein anbrechen* | *eine angebrochene Dose Mais* **2** **etwas bricht an** *geschrieben (ist)* etwas beginnt ⟨der Tag, der Morgen, eine neue Zeit⟩

an·bren·nen VERB **1** **etwas brennt an** *(ist)* etwas bekommt beim Kochen zu viel Hitze und setzt sich am Boden des Kochtopfes fest ⟨das Essen, die Milch⟩ | *Was riecht denn hier so angebrannt?* **2** **etwas brennt an** *(ist)* etwas beginnt (meist leicht) zu brennen ⟨ein Balken⟩ **3** **etwas anbrennen** *(hat)* etwas durch Anzünden zum Brennen bringen ⟨Holz anbrennen⟩

an·brin·gen VERB *(hat)* **1** **etwas irgendwo anbringen** etwas irgendwo aufhängen, befestigen | *eine Lampe an der Decke/ein Schild an der Wand anbringen* **2** **etwas anbringen** etwas zeigen, erzählen ⟨sein Wissen, eine Geschichte anbringen⟩ | *Er konnte seinen neuesten Witz anbringen* **3** **etwas anbringen** *gesprochen* eine Ware verkaufen | *Unser altes Auto ist schwer anzubringen* **4** **jemanden/etwas anbringen** *gesprochen* jemanden/etwas (von irgendwoher) mit nach Hause bringen | *Unser Sohn brachte eine junge Katze an* **5** **jemanden (irgendwo/als etwas) anbringen** *gesprochen* für jemanden einen Beruf, eine sichere Zukunft suchen und finden | *jemanden in einem Betrieb/als Lehrling anbringen* • hierzu **An·brin·gung** *die*

An·bruch *der; nur Singular geschrieben* ≈ Beginn | *bei Anbruch der Dunkelheit/der Nacht*

an·brül·len VERB *(hat)* **1** **ein Tier brüllt jemanden an** ein Tier wendet sich zu jemandem hin und brüllt **2** **jemanden anbrüllen** *gesprochen* jemanden mit lauter Stimme kritisieren und schimpfen

An·dacht *die;* (-, -en) **1** ein kurzer Gottesdienst mit Gebeten K Abendandacht, Maiandacht, Morgenandacht **2** *nur Singular* die geistige Haltung oder die Konzentration, die zum Gebet nötig ist | *in Andacht versunken beten* **3** *nur Singular* die Konzentration der Gedanken auf eine Sache | *voller Andacht ein Konzert hören* • zu (2,3) **an·däch·tig** ADJEKTIV

an·dau·ern VERB *(hat)* **etwas dauert an** etwas besteht oder wirkt weiterhin, etwas hört noch nicht auf | *Die Verhandlungen dauern noch an* | *die andauernde Hitze*

an·dau·ernd ■ PARTIZIP PRÄSENS **1** → andauern
■ ADJEKTIV **2** *oft abwertend meist attributiv* so oft, dass es lästig ist oder stört ≈ *ständig* | *Sie fragt mich andauernd dasselbe*

An·den·ken *das;* (-s, -) **1** **ein Andenken (an jemanden/etwas)** ein Souvenir, ein kleiner Gegenstand zur Erinnerung | *Er gab mir die Fotos als Andenken an die Reise* K Andenkenladen **2** **das Andenken (an jemanden/etwas)** *nur Singular* die Erinnerung an jemanden oder etwas | *zum Andenken an den Toten einen Kranz auf das Grab legen*

★ **an·de·r-** ADJEKTIV/PRONOMEN **1** nicht gleich, sondern verschieden | *anderer Meinung sein als jemand* | *eine andere Arbeit suchen* | *Er möchte in einer anderen Stadt leben* **2** verwendet, um den Rest eines Paares oder einer Gruppe von Personen oder Gegenständen zu bezeichnen | *Wo sind die anderen (Mädchen) aus eurer Gruppe?* | *In der einen Hand hielt er ein Glas, in der anderen eine Zigarette* | *Nur zehn Läufer kamen ins Ziel, alle anderen mussten aufgeben* **3** nicht die Sache oder Person, von der gerade die Rede ist, sondern eine, die es auch gibt | *Kann ich bitte ein anderes Glas haben?* | *Die Lösung gefällt mir nicht. Haben wir noch andere Möglichkeiten?* | *Sie liebt einen anderen* | *Kein anderer als du hätte das gewusst* H Wenn *ander-* alleine verwendet wird, schreibt man es meist klein: *Alles andere kommt nicht in Frage*; wenn betont werden soll, dass ein Unterschied besteht, ist auch Großschreibung möglich: *im Fremden nicht nach dem Anderen suchen, sondern nach Gemeinsamkeiten.* ■ ID **alles andere als** +*Adjektiv/Adverb* genau das Gegenteil einer Sache; **Beinahe hätte ich etwas anderes gesagt** *gesprochen* Ich hätte gern etwas sehr Unhöfliches gesagt

an·de·ren·falls, an·dern·falls BINDEWORT; *geschrieben* Der Nebensatz mit *anderenfalls* nennt eine unangenehme Folge, die mit der Handlung des Hauptsatzes verhindert werden kann oder konnte ≈ *sonst* | *Der Vertrag muss noch geändert werden, anderenfalls werde ich nicht unterschreiben* | *Der Vertrag wurde geändert, anderenfalls hätte ich nicht unterschrieben*

an·de·ren·teils BINDEWORT **einesteils ... anderenteils** *geschrieben* ≈ *einerseits ... andererseits*

★ **an·de·rer·seits** ADVERB → einerseits

an·der·mal **ein andermal** zu einem anderen Zeitpunkt

| Heute habe ich keine Zeit, können wir uns ein andermal treffen?

★ **än·dern** VERB (änderte, hat geändert) **1** **etwas ändern** etwas in eine andere, neue oder bessere Form bringen ⟨das Aussehen, das Verhalten, den Plan, die Richtung ändern⟩ **2** **etwas ändert jemanden** etwas bewirkt, dass jemand das Verhalten oder die Einstellung wechselt | *Dieses Erlebnis hat ihn sehr geändert* **3** **jemand/etwas ändert sich** jemand/etwas nimmt eine andere Eigenschaft oder Form, ein anderes Verhalten an ⟨ein Mensch, das Wetter, die Lage⟩

★ **an·ders** ADVERB **1** nicht auf die gleiche Art und Weise ⟨anders denken, fühlen⟩ | *Sie packt Probleme ganz anders an als er* | *Er verhält sich anders, als wir erwartet haben* **2** verwendet nach Fragewörtern (z. B. *wann, wo*) und Adverbien, um eine Alternative zu nennen | *Wer anders hätte das geschafft?* | *Hier ist es nicht, es muss irgendwo anders sein* **3** **anders gesinnt** so, dass jemand eine andere Meinung hat **4** **anders gesagt** mit anderen Worten formuliert, aber in der gleichen Absicht und Bedeutung ■ **ID etwas geht anders** *gesprochen* die Art, wie das Genannte ist oder getan wird, ist schlecht | *Demokratie/Humor geht anders* (Das ist nicht demokratisch/lustig)

an·ders·ar·tig ADJEKTIV mit Merkmalen einer anderen Art ⟨ein Verhalten, eine Denkweise⟩ • hierzu **An·ders·ar·tig·keit** *die*

an·ders·den·kend, an·ders den·kend ADJEKTIV *meist attributiv* mit einer anderen Meinung (in Bezug auf ein Problem) | *eine andersdenkende Gruppe von Politikern*

an·der·seits ADVERB ≈ *andererseits*

an·ders·far·big ADJEKTIV mit einer anderen Farbe

an·ders·ge·ar·tet, an·ders ge·ar·tet ADJEKTIV von einer anderen Art, mit anderen Merkmalen ⟨ein Problem⟩

an·ders·he·rum ADVERB **1** in eine andere oder entgegengesetzte Richtung | *einen Schrank andersherum stellen* **2** in einer anderen oder entgegengesetzten Stellung | *Die Kommode steht jetzt andersherum* **3** **jemand ist andersherum** *gesprochen, abwertend* jemand ist homosexuell

an·ders·lau·tend, an·ders lau·tend ADJEKTIV andere Informationen oder Aussagen enthaltend ⟨ein Bericht, eine Meldung⟩

an·ders·rum ADVERB; *gesprochen* → andersherum

an·ders·spra·chig ADJEKTIV eine andere Sprache verwendend ⟨Menschen, Völker; ein Bevölkerungsteil; Literatur⟩

an·ders·wie ADVERB; *gesprochen* auf andere Art und Weise | *Dieses Problem hätte man anderswie lösen können*

★ **an·ders·wo** ADVERB; *gesprochen* an irgendeinem anderen Ort ≈ *woanders* | *Du musst das Auto anderswo parken*

an·ders·wo·her ADVERB; *gesprochen* von irgendeinem anderen Ort

an·ders·wo·hin ADVERB; *gesprochen* an irgendeine andere Stelle | *Ich häng das Bild lieber anderswohin*

★ **an·dert·halb** ZAHLWORT ein Ganzes und ein Halbes (1½) ⟨anderthalb Liter, Meter, Stunden⟩ ≈ *eineinhalb* • hierzu **an·dert·halb·fach** ADJEKTIV; **an·dert·halb·mal** ADVERB

★ **Än·de·rung** *die*; (-, -en) **eine Änderung** (+*Genitiv*); **eine Änderung (von jemandem/etwas)** der Vorgang oder das Ergebnis des Änderns | *die Änderung eines Gesetzes beschließen* | *am Bauplan eine Änderung vornehmen* **K** Änderungsantrag, Änderungsvorschlag

än·de·rungs·be·dürf·tig ADJEKTIV ⟨ein Bauplan, ein Gesetzentwurf⟩ so, dass sie geändert werden sollten

Än·de·rungs·ser·vice [-zøːɐvɪs] *der* wenn gekaufte Kleidung nicht genau passt, bieten manche Geschäfte an, dass ein Schneider die Kleidung ändert

an·der·wär·tig ADJEKTIV *meist attributiv* von einer anderen Stelle kommend ⟨Informationen⟩

an·der·wei·tig ADJEKTIV *meist attributiv* **1** außerdem noch vorhanden ≈ *sonstig* | *Gibt es noch anderweitige Probleme zu besprechen?* **2** an einen anderen Ort, eine andere Person oder Stelle | *einen Auftrag anderweitig vergeben*

an·deu·ten VERB (*hat*) **1** **jemand deutet etwas an** jemand macht durch kleine Hinweise auf etwas aufmerksam | *Sie deutete mit einem Blick an, dass sie heimfahren wollte* **2** **etwas deutet etwas an** etwas ist ein Hinweis oder Anzeichen für etwas | *Dunkle Wolken deuteten ein nahendes Gewitter an* **3** **etwas andeuten** etwas unvollständig darstellen, aber das Ganze erkennen lassen | *Der Maler deutet den Hintergrund mit ein paar Pinselstrichen an* **4** **etwas deutet sich an** es gibt Hinweise, Anzeichen für etwas | *Es deutet sich jetzt schon an, dass der Winter sehr kalt werden wird*

An·deu·tung *die* **1** ein ungenauer Hinweis auf etwas | *Sie sprach nur in Andeutungen von ihren Zukunftsplänen* **2** ein schwaches Zeichen einer Sache | *Er sah mich mit der Andeutung eines Lächelns an* • hierzu **an·deu·tungs·wei·se** ADJEKTIV

an·dich·ten VERB (*hat*) **jemandem etwas andichten** über jemanden etwas sagen, das nicht wahr ist

an·di·cken VERB (dickte an, hat angedickt) **etwas andicken** etwas beim Kochen fester, weniger flüssig machen ⟨die Soße, die Suppe mit Mehl, Stärke andicken⟩

An·drang *der*; (-(e)s) eine große Menschenmenge, die auf engem Raum zusammenkommt | *Am Eingang herrschte ein großer Andrang von Kindern*

an·dre·hen VERB (*hat*) **1** **etwas andrehen** man dreht einen Schalter oder Hahn, damit ein Gerät an ist oder Wasser oder Strom fließt usw. ⟨das Licht, die Heizung, das Radio, das Gas, das Wasser andrehen⟩ | *den Hahn/das Wasser andrehen* **2** **etwas andrehen** etwas durch Drehen befestigen ⟨eine Schraube andrehen⟩ **3** **jemandem etwas andrehen** *gesprochen* jemandem etwas (meist von schlechter Qualität und zu teuer) verkaufen | *Wo hast du dir denn diesen altmodischen Pullover andrehen lassen?*

and·rer·seits ADVERB → andererseits

an·dro·hen VERB (*hat*) **(jemandem) etwas androhen** einer anderen Person sagen, dass man sie bestrafen wird (meist wenn sie mit etwas nicht aufhört) ⟨jemandem Prügel, eine Strafe androhen⟩ | *Er drohte ihr an, sie zu entlassen* • hierzu **An·dro·hung** *die*

an·drü·cken VERB (*hat*) **1** **etwas (an etwas** (*Akkusativ*)**) andrücken** etwas durch Druck an etwas befestigen | *das Pflaster andrücken* **2** **sich (an jemanden/etwas) andrücken** sehr fest oder eng mit jemandem/etwas in Kontakt kommen | *Das Kind drückte sich im Dunkeln fest an die Mutter an*

an·ecken VERB (eckte an, ist angeeckt) **1** **(an etwas** (*Dativ*)**) anecken** aus Versehen an etwas anstoßen ⟨an einem Tisch, am Randstein anecken⟩ **2** **(mit etwas) (bei jemandem/etwas) anecken** *gesprochen* durch unpassendes Verhalten unangenehm auffallen | *Wegen der Kleidung eckte er beim Chef an*

an·eig·nen VERB (eignete sich an, hat sich angeeignet) **1** **sich** (*Dativ*) **etwas aneignen** etwas durch Lernen, Üben bekommen ⟨sich (*Dativ*) Kenntnisse, einen besseren Stil, gutes Benehmen, Wissen aneignen⟩ **2** **sich** (*Dativ*) **etwas aneignen** etwas an sich nehmen, das einer anderen Person gehört | *Er eignete sich unerlaubt mehrere Bücher aus der Bibliothek an* • hierzu **An·eig·nung** *die*

★ **an·ei·nan·der** ADVERB **1** eine Person/Sache an die andere oder an der anderen | *zwei Schläuche aneinander befestigen* **2** verwendet, um eine Gegenseitigkeit auszudrücken

| *Wir denken oft aneinander* (Ich denke oft an sie, und sie denkt oft an mich) | *Sie gingen wortlos aneinander vorbei*

an·ei·nan·der- (*im Verb, betont und trennbar, begrenzt produktiv; Diese Verben werden so gebildet:* aneinanderbinden, band aneinander, aneinandergebunden) **Dinge aneinanderbinden, aneinanderdrücken, aneinanderkleben**; **Personen aneinanderfesseln** *und andere* drückt aus, dass eine feste Verbindung oder fester Kontakt entsteht | *Er schraubte die beiden Bretter aneinander* (Er machte das eine Brett mit Schrauben an dem anderen Brett fest)

an·ei·nan·der·ge·ra·ten VERB (*ist*) **eine Person gerät mit jemandem aneinander**; **Personen geraten aneinander** (meist zwei) Personen fangen an zu streiten | *Er ist mit ihr öfter aneinandergeraten* | *Sie gerieten oft heftig aneinander*

an·ei·nan·der·rei·hen VERB (*hat*) **1** **Dinge aneinanderreihen** eine Reihe aus Dingen bilden | *Perlen auf einer Schnur aneinanderreihen* **2** ⟨Fakten, Klischees, Sätze⟩ **aneinanderreihen** sie in eine Abfolge ohne sinnvollen Zusammenhang bringen | *Der Autor hat viele Zitate ohne eine eigene gedankliche Leistung aneinandergereiht* **3** **Dinge reihen sich aneinander** Dinge bilden eine Reihe | *In der Hauptstraße reihen sich Cafés und Geschäfte aneinander* • hierzu **An·ei·nan·der|rei·hung** *die*

Anek·do·te *die*; (-, -n) eine kurze, meist lustige Geschichte über eine bekannte Persönlichkeit oder ein Geschehen • hierzu **anek·do·ten·haft** ADJEKTIV

an·ekeln VERB (*hat*) **eine Person/Sache ekelt jemanden an** eine Person oder Sache ist so, dass jemand Ekel empfindet | *Der schlechte Geruch ekelte mich an*

Ane·mo·ne *die*; (-, -n) eine kleine, meist weiße Blume, die im Frühling vor allem im Wald blüht

an|er·kannt ■ PARTIZIP PERFEKT **1** → anerkennen ■ ADJEKTIV **2** wegen mancher Fähigkeiten oder Qualitäten allgemein geschätzt oder geachtet | *ein international anerkannter Musiker*

an|er·kann·ter·ma·ßen ADVERB; *geschrieben* nach allgemeiner Einschätzung, Beurteilung | *Er ist anerkanntermaßen eine Koryphäe auf dem Gebiet der Herztransplantation*

★ **an|er·ken·nen** VERB (erkannte an/selten auch anerkannte, hat anerkannt) **1** **jemanden/etwas anerkennen** jemanden/etwas positiv beschreiben, bewerten ⟨jemandes Leistungen anerkennen⟩ **2** **etwas anerkennen** etwas respektieren, achten und befolgen ⟨eine Abmachung, eine Regel, eine Vorschrift anerkennen⟩ **3** **jemanden/etwas (als etwas** (*Akkusativ*)**) anerkennen** jemanden/etwas als gültig und rechtmäßig betrachten | *Der neu gegründete Staat ist bereits von mehreren anderen anerkannt worden* | *Diese Prüfung/Dieser Abschluss wird bei uns nicht anerkannt* **4** **die Vaterschaft anerkennen** (offiziell) sagen, dass man jemandes Vater ist

an|er·ken·nens·wert ADJEKTIV so, dass bei anderen Personen eine positive Reaktion entsteht ⟨eine Leistung, ein Verhalten⟩

An|er·ken·nung *die*; (-) **1** das Anerkennen | *die Anerkennung ihrer Leistungen* **2** **(keine) Anerkennung finden** (nicht) anerkannt werden **3** **jemandem/etwas (keine) Anerkennung zollen** *geschrieben* jemanden/etwas (nicht) anerkennen **4** das Anerkennen | *die Anerkennung der Vaterschaft* | *die diplomatische Anerkennung eines neugegründeten Staates*

an|er·zie·hen VERB (erzog an, hat anerzogen) **(jemandem) etwas anerziehen** durch Erziehung jemanden an etwas gewöhnen oder jemanden etwas lehren | *Ist seine Rücksichtslosigkeit angeboren oder anerzogen?* **H** meist im Passiv mit dem Hilfsverb *sein*

an·fah·ren VERB **1** **jemanden anfahren** (*hat*) jemanden mit einem Fahrzeug streifen und dadurch verletzen | *Sie wurde beim Überqueren der Straße von einem Auto angefahren und leicht verletzt* **2** **etwas anfahren** (*hat*) etwas mit einem Fahrzeug liefern ⟨Lebensmittel, Möbel anfahren⟩ **3** **jemanden anfahren** *gesprochen* (*hat*) jemanden mit lauter Stimme kritisieren und schimpfen | *Als ich das Glas umstieß, fuhr sie mich wütend an* **4** **jemand/etwas fährt an** (*ist*) eine Person bringt ihr Fahrzeug in Bewegung oder ein Fahrzeug setzt sich in Bewegung | *Der Zug fuhr mit einem kräftigen Ruck an* | *Er musste auf der vereisten Straße ganz langsam anfahren*

An·fahrt *die* **1** das Liefern von Waren o. Ä. mit einem Fahrzeug **2** der Weg mit einem Fahrzeug an ein Ziel ≈ *Anreise* **K** Anfahrtsskizze **3** das Geld, das man einem Handwerker o. Ä. für die Fahrt von der Firma zum Arbeitsort bezahlen muss ≈ *Anreise* | *für die Anfahrt berechnen wir einen Euro pro Kilometer*

An·fall *der* **1** bei einem Anfall hat man plötzlich starke Symptome einer Krankheit ⟨ein asthmatischer, epileptischer Anfall; einen Anfall bekommen, haben⟩ | *ein Anfall akuter Atemnot* **K** Herzanfall, Hustenanfall **2** **ein Anfall (von etwas)** bei einem Anfall fühlt oder tut man etwas plötzlich sehr intensiv und kann sich nicht beherrschen ⟨ein cholerischer, hysterischer Anfall; in einem Anfall von Eifersucht, Größenwahn, Panik, Verzweiflung⟩ | *Ich habe in einem Anfall von Arbeitseifer das ganze Haus geputzt* **K** Wutanfall **3** **einen Anfall bekommen** sehr wütend werden **4** *admin nur Singular* das Anfallen | *mit dem Anfall von viel Arbeit rechnen* ■ **ID** **ein Anfall geistiger Umnachtung** *gesprochen, humorvoll* eine Situation, in der man etwas Dummes tut | *Die Bücher habe ich mal in einem Anfall geistiger Umnachtung weggeworfen und heute könnte ich sie teuer verkaufen*

an·fal·len VERB **1** **etwas fällt an** (*ist*) etwas entsteht immer wieder oder ist ständig vorhanden | *die laufend anfallende Post erledigen* | *Bei diesem Projekt fielen sehr hohe Kosten an* **2** **ein Tier fällt jemanden an** (*hat*) ein Tier greift Personen oder andere Tiere an und verletzt diese | *Er wurde im Urwald von einem Tiger angefallen*

an·fäl·lig ADJEKTIV **1** **anfällig (für etwas)** so, dass man sich gegen etwas nicht wehren kann oder will ⟨anfällig sein für Krankheiten, Beeinflussungen⟩ **K** frostanfällig, krankheitsanfällig, stressanfällig **2** **anfällig (für etwas)** nicht gut gegen negative Einflüsse geschützt ⟨eine Maschine, die Wirtschaft⟩ | *Der neue Computer ist anfällig für Störungen* **K** pannenanfällig, störungsanfällig • hierzu **An·fäl·lig·keit** *die*

★ **An·fang** *der* **1** *meist Singular* der Zeitpunkt, zu dem etwas anfängt, beginnt | *am Anfang dieses Jahrhunderts* | *den Anfang des Films verpassen* **K** Anfangsgehalt, Anfangskenntnisse, Anfangsschwierigkeiten, Anfangsstadium **2** *meist Singular* die Stelle, wo etwas anfängt oder der Teil, mit dem etwas anfängt | *der Anfang der Autobahn* | *Das Buch hat einen spannenden Anfang* **H** zu 1 und 2: *Beginn* hat die gleiche Bedeutung, ist aber nicht so häufig wie *Anfang* und wird meist in schriftlichen Texten verwendet. **3** **Anfang** +*Zeitangabe* am Anfang des genannten Zeitraums | *Anfang 2016* | *Anfang nächster Woche* | *Er kommt Anfang Juli zurück* **4** *nur Plural* die Ereignisse, Tatsachen o. Ä., mit denen eine Entwicklung beginnt | *Die Anfänge der Menschheit liegen in Afrika* **5** **von Anfang an** sofort, nicht erst in einer späteren Phase | *Ich war von Anfang an dagegen* ■ **ID** **den Anfang machen** als Erster etwas beginnen; **Anfang zwanzig/dreißig/vierzig** *usw.* **sein** ca. 20 bis

23/30 bis 33 usw. Jahre alt sein; **Aller Anfang ist schwer** wenn man etwas Neues beginnt, hat man immer Probleme

★ **an·fan·gen** VERB *(hat)* **1** **etwas fängt (irgendwann) an** etwas findet von einem Zeitpunkt an statt | *Das Konzert fängt um 8 Uhr an* **2** **etwas fängt irgendwo an** etwas erstreckt sich von der genannten Stelle aus | *Hinter dieser Bergkette fangen die Dolomiten an* **3** **etwas fängt mit etwas an** etwas hat etwas als Beginn | *Der Film fing mit einer Liebesszene an* **4** **etwas fängt irgendwie an** etwas ist in der ersten Zeit irgendwie | *Die Beschwerden fingen ganz harmlos an, wurden aber immer schlimmer* **5** **(etwas/mit etwas) anfangen** den ersten Teil einer Sache machen ⟨eine Arbeit, ein Gespräch, ein neues Leben anfangen; noch mal von vorn anfangen⟩ | *Wer von euch hat den/mit dem Streit angefangen?* | *Wann fangen wir endlich an?* | *Er fing an, laut zu singen/Er fing laut zu singen an* | *Das Auto fängt allmählich an zu rosten/zu rosten an* i zu 1–5: *Anfangen* und *beginnen* sind fast immer austauschbar, allerdings benutzt man *beginnen* meist in schriftlichen Texten und *anfangen* im Gespräch; die Gegensatzpaare sind *anfangen* und *aufhören, beginnen* und *(be)enden.* **6** **etwas irgendwie anfangen** *gesprochen* etwas machen, tun ⟨etwas geschickt anfangen⟩ | *Was fangen wir nach dem Essen an?* | *Wie hast du das denn angefangen, dass das Tier so zahm geworden ist?* i In dieser Bedeutung kann man *anfangen* nicht durch *beginnen* ersetzen. ■ ID **Das fängt ja gut/heiter an!** *gesprochen, ironisch* Das ist kein guter Start; **mit jemandem/etwas nicht viel/nichts anfangen können** a jemanden/etwas nicht verstehen b mit einer Person nicht gern zusammen sein bzw. etwas nicht gern tun; **mit sich/seiner Freizeit nichts anfangen können** nicht fähig sein, die Freizeit sinnvoll zu nutzen

An·fän·ger *der;* (-s, -) eine Person, die gerade mit einer Ausbildung oder Tätigkeit beginnt ⟨Kurse für Anfänger⟩ ■ ID **ein blutiger Anfänger** eine Person, die noch keine Erfahrung hat ● hierzu **An·fän·ge·rin** *die*

an·fäng·lich ADJEKTIV **1** *meist attributiv* am Anfang (noch) vorhanden ⟨Zögern, Misstrauen, Schüchternheit⟩ **2** *nur adverbiell* zuerst, am Anfang

★ **an·fangs** ■ ADVERB **1** zuerst, am Anfang | *Anfangs war er noch schüchtern*
■ PRÄPOSITION *mit Genitiv* **2** *gesprochen* im ersten Teil eines Zeitraums | *anfangs des Monats*

An·fangs·buch·sta·be *der* der erste Buchstabe eines Wortes

★ **an·fas·sen** VERB *(hat)* **1** **jemanden/etwas anfassen** jemanden/etwas mit der Hand berühren oder greifen | *Er fasst mich immer an, wenn er mit mir spricht* **2** **jemanden irgendwie anfassen** mit jemandem in der genannten Weise umgehen ⟨jemanden rau, hart, sanft anfassen⟩ **3** **etwas irgendwie anfassen** *gesprochen* etwas irgendwie anfangen, beginnen ⟨eine Aufgabe geschickt anfassen⟩ ■ ID **Fass doch mal mit an!** *gesprochen* Hilf doch mal mit!

an·fau·chen VERB *(hat)* **1** ⟨eine Katze, ein Löwe, ein Tiger⟩ **faucht jemanden/etwas an** eine Katze o. Ä. faucht in die genannte Richtung **2** **jemanden anfauchen** *gesprochen* einer Person ungeduldig, gereizt antworten oder diese so kritisieren

an·fau·len VERB *(ist)* **etwas fault an** etwas beginnt (meist leicht) zu faulen | *angefaultes Obst*

an·fech·ten VERB (ficht an, focht an, hat angefochten) **etwas anfechten** die Gültigkeit oder Richtigkeit einer Sache nicht anerkennen ⟨ein Testament, ein Urteil, die Wahlen anfechten⟩ ● hierzu **An·fech·tung** *die;* **an·fecht·bar** ADJEKTIV

an·fein·den VERB (feindete an, hat angefeindet) **jemanden anfeinden** schlecht über eine Person sprechen, die man nicht mag, und sehr unfreundlich zu ihr sein ● hierzu **An·fein·dung** *die*

an·fer·ti·gen VERB *(hat)* **etwas anfertigen** *geschrieben* etwas herstellen, machen ⟨ein Gutachten anfertigen; ein Bild, Kleider anfertigen lassen⟩ ● hierzu **An·fer·ti·gung** *die*

an·feuch·ten VERB (feuchtete an, hat angefeuchtet) **etwas anfeuchten** etwas ein wenig feucht machen ⟨die Lippen anfeuchten⟩ ● hierzu **An·feuch·tung** *die*

an·feu·ern VERB *(hat)* **1** **jemanden anfeuern** (vor allem beim Sport) durch Zurufe usw. jemanden zu größeren Leistungen treiben | *Die Fans feuerten ihre Mannschaft lautstark an* **2** **etwas anfeuern** in etwas ein Feuer machen ⟨einen Ofen, einen Herd anfeuern⟩ ● zu (1) **An·feu·e·rung** *die*

an·fle·hen VERB *(hat)* **jemanden anflehen** eine Person dringend um etwas bitten und versuchen, ihr Mitleid zu erregen | *Er flehte sie an, ihn nicht zu verlassen*

an·flie·gen VERB **1** **jemand/etwas fliegt etwas an** *(hat)* ein Flugzeug bzw. dessen Besatzung fliegt in Richtung auf etwas ⟨einen Flughafen, ein Ziel anfliegen⟩ **2** ⟨eine Fluggesellschaft⟩ **fliegt etwas an** eine Fluggesellschaft hat eine Fluglinie zu dem genannten Ort | *Die Lufthansa fliegt die Insel direkt an* **3** **etwas/ein Vogel kommt angeflogen** *(ist)* etwas/ein Vogel fliegt in jemandes Richtung | *Von irgendwoher kam ein Ball angeflogen und traf mich am Kopf*

An·flug *der; meist Singular* **1** **im/beim Anflug auf etwas** *(Akkusativ)* in der letzten Phase des Flugs vor der Landung | *Das Flugzeug befindet sich im Anflug auf Paris* **2** ein Zustand oder Vorgang, den man fast nicht sehen kann ⟨der Anflug eines Lächelns⟩

an·for·dern VERB *(hat)* **jemanden/etwas anfordern** nach jemandem/etwas (dringend) verlangen oder etwas bestellen ⟨ein Gutachten, Ersatzteile anfordern; Arbeitskräfte anfordern⟩

An·for·de·rung *die* **1** *meist Plural* die (meist hohen) Leistungen, die man von einer Person verlangt, erwartet ⟨hohe, große Anforderungen an jemanden stellen; den Anforderungen nicht gewachsen sein⟩ **2** *meist Singular* das Anfordern ⟨die Anforderung von Waren, Arbeitskräften⟩

★ **An·fra·ge** *die* **1** eine Frage oder Bitte um Auskunft | *eine Anfrage an eine Behörde richten* | *Wir bekamen sehr viele Anfragen nach Ferienwohnungen* (Sehr viele Leute wollten Ferienwohnungen buchen) **2** die (meist schriftliche) Bitte einer parlamentarischen Gruppe an die Regierung, eine Situation mit ihren Umständen genau darzustellen

an·fra·gen VERB *(hat)* **(bei jemandem/etwas) anfragen** sich an jemanden/eine Institution mit einer Frage wenden ⟨höflich, bescheiden anfragen, ob ...⟩

an·fres·sen VERB *(hat)* **1** **ein Tier frisst etwas an** ein Tier frisst etwas nur zu einem kleinen Teil | *Die Mäuse haben den Käse angefressen* **2** **etwas frisst etwas an** etwas löst etwas teilweise in die Bestandteile auf | *Der Rost frisst das Eisen an* **3** **sich** *(Dativ)* **einen Bauch anfressen** *gesprochen* so viel essen, dass man einen dicken Bauch bekommt ■ ID **angefressen sein** *gesprochen* verärgert sein und genug von etwas haben | *Wo bleibt Kevin denn so lange? Allmählich bin ich echt angefressen!*

an·freun·den VERB (freundete sich an, hat sich angefreundet) **1** **eine Person freundet sich mit jemandem an; Personen freunden sich an** zwei oder mehrere Personen werden Freunde **2** **sich (nicht) mit etwas anfreunden können** etwas (nicht) mögen, sich (nicht) an etwas gewöhnen ⟨sich nicht mit dem Gedanken anfreunden können, etwas zu tun⟩ | *Er kann sich nicht mit der modernen Technik anfreunden*

an·fü·gen VERB *(hat)* **etwas (einer Sache** *(Dativ)***/an etwas**

(*Akkusativ*)) **anfügen** *geschrieben* etwas Zusätzliches ergänzen | *der/an die E-Mail einen Anhang anfügen* | *Wenn ich noch eine Bemerkung anfügen dürfte?* ● hierzu **An·fü·gung** *die*

★ **an·füh·len** VERB (*hat*) **etwas fühlt sich irgendwie an** Wenn man etwas berührt oder erlebt, bekommt man den genannten Eindruck | *Dieser Stoff fühlt sich rau an* | *Wegen des scharfen Windes fühlte sich die Temperatur kälter an als sie war* | *Jetzt weißt du, wie es sich anfühlt, wenn man belogen wird*

an·füh·ren VERB (*hat*) **1** **etwas anführen** etwas sagen | *Er führte zu seiner Entschuldigung an, dass der Wecker nicht geklingelt habe* **2** **jemanden/etwas anführen** jemanden/etwas als Beweis oder Beleg zitieren ⟨eine Stelle aus einem Gedicht anführen⟩ **3** **etwas anführen** an der Spitze einer Gruppe sein | *Eine Kapelle führt den Festzug an* **4** **etwas anführen** eine Gruppe leiten und ihr Befehle geben ⟨eine Kompanie anführen⟩ **5** **jemanden anführen** *gesprochen* ≈ *foppen* ● zu (1,2,4) **An·füh·rung** *die*; zu (4) **An·füh·rer** *der*; zu (4) **An·füh·re·rin** *die*

An·füh·rungs·stri·che *die*; *Plural* ≈ *Anführungszeichen*

An·füh·rungs·zei·chen *das*; (-s, -); *meist Plural* die Zeichen „ und ". Sie zeigen in geschriebenen Texten an, dass etwas wörtliche Rede oder ein Zitat ist oder dass man es ironisch meint ⟨etwas in Anführungszeichen setzen⟩ **H** Die Zeichen ‚ und ' heißen *einfache Anführungszeichen*.

an·fül·len VERB (*hat*) **etwas (mit etwas) anfüllen** etwas vollständig mit etwas füllen

an·fun·keln VERB (*hat*) **jemanden anfunkeln** jemanden wütend ansehen

★ **An·ga·be** *die*; (-, -n) **1** die Information, die man einer Person gibt ⟨falsche, genaue, richtige Angaben machen; Angaben zum Sachverhalt⟩ | *Wir müssen Ihre Angaben natürlich überprüfen* **K** Ortsangabe, Zeitangabe **2** *gesprochen, abwertend nur Singular* eine Äußerung oder ein Verhalten, durch die man die Bewunderung anderer Leute gewinnen will | *War das nur Angabe oder bist du wirklich so stark?* **3** ein Schlag, mit dem der Ball (z. B. beim Tennis) ins Spiel gebracht wird ⟨Angabe haben; eine scharfe Angabe machen⟩

an·gaf·fen VERB (*hat*) **jemanden/etwas angaffen** *gesprochen, abwertend* jemanden intensiv, neugierig betrachten

★ **an·ge·ben** VERB (*hat*) **1** **(jemandem) etwas angeben** etwas nennen, um so einer Person eine Information zu geben ⟨den Namen, die Adresse angeben⟩ | *Er gab als Grund für die Verspätung an, dass er den Bus verpasst habe* | *Der Zeuge gab einen blonden Jugendlichen als Täter an* **2** **etwas angeben** etwas bestimmen, festsetzen ⟨den Takt, das Tempo angeben⟩ **3** **etwas angeben** etwas zeigen, markieren | *Ölquellen auf einer Landkarte angeben* **4** **(mit etwas) angeben** *gesprochen, abwertend* übertrieben stolz von einer Sache erzählen, um von anderen Leuten bewundert zu werden ≈ *prahlen* | *Gib doch nicht so an mit deinem neuen Auto!* **5** im Tennis usw. den Ball mit einem Schlag ins Spiel bringen ● zu (4) **An·ge·ber** *der*; zu (4) **An·ge·be·rin** *die*; zu (4) **an·ge·be·risch** ADJEKTIV

An·ge·be·te·te *der/die*; (-n, -n); *oft ironisch* diejenige Person, die sehr von jemandem verehrt oder geliebt wird **H** *ihr Angebeteter/seine Angebetete; der/die Angebetete; ihren, ihrem, ihres Angebeteten/seiner Angebeteten*

★ **an·geb·lich** ADJEKTIV drückt aus, dass etwas behauptet wird, man aber Zweifel daran hat | *ihr angeblicher Cousin* | *Er soll angeblich sehr reich sein*

an·ge·bo·ren ADJEKTIV von Geburt an vorhanden, nicht gelernt ⟨ein Instinkt, eine Krankheit, eine Abneigung⟩

★ **An·ge·bot** *das*; (-(e)s, -e) **1** das Anbieten einer Ware zum Kauf ⟨jemandem ein günstiges Angebot machen⟩ **2** **das Angebot (an etwas** (*Dativ*)) die Menge der angebotenen Waren | *ein reichhaltiges Angebot (an Obst/Zeitschriften)* **3** alle Waren und Dienstleistungen, die man kaufen kann **4** **Angebot und Nachfrage** das Verhältnis zwischen dem Angebot und dem, was tatsächlich gekauft wird | *Angebot und Nachfrage regeln den Preis einer Ware*

an·ge·bracht ■ PARTIZIP PERFEKT **1** → anbringen ■ ADJEKTIV **2** genau passend für eine Situation ⟨etwas für angebracht halten⟩ | *Es wäre angebracht, sich zu entschuldigen/dass du dich entschuldigst*

an·ge·bro·chen ■ PARTIZIP PERFEKT **1** → anbrechen ■ ADJEKTIV **2** zum Teil schon vorbei ⟨ein Abend, ein Tag⟩ | *Was machen wir mit dem angebrochenen Abend?* **3** (zum Essen oder Trinken) schon geöffnet ⟨eine Weinflasche, eine Packung⟩

an·ge·brü·tet ADJEKTIV ⟨ein Ei⟩ so, dass das Huhn schon darauf gebrütet hat (und es deswegen nicht mehr genießbar ist)

an·ge·bun·den ■ PARTIZIP PERFEKT **1** → anbinden ■ ADJEKTIV **2** **(mit/wegen jemandem/etwas) angebunden sein** *gesprochen* gewisse Pflichten erfüllen müssen und daher wenig Zeit für sich selbst haben | *Mit zwei kleinen Kindern bin ich völlig angebunden* **3** **kurz angebunden sein** unfreundlich sein, sehr knappe Antworten geben

an·ge·dei·hen **jemandem etwas angedeihen lassen** *geschrieben oder ironisch* jemandem etwas Positives geben oder gewähren | *jemandem ein verdientes Lob angedeihen lassen*

an·ge·fres·sen ■ PARTIZIP PERFEKT **1** → anfressen ■ ADJEKTIV **2** so, dass eine Person sich geärgert hat oder beleidigt ist

an·ge·gos·sen ADJEKTIV **etwas sitzt/passt wie angegossen** *gesprochen* ein Kleidungsstück passt ganz genau

an·ge·hei·ra·tet ADJEKTIV durch Heirat Mitglied der Verwandtschaft geworden | *eine angeheiratete Tante*

an·ge·hei·tert ADJEKTIV durch das Trinken von Alkohol in fröhlicher Stimmung

★ **an·ge·hen** VERB **1** **etwas geht an** *gesprochen* (*ist*) etwas beginnt zu brennen ⟨das Feuer, der Ofen, das Licht⟩ ↔ *ausgehen* **2** **etwas geht an** *gesprochen* (*ist*) etwas kommt in Gang ⟨der Motor, das Auto⟩ ≈ *anspringen* ↔ *ausgehen* **3** **etwas geht an** *gesprochen* (*ist*) etwas beginnt ≈ *anfangen* | *Weißt du, wann die Schule wieder angeht?* | *Das Theater geht um 8 Uhr an* **4** **gegen jemanden/etwas angehen** (*ist*) eine Person oder einen Zustand durch gezielte Aktionen bekämpfen ⟨gegen Missstände, Vorurteile angehen⟩ **5** **etwas (irgendwie) angehen** (*hat/ist*) anfangen, etwas (auf die genannte Weise) zu behandeln, zu lösen versuchen ⟨ein Problem, ein Thema angehen; etwas entschlossen, behutsam, geschickt, offensiv, umständlich angehen⟩ | *Wir müssen diese Aufgaben jetzt endlich mal angehen* **6** **etwas geht jemanden (et)was/nichts an** (*ist*) eine Person ist von der genannten Angelegenheit betroffen/nicht betroffen | *Hör zu, das geht auch dich (etwas) an* | *Das sind meine Probleme, die gehen dich gar nichts an* **H** meist im Präsens oder Präteritum **7** **was jemanden/etwas angeht, …** drückt aus, dass man zur genannten Person/Sache etwas sagen will | *Was dieses Thema angeht, so haben wir schon genug darüber diskutiert* **8** **jemanden um etwas angehen** *geschrieben* (*hat/ist*) jemanden um etwas bitten ⟨jemanden um Geld, um einen Rat, um Unterstützung angehen⟩ **9** **jemanden/etwas angehen** (*hat/ist*) jemanden/etwas angreifen, hart attackieren | *Er ging den Gegenspieler ungewöhnlich hart an* **10** **es geht nicht/gerade noch an, dass …** (*hat*) es kann nicht/gerade noch akzeptiert oder erlaubt werden, dass … | *Es geht nicht an, dass hier geraucht wird* **11** **es gemächlich/locker/ruhiger** *o. Ä.* **angehen lassen** (*hat*) entspannt sein, sich nicht hetzen lassen

ạn·ge·hend ■ PARTIZIP PRÄSENS **1** → angehen
■ ADJEKTIV **2** *meist attributiv* in der Ausbildung zum genannten Beruf oder mit Plänen, den genannten Beruf zu wählen | *ein angehender Arzt/Schauspieler*

★ **ạn·ge·hö·ren** VERB (gehörte an, hat angehört) **einer Sache** (*Dativ*) **angehören** Mitglied oder Teil meist einer Gruppe oder Organisation sein ⟨einem Verein, einem Komitee angehören⟩ ● hierzu **ạn·ge·hö·rig** ADJEKTIV; **Ạn·ge·hö·rig·keit** *die*

★ **Ạn·ge·hö·ri·ge** *der/die*; (-n, -n) **1** *meist Plural* die Mitglieder einer Familie oder der Verwandtschaft | *die Angehörigen eines Unfallopfers verständigen* K Familienangehörige **2** eine Person, die Mitglied einer Gruppe oder Organisation ist K Betriebsangehörige H *ein Angehöriger; der Angehörige; den, dem, des Angehörigen*

ạn·ge·keucht **angekeucht kommen** *gesprochen* in großer Hast, keuchend zu jemandem kommen

★ **Ạn·ge·klag·te** *der/die*; (-n, -n) eine Person, die vor Gericht steht, weil sie eine Straftat begangen haben soll H a) *ein Angeklagter; der Angeklagte; den, dem, des Angeklagten*; b) *Angeklagter* ist man in einem Strafprozess, *Beklagter* in einem Zivilprozess

ạn·ge·knackst ADJEKTIV; *gesprochen* in nicht ganz gesundem, intaktem Zustand ⟨das Selbstbewusstsein, die Gesundheit⟩

ạn·ge·kro·chen **angekrochen kommen** *abwertend* nach einem Streit o. Ä. schuldbewusst zu jemandem kommen und sich versöhnen wollen

★ **Ạn·gel** *die*; (-, -n) **1** ein Stab, an dem eine Schnur mit einem Haken hängt. Mit einer Angel fängt man Fische ⟨die Angel auswerfen; einen Fisch an der Angel haben⟩ K Angelhaken, Angelrute, Angelschnur **2** ein Stück Metall, das dazu dient, eine Tür oder ein Fenster beweglich am Rahmen zu befestigen K Türangel ■ ID **etwas aus den Angeln heben** etwas fundamental verändern

★ **Ạn·ge·le·gen·heit** *die* eine Situation, ein Zusammenhang oder ein Problem ⟨eine dringende, peinliche Angelegenheit regeln; in einer Angelegenheit zu jemandem kommen; sich in fremde Angelegenheiten mischen⟩ K Geschäftsangelegenheit, Privatangelegenheit

★ **ạn·geln** VERB (angelte, hat geangelt) **1** **(etwas) angeln** Fische mit der Angel fangen ⟨angeln gehen⟩ **2** **(sich** (*Dativ*)**) jemanden angeln** *gesprochen, abwertend* einen Partner finden, den man heiraten kann | *Am liebsten möchte sie sich einen Millionär angeln* **3** **nach etwas angeln** *gesprochen* mühsam versuchen, etwas zu fassen, das man kaum erreichen kann | *Er angelte mit dem Schirm nach dem Hut, der hinter dem Zaun lag*

Ạn·gel·punkt *der* **1** **der (Dreh- und) Angelpunkt** ein Zentrum, an dem alles zusammenkommt | *Paris ist der (Dreh- und) Angelpunkt der internationalen Mode* **2** das Wichtigste, von dem sehr viel abhängt | *der Angelpunkt einer Karriere*

Ạn·gel·sach·se [-zaksə] *der*; (-n, -n) vor allem ein Engländer oder eine Person, die englischer Abstammung ist und deren Muttersprache Englisch ist H *der Angelsachse; den, dem, des Angelsachsen* ● hierzu **Ạn·gel·säch·sin** *die*; **ạn·gel·säch·sisch** ADJEKTIV

★ **ạn·ge·mes·sen** ADJEKTIV **(einer Sache** (*Dativ*)**) angemessen** in Menge, Intensität oder Ausmaß zur Situation passend | *ein angemessenes Verhalten* | *Das Gehalt ist der Leistung angemessen*

★ **ạn·ge·nehm** ADJEKTIV **1** so, dass etwas ein erfreuliches, positives Gefühl hervorruft | *eine angenehme Nachricht* | *Ich war angenehm überrascht* **2** so, dass eine Person auf andere Menschen einen guten Eindruck macht **3** **(Sehr) angenehm!** verwendet, nachdem sich jemand vorgestellt hat bzw. jemand vorgestellt wurde | *„Mein Name ist Becker." – „Angenehm, ich heiße Müller."*

Ạn·ge·neh·me *das*; (-n) **1** etwas, das angenehm ist **2** **das Angenehme mit dem Nützlichen verbinden** etwas tun, das Spaß macht und zugleich nützlich ist H *Angenehmes; das Angenehme; dem, des Angenehmen*

ạn·ge·nom·men ■ PARTIZIP PERFEKT **1** → annehmen
■ BINDEWORT **2** **angenommen, (dass) …** verwendet, um eine Vermutung oder Voraussetzung einzuleiten, meist zusammen mit einer Folge | *Angenommen, sie kommt nicht, was machen wir dann?* | *Ich komme dann morgen, angenommen, mein Auto fährt wieder* | *Angenommen, dass es morgen auch so schön ist, könnten wir doch einen Ausflug planen* | *Nach Spanien komme ich gern mit, angenommen, dass ich Urlaub bekomme* H Die Wortstellung ist ohne *dass* wie in einem Hauptsatz, mit *dass* die eines *dass*-Satzes.

Ạn·ger *der*; (-s, -); *veraltet* ≈ *Dorfwiese*

ạn·ge·rast **angerast kommen** sehr schnell näher kommen | *Der Sportwagen kam mit überhöhter Geschwindigkeit angerast*

ạn·ge·regt ■ PARTIZIP PERFEKT **1** → anregen
■ ADJEKTIV **2** lebhaft und interessant ⟨ein Gespräch, eine Diskussion⟩

ạn·ge·sagt ■ PARTIZIP PERFEKT **1** → ansagen
■ ADJEKTIV **2** *gesprochen* als Nächstes geplant oder gerade in Mode, sehr beliebt | *eine angesagte Disco* | *„Was ist jetzt angesagt? Kino oder Essen gehen?"*

ạn·ge·säu·ert ADJEKTIV; *gesprochen* ≈ *verärgert* | *„Wo warst du denn so lange?", fragte sie leicht angesäuert*

ạn·ge·säu·selt ADJEKTIV; *gesprochen* leicht betrunken

ạn·ge·saust **angesaust kommen** schnell zu jemandem laufen oder fahren

ạn·ge·schim·melt ADJEKTIV teilweise verschimmelt ⟨ein Stück Brot⟩

ạn·ge·schla·gen ■ PARTIZIP PERFEKT **1** → anschlagen
■ ADJEKTIV **2** in nicht ganz intaktem, gesundem Zustand ⟨das Selbstbewusstsein, die Gesundheit, ein Betrieb; sich etwas angeschlagen fühlen⟩ **3** erschöpft und meist leicht verletzt ⟨ein Boxer⟩ **4** leicht beschädigt ⟨ein Teller, eine Tasse⟩

ạn·ge·schneit **angeschneit kommen** *gesprochen* unerwartet, überraschend irgendwohin kommen

★ **ạn·ge·se·hen** ■ PARTIZIP PERFEKT **1** → ansehen
■ ADJEKTIV **2** von anderen Leuten sehr geachtet, respektiert ⟨ein Mitbürger⟩

ạn·ge·sengt ADJEKTIV durch Hitze leicht beschädigt | *Was riecht denn hier so angesengt?*

Ạn·ge·sicht *das*; *nur Singular*; *geschrieben* **1** *veraltend* ≈ *Gesicht* **2** **im Angesicht** +*Genitiv* in einer Situation, in der jemand mit etwas Bedrohlichem konfrontiert wird | *Im Angesicht des Todes änderte er sein Testament*

★ **ạn·ge·sichts** ■ PRÄPOSITION *mit Genitiv* **1** aus dem genannten Grund ≈ *wegen* | *angesichts drohender Verluste Einsparungen vornehmen* H auch zusammen mit *von*: *angesichts von 10 % Umsatzrückgängen*
■ BINDEWORT **2** **angesichts dessen** verwendet, um den Grund in einem neuen Satz oder in einem *dass*-Satz zu nennen | *Die Umsätze sind stark zurückgegangen. Angesichts dessen müssen Einsparungen erfolgen* | *Angesichts dessen, dass die Umsätze zurückgegangen sind, müssen wir reagieren*

ạn·ge·spannt ■ PARTIZIP PERFEKT **1** → anspannen

■ ADJEKTIV **2** in einem Zustand, in dem man alle Kräfte auf ein Ziel konzentriert | *jemandem mit angespannter Aufmerksamkeit zuhören* **3** in einem Zustand, der leicht zu einem Konflikt führt ⟨eine politische Situation, ein Verhältnis⟩

an·ge·staubt ADJEKTIV **1** ein wenig mit Staub bedeckt **2** *gesprochen* nicht mehr ganz modern ⟨eine Meinung, eine Methode⟩

★ **an·ge·stellt** ■ PARTIZIP PERFEKT **1** → anstellen
■ ADJEKTIV **2** **(irgendwo) angestellt** bei einer Firma oder Institution beschäftigt ⟨fest angestellt sein⟩ | *bei einer Bank angestellt sein*

★ **An·ge·stell·te** *der/die*; (-n, -n) eine Person, die für ein monatliches Gehalt bei einer Firma oder Behörde arbeitet ⟨ein leitender, kaufmännischer Angestellter⟩ K Bankangestellte, Büroangestellte **i** a) *ein Angestellter; der Angestellte; den, dem, des Angestellten*; b) *Angestellte* einer Firma sind entweder alle Mitarbeiter mit fester Stelle oder diejenigen Personen, die im Büro arbeiten, im Unterschied zu Arbeitern und Handwerkern.

an·ge·strengt ■ PARTIZIP PERFEKT **1** → anstrengen
■ ADJEKTIV **2** ⟨angestrengt zuhören⟩ ≈ *konzentriert*

an·ge·tan ■ PARTIZIP PERFEKT **1** → antun
■ ADJEKTIV **2** **von jemandem/etwas angetan sein** von einer Person oder Sache eine sehr positive Meinung haben **3** **jemand/etwas hat es einer Person angetan** *gesprochen* jemand/etwas gefällt einer Person sehr gut

an·ge·trun·ken ADJEKTIV ein wenig betrunken

an·ge·wandt ■ PARTIZIP PERFEKT **1** → anwenden
■ ADJEKTIV **2** *meist attributiv* direkt auf die Praxis bezogen ⟨Mathematik, Sprachwissenschaft⟩ ↔ *theoretisch*

an·ge·wie·sen ADJEKTIV **auf jemanden/etwas angewiesen sein** jemanden/etwas wirklich und dringend brauchen | *Die Landwirtschaft ist auf ausreichenden Regen angewiesen*

★ **an·ge·wöh·nen** VERB *(hat)* **jemandem etwas angewöhnen** etwas zur Gewohnheit werden lassen | *Er hat sich angewöhnt, jeden Abend einen Spaziergang zu machen* | *Du sollst den Hund nicht am Tisch füttern, so gewöhnst du ihm nur das Betteln an* ● hierzu **An·ge·wöh·nung** *die*

★ **An·ge·wohn·heit** *die* eine meist schlechte Eigenschaft oder ein störendes Verhalten, das sich jemand angewöhnt hat ⟨eine schlechte, seltsame Angewohnheit⟩

an·ge·wur·zelt ADJEKTIV **wie angewurzelt dastehen/stehen bleiben** (meist vor Erstaunen) dastehen/stehen bleiben, ohne sich zu bewegen | *Er blieb wie angewurzelt stehen und starrte mich an*

an·ge·zeigt ■ PARTIZIP PERFEKT **1** → anzeigen
■ ADJEKTIV **2** *geschrieben* in einer Situation genau passend ⟨etwas für angezeigt halten⟩

an·ge·zo·gen ■ PARTIZIP PERFEKT **1** → anziehen
■ ADJEKTIV **2** *gesprochen* so, dass man Kleider am Körper trägt ↔ *nackt* | *Bist du schon angezogen?* **3** **irgendwie angezogen** so, dass die Kleidung einer Person die genannte Eigenschaft hat ⟨elegant, gut, teuer, warm angezogen⟩ ≈ *gekleidet*

an·gif·ten VERB *(hat)*; *gesprochen, abwertend* **jemanden angiften** mit einer Person sprechen und ihr deutlich zeigen, dass man wütend auf sie ist

An·gi·na [aŋ'giːna] *die*; (-, An·gi·nen); *meist Singular* eine schmerzhafte Entzündung von Hals und Mandeln ≈ *Mandelentzündung*

an·glei·chen VERB *(hat)* **sich/etwas (jemandem/etwas) angleichen; sich/etwas (an jemanden/etwas) angleichen** sich selbst oder eine Sache so verändern, dass man selbst oder die Sache wie eine andere Person oder Sache wird oder zu ihr passt | *Das Chamäleon kann seine Farbe der Umgebung angleichen* | *Sie versuchte, sich anzugleichen, um nicht aufzufallen* ● hierzu **An·glei·chung** *die*

Ang·ler *der*; (-s, -) eine Person, die mit einer Angel Fische fängt ● hierzu **Ang·le·rin** *die*

an·glie·dern VERB *(hat)* **etwas (an etwas** (*Akkusativ*)**) angliedern; etwas einer Sache** (*Dativ*) **angliedern** etwas zu einem zusätzlichen Bestandteil einer größeren Sache machen | *Dem Kaufhaus wurde eine neue Abteilung angegliedert* ● hierzu **An·glie·de·rung** *die*

Ang·lis·tik [aŋ'glɪstɪk] *die*; (-) die Wissenschaft, die sich vor allem mit der englischen Sprache und der englischsprachigen Literatur beschäftigt ⟨Anglistik studieren⟩ ● hierzu **Ang·list** *der*; **Ang·lis·tin** *die*

Ang·li·zis·mus [aŋgli-] *der*; (-, Ang·li·zis·men) ein englisches Wort oder eine englische Wendung, die in eine andere Sprache übernommen wurden | *„Der frühe Vogel fängt den Wurm" ist ein Anglizismus*

an·glot·zen VERB *(hat)* **jemanden/etwas anglotzen** *gesprochen, abwertend* jemanden starr und mit einem dummen, ausdruckslosen Gesicht ansehen

An·go·ra [aŋ'goːra] *(das)*; (-) sehr feine, weiche Wolle | *ein Pullover aus flauschigem Angora* K Angorapullover, Angorawolle

★ **an·grei·fen** VERB *(hat)* **1** **(jemanden/etwas) angreifen** beginnen, mit Waffen oder körperlicher Kraft (gegen eine Person, ein Land usw.) zu kämpfen | *Am Abend griff der Feind an* | *Der Hund griff (mich) ohne Vorwarnung an* **2** **(jemanden) angreifen** im Wettkampf oder Spiel die Initiative ergreifen, um zum Erfolg zu kommen **3** **(etwas) angreifen** *gesprochen* eine Aufgabe oder Arbeit anfangen, beginnen ⟨die Hausaufgaben angreifen⟩ **4** **jemanden/etwas angreifen** jemanden/etwas stark kritisieren | *Der Redner griff die Politik der Regierung scharf an* **5** **etwas greift etwas an** etwas beschädigt eine Sache (oft durch eine chemische Reaktion) | *Viele Säuren greifen Eisen an* **6** **etwas greift jemanden/etwas an** etwas schwächt den Zustand einer Person oder Sache | *Die Reise hat ihn/seine Gesundheit stark angegriffen* **7** **etwas angreifen** *gesprochen* beginnen, Vorräte oder Reserven zu verbrauchen ⟨die Ersparnisse angreifen⟩ **8** **jemanden/etwas angreifen** *besonders* Ⓐ mit der Hand berühren ≈ *anfassen* ● zu (1,2,4) **An·grei·fer** *der*; zu (1,2,4) **An·grei·fe·rin** *die*

an·gren·zend ADJEKTIV *meist attributiv* **(an etwas** (*Akkusativ*)**) angrenzend** direkt daneben | *Das an den Wald angrenzende Grundstück gehört einem Arzt* ● hierzu **an·gren·zen** VERB *(hat)*

★ **An·griff** *der* **1** **ein Angriff (gegen/auf jemanden/etwas)** das Angreifen eines Gegners, Feindes ⟨einen Angriff fliegen, abwehren, zurückschlagen⟩ ≈ *Offensive* K Angriffskrieg; Bombenangriff, Luftangriff, Panzerangriff, Überraschungsangriff **2** **ein Angriff (gegen/auf jemanden/etwas)** das scharfe Kritisieren und Angreifen ≈ *Vorwurf* | *Die Zeitung richtete heftige Angriffe gegen die Regierung* **3** **ein Angriff (gegen/auf jemanden/etwas)** eine planmäßige Aktion, die zum Ziel hat, den sportlichen Erfolg zu erreichen (z. B. mit einem Tor) ⟨einen Angriff starten, abwehren⟩ | *stürmische Angriffe auf das Tor des Gegners* **4** *nur Singular* alle Spieler einer Mannschaft (z. B. beim Fußball), die angreifen K Angriffsspieler ■ **ID** **etwas in Angriff nehmen** anfangen, eine Aufgabe oder Arbeit durchzuführen | *den Bau einer Garage in Angriff nehmen*

An·griffs·flä·che *die* die Stelle, an der meist chemische Substanzen oder Wind und Regen einwirken oder angreifen können ■ **ID** **(jemandem) eine Angriffsfläche bieten** (jemandem) einen Anlass meist zur Kritik geben

an·griffs·lus·tig ADJEKTIV immer bereit, jemanden anzugreifen ⟨ein Tier, ein Hund, ein Tiger o. Ä.; ein Mensch⟩ ≈ *aggressiv*

An·griffs·punkt *der* ein Fehler oder eine Schwäche einer Person, die einer anderen Person die Möglichkeit zu Kritik bietet ⟨jemandem einen Angriffspunkt bieten⟩

an·grin·sen VERB *(hat)* **jemanden angrinsen** jemanden grinsend ansehen ⟨jemanden dümmlich, freundlich, herausfordernd angrinsen⟩

angst ADJEKTIV **einer Person ist/wird (es) angst (und bange) (vor jemandem/etwas)** jemand hat/bekommt (große) Angst vor einer gefährlichen oder bedrohlichen Person/Sache | *Als plötzlich ein großer Hund vor ihm auftauchte, wurde ihm angst und bange* **i** *jemandem ist angst*, aber: *jemand hat Angst* (großgeschrieben)

★ **Angst** *die*; (-, Ängs·te) **1** **Angst (vor jemandem/etwas)** der psychische Zustand einer Person, die bedroht wird oder in Gefahr ist ⟨große Angst haben, bekommen; jemandem Angst einflößen⟩ | *Der Briefträger hat Angst vor unserem bissigen Hund* | *Hast du Angst (davor), überfallen zu werden?* **K** Angstgefühl, Angstschweiß, angsterfüllt; Prüfungsangst, Todesangst **i** *jemand hat Angst*, aber: *jemandem ist angst* (kleingeschrieben) **2** **Angst (um jemanden/etwas)** *nur Singular* die ernsthafte Sorge, dass jemandem etwas Schlimmes passiert oder dass man jemanden/etwas verliert | *Angst um den Arbeitsplatz haben* | *Jedes Mal, wenn er zum Klettern ins Gebirge fährt, habe ich Angst um ihn/sein Leben* ■ ID **jemandem Angst (und Bange) machen** bewirken, dass jemand (große) Angst bekommt; **es mit der Angst zu tun bekommen/kriegen** *gesprochen* plötzlich Angst haben, weil man eine Gefahr oder Bedrohung erkannt hat; **vor Angst (fast) vergehen/umkommen** sehr große Angst haben; ⟨furchtbare, schreckliche⟩ **Ängste ausstehen** große Angst haben

Angst·ha·se *der*; *gesprochen, abwertend* eine Person, die sehr schnell Angst bekommt

ängs·ti·gen VERB (ängstigte, hat geängstigt); *geschrieben* **1** **jemanden ängstigen** bewirken, dass jemand Angst bekommt **2** **sich (vor jemandem/etwas) ängstigen** vor jemandem/etwas Angst haben **3** **sich (um jemanden) ängstigen** sich um jemanden Sorgen machen oder Angst um jemanden haben

★ **ängst·lich** ADJEKTIV **1** mit der Eigenschaft, leicht und oft Angst zu bekommen **2** *meist adverbiell* voll Angst | *Er blickte sich ängstlich um* | *Die Katze versteckte sich ängstlich unter dem Schrank* **3** *nur adverbiell* sehr sorgfältig und genau ⟨ängstlich auf etwas (*Akkusativ*) bedacht sein; etwas ängstlich hüten⟩

an·gu·cken VERB *(hat)* **jemanden/etwas angucken** *gesprochen* ≈ *ansehen*

an·gur·ten VERB (gurtete an, hat angegurtet) **jemanden angurten** einer anderen Person oder sich selbst im Auto oder Flugzeug einen Sicherheitsgurt anlegen | *Du musst dich noch angurten!*

★ **an·ha·ben** VERB *(hat)* **etwas anhaben** *gesprochen* ein Kleidungsstück angezogen haben, es tragen | *ein neues Hemd anhaben* **i** Bei Mützen, Hüten o. Ä. sagt man *aufhaben*: *Er hatte einen Helm auf.* ■ ID **jemandem/etwas (et)was/nichts anhaben können** **a** beweisen/nicht beweisen können, dass jemand schuldig ist **b** jemandem/etwas einen/keinen Schaden zufügen können | *Wir warteten in der Hütte, wo uns das Gewitter nichts anhaben konnte*

an·haf·ten VERB *(hat)* **1** **etwas haftet an jemandem/etwas an** etwas bleibt (z. B. durch einen Klebstoff) an jemandem oder etwas kleben **2** **etwas haftet jemandem/etwas an** *geschrieben* etwas gehört (nach der Meinung der Leute) zu jemandem oder etwas ⟨jemandem haftet ein Makel an; einer Sache haftet ein Fehler, Mangel an⟩

★ **an·hal·ten** VERB *(hat)* **1** **jemand/etwas hält an** ein Fahrzeug bewegt sich nicht mehr weiter | *an der roten Ampel anhalten* | *Halt doch mal an, ich brauche eine Pause* **i** Fahrzeuge halten an, Fußgänger bleiben stehen **2** **etwas hält an** der genannte Zustand oder Vorgang hört nicht auf, besteht weiter | *eine seit Wochen anhaltende Krise/Hitzewelle* | *lang anhaltender Applaus* | *Wir hoffen, dass das gute Wetter noch lange anhält* **3** **jemanden/etwas anhalten** dafür sorgen, dass jemand/etwas aufhört, sich zu bewegen | *mit der Notbremse den Zug anhalten* | *Sie hielt ein Auto an und bat um Hilfe* | *Er konnte das Auto rechtzeitig anhalten und einen Zusammenstoß verhindern* | *Wir können leider die Zeit nicht anhalten* **4** **die Luft/den Atem anhalten** absichtlich längere Zeit nicht atmen **5** **jemanden zu etwas anhalten** eine Person ermahnen, etwas zu tun oder beachten ⟨jemanden zur Arbeit, zur Pünktlichkeit anhalten⟩ ≈ *ermahnen* | *Sie hielt die Kinder dazu an, immer ehrlich zu sein*

An·hal·ter *der*; (-s, -) **1** eine Person, die am Straßenrand steht und (durch Handzeichen) Autofahrer bittet, sie kostenlos mitzunehmen **2** **per Anhalter fahren** *gesprochen* als Anhalter in einem Fahrzeug mitfahren • zu (1) **An·hal·te·rin** *die*

An·halts·punkt *der* ein Ding oder Ereignis, das dazu dient, eine Meinung zu bilden oder zu begründen ≈ *Hinweis* | *Der Kommissar suchte nach Anhaltspunkten, die zur Aufklärung des Verbrechens führen könnten*

★ **an·hand** ■ PRÄPOSITION *mit Genitiv* **1** verwendet, um die Mittel, Informationen o. Ä. zu nennen, die für eine Vorgehensweise oder Entscheidung benutzt werden | *Das Gericht fällte das Urteil anhand der Indizien* **i** auch zusammen mit *von*: *Er wurde anhand von Indizien verurteilt* ■ BINDEWORT **2** verwendet, um in einem neuen Satz(teil) zu nennen, was sich aus dem vorher Gesagten ergibt | *Die Kripo konnte über die Reifenspuren ein Auto ermitteln. Anhand dessen wurde der Halter des Autos angeklagt* | *Das sind neue Vorschläge, anhand deren die Sanierung des Betriebes erfolgen könnte*

An·hang *der* **1** *meist Singular* ein Nachtrag (ein Text, eine Tabelle o. Ä.), der einem Buch oder Text am Ende angefügt ist ≈ *Appendix* | *Im Anhang des Wörterbuches steht eine Liste mit unregelmäßigen Verben* **i** Abkürzung: *Anh.* **2** *nur Singular* die Freunde oder Anhänger z. B. eines Vereins oder einer geistigen Bewegung ⟨keinen großen Anhang haben⟩ **3** *gesprochen nur Singular* Freunde, Bekannte oder Familienmitglieder, die jemanden begleiten

an·hän·gen[1] VERB (hing an, hat angehangen) **jemandem/etwas anhängen** *geschrieben* ein Anhänger von jemandem oder etwas sein ⟨einer Ideologie, einer Partei anhängen⟩

an·hän·gen[2] VERB (hängte an, hat angehängt) **1** **etwas (an etwas (*Akkusativ*)) anhängen** etwas an etwas hängen oder befestigen | *einen Waggon an den Zug anhängen* **2** **etwas (an etwas (*Akkusativ*)) anhängen** *gesprochen* etwas zu etwas bereits Fertigem hinzufügen | *an einen Brief noch ein paar Zeilen anhängen* **3** **jemandem etwas anhängen** *gesprochen* behaupten, dass ein Unschuldiger etwas Böses oder Negatives getan hat | *Sie wollten ihm den Mord anhängen* **4** **etwas (an etwas (*Akkusativ*)) anhängen** etwas um die genannte Zeit verlängern | *an die Geschäftsreise ein paar Tage Urlaub anhängen*

★ **An·hän·ger** *der*; (-s, -) **1** eine Person, die von einer Person oder Sache (z. B. von einer Partei, einer Ideologie oder einer Mannschaft) überzeugt ist | *ein Anhänger der Opposition* **2** ein Wagen ohne eigenen Motor, der hinten an einem Fahrzeug hängt und von diesem gezogen wird K Fahrradanhänger, Pkw-Anhänger, Lkw-Anhänger; Bootsanhänger, Pferdeanhänger, Wohnwagenanhänger **3** ein Schmuckstück, das man an einer Kette trägt oder an einem Schlüsselbund festmacht K Schlüsselanhänger **4** ein Schild, das z. B. an neuer Ware im Laden oder an einem Koffer hängt ⟨den Anhänger abschneiden⟩ K Adressanhänger, Preisanhänger **5** ein kleines Band an Kleidungsstücken und Handtüchern, mit dem man diese aufhängen kann • zu (1) **An·hän·ge·rin** *die*; zu (1) **An·hän·ger·schaft** *die*

an·hän·gig ADJEKTIV; *admin* eröffnet und noch nicht abgeschlossen ⟨ein Gerichtsverfahren⟩ | *Gegen ihn ist ein Strafverfahren anhängig.*

an·häng·lich ADJEKTIV darum bemüht, engen Kontakt zu jemandem zu halten ⟨ein Kind, ein Freund⟩ • hierzu **An·häng·lich·keit** *die*

An·häng·sel *das*; (-s, -) **1** ein kleiner Gegenstand, den man z. B. an einer Kette oder an einem Schlüsselbund trägt **2** *abwertend* eine Person, die man als störend oder überflüssig betrachtet

an·hau·chen VERB *(hat)* **jemanden/etwas anhauchen** durch den Mund ausatmen und die warme Luft gegen jemanden/etwas blasen | *die kalten Finger anhauchen*

an·hau·en VERB *(hat)* **1** **jemanden (um etwas/wegen etwas) anhauen** *gesprochen* jemanden sehr direkt um Geld oder ein Geschenk bitten | *einen Bekannten um 100 Euro anhauen* **2** **sich** *(Dativ)* **etwas (an etwas** *(Dativ)***) anhauen** *gesprochen* sich verletzen, indem man gegen etwas stößt | *sich den Kopf am Regal anhauen*

an·häu·fen VERB *(hat)* **1** **etwas anhäufen** eine größere Anzahl oder Menge einer Sache (als Vorrat) sammeln ⟨Vorräte, Geld, Wissen anhäufen⟩ **2** **etwas häuft sich an** etwas nimmt an Umfang oder Anzahl zu ⟨Briefe, Anträge, die Arbeit⟩ • hierzu **An·häu·fung** *die*

★ **an·he·ben**[1] VERB (hob an, hat angehoben) **1** **etwas anheben** einen Gegenstand (für kurze Zeit) nach oben heben | *Heb mal kurz deinen Teller an, dass ich den Tisch abwischen kann* **2** **etwas anheben** die Menge steigern oder die Qualität verbessern ⟨die Löhne, den Lebensstandard anheben⟩ ≈ *erhöhen* • zu (2) **An·he·bung** *die*

an·he·ben[2] VERB (hub/hob an, hat angehoben); *veraltend* **1** **anheben zu** *+Infinitiv* etwas beginnen | *Er hub an zu singen* **2** **etwas hebt an** etwas beginnt ⟨die Musik, eine neue Ära⟩

an·hei·melnd ADJEKTIV vertraut, gemütlich, angenehm auf jemanden wirkend

an·heim·fal·len VERB (fällt anheim, fiel anheim, ist anheimgefallen); *veraltend* **1** **jemand/etwas fällt der Vergessenheit anheim** jemand/etwas wird vergessen **2** **etwas fällt der Zerstörung anheim** etwas wird zerstört

an·heim·stel·len VERB (stellte anheim, hat anheimgestellt) **jemandem etwas anheimstellen** *veraltend* eine Person über etwas informieren und sie dann darüber entscheiden lassen

an·hei·zen VERB *(hat)* **1** **(etwas) anheizen** (meist in einem Ofen) Feuer machen ⟨den Ofen anheizen⟩ **2** **etwas anheizen** *gesprochen* bewirken, dass etwas intensiver oder heftiger wird ⟨eine Diskussion, einen Streit, die Stimmung anheizen⟩

an·herr·schen VERB *(hat)* **jemanden anherrschen** jemanden mit lauter Stimme kritisieren und schimpfen

an·heu·ern VERB (heuerte an, hat angeheuert) **1** **jemanden anheuern** jemanden meist mit einem Vertrag dazu verpflichten, auf einem Schiff zu arbeiten ⟨einen Matrosen anheuern⟩ **2** **jemanden anheuern** *gesprochen, oft abwertend* jemanden dazu verpflichten, eine (meist illegale) Arbeit zu tun ⟨einen Killer anheuern⟩ **3** **(auf etwas** *(Dativ)***) anheuern** die Arbeit auf einem Schiff aufnehmen ⟨ein Matrose⟩ • hierzu **An·heu·e·rung** *die*

An·hieb **auf Anhieb** *gesprochen* sofort, beim ersten Versuch ⟨etwas auf Anhieb schaffen⟩ | *Sein Experiment klappte auf Anhieb*

an·him·meln VERB (himmelte an, hat angehimmelt) **jemanden anhimmeln** *gesprochen, oft abwertend* jemanden auf übertriebene Weise verehren oder bewundern | *einen Popstar anhimmeln*

An·hö·he *die* eine Stelle im Gelände, die höher liegt als die Umgebung | *Von dieser Anhöhe hat man einen wunderbaren Blick aufs Meer*

★ **an·hö·ren** VERB *(hat)* **1** **(sich** *(Dativ)***) etwas anhören** (aufmerksam) zuhören, was jemand sagt oder erzählt, was gesungen oder gespielt wird | *Hast du dir die CD schon angehört?* | *Ich kann mir seine Lügen nicht mehr länger anhören* **2** **etwas mit anhören** etwas unfreiwillig, zufällig hören | *ein geheimes Gespräch im Nebenzimmer mit anhören* **3** **jemanden anhören** eine Person das sagen lassen, was sie sagen möchte **4** **jemandem etwas anhören** am Klang der Stimme etwas über den Zustand einer Person oder über die Situation erkennen | *Er hörte ihr an, dass sie enttäuscht war* **5** **jemanden anhören** jemanden um Rat, um eine Meinung bitten, weil man über ein Thema informiert werden will ⟨einen Experten anhören⟩ **6** **jemand/etwas hört sich irgendwie an** *gesprochen* jemand oder etwas macht den genannten (meist akustischen) Eindruck | *Die Schallplatte hört sich verkratzt an* | *Dein Vorschlag hört sich nicht schlecht an*

An·hö·rung *die*; (-, -en) eine Veranstaltung (z. B. im Parlament), bei der Experten oder Personen, die von einer Sache betroffen sind, öffentlich ihre Meinung sagen und Informationen geben | *eine öffentliche Anhörung von Sachverständigen* K Anhörungsverfahren

ani·ma·lisch ADJEKTIV; *abwertend* nicht vom Verstand kontrolliert, sondern vom Instinkt ⟨eine Lust, ein Vergnügen, ein Bedürfnis⟩

Ani·ma·teur [anima'tøːɐ̯] *der*; (-s, -e) ein Angestellter meist eines Reiseunternehmens, welcher den Gästen hilft, vor allem mit Sport und Spielen ihre Freizeit zu gestalten • hierzu **Ani·ma·teu·rin** *die*

Ani·ma·ti·on [-'tsi̯oːn] *die*; (-, -en) **1** ein Verfahren, mit dem sich Grafiken und Objekte in Filmen zu bewegen scheinen (bzw. auf diese Weise dargestellte Grafiken und Objekte) | *die eindrucksvolle Animation der Saurier in diesem Film* | *witzige Animationen anstelle statischer Smileys verwenden* K Computeranimation **2** die Tätigkeit oder das Angebot von Animateuren | *Die Animation am Pool fanden wir manchmal lästig*

ani·mie·ren VERB (animierte, hat animiert) **1** **jemanden zu etwas animieren** eine Person überzeugen oder durch das eigene Verhalten dazu bringen, dass sie etwas tut | *Kann ich dich dazu animieren, mit mir ein Stück Kuchen zu essen?* **2** **etwas animieren** einzelne Bilder oder Zeichnungen zu Filmszenen zusammenfügen ⟨ein animierter Film⟩ K computeranimiert

Ani·mo·si·tät *die*; (-, -en); *meist Plural* **Animositäten (gegen jemanden/etwas)** *geschrieben* ≈ *Abneigung*

An·ion *das*; (-s, -en) ein negativ geladenes elektrisches Teilchen ↔ *Kation*

Anis, Anis *der*; (-(es)) **1** eine Gewürz- und Heilpflanze **2** ein Gewürz, das aus Anis gewonnen wird K Anisbrot, Anisöl, Anisschnaps

an·kämp·fen VERB *(hat)* **gegen jemanden/etwas ankämpfen** versuchen, jemanden/etwas zu überwinden oder zu besiegen | *gegen die Dummheit anderer ankämpfen* | *gegen die Müdigkeit ankämpfen*

ạn·kau·fen VERB (*hat*) **Dinge ankaufen** wertvolle Gegenstände oder große Mengen einer Ware kaufen ⟨Wertpapiere, Schmuck, Grundstücke ankaufen⟩ • hierzu **Ạn·kauf** *der*; **Ạn·käu·fer** *der*

Ạn·ker *der*; (-s, -) **1** den Anker wirft man aus einem Schiff oder Boot ins Wasser, damit es an einer Stelle bleibt ⟨den Anker (aus)werfen, hieven, lichten⟩ **K** Ankerboje, Ankerkette, Ankerplatz, Ankerwinde; Rettungsanker **2** **jemand geht (irgendwo) vor Anker** jemand wirft an der genannten Stelle den Anker vom Boot (und geht an Land) **3** **ein Boot liegt vor Anker** ein Boot ist mit dem Anker am Grund befestigt • zu (1) **ạn·kern** VERB (*hat*)

ạn·ket·ten VERB (*hat*) **jemanden (an etwas** (*Dativ/Akkusativ*)**) anketten** eine Person, ein Tier oder etwas mit einer Kette an etwas festmachen | *das Motorrad an einem/einen Laternenpfahl anketten*

Ạn·kla·ge *die* **1** eine Beschuldigung vor Gericht gegen jemanden, ein Verbrechen begangen zu haben ⟨gegen jemanden Anklage erheben; wegen etwas unter Anklage stehen⟩ **K** Anklagepunkt, Anklageschrift **2** *oft Plural* Verhaltensweisen oder Äußerungen, die zeigen, dass man jemandem die Schuld an etwas gibt ⟨Anklagen gegen jemanden vorbringen⟩ **3** *nur Singular* diejenige Partei (meist der Staatsanwalt), die vor Gericht anklagt ↔ *Verteidigung* | *Hat die Anklage noch Fragen an den Zeugen?*

ạn·kla·gen VERB (*hat*) **1** **jemanden (wegen etwas) anklagen** jemanden vor Gericht beschuldigen, ein Verbrechen begangen zu haben ⟨jemanden wegen Diebstahls anklagen; jemanden des Mordes anklagen⟩ **2** **jemanden anklagen** sagen, dass man selbst oder eine andere Person etwas Schlechtes getan hat oder an etwas schuld ist **3** **etwas anklagen** öffentlich mit heftigen Worten sagen, dass etwas schlecht ist ⟨das Schicksal, Missstände anklagen⟩ • hierzu **Ạn·klä·ger** *der*; **Ạn·klä·ge·rin** *die*

Ạn·klang *der* **1** **Anklänge (an jemanden/etwas)** ähnliche Merkmale wie jemand/etwas oder Ähnlichkeiten mit jemandem/etwas | *Das Bild zeigt deutliche Anklänge an Picasso* **2** **etwas findet Anklang (bei jemandem)** etwas bewirkt bei jemandem eine positive Reaktion, wird positiv aufgenommen | *Sein Vorschlag fand bei allen Mitgliedern großen Anklang*

ạn·kle·ben VERB **1** **etwas (an etwas** (*Dativ/Akkusativ*)**) ankleben** (*hat*) etwas mit Klebstoff irgendwo festmachen ⟨Tapeten, Plakate (an die Wände) ankleben⟩ **2** **etwas klebt (an etwas** (*Dativ*)**) an** (*ist*) etwas bleibt fest an etwas kleben, haften ⟨der Klebstoff, der Kaugummi, der Teig⟩

ạn·klei·den VERB (*hat*) **jemanden ankleiden** *geschrieben* jemanden oder sich selbst Kleidung anziehen • hierzu **Ạn·klei·dung** *die*

ạn·kli·cken VERB (*hat*) **etwas anklicken** auf eine Taste der Maus drücken, um eine von mehreren Möglichkeiten, die auf dem Bildschirm dargestellt sind, auszuwählen ⟨ein Symbol, eine Option anklicken⟩

ạn·klin·gen VERB **1** **etwas klingt an** (*ist*) etwas wird in indirekter Weise deutlich | *In den Worten klang ein wenig Kritik an* **2** **etwas klingt an etwas** (*Akkusativ*) **an** (*hat*) etwas ist einer Sache unter dem genannten Gesichtspunkt ähnlich | *Seine Ausdrucksweise klingt an die seines Vaters an*

ạn·klop·fen VERB (*hat*) **1** an die Tür klopfen, weil man in einen Raum treten will | *Er klopfte an und wartete auf das „Herein!"* **2** **bei jemandem (um etwas) anklopfen** *gesprochen* eine andere Person vorsichtig darum bitten, dass man etwas von ihr bekommt **3** während eines Telefongesprächs durch ein Tonsignal mitteilen, dass noch jemand versucht anzurufen

ạn·knip·sen VERB (*hat*) **etwas anknipsen** *gesprochen* mit einem Schalter ein elektrisches Gerät in Betrieb setzen ⟨eine Lampe, das Licht anknipsen⟩

ạn·knüp·fen VERB (*hat*) **1** **etwas (mit jemandem) anknüpfen** einen Kontakt, eine Verbindung zu jemandem herstellen | *erste Geschäftskontakte anknüpfen* **2** **an etwas** (*Akkusativ*) **anknüpfen** etwas so beginnen, dass es eine Verbindung zu etwas oder einen Zusammenhang mit etwas hat ⟨an einen alten Brauch, an die Ideen des Vorgängers anknüpfen⟩ **H** weitere Verwendungen → **an-** • hierzu **Ạn·knüp·fung** *die*

Ạn·knüp·fungs·punkt *der* ein Thema oder ein Gedanke, mit dem man ein Gespräch fortführen kann | *Inges Erzählung bot mir den idealen Anknüpfungspunkt (ich wollte sowieso über das Thema sprechen)*

ạn·koh·len VERB (kohlte an, hat/ist angekohlt) **1** **jemanden ankohlen** *gesprochen* (*hat*) einer Person etwas erzählen, das nicht wahr ist (um sich so über diese Person ein bisschen lustig zu machen) **2** **etwas kohlt an** (*ist*) etwas wird durch Brennen schwarz | *ein angekohltes Brett* **H** meist im Partizip Perfekt

★ **ạn·kom·men** VERB (*ist*) **1** **jemand/etwas kommt (irgendwo) an** eine Person oder Sache erreicht das Ziel eines Weges | *Seid ihr gut in Italien angekommen?* | *Ist mein Paket schon bei dir angekommen?* **2** **jemand/etwas kommt (bei einer Person) an** jemand/etwas ruft bei einer Person eine positive Reaktion hervor oder ist einer Person sympathisch | *Der Vorschlag kam bei allen (gut) an* **3** **gegen jemanden/etwas (nicht) ankommen** geistig oder körperlich (nicht) das Gleiche leisten können wie andere | *Gegen die Leistungen meines Kollegen komme ich nicht an* **H** meist verneint **4** **mit etwas ankommen** *gesprochen* jemanden mit etwas belästigen | *Er kommt dauernd mit neuen Fragen/Problemen/Wünschen an* **5** **etwas kommt jemanden hart/schwer an** jemand empfindet etwas als schwierig und tut es sehr ungern | *Die neue Arbeit kommt mich schwer an* **6** **etwas kommt auf jemanden/etwas an** etwas hängt von einer Person/Sache ab | *Es kommt auf die Bezahlung an, ob ich den Job annehme* **7** **jemandem kommt es auf etwas** (*Akkusativ*) **an** etwas ist für jemanden sehr wichtig | *Mir kommt es darauf an, dass alle zufrieden sind* ■ **ID es auf etwas** (*Akkusativ*) **ankommen lassen** eine geplante Handlung durchführen, obwohl sie auch negative Folgen haben kann | *Ich lasse es darauf ankommen, dass er mir kündigt*; **wenn es darauf ankommt** in dem Augenblick, von dem alles abhängt | *Er ist zwar ziemlich faul, aber wenn es darauf ankommt, kann man sich auf ihn verlassen*; **Das/Es kommt darauf an** *gesprochen* **a** etwas ist möglich, aber noch nicht endgültig sicher **b** etwas hängt noch von anderen Umständen ab

ạn·kop·peln VERB (*hat*) **1** **etwas (an etwas** (*Akkusativ*)**) ankoppeln** ≈ *ankuppeln* | *einen Waggon an einen Zug ankoppeln* **2** **etwas koppelt (an etwas** (*Akkusativ*)**) an** etwas schließt sich mit einer Automatik selbstständig an ein Fahrzeug an | *Die Mondfähre koppelte an das Raumfahrzeug an* • zu (2) **Ạn·kopp·lung** *die*

ạn·kot·zen VERB (*hat*) **eine Person/Sache kotzt jemanden an** *gesprochen, abwertend* eine Person oder Sache ist jemandem sehr unangenehm oder stört jemanden sehr | *Diese stupide Arbeit kotzt mich an!*

ạn·krei·den VERB (kreidete an, hat angekreidet) **jemandem etwas ankreiden** *gesprochen* etwas als jemandes Fehler oder Schuld ansehen

ạn·kreu·zen VERB (kreuzte an, hat angekreuzt) **1** **etwas an-**

kreuzen in einem Text etwas hervorheben, indem man ein Kreuz daneben zeichnet **2** **etwas ankreuzen** (vor allem auf einem Formular oder in einer Prüfung) eine Frage beantworten, indem man ein Kreuz (in ein Kästchen) macht | *eine Antwort richtig ankreuzen*

an·kün·den VERB (*hat*) **etwas ankünden** *veraltend* ≈ *ankündigen*

★ **an·kün·di·gen** VERB (*hat*) **1** **etwas ankündigen** ein bevorstehendes Ereignis (öffentlich) bekannt geben ⟨ein Konzert, den Besuch ankündigen⟩ | *die Veröffentlichung eines Buches ankündigen* **2** **eine Person (bei jemandem) ankündigen** jemandem mitteilen, dass eine andere Person oder man selbst (zu Besuch) kommen wird | *Für morgen hat sich der Klempner angekündigt* **3** **etwas kündigt sich an** *geschrieben* die Anzeichen geben deutlich zu erkennen, dass etwas bald kommt | *Durch die ersten Stürme im September kündigt sich der Herbst an* • hierzu **An·kün·di·gung** *die*

★ **An·kunft** *die*; (-) das Ankommen an einem Ort ↔ *Abfahrt/Abflug* | *die verspätete Ankunft eines Flugzeugs melden* **K** Ankunftszeit

an·kup·peln VERB (*hat*) **etwas (an etwas** (*Akkusativ*)) **ankuppeln** meist einen Anhänger an ein Fahrzeug mit einem Motor hängen und ihn dort befestigen | *einen Waggon an den Zug ankuppeln*

an·kur·beln VERB (*hat*) **1** **etwas ankurbeln** einen Motor mit einer Kurbel in Gang bringen ⟨den Traktor, eine Maschine ankurbeln⟩ **2** **etwas ankurbeln** durch spezielle Maßnahmen die Leistung und Produktivität einer Sache erhöhen ⟨die Wirtschaft ankurbeln⟩

an·lä·cheln VERB (*hat*) **jemanden anlächeln** jemanden ansehen und dabei lächeln

an·la·chen VERB (*hat*) **1** **jemanden anlachen** jemanden ansehen und dabei lachen **2** **etwas lacht jemanden an** etwas sieht so aus, dass jemand gute Laune oder Lust darauf bekommt | *Der Kuchen hat mich so angelacht, ich musste ihn einfach probieren* **3** **sich** (*Dativ*) **jemanden anlachen** *gesprochen* mit jemandem eine Bekanntschaft anfangen (meist zum Zweck einer oberflächlichen Liebesbeziehung)

★ **An·la·ge** *die* **1** ein Gelände, das für einen Zweck bestimmt und gestaltet worden ist ⟨eine militärische Anlage⟩ **K** Freizeitanlage, Parkanlage, Sportanlage **2** **eine öffentliche Anlage** ≈ *Park* **3** **eine Anlage (zu etwas)** eine Fähigkeit, eine Eigenschaft oder ein Talent, die bei einer Person von Geburt an vorhanden sind ≈ *Veranlagung* | *Sie hat gute Anlagen, die gefördert werden sollten* **K** Charakteranlage **4** die Art, wie etwas gestaltet oder aufgebaut ist | *Die Anlage des Theaterstücks eignet sich gut für eine Darstellung auf einer kleinen Bühne* **5** das Anlegen von Geld oder etwas, das man kauft, um Geld anzulegen ≈ *Investition* | *Das Haus ist eine sichere Anlage* **K** Anlageberater, Anlagekapital; Kapitalanlage **6** eine technische Einrichtung oder ein Gerät ⟨elektrische, technische Anlagen⟩ | *Die sanitären Anlagen des Campingplatzes sind gerade modernisiert worden* **H** → auch **-anlage** **7** *gesprochen* ein elektrisches Gerät (mit Verstärker und Lautsprechern), mit dem man Musik und Sprache von CDs oder aus dem Radio usw. hören kann **K** Stereoanlage **8** *admin* etwas, das einem (meist formellen) Schreiben mitgegeben, beigelegt wird | *In der Anlage/Als Anlage übersende ich Ihnen Probeseiten des Manuskripts*

-an·la·ge *die*; *im Substantiv, unbetont, begrenzt produktiv* eine technische Einrichtung oder ein Gerät (mit Zubehör) | *eine Alarmanlage* | *die Beleuchtungsanlage/Scheibenwischanlage eines Autos* | *eine Bewässerungsanlage für ein Feld* | *die Kühlanlage eines Schlachthofes* | *die Signalanlage an einer Bahnstrecke*

an·lan·gen VERB **1** (*ist*) ≈ *ankommen* | *Wir sind noch nicht am Ziel angelangt* **H** meist im Perfekt **2** **was jemanden/etwas anlangt** (*hat*) was jemanden/etwas betrifft, anbelangt **3** **jemanden/etwas anlangen** *süddeutsch* Ⓐ, *gesprochen* (*hat*) ≈ *berühren*

★ **An·lass** *der*; (-es, An·läs·se) **1** ein (meist feierliches) gesellschaftliches Ereignis ⟨ein besonderer, feierlicher, festlicher Anlass⟩ **2** der Grund für eine plötzliches, heftiges Ereignis | *der Anlass des Streits* | *Das ist kein Anlass zur Besorgnis* **3** **aus Anlass** (+*Genitiv*) wegen der genannten Sache ≈ *anlässlich* | *Aus Anlass seines 80. Geburtstages gab er eine große Feier* **4** **aus gegebenem Anlass** *admin* wegen der Umstände sinnvoll oder notwendig | *Aus gegebenem Anlass möchten wir noch einmal darauf hinweisen, dass die Fenster bei Sturm geschlossen werden müssen* **5** **(sich** (*Dativ*)**) etwas zum Anlass nehmen zu** +*Infinitiv* eine Gelegenheit nutzen, um etwas zu tun

an·las·sen VERB (*hat*) **1** **etwas anlassen** *gesprochen* ein Kleidungsstück weiterhin am Körper tragen | *Lass deine Jacke an, wir gehen gleich wieder hinaus in die Kälte* **2** **etwas anlassen** *gesprochen* ein elektrisches Gerät oder einen Motor weiterhin in Betrieb lassen | *den Fernseher anlassen* **3** **etwas anlassen** den Motor eines Fahrzeugs (mit einem Zündschlüssel o. Ä.) in Gang setzen ⟨den Motor, ein Auto anlassen⟩ ≈ *starten* **4** **etwas lässt sich irgendwie an** *gesprochen* etwas beginnt in der genannten Weise | *Die Obsternte lässt sich dieses Jahr gut an*

An·las·ser *der*; (-s, -) mit dem Anlasser wird ein Motor gestartet

★ **an·läss·lich** PRÄPOSITION *mit Genitiv*; *geschrieben* verwendet, um den Grund für etwas zu nennen | *Anlässlich seines Jubiläums gab es eine große Feier*

an·las·ten VERB (*hat*) **jemandem etwas anlasten** behaupten, dass jemand schuld an etwas oder verantwortlich für etwas ist | *Diesen Fehler können Sie mir nicht anlasten!*

An·lauf *der* **1** ein kurzer, schneller Lauf, um die nötige Geschwindigkeit für einen Sprung oder einen Wurf zu bekommen | *beim Weitspringen einen großen Anlauf nehmen* **2** die Strecke für den Anlauf **3** ≈ *Versuch* | *etwas bereits im ersten Anlauf schaffen* **4** **einen neuen Anlauf nehmen/machen** etwas noch einmal versuchen

★ **an·lau·fen** VERB **1** **etwas läuft an** (*ist*) etwas beginnt zu laufen ⟨der Motor, die Maschine⟩ **2** **etwas läuft an** (*ist*) etwas beginnt, kommt allmählich in Gang | *Die Kampagne läuft an* | *Nächste Woche laufen die Vorbereitungen für die Olympischen Spiele an* **3** **etwas läuft an** (*ist*) etwas wird (durch eine plötzliche Änderung der Lufttemperatur) mit Wasserdampf bedeckt ⟨eine Brille, ein Fenster, eine Fensterscheibe, ein Spiegel⟩ **4** **blau/rot anlaufen** (*ist*) aus Atemnot blau oder aus Wut rot im Gesicht werden | *Er bekam einen Erstickungsanfall und lief blau an* **5** **angelaufen kommen** (*ist*) in die Richtung laufen, in der sich eine Person befindet und zu ihr kommen | *Als er die Tür aufschloss, kam der Hund bellend angelaufen* **6** **ein Schiff läuft etwas an** (*hat*) ein Schiff fährt zu einem Ort, um dort zu bleiben

An·lauf·stel·le *die* **1** eine Stelle, eine Person oder eine Institution, an die man sich wenden kann, wenn man Hilfe oder Rat braucht **2** ein (meist geheimer) Treffpunkt für Spione, Untergrundkämpfer, Terroristen o. Ä.

An·lauf·zeit *die*; *meist Singular* die Zeit, die jemand/etwas braucht, um bei einer meist neuen Tätigkeit die optimale Leistung zu bringen | *Der neue Mitarbeiter braucht eine gewisse Anlaufzeit, um alles über die neuen Aufgaben zu lernen*

An·laut *der* der erste Laut eines Wortes oder einer Silbe

★ **an·le·gen** VERB (*hat*) **1** **etwas anlegen** etwas planen und gestalten ⟨einen Park, ein Beet anlegen⟩ **2** **etwas anlegen** etwas nach einem System gestalten ⟨eine Akte, eine Kartei, ein Verzeichnis anlegen⟩ **3** **etwas anlegen** Kapital so einsetzen, dass es Gewinn bringt | *Geld gewinnbringend/in Aktien anlegen* **4** **etwas (für etwas) anlegen** (die genannte Summe) Geld für einen großen und teuren Gegenstand ausgeben | *Wie viel wollen Sie für das neue Klavier anlegen?* **5** **etwas (an etwas** (*Dativ/Akkusativ*) **anlegen** etwas so an etwas legen, setzen oder stellen, dass es damit in Berührung kommt | *Er legte das Lineal an die Skizze an und zog einen dicken Strich* **6** **etwas anlegen** *geschrieben* (vor allem elegante, teure) Kleidung anziehen ⟨ein Abendkleid, eine Uniform anlegen⟩ **7** **(jemandem) etwas anlegen** (bei jemandem) etwas so befestigen, dass es hält ⟨jemandem einen Verband, Handschellen, Fesseln anlegen⟩ **8** **(bei etwas (selbst) mit) Hand anlegen** bei etwas mit körperlichem Einsatz helfen **9** **strenge Maßstäbe (an jemanden/etwas) anlegen** sehr gute Eigenschaften oder Leistungen für notwendig halten **10** **es auf etwas** (*Akkusativ*) **anlegen** bewusst so handeln, dass negative Konsequenzen daraus entstehen können | *Er hat es nur auf einen Streit angelegt* **11** **ein Schiff legt irgendwo an** ein Schiff kommt im Hafen, am Ufer an und wird dort festgemacht ↔ *ablegen* **K** Anlegeplatz, Anlegestelle **12** **(auf jemanden/etwas) anlegen** auf eine Person, ein Tier oder eine Sache mit dem Gewehr zielen **13** **sich mit jemandem anlegen** *gesprochen* (absichtlich) einen Streit mit einer Person provozieren

an·leh·nen VERB (*hat*) **1** **etwas/sich (an etwas** (*Dativ/Akkusativ*)) **anlehnen** etwas/sich gegen etwas lehnen | *ein Brett an einer/an eine Wand anlehnen* | *Er lehnte sich lässig an das Auto an* **2** **etwas anlehnen** etwas teilweise, jedoch nicht ganz schließen, sodass ein kleiner Spalt offen bleibt ⟨eine Tür, ein Fenster (nur) anlehnen⟩ **3** **eine Person/Sache lehnt sich an jemanden/etwas an** eine Person oder Sache etwas hat eine andere Person oder Sache als Vorbild und ahmt diese in ihren wesentlichen Merkmalen nach | *Seine Theorie lehnt sich stark an die seines Lehrers an*

An·leh·nung *die* **in/unter Anlehnung an jemanden/etwas** nach dem Vorbild einer Person/Sache, sodass die wesentlichen Merkmale gleich bleiben | *ein Gebäude in Anlehnung an die Architektur der Antike bauen*

An·leh·nungs·be·dürf·nis *das; oft humorvoll* das Bedürfnis oder Verlangen, geliebt zu werden und sehr enge und meist zärtliche Kontakte zu jemandem zu haben • hierzu **an·leh·nungs·be·dürf·tig** ADJEKTIV

an·lei·ern VERB (*hat*) **etwas anleiern** *gesprochen* dafür sorgen, dass etwas allmählich in Gang oder in Schwung kommt | *Gespräche/Kontakte mit einem neuen Geschäftspartner anleiern*

An·lei·he *die;* (-, -n) **1** (von Staaten, Gemeinden usw.) das Entleihen einer (meist hohen) Geldsumme für eine längere Zeit ⟨eine Anleihe aufnehmen, machen⟩ **2** *oft abwertend* das Verwenden oder Zitieren von Ideen oder Formulierungen einer meist berühmten Persönlichkeit | *In seinem Roman machte er mehrere Anleihen bei Thomas Mann*

an·lei·ten VERB (*hat*) **jemanden (bei etwas) anleiten** jemandem für eine Aufgabe oder Arbeit nützliche Hinweise geben | *die Schüler bei ihren Hausaufgaben anleiten*

★ **An·lei·tung** *die* **1** **eine Anleitung (für/zu etwas)** ein nützlicher Hinweis oder eine Regel dafür, wie man eine neue Aufgabe oder eine Arbeit richtig erledigen kann **2** **eine Anleitung (für/zu etwas)** ein Zettel oder ein Heft mit Hinweisen und Informationen, wie man etwas tut, ein Gerät benutzt oder wie etwas funktioniert **K** Arbeitsanleitung, Bedienungsanleitung, Gebrauchsanleitung

an·ler·nen VERB (*hat*) **1** **jemanden anlernen** einer Person die notwendigen Informationen geben und Übungen mit ihr machen, damit sie eine berufliche Tätigkeit ausüben kann | *ein angelernter Arbeiter* **K** Anlernzeit **2** **sich** (*Dativ*) **etwas anlernen** *gesprochen* durch Lernen etwas (oft kurzfristig) im Gedächtnis behalten

an·le·sen VERB (*hat*) **1** **etwas anlesen** nur die ersten Seiten von einem Buch o. Ä. lesen **2** **sich** (*Dativ*) **etwas anlesen** durch Lesen das eigene Wissen vergrößern | *In kürzester Zeit hat er sich medizinische Kenntnisse angelesen*

an·lie·fern VERB (*hat*) **etwas anliefern** bestellte oder schon bezahlte Waren (in ziemlich großen Mengen) liefern • hierzu **An·lie·fe·rung** *die*

an·lie·gen VERB (*hat*) **1** **etwas liegt eng an** etwas berührt den Körper direkt, etwas liegt direkt am Körper ⟨Kleidungsstücke⟩ **2** **etwas liegt an** etwas muss bearbeitet oder erledigt werden | *Was liegt denn heute an?*

★ **An·lie·gen** *das;* (-s, -) ein Problem o. Ä., das man meist als Frage oder Bitte an jemanden stellt ⟨ein Anliegen an jemanden haben; ein Anliegen vorbringen⟩

an·lie·gend ■ PARTIZIP PRÄSENS **1** → anliegen
■ ADJEKTIV **2** *meist attributiv* in direkter Nähe zu einer Fläche oder zu einem Gebiet | *die anliegenden Ortschaften*

An·lie·ger *der;* (-s, -) **1** eine Person, die an einer Straße wohnt | *In dieser Straße dürfen nur Anlieger parken* **2** **Anlieger frei** drückt aus, dass nur diejenigen Personen mit einem Fahrzeug in die Straße fahren dürfen, welche zu einem Haus an dieser Straße fahren müssen (weil sie dort wohnen, arbeiten, jemanden besuchen oder etwas dorthin liefern)

an·lo·cken VERB (*hat*) **1** **ein Tier anlocken** ein Tier dazu bringen, dass es näher kommt **2** **eine Person/Sache lockt jemanden an** eine Person oder Sache bringt jemanden dazu, in ein Geschäft o. Ä. zu kommen (meist durch etwas Interessantes oder Attraktives) | *Unser neues Produkt lockt viele Kunden an* | *Er lockt die Kunden mit Billigangeboten an*

an·lü·gen VERB (*hat*) **jemanden anlügen** jemandem eine Lüge erzählen

An·ma·che *die;* (-); *gesprochen, abwertend* eine unangenehme Art, wie vor allem ein Mann eine Frau anspricht oder sich zu ihr verhält, wenn er sich für sie sexuell interessiert

★ **an·ma·chen** VERB (*hat*) **1** **etwas anmachen** *gesprochen* vor allem das Licht, ein elektrisches Gerät oder einen Motor in Funktion setzen ⟨den Fernseher, den Herd, das Licht anmachen⟩ ≈ *einschalten* **2** **etwas anmachen** *gesprochen* Feuer in etwas machen, damit Hitze entsteht ⟨den Kamin, den Ofen anmachen⟩ **3** **etwas (irgendwo) anmachen** *gesprochen* etwas irgendwo befestigen | *ein Plakat an der Wand anmachen* **4** **etwas anmachen** etwas herstellen, indem man die einzelnen notwendigen Bestandteile dieser Sache vermischt ⟨Mörtel anmachen⟩ **5** **etwas (mit etwas) anmachen** etwas mit Zutaten vermischen und dadurch würzen ⟨den Salat (mit Essig und Öl) anmachen⟩ **6** **jemanden anmachen** *gesprochen, meist abwertend* einer Person sagen und zeigen, dass man sich für sie sexuell interessiert | *in der Disko ein Mädchen anmachen* **7** **jemanden anmachen** *gesprochen, abwertend* Streit mit jemandem suchen ⟨jemanden blöd anmachen⟩ | *Mach mich nicht an!* (Lass mich doch in Ruhe!) **8** **eine Sache macht jemanden an** *gesprochen* jemand hat Lust auf eine Sache, findet sie attraktiv | *Der Kuchen macht mich richtig an*

an·mah·nen VERB (*hat*) **etwas anmahnen** eine Person schriftlich daran erinnern, dass sie etwas noch nicht bezahlt hat oder etwas Ausgeliehenes noch nicht zurückgegeben hat ⟨eine Zahlung anmahnen⟩ • hierzu **An·mah-**

nung *die*

an·ma·len VERB *(hat)* **1** **etwas (an etwas** *(Akkusativ)***) anmalen** *gesprochen* etwas (meist zur Verdeutlichung) auf etwas malen, zeichnen oder schreiben | *eine Skizze an die Tafel anmalen* **2** **etwas anmalen** mit einem Pinsel oder einem Stift eine große Fläche farbig machen | *die Tür blau anmalen* **3** **sich anmalen** *gesprochen, meist abwertend* sich (zu stark) schminken

An·marsch *der* ■ **ID** **im Anmarsch sein** *gesprochen* schon unterwegs sein und bald kommen | *Ran an die Arbeit! Der Boss ist bereits im Anmarsch!*

an·ma·ßen VERB (maßte sich an, hat sich angemaßt) **sich** *(Dativ)* **etwas anmaßen** *oft abwertend* etwas tun, ohne dass man dazu fähig oder berechtigt ist ⟨sich *(Dativ)* ein Privileg anmaßen⟩ | *Maße dir nicht an, über Dinge zu urteilen, die du nicht verstehst*

an·ma·ßend ADJEKTIV; *abwertend* so, dass man sich selbst sehr gut findet und das auch zeigt ⟨eine Bemerkung; sich anmaßend benehmen⟩ ≈ *arrogant*

An·ma·ßung *die*; (-, -en) **1** das Ausüben von Tätigkeiten, zu denen man weder fähig noch berechtigt ist ⟨die Anmaßung von Befugnissen⟩ K Amtsanmaßung **2** *geschrieben meist Singular* ein arrogantes, oft provozierendes Verhalten

★ **an·mel·den** VERB *(hat)* **1** **jemanden/etwas (bei einer Person) anmelden** mit einer Person einen Termin für ein Treffen oder einen Besuch machen ⟨das Kind beim Arzt anmelden; den Besuch anmelden⟩ **2** **jemanden (zu etwas) anmelden** mitteilen, dass eine Person oder man selbst an etwas teilnehmen will ⟨jemanden zu einem Kurs, Lehrgang anmelden⟩ K Anmeldefrist **3** **jemanden/etwas (irgendwo) anmelden** jemanden oder eine Sache bei einer Behörde eintragen, registrieren lassen ⟨das Auto, eine Veranstaltung, eine Demonstration anmelden⟩ ↔ *abmelden* | *Nach der Ankunft in der Bundesrepublik muss man sich beim Einwohnermeldeamt anmelden* K Anmeldegebühr, Anmeldepflicht **4** **etwas (bei jemandem) anmelden** jemandem ein Problem oder die persönliche Einstellung zu etwas mitteilen, äußern ⟨Wünsche, Zweifel, einen Einspruch anmelden⟩ ≈ *vorbringen*

LANDESKUNDE

▶ anmelden – abmelden

In Deutschland gibt es die **Meldepflicht.**
Jede Person, ob deutscher Staatsbürger oder nicht, muss sich innerhalb einer Woche bei dem zuständigen **Einwohnermeldeamt** anmelden, wenn sie in eine neue Wohnung zieht.

Beim Umzug ins Ausland muss man sich am bisherigen Wohnsitz **abmelden.** Ähnliche Bestimmungen gelten in Österreich und in der Schweiz.

★ **An·mel·dung** *die* **1** das Anmelden eines Besuchs, der Teilnahme, eines Wohnsitzes oder eines Anspruchs | *Bei der Anmeldung habe ich bereits gesagt, dass wir zu dritt kommen* | *Die Anmeldung für den Kurs erfolgt nur über das Internet* | *Die Anmeldung des Wohnsitzes ist in Deutschland Pflicht* | *Für die Anmeldung von Ansprüchen muss die vertragliche Frist eingehalten werden* **2** ein Schalter oder Büro bei einer Firma, in einer Arztpraxis o. Ä., an dem man sagt, dass man angekommen ist ≈ *Empfang* | *Bei Ihrer Ankunft gehen Sie bitte zuerst zur Anmeldung*

an·mer·ken VERB *(hat)* **1** **etwas anmerken** etwas ergänzend zu etwas feststellen oder sagen | *Er merkte an, dass es sich dabei nur um ein vorläufiges Ergebnis handle* **2** **etwas anmerken** etwas Wichtiges in einem Text durch ein Zeichen markieren **3** **jemandem etwas anmerken** *gesprochen* etwas am Aussehen oder am Verhalten einer Person erkennen ⟨einer Person ihren Kummer, ihre Freude, Wut anmerken; sich *(Dativ)* nichts anmerken lassen⟩ | *Man merkt ihm nicht an, dass er schon 65 ist* | *Ihr war die schlaflose Nacht deutlich anzumerken*

An·mer·kung *die*; (-, -en) **1** eine ergänzende (schriftliche oder mündliche) Äußerung zu etwas ⟨eine kritische Anmerkung machen⟩ **2** eine kurze ergänzende oder erklärende Bemerkung (meist in einer wissenschaftlichen Arbeit) zu einem Text

an·mot·zen VERB *(hat)* **jemanden anmotzen** *gesprochen* ≈ *beschimpfen* | *Hör doch auf, mich ständig anzumotzen!*

An·mut *die*; (-); *geschrieben* die Eigenschaft, sich sehr harmonisch und elegant zu bewegen und zu verhalten | *eine Primaballerina voller Anmut* • hierzu **an·mu·tig** ADJEKTIV

an·mu·ten VERB (mutete an, hat angemutet) **etwas mutet jemanden irgendwie an** *geschrieben* etwas erweckt bei jemandem den genannten (meist ungewöhnlichen) Eindruck | *Sein Verhalten mutet mich äußerst eigenartig an*

an·nä·hen VERB *(hat)* **etwas (an etwas** *(Dativ/Akkusativ)***) annähen** etwas durch Nähen an etwas befestigen | *den abgerissenen Knopf wieder an dem/an den Mantel annähen*

an·nä·hern VERB *(hat)* **1** **etwas einer Sache** *(Dativ)* **annähern** etwas einer Sache ähnlich machen | *eine Kopie dem Original annähern* **2** **sich jemandem/etwas annähern** versuchen, zu einer Person oder Sache Kontakt aufzunehmen oder in eine gewisse Beziehung zu ihr zu treten | *Er versuchte, sich den Gastgebern in dem fremden Land anzunähern* • hierzu **An·nä·he·rung** *die*

an·nä·hernd ■ PARTIZIP PRÄSENS **1** → annähern
■ PARTIKEL **2** *geschrieben betont und unbetont* so, dass es etwas (meist einer Anzahl oder Größe) sehr nahe kommt ≈ *ungefähr* | *Die Antwort ist annähernd richtig* | *Annähernd 100 Zuschauer besuchten die Veranstaltung* | *Er ist nicht annähernd so intelligent, wie ich gemeint habe*

An·nä·he·rungs·ver·such *der* der Versuch, mit jemandem (meist des anderen Geschlechts) näher in Kontakt zu kommen ⟨ein plumper Annäherungsversuch; einen Annäherungsversuch machen⟩ | *Ich hab seine dämlichen Annäherungsversuche satt!*

★ **An·nah·me** *die*; (-, -n) **1** das, was man auf der Grundlage von Informationen glaubt ⟨eine falsche, richtige Annahme; der Annahme sein, dass …; Grund zur Annahme haben, dass …; etwas tun in der Annahme, dass …⟩ ≈ *Vermutung* | *Gehe ich recht in der Annahme, dass Sie hier neu sind?* (Ist meine Vermutung richtig?) **2** der Vorgang, wenn man das nimmt oder akzeptiert, was eine andere Person einem geben will | *Der Empfänger hat die Annahme des Paketes verweigert* | *Beamten ist die Annahme von Geschenken von Kunden verboten* K Annahmestelle **3** der Vorgang, wenn eine Vorschlag, eine Bedingung, ein Antrag usw. akzeptiert wird

An·na·len *die*; *Plural*; *geschrieben* Bücher, in denen jedes Jahr die wichtigsten (geschichtlichen) Ereignisse aufgezeichnet werden ■ **ID** **etwas geht in die Annalen ein** Ein Ereignis ist so wichtig, dass es nicht vergessen wird

an·nehm·bar ADJEKTIV **1** so, dass alle Beteiligten damit einverstanden sein können ⟨ein Vorschlag, ein Kompromiss⟩ ≈ *akzeptabel* **2** *gesprochen* so, dass man damit zufrieden sein kann | *Das Haus sieht von außen ganz annehmbar aus*

★ **an·neh·men** VERB *(hat)* **1** **(etwas) annehmen** etwas, das man von einer Person bekommt, gerne nehmen und behalten ⟨ein Geschenk, ein Paket annehmen⟩ **2** **(etwas) an-**

nehmen etwas akzeptieren oder mit etwas einverstanden sein ⟨einen Antrag, eine Einladung, einen Vorschlag annehmen; jemandes Bedingungen, jemandes Entschuldigung annehmen⟩ | *„Ich habe ihm ein wirklich tolles Angebot gemacht." – „Und, hat er (es) angenommen?"* **3** **(etwas) annehmen** wegen der Informationen, die man hat, glauben, dass etwas wahr ist ≈ *vermuten* | *„Kommt er noch?" – „Ich nehme schon an."* | *Ich nehme an, dass das so richtig ist* | *Ich nahm an, er würde es machen* | *Er nahm an, das Problem lösen zu können* **H** Das Objekt ist meistens ein Nebensatz. **4** **jemanden annehmen** eine positive Antwort auf die Bewerbung einer Person in einer Firma o. Ä. geben **5** **etwas annehmen** etwas tun, weil man es bei anderen Personen gesehen oder sich daran gewöhnt hat ⟨eine Gewohnheit, schlechte Manieren annehmen⟩ **6** **etwas annehmen** etwas (als Hypothese) voraussetzen | *Nehmen wir einmal an, wir hätten kein Auto. Was würde sich dann in unserem Leben ändern?* | *Nehmen wir mal an, dass es morgen regnet. Gehen wir dann ins Museum?* **7** **ein Kind annehmen** ein Kind, dessen Vater oder Mutter man selbst nicht ist, in die Familie aufnehmen ≈ *adoptieren* **8** **etwas nimmt Gestalt/Formen an** das Ergebnis oder das Endprodukt einer Sache wird (allmählich) deutlich oder erkennbar | *Unsere Urlaubspläne nehmen langsam Gestalt an* **9** **etwas nimmt etwas an** etwas erreicht einen größeren Umfang, eine größere Intensität oder größere Dimensionen | *Seine Brutalität nahm immer schlimmere Formen an* **10** **sich einer Person/Sache** *(Genitiv)* **annehmen** *geschrieben* sich um eine Person oder Sache kümmern, für sie sorgen

An·nehm·lich·keit *die;* (-, -en); *meist Plural; geschrieben* etwas, das angenehm oder bequem ist und Vorteile bringt | *Seit ich in Berlin lebe, genieße ich die Annehmlichkeiten des Lebens in der Großstadt*

an·nek·tie·ren VERB (annektierte, hat annektiert) **ein Staat annektiert etwas** *geschrieben* ein Staat bringt ein Gebiet mit Gewalt und ohne rechtlichen Anspruch in den eigenen Besitz ● hierzu **An·nek·tie·rung** *die;* **An·ne·xi·on** *die*

an·no, An·no **1** **anno dazumal** *gesprochen, humorvoll* früher, vor langer Zeit **2** *veraltend* im Jahre | *anno 1492* **3** **anno/Anno Domini** *+Jahreszahl* die Zahl der Jahre nach Christi Geburt **H** Abkürzung: *a. D.* oder *A. D.*

★ **An·non·ce** [aˈnõːsə] *die;* (-, -n) eine Anzeige in einer Zeitung ⟨eine Annonce aufgeben; auf eine Annonce antworten⟩ **K** Annoncenteil; Heiratsannonce, Zeitungsannonce

an·non·cie·ren [anõˈsiːrən] VERB (annoncierte, hat annonciert) **(etwas) (irgendwo) annoncieren** eine Annonce veröffentlichen und etwas anbieten | *in der Tageszeitung eine Wohnung annoncieren*

an·nul·lie·ren VERB (annullierte, hat annulliert) **etwas annullieren** *geschrieben* offiziell erklären, dass etwas nicht mehr gültig ist ⟨ein Gesetz, ein Urteil, eine Ehe annullieren⟩ ● hierzu **An·nul·lie·rung** *die*

Ano·de *die;* (-, -n) der Pol, der positiv geladen ist und somit die Elektronen anzieht ≈ *Pluspol* ↔ *Kathode*

an·öden VERB (ödete an, hat angeödet) **eine Person/Sache ödet jemanden an** *gesprochen* eine Person oder Sache langweilt jemanden sehr | *Das Leben auf dem Lande ödet mich einfach an!*

ano·mal ADJEKTIV; *geschrieben* nicht normal ⟨ein Verhalten⟩

Ano·ma·lie *die;* (-, -n [-ˈliːən]); *geschrieben* eine Erscheinung, die vom Normalen (oft in krankhafter Weise) abweicht

★ **ano·nym** [-ˈnyːm] ADJEKTIV **1** ohne den Namen des Verfassers, Absenders usw. ⟨ein Brief, ein Leserbrief, ein Anruf; anonym bleiben wollen⟩ | *Der Spender möchte anonym bleiben* **2** *meist abwertend* so, dass es für die Menschen schwierig ist, miteinander in Kontakt zu kommen ⟨ein Häuserblock, eine Wohnsiedlung⟩

Ano·ny·mi·tät *die;* (-) **1** der Zustand oder Umstand, bei dem jemandes Name oder Identität nicht bekannt ist ⟨die Anonymität wahren⟩ **2** der Zustand, bei dem etwas anonym ist | *Die Anonymität der Großstadt hat für manche Menschen auch etwas Positives*

Ano·rak *der;* (-s, -s) eine sportliche Jacke (meist mit Kapuze), die gut gegen Wasser und Wind schützt und z. B. beim Skifahren getragen wird

an·ord·nen VERB *(hat)* **1** **etwas anordnen** (als Autorität) bestimmen oder befehlen, dass etwas meist offiziell durchgeführt wird | *Die Regierung ordnete eine Untersuchung der Ursachen des Unglücks an* **2** **Dinge irgendwie anordnen** etwas auf die genannte Art auf- oder zusammenstellen | *Wörter alphabetisch/nach Sachgebieten anordnen* ● hierzu **An·ord·nung** *die*

an·or·ga·nisch ADJEKTIV **1** so, dass Substanzen und Vorgän-

WORTSCHATZ

▶ annehmen – vermuten – denken

Mit manchen Verben kann man über die Meinung einer Person zu einer Sache sprechen. Die Wahl des Verbs hängt auch vom Grad der Überzeugung ab, mit dem diese Meinung ausgedrückt wird.

Annehmen ...

... drückt den höchsten Grad an Sicherheit aus. Ein Irrtum ist zwar möglich, aber aus der Sicht desjenigen, der etwas annimmt, sehr unwahrscheinlich:
Die Polizei nimmt an, dass es sich um ein Verbrechen handelt.
Ich nehme an, er wird morgen von seiner Reise zurückkommen.

Vermuten ...

... drückt aus, dass etwas als ziemlich sicher gilt. Es ist wahrscheinlich, dass die Vermutung auch zutrifft:
Man vermutet menschliches Versagen als Ursache des Unglücks.
Ich vermute, dass er die Prüfung nicht bestehen wird.

Denken, glauben, meinen ...

... drücken aus, dass es sich um ein persönliches Urteil handelt und dass andere Personen das ganz anders sehen können:
Meinst/Glaubst du, dass das geht?
Ich denke, er wird wohl mitmachen.

In der Vergangenheitsform drücken diese drei Verben oft aus, dass sich jemand geirrt hat:
Ich hatte geglaubt, sie würde vor uns da sein, aber das war sie nicht.

ge in der Natur weder mit Tieren noch mit Pflanzen zusammenhängen ↔ *organisch* | *Salze sind anorganische chemische Verbindungen* **2** **anorganische Chemie** der Bereich der Chemie, der Verbindungen mit Kohlenstoff oder Kohlenwasserstoffen untersucht

an·or·mal ADJEKTIV; *geschrieben* nicht normal ⟨ein Verhalten⟩

an·pa·cken VERB *(hat)* **1** **jemanden/etwas anpacken** jemanden oder etwas kräftig oder fest mit den Händen greifen **2** **jemanden irgendwie anpacken** *gesprochen* jemanden irgendwie behandeln | *Jetzt ist er beleidigt, du hast ihn wohl zu hart angepackt* **3** **etwas irgendwie anpacken** *gesprochen* eine Aufgabe oder Arbeit in der genannten Weise bewältigen, durchführen | *Er versteht es, heikle Probleme richtig anzupacken* **4** **mit anpacken** *gesprochen* bei einer (körperlichen) Arbeit helfen, vor allem beim Tragen **5** **anpacken können** *gesprochen* bei (körperlicher) Arbeit viel leisten können

★ **an·pas·sen** VERB *(hat)* **1** **eine Sache jemandem/etwas anpassen** eine Sache so bearbeiten oder verändern, dass sie jemandem oder zu etwas passt | *das Kleid der Figur/der Kundin anpassen* **2** **Dinge einer Sache** *(Dativ)* **anpassen** Dinge so gestalten, dass sie zu einer Situation oder Bedingung passen oder für sie geeignet sind | *die Kleidung der Jahreszeit anpassen* | *das Verhalten der Situation anpassen* **3** **eine Person/Sache passt sich (jemandem/etwas) an; eine Person/Sache passt sich (an jemanden/etwas) an** Eine Person/Sache verändert sich so, dass die Person ohne Schwierigkeiten mit anderen Personen oder den genannten Umständen leben kann | *sich den/an die Kollegen anpassen* | *In kürzester Zeit hat sich der Kreislauf dem tropischen Klima angepasst*

An·pas·sung *die;* (-, -en); *meist Singular* **1** **die Anpassung (an jemanden/etwas)** das Verhalten, durch das man sich an jemanden/etwas anpasst | *die Anpassung an die Umwelt* **K** Anpassungsfähigkeit, Anpassungsschwierigkeiten, Anpassungsvermögen, anpassungsfähig **2** **die Anpassung (an etwas** *(Akkusativ)***)** der Vorgang, durch den man zwei oder mehrere Dinge aufeinander abstimmt | *die Anpassung der Renten an die Inflationsrate*

an·pei·len VERB *(hat)* **1** **etwas anpeilen** durch Peilen den Standort oder die Richtung der Bewegung einer Sache bestimmen | *einen Sender anpeilen* **2** **etwas anpeilen** *gesprochen, humorvoll* versuchen, das genannte Ziel zu erreichen | *Ich peile in Mathematik eine 2 an* (Ich möchte in Mathematik die Note 2 bekommen) • zu (1) **An·pei·lung** *die*

an·pfei·fen VERB *(hat)* **1** **(etwas) anpfeifen** als Schiedsrichter ein Spiel durch einen Pfiff beginnen lassen | *Der Schiedsrichter pfiff das Spiel an* **2** **jemanden anpfeifen** *gesprochen* ≈ *tadeln*

An·pfiff *der* **1** *meist Singular* der Beginn eines (Teils eines) Spiels durch einen Pfiff vom Schiedsrichter **2** *gesprochen* eine scharfe Kritik (meist durch einen Vorgesetzten) ⟨einen Anpfiff bekommen⟩

an·pflan·zen VERB *(hat)* **1** **etwas (irgendwo) anpflanzen** Pflanzen in den Erdboden stecken, damit sie dort wachsen können | *Blumen/Mais/Sträucher anpflanzen* **2** **etwas anpflanzen** eine Fläche bepflanzen ⟨einen Garten, ein Beet anpflanzen⟩

An·pflan·zung *die* **1** die Fläche, auf der Sträucher, junge Bäume o. Ä. angepflanzt sind **2** das Anpflanzen oder der Anbau | *die Anpflanzung von Bäumen* **3** das Anpflanzen ⟨die Anpflanzung eines Gartens, eines Beets⟩

an·pflau·men VERB (pflaumte an, hat angepflaumt) **jemanden anpflaumen** *gesprochen, abwertend* ≈ *anpöbeln*

an·pir·schen VERB *(hat)* **sich (an ein Tier) anpirschen** sich (als Jäger) leise und vorsichtig einem Tier nähern

an·pö·beln VERB *(hat)* **jemanden anpöbeln** *abwertend* jemanden mit beleidigenden Worten und Handlungen belästigen oder provozieren | *Sie wurde von den Rowdies auf offener Straße angepöbelt*

an·pran·gern VERB (prangerte an, hat angeprangert) **jemanden/etwas anprangern** öffentlich schwere Vorwürfe gegen jemanden/etwas machen ⟨Missstände, Unsitten anprangern⟩ • hierzu **An·pran·ge·rung** *die*

an·prei·sen VERB *(hat)* **etwas anpreisen** eine Ware oder Dienstleistungen vor allem wegen guter Qualität loben • hierzu **An·prei·sung** *die*

★ **an·pro·bie·ren** VERB *(hat)* **(etwas) anprobieren** ein Kleidungsstück anziehen, damit man sieht, ob es die richtige Größe hat und ob man es schön findet | *Ich möchte gern diese drei Kostüme anprobieren* • hierzu **An·pro·be** *die*

an·pum·pen VERB *(hat)* **jemanden (um etwas) anpumpen** *gesprochen* jemanden bitten, einem Geld zu leihen

an·quat·schen VERB *(hat)* **jemanden anquatschen** *gesprochen* sehr direkt (und in lässigem Ton) ein Gespräch mit jemandem anfangen | *von einem Fremden auf der Straße angequatscht werden*

An·rai·ner *der;* (-s, -); *besonders süddeutsch* Ⓐ der Nachbar, der auf dem Grundstück direkt nebenan wohnt • hierzu **An·rai·ne·rin** *die*

An·rai·ner·staat *der* ≈ *Anliegerstaat*

an·ra·ten VERB *(hat)* **jemandem etwas anraten** jemandem empfehlen, das Genannte zu tun

An·ra·ten **auf jemandes Anraten** *geschrieben* auf jemandes Empfehlung (z. B. eines Anwalts, eines Arztes) | *Auf Anraten des Hausarztes machte er einen Erholungsurlaub an der Nordsee*

an·rau·en ['anrauən] VERB (raute an, hat angeraut) **etwas anrauen** die Oberfläche einer Sache ein bisschen rau machen | *ein Brett mit Sandpapier anrauen*

an·rech·nen VERB *(hat)* **1** **etwas (auf etwas** *(Akkusativ)***) anrechnen** ein Verkäufer schätzt beim Verkauf einer neuen Ware den Wert einer alten (gebrauchten) Ware o. Ä., welche der Käufer mitbringt. Der Verkäufer bekommt die alte Ware und zieht deshalb ihren Wert vom Preis für die neue Ware ab | *Der Händler hat mir den Wert des alten Autos auf den Preis des neuen angerechnet* | *eine Gutschrift anrechnen* **2** **etwas anrechnen** eine Leistung in der Schule oder Universität zum Teil eines Zeugnisses werden lassen **3** **jemandem etwas hoch anrechnen** jemandes Verhalten sehr positiv bewerten | *Ich rechne (es) ihm hoch an, dass er mir geholfen hat*

An·recht *das; meist Singular* **ein Anrecht (auf etwas** *(Akkusativ)***)** das Recht, etwas zu fordern, für sich zu bekommen ⟨ein Anrecht auf Wohngeld/Unterhalt haben⟩ ≈ *Anspruch*

★ **An·re·de** *die* die sprachliche Form, in der man sich mündlich oder am Anfang eines Briefs an jemanden wendet ⟨eine förmliche, höfliche, vertrauliche Anrede⟩ **I** → Info-Fenster nächste Seite

★ **an·re·den** VERB *(hat)* **1** **jemanden anreden** sich mit Worten an jemanden wenden ≈ *ansprechen* **2** **jemanden irgendwie anreden** in einer vorgegebenen sprachlichen Form mit jemandem sprechen ⟨jemanden mit du, mit Sie, mit dem Vornamen/Nachnamen/Titel anreden⟩ | *Unser Chef liebt es, mit „Herr Direktor" angeredet zu werden* **3** **gegen etwas anreden** versuchen, so laut zu sprechen, dass man trotz eines lauten Geräusches noch gehört wird | *Gegen diesen Lärm kann ich nicht mehr anreden!* **4** **gegen jemanden anreden** versuchen, bessere Argumente zu bringen als eine andere Person (um sich gegen sie durchzusetzen) | *gegen einen Redner der Opposition anreden*

SPRACHGEBRAUCH

▶ Die Anrede: Wer sagt was zu wem?

Unter Erwachsenen wird die Anrede mit **Sie** dann verwendet, wenn die Personen einander nicht gut kennen und keine persönliche Beziehung zueinander haben. Die Anrede mit **du** setzt voraus, dass die Leute einander kennen und einander auch persönlich nahe sind.

Die Anrede mit **du** setzt das Einverständnis der angeredeten Person voraus. Dieses Einverständnis ergibt sich entweder aus der Situation oder eine der Personen bittet ausdrücklich darum, mit **du** angeredet zu werden. Fremde mit **du** anzusprechen wird oft als respektlos oder beleidigend empfunden.

Du sagt man grundsätzlich, wenn man mit Dingen, Tieren, Göttern usw. spricht, als wären sie Menschen.

Du sagen alle Erwachsenen zu Kindern und jüngeren Jugendlichen.

Du zueinander sagen immer Mitglieder einer Familie und Verwandte, Freunde, Kinder und jüngere Leute untereinander (Schüler, Studenten, Auszubildende usw.).

Du zueinander sagt man außerdem in vielen Situationen, in denen die Anwesenden ein Gefühl der Zusammengehörigkeit betonen wollen, zum Beispiel unter Parteigenossen, im Verein oder beim Sport.

Sie sagen grundsätzlich Kinder (sobald sie dies gelernt haben) und Jugendliche zu Erwachsenen, wenn diese keine Verwandten oder Freunde der Familie sind.

Sie zueinander sagen ansonsten Erwachsene untereinander:
- immer in formellen Situationen,
- bei Unterschieden in der Hierarchie (Vorgesetzte/Mitarbeiter, Professoren/Studenten usw.),
- in allen oben nicht genannten Situationen, wenn sie sich nicht oder nicht gut kennen.

Mehrere Leute, zu denen man einzeln **du** sagt, spricht man mit **ihr** an.

Mehrere Personen, zu denen man einzeln **Sie** sagt, spricht man mit **Sie** an.

Befinden sich unter den angesprochenen Personen solche, die man duzt, und solche, die man siezt, dann ist es besser, alle zusammen mit **Sie** anzureden.

★ **an·re·gen** VERB *(hat)* **1** **etwas anregen** die Idee zu etwas geben | *Sie regte an, das Haus zu verkaufen* **2** **jemanden zu etwas anregen** versuchen, durch einen Vorschlag oder Hinweis jemanden dazu zu bringen, etwas zu tun ≈ *ermuntern* | *Kann ich Sie zu einem kurzen Spaziergang mit mir anregen?* **3** **etwas regt jemanden/etwas an** etwas wirkt so, dass eine Person wacher oder körperlich oder geistig aktiver wird ⟨etwas regt die Fantasie, den Appetit an⟩ | *ein sehr anregendes Gespräch mit jemandem führen* | *Kaffee regt den Kreislauf an*

An·re·gung *die* **1** **eine Anregung (zu etwas)** ein Vorschlag, mit dem jemand zu etwas angeregt werden soll | *Die Anregung zu dem Projekt kam von einem Kollegen* **2** **eine Anregung (für etwas)** ein nützlicher Hinweis oder Vorschlag, den man von jemandem bekommt oder jemandem gibt | *Ich habe hier wichtige Anregungen für meine weitere Arbeit gefunden* **3** **zur Anregung** +*Genitiv* mit einer belebenden, aktivierenden Wirkung auf etwas | *eine Tablette zur Anregung des Kreislaufs/des Appetits*

an·rei·chern VERB (reicherte an, hat angereichert) **1** **etwas (mit etwas) anreichern** die Qualität verbessern, indem man etwas hinzufügt oder die Konzentration erhöht | *einen Fruchtsaft mit Vitaminen anreichern* | *angereichertes Uran* **2** **etwas reichert sich an** *geschrieben* etwas sammelt sich in großen Mengen an | *Die Giftstoffe reichern sich in der Luft an* **3** **etwas reichert sich mit etwas an** *geschrieben* etwas wird mit den genannten Substanzen voll | *Das Grundwasser reichert sich mehr und mehr mit Chemikalien an* • hierzu **An·rei·che·rung** *die*

An·rei·se *die; meist Singular* **1** die Fahrt zum Reiseziel | *Die Anreise dauerte 6 Stunden* **2** *geschrieben* die Ankunft eines Besuchers ⟨jemandes Anreise erwarten⟩ **K** Anreisetag

an·rei·sen VERB *(ist)* zum Reiseziel fahren | *Wir sind erst gestern mit dem Wohnwagen angereist*

an·rei·ßen VERB *(hat); gesprochen* **1** **etwas anreißen** die Verpackung einer Ware öffnen und sie zu verbrauchen beginnen | *eine Tafel Schokolade anreißen* **2** **etwas anreißen** etwas kurz oder oberflächlich besprechen oder im Gespräch behandeln ⟨eine Frage, ein Problem, ein Thema anreißen⟩

An·reiz *der* **ein Anreiz (zu etwas)** etwas Interessantes oder Attraktives, das jemanden zu etwas motivieren soll ⟨jemandem einen materiellen Anreiz geben⟩ | *jemandem einen Anreiz bieten, eine unangenehme Arbeit zu tun*

an·rem·peln VERB *(hat)* **jemanden anrempeln** mit der Schulter oder dem Ellbogen (absichtlich) gegen eine Person stoßen, während man an ihr vorbeigeht | *im Gedränge angerempelt werden*

an·ren·nen VERB *(ist)* **1** **angerannt kommen** schnell in die Richtung laufen, in der sich eine Person befindet, und zu ihr kommen | *Gerade als sie das Geschäft schließen wollte, kam noch ein Kunde angerannt* **2** **gegen jemanden/etwas anrennen** zu einer Person oder Sache laufen, mit der Absicht, gegen die Person zu kämpfen oder die Sache zu zerstören ⟨gegen den Feind, die Festung, eine Mauer von Vorurteilen anrennen⟩ **3** **gegen jemanden/etwas anrennen** *gesprochen* (meist ohne Aussicht auf Erfolg) versuchen, besser als eine andere Person oder etwas zu sein ⟨gegen die Konkurrenz anrennen⟩ **4** **sich** *(Dativ)* **etwas (an etwas** *(Dativ)***) anrennen** *gesprochen* beim Gehen oder Laufen gegen etwas stoßen und sich dabei verletzen

An·rich·te *die;* (-, -n) ein Schrank für Geschirr, welcher eine Fläche hat, auf der man Speisen vorbereiten und abstellen kann

★ **an·rich·ten** VERB *(hat)* **1** **etwas anrichten** (meist ohne Absicht) etwas tun, das ein negatives Ergebnis hat ⟨Chaos,

Schaden, Unheil, ein heilloses Durcheinander anrichten⟩ **2** **etwas anrichten** die bereits zubereiteten Speisen (vor allem auf großen Tellern oder in Schüsseln) zusammenstellen | *Ihr könnt kommen, das Essen ist angerichtet!*

an·rol·len VERB **1** **etwas rollt an** *(ist)* etwas beginnt zu rollen | *Langsam rollte der Zug an* **2** **etwas anrollen** *(hat)* etwas durch Rollen irgendwohin bringen ⟨Fässer anrollen⟩

an·ros·ten VERB *(ist)* **etwas rostet an** etwas beginnt zu rosten ⟨Stahl, ein Messer⟩ H meist im Partizip Perfekt

an·rü·chig ADJEKTIV **1** moralisch verdächtig und daher mit schlechtem Ruf ⟨eine Bar, ein Nachtclub⟩ **2** ⟨ein Lebenswandel, ein Witz⟩ so, dass sie als unmoralisch empfunden werden

an·rü·cken VERB *(ist)* **1** **Personen rücken an** eine organisierte Gruppe kommt zu einem Einsatz irgendwohin ⟨die Polizei, die Feuerwehr, die Truppen⟩ **2** **Personen rücken an** *gesprochen, ironisch* Personen kommen (in großer Zahl) | *Plötzlich rückte meine gesamte Verwandtschaft an*

★ **An·ruf** *der* eine telefonische Verbindung oder ein Gespräch am Telefon mit jemandem ⟨einen Anruf bekommen, erhalten; auf einen dringenden Anruf warten⟩ | *Ist ein Anruf für mich gekommen?* H vergleiche **Telefonat**

An·ruf|be·ant·wor·ter *der*; (-s, -) **ein automatischer Anrufbeantworter** eine Funktion beim Telefon oder Handy. Damit kann man die Nachricht eines Anrufers später abhören

★ **an·ru·fen** VERB *(hat)* **1** **(jemanden) anrufen; bei jemandem anrufen** mit jemandem per Telefon in Kontakt treten | *Hat jemand angerufen?* | *Ruf doch mal an!* | *Ich rufe dich morgen Abend an und gebe dir Bescheid* **2** **jemanden/etwas anrufen** eine Person oder eine übergeordnete Stelle bitten, zu helfen oder ein Problem zu entscheiden ⟨ein Gericht, eine höhere Instanz, einen Vermittlungsausschuss anrufen⟩ • zu (1) **An·ru·fer** *der*; zu (1) **An·ru·fe·rin** *die*; zu (2) **An·ru·fung** *die*

an·rüh·ren VERB *(hat)* **1** **jemanden/etwas anrühren** jemanden oder etwas mit der Hand greifen oder anfassen | *„Wer hat diese Unordnung gemacht?" – „Ich nicht, ich habe hier überhaupt nichts angerührt."* H meist verneint **2** **etwas anrühren** (einen Teil von) etwas essen, trinken oder verbrauchen | *Seit Kurzem ist er Vegetarier und rührt kein Fleisch mehr an* H meist verneint **3** **etwas (mit etwas) anrühren** die einzelnen Zutaten oder Bestandteile einer Masse miteinander mischen ⟨den Teig anrühren; die Soße mit Mehl anrühren; Gips, Kleister mit Wasser anrühren⟩

★ **ans** PRÄPOSITION *mit Artikel* an das H *Ans* kann nicht durch *an das* ersetzt werden in Verbindungen mit einem substantivierten Infinitiv (*ans Aufhören denken*) und in Wendungen wie: *etwas kommt ans Licht.*

an·sä·en VERB *(hat)* **(etwas) ansäen** Samen auf/in die Erde tun, damit neue Pflanzen wachsen | *Blumen/einen Rasen ansäen*

An·sa·ge *die* (im Radio/Fernsehen, bei einer Veranstaltung oder am Bahnhof) der (kurze) Text, mit dem man jemanden/etwas ansagt ⟨die Ansage machen⟩

an·sa·gen VERB *(hat)* **1** **jemanden/etwas ansagen** (im Radio/Fernsehen, bei einer Veranstaltung oder am Bahnhof) die Zuhörer/Zuschauer/Reisenden informieren, welche Sendung, welcher Programmteil, welcher Künstler oder welcher Zug als Nächstes kommt **2** **sich (bei jemandem) ansagen** einer Person sagen, dass man sie besuchen wird | *Für Sonntag hat sich Besuch angesagt* • zu (1) **An·sa·ger** *der*; zu (1) **An·sa·ge·rin** *die*

an·sam·meln VERB *(hat)* **1** **Dinge ansammeln** immer mehr Dinge sammeln, um möglichst viele davon zu haben ⟨Münzen, Antiquitäten, Vorräte ansammeln⟩ **2** **etwas sammelt sich an** etwas wird mehr oder intensiver, eine Menge kommt zusammen ⟨Staub; Wut, Ärger⟩ | *Bei mir hat sich wieder mal eine Menge Arbeit angesammelt*

An·samm·lung *die* **1** die Anzahl oder Menge, die sich angesammelt hat K Flüssigkeitsansammlung **2** eine Menschenmenge, die an einem Ort wegen eines Vorfalls zusammengekommen ist K Menschenansammlung

an·säs·sig ADJEKTIV **irgendwo ansässig sein** an dem genannten Ort leben

★ **An·satz** *der* **1** die Stelle, an der etwas (vor allem ein Körperteil) anfängt oder sich zu entwickeln beginnt K Haaransatz, Halsansatz **2** die ersten sichtbaren Zeichen oder die Vorstufe einer (möglichen) Entwicklung | *Aus Kummer aß er so viel, dass er den Ansatz zu einem Bauch bekam* | *In den ersten Gemälden zeigte er gute Ansätze, einmal ein berühmter Maler zu werden* K Bauchansatz, Rostansatz **3** *nur Singular* die Art und Weise (vor allem die Stellung der Lippen und der Zunge), mit der ein Sänger oder Bläser einen Ton erzeugt ⟨einen guten, weichen, harten Ansatz haben⟩ **4** die mathematische Form, in die eine Aufgabe gebracht wird, die als Text formuliert war ⟨den richtigen Ansatz finden⟩

An·satz·punkt *der* die Stelle oder Tatsache, die man als Basis für den Beginn oder die Weiterführung einer Handlung nimmt | *Der Ansatzpunkt für seine Kritik war ihr mangelndes Engagement*

an·satz·wei·se ADVERB bisher nur in geringem Maße ⟨etwas ist (nur) ansatzweise vorhanden⟩ | *Der Plan ist erst ansatzweise ausgearbeitet*

★ **an·schaf·fen** VERB *(hat)* **1** **(sich** *(Dativ)*) **etwas anschaffen** einen Gegenstand kaufen, der meist groß ist und viel Geld kostet | *Ich habe mir einen Wohnwagen/eine neue Waschmaschine angeschafft* **2** **(sich** *(Dativ)*) **ein Tier anschaffen** ein Tier kaufen oder zu sich nehmen ⟨einen Hund, eine Katze anschaffen⟩ **3** **(jemandem) etwas) anschaffen** *gesprochen* jemandem etwas befehlen **4** **anschaffen (gehen)** *gesprochen!* als Prostituierte(r) Geld verdienen

An·schaf·fung *die*; (-, -en) **1** *nur Singular* der Kauf eines meist großen und relativ teuren Gegenstands | *In diesem Jahr stehen einige größere Anschaffungen an* K Anschaffungskosten, Anschaffungspreis, Anschaffungswert **2** der Gegenstand, den man sich angeschafft hat ⟨eine teure, notwendige Anschaffung⟩

★ **an·schal·ten** VERB *(hat)* **(etwas) anschalten** ein elektrisches Gerät in Betrieb setzen ≈ *einschalten* ↔ *abschalten* | *eine Lampe/den Fernseher anschalten*

★ **an·schau·en** VERB *(hat)* **jemanden/etwas anschauen** die Augen auf jemanden/etwas richten, oft um zu zeigen, dass man aufmerksam ist oder um etwas zu prüfen ≈ *ansehen* | *Schau mich an, wenn ich mit dir rede!* | *Diese Verletzung sollte sich mal ein Arzt anschauen*

an·schau·lich ADJEKTIV (wegen der Beispiele oder der guten Erklärungen) klar und einfach zu verstehen ⟨eine Darstellung⟩ | *einen komplizierten technischen Sachverhalt anschaulich erklären* • hierzu **An·schau·lich·keit** *die*

An·schau·ung *die*; (-, -en) **1** **eine Anschauung (über etwas** *(Akkusativ)*); **eine Anschauung zu etwas** eine spezielle Meinung oder Ansicht über etwas ⟨eine Anschauung vertreten; jemandes Anschauungen (zu einem Problem) teilen; zu der Anschauung gelangen, dass ...⟩ ≈ *Auffassung* **2** **eine Anschauung (von etwas)** das, was man sich unter einer Sache vorstellt, was man unter ihr versteht | *Was ist Ihre Anschauung von der Ehe?* K Lebensanschauung **3** *nur Singular* ⟨etwas aus eigener Anschauung kennen⟩ ≈ *Erfahrung*

An·schau·ungs·ma·te·ri·al *das* Gegenstände (wie z. B. Bilder) und Beispiele, durch die ein konkreter und verständlicher Eindruck von etwas gegeben wird

★ **An·schein** *der; nur Singular; geschrieben* **1** ein erster Eindruck, der oft nicht den wirklichen Tatsachen entspricht | *Sie erweckten bei uns den Anschein, dass sie sehr ehrlich wären, doch dann betrogen sie uns* | *Es hat den Anschein, als ob wir hier nicht willkommen seien* **2** **sich** *(Dativ)* **den Anschein geben, jemand/etwas zu sein** so tun, als ob man jemand/etwas wäre | *Er gibt sich den Anschein, ein erfolgreicher Geschäftsmann zu sein* **3** **dem/allem Anschein nach** so, wie es zu sein scheint ≈ *vermutlich*

★ **an·schei·nend** ADVERB so, wie es wahrscheinlich ist und wie man es wegen der Tatsachen auch glauben kann ≈ *vermutlich* | *Anscheinend ist sie schon mit dem Fahrrad weggefahren* H vergleiche **scheinbar**

an·schi·cken VERB *(hat)* **sich anschicken zu** *+Infinitiv geschrieben* kurz davor sein, etwas zu tun | *Er schickte sich gerade an zu gehen, als der Anruf kam*

an·schie·ben VERB *(hat)* **(jemanden/etwas) anschieben** durch Schieben bewirken, dass ein stehendes Fahrzeug anfängt zu rollen | *Schiebst du mich bitte an? Die Batterie vom Auto ist leer!*

an·schie·ßen VERB **1** **jemanden anschießen** *(hat)* jemanden oder ein Tier durch einen Schuss verletzen **2** **angeschossen kommen** *gesprochen (ist)* sich sehr schnell in die Richtung bewegen, in der sich eine Person befindet, und zu ihr kommen ‹ein Auto, ein Motorrad›

an·schir·ren VERB *(hat)* **(ein Tier) anschirren** einem Pferd, Ochsen oder Esel das Geschirr anlegen

An·schiss *der; (-es, -e); gesprochen* A eine harte Kritik ‹einen Anschiss bekommen, kassieren, kriegen›

★ **An·schlag** *der* **1** **ein Anschlag (auf jemanden/etwas)** ein krimineller Versuch, aus politischen Gründen jemanden zu töten oder etwas zu zerstören ‹einen Anschlag auf einen Politiker, auf eine Botschaft verüben› ≈ *Attentat* K Bombenanschlag, Mordanschlag, Sprengstoffanschlag, Terroranschlag **2** **ein Anschlag (an etwas** *(Dativ)***)** ein Papier oder Plakat, das zur Bekanntmachung öffentlich aushängt ≈ *Aushang* | *die Anschläge am Schwarzen Brett beachten* **3** die Art, in der jemand die Tasten eines Instruments, eines Geräts niederdrückt | *einen harten/weichen Anschlag auf dem Klavier haben* **4** *meist Plural* das Drücken einer Taste auf einer Tastatur | *250 Anschläge in der Minute schreiben* **5** die Stelle, bis zu der man z. B. einen Regler oder Hebel drehen oder bewegen kann | *die Heizung bis zum Anschlag aufdrehen* **6** die Haltung, in der man mit einer Schusswaffe sofort schießen kann ‹das Gewehr im Anschlag halten›

★ **an·schla·gen** VERB **1** **etwas (an etwas** *(Dativ/Akkusativ)***) anschlagen** *(hat)* eine Information durch einen Anschlag öffentlich bekannt machen | *Die Termine für die nächsten Vorstellungen werden am Schwarzen Brett/an das Schwarze Brett angeschlagen* **2** **(sich** *(Dativ)***) etwas (an etwas** *(Dativ)***) anschlagen** *(hat)* (unabsichtlich) mit einem Körperteil gegen etwas stoßen und sich dabei wehtun | *Ich habe mir den Kopf an der Tür angeschlagen* **3** **etwas anschlagen** *(hat)* mit dem Klavier, der Gitarre o. Ä. Töne produzieren ‹einen Akkord, eine Melodie anschlagen› **4** **einen ernsten/unverschämten/scharfen Ton anschlagen** *(hat)* ernst/unverschämt usw. mit jemandem sprechen **5** **etwas schlägt an** etwas zeigt Wirkung | *Na, hat die Behandlung/Diät schon angeschlagen?* **6** **etwas schlägt bei jemandem an** *gesprochen (hat)* etwas lässt jemanden an Gewicht zunehmen | *Sie muss ständig auf ihr Gewicht achten, da bei ihr jede Süßigkeit anschlägt* **7** **(mit etwas) an etwas** *(Akkusativ)* **anschlagen** *(ist)* heftig an einen Gegenstand stoßen | *Er ist mit dem Kopf an die Mauer angeschlagen*

an·schlei·chen VERB *(hat)* **jemand schleicht sich (an eine Person/etwas** *(Akkusativ)***) an** ein Mensch oder ein Tier nähert sich jemandem oder einer Sache heimlich oder leise | *Der Löwe schlich sich an die Antilope an*

an·schlep·pen VERB *(hat)* **1** **etwas anschleppen** etwas Schweres unter großer Anstrengung herantragen **2** **jemand schleppt eine Person/Sache an** jemand zieht ein Fahrzeug mit einem anderen Fahrzeug, um den Motor wieder in Gang zu setzen ‹ein Auto anschleppen› | *Oliver musste Markus anschleppen* (Oliver musste mit dem eigenen Auto das Auto von Markus anschleppen, damit der Motor anspringt) **3** **jemanden/etwas anschleppen** *gesprochen* jemanden oder etwas mit nach Hause, zu einer Party o. Ä. bringen (meist so, dass es für andere nicht angenehm ist)

★ **an·schlie·ßen** VERB *(hat)* **1** **etwas (an etwas** *(Dativ/Akkusativ)***) anschließen** etwas mit einer Leitung oder einem System fest verbinden ‹den Fernseher, den Herd, die Waschmaschine anschließen; Haushalte an das Internet, an das Kabelnetz, an das Stromnetz/die Stromversorgung, an die Wasserversorgung anschließen› | *den Schlauch am/an den Wasserhahn anschließen* **2** **etwas (an etwas** *(Dativ/Akkusativ)***) anschließen** etwas mit einem Schloss an etwas festmachen | *das Fahrrad an einem/einen Laternenpfahl anschließen* **3** **etwas (an etwas** *(Akkusativ)***) anschließen** eine Äußerung oder Bemerkung zu etwas bereits Gesagtem hinzufügen | *Darf ich noch eine Frage anschließen?* **4** **etwas (einer Sache** *(Dativ)***/an etwas** *(Akkusativ)***) anschließen** etwas zu einer schon vorhandenen Sache hinzufügen | *Dem Krankenhaus wurde ein Pflegeheim angeschlossen* **5** **etwas schließt (sich) an etwas** *(Akkusativ)* **an** etwas liegt unmittelbar neben etwas | *Das Grundstück schließt direkt an den Park an* **6** **etwas schließt (sich) an etwas** *(Akkusativ)* **an** *geschrieben* etwas folgt (zeitlich) auf etwas | *An die Premiere schloss (sich) eine Diskussion mit dem Regisseur an* **7** **sich jemandem anschließen** zu einer Person oder Gruppe kommen und auch das tun, was sie tut | *Da er ganz allein im Ausland war, schloss er sich einer Gruppe junger Amerikaner an* **8** **sich jemandem/etwas anschließen** *geschrieben* sagen, dass man die Meinung einer anderen Person für gut hält, dass man ihr zustimmt | *sich der Ansicht eines Kollegen anschließen*

★ **an·schlie·ßend** ■ PARTIZIP PRÄSENS **1** → anschließen ■ ADVERB **2** *geschrieben* (zeitlich) direkt nach etwas ≈ *danach*

★ **An·schluss** *der* **1** die Verbindung mit einem System von Leitungen K Anschlussrohr; Gasanschluss, Stromanschluss, Telefonanschluss, Wasseranschluss **2** die telefonische Verbindung mit dem Gesprächspartner ‹keinen Anschluss bekommen; kein Anschluss unter dieser Nummer› **3** eine öffentliche Verkehrsverbindung, die von einem Ort weiter in die gewünschte Richtung führt | *In Hamburg haben Sie um 20 Uhr Anschluss nach Kiel* | *Hoffentlich verpassen wir unseren Anschluss nicht* K Anschlussflug, Anschlusszug **4** *nur Singular* persönliche Kontakte zu anderen Leuten ‹Anschluss suchen, finden, haben› | *Er tut sich sehr schwer, als Fremder Anschluss zu finden* **5** **der Anschluss an jemanden/etwas; der Anschluss zu jemandem/etwas** *nur Singular* die Situation, dass einer Person, einem Land o. Ä. eine ähnlich gute Leistung gelingt wie anderen Personen, Ländern usw. ‹den Anschluss an die Weltspitze halten, verlieren› | *Es gelang ihr, den Anschluss an die/zu den Spitzenathleten zu erreichen* **6** **im Anschluss an etwas** *(Akkusativ) geschrieben* (zeitlich) direkt nach etwas | *Im Anschluss an die Tagesschau sehen Sie einen Brennpunkt zur aktuellen Lage im Krisengebiet* **7** *historisch* die Vorgänge, durch die

Österreich 1938 Teil des Deutschen Reiches wurde ■ ID **den Anschluss verpasst haben** *gesprochen* die Möglichkeit nicht genutzt haben, meist sich beruflich zu verbessern

An·schluss|stel·le *die* eine Stelle, an der man eine Autobahn verlassen oder auf sie hinauffahren kann

an·schmach·ten VERB *(hat); gesprochen, humorvoll* **jemanden/etwas anschmachten** voller Bewunderung und Sehnsucht eine Person oder ihr Bild ansehen, weil man verliebt ist ≈ *anhimmeln*

an·schmie·gen VERB *(hat)* **sich (an jemanden) anschmiegen** sich zärtlich ganz eng an jemanden lehnen

an·schmieg·sam ADJEKTIV mit einem starken Bedürfnis nach Zärtlichkeit ‹ein Kind› ● hierzu **An·schmieg·samkeit** *die*

an·schmie·ren VERB *(hat)* **1** **etwas anschmieren** *abwertend* einen Gegenstand oder eine Fläche hässlich bemalen **2** **jemanden (mit etwas) anschmieren** jemanden oder sich selbst (unabsichtlich) mit Farbe oder Dreck schmutzig machen **3** **jemanden anschmieren** *gesprochen* jemanden absichtlich täuschen

★ **an·schnal·len** VERB *(hat)* **1** **(jemandem) etwas anschnallen** etwas mit Riemen oder Schnallen irgendwo befestigen ‹die Skier anschnallen› **2** **jemanden anschnallen** (meist im Auto oder Flugzeug) den Sicherheitsgurt um die Hüfte und den Oberkörper legen und festmachen K Anschnallpflicht

an·schnau·zen VERB *(hat)* **jemanden anschnauzen** *gesprochen, abwertend* jemanden mit bösen und lauten Worten kritisieren und schimpfen

an·schnei·den VERB *(hat)* **1** **etwas anschneiden** das erste Stück von einem Ganzen abschneiden ‹den Kuchen, die Wurst anschneiden› **2** **etwas anschneiden** im Gespräch mit einem Thema beginnen (und es meist nicht vollständig behandeln) ‹eine Frage, ein Problem anschneiden› **3** **den Ball anschneiden** den Ball so werfen oder schießen, dass er während des Flugs die Richtung leicht ändert | *ein angeschnittener Ball*

An·schnitt *der* **1** die Fläche, die entsteht, wenn man einen Teil z. B. von einem Laib Brot oder einer Stange Wurst abschneidet **2** das abgeschnittene erste Stück z. B. von Brot, Käse oder Wurst

an·schrau·ben VERB *(hat)* **etwas (an etwas** *(Dativ/Akkusativ)***) anschrauben** etwas an etwas mit Schrauben befestigen

an·schrei·ben VERB *(hat)* **1** **etwas (an etwas** *(Dativ/Akkusativ)***) anschreiben** etwas an eine senkrechte Fläche schreiben | *schwierige Wörter an die Tafel anschreiben* **2** **jemanden/etwas anschreiben** sich schriftlich an jemanden/eine Institution wenden | *alle Kunden wegen einer Preiserhöhung anschreiben* **3** **(etwas) anschreiben lassen** etwas nicht sofort bezahlen, sondern auf die Rechnung setzen lassen ■ ID **bei jemandem schlecht/gut angeschrieben sein** *gesprochen* jemand hat eine schlechte/gute Meinung von einem

an·schrei·en VERB **jemanden anschreien** ≈ *anbrüllen*

An·schrift *die* die Straße und der Ort, wo jemand wohnt ‹seine Anschrift nennen› ≈ *Adresse* K Urlaubsanschrift

an·schul·di·gen VERB (schuldigte an, hat angeschuldigt) **jemanden (wegen) einer Sache** *(Genitiv)* **anschuldigen** *geschrieben* (öffentlich) behaupten, dass jemand etwas meist Kriminelles getan hat ‹jemanden (wegen) eines Verbrechens anschuldigen› ≈ *beschuldigen* ● hierzu **An·schul·di·gung** *die*

an·schwär·zen VERB *(hat)* **eine Person (bei jemandem) anschwärzen** *gesprochen, abwertend* versuchen, dem Ansehen einer Person zu schaden, indem man Schlechtes über sie sagt ● hierzu **An·schwär·zung** *die*

an·schwel·len VERB (schwillt an, schwoll an, ist angeschwollen) **1** **etwas schwillt an** etwas bekommt (oft durch Krankheit) einen größeren Umfang ‹die Beine, die Adern› **2** **etwas schwillt an** etwas nimmt an Intensität oder Stärke zu und wird deshalb lauter oder größer ‹das Hochwasser, die Musik, der Wildbach› ● zu (1) **An·schwel·lung** *die*

an·schwem·men VERB *(hat)* **etwas schwemmt etwas an** das Meer, ein Fluss o. Ä. treibt etwas Schwimmendes ans Ufer ● hierzu **An·schwem·mung** *die*

an·schwin·deln VERB *(hat)* **jemanden anschwindeln** *gesprochen* (vor allem über etwas Unwichtiges) nicht die Wahrheit sagen

★ **an·se·hen** VERB *(hat)* **1** **jemanden/etwas ansehen** den Blick aufmerksam auf jemanden/etwas richten ≈ *anschauen* | *Sieh mich bitte an, wenn ich mit dir rede* **2** **sich** *(Dativ)* **jemanden/etwas ansehen** eine Person oder Sache längere Zeit aufmerksam betrachten und sie so prüfen | *Hast du dir den Vertrag schon genauer angesehen?* | *Sieh dir mal diese Kleider an, vielleicht gefällt dir ja etwas davon* **3** **sich** *(Dativ)* **etwas ansehen** als Zuschauer etwas sehen oder zu einer Veranstaltung gehen | *sich ein Theaterstück/ein Fußballspiel (im Fernsehen) ansehen* **4** **jemandem etwas ansehen** an dem Äußeren oder dem Gesichtsausdruck einer Person etwas erkennen | *Man konnte ihm das schlechte Gewissen deutlich ansehen* **5** **jemanden/etwas für/als etwas ansehen** meinen, dass eine Person oder eine Sache das Genannte ist oder die genannte Eigenschaft hat ‹jemanden für einen Verbrecher ansehen› | *Ich sehe ihn nicht als meinen Freund an* **6** **etwas mit ansehen** dabei sein, wenn etwas Schlimmes geschieht (und nichts daran ändern können) | *Wir mussten alles hilflos mit ansehen* | *Ich kann diese Ungerechtigkeit nicht länger mit ansehen!* **7** **irgendwie anzusehen sein** irgendwie aussehen | *Die Blumen sind hübsch anzusehen* ■ ID **Sieh (mal) (einer) an!** *gesprochen* verwendet, um Erstaunen auszudrücken; **jemanden von oben herab ansehen** einer Person zeigen, dass man sich ihr überlegen fühlt; **ohne Ansehen der Person** *geschrieben* ohne Rücksicht auf die gesellschaftliche Stellung einer Person

★ **An·se·hen** *das;* (-s) die gute Meinung, die andere Leute oder die Öffentlichkeit von einer Person oder Sache haben ‹großes Ansehen bei jemandem genießen; bei jemandem in hohem Ansehen stehen›

an·sehn·lich ADJEKTIV; *geschrieben* **1** ziemlich groß ‹eine Summe, eine Menge, ein Vermögen› **2** mit gutem Aussehen ‹eine Person› ≈ *attraktiv* ● zu (2) **An·sehn·lich·keit** *die*

an·sei·len VERB *(hat)* **jemanden anseilen** (beim Bergsteigen) eine Person oder sich selbst an einem Seil festmachen, um zu verhindern, dass diese oder man selbst abstürzt

★ **an·set·zen** VERB *(hat)* **1** **etwas ansetzen** bestimmen, wann etwas stattfindet ‹eine Besprechung, eine Sitzung, eine Tagung ansetzen› | *Das Treffen ist für nächste Woche angesetzt* **2** **etwas ansetzen** etwas an den Mund halten ‹ein Glas, ein Blasinstrument ansetzen› **3** **etwas irgendwie ansetzen** die Summe, die Höhe einer Sache schätzen | *den Wert des Schmucks mit 4000 Euro ansetzen* | *die Kosten relativ hoch ansetzen* **4** **etwas setzt etwas an** etwas wird allmählich von einer Schicht bedeckt ‹etwas setzt Kalk, Rost an› **5** **jemand/etwas setzt etwas an** jemand/etwas beginnt, etwas zu entwickeln | *Die Bäume setzen schon Blätter an* | *Du solltest mehr Sport treiben, du setzt einen Bauch an!* **6** **Fett ansetzen** *gesprochen* dick werden **7** **etwas ansetzen** die Zutaten, die man zu etwas benötigt, mischen und dann stehen lassen, damit sich die Konsistenz oder der Geschmack verändert ‹einen Teig, eine Bowle ansetzen› **8** **eine Person auf jemanden/etwas ansetzen** dafür sorgen, dass eine Person jemanden/etwas beobachtet

⟨einen Detektiv auf jemanden, auf jemandes Spur ansetzen⟩ **9** **etwas (an etwas** (*Dativ/Akkusativ*)**) ansetzen** etwas an etwas fügen und daran festmachen | *Ärmel an das Kleid ansetzen* **10** **(zu etwas) ansetzen** sich bereit machen, etwas zu tun ⟨zu einem Sprung, zu einer Frage ansetzen⟩ **11** **(mit etwas) ansetzen** mit etwas, das sich auf etwas Vorausgegangenes bezieht, beginnen | *An dieser Stelle möchte ich mit meiner Kritik ansetzen* **12** **etwas setzt an** etwas bleibt am Boden (des Topfes) haften ⟨die Milch, der Reis⟩ **13** **etwas setzt sich an** etwas bildet sich und bleibt haften ⟨Rost, Schimmel⟩

★ **An·sicht** *die*; (-, -en) **1** **eine Ansicht (über jemanden/etwas); eine Ansicht (zu etwas)** die Meinung zu einer Person oder Sache, nachdem man darüber nachgedacht hat ⟨eine Ansicht über jemanden/etwas haben, äußern, vertreten; sich jemandes Ansicht anschließen; anderer Ansicht sein; meiner Ansicht nach; der Ansicht sein/zur Ansicht neigen, dass ...⟩ | *Er teilte uns seine politischen Ansichten mit* **2** ein gemaltes Bild oder ein Foto z. B. von einer Landschaft, einer Stadt, einem Gebäude | *Die Karte zeigt auf der Vorderseite verschiedene Ansichten der Altstadt* **3** die Seite einer Sache, die man gerade sieht ⟨die vordere, hintere Ansicht des Hauses⟩ **K** Hinteransicht, Seitenansicht, Vorderansicht **4** **zur Ansicht** zum Ansehen und Prüfen (vor dem Kauf) | *ein Buch zur Ansicht bestellen*

an·sich·tig **jemandes/etwas ansichtig werden** *veraltet* jemanden sehen

An·sichts·kar·te *die* eine Postkarte mit Bildern/dem Bild meist einer Landschaft oder einer Stadt

An·sichts·sa·che *die* **etwas ist Ansichtssache** darüber kann man unterschiedlicher Meinung sein

an·sie·deln VERB (*hat*) **1** **jemanden irgendwo ansiedeln** bestimmen, dass jemand an den genannten Ort ziehen und dort leben muss | *Flüchtlinge in einem Dorf ansiedeln* **2** **etwas irgendwo ansiedeln** (meist wegen spezieller Merkmale) sagen, zu welchem Bereich etwas gehört | *Diese Funde sind in der Bronzezeit anzusiedeln* **3** **sich irgendwo ansiedeln** sich an einem Ort niederlassen, um dort (auf Dauer) zu leben

An·sied·lung *die* **1** ein ziemlich kleines Dorf **2** *nur Singular* das Ansiedeln

An·sin·nen *das*; (-s, -); *geschrieben* eine Bitte, die meist als unverschämt empfunden wird ⟨ein freches, unverschämtes Ansinnen⟩

★ **an·sons·ten** ADVERB **1** falls nicht ≈ *sonst* | *Du musst mir die Wahrheit sagen. Ansonsten kann ich dir nicht helfen* **2** wenn man die genannte Sache nicht berücksichtigt oder beachtet, weil sie nicht so wichtig ist | *Letzte Woche war ich erkältet, aber ansonsten fühle ich mich zurzeit sehr gut*

★ **an·span·nen** VERB (*hat*) **1** **(ein Tier) anspannen** ein Tier vor den Wagen spannen ⟨ein Pferd, einen Ochsen anspannen⟩ **2** **etwas anspannen** etwas durch Ziehen oder Spannen straff machen ⟨ein Seil, einen Draht anspannen⟩ **3** **etwas anspannen** etwas in einen Zustand der Spannung bringen ⟨die Nerven, die Muskeln anspannen⟩

★ **An·span·nung** *die* **1** *nur Singular* das Anspannen und das Einsetzen von Kraft | *unter Anspannung aller Kräfte* **2** ein Zustand extremer Belastung oder psychischer Spannung ≈ *Stress*

An·spiel *das*; *meist Singular* **1** der Wurf oder Schuss, mit dem ein Spiel oder Spielabschnitt eröffnet wird ⟨Anspiel haben⟩ | *Anspiel zur zweiten Halbzeit* **2** ein Wurf oder Schuss, mit dem man einen Mitspieler anspielt

an·spie·len VERB (*hat*) **1** **jemanden anspielen** den Ball zu einem Mitspieler werfen oder schießen | *den Mittelstürmer in aussichtsreicher Position anspielen* **2** **auf jemanden/etwas anspielen** durch eine indirekte Bemerkung auf eine Person oder Sache versteckt hinweisen, ohne sie zu erwähnen | *Mit seiner Äußerung spielte er auf zweifelhafte Geschäftspraktiken mancher Firmen an*

An·spie·lung *die*; (-, -en) **eine Anspielung (auf jemanden/etwas)** eine Bemerkung, mit der jemand auf eine Person oder Sache anspielt ⟨eine Anspielung auf jemanden/etwas machen, verstehen⟩ | *Seine ständigen Anspielungen auf ihre Misserfolge waren unfair*

an·spit·zen VERB (*hat*) **1** **etwas anspitzen** einen stumpfen Gegenstand spitz machen ⟨den Bleistift anspitzen⟩ **2** **jemanden anspitzen** *gesprochen* ≈ *anstacheln*

An·sporn *der*; (-(e)s) **ein Ansporn (zu/für etwas)** etwas, das zu einer größeren Leistung motiviert | *durch eine Belohnung einen Ansporn zu intensiverer Arbeit schaffen*

an·spor·nen VERB (spornte an, hat angespornt) **jemanden (zu etwas) anspornen** jemanden mit Worten oder z. B. durch eine Belohnung zu einer Leistung motivieren | *einen Sportler zu besseren Leistungen anspornen*

An·spra·che *die* **1** eine meist öffentliche Rede, die jemand zu einem meist festlichen Anlass hält | *Auf der Jubiläumsfeier hielt der Chef eine kurze Ansprache* **K** Begrüßungsansprache, Festansprache **2** *besonders süddeutsch* Ⓐ *nur Singular* der Kontakt zu anderen Menschen ⟨(mehr) Ansprache brauchen; wenig, keine Ansprache haben⟩

an·sprech·bar ADJEKTIV in der Lage, sich mit jemandem zu beschäftigen oder eine Mitteilung entgegenzunehmen | *Der Chef ist erst nach der Konferenz wieder ansprechbar* | *Erst eine Woche nach dem Unfall war er wieder ansprechbar*

★ **an·spre·chen** VERB (*hat*) **1** **jemanden ansprechen** sich mit Worten an jemanden wenden | *Er hat sie einfach auf der Straße angesprochen* **2** **etwas ansprechen** in einem Gespräch mit einem Thema beginnen ⟨ein Problem ansprechen⟩ **3** **jemanden (auf etwas** (*Akkusativ*)**/wegen etwas) ansprechen** sich mit Worten in einer Angelegenheit an jemanden wenden | *Ich werde ihn darauf ansprechen, ob er mir helfen kann* **4** **eine Person/Sache spricht jemanden an** eine Person/Sache ruft eine positive Reaktion bei jemandem hervor oder gefällt jemandem | *Diese Art von Musik spricht mich nicht an* **5** **(auf etwas** (*Akkusativ*)**) ansprechen** auf etwas positiv reagieren | *Der Patient spricht auf die Behandlung an* **6** **etwas spricht bei jemandem an** etwas wirkt so, dass sich jemandes Zustand verbessert | *Das Medikament spricht bei dem Patienten nicht an* **7** **sich (durch etwas) angesprochen fühlen** Interesse oder Gefallen an etwas finden ⟨sich von einem Vorschlag, einer Idee, der neuen Mode angesprochen fühlen⟩ **8** **sich angesprochen fühlen** den Eindruck haben, dass sich eine allgemein formulierte Kritik, Aufforderung o. Ä. an die eigene Person richtet

an·spre·chend ■ PARTIZIP PRÄSENS **1** → ansprechen ■ ADJEKTIV **2** so, dass etwas einen guten Eindruck macht ⟨ein Äußeres, eine Erscheinung⟩ | *Die Speisen waren ansprechend arrangiert*

An·sprech·part·ner *der* eine Person, mit der man sprechen kann, wenn man Fragen oder Probleme hat • hierzu **An·sprech·part·ne·rin** *die*

an·sprin·gen VERB **1** **ein Tier springt jemanden an** (*hat*) ein Tier nähert sich einer Personen oder anderen Tieren mit einem Sprung, um diese anzugreifen | *Der Hund sprang den Jogger an* **2** **angesprungen kommen** *gesprochen* (*ist*) in die Richtung springen, in der sich eine Person befindet, und zu ihr kommen **3** **etwas springt an** (*ist*) etwas kommt in Gang oder beginnt zu laufen ⟨der Motor, das Auto⟩ | *Wenn es sehr kalt ist, springt unser Auto oft nicht* an **4** **auf etwas** (*Akkusativ*) **anspringen** *gesprochen* (*ist*) auf etwas positiv, mit Zustimmung reagieren | *Er ist auf meinen Vorschlag sofort angesprungen*

an·sprit·zen VERB (*hat*) **jemanden/etwas anspritzen** jemanden/etwas (spritzend) nass machen

★ **An·spruch** *der* **1** **ein Anspruch (an jemanden/etwas)** *oft Plural* (oft relativ hohe) Erwartungen oder Forderungen, die man an eine andere Person oder eine Situation hat ⟨Ansprüche stellen; den Ansprüchen gerecht werden⟩ | *Er stellt hohe Ansprüche an die Mitarbeiter* **2** **(ein) Anspruch auf etwas** das Recht, etwas zu bekommen oder in der genannten Weise behandelt zu werden ⟨Anspruch auf Urlaub, Schadenersatz haben; Ansprüche anerkennen⟩ | *Jeder Angestellte hat einen Anspruch darauf, gemäß der eigenen Qualifikation bezahlt zu werden* K Besitzanspruch, Erbanspruch, Gebietsanspruch, Rechtsanspruch, Rentenanspruch, Schadenersatzanspruch, Urlaubsanspruch **3** **etwas in Anspruch nehmen** *geschrieben* etwas (das man angeboten bekommen hat) für sich nutzen, gebrauchen | *Ich werde Ihr freundliches Angebot gern in Anspruch nehmen* **4** **eine Person/Sache nimmt jemanden in Anspruch** *geschrieben* eine Person oder Sache fordert jemandes Einsatz und Kräfte oder beansprucht jemanden | *Mein Beruf nimmt mich stark in Anspruch* **5** **Ansprüche anmelden/erheben** fordern, dass man bekommt, worauf man ein Recht hat

an·spruchs·los ADJEKTIV **1** mit nur wenigen Wünschen oder Forderungen ⟨anspruchslos leben⟩ **2** von geringem ästhetischem, geistigem Wert, meist nur der Unterhaltung dienend ⟨Musik, ein Gespräch⟩ • hierzu **An·spruchs·lo·sig·keit** *die*

an·spruchs·voll ADJEKTIV **1** mit sehr hohen Forderungen und Erwartungen ⟨ein Kunde, ein Gast⟩ **2** von hohem ästhetischem oder geistigem Wert ⟨ein Buch, Literatur, Musik⟩

an·spü·len VERB (*hat*) **etwas spült etwas an** das Meer, ein Fluss o. Ä. treibt etwas, das im Wasser schwimmt, an den Strand oder an das Ufer | *Die Kisten wurden angespült*

an·sta·cheln VERB (stachelte an, hat angestachelt) **jemanden (zu etwas) anstacheln** mit gezielten Worten oder Maßnahmen jemanden dazu treiben oder motivieren, etwas zu tun ⟨jemanden zu größeren Leistungen anstacheln⟩ • hierzu **An·sta·che·lung** *die*

An·stalt *die*; (-, -en) **1** *oft veraltend* eine öffentliche Institution, welche der Bildung oder anderen (meist wohltätigen) Zwecken dient ⟨eine technische, hauswirtschaftliche Anstalt⟩ K Anstaltsleiter H → auch **-anstalt** **2** ein Gebäude, in dem psychisch Kranke behandelt und versorgt werden ⟨jemanden in eine Anstalt einweisen; jemanden aus einer Anstalt entlassen; eine geschlossene Anstalt⟩ K Anstaltsarzt; Irrenanstalt, Heilanstalt

-an·stalt *die*; *im Substantiv, unbetont, begrenzt produktiv; oft veraltend* (ein öffentliches Gebäude für) eine öffentliche Einrichtung | *eine Badeanstalt* (≈ *Schwimmbad*) | *eine Erziehungsanstalt* (≈ *Erziehungsheim*) | *eine Strafanstalt* (≈ *Gefängnis*) | *eine Lehranstalt* (≈ *Schule*) | *eine Versuchsanstalt* (≈ *Forschungsinstitut*)

An·stal·ten *die* **(keine) Anstalten machen (zu** *+Infinitiv*) *gesprochen* an dem eigenen Verhalten (nicht) erkennen lassen, dass man etwas tun will | *Als die alte Frau in den Bus stieg, machte keiner der Fahrgäste Anstalten, aufzustehen und ihr einen Platz anzubieten*

An·stand *der*; (-(e)s) das Benehmen, welches den Verhaltensnormen einer Gesellschaft entspricht ⟨den Anstand wahren; (keinen) Anstand haben; die Regeln des Anstands beachten⟩

★ **an·stän·dig** ADJEKTIV **1** so, wie es die Gesellschaft erwartet ⟨sich anständig benehmen, kleiden⟩ **2** einen guten Charakter zeigend | *Er ist ein anständiger Kerl* | *Er hat uns immer anständig behandelt* **3** *gesprochen* so, dass man damit zufrieden sein kann ⟨ein Gehalt, eine Leistung, eine Mahlzeit, eine Portion⟩ | *Hast du für dein gebrauchtes Auto noch einen anständigen Preis bekommen?* ■ ID **jemandem anständig die Meinung sagen/geigen** *gesprochen* einer Person direkt und meist sehr laut sagen, dass sie einen Fehler gemacht hat • zu (1,2) **An·stän·dig·keit** *die*

An·stands·be·such *der* ein Besuch, den man nur aus Höflichkeit macht

an·stands·hal·ber ADVERB nur aus Höflichkeit und um zu zeigen, dass man Anstand hat

an·stands·los ADVERB; *gesprochen* ohne zu zögern und ohne Probleme zu bereiten | *Er hat mir anstandslos seinen Wagen geliehen*

An·stands|wau·wau *der*; *gesprochen, humorvoll* eine Person, die durch ihre Anwesenheit bewirken soll, dass sich vor allem Jugendliche anständig benehmen

an·star·ren VERB (*hat*) **jemanden/etwas anstarren** den Blick starr auf jemanden oder etwas richten ⟨jemanden unverwandt anstarren; die Wände anstarren⟩

★ **an·statt** ■ BINDEWORT **1** drückt Alternativen aus: das im Hauptsatz Genannte trifft zu, wird gewünscht oder vorgeschlagen o. Ä. – und nicht das, was man nach *anstatt* sagt ≈ *statt* | *Er hat den ganzen Nachmittag gespielt, anstatt zu lernen* | *Sollen wir lieber zum Essen gehen, anstatt selbst zu kochen?* | *Ich möchte lieber Tee anstatt Kaffee* | *Geben Sie mir bitte drei Stück anstatt zwei* H Die Konstruktion mit *dass* gehört eher der gesprochenen Sprache an: *Anstatt dass du hier faul herumsitzt, solltest du mir lieber helfen.*
■ PRÄPOSITION *mit Genitiv, gesprochen auch mit Dativ* **2** als Ersatz für, als Alternative zu ≈ *statt* | *Er kam anstatt seiner Frau* H → Infos unter **Präposition**

an·stau·en VERB (*hat*) **1** **jemand/etwas staut etwas an** jemand oder etwas staut oder sammelt etwas (Fließendes), indem es am Weiterfließen gehindert wird ⟨Wasser anstauen⟩ **2** **etwas staut sich an** etwas kann nicht weiterfließen und sammelt sich daher ⟨Blut, Wasser⟩ **3** **etwas staut sich (bei jemandem) an** ein Gefühl wird bei jemandem immer stärker, weil es nach außen nicht gezeigt wird ⟨Wut, Ärger⟩

an·stau·nen VERB (*hat*) **jemanden/etwas anstaunen** jemanden/etwas staunend betrachten

an·ste·chen VERB (*hat*) **1** **etwas anstechen** ⟨ein Fass Bier anstechen⟩ ≈ *anzapfen* **2** **etwas anstechen** in eine Speise meist mit der Gabel stechen, um zu prüfen, ob sie schon fertig ist ⟨Fleisch, einen Kuchen anstechen⟩

an·ste·cken VERB (*hat*) **1** **jemand steckt jemanden (mit etwas) an** eine Person überträgt eine Krankheit auf eine andere Person ≈ *infizieren* | *Er hat mich mit seiner Grippe angesteckt* **2** **jemanden (mit etwas) anstecken** bewirken, dass jemand ähnliche Gefühle oder Reaktionen zeigt | *Er hat uns mit seinem Lachen angesteckt* **3** **(jemandem) etwas anstecken** jemandem oder sich selbst etwas am Körper oder an einem Kleidungsstück befestigen ⟨sich (*Dativ*) eine Brosche anstecken; jemandem einen Ring, einen Orden anstecken⟩ **4** **(jemandem) etwas anstecken** bewirken, dass etwas brennt ⟨sich (*Dativ*) eine Zigarette anstecken; eine Kerze anstecken⟩ ≈ *anzünden* **5** **sich (bei jemandem) (mit etwas) anstecken** eine Infektionskrankheit von jemandem bekommen • zu (1,5) **An·ste·ckung** *die*

★ **an·ste·ckend** ADJEKTIV **1** auf andere Menschen oder Tiere übertragbar ⟨eine Krankheit⟩ **2** bei anderen Personen ähnliche Gefühle oder Reaktionen bewirkend ⟨ein Gähnen, ein Gelächter⟩

An·ste·ckungs·ge·fahr *die; meist Singular* die Gefahr, dass jemand durch eine Krankheit angesteckt wird ≈ *Infektionsgefahr*

an·ste·hen VERB *(hat/ist)* **1** sich in eine Reihe mit anderen Personen stellen und warten, bis man an die Reihe kommt ⟨an der Kasse, am Schalter anstehen⟩ **2** **etwas steht an** etwas muss getan oder erledigt werden | *Heute steht eine Menge Arbeit an* | *Was steht jetzt noch an?* **3** **etwas steht an** etwas ist beschlossen und soll so sein | *Der nächste Termin steht für den 30. Dezember an* **4** **etwas anstehen lassen** etwas, das man eigentlich dringend tun oder erledigen müsste, auf einen späteren Zeitpunkt verschieben | *eine Entscheidung ein paar Tage anstehen lassen* **5** **nicht anstehen zu** +*Infinitiv veraltend* etwas sofort tun, ohne länger darüber nachgedacht zu haben

an·stei·gen VERB *(ist)* **1** **etwas steigt an** etwas führt nach oben/aufwärts, etwas wird steiler ⟨eine Straße, ein Gelände, ein Weg⟩ **2** **etwas steigt an** etwas wird höher ⟨der Wasserstand, die Temperatur⟩ **3** **etwas steigt an** etwas steigt in der Anzahl oder Menge | *Die Zahl der Kursteilnehmer ist im Vergleich zum Vorjahr angestiegen*

★ **an·stel·le, an Stel·le** PRÄPOSITION *mit Genitiv* stellvertretend für ≈ *(an)statt* | *Anstelle des Meisters führte der Lehrling die Reparatur aus* **H** auch zusammen mit *von*: *Anstelle von Bäumen wurden Hecken gepflanzt*

★ **an·stel·len** VERB *(hat)* **1** **etwas anstellen** das Gas, Wasser o. Ä. in einer Leitung mit einem Schalter zum Fließen bringen ↔ *abstellen* | *die Heizung/den Herd anstellen* **2** **etwas anstellen** ein elektrisches Gerät mit einem Schalter in Betrieb setzen ≈ *einschalten* | *den Fernseher/das Radio anstellen* **3** **jemanden anstellen** jemandem gegen Bezahlung meist für längere Zeit Arbeit geben ≈ *einstellen* | *Ich habe mich bei der Zeitung beworben und wurde sofort angestellt* **4** **jemanden zu etwas anstellen** *gesprochen* jemandem eine Aufgabe geben | *jemanden zum Aufräumen anstellen* **5** **etwas anstellen** *gesprochen* etwas tun, was verboten ist oder unangenehme Folgen hat | *Die Kinder sind so ruhig, wahrscheinlich haben sie wieder etwas angestellt* **6** **etwas anstellen** *gesprochen* etwas (Besonderes) unternehmen, tun | *Was stellen wir heute Abend noch an?* | *Ich habe schon alles Mögliche angestellt, um sie wiederzusehen* **7** **etwas irgendwie anstellen** versuchen, ein Problem oder eine Aufgabe irgendwie zu lösen | *Wie soll ich es nur anstellen, dass ich diese Arbeitsstelle bekomme?* **8** **sich (um etwas) anstellen** sich in eine Reihe mit anderen Personen stellen (vor allem vor der Kasse oder einem Schalter) ⟨sich um Theaterkarten anstellen; sich hinten anstellen⟩ ≈ *anstehen* **9** **sich irgendwie anstellen** *gesprochen* meist beim Lösen eines Problems oder einer Aufgabe geschickt oder ungeschickt sein ⟨sich geschickt, dumm anstellen⟩

■ ID **Stell dich nicht so an!** *gesprochen* Sei nicht so wehleidig/ungeschickt!

an·stel·lig ADJEKTIV; *veraltend* ⟨sich anstellig zeigen⟩ ≈ *geschickt* | *ein anstelliger und fleißiger Arbeiter*

An·stel·lung *die* **1** eine Arbeitsstelle meist mit einem Vertrag für ziemlich lange Zeit ⟨eine Anstellung finden, haben⟩ | *eine Anstellung beim Staat* **2** *nur Singular* das Anstellen ⟨die Anstellung neuer Arbeitskräfte⟩

an·steu·ern VERB *(hat)* **1** **etwas ansteuern** (vor allem mit einem Schiff) in Richtung auf ein Ziel fahren ⟨das Ufer, einen Hafen ansteuern⟩ **2** **etwas ansteuern** *gesprochen* etwas zum Ziel haben ⟨ein Gasthaus ansteuern; eine Karriere ansteuern⟩

An·stich *der; meist Singular* das Öffnen durch einen Schlag ⟨der Anstich eines Fasses⟩ **K** Bieranstich

★ **An·stieg** *der;* (-(e)s, -e) **1** *nur Singular* eine Strecke, die an einem Berg nach oben führt ≈ *Steigung* | *der steile Anstieg der Straße gleich hinter der großen Kurve* **2** *nur Singular* der Vorgang, bei dem man irgendwohin nach oben geht ⟨einen steilen, beschwerlichen Anstieg hinter sich (*Dativ*) haben⟩ ≈ *Aufstieg* **3** der Weg auf einen Hügel oder einen Berg | *den westlichen Anstieg zum Gipfel benutzen* **4** *nur Singular* die Situation, wenn etwas steigt, höher wird ⟨der Anstieg des Pegels, der Temperatur, des Wassers; der Anstieg der Kosten, der Preise, der Teilnehmerzahlen⟩ **K** Druckanstieg, Temperaturanstieg

an·stif·ten VERB *(hat)* **1** **etwas anstiften** durch das eigene Verhalten bewirken, dass etwas entsteht oder beginnt ⟨einen Krieg, eine Intrige, einen Streich anstiften⟩ **2** **jemanden (zu etwas) anstiften** jemanden dazu bringen oder überreden, etwas zu tun, das dumm ist oder das gegen das Gesetz oder die Moral verstößt | *Er hatte seinen Freund dazu angestiftet, in die Wohnung einzubrechen* • hierzu **An·stif·tung** *die;* zu (2) **An·stif·ter** *der;* zu (2) **An·stif·te·rin** *die*

an·stim·men VERB *(hat)* **1** **etwas anstimmen** etwas zu singen oder zu spielen beginnen ⟨ein Lied, eine Melodie anstimmen⟩ **2** **etwas anstimmen** beginnen, laut zu schreien, rufen, lärmen o. Ä. ⟨ein Geschrei, ein Geheul anstimmen⟩

an·stin·ken VERB *(hat); gesprochen* **gegen jemanden/etwas anstinken** versuchen, sich mit jemandem/etwas zu messen | *Gegen Rolands teures Geschenk kann ich mit meinem Blumenstrauß nicht anstinken*

An·stoß *der* **1** **der Anstoß (zu etwas)** etwas (oft ein Gedanke, eine Idee), welches die Ursache oder die Motivation für etwas ist ⟨den Anstoß zu etwas geben⟩ **K** Denkanstoß **2** *meist Singular* (im Fußball) der erste Schuss, mit dem eine Halbzeit eröffnet wird ⟨Anstoß haben⟩ **3** **Anstoß (an etwas (*Dativ*)) nehmen** etwas für falsch halten (weil man es nicht mag) und sich deshalb darüber ärgern | *Er nahm Anstoß daran, dass sie in Jeans in die Oper ging* **4** **(bei jemandem) Anstoß erregen** durch das eigene Handeln die Gefühle einer anderen Person verletzen und sie dadurch ärgern | *durch sexistische Bemerkungen Anstoß erregen*

★ **an·sto·ßen** VERB **1** **jemanden anstoßen** *(hat)* jemandem durch einen Stoß (mit dem Ellbogen oder Fuß) einen Hinweis auf etwas geben | *Sie stieß ihn heimlich unter dem Tisch mit dem Fuß an* **2** **jemanden/etwas anstoßen** *(hat)* jemandem oder etwas (oft ohne Absicht) einen leichten Stoß geben ⟨den Nachbarn anstoßen⟩ | *Ich habe mir das Knie am Tisch angestoßen* **3** **eine Person stößt mit jemandem (auf jemanden/etwas) an** *(hat)*; **Personen stoßen (auf jemanden/etwas) an** *(haben)* Personen stoßen vor dem Trinken die gefüllten Gläser leicht gegeneinander, um jemanden zu ehren oder etwas zu feiern | *Lasst uns auf Großvater anstoßen!* | *Er hob das Glas und stieß mit seinen Freunden auf das Gelingen ihrer Expedition an* **4** **etwas stößt an etwas** *(Dativ/Akkusativ)* **an** *(ist)* etwas berührt etwas | *Ihr Grundstück stößt an unseres an* **5** **mit der Zunge anstoßen** *gesprochen (hat)* ≈ *lispeln* **6** *(hat)* den Anstoß in einem Spiel ausführen

an·stö·ßig ADJEKTIV so, dass es den Anstand, das moralische Empfinden verletzt ⟨ein Lied, ein Witz; sich anstößig benehmen⟩ • hierzu **An·stö·ßig·keit** *die*

an·strah·len VERB *(hat)* **1** **jemanden anstrahlen** jemanden mit sehr freundlicher, glücklicher Miene ansehen **2** **jemanden/etwas anstrahlen** Lichtstrahlen auf eine Person/Sache richten, damit man sie besser sehen kann ⟨eine Kirche, einen Sänger auf der Bühne anstrahlen⟩

an·stre·ben VERB *(hat)* **etwas anstreben** etwas zum Ziel haben, nach etwas streben ⟨eine steile Karriere anstreben⟩

ạn·strei·chen VERB (*hat*) **1** **etwas anstreichen** (mit einem Pinsel) einen Gegenstand oder eine Fläche ganz mit Farbe bemalen ⟨den Zaun anstreichen⟩ **2** **etwas anstreichen** etwas in einem Text markieren | *die Druckfehler in einem Text (rot) anstreichen*

Ạn·strei·cher *der*; (-s, -) ≈ *Maler*

★ **ạn·stren·gen** VERB (strengte an, hat angestrengt) **1** **sich/etwas anstrengen** sich große Mühe geben, ein Ziel zu erreichen ⟨sich körperlich anstrengen; den Geist, die eigenen Kräfte anstrengen⟩ | *Er hat sich sehr angestrengt, um den Gästen einen schönen Abend zu bieten* **2** **etwas strengt jemanden/etwas an** etwas belastet eine Person oder den genannten Körperteil stark | *Das lange Gespräch hat mich sehr angestrengt* | *Lesen bei schlechtem Licht strengt die Augen an/ist für die Augen sehr anstrengend* **3** **(gegen jemanden) einen Prozess anstrengen** *admin* dafür sorgen, dass gegen jemanden ein gerichtliches Verfahren begonnen wird

★ **Ạn·stren·gung** *die*; (-, -en) **1** das Einsetzen geistiger oder körperlicher Kräfte, um ein Ziel zu erreichen ⟨in den Anstrengungen nachlassen; Anstrengungen machen, unternehmen⟩ **K** Kraftanstrengung **2** die starke Belastung geistiger oder körperlicher Kräfte, die zur Folge hat, dass man müde wird | *Die Tour war mit großen körperlichen Anstrengungen verbunden*

Ạn·strich *der* **1** Farbe, die auf etwas aufgetragen wurde ⟨den Anstrich trocknen lassen; ein heller Anstrich⟩ **K** Außenanstrich, Innenanstrich, Tarnanstrich **2** das Anstreichen **3** *nur Singular* ein Eindruck in der äußeren Erscheinung einer Sache ⟨einer Sache einen künstlerischen, würdigen, offiziellen Anstrich geben⟩

Ạn·sturm *der*; *meist Singular* **1** **ein Ansturm (auf jemanden/etwas)** das heftige Drängen vieler Personen dorthin, wo sich jemand/etwas befindet | *Auf die Sonderangebote herrschte ein wahrer Ansturm* | *Der Star war nach dem Konzert dem Ansturm seiner Fans ausgesetzt* **K** Käuferansturm, Massenansturm **2** **ein Ansturm (auf jemanden/etwas)** der Angriff auf den Feind

ạn·stür·men VERB (*ist*) **Soldaten stürmen gegen jemanden/etwas an** Soldaten greifen plötzlich an ⟨gegen ein fremdes Heer, die Feinde, eine Festung anstürmen⟩

ạn·su·chen VERB (*hat*) **(bei jemandem) um etwas ansuchen** *veraltend* jemanden förmlich um etwas bitten

Ạn·su·chen *das*; (-s, -); *admin* eine förmliche (und meist schriftliche) Bitte

An·ta·go·nis·mus *der*; (-, An·ta·go·nis·men); *geschrieben* ein Gegensatz, der nicht überwunden werden kann ⟨der Antagonismus verschiedener Interessen, Meinungen; der Antagonismus von Arm und Reich⟩ • hierzu **an·ta·go·nis·tisch** ADJEKTIV

An·ta·go·nist *der*; (-en, -en); *geschrieben* **1** eine Person, die sich einer anderen Person ständig widersetzt ≈ *Gegner* **2** eine Figur in einem literarischen Werk, welche der Hauptfigur gegenübergestellt ist **H** *der Antagonist; den, dem, des Antagonisten* • hierzu **An·ta·go·nis·tin** *die*

ạn·tan·zen VERB (*ist*); *gesprochen, meist abwertend* unerwartet (und zu einem ungünstigen Zeitpunkt) an einen Ort oder zu jemandem kommen ⟨angetanzt kommen⟩ | *Sie tanzt immer dann an, wenn man überhaupt keine Zeit für sie hat*

Ant·ạrk·tis *die*; (-) das Gebiet, das um den Südpol der Erde liegt • hierzu **ant·ạrk·tisch** ADJEKTIV

ạn·tas·ten VERB (*hat*) **1** **etwas antasten** anfangen, etwas zu verbrauchen ⟨die Ersparnisse, die Vorräte nicht antasten wollen⟩ **2** **etwas antasten** gegen etwas ideell Wertvolles verstoßen ⟨die Rechte, die Unabhängigkeit eines Staates antasten⟩

ạn·täu·schen VERB (*hat*) **etwas antäuschen** so tun, als ob man die genannte Bewegung machen wollte, um den Gegner zu täuschen ⟨einen Wurf, einen Schuss antäuschen⟩

★ **Ạn·teil** *der* **1** **ein Anteil (an etwas** (*Dativ*)**)** der Teil einer Sache, auf den jemand ein Recht hat oder an dem jemand beteiligt ist ⟨auf den eigenen Anteil verzichten⟩ | *jemandes Anteil am Gewinn* | *der Anteil des Einzelnen am Bruttosozialprodukt* **K** Arbeitgeberanteil, Arbeitnehmeranteil, Erbanteil, Gewinnanteil, Lohnanteil **2** **der Anteil** (+*Genitiv*) *geschrieben* ein Teil im Verhältnis zum Ganzen | *Der überwiegende Anteil der Bevölkerung ist gegen das neue Gesetz* **K** Bevölkerungsanteil, Hauptanteil **3** *meist Plural* eine Beteiligung am Kapital einer Firma ⟨die eigenen Anteile verkaufen; Anteile erwerben⟩ **K** Anteilseigner; Geschäftsanteil **4** **an etwas** (*Dativ*) **Anteil haben** an etwas beteiligt sein, mitwirken | *an einem Projekt maßgeblichen Anteil haben* **5** **an etwas** (*Dativ*) **Anteil nehmen/zeigen/bekunden** *geschrieben* Mitgefühl oder Interesse für etwas zeigen | *Sie bekundeten der jungen Witwe Anteil* | *Sie war völlig apathisch und nahm an ihrer Umgebung keinen Anteil*

Ạn·teil·nah·me *die*; (-) **1** das Mitgefühl gegenüber einer Person (wenn jemand aus ihrer Familie gestorben ist) ⟨jemanden seiner aufrichtigen Anteilnahme versichern; jemandem seine Anteilnahme bekunden⟩ **2** das Interesse an einer Sache, das man meist nach außen zeigt ⟨ein Geschehen mit begeisterter, kritischer, reger Anteilnahme verfolgen⟩

★ **An·tẹn·ne** *die*; (-, -n) **1** ein Stab (z. B. am Radio, am Auto) oder eine Konstruktion von Stäben (am Hausdach) aus Metall zum Empfangen von Funk-, Radio- oder Fernsehsignalen | *eine Antenne ausfahren* (sie in die Länge ziehen) **K** Fernsehantenne, Radioantenne; Hausantenne, Zimmerantenne **2** ein Fühler eines Insekts | *die gefiederten Antennen des Maikäfers* **3** das richtige Gefühl für Stimmungen, Möglichkeiten, Trends usw. ⟨feine, keine Antennen für etwas haben⟩

An·tho·lo·gie *die*; (-, -n [-'giːən]); *geschrieben* eine Zusammenstellung von Gedichten oder kurzen literarischen Texten aus verschiedenen Büchern und von verschiedenen Autoren

Anth·ra·zit, **Anth·ra·zịt** *das*; (-(s)) ein dunkelgrauer bis schwarzer Farbton, der nach einer Sorte Kohle benannt ist

An·th·ro·po·lo·gie *die*; (-) die Wissenschaft, die sich mit der Entwicklung des Körpers, des Geistes und der Gesellschaft des Menschen beschäftigt • hierzu **An·th·ro·po·lo·ge** *der*; **An·th·ro·po·lo·gin** *die*; **an·th·ro·po·lo·gisch** ADJEKTIV

ạn·ti-, **Ạn·ti-** *im Adjektiv und Substantiv, betont und unbetont, begrenzt produktiv* **1** **antiamerikanisch, antifaschistisch, antiimperialistisch; der Antikommunist, die Antikriegsdemonstration, der Antimilitarismus** *und andere* gegen eine Sache, Einstellung oder Gruppe von Personen gerichtet | *eine antidemokratische Einstellung* | *eine Creme mit Anti-Ageing-Effekt* | *eine Anti-Politik verfolgen* **2** **antiautoritär, antidemokratisch, der Antiheld** *und andere* genau das Gegenteil von jemandem/etwas | *antialkoholische Getränke* | *ein antidemokratisches Regime*

Ạn·ti|al·ko·ho·li·ker *der* eine Person, die grundsätzlich keinen Alkohol trinkt • hierzu **Ạn·ti|al·ko·ho·li·ke·rin** *die*

ạn·ti·au·to·ri·tär ADJEKTIV in dem Glauben, dass Kinder ohne Zwang erzogen werden sollen und dass sie selbstständig Entscheidungen treffen dürfen ⟨eine Erziehung, ein Lehrer; sich antiautoritär verhalten; antiautoritär eingestellt sein, denken⟩

An·ti·ba·by·pil·le *die*; *meist Singular*; *gesprochen* eine Tablette, die eine Frau regelmäßig nimmt, um nicht schwanger zu werden

An·ti·bio·ti·kum *das;* (-s, An·ti·bio·ti·ka) eine Substanz (wie z. B. Penizillin), die Bakterien tötet

an·ti·de·mo·kra·tisch ADJEKTIV nicht demokratisch, die Demokratie ablehnend

An·ti·de·pres·si·vum *das;* (-s, An·ti·de·pres·si·va) ein Medikament zur Behandlung von Depressionen

An·ti·fa·schis·mus *der* alle Bewegungen und Ideologien, die sich gegen den Faschismus und den Nationalsozialismus wenden • hierzu **An·ti·fa·schist** *der;* **An·ti·fa·schis·tin** *die;* **an·ti·fa·schis·tisch** ADJEKTIV

An·ti·his·ta·min *das;* (-s, -e) ein Medikament gegen allergische Reaktionen

An·ti·im·pe·ri·a·lis·mus *der* alle Bewegungen und Ideologien, die sich gegen den Imperialismus wenden • hierzu **An·ti·im·pe·ri·a·list** *der;* **an·ti·im·pe·ri·a·lis·tisch** ADJEKTIV

an·tik ADJEKTIV **1** *meist attributiv* zum klassischen, griechisch-römischen Altertum gehörend ⟨die Philosophie, die Kultur, die Mythologie⟩ **2** alt, aus einer alten Epoche stammend ⟨Möbel⟩ **3** im Stil einer vergangenen Epoche gestaltet

★ **An·ti·ke** *die;* (-) der älteste historische Zeitraum der griechischen und römischen Geschichte (vor allem in der Kultur) ⟨die griechische, römische Antike; die Kunstwerke der Antike⟩ ≈ *Altertum*

an·ti·kom·mu·nis·tisch ADJEKTIV gegen den Kommunismus gerichtet ⟨eine Haltung, eine Propaganda⟩

An·ti·kör·per *der; meist Plural* eine Substanz, die im Blut gebildet wird und den Körper gegen Krankheiten schützt

An·ti·lo·pe *die;* (-, -n) ein sehr schlankes Tier, das vor allem in Afrika und Asien vorkommt, Hörner hat und sehr schnell laufen kann

An·ti·mi·li·ta·ris·mus *der* eine Haltung, die grundsätzlich jede Form militärischer Handlungen ablehnt • hierzu **An·ti·mi·li·ta·rist** *der;* **an·ti·mi·li·ta·ris·tisch** ADJEKTIV

An·ti·pa·thie *die;* (-, -n [-'tiːən]) **eine Antipathie (gegen jemanden/etwas)** *geschrieben* das beständige Gefühl, jemanden nicht leiden zu können oder zu hassen ⟨eine starke, unüberwindliche Antipathie⟩ ≈ *Abneigung* ↔ *Sympathie*

An·ti·po·de *der;* (-n, -n) **1** *geschrieben* eine Person, die eine ganz andere Meinung hat als eine andere Person **2** eine Person, die an einem genau entgegengesetzten Punkt der Erde wohnt **H** *der Antipode; den, dem, des Antipoden*

an·tip·pen VERB *(hat)* **1** **jemanden/etwas antippen** jemanden oder etwas mit den Fingerspitzen berühren | *jemanden an der Schulter antippen* **2** **etwas antippen** *gesprochen* etwas im Gespräch vorsichtig oder als Andeutung erwähnen ⟨ein heikles Thema antippen⟩

An·ti·quar *der;* (-s, -e) eine Person, die mit gebrauchten, oft wertvollen Büchern oder Antiquitäten handelt • hierzu **An·ti·qua·rin** *die*

An·ti·qua·ri·at *das;* (-(e)s, -e) eine Buchhandlung, die alte (oft wertvolle) Bücher kauft und verkauft

an·ti·qua·risch ADJEKTIV **1** *meist attributiv* aus einem Antiquariat stammend ⟨ein Buch⟩ **2** *meist attributiv* bereits gebraucht und relativ alt ⟨ein Spielzeug; etwas antiquarisch kaufen⟩

an·ti·quiert ADJEKTIV; *abwertend* nicht mehr zur modernen Zeit passend, nicht aktuell ⟨Vorstellungen, jemandes Denkweise⟩ ↔ *modern*

An·ti·qui·tät *die;* (-, -en); *oft Plural* ein Gegenstand (z. B. Möbel, Geschirr), der alt und selten und deshalb wertvoll geworden ist **K** Antiquitätengeschäft, Antiquitätenhändler, Antiquitätensammler

An·ti·se·mi·tis·mus *der;* (-) **1** die feindliche und aggressive Haltung gegenüber den Juden **2** eine Bewegung, die eine feindliche und aggressive Haltung gegenüber Juden hat (aus religiösen und rassistischen Gründen) • zu (1) **An·ti·se·mit** *der;* zu (1) **an·ti·se·mi·tisch** ADJEKTIV

An·ti·sep·ti·kum *das;* (-s, An·ti·sep·ti·ka) ein chemisches Mittel, das Krankheitserreger tötet und vor allem verwendet wird, um die Infektion von Wunden zu verhindern • hierzu **an·ti·sep·tisch** ADJEKTIV

An·ti·the·se *die* eine Aussage, welche das Gegenteil einer bereits aufgestellten These behauptet

an·ti·zi·pie·ren VERB (antizipierte, hat antizipiert) **etwas antizipieren** *geschrieben* etwas, das erst später kommt oder geschieht, schon vorher sagen oder tun ⟨eine künftige Entwicklung antizipieren⟩ • hierzu **An·ti·zi·pa·ti·on** *die*

Ant·litz *das;* (-es, -e); *meist Singular; literarisch* ≈ *Gesicht*

An·to·nym *das;* (-s, -e) **ein Antonym (zu etwas)** ein Wort, welches die entgegengesetzte Bedeutung eines anderen Wortes hat ↔ *Synonym* | *„Heiß" ist ein Antonym zu „kalt"*

an·tör·nen VERB (törnte an, hat angetörnt) **eine Person/Sache törnt jemanden an** *gesprochen* eine andere Person oder eine Sache gefällt einer Person so gut, dass sie in gute Stimmung kommt | *Laute Rockmusik turnt mich unwahrscheinlich an*

★ **An·trag** *der;* (-(e)s, An·trä·ge) **1** **ein Antrag (auf etwas** *(Akkusativ)*) die schriftliche Bitte, etwas (genehmigt) zu bekommen ⟨einen Antrag stellen, einreichen⟩ | *Du könntest Antrag auf eine Fristverlängerung stellen* **K** Antragsformular **2** das Formular für einen Antrag ⟨einen Antrag ausfüllen⟩ **3** ein Vorschlag, der meist eine Forderung enthält und über den abgestimmt wird ⟨einen Antrag stellen, annehmen, ablehnen; über einen Antrag abstimmen; einen Antrag im Parlament einbringen⟩ | *Dem Antrag der Staatsanwaltschaft auf Vertagung der Sitzung wird stattgegeben* **4** Kurzwort für *Heiratsantrag* | *Er machte seiner Freundin einen Antrag*

an·tra·gen VERB *(hat)* **jemandem etwas antragen** *geschrieben* jemandem einen Dienst oder eine Gunst anbieten ⟨jemandem seine Hilfe antragen⟩

an·tref·fen VERB *(hat)* **1** **eine Person (irgendwo/irgendwann) antreffen** eine Person (an dem genannten Ort oder zu der genannten Zeit) erreichen ⟨jemanden im Büro antreffen⟩ | *Ich konnte ihn gestern nicht antreffen* **2** **eine Person irgendwie antreffen** eine Person ist in dem genannten Zustand, wenn man sie trifft ⟨jemanden bei guter Gesundheit antreffen⟩ ≈ *vorfinden*

★ **an·trei·ben** VERB *(hat)* **1** **jemanden (zu etwas) antreiben** jemanden (meist mit Worten) dazu bringen, etwas zu tun oder sich in der genannten Weise zu verhalten ⟨jemanden zur Arbeit, zur Eile antreiben⟩ **2** **etwas treibt jemanden (zu etwas) an** etwas motiviert jemanden dazu, etwas zu tun | *Der Ehrgeiz treibt sie zu immer besseren Leistungen an* **3** **etwas treibt etwas an** etwas setzt oder hält ein Gerät oder Fahrzeug in Funktion | *Das Spielzeugboot wird von einem Motor angetrieben* **4** **etwas treibt etwas an** das Wasser trägt Dinge irgendwohin | *Der Sturm/Die Strömung hat ein Boot angetrieben*

★ **an·tre·ten** VERB **1** **etwas antreten** *(hat)* mit etwas Neuem beginnen ⟨eine Stelle, eine Arbeit, ein Studium antreten⟩ **2** **etwas antreten** *(hat)* etwas beginnen, nachdem man alle notwendigen Vorbereitungen getroffen hat ⟨die Reise, den Heimweg antreten⟩ **3** **jemandes Nachfolge antreten** *(hat)* die Funktion des Vorgängers übernehmen **4** **ein Erbe/eine Erbschaft antreten** *(hat)* den Erbteil übernehmen **5** **den Beweis (für etwas) antreten** *geschrieben (hat)* etwas beweisen | *Ich werde den Beweis antreten, dass der Angeklagte unschuldig ist* **6** **(gegen jemanden) antreten** *(ist)* an einem Wettkampf teilnehmen, gegen jemanden spielen, laufen o. Ä. | *gegen den Weltmeister antreten* 7 **zu etwas antreten** *(ist)* an einen Ort kommen, um dort seine Pflicht zu tun ⟨pünktlich zum Dienst antreten⟩ 8 **Personen treten an** *(ist)* Schüler, Soldaten o. Ä. stellen sich in einer Reihe auf | *Wir traten zum Appell an*

An·trieb *der* 1 *nur Singular* etwas, das jemandem die (psychische) Kraft gibt, etwas zu tun | *Das Lob gibt ihm neuen Antrieb* 2 die Kraft, die eine Maschine antreibt | *eine Maschine mit elektrischem/mechanischem Antrieb* K Antriebskraft, Antriebswelle; Raketenantrieb 3 **etwas aus eigenem Antrieb tun** etwas tun, weil man es selbst will

an·trin·ken VERB *(hat)* 1 **etwas antrinken** eine Flasche o. Ä. öffnen und anfangen zu trinken | *eine angetrunkene Flasche Wein* 2 **sich** *(Dativ)* **einen Rausch/Schwips antrinken**; **sich** *(Dativ)* **einen antrinken** *gesprochen* mit Absicht so viel Alkohol trinken, bis man betrunken ist 3 **sich** *(Dativ)* **Mut antrinken** so viel Alkohol trinken, dass man die Angst vor jemandem/etwas verliert

An·tritt *der;* (-s) 1 das Antreten einer neuen Stelle, eines Studiums, einer Reise oder Fahrt | *Bei Antritt der Reise war das Wetter gut* 2 das Akzeptieren einer Erbschaft

An·tritts·be·such *der* ein offizieller Besuch, bei dem sich eine Person, die eine (meist diplomatische) Aufgabe übernommen hat, vorstellt ⟨seinen Antrittsbesuch machen⟩

an·tun VERB *(hat)* 1 **jemandem etwas antun** so handeln, dass es für jemanden negative Folgen hat ⟨jemandem ein Leid, ein Unrecht antun⟩ 2 **sich** *(Dativ)* **(et)was antun** *gesprochen* Selbstmord begehen

an·tur·nen ['antœrnən] → antörnen

★ **Ant·wort** *die;* (-, -en) 1 **eine Antwort (auf etwas** *(Akkusativ)*) eine mündliche oder schriftliche Äußerung, mit der man vor allem auf eine Frage, eine Bitte oder einen Brief reagiert ⟨eine höfliche, kluge, schnippische, unverschämte Antwort geben⟩ ↔ *Frage* | *Ich habe immer noch keine Antwort auf meinen Brief erhalten* K Antwortbrief, Antwortschreiben 2 **eine Antwort (auf etwas** *(Akkusativ)*) eine Handlung, mit der man auf eine andere Handlung reagiert ≈ *Reaktion* | *Lautes Gelächter war die Antwort auf das Missgeschick* ■ ID **Keine Antwort ist auch eine Antwort** Auch durch Schweigen kann man die eigene Einstellung ausdrücken

★ **ant·wor·ten** VERB (antwortete, hat geantwortet) 1 **(jemandem) etwas (auf etwas** *(Akkusativ)*) **antworten** jemandem etwas als Antwort auf eine Frage, Bitte oder einen Brief sagen/schreiben ↔ *fragen* | *Was hast du ihm darauf geantwortet?* 2 **(jemandem) (auf etwas** *(Akkusativ)*) **antworten** auf eine Frage, Bitte oder einen Brief eine Antwort geben ⟨mit Ja oder Nein antworten⟩ | *Du hast auf meine Frage noch nicht geantwortet* | *Ich habe sie dreimal angeschrieben, aber sie antwortet einfach nicht* 3 **auf etwas** *(Akkusativ)* **mit etwas antworten** auf eine Handlung, ein Verhalten in der genannten Weise reagieren | *Er antwortete auf meine Bemerkung mit lautem Lachen*

an·ver·trau·en VERB (vertraute an, hat anvertraut) 1 **jemandem etwas anvertrauen** jemandem etwas Wertvolles geben, damit es nicht verloren geht oder gestohlen wird | *Als sie verreiste, vertraute sie mir ihren Schmuck an* 2 **jemandem etwas anvertrauen** einer Person, die man für geeignet hält, eine wichtige Aufgabe geben ⟨jemandem ein Amt, eine Aufgabe anvertrauen⟩ 3 **jemandem eine Person anvertrauen** eine Person von jemandem pflegen oder betreuen lassen | *Sie vertraute das Kind ihrer Mutter an, als sie ins Krankenhaus musste* | *Er will seine kranke Frau nur einem Spezialisten anvertrauen* 4 **jemandem etwas anvertrauen** einer Person etwas Persönliches, Privates erzählen, weil man Vertrauen zu ihr hat ⟨jemandem ein Geheimnis, seinen Kummer, seine Sorgen anvertrauen⟩ 5 **sich jemandem anvertrauen** einer anderen Person die eigenen Geheimnisse, Sorgen und den eigenen Kummer erzählen | *Du kannst dich mir ruhig anvertrauen, wenn dir etwas auf der Seele liegt*

an·vi·sie·ren [-v-] VERB (visierte an, hat anvisiert) 1 **etwas anvisieren** etwas, das man sich als Ziel gesetzt hat, zu erreichen versuchen | *eine Erhöhung der Produktion anvisieren* 2 **jemanden/etwas anvisieren** mit einem Gewehr auf jemanden/etwas zielen

an·wach·sen VERB *(ist)* 1 **etwas wächst an** etwas wächst irgendwo fest ⟨die transplantierte Haut; der verpflanzte Baum⟩ 2 **etwas wächst an** etwas wird in Zahl oder Menge langsam mehr ⟨die Bevölkerung, der Lärm, die Menge, die Schulden⟩

an·wäh·len VERB *(hat)* **jemanden/etwas anwählen** die Telefonnummer von jemandem oder von einem Ort wählen

★ **An·walt** *der;* (-(e)s, An·wäl·te) 1 Kurzwort für *Rechtsanwalt* K Anwaltsbüro, Anwaltskanzlei ■ zu *Anwältin* → Info im Eintrag **-in** 2 *geschrieben* eine Person, die sich öffentlich dafür einsetzt, dass eine gute Sache gemacht wird oder dass einer Person geholfen wird | *Er ist immer ein Anwalt der Armen gewesen* | *Er hat sich zum Anwalt missbrauchter Kinder gemacht* ■ zu *Anwältin* → Info im Eintrag **-in** ● hierzu **An·wäl·tin** *die*

An·wand·lung *die;* (-, -en) 1 *geschrieben* eine plötzlich auftretende Änderung des Verhaltens einer Person ≈ *Laune* | *In einer Anwandlung von Großzügigkeit schenkte er ihr ein teures Auto* 2 **(seltsame) Anwandlungen haben** sich plötzlich ganz anders verhalten als sonst (vor allem im negativen Sinn)

an·wär·men VERB *(hat)* **etwas anwärmen** etwas ein wenig warm machen ⟨das Essen, das Bett anwärmen⟩

An·wär·ter *der* 1 **ein Anwärter (auf etwas** *(Akkusativ)*) ein Bewerber oder ein Kandidat, der gute Chancen hat, eine berufliche Stellung zu bekommen K Offiziersanwärter 2 **der Anwärter (auf etwas** *(Akkusativ)*) ein Teilnehmer an einem Wettkampf, der gute Chancen hat, zu gewinnen ⟨der Anwärter auf den Sieg, auf den Titel⟩ K Titelanwärter ● hierzu **An·wär·te·rin** *die*

An·wart·schaft *die;* (-) **die Anwartschaft (auf etwas** *(Akkusativ)*) die berechtigte Erwartung oder die Aussicht auf etwas | *die Anwartschaft auf eine Direktorenstelle*

an·wei·sen VERB (wies an, hat angewiesen); *geschrieben* 1 **jemanden anweisen zu** *+Infinitiv* jemandem den Auftrag geben, etwas zu tun | *Ich habe ihn angewiesen, die Sache sofort zu erledigen* 2 **jemanden (bei etwas) anweisen** jemandem bei einer Tätigkeit Hinweise und Instruktionen geben | *den neuen Mitarbeiter bei seiner Arbeit anweisen* 3 **jemandem etwas anweisen** bestimmen, dass jemand etwas bekommt ⟨jemandem eine Wohnung, eine neue Arbeitsstelle anweisen⟩ 4 **etwas (an jemanden) anweisen** jemandem durch eine Bank Geld schicken ⟨das Gehalt, einen Scheck an jemanden anweisen⟩

★ **An·wei·sung** *die* 1 *geschrieben* der Auftrag, etwas (auf die genannte Weise) zu tun ⟨jemandes Anweisungen befolgen⟩ ≈ *Befehl* | *Ich hatte strikte Anweisung vom Chef, die Papiere nicht aus der Hand zu geben* 2 ein Heft oder kleines Buch mit Hinweisen oder Instruktionen ≈ *Anleitung* K Gebrauchsanweisung 3 das Senden einer Geldsumme durch die Bank ≈ *Überweisung* K Gehaltsanweisung, Honoraranweisung 4 ein Formular für das Senden von Geld K Bankanweisung

an·wend·bar ADJEKTIV so, dass es angewendet werden kann ● hierzu **An·wend·bar·keit** *die*

★ **an·wen·den** VERB (wendete/wandte an, hat angewendet/angewandt) **1** **etwas anwenden** etwas zu einem Zweck benutzen ⟨Gewalt anwenden; eine List, einen Trick anwenden⟩ **2** **etwas auf etwas** (*Akkusativ*) **anwenden** etwas Allgemeines oder Abstraktes auf einen speziellen Fall beziehen | *Diese mathematische Formel lässt sich nicht auf unseren Sonderfall anwenden*

An·wen·der *der*; (-s, -) eine Person, die ein Computerprogramm benutzt

★ **An·wen·dung** *die*; (-, -en) **1** *nur Singular* das Anwenden eines Mittels | *Unter Anwendung eines Tricks schaffte es der Betrüger, in die Wohnung zu kommen* K Anwendungsbereich, Anwendungsgebiet, Anwendungsmöglichkeit **2** ein Computerprogramm, das der Benutzer selbst startet ≈ *App* | *Schließen Sie vor der Installation alle anderen Anwendungen* **3** **die Anwendung** +*Genitiv*/**von etwas auf etwas** (*Akkusativ*) der Vorgang, etwas Allgemeines auf einen speziellen Fall zu beziehen | *die Anwendung eines Paragrafen auf einen Fall* **4** **etwas findet Anwendung** *geschrieben* etwas wird angewendet | *Roboter finden in dieser Fabrik keine Anwendung*

an·wer·ben VERB (*hat*) **jemanden (für/zu etwas) anwerben** versuchen, jemanden als Mitarbeiter bei etwas zu bekommen ⟨Arbeitskräfte, Hilfsarbeiter anwerben⟩

an·wer·fen VERB (*hat*) **1** **etwas anwerfen** einen Mechanismus in Betrieb setzen ⟨den Motor, den Propeller anwerfen⟩ ≈ *starten* **2** (vor allem im Hand- und Basketball) das Spiel oder eine Spielhälfte durch einen Wurf beginnen

An·we·sen *das*; (-s, -); *geschrieben* ein Grundstück meist mit einem Haus und Nebengebäuden ⟨ein landwirtschaftliches Anwesen⟩

★ **an·we·send** ADJEKTIV sich an einem Ort befindend ⟨Personen⟩ ↔ *abwesend* | *bei einer Veranstaltung anwesend sein* ● hierzu **An·we·sen·de** *der/die*

★ **An·we·sen·heit** *die*; (-) **1** die Tatsache, dass sich jemand an einem Ort befindet ↔ *Abwesenheit* | *Die Parade fand in Anwesenheit des Präsidenten statt* **2** die Tatsache, dass etwas irgendwo vorhanden ist, existiert | *die Anwesenheit von Giftstoffen in der Luft*

An·we·sen·heits·lis·te *die* eine Liste, in die alle Anwesenden (vor allem bei einer Sitzung) ihre Namen eintragen

an·wi·dern VERB (widerte an, hat angewidert) **eine Person/Sache widert jemanden an** eine Person oder Sache erregt in jemandem Ekel und Widerwillen | *Du widerst mich an!*

an·win·keln VERB (winkelte an, hat angewinkelt) **etwas anwinkeln** Arme oder Beine so beugen, dass sie einen Winkel bilden

★ **An·woh·ner** *der*; (-s, -) eine Person, die an oder neben etwas (meist einer Straße o. Ä.) wohnt | *die Anwohner der Fußgängerzone* ● hierzu **An·woh·ne·rin** *die*

★ **An·zahl** *die*; *nur Singular* **1** **die Anzahl** (+*Genitiv*); **die Anzahl (an Personen/Dingen)** die zählbare Menge von Personen oder Dingen eines Ganzen | *Die Anzahl der Mitglieder unseres Vereins ist gestiegen* **2** **eine Anzahl** (+*Genitiv*); **eine Anzahl (von Personen/Dingen)** eine unbestimmte, nicht genau zählbare Menge von Personen oder Dingen ⟨eine geringe, große, stattliche Anzahl⟩ | *eine Anzahl von Schülern* | *eine Anzahl Kinder* i Ist *Anzahl* das Subjekt des Satzes, steht das Verb meist im Singular, kann aber auch im Plural stehen: *Bei dem Fest war/waren eine große Anzahl von Gästen anwesend.*

an·zah·len VERB (*hat*) **etwas anzahlen** bei einem Kauf einen ersten Teil des gesamten Betrages zahlen ⟨einen Kühlschrank, einen Fernseher anzahlen⟩ | *Er musste für das Auto 3.000 Euro anzahlen*

An·zah·lung *die* der erste Teil des Gesamtpreises einer Ware, den man zahlen muss, damit man die Ware bekommt | *eine Anzahlung von 100 Euro leisten*

an·zap·fen VERB (*hat*) **1** **etwas anzapfen** ein kleines Rohr mit einem Hahn in ein Fass schlagen, damit man das Bier oder den Wein aus dem Fass nehmen kann ⟨ein Fass Bier anzapfen⟩ **2** **etwas anzapfen** *gesprochen* einer Leitung illegal eine Flüssigkeit entnehmen ⟨eine Pipeline anzapfen⟩ **3** **eine Telefonleitung anzapfen** *gesprochen* die Telefongespräche anderer Personen (illegal) abhören

★ **An·zei·chen** *das* **1** etwas äußerlich Sichtbares, das etwas Zukünftiges ankündigt ⟨die Anzeichen eines Gewitters, einer Krankheit⟩ ≈ *Vorzeichen* | *Alle Anzeichen sprechen dafür, dass der Minister den Auslandsbesuch absagt* **2** etwas äußerlich Sichtbares, das einen Zustand erkennen lässt | *keine Anzeichen von Trauer/Reue zeigen*

an·zeich·nen VERB (*hat*) **1** **etwas (an etwas** (*Akkusativ*)**) anzeichnen** etwas meist an eine Tafel zeichnen, damit es alle gut sehen können | *eine Skizze an die Tafel anzeichnen* **2** **etwas anzeichnen** ein Wort oder einen Teil eines Textes durch ein Zeichen hervorheben ≈ *markieren* | *wichtige Passagen in einem Text anzeichnen*

★ **An·zei·ge** *die*; (-, -n) **1** ein (meist kurzer) Text, den man in einer Zeitung oder Zeitschrift drucken lässt, weil man etwas verkaufen will oder etwas sucht ⟨eine Anzeige aufgeben⟩ **2** die öffentliche Bekanntmachung (in einer Zeitung) eines familiären Ereignisses K Heiratsanzeige, Todesanzeige **3** eine Mitteilung meist an die Polizei, dass eine Person (vermutlich) eine Straftat begangen hat ⟨Anzeige gegen jemanden erstatten; etwas zur Anzeige bringen⟩ **4** *nur Singular* das Zeigen einer Messung oder anderer Informationen ⟨die Anzeige eines Resultats⟩ **5** An der Anzeige eines Geräts kann man Messungen oder andere Informationen ablesen K Anzeigegerät, Anzeigetafel

★ **an·zei·gen** VERB (*hat*) **1** **etwas anzeigen** ein familiäres Ereignis öffentlich (in einer Zeitung) bekannt geben ⟨die Verlobung, die Hochzeit, die Geburt eines Kindes anzeigen⟩ **2** **jemanden anzeigen** einer Behörde (meist der Polizei) mitteilen, dass jemand eine Straftat begangen hat **3** **etwas anzeigen** einer Behörde (meist der Polizei) mitteilen, dass (vermutlich) eine Straftat begangen worden ist | *einen Einbruch anzeigen* **4** **(jemandem) etwas anzeigen** jemandem wichtige oder notwendige Informationen über etwas geben ⟨jemandem den Weg, die Richtung anzeigen⟩ **5** **etwas zeigt etwas an** etwas gibt Messungen oder andere Informationen über etwas | *Die Waage zeigt 75 Kilo an*

An·zei·gen·blatt *das* eine Zeitung, die nichts kostet und fast nur aus Werbeanzeigen von Geschäften und Firmen besteht

an·zet·teln VERB (zettelte an, hat angezettelt) **etwas anzetteln** *gesprochen* etwas Negatives vorbereiten und dafür sorgen, dass es geschieht ⟨einen Aufstand, eine Rauferei anzetteln⟩

★ **an·zie·hen** VERB (*hat*) **1** **jemandem etwas anziehen**; **jemanden anziehen** den Körper mit Kleidung bedecken ↔ *ausziehen* | *Ich muss mir nur noch eine Jacke anziehen* | *einem Kind die Strümpfe anziehen* | *Zieh dich warm an, es ist kalt draußen* **2** **eine Person/Sache zieht jemanden an** die genannte Person oder Sache ist für jemanden sehr interessant | *Viele Leute fühlten sich durch die Werbung angezogen* **3** **etwas zieht etwas an** etwas übt elektromagnetische Kräfte auf etwas aus | *Ein Magnet zieht Eisen an* **4** **etwas zieht etwas an** etwas absorbiert eine Substanz, die sich in unmittelbarer Nähe befindet | *Salz zieht Wasser an* **5** **etwas anziehen** etwas durch Ziehen straff machen ⟨eine Schnur, eine Saite anziehen⟩ ≈ *spannen* **6** **etwas anziehen** einen Arm, ein Bein in Richtung zum Körper ziehen | *Wenn man über ein Hindernis springt, muss man die Beine anziehen* **7** **eine Schraube anziehen** eine

Schraube so drehen, dass sie fest sitzt **8** **die Handbremse anziehen** die Handbremse in einem Fahrzeug durch Ziehen benutzen **9** **irgendwie angezogen sein** Kleidung mit der genannten Eigenschaft tragen ⟨gut, schick, schlecht angezogen sein⟩ | *Er ist immer sehr schick angezogen* **10** **etwas zieht an** etwas steigt oder wird höher ⟨die Preise⟩ **11** **jemand/etwas zieht irgendwie an** jemand/etwas erreicht (meist plötzlich) eine höhere Geschwindigkeit ≈ *beschleunigen* | *Er/Sein Motorrad zog sehr schnell an*

an·zie·hend ■ PARTIZIP PRÄSENS **1** → anziehen ■ ADJEKTIV **2** attraktiv und sympathisch im Aussehen oder Verhalten

An·zie·hung *die; meist Singular* **die Anziehung (auf jemanden/etwas)** die Eigenschaft, Interesse auf sich zu ziehen ⟨eine starke Anziehung auf jemanden haben, ausüben⟩

An·zie·hungs·kraft *die* **1** **die Anziehungskraft (auf jemanden/etwas)** ≈ *Anziehung* **2** die natürliche Kraft, mit der eine große Masse eine kleinere Masse zu sich heranzieht ≈ *Schwerkraft, Gravitation* | *Die Anziehungskraft der Erde ist ungefähr sechsmal so groß wie die des Mondes* K Erdanziehungskraft

★ **An·zug** *der* **1** ein Anzug (vor allem für Männer) besteht aus einer langen Hose und einer Jacke aus dem gleichen Stoff ⟨ein zweireihiger, maßgeschneiderter Anzug⟩ K Anzughose, Anzugjacke, Anzugweste I → Abb. unter **Bekleidung** **2** **jemand/etwas ist im Anzug** *nur Singular* jemand/etwas (vor allem etwas Bedrohliches) kommt näher oder heran | *Der Feind/ein Unwetter ist im Anzug*

an·züg·lich ADJEKTIV; *geschrieben* (im moralischen Sinn) unanständig ⟨ein Witz, ein Gedanke, eine Bemerkung⟩ • hierzu **An·züg·lich·keit** *die*

an·zün·den VERB *(hat)* **(sich** (*Dativ*)**) etwas anzünden** bewirken, dass etwas brennt ⟨sich (*Dativ*) eine Zigarette anzünden; ein Feuer, einen Ofen, eine Kerze anzünden⟩

an·zwei·feln VERB *(hat)* **etwas anzweifeln** Zweifel an der Richtigkeit oder Wahrheit einer Sache haben

AOK [aːǀoːˈkaː] *die*; Ⓓ Abkürzung für *Allgemeine Ortskrankenkasse*

Aor·ta [aˈɔrta] *die*; (-, Aor·ten) die größte Arterie, welche das frische Blut vom Herzen in den Körper bringt ≈ *Hauptschlagader*

apart ADJEKTIV so, dass es sehr gut aussieht ⟨apart aussehen; ein Gesicht, ein Kleid⟩ ≈ *geschmackvoll*

★ **Apart·ment** *das*; (-s, -s) eine komfortable Wohnung, in der meist nur eine Person lebt

Apa·thie *die*; (-, -n [-iːən]) ein Zustand, in dem jemand an den Mitmenschen und an der eigenen Umgebung kein Interesse hat • hierzu **apa·thisch** ADJEKTIV

aper [ˈaːpɐ] ADJEKTIV; *süddeutsch* ⒶⒸⒽ nicht mit Schnee bedeckt ⟨eine Straße, ein Hang⟩

Ape·ri·tif *der*; (-s, -s) ein alkoholisches Getränk, das man vor einer Mahlzeit trinkt und welches den Appetit anregen soll

★ **Ap·fel** *der*; (-s, Äp·fel) eine rundliche Frucht mit weißem Fruchtfleisch, einer roten, grünen oder gelben Schale und kleinen braunen Kernen K Apfelbaum, Apfelkuchen, Apfelmost, Apfelmus, Apfelsaft, Apfelstrudel, Apfelwein ■ ID **in den sauren Apfel beißen (müssen)** etwas Unangenehmes tun (müssen); **Der Apfel fällt nicht weit vom Stamm** *humorvoll* verwendet, um eine Ähnlichkeit zwischen einer Person und ihren Eltern festzustellen; **für einen Apfel und ein Ei** *gesprochen* zu einem Preis weit unter dem eigentlichen Wert

Ap·fel·schor·le *die/das* ein Getränk aus Apfelsaft und Mineralwasser

★ **Ap·fel·si·ne** *die*; (-, -n) ≈ *Orange* I → Abb. unter **Orange**

Apho·ris·mus [-f-] *der*; (-, Apho·ris·men) ein kurzer und meist geistreicher Spruch, der vor allem eine wichtige Erfahrung oder eine Lebensweisheit enthält • hierzu **apho·ris·tisch** ADJEKTIV

APO, Apo *die*; (-); Ⓓ *historisch* **außerparlamentarische Opposition** verwendet als Bezeichnung für eine oppositionelle Bewegung außerhalb des Parlaments in der Zeit um 1968

apo·dik·tisch ADJEKTIV; *geschrieben* so, dass kein Widerspruch akzeptiert wird ⟨eine Aussage, eine Behauptung⟩ | *etwas apodiktisch erklären, behaupten*

Apo·ka·lyp·se [-ˈlʏpsə] *die*; (-); *geschrieben* eine Katastrophe, die so schlimm ist, dass man meinen könnte, das Ende der Welt sei gekommen • hierzu **apo·ka·lyp·tisch** ADJEKTIV

apo·li·tisch ADJEKTIV; *geschrieben* ohne Interesse an der Politik ⟨ein Mensch⟩

Apos·tel *der*; (-s, -) **1** einer der zwölf ersten Anhänger von Jesus Christus oder einer der frühen christlichen Missionare **2** *oft ironisch* eine Person, die sich mit großem (oft zu großem) Eifer für eine Lehre oder Ansicht einsetzt | *ein Apostel der Enthaltsamkeit* K Gesundheitsapostel, Moralapostel

Apo·stroph [-f] *der*; (-s, -e) das grafische Zeichen ', das anzeigt, dass z. B. ein Vokal oder eine Silbe ausgelassen wurde ⟨einen Apostroph setzen⟩ ≈ *Auslassungszeichen* | *Der Apostroph in „Da kommt 'n Hund" ersetzt ein „e" und ein „i"* I → Info-Fenster nächste Seite

apo·stro·phie·ren [-f-] VERB (apostrophierte, hat apostrophiert) **jemanden als etwas apostrophieren** *geschrieben* jemanden als etwas bezeichnen | *jemanden als intelligent apostrophieren* | *jemanden als Verräter apostrophieren*

★ **Apo·the·ke** *die*; (-, -n) ein Geschäft, in dem man Arzneimittel kaufen kann (vor allem solche Mittel, die ein Arzt verschrieben hat) I → Infos unter **Krankenversicherung** • hierzu **Apo·the·ker** *der*; **Apo·the·ke·rin** *die*

apo·the·ken·pflich·tig ADJEKTIV nur in einer Apotheke zu kaufen ⟨ein Medikament⟩

App [ɛp] *die*; (-, -s) ein zusätzliches Programm für Smartphones und andere mobile elektronische Geräte | *Ich habe mir eine Weltzeituhr als kostenlose App aus dem Internet heruntergeladen*

★ **Ap·pa·rat** *der*; (-(e)s, -e) **1** ein kompliziertes technisches Gerät K Fernsehapparat, Fotoapparat, Radioapparat, Telefonapparat **2** *meist Singular* eine Gruppe von Körperteilen oder Organen, die zusammenarbeiten, um eine gemeinsame Aufgabe zu erfüllen K Atmungsapparat, Bewegungsapparat, Verdauungsapparat **3** *meist Singular* alle Personen und Hilfsmittel, die man für eine Aufgabe oder für eine Institution/Organisation braucht K Beamtenapparat, Parteiapparat, Polizeiapparat, Regierungsapparat, Verwaltungsapparat

Ap·pa·ra·tur *die*; (-, -en) die technischen Apparate und Instrumente, die man zu einem gewissen Zweck zusammengestellt hat ⟨eine komplizierte Apparatur⟩

Ap·par·te·ment [apart(ə)ˈmãː] *das*; (-s, -s) ≈ *Apartment*

Ap·pell *der*; (-s, -e) **1** **ein Appell (an jemanden) (zu etwas)** eine Äußerung, mit der man eine Person dazu bringen will, ihr Verhalten zu ändern ⟨ein Appell an jemandes Vernunft, zur Solidarität, zum Frieden; einen Appell an die Bevölkerung, an die Öffentlichkeit richten⟩ **2** eine Veranstaltung, bei der sich die Soldaten aufstellen, um gezählt zu werden

GRAMMATIK

▶ Wann verwendet man den Apostroph?

Der Apostroph ersetzt ausgelassene Buchstaben und Wortteile, wenn die Wörter sonst schwer lesbar oder schwer zu verstehen wären:

- **Sie kam mit'm Auto.**
- **'s ist Zeit!**
- **der Ku'damm (= Kurfürstendamm) in Berlin**

In vielen Fällen kann ein Apostroph stehen, muss aber nicht. Um Missverständnisse zu vermeiden, wird die Schreibung mit Apostroph empfohlen:

- **Wie geht's** (*oder* **gehts**)?
- **Er traf sich mit 'nem** (*oder* **nem**) **Freund.**
- **die Goethe'schen** (*oder* **goetheschen**) **Dramen**

Der Apostroph steht auch anstelle einer Endung im Genitiv, wenn Eigennamen auf **s**, **ß**, **z**, **x** oder **ce** enden und der Eigenname allein, ohne Artikel, Pronomen usw. steht:

- **Pythagoras' Lehrsatz**
- **Maurice' Freund**
- **Montreux' Stadtväter**

Aber: **der Lehrsatz des Pythagoras; der Freund unseres Maurice; die Stadtväter des schönen Montreux**

In der Regel gibt es keine Abtrennung von Genitiv-s oder Plural-s mit Apostroph:

- **Lisas Freunde**
- **Herrn Hubers Hund**
- **die Hubers (= Familie Huber)**

Die häufige Verwendung des Apostrophs zur Abtrennung von Endungen z. B. bei Geschäftsnamen entspricht nicht den Regeln (*Rudi's Milchbar, Christl's Würst'l, Hit's für Kid's, montag's geschlossen*).

und Befehle zu erhalten ⟨zum Appell antreten⟩ **K** Morgenappell

ap·pel·lie·ren VERB (appellierte, hat appelliert) **an jemanden/etwas appellieren** einen Appell an jemanden/etwas richten ⟨an jemandes Vernunft, Gewissen appellieren⟩ | *an die Demonstranten appellieren, keine Gewalt anzuwenden*

Ap·pen·dix *der;* (-(es), Ap·pen·di·zes [-tseːs]) **1** *geschrieben* ≈ *Anhang* **2** ≈ *Blinddarm*

★ **Ap·pe·tit, Ap·pe·tit** *der;* (-(e)s) **1** **Appetit (auf etwas** (*Akkusativ*)) das Bedürfnis oder Verlangen, etwas zu essen ⟨keinen, großen Appetit (auf etwas) haben, bekommen; den Appetit anregen, verderben⟩ | *Hast du Appetit auf Fisch?* **K** appetitanregend **2** **Guten Appetit!** verwendet als höfliche Formel, bevor man anfängt zu essen ● zu (1) **ap·pe·tit·los** ADJEKTIV; zu (1) **Ap·pe·tit·lo·sig·keit** *die*

ap·pe·tit·lich ADJEKTIV **1** so, dass man davon Appetit bekommt ⟨eine Speise; etwas ist appetitlich zubereitet; etwas sieht appetitlich aus⟩ **2** *gesprochen* jung und frisch aussehend und deshalb attraktiv

Ap·pe·tit·züg·ler *der;* (-s, -) ein Medikament, das bewirken soll, dass man weniger isst

ap·plau·die·ren VERB (applaudierte, hat applaudiert) **(jemandem) applaudieren** mehrere Male in die Hände klatschen, um dadurch zu zeigen, dass man etwas, das ein Schauspieler, Artist o. Ä. gezeigt hat, sehr schön oder sehr gut findet | *Das Publikum applaudierte dem jungen Opernsänger begeistert*

★ **Ap·plaus** *der;* (-es) **Applaus für jemanden/etwas** Lob und Anerkennung (für eine Person oder ihre Leistung), die man dadurch zeigt, dass man wiederholt in die Hände klatscht ⟨begeisterter Applaus; Applaus bekommen, erhalten; (jemandem) Applaus spenden⟩ ≈ *Beifall*

ap·por·tie·ren VERB (apportierte, hat apportiert) **ein Hund apportiert (etwas)** ein Hund bringt einen Gegenstand oder ein vom Jäger getötetes Tier herbei

Ap·po·si·ti·on [-'tsjoːn] *die;* (-, -en) **eine Apposition (zu etwas)** eine nähere Bestimmung meist zu einem Substantiv oder einem Personalpronomen, die im gleichen Kasus steht wie das Substantiv oder Pronomen | *In dem Satz „Mein Onkel, ein bekannter Arzt, kommt morgen zu Besuch", ist „ein bekannter Arzt" eine Apposition zu „mein Onkel"*

Ap·pro·ba·ti·on [-'tsjoːn] *die;* (-, -en); *admin* die staatliche Genehmigung, die ein Arzt oder Apotheker für den Beruf braucht

★ **Ap·ri·ko·se** *die;* (-, -n) eine ovale, kleine Frucht mit orangefarbener samtiger Schale und einem großen, flachen Kern **K** Aprikosenbaum, Aprikosenmarmelade

APRIKOSE

★ **Ap·ril** *der;* (-(s), -e); *meist Singular* der vierte Monat des Jahres ⟨im April; Anfang, Mitte, Ende April; am 1., 2., 3. April⟩ ■ **ID jemanden in den April schicken** *gesprochen* einen Aprilscherz mit jemandem machen; **April, April!** **a** drückt aus, dass etwas nur ein Scherz war **b** drückt aus, dass man sich ärgert, weil man getäuscht wurde oder weil Erwartungen nicht erfüllt wurden

Ap·ril·scherz *der* ein Scherz (vor allem eine erfundene Geschichte), mit dem man jemanden am 1. April neckt ⟨auf einen Aprilscherz hereinfallen⟩ ■ **ID Das ist wohl ein Aprilscherz!** *gesprochen* Das glaube ich nicht!

Ap·ril·wet·ter *das; nur Singular* ein Wetter, bei dem sich Regen und Sonnenschein oft abwechseln

a pri·o·ri ADVERB; *geschrieben* grundsätzlich, meist ohne sich vorher genau mit den Details beschäftigt zu haben | *die Änderung eines Gesetzes a priori ablehnen*

apro·pos [apro'poː] ADVERB verwendet im Gespräch, um zu sagen, dass man durch ein Thema an etwas erinnert wurde | *„Ich habe mir gerade ein neues Buch gekauft." – „Apropos Bücher, du wolltest mir doch mal ein paar Romane empfehlen."*

Aqua·pla·ning *das;* (-s) das Rutschen der Autoreifen auf einer nassen Straße

Aqua·rell *das;* (-s, -e) ein Bild, das mit Wasserfarben gemalt ist **K** Aquarellfarbe, Aquarellmalerei

Aqua·ri·um *das;* (-s, Aqua·ri·en [-jən]) ein Zoo oder Behälter aus Glas mit Wasser, in dem Fische und Wasserpflanzen gehalten werden

★ **Äqua·tor** *der;* (-s) ein gedachter Kreis um die Erde, der diese in eine nördliche und eine südliche Hälfte teilt ● hierzu **äqua·to·ri·al** ADJEKTIV

äqui·va·lent [-v-] ADJEKTIV; *geschrieben* **äquivalent (zu etwas)** mit dem gleichen Wert, der gleichen Bedeutung oder Größe ⟨ein Ausdruck, eine Leistung⟩ ● hierzu **Äqui·va·lenz** *die*

Äqui·va·lent [-v-] *das;* (-(e)s, -e); *geschrieben* **ein Äquivalent (für/von/zu etwas)** etwas, das genau den gleichen Wert, die gleiche Bedeutung oder Größe hat wie etwas anderes ≈ *Entsprechung, Gegenwert* | *Das deutsche Wort „gemütlich" hat im Englischen kein genaues Äquivalent*

Ar *das;* (-s, -) verwendet als Bezeichnung für ein Flächenmaß von 100 m^2 | *ein Wald mit 50 a* ▮ Abkürzung: *a*

Ära *die;* (-, Ären); *meist Singular; geschrieben* eine relativ lange Zeit, die mit einer wichtigen Persönlichkeit oder Sache in Verbindung gebracht wird oder wurde ⟨der Anbruch einer neuen Ära⟩ ≈ *Epoche* | *die Ära Kennedy* | *die Ära der Computertechnik*

ara·bisch ADJEKTIV **1** so, dass das Genannte zum Land oder zur Kultur der Araber gehört **2** **eine arabische Ziffer/Zahl** eine Ziffer/Zahl, die aus den Zeichen 1, 2, 3, 4 usw. besteht

★ **Ar·beit** *die;* (-, -en) **1** **die Arbeit (an etwas** *(Dativ)***)** eine Tätigkeit, bei der man geistige oder/und körperliche Kräfte einsetzt und mit der man einen Zweck verfolgt ⟨eine leichte, interessante, geistige, körperliche Arbeit; die Arbeit organisieren, erledigen, verrichten; an die Arbeit gehen⟩ | *die Arbeit an einem Projekt* K Arbeitsablauf, Arbeitseifer, Arbeitsleistung, Arbeitsmaterial, Arbeitspensum, Arbeitstechnik, Arbeitstempo, Arbeitsweise; Büroarbeit, Feldarbeit, Gartenarbeit, Hausarbeit **2** *nur Singular* die Tätigkeit, die man als Beruf ausübt K Arbeitsanweisung, Arbeitsatmosphäre, Arbeitsbedingungen, Arbeitsbeginn, Arbeitserfahrung, Arbeitserlaubnis, Arbeitserleichterung, Arbeitsgerät, Arbeitskleidung, Arbeitskollege, Arbeitslohn, Arbeitspause, Arbeitsstunde, Arbeitsunfall, Arbeitsvertrag, Arbeitswoche, Arbeitszimmer; Halbtagsarbeit, Ganztagsarbeit, Schichtarbeit, Teilzeitarbeit **3** *nur Singular* ⟨Arbeit finden, suchen; die Arbeit verlieren; zur/in die Arbeit gehen⟩ ≈ *Arbeitsplatz* K Arbeitssuche, Arbeitsvermittlung **4** **Arbeit (mit jemandem/etwas)** *nur Singular* Mühe, die man hat, wenn man sich mit einer Person/Sache beschäftigt ⟨viel Arbeit mit jemandem/etwas haben; keine Mühe und Arbeit scheuen⟩ | *Eine Mutter hat mit einem kleinen Kind viel Arbeit* **5** das Ergebnis, Produkt einer planvollen Tätigkeit ⟨gute Arbeit leisten⟩ | *die Arbeiten eines Künstlers ausstellen* K Bastelarbeit, Handarbeit, Schmiedearbeit; Qualitätsarbeit **6** ein relativ langer schriftlicher Text, der sich ausführlich mit einem Thema beschäftigt (z. B. zum Abschluss eines Studiums) ⟨eine wissenschaftliche Arbeit; eine Arbeit veröffentlichen, vorlegen⟩ K Abschlussarbeit, Bachelorarbeit, Diplomarbeit, Doktorarbeit, Masterarbeit **7** eine schriftliche Prüfung in der Schule | *Der Lehrer ließ eine Arbeit schreiben* K Klassenarbeit, Prüfungsarbeit; Deutscharbeit, Mathearbeit **8** **seine Arbeit tun/machen** so (fleißig und sorgfältig) arbeiten, wie man es erwarten kann **9** **etwas in Arbeit geben** etwas (von einem Handwerker) anfertigen oder machen lassen | *einen Schrank/einen Mantel in Arbeit geben* **10** **etwas in Arbeit haben** (als Handwerker) gerade mit der Herstellung einer Sache beschäftigt sein **11** **etwas ist in Arbeit** etwas wird gerade bearbeitet oder hergestellt **12** **einer (geregelten) Arbeit nachgehen** *geschrieben* berufstätig sein, einen Beruf ausüben

■ ID **ganze/gründliche Arbeit leisten** **a** eine Arbeit gründlich und gut machen **b** *ironisch* etwas vollständig ruinieren; **die Arbeit nicht gerade erfunden haben** *gesprochen, ironisch* faul sein

★ **ar·bei·ten** VERB (arbeitete, hat gearbeitet) **1** eine körperliche oder geistige Tätigkeit verrichten ⟨körperlich, geistig arbeiten; gewissenhaft, fleißig arbeiten⟩ **2** eine Tätigkeit als Beruf ausüben ⟨halbtags, ganztags arbeiten⟩ | *bei der Post arbeiten* | *in der Fabrik arbeiten* | *als Elektriker arbeiten* **3** **etwas arbeitet** etwas erfüllt regelmäßig eine Funktion ⟨das Herz, die Lunge⟩ **4** **etwas arbeitet (irgendwie)** etwas ist in Betrieb (und funktioniert auf die genannte Art) | *Die Maschine arbeitet sehr leise* **5** **an etwas** *(Dativ)* **arbeiten** (z. B. als Autor oder Handwerker) mit der Herstellung einer Sache beschäftigt sein | *Sie arbeitet gerade an einem historischen Roman* **6** **mit etwas arbeiten** (als Handwerker oder Künstler) ein Material verarbeiten | *Am liebsten arbeite ich mit Ton* **7** **über jemanden/etwas arbeiten** sich genau über eine Person oder ein Thema informieren und darüber eine (meist wissenschaftliche) Arbeit schreiben | *über Kafka arbeiten* | *über den Symbolismus arbeiten* **8** **für etwas arbeiten** sich für etwas einsetzen, engagieren | *für den Frieden arbeiten* | *für eine politische Idee arbeiten* **9** **an sich** *(Dativ)* **arbeiten** versuchen, die eigenen Fähigkeiten oder Eigenschaften zu verbessern | *Ein Sänger muss hart an sich arbeiten, um eine Rolle in einer Oper zu bekommen* **10** **das Geld arbeiten lassen** *gesprochen* das Geld auf einer Bank anlegen, damit es Gewinn bringt **11** **sich durch etwas arbeiten** mit Mühe eine Sache oder viel Arbeit bewältigen | *sich durch den Schnee arbeiten* | *sich durch einen Berg von Briefen arbeiten* **12** **sich nach oben arbeiten** sehr viel und gründlich arbeiten, um wirtschaftlichen und sozialen Erfolg zu haben

★ **Ar·bei·ter** *der;* (-s, -) **1** eine Person, die körperlich arbeitet, um so den Lebensunterhalt zu verdienen ⟨ein gelernter, ungelernter Arbeiter⟩ K Arbeiterfamilie, Arbeiterkind, Arbeiterpartei, Arbeiterviertel; Bauarbeiter, Fabrikarbeiter, Hafenarbeiter, Landarbeiter **2** **ein gewissenhafter/schneller/… Arbeiter** eine Person, die in der genannten Weise arbeitet • zu (1) **Ar·bei·te·rin** *die*

Ar·bei·ter·be·we·gung *die; meist Singular* der organisierte Zusammenschluss der Industriearbeiter seit dem Ende des 19. Jahrhunderts zur Verbesserung ihrer ökonomischen, sozialen und politischen Situation

Ar·bei·ter·klas·se *die; nur Singular; veraltend* die soziale Schicht, die vor allem aus Arbeitern besteht

Ar·bei·ter·schaft *die;* (-) alle Arbeiter

Ar·bei·ter|wohl·fahrt *die;* ⊜ eine wohltätige Organisation, die vor allem Erholungs- und Kinderheime für Arbeiter und deren Kinder hat

★ **Ar·beit·ge·ber** *der;* (-s, -) eine Person oder Firma, die Leute als Arbeiter oder Angestellte beschäftigt und ihnen dafür Geld bezahlt ↔ *Arbeitnehmer* ▮ zu *Arbeitgeberin* → Info im Eintrag **-in** • hierzu **Ar·beit·ge·be·rin** *die*

★ **Ar·beit·neh·mer** *der;* (-s, -) eine Person, die bei einer Firma angestellt ist und für ihre Arbeit bezahlt wird ↔ *Arbeitgeber* • hierzu **Ar·beit·neh·me·rin** *die;* **ar·beit·neh·mer·feind·lich** ADJEKTIV; **ar·beit·neh·mer|freund·lich** ADJEKTIV

Ar·beits·agen·tur *die* eine Behörde, die Leuten hilft, einen Arbeitsplatz zu finden, wenn diese arbeitslos sind ▮ Früher war die Bezeichnung „Arbeitsamt" üblich

ar·beit·sam ADJEKTIV; *veraltend* viel und fleißig arbeitend • hierzu **Ar·beit·sam·keit** *die*

Ar·beits·amt *das; gesprochen* eine Behörde, die Leuten hilft, einen Arbeitsplatz zu finden, wenn diese arbeitslos sind ▮ Heute verwendet man die Bezeichnung „Agentur für Arbeit"

ar·beits·auf·wen·dig, ar·beits·auf·wän·dig ADJEKTIV mit viel Arbeit verbunden ⟨ein Verfahren⟩

Ar·beits·be·schaf·fung *die; nur Singular* das Schaffen und Subventionieren von Arbeitsplätzen durch den Staat

Ar·beits·be·schaf·fungs|maß·nah·me *die* eine Maßnahme, mit welcher der Staat neue Arbeitsplätze schaffen will | *Diese Stelle wird als Arbeitsbeschaffungsmaßnahme zu zwei Dritteln vom Arbeitsamt finanziert* ▮ Abkürzung: *ABM*

Ar·beits·be·schei·ni·gung *die* ein Dokument, das bestätigt, dass jemand irgendwo in einem Beruf arbeitet und dafür bezahlt wird

Ar·beits·dienst *der; meist Singular* eine Arbeit für den Staat, für die man nicht oder nur sehr gering bezahlt wird ⟨Arbeitsdienst leisten; jemanden zum Arbeitsdienst heranziehen⟩ | *Im Dritten Reich mussten die Jugendlichen Arbeitsdienst leisten*

Ar·beits·er·laub·nis *die* die Bescheinigung einer Behörde, die ein ausländischer Bürger benötigt, um in einem Land arbeiten zu dürfen ⟨jemandem eine Arbeitserlaubnis erteilen⟩

Ar·beits·es·sen *das* eine Zusammenkunft, bei der Geschäfts- oder Verhandlungspartner zusammen essen und Probleme diskutieren ⟨sich zu einem Arbeitsessen treffen⟩

ar·beits·fä·hig ADJEKTIV gesundheitlich oder physisch in der Lage zu arbeiten • hierzu **Ar·beits·fä·hig·keit** *die*

Ar·beits·gang *der* ein Teil einer größeren Arbeit, die aus mehreren einzelnen Tätigkeiten besteht | *Diese Maschine schneidet und formt das Blech in einem Arbeitsgang*

Ar·beits·ge·mein·schaft *die* **1** eine Gruppe (meist von Schülern oder Studenten), die gemeinsam auf demselben Gebiet arbeiten ⟨eine Arbeitsgemeinschaft bilden⟩ **2** mehrere Firmen, die zusammen an einem Projekt arbeiten

Ar·beits·ge·neh·mi·gung *die* ≈ *Arbeitserlaubnis*

Ar·beits·ge·richt *das* ein Gericht, das sich speziell um die Probleme kümmert, welche das Arbeitsrecht betreffen

Ar·beits·hy·po·the·se *die* eine (vorläufige) Hypothese, die als Grundlage für die weitere (wissenschaftliche) Arbeit dient

Ar·beits·kampf *der* eine Auseinandersetzung zwischen Arbeitnehmern und Arbeitgebern (vor allem in Form von Streik, Boykott oder Aussperrung), bei der es vor allem um Arbeitsbedingungen und Löhne geht

Ar·beits·klei·dung *die* Kleidung, die man vor allem bei körperlicher Arbeit trägt

Ar·beits·kli·ma *das; nur Singular* die Stimmung, die in einer Firma zwischen Vorgesetzten und Mitarbeitern und unter Kollegen herrscht | *In unserem Betrieb herrscht ein gesundes, zwangloses Arbeitsklima*

Ar·beits·kraft *die* **1** *nur Singular* die Kraft und Energie, die man für die Arbeit hat ⟨(sich (*Dativ*)) seine Arbeitskraft erhalten⟩ **2** jeder Mensch, der eine Arbeit leisten kann ⟨eine vollwertige Arbeitskraft; der Bedarf/Mangel an Arbeitskräften⟩

Ar·beits·la·ger *das* eine Art Gefängnis, in dem Gefangene als Strafe zu schwerer Arbeit gezwungen werden

★ **ar·beits·los** ADJEKTIV (meist wegen der schlechten wirtschaftlichen Situation) ohne Anstellung und Arbeit | *Er wurde entlassen und ist jetzt arbeitslos*

Ar·beits·lo·se *der/die;* (-n, -n) eine Person, die arbeitslos ist K Arbeitslosenquote, Arbeitslosenunterstützung, Arbeitslosenversicherung, Arbeitslosenzahl H *ein Arbeitsloser; der Arbeitslose; den, dem, des Arbeitslosen*

Ar·beits·lo·sen·geld *das; nur Singular* **1** das Geld, das Arbeitslose während einer begrenzten Zeit vom Staat bekommen ⟨Arbeitslosengeld bekommen, beziehen⟩ **2** **Arbeitslosengeld I** Ⓓ *admin* ≈ *Arbeitslosengeld* **3** **Arbeitslosengeld II** Ⓓ *admin* das Geld, das in Deutschland Menschen vom Staat bekommen, die in Not sind, keine Arbeit haben und kein normales Arbeitslosengeld bekommen

Ar·beits·lo·sen·ver·si·che·rung *die* eine Versicherung für den Fall, dass man die Arbeitsstelle verliert und nicht sofort eine neue Arbeit findet. Die Beiträge werden vom Lohn oder Gehalt abgezogen

★ **Ar·beits·lo·sig·keit** *die;* (-) **1** der Zustand, arbeitslos zu sein | *Längere Arbeitslosigkeit führt oft zu Depressionen* K Langzeitarbeitslosigkeit **2** der Mangel an Arbeitsplätzen ⟨zunehmende Arbeitslosigkeit; die Arbeitslosigkeit bekämpfen⟩

Ar·beits·markt *der* der Bereich der Wirtschaft, in dem es um das Angebot von und die Nachfrage nach Arbeitsplätzen geht | *die Situation auf dem Arbeitsmarkt*

Ar·beits·mo·ral *die* die persönliche Einstellung einer Person gegenüber der Arbeit, die sie tun soll ⟨eine hohe, gute, schlechte Arbeitsmoral haben⟩

Ar·beits|nie·der·le·gung *die;* (-, -en); *admin* ≈ *Streik*

Ar·beits·ort *der* der Ort, an dem eine Person ihren Beruf ausübt

★ **Ar·beits·platz** *der* **1** eine Stellung oder Beschäftigung, die für jemanden im Beruf zur Verfügung steht ⟨ein sicherer Arbeitsplatz; den Arbeitsplatz verlieren⟩ ≈ *Arbeitsstelle* **2** der Platz oder Raum, wo jemand arbeitet ⟨den Arbeitsplatz aufräumen; die Sicherheit am Arbeitsplatz⟩

Ar·beits·recht *das; nur Singular* die Gesetze, welche die Verhältnisse und die Stellung der Arbeitnehmer (vor allem in Bezug auf den Arbeitgeber) regeln • hierzu **ar·beits·recht·lich** ADJEKTIV

ar·beits·scheu ADJEKTIV ohne Lust und Willen zu arbeiten

Ar·beits·schutz *der; nur Singular* der Schutz der Arbeitnehmer durch ein Gesetz vor gesundheitlichen Schäden, zu starker Belastung usw. K Arbeitsschutzbestimmung, Arbeitsschutzmaßnahmen

Ar·beits·stät·te *die* **1** *admin* der Betrieb, in dem man arbeitet **2** *veraltend* ≈ *Arbeitsplatz*

Ar·beits·stel·le *die* **1** eine Stellung oder Beschäftigung, die für jemanden als Beruf zur Verfügung steht ⟨eine neue Arbeitsstelle suchen⟩ **2** der Betrieb, in dem jemand arbeitet | *Fahrten von der Wohnung zur Arbeitsstelle*

Ar·beits·su·chen·de *der/die;* (-n, -n) eine Person, die eine Arbeit oder einen Job sucht H *ein Arbeitssuchender; der Arbeitssuchende; den, dem, des Arbeitssuchenden*

Ar·beits·tag *der* **1** diejenigen Stunden am Tag, in denen man (beruflich) arbeitet | *einen anstrengenden Arbeitstag hinter sich haben* **2** ein Tag, an dem man in dem Beruf arbeitet | *28 Arbeitstage Urlaub haben*

Ar·beits·tei·lung *die; meist Singular* die Verteilung einer Arbeit oder Aufgabe auf mehrere Personen

Ar·beits·tier *das* **1** ein Tier, das dazu verwendet wird, eine Arbeit zu machen | *In Indien werden Elefanten als Arbeitstiere verwendet* **2** *abwertend oder ironisch* ein Mensch, der sehr viel und intensiv arbeitet (und sich oft nur für die Arbeit interessiert)

ar·beits·un·fä·hig ADJEKTIV gesundheitlich oder physisch nicht in der Lage zu arbeiten • hierzu **Ar·beits·un·fä·hig·keit** *die*

Ar·beits·ver·hält·nis *das* **1** *nur Plural* die Bedingungen, die am Arbeitsplatz herrschen **2** das rechtliche Verhältnis zwischen dem Arbeitnehmer und dem Arbeitgeber (mit einem Vertrag) **3** **in einem (festen) Arbeitsverhältnis stehen** *admin* bei einer Firma als Arbeitnehmer (fest) angestellt sein

Ar·beits·wut *die; oft ironisch* sehr großer Eifer oder Ehrgeiz, mit dem man die Arbeit macht | *Da packte mich die Arbeitswut und ich arbeitete fast die ganze Nacht hindurch*

ar·beits·wü·tig ADJEKTIV; *humorvoll* sehr fleißig und eifrig | *Nanu, du bist heute aber arbeitswütig!*

★ **Ar·beits·zeit** *die* **1** die Anzahl von Stunden, die ein Arbeitnehmer pro Tag, Woche oder Monat arbeiten muss ⟨eine feste Arbeitszeit⟩ K Arbeitszeitregelung, Arbeitszeitverkürzung; Wochenarbeitszeit **2** die Zeit, die man für eine Arbeit benötigt oder zur Verfügung hat | *Die Arbeitszeit für diese Prüfung beträgt zwei Stunden* **3** **gleitende Arbeitszeit** ein System, das es erlaubt, früher oder später als andere Personen mit der Arbeit zu beginnen (und dafür früher bzw. später nach Hause zu gehen) ⟨gleitende Arbeitszeit haben⟩

ar·bit·rär ADJEKTIV; *geschrieben* auf einer subjektiven Meinung oder dem Zufall basierend (und nicht nach objektiven Kriterien erfolgend) ⟨eine Auswahl, eine Entscheidung⟩

ar·cha·isch ADJEKTIV; *geschrieben* **1** nicht den modernen Verhältnissen der Zeit entsprechend ⟨ein Ausdruck, ein Wort, jemandes Stil⟩ **2** aus einer Zeit, in der es noch keine Schrift gab ⟨Werkzeuge, eine Zeichnung⟩

Ar·chäo·lo·gie *die*; (-) die Wissenschaft, die sich mit ausgegrabenen Überresten wie z. B. Statuen, Vasen und Werkzeugen aus vergangenen Zeiten beschäftigt, um damit frühere Kulturen zu erforschen • hierzu **Ar·chäo·lo·ge** *der*; **Ar·chäo·lo·gin** *die*; **ar·chäo·lo·gisch** ADJEKTIV

Ar·che *die*; (-, -n) **die Arche Noah** ein Schiff, das Noah baute, um die eigene Familie und die Tiere vor der Sintflut zu retten

Ar·che·typ [-'ty:p] *der*; *geschrieben* die meist rekonstruierte, originale Form oder Gestalt eines Lebewesens oder einer Sache

Ar·chi·pel *der*; (-s, -e) eine ziemlich große Gruppe von meist kleinen, zusammengehörigen Inseln

Ar·chi·tekt *der*; (-en, -en) eine Person, die auf einer Hochschule ausgebildet wurde, um beruflich Pläne für Bauwerke zu entwerfen und deren Fertigstellung zu beaufsichtigen **H** *der Architekt; den, dem, des Architekten* • hierzu **Ar·chi·tek·tin** *die*

★ **Ar·chi·tek·tur** *die*; (-, -en) **1** *nur Singular* die Wissenschaft, die sich mit der Gestaltung von Gebäuden, Plätzen o. Ä. beschäftigt ⟨Architektur studieren⟩ **2** *nur Singular* die Art und Weise, in der ein Bauwerk künstlerisch gestaltet wurde | *die Architektur eines griechischen Tempels bewundern* **3** die Bauwerke in einem Land, einer Region oder einer Epoche ≈ *Baustil* | *die Architektur des alten Griechenland* | *die Architektur des Barock* • zu (2) **ar·chi·tek·to·nisch** ADJEKTIV

★ **Ar·chiv** [-f] *das*; (-s, -e) **1** eine Sammlung von historisch wichtigen Dokumenten (wie z. B. Urkunden oder Berichten) **2** der Ort, an dem Dokumente gelagert werden

Ar·chi·var [-v-] *der*; (-s, -e) eine Person, die beruflich ein Archiv betreut • hierzu **Ar·chi·va·rin** *die*

ar·chi·vie·ren [-v-] VERB (archivierte, hat archiviert) **etwas archivieren** *geschrieben* Dokumente in ein Archiv einordnen | *eine Urkunde archivieren* • hierzu **Ar·chi·vie·rung** *die*

ARD [a:|ɛr'de:] *die*; (-); Ⓓ Arbeitsgemeinschaft der öffentlich-rechtlichen Rundfunkanstalten der Bundesrepublik Deutschland **1** die Rundfunkanstalten der einzelnen Bundesländer, die sich zusammengeschlossen haben, um gemeinsam ein Fernsehprogramm zu gestalten | *die einzelnen Sender der ARD* **2** das gemeinsame Fernsehprogramm, das von der ARD gesendet wird ≈ *das Erste* | *Was kommt heute in der ARD?* **H** → Infos unter **Fernsehen**

Are·al *das*; (-s, -e); *geschrieben* **1** ≈ *Fläche* | *ein Areal von 20 km²* **2** ein Gebiet oder Gelände, das meist zu einem Zweck eingegrenzt ist | *das Areal der Automobilausstellung*

★ **Are·na** *die*; (-, Are·nen) **1** eine ovale oder runde Anlage (für sportliche Veranstaltungen usw.) mit in Stufen ansteigenden Sitzreihen **K** Stierkampfarena, Zirkusarena **2** *geschrieben* der Ort, an dem ein politischer, wirtschaftlicher oder militärischer Kampf stattfindet ≈ *Schauplatz*

★ **arg** ADJEKTIV (ärger, ärgst-) **1** mit sehr negativen Konsequenzen ⟨eine List, ein Streich⟩ ≈ *schlimm, übel* **2** in negativer Weise das normale Maß überschreitend ≈ *furchtbar, schrecklich* | *arge Schmerzen haben* | *Das war eine arge Enttäuschung für mich* | *Ist es sehr arg?* **3** *gesprochen* ≈ *sehr* | *Ich hab mich ganz arg gefreut* | *Du bist aber noch arg jung für Bandscheibenprobleme* ■ ID **etwas liegt im Argen** etwas ist in einem sehr schlechten Zustand; **auf das Ärgste gefasst sein** mit dem Schlimmsten rechnen

★ **Är·ger** *der*; (-s) **1 Ärger (über jemanden/etwas)** Ärger fühlen wir z. B. dann, wenn andere gemein oder ungerecht zu uns sind | *Sie konnte ihren Ärger über seine Unfreundlichkeit nicht verbergen* | *Ihre ständige Unpünktlichkeit erregte meinen Ärger* **H** *Ärger* ist stilistisch neutral, *Wut* wird eher im Gespräch verwendet und *Zorn* in schriftlichen Texten. **2 Ärger (mit jemandem/etwas)** unangenehme Erlebnisse oder negative Erfahrungen, die Ärger machen ⟨viel, keinen Ärger bekommen, haben⟩ *Wenn du freundlich zu ihm bist, ersparst du dir viel Ärger mit ihm* ■ ID **Mach keinen Ärger!** *gesprochen* Mach keine Schwierigkeiten!

★ **är·ger·lich** ADJEKTIV **1 ärgerlich (über jemanden/etwas)** Ärger über jemanden/etwas verspürend oder zeigend ⟨ärgerlich reagieren; leicht, schnell ärgerlich werden⟩ **2** so, dass es Ärger hervorruft ⟨ein Ereignis, ein Vorfall⟩ | *Es war ja wirklich ärgerlich, dass du den Zug versäumt hast*

★ **är·gern** VERB (ärgerte, hat geärgert) **1 jemanden ärgern** sich so verhalten oder so handeln, dass eine andere Person Ärger empfindet | *Hör auf, deinen Bruder zu ärgern!* **2 etwas ärgert jemanden** etwas bewirkt, dass jemand Ärger empfindet | *Es ärgert mich, dass das nicht geklappt hat* **3 sich (über jemanden/etwas) ärgern** Ärger über jemanden/etwas empfinden | *Der Lehrer ärgerte sich maßlos über die frechen Schüler* | *Ich habe mich furchtbar (darüber) geärgert, dass du nicht zu meiner Party gekommen bist* **H** → auch **grün- und blauärgern, schwarzärgern**

Är·ger·nis *das*; (-ses, -se) der Grund für jemandes Ärger ⟨ein öffentliches Ärgernis⟩ | *die Ärgernisse, auf die man im Berufsleben trifft* | *Seine Unpünktlichkeit ist ein ständiges Ärgernis*

Arg·list *die*; *nur Singular*; *geschrieben* ein Verhalten, mit dem man bewusst (meist auf versteckte Weise) jemandem schaden will • hierzu **arg·lis·tig** ADJEKTIV

arg·los ADJEKTIV **1** ⟨ein Mensch, eine Bemerkung⟩ so, dass sie niemandem schaden wollen ≈ *harmlos* **2** nichts Böses ahnend | *Ganz arglos vertraute er dem Betrüger* • hierzu **Arg·lo·sig·keit** *die*

★ **Ar·gu·ment** *das*; (-(e)s, -e) **ein Argument (für jemanden/etwas); ein Argument (gegen jemanden/etwas)** etwas, womit man eine Behauptung, einen Standpunkt begründet oder rechtfertigt ⟨ein stichhaltiges, überzeugendes Argument⟩ | *Argumente für und gegen Atomkraftwerke vorbringen* | *die verschiedenen Argumente abwägen* • hierzu **ar·gu·men·tie·ren** VERB (*hat*); **ar·gu·men·ta·tiv** ADJEKTIV

Ar·gu·men·ta·ti·on [-'tsio:n] *die*; (-, -en) die Art und Weise, in der man die Argumente bringt **K** Argumentationshilfe, Argumentationsgrundlage

Ar·gus·au·gen *die*; *Plural* ■ ID **jemanden/etwas mit Argusaugen beobachten/bewachen** *geschrieben* jemanden/etwas sehr aufmerksam beobachten/bewachen

Arg·wohn *der*; (-(e)s); *geschrieben* **der Argwohn (gegen jemanden/etwas)** eine sehr misstrauische Einstellung gegenüber jemandem oder etwas ⟨jemandes Argwohn erregen⟩ • hierzu **arg·wöh·nisch** ADJEKTIV

arg·wöh·nen VERB (argwöhnte, hat geargwöhnt) **etwas argwöhnen** *geschrieben* voller Argwohn etwas annehmen, vermuten

Arie ['a:ri̯ə] *die*; (-, -n) ein Lied für einen einzelnen Sänger vor allem in einer Oper ⟨eine Arie singen⟩ **K** Opernarie

Ari·er *der*; (-s, -); ▲ von den Nationalsozialisten verwendete Bezeichnung für Angehörige der sogenannten nordischen Rasse **H** Dieses Wort wird nur noch in Texten über den Nationalsozialismus verwendet. • hierzu **Ari·e·rin** *die*; (-, -nen); **arisch** ADJEKTIV

Aris·to·krat *der*; (-en, -en) **1** ein Angehöriger des Adels **2** eine Person, die eine edle Gesinnung hat und sich sehr vornehm benimmt **I** *der Aristokrat; den, dem, des Aristokraten* ● hierzu **Aris·to·kra·tin** *die*

Aris·to·kra·tie *die*; (-) **1** *geschrieben* ≈ *Adel* **2** *historisch* eine Staatsform, in der die soziale Gruppe des Adels besondere Privilegien hat ● hierzu **aris·to·kra·tisch** ADJEKTIV

Arith·me·tik *die*; (-) ein Teilgebiet der Mathematik | *Addition, Subtraktion, Multiplikation und Division sind die vier grundlegenden Rechenarten der Arithmetik* ● hierzu **arith·me·tisch** ADJEKTIV

Ar·ka·de *die*; (-, -n) **1** *nur Plural* eine Reihe von Bogen, die von Säulen oder Pfeilern getragen werden und unter denen man (vor allem an Gebäuden oder an Geschäftshäusern) durchgehen kann | *sich unter den Arkaden die Schaufenster anschauen* **2** *geschrieben* ein Bogen, der von Säulen oder Pfeilern gestützt wird

Ark·tis *die*; (-) das Gebiet um den Nordpol ↔ *Antarktis*

ark·tisch ADJEKTIV *meist attributiv* **1** aus/in der Arktis ↔ *antarktisch* **2** wie in der Arktis ⟨Temperaturen, Kälte⟩

★ **arm** ADJEKTIV (ärmer, ärmst-) **1** mit nicht genug Besitz und Geld ↔ *reich* | *Sie waren so arm, dass sie oft hungern mussten* **2** so, dass man mit einer Person Mitleid empfindet | *Peter, der arme Kerl, hat sich ein Bein gebrochen* | *„Du Ärmster, ist es schlimm?"* **3** **arm an etwas** (*Dativ*) so, dass von einer Sache nur sehr wenig vorhanden ist | *Ihre Ernährung ist arm an Vitaminen* **4** **arm dran sein** *gesprochen* in einem solchen Zustand oder in einer solchen Situation sein, dass andere Leute Mitleid empfinden **5** **um jemanden/etwas ärmer sein/werden** jemanden/etwas verloren haben/verlieren

★ **Arm** *der*; (-(e)s, -e) **1** einer der beiden Körperteile des Menschen oder Affen, die an den Schultern anfangen und bis zu den Händen reichen ⟨der rechte, linke Arm; die Arme ausbreiten, ausstrecken, verschränken; den Arm um jemanden/um jemandes Schulter legen; ein Kind auf den Arm nehmen; sich (*Dativ*) den Arm brechen⟩ **K** Armbruch **I** → Abb. unter **Mensch** **2** ein schmaler, länglicher Teil, der zur Seite weg (in eine andere Richtung) geht | *die Arme eines Wegweisers/eines Flusses/einer Waage/eines Leuchters* **K** Flussarm, Meeresarm **3** Kurzwort für *Fangarm* **4** **Arm in Arm** einen Arm am angewinkelten Arm einer anderen Person eingehakt | *Er ging mit seiner Frau Arm in Arm spazieren* **5** **jemanden in die Arme nehmen/schließen** die Arme um eine andere Person legen (weil man sie z. B. liebt oder trösten will) ≈ *umarmen*

ID ▸Präposition plus Arm: **jemanden auf den Arm nehmen** *gesprochen* einen Scherz mit jemandem machen (sodass man über die Person lachen kann); **jemandem in die Arme laufen** *gesprochen* eine Person zufällig treffen (vor allem dann, wenn man sie nicht treffen möchte); **jemandem in den Arm fallen** jemanden hindern, etwas zu tun; **jemanden mit offenen Armen aufnehmen/empfangen** jemanden sehr freundlich, mit großer Freude begrüßen und aufnehmen; **jemandem unter die Arme greifen** *gesprochen* jemandem in einer schwierigen Situation helfen; ▸andere Verwendung: **den längeren Arm haben** in einer Angelegenheit mehr Einfluss haben als andere Personen

-arm *im Adjektiv, unbetont, sehr produktiv* **fantasiearm, fettarm, kalorienarm, kontaktarm** *und andere* mit einer geringen Menge der genannten Sache | *ein niederschlagsarmer Monat* | *ein stickstoffarmer Boden*

Ar·ma·tur *die*; (-, -en); *meist Plural* **1** die Teile von Maschinen oder Fahrzeugen, mit denen man diese bedient oder ihre Funktion überwacht **2** die Teile von Waschbecken oder Duschen, mit denen man das Wasser reguliert

Ar·ma·tu·ren·brett *das* der Teil eines Fahrzeugs o. Ä., an dem die Armaturen befestigt sind

Arm·band *das* ein Band (vor allem aus Leder) oder eine Kette, die man am Handgelenk trägt **K** Armbandanhänger; Goldarmband, Lederarmband

Arm·band|uhr *die* eine Uhr, die (mit einem Leder- oder Metallband) am Handgelenk getragen wird

Arm·bin·de *die* eine Binde, die (meist als besonderes Kennzeichen) um den oberen Teil des Arms getragen wird | *Der Blinde trug eine gelbe Armbinde mit drei schwarzen Punkten*

Arm·brust *die* eine (mittelalterliche) Schusswaffe mit einem länglichen Holzteil und einem Bogen (meist aus Metall), mit der Pfeile abgeschossen werden **K** Armbrustschütze

Ar·me *der/die*; (-n, -n); *meist Plural* Leute, die sehr arm sind | *Geld für die Armen sammeln* **K** Armenhilfe, Armenviertel **I** *ein Armer; der Arme; den, dem, des Armen*

★ **Ar·mee** *die*; (-, -n [-'meːən]) **1** alle militärischen Einrichtungen und Soldaten eines Staates ⟨in die Armee eintreten; zur Armee gehen⟩ **2** die Soldaten eines Staates, die vorwiegend auf dem Boden kämpfen ≈ *Heer* **K** Armeegeneral, Armeekorps **3** **die Rote Armee** *historisch* die Armee der Sowjetunion

★ **Är·mel** *der*; (-s, -) der Teil eines Kleidungsstücks, der den Arm teilweise oder ganz bedeckt ⟨die Ärmel hochkrempeln⟩ | *ein Kleid mit langen Ärmeln* **ID** **etwas aus dem Ärmel schütteln** *gesprochen* vor allem Kenntnisse und Informationen ohne große Mühe von sich geben (ohne darauf vorbereitet zu sein); **die Ärmel hochkrempeln** *gesprochen* energisch aktiv werden, mit etwas beginnen

Är·mel·ka·nal *der* der schmale Teil des Meeres zwischen Frankreich und England

är·mel·los ADJEKTIV ohne Ärmel ⟨eine Weste⟩

Ar·men·haus *das*; *historisch* ein Haus, in dem arme Leute sehr billig oder kostenlos eine Wohnung bekamen

-ar·mig *im Adjektiv, unbetont, begrenzt produktiv* **einarmig, zweiarmig, dreiarmig, vierarmig** *und andere* mit der genannten Zahl von Armen

Arm·leh·ne *die* die seitliche Lehne eines Stuhls oder Sessels, auf die man den Arm stützen kann

Arm·leuch·ter *der*; *gesprochen, abwertend* verwendet als Schimpfwort für eine Person, die etwas Dummes getan hat oder die man nicht mag

ärm·lich ADJEKTIV ziemlich arm ⟨Verhältnisse; ärmlich wohnen; ärmlich gekleidet⟩ ● hierzu **Ärm·lich·keit** *die*

arm·se·lig ADJEKTIV **1** sehr arm ⟨eine Behausung, eine Hütte, ein Leben⟩ **2** ziemlich schlecht ⟨eine Wohnung, eine Mahlzeit⟩ **3** *meist abwertend* nicht den Erwartungen entsprechend ⟨eine Auskunft, ein Vortrag, eine Vorstellung⟩ ● hierzu **Arm·se·lig·keit** *die*

★ **Ar·mut** *die*; (-) **1** der Zustand, arm zu sein, sehr wenig Geld und Besitz zu haben ⟨in Armut leben; in einem Land herrscht bittere, drückende Armut⟩ ↔ *Reichtum* **2** **Armut (an etwas** (*Dativ*)**)** der Mangel an etwas | *die Armut eines Textes an sachlichen Informationen* **K** Sauerstoffarmut, Vitaminarmut

Ar·muts·fal·le *die* die Situation, arm zu sein und wenig Aussichten zu haben, etwas daran zu ändern | *Alleinerziehende in der Armutsfalle*

Ar·muts·ri·si·ko *das* das Risiko, arm zu sein oder werden | *Für alleinerziehende Mütter besteht ein hohes Armutsrisiko*

Ar·muts·zeug·nis *das* **1** **etwas ist ein Armutszeugnis (für jemanden/etwas)** etwas zeigt die Schwäche oder schlechte Leistung von jemandem/etwas **2** **sich** (*Dativ*) **(mit et-**

was) ein Armutszeugnis ausstellen** durch eine Leistung mangelnde Fähigkeiten beweisen

Aro·ma *das;* (-s, -s/Aro·men) **1** der gute und intensive Geschmack oder Geruch einer Sache | *Dieser Kaffee hat ein würziges Aroma* **2** eine künstliche Substanz mit einem bestimmten Geschmack, die Lebensmitteln hinzugefügt wird ● zu (1) **aro·ma·tisch** ADJEKTIV; zu (2) **aro·ma·ti·siert** ADJEKTIV

ar·ran·gie·ren VERB [arãˈʒiːrən, -ˈʒiːŋ] (arrangierte, hat arrangiert) **1** **etwas arrangieren** die nötigen Vorbereitungen treffen, damit etwas durchgeführt werden kann ≈ *organisieren* | *ein Gespräch zwischen Staatsmännern arrangieren* **2** **etwas arrangieren** etwas künstlerisch anordnen | *Blumen kunstvoll arrangieren* **3** **etwas arrangieren** ein Musikstück für die gewünschte Besetzung oder Aufführung bearbeiten **4** **eine Person arrangiert sich mit jemandem; Personen arrangieren sich** Personen schließen einen Kompromiss | *Wir waren unterschiedlicher Meinung, konnten uns aber in den wichtigen Punkten arrangieren* **5** **sich (mit etwas) arrangieren** sich mit den gegebenen Umständen abfinden | *Die Autorin musste sich mit den politischen Verhältnissen ihres Landes arrangieren* ● hierzu **Ar·ran·ge·ment** [arãʒ(ə)ˈmãː] *das*

Ar·rest *der;* (-(e)s, -e) eine Strafe, bei der man nur kurze Zeit im Gefängnis bleiben muss (vor allem in der Armee) ⟨jemanden unter Arrest stellen⟩ | *verschärften Arrest bekommen*

ar·re·tie·ren VERB (arretierte, hat arretiert) **1** **etwas arretieren** bewegliche Teile eines Geräts durch einen Mechanismus blockieren | *die Handbremse arretieren* **2** **jemanden arretieren** *veraltet* ≈ *verhaften*

ar·ri·viert [-v-] ADJEKTIV; *geschrieben* öffentlich anerkannt ⟨ein Schriftsteller, ein Künstler, ein Politiker⟩

ar·ro·gant ADJEKTIV; *abwertend* ⟨ein Mensch⟩ so, dass er eine tatsächliche oder eingebildete Überlegenheit den anderen Menschen in verletzender Weise zeigt | *Seine arrogante Art macht ihn unsympathisch* ● hierzu **Ar·ro·ganz** *die*

Arsch *der;* (-(e)s, Är·sche); *gesprochen* ▲ **1** ≈ *Gesäß* K Arschbacke **2** verwendet als Schimpfwort für eine Person, über die man sich ärgert ■ ID **Leck mich doch am Arsch!** *gesprochen* ▲ Lass mich in Ruhe!; **etwas ist im Arsch** *gesprochen* ▲ etwas ist kaputt; **jemandem in den Arsch kriechen** *gesprochen* ▲ in übertriebener Weise die Wünsche und Meinungen einer anderen Person akzeptieren, um so Vorteile zu erhalten; **am Arsch der Welt** *gesprochen* ▲ an einem völlig abgelegenen, einsamen Ort

Arsch·gei·ge *die; gesprochen* ▲ verwendet als Schimpfwort für eine Person, die man unsympathisch findet

arsch·kalt ADJEKTIV; *gesprochen* ▲ sehr kalt ⟨hier ist es arschkalt⟩

Arsch·kar·te *die* ■ ID **die Arschkarte (gezogen) haben** *gesprochen!* derjenige sein, der Pech, den Schaden oder große Nachteile hat

Arsch·krie·cher *der;* (-s, -); *gesprochen* ▲ jemand, der zu einer anderen Person sehr freundlich ist, um so Vorteile zu bekommen

Arsch·loch *das; gesprochen* ▲ **1** ≈ *After* **2** verwendet als Schimpfwort für eine Person, die man nicht mag

Ar·sen *das;* (-s) **1** ein metallisches Element H chemisches Zeichen: *As* **2** eine giftige Verbindung aus Arsen und Sauerstoff

Ar·se·nal *das;* (-s, -e) **1** alle Waffen, die ein Heer zur Verfügung hat K Waffenarsenal **2** ein Lager, in dem Waffen gelagert werden **3** **ein Arsenal** *+Genitiv;* **ein Arsenal von Dingen** *gesprochen* eine (große) Menge von Gegenständen | *ein Arsenal alter Uhren*

★ **Art** *die;* (-, -en) **1** **Art (und Weise)** meist mit einem Adjektiv verwendet, um anzugeben, wie etwas gemacht wird | *Er musste ihr den Unfall auf schonende Art (und Weise) beibringen* | *Das Problem kann man auf verschiedene Arten lösen* **2** **eine Art** *+Genitiv;* **eine Art von jemandem/etwas** man unterscheidet verschiedene Arten von ähnlichen Dingen oder Personen und bildet so Gruppen mit gemeinsamen Merkmalen ≈ *Sorte, Kategorie* | *Diese Art (von) Menschen kann ich nicht leiden* | *Welche Art Bücher/von Büchern bevorzugen Sie?* **3** *nur Singular* die charakteristische Eigenschaft einer Person oder Sache | *Das ist ganz seine Art* | *Sie hat eine sehr sympathische Art* | *Wir haben nur Fragen allgemeiner Art besprochen* **4** die niedrigste Kategorie im System der Lebewesen ≈ *Spezies* | *Tiger und Löwe sind Arten der Gattung Großkatzen* K Artenreichtum, Artenschutz, Artenvielfalt, arteigen, artfremd, artverwandt; Pflanzenart, Tierart, Vogelart, Unterart H *Rasse* und *Sorte* werden verwendet, um Unterschiede innerhalb einer Art von Tieren bzw. von gezüchteten Pflanzen zu machen. Diese Begriffe werden aber meist nicht zu den biologischen Kategorien gerechnet. ■ ID **so eine Art (von)** *gesprochen* so etwas Ähnliches wie | *Ist das so eine Art Bettcouch?;* **Das ist keine Art und Weise** *gesprochen* das ist kein anständiges Benehmen; **aus der Art schlagen** sich anders entwickeln als die eigene Familie | *Ihr jüngster Sohn ist ganz aus der Art geschlagen* ● zu (4) **ar·ten·reich** ADJEKTIV

Ar·ten·schutz *der* Maßnahmen, die verhindern sollen, dass weitere Tier- und Pflanzenarten aussterben

Ar·te·rie [-iə] *die;* (-, -n) ein Blutgefäß, welches das Blut vom Herzen in den Körper führt ≈ *Schlagader* K Arterienverkalkung

art·ge·recht ADJEKTIV ⟨eine Tierhaltung⟩ so, dass die Tiere richtig ernährt werden und sich so bewegen können, wie es ihren Bedürfnissen entspricht

Arth·ri·tis *die;* (-, Arth·ri·ti·den); *meist Singular* eine chronische Entzündung der Gelenke ● hierzu **arth·ri·tisch** ADJEKTIV

ar·tig ADJEKTIV **1** mit einem Verhalten, das Erwachsene von Kindern erwarten | *Sei artig bei der Oma!* | *Die Kinder grüßten artig* **2** mit dem höflichen oder respektvollen Verhalten, das erwartet wird | *Nach der Rede klatschten alle artig* ● hierzu **Ar·tig·keit** *die*

-ar·tig *im Adjektiv, unbetont, sehr produktiv* so oder ähnlich wie das im ersten Wortteil Genannte | *eine blitzartige Reaktion* | *katzenartige Geschicklichkeit* | *ein palastartiges Gebäude* | *sintflutartiger Regen*

★ **Ar·ti·kel, Ar·ti·kel** *der;* (-s, -) **1** ein geschriebener Text in einer Zeitung, Zeitschrift o. Ä. ⟨einen Artikel schreiben, verfassen⟩ K Zeitungsartikel **2** eine Sorte von Gegenständen, die verkauft wird ≈ *Ware* | *Dieser Artikel ist gerade im Sonderangebot* **3** eine Wortart, die unter anderem das Genus eines Substantivs bezeichnet | *„Der" ist der bestimmte, „ein" der unbestimmte männliche Artikel* **4** ein Abschnitt eines Gesetzes oder Vertrags | *nach Paragraf fünf, Artikel zwei des Grundgesetzes (§ 5 Art. 2. GG)* H Abkürzung: *Art.* **5** ein Text in einem Wörterbuch, Lexikon o. Ä. mit Informationen zu einem Wort (z. B. einer Erklärung der Bedeutung oder Übersetzung) ≈ *Eintrag*

ar·ti·ku·lie·ren VERB (artikulierte, hat artikuliert); *geschrieben* **1** **etwas (durch etwas) artikulieren** etwas durch Worte oder Taten zum Ausdruck bringen ⟨seine Gedanken, Bedürfnisse artikulieren⟩ | *Die Arbeiter artikulierten ihre Forderungen durch Streiks* **2** **(etwas) irgendwie artikulieren** etwas irgendwie aussprechen ⟨Laute/Wörter deutlich, exakt, schlecht artikulieren⟩ **3** **sich irgendwie artikulieren** die eigenen Gedanken in Worte fassen | *Sie kann sich gut artikulieren*

Ar·til·le·rie *die*; (-, -n [-iːən]); *meist Singular* der Teil einer Armee, der mit großen Geschützen und Kanonen ausgerüstet ist **K** Artilleriebeschuss, Artilleriefeuer ● hierzu **Ar·til·le·rist** *der*

Ar·ti·scho·cke *die*; (-, -n) eine Gemüsepflanze mit großen Blüten, die in Mittelmeerländern wächst **K** Artischockenboden, Artischockenherz

★ **Ar·tist** *der*; (-en, -en) Artisten zeigen besonders im Zirkus ungewöhnliche Dinge, die sie gut können **!** a) *der Artist; den, dem, des Artisten*; b) Maler, Dichter usw. sind *Künstler*, keine Artisten ● hierzu **Ar·tis·tin** *die*; **Ar·tis·tik** *die*; **ar·tis·tisch** ADJEKTIV

Arz·nei *die*; (-, -en) ein Medikament gegen Krankheiten ⟨(jemandem) eine Arznei verordnen, verschreiben; eine Arznei einnehmen⟩ **K** Arzneikunde, Arzneipflanze

Arz·nei·mit·tel *das* ≈*Medikament* **K** Arzneimittelkonsum, Arzneimittelmissbrauch

★ **Arzt** *der*; (-es, Ärz·te) eine Person, die an einer Universität ausgebildet wurde, damit sie Kranke heilen kann ⟨einen Arzt holen, konsultieren; zum Arzt gehen⟩ ≈*Doktor* | *Bei welchem Arzt sind Sie in Behandlung?* **K** Arztpraxis; Augenarzt, Hautarzt, Kinderarzt, Nervenarzt, Zahnarzt **!** *a)* zu *Ärztin* → Info im Eintrag **-in**; b) → Infos unter **Krankenversicherung** ■ **ID bis der Arzt kommt** *gesprochen* übertrieben lange oder viel | *feiern/saufen, bis der Arzt kommt* ● hierzu **Ärz·tin** *die*; **ärzt·lich** ADJEKTIV

Arzt·hel·fe·rin *die*; *veraltet* verwendet als Berufsbezeichnung für eine Angestellte, welche dem Arzt in der Praxis hilft **!** Seit 2006 ist die offizielle Berufsbezeichnung *Medizinische Fachangestellte.* ● hierzu **Arzt·hel·fer** *der*

as, As *das*; (-, -) der Halbton unter dem a **K** As-Dur

As·best *der*; (-(e)s) ein feuerfester, faseriger Stoff, dessen Staub gesundheitsschädlich ist | *Schutzanzüge/Isolierplatten aus Asbest*

Asche *die*; (-, -n) das graue Pulver, das übrig bleibt, wenn etwas verbrannt ist **K** aschblond, aschfahl, aschgrau ■ **ID Asche auf mein Haupt!** *humorvoll* Das ist mir peinlich!

Aschen·bahn *die* eine Bahn für Wettläufe, die oft mit einer Art rotem Sand bedeckt ist

Aschen·be·cher *der* ein Gefäß für die Asche und die Reste von Zigaretten o. Ä. ⟨die Zigarette im Aschenbecher ausdrücken; den Aschenbecher ausleeren⟩

Aschen·put·tel *(das)*; (-s) (im Märchen) ein Mädchen, das von der Stiefmutter schlecht behandelt wird

Ascher *der*; (-s, -); *gesprochen* ≈*Aschenbecher*

Ascher·mitt·woch *der* der erste Tag der Fastenzeit der Katholiken (gegen Ende des Winters)

äsen VERB (äste, hat geäst) ⟨ein Hirsch, ein Reh⟩ **äst** ein Hirsch, ein Reh o. Ä. frisst

asep·tisch ADJEKTIV ≈*keimfrei*

Asi·at *der*; (-en, -en) ein Einwohner Asiens **!** *der Asiat; den, dem, des Asiaten* ● hierzu **Asi·a·tin** *die*

asi·a·tisch ADJEKTIV **1** zu Asien gehörend | *China ist ein asiatisches Land* **2** typisch für Asien | *asiatische Tempel*

★ **Asi·en** [ˈaːzi̯ən] (-s) der größte Kontinent der Erde

As·ke·se *die*; (-) **1** eine Art Buße, bei der jemand wenig isst und keinen Sex hat | *Manche Mönche leben in strenger Askese* **2** eine sehr einfache, sparsame Art zu leben | *ein Leben in Askese führen* ● hierzu **As·ket** *der*; **As·ke·tin** *die*; **as·ke·tisch** ADJEKTIV

aso·zi·al ADJEKTIV **1** *meist abwertend* für die Gesellschaft schädlich ⟨asozial handeln; sich asozial verhalten⟩ **2** *gesprochen, abwertend* so, dass Personen unangenehm auffallen, weil sie ungepflegt, vulgär und aggressiv sind ⟨ein Milieu; aus asozialen Verhältnissen stammen⟩ ● hierzu **Aso·zi·a·le** *der/die*

★ **As·pekt** *der*; (-(e)s, -e) **1** die Perspektive, von der aus man ein Problem betrachtet ≈*Sichtweise* | *ein Problem unter finanziellem Aspekt betrachten* **2** ein Teilbereich einer Situation oder Angelegenheit ≈*Gesichtspunkt* | *Der Aspekt Umwelt ist bei der Planung zu kurz gekommen*

As·phalt, As·phalt [-f-] *der*; (-s, -e) ein schwarzgraues Material, das als Straßenbelag verwendet wird **K** Asphaltbahn, Asphaltstraße ● hierzu **as·phal·tie·ren** VERB *(hat)*

As·pik, As·pik *der/das*; (-s) eine durchsichtige, geleeartige Masse, in die meist Fleisch oder Fisch eingelegt werden

As·pi·rant *der*; (-en, -en) *geschrieben* ein Bewerber für einen Posten oder Beruf **!** *der Aspirant; den, dem, des Aspiranten* ● hierzu **As·pi·ran·tin** *die*

As·pi·rin® *das*; (-s, -) eine Tablette gegen Kopfschmerzen

aß *Präteritum, 1. und 3. Person Singular* → essen

Ass *das*; (-es, -e) **1** die höchste Spielkarte **2** *gesprochen* jemand mit sehr großem Wissen und Können auf einem Gebiet | *ein Ass in Physik* **K** Tennisass **3** (vor allem im Tennis) ein so gut gespielter Aufschlag, dass ihn der Gegner nicht erreicht

äße *Konjunktiv II, 1. und 3. Person Singular* → essen

As·ses·sor *der*; (-s, As·ses·so·ren) verwendet als Bezeichnung für einen Beamten, der in den höheren Beamtendienst will ● hierzu **As·ses·so·rin** *die*

As·si *der*; (-s, -s); *gesprochen* **1** Kurzwort für *Assistent* | *Solche Aufgaben überlässt er seinem Assi* **2** *abwertend* Kurzwort für *Asoziale* | *Sie ist auf der Straße von ein paar Assis angepöbelt worden* ● hierzu **As·si** *die*; (-, -s)

as·si·mi·lie·ren VERB (assimilierte, hat assimiliert) **1** **etwas assimiliert (etwas)** eine Pflanze nimmt Nährstoffe auf und wandelt sie zu körpereigenen Substanzen um | *Pflanzen assimilieren Kohlendioxid* **2** **sich (an etwas** (*Akkusativ*)**) assimilieren** *geschrieben* sich an eine neue Umgebung anpassen | *Es fiel ihnen schwer, sich an die ungewohnten Verhältnisse zu assimilieren* ● hierzu **As·si·mi·la·ti·on** *die*

As·sis·tent *der*; (-en, -en) eine Person, die jemandem (z. B. einem Professor, Arzt oder Minister) bei der Arbeit hilft **!** *der Assistent; den, dem, des Assistenten* ● hierzu **As·sis·ten·tin** *die*

-as·sis·tent *der*; *im Substantiv, unbetont, begrenzt produktiv* **Bremsassistent, Parkassistent, Suchassistent** *und andere* mit diesen meist elektronischen Hilfen kann man die genannten Tätigkeiten und Arbeiten besser oder leichter tun

as·sis·tie·ren VERB (assistierte, hat assistiert) **(jemandem) (bei etwas) assistieren** jemandem (meist dem verantwortlichen Vorgesetzten) bei der Arbeit helfen | *Zwei Schwestern assistierten der Ärztin bei der Operation*

As·so·zi·a·ti·on [-ˈt͡si̯oːn] *die*; (-, -en); *meist Plural* die Gedanken und Gefühle, die durch einen äußeren Eindruck erzeugt werden ⟨(positive, negative) Assoziationen wecken, hervorrufen⟩ ● hierzu **as·so·zi·a·tiv** ADJEKTIV; *geschrieben*

as·so·zi·ie·ren [asot͡siˈiːrən] VERB (assoziierte, hat assoziiert) **etwas (mit jemandem/etwas) assoziieren** *geschrieben* eine Person, eine Wahrnehmung oder ein Gefühl gedanklich mit etwas in Verbindung bringen | *schöne Erinnerungen mit einem Geruch assoziieren*

★ **Ast** *der*; (-(e)s, Äs·te) **1** ein Teil eines Baumes, der aus dem Stamm wächst | *Das Auto wurde durch einen herabfallenden Ast schwer beschädigt* **K** Astgabel **2** eine Stelle in bearbeitetem Holz, an der im Baum ein Ast war **K** Astloch ■ **ID auf dem absteigenden/aufsteigenden Ast sein** in einer Situation oder Verfassung sein, die immer schlechter/besser wird; **an dem Ast sägen, auf dem man sitzt** den eigenen Interessen schwer schaden; **sich** (*Dativ*) **einen Ast lachen** *gesprochen* sehr lachen

As·ter *die;* (-, -n) eine Blume, die vor allem im Herbst in vielen Farben blüht

Ast·ga·bel *die* die Stelle an einem Baum, an der ein Ast aus einem anderen herauswächst

Äs·the·tik *die;* (-, -en) **1** die Wissenschaft oder Philosophie des Schönen **2** *nur Singular* die Prinzipien oder Regeln, nach denen man zu der Ansicht kommt, etwas sei schön | *die klassizistische Ästhetik* **3** *nur Singular* das subjektiv Schöne | *die Ästhetik einer tänzerischen Bewegung*

äs·the·tisch ADJEKTIV so, dass man es als schön empfindet ⟨ein Anblick, ein Genuss⟩

Asth·ma *das;* (-s) eine (krankhafte) Atemnot, die meist plötzlich auftritt • hierzu **asth·ma·tisch** ADJEKTIV

Asth·ma·ti·ker *der;* (-s, -) eine Person, die an Asthma leidet • hierzu **Asth·ma·ti·ke·rin** *die*

ast·rein ADJEKTIV; *gesprochen* besonders gut, einwandfrei | *eine astreine Arbeit* **ID (etwas ist) nicht ganz astrein** *gesprochen* (etwas ist) nicht ganz legal oder erlaubt

Ast·ro·lo·gie *die;* (-) der Glaube an einen Einfluss des Stands der Sterne zu einem bestimmten Zeitpunkt auf die Menschen und ihr Schicksal • hierzu **Ast·ro·lo·ge** *der;* **Ast·ro·lo·gin** *die;* **ast·ro·lo·gisch** ADJEKTIV

Ast·ro·naut *der;* (-en, -en) eine Person, die mit einer Rakete ins Weltall fährt **H** *der Astronaut; den, dem, des Astronauten* • hierzu **Ast·ro·nau·tin** *die*

Ast·ro·no·mie *die;* (-) die Wissenschaft von den Vorgängen und Dingen (Sterne, Planeten usw.) im Weltall • hierzu **Ast·ro·nom** *der*

ast·ro·no·misch ADJEKTIV **1** *meist attributiv* auf dem Gebiet der Astronomie, im Weltall ⟨Beobachtungen, Entfernungen⟩ **2** *gesprochen* unvorstellbar hoch oder groß ⟨Preise, Summen, Zahlen⟩ | *astronomische Ausgaben für die Rüstung* **3 astronomisch hoch** *gesprochen* sehr hoch

★ **Asyl** [a'zy:l] *das;* (-(e)s, -e) **1** *nur Singular* das Recht auf Aufenthalt, das ein Staat einer Person aus dem Ausland gewährt, um sie vor Verfolgung zu schützen ⟨um Asyl bitten; (jemandem) politisches Asyl gewähren⟩ **K** Asylantrag, Asylbewerber, Asylgewährung, Asylrecht, Asylsuchende(r), Asylverfahren **2** eine Unterkunft für Personen ohne Wohnung ≈ *Heim*

Asy·lant *der;* (-en, -en) eine oft negativ verwendete Bezeichnung für eine Person, die um politisches Asyl bittet oder die Asyl bekommt **H** *der Asylant; den, dem, des Asylanten; Asylbewerber* oder *Asylsuchender* sind neutralere Ausdrücke • hierzu **Asy·lan·tin** *die*

asym·met·risch ADJEKTIV nicht symmetrisch • hierzu **Asym·met·rie** *die*

-at *das;* (-(e)s, -e); *im Substantiv, betont, begrenzt produktiv* **1 Destillat, Fabrikat, Filtrat, Imitat, Konzentrat, Resultat, Zitat** *und andere* das Ergebnis eines Vorgangs oder einer Handlung, die ein Verb auf *-ieren* bezeichnet **2 Direktorat, Konsulat, Lektorat, Notariat, Sekretariat** *und andere* der Ort, an dem jemand in der genannten Funktion oder dem genannten Beruf arbeitet **3 Direktorat, Kommissariat** *und andere* eine Gruppe von Personen mit der genannten Funktion **4 Referendariat, Volontariat** *und andere* die Tätigkeit in der genannten Funktion **5 Carbonat, Chlorat, Manganat, Nitrat, Phosphat, Sulfat** *und andere* ein Salz des genannten chemischen Elements

Ate·li·er [ate'li̯e:] *das;* (-s, -s) **1** der Arbeitsraum eines Künstlers **K** Maleratelier **2** ein Raum oder ein Gebäude für Filmaufnahmen **K** Filmatelier

★ **Atem** *der;* (-s) **1** die Luft, die sich von der Lunge zu Mund oder Nase bewegt und umgekehrt ⟨den Atem anhalten; Atem holen, schöpfen⟩ **K** Atemnot, Atemstillstand, Atemwege **2** die Art und Weise, wie jemand atmet ⟨flacher, stoßweiser Atem⟩ **K** Atemtechnik **3 außer Atem sein** erschöpft sein und nicht gut atmen können **4 außer Atem geraten** wegen körperlicher Anstrengung schwer atmen **5 wieder zu Atem kommen** sich erholen (und wieder ruhig atmen können), nachdem man z. B. gerannt ist **6 einen schlechten Atem haben** Mundgeruch haben **ID jemanden in Atem halten** jemanden nicht zur Ruhe kommen lassen

atem·be·rau·bend ADJEKTIV auf aufregende Weise ungewöhnlich schön oder spannend ⟨ein Anblick, ein Ereignis, eine Szene⟩

atem·los ADJEKTIV **1** keuchend vor Anstrengung **2** voller Spannung ⟨Stille; atemlos lauschen⟩ **3** sehr schnell (ablaufend) | *die atemlose Abfolge des Programms* | *ein atemloses Tempo*

Atem·pau·se *die* eine kurze Pause zum Erholen ⟨eine Atempause einlegen⟩

Atem·zug *der* wenn wir einen Atemzug machen, kommt frische Luft in unsere Lunge ⟨ein tiefer Atemzug⟩ **ID im gleichen/in demselben Atemzug** im gleichen Augenblick, zur selben Zeit; **bis zum letzten Atemzug** bis zum Tod

Athe·ist [ate'ɪst] *der;* (-en, -en) eine Person, die nicht an Gott oder ein höheres Wesen glaubt **H** *der Atheist; den, dem, des Atheisten* • hierzu **Athe·is·tin** *die;* **Athe·is·mus** *der;* **athe·is·tisch** ADJEKTIV

Äther ['ɛ:tɐ] *der;* (-s) eine farblose Flüssigkeit, die man früher als Narkosemittel verwendet hat

äthe·risch [-t-] ADJEKTIV **1** *geschrieben, oft ironisch* zart und zerbrechlich | *eine ätherische Erscheinung* **2** *meist attributiv* mit intensivem, gutem Duft, der sich schnell verbreitet ⟨Öle⟩

Ath·let [-t-] *der;* (-en, -en) **1** ein trainierter Sportler **2** ein muskulöser Mann **H** *der Athlet; den, dem, des Athleten* • zu (1) **Ath·le·tin** *die;* **ath·le·tisch** ADJEKTIV

At·lan·tik *der;* (-s) der Ozean zwischen Amerika und Europa bzw. Afrika • hierzu **at·lan·tisch** ADJEKTIV

At·las *der;* (-/-ses, At·lan·ten/At·las·se) **1** eine Sammlung von Landkarten in einem Buch **K** Weltatlas **2** ein (wissenschaftliches) Buch über ein begrenztes Gebiet mit Bildern, Tabellen und Erläuterungen **K** Anatomieatlas, Sprachatlas

★ **at·men** VERB (atmete, hat geatmet) wenn wir atmen, kommt frische Luft in unsere Lunge ⟨stoßweise, schwer atmen⟩

★ **At·mos·phä·re** [-f-] *die;* (-, -n) **1** *nur Singular* die Mischung aus Gasen, die einen Planeten umgibt | *Die Atmosphäre der Erde besteht aus Luft* **2** eine Einheit zur Messung des Drucks v. a. von Gasen **H** Abkürzung: *atm* **3** *nur Singular* die Stimmung innerhalb einer Gruppe ⟨eine frostige, gespannte, gelöste, heitere Atmosphäre⟩ **4** *nur Singular* die Stimmung, die von Räumen oder der Umgebung ausgeht ⟨eine anheimelnde, gepflegte Atmosphäre⟩ • zu (1,2) **at·mos·phä·risch** ADJEKTIV

At·mung *die;* (-) das Atmen | *Die Atmung des Kranken setzte kurz aus* **K** Atmungsorgan; Hautatmung, Lungenatmung

at·mungs·ak·tiv ADJEKTIV so, dass dabei Luft an die Haut kommt und man nicht schwitzt ⟨ein Gewebe, Kleidung⟩

Atoll *das;* (-s, -e) eine Insel oder ein Ring von sehr kleinen Inseln aus Korallen im (tropischen) Meer

★ **Atom** *das;* (-s, -e) **1** der kleinste, chemisch nicht mehr teilbare, charakteristische Teil eines Elements **K** Atomgewicht, Atomkern, Atommasse **2** *gesprochen* eine sehr kleine Menge | *Iss doch noch ein bisschen, das war doch nur ein Atom*

★ **Atom-** *im Substantiv, betont, begrenzt produktiv* **die Atombombe, die Atomenergie, die Atomkraft, das Atomkraftwerk, der Atomkrieg, die Atommacht, der Atommüll,**

der Atomreaktor, der Atomstrom, der Atomtest, die Atomwaffen, das Atomzeitalter *und andere* verwendet in Bezug auf Waffen und Energie, die auf der Spaltung von Atomen beruhen **H** Im Unterschied zu *Kern-* wird *Atom-* eher in negativen Zusammenhängen verwendet.

ato·mar ADJEKTIV **1** *meist attributiv* mit der Technik, Atome zu spalten, wobei viel Energie entsteht ⟨das Zeitalter; Waffen⟩ | *ein U-Boot mit atomarem Antrieb* **2** *meist attributiv* mit atomaren Waffen ⟨ein Krieg, die Rüstung⟩ | *die atomare Bedrohung der Menschheit* **3** *meist attributiv* im Zusammenhang mit der Physik der Atome ⟨die atomare Struktur einer Materie⟩

Atom·phy·sik *die* ein Gebiet der Physik, das sich mit Atomen und Molekülen beschäftigt

Atom·pilz *der* eine große Wolke mit der Form eines Pilzes, die bei einer Atomexplosion entsteht

Atom|sperr·ver·trag *der* der Vertrag zwischen den Atommächten, welcher die Weitergabe von Atomwaffen und nuklearem Material an andere Staaten verbietet

-a·tor *der;* (-s, -a·to·ren); *im Substantiv, betont, begrenzt produktiv* **Agitator, Illustrator, Generator, Isolator, Transformator, Vibrator** *und andere* verwendet, um aus einem Verb auf *-ieren* ein Substantiv zu machen. Das Substantiv bezeichnet die Person oder Sache, welche das tut, was im Verb ausgedrückt wird

ätsch! (vor allem von Kindern) verwendet, um Freude darüber auszudrücken, dass man besser ist oder mehr hat als eine andere Person | *Ätsch, mein Eis ist größer als deins!*

At·ta·ché [ata'ʃeː] *der;* (-s, -s) ein Angestellter im diplomatischen Dienst, der für besondere Sachgebiete zuständig ist **K** Kulturattaché, Militärattaché

At·ta·cke *die;* (-, -n) **1** **eine Attacke (gegen jemanden/etwas)** ein schneller militärischer Angriff ⟨eine Attacke reiten; zur Attacke blasen, übergehen⟩ **2** **eine Attacke (gegen jemanden/etwas)** ein aggressiver Angriff, welcher den Gegner in Schwierigkeiten bringt | *Der Fechter hat die Attacke des Gegners abgewehrt* **3** **eine Attacke (gegen jemanden/etwas)** harte Kritik | *eine öffentliche Attacke gegen ein Gesetz* **4** das plötzliche Auftreten von Krankheitssymptomen | *Der Patient erlag der Attacke* **K** Fieberattacke, Herzattacke

at·ta·ckie·ren VERB (attackierte, hat attackiert) **1** **jemanden/etwas attackieren** eine Person oder Sache scharf kritisieren ≈*angreifen* | *Der Schiedsrichter wurde für diese Entscheidung heftig attackiert* **2** **jemanden/etwas attackieren** beginnen, mit Waffen oder körperlicher Kraft gegen jemanden/etwas zu kämpfen ≈*angreifen* | *Die Polizisten wurden mit Wurfgeschossen attackiert* **3** **jemanden/etwas attackieren** versuchen, jemandem/etwas zu schaden | *Das Immunsystem attackiert die Krankheitserreger im Körper* | *Hacker haben das Verteidigungsministerium attackiert*

★ **At·ten·tat** *das;* (-(e)s, -e) **ein Attentat (auf/gegen jemanden/etwas)** ein Mord(versuch) aus politischen Gründen ⟨ein Attentat verüben⟩ ≈*Anschlag* | *Dem Attentat auf die niederländische Botschaft fielen fünf Menschen zum Opfer* ■ **ID** **ein Attentat auf jemanden vorhaben** *gesprochen, humorvoll* eine große Bitte oder einen Vorschlag haben, für den man von jemandem Hilfe braucht • hierzu **At·ten·tä·ter** *der*

At·test *das;* (-(e)s, -e) eine ärztliche Bescheinigung über den gesundheitlichen Zustand einer Person ⟨(jemandem) ein Attest ausstellen; ein Attest (irgendwo) vorlegen⟩

at·tes·tie·ren VERB (attestierte, hat attestiert) **jemandem etwas attestieren** *geschrieben* jemandem etwas bestätigen | *Die Prüfer attestierten ihm sehr gute Kenntnisse*

At·trak·ti·on [-'tsjoːn] *die;* (-, -en) **1** jemand/etwas von besonderem Interesse | *Der Löwe war die größte Attraktion des Zirkus* **2** die Faszination, die von einer sehr interessanten Person/Sache ausgeht

★ **at·trak·tiv** [-f] ADJEKTIV **1** so, dass Personen (oder Firmen) Interesse daran bekommen ⟨ein Angebot, ein Preis, ein Standort⟩ | *ein Job zu attraktiven Konditionen* | *den öffentlichen Nahverkehr attraktiver machen* **2** äußerlich anziehend ⟨eine Frau, ein Mann, ein Äußeres, eine Erscheinung⟩ ≈*hübsch*

At·trap·pe *die;* (-, -n) eine Imitation, die täuschend echt aussieht | *Die Bombe war nur eine Attrappe*

★ **At·tri·but** *das;* (-(e)s, -e); *geschrieben* **1** ein besonderes oder charakteristisches Merkmal, das jemand (nach Ansicht anderer Leute) hat | *Die Zuverlässigkeit ist eines seiner besten Attribute* **2** ein Wort, das allem vor einem Substantiv steht und dieses so näher bestimmt • zu (2) **at·tri·bu·tiv** ADJEKTIV

atü Abkürzung für *Atmosphärenüberdruck;* verwendet, um anzugeben, um wie viel der Druck z. B. in einem Reifen höher ist als der normale Luftdruck | *ein Reifen mit 2,4 atü*

aty·pisch ADJEKTIV; *geschrieben* nicht typisch für jemanden/etwas | *ein atypisches Erscheinungsbild einer Krankheit*

ät·zen VERB (ätzte, hat geätzt) **1** **etwas ätzt (etwas)** etwas greift die Oberfläche vor allem von Metall und Geweben an und zerstört sie langsam | *eine ätzende Säure* **2** **etwas in etwas** (*Akkusativ*) **ätzen** Säuren oder Laugen verwenden, um Bilder oder Schrift auf einer Oberfläche erscheinen zu lassen | *eine Rose in eine Metallplatte ätzen*

ät·zend ■ PARTIZIP PRÄSENS **1** → ätzen
■ ADJEKTIV **2** ⟨Spott, Zynismus⟩ ≈*beleidigend* **3** *gesprochen* verwendet, um eine negative Meinung auszudrücken ⟨echt ätzend⟩

au! **1** verwendet als Ausruf des Schmerzes **2** verwendet als Ausruf der Freude, Zustimmung ⟨au ja!⟩ | *Au, das machen wir!*

Au *die;* (-, -en); *süddeutsch* Ⓐ → Aue

aua! verwendet als Ausruf des Schmerzes

Au·ber·gi·ne [obɛr'ʒiːnə] *die;* (-, -n) **1** eine längliche, meist violette Frucht, die man als Gemüse isst **2** die Pflanze, welche diese Früchte trägt

★ **auch** ■ ADVERB **1** für die eine Person oder Sache gilt das Gleiche wie für eine andere Person oder Sache | *„Ich war letzte Woche in Rom." – „Ich war auch da!"* | *„Mein Radio ist kaputt!" – „Meines funktioniert auch nicht."* | *Auch Christian war auf dem Fest* (nicht nur Werner)
■ PARTIKEL *unbetont* **2** verwendet, um zu betonen, dass eine Aussage auf alle/alles zutrifft, einschließlich der genannten Person/Sache ≈*selbst, sogar* | *Auch der klügste Schüler macht mal einen Fehler* | *Sie geht jeden Tag spazieren, auch wenn es regnet* | *Auch der schönste Tag geht einmal zu Ende* **3** in Fragen verwendet, wenn man sich Sorgen macht, dass etwas vielleicht nicht so ist, wie es sein sollte | *Hast du die Haustür auch wirklich abgeschlossen?* | *Bist du auch nicht zu müde zum Fahren?* | *Vergisst du das auch ganz bestimmt nicht?* **4** verwendet, um jemanden dazu zu ermahnen, etwas zu tun | *Sei auch schön brav bei der Oma!* | *Zieh dich auch immer warm an im Gebirge, damit du nicht krank wirst!* **5** verwendet, um eine Erklärung zu verstärken | *Er ist schon ziemlich alt, darum hört er auch so schlecht* | *Es ist ihr peinlich, dass sie so groß ist. Deswegen hat sie auch auf deinen Witz so empfindlich reagiert* **6** verwendet, um einer Aussage zuzustimmen und einen Grund dafür zu nennen, warum etwas so zu erwarten war | *„Ganz schön kalt hier!" – „Kein Wunder, die Heizung ist ja auch kaputt."* | *Er spielt sehr gut. Er übt aber auch in jeder freien Minute* **7** in rhetorischen Fragen verwendet, die einen Grund für etwas Negatives nennen, das

jemand festgestellt hat | *„Mir ist so kalt!" – „Warum ziehst du dich auch nicht wärmer an?" | „Er hat mich betrogen!" – „Wie konntest du auch nur so naiv sein, ihm zu vertrauen?"* **8** in Nebensätzen ohne Hauptsatz verwendet. Man sagt damit, dass man eine Tatsache oder ein Geschehen sehr gut oder sehr schlecht findet | *Dass es auch gerade heute regnen muss! | Dass wir uns aber auch ausgerechnet hier treffen!* **9** **was/wer/wann** *usw.* **auch (immer)** gleichgültig, was/wer/wann usw. | *Wie die Entscheidung auch (immer) ausfallen wird, wir müssen sie akzeptieren | Was er auch tut, macht er gründlich | Du bist mir willkommen, wann immer du auch kommst* H Wortstellung im Nebensatz meist wie in einem normalen Aussagesatz (keine Inversion) **10** **so** *+Adjektiv* **jemand/etwas auch ist**; **so** *+Adverb*/**sooft/sosehr/soviel jemand/etwas auch** *+Verb* drückt aus, dass nichts an der im Hauptsatz genannten Tatsache etwas ändern kann | *So groß der Hund auch ist, ich habe keine Angst vor ihm | So schnell er auch rennen kann, ich bin immer noch schneller | Sosehr ich es mir auch wünsche, es wird nicht funktionieren* H Wortstellung im Nebensatz wie in einem normalen Aussagesatz (keine Inversion); weitere Verwendungen → **nur**, **sowohl** und **wenn**.

■ ID **Auch 'das noch!** verwendet, um Ungeduld darüber auszudrücken, dass zu anderen ärgerlichen Ereignissen oder Umständen noch etwas hinzukommt

Au·di·enz *die*; (-, -en) ein Empfang zum Gespräch mit einer hohen Persönlichkeit | *eine Audienz beim König/Papst*

Au·dio- *im Substantiv, betont, begrenzt produktiv* **Audio-CD, Audiodatei, Audiokassette, Audiokommentar** *und andere* zum Anhören, in Form von Musik, Tönen oder gesprochener Sprache | *Das Museum bietet Audioguides in mehreren Sprachen an* (Man kann Geräte haben mit gesprochenen Kommentaren zu den ausgestellten Dingen)

au·dio·vi·su·ell ADJEKTIV *meist attributiv* zugleich akustisch und optisch wirksam ⟨Medien, der Unterricht⟩

Au·di·to·ri·um *das*; (-s, Au·di·to·rien [-i̯ən]) **1** ein großer Hörsaal einer Hochschule **2** alle Zuhörer in einem Raum ⟨ein aufmerksames Auditorium⟩

Aue *die*; (-, -n); *meist Plural*; *veraltet* ein feuchtes, flaches Gelände entlang eines Flusses K Auenlandschaft, Auenwald; Donauaue, Talaue

Au·er·hahn *der* ein sehr großer Vogel in Europa, der mit den Hühnern verwandt ist

★ **auf**[1] PRÄPOSITION *+Dativ/Akkusativ*

▸Ort: **1** *mit Dativ* verwendet, um einen Kontakt von oben zu bezeichnen ↔ *unter* | *Das Glas steht auf dem Tisch* H → Infos unter **Präposition** **2** *mit Akkusativ* bezeichnet die Richtung einer Bewegung, bei der eine Fläche von oben her berührt wird ↔ *unter* | *den Koffer auf den Boden stellen | den Verletzten auf eine Bahre legen* H → Infos unter **Präposition** **3** *mit Akkusativ* bezeichnet die Richtung einer Bewegung von unten nach oben | *Markus steigt auf eine Leiter | Im Urlaub sind wir auf einen Berg geklettert* **4** **auf etwas** (*Akkusativ*) **zu** in Richtung zu einem Ziel hin | *Das Schiff bewegte sich auf den Hafen zu*

▸Institution: **5** *mit Dativ* in den Räumen einer Institution | *Ich war gerade auf der Bank | Das Paket kann auf der Post abgeholt werden* **6** *mit Dativ* in einer Schule | *Habt ihr auf der Realschule auch Informatik? | Er unterrichtet auf dem Gymnasium* **7** **auf etwas** (*Akkusativ*) **gehen** zu einer Institution gehen, um dort etwas zu erledigen | *Ich gehe jetzt auf die Bank, um Geld abzuheben* **8** **auf etwas** (*Akkusativ*) **gehen** irgendwo Schüler oder Student sein | *aufs Gymnasium/auf die Mittelschule gehen*

▸Veranstaltung: **9** *mit Dativ* bei einer Veranstaltung, bei einem Treffen | *Ich war auf der Hochzeit meiner besten Freundin | Ich habe ihn auf einem Ball kennengelernt* **10** **auf etwas** (*Akkusativ*) **gehen** zu einer Veranstaltung oder einem Treffen gehen, um daran teilzunehmen | *Am Wochenende gehen wir auf eine Party*

▸Tätigkeit: **11** *mit Dativ* während der genannten Tätigkeit | *auf Montage/Reisen sein | auf der Fahrt nach Berlin | auf der Flucht | auf der Suche nach jemandem/etwas* **12** *mit Akkusativ* mit der genannten Tätigkeit beginnen | *auf Reisen gehen | sich auf die Fahrt nach Berlin machen | sich auf die Flucht/Suche begeben*

▸Distanz: **13** *mit Akkusativ* verwendet bei Bezeichnungen der räumlichen Distanz | *Die Explosion war auf einige Kilometer zu hören*

▸Zeit: **14** *mit Akkusativ* während eines Zeitraums | *auf unbestimmte Zeit verreisen | Die Vorstellungen sind auf Wochen hin ausverkauft* **15** *mit Akkusativ* verwendet zur Bezeichnung einer zeitlichen Reihenfolge | *von heute auf morgen | in der Nacht (vor Sonntag) auf Montag*

▸Art und Weise: **16** *mit Akkusativ* verwendet zur Bezeichnung der Art und Weise | *Sie sagte etwas auf Englisch | ein Glas auf einen Schluck austrinken* **17** **auf etwas** (*Akkusativ*) **(genau)** drückt aus, dass eine Angabe, Messung oder Rechnung sehr genau ist | *auf den Tag genau vor zehn Jahren | Das stimmt auf den Cent genau! | eine Zahl auf zwei Kommastellen genau ausrechnen*

▸Grund: **18** *mit Akkusativ* nennt den Grund, warum etwas geschieht oder getan wird | *auf Befehl/Wunsch des Chefs | auf Anraten des Arztes*

▸Zuordnung, Anschluss: **19** *mit Akkusativ* ordnet Zahlen und Mengen einander zu und setzt sie in Relation | *Auf 30 Schüler kommt ein Lehrer* **20** verwendet mit Verben, um ein Objekt anzuschließen | *sich auf jemanden/etwas verlassen | auf jemanden/etwas warten | Ich bestehe auf einer strikten Einhaltung der Vorschriften!* H → Infos unter **Präposition**

★ **auf**[2] ADVERB **1** verwendet, um jemanden aufzufordern, etwas zu öffnen ↔ *zu* | *Mund auf! | Tür auf!* **2** **etwas ist auf** *gesprochen* etwas ist offen ↔ *geschlossen* | *Das Fenster war die ganze Nacht auf* **3** **etwas ist auf** *gesprochen* etwas ist nicht abgeschlossen | *Das Auto war auf* **4** **etwas ist auf** *gesprochen* etwas ist für die Kunden geöffnet | *Die Bäckerei ist bis 13 Uhr auf* **5** **jemand ist auf** *gesprochen* jemand ist nicht mehr oder noch nicht im Bett | *Ich bin heute schon seit sechs Uhr auf* **6** verwendet, um jemanden zur Eile zu treiben | *Auf gehts! | Auf, wir gehen gleich!* ■ ID **auf und ab** hin und zurück oder nach oben und wieder nach unten | *im Zimmer auf und ab gehen | Das Jo-Jo bewegt sich an der Schnur auf und ab*; **auf und davon** *gesprochen* plötzlich geflüchtet und verschwunden | *Der Dieb war auf und davon*; **auf und nieder** nach oben und dann wieder nach unten | *Das kleine Mädchen hüpfte vor Freude auf und nieder*

AUF
ZU

auf / offen   zu / geschlossen

★ **auf-** (*im Verb, betont und trennbar, sehr produktiv; Diese Verben werden so gebildet:* aufschreiben, schrieb auf, aufgeschrieben) **1**

etwas aufblättern, aufhacken, aufklappen, aufknöpfen, aufschrauben *und andere* drückt aus, dass etwas geöffnet wird | *Er stieß mit dem Fuß die Tür auf* (Er stieß mit dem Fuß gegen die Tür, um sie zu öffnen) **2** **aufhorchen, auflachen, aufschluchzen, aufschreien**; **etwas blitzt auf, flackert auf, flammt auf** *und andere* drückt aus, dass eine Handlung plötzlich beginnt | *Sie sah, wie in der Ferne ein Licht aufleuchtete* (Sie sah, wie plötzlich ein Licht zu leuchten begann) | *Er stöhnte auf, als er sich den Fuß anstieß* (Er stöhnte plötzlich, als er sich den Fuß anstieß) **3** **etwas (auf etwas** (*Akkusativ*)**) aufdrucken, aufdrücken, aufnähen, aufsprühen** *und andere* drückt aus, dass man die eine Sache mit der anderen in Kontakt bringt | *Er klebte eine Briefmarke auf das Kuvert auf* (Er drückte eine Briefmarke auf das Kuvert) **4** **aufsteigen, auftauchen**; **ein Vogel flattert auf, fliegt auf**; **etwas spritzt auf, wirbelt auf** *und andere* drückt aus, dass durch eine Handlung oder einen Vorgang jemand/etwas nach oben oder in die Höhe kommt | *Das vorbeifahrende Auto wirbelte viel Staub auf* (Das Auto wirbelte den Staub in die Luft) **5** **(etwas) aufessen, auffuttern**; **ein Tier frisst (jemanden/etwas) auf** *und andere* drückt aus, dass etwas so lange geschieht, bis nichts mehr da ist | *Wir müssen zuerst die angefangene Packung aufbrauchen* (Wir müssen zuerst alles verbrauchen, was in der angefangenen Packung ist) **6** **etwas aufbacken, aufpolstern, aufwärmen** *und andere* drückt aus, dass eine Handlung noch einmal ausgeführt wird | *Wärm dir doch die Suppe von gestern auf* (Mach die kalte Suppe noch einmal für dich warm) **7** **etwas auffrischen, aufhellen, auflockern, aufrauen**; **jemanden aufmuntern**; **etwas weicht auf** *und andere* drückt aus, dass jemand/etwas in den genannten Zustand kommt | *Er ist so traurig, wir müssen ihn etwas aufheitern* (Wir müssen versuchen, ihn fröhlich zu machen)

auf·ar·bei·ten VERB (*hat*) **1** **etwas aufarbeiten** etwas (mit dem man im Rückstand ist) zu Ende bearbeiten, fertig machen ⟨die Akten, die Korrespondenz aufarbeiten⟩ **2** **etwas aufarbeiten** etwas Schriftliches zu einem Thema nach inhaltlichen Aspekten prüfen und strukturieren ⟨Ergebnisse, Fakten aufarbeiten⟩ **3** **etwas aufarbeiten** Möbel (durch neuen Stoff, neue Farbe o. Ä.) erneuern | *Sie ließ das Sofa aufarbeiten* **4** **etwas aufarbeiten** etwas geistig bewältigen, indem man es noch einmal analysiert und darüber nachdenkt ⟨Erlebnisse, Eindrücke aufarbeiten⟩ **5** **etwas aufarbeiten** *gesprochen* etwas vollständig verbrauchen | *Stoffreste aufarbeiten* • zu (1 – 4) **Auf·ar·bei·tung** *die*

auf·at·men VERB (*hat*) **1** einmal tief atmen und damit Erleichterung ausdrücken **2** nach einer Belastung erleichtert sein | *Nach dem Stress der letzten Tage konnte sie endlich aufatmen*

auf·ba·cken VERB (bäckt/backt auf, backte/*veraltend* buk auf, hat aufgebacken) **etwas aufbacken** etwas kurz backen und es dadurch wieder knusprig machen | *die Brötchen vom Vortag kurz aufbacken*

auf·bah·ren VERB (bahrte auf, hat aufgebahrt) **jemanden (irgendwo) aufbahren** den Sarg mit einem Toten an einem besonderen Ort (z. B. in einer Leichenhalle) aufstellen • hierzu **Auf·bah·rung** *die*

★ **Auf·bau** *der*; (-(e)s, -ten) **1** *nur Singular* das Aufbauen eines Gerüsts, Lagers usw. ↔ *Abbau* **2** *nur Singular* das erneute Aufbauen von etwas Zerstörtem ↔ *Abbruch* | *Nach dem Krieg erfolgte der Aufbau der Städte* **3** *nur Singular* die Organisation, Schaffung oder Errichtung eines (funktionierenden) Systems | *den wirtschaftlichen Aufbau fördern* | *am Aufbau der Demokratie mitarbeiten* | *Die Firma befindet sich noch im Aufbau* **4** *nur Singular* die Gliederung, Struktur einer Sache ⟨der Aufbau einer Rede, einer Oper, eines Bildes⟩ **5** *meist Plural* eine Sache, die oben auf etwas anderes gebaut wurde ⟨die Aufbauten von Gebäuden, Kraftfahrzeugen, Schiffen⟩

★ **auf·bau·en** VERB (*hat*) **1** **etwas aufbauen** etwas (aus einzelnen Teilen) zusammensetzen und irgendwohin stellen ⟨ein Gerüst, ein Zelt, eine Baracke aufbauen⟩ ≈ *aufstellen* **2** **etwas aufbauen** etwas Zerstörtes neu bauen | *nach dem Erdbeben eine Stadt neu aufbauen* **3** **etwas aufbauen** etwas wirkungsvoll anordnen | *die Geschenke unterm Weihnachtsbaum aufbauen* **4** **etwas aufbauen** etwas entstehen lassen, schaffen (und organisieren) ⟨eine Fabrik, eine Organisation, eine Partei aufbauen; sich (*Dativ*) eine neue Existenz aufbauen⟩ **5** **etwas irgendwie aufbauen** etwas in der genannten Weise gestalten oder gliedern | *einen Roman spannend aufbauen* | *eine logisch aufgebaute Beweisführung* **6** **jemanden aufbauen** die Karriere einer Person vorbereiten und steuern | *einen Sportler systematisch aufbauen* | *einen Politiker aufbauen* **7** **etwas baut jemanden auf** *gesprochen* etwas macht jemandem Mut **8** **(etwas) auf etwas** (*Dativ*) **aufbauen** etwas als Grundlage oder Ausgangspunkt für etwas benutzen | *einen physikalischen Beweis auf einer Versuchsreihe aufbauen* | *Es sind schon Grundlagen vorhanden, auf denen wir aufbauen können* **9** **etwas baut auf etwas** (*Dativ*) **auf** etwas hat etwas als Grundlage, Voraussetzung | *Der Unterricht an der Universität baut meist auf dem Schulwissen auf* **10** **etwas baut sich auf** etwas entsteht ⟨ein Hoch, eine Gewitterfront, eine Regenfront; Ärger, Druck, Spannungen⟩ **11** **sich irgendwo aufbauen** *gesprochen* sich irgendwohin stellen und durch die Körperhaltung anderen drohen oder ein Gefühl der Überlegenheit, der Wut o. Ä. ausdrücken | *Er baute sich drohend vor mir auf*

auf·bäu·men VERB (bäumte sich auf, hat sich aufgebäumt) **1** **ein Tier bäumt sich auf** ein Tier richtet sich (vor etwas Bedrohlichem) ruckartig auf ⟨ein Pferd⟩ **2** **sich gegen jemanden/etwas aufbäumen** auf jemanden oder etwas wütend sein und sich deshalb wehren

auf·bau·schen VERB (bauschte auf, hat aufgebauscht) **1** **der Wind bauscht etwas auf** der Wind füllt etwas mit Luft und gibt ihm somit mehr Volumen ⟨der Wind bauscht ein Segel, einen Rock auf⟩ **2** **etwas aufbauschen** so über ein Ereignis berichten, dass es wichtiger oder gefährlicher wirkt als es ist | *Die Presse bauschte den Vorfall maßlos auf*

auf·be·geh·ren VERB (begehrte auf, hat aufbegehrt) **(gegen jemanden/etwas) aufbegehren** *geschrieben* sich aus Empörung lautstark gegen jemanden oder etwas wehren ⟨gegen sein Schicksal aufbegehren⟩

auf·be·hal·ten VERB (behält auf, behielt auf, hat aufbehalten) **etwas aufbehalten** *gesprochen* etwas auf dem Kopf lassen, nicht abnehmen ⟨den Hut, die Mütze aufbehalten⟩

auf·bei·ßen VERB (*hat*) **etwas aufbeißen** etwas durch Beißen öffnen ⟨Nüsse aufbeißen⟩

auf·be·kom·men VERB (*hat*); *gesprochen* **1** **etwas aufbekommen** etwas Geschlossenes öffnen können | *Ich hab die Tür nicht aufbekommen* | *Kannst du das Gurkenglas aufbekommen?* **2** **etwas aufbekommen** (vom Lehrer) eine Aufgabe gestellt bekommen ⟨Hausaufgaben aufbekommen⟩ | *Habt ihr heute viel aufbekommen?*

auf·be·rei·ten VERB (bereitete auf, hat aufbereitet) **1** **etwas aufbereiten** Rohstoffe so verändern, dass man sie dann verwenden kann | *Eisenerze aufbereiten* **2** **etwas aufbereiten** eine verbrauchte Flüssigkeit reinigen ⟨Trinkwasser aufbereiten⟩ **3** **etwas aufbereiten** Zahlen oder Ergebnisse einer Analyse auswerten oder verständlich darstellen ⟨Daten, Statistiken aufbereiten⟩ | *Forschungsergebnisse für die*

Veröffentlichung aufbereiten • hierzu **Auf·be·rei·tung** *die*

auf·bes·sern VERB *(hat)* **etwas aufbessern** bewirken, dass etwas mehr und besser wird | *Ich fahre nach Italien, um meine Sprachkenntnisse aufzubessern* | *durch Jobs das Taschengeld aufbessern* • hierzu **Auf·bes·se·rung** *die*

★ **auf·be·wah·ren** VERB (bewahrte auf, hat aufbewahrt) **etwas aufbewahren** etwas (meist Wertvolles) für eine gewisse Zeit sicher lagern | *Schmuck im Safe aufbewahren* • hierzu **Auf·be·wah·rung** *die*

auf·bie·gen VERB *(hat)* **etwas aufbiegen** etwas so biegen, dass die Teile in verschiedene Richtungen zeigen ⟨eine Klammer, einen Draht aufbiegen⟩

auf·bie·ten VERB *(hat)* **1** **etwas (für/zu etwas) aufbieten** besondere Leistungen bringen, um etwas zu erreichen | *alle Kräfte zum Gelingen eines Projekts aufbieten* **2** **Personen für/zu etwas aufbieten** *geschrieben* Personen einsetzen, um etwas zu erreichen | *Die Regierung musste Militär und Polizei aufbieten, um für Ruhe zu sorgen*

auf·bin·den VERB *(hat)* **1** **etwas aufbinden** den Knoten lösen, mit dem etwas gebunden ist ⟨eine Schürze, die Schuhe aufbinden⟩ ↔ *zubinden* **2** **etwas aufbinden** etwas Herunterhängendes nach oben binden ⟨Pflanzen aufbinden⟩ **3** **jemandem etwas aufbinden** *gesprochen* jemandem absichtlich etwas Unwahres erzählen ⟨jemandem eine Lüge, eine Geschichte, aufbinden⟩ | *Wer hat dir denn dieses Märchen aufgebunden?* ▪ **ID** → Bär

auf·blä·hen VERB *(hat)* **1** **etwas ist aufgebläht** etwas ist voll Luft, rund und prall | *Der Bauch des Babys war leicht aufgebläht* **2** **etwas bläht sich auf** *meist abwertend* etwas wird größer im Umfang oder in der Menge als notwendig | *Die Verwaltung bläht sich immer weiter auf* **3** **sich aufblähen** *abwertend* sich viel wichtiger darstellen, als man wirklich ist

auf·bla·sen VERB *(hat)* **1** **etwas aufblasen** etwas (mit dem Mund) mit Luft füllen ⟨einen Luftballon, eine Luftmatratze aufblasen⟩ **2** **sich aufblasen** *abwertend* anderen Leuten zeigen, dass man sich für wichtig hält • zu (1) **auf·blas·bar** ADJEKTIV

auf·blät·tern VERB *(hat)* **etwas aufblättern** etwas an einer bestimmten Seite öffnen ⟨ein Buch, eine Zeitung, eine Zeitschrift aufblättern⟩

auf·blei·ben VERB *(ist)* **1** noch nicht zum Schlafen ins Bett gehen | *Die Kinder dürfen bis neun Uhr aufbleiben* **2** **etwas bleibt auf** etwas ist weiterhin offen | *Das Fenster soll nachts aufbleiben*

auf·blen·den VERB *(hat)* **1** **(etwas) aufblenden** beim Auto das Fernlicht einschalten ⟨die Scheinwerfer aufblenden⟩ **2** eine Szene durch langsames Öffnen der Blende beginnen

auf·bli·cken VERB *(hat)* ≈ *aufsehen*

auf·blit·zen VERB *(hat)* **etwas blitzt auf** etwas leuchtet plötzlich kurz ⟨eine Taschenlampe, ein Messer⟩

auf·blü·hen VERB *(ist)* **1** **etwas blüht auf** eine Pflanze öffnet die Blüten **2** **etwas blüht auf** etwas entwickelt sich günstig ⟨der Handel, die Wissenschaft⟩ **3** ≈ *aufleben*

auf·bo·cken VERB *(hat)* **etwas aufbocken** meist ein Fahrzeug mithilfe eines Gestells, eines Bocks vom Boden heben | *ein Auto zum Reparieren aufbocken*

auf·boh·ren VERB *(hat)* **etwas aufbohren** etwas durch Bohren öffnen oder ein Loch in etwas bohren ⟨einen Tresor, einen Zahn aufbohren⟩

auf·bran·den VERB (brandete auf, ist aufgebrandet); *geschrieben* **1** **etwas brandet auf** etwas schlägt laut, tosend nach oben ⟨Wellen, Wogen⟩ **2** **etwas brandet auf** etwas wird plötzlich laut und heftig ⟨Beifall⟩

auf·brau·chen VERB *(hat)* **etwas aufbrauchen** etwas bis auf den letzten Rest, vollständig verbrauchen ⟨Geld, Energie, seine Geduld aufbrauchen⟩

auf·brau·sen VERB *(ist)* **1** **etwas braust auf** etwas steigt wirbelnd und schäumend nach oben | *Der Sturm ließ das Meer aufbrausen* **2** **etwas braust auf** etwas wird plötzlich laut und heftig ⟨Beifall, Jubel, Lärm⟩ **3** in heftigen Zorn geraten | *wegen jeder Kleinigkeit aufbrausen*

★ **auf·bre·chen** VERB **1** **(zu etwas) (irgendwohin) aufbrechen** *(ist)* (irgendwohin) fortgehen, sich auf den Weg machen | *zu einer Expedition aufbrechen* | *Unsere Gäste brachen alle gemeinsam auf* **2** **zu etwas aufbrechen** *(ist)* etwas Neues beginnen | *zu neuen Ufern aufbrechen* (ein neues Leben beginnen) **3** **etwas bricht auf** *(ist)* etwas öffnet sich von selbst ⟨eine Eisdecke, eine Knospe, eine Narbe⟩ **4** **etwas bricht auf** *(ist)* etwas wird plötzlich deutlich, ist zu erkennen | *verborgene Ängste brechen auf* **5** **etwas aufbrechen** *(hat)* etwas (Verschlossenes) mit Gewalt oder schnell und ungeduldig öffnen ⟨eine Tür, ein Schloss aufbrechen; einen Brief, ein Telegramm aufbrechen⟩ | *Er brach die Kiste mit einem Stemmeisen auf* **6** **etwas aufbrechen** *(hat)* eine Öffnung in eine geschlossene Fläche brechen ⟨Beton, Asphalt, die Erde aufbrechen⟩ **7** **ein Tier aufbrechen** *(hat)* den Bauch von einem getöteten Tier öffnen, um die Eingeweide zu entfernen

auf·bre·zeln VERB (brezelte sich auf, hat sich aufgebretzelt); *gesprochen!* **sich aufbrezeln** sich für einen besonderen Anlass schön anziehen

auf·brin·gen VERB *(hat)* **1** **etwas (für jemanden/etwas) aufbringen** etwas (meist unter schwierigen Bedingungen) für jemanden/etwas beschaffen oder zusammenbringen | *Mut für eine Entscheidung aufbringen* **2** **etwas aufbringen** etwas Neues anderen Leuten bekannt machen ⟨eine Mode, ein Gerücht aufbringen⟩ **3** **eine Person (gegen jemanden) aufbringen** jemanden wütend machen | *Mit seinem Verhalten brachte er alle gegen sich auf* | *Sie war ganz aufgebracht über sein Verhalten* **4** **etwas aufbringen** *gesprochen* etwas Geschlossenes öffnen können | *das verklemmte Fenster nicht aufbringen* **5** **jemanden/etwas aufbringen** ein fremdes Schiff stoppen und besetzen ⟨ein Schiff aufbringen⟩

★ **Auf·bruch** *der; nur Singular* **1** der Beginn einer Reise ⟨ein allgemeiner, überstürzter Aufbruch; zum Aufbruch drängen, mahnen⟩ **2** der Anfang einer wichtigen Zeit oder Epoche **K** Aufbruchsstimmung

Auf·bruch(s)·stim·mung *die* **in Aufbruch(s)stimmung sein** unruhig sein, weil man bald losgehen oder losfahren will

auf·brü·hen VERB *(hat)* **etwas aufbrühen** mit kochendem Wasser ein Getränk zubereiten ⟨Tee, Kaffee aufbrühen⟩

auf·brum·men VERB *(hat)*; *gesprochen* **1** **jemandem etwas aufbrummen** jemandem eine Strafe geben | *Der Richter brummte ihm 5 Jahre Gefängnis auf* **2** **jemandem etwas aufbrummen** jemandem viel Arbeit zu tun geben

auf·bür·den VERB (bürdete auf, hat aufgebürdet) **1** **jemandem etwas aufbürden** jemanden oder sich selbst mit etwas Unangenehmem belasten ⟨jemandem viel Arbeit, große Verantwortung aufbürden⟩ | *Wir sollten unsere eigenen Probleme nicht anderen aufbürden* **2** **jemandem etwas aufbürden** *geschrieben* eine Last auf jemanden oder ein Tier laden | *Du solltest dir nicht mehr Gepäck aufbürden, als du bequem tragen kannst*

auf·de·cken VERB *(hat)* **1** **jemanden oder etwas aufdecken** die Decke, Bedeckung o. Ä. von jemandem, sich selbst oder etwas wegnehmen ⟨ein Bett, einen Kranken aufdecken⟩ **2** **etwas aufdecken** etwas Verborgenes (und meist Negatives) in der Öffentlichkeit bekannt machen ⟨jemandes Fehler, jemandes Schwächen, ein Verbrechen aufdecken⟩ | *Die Reporter deckten den Skandal schonungslos* auf **3** *gesprochen* den Tisch decken ● zu (2) **Auf·de·ckung** *die*

auf·don·nern VERB *(hat)* **sich aufdonnern** *gesprochen* sich elegant oder modisch kleiden, schminken und Schmuck tragen, um so auf andere Eindruck zu machen

auf·drän·gen VERB *(hat)* **1** **jemandem etwas aufdrängen** versuchen, einer Person etwas gegen deren eigenen Willen zu geben oder zu verkaufen | *Der Vertreter wollte der alten Frau ein Abonnement für eine Zeitschrift aufdrängen* **2** **sich jemandem aufdrängen** einer Person gegen deren eigenen Willen anbieten, ihr Freund, Helfer oder Begleiter zu sein | *Er drängte sich uns förmlich auf* **3** **etwas drängt sich (jemandem) auf** jemand denkt plötzlich an etwas | *Bei diesem Film drängen sich mir Bilder aus meiner Schulzeit auf*

auf·dre·hen VERB *(hat)* **1** **etwas aufdrehen** durch Öffnen eines Hahnes oder Ventils eine Flüssigkeit oder ein Gas strömen lassen ⟨den Hahn, das Gas, das Wasser aufdrehen⟩ ↔ *zudrehen* **2** **etwas aufdrehen** *gesprochen* ein elektrisches Gerät lauter stellen ⟨das Radio, die Stereoanlage aufdrehen⟩ **3** **jemandem die Haare aufdrehen** die Haare auf Lockenwickler wickeln **4** *gesprochen* die Leistung oder das Tempo steigern | *Am Schluss drehte die Mannschaft noch mächtig auf*

auf·dring·lich ADJEKTIV **1** immer wieder belästigend, störend | *Sein Benehmen ist ziemlich aufdringlich* | *Der aufdringliche Kerl soll mich in Ruhe lassen!* **2** (zu) intensiv und stark ⟨ein Geruch, ein Geschmack, Farben⟩ ● hierzu **Auf·dring·lich·keit** *die*

auf·drö·seln VERB (dröselte auf, hat aufgedröselt) **etwas aufdröseln** *gesprochen* ≈ *entwirren*

Auf·druck *der*; (-(e)s, Auf·dru·cke) das, was auf Papier oder auf einen Stoff gedruckt ist

auf·dru·cken VERB *(hat)* **etwas (auf etwas** *(Akkusativ)***) aufdrucken** etwas auf etwas drucken ⟨ein Muster (auf einen Stoff), einen Stempel (auf Papier) aufdrucken⟩

auf·drü·cken VERB *(hat)* **etwas aufdrücken** etwas durch Drücken öffnen ⟨ein Fenster, eine Tür aufdrücken⟩

★ **auf·ei·nan·der** ADVERB **1** eine Person/Sache auf die andere oder auf der anderen | *Man darf diese zerbrechlichen Gegenstände nicht aufeinander lagern* **2** drückt eine Gegenseitigkeit aus | *Die Farben waren aufeinander abgestimmt* | *Sie nehmen Rücksicht aufeinander* | *Klaus und ich sind aufeinander angewiesen* (Ich bin von Klaus abhängig und Klaus ist von mir abhängig) **3** so, dass eine Person oder ein Tier gegen eine andere Person oder ein anderes Tier kämpft | *Sie gingen aufeinander los/prügelten aufeinander ein*

auf·ei·nan·der- *(im Verb, betont und trennbar, begrenzt produktiv; Diese Verben werden so gebildet:* aufeinanderlegen, legte aufeinander, aufeinandergelegt) **1** **Dinge aufeinanderhäufen, aufeinanderschichten, aufeinanderstapeln** *und andere* drückt aus, dass Dinge so angeordnet werden oder sind, dass eines auf dem anderen liegt | *Er legte die Hefte aufeinander* (Er legte ein Heft auf das andere) **2** **Personen/Dinge stoßen, treffen aufeinander**; **die Zähne aufeinanderbeißen**; **Dinge aufeinanderdrücken, aufeinanderpressen** *und andere* drückt aus, dass Personen, Tiere oder Dinge miteinander in Kontakt kommen oder gebracht werden | *Sie hetzten die Hunde aufeinander* (Sie hetzten einen Hund gegen den anderen)

auf·ei·nan·der·fol·gen VERB *(sind)* **Dinge folgen aufeinander** Dinge bilden eine Reihenfolge, Ereignisse geschehen eines nach dem anderen | *an drei aufeinanderfolgenden Tagen* ● hierzu **Auf·ei·nan·der·fol·ge** *die*

auf·ei·nan·der·pral·len VERB *(sind)* **1** **Dinge prallen aufeinander** Dinge, die sehr unterschiedlich sind, geraten in einen Gegensatz, in einen Konflikt ⟨Auffassungen, Meinungen, Standpunkte, Mentalitäten, Temperamente, Welten⟩ **2** **Fahrzeuge prallen aufeinander** zwei Fahrzeuge stoßen zusammen

auf·ei·nan·der·tref·fen VERB *(sind)* **1** **Personen treffen aufeinander** Personen oder Mannschaften sind Gegner in einem Wettkampf | *Im Halbfinale trafen England und Frankreich aufeinander* **2** **Dinge treffen aufeinander** Dinge kommen in Kontakt (und passen nicht zusammen) ⟨Interessen, Kulturen, Welten⟩

★ **Auf·ent·halt** *der*; (-(e)s, -e) **1** die Anwesenheit (einer Person) an einem Ort für eine begrenzte Zeit | *ein einjähriger Aufenthalt im Ausland* **K** Aufenthaltsbeschränkung, Aufenthaltsdauer, Aufenthaltserlaubnis, Aufenthaltsgenehmigung, Aufenthaltsort; Auslandsaufenthalt, Erholungsaufenthalt, Studienaufenthalt **2** die kurze Unterbrechung einer Fahrt oder Reise | *Der Zug hat in Köln 15 Minuten Aufenthalt* | *ohne Aufenthalt durchfahren* **3** *geschrieben* der Ort, an dem jemand (gerade) wohnt

Auf·ent·halts·raum *der* ein Zimmer (z. B. in einer Schule oder in einer Firma), in dem man sich während einer Pause aufhalten kann

Auf·ent·halts·ti·tel *der; admin geschrieben* ein Dokument, mit dem Personen nach Deutschland einreisen und dort bleiben dürfen, welche nicht Bürger eines EU-Landes sind ⟨ein elektronischer Aufenthaltstitel⟩

auf·er·le·gen VERB (erlegte auf/auferlegte, hat auferlegt) **jemandem etwas auferlegen** jemanden oder sich selbst dazu zwingen, etwas Unangenehmes zu tun oder zu ertragen ⟨sich *(Dativ)* keinen Zwang, jemandem eine Strafe auferlegen⟩

auf·er·ste·hen VERB (erstand auf, ist auferstanden) **1** nach dem Tod wieder aufwachen und leben | *Nach christlichem Glauben ist Jesus von den Toten auferstanden* **2** **etwas ersteht auf** *geschrieben* etwas wird erneut wichtig | *Eine uralte Idee ist wieder auferstanden* ● zu (1) **Auf·er·ste·hung** *die*

auf·es·sen VERB (isst auf, aß auf, hat aufgegessen) **(etwas) aufessen** etwas zu Ende essen, so dass kein Rest bleibt | *Wer isst denn jetzt den letzten Rest Suppe auf?*

auf·fä·deln VERB *(hat)* **Perlen auffädeln** Perlen auf eine Schnur oder einen Faden reihen

auf·fah·ren VERB **1** **auf jemanden/etwas auffahren** *(ist)* während der Fahrt auf jemanden/etwas stoßen | *Das Auto/Er fuhr auf den Lastwagen auf* **K** Auffahrunfall **2** **(auf jemanden/etwas) auffahren** *(ist)* sich dem vorausfahrenden Fahrzeug nähern ⟨zu dicht auffahren⟩ **3** **(aus etwas) auffahren** *(ist)* aus einem ruhigen Zustand plötzlich hochschrecken ⟨aus seinen Gedanken, aus dem Schlaf auffahren⟩ **4** **etwas auffahren** *gesprochen (hat)* den Gästen viel zu essen und zu trinken anbieten **5** **etwas auffahren** *(hat)* im Krieg etwas an eine Stelle fahren und zum Kampf aufstellen ⟨Geschütze, Kanonen auffahren⟩

★ **Auf·fahrt** *die* **1** eine Straße, die direkt zu einer Autobahn führt ↔ *Ausfahrt* **K** Autobahnauffahrt **2** eine (ansteigende) Straße, die zum Eingang eines größeren Gebäudes führt | *Die Kutsche fuhr die Auffahrt zum Schloss hinauf* **3** eine Fahrt zu einem höher gelegenen Punkt | *Die Auffahrt zum Gipfel dauert 15 Minuten*

★ **auf·fal·len** VERB *(ist)* **1** **jemand/etwas fällt (jemandem) auf** jemand/etwas erregt durch etwas Besonderes Aufmerksamkeit | *Sie fiel durch ihre Intelligenz auf* **2** **etwas fällt (an jemandem/etwas) auf** eine Eigenschaft o. Ä. ist besonders deutlich | *Fällt dir nichts an dem Auto auf?* | *Mir fällt (an ihm) auf, dass er sehr nervös ist*

auf·fal·lend ■ PARTIZIP PRÄSENS **1** → auffallen ■ ADJEKTIV **2** so, dass es auffällt | *Das Auffallendste an ihm sind seine langen Haare* **3** verwendet, um ein Adjektiv zu verstärken ≈ *sehr* | *auffallend elegant gekleidet sein* | *auffallend nervös sein*

★ **auf·fäl·lig** ADJEKTIV so, dass es auffällt ⟨Kleidung, ein Benehmen⟩ ● hierzu **Auf·fäl·lig·keit** *die*

★ **auf·fan·gen** VERB *(hat)* **1** **etwas auffangen** etwas, das fällt oder fliegt, mit den Händen aus der Luft greifen ⟨einen Ball auffangen⟩ **2** **jemanden auffangen** eine Person mit den Händen greifen und so verhindern, dass sie stürzt **3** **Personen auffangen** Personen vorläufig unterbringen und versorgen ⟨Flüchtlinge, Einwanderer auffangen⟩ K Auffanglager **4** **etwas auffangen** eine Flüssigkeit in einem Gefäß sammeln | *Regenwasser in einer Tonne auffangen* K Auffangbecken **5** **etwas auffangen** einer Bewegung durch eine weiche, federnde Reaktion die Wucht nehmen ⟨einen Schlag, Stoß auffangen⟩ **6** **etwas auffangen** negative Folgen durch geeignete Maßnahmen verringern | *den Kursverfall/die Preissteigerung auffangen* **7** **etwas auffangen** die genannten Signale (zufällig) empfangen ⟨einen Funkspruch auffangen⟩ | *Die Küstenwache fing einen Notruf auf*

auf·fas·sen VERB *(hat)* **1** **etwas als etwas auffassen; etwas irgendwie auffassen** von einer Sache eine meist sehr subjektive Meinung haben ⟨Worte falsch, als Beleidigung, als Vorwurf, als Schmeichelei auffassen⟩ ≈ *verstehen* | *Er fasste die Bewegung als Angriff auf und lief sofort weg* **2** **etwas irgendwie auffassen** etwas Neues, Schwieriges verstehen und geistig verarbeiten | *Sie konnte den Unterrichtsstoff mühelos auffassen*

★ **Auf·fas·sung** *die* **1** **eine Auffassung (von etwas)/(über etwas** *(Akkusativ)*)**; die Auffassung, dass ...** die Meinung, die man darüber hat, wie etwas ist oder sein sollte ⟨jemandes Auffassung teilen; der Auffassung sein, dass ...; die Auffassung vertreten, dass ...; zu der Auffassung kommen, dass ...⟩ ≈ *Vorstellung* | *Wir sind unterschiedlicher Auffassung darüber, wie Kinder zu erziehen sind* | *Er hat eine seltsame Auffassung davon, was Freundschaft bedeutet* | *Nach meiner Auffassung ist das falsch* K Arbeitsauffassung, Berufsauffassung, Geschichtsauffassung, Kunstauffassung, Lebensauffassung **2** ≈ *Auffassungsgabe* | *eine schnelle Auffassung haben*

Auf·fas·sungs|ga·be *die; nur Singular* die Fähigkeit, etwas schnell zu verstehen und geistig zu verarbeiten ⟨eine gute, schnelle Auffassungsgabe haben⟩ ≈ *Auffassung*

auf·fin·den VERB *(hat)* **1** **jemanden/etwas auffinden** jemanden oder etwas (oft nach langem Suchen) finden oder entdecken | *Die verlorene Geldbörse war nirgends aufzufinden* **!** meist verneint und im Infinitiv **2** **jemanden/etwas irgendwie auffinden** jemanden oder etwas in dem genannten Zustand finden ⟨jemanden verletzt, tot auffinden⟩ ● zu (1) **auf·find·bar** ADJEKTIV

auf·fi·schen VERB *(hat); gesprochen* **1** **jemanden/etwas auffischen** jemanden oder etwas aus dem Wasser ziehen und retten **2** **jemanden auffischen** *oft abwertend* jemanden (zufällig) treffen und kennenlernen

auf·fla·ckern VERB *(ist)* **1** **etwas flackert auf** etwas beginnt plötzlich (kurz) zu leuchten ⟨ein Licht, eine Kerze⟩ **2** **etwas flackert in jemandem auf** etwas entsteht in jemandem | *Misstrauen flackerte in ihr auf*

auf·flam·men VERB *(ist)* **1** **etwas flammt auf** Flammen entstehen irgendwo, etwas beginnt zu leuchten ⟨das Feuer⟩ **2** **etwas flammt auf** ein Gefühl entwickelt sich plötzlich ⟨Hass, Liebe, Zorn⟩

auf·flie·gen VERB *(ist)* **1** **ein Vogel fliegt auf** ein Vogel fliegt los und nach oben **2** **etwas fliegt auf** etwas öffnet sich plötzlich ⟨ein Fenster, eine Tür⟩ **3** **etwas fliegt auf** etwas wird entdeckt und scheitert somit ⟨ein Betrug, ein Schwindel, eine Verschwörung, ein Agent, ein Betrüger, ein Spionagering, eine Schmugglerbande⟩ ■ ID **etwas auffliegen lassen** *gesprochen* sich nicht an einen Plan o. Ä. halten, sodass etwas nicht zustande kommt | *Ich kann doch jetzt deswegen nicht unser Treffen auffliegen lassen*

★ **auf·for·dern** VERB *(hat)* **1** **jemanden (zu etwas) auffordern** jemanden um etwas bitten ⟨jemanden zum Tanz auffordern⟩ | *Er forderte sie auf, sich zu setzen* **2** **jemanden zu etwas auffordern** von einer Person offiziell verlangen, dass sie etwas tut | *Sie werden aufgefordert, dort um 14 Uhr zu erscheinen* ● hierzu **Auf·for·de·rung** *die*

auf·fors·ten VERB (forstete auf, hat aufgeforstet) **etwas aufforsten** eine Fläche mit Bäumen bepflanzen ⟨eine Lichtung aufforsten⟩ ● hierzu **Auf·fors·tung** *die*

auf·fres·sen VERB *(hat)* **1** **ein Tier frisst (jemanden/etwas) auf** ein Tier frisst jemanden/etwas ganz, so dass kein Rest bleibt | *das Futter auffressen* | *Der Wolf fraß Rotkäppchen auf* **2** **Insekten fressen jemanden auf** *gesprochen* Insekten beißen oder stechen jemanden in großer Zahl **3** **etwas frisst jemanden auf** etwas macht eine Person krank, weil es ihr all ihre Kraft wegnimmt ⟨der Kummer, die Sorgen, die Trauer, die Arbeit, der Job⟩

auf·fri·schen VERB (frischte auf, hat/ist aufgefrischt) **1** **etwas auffrischen** *(hat)* etwas Vergangenes oder Vergessenes wieder ins Gedächtnis rufen ⟨Erinnerungen, die Englischkenntnisse auffrischen⟩ **2** **etwas frischt auf** *(hat/ist)* der Wind oder ein Sturm wird stärker ● zu (1) **Auf·fri·schung** *die*

★ **auf·füh·ren** VERB *(hat)* **1** **etwas aufführen** ein künstlerisches Werk (auf einer Bühne) einem Publikum zeigen ⟨ein Schauspiel, ein Ballett, eine Oper aufführen⟩ **2** **etwas aufführen** etwas in einer Liste oder Aufzählung zusammenfassen, nennen | *Daten in einer Tabelle aufführen* | *Können Sie ein paar Beispiel dafür aufführen?* **3** **sich irgendwie aufführen** *gesprochen* sich irgendwie verhalten, benehmen ⟨sich anständig, gut, unverschämt aufführen⟩ | *Sie hat sich echt unmöglich aufgeführt!* (sehr schlecht benommen) **4** **sich aufführen** *gesprochen, abwertend* sich schlecht benehmen | *Führ dich doch nicht so auf!*

★ **Auf·füh·rung** *die* **1** ein Musik- oder Theaterstück, das aufgeführt und dem Publikum gezeigt wird **2** das Aufführen von Theater usw. ⟨eine gelungene Aufführung⟩ | *am Tag der Aufführung* K Theateraufführung

auf·fül·len VERB *(hat)* **etwas auffüllen** etwas, das nicht mehr ganz voll ist oder das leer ist, wieder vollmachen | *den Tank mit Benzin auffüllen* | *ein Regal mit Waren auffüllen*

★ **Auf·ga·be** *die* **1** etwas, das man tun muss ⟨eine interessante, unangenehme Aufgabe; etwas als die eigene Aufgabe ansehen; eine Aufgabe bekommen, erfüllen, ausführen; jemandem eine Aufgabe geben, übertragen⟩ ≈ *Verpflichtung* K Aufgabenbereich, Aufgabengebiet **2** der Zweck oder die Funktion, die von jemandem/etwas erfüllt werden sollen | *Ampeln haben die Aufgabe, den Verkehr zu regeln* **3** ein meist mathematisches Problem ⟨eine Aufgabe lösen; jemandem eine Aufgabe stellen⟩ K Rechenaufgabe **4** *nur Singular* der Auftrag, etwas zu senden, zu veröffentlichen oder zu bearbeiten ⟨die Aufgabe eines Pakets, eines Inserats, einer Bestellung⟩ K Gepäckaufgabe **5** *meist Plural* Kurzwort für *Hausaufgabe, Schulaufgabe* ⟨die Aufgaben machen⟩ **6** *nur Singular* die vorzeitige Beendigung einer Sache oder eines Vorhabens (in einer oft schwierigen Situation) ⟨die Aufgabe des Berufs; jemanden zur Aufgabe zwingen⟩ | *die Aufgabe des Boxers in der achten Runde*

auf·ga·beln VERB (gabelte auf, hat aufgegabelt); *gesprochen* **1**

jemanden aufgabeln *oft abwertend* jemanden zufällig treffen und kennenlernen | *Wo hast du denn diesen Typ aufgegabelt?* **2** **etwas aufgabeln** etwas zufällig finden und mitnehmen | *eine schöne Uhr auf dem Flohmarkt aufgabeln*

Auf·gang *der* **1** eine Treppe, die nach oben führt | *Der Aufgang zum Turm ist sehr eng* K Bühnenaufgang, Treppenaufgang **2** das Aufgehen ⟨der Aufgang der Sonne, des Mondes⟩ ↔ *Untergang* K Mondaufgang, Sonnenaufgang

★ **auf·ge·ben** VERB *(hat)*
▸zur Bearbeitung, Lösung: **1** **etwas aufgeben** einer Person oder Institution etwas geben, damit es bearbeitet oder transportiert wird ⟨einen Brief, ein Paket aufgeben; eine Bestellung beim Ober aufgeben; eine Annonce, eine Anzeige bei der Zeitung aufgeben⟩ **2** **(jemandem) etwas aufgeben** (als Lehrer) den Schülern Arbeiten geben, welche sie zu Hause erledigen müssen ⟨Hausaufgaben, eine Übersetzung aufgeben⟩ | *Der Lehrer gibt zu viel auf* **3** **etwas gibt jemandem Rätsel auf** etwas ist für jemanden nicht zu verstehen | *Ihr Verschwinden gab uns viele Rätsel auf*
▸als Ende: **4** keine Hoffnung mehr auf Erfolg haben und daher mit etwas nicht weitermachen | *Der Läufer hatte solche Schmerzen, dass er kurz vor dem Ziel aufgeben musste* **5** **etwas aufgeben** etwas, das man regelmäßig getan hat, nicht mehr tun ⟨das Rauchen, Trinken aufgeben⟩ ↔ *anfangen* **6** **etwas aufgeben** (oft in einer schwierigen Situation) auf etwas verzichten (müssen), etwas nicht mehr tun können ⟨die Wohnung, den Betrieb, das Geschäft aufgeben; die Hoffnung, den Widerstand, einen Plan aufgeben⟩ | *Wegen ihrer Krankheit musste sie ihren Beruf aufgeben* **7** **jemanden aufgeben** die Hoffnung verlieren, dass jemand noch gerettet werden kann | *Die Ärzte hatten den Patienten bereits aufgegeben*

auf·ge·bla·sen ■ PARTIZIP PERFEKT **1** → aufblasen
■ ADJEKTIV **2** *gesprochen, abwertend ≈ überheblich, arrogant*

Auf·ge·bot *das; meist Singular* **1** **ein Aufgebot (an Personen/Dingen)** die (große) Zahl von Personen oder Dingen, die für einen Zweck eingesetzt werden ⟨ein (großes) Aufgebot an Polizeikräften, Stars, Material und Technik⟩ | *das Aufgebot für die Olympischen Spiele bekannt geben* | *Der Verein hat 25 Spieler in seinem Aufgebot* **2** **mit/unter Aufgebot** *+Genitiv veraltend* mit dem/unter Einsatz einer Sache ⟨unter Aufgebot aller Kräfte⟩ **3** *historisch* die öffentliche Anmeldung einer Eheschließung ⟨das Aufgebot bestellen, aushängen⟩

auf·ge·dreht ■ PARTIZIP PERFEKT **1** → aufdrehen
■ ADJEKTIV **2** *gesprochen* gut gelaunt, lustig und meist etwas nervös | *An meinem Geburtstag war ich völlig aufgedreht*

auf·ge·dun·sen ADJEKTIV ungesund und dick aussehend ⟨ein Gesicht, ein Körper⟩

★ **auf·ge·hen** VERB *(ist)* **1** **etwas geht auf** etwas öffnet sich ⟨ein Fenster, eine Tür, ein Regenschirm, eine Knospe⟩ ↔ *zugehen* **2** **etwas geht auf** etwas wird über dem Horizont sichtbar ⟨die Sonne, der Mond⟩ ↔ *untergehen* **3** **etwas geht auf** etwas dehnt sich (beim Backen) aus, wird größer ⟨das Brot, der Kuchen⟩ **4** **etwas geht auf** eine Saat keimt und wächst aus der Erde | *Die Petersilie ist nicht aufgegangen, ich muss noch einmal säen* **5** **etwas geht auf** etwas löst sich ⟨ein Knoten, eine Naht⟩ **6** **jemand geht in etwas** *(Dativ)* **auf** jemand tut etwas mit großer Freude, hat viel Freude an etwas ⟨in der Arbeit, in einer Aufgabe völlig aufgehen⟩ **7** **etwas geht in etwas** *(Dativ)* **auf** etwas wird Teil eines größeren Systems, einer größeren Menge | *Die lokalen kleinen Betriebe gingen später in einer überregionalen Firma auf* **8** **etwas geht jemandem auf** etwas wird jemandem verständlich | *Plötzlich gingen ihm die Zusammenhänge des Skandals auf* **9** **etwas geht auf** etwas hat ein Resultat ohne Rest | *Die Rechnung geht glatt auf* ■ ID → Licht, Rechnung

auf·ge·ho·ben PARTIZIP PERFEKT → aufheben ■ ID **(bei jemandem/irgendwo) gut aufgehoben sein** *gesprochen* irgendwo am richtigen oder an einem sicheren Ort sein (und von jemandem gut betreut oder beaufsichtigt werden) | *Die Kinder sind bei den Großeltern gut aufgehoben*

auf·gei·len VERB (geilte auf, hat aufgegeilt); *gesprochen* ▲ **1** **jemanden aufgeilen** bewirken, dass jemand sexuell erregt wird **2** **sich (an jemandem/etwas) aufgeilen** jemanden oder etwas betrachten, um sich sexuell zu erregen **3** **sich an etwas** *(Dativ)* **aufgeilen** *abwertend* wegen einer Sache große Aufregung machen, die aber nicht echt ist

auf·ge·klärt ■ PARTIZIP PERFEKT **1** → aufklären
■ ADJEKTIV **2** vom Verstand bestimmt und ohne Vorurteile | *ein aufgeklärter Mensch des 20. Jahrhunderts*

auf·ge·kratzt ■ PARTIZIP PERFEKT **1** → aufkratzen
■ ADJEKTIV **2** *gesprochen* in sehr guter Laune

auf·ge·legt ■ PARTIZIP PERFEKT **1** → auflegen
■ ADJEKTIV **2** **zu etwas aufgelegt sein** in der Stimmung sein, etwas zu tun | *zum Scherzen aufgelegt sein* **3** **gut/schlecht aufgelegt sein** in guter/schlechter Laune sein

auf·ge·löst ■ PARTIZIP PERFEKT **1** → auflösen
■ ADJEKTIV **2** durch Schmerz oder Freude sehr verwirrt und nervös | *Nach dem Unfall war sie völlig aufgelöst*

auf·ge·schlos·sen ■ PARTIZIP PERFEKT **1** → aufschließen
■ ADJEKTIV **2** **aufgeschlossen (für etwas)**; **jemandem/etwas gegenüber aufgeschlossen** interessiert und offen gegenüber allem Neuen | *aufgeschlossen sein für die Probleme anderer* | *der modernen Technik aufgeschlossen gegenüberstehen* • zu (2) **Auf·ge·schlos·sen·heit** *die*

auf·ge·schmis·sen ADJEKTIV *meist prädikativ; gesprochen* so, dass man ein großes Problem hat, das man nicht lösen kann | *Ohne seine Frau ist er total aufgeschmissen*

auf·ge·schwemmt ADJEKTIV dick und schwammig ⟨ein Gesicht, ein Körper⟩ | *Er ist ganz aufgeschwemmt, weil er zu viel Bier trinkt*

auf·ge·weckt ■ PARTIZIP PERFEKT **1** → aufwecken
■ ADJEKTIV **2** (im Vergleich zum Lebensalter) schnell denkend und intelligent ⟨ein Kind, ein Schüler⟩ • zu (2) **Auf·ge·weckt·heit** *die*

auf·gie·ßen VERB *(hat)* **1** **etwas aufgießen** ein Getränk herstellen, indem man heißes Wasser über Kaffeepulver oder Teeblätter gießt ⟨Kaffee, Tee aufgießen⟩ **2** **etwas aufgießen** einer Speise Wasser zufügen, damit Soße entsteht ⟨den Braten aufgießen⟩

auf·glie·dern VERB *(hat)* **etwas (in etwas** *(Akkusativ)***) aufgliedern** ein Ganzes in mehrere Teile aufteilen | *Der Text ist in mehrere Kapitel aufgegliedert*

auf·glü·hen VERB *(hat/ist)* **etwas glüht auf** etwas beginnt zu glühen oder zu leuchten

auf·grei·fen VERB *(hat)* **1** **jemanden aufgreifen** jemanden zufällig finden und mitnehmen | *Die Jugendlichen wurden von der Polizei aufgegriffen* **2** **etwas aufgreifen** sich mit etwas beschäftigen, das schon angesprochen wurde ⟨ein Thema, einen Gedanken aufgreifen⟩

★ **auf·grund, auf Grund** PRÄPOSITION *mit Genitiv* verwendet, um den Grund oder die Ursache zu nennen ≈ *wegen* | *Aufgrund des schlechten Wetters konnte das Fest nicht stattfinden* H auch zusammen mit *von*: *aufgrund von Zeugenaussagen*

auf·gu·cken VERB *(hat); gesprochen ≈ aufsehen*

Auf·guss *der* **1** heißes Wasser, das über Kräuter o. Ä. gegossen und als Medizin oder Getränk (meist als Tee) verwendet wird K Aufgussbeutel **2** *abwertend* eine fantasielose Kopie einer Sache (z. B. eines Kunstwerks)

auf·ha·ben VERB *(hat)*; *gesprochen* **1** **etwas aufhaben** etwas geöffnet haben | *die Augen aufhaben* | *Jetzt hat er den Schirm endlich auf, und es regnet nicht mehr!* **2** **etwas aufhaben** eine Kopfbedeckung oder Brille aufgesetzt haben ‹einen Hut, einen Helm, eine Mütze, eine Brille aufhaben› **3** **etwas aufhaben** etwas als Hausaufgabe machen müssen | *Wir haben heute einen Aufsatz auf* **4** **etwas hat auf** etwas ist geöffnet ‹ein Geschäft, ein Büro› | *Hat der Bäcker noch auf?*

auf·hal·sen VERB (halste auf, hat aufgehalst) **jemandem eine Person/Sache aufhalsen** *gesprochen, abwertend* jemandem oder sich selbst eine unangenehme Aufgabe geben oder mit einer unangenehmen Person belasten ‹jemandem viel Arbeit aufhalsen›

★ **auf·hal·ten** VERB *(hat)* **1** **jemanden/etwas aufhalten** jemanden/etwas (für kurze Zeit) an der Fortsetzung einer Tätigkeit oder eines Weges hindern | *Der Stau hat mich aufgehalten* | *Ich möchte Sie nicht länger aufhalten* **2** **jemand/etwas hält etwas auf** jemand/etwas verzögert oder bremst eine Entwicklung oder den Verlauf eines Geschehens | *die Inflation aufhalten* **3** **(jemandem) etwas aufhalten** für jemanden (oft als höfliche Geste) eine Tür geöffnet halten **4** **sich irgendwo aufhalten** für eine längere Zeit an einem Ort sein | *sich in den USA/bei Verwandten aufhalten* **5** **sich mit jemandem/etwas aufhalten** bei der Beschäftigung mit jemandem/etwas (zu viel) Zeit verlieren | *Sie hielt sich nicht mit Vorreden auf, sondern kam gleich zum Thema*

★ **auf·hän·gen** VERB (hängte auf, hat aufgehängt) **1** **etwas (irgendwo) aufhängen** etwas an oder über etwas hängen ‹einen Hut aufhängen; Wäsche zum Trocknen aufhängen› | *Er hat das Bild an der Wand/an einem Nagel aufgehängt* **2** **jemanden aufhängen** jemanden oder sich selbst mit einem Strick um den Hals töten, den man z. B. an einen Baum hängt **3** **jemandem etwas aufhängen** *gesprochen* einer Person gegen ihren eigenen Willen eine Aufgabe übertragen **4** **etwas an etwas** *(Dativ)* **aufhängen** eine Geschichte mit einer meist sensationellen oder aktuellen Begebenheit beginnen lassen | *Die Story hängen wir an dem Unfall auf* **5** **(den Telefonhörer) aufhängen** ein Telefongespräch beenden ≈ *auflegen* | *Ich wollte weiterreden, aber sie hatte schon aufgehängt* **H** Die gesprochenen Formen *hing auf* und *hat aufgehangen* gelten als falsch.

Auf·hän·ger *der*; (-s, -) **1** ein kleines Band an Kleidungsstücken und Handtüchern, mit dem man diese aufhängen kann **2** **ein Aufhänger (für etwas)** eine Einzelheit (z. B. ein Ereignis), mit der man eine Geschichte oder ein Thema beginnt ‹etwas als Aufhänger benutzen›

★ **auf·he·ben** VERB *(hat)* **1** **etwas aufheben** etwas in die Hand nehmen, das vorher auf dem Boden lag | *am Strand eine schöne Muschel aufheben* **2** **jemanden aufheben** jemandem, der gestürzt ist, beim Aufstehen helfen ‹einen Verletzten aufheben› **3** **(jemandem) etwas aufheben** etwas nicht verbrauchen oder wegwerfen, sondern für später behalten ≈ *aufbewahren* | *ein Stück Kuchen für den nächsten Tag aufheben* | *Die Ansichtskarte hebe ich (mir) zur Erinnerung an den Urlaub auf* **4** **etwas aufheben** *geschrieben* eine Regelung nicht länger gültig sein lassen ‹eine Verordnung, ein Gesetz aufheben› ≈ *abschaffen* | *Paragraf 17 des Gesetzes ist hiermit aufgehoben* **5** **etwas aufheben** *geschrieben* eine Veranstaltung offiziell beenden ‹eine Konferenz, eine Versammlung aufheben› ≈ *beschließen* **6** **etwas hebt etwas auf** *geschrieben* etwas hat eine gleich große, entgegengesetzt wirkende Kraft wie etwas anderes | *Die Bremskraft eines Flugzeugs muss die Schubkraft aufheben, damit es bei der Landung zum Stehen kommt* ● zu (4 – 6) **Auf·he·bung** *die*

Auf·he·ben(s) **viel/wenig/kein Aufheben(s) um/von etwas machen** *geschrieben* etwas für wichtig/weniger wichtig/unwichtig halten und entsprechend viel oder wenig darüber reden

auf·hei·tern VERB (heiterte auf, hat aufgeheitert) **1** **jemanden aufheitern** eine Person, die traurig ist, froh oder heiter machen (indem man ihr z. B. etwas Lustiges erzählt) **2** **etwas heitert sich auf** etwas wird froh, heiter ‹jemandes Gesicht; die Stimmung› **3** **es heitert auf**; **der Himmel heitert sich auf** die Wolken am Himmel verschwinden und die Sonne scheint ● hierzu **Auf·hei·te·rung** *die*

auf·hei·zen VERB *(hat)* **1** **etwas heizt etwas auf** etwas macht etwas warm, heiß | *Mittags heizt die Sonne das Wasser auf* **2** **etwas aufheizen** Gefühle (z. B. Wut, Ärger) stärker machen ‹die Stimmung aufheizen›

auf·hel·fen VERB *(hat)* jemandem helfen aufzustehen | *Eine Passantin half dem gestürzten Mann wieder auf*

auf·hel·len VERB (hellte auf, hat aufgehellt) **1** **etwas aufhellen** etwas hell(er) machen **2** **etwas aufhellen** etwas herausfinden, was vorher unklar war | *Nachdem der Tathergang aufgehellt war, konnte der Täter gefasst werden* **3** **der Himmel hellt sich auf** der Himmel wird klarer **4** **etwas hellt sich auf** etwas macht wieder einen freundlichen Eindruck ‹ein Gesicht, eine Miene› ● zu (1,2) **Auf·hel·lung** *die*

auf·het·zen VERB *(hat)* **1** **jemanden (gegen eine Person/Sache) aufhetzen** jemanden dazu bringen, über eine andere Person oder Sache wütend oder verärgert zu sein | *Sie hetzt ihren Bruder ständig gegen den Vater auf* **2** **jemanden zu etwas aufhetzen** jemanden dazu bringen, etwas Böses zu tun | *Er war zu der Tat aufgehetzt worden*

auf·heu·len VERB *(hat)* **1** **jemand heult auf** eine Person oder ein Tier gibt für kurze Zeit heulende Geräusche von sich | *Der Hund heulte auf, als ich ihm auf die Pfote trat* **2** **ein Motor heult auf** ein Motor wird für kurze Zeit sehr laut, weil der Fahrer viel Gas gibt | *den Motor aufheulen lassen*

auf·ho·len VERB *(hat)* **(etwas) aufholen** einen Rückstand gegenüber jemandem/etwas verkleinern oder völlig beseitigen ‹eine Verspätung, einen Vorsprung aufholen› | *Der Schwimmer holte zwar einige Meter auf, konnte aber nicht mehr gewinnen*

auf·hor·chen VERB *(hat)* **1** plötzlich etwas hören und sich auf das Geräusch konzentrieren | *Er horchte auf, als jemand seinen Namen rief* **2** **etwas lässt jemanden aufhorchen** etwas erregt jemandes Interesse | *Seine Erfindung ließ die Öffentlichkeit aufhorchen*

★ **auf·hö·ren** VERB *(hat)* **1** **aufhören zu** *+Infinitiv* etwas nicht länger tun | *Ende des Monats höre ich auf zu arbeiten* **2** **(mit etwas) aufhören** etwas nicht länger tun | *mit dem Rauchen aufhören* | *mit der Arbeit eine Stunde früher aufhören als sonst* **3** **etwas hört auf** etwas ist zu Ende | *Endlich hörte der Sturm auf* | *Das Tal hört hier auf* ■ ID **Da hört (sich) doch alles auf!** *gesprochen* verwendet, um Ärger über etwas auszudrücken

auf·kau·fen VERB *(hat)* **Dinge aufkaufen** große Mengen, oft alle Vorräte einer Ware kaufen | *Aktien aufkaufen* ● hierzu **Auf·käu·fer** *der*; **Auf·kauf** *der*

auf·kei·men VERB *(ist)* **1** **etwas keimt auf** ein Samen oder eine Zwiebel beginnt zu wachsen ‹die Saat› **2** **etwas keimt auf** ein Gefühl entsteht langsam ‹Angst, Zweifel›

auf·klap·pen VERB **1** **etwas aufklappen** *(hat)* einen Teil oder mehrere Teile einer Sache so bewegen, dass sich der Gegenstand öffnet ‹einen Koffer, einen Liegestuhl, ein Taschenmesser aufklappen› **2** **etwas klappt auf** *(ist)* etwas öffnet sich plötzlich ⟨der Koffer, der Kofferraumdeckel⟩

auf·kla·ren VERB (klarte auf, hat aufgeklart) **der Himmel/das Wetter/es klart auf** die Wolken verschwinden

★ **auf·klä·ren** VERB *(hat)* **1** **etwas aufklären** etwas genau untersuchen und die Tatsachen nennen ⟨ein Verbrechen, einen Irrtum, Widersprüche aufklären⟩ **2** **jemanden über etwas** *(Akkusativ)* **aufklären** jemandem etwas Kompliziertes verständlich machen oder jemanden über etwas informieren | *Der Anwalt klärte ihn über seine Rechte auf* **3** **jemanden aufklären** jemandem, meist einem Kind, sexuelle Vorgänge erklären | *Sein Sohn wurde schon früh aufgeklärt* **4** **etwas klärt sich auf** etwas wird verständlich oder durchschaubar | *Durch einen Zufall klärte sich die Sache endlich auf* **5** **der Himmel/das Wetter/es klärt sich auf** die Wolken verschwinden und es wird heller

Auf·klä·rung *die*; (-, -en); *meist Singular* **1** das Aufklären ⟨die Aufklärung eines Verbrechens, eines Missverständnisses⟩ **K** Aufklärungsquote **2** Informationen über Probleme oder Situationen | *von der Regierung Aufklärung über den Arbeitsmarkt verlangen* **K** Aufklärungskampagne **3** das Erklären sexueller Vorgänge (meist gegenüber Kindern) ⟨Aufklärung betreiben⟩ | *In der Schule gehört die Aufklärung zum Biologieunterricht* **K** Aufklärungsbuch, Aufklärungsfilm **4** die Aufklärung im 18. Jahrhundert versuchte, mit der Betonung von Vernunft, religiöser Toleranz und naturwissenschaftlichem Denken gesellschaftliche Reformen zu bewirken | *das Zeitalter der Aufklärung* **5** die Suche und Beobachtung der Orte, an denen sich Waffen und Truppen des Gegners befinden **K** Aufklärungsflugzeug, Aufklärungssatellit

auf·kle·ben VERB *(hat)* **etwas (auf etwas** *(Akkusativ)***) aufkleben** etwas auf etwas kleben | *eine Briefmarke (auf den Brief) aufkleben*

Auf·kle·ber *der*; (-s, -) ein kleiner Zettel oder ein kleines Bild, die man zu einem Zweck auf etwas klebt **K** Gepäckaufkleber, Paketaufkleber

auf·knöp·fen VERB *(hat)* **etwas aufknöpfen** etwas, das mit Knöpfen geschlossen ist, öffnen | *die Bluse aufknöpfen*

auf·knüp·fen VERB *(hat)* **etwas aufknüpfen** etwas, das durch Knoten verbunden wurde, wieder lösen

auf·ko·chen VERB **1** **etwas aufkochen** *(hat)* etwas so heiß machen, dass es kocht ⟨die Suppe, die Milch aufkochen⟩ **2** **etwas kocht auf** *(ist)* etwas beginnt zu kochen | *den Pudding kurz aufkochen lassen*

★ **auf·kom·men** VERB *(ist)* **1** **etwas kommt auf** etwas entsteht und verbreitet sich ⟨ein Gerücht, (gute) Stimmung, Zweifel, Langeweile⟩ **2** **etwas kommt auf** etwas bildet sich und nähert sich langsam ⟨ein Sturm, ein Gewitter⟩ | *aufkommende Bewölkung* **3** **für jemanden/etwas aufkommen** entstehende Kosten bezahlen ⟨für den Schaden, ein Projekt, ein Kind aufkommen⟩ **4** **irgendwie/irgendwo aufkommen** nach einem Sprung oder Flug wieder den Boden berühren ≈ *landen* | *Das Pferd kam nach dem Hindernis weich auf* **5** **etwas kommt auf** *süddeutsch* etwas wird bekannt ⟨ein Betrug, ein Verbrechen⟩

Auf·kom·men *das*; (-s, -); *meist Singular* **das Aufkommen (an Personen/Dingen)** die Menge von Personen/Dingen, die zusammenkommt | *ein sinkendes/steigendes Aufkommen an Steuereinnahmen* **K** Anzeigenaufkommen, Fahrgastaufkommen, Steueraufkommen, Verkehrsaufkommen, Zinsaufkommen

auf·krat·zen VERB *(hat)* **(sich** *(Dativ)***) etwas aufkratzen** etwas durch Kratzen öffnen ⟨eine (abheilende) Wunde wieder aufkratzen⟩

auf·krem·peln VERB *(hat)* **(sich** *(Dativ)***) etwas aufkrempeln** den unteren Teil eines Kleidungsstücks mehrmals umschlagen ⟨(sich *(Dativ)*) die Ärmel, Hosenbeine aufkrempeln⟩

auf·kreu·zen VERB *(ist)* **(irgendwo) aufkreuzen** *gesprochen* überraschend irgendwo erscheinen

auf·krie·gen VERB *(hat)* **etwas aufkriegen** *gesprochen* etwas öffnen können ⟨eine Tür, eine Schublade aufkriegen⟩ | *Hilf mir mal, ich krieg das Fenster nicht auf*

auf·kün·di·gen VERB *(hat)* **1** **etwas aufkündigen** einen Vertrag kündigen ⟨ein Arbeitsverhältnis aufkündigen⟩ **2** **jemandem die Freundschaft aufkündigen** einer Person sagen, dass man nicht mehr ihr Freund sein will

auf·la·chen VERB *(hat)* plötzlich kurz lachen

auf·la·den VERB *(hat)* **1** **etwas (auf etwas** *(Akkusativ)***) aufladen** etwas (zur Beförderung) auf etwas laden ≈ *abladen* | *das Frachtgut auf einen Lkw aufladen* **2** **jemandem etwas aufladen** *gesprochen* jemanden oder sich selbst mit Verantwortung oder Arbeit belasten oder diese einer anderen Person übertragen | *Du lädst dir zu viele Pflichten auf* **3** **etwas aufladen** elektrische Energie in etwas speichern ⟨eine Batterie, einen Akkumulator aufladen⟩ ↔ *entladen* | *den Rasierapparat an der Steckdose aufladen* **K** Aufladegerät **4** **etwas lädt sich auf** etwas erzeugt durch Reibung eine elektrostatische Ladung | *Beim Kämmen können sich die Haare aufladen* ● zu (3,4) **Auf·la·dung** *die*

★ **Auf·la·ge** *die* **1** die Zahl der gedruckten Exemplare z. B. eines Buches oder einer Zeitung | *eine Zeitschrift mit einer hohen Auflage* **K** Auflagenhöhe **2** eine Unterlage oder eine Fläche, auf die beim Schreiben oder Malen die Hand oder der Arm gestützt werden kann **K** Schreibauflage **3** *oft Plural* eine Verpflichtung, an die sich jemand halten muss | *dem Mieter zur Auflage machen, dass er sich um den Garten kümmert*

auf·la·gen·schwach ADJEKTIV mit niedriger Auflage ⟨eine Zeitung⟩

auf·la·gen·stark ADJEKTIV mit hoher Auflage ⟨eine Zeitung⟩

auf·las·sen VERB *(hat)* **1** **etwas auflassen** *gesprochen* etwas offen lassen, nicht schließen | *Lass die Tür auf, es ist so heiß hier!* **2** **etwas auflassen** *gesprochen* etwas auf dem Kopf, auf der Nase behalten ⟨den Hut, die Mütze, die Sonnenbrille auflassen⟩ **3** **jemanden auflassen** *gesprochen* ein Kind noch nicht ins Bett schicken, es aufbleiben lassen **4** **etwas auflassen** etwas nicht mehr nutzen ⟨eine Fabrik auflassen⟩ **i** meist im Passiv mit dem Hilfsverb *sein*

auf·lau·ern VERB *(hat)* **jemandem auflauern** sich irgendwo verstecken und auf eine Person warten, um sie plötzlich anzugreifen | *Der Täter lauerte seinem Opfer in der Tiefgarage auf*

Auf·lauf *der* **1** eine Speise aus mehreren Zutaten, die im Herd zubereitet wird **K** Nudelauflauf, Reisauflauf **2** *meist Singular* eine Menschenmenge, die spontan zusammenkommt | *Vor der Firma war ein Auflauf empörter Arbeiter* **K** Menschenauflauf

auf·lau·fen VERB *(ist)* **1** **ein Schiff läuft (auf etwas** *(Akkusativ)***) auf** ein Schiff bleibt auf einem Hindernis stecken | *Das Segelboot lief auf ein Riff auf* **2** **etwas läuft auf** etwas sammelt sich an, wird mehr ⟨ein Defizit, ein Fehlbetrag, ein Minus, ein Verlust läuft auf; Schulden, Zinsen auflaufen lassen⟩ **3** **(auf jemanden/etwas) auflaufen** mit jemandem/etwas zusammenstoßen | *Der Verteidiger ließ den Stürmer auflaufen* **4** zu einem Spiel antreten, auf den Platz laufen | *Die Mannschaft lief in gelben Trikots auf* | *Der Nationalspieler wird nach seiner Verletzung beim nächsten Spiel wieder auflaufen* **5** **jemanden auflaufen lassen** *gesprochen* jemanden vor anderen Personen absichtlich in eine peinliche Situation bringen ■ **ID zur Bestform/Hochform/Höchstform auflaufen** *gesprochen* besonders gute Leistungen zeigen | *Wenn er weibliches Publikum* *für seine Witze hat, läuft er zur Höchstform auf*

auf·le·ben VERB *(ist)* **1** **etwas lebt auf** etwas wird (wieder) frisch, wächst und blüht | *Die Natur lebte nach dem Regen auf* **2** **jemand lebt auf** jemand wird froh und munter | *Sie lebte durch die neue Aufgabe auf* **3** **etwas lebt auf** etwas wird lebhaft und interessant ⟨eine Diskussion⟩ **4** **etwas lebt wieder auf** etwas (das vergangen oder schon vergessen ist) wird wieder aktuell oder beliebt ⟨(alte) Bräuche, Traditionen⟩

auf·le·cken VERB *(hat)* **etwas auflecken** eine Flüssigkeit durch Lecken vom Boden entfernen | *Die Katze leckte die verschüttete Milch vom Fußboden auf*

★ **auf·le·gen** VERB *(hat)* **1** **etwas auflegen** etwas zu einem Zweck auf etwas anderes legen | *eine Schallplatte auflegen und abspielen* | *Für meinen Geschmack hat sie zu viel Rouge aufgelegt* **2** **etwas wird aufgelegt** etwas wird gedruckt und herausgegeben | *Dieser Roman wird nicht mehr aufgelegt* **3** **etwas auflegen** eine neue Produktionsserie starten | *Ab Januar legen wir das neue Modell in einer großen Serie auf* **4** **etwas auflegen** brennbares Material in den Ofen tun ⟨Kohle, Briketts, (ein Scheit) Holz auflegen⟩ **5** **etwas irgendwo auflegen** etwas (meist Gedrucktes) der Öffentlichkeit zugänglich machen | *Baupläne im Rathaus zur Ansicht auflegen* **6** **(den Telefonhörer) auflegen** ein Telefongespräch beenden ↔ *abheben* | *In ihrer Wut hat sie einfach aufgelegt, ohne sich zu verabschieden*

auf·leh·nen VERB *(hat)* **1** **sich (gegen jemanden/etwas) auflehnen** sich weigern, einen Zustand zu akzeptieren (und Widerstand dagegen leisten) | *sich gegen die Eltern auflehnen* **2** **sich (auf etwas** *(Akkusativ)***) auflehnen** sich (mit den Armen) auf etwas stützen | *sich auf den Tisch auflehnen* • zu (1) **Auf·leh·nung** *die*

auf·le·sen VERB *(hat)* **1** **Dinge auflesen** ≈ *aufsammeln* **2** **jemanden/etwas auflesen** *gesprochen* eine Person oder Sache, ein Tier (zufällig) finden und mitnehmen | *eine herrenlose Katze auflesen* | *Ich hab auf dem Heimweg Christine aufgelesen, die zu Fuß unterwegs war*

auf·leuch·ten VERB *(hat/ist)* **etwas leuchtet auf** etwas leuchtet plötzlich (für kurze Zeit)

auf·lie·gen VERB *(hat)* **etwas liegt (irgendwo) auf** *admin* etwas kann in einer öffentlichen Institution von jedem eingesehen oder abgeholt werden ⟨Formulare, Listen⟩

auf·lis·ten VERB (listete auf, hat aufgelistet) **Dinge auflisten** etwas in eine Liste schreiben ⟨Wörter auflisten⟩

auf·lo·ckern VERB *(hat)* **1** **etwas auflockern** etwas locker machen | *im Frühjahr die Erde auflockern* **2** **etwas irgendwie auflockern** etwas abwechslungsreich gestalten | *ein Fest durch Spiele auflockern* **3** **etwas lockert sich auf** etwas löst sich zu einzelnen Wolken auf ⟨die dichte Bewölkung⟩ **4** **sich auflockern** die Muskeln durch Schütteln entspannen | *sich vor dem Rennen auflockern* • hierzu **Auf·lo·cke·rung** *die*

auf·lo·dern VERB *(ist)* **etwas lodert auf** etwas wird plötzlich sehr intensiv ⟨das Feuer, die Flammen; Widerstand, Kämpfe⟩

auf·lös·bar ADJEKTIV so, dass man es auflösen kann ⟨ein Vertrag⟩

★ **auf·lö·sen** VERB *(hat)* **1** **etwas löst sich (in etwas** *(Dativ)***) auf** etwas verliert den Zusammenhalt oder die feste Form | *Salz löst sich in Wasser auf* | *Der Nebel hat sich schnell aufgelöst* **2** **etwas löst sich auf** etwas hört auf zu bestehen ⟨eine Menschenmenge, ein Verein, ein Stau⟩ **3** **etwas (in etwas** *(Dativ)***) auflösen** etwas in eine Flüssigkeit tun, damit es die Form verliert | *eine Tablette in Wasser auflösen* **4** **etwas auflösen** dafür sorgen, dass etwas nicht weiter besteht oder gültig ist ⟨einen Vertrag, das Parlament auflösen⟩ | *Die Polizei löste die Demonstration auf* | *Die Abteilung wird demnächst aufgelöst* **5** **etwas auflösen** die richtige Antwort oder Lösung bekannt machen | *Als keiner die Antwort fand, löste er das Rätsel auf* ■ ID → Luft, Wohlgefallen • hierzu **Auf·lö·sung** *die*

aufm, **auf'm** PRÄPOSITION *mit Artikel; gesprochen* auf dem, auf einem

★ **auf·ma·chen** VERB *(hat)* **1** **etwas aufmachen** *gesprochen* etwas Geschlossenes öffnen ⟨einen Brief, eine Flasche, eine Tür, den Mund aufmachen⟩ ↔ *zumachen* **2** **etwas aufmachen** *gesprochen* ein neues Geschäft oder eine Firma gründen ≈ *eröffnen* **3** **etwas irgendwie aufmachen** etwas in der genannten Weise gestalten | *Der Artikel war groß aufgemacht* **4** **etwas macht auf** *gesprochen* etwas wird (zum ersten Mal oder z. B. am Morgen) für Kunden geöffnet ⟨ein Geschäft, ein Amt⟩ ↔ *schließen* | *Diese Boutique hat letzte Woche neu aufgemacht* **5** **sich (irgendwohin) aufmachen** einen Weg beginnen ≈ *aufbrechen* | *Nach der Arbeit machten sie sich (in die Berge) auf* **6** **sich aufmachen zu** *+Infinitiv* beginnen, etwas zu tun | *Endlich machte sich jemand auf, mir zu helfen*

Auf·ma·cher *der* der auffällige Titel des wichtigsten Artikels einer Zeitung o. Ä. oder der Artikel selbst

Auf·ma·chung *die;* (-, -en) die äußere Form einer Sache, die Art, wie sie gestaltet ist | *eine effektvolle Aufmachung*

auf·ma·len VERB *(hat)* **etwas (auf etwas** *(Dativ/Akkusativ)***) aufmalen** etwas auf etwas malen, zeichnen oder in großer Schrift schreiben

auf·mar·schie·ren VERB (marschierte auf, ist aufmarschiert) **Soldaten marschieren auf** Soldaten stellen sich so z. B. an einer Grenze auf, dass militärische Aktionen möglich sind • hierzu **Auf·marsch** *der*

★ **auf·merk·sam** ADJEKTIV **1** mit allen Sinnen und Gedanken auf etwas konzentriert ⟨aufmerksam zuhören, zuschauen⟩ | *Sie ist eine aufmerksame Schülerin* **2** sehr rücksichtsvoll, höflich und hilfsbereit | *ein aufmerksamer junger Mann* | *Das ist sehr aufmerksam von Ihnen!* **3** **eine Person (auf jemanden/etwas) aufmerksam machen** das Interesse einer Person auf eine andere Person oder Sache lenken **4** **(auf jemanden/etwas) aufmerksam werden** eine Person oder eine Sache wahrnehmen oder sich dafür interessieren

★ **Auf·merk·sam·keit** *die;* (-, -en) **1** *nur Singular* die Konzentration auf eine Sache, reges Interesse ⟨Aufmerksamkeit für etwas zeigen; eine Person/Sache erregt jemandes Aufmerksamkeit⟩ | *Die Aufmerksamkeit des Schülers lässt nach* **2** *nur Singular* ein höfliches, hilfsbereites Benehmen | *Er kümmert sich mit großer Aufmerksamkeit um sie* **3** eine freundliche, hilfsbereite Handlung oder ein kleines Geschenk ⟨jemanden mit Aufmerksamkeiten überschütten, verwöhnen⟩ | *der Gastgeberin eine kleine Aufmerksamkeit überreichen*

auf·mi·schen VERB *(hat)* **jemanden aufmischen** *gesprochen* jemanden verprügeln

auf·mö·beln VERB (möbelte auf, hat aufgemöbelt); *gesprochen* **1** **jemanden aufmöbeln** ≈ *aufmuntern* **2** **etwas aufmöbeln** etwas (meist Altes oder Gebrauchtes wieder) in einen besseren Zustand bringen | *ein altes Fahrrad wieder aufmöbeln*

auf·mot·zen VERB *(hat)* **etwas aufmotzen** *gesprochen* etwas so gestalten oder ändern, dass es gut wirkt | *ein Auto mit Spoilern aufmotzen*

auf·mu·cken VERB (muckte auf, hat aufgemuckt); *gesprochen* sich kurz und meist ohne viel Erfolg gegen jemanden/etwas wehren | *Die Schüler muckten nur kurz auf, dann fügten sie sich*

auf·mun·tern VERB (munterte auf, hat aufgemuntert) **jeman-**

den **aufmuntern** eine Person, die schlecht gelaunt oder traurig ist, wieder lustiger machen ● hierzu **Auf·mun·te·rung** *die*

auf·müp·fig ADJEKTIV; *gesprochen* sich einer Autorität widersetzend ⟨eine Bürgerinitiative, Schüler, Studenten⟩ ● hierzu **Auf·müp·fig·keit** *die*

aufn, auf'n PRÄPOSITION *mit Artikel; gesprochen* auf den, auf einen

auf·nä·hen VERB *(hat)* **etwas (auf etwas** *(Akkusativ)***) aufnähen** etwas auf etwas nähen | *eine Tasche auf ein Kleid aufnähen*

★ **Auf·nah·me** *die*; (-, -n) **1** *nur Singular* das Aufnehmen von Flüchtlingen, Gästen, Patienten usw. **2** *nur Singular* das Aufnehmen eines neuen Mitglieds in eine Organisation, einen Verein o. Ä. **K** Aufnahmeantrag, Aufnahmegebühr **3** *nur Singular* das Aufnehmen und Einfügen in eine Liste oder einen Plan | *die Aufnahme des Stücks in den Spielplan* **4** ein Bild, das mit einem Fotoapparat oder einer Filmkamera gemacht wurde ⟨Aufnahmen machen⟩ ≈ *Fotografie* **K** Blitzlichtaufnahme, Filmaufnahme, Landschaftsaufnahme **5** der Vorgang, Musik, Filme o. Ä. auf CDs, DVDs usw. aufzunehmen bzw. die so aufgenommenen Dinge **K** Aufnahmestudio; Liveaufnahme, Studioaufnahme; Schallplattenaufnahme, Tonbandaufnahme **6** *nur Singular* das Aufnehmen und Notieren von Details, Fakten **7** *nur Singular* das Aufnehmen von Gasen oder Flüssigkeiten | *die Aufnahme von Sauerstoff durch die Lunge* **8** *nur Singular* das Aufnehmen einer Tätigkeit, das Beginnen mit etwas ⟨die Aufnahme von Verhandlungen⟩ **9** *nur Singular* das Aufnehmen und Verfolgen von Spuren **10** *nur Singular* das Aufnehmen von Schulden | *die Aufnahme eines Kredits* **K** Kreditaufnahme **11** das Aufnehmen von Nahrung **K** Nahrungsaufnahme

auf·nah·me·fä·hig ADJEKTIV **aufnahmefähig (für etwas)** in der Lage, etwas zu verstehen oder etwas zu lernen ⟨ein Schüler⟩ ● hierzu **Auf·nah·me·fä·hig·keit** *die*

Auf·nah·me·prü·fung *die* eine Prüfung, die man machen muss, wenn man z. B. eine (höhere) Schule oder eine Universität besuchen will

★ **auf·neh·men** VERB *(hat)*

▸Personen: **1** **jemanden aufnehmen** jemanden bei sich im Haus oder Land bleiben, wohnen oder schlafen lassen ⟨Flüchtlinge, Gäste aufnehmen⟩ | *jemanden im Krankenhaus aufnehmen* (einer Person ein Bett als Patient geben) | *Wir wurden von unseren Bekannten mit offenen Armen aufgenommen* (sehr freundlich aufgenommen) **2** **jemanden (in etwas** *(Akkusativ)***) aufnehmen** jemanden als Mitglied, Schüler, Mitarbeiter o. Ä. akzeptieren ⟨jemanden in eine Partei, in einen Verein aufnehmen⟩ | *Der Tennisclub nimmt keine neuen Mitglieder mehr auf* | *Die Schule hat 120 neue Schüler aufgenommen* | *Der Betrieb könnte noch mehr Lehrlinge aufnehmen*

▸Inhalt: **3** **etwas in etwas** *(Akkusativ)* **aufnehmen** etwas (zusätzlich) in etwas einfügen | *ein Theaterstück ins Programm aufnehmen* | *Die Burg wurde in die Liste des Weltkulturerbes der Unesco aufgenommen*

▸Nahrung: **4** **etwas aufnehmen** etwas essen oder trinken, dem Körper zuführen | *Der Kranke war so schwach, dass er nicht mehr selbstständig Nahrung und Flüssigkeit aufnehmen konnte*

▸in sich: **5** **etwas nimmt Personen/Dinge auf** etwas hat genügend Platz oder Raum für die genannte Zahl oder Menge | *Das Flugzeug nimmt 300 Passagiere auf* | *Der Tank kann 36 Liter aufnehmen* **6** **etwas nimmt etwas auf** etwas bindet eine Flüssigkeit oder ein Gas (vorübergehend) an sich | *Das Blut nimmt durch die Lunge Sauerstoff auf* | *Der Boden kann das viele Wasser nicht mehr aufnehmen* **7** **etwas aufnehmen** sich etwas geistig bewusst machen, etwas geistig verarbeiten | *Ich habe zu viel gesehen, ich kann nichts mehr aufnehmen* | *den Lernstoff schnell aufnehmen*

▸Film, DVD: **8** **jemanden/etwas aufnehmen** ein Foto, einen Film oder eine Tonaufnahme von jemandem/etwas machen | *Er hat die Kinder beim Spielen aufgenommen* | *Früher haben wir die Hitparade immer auf Tonband/Kassette aufgenommen* **9** **etwas aufnehmen** Musik, Filme o. Ä. auf Bändern, Filmen oder Datenträgern speichern | *Wo ist der Film aufgenommen worden?* | *Die Band hat eine neue CD aufgenommen*

▸schriftlich: **10** **etwas aufnehmen** etwas schriftlich festhalten ⟨ein Protokoll, einen Unfall aufnehmen⟩ | *Die Polizei nahm die Anzeige/unsere Personalien auf* | *Wer hat Ihre Bestellung aufgenommen?*

▸vom Boden: **11** **etwas aufnehmen** etwas vom Boden zu sich nehmen ≈ *aufheben* | *das Taschentuch (vom Boden) aufnehmen*

▸Beginn: **12** **jemand/etwas nimmt etwas auf** jemand/etwas beginnt mit etwas ⟨die Arbeit, diplomatische Beziehungen, Kontakt, Ermittlungen, das Training, die Verfolgung, Verhandlungen aufnehmen⟩ | *Die Fabrik hat den Betrieb/die Produktion aufgenommen* | *Regierung und Opposition wollen umgehend Gespräche über die Krise aufnehmen* **13** **etwas aufnehmen** etwas (wieder) erwähnen ⟨den Faden einer Diskussion, ein Argument, ein Thema erneut aufnehmen⟩

▸Reaktion: **14** **etwas irgendwie aufnehmen** auf etwas in genannter Weise reagieren | *Der Vorschlag wurde sehr positiv aufgenommen* | *Er nahm die Nachricht mit großer Erleichterung auf*

▸Kredit: **15** **etwas aufnehmen** Geld leihen (sodass man Schulden hat) ⟨ein Darlehen, eine Hypothek, einen Kredit, Schulden aufnehmen⟩ | *bei der Bank 10.000 Euro aufnehmen, um ein Geschäft zu gründen*

▸Fährte: **16** **ein Tier nimmt etwas auf** ein Tier findet und verfolgt eine Fährte oder eine Spur | *Der Hund nahm die Spur/die Witterung auf*

▸mit Gegner, Konkurrent: **17** **es mit jemandem aufnehmen** sich mit einem Gegner oder Konkurrenten messen (können)

auf·nö·ti·gen VERB *(hat)* **jemandem etwas aufnötigen** jemanden dazu drängen, etwas zu nehmen | *jemandem noch ein Stück Kuchen aufnötigen*

auf·okt·roy·ie·ren [-|ɔktro(i)'iːrən] VERB (oktroyierte auf, hat aufoktroyiert) **jemandem etwas aufoktroyieren** *geschrieben* jemanden dazu zwingen, eine Meinung oder Anschauung zu übernehmen

auf·op·fern VERB *(hat)* **1** **sich (für jemanden/etwas) aufopfern** so viel Zeit und Kraft für ein Ziel verwenden, dass die eigenen Wünsche und Bedürfnisse nicht erfüllt werden | *Er opferte sich für das gemeinsame Ziel/seine Kinder auf* **2** **(jemandem/etwas) etwas aufopfern** *geschrieben* viel Zeit und Kraft für ein Ziel verwenden ⟨sein Leben, seine Zeit aufopfern⟩ | *Er hat seine ganze Energie und Kraft der Politik aufgeopfert* ● hierzu **auf·op·fernd** ADJEKTIV

Auf·op·fe·rung *die*; (-, -en); *meist Singular* **1** **Aufopferung (für jemanden/etwas)** das Aufopfern **2** **Aufopferung (für jemanden)** der Prozess, in dem man sich für jemanden aufopfert | *sich mit Aufopferung um jemanden kümmern*

auf·päp·peln VERB (päppelte auf, hat aufgepäppelt) **jemanden/etwas aufpäppeln** *gesprochen* eine Person oder ein Tier durch besondere Pflege (wieder) kräftiger werden lassen | *Du bist ganz schön mager geworden, aber wir werden* *dich schon wieder aufpäppeln*

★ **auf·pas·sen** VERB *(hat)* **1** die Aufmerksamkeit auf etwas (oft Wichtiges) lenken, sich konzentrieren | *In der Schule musst du aufpassen* | *Pass auf, dass dich niemand sieht!* **2** **auf jemanden/etwas aufpassen** jemanden/etwas beobachten, sodass nichts Unerwünschtes passiert ≈ *beaufsichtigen* | *auf die Kinder aufpassen* | *Kannst du mal schnell auf meine Tasche aufpassen?* ● zu (2) **Auf·pas·ser** *der;* zu (2) **Auf·pas·se·rin** *die*

auf·peit·schen VERB *(hat)* **1** **etwas peitscht etwas auf** der Wind, der Sturm o. Ä. versetzt etwas in heftige Bewegung | *Der Orkan peitschte das Meer auf* **2** **jemanden/etwas aufpeitschen** jemanden in Erregung versetzen | *die Stimmung/das Publikum durch heiße Rhythmen aufpeitschen*

auf·pep·pen VERB (peppte auf, hat aufgepeppt) **etwas aufpeppen** *gesprochen* einer Sache mehr Schwung oder eine bessere Wirkung geben | *einen Song neu aufnehmen und dabei aufpeppen*

auf·pflan·zen VERB *(hat)* **1** **etwas aufpflanzen** etwas aufstellen | *eine Fahne aufpflanzen* **2** **sich irgendwo aufpflanzen** *gesprochen* sich provozierend irgendwo hinstellen

auf·pi·cken VERB *(hat)* **ein Vogel pickt etwas auf** ein Vogel nimmt etwas durch Picken vom Boden auf oder öffnet es mit dem Schnabel | *Die Hühner pickten die Körner auf* | *Das Küken hat die Schale schon fast aufgepickt*

auf·plat·zen VERB *(ist)* **etwas platzt auf** etwas öffnet sich, indem es platzt

auf·plus·tern VERB (plusterte auf, hat aufgeplustert) **1** **ein Vogel plustert etwas/sich auf** ein Vogel stellt die Federn auf, um größer zu erscheinen, sich zu wärmen o. Ä. | *Bei Gefahr plustert der Truthahn sein Gefieder auf* **2** **sich aufplustern** *abwertend* ≈ *prahlen*

auf·pral·len VERB *(ist)* **(auf etwas** *(Dativ/Akkusativ)***) aufprallen** gegen etwas stoßen, prallen ⟨auf dem Boden aufprallen⟩ ● hierzu **Auf·prall** *der*

Auf·preis *der* eine Summe Geld, die zusätzlich für eine Ware gezahlt werden muss | *für Extras am Auto einen Aufpreis zahlen müssen*

auf·pum·pen VERB *(hat)* **1** **etwas aufpumpen** etwas durch Pumpen mit Luft füllen und prall machen ⟨einen Reifen, einen Fußball aufpumpen⟩ **2** **etwas aufpumpen** die Reifen eines Fahrrads usw. aufpumpen ⟨ein Fahrrad, einen Roller aufpumpen⟩

auf·put·schen VERB (putschte auf, hat aufgeputscht) **1** **jemanden/etwas (zu etwas) aufputschen** jemanden/etwa in eine erregte Stimmung bringen oder zu (meist gewalttätigen) Handlungen treiben **2** **sich (mit etwas) aufputschen** chemische Substanzen zu sich nehmen, um die Müdigkeit zu überwinden oder sich in Erregung zu versetzen ⟨sich mit Kaffee, Drogen aufputschen⟩ **K** Aufputschmittel

auf·put·zen VERB *(hat); gesprochen* **1** **jemanden/etwas aufputzen** jemanden, sich selbst oder etwas besonders schön schmücken **2** **etwas aufputzen** versuchen, etwas positiver erscheinen zu lassen ⟨das Image aufputzen⟩

auf·quel·len VERB *(ist)* **1** **etwas quillt auf** etwas vergrößert (durch Aufnahme von Flüssigkeit) das Volumen ⟨der Teig, die Haferflocken, die Körner⟩ **2** **etwas quillt auf** etwas schwillt (leicht) an | *ein aufgequollenes Gesicht*

auf·raf·fen VERB *(hat)* **1** **etwas aufraffen** etwas in großer Eile aufheben | *Der Räuber raffte das Geld auf und floh* **2** **sich aufraffen** mühsam aufstehen | *sich vom Stuhl aufraffen und den Fernseher ausschalten* **3** **sich zu etwas aufraffen** sich dazu überwinden oder zwingen, etwas zu tun | *Ich kann mich heute zu nichts aufraffen*

auf·ra·gen VERB *(hat)* **etwas ragt auf** etwas ragt in die Höhe

auf·rap·peln VERB *(hat); gesprochen* **1** **sich aufrappeln** mühsam aufstehen ⟨sich nach einem Sturz aufrappeln⟩ **2** **sich wieder aufrappeln** sich nach einer Krankheit langsam erholen **3** **sich zu etwas aufrappeln** sich endlich zu etwas entschließen, sich überwinden

auf·rau·en [-rauən] VERB (raute auf, hat aufgeraut) **etwas aufrauen** etwas rau machen | *aufgeraute Hände haben*

★ **auf·räu·men** VERB *(hat)* **1** **(etwas) aufräumen** herumliegende Dinge an ihren Platz bringen, um Ordnung zu schaffen | *den Schreibtisch/das Zimmer aufräumen* **2** **mit etwas aufräumen** die Existenz oder Verbreitung einer Sache beenden ⟨mit einem Irrglauben, der Korruption, einem Missverständnis, einem Mythos, Vorurteilen, Missständen, Klischees aufräumen⟩ **3** **unter Tieren/Personen** *(Dativ)* **aufräumen** *gesprochen* die genannten Tiere/Personen beseitigen, töten | *Das Regime räumte damals gnadenlos unter den Gegnern auf*

auf·rech·nen VERB *(hat)* **etwas mit/gegen etwas aufrechnen** Dinge miteinander vergleichen, den Unterschied feststellen und dann darüber entscheiden ⟨Konten, Summen, Schulden gegeneinander aufrechnen⟩ | *Als die Forderungen gegeneinander aufgerechnet wurden, blieb nichts übrig*

★ **auf·recht** ADJEKTIV **1** in einer geraden, senkrechten Haltung ⟨ein Gang; aufrecht sitzen, gehen⟩ | *vor Müdigkeit nicht mehr aufrecht stehen können* **2** ehrlich und mutig zu der eigenen Überzeugung stehend | *ein aufrechter Demokrat*

★ **auf·recht|er·hal·ten** VERB (erhält aufrecht, erhielt aufrecht, hat aufrechterhalten) **etwas aufrechterhalten** etwas so lassen, wie es ist oder etwas verteidigen ⟨eine Freundschaft, eine Behauptung, ein Angebot, den Kontakt aufrechterhalten⟩ ● hierzu **Auf·recht·er·hal·tung** *die*

★ **auf·re·gen** VERB (regte auf, hat aufgeregt) **1** **etwas regt jemanden auf** jemand wird unruhig und nervös, weil er mit Spannung auf etwas wartet, oder jemand ärgert sich über etwas | *Der Arzt meint, Besuch würde den Kranken zu sehr aufregen* | *In der Nacht vor der Prüfung war sie so aufgeregt, dass sie nicht schlafen konnte* **2** **jemanden (durch/mit etwas) aufregen** *gesprochen* bewirken, dass jemand Ärger empfindet | *den Lehrer mit dummen Streichen aufregen* | *Du regst mich maßlos auf!* **3** **sich (über jemanden/etwas) aufregen** starke Gefühle haben, vor allem weil man mit Sorge auf etwas wartet oder in Wut gerät | *Reg dich nicht so auf, es wird schon nichts passieren!* | *sich über den Chef fürchterlich aufregen*

★ **auf·re·gend** ■ PARTIZIP PRÄSENS **1** → aufregen
■ ADJEKTIV **2** ⟨ein Erlebnis, ein Film⟩ spannend und so, dass sie jemanden begeistern | *Ist es nicht aufregend, beim Pferderennen zuzusehen?* **3** ⟨eine Frau, ein Mann, ein Kleid, ein Parfüm⟩ so, dass sie jemandes (sexuelles) Interesse erregen

Auf·re·ger *der;* (-s, -); *gesprochen* eine Sache, die für Aufregung sorgt | *Das Gerichtsurteil war damals ein echter Aufreger*

★ **Auf·re·gung** *die* **1** ein Zustand oder ein Ereignis, bei dem jemand nervös oder erregt (und sehr aktiv) ist ⟨in Aufregung geraten⟩ ↔ *Ruhe* | *In der Aufregung der Hochzeitsvorbereitungen hat sie ganz vergessen, die Blumen zu bestellen* | *Was soll die ganze Aufregung?* | *Die ganze Aufregung war umsonst* **2** **in heller Aufregung** der Zustand, dass Leute sehr aufgeregt, nervös und unruhig sind | *Alle waren in heller Aufregung, weil das Kind verschwunden war*

auf·rei·ben VERB *(hat)* **1** **etwas reibt jemanden auf** etwas überfordert die Kräfte einer Person und macht sie dadurch körperlich und seelisch schwach | *Die große Verantwortung reibt ihn auf* **2** ⟨eine Armee⟩ **aufreiben** so viele Soldaten einer militärischen Gruppe im Kampf töten, dass sie vernichtet ist | *Ihre Division wurde völlig aufgerieben* **3** **(sich** (*Dativ*)**) etwas aufreiben** etwas durch Reibung verletzen | *sich beim Reiten die Beine aufreiben* **4** **sich aufreiben** durch zu starke Belastung oder Konflikte schwach werden | *sich im Beruf aufreiben* | *Die Partei hat sich durch Machtkämpfe aufgerieben*

★ **auf·rei·ßen** VERB **1** **etwas aufreißen** (*hat*) etwas meist durch Zerreißen der Hülle öffnen ⟨einen Brief, einen Beutel aufreißen⟩ **2** **etwas aufreißen** (*hat*) etwas plötzlich und schnell öffnen ⟨den Mund, das Fenster aufreißen⟩ **3** **etwas aufreißen** (*hat*) ein Loch in die Oberfläche einer Sache machen ⟨eine Straße aufreißen⟩ **4** **etwas aufreißen** (*hat*) einen Plan oder eine Situation kurz darstellen | *die Vorgehensweise kurz aufreißen* **5** **jemanden aufreißen** *gesprochen, abwertend* (*hat*) schnell und oberflächlich sexuellen Kontakt mit einer Person aufnehmen **6** **etwas reißt auf** (*ist*) etwas bekommt einen Riss | *Die Tüte riss auf, und alles fiel heraus* **7** **etwas/es reißt auf** (*hat*) die Wolken öffnen sich, das Wetter wird besser ⟨die Wolkendecke, die Bewölkung⟩ • zu (4) **Auf·riss** *der*; zu (5) **Auf·rei·ßer** *der*

auf·rei·zen VERB (*hat*) **1** **etwas reizt jemanden auf** etwas macht jemanden sehr wütend **2** **eine Person/Sache reizt jemanden auf** eine Person oder Sache erregt jemandes (sexuelle) Gefühle stark | *sich aufreizend kleiden* **H** oft im Partizip Präsens

auf·rich·ten VERB (*hat*) **1** **jemanden/etwas aufrichten** jemanden/etwas in eine aufrechte Stellung bringen | *einen Kranken im Bett aufrichten* | *Kannst du dich/den Oberkörper etwas aufrichten?* | *die umgestürzte Leiter wieder aufrichten* **2** **jemand/etwas richtet eine Person auf** jemand/etwas gibt einer Person neue seelische Kraft | *Sie waren sehr entmutigt, aber der Trainer/das Tor hat sie wieder aufgerichtet* **3** **etwas aufrichten** etwas (vor allem aus Balken oder Stangen) aufbauen ⟨den Dachstuhl, ein Gerüst aufrichten⟩

auf·rich·tig ADJEKTIV den tatsächlichen Gefühlen entsprechend ⟨ein Mensch; jemandem aufrichtige Zuneigung, Sympathie entgegenbringen⟩ ≈*ehrlich* | *Das tut mir aufrichtig leid* • hierzu **Auf·rich·tig·keit** *die*

Auf·riss *der* eine technische Zeichnung von einer Seite z. B. eines Hauses oder einer Maschine

auf·rol·len VERB (*hat*) **1** **etwas aufrollen** etwas so wickeln, dass eine Rolle daraus entsteht ⟨einen Teppich, ein Plakat aufrollen⟩ **2** **etwas (auf etwas** (*Akkusativ*)**) aufrollen** etwas auf eine Spule oder Rolle wickeln | *Er rollte die Schnur auf ein Stück Holz auf* **3** **etwas aufrollen** etwas, das zu einer Rolle gewickelt ist, auseinanderziehen oder glatt machen | *einen roten Teppich aufrollen und vor dem Palast ausbreiten* **4** **etwas aufrollen** ein Ereignis oder eine Situation logisch und genau rekonstruieren | *Das Gericht rollte den Fall noch einmal von vorne auf* **5** **das Feld von hinten aufrollen** die Gegner von einer hinteren Position aus überholen | *Der Läufer rollte das Feld von hinten auf und siegte*

auf·rü·cken VERB (*ist*) **1** nach vorne rücken und so die Lücken in einer Reihe schließen | *Nach langem Warten rückten wir endlich bis zum Eingang auf* **2** **(in etwas** (*Akkusativ*)**) aufrücken** in eine höhere Stellung kommen | *in eine führende Position aufrücken*

★ **auf·ru·fen** VERB (*hat*) **1** **jemanden aufrufen** den Namen einer Person nennen, um festzustellen, ob sie da ist **2** **jemanden aufrufen** den Namen einer Person nennen, die gerade wartet, um ihr so zu sagen, dass sie nun an der Reihe ist ⟨einen Patienten, einen Zeugen aufrufen⟩ **3** **jemanden aufrufen** einen Schüler während des Unterrichts etwas fragen **4** **(Personen) zu etwas aufrufen** eine große Gruppe von Personen auffordern, etwas zu tun ⟨(jemanden) zum Widerstand, zum Frieden, zur Abrüstung aufrufen⟩ | *Die Gewerkschaften riefen zum Streik auf* • zu (4) **Auf·ruf** *der*

Auf·ruhr *der*; (-s, -e); *meist Singular* **1** der (gewaltsame) Widerstand einer Gruppe mit ähnlichen Interessen gegen eine Autorität ≈*Rebellion* **2** eine heftige emotionale Erregung ⟨etwas versetzt jemandes Gefühle in Aufruhr⟩ • zu (1) **Auf·rüh·rer** *der*; zu (1) **auf·rüh·re·risch** ADJEKTIV

auf·rüh·ren VERB (*hat*) **1** **etwas aufrühren** am Boden abgesetzte Substanzen in einer Flüssigkeit durch Rühren wieder verteilen **2** **eine Person/Sache rührt etwas (in jemandem) auf** eine Person oder Sache ruft etwas Vergessenes (in jemandem) wieder wach | *Dieses Bild rührte Erinnerungen in ihm auf* **3** **etwas aufrühren** etwas Vergangenes und Unangenehmes wieder erwähnen | *alte Geschichten aufrühren* **4** **etwas rührt jemanden auf** etwas erregt jemanden stark | *Die Nachricht hatte ihn im Innersten aufgerührt*

auf·run·den VERB (*hat*) **etwas aufrunden** eine Zahl auf die nächste runde oder volle Zahl bringen, indem man etwas hinzufügt ↔*abrunden* | *4,86 € auf 5 € aufrunden*

auf·rüs·ten VERB (*hat*) **1** **ein Staat rüstet auf** ein Staat vergrößert die Anzahl der Waffen (und Soldaten) **2** **etwas aufrüsten** einen Computer o. Ä. mit einer besseren Hardware oder Software ergänzen | *einen Computer mit einem schnelleren Prozessor aufrüsten* • hierzu **Auf·rüs·tung** *die*

auf·rüt·teln VERB (*hat*) **1** **jemanden aufrütteln** jemanden durch Schütteln wecken **2** **jemanden aufrütteln** die Meinung oder das Verhalten einer Person zum Positiven ändern | *jemanden aus seiner Lethargie aufrütteln*

★ **aufs** PRÄPOSITION *mit Artikel* auf das **H** *Aufs* kann in Wendungen wie *das Leben aufs Spiel setzen* nicht durch *auf das* ersetzt werden.

auf·sa·gen VERB (*hat*) **1** **etwas aufsagen** etwas, das man auswendig gelernt hat, vortragen ⟨ein Gedicht aufsagen⟩ **2** **jemandem etwas aufsagen** *geschrieben* eine Verbindung zu jemandem für beendet erklären ⟨jemandem das Arbeitsverhältnis, die Freundschaft aufsagen⟩

auf·sam·meln VERB (*hat*) **Dinge aufsammeln** Dinge, die verstreut herumliegen, aufheben ⟨die Scherben aufsammeln⟩

auf·säs·sig ADJEKTIV; *abwertend* ⟨ein Mensch⟩ so, dass er sich oft und meist unberechtigt über etwas beschwert • hierzu **Auf·säs·sig·keit** *die*

★ **Auf·satz** *der* **1** ein Text, der von einem Schüler geschrieben wird und der ein Thema behandelt, das vom Lehrer gestellt wurde **K** Aufsatzthema **2** ein relativ kurzer Text in einer Zeitschrift über ein wissenschaftliches Thema **3** ein zusätzliches Teil, das oben auf einem Möbelstück steht | *ein Buffet mit einem Aufsatz* **K** Schrankaufsatz

auf·sau·gen VERB (*hat*) **etwas aufsaugen** eine Flüssigkeit aufnehmen | *Der Schwamm saugt das Wasser auf* | *Sie saugte das Wasser mit dem Schwamm auf*

auf·schau·en VERB (*hat*) ≈*aufsehen*

auf·schäu·men VERB (*hat/ist*) **etwas schäumt auf** etwas steigt mit Schaum in die Höhe | *Die Milch ist beim Kochen aufgeschäumt*

auf·scheu·chen VERB (*hat*) **ein Tier aufscheuchen** meist ein Tier so stören, dass es wegläuft, wegfliegt o. Ä.

auf·scheu·ern VERB (*hat*) **(sich** (*Dativ*)**) etwas aufscheuern** (sich) etwas durch Reiben verletzen ⟨sich (*Dativ*) das Knie aufscheuern⟩

auf·schich·ten VERB (*hat*) **Dinge aufschichten** ⟨Holz(scheite) aufschichten⟩ ≈*aufstapeln*

auf·schie·ben VERB (*hat*) **1** **etwas aufschieben** etwas meist

Unangenehmes nicht sofort, sondern später erledigen | *den Besuch beim Zahnarzt immer wieder aufschieben* **2** **etwas aufschieben** etwas durch Schieben öffnen ⟨eine Tür aufschieben⟩ ▪ **ID** **Aufgeschoben ist nicht aufgehoben!** Wenn etwas nicht jetzt getan wird, bedeutet das nicht, dass es nie getan wird

auf·schie·ßen VERB *(ist)* **1** **etwas schießt auf** etwas bewegt sich schnell wie bei einer Explosion nach oben ⟨eine Stichflamme, eine Fontäne, ein Wasserstrahl⟩ **2** schnell wachsen | *Der Junge ist innerhalb kürzester Zeit hoch aufgeschossen*

Auf·schlag *der* **1** eine Erhöhung, eine Verteuerung des Preises **K** Preisaufschlag **2** der Teil an Kleidungsstücken, der nach außen gefaltet ist | *eine Hose mit Aufschlag* **3** ein Schlag mit der Hand/mit dem Schläger, durch den der Ball zu Beginn eines Ballwechsels auf die Seite des Gegners befördert wird | *einen harten Aufschlag haben* | *Wer hat (den) Aufschlag?* **K** Aufschlagfehler, Aufschlagverlust, Aufschlagwechsel **4** das Fallen einer Person oder einer Sache (aus relativ großer Höhe) auf die Erde

★ **auf·schla·gen** VERB **1** **etwas aufschlagen** *(hat)* etwas durch einen oder mehrere Schläge öffnen ⟨ein Ei aufschlagen⟩ **2** **etwas aufschlagen** *(hat)* etwas an einer Stelle öffnen ⟨ein Buch, eine Zeitung aufschlagen⟩ **3** **die Augen aufschlagen** *(hat)* die Augen weit öffnen **4** **etwas irgendwo aufschlagen** *(hat)* an einem Ort alles vorbereiten, damit man dort eine Zeit lang schlafen und wohnen kann ⟨sein Lager, sein Quartier, seine Zelte irgendwo aufschlagen⟩ | *Die Expedition schlug ihr Lager am Fuß des Berges auf* **5** **ein Zelt aufschlagen** *(hat)* ≈ *aufbauen* ↔ *abbauen* **6** **sich** *(Dativ)* **etwas aufschlagen** *(hat)* sich bei einem Sturz o. Ä. an einer Stelle verletzen | *Er fiel vom Fahrrad und schlug sich das Knie auf* **7** **(um) etwas) aufschlagen** *(hat)* den Preis (um den genannten Betrag) erhöhen | *Die Tankstellen haben (um) 10 % aufgeschlagen* **8** *(hat)* den Ball zu Beginn eines Ballwechsels (beim Tennis, Volleyball o. Ä.) ins gegnerische Feld bringen **9** **irgendwo aufschlagen** *(ist)* im Fallen hart auf etwas treffen | *Das Flugzeug schlug auf der Straße/in einem Maisfeld auf* **10** *gesprochen* **irgendwo aufschlagen** *(ist)* an den genannten Ort kommen, dort erscheinen | *Ich kann jetzt nicht telefonieren, vor fünf Minuten ist meine Mutter hier aufgeschlagen*

★ **auf·schlie·ßen** VERB *(hat)* **1** **(etwas) (mit etwas) aufschließen** ein Schloss mit einem Schlüssel öffnen ⟨eine Tür, eine Kasse, ein Haus aufschließen⟩ ↔ *abschließen* **2** nach vorne rücken und so die Lücken in einer Reihe schließen | *Bitte aufschließen!* **3** **(zu jemandem/etwas) aufschließen** bis zu einer führenden Mannschaft, einem führenden Sportler vorrücken | *zur Tabellenspitze aufschließen*

auf·schlit·zen VERB *(hat)* **etwas aufschlitzen** einen Schlitz in etwas machen ⟨z. B. mit einem Messer⟩ | *mit einem Messer den Briefumschlag aufschlitzen*

auf·schluch·zen VERB *(hat)* plötzlich stark schluchzen

Auf·schluss *der* **Aufschluss (über jemanden/etwas)** eine Information, welche das Verständnis erleichtert | *Der Bericht gibt Aufschluss über die Hintergründe des Skandals*

auf·schlüs·seln VERB (schlüsselte auf, hat aufgeschlüsselt) **Personen/etwas nach etwas aufschlüsseln** Personen oder Dinge auf einer Liste nach einem festen Schema oder System gliedern | *eine Rechnung nach einzelnen Posten aufschlüsseln* • hierzu **Auf·schlüs·se·lung** *die*

auf·schluss·reich ADJEKTIV ⟨eine Erklärung, eine These, eine Tabelle⟩ so, dass sie Aufschluss über etwas geben

auf·schnap·pen VERB **1** **etwas aufschnappen** *gesprochen* *(hat)* etwas (durch Zufall) hören ⟨ein Gerücht, eine Nachricht aufschnappen⟩ | *Wo hast du denn das aufgeschnappt?* **2** **ein Tier schnappt etwas auf** *(hat)* ein Tier fängt etwas mit dem Maul oder Schnabel | *Möwen können Brotstücke im Flug aufschnappen* **3** **etwas schnappt auf** *(ist)* etwas öffnet sich plötzlich ⟨die Autotür, der Koffer⟩

auf·schnei·den VERB *(hat)* **1** **etwas aufschneiden** etwas durch Schneiden öffnen ⟨eine Verpackung, einen Knoten aufschneiden⟩ **2** **etwas aufschneiden** etwas Ganzes in Stücke oder Scheiben teilen ⟨einen Kuchen, eine Wurst aufschneiden⟩ **3** *gesprochen, abwertend* beim Erzählen stark übertreiben • zu (3) **Auf·schnei·der** *der;* zu (3) **auf·schnei·de·risch** ADJEKTIV

Auf·schnitt *der; meist Singular* eine Mischung von Scheiben verschiedener Sorten Wurst, Schinken oder Käse **K** Aufschnittplatte; Käseaufschnitt, Wurstaufschnitt

AUFSCHNITT

der Käse-Aufschnitt der Wurst-Aufschnitt

auf·schrau·ben VERB *(hat)* **1** **etwas aufschrauben** etwas öffnen, indem man an einem Verschluss dreht oder Schrauben löst ⟨ein Marmeladenglas, einen Deckel aufschrauben⟩ **2** **etwas auf etwas** *(Akkusativ)* **aufschrauben** etwas mit Schrauben auf etwas festmachen

auf·schre·cken[1] VERB (schreckte auf, hat aufgeschreckt) **1** **jemanden aufschrecken** Personen oder Tiere erschrecken, sodass sie eine schnelle Bewegung machen | *Das Reh wurde durch den Schuss aufgeschreckt* **2** **jemanden aus etwas aufschrecken** eine Person erschrecken und sie dadurch bei etwas stören ⟨jemanden aus seinen Gedanken, Träumen aufschrecken⟩

auf·schre·cken[2] VERB (schrak/schreckte auf, ist aufgeschreckt) erschrecken und deshalb eine schnelle Bewegung machen ⟨aus dem Schlaf aufschrecken⟩ | *Er schreckte auf, als es 12 Uhr schlug*

★ **auf·schrei·ben** VERB *(hat)* **1** **(jemandem) etwas aufschreiben** etwas schreiben, damit man es nicht vergisst | *besondere Erlebnisse im Tagebuch aufschreiben* | *Ich habe mir die Adresse aufgeschrieben* **2** **jemanden aufschreiben** *gesprochen* als Polizist ein Autokennzeichen oder Name und Adresse einer Person notieren (weil sie etwas Verbotenes getan hat) ⟨Falschparker, Parksünder aufschreiben⟩

auf·schrei·en VERB *(hat)* plötzlich kurz schreien | *Sie schrie vor Entsetzen laut auf* • hierzu **Auf·schrei** *der*

★ **Auf·schrift** *die* eine schriftliche Information über den Gegenstand, an dem sie befestigt ist | *eine Flasche mit der Aufschrift „Gift!"* **K** Flaschenaufschrift

Auf·schub *der* die Verlegung eines Termins auf einen späteren Zeitpunkt | *Die Bank gewährte dem Schuldner (einen) Aufschub* **K** Strafaufschub, Zahlungsaufschub ▪ **ID** **ohne Aufschub** *geschrieben* ohne Verzögerung ≈ *sofort*

auf·schür·fen VERB *(hat)* **(sich** *(Dativ)***) etwas aufschürfen** (sich) die Haut bei einem Sturz o. Ä. verletzen | *Bei seinem Sturz vom Rad hat er sich beide Knie aufgeschürft*

auf·schüt·teln VERB *(hat)* **etwas aufschütteln** etwas lockern oder mischen, indem man es schüttelt ⟨ein Kissen, eine

Bettdecke aufschütteln; einen Orangensaft aufschütteln⟩

auf·schüt·ten VERB (*hat*) **etwas aufschütten** etwas entstehen lassen, indem man Erde o. Ä. irgendwohin schüttet ⟨einen Damm, eine Straße aufschütten⟩

auf·schwat·zen VERB (*hat*) **jemandem etwas aufschwatzen** eine Person dazu überreden, etwas zu kaufen (das sie eigentlich nicht haben will) | *Der Vertreter konnte ihm einen Staubsauger aufschwatzen*

auf·schwät·zen VERB (*hat*) **jemandem etwas aufschwätzen** *süddeutsch* Ⓐ ≈ *aufschwatzen*

★ **Auf·schwung** *der* **1** eine Verbesserung vor allem der wirtschaftlichen Lage ⟨einen Aufschwung erfahren, erleben⟩ | *ein leichter Aufschwung am Arbeitsmarkt* K Wirtschaftsaufschwung **2** **etwas nimmt einen Aufschwung** etwas verbessert sich (finanziell) ⟨die Wirtschaft⟩ **3** eine Verbesserung der psychischen Situation | *Die Freundschaft gibt ihm neuen Aufschwung* **4** eine Bewegung beim Turnen, mit der man sich auf das Turngerät schwingt

auf·se·hen VERB (*hat*) **1** **(von etwas) aufsehen**; **(zu jemandem/etwas) aufsehen** nach oben blicken | *Sie sah kurz von ihrem Buch auf, als er vorüberging* **2** **zu jemandem aufsehen** gegenüber jemandem Hochachtung empfinden ⟨zu seinen Eltern, Lehrern, Vorbildern aufsehen⟩ ≈ *bewundern*

★ **Auf·se·hen** *das*; (-s) die Situation, dass ein Ereignis o. Ä. von vielen Personen beachtet und diskutiert wird ⟨großes, einiges Aufsehen erregen⟩ | *Sein neues Buch sorgte für großes Aufsehen* • hierzu **auf·se·hen·er·re·gend** ADJEKTIV

Auf·se·her *der* eine Person, deren Beruf es ist, die Aufsicht zu führen K Gefängnisaufseher, Museumsaufseher • hierzu **Auf·se·he·rin** *die*

auf·sei·ten, auf Sei·ten PRÄPOSITION *mit Genitiv* in Bezug auf eine Person oder eine Gruppe von Personen ≈ *vonseiten, seitens* | *Aufseiten des Klägers gab es keine Einwände gegen das Urteil*

★ **auf·set·zen** VERB (*hat*)

▸Person: **1** **sich aufsetzen** vom Liegen zum Sitzen kommen | *sich im Bett aufsetzen*

▸am Kopf: **2** **(jemandem) etwas aufsetzen** einen Hut, eine Mütze o. Ä. auf den Kopf setzen | *Setz beim Radfahren deinen Helm auf!* **3** **eine Brille aufsetzen** eine Brille auf die Nase setzen

▸am Boden: **4** **etwas aufsetzen** etwas mit dem Untergrund in Kontakt bringen | *den verletzten Fuß vorsichtig aufsetzen* **5** **etwas aufsetzen** ein Flugzeug landen | *Der Pilot setzte die Maschine sanft auf* **6** **ein Flugzeug setzt (auf etwas** *Dativ/Akkusativ*) **auf** ein Flugzeug landet am Boden | *Das Flugzeug setzte sanft auf der Landebahn auf*

▸am Herd: **7** **etwas aufsetzen** etwas auf den Herd stellen, damit es kochen kann ⟨Wasser, die Milch, das Essen aufsetzen⟩

▸Gesichtsausdruck: **8** **etwas aufsetzen** dem eigenen Gesicht einen besonderen Ausdruck geben | *eine furchterregende Miene aufsetzen*

▸als Version: **9** **etwas aufsetzen** ein Dokument dem Zweck angemessen formulieren und schreiben ⟨einen Vertrag, ein Testament aufsetzen⟩ **10** **etwas aufsetzen** einen Entwurf für etwas schreiben ⟨einen Brief, einen Aufsatz aufsetzen⟩ | *Ich habe den Aufsatz erst aufgesetzt und dann ins Reine geschrieben* **11** **etwas neu aufsetzen** die Einstellungen an einem Computer, für einen Benutzer o. Ä. so ändern, als wäre der Computer, Benutzer o. Ä. neu ⟨einen Account, einen Computer, ein System neu aufsetzen⟩ | *Nach dem Hackerangriff mussten wir alles neu aufsetzen und die Passwörter ändern*

auf·seuf·zen VERB (*hat*) plötzlich oder kurz seufzen ⟨erleichtert aufseufzen⟩

★ **Auf·sicht** *die* **1** **die Aufsicht (über jemanden/etwas)** *nur Singular* die Beobachtung und Kontrolle, um Schaden zu vermeiden oder um zu garantieren, dass etwas nach den Vorschriften getan wird ⟨Aufsicht führen, haben⟩ | *Dieses Experiment darf nur unter Aufsicht eines Chemikers ablaufen* K Aufsichtsamt, Aufsichtsbehörde, Aufsichtspersonal, Aufsichtspflicht **2** *meist Singular* eine Person, die jemanden/etwas beaufsichtigt | *die Aufsicht im Museum* • hierzu **auf·sicht·füh·rend** ADJEKTIV

Auf·sichts·rat *der* eine Gruppe von Personen meist in größeren Firmen, welche die Entscheidungen des Vorstandes überwachen K Aufsichtsratmitglied, Aufsichtsratvorsitzende(r)

auf·sit·zen VERB (*ist*) **1** sich auf ein Reittier setzen **2** **jemandem/etwas aufsitzen** *gesprochen* das Opfer einer Täuschung oder eines Betrugs werden | *Er war einem Betrüger aufgesessen*

auf·spal·ten VERB (*hat*) **1** **etwas (in etwas** (*Akkusativ*)) **aufspalten** etwas durch Spalten in Teile zerlegen ⟨einen Holzklotz aufspalten⟩ **2** **etwas spaltet sich (in** (*Akkusativ*)) **auf** etwas trennt sich in einzelne Teile oder Gruppen ⟨eine Partei⟩

auf·span·nen VERB (*hat*) **etwas aufspannen** etwas (das zusammengefaltet oder zusammengeklappt ist) öffnen oder spannen ⟨den Regenschirm aufspannen⟩

auf·spa·ren VERB (*hat*) **(sich** (*Dativ*)) **etwas aufsparen** etwas für einen späteren Zeitpunkt übrig lassen, behalten | *den Kuchen nicht gleich essen, sondern ihn für später aufsparen*

auf·sper·ren VERB (*hat*) **1** **etwas (mit etwas) aufsperren** ⟨eine Tür aufsperren⟩ ≈ *aufschließen* **2** **etwas aufsperren** *gesprochen* etwas weit öffnen ⟨den Mund weit aufsperren⟩

auf·spie·len VERB (*hat*) **1** Musik machen, um jemanden zu unterhalten ⟨zum Tanz aufspielen⟩ **2** **irgendwie aufspielen** im Sport ein gutes Spiel machen ⟨befreit, selbstsicher, groß aufspielen⟩ | *aufspielen wie die Profis* **3** **sich (als etwas) aufspielen** *gesprochen, abwertend* sich für wichtiger halten, als man ist, und sich entsprechend benehmen | *sich als Anführer aufspielen* | *sich vor anderen groß aufspielen*

auf·spie·ßen VERB (*hat*) **1** **etwas (mit etwas) aufspießen** etwas mit einem spitzen Gegenstand nehmen oder aufheben | *eine Olive mit der Gabel aufspießen* **2** **jemanden/etwas aufspießen** jemanden/etwas öffentlich und meist satirisch kritisieren

auf·split·tern VERB (*hat/ist*) **etwas splittert (in etwas** (*Akkusativ*)) **auf** (*ist*); **etwas splittert sich auf** (*hat*) etwas löst sich in einzelne Teile oder Splitter auf | *Die Bewegung ist jedoch zerstritten und in viele Grüppchen aufgesplittert*

auf·sprin·gen VERB (*ist*) **1** schnell und plötzlich aufstehen | *Als es klingelte, sprang er sofort auf und rannte zur Tür* **2** **(auf etwas** (*Akkusativ*)) **aufspringen** mit einem Sprung auf ein fahrendes Fahrzeug gelangen | *Er sprang auf den Zug auf* **3** **etwas springt auf** etwas öffnet sich plötzlich von selbst ⟨ein Koffer, ein Schloss⟩ **4** **etwas springt auf** etwas bekommt durch Trockenheit oder Kälte Risse | *aufgesprungene und blutende Lippen*

auf·sprit·zen VERB **1** **eine Flüssigkeit spritzt auf** (*ist*) eine Flüssigkeit spritzt in die Höhe | *Das Wasser spritzte auf, als der Hund in den See sprang* **2** **etwas (auf etwas** (*Akkusativ*)) **aufspritzen** (*hat*) etwas Flüssiges mit Druck auf einer Fläche verteilen | *Lack aufspritzen* **3** **(jemandem) etwas aufspritzen** Falten durch eine Spritze mit Botox verschwinden lassen oder etwas runder machen | *Sie hat sich die Lippen aufspritzen lassen*

auf·spü·ren VERB (*hat*) **jemanden/etwas aufspüren** eine Person, ein Tier oder etwas nach gründlicher und intensiver Suche finden ⟨einen Verbrecher, das Wild, jemandes Versteck aufspüren⟩ | *Der Hund hat den Verschütteten aufgespürt*

auf·sta·cheln VERB (stachelte auf, hat aufgestachelt) **1** **jemanden (gegen eine Person/Sache) aufstacheln** in jemandem eine Abneigung oder Hass gegen eine andere Person oder eine Sache erzeugen | *Er stachelte sie ständig gegen seinen Rivalen auf* **2** **jemanden (zu etwas) aufstacheln** jemanden zu mehr Eifer, zu größerer Leistung treiben | *Sein Trainer stachelte ihn zu immer neuen Höchstleistungen auf*

auf·stamp·fen VERB (*hat*) mit den Füßen fest auf den Boden stampfen ⟨vor Wut aufstampfen⟩

★ **Auf·stand** *der* der aktive Widerstand und Kampf einer Gruppe gegen Personen, die Macht über sie haben ⟨einen Aufstand blutig niederschlagen⟩ | *Die Erhöhung der Brotpreise löste einen Aufstand aus* **K** Bauernaufstand, Volksaufstand • hierzu **auf·stän·disch** ADJEKTIV; **Auf·stän·di·sche** *der/die*

auf·stau·en VERB (*hat*) **1** **etwas aufstauen** einen Fluss o. Ä. mithilfe eines Damms daran hindern, weiterzufließen **2** **etwas staut sich auf** etwas sammelt sich an einem Hindernis in großer Menge | *Vor den Bergen hatte sich warme Luft aufgestaut* **3** **etwas staut sich (in jemandem) auf** ein Gefühl wird immer intensiver ⟨Ärger, Wut⟩

auf·ste·chen VERB (*hat*) **etwas aufstechen** etwas öffnen, indem man hineinsticht

auf·ste·cken VERB (*hat*) **1** *gesprochen* ein Vorhaben nicht zu Ende führen | *Du machst den Fehler, zu früh aufzustecken* **2** **jemandem das Haar/die Haare aufstecken** jemandem oder sich selbst das lange Haar hochnehmen und mit Nadeln und Klammern befestigen

★ **auf·ste·hen** VERB **1** (*ist*) aus einer liegenden oder sitzenden Position in eine stehende Position kommen | *nach einem Sturz kaum mehr aufstehen können* | *Sie stand auf und bot mir ihren Sitzplatz an* **2** (*ist*) (nach dem Aufwachen oder nach einer Krankheit) das Bett verlassen | *Ich bin gerade erst aufgestanden* | *Der Patient darf noch nicht aufstehen* **3** **etwas steht auf** (*hat/ist*) etwas ist offen ⟨ein Fenster, eine Tür⟩ **4** **etwas steht (auf etwas** (*Dativ*)**) auf** (*ist*) etwas berührt (mit etwas) den Boden und steht | *Der Schrank steht nur auf drei Beinen (auf dem Boden) auf* ■ **ID** **Da musst du (schon) früher/eher aufstehen!** *gesprochen* Wenn du dein Ziel erreichen willst, musst du geschickter, intelligenter handeln als bisher

★ **auf·stei·gen** VERB (*ist*) **1** **jemand/etwas steigt auf** jemand/etwas steigt nach oben | *zur Spitze des Berges aufsteigen* | *Der Ballon stieg rasch auf* **2** **jemand/etwas steigt auf** jemand/etwas bewegt sich in einer Flüssigkeit nach oben ⟨Blasen, ein Taucher⟩ **3** **etwas steigt in jemandem auf** ein Gefühl entsteht in jemandem | *Mitleid mit ihm stieg in ihr auf* **4** **(zu etwas) aufsteigen** eine höhere soziale, berufliche Position erhalten | *zum Abteilungsleiter aufsteigen* **5** **ein Verein steigt auf** ein Verein kommt in die nächsthöhere Liga | *Mit etwas Glück werden sie in die Bundesliga aufsteigen* • zu (4,5) **Auf·stei·ger** *der*; zu (4) **Auf·stei·ge·rin** *die*

★ **auf·stel·len** VERB (*hat*) **1** **etwas aufstellen** etwas aus einzelnen Teilen zusammensetzen und an einen Ort stellen ⟨ein Zelt, ein Gerüst, eine Baracke aufstellen⟩ ≈ *aufbauen* **2** **etwas aufstellen** etwas, das umgefallen ist, wieder in die alte Lage bringen | *Er stellte das umgestoßene Glas schnell wieder auf* **3** **Dinge aufstellen** Dinge (in einer Ordnung) irgendwohin stellen | *die Schachfiguren aufstellen* | *Stühle vor der Bühne aufstellen* **4** **ein Tier stellt die Ohren auf** ein Tier richtet die Ohren nach oben **5** **etwas aufstellen** etwas meist öffentlich äußern, aussprechen ⟨eine Behauptung, eine Forderung aufstellen⟩ **6** **etwas aufstellen** etwas aus einzelnen Teilen zu einem Ganzen zusammenfügen ⟨eine Bilanz, eine Liste, einen Plan, ein Programm, eine Rechnung aufstellen⟩ **7** **etwas aufstellen** allgemeingültige Regeln durch Forschung erarbeiten ⟨eine neue Theorie, ein mathematisches Gesetz aufstellen⟩ **8** **einen Rekord aufstellen** eine neue Bestleistung in einer sportlichen Disziplin erreichen **H** Wenn man einen Rekord *bricht*, übertrifft man die Leistung einer anderen Person. **9** **jemanden aufstellen** eine Person an eine Stelle gehen lassen, damit sie dort steht und etwas tut | *an einer wichtigen Kreuzung einen Polizisten aufstellen* **10** **jemanden (als etwas) (für etwas) aufstellen** jemanden bei einer Wahl als Kandidaten melden ≈ *nominieren* | *Er wurde als Kandidat für die Europawahlen aufgestellt* **11** **jemanden aufstellen** jemanden als Mitglied einer Mannschaft für einen Wettkampf melden ≈ *nominieren* | *Wegen mehrerer Verletzter musste der Trainer fünf Ersatzspieler aufstellen* **12** **etwas stellt sich auf** etwas richtet sich nach oben ⟨das Fell, die Haare⟩ **13** **Personen stellen sich (irgendwie) auf** mehrere Personen stellen sich so, dass eine Ordnung hergestellt wird ⟨Personen stellen sich nebeneinander, in Zweierreihen, im Kreis auf⟩ ■ **ID** **gut/schlecht aufgestellt sein** gut/schlecht auf zukünftige Anforderungen vorbereitet sein

Auf·stel·lung *die*; *meist Singular* **1** das Aufstellen von Forderungen, Behauptungen, Listen, Programmen und Theorien **2** das Aufstellen und Benennen von Kandidaten oder Wettkämpfern ≈ *Nominierung* **3** die Namen der Spieler, die in einem Wettkampf spielen sollen ⟨die Aufstellung bekannt geben⟩ **K** Mannschaftsaufstellung **4** **Personen nehmen Aufstellung** Personen stellen sich in einer Reihe oder Ordnung auf

auf·stem·men VERB (*hat*) **etwas aufstemmen** etwas (mit einem Stemmeisen oder Meißel) gewaltsam öffnen ⟨eine Tür aufstemmen⟩

★ **Auf·stieg** *der*; (-(e)s, -e); *meist Singular* **1** das Gehen oder der Weg vom Tal zum Berg hinauf **2** eine Verbesserung der Lebensverhältnisse ⟨der soziale, wirtschaftliche Aufstieg⟩ **3** der Wechsel am Ende der Saison in eine höhere Division oder Liga ↔ *Abstieg*

auf·stö·bern VERB (*hat*) **1** **jemanden/etwas aufstöbern** *gesprochen* jemanden/etwas nach langem Suchen finden **2** **ein Tier aufstöbern** Wildtiere (mit Hunden) suchen und aus ihrem Versteck jagen

auf·sto·cken VERB (*hat*) **1** **(etwas) (um etwas) aufstocken** eine Menge (um etwas) vermehren ≈ *erhöhen* | *Der Etat wurde um 20 Prozent aufgestockt* **2** **(etwas) aufstocken** weitere Etagen auf ein Gebäude bauen, es höher machen ⟨ein Haus aufstocken⟩ • hierzu **Auf·sto·ckung** *die*

Auf·sto·cker *der*; (-s, -) eine Person, die so wenig Geld für ihre Arbeit bekommt, dass sie zusätzlich finanzielle Unterstützung vom Staat erhält • hierzu **Auf·sto·cke·rin** *die*

auf·sto·ßen VERB **1** **etwas aufstoßen** (*hat*) etwas durch einen Stoß öffnen ⟨eine Tür aufstoßen⟩ **2** **(sich** (*Dativ*)**) etwas aufstoßen** (*hat*) sich etwas verletzen, indem man gegen etwas stößt ⟨(sich (*Dativ*)) den Ellbogen, das Knie aufstoßen⟩ **3** (*hat*) Gas, Luft aus dem Magen durch die Speiseröhre entweichen lassen ⟨laut, leise, unauffällig aufstoßen⟩ **4** **etwas stößt jemandem (irgendwie) auf** *gesprochen* (*ist*) jemandem fällt etwas negativ und unangenehm auf | *Sein freches Auftreten ist mir übel aufgestoßen*

auf·stre·bend ADJEKTIV *meist attributiv* **1** steil nach oben gerichtet | *hoch aufstrebende Mauern* **2** auf dem Weg zum Erfolg ⟨ein junger Mann, ein Unternehmen⟩

Auf·strich *der*; *meist Singular* das, was auf eine Scheibe Brot gestrichen wird | *Butter als Aufstrich* **K** Brotaufstrich

auf·stüt·zen VERB (*hat*) **1** **etwas (auf etwas** (*Dativ/Akkusativ*)**) aufstützen** einen Körperteil auf etwas stützen | *die Arme auf den Tisch aufstützen* **2** **sich (mit etwas) (auf jemanden/etwas) aufstützen** sich auf jemanden/etwas stützen | *sich mit den Ellbogen aufstützen*

auf·su·chen VERB (*hat*); *geschrieben* **1** **jemanden aufsuchen** zu einem Zweck zu jemandem gehen ⟨einen Arzt, einen Anwalt aufsuchen⟩ **2** **etwas aufsuchen** zu einem Zweck in einen Raum gehen ⟨den Speisesaal, den Hörsaal, die Toilette aufsuchen⟩

auf·ta·keln VERB (takelte auf, hat aufgetakelt) **1** **etwas auftakeln** ein Segelschiff mit der Ausrüstung versehen, an welcher die Segel befestigt werden **2** **sich auftakeln** *gesprochen, oft abwertend* sich elegant oder modisch kleiden, schminken und Schmuck tragen, um so auf andere Eindruck zu machen

Auf·takt *der* **1** ein unvollständiger Takt am Beginn eines Musikstücks **2** *meist Singular* der erste Teil einer Veranstaltung | *Zum Auftakt des Festaktes spielte das Mozartquintett*

auf·tan·ken VERB (*hat*) **1** **(etwas) auftanken** den Tank eines Fahrzeugs mit Treibstoff füllen | *das Flugzeug auftanken* **2** sich ausruhen und neue psychische Kraft bekommen

★ **auf·tau·chen** VERB (*ist*) **1** **jemand/etwas taucht auf** jemand/etwas kommt an die Wasseroberfläche ⟨ein Taucher, ein U-Boot⟩ **2** **jemand taucht auf** jemand ist plötzlich und überraschend da oder kommt irgendwohin | *Was machen wir, wenn er nicht/auch auftaucht?* **ℹ** → auch **wiederauftauchen** **3** **jemand/etwas taucht auf** jemand/etwas wird überraschend sichtbar | *Plötzlich tauchte ein Bär vor ihm auf* **4** **etwas taucht auf** etwas entsteht unerwartet ⟨ein Problem⟩

auf·tau·en VERB **1** **etwas auftauen** (*hat*) etwas Gefrorenes zum Schmelzen bringen oder von Eis befreien | *gefrorenes Fleisch/ein Türschloss auftauen* **2** **etwas taut auf** (*ist*) etwas schmilzt, das Eis verschwindet | *Langsam taut das Eis auf den Seen auf* **3** *gesprochen* (*ist*) nicht mehr so schüchtern o. Ä. sein, sondern anfangen, mit anderen Leuten zu sprechen | *Im Laufe des Abends taute er auf*

auf·tei·len VERB (*hat*) **1** **etwas aufteilen** etwas teilen und meist mehreren Personen geben | *einen Kuchen aufteilen* | *das Erbe untereinander aufteilen* **2** **Personen/Dinge (in etwas** (*Akkusativ*)**) aufteilen** eine Gruppe in kleinere Gruppen teilen | *Die Teilnehmer des Sprachkurses wurden in drei Gruppen aufgeteilt* | *Teilt euch bitte in Zweierteams auf* ● hierzu **Auf·tei·lung** *die*

auf·ti·schen VERB (tischte auf, hat aufgetischt) **1** **(jemandem) etwas auftischen** Speisen anbieten | *Es wurden Kaviar und Hummer aufgetischt* **2** **(jemandem) etwas auftischen** *gesprochen* (jemandem) etwas erzählen, das meist nicht wahr ist ⟨Lügen, Geschichten auftischen⟩ | *Er tischt jeden Tag eine neue Ausrede auf*

★ **Auf·trag** *der*; (-(e)s, Auf·trä·ge) **1** die Anweisung zur Erledigung einer Aufgabe ⟨jemandem einen Auftrag erteilen, geben; einen Auftrag bekommen, erledigen, ausführen⟩ | *Er hat den Auftrag zu unserer vollsten Zufriedenheit ausgeführt* **2** die Bestellung von Waren oder Dienstleistungen ⟨einer Firma, einem Handwerker einen Auftrag geben; etwas in Auftrag geben⟩ | *den Auftrag an das billigste Bauunternehmen vergeben* **K** Auftraggeber, Auftragnehmer, Auftragsbestätigung; Millionenauftrag **3** **im Auftrag** +*Genitiv*/**von jemandem** so, dass eine Person einer anderen Person einen Auftrag gegeben hat **ℹ** Die Abkürzung *i. A.* steht meist bei der Unterschrift in Geschäftsbriefen. **4** *meist Singular* eine wichtige Verpflichtung | *Die Regierung hat den Auftrag, die Arbeitslosigkeit zu bekämpfen*

★ **auf·tra·gen** VERB (*hat*) **1** **jemandem etwas auftragen** jemanden bitten oder verpflichten, etwas zu tun ⟨jemandem Grüße auftragen⟩ | *Mir wurde aufgetragen, hier aufzupassen* **2** **etwas (auf etwas** (*Akkusativ*)**) auftragen** eine dünne Schicht auf etwas streichen und gleichmäßig verteilen ⟨Lack, Farbe, Creme, Make-up, Salbe auftragen⟩ **3** **etwas auftragen** *gesprochen* ein Kleidungsstück, das vorher einer anderen Person gehört hat, so lange anziehen, bis es abgenutzt ist | *Sie musste die Kleider ihrer älteren Schwester auftragen* **4** **etwas auftragen** *geschrieben* Speisen und Getränke (vor allem bei einem feierlichen Anlass) auf den Tisch bringen **5** **etwas trägt auf** etwas bewirkt, dass eine Person dicker erscheint als sie ist ⟨Kleidung⟩ | *Dieser Stoff trägt zu sehr auf* **6** **dick auftragen** *gesprochen* Dinge als viel größer, wichtiger, besser, gefährlicher usw. darstellen, als sie in Wirklichkeit sind, um Aufmerksamkeit zu bekommen ≈ *angeben* | *Der trägt aber wieder mal dick auf!*

Auf·trags·ein·gang *der* das Eintreffen eines Auftrags ⟨den Auftragseingang bestätigen⟩

auf·tref·fen VERB (*ist*) **(auf etwas** (*Dativ/Akkusativ*)**) auftreffen** (z. B. bei einem Sturz) auf eine Fläche treffen, fallen

auf·trei·ben VERB (*hat*) **1** **jemanden/etwas auftreiben** *gesprochen* eine Person/Sache, die dringend gebraucht wird, beschaffen, finden | *das nötige Geld auftreiben* **2** **etwas treibt etwas auf** etwas vergrößert das Volumen (durch die Entwicklung von Gas) | *Hefe treibt den Teig auf*

auf·tren·nen VERB (*hat*) **etwas auftrennen** die Fäden einer Naht durchschneiden ⟨eine Naht, einen Saum auftrennen⟩

★ **auf·tre·ten** VERB **1** **irgendwie auftreten** (*ist*) sich gegenüber anderen auf die genannte Art und Weise verhalten ⟨(un)sicher, arrogant, überheblich auftreten⟩ **2** **irgendwie auftreten** (*ist*) den Fuß/die Füße in der genannten Art auf den Boden setzen ⟨leise, laut, vorsichtig auftreten⟩ **3** **als etwas auftreten** (*ist*) in einer Rolle oder Funktion handeln ⟨als Zeuge, Helfer, Konkurrent auftreten⟩ **4** **etwas tritt auf** (*ist*) etwas entsteht plötzlich und unerwartet ⟨eine Epidemie, ein Problem⟩ | *Hinterher trat die Frage nach den Ursachen auf* **5** (*ist*) in einem Theater oder Film eine Rolle spielen oder vor einem Publikum singen, Musik machen usw. | *Der Regisseur Alfred Hitchcock trat in allen seinen Filmen auch selbst auf* **6** **etwas auftreten** (*hat*) so gegen etwas treten, dass es aufgeht ⟨die Tür auftreten⟩

Auf·tre·ten *das*; (-s) die Art und Weise, wie jemand auftritt ≈ *Verhalten* | *ein resolutes/selbstsicheres Auftreten haben*

Auf·trieb *der*; *nur Singular* **1** die innere Kraft, die jemanden zu neuen Taten fähig macht | *Erfolgserlebnisse geben neuen Auftrieb* **2** die Kraft nach oben, die auf einen Körper wirkt | *Durch den Auftrieb schwimmt Holz im Wasser*

★ **Auf·tritt** *der* **1** der Moment, in dem jemand (als Schauspieler, Sänger, Tänzer) auf der Bühne erscheint **2** das Verhalten, wenn andere Leute zuschauen (vor allem bei einem Schauspieler auf der Bühne) | *Die Schauspielerin war während ihres gesamten Auftritts sichtlich nervös* | *Das war ein toller Auftritt!* **3** ein Teil eines Aktes (im Drama) ≈ *Szene* | *der dritte Auftritt des zweiten Aktes*

auf·trump·fen VERB (trumpfte auf, hat aufgetrumpft) **(mit etwas) auftrumpfen** deutlich zeigen, dass man überlegen sein will | *mit seinem Wissen auftrumpfen*

auf·tun VERB (*hat*) **1** **etwas auftun** *gesprochen* etwas (durch Zufall) überraschend finden | *Ich habe eine neue Kneipe aufgetan* **2** **etwas tut sich auf** *veraltend* ≈ *öffnen* **3** **etwas tut sich (jemandem) auf** etwas wird für jemanden sichtbar, möglich oder wahrscheinlich | *Ein weites Tal tat sich vor ihr auf* | *Durch die Erbschaft taten sich ihr neue Perspektiven auf*

★ **auf·wa·chen** VERB (*ist*) **1** aufhören zu schlafen, wach werden | *Habe ich dich geweckt oder bist du von selbst aufgewacht?* **2** **(aus einem Traum/aus einer Lethargie) aufwachen** aufhören, unrealistisch zu denken oder gleichgültig zu sein

★ **auf·wach·sen** VERB *(ist)* **irgendwo/irgendwie aufwachsen** die Kindheit und Jugend irgendwo/irgendwie verbringen ⟨auf dem Land, in der Stadt aufwachsen⟩

auf·wal·len VERB *(ist)* **1** **etwas wallt auf** etwas gerät an der Oberfläche in heftige Bewegung | *die Milch kurz aufwallen lassen* **2** **etwas wallt in jemandem auf** *geschrieben* ein Gefühl entsteht plötzlich und heftig in jemandem ⟨Hass, Mitleid, Missgunst⟩ ● zu (2) **Auf·wal·lung** *die*

★ **Auf·wand** *der;* (-(e)s) alles, was eingesetzt oder verwendet wird, um ein Ziel zu erreichen oder um einen Plan zu realisieren ⟨unnötigen, übertriebenen Aufwand betreiben⟩ | *Mit einem Aufwand von mehreren Millionen Euro baute die Stadt ein neues Theater* | *So viel Aufwand lohnt sich nicht* K Arbeitsaufwand, Zeitaufwand

auf·wän·dig → aufwendig

Auf·wands|ent·schä·di·gung *die* das Geld, das man (von einer Firma) als Ausgleich für die entstandenen Kosten zurückbekommt

★ **auf·wär·men** VERB *(hat)* **1** **etwas aufwärmen** etwas Gekochtes noch einmal warm machen | *am Abend die Reste vom Mittagessen aufwärmen* **2** **etwas aufwärmen** *gesprochen* etwas Negatives nach einiger Zeit wieder erwähnen ⟨einen alten Streit aufwärmen⟩ | *Immer wieder wärmst du die alten Geschichten auf!* **3** **sich aufwärmen** den frierenden Körper wieder warm machen ⟨sich an einem Ofen, mit einem Tee/Grog aufwärmen⟩ **4** **sich aufwärmen** die Muskeln, Sehnen und Gelenke durch Bewegung und Gymnastik für eine sportliche Tätigkeit vorbereiten ⟨sich vor dem Start aufwärmen⟩ K Aufwärmgymnastik

auf·war·ten VERB *(hat)* **1** **mit etwas aufwarten** etwas Besonderes bieten oder sagen ⟨mit einer Überraschung aufwarten⟩ | *Bei der Besprechung wartete er mit völlig neuen Argumenten auf* **2** **mit etwas aufwarten** *geschrieben* besondere Speisen anbieten

★ **auf·wärts** ADVERB **1** nach oben ↔ *abwärts* | *Aufwärts kam mir der Weg viel länger vor* K Aufwärtstrend **2** **von … aufwärts** alles oberhalb der genannten Sache (in einer Hierarchie) | *vom Hauptmann aufwärts*

auf·wärts- *(im Verb, betont und trennbar, begrenzt produktiv; Diese Verben werden so gebildet:* aufwärtsgehen, ging aufwärts, aufwärtsgegangen) **aufwärtsfahren, aufwärtsgehen, aufwärtslaufen** *und andere* beschreibt eine Bewegung von unten nach oben ≈ *hinauf-* | *Der Weg führte steil aufwärts* (der Weg führte steil nach oben)

auf·wärts·ge·hen VERB *(ist)* **es geht aufwärts (mit jemandem/etwas)** jemandem geht es besser, etwas macht Fortschritte | *Jetzt geht es aufwärts mit der Wirtschaft* H weitere Verwendungen → **aufwärts-**

Auf·war·tung *die;* (-, -en) ■ **ID** **jemandem seine Aufwartung machen** jemandem einen höflichen Besuch machen

Auf·wasch *der;* (-(e)s) ■ **ID** **in 'einem Aufwasch** alles zusammen oder gleichzeitig | *Wir treffen uns morgen, dann können wir alles in einem Aufwasch erledigen*

auf·we·cken VERB *(hat)* **jemanden aufwecken** ≈ *wecken*

auf·wei·chen VERB (weichte auf, hat/ist aufgeweicht) **1** **jemand/etwas weicht etwas auf** *(hat)* jemand/etwas macht etwas durch Feuchtigkeit weich | *Der Regen hat den Boden aufgeweicht* **2** **etwas aufweichen** *(hat)* etwas (z. B. durch Ausnahmeregelungen) weniger wirkungsvoll machen ⟨die Grenzen, die Kriterien, die Regeln, die Strukturen aufweichen⟩ **3** **etwas weicht auf** *(ist)* etwas wird durch Nässe weich

★ **auf·wei·sen** VERB *(hat)* **1** **etwas aufweisen** etwas erreichen und vorzeigen ⟨Erfolge aufweisen können⟩ **2** **jemand/etwas weist etwas auf** jemand/etwas hat die genannten Merkmale oder Eigenschaften | *Die Ware weist zahlreiche Mängel auf*

auf·wen·den VERB (wandte/wendete auf, hat aufgewandt/aufgewendet) **etwas (für etwas) aufwenden** etwas verwenden oder einsetzen (meist um ein Ziel zu erreichen) ⟨viel Energie, Zeit, Geld für ein Vorhaben, einen Plan aufwenden⟩ | *Sie musste ihre ganze Kraft aufwenden, um die Kiste in das Auto zu heben*

auf·wen·dig ADJEKTIV mit viel Aufwand verbunden und meist sehr teuer | *die aufwendige Inszenierung eines Dramas*

Auf·wen·dung *die* **1** *nur Singular ≈ Einsatz* | **mit/unter Aufwendung aller Kräfte** **2** *admin nur Plural* die Kosten oder Ausgaben, die jemandem bei einer Arbeit entstehen

auf·wer·fen VERB *(hat)* **1** **etwas aufwerfen** etwas ansprechen oder erwähnen, um es anderen Personen bewusst zu machen ⟨im Gespräch, in der Diskussion, in der Debatte eine neue Frage aufwerfen⟩ **2** **etwas aufwerfen** durch Anhäufen von Material etwas entstehen lassen ⟨einen Damm aufwerfen⟩

auf·wer·ten VERB *(hat)* **jemand/etwas wird (um etwas) aufgewertet** der Wert oder die Stellung einer Person/Sache wird verbessert ⟨eine Währung, jemandes Position wird aufgewertet⟩ | *Der Euro wurde um 0,5 % aufgewertet* ● hierzu **Auf·wer·tung** *die*

auf·wi·ckeln VERB *(hat)* **etwas aufwickeln** etwas auf eine Rolle oder zu einer Rolle wickeln ⟨eine Schnur, ein Kabel, einen Faden aufwickeln⟩

auf·wie·geln VERB (wiegelte auf, hat aufgewiegelt) **jemanden (gegen eine Person/Sache) aufwiegeln** jemanden zum Widerstand gegen eine Person oder Sache bewegen | *Eine Mannschaft zur Meuterei gegen den Kapitän aufwiegeln* ● hierzu **Auf·wie·ge·lung** *die;* **Auf·wieg·ler** *der*

auf·wie·gen VERB *(hat)* **etwas wiegt etwas auf** etwas gleicht etwas Negatives aus | *Die positiven Aspekte wiegen die Nachteile voll auf*

Auf·wind *der* **1** Luft, die nach oben strömt ⟨Aufwind bekommen, haben⟩ | *Der Drachenflieger ließ sich im Aufwind gleiten* **2** **(neuen) Aufwind bekommen; im Aufwind sein** Fortschritte machen oder Erfolge haben

auf·wir·beln VERB **1** **etwas wirbelt etwas auf** *(hat)* etwas wirbelt etwas (Leichtes) hoch in die Luft | *Der Wind wirbelte die Blätter auf* **2** **jemand/etwas wirbelt viel Staub auf** *(hat)* jemandes Aktionen/ein Vorfall o. Ä. lösen heftige Diskussionen aus **3** **etwas wirbelt auf** *(ist)* etwas Leichtes wirbelt in die Luft ⟨Blätter, Schnee, Staub⟩

auf·wi·schen VERB *(hat)* **1** **etwas aufwischen** meist Schmutz oder Flüssigkeit durch Wischen (vom Fußboden) entfernen | *verschüttete Milch vom Boden aufwischen* **2** **etwas aufwischen** den Fußboden durch Wischen reinigen | *die Küche/den Boden nass aufwischen* K Aufwischlappen

auf·wüh·len VERB *(hat)* **1** **etwas aufwühlen** eine Fläche durch Graben, durch Druck usw. aufreißen | *Der Maulwurf hat den ganzen Rasen aufgewühlt* | *Schwere Lastwagen haben den Waldweg aufgewühlt* **2** **etwas wühlt etwas auf** etwas versetzt Wasser in starke Bewegung | *Der starke Wind wühlte das Meer auf* **3** **etwas wühlt jemanden auf** etwas erregt, erschüttert jemanden innerlich sehr

auf·zäh·len VERB *(hat)* **Personen/Dinge aufzählen** mehrere Personen oder Dinge der Reihe nach einzeln nennen | *Sie zählte auf, was sie auf die Reise mitnehmen musste* ● hierzu **Auf·zäh·lung** *die*

auf·zäu·men VERB *(hat)* **ein Tier aufzäumen** einem Reit-

oder Zugtier die Riemen anlegen, mit denen es geführt wird ⟨ein Pferd aufzäumen⟩

auf·zeh·ren VERB *(hat)* **etwas aufzehren** *geschrieben* etwas, das als Vorrat gedacht ist, vollständig verbrauchen ⟨seine Ersparnisse aufzehren⟩ | *Als alle Lebensmittel aufgezehrt waren, mussten sie hungern*

auf·zeich·nen VERB *(hat)* **1** **etwas aufzeichnen** eine Zeichnung oder Skizze von etwas machen | *Ich zeichne dir den Weg auf* **2** **etwas aufzeichnen** etwas Wichtiges schriftlich festhalten ⟨Erinnerungen, Eindrücke, Gefühle im Tagebuch aufzeichnen⟩ **3** **etwas aufzeichnen** etwas auf einer Festplatte o. Ä. speichern, meist um es später sehen/hören zu können ⟨einen Film, eine Radiosendung aufzeichnen⟩ | *„Hast du den Spielfilm gestern Abend gesehen?" – „Nein, aber ich hab ihn (mir) aufgezeichnet."*

Auf·zeich·nung *die* **1** *meist Plural* die schriftlichen Notizen von Erinnerungen, Eindrücken o. Ä. K Tagebuchaufzeichnung **2** eine Aufnahme oder ein Filmbericht, die zu einem späteren Zeitpunkt gesendet werden ↔ *Livesendung*

auf·zei·gen VERB *(hat)* **etwas aufzeigen** *geschrieben* etwas deutlich darstellen oder zeigen ⟨Probleme, Fehler aufzeigen⟩ | *Der Referent zeigte auf, wie das Gesetz entstanden ist*

★ **auf·zie·hen** VERB

▸mit den Händen: **1** **etwas aufziehen** *(hat)* etwas nach oben ziehen ⟨eine Fahne, ein Segel aufziehen⟩ **2** **etwas aufziehen** *(hat)* etwas durch Ziehen öffnen ⟨den Vorhang aufziehen⟩ **3** **etwas (auf etwas** *(Akkusativ)***) aufziehen** *(hat)* etwas so auf etwas befestigen, dass es gespannt ist | *eine Leinwand auf einen Rahmen aufziehen* **4** **etwas aufziehen** *(hat)* eine Feder so spannen, dass sie einen Mechanismus antreibt ⟨eine Uhr, eine Spieluhr aufziehen⟩ | *ein Spielzeugauto zum Aufziehen* **5** **eine Spritze aufziehen** *(hat)* eine Spritze vorbereiten, indem man sie mit einer Flüssigkeit füllt

▸mit Worten: **6** **jemanden (mit etwas) aufziehen** *gesprochen (hat)* Witze über etwas machen, um jemanden damit zu ärgern | *Alle ziehen ihn wegen seiner komischen Aussprache auf*

▸Kinder, Tiere: **7** **jemanden aufziehen** *(hat)* ein Kind oder ein junges Tier ernähren und pflegen, bis es groß und selbstständig ist

▸gestalten: **8** **etwas irgendwie aufziehen** *(hat)* eine Aktion oder Veranstaltung planen und durchführen | *eine Show groß aufziehen* | *Wie wollen wir die ganze Sache aufziehen?* **9** **etwas zieht auf** *(ist)* etwas entsteht oder kommt näher ⟨Nebel, ein Gewitter, Wolken⟩ **10** **Personen ziehen auf** *(ist)* die Mitglieder einer Gruppe stellen sich (in einer festen Ordnung) an ihren Platz ⟨die Garde, die Soldaten, die Wache⟩

Auf·zucht *die; meist Singular* das Ernähren und Pflegen meist von jungen Tieren | *die Aufzucht von Fohlen* K Geflügelaufzucht, Rinderaufzucht

★ **Auf·zug** *der* **1** im Aufzug kann man in einem Gebäude senkrecht nach oben und unten in andere Stockwerke fahren ≈ *Lift* | *Nehmen wir den Aufzug oder die Treppe?* K Lastenaufzug, Personenaufzug, Speiseaufzug **2** ein Teil eines Theaterstücks ≈ *Akt* | *eine Tragödie in fünf Aufzügen* **3** *abwertend nur Singular* die Art und Weise, wie sich jemand gekleidet oder frisiert hat | *In diesem Aufzug kannst du doch nicht in die Schule gehen!* **4** *nur Singular* der Vorgang, wenn Wolken o. Ä. aufziehen, näher kommen **5** der Vorgang, wenn Soldaten irgendwohin marschieren und sich aufstellen | *der Aufzug der Wache vor dem Palast*

auf·zwin·gen VERB *(hat)* **1** **jemandem etwas aufzwingen** einer Person etwas so anbieten, dass sie es nicht ablehnen kann ⟨jemandem seine Hilfe, seinen Rat aufzwingen⟩ **2** **jemandem etwas aufzwingen** jemanden (oft mit Gewalt) zwingen, etwas Fremdes oder Unerwünschtes anzunehmen ⟨jemandem seinen Willen aufzwingen⟩ | *einem Volk mit Gewalt eine andere Kultur aufzwingen*

Aug·ap·fel *der* der kugelförmige Teil des Auges, hinter dem Lid | *Die Lider schützen die Augäpfel* ■ ID **jemanden/etwas wie seinen Augapfel hüten** auf jemanden/etwas sehr gut aufpassen

★ **Au·ge** *das;* (-s, -n) **1** das Organ, mit dem Menschen und Tiere sehen ⟨glänzende, leuchtende, strahlende, sanfte, traurige, blutunterlaufene, tiefliegende, tränende Augen; mit den Augen zwinkern; sich *(Dativ)* die Augen reiben⟩ | *ein Kind mit braunen Augen* | *Er ist auf einem Auge blind* | *Sie schämte sich so, dass sie ihm nicht in die Augen sehen konnte* K Augenarzt, Augenbraue, Augenfarbe, Augenklappe, Augenklinik, Augenleiden, Augenlid, Augenmuskel, Augenoptiker, Augentropfen **2** *nur Plural* die Punkte auf einer Seite eines Würfels, eines Dominosteins o. Ä. **3** *nur Plural* der Wert, den eine Spielkarte in einem Spiel hat ≈ *Punkt* | *Das Ass zählt elf Augen* **4** die Stelle, an der aus einer Pflanze eine Knospe oder ein Trieb wächst | *die Augen einer Kartoffel/einer Rose* **5** **ein blaues Auge** dunkle Stellen der Haut um das Auge herum (nach einem Schlag oder Stoß) **6** **gute/schlechte Augen haben** gut/schlecht sehen **7** **mit bloßem Auge** ohne Brille, Fernglas o. Ä. ⟨etwas mit bloßem Auge erkennen, sehen, unterscheiden können⟩ **8** **unter jemandes Augen** so, dass es jemand hätte sehen oder bemerken müssen | *Der Betrug ist direkt unter seinen Augen geschehen* **9** **unter vier Augen** zwischen nur zwei Personen **10** **vor jemandes Augen** so, dass jemand dabei zusieht | *Das Kind ist vor meinen Augen überfahren worden*

■ ID ▸Präposition plus Auge: **Aus den Augen, aus dem Sinn** Was/Wen man nicht sieht, vergisst man leicht; **Geh mir aus den Augen!** Ich will dich hier nicht mehr sehen; **jemanden/etwas nicht aus den Augen lassen** jemanden/etwas scharf und lange beobachten; **jemanden/etwas aus den Augen verlieren** den Kontakt zu jemandem/etwas verlieren; **jemanden/etwas im Auge behalten** a jemanden/etwas scharf und konzentriert beobachten b jemanden/etwas nicht vergessen; **Personen stehen sich** *(Dativ)* **Auge in Auge gegenüber** Personen stehen sich sehr nahe gegenüber und sehen sich gegenseitig (meist feindlich) an; **Das kann ins Auge gehen** Das kann schlimme Folgen haben; **etwas ins Auge fassen** planen, etwas zu tun; **etwas fällt/springt/sticht ins Auge** etwas ist sehr deutlich zu sehen oder klar zu erkennen; **einer Gefahr ins Auge sehen** einer Gefahr nicht ausweichen; **mit einem blauen Auge davonkommen** *gesprochen* eine unangenehme Situation ohne größeren Schaden überstehen; **etwas mit einem lachenden und einem weinenden Auge sehen** positive und negative Aspekte an etwas sehen; **Auge um Auge, Zahn um Zahn** drückt aus, dass eine Person anderen Personen das gleiche Unrecht tun will, das sie getan haben; **Komm mir nicht mehr unter die Augen!** *gesprochen* Ich will dich hier nicht mehr sehen!; **jemandem etwas von den Augen ablesen** den Wunsch oder die Bitte einer Person erkennen, ohne dass sie das deutlich formuliert; **jemandem wird schwarz vor Augen** jemand wird (fast) bewusstlos; **jemandem etwas vor Augen führen** jemandem etwas verständlich, deutlich machen ⟨ein Gespräch⟩;

▸Auge als Objekt: **die Augen überall haben** alles aufmerksam beobachten; **ein (wachsames) Auge auf jemanden/etwas haben** auf eine Person/Sache aufpassen; **ein Auge für etwas haben** schnell und richtig erkennen, wie etwas ist; **Hast du keine Augen im Kopf?** *gesprochen* a Pass doch auf! b Sieh genauer hin!; **die Augen offen halten** aufmerksam sein, Acht geben; **große Augen machen** *gesprochen* staunen; **jemandem schöne Augen machen** mit jemandem flirten; **jemandem die Augen (über eine Person/etwas) öffnen** jemandem die Wahrheit über eine andere Person/etwas sagen; **etwas mit anderen Augen sehen** etwas anders beurteilen; **sich** (*Dativ*) **die Augen aus dem Kopf schauen** *gesprochen* sehr intensiv mit den Augen nach einer Person/etwas sehen/suchen; **den Augen kaum/nicht trauen** über etwas, das man sieht, so überrascht sein, dass man es kaum glauben kann; **sich** (*Dativ*) **die Augen verderben** die Augen zu sehr anstrengen und ihnen dadurch schaden; **sich** (*Dativ*) **die Augen aus dem Kopf weinen** heftig weinen; **ein Auge auf jemanden/etwas werfen** *gesprochen* sich für eine Person/Sache interessieren; **ein Auge/beide Augen zudrücken** einen Fehler oder einen Mangel sehr nachsichtig und freundlich behandeln; **kein Auge zutun** nicht schlafen können;

▸andere Verwendungen: **das Auge des Gesetzes** *humorvoll* die Polizei; **Augen haben wie ein Luchs** sehr gut sehen; **Augen zu und durch** *gesprochen* nicht zögern, etwas Unangenehmes hinter sich zu bringen; **Da bleibt kein Auge trocken** *gesprochen* etwas ist so lustig oder traurig, dass man weinen muss; **jemandem gehen die Augen auf** *gesprochen* eine Person versteht etwas plötzlich; **jemandem gehen die Augen über** *gesprochen* eine Person ist von der großen Schönheit, Menge o. Ä. einer Sache, die sie sieht, überrascht | *Wenn du die Geschenke siehst, gehen dir die Augen über!*; **so weit das Auge reicht** so weit man sehen kann, bis zum Horizont

AUGE

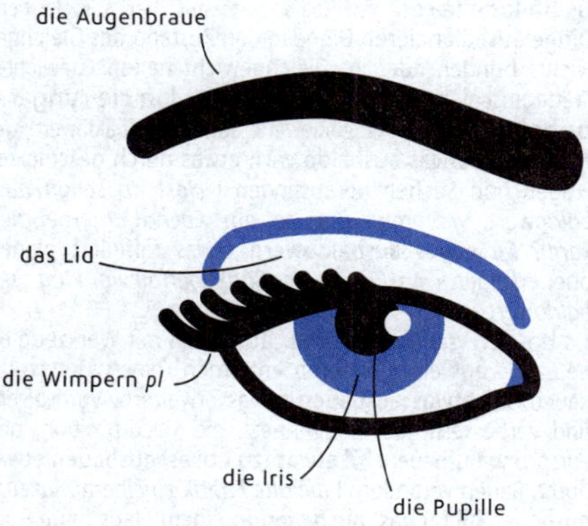

★ **Au·gen·blick** *der* eine ganz kurze Zeit ⟨der richtige, entscheidende Augenblick für etwas⟩ ≈ *Moment* | *Warten Sie bitte einen Augenblick, sie kommt gleich* ■ ID **(Einen) Augenblick bitte!** *gesprochen* Bitte warten Sie ein bisschen; **im Augenblick** jetzt | *Komm später vorbei, im Augenblick bin ich beschäftigt*; **im letzten Augenblick** gerade noch rechtzeitig | *Der Ertrinkende wurde im letzten Augenblick gerettet*

★ **au·gen·blick·lich** ADJEKTIV **1** *meist attributiv* in diesem Augenblick, zurzeit ≈ *momentan* | *Sein augenblicklicher Gesundheitszustand ist gut* | *Augenblicklich ist die Lage sehr schlecht* **2** *nur adverbiell* ohne Zeit zu verlieren ≈ *sofort* | *Verlassen Sie augenblicklich den Raum!*

Au·gen·hö·he *die* die Höhe der Augen einer bestimmten oder einer durchschnittlich großen Person | *ein Bild in Augenhöhe aufhängen* ■ ID **auf Augenhöhe** so, dass in einer Diskussion jede Person die anderen Personen als gleich wichtig behandelt ⟨auf Augenhöhe verhandeln, mit den Bürgern diskutieren⟩

Au·gen·höh·le *die* der Teil des Kopfes, in dem das Auge liegt

Au·gen·maß *das; nur Singular* **1** die Fähigkeit, Entfernungen oder Mengen zu schätzen ⟨ein gutes Augenmaß haben; etwas nach (dem) Augenmaß schätzen⟩ **2** die Fähigkeit, eine Situation einzuschätzen | *Er hat nicht das richtige Augenmaß für diese schwierige Situation*

Au·gen·merk *das;* (-(e)s) ⟨das Augenmerk auf jemanden/etwas richten, lenken, konzentrieren⟩ ≈ *Aufmerksamkeit* | *Ihr besonderes Augenmerk galt den Ärmsten*

Au·gen·schein *der; nur Singular; geschrieben* ein erster, meist oberflächlicher Eindruck | *Man soll nicht nach dem Augenschein urteilen* ■ ID **jemanden/etwas in Augenschein nehmen** *geschrieben* jemanden/etwas ganz exakt und kritisch betrachten

au·gen·schein·lich ADJEKTIV; *geschrieben* auf den ersten Blick sichtbar | *Hier ist augenscheinlich ein Verbrechen geschehen*

Au·gen·wei·de *die;* (-) ein sehr schöner Anblick | *Der Ausblick war eine wahre Augenweide*

Au·gen·wi·sche·rei *die;* (-, -en); *abwertend* der Versuch, etwas Negatives positiver darzustellen, als es ist

Au·gen·zeu·ge *der* eine Person, die ein Geschehen selbst gesehen hat und darüber etwas aussagen kann | *Augenzeuge eines Verbrechens werden* K Augenzeugenbericht
● hierzu **Au·gen·zeu·gin** *die*

au·gen·zwin·kernd ADJEKTIV *meist adverbiell* mit einer schnellen Bewegung des Auges, das man (mehrmals) kurz schließt, um so einer Person zu signalisieren, dass man etwas anders meint, als es gesagt wurde, oder dass man auf ihrer Seite ist

-äu·gig *im Adjektiv, unbetont, begrenzt produktiv* **1** **blauäugig, braunäugig, grünäugig** *und andere* mit der genannten Augenfarbe **2** **einäugig, scharfäugig, schlitzäugig** *und andere* mit der genannten Art oder Zahl von Augen

★ **Au·gust**[1] *der;* (-(e)s/-, -e); *meist Singular* der achte Monat des Jahres ⟨im August; Anfang, Mitte, Ende August; am 1. August⟩ **i** Abkürzung: *Aug.*

Au·gust[2] *der;* (-s/-, -e) **ein dummer August** ein Clown im Zirkus (der so tut, als ob er dumm sei)

Auk·ti·on [-'tsi̯oːn] *die;* (-, -en) eine Veranstaltung, bei der Waren an diejenige Person verkauft werden, welche das meiste Geld dafür bietet | *eine Auktion für alte Möbel* K Bilderauktion, Kunstauktion, Viehauktion

Au·la *die;* (-, Au·len/Au·las) ein großer Saal (z. B. in Schulen) für Veranstaltungen oder Versammlungen | *die Weihnachtsfeier in der Aula abhalten*

Au-pair-Mäd·chen [oː'pɛːɐ̯-, oː'pɛːr-] *das* eine junge Frau, die im Ausland in einem Haushalt meist mit Kindern arbeitet, um Sprache und Land kennenzulernen | *Nach dem Abitur ging sie als Au-pair-Mädchen nach Paris*

★ **aus**[1] PRÄPOSITION *mit Dativ*

▸Richtung: **1** bezeichnet die Richtung einer Bewegung von innen nach außen | *den Bleistift aus der Schublade nehmen* | *Ich komme viel zu selten aus dem Haus* **2** bezeichnet die Richtung einer Bewegung von einem Ausgangspunkt weg | *jemandem ein Buch aus der Hand reißen* | *Wind aus Osten* **3** **von … aus** verwendet, um den Ort zu nennen, an dem eine Fahrt o. Ä. beginnt | *Von Berlin aus flogen wir nach Hamburg*

▸Herkunft: **4** verwendet, um anzugeben, woher eine Person oder Sache kommt oder stammt | *Er kommt aus Sizilien*
▸Material: **5** verwendet zur Bezeichnung des Materials, mit dem etwas gemacht wird | *eine Kette aus Gold* | *aus verschiedenen Zutaten einen Kuchen backen* **i** Statt *aus was* verwendet man *woraus*.
▸Veränderung: **6** nennt die Form, den Zustand o. Ä. einer Person/Sache vor einer Veränderung | *Aus dem kleinen Jungen ist inzwischen ein erwachsener Mann geworden* | *Bei Minustemperaturen wird aus Wasser Eis*
▸Teil: **7** drückt aus, dass eine Person/Sache zu einer Gruppe gehört | *eine Auswahl aus Dürers Gemälden* | *Einer aus der Klasse fehlt*
▸Grund: **8** **aus (etwas heraus)** nennt den Grund oder die Ursache für etwas | *aus Angst lügen* | *Aus welchem Grund hast du das gesagt?* | *Aus einer Laune heraus lud er alle Freunde in die Kneipe ein*
▸Distanz: **9** drückt aus, wie weit etwas reicht | *etwas aus weiter Ferne hören* | *etwas aus einer Entfernung von 100 Metern erkennen*
▸Zeit: **10** nennt die Zeit, in der etwas entstanden ist | *eine Verordnung aus dem Jahr 1890* | *ein Foto aus der Kinderzeit*
▸Einverständnis: **11** **von mir/ihm/ihr/... aus** *gesprochen* drückt aus, dass jemand einverstanden ist | *„Kann ich hier rauchen?" – „Von mir aus."*

★ **aus**[2] ADVERB **1** verwendet, um jemanden aufzufordern, etwas außer Funktion zu setzen ↔ *an* | *Licht aus!* | *Den Motor aus!* **2** **etwas ist aus** *gesprochen* etwas ist zu Ende oder vorbei | *Um zwölf Uhr ist die Schule aus* | *Das Spiel ist aus, wenn einer zwanzig Punkte hat* **3** **etwas ist aus** *gesprochen* etwas brennt nicht mehr ⟨das Feuer, die Kerze⟩ **4** **etwas ist aus** *gesprochen* ein elektrisches Gerät, ein Motor o. Ä. ist nicht in Betrieb, nicht eingeschaltet ↔ *an* | *Die Heizung/Das Radio ist aus* **5** **jemand ist aus** *gesprochen* jemand ist irgendwohin ausgegangen | *Gestern Abend waren wir aus und waren im Theater* **6** **etwas ist aus** *gesprochen* der Ball ist außerhalb der Grenzen des Spielfelds **7** **auf etwas** (*Akkusativ*) **aus sein** *gesprochen* etwas sehr gern haben oder erreichen wollen | *auf Abenteuer aus sein* | *Er ist darauf aus, immer der Erste zu sein* **8** **mit jemandem/etwas ist es aus** *gesprochen* für jemanden/etwas gibt es keine Rettung mehr **9** **mit jemandem/zwischen Personen ist es aus** *gesprochen* eine Liebesbeziehung oder Freundschaft ist beendet | *Mit Lisa ist es aus* | *Mit/Zwischen den beiden wird es wohl bald aus sein, wenn sie oft streiten* **10** **es ist aus (und vorbei) mit etwas** *gesprochen* etwas ist zu Ende oder gescheitert | *Mit meiner Gutmütigkeit ist es jetzt endgültig aus!* | *Ohne das Geld ist es aus und vorbei mit unseren Reiseplänen*
■ ID **weder aus noch ein wissen** nicht mehr wissen, was man tun soll

★ **Aus** *das*; (-) **1** der Raum, der außerhalb des Spielfeldes liegt ⟨den Ball ins Aus schießen⟩ **2** *gesprochen* das Ende eines Zustands ⟨für jemanden/etwas kommt das Aus; etwas ist das Aus für jemanden/etwas⟩

★ **aus-** (*im Verb, betont und trennbar, sehr produktiv; Diese Verben werden so gebildet:* ausschreiben, schrieb aus, ausgeschrieben) **1** **ausatmen**; **etwas (aus etwas) ausgießen, ausgraben, ausleeren, ausräumen** *und andere* drückt aus, dass etwas nach außen kommt | *die Einkäufe aus dem Auto ausladen* (die Einkäufe aus dem Auto laden, herausholen) **2** **etwas ausgießen, auskratzen, ausladen, auslöffeln, ausschütten, austrinken** *und andere* drückt aus, dass etwas leer gemacht wird | *Sie presste eine Orange aus* (Sie presste die Orange so lange, bis kein Saft mehr darin war) **3** **etwas ausblasen, ausknipsen, ausmachen, auspusten, austreten** *und andere* drückt aus, dass ein Gerät außer Funktion gesetzt wird oder dass eine Flamme oder ein Licht nicht mehr brennt | *Er schaltete die Lampe aus* (Er drückte auf den Knopf, sodass die Lampe nicht mehr leuchtete) **4** **ein Vogel brütet etwas aus**; **etwas heilt aus**; **etwas ausdiskutieren, ausformulieren** *und andere* drückt aus, dass etwas gründlich gemacht wird, bis das gewünschte Ergebnis erreicht ist | *am Wochenende gründlich ausschlafen* (am Wochenende so lange schlafen, bis man nicht mehr müde ist) **5** **etwas ausfahren, ausstreuen, austragen** *und andere* drückt aus, dass etwas in verschiedene Richtungen, an mehrere Personen oder Stellen verteilt wird | *Er fährt für eine Brauerei Getränke aus* (Er fährt die Getränke zu verschiedenen Kunden)

aus·ar·bei·ten VERB (*hat*) **etwas ausarbeiten** etwas, das als Entwurf oder Plan schon vorhanden ist, bis ins Detail fertig machen ● hierzu **Aus·ar·bei·tung** *die*

aus·ar·ten VERB (artete aus, ist ausgeartet) **etwas artet (in etwas** (*Akkusativ*)**) aus**; **etwas artet zu etwas aus** *abwertend* etwas wird zu etwas, das nicht gut ist | *Die Geburtstagsfeier artete in ein Trinkgelage aus*

aus·at·men VERB (*hat*) **(etwas) ausatmen** Luft durch Nase oder Mund nach außen strömen lassen ⟨tief, hörbar ausatmen⟩

aus·ba·den VERB (*hat*) **etwas ausbaden (müssen)** *gesprochen* die unangenehmen Folgen einer Sache tragen (müssen) ⟨die Fehler, Versäumnisse eines anderen ausbaden⟩

aus·bag·gern VERB (*hat*) **1** **etwas ausbaggern** ein Loch in den Boden baggern ⟨eine Baugrube ausbaggern⟩ **2** **etwas ausbaggern** etwas mit einem Bagger größer oder tiefer machen ⟨das Flussbett ausbaggern⟩

aus·ba·lan·cie·ren VERB (balancierte aus, hat ausbalanciert) **Dinge ausbalancieren** Dinge in den Zustand des Gleichgewichts bringen oder im Gleichgewicht halten ⟨Gewichte, Kräfte ausbalancieren⟩ ● hierzu **Aus·ba·lan·cie·rung** *die*

aus·bal·do·wern VERB (baldowerte aus, hat ausbaldowert); *gesprochen* **1** **etwas ausbaldowern** etwas durch geschicktes Fragen und Suchen herausfinden | *Hast du schon ausbaldowert, was man hier so am Abend unternehmen kann?* **2** **etwas ausbaldowern** etwas raffiniert planen oder erfinden ≈ *ausklügeln* | *Der Banküberfall war klug ausbaldowert*

★ **aus·bau·en** VERB (*hat*) **1** **etwas ausbauen** mit Werkzeug eine Sache aus einer anderen entfernen ⟨einen Motor ausbauen⟩ **2** **etwas ausbauen** etwas erweitern, vergrößern und verbessern ⟨das Straßennetz, die Machtposition, den Vorsprung ausbauen⟩ **3** **etwas (zu etwas) ausbauen** etwas durch Bauen verändern | *die alte Fabrik zu einem Museum ausbauen* **4** **(etwas) ausbauen** in einem Haus neue Räume einrichten oder bauen ⟨den Keller, das Dach ausbauen⟩ | *Wir wollen nächstes Jahr ausbauen* ● hierzu **Aus·bau** *der*; zu (2) **aus·bau·fä·hig** ADJEKTIV

aus·bei·ßen VERB (*hat*) **1** **sich** (*Dativ*) **einen Zahn ausbeißen** auf etwas Hartes beißen und dabei einen Zahn abbrechen **2** **Da/Jetzt beißt's (bei jemandem) aus** *süddeutsch, gesprochen* das geht nicht oder das kann/weiß jemand nicht ■ ID → Zahn

aus·bes·sern VERB (*hat*) **etwas ausbessern** beschädigte Stellen einer Sache reparieren ⟨Wäsche, das Dach, den Straßenbelag ausbessern⟩ ● hierzu **Aus·bes·se·rung** *die*

aus·beu·len VERB (beulte aus, hat ausgebeult) **1** **etwas ausbeulen** Beulen aus etwas entfernen ⟨eine Autotür ausbeulen⟩ **2** **etwas beult etwas aus** etwas bewirkt, dass etwas gedehnt wird, eine runde Form bekommt | *Die Hose war* *an den Knien ganz ausgebeult* • hierzu **Aus·beu·lung** *die*

Aus·beu·te *die; meist Singular* der Ertrag oder Gewinn aus einer Leistung oder einer Arbeit ⟨eine geringe, reiche, wissenschaftliche Ausbeute⟩

aus·beu·ten VERB (beutete aus, hat ausgebeutet) **1** **jemanden ausbeuten** von einer Person Leistungen verlangen oder erzwingen, damit man selbst davon profitiert, ohne dafür genug zu bezahlen ⟨jemanden schamlos, skrupellos ausbeuten⟩ **2** **etwas ausbeuten** etwas völlig ausnutzen und verbrauchen | *natürliche Vorräte an Erdöl ausbeuten* | *Rohstoffe ausbeuten* • hierzu **Aus·beu·tung** *die*; zu (1) **Aus·beu·ter** *der*; zu (1) **Aus·beu·te·rin** *die*

aus·be·zah·len VERB (bezahlte aus, hat ausbezahlt) **1** **(jemandem) etwas ausbezahlen** ≈ *auszahlen* **2** **jemanden ausbezahlen** ⟨einen Erben, einen Teilhaber⟩ ≈ *auszahlen*

★ **aus·bil·den** VERB *(hat)* **1** **jemanden (zu etwas/als etwas) ausbilden** (jemanden) in einem Beruf unterrichten ⟨einen Lehrling ausbilden; jemanden zum Facharbeiter ausbilden; sich als Schauspieler ausbilden lassen⟩ **2** **etwas ausbilden** eine Fähigkeit trainieren oder schulen ⟨ein Talent, die Stimme ausbilden⟩ **3** **etwas bildet etwas aus** etwas bekommt oder entwickelt etwas ⟨eine Pflanze bildet Triebe, Wurzeln, Knospen aus⟩ **4** **etwas bildet sich aus** etwas entsteht allmählich | *ein Talent/eine Blüte bildet sich aus* • zu (1) **Aus·bil·der** *der*; zu (1) **Aus·bil·de·rin** *die*

★ **Aus·bil·dung** *die; meist Singular* **1** in der Ausbildung lernt man die Dinge, die man in seinem zukünftigen Beruf können und wissen muss ⟨sich in der Ausbildung befinden⟩ **K** Ausbildungsberuf, Ausbildungsfirma, Ausbildungskosten, Ausbildungsmaßnahmen, Ausbildungsplatz, Ausbildungsstelle, Ausbildungszeit; Berufsausbildung, Spezialausbildung **2** das, was man während der Vorbereitung auf den Beruf lernt ⟨eine gründliche, solide, künstlerische Ausbildung erhalten⟩ **3** das allmähliche Entstehen einer Form ≈ *Entwicklung* | *die Ausbildung von Knospen/Blättern*

aus·bit·ten VERB *(hat)* **1** **sich** *(Dativ)* **etwas ausbitten** etwas energisch, mit Nachdruck verlangen ⟨sich *(Dativ)* Ruhe ausbitten⟩ **2** **sich** *(Dativ)* **etwas ausbitten** *geschrieben* um etwas bitten ⟨sich *(Dativ)* Bedenkzeit ausbitten⟩ ■ **ID** **Das möchte ich mir ausgebeten haben!** das erwarte ich, das verlange ich

aus·bla·sen VERB *(hat)* **etwas ausblasen** etwas Brennendes durch Blasen auslöschen ⟨ein Streichholz, eine Kerze ausblasen⟩

aus·blei·ben VERB *(ist)* **1** **etwas bleibt aus** etwas trifft (entgegen der Regel, der Erwartung) nicht ein | *Die erhoffte Besserung blieb aus* | *Es blieb nicht aus, dass der Betrug entdeckt wurde* **2** nicht mehr eintreffen oder erscheinen ⟨die Gäste, die Kunden⟩ **3** nicht nach Hause kommen ⟨lange, die Nacht über ausbleiben⟩

aus·blei·chen VERB **1** **etwas bleicht aus** *(ist)* etwas verliert an (Intensität der) Farbe ⟨die Gardine, der Stoff⟩ **H** In älteren Texten findet man auch die Formen *blich aus* und *ist ausgeblichen*. **2** **etwas bleicht etwas aus** *(hat)* etwas bewirkt, dass etwas die Farbe verliert | *Die Sonne hat den Stoff ausgebleicht*

aus·blen·den VERB *(hat)* **1** **etwas ausblenden** Ton und/oder Bild aus einer Sendung herausnehmen | *Gegen Ende der Übertragung wurde die Musik ausgeblendet* **2** **sich (aus etwas) ausblenden** sich aus einer laufenden Sendung ausschalten • hierzu **Aus·blen·dung** *die*

Aus·blick *der* **1** **ein Ausblick (auf, über etwas** *(Akkusativ)***)** das Bild, das sich jemandem von einem relativ hohen Standpunkt aus bietet ⟨einen herrlichen Ausblick haben; ein Ausblick auf die Stadt⟩ ≈ *Aussicht* **2** **ein Ausblick (auf etwas** *(Akkusativ)***)** ≈ *Vorschau* | *ein Ausblick auf die kommende Theatersaison*

aus·bli·cken VERB *(hat)* **nach jemandem/etwas ausblicken** ≈ *ausschauen*

aus·blu·ten VERB **etwas blutet aus** *(ist)* etwas wird immer schwächer oder ärmer, weil es viel Geld, Einnahmen, Personen o. Ä. verliert | *Die Kommunen bluten finanziell aus*

aus·boo·ten VERB (bootete aus, hat ausgebootet) **jemanden ausbooten** *gesprochen* eine Person aus ihrer Position oder Stellung verdrängen | *Er hat seinen Konkurrenten ausgebootet*

aus·bor·gen VERB *(hat)* ≈ *ausleihen*

★ **aus·bre·chen** VERB **1** **(aus etwas) ausbrechen** *(ist)* sich (oft mit Gewalt) aus einer unangenehmen Situation befreien ⟨aus dem Gefängnis, aus einem Käfig ausbrechen⟩ | *Ein Tiger brach aus dem Zoo aus* **2** **etwas bricht aus** *(ist)* etwas beginnt oder entsteht plötzlich und heftig ⟨Feuer, Jubel, eine Hungersnot, eine Krankheit, ein Krieg, eine Panik, eine Seuche⟩ **3** **in etwas** *(Akkusativ)* **ausbrechen** *(ist)* plötzlich heftige Gefühlsäußerungen zeigen ⟨in Geschrei, Jubel, Lachen, Tränen ausbrechen⟩ **4** **ein Vulkan bricht aus** *(ist)* ein Vulkan schleudert plötzlich Lava und Gesteinsbrocken heraus **5** **(jemandem) etwas ausbrechen** *(hat)* etwas aus einer Sache durch Brechen entfernen | *Ich habe mir bei dem Sturz einen Zahn ausgebrochen*

Aus·bre·cher *der*; (-s, -) ein Gefangener, der sich mit Gewalt aus dem Gefängnis befreit (hat) • hierzu **Aus·bre·che·rin** *die*

★ **aus·brei·ten** VERB *(hat)* **1** **Dinge ausbreiten** Gegenstände übersichtlich nebeneinander hinlegen (um sie jemandem zu zeigen) ⟨Geschenke, Waren ausbreiten⟩ **2** **etwas ausbreiten** etwas auseinanderfalten und offen (vor jemanden) hinlegen ⟨einen Plan, eine Decke ausbreiten⟩ | *Er breitete die Straßenkarte auf dem Boden aus* **3** **etwas (vor jemandem) ausbreiten** (jemandem) etwas ausführlich schildern ⟨Probleme, Gedanken, Sorgen ausbreiten⟩ **4** **etwas ausbreiten** etwas weit nach außen strecken ⟨jemand breitet die Arme aus; ein Vogel breitet die Flügel aus⟩ **5** **etwas ausbreiten** eine Anschauung oder Idee vielen Menschen bekannt machen ⟨eine Lehre, eine Religion ausbreiten⟩ **6** **etwas breitet sich aus** etwas wird immer größer und bedeckt schließlich eine große Fläche ⟨das Feuer, der Nebel, eine Stadt⟩ **7** **etwas breitet sich aus** etwas ergreift oder betrifft viele Menschen ⟨eine Unruhe, eine Seuche⟩ **8** **etwas breitet sich aus** etwas wird bei vielen Menschen bekannt und gewinnt an Einfluss ⟨eine Ideologie, ein Gerücht, eine Mode⟩ • zu (5 – 8) **Aus·brei·tung** *die*

aus·bren·nen VERB *(ist)* **etwas brennt aus** etwas brennt so, dass der innere Teil völlig zerstört wird ⟨ein Haus, ein Auto⟩ **H** → auch **ausgebrannt**

aus·brin·gen VERB *(hat)* **1** **etwas (auf jemanden/etwas) ausbringen** (oft bei einer Feier) etwas Positives über jemanden/etwas sagen ⟨einen Toast, ein Hoch o. Ä. (auf jemanden, auf jemandes Gesundheit) ausbringen⟩ **2** **etwas ausbringen** etwas auf Feldern und Wiesen verteilen ⟨Dünger ausbringen⟩ • zu (2) **Aus·brin·gung** *die*

Aus·bruch *der* **1** **der Ausbruch (aus etwas)** die gewaltsame Befreiung meist aus dem Gefängnis | *einen Ausbruch vereiteln* **K** Ausbruchsversuch **2** *nur Singular* der plötzliche, heftige Beginn einer Sache ⟨der Ausbruch eines Krieges, einer Krankheit⟩ **K** Kriegsausbruch **3** das (explosionsartige) Herausschleudern von Lava ≈ *Eruption* **K** Vulkanausbruch **4** eine spontane, heftige Reaktion des Gemüts **K** Freudenausbruch, Gefühlsausbruch, Temperamentsausbruch, Wutausbruch **5** **etwas kommt zum Ausbruch** etwas beginnt plötzlich

★ **aus·brü·ten** VERB *(hat)* **1** **ein Vogel brütet etwas aus** ein

Vogel sitzt auf befruchteten Eiern, bis sich junge Vögel entwickelt haben | *Die Henne hat sechs Küken ausgebrütet* **2** **etwas ausbrüten** *gesprochen* sich etwas ausdenken ⟨einen Plan, Unsinn ausbrüten⟩ **3** **etwas ausbrüten** *gesprochen* kurz vor einer ansteckenden Erkrankung sein (und sich nicht gut fühlen) ⟨eine Grippe ausbrüten⟩

Aus·buch·tung *die;* (-, -en) die Stelle, an der etwas nach außen gewölbt ist | *eine Ausbuchtung der Straße*

aus·bud·deln VERB *(hat)* **etwas ausbuddeln** *gesprochen* ≈ *ausgraben*

aus·bü·geln VERB *(hat)* **etwas ausbügeln** *gesprochen* etwas, das man falsch gemacht hat (bzw. nicht hätte tun sollen), korrigieren oder wiedergutmachen ⟨einen Fehler ausbügeln⟩

aus·bu·hen VERB *(hat)* **jemanden/etwas ausbuhen** *gesprochen* durch Rufe zeigen, dass man mit einer Person oder ihrer Darbietung nicht einverstanden ist | *einen Sänger ausbuhen*

aus·bür·gern VERB (bürgerte aus, hat ausgebürgert) **jemanden ausbürgern** jemandem die Staatsbürgerschaft nehmen • hierzu **Aus·bür·ge·rung** *die*

aus·bürs·ten VERB *(hat)* **etwas ausbürsten** etwas mit einer Bürste reinigen oder glatt machen ⟨die Hose, den Mantel, die Haare ausbürsten⟩

★ **aus·che·cken** VERB *(hat)* **(aus etwas) auschecken** am Ende des Aufenthalts in einem Hotel das Zimmer räumen und den Schlüssel zurückgeben ⟨aus einem Hotel auschecken⟩

★ **Aus·dau·er** *die; nur Singular* **1** der Eifer und die Geduld, die man über lange Zeit hat, wenn man etwas Schwieriges oder Unangenehmes tut | *Bisher hat sie wenig Ausdauer gezeigt und jedes Hobby recht schnell wieder aufgegeben* **2** die Fähigkeit, den Körper lange anzustrengen, ohne müde zu werden | *Ein Marathonläufer braucht viel Ausdauer* K Ausdauertraining • zu (2) **aus·dau·ernd** ADJEKTIV

★ **aus·deh·nen** VERB *(hat)* **1** **etwas ausdehnen** die Länge, Fläche oder das Volumen einer Sache größer machen | *ein Gummiband/ein Gebiet ausdehnen* **2** **etwas (auf jemanden/etwas) ausdehnen** etwas auf andere Menschen oder Bereiche erweitern | *Nachdem sie im Keller nichts fand, dehnte sie ihre Suche aufs ganze Haus aus* | *Die Übergangszeit soll von einem Jahr auf zwei Jahre ausgedehnt werden* **3** **etwas ausdehnen** etwas lange oder länger dauern lassen ⟨einen Besuch, einen Aufenthalt ausdehnen⟩ | *ausgedehnte Spaziergänge machen* | *Wir genossen das ausgedehnte Frühstück am Wochenende* **4** **etwas dehnt sich aus** etwas bekommt einen größeren Umfang, ein größeres Volumen | *Luft dehnt sich bei Erwärmung aus* **5** **etwas dehnt sich (irgendwo/irgendwohin) aus** etwas erstreckt sich irgendwo(hin), etwas reicht über etwas hinweg | *Ein Tief dehnt sich über Südeuropa aus* • hierzu **Aus·deh·nung** *die*

aus·den·ken VERB *(hat)* **(sich** *(Dativ)***) etwas ausdenken** etwas durch (intensives) Überlegen finden oder planen ⟨(sich *(Dativ)*) eine Geschichte, eine Überraschung ausdenken⟩ ■ ID **etwas ist nicht auszudenken** etwas ist so schlimm, dass man kaum daran zu denken wagt | *Die Folgen einer Klimaveränderung sind nicht auszudenken*; **Da musst du dir (schon) etwas anderes ausdenken** *gesprochen* deine Argumente überzeugen mich nicht

aus·dis·ku·tie·ren VERB (diskutierte aus, hat ausdiskutiert) **etwas ausdiskutieren** so lange über etwas diskutieren, bis man zu einem abschließenden Ergebnis kommt ⟨ein Problem, ein Thema ausdiskutieren⟩

aus·dor·ren VERB (dorrte aus, ist ausgedorrt) **etwas dorrt aus** etwas wird durch starke, ständige Hitze völlig trocken

aus·dör·ren VERB **etwas dörrt etwas aus** *(hat)* etwas macht etwas ganz trocken oder dürr | *Die Hitze hat die Felder ausgedörrt*

aus·dre·hen VERB *(hat)* **etwas ausdrehen** durch Drehen eines Schalters oder eines Knopfes bewirken, dass kein Wasser, Strom oder Gas mehr fließt

★ **Aus·druck**[1] *der;* (-(e)s, Aus·drü·cke) **1** ein gesprochenes oder geschriebenes Wort oder eine feste Wendung ⟨ein passender, treffender Ausdruck; nach dem richtigen Ausdruck suchen; einen Ausdruck gebrauchen⟩ | *„Pennen" ist ein umgangssprachlicher Ausdruck für „schlafen"* **2** *nur Singular* die künstlerische Wirkung, die eine Person erzielt, wenn sie ein Musikstück, ein Gedicht o. Ä. vorträgt | *ein Lied mit viel Ausdruck vortragen* **3** *nur Singular* der sprachliche Stil, die Art und Weise, sich zu äußern ⟨Gewandtheit im Ausdruck besitzen⟩ K Ausdrucksweise **4** **ein Ausdruck** *+Genitiv geschrieben nur Singular* das, wodurch sich vor allem Gefühle oder Eigenschaften zeigen ⟨mit dem Ausdruck des Bedauerns⟩ | *Sein arrogantes Verhalten ist Ausdruck seiner Gleichgültigkeit* **5** die Gefühle, die sich in jemandes Gesicht zeigen ⟨ein fröhlicher, leidender, zufriedener Ausdruck⟩ **6** **etwas zum Ausdruck bringen** *geschrieben* etwas äußern, ausdrücken **7** **etwas kommt (in etwas** *(Dativ)***) zum Ausdruck** etwas zeigt sich, etwas wird deutlich | *Seine Meinung kommt in seinem Verhalten deutlich zum Ausdruck* **8** **einer Sache** *(Dativ)* **Ausdruck geben/verleihen** *geschrieben* etwas zeigen und ausdrücken ⟨den Gefühlen, den Gedanken Ausdruck verleihen⟩ • zu (2,5) **aus·drucks·los** ADJEKTIV; zu (2,5) **aus·drucks·voll** ADJEKTIV; zu (2,3,5) **aus·drucks·stark** ADJEKTIV

★ **Aus·druck**[2] *der;* (-(e)s, Aus·dru·cke) die gedruckte Wiedergabe eines Texts, der im Computer gespeichert ist oder war K Computerausdruck

aus·dru·cken VERB *(hat)* **etwas ausdrucken** einen gespeicherten Text gedruckt wiedergeben | *eine Datei ausdrucken*

★ **aus·drü·cken** VERB *(hat)* **1** **etwas ausdrücken** die Flüssigkeit aus einer Sache entfernen, indem man sie fest drückt | *den Saft aus einer Zitrone ausdrücken* | *einen Schwamm ausdrücken* **2** **eine Zigarette ausdrücken** die Zigarette gegen etwas drücken, bis sie nicht mehr brennt **3** **etwas (irgendwie) ausdrücken** etwas (in der genannten Art) sagen oder schreiben | *einen Sachverhalt verständlich ausdrücken* | *die wirtschaftliche Entwicklung in Zahlen ausdrücken* **4** **etwas ausdrücken** jemandem sagen oder mitteilen, was man fühlt oder hofft | *Er drückte Zuversicht aus* | *Sie drückte ihr Bedauern darüber aus, dass sie keine Zeit hatte* **5** **etwas drückt etwas aus** etwas zeigt an, wie sich jemand fühlt | *Sein Gesicht drückt Ratlosigkeit aus* **6** **sich irgendwie ausdrücken** in der genannten Weise sprechen oder schreiben ⟨sich gewählt, ungenau ausdrücken⟩ | *Er drückte sich so vage aus, dass ihn niemand verstand* **7** **etwas drückt sich in etwas** *(Dativ)* **aus** etwas wird in etwas sichtbar oder deutlich | *In dieser Haltung drückt sich Aggression aus*

★ **aus·drück·lich** ADJEKTIV *meist attributiv* klar und deutlich (formuliert) oder mit besonderem Nachdruck ⟨etwas ist ausdrücklich erlaubt, verboten, erwünscht; ausdrücklich auf etwas hinweisen; etwas ausdrücklich betonen⟩ | *Er wurde auf seinen ausdrücklichen Wunsch hin versetzt*

Aus·drucks·wei·se *die* der Stil oder die Art und Weise, wie jemand spricht oder sich ausdrückt ⟨eine gewählte, legere Ausdrucksweise⟩

aus·düns·ten VERB *(hat)* **jemand/etwas dünstet etwas aus** jemand/etwas gibt einen (meist unangenehmen) Geruch von sich • hierzu **Aus·düns·tung** *die*

★ **aus·ei·nan·der** ADVERB **1** räumlich voneinander getrennt

| *Die Häuser liegen weit auseinander* | *Seine Zähne stehen etwas auseinander* **2** *gesprochen* zeitlich voneinander getrennt | *Die Schwestern sind vier Jahre auseinander* (Die eine Schwester ist vier Jahre älter als die andere) | *Die Ereignisse liegen weit auseinander* **3** eine Sache aus der anderen/auf der Basis der anderen | *Diese Argumente leiten sich auseinander ab* **4** **Personen sind auseinander** *gesprochen* ein Liebespaar hat sich getrennt

aus·ei·nan·der- (*im Verb, betont und trennbar, begrenzt produktiv; Diese Verben werden so gebildet:* auseinanderbiegen, bog auseinander, auseinandergebogen) **1** **Dinge auseinanderbiegen, auseinanderziehen; Personen/Tiere auseinanderjagen, auseinandertreiben** *und andere* drückt aus, dass Personen/Tiere/Dinge sich in verschiedene Richtungen bewegen, sodass eine räumliche Trennung entsteht | *Die Vögel flogen erschreckt auseinander* (Die Vögel flogen in verschiedene Richtungen) **2** **etwas bricht, fällt, reißt auseinander; etwas auseinanderbrechen, auseinanderreißen, auseinanderschneiden** *und andere* drückt aus, dass dabei zwei oder mehrere Teile entstehen | *Sie brach die Schokolade auseinander* (Sie brach die Schokolade in mehrere Teile)

aus·ei·nan·der·brin·gen VERB (*hat*) **Personen auseinanderbringen** *gesprochen* die Freundschaft, gute Beziehung zwischen Menschen beenden | *Der Streit um das Erbe hat die Geschwister auseinandergebracht*

aus·ei·nan·der·di·vi·die·ren VERB (*hat*) **1** **etwas auseinanderdividieren** einzelne Dinge aus einer Menge nach ihren Merkmalen sortieren (und voneinander trennen) ‹die Ausgaben auseinanderdividieren› | *Haltet zusammen und lasst euch nicht auseinanderdividieren* **2** **etwas auseinanderdividieren** die Eigenschaften und Details einer Sache einzeln untersuchen, um sie zu verstehen ‹einen Begriff auseinanderdividieren› ≈ *analysieren*

aus·ei·nan·der·drif·ten VERB (*sind*) **1** **Dinge driften auseinander** Dinge bewegen sich (von der Strömung oder vom Wind getrieben) in unterschiedliche Richtungen **2** **Personen/Dinge driften auseinander** Personen/Dinge entwickeln sich in unterschiedliche Richtungen

aus·ei·nan·der·fal·len VERB (*ist*) **etwas fällt auseinander** etwas löst sich in einzelne Teile auf | *Das alte Regal fällt bald auseinander*

aus·ei·nan·der·fal·ten VERB (*hat*) **etwas auseinanderfalten** etwas öffnen und vor sich ausbreiten ‹einen Brief, ein Tischtuch auseinanderfalten›

aus·ei·nan·der·flie·gen VERB (*ist*) **etwas fliegt auseinander** *gesprochen* etwas explodiert oder zerfällt in mehrere Teile ‹ein Fahrrad, ein Haus› **■** weitere Verwendungen → **auseinander-**

★ **aus·ei·nan·der·ge·hen** VERB (*ist*) **1** **etwas geht auseinander** eine Beziehung zwischen Menschen geht zu Ende ‹eine Ehe, eine Freundschaft› **2** **Personen gehen auseinander** meist zwei Personen trennen sich, beenden ihre Beziehung | *Nach zehn Jahren Ehe gingen Bernd und Sonja auseinander* **3** in verschiedene Richtungen weggehen ‹eine Menschenmenge› **4** **Straßen/Wege** *usw.* **gehen auseinander** sie führen in verschiedene Richtungen weiter **5** **etwas geht auseinander** etwas teilt sich (in der Mitte) und bewegt sich nach beiden Seiten hin ‹ein Vorhang› **6** **Ansichten/Meinungen** *usw.* **gehen auseinander** sie sind verschieden **7** **etwas geht auseinander** *gesprochen* etwas geht kaputt, verliert Teile ‹ein Buch, ein Möbelstück› **8** *gesprochen, humorvoll* dick werden | *Er ist in letzter Zeit ziemlich auseinandergegangen*

aus·ei·nan·der·hal·ten VERB (*hat*) **Personen/Dinge auseinanderhalten (können)** den Unterschied zwischen ähnlichen Personen/Dingen erkennen | *Ich kann die Zwillinge kaum auseinanderhalten*

aus·ei·nan·der·klaf·fen VERB (*hat*) **1** **etwas klafft auseinander** etwas ist weit offen und an den Seiten gedehnt ‹die Haut, eine Wunde› **2** ‹Ansichten, Interessen› **klaffen auseinander** sie sind sehr verschieden

aus·ei·nan·der·kla·mü·sern VERB (klamüserte auseinander, hat auseinanderklamüsert) **etwas auseinanderklamüsern** *gesprochen* etwas Verworrenes mühevoll ordnen oder entwirren

aus·ei·nan·der·lau·fen VERB (*ist*) **1** in verschiedene Richtungen weglaufen | *Als der Hund auf sie zurannte, liefen die Kinder schreiend auseinander* **2** ‹Wege, Straßen, Gleise› **laufen auseinander** sie führen von einer Stelle an in ganz verschiedene Richtungen **3** **etwas läuft auseinander** etwas wird weich und flüssig ‹Käse, Eis›

aus·ei·nan·der·le·ben VERB (*hat*) **Personen leben sich auseinander** zwei oder mehrere Personen werden sich nach einer Zeit der Liebe und Verbundenheit seelisch fremd ‹die Freunde, die Geschwister› | *Das Ehepaar hatte sich nach zwanzig Jahren vollkommen auseinandergelebt*

aus·ei·nan·der·neh·men VERB (*hat*) **etwas auseinandernehmen** etwas (Komplexes) in einzelne Teile zerlegen ‹einen Motor, ein Uhrwerk auseinandernehmen›

aus·ei·nan·der·rei·ßen VERB (*hat*) **1** **etwas auseinanderreißen** etwas in zwei oder mehr Teile reißen | *Wütend riss er den Brief auseinander* **2** **Dinge auseinanderreißen** Dinge mit Schwung schnell in verschiedene Richtungen voneinander wegbewegen | *die Arme auseinanderreißen* **3** **Personen auseinanderreißen** die Personen einer zusammengehörenden Gruppe voneinander trennen | *Durch die Scheidung der Eltern wurde die Familie auseinandergerissen*

aus·ei·nan·der·set·zen VERB (*hat*) **1** **jemandem etwas auseinandersetzen** jemandem einen komplizierten Vorgang oder Zusammenhang genau erklären | *Ich kann dir jetzt nicht diesen ganzen chemischen Prozess auseinandersetzen* **2** **sich mit etwas auseinandersetzen** sich intensiv mit etwas beschäftigen (um die eigene Meinung darüber zu überprüfen) | *sich kritisch mit der modernen Philosophie auseinandersetzen* **3** **sich mit jemandem auseinandersetzen** mit einer Person kritisch über ein Thema sprechen, zu dem diese eine andere Einstellung hat als man selbst

★ **Aus·ei·nan·der|set·zung** *die*; (-, -en) **1** **eine Auseinandersetzung (mit jemandem/etwas)** eine intensive und kritische Beschäftigung mit jemandem/etwas **2** **eine Auseinandersetzung (mit jemandem)** ein Streit oder Kampf (mit jemandem) ‹eine heftige, blutige, militärische Auseinandersetzung mit jemandem haben›

aus·ei·nan·der·zie·hen VERB (*hat*) **1** **Dinge auseinanderziehen** an zwei Dingen ziehen, damit sie sich voneinander wegbewegen | *die Betten auseinanderziehen* **2** **etwas auseinanderziehen** etwas durch Ziehen dehnen, größer machen ‹die Antenne, das Gummiband, das Akkordeon auseinanderziehen› **3** **etwas ist/Dinge sind auseinandergezogen** Teile einer Sache/Dinge liegen weit voneinander entfernt | *Das Dorf ist/Die Häuser des Ortes sind weit auseinandergezogen*

aus·er·ko·ren ADJEKTIV **(zu etwas) auserkoren** *geschrieben* zu etwas bestimmt oder ausgewählt | *Sie war (dazu) auserkoren, die Führung zu übernehmen*

aus·er·le·sen ADJEKTIV von bester Qualität ‹Weine› • hierzu **Aus·er·le·sen·heit** *die*

aus·er·se·hen VERB (ersah aus, hat ausersehen) **jemanden für/zu etwas ausersehen** *geschrieben* jemanden für eine Aufgabe auswählen ⟨dafür ausersehen sein⟩ H nur selten im Präteritum, meist im Passiv mit dem Hilfsverb *sein*

aus·er·wäh·len VERB (erwählte aus, hat auserwählt) **jemanden (zu etwas) auserwählen** *geschrieben* jemanden (aus einer Gruppe) für eine ganz besondere Aufgabe heraussuchen H nur selten im Präteritum • hierzu **Aus·er·wähl·te** *der/die*

★ **aus·fah·ren** VERB **1** **jemanden ausfahren** (*hat*) jemanden z. B. im Auto oder Kinderwagen zu seinem Vergnügen herumfahren ⟨ein kleines Kind ausfahren⟩ **2** **etwas ausfahren** (*hat*) Waren mit dem Auto transportieren und an verschiedene Kunden liefern **3** **etwas ausfahren** (*hat*) etwas nach außen gleiten lassen ⟨ein Tier fährt die Fühler, die Krallen aus; die Antenne, das Fahrwerk, die Landeklappen ausfahren⟩ **4** **etwas voll ausfahren** (*hat*) ein Fahrzeug so fahren, dass der Motor maximal belastet ist **5** **etwas wird ausgefahren** (*hat*) etwas wird durch starken Verkehr beschädigt | *Der Weg ist hier schon ganz ausgefahren* **6** **jemand fährt aus** (*ist*) jemand macht einen Ausflug mit einem Fahrzeug **7** **ein Schiff fährt aus** (*ist*) ein Schiff fährt auf das Meer hinaus

Aus·fah·rer *der* jemand, dessen Beruf es ist, Waren zu den Kunden zu fahren K Getränkeausfahrer, Paketausfahrer

★ **Aus·fahrt** *die* **1** eine Stelle, an der man aus einem Hof, einer Garage o. Ä. hinausfahren kann ⟨die Ausfahrt eines Hofes, eines Fabrikgeländes, einer Tiefgarage; die Ausfahrt frei halten; jemandem die Ausfahrt versperren⟩ ↔ *Einfahrt* K Hafenausfahrt **2** ein Weg, der von einem Hof, einer Garage o. Ä. zur öffentlichen Straße führt ↔ *Einfahrt* **3** eine Straße, in die man abbiegt, um die Autobahn zu verlassen ↔ *Auffahrt* K Autobahnausfahrt **4** eine Fahrt zum Vergnügen und ohne Ziel, meist mit einer Pferdekutsche oder einem besonderen Auto | *eine Ausfahrt mit dem Cabriolet/um den See machen* **5** das Wegfahren vom Land aufs Meer hinaus **6** das Wegfahren aus einem begrenzten Raum (z. B. einem Bahnhof) ⟨die Ausfahrt freigeben⟩ ↔ *Einfahrt* | *Die Ausfahrt des Zuges verzögert sich um 10 Minuten*

Aus·fall *der* **1** *nur Singular* der Verlust von Haaren oder Zähnen auf natürliche Weise K Haarausfall **2** *meist Singular* der Umstand, dass etwas Erwartetes oder Geplantes nicht stattfindet ⟨der Ausfall des Unterrichts, einer Veranstaltung⟩ | *der Ausfall des Fußballspiels wegen Regens* **3** ein unerwartet schlechtes Ergebnis ⟨Ausfälle in der Produktion⟩ **4** die Situation, in der jemand für eine begrenzte Zeit nicht mehr arbeitet oder etwas nicht mehr funktioniert ⟨der Ausfall eines Mitarbeiters, eines Triebwerks⟩ K Stromausfall **5** das Durchbrechen einer Blockade oder Belagerung ⟨einen Ausfall wagen, unternehmen⟩

★ **aus·fal·len** VERB (*ist*) **1** **etwas fällt (jemandem/einem Tier) aus** etwas löst sich wegen des Alters oder einer Krankheit vom Körper ⟨die Haare, die Zähne, die Federn⟩ | *Ihm fielen schon früh die Haare aus* **2** **etwas fällt aus** etwas findet nicht statt ⟨ein Konzert, der Unterricht, eine Fernsehsendung⟩ **3** **etwas fällt aus** etwas funktioniert nicht mehr ⟨der Strom, ein Signal, eine Maschine⟩ **4** (vor allem wegen Krankheit) nicht arbeiten können, nicht zur Verfügung stehen **5** **etwas fällt irgendwie aus** etwas ist am Ende irgendwie, hat das genannte Ergebnis | *Die Ernte fiel schlecht aus* | *Das Urteil fiel milde aus*

aus·fal·lend ■ PARTIZIP PRÄSENS **1** → ausfallen ■ ADJEKTIV **2** **ausfallend (gegen jemanden)** stark beleidigend, sehr unverschämt ⟨ausfallend werden; eine Bemerkung⟩

aus·fäl·lig ADJEKTIV *meist prädikativ* ≈ *ausfallend*

Aus·fall(s)|tor *das* ein Ort (z. B. ein Hafen), von dem aus viele wichtige Verkehrsverbindungen ins Ausland gehen | *Hamburg ist das Ausfall(s)tor zum Atlantik*

Aus·fall|stra·ße *die* eine mehrspurige Straße für den Verkehr, der aus einer Stadt hinausgeht

aus·fech·ten VERB (*hat*) **etwas ausfechten** etwas sehr intensiv diskutieren oder über etwas streiten ⟨einen Kampf, eine Meinungsverschiedenheit o. Ä. ausfechten⟩

aus·fe·gen VERB (*hat*) **etwas ausfegen** ≈ *auskehren*

aus·fei·len VERB (*hat*) **1** **etwas ausfeilen** etwas mit der Feile herstellen oder bearbeiten **2** **etwas ausfeilen** etwas bereits Geschaffenes bis ins kleinste Detail sorgfältig verbessern ⟨ein Gedicht, eine Ansprache, einen Text ausfeilen⟩ H meist im Passiv mit dem Hilfsverb *sein*

aus·fer·ti·gen VERB (*hat*) **etwas ausfertigen** *admin* ein Dokument schreiben und mit Unterschrift und Siegel versehen ⟨einen Pass, eine Urkunde ausfertigen⟩

Aus·fer·ti·gung *die* **1** *meist Singular* das Ausfertigen eines wichtigen oder amtlichen Dokuments **2** ein Exemplar eines wichtigen oder amtlichen Dokuments | *die Formulare in zweifacher Ausfertigung abgeben*

aus·fin·dig ADJEKTIV **jemanden/etwas ausfindig machen** jemanden/etwas nach langem Suchen und Fragen finden | *die ehemaligen Schulkameraden ausfindig machen*

aus·flie·gen VERB **1** **jemanden/etwas (aus etwas) ausfliegen** (*hat*) jemanden/etwas im Flugzeug wegbringen oder abtransportieren | *Verletzte aus dem Erdbebengebiet ausfliegen* **2** **etwas ausfliegen** (*hat*) ein Flugzeug bis zur Grenze der Leistungsfähigkeit fliegen **3** **ein Vogel fliegt aus** (*ist*) ein Vogel verlässt das Nest ■ ID **Alle sind ausgeflogen** *gesprochen* niemand ist zu Hause

aus·flie·ßen VERB (*ist*) **1** **etwas fließt aus** etwas fließt durch ein Loch o. Ä. aus einem Behälter ⟨Öl, Benzin⟩ **2** **etwas fließt aus** etwas verliert durch ein Loch o. Ä. Flüssigkeit ⟨ein Fass, ein Tank⟩

aus·flip·pen VERB (flippte aus, ist ausgeflippt); *gesprochen* **1** (vor allem wegen starker Belastung oder der Wirkung von Drogen) wütend und aggressiv werden | *Wenn du das noch mal sagst, flippe ich aus!* **2** laut jubeln, tanzen usw., weil man sich über etwas sehr freut | *Nach dem Sieg flippte er total aus*

Aus·flucht *die*; (-, Aus·flüch·te); *meist Plural*; *geschrieben* **1** ⟨immer neue Ausflüchte gebrauchen/erfinden⟩ ≈ *Ausrede* **2** **Ausflüchte machen** Ausreden gebrauchen

★ **Aus·flug** *der* eine Wanderung oder Fahrt zu einem interessanten Ort | *einen Ausflug in die Berge machen* K Ausflugsdampfer, Ausflugsfahrt, Ausflugsort, Ausflugsverkehr; Sonntagsausflug • hierzu **Aus·flüg·ler** *der*

Aus·flugs|lo·kal *das* ein Lokal, das bei Ausflügen häufig besucht wird (weil es z. B. schön gelegen ist)

Aus·fluss *der*; *meist Singular* **1** eine Flüssigkeit, die aus einer Wunde oder aus Öffnungen des Körpers fließt **2** *geschrieben* **ein Ausfluss** +*Genitiv* eine unmittelbare Folge oder Auswirkung | *ein Ausfluss der Fantasie* **3** ≈ *Abfluss*

aus·for·mu·lie·ren VERB (formulierte aus, hat ausformuliert) **etwas ausformulieren** etwas genau und sorgfältig formulieren | *Sein Vortrag war bis ins Detail ausformuliert*

aus·for·schen VERB (*hat*) **1** **etwas ausforschen** etwas durch ständiges Forschen und Suchen herausfinden **2** **jemanden ausforschen** Ⓐ jemanden (durch die Polizei) suchen lassen und finden • hierzu **Aus·for·schung** *die*

aus·fra·gen VERB (*hat*) **jemanden (über eine Person/Sache) ausfragen** jemandem viele, auch unangenehme und persönliche Fragen stellen | *Seine Mutter fragt ihn ständig über seine neue Freundin aus*

aus·fran·sen VERB (franste aus, ist ausgefranst) **etwas franst aus** etwas verliert am Rand kleine Fäden (Fransen) ⟨eine

Hose, ein Rock⟩ | *ausgefranste Jeans*

aus·fres·sen VERB *(hat)* **etwas ausgefressen haben** *gesprochen* etwas Verbotenes getan haben | *Was hat der Hund/der Kleine ausgefressen?*

Aus·fuhr *die;* (-, -en) **1** *nur Singular* das Verkaufen von Waren an das Ausland ⟨die Ausfuhr von Waren, Devisen; die Ausfuhr beschränken, erleichtern, verbieten⟩ ≈ *Export* **K** Ausfuhrbestimmungen, Ausfuhrgenehmigung, Ausfuhrquote, Ausfuhrverbot, Ausfuhrzoll; Getreideausfuhr **2** die exportierte Ware

★ **aus·füh·ren** VERB *(hat)*
▸handeln: **1** **etwas ausführen** etwas in die Tat umsetzen oder machen ⟨einen Befehl, einen Plan, eine Idee ausführen⟩ **2** **etwas ausführen** die genannte Arbeit machen ⟨eine Reparatur, eine Operation, ein Experiment ausführen⟩
▸aus dem Haus: **3** **jemanden ausführen** jemanden zum gemeinsamen Besuch eines Lokals, einer Veranstaltung o. Ä. einladen und mitnehmen | *eine junge Frau zum Essen/zum Tanz ausführen* **4** **jemanden ausführen** jemanden zu einem Spaziergang mitnehmen und dabei meist an der Hand führen ⟨Behinderte, Blinde ausführen⟩ **5** **einen Hund ausführen** mit einem Hund spazieren gehen
▸aus dem Land: **6** **etwas ausführen** etwas exportieren ⟨Rohstoffe, Getreide, Waren ausführen⟩
▸in Details: **7** **etwas ausführen** detailliert über etwas sprechen oder schreiben ⟨eine Idee, eine Theorie näher ausführen⟩ • zu (1,2) **aus·führ·bar** ADJEKTIV

★ **aus·führ·lich** ADJEKTIV sehr genau, mit vielen Details ⟨eine Beschreibung, ein Bericht; etwas ausführlich erläutern⟩ • hierzu **Aus·führ·lich·keit** *die*

Aus·füh·rung *die* **1** *nur Singular* das Ausführen oder die Realisierung ⟨die Ausführung eines Plans, eines Auftrags⟩ **2** die Art, in der Produkte gemacht sind oder wie gut das verwendete Material ist ⟨eine einfache, exklusive Ausführung⟩ | *Küchen in verschiedenen Ausführungen* **K** Luxusausführung, Sonderausführung, Qualitätsausführung **3** die Art und Weise, wie eine Bewegung gemacht wird **4** *nur Plural* ein (ziemlich langer) Bericht, eine Erklärung oder Rede | *jemandes Ausführungen aufmerksam zuhören* **5** **etwas kommt/gelangt zur Ausführung** *geschrieben* etwas wird getan oder erledigt ⟨ein Vorhaben, ein Plan⟩

★ **aus·fül·len** VERB *(hat)* **1** **etwas (mit etwas) ausfüllen** etwas (mit etwas) füllen oder vollmachen | *Sein Gepäck füllte den ganzen Kofferraum aus* **2** **etwas ausfüllen** Antworten auf die Fragen in einem Text oder Informationen in die Lücken schreiben ⟨ein Formular, einen Fragebogen, einen Scheck ausfüllen⟩ **3** **etwas füllt jemanden aus** etwas beschäftigt eine Person stark (und gibt ihr dabei Zufriedenheit) | *Sein Beruf als Manager füllt ihn völlig aus*

★ **Aus·ga·be** *die*
▸finanziell: **1** *meist Plural* eine Summe, die man für etwas zahlen muss ⟨die Ausgaben beschränken, kürzen⟩ ↔ *Einnahmen* **K** Ausgabenpolitik; Staatsausgaben, Verteidigungsausgaben **2** **laufende Ausgaben** Geld (z. B. für die Miete), das man regelmäßig zahlen muss ↔ *Einkünfte*
▸Aktion: **3** *nur Singular* das Verteilen von Essen, Fahrkarten, Gepäck usw. **K** Bücherausgabe, Warenausgabe **4** *nur Singular* die Bekanntgabe von Befehlen usw. **K** Befehlsausgabe
▸von Büchern, Zeitschriften: **5** die Form, in der ein Buch veröffentlicht wird ⟨die erste, zweite, neueste Ausgabe; eine illustrierte, kommentierte, ungekürzte Ausgabe⟩ | *Goethes „Faust" in der Ausgabe von 1808* **K** Gesamtausgabe **6** die Nummer oder Folge einer Zeitung, Zeitschrift oder einer regelmäßigen Sendung (z. B. im Fernsehen) | *die heutige Ausgabe des „Spiegels"* | *die letzte Ausgabe der Tagesschau* **K** Abendausgabe, Samstagsausgabe, Wochenendausgabe

★ **Aus·gang** *der* **1** die Tür, durch die man einen Raum oder ein Gebäude verlässt ↔ *Eingang* | *Alle Ausgänge waren versperrt* **K** Ausgangstor, Ausgangstür; Hauptausgang, Hinterausgang, Nebenausgang, Notausgang, Seitenausgang **2** die Stelle, an der eine Fläche, ein Gebiet o. Ä. endet ⟨am Ausgang des Dorfes, Waldes⟩ **K** Ortsausgang **3** die Stelle, an der ein Organ endet oder in ein anderes Organ übergeht ⟨der Ausgang des Darms, des Magens⟩ **4** *nur Singular* (bei Soldaten) die Erlaubnis, nach dem Dienst die Kaserne zu verlassen ⟨Ausgang haben⟩ **K** Ausgangssperre **5** *nur Singular* die Art und Weise, wie etwas endet ⟨ein (un)glücklicher, überraschender Ausgang⟩ ≈ *Ende* | *ein Unfall mit tödlichem Ausgang* **K** Prozessausgang, Wahlausgang **6** *geschrieben nur Singular* der letzte Teil eines langen Zeitabschnitts ⟨am Ausgang des Mittelalters, einer Epoche⟩ ↔ *Anfang*

Aus·gangs|po·si·ti·on *die* **eine Ausgangsposition (für etwas)** die Situation, in der sich jemand am Anfang (z. B. einer Tätigkeit) befindet | *eine gute Ausgangsposition für einen Wettkampf haben*

★ **Aus·gangs|punkt** *der* die Stelle oder der Ort, wo etwas anfängt oder die Grundlage, von der man ausgeht ⟨der Ausgangspunkt einer Reise, eines Ausflugs, einer Rede; zum Ausgangspunkt zurückkehren⟩ ↔ *Ziel*

★ **aus·ge·ben** VERB *(hat)* **1** **etwas (für etwas) ausgeben** Geld zahlen, um eine Ware oder Leistung zu bekommen | *Er gibt im Monat 100 Euro für sein Hobby aus* **2** **Dinge (an Personen) ausgeben** Dinge an mehrere Personen verteilen | *Essen/Getränke/Gutscheine an die Mitarbeiter ausgeben* **3** **etwas gibt etwas aus** eine Institution produziert und verteilt große Mengen einer Sache ⟨Briefmarken, Banknoten ausgeben⟩ **4** **etwas ausgeben** etwas bekannt machen ⟨einen Befehl, eine Parole o. Ä. ausgeben⟩ **5** **(jemandem) etwas ausgeben** jemanden zu einem Getränk einladen | *den Freunden eine Runde Bier ausgeben* **6** **(jemandem) einen ausgeben** *gesprochen* einer Person oder für jeden am Tisch ein Getränk bezahlen **7** **jemanden/etwas für/als etwas ausgeben** sagen, dass eine Person oder Sache eine andere Person oder Sache ist, um jemanden zu täuschen | *ein Schmuckstück als Handarbeit/für echtes Gold ausgeben* | *Um sie zu beeindrucken, gab er sich als Arzt aus*

aus·ge·bombt ADJEKTIV (nach einem Fliegerangriff) durch Bomben völlig zerstört ⟨Häuser, eine Stadt⟩

aus·ge·brannt ■ PARTIZIP PERFEKT **1** → ausbrennen
■ ADJEKTIV **2** *gesprochen* physisch oder psychisch am Ende

aus·ge·bucht ADJEKTIV so, dass es keine Plätze mehr gibt | *Der Flug nach New York ist bereits ausgebucht*

aus·ge·bufft ADJEKTIV; *gesprochen, oft abwertend* schlau und erfahren ⟨ein Geschäftsmann⟩

Aus·ge·burt *die; geschrieben, abwertend* **1** **eine Ausgeburt** +*Genitiv* etwas meist Schlechtes oder Abnormes, das sich jemand ausdenkt ⟨die Ausgeburt eines kranken Hirns/Geistes, einer schmutzigen Fantasie⟩ **2** **eine Ausgeburt von etwas** verwendet, um jemanden in Bezug auf eine schlechte Eigenschaft zu bezeichnen | *Er ist eine Ausgeburt von Geschwätzigkeit*

aus·ge·dient PARTIZIP PERFEKT **etwas hat ausgedient** etwas wird nach langer Zeit nicht mehr gebraucht, ist nutzlos

aus·ge·fal·len ■ PARTIZIP PERFEKT **1** → ausfallen
■ ADJEKTIV **2** ganz anders, als die Leute erwarten ⟨ein Kleid, eine Idee⟩

aus·ge·flippt ■ PARTIZIP PERFEKT **1** → ausflippen
■ ADJEKTIV **2** *gesprochen* sehr auffällig und nicht an die gesellschaftlichen Konventionen angepasst ⟨Mode, ein Kleid,

ein Typ⟩

aus·ge·fuchst ADJEKTIV; *gesprochen* **1** schlau und geschickt ⟨ein Geschäftsmann, ein Kenner, ein Profi, ein Spezialist⟩ ≈ *clever* | *Nur ein besonders ausgefuchster Anwalt könnte ihn jetzt noch retten* **2** besonders klug ausgedacht und angewendet ≈ *raffiniert* | *Erfolg durch ausgefuchste Technik*

aus·ge·gli·chen ■ PARTIZIP PERFEKT **1** → ausgleichen ■ ADJEKTIV **2** ohne starke Schwankungen, gleichmäßig oder ruhig ⟨ein Klima, ein Charakter⟩ **3** mit einer gleichmäßigen Verteilung von positiven und negativen Seiten oder Aspekten ⟨eine Bilanz, ein Spiel⟩ ● zu (2,3) **Aus·ge·gli·chen·heit** *die*

★ **aus·ge·hen** VERB *(ist)* **1** **(mit jemandem) ausgehen** abends (mit jemandem) zu einer Veranstaltung, in ein Lokal o. Ä. gehen **2** **etwas geht (jemandem) aus** etwas geht zu Ende (obwohl es noch gebraucht wird) ⟨das Geld, die Geduld, die Kraft geht jemandem aus⟩ | *Mir ist das Benzin ausgegangen* **3** **etwas geht aus** etwas hört auf, in Funktion zu sein, zu leuchten oder zu brennen ⟨der Fernseher, das Radio, der Motor, das Licht, die Kerze, das Feuer⟩ ↔ *angehen* **4** **etwas geht irgendwie aus** etwas endet auf die genannte Weise ↔ *anfangen* | *Wie ist die Sache ausgegangen?* | *Wenn das nur gut ausgeht!* **5** **etwas geht von irgendwo aus** etwas beginnt irgendwo | *Von Rom ausgehend führt die Bahnlinie nach Verona* **6** **etwas geht von jemandem/etwas aus** etwas wird von jemandem/etwas ausgestrahlt oder verbreitet ⟨Ruhe, Sicherheit⟩ **7** **etwas geht von jemandem aus** jemand organisiert etwas oder sorgt dafür, dass etwas geschieht | *Diese Umfrage geht vom Ministerium aus* **8** **von etwas ausgehen** etwas voraussetzen, etwas als Basis betrachten | *Ich gehe davon aus, dass alle einverstanden sind* **9** ⟨die Federn, die Haare, die Zähne⟩ **gehen (jemandem/einem Tier) aus** sie lösen sich aufgrund des Alters oder einer Krankheit vom Körper
■ ID → leer

aus·ge·hend ■ PARTIZIP PRÄSENS **1** → ausgehen ■ ADJEKTIV **2** *meist attributiv* zu Ende gehend ⟨die Epoche⟩ | *das ausgehende Mittelalter*

aus·ge·hun·gert ■ PARTIZIP PERFEKT **1** → aushungern ■ ADJEKTIV **2** *gesprochen* mit sehr großem Hunger **3** durch langes Hungern völlig erschöpft | *Die Kriegsgefangenen waren völlig ausgehungert*

aus·ge·klü·gelt ADJEKTIV; *gesprochen* besonders klug ausgedacht und angewendet ⟨eine Konstruktion, ein Plan, ein System⟩ ≈ *raffiniert*

aus·ge·kocht ■ PARTIZIP PERFEKT **1** → auskochen ■ ADJEKTIV **2** *gesprochen* mit vielen Tricks arbeitend ⟨ein Betrüger, ein Gauner⟩ **3** (durch zu langes Kochen) geschmacklos

aus·ge·las·sen ■ PARTIZIP PERFEKT **1** → auslassen ■ ADJEKTIV **2** übermütig, wild und fröhlich ⟨Kinder; eine Stimmung; ausgelassen herumspringen, toben, tanzen⟩ ● zu (2) **Aus·ge·las·sen·heit** *die*

aus·ge·latscht ADJEKTIV; *gesprochen* ⟨Schuhe⟩ so lange getragen, dass sie ihre Form verloren haben

aus·ge·lit·ten PARTIZIP PERFEKT **ausgelitten haben** *euphemistisch* nach schwerer und langer Krankheit gestorben sein

aus·ge·macht ■ PARTIZIP PERFEKT **1** → ausmachen ■ ADJEKTIV **2** *abwertend meist attributiv* tatsächlich und deutlich | *Das ist doch ausgemachter Blödsinn!* | *Ich halte das für eine ausgemachte Sauerei*

aus·ge·mer·gelt ADJEKTIV (durch Krankheit oder lange, große Anstrengung) sehr mager geworden ⟨eine Gestalt; Gefangene, Kranke; ausgemergelt aussehen⟩

★ **aus·ge·nom·men** ■ PARTIZIP PERFEKT **1** → ausnehmen ■ BINDEWORT **2** das, was nach *ausgenommen* gesagt wird, relativiert die meist allgemeine Aussage des Hauptsatzes ≈ *außer* | *Ich fahre morgen in Urlaub, ausgenommen es kommt noch etwas dazwischen* | *Sie ist immer guter Laune, ausgenommen vielleicht vor dem Frühstück* ■ Wortstellung wie im Hauptsatz ■ PRÄPOSITION **3** so, dass etwas auf alle/alles zutrifft, nur nicht auf das, worauf sich *ausgenommen* bezieht ≈ *außer* | *Alle waren gekommen, ausgenommen der Präsident* ■ Der Kasus richtet sich nach dem Kasus des Wortes, auf das sich *ausgenommen* bezieht: *Sie machte uns allen Geschenke, ausgenommen ihm*; bei Nachstellung steht meist der Akkusativ: *Sie machte uns allen Geschenke, ihn ausgenommen.*

aus·ge·po·wert [-paυɐt] ADJEKTIV; *gesprochen* sehr erschöpft

aus·ge·prägt ADJEKTIV deutlich, stark ausgebildet ⟨ein Kinn, ein Profil, eine Vorliebe⟩ ● hierzu **Aus·ge·prägt·heit** *die*

aus·ge·pumpt ADJEKTIV völlig erschöpft

★ **aus·ge·rech·net** ■ PARTIZIP PERFEKT **1** → ausrechnen ■ PARTIKEL **2** *unbetont* so, dass man etwas von der genannten Person nicht erwartet hätte (und deswegen überrascht oder verärgert ist) | *Ausgerechnet in Renate musste er sich verlieben!* | *Ausgerechnet du musst das sagen!* **3** **ausgerechnet** +*Zeitangabe unbetont* verwendet, um zu sagen, dass etwas zu einem sehr ungünstigen oder unpassenden Zeitpunkt passiert | *Ausgerechnet heute bin ich krank, wo ich doch einen wichtigen Termin habe!* | *Ausgerechnet wenn wir mal ins Kino gehen wollen, kommt Besuch!* **4** *unbetont* so, dass man etwas für nicht wahrscheinlich hält | *Warum sollte jemand ausgerechnet mein Auto stehlen?* | *Es wird schon nicht ausgerechnet heute regnen*

aus·ge·schlos·sen ■ PARTIZIP PERFEKT **1** → ausschließen ■ ADJEKTIV **2** *meist prädikativ* ≈ *unmöglich* | *Es ist ganz ausgeschlossen, dass er den Titel gewinnt* | *Ein Irrtum ist ausgeschlossen*

aus·ge·schnit·ten ■ PARTIZIP PERFEKT **1** → ausschneiden ■ ADJEKTIV **2** mit einem großen Ausschnitt ⟨eine Bluse, ein Kleid; tief, weit ausgeschnitten⟩

aus·ge·sorgt PARTIZIP PERFEKT **ausgesorgt haben** nie mehr arbeiten müssen, um Geld zu verdienen | *Durch den Lottogewinn hat er jetzt ausgesorgt*

★ **aus·ge·spro·chen** ■ PARTIZIP PERFEKT **1** → aussprechen ■ ADJEKTIV **2** *meist attributiv* sehr groß oder besonders auffällig | *Sie hat eine ausgesprochene Vorliebe für Schokolade* | *Das war wirklich ausgesprochenes Glück* **3** verwendet, um Adjektive oder Adverbien zu verstärken ≈ *sehr* | *Es war ausgesprochen nachlässig von ihnen, das Haus nicht abzuschließen* | *Ich finde dieses Handbuch ausgesprochen hilfreich*

aus·ge·stal·ten VERB *(hat)* **etwas ausgestalten** einer Sache eine besondere Form geben ⟨ein Thema, eine Feier, einen Raum ausgestalten⟩ ● hierzu **Aus·ge·stal·tung** *die*

aus·ge·stor·ben ■ PARTIZIP PERFEKT **1** → aussterben ■ ADJEKTIV **2** ohne Lebewesen oder ohne Menschen | *Nachts wirkt die Stadt wie ausgestorben*

aus·ge·sucht ■ PARTIZIP PERFEKT **1** → aussuchen ■ ADJEKTIV **2** *meist attributiv* von hervorragender Qualität ⟨Wein, Speisen⟩ **3** *geschrieben meist attributiv* so, dass man mehr tut, als nötig oder üblich ist ≈ *betont* | *jemanden mit ausgesuchter Höflichkeit behandeln*

aus·ge·träumt PARTIZIP PERFEKT **ein Traum ist ausgeträumt** jemand hat die Hoffnung auf etwas verloren

aus·ge·wach·sen [-ks-] ■ PARTIZIP PERFEKT **1** → auswachsen ■ ADJEKTIV **2** ⟨Tiere⟩ so, dass sie nicht mehr weiter wachsen, größer werden **3** *gesprochen meist attributiv* sehr groß ⟨Blödsinn⟩

aus·ge·wählt ■ PARTIZIP PERFEKT **1** → auswählen ■ ADJEKTIV **2** *meist attributiv* (als Bestes) ausgesucht | *Goethes ausgewählte Gedichte*

aus·ge·wa·schen ■ PARTIZIP PERFEKT **1** → auswaschen ■ ADJEKTIV **2** so oft gewaschen, dass die Farbe hell geworden ist ⟨eine Jeans⟩

aus·ge·wo·gen ■ PARTIZIP PERFEKT **1** → auswiegen ■ ADJEKTIV **2** in einem Zustand des Gleichgewichts ⟨eine Politik, ein Charakter, ein Verhältnis⟩ • zu (2) **Aus·ge·wo·gen·heit** *die*

★ **aus·ge·zeich·net** ■ PARTIZIP PERFEKT **1** → auszeichnen ■ ADJEKTIV **2** sehr gut | *Sie singt ausgezeichnet* | *Er ist ein ausgezeichneter Reiter* | *Das Essen schmeckt ausgezeichnet*

aus·gie·big ADJEKTIV so, dass es mehr als genug ist ≈ *reichlich* | *ein ausgiebiges Frühstück* | *von einer Möglichkeit ausgiebig Gebrauch machen* • hierzu **Aus·gie·big·keit** *die*

aus·gie·ßen VERB *(hat)* **1** **etwas ausgießen** eine Flüssigkeit aus einem Gefäß gießen | *den Wein ausgießen* **2** **etwas ausgießen** ein Gefäß (in dem Flüssigkeit ist) leeren | *eine Flasche ausgießen* **3** **etwas (mit etwas) ausgießen** ein Loch oder eine Form mit etwas Flüssigem füllen

★ **Aus·gleich** *der*; (-(e)s, -e); *meist Singular* **1** ein Kompromiss zwischen verschiedenen Interessen oder Ansichten ⟨einen Ausgleich herbeiführen, anstreben⟩ **2** etwas, das einen Verlust oder Mangel ausgleicht | *Als Ausgleich für seine Überstunden erhält er zwei Tage frei* **K** Ausgleichssport **3** das Erreichen der gleichen Zahl von Punkten | *Lahm erzielte den Ausgleich zum 2 : 2 in der 90. Minute*

★ **aus·glei·chen** VERB *(hat)* **1** **Dinge ausgleichen** Unterschiede zwischen Dingen verschwinden lassen ⟨Differenzen, Meinungsverschiedenheiten ausgleichen⟩ **2** **etwas (durch etwas) ausgleichen** wenn man einen Nachteil durch etwas Positives ausgleicht, wird der Nachteil weniger wichtig oder verliert seine Wirkung | *Er gleicht seine mangelnde technische Begabung durch viel Fleiß aus* **3** selbst Punkte oder Tore erzielen, bis man genauso viele hat wie der Gegner | *zum 2 : 2 ausgleichen* **4** **etwas gleicht sich aus** zwischen zwei Dingen besteht ein Gleichgewicht | *Einmal hilft er mir und einmal ich ihm, das gleicht sich eigentlich immer irgendwie aus*

Aus·gleichs·man·dat *das*; ⓓ ein Sitz im Bundestag, den eine Partei zum Ausgleich dafür bekommt, dass eine andere Partei durch persönlich gewählte Abgeordnete mehr Sitze bekommen hat, als ihr vom Stimmenanteil her zustehen

aus·glei·ten VERB *(ist)* **1** (beim Gehen über eine glatte Stelle) das Gleichgewicht verlieren und fallen ⟨auf Glatteis, auf einer Bananenschale ausgleiten⟩ **2** **etwas gleitet jemandem aus** etwas rutscht jemandem plötzlich aus der Hand | *Er verletzte sich am Bein, weil ihm die Axt ausgeglitten war*

aus·gra·ben VERB *(hat)* **1** **etwas ausgraben** etwas durch Graben aus der Erde nehmen ⟨eine Pflanze, einen Schatz ausgraben⟩ **2** **etwas ausgraben** etwas finden, das unter vielen anderen Dingen versteckt ist ⟨alte Briefe, Fotos ausgraben⟩ **3** **etwas ausgraben** längst vergessene Tatsachen wieder in Erinnerung rufen | *Erinnerungen aus der Jugendzeit wieder ausgraben* **4** **(etwas) ausgraben** durch Graben alte Paläste, Gräber usw. freilegen | *Seit fast 200 Jahren wird in Pompeji ausgegraben* **H** meist im Passiv

Aus·gra·bung *die*; (-, -en) **1** das Freilegen von Gebäuden und antiken Gegenständen, die unter der Erde sind ⟨eine Ausgrabung leiten⟩ **2** etwas, das ausgegraben worden ist | *gut erhaltene Ausgrabungen aus vorchristlicher Zeit* **3** eine Stelle, an der Ruinen, Gräber usw. aus früheren Zeiten gefunden und freigelegt wurden

aus·gu·cken VERB *(hat)*; *gesprochen* **1** **nach jemandem/etwas ausgucken** jemanden oder etwas mit den Augen suchen **2** **irgendwie ausgucken** ≈ *aussehen*

Aus·guss *der* **1** das Becken in der Küche, in das man Flüssigkeiten schüttet **2** das Rohr eines Beckens, durch welches das Wasser abfließt

aus·ha·ben VERB *(hat)*; *gesprochen* **1** **etwas aushaben** ein Kleidungsstück ausgezogen haben ⟨den Mantel, die Hose, den Rock aushaben⟩ **2** **etwas aushaben** etwas zu Ende gelesen haben ⟨ein Buch, eine Zeitschrift⟩ **3** **etwas aushaben** ein elektrisches Gerät ausgeschaltet haben | *den Fernsehapparat aushaben* **4** mit der Arbeit oder mit dem Unterricht fertig sein | *Wir haben heute schon um 11 Uhr aus*

aus·ha·ken VERB *(hat)* **etwas aushaken** etwas durch Lösen eines Hakens öffnen oder von etwas losmachen ⟨eine Kette, einen Fensterladen aushaken⟩ ■ ID **bei jemandem hakt es aus** *gesprochen* **a** jemand versteht/begreift etwas nicht mehr **b** jemand verliert die Nerven

aus·hal·ten VERB *(hat)* **1** **etwas aushalten** schwierige Bedingungen o. Ä. ertragen können ⟨Hunger, Kälte, Schmerzen aushalten müssen⟩ | *die Hitze nicht länger aushalten können* | *Dieser Wagen hält große Belastungen aus* | *Wie hältst du es nur aus, in dieser Hitze zu arbeiten?* **2** **es irgendwo aushalten** *gesprochen* einen Zustand, eine Situation an einem Ort ertragen können | *Er hält es in der Stadt nicht mehr aus* **H** meist verneint oder in Fragesätzen **3** **jemanden aushalten** *gesprochen, abwertend* alles für eine Person bezahlen, zu der man meist eine sexuelle Beziehung hat | *Seit er arbeitslos ist, lässt er sich von seiner Freundin aushalten* ■ ID **Hier/So lässt es sich (gut) aushalten** *gesprochen, humorvoll* hier/so ist es sehr angenehm

aus·han·deln VERB *(hat)* **etwas aushandeln** etwas in Verhandlungen erreichen oder beschließen ⟨einen Preis, einen Vertrag, einen Kompromiss o. Ä. aushandeln⟩ • hierzu **Aus·hand·lung** *die*

aus·hän·di·gen VERB (händigte aus, hat ausgehändigt) **(jemandem) etwas aushändigen** einem Berechtigten etwas offiziell übergeben ⟨jemandem ein Einschreiben, eine Urkunde, einen Schlüssel aushändigen⟩ • hierzu **Aus·hän·di·gung** *die*

Aus·hang *der* eine öffentliche Information, die man an einem dafür bestimmten Platz lesen kann ⟨etwas durch Aushang bekannt geben⟩ | *Bitte beachten Sie den Aushang am Schwarzen Brett!*

aus·hän·gen[1] VERB (hängte aus, hat ausgehängt) **1** **etwas aushängen** etwas aus der Befestigung heben ⟨einen Fensterladen aushängen⟩ **2** **etwas (irgendwo) aushängen** eine öffentliche Information an einer dafür bestimmten Stelle aufhängen

aus·hän·gen[2] VERB (hing aus, hat ausgehangen) **etwas hängt aus** etwas hängt an einer für alle sichtbaren Stelle ⟨die Speisekarte, der Fahrplan, die Ankündigung⟩

Aus·hän·ge|schild *das* eine Person oder Sache, die man öffentlich vorzeigt, um einen guten Eindruck zu machen ⟨als Aushängeschild dienen⟩

aus·har·ren VERB *(hat)*; *geschrieben* unter schwierigen Bedingungen (irgendwo) bleiben | *noch eine Weile ausharren*

aus·häu·sig ADJEKTIV nicht zu Hause ⟨Aktivitäten, Kinderbetreuung; aushäusig sein, essen, übernachten⟩

aus·he·ben VERB *(hat)* **1** **etwas ausheben** etwas durch das Herausgraben von Erde schaffen ⟨eine Grube, einen Schacht o. Ä. ausheben⟩ ≈ *zuschütten* **2** **jemanden ausheben** eine Person in ihrem Versteck finden und verhaften ⟨eine Gangsterbande ausheben⟩ **3** **etwas ausheben** das Versteck einer Gruppe von Verbrechern entdecken | *einen*

Unterschlupf für Terroristen ausheben ● hierzu **Aus·he·bung** *die*

aus·he·cken VERB (heckte aus, hat ausgeheckt) **etwas aushecken** etwas (meist Unerwünschtes) ausdenken und planen ⟨einen Plan, eine Dummheit, eine List aushecken⟩

aus·hei·len VERB **1** **etwas ausheilen** *(hat)* eine Krankheit heilen | *Der Arzt hat ihre Grippe völlig ausgeheilt* **2** **etwas heilt aus** *(ist)* etwas wird wieder besser, gesund ⟨eine Verletzung⟩

aus·hel·fen VERB *(hat)* **1** **(irgendwo) aushelfen** eine fehlende Arbeitskraft (vorübergehend) ersetzen **2** **jemandem (mit etwas) aushelfen** einer Person eine Kleinigkeit geben oder leihen, die sie gerade braucht | *Können Sie mir mit einer Briefmarke aushelfen?* ● zu (1) **aus·hilfs·wei·se** ADVERB

Aus·hil·fe *die* **1** *meist Singular* die zeitlich begrenzte Mitarbeit ⟨jemanden zur Aushilfe suchen⟩ **K** Aushilfskellner **2** eine Person, die nur vorübergehend irgendwo mitarbeitet oder jemanden vertritt

Aus·hilfs|kraft *die* ≈ *Aushilfe*

aus·höh·len VERB (höhlte aus, hat ausgehöhlt) **1** **jemand/etwas höhlt etwas aus** jemand gräbt ein Loch in etwas, etwas macht etwas im Inneren hohl | *Die Felsen werden von der Brandung ausgehöhlt* **2** **etwas höhlt etwas aus** *geschrieben* etwas schwächt oder verschlechtert etwas ⟨etwas höhlt jemandes Ansehen, Gesundheit aus⟩ ● zu (1) **Aus·höh·lung** *die*

aus·ho·len VERB *(hat)* **1** den Arm oder Fuß weit nach hinten bewegen, um Schwung zu bekommen ⟨weit ausholen; zum Schlag, zum Tritt, zum Wurf ausholen⟩ | *mit dem Schläger ausholen* **2** **zu etwas ausholen** sich bereit machen, etwas zu tun ⟨zum Befreiungsschlag, zum Gegenschlag, zum Gegenangriff ausholen⟩ **3** große Schritte machen ⟨kräftig, mächtig, weit ausholen⟩ **4** **weit(er) ausholen** bei einer Erzählung weit von vorn beginnen | *Um das zu erklären, muss ich weiter ausholen* **5** **jemanden ausholen** *gesprochen* ≈ *aushorchen*

aus·hor·chen VERB *(hat)* **jemanden aushorchen** jemandem (unauffällig) viele Fragen stellen, um eine Information zu bekommen

aus·hun·gern VERB *(hat)* **1** **jemanden aushungern** in einem Krieg dafür sorgen, dass der Gegner nichts zu essen hat **2** **etwas aushungern** etwas belagern und dafür sorgen, dass die Bewohner nichts zu essen haben ⟨eine Stadt, eine Festung aushungern⟩

aus·keh·ren VERB *(hat)* **etwas auskehren** einen Raum mit einem Besen vom Schmutz befreien ⟨einen Saal auskehren⟩

aus·ken·nen VERB *(hat)* **sich (irgendwo) auskennen**; **sich (mit etwas) auskennen** etwas genau kennen, detaillierte Informationen über etwas haben | *Kennst du dich in Paris aus?* | *Kennst du dich mit Computern aus?*

aus·kip·pen VERB *(hat)* **1** **etwas auskippen** etwas durch Kippen ausleeren | *einen Eimer auskippen* **2** **etwas auskippen** etwas aus einem Behälter durch Kippen leeren | *den Sand aus dem Eimer auskippen*

aus·klam·mern VERB *(hat)* **etwas (aus etwas) ausklammern** etwas nicht besprechen, etwas von der Besprechung ausschließen | *ein heikles Problem aus der Diskussion ausklammern* ● hierzu **Aus·klam·me·rung** *die*

Aus·klang *der; nur Singular* das Ende eines (festlichen) Tags, einer Veranstaltung | *ein Lied zum Ausklang der Feier*

aus·klei·den VERB *(hat)* **1** **jemanden auskleiden** *geschrieben* jemandem oder sich selbst die Kleidung ausziehen **2** **etwas (mit etwas) auskleiden** die Wände eines Raumes oder Behälters innen mit Stoff, Teppichen o. Ä. versehen ● zu (2) **Aus·klei·dung** *die*

aus·klin·gen VERB *(ist)* **etwas klingt irgendwie/mit etwas aus** ein Fest o. Ä. geht irgendwie zu Ende | *ein Fest ruhig ausklingen lassen*

aus·klin·ken VERB (klinkte aus, hat ausgeklinkt) **1** **etwas ausklinken** etwas von einem Haken oder aus einer Halterung lösen und fallen lassen ⟨ein Schleppseil, eine Bombe ausklinken⟩ **2** **sich ausklinken** *gesprochen* bei etwas nicht mehr mitmachen und weggehen | *Ich muss mich jetzt leider aus dem Gespräch ausklinken, ich habe noch zu arbeiten*

aus·klop·fen VERB *(hat)* **etwas ausklopfen** etwas durch Klopfen sauber machen ⟨einen Teppich ausklopfen⟩

aus·klü·geln VERB (klügelte aus, hat ausgeklügelt) **etwas ausklügeln** durch intensives Nachdenken etwas Raffiniertes erfinden ■ → auch **ausgeklügelt**

aus·knip·sen VERB *(hat)* **(etwas) ausknipsen** den elektrischen Strom oder ein elektrisches Gerät mit einem Schalter abstellen ⟨das Licht, eine Lampe ausknipsen⟩ ≈ *ausschalten*

aus·kno·beln VERB *(hat)* **1** **etwas ausknobeln** *gesprochen* ein Problem durch konzentriertes Nachdenken lösen **2** **etwas ausknobeln** durch ein Würfelspiel o. Ä. entscheiden, wer etwas bekommt oder wer etwas (meist Unangenehmes) tun muss | *Sie knobelten aus, wer das Geschirr spülen musste*

aus·ko·chen VERB *(hat)* **1** **etwas auskochen** etwas (lange) in Wasser kochen, damit eine Suppe entsteht ⟨Fleisch, Knochen auskochen⟩ **2** **etwas auskochen** *gesprochen* sich etwas Schlimmes oder etwas Raffiniertes ausdenken

★ **aus·kom·men** VERB *(ist)* **1** **mit jemandem (gut/schlecht) auskommen** ein gutes/schlechtes Verhältnis zu jemandem haben | *Kommt ihr gut miteinander aus oder streitet ihr häufig?* **2** **mit jemandem/etwas auskommen**; **ohne jemanden/etwas (irgendwie) auskommen** mit wenig oder ohne die genannte Person/Sache leben oder etwas schaffen | *Mit diesem Gehalt komme ich überhaupt nicht aus* | *Ich komme auch ohne deine Hilfe gut aus* | *Evi muss ohne Auto auskommen*

Aus·kom·men *das*; (-s) Geld, das man regelmäßig bekommt und das für den Lebensunterhalt reicht ⟨ein gutes, sicheres Auskommen haben⟩ | *Ich verdiene nicht üppig, aber ich habe mein Auskommen* (Ich habe genug zum Leben) ■ **ID** **mit jemandem gibt es kein Auskommen** mit jemandem kann man nicht ohne Streit leben

aus·kos·ten VERB *(hat)* **etwas auskosten** etwas gründlich und intensiv genießen ⟨einen Erfolg, einen Triumph auskosten⟩

aus·krat·zen VERB *(hat)* ■ **ID** **Ich könnte ihm/ihr die Augen auskratzen** Ich bin sehr wütend auf ihn/sie ■ weitere Verwendungen → **aus-**

aus·ku·geln VERB *(hat)* **sich** *(Dativ)* **etwas auskugeln** ⟨sich *(Dativ)* den Arm auskugeln⟩ ≈ *ausrenken*

aus·küh·len VERB **1** **etwas kühlt jemanden/etwas aus** *(hat)* jemand/etwas wird durch etwas vollkommen kalt | *von einem Spaziergang ausgekühlt sein* | *Der eisige Wind hatte den Raum völlig ausgekühlt* **2** **etwas kühlt aus** *(ist)* etwas wird vollkommen kalt | *Das Zimmer kühlt im Winter schnell aus* ● hierzu **Aus·küh·lung** *die*

aus·kund·schaf·ten VERB (kundschaftete aus, hat ausgekundschaftet) **etwas auskundschaften** durch unauffälliges Fragen oder Beobachten etwas in Erfahrung bringen ⟨jemandes Vermögen, Ersparnisse, die Gegend auskundschaften⟩ ● hierzu **Aus·kund·schaf·tung** *die*

★ **Aus·kunft** *die*; (-, Aus·künf·te) **1** **eine Auskunft (über jemanden/etwas)** eine Information, die man auf eine Frage erhält ⟨eine falsche, genaue, telefonische Auskunft; jemanden um (eine) Auskunft bitten; jemandem (eine) Auskunft geben;

jemandem die Auskunft verweigern; Auskünfte einholen⟩ **2** *nur Singular* die Stelle (z. B. am Bahnhof), bei der man um Auskunft bitten kann ⟨die Auskunft anrufen⟩ ≈*Information* **K** Fahrplanauskunft, Telefonauskunft; Auskunftsbeamte(r), Auskunftsschalter **3** *nur Singular* eine Person, die angestellt ist, um Informationen zu geben | *Fragen Sie die Auskunft!*

aus·kup·peln VERB *(hat)* **(etwas) auskuppeln** durch Drücken des Kupplungspedals den Motor des Autos vom Getriebe trennen | *vor dem Schalten auskuppeln*

aus·ku·rie·ren VERB *(hat)* **1** **jemanden/etwas auskurieren** ≈*heilen* **2** **sich auskurieren** sich von einer Krankheit völlig erholen

aus·la·chen VERB *(hat)* **jemanden auslachen** sich über eine Person lustig machen, indem man über sie lacht | *Er wurde ausgelacht, weil er so ungeschickt war*

aus·la·den VERB *(hat)* **1** **(etwas) ausladen** etwas, das in einem Fahrzeug transportiert wurde, herausnehmen | *die Möbel aus dem Lieferwagen ausladen* **2** **jemanden ausladen** einer Person, die man eingeladen hatte, sagen, dass sie doch nicht kommen soll **3** **etwas ausladen** ein Fahrzeug, Flugzeug o. Ä. von den Dingen, die darin transportiert wurden, frei machen | *einen Lieferwagen ausladen*

aus·la·dend ■ PARTIZIP PRÄSENS **1** → ausladen
■ ADJEKTIV **2** breit und groß, viel Platz brauchend ⟨ein Baum, ein Bauwerk⟩ **3** mit den Armen weit nach außen ⟨eine Geste, eine Bewegung⟩

Aus·la·ge *die* **1** die Waren, die im Schaufenster liegen oder dort ausgestellt sind | *sich die Schuhe in der Auslage ansehen* **2** *meist Plural* eine Summe Geld, die man bezahlt hat und später zurückbezahlt bekommt | *Er bekam die Auslagen für die Geschäftsreise zurückerstattet*

★ **Aus·land** *das*; (-s) **1** jedes Land, das nicht das eigene ist ⟨ins Ausland reisen; ins Ausland gehen (um dort zu leben); Waren aus dem Ausland importieren⟩ ↔*Inland* **K** Auslandsamt, Auslandsaufenthalt, Auslandsreise, Auslandsspiel, Auslandstournee **2** die Bevölkerung oder Regierung fremder Länder ⟨⟨Kontakte zum Ausland knüpfen; vom Ausland abhängig sein; auf das Ausland angewiesen sein⟩ **K** Auslandskorrespondent, Auslandspresse • hierzu **aus·län·disch** ADJEKTIV

★ **Aus·län·der** *der*; (-s, -) eine Person, die Staatsbürger eines fremden Landes ist | *Viele Ausländer leben schon seit mehreren Jahrzehnten hier* **K** Ausländeramt, Ausländeranteil, Ausländerbehörde, Ausländerfeindlichkeit, Ausländerpolitik, Ausländerpolizei; ausländerfeindlich • hierzu **Aus·län·de·rin** *die*

Aus·län·der|an·teil *der* der Teil der Bevölkerung, einer Schulklasse o. Ä., der aus Ausländern besteht

Aus·lands|schul·den *die*; *Plural* die Schulden, die ein Staat im Ausland hat

Aus·lands|stu·di·um *das* das Studium an einer Hochschule im Ausland

Aus·lands|ver·tre·tung *die* eine oder mehrere Personen, die eine Firma offiziell im Ausland vertreten

★ **aus·las·sen** VERB *(hat)* **1** **jemanden/etwas auslassen** jemanden/etwas (in einer Reihenfolge) nicht berücksichtigen oder beachten | *Er lässt keine Gelegenheit aus, sie zu besuchen* **2** **etwas auslassen** etwas nicht sagen, schreiben oder tun | *bei der Verteilung von Bonbons ein Kind auslassen* | *beim Abschreiben aus Versehen einen Satz auslassen* **3** **etwas auslassen** *gesprochen* etwas ausgeschaltet lassen ⟨das Licht, den Strom, den Fernseher, die Heizung auslassen⟩ **4** **etwas an jemandem auslassen** jemanden aus Ärger, Enttäuschung oder Zorn schlecht behandeln ⟨seine Launen, die Wut an jemandem auslassen⟩ **5** **etwas auslassen** etwas so lange erhitzen, bis das Fett flüssig wird ⟨Schmalz, Speck, Butter o. Ä. auslassen⟩ **6** **jemanden/etwas auslassen** *süddeutsch* ≈*loslassen* **7** **jemanden/etwas auslassen** *süddeutsch* Ⓐ ≈*freilassen* **8** **sich (über jemanden/etwas) auslassen** *abwertend* ein (negatives) ausführliches Urteil über jemanden/etwas abgeben | *Er hat sich lange und heftig über dein Benehmen ausgelassen*

Aus·las·sung *die*; (-, -en) **1** etwas das nicht gesagt oder getan usw. wurde **2** **Auslassungen (über jemanden/etwas)** negative Äußerungen oder Aussagen über jemanden/etwas

Aus·las·sungs|zei·chen *das* ≈*Apostroph*

aus·las·ten VERB *(hat)* **1** **etwas auslasten** eine Fabrik, eine Maschine, einen Motor o. Ä. so benutzen, dass sie ihre maximale Leistung bringen | *Die Kapazität des Betriebs ist nur zu 50 % ausgelastet* **2** **etwas lastet jemanden aus** etwas benötigt alle Zeit und Energie, die jemand hat | *Ich bin mit der Vorbereitung für das Fest völlig ausgelastet* • zu (1) **Aus·las·tung** *die*

Aus·lauf *der* **1** die Stelle, an der eine Flüssigkeit aus einem Gefäß fließen kann **2** *nur Singular* eine Möglichkeit (vor allem für Kinder und Haustiere), im Freien herumzulaufen oder zu spielen | *Ein Schäferhund hat in der Stadt zu wenig Auslauf* **3** eine Fläche, die von einem Zaun umgeben ist, innerhalb dessen sich Tiere frei bewegen können

★ **aus·lau·fen** VERB *(ist)* **1** **etwas läuft aus** etwas fließt durch ein Loch aus einem Gefäß heraus | *Der Tank hatte ein Leck und nun ist das ganze Öl ausgelaufen* **2** **etwas läuft aus** etwas wird leer, weil die Flüssigkeit herausfließt | *Nach dem Verkehrsunfall ist der Tank ausgelaufen* **3** **ein Schiff läuft aus** ein Schiff verlässt einen Hafen, um aufs Meer zu fahren **4** **etwas läuft aus** etwas wird langsam und bleibt allmählich stehen ⟨der Motor, das Auto, der Propeller⟩ **5** **etwas läuft aus** etwas geht (allmählich) zu Ende ⟨ein Kurs, ein Programm, ein Vertrag⟩ **6** **etwas läuft in etwas** *(Akkusativ)* **aus** etwas endet und geht in etwas über | *Das Gebirge läuft in eine Hügelkette aus* **7** **etwas läuft (für jemanden) irgendwie aus** *gesprochen* etwas geht (für jemanden) auf die genannte Art zu Ende | *Diese Angelegenheit wird für ihn schlimm auslaufen*

Aus·läu·fer *der*; (-s, -) **1** der äußere Teil ⟨einer atlantischen Störung, eines Tiefs, eines Erdbebens⟩ **K** Tiefausläufer **2** die äußeren, niedrigen Teile ⟨eines Gebirges⟩ **K** Gebirgsausläufer

Aus·lauf|mo·dell *das* ein Modell, das noch verkauft, aber nicht mehr hergestellt wird | *ein Auslaufmodell zu reduziertem Preis*

aus·lau·gen VERB (laugte aus, hat ausgelaugt) **1** **etwas wird ausgelaugt** eine Substanz verliert wichtige Teile oder Stoffe | *Durch ständiges Bepflanzen wird der Boden ausgelaugt* **2** **jemand ist ausgelaugt** jemand ist durch starke Beanspruchung oder große Anstrengung erschöpft | *Nach dem Marathonlauf war er völlig ausgelaugt*

Aus·laut *der*; *meist Singular* der letzte Laut eines Wortes oder einer Silbe ⟨etwas steht im Auslaut⟩

aus·le·ben VERB *(hat)* **sich ausleben** die angenehmen Seiten des Lebens voll genießen

aus·le·cken VERB *(hat)* **1** **etwas auslecken** etwas durch Lecken leer oder sauber machen | *die Schüssel auslecken* **2** **etwas auslecken** etwas aus etwas lecken | *den Honig auslecken (der im Topf ist)*

aus·lee·ren VERB *(hat)* **1** **etwas ausleeren** etwas aus einem Gefäß gießen, schütten usw. | *das Wasser (aus der Schüssel) ausleeren* **2** **etwas ausleeren** ein Gefäß leer machen | *den Eimer ausleeren*

★ **aus·le·gen** VERB *(hat)* **1** **etwas auslegen** etwas an eine Stelle legen, wo es jeder ansehen kann ⟨Waren im Schaufenster auslegen; Listen zum Eintragen auslegen; Pläne zur Einsichtnahme auslegen⟩ **2** **etwas auslegen** etwas irgendwohin legen, damit es Tiere finden und fressen ⟨Gift, einen Köder auslegen⟩ **3** **etwas mit etwas auslegen** etwas als Schutz auf den Boden legen ⟨ein Zimmer mit Teppichen, eine Schublade mit Papier auslegen⟩ **4** **etwas für etwas auslegen** ein technisches Gerät oder ein Gebäude so planen oder bauen, dass es die genannte Leistung oder Kapazität hat | *Das Stadion ist für 30000 Besucher ausgelegt* **H** meist im Passiv mit dem Hilfsverb *sein* **5** **etwas (irgendwie) auslegen** eine Geschichte oder Erscheinung nach eigenen Vorstellungen erklären ⟨einen Text, einen Roman falsch auslegen⟩ **6** **(jemandem) etwas als etwas auslegen** eine Eigenschaft oder Handlung, die man bei jemandem beobachtet, falsch deuten | *Das kannst du doch nicht als Beleidigung auslegen!* **7** **jemandem etwas auslegen; etwas für jemanden auslegen** jemandem das Geld für etwas leihen | *Kannst du das Geld für die Kinokarte für mich auslegen?* • zu (4 – 6) **Aus·le·gung** *die*

Aus·le·ge·wa·re *die; nur Singular* Teppichböden und PVC-Böden

aus·lei·ern VERB *(hat)* **1** **etwas ausleiern** etwas oft benutzen oder waschen und dadurch weiter oder lockerer machen | *ein ausgeleierter Pullover* **2** **etwas ausleiern** etwas durch häufigen Gebrauch stark abnutzen ⟨ein Gewinde ausleiern⟩

Aus·lei·he *die;* (-, -n) **1** *nur Singular* ein Schalter in einer Bibliothek, an dem man Bücher ausleihen kann **2** das Ausleihen von Büchern, Filmen usw. für eine begrenzte Zeit

aus·lei·hen VERB *(hat)* **1** **(jemandem) etwas ausleihen** jemandem etwas für kurze Zeit zur (meist kostenlosen) Benutzung geben | *Mein Rad kann ich dir nicht ausleihen* | *Würdest du mir bitte dein Auto morgen kurz ausleihen?* **2** **(sich** *(Dativ)*) **etwas (bei/von jemandem) ausleihen** sich etwas geben lassen, das man für eine begrenzte Zeit (meist kostenlos) benutzen darf | *Kann ich (mir) einen Bleistift bei dir ausleihen?*

aus·ler·nen VERB *(hat)* **ausgelernt haben** mit der beruflichen Ausbildung fertig sein ▪ **ID** **Man lernt nie aus** Man macht immer wieder neue Erfahrungen

Aus·le·se *die* **1** *nur Singular* das Auswählen des/der Besten | *eine strenge Auslese treffen* **2** eine Gruppe von speziell ausgewählten Dingen aus einer Menge | *eine Auslese aus seinen Gedichten* **3** die besten Personen aus einer Gruppe | *eine Auslese der besten Sänger* **4** ein sehr guter Wein aus ausgesuchten Weintrauben

aus·le·sen VERB *(hat)* **1** **etwas auslesen** etwas zu Ende lesen ⟨ein Buch, einen Roman⟩ **2** **Dinge auslesen** Dinge wegen ihrer Eigenschaften oder Merkmale aus einer Menge auswählen | *die verfaulten Beeren auslesen* **3** **etwas auslesen** Daten aus einem Datenspeicher auf einen anderen übertragen | *ein Programm zum Auslesen der Audiodaten einer DVD*

aus·leuch·ten VERB *(hat)* **etwas ausleuchten** einen Raum völlig hell machen oder bis in sämtliche Ecken beleuchten ⟨die Bühne ausleuchten⟩ • hierzu **Aus·leuch·tung** *die*

aus·lie·fern VERB *(hat)* **1** **etwas ausliefern** Waren (im Auftrag einer Firma) liefern **2** **eine Person (an jemanden) ausliefern** eine Person an das Gebiet eines anderen Staates bringen (lassen), wo sie dann meist vor Gericht angeklagt wird ⟨politische Gefangene, Verbrecher ausliefern⟩ | *Die Terroristen wurden an die USA ausgeliefert* **3** **jemandem ausgeliefert sein** in einer Situation sein, in welcher die genannte Person mit einer anderen Person machen kann, was sie will **4** **jemanden einer Sache** *(Dativ)* **ausliefern** jemandem bei etwas Negativem, in Not oder Gefahr nicht helfen (oder nicht helfen können) ⟨jemanden dem Tode, Hunger, Schicksal ausliefern⟩ | *Schutzlos sind sie dem Regen und der Kälte ausgeliefert* • zu (1 – 3) **Aus·lie·fe·rung** *die*

aus·lie·gen VERB *(hat/ist)* **1** **etwas liegt aus** etwas ist zum Verkauf (vor allem im Schaufenster) ausgestellt ⟨Waren⟩ **2** **etwas liegt aus** etwas liegt zum Ansehen, Unterschreiben oder Mitnehmen offen da ⟨Listen, Pläne, Zeitschriften⟩

aus·löf·feln VERB *(hat)* **1** **etwas auslöffeln** etwas mit einem Löffel leer machen ⟨den Teller auslöffeln⟩ **2** **etwas auslöffeln** etwas mit einem Löffel aus etwas nehmen ⟨die Suppe auslöffeln⟩

aus·log·gen VERB (loggte sich aus, hat sich ausgeloggt) **sich ausloggen** sich bei einem Computersystem oder einer Internetseite abmelden | *sich am Ende des Besuchs aus dem Forum/beim Internetshop ausloggen*

aus·lö·schen VERB *(hat)* **1** **etwas auslöschen** etwas löschen oder ausmachen ⟨ein Feuer, das Licht auslöschen⟩ **2** **etwas auslöschen** etwas zerstören, etwas verschwinden lassen ⟨Spuren, die Erinnerung an jemanden auslöschen⟩ **3** **jemand/etwas löscht Personen aus** *geschrieben* jemand/etwas vernichtet meist viele Leute | *Der Krieg löschte ganze Familien aus*

aus·lo·sen VERB *(hat)* **jemanden/etwas auslosen** durch ein Los entscheiden, wer etwas bekommen soll, was zu tun ist usw. | *Wir losen aus, wer als Erster spielt* • hierzu **Aus·lo·sung** *die*

★ **aus·lö·sen** VERB *(hat)* **1** **etwas löst etwas aus** bei einer Person kommt es wegen einer anderen Person oder einer Sache zu der genannte Reaktion oder Wirkung | *Diese Stoffe können Allergien/Krebs auslösen* | *Wir wissen noch nicht, wodurch das Feuer ausgelöst wurde* | *Der Vorfall löste internationale Proteste aus* | *Die Nachricht löste bei allen Bestürzung aus* **2** **etwas auslösen** (gewollt oder ungewollt) einen Mechanismus in Bewegung setzen ⟨Alarm, das Blitzlicht, einen Schuss auslösen⟩ **K** Auslösemechanismus **3** **jemanden auslösen** Geld zahlen, damit jemand frei wird ⟨Gefangene, Geiseln auslösen⟩ • hierzu **Aus·lö·sung** *die*

★ **Aus·lö·ser** *der;* (-s, -) **1** ein Knopf, Schalter o. Ä., mit dem man einen Mechanismus in Bewegung setzt | *auf den Auslöser drücken und ein Foto machen* **2** der Grund oder der Anlass für etwas | *Das Attentat war Auslöser einer Revolte*

aus·lo·ten VERB (lotete aus, hat ausgelotet) **1** **etwas ausloten** mit dem Lot die Tiefe des Wassers messen | *die Wassertiefe ausloten* **2** **etwas ausloten** mit dem Lot die Senkrechte bestimmen | *eine Wand ausloten* **3** **etwas ausloten** (vorsichtig) versuchen, Informationen über jemanden oder etwas zu bekommen ⟨eine Situation, jemandes Wesen ausloten⟩ • hierzu **Aus·lo·tung** *die*

aus·lüf·ten VERB *(hat)* **etwas auslüften** frische Luft an etwas/in etwas kommen lassen | *nach Rauch riechende Kleider zum Auslüften auf den Balkon hängen*

★ **aus·ma·chen** VERB *(hat)* **1** **etwas ausmachen** bewirken, dass etwas nicht mehr brennt ⟨das Feuer, eine Kerze, eine Zigarette ausmachen⟩ ↔ *anzünden* **2** **etwas ausmachen** *gesprochen* bewirken, dass ein technisches Gerät nicht mehr in Funktion ist ⟨den Computer, den Fernseher, die Heizung, die Lampe, das Licht, den Motor ausmachen⟩ ≈ *ausschalten* ↔ *einschalten* **3** **jemanden/etwas ausmachen** eine Person oder Sache durch genaues Hinsehen entdecken | *ein Schiff am Horizont ausmachen* **4** **etwas macht etwas aus** etwas hat den genannten Wert oder ist wichtig ⟨etwas macht wenig, nichts, eine Menge aus⟩ | *Die Differenz macht drei Meter aus* | *Ruhe und Erholung machen einen wesentlichen Teil des Urlaubs aus* **5** **jemand macht etwas mit einer Person aus; Personen machen etwas aus** *gesprochen* zwei oder mehr Personen verabreden etwas | *Hast du mit dem Zahnarzt schon einen Termin ausgemacht?* 6 **jemand macht etwas mit einer Person aus; Personen machen etwas (unter sich** (*Dativ*)**) aus** *gesprochen* Personen diskutieren ein Problem und einigen sich auf eine Lösung | *Macht das unter euch aus!* 7 **etwas macht jemandem etwas aus** *gesprochen* etwas stört jemanden (in der genannten Weise) | *Macht es Ihnen etwas aus, wenn ich rauche?* 8 **etwas macht jemandem nichts aus** *gesprochen* etwas stört jemanden nicht | *Hitze macht mir nichts aus* | *Ich hoffe, es macht Ihnen nichts aus, dass ich heute Abend eine Party gebe*

aus·ma·len VERB (*hat*) 1 **etwas ausmalen** die Innenräume eines Gebäudes mit Farbe oder Bildern versehen ‹eine Kirche, einen Saal ausmalen› 2 **etwas ausmalen** Zeichnungen, Formen oder Flächen farbig machen ‹Figuren in einem Malbuch ausmalen› 3 **jemandem etwas ausmalen** jemandem etwas genau beschreiben | *Er malt sich schon jetzt aus, was er auf der Reise erleben wird* 4 **sich** (*Dativ*) **etwas ausmalen** sich etwas genau vorstellen • hierzu **Aus·ma·lung** *die*

aus·ma·növ·rie·ren [-v-] VERB (manövrierte aus, hat ausmanövriert) **jemanden ausmanövrieren** *abwertend* für sich selbst durch raffinierte Tricks einen Vorteil gegenüber anderen Personen bekommen ‹einen Konkurrenten ausmanövrieren›

★ **Aus·maß** *das* 1 *meist Singular* ein (hohes) Maß an etwas meist Negativem ‹eine Katastrophe von ungeahntem Ausmaß; das ganze/genaue Ausmaß der Zerstörung, des Schadens; ein erschreckendes Ausmaß an Gleichgültigkeit; etwas nimmt solche Ausmaße an, dass …› 2 *meist Plural* ≈ *Größe* | *ein Gebiet mit den Ausmaßen einer Kleinstadt*

aus·mer·zen VERB (merzte aus, hat ausgemerzt) **etwas ausmerzen** etwas Unerwünschtes oder Schädliches völlig entfernen oder vernichten ‹Unkraut, Ungeziefer ausmerzen; Rechtschreibfehler ausmerzen› • hierzu **Aus·mer·zung** *die*

aus·mes·sen VERB (*hat*) **etwas ausmessen** die Größe oder die Dimensionen einer Sache durch Messen präzise bestimmen ‹ein Grundstück, eine Wohnung ausmessen› • hierzu **Aus·mes·sung** *die*

aus·mis·ten VERB (mistete aus, hat ausgemistet) 1 **(etwas) ausmisten** *gesprochen* das, was man nicht mehr braucht, aus etwas entfernen und wegwerfen ‹seine alten Schulhefte, die Briefmarkensammlung ausmisten› 2 **(etwas) ausmisten** etwas von Mist befreien ‹den Stall ausmisten›

aus·mus·tern VERB (*hat*) 1 **etwas ausmustern** ≈ *ausrangieren* 2 **jemanden ausmustern** eine Person wegen ihrer schlechten Gesundheit nicht zum Militärdienst einziehen • hierzu **Aus·mus·te·rung** *die*

★ **Aus·nah·me** *die*; (-, -n) 1 eine Person/Sache, die von der Regel oder Norm abweicht und etwas Besonderes ist ‹eine rühmliche, seltene Ausnahme; mit einigen, wenigen Ausnahmen› | *Alle ohne Ausnahme waren gekommen* K Ausnahmebestimmungen, Ausnahmefall, Ausnahmegenehmigung, Ausnahmeregelung 2 **eine Ausnahme machen** anders handeln als sonst | *Das geht normalerweise nicht, aber machen wir doch mal eine Ausnahme* 3 **bei/wegen jemandem/etwas eine Ausnahme machen** eine Person oder Sache (meist besser) behandeln als eine andere Person oder Sache | *Die Arbeit beginnt um acht, nur Paul fängt eine halbe Stunde später an, da bei ihm eine Ausnahme gemacht wird* 4 **mit Ausnahme** +*Genitiv*; **mit Ausnahme von jemandem/etwas** *geschrieben* abgesehen von ≈ *außer* | *Mit Ausnahme meines Bruders gingen alle baden* | *Er liest alles mit Ausnahme von Romanen* ■ ID **Ausnahmen bestätigen die Regel** Fast jede Regel hat eine Ausnahme

Aus·nah·me|zu·stand *der*; *meist Singular* 1 eine politische Situation, welche die Regierung dazu zwingt, manche Rechte außer Kraft zu setzen ‹den Ausnahmezustand erklären, verhängen, aufheben› 2 ein nicht normaler Zustand (der selten vorkommt) | *Diese Umleitung ist nur ein Ausnahmezustand*

aus·nahms·los ADJEKTIV *meist attributiv* ohne Ausnahme | *Die Teilnehmer waren fast ausnahmslos begeistert*

★ **aus·nahms·wei·se** ADVERB abweichend von einer Regelung, einem Prinzip o. Ä. ‹etwas ausnahmsweise erlauben› | *Ihr könnt ausnahmsweise schon jetzt heimgehen*

aus·neh·men VERB (*hat*) 1 **jemanden/etwas (von etwas) ausnehmen** behaupten, dass jemand, man selbst oder etwas von einer Aussage, Regelung o. Ä. nicht betroffen ist | *Ich kann von diesem Vorwurf niemanden ausnehmen* | *Die Straße ist für sämtliche Fahrzeuge gesperrt, Anlieger ausgenommen* 2 **jemanden ausnehmen** *gesprochen* von jemandem auf listige Art viel Geld nehmen 3 **ein Tier ausnehmen** aus einem getöteten Tier Darm, Lunge, Magen usw. herausnehmen 4 **etwas nimmt sich irgendwie aus** *gesprochen* etwas erzielt eine gewisse optische Wirkung | *Vor dem Rathaus nimmt sich der Brunnen gut aus*

aus·neh·mend ■ PARTIZIP PRÄSENS 1 → ausnehmen
■ ADJEKTIV 2 *geschrieben meist attributiv* besonders, ungewöhnlich | *etwas ist ausnehmend gut/von ausnehmender Qualität*

aus·nüch·tern VERB (nüchterte aus, hat ausgenüchtert) **jemanden ausnüchtern (lassen)** einen Betrunkenen so lange schlafen lassen (meist in einem Raum der Polizei), bis er wieder nüchtern ist

Aus·nüch·te·rung *die*; (-, -er); *meist Singular* das Ausnüchtern K Ausnüchterungszelle

★ **aus·nut·zen** VERB (*hat*) 1 **jemanden ausnutzen** von den Diensten oder der Arbeit einer anderen Person profitieren, ohne sie angemessen zu belohnen oder zu bezahlen ≈ *ausbeuten* | *billige Arbeitskräfte schamlos ausnutzen* 2 **etwas (zu/für etwas) ausnutzen** etwas (zu dem genannten Zweck) verwenden oder nutzen ‹eine Gelegenheit, die Zeit, das gute Wetter ausnutzen› *die Bahnfahrt dazu ausnutzen, ein bisschen zu arbeiten* 3 **eine Machtposition ausnutzen** eine einflussreiche Stellung o. Ä. zum eigenen Vorteil nutzen • hierzu **Aus·nut·zung** *die*

aus·nüt·zen VERB (*hat*); *besonders süddeutsch* Ⓐ ≈ *ausnutzen* • hierzu **Aus·nüt·zung** *die*

★ **aus·pa·cken** VERB (*hat*) 1 **etwas auspacken** etwas aus einem Koffer oder der Verpackung nehmen ↔ *einpacken* | *die Einkäufe auspacken* | *seine Sachen aus dem Koffer auspacken* 2 **(etwas) auspacken** einen Behälter leer machen, indem man den Inhalt herausnimmt ‹einen Koffer, ein Paket, eine Reisetasche auspacken› ↔ *packen* 3 *gesprochen* (aus Ärger über jemanden oder unter Zwang) erzählen, was man nicht verraten wollte/sollte | *Er bekam Angst und packte bei der Polizei aus*

aus·par·ken VERB (*hat*); *gesprochen* mit dem Auto aus einer Parklücke herausfahren | *beim Ausparken einen anderen Wagen beschädigen*

aus·peit·schen VERB (*hat*) **jemanden auspeitschen** jemanden (mehrmals) mit einer Peitsche schlagen • hierzu **Aus·peit·schung** *die*

aus·pfei·fen VERB (*hat*) **jemanden/etwas auspfeifen** bei einer Veranstaltung durch Pfiffe zeigen, dass man jemanden/etwas nicht gut findet ‹einen Redner, ein Theaterstück auspfeifen›

aus·plün·dern VERB (*hat*) **jemanden/etwas ausplündern** ≈ *ausrauben* • hierzu **Aus·plün·de·rung** *die*

aus·po·sau·nen VERB (posaunte aus, hat ausposaunt) **etwas ausposaunen** *abwertend* etwas Geheimes oder Intimes überall erzählen

aus·pres·sen VERB (*hat*) **1** **etwas (aus etwas) auspressen** etwas durch Pressen herausdrücken | *den Rest der Zahnpasta aus der Tube auspressen* **2** **etwas auspressen** Obst pressen, damit der Saft herauskommt ‹Orangen, Zitronen auspressen›

aus·pro·bie·ren VERB (probierte aus, hat ausprobiert) **1** **etwas (an jemandem/etwas) ausprobieren** etwas zum ersten Mal benutzen oder anwenden, um festzustellen, ob es gut ist oder funktioniert | *ein neues Kochrezept ausprobieren* | *neue Tabletten an jemandem ausprobieren* | *ausprobieren, ob/wie etwas funktioniert* **2** **etwas ausprobieren** etwas zum ersten Mal machen, um zu sehen, ob es einem gefällt

Aus·puff *der*; (-s, -e) ein Rohr, durch welches die Abgase aus einer Maschine oder aus einem Motor nach außen geleitet werden K Auspuffrohr ▪ → Abb. unter **Auto**

aus·pum·pen VERB (*hat*) **1** **(etwas) (aus etwas) auspumpen** Flüssigkeit durch Pumpen entfernen | *das Wasser aus dem Keller auspumpen* **2** **etwas auspumpen** etwas durch Pumpen leer machen | *den Keller auspumpen*

aus·pus·ten VERB (*hat*) **etwas auspusten** *gesprochen* ≈ *ausblasen*

aus·quar·tie·ren VERB (quartierte aus, hat ausquartiert) **jemanden ausquartieren** jemanden (meist vorübergehend) in einem anderen Zimmer oder einer anderen Wohnung unterbringen | *Wenn Gäste kommen, werden die Kinder ausquartiert* • hierzu **Aus·quar·tie·rung** *die*

aus·quet·schen VERB (*hat*) **1** **etwas ausquetschen** ‹Orangen, Zitronen ausquetschen› ≈ *auspressen* **2** **jemanden (über etwas** (*Akkusativ*)**) ausquetschen** *gesprochen* einer Person (oft aus Neugier) so viele Fragen stellen, bis diese schließlich alles erzählt

aus·ra·die·ren VERB (radierte aus, hat ausradiert) **1** **etwas ausradieren** etwas, das mit Bleistift geschrieben oder gezeichnet wurde, mit einem Radiergummi entfernen **2** **jemand/etwas radiert etwas aus** *gesprochen* jemand/etwas vernichtet, zerstört etwas vollständig ‹eine Stadt, eine Gegend ausradieren›

aus·ran·gie·ren VERB (*hat*) **etwas ausrangieren** alte Dinge nicht mehr weiter benutzen und weggeben, wegwerfen o. Ä. | *Der Computer taugt nicht mehr viel, den muss ich allmählich ausrangieren*

aus·ras·ten VERB (*ist*) **1** **etwas rastet aus** etwas löst sich aus einer Halterung oder springt heraus ‹ein Hebel› **2** *gesprochen* die Nerven verlieren und sich plötzlich aggressiv verhalten **3** **bei jemandem rastet es aus** *gesprochen* jemand rastet aus

aus·rau·ben VERB (*hat*) **1** **jemanden ausrauben** einer Person mit Gewalt alles wegnehmen, was sie bei sich hat ‹einen Passanten ausrauben› **2** **etwas ausrauben** den ganzen wertvollen Inhalt einer Sache rauben ‹ein Haus, ein Auto ausrauben›

aus·räu·chern VERB (*hat*) **1** **Ungeziefer ausräuchern** Ungeziefer durch Rauch vertreiben oder töten **2** **etwas ausräuchern** einen Raum o. Ä. durch Rauch oder Gas von Ungeziefer befreien • hierzu **Aus·räu·che·rung** *die*

aus·räu·men VERB (*hat*) **1** **etwas ausräumen**; **Dinge ausräumen** ein Zimmer, einen Schrank o. Ä. leer machen, indem man alle Dinge herausnimmt | *die Spülmaschine/das Geschirr ausräumen* **2** **etwas ausräumen** etwas durch gute Argumente oder durch eine überzeugende Tat beseitigen ‹Bedenken, Zweifel, einen Verdacht ausräumen› • zu (2) **Aus·räu·mung** *die*

★ **aus·rech·nen** VERB (*hat*) **1** **etwas ausrechnen** etwas durch Rechnen feststellen ‹die Entfernung, Differenz, Geschwindigkeit, Kosten ausrechnen› | *Er hat ausgerechnet, wie groß die Wahrscheinlichkeit ist, einen Sechser im Lotto zu haben* **2** **sich** (*Dativ*) **gute/keine Chancen ausrechnen** annehmen, dass man bei etwas gute/keine Chancen auf Erfolg hat | *Sie rechnet sich beim Rennen gute Chancen aus*

Aus·re·de *die* **1** ein angeblicher (nicht wirklicher) Grund, der zur Entschuldigung genannt wird ‹eine passende Ausrede parat/bereit haben; immer eine Ausrede wissen› **2** **eine faule Ausrede** *gesprochen* eine Entschuldigung, die niemand glaubt

aus·re·den VERB (*hat*) **1** **jemandem etwas ausreden** eine Person dazu bringen, dass sie ihre Meinung ändert oder einen Plan aufgibt | *Er wollte bei dem Sturm nach Hause laufen, aber das hab ich ihm ausgeredet* **2** **jemanden ausreden lassen** jemanden zu Ende sprechen lassen, nicht unterbrechen | *Lass mich bitte ausreden!*

★ **aus·rei·chen** VERB (*hat*) **1** **etwas reicht aus** etwas ist in genügender Menge vorhanden ‹Vorräte, Geldmittel› | *Das Heizöl muss bis März ausreichen* **2** **etwas reicht (für etwas) aus** etwas ist (für den genannten Zweck) von genügender Qualität ‹jemandes Talent, jemandes Begabung› | *Seine Kenntnisse reichen für diese Arbeit nicht aus*

★ **aus·rei·chend** ■ PARTIZIP PRÄSENS **1** → ausreichen ■ ADJEKTIV **2** ⓓ verwendet als Bezeichnung für die relativ schlechte Schulnote 4 (auf der Skala von 1 bis 6 bzw. *sehr gut* bis *ungenügend*), mit der man eine Prüfung o. Ä. gerade noch bestanden hat ▪ → Infos unter **Note**

aus·rei·fen VERB (*ist*) **1** **etwas reift aus** etwas reift ganz | *Die Pfirsiche sind noch nicht ausgereift* **2** **etwas reift aus** etwas entwickelt sich vollkommen | *einen Plan ausreifen lassen* | *ein ausgereifter Charakter*

Aus·rei·se *die*; *nur Singular* das Verlassen eines Landes (mit einem Verkehrsmittel) ↔ *Einreise* | *Bei der Ausreise werden die Pässe kontrolliert* K Ausreiseerlaubnis, Ausreisegenehmigung, Ausreiseverbot

aus·rei·sen VERB (*ist*) **(aus einem Land) ausreisen** ein Land (offiziell) verlassen

aus·rei·ßen VERB **1** **(jemandem) etwas ausreißen** (*hat*) etwas durch Reißen entfernen | *jemandem ein Haar ausreißen* **2** **etwas reißt aus** (*ist*) etwas löst sich ruckartig von dem Teil, an dem es befestigt war | *Bei diesem Stoff reißen die Knöpfe leicht aus* **3** **(aus/von irgendwo) ausreißen** (*ist*) weglaufen, weil man eine Situation unangenehm findet ‹von zu Hause ausreißen› | *Er riss aus, weil er sich mit seinem schlechten Zeugnis nicht nach Hause traute* **4** **ein Tier reißt aus** (*ist*) ein Tier läuft weg | *Jemand hat die Haustür offen gelassen und der Hund ist ausgerissen* **5** **(vor jemandem/etwas) ausreißen** (*ist*) aus Angst vor jemandem/etwas weglaufen | *Die Katze riss aus, als sie den Hund sah* | *Die Tiere rissen vor dem Feuer aus* • zu (3) **Aus·rei·ßer** *der*; zu (3) **Aus·rei·ße·rin** *die*

aus·rei·ten VERB (*ist*) auf einem Pferd spazieren reiten • hierzu **Aus·ritt** *der*

aus·ren·ken VERB (renkte aus, hat ausgerenkt) **1** **sich** (*Dativ*) **etwas ausrenken** durch Drehung o. Ä. bewirken, dass ein Knochen nicht mehr richtig im Gelenk ist | *Ich habe mir die Schulter ausgerenkt* **2** **jemandem etwas ausrenken** durch Stoßen o. Ä. bewirken, dass bei jemandem ein Knochen nicht mehr richtig im Gelenk ist • hierzu **Aus·ren·kung** *die*

★ **aus·rich·ten** VERB (*hat*) **1** **etwas ausrichten** eine Veranstaltung vorbereiten und durchführen ‹Wettkämpfe, ein Pokalspiel, eine Olympiade ausrichten; eine Hochzeit ausrichten› **2** **etwas auf jemanden/etwas ausrichten**; **etwas nach jemandem/etwas ausrichten** eine Sache den Bedürfnissen und Wünschen einer Person oder einem Ziel anpassen

| ein Konzert auf ein jugendliches Publikum ausrichten | das Angebot nach der Nachfrage ausrichten | Sein Verhalten war darauf ausgerichtet zu imponieren **3** **Personen/Dinge ausrichten** Menschen oder Gegenstände so aufstellen, dass sie eine gerade Linie bilden ⟨Soldaten, Kegel ausrichten⟩ **4** **(jemandem) etwas ausrichten** jemandem im Auftrag eines Dritten eine Nachricht überbringen ⟨jemandem einen Gruß ausrichten⟩ | *Hast du ihr ausgerichtet, dass sie mich nächste Woche besuchen soll?* **5** **(et)was ausrichten** *gesprochen* durch eine Methode jemandes Verhalten ändern, ein Ziel erreichen **6** **nichts ausrichten** *gesprochen* durch eine Methode jemandes Verhalten nicht ändern, ein Ziel nicht erreichen | *Mit Strafen kannst du bei ihm absolut nichts ausrichten* **7** **jemanden ausrichten** *süddeutsch* schlecht über jemanden reden • zu (1 – 3) **Aus·rich·tung** *die*

aus·rol·len VERB **1** **den Teig ausrollen** *(hat)* den Teig flach und glatt machen **2** **etwas ausrollen** *(hat)* etwas, das zusammengerollt war, ausbreiten ⟨eine Tapete, einen Teppich ausrollen⟩ **3** **etwas rollt aus** *(ist)* etwas rollt immer langsamer, bis es zum Stillstand kommt ⟨ein Flugzeug, ein Auto (langsam) ausrollen lassen⟩

aus·rot·ten VERB (rottete aus, hat ausgerottet) **1** **Tiere/Pflanzen ausrotten** alle Lebewesen einer Art vernichten | *ausgerottete Tierarten* **2** **etwas ausrotten** (oft mit großem Engagement) etwas völlig beseitigen ⟨eine Unsitte, den Aberglauben ausrotten⟩ • hierzu **Aus·rot·tung** *die*

aus·rü·cken VERB *(ist)* **1** ⟨die Polizei, die Feuerwehr⟩ **rückt aus** sie fährt in einer größeren Gruppe zu einem Einsatz **2** **jemand rückt aus** *gesprochen* ein Kind läuft den Eltern weg oder ein Tier läuft dem Besitzer weg

★ **Aus·ruf** *der* ein kurzer, plötzlicher Ruf als Ausdruck einer Emotion ⟨ein Ausruf des Schreckens, der Überraschung⟩

★ **aus·ru·fen** VERB *(hat)* **1** **etwas ausrufen** plötzlich und kurz etwas rufen | *„Toll!", rief sie aus, als sie von dem Vorschlag hörte* **2** **etwas ausrufen** etwas öffentlich verkünden und damit in Kraft setzen ⟨den Notstand, einen Streik, die Republik ausrufen⟩ ≈ *proklamieren* **3** **etwas ausrufen** etwas über Lautsprecher bekannt geben | *auf dem Bahnsteig eine Zugverspätung ausrufen* | *im Bus die Haltestelle ausrufen* **4** **jemanden ausrufen** bekannt geben, dass jemand gesucht wird ⟨jemanden über Lautsprecher ausrufen lassen⟩ **5** **jemanden zu etwas ausrufen** *historisch* bekannt geben, dass jemand zu etwas gewählt oder bestimmt wurde ⟨jemanden zum König ausrufen⟩ • zu (2,5) **Aus·ru·fung** *die*

Aus·ru·fe|zei·chen *das* das Zeichen !, verwendet am Ende eines Ausrufs, eines Wunsches, einer Aufforderung oder eines Befehls (z. B. *Achtung!; Halt!; Kommen Sie bald wieder!*)

★ **aus·ru·hen** VERB *(hat)* **1** **sich (von etwas) ausruhen** nach einer Anstrengung ruhen und sich erholen ⟨sich von der Arbeit ausruhen⟩ **2** **etwas ausruhen** einen Körperteil ruhen lassen, nicht belasten ⟨die Füße, die Beine, die Augen ausruhen⟩

aus·rüs·ten VERB *(hat)* **1** **jemanden/etwas (irgendwie/mit etwas) ausrüsten** Personen die Dinge mitgeben, welche diese für ein Vorhaben brauchen | *Das Schiff/Die Expedition war für die lange Reise ungenügend ausgerüstet* | *Die Truppe wird mit den modernsten Waffen ausgerüstet* **2** **etwas (mit etwas) ausrüsten** eine Maschine oder ein Fahrzeug mit Geräten oder Instrumenten versehen | *ein Auto mit einem Katalysator ausrüsten*

★ **Aus·rüs·tung** *die* **1** *nur Singular* das Ausrüsten einer Person mit dem, was sie für ihre Zwecke braucht **2** *nur Singular* die Ausstattung einer Maschine oder eines Fahrzeugs mit weiteren Geräten **3** alle Gegenstände, die jemand für einen Zweck braucht **K** Ausrüstungsgegenstände; Skiausrüstung, Sportausrüstung **4** alle technischen Geräte, die für das Funktionieren eines Fahrzeugs o. Ä. notwendig sind | *elektronische Ausrüstungen für den Flugzeugbau*

aus·rut·schen VERB *(ist)* **1** auf glattem Boden rutschen (und hinfallen) **2** **etwas rutscht jemandem aus** etwas fällt jemandem plötzlich aus der Hand | *Beim Tennisspielen rutschte ihm der Schläger aus* ■ **ID** **jemandem rutscht die Hand aus** *gesprochen* eine Person schlägt jemanden plötzlich (meist nachdem sie lange provoziert worden ist)

Aus·rut·scher *der;* (-s, -); *gesprochen* ein einmaliger Fehler, der jedem passieren kann

Aus·saat *die* **1** das Verteilen der Samenkörner über die Felder | *Im März wird mit der Aussaat begonnen* **2** die Samenkörner, die man ausgesät hat ⟨die Aussaat geht auf⟩

aus·sä·en VERB *(hat)* **etwas aussäen** ≈ *säen*

★ **Aus·sa·ge** *die;* (-, -n) **1** **eine Aussage (über jemanden/etwas)** das, was über einen Vorgang oder eine Situation gesagt, geäußert wird | *nach Aussage eines Fachmanns* **2** **eine Aussage (zu etwas)** (vor allem vor Gericht oder bei der Polizei) ein Bericht über einen Vorfall oder einen Unfall ⟨die Aussage verweigern, widerrufen; eine Aussage zu etwas machen⟩ **K** Aussageverweigerung **3** der gedankliche Inhalt eines künstlerischen, philosophischen, politischen usw. Werks

aus·sa·ge·kräf·tig ADJEKTIV mit einem tieferen Sinn, der klar zu verstehen und wirkungsvoll ist ⟨ein Bild⟩ • hierzu **Aus·sa·ge·kraft** *die*

aus·sa·gen VERB *(hat)* **1** **etwas sagt etwas (über jemanden/etwas) aus** etwas bringt etwas zum Ausdruck | *Das Bild sagt viel über den Künstler aus* **2** **(etwas) aussagen** (vor Gericht, bei der Polizei) über einen Vorfall oder Unfall berichten ⟨für, gegen jemanden aussagen; als Zeuge aussagen⟩ | *Hierzu möchte ich nichts aussagen* | *Er sagte aus, dass er zur Tatzeit zu Hause gewesen sei*

aus·sä·gen VERB *(hat)* **etwas aussägen** mit einer kleinen Säge Formen aus einem Stück Holz sägen

Aus·sa·ge|satz *der* ein Satz, der Informationen nennt („Es ist 13:00 Uhr.") und nicht die Form eines Fragesatzes („Wie viel Uhr ist es?") oder eines Befehlssatzes („Gib mir das Buch!") hat

Aus·satz *der; nur Singular* ⟨Aussatz haben⟩ ≈ *Lepra* • hierzu **aus·sät·zig** ADJEKTIV

Aus·sät·zi·ge *der/die;* (-n, -n) eine Person, die Aussatz hat **1** *ein Aussätziger; der Aussätzige; den, dem, des Aussätzigen*

aus·sau·gen VERB *(hat)* **etwas aussaugen** durch Saugen etwas aus etwas entfernen ⟨Eier aussaugen⟩

aus·scha·ben VERB *(hat)* **1** **etwas ausschaben** etwas durch Schaben aus dem Inneren einer Sache entfernen | *einen Topf ausschaben* | *die Reste aus einer Schüssel ausschaben* **2** **die Gebärmutter ausschaben** krankes Gewebe aus der Gebärmutter durch Schaben entfernen • hierzu **Aus·scha·bung** *die*

aus·schach·ten VERB (schachtete aus, hat ausgeschachtet) **etwas ausschachten** durch Graben etwas erzeugen ⟨eine Baugrube ausschachten⟩ • hierzu **Aus·schach·tung** *die*

★ **aus·schal·ten** VERB *(hat)* **1** **etwas ausschalten** mit einem Schalter einen Motor oder ein elektrisches Gerät ausmachen **2** **jemanden/etwas ausschalten** verhindern, dass jemand handeln kann oder dass etwas wirksam wird ⟨die Konkurrenz, störende Einflüsse ausschalten⟩ | *Der Diktator schaltete das Parlament aus* **3** **etwas schaltet sich aus** ein elektrisches Gerät hört von selbst auf zu funktionieren | *Der Wecker schaltet sich automatisch aus* • zu (2) **Aus·schal·tung** *die*

Aus·schank *der; (-(e)s)* **1** das Ausschenken von meist alkoholischen Getränken in einem Gasthaus | *Der Ausschank von Alkohol an Jugendliche unter 16 ist verboten* **2** der Tisch in einer Gaststätte, an dem Getränke in Gläser gefüllt werden

Aus·schau *(die); nur Singular* **1** **(nach jemandem/etwas) Ausschau halten** mit den Augen nach einer Person oder Sache suchen, auf die man wartet **2** **nach etwas Ausschau halten** nach etwas suchen

aus·schau·en VERB *(hat)* **1** **nach jemandem/etwas ausschauen** suchend umherblicken, um zu sehen, ob jemand/etwas kommt, auf den/das man (schon lange) wartet **2** **irgendwie ausschauen** *süddeutsch* Ⓐ wegen äußerer Merkmale den genannten Eindruck machen ≈ *aussehen* | *Du schaust krank aus* ■ ID **Wie schaut's mit dir aus?** **a** *süddeutsch* Ⓐ, *gesprochen* Wie geht es dir? **b** Was meinst du dazu?; **es schaut schlecht (für jemanden) aus** *süddeutsch* Ⓐ, *gesprochen* jemand hat wenig Aussichten auf Erfolg

aus·schei·den VERB **1** **jemand scheidet aus** *(ist)* eine Person darf nicht mehr dabei sein, weil sie nicht geeignet ist | *Wir brauchen noch einen guten Spieler für unser Team. Peter scheidet leider aus.* **2** **etwas scheidet aus** *(ist)* eine Sache wird nicht berücksichtigt oder beachtet | *Diese Möglichkeit scheidet für mich leider aus* **3** *(ist)* an einem Spiel oder Wettkampf nicht mehr teilnehmen können (weil man verloren hat, verletzt ist o. Ä.) | *Wegen einer Verletzung musste er nach der 2. Runde ausscheiden* **4** **(aus etwas) ausscheiden** *geschrieben (ist)* eine Tätigkeit nicht weiter ausüben und dadurch eine Gruppe verlassen ⟨aus einem Amt, dem Berufsleben, der Regierung, einer Firma ausscheiden⟩ **5** **etwas (aus etwas) ausscheiden** *(hat)* ⟨Exkremente, Kot, Harn, Urin⟩ durch den Darm oder die Blase nach außen abgeben **i** Schweiß, Duftstoffe usw. werden abgesondert.

Aus·schei·dung *die* **1** *nur Singular* das Ausscheiden von Urin und Kot **2** *meist Plural* die Substanzen, welche der Körper nicht verwerten kann und somit nach außen abgibt **K** Ausscheidungsprodukt **3** ein Wettkampf, in dem entschieden wird, welche Teilnehmer nicht mehr dabei sein dürfen | *sich in der Ausscheidung für den Endkampf qualifizieren* **K** Ausscheidungskampf, Ausscheidungsrunde; Endausscheidung

aus·schel·ten VERB *(hat)* **jemanden ausschelten** ≈ *schimpfen*

aus·schen·ken VERB *(hat)* **1** **(etwas) ausschenken** (alkoholische) Getränke (in einem Gasthaus) in Gläser füllen und verkaufen **2** **(etwas) ausschenken** Getränke in ein Glas gießen

aus·sche·ren VERB *(ist)* **1** **(aus etwas) ausscheren** beim Fahren die Spur wechseln (z. B. um zu überholen) | *Gerade als ich überholen wollte, scherte ein Auto/jemand vor mir aus* **2** wenn ein Fahrzeug ausschert, ragt beim Abbiegen das hintere Ende weit zur anderen Seite **3** nicht mehr die Meinung haben, die man vorher mit anderen Menschen geteilt hat

aus·schif·fen VERB (schiffte aus, hat ausgeschifft) **1** **jemanden ausschiffen** jemanden mit kleinen Booten von einem Schiff an Land bringen **2** **sich ausschiffen** das Schiff verlassen • zu (1) **Aus·schif·fung** *die*

aus·schil·dern VERB *(hat)* **etwas ausschildern** eine Strecke durch Schilder markieren | *Der Weg zum Stadion ist ausgeschildert* • hierzu **Aus·schil·de·rung** *die*

aus·schimp·fen VERB *(hat)* **jemanden ausschimpfen** ≈ *schimpfen*

aus·schlach·ten VERB *(hat)* **1** **etwas ausschlachten** *gesprochen, abwertend* etwas zu journalistischen Zwecken (skrupellos) ausnutzen ⟨einen Vorfall, ein Ereignis ausschlachten⟩ **2** **ein Tier ausschlachten** die Eingeweide aus einem geschlachteten Tier entfernen **3** **etwas ausschlachten** *gesprochen* aus einem alten Auto, einem Motor o. Ä. die noch brauchbaren Teile herausnehmen | *einen alten VW-Käfer ausschlachten* • hierzu **Aus·schlach·tung** *die*

aus·schla·fen VERB *(hat)* **1** so lange schlafen, bis man nicht mehr müde ist | *Morgen will ich endlich einmal ausschlafen* **2** **seinen Rausch ausschlafen** nachdem man zu viel Alkohol getrunken hat, so lange schlafen, bis man wieder nüchtern ist

Aus·schlag *der* **1** eine Erkrankung, die Flecken und Entzündungen auf der Haut entstehen lässt | *einen Ausschlag an den Händen haben* **K** Hautausschlag **2** die Bewegung eines Pendels oder Zeigers zur Seite **3** **etwas gibt den Ausschlag (für etwas)** etwas ist entscheidend für etwas | *Seine gute Kondition gab den Ausschlag für seinen Sieg*

★ **aus·schla·gen** VERB *(hat)* **1** **jemandem einen Zahn ausschlagen** durch einen Schlag oder Stoß bewirken, dass jemand einen Zahn verliert | *Ich habe mir beim Sturz vom Fahrrad einen Zahn ausgeschlagen* **2** **(jemandem) etwas ausschlagen** etwas ablehnen, jemandem nicht erlauben ⟨eine Bitte, eine Forderung ausschlagen⟩ **3** **etwas ausschlagen** etwas, das man angeboten bekommt, nicht haben wollen ⟨ein Angebot, eine Einladung ausschlagen⟩ **4** **etwas schlägt aus** etwas bewegt sich (von der Ruhelage aus) zur Seite ⟨ein Pendel, ein Zeiger⟩ **5** **ein Tier schlägt aus** ein Tier stößt oder tritt mit dem Huf (nach jemandem/etwas) ⟨Pferde, Esel, Maultiere⟩ | *Das Pferd scheute und schlug nach allen Seiten aus* **6** **eine Pflanze schlägt aus** ein Baum oder Strauch bekommt Blätter

aus·schlag·ge·bend ADJEKTIV **etwas ist ausschlaggebend (für etwas)** etwas hat wesentlichen Einfluss auf einen Vorgang, eine Entscheidung o. Ä. | *Seine Erfahrung war ausschlaggebend dafür, dass er den Posten bekam*

aus·schlei·chen VERB *(hat)* **etwas ausschleichen** die Dosis eines Medikaments allmählich verringern und schließlich ganz damit aufhören

★ **aus·schlie·ßen** VERB *(hat)* **1** **jemanden ausschließen** die Tür so schließen, dass andere oder man selbst nicht mehr in die Wohnung, ins Haus kommen können ≈ *aussperren* **2** **jemanden (aus etwas) ausschließen** bestimmen, dass jemand nicht mehr Mitglied einer Gruppe oder Organisation ist | *Wegen seines schlechten Verhaltens wurde er aus der Partei ausgeschlossen* **3** **jemanden (von etwas) ausschließen** beschließen, dass jemand nicht (mehr) teilnehmen, mitmachen darf ⟨jemanden von einer Sitzung, vom Unterricht ausschließen⟩ | *Seine Schwestern schließen ihn oft vom Spiel aus* **4** **etwas von etwas ausschließen** bestimmen, dass etwas bei etwas nicht berücksichtigt wird oder nicht mehr dabei ist | *Reduzierte Ware ist vom Umtausch ausgeschlossen* **5** **etwas ausschließen** sich sicher sein, dass etwas falsch ist, nicht zutrifft | *Die Polizei schließt Mord als Todesursache aus* **6** **etwas ausschließen** dafür sorgen, dass etwas nicht wahr werden oder wirken kann ⟨einen Irrtum, jeden Zweifel, den Zufall ausschließen⟩ | *Wir müssen bei unserem Versuch jede Unsicherheit ausschließen*

★ **aus·schließ·lich** ■ ADVERB **1** so, dass etwas nur für die genannte Person/Sache gilt | *Der Parkplatz ist ausschließlich für Kunden reserviert*
■ ADJEKTIV *meist attributiv* **2** so, dass etwas nur für die genannte Person/Sache gilt ⟨der Anspruch, das Recht⟩ | *Die Feuerwerkskörper sind für die ausschließliche Nutzung im Freien vorgesehen* | *Sein ausschließliches Interesse gilt der Politik*

■ PRÄPOSITION *+Genitiv/Dativ* **3** mit Ausnahme von ≈ *außer* | *Versichert ist das ganze Gepäck ausschließlich* (*der*) *Wertgegenstände* (die Wertgegenstände sind nicht versichert) I → Infos unter **Präposition**

aus·schlüp·fen VERB (*ist*) **ein Tier schlüpft aus** ein junges Tier kommt aus dem Ei heraus ⟨ein Küken, ein Krokodil, ein Schmetterling⟩

Aus·schluss *der* **1** das Verbot für jemanden, an etwas teilzunehmen | *Der Prozess findet unter Ausschluss der Öffentlichkeit statt* **2** **der Ausschluss (aus etwas)** das Ausstoßen oder Verbannen aus einer Gruppe | *Manche forderten sogar seinen Ausschluss aus der Partei*

aus·schmie·ren VERB (*hat*) **1** **etwas (mit etwas) ausschmieren** etwas innen meist mit Fett oder Butter versehen ⟨eine Backform ausschmieren⟩ ≈ *einfetten* **2** **jemanden ausschmieren** *besonders süddeutsch, gesprochen* ≈ *betrügen*

aus·schmü·cken VERB (*hat*) **1** **etwas (mit etwas) ausschmücken** einen Raum im Inneren vor allem mit Gemälden oder Stuck verzieren **2** **etwas (mit etwas) ausschmücken** etwas durch erfundene Details interessanter machen ⟨eine Erzählung, eine Geschichte mit vielen Anekdoten ausschmücken⟩ • hierzu **Aus·schmü·ckung** *die*

★ **aus·schnei·den** VERB (*hat*) **etwas (aus etwas) ausschneiden** (aus Papier, Stoff usw.) Stücke schneiden | *Kinder schneiden gern Figuren aus*

Aus·schnitt *der* **1** (an Kleidern, Blusen) die etwas weitere Öffnung für Kopf und Hals ⟨ein weiter, tiefer, runder Ausschnitt⟩ **2** ein begrenzter, oft inhaltlich repräsentativer Teil eines Ganzen ⟨ein Ausschnitt eines Buches, eines Konzerts, einer Radiosendung⟩

aus·schöp·fen VERB (*hat*) **etwas ausschöpfen** etwas in vollem Maße ausnutzen | *alle Möglichkeiten ausschöpfen* I weitere Verwendungen → **aus-** • hierzu **Aus·schöp·fung** *die*

aus·schrei·ben VERB (*hat*) **1** **etwas ausschreiben** ein Wort mit allen Buchstaben, nicht abgekürzt schreiben **2** **etwas ausschreiben** etwas öffentlich bekannt machen und die Bedingungen dafür ankündigen ⟨eine Stelle, einen Wettbewerb, Meisterschaften ausschreiben⟩ **3** **(jemandem) etwas ausschreiben** etwas schreiben und es jemandem geben ⟨(jemandem) ein Attest, ein Rezept, einen Scheck ausschreiben⟩ ≈ *ausstellen* • zu (2) **Aus·schrei·bung** *die*

aus·schrei·ten VERB (*ist*) mit (kräftigen und) weiten Schritten gehen

Aus·schrei·tung *die*; (-, -en); *meist Plural* unkontrollierte und gewalttätige Handlungen | *Nach dem Fußballspiel kam es zu Ausschreitungen*

★ **Aus·schuss** *der* **1** eine Gruppe von Personen, die aus einer größeren Gruppe ausgewählt ist, um besondere Aufgaben zu erfüllen oder sich um Probleme zu kümmern ⟨einen Ausschuss einsetzen; der Ausschuss tritt zusammen⟩ ≈ *Kommission* K Prüfungsausschuss, Sonderausschuss, Wahlausschuss **2** *nur Singular* Waren von schlechter Qualität oder Produkte mit Fehlern | *möglichst wenig Ausschuss produzieren* K Ausschussware

aus·schüt·teln VERB (*hat*) **etwas ausschütteln** meist Krümel o. Ä. durch Schütteln aus etwas entfernen | *das Tischtuch ausschütteln*

aus·schüt·ten VERB (*hat*) **1** **etwas ausschütten** etwas aus einem Gefäß schütten | *das Wasser ausschütten* **2** **etwas ausschütten** ein Gefäß durch Schütten leeren | *ein Glas ausschütten* **3** **etwas ausschütten** etwas auszahlen oder verteilen ⟨eine Dividende, Lotteriegewinne, Zinsen ausschütten⟩ • zu (3) **Aus·schüt·tung** *die*

aus·schwär·men VERB (*sind*) **Tiere/Personen schwärmen aus** eine große Zahl von Tieren/Personen bewegt sich nach allen Richtungen auseinander ⟨Bienen⟩ | *Die Helfer schwärmten aus, um das vermisste Kind zu suchen*

aus·schwei·fend ADJEKTIV so, dass dabei ein normales Maß stark überschritten wird ⟨eine Fantasie, eine Lebensweise, eine Schilderung⟩

Aus·schwei·fung *die*; (-, -en) eine ausschweifende Handlung oder ein ausschweifender Gedanke | *die Ausschweifungen seiner Fantasie*

aus·schwei·gen VERB (*hat*) **sich (über jemanden/etwas) ausschweigen** über jemanden/etwas nichts sagen | *Er schwieg sich über seine Vergangenheit aus*

aus·schwen·ken VERB **1** **etwas ausschwenken** (*hat*) meist Wasser in einem Gefäß oder ein Gefäß kurz im Wasser hin und her bewegen, um das Gefäß oberflächlich zu reinigen **2** **etwas ausschwenken** (*hat*) ein Teil einer Maschine seitlich nach außen drehen ⟨den Arm eines Krans ausschwenken⟩ **3** **etwas schwenkt aus** (*ist*) etwas bewegt sich (vor allem beim Abbiegen) seitwärts von der Fahrtrichtung weg | *Der Anhänger des Lastzuges schwenkte aus und beschädigte ein parkendes Auto*

★ **aus·se·hen** VERB (*hat*) **1** **irgendwie aussehen** (wegen äußerer Merkmale) den genannten Eindruck machen oder eine optische Wirkung erzielen ⟨gut, krank, freundlich, hübsch aussehen⟩ **2** **etwas sieht irgendwie aus** etwas macht wegen der vorhandenen Anzeichen den genannten Eindruck ⟨etwas sieht gefährlich, schlimm aus⟩ | *Die Situation der Arbeitslosen sieht ungünstig aus* **3** **wie jemand/etwas aussehen** ähnliche oder gleiche äußere Merkmale haben wie jemand/etwas | *Er sieht aus wie ein bekannter Filmstar* **4** **etwas sieht nach etwas aus** etwas ist (wegen der vorhandenen Anzeichen) wahrscheinlich | *Heute sieht es nach Regen aus* | *Das sieht mir nach Betrug aus* **5** **mit etwas sieht es gut/schlecht aus** *gesprochen* die Chancen, dass etwas stattfindet oder dass etwas so ist, wie erwartet, sind gut/schlecht | *Es regnet schon seit Stunden, da sieht es schlecht aus mit unserem Ausflug* ■ ID **So siehst du 'aus!** *gesprochen* So wie du das denkst, geht es nicht!; **Wie siehst denn 'du (wieder) aus!** *gesprochen* verwendet, wenn man sich über jemandes Aussehen wundert oder ärgert

★ **Aus·se·hen** *das*; (-s) die Art und Weise, wie jemand aussieht | *Du solltest die Menschen nicht nach ihrem Aussehen beurteilen*

★ **au·ßen** ADVERB **1** auf der Seite, die am weitesten vom Zentrum entfernt und der Umgebung zugewandt ist ↔ *innen* | *Sein Mantel ist innen rot gefüttert und außen grau* K Außenfläche, Außenseite, Außenwand **2** außerhalb eines geschlossenen Raumes ≈ *draußen* | *Kein Laut dringt nach außen* K Außenantenne, Außentemperatur **3** **nach außen** zu den anderen Menschen, an die Öffentlichkeit | *Von dem Skandal darf nichts nach außen gelangen* **4** **nach außen hin** in der äußeren Wirkung | *Nach außen hin ist er der glückliche Familienvater* ■ ID **etwas bleibt außen vor** etwas wird nicht berücksichtigt, nicht beachtet

Au·ßen·ar·bei·ten *die*; *Plural* die Tätigkeiten, die beim Bau eines Gebäudes außen (vor allem an den Mauern) vorgenommen werden

Au·ßen|auf·nah·me *die*; *meist Plural* eine Filmaufnahme o. Ä., die im Freien gemacht wird

Au·ßen·bord|mo·tor *der* ein Motor, der an einem Boot außen angebracht ist | *ein Motorboot mit Außenbordmotor*

aus·sen·den VERB (sandte/sendete aus, hat ausgesandt/ausgesendet) **1** **jemanden aussenden** jemanden mit einem Auftrag irgendwohin schicken ⟨Boten, Missionare, Spione aussenden⟩ **2** **etwas sendet etwas aus** etwas gibt etwas ab oder strahlt etwas aus ⟨etwas sendet Radiowellen, Signale, Strahlen aus⟩ ● hierzu **Aus·sen·dung** *die*

Au·ßen·dienst *der; meist Singular* der Dienst außerhalb der Firma oder Behörde (z. B. als Vertreter) ⟨im Außendienst tätig sein⟩ K Außendienstmitarbeiter

Au·ßen·han·del *der; nur Singular* der Handel mit dem Ausland ↔ *Binnenhandel*

★ **Au·ßen·mi·nis·ter** *der* der Minister eines Landes, der für die Beziehungen zum Ausland verantwortlich ist ● hierzu **Au·ßen·mi·nis·te·rin** *die*; **Au·ßen·mi·nis·te·ri·um** *das*

Au·ßen·po·li·tik *die* die Politik, die sich mit den Beziehungen eines Staates zu anderen Staaten befasst ↔ *Innenpolitik* ● hierzu **au·ßen·po·li·tisch** ADJEKTIV

Au·ßen·sei·ter *der*; (-s, -) **1** eine Person, die sich nicht an die Normen einer Gruppe oder Gesellschaft anpasst und deshalb nicht darin integriert ist | *Schon in der Schule war er ein Außenseiter* K Außenseiterrolle **2** ein Sportler oder eine Mannschaft mit ganz geringen Chancen auf einen Sieg in einem Wettkampf | *Ganz überraschend gewann ein krasser Außenseiter das Tennisturnier* ● hierzu **Au·ßen·sei·te·rin** *die*

Au·ßen·spie·gel *der* ein Spiegel außen am Fahrzeug, in dem man den Verkehr hinter sich beobachten kann **i** → Abb. unter **Auto**

Au·ßen·stän·de *die; Plural; admin* das Geld, das ein Geschäftsmann, eine Firma o. Ä. noch von den Kunden für Waren bekommt, die bereits geliefert wurden ⟨Außenstände haben, eintreiben⟩

au·ßen·ste·hend ADJEKTIV *meist attributiv* so, dass Personen nicht zu einer Gruppe gehören | *außenstehende Beobachter* | *Als Außenstehender kann er unser Problem kaum beurteilen*

Au·ßen·stel·le *die* eine Abteilung, Stelle einer Behörde, die außerhalb der Zentrale meist in einer kleinen Stadt liegt | *die Außenstelle des Gesundheitsamts*

Au·ßen·welt *die; nur Singular* **1** die Menschen und Ereignisse außerhalb eines abgeschlossenen Bereichs (z. B. außerhalb eines Klosters oder eines kleinen Dorfes im Gebirge) | *Nach den heftigen Schneefällen war das Dorf von der Außenwelt abgeschnitten* **2** die Vorgänge und Dinge, die um einen herum passieren und die man mit den Sinnesorganen wahrnimmt

★ **au·ßer** ■ PRÄPOSITION *mit Dativ* **1** mit Ausnahme von | *Außer einer leichten Prellung war er unverletzt* | *Der Zug verkehrt täglich außer sonntags* **2** **außer** *+Substantiv ohne Artikel* so, dass eine Person oder Sache nicht in einem Bereich, Zustand oder einer Situation ist ≈ *außerhalb* | *Tut mir leid, mein Mann ist leider außer Haus* | *Sie sah dem Zug noch nach, als er schon außer Sichtweite war* | *Der Schwerverletzte ist außer Lebensgefahr* | *Das steht völlig außer Frage/Zweifel* (das ist ganz sicher) **3** **außer sich** (*Dativ*) **sein (vor etwas)** in einem Zustand mit sehr starken Gefühlen sein ⟨außer sich (*Dativ*) sein vor Angst, Freude, Glück, Wut, Zorn⟩ | *Ich war außer mir vor Sorge um dich!*
■ BINDEWORT **4** zusätzlich zu einer Sache oder Person oder gleichzeitig | *Außer Gold wird auch Uran abgebaut* | *Außer Peter und Werner kommt auch noch Sabine mit ins Kino* (Peter, Werner und Sabine kommen mit) **5** In dem *außer*-Satz wird ein Fall genannt, in dem das im Hauptsatz Gesagte nicht geschieht | *Wir gehen morgen schwimmen, außer es regnet* (…, wenn es nicht regnet) | *Ich fahre mit dem Rad zur Arbeit, außer wenn es zu kalt ist* **6** drückt eine Einschränkung aus | *Ich habe nichts mehr von ihm gehört, außer dass er umgezogen ist* (Das war das Einzige, was ich gehört habe) | *Das Konzert war sehr gut, außer dass es zu laut war* (aber es war zu laut) | *Ich gehe nicht gern ins Konzert, außer mit Karin* (Nur mit Karin gehe ich gern) | *Sie geht überhaupt nicht mehr aus dem Haus, außer um einzukaufen* (Sie geht nur noch zum Einkaufen aus dem Haus)

au·ßer- *im Adjektiv, betont, begrenzt produktiv* außerhalb des genannten Bereichs oder Gebiets (entstanden) | *außerberufliche Belastungen* | *außereuropäische Länder* | *außereheliche Kinder haben* | *außerirdische Wesen*

äu·ße·r- ADJEKTIV *nur attributiv* **1** auf der Seite, welche der Umgebung zugewandt ist, auf der Außenseite ⟨die äußere Mauer, Schicht; eine äußere Verletzung⟩ **2** von außen oder von der Umwelt herkommend ⟨äußere Einflüsse, Ursachen⟩ **3** von außen (mit den Sinnesorganen) wahrnehmbar, erkennbar ⟨eine äußere Ähnlichkeit; ein äußeres Bild; ein äußerer Wandel⟩

★ **au·ßer·dem** ADVERB **1** verwendet, um zu sagen, dass noch eine Sache hinzukommt oder der Fall ist ≈ *zusätzlich* | *Der Verein hat zwei Sportplätze, außerdem kann man in der Halle trainieren* | *Er spielt Trompete und außerdem Schlagzeug* | *Ich erwarte außerdem, dass …* **2** verwendet, um eine Sache zu nennen, die ein Argument oder eine Einschätzung noch zusätzlich unterstützt | *Es ist viel zu spät zum Spazierengehen, außerdem regnet es*

Äu·ße·re *das*; (-n) der (optische) Eindruck, den eine Person oder Sache auf die Umgebung macht ⟨ein jugendliches, gepflegtes Äußeres haben; großen Wert auf das Äußere legen; jemanden nach dem Äußeren beurteilen⟩

★ **au·ßer·ge·wöhn·lich** ADJEKTIV das normale Maß übertreffend, über es hinausgehend | *eine außergewöhnliche Begabung* | *außergewöhnlich fleißig sein*

★ **au·ßer·halb** ■ PRÄPOSITION *mit Genitiv* **1** nicht in der genannten Zeit | *Außerhalb der Hochsaison ist es hier sehr ruhig* | *Unser Arzt ist auch außerhalb der Sprechzeiten telefonisch erreichbar* (auch wenn er keine Sprechstunde hat) **2** nicht im genannten Gebiet oder Bereich | *außerhalb des Hauses/der Stadt* | *Diese Befugnisse liegen außerhalb meines Kompetenzbereichs* **i** auch zusammen mit *von*: *außerhalb von Köln*
■ ADVERB **3** nicht in der Stadt selbst, nicht im Stadtgebiet | *Da er weit außerhalb wohnt, braucht er über eine Stunde bis ins Zentrum der Stadt*

Au·ßer·kraft|set·zung *die*; (-, -en); *meist Singular; admin* der offizielle Akt, durch den etwas ungültig wird ⟨die Außerkraftsetzung einer Verordnung, eines Gesetzes⟩

äu·ßer·lich ADJEKTIV **1** so, wie es (zunächst) aussieht | *Äußerlich wirkte er ganz ruhig, aber innerlich erregte er sich sehr* | *Er hat sich im letzten Jahr äußerlich nicht verändert* **2** an der Oberfläche des Körpers, auf der Haut | *ein Medikament zur äußerlichen Anwendung*

Äu·ßer·lich·keit *die*; (-, -en); *meist Plural* **1** die Form oder Art, durch die man (mit Kleidung und Benehmen) auf andere Leute wirkt | *sich durch Äußerlichkeiten blenden lassen* | *auf Äußerlichkeiten Wert legen* **2** unwichtige Details einer Sache

★ **äu·ßern** VERB (äußerte, hat geäußert) **1** **etwas äußern** etwas mündlich oder schriftlich zum Ausdruck bringen ⟨eine Ansicht, eine Meinung, einen Verdacht, eine Vermutung, Unzufriedenheit äußern⟩ ≈ *mitteilen* | *Der Minister äußerte, er wolle noch im selben Jahr seinem Kollegen einen Besuch abstatten* **2** **sich zu etwas äußern** (mündlich oder schriftlich) eine offizielle Stellungnahme zu einem Problem abgeben | *Der Regierungssprecher wollte sich zu den Fragen nicht äußern* **3** **sich (über jemanden/etwas) äußern** die eigene Meinung über eine Person oder Sache sagen | *Der Abgeordnete äußerte sich kritisch über die Umweltpolitik der Regierung* **4** **etwas äußert sich irgendwie/in**

etwas (*Dativ*) etwas wird irgendwie/in Form einer Sache nach außen sichtbar oder erkennbar | *Seine Nervosität äußert sich in seinem unruhigen Verhalten* | *Wie äußert sich diese Krankheit?*

★ **au·ßer·or·dent·lich** ADJEKTIV **1** weit über dem Durchschnitt ‹eine Begabung, eine Energie, eine Leistung, ein Mensch› **2** *meist attributiv* vom Gewohnten, von der normalen Ordnung abweichend ‹eine Sitzung, eine Vollmacht› **3** verwendet, um Adjektive, Adverbien oder Verben zu verstärken ≈ *sehr* | *außerordentlich begabt sein* | *Ich bedaure das außerordentlich*

au·ßer|plan·mä·ßig ADJEKTIV nicht (so, wie ursprünglich) geplant | *eine außerplanmäßige Zwischenlandung* | *eine außerplanmäßig stattfindende Versammlung*

★ **äu·ßerst** ADJEKTIV **1** im höchsten Maße ≈ *extrem* | *Das ist äußerst kompliziert/verwirrend/wichtig* | *mit äußerster Sorgfalt arbeiten* | *mit äußerster Vorsicht vorgehen* **2** *meist attributiv* am weitesten entfernt ‹am äußersten Ende, Rand› | *im äußersten Süden Italiens* | *die äußerste Schicht der Atmosphäre* **3** *meist attributiv* in höchstem Maße ungünstig ‹im äußersten Fall› ≈ *schlimmst-*

au·ßer·stan·de, au·ßer Stan·de ADJEKTIV *meist prädikativ; geschrieben* nicht in der Lage, nicht fähig (etwas zu tun) ‹außerstande sein zu *+Infinitiv*; sich außerstande fühlen/sehen zu *+Infinitiv*› | *Ich sah mich außerstande, den Termin einzuhalten*

Äu·ßers·te *das;* (-n) **1** das, was gerade noch möglich ist ‹es bis zum Äußersten treiben; bis zum Äußersten gehen; das Äußerste wagen› **2** das Schlimmste, das man sich vorstellen kann ‹auf das/aufs Äußerste gefasst sein; es nicht zum Äußersten kommen lassen› **3** **auf das/aufs Äußerste** ≈ *sehr* | *aufs Äußerste erschrocken sein*

★ **Äu·ße·rung** *die;* (-, -en) das, was jemand zu einem Thema (als persönliche Meinung) sagt oder schreibt ≈ *Bemerkung* | *Er bereut seine unbedachte Äußerung* | *sich jeder Äußerung enthalten* **K** Meinungsäußerung

★ **aus·set·zen** VERB *(hat)* **1** **jemanden aussetzen** ein Kind oder ein Haustier irgendwohin bringen und dort zurücklassen, ohne sich weiter darum zu kümmern ‹ein Baby, eine Katze, einen Hund aussetzen› **2** **ein Tier aussetzen** ein wildes Tier irgendwohin bringen und freilassen | *in Gefangenschaft großgezogene Uhus aussetzen* **3** **jemanden/etwas einer Sache** (*Dativ*) **aussetzen** so handeln, dass jemand, man selbst, ein Tier oder eine Sache mit einem negativen Einfluss oder einer unangenehmen Sache in Berührung kommt | *die Haut der Sonne aussetzen* | *Wenn du schweigst, setzt du dich dem Verdacht aus, schuldig zu sein* | *Wir sind ständig radioaktiver Strahlung ausgesetzt* **!** oft im Passiv mit dem Hilfsverb *sein* **4** **etwas (für etwas) aussetzen** eine Belohnung für etwas versprechen | *tausend Euro für Hinweise auf den Täter aussetzen* **5** **etwas aussetzen** etwas nicht sofort durchführen, sondern auf später verschieben ‹ein Urteil, eine Strafe auf Bewährung aussetzen› **6** **etwas aussetzen** etwas für kurze Zeit unterbrechen ‹eine Gerichtsverhandlung, einen Streik aussetzen› **7** **(et)was/nichts (an jemandem/etwas) auszusetzen haben/finden** jemanden/etwas kritisieren/nicht kritisieren | *Er ist nie zufrieden, er hat an allem etwas auszusetzen* **8** **(an jemandem/etwas) ist (et)was/nichts auszusetzen; (an jemandem/etwas) gibt es (et)was/nichts auszusetzen** es gibt etwas/nichts zu kritisieren | *An deinen Kochkünsten gibt es nichts auszusetzen* **9** **(etwas/mit etwas) aussetzen** eine Pause machen, für kurze Zeit nicht weitermachen | *beim Würfelspiel (eine Runde) aussetzen müssen* | *Sie musste wegen Krankheit drei Wochen mit dem Training aussetzen* **10** **etwas setzt aus** etwas funktioniert plötzlich (für kurze Zeit) nicht mehr ‹ein Motor, jemandes Herz› • zu (1,2,4 – 6) **Aus·set·zung** *die*

★ **Aus·sicht** *die;* (-, -en) **1** **Aussicht (auf etwas** (*Akkusativ*)) *nur Singular* der freie Blick auf die Umgebung ‹gute, eine herrliche Aussicht (auf das Meer, auf die Berge) haben; jemandem die Aussicht verbauen, versperren› ≈ *Ausblick* **K** Aussichtspunkt, Aussichtsturm **2** **Aussicht (auf etwas** (*Akkusativ*)) *oft Plural* die berechtigte Erwartung, dass etwas geschehen wird ‹(keine) Aussicht(en) auf Erfolg haben› ≈ *Hoffnung* | *Wie stehen deine Aussichten, eine Anstellung zu bekommen?* **3** **Aussichten (auf etwas** (*Akkusativ*)) *nur Plural* die beruflichen Möglichkeiten, die sich jemandem in der Zukunft bieten | *ein angehender Diplomat mit glänzenden Aussichten* **4** **etwas in Aussicht haben** begründete Hoffnung auf etwas haben | *Hast du schon eine neue Stelle in Aussicht?* **5** **jemandem etwas in Aussicht stellen** *geschrieben* jemandem etwas (oft als Belohnung) versprechen • zu (2) **aus·sichts·reich** ADJEKTIV

aus·sichts·los ADJEKTIV ohne Hoffnung auf Erfolg ‹eine Situation, ein Vorhaben› | *Es war völlig aussichtslos, hier nach Gold zu suchen* • hierzu **Aus·sichts·lo·sig·keit** *die*

aus·sie·ben VERB *(hat)* **1** **etwas (aus etwas) aussieben** etwas durch Sieben von etwas trennen **2** **(Personen) aussieben** nur wenige Bewerber nach strengen Maßstäben auswählen | *Bei der Zulassung zum Medizinstudium wird streng ausgesiebt*

aus·sie·deln VERB *(hat)* **jemanden aussiedeln** die Bewohner eines Gebiets dazu bringen oder zwingen, sich an einem anderen Ort niederzulassen • hierzu **Aus·sied·lung** *die*

Aus·sied·ler *der;* (-s, -); ⓓ eine Person deutscher Herkunft, die aus einem osteuropäischen Land nach Deutschland kommt, um dort zu leben • hierzu **Aus·sied·le·rin** *die*

Aus·sied·ler|hof *der* ein Bauernhof, der außerhalb eines Dorfes gebaut wurde und nur von Wiesen und Äckern umgeben ist

aus·söh·nen VERB (söhnte sich aus, hat sich ausgesöhnt) **eine Person söhnt sich mit jemandem aus; Personen söhnen sich aus** *geschrieben* zwei oder mehrere Personen bauen (nach einem Streit) wieder eine gute Beziehung auf | *Jahrelang gingen sie sich aus dem Weg, jetzt haben sie sich wieder ausgesöhnt* • hierzu **Aus·söh·nung** *die*

aus·son·dern VERB (sonderte aus, hat ausgesondert) **Personen/Dinge aussondern** einzelne Personen oder Dinge wegen ihrer Eigenschaften aus einer Menge herausnehmen | *die wertvollsten Exemplare aussondern* • hierzu **Aus·son·de·rung** *die*

aus·sor·tie·ren VERB (sortierte aus, hat aussortiert) **Dinge aussortieren** ≈ *aussondern* • hierzu **Aus·sor·tie·rung** *die*

aus·span·nen VERB *(hat)* **1** **(sich) ausspannen** für eine kurze Zeit nicht arbeiten, um sich zu erholen | *Es ist höchste Zeit, wieder einmal richtig auszuspannen* **2** **(ein Tier) ausspannen** einem Tier das Geschirr abnehmen und es vom Wagen losmachen ‹ein Pferd, einen Ochsen ausspannen› **3** **jemandem eine Person ausspannen** *gesprochen* jemandem den Freund/die Freundin wegnehmen

aus·spa·ren VERB *(hat)* **1** **etwas aussparen** eine Stelle in einem Raum oder von einer Fläche für jemanden/etwas frei lassen | *im Zimmer eine Ecke für die Stereoanlage aussparen* **2** **etwas aussparen** über ein Thema nicht sprechen ≈ *vermeiden* | *Das Thema „Umweltschutz" blieb bei der Besprechung ausgespart* • hierzu **Aus·spa·rung** *die*

aus·spei·en VERB *(hat)* **1** **etwas ausspeien** den Inhalt des Magens erbrechen **2** ≈ *ausspucken*

aus·sper·ren VERB *(hat)* **1** **jemanden aussperren** durch Verschließen der Tür jemanden daran hindern, in einen Raum zu gelangen **2** **jemanden aussperren** Arbeiter, die streiken oder mit Streik drohen, nicht zur Arbeit lassen | *Der Betrieb sperrte die Arbeiter aus* • hierzu **Aus·sper·rung** *die*

aus·spie·len VERB *(hat)* **1** **(etwas) ausspielen** eine Spielkarte (offen) auf den Tisch legen | *den Herzkönig ausspielen* **2** **etwas wird ausgespielt** eine festgesetzte Geldsumme wird bei einer Lotterie als Gewinn ausgegeben **3** **jemanden ausspielen** mit dem Ball am Gegner vorbeikommen | *den Verteidiger geschickt ausspielen* **4** **eine Person gegen jemanden ausspielen**; **Personen gegeneinander ausspielen** *gesprochen* eine Person benutzen, um mit deren Hilfe einen Vorteil gegenüber einer anderen Person zu haben | *Unsere Tochter spielt uns immer gegeneinander aus* ■ ID **(bei jemandem) ausgespielt haben** *gesprochen* die Achtung oder Sympathie einer Person verloren haben • zu (2) **Aus·spie·lung** *die*

aus·spi·o·nie·ren VERB (spionierte aus, hat ausspioniert) **1** **etwas ausspionieren** *abwertend* sich bemühen, durch heimliches Suchen etwas zu entdecken ⟨ein Geheimnis, jemandes Versteck ausspionieren⟩ **2** **jemanden ausspionieren** *abwertend* versuchen, durch heimliches Nachfragen private Informationen über jemanden zu finden | *Ich glaube, unser Nachbar will uns ausspionieren*

★ **Aus·spra·che** *die* **1** *nur Singular* die Art, wie jemand einen Laut/mehrere Laute mit dem Mund produziert, artikuliert ⟨eine korrekte, undeutliche Aussprache haben⟩ **2** *nur Singular* die Art, wie eine Sprache gesprochen wird | *Im Englischen kann man nicht immer eindeutig von der Schreibung auf die Aussprache schließen* K Aussprachereel, Aussprachewörterbuch **3** ein offenes Gespräch, in dem ein Problem geklärt wird ⟨eine offene, vertrauliche Aussprache mit jemandem haben; eine Aussprache herbeiführen⟩

★ **aus·spre·chen** VERB *(hat)* **1** **etwas aussprechen** eine Folge von Lauten mit dem Mund produzieren | *den Namen laut und deutlich aussprechen* | *Wie spricht man dieses Wort aus?* **2** **etwas aussprechen** etwas mündlich oder schriftlich mitteilen oder ausdrücken ⟨einen Wunsch, das Bedauern, eine Kritik (offen) aussprechen⟩ **3** zu Ende sprechen | *Lass mich bitte aussprechen!* **4** **sich (über etwas** *(Akkusativ)*) **aussprechen** offen sagen, welche Probleme man hat oder was einem nicht gefällt | *Du musst dich einfach mal über deine Ängste aussprechen!* **5** **sich irgendwie über jemanden/etwas aussprechen** *geschrieben* die eigene Meinung über eine Person oder Sache sagen ⟨sich anerkennend, lobend über jemanden/etwas aussprechen⟩ **6** **sich für/gegen jemanden/etwas aussprechen** *geschrieben* einer Person oder einem Vorschlag zustimmen bzw. eine Person oder einen Vorschlag ablehnen | *Die Mehrheit sprach sich für den Streik aus* | *sich gegen die Wiedereinführung der Todesstrafe aussprechen* **7** **eine Person spricht sich mit jemandem aus**; **Personen sprechen sich aus** Personen klären (nach einem Streit) im Gespräch ihre unterschiedlichen Ansichten und Meinungen • zu (1) **aus·sprech·bar** ADJEKTIV

Aus·spruch *der* eine bemerkenswerte Äußerung einer bekannten Persönlichkeit

aus·spu·cken VERB *(hat)* **1** **etwas ausspucken** *gesprochen* etwas, das man nicht essen will, aus dem Mund spucken | *einen Kirschkern ausspucken* **2** **etwas spuckt etwas aus** *gesprochen* etwas gibt nach Ablauf eines technischen Prozesses das Erwünschte aus | *Der Computer spuckt Daten aus* | *Manchmal spucken Automaten kein Wechselgeld aus* **3** Speichel auf den Boden spucken ⟨verächtlich vor jemandem ausspucken⟩ ■ ID **(Komm,) spucks aus!** *gesprochen* verwendet, um jemanden aufzufordern, etwas zu erzählen

aus·spü·len VERB *(hat)* **1** **etwas (aus etwas) ausspülen** etwas durch Spülen entfernen | *das Shampoo aus den Haaren ausspülen* **2** **(etwas) ausspülen** (etwas) durch Spülen (oft mit einer besonderen Flüssigkeit) sauber machen ⟨ein Handtuch, eine Wunde ausspülen; (sich *(Dativ)*) den Mund ausspülen⟩ | *Der Zahnarzt sagte: „Bitte ausspülen!"*

aus·staf·fie·ren (staffierte aus, hat ausstaffiert) **jemanden/etwas (mit etwas) ausstaffieren** jemanden, sich selbst oder etwas mit etwas Neuem oder etwas Nötigem versehen ≈ *ausstatten* | *die Kinder mit neuen Skianzügen ausstaffieren* | *ein Zimmer mit Möbeln ausstaffieren* • hierzu **Aus·staf·fie·rung** *die*

Aus·stand *der*; *meist Singular* **1** die Niederlegung der Arbeit für eine kurze Zeit ⟨in den Ausstand treten; sich im Ausstand befinden⟩ ≈ *Streik* **2** ein kleines Fest für die Kollegen, wenn man eine Arbeitsstelle verlässt ⟨seinen Ausstand feiern/geben⟩

★ **aus·stat·ten** VERB (stattete aus, hat ausgestattet) **1** **jemanden mit etwas ausstatten** jemandem etwas für einen Zweck geben oder mitgeben | *jemanden mit warmer Kleidung ausstatten* **2** **etwas mit etwas ausstatten** Dinge hinzufügen, die sinnvoll und nützlich sind | *eine Wohnung mit Teppichböden ausstatten* | *Das Auto ist mit vier Airbags ausgestattet* **3** **jemanden mit etwas ausstatten** *geschrieben* jemandem Rechte übertragen ⟨jemanden mit einer Vollmacht ausstatten⟩

★ **Aus·stat·tung** *die*; (-, -en); *meist Singular* **1** die Einrichtung (vor allem die Möbel) in einer Wohnung **2** die Instrumente oder Geräte, die in einem Gebäude oder in einem Fahrzeug vorhanden sind | *die Ausstattung einer Klinik* **3** die Elemente (z. B. Bilder, Kostüme usw.), mit denen ein Werk äußerlich gestaltet wird ⟨die Ausstattung eines Buches, Theaterstücks, Films⟩

aus·ste·chen VERB *(hat)* **1** **jemanden (in etwas** *(Dativ)*) **ausstechen** besser sein als eine andere Person und diese von ihrem Platz verdrängen ⟨jemanden in der Gunst der anderen ausstechen⟩ | *Er stach im Hochsprung seine Konkurrenten klar aus* **2** **jemandem die Augen ausstechen** die Augen einer Person (mit einem spitzen Gegenstand) so verletzen, dass sie nicht mehr sehen kann **3** **(etwas) ausstechen** etwas mit Formen aus einem ausgerollten Teig schneiden ⟨Plätzchen ausstechen⟩ | *Ich rolle den Teig aus und du stichst aus* K Ausstechform

aus·ste·hen VERB *(hat)* **1** **etwas ausstehen** etwas Unangenehmes erdulden müssen ⟨starke Schmerzen, große Angst ausstehen⟩ **2** **jemanden/etwas nicht ausstehen können** *gesprochen* jemanden/etwas für unsympathisch halten oder nicht leiden können | *Ich kann es einfach nicht ausstehen, wenn man mich wie ein Kind behandelt* **3** **etwas steht noch aus** etwas fehlt noch, etwas ist noch nicht ganz fertig ⟨eine Antwort, eine Entscheidung⟩ ■ ID **Irgendwann ist alles ausgestanden** *gesprochen* irgendwann ist auch eine sehr unangenehme Situation vorbei

★ **aus·stei·gen** VERB *(ist)* **1** **(aus etwas) aussteigen** ein Fahrzeug verlassen ⟨aus dem Auto, Bus, Flugzeug, Zug aussteigen⟩ ↔ *einsteigen* **2** **(aus etwas) aussteigen** *gesprochen* aufhören, bei einem Projekt oder in einem Geschäft mitzuarbeiten | *Er stieg (aus dem Unternehmen) aus, weil man ihm zu wenig bezahlte* **3** **(aus etwas) aussteigen** *gesprochen* den Beruf aufgeben und ein Leben führen, das nicht den üblichen Konventionen entspricht • zu (2,3) **Aus·stei·ger** *der*; zu (2,3) **Aus·stei·ge·rin** *die*

★ **aus·stel·len** VERB *(hat)* **1** **(etwas) ausstellen** Gegenstände in der Öffentlichkeit, im Schaufenster oder in einer Ausstellung präsentieren ⟨Handarbeiten, Kunstwerke ausstellen⟩ **2** **(jemandem) etwas ausstellen** ein Dokument für eine Person schreiben und es ihr geben ⟨jemandem einen Pass, eine Bescheinigung, ein Zeugnis ausstellen⟩ | *Der Arzt stellte ihr ein Attest aus* ● hierzu **Aus·stel·ler** *der;* **Aus·stel·le·rin** *die*

★ **Aus·stel·lung** *die* **1** eine Veranstaltung, bei der interessante, sehenswerte oder neue Objekte dem Publikum gezeigt werden | *eine Ausstellung antiker Möbel* K Ausstellungskatalog, Ausstellungsräume; Industrieausstellung, Kunstausstellung, Landwirtschaftsausstellung **2** *nur Singular* das Ausstellen und Verfassen ⟨die Ausstellung eines Dokuments, Gutachtens⟩ K Ausstellungsdatum

aus·ster·ben VERB *(ist)* **etwas stirbt aus** eine Tierart oder Pflanzenart hört auf zu existieren | *Wale sind vom Aussterben bedroht*

Aus·steu·er *die; nur Singular* das Geld und die für einen Haushalt nötigen Gegenstände, die eine Frau mit in die Ehe bringt

aus·steu·ern VERB *(hat)* **(etwas) aussteuern** bei einer Tonaufnahme die Lautstärke regeln ● hierzu **Aus·steu·e·rung** *die*

Aus·stieg *der;* (-(e)s, -e); *meist Singular* **1** **der Ausstieg (aus etwas)** das Aussteigen aus einem (geschlossenen) Fahrzeug | *der Ausstieg eines Astronauten aus dem Spacelab* **2** **der Ausstieg (aus etwas)** das Aussteigen ⟨der Ausstieg aus einem Projekt⟩ | *der Ausstieg aus der Kernenergie* **3** die Stelle, an der man aus einem Fahrzeug steigt

aus·stop·fen VERB *(hat)* **1** **etwas (mit etwas) ausstopfen** etwas Leeres oder Hohles vollständig mit etwas füllen | *ein Kissen mit Schaumstoff ausstopfen* **2** **ein Tier ausstopfen** ein totes Tier mit einem besonderen Material füllen, damit es seine natürliche Form behält | *ein ausgestopfter Adler*

Aus·stoß *der; meist Singular* **1** die gesamte Produktion einer Fabrik oder einer Maschine | *einen jährlichen Ausstoß von 1000 Autos haben* **2** die Abgase von Motoren oder Fabriken ≈ *Emission* | *den Ausstoß von Schadstoffen verringern*

★ **aus·sto·ßen** VERB *(hat)* **1** **jemanden (aus etwas) ausstoßen** eine Person nicht mehr in einer Gemeinschaft akzeptieren ≈ *ausschließen* **2** **etwas ausstoßen** plötzlich die genannten Laute von sich geben ⟨einen Fluch, einen Seufzer, einen Schrei ausstoßen⟩ **3** **etwas stößt etwas aus** etwas bläst etwas mit Druck hinaus ⟨etwas stößt Dampf, Gase, Rauchwolken aus⟩ **4** **etwas stößt Dinge aus** etwas stellt eine Zahl von Produkten oder eine Menge von Dingen her | *Die Fabrik stößt täglich 50 Maschinen aus*

aus·strah·len VERB *(hat)* **1** **etwas strahlt etwas aus** eine Rundfunk- oder Fernsehstation überträgt oder sendet ein Programm | *Das Fußballspiel wird live ausgestrahlt* **2** **etwas ausstrahlen** einen Eindruck oder eine Wirkung verbreiten/von sich ausgehen lassen ⟨Freude, Ruhe, Sicherheit ausstrahlen⟩ | *Birgit strahlt immer Heiterkeit aus* | *Der Ofen strahlt Hitze aus* **3** **etwas strahlt von irgendwo irgendwohin aus** etwas verbreitet die Wirkung von einer Stelle aus an andere Stellen ⟨Schmerzen⟩

Aus·strah·lung *die* **1** die Übertragung ⟨die Ausstrahlung einer Fernsehsendung⟩ **2** *nur Singular* die Wirkung einer Person wegen ihrer Persönlichkeit ⟨Ausstrahlung haben⟩ ≈ *Charme*

★ **aus·stre·cken** VERB *(hat)* **1** **etwas ausstrecken** einen Teil des Körpers in die Länge dehnen ⟨die Arme, die Beine ausstrecken⟩ | *Die Schnecke streckte ihre Fühler aus* **2** **sich (irgendwo) ausstrecken** sich bequem hinlegen und die Beine von sich strecken ⟨sich auf der Couch ausstrecken⟩ **3** **sich ausstrecken** sich auf die Zehenspitzen stellen und die Arme in die Höhe strecken

aus·strei·chen VERB *(hat)* **etwas ausstreichen** einen Strich durch etwas Geschriebenes o. Ä. ziehen und es damit ungültig machen ⟨ein falsches Wort ausstreichen⟩

aus·streu·en VERB *(hat)* **1** **Dinge ausstreuen** etwas über eine Fläche streuen ⟨Vogelfutter ausstreuen⟩ **2** **ein Gerücht ausstreuen** ein Gerücht als Erster erzählen

aus·strö·men VERB **1** **etwas strömt etwas aus** *geschrieben (hat)* etwas verbreitet etwas um sich herum ⟨etwas strömt Behaglichkeit, einen Geruch, Hitze, Wärme aus⟩ | *Die Blüte strömt einen zarten Duft aus* **2** **etwas strömt (aus etwas) aus** *(ist)* Gas oder Flüssigkeit strömt aus einem Behälter oder einer Leitung

★ **aus·su·chen** VERB *(hat)* **(eine Person/eine Sache (für jemanden/etwas) aussuchen; (jemandem) eine Person/eine Sache) aussuchen** beschließen, eine von den vorhandenen Personen oder Sachen wegen ihrer Eigenschaften für einen Zweck zu wählen und zu nehmen ≈ *auswählen* | *für die Hochzeit ein passendes Geschenk aussuchen* | *Jasmin durfte sich eine Puppe aussuchen*

★ **Aus·tausch** *der; nur Singular* **1** das gegenseitige Geben und Bekommen von Waren | *technische Geräte im Austausch gegen Rohstoffe erhalten* K Güteraustausch, Warenaustausch **2** das Ersetzen eines meist kaputten Teils einer Maschine durch ein neues Teil | *der Austausch eines schadhaften Motors* K Austauschmotor **3** das Ersetzen eines Spielers durch einen anderen Spieler (im Fußball usw.) **4** das gegenseitige Mitteilen von Meinungen, Gedanken o. Ä. K Gedankenaustausch, Meinungsaustausch **5** bei einem Austausch wird eine Person irgendwohin geschickt (und von dort wird dafür eine andere Person aufgenommen) ⟨der Austausch von Botschaftern, Studenten⟩ | *einen Spion im Austausch gegen einen anderen freilassen* K Austauschaktion, Austauschschüler, Austauschstudent; Gefangenenaustausch, Schüleraustausch

aus·tau·schen VERB *(hat)* **1** **etwas (gegen/für etwas) austauschen** einer anderen Person Waren oder Produkte geben und von ihr dafür andere Dinge bekommen | *Rohstoffe gegen Maschinen austauschen* **2** **etwas austauschen** ein kaputtes Teil einer Maschine durch ein neues Teil ersetzen ⟨einen Motor austauschen⟩ **3** **jemanden austauschen** einen Spieler (bei einem Wettkampf) durch einen anderen Spieler ersetzen **4** **eine Person tauscht etwas/sich mit jemandem aus; Personen tauschen etwas/sich aus** Personen teilen sich gegenseitig ihre Gedanken, Erfahrungen, Meinungen mit | *Urlaubserinnerungen mit den Freunden austauschen* **5** **Personen austauschen** jemanden in ein anderes Land schicken und dafür eine andere Person im eigenen Land aufnehmen ⟨Diplomaten, Gefangene, Studenten austauschen⟩ ● zu (2) **aus·tausch·bar** ADJEKTIV

aus·tei·len VERB *(hat)* **1** **(jemandem/an jemanden) Dinge austeilen** von einer vorhandenen Menge jedem Einzelnen einen Teil geben ⟨Geschenke, Lebensmittel, Komplimente austeilen⟩ | *den Kindern das Essen austeilen* | *Prospekte an die Passanten austeilen* **2** **Dinge austeilen** bei Karten- und Gesellschaftsspielen die Karten, Spielmarken usw. an die Mitspieler geben | *an jeden Spieler fünf Münzen austeilen* | *Wer teilt aus?* **3** **(etwas) austeilen** andere Leute ohne Rücksicht behandeln und schlagen, unfair kritisieren o. Ä. ⟨Bosheiten, Schläge austeilen⟩ ↔ *einstecken* | *Wer austeilt, muss auch einstecken können*

Aus·ter *die;* (-, -n) ein Meerestier (eine Muschel), das von zwei flachen Schalen umgeben ist, oft roh gegessen wird und eine Perle wachsen lassen kann ⟨eine Auster aufbrechen, ausschlürfen⟩ K Austernfischerei, Austernzucht

aus·ti·cken VERB *(ist); gesprochen* einen Wutanfall bekommen ≈ *ausrasten*

aus·til·gen VERB *(hat)* **etwas austilgen** ⟨Motten, Unkraut austilgen⟩ ≈ *vernichten* ● hierzu **Aus·til·gung** *die*

aus·to·ben VERB (hat) **1** **etwas hat ausgetobt** etwas hat aufgehört (zu toben) ⟨das Feuer, der Sturm⟩ **2** **sich austoben** durch Spiel, Sport o. Ä. die überschüssige Energie loswerden

Aus·trag *der;* (-(e)s); *süddeutsch* ≈ *Altenteil*

aus·tra·gen VERB (hat) **1** **Dinge austragen** Waren oder Sendungen an eine meist ziemlich große Zahl von Personen liefern ⟨Zeitungen, die Post austragen⟩ **2** **etwas austragen** einen Konflikt zu Ende oder zur Entscheidung bringen ⟨einen Kampf, ein Duell austragen⟩ | *Tragt eure Streitigkeiten unter euch aus!* **3** **etwas austragen** etwas organisieren und durchführen ⟨die Olympischen Spiele, einen Wettkampf austragen⟩ **4** **eine Frau trägt ein Kind aus** eine Frau trägt ein ungeborenes Kind bis zum Ende der Schwangerschaft im Leib **5** **ein Tier trägt ein Junges aus** ein weibliches Tier trägt ein ungeborenes Tier im Leib, bis es geboren wird

Aus·trä·ger *der* eine Person, die Zeitungen oder Zeitschriften den Abonnenten ins Haus bringt K Zeitungsausträger • hierzu **Aus·trä·ge·rin** *die*

Aus·tra·gung *die;* (-, -en) **1** das Austragen eines Konflikts, bis eine Entscheidung herbeigeführt ist **2** die Organisation und Durchführung von Wettbewerben | *die Austragung der Olympischen Spiele* K Austragungsort

★ **Aus·tra·li·en** [-i̯ən] (*das*); (-s) der kleinste Kontinent der Erde • hierzu **Aus·tra·li·er** *der;* **Aus·tra·li·e·rin** *die;* **aus·tra·lisch** ADJEKTIV

aus·trei·ben VERB (hat) **1** **jemandem etwas austreiben** durch energisches Verhalten erreichen, dass jemand eine meist schlechte Gewohnheit oder Eigenschaft nicht mehr hat ⟨jemandem das Lügen, seine Überheblichkeit austreiben⟩ | *Diese Unsitte werde ich dir schon noch austreiben!* **2** **(jemandem) etwas austreiben** versuchen, jemanden von einer bösen Macht oder Kraft zu befreien ⟨Geister, Dämonen, den Teufel austreiben⟩ • hierzu **Aus·trei·bung** *die*

aus·tre·ten VERB **1** **(aus etwas) austreten** (*ist*) eine Organisation verlassen ⟨aus der Kirche, einem Verein, einer Partei austreten⟩ ↔ *in etwas eintreten* **2** **austreten gehen/müssen** (*ist*) auf die Toilette gehen/müssen **3** **etwas tritt (aus etwas) aus** (*ist*) etwas kommt aus der Erde oder aus einem Behälter heraus ⟨Gas, Wasser⟩ | *Aus dem Tank traten gefährliche Dämpfe aus* **4** **etwas austreten** (*hat*) etwas mit dem Fuß löschen ⟨das Feuer, einen Funken, eine Zigarette austreten⟩ **5** **etwas austreten** (*hat*) etwas durch häufige Benutzung abnutzen, Schuhe dadurch auch weit und bequem machen ⟨ausgetretene Schuhe, Stufen⟩

aus·trick·sen VERB (hat) **1** **jemanden austricksen** *gesprochen* durch einen Trick verhindern, dass jemandem etwas gelingt | *Ich traue ihm nicht, er hat schon zu viele Geschäftsfreunde ausgetrickst* **2** **jemanden austricksen** den Gegner mit einem Trick täuschen ⟨den Verteidiger austricksen⟩

aus·trin·ken VERB (hat) **1** **(etwas) austrinken** ein Glas, eine Tasse o. Ä. durch Trinken leeren **2** **(etwas) austrinken** eine Flüssigkeit in einem Glas o. Ä. ganz trinken

Aus·tritt *der* **1** *meist Singular* der Vorgang, wenn Gase oder Flüssigkeiten (von selbst, durch eine Panne o. Ä.) nach außen kommen **2** die Beendigung der Mitgliedschaft in einer Organisation ↔ *Beitritt* | *Er gab seinen Austritt aus der Partei bekannt* K Austrittserklärung

aus·trock·nen VERB **1** **etwas trocknet etwas aus** (*hat*) etwas lässt etwas sehr trocken werden | *Die Sonne hat den Boden ausgetrocknet* **2** **etwas trocknet aus** (*ist*) etwas wird sehr trocken ⟨der Boden, das Feld, ein Brunnen, ein Teich⟩ **3** **jemand trocknet aus** ≈ *verdursten* • zu (2,3) **Aus·trock·nung** *die*

aus·tüf·teln VERB (hat) **etwas austüfteln** etwas durch intensives Überlegen bis ins kleinste Detail planen ⟨einen Plan, eine neue Methode austüfteln⟩

★ **aus·üben** VERB (hat) **1** **etwas ausüben** in einem Handwerk, Gewerbe, Beruf o. Ä. tätig sein ⟨einen Beruf, eine Tätigkeit ausüben⟩ | *den Beruf eines Schreiners ausüben* **2** **etwas ausüben** etwas besitzen und davon Gebrauch machen ⟨Macht, Herrschaft ausüben⟩ **3** **etwas (auf jemanden/etwas) ausüben** eine Wirkung (auf eine Person oder etwas) haben ⟨Druck, einen Einfluss, einen Reiz, eine Wirkung ausüben⟩ • hierzu **Aus·übung** *die*

aus·ufern VERB (uferte aus, ist ausgeufert) **etwas ufert (in etwas** (*Akkusativ*)**) aus** etwas überschreitet das tolerierte, übliche Maß • hierzu **Aus·ufe·rung** *die*

Aus·ver·kauf *der* der vollständige Verkauf aller Waren zu sehr niedrigen Preisen ⟨etwas im Ausverkauf kaufen⟩ K Ausverkaufspreise; Totalausverkauf

★ **aus·ver·kauft** ADJEKTIV **1** restlos verkauft | *Die Eier sind leider heute schon ausverkauft* **2** so, dass alle Eintrittskarten dafür verkauft wurden ⟨ein Konzert, eine Kinovorstellung⟩

aus·wach·sen VERB (hat) **etwas wächst sich zu etwas aus** etwas wird etwas, etwas entwickelt sich zu etwas ⟨etwas wächst sich zu einer Gefahr, zu einer Sucht, zu einem Problem aus⟩ ■ **ID** **Das ist ja zum Auswachsen!** das ist zum Verzweifeln!

★ **Aus·wahl** *die; nur Singular* **1** das Aussuchen aus einer Menge von Personen oder Dingen ⟨freie Auswahl haben⟩ K Auswahlverfahren **2** **eine Auswahl (an Dingen** (*Dativ*)**)** die Menge, aus der ausgewählt werden kann | *etwas ist nur in geringer Auswahl vorhanden* | *Zum Frühstück gab es eine große Auswahl an Wurst und Käse* **3** eine Anzahl von Dingen, die zu einem Zweck zusammengestellt sind | *eine Auswahl aus der neuen Kollektion/aus jemandes künstlerischem Schaffen* | *Ich habe uns eine kleine Auswahl von Reiseprospekten besorgt* **4** eine Mannschaft, die aus den besten Sportlern verschiedener Vereine zusammengestellt ist K Auswahlmannschaft, Auswahlspieler **5** **eine Auswahl treffen** meist mehrere Dinge/Personen aus einer Menge aussuchen **6** **Dinge stehen zur Auswahl** Dinge sind als Menge, aus der man wählen kann, vorhanden

★ **aus·wäh·len** VERB (hat) **(eine Person/Sache (für jemanden/etwas) auswählen; (jemandem) eine Person/Sache auswählen** Personen oder Sachen wegen ihrer Eigenschaften für einen Zweck wählen und nehmen ≈ *aussuchen* | *Wähl dir aus dem Angebot etwas Passendes aus* | *Sie wurde für den Wettkampf ausgewählt*

aus·wal·zen VERB (hat) **1** **etwas auswalzen** etwas durch Walzen oder Pressen flach machen (und so in der Fläche vergrößern) ⟨Blech, den Teig auswalzen⟩ **2** **etwas auswalzen** *gesprochen, abwertend* etwas lang und breit oder sehr ausführlich erzählen oder diskutieren ⟨eine Geschichte, ein Thema auswalzen⟩

Aus·wan·de·rer *der* eine Person, die ihr Heimatland verlässt oder verlassen hat, um in einem anderen Land zu leben

★ **aus·wan·dern** VERB (*ist*) das Heimatland verlassen, um in einem anderen Land zu leben • hierzu **Aus·wan·de·rung** *die*

aus·wär·tig ADJEKTIV *meist attributiv* **1** aus einem anderen Ort ⟨ein Teilnehmer, eine Mannschaft, Kunden⟩ **2** außerhalb des eigenen Wohnorts ⟨eine auswärtige Schule besuchen⟩ **3** im Zusammenhang mit den Beziehungen zum Ausland **4** **das Auswärtige Amt** Ⓓ Ⓐ das Außenministerium • zu (1) **Aus·wär·ti·ge** *der/die*

★ **aus·wärts** ADVERB **1** nicht in dem Ort, in dem man wohnt ⟨auswärts arbeiten⟩ **2** **von auswärts** von einem anderen

Ort | *Er kommt von auswärts* **3** am Ort des Gegners | *Nächste Woche spielt Bayern München auswärts gegen Hamburg* K Auswärtsspiel

aus·wa·schen VERB *(hat)* **1** **etwas auswaschen** etwas durch Waschen sauber machen | *Ich muss nur schnell das T-Shirt auswaschen/den Fleck aus dem T-Shirt auswaschen* **2** **etwas wäscht etwas aus** Wasser macht durch die ständige Bewegung Gestein hohl und brüchig | *ein von der Brandung ausgewaschener Felsen*

aus·wech·seln VERB *(hat)* **1** **etwas auswechseln** ein meist kaputtes oder abgenutztes Teil durch ein neues ersetzen ⟨eine Glühbirne, Kugelschreibermine auswechseln⟩ **2** **(jemanden) auswechseln** einen Spieler durch einen anderen Spieler ersetzen ≈*austauschen* | *Der Mittelstürmer musste wegen einer Verletzung ausgewechselt werden* K Auswechselspieler • hierzu **Aus·wechs·lung** *die*; zu (1) **aus·wech·sel·bar** ADJEKTIV

Aus·weg *der* eine Möglichkeit, aus einer schwierigen, oft hoffnungslosen Situation herauszukommen ⟨nach einem Ausweg suchen; keinen Ausweg mehr wissen⟩

aus·weg·los ADJEKTIV so, dass man es nicht ändern/bessern kann ≈*hoffnungslos* | *Die Lage ist fast ausweglos* • hierzu **Aus·weg·lo·sig·keit** *die*

aus·wei·chen VERB (wich aus, ist ausgewichen) **1** **(jemandem/etwas) ausweichen** um jemanden/etwas herumgehen, -fahren oder zur Seite treten, um nicht getroffen zu werden oder um einen Zusammenstoß zu vermeiden ⟨einem Hieb, einem Hindernis, einem Schlag ausweichen⟩ | *Durch einen Sprung auf die Seite konnte er dem Auto gerade noch ausweichen* **2** **(jemandem/etwas) ausweichen** versuchen, den Kontakt mit jemandem, eine unangenehme Situation oder die Beantwortung einer Frage zu vermeiden ⟨jemandes Fragen, einer Entscheidung, einem Gespräch ausweichen⟩ | *Seit unserem letzten Streit weicht er mir ständig aus* **3** **auf etwas** *(Akkusativ)* **ausweichen** (durch einen äußeren Zwang) etwas als Ersatz nehmen | *auf einen anderen Termin ausweichen* K Ausweichmöglichkeit

aus·wei·chend ■ PARTIZIP PRÄSENS **1** → ausweichen ■ ADJEKTIV **2** absichtlich ungenau ⟨eine Antwort⟩

Aus·weich|ma·nö·ver *das* eine Reaktion, durch die man (vor allem als Autofahrer) einem Hindernis ausweicht, um einen Zusammenstoß zu vermeiden

aus·wei·den VERB *(hat)* **ein Tier ausweiden** aus dem Leib eines toten Tieres die Eingeweide herausnehmen | *ein Reh ausweiden*

aus·wei·nen VERB *(hat)* **sich (bei jemandem) ausweinen** einer anderen Person von dem eigenen Kummer und den eigenen Sorgen erzählen

★ **Aus·weis** *der*; (-es, -e) ein Dokument, das von einer Institution ausgestellt ist und das angibt, welche Person der Inhaber ist, wo sie Mitglied ist oder wozu sie berechtigt ist ⟨ein (un)gültiger Ausweis; einen Ausweis beantragen, ausstellen, vorzeigen; den Ausweis verlangen; die Ausweise kontrollieren⟩ K Ausweiskontrolle; Behindertenausweis, Bibliotheksausweis, Polizeiausweis, Schülerausweis, Schwerbeschädigtenausweis, Studentenausweis, Teilnehmerausweis H → auch **Personalausweis**

★ **aus·wei·sen** VERB *(hat)* **1** **jemanden (aus einem Land) ausweisen** (als Behörde) eine Person, die nicht erwünscht ist, offiziell auffordern, das Land sofort zu verlassen ⟨Diplomaten, Reporter, Ausländer ausweisen⟩ **2** **etwas ausweisen** etwas durch eine Rechnung, Liste oder Statistik deutlich machen oder belegen ⟨Gewinne, Verluste, Ausgaben ausweisen⟩ **3** **etwas (als etwas) ausweisen** planen, dass etwas für den genannten Zweck verwendet oder auf die genannte Art benutzt werden soll | *Dieses Grundstück ist als Baugebiet ausgewiesen* (Auf diesem Grundstück sollen Häuser gebaut werden) **4** **etwas weist jemanden als etwas aus** etwas zeigt, dass eine Person etwas ist oder die genannte Funktion hat | *Dieser Film weist ihn als begabten Regisseur aus* **5** **sich (als etwas) ausweisen** mit dem Pass/Ausweis beweisen, wer man ist ⟨sich als Journalist, Reporter ausweisen⟩ • zu (1 – 3) **Aus·wei·sung** *die*

Aus·weis|pa·pie·re *die*; *Plural*; *admin* die amtlichen Dokumente (z. B. Pass oder Personalausweis), mit denen eine Person die eigene Identität nachweisen kann

aus·wei·ten VERB *(hat)* **1** **etwas ausweiten** ≈*ausdehnen* **2** **etwas weitet sich aus** ≈*ausbreiten* • hierzu **Aus·wei·tung** *die*

aus·wen·dig ADVERB **1** ohne einen Text als Vorlage zu haben, aus/nach dem Gedächtnis ⟨ein Gedicht, Lied auswendig vortragen; die Regeln auswendig wissen⟩ | *Ich kann das Referat schon auswendig* **2** **jemanden/etwas in- und auswendig kennen** *gesprochen* jemanden/etwas sehr gut, ganz genau kennen **3** **(etwas) auswendig lernen** etwas so lernen, dass man es aus dem Gedächtnis wiederholen kann | *Wir müssen das Gedicht bis morgen auswendig lernen*

aus·wer·fen VERB *(hat)* **1** **etwas wirft** *(+Zahl)* **Dinge aus** etwas produziert die genannte Menge einer Sache | *Diese Maschine kann pro Stunde 600 Stück auswerfen* **2** **etwas auswerfen** einen Knopf drücken, damit die CD, DVD usw. wieder aus einem Computer, CD- oder DVD-Player o. Ä. kommt **3** **etwas auswerfen** etwas ins Wasser werfen, um Fische zu fangen ⟨die Angel, die Netze auswerfen⟩ **4** **den Anker auswerfen** den Anker ins Wasser lassen

aus·wer·ten VERB *(hat)* **etwas auswerten** den Inhalt einer Sache prüfen und analysieren, um daraus Schlüsse ziehen zu können ⟨Dokumente, Berichte, Statistiken kritisch, wissenschaftlich auswerten⟩ • hierzu **Aus·wer·tung** *die*; **aus·wert·bar** ADJEKTIV

aus·wet·zen VERB *(hat)* **eine Scharte auswetzen** *gesprochen* etwas, was man falsch gemacht hat, wieder in Ordnung bringen

aus·wi·ckeln VERB *(hat)* **etwas auswickeln** etwas aus einer Hülle aus Papier oder Stoff herausnehmen ⟨ein Bonbon, ein Geschenk auswickeln⟩

aus·wie·gen VERB *(hat)* **1** **etwas auswiegen** das Gewicht einer Sache ganz genau bestimmen **2** **etwas auswiegen** aus einer Menge so viel zusammenstellen, bis das gewünschte Gewicht erreicht ist | *ein Kilo Äpfel auswiegen*

aus·win·den VERB *(hat)* **etwas auswinden** *besonders süddeutsch* Ⓐ Ⓒⓗ ≈*auswringen*

aus·wir·ken VERB *(hat)* **etwas wirkt sich (irgendwie) (auf jemanden/etwas) aus** etwas hat eine Wirkung auf eine Person oder Sache | *Das kalte Wetter wird sich negativ auf die Ernte auswirken*

★ **Aus·wir·kung** *die* **eine Auswirkung (auf jemanden/etwas)** die meist negativen Folgen, die etwas für jemanden/etwas hat | *Die Auswirkungen des Krieges auf die Bevölkerung waren verheerend*

aus·wi·schen VERB *(hat)* **1** **etwas auswischen** etwas durch Wischen (innen) sauber machen ⟨ein Glas, einen Schrank, die Küche auswischen; sich *(Dativ)* die Augen auswischen⟩ **2** **jemandem eins auswischen** *gesprochen* (aus Rache oder als Strafe) etwas tun, das eine andere Person ärgert oder ihr schadet | *Ihr werde ich schon noch eins auswischen*

aus·wrin·gen VERB *(hat)* **etwas auswringen** etwas (z. B. ein nasses Tuch oder nasse Wäsche) so stark drehen und pressen, dass das Wasser heraustropft | *einen nassen Lappen auswringen*

Aus·wuchs [-ks] *der*; (-es, Aus·wüch·se) **1** eine Körperstelle, an der Haut oder Gewebe (als Zeichen einer Krankheit) übermäßig stark wächst **2** *meist Plural* Entwicklungen, die als nicht normal und deshalb als schädlich gelten

aus·wuch·ten VERB *(hat)* **etwas auswuchten** ein Rad so bearbeiten, dass es sich ganz sauber und gerade um die eigene Achse dreht ⟨ein Rad auswuchten⟩ • hierzu **Aus·wuch·tung** *die*

Aus·wurf *der; meist Singular* **1** Schleim, den man beim Husten ausspuckt **2** der Vorgang, wenn eine CD, DVD usw. wieder aus einem Computer, CD- oder DVD-Player o. Ä. kommt **3** *geschrieben, abwertend* eine Person oder Sache, die minderwertig oder ekelhaft ist

aus·wür·feln VERB *(hat)* **etwas auswürfeln** durch Würfeln entscheiden, wer einen Preis bekommt oder etwas tun muss oder tun darf

aus·zah·len VERB *(hat)* **1** **(jemandem) etwas auszahlen; jemanden auszahlen** jemandem das Geld geben, auf das er Anspruch hat ⟨den Lohn, den Gewinn, das Erbe, Prämien auszahlen; einen Miterben, einen Teilhaber auszahlen⟩ **2** **etwas zahlt sich aus** etwas ist nützlich, etwas lohnt sich oder bringt Gewinn ein ⟨der Aufwand, die Bemühungen, die Investitionen⟩ • hierzu **Aus·zah·lung** *die*

aus·zäh·len VERB *(hat)* **1** **Dinge auszählen** die Anzahl der Dinge einer Menge (durch Zählen) genau bestimmen | *nach der Wahl die abgegebenen Stimmen auszählen* **2** **jemanden auszählen** (als Schiedsrichter beim Boxen) durch Zählen von 1 bis 10 bestimmen, dass ein kampfunfähiger Boxer verloren hat • zu (1) **Aus·zäh·lung** *die*

aus·zan·ken VERB *(hat)* **jemanden auszanken** ≈ *schimpfen*

aus·zeh·ren VERB *(hat)* **etwas zehrt jemanden/etwas aus** etwas nimmt einer Person/dem Körper die ganze Kraft und Energie weg, wodurch die Person oder der Körper sehr dünn wird | *Die Krankheit zehrt ihn aus* | *ein ausgezehrtes Gesicht* • hierzu **Aus·zeh·rung** *die*

aus·zeich·nen VERB *(hat)* **1** **etwas auszeichnen** Waren mit der Angabe des Preises versehen | *die im Schaufenster ausgestellten Kleider auszeichnen* **2** **jemanden/etwas (mit etwas) auszeichnen** jemanden/etwas (mit einem Preis o. Ä.) als besonders gut anerkennen | *einen Film mit der Goldenen Palme von Cannes auszeichnen* **3** **etwas zeichnet jemanden/etwas aus** etwas ist (im positiven Sinn) typisch oder charakteristisch für jemanden/etwas | *Ehrlichkeit zeichnet sie aus* | *Hohe Leitfähigkeit zeichnet dieses Metall aus* kein Passiv **4** **sich durch etwas auszeichnen** wegen besonderer Eigenschaften oder Fähigkeiten besser sein als andere Leute | *sich durch Schnelligkeit vor/gegenüber den anderen auszeichnen* | *Er zeichnet sich dadurch aus, dass er mehrere Sprachen spricht*

★ **Aus·zeich·nung** *die* **1** *nur Singular* die Angabe, wie hoch der Preis einer Ware ist (meist auf einem Aufkleber oder einem kleinen Schild) **2** ein Preis oder Orden, mit dem man eine Person für ihre Verdienste auszeichnet und lobt ⟨jemandem eine Auszeichnung verleihen⟩ **3** eine besondere Ehrung | *Die Wahl zum Vorsitzenden war für ihn eine besondere Auszeichnung* **4** **mit Auszeichnung** Eine Prüfung wurde mit der absolut besten Note abgeschlossen ⟨das Examen mit Auszeichnung bestehen⟩

Aus·zeit *die* **1** eine Unterbrechung des Spiels, die von einer Mannschaft gefordert werden kann ⟨eine Auszeit nehmen⟩ **2** **eine Auszeit (von etwas)** eine (meist relativ kurze) Zeit, für die man die Berufstätigkeit unterbricht oder Entspannung von einer anstrengenden Situation sucht | *Ich brauche einfach mal eine Auszeit!* | *Er gönnte sich eine Auszeit vom Job und machte eine Weltreise*

★ **aus·zie·hen** VERB **1** **(jemandem) etwas ausziehen** *(hat)* einer anderen Person oder sich selbst ein Kleidungsstück vom Körper nehmen ↔ *anziehen* | *Zieh dir bitte die Schuhe aus!* **2** **jemanden ausziehen** *(hat)* jemandem oder sich selbst (alle) Kleidungsstücke vom Körper nehmen ⟨sich nackt ausziehen⟩ ↔ *anziehen* **3** **etwas ausziehen** *(hat)* einen Gegenstand dadurch länger, breiter oder größer machen, dass man ineinandergeschobene Teile auseinanderzieht ⟨eine Antenne, den Tisch, die Couch ausziehen⟩ K Ausziehtisch **4** **jemandem etwas ausziehen** *(hat)* jemandem oder sich selbst etwas aus dem Körper ziehen ⟨jemandem einen Dorn, einen Zahn ausziehen⟩ **5** **(aus etwas) ausziehen** *(ist)* (mit allen Möbeln usw.) eine Wohnung für immer verlassen ↔ *einziehen* | *Familie Schmidt ist gestern ausgezogen* | *Ich will aus diesem Haus ausziehen* **6** **Personen ziehen aus etwas aus** *(ist)* Personen verlassen einen Ort in einer Gruppe gemeinsam | *Die Soldaten zogen aus der Kaserne zum Manöver aus* | *Die Hochzeitsgesellschaft zog feierlich aus der Kirche aus* **7** *(ist)* mit einem Ziel oder einer Absicht fortgehen | *ausziehen, um die Welt kennenzulernen* • zu (3) **aus·zieh·bar** ADJEKTIV

★ **Aus·zu·bil·den·de** *der/die; (-n, -n); admin* ein Jugendlicher/eine Jugendliche, der/die in einem Betrieb oder einer Behörde einen Beruf erlernt ≈ *Lehrling* *ein Auszubildender; der Auszubildende; den, dem, des Auszubildenden*

Aus·zug *der* **1** *meist Singular* das Ausziehen aus einer Wohnung ↔ *Einzug* | *jemandem beim Auszug helfen* **2** *nur Singular* das Ausziehen aus einem Raum oder Gebiet | *der Auszug des Olympiateams aus dem Stadion* **3** eine Substanz oder Essenz, die aus Pflanzen gewonnen wurde **4** ein ausgewählter Teil von etwas Schriftlichem oder Vorgetragenem | *einen Auszug aus dem Gesamtwerk veröffentlichen* | *ein Gedicht nur in Auszügen kennen* **5** eine schriftliche Mitteilung über einen begrenzten Teil von Daten | *in der Sparkasse nach Auszügen fragen* K Bankauszug, Grundbuchauszug, Kontoauszug

aus·zugs|wei·se ADVERB in Form von Auszügen ≈ *teilweise* | *eine Ansprache auszugsweise abdrucken*

aus·zup·fen VERB *(hat)* **etwas auszupfen** ≈ *ausreißen*

au·tark ADJEKTIV fähig, von der eigenen Produktion zu leben ⟨wirtschaftlich, kulturell autark⟩ • hierzu **Au·tar·kie** *die*

au·then·tisch [-t-] ADJEKTIV (garantiert) in der richtigen, ursprünglichen Form, nicht verändert ⟨ein Kunstwerk, ein Bericht, ein Text⟩ • hierzu **Au·then·ti·zi·tät** *die*

★ **Au·to** *das; (-s, -s)* ein Fahrzeug mit vier Rädern und Motor | *Wenn man in der Stadt wohnt, braucht man eigentlich kein Auto* | *Bist du zu Fuß oder mit dem Auto da?* K Autoabgase, Autodiebstahl, Autofahrer, Autohändler, Autokolonne, Automarke, Automechaniker, Autopanne, Autoreifen, Autorennen, Autoschlosser, Autoschlüssel, Autounfall, Autowerkstatt; Lastauto, Personenauto; Feuerwehrauto, Polizeiauto → Abb. nächste Seite • hierzu **Au·to·fah·ren** *das*

au·to-, Au·to- *im Adjektiv und Substantiv, unbetont, begrenzt produktiv* **1** **die Autohypnose, die Autosuggestion** *und andere* drückt aus, dass etwas ohne fremde Hilfe geschieht | *Er hat die Sprache autodidaktisch gelernt* (ohne Unterricht) **2** drückt aus, dass etwas automatisch funktioniert | *eine Kamera mit Autofokus und Autozoom* | *Den größten Teil der Strecke fliegt das Flugzeug mit Autopilot*

★ **Au·to·bahn** *die* eine sehr breite Straße, die aus zwei getrennten Fahrbahnen besteht, keine Kreuzung hat und die nur von Fahrzeugen benutzt werden darf, die mindestens 60 km/h fahren können ⟨auf der Autobahn fahren⟩ K Autobahnanschlussstelle, Autobahnauffahrt, Autobahnausfahrt, Autobahngebühr, Autobahnpolizei, Autobahnraststätte

Au·to·bahn|drei·eck *das* eine Stelle, an der sich zwei Au-

AUTO

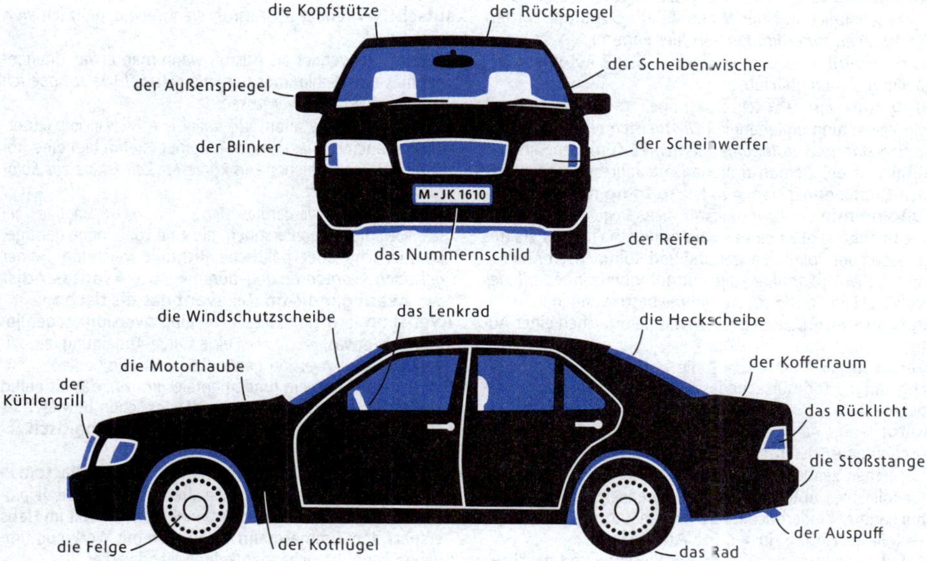

tobahnen treffen und man von der einen Autobahn zur anderen wechseln kann

Au·to·bahn|kreuz *das* eine Stelle, an der zwei Autobahnen über- und untereinander hinwegführen und an der man von einer Autobahn zur anderen wechseln kann

Au·to·bio·gra·fie *die* eine meist literarische Beschreibung des eigenen Lebens • hierzu **au·to·bio·gra·fisch** ADJEKTIV

Au·to·bom·be *die* eine Bombe, die in einem Auto versteckt ist, damit sie dort explodiert

Au·to·bus *der* ≈ *Bus* K Autobushaltestelle

Au·to·car [-kaːɐ̯] *der*; (-s, -s); CH ≈ *(Auto)Bus*

Au·to·fäh·re *die* eine große Fähre, die Autos und Personen transportiert

au·to·frei ADJEKTIV für den Autoverkehr verboten ⟨eine Zone⟩

Au·to|fried·hof *der* ein Platz, an dem die Wracks alter Autos gesammelt (und verschrottet) werden

Au·to·gas *das* ein aus Erdgas hergestellter Treibstoff für Autos ⟨Autogas tanken; auf Autogas umrüsten⟩ ≈ *Flüssiggas, LPG*

au·to·gen ADJEKTIV **autogenes Training** Übungen (auf psychotherapeutischer Basis), mit deren Hilfe man sich völlig entspannt

Au·to·gramm *das*; (-s, -e) die eigenhändige Unterschrift meist einer bekannten Persönlichkeit | *einen Fußballstar um ein Autogramm bitten*

Au·to·gramm|jä·ger *der* eine Person, die sich bemüht, möglichst viele Autogramme zu sammeln • hierzu **Au·to·gramm|jä·ge·rin** *die*

Au·to·haus *das* ein großes Geschäft, in dem Autos verkauft werden

Au·to·ki·no *das* ein Kino, bei dem die Filme im Freien gezeigt werden und man im Auto sitzt, während man sie ansieht

Au·to·kna·cker *der*; (-s, -); *gesprochen* eine Person, die Autos mit Gewalt öffnet, um die Autos oder Dinge daraus zu stehlen

Au·to·krat *der*; (-en, -en); *geschrieben* **1** ein Herrscher, der völlig unabhängig und durch nichts eingeschränkt die eigene Macht ausübt **2** eine Person, die Entscheidungen nur nach ihrem eigenen Willen trifft H *der Autokrat; den, dem, des Autokraten* • hierzu **Au·to·kra·tin** *die*; **au·to·kra·tisch** ADJEKTIV; zu (1) **Au·to·kra·tie** *die*

Au·to·mar·der *der*; *gesprochen* **1** ein Marder, der Kabel und Schläuche an Autos zerbeißt **2** eine Person, die Gegenstände aus Autos stiehlt

★ **Au·to·mat** *der*; (-en, -en) **1** ein Apparat, in den man meist Geld einwirft, um Dinge wie Zigaretten, Briefmarken oder Fahrkarten zu bekommen | *sich am Bahnhof ein Getränk aus dem Automaten holen* K Fahrkartenautomat, Getränkeautomat, Kaffeeautomat, Münzautomat, Zigarettenautomat H *der Automat; den, dem, des Automaten* **2** eine Maschine, die ohne menschliche Hilfe nach einem Programm Arbeiten ausführt

Au·to·ma·tik *die*; (-, -en) **1** *meist Singular* eine Automatik regelt und überwacht einen mechanischen Vorgang | *die Automatik einer Heizungsanlage* | *ein Auto mit Automatik* (bei dem man nicht selbst schalten muss) **2** *nur Singular* das selbstständige Ablaufen eines einmal in Gang gesetzten Vorgangs

★ **au·to·ma·tisch** ADJEKTIV **1** ohne dass ein Mensch die Aktion ausführen oder starten muss ⟨eine Bremse, eine Kamera, ein Signal, eine Tür⟩ **2** ohne, dass man sich bewusst darauf konzentrieren muss, wie von selbst erfolgend ⟨eine Bewegung, eine Reaktion; etwas ganz automatisch tun⟩

au·to·ma·ti·sie·ren VERB (automatisierte, hat automatisiert) **(etwas) automatisieren** die automatische Steuerung von Vorgängen in der Produktion oder die automatische Herstellung von Produkten in einem Betrieb einführen | *Die Produktion in dieser Fabrik soll jetzt automatisiert werden* • hierzu **Au·to·ma·ti·sie·rung** *die*; **Au·to·ma·ti·on** *die*

Au·to·ma·tis·mus *der*; (-, Au·to·ma·tis·men) **1** *geschrieben* ein meist körperlicher oder psychischer Vorgang oder Prozess (z. B. ein Reflex), der nicht vom Bewusstsein kontrolliert wird **2** das selbsttätige Ablaufen eines mechanischen Vorgangs

B

Au·to·mi·nu·te *die; meist Plural* die Strecke, die ein Auto durchschnittlich in einer Minute fährt | *Das Stadtzentrum ist nur zehn Autominuten von hier entfernt*

Au·to·mo·bil *das;* (-s, -e); *veraltend* ≈ *Auto* K Automobilausstellung, Automobilklub

au·to·nom ADJEKTIV **1** ⟨ein Staat, eine Provinz⟩ in Bezug auf die Verwaltung unabhängig | *Die meisten ehemaligen Kolonien sind jetzt autonome Staaten* **2** ⟨Gruppen⟩ linksradikal und bei Demonstrationen oft aggressiv gegenüber den Ordnungsmächten • zu (2) **Au·to·no·me** *der/die*

Au·to·no·mie *die;* (-, -n [-mi:ən]); *meist Singular; geschrieben* die Unabhängigkeit eines Gebietes innerhalb eines Staates in Bezug auf Politik, Verwaltung und Kultur ⟨nach Autonomie streben⟩ | *Sardinien genießt Autonomie innerhalb des italienischen Staates* K Autonomiebestrebungen

Au·to·num·mer *die; gesprochen* das Kennzeichen eines Autos

Au·top·sie *die;* (-, -n [-'si:ən]) die Untersuchung einer Leiche, um die Todesursache festzustellen ⟨eine Autopsie vornehmen⟩

★ **Au·tor** *der;* (-s, Au·to·ren) eine Person, die einen meist literarischen oder wissenschaftlichen Text geschrieben hat ⟨ein klassischer, zeitgenössischer, viel gelesener Autor⟩ K Autorenkollektiv, Autorenlesung, Autorenverzeichnis; Drehbuchautor, Kinderbuchautor, Romanautor **i** zu *Autorin* → Info im Eintrag **-in** • hierzu **Au·to·rin** *die*

Au·to|rei·se·zug *der* ein Zug, der Reisende und gleichzeitig ihre Autos transportiert

au·to·ri·sie·ren VERB (autorisierte, hat autorisiert); *geschrieben* **1** **jemanden zu etwas autorisieren** jemandem offiziell zu etwas die Erlaubnis geben | *Er ist autorisiert, den Vertrag abzuschließen* **2** **etwas autorisieren** einen Text (durch den Autor oder eine Institution) offiziell genehmigen | *eine autorisierte Ausgabe/Übersetzung*

au·to·ri·tär ADJEKTIV **1** ⟨Erziehung, Eltern⟩ absoluten Gehorsam verlangend **2** ⟨ein Regime, ein Staat⟩ so, dass sie keinen politischen Widerstand dulden ↔ *demokratisch* | *autoritär regieren*

★ **Au·to·ri·tät** *die;* (-, -en) **1** das große Ansehen oder die Macht, die eine Person oder eine Institution (wegen besonderer Fähigkeiten oder aus Tradition) hat ⟨elterliche, kirchliche, staatliche Autorität; Autorität besitzen, genießen; jemandes Autorität untergraben⟩ | *Die Autorität der Kirche wird von vielen Leuten nicht anerkannt* K Autoritätsanspruch, Autoritätsprinzip **2** eine Person, die wegen ihrer hervorragenden Leistungen auf einem Gebiet großes Ansehen hat ⟨als Autorität auf/in einem Gebiet gelten⟩

au·to·ri·ta·tiv [-f] ADJEKTIV; *geschrieben* auf Autorität beruhend

au·to·ri·täts·gläu·big ADJEKTIV; *abwertend* (von Menschen) so, dass sie einer Person (z. B. einem Vorgesetzten) oder einer Institution alles glauben und sich diesen unterordnen • hierzu **Au·to·ri·täts·gläu·big·keit** *die*

Au·to·skoo·ter [-sku:te] *der;* (-s, -) (auf dem Jahrmarkt) ein kleines, elektrisch betriebenes Auto, das auf allen Seiten durch dicken Gummi geschützt ist und mit dem man versucht, andere Autos zu stoßen oder ihnen geschickt auszuweichen

Au·to·stopp *der;* (-s) das Anhalten von Autos, indem man dem Autofahrer mit der Hand ein Zeichen gibt, das bedeutet, dass man mitgenommen werden will | *per Autostopp nach Italien fahren* **i** *per Autostopp* ≈ *per Anhalter*

Au·to·stun·de *die* die Strecke, die ein Auto durchschnittlich in einer Stunde zurücklegt ⟨eine Autostunde entfernt⟩

Au·to·ver·leih *der* eine Firma, die Autos und relativ kleine Lastwagen für kurze Zeit gegen Bezahlung verleiht

Au·to·ver·mie·tung *die* ≈ *Autoverleih*

autsch! verwendet als Ausruf, wenn etwas plötzlich weh tut

au·weh! verwendet als Ausruf, wenn man etwas Unangenehmes oder Schlimmes bemerkt | *Auweh! Jetzt habe ich meinen Geldbeutel vergessen!*

avan·cie·ren [avã'si:rən] VERB (avancierte, ist avanciert) **(zu etwas) avancieren** *geschrieben* (in einer Hierarchie) eine höhere Stellung erreichen | *In kürzester Zeit ist sie zur Solotänzerin avanciert*

Avant·gar·de [avã'gard(ə)] *die;* (-, -n); *meist Singular; geschrieben* die ersten Personen, die eine völlig neue geistige, künstlerische oder politische Richtung vertreten | *einer geistigen Avantgarde angehören* • hierzu **Avant·gar·dist** *der;* **Avant·gar·dis·tin** *die;* **avant·gar·dis·tisch** ADJEKTIV

Aver·si·on [avɛr'zi̯o:n] *die;* (-, -en) **eine Aversion (gegen jemanden/etwas)** *geschrieben* eine starke Abneigung, ein Widerwille ⟨eine Aversion gegen Gewalt haben/hegen⟩

Axi·om *das;* (-s, -e) ein fundamentales Prinzip, das als gültig und richtig anerkannt ist, ohne dass es schon bewiesen ist ⟨ein mathematisches Axiom⟩ • hierzu **axi·o·ma·tisch** ADJEKTIV

★ **Axt** *die;* (-, Äx·te) mit Äxten fällt man Bäume oder hackt man Holz ■ **ID** **sich benehmen wie die Axt im Walde** *gesprochen* sich wild und ungezügelt benehmen; **Die Axt im Haus erspart den Zimmermann** Wenn man mit Werkzeug umgehen kann, braucht man keinen Handwerker

Aza·lee [atsa'le:ə] *die;* (-, -n) ein niedriger Strauch mit kleinen, harten Blättern und leuchtend weißen, roten oder rosa Blüten

Azu·bi *der;* (-s, -s); *gesprochen* Kurzwort für *Auszubildende* • hierzu **Azu·bi** *die*

azur·blau ADJEKTIV; *geschrieben* leuchtend blau wie der Himmel

B

B, b [be:] *das;* (-, -/*gesprochen auch* -s) **1** der zweite Buchstabe des Alphabets ⟨ein großes B; ein kleines b⟩ **2** der Halbton unter dem h K B-Dur, b-Moll **3** das Zeichen ♭, das eine Note um einen halben Ton tiefer setzt

★ **Ba·by** ['be:bi] *das;* (-s, -s) **1** ein kleines Kind im ersten Lebensjahr ≈ *Säugling* K Babyausstattung, Babyflasche, Babykost, Babynahrung, Babywäsche **2** **ein Baby bekommen/erwarten** schwanger sein **3** *gesprochen* ein sehr junges Tier K Elefantenbaby, Löwenbaby, Vogelbaby

Ba·by·boom ['be:bibu:m] *der; humorvoll* eine Zeit, in der sehr viele Babys geboren werden

Ba·by·pau·se ['be:bi-] *die; gesprochen* eine Unterbrechung der Berufstätigkeit nach der Geburt eines Kindes | *das Comeback der Sportlerin nach einer einjährigen Babypause*

Ba·by·sit·ter ['be:bi-] *der;* (-s, -) eine Person, die (gegen Bezahlung) auf ein Baby oder kleines Kind aufpasst, wenn die Eltern nicht zu Hause sind • hierzu **ba·by·sit·ten** VERB (*hat*); **Ba·by·sit·ting** *das*

Ba·by·speck ['be:bi-] *der; nur Singular* die rundlichen Formen, die typisch sind für den Körper eines Babys oder Kleinkindes

★ **Bach** *der;* (-(e)s, Bä·che) ein kleiner Wasserlauf, der nicht die

Größe eines Flusses hat ⟨der Bach rauscht, windet sich/schlängelt sich durch das Tal⟩ ■ ID **etwas geht den Bach runter** *gesprochen* etwas hat keinen Erfolg oder gerät in einen schlechten Zustand | *Unser Land/Meine Ehe geht den Bach runter*

Ba·che·lor ['bɛtʃəlɐ] *der*; (-s, -s) ein Abschluss, den man an einer europäischen Hochschule machen kann [K] Bachelorabschluss, Bachelorstudium [I] → Infos unter **Hochschule**

Bach·stel·ze *die*; (-, -n) ein schlanker Singvogel mit schwarz-weißen Federn, der sich in der Nähe von Bächen und Flüssen aufhält

Back·blech *das* eine flache Platte aus Blech, auf der man Kuchen o. Ä. zum Backen in den Ofen schiebt

Back·bord *(das)* die linke Seite eines Schiffes (oder Flugzeuges) ⟨nach Backbord rudern⟩ ↔ *Steuerbord* ● hierzu **back·bord(s)** ADVERB

Ba·cke *die*; (-, -n) **1** die Backen sind die weichen Teile des Gesichts neben dem Mund ⟨gerötete, rote, runde, volle Backen haben; eine dicke, geschwollene Backe haben⟩ ≈ *Wange* [K] Backenbart, Backenknochen [I] → Abb. unter **Gesicht** **2** *gesprochen* die Backen sind die beiden großen Muskeln, auf die man sich setzt [K] Gesäßbacken **3** Dinge wie Schraubstöcke, Zangen und Bremsen haben Backen, mit denen sie etwas festhalten oder zusammenpressen können [K] Bremsbacken ■ ID **jemanden/etwas an der Backe haben** *gesprochen* es mit einer lästigen Person oder Sache zu tun haben | *Meine Eltern sind weggefahren und ich hab meine kleine Schwester an der Backe*; **Backen wie ein Hamster haben** *gesprochen* dicke Backen haben

★ **ba·cken** VERB (bäckt/backt, backte/*veraltet* buk, hat gebacken) **1** **(etwas) backen** einen Teig aus Mehl usw. machen und im Backofen heiß machen ⟨Brot, Plätzchen, einen Kuchen, Waffeln backen⟩ | *Die Kinder sangen: „Backe, backe Kuchen, der Bäcker hat gerufen!"* [K] Backaroma, Backbuch, Backrezept, Backzutaten **2** **etwas backen** eine Speise (in einer Pfanne) in heißem Fett zubereiten ≈ *braten* | *das Omelette auf beiden Seiten zwei Minuten backen* | *gebackene Leber* [I] Das Wort *braten* ist in dieser Bedeutung häufiger; *backen* wird vor allem verwendet, wenn die Speise paniert ist. **3** **etwas bäckt/backt** etwas wird im Ofen oder in der Pfanne so lange erhitzt, bis es fertig oder gar ist | *Das Brot muss eine Stunde backen* | *Die Plätzchen backen noch* ■ ID **etwas (nicht) gebacken kriegen** *gesprochen* etwas (nicht) schaffen, zustande bringen

Ba·cken·zahn *der* einer der hinteren Zähne, die zum Zermahlen der Nahrung dienen

★ **Bä·cker** *der*; (-s, -) eine Person, die beruflich Brot, Brötchen, Kuchen usw. für den Verkauf herstellt [K] Bäckergeselle, Bäckerhandwerk, Bäckerinnung, Bäckerladen, Bäckerlehrling, Bäckermeister; Bäckersfrau [I] zu *Bäckerin* → Info im Eintrag **-in** ● hierzu **Bä·cke·rin** *die*

★ **Bä·cke·rei** *die*; (-, -en) ein Betrieb (mit Laden), in dem Brot, Brötchen, Kuchen usw. für den Verkauf hergestellt werden

Back·fisch *der* **1** ein panierter, gebratener Fisch **2** *veraltet* ein Mädchen im Alter von etwa 14 bis 17 Jahren

Back·form *die* in Backformen füllt man den Teig vor dem Backen und stellt ihn in den Ofen

★ **Back·ofen** *der* **1** ein großer Ofen, in dem der Bäcker Brot, Kuchen o. Ä. backt **2** der Teil des Herdes, in dem z. B. Kuchen und Plätzchen gebacken werden

Back·pfei·fe *die*; *veraltend* ≈ *Ohrfeige*

Back·pul·ver *das* ein Pulver, das während des Backens geringe Mengen von Gas erzeugt und so den Teig locker macht

Back·rohr *das*; *süddeutsch* Ⓐ ≈ *Backofen*

Back·röh·re *die* ≈ *Backofen*

BACKWAREN

Back·stein *der*; *besonders norddeutsch* ein rechteckiger, meist rötlicher Stein, den man zum Bauen verwendet ≈ *Ziegel* [K] Backsteinbau, Backsteingotik

Back·stu·be *die* der Raum, in dem ein Bäcker arbeitet

bäckt *Präsens, 3. Person Singular* → backen

Back·wa·re *die*; (-, -n); *meist Plural* alles, was von einem Bäcker hergestellt wird, z. B. Brot, Kuchen, Gebäck

★ **Bad** *das*; (-(e)s, Bä·der) **1** das Waschen des Körpers im Wasser ⟨sich durch ein Bad erfrischen⟩ [K] Wannenbad, Warmbad **2** das Wasser, das man in eine Wanne füllt, um (jemanden, sich selbst oder etwas) zu baden ⟨ins Bad steigen; ein heißes, warmes Bad⟩ | *Ich lasse mir gerade ein Bad einlaufen* **3** ein Raum in einer Wohnung mit einer Badewanne oder Dusche ⟨ein gefliestes, gekacheltes Bad⟩ | *eine Wohnung mit zwei Zimmern, Küche und Bad* | *Meine Frau ist morgens immer so lang im Bad* [K] Badezimmer **4** ein Gelände oder Gebäude, wo man (meist nachdem man Eintritt bezahlt hat) baden kann [K] Schwimmbad, Freibad, Hallenbad, Strandbad **5** *nur Singular* der Aufenthalt im Wasser zum Vergnügen oder Schwimmen | *Ein Bad in diesem Fluss ist gefährlich* **6** *meist Plural* das Baden zu medizinischen Zwecken ⟨medizinische Bäder⟩ | *jemandem warme Bäder verordnen* **7** ein Ort, in dem viele Menschen mit Wasser medizinisch behandelt werden [K] Heilbad, Kurbad, Thermalbad [I] oft als Teil von Ortsnamen: *Bad Wörishofen* **8** **ein Bad nehmen** sich in Wasser (meist in einer Wanne) tauchen, um sich zu waschen
■ ID **(das) Bad in der Menge** der direkte Kontakt (meist einer bekannten Persönlichkeit) mit einer Menschenmenge

Ba·de- *im Substantiv, betont, begrenzt produktiv* **1** **die Badekappe, der Bademantel, der Badeschwamm, das Badethermometer, das Badetuch, das Badewasser** *und andere* bezeichnet etwas, das man zum oder nach dem Baden verwendet **2** **der Badesee, der Badestrand, das Badewetter** *und andere* bezeichnet etwas, das zum Baden geeignet ist

Ba·de·an·stalt *die*; *veraltend* ein öffentliches Schwimmbad (im Freien)

★ **Ba·de·an·zug** *der* ein einteiliges Kleidungsstück, das Mädchen und Frauen zum Schwimmen tragen

Ba·de·ho·se *die* eine kurze Hose, die Jungen und Männer zum Schwimmen tragen

B

Ba·de·lus·ti·ge *der/die*; (-n, -n); *meist Plural* eine Person, die (sehr gern) zum Baden geht [H] *ein Badelustiger; der Badelustige; den, dem, des Badelustigen*

Ba·de·meis·ter *der* jemand, dessen Beruf es ist, in einem Schwimmbad oder an einem Badestrand aufzupassen, dass keine Unfälle o. Ä. passieren • hierzu **Ba·de·meis·te·rin** *die*

★ **ba·den** VERB (badete, hat gebadet) **1** **jemanden/etwas baden** jemanden, ein Tier oder einen Teil des Körpers in Wasser (in einer Wanne) tauchen, um sie zu waschen, zu erfrischen oder zu heilen ⟨ein Baby, einen Patienten, eine Wunde baden⟩ **2** den eigenen Körper baden ⟨kalt, warm, heiß baden⟩ **3** in einem Fluss, See, Schwimmbad usw. (zum Vergnügen) schwimmen ⟨nackt baden; baden gehen⟩ | *Sie badet am liebsten im Meer* ■ **ID (bei/mit etwas) baden gehen** *gesprochen* mit einem Plan keinen Erfolg haben

Ba·de·ni·xe *die*; *humorvoll* eine junge weibliche Person in einem Badeanzug

LANDESKUNDE

▶ Baden-Württemberg

Das Bundesland Baden-Württemberg liegt im Südwesten Deutschlands. Die Hauptstadt ist **Stuttgart**. Es ist das drittgrößte Bundesland. Berühmte Universitätsstädte sind Freiburg und Tübingen. Die Stadt **Heidelberg**, das Mittelgebirge **Schwarzwald** und der **Bodensee** sind besonders beliebte Ziele für Touristen.

Ba·de·ort *der* ein Ort (am Meer oder an einem See), in den man reist, um dort zu baden

Ba·de·sa·chen *die*; *Plural* alles, was man zum Baden braucht, z. B. Badehose, Handtuch

Ba·de·sai·son *die* die Zeit im Jahr, in der man im Freien schwimmen kann

★ **Ba·de·wan·ne** *die* eine Wanne, in der man den Körper waschen kann ⟨in der Badewanne liegen, sitzen⟩

Ba·de·zeug *das*; *nur Singular*; *gesprochen* ≈ *Badesachen*

Ba·de·zim·mer *das* ein Raum in einer Wohnung mit einer Badewanne oder Dusche

Bad·min·ton ['bɛtmɪntən] *das*; (-s) Federball als Wettkampf ⟨Badminton spielen⟩ [K] Badmintonmatch, Badmintonschläger, Badmintonspieler, Badmintonturnier

baff ADJEKTIV *meist prädikativ* **baff sein** *gesprochen* sehr erstaunt sein über etwas, das man nicht erwartet oder vermutet hat | *Da bin ich aber baff!*

BAföG, **Bafög** *das*; (-(s)); Ⓓ **1** Abkürzung für *Bundesausbildungsförderungsgesetz*; ein Gesetz, welches die finanzielle Unterstützung von Schülern, Studenten und Lehrlingen durch den Staat regelt **2** *gesprochen* das Geld, das aufgrund des BAföG bezahlt wird ⟨BAföG beantragen, bekommen⟩ [K] BAföG-Antrag

Ba·ga·ge [ba'ga:ʒ(ə)] *die*; (-, -n); *meist Singular*; *gesprochen, abwertend* eine Gruppe von Personen, über die man sich ärgert

Ba·ga·tel·le *die*; (-, -n) etwas, das unwichtig ist und das man nicht sehr ernst zu nehmen braucht

Ba·ga·tell·scha·den *der*; *geschrieben* ein geringer Schaden (z. B. an einem Auto nach einem Unfall)

Bag·ger *der*; (-s, -) ein Fahrzeug, mit dem auf Baustellen Löcher gegraben und große Mengen von Erde und Steinen bewegt werden

Bag·ger·füh·rer *der* ein Arbeiter, der einen Bagger bedient • hierzu **Bag·ger·füh·re·rin** *die*

bag·gern VERB (baggerte, hat gebaggert) **1** **(etwas) baggern** mit einem Bagger ein Loch oder eine Grube machen **2** **(etwas) baggern** (beim Volleyball) den Ball mit der Innenfläche der Unterarme spielen

Bag·ger·see *der* ein See, der nicht natürlich entstanden ist. Wo ein Baggersee ist, war früher eine Kiesgrube o. Ä.

Ba·guette [ba'gɛt] *das*; (-s, -s), **Ba·guette** *die*; (-, -n) ein sehr langes, schmales Weißbrot, wie es in Frankreich oft gegessen wird [H] → Infos unter **Brot**

BAGUETTE

★ **Bahn** *die*; (-, -en)

▸auf Schienen: **1** Kurzwort für *Eisenbahn* ⟨mit der Bahn fahren, reisen; die Bahn nehmen⟩ [K] Bahnfahrt, Bahnreise **2** *nur Singular* ein Unternehmen, das Personen und Waren mit der Bahn transportiert ⟨bei der Bahn arbeiten, sein⟩ | *Die Bahn erhöht ihre Preise* [K] Bahnarbeiter, Bahnpersonal **3** *norddeutsch* Kurzwort für *Straßenbahn* **4** *gesprochen nur Singular* ⟨jemanden von der Bahn abholen; jemanden zur Bahn begleiten, bringen⟩ ≈ *Bahnhof* **5** ein Eisenbahngleis oder Schienenweg ⟨eine neue Bahn bauen, legen⟩

▸beim Sport: **6** die Strecke in einem Sportstadion, auf der ein Wettrennen stattfindet ⟨von der Bahn abkommen⟩ [K] Aschenbahn, Asphaltbahn, Grasbahn, Sandbahn **7** eine Strecke mit einer festgelegten Breite und Länge, auf der sportliche Wettkämpfe (Wettrennen o. Ä.) stattfinden ⟨von der Bahn abkommen⟩ [K] Eisbahn, Rodelbahn, Rollschuhbahn, Rennbahn **8** einer der markierten Streifen einer Strecke, auf denen die Teilnehmer eines Wettbewerbs nebeneinander laufen, schwimmen, fahren | *Der Favorit startet auf Bahn 3* [K] Außenbahn, Innenbahn

▸Weg: **9** der Weg, den ein fliegender oder kreisender Körper zurücklegt ⟨die Bahn einer Rakete, eines Geschosses, eines Planeten, eines Satelliten berechnen, bestimmen⟩ | *Der Satellit bewegt sich auf einer kreisförmigen Bahn um die Erde* [K] Flugbahn **10** ein Weg, den man sich macht, wenn Hindernisse da sind | *Wir hatten uns eine Bahn durch den hohen Schnee geschaufelt*

▸sonstige Verwendungen: **11** der Teil einer Straße, auf dem Fahrzeuge in die gleiche Richtung fahren ≈ *Spur* | *eine Straße mit vier Bahnen* **12** ein längliches und schmales Stück, das von Textilien, Tapeten oder Papier abgeschnitten wird [K] Papierbahn, Stoffbahn, Tapetenbahn **13** *meist Plural* die Art und Weise, wie etwas geschieht oder geschehen soll | *jemandes Leben verläuft in geregelten Bahnen* | *etwas in die richtige Bahn lenken* | *sich in neuen Bahnen bewegen* [H] nur zusammen mit einem Adjektiv

■ **ID aus der Bahn getragen werden** zu schnell sein und in einer Kurve die Bahn unfreiwillig verlassen; **auf die schiefe Bahn geraten/kommen** ein unmoralisches, kriminelles Leben beginnen; **etwas wirft jemanden aus der Bahn** etwas bewirkt, dass jemand sein psychisches Gleichgewicht verliert und sein gewohntes Leben nicht weiterführen kann

bahn·bre·chend ADJEKTIV eine völlig neue Entwicklung einleitend ⟨eine Erfindung, eine Theorie⟩

Bahn·damm *der* die Anhäufung aus Erde und Steinen, auf welcher die Gleise der Eisenbahn liegen

bah·nen VERB (bahnte, hat gebahnt) **1** **jemandem einen Weg durch etwas / irgendwohin bahnen** für jemanden oder sich selbst die Voraussetzungen schaffen, durch etwas hindurch/irgendwohin zu gelangen ⟨sich (*Dativ*)/jemandem einen Weg durch das Dickicht, die Menschenmenge, zum Ausgang, ins Freie bahnen⟩ **2** **jemandem den Weg (irgend-**

wohin) bahnen für jemanden die Voraussetzungen schaffen, etwas zu erreichen ⟨jemandem den Weg zum Erfolg, zum Ziel, nach oben bahnen⟩

Bahn·gleis *das* die Schienen für die Eisen- oder Straßenbahn

★ **Bahn·hof** *der*; (-(e)s, Bahn·hö·fe) **1** eine Stelle, an der Züge halten und Personen ein- und aussteigen oder Dinge ein- und ausgeladen werden ⟨ein Zug fährt, rollt in den Bahnhof ein; der Zug hält nicht an jedem Bahnhof; jemanden am/vom Bahnhof abholen; jemanden zum Bahnhof bringen, begleiten; auf dem Bahnhof⟩ K Bahnhofsviertel; Güterbahnhof, Rangierbahnhof **2** ein großes Gebäude auf einem Bahnhof, in dem sich Automaten und Schalter für Fahrkarten, kleine Geschäfte, Toiletten usw. befinden ⟨im Bahnhof⟩ K Bahnhofsgebäude, Bahnhofshalle, Bahnhofsrestaurant ■ ID **Ich verstehe nur Bahnhof** *gesprochen* Ich verstehe nichts; **(ein) großer Bahnhof** *gesprochen* ein festlicher Empfang

Bahn·hofs|mis·si·on *die* eine Einrichtung der Kirchen auf Bahnhöfen, in der Reisenden (wenn sie in Not sind) geholfen wird

Bahn·li·nie *die* **1** die Strecke zwischen zwei Orten, auf der eine Eisenbahn regelmäßig fährt **2** das Gleis für eine Eisenbahn | *die Bahnlinie überqueren*

Bahn·schran·ke *die* eine Schranke auf Straßen oder Wegen, die geschlossen wird, damit vor allem Autos nicht das Gleis überqueren, wenn ein Zug kommt

★ **Bahn·steig** *der*; (-(e)s, -e) im Bahnhof warten Personen auf dem Bahnsteig auf den Zug K Bahnsteigkante; Querbahnsteig

Bahn|über·gang *der* die Stelle, an der eine Straße oder ein Weg ein Bahngleis überquert ⟨ein (un)beschrankter Bahnübergang⟩

Bah·re *die*; (-, -n) ein tragbares Gestell, auf dem man Kranke, Verletzte oder Tote transportiert ⟨jemanden auf der Bahre wegtragen⟩ K Krankenbahre, Totenbahre, Tragbahre

Bai·ser [bɛ'zeː] *das*; (-s, -s) ein Gebäck aus schaumigem Eiweiß und Zucker

Bais·se ['bɛːs(ə)] *die*; (-, -n) das Fallen der Preise oder der Wertpapierkurse an der Börse ↔ *Hausse*

Ba·jo·nett *das*; (-(e)s, -e) ein langes Messer, das auf den Lauf eines Gewehrs aufgesetzt wird ⟨mit aufgepflanztem Bajonett⟩

Ba·ke *die*; (-, -n) **1** eines von drei Verkehrsschildern mit ein, zwei oder drei Streifen, die Eisenbahnübergänge und Autobahnausfahrten ankündigen **2** ein Schild oder Zeichen, das Schiffen oder Flugzeugen die Richtung angibt oder als Signal dient

★ **Bak·te·rie** [-ri̯ə] *die*; (-, -n); *meist Plural* Lebewesen, die so klein sind, dass man sie nicht sehen kann und von denen einige Arten Krankheiten erregen können ⟨sich mit Bakterien infizieren⟩ | *Antibiotika wirken nur gegen Bakterien, nicht gegen Viren*

Bak·te·rio·lo·gie *die*; (-) die Wissenschaft, die sich mit Bakterien beschäftigt ● hierzu **Bak·te·rio·lo·ge** *der*; **Bak·te·rio·lo·gin** *die*; **bak·te·rio·lo·gisch** ADJEKTIV

Ba·lan·ce [ba'lãːs(ə)] *die*; (-) ⟨die Balance halten, verlieren⟩ ≈ *Gleichgewicht*

ba·lan·cie·ren VERB [balã'siːrən] (balancierte, hat/ist balanciert) **1** **etwas (auf etwas** (*Dativ*)**) balancieren** (*hat*) einen Gegenstand im Gleichgewicht halten (während man sich fortbewegt) | *einen Ball auf der Stirn balancieren* **2** **(über etwas** (*Akkusativ*)**) balancieren** (*ist*) das Gleichgewicht halten, während man über etwas sehr Schmales geht ⟨über einen Baumstamm, ein Seil balancieren⟩ K Balancierstange

★ **bald** ADVERB **1** nach relativ kurzer Zeit ⟨bald danach; bald darauf; so bald wie möglich⟩ | *Ich hoffe, du besuchst mich bald wieder* | *Bald ist Weihnachten* **2** innerhalb einer relativ kurzen Zeit ≈ *schnell* | *Er hatte den komplizierten Mechanismus bald verstanden* **3** **bald** +*Zeitraum gesprochen* drückt aus, dass der größte Teil einer Zeit bereits vergangen ist ≈ *fast* | *Ich warte schon bald eine Stunde* **4** **bald** +*Verb gesprochen* drückt aus, dass eine wahrscheinliche Handlung nicht eingetreten ist ≈ *fast* | *Ich hätte bald vergessen, den Brief aufzugeben* **5** *süddeutsch, gesprochen* verwendet, um eine drohende Frage oder Aufforderung zu verstärken ≈ *endlich* | *Bist du jetzt bald still?* ■ ID **Bis (auf) bald!** *gesprochen* verwendet, um sich von jemandem zu verabschieden; **bald ... bald ...** *geschrieben* so, dass zwei oder mehrere (gegensätzliche) Dinge direkt aufeinanderfolgen oder rasch wechseln | *bald hier, bald da* | *Bald weinte sie, bald lachte sie*; **Wird's bald?** in drohendem Tonfall verwendet, um jemanden zur Eile anzutreiben oder aufzufordern, einem Befehl zu gehorchen

Bal·da·chin *der*; (-s, -e) ein Dach aus Stoff vor allem über einem Thron, einem Altar oder einem Bett

Bäl·de **in Bälde** *veraltend* nach relativ kurzer Zeit ≈ *bald* | *Darüber wird in Bälde entschieden*

bal·dig ADJEKTIV *meist attributiv; geschrieben* in kurzer Zeit, bald erfolgend | *auf baldige Freilassung der Gefangenen hoffen* | *Das sollte baldigst geschehen*

bald·mög·lich ADJEKTIV *meist attributiv; geschrieben* so schnell oder bald wie möglich | *mit der Bitte um baldmöglich(st)e Antwort*

Bald·ri·an *der*; (-s, -e) **1** eine Heilpflanze, deren Wurzeln ein stark riechendes Öl enthalten, das beruhigend auf die Nerven wirkt **2** *nur Singular* ein Extrakt, der aus den Wurzeln des Baldrians hergestellt und meist als Medizin verwendet wird K Baldrianöl, Baldriantropfen

Balg[1] *der*; (-(e)s, Bäl·ge) **1** das abgezogene Fell von Tieren ⟨einen Balg ausstopfen⟩ **2** Kurzwort für *Blasebalg*

Balg[2] *das/der*; (-(e)s, Bäl·ger); *meist abwertend* ein (freches, schlecht erzogenes) Kind

bal·gen VERB (balgte sich, hat sich gebalgt) **eine Person balgt sich mit jemandem**; **Personen/Tiere balgen sich** zwei oder mehrere Personen oder Tiere raufen oder ringen miteinander (meist aus Übermut oder beim Spielen) | *Die Kinder / Die jungen Hunde balgten sich*

★ **Bal·ken** *der*; (-s, -) **1** ein langes, schweres Stück Holz (mit viereckigem Querschnitt), das vor allem beim Bau von Häusern verwendet wird ⟨ein morscher, ein tragender Balken; neue Balken einziehen; etwas mit Balken abstützen⟩ K Dachbalken, Querbalken, Stützbalken **2** ein schmaler (farbiger) Streifen vor allem auf Wappen, Flaggen oder Schildern **3** Kurzwort für *Schwebebalken* ⟨am Balken turnen⟩ ■ ID **lügen, dass sich die Balken biegen** so übertrieben lügen, dass es auffällt

★ **Bal·kon** [bal'kɔŋ, bal'koːn, bal'kõː] *der*; (-s, -s/-e) **1** eine Plattform (mit einem Geländer oder einer Mauer), die an die Außenwand eines Gebäudes gebaut ist ⟨auf den Balkon (hinaus)gehen; sich auf den Balkon setzen⟩ K Balkonblume, Balkon-

B

pflanze **2** die Sitzreihen im Kino oder Theater, die sich (weit) über den anderen befinden

Bal·ko·ni·en [-n i̯ən] *(das)*; (-s) das eigene Zuhause ⟨Urlaub auf/in Balkonien machen⟩

★ **Ball** *der*; (-(e)s, Bäl·le)

▸zum Spielen: **1** Bälle sind rund und man spielt damit ⟨(mit einem) Ball spielen; den Ball abspielen, werfen, ins Tor schießen, fangen; jemandem den Ball zuspielen, zuwerfen⟩ | *Der Ball landete im Tor/im Korb* K Gummiball, Lederball, Plastikball; Tennisball **2** die Art, wie ein Ball fliegt oder gespielt wird | *ein unhaltbarer Ball* | *Ich konnte seine schnellen Bälle kaum abwehren* K Kurvenball, Schmetterball

▸zum Tanzen: **3** eine relativ große, festliche Tanzveranstaltung ⟨ein festlicher, glanzvoller Ball; einen Ball veranstalten, geben; auf einen Ball gehen⟩ K Ballkleid, Ballnacht, Ballsaal; Abiturball, Faschingsball, Schulball, Uniball

■ **ID am Ball bleiben/sein** a ein Ziel weiter verfolgen, sich davon nicht abbringen lassen b neueste Entwicklungen verfolgen, damit man gut informiert ist; **den Ball flach halten/flachhalten** kein unnötiges Risiko eingehen

Bal·la·de *die*; (-, -n) ein langes Gedicht, das ein handlungsreiches und meist tragisches Geschehen erzählt | *Goethes Ballade vom Erlkönig* ● hierzu **bal·la·den·haft** ADJEKTIV

Bal·last, **Bal·last** *der*; (-(e)s) **1** eine schwere Last (z. B. Sand, Wasser, Steine), die auf einem Schiff mitgeführt wird, um es im Gleichgewicht zu halten **2** Sand oder Wasser in Säcken, die aus einem Ballon abgeworfen werden, wenn er höher steigen soll ⟨Ballast abwerfen⟩ **3** etwas, das hinderlich ist ⟨überflüssigen Ballast abwerfen, mit sich *(Dativ)* schleppen⟩

Bal·last·stof·fe *die*; *Plural* Substanzen in Pflanzen, welche der Körper nicht verwenden kann (die aber für die Verdauung gut sind)

bal·len VERB (ballte, hat geballt) **1** **etwas (zu etwas) ballen** etwas so zusammenpressen, dass es eine annähernd runde Form annimmt ⟨die Hand zur Faust ballen⟩ **2** **etwas ballt sich (zu etwas)** etwas wird zu einer dichten Masse | *Der Schnee ballt sich zu Klumpen*

Bal·len *der*; (-s, -) **1** eine Menge mancher Produkte, die (für den Transport) fest gepresst und mit Schnur zusammengebunden wird ⟨ein Ballen Baumwolle, Heu, Stroh, Tabak, Tee⟩ K Heuballen, Strohballen **2** **ein Ballen Stoff/Tuch** eine Rolle aus einem ziemlich langen Stück Stoff **3** die dicken, weichen Teile der Handflächen und Fußsohlen von Menschen und manchen Säugetieren K Daumenballen, Fußballen, Handballen ▪ → Abb. unter **Hand**

Bal·le·ri·na *die*; (-, Bal·le·ri·nen/-s) **1** eine Tänzerin in einem Ballett **2** *(Plural: Ballerinas)* ein flacher, einfacher Damenschuh ohne Schuhbänder oder Riemen

Bal·ler·mann *der*; (-s, Bal·ler·män·ner); *gesprochen* **1** *nur Singular* ein Lokal am Strand von Mallorca, in dem vor allem deutsche Touristen lautstark mit viel Alkohol feiern **2** *veraltend* ≈ *Pistole, Revolver*

bal·lern VERB (ballerte, hat/ist geballert); *gesprochen* **1** **etwas irgendwohin ballern** *(hat)* etwas mit Wucht irgendwohin werfen, schleudern oder schießen | *den Ball gegen den Pfosten ballern* **2** *(hat)* mehrmals hintereinander ziellos schießen | *wild um sich ballern* K Ballerspiel **3** **irgendwohin ballern** *(ist)* mit Wucht gegen etwas stoßen oder schlagen | *Er ballerte wütend mit der Faust an die Tür*

★ **Bal·lett** *das*; (-s, -e) **1** *nur Singular* ein Tanz auf einer Bühne, der eine Geschichte darstellt, ohne dass gesprochen oder gesungen wird ⟨das höfische, klassische, moderne Ballett; ein Ballett aufführen, tanzen⟩ | *Tschaikowskis Ballett „Schwanensee"* K Ballettmusik, Balletttänzer(in) **2** eine Gruppe von Tänzern und Tänzerinnen, die ein Ballett tanzen K Ballettschule, Balletttruppe

Bal·lett·meis·ter *der* jemand, dessen Beruf es ist, ein Ballett auszubilden und zu leiten ● hierzu **Bal·lett·meis·te·rin** *die*

Bal·lis·tik *die*; (-) die Wissenschaft, die sich mit der Bewegung von Gegenständen beschäftigt, die geschossen oder geschleudert werden ● hierzu **bal·lis·tisch** ADJEKTIV

Bal·lon [ba'lɔŋ, ba'lo:n, ba'lõ:] *der*; (-s, -s/-e) **1** eine große Hülle, die mit heißer Luft oder mit Gas gefüllt wird und fliegen kann ⟨im Ballon aufsteigen; Ballon fahren⟩ K Ballonfahrer, Ballonführer, Ballonhülle, Ballonkorb; Heißluftballon **2** Kurzwort für *Luftballon* **3** eine große Flasche mit kurzem Hals und dickem Bauch

Bal·lon·müt·ze *die* eine weite, runde Mütze mit Schirm

★ **Ball·spiel** *das* ein Spiel mit einem Ball, das als Wettkampf zwischen zwei Mannschaften ausgetragen wird | *Fußball ist ein Ballspiel*

Bal·lungs·ge·biet *das* ein Gebiet, in dem mehrere Städte nahe beieinanderliegen und in dem sehr viel Industrie ist

Bal·lungs·raum *der* ≈ *Ballungsgebiet*

Bal·lungs·zent·rum *das* die ungefähre Mitte oder das Zentrum eines Ballungsgebietes

Bal·sam *der*; (-s) **1** eine ölige Flüssigkeit, die angenehm riecht und vor allem dazu dient, Parfüm herzustellen oder (als Medizin) Schmerzen zu lindern **2** **Balsam (für etwas)** *geschrieben* etwas, das einen körperlichen oder seelischen Schmerz kleiner macht ⟨etwas ist Balsam für jemandes Seele, Wunden⟩

bal·sa·mie·ren VERB *(hat)* **jemanden balsamieren** einer Person Balsam auf die Haut streichen

Ba·lus·tra·de *die*; (-, -n) ein Geländer aus kleinen Säulen, die oben miteinander verbunden sind

Balz *die*; (-) **1** das besondere Verhalten, mit dem männliche Vögel um ein Weibchen werben K Balzlaut, Balzverhalten, Balzzeit **2** die Zeit im Jahr, wenn männliche Vögel um ein Weibchen werben ≈ *Paarungszeit* ● zu (1) **bal·zen** VERB *(hat)*

Bam·bus *der*; (-/-ses, -se) **1** *meist Singular* eine hohe tropische Graspflanze mit dicken, hohlen Stängeln, die innerhalb kurzer Zeit hölzern werden **2** *nur Singular* getrocknete Stängel des Bambus, aus denen Stöcke, Möbel o. Ä. hergestellt werden | *eine Hütte aus Bambus* K Bambusrohr, Bambusstab, Bambusstock, Bambusstuhl

Bam·mel ■ **ID (einen) Bammel (vor jemandem/etwas) haben** *gesprochen* Angst vor jemandem/etwas haben | *Ich hatte (einen) wahnsinnigen Bammel vor meinem Lehrer*

ba·nal ADJEKTIV ganz gewöhnlich, nicht schwierig, überraschend oder interessant ⟨eine Frage, ein Problem⟩ | *Ich habe es aus einem ganz banalen Grund nicht getan: ich habe es vergessen*

ba·na·li·sie·ren VERB (banalisierte, hat banalisiert) **etwas banalisieren** etwas so darstellen, als wäre es unwichtig

Ba·na·li·tät *die*; (-, -en) **1** *nur Singular* ≈ *Trivialität* **2** *meist Plural* eine Aussage ohne neue Ideen ⟨Banalitäten daherreden, erzählen, von sich *(Dativ)* geben⟩

★ **Ba·na·ne** *die*; (-, -n) eine längliche tropische Frucht mit gelber Schale bzw. die Pflanze, an der diese Früchte wachsen K Bananenschale, Bananenstaude ■ **ID alles Banane** *gesprochen* a alles ist in Ordnung b es ist alles egal; **Warum ist die Banane krumm?** *gesprochen* drückt als Reaktion auf eine Frage mit *warum* aus, dass es keine Antwort dafür gibt

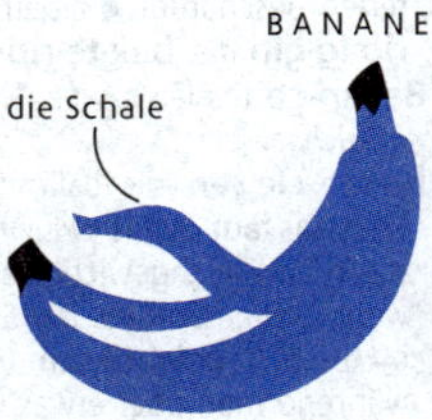

Ba·na·nen·re·pub·lik *die; abwertend* ein kleines Land (vor allem in den tropischen Gebieten Mittelamerikas), das wirtschaftlich abhängig und politisch instabil ist

Ba·nau·se *der;* (-n, -n); *abwertend* eine Person, die nur sehr oberflächliche Kenntnisse oder Ansichten über kulturelle, künstlerische Dinge hat **K** Kulturbanause, Kunstbanause **H** *der Banause; den, dem, des Banausen*

band *Präteritum, 1. und 3. Person Singular* → binden

★ **Band**[1] *das;* (-(e)s, Bän·der) **1** ein dünner, schmaler Streifen aus Stoff, Seide, Leder o. Ä., mit dem etwas verbunden, verstärkt oder geschmückt wird ⟨ein schmales, breites Band; ein Band knoten, zerschneiden⟩ | *ein Band im Haar tragen* **K** Gummiband, Armband, Haarband, Halsband **2** *meist Plural* das starke, elastische Gewebe in der Form eines Bandes, das die Knochen im Körper zusammenhält ⟨(sich (*Dativ*)) die Bänder überdehnen, zerren⟩ **K** Bänderdehnung, Bänderriss, Bänderzerrung **3** *veraltend* ein schmaler Streifen aus Kunststoff, auf dem man Musik, Filme o. Ä. speichern kann ⟨ein Band (in den Kassetten-, Videorekorder) einlegen, aufnehmen, abspielen, überspielen, löschen⟩ **K** Bandgeschwindigkeit; Tonband, Videoband **4** Kurzwort für *Fließband* ⟨am Band arbeiten, stehen⟩ **K** Bandarbeit, Bandarbeiter **5** ein Band verwendet man, um Personen oder Material zu transportieren (z. B. im Bergbau, am Flughafen) **K** Förderband, Laufband **6** **das Grüne Band** Naturschutzgebiete entlang der früheren Grenze zwischen westlichen Ländern und dem Ostblock ■ **ID** **am laufenden Band** immer wieder, ohne Unterbrechung

★ **Band**[2] *der;* (-(e)s, Bän·de) **1** eines von mehreren Büchern, die zusammen ein Werk oder eine Reihe bilden | *ein Werk in zehn Bänden* **2** ein Buch, das eine Sammlung oder eine Auswahl von Texten oder Bildern enthält **K** Bildband, Gedichtband ■ **ID** **Das spricht Bände** das sagt sehr viel aus (über jemanden/etwas)

★ **Band**[3] [bɛnt] *die;* (-, -s) eine Gruppe von Musikern, die moderne Musik wie Rock, Jazz usw. spielt ⟨in einer Band spielen⟩ **K** Beatband, Jazzband, Rockband

Ban·da·ge [ban'da:ʒə] *die;* (-, -n) ein (elastischer) Verband, der an einem Körperteil angelegt wird, der verletzt ist oder sehr strapaziert wird ⟨jemandem eine Bandage anlegen⟩

ban·da·gie·ren [banda'ʒi:rən] VERB (bandagierte, hat bandagiert) **jemanden bandagieren**; **(jemandem) etwas bandagieren** jemanden/einen Körperteil mit einer Bandage versehen ≈ *verbinden* | *das Knie, den Oberschenkel bandagieren*

Band·brei·te *die; meist Singular* **1** die Auswahl oder Vielfalt von Dingen der gleichen oder ähnlichen Art **2** die Geschwindigkeit einer Internetverbindung, die an der Menge der übertragenen Daten gemessen wird **3** der Frequenzbereich, in dem Signale gesendet werden

★ **Ban·de**[1] *die;* (-, -n)
▸von Personen: **1** eine (meist organisierte) Gruppe von Personen, die Verbrechen planen und begehen ⟨eine Bande auffliegen lassen, ausheben; der Anführer einer Bande⟩ **K** Bandenchef, Bandenführer, Bandenmitglied; Diebesbande, Drogenbande, Gangsterbande, Räuberbande, Schmugglerbande, Verbrecherbande **2** *abwertend oder humorvoll* eine Gruppe vor allem von Kindern oder Jugendlichen, die gemeinsam etwas unternehmen ⟨eine ausgelassene Bande⟩
▸am Rand: **3** der innere Rand eines Billardtisches ⟨eine Kugel an/über die Bande spielen; die Kugel prallt von der Bande ab⟩ **4** die Bande dient als Grenze zwischen dem Spielfeld o. Ä. und den Zuschauern und wird von Firmen für Werbung genutzt **K** Bandenwerbung

Ban·de[2] *die; Plural* **1** *veraltend* enge gute Beziehungen zu jemandem ⟨die Bande der Liebe, der Freundschaft⟩ ≈ *Bindung* **K** Ehebande, Liebesbande **2** **zarte Bande (mit jemandem) knüpfen** *meist humorvoll* beginnen, jemanden zu lieben

Ban·de·ro·le *die;* (-, -n) **1** ein kleiner Streifen aus Papier, der zeigt, dass eine Verpackung nicht geöffnet wurde **2** ein Streifen festes Papier als Hülle für eine Zeitung oder Zeitschrift, auf dem die Adresse des Empfängers steht

-bän·dig *im Adjektiv, unbetont, nicht produktiv* **einbändig, zweibändig, dreibändig, mehrbändig** *und andere* mit der genannten Zahl von Bänden | *das vielbändige Werk Goethes*

bän·di·gen VERB (bändigte, hat gebändigt) **1** **ein Tier bändigen** bewirken, dass sich ein wildes oder tobendes Tier beruhigt | *einen Löwen bändigen* **2** **jemanden bändigen** bewirken, dass jemand ruhig und gehorsam wird ⟨Kinder, einen Betrunkenen bändigen⟩ **3** **etwas bändigen** etwas unter Kontrolle bringen ⟨Naturgewalten, Triebe bändigen⟩ ≈ *beherrschen* ● hierzu **Bän·di·gung** *die*

Ban·dit, **Ban·dit** *der;* (-en, -en) **1** eine Person, die (als Mitglied einer Bande) Verbrechen begeht **2** **ein einarmiger Bandit** *gesprochen, humorvoll* ≈ *Spielautomat* **H** *der Bandit; den, dem, des Banditen* ● zu (1) **Ban·di·tin** *die*

Band·lea·der ['bɛntli:dɐ] *der;* (-s, -) eine Person, die eine Band leitet ● hierzu **Band·lea·de·rin** ['bɛntli:dərɪn] *die*

Band·schei·be *die* ein kleiner, relativ weicher Knochen zwischen je zwei Wirbeln der Wirbelsäule **K** Bandscheibenschaden

Band·wurm *der* ein langer flacher Wurm, der im Darm von Menschen und Tieren leben kann ⟨Bandwürmer haben⟩

bang ADJEKTIV → bange

ban·ge ADJEKTIV (banger/bänger, bangst-/bängst-) **1** von Angst erfüllt ⟨bange Minuten durchleben; in banger Erwartung, Sorge⟩ **2** **jemandem ist/wird bange** jemand hat/bekommt Angst

Ban·ge *die;* (-) **Bange (vor jemandem/etwas)** *gesprochen* ⟨große, keine, ganz schöne Bange haben; jemandem (Angst und) Bange machen⟩ ≈ *Angst* | *Nur keine Bange, das kriegen wir schon wieder hin!*

ban·gen VERB (bangte, hat gebangt) **1** **um jemanden/etwas bangen** um jemanden/etwas Angst haben und sich Sorgen machen | *Die Geiseln bangen um ihr Leben* **2** **jemandem bangt (es) vor etwas** (*Dativ*) jemand hat Angst vor etwas | *Mir bangt (es) vor der Prüfung*

★ **Bank**[1] *die;* (-, Bän·ke) **1** auf einer Bank (z. B. im Park) können mehrere Personen nebeneinander sitzen **K** Gartenbank, Parkbank **2** ein Tisch mit einem Stuhl in der Schule **K** Banknachbar; Schulbank ■ **ID** **etwas auf die lange Bank schieben** etwas Unangenehmes auf einen späteren Zeitpunkt verschieben; **durch die Bank** *gesprochen* ohne Ausnahme, ganz und gar; **vor leeren Bänken** ⟨spielen, sprechen, stehen⟩ vor sehr wenig Publikum

★ **Bank**[2] *die;* (-, -en) **1** Banken machen Geschäfte mit Geld; wir haben unser Geld bei einer Bank auf einem Konto und können uns bei einer Bank Geld leihen ⟨zur/auf die Bank gehen; ein Konto bei der Bank haben, eröffnen⟩ **K** Bankangestellte(r), Bankdirektor, Bankguthaben, Bankinstitut, Bankkaufmann, Bankkonto, Bankkredit, Bankkunde, Banklehre, Banksafe, Banküberfall, Banküberweisung; Handelsbank, Privatbank **2** das Gebäude, in dem eine Bank Kunden bedient **3** *nur Singular* die Kasse (einer Spielbank), die während eines Glücksspiels (z. B. Roulette) von einem Angestellten verwaltet wird, der gegen alle anderen spielt ⟨gegen die Bank setzen, spielen; die Bank gewinnt⟩ | *Sie hat die Bank gesprengt* (Sie hat das ganze Geld gewonnen, das in der Bank war) **K** Bankhalter

B

-bank *die*; (-, -en); *im Substantiv, unbetont, begrenzt produktiv* **1** **Blutbank, Datenbank, Organbank, Samenbank** *und andere* eine (zentrale) Institution, an welcher die genannten Dinge gesammelt und gelagert werden **2** **Kiesbank, Sandbank**; **Austernbank, Korallenbank** *und andere* eine flache Stelle im Fluss oder im Meer, die aus dem genannten Material besteht oder an der die genannten Tiere leben

Bank·au·to·mat *der* ein Automat, bei dem man sich Geld holen kann

Ban·ker ['bɛŋkɐ] *der*; (-s, -); *gesprochen* eine Person, die (in einer höheren Position) bei einer Bank arbeitet • hierzu **Ban·ke·rin** ['bɛŋkərɪn] *die*

Ban·kett *das*; (-(e)s, -e) **1** ein festliches Essen, das aus einem besonderen Anlass oder zu Ehren einer Persönlichkeit gegeben wird ‹für jemanden ein Bankett geben› **2** der schmale (oft nicht befestigte) Seitenstreifen neben einer Straße | *Der Autofahrer kam aufs Bankett und geriet ins Schleudern*

Bank·ge·heim·nis *das*; *meist Singular* das Recht und die Pflicht einer Bank, die Daten (z. B. finanzielle Verhältnisse) ihrer Kunden geheim zu halten ‹das Bankgeheimnis verletzen; etwas unterliegt dem Bankgeheimnis›

Ban·kier [baŋ'kie:] *der*; (-s, -s) der Leiter oder Inhaber einer Bank

Ban·king ['bɛŋkɪŋ] *das*; (-s); *nur Singular* das Abwickeln von Geschäften mit einer Bank (meist online) K Homebanking, Onlinebanking, Telefonbanking

Bank·no·te *die*; *geschrieben* ein Stück Papier, das vom Staat gedruckt wird und (als Papiergeld) den darauf gennanten Geldwert hat ‹Banknoten bündeln›

Bank·raub *der* ein bewaffneter Überfall auf eine Bank (um Geld zu rauben) ‹einen Bankraub verüben› • hierzu **Bank·räu·ber** *der*

bank·rott ADJEKTIV **1** unfähig, die Schulden zu bezahlen ‹ein Unternehmen, ein Unternehmer› ≈ *zahlungsunfähig* **2** **bankrott sein** *gesprochen* kein Geld mehr haben

Bank·rott *der*; (-(e)s, -e) **1** die Situation, wenn ein Unternehmen seine Schulden nicht mehr zahlen kann ‹kurz vor dem Bankrott stehen› **2** der Zusammenbruch oder das Ende eines Systems ‹ein politischer, wirtschaftlicher Bankrott› K Bankrotterklärung

bank·rott·ge·hen VERB (ging bankrott, ist bankrottgegangen) unfähig werden, die Schulden zu bezahlen

Bann *der*; (-(e)s) **1** die starke magische Kraft einer Person oder Sache oder ihre faszinierende Wirkung ‹jemanden in seinen Bann ziehen› | *Der spannende Film hielt ihn in Bann* **2** eine Strafe, mit welcher der Papst eine Person aus der kirchlichen Gemeinschaft ausschließt ‹den Bann über jemanden aussprechen, verhängen; jemanden mit dem Bann belegen› K Kirchenbann ■ ID **den Bann des Schweigens brechen** eine meist unangenehme Zeit des Schweigens beenden; **Endlich war der Bann gebrochen** Endlich war die anfängliche Zurückhaltung oder eine Hemmung überwunden; **jemanden in seinen Bann schlagen** jemanden faszinieren

ban·nen VERB (bannte, hat gebannt) **1** **eine Gefahr bannen** eine Gefahr beseitigen **2** **etwas auf etwas** (*Akkusativ*) **bannen** etwas fotografieren, filmen, malen oder den Ton aufnehmen | *Der Künstler hat das zauberhafte Licht auf Leinwand gebannt* ■ ID → gebannt

Ban·ner *das*; (-s, -) **1** *historisch* eine Fahne mit dem Wappen eines Herrschers oder mit den Farben und Zeichen eines Landes K Siegesbanner; Sternenbanner **2** ein Stück Stoff mit einem Spruch oder mit Symbolen | *An der Wand hing ein Banner mit der Aufschrift „Willkommen!"* K Fanbanner, Parteibanner **3** eine Form der Werbung im Internet. Durch Anklicken einer relativ kleinen Fläche auf dem Bildschirm kommt man auf die Website des Werbenden K Werbebanner

Bann·kreis *der*; *veraltend* ‹in jemandes Bannkreis geraten; sich jemandes Bannkreis nicht entziehen können› ≈ *Einflussbereich*

Bann·mei·le *die* **1** die nähere Umgebung eines Parlaments, in der vor allem Demonstrationen verboten sind **2** *historisch* das Gebiet um eine Stadt oder um einen Ort, für das besondere Vorschriften galten

★ **bar** ■ ADJEKTIV **1** in Form von Münzen oder Geldscheinen ‹bares Geld; etwas (in) bar bezahlen, gegen bar verkaufen; eine Summe bar auf den Tisch legen› | *Möchten Sie bar oder mit Scheck bezahlen?* | *Sie gewinnen bis zu 100 Euro in bar!* K Barbetrag, Barzahlung **2** *geschrieben meist attributiv* nichts anderes als ≈ *rein* | *Das ist barer Unsinn*
■ PRÄPOSITION *mit Genitiv* **3** *geschrieben* völlig ohne die genannte Sache | *bar aller Hoffnung* | *bar jeglichen Mitgefühls* | *bar jeder Vernunft*

★ **Bar**[1] *die*; (-, -s) **1** ein Lokal, in dem man an einer langen Theke sitzen kann und in dem manchmal auch kleine Mahlzeiten serviert werden ‹in eine Bar gehen› K Barmusik **2** eine erhöhte Theke in einem Lokal oder einer Diskothek, an der man auf hohen Stühlen sitzt ‹an der Bar sitzen› **3** ein (abgetrennter) kleiner Raum in Festhallen, Hotels, Theatern usw., in dem eine Bar ist K Hotelbar **4** ein Möbelstück oder ein Fach eines Schrankes, in dem alkoholische Getränke sind K Getränkebar, Schrankbar

Bar[2] *das*; (-s, -/-s) die Einheit, mit der der Luftdruck gemessen wird **H** Abkürzung: *b*; kein -s im Plural in Verbindung mit Zahlwörtern: *fünf Bar*

Bär *der*; (-en, -en) **1** ein großes, schweres Raubtier mit dickem Pelz, das auch gerne süße Nahrung (vor allem Honig) frisst ‹ein zottiger Bär; der Bär brummt› K Bärenfell, Bärenjagd, Bärentatze; Braunbär, Eisbär, Grizzlybär **H** *der Bär; den, dem, des Bären* **2** **ein Bär (von einem Mann)** *gesprochen* ein sehr großer und starker Mann **3** **der Große Bär, der Kleine Bär** zwei der Sternbilder des nördlichen Himmels ■ ID **jemandem einen Bären aufbinden** *gesprochen* einer Person eine unwahre Geschichte so erzählen, dass diese Person die Geschichte für wahr hält; **hungrig/stark wie ein Bär** *gesprochen* sehr hungrig/stark; **da tanzt/steppt der Bär** *gesprochen* da ist viel los oder gute Stimmung • zu (1) **Bä·rin** *die*

-bar *im Adjektiv, unbetont, sehr produktiv* **1** **berechenbar, essbar, heilbar, hörbar, vorhersehbar** *und andere* Adjektive auf *-bar* werden von Verben gebildet, die ein Objekt im Akkusativ haben können. Wenn etwas *verwechselt* werden kann, ist es *verwechselbar*, wenn etwas *bezahlt* werden kann, ist es *bezahlbar*. Diese Adjektive werden meist mit *un-* verneint, wie *unbezahlbar, unverwechselbar* | *ein annehmbarer Vorschlag* | *So schmutzig ist das Handtuch unbenutzbar* | *Ist der Plan überhaupt durchführbar?* **2** **brennbar, unentrinnbar, unsinkbar** *und andere* Adjektive auf *-bar* werden manchmal auch von Verben gebildet, die kein Objekt haben können. Wenn etwas *brennen* kann, dann ist es *brennbar*. Wenn eine Quelle nicht *versiegt*, ist sie *unversiegbar* | *unwandelbare Treue* (Treue, die sich nicht wandelt, nicht aufhört)

Ba·ra·cke *die*; (-, -n) ein primitiver, einstöckiger Bau mit flachem Dach, der vor allem Soldaten oder Obdachlosen als provisorische Wohnung dient ‹in einer Baracke hausen› K Holzbaracke, Wellblechbaracke

Bar·bar *der*; (-en, -en); *abwertend* **1** ein roher und brutaler Mensch **2** ein unzivilisierter, ungebildeter Mensch **H** *der Barbar; den, dem, des Barbaren*

bar·ba·risch ADJEKTIV **1** grausam und brutal ⟨ein Verbrechen, eine Strafe; jemanden barbarisch foltern⟩ **2** ohne die sozialen oder moralischen Regeln einer hochentwickelten Kultur ⟨Sitten; Methoden⟩ **3** *gesprochen* sehr groß, sehr intensiv ⟨eine Hitze, eine Kälte, ein Lärm, ein Gestank⟩ **4** *gesprochen* verwendet, um Adjektive und Verben negativ zu verstärken | *barbarisch laut* | *Hier stinkt es barbarisch!*

bär·bei·ßig ADJEKTIV; *veraltend* unfreundlich, mit schlechter Laune

Bar·bier *der*; (-s, -e); *veraltet* ein Friseur für Herren, der auch Bärte pflegt und rasiert **K** Barbiermesser

bar·bu·sig ADJEKTIV mit nacktem Busen

Bar·code [-ko:t, -kout] *der*; (-s, -s) ≈ *Strichcode*

Bar·da·me *die* eine Frau, die an einer Bar Getränke mixt und ausgibt

Bä·ren- *im Substantiv, betont, nicht produktiv; gesprochen* **der Bärenhunger, die Bärenkälte, die Bärenkraft** *und andere* sehr kräftig, sehr groß **H** meist mit dem unbestimmten Artikel verwendet

Bä·ren·dienst *der* ■ **ID jemandem einen Bärendienst erweisen/leisten** etwas für eine Person tun, das zwar gut gemeint ist, sich aber als nachteilig für sie herausstellt

Bä·ren·haut *die* ■ **ID auf der Bärenhaut liegen** *gesprochen, abwertend* nichts tun, faulenzen

Bä·ren·na·tur *die; gesprochen* eine sehr robuste Gesundheit oder Widerstandskraft ⟨eine Bärennatur haben, besitzen⟩

bä·ren·stark ADJEKTIV; *gesprochen* **1** sehr gut | *Der Urlaub war einfach bärenstark!* **2** sehr stark ⟨ein Mann⟩

bar·fuß ADVERB ohne Schuhe und Strümpfe ⟨barfuß gehen, laufen, herumlaufen, sein⟩ ● hierzu **bar·fü·ßig** ADJEKTIV

barg *Präteritum, 1. und 3. Person Singular* → bergen

★ **Bar·geld** *das; nur Singular* Münzen oder Geldscheine als Zahlungsmittel | *Ich habe kein Bargeld bei mir, kann ich auch mit Karte zahlen?* ● hierzu **bar·geld·los** ADJEKTIV

bar·häup·tig ADJEKTIV; *geschrieben* ohne eine Kopfbedeckung

Bar·ho·cker *der* ein hoher Hocker an einer Bar

Ba·ri·ton, Ba·ri·ton *der*; (-s, -e) **1** *nur Singular* die mittlere Stimmlage bei Männern zwischen Tenor und Bass ⟨Bariton singen; einen kräftigen Bariton haben⟩ **2** ein Sänger, der Bariton singt **3** *nur Singular* eine Partie in einem Musikstück, die für einen Bariton geschrieben ist ⟨den Bariton singen⟩

Bar·kas·se *die*; (-, -n) ein relativ großes Motorboot, das zum Transport von Personen in einem Hafen dient

Bar·ke *die*; (-, -n) ein kleines Boot ohne Mast, wie es z. B. von Fischern verwendet wird

Bar·kee·per [-ki:pe] *der*; (-s, -) ein Mann, der an einer Bar die Getränke mixt und serviert ● hierzu **Bar·kee·pe·rin** *die*

Bär·lauch *der*; (-(e)s) eine Pflanze, die im Wald oder Garten wächst und deren breite Blätter nach Knoblauch schmecken

barm·her·zig ADJEKTIV **barmherzig (gegen jemanden/mit jemandem)** mit tiefem Mitgefühl für die Not einer anderen Person ⟨sich barmherzig zeigen⟩ ● hierzu **Barm·her·zig·keit** *die*

Bar·mi·xer *der* ≈ *Barkeeper*

ba·rock ADJEKTIV **1** im Stile des Barock gestaltet, aus der Zeit des Barock stammend ⟨eine Kirche, Figuren, Malerei, Musik, Sprache⟩ **2** *geschrieben* sonderbar, exzentrisch ⟨jemandes Anschauungen⟩

Ba·rock *das/der*; (-(s)) **1** ein Stil der (europäischen) Kunst (von ungefähr 1600 bis 1750). Typisch sind die vielen Ornamente **K** Barockkirche, Barockkunst, Barockmalerei, Barockmusik, Barockstil, Barockzeit, Barockzeitalter **2** die Epoche des Barock ⟨im Barock; etwas stammt aus dem Barock⟩

Ba·ro·me·ter *das*; (-s, -) **1** das Gerät, mit dem der Luftdruck gemessen wird ⟨das Barometer fällt, steigt⟩ | *Das Barometer zeigt „Regen" an* **K** Barometerstand **2** **ein Barometer (für etwas)** *geschrieben* ≈ *Maßstab* | *Investitionen sind ein Barometer für die Konjunktur* ■ **ID Das Barometer steht auf Sturm** es herrscht eine gespannte oder gereizte Stimmung

Ba·ron *der*; (-s, -e) **1** ein europäischer Adelstitel. In Deutschland wird oft *Freiherr* verwendet. **2** eine Person mit dem europäischen Adelstitel *Baron* **3** verwendet als Anrede für einen Freiherrn ● zu (2) **Ba·ro·nin** *die*

Ba·ro·ness, Ba·ro·nes·se *die*; (-, Ba·ro·nes·sen) die Tochter eines Barons

Bar·ren *der*; (-s, -) **1** ein Turngerät mit zwei parallelen Stangen aus Holz, die von Stützen gehalten werden ⟨am Barren turnen⟩ **K** Barrenkür, Barrenturnen, Barrenübung **2** ein längliches, viereckiges Stück Gold, Silber o. Ä. **K** Barrengold, Barrensilber; Goldbarren, Silberbarren

Bar·ri·e·re [ba'rie:rə] *die*; (-, -n) **1** wenn irgendwo eine Barriere errichtet ist, ist es schwer, dorthin zu gehen ⟨eine Barriere errichten, durchbrechen⟩ **2** etwas (meist nicht Konkretes), welches die Leute daran hindert, miteinander harmonisch zu leben, zu arbeiten o. Ä. ⟨Barrieren abbauen, beseitigen, überwinden⟩

bar·ri·e·re·frei [ba'rie:rə-] ADJEKTIV **1** ohne Treppen und Stufen, mit breiten Türen usw., vor allem für Behinderte geeignet ⟨ein Gebäude, eine Wohnung, ein Zugang⟩ | *ein barrierefrei gestalteter Bahnhof* **2** unabhängig von körperlichen, technischen oder sprachlichen Voraussetzungen von jedem nutzbar ⟨eine Website⟩ | *Automaten, die auch Blinde barrierefrei nutzen können*

Bar·ri·ka·de *die*; (-, -n) ein Hindernis, mit dem eine Gruppe von Kämpfern eine Straße blockiert ⟨eine Barrikade errichten⟩ ■ **ID auf die Barrikaden gehen/steigen** heftig protestieren

barsch ADJEKTIV (barscher, barsch(e)st-) auf unfreundliche Art und Weise ⟨eine Antwort; jemanden barsch zurechtweisen; etwas in barschem Ton sagen⟩ ≈ *grob*

Barsch *der*; (-es, -e) ein Speisefisch mit stacheligen Flossen, der in Süßwasser lebt

Bar·schaft *die*; (-, -en); *meist Singular* das Bargeld, das jemand hat

barst *Präteritum, 1. und 3. Person Singular* → bersten

★ **Bart** *der*; (-(e)s, Bär·te) **1** die kräftigen Haare im Gesicht des Mannes, zwischen Mund und Nase, an den Backen und am Kinn ⟨ein dichter, dünner, gepflegter Bart; einen Bart tragen; den Bart abrasieren, abnehmen, stutzen⟩ | *Lässt du dir einen Bart wachsen?* **K** Barthaar, Bartstoppeln, Bartträger; Kinnbart, Oberlippenbart, Spitzbart, Vollbart **2** die langen Haare an der Schnauze von Hunden, Katzen und anderen Säugetieren **3** der untere Teil eines Schlüssels, der den Riegel eines Schlosses bewegt ■ **ID Der (Witz) hat ('so) einen Bart!** *gesprochen* Der Witz ist längst bekannt und deswegen uninteressant; **etwas in seinen Bart murmeln/brummen** *gesprochen* etwas leise und undeutlich vor sich hin sagen; **jemandem um den Bart gehen** *gesprochen* übertrieben freundlich sein, um einen Vorteil zu erlangen

bär·tig ADJEKTIV mit einem Bart

Bart·wuchs *der* die Art und Weise, wie ein Bart wächst ⟨einen schwachen, spärlichen, starken Bartwuchs haben⟩

Bar·ver·mö·gen *das* das Bargeld und das Geld auf Bankkonten, das eine Person oder Firma besitzt

Ba·salt *der*; (-(e)s, -e) ein dunkles, meist grünlich schwarzes Gestein vulkanischen Ursprungs **K** Basaltblock

Ba·sar *der*; (-s, -e) **1** eine Veranstaltung, bei der (meist kleinere) Gegenstände verkauft werden und das Geld verwen-

B

det wird, um anderen Menschen zu helfen K Wohltätigkeitsbasar 2 eine Straße mit Geschäften in einer orientalischen Stadt

Ba·se *die;* (-, -n) 1 eine chemische Substanz, die in Verbindung mit Säuren Salze bildet ↔ *Säure* 2 *veraltet* ≈ *Cousine* ● zu (1) **ba·sisch** ADJEKTIV

Ba·sics ['beisɪks] *die; Plural; gesprochen* die wichtigsten Grundlagen oder nötigsten Dinge | *Sauberkeit gehört für einen Arzt zu den absoluten Basics*

ba·sie·ren VERB (basierte, hat basiert) **etwas basiert auf etwas** *(Dativ) geschrieben* etwas stützt sich auf etwas, hat etwas als Basis | *Der Film basiert auf einer tatsächlichen Begebenheit*

Ba·si·li·ka *die;* (-, Ba·si·li·ken) eine Kirche, deren mittleres Schiff länger und höher ist als die Seitenschiffe ⟨eine romanische Basilika⟩

Ba·si·li·kum *das;* (-) eine Pflanze mit aromatischen Blättern, die als Gewürz und Heilmittel verwendet werden

★ **Ba·sis** *die;* (-, Ba·sen) 1 **eine Basis (für etwas)** *meist Singular* eine Basis ist das, was zuerst da sein muss, damit etwas entstehen kann und damit man etwas weiter entwickeln kann ≈ *Grundlage* | *eine solide Basis für eine Zusammenarbeit schaffen* | *Unsere Freundschaft beruht auf der Basis, dass jeder den anderen respektiert* K Basiswissen; Verhandlungsbasis, Verständigungsbasis 2 ein Block aus Stein o. Ä., auf dem eine Säule oder ein Pfeiler steht ≈ *Sockel* 3 in einer Basis sind Truppen stationiert ≈ *Stützpunkt* | *Nach dem Einsatz kehrten die Soldaten zur Basis zurück* K Flottenbasis, Militärbasis, Operationsbasis 4 von einer Basis werden Raketen gestartet ≈ *Startrampe* K Abschussbasis, Raketenbasis 5 der Ort oder das Lager, von dem eine Expedition o. Ä. startet | *Der verletzte Bergsteiger wurde zurück zur Basis getragen* K Basislager 6 die einfachen Mitglieder einer Partei oder Gewerkschaft, die keine Führungsfunktionen haben 7 die Grundlinie einer geometrischen Figur | *die Basis eines gleichschenkligen Dreiecks berechnen* 8 die Zahl, die zusammen mit einem Exponenten auftritt und mit diesem eine Potenz oder einen Logarithmus bildet

Bas·ken·müt·ze *die* eine flache Mütze meist aus Wolle oder Filz

Bas·ket·ball ['ba(:)skətbal] *der* 1 *ohne Artikel, nur Singular* ein Ballspiel zwischen zwei Mannschaften, bei dem versucht wird, einen großen Ball in den Korb des Gegners zu werfen K Basketballspieler 2 der Ball, der beim Basketball verwendet wird

bass **bass erstaunt/verwundert sein** *veraltend* sehr erstaunt/verwundert sein

Bass *der;* (-es, Bäs·se) 1 *nur Singular* die tiefste Stimmlage bei Männern ⟨Bass singen; einen vollen Bass haben⟩ K Basssänger 2 die tiefste Stimmlage, die nur mit manchen Instrumenten gespielt werden kann | *Im zweiten Satz der Symphonie dominiert der Bass* K Bassbegleitung, Bassinstrument 3 ein Sänger, der Bass singt 4 verwendet als Kurzwort für Musikinstrumente, welche den Bass spielen | *Er spielt den Bass im Orchester* 5 *meist Plural* die tiefen Töne auf einer Musikaufnahme ⟨die Bässe/den Bass aufdrehen, zurückdrehen⟩

Bass·gei·ge *die* ≈ *Kontrabass*

Bas·sin [ba'sɛ̃:] *das;* (-s, -s) ein rechteckiges oder rundes Becken (meist aus Beton) in Gärten oder öffentlichen Schwimmbädern, das mit Wasser gefüllt wird und zum Baden und Schwimmen dient K Schwimmbassin

Bas·sist *der;* (-en, -en) eine Person, die Bass singt oder ein Bassinstrument spielt H *der Bassist; den, dem, des Bassisten*

Bass·schlüs·sel *der* der Notenschlüssel 𝄢, welcher die Basspartie(n) eines Musikstücks anzeigt

Bast *der;* (-(e)s) ein flacher, breiter Faden aus der Rinde mancher Bäume, der zum Flechten verwendet wird K Bastmatte, Basttasche

bas·ta! verwendet, um meist eine Äußerung oder Diskussion endgültig abzuschließen | *Du machst jetzt deine Schularbeiten, und damit basta!*

Bas·tard *der;* (-(e)s, -e) 1 ein Tier oder eine Pflanze aus einer Kreuzung unterschiedlicher Rassen oder Arten 2 *gesprochen, abwertend* ein aggressives Wort, um eine Person zu bezeichnen, die man als minderwertig betrachtet 3 *veraltet, abwertend* ein uneheliches Kind

★ **bas·teln** VERB (bastelte, hat gebastelt) 1 **(etwas) basteln** (als Hobby) meist kleine Gegenstände aus Papier, Holz, Draht, Stoff usw. zusammenbauen oder herstellen | *ein Modellflugzeug basteln* K Bastelarbeit, Bastelbuch, Bastelmaterial, Bastelraum, Bastelvorlage, Bastelzimmer 2 **an etwas** *(Dativ)* **basteln** über längere Zeit hinweg etwas basteln | *Er bastelt an einem Regal* 3 **an etwas** *(Dativ)* **basteln** *gesprochen* (seit längerer Zeit) versuchen, etwas zu reparieren, zu verbessern oder fertigzustellen | *an einem Motorrad basteln*

Bas·ti·on [bas'ti̯o:n] *die;* (-, -en) 1 der vorspringende Teil an der Mauer einer Festung oder einer Burg ⟨eine Bastion stürmen⟩ 2 ein Ort oder eine Gruppe, wo eine Weltanschauung o. Ä. so dominiert, dass sich diese Situation nicht so bald ändern wird | *Irland gilt als Bastion des Katholizismus*

Bast·ler *der;* (-s, -) eine Person, die gern und regelmäßig bastelt

bat *Präteritum, 1. und 3. Person Singular* → bitten

Ba·tail·lon [batal'jo:n] *das;* (-s, -e) eine militärische Einheit, die aus mehreren Kompanien oder Batterien besteht K Bataillonskommandeur

Ba·tik *die;* (-, -en) 1 *nur Singular* eine Technik, bei der man einzelne Teile eines Stoffs mit Wachs bedeckt oder abbindet, damit diese beim Färben die Farbe nicht annehmen 2 ein Stoff, der durch Batik gefärbt wurde ● zu (1) **ba·ti·ken** VERB *(hat)*

★ **Bat·te·rie** *die;* (-, -n [-'ri:ən]) 1 ein Apparat, in dem chemische Prozesse ablaufen, die elektrischen Strom erzeugen | *Die Batterie seines Autos ist leer und muss aufgeladen werden* K Autobatterie 2 viele mobile Geräte (z. B. Armbanduhren, Taschenlampen) brauchen Batterien, die sie mit Strom versorgen ⟨neue Batterien einlegen, einsetzen; die Batterien wechseln⟩ K Radiobatterie, Taschenlampenbatterie 3 *gesprochen* **eine Batterie** *+Genitiv*/**von Dingen** eine große Anzahl gleicher oder ähnlicher Gegenstände | *Er besaß eine ganze Batterie (von) Pfeifen/Flaschen* 4 eine militärische Einheit der Artillerie (entspricht etwa der *Kompanie*)

bat·te·rie·be·trie·ben ADJEKTIV *meist attributiv* von Batterien mit Strom versorgt ⟨eine Uhr⟩

Bat·zen *der;* (-s, -) 1 eine größere, meist weiche Masse (z. B. aus Lehm) 2 **ein Batzen Geld** *gesprochen* viel Geld

★ **Bau**[1] *der;* (-(e)s, -ten) 1 *nur Singular* das Herstellen von Häusern, Straßen, Brücken usw. | *Der Bau ihres Hauses geht nur langsam voran* K Bauarbeiten, Baumaßnahme, Baumaterial, Baubranche, Baufirma, Baugewerbe, Bauindustrie, Bauingenieur, Baukonjunktur, Baufinanzierung, Baukosten, Baukredit, Bauerlaubnis, Baugenehmigung, Bauprojekt; Brückenbau, Kirchenbau, Straßenbau, Wohnungsbau 2 *nur Singular* die Konstruktion und Herstellung von technischen Geräten, Fahrzeugen, Motoren oder Musikinstrumenten K Fahrzeugbau, Flugzeugbau, Maschinenbau, Orgelbau, Schiff(s)bau 3 *nur Singular* der Ort oder Platz, an dem etwas gebaut wird ≈ *Baustelle* K Bauaufzug, Baugerüst, Baukran, Bauzaun, Bauzelt 4 ein (meist ziemlich großes) Bauwerk oder Gebäude | *Das Kolosseum in Rom ist ein gigantischer Bau* **5** *nur Singular* die Art, wie jemandes Körper gewachsen ist ⟨von kräftigem, schwachem Bau sein⟩ K Körperbau **6** **etwas befindet sich im/in Bau; etwas ist im/in Bau** etwas wird gerade gebaut | *Das neue Klinikum befindet sich noch im Bau/ist noch im Bau* **7** **auf dem Bau arbeiten** als Arbeiter oder Handwerker auf Baustellen arbeiten • zu (1) **Bau·ar·bei·ter** *der;* zu (1) **Bau·leu·te** *die; (Plural)*

★ **Bau**[2] *der;* (-(e)s, -e) **1** eine Höhle unter der Erde, in der manche Tiere (z. B. Füchse, Dachse, Kaninchen) leben ⟨einen Bau anlegen⟩ K Dachsbau, Fuchsbau, Kaninchenbau **2** *gesprochen nur Singular* ≈ *Gefängnis*

Bau·ab·nah·me *die* die Überprüfung eines fertigen Gebäudes durch die Baubehörde

Bau·amt *das* ≈ *Baubehörde*

Bau·auf·sicht *die* **1** die Überprüfung durch eine Behörde, ob die gesetzlichen Vorschriften für ein Bauwerk eingehalten werden oder wurden K Bauaufsichtsbehörde **2** die Behörde, welche überprüft, ob die gesetzlichen Vorschriften für ein Bauwerk eingehalten werden oder wurden

Bau·be·hör·de *die* eine staatliche Institution, die entscheidet, ob und nach welchen Vorschriften ein Gebäude gebaut werden darf

Bau·boom [-bu:m] *der* eine Zeit, während der sehr viel gebaut wird

★ **Bauch** *der;* (-(e)s, Bäu·che) **1** der Bauch ist der weiche vordere Teil des Körpers unterhalb der Rippen ⟨den Bauch einziehen⟩ | *Schläfst du auf dem Bauch oder auf dem Rücken?* K Bauchgegend, Bauchumfang H → Abb. unter **Mensch** **2** Einen Bauch bekommt man, wenn man zu viel isst und sich zu wenig bewegt | *Er hat schon mit 20 einen Bauch angesetzt/bekommen* K Bauchansatz **3** *gesprochen* der innere Teil des Bauches, vor allem der Magen | *Mit einem leeren Bauch kann ich nicht arbeiten* | *Vom vielen Essen tut mir der Bauch weh* K Bauchschmerzen **4** Bauch nennt man den Teil, der bei manchen Flaschen und Vasen in der Mitte breiter wird K Flaschenbauch **5** der innere (hohle) Teil eines Schiffs, Flugzeugs o. Ä. ■ **ID** **(mit etwas) auf den Bauch fallen** mit etwas keinen Erfolg haben; **aus dem Bauch (heraus), aus dem hohlen Bauch** spontan, ohne nachzudenken oder zu rechnen usw. | *Aus dem Bauch heraus würde ich schätzen, dass ...* | *Die Frage kann ich nicht so aus dem hohlen Bauch beantworten;* **nichts im Bauch haben** *gesprochen* hungrig sein; **sich** *(Dativ)* **den Bauch vollschlagen** *gesprochen* sich satt essen; **sich** *(Dativ)* **vor Lachen den Bauch halten** *gesprochen* intensiv (und lange) lachen

Bauch·de·cke *die* die Oberfläche des Bauches beim Menschen und bei Wirbeltieren

Bauch·fell *das* eine Haut im Körper, welche die Organe im Bauch schützt K Bauchfellentzündung

Bauch·ge·fühl *das* eine Entscheidung oder Ansicht, zu welcher man sehr schnell kommt und die von Gefühlen bestimmt ist, nicht vom Verstand ⟨auf das Bauchgefühl hören; aus einem Bauchgefühl heraus entscheiden, handeln⟩

Bauch·höh·le *die* ein Hohlraum im Inneren des Bauches, der Magen, Darm usw. enthält

bau·chig ADJEKTIV mit einem Bauch ⟨eine Flasche, ein Krug⟩

Bauch·la·den *der* ein Kasten, den ein Verkäufer an einem Riemen um den Hals trägt, und aus dem er Süßigkeiten, Postkarten usw. verkauft

Bauch·lan·dung *die; gesprochen* **1** die Landung eines Flugzeugs auf der Unterseite des Rumpfes anstatt auf den Rädern **2** ein beruflicher oder privater Misserfolg

bäuch·lings ADVERB; *veraltend* **1** auf dem Bauch **2** mit dem Bauch voran | *bäuchlings ins Bett fallen*

Bauch·mus·kel *der; meist Plural* einer von mehreren Muskeln in der Bauchdecke K Bauchmuskeltraining ■ **ID** **etwas strapaziert jemandes Bauchmuskeln** *humorvoll* etwas bringt jemanden zum Lachen

Bauch·na·bel *der* ≈ *Nabel*

bauch·pin·seln VERB (bauchpinselte, hat gebauchpinselt); *gesprochen* **jemanden bauchpinseln** jemanden übertrieben loben, ihm schmeicheln ⟨sich gebauchpinselt fühlen⟩ H meist im Infinitiv oder Partizip Perfekt gebraucht

Bauch·red·ner *der* eine Person, die sprechen kann, ohne dass sie dabei die Lippen bewegt • hierzu **bauch·re·den** VERB

Bauch|spei·chel·drü·se *die* ein Organ im Bauch, das unter anderem die Menge des Zuckers im Blut regelt H medizinische Bezeichnung: *Pankreas*

Bauch·tanz *der* ein Tanz, der von einer Tänzerin vorgeführt wird, die Bauch und Hüften rhythmisch bewegt • hierzu **Bauch·tän·ze·rin** *die;* **bauch·tan·zen** VERB *(hat)*

Bauch·weh *das; nur Singular; gesprochen* ⟨Bauchweh haben⟩ ≈ *Bauchschmerzen*

Bau·denk·mal *das* ein Bauwerk oder ein Gebäude, das künstlerisch oder historisch bedeutend ist und meist unter Denkmalschutz steht

Bau·ele·ment *das* eines der vorgefertigten Teile, aus denen moderne Bauten (z. B. Fertighäuser), Maschinen und technische Geräte zusammengefügt werden

★ **bau·en** VERB (baute, hat gebaut) **1** **(etwas) bauen** etwas aus verschiedenen Teilen und Materialien (z. B. Holz, Stein, Zement) nach einem Plan errichten oder herstellen (lassen) ⟨eine Brücke, eine Straße, ein Haus bauen⟩ | *Die Regierung beschloss, neue Eisenbahnstrecken und Autobahnen zu bauen* | *Wir müssen noch kräftig sparen, dann können wir nächstes Jahr bauen* **2** **etwas bauen** ein technisches Produkt aus mehreren Teilen nach einem Plan herstellen ⟨Fahrzeuge, Maschinen, Musikinstrumente bauen⟩ H → auch **-bauer** **3** **etwas bauen** (als Tier) einen Platz zum Schlafen oder Brüten gestalten ⟨eine Höhle, ein Nest bauen⟩ **4** **einen Unfall bauen** *gesprochen* einen Unfall haben und daran schuld sein **5** **Mist bauen** *gesprochen* einen Fehler machen **6** **an etwas** *(Dativ)* **bauen** über längere Zeit an einem Gebäude oder einer Konstruktion bauen **7** **auf jemanden/etwas bauen** festes Vertrauen zu einer Person/Sache haben | *Auf ihn kann man immer bauen*

★ **Bau·er**[1] *der;* (-n/*selten* -s, -n) **1** eine Person, die auf dem Land wohnt und (als Beruf) Vieh hält oder züchtet und/oder Getreide, Kartoffeln usw. anpflanzt K Bauerndorf, Bauernfamilie, Bauernhaus, Bauernjunge, Bauernknecht, Bauernmagd, Bauernsohn, Bauerntochter; Bergbauer; Großbauer, Kleinbauer **2** *gesprochen, abwertend* ein ungebildeter Mensch **3** eine der acht kleinsten Figuren einer Farbe im Schachspiel ■ **ID** **Die dümmsten Bauern ernten die größten Kartoffeln** verwendet, wenn eine Person Glück oder Erfolg hat, obwohl sie es nicht verdient; **Was der Bauer nicht kennt, isst er nicht** *gesprochen* verwendet, wenn eine Person prinzipiell Speisen/Getränke ablehnt oder nicht probiert, weil sie diese nicht kennt

Bau·er[2] *der/das;* (-s, -) ein Käfig, in dem Vögel in der Wohnung gehalten werden K Vogelbauer

-bau·er *der; im Substantiv, unbetont, begrenzt produktiv* **1** **Fahrzeugbauer, Flugzeugbauer, Geigenbauer, Klavierbauer, Maschinenbauer, Orgelbauer, Schiffsbauer** *und andere (Plural: die -bauer)* eine Person, die (als Beruf) meist Fahrzeuge oder Musikinstrumente baut **2** **Milchbauer, Obstbauer, Weinbauer** *und andere (Plural: die -bauern)* eine Person, die als Bauer die genannten Pflanzen, Früchte oder

Erzeugnisse produziert
Bäu·e·rin *die*; (-, -nen) **1** eine Frau, die eine Landwirtschaft betreibt **2** die Frau eines Bauern
bäu·e·risch ADJEKTIV → bäurisch
bäu·er·lich ADJEKTIV im Zusammenhang mit den Bauern oder der Landwirtschaft
Bau·ern·fän·ger *der*; (-s, -); *gesprochen* eine Person, die andere Menschen mit relativ einfachen Tricks betrügt
Bau·ern·hof *der* ein Grundstück mit dem Wohnhaus eines Bauern, dem Stall, der Scheune, dem Silo usw. ⟨auf dem Bauernhof arbeiten; von einem Bauernhof stammen⟩
Bau·ern·op·fer *das*; (-s, -) **1** im Schach die Taktik, einen Bauern schlagen zu lassen, um eine wichtigere Figur zu schützen oder den Weg frei zu machen **2** eine Taktik, sich aus einer unangenehmen Situation zu befreien, indem man z. B. einen Mitarbeiter entlässt, auf den man verzichten kann ⟨ein Bauernopfer bringen⟩ | *Der Trainer musste für die Misserfolge der Mannschaft den Kopf hinhalten und wurde als Bauernopfer zum Rücktritt gedrängt*
Bau·ern·re·gel *die* eine einfache Regel (meist in Form eines Reims) über das Wetter oder die Ernte
Bau·ern·the·a·ter *das* **1** ein meist ziemlich kleines Theater, in dem (humoristische) volkstümliche Stücke aufgeführt werden, die vom bäuerlichen Leben handeln **2** eine Gruppe von Schauspielern, die volkstümliche Theaterstücke aufführen
Bau·ers·leu·te *die* der Bauer und dessen Ehefrau
bau·fäl·lig ADJEKTIV in so schlechtem Zustand, dass es leicht einstürzen könnte ⟨ein Haus⟩ • hierzu **Bau·fäl·lig·keit** *die*
Bau·ge·län·de *das* **1** ein Gelände, auf dem offiziell Gebäude errichtet werden dürfen ⟨ein Baugelände erschließen⟩ ≈ *Bauland* **2** ≈ *Baugrund*
Bau·gru·be *die* ein großes Loch in der Erde für das Fundament eines Gebäudes
Bau·grund *der* ein Stück Land, auf dem ein Gebäude errichtet wird oder werden soll
Bau|hand·werk *das* alle handwerklichen Berufe, die beim Bau von Häusern notwendig sind (z. B. Maurer, Elektriker, Dachdecker) • hierzu **Bau|hand·wer·ker** *der*; **Bau|hand·wer·ke·rin** *die*
Bau·herr *der* eine Person, welche den Auftrag erteilt, ein Gebäude zu bauen, und welche den Bau bezahlt
Bau·jahr *das* das Jahr, in dem ein Haus oder ein Fahrzeug gebaut wurde | *Unser Haus ist Baujahr 2015*
Bau·kas·ten *der* ein Kasten mit Teilen aus Holz oder Metall oder Plastik, Schrauben usw., mit denen Kinder spielen und etwas bauen können
Bau·kas·ten|sys·tem *das* ein System, bei dem Häuser oder Motoren usw. aus verschiedenen standardisierten Einzelteilen zusammengebaut werden, die miteinander auf verschiedene Weise kombinierbar sind
Bau·klotz *der* ein kleiner, eckiger Gegenstand aus Holz oder Plastik, mit dem Kinder spielen und etwas bauen können ■ ID **Bauklötze/Bauklötzer staunen** *gesprochen* sehr erstaunt sein
Bau·kunst *die*; *nur Singular* die Architektur einer begrenzten Epoche oder eines Volkes | *die Baukunst der italienischen Renaissance*
Bau·land *das*; *nur Singular* ≈ *Baugelände*
Bau·lei·ter *der* der Chef auf einer Baustelle (meist ein Bauingenieur) • hierzu **Bau·lei·te·rin** *die*; **Bau·lei·tung** *die*
bau·lich ADJEKTIV *meist attributiv* im Zusammenhang mit den Teilen, aus denen ein Bauwerk besteht ⟨Mängel, Veränderungen; die Gegebenheiten, der Zustand⟩ | *durch bauliche Maßnahmen für Barrierefreiheit sorgen*
Bau·lö·we *der*; *gesprochen* eine Person, die mit Bau, Kauf und Verkauf von Häusern viel Geld verdient
Bau·lü·cke *die* ein Grundstück ohne Haus zwischen anderen Grundstücken mit Häusern
★ **Baum** *der*; (-(e)s, Bäu·me) eine große Pflanze mit einem Stamm aus Holz, aus dem Äste mit Zweigen wachsen, die Nadeln oder Blätter tragen ⟨einen Baum pflanzen, fällen; ein Baum wird grün, verliert die Blätter/Nadeln, blüht, trägt Früchte⟩ | *Die Bäume schlagen schon aus* (Sie bekommen schon grüne Blätter) K Baumrinde, Baumstamm, Baumwipfel; Laubbaum, Nadelbaum, Obstbaum, Straßenbaum ■ ID **Bäume ausreißen können** *gesprochen* sich so gesund und kräftig fühlen, dass man glaubt, jede (körperliche) Leistung mühelos vollbringen zu können

BÄUME

Bau·markt *der* ein Geschäft, in dem man Materialien für Bauarbeiten kaufen kann
Baum·be·stand *der* alle Bäume in einem begrenzten Gebiet
Baum·blü·te *die*; *nur Singular* **1** das Blühen meist der Obstbäume **2** die Zeit der Baumblüte
Bau·meis·ter *der*; *historisch* ≈ *Architekt* • hierzu **Bau·meis·te·rin** *die*
bau·meln VERB (baumelte, hat gebaumelt) **1** **jemand/etwas baumelt irgendwo** jemand oder etwas hängt von etwas herab, ohne den Boden zu berühren und schwingt dabei hin und her, vor und zurück | *an einem Ast/Seil baumeln* **2** **die Beine baumeln lassen**; **mit den Beinen baumeln** sitzend die Beine hin und her schwingen | *Er saß auf dem Tisch und ließ die Beine baumeln*
Baum·haus *das* ein kleines Haus aus Holz für Kinder zum Spielen, auf hohen Pfosten oder in einem Baum
baum·hoch ADJEKTIV so hoch wie ein Baum H baumhoch → ein baumhoher Mast
Baum·kro·ne *die* alle Äste und Zweige eines Baumes
baum·lang ADJEKTIV; *gesprochen* sehr groß und schlank ⟨ein Kerl, ein Mann⟩
Baum·schu·le *die* eine Gärtnerei, in der Bäume und Sträucher gezüchtet (und verkauft) werden
Baum·stumpf *der* der untere Teil eines Baumstammes, der in der Erde bleibt, nachdem der Baum gefällt worden ist
★ **Baum·wol·le** *die*; *nur Singular* **1** die langen, weißen Fasern an den Samen einer Pflanze, aus denen Garn hergestellt wird ⟨Baumwolle pflücken⟩ K Baumwollernte, Baumwollgarn, Baumwollpflücker, Baumwollspinnerei **2** eine Pflanze, an der Baumwolle wächst ⟨Baumwolle anbauen⟩ K Baumwollfeld, Baumwollplantage, Baumwollstrauch **3** Garn oder Gewebe, das aus Baumwolle hergestellt und meist zu Textilien verarbeitet wird | *ein Pullover aus 100 % Baumwolle* K Baumwollhemd, Baumwollindustrie,

Baumwollproduktion, Baumwollpullover, Baumwollstoff • zu (3) **baum·wol·len** ADJEKTIV

Bau·plan *der* die technischen Zeichnungen, die genau zeigen, wie ein neues Bauwerk aussehen soll ⟨einen Bauplan genehmigen lassen⟩

Bau·platz *der* ein Stück Land, das jemand gekauft hat, um darauf zu bauen

Bau·preis *der* die Kosten für das Bauen eines Hauses, einer Brücke o. Ä.

bäu·risch ADJEKTIV; *abwertend* ohne Manieren und Taktgefühl ⟨Sprache, Manieren; sich bäurisch benehmen⟩ **!** im Gegensatz zu *bäuerlich* sehr abwertend

Bausch *der*; (-es, -e/Bäu·sche) ein kleines, leicht zusammengedrücktes Stück eines weichen Materials (meist Watte) **K** Wattebausch ■ **ID etwas in Bausch und Bogen ablehnen/verurteilen** etwas als Ganzes ablehnen/verurteilen

bau·schen VERB (bauschte, hat gebauscht) **1 etwas bauscht etwas** etwas füllt meist einen leichten Stoff mit Luft, so dass er sich stark wölbt | *Der Windstoß bauschte den Vorhang* **2 etwas bauscht sich** etwas wird durch Luft prall oder gewölbt ⟨ein Segel, ein Kleid⟩

Bau·schutt *der*; *nur Singular* Abfälle und Trümmer (z. B. Mauerstücke, Holz, Eisenteile), die beim Bau, Umbau oder Abbruch eines Gebäudes entstehen

Bau·spar|dar·le·hen *das* ein Darlehen, das man von einer Bausparkasse für den Bau oder die Renovierung von Wohnungen oder Häusern bekommt

bau·spa·ren VERB *nur Infinitiv* bei einer Bausparkasse Geld sparen, um später damit ein Haus bauen/kaufen oder eine Wohnung kaufen zu können • hierzu **Bau·spa·ren** *das*; **Bau·spa·rer** *der*

Bau|spar·kas·se *die* bei der Bausparkasse spart man Geld, um später einen Kredit für ein Haus oder eine Wohnung zu bekommen

Bau·spar|ver·trag *der* ein Vertrag, den man (mit einer Bausparkasse) abschließt, um regelmäßig Geld zu sparen und nach einiger Zeit einen günstigen Kredit für ein Haus oder eine Wohnung zu bekommen

Bau·stein *der* **1** ein Stein, der zum Bauen verwendet wird ≈ *Ziegel* **2** ein wichtiger Teil eines Ganzen, z. B. einer chemischen Verbindung oder eines komplizierten technischen Geräts

★ **Bau·stel·le** *die* auf einer Baustelle wird gerade ein Haus gebaut, eine Straße repariert o. Ä. ⟨auf einer Baustelle arbeiten⟩ | *Betreten der Baustelle verboten!* | *Die Autobahn ist wegen einer Baustelle halbseitig gesperrt* ■ **ID etwas ist eine andere Baustelle** *gesprochen* etwas ist eine andere Sache, ein anderes Thema; **etwas ist nicht jemandes Baustelle** *gesprochen* etwas geht jemanden nichts an

Bau·stil *der* die typische Art und Weise, in der etwas erbaut wurde ⟨der romanische, gotische, klassizistische Baustil⟩

Bau·stoff *der* ein Material (wie z. B. Ziegel, Beton o. Ä.), das beim Bau verwendet wird **K** Baustoffhandel, Baustoffhändler

Bau·stopp *der* das Verbot, etwas fertigzubauen oder der Beschluss, keine weiteren Bauten zu erlauben ⟨einen Baustopp verhängen⟩

Bau·tech·nik *die* **1** die Methoden des Bauens **2** die Wissenschaft vom Bauen • zu (1) **bau·tech·nisch** ADJEKTIV

Bau·teil *das* **1** ≈ *Bauelement* **2** ein Teil eines Bauwerks

Bau·ten *die*; *Plural* → Bau[1]

Bau·trä·ger *der*; (-s, -) eine Firma, die Wohngebäude baut oder bauen lässt, um anschließend die Wohnungen zu vermieten oder zu verkaufen

Bau|un·ter·neh·men *das* **1** ≈ *Baufirma* **2** ein Projekt für etwas, das gebaut werden soll • zu (1) **Bau|un·ter·neh·mer** *der*; zu (1) **Bau|un·ter·neh·me·rin** *die*

Bau|vor·ha·ben *das* die Pläne für den Bau von Häusern, Gebäuden usw., die von einer Behörde genehmigt werden müssen

Bau·wa·gen *der* ein Wagen, in dem auf Baustellen das Werkzeug und die Papiere sind und in dem die Arbeiter sich ausruhen können

Bau·wei·se *die* die Art und Weise, wie ein Bauwerk gebaut wird/wurde

★ **Bau·werk** *das* Brücken, Häuser, Kanäle, Mauern, Tunnel usw. sind Bauwerke; sie sind aus festem Material gebaut und können nicht bewegt werden ⟨ein antikes, denkmalgeschütztes, historisches Bauwerk; ein Bauwerk errichten, erhalten, restaurieren⟩

Bau·we·sen *das*; *nur Singular* alle Bereiche und Institutionen aus Industrie, Wirtschaft und Wissenschaft, die sich in Theorie und Praxis mit dem Bauen beschäftigen

Bau·zeich·nung *die* eine technische Zeichnung in einem Bauplan • hierzu **Bau·zeich·ner** *der*

Bau·zeit *die* die Zeit, die man braucht, um etwas zu bauen

LANDESKUNDE

▶ Bayern

Der Freistaat Bayern im Südosten ist das größte Bundesland Deutschlands. Die Hauptstadt ist **München**. Die zweitgrößte Stadt **Nürnberg** ist bekannt für die Burg, die typischen Lebkuchen und die Bratwürstchen. Das Münchner Oktoberfest, das Schloss **Neuschwanstein**, der bayerische Teil der **Alpen** und die Wagner-Festspiele in **Bayreuth** sind beliebte Ziele für Touristen.

Ba·zil·le *die*; (-, -n) **1** *meist Plural* eine Bakterie, welche die Form eines Stäbchens hat und Krankheiten erregen kann **2 eine linke Bazille** *gesprochen, abwertend oder humorvoll* verwendet, um eine Person zu bezeichnen, die sehr listig ist und mit vielen Tricks arbeitet

Ba·zil·lus *der*; (-, Ba·zil·len); *meist Plural* ≈ *Bazille*

Bd. Abkürzung für *Band* in Bezug auf Bücher

Bde. Abkürzung für *Bände* von Büchern

be- (*im Verb, unbetont, nicht trennbar, sehr produktiv; Diese Verben werden so gebildet:* bejubeln, bejubelte, bejubelt) **1 jemanden/etwas bedrohen, bekämpfen, belauschen**; **etwas beleuchten, bewohnen, bezweifeln** *und andere* verwendet, um ein Verb mit einem Objekt im Akkusativ zu bilden | *Sie beantwortete die Frage* (Sie antwortete auf die Frage) **2 jemanden/etwas (mit etwas) bedecken, beliefern, bestehlen**; **etwas (mit etwas) bedrucken, beladen** *und andere* verwendet, damit ein Verb in einer neuen Konstruktion ein anderes Objekt im Akkusativ haben kann | *Sie belegte das Brot mit Wurst* (Sie legte Wurstscheiben auf das Brot) | *Er beerbte seine Großmutter* (Er erbte etwas von seiner Großmutter) **3 etwas bebildern, begrenzen, beschriften**; **jemanden bemitleiden, benachrichtigen, beurlauben** *und andere* wird verwendet, um aus einem Substantiv ein Verb mit Objekt zu machen. Man drückt damit aus, dass eine Person/Sache etwas bekommt | *Der Lehrer benotete die Aufsätze der Schüler* (Der Lehrer gab jedem Aufsatz eine Note) **4 etwas befeuchten**; **jemanden belustigen, beruhigen, beunruhigen**; **sich bereichern** *und andere* wird verwendet, um aus einem Adjektiv ein Verb mit Objekt zu machen. Man drückt damit aus, dass eine Person/Sache in den genannten Zustand kommt | *Sie befreite den Vogel aus seinem Käfig* (Sie ließ den Vogel aus dem Käfig, sodass er frei war)

be·ab·sich·ti·gen VERB (beabsichtigte, hat beabsichtigt) **etwas beabsichtigen** die Absicht haben, etwas zu tun | *Sie beabsichtigen, nächstes Jahr zu heiraten* | *Das Foul war nicht beabsichtigt*

★ **be·ach·ten** VERB (beachtete, hat beachtet) **1** **etwas beachten** so handeln, wie es etwas verlangt oder empfiehlt ⟨Gesetze, Ratschläge, Regeln beachten⟩ ↔ *missachten* | *beim Autofahren die Verkehrsregeln beachten* **2** **etwas beachten** Informationen bewusst aufnehmen ⟨Hinweise beachten⟩ | *Beachten Sie bitte, dass wir unser Geschäft heute früher schließen!* **3** **jemanden/etwas beachten** an jemandem/etwas ganz bewusst ein Interesse zeigen ↔ *ignorieren* | *Ich glaube, ich habe wenig Chancen bei ihr, sie beachtet mich kaum* **H** meist verneint oder mit einer Einschränkung wie *kaum*

be·ach·tens·wert ADJEKTIV so, dass es Anerkennung und Lob verdient ⟨eine Leistung⟩

be·acht·lich ADJEKTIV **1** von relativ großer Bedeutung, Menge oder hoher Qualität | *Sein Ansehen als Politiker ist beachtlich* **2** so, dass man damit (sehr) zufrieden sein kann ⟨eine Leistung, ein Resultat⟩

Be·ach·tung *die*; (-) **1** das Beachten ⟨von Regeln⟩ **2** **Beachtung verdienen** *geschrieben* es wert sein, beachtet zu werden **3** **jemandem/etwas keine Beachtung schenken** jemanden/etwas nicht beachten **4** **(keine) Beachtung finden** *geschrieben* (nicht) beachtet werden

be·ackern VERB (beackerte, hat beackert) **1** **etwas beackern** den Boden mit dem Pflug und anderen großen Geräten bearbeiten **2** **etwas beackern** *gesprochen* sich mit einem Thema, einer Angelegenheit beschäftigen | *Das Mittelalter haben wir in Geschichte letztes Jahr ausführlich beackert* **3** **jemanden beackern** *gesprochen* sich bemühen, jemanden zu etwas zu überreden | *Wenn ich meinen Bruder lange genug beackere, wird er uns bestimmt helfen*

Bea·mer ['bi:mɐ] *der*; (-s, -) ein Gerät, das die Bilder von einem Computer oder Fernseher groß an der Wand zeigt

★ **Be·am·te** *der*; (-n, -n) Beamte arbeiten für den Staat oder eine Behörde, sie haben besondere Rechte und Pflichten **K** Beamtenanwärter, Beamtenbeleidigung, Beamtenlaufbahn; Finanzbeamte, Kriminalbeamte, Polizeibeamte, Verwaltungsbeamte, Zollbeamte **H** a) *ein Beamter; der Beamte; den, dem, des Beamten* b) zu *Beamtin* → Info im Eintrag *-in* ● hierzu **Be·am·tin** *die*

Be·am·ten·ver·hält·nis *das*; *geschrieben* **1** **im Beamtenverhältnis sein** als Beamter beim Staat arbeiten **2** **jemanden ins Beamtenverhältnis übernehmen** jemanden zum Beamten ernennen

be·ängs·ti·gend ADJEKTIV so, dass es Angst oder Unruhe hervorruft | *eine beängstigende Stille*

be·an·spru·chen VERB (beanspruchte, hat beansprucht) **1** **etwas beanspruchen** etwas (meist in schriftlicher Form) fordern, auf das man ein Recht hat oder zu haben glaubt ⟨sein Recht, seinen Erbanteil beanspruchen⟩ | *Sie beansprucht Schadenersatz für ihr beschädigtes Auto* **2** **etwas beanspruchen** das, was man angeboten bekommt, akzeptieren und nutzen ⟨jemandes Aufmerksamkeit, Hilfe beanspruchen⟩ | *Es ist schon spät und ich möchte Ihre Gastfreundschaft wirklich nicht länger beanspruchen* **3** **jemanden/etwas beanspruchen** jemanden/etwas sehr viel oder sehr oft in Anspruch nehmen | *Die drei kleinen Kinder beanspruchen sie sehr* **4** **etwas beansprucht etwas** etwas strapaziert etwas, etwas nutzt etwas ab | *Wenn man Passstraßen fährt, werden die Bremsen stark beansprucht* **5** **etwas beansprucht etwas** etwas benötigt Zeit oder Raum | *Das neue Sofa beansprucht zu viel Platz* | *Das Projekt beansprucht mehr Zeit als vorgesehen* ● hierzu **Be·an·spru·chung** *die*

be·an·stan·den VERB (beanstandete, hat beanstandet) **etwas (an etwas** (*Dativ*)**) beanstanden** sagen, dass man einen Fehler oder Mangel festgestellt hat ⟨eine Entscheidung, eine fehlerhafte Ware beanstanden⟩ | *Der Kultusminister beanstandet, dass die Reform an den Schulen nicht richtig umgesetzt wurde* | *Haben Sie etwas an meiner Arbeit zu beanstanden?* ● hierzu **Be·an·stan·dung** *die*

★ **be·an·tra·gen** VERB (beantragte, hat beantragt) **1** **etwas (bei jemandem/etwas) beantragen** versuchen, durch einen schriftlichen Antrag (meist an eine Behörde) etwas zu bekommen ⟨eine Aufenthaltsgenehmigung, ein Visum, Sozialhilfe beantragen⟩ | *Als er seinen Job verlor, beantragte er Arbeitslosengeld* **2** **etwas beantragen** (meist bei einem Prozess oder bei einer Sitzung) etwas fordern oder verlangen ⟨einen Haftbefehl, eine Unterbrechung, eine Vertagung beantragen⟩ | *Der Staatsanwalt beantragte, die Immunität des Politikers aufzuheben* | *Der Vorstand beantragt, dass neu abgestimmt wird* ● hierzu **Be·an·tra·gung** *die*

★ **be·ant·wor·ten** VERB (beantwortete, hat beantwortet) **1** **etwas beantworten** auf eine Frage antworten **2** **etwas mit etwas beantworten** etwas als Reaktion auf eine Handlung tun | *Sie beantwortete das Lächeln mit einem zärtlichen Blick*

Be·ant·wor·tung *die*; (-) **1** das Beantworten (einer Frage) **2** **in Beantwortung** +*Genitiv geschrieben* als Antwort auf etwas | *in Beantwortung Ihres Schreibens vom 15.02.*

★ **be·ar·bei·ten** VERB (bearbeitete, hat bearbeitet) **1** **etwas bearbeiten** für etwas verantwortlich sein, es prüfen und meist darüber entscheiden ⟨eine Akte, einen Antrag, einen Fall, ein Sachgebiet bearbeiten⟩ **2** **etwas bearbeiten** eine Arbeit über etwas schreiben ⟨ein Thema, eine Aufgabe bearbeiten⟩ **3** **etwas (neu) bearbeiten** eine Vorlage (meist einen Text) verfassen oder verändern ⟨ein Buch, eine Rede, einen Aufsatz (neu) bearbeiten⟩ ≈ *überarbeiten* **4** **etwas (mit etwas) bearbeiten** etwas so verändern, dass es in die gewünschte Form oder den gewünschten Zustand kommt ⟨Holz, Metall, Rohstoffe, einen Acker bearbeiten⟩ **5** **etwas mit etwas bearbeiten** etwas meist mit einer chemischen Substanz behandeln, um es zu reinigen oder zu konservieren | *verkalkte Fliesen mit Säure bearbeiten* **6** **jemanden bearbeiten** lange und intensiv mit einer Person sprechen, um sie von etwas zu überzeugen oder ihre Zustimmung zu etwas zu bekommen **7** **jemanden/etwas mit etwas bearbeiten** jemanden/etwas mehrmals schlagen oder treten ⟨jemanden/etwas mit Fäusten, Fußtritten bearbeiten⟩ ● zu (1 – 4) **Be·ar·bei·ter** *der*; zu (1 – 4) **Be·ar·bei·te·rin** *die*

Be·ar·bei·tung *die*; (-, -en) **1** das Bearbeiten ⟨eines Antrags⟩ **K** Bearbeitungsgebühr **2** das Bearbeiten ⟨eines Themas, eines Textes⟩ **3** die neue, veränderte Fassung meist eines literarischen oder musikalischen Werkes | *Shakespeares „Othello" in der musikalischen Bearbeitung von Verdi* **K** Bühnenbearbeitung, Neubearbeitung **4** das Bearbeiten ⟨von Holz, Metall⟩

be·arg·wöh·nen VERB (beargwöhnte, hat beargwöhnt) **jemanden/etwas beargwöhnen** gegenüber jemandem oder etwas einen Verdacht haben

Beat [bi:t] *der*; (-(s)) **1** ≈ *Beatmusik* **K** Beatband, Beatgruppe, Beatparty, Beatplatte **2** ein Rhythmus, der vor allem im Beat und Jazz vorkommt

be·at·men VERB (beatmete, hat beatmet) **jemanden beatmen** einer Person, die nicht mehr selbst atmen kann, mit dem eigenen Mund oder mit einer Maschine Luft in den Mund oder die Nase blasen ⟨einen Patienten künstlich beatmen; ein Unfallopfer von Mund zu Mund beatmen⟩ ● hierzu **Be-**

at·mung *die*

Beat·mu·sik ['biːt-] *die; meist Singular* eine Art der modernen Unterhaltungsmusik, die um 1960 in Großbritannien entstand

be·auf·sich·ti·gen VERB (beaufsichtigte, hat beaufsichtigt) **jemanden/etwas beaufsichtigen** darauf achten, dass jemand oder etwas sich so verhält oder funktioniert, wie es erwünscht oder vorgeschrieben ist ⟨Arbeiter, jemandes Arbeit, Kinder beaufsichtigen⟩ • hierzu **Be·auf·sich·ti·gung** *die*

be·auf·tra·gen VERB (beauftragte, hat beauftragt) **jemanden (mit etwas) beauftragen** jemandem (in Form einer Bitte oder eines Befehls) den Auftrag geben, etwas zu tun | *jemanden mit der Anfertigung eines Plans beauftragen*

Be·auf·trag·te *der/die;* (-n, -n) eine Person, die einen offiziellen Auftrag hat, etwas zu tun | *der Beauftragte einer Kommission* K Lehrbeauftragte, Sonderbeauftragte **!** *ein Beauftragter; der Beauftragte; den, dem, des Beauftragten*

be·äu·gen VERB (beäugte, hat beäugt) **jemanden/etwas beäugen** *meist humorvoll* jemanden/etwas genau und forschend betrachten | *etwas Interessantes beäugen*

be·bau·en VERB (bebaute, hat bebaut) **1** **etwas (mit etwas) bebauen** auf einer Fläche (ein) Gebäude errichten | *ein Grundstück mit Häusern bebauen* **2** **etwas bebauen** den Boden oder Acker bearbeiten, um etwas darauf anpflanzen zu können ⟨ein Feld, einen Acker bebauen⟩ • zu (1) **Be·bau·ung** *die*

be·ben VERB (bebte, hat gebebt) **1** **etwas bebt** etwas wird vor allem durch den Knall einer Explosion oder durch ein Erdbeben erschüttert ⟨die Häuser, die Mauern, die Erde⟩ **2** **(vor etwas** (*Dativ*)**) beben** heftig zittern ⟨jemandes Lippen⟩ | *Seine Stimme bebte vor Erregung* | *Er bebte vor Wut*

Be·ben *das;* (-s, -) **1** ≈ *Erdbeben* **2** *nur Singular* der Zustand, in dem etwas bebt ⟨das Beben eines Hauses, einer Stimme⟩

be·bil·dern VERB (bebilderte, hat bebildert) **etwas bebildern** etwas mit Bildern versehen ⟨einen Text, ein Buch bebildern⟩ • hierzu **Be·bil·de·rung** *die*

★ **Be·cher** *der;* (-s, -) **1** ein einfaches Gefäß zum Trinken (meist ohne Henkel) | *aus einem Becher trinken* K Pappbecher, Plastikbecher, Silberbecher, Zinnbecher **2** ein Becher, der für andere Zwecke als zum Trinken verwendet wird K Eierbecher, Messbecher, Würfelbecher

BECHER

der Becher — der Eierbecher — der Joghurtbecher — der Messbecher

be·chern VERB (becherte, hat gebechert); *gesprochen, humorvoll* viel Alkohol trinken

be·cir·cen [bəˈtsɪrtsn̩] → bezirzen

★ **Be·cken** *das;* (-s, -) **1** in der Küche, in der Toilette und im Bad hat man ein Becken zum Waschen und Spülen K Spülbecken, Waschbecken **2** ein großer Behälter, der (im Boden) künstlich angelegt ist und mit Wasser gefüllt wird, sodass man z. B. darin schwimmen kann K Beckenrand; Nichtschwimmerbecken, Planschbecken, Schwimmbecken **3** der gebogene Teil vor allem des menschlichen Skeletts, welcher die Wirbelsäule mit den Beinen verbindet und vor dem Organe wie z. B. der Darm liegen K Beckenbruch, Beckenknochen **4** eine große Fläche, die tiefer ist als die sonstige Erdoberfläche in der Region | *das Pariser Becken* **5** ein Schlaginstrument, das aus einer oder zwei Scheiben aus Metall besteht

Bec·que·rel [bɛkəˈrɛl] *das;* (-s, -) eine Einheit, mit der man Radioaktivität misst **!** Abkürzung: *Bq*

be·dacht ■ PARTIZIP PERFEKT **1** → bedenken ■ ADJEKTIV **2** **auf etwas** (*Akkusativ*) **bedacht sein** konsequent und sorgfältig auf etwas achten ⟨auf seinen Vorteil bedacht sein⟩ | *Er war stets darauf bedacht, einen guten Eindruck zu machen* **3** mit sehr viel Ruhe und Übersicht ⟨Handlungen⟩ ≈ *überlegt*

Be·dacht **mit/voll Bedacht** ⟨handeln, sprechen⟩ ruhig und überlegt

be·däch·tig ADJEKTIV **1** langsam und ruhig ⟨Bewegungen⟩ **2** überlegt ⟨das Sprechen, das Handeln⟩

★ **be·dan·ken** VERB (bedankte sich, hat sich bedankt) **sich (bei jemandem) (für etwas) bedanken** (jemandem) Dank für etwas zum Ausdruck bringen | *Hast du dich (bei deiner Tante) schon (für das Geschenk) bedankt?* ■ ID **Bedanke dich bei 'ihm/'ihr (dafür)** *gesprochen, ironisch* er/sie ist schuld daran

SPRACHGEBRAUCH

▶ sich bedanken

So kann man sich bedanken:

Danke!, Danke schön!
Vielen Dank!, Herzlichen Dank!, Besten Dank!, Schönen Dank!, Tausend Dank!
Ich danke dir/Ihnen von ganzem Herzen!

So kann man auf einen Dank antworten:

Bitte!
Gern geschehen!
Keine Ursache!
Es war mir ein Vergnügen.
Das habe ich doch gern getan!

★ **Be·darf** *der;* (-(e)s) **1** **der Bedarf (an jemandem/etwas)** die Zahl oder Menge an Menschen, Dingen oder Leistungen, die man zu einem Zweck braucht ⟨Bedarf an jemandem/etwas haben; es besteht (kein) Bedarf an jemandem/etwas; der Bedarf an jemandem/etwas ist gedeckt⟩ | *An neuen Wohnungen besteht großer Bedarf* K Bedarfsermittlung, Bedarfsforschung; Erdölbedarf, Energiebedarf, Strombedarf **2** **bei Bedarf** wenn es nötig ist **3** **(je) nach Bedarf** wie man es gerade benötigt ■ ID **Mein Bedarf ist gedeckt!** Ich habe genug davon

-be·darf *der; im Substantiv, unbetont, begrenzt produktiv* **1** **Bürobedarf, Energiebedarf, Heimwerkerbedarf, Personalbedarf, Reisebedarf** *und andere* verwendet, um alle Dinge oder Personen zu bezeichnen, die jemand für einen Zweck braucht **2** **Erholungsbedarf, Handlungsbedarf, Nachholbedarf, Reformbedarf** *und andere* drückt aus, dass etwas getan werden muss, nötig ist | *Es herrscht dringender Entscheidungsbedarf* (Über diese Sache muss dringend entschieden werden)

Be·darfs·fall *der* **im Bedarfsfall; für den Bedarfsfall** wenn es nötig ist/sein sollte

be·darfs·ge·recht ADJEKTIV; *geschrieben* so, dass es sich stets nach dem wirklichen Bedarf richtet ⟨etwas bedarfsgerecht

B

produzieren⟩

be·dau·er·lich ADJEKTIV ⟨ein Fehler, ein Vorfall⟩ so, dass sie zu bedauern sind

be·dau·er·li·cher·wei·se ADVERB; *geschrieben* ≈ *leider*

★ **be·dau·ern** VERB (bedauerte, hat bedauert) **1** **jemanden bedauern** einer Person, der es nicht gut geht, Mitgefühl oder Sympathie zeigen | *einen kranken Menschen bedauern* **2** **etwas bedauern** etwas schade finden, sich nicht darüber freuen | *Er bedauerte, dass er sie nicht persönlich kennenlernen konnte* | *Wir bedauern, Ihnen mitteilen zu müssen, dass Sie die Prüfung nicht bestanden haben* ■ ID **jemand ist zu bedauern** mit jemandem muss man Mitleid haben; **(ich) bedaure** verwendet, wenn man eine Bitte nicht erfüllen kann

Be·dau·ern *das*; (-s) **1** **Bedauern (über etwas** (*Akkusativ*)**)** ⟨sein Bedauern über etwas ausdrücken⟩ ≈ *Mitgefühl* | *Worte des Bedauerns* **2** das Gefühl der Traurigkeit oder Enttäuschung | *Zu meinem Bedauern fiel das Konzert aus*

★ **be·dau·erns·wert** ADJEKTIV so, dass es gute Gründe dafür gibt, eine Person oder einen Sachverhalt zu bedauern

★ **be·de·cken** VERB (bedeckte, hat bedeckt) **1** **jemanden/etwas (mit etwas) bedecken** meist eine Decke oder ein Tuch über jemanden/etwas legen | *den Boden mit Matten bedecken* | *einen Toten mit einem Leinentuch bedecken* **2** **etwas bedeckt etwas** etwas bildet eine Schicht auf etwas (so dass es nicht mehr zu sehen ist) | *Schnee bedeckte die Wiesen* | *Der Rock bedeckte kaum ihre Knie*

be·deckt ■ PARTIZIP PERFEKT **1** → bedecken
■ ADJEKTIV **2** voller Wolken ⟨der Himmel⟩ **3** **sich bedeckt halten** (mit Absicht) nichts über eine Person oder ein Thema sagen

★ **be·den·ken** VERB (bedachte, hat bedacht) **1** **etwas bedenken** etwas (vor allem im Hinblick auf etwas, das noch geschehen wird) prüfend überlegen | *die Folgen einer Handlung gründlich bedenken* | *Er fährt immer ohne Helm Motorrad, ohne zu bedenken, wie gefährlich das ist* **2** **jemanden mit etwas bedenken** *geschrieben* jemandem (aus Sympathie) etwas geben | *jemanden mit Applaus/Geschenken/Ratschlägen bedenken* **3** **(jemandem) zu bedenken geben, dass ...** *geschrieben* eine Person auf etwas hinweisen, das berücksichtigt oder beachtet werden muss

★ **Be·den·ken** *das*; (-s, -); *meist Plural* **Bedenken (gegen jemanden/etwas)** Zweifel oder Befürchtungen in Bezug auf jemanden/etwas ⟨ernsthafte, schwerwiegende Bedenken haben, äußern; jemandes Bedenken beseitigen, zerstreuen⟩ | *Haben Sie irgendwelche Bedenken, dass das Projekt ein Misserfolg werden könnte?*

be·den·ken·los ADJEKTIV **1** ohne Skrupel oder Hemmungen ≈ *rücksichtslos* | *eine Situation bedenkenlos ausnützen* **2** ohne Überlegung | *sich jemandem bedenkenlos anvertrauen* **3** *meist adverbiell* ohne dass man sich Gedanken machen muss, dass etwas Schlimmes passiert | *Diese Pilze kann man bedenkenlos essen* ● zu (2) **Be·den·ken·lo·sig·keit** *die*

be·denk·lich ADJEKTIV **1** so, dass es (für jemanden) gefährlich sein könnte ⟨jemandes Gesundheitszustand; eine Situation⟩ **2** voller Bedenken ⟨ein Gesicht⟩ ≈ *skeptisch* **3** moralisch oder gesetzlich fragwürdig, nicht korrekt | *bedenkliche Mittel anwenden, um etwas zu erreichen*

Be·denk·zeit *die*; *nur Singular* die Zeit, die eine Person bekommt, um etwas genau zu überlegen, bevor sie sich entscheidet ⟨jemandem Bedenkzeit geben, gewähren, einräumen; um Bedenkzeit bitten⟩ | *Sie haben drei Tage Bedenkzeit, dann möchte ich eine klare Antwort!*

be·dep·pert ADJEKTIV; *gesprochen, oft abwertend* ⟨bedeppert dreinschauen, dastehen⟩ ≈ *verlegen, ratlos*

★ **be·deu·ten** VERB (bedeutete, hat bedeutet) **1** **etwas bedeutet etwas** eine Sache oder ein Verhalten ist in der genannten Weise zu verstehen oder zu interpretieren | *Was hat dein Verhalten zu bedeuten?* | *Rotes Licht im Verkehr bedeutet, dass man anhalten oder warten muss* **2** **etwas bedeutet etwas** etwas wird durch sprachliche Mittel ausgedrückt | *Weißt du, was das Wort „Prisma" bedeutet?* **3** **etwas bedeutet etwas** etwas bringt etwas mit sich | *Viele wissen nicht, was es bedeutet, allein zu sein* | *Der Tod bedeutet für viele etwas Schreckliches* **4** **etwas bedeutet etwas** ein Sachverhalt hat einen anderen zur Folge | *Wenn ich noch länger warten muss, bedeutet das für mich, dass ich den Zug verpasse* **5** **etwas bedeutet etwas** etwas ist ein Zeichen für etwas | *Dunkle Wolken bedeuten Regen* | *Seine Miene bedeutete nichts Gutes* **6** **(jemandem) etwas bedeuten** (für jemanden) wichtig, viel wert sein | *Luxus bedeutet mir nichts* | *Du bedeutest mir alles*

be·deu·tend ADJEKTIV **1** ⟨ein Gelehrter, ein Künstler, ein Bauwerk, ein Kunstwerk⟩ so, dass die Leistungen und Arbeit als sehr groß gelten **2** mit viel Ansehen und Einfluss ⟨eine Persönlichkeit⟩ **3** mit weit reichenden Folgen ⟨ein Ereignis, eine Erfindung, eine Entwicklung⟩ ≈ *wichtig* **4** ⟨ein Vermögen, ein Talent⟩ so (groß), dass sie Beachtung oder Lob verdienen | *Wir haben uns unserem Ziel einen bedeutenden Schritt genähert* **5** verwendet, um ein Adjektiv im Komparativ oder ein Verb zu verstärken ≈ *wesentlich* | *Der Kranke sieht heute schon bedeutend besser aus* | *Die Chancen haben sich bedeutend verschlechtert*

be·deut·sam ADJEKTIV **1** ≈ *wichtig* **2** ≈ *bedeutungsvoll* ● zu (1) **Be·deut·sam·keit** *die*

★ **Be·deu·tung** *die*; (-, -en) **1** das, was mit Sprache, Zeichen, einem Verhalten o. Ä. ausgedrückt werden soll | *Das Wort „Bank" hat mehrere Bedeutungen* | *„Synonyme" sind Wörter mit annähernd gleicher Bedeutung* K Bedeutungslehre, Bedeutungswandel, Bedeutungswörterbuch **2** der Umstand, dass eine Person oder Sache wichtig ist oder eine besondere Wirkung hat | *Diese Entscheidung ist von entscheidender Bedeutung für unsere Zukunft* **3** eine Information in einem Text, Bild usw., die man erst beim Nachdenken versteht ⟨eine tiefere Bedeutung⟩ ≈ *Sinn*

be·deu·tungs·los ADJEKTIV nicht wichtig ⟨ein Einwand, ein Fehler⟩ ● hierzu **Be·deu·tungs·lo·sig·keit** *die*

be·deu·tungs·voll ADJEKTIV **1** mit einer besonderen Absicht und Bedeutung ⟨ein Blick, ein Lächeln; jemanden bedeutungsvoll ansehen⟩ **2** mit großer Bedeutung oder sehr wichtig

★ **be·die·nen** VERB (bediente, hat bedient) **1** **(jemanden) bedienen** (als Kellner) einem Gast Speisen und Getränke (an den Tisch) bringen ≈ *servieren* | *In diesem Lokal wird man sehr korrekt bedient* | *Wer bedient an diesem Tisch?* **2** **jemanden bedienen** (als Verkäufer) einem Kunden durch Ratschläge beim Kauf helfen | *Werden Sie schon bedient?* **3** **jemanden bedienen** für eine Person etwas tun, weil sie selbst es nicht tun will oder kann | *Wenn er abends nach Hause kommt, lässt er sich gern von seiner Frau bedienen* **4** **etwas bedienen** meist ein relativ großes Gerät oder eine Maschine korrekt gebrauchen und ihre Funktionen kontrollieren | *Du bist alt genug, um zu wissen, wie man eine Waschmaschine bedient* **5** **sich bedienen** sich etwas zu essen oder trinken nehmen, meist nachdem es angeboten wurde ≈ *zugreifen* | *Hier sind ein paar belegte Brote! Bedient euch bitte!* **6** **sich einer Sache** (*Genitiv*) **bedienen** *geschrieben* etwas (als Werkzeug oder Hilfe) benutzen | *sich beim Übersetzen eines Wörterbuchs bedienen* ■ ID **(mit etwas) gut/schlecht bedient sein** *gesprochen* mit etwas zufrieden/nicht zufrieden sein können; **Ich bin**

B

bedient! *gesprochen* Ich habe genug davon

Be·diens·te·te *der/die;* (-n, -n) **1** *geschrieben* eine Person, die im öffentlichen Dienst angestellt ist K Postbedienstete, Staatsbedienstete **2** ≈ *Hausangestellte(r)* i *ein Bediensteter; der Bedienstete; den, dem, des Bediensteten*

★ **Be·die·nung** *die;* (-, -en) **1** *nur Singular* das Bedienen eines Gastes in einem Restaurant ⟨inklusive Bedienung; mit/ohne Bedienung⟩ **2** *nur Singular* das Bedienen eines Kunden ⟨prompte Bedienung⟩ **3** *nur Singular* das Bedienen einer Maschine K Bedienungsfehler, Bedienungskomfort **4** eine Person, die in einem Lokal bedient | *Bedienung, zahlen bitte!* i *Bedienung* wird sowohl für Männer als auch Frauen verwendet; als Anrede wirkt die Bezeichnung unhöflich.

Be·die·nungs|an·lei·tung *die* ein Heft o. Ä., in dem steht, wie man eine Maschine oder ein Gerät bedient

be·din·gen VERB (bedingte, hat bedingt) **1** **etwas bedingt etwas** etwas hat etwas zur Folge | *Höhere Löhne bedingen höhere Preise* | *Seine mangelnde Konzentrationsfähigkeit ist psychisch bedingt* **2** **Dinge bedingen sich gegenseitig/wechselseitig** zwei oder mehrere Zusammenhänge, Zustände o. Ä. stehen so miteinander in Beziehung, dass die Existenz oder Veränderung der einen Sache von der Existenz oder Veränderung der anderen Sache abhängt | *Das Lohnniveau und die Kaufkraft bedingen sich gegenseitig*

be·dingt ■ PARTIZIP PERFEKT **1** → bedingen
■ ADJEKTIV **2** *meist adverbiell* nicht in vollem Umfang, nicht ohne Einschränkung ⟨bedingt geeignet, verwendungsfähig, einsetzbar⟩ | *Ihr Einwand ist nur bedingt berechtigt* **3** von Vorstellungen oder Bedingungen abhängig ⟨eine Strafe, eine Zusage⟩

-be·dingt *im Adjektiv, unbetont, begrenzt produktiv* **altersbedingt, berufsbedingt, saisonbedingt, witterungsbedingt** *und andere* verwendet, um zu sagen, dass das, was im ersten Wortteil genannt wird, der Grund oder die Ursache für etwas anderes ist | *Der Sportler musste eine verletzungsbedingte Trainingspause machen* (Wegen einer Verletzung konnte der Sportler nicht trainieren)

Be·dingt·heit *die;* (-) die Art und Weise, wie etwas bestimmt oder entstanden ist | *die soziologische Bedingtheit von Verbrechen*

★ **Be·din·gung** *die;* (-, -en) **1** eine Forderung oder Voraussetzung, von der viel abhängt ⟨(jemandem) eine Bedingung stellen; jemandes Bedingungen erfüllen⟩ | *Ihre Bedingungen sind für uns nicht akzeptabel* **2** **Bedingungen für etwas** *nur Plural* die Regeln in einem Vertrag | *Die Betreiber haben die Bedingungen für die Nutzung der Website geändert* K Lieferbedingungen, Vertragsbedingungen, Zahlungsbedingungen **3** *nur Plural* Umstände, die Folgen oder Wirkungen haben ⟨gute, (un)günstige Bedingungen; die äußeren, klimatischen Bedingungen⟩ | *unter erschwerten Bedingungen arbeiten* K Lebensbedingungen, Witterungsbedingungen **4** **unter der Bedingung, dass ...** nur wenn die genannte Forderung erfüllt wird | *Die Zusage finanzieller Hilfen erfolgte unter der Bedingung, dass die Truppen reduziert werden*

be·din·gungs·los ADJEKTIV **1** ohne jede Einschränkung ⟨Vertrauen⟩ **2** ohne eine Bedingung oder Forderung ⟨bedingungslos kapitulieren⟩

be·drän·gen VERB (bedrängte, hat bedrängt) **1** **jemanden (mit etwas) bedrängen** jemanden wiederholt bitten, drängen, etwas zu tun **2** **jemanden/etwas bedrängen** versuchen, jemanden/etwas durch heftiges, wiederholtes Angreifen in eine schwierige Lage zu bringen | *Die Festung wurde von den feindlichen Truppen bedrängt* i meist im Passiv ● hierzu **Be·drän·gung** *die*

Be·dräng·nis *die;* (-) eine sehr unangenehme und schwierige Situation ⟨in Bedrängnis sein/geraten; jemanden in Bedrängnis bringen⟩

★ **be·dro·hen** VERB (bedrohte, hat bedroht) **1** **jemanden (mit etwas) bedrohen** jemandem mit Worten oder Taten drohen | *jemanden mit einer Pistole bedrohen* **2** **etwas bedroht jemanden** etwas stellt für jemanden eine Gefahr dar | *Epidemien und Naturkatastrophen bedrohen die Menschheit* | *Viele Frauen fühlen sich in dunklen Tiefgaragen bedroht* ● hierzu **Be·dro·hung** *die*

be·droh·lich ADJEKTIV so, dass es eine Gefahr ankündigt oder schon ist ⟨eine Situation⟩ ≈ *gefährlich* | *Das Hochwasser nahm bedrohliche Ausmaße an*

be·droht ■ PARTIZIP PERFEKT **1** → bedrohen
■ ADJEKTIV **2** *meist prädikativ* in Gefahr ⟨jemandes Leben, die Umwelt⟩ **3** **eine Pflanze/ein Tier ist vom Aussterben bedroht** eine Pflanze/ein Tier ist in Gefahr auszusterben

be·dröp·pelt ADJEKTIV; *gesprochen* verlegen oder enttäuscht ⟨ein bedröppeltes Gesicht machen; bedröppelt dreinsehen, schauen⟩ | *„Tut mir leid, das hab ich völlig vergessen.", meinte er bedröppelt*

be·dru·cken VERB (bedruckte, hat bedruckt) **etwas (mit etwas) bedrucken** auf Stoff, Papier o. Ä. etwas drucken | *ein mit Blumen bedruckter Stoff*

be·drü·cken VERB (bedrückte, hat bedrückt) **etwas bedrückt jemanden** etwas bewirkt, dass jemand traurig, pessimistisch usw. ist ⟨jemand wird von Kummer, Sorgen, Einsamkeit bedrückt⟩ | *Sie sieht bedrückt aus* ● hierzu **Be·drü·ckung** *die*

be·dür·fen VERB (bedarf, bedurfte, hat bedurft); *geschrieben* **1** **jemandes/etwas bedürfen** jemanden oder etwas brauchen ⟨jemandes Hilfe, der Ruhe bedürfen; etwas bedarf einer Erklärung⟩ **2** **es bedarf jemandes/etwas** jemand/etwas wird benötigt, ist nötig | *Es hätte nur eines Wortes bedurft und ich hätte ihr verziehen*

★ **Be·dürf·nis** *das;* (-ses, -se) **1** **ein Bedürfnis (nach etwas)** die Notwendigkeit oder der Wunsch, etwas zu bekommen, das man braucht ⟨ein Bedürfnis nach Liebe, Schlaf haben, verspüren⟩ | *die Produktion den Bedürfnissen des Marktes anpassen* K Bedürfnisbefriedigung, Bedürfnisentwicklung; Mitteilungsbedürfnis, Schlafbedürfnis, Sicherheitsbedürfnis **2** **es ist mir ein Bedürfnis (zu +***Infinitiv***)** damit drückt man förmlich aus, dass man etwas wirklich gerne tut | *Es ist mir ein Bedürfnis, mich bei Ihnen zu entschuldigen* ● zu (1) **be·dürf·nis·los** ADJEKTIV

be·dürf·tig ADJEKTIV **1** auf (materielle) Hilfe von anderen Leute angewiesen ≈ *arm* **2** **jemandes/etwas bedürftig sein** *geschrieben* eine Person oder Sache dringend brauchen ⟨der Liebe, des Trostes bedürftig sein⟩ ● hierzu **Be·dürf·tig·keit** *die*

-be·dürf·tig *im Adjektiv, unbetont, begrenzt produktiv* **erholungsbedürftig, hilfsbedürftig, schutzbedürftig, reparaturbedürftig** *und andere* verwendet, um zu sagen, dass das, was im ersten Wortteil genannt wird, gebraucht oder benötigt wird | *ein liebebedürftiges Kind* | *Die Bedienung meines neuen Handys ist noch etwas gewöhnungsbedürftig* (Ich kann mit dem Handy noch nicht gut umgehen, ich muss mich erst daran gewöhnen)

be·du·selt ADJEKTIV; *gesprochen* von Alkohol, einem Medikament o. Ä. nicht ganz klar im Kopf ≈ *benebelt*

Beef·steak ['bi:fste:k] *das;* (-s, -s) **1** eine Scheibe gebratenes Rindfleisch, meist von der Lende des Rindes **2** **deutsches Beefsteak** ≈ *Frikadelle*

be·eh·ren VERB (beehrte, hat beehrt) **jemanden/etwas (mit etwas) beehren** *oft ironisch* deutlich zeigen, dass man eine Veranstaltung oder einen Besuch für sehr wichtig hält ⟨jemanden mit einem Besuch beehren⟩ ■ ID **Beehren Sie uns bald wieder!** verwendet, um einen Kunden oder einen zahlenden Gast höflich zu verabschieden

be·ei·den VERB (beeidete, hat beeidet) **etwas beeiden** einen Eid darauf schwören, dass etwas wahr ist ⟨eine Aussage beeiden⟩

be·ei·digt ADJEKTIV ⟨ein Dolmetscher, ein Sachverständiger⟩ so, dass sie einen Eid abgegeben haben, immer die Wahrheit zu sagen, und sie deshalb ihre Fachkenntnisse bei Gerichtsverhandlungen o. Ä. anwenden dürfen

★ **be·ei·len** VERB (beeilte sich, hat sich beeilt) **sich (bei/mit etwas) beeilen** etwas schneller als üblich tun, um ein Ziel rechtzeitig zu erreichen oder um rechtzeitig fertig zu werden | *Sie musste sich beeilen, um ihr Flugzeug nicht zu verpassen* | *Beeil dich ein bisschen, sonst kommen wir zu spät!*

Be·ei·lung *die* ■ ID **(los,) Beeilung!**, **Etwas (mehr) Beeilung, bitte!** *gesprochen* verwendet, um jemanden aufzufordern, sich zu beeilen

★ **be·ein·dru·cken** VERB (beeindruckte, hat beeindruckt) **jemanden beeindrucken** im Bewusstsein oder in der Erinnerung einer Person einen starken Eindruck hinterlassen ⟨jemanden tief, stark beeindrucken⟩

★ **be·ein·flus·sen** VERB (beeinflusste, hat beeinflusst) **1** **eine Person/Sache beeinflusst jemanden** eine Person oder Sache bewirkt, dass jemand die eigene Meinung oder das eigene Verhalten ändert | *Du solltest dich nicht von unberechtigter Kritik beeinflussen lassen* **2** **etwas beeinflusst etwas** eine Sache hat eine deutliche Wirkung auf etwas | *Der Golfstrom beeinflusst unser Klima sehr* | *Die kindliche Entwicklung wird durch Sport positiv beeinflusst* • hierzu **Be·ein·flus·sung** *die*; **be·ein·fluss·bar** ADJEKTIV

be·ein·träch·ti·gen VERB (beeinträchtigte, hat beeinträchtigt) **etwas beeinträchtigt etwas** etwas hat eine negative Wirkung auf etwas | *Lärm während der Arbeit beeinträchtigt die Konzentration* • hierzu **Be·ein·träch·ti·gung** *die*

★ **be·en·den** VERB (beendete, hat beendet) **etwas beenden** meist eine Tätigkeit zu Ende führen oder sie nicht weitermachen ⟨einen Streit, eine Unterhaltung, die Lehre beenden⟩ ↔ *beginnen* • hierzu **Be·en·dung** *die*

be·en·di·gen VERB (beendigte, hat beendigt) **etwas beendigen** ≈ *beenden* • hierzu **Be·en·di·gung** *die*

be·en·gen VERB (beengte, hat beengt) **1** **etwas beengt jemanden** etwas ist zu eng für jemanden ⟨Kleidungsstücke⟩ | *ein beengender Kragen* **2** **etwas beengt jemanden** etwas lässt jemandem nur wenige persönliche Freiheiten ⟨Verbote, Vorschriften⟩

be·engt ■ PARTIZIP PERFEKT **1** → beengen
■ ADJEKTIV **2** ohne genügend Raum zur freien Bewegung ⟨beengt wohnen; sich beengt fühlen⟩ • zu (2) **Be·engt·heit** *die*

be·er·ben VERB (beerbte, hat beerbt) **jemanden beerben** jemandes Erbe werden

be·er·di·gen VERB (beerdigte, hat beerdigt) **jemanden beerdigen** einen Verstorbenen bei einer Trauerfeier in einem Sarg ins Grab legen (lassen) • hierzu **Be·er·di·gung** *die*

Be·er·di·gungs·ins·ti·tut *das* ≈ *Bestattungsinstitut*

★ **Bee·re** *die*; (-, -n) eine von vielen kleinen, meist süßen essbaren Früchten, die auf manchen kleinen Pflanzen oder Sträuchern wachsen (z. B. Erdbeeren, Himbeeren, Brombeeren, Johannisbeeren, Heidelbeeren) [K] Beerenobst, Beerenstrauch, Beerenwein

★ **Beet** *das*; (-(e)s, -e) ein relativ kleines, meist rechteckiges Stück Boden (in einem Garten), auf dem Blumen, Gemüse oder Salat angepflanzt werden ⟨ein Beet anlegen, umgraben⟩ [K] Blumenbeet, Gemüsebeet

Bee·te *die* **1** *Plural* → Beet **2** → Bete

be·fä·hi·gen [bəˈfɛːɪgn̩] VERB (befähigte, hat befähigt) **etwas befähigt jemanden zu etwas** *geschrieben* etwas gibt jemandem die Möglichkeit, die Fähigkeit oder das Recht, etwas zu tun | *Sein Talent befähigte ihn dazu, ein großer Künstler zu werden*

be·fä·higt [bəˈfɛːɪçt, -ɪkt] ■ PARTIZIP PERFEKT **1** → befähigen
■ ADJEKTIV **2** **(zu etwas) befähigt** *geschrieben* mit den Fähigkeiten, der Ausbildung oder den Vollmachten, die für etwas nötig sind

Be·fä·hi·gung [bəˈfɛːɪgʊŋ] *die*; (-, -en); *meist Singular* **eine Befähigung (für/zu etwas)** die Fähigkeit oder die Qualifikation, eine Tätigkeit auszuüben [K] Befähigungsnachweis

be·fahl *Präteritum, 1. und 3. Person Singular* → befehlen

be·fahr·bar ADJEKTIV so, dass man darauf fahren kann | *Die Passstraße ist im Winter nur selten befahrbar* • hierzu **Be·fahr·bar·keit** *die*

be·fah·ren VERB (befährt, befuhr, hat befahren) **etwas befahren** mit einem Fahrzeug auf einer Straße, einem Weg usw. fahren | *Diese Straße wird nur noch wenig befahren* [!] meist im Passiv

Be·fall *der*; (-(e)s) der Zustand einer Pflanze oder eines Tieres, die krank sind oder Schädlinge (z. B. Läuse) an sich haben [K] Pilzbefall, Schädlingsbefall, Virusbefall

be·fal·len VERB (befiel, hat befallen) **1** **etwas befällt jemanden** etwas wirkt plötzlich und sehr intensiv auf jemanden ⟨Angst, Fieber, Reue, eine Krankheit⟩ **2** **etwas befällt etwas** auf einer Pflanze sind schädliche Stoffe oder Tiere | *Die Pflanzen waren von Läusen befallen* [!] meist im Passiv

be·fan·gen ADJEKTIV **1** in dem eigenen Verhalten nicht frei, sicher oder natürlich | *Er wirkte sehr befangen* **2** (als Richter, Zeuge) nicht mehr in der Lage, objektiv zu sein, weil man schon eine Meinung hat ⟨jemanden für befangen erklären; jemanden als befangen ablehnen⟩ • zu (2) **Be·fan·gen·heit** *die*

be·fas·sen VERB (befasste sich, hat sich befasst) **sich mit jemandem/etwas befassen** sich für eine Person oder Sache interessieren und sich intensiv mit ihr beschäftigen ⟨sich mit einem Problem/Thema, mit Kindern befassen⟩

★ **Be·fehl** *der*; (-(e)s, -e) **1** **der Befehl (zu etwas)** eine (von einem Vorgesetzten ausgegebene) mündliche oder schriftliche Mitteilung, dass etwas getan werden muss ⟨jemandem einen Befehl geben, erteilen; einen Befehl ausführen, befolgen; den Befehl verweigern; sich einem Befehl widersetzen⟩ | *Der General gab den Befehl zum Angriff/anzugreifen* [K] Befehlsempfänger, Befehlsverweigerung **2** *nur Singular* das Recht, einer Gruppe von Personen zu sagen, was sie tun müssen ⟨den Befehl über jemanden/etwas haben; unter jemandes Befehl stehen⟩ ≈ *Kommando* **3** eine Anweisung an einen Computer, eine Aufgabe auszuführen

be·feh·len VERB (befiehlt, befahl, hat befohlen) **1** **(jemandem) etwas befehlen** jemandem einen Befehl erteilen | *Der General befahl den Rückzug/befahl den Soldaten, sich zurückzuziehen* **2** **Personen zu jemandem/irgendwohin befehlen** Personen durch einen (militärischen) Befehl zu jemandem / an einen Ort schicken | *die Truppen an die Front befehlen*

be·feh·li·gen VERB (befehligte, hat befehligt) **etwas befehligen** die Befehlsgewalt über etwas haben ⟨Truppen befehligen⟩

Be·fehls·form *die* ≈ *Imperativ*

Be·fehls·ge·walt *die* **die Befehlsgewalt (über jemanden/etwas)** das Recht und die Macht, einer Person oder einer (militärischen) Truppe Befehle zu erteilen

Be·fehls·ha·ber *der*; (-s, -) eine Person, die einer relativ großen militärischen Einheit Befehle erteilen darf • hierzu **Be·fehls·ha·be·rin** *die*

★ **be·fes·ti·gen** VERB (befestigte, hat befestigt) **1** **etwas (an etwas** (*Dativ*)**) befestigen** etwas (z. B. mit Schrauben, Nägeln, einer Schnur) so mit etwas in Kontakt bringen, dass es fest ist | *ein Regal an der Wand befestigen* | *ein Boot an einem Pfahl befestigen* **2** **etwas befestigen** daran arbeiten, dass etwas fester oder stabiler wird ⟨das Ufer, den Damm befestigen⟩ • hierzu **Be·fes·ti·gung** *die*

be·feuch·ten VERB (befeuchtete, hat befeuchtet) **(sich** (*Dativ*)**) etwas (mit etwas) befeuchten** etwas feucht machen ⟨die Luft befeuchten; sich (*Dativ*) die Lippen befeuchten⟩ | *sich den Zeigefinger befeuchten, um leichter umblättern zu können* • hierzu **Be·feuch·tung** *die*

be·fiehlt *Präsens, 3. Person Singular* → befehlen

★ **be·fin·den** VERB (befand, hat befunden) **1** **sich irgendwo befinden** *geschrieben* am genannten Ort oder an der genannten Stelle sein | *sich im Ausland/auf dem Heimweg befinden* | *Das Büro des Chefs befindet sich im dritten Stock* | *Unter den Zuschauern befinden sich auch einige Prominente* **2** **sich irgendwie befinden** *geschrieben* in dem genannten gesundheitlichen Zustand sein ⟨sich gut, wohl befinden⟩ **3** **sich in etwas** (*Dativ*) **befinden** in der genannten Situation oder in dem genannten Zustand sein ⟨sich im Unrecht, in einer peinlichen Lage befinden⟩ | *Sein altes Auto befindet sich noch in gutem Zustand* **4** **jemanden/etwas als/für irgendwie befinden**; **befinden, dass …** *admin geschrieben* etwas prüfen und entscheiden, dass eine Person oder Sache das Genannte ist ⟨etwas für gut, nötig, richtig befinden⟩ | *Das Gericht befand den Angeklagten für unschuldig* | *Der Gutachter befand, dass die Unterschrift echt ist* **5** **etwas nicht für nötig befinden** *abwertend* etwas Sinnvolles, Wichtiges nicht tun (z. B. weil man unhöflich oder faul ist) | *Er hat es nicht einmal für nötig befunden, sich bei mir für meine Hilfe zu bedanken* **6** **über jemanden/etwas befinden** *admin geschrieben* über jemanden/etwas entscheiden, ein Urteil sprechen | *Über seine Schuld oder Unschuld wird das Gericht befinden*

Be·fin·den *das*; (-s) **1** der (gesundheitliche) Zustand von jemandem ⟨sich nach jemandes Befinden erkundigen⟩ **2** **nach jemandes Befinden** *geschrieben* nach jemandes Meinung/Urteil

be·find·lich ADJEKTIV *meist attributiv; geschrieben* **1** an einem Ort | *der vor dem Dom befindliche Platz* **2** in einem Zustand | *ein in Bearbeitung befindliches Gesetz*

Be·find·lich·keit *die*; (-, -en); *geschrieben* vor allem der seelische Zustand von Personen in Bezug auf ihre Gefühle und Haltungen ⟨die innere, psychische, seelische, subjektive Befindlichkeit; persönliche, nationale Befindlichkeiten⟩ | *ohne Rücksicht auf die eigene Befindlichkeit* **K** Befindlichkeitsstörung

be·flag·gen VERB (beflaggte, hat beflaggt) **etwas beflaggen** an etwas eine oder mehrere Flaggen befestigen | *das Rathaus beflaggen* • hierzu **Be·flag·gung** *die*

be·fle·cken VERB (befleckte, hat befleckt) **1** **sich/etwas beflecken** einen Fleck auf sich/etwas machen | *den neuen Anzug mit Kaffee beflecken* **2** **etwas beflecken** etwas (in der Öffentlichkeit) als negativ erscheinen lassen ⟨jemandes Ehre, Ruf beflecken; etwas ist mit einem Makel befleckt⟩ | *Mit dieser Tat hatte er die Ehre der Familie befleckt* **H** oft im Passiv mit dem Hilfsverb *sein*

be·flei·ßi·gen VERB (befleißigte sich, hat sich befleißigt) **sich einer Sache** (*Genitiv*) **befleißigen** *geschrieben* sich mit viel Eifer oder Fleiß um etwas bemühen | *sich einer korrekten Aussprache befleißigen*

be·flis·sen ADJEKTIV *meist adverbiell; geschrieben* mit sehr großem Eifer ⟨ein Diener, ein Verkäufer⟩ **K** dienstbeflissen • hierzu **Be·flis·sen·heit** *die*

be·flü·geln VERB (beflügelte, hat beflügelt) **etwas beflügelt jemanden/etwas (zu etwas)** *geschrieben* etwas regt eine Person oder etwas in produktiver oder kreativer Weise an ⟨etwas beflügelt jemandes Fantasie, Schöpfungskraft⟩ | *Das Lob beflügelte ihn zu noch besseren Leistungen*

be·foh·len PARTIZIP PERFEKT → befehlen

★ **be·fol·gen** VERB (befolgte, hat befolgt) **etwas befolgen** etwas so ausführen oder einhalten, wie es verlangt oder empfohlen wird ⟨Befehle, Gesetze, Vorschriften befolgen; Ratschläge, Hinweise befolgen⟩ • hierzu **Be·fol·gung** *die*

★ **be·för·dern** VERB (beförderte, hat befördert) **1** **jemanden/etwas (mit/in etwas** (*Dativ*)**) (irgendwohin) befördern** jemanden/etwas vor allem mit einem Transportmittel von einem Ort an einen anderen bringen ≈ *transportieren* | *Pakete mit der Post befördern* **2** **jemanden (zu etwas) befördern** jemandem eine höhere dienstliche Stellung geben | *Sie wurde zur Abteilungsleiterin befördert* • hierzu **Be·för·de·rung** *die*

Be·för·de·rungs·mit·tel *das admin* ein Fahrzeug, mit dem Personen oder Sachen transportiert werden (z. B. ein Bus oder ein Zug)

be·fra·gen VERB (befragte, hat befragt) **jemanden (zu etwas/über etwas** (*Akkusativ*)**) befragen** jemandem zu einem Thema oder über einen Vorfall Fragen stellen ⟨einen Experten, einen Zeugen, den Arzt befragen⟩ | *Die Polizei hat ihn zu dem Verkehrsunfall befragt* • hierzu **Be·fra·gung** *die*

★ **be·frei·en** VERB (befreite, hat befreit) **1** **jemanden (aus/von etwas) befreien** durch eine (oft gewaltsame) Aktion erreichen, dass man selbst, eine andere Person oder ein Tier nicht länger gefangen oder in einer gefährlichen Situation ist ⟨jemanden aus dem Gefängnis, von den Fesseln befreien; ein Tier aus einem Käfig befreien⟩ | *einen Verletzten aus dem brennenden Auto befreien* **2** **eine Person/etwas (von jemandem/etwas) befreien** eine andere Person, sich selbst oder eine Sache von einer Last, einem äußeren Druck o. Ä. frei machen | *Menschen von der Diktatur befreien* **3** **jemanden/etwas von etwas befreien** von einer Person, sich selbst oder einer Sache etwas Unangenehmes oder Störendes nehmen | *jemanden von seinem Leiden befreien* | *das Auto vom Schnee befreien* **4** **jemanden von etwas befreien** erlauben, dass jemand eine Pflicht nicht erfüllen muss ⟨jemanden vom Militärdienst, von Abgaben, Steuern befreien⟩ | *einen Schüler wegen Krankheit vom Unterricht befreien* • hierzu **Be·frei·ung** *die*

be·frem·den VERB (befremdete, hat befremdet) **etwas befremdet jemanden** *geschrieben* etwas hat auf jemanden eine seltsame, meist unangenehme Wirkung | *Seine schroffe Reaktion befremdete uns* | *Ich fand ihr Verhalten befremdend* • hierzu **be·fremd·lich** ADJEKTIV

Be·frem·den *das*; (-s); *geschrieben* das Gefühl, das man hat, wenn man etwas als seltsam, unangenehm oder unhöflich empfindet ⟨etwas mit Befremden feststellen⟩

be·freun·den VERB (befreundete sich, hat sich befreundet) **eine Person befreundet sich mit jemandem**; **Personen befreunden sich** zwei oder mehr Personen werden Freunde

★ **be·freun·det** ■ PARTIZIP PERFEKT **1** → befreunden ■ ADJEKTIV **2** **(mit jemandem) befreundet** mit einem freundschaftlichen Verhältnis (zu jemandem) | *Sie sind eng miteinander befreundet* | *Ich bin mit ihm schon lange befreundet*

be·frie·den VERB (befriedete, hat befriedet) **etwas befrieden** *geschrieben* durch geeignete Maßnahmen bewirken, dass irgendwo kein Krieg oder Kampf mehr herrscht ⟨ein Land befrieden⟩ • hierzu **Be·frie·dung** *die*

be·frie·di·gen VERB (befriedigte, hat befriedigt) **1** **jemanden/etwas befriedigen** die Bedürfnisse, die Erwartungen oder das Verlangen einer Person erfüllen, sodass diese zufrieden ist ⟨jemanden sexuell befriedigen; jemandes Ansprüche, Forderungen befriedigen⟩ 2 **sich selbst befriedigen** ≈ *onanieren, masturbieren*

★ **be·frie·di·gend** ADJEKTIV 1 so, dass es die Beteiligten zufrieden macht | *eine befriedigende Lösung finden* 2 so, dass man damit zufrieden sein kann ⟨eine Leistung⟩ ≈ *durchschnittlich* 3 Ⓓ verwendet als Bezeichnung für die durchschnittliche Note 3 (auf der Skala von 1–6 bzw. von *sehr gut* bis *ungenügend*) → Infos unter **Note**

★ **Be·frie·di·gung** *die*; (-) 1 das Gefühl, wenn man erfolgreich war oder jetzt das hat, was man sich gewünscht hatte ⟨die Befriedigung von Ansprüchen, Bedürfnissen⟩ 2 **Befriedigung (über etwas** (*Akkusativ*)**)** der Zustand, in dem man zufrieden ist ⟨Befriedigung empfinden, erlangen⟩ ≈ *Zufriedenheit*

be·fris·ten VERB (befristete, hat befristet) **etwas (auf etwas** (*Akkusativ*)**) befristen** etwas nur für eine kurze Zeit gültig sein lassen | *Die Aufenthaltserlaubnis ist auf drei Monate befristet* meist im Passiv mit dem Hilfsverb *sein* ● hierzu **Be·fris·tung** *die*

be·fruch·ten VERB (befruchtete, hat befruchtet) 1 **eine Samenzelle befruchtet eine Eizelle** eine männliche Samenzelle verschmilzt mit der weiblichen Eizelle, sodass ein neues Lebewesen entsteht 2 **ein Tier befruchtet ein Tier** ein männliches Tier bringt den Samen in die Geschlechtsorgane eines weiblichen Tieres, sodass eine Eizelle befruchtet wird 3 **ein Tier/etwas befruchtet eine Pflanze** meist ein Insekt/der Wind bewirkt, dass aus einer Blüte eine Frucht entstehen kann (indem Blütenstaub auf sie gelangt) 4 **eine Frau künstlich befruchten** auf künstliche Weise bewirken, dass die Eizelle einer Frau befruchtet wird 5 **etwas befruchtet jemanden/etwas** etwas hat eine kreative Wirkung auf jemanden/etwas | *Die Ideen Rousseaus hatten eine befruchtende Wirkung auf die Literatur seiner Epoche* ● zu (1 – 4) **Be·fruch·tung** *die*

Be·fug·nis *die*; (-, -se) **die Befugnis zu etwas** *admin* das Recht, etwas zu tun ⟨seine Befugnisse überschreiten⟩

be·fugt ADJEKTIV **(zu etwas) befugt sein** *admin* von einem Vorgesetzten oder durch ein Gesetz das Recht bekommen haben, etwas zu tun | *Ich bin nicht (dazu) befugt, Ihnen Auskunft zu geben*

be·füh·len VERB (befühlte, hat befühlt) **etwas befühlen** etwas an mehreren Stellen mit den Fingern berühren, um festzustellen, wie es ist | *Der Arzt befühlte ihren Bauch*

be·fum·meln VERB (befummelte, hat befummelt); *gesprochen, abwertend* 1 **jemanden befummeln** meist eine Frau sexuell berühren und dadurch belästigen 2 **etwas befummeln** etwas kurz anfassen, meist um die Qualität zu prüfen ⟨Waren⟩

Be·fund *der*; (-(e)s, -e) 1 das Ergebnis einer meist medizinischen Untersuchung 2 **ein negativer/positiver Befund** ein Befund, bei dem keine/eine Krankheit festgestellt wird 3 **ohne Befund** ohne nachweisbare Krankheit Abkürzung *o. B.*

★ **be·fürch·ten** VERB (befürchtete, hat befürchtet) **etwas befürchten** der Meinung sein, dass etwas Gefährliches oder Unangenehmes geschehen könnte | *Er befürchtet, dass er entlassen wird/entlassen zu werden* ● hierzu **Be·fürch·tung** *die*

be·für·wor·ten VERB (befürwortete, hat befürwortet) **etwas befürworten** (deutlich) sagen oder zeigen, dass man für etwas ist, etwas unterstützt ⟨einen Vorschlag, eine Idee befürworten⟩ ● hierzu **Be·für·wor·tung** *die*

★ **be·gabt** ADJEKTIV **(für etwas) begabt** ⟨ein Schüler, ein Künstler⟩ so, dass sie eine Begabung (für etwas) haben ≈ *talentiert* | *Sie ist handwerklich/vielseitig begabt*

★ **Be·ga·bung** *die*; (-, -en) **eine Begabung (für/zu etwas)** die angeborene Fähigkeit eines Menschen, (auf dem genannten Gebiet) überdurchschnittliche geistige oder körperliche Leistungen zu vollbringen ⟨eine musikalische, natürliche Begabung haben⟩ ≈ *Talent* | *Er hat (die/eine) Begabung zum Schriftsteller*

be·gann *Präteritum, 1. und 3. Person Singular* → beginnen

be·gat·ten VERB (begattete, hat begattet) **ein Tier begattet ein Tier**; **Tiere begatten sich** ein männliches Tier bringt den Samen in die Geschlechtsorgane eines weiblichen Tieres zum Zweck der Fortpflanzung ● hierzu **Be·gat·tung** *die*

★ **be·ge·ben** VERB (begibt sich, begab sich, hat sich begeben); *geschrieben* 1 **sich irgendwohin begeben** irgendwohin gehen ⟨sich zu jemandem, nach Hause begeben⟩ | *Nach der Begrüßung begaben sich die Gäste in den Speisesaal* 2 **sich in (ärztliche) Behandlung begeben** sich wegen einer Krankheit von einem Arzt behandeln lassen 3 **sich an etwas** (*Akkusativ*) **begeben** mit einer Tätigkeit beginnen ⟨sich an die Arbeit, ans Werk begeben⟩ 4 **sich in Gefahr begeben** sich in Gefahr bringen 5 **sich zur Ruhe begeben** sich schlafen legen 6 **etwas begibt sich** *veraltend* etwas geschieht, etwas ereignet sich | *In diesem Schloss sollen sich seltsame Dinge begeben haben* 7 *veraltend* **es begab sich, dass …** es ereignete sich, dass … | *Es begab sich, dass der König krank wurde*

Be·ge·ben·heit *die*; (-, -en); *geschrieben* ein meist außergewöhnliches Ereignis | *Sein Roman beruht auf einer wahren Begebenheit*

★ **be·geg·nen** VERB (begegnete, ist begegnet) 1 **jemandem begegnen** mit jemandem zufällig irgendwo zusammenkommen | *Als ich aus der Bahn ausstieg, begegnete ich meinem Lehrer* | *Wir sind uns/einander gestern in der Stadt begegnet* 2 **jemandem irgendwie begegnen** *geschrieben* einer Person gegenüber die genannte Haltung, Einstellung zeigen ⟨jemandem abweisend, mit Respekt begegnen⟩ 3 **einer Sache** (*Dativ*) **begegnen** mit einer Meinung, Haltung o. Ä. konfrontiert werden | *Einer solch arroganten Einstellung begegnet man wirklich selten* 4 **einer Sache** (*Dativ*) **irgendwie begegnen** auf etwas auf die genannte Weise reagieren, etwas (meist Negativem) entgegenwirken | *einer kritischen Situation mit Entschlossenheit begegnen*

Be·geg·nung *die*; (-, -en) 1 **eine Begegnung (mit jemandem/etwas)** bei einer Begegnung trifft man eine andere Person oder kommt in Kontakt mit einem Tier oder einer Sache | *eine Begegnung zwischen zwei Politikern* | *die erste Begegnung des Kindes mit wilden Tieren* 2 ein Wettkampf zwischen Sportlern | *Bei ihrer letzten Begegnung trennten sie sich unentschieden*

be·geh·bar ADJEKTIV so, dass man dort gehen kann ⟨ein Weg⟩

be·ge·hen VERB (beging, hat begangen) 1 **etwas begehen** etwas Negatives tun ⟨eine Dummheit, einen Fehler, eine Sünde, ein Verbrechen, einen Verrat begehen⟩ 2 **Selbstmord begehen** sich selbst töten 3 **etwas begehen** *geschrieben* ein meist bedeutendes Fest feiern ⟨ein Jubiläum begehen⟩ | *seinen 50. Geburtstag begehen* 4 **etwas begehen** irgendwo entlanggehen, um etwas zu prüfen ⟨eine Stecke begehen⟩

be·geh·ren VERB (begehrte, hat begehrt) 1 **jemanden begehren** das starke Verlangen haben, in sexuellen Kontakt mit jemandem zu kommen ⟨eine Frau, einen Mann begehren⟩ 2 **etwas begehren** *geschrieben* das starke Verlangen haben, etwas zu besitzen | *Schmuck und Edelsteine begehren* 3 **etwas begehren** *geschrieben* dringend um etwas bitten ⟨Einlass, sein Recht begehren⟩ | *Er begehrte zu erfahren,* *was geschehen war*

Be·geh·ren *das*; (-s, -); *meist Singular* **1** ein heftiges Verlangen nach jemandem/etwas **2** *veraltend* eine Frage oder Bitte, mit der man jemanden anspricht | *Was ist Ihr Begehr(en)?*

be·geh·rens·wert ADJEKTIV **1** etwas ist so, dass man es sehr gerne haben will **2** ⟨eine Person⟩ so attraktiv, dass man starkes sexuelles Verlangen nach ihr hat

be·gehr·lich ADJEKTIV; *veraltend* mit Begierde ⟨jemanden/etwas begehrlich ansehen⟩

be·gehrt ■ PARTIZIP PERFEKT **1** → begehren
■ ADJEKTIV **2** ⟨ein Titel, ein Fachmann, ein Künstler⟩ so, dass sie meist von vielen gewollt oder gewünscht werden ≈ *beliebt* | *Der Oscar ist für jeden Schauspieler eine begehrte Trophäe*

★ **be·geis·tern** VERB (begeisterte, hat begeistert) **1** **jemand/etwas begeistert (eine Person)** jemand/etwas beeindruckt eine Person so, dass sie ein starkes Gefühl der Bewunderung oder Freude empfindet und dieses offen zeigt | *Der Pianist begeisterte (die Zuhörer) durch das virtuose Spiel* | *Ihr Vorschlag begeistert mich nicht gerade* **2** **jemanden für eine Person/Sache begeistern** in jemandem sehr großes Interesse für eine Person oder Sache hervorrufen | *jemanden für eine Idee begeistern* | *Trotz seiner Bemühungen konnte er mich nicht für abstrakte Kunst begeistern* **3** **sich für jemanden/etwas begeistern** sich sehr für eine Person oder eine Sache interessieren | *Sie konnte sich nie für Mathematik begeistern*

★ **be·geis·tert** ■ PARTIZIP PERFEKT **1** → begeistern
■ ADJEKTIV **2** **(von jemandem/etwas) begeistert** voller Begeisterung | *Die Jugendlichen waren von dem Rockkonzert begeistert* | *ein begeisterter Skifahrer*

★ **Be·geis·te·rung** *die*; (-) **Begeisterung (über etwas** (*Akkusativ*)**)** ein Gefühl großer Freude und des intensiven Interesses ⟨voller, mit großer Begeisterung; bei jemandem Begeisterung wecken⟩ ● hierzu **be·geis·te·rungs·fä·hig** ADJEKTIV

Be·gier·de *die*; (-, -n) **Begierde (nach etwas)** ein leidenschaftliches Verlangen nach materiellen Werten und nach Genuss | *seine Begierde nach Macht und Reichtum*

be·gie·rig ADJEKTIV **begierig (auf etwas** (*Akkusativ*)**)**; **begierig nach etwas** (*Dativ*) von starkem Verlangen nach jemandem oder etwas erfüllt | *auf Neuigkeiten begierig sein*

be·gie·ßen VERB (begoss, hat begossen) **1** **etwas (mit etwas) begießen** etwas durch Gießen nass machen ⟨die Blumen begießen⟩ **2** **etwas begießen** *gesprochen* alkoholische Getränke trinken, um ein Ereignis zu feiern | *jemandes Geburtstag begießen*

★ **Be·ginn** *der*; (-s) **1** der Zeitpunkt, zu dem etwas anfängt ≈ *Anfang* ↔ *Ende* | *bei Beginn der Veranstaltung* | *schon zu Beginn des Jahrhunderts* **2** die Stelle, an der etwas anfängt ≈ *Anfang* ↔ *Ende* | *der Beginn eines Buches/der Autobahn*

★ **be·gin·nen** VERB (begann, hat begonnen) **1** **(etwas/mit etwas) beginnen** mit einer Tätigkeit anfangen | *die/mit der Arbeit beginnen* | *Sie begann, ein Bild zu malen* **2** **etwas beginnen** bewirken, dass etwas anfängt oder entsteht ⟨einen Krieg, einen Streit, ein Gespräch, eine Unterhaltung beginnen⟩ **3** **etwas beginnt (irgendwann)** etwas fängt (zu dem genannten Zeitpunkt) an | *Die Vorlesung beginnt eine Woche später als angekündigt* | *Es beginnt zu regnen* | *Das Auto beginnt zu rosten* **4** **etwas beginnt irgendwo** etwas fängt an der genannten Stelle an | *Hinter der Brücke beginnt die Autobahn* **5** **etwas beginnt mit etwas** etwas hat etwas als Anfang | *Das Konzert begann mit einer Sinfonie von Mozart*

be·glau·bi·gen VERB (beglaubigte, hat beglaubigt) **etwas beglaubigen** (meist als Behörde) mit Siegel und Unterschrift bestätigen, dass etwas echt oder mit dem Original identisch ist ⟨ein Dokument (notariell) beglaubigen lassen⟩ | *die beglaubigte Kopie eines Zeugnisses* ● hierzu **Be·glau·bi·gung** *die*

be·glei·chen VERB (beglich, hat beglichen); *geschrieben* **1** **etwas begleichen** etwas bezahlen ⟨eine Rechnung, eine Schuld begleichen⟩ **2** **eine Schuld begleichen** (als Gegenleistung) einer Person das (Gute oder Schlechte) tun, was diese bereits für jemanden selbst getan hat ● hierzu **Be·glei·chung** *die*

Be·gleit- *im Substantiv, betont, begrenzt produktiv* **1** **der Begleitbrief, die Begleitpapiere, das Begleitschreiben, der Begleittext** *und andere* verwendet, um zu sagen, dass vor allem ein Schriftstück etwas anderem beigefügt ist | *Dem Päckchen lag eine Begleitkarte bei* (Im Päckchen lag auch eine Karte mit einem Text) **2** **die Begleiterscheinungen, die Begleitsymptome, die Begleitumstände** *und andere* verwendet, um zu sagen, dass etwas (immer oder sehr oft) in Zusammenhang mit etwas auftritt | *Die freie Zeiteinteilung gehört zu den angenehmen Begleitaspekten meiner Arbeit* (Meine Arbeit bringt es mit sich, dass ich meine Zeit frei einteilen kann) **3** **das Begleitflugzeug, die Begleitmannschaft, das Begleitschiff** *und andere* verwendet, um zu sagen, dass jemand oder ein Fahrzeug andere Personen oder Fahrzeuge meist zum Schutz begleitet | *Minderjährige ohne erwachsene Begleitperson müssen das Lokal jetzt verlassen* **4** **das Begleitinstrument, die Begleitmusik, die Begleitstimme** *und andere* verwendet, um zu sagen, dass etwas als Begleitung gespielt oder gesungen wird | *Er spielte ein paar Begleitakkorde auf der Gitarre*

★ **be·glei·ten** VERB (begleitete, hat begleitet) **1** **jemanden (irgendwohin) begleiten** mit einer Person zusammen (irgendwohin) gehen oder fahren, um ihr Gesellschaft zu leisten oder um sie zu schützen ⟨jemanden zum Bahnhof, auf einen Ball begleiten⟩ | *Nach dem Film begleitete er sie nach Hause* **2** **ein Fahrzeug begleiten** mit einem Fahrzeug zum Schutz mitfahren | *Die Limousine des Präsidenten wurde von der Polizei begleitet* **3** **jemanden (auf/an etwas** (*Dativ*)**) begleiten** ein gesungenes oder instrumentales Solo durch ein Instrument oder mehrere Instrumente musikalisch unterstützen | *einen Sänger auf dem Klavier begleiten* **4** **etwas ist von etwas begleitet** etwas tritt zusammen, gleichzeitig mit etwas auf | *Der Orkan war von heftigen Regenfällen begleitet*

Be·glei·ter *der*; (-s, -) **1** eine Person, die jemanden begleitet **2** **jemandes ständiger Begleiter** *humorvoll* der Geliebte einer Frau ● zu (1) **Be·glei·te·rin** *die*

Be·glei·tung *die*; (-, -en); *meist Singular* **1** das Begleiten **2** **in Begleitung** (+*Genitiv*); **in Begleitung (von jemandem/etwas)** (von jemandem/etwas) begleitet | *Sie kam in Begleitung (eines älteren Herrn)* **3** eine Person oder eine Gruppe von Personen, die jemanden begleiten | *sich von seiner Begleitung nach Hause bringen lassen* **4** das Begleiten eines Solos durch ein Musikinstrument oder mehrere Musikinstrumente ⟨die Begleitung zu etwas spielen⟩

be·glü·cken VERB (beglückte, hat beglückt) **jemanden (mit etwas) beglücken** *geschrieben oder ironisch* jemanden glücklich machen ⟨jemanden mit einem Geschenk beglücken⟩ ● hierzu **Be·glü·ckung** *die*

be·glück·wün·schen VERB (beglückwünschte, hat beglückwünscht) **eine Person (zu jemandem/etwas) beglückwünschen** jemandem gratulieren | *jemanden zu einem Erfolg beglückwünschen*

be·gna·det ADJEKTIV; *geschrieben* mit einem außergewöhnlichen, meist künstlerischen Talent ⟨ein Künstler⟩

be·gna·di·gen VERB (begnadigte, hat begnadigt) **jemanden (zu etwas) begnadigen** einen Verurteilten von einer Strafe ganz oder teilweise befreien | *einen zum Tode Verurteilten zu lebenslanger Haft begnadigen* • hierzu **Be·gna·di·gung** *die*

be·gnü·gen VERB (begnügte sich, hat sich begnügt) [1] **sich mit etwas begnügen** mit etwas Einfachem oder mit weniger zufrieden sein, als man haben könnte ⟨sich mit dem Nötigsten begnügen⟩ | *sich mit einer einfachen Mahlzeit begnügen* [2] **sich mit etwas begnügen** weniger tun als man tun könnte | *Anstatt vor Gericht zu gehen, begnügte er sich damit, die Sache privat zu regeln*

Be·go·nie [-i̯ə] *die*; (-, -n) eine Pflanze, die man wegen ihrer auffälligen Blätter und farbigen Blüten oft als Schmuck ins Zimmer stellt

be·gon·nen PARTIZIP PERFEKT → beginnen

★ **be·gra·ben** VERB (begräbt, begrub, hat begraben) [1] **jemanden begraben** einen Verstorbenen in ein Grab legen und dieses mit Erde füllen [2] **etwas begräbt jemanden/etwas (unter sich** *(Dativ)*) Erdmassen, Trümmer oder eine Schneelawine decken eine Person oder Sache bei einem Unglück zu | *Die Lava des Vulkans begrub ein ganzes Dorf unter sich* [3] **etwas begraben** etwas aufgeben, meist weil keine Chance mehr besteht, es tun zu können ⟨seine Hoffnungen, Pläne, Träume begraben⟩ [4] **etwas begraben** einen Streit oder eine Feindschaft beenden ⟨eine Feindschaft, einen Streit begraben⟩

★ **Be·gräb·nis** *das*; (-ses, -se) der Vorgang, bei dem ein Verstorbener bei einer Trauerfeier begraben wird ⟨einem Begräbnis beiwohnen⟩ ≈ *Beerdigung* K Begräbnisfeier

be·gra·di·gen VERB (begradigte, hat begradigt) **etwas begradigen** etwas gerade machen ⟨einen Fluss, eine Straße begradigen⟩ • hierzu **Be·gra·di·gung** *die*

be·grap·schen VERB (begrapschte, hat begrapscht) **jemanden/etwas begrapschen** *gesprochen, abwertend* ≈ *befummeln*

★ **be·grei·fen** VERB (begriff, hat begriffen) [1] **etwas begreifen** wissen oder erkennen, wie etwas ist oder warum es so ist ≈ *verstehen, kapieren* | *Ich kann diese komplizierten Formeln nicht begreifen* | *Er hat nicht begriffen, warum wir ihm nicht helfen konnten* | *Begreif doch endlich, dass ich es nur gut mit dir meine!* [2] **jemanden/etwas als etwas begreifen** *geschrieben* die genannte Meinung über eine Person oder Sache haben ≈ *ansehen, betrachten* | *Ich kann diesen Vorschlag nicht als besonders hilfreich begreifen*

be·greif·lich ADJEKTIV [1] *meist prädikativ* so, dass man dafür Verständnis haben kann ⟨ein Verhalten, eine Reaktion⟩ ≈ *verständlich* [2] **jemandem etwas begreiflich machen** versuchen, jemanden durch Argumente von etwas zu überzeugen | *Ich wollte ihr begreiflich machen, wie leid mir alles tat*

★ **be·gren·zen** VERB (begrenzte, hat begrenzt) [1] **etwas begrenzen** Grenzen für ein Gebiet oder einen Zeitraum setzen [2] **etwas begrenzen** verhindern, dass etwas größer wird ⟨einen Schaden, ein Risiko begrenzen⟩

★ **be·grenzt** ■ PARTIZIP PERFEKT [1] → begrenzen
■ ADJEKTIV [2] nicht sehr groß ⟨ein Ausmaß, ein Spielraum, ein Umfang; Kapazitäten, Mittel, Möglichkeiten⟩ | *Das ist nur in einem relativ eng begrenzten Rahmen machbar* | *Es steht nur eine begrenzte Anzahl von Plätzen zur Verfügung* | *Unsere Ressourcen sind begrenzt* [3] *nur adverbiell* nur für einen oder in einem relativ kleinen Bereich ⟨etwas ist lokal, räumlich, zeitlich begrenzt; etwas ist nur begrenzt möglich, steht begrenzt zur Verfügung⟩

Be·gren·zung *die*; (-, -en) [1] das Begrenzen [2] die Zäune, Linien o. Ä., mit denen man etwas begrenzt

★ **Be·griff** *der*; (-(e)s, -e) [1] ein Ausdruck oder Wort, die eine Sache bezeichnen ⟨ein (un)gebräuchlicher, technischer, umgangssprachlicher Begriff; einen Begriff definieren, verwenden⟩ | *„Aquarell" ist ein Begriff aus der Malerei* K Begriffsbestimmung; Fachbegriff [2] **ein Begriff von etwas** die genannte Auffassung oder Vorstellung von einer Sache | *Das passt nicht zu meinem Begriff von Gerechtigkeit* | *Ich fürchte, du machst dir einen falschen Begriff vom Erwachsenenleben* K Freiheitsbegriff, Pflichtbegriff [3] **(jemandem) ein Begriff sein** jemandem bekannt sein | *Mozart ist jedem ein Begriff* ■ ID **für jemandes Begriff(e)** nach jemandes Verständnis oder Meinung; **im Begriff sein/stehen zu** *+Infinitiv* kurz davor sein, etwas zu tun; **schwer von Begriff sein** *gesprochen* lange brauchen, um etwas zu verstehen

be·grif·fen ■ PARTIZIP PERFEKT [1] → begreifen
■ ADJEKTIV [2] **etwas ist in etwas** *(Dativ)* **begriffen** der genannte Vorgang läuft gerade ab ⟨etwas ist in Auflösung, im Aufbau, im Entstehen, im Sinken, im Schwinden, im Wandel begriffen⟩

be·griff·lich ADJEKTIV *meist attributiv*; *geschrieben* in Bezug auf die Bedeutung des verwendeten Wortes oder Ausdrucks | *Bei einer Definition ist begriffliche Klarheit notwendig*

be·griffs·stut·zig ADJEKTIV ⟨ein Mensch⟩ so, dass es schwer für ihn ist, etwas (sofort) zu verstehen • hierzu **Be·griffs·stut·zig·keit** *die*

★ **be·grün·den** VERB (begründete, hat begründet) [1] **etwas (mit etwas) begründen** einen Grund/Gründe für etwas angeben (vor allem um sich zu rechtfertigen) ⟨ein Verhalten, eine Meinung, die Abwesenheit begründen⟩ [2] **etwas begründen** *geschrieben* etwas neu schaffen ≈ *gründen* | *eine wissenschaftliche Lehre begründen*

Be·grün·der *der*; (-s, -) eine Person, die eine Lehre oder Kunstrichtung neu schafft | *Picasso gilt als Begründer des Kubismus* • hierzu **Be·grün·de·rin** *die*

be·grün·det ■ PARTIZIP PERFEKT [1] → begründen
■ ADJEKTIV [2] **etwas ist durch/in etwas** *(Dativ)* **begründet**; **etwas liegt in etwas** *(Dativ)* **begründet** *geschrieben* etwas hat etwas anderes als Grund oder Ursache, etwas ist das Ergebnis von etwas | *Ihr Erfolg liegt in ihrem Charme begründet*

★ **Be·grün·dung** *die*; (-, -en) [1] **eine Begründung (für etwas)** etwas, das als Grund für etwas angegeben wird ⟨etwas als Begründung angeben, vorbringen⟩ | *Sein Chef verlangte von ihm eine Begründung für das unhöfliches Verhalten* [2] das Begründen ⟨die Begründung einer Lehre, einer Kunstrichtung⟩

be·grü·nen VERB (begrünte, hat begrünt) **etwas begrünen** irgendwo Gras, Bäume o. Ä. anpflanzen, um das Aussehen zu verbessern ⟨einen Hof begrünen; begrünte Flächen⟩ • hierzu **Be·grü·nung** *die*

★ **be·grü·ßen** VERB (begrüßte, hat begrüßt) [1] **jemanden begrüßen** jemanden (bei der Ankunft) mit einem Gruß empfangen | *Der Außenminister wurde bei seiner Ankunft auf dem Flughafen von seinem Amtskollegen begrüßt* [2] **etwas begrüßen** *geschrieben* etwas als sehr positiv oder erfreulich betrachten ⟨einen Vorschlag, eine Entscheidung begrüßen⟩ • zu (1) **Be·grü·ßung** *die*; zu (2) **be·grü·ßens·wert** ADJEKTIV

be·güns·ti·gen VERB (begünstigte, hat begünstigt) [1] **etwas begünstigt jemanden/etwas** etwas hat eine positive, günstige Wirkung auf jemanden/etwas ⟨jemand ist vom Glück, Zufall begünstigt⟩ | *Das gute Wetter begünstigte den Verlauf des Rennens* [2] **jemanden begünstigen** eine Person so behandeln, dass sie gegenüber anderen Leuten einen Vorteil hat ⟨einen Bewerber begünstigen⟩ [3] **ein Verbre-**

SPRACHGEBRAUCH

▶ Die Begrüßung

Die übliche formelle Begrüßung besteht darin, dass man seinem Gegenüber die Hand schüttelt.

In privaten Situationen berührt man sich bei der Begrüßung entweder gar nicht oder umarmt sich unter Freunden kurz. Seltener ist die Begrüßung mit zwei (oft nur angedeuteten) Küssen auf die Wangen.

Außerdem sagt man …

… am Morgen:
Guten Morgen!

… (nach)mittags:
Guten Tag!
Ⓐ *süddeutsch* **Grüß Gott!**
ⒸⒽ **Grüezi!** *oder* **Salü!**
besonders norddeutsch **Moin, Moin!**

… am Abend:
Guten Abend!

… unter Freunden:
Hallo!, Hi! [hai]
süddeutsch Ⓐ **Grüß dich/euch!** *oder* **Servus!**

… zu Gästen:
Herzlich willkommen!
Schön, dass ihr da seid!

chen begünstigen ein Verbrechen, das eine andere Person begangen hat, bewusst der Polizei nicht melden • zu (2,3) **Be·güns·ti·gung** *die*

be·gut·ach·ten VERB (begutachtete, hat begutachtet) **1** **etwas begutachten** etwas kritisch prüfen **2** **etwas begutachten** zu etwas ein Gutachten machen • hierzu **Be·gut·ach·tung** *die*

be·gü·tert ADJEKTIV im Besitz von viel Vermögen ≈ *reich*

be·haart ADJEKTIV mit vielen, dicht gewachsenen Haaren ⟨die Beine, die Brust; stark behaart sein⟩

Be·haa·rung *die*; (-) **1** die Körperhaare beim Menschen **2** die Haare am Körper eines Tieres ≈ *Fell*

be·hä·big ADJEKTIV **1** langsam und schwerfällig, vor allem weil der Betroffene dick, müde oder faul ist ⟨Menschen, Bewegungen⟩ **2** ⒸⒽ ≈ *reich* **3** ⒸⒽ groß und schön ⟨ein Haus⟩ • hierzu **Be·hä·big·keit** *die*

be·haf·tet ADJEKTIV **mit etwas behaftet** mit etwas Negativem versehen ⟨mit einem Fehler, einem Makel, einer Krankheit behaftet⟩

be·ha·gen VERB (behagte, hat behagt) **etwas behagt jemandem** etwas entspricht jemandes Erwartungen, Vorstellungen ≈ *gefallen* | *Es behagt ihm gar nicht, dass er jeden Tag so früh aufstehen muss*

Be·ha·gen *das*; (-s) das angenehme Gefühl, das man hat, wenn man sich wohlfühlt und zufrieden ist ⟨etwas mit Behagen genießen⟩ K Wohlbehagen

be·hag·lich ADJEKTIV **1** ⟨eine Atmosphäre, Wärme, ein Zimmer⟩ so angenehm, dass man sich wohlfühlt und zufrieden ist **2** so, dass man entspannt und zufrieden ist | *behaglich im Sessel sitzen* • hierzu **Be·hag·lich·keit** *die*

★ **be·hal·ten** VERB (behält, behielt, hat behalten) **1** **etwas behalten** etwas, das man (bekommen) hat, nicht wieder zurückgeben oder aufgeben (müssen) ⟨ein Geschenk, den Arbeitsplatz behalten; einen Gegenstand als Andenken, als Pfand behalten⟩ | *als Frau nach der Heirat den Mädchennamen behalten* | *Kann ich das Buch eine Weile behalten?* | *Sie können das Wechselgeld behalten!* **2** **jemanden behalten** sich nicht von jemandem trennen (müssen) | *jemanden als Freund behalten* | *einen Angestellten behalten* **3** **etwas behalten** etwas in unveränderter Weise, im bisherigen Zustand haben ⟨den Humor, die Nerven, die Übersicht behalten; etwas behält die Gültigkeit, den Wert⟩ ≈ *bewahren* **4** **etwas behalten (können)** sich etwas merken (können) ↔ *vergessen* | *Er kann mühelos viele Telefonnummern behalten* **5** **jemanden (irgendwo) behalten** jemanden nicht (von dem genannten Ort) weggehen lassen | *einen Verdächtigen in Haft/einen Patienten im Krankenhaus behalten* **6** **etwas irgendwo behalten** etwas dort lassen, wo es ist | *die Mütze auf dem Kopf/die Hände in den Hosentaschen behalten* **7** **etwas für sich behalten** niemandem von einer Sache erzählen ⟨ein Geheimnis, eine Neuigkeit für sich behalten⟩

★ **Be·häl·ter** *der*; (-s, -) in Behälter tut man Dinge, Flüssigkeiten oder Gase, um diese zu lagern oder zu transportieren | *Kisten, Tonnen, Gläser, Dosen und Flaschen sind Behälter* K Gasbehälter, Ölbehälter, Wasserbehälter H vergleiche **Gefäß** H → Abb. nächste Seite

be·hän·de [-h-] ADJEKTIV; *geschrieben* (vor allem in den Bewegungen) schnell und geschickt • hierzu **Be·hän·dig·keit** *die*

★ **be·han·deln** VERB (behandelte, hat behandelt) **1** **jemanden irgendwie behandeln** jemandem gegenüber das genannte Verhalten zeigen ⟨jemanden gut, schlecht, ungerecht, wie ein kleines Kind behandeln⟩ | *alle Menschen gleich behandeln* **2** **etwas irgendwie behandeln** ein technisches Gerät oder ein Material in der genannten Weise gebrauchen/handhaben | *eine Maschine fachmännisch behandeln* | *die Gläser vorsichtig behandeln* **3** **etwas irgendwie behandeln** mit einer Angelegenheit in der genannten Weise umgehen ⟨eine Sache vertraulich behandeln⟩ **4** **jemanden/etwas (mit etwas) behandeln** (als Arzt) versuchen, eine Person, eine Verletzung oder eine Krankheit mit geeigneten Mitteln zu heilen ⟨einen Patienten ambulant, stationär, homöopathisch, medikamentös behandeln⟩ | *eine offene Wunde mit Jod behandeln* **5** **etwas mit etwas behandeln** meist chemische Mittel auf ein Material oder Pflanzen einwirken lassen | *den Zaun mit einem Holzschutzmittel behandeln* **6** **etwas behandeln** sich im Unterricht, in einer Diskussion, in einem Text oder Film mit einem Thema beschäftigen | *In Geschichte behandeln wir gerade den Dreißigjährigen Krieg* | *Sein Aufsatz behandelt das Problem der Arbeitslosigkeit* • hierzu **Be·hand·lung** *die*

Be·hang *der* etwas, das als Dekoration irgendwo hängt K Baumbehang, Wandbehang

be·hän·gen VERB (behängte, hat behängt) **etwas (mit etwas) behängen** etwas (in relativ großer Zahl) an etwas hängen | *die Wände mit Bildern behängen*

be·har·ken VERB (beharkte, hat beharkt); *gesprochen* **Personen beharken sich** Personen streiten, kämpfen mit Worten

be·har·ren VERB (beharrte, hat beharrt) **auf etwas** (*Dativ*) **beharren** eine Meinung nicht ändern wollen ⟨auf seinem Standpunkt, seinem Entschluss beharren⟩ | *Er beharrte auf seiner Absicht, allein in Urlaub zu fahren*

be·harr·lich ADJEKTIV mit sehr viel Entschlossenheit und festem Willen ⟨seine Meinung beharrlich verteidigen⟩ | *Nach seiner Festnahme weigerte er sich beharrlich, eine Aussage zu machen* • hierzu **Be·harr·lich·keit** *die*

be·hau·chen VERB (behauchte, hat behaucht) **1** **etwas behauchen** auf etwas hauchen | *die Brillengläser behauchen und dann putzen* **2** **etwas ist behaucht** ein Konsonant wird so

der Eimer

der Topf

das Vorratsglas

das Wasserglas

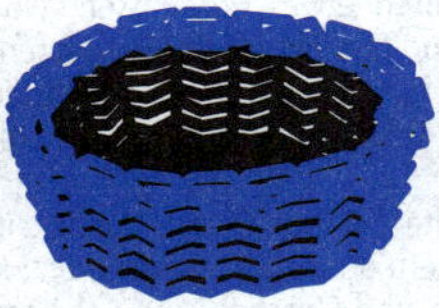
der Korb

die Flasche

die Dose

die Tasse

die Tonne

der Becher

das Fass

die Kanne

das Päckchen / die Packung

der Karton

die Kiste

die Vase

die Schachtel
die Box

der Kanister

die Schüssel

ausgesprochen, dass man danach ein *h* hört (wie z. B. bei dem *t* in *Tal*) ‹ein behauchtes k, p, t› • zu (2) **Be·hau·chung** *die*

be·hau·en VERB (behaute, hat behauen) **etwas (mit etwas) behauen** ein Material durch Hauen mit Hammer und Meißel so verändern, dass es die gewünschte Form bekommt | *einen Marmorblock behauen*

★ **be·haup·ten** VERB (behauptete, hat behauptet) **1** **etwas behaupten** sagen, dass etwas richtig und wahr ist, obwohl man es nicht beweisen kann | *Er behauptet, gestern krank gewesen zu sein* | *Seine Frau behauptet, er sei nicht zu Hause/dass er nicht zu Hause ist* | *Können Sie auch beweisen, was Sie da behaupten?* **2** **etwas behaupten** etwas erfolgreich verteidigen, vor allem indem man überzeugende Argumente anführt oder gute Leistung zeigt ‹einen Standpunkt, eine Stellung behaupten› | *Der Spieler konnte seinen Platz in der Nationalmannschaft behaupten* **3** **sich behaupten** Widerstände überwinden und so von anderen respektiert werden | *Er konnte sich als Neuling in der Firma (seinen Kollegen gegenüber) nur schwer behaupten* **4** **sich gegen jemanden/in etwas** (*Dativ*) **behaupten** gegen einen sportlichen Gegner/in einem sportlichen Wettkampf siegen

★ **Be·haup·tung** *die*; (-, -en) eine Aussage oder Erklärung, in der etwas behauptet wird ‹eine Behauptung aufstellen, widerlegen, zurücknehmen›

Be·hau·sung *die*; (-, -en); *oft abwertend* ein Zimmer oder eine Wohnung ‹eine ärmliche Behausung›

be·he·ben VERB (behob, hat behoben) **etwas beheben** etwas Unangenehmes oder Störendes beseitigen ‹einen Schaden, einen Fehler, eine Bildstörung beheben› • hierzu **Be·he·bung** *die*

be·hei·ma·tet ADJEKTIV **irgendwo beheimatet sein** aus dem genannten Ort oder Land stammen | *Beethoven war in der Nähe von Bonn beheimatet* | *Der Koalabär ist in Australien beheimatet*

be·hei·zen VERB (beheizte, hat beheizt) **etwas (mit etwas) beheizen** ein Gebäude oder einen Raum mit einer Heizung warm machen • hierzu **Be·hei·zung** *die*; **be·heiz·bar** ADJEKTIV

Be·helf *der*; (-(e)s, -e); *meist Singular* eine Maßnahme, die ein Problem für eine relativ kurze Zeit (aber nicht endgültig) löst **K** Behelfsausfahrt, Behelfsbrücke, Behelfsquartier; Notbehelf

be·hel·fen VERB (behilft sich, behalf sich, hat sich beholfen) **1** **sich mit etwas/irgendwie behelfen** sich mit etwas Einfachem oder Provisorischem helfen, weil nichts Besseres vorhanden ist | *Als der Strom ausfiel, mussten wir uns mit Kerzen behelfen* **2** **sich ohne jemanden/etwas behelfen** ohne die Hilfe einer anderen Person richtig handeln | *sich im Winter ohne Heizung behelfen müssen*

be·helfs·mä·ßig ADJEKTIV als Ersatz oder Behelf dienend ‹eine Unterkunft›

be·hel·li·gen VERB (behelligte, hat behelligt) **jemanden (mit etwas) behelligen** *geschrieben* eine Person dadurch stören oder belästigen, dass man sie (ständig) um Rat, Auskunft usw. bittet ‹jemanden mit Fragen, seinen Sorgen behelligen› | *Es tut mir Leid, dass ich Sie am Sonntag mit meinen Problemen behellige* • hierzu **Be·hel·li·gung** *die*

be·her·ber·gen VERB (beherbergte, hat beherbergt) **jemanden beherbergen** eine Person als Gast haben und ihr Unterkunft geben • hierzu **Be·her·ber·gung** *die*

★ **be·herr·schen** VERB (beherrschte, hat beherrscht) **1** **etwas beherrschen** etwas so gut gelernt haben, dass man es ohne Fehler oder Schwierigkeiten anwenden oder gebrauchen kann ‹eine Kunst, eine Technik, ein Musikinstrument, ein Fach (perfekt) beherrschen› | *Seine Schwester beherrscht drei Fremdsprachen* **2** **jemanden/etwas beherrschen** jemanden/etwas unter Kontrolle haben | *Sie beherrschten den Gegner zu jedem Zeitpunkt des Spiels* | *Sie konnte ihre Leidenschaft/ihren Zorn kaum beherrschen* **3** **etwas beherrscht etwas** etwas ist charakteristisch für etwas | *Hektik beherrscht seinen Alltag* | *Büsche und Bäume beherrschen die Landschaft* **4** **etwas beherrscht jemanden/etwas** etwas übt einen starken Einfluss auf jemanden/etwas aus | *Die Sehnsucht nach ihr beherrscht sein ganzes Denken* **5** **jemanden/etwas beherrschen** (als Herrscher) Macht, Kontrolle über jemanden/etwas haben, ausüben ‹ein Gebiet, ein Volk beherrschen› **6** **sich beherrschen** nicht so handeln, wie man es wegen heftiger Gefühle gerne täte ‹sich gut/nicht beherrschen können› | *Er musste sich sehr beherrschen, um sachlich zu bleiben*

be·herrscht ■ PARTIZIP PERFEKT **1** → beherrschen
■ ADJEKTIV **2** drückt aus, dass jemand die eigenen Emotionen und Äußerungen unter Kontrolle hält | *Durch sein beherrschtes Auftreten hat er sich viele Freunde geschaffen*

Be·herr·schung *die*; (-) **1** das Beherrschen eines Volkes o. Ä. **2** das Beherrschen des Gegners oder einer Situation **3** das Beherrschen der eigenen heftigen Gefühle ‹die Beherrschung verlieren› **K** Selbstbeherrschung **4** das Beherrschen einer Technik, eines Musikinstruments, einer Sprache o. Ä.

be·her·zi·gen VERB (beherzigte, hat beherzigt) **etwas beherzigen** sich in dem eigenen Handeln nach etwas richten ‹jemandes Worte, Ratschlag, Warnung beherzigen› • hierzu **Be·her·zi·gung** *die*

be·herzt ADJEKTIV; *geschrieben* ‹ein Vorgehen, ein Verhalten› ≈ *mutig* • hierzu **Be·herzt·heit** *die*

be·hilf·lich ADJEKTIV **jemandem (bei etwas) behilflich sein** *geschrieben* jemandem helfen, etwas zu tun | *einem Freund beim Aufräumen behilflich sein*

★ **be·hin·dern** VERB (behinderte, hat behindert) **1** **jemanden (bei etwas) behindern** eine Person, die etwas tun möchte, dabei stören | *Der Ring behinderte sie bei der Arbeit, also nahm sie ihn ab* **2** **etwas behindern** eine negative, störende Wirkung auf etwas haben ‹den Verkehr, die Sicht, den Verlauf eines Spiels behindern›

★ **be·hin·dert** ■ PARTIZIP PERFEKT **1** → behindern
■ ADJEKTIV **2** mit einem ernsthaften und dauerhaften gesundheitlichen Schaden ‹geistig, körperlich, mehrfach behindert› | *ein behindertes Kind haben* **K** gehbehindert, körperbehindert, sehbehindert **!** *Behindert* wird oft auch beleidigend verwendet.

★ **Be·hin·der·te** *der/die*; (-n, -n) eine Person mit einer Behinderung ‹ein geistig, körperlich Behinderter› **K** Behindertenausweis, Behindertensport; Gehbehinderte, Körperbehinderte, Sehbehinderte **!** *ein Behinderter; der Behinderte; den, dem, des Behinderten* • hierzu **be·hin·der·ten·ge·recht** ADJEKTIV

Be·hin·de·rung *die*; (-, -en) **1** der Vorgang, wenn jemand/etwas behindert wird oder eine Person jemanden/etwas behindert | *Durch Baustellen kommt es zu Behinderungen im Straßenverkehr* | *Ihnen wurde Behinderung der Polizeiarbeit vorgeworfen* **2** *meist Singular* ein ernsthafter und dauerhafter gesundheitlicher Schaden | *Lebenshilfe für Menschen mit geistiger Behinderung* | *Menschen mit körperlicher oder geistiger Behinderung*

★ **Be·hör·de** *die*; (-, -n) **1** eine von mehreren zentralen oder örtlichen Institutionen, die im Auftrag des Staates, der Kommunen oder der Kirchen die Aufgaben der Verwaltung, der Organisation und des Rechts haben ≈ *Amt* | *Wenn man ein Haus bauen will, muss man sich bei der zuständigen Behörde die Genehmigung holen* **K** Bauaufsichtsbe-

B

hörde, Verwaltungsbehörde **2** das Gebäude, in dem eine Behörde ist | *auf einer Behörde sein* • zu (1) **be·hörd·lich** ADJEKTIV

be·hü·ten VERB (behütete, hat behütet) **eine Person/Sache (vor jemandem/etwas) behüten** *geschrieben* auf eine Person oder Sache mit großer Aufmerksamkeit achten, um sie vor Gefahr oder Schaden zu schützen | *jemanden vor Unheil behüten* ■ ID **(Gott) behüte!** *veraltend* verwendet, um zu betonen, dass man etwas ablehnt oder für zu schwierig oder gefährlich hält | *„Willst du wirklich den Berg besteigen?" – „(Gott) behüte!"*

be·hut·sam ADJEKTIV sehr vorsichtig | *ein Kind behutsam behandeln* • hierzu **Be·hut·sam·keit** *die*

★ **bei** PRÄPOSITION *mit Dativ*
▸Ort: **1** in der Nähe einer Person/Sache, nicht weit entfernt | *Der Kiosk ist direkt/gleich beim Bahnhof* | *Versailles liegt bei Paris* **2** am genannten Ort, in der Wohnung oder Heimat einer Person | *Wir feiern die Party bei Dieter* | *Was gibt es bei euch heute zu essen?* | *Bei uns in Deutschland …* **3** so, dass man die genannte Stelle berührt oder festhält ≈ *an* | *jemanden bei der Hand nehmen* | *das Messer beim Griff anfassen*
▸Beziehung, Zusammenhang: **4** drückt aus, dass zur genannten Person, Institution oder Firma eine berufliche oder geschäftliche Beziehung besteht | *bei einem Arzt in Behandlung sein* | *beim Bäcker einkaufen* | *bei jemandem in die Lehre gehen* | *bei der Post arbeiten* | *eine Lieferung bei einer Firma in Auftrag geben* | *ein Konto bei der Bank eröffnen* **5** bezeichnet die Person oder Sache, die die genannte Eigenschaft hat oder im genannten Zustand ist | *Bei meinem Auto sind die Bremsen kaputt* | *Ist bei dir alles Ordnung?* **6** was jemanden/etwas betrifft oder in Bezug auf jemanden/etwas | *Er hat kein Glück bei den Frauen* | *Unpünktlichkeit? So was gibt es bei ihm nicht!* **7** in einem Werk von, in den Werken von | *Dieses Zitat habe ich bei Schiller gelesen*
▸Anwesenheit: **8** in einer Gruppe oder Menge mit anderen Personen/Dingen ≈ *unter* | *Bei den Verletzten war auch sein Bruder* | *Bei den Sachen des Toten befanden sich eine Uhr und eine Geldbörse* **9** mit jemandem zusammen | *bei jemandem im Auto sitzen* | *Er war die ganze Zeit über bei seiner kranken Mutter* **10** **bei sich** (*Dativ*) so, dass man jemanden/etwas auf einen Weg mitnimmt, etwas mit sich trägt | *kein Geld bei sich haben* | *eine Waffe bei sich tragen*
▸Zeit: **11** nennt einen Zeitpunkt, an dem etwas geschieht, gilt o. Ä. | *Der Saal war bei Beginn des Konzerts überfüllt* | *Sie kamen bei Tagesanbruch/Einbruch der Dunkelheit zurück* **12** drückt aus, dass eine Handlung gerade abläuft | *bei der Durchsicht seiner Papiere* | *beim Mittagessen sein*
▸Situation: **13** nennt die Situation, in der etwas geschieht | *Wir fuhren bei strömendem Regen nach Hause* | *bei einem Unfall verletzt werden* | *Er hat sich beim Sport das Bein gebrochen* **14** nennt die Situation, die eine Voraussetzung für etwas ist | *Bei schönem Wetter machen wir morgen eine Radtour* | *Bei einer monatlichen Belastung von 300 Euro wirst du deine Schulden bald abbezahlt haben* **15** nennt die Situation, die der Grund für etwas ist | *Bei seinem Lebenswandel musste er ja krank werden!* | *Bei deinem Gehalt könntest du mich ruhig zum Essen einladen!* (weil du so viel Geld verdienst) **16** obwohl die genannte Einstellung, das genannte Gefühl vorhanden ist ≈ *trotz* | *Bei aller Liebe, aber so was kann ich nicht akzeptieren* | *Bei allem Verständnis für deine Launen – aber diesmal gehst du zu weit!*

bei- (*im Verb, betont und trennbar, begrenzt produktiv; Diese Verben werden so gebildet:* beifügen, fügte bei, beigefügt) **(einer Sache** (*Dativ*)**) etwas beifügen, beigeben, beiheften, beimischen**; **etwas liegt (einer Sache** (*Dativ*)**) bei** *und andere* drückt aus, dass etwas zu etwas anderem hinzukommt oder bei etwas anderem ist ≈ *hinzu-* | *Sie legte der Bewerbung Arbeitszeugnisse bei* (Sie legte Arbeitszeugnisse mit ihrer Bewerbung in den Umschlag)

★ **bei·be·hal·ten** VERB (behält bei, behielt bei, hat beibehalten) **etwas beibehalten** etwas (bewusst) nicht ändern, bei etwas bleiben ⟨etwas unverändert beibehalten; eine Gewohnheit beibehalten⟩ | *Die Regierung behielt ihren bisherigen politischen Kurs bei* • hierzu **Bei·be·hal·tung** *die*

Bei·blatt *das* ≈ *Beilage*

Bei·boot *das* ein kleines Boot, das auf Schiffen mitgeführt wird und dazu dient, Personen oder Güter an Land zu bringen ⟨das Beiboot herablassen, hochhieven⟩

bei·brin·gen VERB (*hat*); *gesprochen* **1** **jemandem etwas beibringen** ≈ *lehren* | *jemandem das Tanzen beibringen* **2** **jemandem etwas beibringen** einer Person eine Nachricht, die für sie unangenehm oder traurig ist, mitteilen oder klar machen ⟨jemandem etwas schonend beibringen⟩ | *Wie sollte er ihr nur beibringen, dass er eine andere liebte?*

Beich·te *die*; (-, -n) **1** eine religiöse Handlung (vor allem in der katholischen Kirche), bei welcher der Gläubige die eigenen Sünden bekennt ⟨zur Beichte gehen; die Beichte ablegen; jemandes Beichte hören⟩ | *Der Pfarrer nahm dem Kranken die Beichte ab* (hörte die Beichte an) K Beichtgeheimnis **2** *oft ironisch* ein Geständnis, das man jemandem macht, weil man ein schlechtes Gewissen hat

beich·ten VERB (beichtete, hat gebeichtet) **1** **(jemandem) (etwas) beichten** als Katholik während einer Beichte dem Priester sagen, welche Sünden man begangen hat ⟨seine Sünden beichten; beichten gehen⟩ **2** **(jemandem) etwas beichten** jemandem mitteilen, dass man etwas Verbotenes oder Schlimmes getan hat | *Ich muss dir beichten, dass ich viel Geld beim Pokern verloren habe*

Beicht·stuhl *der* eine Kabine aus Holz in einer katholischen Kirche, in der eine Person dem Priester ihre Sünden beichtet

Beicht·va·ter *der*; *meist Singular* ein Priester, bei dem jemand beichtet

★ **bei·de** ADJEKTIV **1** verwendet, um zwei Personen, Sachen oder Vorgänge zusammenfassend zu nennen, die der Sprecher als bekannt voraussetzt | *Meine beiden Töchter sind bereits verheiratet* | *Beide Kinder/Die beiden Kinder gehen schon zur Schule* | *Jeder der beiden/von (den) beiden hat ein eigenes Auto* | *Ihr beide kommt immer zu spät* | *Wir beide sagen gerne zu* | *Ich habe manchmal Schmerzen in beiden Beinen* H oft in Verbindung mit einem Artikel oder Pronomen **2** *beide* bezieht sich auf zwei Personen, Sachen oder Vorgänge gleichzeitig, wobei der Gegensatz zu nur einer dieser Personen usw. betont wird | *Meine Töchter sind beide verheiratet* (nicht nur eine Tochter) | *Zwei meiner Freunde hatten einen Unfall, beiden geht es aber gut* | *Ich würde am liebsten auf beide Partys gehen* | *Gestern und vorgestern habe ich bei dir angerufen, aber beide Male warst du nicht zu Hause* H Wenn *beide* nach einem Artikel steht (wie z. B. *diese, meine, die*), wird es flektiert wie ein Adjektiv (Typ B), → Tabelle unter **Adjektiv**. Ohne einen Artikel wird *beide* nach Typ A flektiert. **3** **beides** verwendet, um das Gemeinsame an zwei Sachen oder Vorgängen zu betonen | *Ein Wochenende in Hamburg oder zwei Tage in einem Hotel: Beides wäre zwar sehr schön, aber leider zu teuer* **4** verwendet, um deutlich zu machen, dass das eine richtig ist und das andere auch | *Er kann beides: Klavier und Gitarre spielen*

bei·der·lei ADJEKTIV *meist attributiv; nur in dieser Form* verwendet, um beide Arten der genannten Sache zu bezeichnen | *Menschen beiderlei Geschlechts*

bei·der·sei·tig ADJEKTIV *meist attributiv* sowohl die eine als auch die andere Person oder Sache betreffend ⟨sich in beiderseitigem Einverständnis, Interesse trennen⟩ | *eine Angelegenheit zur beiderseitigen Zufriedenheit regeln*

bei·der·seits ■ PRÄPOSITION *mit Genitiv* **1** auf beiden Seiten | *beiderseits der Grenze* **H** auch vor einem Substantiv verwendet mit *von*: *beiderseits vom Fluss*
■ ADVERB **2** bei beiden Personen oder Parteien | *Beiderseits gab es Missverständnisse*

★ **bei·des** PRONOMEN → beide

beid·hän·dig ADJEKTIV *meist attributiv* mit beiden Händen

bei·dre·hen VERB *(hat)* **etwas dreht bei** ein Schiff verlangsamt die Fahrt und ändert die Richtung

beid·sei·tig ADJEKTIV *meist attributiv* auf beiden Seiten | *beidseitig gelähmt sein*

★ **bei·ei·nan·der** ADVERB eine Person/Sache neben der anderen, zu einer Gruppe vereinigt ≈ *zusammen* | *Zu Weihnachten ist die ganze Familie beieinander* ■ **ID gut/schlecht beieinander sein** *gesprochen* in gutem/schlechtem (gesundheitlichem) Zustand sein; **nicht (mehr) ganz/recht beieinander sein** *gesprochen* ein bisschen verrückt sein

bei·ei·nan·der- *(im Verb, betont und trennbar, begrenzt produktiv; Diese Verben werden so gebildet:* beieinanderliegen, lagen beieinander, beieinandergelegen) **Personen bleiben, liegen, stehen beieinander** *und andere* drückt aus, dass zwei oder mehr Personen, Dinge o. Ä. zusammen sind oder dass das eine/eines mit der/dem anderen ist | *Sie saßen gemütlich beieinander und unterhielten sich* (Sie saßen alle zusammen und unterhielten sich) | *Du musst dein Geld besser beieinanderhalten* (Du musst dein Geld behalten und nicht so viel ausgeben)

bei·ei·nan·der·ha·ben VERB *(hat)* **1** **Dinge beieinanderhaben** etwas (geordnet und) gesammelt haben ⟨seine Gedanken, seine Siebensachen beieinanderhaben⟩ | *Hast du das Geld für das Motorrad schon beieinander?* **2** **seine (fünf) Sinne (noch) beieinanderhaben** *gesprochen* vernünftig denken können ■ **ID Du hast (sie) wohl nicht (mehr) alle beieinander!** *gesprochen* Du bist wohl verrückt!

Bei·fah·rer *der* **1** eine Person, die in einem Auto neben dem Fahrer sitzt **K** Beifahrersitz **2** eine Person, die als zweiter Fahrer in einem Lastwagen oder Bus mitfährt ● hierzu **Bei·fah·re·rin** *die*

★ **Bei·fall** *der;* (-(e)s) **1** Beifall ist, wenn das Publikum in die Hände klatscht, weil es die Vorführung, den Vortrag o. Ä. gut findet ⟨geringer, lauter, tosender Beifall; Beifall klatschen; viel Beifall bekommen, ernten⟩ ≈ *Applaus* **K** Beifallsruf **2** eine sehr positive Meinung (über eine Entscheidung, eine Leistung o. Ä.), die jemand deutlich macht ⟨(für etwas) Beifall ernten; etwas findet (jemandes) Beifall⟩ **3** **Beifall heischend** so, dass man deutlich Beifall oder Zustimmung erwartet | *Beifall heischend um sich blicken*

bei·fall·hei·schend ADJEKTIV ≈ *Beifall heischend*

bei·fäl·lig ADJEKTIV ⟨ein Kopfnicken, ein Lächeln⟩ so, dass sie Zustimmung oder Anerkennung zeigen

bei·fü·gen VERB *(hat)* **(einer Sache** *(Dativ)***) etwas beifügen** etwas zu etwas anderem hinzutun | *Das Foto füge ich in der Anlage bei*

Bei·fü·gung *die;* (-, -en) **1** *nur Singular* das Beifügen **2** ≈ *Attribut*

Bei·ga·be *die* **1** etwas, das man zusätzlich zu einer Sache (gratis) bekommt | *Beim Kauf seiner neuen Brille bekam er ein Etui als Beigabe* **K** Gratisbeigabe **2** *geschrieben nur Singular* das Hinzufügen vor allem von Gewürzen | *unter Beigabe von ein wenig Zucker*

beige [beːʃ] ADJEKTIV von einer hellen, gelblich braunen Farbe (wie Sand) | *ein beiges Hemd* **H** Die Verwendung vor dem Substantiv gehört der gesprochenen Sprache an; um diese zu vermeiden, verwendet man *beigefarben*: *eine beigefarbene Bluse*

bei·ge·ben VERB *(hat)* **1** **(einer Sache** *(Dativ)***) etwas beigeben** etwas zu etwas anderem hinzutun | *einem Brief ein Foto beigeben* | *dem Teig ein Ei beigeben* **2** **klein beigeben** *gesprochen* (meist nach einem Streit) nachgeben, aufgeben, weil man sich unterlegen fühlt

Bei·ge·schmack *der; nur Singular* **1** ein zusätzlicher Geschmack oder Eindruck, der meist als störend empfunden wird | *Ist das Gemüse noch gut? Es hat so einen komischen Beigeschmack* **2** ein meist unangenehmer Eindruck, den etwas bei jemandem hinterlässt | *Die ganze Affäre hatte einen unangenehmen Beigeschmack*

Bei·heft *das* **1** ein Heft mit Erläuterungen, Lösungen o. Ä., das meist zu einem Buch gehört, aber manchmal auch getrennt von diesem Buch verkauft wird **2** ein Heft mit Erläuterungen zu einer CD, Kassette o. Ä.

Bei·hil·fe *die;* (-, -n) **1** Geld, das man unter manchen Voraussetzungen vom Staat bekommt (wenn man selbst nicht genug Geld für sehr wichtige Ausgaben hat) ⟨Beihilfe beantragen, bekommen⟩ **K** Arbeitslosenbeihilfe, Ausbildungsbeihilfe, Familienbeihilfe **2** eine Art der Krankenversicherung vor allem für Beamte **K** Beihilfeantrag **3** **Beihilfe (zu etwas)** *geschrieben* das Verhalten, mit dem man einer Person bei einer kriminellen Tat hilft ⟨Beihilfe zum Mord, zur Flucht; (jemandem) Beihilfe leisten⟩

Bei·klang *der;* (-(e)s); *meist Singular* etwas, das bei einer Äußerung o. Ä. mitschwingt oder zu erkennen ist | *Seine Worte hatten einen ironischen Beiklang*

bei·kom·men VERB *(ist)* **1** **jemandem (irgendwie/mit etwas) beikommen** (durch Reden) Einfluss auf eine Person ausüben, um zu bewirken, dass diese sich so verhält, wie man es selbst möchte ⟨jemandem nicht, nur schwer beikommen (können)⟩ | *Ihm ist leider nur mit viel Härte beizukommen* **2** **einer Sache** *(Dativ)* **beikommen** ein Problem auf eine besondere oder die genannte Weise lösen | *Der Umweltverschmutzung ist nur mit strengen Strafen beizukommen*

Beil *das;* (-(e)s, -e) eine kleine Axt

★ **Bei·la·ge** *die;* (-, -n) **1** **eine Beilage (zu etwas)** Gemüse, Kartoffeln, Nudeln o. Ä., die man zu einem Hauptgericht isst | *Als Beilagen zum Steak gab es Reis und Bohnen* **2** ein Werbeprospekt, der in eine Zeitung oder Zeitschrift gelegt oder geheftet ist

bei·läu·fig ADJEKTIV **1** so geäußert, dass es zufällig oder nebensächlich erscheint ⟨eine Bemerkung; etwas beiläufig erwähnen⟩ **2** Ⓐ ≈ *ungefähr* ● zu (1) **Bei·läu·fig·keit** *die*

bei·le·gen VERB *(hat)* **1** **(einer Sache** *(Dativ)***) etwas beilegen** etwas zu etwas legen | *einem Brief ein Foto beilegen* **2** **etwas beilegen** etwas auf friedliche Weise beenden ⟨einen Streit beilegen⟩ ● zu (2) **Bei·le·gung** *die*

bei·lei·be ADVERB verwendet, um eine verneinte Aussage zu verstärken ≈ *wirklich* | *Ich bin beileibe kein Experte, aber das hätte ich auch gewusst*

Bei·leid *das;* (-(e)s) die Worte, die man sagt oder schreibt, um einer Person zu zeigen, dass man mit ihr über den Tod eines Menschen trauert ⟨jemandem sein aufrichtiges Beileid aussprechen, bekunden, bezeigen⟩ | *Mein aufrichtiges Beileid zum Tod Ihres Vaters!* **K** Beileidsbesuch, Beileidsbezeigung, Beileidskarte, Beileidsschreiben

bei·lie·gen VERB *(hat)* **etwas liegt (einer Sache** *(Dativ)***) bei** etwas ist (als Anlage) bei einem Schreiben dabei | *Beilie-*

B

gend senden wir Ihnen das gewünschte Formular

★ **beim** PRÄPOSITION *mit Artikel* bei dem ℹ *Beim* kann nicht durch *bei dem* ersetzt werden in Verbindungen mit einem substantivierten Infinitiv (*jemandem beim Kartenspielen zusehen*) und in Wendungen wie: *Das geht beim besten Willen nicht.*

bei·men·gen VERB (mengte bei, hat beigemengt) **(einer Sache** (*Dativ*)**) etwas beimengen** (beim Kochen) eine Substanz durch Rühren mit einer anderen Substanz mischen | *dem Mehl etwas Salz beimengen*

bei·mes·sen VERB (*hat*) **einer Sache** (*Dativ*) **etwas beimessen** glauben, dass etwas wichtig oder bedeutsam ist | *einer Angelegenheit keine Bedeutung beimessen*

bei·mi·schen VERB (*hat*) **einer Sache** (*Dativ*) **etwas beimischen** etwas zu etwas anderem tun und dann mischen ● hierzu **Bei·mi·schung** *die*

★ **Bein** *das*; (-(e)s, -e) **1** einer der beiden Körperteile des Menschen (bestehend aus Oberschenkel, Unterschenkel und Fuß), mit denen man läuft, geht oder steht ⟨krumme, lange, schlanke, hübsche Beine haben; die Beine ausstrecken, spreizen, übereinanderschlagen⟩ ℹ → Abb. unter **Mensch** **2** einer von zwei, vier oder mehr Körperteilen des Tieres, auf denen es steht oder sich fortbewegt | *Spinnen haben acht Beine* **3** eines der dünnen Teile eines Möbelstücks oder Geräts, auf denen es steht | *ein Hocker mit drei Beinen* K Stuhlbein, Tischbein **4** einer der beiden länglichen Teile einer Hose, die die Beine bedecken K Hosenbein
■ ID ▸Präposition plus Bein: **jemandem auf die Beine helfen** a einer Person, die gestürzt ist, helfen aufzustehen b jemandem aus einer (finanziellen) Notlage helfen; **wieder auf den Beinen sein** *gesprochen* wieder gesund sein; ⟨den ganzen Tag/von früh bis spät⟩ **auf den Beinen sein** *gesprochen* sehr lange unterwegs oder aktiv sein; **sich kaum noch/nicht mehr auf den Beinen halten können** vor Müdigkeit oder Erschöpfung beinahe zusammenbrechen; **sich auf die Beine machen** *gesprochen* sich auf den Weg machen; **etwas steht auf wackeligen/schwachen Beinen** etwas ist unsicher oder nicht beweisbar ⟨eine These, Behauptung⟩; **etwas auf die Beine stellen** *gesprochen* etwas Beachtliches leisten, etwas zustande bringen; **auf eigenen Beinen stehen** nicht mehr auf die (finanzielle) Hilfe von anderen Personen angewiesen sein; **etwas geht in die Beine** *gesprochen* a eine körperliche Tätigkeit strengt die Beine sehr an b etwas hat einen Rhythmus, der zum Tanzen anregt; **mit beiden Beinen (fest) im Leben stehen** realistisch sein und sich in jeder Lage zu helfen wissen; **mit dem linken Bein zuerst aufgestanden sein** *gesprochen* schlecht gelaunt, mürrisch sein; **(bereits) mit einem Bein im Grabe stehen** *gesprochen* sehr krank sein; ▸Bein als Objekt: **sich** (*Dativ*) **kein Bein ausreißen** *gesprochen* sich (bei einer Arbeit) nicht mehr Mühe geben als unbedingt nötig; **etwas hat Beine bekommen/gekriegt** *gesprochen* etwas ist plötzlich verschwunden oder ist gestohlen worden; **alles, was Beine hat** *gesprochen* jedermann, alle; **jemandem Beine machen** *gesprochen* a eine Person durch Worte oder Gewalt zwingen, wegzugehen b eine Person mit lauten Worten zu schnellerem Arbeiten antreiben; **sich** (*Dativ*) **die Beine in den Bauch/Leib stehen** *gesprochen* lange stehen und warten müssen; **jemandem ein Bein stellen** (durch Intrigen) bewirken, dass eine Person keinen Erfolg hat; **sich** (*Dativ*) **die Beine vertreten** *gesprochen* spazieren gehen (wenn man vorher lange gesessen hat); **die Beine unter den Arm nehmen, die Beine in die Hand nehmen** *gesprochen* sich beeilen

★ **bei·nah, bei·na·he** PARTIKEL *betont und unbetont* **1** drückt aus, dass etwas (eine Handlung, ein Ereignis, ein Vorgang, ein Plan o. Ä.) erst im letzten Moment verhindert wird ≈ *fast* | *Ich hätte heute schon beinahe einen Unfall gehabt* **2** drückt aus, dass die genannte Zahl, Größe, Menge, Qualität o. Ä. (noch) nicht ganz erreicht ist ≈ *fast* | *Er ist beinahe so groß wie sie* | *Sie warteten beinahe drei Stunden* ℹ In der gesprochenen Sprache wird (besonders in Verbindung mit Zahlenangaben) häufiger *fast* verwendet: *Es ist schon fast drei Uhr*; *beinahe* und *fast* können ein Verb modifizieren, *nahezu* jedoch nicht: *Ich wäre beinahe/fast gefallen.*

Bei·na·he|zu·sam·men·stoß *der* ein Zusammenstoß, der nur knapp vermieden werden konnte

Bei·na·me *der* ein Name, den man jemandem/etwas zusätzlich gibt, um ein charakteristisches Merkmal zu betonen | *Friedrich August I. von Sachsen hatte den Beinamen „der Starke" erhalten*

Bein·bruch *der* der Bruch eines Knochens im Bein ■ ID **Das ist (doch) kein Beinbruch!** *gesprochen* das ist doch nicht so schlimm

be|in·hal·ten [bəˈ|ɪn-] VERB (beinhaltet, beinhaltete, hat beinhaltet) **etwas beinhaltet etwas** *geschrieben* etwas Geschriebenes hat etwas zum Inhalt oder bringt etwas zum Ausdruck | *Das neue Gesetz beinhaltet eine Verschärfung der Bestimmungen zum Umweltschutz*

bein·hart ADJEKTIV **1** *besonders süddeutsch* Ⓐ sehr hart | *beinhartes Brot* | *Der Boden ist beinhart gefroren* **2** *veraltend* verwendet, um Bewunderung z. B. für jemandes Mut oder Frechheit auszudrücken

-bei·nig *im Adjektiv, unbetont, begrenzt produktiv* **1** **einbeinig, zweibeinig, dreibeinig** *und andere* mit der genannten Zahl von Beinen **2** **krummbeinig, kurzbeinig, langbeinig** *und andere* mit der genannten Art von Beinen

Bei·pack·zet·tel *der*; (-s, -) ein Zettel mit einem Text (in der Schachtel eines Medikaments), der über das Medikament informiert | *Bitte lesen Sie den Beipackzettel oder fragen Sie Ihren Arzt oder Apotheker*

bei·pflich·ten VERB (pflichtete bei, hat beigepflichtet) **jemandem/etwas (in etwas** (*Dativ*)**) beipflichten** sagen, dass man mit jemandes Meinung einverstanden ist | *Ich kann ihm/seinem Vorschlag in allen Punkten beipflichten*

Bei·rat *der*; (-(e)s, Bei·rä·te) mehrere Vertreter von Interessengruppen und Experten, die für eine Institution arbeiten sind und diese beraten

be·ir·ren [bəˈ|ɪr-] VERB (beirrte, hat beirrt) **jemanden beirren** eine Person unsicher machen, sodass sie ihren Plan nicht mehr (richtig) ausführen kann ⟨sich von niemandem, durch nichts beirren lassen⟩ ℹ meist verneint und in Verbindung mit *lassen*

bei·sam·men ADVERB ≈ *beieinander, zusammen*

bei·sam·men- *im Verb, betont und trennbar, begrenzt produktiv* ≈ *beieinander-*

Bei·sam·men·sein *das*; (-s) ein Treffen (meist in einem Gasthaus) zwischen Bekannten und Freunden (oft um etwas zu feiern) ⟨ein fröhliches, gemütliches, geselliges Beisammensein⟩

Bei·schlaf *der*; *geschrieben* ⟨den Beischlaf ausüben, vollziehen; Beischlaf mit jemandem⟩ ≈ *Sex*

Bei·sein **im Beisein** +*Genitiv*; **im Beisein von jemandem** *geschrieben* während die genannte Person anwesend ist | *im Beisein eines Notars* | *im Beisein von/der Zeugen*

bei·sei·te ADVERB **Scherz/Spaß beiseite** verwendet, um zu sagen, dass man nach einigen scherzhaften Bemerkungen jetzt etwas Ernstes sagen will

bei·sei·te- (*im Verb, betont und trennbar, begrenzt produktiv*; *Diese Verben werden so gebildet:* beiseiteschieben, schob beiseite, beiseitegeschoben) **1** **jemanden beiseitedrängen**; **etwas beiseiteräumen, beiseiteschaffen**; **jemanden/etwas bei-**

seiteschieben; **beiseitetreten** *und andere* drückt eine Bewegung zur Seite aus, oft sodass der Weg frei wird | *Sie nahm ihn beiseite, um mit ihm über den Vorfall zu sprechen* (Sie zog ihn zur Seite, um mit ihm allein über den Vorfall zu sprechen) **2** **etwas beiseitelassen, beiseitelegen, beiseiteschieben** *und andere* drückt aus, dass man sich mit etwas nicht (mehr) beschäftigt, es nicht beachtet oder benutzt | *Er wischte alle unsere Bedenken beiseite* (Er wollte sich mit unseren Bedenken nicht beschäftigen)

bei·sei·te·le·gen VERB *(hat)* **1** **etwas beiseitelegen** etwas zur Seite legen und nicht (mehr) benutzen **2** **Geld (für etwas) beiseitelegen** Geld für einen Zweck sparen | *Geld für ein Moped beiseitelegen*

bei·sei·te·räu·men VERB *(hat)* **1** **etwas beiseiteräumen** etwas aus dem Weg räumen **2** **jemanden beiseiteräumen** *euphemistisch* jemanden ermorden

bei·sei·te·schaf·fen VERB *(hat)* **1** **etwas beiseiteschaffen** etwas zur Seite, aus dem Weg schaffen ⟨Hindernisse beiseiteschaffen⟩ **2** **etwas beiseiteschaffen** etwas (stehlen und) heimlich wegbringen, verstecken | *Der Manager schaffte ein kleines Vermögen für sich beiseite* **3** **jemanden beiseiteschaffen** *euphemistisch* jemanden ermorden ⟨Mitwisser, Zeugen beiseiteschaffen⟩

bei·set·zen VERB *(hat)* **jemanden beisetzen** *geschrieben* einen Verstorbenen (oder dessen Asche) feierlich ins Grab legen ● hierzu **Bei·set·zung** *die*

Bei·sit·zer *der*; (-s, -); *admin* ein Mitglied eines Gerichts, einer Verwaltungsbehörde, des Verwaltungsvorstands eines Vereins o. Ä., das neben dem Vorsitzenden über Urteile, Beschlüsse usw. mitentscheidet ● hierzu **Bei·sit·ze·rin** *die*

Beisl *das*; (-s, -n); Ⓐ *gesprochen* ein einfaches Lokal, in das man geht, um etwas (vor allem alkoholische Getränke) zu trinken ≈ *Kneipe*

★ **Bei·spiel** *das*; (-s, -e) **1** **ein Beispiel (für etwas)** etwas, das oft aus einer Anzahl gleichartiger Dinge als typisch herausgegriffen wird, um etwas Charakteristisches zu zeigen, um etwas Abstraktes zu illustrieren oder um eine Behauptung zu bekräftigen ⟨ein anschauliches, treffendes Beispiel; ein Beispiel anführen; etwas an einem Beispiel/anhand eines Beispiels erklären, erläutern, veranschaulichen, zeigen; etwas mit Beispielen belegen⟩ | *Diese Passage ist ein gutes Beispiel für den nüchternen Stil Hemingways* | *Beispiele anführen, um seine These zu untermauern* K Beispielsatz **2** eine Person (oder ihre Art, sich zu verhalten), die in irgendeiner Weise vorbildlich ist und deshalb nachgeahmt werden soll ⟨jemandem ein Beispiel sein/geben; einem Beispiel folgen⟩ ≈ *Vorbild* | *Sein Mut sollte uns allen ein Beispiel sein* **3** eine Person (oder ihre Art, sich zu verhalten), die eine Abschreckung oder Warnung ist ⟨ein abschreckendes Beispiel; etwas ist jemandem ein Beispiel⟩ **4** **zum Beispiel** verwendet, um ein Beispiel anzukündigen | *Viele Tiere, zum Beispiel Elefanten, haben ein sehr gutes Gedächtnis* H Abkürzung: *z. B.* ■ ID **etwas ist ohne Beispiel** etwas ist in derselben Art oder im selben Ausmaß noch nie dagewesen; **sich** *(Dativ)* **(an jemandem/etwas) ein Beispiel nehmen** sich wie eine andere Person verhalten (weil man gut findet, wie diese Person etwas tut); **mit gutem Beispiel vorangehen** etwas (Schwieriges) als Erster tun, um so ein Vorbild zu sein

bei·spiel|haft ADJEKTIV ⟨ein Verhalten, Benehmen⟩ so, dass sie als Vorbild oder Ideal gelten können ● hierzu **Bei·spiel·haf·tig·keit** *die*

bei·spiel|los ADJEKTIV noch nie dagewesen, in der Art unvergleichlich

bei·spiels|hal·ber ADVERB ≈ *beispielsweise*

★ **bei·spiels|wei·se** ADVERB verwendet, um ein Beispiel zu nennen | *Viele Tiere, beispielsweise Elefanten, haben ein gutes Gedächtnis*

bei·sprin·gen VERB *(ist)* **jemandem beispringen** einer Person, die in Not ist, (schnell) helfen ⟨jemandem in der Not, in einer Gefahr beispringen⟩

★ **bei·ßen** VERB (biss, hat gebissen)

▸beim Essen: **1** **(etwas) beißen** Nahrung mit den Zähnen kleiner machen, um sie essen zu können ≈ *kauen* | *hartes Brot nicht beißen können* **2** **in etwas** *(Akkusativ)* **beißen** die Zähne in eine Sache drücken, um sie zu essen ⟨in ein Brötchen, in einen Apfel beißen⟩ **3** **in/auf etwas** *(Akkusativ)* **beißen** (beim Essen) etwas unabsichtlich mit den Zähnen verletzen ⟨sich *(Dativ)* in/auf die Zunge, die Lippen beißen⟩ **4** **auf etwas** *(Akkusativ)* **beißen** (während man die Nahrung kaut) auf etwas Hartes treffen ⟨auf einen Kern, einen Knochen beißen⟩

▸als Angriff: **5** **jemanden (in etwas** *(Akkusativ)***) beißen** jemanden mit den Zähnen verletzen | *Der Hund hat mich ins Bein gebissen* | *Er wurde von einer Giftschlange gebissen* **6** **etwas in etwas** *(Akkusativ)* **beißen** etwas mit den Zähnen packen und beschädigen | *Der Hund hat ein Loch in die Hose des Briefträgers gebissen* **7** **ein Tier beißt nach jemandem/etwas** ein Tier versucht, eine Person, ein anderes Tier oder eine Sache mit den Zähnen zu packen und zu beißen | *Die Dogge biss nach dem Fremden* **8** **ein Tier beißt** Ein Tier neigt dazu, Menschen anzugreifen und zu beißen | *Vorsicht, dieser Hund beißt!*

▸Insekten, Fische, Gase: **9** **ein Insekt beißt (jemanden)** *gesprochen* Ein Insekt sticht in die Haut eines Menschen und saugt Blut aus | *von Schnaken gebissen werden* | *Heute beißen die Mücken aber!* **10** **die Fische beißen** die Fische lassen sich mit einer Angel fangen | *Morgens beißen die Fische am besten* **11** **etwas beißt (in etwas** *(Dativ)***)** ein Geruch oder Gas ist/riecht stechend oder scharf ⟨Rauch⟩ | *ein beißender Geruch* | *Tränengas beißt in den Augen* **12** **etwas beißt sich mit etwas**; **Farben beißen sich** *gesprochen* Farben passen nicht zusammen | *Das Braun der Vorhänge beißt sich mit dem Grün der Tapete* **13** **jemanden beißt es (irgendwo)** *süddeutsch, gesprochen* jemanden juckt, kitzelt es

■ ID **nichts zu beißen haben** *gesprochen* nichts zu essen haben, hungern müssen; **Er wird (dich) schon nicht (gleich) beißen** *gesprochen, humorvoll* Du brauchst vor ihm keine Angst zu haben

bei·ßend ■ PARTIZIP PRÄSENS **1** → beißen
■ ADJEKTIV **2** sehr beleidigend oder verletzend ⟨Ironie, Kritik, Spott⟩

Beiß·zan·ge *die* **1** eine Zange, mit der man Nägel aus einem Brett ziehen kann **2** *gesprochen, abwertend* eine Frau, die sich oft (ohne Grund) mit jemandem streitet

Bei·stand *der*; (-(e)s, Bei·stän·de **1** *nur Singular* die Hilfe, die man jemandem in einer schwierigen Lage gibt ⟨jemanden um Beistand bitten; jemandem Beistand leisten⟩ K Beistandspakt, Beistandsvertrag **2** eine Person, die einem Angeklagten oder Beklagten hilft, indem sie dessen Interessen vertritt und ihn berät K Rechtsbeistand

bei·ste·hen VERB *(hat/ist)* **jemandem (in etwas** *(Dativ)***) beistehen** jemandem in einer schwierigen Situation helfen ⟨jemandem in der Not, in einer gefährlichen Situation beistehen⟩

Bei·stell·tisch *der* ein kleiner Tisch, den man neben ein Sofa stellt, um z. B. eine Leselampe daraufzustellen

bei·steu·ern VERB *(hat)* **etwas zu etwas beisteuern** mithelfen oder einen Teil zahlen, damit eine Gruppe etwas gemeinsam tun oder erreichen kann | *Geld zum Kauf eines* *neuen Autos beisteuern* | *eine Wortmeldung zu einer Diskussion beisteuern*

bei·stim·men VERB *(hat)* **jemandem/etwas beistimmen** jemandem/jemandes Meinung (bei einer Diskussion) ausdrücklich zustimmen | *einem Antrag/dem Referenten beistimmen*

Bei·strich *der; veraltend* ≈ *Komma*

★ **Bei·trag** *der;* (-(e)s, Bei·trä·ge) **1** **ein Beitrag (für etwas)** die Summe Geld, die ein Mitglied regelmäßig pro Monat/Jahr vor allem an einen Verein oder an eine Versicherung zahlt ⟨seinen Beitrag zahlen, entrichten⟩ | *Er zahlt 30 Euro Beitrag pro Jahr für die Mitgliedschaft im Sportverein* K Beitragserhöhung, Beitragspflicht, Beitragszahlung; Gewerkschaftsbeitrag, Versicherungsbeitrag; Jahresbeitrag, Monatsbeitrag; Mitgliedsbeitrag, Unkostenbeitrag **2** **ein Beitrag (zu etwas)** die Leistung, die eine Person für ein gemeinsames Ziel bringt | *einen Beitrag zum Umweltschutz leisten* | *ein wichtiger Beitrag zur Völkerverständigung* **3** **ein Beitrag (zu etwas)/(über etwas** *(Akkusativ)*) ein Bericht oder Aufsatz, die das Publikum oder die Leser über ein Thema informieren ⟨einen Beitrag in einer Zeitschrift abdrucken, veröffentlichen⟩

bei·tra·gen VERB *(hat)* **(etwas) zu etwas beitragen** einen Beitrag zu einer Sache leisten, an der meist viele Menschen interessiert sind ⟨sein(en) Teil zu etwas beitragen⟩ | *viel zum Gelingen eines Abends beitragen* | *Louis Pasteur trug viel dazu bei, Bakterien zu erforschen*

bei·trags·pflich·tig ADJEKTIV; *admin* verpflichtet, einen festgelegten Beitrag zu zahlen

bei·tre·ten VERB *(ist)* **einer Sache** *(Dativ)* **beitreten** Mitglied in einer Vereinigung oder Organisation werden ⟨einer Partei, einem Verein, der Gewerkschaft beitreten⟩ ● hierzu **Bei·tritt** *der*

Bei·werk *das; nur Singular* etwas, das man zu einer Sache dazugetan hat, das aber nicht nötig ist und oft stört ⟨überflüssiges, schmückendes Beiwerk⟩

bei·woh·nen VERB *(hat)* **einer Sache** *(Dativ)* **beiwohnen** *geschrieben* bei etwas anwesend sein | *einer feierlichen Zeremonie beiwohnen*

Bei·ze *die;* (-, -n) **1** ein flüssiges chemisches Mittel, mit dem Holz, Metalle, Textilien oder Tierhaut behandelt werden K Beizmittel **2** eine Flüssigkeit meist aus Wasser, Essig und Gewürzen, in die man rohes Fleisch legt, um es zu würzen | *Steaks in Beize einlegen*

bei·zei·ten ADVERB; *veraltend* so früh, dass es für ein geplantes Vorhaben oder Ziel günstig oder früh genug ist ⟨beizeiten abreisen, aufstehen⟩ ≈ *rechtzeitig*

bei·zen VERB (beizte, hat gebeizt) **etwas beizen** meist Holz mit Beize behandeln

be·ja·hen VERB (bejahte, hat bejaht) **1** **etwas bejahen** eine Frage mit Ja beantworten ⟨eine Frage bejahen; eine bejahende Antwort, Geste⟩ **2** **etwas bejahen** sagen, dass man etwas für wahr und richtig hält ⟨einen Verdacht bejahen⟩ | *Der Minister bejahte die Notwendigkeit einer Gesetzesänderung* **3** **etwas bejahen** eine positive Einstellung zu etwas haben, mit etwas einverstanden sein ⟨die Demokratie, einen Plan bejahen⟩ ● hierzu **Be·ja·hung** *die*

be·jahrt ADJEKTIV; *geschrieben* von (relativ) hohem Alter ≈ *alt* ● hierzu **Be·jahrt·heit** *die*

be·ju·beln VERB (bejubelte, hat bejubelt) **jemanden/etwas bejubeln** über jemanden/etwas jubeln

★ **be·kämp·fen** VERB (bekämpfte, hat bekämpft) **1** **jemanden bekämpfen** so handeln, dass die genannte Person gehindert wird, etwas zu tun **2** **etwas bekämpfen** so handeln, dass die genannte Sache verschwindet oder weniger wird | *Ungeziefer/den Missbrauch von Drogen bekämpfen* ● hierzu **Be·kämp·fung** *die*

★ **be·kannt** ■ PARTIZIP PERFEKT **1** → bekennen
■ ADJEKTIV **2** im Gedächtnis vieler Menschen vorhanden ⟨ein Lied, ein Schauspieler; allgemein bekannt sein⟩ **3** **als jemand/etwas bekannt** mit dem Ruf, etwas zu sein | *Er ist als Lügner bekannt* | *Der Ort ist als Ferienparadies bekannt* **4** **für etwas bekannt** wegen einer positiven Eigenschaft geschätzt bzw. wegen einer negativen Eigenschaft nicht geschätzt | *ein für seine Unzuverlässigkeit bekanntes Testverfahren* | *Er ist für seinen Fleiß bekannt* | *Anette ist bekannt dafür, dass sie sehr großzügig ist* | *Er ist bekannt dafür, sehr großzügig zu sein* **5** **etwas ist (jemandem) bekannt** etwas ist so, dass jemand es kennt oder davon gehört hat ⟨etwas wird bekannt; etwas als bekannt voraussetzen⟩ | *Mir ist nichts von einer neuen Regelung bekannt* (Ich habe noch nichts von einer neuen Regelung gehört) | *Ist Ihnen bekannt, dass Ihr Nachbar geheiratet hat?* (Wissen Sie schon, dass …) | *Die Entführung wurde bald bekannt* | *Es darf nicht bekannt werden, dass …* **6** **eine Person ist (mit) jemandem) bekannt; Personen sind miteinander bekannt** Personen kennen sich | *Auf der Party sah ich lauter (mir) bekannte Gesichter* (viele Leute, die ich kenne) | *Du brauchst uns nicht vorstellen, wir sind bereits miteinander bekannt* **7** **eine Person/etwas kommt jemandem bekannt vor** eine Person oder Sache macht auf jemanden den Eindruck, dass man sie bereits kennt | *Der Mann an der Theke kommt mir bekannt vor* **8** **mit etwas bekannt sein** *geschrieben* über etwas (genau) informiert sein | *mit dem Inhalt eines Schreibens bekannt sein* **9** **etwas bekannt geben/machen** etwas (z. B. durch die Presse) der Öffentlichkeit mitteilen ⟨etwas im Fernsehen, Rundfunk bekannt machen⟩ | *Der Minister gab seinen Rücktritt bekannt* | *Er machte bekannt, dass …* **10** **jemanden mit etwas bekannt machen** eine Person oder sich selbst über etwas informieren **11** **eine Person mit jemandem bekannt machen; Personen miteinander bekannt machen** (als Dritter) eine Person einer anderen Person vorstellen | *Darf ich Sie mit meiner Frau bekannt machen?* ● zu (1 – 5) **Be·kannt·heit** *die;* zu (9) **Be·kannt·ga·be** *die*

★ **Be·kann·te** *der/die;* (-n, -n) **1** eine Person, die man persönlich kennt und gelegentlich trifft, ohne befreundet zu sein ↔ *Fremde(r)* | *im Biergarten zufällig zwei alte Bekannte treffen* **1** *ein Bekannter; der Bekannte; den, dem, des Bekannten* **2** **ein guter Bekannter/eine gute Bekannte** eine Person, die man zwar gut kennt und öfter trifft, die aber (noch) kein richtiger Freund/keine richtige Freundin ist **3** *veraltet, auch ironisch* eine Person, mit der man Sex hat, obwohl man mit einer anderen Person verheiratet ist ≈ *Geliebte(r)* | *Er fuhr mit seiner Bekannten in Urlaub und die eigene Frau blieb zu Hause*

be·kann·ter·ma·ßen ADVERB; *geschrieben* ≈ *bekanntlich*

be·kannt·ge·ben VERB ≈ *bekannt geben*

be·kannt·lich ADVERB wie jeder weiß, wie allgemein bekannt ist | *Rauchen ist bekanntlich schädlich*

be·kannt·ma·chen VERB ≈ *bekannt machen*

Be·kannt·ma·chung *die;* (-, -en) **1** der Vorgang, etwas der Öffentlichkeit zu sagen ≈ *Mitteilung* **2** der Zettel oder das Plakat, auf dem die Informationen stehen, die bekannt gemacht werden

★ **Be·kannt·schaft** *die;* (-, -en) **1** *nur Singular* der persönliche Kontakt mit einer Person (meist nur selten und nicht intensiv) ⟨mit jemandem Bekanntschaft schließen; eine langjährige Bekanntschaft⟩ **2** *nur Singular* alle Bekannten, die man hat **3** *meist Plural* Personen, zu denen man eine oberflächliche Beziehung hat | *Er hat zahlreiche Bekanntschaften* K Damenbekanntschaft, Frauenbekanntschaft, Herrenbekanntschaft, Männerbekanntschaft **4** **mit etwas Bekanntschaft machen** *gesprochen* mit etwas meist Unangenehmem in Kontakt kommen, es kennenlernen | *mit den skrupellosen Methoden eines Diktators Bekanntschaft machen* **5** **jemandes Bekanntschaft machen** jemanden kennenlernen

be·kạnnt·wer·den VERB ≈ *bekannt werden*

be·keh·ren VERB (bekehrte, hat bekehrt) **jemanden (zu etwas) bekehren** jemanden oder sich selbst dazu bringen, die eigene Religion, die eigenen Ansichten oder die eigene Weltanschauung zu ändern ⟨jemanden zu einer anderen Meinung, politischen Gesinnung bekehren⟩ | *Ein chinesischer Mönch bekehrte ihn zum Buddhismus* • hierzu **Be·keh·rung** *die*

be·ken·nen VERB (bekannte, hat bekannt) **1** **(etwas) bekennen** voller Reue offen sagen oder gestehen, dass man etwas meist Schlechtes getan hat ⟨seine Sünden, seine Schuld bekennen⟩ **2** **seinen Glauben bekennen** offen zeigen oder sagen, dass man einem (religiösen) Glauben angehört **3** **sich zu jemandem/etwas bekennen** öffentlich und deutlich sagen, dass man von jemandem/von einer Person, Meinung, Ideologie oder Religion überzeugt ist ⟨sich zu einem guten Freund, zur Demokratie, zum Christentum bekennen⟩ **4** **sich schuldig bekennen** (vor Gericht) offen zugeben, dass man ein Verbrechen begangen hat

Be·ken·ner·brief *der* ein Brief, in dem eine Person oder Gruppe schreibt, dass sie ein (meist terroristisches) Verbrechen begangen hat

Be·kẹnnt·nis *das;* (-ses, -se) **1** das Bekennen einer Schuld oder einer unmoralischen Tat | *ein aufrichtiges Bekenntnis seiner Sünden ablegen* **2** **ein Bekenntnis (zu etwas)** eine öffentliche Erklärung, mit der man sich zu etwas bekennt **3** die Zugehörigkeit zu einer Religion ≈ *Konfession* **K** Glaubensbekenntnis

★ **be·kla·gen** VERB (beklagte, hat beklagt) **1** **jemanden/etwas beklagen** über einen Verlust, einen Todesfall o. Ä. sehr traurig sein (und klagen) | *den Tod eines Verwandten beklagen* **2** **sich (bei jemandem) (über eine Person/Sache) beklagen** jemandem deutlich sagen, dass man mit einer Person/Sache nicht zufrieden ist oder sie als störend empfindet ≈ *beschweren* | *sich über jemandes Unfreundlichkeit, zu viel Arbeit/Lärm beklagen* | *Er hat sich bei mir darüber beklagt, dass wir ihn nicht eingeladen haben*

be·kla·gens·wert ADJEKTIV **1** ⟨ein Unfall, ein Verlust⟩ ≈ *bedauerlich* **2** so, dass man damit überhaupt nicht zufrieden sein kann | *Die Wohnung ist in einem beklagenswerten Zustand*

Be·klag·te *der/die;* (-n, -n) eine Person, die in einem Zivilprozess verklagt worden ist **H** a) vergleiche **Angeklagte**; b) *ein Beklagter; der Beklagte; den, dem, des Beklagten*

be·klạt·schen VERB (beklatschte, hat beklatscht) **jemanden/etwas beklatschen** Anerkennung oder Begeisterung über jemanden oder etwas ausdrücken, indem man in die Hände klatscht

be·klau·en VERB (beklaute, hat beklaut) **jemanden beklauen** *gesprochen* jemandem etwas stehlen

be·kle·ben VERB (beklebte, hat beklebt) **etwas (mit etwas) bekleben** etwas auf etwas anderes kleben | *die Wände mit Tapeten bekleben*

be·klẹ·ckern VERB (bekleckerte, hat bekleckert) **jemanden/etwas (mit etwas) bekleckern** *gesprochen* beim Essen, Trinken o. Ä. Flecke auf etwas machen | *das Hemd/Tischtuch bekleckern* ■ **ID** → Ruhm

be·klei·den VERB (bekleidete, hat bekleidet) **etwas bekleiden** *geschrieben* eine (berufliche) Stellung haben und die entsprechende Arbeit leisten ⟨ein Amt, einen Posten, eine Stellung bekleiden⟩

be·klei·det ■ PARTIZIP PERFEKT **1** → bekleiden ■ ADJEKTIV **2** **(mit etwas) bekleidet sein** (die genannte) Kleidung tragen | *Er war mit einer kurzen Hose und einem T-Shirt bekleidet* **3** **(nur) leicht/notdürftig bekleidet sein** (nur) wenige Kleidungsstücke tragen

★ **Be·klei·dung** *die; meist Singular* **1** die Kleidungsstücke, die man für einen Zweck oder zu einer Jahreszeit trägt ≈ *Kleidung* | *leichte Bekleidung für den Sommer* **K** Bekleidungsartikel, Bekleidungsindustrie; Damenbekleidung, Herrenbekleidung, Kinderbekleidung, Sommerbekleidung, Winterbekleidung, Berufsbekleidung, Freizeitbekleidung, Sportbekleidung **2** *geschrieben* das Bekleiden eines Amtes

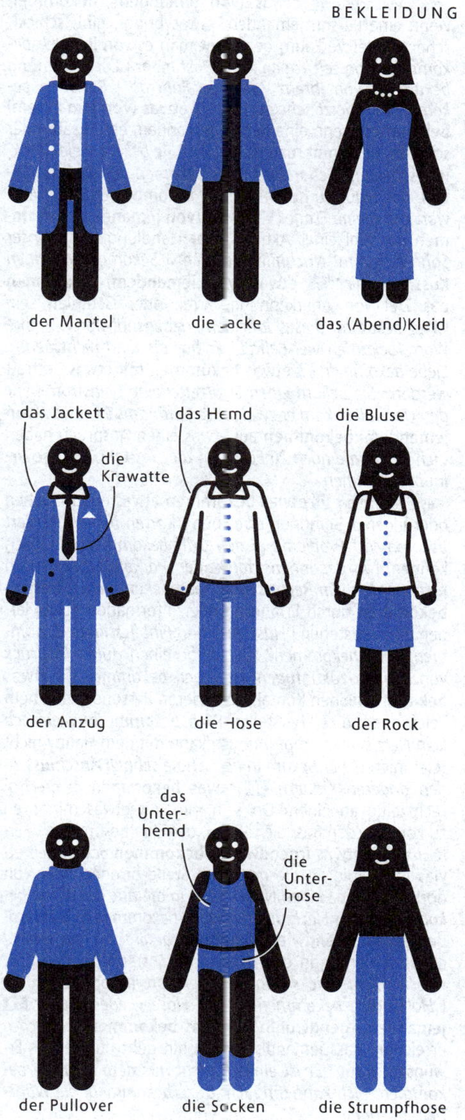

be·klem·mend ADJEKTIV ⟨ein Gefühl, Schweigen⟩ so, dass man Angst bekommt oder unruhig wird

Be·klem·mung *die*; (-, -en) ein Gefühl der Angst oder Beunruhigung

be·klom·men ADJEKTIV von Angst oder Unruhe erfüllt • hierzu **Be·klom·men·heit** *die*

be·kloppt ADJEKTIV; *norddeutsch, gesprochen* ≈ *verrückt*

be·knackt ADJEKTIV; *gesprochen* ⟨beknackt aussehen⟩ ≈ *dumm, albern*

be·knien [bəˈkniː(ə)n] VERB (bekniete, hat bekniet) **jemanden beknien (zu** *+Infinitiv*) *gesprochen* jemanden lange und intensiv bitten, einen Wunsch zu erfüllen | *Sie bekniete ihren Vater, ihr ein Fahrrad zu kaufen*

★ **be·kom·men**[1] VERB (bekam, hat bekommen); *kein Passiv*
▸als Empfänger: **1** **etwas (von jemandem) bekommen** wenn eine Person jemandem etwas bringt, gibt, schickt, schenkt oder verkauft, bekommt man es von ihr | *Ich bekomme schon seit Tagen keine Post mehr* | *Zur Belohnung bekam sie von ihrem Vater ein Fahrrad* | *Bananen bekommt man jetzt sehr günstig* **2** **etwas (von jemandem) bekommen** wenn eine Person jemandem etwas sagt oder schreibt, bekommt man es von ihr | *Sie bekam viele Glückwünsche zum Geburtstag* | *Wir bekamen den Auftrag/Befehl, das Haus zu durchsuchen* | *Bekomme ich keine Antwort auf meine Frage?* **3** **etwas (von jemandem) bekommen** das Ziel einer Aktion, einer Handlung sein | *Unser Sohn bekommt Nachhilfeunterricht* | *Bekomme ich einen Kuss von dir?* **4** **etwas (von jemandem) bekommen** das Ziel von Anerkennung, Kritik oder Gefühlen sein | *Wer bekommt dieses Jahr den Friedensnobelpreis?* | *Ihre Worte bekamen viel Beifall* | *Er hat als Kind nicht genug Liebe bekommen* **5** **etwas bekommen** mit etwas bestraft werden | *Sie bekam einen Strafzettel/eine Geldstrafe* | *Für den Überfall bekam er zwei Jahre Gefängnis* **6** **etwas (von jemandem) bekommen** auf etwas einen Anspruch haben | *Ich bekomme noch 20 Euro von dir* | *im Jahr 25 Tage Urlaub bekommen*
▸als Handelnder: **7** **etwas bekommen** etwas durch Suchen oder eigenes Bemühen erreichen | *Karten für ein Konzert bekommen* | *Probleme in den Griff bekommen* (sie lösen können) | *in der Innenstadt keinen Parkplatz bekommen* | *Ich werde mein Recht schon noch bekommen!* **8** **etwas bekommen** durch Erfahrung oder Information etwas lernen oder verstehen | *Hast du schon Einblick in die Zusammenhänge bekommen?* | *Ich habe einen guten Eindruck von meinen zukünftigen Aufgaben bekommen* **9** **etwas bekommen** einen Kontakt zu anderen Personen, zu einem Telefonnetz o. Ä. herstellen | *Ich bekomme hier einfach kein Netz/keinen Empfang!* (Ich kann mit dem Handy nicht telefonieren) | *Er bekam in der Schule schnell Anschluss zu den anderen Kindern* **10** **etwas bekommen** *gesprochen* rechtzeitig an einem Ort sein, um mit etwas mitfahren zu können ⟨den Bus, die U-Bahn, den Zug bekommen⟩ ≈ *erreichen* **11** **etwas irgendwohin bekommen** *gesprochen* etwas mit Erfolg an die genannte Stelle bringen oder von dort entfernen | *einen Nagel nicht in die/aus der Wand bekommen* | *den Fleck aus der Hose bekommen* **12** **jemanden/etwas irgendwie bekommen** *gesprochen* jemanden/etwas mit Erfolg in den genannten Zustand bringen | *Sie wusste nicht, wie sie ihre Kinder satt bekommen sollte* | *Hoffentlich bekommen wir die Hose wieder sauber* **13** **jemanden irgendwohin/zu etwas bekommen** *gesprochen* erreichen, dass jemand irgendwohin geht oder etwas Erwünschtes tut | *Er ist einfach nicht aus dem Haus zu bekommen!* | *Ich kann ihn nicht dazu bekommen, die Wahrheit zu sagen*
▸bei Vorgängen: **14** **etwas bekommen** eine Situation, eine Wirkung erleben | *Welches Wetter bekommen wir morgen?* | *Ich möchte deswegen keinen Ärger/Streit bekommen* **15** **etwas bekommen** eine körperliche oder emotionale Veränderung erleben | *Fieber und Halsschmerzen bekommen* | *Das Baby bekommt Zähne* | *Da kann man ja Angst bekommen!* **16** **eine Frau bekommt ein Baby/ein Kind** eine Frau ist schwanger **17** **ein Paar bekommt Nachwuchs/ein Kind** eine Frau und ein Mann werden Eltern **18** **etwas bekommt etwas** etwas verändert sich, entwickelt etwas Neues | *Die Bäume bekommen Blüten/frische Blätter* | *Das Auto bekommt Rostflecke*
▸mit anderen Verben: **19** **etwas** *+Partizip Perfekt* **bekommen** anstelle des Passivs verwendet bei Verben, die zwei Objekte haben können | *Ich habe (von ihm) Blumen geschenkt bekommen* (Er hat mir Blumen geschenkt) | *Sie hat ihre Fahrtkosten erstattet bekommen* (Man hat ihr die Fahrtkosten erstattet) | *Die Unfallopfer bekamen eine Entschädigung zugesprochen* (Ihnen wurde eine Entschädigung versprochen) **20** **etwas zu** *+Infinitiv* **bekommen** die Möglichkeit haben, etwas zu tun oder etwas wahrzunehmen | *Bekommt man hier nichts zu trinken?* | *Da werden wir viel zu tun bekommen!* | *Auf unserer Reise durch Afrika bekamen wir nur wenige wilde Tiere zu sehen* **21** **etwas zu** *+Infinitiv* **bekommen** etwas Unangenehmes ertragen müssen | *jemandes Wut zu spüren bekommen* | *böse Worte zu hören bekommen*
■ ID **Was bekommen Sie?** *gesprochen* (*als Frage des Verkäufers*) Was möchten Sie kaufen?; **Was bekommen Sie (dafür)?** *gesprochen* (*als Frage des Kunden*) Wie viel Geld muss ich Ihnen dafür bezahlen?

be·kom·men[2] VERB (bekam, ist bekommen) **etwas bekommt jemandem irgendwie** etwas hat Folgen für die Gesundheit oder die Lebensqualität einer Person | *Das scharfe Essen ist ihm schlecht bekommen* | *Der Klimawechsel bekommt ihm nicht* (er verträgt ihn nicht)

be·kömm·lich ADJEKTIV so, dass der Magen es gut verträgt ⟨ein Essen, eine Mahlzeit⟩ • hierzu **Be·kömm·lich·keit** *die*

be·kös·ti·gen VERB (beköstigte, hat beköstigt) **jemanden beköstigen** *geschrieben* jemandem (regelmäßig) zu essen geben • hierzu **Be·kös·ti·gung** *die*

be·kräf·ti·gen VERB (bekräftigte, hat bekräftigt) **1** **etwas (mit/durch etwas) bekräftigen** ausdrücklich betonen, dass etwas der Wahrheit entspricht, dass man es mit etwas ernst meint o. Ä. ⟨seine Absicht, seine Meinung bekräftigen⟩ | *Er bekräftigte sein Versprechen mit einem/durch einen Eid* **2** **etwas bekräftigt jemanden in etwas** (*Dativ*) etwas ermutigt jemanden, die eigene Meinung oder Haltung nicht aufzugeben ⟨etwas bekräftigt eine Person in ihrem Entschluss, in ihrer Auffassung⟩ • hierzu **Be·kräf·ti·gung** *die*

be·kreu·zi·gen VERB (bekreuzigte sich, hat sich bekreuzigt) **sich bekreuzigen** (z. B. beim Betreten einer Kirche) das Zeichen des Kreuzes über die Stirn (und Brust) machen • hierzu **Be·kreu·zi·gung** *die*

be·krie·gen VERB (bekriegte, hat bekriegt) **1** **jemanden bekriegen** *veraltend* Krieg gegen jemanden führen **2** **jemanden bekriegen** Streit mit jemandem haben | *Sie bekriegen sich/einander schon lange*

be·krit·teln VERB (bekrittelte, hat bekrittelt) **jemanden/etwas bekritteln; etwas an jemandem bekritteln** *abwertend* jemanden/etwas ohne guten Grund (ständig) kritisieren • hierzu **Be·krit·te·lung** *die*

be·krit·zeln VERB (bekritzelte, hat bekritzelt) **etwas bekritzeln** auf etwas kritzeln | *ein Blatt Papier bekritzeln*

be·küm·mern VERB (bekümmerte, hat bekümmert) **etwas bekümmert jemanden** etwas erfüllt jemanden mit Kummer oder Sorge | *Es bekümmerte ihn, dass seine Mutter krank war* ■ ID **Was bekümmert 'Sie das?** Was haben Sie damit zu tun?; **Das braucht dich nicht zu bekümmern** *gesprochen* Das ist nicht deine Sache, damit hast du nichts zu tun

be·küm·mert ■ PARTIZIP PERFEKT **1** → bekümmern ■ ADJEKTIV **2** **bekümmert (über etwas** *(Akkusativ)***)** von Sorge oder Kummer erfüllt ≈ *traurig* | *Sie warf mir einen bekümmerten Blick zu*

be·kun·den VERB (bekundete, hat bekundet) **(jemandem) etwas bekunden** *geschrieben* (jemandem gegenüber) meist Gefühle offen zeigen ⟨jemandem sein Mitleid bekunden; reges Interesse an jemandem/etwas bekunden⟩ • hierzu **Be·kun·dung** *die*

be·lä·cheln VERB (belächelte, hat belächelt) **jemanden/etwas belächeln** spöttisch reagieren, weil man jemanden/etwas als schlecht oder ungeeignet betrachtet | *Seine Vorschläge werden nur belächelt*

be·la·den VERB (belädt, belud, hat beladen) **etwas (mit etwas) beladen** etwas auf eine Fläche (meist eines Fahrzeugs) laden | *einen Lastwagen mit Erde beladen* • hierzu **Be·la·dung** *die*

Be·lag *der*; (-(e)s, Be·lä·ge) **1** eine Schicht aus einem Material, mit der etwas bedeckt wird, um es vor Abnutzung oder Reibung zu schützen | *die Straße/den Fußboden mit einem neuen Belag versehen* K Fußbodenbelag, Straßenbelag **2** *meist Singular* eine dünne Schicht aus Schmutz oder Bakterien, die sich auf etwas gebildet hat ⟨ein Belag auf der Zunge, auf den Zähnen, auf dem Spiegel⟩ K Staubbelag, Zahnbelag **3** *meist Singular* etwas, das man auf eine Scheibe Brot oder ein Brötchen legt (z. B. Wurst oder Käse) K Brotbelag

be·la·gern VERB (belagerte, hat belagert) **1** **Soldaten belagern etwas** Soldaten schlagen für längere Zeit ihr Lager um etwas herum auf, um es zu erobern ⟨eine Burg, eine Festung, eine Stadt belagern⟩ **2** **Personen belagern jemanden/etwas** *gesprochen* Personen drängen sich (in großer Zahl) um jemanden/etwas, um etwas zu bekommen | *den Auskunftsschalter belagern* | *Der Star wurde von Fans belagert, die auf Autogramme hofften* • zu (1) **Be·la·ge·rung** *die*; zu (1) **Be·la·ge·rer** *der*

be·läm·mert ADJEKTIV; *gesprochen* **1** dumm und verwirrt oder niedergeschlagen ⟨ein belämmertes Gesicht machen; belämmert aussehen⟩ **2** verwendet, um Ärger auszudrücken | *Das belämmerte Radio ist schon wieder kaputt!* | *Das Wetter im Urlaub war belämmert*

Be·lang *der*; (-(e)s, -e) **1** *nur Plural* die Angelegenheiten oder Faktoren, die für jemanden oder innerhalb eines Bereichs wichtig sind ⟨die ökonomischen, sozialen Belange; jemandes Belange wahrnehmen⟩ **2** **(etwas ist) (für jemanden) von/ohne Belang** (etwas ist) für jemanden wichtig/nicht wichtig

be·lan·gen VERB (belangte, hat belangt) **1** **jemanden (wegen/für etwas) belangen** mit der Hilfe eines Rechtsanwalts oder der Polizei dafür sorgen, dass jemand für etwas bestraft wird oder einen Schaden ersetzen muss ⟨jemanden gerichtlich belangen⟩ | *jemanden wegen Betruges belangen* **2** **was jemanden/etwas belangt** *veraltend* verwendet, um den Bezug zu jemandem/etwas herzustellen

be·lang·los ADJEKTIV **belanglos (für jemanden/etwas)** ohne Bedeutung oder Folgen ⟨eine Bemerkung⟩ ≈ *unwichtig* | *Sein Alter ist für diese Aufgabe belanglos* • hierzu **Be·lang·lo·sig·keit** *die*

be·las·sen VERB (belässt, beließ, hat belassen) **1** **jemanden bei/in etwas** *(Dativ)* **belassen** nicht versuchen, vor allem jemandes Meinung oder Einstellung zu ändern ⟨jemanden bei seiner Meinung, seinem Irrtum, bei/in seinem Glauben belassen⟩ **2** **etwas in etwas** *(Dativ)* **belassen** den bisherigen Zustand einer Sache nicht ändern | *ein Theaterstück in seiner ursprünglichen Besetzung belassen* **3** **etwas irgendwo belassen** etwas nicht von dem bisherigen Platz entfernen | *Tiere in ihrer natürlichen Umgebung belassen* ■ ID **alles beim Alten belassen** *gesprochen* nichts verändern; **es dabei belassen** *gesprochen* etwas so lassen, wie es ist, nichts mehr ändern

be·last·bar ADJEKTIV **1** so, dass eine Person oder Sache Belastungen gut verträgt **2** so, dass man Informationen vertrauen kann ⟨Daten, Zahlen(material)⟩ • hierzu **Be·last·bar·keit** *die*

★ **be·las·ten** VERB (belastete, hat belastet) **1** **jemanden (mit/durch etwas) belasten** bewirken, dass jemand viel psychische oder physische Kraft braucht | *jemanden mit Problemen/zusätzlicher Arbeit stark belasten* | *Die Scheidung von seiner Frau hat ihn sehr belastet* **2** **jemand/etwas belastet etwas (mit/durch etwas)** eine Person oder Sache sorgt für eine störende oder schädliche Wirkung auf etwas | *Wir belasten die Luft mit Abgasen* | *Die Abgase belasten die Luft* | *das Gewissen mit Vorwürfen belasten* **3** **etwas (mit etwas) belasten** bewirken, dass schwere Dinge in oder auf etwas sind | *die Ladefläche eines Lastwagens belasten* | *Die Brücke brach zusammen, da sie zu stark belastet wurde* **4** **jemanden belasten** vor der Polizei oder vor Gericht gegen eine Person aussagen **5** **etwas belastet jemanden** etwas lässt es wahrscheinlich erscheinen, dass eine Person schuldig ist | *belastendes Material gegen jemanden vorbringen* | *Die Aussage der Zeugin belastete ihn schwer* **6** **etwas (mit etwas) belasten** Geld von etwas nehmen ⟨jemandes Guthaben, Konto belasten⟩ **7** **etwas mit etwas belasten** eine finanzielle Schuld auf etwas übertragen | *ein Grundstück mit einer Hypothek belasten* **8** **jemanden/etwas (mit etwas) belasten** Geld von jemandem/etwas fordern und dadurch meist Probleme schaffen | *die Arbeitnehmer mit höheren Steuern belasten* | *den Etat mit zusätzlichen Ausgaben belasten*

be·läs·ti·gen VERB (belästigte, hat belästigt) **1** **jemanden (mit etwas) belästigen** eine andere Person stören oder ärgern, indem man immer wieder etwas von ihr möchte ⟨jemanden mit den eigenen Problemen, Sorgen belästigen⟩ **2** **jemanden belästigen** eine Person nicht in Ruhe lassen oder versuchen, sie zu etwas zu zwingen, was sie nicht will ⟨ein Mädchen, eine Frau unsittlich belästigen⟩ | *Ich wurde auf der Straße von Betrunkenen belästigt* • hierzu **Be·läs·ti·gung** *die*

★ **Be·las·tung** *die*; (-, -en) **1** das Belasten einer Person durch Stress | *Manchmal ist die berufliche Belastung einfach zu viel* **2** das, wodurch jemand belastet wird und was so das Leben schwierig macht | *Seine Krankheit stellt für ihn eine schwere Belastung dar* **3** das, wodurch etwas belastet und beschädigt wird | *Bleifreies Benzin bedeutet eine geringere Belastung der Umwelt* K Schadstoffbelastung, Umweltbelastung **4** das Gewicht, das eine Fläche, einen Körper oder eine (technische) Konstruktion belastet | *Die zulässige Belastung des Fahrstuhls liegt bei 600 kg* K Belastungsgrenze, Belastungsprobe **5** das Belasten eines Angeklagten durch Aussagen oder Beweise K Belastungszeuge **6** Geld, das man für den genannten Zweck immer wieder ausgeben muss ⟨die monatlichen Belastungen⟩ **7** relativ viel Geld, das man sich meist für den Kauf oder Bau eines Hauses geliehen hat | *die Belastung eines Hauses mit einer Hypothek*

be·lau·ern VERB (belauerte, hat belauert) **jemanden belauern** eine Person sehr genau beobachten (z. B. um sie zu fangen oder um festzustellen, ob sie einen Fehler macht)

be·lau·fen VERB (beläuft sich, belief sich, hat sich belaufen) **etwas beläuft sich auf etwas** *(Akkusativ)* etwas erreicht die genannte Anzahl, Menge oder Geldsumme | *Der entstandene Sachschaden beläuft sich auf 1.000 Euro*

be·lau·schen VERB (belauschte, hat belauscht) **jemanden/etwas belauschen** einer Person/einem Gespräch heimlich zuhören

be·le·ben VERB (belebte, hat belebt) **1** **etwas belebt jemanden/etwas** etwas hat auf jemanden/etwas eine aktivierende, stimulierende Wirkung | *Kaffee belebt den Kreislauf* | *Konkurrenz belebt das Geschäft* **2** **etwas (mit/durch etwas) beleben** etwas interessant(er) oder lebendig(er) machen | *ein Zimmer durch bunte Tapeten beleben* | *eine Unterhaltung mit witzigen Bemerkungen beleben* **3** **etwas belebt sich** etwas wird intensiver oder kommt in Schwung ⟨der Handel, die Konjunktur⟩ **4** **etwas belebt sich** etwas wird allmählich voll von Menschen oder Fahrzeugen ⟨ein Bahnhof, eine Kneipe, eine Straße⟩ | *An warmen Sommerabenden beleben sich die Straßen des Stadtzentrums* ● hierzu **Be·le·bung** *die*

be·lebt ADJEKTIV ■ PARTIZIP PERFEKT **1** → beleben ■ ADJEKTIV **2** voller Menschen oder Fahrzeuge ⟨eine Straße, eine Kreuzung⟩ | *Die Fußgängerzone ist immer sehr belebt*

★ **Be·leg** *der;* (-(e)s, -e) **1** **ein Beleg (für etwas)** meist eine Rechnung oder Quittung, die bestätigen, dass man etwas bezahlt, bekommen oder getan hat K Buchungsbeleg, Spendenbeleg, Zahlungsbeleg **2** etwas Schriftliches, das als Beweis für eine Aussage in einem Buch o. Ä. dient ⟨ein Zitat als Beleg anführen⟩ K Belegstelle

★ **be·le·gen** VERB (belegte, hat belegt) **1** **etwas (mit etwas) belegen** essbare Dinge auf ein Brot, ein Brötchen, einen Tortenboden o. Ä. legen | *einen Tortenboden mit Erdbeeren/ein Brot mit Wurst belegen* **2** **etwas (mit/durch etwas) belegen** etwas durch einen Beleg nachweisen oder beweisen | *Ausgaben/Spenden durch Quittungen belegen* | *eine Behauptung mit einem Zitat belegen* **3** **etwas belegen** sich als Student für einen Kurs anmelden ⟨ein Seminar, eine Vorlesung belegen⟩ K Belegbogen **4** **etwas belegen** (als Sportler) in einem Wettkampf den genannten Rang erreichen | *den zweiten Platz belegen* **5** **jemanden/etwas mit etwas belegen** bewirken, dass etwas (meist Unangenehmes) für jemanden/etwas zur Pflicht wird ⟨jemanden mit einer Strafe, mit einem Bußgeld belegen⟩ | *Zigaretten mit einer höheren Steuer belegen* ● zu (2 – 5) **Be·le·gung** *die;* zu (2) **be·leg·bar** ADJEKTIV

Be·leg·schaft *die;* (-, -en) alle Personen, die in einem Betrieb beschäftigt sind ≈ *Personal*

★ **be·legt** ■ PARTIZIP PERFEKT **1** → belegen ■ ADJEKTIV **2** von Personen besetzt ⟨ein Zimmer, ein Hotel⟩ ↔ *frei* | *Alle Betten des Krankenhauses sind zurzeit belegt* **3** für jemanden reserviert ⟨ein Platz, ein Stuhl⟩ **4** **(mit etwas) belegt** so, dass Wurst oder Käse darauf liegt ⟨ein Brot, ein Brötchen⟩ **5** (meist als Symptom einer Krankheit) mit einer hellen Schicht ⟨die Zunge⟩ **6** nicht klar, weil jemand heiser ist oder fast weinen muss ⟨eine Stimme⟩ **7** **ein Anschluss/eine Nummer ist belegt** ein Telefon wird gerade benutzt, kann keine anderen Anrufe bekommen

be·leh·ren VERB (belehrte, hat belehrt) **jemanden (über etwas** *(Akkusativ)***) belehren** jemanden über etwas informieren | *einen Verhafteten über seine Rechte belehren* ■ ID **jemanden eines Besseren belehren** jemanden dazu bringen, eine falsche Meinung, eine ungünstige Absicht o. Ä. aufzugeben ⟨sich eines Besseren belehren lassen⟩ ● hierzu **Be·leh·rung** *die*

be·leibt ADJEKTIV; *humorvoll* ⟨Menschen⟩ ≈ *dick* ● hierzu **Be·leibt·heit** *die*

★ **be·lei·di·gen** VERB (beleidigte, hat beleidigt) **1** **jemanden (durch/mit etwas) beleidigen** die Gefühle oder Ehre einer Person durch Worte oder Handlungen verletzen ⟨jemanden schwer beleidigen⟩ | *eine beleidigende Bemerkung* **2** **etwas beleidigt das Auge/Ohr** etwas sieht sehr schlecht aus/klingt sehr unangenehm

be·lei·digt ■ PARTIZIP PERFEKT **1** → beleidigen ■ ADJEKTIV **2** in den Gefühlen oder in der Ehre verletzt ⟨tief, zutiefst, tödlich beleidigt⟩ | *Sie ist wegen jeder Kleinigkeit beleidigt* **3** *meist attributiv* so, dass deutlich wird, dass jemand beleidigt ist ⟨ein Gesicht, eine Reaktion, Schweigen⟩ ■ ID → Leberwurst

Be·lei·di·gung *die;* (-, -en) **1** etwas, das eine Person sagt oder tut und so die Gefühle oder die Ehre einer anderen Person zu verletzten ⟨eine schwere Beleidigung; eine Beleidigung zurücknehmen; sich für eine Beleidigung entschuldigen⟩ K Beamtenbeleidigung **2** **eine Beleidigung für das Auge/Ohr** etwas, das sehr schlecht aussieht/klingt

be·lei·hen VERB (belieh, hat beliehen) **etwas beleihen** einer Bank Rechte auf eine Sache als Pfand für einen Kredit geben ⟨ein Grundstück, ein Haus, eine Versicherung beleihen⟩

be·le·sen ADJEKTIV ⟨Menschen⟩ mit sehr großem Wissen, weil sie viel gelesen haben ● hierzu **Be·le·sen·heit** *die*

★ **be·leuch·ten** VERB (beleuchtete, hat beleuchtet) **1** **etwas (mit etwas) beleuchten** etwas durch Licht oder Lampen hell machen | *Eine Laterne beleuchtete den Hof* | *Die Bühne wurde mit Scheinwerfern beleuchtet* **2** **etwas beleuchten** sich Gedanken über etwas machen, etwas (genauer) untersuchen ⟨ein Problem, Thema, einen Aspekt kritisch beleuchten⟩ ≈ *betrachten*

Be·leuch·tung *die;* (-, -en) **1** das Beleuchten ⟨eines Raumes⟩ | *für ausreichende Beleuchtung sorgen* K Bühnenbeleuchtung **2** Lampen oder Kerzen, die etwas beleuchten ⟨eine künstliche, elektrische, festliche Beleuchtung⟩ | *im Schaufenster die Beleuchtung einschalten* K Festbeleuchtung, Kerzenbeleuchtung **3** das Beleuchten ⟨eines Themas⟩

be·lich·ten VERB (belichtete, hat belichtet) **(etwas) belichten** Lichtstrahlen auf einen Film oder auf Fotopapier fallen lassen | *beim Fotografieren ein Foto zu stark belichten*

Be·lich·tung *die* das Belichten ⟨die Belichtung eines Films, eines Fotos⟩ K Belichtungsautomatik, Belichtungsdauer, Belichtungsmesser, Belichtungszeit

be·lie·ben VERB (beliebte, hat beliebt); *geschrieben* **1** **belieben zu** *+Infinitiv* (oft ironisch verwendet) etwas gern oder aus Gewohnheit tun ⟨zu scherzen belieben⟩ | *Er beliebte, nicht zu antworten* **2** **es beliebt jemandem (zu** *+Infinitiv***)** es ist jemandes Wunsch oder es gefällt jemandem (, etwas zu tun) | *Sie können kommen, wann es Ihnen beliebt*

Be·lie·ben *das;* (-s) **nach Belieben** wie man es möchte, wie es einem gefällt ⟨ganz nach Belieben wählen, handeln können⟩

★ **be·lie·big** ADJEKTIV **1** gleichgültig welcher, welche, welches | *jede beliebige Arbeit annehmen* | *zu jeder beliebigen Zeit erreichbar sein* **2** so, wie man es will und wie man es gut findet | *Du kannst das Buch beliebig lange behalten* | *Die Reihenfolge ist beliebig*

★ **be·liebt** ■ PARTIZIP PERFEKT **1** → belieben ■ ADJEKTIV **2** **(bei jemandem) beliebt** (von vielen) sehr geschätzt ⟨ein Politiker, ein Spiel, ein Urlaubsland⟩ | *Er war bei seinen Kollegen sehr beliebt* **3** **(bei jemandem) beliebt** sehr verbreitet oder oft benutzt ⟨ein Aufsatzthema, eine Ausrede, eine Redensart⟩ **4** **sich (bei jemandem) beliebt machen** sich (bewusst) so verhalten, dass es jemandem gefällt ● zu (2,3) **Be·liebt·heit** *die*

be·lie·fern VERB (belieferte, hat beliefert) **jemanden/etwas**

(mit etwas) beliefern Waren an jemanden/etwas liefern ⟨einen Kunden, ein Warenhaus beliefern⟩ • hierzu **Be·lie·fe·rung** *die*

bel·len VERB (bellte, hat gebellt) **ein Hund bellt** ein Hund gibt die Laute von sich, die für seine Art typisch sind ■ **ID Bellende Hunde beißen nicht** Leute, die drohen, führen diese Drohungen oft nicht aus

bel·lend ■ PARTIZIP PRÄSENS **1** → bellen
■ ADJEKTIV **2** *meist attributiv* laut ⟨ein Husten⟩

Bel·let·ris·tik *die*; (-) Literatur, die der Unterhaltung dient, wie z. B. Romane und Erzählungen ↔ *Sachliteratur, Fachliteratur* • hierzu **bel·let·ris·tisch** ADJEKTIV

be·lo·bi·gen VERB (belobigte, hat belobigt) **jemanden belobigen** *veraltend* jemandem ein offizielles Lob geben • hierzu **Be·lo·bi·gung** *die*

★ **be·loh·nen** VERB (belohnte, hat belohnt) **1 jemanden (für etwas) (mit etwas) belohnen** einer Person etwas geben, weil sie geholfen oder Gutes getan hat ⟨jemanden für seine Ehrlichkeit, Mühe belohnen⟩ | *Sie belohnte ihn für seine Hilfe mit 100 Euro* **2 etwas (mit/durch etwas) belohnen** etwas durch eine freundliche Reaktion anerkennen ⟨jemandes Gutmütigkeit, jemandes Hilfsbereitschaft belohnen⟩

★ **Be·loh·nung** *die*; (-, -en) **1 eine Belohnung (für etwas)** das, was jemand als Anerkennung für eine gute Tat o. Ä. bekommt ⟨etwas als/zur Belohnung bekommen⟩ | *eine Belohnung für die Aufklärung eines Verbrechens aussetzen* **2** *nur Singular* das Belohnen | *die Belohnung eines ehrlichen Finders*

be·lü·gen VERB (belog, hat belogen) **jemanden belügen** jemanden anlügen

be·lus·ti·gen VERB (belustigte, hat belustigt) **jemanden (mit etwas) belustigen** bewirken, dass sich jemand amüsiert | *das Publikum mit Witzen belustigen* • hierzu **Be·lus·ti·gung** *die*

be·mäch·ti·gen VERB (bemächtigte sich, hat sich bemächtigt) **sich jemandes/etwas bemächtigen** *geschrieben* jemanden/etwas mit Gewalt nehmen | *Durch einen Putsch bemächtigte sich das Militär der Staatsgewalt* • hierzu **Be·mäch·ti·gung** *die*

be·ma·len VERB (bemalte, hat bemalt) **etwas bemalen** Bilder oder Farben auf etwas malen | *eine Vase bemalen* | *ein bemalter Schrank* • hierzu **Be·ma·lung** *die*

be·män·geln VERB (bemängelte, hat bemängelt) **etwas (an jemandem/etwas) bemängeln** sagen, dass man etwas als Fehler oder Mangel empfindet | *Die Chefin bemängelte seine Unpünktlichkeit* | *An der Arbeit ist nichts zu bemängeln* • hierzu **Be·män·ge·lung** *die*

be·mannt ADJEKTIV **(mit jemandem) bemannt** mit einer Mannschaft, einem Team versehen ⟨ein Flugzeug, Schiff, Boot⟩ | *ein mit fünf Astronauten bemanntes Raumschiff*

be·merk·bar ADJEKTIV **1** so, dass man es sehen, hören oder riechen kann | *ein kaum bemerkbarer Farbunterschied* **2 etwas macht sich bemerkbar** etwas zeigt unangenehme Wirkungen | *Wenn sie lange Strecken laufen muss, macht es sich bemerkbar, dass sie zu viel raucht* **3 sich bemerkbar machen** sich so verhalten, dass andere Menschen aufmerksam werden und reagieren | *Der Verletzte versuchte, sich bemerkbar zu machen*

★ **be·mer·ken** VERB (bemerkte, hat bemerkt) **1 jemanden/etwas bemerken** jemanden/etwas sehen, hören oder riechen | *Es kam zu einem Zusammenstoß, weil der Autofahrer den Radfahrer zu spät bemerkt hatte* **2 etwas bemerken** durch Überlegen oder Nachdenken etwas erkennen | *Hast du denn nicht bemerkt, dass man dich betrügen wollte?* **3 etwas (zu etwas) bemerken** etwas (zu dem genannten Thema) sagen ⟨etwas nebenbei, beiläufig, am Rande bemerken⟩ | *Dazu möchte ich bemerken, dass …* | *Nebenbei bemerkt, das Essen war miserabel*

be·mer·kens·wert ADJEKTIV **1** gut oder auffällig und daher wert, dass man es beachtet | *eine bemerkenswerte Arbeit* | *Das Bemerkenswerte an der Sache ist, dass niemand wusste, wie er eigentlich heißt* **2** verwendet, um Adjektive zu verstärken | *Das Essen schmeckte bemerkenswert gut* | *Sie gab ein bemerkenswert offenes Interview*

Be·mer·kung *die*; (-, -en) **eine Bemerkung über jemanden/etwas** eine kurze, oft mündliche Äußerung zu einer Sache oder Person ⟨eine abfällige, anzügliche, kritische Bemerkung; eine Bemerkung fallen lassen, machen⟩ | *Ich konnte mir eine spöttische Bemerkung über seine neue Frisur nicht verkneifen*

be·mes·sen VERB (bemisst, bemaß, hat bemessen) **1 etwas bemessen** die Menge, Intensität o. Ä. einer Sache (wegen einer Schätzung, Berechnung oder Vorschrift) bestimmen oder beurteilen ⟨die Menge, den Umfang, den Preis, eine Strafe bemessen⟩ | *ein großzügig bemessenes Trinkgeld* | *Die Arbeitspausen sind sehr knapp bemessen* ■ meist im Partizip Perfekt **2 etwas bemisst sich (nach etwas)** etwas ist von der genannten Tatsache abhängig | *Die Heizungskosten bemessen sich nach dem Verbrauch* • hierzu **Be·mes·sung** *die*

be·mit·lei·den VERB (bemitleidete, hat bemitleidet) **jemanden bemitleiden** mit jemandem Mitleid haben

be·mit·lei·dens·wert ADJEKTIV so, dass andere Personen Mitleid haben

be·mit·telt ADJEKTIV gut mit Geld und Vermögen versorgt | *ein Angebot für bemittelte Kunden* | *Kinder aus nicht so/weniger bemittelten Familien*

★ **be·mü·hen** VERB (bemühte, hat bemüht) **1 jemanden bemühen** *geschrieben* von jemandem Hilfe in Anspruch nehmen | *In dieser Angelegenheit müssen wir einen Fachmann bemühen* **2 sich (um etwas) bemühen; sich bemühen zu** *+Infinitiv* sich Mühe geben, um etwas zu erreichen ⟨sich redlich, umsonst, vergeblich bemühen⟩ | *Sie bemüht sich, bessere Noten zu bekommen* | *Er bemüht sich um eine Stelle bei der Post* **3 sich um jemanden bemühen** versuchen, jemandem zu helfen | *Sie bemühte sich um den Verletzten* **4 sich um jemanden bemühen** freundlich zu jemandem sein, um Zuneigung zu bekommen | *Er bemühte sich sehr um das Mädchen*

be·müht ■ PARTIZIP PERFEKT **1** → bemühen
■ ADJEKTIV **2 um etwas bemüht sein; bemüht sein zu** *+Infinitiv* sich anstrengen, um etwas zu erreichen | *Sie war stets um Ordnung bemüht* | *Ein Verkäufer sollte immer bemüht sein, freundlich zu bleiben* **3 um jemanden bemüht sein** eifrig versuchen, jemandem zu helfen

Be·mü·hung *die*; (-, -en); *meist Plural* **1** die Anstrengungen oder die Mühe, mit denen man etwas erreichen will | *Die Bemühungen um den Verletzten waren leider umsonst* **2** *geschrieben nur Plural* die geleistete Arbeit (auf Rechnungen) | *Für meine Bemühungen erlaube ich mir, Ihnen 160 Euro zu berechnen*

be·mü·ßigt ADJEKTIV **sich bemüßigt sehen/finden/fühlen zu** *+Infinitiv veraltend* glauben, etwas Bestimmtes wirklich tun zu müssen

be·mut·tern VERB (bemutterte, hat bemuttert) **jemanden bemuttern** *oft ironisch* für jemanden wie eine Mutter sorgen (oft in übertriebener Weise) • hierzu **Be·mut·te·rung** *die*

be·nach·bart ADJEKTIV in direkter Nähe befindlich | *das benachbarte Dorf*

★ **be·nach·rich·ti·gen** VERB (benachrichtigte, hat benachrichtigt) **jemanden (von etwas) benachrichtigen; jemanden benachrichtigen, dass …** jemandem eine Nachricht von etwas geben ≈ *informieren*

Be·nach·rich·ti·gung *die;* (-, -en) **1** *nur Singular* das Benachrichtigen | *die Benachrichtigung der Familie des Verunglückten* **2** eine meist schriftliche Nachricht ≈ *Mitteilung*

be·nach·tei·li·gen VERB (benachteiligte, hat benachteiligt) **eine Person (gegenüber jemandem) benachteiligen** eine Person schlechter behandeln als andere Leute oder jemandem weniger geben als anderen Leuten ⟨sich benachteiligt fühlen⟩ | *Das Testament benachteiligte den älteren Sohn gegenüber dem jüngeren* ● hierzu **Be·nach·tei·li·gung** *die*

be·ne·belt ADJEKTIV; *gesprochen* leicht benommen

Be·ne·fiz- *im Substantiv, betont, begrenzt produktiv* **das Benefizkonzert, das Benefizspiel, die Benefizveranstaltung** *und andere* drückt aus, dass eine Sache wohltätigen Zwecken dient

★ **be·neh·men** VERB (benimmt sich, benahm sich, hat sich benommen) **sich irgendwie benehmen** das genannte Verhalten zeigen ⟨sich gut, unhöflich, anständig (gegenüber jemandem) benehmen⟩ | *Benimm dich doch nicht wie ein kleines Kind!* ■ ID **Benimm dich!** Verhalte dich anständig!; **sich unmöglich benehmen** *gesprochen* sich sehr schlecht benehmen; **sich zu benehmen wissen** wissen, wie man sich gut benimmt

Be·neh·men *das;* (-s) **1** die Art und Weise, wie man sich in Gesellschaft von anderen Leuten verhält ⟨ein gutes, schlechtes Benehmen⟩ ≈ *Manieren* | *ein unmögliches/kein Benehmen haben* (sich sehr schlecht benehmen) | *Sein unhöfliches Benehmen provozierte die Gäste* **2** **im Benehmen mit jemandem** *admin* nach Besprechung eines Problems mit einer anderen Person **3** **sich** (*Akkusativ*) **mit jemandem ins Benehmen setzen** *geschrieben* sich an jemanden wenden, vor allem um etwas zu besprechen

be·nei·den VERB (beneidete, hat beneidet) **jemanden (um etwas) beneiden** Neid empfinden, weil man die Fähigkeiten einer anderen Person oder das, was dieser Person gehört, selbst gern hätte | *Alle beneiden mich um mein neues Mountainbike* ■ ID **nicht zu beneiden sein** in einer schwierigen Situation sein

be·nei·dens·wert ADJEKTIV so, dass man neidisch werden könnte | *eine beneidenswerte Person* | *Sein Haus ist beneidenswert groß*

★ **be·nen·nen** VERB (benannte, hat benannt) **1** **etwas benennen** das richtige Wort für etwas sagen (können) | *Ich kann diese Pflanze nicht benennen* **2** **eine Person/Sache (nach jemandem/etwas) benennen** einer Person oder Sache einen Namen geben | *den Sohn nach dem Großvater benennen* | *eine Straße nach einem Wissenschaftler benennen* **3** **jemanden als etwas benennen** jemanden für eine Aufgabe oder ein Amt vorschlagen | *Er wurde als Zeuge benannt*

Be·nen·nung *die;* (-, -en) **1** *nur Singular* das Bestimmen, welches Amt oder welche Aufgabe jemand haben soll ⟨die Benennung eines Zeugen⟩ **2** das Wort für eine Sache ≈ *Bezeichnung* | *Für „Brötchen" gibt es auch mehrere andere Benennungen*

Ben·gel *der;* (-s, -/*besonders norddeutsch gesprochen* -s) ein (frecher) Junge

Be·nimm *der gesprochen* gutes Benehmen ⟨(keinen) Benimm haben⟩

be·nom·men ADJEKTIV *meist prädikativ* nicht ganz bei Bewusstsein, leicht betäubt | *Er war von dem Sturz eine Zeit lang benommen* ● hierzu **Be·nom·men·heit** *die*

★ **be·no·ten** VERB (benotete, hat benotet) **etwas benoten** einer Leistung eine Note geben | *eine Schularbeit benoten* ● hierzu **Be·no·tung** *die*

★ **be·nö·ti·gen** VERB (benötigte, hat benötigt) **jemanden/etwas benötigen** jemanden/etwas (zu einem Zweck) haben müssen ≈ *brauchen* | *zur Einreise ein Visum benötigen* | *dringend benötigte Ersatzteile*

★ **be·nut·zen** VERB (benutzte, hat benutzt) **1** **etwas (zu/für etwas) benutzen** etwas für eine Tätigkeit nehmen ≈ *verwenden* | *ein Handtuch zum Trocknen benutzen* | *ein Wörterbuch zum Nachschlagen benutzen* | *einen Gasherd zum Kochen benutzen* | *den Haupteingang eines Gebäudes benutzen* | *ein viel benutzter Weg* **2** **etwas (zu/für etwas) benutzen** mit dem genannten Verkehrsmittel fahren ⟨das Auto, das Fahrrad, die U-Bahn benutzen⟩ **3** **etwas (als/zu etwas) benutzen** etwas so einsetzen, dass man den gewünschten Zweck erreicht | *Sie benutzte die Gelegenheit, um ihr Anliegen vorzutragen* | *Er benutzte die Ferien dazu, den Unterrichtsstoff zu wiederholen* **4** **jemanden (als/zu etwas) benutzen** *abwertend* jemanden auf unfaire Weise für die eigenen Zwecke einsetzen | *jemanden als Geisel benutzen* | *jemanden benutzen, um seine Wut abzureagieren* | *Sie fühlte sich von ihm benutzt* ● zu (1) **be·nutz·bar** ADJEKTIV; zu (1,2) **Be·nut·zung** *die*

be·nüt·zen VERB (benützte, hat benützt); *süddeutsch* Ⓐ Ⓒⓗ ≈ *benutzen* ● hierzu **Be·nüt·zung** *die*

★ **Be·nut·zer** *der;* (-s, -) eine Person, die etwas benutzt **K** Bibliotheksbenutzer, Wörterbuchbenutzer ● hierzu **Be·nut·ze·rin** *die*

Be·nüt·zer *der;* (-s, -); *süddeutsch* Ⓐ ≈ *Benutzer* ● hierzu **Be·nüt·ze·rin** *die*

be·nut·zer·freund·lich ADJEKTIV so, dass man es ohne Schwierigkeiten verwenden kann ⟨ein Handbuch, ein Computerprogramm⟩ ● hierzu **Be·nut·zer·freund·lich·keit** *die*

Be·nut·zer·ken·nung *die;* (-, -en) Name und Passwort, mit denen sich eine Person bei einem Computersystem oder Netzwerk anmeldet

Be·nut·zer·ober·flä·che *die* die Anzeige auf dem Bildschirm eines Computers, Smartphones o. Ä. Mit einer Benutzeroberfläche kann man einem Computer Befehle mit der Maus oder Tastatur geben, Informationen anzeigen lassen usw. ⟨die Benutzeroberfläche eines Betriebssystems, eines Programms; eine einfache, grafische, komfortable, textbasierte Benutzeroberfläche⟩ | *Bei Bedarf kann man das Programm auch mit deutscher statt englischer Benutzeroberfläche installieren*

be·nutzt ■ PARTIZIP PERFEKT **1** → benutzen ■ ADJEKTIV **2** nicht mehr frisch ⟨Wäsche⟩ ≈ *gebraucht* | *Ist das Handtuch schon benutzt?*

★ **Ben·zin** *das;* (-s) eine Flüssigkeit, die leicht brennt und die als Treibstoff für Motoren verwendet wird ⟨bleifreies Benzin; Benzin tanken⟩ **K** Benzinfeuerzeug, Benzinkanister, Benzinmotor, Benzinverbrauch; Normalbenzin, Superbenzin

★ **be·ob·ach·ten** VERB (beobachtete, hat beobachtet) **1** **jemanden/etwas beobachten** eine Person, eine Sache oder einen Vorgang lange betrachten, um genau zu erkennen, was geschieht ⟨jemanden/etwas heimlich, kritisch, genau beobachten; sich beobachtet fühlen⟩ | *Er beobachtete den Flug der Vögel* | *Er wird von der Polizei beobachtet* | *Sie beobachtete (ihn dabei), wie er Geld stahl* **2** **jemanden/etwas beobachten** das Interesse über längere Zeit auf jemanden/etwas richten und dabei auf Veränderungen achten | *einen Patienten beobachten* | *Er beobachtete die Entwicklung seiner Kinder mit Sorge* **3** **etwas (an jemandem) beobachten** *geschrieben* eine Veränderung an einer Person feststellen, die man schon eine Zeit lang kennt ≈ *bemerken* | *Ich habe beobachtet, dass du weniger rauchst*

Be·ob·ach·ter *der;* (-s, -) **1** eine Person, die jemanden oder etwas (mit den Augen) beobachtet ⟨ein scharfer, kritischer, aufmerksamer Beobachter⟩ **2** eine Person, die (meist beruflich) bestimmte Entwicklungen verfolgt und darüber berichtet ⟨ein politischer, militärischer Beobachter⟩ **K** Konferenzbeobachter • hierzu **Be·ob·ach·te·rin** *die*

★ **Be·ob·ach·tung** *die*; (-, -en) **1** das Beobachten | *Die Versuchstiere stehen unter ständiger Beobachtung* | *Aus eigener Beobachtung weiß ich, dass ...* **2** eine Feststellung als Ergebnis einer Beobachtung ⟨seine Beobachtungen notieren, mitteilen⟩ | *Wir können also folgende Beobachtungen anstellen: ...* (folgende Feststellungen aufgrund unserer Beobachtungen treffen)

be·or·dern VERB (beorderte, hat beordert) durch einen Auftrag, eine Anweisung oder einen Befehl dafür sorgen, dass eine Person oder Sache zu einem Ort kommt | *den Botschafter zum Rapport nach Hause beordern* | *Rettungsboote zur Unglücksstelle beordern* | *Der Autohersteller beorderte etwa eine Million Fahrzeuge wegen Mängeln zurück in die Werkstätten*

be·pa·cken VERB (bepackte, hat bepackt) **jemanden/etwas (mit etwas) bepacken** jemanden/etwas mit viel Gepäck o. Ä. beladen | *das Auto voll bepacken* | *Er war mit Koffern schwer bepackt*

be·pflan·zen VERB (bepflanzte, hat bepflanzt) **etwas (mit etwas) bepflanzen** etwas mit Pflanzen versehen | *den Straßenrand mit Bäumen bepflanzen* • hierzu **Be·pflan·zung** *die*

be·pin·seln VERB (bepinselte, hat bepinselt) **etwas (mit etwas) bepinseln** *gesprochen* mit einem Pinsel eine Flüssigkeit oder Farbe auf etwas bringen | *den Kuchen mit Schokoladenguss bepinseln*

be·quat·schen VERB (bequatschte, hat bequatscht); *gesprochen* **1** **etwas (mit jemandem) bequatschen** über etwas sprechen, sich über etwas unterhalten **2** **jemanden bequatschen** ≈ *überreden* | *Er hat mich so lange bequatscht, bis ich ja gesagt habe*

★ **be·quem** ADJEKTIV **1** so, dass man sich darin oder damit wohlfühlt ⟨ein Auto, ein Kleid, ein Sessel, Schuhe⟩ | *Auf deinem Sofa sitzt man sehr bequem* **2** ⟨eine Ausrede, ein Weg⟩ so, dass sie keine Mühe machen ≈ *leicht* | *Er bevorzugt die bequemere Lösung* | *Der See ist in einer Stunde zu Fuß bequem zu erreichen* **3** *abwertend* so, dass sich jemand nicht gern anstrengt ≈ *faul* | *Er macht nie sein Bett, weil er zu bequem dazu ist* | *Du wirst allmählich bequem* ■ **ID** **Machen Sie es sich bequem!** verwendet als Aufforderung an einen Gast, sich zu setzen

be·que·men VERB (bequemte sich, hat sich bequemt) **sich zu etwas bequemen** *geschrieben* sich endlich zu etwas entschließen, das man gar nicht tun will | *Er bequemte sich endlich zu einer Antwort/Er bequemte sich endlich (dazu,) zu antworten*

Be·quem·lich·keit *die*; (-, -en) **1** *nur Singular* der Zustand, in dem etwas bequem ist ≈ *Komfort* | *Er liebt die Bequemlichkeit* | *für die Bequemlichkeit der Gäste sorgen* **2** ein Einrichtungsgegenstand, ein bequemer Sessel o. Ä., durch den etwas bequemer und komfortabler wird | *Das Auto besitzt alle Bequemlichkeiten* **3** *abwertend nur Singular* die Eigenschaft, dass man sich nicht anstrengen will | *etwas aus Bequemlichkeit nicht tun*

be·rap·pen VERB (berappte, hat berappt) **etwas (für etwas) berappen** *gesprochen* etwas widerwillig bezahlen | *Für die Reparatur muss ich 150 Euro berappen*

★ **be·ra·ten** VERB (berät, beriet, hat beraten) **1** **jemanden beraten** jemandem durch einen Rat (bei einer Entscheidung) helfen ⟨jemanden gut, klug, richtig beraten; sich beraten lassen⟩ | *Ein Fachmann hat mich bei/in dieser Sache beraten* **2** **eine Person berät etwas mit jemandem; Personen beraten etwas** zwei oder mehrere Personen besprechen ein Problem | *Sie berieten, was sie tun sollten/ob sie das tun sollten* **3** **(über etwas** (*Akkusativ*)**) beraten** ein Problem mit jemandem besprechen, um eine Entscheidung treffen zu können | *Sie beraten noch über die Ausführung des Plans* **4** **sich (mit jemandem) (über etwas** (*Akkusativ*)**) beraten** ein Problem mit jemandem besprechen, um eine Entscheidung treffen zu können | *Er beriet sich mit seiner Frau über den Kauf eines Hauses* ■ **ID** **mit etwas gut/schlecht beraten sein** mit der genannten Handlung oder Sache etwas richtig/falsch machen

be·ra·tend ■ PARTIZIP PRÄSENS **1** → beraten
■ ADJEKTIV **2** mit der Aufgabe, Probleme zu diskutieren und Vorschläge zu machen ⟨ein Ausschuss⟩

Be·ra·ter *der*; (-s, -) eine Person, die (beruflich) jemanden auf einem Gebiet berät ⟨ein technischer, juristischer, politischer Berater⟩ **K** Beratergremium, Beratervertrag; Berufsberater, Steuerberater, Industrieberater, Unternehmensberater • hierzu **Be·ra·te·rin** *die*

be·rat·schla·gen VERB (beratschlagte, hat beratschlagt) **1** **etwas (mit jemandem) beratschlagen** ≈ *beraten* | *Sie beratschlagten, ob sie die Reise buchen sollten* **2** **sich (mit jemandem) (über etwas** (*Akkusativ*)**) beratschlagen** ≈ *beraten* | *Vor dem Kauf möchte ich mich noch mit meiner Frau beratschlagen* | *Sie beratschlagten sich darüber, was zu tun sei* • hierzu **Be·rat·schla·gung** *die*

★ **Be·ra·tung** *die*; (-, -en) **1** *nur Singular* das Erteilen von Rat und Auskunft auf einem Gebiet ⟨ärztliche, juristische, fachkundige Beratung⟩ **K** Beratungsgespräch; Berufsberatung, Eheberatung, Studienberatung, Unternehmensberatung **2** das gemeinsame Besprechen eines Problems, eines Falles o. Ä. ⟨die Beratung aufnehmen, abbrechen⟩ ≈ *Besprechung* | *Das Gericht zog sich zur Beratung zurück* **K** Beratungsausschuss **3** **etwas ist in Beratung/kommt zur Beratung** über etwas wird diskutiert

Be·ra·tungs·stel·le *die* eine Einrichtung, die bei Problemen (z. B. in der Kindererziehung, in der Ehe oder wenn man süchtig ist) durch Gespräche und Ratschläge helfen will **K** Drogenberatungsstelle, Erziehungsberatungsstelle

be·rau·ben VERB (beraubte, hat beraubt) **1** **jemanden (einer Sache** (*Genitiv*)**) berauben** jemandem etwas mit Gewalt stehlen **2** **jemanden seiner Freiheit berauben** eine Person oder ein Tier in Gefangenschaft nehmen

be·raubt ■ PARTIZIP PERFEKT **1** → berauben
■ ADJEKTIV **2** **einer Sache** (*Genitiv*) **beraubt** *geschrieben* so, dass die genannte Sache verloren, nicht mehr vorhanden ist | *Ich fühlte mich meiner persönlichen Freiheit beraubt* | *Wir waren unserer Illusionen beraubt*

be·rau·schen VERB (berauschte sich, hat sich berauscht) **1** **sich an etwas** (*Dativ*) **berauschen** *geschrieben* etwas meist Schönes intensiv auf sich wirken lassen | *Sie berauschten sich an diesem Anblick* **2** **sich (an etwas** (*Dativ*)**) berauschen** ≈ *betrinken*

be·rau·schend ■ PARTIZIP PRÄSENS **1** → berauschen
■ ADJEKTIV **2** so wirkend, dass man sehr beeindruckt ist ⟨ein Erlebnis⟩ **3** Alkohol enthaltend ≈ *alkoholisch* | *ein berauschendes Getränk* ■ **ID** **etwas ist nicht gerade berauschend** *gesprochen* etwas ist nicht sehr gut

be·re·chen·bar ADJEKTIV **1** ⟨ein Mensch; jemandes Handeln⟩ so, dass man sagen kann, wie sie in Zukunft sein werden **2** so, dass man eine Summe berechnen kann | *Die angerichteten Schäden sind nicht berechenbar*

★ **be·rech·nen** VERB (berechnete, hat berechnet) **1** **etwas berechnen** durch Rechnen herausfinden, wie groß etwas ist ⟨den Preis, die Kosten, die Größe, die Länge, die Höhe,

B

die Entfernung, den Schaden berechnen⟩ ≈*ausrechnen* | *den Benzinverbrauch berechnen* | *die Fläche der Wohnung berechnen* 2 **etwas für jemanden berechnen**; **etwas auf etwas** (*Akkusativ*) **berechnen** etwas schon vorher kalkulieren, planen | *den Kredit auf elf Jahre berechnen* | *Das Essen ist für vier Personen berechnet* 3 **(jemandem) etwas berechnen** jemanden eine Summe Geld für eine Dienstleistung bezahlen lassen | *Für die Arbeit berechne ich Ihnen 80 Euro*

be·rech·nend ■ PARTIZIP PRÄSENS 1 → berechnen ■ ADJEKTIV 2 *oft abwertend* so, dass jemand immer einen Vorteil für sich sucht | *eine kalt/kühl berechnende Person*

Be·rech·nung *die*; (-, -en) 1 das Berechnen ⟨Berechnungen anstellen; nach meiner Berechnung⟩ | *die Berechnung der Heizungskosten* K Berechnungsgrundlage, Berechnungstabelle; Kostenberechnung 2 das Planen einer Sache im voraus | *Nach seiner Berechnung beträgt die Bauzeit zwei Jahre* 3 *nur Singular* eine Überlegung oder Absicht, mit der man hofft, einen Vorteil zu haben ⟨kühle, eiskalte Berechnung⟩ | *Das tut er nur aus Berechnung* | *Bei ihm ist alles Berechnung*

be·rech·ti·gen VERB (berechtigte, hat berechtigt) 1 **etwas berechtigt (jemanden) zu etwas** etwas gibt jemandem das Recht, etwas zu tun | *Das Abitur berechtigt (Sie) zum Studium an einer Universität* 2 **etwas berechtigt zu etwas** etwas weckt eine Erwartung, die wahrscheinlich erfüllt wird ⟨etwas berechtigt zu der Annahme, dass ...⟩ | *Seine Leistungen berechtigen zu großen Hoffnungen*

★ **be·rech·tigt** ■ PARTIZIP PERFEKT 1 → berechtigen ■ ADJEKTIV 2 aus Gründen, die allgemein anerkannt und überprüfbar sind ⟨ein Einwand, eine Forderung, eine Hoffnung, ein Vorwurf⟩ ≈*legitim* 3 **zu etwas berechtigt sein** das Recht haben, etwas zu tun | *Kinder sind nicht berechtigt, Alkohol zu kaufen*

Be·rech·ti·gung *die*; (-, -en); *meist Singular* 1 **die Berechtigung (zu etwas)** das Recht oder die Erlaubnis, etwas zu tun ⟨die Berechtigung zu etwas haben, bekommen; jemandem eine Berechtigung erteilen, absprechen⟩ | *Haben Sie die Berechtigung, hier zu parken?* K Lehrberechtigung, Wahlberechtigung 2 **die Berechtigung** (+*Genitiv*) die Tatsache, dass etwas berechtigt oder richtig ist | *Die Berechtigung der Forderung wurde anerkannt*

be·re·den VERB (beredete, hat beredet) 1 **etwas (mit jemandem) bereden** ≈*besprechen* 2 **sich (mit jemandem) (über etwas** (*Akkusativ*)**) bereden** sich mit jemandem beraten

Be·red·sam·keit *die*; (-) die Fähigkeit, sich gut auszudrücken und dadurch auf die Zuhörer zu wirken ⟨etwas mit großer Beredsamkeit erklären; über große Beredsamkeit verfügen⟩ • hierzu **be·red·sam** ADJEKTIV

be·redt [bəˈreːt] ADJEKTIV 1 fähig, wirksam zu reden | *ein beredter Verkäufer* | *sich beredt verteidigen* 2 *geschrieben* ausdrucksvoll, vielsagend ⟨ein Schweigen, ein Blick, eine Gestik⟩

★ **Be·reich** *der*; (-(e)s, -e) 1 eine Fläche oder ein Raum mit eigenen Merkmalen, die anders als die Umgebung sind | *Die Fahrkarte gilt nur im Bereich der Stadt* | *Dieser Wald liegt im militärischen Bereich* K Küstenbereich, Stadtbereich 2 ein Fach- oder Aufgabengebiet mit eigenen Merkmalen oder eigenem Inhalt ⟨im Bereich der Kunst, der Technik, der Naturwissenschaft, der Literatur, der Familie; im politischen, technischen Bereich⟩ | *Dieses Problem fällt nicht in den Bereich meiner Pflichten* K Aufgabenbereich, Einflussbereich, Fachbereich, Kompetenzbereich ■ ID **etwas liegt im Bereich des Möglichen** etwas ist möglich oder wahrscheinlich; **etwas ist im grünen Bereich** *gesprochen* etwas ist gut, funktioniert | *Mein Blutdruck ist im grünen Bereich*

be·rei·chern VERB (bereicherte, hat bereichert); *geschrieben* 1 **etwas (mit/um etwas) bereichern** etwas durch den Erwerb mancher Dinge größer werden lassen ⟨sein Wissen, seine Kenntnisse, seine Erfahrung, eine Sammlung bereichern⟩ 2 **etwas bereichert (jemanden/etwas)** etwas lässt jemandes Erfahrung (durch Eindrücke, Erlebnisse) größer werden | *Die Reise nach Indien wird ihn/sein Leben sehr bereichern* 3 **sich (an jemandem/etwas) bereichern** den eigenen materiellen Reichtum (auf unmoralische Weise) vergrößern ⟨sich auf jemandes Kosten bereichern; sich schamlos, skrupellos bereichern⟩ | *Er hat sich im Krieg an dem Besitz anderer schamlos bereichert* • hierzu **Be·rei·che·rung** *die*

be·rei·fen VERB (bereifte, hat bereift) **etwas bereifen** etwas mit Reifen versehen | *ein Auto neu bereifen*

be·reift ■ PARTIZIP PERFEKT 1 → bereifen ■ ADJEKTIV 2 mit Reif bedeckt

Be·rei·fung *die*; (-, -en) 1 die Reifen an einem Fahrzeug 2 *nur Singular* das Bereifen eines Fahrzeugs

be·rei·ni·gen VERB (bereinigte, hat bereinigt) **etwas bereinigen** etwas, das zu Problemen geführt hat, wieder in Ordnung bringen ⟨ein Missverständnis, einen Streit bereinigen⟩ • hierzu **Be·rei·ni·gung** *die*

be·rei·sen VERB (bereiste, hat bereist) **etwas bereisen** ein Land, eine Gegend usw. kennenlernen, indem man dorthin reist

★ **be·reit** ADJEKTIV *meist prädikativ* 1 **(zu etwas) bereit** für einen Zweck zur Verfügung stehend | *Wir sind bereit zur Abfahrt* 2 **(zu etwas) bereit** mit dem Willen, (die genannten) Erwartungen oder Forderungen zu erfüllen ⟨sich (zu etwas) bereit erklären, zeigen⟩ | *Wärst du bereit, dieses Risiko einzugehen?* | *zu allem bereit sein* | *Er ist nicht bereit, unsere Ideen zu akzeptieren* 3 **(jemandem) etwas bereit machen** etwas für einen Zweck vorbereiten | *Ich habe dir das Bad bereit gemacht* 4 **sich (für etwas) bereit machen** alles Nötige tun, um auf etwas vorbereitet zu sein | *Machen Sie sich bitte (für den Auftritt) bereit*

-be·reit *im Adjektiv, unbetont, begrenzt produktiv* 1 **abfahr(t)bereit, aufbruchbereit, kampfbereit, startbereit** *und andere* drückt aus, dass eine Person, ein Tier oder eine Sache darauf vorbereitet ist, dass eine Handlung sofort ausgeführt werden kann | *Die Katze saß sprungbereit vor dem Mauseloch* 2 **diskussionsbereit, kompromissbereit, verhandlungsbereit** *und andere* drückt aus, dass jemand den Willen zu etwas hat

★ **be·rei·ten** VERB (bereitete, hat bereitet) 1 **eine Person/Sache bereitet jemandem etwas** eine Person/Sache hat bei jemandem eine geistige oder psychische Wirkung ⟨jemandem Freude, Genugtuung, Angst, Kopfzerbrechen, Schwierigkeiten, Sorgen bereiten⟩ | *Dieses Problem hat ihm schlaflose Nächte bereitet* 2 **(jemandem) etwas bereiten** *geschrieben* die nötigen Dinge tun, um etwas benutzen, verwenden zu können ⟨jemandem ein Bad, das Bett, das Essen, einen Tee bereiten⟩

be·reit·er·klä·ren VERB ≈*bereit erklären*

be·reit·fin·den VERB (fand sich bereit, hat sich bereitgefunden) **sich (zu etwas) bereitfinden** sich dazu bewegen lassen, die (genannten) Erwartungen oder Forderungen zu erfüllen | *Keiner wollte sich dazu bereitfinden, beim Aufräumen zu helfen*

be·reit·ha·ben VERB (hatte bereit, hat bereitgehabt) **etwas bereithaben** etwas für einen Zweck sofort zur Verfügung haben | *Er hat stets eine Entschuldigung bereit*

be·reit·hal·ten VERB (hält bereit, hielt bereit, hat bereitgehalten) 1 **etwas bereithalten** etwas bei sich oder in der Nähe haben, damit man es sofort verwenden kann | *Halten Sie bitte Ihren Ausweis bereit!* 2 **sich (für jemanden/etwas) be-**

reithalten sofort zur Verfügung stehen

be·reit·le·gen VERB (legte bereit, hat bereitgelegt) **(jemandem/für jemanden) etwas bereitlegen** etwas irgendwohin legen, wo es jemandem sofort zur Verfügung steht | *Ich habe dir das Werkzeug schon bereitgelegt, du kannst gleich anfangen*

be·reit·ma·chen VERB ≈ *bereit machen*

★ **be·reits** PARTIKEL *unbetont* [1] relativ früh oder früher als erwartet ≈ *schon* | *Letztes Jahr schneite es bereits im Oktober* | *Er kommt bereits morgen, nicht erst übermorgen* | *Wir waren gerade erst angekommen, da wollte er bereits wieder weg* [2] relativ spät oder später als erwartet ≈ *schon* | *Oh, es ist bereits sechs Uhr, eigentlich wollte ich noch einkaufen gehen* | *Es war bereits Mitternacht, als sie ins Bett gingen* [3] so, dass die genannte Situation zu einem früheren Zeitpunkt entsteht, als man erwartet hätte ≈ *schon* | *Um acht Uhr hatte er bereits drei Gläser Bier getrunken* | *Sie ist erst vierzig Jahre alt und bereits Großmutter* [4] drückt aus, dass eine Handlung zum genannten Zeitpunkt abgeschlossen ist ≈ *schon* | *Als wir die Wohnung besichtigen wollten, war sie bereits vergeben* [5] in der Vergangenheit, vor dem jetzigen Zeitpunkt oder vor einem anderen Ereignis ≈ *schon* | *Bist du bereits in Amerika gewesen?* | *Wir hatten bereits mit dem Essen angefangen, als er nach Hause kam* [6] drückt aus, dass eine Menge größer als normal oder als erwartet ist ≈ *schon* | *Wann bin ich denn an der Reihe? Ich warte bereits seit zwei Stunden!* [7] drückt aus, dass etwas wenig, aber ausreichend ist ≈ *schon* | *Bereits der Gedanke daran ist mir zuwider* | *Bereits sehr geringe Mengen radioaktiver Strahlung können Krebs erzeugen*

★ **Be·reit·schaft** *die*; (-, -en) [1] *nur Singular* der Zustand, in dem etwas zum sofortigen Gebrauch zur Verfügung steht | *Die Fahrzeuge stehen in Bereitschaft* [2] **die Bereitschaft (zu etwas)** *nur Singular* der Wille, etwas (oft Schwieriges oder Unangenehmes) zu tun | *die Bereitschaft zur Mitarbeit* | *Er erklärte seine Bereitschaft, die Aufgabe zu übernehmen* [3] ein Dienst, bei dem vor allem Polizisten, Soldaten, Sanitäter o. Ä. immer darauf vorbereitet sein müssen, um in einem Notfall ihre Arbeit tun zu können ⟨Bereitschaft haben⟩ [K] Bereitschaftsarzt, Bereitschaftsdienst [4] eine Gruppe von Polizisten, Soldaten o. Ä., die sich für einen Notfall bereithält

Be·reit·schafts·po·li·zei *die*; Ⓓ eine spezielle Einheit der Polizei, die immer bereit sein muss einzugreifen (vor allem bei Massenveranstaltungen oder bei großer Störung der öffentlichen Ordnung)

be·reit·ste·hen VERB (stand bereit, hat/ist bereitgestanden) **etwas steht (für jemanden/etwas) bereit** etwas kann sofort benutzt werden ⟨das Essen, ein Zug, ein Flugzeug⟩

be·reit·stel·len VERB (stellte bereit, hat bereitgestellt) [1] **etwas (für jemanden/etwas) bereitstellen** etwas meist als Unterstützung, Hilfe geben ⟨Geld, Waren bereitstellen⟩ | *Die Regierung stellte für das Projekt 15 Millionen Euro bereit* [2] **etwas bereitstellen** vor allem Fahrzeuge oder technische Geräte so irgendwohin stellen, dass sie sofort verwendet werden können | *Der Zug wird auf Gleis 5 bereitgestellt* ● hierzu **Be·reit·stel·lung** *die*

be·reit·wil·lig ADJEKTIV mit dem Willen, etwas gerne zu tun | *ein bereitwilliger Helfer* | *Obwohl er sehr beschäftigt war, gab er uns bereitwillig Auskunft* ● hierzu **Be·reit·wil·lig·keit** *die*

be·reu·en VERB (bereute, hat bereut) **etwas bereuen** an eine eigene Tat denken und dabei wünschen, dass man sie nicht getan hätte ⟨einen Fehler, eine Sünde bitter, tief bereuen⟩ | *Der Mörder bereut seine Tat aufrichtig* | *Sie bereut, dass sie nicht mit uns nach Berlin gefahren ist*

★ **Berg** *der*; (-(e)s, -e) [1] Berge sind viel höher als das Land um sie herum ⟨ein hoher, steiler, schneebedeckter Berg; einen Berg besteigen, erklettern, bezwingen; auf einen Berg steigen, klettern⟩ ↔ *Tal* | *Die Zugspitze ist der höchste Berg Deutschlands* | *vom Berg ins Tal blicken* | *In weitem Bogen wird die neue Straße über Berge und Täler hinweg um die Ortschaften herumführen* [K] Bergbewohner, Bergdorf, Bergführer, Berggipfel, Bergschuh, Bergstation, Bergtour, Bergwanderung, Bergwelt [2] *nur Plural* eine Landschaft, die aus Bergen und Tälern besteht ≈ *Gebirge* | *in die Berge fahren* [3] **ein Berg** +*Genitiv Plural*; **ein Berg von Dingen** *gesprochen* eine große Menge von Dingen | *hinter einem Berg alter Bücher/von alten Büchern sitzen* | *Berge von Müll sammelten sich an* [K] Bücherberg, Schuldenberg, Wäscheberg ■ **ID mit seiner Meinung hinterm Berg halten** *gesprochen* die eigene Meinung nicht offen sagen; **(längst) über alle Berge sein** *gesprochen* (meist nach einem Verbrechen) schon sehr weit weg sein; **über Berg und Tal** [a] eine Strecke, die über Berge oder Hügel und durch Täler führt und deshalb oft schmal und steil ist | *eine Radtour/Wanderung über Berg und Tal* | *Wir mussten weiter über Berg und Tal, durch Haarnadelkurven und entlang steiler Klippen* [b] so weit oben (auf einem Berg oder in der Luft), dass man sehr weit sehen kann | *Vom Gipfel hat man einen schönen Ausblick über Berg und Tal*; **jemandem über den Berg helfen** *gesprochen* jemandem helfen, eine schwierige Situation zu überstehen; **über den/dem Berg sein** *gesprochen* eine Krankheit oder eine schwierige Situation überstanden haben; **Berge versetzen können** scheinbar Unmögliches können

-berg *der*; *im Substantiv, unbetont, begrenzt produktiv* **Butterberg, Studentenberg** *und andere* eine viel größere Menge als nötig ist | *Der Bettenberg der Hotels führte zu einem Preisverfall* (Weil die Hotels zu viele Betten haben, wurden die Übernachtungen billiger)

berg·ab ADVERB vom Berg in Richtung Tal ■ **ID mit jemandem/etwas geht es bergab** *gesprochen* der Zustand einer Person/Sache wird schlechter ⟨mit einem Geschäft, jemandes Gesundheit geht es bergab⟩

berg·an ADVERB vom Tal auf den Berg hinauf

Berg·ar·bei·ter *der* ein Arbeiter, der im Bergbau beschäftigt ist

berg·auf ADVERB ≈ *bergan* ■ **ID mit jemandem/etwas geht es bergauf** *gesprochen* der Zustand einer Person/Sache wird besser ⟨mit jemandes Gesundheit, mit einem Geschäft geht es bergauf⟩

Berg·bahn *die* Bergbahnen führen auf Schienen oder an Seilen hängend einen steilen Berg hinauf

Berg·bau *der*; *meist Singular* das Suchen, Gewinnen und Fördern von Kohle, Salz und Metallen [K] Bergbauingenieur, Bergbaukunde

ber·gen VERB (birgt, barg, hat geborgen) [1] **jemanden/etwas bergen** jemanden/etwas (z. B. nach einem Unfall oder Unglück) finden und an einen sicheren Ort bringen ⟨Leichen, Opfer, Tote bergen; ein Auto, ein Schiff, einen Schatz bergen⟩ | *Die vermissten Bergsteiger konnten nur noch tot geborgen werden* | *eine gesunkene Jacht bergen* [2] **etwas birgt etwas** *geschrieben* etwas enthält etwas | *Das Museum birgt viele Schätze* [!] kein Passiv [3] **etwas birgt etwas (in sich)** *geschrieben* etwas bringt ein Risiko mit sich | *Eine Reise durch die Wüste birgt viele Gefahren (in sich)* [!] kein Passiv

ber·gig ADJEKTIV mit vielen Bergen ⟨eine Landschaft, ein Gelände⟩

Berg·ket·te *die* eine Reihe von einzelnen Bergen

Berg·kris·tall *der* ein heller Kristall aus Quarz

Berg·mann *der*; (-(e)s, Berg·leu·te/(seltener) Berg·män·ner)

B

≈ *Bergarbeiter* ● hierzu **berg·män·nisch** ADJEKTIV

Berg·not *die; nur Singular* eine lebensgefährliche Situation beim Bergsteigen oder Skifahren ⟨in Bergnot sein, geraten; jemanden aus Bergnot retten⟩

★ **berg·stei·gen** VERB (ist berggestiegen) im Gebirge wandern und klettern **H** nur im Infinitiv und Perfekt ● hierzu **Berg·stei·ger** *der*; **Berg·stei·ge·rin** *die*

Berg-und-Tal-Bahn *die; veraltend* ≈ *Achterbahn*

Berg-und-Tal-Fahrt *die* **1** eine Fahrt vom Tal auf den Berg und zurück **2** ein starkes Auf und Ab einer Währung, einer Leistung | *die Berg-und-Tal-Fahrt des Dollars*

Ber·gung *die;* (-, -en); *meist Singular* das Bergen ⟨die Bergung eines Verunglückten, eines Wracks⟩ **K** Bergungsaktion, Bergungsarbeiten, Bergungsmannschaft, Bergungsschiff, Bergungstrupp, Bergungsversuch

Berg·wacht *die;* (-, -en); *meist Singular* eine Organisation, die Bergsteiger und Skifahrer rettet, die in Gefahr geraten sind

Berg·wand *die* eine fast senkrechte Seite eines Berges | *eine Bergwand bezwingen*

Berg·werk *das* eine Grube oder eine Anlage mit Gängen unter der Erde und technischen Einrichtungen zur Gewinnung von Mineralien oder Kohle

★ **Be·richt** *der;* (-(e)s, -e) **1 ein Bericht (über jemanden/etwas)** das, was jemand über/von etwas erzählt oder schreibt ⟨ein mündlicher, schriftlicher, wahrheitsgetreuer Bericht; einen Bericht abfassen, vorlegen, anfordern; nach Berichten von Augenzeugen⟩ | *einen ausführlichen Bericht über den Unfall geben* **K** Reisebericht, Unfallbericht **2 (jemandem) (über etwas** (*Akkusativ*)**) Bericht erstatten** jemandem über etwas berichten **3** eine offizielle Mitteilung | *der Bericht zur Lage der Nation* **4 ein Bericht (über jemanden/etwas)** eine aktuelle Information über eine Person oder Sache in den Medien | *Berichte aus dem Ausland* | *ein Bericht über die Gipfelkonferenz* **K** Fernsehbericht, Korrespondentenbericht

★ **be·rich·ten** VERB (berichtete, hat berichtet) **1 (jemandem) etwas berichten** jemandem (auf meist objektive Weise) sagen, was man gesehen oder gehört hat ⟨jemandem alles, vieles, allerlei, nichts berichten⟩ | *Korrespondenten berichten, dass es zu einer Revolte gekommen sei* **H** Das Objekt ist meist ein Pronomen oder ein Nebensatz. **2 (jemandem) (von etwas) berichten; (jemandem) (über etwas** (*Akkusativ*)**) berichten** jemandem sagen, was man gesehen oder gehört hat | *über einen Unfall/von einer Reise ausführlich berichten*

Be·richt|er·stat·ter *der;* (-s, -) **1** eine Person, die (von irgendwoher) für eine Zeitung oder für eine Fernseh- oder Rundfunkanstalt über aktuelle Ereignisse berichtet **2** eine Person, die eine Gruppe über ein Thema informiert ● hierzu **Be·richt|er·stat·te·rin** *die*

Be·richt|er·stat·tung *die* das (offizielle) Berichten eines Reporters o. Ä. ⟨eine einseitige, objektive, (un)sachliche Berichterstattung⟩ **K** Kriegsbericht|erstattung

be·rich·ti·gen VERB (berichtigte, hat berichtigt) **1 (etwas) berichtigen** einen Fehler beseitigen ≈ *korrigieren* | *falsche Angaben in einer Liste berichtigen* **2 etwas berichtigen** das fehlende Geld bezahlen ⟨ein Konto, eine Rechnung berichtigen⟩ ● zu (1) **Be·rich·ti·gung** *die*

be·rie·seln VERB (berieselte, hat berieselt) **jemanden (mit etwas) berieseln** etwas auf eine Person lange Zeit einwirken lassen (ohne dass sie es bewusst wahrnimmt) | *Im Supermarkt wird man oft mit Musik berieselt* ● hierzu **Be·rie·se·lung** *die*

be·rit·ten ADJEKTIV auf Pferden reitend | *berittene Polizei*

Ber·li·ner *der;* (-s, -) **1** eine Person, die in der Stadt Berlin wohnt oder dort geboren ist ⟨ein gebürtiger Berliner⟩ **2** ≈ *Pfannkuchen, Krapfen* ● zu (1) **Ber·li·ne·rin** *die*

ber·li·nern VERB (berlinerte, hat berlinert) mit dem Akzent oder dem Dialekt der Stadt Berlin sprechen

LANDESKUNDE

▶ Berlin

Berlin ist gleichzeitig die deutsche Hauptstadt und eines der 16 Bundesländer. Die Stadt war seit der Gründung des Deutschen Reichs 1871 das politische, wirtschaftliche und kulturelle Zentrum Deutschlands.

Nach dem Zweiten Weltkrieg teilten die Alliierten die Stadt in vier Sektoren auf. Bei der Gründung der beiden deutschen Staaten wurde **Ostberlin** die **Hauptstadt der DDR**, provisorische Hauptstadt der Bundesrepublik wurde Bonn.

Westberlin gehörte zur Bundesrepublik Deutschland, lag aber mitten im Staatsgebiet der DDR.

1961 errichtete die DDR die **Berliner Mauer**, um die Abwanderung der Bürger nach Westberlin zu stoppen. Die Stadt blieb 28 Jahre lang geteilt.

Seit dem 3. Oktober 1990 ist Berlin erneut die Hauptstadt Deutschlands, 1999 zog auch die Regierung wieder nach Berlin um.

Ber·mu·das *die; Plural* **1** eine Inselgruppe im Atlantik **2** eine Hose, die bis zum Knie geht und die man meist im Sommer zum Baden trägt ⟨Bermudas tragen⟩

Bern·har·di·ner *der;* (-s, -) ein großer, kräftiger Hund mit hellem braunen Fell (den man früher bei Unglücken mit Lawinen einsetzte)

Bern·stein *der; meist Singular* ein gelber oder brauner, oft durchsichtiger Stein (aus Harz von Bäumen), den man oft für Schmuck verwendet **K** Bernsteinanhänger, Bernsteinkette, Bernsteinschmuck ● hierzu **bern·stein|far·ben** ADJEKTIV

Ber·ser·ker, Ber·ser·ker *der;* (-s, -) ein sehr zorniger und gewalttätiger Mensch | *wie ein Berserker toben*

bers·ten VERB (birst, barst, ist geborsten); *geschrieben* **1 etwas birst** etwas bricht plötzlich auseinander, in mehrere Teile ⟨Glas, eine Eisfläche, eine Mauer⟩ | *Bei dem Erdbeben barst die Straße* | *Bei der Kollision ist das Schiff in zwei Teile geborsten* **2 vor etwas** (*Dativ*) **bersten** wegen eines sehr intensiven Gefühls die Beherrschung verlieren ⟨vor Ärger, Zorn, Wut, Freude, Lachen bersten⟩ ■ **ID etwas ist zum Bersten voll** etwas ist überfüllt

be·rüch·tigt ADJEKTIV **berüchtigt (für/wegen etwas)** mit dem Ruf, in einer Art und Weise sehr schlimm zu sein | *Er ist als Lehrer wegen seiner Strenge berüchtigt* | *ein für schlechtes Essen berüchtigtes Lokal*

★ **be·rück·sich·ti·gen** VERB (berücksichtigte, hat berücksichtigt) **1 etwas berücksichtigen** bei Überlegungen an etwas denken, etwas in die Gedanken einbeziehen ≈ *beachten* | *Wenn man berücksichtigt, dass sie erst seit zwei Jahren Klavier lernt, kann sie es schon gut* **2 jemanden berücksichtigen** bei einer Auswahl jemandem eine Chance geben ⟨einen Bewerber, einen Kandidaten berücksichtigen⟩ | *Auch Behinderte werden für diese Stelle berücksichtigt* **3 etwas berücksichtigen** jemandes Wünsche bei einer Entscheidung o. Ä. beachten ⟨einen Antrag, eine Bestellung, eine Bitte berücksichtigen⟩

Be·rück·sich·ti·gung *die;* (-) das Berücksichtigen ⟨die Berücksichtigung einer Tatsache, eines Bewerbers, eines Antrags, einer Bitte⟩ | *unter Berücksichtigung der Vor- und Nachteile* | *bei Berücksichtigung der Hintergründe* | *unter*

Berücksichtigung aller Vorschriften

★ **Be·ruf** *der*; (-(e)s, -e) **1** man arbeitet in einem Beruf, den man gelernt hat, um das Geld zu verdienen, das man zum Leben braucht ⟨ein technischer, kaufmännischer Beruf; einen Beruf erlernen, ergreifen, ausüben, wählen; einem Beruf nachgehen; den Beruf wechseln; keinen festen Beruf haben⟩ | *Was sind Sie von Beruf?* | *Er ist Arzt von Beruf* | *die doppelte Belastung durch Haushalt und Beruf* | *Erfolg im Beruf haben* K Berufsanfänger, Berufsausbildung, Berufsbezeichnung, Berufserfahrung, Berufskleidung, Berufswahl, Berufsbildungszentrum **2** **(die) freie(n) Berufe** manche selbstständige Berufe, vor allem Arzt und Rechtsanwalt ■ **ID** **im Beruf stehen** einen Beruf ausüben; **Du hast deinen Beruf verfehlt** *meist ironisch* Du kannst das so gut, du hättest das beruflich tun sollen

be·ru·fen VERB (berief, hat berufen) **1** **jemanden in/auf etwas** (*Akkusativ*) **berufen**; **jemanden zu etwas berufen** jemandem eine hohe, verantwortungsvolle Funktion übertragen ⟨jemanden in ein Amt, zu jemandes Nachfolger berufen⟩ **2** **jemanden (als etwas) irgendwohin berufen** jemandem anbieten, an einem anderen Ort eine höhere, wichtigere Funktion zu übernehmen | *Er wurde als Minister nach Wien berufen* **3** **sich auf jemanden/etwas berufen** jemanden als Zeugen oder etwas als Beweis oder Rechtfertigung nennen | *sich auf die Verfassung berufen* | *sich auf einen Zeugen berufen* ■ **ID** **sich zu etwas berufen fühlen** glauben, etwas gut tun zu können oder etwas tun wollen | *sich zum Schauspieler berufen fühlen* | *Ich fühle mich nicht dazu berufen, Kinder zu erziehen*

★ **be·ruf·lich** ADJEKTIV **1** *meist attributiv* in Bezug auf den Beruf ⟨eine Fortbildung; beruflich verreist⟩ | *Ich habe hier beruflich zu tun* **2** *nur adverbiell* als Beruf | *beruflich in einem Lokal Klavier spielen* | *Was machen Sie beruflich?*

Be·rufs- *im Substantiv, betont, begrenzt produktiv* **der Berufsboxer, die Berufsfeuerwehr, der Berufsmusiker, der Berufsschauspieler, der Berufssoldat, der Berufssportler** *und andere* verwendet, um zu sagen, dass jemand eine Tätigkeit als Beruf ausübt

Be·rufs·aus·sich·ten *die* die Chancen, in einem Beruf eine Stelle zu finden

be·rufs·be·dingt ADJEKTIV durch den Beruf entstanden oder damit zusammenhängend ⟨Krankheiten⟩

Be·rufs·be·ra·ter *der* eine Person, deren Beruf es ist, andere Personen darüber zu informieren, welchen Beruf sie ergreifen könnten ● hierzu **Be·rufs·be·ra·te·rin** *die*

Be·rufs·be·ra·tung *die* **1** eine Stelle (beim Arbeitsamt), bei der man beraten wird, welchen Beruf man ergreifen kann und wie man das macht **2** die Beratung über die verschiedenen Berufe

Be·rufs·bild *das*; *meist Singular* die wichtigsten Merkmale, die einen Beruf und die Ausbildung dazu charakterisieren

be·rufs·fremd ADJEKTIV nicht zu den Aufgaben eines Berufs gehörend | *eine berufsfremde Tätigkeit*

Be·rufs·ge·heim·nis *das* **1** *nur Singular* das Verbot, wichtige (oder geheime) Informationen weiterzugeben, die man durch einen Beruf erhält | *Als Arzt ist man an das Berufsgeheimnis gebunden* **2** eine Information, die unter das Berufsgeheimnis fällt | *Das Ergebnis der Untersuchung ist ein Berufsgeheimnis*

Be·rufs·grup·pe *die* alle Berufe, die zum gleichen Bereich gehören | *Arzt, Krankenschwester und Pfleger zählen zur Berufsgruppe der medizinischen Berufe*

Be·rufs·krank·heit *die* eine Krankheit, die man durch die Ausübung eines Berufs bekommt

Be·rufs·le·ben *das* **1** die Arbeit in einem Beruf oder die Zeit des Lebens, in der jemand in einem Beruf arbeitet | *jemandem den Start ins Berufsleben erleichtern* | *Sie war in ihrem ganzen Berufsleben nicht einmal krank* **2** **im Berufsleben stehen** einen Beruf ausüben

be·rufs·mä·ßig ADJEKTIV *meist attributiv* als/von Beruf | *Er spielt berufsmäßig Tennis*

★ **Be·rufs·schu·le** *die* eine Schule, die man neben der normalen Berufsausbildung (als Lehrling) besuchen muss K Berufsschullehrer H → Infos unter **Schule** ● hierzu **Be·rufs·schü·ler** *der*; **Be·rufs·schü·le·rin** *die*

Be·rufs·stand *der* **1** alle Personen, welche denselben Beruf haben | *der Berufsstand der Ärzte* **2** eine Gruppe von Berufen, z. B. die freien Berufe

★ **be·rufs·tä·tig** ADJEKTIV einen Beruf ausübend ↔ *arbeitslos* ● hierzu **Be·rufs·tä·ti·ge** *der/die*; **Be·rufs·tä·tig·keit** *die*

be·rufs·un·fä·hig ADJEKTIV *meist prädikativ; admin* wegen einer Krankheit nicht in der Lage, den Beruf auszuüben ● hierzu **Be·rufs·un·fä·hig·keit** *die*

Be·rufs·ver·bot *das* **1** das Verbot (meist wegen einer Straftat o. Ä.), einen Beruf auszuüben **2** Ⓓ die Praxis des Staates, Menschen mit einer politischen Gesinnung, die als extrem angesehen wird, in staatlichen Institutionen keine Stellung zu geben ⟨Berufsverbot erhalten; jemanden mit Berufsverbot belegen⟩

Be·rufs·ver·kehr *der* sehr dichter Verkehr vor Beginn und nach Ende der Arbeitszeit | *Um sieben Uhr beginnt der morgendliche Berufsverkehr*

Be·rufs·ziel *das* der Beruf, den jemand erlernen möchte | *Sein Berufsziel ist es, Arzt zu werden*

Be·ru·fung *die*; (-, -en) **1** **die Berufung (zu etwas)** *nur Singular* ein innerer Drang, den jemand hat, einen gewünschten Beruf auszuüben oder spezielle Aufgaben zu erfüllen | *Er fühlt die Berufung, den Kranken zu helfen* **2** *meist Singular* das Berufen einer Person in ein Amt oder auf eine Stelle ⟨die Berufung auf einen Lehrstuhl, an eine Universität, ins Ministerium⟩ | *Man erwartet seine Berufung zum Direktor* **3** *meist Singular* das Nennen einer Person als Zeugen oder einer Sache als Beweis/Rechtfertigung ⟨unter Berufung auf das Gesetz, auf einen Zeugen⟩ **4** *meist Singular* die im Recht vorgesehene Möglichkeit, nach einem Gerichtsurteil bei einem höheren Gericht eine neue Verhandlung zu verlangen ⟨Berufung gegen ein Urteil einlegen; in die Berufung gehen⟩ K Berufungsgericht

be·ru·hen VERB (beruhte, hat beruht) **etwas beruht auf etwas** (*Dativ*) etwas hat etwas als Basis oder Ursache | *Diese Geschichte beruht auf Tatsachen* ■ **ID** **etwas auf sich** (*Dativ*) **beruhen lassen** eine (meist problematische) Sache nicht mehr verfolgen

★ **be·ru·hi·gen** VERB [bəˈruːɪgn̩] (beruhigte, hat beruhigt) **1** **jemanden beruhigen** bewirken, dass eine Person wieder ruhig wird, nachdem sie sich aufgeregt hat **2** **sich beruhigen** nach großer Aufregung wieder ruhig werden | *Als wir das Kind trösteten, beruhigte es sich und hörte auf zu weinen* **3** **etwas beruhigt sich** etwas kehrt nach einer Unruhe wieder in den normalen Zustand zurück | *Nach dem Sturm hatte sich das Meer bald wieder beruhigt*

be·ru·hi·gend [bəˈruːɪgn̩t] ■ PARTIZIP PRÄSENS **1** → beruhigen

■ ADJEKTIV **2** mit der Wirkung, dass man wieder ruhig wird ⟨ein Medikament, Trost, Musik⟩ | *Langsame Musik kann beruhigend wirken* **3** mit der Wirkung, dass man Sicherheit oder Zufriedenheit fühlt ⟨ein Vorsprung⟩

Be·ru·hi·gung [bəˈruːɪgʊŋ] *die*; (-) **1** das Erreichen eines ruhigen seelischen Zustands | *ein Medikament zur Beruhigung* K Beruhigungsmittel, Beruhigungsspritze, Beruhigungstablette **2** das Erreichen eines normalen Zustands nach einer Unruhe | *die Beruhigung der politischen Lage*

B

3 ein Gefühl der Sicherheit | *Für die Eltern war es eine Beruhigung zu wissen, dass ihren Kindern nichts passiert war*

★ **be·rühmt** ADJEKTIV wegen besonderer Merkmale oder Leistungen bei sehr vielen Leuten bekannt und anerkannt ⟨wegen etwas berühmt sein; plötzlich, über Nacht berühmt werden⟩ ≈ *prominent* | *ein berühmter Schriftsteller*

Be·rühmt·heit *die;* (-, -en) **1** *nur Singular* der Zustand, berühmt zu sein ⟨Berühmtheit erlangen⟩ **2** eine Person, die berühmt ist ■ **ID jemand/etwas gelangt zu/bringt es zu trauriger Berühmtheit** *ironisch* jemand wird wegen einer schlechten Tat, etwas wird wegen eines Unglücks o. Ä. bekannt

★ **be·rüh·ren** VERB (berührte, hat berührt) **1 jemanden/etwas berühren** so nahe an einen Menschen, ein Tier oder eine Sache herankommen, dass kein Zwischenraum bleibt | *Ihr Kleid berührte fast den Boden* **2 Personen/Dinge berühren einander/sich** Personen/Dinge kommen einander so nahe, dass kein Zwischenraum bleibt | *Es war so eng, dass wir uns mit den Schultern berührten/dass sich unsere Schultern berührten* **3 jemanden/etwas berühren** die Finger oder die Hand leicht auf einen Menschen, ein Tier oder eine Sache legen ≈ *anfassen* | *Am Käfig stand „Bitte nicht berühren!"* **4 etwas berührt jemanden** etwas bewirkt, dass jemand Mitleid bekommt ⟨jemanden zutiefst berühren⟩ | *Seine traurige Geschichte berührte sie so sehr, dass sie zu weinen anfing* **5 etwas berührt jemanden irgendwie** etwas bewirkt ein (meist negatives) Gefühl bei jemandem ⟨etwas berührt jemanden (un)angenehm, peinlich, schmerzlich, seltsam⟩ **6 etwas berührt etwas** etwas hat eine (meist negative) Wirkung auf etwas ≈ *betreffen* | *Ihre Belange/Rechte werden von diesen Maßnahmen nicht berührt* **7 etwas berühren** über ein Thema (kurz) sprechen ≈ *ansprechen* | *In seinem Vortrag hat er viele interessante Probleme berührt* **8 Dinge berühren sich** Dinge sind in manchen Punkten gleich oder ähnlich ⟨Meinungen, Ansichten, Interessen berühren sich⟩ | *In diesem Punkt berühren sich unsere Ansichten*

★ **Be·rüh·rung** *die;* (-, -en) **1** das Berühren, der Kontakt mit jemandem/etwas | *Sie zuckt bei der leichtesten Berührung zusammen* | *Vermeiden Sie jede Berührung mit dem giftigen Stoff!* **2** das Kennenlernen einer Person/Sache ⟨mit jemandem/etwas in Berührung kommen; jemanden mit etwas in Berührung bringen⟩ | *Die Reise nach Ägypten brachte uns mit einer fremden Kultur in Berührung* K Berührungsangst **3** das kurze Besprechen ⟨eines Problems, Themas⟩

Be·rüh·rungs·punkt *der* **1** ein Gedanke o. Ä., den unterschiedliche Meinungen, Theorien usw. gemeinsam haben **2** ein Punkt, an dem sich Linien, Flächen oder Körper berühren

be·sa·gen VERB (besagte, hat besagt); *kein Passiv* **etwas besagt etwas** *geschrieben* etwas hat etwas zum (sprachlichen) Inhalt ⟨ein Gesetz, ein Paragraf, eine Vorschrift besagt, dass ...⟩ H Das Objekt ist meist ein Nebensatz.

be·sagt ■ PARTIZIP PERFEKT **1** → besagen
■ ADJEKTIV **2** *veraltend meist attributiv* verwendet, um zu sagen, dass man sich auf eine Person oder Sache bezieht, die man vorher bereits erwähnt hat | *Die besagte Person ist dem Angeklagten nicht bekannt*

be·sa·men VERB (besamte, hat besamt) **ein Tier besamen** mit dem Samen eines männlichen Tieres auf künstlichem Wege ein weibliches Tier befruchten ⟨eine Kuh, eine Stute besamen⟩ • hierzu **Be·sa·mung** *die*

be·sänf·ti·gen VERB (besänftigte, hat besänftigt) **jemanden besänftigen** durch Worte bewirken, dass eine Person, die wütend oder aufgeregt ist, wieder in einen normalen Zustand kommt ≈ *beruhigen* • hierzu **Be·sänf·ti·gung** *die*

Be·satz *der;* (-es, Be·sät·ze) eine Verzierung, die auf einen Stoff genäht ist | *Susanne hat einen neuen Mantel mit einem Besatz aus Büffelleder* K Pelzbesatz, Spitzenbesatz

Be·sat·zung *die;* (-, -en) **1** alle Personen, die auf einem Schiff, in einem Flugzeug, Raumschiff o. Ä. arbeiten K Besatzungsmitglied **2** *nur Singular* die Truppen eines Staates, die ausländisches Gebiet besetzen K Besatzungstruppen, Besatzungszone

Be·sat·zungs·macht *die* der Staat, der ein ausländisches Gebiet besetzt

be·sau·fen VERB (besäuft sich, besoff sich, hat sich besoffen) **sich besaufen** *gesprochen* ⚠ ≈ *betrinken*

Be·säuf·nis *das;* (-ses, -se); *gesprochen, abwertend* ein Zusammensein von Personen, bei dem sie sehr viel Alkohol trinken

★ **be·schä·di·gen** VERB (beschädigte, hat beschädigt) **etwas beschädigen** einer Sache Schaden zufügen | *Bei dem Zusammenstoß wurde das Auto schwer beschädigt*

Be·schä·di·gung *die;* (-, -en) **1** das Beschädigen einer Sache **2** die Stelle an einer Sache, die beschädigt wurde/ist

★ **be·schaf·fen**[1] VERB (beschaffte, hat beschafft) **1 etwas (für etwas) beschaffen** etwas, das man (dringend) braucht, von irgendwo nehmen oder bekommen | *Wie soll ich mir das Geld für den Urlaub beschaffen?* | *Das Buch ist nicht zu beschaffen* **2 (jemandem) etwas beschaffen** dafür sorgen, dass eine Person oder man selbst eine Sache bekommt, die gebraucht wird ≈ *besorgen* | *Wer kann ihm eine Wohnung beschaffen?* | *Ich muss mir nur noch das dafür nötige Geld beschaffen* • hierzu **Be·schaf·fung** *die*

★ **be·schaf·fen**[2] ADJEKTIV **etwas ist irgendwie beschaffen** etwas ist im genannten Zustand, hat die genannte Eigenschaft | *Das Material ist so beschaffen, dass es Druck aushält* | *Wie ist die Straße beschaffen?*

Be·schaf·fen·heit *die;* (-) **1 die Beschaffenheit** (+*Genitiv*); **die Beschaffenheit von etwas** alle deutlichen Eigenschaften oder Qualitäten, die eine Sache hat | *die raue Beschaffenheit der Oberfläche* | *die Beschaffenheit von verschiedenen Materialien vergleichen* **2 die Beschaffenheit** (+*Genitiv*); **die Beschaffenheit von etwas** die Qualität, der Zustand einer Sache | *die Beschaffenheit einer Straße*

★ **be·schäf·ti·gen** VERB (beschäftigte, hat beschäftigt) **1 jemanden beschäftigen** jemandem gegen Bezahlung eine (regelmäßige) Arbeit geben | *Der Betrieb beschäftigt 150 Personen* **2 jemanden (mit etwas) beschäftigen** jemandem etwas zu tun geben | *Kinder muss man ständig beschäftigen, damit sie sich nicht langweilen* **3 etwas beschäftigt jemanden** etwas bringt jemanden zum Nachdenken | *Diese Frage beschäftigt mich schon seit längerer Zeit* H kein Passiv **4 sich mit jemandem beschäftigen** sich um eine Person kümmern | *Unsere Oma beschäftigt sich viel mit ihren Enkeln* **5 sich (mit etwas) beschäftigen** die Zeit mit einer Sache verbringen | *Er beschäftigt sich gern mit seinen Blumen* | *sich mit Büchern beschäftigen* **6 sich mit etwas beschäftigen** intensiv und längere Zeit über etwas nachdenken | *Er beschäftigt sich mit mathematischen Problemen* **7 etwas beschäftigt sich mit etwas** etwas hat das Genannte zum Inhalt, Thema | *Sein Aufsatz beschäftigt sich mit dem Verhältnis von Mensch und Natur*

★ **be·schäf·tigt** ■ PARTIZIP PERFEKT **1** → beschäftigen
■ ADJEKTIV **2 irgendwo beschäftigt sein** bei einer Firma o. Ä. gegen Bezahlung arbeiten | *Sie ist in einem Reisebüro/bei der Deutschen Bahn beschäftigt* **3 beschäftigt sein** viel Arbeit und keine Zeit für anderes haben | *Er ist beruflich so beschäftigt, dass er kaum noch Zeit für seine Familie hat* **4 (mit etwas) beschäftigt sein** gerade dabei sein, etwas zu tun | *Sie war gerade damit beschäftigt, den Ra-*

senmäher zu reparieren | Der Vogel ist mit dem Füttern der Jungen beschäftigt

Be·schäf·tig·te *der/die;* (-n, -n) eine Person, die für einen Betrieb o. Ä. gegen Bezahlung arbeitet | *Die Firma hat 500 Beschäftigte* **H** *ein Beschäftigter; der Beschäftigte; den, dem, des Beschäftigten*

★ **Be·schäf·ti·gung** *die;* (-, -en) **1** eine Tätigkeit, mit der man die Zeit verbringt | *Sport zu treiben ist eine gesunde Beschäftigung* **2** die Arbeit, die man macht, um Geld zu verdienen ‹einer (geregelten) Beschäftigung nachgehen; ohne Beschäftigung sein› **3 die Beschäftigung mit etwas** das Nachdenken über etwas ‹die Beschäftigung mit Fragen, Problemen› **4 die Beschäftigung mit etwas** das Arbeiten mit etwas oder an etwas

Be·schäf·ti·gungs·ver·hält·nis *das* ≈ *Arbeitsverhältnis*

be·schä·men VERB (beschämte, hat beschämt) **eine Person beschämt jemanden (mit etwas); etwas beschämt jemanden** jemandes gutes Verhalten o. Ä. bewirkt, dass sich eine andere Person schämt | *Deine Großzügigkeit beschämt mich!*

be·schä·mend ■ PARTIZIP PRÄSENS **1** → beschämen ■ ADJEKTIV **2** so, dass man sich dafür schämen muss ‹eine Einstellung, eine Haltung› | *Sein Lohn ist beschämend niedrig* **3** so, dass es Scham hervorruft | *Es ist ein beschämendes Gefühl, sie so hart arbeiten zu sehen*

be·schämt ■ PARTIZIP PERFEKT **1** → beschämen ■ ADJEKTIV **2 (über etwas** (*Akkusativ*)**) beschämt sein** Scham empfinden, weil sich jemand schlecht verhält | *Ich bin sehr beschämt darüber, dass wir eine solche Aggression nicht verhindern konnten*

Be·schä·mung *die;* (-, -en); *meist Singular* das, was man empfindet, wenn man sich (meist wegen eines schlechten Verhaltens) schämt

be·schat·ten VERB (beschattete, hat beschattet) **1 jemanden beschatten** einer Person heimlich folgen und sie dabei beobachten | *einen Agenten durch den Geheimdienst beschatten lassen* **2 etwas beschattet jemanden/etwas** etwas bewirkt, dass jemand oder etwas von der Sonne nicht beschienen wird ● zu (1) **Be·schat·tung** *die*

be·schau·lich ADJEKTIV ruhig und friedlich | *ein beschauliches Leben führen* ● hierzu **Be·schau·lich·keit** *die*

★ **Be·scheid** *der;* (-(e)s, -e) **1 Bescheid (über etwas** (*Akkusativ*)**)** *ohne Artikel, nur Singular* eine erwartete Information über etwas ‹jemandem Bescheid geben, sagen; Bescheid bekommen› | *Sag mir bitte Bescheid, ob du zu meiner Party kommen kannst!* **2 ein Bescheid (über etwas** (*Akkusativ*)**)** eine Nachricht über die Entscheidung einer Behörde | *Er stellte den Antrag vor drei Monaten und hat immer noch keinen Bescheid bekommen* **K** Steuerbescheid **3 (über jemanden/etwas) Bescheid wissen** (über jemanden/etwas) viel wissen oder informiert sein ■ ID **jemandem (gehörig) Bescheid sagen/stoßen** *gesprochen* einer Person sehr deutlich sagen, dass man eine andere Meinung hat

★ **be·schei·den**[1] ADJEKTIV **1** so, dass man nur geringe Ansprüche hat und auch dann zufrieden ist, wenn man nur relativ wenig hat | *Trotz seines Reichtums ist er ein sehr bescheidener Mensch geblieben* **2** so, dass man nicht viel Aufmerksamkeit auf sich zieht ‹ein Auftreten, ein Verhalten› ≈ *zurückhaltend* **3** ohne Luxus ‹ein Haus, eine Mahlzeit› ≈ *einfach* | *Sie führen ein bescheidenes Leben* **4** nicht den Erwartungen und Bedürfnissen entsprechend ‹ein Lohn, Lebensverhältnisse, Leistungen› | *Wegen des schlechten Wetters fiel die Ernte recht bescheiden aus* **5** *gesprochen* äußerst schlecht ≈ *beschissen* | *Es sieht bescheiden aus* ● zu (1,2) **Be·schei·den·heit** *die*

be·schei·den[2] VERB (beschied, hat beschieden); *geschrieben* **1 etwas bescheidet jemandem etwas** eine Person erlebt, was sie sich gewünscht hat | *Das Schicksal hat ihnen keine Kinder beschieden | Ihm war kein Erfolg beschieden* **H** meist im Passiv mit dem Hilfsverb *sein* und verneint **2 sich mit etwas bescheiden** mit weniger zufrieden sein, als man gern hätte | *Da sie nicht genug Geld hatte, musste sie sich mit einer sehr kleinen Wohnung bescheiden*

be·schei·nen VERB (beschien, hat beschienen) **etwas bescheint etwas** etwas scheint auf etwas | *ein von der Sonne beschienener Platz* **H** meist im Passiv

be·schei·ni·gen VERB (bescheinigte, hat bescheinigt) **1 (jemandem) etwas bescheinigen** durch die Unterschrift bestätigen, dass man etwas erhalten hat oder dass etwas wahr ist | *den Erhalt des Geldes bescheinigen | jemandem bescheinigen, dass er an einem Kurs teilgenommen hat* **2 jemandem etwas bescheinigen** erklären, dass jemand die genannte Eigenschaft oder die genannten Kenntnisse hat | *einem Studenten gute Sprachkenntnisse bescheinigen*

Be·schei·ni·gung *die;* (-, -en) **eine Bescheinigung (über etwas** (*Akkusativ*)**)** ein Blatt Papier, auf dem etwas bestätigt ist ‹eine Bescheinigung ausstellen, vorlegen› | *Bringen Sie eine Bescheinigung über Ihre Arbeitsunfähigkeit!*

be·schei·ßen VERB (beschiss, hat beschissen); *gesprochen* ⚠ **1 jemanden (um etwas) bescheißen** ≈ *betrügen* **2 (jemanden) bescheißen** ≈ *betrügen*

be·schen·ken VERB (beschenkte, hat beschenkt) **jemanden (mit etwas) beschenken** jemandem etwas als Geschenk geben | *die Kinder zu Weihnachten reich beschenken* ● hierzu **Be·schen·kung** *die*

be·sche·ren VERB (bescherte, hat beschert) **1 jemandem etwas bescheren; jemanden (mit etwas) bescheren** jemandem etwas zu Weihnachten schenken | *Was hat dir das Christkind beschert?* **2 etwas beschert jemandem etwas** *geschrieben* etwas bewirkt, dass jemand etwas bekommt oder erlebt | *Dieser Tag bescherte uns eine riesige Überraschung*

Be·sche·rung *die;* (-, -en) **1** das Austeilen der Geschenke zu Weihnachten **2** *gesprochen, ironisch meist Singular* eine ärgerliche Überraschung, ein unangenehmer Vorfall ‹eine schöne Bescherung anrichten› | *Da haben wir die Bescherung!*

be·scheu·ert ADJEKTIV; *gesprochen, abwertend* **1** dumm, nicht sehr intelligent **2** unerfreulich ‹ein Vorfall, eine Situation›

be·schich·ten VERB (beschichtete, hat beschichtet) **etwas (mit etwas) beschichten** etwas fest mit einer Schicht aus einer anderen Substanz verbinden | *eine mit Kunststoff beschichtete Karosserie* ● hierzu **Be·schich·tung** *die*

be·schi·cken VERB (beschickte, hat beschickt) **1 etwas (mit etwas) beschicken** etwas mit einem Material füllen, das bearbeitet oder verarbeitet werden soll ‹einen Hochofen beschicken› | *einen Reaktor mit Plutonium beschicken* **2 etwas beschicken** *besonders norddeutsch* ≈ *erledigen* | *Sie konnte nicht viel beschicken, weil sie immer wieder abgelenkt wurde*

be·schie·ßen VERB (beschoss, hat beschossen) **1 jemanden/etwas (mit etwas) beschießen** (während eines Kampfes) auf jemanden/etwas schießen **2 jemanden beschießen** *gesprochen* jemanden heftig kritisieren | *In der Debatte wurde er von allen Seiten beschossen* **3 etwas (mit etwas) beschießen** elementare Teilchen mit hoher Geschwindigkeit auf Atomkerne auftreffen lassen | *Atomkerne mit Neutronen beschießen*

be·schil·dern VERB (beschilderte, hat beschildert) **etwas beschildern** etwas mit Schildern versehen (um so den Weg zu weisen) | *Die Umleitung ist beschildert* ● hierzu **Be-**

schil·de·rung *die*

be·schimp·fen VERB (beschimpfte, hat beschimpft) **1** **jemanden (mit etwas) beschimpfen** eine Person durch Schimpfwörter oder schlimme Vorwürfe kränken oder beleidigen **2** **jemanden (als etwas) beschimpfen** eine Person beleidigen, indem man sie als etwas Negatives bezeichnet ⟨jemanden als Dieb, Verräter beschimpfen⟩

Be·schimp·fung *die*; (-, -en) **1** *nur Singular* das Beschimpfen **2** die Worte, mit denen man jemanden beschimpft

be·schir·men VERB (beschirmte, hat beschirmt) **jemanden (vor etwas** (*Dativ*)) **beschirmen** *veraltend* ≈ *beschützen* • hierzu **Be·schir·mung** *die*

Be·schiss *der*; *nur Singular*; *gesprochen* ⚠ ≈ *Betrug* **H** kein Genitiv

be·schis·sen *gesprochen* ⚠ ■ PARTIZIP PERFEKT **1** → bescheißen
■ ADJEKTIV **2** äußerst schlecht | *Das Essen war/schmeckte beschissen* | *Er steckt in einer beschissenen Lage*

Be·schlag *der* **1** ein Metallteil, das mehrere Teile zusammenhält und/oder diese verziert ⟨die Beschläge einer Tür, eines Fensters, eines Schranks, einer Truhe, eines Gewehrs⟩ **2** die Hufeisen, die ein Pferd trägt **3** *nur Singular* eine dünne Schicht vor allem aus Wasserdampf, die sich auf einer Oberfläche gebildet hat | *An den Fensterscheiben bildet sich ein Beschlag* **4** **jemanden/etwas in Beschlag nehmen**; **jemanden/etwas mit Beschlag belegen** jemanden/etwas ganz für sich allein haben wollen oder benutzen | *Meine Frau nahm das Auto gestern den ganzen Tag in Beschlag* **5** **etwas nimmt jemanden in Beschlag** etwas verlangt jemandes ganze Zeit und Aufmerksamkeit | *Seine Arbeit/seine Familie nimmt ihn zurzeit ganz in Beschlag*

be·schla·gen[1] VERB (beschlägt, beschlug, hat/ist beschlagen) **1** **etwas beschlagen** (*hat*) etwas mit Nägeln an/auf etwas festmachen | *einen Schuh mit Nägeln beschlagen* **2** **ein Tier beschlagen** (*hat*) Hufeisen mit Nägeln an den Hufen eines Pferdes festmachen **3** **etwas beschlägt etwas** (*hat*) etwas bedeckt etwas mit einer dünnen Schicht | *Der Dampf hat die Fensterscheiben beschlagen* **4** **etwas beschlägt** (*ist*); **etwas beschlägt sich** (*hat*) etwas bekommt eine dünne Schicht aus Dampf oder Schimmel ⟨Metalle, Käse⟩ | *Als er von draußen in das warme Zimmer kam, beschlug sich seine Brille* • zu (1,2) **Be·schla·gung** *die*

be·schla·gen[2] ADJEKTIV; *gesprochen* **beschlagen (in etwas** (*Dativ*)) mit sehr guten Kenntnissen auf einem Gebiet | *eine beschlagene Schülerin* | *in Kunstgeschichte (nicht) sehr beschlagen sein*

be·schlag·nah·men VERB (beschlagnahmte, hat beschlagnahmt) **1** **etwas beschlagnahmen** jemandem etwas in amtlichem, offiziellem Auftrag wegnehmen ⟨die Beute, Möbel beschlagnahmen⟩ | *Der Zöllner beschlagnahmte die Ware* **2** **jemanden/etwas beschlagnahmen** *gesprochen* die volle Aufmerksamkeit von jemandem verlangen • hierzu **Be·schlag·nah·me** *die*

be·schlei·chen VERB (beschlich, hat beschlichen) **etwas beschleicht jemanden** *geschrieben* etwas erfasst oder ergreift jemanden langsam und unbemerkt ⟨Furcht, Angst⟩

be·schleu·ni·gen VERB (beschleunigte, hat beschleunigt) **1** **(etwas) beschleunigen** die Geschwindigkeit höher werden lassen ⟨das Tempo, die Fahrt beschleunigen⟩ | *Dieses Auto beschleunigt in 15 Sekunden von 0 auf 100 Stundenkilometer* | *Beim Überholen sollte man kräftig beschleunigen* **2** **etwas beschleunigen** den Ablauf eines Vorgangs schneller werden lassen ⟨eine Arbeit, einen Prozess beschleunigen⟩ | *Viel Wärme beschleunigt das Wachstum von Pflanzen* **3** **etwas beschleunigt sich** etwas wird schneller ⟨das Tempo, die Atmung, ein Vorgang⟩ | *Bei körperlicher Belastung beschleunigt sich der Puls*

Be·schleu·ni·gung *die*; (-, -en) **1** *nur Singular* das Beschleunigen ⟨die Beschleunigung des Tempos⟩ **2** *nur Singular* das Beschleunigen ⟨die Beschleunigung der Arbeit, eines Vorgangs⟩ | *die Beschleunigung der Bauarbeiten* **3** der Grad, in dem ein Fahrzeug schneller werden kann | *Das Auto hat eine gute Beschleunigung* **K** Beschleunigungsvermögen

★ **be·schlie·ßen** VERB (beschloss, hat beschlossen) **1** **etwas beschließen** nach längerer Überlegung sich entscheiden oder bestimmen, was gemacht wird | *die Stilllegung eines Betriebes beschließen* | *Er beschloss, sich ein neues Auto zu kaufen* | *Sie beschloss, dass diese Lösung die beste sei* **2** **etwas beschließen** über etwas beraten und dann die Entscheidung treffen ⟨ein Gesetz, einen Antrag beschließen⟩ | *Die Regierung beschloss, die Renten zu erhöhen* **3** **etwas (mit etwas) beschließen** meist eine Veranstaltung (mit etwas) beenden | *ein Fest mit einem Feuerwerk beschließen* **4** **über etwas** (*Akkusativ*) **beschließen** über etwas beraten und dann eine Entscheidung treffen | *Das Parlament beschließt über die Gesetzesvorlage* | *Wir müssen heute darüber beschließen, ob der Verein aufgelöst werden soll*

★ **Be·schluss** *der*; (-es, Be·schlüs·se) **1** **ein Beschluss (über etwas** (*Akkusativ*)); **der Beschluss (zu** +*Infinitiv*) meist eine offizielle Entscheidung einer oder mehrerer Personen, etwas zu tun | *auf/laut Beschluss der Versammlung* **K** Gerichtsbeschluss, Parteibeschluss, Regierungsbeschluss **2** **einen Beschluss fassen** *geschrieben* etwas beschließen, entscheiden • zu (2) **Be·schluss·fas·sung** *die*

be·schluss·fä·hig ADJEKTIV dazu berechtigt, einen Beschluss zu fassen, weil genügend stimmberechtigte Mitglieder anwesend sind ⟨eine Versammlung, das Parlament⟩ • hierzu **Be·schluss·fä·hig·keit** *die*

be·schmei·ßen VERB (beschmiss, hat beschmissen) **jemanden/etwas (mit etwas) beschmeißen** *gesprochen* ≈ *bewerfen*

be·schmie·ren VERB (beschmierte, hat beschmiert) **1** **etwas (mit etwas) beschmieren** Fett, Schmutz o. Ä. auf etwas bringen und es damit schmutzig machen **2** **etwas (mit etwas) beschmieren** *abwertend* eine Fläche mit Parolen, Sprüchen o. Ä. bemalen | *Wände mit Sprüchen beschmieren*

be·schmut·zen VERB (beschmutzte, hat beschmutzt) **1** **jemanden/etwas (mit etwas) beschmutzen** jemanden/etwas schmutzig machen **2** **jemanden/etwas beschmutzen** schlecht über eine Person oder Sache sprechen ⟨das Ansehen, den Ruf, die Ehre einer Person beschmutzen⟩ • hierzu **Be·schmut·zung** *die*

be·schnei·den VERB (beschnitt, hat beschnitten) **1** **etwas beschneiden** etwas mit einer Schere o. Ä. kürzer machen ⟨eine Hecke, die Rosen beschneiden; einem Vogel die Flügel beschneiden⟩ **2** **(jemandem) etwas beschneiden**; **jemanden in etwas** (*Dativ*) **beschneiden** etwas, worauf jemand ein Recht hat, um einen gewissen Teil oder Grad kürzen, reduzieren ⟨jemandes Rechte, Freiheiten beschneiden⟩ | *Er wurde in der persönlichen Freiheit beschnitten* **3** **jemanden beschneiden** einem Mann die Haut am vorderen Ende des Penis bzw. einer Frau die Klitoris entfernen • zu (2,3) **Be·schnei·dung** *die*

be·schnüf·feln VERB (beschnüffelte, hat beschnüffelt) **1** **ein Tier beschnüffelt jemanden/etwas** ein Tier hält die Nase dicht an etwas und riecht daran | *Der Hund beschnüffelte das Futter* **2** **jemanden/etwas beschnüffeln** *gesprochen* versuchen, jemanden/etwas kennenzulernen

be·schnup·pern VERB (beschnupperte, hat beschnuppert) **1** **ein Tier beschnuppert jemanden/etwas** ein Tier hält die Nase dicht an etwas und riecht daran **2** **jemanden/etwas beschnuppern** *gesprochen* versuchen, jemanden/etwas kennenzulernen

be·schö·ni·gen VERB (beschönigte, hat beschönigt) **etwas beschönigen** etwas Negatives meist mit Worten so darstellen, dass es besser erscheint, als es in Wirklichkeit ist | *Der Minister will die wirtschaftliche Lage nur beschönigen* • hierzu **Be·schö·ni·gung** *die*

★ **be·schrän·ken** VERB (beschränkte, hat beschränkt) **1** **etwas (auf etwas** (*Akkusativ*)**) beschränken** einer Sache eine Grenze setzen ⟨Ausgaben, Kosten, den Import, die Zahl der Teilnehmer beschränken⟩ | *Die Redezeit ist auf 5 Minuten beschränkt* | *Die Zahl der Studienplätze bleibt weiterhin beschränkt* **2** **jemanden in etwas** (*Dativ*) **beschränken** bewirken, dass jemand weniger von einer Sache hat ⟨jemanden in den Rechten, in der Freiheit beschränken⟩ **3** **sich (auf etwas** (*Akkusativ*)**) beschränken** den Verbrauch einer Sache oder den Anspruch auf etwas reduzieren | *sich auf das Notwendigste beschränken*

be·schrankt ADJEKTIV mit Schranken ⟨nur ein Bahnübergang⟩

★ **be·schränkt** ■ PARTIZIP PERFEKT **1** → beschränken ■ ADJEKTIV **2** *abwertend* mit wenig Intelligenz ≈ *dumm* | *Bist zu wirklich zu beschränkt, um das zu kapieren?* • zu (2) **Be·schränkt·heit** *die*

Be·schrän·kung *die*; (-, -en) **1** **die Beschränkung** (+*Genitiv*) **(auf etwas** (*Akkusativ*)**); die Beschränkung von etwas (auf etwas** (*Akkusativ*)**)** der Vorgang, einer Sache Grenzen zu setzen oder die gesetzte Grenze ⟨die Beschränkung von Kosten, Ausgaben⟩ | *eine Beschränkung der Kosten auf 1.000 € verlangen* | *die Beschränkungen aufheben* K Geschwindigkeitsbeschränkung, Handelsbeschränkung, Importbeschränkung, Preisbeschränkung, Rüstungsbeschränkung **2** mit einer Beschränkung wird geregelt, dass eine Person nicht mehr alle ihre Rechte oder Freiheiten haben darf ⟨jemandem Beschränkungen auferlegen⟩ K Aufenthaltsbeschränkung, Freiheitsbeschränkung, Reisebeschränkung

★ **be·schrei·ben** VERB (beschrieb, hat beschrieben) **1** **(jemandem) eine Person/Sache beschreiben** die Merkmale einer Person oder einer Sache nennen, damit man eine genaue Vorstellung davon bekommt ⟨etwas ausführlich, anschaulich, sorgfältig beschreiben⟩ | *Sie beschrieb der Polizei den Dieb so genau, dass diese ihn festnehmen konnte* | *den Hergang eines Unfalls beschreiben* | *Können Sie uns beschreiben, wie das passiert ist?* **2** **etwas beschreibt etwas** etwas führt eine (meist kurvenförmige) Bewegung aus | *Die Erde beschreibt eine ellipsenförmige Bahn um die Sonne* ■ ID **etwas ist nicht zu beschreiben** das Ausmaß oder die Intensität einer Sache ist ungewöhnlich groß

★ **Be·schrei·bung** *die*; (-, -en) **1** das Beschreiben einer Sache oder Person **2** eine Aussage oder ein Bericht, die jemanden/etwas beschreiben ⟨eine detaillierte, ausführliche Beschreibung von jemandem/etwas geben⟩ | *Seine Beschreibung trifft genau auf den Verdächtigen zu* K Landschaftsbeschreibung, Personenbeschreibung ■ ID **etwas spottet jeder Beschreibung** etwas ist äußerst schlimm oder schlecht

be·schrei·ten VERB (beschritt, hat beschritten); *geschrieben* **1** **andere / neue / bessere** *o. Ä.* **Wege beschreiten** andere / neue usw. Methoden finden und ausprobieren | *neue Wege in der Wissenschaft beschreiten* **2** **den Rechtsweg beschreiten** sich wegen eines Streits oder eines Problems an ein Gericht wenden • hierzu **Be·schrei·tung** *die*

be·schrif·ten VERB (beschriftete, hat beschriftet) Zahlen, Namen oder Wörter auf einen Gegenstand schreiben, um ihn identifizieren zu können • hierzu **be·schrif·tet** ADJEKTIV; **Be·schrif·tung** *die*

★ **be·schul·di·gen** VERB (beschuldigte, hat beschuldigt) **jemanden (einer Sache** (*Genitiv*)**) beschuldigen** behaupten, dass jemand etwas Negatives getan hat oder an etwas schuld ist ⟨jemanden des Betrugs, des Diebstahls, des Verrats beschuldigen⟩ • hierzu **Be·schul·dig·te** *der/die*

Be·schul·di·gung *die*; (-, -en) eine Äußerung, mit der man jemandem die Schuld für etwas gibt ⟨Beschuldigungen gegen jemanden erheben, vorbringen; eine Beschuldigung zurückweisen, von sich (*Dativ*) weisen⟩

be·schum·meln VERB (beschummelte, hat beschummelt) **(jemanden) beschummeln** *gesprochen* ≈ *betrügen*

Be·schuss *der*; (-es) **1** meist scharfe (öffentliche) Kritik von mehreren Personen | *Der Minister geriet/stand wegen seiner Privatgeschäfte unter Beschuss* **2** intensives Schießen mit Waffen ⟨jemanden/etwas unter Beschuss nehmen; unter Beschuss liegen, stehen⟩ | *Die Soldaten nehmen/halten die Stadt unter Beschuss* K Artilleriebeschuss

be·schüt·zen VERB (beschützte, hat beschützt) **eine Person (vor jemandem/etwas) beschützen** ≈ *schützen* | *ein Kind vor Gefahren beschützen* • hierzu **Be·schüt·zer** *der*; **Be·schüt·ze·rin** *die*

be·schwat·zen VERB (beschwatzte, hat beschwatzt) **jemanden (zu etwas) beschwatzen** *gesprochen* jemanden zu etwas überreden (wollen)

★ **Be·schwer·de** *die*; (-, -n) **1** **eine Beschwerde (gegen/über jemanden)** eine mündliche oder schriftliche Äußerung, mit der man sich bei jemandem über eine Person oder Sache beschwert | *Er hat wegen des Lärms eine Beschwerde gegen seinen Nachbarn vorgebracht* **2** **eine Beschwerde (gegen etwas)** ein Brief, mit dem man gegen den Beschluss eines Gerichts oder einer Behörde protestiert ⟨Beschwerde einreichen, einlegen⟩ K Beschwerdefrist, Beschwerdeschrift **3** *nur Plural* die Probleme, die man wegen des Alters oder einer Krankheit mit einem Körperteil oder einem Organ hat ⟨etwas macht, verursacht jemandem Beschwerden⟩ | *Ich darf keine fetten Speisen essen, sonst bekomme ich Beschwerden mit dem Magen* K Herzbeschwerden, Magenbeschwerden, Nierenbeschwerden, Schluckbeschwerden, Verdauungsbeschwerden • zu (3) **be·schwer·de·frei** ADJEKTIV

★ **be·schwe·ren** VERB (beschwerte, hat beschwert) **1** **sich (bei jemandem) (über eine Person/Sache) beschweren** jemandem mitteilen, dass man mit einer Person, einer Situation oder einer Sache überhaupt nicht zufrieden ist | *Sie beschwerte sich bei ihrem Chef darüber, dass sie viel zu viel Arbeit hatte* **2** **etwas (mit etwas) beschweren** etwas schwerer machen, indem man etwas hineintut, darauflegt usw., damit es fest am Platz bleibt | *einen Fesselballon mit Sandsäcken beschweren* | *Papiere mit Steinen beschweren, damit sie der Wind nicht fortweht* • zu (2) **Be·schwe·rung** *die* ■ → Info-Fenster nächste Seite

be·schwer·lich ADJEKTIV mit großer Mühe verbunden ⟨eine Arbeit, eine Aufgabe, eine Reise⟩ • hierzu **Be·schwer·lich·keit** *die*

be·schwich·ti·gen VERB (beschwichtigte, hat beschwichtigt) **jemanden/etwas beschwichtigen** bewirken, dass jemandes Ärger geringer wird ⟨jemandes Zorn, Hass beschwichtigen; die erhitzten Gemüter beschwichtigen; eine beschwichtigende Geste⟩ ≈ *beruhigen* | *Er versuchte, die streitenden Nachbarn zu beschwichtigen* • hierzu **Be·schwich·ti·gung** *die*

be·schwin·deln VERB (beschwindelte, hat beschwindelt) **jemanden beschwindeln** *gesprochen* ≈ *anschwindeln*

be·schwingt ADJEKTIV lebhaft und mit viel Schwung ⟨eine Melodie, ein Rhythmus⟩ • hierzu **Be·schwingt·heit** *die*

be·schwipst ADJEKTIV; *gesprochen* in leicht betrunkenem Zustand

B

SPRACHGEBRAUCH

▶ sich beschweren

Manchmal hat man keine andere Wahl, als sich über einen schlechten Service usw. zu beschweren. So kann man dies bestimmt, aber höflich tun:

Im Lokal:

- **Entschuldigen Sie bitte, wann kommt denn mein Essen? Ich warte schon sehr lange.**
- **Die Suppe ist ganz kalt.**
- **Das Fleisch ist zäh.**
- **Dieses Essen schmeckt seltsam, ich kann das nicht essen.**
- **Die Rechnung stimmt nicht.**

Im Geschäft:

- **Ich glaube, Sie haben sich beim Wechselgeld verzählt.**
- **Am Regal stand, diese Ware kostet nur ...**
- **Von dieser Ware habe ich nur zwei Stück gekauft, nicht drei.**
- **Was ist das hier auf dem Kassenzettel? Das habe ich nicht gekauft.**
- **Das Haltbarkeitsdatum ist abgelaufen.**
- **Das Gerät / Die Packung ist beschädigt.**
- **Die Milch ist verdorben.**
- **Der Wecker funktioniert nicht.**

Im Hotel:

Kann ich bitte ein anderes Zimmer haben? Dieses Zimmer ist zu laut / stinkt nach Rauch / ...

Im Kino, im Zug usw.:

Entschuldigen Sie bitte, ich glaube, Sie sitzen auf meinem Platz.

Beim Warten:

- **Entschuldigung, ich war vor Ihnen hier. Würden Sie sich bitte hinten anstellen?**
- **Ich warte bereits seit einer Stunde, wann komme ich denn an die Reihe?**
- **Ich hatte ... bei Ihnen bestellt. Bis heute habe ich nichts bekommen. Könnten Sie das bitte überprüfen?**

Wenn andere Leute stören:

- **Hier ist Rauchen verboten!**
- **Könnten Sie bitte etwas leiser sein?**
- **Würden Sie bitte das Radio leiser stellen / ausschalten?**

be·schwö·ren VERB (beschwor, hat beschworen) **1** **etwas beschwören** schwören, dass etwas so war, wie man es behauptet | *Ich kann beschwören, dass ich die Tür abgeschlossen habe* **2** **jemanden beschwören zu** *+Infinitiv* durch intensives Bitten zu erreichen versuchen, dass jemand etwas tut | *Er beschwor sie, bei ihm zu bleiben* **3** **jemanden/etwas beschwören** durch Magie versuchen, dass eine höhere Macht ihren Einfluss ausübt oder aber ihren Einfluss aufgibt ⟨die Götter, Geister, Dämonen beschwören⟩ ● hierzu **Be·schwö·rung** *die*

be·seelt ADJEKTIV **1** mit einer Seele ⟨ein Wesen⟩ **2** **von etwas beseelt** von einer Sache erfüllt ⟨von einer Hoffnung, von Idealismus o. Ä. beseelt⟩

be·se·hen VERB (besieht, besah, hat besehen) **jemanden/etwas besehen** jemanden/etwas aufmerksam und genau betrachten

★ **be·sei·ti·gen** VERB (beseitigte, hat beseitigt) **1** **etwas beseitigen** bewirken, dass etwas nicht mehr vorhanden ist ⟨Abfall, einen Fleck, ein Problem, Missstände, ein Missverständnis beseitigen⟩ | *Der Einbrecher beseitigte alle Spuren* **2** **jemanden beseitigen** *gesprochen* ≈ermorden | *Der Richter wurde von der Mafia beseitigt* ● hierzu **Be·sei·ti·gung** *die*

★ **Be·sen** *der*; (-s, -) **1** Ein Besen hat einen langen Stiel und unten Borsten und wird zum Fegen und Kehren verwendet | *den Hof mit dem Besen fegen* K Besenkammer, Besenschrank, Besenstiel; Handbesen **2** *gesprochen, abwertend* verwendet als Schimpfwort für eine Frau, die unfreundlich und streitsüchtig ist ■ ID **Ich fresse einen Besen, wenn das stimmt!** *gesprochen* Es würde mich sehr wundern, wenn das wahr ist; **Neue Besen 'kehren gut** Wer in einer beruflichen Position neu ist, ist meist noch sehr motiviert und hat neue Ideen

be·ses·sen ■ PARTIZIP PERFEKT **1** → besitzen
■ ADJEKTIV **2** **(von etwas) besessen sein** etwas auf übertriebene Weise in den Mittelpunkt des eigenen Lebens stellen ⟨von einer Idee, einer Leidenschaft, einem Wunsch besessen sein⟩ | *Er ist so sehr von seiner Arbeit besessen, dass er seine Familie völlig vernachlässigt* K arbeitsbesessen, machtbesessen, pflichtbesessen **3** **(von etwas) besessen** sehr aufgeregt und ohne zu überlegen | *Sie rannte wie besessen davon* **4** *gesprochen* **wie besessen** *nur adverbiell* sehr oder übertrieben eifrig | *Sie arbeitet/schreibt/übt wie besessen* ● zu (2,3) **Be·ses·sen·heit** *die*

★ **be·set·zen** VERB (besetzte, hat besetzt) **1** **etwas besetzen** einen Platz für eine andere Person oder sich selbst frei halten ⟨einen Stuhl, einen Tisch im Restaurant besetzen; einen Platz im Bus, im Theater, neben sich (*Dativ*) für jemanden besetzen⟩ **2** **etwas (mit jemandem) besetzen** jemandem einen Posten oder eine Aufgabe geben ⟨ein Amt, einen Posten, eine Stelle (mit jemandem) besetzen⟩ | *eine Rolle mit einem bekannten Schauspieler besetzen* **3** **etwas mit etwas besetzen** etwas als Schmuck auf einen Stoff nähen | *eine mit Spitzen besetzte Bluse* **4** **Soldaten besetzen etwas** Soldaten dringen in ein fremdes Gebiet ein und bleiben als Eroberer dort | *die Truppen aus den besetzten Gebieten abziehen* **5** **Personen besetzen etwas** eine Gruppe hält sich längere Zeit an einem Ort auf, um Forderungen durchzusetzen oder um zu demonstrieren ⟨ein Baugelände, ein Haus, eine Botschaft besetzen⟩ | *Demonstranten besetzten die Zufahrt zum Kernkraftwerk* **6** **ein Haus besetzen** aus Protest in ein leer stehendes Haus einziehen, um zu verhindern, dass es abgerissen wird

★ **be·setzt** ■ PARTIZIP PERFEKT **1** → besetzen
■ ADJEKTIV **2** **etwas ist besetzt** etwas wird gerade von jemandem benutzt ⟨ein Stuhl, die Toilette⟩ **3** **etwas ist besetzt** etwas hat keine freien Sitzplätze mehr | *Der Zug war bis auf den letzten Platz besetzt* **4** **es/das Telefon ist besetzt** jemand telefoniert gerade mit der Person, die man selbst anrufen möchte **5** **jemand ist besetzt** *gesprochen* eine Person hat gerade keine Zeit (weil sie gerade eine Besprechung hat)

Be·setzt·zei·chen *das; meist Singular* ein Tonsignal beim Telefonieren, das nach dem Wählen der Nummer ertönt, wenn diese nicht frei ist

Be·set·zung *die*; (-, -en) **1** *meist Singular* das Besetzen | *die Besetzung eines Postens mit einem Angestellten* | *die Be-*

setzung eines Landes durch feindliche Truppen | *die Besetzung eines Hauses durch Jugendliche* **K** Neubesetzung, Hausbesetzung **2** alle Schauspieler, die in einem Film, einem Theaterstück o. Ä. die Rollen spielen | *die Besetzung ändern* | *ein Stück in neuer Besetzung aufführen*

★ **be·sich·ti·gen** VERB (besichtigte, hat besichtigt) **etwas besichtigen** irgendwohin gehen und etwas (genau) ansehen, um es kennenzulernen ⟨eine Stadt, eine Kirche, ein Haus besichtigen⟩

Be·sich·ti·gung *die*; (-, -en) das Besichtigen | *Die Besichtigung des Doms ist ab 10 Uhr möglich* **K** Besichtigungsfahrt, Besichtigungstermin, Besichtigungszeit; Hausbesichtigung, Kirchenbesichtigung, Schlossbesichtigung, Stadtbesichtigung

be·sie·deln VERB (besiedelte, hat besiedelt) **etwas besiedeln** in einem nicht bewohnten Gebiet Häuser bauen, um dort zu leben ● hierzu **Be·sie·de·lung** *die*

be·sie·delt ■ PARTIZIP PERFEKT **1** → besiedeln ■ ADJEKTIV **2** **(irgendwie) besiedelt** mit (einer gewissen Zahl von) Menschen, die dort leben ⟨dicht, dünn besiedelt⟩ | *Japan ist ein sehr dicht besiedeltes Land*

be·sie·geln VERB (besiegelte, hat besiegelt) **1** **etwas besiegeln** einen Beschluss für gültig erklären | *eine Abmachung per Handschlag besiegeln* **2** **etwas besiegelt jemandes Schicksal** etwas bewirkt, dass etwas Schlimmes für jemanden nicht mehr abzuwenden ist | *Durch diesen groben Fehler war sein Schicksal besiegelt* ● hierzu **Be·sie·ge·lung** *die*

★ **be·sie·gen** VERB (besiegte, hat besiegt) **1** **jemanden besiegen** in einem Wettkampf besser sein als die genannte Person **2** **etwas besiegen** etwas unter Kontrolle bekommen ⟨Schwierigkeiten besiegen; seine Müdigkeit besiegen; jemandes Zweifel besiegen⟩ ≈ *überwinden* ● zu (1) **Be·sieg·te** *der/die*

be·sin·gen VERB (besang, hat besungen) **jemanden/etwas besingen** jemanden/etwas in einem Lied (meist lobend) darstellen ⟨einen Helden, die Natur besingen⟩

be·sin·nen VERB (besann sich, hat sich besonnen) **1** **sich besinnen** *geschrieben* die Gedanken intensiv auf ein Problem konzentrieren ⟨sich einen Augenblick, kurz, eine Weile besinnen⟩ ≈ *nachdenken* | *Er fällte die Entscheidung, ohne sich lange zu besinnen* **2** **sich auf etwas** (*Akkusativ*) **besinnen** etwas in die Erinnerung zurückrufen, sich einer Sache bewusst werden | *Als er sich endlich auf seine Fähigkeiten besann, hatte er wieder Erfolg* **3** **sich eines anderen/Besseren besinnen** *geschrieben* sich anders/für etwas Besseres entscheiden

be·sinn·lich ADJEKTIV ⟨Gedanken, Worte, eine Feier, eine Zeit⟩ so, dass sie einen zum Nachdenken bringen ● hierzu **Be·sinn·lich·keit** *die*

Be·sin·nung *die*; (-) **1** der Zustand, in dem man die eigene Existenz und die Umwelt wahrnehmen kann ⟨ohne/nicht bei Besinnung sein; wieder zur Besinnung kommen⟩ | *Der Verletzte verlor die Besinnung* **2** ⟨jemanden zur Besinnung bringen; zur Besinnung kommen⟩ ≈ *Vernunft* **3** ruhiges und intensives Nachdenken über sich selbst, über ein Thema, oder das, was man tut | *vor lauter Arbeit nicht zur Besinnung kommen* **4** der Prozess, bei dem man sich einer Sache bewusst wird | *die Besinnung auf das Wesentliche*

be·sin·nungs·los ADJEKTIV **1** ohne Bewusstsein **2** **besinnungslos vor etwas** (*Dativ*) nicht fähig zu denken, weil man sich sehr aufgeregt hat | *besinnungslos vor Wut zuschlagen* ● zu (1) **Be·sin·nungs·lo·sig·keit** *die*

★ **Be·sitz** *der*; (-es) **1** alles, was jemandem gehört ⟨privater, staatlicher Besitz; den Besitz vergrößern⟩ ≈ *Eigentum* | *Die Ware geht mit der Bezahlung in Ihren Besitz über* | *Er verlor seinen ganzen Besitz* **K** Besitzanspruch; Hausbesitz, Landbesitz **H** vergleiche **Eigentum** **2** die Situation, etwas zu besitzen | *im vollen Besitz seiner geistigen Kräfte sein* | *Wie kam er in den Besitz der geheimen Dokumente?* **3** **von etwas Besitz nehmen/ergreifen** *geschrieben* etwas nehmen, um es allein zu haben und besitzen

be·sitz·an·zei·gend ADJEKTIV **besitzanzeigendes Fürwort** ≈ *Possessivpronomen*

★ **be·sit·zen** VERB (besaß, hat besessen) **1** **etwas besitzen** Dinge haben, die man gekauft oder auf andere Weise bekommen hat ⟨ein Haus, einen Hof, ein Grundstück, ein Auto, viel Geld, Aktien besitzen⟩ **2** **etwas besitzen** eine Eigenschaft, Qualität oder ein Wissen haben ⟨Fantasie, Talent, Mut, Geschmack besitzen; die Frechheit, die Fähigkeit besitzen, etwas zu tun⟩ | *Er besitzt gute Sprachkenntnisse* **3** **etwas besitzt etwas** etwas hat die genannten Teile oder besteht aus den genannten Materialien | *Dieses Auto besitzt eine Servolenkung*

★ **Be·sit·zer** *der*; (-s, -) **1** eine Person, die etwas besitzt | *Das Restaurant wechselte den Besitzer* | *Er ist stolzer Besitzer eines Reitpferdes* **K** Besitzerwechsel; Fabrikbesitzer, Hausbesitzer **H** zu *Besitzerin* → Info im Eintrag **-in** **2** *admin* eine Person, die etwas (im juristischen Sinne) besitzt **H** zu *Besitzerin* → Info im Eintrag **-in** ● hierzu **Be·sit·ze·rin** *die*

Be·sitz·tum *das*; (-s, Be·sitz·tü·mer); *geschrieben* **1** *nur Singular* alles, was jemand besitzt **2** *meist Plural* die Grundstücke und die Gebäude, die jemand, eine Institution o. Ä. besitzt | *die Besitztümer der Kirche*

Be·sitz·ver·hält·nis·se *die*; *Plural* **1** das System der Verteilung von materiellen Gütern und Geld in einer Gesellschaft | *Die ungerechten Besitzverhältnisse waren eine Ursache für die Revolution* **2** der rechtliche Status und die Ordnung eines Besitzes | *Die Besitzverhältnisse dieser Firma sind schwer zu durchschauen*

be·sof·fen ■ PARTIZIP PERFEKT **1** → besaufen ■ ADJEKTIV **2** *gesprochen* ⚠ völlig betrunken ● zu (2) **Be·sof·fe·ne** *der/die*

be·soh·len VERB (besohlte, hat besohlt) **etwas besohlen** (neue) Sohlen an Schuhe o. Ä. machen | *Stiefel neu besohlen lassen*

Be·sol·dung *die*; (-, -en); *meist Singular* das Geld, das Soldaten und Beamte für ihre Arbeit bekommen ● hierzu **be·sol·den** VERB (*hat*)

★ **be·son·de·r-** ADJEKTIV *meist attributiv* **1** sich vom Gewöhnlichen, Normalen unterscheidend ⟨unter besonderen Umständen⟩ ≈ *außergewöhnlich* | *Es gab keine besonderen Vorkommnisse* | *Hat sie besondere Merkmale/Kennzeichen?* **2** von einer spezifischen Art ⟨eine Ausbildung, Fähigkeiten⟩ ≈ *speziell* | *Für diese Tätigkeit benötigen Sie eine besondere Ausbildung* **3** besser oder schöner als der Durchschnitt ⟨Qualität, eine Leistung⟩ | *Die Landschaft der Insel Capri ist von besonderer Schönheit* **4** stärker oder intensiver als normal ⟨Freude, Mühe⟩ ≈ *groß* | *sich einer Aufgabe mit besonderer Sorgfalt widmen* **5** **im Besonderen** *geschrieben* ≈ *besonders*

Be·son·der·heit *die*; (-, -en) ein Merkmal oder eine Eigenschaft, worin sich etwas von etwas anderem (deutlich) unterscheidet | *die Besonderheiten der deutschen Sprache in Österreich*

★ **be·son·ders** ADVERB **1** in auffallend starkem Maße ⟨etwas besonders betonen, hervorheben⟩ | *Heute schmeckt das Essen besonders gut* | *Zu mir war sie besonders nett* **2** **nicht besonders** *gesprochen* nicht gut, sondern eher schlecht | *Ich fühle mich heute gar nicht besonders* | *Seine Leistungen waren nicht besonders* **3** verwendet, um den folgenden Teil des Satzes hervorzuheben | *Besonders im Januar war es diesen Winter sehr kalt* | *Er isst gerne Obst, beson-*

B

ders Äpfel und Birnen **4** verwendet, um etwas zu ergänzen, was man für wichtig hält | *Ich gehe gern ins Museum. Besonders interessiert mich das Mittelalter* **5** getrennt von anderen Dingen ≈ *separat* | *Dieses Thema müssen wir später besonders behandeln*

be·sọn·nen ■ PARTIZIP PERFEKT **1** → besinnen
■ ADJEKTIV **2** ruhig und vernünftig ⟨ein Mensch, ein Verhalten⟩ • zu (2) **Be·sọn·nen·heit** *die*

★ **be·sọr·gen** VERB (besorgte, hat besorgt) **1** **(jemandem) etwas besorgen** sich darum kümmern, dass jemand etwas bekommt ≈ *beschaffen* | *Ich muss noch schnell Brot besorgen* | *Hast du dir schon beim Arzt ein Attest besorgt?* **2** **etwas besorgen** eine Aufgabe ausführen ≈ *erledigen* | *Die Übersetzung des Romans besorgte der Autor selbst* **3** **es jemandem besorgen** *gesprochen* ⚠ mit einer anderen Person Sex haben und sie so befriedigen

Be·sọrg·nis *die*; (-, -se); *meist Singular* **Besorgnis (um jemanden/etwas)** ein Zustand, in dem man sich wegen einer Person/Sache Sorgen macht ⟨mit tiefer, ernster, echter Besorgnis; in Besorgnis geraten, sein; etwas erregt (jemandes) Besorgnis; es besteht kein Anlass/Grund zur Besorgnis⟩ ↔ *Sorglosigkeit*

be·sọrg·nis·er·re·gend, Be·sọrg·nis er·re·gend ADJEKTIV so, dass man sich darüber große Sorgen macht ⟨jemandes Aussehen, Zustand ist besorgniserregend⟩

★ **be·sọrgt** ■ PARTIZIP PERFEKT **1** → besorgen
■ ADJEKTIV **2** **besorgt (um jemanden/wegen etwas)** voll Sorge ⟨um jemandes Sicherheit, Leben besorgt sein⟩ | *der um seinen Sohn besorgte Vater* | *Der Arzt ist wegen ihres hohen Blutdrucks besorgt* **3** **besorgt (um jemanden/etwas) sein** *geschrieben* sich Mühe geben, für jemanden Gutes zu tun ⟨um jemanden, um jemandes Gesundheit/Zufriedenheit besorgt sein⟩

Be·sọr·gung *die*; (-, -en) **1** **eine Besorgung/Besorgungen machen** etwas einkaufen | *Für Weihnachten muss ich noch ein paar Besorgungen machen* **2** *nur Singular* das Besorgen einer Aufgabe oder einer Angelegenheit

be·spạn·nen VERB (bespannte, hat bespannt) **1** **etwas (mit etwas) bespannen** ein Tuch, Stoff, Papier o. Ä. über/auf etwas spannen | *eine Gitarre mit neuen Saiten bespannen* **2** **etwas (mit etwas) bespannen** Zugtiere vor einem Wagen festmachen | *eine Kutsche mit zwei Pferden bespannen*

Be·spạn·nung *die*; (-, -en) das Material (z. B. der Stoff), mit dem ein Gegenstand bespannt ist

be·spa̲·ßen VERB (bespaßte, hat bespaßt) **jemanden bespaßen** sich darum kümmern, dass jemand Spaß hat und sich nicht langweilt | *Ich habe keine Lust, den ganzen Tag die Kinder allein zu bespaßen*

be·spie̲l·bar ADJEKTIV in einem Zustand, dass man darauf ein Ballspiel machen kann ⟨ein Spielfeld⟩ | *Der Tennisplatz war kurze Zeit nach dem Gewitter wieder bespielbar*

be·spịt·zeln VERB (bespitzelte, hat bespitzelt) **jemanden bespitzeln** *abwertend* (als Spion) heimlich beobachten, was jemand tut • hierzu **Be·spịt·ze·lung** *die*

be·spọ̈t·teln VERB (bespöttelte, hat bespöttelt) **jemanden/etwas bespötteln** über jemanden/etwas spöttisch oder verächtlich reden • hierzu **Be·spọ̈t·te·lung** *die*

★ **be·sprẹ·chen** VERB (bespricht, besprach, hat besprochen) **1** **etwas (mit jemandem) besprechen** mit anderen Personen über etwas sprechen | *ein Problem mit einem Kollegen besprechen* | *Sie besprachen, wohin die Reise gehen solle* **2** **etwas besprechen** eine kritische Meinung zu etwas schriftlich äußern ⟨einen Film, ein Buch, ein Konzert in einer Zeitung, im Rundfunk besprechen⟩ **3** **sich (mit jemandem) (über etwas (Akkusativ)) besprechen** mit jemandem über wichtige Themen reden ≈ *beraten* | *Wir müssen uns noch mit einem Fachmann über den Umbau des Hauses besprechen*

★ **Be·sprẹ·chung** *die*; (-, -en) **1** die Handlung, über ein Thema mit anderen Personen zu sprechen ⟨die Besprechung eines Problems⟩ **2** **eine Besprechung (über etwas (Akkusativ))** ein Treffen oder eine Sitzung, bei denen etwas besprochen wird ⟨eine Besprechung ansetzen, abhalten; auf/in einer Besprechung sein; eine Besprechung haben⟩ **3** ein Text, in dem etwas besprochen und rezensiert wird ⟨die Besprechung eines Buches, eines Films⟩ ≈ *Kritik* **K** Buchbesprechung, Filmbesprechung

be·sprị̈t·zen VERB (bespritzte, hat bespritzt) **jemanden/etwas (mit etwas) bespritzen** jemanden/etwas nass machen oder mit etwas bedecken, indem man mit etwas spritzt | *jemanden mit Wasser bespritzen*

be·sprü̲·hen VERB (besprühte, hat besprüht) **etwas besprühen** etwas auf etwas sprühen | *Pflanzen mit Wasser besprühen* • hierzu **Be·sprü̲·hung** *die*

be·spụ·cken VERB (bespuckte, hat bespuckt) **jemanden/etwas bespucken** ≈ *anspucken*

★ **bẹs·ser** ADJEKTIV **1** **besser (als jemand/etwas)** verwendet als Komparativ zu *gut* | *Heute ist das Wetter besser als gestern* | *Erzähl du diesen Witz, du kannst das besser als ich!* **2** von hoher Qualität | *ein besseres Hotel* **3** *meist ironisch meist attributiv* zu einer hohen sozialen Schicht gehörig ⟨die besseren Leute; nur in besseren Kreisen verkehren; etwas Besseres sein wollen⟩ **4** *gesprochen, abwertend meist attributiv* verwendet, um eine Person oder Sache durch einen Vergleich abzuwerten | *Er ist nur ein besserer Hilfsarbeiter* | *Das Haus ist eine bessere Hütte* **5** *nur adverbiell* drückt aus, dass man etwas für eine sinnvolle Lösung hält | *Ich glaube, wir sollten jetzt besser gehen* (Es wäre gut, wenn wir jetzt gehen) **6** **jemandem geht es (wieder) besser** jemand ist nicht (mehr) so krank, fühlt sich (wieder) wohler und/oder hat (wieder) weniger Probleme ■ ID **umso/desto besser** *gesprochen* verwendet, um Zufriedenheit über eine Nachricht auszudrücken; **besser ist besser** *gesprochen* man kann nicht vorsichtig genug sein; **besser (gesagt)** mit genaueren Worten; **jemand hat Besseres zu tun** eine Person hat keine Zeit für jemanden/etwas oder keine Lust zu etwas

bẹs·ser·ge·hen VERB ≈ *besser gehen*

bẹs·ser·ge·stellt ADJEKTIV mit mehr/relativ viel Geld | *bessergestellte Mieter suchen*

bẹs·sern VERB (besserte, hat gebessert) **1** **etwas bessert jemanden** etwas bewirkt, dass jemandes Charakter oder Verhalten besser wird | *Die Erziehung im Internat hat ihn auch nicht gebessert* **2** **etwas bessert sich** etwas kommt in einen besseren Zustand oder erreicht ein höheres Niveau ⟨das Wetter, die Gesundheit, eine Leistung⟩ | *Seine finanzielle Lage bessert sich nur langsam* **3** **sich bessern** besser sein oder handeln als vorher | *„Du rauchst ja schon wieder!" – „Ich werde versuchen, mich zu bessern."*

bẹs·ser·ste·hen VERB (stand sich besser, hat sich bessergestanden) **jemand steht sich besser** jemand hat jetzt mehr Geld

Bẹs·se·rung *die*; (-) **1** der Übergang in einen erwünschten (besseren) Zustand ⟨eine gesundheitliche, wirtschaftliche, soziale Besserung; eine Besserung der Lage⟩ | *Der Kranke ist auf dem Wege der Besserung* | *Auf dem Arbeitsmarkt ist eine Besserung eingetreten* **K** Wetterbesserung **2** **Gute Besserung!** verwendet, um einem Kranken zu wünschen, dass er bald wieder gesund wird ⟨jemandem gute Besserung wünschen⟩

Bẹs·ser·wis·ser *der*; (-s, -); *abwertend* eine Person, die glaubt, (immer) alles besser zu wissen

★ **bẹs·t-** ADJEKTIV **1** verwendet als Superlativ zu *gut* | *Das ist der beste Kuchen, den ich je gegessen habe* | *Dieses Kleid ge-*

fällt mir am besten | *Er ist der Beste seiner Mannschaft* **K** bestbezahlt, bestinformiert **2** sehr gut | *bei bester Gesundheit sein* | *Wir sind die besten Freunde* | *Das Wetter war nicht gerade das beste* (war ziemlich schlecht) **K** Bestzustand **3** in sehr hoher sozialer Stellung | *aus bestem Hause/aus besten Verhältnissen stammen* **4** **Es ist das Beste** (, **wenn ...**) es ist sinnvoll oder angebracht | *Es ist das Beste, wenn du nach Hause gehst, bevor es dunkel wird* | *Ich glaube, es ist das Beste, du überlegst dir das noch mal* **5** **am besten** verwendet, um zu sagen, dass etwas die vernünftigste Lösung ist | *Du gehst jetzt am besten ins Bett, damit du morgen ausgeschlafen bist* **6** **aufs Beste/beste** sehr gut ⟨aufs Beste/beste vorbereitet⟩ ■ **ID** **mit jemandem steht es nicht zum Besten** jemand hat gesundheitliche, persönliche oder finanzielle Probleme; **etwas zum Besten geben** Erlebnisse oder Anekdoten erzählen, um die Leute zu unterhalten; **jemanden zum Besten haben/halten** jemanden (auf spöttische Weise) ärgern und lächerlich machen; **das Beste ist für jemanden gerade gut genug** *oft ironisch* die genannte Person stellt sehr hohe Ansprüche und will nur das Beste haben; **sein Bestes geben** etwas so gut wie möglich tun; **das Beste aus etwas machen** in einer ungünstigen Situation dennoch etwas Positives erreichen

★ **Be·stand** *der;* (-(e)s, Be·stän·de) **1** **der Bestand (an Dingen** (*Dativ*) **)** die Menge an vorhandenen Gütern, Geld oder Waren ⟨der Bestand an Waren, Vieh⟩ **K** Bestandsliste; Baumbestand, Bücherbestand, Viehbestand, Waldbestand, Warenbestand **2** *nur Singular* die Situation, dass eine Sache zu einem gewissen Zeitpunkt und in der Zukunft existiert ⟨etwas hat keinen Bestand; etwas ist von (kurzem) Bestand⟩ | *Der Bestand des Betriebes ist bedroht*

be·stan·den PARTIZIP PERFEKT → bestehen

be·stän·dig ADJEKTIV **1** so, dass es sich nicht (schnell) ändert ⟨ein Zustand, das Wetter⟩ ≈ *stabil* **2** **beständig gegen etwas** so, dass es nicht zerstört oder beschädigt wird | *Platin ist beständig gegen Säure* **3** lange dauernd ⟨Regen, Glück⟩ | *Während unseres Urlaubs regnete es beständig* ● zu (1,2) **Be·stän·dig·keit** *die*

-be·stän·dig *im Adjektiv, unbetont, begrenzt produktiv* **feuerbeständig, hitzebeständig, korrosionsbeständig, säurebeständig** *und andere* drückt aus, dass etwas gegen das im ersten Wortteil Genannte widerstandsfähig oder davor geschützt ist | *ein wetterbeständiger Anstrich* ● hierzu **-be·stän·dig·keit** *die*

Be·stands·auf·nah·me *die* **1** das Feststellen und Kategorisieren des Bestandes ≈ *Inventur* | *Bevor für die Bibliothek neue Bücher gekauft werden, muss eine Bestandsaufnahme gemacht werden* **2** eine kritische Analyse der Ereignisse, die zur gegenwärtigen Situation führten | *Der Parteitag begann mit einer Bestandsaufnahme durch den Vorsitzenden*

★ **Be·stand·teil** *der* ein Teil eines kompletten Ganzen ⟨etwas ist ein wesentlicher Bestandteil einer Sache; etwas in die Bestandteile zerlegen⟩ | *Eiweiße und Fette sind wichtige Bestandteile der Nahrung des Menschen* ■ **ID** **etwas löst sich in seine Bestandteile auf** *gesprochen, humorvoll* etwas zerfällt, löst sich auf, geht kaputt

be·stär·ken VERB (bestärkte, hat bestärkt) **jemanden (in etwas** (*Dativ*)**) bestärken; jemanden bestärken zu** *+Infinitiv* einer Person sagen oder zeigen, dass man ihre Haltung oder ihre Pläne für richtig hält ⟨jemanden im Glauben, in einer Annahme bestärken⟩ ● hierzu **Be·stär·kung** *die*

★ **be·stä·ti·gen** VERB (bestätigte, hat bestätigt) **1** **etwas bestätigen** von einer Aussage sagen, dass sie richtig ist ⟨eine Aussage, Behauptung, Nachricht, Meldung bestätigen; etwas offiziell, schriftlich bestätigen⟩ | *Die Agentur bestätigt, dass die Züge heute wegen eines Streiks nicht fahren* | *„Ich glaube, das ist verboten worden." – „Ja, das stimmt, das kann ich bestätigen."* **2** **etwas bestätigen** durch einen Brief oder eine Unterschrift offiziell mitteilen, dass man etwas bekommen hat ⟨den Eingang/Empfang eines Briefes, einer Lieferung bestätigen; einen Auftrag bestätigen⟩ **3** **etwas bestätigen** etwas prüfen und dann erklären, dass es richtig und gültig ist | *Das Urteil wurde in höherer Instanz bestätigt* **4** **etwas bestätigt etwas** etwas zeigt, dass eine Vermutung richtig ist | *Der Bluttest bestätigte seinen Verdacht, dass er nicht der Vater des Kindes ist* **5** **etwas bestätigt jemanden in etwas** (*Dativ*) *geschrieben* etwas zeigt einer Person, dass ihre Vermutung richtig war | *Die Katastrophe bestätigte ihn in seiner Skepsis gegenüber der Technik* **6** **jemanden (in etwas** (*Dativ*)**) (als etwas) bestätigen** entscheiden, dass eine Person ihr Amt, ihre Stellung weiterhin behält | *Die Mitgliederversammlung bestätigte ihn (in seiner Funktion) als Präsident des Vereins* **7** **etwas bestätigt sich** etwas erweist sich als richtig | *Der Verdacht auf Krebs hat sich nicht bestätigt*

★ **Be·stä·ti·gung** *die;* (-, -en) **1** das Bestätigen, dass etwas richtig oder gültig ist ⟨die Bestätigung einer Nachricht, eines Urteils, eines Verdachts⟩ **2** ein Beschluss, dass eine Person in ihrem Amt bleiben kann | *seine Bestätigung als Ministerpräsident* **3** **eine Bestätigung (über etwas** (*Akkusativ*)**)** ein Schriftstück oder eine mündliche Erklärung, die etwas bestätigen ⟨eine Bestätigung ausstellen, vorlegen⟩ | *eine Bestätigung über den Erhalt der Ware* | *Du brauchst eine schriftliche Bestätigung deiner Eltern, dass du an der Klassenfahrt teilnehmen kannst* **K** Empfangsbestätigung **4** eine Situation oder eine Überlegung, welche zeigt, dass eine Vermutung oder ein Verhalten richtig oder sinnvoll ist ⟨eine Bestätigung einer Hypothese, einer Theorie⟩ | *Das positive Wahlergebnis ist eine eindrucksvolle Bestätigung unserer Politik* **5** **etwas findet seine Bestätigung** etwas erweist sich als richtig

be·stat·ten VERB (bestattete, hat bestattet) **jemanden bestatten** *geschrieben* einen Toten oder dessen Asche feierlich in ein Grab legen o. Ä. ● hierzu **Be·stat·tung** *die*

Be·stat·tungs·ins·ti·tut *das* eine Firma, die Tote bestattet und sich um die notwendigen Formalitäten kümmert

be·stäu·ben VERB (bestäubte, hat bestäubt) **1** **etwas bestäuben** Blütenstaub auf die weibliche Blüte übertragen **2** **etwas (mit etwas) bestäuben** Pulver oder Puder auf etwas streuen | *den Kuchen mit Puderzucker bestäuben* ● hierzu **Be·stäu·bung** *die*

be·stau·nen VERB (bestaunte, hat bestaunt) **jemanden/etwas bestaunen** jemanden/etwas staunend betrachten

be·ste·chen VERB (besticht, bestach, hat bestochen) **1** **jemanden (mit etwas) bestechen** einer Person heimlich Geld oder Geschenke geben, damit sie so entscheidet, wie man es wünscht ⟨einen Richter, einen Zeugen mit Geld bestechen; sich bestechen lassen⟩ | *Die Firma hat versucht, die Steuerprüfer zu bestechen* **2** **jemand/etwas besticht durch etwas** jemand oder etwas macht (durch etwas Positives) auf andere Personen einen sehr guten Eindruck | *Das Abendkleid besticht durch seine Eleganz* | *Er bestach durch seinen Charme*

be·stech·lich ADJEKTIV ⟨Personen⟩ so, dass man sie mit Geld bestechen kann ● hierzu **Be·stech·lich·keit** *die*

Be·ste·chung *die;* (-, -en) **1** *nur Singular* das Bestechen mit Geld usw. ⟨die Bestechung eines Zeugen, eines Wachtpostens⟩ **2** der Vorgang, bei dem jemand bestochen wird oder wurde **K** Bestechungsaffäre, Bestechungsgeld, Bestechungsskandal, Bestechungssumme

B

★ **Be·steck** *das;* (-(e)s, -e) **1** *meist Singular* die Geräte (Messer, Gabel und Löffel), die man zum Essen verwendet ⟨das Besteck auflegen⟩ K Essbesteck, Fischbesteck, Silberbesteck i im Plural nur mit Mengenangaben: *fünf Bestecke* (= 5 Messer, 5 Gabeln und 5 Löffel) **2** die Instrumente oder Werkzeuge, die ein Arzt braucht ⟨ein chirurgisches Besteck⟩

Be·steck·kas·ten *der* ein Behälter mit Fächern für Gabeln, Messer und Löffel

★ **be·ste·hen** VERB (bestand, hat bestanden)
▸Existenz: **1** **etwas besteht** etwas existiert oder ist vorhanden | *Es besteht der Verdacht, dass er der Täter ist* | *An diesem Strand besteht die Möglichkeit, Wasserski zu fahren* | *Die Gefahr einer Überschwemmung besteht nicht mehr* | *Unsere Firma besteht nun seit mehr als zehn Jahren* **2** **etwas bleibt bestehen** etwas ist auch in Zukunft vorhanden | *Die Gefahr bleibt weiterhin bestehen* **3** **etwas bestehen lassen** etwas nicht ändern ≈ *beibehalten* | *die alten Verhältnisse bestehen lassen*
▸Beschaffenheit: **4** **etwas besteht aus etwas** etwas ist aus dem genannten Stoff oder Material | *Der Tisch besteht aus Holz* **5** **etwas besteht aus etwas** etwas hat mehrere Teile | *Die Wohnung besteht aus fünf Zimmern, Küche und Bad* | *Das Lexikon besteht aus drei Bänden* **6** **etwas besteht in etwas** (*Dativ*) etwas hat etwas zum Inhalt | *Ihre Aufgabe besteht im Wesentlichen darin, den Text auf Rechtschreibfehler zu überprüfen*
▸Sonstiges: **7** **(gegenüber jemandem) auf etwas** (*Dativ*) **bestehen** deutlich sagen, dass man bei einer Forderung, Meinung o. Ä. bleibt ⟨auf einer Meinung, einem Recht bestehen⟩ | *Er besteht darauf, dass in seinem Zimmer nicht geraucht wird* | *Sie bestand darauf, mitzukommen* **8** **in etwas** (*Dativ*) **bestehen** in einer schwierigen oder gefährlichen Situation stark genug sein, um Erfolg zu haben ⟨in der Prüfung, im Kampf bestehen⟩ **9** **(etwas) bestehen** bei einer Prüfung, einem Test oder bei etwas Gefährlichem Erfolg haben ⟨eine Prüfung, die Probezeit, einen Kampf bestehen⟩ | *Er hat (das Examen mit der Note „gut") bestanden*

be·steh·len VERB (bestiehlt, bestahl, hat bestohlen) **jemanden (um etwas) bestehlen** jemandem etwas stehlen

be·stei·gen VERB (bestieg, hat bestiegen) **etwas besteigen** auf etwas hinaufsteigen ⟨einen Berg, einen Turm besteigen⟩ ● hierzu **Be·stei·gung** *die*

★ **be·stel·len** VERB (bestellte, hat bestellt) **1** **etwas (bei jemandem/etwas) bestellen** einer Person oder Firma den Auftrag geben, eine Ware zu liefern ⟨Ersatzteile, Möbel, ein Buch bestellen; etwas schriftlich, telefonisch, online, im Internet bestellen⟩ | *Wann wird die bestellte Ware geliefert?* K Bestellliste, Bestellschein **2** **etwas bestellen** darum bitten, dass etwas reserviert wird ⟨Kinokarten, Theaterkarten, ein Hotelzimmer bestellen⟩ | *für 13 Uhr einen Tisch für vier Personen im Restaurant bestellen* **3** **(etwas) bestellen** in einem Lokal der Bedienung sagen, was man essen oder trinken will | *Ich möchte gern ein Glas Wein bestellen* | *Haben Sie schon bestellt?* **4** **jemanden (irgendwohin) bestellen** jemandem den Auftrag geben, an einen Ort zu kommen ⟨einen Handwerker (ins Haus), ein Taxi (vor die Tür) bestellen⟩ | *Der Chef bestellte den Vorarbeiter zu sich ins Büro* **5** **(jemandem) etwas (von einer Person) bestellen** jemandem eine Nachricht von einer anderen Person überbringen ≈ *ausrichten* | *Bestelle ihm viele Grüße von mir!* | *Kann/Soll ich ihr etwas bestellen?* | *Er lässt bestellen, dass er nicht zur Arbeit kommen kann* **6** **etwas bestellen** den Boden so bearbeiten, dass Pflanzen wachsen können ⟨ein Feld, den Acker bestellen⟩ ■ **ID** **es ist um jemanden/etwas gut/schlecht bestellt** eine Person oder Sache ist in einem guten/schlechten Zustand; **jemand hat nicht viel/nichts zu bestellen** *gesprochen* jemand hat wenig/keinen Einfluss ● zu (1,2) **Be·stel·ler** *der;* zu (1,2) **Be·stel·le·rin** *die*

Be·stell·kar·te *die* eine vorgedruckte Karte, mit der man Waren per Post bestellen kann

Be·stell·num·mer *die* eine Nummer einer Ware in einem Versandhauskatalog, unter der man diese Ware bestellen kann

Be·stel·lung *die;* (-, -en) **1** **eine Bestellung (über etwas** (*Akkusativ*)) der Auftrag, durch den man etwas bestellt ⟨eine Bestellung aufgeben, entgegennehmen⟩ | *Ihre Bestellung über 2000 Liter Heizöl ist bei uns eingegangen* **2** die bestellte Ware | *Ihre Bestellung liegt zum Abholen bereit*

bes·ten·falls ADVERB im günstigsten Fall | *Er wird in der Prüfung bestenfalls eine durchschnittliche Note bekommen*

★ **bes·tens** ADVERB **1** sehr gut, ausgezeichnet | *Das hat ja bestens geklappt!* **2** sehr herzlich | *Ich danke Ihnen bestens für Ihre Hilfe*

be·steu·ern VERB (besteuerte, hat besteuert) **etwas besteuern** von jemandem für etwas Steuern verlangen | *Benzin wird höher besteuert als Diesel* ● hierzu **Be·steu·e·rung** *die*

Best·form *die* **in Bestform sein** in sehr guter körperlicher Verfassung sein (um hervorragende sportliche Leistungen zu bringen)

bes·ti·a·lisch [bɛs'ti̯aːlɪʃ] ADJEKTIV **1** sehr grausam und unmenschlich ⟨ein Mord; bestialisch wüten⟩ **2** so sehr oder so stark, dass man es kaum ertragen kann ⟨ein Gestank; bestialisch stinken⟩

be·sti·cken VERB (bestickte, hat bestickt) **etwas (mit etwas) besticken** etwas durch Sticken verzieren

Bes·tie [-ti̯ə] *die;* (-, -n) **1** ein Tier, das als sehr wild und grausam gilt **2** *abwertend* eine Person, die schreckliche, grausame Dinge tut

★ **be·stim·men** VERB (bestimmte, hat bestimmt) **1** **etwas bestimmen** entscheiden, dass das Genannte offiziell gilt ⟨das Ziel, einen Zeitpunkt bestimmen⟩ ≈ *festlegen* **2** **etwas für jemanden/etwas bestimmen** etwas einer Person oder einem Zweck zukommen lassen | *Das Geld ist für dich allein bestimmt!* | *Im Budget sind 15 Millionen für den Straßenbau bestimmt* i meist im Passiv mit dem Hilfsverb *sein* **3** **etwas bestimmen** etwas auf wissenschaftliche Weise prüfen und herausfinden ≈ *feststellen* | *das Alter eines Bauwerks bestimmen* **4** **etwas bestimmen** herausfinden und sagen, zu welcher Kategorie etwas gehört oder wo sich etwas befindet ⟨Pflanzen, Tiere, jemandes Standort bestimmen⟩ | *die Wortarten in einem Text bestimmen* **5** **etwas bestimmt etwas** eine Sache ist ein wichtiger Teil des Ganzen | *Wälder bestimmten das Bild der Landschaft* **6** **jemanden zu etwas bestimmen** eine Person für ein Amt auswählen oder ihr ein Amt geben | *Er bestimmte ihn zu seinem Stellvertreter* **7** **(etwas) bestimmen** eine Entscheidung treffen, die für andere Personen gilt ⟨etwas gesetzlich bestimmen⟩ ≈ *anordnen* | *Der Chef bestimmt, wer welche Aufgaben zu erledigen hat* | *Du hast hier nichts zu bestimmen!* **8** **über jemanden/etwas bestimmen** darüber entscheiden, was jemand tun soll oder wie etwas verwendet oder gestaltet wird | *Der Direktor bestimmt über die Verwendung des Geldes* | *Über meine Freizeit bestimme ich!*

★ **be·stimmt** ■ PARTIZIP PERFEKT **1** → bestimmen
■ ADJEKTIV **2** *meist attributiv* so, dass eine Menge, ein Ausmaß, ein Zeitpunkt o. Ä. beschlossen, festgelegt oder verabredet und deshalb bekannt ist | *Man muss eine bestimmte Summe Geld bezahlen und darf dann ...* | *Der Preis soll eine bestimmte Höhe nicht überschreiten* | *Wir treffen uns zu keiner bestimmten Zeit, sondern wie es sich gerade ergibt* **3** *meist attributiv* von anderen Personen/Dingen deutlich unterschieden (hier aber nicht genauer beschrieben) | *ein bestimmtes Buch schon lange suchen* | *Das hat einen ganz bestimmten Zweck, nämlich: ...* **4** so, dass es Entschlossenheit demonstriert | *Der Ton des Kunden war höflich, aber bestimmt*
■ ADVERB **5** sehr wahrscheinlich ⟨ganz bestimmt⟩ | *Du wirst bestimmt Erfolg haben bei deiner Arbeit* | *Ich habe bestimmt vieles falsch gemacht!* **6** ohne Zweifel, mit absoluter Sicherheit | *Weißt du das bestimmt?*

Be·stimmt·heit *die;* (-) **1** ein entschlossenes, energisches Verhalten | *mit der nötigen Bestimmtheit auftreten* **2** **mit Bestimmtheit** mit Sicherheit | *Kannst du mit Bestimmtheit sagen, dass du morgen kommst?*

Be·stim·mung *die;* (-, -en) **1** eine Regelung, die in einem Vertrag, Gesetz oder in einer Anordnung steht ⟨Bestimmungen einhalten, verletzen, erlassen⟩ ≈ *Vorschrift* | *Nach den geltenden Bestimmungen dürfen diese Waffen nicht exportiert werden* **2** *meist Singular* das Bestimmen, Prüfen und Herausfinden ⟨die Bestimmung von Pflanzen, Tieren, des Alters eines Bauwerks⟩ K Bestimmungsbuch **3** das Bestimmen und Klassifizieren | *Die Straße wurde ihrer Bestimmung übergeben* **4** *nur Singular* ein starkes Gefühl, für etwas, das man getan hat, (von Gott, vom Schicksal) auserwählt zu sein | *Er folgte seiner Bestimmung und ging ins Kloster* **5** **adverbiale Bestimmung** ein Satzteil, der vor allem den Ort, die Zeit oder die Art und Weise einer Handlung/eines Geschehens angibt

Be·stim·mungs- *im Substantiv, betont, begrenzt produktiv* **der Bestimmungsbahnhof, der Bestimmungshafen, der Bestimmungsort** *und andere* bezeichnet den Ort, zu dem etwas transportiert werden soll oder welcher das Ziel einer Reise ist

Best·leis·tung *die* das beste Ergebnis, das ein Sportler (in einer Disziplin) erzielt (hat) | *die persönliche Bestleistung übertreffen/einstellen*

best·mög·lich ADJEKTIV *meist attributiv* so gut wie nur irgendwie möglich | *die bestmögliche Lösung* | *das Bestmögliche tun*

★ **be·stra·fen** VERB (bestrafte, hat bestraft) **1** **jemanden (für/wegen etwas) bestrafen** einer Person wegen ihres Verhaltens eine Strafe geben ⟨jemanden hart bestrafen⟩ | *Er wurde wegen Diebstahls mit drei Monaten Gefängnis bestraft* **2** **etwas bestrafen** für die genannte Tat eine Strafe bestimmen | *Zuwiderhandlungen werden bestraft!* | *Der sexuelle Missbrauch von Kindern wird mit Freiheitsstrafen nicht unter zwei Jahren bestraft* **3** **etwas wird bestraft; jemand wird für etwas bestraft** jemand muss die negativen Konsequenzen einer Handlung o. Ä. erdulden ⟨für den Leichtsinn, für eine Unachtsamkeit bestraft werden; jemandes Leichtsinn, Nachlässigkeit wird bestraft⟩ ● zu (1) **Be·stra·fung** *die*

be·strah·len VERB (bestrahlte, hat bestrahlt) **1** **etwas bestrahlen** etwas durch Lichtstrahlen in der Dunkelheit sichtbar machen | *einen Kirchturm nachts bestrahlen* **2** **jemanden/etwas bestrahlen** jemanden/etwas mit wärmenden oder radioaktiven Strahlen medizinisch behandeln | *ein Geschwür/den Rücken bestrahlen* ● hierzu **Be·strah·lung** *die*

Be·stre·ben *das;* (-s) **das Bestreben zu** *+Infinitiv* die Anstrengungen, die man macht, um ein Ziel zu erreichen | *das Bestreben, erfolgreich zu sein*

be·strebt ADJEKTIV *meist prädikativ* **bestrebt sein zu** *+Infinitiv* sich Mühe geben, ein Ziel zu erreichen | *Er ist bestrebt, die Wünsche aller Leute zu berücksichtigen*

Be·stre·bung *die;* (-, -en); *meist Plural* die Anstrengungen, die man macht, um etwas zu erreichen | *Es sind Bestrebungen im Gange, die Berufsausbildung stärker an der Praxis zu orientieren*

be·strei·chen VERB (bestrich, hat bestrichen) **etwas (mit etwas) bestreichen** etwas auf etwas streichen | *die Wände mit Farbe bestreichen* | *ein Brot mit Marmelade bestreichen*

be·strei·ken VERB (bestreikte, hat bestreikt) **etwas bestreiken** ein Unternehmen oder eine Firma durch einen Streik am normalen Geschäftsbetrieb hindern | *Dieser Betrieb wird seit drei Wochen bestreikt*

be·strei·ten VERB (bestritt, hat bestritten) **1** **etwas bestreiten** sagen, dass eine Feststellung, Aussage o. Ä. nicht wahr ist ⟨eine Behauptung, eine Tatsache bestreiten; etwas lässt sich nicht bestreiten⟩ ↔ *zugeben* | *Er bestreitet entschieden, den Unfall verursacht zu haben* **2** **etwas bestreiten** das nötige Geld für etwas geben oder zur Verfügung stellen ⟨die Kosten, das Studium, den Lebensunterhalt bestreiten⟩ ≈ *finanzieren* | *Er bestreitet den Unterhalt für die Familie allein* **3** **etwas bestreiten** etwas durchführen oder bei der Durchführung einer Sache eine sehr wichtige Rolle haben ⟨einen Wettkampf, eine Fernsehsendung bestreiten⟩ ● hierzu **Be·strei·tung** *die*

be·streu·en VERB (bestreute, hat bestreut) **etwas (mit etwas) bestreuen** etwas auf etwas streuen | *das Fleisch mit Salz und Pfeffer bestreuen*

Best·sel·ler *der;* (-s, -) eine Ware (meist ein Buch), die besonders häufig verkauft wird | *Sein erster Roman wurde sofort zum Bestseller* K Bestsellerautor, Bestsellerliste

be·stü·cken VERB (bestückte, hat bestückt) **etwas (mit etwas) bestücken** ein Gerät, eine Maschine (oft eine Waffe) o. Ä. mit notwendigen Teilen ausrüsten | *Der Panzer ist mit modernen Kanonen bestückt* ● hierzu **Be·stü·ckung** *die*

be·stückt ■ PARTIZIP PERFEKT **1** → bestücken
■ ADJEKTIV **2** **gut/reich bestückt** ⟨ein Geschäft, ein Betrieb, ein Lager⟩ so, dass sie eine große Auswahl an Waren bieten | *Diese Buchhandlung ist mit fremdsprachiger Literatur gut bestückt*

be·stür·men VERB (bestürmte, hat bestürmt) **1** **jemanden (mit etwas) bestürmen** jemanden mit Fragen o. Ä. stark bedrängen | *Die Journalisten bestürmten den Minister mit Fragen* **2** **etwas bestürmen** veraltend ≈ *angreifen*

be·stürzt ADJEKTIV **bestürzt (über etwas** (*Akkusativ*)**)** von etwas Schlimmem erschreckt ⟨bestürzte Gesichter, Mienen⟩ | *Er war tief bestürzt über den Tod des Kollegen*

Be·stür·zung *die;* (-) **Bestürzung (über etwas** (*Akkusativ*)**)** das Gefühl, das man empfindet, wenn man etwas Schlimmes erfährt ≈ *Erschütterung* | *Der tödliche Unfall des Rennfahrers löste große Bestürzung aus*

★ **Be·such** *der;* (-(e)s, -e) **1** ein Aufenthalt in der Wohnung einer anderen Person, die man besucht ⟨jemandem einen Besuch abstatten; einen Besuch machen; bei jemandem zu Besuch sein; (zu jemandem) zu Besuch kommen⟩ | *Unsere Tan-*

te kommt einmal im Jahr für zwei Wochen zu Besuch | Er war bei einem Kollegen zu Besuch **2** das Besuchen einer Veranstaltung oder eines Ortes | *An meinen ersten Besuch in Paris habe ich nur gute Erinnerungen | Der Besuch des Museums lohnt sich* **3** *nur Singular* eine Person, die eine andere Person besucht ⟨Besuch bekommen, erwarten, haben⟩ | *Unser Besuch bleibt bis zum Abendessen* **4** *nur Singular* das Lernen an einer Schule oder Universität | *Nach fünfjährigem Besuch des Gymnasiums begann er eine Lehre* **5** **hoher Besuch** wichtige Gäste

-be·such *der; im Substantiv, unbetont, begrenzt produktiv* **1** **Arztbesuch, Krankenbesuch; Konzertbesuch, Museumsbesuch, Staatsbesuch** *und andere* drückt aus, dass jemand zur genannten Person oder Sache geht | *Seine Erkrankung hindert ihn am regelmäßigen Schulbesuch* **2** **Vertreterbesuch, Verwandtenbesuch** *und andere* drückt aus, dass die genannte Person jemanden oder etwas besucht | *Vertreterbesuche sind ein ständiges Ärgernis* **3** **Abschiedsbesuch, Beileidsbesuch, Höflichkeitsbesuch** *und andere* drückt aus, dass ein Besuch dem genannten Zweck dient | *Der neue Außenminister machte seinen Antrittsbesuch bei dem amerikanischen Präsidenten* (Der Außenminister besuchte den Präsidenten, um sich vorzustellen)

★ **be·su·chen** VERB (besuchte, hat besucht) **1** **jemanden besuchen** zu einer Person gehen oder fahren, um für eine kurze Zeit bei ihr zu sein ⟨einen Freund, einen Verwandten besuchen; einen Patienten im Krankenhaus besuchen⟩ | *In den Ferien besuchte er seine Großmutter | Komm mich doch mal in meiner neuen Wohnung besuchen!* **2** **etwas besuchen** bei einer Veranstaltung o. Ä. anwesend sein ⟨eine Ausstellung, ein Konzert, eine Theateraufführung, den Gottesdienst besuchen⟩ **3** **etwas besuchen** für kurze Zeit an einen Ort oder in ein Land reisen, um interessante Dinge zu sehen und zu erleben | *Bei Ihrer nächsten Reise nach Deutschland sollten Sie auch Nürnberg besuchen und die Burg besichtigen* **4** **etwas besuchen** regelmäßig am Unterricht einer Schule oder Universität teilnehmen ⟨eine Schule, eine Universität besuchen; den Unterricht, einen Kurs, eine Vorlesung regelmäßig besuchen⟩

★ **Be·su·cher** *der;* (-s, -) **1** eine Person, die beruflich oder privat eine andere Person besucht | *Der Präsident empfing die ausländischen Besucher* **2** eine Person, die eine Veranstaltung, ein Land oder einen Ort besucht ⟨die Besucher eines Konzerts, eines Theaters, eines Museums⟩ | *Der Kölner Dom beeindruckt alle Besucher | Die Besucher strömten in den Saal* K Kinobesucher, Kirchenbesucher, Theaterbesucher • hierzu **Be·su·che·rin** *die*

Be·suchs·er·laub·nis *die* die Erlaubnis, eine Person im Gefängnis zu besuchen ⟨eine Besuchserlaubnis erhalten⟩

Be·suchs·zeit *die* die festgesetzte Zeit, zu der man eine Person (im Krankenhaus, Gefängnis o. Ä.) besuchen darf

be·su·deln VERB (besudelte, hat besudelt); *meist abwertend* **1** **jemanden/etwas (mit etwas) besudeln** jemanden, sich selbst oder etwas mit einer Flüssigkeit schmutzig machen **2** **etwas besudeln** die Ehre oder den Ruf von jemandem auf schlimmste Weise verletzen ⟨jemandes Andenken, jemandes Namen besudeln⟩

be·tagt ADJEKTIV; *geschrieben* alt ⟨Menschen⟩ | *eine betagte Dame*

be·tas·ten VERB (betastete, hat betastet) **jemanden/etwas betasten** jemanden oder etwas mit den Fingern berühren (meist zum Zweck einer Untersuchung) | *Vorsichtig betastete der Arzt das gebrochene Gelenk*

be·tä·ti·gen VERB (betätigte, hat betätigt) **1** **etwas betätigen** *geschrieben* einen Hebel, einen Schalter, ein Pedal o. Ä. benutzen ⟨die Bremse, die Hupe betätigen⟩ **2** **sich irgendwie/als etwas betätigen** auf einem Gebiet (beruflich) aktiv sein ⟨sich sportlich, politisch, schriftstellerisch, künstlerisch betätigen⟩ | *Der ehemalige Fußballstar betätigt sich jetzt als Sportreporter* • hierzu **Be·tä·ti·gung** *die*

Be·tä·ti·gungs·feld *das* ein Fachgebiet oder Bereich, in dem jemand arbeitet | *In der Werbebranche bietet sich ein weites Betätigungsfeld*

be·täu·ben VERB (betäubte, hat betäubt) **1** **jemanden/etwas betäuben** ein Medikament geben, damit jemand oder ein Tier (an einem Körperteil) keine Schmerzen hat ⟨die Finger, den Arm betäuben⟩ | *jemanden vor der Zahnbehandlung mit einer Spritze örtlich betäuben | einen Patienten mit einer Narkose betäuben* **2** **etwas betäubt jemanden** etwas macht eine Person oder ein Tier für eine Zeit bewusstlos | *Ein Schlag auf den Kopf betäubte ihn* **3** **etwas betäubt jemanden** etwas bewirkt, dass jemand nicht mehr klar denken und fühlen kann | *Der Lärm/der Schreck/der Duft betäubte ihn* **4** **sich/etwas (mit etwas) betäuben** (durch etwas) bewirken, dass man ein unangenehmes Gefühl nicht mehr so stark empfindet | *Er betäubt seinen Kummer mit Alkohol*

Be·täu·bung *die;* (-, -en) **1** *nur Singular*das Betäuben gegen Schmerzen (eines Menschen, eines Tieres oder eines Körperteils) ⟨eine örtliche Betäubung⟩ K Betäubungsmittel **2** *nur Singular* der Verlust des Bewusstseins bei einem Menschen oder einem Tier **3** der Zustand, in dem ein Mensch oder Tier ohne Bewusstsein ist | *sich von einer leichten Betäubung schnell wieder erholen*

Be·te *die;* (-) **Rote Bete** rote, runde Rüben, die gekocht und in Scheiben geschnitten als Salat gegessen werden

ROTE BETE

★ **be·tei·li·gen** VERB (beteiligte, hat beteiligt) **1** **jemanden (an etwas** *(Dativ)***) beteiligen** einer anderen Person einen Teil von dem eigenen Gewinn geben ⟨jemanden am Geschäft, am Umsatz beteiligen⟩ | *Bist du am Gewinn beteiligt?* **2** **jemanden (an etwas** *(Dativ)***) beteiligen** jemandem die Möglichkeit geben, bei etwas aktiv mitzumachen | *Die Bürger werden an der Straßenplanung beteiligt* **3** **sich (an etwas** *(Dativ)***) beteiligen** bei etwas aktiv mitmachen ⟨sich an einer Diskussion, einem Spiel beteiligen⟩ | *Der Schüler beteiligte sich lebhaft am Unterricht | An dem Handelsboykott waren nur wenige Länder beteiligt | die an dem Verbrechen beteiligten Personen* **4** **sich (an etwas** *(Dativ)***) beteiligen** gemeinsam mit anderen Personen Geld zahlen oder investieren, um etwas zu realisieren | *Der Staat beteiligt sich mit 5 Millionen an den Kosten des Projekts* • hierzu **Be·tei·li·gung** *die*

Be·tei·lig·te *der/die;* (-n, -n) **1** **der/die Beteiligte (an etwas** *(Dativ)***)** eine Person, die an etwas beteiligt ist | *die am Gewinn Beteiligten* **2** **der/die Beteiligte (an etwas** *(Dativ)***)** eine Person, die bei etwas mitmacht oder von etwas betroffen ist | *Alle Beteiligten akzeptierten den Kompromiss* ■ *ein Beteiligter; der Beteiligte; den, dem, des Beteiligten*

★ **be·ten** VERB (betete, hat gebetet) **1** **(für jemanden/um etwas) (zu einem Gott) beten** die Worte sprechen, mit denen man (einen) Gott lobt, um etwas bittet oder für etwas dankt | *für einen Kranken beten | um eine gute Ernte beten | Das Kind betet jeden Abend vor dem Schlafengehen* **2** **etwas beten** das genannte Gebet sprechen ⟨ein Vaterunser beten⟩

be·teu·ern VERB (beteuerte, hat beteuert) **etwas beteuern** etwas mit Nachdruck behaupten | *Der Angeklagte beteuert seine Unschuld* | *Der Beamte beteuerte, von niemandem Geld angenommen zu haben* ● hierzu **Be·teu·e·rung** *die*

be·ti·teln VERB (betitelte, hat betitelt) **1** **etwas betiteln** einer Sache einen Titel geben ⟨ein Buch, einen Film betiteln⟩ **2** **jemanden als/mit** *+Substantiv* **betiteln** jemanden mit einem Titel oder Schimpfwort anreden | *jemanden als/mit Blödmann betiteln* ● hierzu **Be·ti·te·lung** *die*

★ **Be·ton** [be'tɔŋ, be'to:n, be'tõ:] *der;* (-s) eine Mischung aus Zement, Sand, Kies und Wasser, die zum Bauen verwendet wird und die nach dem Trocknen sehr hart wird ⟨Beton mischen⟩ | *eine Brücke aus Beton* **K** Betonbunker, Betondecke, Betonmischmaschine, Betonpfeiler, Betonwand; Stahlbeton

★ **be·to·nen** VERB (betonte, hat betont) **1** **etwas betonen** eine Silbe oder ein Wort hervorheben, indem man es kräftig ausspricht ⟨ein Wort richtig, falsch betonen; eine betonte Silbe⟩ | *Das Wort „Allergie" wird auf der letzten Silbe betont* **2** **etwas betonen** auf etwas besonders hinweisen ≈ *hervorheben* | *Der Redner betonte, dass er mit dieser Regelung nicht zufrieden sei* **3** **etwas betont etwas** etwas macht etwas deutlich, hebt es hervor | *Die enge Kleidung betont ihre Körperformen*

be·to·nie·ren VERB (betonierte, hat betoniert) **(etwas) betonieren** etwas mit Beton bauen ⟨eine Decke, eine Brücke betonieren⟩ ● hierzu **Be·to·nie·rung** *die*

Be·ton·klotz [-'to:n-, -'tɔŋ-] *der; abwertend* ein meist großes, hässliches Bauwerk aus Beton

be·tont ■ PARTIZIP PERFEKT **1** → betonen
■ ADJEKTIV **2** in auffälliger Weise um das genannte Verhalten bemüht ⟨mit betonter Höflichkeit; betont gleichgültig, lässig⟩

-be·tont *im Adjektiv, unbetont, begrenzt produktiv* vorwiegend von der genannten Sache bestimmt | *ein gefühlsbetonter Mensch* | *ein kampfbetontes Spiel* | *körperbetonte Kleidung* (eng anliegende Kleidung) | *zweckbetonte Möbel*

★ **Be·to·nung** *die;* (-, -en) **1** die Stelle im Wort oder im Satz, die etwas lauter oder höher gesprochen wird ≈ *Akzent* | *In dem Wort „Verfassung" liegt die Betonung auf der zweiten Silbe* **2** *nur Singular* das Betonen eines Wortes, einer Silbe **K** Betonungsregel **3** *nur Singular* das Hinweisen auf die Wichtigkeit einer Aussage oder Tatsache ≈ *Hervorhebung*

Be·ton·wüs·te [-'to:n-, -'tɔŋ-] *die; abwertend* ein Gebiet mit vielen Gebäuden aus Beton und wenig Pflanzen

be·tö·ren VERB (betörte, hat betört) **1** **eine Person/Sache betört jemanden** *geschrieben* eine Person oder Sache bewirkt, dass jemand verliebt oder fasziniert ist | *Sie betörte ihn durch ihren Blick* **2** **ein betörendes Angebot** *geschrieben* ein sehr attraktives Angebot ● zu (1) **Be·tö·rung** *die*

Be·tracht *der; geschrieben* **1** **(für etwas) in Betracht kommen** für einen Zweck eine günstige, geeignete Möglichkeit sein | *Wegen der Affären kam er nicht für das Amt des Präsidenten in Betracht* **2** **jemanden/etwas in Betracht ziehen** Personen oder Sachen für wichtig oder gut halten und deshalb planen, mit ihnen zu arbeiten | *bei einer Expedition alle möglichen Gefahren in Betracht ziehen* **3** **etwas außer Betracht lassen** etwas bei der Planung nicht berücksichtigen, weil es nicht sehr wichtig ist

★ **be·trach·ten** VERB (betrachtete, hat betrachtet) **1** **jemanden/etwas betrachten** jemanden/etwas genau ansehen ⟨jemanden/etwas prüfend, nachdenklich, nur flüchtig betrachten⟩ | *ein Kunstwerk/jemandes Verhalten betrachten* **2** **etwas irgendwie betrachten** über etwas nachdenken und ein Urteil darüber abgeben | *eine Angelegenheit ganz nüchtern und sachlich betrachten* | *einen Fall isoliert/gesondert betrachten* **3** **jemanden/etwas als etwas betrachten** von einer Person/Sache die genannte Meinung haben ⟨jemanden als Feind/Freund betrachten; etwas als falsch, notwendig betrachten⟩ | *Sie betrachtet ihn als ihren größten Konkurrenten* | *Ich betrachte es als meine Pflicht, Ihnen die volle Wahrheit zu sagen* ● hierzu **Be·trach·tung** *die;* zu (1) **Be·trach·ter** *der;* zu (1) **Be·trach·te·rin** *die*

be·trächt·lich ADJEKTIV **1** relativ groß, wichtig oder gut ⟨Kosten, Verluste, Gewinne, Schaden⟩ | *beträchtlichen Erfolg haben* | *die Preise beträchtlich erhöhen* **2** verwendet, um ein Adjektiv im Komparativ zu verstärken ≈ *wesentlich* | *Sie sind beträchtlich reicher als wir*

★ **Be·trag** *der;* (-s, Be·trä·ge) **1** eine Summe Geld | *hohe Beträge überweisen* | *ein Betrag von 12 €* **K** Geldbetrag, Kaufbetrag, Rechnungsbetrag **2** **Betrag (dankend) erhalten!** verwendet auf Kassenbons und Quittungen, um anzuzeigen, dass die Ware bezahlt ist

★ **be·tra·gen** VERB (beträgt, betrug, hat betragen) **1** **etwas beträgt etwas** etwas hat das genannte Ausmaß oder den genannten Wert | *Die Entfernung vom Hotel zum Strand beträgt 500 Meter* | *Die Rechnung beträgt 100 Euro* **!** kein Passiv **2** **sich irgendwie betragen** sich (vor allem als Kind) anderen Personen gegenüber in der genannten Art verhalten ⟨sich anständig, schlecht betragen⟩ ≈ *benehmen*

Be·tra·gen *das;* (-s) die Art und Weise, wie sich jemand benimmt

be·trau·en VERB (betraute, hat betraut) **jemanden mit etwas betrauen** *geschrieben* eine Person, der man vertraut, eine Aufgabe ausführen lassen ⟨jemanden mit einem schwierigen Auftrag, mit einem Amt betrauen⟩ | *Er war damit betraut, die Gäste zu empfangen* ● hierzu **Be·trau·ung** *die*

be·trau·ern VERB (betrauerte, hat betrauert) **jemanden betrauern** um einen Menschen trauern, weil er gestorben ist

Be·treff *der; admin* verwendet, um in einem geschäftlichen Brief (zu Beginn, noch vor der Anrede) anzugeben, wegen welcher Sache man schreibt | *Betr.: Ihre Rechnung vom 5. Januar* **!** Abkürzung: *Betr.*

★ **be·tref·fen** VERB (betrifft, betraf, hat betroffen) **1** **etwas betrifft jemanden/etwas** etwas ist für jemanden/etwas wichtig oder relevant | *Der Naturschutz ist eine Aufgabe, die uns alle betrifft* | *Seine Bemerkung betraf nur einen Teil der ganzen Problematik* **2** **etwas betrifft jemanden** etwas macht jemanden sehr traurig und entsetzt | *Sein Elend hat mich zutiefst betroffen* **!** meist im Perfekt oder unpersönlich formuliert: *Es betrifft mich sehr, dass ...* **3** **was jemanden/etwas betrifft** verwendet, um zu sagen, dass sich eine Aussage auf jemanden/etwas bezieht | *Was mich betrifft: Ich komme nicht mit!*

be·tref·fend ■ PARTIZIP PRÄSENS **1** → betreffen
■ ADJEKTIV **2** *meist attributiv* verwendet, um sich auf eine Person oder Sache zu beziehen, die bereits bekannt ist oder erwähnt wurde | *Wir wollten uns am 24.2. treffen, aber am betreffenden Tag war ich krank* **3** *in Verbindung mit einem Substantiv* in Bezug auf die genannte Sache ≈ *bezüglich* | *Ihre Anfrage betreffend Ihren Steuerbescheid wird in den nächsten Tagen beantwortet*

Be·tref·fen·de *der/die;* (-n, -n) die Person, um die es sich handelt | *Wer hat das Auto vor der Ausfahrt abgestellt? Der Betreffende möge es bitte wegfahren* **!** *der Betreffende; den, dem, des Betreffenden*

be·treffs PRÄPOSITION *mit Genitiv; admin* **betreffs einer Sache** (*Genitiv*) im Zusammenhang mit etwas, in Bezug auf etwas | *Betreffs Ihres Antrags auf Gehaltserhöhung teile ich Ihnen Folgendes mit: ...* **!** → Infos unter **Präposition**

★ **be·trei·ben** VERB (betrieb, hat betrieben) **1** **etwas (irgendwie) betreiben** auf dem genannten Gebiet aktiv sein, etwas tun

⟨Forschung, Handel, Landwirtschaft, Politik, Sport betreiben; großen Aufwand, einen Wahlkampf, Werbung betreiben⟩ | *Er betreibt das Studium sehr ernsthaft* **2** **etwas betreiben** für die Organisation eines meist wirtschaftlichen Unternehmens verantwortlich sein ⟨ein Geschäft, ein Gewerbe, ein Hotel betreiben⟩ | *Der Kindergarten wird von der Gemeinde/Kirche betrieben* **3** **etwas betreiben** sich bemühen, etwas zu erreichen | *den Umsturz der Regierung betreiben* ■ **ID** **auf jemandes Betreiben (hin)** *geschrieben* weil es jemand beantragt, gefordert oder befohlen hat ● zu (2) **Be·trei·ber** *der*

★ **be·tre·ten¹** VERB (betritt, betrat, hat betreten) **etwas betreten** in einen Raum hineingehen ⟨ein Zimmer betreten⟩ ↔ *verlassen*

★ **be·tre·ten²** ADJEKTIV mit einem Gesichtsausdruck, der verrät, dass man sich schämt oder etwas peinlich findet ⟨ein betretenes Gesicht machen; betreten lächeln, schweigen⟩ ≈ *verlegen* ● hierzu **Be·tre·ten·heit** *die*

★ **be·treu·en** VERB (betreute, hat betreut) **1** **jemanden betreuen** auf eine Person aufpassen und für sie sorgen ⟨eine Jugendgruppe, Kinder, Kranke betreuen⟩ **2** **etwas betreuen** in einem Bereich, in einem Gebiet oder bei einer Gruppe von Personen dafür sorgen, dass alles gut funktioniert | *ein Projekt betreuen* | *Dieser Vertreter der Firma betreut das Stadtgebiet* | *Die Kunden werden ständig von verschiedenen Sachbearbeitern betreut* **3** eine erwachsene Person, die sich wegen einer psychischen Krankheit oder einer Behinderung nicht allein um ihre Angelegenheiten kümmern kann, als offizieller Vertreter unterstützen ● hierzu **Be·treu·ung** *die*; **Be·treu·er** *der*; **Be·treu·e·rin** *die*

★ **Be·trieb** *der*; (-(e)s, -e)
▸eines Unternehmens: **1** in einem Betrieb arbeiten die Mitarbeiter einer Firma, um Waren zu produzieren, Geschäfte zu machen oder um Kunden Dienste anzubieten ⟨ein privater, staatlicher, landwirtschaftlicher Betrieb; einen Betrieb aufbauen, gründen, leiten, herunterwirtschaften, stilllegen⟩ ≈ *Firma* | *Er arbeitet als Schlosser in einem kleinen Betrieb* | *In unserem Betrieb sind 200 Personen beschäftigt* **K** Betriebsangehörige(r), Betriebseröffnung, Betriebsgeheimnis, Betriebsführung, Betriebskapital, Betriebsleitung, Betriebspraktikum, Betriebsunfall, Betriebsurlaub, Betriebsvermögen, Betriebsarzt, Betriebskrankenkasse; Industriebetrieb **2** *nur Singular* alle Personen, die im selben Betrieb arbeiten **K** Betriebsausflug, Betriebsversammlung **3** das Gelände, auf dem ein Betrieb ist und die dazugehörigen Gebäude | *Er kommt um vier Uhr aus dem Betrieb*
▸Zustand, Vorgang: **4** *nur Singular* das Arbeiten von technischen Apparaten und Einrichtungen ⟨eine Maschine in Betrieb nehmen⟩ **K** Betriebsdauer, Betriebskosten, Betriebsstörung, Betriebsüberwachung, Betriebszeit **5** *nur Singular* die Aktivitäten und Arbeiten, die an einer Stelle oder in einer Institution ablaufen ⟨den Betrieb aufhalten, lahmlegen⟩ | *Zu Weihnachten herrscht auf dem Bahnhof großer Betrieb* | *Am Samstagabend war reger Betrieb im Restaurant* **K** Krankenhausbetrieb, Schulbetrieb, Universitätsbetrieb **6** **etwas ist in Betrieb** ein Gerät, eine Maschine o. Ä. ist eingeschaltet und funktioniert | *Die Heizung ist im Sommer nicht in Betrieb* **7** **etwas ist außer Betrieb** ein Gerät, eine Maschine o. Ä. ist nicht eingeschaltet oder funktioniert nicht | *Der Aufzug ist leider außer Betrieb* **8** **den Betrieb aufnehmen/einstellen** die Arbeit beginnen/beenden

be·trieb·sam ADJEKTIV immer mit etwas beschäftigt | *betriebsam hin und her eilen* ● hierzu **Be·trieb·sam·keit** *die*

Be·triebs·an·lei·tung *die* eine Broschüre oder ein Heft, die erklären, wie man eine (meist relativ große und komplizierte) Maschine bedient

be·triebs·be·reit ADJEKTIV **etwas ist betriebsbereit** ein Gerät oder eine Maschine ist bereit, in Betrieb genommen zu werden

be·triebs·blind ADJEKTIV; *abwertend* **betriebsblind (gegenüber etwas)** (aus Gewohnheit o. Ä.) nicht mehr in der Lage, Fehler oder Mängel im eigenen Arbeitsbereich zu erkennen ● hierzu **Be·triebs·blind·heit** *die*

be·triebs·ei·gen ADJEKTIV einem Betrieb gehörend | *ein betriebseigenes Erholungsheim*

be·triebs·fremd ADJEKTIV; *admin* nicht zum Betrieb gehörend | *Betriebsfremden Personen ist der Zutritt verboten!*

be·triebs·in·tern ADJEKTIV; *admin* ⟨eine Regelung⟩ so, dass sie nur den Betrieb selbst oder die Angehörigen des Betriebs betrifft | *etwas betriebsintern regeln*

Be·triebs·kli·ma *das* ≈ *Arbeitsklima*

★ **Be·triebs·rat** *der* **1** ein Gremium, das von den Arbeitnehmern eines Betriebs alle vier Jahre neu gewählt wird und die Aufgabe hat, die Interessen der Arbeitnehmer gegenüber dem Arbeitgeber zu vertreten | *Der Betriebsrat besteht in großen Unternehmen aus bis zu 31 Mitgliedern* **K** Betriebsratsmitglied, Betriebsratssitzung, Betriebsratsvorsitzende(r), Betriebsratswahlen **2** ein Mitglied eines Betriebsrats

Be·triebs·ren·te *die* die Rente, die ein Betrieb einem Angestellten zahlt (zusätzlich zur gesetzlichen Rente)

be·triebs·si·cher ADJEKTIV gegen Störungen im Betrieb gesichert ⟨eine Anlage, eine Maschine⟩ ● hierzu **Be·triebs·si·cher·heit** *die*

Be·triebs·sys·tem *das* ein Programm, das ein Computer braucht, um überhaupt arbeiten und andere Programme bearbeiten zu können

Be·triebs·wirt *der* eine Person, die Betriebswirtschaft studiert hat

Be·triebs·wirt·schaft *die* die Wissenschaft, die sich mit der Organisation und Führung von Unternehmen und Betrieben unter ökonomischen Aspekten beschäftigt **K** Betriebswirtschaftslehre **■** Abkürzung: *BWL*

Be·triebs·wirt·schaft·ler *der*; *gesprochen* eine Person, die Betriebswirtschaft lehrt oder studiert

be·trin·ken VERB (betrank sich, hat sich betrunken) **sich betrinken** von einem alkoholischen Getränk so viel trinken, dass man sich nicht mehr unter Kontrolle hat ⟨sich sinnlos, aus Kummer betrinken⟩

★ **be·trof·fen** ■ PARTIZIP PERFEKT **1** → betreffen
■ ADJEKTIV **2** **(von etwas) betroffen** mit Problemen oder Schäden wegen der genannten Sache | *die vom Hochwasser betroffenen Gebiete* | *Wir sind von den Zugausfällen zum Glück nicht betroffen, weil wir zu Hause bleiben* **3** **betroffen (über etwas** (*Akkusativ*)**)** durch etwas Schlimmes oder Trauriges emotional sehr bewegt | *Der Minister zeigte sich zutiefst betroffen über die Anschläge* ● zu (3) **Be·trof·fen·heit** *die*

be·trü·ben VERB (betrübte, hat betrübt) **etwas betrübt jemanden** *veraltend* etwas macht jemanden traurig

be·trüb·lich ADJEKTIV ⟨eine Situation, ein Vorfall, Verhältnisse⟩ so, dass sie traurig machen

be·trübt ADJEKTIV; *geschrieben* ⟨Menschen; betrübt aussehen⟩ ≈ *traurig* ● hierzu **Be·trübt·heit** *die*

★ **Be·trug** *der*; (-(e)s) eine Handlung, mit der man jemanden betrügt ⟨einen Betrug begehen, verüben; etwas durch Betrug (an jemandem) erlangen⟩ **K** Versicherungsbetrug

★ **be·trü·gen** VERB (betrog, hat betrogen) **1** **jemanden (um etwas) betrügen** jemanden bewusst täuschen, meist um damit Geld zu bekommen | *jemanden beim Kauf eines Gebrauchtwagens betrügen* | *Er wurde um seinen Lohn betrogen* **2** **eine Person (mit jemandem) betrügen** außerhalb der Ehe (oder einer Paarbeziehung) sexuelle Kontakte haben **3** **sich (selbst) betrügen** sich selbst etwas glauben machen wollen, was nicht der Wirklichkeit entspricht, und sich dadurch selbst schaden | *Du betrügst dich selbst, wenn du von deiner neuen Arbeit zu viel erwartest* ● zu (1) **be·trü·ge·risch** ADJEKTIV; zu (1) **Be·trü·ger** *der*; zu (1) **Be·trü·ge·rin** *die*

★ **be·trun·ken** ADJEKTIV in dem Zustand, in dem man sich befindet, wenn man zu viel Alkohol getrunken hat ⟨leicht, völlig betrunken⟩ ↔ *nüchtern* ● hierzu **Be·trun·ke·ne** *der/die*

★ **Bett** *das*; (-(e)s, -en) **1** das Möbelstück, in dem man schläft ⟨im Bett liegen; ins/zu Bett gehen, sich ins Bett legen; die Kinder ins Bett bringen, schicken⟩ K Bettcouch, Bettdecke, Bettgestell, Bettkante, Bettlaken, Bettrand; Doppelbett, Ehebett, Holzbett, Kinderbett **2** die Decken und Kissen auf einem Bett ⟨das Bett beziehen⟩ K Bettbezug, Bettfedern, Bettüberzug, Bettwäsche; Federbett **3** **das Bett machen** das Bett nach dem Schlafen in Ordnung bringen **4** Kurzwort für *Flussbett* ■ **ID** **ans Bett gefesselt sein, das Bett hüten müssen** wegen einer Krankheit im Bett bleiben müssen; **sich ins gemachte Bett legen** etwas, das andere durch Arbeit geschaffen haben, übernehmen, ohne selbst etwas leisten zu müssen; **mit jemandem ins Bett gehen/steigen** *gesprochen* ⚠ mit jemandem Sex haben ● zu (3) **Bet·ten·ma·chen** *das*

bet·tel·arm ADJEKTIV sehr arm

bet·teln VERB (bettelte, hat gebettelt) **1** **(um etwas) betteln** jemanden dauernd und intensiv um etwas bitten | *Das Kind bettelte so lange, bis die Mutter ihm ein Eis kaufte* **2** **(um etwas) betteln** jemanden um Geld (oder andere Dinge) bitten, weil man arm ist ⟨um Almosen, Brot betteln (gehen)⟩

Bet·tel·stab *der; geschrieben* ■ **ID** **jemanden an den Bettelstab bringen** jemanden finanziell ruinieren; **an den Bettelstab kommen** sehr arm werden

bet·ten VERB (bettete, hat gebettet) **1** **jemanden/etwas irgendwohin betten** *veraltend* jemanden sorgfältig auf ein Bett o. Ä. legen | *den Verletzten auf das Sofa betten* | *den Kopf auf ein Kissen betten* **2** **jemanden zur letzten Ruhe betten** *geschrieben* jemanden begraben ■ **ID** **Wie man sich bettet, so liegt man** es hängt von jeder einzelnen Person ab, welches Leben sie führt

Bet·ten·burg *die; abwertend* ein großes Hotel mit relativ günstigen Preisen, meist in einer Gegend, in welcher viele Touristen sind

Bett·ge·schich·te *die; abwertend* **1** eine sexuelle Beziehung **2** ein Bericht über die sexuellen Beziehungen einer bekannten Person

Bett·hup·ferl *das*; (-s, -); *besonders süddeutsch* Ⓐ, *gesprochen* eine kleine Süßigkeit, die ein Kind bekommt, bevor es schlafen geht

bett·lä·ge·rig ADJEKTIV so krank, dass man (meist lange Zeit) im Bett liegen muss

Bett·ler *der*; (-s, -) eine Person, die arm ist und bettelt ● hierzu **Bett·le·rin** *die*

Bett·näs·ser *der*; (-s, -) eine Person (vor allem ein Kind), die ohne Absicht das Bett mit Urin nass macht, während sie schläft ● hierzu **Bett·näs·sen** *das*

bett·reif ADJEKTIV; *gesprochen* so müde, dass man schlafen gehen will/sollte

Bett·ru·he *die* das Ruhen im Bett ⟨einem Kranken (strengste) Bettruhe verordnen⟩

Bett·schwe·re *die* ■ **ID** **die nötige Bettschwere haben** *gesprochen* müde genug sein, um schlafen zu gehen

Bett·sze·ne *die* eine Szene meist in einem Film, in der sexuelle Handlungen im Bett gezeigt werden

★ **Bett·tuch** *das* ein großes Tuch, das man über die Matratze des Bettes legt und auf dem man schläft ≈ *Laken*

Bett·vor·le·ger *der*; (-s, -) ein kleiner Teppich neben dem Bett

★ **Bett·zeug** *das; gesprochen* die Decken, Kissen und Tücher auf einem Bett

be·tucht ADJEKTIV; *gesprochen* mit viel Geld und Vermögen ≈ *reich*

be·tu·lich ADJEKTIV ein bisschen ungeschickt (und meist langsam), aber freundlich um jemanden/etwas bemüht ⟨eine betuliche Art haben⟩ ● hierzu **Be·tu·lich·keit** *die*

★ **beu·gen** VERB (beugte, hat gebeugt) **1** **etwas beugen** einen Körperteil aus der normalen Haltung nach unten, nach hinten oder zur Seite bewegen ⟨den Arm, die Knie, den Kopf, den Nacken, den Rücken beugen⟩ ↔ *strecken* **2** **ein Wort beugen** ein Wort in diejenige Form bringen, die es wegen der Satzstellung, des Tempus, des Numerus usw. braucht ⟨ein Adjektiv, ein Substantiv, ein Verb beugen⟩ ≈ *flektieren* | *Das Verb „spielen" wird schwach gebeugt* **3** **sich irgendwohin beugen** im Stand den Oberkörper in die genannte Richtung bewegen ⟨sich nach vorn, aus dem Fenster, über ein Kind beugen⟩ ↔ *aufrichten* **4** **sich jemandem/etwas beugen** *geschrieben* jemandem/etwas (oft nach längerem Widerstand) nachgeben ⟨sich dem Druck der Öffentlichkeit beugen⟩ ● hierzu **Beu·gung** *die*

Beu·le *die*; (-, -n) **1** eine Stelle, an welcher die Haut nach einem Stoß oder Schlag dick geworden ist | *Nach dem Sturz hatte er eine dicke Beule an der Stirn* **2** eine Stelle, an der ein Gegenstand durch einen Stoß eine andere Form bekommen hat | *Das Auto hat bei dem Unfall nur eine kleine Beule bekommen*

be·un·ru·hi·gen VERB (beunruhigte, hat beunruhigt) **jemanden beunruhigen** jemanden unruhig oder besorgt machen ● hierzu **Be·un·ru·hi·gung** *die*

be·ur·kun·den VERB (beurkundete, hat beurkundet) **(jemandem) etwas beurkunden** durch ein Dokument amtlich bestätigen, dass etwas geschehen ist oder dass etwas wahr oder echt ist ⟨die Geburt, einen Todesfall beurkunden; etwas notariell beurkunden⟩ ● hierzu **Be·ur·kun·dung** *die*

be·ur·lau·ben VERB (beurlaubte, hat beurlaubt) **1** **jemanden beurlauben** einem Schüler oder Mitarbeiter erlauben, eine Zeit lang nicht zur Schule/Arbeit zu kommen, um etwas Wichtiges anderes zu tun ⟨jemanden für einen Lehrgang, eine Beerdigung, eine Familienfeier beurlauben⟩ **2** **jemanden beurlauben** bestimmen, dass ein Mitarbeiter eine Zeit lang nicht arbeiten darf, bis geklärt ist, ob er gegen die Vorschriften verstoßen hat ● hierzu **Be·ur·lau·bung** *die*

★ **be·ur·tei·len** VERB (beurteilte, hat beurteilt) **jemanden/etwas (irgendwie/nach etwas) beurteilen** sich eine Meinung darüber bilden (und diese äußern), wie jemand/etwas ist ⟨jemanden/etwas falsch, richtig beurteilen; etwas ist schwer zu beurteilen⟩ ≈ *bewerten* | *jemanden nach den Leistungen beurteilen* | *Der Lehrer beurteilte ihren Aufsatz als gut* | *Kannst du beurteilen, ob das stimmt?* | *Man sollte Leute nicht danach beurteilen, wie sie aussehen*

Be·ur·tei·lung *die*; (-, -en) **1** das Beurteilen einer Person oder einer Leistung **2** vor allem ein schriftlicher Text (z. B. ein Gutachten oder ein Zeugnis), in dem jemand beurteilt wird ⟨eine dienstliche Beurteilung; eine Beurteilung schreiben⟩

★ **Beu·te** *die*; (-) **1** etwas, das jemand zu Unrecht (oft mit Gewalt) an sich nimmt ⟨jemandem zur Beute fallen⟩ | *Die Diebe teilen sich die Beute* K Beutestück; Diebesbeute, Kriegsbeute **2** ein Tier, das von anderen Tieren gefangen und gefressen wird | *Der Adler hielt seine Beute in den Krallen*

K Beutefang, Beutetier **3** *geschrieben* das Opfer einer Handlung oder eines Ereignisses ⟨jemandes Beute sein, werden⟩ | *Das Schiff wurde eine Beute des Orkans* ▪ **ID fette/reiche Beute machen** (vor allem auf illegale Weise) viel in den eigenen Besitz bringen

Beu·te·kunst *die* in einem Krieg erbeutete, geraubte Kunstwerke

★ **Beu·tel** *der*; (-s, -) **1** ein relativ kleiner Behälter in der Form eines Sackes (vor allem aus Stoff, Leder oder Plastik) | *den Tabak in einem Beutel aufbewahren* | *Fleisch in einem Beutel einfrieren* K Geldbeutel, Lederbeutel, Müllbeutel, Plastikbeutel, Tabak(s)beutel **2** eine tiefe Hautfalte in der Form eines Sacks bei manchen Tieren, in der das Junge transportiert wird | *Das Junge des Kängurus sitzt im Beutel seiner Mutter* K Beuteltier ▪ **ID jemandes Beutel ist leer** *gesprochen* jemand hat kein Geld (mehr); **(tief) in den Beutel greifen müssen** *gesprochen* viel Geld zahlen müssen; **etwas reißt ein Loch in jemandes Beutel** *gesprochen* etwas belastet jemanden finanziell sehr stark

beu·teln VERB (beutelte, hat gebeutelt) ⟨vom Leben (arg/hart)⟩ **gebeutelt werden** *gesprochen* große Probleme und Schwierigkeiten haben

be·völ·kern VERB (bevölkerte, hat bevölkert) **1 Menschen/Tiere bevölkern etwas** Menschen/Tiere leben irgendwo oder ziehen in einer größeren Gruppe in ein Gebiet, um dort zu leben | *Die Insel wurde erst spät bevölkert* **2 Menschen/Tiere bevölkern etwas** Menschen/Tiere halten sich in großer Zahl irgendwo auf | *Viele Touristen bevölkern die Straßen und Plätze von Paris*

★ **Be·völ·ke·rung** *die*; (-, -en) die (Zahl der) Personen, die in einer Stadt, einer Region oder einem Land wohnen ⟨die einheimische, ländliche, weibliche Bevölkerung; die Bevölkerung einer Stadt, eines Landes⟩ | *Die Bevölkerung nimmt ständig zu* K Bevölkerungswachstum, Bevölkerungsgruppe, Bevölkerungsstatistik, Bevölkerungszahl; Landbevölkerung, Stadtbevölkerung, Weltbevölkerung

Be·völ·ke·rungs·dich·te *die* die Anzahl von Menschen, die auf einer Fläche wohnen ⟨eine hohe, geringe Bevölkerungsdichte⟩ | *Die Bevölkerungsdichte in Indien steigt ständig*

be·voll·mäch·ti·gen VERB (bevollmächtigte, hat bevollmächtigt) **jemanden (zu etwas) bevollmächtigen** jemandem eine Vollmacht geben | *Sie bevollmächtigte ihn dazu, ihre Post entgegenzunehmen*

Be·voll·mäch·tig·te *der/die*; (-n, -n) eine Person, die eine Vollmacht für etwas hat K Handlungsbevollmächtigte **i** *ein Bevollmächtigter; der Bevollmächtigte; den, dem, des Bevollmächtigten*

Be·voll·mäch·ti·gung *die*; (-, -en) eine mündliche oder schriftliche Aussage, die jemandem das Recht gibt, etwas zu tun

★ **be·vor** BINDEWORT **1** verwendet, um zu sagen, dass eine Handlung zeitlich früher als eine andere abläuft | *Bevor wir essen können, musst du den Tisch decken* | *Das Haus war ein Bahnhof, bevor es 1990 umgebaut wurde* **i** *Bevor* kann z. B. mit *kurz, lange* oder *noch* näher bestimmt werden: *Kurz bevor er kommen wollte, hatte er einen Unfall.* **2 bevor nicht** +*Verneinung* im Nebensatz nennt *bevor nicht* die Bedingung, unter der etwas geschehen kann, das im Satz aber verneint ist | *Bevor du nicht 18 bist, darfst du nicht wählen* (Erst musst du 18 Jahre alt sein, dann darfst du wählen) | *Ich unterschreibe keinen Vertrag, bevor ich ihn nicht gründlich gelesen habe* (Erst wenn ich einen Vertrag gründlich gelesen habe, unterschreibe ich ihn)

be·vor·mun·den VERB (bevormundete, hat bevormundet) **jemanden bevormunden** *abwertend* jemanden nicht selbstständig handeln lassen | *Er ist schon 18 Jahre alt und wird immer noch bevormundet* • hierzu **Be·vor·mun·dung** *die*

be·vor|ste·hen VERB (stand bevor, ist/hat bevorgestanden) **etwas steht (jemandem) bevor** etwas wird bald geschehen | *die bevorstehenden Wahlen* | *Der schlimmste Teil der Prüfungen steht mir noch bevor*

be|vor·zu·gen VERB (bevorzugte, hat bevorzugt) **1 eine Person (vor/gegenüber jemandem) bevorzugen** so handeln, dass jemand im Vergleich zu anderen Personen Vorteile hat ↔ *benachteiligen* | *Unser Lehrer bevorzugt die Mädchen vor den Jungen* **2 eine Person/Sache (vor jemandem/etwas) bevorzugen** eine Person oder Sache lieber mögen als eine andere Person oder Sache ≈ *vorziehen* | *Ich bevorzuge Bücher in Papierform* | *Sie bevorzugt es, allein zu leben* • zu (1) **Be·vor·zu·gung** *die*

be·wa·chen VERB (bewachte, hat bewacht) **1 jemanden bewachen** aufpassen, dass jemand nicht wegläuft oder ausbricht ⟨einen Gefangenen, einen Verbrecher bewachen⟩ **2 etwas bewachen** aufpassen, dass niemand ein Haus o. Ä. betritt, der kein Recht dazu hat | *Der Wachhund bewacht das Haus* • hierzu **Be·wa·chung** *die*; **Be·wa·cher** *der*; **Be·wa·che·rin** *die*

be·wach·sen ADJEKTIV **(mit etwas) bewachsen** mit Pflanzen bedeckt ⟨ein Ufer, eine Böschung⟩ | *eine mit Moos bewachsene Mauer* K efeubewachsen, schilfbewachsen

be·waff·nen VERB (bewaffnete, hat bewaffnet) **1 jemanden bewaffnen** einer Person Waffen geben, damit sie kämpfen kann **2 sich bewaffnen** sich eine Waffe oder Waffen besorgen

be·waff·net ▪ PARTIZIP PERFEKT **1** → bewaffnen
▪ ADJEKTIV **2 irgendwie bewaffnet**; **mit etwas bewaffnet** mit Waffen der genannten Art ausgerüstet | *Schwer bewaffnete Truppen stürmten das Gebäude* | *Mit einem Messer bewaffnet ging er auf mich los* **3 mit etwas bewaffnet** *humorvoll* mit dem genannten Gegenstand ausgerüstet | *Mit Schnorchel und Flossen bewaffnet ging ich zum Strand*

Be·waff·nung *die*; (-, -en) **1** *nur Singular* das Bewaffnen **2** die Waffen oder die militärische Ausrüstung, die jemand hat

be·wah·ren VERB (bewahrte, hat bewahrt) **1 etwas bewahren** meist etwas Positives auch in einer schwierigen Situation beibehalten ⟨die Beherrschung, die Fassung, den Gleichmut, den Humor, Ruhe bewahren⟩ **2 etwas bewahren** etwas erhalten oder pflegen ⟨Bräuche, Traditionen bewahren; das Andenken an jemanden bewahren⟩ **3 eine Person/Sache vor jemandem/etwas bewahren** eine Person oder Sache vor einer Gefahr oder Bedrohung schützen | *jemanden vor einer bösen Überraschung bewahren* | *den Wald vor dem Aussterben bewahren* | *Er hat mich davor bewahrt, eine große Dummheit zu machen* **4 etwas bewahren** ≈ *aufbewahren* • zu (2,3) **Be·wah·rung** *die*

be·wäh·ren VERB (bewährte sich, hat sich bewährt) **jemand/etwas bewährt sich** eine Person/Sache zeigt nach längerer Erprobung oder Arbeit deutlich, dass sie für etwas gut geeignet ist | *Er hat sich als Arzt bewährt* | *Dieses Medikament hat sich seit Jahren bestens bewährt*

be·wahr·hei·ten VERB (bewahrheitete sich, hat sich bewahrheitet) **etwas bewahrheitet sich** etwas, was bisher nicht sicher war, zeigt sich als wahr ⟨eine Befürchtung, eine Voraussage⟩ | *Ihre Vermutungen scheinen sich zu bewahrheiten*

★ **be·währt** ▪ PARTIZIP PERFEKT **1** → bewähren
▪ ADJEKTIV **2** seit relativ langer Zeit für einen Zweck verwendet und dafür gut geeignet ⟨ein Medikament, eine Methode⟩ **3** seit relativ langer Zeit irgendwo tätig und gut geeignet | *ein bewährter Journalist*

Be·wäh·rung *die*; (-, -en) **1** der Beweis, dass man für etwas geeignet ist ⟨jemandes Bewährung auf einem Posten, in einem Amt⟩ K Bewährungsprobe **2** wenn ein Verurteilter Bewährung bekommt, muss er nicht ins Gefängnis, solange er keine neuen Straftaten begeht und das tut, was das Gericht von ihm verlangt ⟨eine Strafe auf/zur Bewährung aussetzen; Bewährung bekommen⟩ | *Das Gericht verurteilte ihn zu zwei Monaten Gefängnis auf/mit Bewährung* K Bewährungsfrist, Bewährungsstrafe

Be·wäh·rungs·hel·fer *der*; Ⓓ eine Person, die (im Auftrag eines Gerichts) eine andere Person betreut, die auf Bewährung verurteilt ist

be·wal·det ADJEKTIV mit einem Wald bewachsen ⟨ein Hügel, eine Fläche⟩

★ **be·wäl·ti·gen** VERB (bewältigte, hat bewältigt) **1 etwas bewältigen** eine schwierige Aufgabe mit Erfolg ausführen ⟨eine Arbeit, eine Schwierigkeit mit Mühe, kaum, spielend bewältigen⟩ | *Der Läufer bewältigte die Marathonstrecke in zweieinhalb Stunden* **2 etwas bewältigen** ein Problem geistig verarbeiten und oft darüber nachdenken, bis man keinen Kummer mehr hat ≈ *überwinden* | *ein furchtbares Erlebnis/die Vergangenheit bewältigen* ● hierzu **Be·wäl·ti·gung** *die*

be·wan·dert ADJEKTIV **in etwas** (*Dativ*) **(gut, sehr) bewandert sein** sich in einem Fachgebiet (sehr) gut auskennen | *Sie ist in mittelalterlicher Geschichte sehr bewandert*

Be·wandt·nis *die* **mit jemandem/etwas hat es eine besondere Bewandtnis** verwendet, um zu sagen, dass jemand oder etwas einen besonderen Hintergrund hat

be·wäs·sern VERB (bewässerte, hat bewässert) **etwas bewässern** eine relativ große Fläche, auf der Pflanzen wachsen, mit Wasser versorgen (meist mit einem besonderen System) | *Reisfelder bewässern*

Be·wäs·se·rung *die*; (-, -en) das Bewässern K Bewässerungsanlage

★ **be·we·gen**[1] VERB (bewegte, hat bewegt) **1 sich bewegen** die eigene Lage, Haltung o. Ä. ändern | *sich vor Schmerzen kaum bewegen können* | *Der Vogel bewegt sich nicht mehr. Er ist wohl tot* | *Die Fahne bewegte sich leicht im Wind* **2 sich (irgendwohin) bewegen** an einen anderen Ort gehen oder fahren | *Der Wachsoldat bewegt sich stundenlang nicht von der Stelle* | *Die Fahrzeugkolonne bewegt sich langsam zum Flughafen* **3 etwas bewegt sich** etwas kommt von einem Ort zum anderen | *Die Erde bewegt sich um die Sonne* | *Der Zeiger der Uhr bewegt sich jede Minute* **4 sich bewegen** den Körper durch Sport, vor allem durch Laufen oder Wandern gesund halten ⟨sich im Freien, in der frischen Luft bewegen⟩ | *Du musst dich mehr bewegen, sonst wirst du zu dick!* **5 sich irgendwo bewegen** mit der genannten Art von Menschen Kontakt haben | *Sie bewegt sich gerne in Künstlerkreisen* **6 jemanden/etwas (irgendwohin) bewegen** bewirken, dass eine Person oder Sache an einen anderen Ort oder in eine andere Position kommt | *Nur zusammen konnten sie den schweren Schrank von der Stelle bewegen* | *Seit dem Unfall kann er das linke Bein nicht mehr bewegen* **7 etwas bewegen** bewirken, dass etwas nicht stillsteht, sondern fährt, sich dreht o. Ä. | *Der Luftzug bewegt die Vorhänge* | *Der Wasserstrom bewegt eine Turbine* | *Wind und Wellen bewegen das Schiff* **8 etwas bewegt jemanden** etwas bewirkt, dass jemand intensiv oder voll von Sorge nachdenkt ⟨ein Gedanke, eine Frage bewegt jemanden⟩ | *Dieses Problem bewegt die Wissenschaftler schon lange* **9 etwas bewegt jemanden** etwas lässt in jemandem Gefühle entstehen | *Der Film hat mich tief bewegt*
■ **ID (Jetzt) beweg dich!** *gesprochen* Mach schneller!

★ **be·we·gen**[2] VERB (bewog, hat bewogen) **1 jemanden zu etwas bewegen** bewirken, dass jemand etwas tut ⟨jemanden zur Mitarbeit, Teilnahme an etwas bewegen⟩ | *Was hat ihn wohl dazu bewogen, dich noch einmal anzurufen?* | *Sie war nicht (dazu) zu bewegen, auf das Auto zu verzichten* **2 sich zu etwas bewegen lassen** sich nach einigem Zögern zu etwas bereit erklären | *Die Entführer ließen sich dazu bewegen, die Geisel freizulassen*

Be·weg·grund *der* **der Beweggrund (für etwas)** das Motiv für eine Handlung o. Ä. ⟨aus moralischen, niedrigen, tieferen Beweggründen handeln⟩

be·weg·lich ADJEKTIV **1** (von Teilen eines Gegenstandes) so, dass ihre Lage oder Richtung bei normalem Gebrauch geändert wird | *die beweglichen Teile des Motors kontrollieren* | *Die Puppe hat bewegliche Beine und Arme* **2** (von Teilen eines Gegenstands) so, dass man sie leicht bewegen kann | *die Schublade ist nur schwer beweglich* **3** ⟨Menschen, Tiere⟩ so gebaut oder trainiert, dass sie ihre Körperteile ohne viel Mühe in die gewünschte Position bringen können | *Eine Turnerin muss einen sehr beweglichen Körper haben* | *Obwohl er etwas dick ist, ist er sehr beweglich* **4** *meist attributiv* ⟨Besitz, Habe⟩ so, dass man sie transportieren kann | *Maschinen zählen im Unterschied zu Gebäuden zu den beweglichen Gütern* **5** dazu fähig, gedanklich schnell zu reagieren ⟨ein Geist; (geistig) beweglich sein⟩ ● hierzu **Be·weg·lich·keit** *die*

be·wegt ■ PARTIZIP PERFEKT **1** → bewegen[2]
■ ADJEKTIV **2** in einem Zustand, in dem man starke Gefühle hat ⟨mit bewegten Worten, bewegter Stimme Abschied nehmen; vor Freude, Angst bewegt sein; tief bewegt⟩ **3** voll von Ereignissen ⟨Zeiten; ein bewegtes Leben führen, hinter sich (*Dativ*) haben⟩ **4** mit hohen Wellen ⟨das Meer, die See⟩

★ **Be·we·gung** *die*; (-, -en)
▸Aktivität: **1** das Bewegen eines Körperteils ⟨eine Bewegung mit dem Arm machen; eine fließende, heftige, ruckartige, ungeschickte Bewegung⟩ K Armbewegung, Handbewegung, Körperbewegung **2** *nur Singular* körperliche Übungen, die man macht, um gesund und fit zu bleiben | *Der Arzt hat ihr viel Bewegung empfohlen* K Bewegungsarmut, Bewegungsdrang, Bewegungstherapie
▸Vorgang: **3** die Änderung der Position, Lage oder Stellung eines Körpers ⟨etwas in Bewegung bringen, setzen, halten; etwas setzt sich, gerät, kommt, ist, bleibt in Bewegung; eine Bewegung im Kreis⟩ | *die Bewegung des Zeigers einer Uhr/eines Planeten* | *Der Zug setzte sich langsam in Bewegung* K Aufwärtsbewegung, Rückwärtsbewegung, Vorwärtsbewegung, Kreisbewegung; Bewegungsenergie **4** *nur Singular* eine starke gefühlsmäßige Reaktion auf etwas Positives oder Negatives ⟨seine Bewegung (nicht) verbergen, zeigen (können, wollen)⟩ ≈ *Erregung* | *Der Angeklagte nahm das Urteil ohne sichtbare Bewegung auf* **5** eine positive oder negative Entwicklung ⟨eine rückläufige Bewegung⟩ | *die Bewegungen des Dollarkurses*
▸Gruppe: **6** eine Gruppe von Menschen, die ein gemeinsames Ziel haben ⟨eine religiöse, patriotische, revolutionäre Bewegung; sich einer Bewegung anschließen⟩ K Friedensbewegung, Menschenrechtsbewegung, Arbeiterbewegung, Frauenbewegung, Studentenbewegung
■ **ID etwas kommt/gerät in Bewegung** etwas beginnt sich zu ändern; **etwas ist in Bewegung** etwas ändert sich; **Bewegung in etwas** (*Akkusativ*) **bringen** bewirken, dass sich etwas zu ändern beginnt (das sich lange Zeit nicht verändert hat); **einiges in Bewegung setzen** mit vielen Mitteln versuchen, ein Ziel (trotz Hindernissen) zu erreichen

Be·we·gungs·frei·heit *die*; *nur Singular* **1** das Recht oder die Möglichkeit, selbstständig zu handeln ⟨jemandes Bewegungsfreiheit einschränken; jemandem viel Bewegungsfrei-

B

heit lassen⟩ **2** der Raum, den man zur Verfügung hat, um die Arme und Beine zu bewegen | *Unser moderner Reisebus bietet Ihnen noch mehr Bewegungsfreiheit*

be·weih·räu·chern VERB (beweihräucherte, hat beweihräuchert) **jemanden/etwas beweihräuchern** *abwertend* eine Person, eine Sache oder sich selbst zu sehr loben ⟨jemandes Werke, einen Autor beweihräuchern⟩ • hierzu **Be·weih·räu·che·rung** *die*

be·wei·nen VERB (beweinte, hat beweint) **jemanden/etwas beweinen** wegen des Todes eines Menschen oder wegen eines Unglücks weinen und traurig sein

★ **Be·weis** *der;* (-es, -e) **1** **ein Beweis (für etwas)** Tatsachen oder Argumente, welche die Richtigkeit einer Vermutung, Äußerung o. Ä. deutlich machen ⟨ein schlüssiger, überzeugender Beweis; den Beweis für eine Behauptung erbringen, liefern⟩ | *Der Anwalt legte Beweise für die Unschuld seines Mandanten vor* | *Der Angeklagte wurde aus Mangel an Beweisen freigesprochen* **2** **ein Beweis** (+*Genitiv*/**für etwas)** ein sichtbares Zeichen für eine innere Haltung oder Fähigkeit | *Als Beweis seiner Liebe kaufte er ihr einen teuren Ring* K Ergebenheitsbeweis, Gunstbeweis, Vertrauensbeweis **3** die Schlussfolgerungen, mit denen man zeigt, dass ein Lehrsatz o. Ä. richtig ist **4** **ein schlagender/zwingender Beweis** ein Beweis, der alle überzeugt **5** **den Beweis (für etwas) antreten (müssen)** einen Beweis liefern (müssen), den andere Personen verlangen **6** **etwas unter Beweis stellen** etwas beweisen | *seine Hilfsbereitschaft unter Beweis stellen*

★ **be·wei·sen** VERB (bewies, hat bewiesen) **1** **(jemandem) etwas beweisen** jemandem vor allem mit der Hilfe von Tatsachen und Argumenten zeigen, dass eine Behauptung, Vermutung o. Ä. richtig ist | *Es lässt sich nicht mehr beweisen, ob der Angeklagte zur Tatzeit angetrunken war* | *Ich werde dir noch beweisen, dass meine These richtig ist* **2** **(jemandem) etwas beweisen** deutlich zeigen, dass man die genannte Meinung, Eigenschaft oder Fähigkeit hat ⟨Ausdauer, Hilfsbereitschaft, Klugheit, Mut beweisen⟩ | *durch die richtigen Worte Einfühlungsvermögen beweisen* | *Sein Verhalten beweist jedem, dass er sehr egoistisch ist* **3** **etwas beweisen** durch Schlussfolgerungen zeigen, dass eine These oder ein Lehrsatz richtig ist | *Ein Axiom kann man nicht beweisen*

Be·weis·füh·rung *die* der Aufbau der Argumentation bei einem Beweis ⟨eine lückenlose, überzeugende Beweisführung⟩

Be·weis·ket·te *die* eine geordnete, logische Folge von Argumenten und Fakten bei einem Beweis ⟨eine lückenlose Beweiskette⟩

Be·weis·ma·te·ri·al *das; meist Singular* das Material, das dazu dient, die Schuld oder Unschuld eines Beschuldigten zu beweisen

Be·weis·mit·tel *das* etwas, das hilft, jemandes Schuld oder Unschuld zu beweisen ⟨etwas als Beweismittel zulassen⟩

Be·weis·not *die; nur Singular* man ist in Beweisnot, wenn man (vor allem vor Gericht) etwas nicht beweisen kann ⟨in Beweisnot geraten⟩

Be·weis·stück *das* ein Gegenstand, mit dem man etwas beweisen kann

be·wen·den **es bei/mit etwas bewenden lassen** etwas nicht bis zur letzten Konsequenz verfolgen | *Er konnte froh sein, dass es das Gericht bei/mit einer Geldstrafe bewenden ließ und ihn nicht zu einer Haftstrafe verurteilte*

★ **be·wer·ben** VERB (bewirbt sich, bewarb sich, hat sich beworben) **1** **sich (irgendwo) (um etwas) bewerben** durch ein Schreiben und/oder ein Gespräch versuchen, eine Arbeitsstelle zu bekommen | *Er bewirbt sich bei einer Computerfirma (um eine Anstellung als Programmierer)* | *Hiermit bewerbe ich mich um einen Ausbildungsplatz zum Industriekaufmann* **2** **sich (um etwas) bewerben** sich für ein Amt zur Wahl stellen ≈ *kandidieren* | *Kandidaten aus allen Parteien bewerben sich um das Amt des Präsidenten* **3** **sich (um etwas) bewerben** sich bemühen, etwas zu bekommen, was andere Personen auch wollen ⟨sich um einen Studienplatz bewerben⟩ | *Fünf Firmen bewerben sich um den Auftrag* • hierzu **Be·wer·ber** *der;* **Be·wer·be·rin** *die*

★ **Be·wer·bung** *die;* (-, -en) **1** **eine Bewerbung (um etwas)** der Vorgang, bei dem man sich um etwas bewirbt ⟨die Bewerbung um eine Stelle, um einen Ausbildungsplatz, um einen Studienplatz⟩ | *die Bewerbung bei einer Firma* **2** **eine Bewerbung (um etwas)** der Brief, mit dem sich jemand um eine Stelle bewirbt ⟨eine Bewerbung abfassen, einreichen⟩ | *Auf die Ausschreibung der Stelle gingen mehr als 100 Bewerbungen ein* K Bewerbungsformular, Bewerbungsschreiben, Bewerbungsunterlagen

be·wer·fen VERB (bewirft, bewarf, hat beworfen) **jemanden/etwas mit etwas bewerfen** etwas auf jemanden/etwas werfen

be·werk·stel·li·gen VERB (bewerkstelligte, hat bewerkstelligt) **etwas bewerkstelligen** etwas Schwieriges mit Erfolg tun oder erreichen | *Wie hat er es nur wieder bewerkstelligt, so schnell eine Genehmigung zu bekommen?* • hierzu **Be·werk·stel·li·gung** *die*

★ **be·wer·ten** VERB (bewertete, hat bewertet) **1** **jemanden/etwas bewerten** (ausgehend von einem Maßstab, einer Skala o. Ä.) beurteilen, wie gut oder schlecht eine Leistung, ein Verhalten usw. ist ⟨etwas gerecht, positiv, zu hoch bewerten⟩ ≈ *benoten* | *Der Lehrer bewertete das Referat mit einer guten Note* **2** **etwas als etwas bewerten** *geschrieben* eine Sache in der genannten Weise bezeichnen | *Die Opposition bewertete die Ausführungen des Ministers als Versuch, die Regierungskrise zu vertuschen* **3** **etwas mit etwas bewerten** den Wert einer Sache feststellen | *eine Immobilie mit einer Million Euro bewerten*

Be·wer·tung *die;* (-, -en) **1** *nur Singular* das Feststellen und Bewerten ⟨die Bewertung einer Leistung⟩ K Bewertungsmaßstab, Bewertungsrichtlinien, Bewertungsskala **2** Worte, Noten oder Punkte, welche die Leistung einer Person beschreiben | *Der Schüler ist mit der Bewertung seines Aufsatzes nicht zufrieden* **3** die Feststellung eines Wertes ⟨die Bewertung des Besitzes⟩

be·wil·li·gen VERB (bewilligte, hat bewilligt) **(jemandem/etwas) etwas bewilligen** *admin* auf jemandes Wunsch oder Antrag hin etwas erlauben oder gewähren | *Der Stadtrat bewilligte den Antrag* | *Der Universität wurden mehr Gelder und neue Stellen bewilligt* • hierzu **Be·wil·li·gung** *die*

★ **be·wir·ken** VERB (bewirkte, hat bewirkt) **etwas bewirken** etwas als Ergebnis herbeiführen oder als Wirkung hervorrufen ≈ *verursachen* | *Gemeinsam können wir viel Positives bewirken* | *Ich wollte mit meiner Aktion bewirken, dass mehr Leute auf diese Probleme aufmerksam werden*

be·wir·ten VERB (bewirtete, hat bewirtet) **jemanden (mit etwas) bewirten** einem Gast Essen und Trinken geben | *jemanden mit Würstchen und Bier bewirten* • hierzu **Be·wir·tung** *die*

be·wirt·schaf·ten VERB (bewirtschaftete, hat bewirtschaftet) **1** **etwas bewirtschaften** (als Gastwirt) irgendwo Essen und Trinken gegen Bezahlung servieren ⟨ein Gasthaus bewirtschaften⟩ **2** **etwas bewirtschaften** etwas landwirtschaftlich nutzen ⟨ein Feld, einen Hof bewirtschaften⟩ • hierzu **Be·wirt·schaf·tung** *die*

be·wog *Präteritum, 1. und 3. Person Singular* → bewegen²

be·wo·gen PARTIZIP PERFEKT → bewegen²

★ **be·woh·nen** VERB (bewohnte, hat bewohnt) **etwas bewohnen** in einer Wohnung, in einem Haus usw. wohnen | *ein Reihenhaus bewohnen* • hierzu **Be·woh·ner** *der*; **Be·woh·ne·rin** *die*; **be·wohn·bar** ADJEKTIV

be·wöl·ken VERB VERB (bewölkte sich, hat sich bewölkt) **1** **der Himmel bewölkt sich** der Himmel wird von Wolken bedeckt **2** **es bewölkt sich** der Himmel wird von Wolken bedeckt • hierzu **be·wölkt** ADJEKTIV

Be·wöl·kung *die*; (-) **1** die Wolken über einem begrenzten Gebiet ⟨leichte, starke, aufgelockerte, wechselnde Bewölkung⟩ | *am Samstag über Süddeutschland und der Schweiz geschlossene Bewölkung* | *Nachmittags riss die Bewölkung auf* (wurde es etwas sonniger) **2** der Vorgang, bei dem sich der Himmel bewölkt

be·wor·ben PARTIZIP PERFEKT → bewerben

Be·wuchs [bəˈvuːks] *der*; (-es) die Pflanzen, die an einem Ort wachsen ⟨dichter, spärlicher Bewuchs⟩ | *der Bewuchs der Böschung* [K] Baumbewuchs, Grasbewuchs

★ **be·wun·dern** VERB (bewunderte, hat bewundert) **1** **jemanden bewundern**; **etwas (an jemandem) bewundern** eine Person oder eine ihrer Eigenschaften o. Ä. sehr gut finden | *Ich bewundere sie wegen ihrer Geduld mit den drei Kindern* | *Sie bewundert an ihm, dass er so natürlich ist* **2** **etwas bewundern** etwas mit Freude ansehen, weil es schön oder eindrucksvoll ist | *die griechischen Vasen im Museum bewundern* | *ein Gemälde von Rembrandt bewundern* • hierzu **Be·wun·de·rer** *der*; **Be·wun·de·rin** *die*

be·wun·derns·wert ADJEKTIV ⟨eine Person, eine Leistung o. Ä.⟩ so, dass man sie bewundern kann oder soll | *Seine Geduld ist bewundernswert*

★ **Be·wun·de·rung** *die*; (-) ein Gefühl der großen Anerkennung für jemanden/etwas | *Ich empfinde große Bewunderung für ihren Mut*

★ **be·wusst** ADJEKTIV **1** *meist attributiv* so, dass man dabei die Folgen voraussieht und mit ihnen rechnet ⟨eine Tat, eine Handlung; etwas bewusst tun⟩ ≈ *absichtlich* | *eine bewusst falsche Anschuldigung* **2** in einem Zustand, in dem man alles klar versteht | *Er war zu jung, um den Krieg bewusst zu erleben* **3** **jemand ist sich** (*Dativ*) **einer Sache** (*Genitiv*) **bewusst**; **jemandem ist etwas bewusst** etwas ist jemandem klar ⟨sich (*Dativ*) der/keiner Schuld bewusst sein⟩ | *Ein Chirurg sollte sich seiner großen Verantwortung bewusst sein* | *Ich bin mir völlig (dessen) bewusst, dass dies ein Fehler war* **4** **jemand wird sich** (*Dativ*) **einer Sache** (*Genitiv*) **bewusst**; **jemandem wird etwas bewusst** eine Person erkennt etwas klar, das sie vorher nicht gewusst hatte | *Er wurde sich seines egoistischen Verhaltens zu spät bewusst* | *Mir wurde bewusst, wie schädlich das Rauchen ist* **5** **jemandem etwas bewusst machen** einer Person etwas klarmachen | *jemandem bewusst machen, dass er sich durch seine Faulheit nur selbst schadet* **6** *meist attributiv* von etwas fest überzeugt und mit dem Wissen, welche Konsequenzen es hat | *ein bewusster Atheist/Katholik/Anhänger des Marxismus* **7** *meist attributiv* verwendet, um sich auf eine Person/Sache zu beziehen, die schon bekannt ist oder bereits erwähnt wurde | *An jenem bewussten Tag geschah dann der Unfall*

-be·wusst *im Adjektiv, unbetont, begrenzt produktiv* **gesundheitsbewusst, naturbewusst, umweltbewusst** *und andere* drückt aus, dass das im ersten Wortteil Genannte als sehr wichtig anerkannt wird | *sich modebewusst kleiden* | *verantwortungsbewusst handeln*

★ **be·wusst·los** ADJEKTIV **1** ohne Bewusstsein, ohnmächtig ⟨bewusstlos sein, werden, zusammenbrechen, zu Boden fallen⟩ **2** **jemanden bewusstlos schlagen** eine Person so stark und so lange schlagen, bis sie ohnmächtig wird • zu (1) **Be·wusst·lo·se** *der/die*

Be·wusst·lo·sig·keit *die*; (-) **1** der Zustand, in dem man ohne Bewusstsein ist ⟨in tiefer Bewusstlosigkeit liegen; aus seiner Bewusstlosigkeit erwachen⟩ **2** **bis zur Bewusstlosigkeit** *gesprochen, abwertend* so lange, bis es wirklich zu viel ist | *bis zur Bewusstlosigkeit arbeiten* | *jemanden bis zur Bewusstlosigkeit ärgern*

be·wusst·ma·chen VERB ≈ *bewusst machen*

★ **Be·wusst·sein** *das*; (-s) **1** der Zustand, in dem jemand (physisch) dazu in der Lage ist, die eigene Existenz und die Umgebung normal wahrzunehmen ⟨das Bewusstsein verlieren, wiedererlangen; wieder zu Bewusstsein kommen; bei/ohne Bewusstsein sein⟩ | *einen Verletzten durch künstliche Beatmung wieder zu Bewusstsein bringen* | *eine Operation bei vollem Bewusstsein erleben* **2** der Zustand, in dem man sich einer Sache bewusst ist und entsprechend handelt | *Im vollen Bewusstsein seiner großen Verantwortung übernahm er die Leitung des Projekts* | *den Menschen die Folgen des Waldsterbens ins Bewusstsein bringen* [K] Pflichtbewusstsein, Schuldbewusstsein, Verantwortungsbewusstsein **3** die Ansichten und Überzeugungen eines Menschen (vor allem im intellektuellen und ideologischen Bereich) ⟨politisches, nationales, geschichtliches, religiöses, ästhetisches Bewusstsein⟩ [K] Bewusstseinsbildung; Geschichtsbewusstsein, Klassenbewusstsein, Standesbewusstsein **4** die Fähigkeit, Vorgänge in der Umgebung durch den Verstand und die Sinne aufzunehmen und zu behalten [K] Bewusstseinserweiterung, Bewusstseinsstörung, Bewusstseinstrübung, Bewusstseinsveränderung

be·wusst·wer·den VERB ≈ *bewusst werden*

★ **be·zah·len** VERB (bezahlte, hat bezahlt) **1** **(etwas) bezahlen** für einen Gegenstand, den man kauft, für eine geleistete Arbeit o. Ä. Geld zahlen ⟨etwas bar, mit Karte bezahlen⟩ | *Er bezahlte das neue Auto in Raten* **2** **(etwas) bezahlen** eine Schuld mit der verlangten Summe Geld zahlen ⟨eine Rechnung, die Schulden, die Miete⟩ **3** **jemanden (für etwas) bezahlen** einer Person für die Arbeit, die sie leistet, Geld zahlen | *einen Handwerker bezahlen* | *Er wird dafür bezahlt, dass er den Rasen mäht* **4** **jemandem etwas bezahlen** etwas für eine andere Person zahlen | *Sein reicher Onkel bezahlt ihm das Studium* | *Ich bezahle dir das Essen* **5** **jemanden (für etwas) bezahlen** einer Person Geld geben, damit sie etwas tut, wovon man sich einen Vorteil erhofft ⟨einen Agenten, einen Killer bezahlen; ein bezahlter Mörder⟩ ▪ ID **etwas ist nicht (mehr) zu bezahlen** die Kosten einer Sache sind so hoch, dass man es nicht bezahlen kann

Be·zahl·fern·se·hen *das* Fernsehprogramme, die man nur ansehen kann, wenn man einen besonderen Vertrag abgeschlossen und dafür gezahlt hat ≈ *Pay-TV*

Be·zahl·schran·ke *die* vor allem Zeitungen richten auf ihren Websites oft Bezahlschranken ein. Man kann die Artikel dann nur lesen, wenn man dafür bezahlt

be·zahlt ▪ PARTIZIP PERFEKT **1** → bezahlen
▪ ADJEKTIV **2** **irgendwie bezahlt** so, dass man dafür viel oder wenig Geld bekommt ⟨ein Job, eine Stellung, eine Arbeit ist gut, schlecht, ausgezeichnet bezahlt⟩ **3** **etwas macht sich bezahlt** etwas lohnt sich | *Es macht sich bezahlt, dass er vor der Reise nach Argentinien Spanisch gelernt hat*

Be·zah·lung *die*; (-, -en); *meist Singular* **1** das Bezahlen ⟨die Bezahlung in Raten, der Ware, der Arbeit, des Studiums, der Rechnung⟩ **2** das Geld, das jemand für geleistete Arbeit bekommt | *jemandem gute Bezahlung für einen Job anbieten*

be·zäh·men VERB (bezähmte, hat bezähmt) **etwas bezähmen**;

sich (vor etwas) bezähmen die eigenen (meist heftigen) Emotionen zurückhalten ⟨seine Neugier bezähmen⟩ | *Die Kinder konnten ihre Ungeduld fast nicht mehr bezähmen* | *Ich konnte mich vor Zorn kaum bezähmen*

be·zau·bern VERB (bezauberte, hat bezaubert) **(jemanden) (durch etwas) bezaubern** durch das Aussehen oder Handeln in jemandem Zuneigung oder Bewunderung für sich hervorrufen | *Sie bezaubert alle Männer durch ihren Charme* | *eine bezaubernde Frau*

be·zau·bernd ■ PARTIZIP PRÄSENS **1** → bezaubern ■ ADJEKTIV **2** sehr schön ⟨ein Abend, ein Kleid⟩

★ **be·zeich·nen** VERB (bezeichnete, hat bezeichnet) **1** **jemanden/etwas (als etwas) bezeichnen** einer Person/Sache das richtige, zutreffende Wort zuordnen | *Jemanden, der eine Wohnung mietet, bezeichnet man als „Mieter"* | *Wie bezeichnet man im Deutschen die Stelle, an der sich zwei Straßen kreuzen?* **2** **ein Wort bezeichnet etwas** ein Wort hat die genannte Bedeutung | *Das Wort „Bank" bezeichnet ein Möbelstück und ein Geldinstitut* **3** **etwas (mit etwas) bezeichnen** etwas mit einem Zeichen zeigen ≈ *markieren* | *die Betonung der Silbe mit einem Akzent bezeichnen* | *den Verlauf des Weges mit Markierungen bezeichnen* **4** **jemanden/etwas als etwas bezeichnen** jemandem, sich selbst oder einer Sache eine Eigenschaft oder einen Namen zuordnen | *jemanden als seinen Freund/Feind bezeichnen* | *jemanden als (einen) Idioten/intelligenten Menschen bezeichnen* | *jemanden als freundlich/geizig bezeichnen* | *etwas als schön/teuer bezeichnen*

be·zeich·nend ■ PARTIZIP PRÄSENS **1** → bezeichnen ■ ADJEKTIV **2** **bezeichnend (für jemanden/etwas)** ≈ *typisch* | *Dieser Fehler ist bezeichnend für seinen Leichtsinn* ● zu (2) **be·zeich·nen·der·wei·se** ADVERB

★ **Be·zeich·nung** *die*; (-, -en) **1** **eine Bezeichnung (für jemanden/etwas)** ein Wort für eine Sache oder Person ≈ *Name* | *eine Blume mit einer deutschen und einer lateinischen Bezeichnung* K Pflanzenbezeichnung, Tierbezeichnung **2** *nur Singular* die Zuordnung einer Eigenschaft oder eines Namens zu einer Person oder Sache

be·zei·gen VERB (bezeigte, hat bezeigt) **jemandem etwas bezeigen** *geschrieben* jemandem etwas klar zeigen ⟨jemandem sein Beileid, seinen Respekt bezeigen⟩ ● hierzu **Be·zei·gung** *die*

be·zeu·gen VERB (bezeugte, hat bezeugt) **1** **etwas bezeugen** als Zeuge sagen, ob jemandes Aussage richtig war ⟨jemandes Alibi unter Eid bezeugen; etwas vor Gericht/gerichtlich bezeugen⟩ | *Ich kann bezeugen, dass sie den ganzen Abend zu Hause war* **2** **etwas bezeugt etwas** ein Text, ein Fund o. Ä. beweist etwas | *Der Standort des Klosters ist durch eine Urkunde aus dem 11. Jahrhundert bezeugt* **3** **jemandem etwas bezeugen** *geschrieben* einer anderen Person sagen, was man selbst fühlt ⟨jemandem seine Hochachtung, seine Dankbarkeit, sein Beileid bezeugen⟩ ● hierzu **Be·zeu·gung** *die*

be·zich·ti·gen VERB (bezichtigte, hat bezichtigt) **jemanden einer Sache** (*Genitiv*) **bezichtigen** *geschrieben* behaupten, dass jemand etwas Schlechtes tut oder getan hat ⟨jemanden einer Lüge, eines Verbrechens bezichtigen⟩ ≈ *beschuldigen* | *Damals bezichtigten die Großmächte einander, den Rüstungswettlauf zu beschleunigen* ● hierzu **Be·zich·ti·gung** *die*

★ **be·zie·hen** VERB (bezog, hat bezogen) **1** **etwas (mit etwas) beziehen** ein Kissen, eine Decke oder eine Matratze in Bettwäsche hüllen ⟨die Kopfkissen, das Bett frisch beziehen⟩ **2** **etwas (mit etwas) beziehen** z. B. um ein Sofa, einen Sessel neuen Stoff spannen **3** **etwas beziehen** Möbel und andere Dinge in ein Gebäude tragen, um dort zu wohnen oder eine Firma, ein Geschäft zu führen | *Ein Elektrounternehmen bezieht die leer stehende Schule* **4** **etwas beziehen** (als Soldat) an einen Ort gehen, von dem aus man etwas gut verteidigen/angreifen kann ⟨eine Stellung, einen Posten beziehen⟩ **5** **einen (klaren) Standpunkt beziehen/(deutlich) Stellung beziehen** *geschrieben* eine feste Meinung einnehmen und verteidigen **6** **etwas (durch/über jemanden/von jemandem) beziehen** *geschrieben* eine Ware von einem Händler kaufen | *Die Ersatzteile sind nur durch/über den Fachhandel zu beziehen* | *Wir beziehen unser Heizöl seit Jahren von dieser Firma* **7** **etwas (von jemandem/aus etwas) beziehen** von einer Firma, einer Behörde o. Ä. regelmäßig Geld bekommen ⟨(von einer Firma) Gehalt, Lohn beziehen; aus einem Geschäft Einkünfte beziehen; Arbeitslosengeld, Sozialhilfe, eine Rente, Wohngeld beziehen⟩ **8** **etwas (von jemandem/aus etwas) beziehen** regelmäßig Informationen (von einer Person/aus etwas) bekommen | *Er bezieht sein Wissen über die aktuelle Politik aus dem Internet* **9** **etwas auf etwas** (*Akkusativ*) **beziehen** etwas in einem Zusammenhang oder unter einem Aspekt betrachten | *Man muss die Preise auf die Löhne beziehen* | *Bezogen auf die geforderte Leistung ist die Bezahlung schlecht* **10** **etwas auf 'sich** (*Akkusativ*) **beziehen** glauben, dass man Gegenstand oder Ziel einer Äußerung oder einer Handlung ist ⟨eine Geste, ein Handzeichen auf sich beziehen; alles auf sich beziehen⟩ | *Er hat die Kritik auf sich bezogen und ist nun beleidigt* **11** **etwas bezieht sich auf etwas** (*Akkusativ*) etwas hängt mit etwas zusammen | *Auf welchen Punkt bezieht sich Ihre Frage?* **12** **sich auf etwas** (*Akkusativ*) **beziehen** auf etwas in einer Äußerung hinweisen | *Sie bezog sich auf unser Gespräch von gestern Abend* **13** **sich auf jemanden/etwas beziehen** jemanden/etwas als Quelle der eigenen Information und/oder als Autorität nennen | *sich auf einen Artikel in der Zeitung beziehen* | *In seinem Referat bezog er sich auf die Aussagen berühmter Wissenschaftler* ● zu (6,7) **Be·zie·her** *der*; zu (6,7) **Be·zie·he·rin** *die*

★ **Be·zie·hung** *die*; (-, -en) **1** **eine Beziehung (zwischen Dingen** (*Dativ*)**)** wenn eine Sache auf eine andere einen Einfluss hat, die Ursache oder der Grund dafür ist, dann besteht zwischen beiden eine Beziehung ⟨etwas steht in Beziehung zu etwas; etwas mit etwas in Beziehung bringen; etwas zu etwas in Beziehung setzen⟩ | *die Beziehung zwischen Wohlstand und der Geburtenzahl untersuchen* | *die niedrige Wahlbeteiligung mit dem schönen Wetter in Beziehung setzen* | *Sein Selbstmord steht sicher in Beziehung zu seiner langen Krankheit* **2** **Beziehungen (mit/zu jemandem/etwas)** *meist Plural* wenn Personen, Institutionen oder Staaten miteinander verhandeln, Verträge schließen, Informationen austauschen usw., dann bestehen zwischen ihnen Beziehungen ⟨verwandtschaftliche, freundschaftliche, wirtschaftliche Beziehungen; mit/zu jemandem Beziehungen aufnehmen, knüpfen, unterhalten; mit/zu jemandem in Beziehung treten; die Beziehungen (zu jemandem) abbrechen⟩ | *die diplomatischen Beziehungen zu einem Staat abbrechen* | *Die besseren internationalen Beziehungen ermöglichen Fortschritte bei der Abrüstung* K Geschäftsbeziehung, Verwandtschaftsbeziehung, Wirtschaftsbeziehung **3** **eine Beziehung (mit/zu jemandem)** meist sexuelle Kontakte zu jemandem ⟨eine feste, intime, sexuelle Beziehung mit/zu jemandem haben/unterhalten⟩ | *Sie haben ihre Beziehung beendet* | *Ich habe mich gerade erst von meinem Mann getrennt und möchte noch keine neue Beziehung* K Zweierbeziehung, Dreiecksbeziehung **4** **Beziehungen (zu jemandem)** *nur Plural* Kontakte (zu jemandem), die von Vorteil sind | *Durch die Beziehungen ihres Vaters bekam* *sie einen guten Ferienjob* | *Sie ließ ihre Beziehungen spielen, um mir Karten für die Galavorstellung zu beschaffen* (Sie benutzte ihre Beziehungen dazu) **5** **eine Beziehung (zu jemandem/etwas)** *meist Singular* eine meist positive innere Haltung gegenüber jemandem/etwas | *Zur abstrakten Kunst habe/finde ich keine (rechte) Beziehung* **6** der Aspekt, unter dem man etwas betrachtet | *In dieser Beziehung hast du recht* **7** **mit Beziehung auf jemanden/etwas** indem man sich auf jemanden/etwas bezieht | *Mit Beziehung auf die Situation der Firma sagte der Leiter, dass er niemanden zusätzlich einstellen könne*

Be·zie·hungs·kis·te *die; gesprochen* verwendet als Bezeichnung für ein (oft problematisches oder kompliziertes) Liebesverhältnis zwischen zwei Menschen

be·zie·hungs·los ADJEKTIV ohne einen inneren oder sinnvollen Zusammenhang | *Fotos und Text stehen in dieser Zeitschrift oft beziehungslos nebeneinander*

★ **be·zie·hungs·wei·se** BINDEWORT **1** verbindet zwei verschiedene Aussagen, die beide richtig oder sinnvoll sind ≈ *oder* | *Die Kandidaten kommen aus München bzw. Köln* (einige kommen aus München, einige aus Köln) | *Meine alten Schallplatten habe ich verkauft bzw. verschenkt* (ich habe manche verkauft und manche verschenkt) **H** Abkürzung: *bzw.* **2** verwendet, um eine Aussage genauer oder deutlicher zu formulieren | *Großbritannien bzw. Schottland verfügt über große Ölreserven in der Nordsee* | *Das brauchen wir eigentlich nicht, beziehungsweise es ist völlig überflüssig* **3** verwendet, um eine Alternative zu nennen ≈ *oder* | *Ich könnte Sie heute bzw. morgen besuchen*

be·zif·fern VERB (bezifferte, hat beziffert) **etwas auf etwas** (*Akkusativ*) **beziffern** *geschrieben* etwas berechnen oder schätzen und in Zahlen angeben | *Der Schaden wird auf zwei Millionen Euro beziffert* **H** meist im Passiv ● hierzu **Be·zif·fe·rung** *die*

★ **Be·zirk** *der;* (-(e)s, -e) **1** ein Gebiet, das für einen Zweck oder durch ein Merkmal abgegrenzt ist ⟨ein ländlicher, städtischer Bezirk; ein Gebiet in Bezirke aufteilen/unterteilen⟩ ≈ *Gegend* | *die Kunden eines Bezirks betreuen* **K** Bezirksgrenze, Bezirkskrankenhaus, Bezirksliga; Polizeibezirk, Stadtbezirk, Verwaltungsbezirk **2** Ⓓ ein Gebiet mit den zuständigen Behörden innerhalb mancher Bundesländer | *Bayern ist in sieben Bezirke unterteilt* **K** Bezirksregierung, Regierungsbezirk **3** Ⓐ Ⓒⓗ ein Gebiet mit den zuständigen Behörden innerhalb eines Bundeslandes bzw. Kantons

Be·zirks·tag *der;* Ⓓ das Parlament eines Regierungsbezirks

be·zir·zen [bəˈtsɪrtsn̩] VERB (bezirzte, hat bezirzt) **jemanden bezirzen** als attraktive Frau so nett zu einem Mann sein, dass er tut, was sie will | *sich von einer hübschen jungen Frau bezirzen lassen*

-be·zo·gen *im Adjektiv, unbetont, begrenzt produktiv* drückt aus, dass sich etwas nach dem im ersten Wortteil Genannten richtet oder es enthält | *praxisbezogener Unterricht* | *eine sachbezogene Diskussion* | *eine zukunftsbezogene Planung*

★ **Be·zug** *der;* (-(e)s, Bezüge)

▸Textilien: **1** eine dünne Hülle aus Stoff zum Schutz für ein Kissen, eine Decke oder eine Matratze **K** Bettbezug, Kissenbezug **2** der Stoff, der die Polster eines Möbelstücks bedeckt **K** Lederbezug, Stoffbezug

▸Waren, Geld: **3** *nur Singular* das regelmäßige Kaufen einer Ware | *der Bezug einer Zeitung* **K** Bezugsbedingungen, Bezugspreis, Bezugsquelle **4** *nur Singular* das Beziehen regelmäßiger Zahlungen ⟨zum Bezug einer Rente, von Arbeitslosengeld, Kindergeld berechtigt sein⟩ **K** bezugsberechtigt **5** *nur Plural* das Gehalt, das Einkommen, die Rente o. Ä. | *Seine monatlichen Bezüge belaufen sich auf fast 4.000 Euro* **H** → Infos unter **Gehalt**

▸Referenz: **6** **Bezug auf jemanden/etwas nehmen** *geschrieben* sprechen oder schreiben und dabei etwas über eine Person oder Sache beziehen | *Er nahm in seiner Rede Bezug auf unsere neuen Vorschläge* **7** **in Bezug auf jemanden/etwas** die genannte Person oder Sache betreffend | *In Bezug auf seinen Beruf ist er sehr gewissenhaft* **8** **mit/unter Bezug auf etwas** (*Akkusativ*) *admin* verwendet in Briefen, um sich auf etwas zu beziehen, das bereits bekannt ist | *Unter Bezug auf Ihr Angebot vom 3. Mai bestelle ich 30 Flaschen Wein*

■ **ID zu jemandem/etwas keinen Bezug haben** *geschrieben* **a** eine Person oder Sache nicht verstehen **b** sich nicht für eine Person oder Sache interessieren

be·züg·lich PRÄPOSITION *mit Genitiv; admin* ≈ *hinsichtlich* | *Bezüglich Ihres Antrags möchten wir Ihnen Folgendes mitteilen …* **H** → Infos unter **Präposition**

Be·zug·nah·me *die;* (-); *admin* **mit/unter Bezugnahme auf jemanden/etwas** verwendet, um sich auf jemanden/etwas zu beziehen | *mit/unter Bezugnahme auf einen Experten eine Forderung geltend machen*

be·zugs·fer·tig ADJEKTIV für den Einzug vorbereitet ⟨eine Wohnung, ein Haus⟩

Be·zugs·per·son *die* eine Person, die für jemanden sehr wichtig ist (wegen einer engen Bindung) | *Eltern und Geschwister sind die wichtigsten Bezugspersonen für ein kleines Kind*

be·zwe·cken VERB (bezweckte, hat bezweckt) **etwas (mit etwas) bezwecken** etwas zu erreichen versuchen | *Weißt du, was er damit bezwecken wollte?*

be·zwei·feln VERB (bezweifelte, hat bezweifelt) **etwas bezweifeln** Zweifel an etwas haben (und äußern) | *Ich bezweifle, dass er recht hat*

be·zwin·gen VERB (bezwang, hat bezwungen) **1** **jemanden bezwingen** jemanden im Kampf oder Wettkampf besiegen ⟨einen Feind, die gegnerische Mannschaft bezwingen⟩ **2** **etwas bezwingen** mit großer körperlicher Anstrengung und oft unter Gefahr ein Ziel erreichen ⟨einen Berg, eine Strecke bezwingen⟩ **3** **etwas bezwingen** mit etwas Schwierigem fertig werden, etwas überwinden ⟨Schwierigkeiten, ein Problem⟩ ≈ *bewältigen* **4** **etwas bezwingen** etwas unterdrücken oder beherrschen ⟨seinen Hunger, seine Gefühle, seine Leidenschaft bezwingen⟩ ● hierzu **Be·zwin·gung** *die;* **be·zwing·bar** ADJEKTIV; zu (1,2) **Be·zwin·ger** *der*

BGB [beːgeˈbeː] *das;* (-) **Bürgerliches Gesetzbuch** Ⓓ eine Sammlung der Gesetze, welche die rechtlichen Beziehungen von Privatpersonen regeln, z. B. Mietrecht, Versicherungsrecht, Familienrecht

BH [beːˈhaː] *der;* (-s, -s); *gesprochen* ≈ *Büstenhalter*

Bhf. Abkürzung für *Bahnhof*

bi ADJEKTIV *meist prädikativ; gesprochen!* Kurzwort für *bisexuell*

Bi·ath·lon [-atlɔn] *das;* (-s, -s) *meist Singular* eine sportliche Disziplin, die aus Skilanglauf und Schießen besteht ● hierzu **Bi·ath·let** *der*

bib·bern VERB (bibberte, hat gebibbert) **(vor etwas** (*Dativ*)**) bibbern** *gesprochen* am ganzen Körper heftig zittern ⟨vor Angst, vor Kälte bibbern⟩

★ **Bi·bel** *die;* (-, -n) **1** *nur Singular* eine Sammlung der Schriften, die Grundlage der jüdischen Religion (Altes Testament) und der christlichen Religion (Altes und Neues Testament) ist ⟨die Bibel auslegen, übersetzen⟩ **K** Bibelauslegung, Bibelspruch, Bibelstelle, Bibelübersetzung **2** ein Exemplar der Bibel als Buch **3** *ironisch* ein Buch, dessen Aussage für das Denken und Handeln einer Person sehr wichtig ist | *Die Werke Hermann Hesses sind für ihn eine Bibel*

Bi·ber *der;* (-s, -) **1** ein Tier mit einem platten Schwanz, das

B

gut schwimmen, Dämme bauen und Bäume fällen kann K Biberfell, Biberpelz **2** *meist Singular* der Pelz des Bibers

Bib·lio·gra·fie, Bib·lio·gra·phie [-'fi:] *die*; (-, -n [-'fi:ən]) ein Verzeichnis (z. B. in einem Buch), in dem verschiedene Bücher, Aufsätze o. Ä. zu einem Thema genannt (und z. B. nach Titel und Verfasser geordnet) sind | *eine Bibliografie zu einem Thema zusammenstellen* • hierzu **bib·lio·gra·fisch, bib·lio·gra·phisch** ADJEKTIV

★ **Bib·lio·thek** *die*; (-, -en) **1** eine große Sammlung von Büchern, die nach Sachgebieten geordnet sind und auch ausgeliehen werden können ⟨eine öffentliche, städtische Bibliothek; eine Bibliothek benutzen; sich (*Dativ*) in/von der Bibliothek Bücher ausleihen⟩ K Bibliotheksangestellte(r), Bibliotheksbenutzer; Fachbibliothek, Leihbibliothek, Staatsbibliothek, Universitätsbibliothek **2** ein Gebäude oder Raum, in dem sich eine Bibliothek befindet ⟨in der Bibliothek arbeiten⟩ K Bibliotheksgebäude, Bibliothekszimmer **3** eine Sammlung von Büchern in einem privaten Haus K Privatbibliothek

Bib·lio·the·kar *der*; (-s, -e) eine Person, die beruflich die Bücher in einer Bibliothek verwaltet, ordnet, pflegt usw. und neue Bücher bestellt • hierzu **Bib·lio·the·ka·rin** *die*

bib·lisch ADJEKTIV ⟨eine Figur, eine Gestalt, eine Geschichte⟩ so, dass sie aus der Bibel kommen ■ ID → Alter

Bi·det [bi'de:] *das*; (-s, -s) ein sehr niedriges Waschbecken für den Unterkörper, auf das man sich setzt

bie·der ADJEKTIV **1** *abwertend* (in Bezug auf Verhalten, Kleidung und Geschmack) konservativ und unauffällig ⟨bieder aussehen, gekleidet sein⟩ | *eine biedere Wohnungseinrichtung* **2** *veraltend* ehrlich und tüchtig ⟨ein Bürger, ein Handwerker⟩

Bie·der·mei·er *das*; (-(s)); *historisch* eine Richtung der Kunst im deutschsprachigen Raum zwischen etwa 1815 und 1848 K Biedermeiermöbel, Biedermeierstil

Bie·ge *die*; (-, -n) eine Stelle, an der eine Straße, ein Fluss oder ein Fahrzeug einen Bogen macht | *an der nächsten Biege des Flusses* ■ ID **die Biege machen** *gesprochen* von einem Ort weggehen, verschwinden

★ **bie·gen** VERB (bog, hat/ist gebogen) **1** **etwas biegen** (*hat*) etwas durch Druck in der Form so verändern, dass es nicht mehr gerade ist ⟨eine Stange, einen Draht, ein Blech biegen⟩ | *Der Schlosser konnte das Rohr erst biegen, nachdem er es heiß gemacht hatte* **2** **etwas irgendwohin biegen** (*hat*) einen Körperteil von der normalen Position in die genannte Richtung bewegen | *den Kopf nach hinten/vorn biegen* | *den Daumen zur Seite biegen* **3** **etwas irgendwohin biegen** (*hat*) etwas, das jemanden behindert, in die genannte Richtung bewegen und es dabei leicht verformen | *einen Ast zur Seite biegen* **4** **in/um etwas** (*Akkusativ*) **biegen** (*ist*) durch eine Änderung der Richtung irgendwohin gehen oder fahren | *Das Auto bog um die Ecke* | *Der Radfahrer bog in eine Nebenstraße* **5** **etwas biegt sich** (*hat*) etwas gibt unter Druck nach und ist (meist nur für kurze Zeit) nicht gerade | *Der Baum bog sich im Wind* | *Die Matratze bog sich unter seinem Gewicht* ■ ID **auf Biegen und Brechen** ohne Rücksicht auf negative Folgen | *etwas auf Biegen und Brechen durchsetzen wollen*

BIEGEN

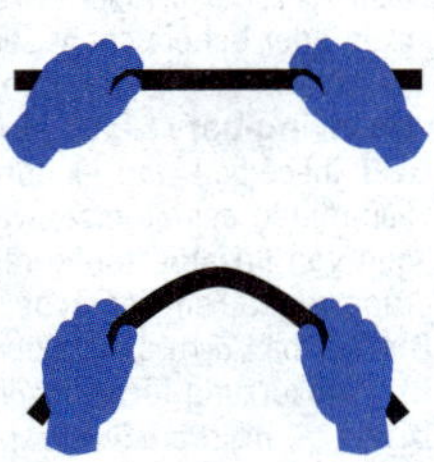

★ **bieg·sam** ADJEKTIV **1** so, dass man es biegen kann, ohne dass es bricht | *ein biegsamer Stock* **2** sehr beweglich und gut trainiert | *einen biegsamen Körper haben* • hierzu **Bieg·sam·keit** *die*

Bie·gung *die*; (-, -en) die Stelle, an der eine Strecke ihre Richtung ändert ≈ *Kurve* | *Der Weg macht eine Biegung nach rechts* K Straßenbiegung, Wegbiegung

Bie·ne *die*; (-, -n) **1** ein Insekt (mit einem Giftstachel), das Honig und Wachs produziert ⟨emsige, fleißige Bienen; Bienen fliegen aus, summen, schwärmen; jemand züchtet Bienen; von einer Biene gestochen werden⟩ | *Der Imker züchtet Bienen* K Bienenhaus, Bienenhonig, Bienenkönigin, Bienenschwarm, Bienenvolk, Bienenwachs, Bienenzucht; Honigbiene **2** **eine flotte Biene** *veraltend, humorvoll* eine sehr attraktive junge Frau ■ ID **fleißig wie eine Biene** sehr fleißig

BIENE

bie·nen·flei·ßig ADJEKTIV sehr fleißig

Bie·nen·stich *der* **1** ein schmerzhafter Stich von einer Biene **2** ein Kuchen mit Cremefüllung und einem Belag aus Zucker und Mandeln

Bie·nen·stock *der*; (-(e)s, Bie·nen·stö·cke) ein Kasten, in dem Bienen leben und gezüchtet werden ■ ID **Da wimmelt es wie in einem Bienenstock** *gesprochen* Da gibt es sehr viele Menschen und viel Unruhe

★ **Bier** *das*; (-(e)s, -e) **1** *nur Singular* ein bitteres alkoholisches Getränk, das vor allem aus Wasser und Getreide (und Hefe) hergestellt wird ⟨helles, dunkles Bier; ein Fass, Glas, Krug, Kasten/Träger Bier; Bier brauen, zapfen, ausschenken⟩ K Bierdose, Bierfass, Bierflasche, Bierglas, Bierkasten, Bierkrug **!** zu *Bierglas* → Abb. unter **Glas** **2** eine der Sorten von Bier | *Alt, Kölsch, Pils und Weißbier sind berühmte deutsche Biere* **3** ein Glas mit Bier darin (meist ein viertel oder halber Liter) ⟨ein kleines, großes Bier⟩ | *Bitte noch zwei Bier!* **4** **auf ein Bier (irgendwohin) gehen** *gesprochen* in ein Lokal gehen (um dort Bier zu trinken) ■ ID **Das ist nicht 'mein Bier** *gesprochen* Darum muss oder will ich mich nicht kümmern

BIER

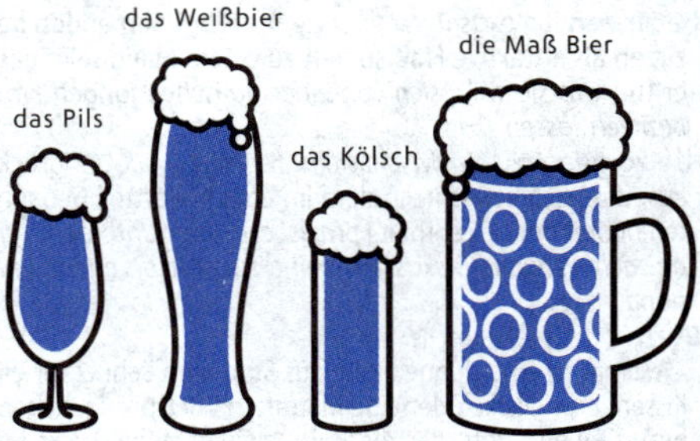

Bier·bauch *der*; *gesprochen* der dicke Bauch, den manche Männer vom Biertrinken haben

Bier·de·ckel *der* ein Stück Pappe, auf das man vor allem in einem Lokal das Glas stellt

bier·ernst ADJEKTIV; *gesprochen* übertrieben ernst ⟨Personen⟩

Bier·gar·ten *der* ein Ort im Freien mit Bäumen, Sitzbänken oder Stühlen und Tischen, an dem man vor allem Bier

LANDESKUNDE

▶ Das Bier

Bier ist eines der beliebtesten Getränke der Deutschen. Es darf nur aus Gerste oder Weizen, Hopfen, Wasser und Hefe hergestellt werden.

Zuerst wird aus gekeimten und getrockneten Gerstenkörnern **Malz** hergestellt. Das Malz wird mit Wasser gemischt und mit **Hopfen** gekocht; das gibt dem Bier seinen typischen Geschmack. Nachdem die Mischung gefiltert und abgekühlt wird, fügt man Hefe hinzu, damit das Bier gärt.

Es gibt viele verschiedene Arten von Bier. Die häufigsten sind: **Helles**, **Pils** (besonders bitter), **Weizenbier** oder **Weißbier** (statt aus Gerste aus Weizen hergestellt), **Dunkles** und **Bockbier** (mit einem höheren Alkoholgehalt). In vielen Regionen Deutschlands gibt es ein eigenes, typisches Bier, wie zum Beispiel das **Kölsch** in Köln oder das **Altbier** in Düsseldorf.

Häufig wird auch eine Mischung, die jeweils zur Hälfte aus Bier und Zitronenlimonade besteht, getrunken. Dieses Getränk heißt **Alsterwasser** im Norden und **Radler** im Süden Deutschlands.

trinkt | *München ist für seine Biergärten bekannt*

Bier·lau·ne *die* **in Bierlaune sein** *gesprochen* lustig, fröhlich sein

Bier·lei·che *die; gesprochen, abwertend* eine Person, die so viel Bier getrunken hat, dass sie irgendwo liegt und schläft

Bier·zelt *das* ein großes Zelt auf einem Fest oder Jahrmarkt, in dem man Bier trinken kann

bie·seln VERB (bieselte, hat gebieselt); *süddeutsch Ⓐ gesprochen* die Blase entleeren

Biest *das;* (-(e)s, -er); *gesprochen, abwertend* verwendet für eine Person/ein Tier, über die/das man sich ärgert ⟨ein faules, freches, ungezogenes Biest⟩ | *Das Biest hat mich gebissen!*

bies·tig ADJEKTIV; *gesprochen, abwertend* **1** gemein ⟨Menschen⟩ **2** sehr schlecht ⟨Wetter⟩

★ **bie·ten** VERB (bot, hat geboten) **1** **(jemandem) etwas bieten** einer Person etwas geben, was sie braucht | *den Kindern Liebe und Geborgenheit bieten* | *Flüchtlingen ein Zuhause bieten* **2** **(jemandem) etwas bieten** ein Programm veranstalten, das jemand nutzen kann | *Was wird zurzeit in der Oper geboten?* | *Hier wird viel/nichts/nur wenig geboten* | *Das Hotel bietet (seinen Gästen) vielfältige Freizeitmöglichkeiten* **3** **(jemandem) etwas bieten** (vor jemandem) eine gute Leistung vollbringen oder vorführen | *Der Sportler bot eine hervorragende Leistung* | *Die Theatergruppe hat (den Zuschauern) eine berauschende Vorstellung geboten* **4** **etwas bietet (jemandem) etwas** etwas ist mit der Chance verbunden, etwas zu tun | *Der Urlaub bot ihm endlich die Gelegenheit, bei seiner Familie zu sein* | *Der Posten bietet (mir) die Chance zum beruflichen Aufstieg* **5** **etwas bietet (jemandem) etwas** etwas hat eine positive Eigenschaft, die jemand nutzen kann | *Ein großes Auto bietet mehr Komfort* | *Dieses Kochbuch bietet dem Leser praktische Ratschläge* **6** **(etwas (für/auf etwas** *(Akkusativ)*) **bieten; jemandem etwas bieten** (bei einer Versteigerung) eine Summe nennen, die man bereit ist, für einen Gegenstand zu zahlen | *Er hat 4.000 Euro für das Gemälde geboten* | *Wer bietet mehr?* | *Verkaufst du mir das Spiel? Ich biete dir 20 Euro dafür* **7** **etwas bietet sich (jemandem)** Möglichkeiten, Gelegenheiten sind für jemanden vorhanden | *Dem Gefangenen bot sich die Gelegenheit zur Flucht* | *Eine so gute Chance bietet sich (dir) nicht oft* | *Es bot sich (ihm) die Möglichkeit, kostenlos nach Paris zu fahren* **8** **etwas bietet sich (jemandem)** etwas ist für jemanden deutlich sichtbar ⟨ein Anblick, eine Szene⟩ | *Vom Gipfel des Berges bietet sich eine wunderbare Aussicht*

bie·ten las·sen, bie·ten·las·sen VERB (ließ bieten, hat bieten lassen/bietenlassen) **sich** *(Dativ)* **etwas bieten lassen** etwas Unangenehmes oder Negatives dulden, ohne zu protestieren | *Diese Frechheit lasse ich mir nicht bieten!* | *Und so was lässt du dir als Chef bieten?* **i** meist verneint

Bi·ga·mie *die; nur Singular* eine illegale Form der Ehe, bei der ein Partner mit zwei Partnern verheiratet ist

bi·gott ADJEKTIV (bigotter, bigottest-); *abwertend* **1** ⟨Menschen⟩ übertrieben fromm **2** ⟨Gerede⟩ so, dass der (falsche) Eindruck von Unschuld und Ehrlichkeit entsteht ⟨ein Gerede, eine Miene⟩ ● hierzu **Bi·got·te·rie** *die*

★ **Bi·ki·ni** *der;* (-s, -s) Kleidung für Frauen zum Baden, die aus zwei kleinen Teilen besteht **K** Minibikini

★ **Bi·lanz** *die;* (-, -en) **1** *nur Singular* das Resultat einer Folge von Ereignissen ≈ *Ergebnis* | *Zahlreiche Verletzte sind die traurige Bilanz der Straßenkämpfe* | *Mit 21 Siegen und nur einer Niederlage hatte die Mannschaft im vergangenen Jahr eine positive Bilanz* **2** eine Aufstellung, in der man die Einnahmen und Ausgaben einer Firma miteinander vergleicht ⟨eine ausgeglichene Bilanz; eine Bilanz aufstellen⟩ | *eine positive/negative Bilanz* (eine Bilanz mit Gewinn/mit Verlust) **K** Bilanzbuchhalter, Bilanzprüfer, Bilanzsumme; Geschäftsbilanz, Unternehmensbilanz, Zwischenbilanz **3** **Bilanz ziehen; die Bilanz aus etwas ziehen** die Ergebnisse von vergangenen Ereignissen zusammenfassen

bi·lan·zie·ren VERB (bilanzierte, hat bilanziert) **(etwas) bilanzieren** etwas in einer Bilanz darstellen ⟨Aktiva und Passiva bilanzieren⟩ ● hierzu **Bi·lan·zie·rung** *die*

bi·la·te·ral, bi·la·te·ral ADJEKTIV zwischen zwei Ländern ⟨Beziehungen, Gespräche, Verträge⟩

★ **Bild** *das;* (-(e)s, -er) **1** das, was man meist mit Farben und auf künstlerische Weise auf eine Fläche malt oder zeichnet ⟨ein Bild malen, zeichnen, einrahmen, aufhängen⟩ | *mit Wasserfarben ein Bild von einer Landschaft malen* **K** Bildergalerie, Bilderhaken, Bilderrahmen **2** eine Fotografie ⟨ein Bild (von jemandem/etwas) machen; ein Bild vergrößern, verkleinern, bearbeiten; etwas im Bild festhalten⟩ | *Sind die Bilder von deinem Fest gut geworden?* **K** Passbild, Urlaubsbild **3** ein gedrucktes Bild in einem Buch o. Ä. ≈ *Abbildung* | *ein Buch mit vielen Bildern* | *ein T-Shirt mit einem lustigen Bild bedrucken* **4** das, was man z. B. beim Fernsehen auf dem Bildschirm oder im Kino auf der Leinwand sieht ⟨das Bild flimmert⟩ **K** Bildfolge, Bildfrequenz, Bildqualität, Bildschärfe, Bildstörung; Fernsehbild **5** **ein Bild** *+Genitiv*; **ein** *+Adjektiv* **Bild** die Szene, die man in der genannten Situation sieht ⟨ein Bild des Grauens, des Jammers, des Schreckens⟩ | *Den Sanitätern bot sich am Unfallort ein grauenvolles Bild* **6** die Vorstellung, die man von einer Sache oder Person hat oder bekommt ⟨sich *(Dativ)* ein Bild von jemandem/etwas machen⟩ | *Der Politiker will sich ein Bild von der Lage im Katastrophengebiet machen* | *Ich hatte ein völlig falsches Bild von ihm* **K** Berufsbild, Geschichtsbild, Menschenbild, Zukunftsbild **7** ein Ausdruck, mit dem man sagt, wie man sich etwas vorstellt ≈ *Metapher* | *Er verwendet zahlreiche Bilder in seinen Gedichten* ■ **ID ein Bild für Götter** *gesprochen, humorvoll* etwas, das sehr lustig aussieht; **ein 'Bild von einem Mann/einer Frau sein** *gesprochen* sehr gut aussehen; **ein Bild des Jammers sein** so aussehen, dass andere Leute Mitleid bekommen; **(über jemanden/etwas) im Bilde sein** über jemanden/etwas gut informiert

B

sein; **eine Person (über jemanden/etwas) ins Bild setzen** *geschrieben* eine Person über jemanden/etwas informieren ● zu (7) **bil·der·reich** ADJEKTIV

Bild·be·richt *der* ein Bericht oder eine Reportage in einer Zeitung oder im Fernsehen, der/die durch Fotografien oder durch einen Film illustriert wird

Bild·do·ku·ment *das* ein Bild (meist eine Fotografie), das dokumentarischen oder historischen Wert hat

★ **bil·den** VERB (bildete, hat gebildet) **1** **etwas bildet etwas** etwas lässt etwas entstehen | *Die Pflanze bildet Ableger* | *An der Stelle, an der sie verbrannt wurde, bildet die Haut Blasen* **2** **etwas bildet etwas** etwas stellt durch die eigene Form oder Stellung etwas dar und hat eine Funktion | *Der Fluss bildet die Grenze zwischen beiden Staaten* | *Der Grundriss der Kapelle bildet ein Sechseck* **3** **etwas bilden** eine sprachliche Form entstehen lassen, indem man verschiedene Wörter oder Wortteile zusammenfügt | *einen Relativsatz bilden* | *von einem Wort den Plural bilden* **4** **etwas (aus etwas) bilden** (aus dem genannten Material) ein Objekt herstellen und formen | *Masken aus Ton/Figuren aus Wachs bilden* **5** **Personen bilden etwas** mehrere Personen kommen zu einer Gruppe (mit einer bestimmten Form) zusammen ⟨eine Arbeitsgruppe, einen Ausschuss, eine Kommission, eine Regierung bilden⟩ | *Die Neugierigen bildeten einen Kreis um die Unfallstelle* | *Die Wartenden bilden eine Schlange von 200 Metern* | *Elf Fußballspieler bilden eine Mannschaft* **6** **sich** (*Dativ*) **über jemanden/etwas** (*Akkusativ*) **eine Meinung/ein Urteil bilden**; **sich** (*Dativ*) **zu etwas eine Meinung/ein Urteil bilden** wegen der vorhandenen Informationen und Eindrücke zu einer Meinung/zu einem Urteil kommen **7** **etwas bildet (jemanden)** etwas bewirkt, dass jemand Bildung und Kenntnisse erhält | *Reisen bildet (den Menschen)* **8** **jemanden bilden** dafür sorgen, dass eine Person oder man selbst Bildung und Wissen bekommt **9** **etwas bildet sich** etwas entsteht (meist langsam) | *Am Himmel bilden sich Wolken* | *Auf der Haut bilden sich Blasen*

Bil·der·buch *das* ein Buch für Kinder, das eine Geschichte in Bildern erzählt ■ ID **wie im Bilderbuch** sehr schön | *ein Wetter wie im Bilderbuch*

Bil·der·buch- *im Substantiv, betont, begrenzt produktiv* **der Bilderbuchsommer, das Bilderbuchwetter** *und andere* sehr schön, ideal | *Der Pilot legte eine Bilderbuchlandung hin* | *Der Stürmer schoss ein Bilderbuchtor* **H** meist mit dem unbestimmten Artikel verwendet

Bil·der·ge·schich·te *die* eine kurze Erzählung (mit einer Pointe), deren Inhalt durch eine Reihe von Zeichnungen dargestellt wird

Bil·der·rät·sel *das* ein Rätsel, bei dem man Bildern Worte zuordnen muss, aus denen dann die Lösung gebildet wird

Bild·flä·che *die* ■ ID **auf der Bildfläche erscheinen** *gesprochen* plötzlich irgendwo erscheinen; **von der Bildfläche verschwinden** *gesprochen* schnell weggehen, um nicht gesehen oder erkannt zu werden; **(wie) von der Bildfläche verschwunden** nicht mehr in der Öffentlichkeit zu sehen | *Ihr Mann ist seit Tagen (wie) von der Bildfläche verschwunden*

bild·haft ADJEKTIV **1** mit vielen Metaphern | *eine bildhafte Sprache* **2** so deutlich und klar wie in einem Bild ⟨sich (*Dativ*) etwas bildhaft vorstellen; jemandem etwas bildhaft beschreiben⟩ ● hierzu **Bild·haf·tig·keit** *die*

Bild·hau·er *der*; (-s, -) ein Künstler, der Skulpturen aus Stein, Holz oder Metall herstellt | *Michelangelo ist auch ein berühmter Bildhauer* ● hierzu **Bild·hau·e·rin** *die*; **Bild·hau·e·rei** *die*

bild·hübsch ADJEKTIV sehr hübsch ⟨eine Frau, ein Mädchen⟩

bild·lich ADJEKTIV **1** *nur attributiv* mithilfe eines Bildes oder mehrerer Bilder | *die bildliche Darstellung einer Entwicklung* **2** als Bild verwendet oder ein Bild hervorrufend ⟨ein Ausdruck, ein Vergleich⟩ ● hierzu **Bild·lich·keit** *die*

Bild·nis *das*; (-ses, -se); *geschrieben* die Darstellung einer Person in einem Bild

Bild·re·por·ta·ge *die* eine Reportage in der Zeitung oder im Fernsehen, die hauptsächlich aus Fotografien oder einem Film (und nur relativ wenig Text) besteht

Bild·röh·re *die* der Teil von älteren, nicht digitalen Fernsehgeräten oder Computerbildschirmen, welches das Bild auf dem Bildschirm sichtbar macht

★ **Bild·schirm** *der* der Teil eines Fernsehgeräts oder eines Computers, auf dem das Bild oder der Text erscheint

Bild·schirm|ar·beit *die*; *meist Singular* das berufliche Arbeiten mit einem Computer

Bild·schirm|scho·ner *der*; (-s, -) ein Programm, das startet, wenn man eine längere Zeit am Computer nicht aktiv war und die Anzeige auf dem Monitor ständig ändert

bild·schön ADJEKTIV sehr schön

★ **Bil·dung** *die*; (-, -en) **1** *nur Singular* das (durch Erziehung) erworbene Wissen und Können auf verschiedenen Gebieten (auch was soziale Normen betrifft) ⟨eine umfassende, höhere, humanistische, lückenhafte Bildung besitzen/haben; ein Mensch mit/von Bildung⟩ | *Eltern und Schule vermitteln den Jugendlichen die erforderliche Bildung* **2** *nur Singular* der Vorgang, bei dem ein Mensch Wissen und Können auf verschiedenen Gebieten erwirbt ⟨eine höhere Bildung erhalten, genießen⟩ | *Jeder Mensch hat das Recht auf Bildung* **K** Bildungsanstalt, Bildungspolitik, Bildungsreise; Berufsbildung, Erwachsenenbildung, Hochschulbildung, Schulbildung **3** *nur Singular* der Vorgang, wenn Formen wachsen, entstehen, gebildet werden | *Neue Schuhe fördern die Bildung von Blasen* **K** Blasenbildung, Knospenbildung, Wolkenbildung **4** *nur Singular* das Bilden einer sprachlichen Form ⟨die Bildung des Imperativs, des Konjunktivs, des Plurals⟩ **K** Imperativbildung, Konjunktivbildung, Pluralbildung **5** ein Wort, das aus mehreren Teilen zusammengesetzt wurde | *Alle Bildungen auf „-heit" und „-keit" sind feminin* **K** Wortbildung **6** das Zusammenkommen von Personen zu einer Gruppe ⟨die Bildung einer Arbeitsgruppe, einer Regierung⟩ **K** Cliquenbildung, Gruppenbildung, Kabinettsbildung, Regierungsbildung **7** *nur Singular* der Vorgang, bei dem man durch Informieren und Denken zu einer Meinung kommt ⟨die Bildung einer Meinung, eines Urteils⟩ | *Die Bildung der öffentlichen Meinung wird vom Fernsehen gelenkt* **K** Bewusstseinsbildung, Meinungsbildung, Urteilsbildung

Bil·dungs·bür·ger·tum *das*; (-s); *historisch* (vor allem im 19. Jahrhundert) der Teil des Bürgertums, der eine meist klassische Bildung als sehr wichtig betrachtete

Bil·dungs·chan·cen *die*; *nur Plural* die Möglichkeit, in einer Gesellschaft eine gute Bildung zu bekommen | *gleiche Bildungschancen für alle fordern*

bil·dungs·fern ADJEKTIV nicht gebildet und nicht an Bildung interessiert **H** Diese Wort wurde als Ersatz für das als diskriminierend empfundene Adjektiv *ungebildet* verwendet, wird inzwischen aber ebenfalls als diskriminierend empfunden.

Bil·dungs|gut·schein *der* ein Dokument, das eine Person vom Staat bekommt. Damit werden vor allem die Kosten für eine berufliche Weiterbildung bezahlt

Bil·dungs·lü·cke *die*; *meist humorvoll* fehlendes Wissen

Bil·dungs·sys·tem *das* alle Schulen und Universitäten, die es in einem Land gibt, und deren Aufgaben

Bil·dungs·ur·laub *der* der Urlaub, den ein Arbeitnehmer bekommt, um sich beruflich weiterbilden zu können

Bil·dungs·weg *der; nur Singular* **1** die verschiedenen Phasen der Ausbildung von der Grundschule bis zum Ende der Berufsausbildung **2** **der zweite Bildungsweg** ein System, das Leuten, die bereits einen Beruf haben, den Besuch von Abend- und Wochenendkursen erlaubt, damit sie eine höhere schulische Qualifikation erwerben können ⟨die mittlere Reife, das Abitur auf dem zweiten Bildungsweg erwerben, machen, nachholen⟩

Bil·dungs·we·sen *das ≈ Bildungssystem*

Bil·lard ['bɪljart] *das;* (-s) ein Spiel, das man auf einer Art Tisch spielt, der mit einem grünen Stoff überzogen ist und bei dem man mit einem Stock Kugeln in Löcher stößt ⟨(eine Partie) Billard spielen⟩ **K** Billardkugel, Billardtisch, Billardsaal, Billardstock

Bil·lett [bɪl'jɛt] *das;* (-(e)s, -s) **1** *veraltend oder* Ⓒⓗ *≈ Fahrkarte* **2** Ⓐⓒⓗ *≈ Eintrittskarte* **K** Theaterbillett

Bil·li·ar·de *die;* (-, -n) tausend Billionen **H** mathematisches Zeichen: *10^{15}*

★ **bil·lig** ADJEKTIV **1** so, dass es relativ wenig Geld kostet ↔ *teuer* | *Äpfel sind diese Woche besonders billig* | *In diesem Geschäft kann man billig einkaufen* **K** Billigflug, Billigpreis **2** *abwertend* von schlechter Qualität | *Er trug einen billigen Anzug* **K** Billigware **3** *abwertend* moralisch nicht in Ordnung | *Das ist doch nur eine billige Ausrede* | *Er verwendet billige Tricks, um seine Waren zu verkaufen*

bil·li·gen VERB (billigte, hat gebilligt) **1** **etwas billigen** *geschrieben* etwas gut finden und es daher erlauben, nicht nein dazu sagen ⟨einen Vorschlag, einen Entschluss, Pläne billigen⟩ ↔ *ablehnen* | *Als Ihr Arzt kann ich es nicht billigen, dass Sie so viel arbeiten* **2** **etwas billigen** *geschrieben* etwas amtlich oder durch Beschluss genehmigen ⟨ein Projekt, ein Gesetz billigen⟩ ● hierzu **Bil·li·gung** *die*

Bil·lig·flie·ger *der; gesprochen* eine Fluggesellschaft, die billige Flüge verkauft | *Billigflieger machen der Bahn immer mehr Konkurrenz*

Bil·lig·job *der; gesprochen* eine Arbeit, für die eine Person nur wenig Geld bekommt | *Er hat mehrere Billigjobs, um überhaupt über die Runden zu kommen*

Bil·li·on *die;* (-, -en) tausend Milliarden **H** mathematisches Zeichen: *10^{12}*

Bim·bam *der* ■ **ID** **((Ach) du) heiliger Bimbam!** *gesprochen* verwendet, um Überraschung oder Erschrecken auszudrücken

bim·meln VERB (bimmelte, hat gebimmelt) **etwas bimmelt** *gesprochen* etwas klingelt, etwas läutet ⟨eine Glocke, eine Klingel, ein Wecker, das Telefon⟩

Bims·stein *der* **1** ein sehr leichtes, vulkanisches Gestein (mit vielen kleinen Löchern) **2** ein Stück Bimsstein, das man verwendet, um die Hände zu reinigen

bin *Präsens, 1. Person Singular* → sein[1]

Bin·de *die;* (-, -n) **1** ein langer Streifen aus Stoff, den man um verletzte Körperstellen wickelt ⟨eine elastische, sterile Binde; eine Binde anlegen⟩ | *eine Binde um das verletzte Handgelenk wickeln* | *den Arm in einer Binde tragen* **K** Augenbinde, Mullbinde **2** ein Streifen aus Stoff, den man z. B. als Kennzeichen um den Oberarm trägt oder den man einer Person vor die Augen bindet **K** Armbinde, Augenbinde **3** ein Streifen aus Watte, der während der Menstruation das Blut aufsaugt **K** Damenbinde ■ **ID** **sich** *(Dativ)* **einen hinter die Binde gießen/kippen** *gesprochen, humorvoll* ein alkoholisches Getränk konsumieren

Bin·de·ge·we·be *das* ein Gewebe, welches die Organe des Körpers miteinander verbindet und sie umhüllt **K** Bindegewebsentzündung, Bindegewebsschwäche

Bin·de·glied *das* eine Person, eine Sache oder ein Teil, die eine Verbindung zwischen zwei Personen, Sachen, Bereichen usw. herstellen

Bin·de·haut *die; meist Singular* die dünne Haut innen am Augenlid und außen am Auge **K** Bindehautentzündung

★ **bin·den** VERB (band, hat gebunden) **1** **jemanden/etwas (mit etwas) an etwas** *(Akkusativ)* **binden** eine Person/Sache meist mit einem Strick so an etwas festmachen, dass sie dort bleibt *≈ anbinden* | *ein Boot mit einer Leine an einen Pfahl binden* | *einen Gefangenen an einen Baum binden* **2** **etwas um etwas binden** um etwas ein Band o. Ä. legen und die Enden aneinander festmachen | *ein Tuch um den Kopf binden* | *Er band sich eine Krawatte um den Hals* **3** **etwas (zu etwas) binden** Dinge mit einem Band, einem Draht o. Ä. zusammenfassen ⟨einen Strauß, einen Kranz, einen Besen binden⟩ | *Rosen zu einem Strauß binden* | *Zweige zu einem Kranz binden* **4** **(jemandem) etwas binden** etwas mit einem Knoten oder einer Schleife festmachen ⟨die Schnürsenkel binden; sich *(Dativ)* die Krawatte binden⟩ | *einem kleinen Kind die Schuhe binden* **5** **etwas binden** lose Blätter zu einem Buch zusammenfügen ⟨ein Buch binden⟩ | *die Doktorarbeit/den Jahrgang einer Zeitschrift zum Binden geben* **6** **etwas (mit etwas) binden** eine Soße oder eine Suppe weniger flüssig machen, indem man Mehl o. Ä. hinzufügt **7** **etwas bindet etwas** eine Flüssigkeit nimmt eine meist pulverförmige Substanz auf | *Wasser bindet den Staub* **K** Bindemittel **8** **jemanden (an etwas** *(Akkusativ)*) **binden** jemanden oder sich selbst durch eine moralische oder gesetzliche Verpflichtung dazu bringen, etwas zu beachten ⟨jemanden an einen Vertrag binden; eine bindende Vereinbarung⟩ **H** meist im Passiv mit dem Hilfsverb *sein* **9** **etwas bindet** etwas hält fest | *Dieser Klebstoff bindet gut* **10** **etwas bindet** etwas wird fest | *Dieser Zement bindet schnell* **11** **sich binden** sich für einen Lebenspartner entscheiden | *Sie hat sich mit siebzehn schon gebunden* | *Ich will mich noch nicht binden*

Bin·de·strich *der* ein kurzer Strich (-), der Wörter verbindet, die zusammengehören (z. B. *Goethe-Gymnasium, 2-kg-Dose*); Er steht auch bei Wörtern, bei denen ein Teil weggelassen wird, um ihn nicht wiederholen (z. B. *Hin- und Rückfahrt, Sportkleidung und -zubehör*) **H** Der *Bindestrich* kann auch zur Verdeutlichung gesetzt werden: *Teeei/Tee-Ei, Schifffahrt/Schiff-Fahrt.*

Bin·de·wort *das;* (-(e)s, Bin·de·wör·ter) *≈ Konjunktion*

Bind·fa·den *der* eine feste und dünne Schnur ■ **ID** **Es regnet Bindfäden** es regnet stark und ohne Unterbrechung

Bin·dung *die;* (-, -en) **1** **eine Bindung (an jemanden)** eine starke emotionale Beziehung zu einer Person ⟨eine Bindung eingehen, auflösen⟩ | *Sie hat eine besonders enge Bindung an ihre Familie* **2** **eine Bindung (zu etwas); eine Bindung an etwas** *(Akkusativ)* eine emotionale Beziehung wegen einer persönlichen Erfahrung | *Er hat eine starke Bindung zu seiner/an seine Heimatstadt* **3** **eine Bindung (an etwas** *(Akkusativ)*) eine Verpflichtung aufgrund eines Vertrags oder eines Versprechens ⟨eine vertragliche Bindung eingehen⟩ **K** Zinsbindung **4** mit einer Bindung macht man den Skischuh am Ski fest ⟨die Bindung geht auf; die Bindung einstellen⟩ **K** Sicherheitsbindung

bin·nen PRÄPOSITION *mit Dativ/Genitiv* bevor die genannte Zeit zu Ende ist *≈ innerhalb* | *Er hofft, seine Arbeit binnen drei Jahren erledigt zu haben* | *Binnen weniger Augenblicke war die Straße mit Schnee bedeckt* **H** → Infos unter **Präposition**

Bin·nen- *im Substantiv, betont, begrenzt produktiv* **1** **das Binnengewässer, der Binnenhafen, die Binnenschifffahrt, der Binnensee** *und andere* drückt aus, dass etwas auf

B

dem Festland oder im Landesinneren ist **2** **der Binnenhandel, der Binnenmarkt** *und andere* drückt aus, dass etwas im Inland (im Gegensatz zum Ausland) ist

Bin·se *die*; (-, -n) eine Pflanze mit langen, harten Stängeln und spitzen Blättern, die am Wasser wächst ■ **ID** **etwas geht in die Binsen** *gesprochen* etwas (z. B. ein Vorhaben) gelingt nicht, bleibt ohne Erfolg

Bin·sen·weis·heit *die* eine Tatsache, die schon lange allgemein bekannt ist

bio-, **Bio-** ['bi:o-] *im Adjektiv und Substantiv, betont, begrenzt produktiv* **1** **biochemisch, biotechnisch**; **Biochemie, Biophysik** *und andere* in Bezug auf Lebewesen, das organische Leben | *Sonnenlicht ist für die Gesundheit und den menschlichen Biorhythmus sehr wichtig* **2** **Biobauer, Bioladen**; **Bioprodukte, Biolebensmittel, Biokost** *und andere gesprochen* so, dass kein Gift, künstlichen Dünger, Kunststoffe usw. verwendet werden | *In meinem Biogarten wird nur mit Mist und Kompost gedüngt*

Bio·che·mie *die* die Wissenschaft, die sich mit den chemischen Vorgängen in lebenden Organismen beschäftigt • hierzu **Bio·che·mi·ker** *der*; **Bio·che·mi·ke·rin** *die*; **bio·che·misch** ADJEKTIV

Bio·gas *das* wenn organisches Material (z. B. Pflanzen) gärt, entsteht Gas. Dieses Gas kann man für die Gewinnung von Energie nutzen. ⟨Strom aus Biogas erzeugen⟩ [K] Biogasanlage

Bio·graf, **Bio·graph** [-f] *der*; (-en, -en) eine Person, die eine Biografie schreibt oder geschrieben hat [H] *der Biograf; den, dem, des Biografen*

Bio·gra·fie, **Bio·gra·phie** [-'fi:] *die*; (-, -n [-'fi:ən]) **1** eine Beschreibung des Lebens einer meist berühmten Person ⟨eine Biografie schreiben, verfassen⟩ | *eine neue Biografie von Beethoven* **2** *geschrieben* ≈ *Lebenslauf* • zu (1) **bio·gra·fisch, bio·gra·phisch** ADJEKTIV

Bio·lo·ge *der*; (-n, -n) eine Person, die Biologie studiert hat und sich beruflich mit Biologie beschäftigt [H] *der Biologe; den, dem, des Biologen* • hierzu **Bio·lo·gin** *die*

★ **Bio·lo·gie** *die*; (-) die Wissenschaft, die sich mit allen Formen des Lebens von Menschen, Tieren und Pflanzen beschäftigt [K] Biologiebuch, Biologielehrer, Biologienote, Biologiestunde, Biologieunterricht [H] als Schul- oder Studienfach oft abgekürzt zu *Bio*

★ **bio·lo·gisch** ADJEKTIV **1** (in) der Natur ⟨das Gleichgewicht, ein Prozess, die Vielfalt⟩ ≈ *natürlich* **2** so, dass es der Natur und Tieren und Pflanzen nicht schadet ⟨ein Waschmittel, eine Hautcreme; die Schädlingsbekämpfung⟩ **3** ⟨ein Kampfstoff, eine Waffe⟩ gefährliche Bakterien oder Viren benutzend | *chemische, atomare und biologische Waffen*

Bio·mas·se *die*; *nur Singular* die gesamte Menge organischer Substanzen, die es irgendwo gibt

bio·met·risch ADJEKTIV so, dass individuelle körperliche Merkmale wie z. B. Fingerabdrücke elektronisch gemessen und verglichen werden (können) ⟨ein Ausweis, ein Foto, ein Pass; Daten, Geräte, Methoden, Verfahren⟩

Bio·müll *der* Abfälle (z. B. aus Garten und Küche), die man zum Kompost tun kann

Bi·op·sie *die*; (-, -n [-'si:ən]) eine Untersuchung, bei der mit einer Nadel Zellen aus dem Körper entnommen werden

Bio·sprit *der*; (-(e)s); *gesprochen* Treibstoff, der aus Pflanzen usw. hergestellt wird

Bio·ton·ne *die* eine Mülltonne für Biomüll

Bio·top *der/das*; (-s, -e) ein (natürlicher) Lebensraum für Tiere und Pflanzen [K] Feuchtbiotop

birgt *Präsens, 3. Person Singular* → bergen

Bir·ke *die*; (-, -n) **1** ein Laubbaum, dessen Rinde weiß mit dunklen Streifen ist [K] Birkenallee, Birkenholz, Birkenlaub, Birkenrinde, Birkenzweig **2** das Holz der Birke

★ **Bir·ne** *die*; (-, -n) **1** eine saftige, gelbgrüne Baumfrucht, die zum Stiel hin schmaler wird [K] Birnbaum, Birnenkompott, Birnensaft **2** der Baum, dessen Früchte Birnen sind **3** Kurzwort für *Glühbirne* ⟨eine Birne einschrauben; eine kaputte Birne auswechseln⟩ [K] Birnenfassung **4** *gesprochen, humorvoll* der Kopf eines Menschen | *Der Typ hat echt nichts in der Birne!* (Er ist dumm)

BIRNE

die Birne (Obst) die (Glüh-)Birne

birst *Präsens, 2. und 3. Person Singular* → bersten

★ **bis** ■ BINDEWORT **1** Der *bis*-Satz gibt den Zeitpunkt an, wann die Handlung oder Situation des Hauptsatzes zu Ende ist | *Ich bleibe hier, bis der Regen aufhört* | *Bis du zurück bist, bin ich mit meiner Arbeit fertig* | *Wartest du mit mir, bis der Zug angekommen ist?* [H] Die Kombination *bis dass* ist veraltet oder wird regional und in Formeln gebraucht: *Ich will dich lieben, bis dass der Tod uns scheidet.*

■ PRÄPOSITION

▸Zeit: **2** *mit Akkusativ* verwendet, um den Zeitpunkt zu nennen, zu dem ein Zustand, eine Handlung o. Ä. zu Ende war, ist oder sein wird | *Bis Sonntag bleibt das Wetter schön* | *Das Geschäft ist von morgens acht bis abends sechs geöffnet* (nach sechs Uhr ist es geschlossen) | *Bis Mai wird das Haus fertig* [H] auch mit einer weiteren Präposition verwendet, die dann den Kasus des folgenden Substantivs oder Pronomens bestimmt: *Sie bleibt bis zum Sonntag; Er lernt bis in die Nacht hinein* **3** *mit Akkusativ* verwendet mit einer Zeitangabe, um das Ende eines Zeitraums zu nennen | *Bis jetzt hat sie noch nicht angerufen* | *Bis 2005 hatte niemand von ihm etwas gehört* [H] auch mit einer weiteren Präposition verwendet, die dann den Kasus bestimmt: *Bis zum Sommer war alles wunderbar; Bis vor einem Jahr war sie noch gesund* **4** *mit Akkusativ* verwendet mit einer Zeitangabe als Formel, wenn man sich von jemandem verabschiedet, den man wiedersehen wird | *Bis bald/morgen/später/Montag/nächste Woche!*

▸Ort: **5** *mit Akkusativ* verwendet mit einer Ortsangabe, die den Endpunkt eines Weges, einer Fahrt (oder eines Teils davon) nennt | *Bis Stuttgart fahre ich mit dem Auto, dann nehme ich den Zug* | *Früher bin ich jeden Abend bis hierher gelaufen* **6** **bis** *+Präposition +Ortsangabe* verwendet, um den Endpunkt eines Gebietes, eines Weges, einer Fahrt o. Ä. zu nennen | *Wie weit ist es bis nach Innsbruck?* | *Das Grundstück erstreckt sich bis zum Wald* | *Der Blick reicht bis weit ins Tal* | *Der Bus fährt bis zum Königsplatz* | *Das Taxi fuhr bis vor das Hotel* | *Die Polizei folgte dem Dieb bis in seine Wohnung* [H] Der Kasus hängt von der zweiten Präposition ab. **7** **von** *+Ortsangabe* **bis** *+Ortsangabe* verwendet, um Anfangs- und Endpunkt einer Strecke oder eines Bereichs zu nennen | *von Hamburg bis Bremen*

▸mit Präposition: **8** **bis** *+Präposition* verwendet, um anzugeben, wo eine Grenze ist | *Er stand bis an die Knie/bis zu den Knien im Wasser* | *Die Temperatur stieg/fiel bis auf 40 °C* | *Der Kanister fasst bis zu fünf Liter* | *Wir übten bis zum Überdruss* | *bis zur Erschöpfung marschieren* **9** **bis auf jemanden/etwas** alle mit Ausnahme der genannten Per-

son(en)/Sache(n) ≈ *außer* | *Bis auf zwei haben alle Studenten die Prüfung bestanden* **10** **bis auf den letzten/die letzte/das letzte ...** mit allen Teilen, alle(s) | *Das Kino war bis auf den letzten Platz besetzt* | *Ich habe das Geld bis auf den letzten Cent ausgegeben*
▸zwischen Zahlen: **11** *Zahl* + **bis** +*Zahl* verwendet, um die untere und obere Grenze einer Maß- oder Zeitangabe zu nennen | *Der Vortrag dauert zwei bis drei Stunden* | *Solche Schuhe kosten 100 bis 150 Euro*

Bi·sam·rat·te *die* ein Nagetier, das im oder am Wasser lebt und das ein wertvolles Fell hat

★ **Bi·schof** *der*; (-s, Bi·schö·fe) ein Geistlicher mit hohem Rang, der alle Kirchen und die anderen Geistlichen eines großen Gebiets (eines Bistums oder einer Diözese) unter sich hat **K** Bischofskonferenz, Bischofsmütze, Bischofsstab, Bischofssynode; Landesbischof ● hierzu **bi·schöf·lich** ADJEKTIV

bi·se·xu·ell ADJEKTIV **1** mit einer sexuellen Neigung sowohl zu Männern als auch zu Frauen **2** mit männlichen und weiblichen Geschlechtsmerkmalen ‹Tiere› | *Schnecken sind bisexuell* ● hierzu **Bi·se·xu·a·li·tät** *die*

★ **bis·her**, **bis·her** ADVERB (von einem Zeitpunkt in der Vergangenheit) bis zum heutigen Tag, bis jetzt | *Bisher haben wir es immer so gemacht*

bis·he·ri·g- ADJEKTIV *meist attributiv* bis zum jetzigen Zeitpunkt (so) gewesen oder vorhanden | *Ihre bisherige Karriere ist sehr erfolgreich verlaufen* | *Der bisherige Außenminister wird jetzt Finanzminister*

Bis·kuit [bɪsˈkviːt, ˈbɪskvɪt] *das/der*; (-s, -s) ein leichtes Gebäck, das ohne Fett hergestellt wird | *ein Tortenboden aus Biskuit* **K** Biskuitrolle, Biskuitteig

bis·lang ADVERB; *geschrieben* ≈ *bisher*

Biss *der*; (-es, -e) **1** der Vorgang, bei dem ein Mensch oder ein Tier in etwas beißt | *der giftige Biss einer Kobra* **2** die Wunde, die durch einen Biss entsteht **K** Bisswunde **3** *gesprochen* großes Engagement, großer Einsatz | *mit/ohne Biss spielen*

biss *Präteritum, 1. und 3. Person Singular* → beißen

★ **biss·chen** PRONOMEN *nur in dieser Form* **1** **ein bisschen** so, dass die Menge oder Intensität nur klein oder gering ist | *Hast du ein bisschen Zeit für mich?* | *Ich möchte noch ein bisschen Suppe, bitte* | *ein bisschen Kuchen, Gemüse* | *Ich fürchte mich ein bisschen* | *Ich friere ein bisschen* **2** **ein bisschen** eine kurze Zeit | *Warte noch ein bisschen, gleich hört es auf zu regnen* | *Kommst du heute ein bisschen zu mir?* **3** **kein bisschen** so, dass etwas überhaupt nicht vorhanden ist | *Sie hatte kein bisschen Angst* | *Ich fürchte mich kein bisschen* **4** **das bisschen** +*Substantiv* in nur geringer Menge oder Intensität (und so, dass es als nicht wichtig gilt) | *Das bisschen Regen macht doch nichts!* | *Das bisschen Laufen wird dir schon nicht schaden* ■ ID **(Ach) du liebes bisschen!** verwendet als Ausruf des Erschreckens oder Erstaunens

Bis·sen *der*; (-s, -) **1** das Stück, das man von fester Nahrung abgebissen hat bzw. abbeißen kann | *Kann ich einen Bissen von deinem Sandwich haben?* **K** Brotbissen, Fleischbissen **2** *gesprochen nur Singular* eine kleine Mahlzeit | *Lass uns noch einen Bissen essen, bevor wir fahren* ■ ID **keinen Bissen herunterbringen** *gesprochen* (z. B. wegen Übelkeit oder aus Nervosität) nichts essen können; **keinen Bissen anrühren** *gesprochen* von etwas (das einem angeboten wird) nichts essen; **jemandem bleibt der Bissen im Hals(e) stecken** *gesprochen* jemand ist sehr stark erschrocken; **sich** (*Dativ*) **den letzten Bissen vom Mund(e) absparen** *gesprochen* sehr sparsam leben

bis·sig ADJEKTIV **1** ‹ein Hund› so, dass er Menschen beißt | *Vorsicht, bissiger Hund!* **2** scharf kritisierend (und meist sogar beleidigend) ‹Bemerkungen; jemandes Stil, jemandes Humor› ● zu (2) **Bis·sig·keit** *die*

bist *Präsens, 2. Person Singular* → sein[1]

Bist·ro, **Bist·ro** *das*; (-s, -s) ein Lokal mit kleinen meist runden Tischen, in dem man Getränke und kleine Mahlzeiten bekommen kann **K** Bistrostuhl, Bistrotisch

Bis·tum *das*; (-s, Bis·tü·mer) das Gebiet, das ein (katholischer) Bischof verwaltet

bis·wei·len ADVERB; *geschrieben* ≈ *manchmal*

Bit *das*; (-(s), -(s)) die kleinste Informationseinheit beim elektronischen Rechnen und in der Datenverarbeitung

★ **bit·te** PARTIKEL **1** *betont und unbetont* verwendet, um einen Wunsch, einen Vorschlag, eine Aufforderung o. Ä. höflich auszudrücken | *Reichst du mir mal die Butter, bitte?* | *Nehmen Sie bitte Platz!* | *Du musst „bitte" sagen!* **2** *betont und unbetont* verwendet, um einen Wunsch, eine Aufforderung o. Ä. zu verstärken | *Würden Sie mir bitte erklären, was hier vor sich geht!* **3** *betont* verwendet (als Antwort auf eine Frage), um Zustimmung und Einverständnis auszudrücken | *„Kann ich das Salz haben?" – „Bitte!"* | *„Darf ich das Fenster aufmachen?" – „Bitte!"* **4** **Bitte (sehr/schön)!** *betont* verwendet als höfliche Antwort, nachdem sich jemand (mündlich) bedankt hat | *„Vielen Dank!" – „Bitte (schön)!"* **5** *betont* **Bitte (sehr/schön)!** verwendet, um jemandem etwas anzubieten **6** *betont* **(Ja,) bitte!** verwendet, um etwas anzunehmen, das jemand anbietet | *„Möchten Sie noch einen Kaffee?" – „(Ja,) bitte!"* **7** **Ja, bitte?** *betont* verwendet, wenn man einen Telefonanruf bekommt oder jemand vor der Haustür steht. Man fragt damit, warum jemand anruft oder gekommen ist **8** **('Wie) bitte?** verwendet, um eine Person aufzufordern, das zu wiederholen, was sie gerade gesagt hat, meist weil man es akustisch nicht verstanden hat **9** **'Wie bitte?** verwendet, um Erstaunen auszudrücken | *Wie bitte? Hat er das wirklich gesagt?* **10** **Na bitte!** *gesprochen betont* verwendet, um zu sagen, dass man mit etwas ohnehin gerechnet hat | *Na bitte! Was habe ich gesagt? Sie hat es vergessen!*

★ **Bit·te** *die*; (-, -n) **eine Bitte (an jemanden) (um etwas)** ein Wunsch, der an jemanden gerichtet ist ‹eine dringende, große, kleine Bitte; eine Bitte an jemanden richten; jemandem eine Bitte erfüllen, abschlagen› | *Ich hätte da mal eine Bitte an dich: Könntest du für mich zum Bäcker gehen?*

★ **bit·ten** VERB (bat, hat gebeten) **1** **(jemanden) um etwas bitten** einen Wunsch an jemanden richten, damit er erfüllt wird ‹jemanden dringend, höflich, herzlich, eindringlich um etwas bitten› | *jemanden um einen Gefallen/um Auskunft bitten* | *Dürfte ich Sie (darum) bitten, hier nicht zu rauchen!* **2** **jemanden irgendwohin bitten** jemanden höflich auffordern, irgendwohin zu gehen | *Der Chef hat alle Mitarbeiter zu sich gebeten* ■ ID **Ich 'bitte Sie/dich!** *gesprochen* verwendet, um Empörung/Ärger auszudrücken oder um jemanden aufzufordern, etwas (Störendes) nicht zu tun; **Darf ich 'bitten?** **a** verwendet, um jemanden höflich zu bitten, ein Haus oder einen Raum zu betreten **b** von einem Mann verwendet, wenn er eine Frau höflich darum bittet, mit ihm zu tanzen; **bitten und betteln** sehr intensiv und andauernd um etwas bitten

★ **bit·ter** ADJEKTIV **1** von (oft als unangenehm empfundenen) herbem Geschmack, wie z. B. die Kerne eines Apfels oder Bier ‹eine Medizin, ein Tee› ↔ *süß* **2** auf unangenehme Weise intensiv ‹eine bittere Enttäuschung erleben; eine bittere Erfahrung machen; bittere Not leiden; etwas bitter bereuen; etwas bitter nötig haben; sich bitter beklagen›

bit·ter- *im Adjektiv, betont, begrenzt produktiv* verwendet, um negative Adjektive zu verstärken | *ein bitterböses Gesicht machen* | *Die Lage war bitterernst* | *ein bitterkalter Wind*

Bit·ter·keit *die*; (-) **1** der bittere Geschmack einer Sache **2** ⟨etwas mit Bitterkeit sagen⟩ ≈ *Verbitterung*

bit·ter·lich ADJEKTIV *nur adverbiell* sehr stark, intensiv ⟨bitterlich weinen, frieren; sich bitterlich beklagen⟩

bit·ter·süß ADJEKTIV **1** zugleich bitter und süß ⟨eine Medizin⟩ **2** zugleich traurig und schön ⟨eine Erinnerung, eine Liebesgeschichte⟩

Bitt·schrift *die*; *veraltend* ≈ *Petition*

Bitt·stel·ler *der*; (-s, -) eine Person, die bei einer offiziellen Stelle um Hilfe bittet ● hierzu **Bitt·stel·le·rin** *die*

Bi·wak *das*; (-s, -s/-e) ein sehr einfaches Lager meist aus Zelten (bei Bergtouren oder Expeditionen, früher auch im Krieg) ⟨ein Biwak abbrechen, errichten⟩

bi·zarr ADJEKTIV in Form oder Inhalt sehr ungewöhnlich und seltsam ⟨Felsen, Gestalten, Einfälle⟩

Bi·zeps *der*; (-, -e) der (deutlich sichtbare) Muskel des Oberarms, mit dem man den Unterarm beugt

BKA [beːkaˈʔaː] *das*; (-); ⊙ **Bun·des·kri·mi·nal·amt** eine Polizei, die Kriminalfälle untersucht, die mehr als ein Bundesland oder auch das Ausland betreffen

Bla·bla *das*; (-s); *gesprochen* dummes Gerede

Black-out, **Black·out** [ˈblɛk|aut, ˈblɛkˈ|aut] *der/das*; (-(s), -s) eine plötzlich auftretende, meist kurze Bewusstseinsstörung ⟨einen Black-out haben⟩

blä·hen VERB [ˈblɛːən] (blähte, hat gebläht) **1** **etwas bläht etwas** eine Luftströmung wölbt etwas oder macht es prall | *Der Wind bläht die Segel* **2** **etwas bläht** etwas bewirkt Blähungen im Darm | *Kohl bläht* **3** **etwas bläht sich** etwas wird durch eine Luftströmung gewölbt oder prall | *Der Vorhang blähte sich im Wind*

Blä·hung [ˈblɛːʊŋ] *die*; (-, -en); *meist Plural* Gase, die sich bei der Verdauung im Bauch bilden ⟨Blähungen haben; an Blähungen leiden⟩

bla·ma·bel ADJEKTIV mit der Wirkung, dass sich jemand schämt oder schämen sollte ⟨ein Ergebnis, ein Vorfall⟩ | *Die Mannschaft erlitt eine blamable Niederlage* **i** *blamabel → ein blamables Ergebnis*

Bla·ma·ge [blaˈmaːʒə] *die*; (-, -n) ein Vorfall oder eine Angelegenheit, die für jemanden sehr peinlich ist | *Es war eine große Blamage für ihn, dass er bei der Prüfung durchgefallen war*

bla·mie·ren VERB (blamierte, hat blamiert) **1** **jemanden blamieren** jemanden in Verlegenheit bringen oder lächerlich machen **2** **sich (vor jemandem) blamieren** sich durch das eigene Verhalten lächerlich machen ⟨sich vor aller Welt/vor allen Leuten blamieren⟩

blan·chie·ren [blãˈʃiːrən] VERB (blanchierte, hat blanchiert) **etwas blanchieren** Gemüse für kurze Zeit in kochendes Wasser geben | *Bohnen zwei Minuten blanchieren, um sie dann einzufrieren*

blank ADJEKTIV (blanker, blankst-) **1** (sauber,) glatt und glänzend ⟨etwas blank polieren, reiben, scheuern⟩ | *eine blanke Fensterscheibe* **2** ≈ *nackt, unbedeckt* | *sich auf den blanken Boden setzen* | *einen heißen Topf mit der blanken Hand anfassen* **3** *meist attributiv* nichts anderes als ⟨Hass, Hohn, Neid, Unsinn⟩ | *Das ist doch (die) blanke Gier bei ihm!* **4** **blank sein** *gesprochen* kein Geld mehr haben

blan·ko ADVERB mit der Unterschrift versehen, aber ohne Zeit- oder Zahlenangaben o. Ä. | *jemandem einen Scheck blanko ausstellen* **K** Blankoscheck

blank·po·lie·ren, **blank·rei·ben** VERB; *usw.* ≈ *blank polieren, reiben usw.*

★ **Bla·se** *die*; (-, -n) **1** Luft bildet runde Blasen in Wasser usw. ⟨Blasen bilden sich, platzen, steigen auf⟩ **K** Luftblase, Seifenblase **2** vor allem wenn man sich verbrennt oder zu enge Schuhe trägt, bilden sich Blasen unter der Haut, die mit Flüssigkeit gefüllt sind | *Nach dem langen Marsch hatten wir Blasen an den Füßen* **K** Blutblase, Eiterblase, Brandblase **3** die Blase ist das Organ, in dem sich der Urin sammelt, bevor er ausgeschieden wird ⟨eine schwache Blase haben; die Blase entleeren⟩ **K** Blasenentzündung, Blasenkatarrh, Blasenleiden; Harnblase

Bla·se·balg *der* ein Gerät, mit dem man durch Drücken kräftige Luftströme erzeugen kann, um z. B. ein Feuer stark brennen zu lassen ⟨den Blasebalg treten⟩

★ **bla·sen** VERB (bläst, blies, hat geblasen) **1** **(irgendwohin) blasen** die Lippen rund machen und die Luft kräftig (irgendwohin) ausstoßen | *ins Feuer blasen, damit es besser brennt* | *blasen, damit die Suppe kühler wird* **2** **etwas bläst** etwas weht stark ⟨der Wind, der Sturm⟩ **3** **(etwas) blasen** mit einem Musikinstrument Töne produzieren, indem man es an den Mund hält und bläst ⟨(das) Horn, (die) Posaune, ein Lied, eine Melodie, (das Signal) zum Angriff, zum Rückzug blasen⟩ **K** Blaskapelle, Blasmusik, Blasorchester **4** **jemand/etwas bläst etwas irgendwohin** eine Person/Sache treibt etwas irgendwohin, indem sie einen Luftstrom erzeugt | *Der Wind blies Sand durch die Ritzen* **5** **einem Mann einen blasen** *gesprochen* ⚠ einen Mann sexuell befriedigen, indem man dessen Penis in den Mund nimmt

Blä·ser *der*; (-s, -) eine Person, die in einem Orchester oder in einer Kapelle ein Blasinstrument spielt **K** Bläserchor, Bläserensemble; Blechbläser, Holzbläser ● hierzu **Blä·se·rin** *die*

bla·siert ADJEKTIV arrogant und den Eindruck erweckend, als sei man von allem gelangweilt ⟨ein Mensch, ein Typ; (jemandes) Gerede⟩

Blas·in·stru·ment *das* ein Musikinstrument, mit dem man Töne produziert, indem man mit dem Mund Luft hineinpresst oder -bläst **K** Blechblasinstrument, Holzblasinstrument

Blas·phe·mie [-f-] *die*; (-); *geschrieben* Spott vor allem über Gott oder etwas Heiliges ● hierzu **blas·phe·misch** ADJEKTIV

Blas·rohr *das* ein langes, dünnes Rohr, mit dem Kugeln oder Pfeile abgeschossen werden können, indem man kräftig hineinbläst

★ **blass** ADJEKTIV (blasser/blässer, blassest-/blässest-) **1** fast ohne die gesunde, natürliche Farbe ⟨Haut, ein Gesicht, ein Teint; blass aussehen, werden; blass vor Schreck⟩ **2** nur wenig leuchtend ⟨Licht, ein Schein⟩ ≈ *schwach* **3** ohne kräftigen Farbton ↔ *leuchtend* | *ein blasses Grün* **K** blassblau, blassgrün **4** nur schwach oder vage vorhanden ⟨eine Ahnung, eine Erinnerung, eine Hoffnung⟩ ■ **ID** → Dunst; → Schimmer ● zu (1) **Bläs·se** *die*

bläst *Präsens, 2. und 3. Person Singular* → blasen

★ **Blatt** *das*; (-(e)s, Blät·ter) **1** Blätter sind die flachen, grünen Teile an Pflanzen | *Die Bäume bekommen/verlieren schon ihre Blätter* **K** Ahornblatt, Buchenblatt, Eichenblatt, Kleeblatt, Salatblatt *usw.* **2** ein rechteckiges Stück Papier ⟨ein beschriebenes, leeres Blatt; fliegende, lose Blätter; ein Blatt zerknüllen⟩ | *Hast du mal ein Blatt Papier für mich?* **K** Deckblatt, Faltblatt, Kalenderblatt, Notenblatt, Zeichenblatt **i** Bei Mengenangaben wird auch *Blatt* als Plural verwendet: *1000 Blatt Druckerpapier.* **3** einer der Teile eines Buches oder Heftes, der meist (auf beiden Seiten) bedruckt oder beschrieben ist ≈ *Seite* | *ein Blatt aus einem Buch herausreißen* **K** Titelblatt **4** ≈ *Zeitung* **K** Abendblatt, Extrablatt, Wochenblatt **5** die Karten, die ein Spieler bei einem Kartenspiel bekommen hat ⟨ein gutes, schlechtes Blatt haben⟩ **6** *(Plural: Blatt)* eine Spielfarbe im deutschen Kartenspiel oder eine Karte dieser Farbe ■ **ID** **kein Blatt vor den Mund nehmen** die eigene Meinung offen sagen; **jemand**

ist ein unbeschriebenes Blatt **a** von jemandem weiß man noch nichts **b** jemand hat wenig Erfahrung auf einem Gebiet; **Das steht auf einem anderen Blatt** Das hat mit der genannten Sache nichts zu tun; **Das Blatt hat sich gewendet** Die Situation ist völlig anders geworden

blät·tern VERB (blätterte, hat/ist geblättert) **1** **in etwas** (*Dativ*) **blättern** (*hat*) die Seiten eines Buches oder einer Zeitung kurz betrachten und schnell zu den nächsten Blättern weitergehen | *in einer Illustrierten blättern* **2** **etwas blättert (von etwas)** (*ist*) etwas löst sich in kleinen, flachen Stücken von etwas und fällt herunter ⟨die Farbe, der Anstrich⟩ **3** **etwas irgendwohin blättern** (*hat*) etwas Stück für Stück schnell nebeneinander irgendwo hinlegen | *Er blätterte die ganzen 500 € auf den Tisch*

Blät·ter·teig *der* ein Teig, der nach dem Backen aus mehreren lockeren, dünnen Schichten besteht **K** Blätterteiggebäck, Blätterteigpastete

Blatt·gold *das* eine sehr dünne Schicht Gold, mit der man z. B. Figuren bedeckt

Blatt·laus *die* ein kleines Insekt, das vom Saft der Blätter lebt und dadurch die Pflanzen schädigt

Blatt·pflan·ze *die* eine Pflanze, die (schöne) Blätter, aber keine Blüten hat

-blätt·rig *im Adjektiv, unbetont, begrenzt produktiv* **großblättrig, rundblättrig, dreiblättrig** *und andere* mit der genannten Art oder Zahl von Blättern | *eine rotblättrige Pflanze* | *ein vierblättriges Kleeblatt*

Blatt·sa·lat *der* eine Pflanze, deren Blätter man als Salat isst (z. B. Kopfsalat, Feldsalat, Radicchio)

Blatt·werk *das;* (-s) die Blätter einer Pflanze

★ **blau** ADJEKTIV (blauer, blau(e)st-) **1** von der Farbe des Himmels bei sonnigem Wetter | *blaue Augen haben* | *ein Tuch blau färben* | *einen Stuhl blau anstreichen* **K** blau gestreift, blaugrau, blaugrün; hellblau, dunkelblau, himmelblau **2** so, dass wegen großer Kälte dort wenig Blut ist | *vor Kälte blaue Lippen bekommen* **3** in Wasser mit Salz und Essig gekocht | *Aal blau* | *Forelle blau* **!** nur in dieser Form und nach dem Substantiv verwendet **4** **jemand ist blau** *gesprochen* jemand hat zu viel Alkohol getrunken ≈ *betrunken* ● zu (1) **Blau** *das*

blau·äu·gig ADJEKTIV **1** mit blauen Augen **2** ahnungslos und mit viel Vertrauen, wie ein Kind ● hierzu **Blau·äu·gig·keit** *die*

Blau·bee·re *die* ≈ *Heidelbeere*

blau·blü·tig ADJEKTIV; *oft ironisch* aus einer adeligen Familie (stammend) ● hierzu **Blau·blü·tig·keit** *die*

Blaue *das* **1** eine blaue Farbe oder ein blauer Teil einer Sache | *Das Weiß hatte einen Stich ins Blaue* (war bläulich) **2** **ins Blaue** zu einem Ziel, welches nicht vorher beschlossen wurde oder welches die meisten Personen nicht kennen ⟨eine Fahrt ins Blaue⟩ ■ **ID** **das Blaue vom Himmel herunterlügen** *gesprochen* große Lügen erzählen; **jemandem das Blaue vom Himmel versprechen** *gesprochen* jemandem etwas versprechen, das man nicht einhalten kann oder will

Bläue *die;* (-) eine blaue Farbe | *Das Meer war von einer intensiven Bläue*

Blau·helm *der; meist Plural* ein Soldat, der für die Vereinten Nationen (UN) tätig ist und in Krisengebieten den Frieden sichern soll **K** Blauhelmeinsatz, Blauhelmmandat, Blauhelmsoldat, Blauhelmtruppe

Blau·kraut *das; nur Singular; süddeutsch* Ⓐ ≈ *Rotkohl*

bläu·lich ADJEKTIV von schwach blauer Farbe

Blau·licht *das; meist Singular* ein optisches Signal an den Autos der Feuerwehr, der Polizei und des Rettungsdienstes, das ihnen überall die Vorfahrt gewährt | *Der Rettungswagen brachte ihn mit Blaulicht ins Krankenhaus*

blau·ma·chen VERB (machte blau, hat blaugemacht); *gesprochen* (für kurze Zeit) nicht zur Arbeit oder zur Schule gehen, weil man keine Lust dazu hat | *Er machte einfach einen Tag blau, weil er zum Baden wollte*

Blau·säu·re *die; nur Singular* eine sehr giftige Säure, die schnell gasförmig wird und dann tödlich ist **!** chemische Formel: *HCN*

Bla·zer ['ble:zɐ] *der;* (-s, -) ein sportliches Jackett

★ **Blech** *das;* (-s, -e) **1** ein Metall, das zu einer dünnen Schicht gewalzt wurde | *Das Blech ist verrostet* **K** Blechblasinstrument, Blechbüchse, Blechdose, Blecheimer, Blechgeschirr, Blechkanister; Kupferblech, Weißblech **2** Kurzwort für *Backblech* | *das Blech in den Ofen schieben* | *Ich habe schon drei Bleche (voll) Plätzchen gebacken* **3** *gesprochen nur Singular* dummes Gerede ≈ *Unsinn* | *Was redest du wieder für ein Blech!*

ble·chen VERB (blechte, hat geblecht) **(etwas) (für etwas) ble-**

B

chen *gesprochen* (ungern) Geld für etwas bezahlen

ble·chern ADJEKTIV **1** so klingend, wie wenn man auf Blech schlägt ⟨ein Geräusch, ein Ton⟩ **2** aus Blech gemacht

Blech·la·wi·ne *die; ironisch* eine große Anzahl von Autos, die dicht hinter- und nebeneinanderfahren

Blech·scha·den *der* eine Beschädigung eines Autos, die meist bei einem Unfall entstanden ist | *Bei dem Zusammenstoß wurde niemand verletzt, es entstand nur Blechschaden*

ble·cken VERB (bleckte, hat gebleckt) **ein Tier bleckt die Zähne** ein Tier zeigt die Zähne als Ausdruck der Aggression oder Angst ⟨Hunde⟩

Blei *das;* (-s) ein sehr schweres, relativ weiches, grau glänzendes Metall ⟨schwer wie Blei⟩ [K] Bleigehalt, Bleikugel, Bleiplatte, Bleirohr; bleigrau [H] chemisches Zeichen: Pb ■ **ID Blei in den Gliedern haben** *gesprochen* sich sehr müde fühlen • hierzu **blei·arm** ADJEKTIV; **blei·hal·tig** ADJEKTIV

Blei·be *die;* (-); *gesprochen* ein Zimmer oder eine Wohnung, wo man (oft nur für kürzere Zeit) wohnen kann ⟨keine Bleibe haben; sich (*Dativ*) eine neue Bleibe suchen⟩

★ **blei·ben** VERB (blieb, ist geblieben) **1** **(irgendwo) bleiben** einen Ort, einen Platz (für die genannte Zeit) nicht verlassen | *Sie ist krank und bleibt heute im Bett* | *Bei schönem Wetter bleibt das Auto in der Garage und wir fahren mit dem Fahrrad* | *Wie lange bist du in Kanada geblieben?* | *Er bleibt noch bis morgen, dann fährt er nach Hause* **2** **(irgendwie) bleiben**; **etwas** (*Nominativ*) **bleiben**; **in etwas** (*Dativ*) **bleiben** weiterhin so sein wie bisher ⟨in Bewegung, in Form bleiben⟩ | *am Leben bleiben* (nicht sterben) | *(jemandem) im Gedächtnis/in Erinnerung bleiben* (nicht vergessen werden) | *Er bleibt in jeder Situation höflich* | *Der Spender will ungenannt bleiben* | *Bleibt das Wetter so wie heute?* | *Trotz aller Probleme blieben sie Freunde* | *Ihre Bemühungen blieben ohne Erfolg* **3** *Verb* + **bleiben** weiterhin im genannten Zustand, in der genannten Lage sein ⟨hängen, liegen, sitzen, stehen bleiben⟩ | *Bitte, bleiben sie ruhig sitzen!* | *Ein Restrisiko wird immer bestehen bleiben* **4** **bei etwas bleiben** etwas, das man bereits gedacht oder gesagt hat, nicht ändern ⟨bei einer Ansicht, einem Entschluss, einer Meinung bleiben⟩ | *Bleibst du dabei, dass du nicht mitkommst?* **5** **bei der Wahrheit bleiben** nicht lügen **6** **bei der Sache bleiben** sich nicht ablenken lassen oder das Thema nicht wechseln **7** **etwas bleibt (jemandem) (zu** +*Infinitiv*) etwas ist (oft als einzige Möglichkeit) noch für jemanden übrig, steht noch zur Verfügung | *Uns blieb nicht viel Zeit* | *Von seinem riesigen Vermögen ist fast nichts geblieben* | *Mir bleibt nur noch zu hoffen, dass sie wieder gesund wird* | *Was bleibt jetzt noch zu tun?* | *Es bleibt abzuwarten, wie sich die Sache entwickeln wird* **8** **etwas bleibt (jemandem)** die Folge einer Krankheit oder Verletzung wird noch lange zu spüren sein | *Mein Vater hat einen komplizierten Armbruch, hoffentlich bleibt ihm da nichts* **9** **es bleibt bei etwas** etwas wird nicht geändert, behält Gültigkeit, nichts anderes kommt hinzu | *Bleibt es bei unserer Abmachung?* | *Es kann nicht dabei bleiben, dass einer allein die ganze Arbeit macht* | *Wenn er weiterhin so viel trinkt, wird es nicht bei dem einen Unfall bleiben*

■ **ID** ▸Fragen: **Wo bleibt jemand/etwas?** verwendet, um Ungeduld darüber zu zeigen, dass jemand/etwas noch nicht da ist | *Wo bleibt er denn so lange?*; **Wo bleibst du denn (so lange)?** *gesprochen* Warum kommst du erst jetzt?; **Wo ist (denn) jemand/etwas geblieben?** *gesprochen* verwendet, um zu sagen, dass man jemanden/etwas nicht finden kann | *Wo ist denn mein Schlüssel geblieben?*; **Und wo bleibe 'ich (dabei)?** *gesprochen* Und was soll aus mir werden?;
▸andere Verwendungen: **Das bleibt unter uns!** Das soll keine andere Person erfahren; **(zu)sehen, wo man bleibt** *gesprochen* sich selbst darum kümmern, dass man bekommt, was man braucht

blei·bend ■ PARTIZIP PRÄSENS **1** → bleiben
■ ADJEKTIV **2** so, dass etwas nicht wieder verschwindet ⟨Erinnerungen, Schäden, Werte⟩

blei·ben las·sen, **blei·ben·las·sen** VERB (ließ bleiben, hat bleiben lassen/bleibenlassen) **etwas bleiben lassen** *gesprochen* etwas nicht tun, das man tun wollte oder sollte | *Wenn du nicht mitkommen willst, dann lass es eben bleiben!* [H] a) aber: *jemanden irgendwo bleiben lassen* (immer getrennt geschrieben); b) im Perfekt gesprochen auch *hat bleiben gelassen*

Blei·be·recht *das* das Recht, als Ausländer in einem Land bleiben zu dürfen ⟨ein dauerhaftes Bleiberecht; ein Bleiberecht für Flüchtlinge⟩

bleich ADJEKTIV **1** von fast weißer Hautfarbe, sehr blass | *Sein Gesicht war bleich vor Angst/vor Schrecken* **2** fast farblos ⟨ein Lichtschimmer, das Mondlicht⟩

blei·chen VERB (bleichte, hat/ist gebleicht) **1** **etwas bleicht** (*ist*) etwas wird heller oder weiß ⟨die Haare bleichen, die Wäsche bleicht in der Sonne⟩ [H] In älteren Texten findet man auch die Formen *blich, ist geblichen.* **2** **etwas bleichen** (*hat*) etwas so behandeln, dass es heller oder weiß wird ⟨Haare, Wäsche, Wolle bleichen⟩ [K] Bleichmittel

blei·ern ADJEKTIV **1** *nur attributiv* aus Blei | *bleierne Rohre* **2** *meist attributiv* so, dass man sich dabei sehr schwach und müde fühlt ⟨eine Müdigkeit, ein Schlaf, eine Schwere⟩

blei·frei ADJEKTIV ohne Blei ⟨Benzin, Lametta, Munition⟩

Blei·fuß *der* ■ **ID mit dem Bleifuß fahren** *gesprochen* beim Autofahren ständig fest aufs Gaspedal drücken und viel zu schnell fahren

Blei·gie·ßen *das;* (-s) ein Spiel am letzten Tag des Jahres, bei dem man flüssiges Blei in kaltes Wasser gießt und aus den entstandenen Figuren Prophezeiungen für die Zukunft macht

Blei·kris·tall *das; nur Singular* ein wertvolles, dickes Glas, aus dem Vasen usw. gemacht werden. In Bleikristall können Muster geschliffen werden

★ **Blei·stift** *der* ein Stift aus Holz, mit dem man schwarze Striche machen, schreiben und zeichnen kann ⟨ein harter, weicher, stumpfer, spitzer Bleistift; einen Bleistift (an)spitzen⟩ [K] Bleistiftmine, Bleistiftzeichnung

Blen·de *die;* (-, -n) **1** der Teil einer Kamera, mit dem reguliert wird, wie viel Licht bei einer Aufnahme auf den Film fallen soll ⟨die Blende einstellen⟩ **2** die Größe der Blende (die in Zahlen ausgedrückt wird) | *mit Blende 11 fotografieren* **3** ein flacher Gegenstand, der oft vor oder hinter Fenstern angebracht ist, um vor hellem Licht zu schützen | *(beim Autofahren) die Blende herunterklappen* [K] Sonnenblende

blen·den VERB (blendete, hat geblendet) **1** **etwas blendet (jemanden)** etwas scheint einer Person so hell ins Gesicht, dass sie nichts oder nicht viel sehen kann | *Die Sonne blendet (mich)* **2** **(jemanden) blenden** eine andere Person so stark beeindrucken, dass sie nicht mehr objektiv urteilen kann ≈ *täuschen* | *Ich habe mich von seinem selbstbewussten Auftreten blenden lassen* **3** **jemanden (mit etwas) blenden** einer Person mit etwas so ins Gesicht strahlen, dass sie nichts oder nicht viel sehen kann | *jemanden mit einer Lampe blenden* **4** **jemanden blenden** *historisch* (als Strafe) jemanden blind machen • zu (2) **Blen·der** *der; abwertend*

blen·dend ■ PARTIZIP PRÄSENS **1** → blenden

■ ADJEKTIV [2] sehr gut, großartig ⟨ein Aussehen, eine Erscheinung; sich blendend amüsieren; mit jemandem blendend verstehen⟩ | *Mir geht es blendend* | *Du siehst blendend aus* [3] **blendend weiß** sehr, strahlend weiß ⟨Wäsche, Zähne⟩

Bles·se *die;* (-, -n) [1] ein weißer Fleck auf der Stirn von Pferden [2] ein Pferd mit einer Blesse

Bles·sur *die;* (-, -en); *veraltend* eine (leichte) Verwundung oder Verletzung

blich *Präteritum, 1. und 3. Person Singular* → bleichen

★ **Blick** *der;* (-(e)s, -e) [1] **ein Blick (auf jemanden/etwas)** der Vorgang, die Augen kurz auf jemanden/etwas zu richten ⟨einen flüchtigen, kritischen, kurzen, raschen Blick auf etwas werfen; jemandem einen fragenden, warnenden Blick zuwerfen; etwas mit einem Blick erkennen, erfassen, überschauen; jemandes Blick fällt auf jemanden/etwas⟩ | *Bevor er in den Zug einstieg, warf er noch einen Blick auf den Fahrplan* | *Ihre Blicke begegneten sich und sie lächelten sich zu* [K] Blickrichtung [2] *nur Singular* der Ausdruck, den die Augen einer Person haben ⟨einen durchdringenden, sanften, verzweifelten Blick haben⟩ [3] **ein Blick (auf etwas** (*Akkusativ*)**)** *nur Singular* die Möglichkeit, etwas von einer Stelle aus zu sehen ≈ *Aussicht* | *ein Zimmer mit Blick aufs Gebirge* [K] Fernblick, Rundblick [4] **ein Blick (für jemanden/etwas)** *nur Singular* die Fähigkeit, Situationen, Eigenschaften usw. schnell richtig zu erkennen und zu verstehen ⟨ein geschulter, scharfer, sicherer Blick; den richtigen/einen Blick für jemanden/etwas haben, bekommen⟩

■ ID ▸Blick als Objekt: **jemanden keines Blickes würdigen** (aus Ärger oder als Strafe) so tun, als ob man jemanden nicht kenne; **einen Blick hinter die Kulissen werfen/tun** sich mit den Hintergründen einer Sache befassen; **den bösen Blick haben** nach Meinung mancher Leute die Fähigkeit haben, anderen Menschen zu schaden, indem man sie nur ansieht;

▸Präposition plus Blick: **auf den ersten Blick** sofort, beim ersten Mal ⟨jemanden/etwas auf den ersten Blick erkennen, sehen⟩; **erst auf den zweiten Blick** erst bei genauerem Hinsehen;

▸andere Verwendung: **Wenn Blicke töten könnten!** drückt aus, dass der Blick einer Person voller Hass oder Wut ist/war

★ **bli·cken** VERB (blickte, hat geblickt) [1] **irgendwohin blicken** die Augen/den Blick irgendwohin richten | *zur Seite blicken* | *jemandem ins Gesicht blicken* | *aus dem Fenster blicken* [2] **irgendwie blicken** den genannten Gesichtsausdruck haben ⟨finster, freundlich, streng blicken⟩ [3] **etwas blicken** *gesprochen* ≈ *kapieren, verstehen*

bli·cken las·sen, bli·cken·las·sen VERB (ließ blicken, hat blicken lassen/blickenlassen) **sich (bei jemandem) blicken lassen** *gesprochen* jemanden besuchen ■ ID **Lass dich/Lasst euch hier nie wieder blicken!** *gesprochen* Komm/Kommt nie wieder hierher!; **Das lässt 'tief blicken!** *gesprochen* ein Verhalten, eine Bemerkung o. Ä. sagt viel (meist Negatives) über die betreffende Person aus

Blick·feld *das; nur Singular* alles, was man sehen kann, ohne sich von der Stelle zu bewegen oder sich umzudrehen ⟨aus jemandes Blickfeld verschwinden⟩ ■ ID **jemanden/etwas ins Blickfeld rücken** die Aufmerksamkeit (der Öffentlichkeit) auf jemanden, sich selbst oder etwas lenken

Blick·punkt *der* [1] **im Blickpunkt** ⟨der Öffentlichkeit⟩ **stehen** große Beachtung finden, auf großes Interesse stoßen [2] **etwas im Blickpunkt haben/behalten** etwas beachten und nicht vergessen

Blick·win·kel *der* die Perspektive, aus der man etwas sieht und bewertet ≈ *Standpunkt* | *eine Angelegenheit aus dem Blickwinkel des Verbrauchers betrachten*

blieb *Präteritum, 1. und 3. Person Singular* → bleiben

blies *Präteritum, 1. und 3. Person Singular* → blasen

★ **blind** ADJEKTIV [1] ohne die Fähigkeit, zu sehen | *Sie wurde schon blind geboren* | *Der Hund ist auf dem linken Auge blind* [2] ohne zu sehen, was man tut (z. B. weil es dunkel ist oder man nicht hinsieht) ⟨blind Gitarre, Klavier, Schach spielen⟩ | *Er stapfte blind durch das Zimmer und stieß sich dabei am Schrank an* | *Den Weg finde ich blind!* [3] ohne vorher zu prüfen, ob etwas gut oder richtig oder ob jemand ehrlich ist ⟨Gehorsam, Glaube, Vertrauen; jemandem blind gehorchen, vertrauen; etwas blind buchen, kaufen, unterschreiben⟩ | *Wir kennen uns so gut, dass wir uns blind verstehen* [4] so, dass die Gefühle sehr stark sind und man deshalb nicht mehr vernünftig handelt ⟨Angst, Hass, Wut; blind vor Eifersucht, Hass, Liebe, Wut sein⟩ | *In blindem Zorn schlug er auf den Hund ein* [5] **blind (für etwas)** so, dass man etwas Unangenehmes oder die Wahrheit nicht erkennt | *Liebe macht blind* | *Er ist blind für das Elend rings um ihn* [6] so, dass man nicht mehr hindurchsehen oder etwas darin erkennen kann ⟨eine Fensterscheibe, ein Spiegel⟩ [7] nicht für die eigentliche Funktion gemacht (sondern nur als Attrappe) ⟨ein Fenster, ein Knopfloch, Munition, eine Tür⟩ [8] **sich blind bewerben** sich bei einer Firma um eine Arbeitsstelle bewerben, ohne dass diese neue Mitarbeiter sucht

■ ID **Bist du (denn) blind?** *gesprochen* verwendet, um Ärger darüber auszudrücken, dass jemand etwas offensichtlich nicht gesehen oder bemerkt hat; → Alarm; → Passagier

Blind- *im Substantiv, betont, nicht produktiv* **der Blindflug, die Blindlandung, der Blindstart** drückt aus, dass etwas (z. B. wegen starken Nebels) nur mithilfe der Bordinstrumente eines Flugzeugs geschieht

Blind·darm *der gesprochen* das dünne Ende des Dickdarms, das wie ein Wurm aussieht und das keine Funktion bei der Verdauung hat [K] Blinddarmentzündung, Blinddarmoperation [i] medizinische Bezeichnung: *Appendix*

Blin·de *der/die;* (-n, -n) eine Person, die blind ist | *einen Blinden über die Straße führen* [K] Blindenanstalt, Blindenbücherei, Blindenführer, Blindenheim, Blindenhilfswerk, Blindenstock [i] *ein Blinder; der Blinde; den, dem, des Blinden*

■ ID **Das sieht doch ein Blinder (mit dem Krückstock)!** *gesprochen* das ist doch ganz einfach zu sehen, zu bemerken

Blin·de·kuh *ohne Artikel; nur in dieser Form* ein Kinderspiel, bei dem jemand mit verbundenen Augen versuchen muss, andere Menschen zu fangen ⟨Blindekuh spielen⟩

Blin·den·hund *der* ein Hund, der gelernt hat, einen Blinden zu führen

Blin·den·schrift *die* eine Schrift aus erhöhten Punkten, die ein Blinder lesen kann, indem er sie mit den Fingern abtastet

Blind·flug *der* ein Flug, bei dem der Pilot (wegen Wolken, Nebel) nichts sehen kann

Blind·gän·ger *der;* (-s, -) [1] ein Geschoss, das am Ziel nicht explodiert ist ⟨einen Blindgänger entschärfen⟩ [2] *gesprochen, abwertend* ≈ *Versager*

Blind·heit *die;* (-) [1] der Zustand, blind zu sein ⟨angeborene Blindheit⟩ [2] **Blindheit gegen(über) etwas** das (absichtliche) Übersehen oder Nichterkennen von Gefahren und Fehlern | *jemandes politische Blindheit* | *ihre Blindheit gegenüber den Fehlern ihres Mannes* ■ ID **mit Blindheit geschlagen sein** etwas, das offensichtlich ist, nicht bemerken oder sehen

blind·lings ADVERB [1] ohne vorher nachzudenken (vor allem weil man große Angst oder Wut spürt) ⟨blindlings um sich schießen, schlagen; blindlings ins Verderben rennen⟩ **2** ohne kritisches Urteil ⟨jemandem blindlings vertrauen, gehorchen, folgen⟩

Blind·schlei·che *die;* (-, -n) ein harmloses, bräunliches Tier, das in Europa lebt und das wie eine kleine Schlange aussieht

blin·ken VERB (blinkte, hat geblinkt) **1** **etwas blinkt** etwas leuchtet in kurzen Abständen auf | *Nachts blinken die Lichter der Stadt* K Blinksignal **2** beim Autofahren den Blinker betätigen | *Er bog nach rechts ab, ohne zu blinken*

Blin·ker *der;* (-s, -) Blinker sind die Lichter am Auto, mit denen man zeigt, dass man abbiegen will ⟨den Blinker betätigen, setzen⟩ H → Abb. unter **Auto**

Blink·licht *das* **1** ein Lichtsignal, das in kleinen Abständen kurz leuchtet und vor einer Gefahr warnt | *Der Bahnübergang ist durch ein Blinklicht gesichert* **2** ≈ *Blinker*

blin·zeln VERB (blinzelte, hat geblinzelt) die Augen mehrmals hintereinander schnell auf- und zumachen ⟨mit den Augen blinzeln; listig, vor Müdigkeit blinzeln⟩ | *Als er aus der Dunkelheit ins grelle Sonnenlicht kam, musste er blinzeln*

★ **Blitz** *der;* (-es, -e) **1** ein sehr helles Licht, das man bei einem Gewitter plötzlich ganz kurz am Himmel sieht ⟨Blitz und Donner; irgendwo schlägt ein Blitz ein; jemand wird vom Blitz erschlagen; jemand/etwas wird vom Blitz getroffen; Blitze zucken am Himmel⟩ K Blitzschlag **2** Kurzwort für *Blitzlicht(gerät)* K Blitzwürfel ■ ID **(schnell) wie ein geölter/der Blitz** *gesprochen* sehr schnell; **wie vom Blitz getroffen** ⟨dastehen, stehen bleiben, sein⟩ so erschreckt oder entsetzt, dass man nicht reagieren kann; **etwas kommt wie ein Blitz aus heiterem Himmel** etwas Unangenehmes geschieht völlig überraschend; **etwas schlägt ein wie ein Blitz** etwas geschieht sehr plötzlich und führt zu großer Überraschung und Aufregung

blitz- *im Adjektiv, betont, begrenzt produktiv; gesprochen* **blitzgescheit, blitzsauber, blitzschnell** *und andere* verwendet, um ein Adjektiv positiv zu verstärken | *blitzblank geputzte Schuhe*

Blitz- *im Substantiv, betont, begrenzt produktiv* **die Blitzaktion, der Blitzbesuch, die Blitzkarriere, der Blitzkrieg, der Blitzstart** *und andere* sehr schnell (und meist überraschend)

Blitz·ab·lei·ter *der* **1** eine Anlage auf dem Dach, die verhindern soll, dass ein Blitz das Gebäude beschädigt **2** eine Person, die Ziel von Aggressionen wird, an denen sie keine Schuld hat ⟨jemandem als Blitzableiter dienen; jemanden als Blitzableiter benutzen⟩

blitz·ar·tig ADVERB; *gesprochen* sehr schnell ⟨blitzartig verschwinden⟩

Blitz·eis *das* gefährliches Glatteis, das sehr schnell entsteht, wenn es regnet und der Boden gefroren ist

★ **blit·zen** VERB (blitzte, hat geblitzt) **1** **es blitzt** am Himmel sind Blitze zu sehen | *Es blitzt und donnert* **2** **etwas blitzt** etwas leuchtet mehrere Male kurz (und sehr schnell) auf ⟨ein Glas, ein Diamant⟩ ≈ *funkeln* | *Seine Augen blitzten vor Freude* **3** *gesprochen* beim Fotografieren ein Blitzlicht verwenden **4** **(jemanden) blitzen** *gesprochen* ein Fahrzeug, das zu schnell fährt oder an einer roten Ampel nicht hält, mit einer speziellen Kamera fotografieren | *Die Polizei hat mich bei einer Radarkontrolle geblitzt* | *An der Ortseinfahrt wird heute geblitzt*

Blit·zer *der;* (-s, -); *gesprochen* **1** ≈ *Radarfalle* | *Im Radio wird vor Staus und Blitzern gewarnt* **2** eine Person, die nackt über ein Spielfeld oder einen öffentlichen Platz rennt, um zu provozieren

Blitz·licht *das* ein hell und kurz aufleuchtendes Licht, das man zum Fotografieren in dunklen Räumen braucht ⟨mit Blitzlicht fotografieren⟩ K Blitzlichtaufnahme, Blitzlichtgerät

★ **Block** *der;* (-(e)s, -s/Blö·cke) **1** (*Plural: Blöcke*) ein schweres, massives Stück Holz, Metall oder Stein mit Kanten | *ein unbehauener Block aus Granit* K Eisblock, Holzblock, Marmorblock, Steinblock **2** (*Plural: Blocks/Blöcke*) ein großes Wohngebäude mit mehreren Etagen K Wohnblock **3** (*Plural: Blocks/Blöcke*) eine Gruppe mehrerer (meist gleicher oder ähnlicher) Häuser, die aneinandergebaut oder im Viereck um einen Innenhof gebaut sind K Häuserblock **4** (*Plural: Blocks/Blöcke*) eine ziemlich große Zahl gleich großer Papierblätter, die an einer Seite zusammenhängen, sodass man sie einzeln abreißen kann K Briefblock, Quittungsblock, Schreibblock, Zeichenblock **5** (*Plural: Blöcke*) ein politischer oder wirtschaftlicher Zusammenschluss von Parteien oder Staaten ⟨einen Block bilden⟩ K Blockbildung; Militärblock, Staatenblock, Währungsblock, Wirtschaftsblock, Ostblock **6** (*Plural: Blöcke*) eine Gruppe von gleichartigen Dingen, die eine Einheit bilden (und meist zusammen bearbeitet werden) K Datenblock, Informationsblock

Blo·cka·de *die;* (-, -n) bei einer Blockade blockieren Hindernisse oder Gegner die Wege in ein Gebiet hinein oder aus einem Gebiet heraus ⟨eine Blockade brechen, über ein Land verhängen⟩ | *die Blockade der Straße durch Demonstranten*

Block|buch·sta·be *der* ein großer Buchstabe, der in der Form eines gedruckten lateinischen Buchstabens geschrieben wird | *seinen Namen in Blockbuchstaben schreiben*

Block·flö·te *die* eine Flöte aus Holz mit acht Löchern K Altblockflöte, Sopranblockflöte H → Abb. unter **Blasinstrument** und **Flöte**

block·frei ADJEKTIV *historisch* zu keinem politischen Block gehörend ⟨ein Land, ein Staat⟩

Block·haus *das* ein einfaches Haus mit Wänden aus Baumstämmen

★ **blo·ckie·ren** VERB (blockierte, hat blockiert) **1** **etwas blockieren** eine Sperre errichten, um zu verhindern, dass ein Weg oder ein Zugang benutzt werden kann | *Die Demonstranten blockierten die Straße mit alten Autos* **2** **etwas blockiert etwas** etwas liegt so auf einem Weg o. Ä., dass man nicht daran vorbeifahren oder vorbeigehen kann ⟨ein (umgestürzter) Baum, ein Fahrzeug, ein Tier blockiert die Straße, das Gleis⟩ | *Ein umgestürzter Lastwagen blockiert die Autobahn* | *Geparkte Autos blockieren den Radweg* **3** **etwas blockieren** etwas tun, damit eine konstante Bewegung aufhört, etwas nicht mehr fließt, sich nicht mehr dreht o. Ä. ⟨die Gaszufuhr, den Verkehr, den Nachschub blockieren⟩ **4** **etwas blockiert** etwas wird plötzlich gestoppt und hört auf, sich zu drehen ⟨die Bremsen, der Motor, die Räder⟩ | *Er bremste so stark, dass die Räder blockierten* • zu (3,4) **Blo·ckie·rung** *die*

Block·schrift *die; meist Singular* eine Schrift, die aus Großbuchstaben besteht

★ **blöd, blö·de** ADJEKTIV; *gesprochen, abwertend* **1** mit wenig Intelligenz oder ohne Überlegung ⟨ein Fehler, eine Frage, Gerede; blöd daherreden, grinsen, lachen; sich blöd anstellen⟩ ≈ *dumm* | *Er ist viel zu blöd, um das zu begreifen* **2** verwendet, um Ärger über jemanden/etwas auszudrücken ≈ *dumm* | *Das blöde Auto springt nicht an!* **3** unangenehm (und ärgerlich) ⟨eine Angelegenheit, ein Gefühl, eine Geschichte⟩ ≈ *dumm* | *Allmählich wird es mir zu blöd, so lange zu warten* **4** *veraltet* mit einem deutlichen Mangel an Intelligenz ⟨ein Kind⟩ ≈ *schwachsinnig* • zu (1,4) **Blöd·heit** *die;* zu (3) **blö·der·wei·se** ADVERB

Blö·de·lei *die;* (-, -en) **1** *nur Singular* das Blödeln **2** ein alberner Witz, Scherz

blö·deln VERB (blödelte, hat geblödelt); *gesprochen* (absichtlich) Unsinn reden oder machen

Blö·di·an *der;* (-s, -e); *gesprochen, abwertend* ≈ *Blödmann*

Blöd·mann *der;* (-s, Blöd·män·ner); *gesprochen, abwertend* verwendet als Schimpfwort für einen Jungen oder Mann, über den man sich ärgert

Blöd·sinn *der; nur Singular; abwertend* etwas, das keinen Sinn hat, dummes Zeug ⟨Blödsinn reden, schreiben, treiben; nur Blödsinn im Kopf haben⟩ ≈ *Unsinn* ● hierzu **blöd·sin·nig** ADJEKTIV

Blog *der;* (-s, -s) eine Seite im Internet mit chronologisch geordneten Beiträgen zu einem Thema ● hierzu **blog·gen** VERB *(hat);* **Blog·ger** *der;* **Blog·ge·rin** *die*

blö·ken VERB (blökte, hat geblökt) **ein Schaf** *o. Ä.* **blökt** Ein Schaf gibt die Laute von sich, die für seine Art typisch sind

★ **blond** ADJEKTIV **1** von gelblicher, heller Farbe ⟨ein Bart, Locken; jemandes Haar⟩ K dunkelblond, goldblond, rotblond, semmelblond, strohblond **2** mit blondem Haar ⟨ein Mädchen, ein Junge⟩ K blond gelockt ■ ID **für etwas zu blond sein** *gesprochen, humorvoll* zu dumm für etwas sein

Blon·di·ne *die;* (-, -n) eine (meist junge, attraktive) Frau mit blonden Haaren

★ **bloß** ■ ADJEKTIV **1** *meist attributiv* ohne Kleidung ≈ *nackt* | *mit bloßem Oberkörper in der Sonne sitzen* **2** *meist attributiv* ohne etwas Schützendes darauf, daran o. Ä. | *auf dem bloßen Erdboden liegen* **3** *meist attributiv* ohne etwas Zusätzliches (darin, davor, dabei o. Ä.) | *etwas mit bloßem Auge erkennen* (ohne Brille, Fernglas o. Ä.) **4** *meist attributiv* nichts anderes als | *Was er sagt, sind bloße Vermutungen* | *Glaub das nicht. Das sind bloße Redensarten* **5** **etwas bloß legen** etwas, das unter der Erde liegt, ausgraben o. Ä. ⟨antike Gebäudereste, den Grundriss einer Burg bloß legen⟩ ≈ *freilegen* H aber: *Geheimnisse bloßlegen* (zusammengeschrieben)

■ ADVERB/PARTIKEL **6** ≈ *nur* H *Bloß* kann fast immer anstelle von *nur* stehen, aber *nur* ist wesentlich häufiger.

Blö·ße *die;* (-) **1** **seine Blöße bedecken** den nackten Körper vor den Blicken anderer Leute schützen **2** **sich** *(Dativ)* **eine/keine Blöße geben** eine/keine Schwäche zeigen

bloß·le·gen VERB (legte bloß, hat bloßgelegt) **etwas bloßlegen** etwas Verstecktes herausfinden und bekannt machen | *die Motive eines Verbrechens bloßlegen* H aber: *die Grundmauern bloß legen* (getrennt geschrieben)

bloß·stel·len VERB (stellte bloß, hat bloßgestellt) **1** **jemanden bloßstellen** jemandes Schwäche oder Fehler anderen Leuten (auf oft beleidigende Weise) zeigen **2** **sich bloßstellen** ≈ *blamieren* ● zu (1) **Bloß·stel·lung** *die*

Blou·son [bluˈzõː, bluˈzɔŋ] *der/das;* (-s, -s) eine kurze, weite Jacke oder Bluse, die an der Taille eng anliegt

blub·bern VERB (blubberte, hat geblubbert) **etwas blubbert** etwas erzeugt das Geräusch, das z. B. entsteht, wenn eine dicke Suppe in einem Topf kocht

Blue Jeans, Blue·jeans [ˈbluːdʒiːns] *die;* (-, -) eine Hose aus festem, meist blauem Baumwollstoff H Wenn *Blue Jeans* das Subjekt des Satzes ist, steht das Verb im Singular oder Plural: *Ihre Blue Jeans hatte/hatten ein Loch.*

Blues [bluːz, -s] *der;* (-, -) **1** *nur Singular* eine Musikrichtung, für welche langsame und melancholische Musik typisch ist **2** ein Musikstück dieses Typs ⟨einen Blues spielen⟩

Bluff [blʊf, blœf] *der;* (-s, -s); *oft abwertend* eine bewusste Täuschung

bluf·fen [ˈblʊfn̩, ˈblœfn̩] VERB (bluffte, hat geblufft) **(jemanden) bluffen** (durch freches, riskantes Verhalten) jemanden täuschen oder irreführen | *beim Pokern bluffen*

★ **blü·hen** VERB [ˈblyːən] (blühte, hat geblüht) **1** **etwas blüht** etwas hat gerade eine Blüte oder mehrere Blüten ⟨etwas blüht rot, weiß, früh, spät, üppig⟩ | *eine blühende Wiese* | *Die Mandelbäume blühen im März* **2** **etwas blüht** etwas entwickelt sich stark und günstig ⟨das Geschäft, der Handel, der Schmuggel⟩ ≈ *florieren* **3** **etwas blüht jemandem** *gesprochen, ironisch* jemandem steht etwas Unangenehmes bevor **4** **es (grünt und) blüht** viele Blumen, Bäume usw. (wachsen und) blühen | *Im Frühling grünt und blüht es überall*

blü·hend [ˈblyːənt] ■ PARTIZIP PRÄSENS **1** → blühen
■ ADJEKTIV **2** *meist attributiv* sehr lebhaft ⟨eine Fantasie⟩ **3** *meist attributiv* sehr gut ⟨jemandes Gesundheit⟩ **4** frisch und gesund ⟨blühend aussehen⟩ ■ ID → Leben

BLUME

★ **Blu·me** *die;* (-, -n) **1** eine relativ kleine Pflanze mit auffälligen Blüten ⟨eine blühende duftende Blume; Blumen pflanzen, züchten⟩ K Blumenbeet, Blumenerde, Blumengarten, Blumenrabatte, Blumenzwiebel; Gartenblume, Sumpfblume, Waldblume, Wiesenblume, Frühlingsblume, Sommerblume, Herbstblume **2** eine Blüte oder mehrere Blüten an einem Stiel oder Stängel ⟨frische, welke, verwelkte, duftende Blumen; Blumen pflücken, schneiden, trocknen; ein Strauß Blumen⟩ K Blumenhändler, Blumenkranz, Blumenladen, Blumenstrauß, Blumenvase **3** eine Pflanze, die in einem Topf o. Ä. wächst | *Die Blumen im Wohnzimmer müssen noch gegossen werden!* K Blumenerde, Blumenfenster **4** das Aroma des Weins ≈ *Bukett* ■ ID **(jemandem) etwas durch die Blume sagen** jemandem etwas nicht direkt, sondern nur in Andeutungen sagen; **Danke für die Blumen!** *oft ironisch (als Antwort auf Lob oder Kritik)* Danke für das Kompliment!

BLUMENKOHL

Blu·men·kohl *der* eine Kohlsorte, deren große, feste, meist weiße Blüten gekocht gegessen werden

Blu·men·stock *der* ≈ *Blume*

Blu·men·topf *der* ein Gefäß aus Ton oder Kunststoff, in das man Zimmerpflanzen pflanzt

blü·me·rant ADJEKTIV; *gesprochen* **jemandem ist / wird blümerant (zumute)** jemandem ist unwohl, übel

blu·mig ADJEKTIV **1** *oft abwertend* mit vielen Bildern und Beispielen ⟨eine Redeweise⟩ **2** mit intensivem Aroma ⟨Wein⟩

★ **Blu·se** *die;* (-, -n) ein Kleidungsstück aus leichtem Stoff, das Mädchen und Frauen am Oberkörper tragen ⟨eine kurzärmelige, langärmelige Bluse⟩ H → Abb. unter **Bekleidung**

★ **Blut** *das;* (-(e)s) die rote Flüssigkeit in den Adern von Menschen und Tieren ⟨frisches, sauerstoffreiches, verbrauchtes, sauerstoffarmes Blut; Blut fließt, quillt, strömt, tropft aus einer Wunde; jemandem Blut abnehmen; Blut spenden⟩ K Blutader, Blutblase, Blutfleck, Blutgerinnung, Blutkonserve, Blutlache, Blutserum, Blutspur, Bluttransfusion, Blutuntersuchung, Blutverlust; blutbefleckt, blutbeschmiert, blutrot, blutüberströmt, blutverschmiert ■ ID **Blut und Wasser schwitzen** *gesprochen* sehr nervös und voller Angst sein; **Blut geleckt haben** etwas kennengelernt und daran Gefallen gefunden haben; **an etwas** *(Dativ)* **klebt Blut** etwas steht in engem Zusammenhang mit einem Mord; **jemanden bis aufs Blut peinigen/reizen** jemanden sehr stark quälen oder provozieren; **jemand hat etwas im Blut, etwas liegt jemandem im Blut** jemand hat ein Talent oder eine Fähigkeit (von Geburt an); **blaues Blut (in den Adern) haben** aus einer adeligen Familie stammen; **Das gibt böses Blut** Das wird viel Ärger und Hass geben; **frisches/neues Blut** *veraltend* eine oder mehrere Personen, die neu in einer Firma o. Ä. sind; **heißes / feuriges Blut haben** sehr temperamentvoll sein; **junges Blut** *veraltend* junge Menschen; **ruhiges / kaltes Blut bewahren** ruhig und beherrscht bleiben; **(Nur) ruhig Blut!** Nicht aufregen!

Blut·al·ko·hol *der; nur Singular* die Menge Alkohol, die sich im Blut befindet | *einen Blutalkohol von 1,2 Promille feststellen*

blut·arm ADJEKTIV mit zu wenig roten Blutkörperchen im Blut H medizinischer Bezeichnung: *anämisch* ● hierzu **Blut·ar·mut** *die*

Blut·bad *das; meist Singular* ⟨ein Blutbad anrichten⟩ ≈ *Massaker*

Blut·bank *die;* (-, -en) eine Institution, die gespendetes Blut sammelt und lagert

Blut·bild *das* das Ergebnis der Analyse des Blutes eines Patienten

blut·bil·dend, **Blut bil·dend** ADJEKTIV ⟨ein Medikament⟩ so, dass dadurch mehr rote Blutkörperchen produziert werden

Blut·druck *der; meist Singular* der Druck, den das strömende Blut in den Adern erzeugt ⟨einen hohen, niedrigen Blutdruck haben; den Blutdruck messen⟩ K Blutdruckmessung

Blut·druck|mes·ser *der;* (-s, -) ein Gerät, mit dem man den Blutdruck messen kann

★ **Blü·te** *die;* (-, -n) **1** der Teil einer Pflanze, der meist durch die Farbe oder den Duft besonders auffällt und aus dem sich die Frucht entwickelt | *ein Baum mit rosa Blüten* K Blütenblatt, Blütenhonig, Blütenknospe **2** *nur Singular* alle Blüten einer oder mehrerer Pflanzen zusammen | *Durch den Frost ist die gesamte Blüte erfroren* **3** *nur Singular* das Blühen | *den Lavendel nach der Blüte zurückschneiden* **4** die Zeit, in der Pflanzen blühen K Blütezeit; Baumblüte, Heideblüte **5** *nur Singular* die Zeit, in der etwas besonders gut entwickelt und erfolgreich ist ≈ *Höhepunkt* | *Im Mittelalter erlebte die Medizin in der islamischen Welt eine Blüte* K Blütezeit **6** *gesprochen* ein gefälschter Geldschein ⟨Blüten drucken, in Umlauf bringen⟩ ■ **ID in der Blüte seiner Jahre** *geschrieben* in den besten Lebensjahren; **etwas treibt üppige/seltsame Blüten** etwas nimmt seltsame, eigenartige Erscheinungsformen an

Blut·egel *der* ein Tier, das im Wasser lebt, wie ein Wurm aussieht und bei Menschen und Tieren Blut saugt

★ **blu·ten** VERB (blutete, hat geblutet) Blut (aus einer Wunde) verlieren | *Der Verletzte blutete aus dem Mund* | *Meine Nase blutet* | *eine heftig blutende Wunde* ■ **ID (schwer) bluten müssen** *gesprochen* viel Geld für etwas bezahlen müssen ● hierzu **Blu·tung** *die*

Blü·ten·staub *der* ≈ *Pollen*

Blut|ent·nah·me *die* das Entnehmen von Blut, um es zu untersuchen ⟨eine Blutentnahme vornehmen⟩

blü·ten·weiß ADJEKTIV sehr weiß (und sauber) ⟨ein Hemd, Wäsche⟩

Blu·ter *der;* (-s, -) eine Person, deren Blut bei einer Verletzung nicht normal gerinnen kann und deren Wunden deshalb nicht schnell heilen K Bluterkrankheit, bluterkrank

Blut|er·guss *der* bei einem Bluterguss entsteht ein blauer Fleck unter der Haut

Blut·ge·fäß *das* ≈ *Ader*

Blut·ge·rinn·sel *das;* (-s, -) ein kleiner Klumpen von geronnenem Blut in einer Ader

Blut·grup·pe *die* eine der vier Gruppen, in die man das Blut (nach erblichen Merkmalen) einteilt ⟨jemandes Blutgruppe bestimmen⟩ | *die vier Blutgruppen 0, A, B und AB* K Blutgruppenbestimmung

Blut·hoch·druck *der* die Krankheit, bei der man ständig zu hohen Blutdruck hat H medizinische Bezeichnung: *Hypertonie*

blu·tig ADJEKTIV **1** voll Blut ⟨ein Verband, eine Waffe⟩ **2** sehr grausam, viele Verletzte und Tote fordernd ⟨eine Auseinandersetzung, ein Krieg, eine Rache, Unruhen⟩ | *eine Revolte blutig niederschlagen* **3** *gesprochen meist attributiv* verwendet, um ein Substantiv oder Adjektiv zu verstärken ⟨Ernst, ein Anfänger⟩ ≈ *absolut*

blut·jung ADJEKTIV noch sehr jung, fast noch ein Kind | *Sie war noch blutjung, als sie zum ersten Mal vor der Kamera stand*

Blut·kör·per·chen *das;* (-s, -); *meist Plural* die winzigen festen Bestandteile des Blutes ⟨rote, weiße Blutkörperchen⟩ | *zu wenig rote Blutkörperchen haben*

Blut·krebs *der; nur Singular* eine Erkrankung des Blutes, die zum Tode führen kann H medizinische Bezeichnung: *Leukämie*

blut·leer ADJEKTIV (fast) ohne Blut (und daher blass wirkend) ⟨Lippen⟩ ● hierzu **Blut·lee·re** *die*

Blut·oran·ge *die* eine Orange mit dunkelrotem Saft und Fruchtfleisch

Blut·pro·be *die* die Entnahme und Untersuchung einer kleinen Menge Blut ⟨eine Blutprobe anordnen, entnehmen, vornehmen⟩

Blut·ra·che *die; nur Singular* es ist Blutrache, wenn als Rache für den Tod eines Mitglieds der eigenen Familie oder für sexuelle Kontakte ein Mitglied der anderen Familie getötet wird ⟨Blutrache an jemandem üben⟩

Blut·rei·ni·gung *die* die Befreiung des Blutes von schädlichen Stoffen durch eine Kur K Blutreinigungstee ● hierzu **blut·rei·ni·gend** ADJEKTIV

blut·rüns·tig ADJEKTIV **1** von starkem Verlangen erfüllt zu töten ⟨ein Herrscher⟩ **2** ⟨ein Film, ein Roman⟩ so, dass sie von grausamen und blutigen Ereignissen berichten

Blut·sau·ger *der;* (-s, -) **1** ein Insekt, das sticht und Blut saugt | *Schnaken und Wanzen sind Blutsauger* **2** ein Mensch, der andere Leute (wirtschaftlich) ausbeutet **3** ≈ *Vampir* ● hierzu **blut·sau·gend** ADJEKTIV

Blut·schan·de *die; nur Singular* Sex zwischen nahen Verwandten (wie z. B. Geschwistern) ≈ *Inzest* ● hierzu **blut·schän·de·risch** ADJEKTIV

Blut·sen·kung *die* eine alte Methode der Untersuchung des Blutes bzw. ihr Ergebnis | *Besonders bei Entzündungen ist die Blutsenkung erhöht*

Blut·spen·de *die* die freiwillige Abgabe von gesundem Blut, das für Transfusionen verwendet wird | *die Bevölkerung zur Blutspende aufrufen* ● hierzu **Blut·spen·der** *der;* **Blut·spen·de·rin** *die*

blut·stil·lend, **Blut stil·lend** ADJEKTIV mit der Wirkung, dass eine Wunde nicht mehr blutet ⟨ein Mittel, ein Verband⟩

Blut·sturz *der; meist Singular* ein plötzliches starkes Bluten aus Mund oder Nase ⟨einen Blutsturz erleiden⟩

bluts·ver·wandt ADJEKTIV durch einen gemeinsamen Vorfahren verwandt ● hierzu **Bluts·ver·wand·te** *der/die;* **Bluts·ver·wandt·schaft** *die*

Blut·tat *die; geschrieben* ⟨eine Bluttat begehen⟩ ≈ *Mord*

Blut|über·tra·gung *die* ≈ *(Blut)Transfusion*

blut|un·ter·lau·fen ADJEKTIV durch geplatzte Adern rötlich gefärbt ⟨Augen⟩

Blut·ver·gie·ßen *das;* (-s) das Töten und Verletzen vieler Menschen | *ein unnötiges Blutvergießen vermeiden*
Blut·ver·gif·tung *die* eine Erkrankung durch eine infizierte Wunde, wobei sich die Infektion stark ausbreitet ⟨an (einer) Blutvergiftung sterben⟩ **H** medizinische Bezeichnung: *Sepsis*
Blut·wurst *die* eine Wurst aus Schweinefleisch, Speck und dem Blut des geschlachteten Tieres
Blut·zu·cker *der* der Zucker, der im Blut gelöst ist ⟨der Blutzucker ist zu hoch; zu viel Blutzucker haben⟩
BLZ [beˌlɛlˈtsɛt] *historisch* Abkürzung für *Bankleitzahl*
BND [beːˌlɛnˈdeː] *der;* (-); Ⓓ Kurzwort für *Bundesnachrichtendienst*
Bö *die;* (-, -en) ein heftiger, plötzlicher Windstoß **K** Gewitterbö, Sturmbö
Boa [ˈboːa] *die;* (-, -s) **1** eine nicht giftige südamerikanische Riesenschlange (die sich um ihre Opfer schlingt und sie erdrückt) **2** ein leichter Schal meist aus Federn **K** Federboa
Bob *der;* (-s, -s) ein Sportschlitten für zwei oder vier Personen ⟨Bob fahren⟩ **K** Bobbahn, Bobfahrer
Bock[1] *der;* (-(e)s, Bö·cke) **1** das männliche Tier bei Ziege, Schaf, Reh und Gämse **K** Geißbock, Rehbock, Schafbock, Ziegenbock **2** *gesprochen* **A** verwendet als Schimpfwort für einen Mann ⟨ein geiler, sturer Bock⟩ **3** ein Turngerät mit vier Beinen, über das man springt | *über den Bock springen* **K** Bockspringen, Bocksprung **4** ein Gestell mit meist vier Beinen; man benutzt z. B. zwei Böcke, um Lasten daraufzulegen **K** Holzbock **5** **Bock (auf etwas** (*Akkusativ*)) *gesprochen* Lust und Freude an dem, was man tut ⟨null Bock/keinen Bock haben⟩ | *Ich hab null Bock auf die Schule*
■ **ID einen (kapitalen) Bock schießen** *gesprochen* einen dummen Fehler machen; **den Bock zum Gärtner machen** *gesprochen* eine Person etwas tun lassen, wozu diese überhaupt nicht geeignet ist
Bock[2] *das/der;* (-s, -) Kurzwort für *Bockbier*
bock·bei·nig ADJEKTIV; *gesprochen* ≈ *trotzig, störrisch* ● hierzu **Bock·bei·nig·keit** *die*
Bock·bier *das* ein sehr starkes Spezialbier
bo·cken VERB (bockte, hat gebockt) **1** **ein Tier bockt** ein Tier bewegt sich nicht oder nur widerwillig weiter ⟨ein Pferd, ein Esel⟩ **2** **ein Kind bockt** ein Kind will nicht tun, was andere von ihm wollen ● hierzu **bo·ckig** ADJEKTIV
Bock·mist *der; gesprochen, abwertend* ≈ *Unsinn*
Bocks·horn *das* ■ **ID sich (nicht) ins Bockshorn jagen lassen** sich (keine) Angst machen oder sich (nicht) täuschen oder verwirren lassen
bock·steif ADJEKTIV; *gesprochen* sehr steif und unbeweglich
Bock·wurst *die* eine Wurst aus magerem Fleisch, die im Wasser heiß gemacht und meist mit einem Brötchen und Senf gegessen wird
★ **Bo·den** *der;* (-s, Bö·den) **1** die oberste Schicht der Erde, in der die Pflanzen wachsen ⟨fruchtbarer, lehmiger, steiniger, sandiger Boden; der Boden ist aufgewühlt, aufgeweicht, gefroren, verseucht⟩ | *Kartoffeln wachsen am besten in lockerem und sandigem Boden* **K** Bodenbearbeitung, Bodenbelastung, Bodenbeschaffenheit, Bodenerosion, Bodenfeuchtigkeit, Bodennutzung, Bodenqualität, Bodenuntersuchung, Bodenverbesserung; Felsboden, Lehmboden, Sandboden, Waldboden **2** *nur Singular* die Fläche (im Freien und in Räumen), auf der man steht und geht/auf der (in Räumen) die Möbel stehen oder auf der man (im Freien) baut ⟨auf den/zu Boden fallen, sinken, stürzen; auf dem/am Boden liegen; auf dem Boden sitzen; etwas vom Boden aufheben; jemanden/etwas zu Boden drücken; den Boden fegen, kehren, (auf)wischen, putzen⟩ | *nach der Seereise wieder festen Boden unter den Füßen haben* **K** Bodenbelag, Bodenheizung, Bodenpflege; Bretterboden, Holzboden, Parkettboden, Teppichboden **3** die unterste, horizontale Fläche eines Behälters o. Ä. ⟨der Boden einer Kiste, einer Truhe, eines Koffers, eines Schranks⟩ | *Am Boden des Tanks hat sich Schmutz abgesetzt* **4** *nur Singular* die unterste Fläche eines Gewässers ≈ *Grund* | *auf dem/am Boden des Meeres* | *eine Schicht Schlamm am Boden des Teiches* **K** Meeresboden **5** *Adjektiv* + **Boden** das genannte Gebiet ⟨deutscher, englischer Boden⟩ ≈ *Territorium* | *nach einem Aufenthalt im Ausland wieder heimatlichen Boden betreten* **6** ≈ *Grundlage* | *auf sicherem/schwankendem Boden stehen* | *auf dem Boden der Demokratie bleiben* **7** der unbewohnte Raum direkt unter dem Dach eines Gebäudes **K** Bodenfenster, Bodenkammer, Bodentreppe; Dachboden
■ **ID** ▸Präposition plus Boden: **am Boden zerstört sein** *gesprochen* (psychisch oder physisch) völlig erschöpft sein; **(an) Boden gewinnen/verlieren** an Bedeutung gewinnen/verlieren; **auf dem Boden der Tatsachen bleiben** vernünftig und praktisch denken; **etwas fällt auf fruchtbaren Boden** etwas wird gern befolgt und übt somit eine sichtbare Wirkung aus; **etwas aus dem Boden stampfen** etwas in kürzester Zeit errichten oder hervorbringen; **jemanden zu Boden strecken** jemanden niederschlagen;
▸Boden als Objekt: **einer Sache** (*Dativ*) **den Boden entziehen** einer Sache die Grundlage nehmen; **Boden gutmachen/wettmachen** *geschrieben* Fortschritte machen und so jemandes Vorsprung kleiner machen; **festen Boden unter den Füßen haben** (meist wirtschaftlich) eine sichere Grundlage haben; **den Boden unter den Füßen verlieren** **a** nicht mehr fest stehen können **b** wirtschaftlich keine sichere Grundlage mehr haben; **jemandem den Boden unter den Füßen wegziehen** einer Person die wirtschaftliche Grundlage nehmen;
▸andere Verwendungen: **jemandem brennt der Boden unter den Füßen** eine Person spürt, dass sie in Gefahr ist
Bo·den·flä·che *die* **1** die Fläche des Bodens, auf dem man geht **2** das Land, auf dem sich Äcker und Weiden befinden
Bo·den·frost *der* Frost auf dem Erdboden | *Für die Nacht ist Bodenfrost angesagt* **K** Bodenfrostgefahr
Bo·den·haf·tung *die; nur Singular* der direkte Kontakt von Reifen eines Fahrzeugs mit der Straße | *Diese Reifen haben in der Kurve eine gute Bodenhaftung*
Bo·den·hal·tung *die; meist Singular* eine Art, Hühner zu halten, bei der sie nicht in kleine Käfige gesperrt sind ⟨Eier, Hähnchen aus Bodenhaltung⟩
Bo·den·le·ger *der;* (-s, -) eine Person, die beruflich Fußböden legt und repariert
bo·den·los ADJEKTIV **1** *gesprochen* verwendet, um negative Substantive, Adjektive und Adverbien zu verstärken ⟨eine Frechheit, (ein) Leichtsinn, eine Unverschämtheit; bodenlos frech, leichtsinnig⟩ **2** *gesprochen* sehr schlecht ⟨eine Arbeit, Leistungen⟩ **3** sehr tief ⟨eine Tiefe; etwas fällt ins Bodenlose⟩
Bo·den·ne·bel *der* Nebel über dem Erdboden (aber nicht in höheren Luftschichten)
Bo·den·per·so·nal *das* das Personal, das auf einem Flugplatz (und nicht im Flugzeug) arbeitet (z. B. ein Fluglotse)
Bo·den·satz *der; meist Singular* die kleinen Teile in einer Flüssigkeit, die auf den Boden gesunken sind
Bo·den·schät·ze *die; Plural* die Vorräte an Rohstoffen im Erdboden (die abgebaut werden) ⟨der Abbau, die Gewinnung von Bodenschätzen⟩ | *Sibirien ist reich an Bodenschätzen*
bo·den·stän·dig ADJEKTIV **1** in einem Gebiet entstanden und dafür typisch ⟨Bauweise, Kultur, Trachten⟩ **2** ⟨eine Bevölkerung, eine Familie, ein Mensch⟩ sehr stark mit der Gegend verbunden, in der sie geboren wurden und in der sie

B

leben • zu (2) **Bo·den·stän·dig·keit** *die*

Bo·den·sta·ti·on *die* eine Station auf der Erde, von der aus der Flug eines Raumfahrzeugs gesteuert und überwacht wird

Bo·dy ['bɔdi] *der; (-s, -s); gesprochen* **1** *humorvoll* der menschliche Körper **2** Unterwäsche in einem Stück vor allem für Babys oder Frauen

Bo·dy·buil·ding ['bɔdibɪldɪŋ] *das; (-s)* das Trainieren von Muskeln, um eine bessere Figur zu bekommen ⟨Bodybuilding machen, betreiben⟩

Böe ['bøː(ə)] *die; (-, -n)* → Bö

bog *Präteritum, 1. und 3. Person Singular* → biegen

★ **Bo·gen** *der; (-s, -/Bö·gen)* **1** ein Teil einer nicht geraden Linie ≈ *Kurve* | *Der Fluss/Weg macht/beschreibt einen Bogen* | *etwas in hohem Bogen werfen* | *in großem Bogen um etwas herumfahren* **2** ein Stück Mauer in der Form eines Bogens, das zwei Pfeiler oder Mauern verbindet ⟨ein flacher, gotischer, romanischer, spitzer Bogen⟩ | *Die Brücke spannt sich in weitem Bogen über den Fluss* K Brückenbogen, Torbogen; Rundbogen, Spitzbogen **3** einen Bogen braucht man, um Geige, Cello usw. zu spielen K Bogenführung, Bogenhaltung; Geigenbogen **4** einen Bogen braucht man, um mit Pfeilen zu schießen ⟨den Bogen spannen; mit Pfeil und Bogen schießen⟩ K Bogenschießen, Bogenschütze; Jagdbogen **5** ein Blatt Papier | *Mein Drucker macht Probleme: Jeder zweite Bogen ist verschmiert* **6** ein großes, rechteckiges Stück Papier für besondere Zwecke ⟨ein Bogen Geschenkpapier, Packpapier, Zeichenpapier⟩ K Briefbogen, Druckbogen, Zeitungsbogen ■ ID **den Bogen überspannen** mit etwas zu weit gehen, etwas übertreiben; **einen großen Bogen um jemanden/etwas machen** jemanden/etwas bewusst meiden; **den Bogen heraushaben** *gesprochen* wissen, welche Technik man anwenden muss, damit etwas funktioniert; **in hohem Bogen hinausgeworfen werden/hinausfliegen** *gesprochen* **a** einen Raum sofort verlassen müssen **b** sofort vom Arbeitgeber entlassen werden • zu (1) **bo·gen·för·mig** ADJEKTIV

BOGEN

der Bogen (2)

der Bogen (3)

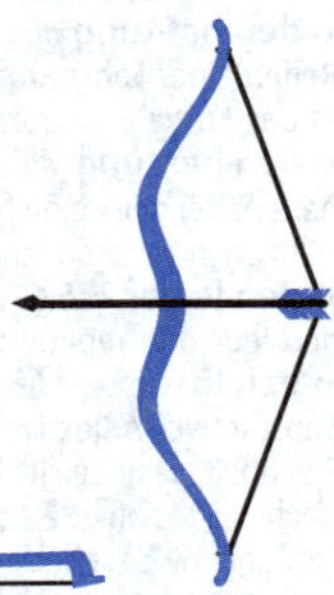

der Bogen (4)

Bo·hei *das; (-s); gesprochen* die Situation, wenn Personen etwas zu wichtig nehmen und viel Aufwand betreiben oder aufgeregt sind | *Die Gäste wurden mit großem Bohei empfangen* | *Jetzt mach kein solches Bohei deswegen!*

Bo·heme [bo'(h)ɛːm] *die; (-)* Künstler, die ein unkonventionelles Leben frei von gesellschaftlichen Zwängen führen

Boh·le *die; (-, -n)* ein sehr dickes Brett K Bohlenbrücke, Bohlenweg; Holzbohle

böh·misch ADJEKTIV **1** in Bezug auf Böhmen **2** **etwas kommt jemandem böhmisch vor** etwas ist so, dass es jemand nicht versteht oder nicht glauben kann ■ ID → Dorf

BOHNEN

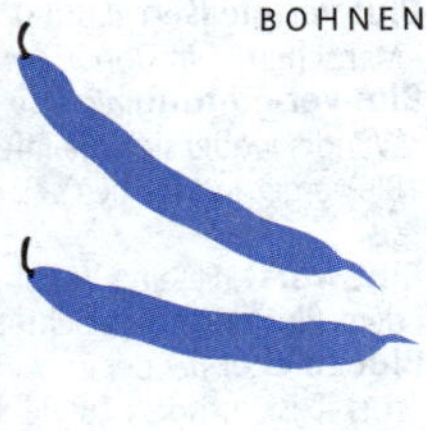

★ **Boh·ne** *die; (-, -n)* **1** eine Gemüsepflanze, die als kleiner Busch vorkommt oder an Stangen hochwächst und längliche, meist grüne Früchte hat K Bohnenblüte, Bohnenranke; Buschbohne, Sojabohne, Stangenbohne **2** die Frucht der Bohne ⟨Bohnen pflücken, brechen⟩ K Bohnensalat, Bohnensuppe **3** der ovale Kern der Bohne ⟨weiße, dicke Bohnen⟩ **4** der dicke Samen mancher Pflanzen (z. B. des Kaffeestrauchs, des Kakaobaums) ⟨Bohnen rösten⟩ K Kaffeebohne, Kakaobohne **5** **blaue Bohnen** *veraltend* die Kugeln, die aus einem Gewehr oder einer Pistole geschossen werden ■ ID **nicht die Bohne** *gesprochen* überhaupt nicht | *Das interessiert mich nicht die Bohne!*

Boh·nen·kaf·fee *der; meist Singular* **1** (gemahlene) Kaffeebohnen | *ein Pfund Bohnenkaffee* **2** ein dunkles Getränk, das aus Kaffeebohnen und heißem Wasser hergestellt wird | *eine Tasse Bohnenkaffee*

Boh·nen·kraut *das; nur Singular* eine Gewürzpflanze, mit der man Bohnen würzt

Boh·nen·stan·ge *die* **1** eine lange Stange, an der Bohnen hochwachsen **2** *gesprochen, humorvoll* eine Person, die sehr groß und mager ist

Boh·ner *der; (-s, -)* ein Gerät, mit dem man Fußböden bohnert

boh·nern VERB (bohnerte, hat gebohnert) **(etwas) bohnern** etwas mit Wachs einreiben und blank polieren ⟨den Fußboden bohnern⟩ K Bohnerwachs

★ **boh·ren** VERB (bohrte, hat gebohrt) **1** **(etwas) (irgendwohin) bohren** mit einem Werkzeug ein Loch oder eine Öffnung in etwas machen ⟨einen Brunnen, ein Loch bohren⟩ | *mit dem Bohrer Löcher in die Wand bohren* | *In der Wohnung über mir wird den ganzen Tag gebohrt* K Bohrloch, Bohrmaschine **i** zu *Bohrmaschine* → Abb. unter **Bohrer** und **Werkzeug** **2** **(einen Zahn) bohren** (als Zahnarzt) mit einem elektrischen Gerät ein Loch in einen Zahn machen, um ihn danach zu füllen **3** **(jemandem) etwas in etwas** *(Akkusativ)* **bohren** einen spitzen Gegenstand in etwas hineindrücken | *einen Pfahl in die Erde bohren* | *jemandem ein Messer in die Brust bohren* **4** **(mit etwas) irgendwo bohren** etwas in eine Öffnung oder Fläche drücken und dabei drehen | *mit den Zehen im Schlamm bohren* | *mit dem Finger in der Nase bohren* **5** **(nach etwas) bohren** mit Bohrmaschinen nach Bodenschätzen suchen | *in der Nordsee nach Erdöl bohren* K Bohrloch **6** *gesprochen* immer wieder fragen, um etwas zu erfahren | *Er bohrte so lange, bis ich ihm alles erzählte* **7** **etwas bohrt sich (jemandem) in etwas** *(Akkusativ)* etwas dringt (durch Druck, einen Stoß) langsam in etwas ein | *Ein Dorn bohrte sich ihr in den Fuß*

boh·rend ■ PARTIZIP PRÄSENS **1** → bohren

■ ADJEKTIV **2** *meist attributiv* (über längere Zeit) sehr unangenehm und lästig ⟨Blicke, Fragen, Schmerzen⟩

BOHRMASCHINE

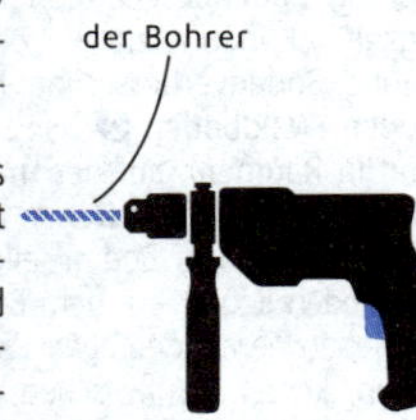

Boh·rer *der; (-s, -)* ein Stab aus Metall, den man (meist mit einer Bohrmaschine) in hartes Material dreht und drückt, um Löcher zu machen K Holzbohrer, Gesteinsbohrer, Pressluftbohrer

Boh·rin·sel *die* eine Plattform, die im Meer befestigt ist und von der aus nach Erdöl gebohrt wird

Boh·rung *die;* (-, -en) **1** das Bohren nach Bodenschätzen K Ölbohrung **2** das Loch, das mit einem Bohrer gemacht wurde

bö·ig ADJEKTIV mit plötzlichen, starken Winden (Böen) ⟨Wetter⟩

Boi·ler ['bɔylɐ] *der;* (-s, -) ein Gerät in der Küche oder im Bad, mit dem man (statt mit einer Heizung) gespeichertes Wasser heiß macht ⟨den Boiler aufheizen, einschalten, ausschalten⟩ K Elektroboiler, Gasboiler

Bo·je ['bo:jə] *die;* (-, -n) ein schwimmender Gegenstand, der mit einer Leine o. Ä. am Boden eines Flusses, Sees oder des Meeres befestigt ist und als Markierung für Schiffe und Boote dient | *gefährliche Stellen durch Bojen markieren* K Heulboje, Leuchtboje, Schwimmboje

-bold *der;* (-(e)s, -e); *im Substantiv, unbetont, begrenzt produktiv; abwertend* **Lügenbold, Raufbold, Saufbold, Scherzbold, Trunkenbold, Witzbold** *und andere* eine Person, die (unangenehm) auffällt, weil sie die genannten Dinge (gern oder oft) macht

Böl·ler *der;* (-s, -) **1** ein kleines Geschütz, mit dem vor allem bei festlichen Anlässen Schüsse abgegeben werden K Böllerschuss **2** ein Feuerwerkskörper, der laut knallt

Boll·werk *das* **1** *historisch* starke und feste Bauten und Mauern, die einen Ort oder eine Stadt vor den Feinden schützen sollten **2** ein Ort, an dem eine Ideologie, eine Religion o. Ä. sehr stark unterstützt oder verteidigt wird

Bol·sche·wist *der;* (-en, -en); *historisch, meist abwertend* ein (sowjetischer) Kommunist **!** *der Bolschewist; den, dem, des Bolschewisten* ● hierzu **Bol·sche·wis·tin** *die;* **bol·sche·wis·tisch** ADJEKTIV

bol·zen VERB (bolzte, hat gebolzt); *gesprochen* (zum Vergnügen) Fußball spielen

Bol·zen *der;* (-s, -) ein dicker Stift aus Eisen oder Holz, der Teile einer Konstruktion verbindet | *zwei Eisenstangen mit einem Bolzen aneinander befestigen*

bol·zen·ge·ra·de ADJEKTIV ganz gerade ⟨bolzengerade dastehen; sich bolzengerade aufrichten⟩

Bom·bar·de·ment [bɔmbardə'mã:] *das;* (-s, -s) das Bombardieren z. B. einer Stadt

bom·bar·die·ren VERB (bombardierte, hat bombardiert) **1** **jemanden/etwas bombardieren** jemanden oder etwas mit Kanonen oder Bomben angreifen ⟨den Feind, eine Stadt; die feindlichen Stellungen bombardieren⟩ **2** **jemanden/etwas (mit etwas) bombardieren** *gesprochen* viele einzelne Gegenstände auf jemanden oder etwas werfen ⟨jemanden mit Schneebällen, faulen Tomaten bombardieren⟩ **3** **jemanden mit etwas bombardieren** *gesprochen* jemanden mit sehr vielen Fragen, Briefen o. Ä. belästigen ⟨jemanden mit Fragen, Protesten bombardieren⟩ ● hierzu **Bom·bar·die·rung** *die*

bom·bas·tisch ADJEKTIV; *oft abwertend* zu kostbar, mit viel zu viel Aufwand ⟨eine Rede, ein Palast⟩

★ **Bom·be** *die;* (-, -n) Bomben sind Waffen, die explodieren, wenn sie ihr Ziel treffen oder berührt werden ⟨eine Bombe legen, entschärfen; Bomben (aus Flugzeugen) abwerfen⟩ | *eine Bombe mit Zeitzünder* K Bombenangriff, Bombenanschlag, Bombenattentat, Bombendrohung, Bombenexplosion, Bombenkrater, Bombensplitter, Bombentrichter; Atombombe, Wasserstoffbombe; Brandbombe ■ **ID etwas schlägt wie eine Bombe ein** etwas geschieht sehr plötzlich und führt zu großer Überraschung und Aufregung; **Die Bombe ist geplatzt** **a** etwas (Unangenehmes), das man schon länger erwartet hat, ist jetzt geschehen **b** etwas, das längere Zeit geheim gehalten wurde, ist jetzt bekannt geworden

Bom·ben- *im Substantiv, betont, begrenzt produktiv; gesprochen* **der Bombenerfolg, das Bombengehalt, das Bombengeschäft, die Bombenhitze, die Bombenrolle** *und andere* besonders gut, groß, stark | *Auf der Party war eine Bombenstimmung*

bom·ben·fest ADJEKTIV; *gesprochen* ganz fest | *Mit diesem Klebstoff hält es bombenfest*

bom·ben·si·cher ADJEKTIV; *gesprochen* absolut sicher | *ein bombensicherer Plan*

Bom·ber *der;* (-s, -) ein Flugzeug, mit dem man Bomben abwirft

bom·big ADJEKTIV; *gesprochen* ⟨eine Stimmung, eine Atmosphäre⟩ ≈ *großartig*

Bom·mel *der;* (-s, -), **Bom·mel** *die;* (-, -n); *gesprochen* eine kleine Kugel aus Wolle (wie z. B. an einer Pudelmütze)

Bon [bɔŋ, bõ:] *der;* (-s, -s) **1** ein kleiner Papierstreifen, auf dem die Preise der Waren stehen, die man in einem Geschäft eingekauft hat **2** ein kleines Stück Papier, auf dem ein Geldbetrag (oder der Name einer Ware) steht. Dafür kann man dann eine Ware mit dem genannten Wert (oder die genannte Ware) bekommen | *einen Bon im Wert von 20 Euro einlösen* K Essensbon, Getränkebon

★ **Bon·bon** [bɔŋ'bɔŋ, bõ'bõ:, 'bɔŋbɔŋ] *der/süddeutsch* Ⓐ Ⓒⓗ *auch das;* (-s, -s) Bonbons sind hart, süß und bunt und werden aus Zucker gemacht ⟨ein Bonbon lutschen⟩ K Hustenbonbon, Zitronenbonbon

Bon·bo(n)·ni·e·re [bɔŋbɔ'nie:rə] *die;* (-, -n) **1** *veraltend* ein Behälter aus Glas o. Ä. mit Süßigkeiten **2** eine Schachtel mit Pralinen

Bon·mot [bõ'mo:] *das;* (-s, -s); *geschrieben* ein geistreicher und zur Situation passender Ausspruch

Bo·nus *der;* (-/-ses, -se) das Geld oder die Punkte o. Ä., die jemand als Belohnung oder Entschädigung bekommt ⟨jemandem einen Bonus gewähren⟩ ↔ *Malus*

Bon·ze *der;* (-n, -n); *gesprochen, abwertend* **1** eine Person, die eine leitende Stellung hat (und oft arrogant und rücksichtslos die Vorteile ausnützt) K Parteibonze **2** *oft Plural* ein sehr reicher Mensch, welcher den eigenen Reichtum auf arrogante Weise zeigt **!** *der Bonze; den, dem, des Bonzen*

Boom [bu:m] *der;* (-s, -s) **1** ein starkes wirtschaftliches Wachstum (in einer Branche) **2** eine Phase, in der sich plötzlich viele Leute für eine Sache interessieren oder damit beschäftigen | *Brettspiele erleben seit Jahrzehnten einen regelrechten Boom*

boo·men ['bu:mən] VERB (boomte, hat geboomt) **etwas boomt** eine Sportart o. Ä. erlebt einen Boom

★ **Boot** *das;* (-(e)s, -e) Boote sind kleine Fahrzeuge, mit denen man über das Wasser fährt | *in einem Boot über den Fluss rudern* K Bootsbau, Bootsbauer, Bootsfahrt, Bootssteg, Bootsverleih, Bootszubehör; Motorboot, Paddelboot, Ruderboot, Rettungsboot ■ **ID Wir sitzen alle im selben/in einem Boot** Wir sind alle in der gleichen schwierigen Situation und müssen zusammenhalten

Boots·mann *der;* (-(e)s, Boots·leu·te) ein Unteroffizier bei der Marine

Bor *das;* (-s) ein chemisches Element K Borsalbe, Borwasser **!** chemisches Zeichen: *B*

★ **Bord**[1] *(der);* (-(e)s) **1** der obere, seitliche Rand eines Schiffes ⟨jemanden/etwas über Bord werfen⟩ **2** **an Bord** (+*Genitiv*) auf einem Schiff, in einem schnellen Zug, einem Flugzeug oder einem Raumschiff | *Der Kapitän begrüßte die Passagiere an Bord seiner Boeing* **3** **an/von Bord gehen** ein Schiff, Flugzeug oder Raumschiff betreten/verlassen **4** **über Bord gehen** von einem Schiff ins Wasser fallen ■ **ID Mann über Bord!** verwendet als Warnruf, wenn jemand vom Schiff ins Wasser gefallen ist; **etwas über Bord werfen** etwas ganz aufgeben | *seine Pläne über Bord werfen* | *alle Vorsicht über Bord werfen* (etwas Riskantes tun)

Bord[2] *das*; (-(e)s, -e) ein Brett, das an der Wand befestigt wird, damit man Geschirr oder Bücher darauf abstellen kann K Bücherbord, Wandbord

Bord·buch *das* ein Buch auf einem Schiff, in welches der Kapitän schreibt, was während einer Fahrt geschieht ⟨ein Bordbuch führen⟩

Bor·dell *das*; (-s, -e) ein Haus, in dem Prostitution betrieben wird

Bord·kan·te *die* ≈ *Bordsteinkante*

Bord·mit·tel *die*; *Plural* die eigenen Mittel, die bereits vorhanden sind und nicht erst beschafft werden müssen ⟨ein Problem mit Bordmitteln lösen⟩

Bord·stein *der* der Rand des Bürgersteigs, der aus länglichen Steinen besteht K Bordsteinkante

★ **bor·gen** VERB (borgte, hat geborgt) **1** **jemandem etwas borgen** jemandem etwas für kurze Zeit zur (meist kostenlosen) Benutzung geben ≈ *leihen* | *Kannst du mir deinen Schirm borgen?* **2** **(sich** ⟨*Dativ*⟩**) etwas (bei/von jemandem) borgen** sich etwas geben lassen, das man für kurze Zeit (meist kostenlos) benutzen darf ≈ *ausleihen* | *Das Fahrrad ist nur geborgt* | *Er muss (sich) Geld bei seinem Sohn borgen*

Bor·ke *die*; (-, -n); *norddeutsch* die starke äußerste Schicht eines Baumstammes ≈ *Rinde*

Bor·ken·kä·fer *der* ein Käfer, der meist unter der Rinde oder im Holz von Bäumen lebt (und für die Bäume sehr schädlich ist)

bor·niert ADJEKTIV; *abwertend* fest auf den eigenen Ideen und Meinungen beharrend ● hierzu **Bor·niert·heit** *die*

★ **Bör·se** *die*; (-, -n) **1** ein Markt, an dem die Preise von Aktien usw. oder von Waren (z. B. Gold, Kaffee) festgesetzt werden ⟨an der Börse spekulieren⟩ | *An der New Yorker Börse fiel der Kurs des Dollars* K Börsenaufsicht, Börsenbeginn, Börsenbericht, Börsenmakler, Börsennachrichten, Börsenschluss, Börsenspekulation; Warenbörse, Wertpapierbörse **2** das Gebäude, in dem die Börse stattfindet **3** *veraltend* ≈ *Geldbeutel* K Geldbörse

Bör·sen·gang *der* der Vorgang, wenn ein Unternehmen zum ersten Mal Aktien ausgibt, die an der Börse gehandelt werden

Bör·sen·krach *der* der Zusammenbruch des Geschäfts an einer Börse durch ein unerwartetes und starkes Abfallen der Börsenkurse

Bör·sen·kurs *der* der Preis von Devisen, Aktien usw. an der Börse

Bors·te *die*; (-, -n) **1** ein steifes, dickes Haar vor allem des Schweins K Schweinsborste **2** ein künstlich hergestelltes Haar in der Art einer Borste, aus dem man Bürsten, Besen und Pinsel macht | *die Borsten der Zahnbürste* ▮ → Abb. unter **Besen**

bors·tig ADJEKTIV **1** mit Borsten ⟨ein Tier⟩ **2** hart wie Borsten ⟨Haare, ein Bart⟩

Bor·te *die*; (-, -n) ein schmaler Streifen Stoff, den man als Schmuck an den Rand von Tischdecken, Röcken o. Ä. näht ⟨etwas ist mit Borten besetzt⟩ K Goldborte, Spitzenborte

bös ADJEKTIV → böse

bös·ar·tig ADJEKTIV **1** mit der Absicht, anderen Leuten zu schaden ⟨ein Mensch, eine Bemerkung⟩ **2** lebensgefährlich ⟨ein Geschwür, eine Krankheit, ein Tumor⟩ ● hierzu **Bös·ar·tig·keit** *die*

Bö·schung *die*; (-, -en) **1** ≈ *Abhang* **2** eine schräge Fläche, besonders neben einer Straße oder Schiene ⟨eine steile, sanfte Böschung⟩ K Straßenböschung, Uferböschung

★ **bö·se** ADJEKTIV **1** so, dass man anderen Personen absichtlich schadet oder gegen wichtige moralische Regeln verstößt ⟨ein Mensch, Gedanken, Taten⟩ ≈ *schlecht* ↔ *gut* | *das Böse im Menschen* | *Das war nicht böse gemeint* **2** sehr unangenehm ⟨eine Angelegenheit, eine Enttäuschung, eine Verletzung⟩ ≈ *schlimm* ↔ *gut* | *eine böse Überraschung erleben* | *bösen Zeiten entgegengehen* | *Er ahnte nichts Böses* | *Sie hat sich ganz böse in den Finger geschnitten* **3** **(jemandem) böse sein; (auf jemanden/mit jemandem) böse sein** voller Ärger und Wut auf jemanden sein | *Ich habe unsere Verabredung vergessen. Bist du mir deswegen jetzt böse?* **4** **böse werden** wütend werden **5** *gesprochen* so, dass ein Kind oder Haustier Dinge tut, die man nicht mag ↔ *brav* | *Böser Hund, aus!* ■ **ID** **im Bösen** im Streit; **mit jemandem/etwas sieht es böse aus** *gesprochen* jemand/etwas befindet sich in einer schlimmen oder hoffnungslosen Situation

Bö·se·wicht *der*; *veraltend* eine Person, die böse ist

bos·haft ADJEKTIV **1** so, dass jemand mit Freude und voller Absicht anderen Leuten Böses tut **2** ⟨ein Gelächter, ein Grinsen⟩ so, dass sie Freude darüber zeigen, dass jemandem etwas Böses geschieht **3** ⟨eine Kritik, ein Kommentar⟩ voller Spott ● zu (1) **Bos·haf·tig·keit** *die*

Bos·heit *die*; (-, -en) **1** *nur Singular* die Eigenschaft, wenn jemand böse ist ⟨etwas aus Bosheit tun; unter jemandes Bosheit leiden⟩ **2** eine boshafte Tat oder Äußerung ≈ *Gemeinheit* | *jemandem Bosheiten an den Kopf werfen* (jemanden beleidigen)

Boss *der*; (-es, -e); *gesprochen* eine Person, die ein Unternehmen oder eine Gruppe von Mitarbeitern leitet ⟨der Boss einer Firma, Gewerkschaft, Bande⟩ K Bandenboss, Gewerkschaftsboss

bös·wil·lig ADJEKTIV ⟨eine Beschädigung, eine Verleumdung⟩ ≈ *bösartig* ● hierzu **Bös·wil·lig·keit** *die*

bot *Präteritum, 1. und 3. Person Singular* → bieten

Bo·ta·nik *die*; (-) die Wissenschaft, die sich mit den Pflanzen beschäftigt ⟨ein Lehrbuch der Botanik⟩ ● hierzu **Bo·ta·ni·ker** *der*; **Bo·ta·ni·ke·rin** *die*

bo·ta·nisch ADJEKTIV *meist attributiv* **1** für die wissenschaftliche Beschäftigung mit Pflanzen bestimmt ⟨eine Exkursion, ein Institut, ein Lehrbuch⟩ **2** in Bezug auf die Botanik | *botanische Studien* **3** → Garten

Bo·te *der*; (-n, -n) **1** eine Person, die man schickt, um jemandem eine Nachricht zu überbringen | *Die Dokumente werden Ihnen sofort durch einen Boten zugestellt* K Botengang; Amtsbote, Eilbote, Gerichtsbote, Postbote ▮ *der Bote; den, dem, des Boten* **2** **die Boten** +*Genitiv geschrieben* etwas, das etwas direkt Bevorstehendes anzeigt | *Schwalben sind die Boten des Sommers* K Friedensbote, Frühlingsbote, Unglücksbote ● zu (1) **Bo·tin** *die*

Bo·ten·stoff *der* eine Substanz, die Informationen im Körper weiterleitet, wie z. B. Hormone und Duftstoffe | *Ein Mangel am Botenstoff Serotonin bewirkt Depressionen*

★ **Bot·schaft** *die*; (-, -en)

▸Nachricht: **1** **eine Botschaft (für eine Person) (von jemandem)** eine Nachricht oder offizielle Mitteilung, die man einer Person bringen lässt ⟨eine geheime Botschaft; jemandem eine Botschaft (über)senden; für jemanden eine Botschaft hinterlassen⟩ **2** **eine Botschaft (an jemanden)** eine Rede, die eine Person aus einem besonderen Grund hält und in der sie wichtige Aussagen macht | *Die Botschaft des Präsidenten wird im Fernsehen ausgestrahlt* | *Der Papst hat eine Botschaft an die Gläubigen gerichtet* K Neujahrsbotschaft, Weihnachtsbotschaft **3** *geschrieben* eine Neuigkeit oder neue Idee, die man anderen Leuten mitteilt ⟨eine freudige, traurige, willkommene Botschaft verkünden⟩ K Freudenbotschaft, Schreckensbotschaft, Unglücksbotschaft **4** **die Frohe Botschaft** das Evangelium in der Bibel **▸Politik:** **5** die offizielle diplomatische Vertretung eines Staates in einem anderen Staat | *Als er in Italien seinen Pass verloren hatte, wandte er sich an die deutsche Botschaft in Rom* **6** das Gebäude, in dem sich eine Botschaft befindet

Bot·schaf·ter *der;* (-s, -) der höchste diplomatische Vertreter eines Landes in einem anderen Land K Botschafterkonferenz ● hierzu **Bot·schaf·te·rin** *die*

Bott *das* → Bot

Bot·tich *der;* (-s, -e) ein großer, runder oder ovaler Behälter aus Holz K Holzbottich, Waschbottich

Bouil·lon [bʊl'jɔŋ, bu'jõː] *die;* (-, -s); *meist Singular* eine klare Suppe, die man durch das Kochen von Fleisch, Knochen oder Gemüse herstellt ⟨Bouillon mit Ei⟩ K Hühnerbouillon, Rindsbouillon

Bou·le·vard [bul(ə)'vaːɐ̯] *der;* (-s, -s) eine breite Straße in einer großen Stadt, an deren Seiten meist Bäume stehen | *die Boulevards von Paris*

Bou·le·vard·blatt [bul(ə)'vaːɐ̯-] *das* ≈ *Boulevardzeitung*

Bou·le·vard·stück [bul(ə)'vaːɐ̯-] *das* ein unterhaltsames Theaterstück

Bou·le·vard·the·a·ter [bul(ə)'vaːɐ̯-] *das* ein kleines Theater, in dem Boulevardstücke gespielt werden

Bou·le·vard·zei·tung [bul(ə)'vaːɐ̯-] *die* eine Zeitung, die vor allem sensationelle Geschichten und Skandale über berühmte Persönlichkeiten enthält

Bou·quet [bu'keː] *das;* (-s, -s) → Bukett

Bour·geois [bʊr'ʒoa] *der;* (-, - [-s]) ein Angehöriger der Bourgeoisie ● hierzu **bour·geois** ADJEKTIV

Bour·geoi·sie [bʊrʒoa'ziː] *die;* (-, -n [-'ziːən]); *meist Singular* **1** *abwertend* (vor allem von Kommunisten und Sozialisten verwendet) die reichen, mächtigen Bürger im Kapitalismus **2** *veraltend* angesehene und reiche Bürger

Bou·tique [bu'tiːk] *die;* (-, -n [-kn̩]) ein meist kleines, relativ teures Geschäft für Kleidung K Modeboutique

Bow·le ['boːlə] *die;* (-, -n) ein kaltes Getränk, das man aus Früchten, Fruchtsaft, Wein und Sekt mischt ⟨eine Bowle ansetzen⟩ K Ananasbowle, Erdbeerbowle

Bow·ling ['boːlɪŋ] *das;* (-(s)) eine Art des Kegelns mit zehn statt neun Kegeln K Bowlingbahn, Bowlingklub

Box *die;* (-, -en) **1** ein Behälter mit Deckel K Frischhaltebox, Gefrierbox, Kühlbox **2** *meist Plural* die Lautsprecher, die zu einer Musikanlage gehören **3** der abgeteilte Platz für ein Pferd in einem Stall K Pferdebox **4** ein Bereich an einer Rennstrecke, an dem die Autos eines Teams gewartet werden K Boxengasse, Boxenluder, Boxenstopp

bo·xen VERB (boxte, hat geboxt) **1** **(gegen jemanden) boxen** nach festen Regeln mit den Fäusten mit jemandem kämpfen | *gegen den Titelverteidiger boxen* K Boxhandschuh, Boxkampf, Boxsport **2** **jemanden (irgendwohin) boxen** jemandem mit der Faust gegen eine Körperstelle stoßen | *Er boxte mich (in die Rippen)* **3** **eine Person boxt sich mit jemandem; Personen boxen sich** *gesprochen* zwei Personen schlagen sich gegenseitig mit den Fäusten

Bo·xer *der;* (-s, -) **1** eine Person, welche die Sportart Boxen ausübt K Amateurboxer, Berufsboxer **2** ein großer Hund mit braunem, glattem Fell, platter Schnauze und stark verkürztem Schwanz K Boxerhund, Boxerhündin ● zu (1) **Bo·xe·rin** *die*

Bo·xer·shorts *die; Plural* eine weite, kurze, dünne Hose, die man als Unterhose trägt

Box·ring *der* der quadratische Kampfplatz für Boxkämpfe, der mit Seilen begrenzt ist

Boy·kott [bɔy'kɔt] *der;* (-s, -s/-e) **der Boykott** (+*Genitiv*); **der Boykott von etwas** das Boykottieren ⟨einem Land den Boykott erklären; zum Boykott aufrufen⟩ K Boykottdrohung, Boykotterklärung, Boykottmaßnahmen

boy·kot·tie·ren VERB (boykottierte, hat boykottiert) **jemanden/etwas boykottieren** sich als Protest weigern, mit einem Land politische Beziehungen zu unterhalten, mit jemandem Handel zu treiben, etwas zu kaufen oder an etwas teilzunehmen | *die Lehrveranstaltungen boykottieren, um gegen die schlechten Studienbedingungen zu protestieren* ● hierzu **Boy·kot·tie·rung** *die*

brab·beln VERB (brabbelte, hat gebrabbelt); *gesprochen* **1** **(etwas) brabbeln** leise und so reden, dass es andere schlecht verstehen **2** **(etwas) brabbeln** Unsinn reden **3** **ein Baby brabbelt** ein Baby gibt Laute von sich, die wie Sprache klingen (kann aber noch nicht sprechen) ● zu (1) **Ge·brab·bel** *das*

brach *Präteritum, 1. und 3. Person Singular* → brechen

Bra·che *die;* (-, -n) **1** eine Fläche, die landwirtschaftlich nicht genutzt wird und daher von verschiedenen Pflanzen bewachsen ist K Brachland **2** die Zeit, während der eine Fläche landwirtschaftlich nicht genutzt wird

Bra·chi·al·ge·walt *die; nur Singular* brutale körperliche Gewalt, mit der man versucht, die eigenen Ziele durchzusetzen

brach·lie·gen VERB (lag brach, hat brachgelegen) **1** **etwas liegt brach** etwas wird landwirtschaftlich nicht genutzt ⟨Ackerland⟩ **2** **etwas liegt brach** *geschrieben* etwas wird nicht genutzt ⟨Fähigkeiten, Potenziale, Ressourcen⟩

brach·te *Präteritum, 1. und 3. Person Singular* → bringen

bräch·te *Konjunktiv II, 1. und 3. Person Singular* → bringen

bra·ckig ADJEKTIV leicht salzig und daher nicht genießbar ⟨Wasser; etwas schmeckt brackig⟩

Brack·was·ser *das;* (-s, -); *meist Singular* ein Gemisch aus Salz- und Süßwasser, das sich dort bildet, wo ein Fluss ins Meer fließt

Braille·schrift ['braj-] *die; nur Singular* die international übliche Blindenschrift

★ **Bran·che** ['brãːʃə] *die;* (-, -n) alle Betriebe und Geschäfte, die mit der Herstellung oder dem Verkauf ähnlicher Produkte und Leistungen beschäftigt sind ⟨in einer Branche arbeiten; aus einer Branche kommen⟩ K Branchenkenntnis; Elektrobranche, Lebensmittelbranche, Textilbranche

bran·chen·fremd ['brãːʃən-] ADJEKTIV nicht zur selben Branche gehörend

bran·chen·üb·lich ['brãːʃən-] ADJEKTIV so, wie es in einer Branche üblich ist

Bran·chen·ver·zeich·nis ['brãːʃən-] *das* ein Telefonbuch mit geschäftlichen Telefonnummern und Adressen, die nach Branchen geordnet sind

★ **Brand** *der;* (-(e)s, Brän·de) **1** ein Feuer, das meist großen Schaden anrichtet ⟨ein verheerender Brand; ein Brand bricht aus, wütet; einen Brand bekämpfen, löschen, verursachen⟩ | *Hamburg wurde 1842 durch einen großen Brand zerstört* K Brandgefahr, Brandgeruch, Brandopfer, Brandschaden, Brandschutz, Brandspur, Brandstätte, Brandstelle, Brandursache, Brandverhütung; Steppenbrand, Waldbrand, Zimmerbrand **2** *gesprochen* starker, quälender Durst ⟨einen Brand haben⟩ **3** **etwas gerät in Brand** etwas fängt an zu brennen **4** **etwas in Brand setzen/stecken** etwas anzünden (in der Absicht, dass es niederbrennt)

brand- *im Adjektiv, betont, nicht produktiv* **brandaktuell, brandgefährlich, brandneu** *und andere* ≈ *äußerst* | *Die Sache ist wirklich brandeilig!*

Brand·an·schlag *der* ein Anschlag (meist auf ein Gebäude), bei dem Feuer gelegt wird

Brand·bla·se *die* eine Blase auf der Haut, die durch heißes

Wasser, Feuer o. Ä. entsteht

bran·den VERB (brandete, hat gebrandet) **etwas brandet an/gegen etwas** *(Akkusativ)* Wasser schlägt heftig gegen einen Felsen oder gegen das Ufer (und schäumt und rauscht dabei) ⟨das Meer, die Wellen, die Wogen⟩

LANDESKUNDE

▶ Brandenburg

Brandenburg im Nordosten Deutschlands ist das fünftgrößte Bundesland und relativ dünn besiedelt. Die Hauptstadt **Potsdam** ist berühmt für die preußischen Schlösser und Parkanlagen. In Brandenburg gibt es besonders viele Seen. Im Südosten lebt die Minderheit der Sorben, die eine eigene Sprache spricht (Sorbisch).

brand·heiß ADJEKTIV; *gesprochen* aktuell und sehr wichtig ⟨eine Nachricht, eine Meldung⟩

Brand·herd *der* die Stelle, an der ein großer Brand angefangen hat | *Man vermutet den Brandherd in der Bar des Hotels*

Brand·mal *das* eine Narbe oder ein Fleck auf der Haut nach einer Verbrennung

brand·mar·ken VERB (brandmarkte, hat gebrandmarkt) **jemanden/etwas (als etwas) brandmarken** jemanden/etwas öffentlich als etwas Negatives bezeichnen | *Er wurde als Verräter gebrandmarkt* ● hierzu **Brand·mar·kung** *die*

Brand·mau·er *die* eine spezielle Mauer zwischen zwei aneinandergebauten Gebäuden, die verhindern soll, dass bei einem Brand das Feuer von einem Gebäude auf das andere übergreift

brand·schat·zen VERB (brandschatzte, hat gebrandschatzt) **(etwas) brandschatzen** *historisch* eine Stadt oder ein Land plündern, indem man Feuer legt ● hierzu **Brand·schat·zung** *die*

Brand·stif·ter *der*; (-s, -) eine Person, die absichtlich einen Brand verursacht ● hierzu **Brand·stif·tung** *die*

Bran·dung *die*; (-) starke Wellen des Meeres, die schäumen und spritzen, wenn sie an das Ufer kommen | *ein von der Brandung ausgehöhlter Fels*

Brand·wun·de *die* eine Wunde, die durch Feuer, Berühren heißer Gegenstände o. Ä. entsteht

Bran·dy ['brɛndi] *der*; (-s, -s) verwendet als Bezeichnung für Weinbrand

brann·te *Präteritum, 1. und 3. Person Singular* → brennen

Brannt·wein *der* ein sehr starkes alkoholisches Getränk, das durch Destillation gewonnen wird ⟨Branntwein brennen⟩

brät *Präsens, 3. Person Singular* → braten

Brat- *im Substantiv, betont, begrenzt produktiv* **1** **der Bratfisch, das Brathähnchen, das Brathuhn, die Bratwurst** *und andere* geeignet oder dafür vorgesehen, gebraten zu werden oder bereits gebraten **2** **die Bratfolie, die Bratpfanne, der Bratrost, der Bratspieß** *und andere* zum Braten verwendet

★ **bra·ten** VERB (brät, briet, hat gebraten) **1** **etwas braten** etwas in heißem Fett in der Pfanne oder im Backofen braun und gar werden lassen ⟨Fleisch, Fisch, ein Kotelett braten⟩ **2** **etwas brät** etwas wird (in der Pfanne oder im Backofen) braun und gar | *Die Gans muss zwei Stunden braten* **K** Bratzeit **3** **in der Sonne braten** *gesprochen* lange in der heißen Sonne liegen

★ **Bra·ten** *der*; (-s, -) ein (meist großes) Stück Fleisch, das im Herd oder an einem Spieß gebraten wird oder wurde ⟨ein knuspriger, saftiger Braten; den Braten in den Ofen schieben; den Braten anschneiden⟩ **K** Bratenduft, Bratenfett; Gänsebraten, Hasenbraten, Kalbsbraten, Rinderbraten, Schweinebraten ■ **ID den Braten riechen** *gesprochen* ahnen, dass man Opfer eines Streiches oder einer Intrige werden soll

Bra·ten·saft *der*; *nur Singular* die Flüssigkeit, die beim Braten aus dem Fleisch herauskommt

Brat·he·ring *der* ein gebratener Hering, der meist in einer Marinade sauer eingelegt ist

Brat·kar·tof·feln *die*; *Plural* gebratene Scheiben von (gekochten) Kartoffeln | *Bratkartoffeln mit Speck und Zwiebeln*

Brat·röh·re *die* ≈ *Backofen*

BRATSCHE

Brat·sche *die*; (-, -n) ein Musikinstrument, das ähnlich wie eine Geige aussieht, aber etwas größer ist und tiefer klingt ● hierzu **Brat·schist** *der*; **Brat·schis·tin** *die*

Brat·wurst *die* eine Wurst, die man in der Pfanne brät oder die man grillt

★ **Brauch** *der*; (-(e)s, Bräu·che) Handlungen, die (schon seit langer Zeit) normalerweise getan werden (wegen einer besonderen Gelegenheit oder an einem besonderen Tag) ⟨ein alter, christlicher, ehrwürdiger Brauch; einen Brauch pflegen, wieder aufleben lassen⟩ | *Es ist ein alter Brauch, an Weihnachten Geschenke zu machen* | *Bei uns ist es Brauch, vor dem Essen „Guten Appetit" zu wünschen* **K** Adventsbrauch, Hochzeitsbrauch, Osterbrauch, Weihnachtsbrauch

brauch·bar ADJEKTIV **1** in einem Zustand, in dem die jeweilige Funktion (noch) erfüllt wird | *Mein Schirm ist zwar alt, aber noch ganz brauchbar* **2** relativ gut ≈ *akzeptabel* | *Er hat brauchbare Entwürfe abgeliefert* ● hierzu **Brauch·bar·keit** *die*

★ **brau·chen** VERB (brauchte, hat gebraucht)
▸benötigen: **1** **eine Person/Sache (für jemanden) brauchen; eine Person/Sache (für/zu etwas) brauchen** eine Person/Sache (zu dem genannten Zweck) haben müssen ≈ *benötigen* | *Diese Pflanze braucht viel Licht und Wasser* | *Ich bräuchte dringend mal Erholung* | *Ich brauche noch einen kräftigen Mann, der mir hilft, die Waschmaschine zu tragen* **2** **etwas brauchen** die genannte Menge haben müssen, um etwas tun zu können | *Für dieses Kleid brauchte sie drei Meter Stoff* | *Er braucht noch drei Tage, bis er seine Arbeit beendet hat* **3** **etwas braucht etwas** für etwas ist etwas nötig | *Diese Arbeit braucht Zeit/Geduld* **4** **es braucht etwas** *süddeutsch* Ⓐ Ⓒⓗ etwas ist notwendig | *Es braucht noch ein wenig Salz*
▸verbrauchen: **5** **etwas brauchen** etwas für einen Zweck nehmen und verwenden, sodass es nicht mehr da ist | *Auf dem Oktoberfest hat er ziemlich viel Geld gebraucht* | *Mein Auto braucht 7 Liter Benzin auf 100 Kilometer*
▸gebrauchen: **6** **etwas brauchen** *gesprochen* etwas zu einem Zweck nehmen ⟨seinen Verstand brauchen⟩ **7** **jemanden/etwas (irgendwie) brauchen können** irgendeine Verwendung für jemanden/etwas haben | *Können Sie noch Helfer brauchen?* | *Die Farbreste kann ich gut brauchen* **8** **jemanden/etwas nicht brauchen (können)** *gesprochen* jemanden/etwas (in der jetzigen Situation) nicht haben wollen | *Stör mich nicht, ich kann ich dich jetzt nicht brauchen* | *Deine Ratschläge brauche ich jetzt auch nicht mehr*
▸mit Infinitiv: **9** **nicht zu** +*Infinitiv* **brauchen** etwas nicht tun

müssen | *Ihr braucht nicht länger zu warten* **10** **nicht zu** *+Infinitiv* **brauchen** verwendet als abgeschwächter verneinter Imperativ | *Da brauchst du nicht zu lachen, die Sache ist sehr ernst!* (Lach nicht!) | *Ihr braucht keine Angst zu haben!* (Habt keine Angst!) **11** **nur/bloß zu** *+Infinitiv* **brauchen** nichts anderes tun müssen als etwas | *Du brauchst nur auf den Knopf zu drücken, dann geht es los* i zu 9, 10 und 11: Der Infinitiv ohne *zu* ist besonders in der gesprochenen Sprache sehr gebräuchlich: *Du brauchst es mir nur sagen* Manche Leute finden diesen Gebrauch nicht akzeptabel.

■ ID **Das brauchts nicht** *gesprochen* Das ist nicht nötig; **Er ist zu nichts zu brauchen** *gesprochen* Er ist sehr ungeschickt

Brauch·tum *das;* (-s) alle Bräuche, die im Laufe der Zeit (in einem Gebiet, in einer Gemeinschaft o. Ä.) entstanden sind und überliefert wurden ⟨das Brauchtum pflegen⟩ K Brauchtumspflege

Braue *die;* (-, -n) einer der beiden Bogen über dem Auge, die aus feinen Haaren bestehen ⟨buschige Brauen; die Brauen hochziehen, runzeln⟩ K Augenbraue i → Abb. unter **Auge**

brau·en VERB (braute, hat gebraut) **1** **etwas brauen** Bier herstellen K Braugerste, Braukessel **2** **etwas brauen** *gesprochen, humorvoll* mit heißem Wasser ein Getränk zubereiten ⟨einen starken Kaffee, Tee brauen⟩ • zu (1) **Brau·er** *der*

Brau·e·rei *die;* (-, -en) **1** eine Firma, die Bier braut K Brauereipferd, Brauereiwagen; Bierbrauerei, Klosterbrauerei, Schlossbrauerei **2** das Gebäude, in dem Bier gebraut wird

Brau·haus *das* ≈ *Brauerei*

★ **braun** ADJEKTIV (brauner/bräuner, braunst-/bräunst-) **1** von der Farbe, die Schokolade und Erde haben | *braune Augen haben* K dunkelbraun, kakaobraun, rotbraun, schwarzbraun **2** von relativ dunkler Hautfarbe (weil man lange in der Sonne war) ↔ *blass* | *ganz braun im Gesicht sein* | *braun aus dem Urlaub zurückkommen* **3** **braun gebrannt** vom Aufenthalt in der Sonne gebräunt • zu (1) **Braun** *das*

Bräu·ne *die;* (-) die braune Tönung der Haut, nachdem man lange in der Sonne war ⟨eine leichte, tiefe Bräune⟩

bräu·nen VERB (bräunte, hat gebräunt) **1** **etwas bräunt jemanden/etwas** etwas bewirkt, dass jemand/etwas braun wird | *Er kam tief gebräunt aus dem Urlaub auf den Bahamas zurück* **2** **etwas bräunen** etwas durch Erhitzen in Fett oder im Backofen braun werden lassen ⟨Butter, Fleisch, Zucker bräunen⟩ **3** **sich bräunen** sich meist in die Sonne legen, um braun zu werden | *sich auf dem Balkon bräunen (lassen)* • zu (1,3) **Bräu·nung** *die*

braun·ge·brannt ≈ *braun gebrannt*

Braun·koh·le *die* eine Kohle, die nicht so hart ist wie die Steinkohle und beim Verbrennen viel Ruß erzeugt ⟨Braunkohle fördern⟩

bräun·lich ADJEKTIV von schwacher brauner Farbe

Brau·se *die;* (-, -n) **1** ⟨unter der Brause stehen⟩ ≈ *Dusche* K Brausebad **2** ein Plastik- oder Metallteil mit Löchern, aus dem das Wasser in dünnen Strahlen fließt (z. B. bei einer Gießkanne) **3** *veraltend* ≈ *Limonade* K Brauselimonade, Brausepulver

brau·sen VERB (brauste, hat/ist gebraust) **1** **etwas braust** *(hat)* etwas macht (meist als Folge eigener starker Bewegung) ein gleichmäßiges, intensives Geräusch ⟨das Meer, die Brandung, der Sturm⟩ | *brausender Beifall* **2** **irgendwohin brausen** *gesprochen (ist)* sich mit hoher Geschwindigkeit irgendwohin bewegen (vor allem mit Fahrzeugen) **3** **(jemanden) brausen** *(hat)* ≈ *duschen* | *Sie hat (sich/das Kind) warm gebraust*

Braut *die;* (-, Bräu·te) **1** eine Frau am Tag ihrer Hochzeit | *Braut und Bräutigam strahlten glücklich* K Brautbukett, Brauteltern, Brautkleid, Brautkranz, Brautmutter, Brautschleier, Brautschmuck, Brautstrauß, Brautvater, Brautwagen **2** ⟨jemandes Braut sein⟩ ≈ *Verlobte* **3** *gesprochen* ⟨eine tolle, heiße Braut⟩ ≈ *Mädchen*

Bräu·ti·gam *der;* (-s, -e) **1** ein Mann am Tag der eigenen Hochzeit **2** ⟨jemandes Bräutigam sein⟩ ≈ *Verlobter*

Braut·jung·fer *die* eine (meist unverheiratete) Freundin oder Verwandte der Braut, welche diese bei der Trauung in die Kirche begleitet

Braut·nacht *die; veraltend* ≈ *Hochzeitsnacht*

Braut·paar *das* Mann und Frau kurz vor und am Tag ihrer Hochzeit

Braut·schau *die* ■ ID **auf Brautschau gehen** *gesprochen, humorvoll* eine Frau zum Heiraten suchen

★ **brav** [-f] ADJEKTIV (braver/*gesprochen* bräver [-v-], bravst-/*gesprochen* brävst [-f-]) **1** den Erwachsenen gehorchend ⟨ein Kind⟩ ≈ *folgsam* | *Wenn du brav bist, bekommst du ein Eis* **2** *oft abwertend meist attributiv* Pflichten oder Befehle korrekt erfüllend, ohne viel darüber nachzudenken ⟨ein Mann, ein Bürger, ein Schüler⟩ **3** *meist attributiv* zufriedenstellend, aber nicht mehr als durchschnittlich ⟨eine Leistung⟩ ≈ *ordentlich* | *Er hat das Gedicht brav aufgesagt* | *Sie spielt schon recht brav, könnte aber besser sein* **4** *abwertend* ohne besonderen Reiz ⟨ein Mädchen, ein Kleid⟩ **5** *veraltend* ⟨ein Soldat; brav kämpfen⟩ ≈ *mutig*

bra·vo! [-v-] verwendet als Ausruf des Beifalls für eine gute Leistung, vor allem im Theater ⟨bravo! rufen⟩ K Bravoruf

Bra·vour [bra'vuːɐ̯], **Bra·vur** *die;* (-); *geschrieben* **1** die meisterhafte Bewältigung einer Aufgabe o. Ä. ⟨ein Problem mit Bravour lösen, meistern⟩ | *Er hat die schwierige Sonate mit Bravour bewältigt* K Brav(o)urleistung **2** große Tapferkeit ⟨mit Bravour kämpfen⟩ • hierzu **bra·v(o)u·rös** ADJEKTIV

BRD [beː|ɛr'deː] *die;* (-); *gesprochen* als inoffizielle Abkürzung für die *Bundesrepublik Deutschland* verwendet

Brech·durch·fall *der* eine Erkrankung mit Durchfall und Erbrechen i medizinische Bezeichnung: *Gastroenteritis*

Brech·ei·sen *das* eine stabile Stange aus Eisen mit einem spitzen Ende, mit der man z. B. verschlossene Türen mit Gewalt öffnen kann

★ **bre·chen** VERB (bricht, brach, hat/ist gebrochen)

▸Hartes: **1** **etwas bricht** *(ist)* etwas teilt sich unter äußerem Druck oder durch Gewalt in zwei oder mehrere Stücke | *Die Äste brachen unter der Last der Früchte* | *Am Nachmittag brach der Damm und der Fluss ergoss sich über die Felder* **2** **etwas brechen** *(hat)* etwas Hartes mit Gewalt in Stücke teilen oder von etwas trennen | *einen Ast in zwei Teile brechen* | *mit einer Stange Steine aus einer Mauer brechen* **3** **sich** *(Dativ)* **etwas brechen** *(hat)* sich so verletzen, dass ein Knochen in Teile bricht | *Er hat sich beim Skifahren das Bein gebrochen* **4** **etwas brechen** *(hat)* Gestein mit Werkzeugen aus Felsen lösen ⟨Marmor, Schiefer, Steine brechen⟩ ≈ *abbauen*

▸Bestehendes: **5** **etwas brechen** *(hat)* sich nicht an ein Versprechen, nicht an eine gültige Regelung halten ⟨ein Gesetz, einen Vertrag, ein Versprechen, den Waffenstillstand brechen⟩ | *das Recht brechen* (gegen Gesetze verstoßen) | *Ich habe noch nie mein Wort gebrochen* **6** **etwas brechen** *(hat)* etwas, das ein Hindernis darstellt, überwinden ⟨ein Tabu, jemandes Trotz, jemandes Widerstand, jemandes Willen brechen⟩ | *Jetzt war der Bann gebrochen und alle lachten befreit* **7** **einen Rekord brechen** *(hat)* durch eine bessere Leistung bewirken, dass der alte Rekord nicht mehr gilt | *den bisherigen Rekord im Weitsprung brechen* | *Die Zuschauerzahlen brachen sämtliche Rekorde* (Es kamen mehr Zuschauer als je zuvor)

▸plötzlich: **8** **irgendwoher brechen** *(ist)* plötzlich von ir-

B

gendwoher hervorkommen | *Das Licht bricht durch die Wolken* | *Reiter brachen aus dem Gebüsch*
▸in eine andere Richtung: **9** **etwas bricht etwas** (*hat*) etwas lenkt Lichtstrahlen oder Schallwellen in eine andere Richtung | *Wasser bricht das Licht* **10** **etwas bricht sich irgendwo** (*hat*) etwas trifft auf ein Hindernis und wird von dort zurückgeworfen oder in eine andere Richtung gelenkt | *Die Wellen brechen sich an den Felsen* | *Das Licht bricht sich im Glas*
▸beenden: **11** **mit jemandem/etwas brechen** *geschrieben* (*hat*) den Kontakt mit einer Person oder die Fortführung einer Sache beenden ⟨mit der Tradition, mit der Vergangenheit, mit einer Gewohnheit brechen⟩ | *Sie hat mit ihrer Familie ganz gebrochen*
▸bei Übelkeit: **12** **(etwas) brechen** (*hat*) etwas aus dem Magen durch den Mund von sich geben ⟨Blut, Galle brechen⟩ ≈ *erbrechen* | *Ihm war schlecht und er musste brechen* ■ **ID** **etwas ist brechend/zum Brechen voll** *gesprochen* ein Lokal, ein Zug o. Ä. ist so voll, dass kein Platz mehr für weitere Personen da ist

Bre·cher *der*; (-s, -) eine sehr hohe und starke Welle im Meer

Brech·mit·tel *das* **1** eine Medizin, die hilft, den Magen zu entleeren (z. B. bei Vergiftungen) **2** *gesprochen, abwertend* eine äußerst unsympathische Person

Brech·reiz *der*; *meist Singular* das Gefühl, sich erbrechen zu müssen ⟨einen Brechreiz haben⟩

Brech·stan·ge *die* ≈ *Brecheisen* ■ **ID** **es mit der Brechstange versuchen** mit großer Kraft versuchen, das eigene Ziel zu erreichen

Bre·chung *die*; (-, -en) eine Änderung der Richtung von Licht- oder Schallwellen beim Übergang aus einer Substanz in eine andere oder beim Auftreffen auf ein anderes Medium **K** Brechungsebene, Brechungswinkel

Bre·douil·le [bre'dʊljə] *die*; *veraltend* eine unangenehme, schwierige Lage ⟨in der Bredouille sein/sitzen; in die Bredouille kommen/geraten⟩

★ **Brei** *der*; (-(e)s, -e); *meist Singular* **1** eine gekochte, dickflüssige Speise aus z. B. Grieß, Haferflocken, Kartoffeln, Reis **K** Grießbrei, Haferbrei, Kartoffelbrei, Reisbrei **2** eine zähflüssige Masse ⟨etwas zu Brei zerstampfen; einen Brei anrühren⟩ ■ **ID** **jemandem Brei ums Maul schmieren** *gesprochen, abwertend* jemandem schmeicheln; **um den (heißen) Brei herumreden** es nicht wagen, ein problematisches Thema direkt anzusprechen ● hierzu **brei·ig** ADJEKTIV

★ **breit** ADJEKTIV (breiter, breitest-) **1** so, dass es von der einen Seite zur anderen relativ weit ist ⟨Schultern; ein Fluss, eine Straße, ein Bett⟩ ↔ *schmal* | *Der Schreibtisch ist schön breit* **2** so, dass die bezeichnete Strecke die kürzere ist ↔ *lang* | *Die Küche ist vier Meter lang und drei Meter breit* | *Wie breit ist dieser Tisch?* **3** so, dass die genannte Strecke von links nach rechts geht (und nicht von vorne nach hinten) ↔ *hoch, tief* | *Der Schrank ist 1,50 m breit und 40 cm tief* **4** mit vielen Details, die für das eigentliche Thema nicht wichtig sind ⟨etwas breit erzählen, darstellen⟩ **5** *meist attributiv* so, dass es für sehr viele Menschen gilt ⟨die Öffentlichkeit, die Masse, ein Interesse; eine breit angelegte Untersuchung⟩ | *Der Appell fand ein breites Echo in der Bevölkerung* **6** langsam und mit gedehnten Vokalen ⟨eine Aussprache⟩ ■ **ID** → weit

breit·bei·nig ADJEKTIV *meist adverbiell* so, dass die Füße relativ weit auseinander sind ⟨breitbeinig dastehen⟩

★ **Brei·te** *die*; (-, -n) **1** (im Vergleich zur Länge oder Höhe) die kleinere horizontale Strecke einer Fläche oder eines Körpers | *Das Volumen eines Würfels berechnet man, indem man die Länge mit der Breite und der Höhe multipliziert* **2** (im Gegensatz zur Höhe und Tiefe) die horizontale Strecke eines Gegenstandes, den man von vorn sieht | *Das Tor hat eine Breite von nur zwei Metern* **3** die relativ große Ausdehnung in seitlicher Richtung, zwischen zwei Seiten (im Vergleich mit anderen Objekten oder zur Norm) | *ein Fluss von ungeheurer Breite* **4** die Entfernung eines Ortes vom Äquator ⟨nördliche, südliche Breite⟩ | *Rio de Janeiro liegt auf dem 22. Grad südlicher Breite* **5** *nur Plural* ein Gebiet, das zwischen zwei Breitengraden liegt | *In unseren gemäßigten Breiten wachsen kaum tropische Pflanzen* **6** **in epischer Breite** *abwertend* sehr detailliert | *eine Geschichte in epischer Breite erzählen* ■ **ID** **in die Breite gehen** dick werden

BREIT
SCHMAL

breit schmal

brei·ten VERB (breitete, hat gebreitet); *geschrieben* **1** **etwas über jemanden/etwas** (*Akkusativ*) **breiten** etwas über Personen, Tiere oder Gegenstände legen und diese so bedecken | *eine Decke über das Sofa breiten* **2** **etwas breitet sich über etwas** (*Akkusativ*) etwas legt sich langsam über etwas | *Der Nebel breitete sich über die Felder*

Brei·ten·sport *der* die Sportarten, die von sehr vielen Menschen betrieben werden

Brei·ten·wir·kung *die* die Wirkung auf große Teile der Bevölkerung | *Der Roman erhielt viele Literaturpreise, blieb aber ohne Breitenwirkung*

breit·ma·chen VERB (machte sich breit, hat sich breitgemacht) **1** **sich (irgendwo) breitmachen** auf dem Sofa, Sessel oder Bett viel Raum für sich brauchen | *Mach dich doch nicht so breit!* **2** **etwas macht sich breit** *abwertend* etwas (Negatives) wird immer beliebter | *Diese Unsitte macht sich immer mehr breit*

breit·schla·gen VERB (*hat*) **jemanden (zu etwas) breitschlagen** *gesprochen* jemanden zu etwas überreden | *Ich habe mich wieder breitschlagen lassen, länger zu arbeiten*

breit·schult·rig ADJEKTIV mit breiten Schultern ⟨ein Mann⟩

Breit·sei·te *die* **1** die breitere Seite (z. B. eines Tisches) **2** das gleichzeitige Abfeuern aller Kanonen auf einer der beiden Längsseiten eines Schiffes ⟨eine Breitseite (auf jemanden/etwas) abfeuern, abgeben⟩ **3** **volle Breitseite** mit voller Wucht ■ **ID** **eine Breitseite auf jemanden abfeuern** *geschrieben* jemanden heftig kritisieren

breit·tre·ten VERB (tritt breit, trat breit, hat breitgetreten); *abwertend* **1** **etwas breittreten** lange und ausführlich über ein Thema reden und damit die Zuhörer langweilen **2** **etwas breittreten** etwas, das eigentlich geheim bleiben sollte, allen Leuten erzählen | *einen peinlichen Vorfall breittreten*

Breit·wand *die* eine sehr breite Leinwand im Kino, auf die Filme projiziert werden **K** Breitwandfilm

LANDESKUNDE

▶ Bremen

Das kleine Bundesland Bremen im Norden Deutschlands liegt mitten in **Niedersachsen**. Es besteht aus den Städten **Bremen** und **Bremerhaven**. Wahrzeichen der Hansestadt Bremen sind die „Bremer Stadtmusikanten" aus dem gleichnamigen Märchen der Brüder Grimm.

Brems·be·lag *der* eine Schicht aus einem festen Material, die einen Teil der Bremse bildet ⟨die Bremsbeläge erneuern⟩

★ **Brem·se** *die;* (-, -n) **1** mit der Bremse kann man ein Fahrzeug oder eine Maschine langsamer machen oder anhalten ⟨eine automatische, hydraulische Bremse; die Bremsen quietschen; die Bremse betätigen⟩ | *Das Unglück geschah, weil die Bremsen versagt haben* K Bremskraft, Bremspedal, Bremsprobe **2** ein Hebel oder Pedal, mit dem man die Bremse benutzt ⟨(auf) die Bremse drücken, treten⟩ K Fußbremse, Handbremse, Notbremse **3** eine große Fliege, die Menschen und Tiere sticht und Blut saugt K Bremsenplage, Bremsenstich

★ **brem·sen** VERB (bremste, hat gebremst) **1** **(etwas) bremsen** mit einer Bremse die Geschwindigkeit eines Fahrzeugs reduzieren ⟨eine Lokomotive, einen Wagen bremsen; kurz, scharf bremsen⟩ **2** **etwas bremsen** so handeln, dass ein Vorgang oder eine Entwicklung langsamer wird **3** **jemanden bremsen** eine Person so beeinflussen, dass sie nicht mehr so aktiv, schnell o. Ä. ist **4** **jemand ist nicht (mehr) zu bremsen** jemand wird sehr aktiv, lustig o. Ä. | *Schon nach einem Glas Wein ist er nicht mehr zu bremsen* ● zu (1) **Brem·sung** *die*

Brems·klotz *der* **1** meist ein dickes Stück Holz, das man unter das Rad eines Fahrzeugs legt, um zu verhindern, dass es rollt **2** der Teil einer Bremse, der durch Reibung die Bremswirkung herbeiführt

Brems·licht *das* ein meist rotes Licht am hinteren Ende eines Fahrzeugs, das beim Bremsen aufleuchtet

Brems·spur *die* schwarze Streifen, welche die Reifen eines Fahrzeugs auf der Straße hinterlassen, wenn scharf gebremst wurde

Brems·weg *der* die Strecke, die ein Fahrzeug benötigt, um beim Bremsen zum Stehen zu kommen

brenn·bar ADJEKTIV so, dass es (meist leicht und gut) brennen kann | *feuchtes Holz ist schlecht brennbar* ● hierzu **Brenn·bar·keit** *die*

Brenn·ele·ment *das* eine Einheit aus vielen Brennstäben, mit deren Hilfe in Atomkraftwerken Energie gewonnen wird ⟨ein abgebranntes, radioaktiv strahlendes Brennelement⟩

★ **bren·nen** VERB (brannte, hat gebrannt)

▸Feuer: **1** **etwas brennt** etwas produziert Flammen oder Glut (und wird dabei verbraucht) ⟨ein Feuer, eine Kerze, ein Streichholz, eine Zigarette⟩ **2** **etwas brennt** etwas wird vom Feuer zerstört oder beschädigt | *etwas brennt lichterloh* (etwas brennt sehr stark) | *Die Scheune brennt. Da hat der Blitz eingeschlagen* **3** **etwas brennt (irgendwie)** etwas ist so, dass es von Feuer zerstört werden oder dass es Flammen produzieren kann | *Dürre Äste brennen wie Stroh* (sehr gut) **4** **(bei jemandem/irgendwo) brennt es** jemandes Haus brennt

▸Hitze, Licht: **5** **etwas brennt** ein Gerät, das Wärme oder Licht produziert, ist in Betrieb ⟨der Herd, die Lampe, der Ofen⟩ | *Er hat in der ganzen Wohnung das Licht brennen lassen* **6** **die Sonne brennt** die Sonne scheint heiß und intensiv

▸Schmerzen: **7** **etwas brennt** etwas macht ein unangenehmes Gefühl oder Schmerzen | *Das Desinfektionsmittel brannte in der Wunde* **8** **etwas brennt** ein Körperteil ist entzündet und schmerzt | *die Augen brennen* **9** **sich brennen** *gesprochen* sich durch etwas Heißes verletzen | *Ich habe mich am Herd gebrannt*

▸Ungeduld: **10** **vor etwas** (*Dativ*) **brennen** wegen eines intensiven Gefühls sehr ungeduldig sein ⟨vor Liebe, Neugier, Ungeduld brennen⟩ **11** **darauf brennen (zu** +*Infinitiv*) ungeduldig darauf warten, etwas tun zu können | *Er brannte darauf, ihr die Neuigkeiten zu erzählen*

▸Herstellung: **12** **etwas brennen** ein Produkt herstellen, indem man auf Stoffe große Hitze einwirken lässt ⟨Porzellan, Ziegel brennen⟩ **13** **etwas brennen** durch Destillation Getränke mit hohem Alkoholgehalt herstellen ⟨Schnaps, Whisky brennen⟩ **14** **etwas in etwas** (*Akkusativ*) **brennen** durch etwas Brennendes oder Glühendes irgendwo eine Markierung hinterlassen | *Ich habe mit der Kerze ein Loch in den Teppich gebrannt* **15** **eine CD/eine DVD brennen** Daten auf einer CD oder DVD speichern

■ ID **Wo brennt's denn?** *gesprochen* Welche dringenden Probleme gibt es?

bren·nend ■ PARTIZIP PRÄSENS **1** → brennen

■ ADJEKTIV **2** äußerst wichtig ⟨Fragen, Probleme⟩

■ ADVERB **3** ⟨sich brennend für etwas interessieren⟩ ≈ *sehr*

Bren·ner *der;* (-s, -) **1** der Teil einer Heizung, in dem der Brennstoff (z. B. Gas, Erdöl) verbrannt wird **2** ein Gerät (als Teil eines Computers), mit dem man CDs, DVDs usw. mit Daten beschreiben kann K CD-Brenner, DVD-Brenner

Bren·ne·rei *die;* (-, -en) **1** eine Fabrik, in der starke alkoholische Getränke durch Destillation hergestellt werden K Schnapsbrennerei **2** *nur Singular* die Herstellung von alkoholischen Getränken durch Destillation

Brenn·glas *das* eine Linse, die alle Strahlen, die (parallel) durch sie einfallen, in einem Punkt sammelt

Brenn·holz *das; nur Singular* Holz, mit dem man ein Feuer macht ⟨Brennholz sammeln⟩

Brenn·ma·te·ri·al *das* die Stoffe (wie z. B. Papier, Holz und Kohle), die man zum Heizen verwendet

Brenn·nes·sel *die* eine Pflanze, deren Blätter feine Haare haben, die (bei Berührung) unangenehm jucken und stechen

Brenn·punkt *der* **1** ⟨im Brennpunkt des Geschehens, des öffentlichen Interesses stehen⟩ ≈ *Mittelpunkt* **2** der Punkt, in dem sich Lichtstrahlen treffen, die durch eine Linse o. Ä. fallen ≈ *Fokus*

Brenn·stab *der* ein langer, dünner Stab aus Metall, der Uran oder Plutonium enthält. Viele Brennstäbe bilden zusammen ein Brennelement

Brenn·stoff *der* **1** Brennstoffe sind Materialien, die man verbrennt, um Wärme oder andere Energie zu erzeugen ⟨natürlicher, künstlicher Brennstoff⟩ **2** radioaktives Material, aus dem Atomenergie gewonnen wird

Brenn·wei·te *die* der Abstand des Brennpunkts von der Mitte einer Linse oder eines Spiegels

brenz·lig ADJEKTIV **1** *gesprochen* ⟨eine Situation⟩ ≈ *gefährlich* | *Die Sache wird mir allmählich zu brenzlig* **2** *veraltend* so riechend, als ob es brennen würde ⟨ein Geruch⟩

Bre·sche *die;* (-, -n) ein Loch, wo ein Teil einer Mauer zerstört wurde ■ ID **(für jemanden) in die Bresche springen, sich (für jemanden) in die Bresche werfen** jemandem in einer Notlage helfen; **für jemanden eine Bresche schlagen** durch intensives Bemühen jemandem zum Erfolg verhelfen

★ **Brett** *das;* (-(e)s, -er) **1** ein langes, flaches (und relativ breites) geschnittenes Stück Holz ⟨ein dickes, dünnes, schmales Brett; Bretter schneiden, sägen⟩ K Bretterboden, Bretterbude, Bretterdach, Bretterschuppen, Bretterwand, Bretterzaun; Bücherbrett, Sitzbrett **2** eine Platte (aus Holz oder Pappe), die in Quadrate oder in Linien eingeteilt ist und auf der man Spielfiguren hin und her bewegt, z. B. bei Schach oder Mühle K Brettspiel; Schachbrett, Spielbrett **3** *nur Plural* die Bühne eines Theaters | *auf den Brettern des Nationaltheaters* **4** *gesprochen, humorvoll nur Plural* ⟨(sich (*Dativ*)) die Bretter anschnallen⟩ ≈ *Skier* **5** **das Schwar-**

ze/schwarze Brett eine Tafel, an der wichtige und aktuelle Informationen angebracht sind ■ ID **die Bretter, die die Welt bedeuten** die Bühne eines Theaters usw. (als der wichtigste Ort für einen Schauspieler oder Sänger); **ein Brett vor dem Kopf haben** *gesprochen* etwas (momentan) nicht begreifen oder nicht wissen

bret·tern VERB (bretterte, ist gebrettert) **irgendwohin brettern** *gesprochen* schnell fahren | *mit Skiern über die Piste/zu Tal brettern*

Bre·ze *die*; (-, -n) ≈ *Brezel*

Bre·zel *die*; (-, -n) ein salziges Stück Gebäck, das ungefähr die Form einer 8 hat [B] → Infos unter **Brot**

BREZEL

bricht *Präsens, 3. Person Singular* → brechen

★ **Brief** *der*; (-(e)s, -e) **1** eine persönliche, schriftliche Mitteilung in einem Umschlag, die man an jemanden schickt ⟨jemandem/an jemanden einen Brief schreiben; einen Brief diktieren, frankieren, einwerfen, per/als Einschreiben schicken, bekommen, öffnen, lesen, beantworten⟩ [K] Briefkuvert, Briefpapier, Briefporto, Briefumschlag, Briefwaage **2** **ein offener Brief** ein Brief zu einem politischen Thema, der nicht mit der Post geschickt, sondern in der Presse oder im Internet veröffentlicht wird **3** **ein blauer Brief** *gesprochen* ein offizieller Brief, der eine negative oder unangenehme Mitteilung (z. B. eine Kündigung) enthält ■ ID **jemandem Brief und Siegel auf etwas** (*Akkusativ*) **geben** *veraltend* jemandem etwas fest versprechen oder garantieren

Brief·be·schwe·rer *der*; (-s, -) ein meist dekorativer, schwerer Gegenstand, den man auf Papiere legt, damit sie nicht vom Wind o. Ä. weggeweht werden

Brief·bo·gen *der* ein einzelnes Blatt Papier, das man verwendet, um einen Brief zu schreiben

Brief·bom·be *die* ein Brief oder ein Päckchen mit Sprengstoff, der beim Öffnen explodiert

Brief·freund *der* ein (meist ausländischer) Freund, mit dem man nur oder hauptsächlich schriftlichen Kontakt hat • hierzu **Brief·freun·din** *die*

Brief·ge·heim·nis *das*; *nur Singular* das (staatlich garantierte) Recht, dass z. B. Briefe und verschlossene Urkunden nur vom Empfänger geöffnet werden dürfen

Brie·fing *das*; (-s, -s) ein Gespräch in einem Unternehmen usw., durch das jemand schnell über aktuelle Tatsachen informiert wird • hierzu **brie·fen** VERB

★ **Brief·kas·ten** *der* **1** ein Behälter an Straßen, in den man Briefe und Postkarten wirft, damit sie von der Post befördert werden ⟨einen Brief in den Briefkasten werfen; ein Briefkasten wird geleert⟩ **2** ein Behälter an Häusern und Wohnungstüren für die Post und Zeitungen, die man bekommt

Brief·kas·ten|fir·ma *die* eine Firma, die nur zum Schein existiert und unter deren Namen meist Betrügereien begangen werden

Brief·kon·takt *der* ≈ *Briefwechsel*

Brief·kopf *der* der obere Teil eines Briefes mit der Adresse des Absenders und Empfängers

brief·lich ADJEKTIV in Form eines oder mehrerer Briefe ≈ *schriftlich*

★ **Brief·mar·ke** *die* Briefmarken kauft man von der Post und klebt sie auf Briefe, Pakete usw., bevor man sie abschickt [K] Briefmarkenalbum, Briefmarkensammler, Briefmarkensammlung

Brief·öff·ner *der* ein Messer, mit dem man Briefe öffnet

SPRACHGEBRAUCH

▶ In Brief und E-Mail

Betreff

In **geschäftlichen Briefen** steht immer vor der Anrede eine Zeile, in der man kurz schreibt, worum es in dem Brief geht:

- **Buchungsbestätigung für Ihre Reise nach New York**
- **Bestellung von 10 Bildschirmen für unsere Computer**

Auch private und geschäftliche E-Mails haben eine Betreffzeile. Diese befindet sich in den Kopfzeilen (nicht im Textteil!) und ist aus technischen Gründen nötig. Dort schreibt man wie in Briefen kurz, worum es in der E-Mail geht:

- **Besprechung der Illustrationen** (geschäftlich)
- **Kino am Samstag?** (privat)

Anrede

Wenn man den Empfänger nicht persönlich oder nicht sehr gut kennt, schreibt man:

- **Sehr geehrte Frau Huber,**
- **Sehr geehrter Herr Huber,**
- **Sehr geehrte(r) Frau/Herr Direktor/Dr./Professor Barendt,**

Wenn man an eine Firma, eine Organisation o. Ä. schreibt und nicht weiß, wer den Brief oder die E-Mail lesen wird – oder wenn man an mehrere Empfänger gleichzeitig schreibt –, verwendet man:

- **Sehr geehrte Damen und Herren,**

Schreibt man einem Kollegen, einem langjährigen Geschäftspartner oder einem guten Bekannten, verwendet man:

- **Liebe Frau Schulze,**
- **Lieber Herr Schulze,**

In einem Brief oder einer E-Mail an Freunde schreibt man:

- **Lieber Karl,**
- **Liebe Anna,**
- **Hallo ...,**
- **Hi ...,**
- **Ihr Lieben,**

Schluss

In geschäftlichen Briefen und E-Mails schreibt man:

- **Mit freundlichen Grüßen, ...**
- **Ich verbleibe mit den besten Grüßen ...**
- **In Erwartung Ihrer Antwort verbleibe ich mit freundlichen/herzlichen Grüßen ...**

In einem Brief oder einer E-Mail an Freunde schreibt man:

- **Viele/Liebe/Herzliche Grüße, ...**
- **Herzlichst, Dein(e)/Euer/Eure ...**
- **Mach's gut! Dein(e) ...**
- **Alles Gute/Liebe von ...**
- **Viele Grüße an alle von ...**

In E-Mails an sehr gute Freunde schreibt man auch:

- **LG (= Liebe Grüße) ...**

Brief·schrei·ber *der* eine Person, die (gern) Briefe schreibt • hierzu **Brief·schrei·be·rin** *die*

★ **Brief·ta·sche** *die* eine kleine Mappe, in der man Ausweis, Geldscheine usw. mit sich trägt

Brief·tau·be *die* eine (dressierte) Taube, die schriftliche Nachrichten überbringen kann, weil sie immer wieder an ihren Heimatort zurückfindet

★ **Brief·trä·ger** *der* eine Person, die beruflich Briefe und Päckchen zu den Empfängern bringt ≈ *Postbote* **H** zu *Briefträgerin* → Info im Eintrag **-in** • hierzu **Brief·trä·ge·rin** *die*

Brief·wech·sel *der* **1** der Austausch von Briefen zwischen zwei oder mehreren Personen ⟨mit jemandem in Briefwechsel stehen⟩ ≈ *Korrespondenz* **2** alle Briefe, die sich zwei oder mehrere Personen geschrieben haben | *der Briefwechsel zwischen Goethe und Schiller*

briet *Präteritum, 1. und 3. Person Singular* → braten

Bri·ga·de *die*; (-, -n) eine relativ große Einheit des Heeres **K** Brigadegeneral

Bri·kett *das*; (-s, -s) ein Heizmaterial aus Kohle, das in eine viereckige oder ovale Form gepresst ist **K** Eierbrikett

bril·lant [-l'jant] ADJEKTIV sehr gut | *Er hat einen brillanten Vortrag gehalten* • hierzu **Bril·lanz** *die*

Bril·lant [-l'jant] *der*; (-en, -en) ein sehr wertvoller, geschliffener Diamant (der stark funkelt) **K** Brillantbrosche, Brillantring, Brillantschliff, Brillantschmuck **H** *der Brillant; den, dem, des Brillanten*

★ **Bril·le** *die*; (-, -n) geschliffene Gläser, die man in einem Gestell auf der Nase trägt, damit man besser sehen kann ⟨eine Brille für die Nähe, Ferne; eine Brille brauchen, tragen, aufsetzen, abnehmen, putzen⟩ **K** Brillenbügel, Brillenetui, Brillenfassung, Brillenfutteral, Brillengestell, Brillenglas; Sonnenbrille ■ **ID** **etwas durch eine/die rosarote Brille sehen** *gesprochen* alles (kritiklos und naiv) als positiv bewerten

BRILLE

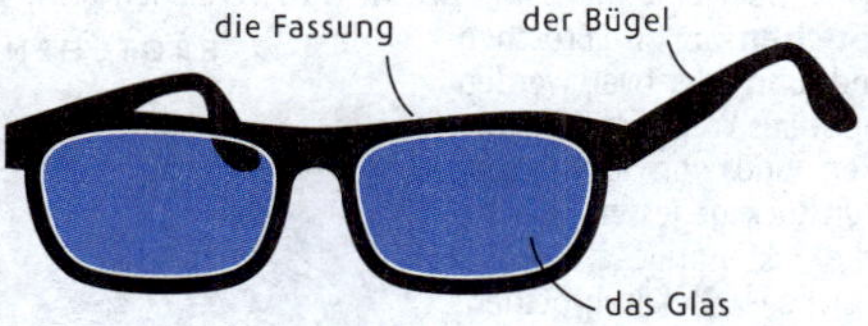

Bril·len·trä·ger *der* eine Person, die ständig eine Brille tragen muss • hierzu **Bril·len·trä·ge·rin** *die*

bril·lie·ren [brɪl'ji:-] VERB (brillierte, hat brilliert) **(mit etwas) brillieren** sich durch eine besondere Leistung von anderen Leuten unterscheiden | *Der Tennisspieler brillierte mit seiner ausgefeilten Technik*

Brim·bo·ri·um *das*; (-s); *gesprochen, abwertend* ein großer Aufwand, der in keinem angemessenen Verhältnis zur Bedeutung einer Person oder Sache steht

★ **brin·gen** VERB (brachte, hat gebracht) **1** **etwas irgendwohin bringen**; **jemandem etwas bringen** bewirken, dass etwas an den genannten Ort oder zu der genannten Person gelangt | *Er hat die Briefe zur Post gebracht* | *Hast du ihm das Buch schon gebracht, das du ihm versprochen hast?* **2** **jemanden irgendwohin bringen** jemanden (zu Fuß oder mit einem Fahrzeug) irgendwohin begleiten | *Ich habe meinen Gast zum Bahnhof gebracht* | *Er brachte sie nach dem Kino nach Hause* **3** **jemandem etwas bringen** ein relativ kleines Geschenk zu einer Person tragen und es ihr geben | *Ich habe meiner Mutter zum Geburtstag Blumen gebracht* **4** **etwas bringt etwas** ein Massenmedium informiert das Publikum oder unterhält es mit etwas | *Die Zeitungen brachten ausführliche Artikel über das Attentat* | *Das Fernsehen bringt heute Abend einen tollen Film* **5** **etwas bringt etwas** etwas hat etwas zum Ergebnis | *Geld kann Zinsen bringen* | *Das Hoch wird schönes Wetter bringen* | *Das bringt nur Ärger* **6** **etwas bringen** *gesprochen* fähig sein, etwas zu tun | *Er bringt die geforderten Leistungen einfach nicht* **7** **jemanden zu etwas bringen** erreichen, dass jemand etwas tut | *Er konnte mich immer wieder zum Lachen bringen* | *jemanden dazu bringen, nachzugeben* **8** **etwas nicht über sich** (*Akkusativ*) **bringen** sich nicht entschließen können, etwas (Unangenehmes) zu tun | *Ich bringe es nicht über mich, ihm die Wahrheit zu sagen* **9** **jemanden vor Gericht bringen** bewirken, dass jemand wegen eines Verbrechens vor Gericht gestellt wird | *Er wurde wegen schwerer Körperverletzung vor Gericht gebracht* **10** **jemanden in Gefahr bringen** (durch eine unvorsichtige Handlung) bewirken, dass jemand in Gefahr gerät | *Durch seine unvorsichtige Fahrweise hat er andere in Gefahr gebracht* **11** **etwas (wieder) in Ordnung bringen** einen Fehler oder ein Problem beseitigen | *Mach dir keine Sorgen! Das bringe ich schon wieder in Ordnung* **12** **jemanden um etwas bringen** einer Person Schaden zufügen, indem man ihr etwas wegnimmt | *Der Dieb hat die alte Frau um ihre Ersparnisse gebracht* **13** **etwas bringt etwas mit sich** etwas hat etwas zur Folge | *Mein Job bringt es mit sich, dass ich oft im Ausland bin*

■ **ID** **es (bis) zu etwas bringen** Erfolg haben und (meist beruflich) etwas erreichen | *Er hat es bis zum Direktor gebracht* | *Sie hat es wirklich zu etwas gebracht*; **jemand/etwas bringt es auf etwas** (*Akkusativ*) *gesprochen* jemand/etwas erreicht die genannte Leistung | *Mein Wagen bringt es auf 180 km/h*; **Das bringt nichts** *gesprochen* Das führt zu keinem sinnvollen Ergebnis; **Das bringt's (voll)** *gesprochen* Das ist sehr gut

Brin·ger *der*; (-s, -) ■ **ID** **etwas ist (nicht) der Bringer** *gesprochen* verwendet, um zu sagen, dass man etwas (nicht) gut findet

Bring·schuld *die* die Verpflichtung, etwas zu tun, ohne dass man dazu aufgefordert wird

bri·sant ADJEKTIV (brisanter, brisantest-); *geschrieben* ⟨Themen, Ideen, Pläne⟩ so, dass sie sehr leicht zu Konflikten führen können • hierzu **Bri·sanz** *die*

Bri·se *die*; (-, -n) ein leichter Wind, vor allem am Meer ⟨eine leichte, sanfte, frische Brise; eine Brise kommt auf⟩ | *eine steife Brise* (eine starke Brise)

brö·cke·lig ADJEKTIV so, dass es leicht in einzelne Teile zerfällt ⟨Gestein, Mauerwerk⟩

brö·ckeln VERB (bröckelte, hat/ist gebröckelt) **1** **etwas (in etwas** (*Akkusativ*)**) bröckeln** (*hat*) etwas in kleine Stücke zerteilen (und in etwas hineingeben) | *Brot in die Suppe bröckeln* **2** **etwas bröckelt (von etwas)** (*ist*) etwas zerfällt in kleine Stücke (und fällt von irgendwo herunter) ⟨Gestein, der Putz⟩ | *Der Putz bröckelt schon von der Mauer*

bro·cken VERB (brockte, hat gebrockt) **1** **etwas in etwas** (*Akkusativ*) **brocken** ≈ *bröckeln* **2** **etwas brocken** *süddeutsch* Ⓐ reife Früchte oder Blumen pflücken

Bro·cken *der*; (-s, -) **1** **ein Brocken** (+*Substantiv*) Brocken sind Stücke mit unregelmäßiger Form, in die z. B. ein Stein zerbricht oder die man von einem Brot abreißt **2** **ein harter Brocken** *gesprochen* eine komplizierte und schwierige Aufgabe | *Diese Mathematikaufgabe ist ein harter Brocken* **3** *gesprochen, meist humorvoll* ein großer, schwerer Mensch oder Gegenstand ■ **ID** **jemandem einen dicken Brocken vor der Nase wegschnappen** *gesprochen* als Konkurrent ein günstiges Geschäft selbst machen oder einen Vorteil wahrnehmen, bevor es eine andere Person tun kann; **(nur) ein paar Brocken** ⟨einer Sprache können, verstehen⟩ *gesprochen* (nur) wenige Worte (einer Sprache können oder verstehen)

B

bröck·lig ADJEKTIV → bröckelig

bro·deln VERB (brodelte, hat gebrodelt) **1** **etwas brodelt** eine Flüssigkeit bewegt sich so stark, dass Wellen entstehen und Blasen aufsteigen (weil sie sehr heiß ist) ⟨die Lava, die Suppe, das Wasser⟩ **2** **es brodelt** es herrscht eine gespannte Atmosphäre, bei der Gewalt entstehen könnte | *Es brodelt in der Stadt* | *Unter den Studenten brodelt es*

Broi·ler *der*; (-s, -); *ostdeutsch* ≈ *Brathähnchen*

Bro·kat *der*; (-(e)s, -e); *meist Singular* ein schwerer, wertvoller Stoff, meist mit Metallfäden K Goldbrokat • hierzu **bro·katen** ADJEKTIV

Brok·ko·li, **Brok·ko·li** *der*; (-(s), -(s)) ein Gemüse (ein Kohl), dessen feste grüne Blüten man isst

Brom *das*; (-s) ein chemisches Element, das in flüssigem Zustand rotbraun ist und scharf riecht H chemisches Zeichen: *Br*

Brom·bee·re *die* **1** eine schwarze Beere, welche der Himbeere ähnlich sieht und ein bisschen sauer schmeckt **2** ein Strauch mit Stacheln, an dem Brombeeren wachsen K Brombeergestrüpp, Brombeerstrauch

bron·chi·al [brɔn'çi̯a:l-] ADJEKTIV *meist attributiv* in Bezug auf die Bronchien K Bronchialasthma, Bronchialkarzinom, Bronchialkatarrh

Bron·chie ['brɔnçi̯ə] *die*; (-, -n); *meist Plural* die beiden Äste der Luftröhre, die sich in der Lunge in immer kleinere Äste verzweigen

Bron·chi·tis *die*; (-) eine Entzündung der Bronchien

Bron·ze ['brõ:sə] *die*; (-, -n) **1** *nur Singular* eine Mischung aus Kupfer und Zinn, die eine gelbbraune Farbe hat K Bronzestatue **2** eine Statue aus Bronze K Bronzeguss **3** eine Farbe, die feinen Metallstaub enthält K Bronzefarbe **4** die Farbe der Bronze | *Das Kleid ist in Bronze gehalten* **5** *ohne Artikel* eine Medaille aus Bronze, welche der Dritte in einem wichtigen Wettkampf bekommt ⟨Bronze gewinnen, holen⟩ K Bronzemedaille

Bron·ze·zeit ['brõ:sə-] *die*; *nur Singular* die Zeit (zwischen 1800 und 700 vor Christus), in der Waffen und Werkzeuge aus Bronze hergestellt wurden

Bro·sa·me *die*; (-, -n); *meist Plural*; *veraltend* Krümel (meist von Brot oder Kuchen)

★ **Bro·sche** *die*; (-, -n) ein Schmuckstück für Frauen, das man mit einer Nadel meist an Kleid oder Bluse befestigt | *eine mit Perlen besetzte Brosche*

Bro·schü·re *die*; (-, -n) ein kleines Heft oder Buch mit Informationen K Informationsbroschüre

Brö·sel *der/das*; (-s, -); *meist Plural*; *süddeutsch* Ⓐ Ⓒⓗ sehr kleine Stückchen meist von Brot, Brötchen oder Kuchen ≈ *Krümel* K Semmelbrösel

brö·seln VERB (bröselte, hat gebröselt) **etwas bröselt** etwas ist so trocken, dass Krümel abfallen ⟨ein Kuchen, ein Brötchen⟩

BROT

★ **Brot** *das*; (-(e)s, -e) **1** *nur Singular* ein wichtiges Nahrungsmittel, das aus Mehl, Wasser, Salz und Hefe o. Ä. gebacken wird ⟨frisches, knuspriges, altbackenes Brot; Brot backen; ein Laib, eine Scheibe Brot⟩ K Brotsuppe, Brotteig; Roggenbrot, Vollkornbrot, Weißbrot **2** Brot als einzelnes, ganzes Stück, wie es gebacken wird | *Hole bitte zwei Brote vom Bäcker* K Brotkorb, Brotkrümel, Brotkruste, Brotlaib, Brotmesser, Brotrinde, Brotschnitte H zu *Brotkorb* → Abb. unter **Frühstück** **3** eine Scheibe, die vom Brot abgeschnitten wird ⟨Brote schmieren, streichen⟩ | *ein Brot mit Wurst und Käse belegen* K Brotaufstrich, Brotbelag; Butterbrot, Käsebrot, Marmeladenbrot, Wurstbrot **4** **ein belegtes Brot** ein Scheibe Brot mit Käse oder Wurst, das oft mit einer weiteren Scheibe Brot bedeckt ist **5** **flüssiges Brot** *gesprochen, humorvoll* ≈ *Bier* ■ ID **das tägliche Brot** **a** alles, was man jeden Tag zum Essen braucht **b** das, was jemand jeden Tag erlebt oder aushalten muss | *Kummer und Sorgen waren unser tägliches Brot*; **jemanden/etwas brauchen wie das tägliche Brot** jemanden/etwas unbedingt brauchen; **für ein Stück Brot** für sehr wenig Geld | *für ein Stück Brot arbeiten*; **sich** (*Dativ*) **sein Brot mühsam/sauer verdienen** *gesprochen* sehr hart (für den eigenen Lebensunterhalt) arbeiten müssen; **etwas ist ein hartes/schweres Brot** etwas ist schwere Arbeit oder eine mühsame Art, Geld zu verdienen o. Ä.

BRÖTCHEN

★ **Bröt·chen** *das*; (-s, -) Brötchen sind rund oder oval, werden meist aus Weizenmehl gebacken und vor allem zum Frühstück gegessen ⟨ein frisches, knuspriges, belegtes Brötchen⟩ K Käsebrötchen, Wurstbrötchen; Kümmelbrötchen, Mohnbrötchen, Sesambrötchen ■ ID **jemand muss sich** (*Dativ*) **seine Brötchen sauer verdienen** *gesprochen* jemand muss hart arbeiten, um den eigenen Lebensunterhalt zu verdienen; **kleine(re) Brötchen backen (müssen)** *gesprochen, humorvoll* (meist in finanzieller Beziehung) bescheiden(er) sein (müssen)

Bröt·chen·ge·ber *der*; *gesprochen, humorvoll* ≈ *Arbeitgeber*

LANDESKUNDE

▶ Das Brot

Brot wird traditionell zum Frühstück und zum Abendessen gegessen, auch zu warmen Mahlzeiten wird oft zusätzlich Brot angeboten. Es wird vor dem Essen in Scheiben geschnitten, die man mit Butter, Margarine, Frischkäse o. Ä. bestreicht. Dazu gibt es Schinken, Wurst, Würstchen oder Käse oder morgens auch Marmelade usw.

Es gibt sehr viele verschiedene Sorten Brot, z. B.: dunkleres Brot aus **Sauerteig**, Weißbrot aus **Hefeteig**, **Weizenbrot**, **Roggenbrot** und **Mischbrot**. **Vollkornbrot** ist schweres, lange haltbares Brot aus grob gemahlenen Körnern.

Weißbrot gibt es häufig als eckiges **Toastbrot**, als französisches **Stangenweißbrot**, das hier wie in Frankreich **Baguette** heißt, als italienische **Ciabatta** oder als türkisches **Fladenbrot**.

Für das Frühstück oder für Imbisse unterwegs gibt es zahlreiche Sorten **Brötchen** in verschiedenen Formen und mit unterschiedlichen Zutaten; es gibt sie z. B. mit Mohn, Sesam usw. bestreut oder mit Käse überbacken.
Brezeln (*süddeutsch* auch **Brezen**) sind ein Gebäck, das etwa die Form einer 8 hat und vor dem Backen mit Salzlauge bestrichen und mit grobem Salz bestreut wird. Daneben gibt es zahlreiche Sorten von salzigen und süßen **Hörnchen**.

B

WORTSCHATZ

▶ Das Brötchen

Das typische Kleingebäck aus Weizenmehl, das man zum Frühstück oder zum Abendessen isst, hat verschiedene Bezeichnungen, je nach der Region, in der man sich befindet.

Es heißt zum Beispiel
- **das Rundstück** (in Hamburg)
- **die Schrippe** (in Berlin)
- **die Semmel** (besonders in Bayern und Österreich)
- **das Weckle** (im Südwesten)

Das am weitesten verbreitete Wort dafür ist jedoch **das Brötchen.**

brot·los ADJEKTIV *meist attributiv; ironisch* so, dass es nicht so viel Geld einbringt, dass man davon leben kann ⟨eine Tätigkeit, eine Kunst⟩

Brot·zeit *die; meist Singular; süddeutsch* **1** eine kurze Pause (vor allem während der Arbeit), um etwas zu essen ⟨Brotzeit machen⟩ **2** das, was man während der Brotzeit isst ⟨eine Brotzeit einpacken⟩

Brow·ser ['brauze] *der;* (-s, -) ein Programm, mit dem man Informationen im Internet aufruft und ansieht

★ **Bruch**[1] *der;* (-(e)s, Brü·che) **1** Bei einem Bruch wird ein Gegenstand unter äußerem Druck in zwei oder mehrere Stücke geteilt ⟨der Bruch einer Achse, eines Wasserrohres⟩ **2** *nur Singular* die Missachtung einer mündlichen oder schriftlichen Regelung ⟨der Bruch eines Vertrages, des Waffenstillstands⟩ K Vertragsbruch **3** *nur Singular* die Beendigung eines Kontakts, einer privaten oder einer geschäftlichen Beziehung ⟨der Bruch mit der Vergangenheit, mit der Familie⟩ | *Es kam zum endgültigen Bruch zwischen den Geschäftspartnern* **4** der Zustand, dass ein Knochen in zwei oder mehrere Stücke gebrochen ist ⟨ein einfacher, glatter, komplizierter, offener Bruch; einen Bruch einrichten, schienen⟩ K Armbruch, Beckenbruch, Beinbruch **5** eine Verletzung, bei der innere Organe aus dem Bauch oder der Leiste nach außen gedrückt werden ⟨sich *(Dativ)* einen Bruch heben; jemanden an einem/am Bruch operieren⟩ K Leistenbruch, Nabelbruch; Bruchoperation **6** eine Zahl, die so geschrieben wird, dass eine Zahl über dem Strich (der Zähler) durch eine andere Zahl unter dem Strich (den Nenner) zu teilen ist, z. B. $1/9$, $3/4$ ⟨mit Brüchen rechnen; einen Bruch kürzen⟩ K Bruchrechnen, Bruchrechnung, Bruchstrich, Bruchzahl **7** *gesprochen* Kurzwort für *Einbruch* ⟨einen Bruch machen⟩ ■ ID **etwas geht zu Bruch** etwas bricht und ist kaputt ⟨eine Fensterscheibe, ein Glas⟩ | *Beim Umzug ist die teure Vaste zu Bruch gegangen*; **etwas ist in die Brüche gegangen** Personen haben sich getrennt und ihre Beziehung ist vorbei ⟨eine Beziehung, eine Freundschaft, eine Ehe⟩ ● zu (1) **bruch·fest** ADJEKTIV; zu (1) **bruch·si·cher** ADJEKTIV

Bruch[2] *der/das;* (-(e)s, Brü·che); *norddeutsch* ≈ *Moor*

Bruch·bu·de *die; gesprochen, abwertend* eine (alte) Wohnung oder ein (altes) Haus in sehr schlechtem Zustand

brü·chig ADJEKTIV **1** so, dass es leicht Risse bekommt und auseinanderbrechen kann ⟨Leder; Mauerwerk⟩ **2** ohne Kraft ⟨eine Stimme⟩ ≈ *schwach* ● hierzu **Brü·chig·keit** *die*

Bruch·lan·dung *die* **1** eine missglückte Landung, bei der ein Flugzeug meist stark beschädigt wird **2** ein beruflicher oder privater Misserfolg ⟨(mit etwas) eine Bruchlandung machen⟩

Bruch·stel·le *die* die Stelle, an der etwas gebrochen ist K Sollbruchstelle

Bruch·stück *das* **1** ein Teil einer Sache, die beschädigt oder zerstört worden ist **2** ≈ *Fragment*

Bruch·teil *der* ein sehr kleiner Teil einer Sache ■ ID **im Bruchteil einer Sekunde** in sehr kurzer Zeit

★ **Brü·cke** *die;* (-, -n) **1** **eine Brücke (über etwas** *(Akkusativ)*) Brücken baut man über Hindernisse im Weg, wie z. B. über Flüsse, Täler, Eisenbahnlinien ⟨über eine Brücke fahren; eine Brücke passieren⟩ | *Die Brücke spannt sich/führt über den Fluss* K Brückenbogen, Brückengeländer, Brückenpfeiler; Autobahnbrücke, Eisenbahnbrücke **2** etwas, das eine Verbindung zwischen verschiedenen Menschen, Gruppen o. Ä. möglich macht | *Die Musik schafft eine Brücke zwischen den Völkern* **3** eine besondere Stelle auf einem Schiff, an der der Kapitän und die Offiziere stehen, wenn sie Dienst haben K Kommandobrücke **4** ein kleiner, schmaler und meist wertvoller Teppich **5** ein künstlicher Zahn, der zwischen zwei Zähnen befestigt wird, um eine Zahnlücke auszufüllen ■ ID **alle Brücken hinter sich** *(Dativ)* **abbrechen** ein ganz neues Leben beginnen; **jemandem goldene Brücken bauen** es jemandem leichter machen, etwas zuzugeben, sich zu entschuldigen o. Ä.; **jemand/etwas schlägt eine Brücke zischen Personen/Dingen** jemand/etwas schafft eine Verbindung zwischen Personen, Dingen

Brü·cken·tag *der* ein einzelner Arbeitstag zwischen einem Feiertag und einem Wochenende, an dem sich viele Arbeitnehmer Urlaub nehmen

Brü·cken·tech·no·lo·gie *die* eine Technologie, von der man hofft, dass man sie nur für kurze Zeit nutzen wird, weil bald etwas Besseres erfunden wird

★ **Bru·der** *der;* (-s, Brü·der) **1** ein männlicher Verwandter, der dieselben Eltern hat ⟨mein jüngerer, älterer, leiblicher Bruder⟩ ↔ *Schwester* | *„Wie viele Geschwister hast du?" – „Einen Bruder und zwei Schwestern."* K Bruderliebe, Brudermord; Halbbruder, Stiefbruder ▮ → Abb. unter **Familie** **2** ein Mitglied eines katholischen Ordens ≈ *Mönch* K Klosterbruder ▮ auch als Anrede verwendet: *Bruder Konrad* **3** ein Mann, der mit einem anderen verbündet ist und dieselben Interessen hat K Bruderkuss **4** *gesprochen, abwertend* verwendet als Bezeichnung für einen Mann mit schlechtem Charakter ⟨ein übler, windiger Bruder⟩ | *Diesem Bruder traue ich nicht*

-bru·der *der; im Substantiv, unbetont, begrenzt produktiv* **1** **Kegelbruder, Schützenbruder, Skatbruder, Stammtischbruder** *und andere* verwendet um einen Mann zu bezeichnen, welcher in der Freizeit mit anderen Männern kegelt, im Schützenverein ist, Skat spielt, am Stammtisch sitzt usw. | *Ludwig und seine Sangesbrüder treffen sich jeden Montag zur Chorprobe* **2** *veraltend* **Glaubensbruder, Stammesbruder, Waffenbruder** *und andere* ein Mann, der den gleichen Glauben, die gleiche Herkunft usw. hat wie ein anderer | *Sie kämpften als Waffenbrüder gemeinsam gegen den Feind* **3** *gesprochen abwertend* **Krawallbruder, Radaubruder, Raufbruder, Saufbruder** *und andere* ein Mann, welcher auf negative Weise durch die genannte Sache charakterisiert wird | *Nach der Entlassung aus der Haft fand er keinen Job – wer will schon einen Knastbruder?*

Bru·der·herz *das; gesprochen, humorvoll* verwendet als Bezeichnung für den Bruder

Bru·der·krieg *der* ein Krieg zwischen Völkern, die miteinander verwandt sind

brü·der·lich ADJEKTIV *meist attributiv* **1** typisch für einen (guten) Bruder ⟨Liebe, Verbundenheit⟩ **2** wie ein Bruder ⟨jemandem brüderlich helfen; etwas mit jemandem brüderlich teilen⟩ ≈ *freundschaftlich* ● hierzu **Brü·der·lich·keit** *die*

Brü·der·schaft *die* ■ ID **mit jemandem Brüderschaft trinken** beschließen, *du* zueinander zu sagen und diesen Beschluss feiern, indem man zusammen ein Glas Wein o. Ä. trinkt

Brü·he ['bry:ə] *die*; (-, -n) **1** die Flüssigkeit, die entsteht, wenn man Fleisch, Knochen oder Gemüse in Wasser kocht ⟨eine klare, kräftige, heiße Brühe⟩ K Fleischbrühe, Gemüsebrühe **2** *abwertend* schmutziges Wasser | *In dieser Brühe kann man doch nicht schwimmen!* **3** *abwertend* ein Kaffee oder Tee fast ohne Geschmack

brü·hen ['bry:ən] VERB (brühte, hat gebrüht) **1** **etwas brühen** ein Getränk mit heißem Wasser zubereiten ⟨Kaffee, Tee brühen⟩ **2** **etwas brühen** kochendes Wasser über etwas gießen, damit man die Oberfläche entfernen kann ⟨Mandeln, Tomaten brühen⟩

brüh·heiß ADJEKTIV sehr heiß ⟨Flüssigkeiten⟩

brüh·warm ADJEKTIV; *gesprochen* unangenehm warm ⟨das Wasser⟩ ■ ID **(jemandem) etwas brühwarm erzählen** eine (meist vertrauliche) Information sofort anderen Leuten erzählen

Brüh·wür·fel *der* eine Mischung aus Salz, Fett, Gewürzen und Fleisch o. Ä. Sie wird zu einem kleinen Würfel gepresst. Den Würfel gibt man in heißes Wasser, um Suppe zu kochen

brül·len VERB (brüllte, hat gebrüllt) **1** **(etwas) brüllen** mit sehr lauter (und meist voller) Stimme sprechen | *Er brüllte: „Pass auf!"* **2** sehr laute Töne (keine Wörter) von sich geben ⟨vor Lachen, Schmerzen brüllen⟩ **3** *gesprochen, abwertend* laut und heftig weinen | *Jetzt brüll nicht! Du musst trotzdem ins Bett* **4** ⟨ein Löwe, ein Tiger, ein Rind⟩ **brüllt** ein großes Tier mit tiefer Stimme gibt die Laute von sich, die für seine Art typisch sind ■ ID **Das ist ja zum Brüllen!** *gesprochen* das ist so lustig, dass man laut und sehr heftig lachen muss

Brül·ler *der*; (-s, -); *gesprochen* ein guter Witz, Gag o. Ä., über den man laut lachen muss ■ ID **etwas ist kein Brüller** etwas ist kein großer Erfolg

brüll·heiß ADJEKTIV; *gesprochen* unangenehm heiß ≈ *sauheiß*

Brumm·bär *der*; *gesprochen* eine Person, die (oft) schlecht gelaunt und unfreundlich ist

brum·meln VERB (brummelte, hat gebrummelt) **(etwas) (vor sich** (*Akkusativ*) **hin) brummeln** *gesprochen* leise und so sprechen, dass es andere schlecht verstehen

brum·men VERB (brummte, hat gebrummt) **1** **(etwas) (vor sich** (*Akkusativ*) **hin) brummen** etwas mit tiefer Stimme und ziemlich falsch singen | *Er brummte ein Lied vor sich hin* **2** **(etwas) brummen** etwas relativ leise und unfreundlich sagen **3** **etwas brummt** etwas erzeugt tiefe, lang gezogene, monotone Laute ⟨eine Fliege, ein Käfer, ein Bär, ein Motor, ein Flugzeug⟩ **4** *gesprochen* im Gefängnis sitzen | *Er muss zwei Jahre brummen*

Brum·mer *der*; (-s, -) **ein (dicker) Brummer** verwendet, um zu sagen, dass jemand oder etwas relativ groß und schwer ist (z. B. eine große Fliege, ein dickes Baby, ein großer Lastwagen)

Brum·mi *der*; (-s, -s); *gesprochen, humorvoll* ein großer Lastwagen

brum·mig ADJEKTIV; *gesprochen* schlecht gelaunt

brü·nett ADJEKTIV mit braunen Haaren ⟨eine Frau⟩

Brunft *die*; (-, Brünf·te); *meist Singular* die Zeit im Herbst, in der Rehe und Hirsche sich paaren K Brunftschrei, Brunftzeit

★ **Brun·nen** *der*; (-s, -) **1** ein tiefes Loch, das in die Erde gegraben (und oft von einer Mauer umgeben) ist, um daraus Wasser holen zu können ⟨einen Brunnen bohren, graben; Wasser aus dem Brunnen holen⟩ | *Der Brunnen ist versiegt* (Er gibt kein Wasser mehr) K Brunnenpumpe, Brunnenwasser **2** ein künstlerisch gestaltetes Becken meist mit einer Wasserfontäne K Brunnenbecken; Springbrunnen, Zierbrunnen **3** das Wasser einer Heilquelle K Brunnenkur **4** Ⓐ das Wasserbecken und der Wasserhahn

Brunst *die*; (-, Brüns·te); *meist Singular* ≈ *Brunft* ● hierzu **brünstig** ADJEKTIV

brüsk ADJEKTIV in unhöflicher Weise kurz und knapp ⟨eine Antwort; etwas brüsk ablehnen⟩

brüs·kie·ren VERB (brüskierte, hat brüskiert) **jemanden brüskieren** *geschrieben* jemanden sehr unhöflich behandeln | *Er hat mich durch sein Verhalten brüskiert* ● hierzu **Brüs·kie·rung** *die*

★ **Brust** *die*; (-, Brüs·te) **1** *nur Singular* der vordere Teil des Oberkörpers mit den Rippen, der Herz und Lunge enthält K Brustmuskel, Brustumfang **!** → Abb. unter **Mensch** **2** in den Brüsten einer Frau entsteht nach der Geburt eines Kindes Milch K Brustkrebs, Brustoperation **3** *nur Singular* beide Brüste einer Frau ⟨eine straffe, volle, schlaffe Brust⟩ ≈ *Busen* **4** *gesprochen nur Singular* ≈ *Lunge* | *Sie hat es auf der Brust* (Sie hat Lungenbeschwerden) K Brustleiden **5** *nur Singular* ein Stück Fleisch aus der Brust eines Schlachttieres **6** *ohne Artikel, nur Singular* Kurzwort für *Brustschwimmen* | *die Siegerin über 200 Meter Brust* **7** **einem Kind die Brust geben** ein Baby an der Brust Milch trinken lassen ■ ID **mit geschwellter Brust** (übertrieben) stolz; **einen zur Brust nehmen** *gesprochen* Alkohol trinken; **(irgendwo) schwach auf der Brust sein** *ironisch* (in manchen Bereichen) Schwächen oder Fehler haben; **sich in die Brust werfen** mit etwas angeben, prahlen

Brust·bein *das* der schmale, flache Knochen im oberen Teil der Brust, an dem die oberen Rippen angewachsen sind

Brust·beu·tel *der* ein Beutel für Geld (und den Pass), den man im Urlaub an einer Schnur um den Hals trägt

Brust·bild *das* ein Bild, auf dem man nur Kopf und Brust eines Menschen sieht

brüs·ten VERB (brüstete sich, hat sich gebrüstet) **sich (mit etwas) brüsten** *abwertend* auf die eigenen Erfolge und Leistungen übermäßig stolz sein und sie überall erzählen

Brust·fell *das*; *meist Singular* eine Art Haut in der Brust, welche die Lunge schützt K Brustfellentzündung

Brust·höh·le *die* der Raum im Körper von Menschen und Wirbeltieren, in dem sich Herz und Lunge befinden

Brust·kas·ten *der*; *meist Singular* ≈ *Brustkorb*

Brust·korb *der*; *meist Singular* der Teil des Skeletts, den die Rippen bilden und der Herz und Lunge schützt | *Beim Einatmen hebt sich der Brustkorb, beim Ausatmen senkt er sich*

Brust·schwim·men *das* mit dem Bauch nach unten schwimmen und dabei die Arme im Wasser gleichzeitig nach vorn und anschließend nach außen und hinten bewegen

Brust·ta·sche *die* eine Tasche an Kleidungsstücken in Höhe der Brust, vor allem bei Jacken für Herren

Brust·ton *der* ■ ID **etwas im Brustton der Überzeugung sagen/behaupten** etwas mit sehr viel Überzeugung sagen/behaupten

Brüs·tung *die*; (-, -en) eine Mauer an Balkonen oder Brücken, damit man nicht herunterfallen kann ⟨sich über die Brüstung beugen, lehnen⟩

Brust·war·ze *die* jede der beiden kleinen dunklen Spitzen an der Brust **!** → Abb. unter **Mensch**

Brut *die*; (-) **1** alle jungen Tiere, die aus Eiern schlüpfen und zu einem Nest o. Ä. gehören ⟨die Brut von Vögeln, Fischen, Reptilien; die Brut aufziehen⟩ K Brutpflege; Vogelbrut **2** der Vorgang des Ausbrütens von Eiern | *Der Vogel hat*

mit der Brut begonnen K Brutei, Bruthenne, Brutzeit **3** *abwertend ≈ Gesindel*

★ **bru·tal** ADJEKTIV ohne Rücksicht und mit roher Gewalt ⟨ein Mensch, ein Verbrechen; jemanden brutal misshandeln⟩ *≈ grausam* • hierzu **Bru·ta·li·tät** *die*

Bru·ta·lo *der; (-s, -s); gesprochen, abwertend* ein brutaler Mensch

brü·ten VERB (brütete, hat gebrütet) **1** **ein Tier brütet** ein Huhn, ein Vogel o. Ä. sitzt so lange auf befruchteten Eiern, bis die Jungtiere ausschlüpfen | *Du darfst die Enten nicht stören, wenn sie brüten* **2** **(über etwas** *(Dativ)***) brüten** *gesprochen* lange und intensiv über ein Problem nachdenken, um eine Lösung zu finden | *über einer Mathematikaufgabe brüten*

brü·tend ■ PARTIZIP PRÄSENS **1** → brüten
■ ADJEKTIV **2** *meist attributiv* sehr heiß und schwül ⟨Hitze⟩

Brü·ter *der; (-s, -)* **ein (Schneller/schneller) Brüter** ein Typ des Atomreaktors, der mehr spaltbares Material erzeugt, als er verbraucht

Brut·hit·ze *die; gesprochen* eine übermäßige Hitze

Brut·kas·ten *der* ein Apparat im Krankenhaus, in dem Babys, die zu früh geboren wurden, in den ersten Tagen oder Wochen ernährt und gepflegt werden

Brut·schrank *der* ein Apparat in Labors, in dem man Mikroorganismen wachsen lässt

Brut·stät·te *die* **1** der Platz, an dem Tiere ihre Eier ausbrüten **2** *geschrieben* eine Stelle, an der sich schädliche Insekten schnell vermehren **3** *geschrieben* **eine Brutstätte** *+Genitiv* ein Ort, an dem es sehr viel Kriminalität gibt | *eine Brutstätte des Verbrechens*

★ **brut·to** ADVERB **1** zusammen mit der Verpackung *↔ netto* | *Das Päckchen Kaffee wiegt ein Kilogramm brutto/brutto ein Kilogramm* K Bruttogewicht **2** (von Löhnen, Gehältern o. Ä.) bevor Steuern und Versicherungsbeiträge abgezogen sind *↔ netto* | *Sie verdient nur 1.400 Euro brutto im Monat* K Bruttoeinkommen, Bruttogehalt, Bruttolohn, Bruttopreis, Bruttoverdienst

Brut·to|re·gis·ter·ton·ne *die* ein Maß, mit dem das Volumen eines Schiffes berechnet wird H Abkürzung: *BRT*

Brut·to|so·zi·al·pro·dukt *das* der Wert aller Waren und Dienstleistungen, welche die Bevölkerung eines Staates meist während eines Jahres produziert

brut·zeln VERB (brutzelte, hat gebrutzelt) **1** **etwas brutzeln** *gesprochen* etwas in heißem Fett oder Öl in der Pfanne braten **2** **etwas brutzelt** etwas brät in (spritzendem) Fett oder Öl

BSE [beǀɛsˈǀeː] Abkürzung für *Bovine spongiforme Enzephalopathie*, eine Krankheit von Rindern ⟨Kühe erkranken an, haben BSE⟩ *≈ Rinderwahn*

Bub *der; (-en, -en); süddeutsch* Ⓐ Ⓒⓗ *≈ Junge* K Bubenstreich H *der Bub; den, dem, des Buben;* im Nominativ Singular auch mit kurzem Vokal gesprochen • hierzu **bu·ben·haft** ADJEKTIV

Bu·be *der; (-n, -n)* **1** eine Spielkarte mit dem Bild eines jungen Mannes ⟨den Buben ausspielen⟩ H *der Bube; den, dem, des Buben* **2** **ein böser Bube** *veraltend* verwendet für einen unmoralischen und oft kriminellen Mann

★ **Buch** *das; (-(e)s, Bü·cher)* **1** ein Buch besteht aus vielen Blättern Papier und einem festen Umschlag ⟨ein Buch aufschlagen, zuklappen; in einem Buch blättern⟩ K Bucheinband, Buchformat, Buchmesse, Buchumschlag, Buchverleih; Bücherregal, Bücherschrank, Bücherstütze; Malbuch, Notizbuch, Tagebuch **2** der Text in einem Buch ⟨ein spannendes, langweiliges Buch; ein Buch schreiben, drucken, herausgeben, lesen⟩ K Buchbesprechung, Buchdrucker, Buchtitel; Bücherfreund, Bücherverzeichnis; Schulbuch, Kochbuch **3** in den Büchern einer Firma werden Einnahmen und Ausgaben notiert und gegenübergestellt ⟨die Bücher führen⟩ | *Die Staatsanwaltschaft nahm Einblick in die Bücher der Firma* **4** ein Teil eines größeren literarischen oder wissenschaftlichen Werkes | *die fünf Bücher (des) Moses* **5** **das Goldene Buch** ein großes Buch, in das wichtige Gäste einer Stadt ihren Namen (und einen Kommentar) schreiben **6** **das Buch der Bücher** *geschrieben* die Bibel **7** **über etwas** *(Akkusativ)* **Buch führen** ständig Daten in eine Liste eintragen | *Sie führt gewissenhaft Buch über ihre Einnahmen und Ausgaben* | *Er führt Buch darüber, welcher Spieler wie viele Tore schießt* ■ ID **eine Person/Sache ist jemandem ein Buch mit sieben Siegeln** jemand kann eine Person oder eine Situation überhaupt nicht verstehen; **eine Person ist ein offenes Buch für jemanden** jemand kann die die Gefühle einer anderen Person leicht erkennen; **jemand redet wie ein Buch** *gesprochen, abwertend* jemand redet ununterbrochen; **wie es im Buche steht** *abwertend* in sehr hohem Maße; **etwas schlägt (bei etwas) zu Buche** *geschrieben* etwas hat eine starke Wirkung oder spürbare Folgen

Buch·bin·der *der; (-s, -)* eine Person, die beruflich Blätter zu Büchern zusammenbindet oder -klebt • hierzu **Buch·bin·de·rin** *die;* **Buch·bin·de·rei** *die*

Buch·druck *der; (-s)* **1** das Drucken von Büchern **2** alle technischen Verfahren, die zum Drucken von Büchern verwendet werden | *Johannes Gutenberg war der Erfinder des Buchdrucks*

Bu·che *die; (-, -n)* **1** ein großer Laubbaum mit glattem Stamm und kleinen braunen, dreikantigen Früchten (Bucheckern) K Buchenholz, Buchenscheit **2** *nur Singular* das Holz der Buche

Buch·ecker *die; (-, -n)* die kleine, dreikantige Frucht der Buche

★ **bu·chen** VERB (buchte, hat gebucht) **1** **(etwas (für jemanden)) buchen** (für jemanden) einen Platz für eine Reise, in einem Hotel o. Ä. reservieren lassen ⟨ein Zimmer, eine Kabine, einen Flug buchen⟩ | *Buchen Sie für uns bitte einen Flug nach Rio de Janeiro* **2** **etwas buchen** etwas in einem Buch notieren oder registrieren ⟨Geld auf ein Konto buchen⟩ • hierzu **Bu·chung** *die*

★ **Bü·che·rei** *die; (-, -en)* eine meist öffentliche Bibliothek, in der man Bücher ausleihen kann K Schulbücherei, Stadtbücherei

Bü·cher·narr *der* eine Person, die sehr gern und viel liest

Bü·cher·wurm *der; meist Singular; gesprochen, humorvoll ≈ Büchernarr*

Buch·fink *der* ein bunter Singvogel

Buch·füh·rung *die* ⟨die Buchführung machen⟩ *≈ Buchhaltung*

Buch·ge·mein·schaft *die* ein Klub, in dem die Mitglieder Bücher billiger kaufen können als in einer Buchhandlung

Buch·hal·ter *der* eine Person, die (beruflich) die Buchführung für eine Firma macht • hierzu **Buch·hal·te·rin** *die*

★ **Buch·hal·tung** *die* **1** *nur Singular* das systematische Notieren und Registrieren der Einnahmen und Ausgaben in einem Betrieb o. Ä. **2** die Abteilung eines Betriebs, in der die Buchhaltung gemacht wird

Buch·han·del *der; nur Singular* alle Verlage und Geschäfte, in denen Bücher, Zeitungen usw. hergestellt und verkauft werden

Buch·händ·ler *der* eine Person, die beruflich (nach einer entsprechenden Ausbildung) Bücher verkauft • hierzu **Buch·händ·le·rin** *die*

★ **Buch·hand·lung** *die* ein Laden, in dem man Bücher kaufen kann

Buch·ma·cher *der* eine Person, die beruflich Wetten annimmt (vor allem bei Pferderennen)

Buch·se ['bʊksə] *die*; (-, -n) eine Öffnung an einem Gerät (wie z. B. einem Radio), durch die mithilfe eines Steckers ein weiteres Gerät angeschlossen werden kann K Lautsprecherbuchse

Büch·se ['bʏksə] *die*; (-, -n) **1** ein ziemlich kleines Gefäß aus Metall mit Deckel ≈ *Dose* | *Kekse in einer Büchse aufbewahren* K Sammelbüchse, Sparbüchse **2** ein Gefäß aus Metall, in dem Lebensmittel konserviert werden ≈ *Dose* K Büchsenfleisch, Büchsenmilch; Konservenbüchse ▪ → Abb. unter **Behälter** und **Dose** **3** ein Gewehr, das bei der Jagd auf Großwild verwendet wird

Büch·sen·öff·ner *der* ein Gerät, mit dem man Büchsen oder Dosen öffnet

★ **Buch·sta·be** *der*; (-ns, -n) eines der grafischen Zeichen, aus denen geschriebene Wörter bestehen | *Das Wort „Rad" besteht aus drei Buchstaben* K Großbuchstabe, Kleinbuchstabe ■ ID **sich auf seine vier Buchstaben setzen** *gesprochen, humorvoll* sich hinsetzen

★ **buch·sta·bie·ren** VERB (buchstabierte, hat buchstabiert) **(etwas) buchstabieren** die Buchstaben eines Wortes in ihrer Reihenfolge einzeln nennen | *Buchstabieren Sie bitte langsam und deutlich Ihren Namen!* ● hierzu **Buch·sta·bie·rung** *die*

buch·stäb·lich ADVERB verwendet, um ein Verb oder ein Adjektiv zu verstärken | *Er war buchstäblich blau vor Kälte*

Bucht *die*; (-, -en) der Teil eines Meeres oder Sees, der sich in Form eines Bogens ins Land hinein erstreckt K Felsenbucht, Meeresbucht

Bu·ckel *der*; (-s, -) **1** eine stark nach außen gebogene Stelle am Rücken | *Der alte Mann hat einen Buckel* **2** *gesprochen* ≈ *Rücken* | *mit dem Rucksack auf dem Buckel* **3** *gesprochen* eine kleine Erhebung in einer Ebene ≈ *Hügel* **4** *gesprochen* eine leicht gewölbte Stelle auf einer ebenen Fläche | *die Buckel auf der Bettdecke glätten* ■ ID **jemand/etwas hat (schon)** *Zahl* + **Jahre auf dem Buckel** *gesprochen* jemand/etwas ist schon die genannte Zahl von Jahren alt; **den Buckel für etwas hinhalten** *gesprochen* die Verantwortung für etwas tragen; **den Buckel vollkriegen** *gesprochen* Prügel bekommen; **Rutsch mir doch den Buckel runter!** *gesprochen* lass mich in Ruhe; **einen breiten Buckel haben** *gesprochen* viel Kritik o. Ä. ertragen können ● hierzu **bu·cke·lig, buck·lig** ADJEKTIV

bu·ckeln VERB (buckelte, hat gebuckelt) **1** **ein Tier buckelt** ein Tier macht den Rücken krumm ⟨ein Pferd, eine Katze⟩ **2** **(vor jemandem) buckeln** *abwertend* sich gegenüber einer mächtigeren Person, z. B. dem Chef, unterwürfig verhalten ⟨nach oben buckeln und nach unten treten⟩ **3** *gesprochen* hart arbeiten | *ordentlich buckeln müssen*

bü·cken VERB (bückte sich, hat sich gebückt) **sich bücken** den Oberkörper nach vorn und nach unten bewegen (oft um mit der Hand den Boden zu berühren) | *Er bückte sich, um das Taschentuch aufzuheben*

Bück·ling *der*; (-s, -e) **1** ein geräucherter Hering **2** *humorvoll* eine Verbeugung ⟨einen Bückling machen⟩

Bu·del *die*; (-, -n); *norddeutsch, gesprochen* ≈ *Flasche*

bud·deln VERB (buddelte, hat gebuddelt); *gesprochen* **1** **(etwas) buddeln** ⟨eine Grube, ein Loch buddeln; in der Erde buddeln⟩ ≈ *graben* **2** **etwas aus etwas buddeln** etwas durch Graben aus der Erde holen | *Kartoffeln aus der Erde buddeln* **3** (von Kindern) mit Eimer und Schaufel im Sand spielen | *im Sandkasten buddeln*

Bud·dhis·mus [bʊ'dɪsmʊs] *der*; (-) eine Religion und Philosophie, die von Buddha begründet wurde und vor allem in Südostasien verbreitet ist ● hierzu **Bud·dhist** *der*; **bud·dhis·tisch** ADJEKTIV

Bu·de *die*; (-, -n) **1** ein kleines Haus (auf dem Jahrmarkt), das meist aus Brettern gebaut ist K Losbude, Marktbude, Würstchenbude **2** *gesprochen, abwertend* ein Haus, das in einem schlechten Zustand ist **3** *gesprochen* (meist von jungen Leuten verwendet) das Zimmer, in dem man wohnt K Studentenbude ■ ID **jemandem die Bude einrennen** *gesprochen, abwertend* jemanden immer wieder (wegen der gleichen Sache) besuchen; **Ich habe heute sturmfreie Bude** *gesprochen* meine Eltern sind heute nicht zu Hause; **(jemandem) die Bude auf den Kopf stellen** *gesprochen* in jemandes Wohnung oder Haus eine große Unordnung machen; **jemandem auf die Bude rücken** *gesprochen* eine Person besuchen, obwohl sie das vielleicht nicht mag

★ **Bud·get** [bʏ'dʒe:] *das*; (-s, -s) **1** das Geld, das einer Person oder Institution für die genannte oder übliche Zeit zur Verfügung steht K Familienbudget, Haushaltsbudget, Staatsbudget **2** der Plan, wie viel Geld ein Staat (z. B. durch Steuern) bekommt und wie viel er ausgibt ≈ *Etat* **3** *humorvoll* das Geld, das jemand für einen Zweck zur Verfügung hat K Urlaubsbudget

Buf·di *der*; (-s, -s); *gesprochen* **1** *nur Singular* Kurzwort für *Bundesfreiwilligendienst* | *Ich mach nach dem Abi erst mal Bufdi* **2** eine Person, die den Bundesfreiwilligendienst macht | *sich als Bufdi engagieren*

Bü·fett *das*; (-(e)s, -e/-s) → Buffet

Büf·fel *der*; (-s, -) ein sehr großes, wild lebendes Rind, das in Afrika und im südlichen Asien vorkommt K Büffelfell

büf·feln VERB (büffelte, hat gebüffelt) **(etwas) büffeln** *gesprochen* sehr intensiv lernen ⟨Vokabeln, für eine Prüfung büffeln⟩

Buf·fet [bʏ'fe:, 'bʏfe] *das*; (-s, -s); Ⓐ Ⓒⓗ **1** **ein (kaltes/warmes) Buffet** (vor allem bei Festen) die kalten/warmen Speisen, die auf einem langen Tisch zur Auswahl stehen und die man sich meist selbst nehmen kann **2** ein Tisch in einem Lokal, auf dem Speisen und Getränke zur Auswahl stehen **3** ein niedriger Schrank für Geschirr

Bug *der*; (-(e)s, -e) der vordere (spitz zulaufende) Teil eines Schiffes oder Flugzeuges ▪ → Abb. unter **Segelboot**

Bü·gel *der*; (-s, -) **1** Kurzwort für *Kleiderbügel* | *die Kleider auf Bügel hängen* **2** einer der beiden seitlichen Teile der Brille, die man über die Ohren legt ▪ → Abb. unter **Brille** **3** Kurzwort für *Steigbügel* ⟨in den Bügel steigen⟩

★ **Bü·gel·ei·sen** *das*; (-s, -) ein elektrisches Gerät, mit dem man durch Hitze Kleidung und andere Dinge aus Stoff glatt macht K Dampfbügeleisen

Bü·gel·fal·te *die*; *meist Plural* eine Falte, die man absichtlich in Kleidungsstücke (z. B. in eine Hose) bügelt

bü·gel·frei ADJEKTIV so, dass man es (nach dem Waschen) nicht bügeln muss ⟨ein Hemd⟩

★ **bü·geln** VERB (bügelte, hat gebügelt) **(etwas) bügeln** Kleidungsstücke oder Stoffe mit einem heißen Bügeleisen glatt machen ⟨eine Hose, eine Bluse bügeln⟩ K Bügelbrett, Bügelmaschine, Bügeltisch, Bügelwäsche

Bug·gy ['bagi] *der*; (-s, -s) ein Kinderwagen, den man zusammenklappen kann

bug·sie·ren VERB (bugsierte, hat bugsiert) **jemanden/etwas irgendwohin bugsieren** *gesprochen* jemanden/etwas unter großer Anstrengung irgendwohin bringen

buh! verwendet, um zu sagen, dass man eine Darbietung (z. B. im Theater) schlecht findet K Buhruf

bu·hen VERB (buhte, hat gebuht) mehrmals „Buh!" rufen (wenn man etwas schlecht findet)

buh·len VERB (buhlte, hat gebuhlt) **1** **um jemanden/etwas buhlen** *geschrieben, oft abwertend* sich intensiv bemühen, jemanden oder etwas zu bekommen ⟨um jemandes Gunst, Liebe buhlen; um Anerkennung buhlen⟩ **2** **mit jemandem**

buhlen *veraltet* mit jemandem eine Liebesbeziehung haben

Buh·mann *der;* (-(e)s, Buh·män·ner) eine Person, der man die Schuld für alle Probleme, Misserfolge o. Ä. gibt ⟨jemanden zum Buhmann machen⟩

★ **Büh·ne** *die;* (-, -n) **1** die (leicht erhöhte) Fläche in einem Theater, auf der die Schauspieler zu sehen sind ⟨eine drehbare, versenkbare Bühne; auf die Bühne treten⟩ K Bühnenbeleuchtung, Bühnendekoration, Bühnenvorhang; Drehbühne **2** *geschrieben* ⟨ein Stück auf die Bühne bringen⟩ ≈ *Theater* | *Das Stück wurde an allen größeren Bühnen gespielt* ■ ID **etwas schnell/gut/erfolgreich über die Bühne bringen** etwas schnell, gut, erfolgreich durchführen oder beenden; **etwas geht irgendwie über die Bühne** etwas geschieht auf die genannte Weise

Büh·nen·aus·spra·che *die* die normierte Aussprache des Hochdeutschen, wie sie z. B. von Schauspielern (in klassischen Stücken) gesprochen wird

Büh·nen·bild *das* die Dekoration und die Gegenstände, die man bei einem Theaterstück auf der Bühne sieht

Büh·nen·bild·ner *der;* (-s, -) eine Person, die (beruflich) Bühnenbilder gestaltet • hierzu **Büh·nen·bild·ne·rin** *die*

buk *Präteritum, 1. und 3. Person Singular; veraltet* → backen

Bu·kett *das;* (-s, -e/-s) **1** ein Strauß schön zusammengestellter Blumen **2** der Duft des Weines ⟨ein volles Bukett⟩

Bu·let·te *die;* (-, -n); *norddeutsch* ≈ *Frikadelle*

Bull·au·ge *das* ein rundes Fenster im Rumpf eines Schiffs

Bull·dog·ge *die* ein starker, mittelgroßer Hund mit einer flachen und kurzen Schnauze

Bull·do·zer [-ze] *der;* (-s, -) ein schweres Fahrzeug mit einer großen Schaufel, mit der man Erdmassen wegschieben kann | *einen Hügel mit dem Bulldozer abtragen*

Bul·le[1] *der;* (-n, -n) **1** ein erwachsenes männliches Rind ≈ *Stier* **2** das erwachsene männliche Tier bei verschiedenen großen Säugetieren K Elefantenbulle, Hirschbulle **3** *gesprochen, abwertend* ein sehr großer Mann mit kräftigem Körper **4** *gesprochen* ⚠ ≈ *Polizist* H *der Bulle; den, dem, des Bullen*

Bul·le[2] *die;* (-, -n) ein Text in lateinischer Sprache, in dem der Papst Vorschriften, Gesetze usw. veröffentlicht

Bul·len·hit·ze *die; gesprochen* eine sehr große Hitze

Bul·le·tin [byl'tɛ̃ː] *das;* (-s, -s) **ein Bulletin (über etwas** *(Akkusativ)*) *admin* ein offizieller, meist kürzerer Bericht über ein wichtiges Ereignis | *ein ärztliches Bulletin über den Gesundheitszustand des Königs*

bul·lig ADJEKTIV; *oft abwertend* kräftig und massig ⟨ein Mann⟩

bum!, bumm! verwendet, um z. B. das Geräusch eines Pistolenschusses oder eines dumpfen Schlags nachzumachen

Bu·me·rang, Bu·me·rang *der;* (-s, -e/-s) ein gebogenes Stück Holz, das wieder zurückkommt, wenn man es wirft. Die Ureinwohner Australiens verwenden den Bumerang zur Jagd ⟨einen Bumerang werfen, schleudern⟩ ■ ID **etwas erweist sich als Bumerang** eine Handlung, mit der eine Person einer anderen Person schaden wollte, aber in Wirklichkeit sich selbst schadet

Bum·mel *der;* (-s, -) ein Spaziergang ohne konkretes Ziel | *einen Bummel durch die Geschäftsstraßen machen* K Einkaufsbummel, Stadtbummel

bum·meln VERB (bummelte, hat/ist gebummelt) **1** *(ist)* ohne Eile und ohne konkretes Ziel spazieren gehen | *durch die Stadt bummeln* **2** *gesprochen, abwertend (hat)* die Arbeit sehr langsam (und planlos) machen | *Er bummelt heute schon den ganzen Tag* **3** *(hat)* nichts Produktives tun K Bummelleben • hierzu **Bumm·ler** *der;* **Bumm·le·rin** *die*

Bum·mel·streik *der* eine Form des Streiks, bei der absichtlich langsam gearbeitet wird

Bum·mel·zug *der; gesprochen* ein Zug, der in jedem kleinen Ort hält

bums! verwendet, um das Geräusch nachzuahmen, das bei einem Fall oder Stoß entsteht

bum·sen VERB (bumste, hat/ist gebumst) **1** **gegen/an etwas** *(Akkusativ)* **bumsen** *gesprochen (hat)* sehr kräftig an/gegen etwas schlagen | *Er hat mit der Faust an die Tür gebumst* **2** **gegen/an etwas** *(Akkusativ)* **bumsen** *gesprochen (ist)* sich mit einem Körperteil an etwas Hartem stoßen | *Sie ist mit der Schulter an den Schrank gebumst* **3** **(mit jemandem) bumsen** *gesprochen* ⚠ *(hat)* Sex haben **4** **jemanden bumsen** *gesprochen* ⚠ *(hat)* (als Mann) mit einer Frau Sex haben **5** **irgendwo bumst es** *gesprochen (hat)* irgendwo gibt es einen Zusammenstoß o. Ä. und ein dumpfes Geräusch | *An dieser Kreuzung hat es schon mehrmals gebumst*

★ **Bund** *der;* (-(e)s, Bün·de) **1** eine organisierte Verbindung von zwei oder mehreren Partnern ⟨ein Bund zweier Staaten; sich zu einem Bund zusammenschließen; einem Bund beitreten, angehören⟩ ≈ *Vereinigung* K Ärztebund, Bauernbund, Gewerkschaftsbund **2** (in einem Staat wie Deutschland oder Österreich) der gesamte Staat im Gegensatz zu den einzelnen Bundesländern | *Bund und Länder* K Bundesbehörde, Bundesgebiet, Bundesgericht, Bundesgesetz, Bundeshauptstadt, Bundesregierung, Bundesrichter, Bundesverfassung **3** Ⓓ *gesprochen* Kurzwort für *Bundeswehr* **4** ein fester Stoffstreifen, der einen Rock oder eine Hose an der Taille abschließt | *den Rock am Bund enger machen* K Hosenbund **5** ein Bündel aus Pflanzen(teilen) meist von Blumen, Kräutern oder Gemüse ⟨ein Bund Petersilie, Radieschen⟩ ■ ID **den Bund der Ehe (mit jemandem) eingehen/schließen** *geschrieben* (jemanden) heiraten; **mit jemandem im Bunde sein/stehen** *geschrieben* mit jemandem verbündet sein (meist mit bösen Absichten)

Bünd·chen *das;* (-s, -) ein Stoffstreifen oder ein gestrickter Streifen am Halsausschnitt oder am unteren Rand der Ärmel von Pullovern

Bün·del *das;* (-s, -) **1** einzelne gleiche oder unterschiedliche Dinge, die zu einem Ganzen zusammengenommen oder zusammengebunden werden ⟨ein Bündel Stroh, Briefe; etwas zu einem Bündel zusammenschnüren⟩ **2** mehrere Linien oder Flächen, die sich in einem Punkt treffen ■ ID **Jeder hat sein Bündel zu tragen** jeder hat in seinem Leben Probleme und Kummer

bün·deln VERB (bündelte, hat gebündelt) **etwas bündeln** einzelne oder unterschiedliche Dinge zu einem Bündel zusammenfassen, meist indem man sie zusammenbindet ⟨Zeitungen bündeln⟩ • hierzu **Bün·de·lung** *die*

Bun·des·bank *die;* Ⓓ **(Deutsche) Bundesbank** die Bank, die in der Bundesrepublik Deutschland neues Geld in Umlauf bringt

Bun·des·bür·ger *der;* Ⓓ ein Bürger der Bundesrepublik Deutschland • hierzu **Bun·des·bür·ge·rin** *die*

bun·des·deutsch ADJEKTIV in Bezug auf die Bundesrepublik Deutschland

Bun·des·fei·er *die;* ⒸⒽ eine Feier am Abend des 1. August, des Schweizer Nationalfeiertages

Bun·des·frei·wil·li·gen·dienst *der;* Ⓓ die Möglichkeit, sich meist für die Dauer eines Jahres freiwillig in sozialen, ökologischen oder kulturellen Projekten zu engagieren H a) Abkürzung: **BFD**; b) → auch **Bufdi**

Bun·des·ge·nos·se *der; veraltend* ≈ *Verbündete(r)* • hierzu **Bun·des·ge·nos·sin** *die*

Bun·des|ge·richts·hof *der;* Ⓓ das oberste Gericht der Bundesrepublik Deutschland für Straf- und Zivilprozesse H Abkürzung: *BGH*

Bun·des|grenz·schutz *der;* Ⓓ *historisch* die Polizei, die früher die Grenzen der Bundesrepublik Deutschland schützte H Abkürzung: *BGS*

Bun·des·heer *das;* Ⓐ die Armee Österreichs

Bun·des·ka·bi·nett *das;* Ⓓ die Minister der Regierung der Bundesrepublik Deutschland

★ **Bun·des·kanz·ler** *der* ⒹⒶ der Chef der Bundesregierung H a) zu *Bundeskanzlerin* → Info im Eintrag **-in**; b) → Infos unter **Bundesrepublik** • hierzu **Bun·des·kanz·le·rin** *die*

★ **Bun·des·land** *das* **1** ⒹⒶ ein Land, das zusammen mit anderen einen Bundesstaat bildet **2** Ⓓ **die alten Bundesländer** die Bundesländer der Bundesrepublik Deutschland bis Oktober 1990 **3** Ⓓ **die neuen Bundesländer** die fünf Bundesländer, die früher das Territorium der DDR bildeten und jetzt Teil der Bundesrepublik Deutschland sind

★ **Bun·des·li·ga** *die;* Ⓓ die höchste Spielklasse in einer Sportart ⟨in die Bundesliga aufsteigen; aus der Bundesliga absteigen⟩ K Basketballbundesliga, Eishockeybundesliga, Fußballbundesliga, Handballbundesliga, Tischtennisbundesliga, Volleyballbundesliga

Bun·des·mi·nis·ter *der;* ⒹⒶ ein Mitglied (Minister) der Bundesregierung H → Infos unter **Bundesrepublik** • hierzu **Bun·des·mi·nis·te·rin** *die*

Bun·des·mi·nis·te·ri·um *das* eine der höchsten Behörden in einem Bundesstaat. Der Minister, welcher das Bundesministerium leitet, ist Mitglied der Bundesregierung | *das Bundesministerium für Bildung und Forschung*

Bun·des|nach·rich·ten·dienst *der;* Ⓓ ein Geheimdienst in der Bundesrepublik Deutschland, der Informationen aus dem Ausland beschaffen soll H Abkürzung: *BND*

Bun·des·prä·si·dent *der* **1** ⒹⒶ das Staatsoberhaupt, das vor allem repräsentative Funktionen zu erfüllen hat H → Infos unter **Bundesrepublik** **2** ⒸⒽ der Regierungschef der Schweiz (als Vorsitzender des Bundesrates) • hierzu **Bun·des·prä·si·den·tin** *die*

★ **Bun·des·rat** *der* **1** ⒹⒶ *nur Singular* eine Art Parlament, das nicht direkt gewählt wird, sondern sich aus Vertretern der einzelnen Bundesländer zusammensetzt. Der Bundesrat wirkt bei manchen Aufgaben des Bundestags/Nationalrats mit **2** ⒸⒽ *nur Singular* eine Behörde, die Teil der Regierung ist **3** ⒶⒸⒽ eine Person, die Mitglied des Bundesrats ist • zu (3) **Bun·des·rä·tin** *die*

Bun·des·re·gie·rung *die* die Regierung eines Bundesstaates, vor allem in Deutschland oder Österreich | *Die Bundesregierung hat den Entwurf für ein neues Umweltgesetz vorgelegt*

★ **Bun·des·re·pub·lik** *die; nur Singular* **1** Kurzwort für *Bundesrepublik Deutschland* **2** ein Bundesstaat

★ **Bun·des·staat** *der* **1** ein Staat, der aus mehreren Ländern besteht **2** ein Land als Teil des Bundes

Bun·des·stadt *die;* ⒸⒽ Bern als Hauptstadt der Schweiz

★ **Bun·des·stra·ße** *die;* ⒹⒶ eine relativ breite Straße, die größere Teile des Landes verbindet

★ **Bun·des·tag** *der; nur Singular;* Ⓓ das direkt gewählte Parlament in der Bundesrepublik Deutschland K Bundestagsabgeordnete(r), Bundestagsfraktion, Bundestagsmitglied H → auch **Bundesrat** und Infos unter **Bundesrepublik**

Bun·des|ver·fas·sungs·ge·richt *das;* Ⓓ das höchste Gericht bei Fragen der Verfassung, des Grundgesetzes H → Infos unter **Bundesrepublik**

Bun·des·ver·samm·lung *die* **1** Ⓓ die Personen, welche den Bundespräsidenten wählen **2** ⒸⒽ der Schweizer Nationalrat und Ständerat, die zusammen das Schweizer Parlament bilden

★ **Bun·des·wehr** *die;* (-); Ⓓ die Armee der Bundesrepublik Deutschland | *Auslandseinsätze der Bundeswehr* K Bundeswehrsoldat

bun·des·weit ADJEKTIV *meist attributiv* im gesamten Staatsgebiet der Bundesrepublik Deutschland | *ein Gesetz mit bundesweiter Gültigkeit*

LANDESKUNDE

▶ Die Bundesrepublik

Die Bundesrepublik Deutschland ist eine parlamentarische Demokratie, ihre Verfassung ist im **Grundgesetz** festgelegt.

Staatsoberhaupt ist der **Bundespräsident**, der vor allem repräsentative Aufgaben hat. Er wird von Volksvertretern für fünf Jahre gewählt und kann nur einmal wiedergewählt werden.

Die **Bundesregierung** ist das oberste Organ der Exekutive. Sie besteht aus dem **Bundeskanzler** und den **Bundesministern**.

Der **Bundestag** ist das direkt gewählte Parlament Deutschlands. Er wird alle vier Jahre gewählt und wählt seinerseits den Bundeskanzler. Bei der Gesetzgebung wirkt auch der **Bundesrat** mit, der aus Vertretern der einzelnen Bundesländer besteht.

Zu den obersten Gerichten in Deutschland zählen der **Bundesgerichtshof**, der für Straf- und Zivilprozesse zuständig ist, und das **Bundesverfassungsgericht**.

bün·dig ADJEKTIV **1** genau auf einer Linie abschließend ⟨etwas liegt bündig; etwas schließt bündig ab⟩ **2** **(kurz und) bündig** kurz und treffend ⟨etwas kurz und bündig beantworten⟩

★ **Bünd·nis** *das;* (-ses, -se) **1** **ein Bündnis (mit jemandem)** ein Zusammenschluss von Partnern (meist von Staaten), der auf einem Vertrag basiert und der oft den Zweck hat, dass man sich gegenseitig hilft ⟨ein Bündnis eingehen, schließen⟩ K Bündnispartner, Bündnistreue; Militärbündnis, Verteidigungsbündnis **2** **Bündnis 90** eine politische Partei in Deutschland, die sich 1993 mit den Grünen zusammengeschlossen hat | *der Kandidat von Bündnis 90/Die Grünen*

Bun·ga·low ['bʊŋgalo] *der;* (-s, -s) ein meist großes Haus mit nur einer Etage, in dem Leute wohnen K Ferienbungalow

Bun·gee·sprin·gen ['bandʒi-] *das;* (-s) das Springen aus großer Höhe, bei dem man an einem starken elastischen Seil hängt, das verhindert, dass man den Boden berührt

Bun·ker *der;* (-s, -) ein großer Raum unter der Erde, in dem man Schutz vor Bombenangriffen findet

Bun·sen·bren·ner *der* ein kleines Gerät, mit dem man Chemikalien erhitzt und bei dem man die Hitze der Flamme regulieren kann

★ **bunt** ADJEKTIV (bunter, buntest-) **1** mit mehreren verschiedenen (leuchtenden) Farben ⟨ein Bild, ein Blumenstrauß, ein Kleid⟩ ≈ *farbig* K Buntspecht **2** *nur attributiv* mit gemischtem Inhalt ⟨ein Abend, ein Programm⟩ ■ **ID** **es bunt treiben** *meist abwertend* sich nicht an (gesellschaftliche) Normen halten; **Das wird mir jetzt zu bunt!** *gesprochen* Das dulde ich nicht mehr • zu (1) **Bunt·heit** *die*

★ **Bunt·stift** *der* ein Zeichen- oder Malstift mit einer farbigen Mine

Bunt·wä·sche *die; nur Singular* farbige Textilien, die man nicht zu heiß waschen darf

Bür·de *die;* (-, -n); *meist Singular; geschrieben* **1** etwas relativ Schweres, das auf einem anderen Gegenstand liegt oder lastet ≈ *Last* **2** etwas, das jemandem große Probleme und Kummer bereitet ⟨eine Bürde tragen; jemandem eine Bürde auferlegen, abnehmen⟩ | *die Bürde des Alters*

★ **Burg** *die;* (-, -en) früher wohnten Herrscher in Burgen mit dicken Mauern, um sich vor Feinden zu schützen ⟨eine verfallene Burg; eine Burg belagern⟩ | *die Burgen des Rheintals* **K** Burggraben, Burggraf, Burgherr, Burgruine, Burgverlies, Burgvogt; Ritterburg **H** nicht verwechseln: *Schlösser* sind prunkvoll und *Burgen* dienen dem Schutz vor Feinden

Bür·ge *der;* (-n, -n) eine Person, die garantiert und dafür haftet, dass eine andere Person ihr Versprechen halten und z. B. ihre Schulden zahlen wird ⟨einen Bürgen nennen/stellen; für jemanden als Bürge eintreten, fungieren⟩ **H** *der Bürge; den, dem, des Bürgen* ● hierzu **Bür·gin** *die*

bür·gen VERB (bürgte, hat gebürgt) **1** **für etwas bürgen** dafür garantieren, dass die Qualität einer Sache gut ist | *Das Markenzeichen bürgt für Qualität* **2** **für jemanden bürgen** für jemanden Bürge sein

★ **Bür·ger** *der;* (-s, -) **1** eine Person mit der Staatsbürgerschaft eines Landes | *die Rechte und Pflichten der Bürger* **K** Bürgerpflicht; Staatsbürger **H** zu *Bürgerin* → Info im Eintrag **-in** **2** ein Einwohner einer Stadt oder Gemeinde, ein Mitglied der Gesellschaft ⟨ein braver, biederer Bürger⟩ **H** zu *Bürgerin* → Info im Eintrag **-in** **3** *historisch* eine Person, die zu einer gehobenen Schicht der Gesellschaft gehört (aber nicht adelig ist) **H** zu *Bürgerin* → Info im Eintrag **-in** ● hierzu **Bür·ge·rin** *die*

Bür·ger·be·geh·ren *das* das Sammeln von Unterschriften, die einen Bürgerentscheid fordern

Bür·ger·ent·scheid *der* eine Abstimmung der Bürger einer Gemeinde über eine wichtige politische Frage

★ **Bür·ger·ini·ti·a·ti·ve** *die* eine Gruppe von Bürgern, die versucht, die Aufmerksamkeit der Öffentlichkeit auf solche Probleme zu lenken, die von der Regierung oder der Gemeinde nicht oder nur schlecht gelöst wurden ⟨eine Bürgerinitiative gründen⟩

Bür·ger·krieg *der* ein bewaffneter Kampf zwischen verschiedenen gesellschaftlichen oder politischen Gruppen innerhalb eines Staates ● hierzu **bür·ger·kriegs·ähn·lich** ADJEKTIV

bür·ger·lich ADJEKTIV *meist attributiv* **1** für alle Bürger gültig ⟨die Rechte, die Pflichten⟩ **2** den gesellschaftlichen Normen entsprechend ⟨eine Ehe, ein Leben, eine Partei⟩ **3** *abwertend* ⟨Anschauungen; eine Person ist jemandem zu bürgerlich⟩ ≈ *konservativ* **4** → Recht

★ **Bür·ger·meis·ter**, **Bür·ger·meis·ter** *der* der oberste Repräsentant einer Stadt oder Gemeinde **H** zu *Bürgermeisterin* → Info im Eintrag **-in** ● hierzu **Bür·ger·meis·te·rin**, **Bür·ger·meis·te·rin** *die*

bür·ger·nah ADJEKTIV so, dass die Probleme und Wünsche der Bürger bei den Planungen beachtet werden ⟨Politik⟩

Bür·ger·recht *das; meist Plural* eines der Rechte, die man als Staatsbürger hat, z. B. das Wahlrecht

Bür·ger·recht·ler *der;* (-s, -) eine Person, welche dafür kämpft, dass die Bürger- und Menschenrechte (für alle Bürger eines Staates) tatsächlich beachtet werden | *der Bürgerrechtler Martin Luther King*

Bür·ger·rechts|be·we·gung *die* eine Gruppe von Personen, die sich dafür einsetzt, dass die Bürger- und Menschenrechte tatsächlich beachtet werden

Bür·ger·schaft *die;* (-, -en); *meist Singular* **1** alle Bürger **2** Ⓓ verwendet als Name für die Parlamente der Bundesländer Hamburg und Bremen

★ **Bür·ger·steig** *der* (in Städten) ein besonderer, meist erhöhter Weg für Fußgänger an der Seite einer Straße ⟨den Bürgersteig benutzen; auf dem Bürgersteig bleiben⟩ ≈ *Gehsteig, Gehweg*

Bür·ger·tum *das;* (-s) die Bürger | *das aufstrebende Bürgertum des 18. Jahrhunderts*

Bür·ger·ver·si·che·rung *die;* Ⓓ ein Vorschlag für eine Krankenversicherung, in der jeder Bürger Mitglied sein soll und die Höhe der Beiträge nicht vom Einkommen abhängt

Bürg·schaft *die;* (-, -en) **1** eine Garantie, die eine Person für jemanden oder etwas abgibt ⟨für jemanden/etwas (eine) Bürgschaft leisten⟩ **2** eine Summe Geld, mit der eine Person für jemanden bürgt ⟨eine hohe Bürgschaft übernehmen⟩ **3** ein Vertrag, mit dem sich eine Person verpflichtet, für jemanden Bürge zu sein ⟨eine Bürgschaft übernehmen⟩

Bur·les·ke *die;* (-, -n) eine Komödie mit meist einfacher Handlung und derben Späßen ● hierzu **bur·lesk** ADJEKTIV

★ **Bü·ro** *das;* (-s, -s) **1** in Büros werden die schriftlichen Arbeiten, die Verwaltung und Organisation von Firmen und Institutionen erledigt **K** Büroangestellte(r), Büroarbeit, Bürogebäude, Bürogehilfe, Bürostunden, Bürotätigkeit **2** die Personen, die in einem Büro arbeiten

Bü·ro·be·darf *der* alle Gegenstände, die man zum Arbeiten in einem Büro braucht (z. B. Schreibpapier, Disketten usw.)

Bü·ro·haus *das* ein Gebäude (meist ein Hochhaus), in dem sich nur Büros befinden

Bü·ro|kauf·mann *der* eine Person, die beruflich in einem Büro kaufmännische Tätigkeiten erledigt ● hierzu **Bü·rokauf·frau** *die*

Bü·ro·klam·mer *die* eine Klammer aus gebogenem Draht, die Blätter aus Papier zusammenhält **H** → Abb. unter **Klammer**

Bü·ro·kra·tie *die;* (-, -n [-'tiːən]); *meist Singular; oft abwertend* alle Institutionen und Organe der Verwaltung ● hierzu **bü·ro·kra·tisch** ADJEKTIV; **Bü·ro·krat** *der*

Bü·ro·kra·tis·mus *der;* (-s); *abwertend* die Art von Verwaltung, die nur den Regeln folgt (und daher langsam und nicht kreativ ist)

Bürsch·chen *das;* (-s, -); *meist abwertend* verwendet als Anrede oder Bezeichnung für einen Jugendlichen oder einen jungen Mann, dessen Verhalten man kritisieren möchte ⟨ein freches, windiges Bürschchen⟩

Bur·sche *der;* (-n, -n) **1** ein junger Mann (im Alter zwischen ca. 14 und 20 Jahren) ⟨ein fescher, toller Bursche⟩ **H** *der Bursche; den, dem, des Burschen* **2** **ein** *+Adjektiv* **Bursche** ein junger Mann oder Junge mit einer charakteristischen Eigenschaft ⟨ein aufgeweckter, cleverer, gutaussehender, schlauer, zäher Bursche; ein durchtriebener, gerissener, ungehobelter, übler Bursche⟩ **3** früher als Bezeichnung und Anrede für männliche Diener, Lehrlinge und Knechte verwendet

Bur·schen·schaft *die;* (-, -en) eine Vereinigung von Studenten (zu politischen und gesellschaftlichen Zwecken) ⟨einer Burschenschaft angehören⟩

bur·schi·kos ADJEKTIV ⟨eine Frau, ein Mädchen⟩ so, dass sie ein Verhalten zeigen, das eigentlich für einen Mann oder einen Jungen typisch ist

★ **Bürs·te** *die;* (-, -n) mit einer Bürste (und deren Borsten) pflegt man etwas und macht es sauber **K** Haarbürste, Kleiderbürste, Klobürste, Massagebürste, Schuhbürste, Zahnbürste

BÜRSTEN

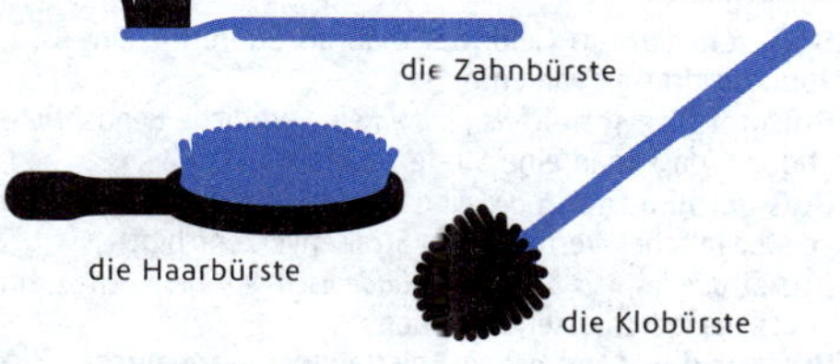

bürs·ten VERB (bürstete, hat gebürstet) **1** **etwas (von etwas) bürsten** etwas mit einer Bürste entfernen ⟨Staub, Schmutz von den Kleidern, Schuhen bürsten⟩ **2** **etwas bürsten** et-

B

was mit einer Bürste behandeln und somit pflegen oder säubern ⟨das Haar, die Zähne, die Haut bürsten⟩

Bür·zel *der;* (-s, -) der Teil des Körpers eines Vogels, wo der Schwanz beginnt | *der Bürzel einer Ente* K Bürzeldrüse

★ **Bus** *der;* (-ses, -se) ein langes und großes Auto mit vielen Sitzplätzen, in dem Fahrgäste befördert werden ≈ *Omnibus* | *mit dem Bus nach Neapel fahren* K Busanhänger, Busfahrer, Busfahrt, Bushaltestelle, Buslinie, Busunternehmen; Fernbus, Gelenkbus, Kleinbus, Regionalbus, Reisebus, Rufbus, Schulbus, Shuttlebus, Stadtbus

★ **Busch** *der;* (-(e)s, Bü·sche) **1** eine Pflanze ohne Stamm mit vielen Ästen aus Holz ≈ *Strauch* K Holunderbusch, Rosenbusch **2** mehrere abgeschnittene Äste mit Blüten ⟨ein Busch Flieder⟩ **3** ein relativ großes Büschel **4** *nur Singular* eine trockene Zone vor allem in Afrika und Australien, in der meist nur niedrige Büsche wachsen ■ ID **(bei jemandem) auf den Busch klopfen** eine Anspielung machen oder vorsichtig Fragen stellen, um die gewünschte Information zu bekommen; **sich in die Büsche schlagen** *gesprochen* heimlich verschwinden; **Da ist doch (et)was im Busch!** Da wird doch etwas heimlich geplant oder vorbereitet

Bü·schel *das;* (-s, -) einzelne, meist länglich gewachsene Teile, die zusammengebunden oder zusammengefasst werden ⟨ein Büschel Gras, Heu, Haare, Federn⟩

bu·schig ADJEKTIV **1** mit vielen, dicht gewachsenen Haaren ⟨die Augenbrauen⟩ | *der buschige Schwanz des Fuchses* **2** wie ein Busch ⟨ein Strauch⟩ **3** mit vielen Büschen ⟨ein Gelände⟩

Bu·sen *der;* (-s, -) **1** *meist Singular* beide Brüste der Frau ⟨ein kleiner, üppiger, voller Busen⟩ **i** → Abb. unter **Mensch** **2** *veraltet* das Herz als der Ort, an dem die Seele und die Gefühle des Menschen ihren Platz haben | *Hoffnungen im Busen nähren*

Bu·sen·freund *der; veraltend, meist ironisch* ein sehr enger Freund • hierzu **Bu·sen·freun·din** *die*

Bus·sard *der;* (-s, -e) ein relativ großer Raubvogel

Bu·ße *die;* (-, -n) **1** *nur Singular* ein Verhalten, durch das eine Person (meist aus religiösen Gründen) zeigt, dass es ihr leid tut, Fehler oder Sünden begangen zu haben ⟨Buße tun; jemandem Buße predigen⟩ ≈ *Reue* K Bußpredigt, Bußsakrament **2** die Gebete, die jemand als Buße betet **3** eine kleine Summe Geld, die man als Strafe zahlen muss

bü·ßen VERB (büßte, hat gebüßt) **1** **etwas (mit etwas) büßen (müssen)** die negativen Folgen eines großen Fehlers, den man gemacht hat, (als Strafe) ertragen (müssen) | *Sie musste ihre Unvorsichtigkeit im Straßenverkehr mit dem Leben büßen* **i** kein Passiv **2** **etwas büßen** von den eigenen Sünden oder der eigenen Schuld wieder frei werden, indem man Buße tut **3** **für etwas büßen (müssen)** die negativen Folgen eines Fehlers ertragen müssen | *Er musste für seinen Leichtsinn büßen* ■ ID **Das sollst du mir büßen!** verwendet als Drohung, wenn man sich schlecht behandelt fühlt

Buß·geld *das* das Geld, das man als Strafe für eine Ordnungswidrigkeit zahlen muss

Buß·geld|be·scheid *der; admin* eine amtliche Benachrichtigung, dass man eine Strafe zahlen muss

Buß·geld|ka·ta·log *der* eine Liste der Geldstrafen, welche es für falsches Verhalten im Straßenverkehr gibt

Bus·si *das;* (-s, -s); *besonders süddeutsch* Ⓐ, *gesprochen* ein Kuss mit geschlossenen Lippen

Buß- und Bet·tag *der* ein Feiertag (der evangelischen Kirche) an einem Mittwoch im November, an dem die Gläubigen über ihr Leben nachdenken sollen

Büs·te, Büs·te *die;* (-, -n) **1** eine Skulptur, meist aus Marmor oder Bronze, die Kopf und Brust eines Menschen zeigt | *eine Büste von Beethoven* K Bronzebüste, Marmorbüste **2** *veraltend* ≈ *Busen*

Büs·ten·hal·ter, Büs·ten·hal·ter *der* ein Wäschestück für Frauen, welches die Brüste stützt oder formt **i** Abkürzung: *BH*

Bütt *die;* (-, -en) ein Rednerpult, das wie ein Fass aussieht. Im Karneval hält man lustige Reden „in" (= hinter) der Bütt ⟨in die Bütt steigen⟩ K Büttenrede

Büt·te *die;* (-, -n) ein großes (meist hölzernes) Gefäß in der Form einer Wanne | *Trauben in die Bütte schütten*

★ **But·ter** *die;* (-) ein Fett, das man aus Milch macht und aufs Brot streicht oder zum Kochen und Backen verwendet ⟨frische, ranzige Butter; etwas in Butter braten⟩ K Butterkeks, Butterkuchen, Butterschmalz, Butterdose, Buttermesser **i** zu *Butterdose* → Abb. unter **Frühstück** ■ ID **(Es ist) alles in Butter** *gesprochen* (Es ist) alles in Ordnung; **sich** (*Dativ*) **nicht die Butter vom Brot nehmen lassen** *gesprochen* sich nicht benachteiligen lassen; **jemandem nicht die Butter auf dem Brot gönnen** *gesprochen* jemandem nichts Gutes gönnen

But·ter·brot *das* eine Scheibe Brot, auf die man Butter gestrichen hat ■ ID **um/für ein Butterbrot** *gesprochen* für sehr wenig Geld; **jemandem etwas aufs Butterbrot streichen/schmieren** *gesprochen* einer Person (wiederholt) Vorwürfe machen oder sie kritisieren

But·ter·brot|pa·pier *das* ein spezielles Papier, das kein Fett durchlässt und in das man meist belegte Brote einpackt

But·ter·creme *die* eine süße Creme aus Butter, Milch und Zucker, die man für Torten verwendet K Buttercremeschnitte, Buttercremetorte

But·ter·milch *die* eine Art säuerliche Milch mit wenig Fett, die bei der Herstellung von Butter übrig bleibt

but·tern VERB (butterte, hat gebuttert) **1** **etwas in etwas** (*Akkusativ*) **buttern** *gesprochen* meist Geld in etwas investieren (ohne dass es sich lohnt) | *Er hat sein privates Vermögen in das Geschäft gebuttert* **2** Butter herstellen

but·ter·weich ADJEKTIV sehr weich | *butterweiches Fleisch*

But·ton ['batn̩] *der;* (-s, -s) ein kleines, rundes Stück Blech (mit einer Aufschrift, einem Symbol o. Ä.), das man mit einer Nadel an der Kleidung befestigt, z. B. um die eigene Meinung zu zeigen K Meinungsbutton

Büx *die;* (-, -en); *norddeutsch* ≈ *Hose*

Bu·xe *die;* (-, -n); *norddeutsch* ≈ *Hose*

b.w. Abkürzung für *bitte wenden* → wenden

By·pass ['baipas] *der;* (-(es), By·päs·se) wenn die Adern rund ums Herz verstopft sind, kann der Arzt Bypässe legen, damit das Blut wieder fließen kann ⟨jemandem einen Bypass legen; einen Bypass bekommen⟩ K Bypassoperation

Byte [bait] *das;* (-(s), -(s)) eine Maßeinheit für Datenmengen beim elektronischen Rechnen | *ein Byte hat acht Bit* K Kilobyte, Megabyte, Gigabyte

BZÖ [be:tsɛt'|ø:] *das;* (-) Bündnis Zukunft Österreich eine politische Partei in Österreich

bzw. Abkürzung für *beziehungsweise*

C

C, c [tse:] *das;* (-, -/*gesprochen auch* -s) [1] der dritte Buchstabe des Alphabets ⟨ein großes C; ein kleines c⟩ [2] der erste Ton der C-Dur-Tonleiter ⟨das hohe, tiefe C⟩ [K] C-Dur, c-Moll

ca. ['tsɪrka] Abkürzung für *circa*

Ca·ba·ret [kaba're:] *das;* (-s, -s) → Kabarett

Cab·rio [k-] *das;* (-s, -s) Kurzwort für *Cabriolet*

Cab·ri·o·let [kabrio'le:] *das;* (-s, -s) ein Auto, bei dem man das Dach nach hinten klappen kann ↔ *Limousine*

★ **Ca·fé** [ka'fe:] *das;* (-s, -s) eine Gaststätte, in der man Kaffee trinken und Kuchen essen kann [K] Gartencafé, Straßencafé [H] → Infos unter **Lokal**

Ca·fe·te·ria [kafeta'ri:a] *die;* (-, -s) ein Restaurant, in dem man sich Speisen und Getränke meist selbst holt

Cal·ci·um ['kaltsi̯um] *das;* (-s) → Kalzium

Call·cen·ter ['kɔ:l-] *das* ein Büro, das für einen Betrieb oder ein Unternehmen Anrufe entgegennimmt und durchführt

Call·girl ['kɔ:lgø:ɐ̯l] *das;* (-s, -s) eine Frau, mit der sich jemand telefonisch zu bezahltem Sex verabredet

Cam·cor·der ['kamkɔrdɐ] *der;* (-s, -) eine tragbare Filmkamera, die Bilder elektronisch aufzeichnet, sodass man sich die Filme am Fernsehgerät ansehen kann

Ca·mem·bert ['kaməmbe:ɐ̯] *der;* (-s, -s) ein weicher, weißlicher Käse mit einer dünnen Schicht Schimmel

Camp [kɛmp] *das;* (-s, -s) ein Platz mit Zelten oder Baracken, in denen man meist für kurze Zeit wohnt ≈ *Lager* | *die Ferien in einem Camp verbringen*

★ **cam·pen** ['kɛmpn̩] VERB (campte, hat gecampt) **(irgendwo) campen** eine kürzere Zeit während des Urlaubs in einem Zelt oder Wohnwagen wohnen | *Wir campen am Seeufer*

Cam·per ['kɛmpɐ] *der;* (-s, -) [1] eine Person, die campt [2] ein Wohnwagen zum Campen

★ **Cam·ping** ['kɛmpɪŋ] *das;* (-s) der Aufenthalt im Zelt oder Wohnwagen während des Urlaubs [K] Campingartikel, Campingausrüstung, Campingbedarf, Campingliege, Campingmöbel, Campingplatz, Campingstuhl, Campingtisch, Campingurlaub, Campingzelt

Cam·ping·bus ['kɛmpɪŋ-] *der* ein relativ großes Auto, in dem man wohnen und schlafen kann

Cam·pus ['kampʊs] *der;* (-, -); *meist Singular* die Fläche (außerhalb des Stadtzentrums), auf welcher die Gebäude sind, die zu einer Universität gehören

Cape [ke:p] *das;* (-s, -s) ein weiter Mantel ohne Ärmel, den man um die Schultern legt ≈ *Umhang* [K] Regencape

Cap·puc·ci·no [kapʊ'tʃi:no] *der;* (-s, -s) ein Getränk aus Kaffee (Espresso), Mich und Milchschaum

Ca·ra·van ['ka(:)ravan] *der;* (-s, -s) [1] ein Wohnwagen, der an einen Personenwagen angehängt wird [2] ≈ *Kombi(wagen)*

Ca·ri·tas [k-] *die;* (-) eine Institution der katholischen Kirche, die Menschen hilft, wenn sie in Not sind [K] Caritasverband

Ca·ro·tin [k-] *das;* (-s) → Karotin

Car·toon [kar'tu:n] *der/das;* (-(s), -s) [1] eine witzige Zeichnung, die meist Politiker und politische Ereignisse verspottet [2] eine gezeichnete (oft satirische) Geschichte

Ca·sa·no·va [kaza'no:va] *der;* (-s, -s) ein Mann, der schon viele Frauen verführt hat | *Er ist ein richtiger Casanova*

Ca·si·no [k-] *das;* (-s, -s); Ⓐ → Kasino

Cas·ting [k-] *das;* (-s, -s) das Auswählen von Darstellern nach kurzen Probeauftritten

Cas·ting·show ['ka:stɪŋʃo:, -ʃou̯] *die* ein Wettbewerb (im Fernsehen), bei dem Laien ihre Fähigkeiten als Sänger, Tänzer, Models o. Ä. vor Publikum und einer Jury vorführen

Cas·tor·be·häl·ter [k-] *der* ein Behälter, in dem radioaktive Stoffe transportiert oder gelagert werden

Cas·tor·trans·port [k-] *der* der Transport von Castorbehältern

cat·chen ['kɛtʃn̩] VERB (catchte, hat gecatcht) **(gegen jemanden/mit jemandem) catchen** vor einem Publikum mit jemandem einen Ringkampf machen, bei dem alle Griffe erlaubt sind • hierzu **Cat·cher** *der*

★ **CD** [tse:'de:] *die;* (-, -s) Compact Disc eine runde Scheibe aus Kunststoff, auf der Daten (Texte, Bilder, Musik) gespeichert sind

★ **CD-Play·er** [tse:'de:ple:jɐ] *der;* (-s, -) ein elektronisches Gerät, mit dem man CDs abspielen kann

★ **CD-ROM** [tsede'rɔm] *die;* (-, -s) eine CD mit Daten, die ein Computer lesen, aber nicht verändern kann | *ein Programm auf CD-ROM*

CD-Spie·ler [tse:'de:-] *der* ≈ *CD-Player*

CDU [tse:de:'|u:] *die;* (-) Christlich-Demokratische Union eine politische Partei in Deutschland

Cel·list [tʃɛ'lɪst] *der;* (-en, -en) eine Person, die (beruflich) Cello spielt [H] *der Cellist; den, dem, des Cellisten* • hierzu **Cel·lis·tin** *die*

Cel·lo ['tʃɛlo] *das;* (-s, Cel·li) ein großes Instrument mit tiefem Klang, das wie eine große Geige aussieht und das man beim Spielen zwischen den Knien hält ⟨Cello spielen⟩ [K] Cellokonzert, Cellospieler

Cel·lo·phan® [tsɛlo'fa:n] *das;* (-s) eine durchsichtige Folie, mit der man Lebensmittel einpackt [K] Cellophantüte

Cel·si·us ['tsɛlzi̯ʊs] verwendet als Bezeichnung für eine Skala, mit welcher die Temperatur gemessen wird | *Wasser kocht bei hundert Grad Celsius* (100 °C) | *Temperaturen zwischen 25 und 30 Grad Celsius* [K] Celsiusskala [H] Abkürzung: *C*

Cem·ba·lo ['tʃɛmbalo] *das;* (-s, -s/Cem·ba·li); *historisch* ein Musikinstrument mit Tasten, das man vor allem vom 15. bis zum 18. verwendet hat. Es sieht wie ein Klavier aus.

★ **Cent** *der;* (-(s), -(s)) [1] [tsɛnt] die kleinste Einheit der europäischen Währung | *Ein Euro hat 100 Cent* [H] Der Plural lautet *Cents*, wenn man von einzelnen Münzen spricht und *Cent*, wenn man von der Summe spricht. Abkürzung nach Zahlen: *c.* oder *ct.* [2] [sɛnt] die kleinste Einheit der amerikanischen Währung | *Ein Dollar hat 100 Cent* [H] Abkürzung nach Zahlen: *¢*

Cen·ter ['sɛntɐ] *das;* (-s, -) eine Art Kaufhaus (oft mit Selbstbedienung) [K] Bekleidungscenter, Einkaufscenter, Gartencenter, Schuhcenter

ces, Ces [tsɛs] *das;* (-, -) der Halbton unter dem *c*

CH [tse:'ha:] Confoederatio Helvetica verwendet als Bezeichnung für die Schweiz (meist bei Adressen und Kraftfahrzeugen)

Cha·let [ʃal'e:] *das;* (-s, -s); *meist* ⒸⒽ ein einfaches Ferienhaus oder eine Ferienwohnung

Cha·mä·le·on [ka-] *das;* (-s, -s) ein kleines Reptil, das seine Farbe je nach der Umgebung ändern kann

Cham·pag·ner [ʃam'panjɐ] *der;* (-s, -) [1] ein Sekt, der in der Champagne (Frankreich) hergestellt wird [2] *veraltend* ≈ *Sekt*

C

Cham·pig·non ['ʃampɪnjɔŋ] *der;* (-s, -s) ein essbarer, meist weißer Pilz, der z. B. auf Wiesen wächst oder gezüchtet wird K Wiesenchampignon, Zuchtchampignon

Cham·pi·on ['tʃɛmpi̯ən] *der;* (-s, -s) der beste Sportler oder die beste Mannschaft in einer Sportart ⟨den Champion herausfordern, besiegen⟩ | *der Champion im Boxen* K Boxchampion, Hockeychampion, Tennischampion *usw.*

★ **Chan·ce** ['ʃã:sə, ʃã:s] *die;* (-, -n) **eine Chance (auf etwas** (*Akkusativ*)**)** eine günstige Gelegenheit, die Möglichkeit oder die Wahrscheinlichkeit, etwas zu erreichen ⟨eine Chance verpassen, wahrnehmen; große, nur geringe, keine Chancen haben; jemandem eine Chance bieten; sich (*Dativ*) eine gute Chance bei etwas ausrechnen⟩ | *Du hast gute Chancen, im Beruf weiterzukommen* | *Sein Plan hatte nicht die geringste Chance auf Erfolg* ■ ID **(bei jemandem) Chancen haben** (auf jemanden) sexuell attraktiv wirken ● hierzu **chan·cen·los** ADJEKTIV; **chan·cen·reich** ADJEKTIV

Chan·cen·gleich·heit ['ʃã:sn̩-] *die* dieselben Voraussetzungen oder Möglichkeiten für jeden in Ausbildung und Beruf

Chan·son [ʃã'sõ:] *das;* (-s, -s) ein meist satirisches oder kritisches Lied zu aktuellen Themen K Chansonsänger

★ **Cha·os** ['ka:ɔs] *das;* (-) ein sehr großes Durcheinander (oft verbunden mit Zerstörung) | *Nach dem Sturm herrschte in der Stadt das reinste Chaos* | *Was habt ihr hier wieder für ein Chaos angerichtet?*

Cha·os·tage *die; Plural* **1** eine Zeit von meist mehreren Tagen, an denen viele Menschen mit Gewalt demonstrieren **2** *gesprochen* Tage, an denen man sehr viel zu tun hat

Cha·ot [ka'o:t] *der;* (-en, -en); *abwertend* **1** eine Person mit radikalen politischen Zielen, für die sie auch mit gewaltsamen Aktionen kämpft **2** *gesprochen* eine Person, die ohne Ordnung und Plan denkt und handelt ▮ *der Chaot; den, dem, des Chaoten* ● hierzu **Cha·o·tin** *die*

cha·o·tisch [ka'o:tɪʃ] ADJEKTIV **1** so, dass es ein großes Durcheinander und Zerstörungen gibt ⟨Zeiten, Verhältnisse⟩ **2** in einem Zustand ohne irgendeine Ordnung | *Die Versammlung verlief ziemlich chaotisch*

★ **Cha·rak·ter** [ka-] *der;* (-s, Cha·rak·te·re) **1** alle Eigenschaften, die das Verhalten (eines Menschen, eines Tieres, einer Gruppe) bestimmen und somit von anderen unterscheiden ⟨etwas bildet, formt den Charakter⟩ ≈ *Wesen* | *Was hat der nur für einen fiesen Charakter!* K Charakterbild, Charakterbildung, Charaktereigenschaft, Charakterfehler, Charakterfestigkeit, Charakterschwäche, Charakterstärke, charakterschwach, charakterstark **2** ein besonderes Merkmal einer Sache | *eine Angelegenheit vertraulichen Charakters* | *eine Landschaft von südländischem Charakter* **3** *oft ironisch* ein Mensch, bei dem eine positive Eigenschaft besonders stark ist **4** eine Figur (mit entsprechenden Eigenschaften oder Merkmalen) in einem Schauspiel, Roman o. Ä. K Charakterdarsteller, Charakterrolle ■ ID **ein Mensch von/ohne Charakter** eine Person, die ihren eigenen Prinzipien treu/nicht treu bleibt; **Charakter beweisen** auch in schwierigen Situationen den eigenen Prinzipien treu bleiben

cha·rak·te·ri·sie·ren [ka-] VERB (charakterisierte, hat charakterisiert) **1** **jemanden/etwas (irgendwie) charakterisieren** die Eigenschaft(en) oder das Wesen einer Person oder Sache beschreiben ⟨jemanden/etwas kurz, treffend charakterisieren⟩ **2** **etwas charakterisiert jemanden/etwas** etwas ist typisch für jemanden/etwas ● hierzu **Cha·rak·te·ri·sie·rung** *die*

Cha·rak·te·ris·tik [ka-] *die;* (-, -en) die Beschreibung des Charakters einer Person oder Sache

Cha·rak·te·ris·ti·kum [ka-] *das;* (-s, Cha·rak·te·ris·ti·ka); *geschrieben* eine Eigenschaft, die für eine Person oder Sache typisch ist (und an der man eine Person oder Sache besonders leicht erkennen kann)

cha·rak·te·ris·tisch [ka-] ADJEKTIV **charakteristisch (für jemanden/etwas)** ⟨eine Eigenschaft, ein Merkmal⟩ ≈ *typisch* | *Dieses Verhalten ist höchst charakteristisch für ihn*

cha·rak·ter·lich [ka-] ADJEKTIV *meist attributiv* in Bezug auf den Charakter ⟨Eigenschaften; ein Fehler; jemanden charakterlich beurteilen, einschätzen⟩

Cha·rak·ter·zug [ka-] *der* etwas, das für jemandes Charakter besonders typisch ist ⟨ein hervorstechender Charakterzug⟩

Cha·ris·ma, **Cha·ris·ma** [ç-, k-] *das;* (-s, Cha·ris·men/Cha·ris·ma·ta); *geschrieben* ≈ *Ausstrahlung* ● hierzu **cha·ris·ma·tisch** ADJEKTIV

char·mant [ʃar'mant] ADJEKTIV voll Charme ⟨eine Dame, ein Herr; charmant lächeln⟩

★ **Charme** [ʃarm] *der;* (-s) die sympathische Art, die eine Person oder Sache attraktiv macht ⟨bezaubernder, unwiderstehlicher Charme; (viel) Charme haben, versprühen⟩ | *Er ließ seinen Charme spielen, um mich zu überreden* (Er benutzte seinen Charme dazu)

Char·meur [ʃar'mø:ɐ̯] *der;* (-s, -s/-e) ein Mann, der versucht, mit Charme Frauen für sich zu gewinnen

Char·ta ['ka-] *die;* (-, -s) eine Urkunde, die eine meist politische Verfassung enthält | *die Charta der Vereinten Nationen*

char·tern ['tʃa-] VERB (charterte, hat gechartert) **etwas chartern** ein Flugzeug, Schiff für eine Reise mieten K Charterflug, Charterflugzeug, Chartergesellschaft

Chas·sis [ʃa'si:] *das;* (-, - [-'si:s]) ≈ *Fahrgestell*

Chat [tʃɛt] *der;* (-s, -s) eine Unterhaltung im Internet, bei der zwei oder mehr Personen miteinander sprechen oder abwechselnd kurze Sätze schreiben | *Sie hat ihn im Internet im Chat kennengelernt* ● hierzu **chat·ten** VERB

Chauf·feur [ʃɔ'fø:ɐ̯] *der;* (-s, -e) eine Person, die beruflich für andere Personen Auto fährt K Taxichauffeur ● hierzu **Chauf·feu·rin** *die*

chauf·fie·ren [ʃɔ-] VERB (chauffierte, hat chauffiert) **jemanden (irgendwohin) chauffieren** (meist als Chauffeur) jemanden in einem Auto irgendwohin fahren

Chaus·see [ʃɔ'se:] *die;* (-, -n [-'se:ən]); *veraltend* ≈ *Landstraße* K Chausseebaum, Chausseegraben

Chau·vi ['ʃo:vi] *der;* (-s, -s); *gesprochen, abwertend* ein Mann, der so handelt, als ob Männer den Frauen überlegen seien

Chau·vi·nist [ʃovi'nɪst] *der;* (-en, -en); *abwertend* **1** eine Person, die sehr nationalistisch ist und andere Völker verachtet **2** ≈ *Chauvi* ▮ *der Chauvinist; den, dem, des Chauvinisten* ● zu (1) **Chau·vi·nis·mus** *der;* zu (1) **chau·vi·nis·tisch** ADJEKTIV

che·cken ['tʃɛkn̩] VERB (checkte, hat gecheckt) **1** **jemanden/etwas checken** jemanden/etwas überprüfen oder kontrollieren ⟨Fahrzeuge, Ausweise, Listen checken⟩ **2** **etwas checken** *gesprochen* ≈ *begreifen* | *Hast du das jetzt erst gecheckt?*

Check·lis·te ['tʃɛk-] *die* **1** eine Liste aller Teile eines komplizierten Apparates, die überprüft werden müssen **2** eine Liste mit den Passagieren eines Flugzeugs

★ **Chef** [ʃɛf] *der;* (-s, -s) **1** ein Mann, der eine Gruppe von Mitarbeitern leitet ⟨der Chef der Firma, des Betriebs, des Unternehmens, des Konzerns⟩ | *einen strengen Chef haben* K Bankenchef, Behördenchef, Betriebschef, Bürochef, Firmenchef, Personalchef **2** Kurzwort für *Chefkoch* bzw. *Küchenchef*

Chef- ['ʃɛf] *im Substantiv, betont, begrenzt produktiv* **1** **der Chefarzt, der Chefingenieur, der Chefkoch, der Chefpilot, der Chefredakteur** *und andere* eine Person, die eine Gruppe von Menschen mit dem gleichen Beruf leitet **2**

der Chefdesigner, der Chefideologe, der Cheftheoretiker *und andere* eine Person, die auf einem Gebiet maßgebend ist

Chef·eta·ge ['ʃɛf-] *die* **1** die Etage (in einem Bürohaus), in welcher die Räume der Chefs sind **2** alle Personen, die ein Unternehmen gemeinsam leiten

Che·fin ['ʃɛ-] *die; (-, -nen)* **1** eine Frau, die eine Abteilung oder einen Betrieb leitet **2** *gesprochen* die Frau des Chefs

Chef·se·kre·tä·rin ['ʃɛf-] *die* die Sekretärin des Chefs

Chef·vi·si·te ['ʃɛfvi-] *die; meist Singular* der Besuch, den der Chefarzt bei den Patienten im Krankenhaus regelmäßig macht

★ **Che·mie** [çe-, ke-] *die; (-)* **1** die Wissenschaft, die sich mit den Eigenschaften und dem Verhalten der Grundstoffe und ihrer Verbindungen beschäftigt ⟨die anorganische, organische, physikalische Chemie⟩ | *Er studiert Chemie* **K** Chemiearbeiter, Chemiefaser, Chemiekonzern, Chemielaborant, Chemiestudent, Chemieunternehmen, Chemiewerk **2** ein Fach in der Schule, in welchem Chemie gelehrt wird ■ ID **die Chemie stimmt** Personen verstehen und vertragen sich gut, finden sich sympathisch

Che·mi·ka·lie [çemi'ka:liə, ke-] *die; (-, -n); meist Plural* industriell hergestellte chemische Stoffe ⟨mit gefährlichen, giftigen Chemikalien arbeiten⟩

Che·mi·ker ['çe:-, 'ke:-] *der; (-s, -)* eine Person, die sich beruflich mit Chemie beschäftigt **K** Lebensmittelchemiker • hierzu **Che·mi·ke·rin** *die*

★ **che·misch** ['çe:-, 'ke:-] ADJEKTIV *meist attributiv* **1** auf der Grundlage der Chemie als Wissenschaft ⟨ein Experiment, die Industrie⟩ **2** so, wie es die Chemie beschreibt ⟨ein Element, eine Reaktion⟩ **3** mit Chemikalien ⟨Düngung; etwas chemisch reinigen⟩ **4** **chemische Waffen** giftige chemische Substanzen (Gase o. Ä.), die in Kriegen verwendet werden

Che·mo [çe:-, ke:-] *die; (-, -s); gesprochen* Kurzwort für *Chemotherapie*

Che·mo·the·ra·pie [çe:-, ke:-] *die; meist Singular* die Behandlung von Krebs mit chemischen Mitteln

★ **-chen** [-çə] *das; (-s, -); im Substantiv, unbetont, sehr produktiv* **Bäumchen, Bildchen, Häuschen, Hündchen, Pferdchen, Tännchen** *und andere* verwendet, um zu sagen, dass die genannte Sache klein (und niedlich) ist **!** a) ohne die ursprüngliche Endung und oft mit Umlaut: *Gärtchen*; b) bei Substantiven auf *-ch* wird *-lein* verwendet: *Bächlein, Büchlein*

★ **chic** [ʃɪk] ADJEKTIV *meist prädikativ oder adverbiell* → schick • hierzu **Chic** *der*

Chi·co·rée ['ʃɪkore] *der; (-s),* **Chi·co·rée** *die; (-)* eine weißgelbe, kleine Gemüsepflanze mit leicht bitterem Geschmack, die man als Salat isst

Chif·fon ['ʃɪfõ] *der; (-s, -s)* ein sehr leichter, dünner, leicht durchsichtiger Stoff | *ein Abendkleid aus Chiffon*

Chiff·re ['ʃɪfrə, 'ʃɪfe] *die; (-, -n)* **1** ein Zeichen, das für einen Buchstaben oder ein Wort steht **2** eine Nummer, unter der man Zeitungsanzeigen aufgibt, wenn man die Telefonnummer o. Ä. nicht nennen will | *Das Inserat erscheint unter der Chiffre 923* **K** Chiffreanzeige, Chiffrenummer

chiff·rie·ren [ʃɪf-] VERB (chiffrierte, hat chiffriert) **etwas chiffrieren** etwas in Geheimschrift schreiben ⟨ein Telegramm, eine Botschaft⟩ **!** meist im Passiv mit dem Hilfsverb *sein*

Chi·li ['tʃi:li] *der; (-s, -s)* ein sehr scharfer, kleiner Paprika **K** Chilischote, Chilisoße

chil·len ['tʃɪ-] VERB (chillte, hat gechillt); *gesprochen* sich entspannen, ausruhen ≈ *relaxen* **!** verwendet, um jung und modern zu wirken

Chi·mä·re [ʃɪ-] *die* → Schimäre

Chi·na·kohl ['çi:-, 'ki:-] *der* eine Art Kohl, die man vor allem roh als Salat isst

chi·ne·sisch [çi-, ki-] ADJEKTIV in Bezug auf China, seine Bewohner oder deren Sprache ■ ID **etwas ist chinesisch für jemanden** etwas ist für jemanden sprachlich völlig unverständlich

Chi·nin [çi-, ki-] *das; (-s)* ein Medikament gegen Fieber und Malaria

Chip [tʃɪp] *der; (-s, -s)* **1** auf Chips werden die Informationen in einem Computer usw. gespeichert **K** Mikrochip **2** runde Chips aus Plastik verwendet man beim Roulette usw. anstelle von Geld **3** *meist Plural* Tüten mit knusprigen Chips aus Kartoffeln kauft man im Supermarkt **K** Kartoffelchips, Paprikachips

Chip·kar·te ['tʃɪp-] *die* eine Karte aus Plastik, auf der Daten gespeichert sind (z. B. eine Kreditkarte, Versichertenkarte) oder auf der man Daten speichern kann (z. B. für ein Handy, eine digitale Kamera)

Chi·rurg [çi-, ki-] *der; (-en, -en)* ein Arzt mit einer speziellen Ausbildung für Operationen **!** *der Chirurg; den, dem, des Chirurgen* • hierzu **Chi·rur·gin** [çi-, ki-] *die*; **chi·rur·gisch** ADJEKTIV

Chi·rur·gie [çi-, ki-] *die; (-)* **1** das Gebiet der Medizin, das sich mit Operationen beschäftigt | *ein Facharzt für Chirurgie* | *ein Lehrbuch der Chirurgie* **2** die Abteilung in einer Klinik, in der Operationen ausgeführt und operierte Patienten gepflegt werden | *die Leiterin der Chirurgie*

Chlor [klo:ɐ] *das; (-s)* ein chemisches Element, das als Gas gelbgrün und giftig ist **K** Chlorgas, Chlorkalk, Chloroxid, Chlorsäure, Chlorverbindung, Chlorwasserstoff **!** chemisches Zeichen: *Cl* • hierzu **chlor·hal·tig** ADJEKTIV

chlo·riert [klo-] ADJEKTIV ⟨Wasser⟩ mit Chlor versehen

Chlo·ro·form [klo-] *das; (-s)* eine süßlich riechende Flüssigkeit, mit der man jemanden betäuben kann

Chlo·ro·phyll [kloro'fʏl] *das; (-s)* der grüne Farbstoff in den Pflanzen ≈ *Blattgrün*

Cho·le·ra ['ko:-] *die; (-)* eine schwere, ansteckende Krankheit, die den Magen und den Darm angreift ⟨an Cholera erkranken, sterben⟩ **K** Cholerabazillus, Choleraepidemie, Choleraimpfung, Cholerakranke(r)

Cho·le·ri·ker [ko-] *der; (-s, -)* eine Person, die schnell sehr wütend wird • hierzu **Cho·le·ri·ke·rin** *die*; **cho·le·risch** ADJEKTIV

Cho·les·te·rin [ko-, ço-] *das; (-s)* eine Art Fett in den Zellen des Körpers • hierzu **cho·les·te·rin·frei** ADJEKTIV

Cho·les·te·rin·spie·gel [ko-, ço-] *der; meist Singular* die Menge Cholesterin, die im Blut enthalten ist ⟨einen hohen, niedrigen Cholesterinspiegel haben⟩

★ **Chor** [ko:ɐ] *der; (-(e)s, Chö·re)* **1** eine Gruppe von Personen, die gemeinsam singen ⟨ein gemischter Chor; einen Chor leiten⟩ **K** Chorgesang, Chorknabe, Chorkonzert, Chorleiter, Chormusik, Chorprobe, Chorsänger; Frauenchor, Kinderchor, Knabenchor, Männerchor; Kirchenchor, Opernchor, Schulchor **2** ein gemeinsames Rufen oder Sprechen mehrerer Personen ⟨etwas im Chor sprechen⟩ | *„Willkommen!", riefen alle im Chor* **3** eine Gruppe von Personen, die gemeinsam auf Blasinstrumenten musizieren **K** Bläserchor, Posaunenchor **4** eine Gruppe von Schauspielern, die gemeinsam Kommentare zu dem sprechen, was auf der Bühne geschieht | *der Chor des antiken griechischen Dramas* **5** der nach Osten gerichtete Teil einer Kirche, in dem der Altar steht **K** Choraltar, Chorgestühl, Chorschranke, Chorumgang

Cho·ral [ko-] *der; (-s, Cho·rä·le)* ein feierliches Lied, das bei religiösen Anlässen gesungen wird

Cho·reo·graf, Cho·reo·graph [koreo'gra:f] *der; (-en, -en)*

eine Person, die Balletttänze entwirft, arrangiert und leitet H *der Choreograf; den, dem, des Choreografen* • hierzu **Cho·reo·gra·fin**, **Cho·reo·gra·phin** *die*

Cho·reo·gra·fie, **Cho·reo·gra·phie** [koreogra'fiː] *die; (-, -n [-'fiːən])* die künstlerische Gestaltung eines Balletts, eines Tanzes ⟨die Choreografie übernehmen; für die Choreografie verantwortlich sein⟩ • hierzu **cho·reo·gra·fisch**, **cho·reo·gra·phisch** ADJEKTIV

Cho·se ['ʃoːzə] *die; (-, -n); meist Singular; gesprochen, oft abwertend ≈ Angelegenheit | Ich möchte mit dieser Chose nichts mehr zu tun haben*

★ **Christ** [krɪst] *der; (-en, -en)* ein Mitglied einer christlichen Religion ⟨ein gläubiger, überzeugter, getaufter Christ⟩ H a) *der Christ; den, dem, des Christen* b) zu *Christin* → Info im Eintrag **-in** • hierzu **Chris·tin** *die*

Christ·baum [k-] *der; süddeutsch* Ⓐ *≈ Weihnachtsbaum* K Christbaumschmuck

Christ·de·mo·krat [k-] *der* ein Mitglied der CDU • hierzu **Christ·de·mo·kra·tin** *die*

Chris·ten·heit [k-] *die; (-)* alle Christen

★ **Chris·ten·tum** [k-] *das; (-s)* der Glaube, dessen Grundlage die Lehre von Jesus Christus ist ⟨sich zum Christentum bekennen; jemanden zum Christentum bekehren⟩

Chris·ti·a·ni·sie·rung [k-] *die; (-)* der Prozess, bei dem ein Volk, eine Gruppe o. Ä. zum Christentum bekehrt wird • hierzu **chris·ti·a·ni·sie·ren** VERB *(hat)*

Christ·kind [k-] *das; nur Singular* **1** Jesus Christus als neugeborenes Kind *≈ Jesuskind* **2** das Christkind bringt den Kindern an Weihnachten Geschenke H vergleiche **Weihnachtsmann**; → Infos unter **Weihnachten**

Christ·kindl·markt, **Christ·kind·les·markt** [k-] *der; süddeutsch* Ⓐ *≈ Weihnachtsmarkt*

★ **christ·lich** [k-] ADJEKTIV **1** *meist attributiv* der Lehre von Jesus Christus folgend ⟨der Glaube, die Religion⟩ **2** sich zur Lehre von Jesus Christus bekennend ⟨ein Mensch, eine Kirche⟩ **3** mit dem Christentum als Basis ⟨Kunst⟩ **4** christlichen Prinzipien entsprechend ⟨eine Erziehung, die Nächstenliebe; christlich handeln⟩

Christ·met·te [k-] *die* der Gottesdienst am späten Abend des 24. Dezember H → Infos unter **Weihnachten**

Christ·nacht [k-] *die* die Nacht vom 24. auf den 25. Dezember *≈ Weihnachtsnacht* H → Infos unter **Weihnachten**

Christ·stol·len [k-] *der* ein längliches Gebäck mit Rosinen, Zitronat, Orangeat und Gewürzen, das für die Zeit um Weihnachten gebacken wird H → Infos unter **Weihnachten**

Chris·tus [k-] *(der); (Chris·ti)* **1** **(Jesus) Christus** der Sohn Gottes in den christlichen Religionen ⟨die Geburt, der Tod, die Auferstehung Christi⟩ K Christusfigur, Christusglaube, Christusstatue, Christusverehrung **2** **vor/nach Christus** vor/nach dem Beginn der Zeitrechnung, die besonders in Europa und Amerika verwendet wird H Abkürzung: *v. Chr./n. Chr.*

Chrom [k-] *das; (-s)* ein sehr hartes, silbern glänzendes Metall, mit dem man andere Metalle bedeckt, um sie vor Rost zu schützen K Chromdioxid, Chromstahl H chemisches Zeichen: *Cr*

Chro·mo·som [k-] *das; (-s, -en)* eine Art Faden im Innern einer Zelle, der aus Genen besteht und die Eigenschaften eines Lebewesens bestimmt

Chro·nik [k-] *die; (-, -en)* ein Bericht, welcher die geschichtlichen Ereignisse in ihrer genauen Reihenfolge schildert | *die Chronik eines Klosters/einer Epoche*

chro·nisch [k-] ADJEKTIV **1** ⟨eine Krankheit, Schmerzen⟩ so, dass sie sehr lange dauern | *eine chronische Erkältung haben* **2** ⟨ein Geldmangel, ein Übel⟩ *≈ ständig | Sie ist chronisch unterbezahlt*

Chro·nist [k-] *der; (-en, -en)* **1** eine Person, die eine Chronik schreibt **2** eine Person, die Ereignisse beobachtet und über diese einen schriftlichen Bericht verfasst H *der Chronist; den, dem, des Chronisten*

Chro·no·lo·gie [k-] *die; (-, -n [-lo'giːən])* die zeitliche Reihenfolge von Ereignissen • hierzu **chro·no·lo·gisch** ADJEKTIV

Chry·san·the·me [kryzan'teːmə] *die; (-, -n)* eine Blume mit großen Blüten, die spät im Herbst im Garten blüht

ciao! [tʃau] *gesprochen ≈ tschüs*

cir·ca ['tsɪrka] ADVERB → zirka

cis, **Cis** [tsɪs] *das; (-, -)* der Halbton über dem c K Cis-Dur, cis-Moll

Ci·ty ['sɪti] *die; (-, -s)* das Zentrum einer Großstadt *≈ Innenstadt* K Citynähe

Ci·ty·rol·ler ['sɪti-] *der* ein Roller mit sehr kleinen Rädern, den auch Jugendliche und Erwachsene benutzen

Clan [klaːn, klɛn] *der; (-s, -e/-s)* **1** eine schottische Sippe **2** *abwertend, ironisch* eine Gruppe, die fest zusammenhält K Familienclan

clean [kliːn] ADJEKTIV; *gesprochen* **clean sein** keine Drogen mehr nehmen

cle·ver ['klɛvɐ] ADJEKTIV; *oft abwertend* klug und geschickt alle Vorteile ausnutzend ⟨ein Geschäftsmann, ein Politiker, ein Plan, ein Verkäufer; clever vorgehen⟩

Clinch [klɪn(t)ʃ] *der; (-(e)s)* **mit jemandem im Clinch liegen; mit jemandem in den Clinch gehen** *gesprochen, meist humorvoll* mit jemandem Streit haben oder bekommen

Clip [k-] *der; (-s, -s)* **1** eine Klammer (meist aus Metall), mit der man einen Gegenstand an einen anderen klemmen kann K Krawattenclip, Kugelschreiberclip **2** ein Schmuck, den man mit einer Klammer am Ohrläppchen festmacht K Ohrclip **3** ein ganz kurzer Ausschnitt eines Films, einer Sendung K Filmclip, Nachrichtenclip **4** Kurzwort für *Videoclip*

Cli·que ['klɪkə] *die; (-, -n)* **1** eine Gruppe meist von Jugendlichen, die oft zusammen sind und alles gemeinsam machen **2** *abwertend* eine Gruppe von Personen, die sich rücksichtslos nur für das Interesse ihrer eigenen Gruppe einsetzen

Cli·quen·wirt·schaft ['klɪkn̩-] *die; nur Singular; abwertend* Aktivitäten, mit welchen eine Clique ihre Interessen durchsetzt ⟨Cliquenwirtschaft treiben⟩

Clou [kluː] *der; (-s, -s)* der beste, besonders überraschende Punkt *≈ Höhepunkt | Der Clou des Ganzen ist, dass …*

★ **Clown** [klaun] *der; (-s, -s)* eine Person meist im Zirkus, die lustig geschminkt ist, Späße macht und die Zuschauer zum Lachen bringt K Musikclown, Zirkusclown

★ **Club** [k-] *der; (-s, -s)* → Klub

c/o [tseː'|oː] **c/o** *+Name* als Teil der Adresse auf einem Briefkuvert verwendet, um zu sagen, dass der Empfänger oder die Empfängerin vorübergehend in der Wohnung der genannten Person lebt

Coach [koːtʃ, koutʃ] *der; (-(s), -s)* eine Person, die einen Sportler oder eine Mannschaft trainiert und betreut *≈ Trainer*

Cock·pit [k-] *das; (-s, -s)* **1** der Teil eines Flugzeugs, von dem aus der Pilot das Flugzeug steuert **2** der Platz des Fahrers im Rennwagen

Cock·tail ['kɔkteːl] *der; (-s, -s)* eine Mischung von Getränken mit und ohne Alkohol ⟨einen Cocktail mixen⟩ K Cocktailparty

Cock·tail·kleid ['kɔkteːl-] *das* ein elegantes Kleid, wie es auf Partys getragen wird

Cock·tail·to·ma·te ['kɔkteːl-] *die* eine sehr kleine, runde Tomate

★ **Code** [koːt, koud] *der; (-s, -s)* einen Code benutzt man, wenn man will, dass niemand außer dem Empfänger eine Nach-

C

richt verstehen kann ● hierzu **co·di̲e·ren** VERB (*hat*); **Co·di̲e·rung** *die*

Cof·fe·i̲n [kɔf-] *das; nur Singular* → Koffein

Cog·nac® ['kɔnjak] *der;* (-s, -s) **1** ein französischer Weinbrand **2** ≈ *Weinbrand* ● hierzu **co̲g·nac·far·ben** ADJEKTIV

Coif·feur [ko̲a'føːɐ̯] *der;* (-s, -e); *geschrieben oder* Ⓒⓗ ≈ *Friseur* ● hierzu **Coif·feu·se** [ko̲a'føːzə] *die*

★ **Co·la** ['koːla] *das;* (-(s), -(s)), **Co·la** *die;* (-, -(s)) eine braune Limonade, die Koffein enthält K Coladose

Col·la·ge [kɔ'laːʒə] *die;* (-, -n) ein Bild, das aus verschiedenen aufgeklebten und gemalten Teilen besteht

Col·lie ['kɔli] *der;* (-s, -s) ein großer Hund mit weißem und hellbraunem Fell und spitzer Schnauze

Col·li·er [kɔ'li̯eː] *das;* (-s, -s) ein wertvoller Schmuck aus Perlen oder Edelsteinen, den man um den Hals trägt. Ein Kollier besteht meist aus mehreren Ketten K Brillant(en)collier, Diamant(en)collier, Perlencollier

Colt® [kɔlt] *der;* (-s, -s) eine Art Revolver ⟨den Colt® ziehen⟩

Com·bo ['kɔ-] *die;* (-, -s) eine kleine Gruppe von Musikern für Jazzmusik K Jazzcombo

Come-back, **Come·back** [kam'bɛk] *das;* (-(s), -s) **1** das Auftreten eines Künstlers, Sportlers oder Politikers in der Öffentlichkeit nach einer längeren Unterbrechung der Karriere ⟨sein Come-back feiern; er versuchte ein Come-back⟩ **2** **etwas erlebt ein Come-back** etwas wird wieder modern, beliebt

Co·mic ['kɔmɪk] *der;* (-s, -s) **1** eine Geschichte, die aus einer Reihe von gezeichneten Bildern mit kurzen Texten besteht **2** ein Heft, das Comics enthält K Comicheft

Co·mic·strip ['kɔmɪkstrɪp] *der;* (-s, -s) ein gezeichneter Comic oder ein Zeichentrickfilm nach einem Comic

★ **Com·pu·ter** [kɔm'pjuːtɐ] *der;* (-s, -) eine elektronische Anlage, die sehr schnell rechnet und Daten speichert und wiedergibt ⟨am Computer arbeiten; einen Computer mit Daten füttern; Daten in den Computer eingeben, mit dem Computer erfassen⟩ K Computerbefehl, Computerberechnung, Computerfehler, Computerfreak, Computerhersteller, Computerkenntnisse, Computerkriminalität, Computerlinguistik, Computerprogramm, Computersprache; computergerecht, computergesteuert, computergestützt

Com·pu·ter·si·mu·la·ti·on [kɔm'pjuːtɐ-] *die* das Simulieren von Vorgängen mit Computern | *den Ablauf eines Flugzeugabsturzes mittels Computersimulation darstellen*

Com·pu·ter·spiel [kɔm'pjuːtɐ-] *das* ein Spiel, das mithilfe eines Computerprogramms gespielt wird und bei dem die Figuren auf dem Bildschirm erscheinen

Con·fé·ren·ci·er [kõferã'si̯eː] *der;* (-s, -s) eine Person, die bei Veranstaltungen und Shows die Stars ankündigt (und selbst mit kleineren Beiträgen die Zuschauer unterhält)

Con·fi·se·rie [kɔn-, kõ-] *die;* (-, -n [-'riːən]); Ⓒⓗ **1** ≈ *Konditorei* **2** ≈ *Konfekt*

Con·tai·ner [kɔn'teːnɐ, kɔn'teinɐ] *der;* (-s, -) ein großer Behälter für Abfall oder zum Transport K Containerbahnhof, Containerhafen, Containerschiff, Containerterminal; Altpapiercontainer, Glascontainer, Müllcontainer

co̲nt·ra [k-] PRÄPOSITION +*Akkusativ* → kontra

cool [kuːl] ADJEKTIV; *gesprochen* **1** ruhig, gelassen und überlegen ⟨cool bleiben⟩ **2** verwendet, um jemanden/etwas sehr positiv zu bewerten | *ein cooler Typ* | *Boah, wie cool ist das denn?* (Das ist sehr cool)

Co·pi·lot [koː-] *der* → Kopilot

Co·py·right ['kɔpirait] *das;* (-s, -s) **das Copyright (für/auf etwas** (*Akkusativ*)**)** das Recht, als Einziger ein Buch, eine Schallplatte, einen Film o. Ä. herstellen, verkaufen und verleihen zu dürfen ≈ *Urheberrecht*

Co̲rd [kɔrt] *der;* (-(e)s) ein dicker, meist weicher, gerippter Stoff aus Baumwolle K Cordhose, Cordjacke, Cordjeans, Cordsamt

Cor·ned·beef, **Cor·ned Beef** ['kɔːnd 'biːf] *das;* (-s) fein gehacktes und gekochtes Rindfleisch in Dosen

Cor·ner ['kɔːnɐ] *der;* (-s, -); Ⓐ Ⓒⓗ ein Eckball beim Fußball

Corn·flakes ['kɔːnfle̲iks] *die; Plural* geröstete Flocken aus Mais, die man mit Milch und Zucker zum Frühstück isst

Corps [koːɐ̯] *das* → Korps

Cor·pus De·lic·ti ['kɔrpʊs de'lɪkti] *das;* (-, Cor·po·ra De·lic·ti) ein Gegenstand, der als Beweis für eine Tat, vor allem ein Verbrechen dient

Cor·ti·son [kɔr-] *das;* (-s) → Kortison

★ **Couch** [ka̲utʃ] *die;* (-, -s/*auch* -en) ≈ *Sofa*

Couch·gar·ni·tur [ka̲utʃ-] *die* eine Couch und zwei oder drei Sessel, die mit dem gleichen Stoff bezogen sind und zusammengehören

Couch·tisch [ka̲utʃ-] *der* ein niedriger Tisch, der zu einer Couchgarnitur passt

Cou·leur [ku'løːɐ̯] *die;* (-, -s); *meist Singular* eine spezielle Einstellung oder Weltanschauung | *Politiker verschiedener Couleur kamen zu der Tagung*

Count-down, **Count·down** ['ka̲unt'da̲un] *der;* (-s, -s) **1** das Zählen von einer Zahl zurück nach null bis zum Beginn eines Ereignisses (meist beim Start einer Rakete) ⟨ein reibungsloser Count-down⟩ **2** die Zeit bis zum Beginn eines Ereignisses ⟨der Count-down läuft⟩ ≈ *Frist*

Coup [kuː] *der;* (-s, -s) **1** eine riskante, überraschende, oft illegale Handlung | *Den Posträubern ist ein großer Coup gelungen* **2** **einen Coup landen** *gesprochen* einen Coup mit Erfolg ausführen

Cou·pé [ku'peː] *das;* (-s, -s) **1** ein sportliches Auto mit zwei Türen **2** *veraltet* ≈ *Eisenbahnabteil*

Cou·pon [ku'põː] *der;* (-s, -s) **1** ein kleiner Zettel, für den man etwas bekommt (z. B. Getränke, das Gepäck) ≈ *Gutschein* **2** ein Streifen Papier, den man abtrennen kann und mit dem man z. B. etwas bestellt K Bestellkupon

Cou·ra·ge [ku'raːʒə] *die;* (-) ⟨Courage zeigen⟩ ≈ *Mut* ■ ID **Angst vor der eigenen Courage bekommen** (nachdem man einen ersten mutigen Schritt gemacht hat) im entscheidenden Moment zögern oder unsicher werden

cou·ra·giert [kura'ʒiːɐ̯t] ADJEKTIV mit viel Mut ⟨eine Frau; couragiert handeln⟩

★ **Cou·sin** [ku'zɛ̃ː] *der;* (-s, -s) der Sohn einer Schwester oder eines Bruders der Eltern ≈ *Vetter* ▪ → Abb. unter **Familie**

★ **Cou·si·ne** [ku'ziːnə], **Kusine** *die;* (-, -n) die Tochter einer Schwester oder eines Bruders der Eltern ▪ → Abb. unter **Familie**

Co·ver ['kavɐ] *das;* (-s, -s) **1** die Titelseite einer Illustrierten K Covergirl **2** die Hülle (meist aus Karton) einer CD, DVD o. Ä. K Plattencover

Cow·boy ['ka̲ubɔy] *der;* (-s, -s) (in den USA und in Kanada) ein Mann, der auf einem Pferd reitet und auf Rinder aufpasst K Cowboyfilm, Cowboyhut, Cowboykleidung, Cowboysattel

Crack[1] [krɛk] *der;* (-s, -s); *gesprochen* eine Person, die etwas besonders gut kann und sich dafür begeistert K Computercrack, Eishockeycrack, Fußballcrack, Tenniscrack *usw.*

Crack[2] [krɛk] *das;* (-(s)) ein synthetisch hergestelltes Rauschgift, das Kokain enthält

Cre·do ['kreː-] *das;* (-s, -s) ≈ *Glaubensbekenntnis*

creme [kreːm] ADJEKTIV *meist prädikativ* schwach gelb

★ **Creme**[1] [kreːm] *die;* (-, -s/Ⓐ Ⓒⓗ -n [-ən]) **1** eine dickflüssige, oft schaumige, süße Speise | *eine Torte mit Creme füllen* K Cremespeise, Cremetörtchen; Erdbeercreme, Schokoladencreme, Vanillecreme **2** eine weiche, fettige Masse (oft mit

Parfüm) in Tuben oder kleinen Dosen, die man auf die Haut reibt K Gesichtscreme, Handcreme, Hautcreme, Sonnencreme ● hierzu **cre·mig** ADJEKTIV

★ **Creme**[2] [krɛːm] *die; (-); geschrieben, oft abwertend* **die Creme der Gesellschaft** die Reichen und Mächtigen

D

Crème de la crème ['krɛːm də la 'krɛːm] *die; (-); geschrieben, ironisch* die oberste und vornehmste Schicht der Gesellschaft

Crème fraîche ['krɛːm 'frɛʃ] *die;* (-, Crèmes fraîches) eine sehr fette saure Sahne

Crêpe [krɛp] *die;* (-, -s) ein dünner, meist gefüllter Pfannkuchen

Crew [kruː] *die;* (-, -s) eine Gruppe von Personen, die gemeinsam meist in einem Flugzeug arbeiten ⟨die Crew eines Flugzeugs, eines Schiffes⟩ ≈ *Mannschaft*

Crois·sant [kro̯a'sãː] *das;* (-(s), -s) ein süßes Gebäck in Form eines Horns

Crou·pier [kru'pi̯eː] *der;* (-s, -s) ein Angestellter eines Spielkasinos, welcher das Glücksspiel (meist Roulette) leitet

Crux [krʊks] *die;* (-) die besondere Schwierigkeit, der Nachteil | *Das ist die Crux an dieser Sache*

CSU [tseː|ɛs'|uː] *die;* (-); Ⓓ Christlich-Soziale Union eine politische Partei in Bayern

Cup [kap] *der;* (-s, -s) **1** ein Gefäß aus Metall, welches der Sieger eines sportlichen Wettkampfes bekommt ⟨um den Cup kämpfen; den Cup gewinnen, verteidigen⟩ **2** der Wettbewerb, bei dem ein Cup zu gewinnen ist K Cupfinale, Cupsieger; Europacup, Weltcup

Cur·ry ['kœri] *der;* (-s) eine scharfe, gelbbraune Mischung aus indischen Gewürzen K Currypulver, Curryreis, Currysoße, Currywurst

Cur·sor ['køːɐ̯sɐ] *der;* (-s, -(s)) ein Zeichen auf dem Bildschirm, das zeigt, an welcher Stelle der nächste Buchstabe o. Ä. erscheinen wird, den man auf der Tastatur tippt

Cut·ter ['katɐ] *der;* (-s, -) eine Person, welche die Filmaufnahmen so zusammenstellt, dass daraus ein Film entsteht, wie man ihn im Kino oder Fernsehen sehen kann ● hierzu **Cut·te·rin** *die*

CVP ['tseːfau̯'peː] *die;* (-) Christ·lich·de·mok·ra·ti·sche Volks·par·tei eine politische Partei in der Schweiz

Cy·ber·space ['saibɐspeis] *der; nur Singular* Bezeichnung für einen dreidimensionalen Raum, der vom Computer simuliert wird, aber echt wirkt

D

D, d [deː] *das;* (-, -/*gesprochen auch* -s) **1** der vierte Buchstabe des Alphabets ⟨ein großes D; ein kleines d⟩ **2** der zweite Ton der C-Dur-Tonleiter K D-Dur, d-Moll

★ **da** ■ ADVERB

▸Ort: **1** meist zusammen mit einer Geste verwendet, um auf einen Ort zu verweisen, wo der Sprecher nicht ist ⟨da drinnen, draußen, drüben, oben, unten, vorn⟩ ≈ *dort* ↔ *hier* | *Da ist er!* | *Da sind die Schlüssel!* | *Hier ist das Haus, in dem ich früher wohnte, und da vorn ist meine alte Schule* H gesprochen auch verwendet, um die Aufmerksamkeit auf eine Person/Sache zu lenken: *Der Stuhl da wackelt; „Welche Bonbons magst du?" – „Die da!"* **2** verweist auf einen Ort, der gerade genannt wurde und wo der Sprecher nicht ist ≈ *dort* ↔ *hier* | *Gehen wir nach nebenan, da können wir uns ungestört unterhalten* | *Die Brille war in der Waschküche. Da hätte ich sie nie gesucht.* **3** *gesprochen* verwendet als begleitenden Kommentar, wenn man jemandem etwas gibt | *Da, nimm, ich brauche es nicht mehr* | *Da hast du zehn Euro für die Fahrkarte* **4** *gesprochen* oft zusammen mit einer Geste verwendet, um eine Person aufzufordern, einen Ort zu verlassen, oder um ein Tier zu vertreiben | *Platz da/Weg da/Aus dem Weg da!* | *Gehst du wohl runter da vom Tisch?* **5** *gesprochen* bezeichnet den Standort des Sprechers ≈ *hier* | *Ich bin gleich wieder da!* **6** **da und dort** an manchen Stellen, an manchen Orten **7** **da, wo ...** an dem Ort, an dem ... | *Die Schlüssel hängen da, wo sie immer hängen* | *Da, wo Kakteen wachsen, gibt es auch Feuchtigkeit im Boden*

▸da + sein: **8** **jemand ist da** jemand ist anwesend oder zu Hause | *Ist Klaus da?* **9** **etwas ist da** etwas ist vorhanden | *Ist noch Brot da?* **10** **jemand ist nicht mehr da** jemand ist schon gestorben | *Keiner ihrer alten Freunde war mehr da* **11** **jemand/etwas ist da** *gesprochen* jemand/etwas ist irgendwo angekommen | *Der Zug müsste schon längst da sein* **12** **jemand ist ganz da** *gesprochen* jemand ist wach, klar im Kopf | *Ich bin gerade erst aufgestanden und noch nicht ganz da* **13** **jemand ist voll da** *gesprochen* jemand ist gesund und fit | *Er war lange Zeit verletzt, aber jetzt ist er wieder voll da* **14** **eine Person ist für jemanden da** eine Person ist bereit, jemandem zu helfen | *Du weißt, ich bin immer für dich da* **15** **jemand/etwas ist für/zu etwas da** eine Person/Sache hat die genannte Aufgabe, etwas dient einem Zweck | *Geld ist dafür/dazu da, dass man es ausgibt* | *Glaubst du, ich bin nur dafür/dazu da, dich zu bedienen?* **16** **so (et)was ist noch nie da gewesen** das ist völlig neu, hat es noch nie gegeben

■ BINDEWORT

▸Zeit: **17** zum genannten Zeitpunkt | *Ich wollte gerade ins Bett gehen, da klingelte es an der Tür* | *Morgen kann ich nicht, da habe ich einen Termin* | *Jetzt, da die Arbeit fast fertig ist, wollen auf einmal alle helfen* | *Heute, da ich endlich baden gehen könnte, regnet es natürlich* **18** als Zusatz nach einer Zeitangabe verwendet, um diese als wichtig zu betonen | *Als ich nach Hause kam, da wartete sie schon auf mich* | *Heute Nacht, da war es sehr kalt* **19** zu diesem Zeitpunkt als Folge des genannten Geschehens | *Die Tür fiel krachend zu. Da fing das Baby zu schreien an* **20** *geschrieben* verwendet, um einen Zeitpunkt in der Vergangenheit näher zu bestimmen ≈ *als* | *In den Tagen, da die Welt noch jung war, lebte einmal ein König ...* **21** **von da an** von diesem Zeitpunkt in der Vergangenheit an ≈ *seitdem* | *Er hatte einmal einen Unfall. Von da an war er sehr vorsichtig*

▸Grund: **22** verwendet, um einen Nebensatz einzuleiten, der den Grund für etwas nennt ≈ *weil* | *Da es so viel geschneit hatte, konnten wir nicht spazieren gehen* | *Die Reparatur dauert noch etwas, da wir noch Ersatzteile bestellen müssen*

▸Situation: **23** verwendet, um auf eine Situation zu verweisen, in der etwas gilt, zutrifft | *Die Auswahl ist riesig: Da gibt es ... und ...* | *Morgen ist Vatertag. Da machen wir einen Ausflug* | *Du warst sehr fleißig in letzter Zeit, da kannst du ruhig einmal Urlaub machen* **24** in dieser Hinsicht, in diesem Fall | *Da hat er natürlich recht* | *Da geht es mir wie dir: Einer guten Torte kann ich nicht widerstehen* **25** *gesprochen* verwendet am Satzanfang, um eine Aussage einzuleiten | *Da fällt mir noch was ein ...* | *Da soll es einen Arzt geben, der ...* | *„Wo gehts hier zum Theater?" – „Da müssen Sie immer geradeaus gehen!"*

da-[1] *(im Verb, betont und trennbar, nicht produktiv; Diese Verben werden so gebildet:* daliegen, lag da, dagelegen) **dableiben, daliegen, dasitzen, dastehen** *und andere* drückt aus, dass sich jemand oder etwas an einem Ort befindet oder an einem Ort, den alle Personen kennen | *Kannst du mir das Buch dalassen? Ich würde es gerne lesen* (Lass bitte das Buch hier bei mir)

★ **da-**[2], **da·r-** *mit Präposition, betont und unbetont, nicht produktiv* ▸im Adverb: **1** **dabei, dafür, damit, danach, davor** *und andere* verwendet, um ein Substantiv oder einen Satzteil nicht zu wiederholen | *Der Clown hat Späße gemacht und dadurch die Kinder zum Lachen gebracht* (durch die Späße) | *Da drüben ist mein Auto und daneben das von meinem Chef* (neben meinem Auto) | *Am Vormittag finden zwei Vorträge statt. Dazwischen ist eine kleine Pause* (zwischen den beiden Vorträgen) **2** **dabei, dafür, damit, danach, davor** *und andere* verwendet, um auf die Ergänzung eines Verbs hinzuweisen, die aus einem Satz mit *dass, weil* oder Infinitiv besteht | *Ich habe das Problem dadurch gelöst, dass ich den Termin verschoben habe* (Ich habe das Problem durch eine Verschiebung des Termins gelöst) | *Ich mache mir nicht viel daraus, ins Kino zu gehen* (nicht viel aus einem Kinobesuch) | *Hat er sich dazu geäußert, wie er das alles organisieren will?* (zu den Plänen für die Organisation) ▸im Bindewort: **3** **dabei, dafür, dagegen** verwendet in einem Nebensatz, der einen Gegensatz oder eine Einschränkung enthält | *Er ist schon ein Filmstar, dabei ist er fast noch ein Kind* | *Sie ist eine sehr gute Schwimmerin, dafür läuft sie relativ langsam* | *Mein Bruder steht gern früh auf, ich dagegen schlafe lieber bis elf Uhr* **H** a) das *-r-* wird hinzugefügt, wenn die folgende Präposition mit einem Vokal anfängt: *darum, darunter;* b) Im Normalfall ist *da* unbetont und die Präposition betont. Um Unterschiede hervorzuheben, kann man aber auch *da* betonen: *„Hilfst du mir da'bei?" – „'Dabei helfe ich dir noch, aber den Rest musst du allein schaffen."*

★ **da·bei, dabei** ■ ADVERB **1** bei der genannten Sache oder Tätigkeit | *ein Projekt planen und die dabei entstehenden Kosten berechnen* (bei dem Projekt) | *jemandem dabei helfen, die Wohnung zu tapezieren* (beim Tapezieren der Wohnung) **2** **da'bei bleiben** die eigene Meinung nicht ändern | *Ich bleibe dabei: Du darfst nicht mit!* **3** **jemand ist da'bei** jemand ist bei etwas anwesend oder macht mit | *War sie (bei dem Gespräch) dabei?* | *„Gehen wir schwimmen?" – „Ja, ich bin dabei!"* **4** **etwas ist da'bei** etwas ist zusätzlich vorhanden | *War bei dem Gerät keine Gebrauchsanleitung dabei?* **5** **es/da ist nichts da'bei** *gesprochen* das ist nicht schlimm, schwierig oder gefährlich ■ BINDEWORT **6** leitet eine Aussage ein, die man als Widerspruch oder Gegensatz zum Hauptsatz verstehen kann | *Er ist schon ein Filmstar, da'bei ist er fast noch ein Kind*

da·bei·blei·ben VERB *(ist)* **1** eine Tätigkeit fortsetzen | *Die Arbeit läuft gut, jetzt müssen wir dabeibleiben* **2** bei etwas/irgendwo bleiben | *Viele seiner Freunde traten aus dem Verein wieder aus. Nur er blieb dabei*

da·bei·ha·ben VERB *(hat); gesprochen* **1** **jemanden/etwas dabeihaben** von jemandem begleitet werden oder etwas bei sich haben | *Wenn sie einkaufen geht, hat sie immer ihren Hund dabei* | *Hast du deinen Ausweis dabei?* **2** **jemanden (nicht) dabeihaben wollen** (nicht) wollen, dass jemand an etwas teilnimmt | *Deinen Freund möchte ich auf meiner Party nicht dabeihaben!*

da·bei·ste·hen VERB *(ist/hat)* bei anderen Personen stehen (und meist zusehen, was sie tun) | *Wir redeten alle miteinander, aber sie stand nur stumm dabei*

da·blei·ben VERB *(ist)* ≈ *hierbleiben*

★ **Dach** *das;* (-(e)s, Dä·cher) **1** die Konstruktion, die ein Gebäude (oben) bedeckt ⟨ein steiles, flaches Dach; das Dach mit Ziegeln, Schindeln decken⟩ | *Der Orkan hat viele Dächer abgedeckt* | *Die undichte Stelle im Dach muss ausgebessert werden* **K** Dachbalken, Dachfenster, Dachfirst, Dachkammer, Dachluke, Dachschindel, Dachwohnung, Dachziegel; Flachdach, Strohdach, Ziegeldach **2** die Konstruktion, die ein Fahrzeug (oben) bedeckt | *Der Regen trommelte auf das Dach des Wohnmobils* **K** Autodach, Wagendach **3** **unterm Dach** im obersten Stockwerk ⟨eine Wohnung, ein Zimmer unterm Dach; jemand wohnt unterm Dach⟩ ■ **ID** **jemandem aufs Dach steigen** *gesprochen* jemanden energisch kritisieren, tadeln; **eins aufs Dach bekommen/kriegen** *gesprochen* **a** kritisiert, getadelt werden **b** einen Schlag auf den Kopf bekommen; **jemandem eins aufs Dach geben** *gesprochen* **a** jemanden kritisieren, tadeln **b** jemandem auf den Kopf schlagen; **(mit jemandem) unter einem Dach leben/wohnen/hausen** mit jemandem im selben Haus wohnen; **etwas unter Dach und Fach bringen** etwas mit Erfolg beenden; **etwas ist unter Dach und Fach** etwas ist (mit Erfolg) abgeschlossen ⟨ein Vertrag⟩; **(k)ein Dach über dem Kopf haben** *gesprochen* (k)eine Unterkunft, (k)eine Wohnung haben

Dach·bo·den *der* der nicht bewohnte Raum direkt unter dem (schrägen) Dach eines Gebäudes

Dach·de·cker *der;* (-s, -) eine Person, die beruflich Dächer mit Ziegeln o. Ä. deckt

Dach·gar·ten *der* ein Garten, der auf dem flachen Dach eines Hauses angelegt ist

Dach·ge·päck·trä·ger *der* ein Gestell für das Dach eines Autos, auf dem man große Gepäckstücke befestigen kann

Dach·ge·schoss *das,* **Dach·ge·schoß** Ⓐ das oberste (bewohnte) Stockwerk eines Hauses (das direkt unter dem Dach liegt)

Dach·la·wi·ne *die* eine große Menge Schnee, die von einem Dach rutscht und auf den Boden fällt | *Vorsicht, Dachlawine!*

Dach·or·ga·ni·sa·ti·on *die* eine Vereinigung, zu der sich mehrere Gruppen, Verbände o. Ä. verbunden haben

Dach·pap·pe *die* eine feste Pappe mit einer Schicht Teer und Sand, mit der man die Dächer von kleinen Häusern aus Holz (= Schuppen) gegen Wasser schützt

Dach·rin·ne *die* eine Rinne (meist aus Blech) am Rand eines Daches, durch welche das Regenwasser abfließt

Dachs [daks] *der;* (-es, -e) ein Tier mit grauem Fell und schwarzen und weißen Streifen am Kopf, das in Höhlen im Wald lebt und nachts aktiv ist

Dach·scha·den *der* ■ **ID** **einen (kleinen) Dachschaden haben** *gesprochen* (ein bisschen) verrückt sein

Dach·stu·be *die* ein Zimmer direkt unter dem Dach eines Hauses

Dach·stuhl *der* die Balken und schrägen Flächen, auf welchen die Dachziegel liegen

dach·te *Präteritum, 1. und 3. Person Singular* → denken

Dach·ter·ras·se *die* eine Terrasse auf einem flachen Dach

Dach·trä·ger *der* ein Gestell, das auf ein Auto montiert wird, um damit Gepäck zu transportieren

DACKEL

Dach·ver·band *der* ≈ *Dachorganisation*

Da·ckel *der;* (-s, -) ein kleiner Hund mit langem Körper und sehr kurzen Beinen **K** Kurzhaardackel, Langhaardackel, Rauhaardackel

dad·deln VERB (daddelte, hat

gedaddelt); *gesprochen* mit einer Spielekonsole, am Computer, am Handy oder am Spielautomaten spielen

★ **da·durch**, **da·durch** ■ ADVERB **1** durch die genannte Sache oder Tätigkeit | *Der Clown hat Späße gemacht und dadurch die Kinder zum Lachen gebracht* (durch die Späße) | *Ich habe das Problem dadurch gelöst, dass ich den Termin verschoben habe* (durch eine Verschiebung des Termins)
■ BINDEWORT **2** **'dadurch, dass ...** leitet einen Nebensatz ein, der den Grund für das nennt, was im Hauptsatz gesagt wird ≈*weil* | *Dadurch, dass sie nicht zum Arzt ging, verschlimmerte sich ihre Krankheit* | *Er brachte sich in Schwierigkeiten, dadurch, dass er schwieg*

★ **da·für**, **da·für** ■ ADVERB **1** für die genannte Sache oder Tätigkeit | *Er hat das Auto verkauft und noch 2.000 Euro da'für bekommen* (für das Auto) | *einem Freund dafür danken, dass er geholfen hat* (für die Hilfe danken)
■ BINDEWORT **2** leitet eine Aussage ein, die im Gegensatz zum Vorhergehenden steht | *Sie ist eine sehr gute Schwimmerin, dafür läuft sie relativ langsam* | *Es war alles sehr anstrengend, dafür haben wir aber auch wirklich etwas Vernünftiges gemacht*

Da·für·hal·ten *das* ■ ID **nach jemandes Dafürhalten** *geschrieben* jemandes Einschätzung der Situation entsprechend | *Nach meinem/allgemeinem Dafürhalten ist das nicht nötig*

da·für·kön·nen VERB *(hat)* **jemand kann etwas/nichts dafür (, dass ...)** *gesprochen* jemand ist an etwas schuld/nicht schuld | *Sie kann nichts dafür, dass sie zu spät gekommen ist* | *Was kann ich dafür, wenn du morgens nicht aufstehen kannst?* i meist verneint oder in Fragen

da·für·ste·hen VERB *(hat/ist)* **es steht nicht dafür, dass ...; es steht nicht dafür, zu** *+Infinitiv süddeutsch* Ⓐ es lohnt sich nicht, etwas zu tun o. Ä. | *Es steht nicht dafür, dass du dir solche Mühe machst* | *Es steht nicht dafür, sich so anzustrengen*

★ **da·ge·gen**, **da·ge·gen** ■ ADVERB **1** gegen die genannte Sache oder Tätigkeit | *Du bist ja heiser! Dagegen hilft warmer Tee am besten* (gegen die Heiserkeit) | *Sie protestierten da'gegen, dass in ihrer Nähe ein neuer Flughafen gebaut werden sollte* (gegen den geplanten Bau)
■ BINDEWORT **2** *gesprochen* im Vergleich mit jemandem/etwas | *Schau mal, wie dick er ist! Dagegen bin ich ja noch schlank* (im Vergleich mit ihm) | *Mein Bruder steht gern früh auf, ich da'gegen schlafe lieber lange*

da·ge·gen·hal·ten VERB *(hat)* **etwas dagegenhalten** *geschrieben* eine gegensätzliche Meinung vertreten | *Man kann dagegenhalten, dass ...*

da·ge·gen·set·zen VERB *(hat)* **etwas dagegensetzen** ≈*dagegenhalten*

da·ge·gen·stel·len VERB *(hat)* **sich dagegenstellen (, dass ...)** sich gegen eine genannte Sache wenden | *Dort war eine neue Straße geplant, aber eine Bürgerinitiative stellte sich dagegen*

da·ha·ben VERB *(hat)*; *gesprochen* **1** **etwas dahaben** etwas (als Vorrat) zur Verfügung haben | *Haben wir noch Wein da?* **2** **jemanden dahaben** jemanden zu Besuch haben | *Wir haben gerade Austauschschüler da*

★ **da·heim** ADVERB **1** in der eigenen Wohnung | *Um 10 Uhr bist du wieder daheim!* **2** dort, wo man geboren oder aufgewachsen ist ■ ID **Wie geht's daheim?** *gesprochen* Wie geht es der Familie?

da·heim·blei·ben VERB (blieb daheim, ist daheimgeblieben); *besonders süddeutsch* zu Hause bleiben oder dort, wo man geboren und aufgewachsen ist

★ **da·her**, **da·her** ADVERB **1** aus dem genannten Grund ≈*deshalb* | *Sie will abnehmen, 'daher isst sie so wenig* **2** wegen der genannten Ursache, durch den erwähnten Umstand | *Das Missverständnis kommt 'daher, dass ...* **3** **(von) 'daher** von dem vorher erwähnten Ort, von dort | *„Warst du im Konzert?" – „Ja, von daher komme ich gerade/Ja, ich komme gerade von daher"* i In der Stellung nach dem Verb ist oft die zweite Silbe betont. **4** **von daher** aus diesem Grund ≈*deshalb*

da·her- *(im Verb, betont und trennbar, sehr produktiv; Diese Verben werden so gebildet:* daherkommen, kam daher, dahergekommen); *gesprochen* **1** **(etwas) daherfaseln, daherlabern, daherplappern, daherreden** *und andere meist abwertend* drückt in Verbindung mit Verben des Sagens aus, dass jemand ohne viel nachzudenken redet oder viel Unsinn redet | *Ich wollte dich nicht verletzen. Ich habe das nur so dahergesagt* (Ich habe nicht daran gedacht, dass ich dich mit meinen Worten verletzen könnte) **2** **daherkommen; dahergebraust kommen, dahergeflogen kommen, dahergeritten kommen** *und andere* drückt aus, dass eine Bewegung aus einer nicht näher bezeichneten Richtung zu dem Sprecher oder einem Ziel hin geht ≈*herbei-* | *Als sie über die Straße gehen wollte, kam ein Auto dahergefahren* (Ein Auto fuhr auf sie zu)

da·her·brin·gen VERB *(hat)* **1** **jemanden/etwas daherbringen** *besonders süddeutsch* Ⓐ, *gesprochen* jemanden/etwas Unpassendes o. Ä. mitbringen | *Was bringst denn du daher?* **2** *abwertend* etwas Unpassendes als Argument anführen | *Was du (da) daherbringst, ist wirklich lächerlich!*

da·her·ge·lau·fen ■ PARTIZIP PERFEKT **1** **dahergelaufen kommen** *gesprochen* aus einer nicht näher bezeichneten Richtung gelaufen kommen | *Ich wollte gerade fortgehen, da kam die Nachbarin dahergelaufen*
■ ADJEKTIV *meist attributiv* **2** *gesprochen, abwertend* verwendet, um zu sagen, dass man von jemandem wenig hält ⟨ein Kerl, ein Typ⟩

da·her·kom·men VERB *(ist)*; *gesprochen* **1** **(irgendwie) daherkommen** drückt aus, dass jemand/etwas aus einer nicht näher bezeichneten Richtung zu dem Sprecher oder einem Ziel hin kommt **2** **irgendwie daherkommen** *abwertend* so sein, dass es als nicht passend oder seltsam erscheint | *Wie kommst denn du daher? Willst du in dieser alten Jacke etwa mit ins Theater?*

★ **da·hin**, **da·hin** ADVERB **1** an den genannten Ort, in die genannte Richtung | *Wir wollten nach München. Auf dem Weg da'hin hatten wir einen Unfall* | *Stellen Sie bitte das neue Sofa 'dahin!* i Wenn man auf eine bestimmte Stelle zeigt, wird die erste Silbe betont. **2** **'dahin ..., wo ...** verwendet, um auf einen Ort hinzuweisen, an dem etwas ist | *Der Bergführer hat uns dahin geführt, wo die Aussicht am schönsten ist* **3** **bis 'dahin** bis zu dem genannten Zeitpunkt | *Nächste Woche sind die Prüfungen. Bis dahin muss ich noch viel lernen* ■ ID **etwas ist da'hin** etwas ist vorbei, verloren ⟨jemandes Glück, jemandes Geld⟩; **etwas geht 'dahin, dass ..., etwas geht 'dahin, ... zu** *+Infinitiv* etwas hat den genannten Inhalt oder Zweck ⟨jemandes Anordnungen, Befehle, Wünsche⟩ | *Unsere Pläne gehen dahin, bis Ende des Jahres einen Gewinn zu erzielen*; **'dahin gehend** in diesem Sinn | *Er hat sich dahin gehend geäußert, dass er bald in Rente gehen will*

da·hin- *(im Verb, betont und trennbar, sehr produktiv; Diese Verben werden so gebildet:* dahinfließen, floss dahin, dahingeflossen) **1** **dahinbrausen, dahineilen, dahinfließen, dahinkriechen, dahinschleichen** *und andere* drückt aus, dass sich jemand/etwas in eine nicht näher bezeichnete Richtung bewegt | *Der Adler gleitet ruhig dahin* (Der Adler gleitet ruhig durch die Luft) **2** **(etwas) dahinreden, etwas dahinsagen,**

(etwas) **dahinschwatzen** *und andere gesprochen, meist abwertend* drückt (in Verbindung mit Verben des Sagens) aus, dass eine Person ohne nachzudenken etwas sagt, was sie nicht so meint | *Das ist nur so dahingeplappert* (Das ist nicht ernst gemeint)

da·hi·nab, **da·hi·nab** ADVERB *betont* dort hinab | *Zum Strand geht es dahinab*

da·hi·nauf, **da·hi·nauf** ADVERB *betont* in diese Richtung hinauf | *Zum Bahnhof müssen wir dahinauf*

da·hi·naus, **da·hi·naus** ADVERB *betont* dort hinaus | *Der Dieb ist dahinaus gelaufen*

da·hi·nein, **da·hi·nein** ADVERB *betont* in diese Richtung hinein | *Die Maus ist dahinein verschwunden*

da·hin·flie·gen VERB *(ist)* **1** **ein Tier fliegt dahin** ein Vogel fliegt ruhig durch die Luft **2** **etwas fliegt (nur so) dahin** etwas vergeht schnell, ohne dass man es merkt ⟨die Zeit, die Jahre⟩

da·hin·ge·gen, **da·hin·ge·gen** ADVERB *betont; geschrieben* im Gegensatz dazu | *Die meisten Vögel können fliegen, der Pinguin dahingegen nicht*

da·hin·ge·stellt ADVERB **1** **etwas dahingestellt (sein) lassen** nicht näher untersuchen oder diskutieren, ob etwas wahr oder richtig ist | *Ich möchte es dahingestellt sein lassen, ob er uns absichtlich ignoriert hat* **2** **es sei dahingestellt, ob ...** verwendet, um zu sagen, dass etwas unsicher oder fraglich ist | *Ob man das glauben kann, sei dahingestellt* **3** **etwas bleibt dahingestellt** etwas kann jetzt nicht entschieden werden | *Wer sein Nachfolger werden wird, bleibt noch dahingestellt*

da·hin·le·ben VERB *(hat)* **irgendwie dahinleben** ein meist langweiliges und monotones Leben führen ⟨eintönig dahinleben⟩

da·hin·plät·schern VERB *(ist)* **etwas plätschert dahin** *gesprochen* etwas ist langweilig und ohne Höhepunkte ⟨eine Unterhaltung, ein Vortrag, ein Spiel⟩

da·hin·raf·fen VERB *(hat)* **etwas rafft jemanden dahin** *gesprochen* eine Krankheit bewirkt, dass jemand sterben muss | *Die Pest hat im Mittelalter große Teile der Bevölkerung dahingerafft*

da·hin·schlep·pen VERB *(hat)* **1** **jemand/etwas schleppt sich dahin** jemand/etwas kann sich nur langsam (und mühsam) fortbewegen ⟨die Autokolonne, der Verkehr⟩ **2** **etwas schleppt sich dahin** etwas macht nur langsam Fortschritte ⟨die Verhandlungen⟩

da·hin·sie·chen VERB *(ist); veraltend* (von alten Menschen) meist sehr krank und ohne Aussicht auf Besserung sein und dabei immer schwächer werden

★ **da·hin·ten** ADVERB dort hinten | *Hier habe ich gewohnt, und dahinten ist meine frühere Schule*

★ **da·hin·ter**, **da·hin·ter** ADVERB hinter der genannten oder hinter die genannte Sache | *Siehst du den Busch? Die Kinder verstecken sich da'hinter* (hinter dem Busch) | *Auf der nächsten Seite kommt eine Grafik. Verschieb die Tabelle besser dahinter* (hinter die Grafik)

da·hin·ter·her ADVERB **dahinterher sein, dass ...** *gesprochen* sich intensiv darum bemühen, dass etwas geschieht | *Unsere Mutter ist sehr dahinterher, dass wir vor Mitternacht zu Hause sind*

da·hin·ter·klem·men VERB *(hat)* **sich (gewaltig) dahinterklemmen** *gesprochen* sich sehr bemühen, anstrengen, intensiv arbeiten, um ein Ziel zu erreichen | *Du musst dich dahinterklemmen, wenn du die Prüfung schaffen willst!*

da·hin·ter·kom·men VERB *(ist); gesprochen* **1** **dahinterkommen (, dass/wie/wo** *usw.* **...)** etwas Unbekanntes oder Geheimes herausfinden | *Er ist dahintergekommen, wo der Schlüssel versteckt war* **2** **(jemandem) dahinterkommen** etwas Negatives über jemanden herausfinden | *Er hat sie angelogen, aber sie ist (ihm) dahintergekommen*

da·hin·ter·ste·cken VERB *(hat)* **jemand/etwas steckt dahinter** *gesprochen* jemand ist der Urheber einer Sache oder etwas ist der Grund für etwas | *Ich bekomme ständig anonyme Briefe. Wer kann da nur dahinterstecken?* ■ ID **Da steckt nichts/nicht viel dahinter** *gesprochen* etwas ist in Wirklichkeit nicht so wichtig, wie es den Anschein hat

D

da·hin·ter·ste·hen VERB *(ist/hat)* **1** für einen Plan oder Vorschlag sein und ihn (öffentlich) unterstützen | *Das neue Gesetz ist zwar umstritten, doch die Parteiführung steht dahinter* **2** **etwas steht dahinter** etwas ist der Grund für etwas (schon Erwähntes) | *Es steht doch eine bestimmte Absicht dahinter!*

da·hi·nüber, **da·hi·nüber** ADVERB *betont* in diese Richtung hinüber | *Wir müssen dahinüber, zu dem Dorf auf der anderen Seite des Flusses*

da·hi·nun·ter, **da·hi·nun·ter** ADVERB *betont* in diese Richtung hinunter | *Der Schlüssel ist dahinunter, in dieses Loch, gefallen*

da·hin·ve·ge·tie·ren [-v-] VERB *(hat)* **(nur noch) dahinvegetieren** ohne Interesse, ohne Lebensinhalt, ohne Hoffnung o. Ä. leben

da·hin·zie·hen VERB *(ist)* **1** **eine Gruppe/etwas zieht dahin** eine Gruppe/etwas bewegt sich langsam weiter ⟨die Wolken, die Herde, der Schwarm⟩ *(hat)* **2** **etwas zieht sich dahin** etwas vergeht nur sehr langsam ⟨die Stunden, die Tage⟩

Dah·lie ['da:li̯ə] *die;* (-, -n) eine große Blume (im Garten), die im Herbst viele große, bunte Blüten hat

da·las·sen VERB *(hat)* **jemanden/etwas dalassen** *gesprochen* jemanden/etwas von einem Ort nicht mitnehmen, wenn man von dort weggeht | *Lass die Kinder da, ich passe schon auf sie auf* | *Du kannst deine Sachen ruhig dalassen*

dal·li ADVERB ■ ID **Dalli, dalli!**, **(Jetzt) aber dalli!**, **Aber ein bisschen dalli!** *gesprochen* verwendet, um jemanden ungeduldig aufzufordern, sich zu beeilen

da·ma·li·g- ADJEKTIV *meist attributiv* in der Vergangenheit ≈*früher-* | *die damaligen Zustände* | *mein damaliger Freund*

★ **da·mals** ADVERB verwendet, um sich auf einen Zeitpunkt in der Vergangenheit zu beziehen, über den gerade gesprochen wird | *Als damals die Schule brannte, hatten wir schulfrei*

Da·mast *der;* (-(e)s) ein teurer Stoff mit einem glänzenden Muster in derselben Farbe. Aus Damast macht man edle Tischdecken und Servietten

★ **Da·me** *die;* (-, -n) **1** verwendet als höfliche Anrede oder Bezeichnung für eine Frau ↔ *Herr* | *Eine ältere Dame wartet auf Sie* | *Meine Damen und Herren, ich freue mich, Sie heute Abend hier begrüßen zu dürfen* **K** Damengesellschaft, Damenbekleidung, Damen(fahr)rad, Damenfriseur, Damenhandtasche, Damenhut, Damenmantel, Damenmode, Damenschuh, Damenstrümpfe, Damenwäsche **2** eine Frau, die durch ihre Kleidung und ihr Verhalten vornehm wirkt ⟨eine echte, feine Dame; die große, vornehme Dame spielen⟩ ↔ *Herr* | *Eure Tochter ist schon eine richtige Dame* **3** *nur Plural* im Sport verwendet als Bezeichnung für Frauen | *Im Weitsprung der Damen siegte eine Amerikanerin* **K** Damendoppel, Dameneinzel, Damenfußball, Damenhandball, Damenmannschaft **4** eine wichtige Figur beim Schach, die in alle Richtungen beliebig weit ziehen kann ≈*Königin* **5** eine Spielkarte, auf der eine Frau zu sehen ist und deren Wert zwischen König und Bube liegt **K** Herzdame, Karodame, Kreuzdame, Pikdame **6** ein Spiel, das man mit flachen, runden Steinen auf einem Schachbrett spielt K Damebrett, Damespiel, Damestein **7** **die Dame des Hauses** verwendet als höfliche Bezeichnung für die Gastgeberin **8** **eine Dame von Welt** eine Frau, die schon viel erlebt und von der Welt gesehen hat und ein gutes Benehmen hat

▪ ID **sehr geehrte/verehrte Damen und Herren** verwendet als höfliche, neutrale Anrede in einem offiziellen Brief oder für das Publikum einer Veranstaltung

da·men·haft ADJEKTIV einer Dame entsprechend, wie eine gepflegte Dame (wirkend) | *Ihr neues Kleid ist betont damenhaft*

Da·men·wahl *die; meist Singular* ein Tanz, bei dem die Frauen die Männer bitten, mit ihnen zu tanzen | *Jetzt ist Damenwahl!*

★ **da·mịt, da·mịt** ▪ ADVERB **1** mit der genannten Sache oder Tätigkeit | *Er nahm einen Lappen und putzte damit das Fahrrad* (mit dem Lappen) | *Er hatte nicht damit gerechnet, dass sie noch anrufen würde* (nicht mehr mit einem Anruf von ihr gerechnet) **2** drückt aus, dass etwas die Folge der genannten Sache ist ≈ *darum* | *Er spielt sehr gut Fußball und hat damit die Chance, einmal Profi zu werden*
▪ BINDEWORT **3** der Nebensatz mit *damit* nennt das Ziel oder den Zweck einer Handlung | *Mach bitte das Fenster auf, da'mit frische Luft hereinkommt* | *Ich helfe dir, da'mit du schneller fertig wirst*

GRAMMATIK

▶ *damit* oder *um zu*

Wenn man den Zweck einer Handlung nennen möchte, verwendet man einen Nebensatz mit **damit** oder **um zu:**
Mach bitte das Fenster auf, damit frische Luft hereinkommt.
Sie beeilte sich, damit sie rechtzeitig fertig wurde.

Auf **um zu** folgt immer der Infinitiv. Haupt- und Nebensatz haben das gleiche Subjekt:
Sie beeilte sich, um rechtzeitig fertig zu werden.
Er strengte sich an, um gute Noten zu bekommen.

dạ̈m·lich ADJEKTIV; *besonders norddeutsch, gesprochen, abwertend* sehr dumm | *Bist du wirklich zu dämlich, das zu kapieren?* ● hierzu **Dä̈m·lich·keit** *die*

Dạmm *der*; (-(e)s, Däm·me) **1** mit einem Damm kann man Flüsse zu Seen stauen oder Land vor Überschwemmungen schützen ⟨einen Damm aufschütten, bauen⟩ | *Der alte Damm ist baufällig und droht zu brechen* K Dammbruch; Staudamm **2** das Fundament für Schienen, Straßen oder Wege ⟨einen Damm befestigen⟩ K Bahndamm, Straßendamm **3** der Teil des Körpers zwischen After und den Geschlechtsorganen K Dammriss, Dammschnitt ▪ ID **nicht (ganz) auf dem Damm sein** *gesprochen* sich (leicht) krank fühlen; **wieder auf dem Damm sein** wieder gesund sein

dạ̈m·men VERB (dämmte, hat gedämmt) **1** **etwas dämmen** *geschrieben* mit einem Damm verhindern, dass Wasser irgendwohin fließt ⟨die Fluten, das Wasser dämmen⟩ **2** **etwas dämmt (etwas)** etwas bildet eine schützende Schicht und verringert so die Wirkung einer Sache ⟨etwas dämmt die Wärme, den Schall⟩ | *das Dach dämmen* K Dämmschicht, Dämmstoff

Dä̈m·mer *der*; (-s); *literarisch* das schwache Licht der Dämmerung K Abenddämmer, Morgendämmer

dä̈m·me·rig ADJEKTIV → dämmrig

dä̈m·mern VERB (dämmerte, hat gedämmert) **1** **es dämmert** es wird (morgens) hell bzw. (abends) dunkel K Dämmerlicht, Dämmerschein, Dämmerstunde **2** **der Morgen/der Tag dämmert** es wird hell **3** **der Abend dämmert** es wird dunkel **4** **vor sich** *(Akkusativ)* **hin dämmern** in einem Zustand zwischen Wachen und Schlafen sein K Dämmerschlaf, Dämmerzustand **5** **etwas dämmert jemandem** *gesprochen* (der Grund für) etwas wird jemandem allmählich klar | *Jetzt dämmert (es) mir, warum er den Schlüssel wollte*

Dä̈m·me·rung *die*; (-) **1** die Zeit am frühen Morgen, wenn es hell wird (bevor die Sonne aufgeht) K Morgendämmerung **2** die Zeit am Abend, wenn es langsam dunkel wird ⟨in der Dämmerung; bei Einbruch der Dämmerung⟩ K Abenddämmerung

dä̈mm·rig ADJEKTIV (nur) wenig hell | *In den Kirchen ist das Licht oft dämmrig*

Dä·mon *der*; (-s, Dä·mo·nen) **1** ein Wesen (vor allem in der Mythologie), welches die Macht des Bösen verkörpert **2** die Macht des Bösen, das Böse (im Menschen) ⟨von einem Dämon besessen sein⟩ ● hierzu **dä·mo·nisch** ADJEKTIV

★ **Dạmpf** *der*; (-(e)s, Dämp·fe) **1** die warme, sehr feuchte Luft, die vor allem beim Kochen von Wasser entsteht | *Durch den Dampf sind die Küchenfenster beschlagen* K Dampfbad; Wasserdampf **2** das, was entsteht, bevor eine erhitzte Flüssigkeit zu Gas wird K Dampfdruck, Dampfheizung, Dampfwolke **3** *nur Plural* die Gase, die bei chemischen Prozessen entstehen ⟨chemische, giftige Dämpfe⟩
▪ ID **Dampf ablassen** *gesprochen* Wut oder Ärger deutlich zeigen; **jemandem Dampf machen** *gesprochen* jemanden antreiben, schneller zu arbeiten; **Dampf hinter etwas** *(Dativ)* **machen/setzen** *gesprochen* dafür sorgen, dass eine Arbeit schneller ausgeführt wird

Dạmpf|bü·gel·ei·sen *das* ein Bügeleisen, welches die Wäsche während des Bügelns mit Dampf feucht macht, damit sie leichter zu bügeln ist

dạmp·fen VERB (dampfte, hat gedampft) **1** **etwas dampft** etwas ist so heiß oder wird so erwärmt, dass Dampf entsteht | *Das heiße Essen dampft auf dem Tisch* | *Nach dem plötzlichen Regen dampfte die feuchte Erde* **2** **ein Pferd dampft** ein Pferd schwitzt

dä̈mp·fen VERB (dämpfte, hat gedämpft) **1** **etwas dämpft etwas** etwas senkt die Intensität von Geräuschen und Stößen ⟨etwas dämpft den Schall, den Aufprall⟩ **2** **jemand/etwas dämpft etwas** jemandes Einstellung o. Ä./etwas Negatives macht ein positives Gefühl schwächer | *Die schlechte Nachricht dämpfte unseren Optimismus* **3** **etwas dämpfen** Nahrung im Wasserdampf gar werden lassen ⟨Gemüse dämpfen⟩ **4** **etwas dämpfen** Kleidung o. Ä. mit einem Bügeleisen und mit Wasserdampf glätten | *die Bluse dämpfen*
● zu (1,2) **Dä̈mp·fung** *die*

Dạmp·fer *der*; (-s, -) ein meist relativ großes Schiff, das mit Dampfkraft angetrieben wird K Dampferfahrt; Flussdampfer, Frachtdampfer, Küstendampfer, Raddampfer ▪ ID **auf dem falschen Dampfer sein/sitzen** *gesprochen* etwas völlig falsch verstanden oder eingeschätzt haben

Dä̈mp·fer *der*; (-s, -) ein Gegenstand, der Geräuschen oder Stößen ihre Intensität nimmt K Schalldämpfer, Stoßdämpfer ▪ ID **einen Dämpfer bekommen** (meist in einem Gefühl der Freude oder des Stolzes) ein negatives Erlebnis haben; **jemandem einen Dämpfer geben/aufsetzen** *gesprochen* bewirken, dass jemandes (übertriebene) Freude oder (übertriebener) Stolz gebremst wird

Dạmpf·kes·sel *der* ein Kessel, in dem durch Hitze Wasserdampf von hohem Druck erzeugt wird, um so eine Maschine anzutreiben

Dạmpf·kraft *die* die Kraft, die durch den Druck von Dampf entsteht

Dạmpf·ma·schi·ne *die; historisch* **1** eine Maschine (meist in einer Fabrik), welche den Druck von Dampf in mechanische Energie umsetzt und so andere Maschinen (z. B. Webstühle) antreibt | *James Watt hat die Dampfmaschine erfunden* **2** eine fahrbare Maschine mit einer Walze, welche den Druck von Dampf in mechanische Kraft umsetzt und für den Straßenbau oder die Arbeit auf dem Feld verwendet wurde

Dạmpf·nu·del *die; besonders süddeutsch* ein Stück Hefeteig, das in der geschlossenen Pfanne gebacken wird | *Dampfnudeln mit Vanillesoße*

Dạmpf·plau·de·rer *der;* (-s, -) ≈ *Schwätzer*

Dạmpf·wal·ze *die* eine große Maschine, mit der man frischen Teer auf der Straße fest und glatt macht

★ **da·nach, da̱·nach**

■ ADVERB **1** später als die genannten Tätigkeit ≈ *nachher* | *Jetzt macht sie Abitur und danach will sie studieren* (nach dem Abitur) **2** drückt aus, dass eine Person/Tätigkeit von etwas abhängig ist | *Sie richtet sich danach, was in den Vorschriften steht* (nach den Vorschriften)

■ BINDEWORT **3** später als die genannte Tätigkeit ≈ *nachher* | *Jetzt essen wir erst mal, danach können wir uns unterhalten*

★ **da·ne·ben, da̱·ne·ben** ADVERB **1** neben die genannte oder der genannten Sache oder Person | *Da drüben ist mein Auto und daneben das von meinem Chef* (neben meinem Auto) | *Sie sah Bernd auf der Bank und setzte sich da'neben hin* (neben Bernd auf die Bank) **2** zusätzlich zu der genannten Tätigkeit ≈ *außerdem* | *Sie studiert Musik und gibt daneben noch Musikstunden* (zusätzlich zu ihrem Studium) **3** **jemand fühlt sich/ist da'neben** *gesprochen* jemand kann nicht klar denken und fühlt sich krank **4** **jemand/etwas ist völlig/ziemlich/… da'neben** *gesprochen* das Verhalten einer Person stört alle anderen Personen | *Seine Witze sind echt voll daneben!*

da·ne̱·ben- (*im Verb, betont und trennbar, begrenzt produktiv; Diese Verben werden so gebildet:* danebenfallen, fiel daneben, danebengefallen) **1** **danebenliegen, danebensitzen, danebenstehen; sich/etwas danebenlegen, danebenstellen** *und andere* neben die genannte oder der genannten Sache oder Person | *Ich ging zu ihr und setzte mich daneben* (Ich setzte mich neben sie) **2** **danebengreifen, danebenschlagen, danebentreffen, danebenwerfen, danebenzielen** *und andere* drückt aus, dass ein geplantes Ziel nicht erreicht wird ≈ *vorbei-* | *Obwohl er nicht weit vom Tor entfernt war, schoss er dennoch daneben* (Er traf mit dem Ball nicht ins Tor)

da·ne̱·ben·be·neh·men VERB (*hat*) **sich danebenbenehmen** *gesprochen* sich (in einer Gesellschaft) falsch benehmen

da·ne̱·ben·ge·hen VERB (*ist*) **1** **etwas geht daneben** etwas trifft das Ziel nicht ⟨ein Schlag, ein Schuss⟩ **2** **etwas geht daneben** *gesprochen* etwas hat nicht das gewollte gute Ergebnis | *Die Prüfung ist völlig danebengegangen*

da·ne̱·ben·grei·fen VERB (*hat*) **1** **(mit etwas) danebengreifen** *gesprochen* etwas falsch einschätzen **2** **(mit etwas) danebengreifen** *gesprochen* ≈ *sich danebenbenehmen* **i** weitere Verwendungen → **daneben-**

da·ne̱·ben·lie·gen VERB (*hat*) **(mit etwas) danebenliegen** *gesprochen* etwas falsch einschätzen, nicht richtig verstehen | *Mit dieser Meinung liegst du völlig daneben*

da·ne̱·ben·ra·ten VERB (*hat*); *gesprochen* falsch raten

da·ne̱·ben·tip·pen VERB (*hat*); *gesprochen* ≈ *danebenraten*

da·ni̱e·der·lie·gen VERB (lag danieder, ist/hat daniedergelegen) **(mit etwas) daniederliegen** *geschrieben* krank im Bett liegen | *mit einer Grippe daniederliegen*

★ **dank** PRÄPOSITION *+Dativ/Genitiv* verwendet, um den Grund für einen meist positiven Vorgang oder Zustand zu nennen ≈ *aufgrund* | *Sie konnte das Problem dank ihrer Erfahrung lösen* **i** → Infos unter **Präposition**

★ **Dạnk** *der;* (-(e)s) **1** **der Dank (für etwas)** das Gefühl oder die Worte der Anerkennung für Hilfe, Freundlichkeit o. Ä. ⟨jemandem Dank ausdrücken, aussprechen, schulden; jemandem zu Dank verpflichtet sein; Besten/Herzlichen/Schönen Dank!⟩ | *Haben Sie vielen Dank für Ihre Hilfe!* **K** Dankgebet, Dankschreiben; Dankesformel, Dankesworte **i** → Infos unter **bedanken** **2** **als/zum Dank** als Zeichen der Anerkennung für Hilfe o. Ä. | *Nehmen Sie dieses Geschenk als/zum Dank für Ihre Hilfe* • zu (1) **dạnk·er·füllt** ADJEKTIV

★ **dạnk·bar** ADJEKTIV **1** **(jemandem) (für etwas) dankbar** voll Freude darüber, dass jemand hilft oder freundlich ist ⟨sich jemandem dankbar erweisen, zeigen⟩ | *Ich bin Ihnen für Ihre Hilfe sehr dankbar* **2** **dankbar für etwas** so, dass man sich über eine Sache freut, die man positiv findet | *Er langweilte sich sehr und war für jede Ablenkung dankbar* | *Angesichts des schlechten Wetters war ich sehr dankbar dafür, nicht aus dem Haus zu müssen* **3** gern bereit, ein Angebot anzunehmen oder eine Leistung anzuerkennen | *ein dankbares Publikum* (das viel Applaus spendet) | *dankbare Abnehmer* (die etwas gern und in großen Mengen kaufen) **4** sinnvoll und befriedigend ⟨eine Arbeit, eine Aufgabe⟩ ≈ *lohnend* **5** so, dass es viele interessante Dinge darüber zu sagen oder zu schreiben gibt ⟨ein Thema⟩ ≈ *ergiebig* **6** so, dass ein Material widerstandsfähig und leicht zu pflegen ist | *Die Hose ist aus einem dankbaren Stoff* • hierzu **Dạnk·bar·keit** *die*

★ **dạn·ke** **1** **danke (für etwas)** verwendet, um jemandem Dank auszudrücken ⟨Danke/danke sagen; danke sehr!; danke schön!⟩ | *Danke für das Geschenk!* | *Danke (dafür), dass Sie mir geholfen haben* **2** **(nein) danke** verwendet, um eine Einladung oder ein Angebot höflich abzulehnen | *„Kann ich dich in meinem Auto mitnehmen?“ – „(Nein) danke, ich gehe lieber zu Fuß“* | *„Möchten Sie noch Tee?“ – „Nein danke“* **3** **(ja) danke** verwendet, um eine Einladung oder ein Angebot höflich anzunehmen | *„Kann ich dir behilflich sein?“ – „Ja danke“* **4** verwendet als höfliche Antwort auf freundliche Grüße, Fragen o. Ä. | *„Gesundheit!“ – „Danke!“* | *„Wie geht es dir?“ – „Danke, gut“* | *„Viele Grüße von meiner Schwester“ – „Danke!“*

★ **dạn·ken** VERB (dankte, hat gedankt) **1** **jemandem (für etwas) danken** einer Person sagen, dass man dankbar ist ⟨jemandem herzlich, überschwänglich, vielmals, von ganzem Herzen danken⟩ | *Er dankte ihr für das Geschenk* | *eine Einladung dankend annehmen* **2** **jemandem etwas (irgendwie) danken** jemanden zeigen oder sagen, dass man dankbar ist | *Kein Mensch dankte (es) ihr, dass sie sich solche Mühe gemacht hatte* **3** **jemandem etwas mit etwas danken** *oft ironisch* in der genannten Weise auf etwas (Gutes) reagieren | *Meine Freundschaft wurde mir mit Verrat gedankt* / *damit gedankt, dass ich verraten wurde*

dạn·kens·wert ADJEKTIV; *geschrieben* so, dass es Dank verdient | *der dankenswerte Einsatz des Roten Kreuzes im Katastrophengebiet* • hierzu **dạn·kens·wer·ter·wei·se** ADVERB

Dạn·ke·schön *das;* (-) etwas (Gesagtes oder Geschenktes), mit dem man jemandem zeigt, wie dankbar man für etwas ist | *Ich möchte Ihnen für Ihre Hilfe ein herzliches Dankeschön sagen* | *Darf ich Ihnen diese Blumen als kleines Dankeschön überreichen?* **i** aber: *Oh, danke schön!* (getrennt geschrieben)

Dạnk·sa·gung *die;* (-, -en) eine (gedruckte) Karte oder ein Inserat in der Zeitung, mit denen man sich z. B. für das Mitgefühl bei einem Todesfall bedankt ⟨Danksagungen verschicken⟩

★ **dann** ADVERB **1** zeitlich nach dem Erwähnten ≈ *später* | *Wir sind zuerst zum Essen und dann ins Kino gegangen* **2** zu dem genannten Zeitpunkt (in der Zukunft) | *Er darf erst dann aufstehen, wenn er wieder gesund ist* | *Bald habe ich Geburtstag, dann wird gefeiert* **3** (in einer Reihenfolge) räumlich hinter der erwähnten Person oder Sache ≈ *dahinter* | *An der Spitze des Konvois fuhren Polizisten auf Motorrädern, dann folgte der Wagen mit dem Staatspräsidenten* **4** (in einer Rangfolge) hinter der erwähnten Person oder Sache | *Am liebsten esse ich Kartoffeln, dann Nudeln und dann erst Reis* | *Erster wurde der russische Hochspringer, dann kam der kanadische* **5** unter den genannten Umständen, in diesem Fall | *Wenn er das nicht versteht, dann ist er selbst schuld* | *Ich gehe nur dann, wenn du mitkommst* | *Selbst dann, wenn du recht hättest, könnte ich dir nicht helfen* **6** verwendet, wenn man etwas folgert, das noch bestätigt werden soll | *Dann ist sie also seine Schwester?* | *Dann hast du das wohl gar nicht ernst gemeint?* **7** *gesprochen* zusätzlich zu etwas anderem ≈ *außerdem* | *Bis zum Urlaub ist noch viel zu tun: Fahrkarten besorgen, packen – ach ja, und dann brauchen wir noch einen neuen Koffer* **8** *gesprochen* verwendet, um vage auf einen Zeitpunkt hinzuweisen, der in naher Zukunft liegt ≈ *später* | *Wir treffen uns dann bei Renate* | *Tschüs, bis dann!* **9** **(also) dann** *gesprochen* verwendet, wenn man ein Gespräch beendet (beim Abschied) | *Tschüs dann!* | *Also dann, machs gut* | *Also dann, ich muss jetzt gehen* **10** **dann und dann** zu einem nicht näher bezeichneten Zeitpunkt | *Er sagte, sie hätten sich dann und dann kennengelernt* **11** **dann und wann** nicht oft ≈ *manchmal* **12** **wer/was (denn) dann?** welche andere Person oder welche andere Sache statt der Genannten? | *Wenn er das nicht macht, wer dann?* | *„Heute gibt es doch keine Pizza." – „Was denn dann?"*

dan·nen ADVERB **von dannen gehen/ziehen** *veraltet oder humorvoll* einen Ort verlassen

★ **da·ran, da·ran** ADVERB an der genannten Sache oder an die genannte Sache oder Tätigkeit | *Er hat eine Gräte verschluckt und wäre fast da'ran erstickt* (an der Gräte) | *Das Projekt wäre fast 'daran gescheitert, dass nicht genug Geld zur Verfügung stand* (an Geldmangel gescheitert) | *Ich muss noch tanken. Erinnerst du mich bitte da'ran?* (an das Tanken)

da·ran·ge·ben VERB *(hat)* **etwas darangeben** *geschrieben* (oft im Konjunktiv II) viel tun oder geben, damit das Genannte erreicht werden kann ≈ *opfern* | *Ich würde viel darangeben, wenn ich diese Tat ungeschehen machen könnte*

da·ran·ge·hen VERB *(ist)* **darangehen zu** +*Infinitiv* mit etwas anfangen | *Wir sollten allmählich darangehen, einen Arbeitsplan zu entwerfen*

da·ran·ma·chen VERB *(hat)* **sich daranmachen (zu** +*Infinitiv) gesprochen* mit etwas anfangen | *Ich habe mich endlich darangemacht, mein Zimmer aufzuräumen*

da·ran·set·zen VERB *(hat)* **alles daransetzen zu** +*Infinitiv* mit voller Energie versuchen, ein Ziel zu erreichen | *Er hat alles darangesetzt, den Job zu bekommen*

★ **da·rauf, da·rauf** ADVERB **1** auf die genannte oder auf der genannten Sache oder Tätigkeit | *Er kann gut mit Leuten umgehen. 'Darauf beruht sein Erfolg* (auf dieser Fähigkeit) | *Ich habe darauf gewartet, dass sie so reagiert* (auf eine solche Reaktion) **2** *nachgestellt* direkt danach, anschließend | *tags/am Tag da'rauf* (am nächsten Tag) | *im Jahr da'rauf* (im nächsten Jahr) | *Sie verließ das Zimmer, kam aber gleich/kurz darauf zurück*

da·rauf- *(im Verb, betont und trennbar, begrenzt produktiv; Diese Verben werden so gebildet:* darauflegen, legte darauf, daraufgelegt) **daraufliegen, daraufsitzen, daraufstehen, darauftreten; jemanden/etwas darauflegen, daraufsetzen, daraufstellen** *und andere* bezeichnet eine Lage oben auf einer Person/Sache oder eine Bewegung in diese Richtung | *Er nahm die Flasche und schraubte den Deckel darauf* (Er schraubte den Deckel oben auf die Flasche)

da·rauf·fol·gend, da·rauf fol·gend ADJEKTIV *meist attributiv* so, dass es auf etwas (meist zeitlich) unmittelbar folgt ≈ *nächst-* | *Der darauffolgende Tag war ein Sonntag*

★ **da·rauf·hin, da·rauf·hin** ADVERB **1** als Folge dessen, was vorher geschehen ist, oder als Reaktion | *Es gab einen Eklat. Daraufhin verließen alle Gäste den Saal* **2** im Hinblick auf das Genannte | *Das Obst wird daraufhin überprüft, ob es schädliche Substanzen enthält*

★ **da·raus, da·raus** ADVERB aus der genannten Sache oder Tätigkeit | *Sie nahm den Becher und trank daraus* (aus dem Becher) | *Seine Reaktion bestand 'daraus, dass er lachte/zu lachen* (aus dem Lachen)

dar·ben VERB (darbte, hat gedarbt); *geschrieben* unter einem großen Mangel (an Nahrung, Kleidung usw.) leiden

dar·bie·ten VERB (bietet dar, bot dar, hat dargeboten) **1** **(jemandem) etwas darbieten** etwas in der Öffentlichkeit vorführen | *Bei dem Fest wurden verschiedene Sketche dargeboten* **2** **etwas irgendwie darbieten** etwas irgendwie beschreiben oder erklären | *ein Thema interessant darbieten* **3** **(jemandem) etwas darbieten** jemandem etwas zu Essen (oft in besonderer Weise) anbieten | *Den Gästen wurden verschiedene Delikatessen dargeboten* **4** **etwas bietet sich (jemandem) dar** etwas wird sichtbar

Dar·bie·tung *die;* (-, -en) **1** *nur Singular* das Vorführen ⟨die Darbietung eines Theaterstücks⟩ **2** *nur Singular* die Art und Weise, wie etwas beschrieben oder erklärt ist ⟨die Darbietung eines Themas⟩ **3** das, was man (vor einem Publikum) aufführt ⟨musikalische, künstlerische, sportliche Darbietungen⟩

dar·brin·gen VERB (brachte dar, hat dargebracht) **jemandem etwas darbringen** *veraltend* jemandem etwas (meist in feierlicher Form) geben, überreichen ⟨jemandem ein Geschenk, ein Opfer darbringen⟩ ● hierzu **Dar·brin·gung** *die*

da·rein ADVERB; *veraltend* ≈ *hinein*

darf *Präsens, 1. und 3. Person Singular* → dürfen[1]

★ **da·rin, dar·in** ADVERB in der genannten Sache oder Tätigkeit | *Siehst du das große Haus? Darin habe ich viele Jahre gewohnt* (in diesem Haus) | *Die Aufgabe besteht darin, die Fläche des Dreiecks zu berechnen* (in der Berechnung der Fläche des Dreiecks)

da·rin·nen ADVERB; *geschrieben* in dem genannten Raum, Zimmer, Behälter o. Ä.

dar·le·gen VERB (legte dar, hat dargelegt) **(jemandem) etwas darlegen** jemandem eine Situation, ein Problem beschreiben und erklären ⟨seine Ansichten, Gründe darlegen; etwas schriftlich darlegen⟩ ● hierzu **Dar·le·gung** *die*

★ **Dar·le·hen** [-leː(ə)n] *das;* (-s, -) eine Geldsumme, die man für begrenzte Zeit z. B. von einer Bank bekommt und die man (meist mit Zinsen) zurückzahlen muss ⟨ein hohes, (un)befristetes, zinsloses Darlehen; ein Darlehen aufnehmen, zurückzahlen; jemandem ein Darlehen gewähren⟩ ≈ *Kredit* **K** Darlehensrückzahlung, Darlehenssumme, Darlehensvertrag, Darlehenszinsen; Wohnungsbaudarlehen

★ **Darm** *der;* (-(e)s, Där·me) **1** im Darm wird die Nahrung, die vorher im Magen war, weiter verdaut, bevor der Rest den Körper (durch den After) verlässt **K** Darmentleerung, Darmgeschwulst, Darminfektion, Darminhalt, Darmkrebs, Darmträgheit, Darmtrakt, Darmwand **2** ein Darm von geschlachteten Tieren, der meist als Haut für Wurst verwendet wird K Kunstdarm, Naturdarm

Darm·flo·ra *die* die Bakterien, die im Darm leben und für die Verdauung wichtig sind ⟨eine gesunde, intakte Darmflora⟩

Darm·grip·pe *die* eine Erkrankung, bei der man Durchfall und Erbrechen hat

dar·nie·der·lie·gen, **darnieder liegen** → daniederliegen

dar·rei·chen VERB (reichte dar, hat dargereicht) **(jemandem) etwas darreichen** *geschrieben* jemandem etwas meist feierlich als Geschenk geben

★ **dar·stel·len** VERB (stellte dar, hat dargestellt) **1** **etwas stellt jemanden/etwas dar** ein Bild oder eine Figur zeigt eine Person/Sache | *Ich kann nicht erkennen, was das Bild darstellen soll* | *Dieses Fresko stellt Szenen aus dem Leben Jesu dar* **2** **jemanden/etwas irgendwie darstellen** eine Person, sich selbst oder eine Sache beschreiben (sodass andere Personen einen Eindruck bekommen) | *eine These ausführlich/verständlich darstellen* | *So wie du ihn darstellst, muss er ja ein richtiger Tyrann sein* | *Er stellt sich vor anderen immer als großer Dichter dar* **3** **etwas (irgendwie) darstellen** einen Sachverhalt in Form meist einer Zeichnung oder eines Diagramms wiedergeben ≈ *abbilden* | *eine mathematische Funktion grafisch darstellen* **4** **jemanden darstellen** (als Schauspieler) im Film oder Theater eine Rolle spielen | *den Hamlet darstellen* **5** **etwas stellt etwas dar** etwas ist oder bedeutet das Genannte | *Der Hunger in der Dritten Welt stellt nach wie vor ein enormes Problem dar* **6** **eine Person/Sache stellt etwas/nichts/nicht viel dar** *gesprochen* eine Person oder Sache macht meist wegen der äußeren Erscheinung großen/keinen/wenig Eindruck **7** **etwas stellt sich (jemandem) als etwas/irgendwie dar** etwas macht auf eine Person den genannten Eindruck | *Das Problem stellte sich als unlösbar dar* ● zu (1 – 4) **Dar·stel·lung** *die*

Dar·stel·ler *der*; (-s, -) eine Person, die im Theater oder Film spielt ≈ *Schauspieler* | *Der Darsteller des Mephisto bekam gute Kritiken* K Hauptdarsteller, Nebendarsteller; Laiendarsteller ● hierzu **Dar·stel·le·rin** *die*; **dar·stel·le·risch** ADJEKTIV

★ **da·rü·ber**, **da·rü·ber** ADVERB **1** über die genannte oder über der genannten Sache | *Preise von 200 Euro und da'rüber* (von über 200 Euro) | *Ich habe mich darüber geärgert, dass mein Vorschlag abgelehnt wurde* (über die Ablehnung meines Vorschlags) **2** bei der genannten Tätigkeit ≈ *währenddessen* | *Ich habe ein Buch gelesen und bin darüber eingeschlafen* **3** **da'rüber hinaus** als Zusatz zu etwas anderem ≈ *außerdem* | *Mein Gehalt ist sehr gut. Darüber hinaus bekomme ich einen Firmenwagen gestellt*

da·rü·ber- (*im Verb, betont und trennbar, begrenzt produktiv; Diese Verben werden so gebildet:* darüberwischen, wischte darüber, darübergewischt) **1** **etwas darüberhalten, darüberhängen, darüberkleben, darüberschreiben; jemand/etwas liegt darüber, steht darüber** *und andere* bezeichnet eine Lage oben auf oder über einer Person/Sache oder eine Bewegung dorthin | *Das Hemd ist zu dünn, zieh doch einen Pullover darüber* (Zieh über das dünne Hemd zusätzlich einen Pullover an) **2** **darüberfallen, darüberfliegen, darüberstolpern, darüberwischen** *und andere* bezeichnet eine Bewegung über jemanden oder etwas hinweg oder von der einen Seite zur anderen | *Er kam an einen Zaun und kletterte darüber* (Er kletterte über den Zaun)

da·rü·ber·fah·ren VERB (*ist*) **(mit etwas) darüberfahren** (mit der Hand, einem Tuch o. Ä.) etwas kurz streichen, wischen o. Ä. | *Ich hatte keine Zeit mehr, die Schuhe richtig zu putzen. Ich bin nur kurz mit einem Lappen darübergefahren*

da·rü·ber·ma·chen VERB (*hat*) **sich darübermachen** *gesprochen* mit etwas beginnen | *Es gibt viel zu tun. Wenn wir uns gleich darübermachen, sind wir umso früher fertig*

da·rü·ber·ste·hen VERB (*hat/ist*) sich durch etwas nicht ärgern oder stören lassen | *Kritik macht ihr nichts aus. Sie steht wirklich darüber*

★ **da·rum**, **da·rum** ADVERB **1** um die genannte Sache oder Tätigkeit | *Ihr Finger blutete, und so machte sie einen Verband da'rum* (um den Finger) | *Es ging ihm darum, die Produktivität zu steigern* (um eine Steigerung der Produktivität) **2** aus dem genannten Grund ≈ *deshalb* | *Er ist oft unterwegs und darum meist schwer zu erreichen* | *Sie war krank. Darum konnte sie nicht kommen*

da·rum·kom·men VERB (*ist*) auf etwas gerade Erwähntes verzichten müssen | *Er hatte sich so auf die Reise gefreut und jetzt ist er durch die Erkrankung leider darumgekommen* H vergleiche **herumkommen**

da·rum·ste·hen VERB (*hat/ist*) **Personen/Dinge stehen darum** mehrere Personen oder Dinge stehen um etwas herum

★ **da·run·ter**, **da·run·ter** ADVERB unter die genannte Sache oder der genannten Sache oder Gruppe von Personen/Dingen | *Schau mal unter der Türmatte nach, bestimmt ist der Schlüssel da'runter* (unter der Türmatte) | *Ich habe Pflaumen gekauft, aber darunter waren einige schlechte Früchte* (unter den Pflaumen) | *Er leidet sehr darunter, dass er allein ist* (unter dem Alleinsein)

da·run·ter- (*im Verb, betont und trennbar, begrenzt produktiv; Diese Verben werden so gebildet:* darunterliegen, liegt darunter, daruntergelegen) **etwas darunterhalten, darunterschieben, darunterschreiben, darunterziehen; jemand/etwas liegt darunter** *und andere* bezeichnet die Lage unter einer Person/Sache oder eine Bewegung dorthin | *Weil der Wasserhahn tropfte, stellte sie einen Eimer darunter* (Sie stellte einen Eimer unter den tropfenden Hahn)

da·run·ter·fal·len VERB (*ist*) **jemand/etwas fällt darunter** jemand/etwas gehört zu der genannten Gruppe oder Kategorie | *Die Preise für verschiedene Lebensmittel sind gestiegen. Fleisch fällt auch darunter* H weitere Verwendungen → **darunter-**

da·run·ter·lie·gen VERB (*hat/ist*) **1** **etwas liegt darunter** etwas ist unter dem genannten Maß, Niveau, Wert o. Ä. **2** **jemand liegt (mit etwas) darunter** jemandes Angebot, Leistung o. Ä. ist schlechter als das Genannte H weitere Verwendungen → **darunter-**

★ **das** → der

★ **Da·sein** *das*; (-s); *geschrieben* **1** das Leben vor allem eines Menschen ⟨ein kümmerliches Dasein führen⟩ | *Sein ganzes Dasein war bestimmt von der Musik* K Daseinsberechtigung, Daseinszweck **2** **ein armseliges Dasein fristen** in sehr armen Verhältnissen leben

da·sit·zen VERB (*ist/hat*) **(mit jemandem/etwas) dasitzen** *gesprochen* in einer (meist finanziell) schlechten Situation sein ⟨allein dasitzen⟩ | *Ihr Mann hat sie verlassen. Nun sitzt sie mit drei kleinen Kindern da* H weitere Verwendungen → **da-**

das·je·ni·ge → derjenige

★ **dass** BINDEWORT **1** der *dass*-Satz ist das Subjekt für den ganzen Satz | *Dass ich dich beleidigt habe, tut mir leid* | *Dass man so etwas sieht, passiert nicht oft* | *Stimmt es, dass sie morgen in Urlaub fährt?* **2** der *dass*-Satz ist das Objekt für den ganzen Satz (oft mit hinweisendem Adverb mit *da-/dar-*) | *Ich wusste nicht, dass sie auch da sein würde* | *Er hat sich darauf verlassen, dass sie ihm hilft* **3** der *dass*-Satz beschreibt genauer, was ein Substantiv bezeich-

D

net (z. B. um welche Meinung, welche Hoffnung, welchen Verdacht es sich handelt) | *Er war von seiner Überzeugung, dass alles noch klappen würde, nicht abzubringen* **4** der *dass*-Satz drückt eine Wirkung oder Folge aus, oft mit *so* im Hauptsatz eingeleitet | *Sie war so traurig, dass sie weinte* | *Er fuhr so schnell an, dass die Reifen quietschten* **5** der *dass*-Satz drückt ein Ziel, einen Zweck aus ≈ *damit* | *Zieh dir Handschuhe an, dass du nicht an den Fingern frierst* | *Wir müssen uns anstrengen, dass alles rechtzeitig fertig wird* **6** *gesprochen* der *dass*-Satz formuliert eine Drohung, einen Rat, einen Wunsch oder Bedauern | *Dass du mir später ja keine Vorwürfe machst!* | *Dass er gerade jetzt krank werden muss, wo wir so viel Arbeit haben!* **7** **auf dass** *literarisch* zu dem genannten Zweck ≈ *damit* | *Vergebt, auf dass euch ebenfalls vergeben werde* | *Lasst uns ein Mahnmal errichten, auf dass wir nie vergessen mögen* **H** *Dass* wird oft in festen Verbindungen mit *als, angenommen, (an)statt, außer, bis, kaum, nicht, nur, ohne, so, vorausgesetzt* verwendet

★ **das·sel·be** → derselbe

das·sel·bi·ge → derselbige

dass-Satz, **Dass·satz** *der* ein Satz, der mit „dass" eingeleitet wird

da·ste·hen VERB *(ist)*; *gesprochen* **1** **irgendwie dastehen** sich in der genannten Situation befinden ⟨allein, gut dastehen⟩ | *Seit der Erbschaft steht er finanziell glänzend da* **2** **irgendwie dastehen** die genannte Wirkung auf andere Leute haben | *Jetzt stehe ich wieder einmal vor allen anderen als Bösewicht da!* **H** a) aber: *Die Vase soll da stehen, auf dem Klavier* (getrennt geschrieben); b) weitere Verwendungen → **da-**

★ **Da·tei** *die*; (-, -en) eine geordnete Sammlung von Daten, die (von einem Computer) elektronisch gespeichert wird ⟨eine Datei erstellen, abspeichern⟩

★ **Da·ten** *die*; *Plural* **1** → Datum **2** die Zahlen und Informationen zu einem Thema, die man durch Messungen, Experimente oder Statistiken bekommt ⟨technische, statistische Daten⟩ ≈ *Angaben* | *die neuesten Daten zur Arbeitslosigkeit* **K** Datenaustausch, Datenerfassung, Datenmaterial **3** alles, was in einem Computer gespeichert wird (Informationen, Texte, Bilder, Musik usw.) ⟨Daten eingeben, speichern, abrufen⟩ **K** Datenbestand, Datenspeicher, Datenübertragung **4** **jemandes persönliche Daten** Angaben wie Name, Adresse, Beruf, Alter usw. einer Person

Da·ten·bank *die* eine große Sammlung von Daten (meist in einem Computer), die nach verschiedenen Kriterien organisiert sind und auch abgerufen werden können

Da·ten|fern·über·tra·gung *die*; *meist Singular* das Senden von Informationen von einem Computer, Faxgerät o. Ä. zum anderen über Telefonleitungen, Funk oder mit anderen Mitteln

Da·ten·miss·brauch *der* die (unerlaubte) Weitergabe von persönlichen Daten o. Ä. (oft in Form von Adressenlisten o. Ä.)

Da·ten·schutz *der*; *nur Singular*; Ⓓ der Schutz des Einzelnen davor, dass persönlichen Daten (z. B. von einer Behörde oder Firma) an andere Personen weitergegeben werden ⟨den Datenschutz (nicht) beachten, einhalten⟩ **K** Datenschutzbeauftragte(r), Datenschutzerklärung, Datenschutzverletzung, Datenschutzverordnung • hierzu **Da·ten·schüt·zer** *der*

Da·ten·trä·ger *der* auf Datenträgern wie CDs, DVDs, Festplatten usw. werden Daten für Computer usw. gespeichert

Da·ten·ver·ar·bei·tung *die* **(elektronische) Datenverarbeitung** das Bearbeiten, Ordnen o. Ä. von Daten am Computer **K** Datenverarbeitungsanlage **H** Abkürzung: *EDV*

da·tie·ren VERB (datierte, hat datiert) **1** **etwas datieren** (als Experte) die Zeit bestimmen, in der etwas entstanden ist ⟨ein Kunstwerk, einen Fund datieren⟩ | *Die Archäologen datierten das Grab auf etwa 500 v. Chr.* **2** **etwas datieren** das Datum auf etwas schreiben ⟨einen Brief, eine Rechnung, ein Schreiben datieren⟩ **K** zurückdatieren **3** **etwas datiert aus etwas** etwas stammt aus der genannten Zeit ⟨ein Kunstwerk⟩ | *Diese Vase datiert aus dem 3. Jahrhundert v. Chr.* **4** **etwas datiert vom** +*Datum* etwas hat das genannte Datum ⟨ein Brief⟩ | *Das Schreiben datiert vom 30.9. dieses Jahres* • zu (1,2) **Da·tie·rung** *die*

★ **Da·tiv** [-f] *der*; (-s, -e) der Kasus, den z. B. die Präpositionen *von, seit* oder *mit* nach sich ziehen ⟨etwas steht im Dativ⟩ | *Die Präposition „seit" fordert den Dativ: „seit dem letzten Jahr"* **K** Dativobjekt **H** → Infos unter **Deklination**

da·to ADVERB **bis dato** *geschrieben* bis jetzt

Dat·sche *die*; (-, -n); *ostdeutsch, veraltend* ein meist relativ kleines Wochenendhaus

Dat·tel *die*; (-, -n) eine süße, braune Frucht (mit einem länglichen Kern), die an einer Palme wächst **K** Dattelpalme

★ **Da·tum** *das*; (-s, Da·ten) **1** das Datum bezeichnet den Tag, den Monat und das Jahr von Ereignissen usw. mit einer Zahl | *Der Brief trägt das Datum des/vom 12.9.2008* | *Die Zahlung wird zum heutigen Datum fällig* | *„Welches Datum haben wir heute?" – „Den vierten März."* **K** Datumsangabe, Datumsstempel; Abfülldatum, Bestelldatum, Geburtsdatum, Sterbedatum, Verfall(s)datum **2** ein Tag, an dem etwas Wichtiges geschieht ⟨ein denkwürdiges, historisches Datum⟩ **3** **älteren/früheren/neueren Datums** aus älterer/früherer/neuerer Zeit

LANDESKUNDE

▶ Das Datum

Beim Datum wird in den deutschsprachigen Ländern zuerst der Tag und dann der Monat genannt. So ist der 3.2. oder 03.02. der dritte Februar.

★ **Dau·er** *die*; (-) **1** eine begrenzte Zeit, in der etwas gültig ist oder geschieht ⟨auf/für unbestimmte Dauer⟩ | *eine Regierung für die Dauer von vier Jahren wählen* | *für die/während der Dauer der Konferenz* **K** Aufenthaltsdauer, Belichtungsdauer, Gültigkeitsdauer **2** der Zustand, wenn etwas existiert oder geschieht und noch nicht vorbei ist | *Ihr Glück war nur von kurzer Dauer* (hielt nicht lange) **3** **auf (die) Dauer** *gesprochen* über eine längere, meist nicht begrenzte Zeit | *Auf die Dauer wäre mir diese Arbeit zu anstrengend* **4** **etwas ist von Dauer** etwas besteht lange Zeit

Dau·er- *im Substantiv, betont, sehr produktiv* **die Dauerausstellung, die Dauerbelastung, die Dauerbeschäftigung, der Dauerfrost, der Dauerstress** *und andere* so, dass etwas für lange Zeit existiert oder dass ein Vorgang oder Zustand lange dauert | *Nach zwei Wochen Dauerregen hatten wir alle schlechte Laune*

Dau·er·auf·trag *der* der Auftrag eines Kunden an die Bank, regelmäßig Geld (z. B. für die Miete) auf ein anderes Konto zu überweisen ⟨einen Dauerauftrag einrichten, kündigen⟩

Dau·er·bren·ner *der*; (-s, -); *gesprochen* etwas, das sehr lange aktuell und erfolgreich ist (z. B. ein Film, ein Buch oder ein Musikstück)

Dau·er·gast *der* **1** eine Person, die für längere Zeit in einem Hotel wohnt **2** *gesprochen, oft abwertend* ≈ *Stammgast*

★ **dau·er·haft** ADJEKTIV **1** ⟨eine Freundschaft, eine Lösung, ein Friede⟩ so, dass sie lange halten oder existieren **2** fest und widerstandsfähig ⟨Materialien⟩ ≈ *robust* • hierzu **Dau·er-**

haf·tig·keit *die*

Dau·er·kar·te *die* eine Eintritts- oder Fahrkarte, die meist mehrere Monate oder ein Jahr lang gültig ist und beliebig oft benutzt werden kann

Dau·er·lauf *der* ⟨einen Dauerlauf machen⟩ ≈ *Jogging*

★ **dau·ern** VERB (dauerte, hat gedauert) **1** **etwas dauert** *+Zeitangabe* etwas besteht oder geschieht während der genannten Zeit | *Sein Auftritt dauerte eine Stunde* | *Die Verhandlungen dauerten bis spät in die Nacht* **2** **es dauert** *+Zeitangabe* (, **bis** …) die genannte Zeit ist für etwas erforderlich | *Es dauerte drei Wochen, bis ich seinen Brief bekam* | *Wie lange dauert es noch, bis du fertig bist?* ■ ID **Das dauert aber/wieder!** *gesprochen* verwendet, um Ungeduld auszudrücken, wenn man lange warten muss

★ **dau·ernd** ■ PARTIZIP PRÄSENS **1** → dauern
■ ADJEKTIV **2** *meist attributiv* zu häufig ≈ *ständig* ↔ *selten* | *Ihre dauernden Klagen sind nicht mehr zu ertragen* | *Dauernd macht er Fehler* **3** *meist attributiv* über lange Zeit vorhanden ≈ *ständig* | *Es war als Provisorium gedacht, wurde aber zu einer dauernden Einrichtung*

Dau·er·wel·le *die* Wellen oder Locken, die mit chemischen Mitteln ins Haar gemacht werden und die dann längere Zeit halten ⟨eine leichte, starke Dauerwelle; jemandem eine Dauerwelle legen; jemandes Dauerwelle hält gut, hält nicht⟩

Dau·er·wurst *die* eine (geräucherte) harte Wurst (z. B. Salami), die sehr lange haltbar ist

Dau·er·zu·stand *der* ein meist unangenehmer Zustand, dessen Ende nicht vorherzusehen ist | *Diese unerträgliche Situation darf nicht zum Dauerzustand werden*

Däum·chen *das;* (-s, -) ein kleiner Daumen ■ ID ⟨dasitzen und⟩ **Däumchen drehen** *gesprochen* überhaupt nicht oder wenig arbeiten (meist weil man nichts zu tun oder keine Lust hat)

Dau·men *der;* (-s, -) der kurze, kräftige Finger, den man gegen die anderen vier Finger drücken kann | *Kinder lutschen gern am Daumen* K Daumennagel H → Abb. unter **Hand** und **Nagel** ■ ID **jemandem den Daumen/die Daumen halten/drücken** *gesprochen* mit einer anderen Person hoffen, dass sie Glück hat; **über den Daumen gepeilt** *gesprochen* ungefähr geschätzt; **den Daumen auf etwas** (*Dativ*) **(drauf) haben/auf etwas** (*Akkusativ*) **halten** *gesprochen* über etwas zu bestimmen haben und geizig damit umgehen | *Die anderen wären gern essen gegangen, aber Vater hielt den Daumen auf die Urlaubskasse*

Dau·men·schrau·be *die; meist Plural; historisch* ein mittelalterliches Gerät zum Foltern ■ ID **jemandem Daumenschrauben anlegen/ansetzen** *gesprochen* eine Person unter sehr starken Druck setzen (meist um sie zu zwingen, etwas zu tun)

Dau·ne *die;* (-, -n) eine der weichen, kleinen Federn, die Enten und Gänse vor Kälte schützen. Mit Daunen füllt man z. B. Kissen K Daunenbett, Daunendecke, Daunenjacke, Daunenschlafsack

Daus ■ ID **Ei der Daus!** *veraltet* ≈ *nanu!*

Da·vid(s)·stern *der* ein Symbol des jüdischen Glaubens in der Form eines Sterns

★ **da·von, da·von** ADVERB von der genannten Sache oder Tätigkeit | *Da ist eine Bar und nicht weit davon ist eine Disko* (von der Bar) | *Wir haben davon gesprochen, dass Paul bald befördert wird* (von Pauls bevorstehender Beförderung)

da·von- (*im Verb, betont und trennbar, sehr produktiv; Diese Verben werden so gebildet:* davoneilen, eilte davon, davongeeilt) **davoneilen, davonfahren, davonfliegen; jemanden davonjagen, davontreiben** *und andere* bezeichnet eine Bewegung von einem Ort weg | *Das Kind klingelte an der Haustür und lief dann schnell davon*

da·von·kom·men VERB (*ist*) **1** **(mit etwas) davonkommen** eine gefährliche Situation mit Glück ohne großen Schaden überstehen ⟨mit dem Schrecken davonkommen⟩ | *bei einem Unfall mit ein paar Kratzern davonkommen* | *Er hat Glück gehabt, er ist noch einmal davongekommen!* **2** **(mit dem Leben) davonkommen** in einer gefährlichen Situation überleben

da·von·lau·fen VERB (*ist*) **1** **ein Kind läuft (den Eltern) davon** ein Kind läuft von zu Hause weg **2** **ein Tier läuft (jemandem) davon** ein Tier läuft jemandem weg und kommt nicht wieder zurück **3** **jemandem davonlaufen** *gesprochen* den Ehepartner o. Ä. verlassen **4** **jemandem davonlaufen** (viel) schneller laufen als eine andere Person (mit der zusammen man gerade in einem Wettbewerb o. Ä. läuft) **5** **(vor etwas** (*Dativ*)**) davonlaufen** *gesprochen* alles versuchen, etwas nicht machen zu müssen, etwas nicht stattfinden zu lassen (weil man Angst davor hat) | *vor der Begegnung mit jemandem davonlaufen* H weitere Verwendungen → **davon-** ■ ID **etwas ist zum Davonlaufen** *gesprochen* etwas ist unerträglich

da·von·ma·chen VERB (*hat*) **sich davonmachen** *gesprochen* sich unauffällig entfernen

da·von·steh·len VERB (*hat*) **sich davonstehlen** ≈ *davonmachen*

da·von·tra·gen VERB (*hat*) **1** **etwas davontragen** *geschrieben* etwas Negatives als Folge einer Sache erleben, bekommen ⟨eine Verletzung, einen Schaden davontragen⟩ **2** **den Sieg davontragen** *geschrieben* ≈ *siegen* H weitere Verwendungen → **davon-**

★ **da·vor, da·vor** ADVERB vor die genannte oder vor der genannten Sache oder Tätigkeit | *Der Film beginnt um acht Uhr. Davor kommt nur Werbung* (vor dem Film) | *Sie hat keine Angst da'vor zu sterben* (keine Angst vor dem Tod)

da·vor- (*im Verb, betont und trennbar, sehr produktiv; Diese Verben werden so gebildet:* davorlegen, legte davor, davorgelegt) **davorliegen, davorsitzen; etwas davorhalten; sich/etwas davorlegen, davorsetzen, davorstellen** *und andere* bezeichnet eine Lage vor einer Person/Sache oder eine Bewegung dorthin | *Er schloss die Tür und schob einen Schrank davor* (Er schob einen Schrank vor die Tür, damit man sie nicht öffnen konnte)

da·vor·ste·hen VERB (*hat/ist*) kurz vor dem genannten Zeitpunkt, Ereignis sein | *„Wann macht eure Tochter Abitur?" – „Sie steht kurz davor"* H weitere Verwendungen → **davor-**

DAX® [daks] *der;* (-); Ⓓ Deutscher Aktienindex eine Zahl, welche den Durchschnitt des Preises der 30 wichtigsten deutschen Aktien angibt ⟨der DAX steigt, fällt, stagniert⟩

★ **da·zu, da·zu** ADVERB **1** zu der genannten Sache oder Tätigkeit | *Ich koche Reis mit Gemüse da'zu* (zu dem Reis) | *Ich kam kaum dazu, mich mal auszuruhen* (Ich hatte kaum Zeit zum Ausruhen) | *Hat er sich dazu geäußert, wie er das alles organisieren will?* (zu den Plänen für die Organisation) **2** drückt aus, dass zu der genannten Sache noch zu etwas hinzukommt ≈ *außerdem* | *Kleine Autos sind billiger und dazu sparsamer im Verbrauch*

da·zu- (*im Verb, betont und trennbar, sehr produktiv; Diese Verben werden so gebildet:* dazuschreiben, schrieb dazu, dazugeschrieben) **dazukommen; etwas dazugeben, dazuschreiben; (etwas) dazulernen, dazuverdienen; jemanden/etwas dazurechnen** *und andere* drückt aus, dass eine Gruppe, Menge, Zahl o. Ä. größer wird (indem man sie ergänzt) | *Er kaufte zwei Kilo Äpfel und bekam eine Orange als Geschenk dazu* (Er bekam eine Orange zusätzlich zu den Äpfeln)

★ **da·zu·ge·hö·ren** VERB (*hat*) **1** **eine Person/Sache gehört**

zu jemandem/etwas dazu eine Person ist Teil einer Gruppe/eine Sache ist Teil eines Ganzen, einer Menge | *Er verkauft seine Angel und alles, was dazugehört* | *Bei euch hat man sofort das Gefühl, dazuzugehören* **2** **es gehört etwas dazu, (...) zu** +*Infinitiv* etwas ist für eine Sache nötig | *Es gehört schon Mut dazu, seinem Chef die Meinung zu sagen* ● zu (1) **da·zu·ge·hö·rig** ADJEKTIV

da·zu·ge·sel·len VERB (*hat*) **sich dazugesellen** sich einer Gruppe o. Ä. anschließen

da·zu·kom·men VERB (*ist*) **1** **jemand/etwas kommt zu Personen/etwas dazu** eine Gruppe oder Menge wird um jemanden/etwas größer | *Wir gingen zu viert tanzen und später kamen noch zwei Freunde dazu* **2** **(gerade) dazukommen (, als ...)** (zufällig) an einem Ort erscheinen, an dem gerade etwas geschieht oder geschehen ist | *Ich kam gerade dazu, als der Unfall passierte* **H** aber: *dazu kommen, etwas zu tun* (= Zeit haben, etwas zu tun; getrennt geschrieben)

da·zu·mal ADVERB **(Anno) dazumal** ≈ *damals*

Da·zu·tun **ohne jemandes Dazutun** ohne jemandes Hilfe oder Einfluss | *Ohne mein Dazutun hätte er die Stelle nie bekommen*

★ **da·zwi·schen**, **da·zwi·schen** ADVERB zwischen die oder den genannten Sachen, Orten, Zeitpunkten oder Tätigkeiten | *Am Vormittag finden zwei Vorträge statt. Da'zwischen ist eine kleine Pause* (zwischen den beiden Vorträgen) | *Die Bücher waren alles Krimis, mit nur wenig anderen da'zwischen* (Fast alle Bücher waren Krimis)

da·zwi·schen- (*im Verb, betont und trennbar, sehr produktiv; Diese Verben werden so gebildet:* dazwischenrufen, rief dazwischen, dazwischengerufen) **1** **dazwischenliegen, dazwischenstehen**; **etwas dazwischenlegen, dazwischenschieben, dazwischenstellen** *und andere* bezeichnet eine Lage zwischen Personen oder Dingen oder eine Bewegung dorthin | *Können wir in die Reihe noch mehr Stühle dazwischenstellen?* (Können wir zusätzliche Stühle zwischen die anderen Stühle stellen?) **2** **dazwischenreden**; **(etwas) dazwischenrufen**; **jemanden/etwas dazwischenschalten** *und andere* drückt aus, dass ein Vorgang oder Zustand unterbrochen oder gestört wird | *Darf ich einmal dazwischenfragen, was Sie unter „Komplex" verstehen?* (Entschuldigen Sie, wenn ich Sie unterbreche: Was verstehen Sie unter diesem Begriff?)

da·zwi·schen·fah·ren VERB (*ist*) jemanden mit heftigen Worten bei etwas unterbrechen

da·zwi·schen·fun·ken VERB (*hat*) **(jemandem) dazwischenfunken** *gesprochen* durch Handlungen oder Worte bewirken, dass der Ablauf einer Sache gestört wird | *Der Abend wäre so nett gewesen, wenn du mit deinen provozierenden Bemerkungen nicht immer dazwischengefunkt hättest*

da·zwi·schen·ge·hen VERB (*ist*); *gesprochen* so handeln, dass ein Streit oder Kampf zwischen anderen Personen ein Ende hat | *Der Schiedsrichter ging mutig dazwischen, als die Spieler sich prügelten*

da·zwi·schen·kom·men VERB (*ist*) **etwas kommt (jemandem) dazwischen** etwas ereignet sich unerwartet und stört eine Person oder hält diese von etwas ab | *Wenn (mir) nichts dazwischenkommt, bin ich um 6 Uhr da*

da·zwi·schen·schie·ben VERB (*hat*) **1** **etwas dazwischenschieben** etwas irgendwo einfügen **2** **jemanden dazwischenschieben** (als Arzt o. Ä.) einer Person kurzfristig einen Termin geben, damit sie nicht lange warten muss

da·zwi·schen·tre·ten VERB (*ist*) ≈ *dazwischengehen* | *Als die Situation eskalierte, musste ich dazwischentreten*

★ **DDR** [de(:)de(:)'|ɛr] *die*; (-); *historisch* Deutsche Demokratische Republik einer der beiden deutschen Staaten (von 1949 bis 1990) **K** DDR-Bürger, DDR-Regierung

de-, **des-** (*im Verb, unbetont, nicht trennbar, begrenzt produktiv; Diese Verben werden so gebildet:* dechiffrieren, dechiffrierte, dechiffriert); *geschrieben* **etwas dekodieren, dezentralisieren, desinfizieren, desorganisieren**; **jemanden desorientieren** *und andere* drückt aus, dass etwas rückgängig gemacht wird oder dass das Gegenteil einer Sache geschieht | *Die alten Maschinen werden demontiert* (Die alten Maschinen werden wieder abgebaut, in ihre Einzelteile zerlegt) **H** Wenn das Verb mit einem Vokal anfängt, wird *des-* verwendet.

Deal [di:l] *der*; (-s, -s); *gesprochen* eine (geschäftliche) Vereinbarung ⟨mit jemandem einen Deal haben, machen⟩ ≈ *Abmachung, Handel*

dea·len ['di:lṇ] VERB (dealte, hat gedealt) illegal mit Rauschgift handeln ● hierzu **Dea·ler** ['di:lɐ] *der*

De·ba·kel *das*; (-s, -); *geschrieben* ein großer Misserfolg ⟨ein Debakel erleiden; etwas endet mit einem Debakel⟩

De·bat·te *die*; (-, -n); *geschrieben* **1** **eine Debatte (über etwas** (*Akkusativ*)**)** eine meist öffentliche Diskussion über Probleme, zu denen es verschiedene Meinungen gibt ⟨eine erregte, heftige, hitzige Debatte; eine Debatte eröffnen, führen⟩ | *Zwischen Regierung und Opposition kam es zu einer heftigen Debatte über die Pläne für die Steuerreform* **K** Bundestagsdebatte, Haushaltsdebatte, Parlamentsdebatte **2** **etwas zur Debatte stellen** ein Thema (in einer Diskussionsrunde) einführen, damit darüber diskutiert wird **3** **etwas steht nicht zur Debatte** über ein Thema soll nicht diskutiert werden/braucht nicht diskutiert zu werden

de·bat·tie·ren VERB (debattierte, hat debattiert) **1** **etwas debattieren** über ein Thema diskutieren | *Das Parlament hat gestern den Gesetzesentwurf über das neue Streikrecht debattiert* **2** **(über etwas** (*Akkusativ*)**) debattieren** über ein Thema diskutieren

De·büt [de'by:] *das*; (-s, -s) der erste Auftritt eines Künstlers, Sportlers oder Politikers vor einem (relativ großen) Publikum ⟨sein Debüt geben, liefern⟩ | *Das Debüt der jungen Opernsängerin war ein großer Erfolg* ● hierzu **de·bü·tie·ren** VERB (*hat*)

de·chiff·rie·ren [-ʃ-] VERB (dechiffrierte, hat dechiffriert) **etwas dechiffrieren** *geschrieben* die Bedeutung z. B. eines Codes herausfinden ⟨einen Kode, eine Geheimschrift, eine Nachricht dechiffrieren⟩ ● hierzu **De·chiff·rie·rung** *die*

Deck *das*; (-(e)s, -s) **1** die waagrechte Fläche, welche den Innenraum eines Schiffs nach oben abschließt ⟨auf/an, unter Deck sein; an, unter Deck gehen⟩ | *das Deck schrubben* | *sich auf dem/an Deck sonnen* **K** Promenadendeck, Sonnendeck **2** ein Stockwerk auf einem großen Schiff | *Der Speisesaal befindet sich im mittleren Deck* **K** Oberdeck, Unterdeck, Zwischendeck, Passagierdeck

★ **De·cke** *die*; (-, -n) **1** mit einer Decke aus weichem Material hält man sich z. B. im Bett warm ⟨jemanden mit einer Decke zudecken; jemanden/etwas in eine Decke hüllen/wickeln; unter die Decke kriechen, schlüpfen; unter der Decke liegen⟩ | *Ich zog mir die Decke über den Kopf, um nichts mehr hören und sehen zu müssen* | *Sie breiteten eine Decke auf die Wiese und setzten sich darauf* **K** Daunendecke, Federdecke, Wolldecke; Bettdecke, Sofadecke; Pferdedecke, Reisedecke, Satteldecke **2** eine Schicht, die auf einer Fläche liegt | *Am Morgen lag eine weiße Decke* (Schnee) *über/auf der Wiese* **K** Eisdecke, Grasdecke, Moosdecke, Nebeldecke, Rasendecke, Schneedecke, Staubdecke **3** Zimmer haben an den Seiten Wände, unten einen Fußboden und oben eine Decke ⟨eine hohe, niedrige Decke⟩ | *Die Lampe hängt von der Decke herab/an der Decke* | *Er starrte nach-*

denklich an die/zur Decke K Deckenbeleuchtung, Deckengemälde, Deckenlampe; Betondecke, Holzdecke, Stuckdecke, Zimmerdecke ■ ID **an die Decke gehen** *gesprochen* wütend werden; **jemandem fällt die Decke auf den Kopf** *gesprochen* jemand fühlt sich in der eigenen Wohnung o. Ä. einsam, ist deprimiert oder langweilt sich und braucht Abwechslung; **mit jemandem unter einer Decke stecken** mit einer anderen Person gemeinsame Pläne (oft zu jemandes Nachteil) haben; **sich** (*Akkusativ*) **nach der Decke strecken müssen** gezwungen sein, mit wenig Geld zu leben

★ **De̩·ckel** *der*; (-s, -) **1** z. B. Dosen, Töpfe und Kisten haben oben einen Deckel, damit man sie zumachen kann | *den Deckel des Glases abschrauben* | *den Deckel der Truhe zufallen lassen* K Kofferdeckel, Topfdeckel, Schraubdeckel **2** Bücher und Ordner haben außen einen festen Deckel, der die Seiten zusammenhält ⟨den Deckel aufklappen, zuklappen⟩ K Aktendeckel, Buchdeckel **3** *gesprochen, humorvoll* ≈ *Hut* ■ ID **jemandem eins auf den Deckel geben** *gesprochen* jemanden scharf kritisieren oder verprügeln; **eins auf den Deckel bekommen/kriegen** *gesprochen* scharf kritisiert oder verprügelt werden

de̩·ckeln VERB (deckelte, hat gedeckelt); *geschrieben* **1 etwas deckeln** etwas in der Höhe begrenzen ⟨Ausgaben, Honorare, Kosten deckeln⟩ **2 jemanden deckeln** jemanden so kritisieren, dass er den Mut verliert • zu (1) **De̩·cke·lung** *die*

★ **de̩·cken** VERB (deckte, hat gedeckt)

▸legen: **1 etwas über jemanden/etwas decken** etwas zum Wärmen oder als Schutz auf eine Person oder Sache legen | *Leintücher über die Möbel auf dem Dachboden decken* | *Zum Schutz gegen Frost decken wir im Herbst Tannenzweige über die Rosen* K Deckbett, Deckfeder, Deckhaar, Deckplatte, Deckschicht **2 das Dach (mit etwas) decken** Ziegel o. Ä. auf das Dach legen, damit kein Regen in das Haus kommt **3 (den Tisch) decken** für eine Mahlzeit Geschirr, Besteck, Gläser usw. auf den Tisch tun | *für zwei Personen decken* | *Du kannst schon mal den Tisch decken, das Essen ist gleich fertig*

▸schützen: **4 jemanden/(jemandem) etwas decken** eine Person oder Sache vor Angriffen o. Ä. schützen ⟨jemandem den Rücken decken⟩ | *Als die Schüsse fielen, warf sich die Mutter über ihr Kind und deckte es mit ihrem eigenen Körper* **5 jemanden/etwas decken** durch Lügen oder Schweigen dafür sorgen, dass jemand für eine verbotene Handlung nicht verantwortlich gemacht wird ⟨jemandes Flucht, jemandes Lügen decken⟩ | *Bei dem Verhör durch die Polizei deckte sie ihren Geliebten durch eine falsche Aussage*

▸Bedarf, Kosten: **6 etwas decken** dafür sorgen, dass genug von einer Ware vorhanden ist ⟨den Bedarf (an etwas (*Dativ*)), die Nachfrage (nach etwas) decken⟩ **7 etwas deckt etwas** etwas bringt so viel Geld ein, dass entstandene Kosten finanziert werden können | *Das Geld von der Versicherung deckt den Schaden nicht* | *Die Einnahmen haben nicht mal die Unkosten gedeckt*

▸Übereinstimmung: **8 etwas deckt sich mit etwas; Dinge decken sich** Dinge sind gleich oder ähnlich, widersprechen sich nicht ⟨Ansichten, Aussagen, Beobachtungen, Informationen, Meinungen decken sich⟩ **9 etwas deckt sich mit etwas; Dinge decken sich** geometrische Flächen haben die gleiche Form und Größe (sie sind kongruent) | *zwei sich deckende Dreiecke*

▸sonstige Verwendungen: **10 (jemanden) decken** (beim Fußball, Handball usw.) nahe bei einem gegnerischen Spieler bleiben, damit er den Ball nicht bekommt **11 ein Tier deckt ein Tier** ein männliches Tier befruchtet ein weibliches Tier | *Der Stier deckt die Kuh* | *die Stute decken lassen/zum Decken bringen* K Deckhengst **12 etwas deckt** eine Farbe bildet eine Schicht, durch die man den Untergrund nicht sieht | *Diese Wandfarbe deckt gut* K Deckanstrich, Deckfarbe, Deckweiß

De̩ck·man·tel *der* ■ ID **unter dem Deckmantel** +*Genitiv*/**von etwas** mit schlechten oder kriminellen Absichten, die durch etwas getarnt sind | *Unter dem Deckmantel der Entwicklungshilfe hat er Millionen verdient*

★ **De̩·ckung** *die*; (-, -en); *meist Singular* **1** der Schutz, den man sucht, um nicht gesehen oder von Schüssen o. Ä. getroffen zu werden ⟨irgendwo Deckung suchen; in Deckung gehen; aus der Deckung (hervor)kommen⟩ | *hinter einem Felsen vor Schüssen Deckung suchen* K Flankendeckung, Rückendeckung **2** das Decken eines gegnerischen Spielers | *Der beste Verteidiger übernahm die Deckung des Stürmers* K Deckungsfehler; Manndeckung, Raumdeckung **3** die Spieler, die für das Decken des Gegners verantwortlich sind ≈ *Verteidigung* K Deckungslücke, Deckungsspieler **4** (beim Boxen) der Schutz des Körpers und des Kopfes durch die eigenen Arme ⟨die Deckung vernachlässigen⟩ **5** das Bezahlen einer Schuld, der Ausgleich für einen Schaden o. Ä. | *Die Versicherung übernimmt die Deckung des Unfallschadens in voller Höhe* K Deckungsauflage **6** wenn bei einem Scheck oder einer Überweisung eine Deckung da ist, ist der genannte Betrag garantiert ⟨die Deckung fehlt, reicht aus, reicht nicht⟩ K Deckungssumme **7** das Befriedigen einer Nachfrage, eines Bedarfs **8 etwas mit etwas zur Deckung bringen** *geschrieben* dafür sorgen, dass die Ansichten, Beobachtungen, Informationen o. Ä. verschiedener Personen zusammenpassen **9 jemandem Deckung geben** jemandem helfen, irgendwohin zu gelangen, indem man den Feind mit Schüssen ablenkt o. Ä. ■ ID **Volle Deckung!** als Warnung verwendet, wenn man nicht gesehen oder getroffen werden will

de̩·ckungs·gleich ADJEKTIV völlig identisch in Form und Größe • hierzu **De̩·ckungs·gleich·heit** *die*

de·co·di̲e·ren [-k-] VERB (decodierte, hat decodiert) **etwas decodieren** *geschrieben* etwas mit einem Code lesbar machen ≈ *entschlüsseln* • hierzu **De·co·di̲e·rung** *die*

de·duk·tiv, de·duk·ti̲v [-f] ADJEKTIV; *geschrieben* (verwendet in der Logik) so, dass man das Besondere aus dem Allge-

D

meinen erschließt oder logisch folgert ⟨ein Beweis, ein Schluss, ein Vorgehen⟩ ↔ *induktiv* • hierzu **de·du·zie·ren** VERB *(hat)*; **De·duk·ti·on** *die*

de·es·ka·lie·ren VERB (deeskalierte, hat deeskaliert) **etwas deeskalieren** einen Konflikt allmählich abschwächen

de fac·to [de:ˈfakto] ADVERB; *geschrieben* in Wirklichkeit, in der Praxis, eigentlich | *Der Sieger stand de facto schon vor der Wahl fest* K De-facto-Anerkennung

De·fä·tis·mus *der*; (-); *geschrieben, abwertend* eine Einstellung, bei der man keinen Mut hat und glaubt, dass sich alles negativ entwickeln wird • hierzu **De·fä·tist** *der*; **de·fä·tis·tisch** ADJEKTIV

De·fekt *der*; (-(e)s, -e) **1** ein technischer Fehler in einer Maschine | *Der Unfall wurde durch einen Defekt an den Bremsen verursacht* **2** eine Störung der Funktion eines Organs oder der Psyche ⟨ein genetischer, geistiger, seelischer Defekt⟩

★ **de·fekt** ADJEKTIV so, dass ein technisches Gerät o. Ä. nicht (mehr) funktioniert ≈ *kaputt* | *Eine defekte elektrische Leitung führte zu dem Brand*

★ **de·fen·siv**, **de·fen·siv** [-f] ADJEKTIV **1** nicht zum Angriff, sondern zur Verteidigung bestimmt ⟨eine Strategie, Waffen⟩ ↔ *offensiv* K Defensivbündnis, Defensivkrieg, Defensivtaktik, Defensivwaffe **2** mit Rücksicht auf andere Personen ⟨eine Fahrweise, ein Fahrer; defensiv fahren⟩ ↔ *aggressiv* **3** im Spiel nicht angreifend, sondern verteidigend ⟨ein Spieler; defensiv spielen⟩ K Defensivspiel

De·fen·si·ve, **De·fen·si·ve** [-və] *die*; (-) **1** *geschrieben* eine Position, aus der heraus man sich (militärisch oder verbal) verteidigen muss ⟨sich in die Defensive begeben; sich in die Defensive gedrängt fühlen⟩ ↔ *Offensive* **2** eine Spielweise, die von der Verteidigung bestimmt ist ⟨aus der Defensive heraus spielen; in die Defensive zurückgedrängt werden⟩ ↔ *Offensive*

★ **de·fi·nie·ren** VERB (definierte, hat definiert) **etwas (irgendwie) definieren** die Bedeutung eines Wortes oder Begriffs genau beschreiben oder bestimmen | *Abstrakte Begriffe wie „Freiheit" sind schwer zu definieren*

★ **De·fi·ni·ti·on** [-ˈtsjo:n] *die*; (-, -en); *geschrieben* **1** die Erklärung eines Begriffs ⟨eine Definition einer Sache geben⟩ | *Versuchen Sie eine kurze Definition des Begriffs „Klassik"!* **2** eine Vereinbarung, bei der man genau festlegt, für welche Fälle man welche Bezeichnung benutzen muss

de·fi·ni·tiv, **de·fi·ni·tiv** [-f] ADJEKTIV; *geschrieben* nicht mehr zu verändern ⟨eine Antwort, Entscheidung; sich definitiv für/gegen etwas entscheiden⟩ ≈ *endgültig*

★ **De·fi·zit** *das*; (-s, -e) **1** ein Geldbetrag, der fehlt, weil man mehr Geld ausgibt als man einnimmt ⟨ein Defizit decken⟩ K Außenhandelsdefizit, Haushaltsdefizit, Kassendefizit, Staatsdefizit **2** **ein Defizit (an etwas** *(Dativ)*) *geschrieben* die Situation, wenn von einer wichtigen Sache nicht genug vorhanden ist oder wenn ihre Qualität nicht gut genug ist ⟨ein Defizit ausgleichen⟩ ≈ *Mangel* | *schulische Defizite durch Nachhilfeunterricht ausgleichen* | *Eisenmangel entsteht meist durch Defizite in der Ernährung* K Bildungsdefizit, Informationsdefizit, Leistungsdefizit, Schlafdefizit

de·for·mie·ren VERB (deformierte, hat deformiert) **1** **etwas deformieren** *geschrieben* etwas in seiner Form so ändern, dass es nicht mehr (richtig) zu gebrauchen ist | *Bei dem Brand wurden die Stahlträger des Gebäudes völlig deformiert* **2** **etwas ist deformiert** etwas ist in der Form entstellt • hierzu **De·for·ma·ti·on** *die*; **De·for·mie·rung** *die*

de·frag·men·tie·ren VERB (defragmentierte, hat defragmentiert) **etwas defragmentieren** ein Computerprogramm starten, das gespeicherte Daten neu ordnet, damit der Computer wieder schneller arbeitet ⟨die Festplatte defragmentieren⟩

def·tig ADJEKTIV; *gesprochen* **1** einfach und nahrhaft ⟨ein Essen, eine Mahlzeit⟩ **2** grob und direkt ⟨Späße, ein Witz⟩

De·gen *der*; (-s, -) eine Waffe zum Fechten mit einer sehr langen, sehr dünnen Klinge K Degenfechten

De·ge·ne·ra·ti·on [-ˈtsjo:n] *die*; (-, -en); *meist Singular* **1** *geschrieben* eine negative geistige oder moralische Entwicklung | *die moralische Degeneration einer reichen Gesellschaft* **2** der Verlust von (positiven) Eigenschaften oder Merkmalen (meist im Laufe von mehreren Generationen) • hierzu **de·ge·ne·rie·ren** VERB *(ist)*

de·gra·die·ren VERB (degradierte, hat degradiert) **1** **jemanden (von etwas) zu etwas) degradieren** jemanden (beruflich) erniedrigen | *Der Schauspieler fühlte sich in der neuen Rolle zum bloßen Statisten degradiert* **2** **jemanden (von etwas) zu etwas) degradieren** jemanden in einen niedrigeren Dienstrang versetzen • hierzu **De·gra·die·rung** *die*

dehn·bar ADJEKTIV **1** ⟨Materialien⟩ so, dass man sie dehnen kann | *ein dehnbares Gewebe* **2** nicht eindeutig definiert (sodass man es auf unterschiedliche Weise interpretieren kann) ⟨ein Begriff⟩ | *„Freiheit" ist ein dehnbarer Begriff* • hierzu **Dehn·bar·keit** *die*

★ **deh·nen** VERB (dehnte, hat gedehnt) **1** **etwas dehnen** etwas länger oder breiter machen, indem man (von beiden Seiten) daran zieht | *einen Gummi so lange dehnen, bis er reißt* **2** **etwas dehnen** vor allem Arme und Beine strecken, um die Muskeln und Sehnen elastischer zu machen K Dehnübungen **3** **etwas dehnt sich** etwas wird länger, größer oder weiter | *Der Pullover hat sich beim Waschen gedehnt* • zu (1,2) **Deh·nung** *die*

Deich *der*; (-(e)s, -e) eine Art langer Hügel aus Erde, den man am Meer aufschüttet, um das Land vor Überschwemmungen zu schützen K Deichbruch

Deich·sel [-ks-] *die*; (-, -n) eine Stange, mit der ein einfacher Wagen gezogen und gelenkt wird

deich·seln [-ks-] VERB (deichselte, hat gedeichselt) **etwas deichseln** *gesprochen* sich selbst durch Geschick, Beziehungen o. Ä. in eine Situation bringen, in der man viele Vorteile hat | *Er hat das wieder mal so gedeichselt, dass er nur wenig zu arbeiten braucht*

★ **dein** ■ ARTIKEL **1** *zur 2. Person Singular (du)dein* verwendet man in einer Situation, in welcher man eine Person mit *du* anspricht. Man bezeichnet damit Dinge, Zustände, Vorgänge, Handlungen und Personen, welche mit der angesprochenen Person in Zusammenhang sind | *mit deiner Mutter und deinem Vater* | *nach deiner Ankunft* H → Beispiele und Tabelle unter **mein**

■ PRONOMEN **2** *2. Person Singular (du)* verwendet, um sich auf eine (oft bereits erwähnte) Sache oder Person zu beziehen, die zu der angesprochenen Person gehört | *Ist das mein Bleistift oder deiner?* H → Beispiele und Tabelle unter **mein** **3** *2. Person Singular (du), Genitiv* | *Wir erinnern uns deiner* H → Tabelle unter **ich**

dei·ner·seits ADVERB was dich betrifft, von dir aus | *Bestehen deinerseits noch Zweifel?*

dei·nes·glei·chen *geschrieben, oft abwertend* Leute wie du | *Du und deinesgleichen glauben wohl, Geld verdient sich von selbst!*

dei·net·hal·ben ADVERB; *veraltet* ≈ *deinetwegen*

dei·net·we·gen ADVERB **1** aus einem Grund, der dich betrifft | *Nur deinetwegen mussten wir so lange warten* **2** mit deiner Erlaubnis oder Zustimmung | *Ich weiß, deinetwegen könnten wir jetzt eine Pause machen*

dei·net·wil·len ADVERB; *veraltend* **um deinetwillen** ≈ *deinetwegen*

dei·ni·g-, **Dei·ni·g-** PRONOMEN; *veraltend* alleine verwendet für *der/die/das deine/Deine* [H] → Beispiele und Tabelle unter **mein**

de ju·re ADVERB; *geschrieben* formal (juristisch), von Rechts wegen | *Er nahm nicht mehr an den Sitzungen teil, blieb aber de jure Mitglied des Rats*

De·ka *das;* (-(s), -); Ⓐ 10 Gramm | *10 Deka Wurst kaufen* (100 Gramm)

de·ka·dent ADJEKTIV mit Merkmalen, die auf eine moralische Verschlechterung, auf einen kulturellen Verfall hinweisen | *angeblich dekadente Züge in der Kunst* • hierzu **De·ka·denz** *die*

De·kan *der;* (-s, -e) **1** der Leiter einer Fakultät an einer Universität **2** ein Geistlicher, der einen Kirchenbezirk leitet

De·ka·nat *das;* (-s, -e) **1** das Büro eines Dekans **2** der Bezirk eines Dekans (in der Kirche) **3** die Amtszeit eines Dekans

de·kla·mie·ren VERB (deklamierte, hat deklamiert) **1 etwas deklamieren** *geschrieben* ein Gedicht oder einen Teil eines Theaterstücks ausdrucksvoll vortragen **2 etwas deklamieren** *geschrieben* über ein Thema gefühlvoll und (zu) feierlich sprechen

de·kla·rie·ren VERB (deklarierte, hat deklariert) **1 etwas deklarieren** *admin* (an der Grenze) die Waren angeben, für die man eine Steuer bezahlen muss **2 etwas als etwas deklarieren** *admin* eine Sache Behörden gegenüber einer Kategorie oder einem Zweck zuordnen und melden ⟨Zahlungen als Aufwandsentschädigung, als Darlehen, als Spende deklarieren; etwas als Abfall deklarieren⟩ | *Einkünfte in der Steuererklärung nicht korrekt deklarieren* **3 eine Organisation deklariert etwas** *geschrieben* vor allem ein Staat oder eine Regierung verkündet etwas feierlich | *Der amtierende Präsident wurde zum Wahlsieger deklariert* • hierzu **De·kla·ra·ti·on** *die*

de·klas·sie·ren VERB (deklassierte, hat deklassiert) **jemanden deklassieren** einen Gegner (in einem sportlichen Wettkampf) hoch besiegen • hierzu **De·klas·sie·rung** *die*

de·kli·nie·ren VERB (deklinierte, hat dekliniert) **1 (etwas) deklinieren** ein Substantiv, Adjektiv, Pronomen oder einen Artikel in die Form setzen, die im Zusammenhang des Satzes gebraucht wird ≈ *flektieren* [H] Verben werden konjugiert. **2 etwas deklinieren** alle Fälle eines Substantivs, Adjektivs, Pronomens oder Artikels nennen • hierzu **De·kli·na·ti·on** *die*

GRAMMATIK

▶ Die Deklination

Im Deutschen werden die Substantive, Artikel, Adjektive und Pronomen abhängig von ihrer grammatischen Funktion im Satz dekliniert. Es gibt vier Fälle:

- **Nominativ**
- **Akkusativ**
- **Dativ**
- **Genitiv**

Das **Subjekt** des Satzes steht im Nominativ.
Der **Genitiv** wird verwendet, um Besitz oder Zugehörigkeit auszudrücken.
Die **Objekte** zum Verb stehen meist im Akkusativ oder im Dativ.

Auch nach einer Präposition wird das Substantiv, Pronomen usw. dekliniert. Der Fall hängt dabei jeweils vom Typ der Präposition ab.

de·ko·die·ren → decodieren

De·kol·le·té, De·kol·le·tee [dekɔl'teː] *das;* (-s, -s); *geschrieben* ein tiefer Ausschnitt an einem (festlichen) Kleid ⟨ein gewagtes, tiefes Dekolleté⟩

De·kor *der/das;* (-s, -s) ein farbiges Muster auf Gegenständen (meist aus Porzellan oder Glas) ⟨ein handgemaltes Dekor⟩ [K] Golddekor

De·ko·ra·teur [-'tøːɐ̯] *der;* (-s, -e) eine Person, die beruflich Schaufenster schmückt oder gestaltet

De·ko·ra·ti·on [-'tsjoːn] *die;* (-, -en) **1** *nur Singular* das Dekorieren | *Die Dekoration des Festsaals dauerte vier Stunden* **2** die Dinge, mit denen man z. B. einen Raum schmückt ≈ *Schmuck* | *Die Dekoration des Saals für den Faschingsball bestand aus Luftballons und bunten Papierschlangen* [K] Faschingsdekoration, Saaldekoration, Zimmerdekoration

de·ko·ra·tiv [-f] ADJEKTIV (verwendet in Bezug auf Gegenstände) so, dass sie etwas (z. B. einen Raum) schmücken ⟨eine Vase⟩

de·ko·rie·ren VERB (dekorierte, hat dekoriert) **1 etwas (mit etwas) dekorieren** etwas mit etwas schöner machen, etwas gestalten ⟨ein Schaufenster dekorieren⟩ **2 jemanden dekorieren** jemandem einen Orden verleihen und an die Kleidung stecken • hierzu **De·ko·rie·rung** *die*

De·kret *das;* (-(e)s, -e); *veraltend* eine offizielle Verordnung von einer Behörde ⟨ein Dekret erlassen⟩

De·le·ga·ti·on [-'tsjoːn] *die;* (-, -en); *geschrieben* eine Gruppe von Personen, welche die Interessen einer Organisation oder Gruppe bei Verhandlungen, auf einer Konferenz o. Ä. vertritt [K] Delegationsleiter, Delegationsmitglied, Delegationsteilnehmer; Regierungsdelegation

de·le·gie·ren VERB (delegierte, hat delegiert); *geschrieben* **1 jemanden (irgendwohin) delegieren** eine Person als Vertreter einer Gruppe zu einer Konferenz o. Ä. senden (damit sie sich dort für die Interessen der Gruppe einsetzt) **2 (etwas) (an jemanden) delegieren** (einen Teil der) Aufgaben oder Pflichten von anderen Personen tun lassen | *Der Chef delegiert die Arbeit (an seine Mitarbeiter)* | *Ein Manager muss delegieren können* • zu (1) **De·le·gier·t** *der/die;* **De·le·gie·rung** *die*

Del·fin, Del·phin [-f-] *der;* (-s, -e) **1** ein Säugetier, das wie ein großer Fisch aussieht und im Meer lebt **2** *ohne Artikel, nur Singular* ein Schwimmstil, bei dem man beide Arme gleichzeitig aus dem Wasser schwingt und die (geschlossenen) Beine wellenförmig bewegt ≈ *Schmetterling(sstil)* [K] Delfinschwimmen, Delfinschwimmer

de·li·kat ADJEKTIV; *geschrieben* **1** ⟨eine Speise⟩ so, dass sie sehr gut schmeckt **2** ⟨eine Angelegenheit, ein Problem, ein Thema⟩ so, dass sie von jemandem viel Taktgefühl o. Ä. verlangen

De·li·ka·tes·se *die;* (-, -n) eine sehr feine und außergewöhnliche, meist teure Speise | *Hummer ist eine Delikatesse* [K] Delikatessengeschäft

De·likt *das;* (-(e)s, -e) eine illegale Handlung ≈ *Straftat* | *Raub ist ein schweres Delikt* [K] Eigentumsdelikt, Sittlichkeitsdelikt, Verkehrsdelikt

De·lin·quent *der;* (-en, -en); *geschrieben* eine Person, die vom Gericht zu einer Strafe verurteilt wurde ≈ *Straftäter* [H] *der Delinquent; den, dem, des Delinquenten*

De·li·ri·um *das;* (-s, De·li·ri·en [-ən]); *meist Singular; geschrieben* im Delirium (bei hohem Fieber oder Alkoholsucht) ist man verwirrt und sieht Dinge, die nicht da sind

de·li·zi·ös ADJEKTIV; *geschrieben* ≈ *köstlich*

Del·le *die;* (-, -n); *gesprochen* eine leichte Vertiefung, die durch einen Schlag oder Stoß entstanden ist | *jemandem eine Delle ins Auto machen*

Del·phin → Delfin

Del·ta *das;* (-(s), -s/Del·ten) ein Gebiet, in dem sich ein großer Fluss in viele kleinere Flüsse teilt, die dann ins Meer fließen | *das fruchtbare Delta des Nils* [K] Deltamündung; Flussdel-

D

ta, Nildelta, Rheindelta

dem *Dativ* von *der* und *das* → der **H** → Tabelle unter **der**

De·ma·go·ge *der;* (-n, -n); *geschrieben, abwertend* eine Person, die versucht, andere Leute von ihren (politischen) Ideen zu überzeugen, indem sie Gefühle wie Neid, Hass usw. in ihnen weckt und Dinge sagt, die nicht zu beweisen sind **H** *der Demagoge; den, dem, des Demagogen* ● hierzu **De·ma·go·gin** *die;* **De·ma·go·gie** *die;* **de·m·a·go·gisch** ADJEKTIV

D

De·mar·ka·ti·ons·li·nie [-'tsio:ns-] *die* der vorläufige Verlauf einer Grenze, den zwei (oder mehrere) Staaten nach einem Krieg beschlossen haben

de·mas·kie·ren VERB (demaskierte, hat demaskiert); *geschrieben* **1** **jemanden demaskieren** den wahren Charakter, die wirklichen Absichten einer Person aufdecken | *einen Hochstapler demaskieren* **2** **sich demaskieren** durch eine Bemerkung o. Ä. den wahren Charakter, die wahren Absichten verraten ● hierzu **De·mas·kie·rung** *die*

dem·ent·ge·gen ADVERB ≈ *demgegenüber*

De·men·ti *das;* (-s, -s); *geschrieben* eine offizielle Äußerung, mit der man eine Behauptung oder Nachricht für falsch erklärt

de·men·tie·ren VERB (dementierte, hat dementiert) **(etwas) dementieren** *geschrieben* eine Behauptung oder Nachricht offiziell für falsch erklären | *Die Regierung dementiert, dass der Minister in einen Skandal verwickelt sei*

dem·ent·spre·chend ADJEKTIV so, wie es aus der vorher erwähnten Situation folgt | *Er hatte zu wenig geschlafen und hatte eine dementsprechende Laune/und hatte eine dementsprechend schlechte Laune/und war dementsprechend schlecht gelaunt* | *Er hatte zu wenig geschlafen. Dementsprechend (schlecht) war seine Laune*

De·menz *die;* (-, -en) eine Krankheit, bei welcher die Leistung des Gehirns stark eingeschränkt ist und man sich nichts mehr merken kann ⟨an Demenz erkranken, leiden⟩ **K** Demenzkranke; Altersdemenz ● hierzu **de·ment** ADJEKTIV

dem·ge·gen·über ADVERB im Vergleich zum vorher Erwähnten | *Sein neues Buch ist ausgezeichnet. Die alten sind demgegenüber fast primitiv/Demgegenüber sind die alten fast primitiv*

dem·ge·mäß ADVERB als Folge der vorher erwähnten Situation ≈ *dementsprechend*

De·mis·si·on *die;* (-, -en); *geschrieben* der Rücktritt einer Regierung oder eines Ministers von seinem Amt

★ **dem·nach** ADVERB **1** so, wie man es irgendwo gelesen, gehört, erfahren hat | *Ich habe kürzlich einen Artikel über Bakterien gelesen. Demnach sind die meisten sehr wichtig und nützlich für den Körper* **2** so, wie es aus der vorher erwähnten Situation folgt ≈ *folglich* | *Während der Eiszeit war der Meeresspiegel niedriger. Demnach gab es weniger Wasser in der Atmosphäre und es war trockener* **3** so, wie es in Regeln, Vorschriften, Gesetzen formuliert ist | *Die Bahn hat neue Preise eingeführt. Demnach werden Fernreisen um 3 % teurer*

★ **dem·nächst, dem·nächst** ADVERB in naher Zukunft ≈ *bald* | *Sie werden demnächst heiraten*

De·mo *die;* (-, -s); *gesprochen* Kurzwort für *Demonstration*

De·mo·krat *der;* (-en, -en) **1** eine Person, die nach den Prinzipien der Demokratie lebt | *Das Land braucht mehr echte Demokraten unter den Politikern* **2** ein Mitglied einer Partei, die in ihrem Namen das Wort *demokratisch* (o. Ä.) hat | *die Demokraten und die Republikaner in den USA* **K** Christdemokrat, Sozialdemokrat **H** *der Demokrat; den, dem, des Demokraten* ● hierzu **De·mo·kra·tin** *die*

★ **De·mo·kra·tie** *die;* (-, -n [-'ti:ən]) **1** eine Staatsform, in der die Bürger die Regierung selbst wählen | *Ein wesentliches Prinzip der Demokratie ist die Pressefreiheit* **2** ein Land mit einer Demokratie als Staatsform | *Die Schweiz ist eine Demokratie* **3** *nur Singular* das Prinzip, nach dem die Mehrheit einer Gruppe Entscheidungen fällt ⟨Demokratie in der Familie, in der Schule, am Arbeitsplatz⟩

★ **de·mo·kra·tisch** ADJEKTIV **1** den Prinzipien der Demokratie entsprechend ⟨eine Partei, ein Staat, eine Verfassung, Wahlen⟩ **2** nach dem Prinzip, dass das gilt, was die Mehrheit will ⟨eine Entscheidung⟩ | *Der Beschluss wurde demokratisch gefasst*

de·mo·kra·ti·sie·ren VERB (demokratisierte, hat demokratisiert) **etwas demokratisieren** *geschrieben* etwas so verändern, dass es demokratischen Grundsätzen entspricht ⟨ein Land demokratisieren⟩ | *die katholische Kirche demokratisieren wollen* ● hierzu **De·mo·kra·ti·sie·rung** *die*

de·mo·lie·ren VERB (demolierte, hat demoliert) **etwas demolieren** etwas (mit Absicht) zerstören oder beschädigen | *Die enttäuschten Fußballfans demolierten die Tribünen* ● hierzu **De·mo·lie·rung** *die*

De·monst·rant *der;* (-en, -en) eine Person, die an einer Demonstration teilnimmt **H** *der Demonstrant; den, dem, des Demonstranten* ● hierzu **De·monst·ran·tin** *die*

★ **De·monst·ra·ti·on** [-'tsio:n] *die;* (-, -en) **1** eine Versammlung einer (meist relativ großen) Gruppe von Menschen im Freien, um für oder gegen etwas zu protestieren | *eine Demonstration gegen Atomkraftwerke* **K** Demonstrationsrecht, Demonstrationsteilnehmer, Demonstrationsverbot, Demonstrationszug; Friedensdemonstration, Massendemonstration, Protestdemonstration **2** die sichtbare Darstellung einer Absicht oder Einstellung | *Die Militärparade war als Demonstration der Macht gedacht* **3** *meist Singular* der Vorgang, zu zeigen, wie etwas funktioniert | *die Demonstration einer chemischen Reaktion* **K** Demonstrationsmaterial, Demonstrationsobjekt

de·monst·ra·tiv [-f] ADJEKTIV; *geschrieben* so, dass man dadurch seine Einstellung deutlich zeigt | *Die Opposition verließ demonstrativ den Parlamentssaal* | *Er sah demonstrativ über sie hinweg*

De·monst·ra·tiv·pro·no·men [-f-] *das* ein Pronomen wie *dieser* oder *jener*, das auf ein bereits erwähntes Substantiv oder Thema hinweist

★ **de·monst·rie·ren** VERB (demonstrierte, hat demonstriert) **1** **(für/gegen jemanden/etwas) demonstrieren** an einer Demonstration teilnehmen | *für den Frieden/gegen die Aufstellung von Raketen demonstrieren* **2** **etwas demonstrieren** die eigene Einstellung o. Ä. anderen Menschen deutlich zeigen | *Bei der Abstimmung demonstrierte die Koalition Geschlossenheit und überstimmte die Opposition* **3** **etwas demonstrieren** in gut verständlicher Weise zeigen, wie etwas funktioniert ≈ *vorführen* | *Der Biologielehrer demonstrierte anhand eines Modells die Funktion des Herzens*

De·mon·ta·ge [demɔn'ta:ʒə] *die;* (-, -n); *geschrieben* **1** der Abbau, das Zerlegen von Gerüsten, technischen Anlagen o. Ä. **2** *meist abwertend* der allmähliche Abbau von etwas meist Positivem | *Die Opposition warf der Regierung eine Demontage der Grundrechte vor* ● hierzu **de·mon·tie·ren** VERB *(hat)*

de·mo·ra·li·sie·ren VERB (demoralisierte, hat demoralisiert) **jemanden demoralisieren** jemandem den Willen und den Mut nehmen, etwas zu tun | *Die dauernden Rückschläge demoralisierten ihn so, dass er den Plan schließlich ganz aufgab* ● hierzu **De·mo·ra·li·sie·rung** *die*

De·mo·skop *der;* (-en, -en) ein Wissenschaftler, der Demoskopie betreibt **H** *der Demoskop; den, dem, des Demoskopen*

De·mo·sko·pie *die;* (-) ein wissenschaftliches Verfahren, mit dem man die Meinung der Bevölkerung erforscht • hierzu **de·mo·sko·pisch** ADJEKTIV

De·mut *die;* (-) das völlige Fehlen von persönlichem Stolz und die Meinung, dass man Unglück, Leid o. Ä. ertragen muss, ohne zu klagen | *Schicksalsschläge in Demut ertragen* **K** Demutshaltung • hierzu **de·mü·tig** ADJEKTIV; **de·muts·voll** ADJEKTIV

de·mü·ti·gen VERB (demütigte, hat gedemütigt) **jemanden demütigen** eine Person so behandeln, dass sie in ihrer Würde und in ihrem Stolz verletzt wird | *jemanden demütigen, indem man ihn vor den Kollegen lächerlich macht* • hierzu **De·mü·ti·gung** *die*

dem·zu·fol·ge ADVERB; *geschrieben* als (meist logische) Folge des vorher Erwähnten ≈ *deshalb*

den *Akkusativ* von *der* → der **H** → Tabelle unter **der**

de·nen PRONOMEN **1** verwendet als Dativ Plural zu *der*, *die* oder *das*, bei der Einleitung eines Relativsatzes | *Die Angeklagten, denen zur Last gelegt wird, dass ...* **2** verwendet als Dativ Plural zu *der*, *die* oder *das*, wenn diese als betonte Pronomen gebraucht werden | *'Denen werde ich es zeigen!* **H** → Tabelle unter **der**

Denk·an·satz *der* die grundlegenden Gedanken, die man sich zu einem Thema macht

Denk·an·stoß *der* ein geistiger Impuls oder eine Anregung, die jemanden dazu motivieren, über etwas nachzudenken ‹jemandem einen Denkanstoß geben›

denk·bar ADJEKTIV **1** ≈ *möglich, vorstellbar* | *Eine denkbare Lösung wäre, ...* **2** verwendet, um (meist negative) Adjektive zu verstärken ‹denkbar schlecht, ungünstig, knapp› ≈ *sehr*

★ **den·ken** VERB (dachte, hat gedacht) **1** **(etwas) denken** mit dem Verstand arbeiten, Ideen haben, Schlüsse ziehen o. Ä. ‹klar, logisch, nüchtern, realistisch denken; abstraktes, analytisches, mathematisches Denken; einen Gedanken als Erster, zu Ende denken› | *Denk, bevor du sprichst!* | *Er war so müde, dass er nicht mehr vernünftig denken konnte* | *„Das ist aber seltsam", dachte sie* **K** Denkart, Denkfehler, Denkkategorie, Denkmodell, Denkprozess, Denkschema, Denkvermögen, Denkvorgang, Denkweise **H** Solange man nicht schläft, denkt man ohne bewusste Anstrengung fast die ganze Zeit. Wenn man aber *überlegt* oder über etwas *nachdenkt*, ist das meistens eine bewusste Entscheidung. **2** **(etwas) denken** eine Meinung oder Vermutung darüber haben, wie eine Person oder Sache vielleicht ist oder sein wird ≈ *glauben* | *Ich denke, dass es funktionieren wird* | *Sie dachte, ich würde sie anrufen* | *Wir dachten, im Recht zu sein* | *„Ob sie wohl noch kommt?" – „Ich denke schon/nicht"* **H** → Infos unter **annehmen** **3** **etwas von jemandem denken** glauben, dass eine Person die genannte Eigenschaft oder Fähigkeit hat | *Er denkt nichts Gutes von mir* | *Ich hätte nie von ihm gedacht, dass er so gemein sein könnte* **4** **Was denkst du/denken Sie?** verwendet, um eine Person nach ihrer Meinung zu fragen **5** **Was denkst du/denken Sie, wenn ...?** verwendet, um eine Person zu fragen, was sie von einem Vorschlag hält **6** **sich** (*Dativ*) **etwas (irgendwie) denken** ein Bild oder eine Ahnung davon haben, wie jemand/etwas ist, sein könnte oder sein wird | *Ich hätte mir gleich denken können, dass das nichts wird* | *Du kannst dir doch denken, warum ich das nicht will* | *Als Vorspeise habe ich mir eine Suppe gedacht* **7** **irgendwie über jemanden/etwas denken** die genannte Meinung von einer Person/Sache haben | *Wie denkst du über meinen Vorschlag?* | *Wie denkt er über mich?* **8** **schlecht von jemandem denken** eine negative Meinung von jemandem haben **9** **irgendwie denken** die genannte (allgemeine) Einstellung haben | *Er ist ein großzügig denkender Mensch* | *Denk doch mal ein bisschen praktisch. Was sollen wir denn mit so viel Gepäck auf einer Wandertour?* **10** **an jemanden/etwas denken** sich an Personen, Dinge oder Ereignisse erinnern, sie nicht vergessen | *Wie nett, dass Sie an meinen Geburtstag gedacht haben* | *Denkst du noch manchmal daran, wie schön es damals war?* | *Denk bitte daran, den Hund zu füttern!* **11** **an jemanden/etwas denken** das Interesse, die Gedanken auf andere Personen oder sich selbst oder auf Situationen konzentrieren | *Er ist sehr egoistisch und denkt immer nur an sich selbst* | *Du solltest mehr an deine Familie denken!* **12** **an etwas denken** darüber nachdenken, etwas zu tun, zu kaufen o. Ä. | *Sie denkt daran, das Geschäft zu verkaufen* | *„Wie wäre es mit diesem Laptop?" – „Ich dachte eigentlich eher an ein Tablet"* | *Ich denke nicht daran, ihm zu helfen!* (Das werde ich ganz bestimmt nicht tun!) **13** **laut denken** Gedanken aussprechen, ohne damit anderen etwas mitteilen zu wollen | *„Was hast du gesagt?" – „Nichts. Ich habe nur laut gedacht"* **14** **eine Person/Sache gibt (jemandem) zu denken** eine Person/Sache macht jemanden nachdenklich oder misstrauisch

■ **ID** **sich** (*Dativ*) **nichts (weiter/Böses) bei etwas denken** keine böse Absicht bei etwas haben; **Das 'denkst du dir so!**, **Das hast du dir so ge'dacht!** *gesprochen* Das kommt nicht in Frage; **Was hast du dir (eigentlich) dabei gedacht?** *gesprochen* verwendet, um Empörung über jemandes Verhalten auszudrücken | *Was hast du dir eigentlich dabei gedacht, mich so vor den Gästen zu blamieren?*; **Wer hätte das gedacht!** verwendet, um Überraschung auszudrücken; **so lange ich denken kann** *gesprochen* in meiner Erinnerung schon immer; **Du wirst/Der wird/... noch an mich denken!** *gesprochen* verwendet, um eine Drohung auszusprechen; **Wo denkst du hin?** *gesprochen* Das geht nicht | *„Kommst du mit?" – „Wo denkst du hin? Ich muss für die Prüfung lernen!"*

-den·ken *das;* (-s); *im Substantiv, unbetont, begrenzt produktiv; meist abwertend* **1** **Erfolgsdenken, Prestigedenken, Profitdenken, Zweckdenken** *und andere* bezeichnet eine Einstellung, bei der man nur an die genannte Sache denkt, die man sehr wichtig findet **2** **Freund-Feind-Denken, Schubladendenken, Schwarz-Weiß-Denken** *und andere* bezeichnet eine Einstellung, bei der alles in Kategorien eingeordnet wird

Den·ker *der;* (-s, -); *geschrieben* ≈ *Philosoph*

denk·faul ADJEKTIV; *abwertend* zu faul zum Nachdenken

★ **Denk·mal** *das;* (-s, Denk·mä·ler) **1** Denkmäler werden an öffentlichen Plätzen aufgestellt, um an wichtige Personen oder wichtige Ereignisse zu erinnern ‹jemandem ein Denkmal setzen; (jemandem) ein Denkmal errichten; ein Denkmal enthüllen› ≈ *Monument* **K** Beethovendenkmal, Mozart-Denkmal, Grabdenkmal, Kriegerdenkmal **H** Der geschriebene Plural *Denkmale* ist selten. **2** eine Sache, die es schon lange gibt und die es wert ist, dass man sie pflegt und schützt oder nicht vergisst | *Das Nibelungenlied ist ein Denkmal der deutschen Literatur* **K** Kulturdenkmal, Kunstdenkmal, Literaturdenkmal, Naturdenkmal, Sprachdenkmal ■ **ID** **sich** (*Dativ*) **ein Denkmal setzen** durch eine große Leistung bewirken, dass man nicht vergessen wird

Denk·mal(s)|pfle·ge *die* die Erhaltung von wertvollen alten Gebäuden o. Ä. • hierzu **Denk·mal(s)|pfle·ger** *der*

Denk·mal(s)|schutz *der* alle (staatlichen) Maßnahmen, um wertvolle alte Gebäude oder Gegenstände zu pflegen und zu erhalten ‹etwas steht unter Denkmal(s)schutz; etwas unter Denkmal(s)schutz stellen› • hierzu **Denk·mal(s)|schüt·zer** *der*

Denk·pau·se *die* eine kurze Unterbrechung, während der

man Zeit hat, seine Gedanken zu ordnen ⟨eine Denkpause einlegen⟩

Dẹnk·sport *der* das Lösen von schwierigen Rätseln, Aufgaben u. Ä.

dẹnks·te! verwendet, um einer Person (die man duzt) zu sagen, dass sie sich irrt

D

Dẹnk·wei·se *die; meist Singular* **1** die Art und Weise, wie jemand denkt **2** die geistige Haltung, die man gegenüber einer anderen Person oder einer Sache hat ⟨eine fortschrittliche, konservative Denkweise⟩

dẹnk·wür·dig ADJEKTIV so wichtig, dass man es nicht vergessen sollte ⟨ein Datum, ein Ereignis, ein Tag⟩ • hierzu **Dẹnk·wür·dig·keit** *die*

Dẹnk·zet·tel *der* ■ ID **jemandem einen Denkzettel geben/verpassen** *gesprochen* eine Person so bestrafen, dass sie aus der Strafe lernt oder noch lange daran denkt

★ **dẹnn** ■ BINDEWORT **1** der Satz mit *denn* gibt einen Grund an. Der Grund ist oft schon bekannt oder leicht zu verstehen ≈ *weil* | *Fahr vorsichtig, denn die Straßen sind glatt* | *Die Autorin kennt sich mit Erziehung aus, denn sie hat selbst vier Kinder* **2** **besser/schlimmer/weniger/... denn je (zuvor)** besser/schlimmer/weniger/... als zu irgendeiner Zeit zuvor | *Dieses Jahr war das Wetter schlechter denn je* | *Das Heizöl kostet mehr denn je zuvor* **3** *geschrieben* verwendet bei einem Vergleich, um die doppelte Verwendung von *als* zu vermeiden | *Er ist als Sänger bekannter denn als Komponist*
■ PARTIKEL **4** *unbetont* Fragen mit *denn* sind freundlicher, zeigen Interesse | *Wie gehts dir denn?* | *Was machst du denn da?* | *Wie heißt du denn?* **5** *unbetont* in Fragen kann *denn* auch Überraschung oder Zweifel ausdrücken | *Geht das denn wirklich?* | *Hast du denn auch genug Geld?* **6** *unbetont* in Frage- und Aussagesätzen kann *denn* auch Ungeduld, einen Vorwurf oder Kritik ausdrücken | *Was macht ihr denn so lange?* | *Muss das denn sein?* | *Was ist denn jetzt schon wieder los?* **7** **es sei denn, ...** nur dann, wenn etwas geschehen oder der Fall sein sollte ≈ *außer* | *Das wird er nicht schaffen, es sei denn, ein Wunder geschieht* | *Ich gehe nicht hin, es sei denn, du willst es unbedingt* **8** **denn (dann/sonst/stattdessen)** verwendet, nachdem der Gesprächspartner etwas verneint oder abgelehnt hat. Man fragt damit nach einer Alternative | *„Der Wal ist kein Fisch" – „Was ist er denn dann/sonst?" – „Ein Säugetier!"* | *„Ich mag keine Suppe" – „Was willst du denn dann/stattdessen?" – „Lieber ein Brot"* **!** Die Betonung liegt auf dem zweiten Wort bzw. auf *denn*, wenn es allein steht. **9** *unbetont* verwendet in Fragen, wenn man Zustimmung erwartet oder haben möchte | *Wer hat denn schon so viel Geld?* | *Wer soll das denn kaufen?* **10** *veraltend unbetont* verwendet am Ende einer längeren Erzählung, um eine Folge auszudrücken | *So heirateten sie denn und lebten glücklich und zufrieden* | *Und so blieb es denn auch* **11** *unbetont* verwendet in Ausrufesätzen, um Überraschung (und oft Ärger) auszudrücken | *Ist denn das die Möglichkeit!*

★ **dẹn·noch** ADVERB drückt einen Widerspruch aus ≈ *trotzdem* | *Die Arbeit war schwer, dennoch hatte ich Spaß daran*

dẹnn·schon → wennschon

den·tal ADJEKTIV **1** in Bezug auf die Zähne **K** Dentallabor **2** mithilfe der Zähne gebildet ⟨ein Laut⟩

de·nun·zie·ren VERB (denunzierte, hat denunziert) **eine Person (bei jemandem) denunzieren** *abwertend* (in einem totalitären Staat aus politischen Gründen) eine Person anzeigen oder die Polizei auf das aufmerksam machen, was eine Person macht (weil man ihr schaden will) | *jemanden bei der Polizei denunzieren* • hierzu **De·nun·zi·ạnt** *der;* **De·nun·zi·a·ti·on** *die*

★ **Deo** *das;* (-(s), -s); *gesprochen* Kurzwort für *Deodorant* **K** Deoroller, Deospray, Deostift

De·o·do·rạnt *das;* (-s, -s) ein kosmetisches Mittel gegen Körpergeruch

De·par·te·ment [depart(ə)'mã:] *das;* (-s, -s) **1** ein Verwaltungsbezirk in Frankreich **2** Ⓒⓗ ein Ministerium in der Schweiz **3** Ⓒⓗ eine Abteilung eines Geschäfts

de·pla·ciert [-s-] ADJEKTIV *geschrieben, veraltend* ≈ *deplatziert*

de·plat·ziert ADJEKTIV; *abwertend* in einer Situation nicht angemessen oder einer Umgebung nicht angepasst ⟨eine Bemerkung; etwas wirkt deplatziert⟩

De·po·nie *die;* (-, -n [-'ni:ən]) ein großer Platz, an dem Müll o. Ä. gelagert wird ⟨eine Deponie anlegen, schließen⟩ **K** Giftmülldeponie, Mülldeponie, Sondermülldeponie

de·po·nie·ren VERB (deponierte, hat deponiert) **etwas irgendwo deponieren** etwas (meist Wertvolles) an einem sicheren Ort lagern (lassen) | *Wertsachen im Safe deponieren* • hierzu **De·po·nie·rung** *die*

De·por·ta·ti·on [-'tsjo:n] *die;* (-, -en) **1** das Abschieben von Menschen in ein anderes Land **2** *historisch* der organisierte Transport vor allem von Juden in die Vernichtungslager der Nazis • hierzu **de·por·tie·ren** VERB *(hat)*

De·pot [de'po:] *das;* (-s, -s) **1** ein Lager für große Mengen z. B. an Lebensmitteln oder Waffen **2** der Ort, an dem Züge, Busse usw. abgestellt werden, wenn sie (z. B. in der Nacht) nicht benutzt werden **K** Busdepot, Eisenbahndepot, Straßenbahndepot **3** wenn ich ein Depot bei einer Bank habe, dann verwaltet sie meine Wertpapiere für mich **K** Depotauszug, Depotgebühren; Aktiendepot

Dẹpp *der;* (-en, -en); *süddeutsch* Ⓐ, *gesprochen* ≈ *Dummkopf, Idiot* **!** *der Depp; den, dem Depp/Deppen, des Deppen*

De·pres·si·on *die;* (-, -en) **1** *meist Plural* ein psychischer Zustand, in dem man (oft ohne richtigen Grund) längere Zeit traurig und mutlos ist | *Er leidet unter schweren Depressionen* **2** der sehr schlechte Zustand der allgemeinen wirtschaftlichen Situation | *die große Depression der 20er Jahre*

de·pres·siv [-f] ADJEKTIV *meist attributiv* **1** traurig und mutlos ⟨eine Stimmung, ein Zustand⟩ **2** ⟨ein Mensch⟩ so, dass er zu Depressionen neigt • zu (1) **De·pres·si·vi·tät** *die*

de·pri·mie·ren VERB (deprimierte, hat deprimiert) **1** **etwas deprimiert jemanden** etwas macht jemanden traurig, mutlos oder hoffnungslos ⟨deprimiert aussehen; deprimierendes Wetter⟩ **2** **jemanden mit etwas deprimieren** jemanden mit Kommentaren, Pessimismus o. Ä. traurig, mutlos o. Ä. machen

De·pu·tier·te *der/die;* (-n, -n) verwendet als Bezeichnung für einen Abgeordneten in manchen Ländern (z. B. in Russland) **K** Volksdeputierte **!** *ein Deputierter; der Deputierte; den, dem, des Deputierten*

★ **der, die, das** ■ ARTIKEL
▸+Substantiv: **1** verwendet vor Substantiven, die etwas bezeichnen, das es nur einmal gibt | *die Erde* | *der Mond* | *die UNO* **2** verwendet, wenn die genannte Sache nur einmal in der Situation vorhanden ist oder wenn sie eindeutig identifiziert werden kann | *Gib mir bitte die Schere* | *Sie saß auf der Couch* | *Hast du dir die Hände gewaschen?* | *Sie wohnt in der Bahnhofstraße* | *Wie war der Film?* | *Kann ich das Radio anmachen?* **3** verwendet vor Substantiven, die im Gespräch, Text o. Ä. bereits erwähnt wurden | *Ein Mann und eine Frau standen auf einmal vor unserer Tür. Der Mann war groß, schlank ...* **4** verwendet vor Substantiven, die durch Angaben näher bestimmt sind, so dass man das, was bezeichnet wird, identifizieren kann | *der morgige Tag* | *Die grüne Hose gefällt mir gut* | *das Deutschland der Nachkriegszeit* | *Wir nehmen das Zimmer im ersten Stock* | *Sie hatte das Gefühl, krank zu sein* **5** ver-

wendet vor abstrakten Begriffen, die verallgemeinernd gemeint sind (also nicht z. B. eine ganz bestimmte Art von Freiheit, Leben usw. bezeichnen) | *Die Jugend geht schnell vorbei* | *Das Leben könnte so einfach sein* | *Die Freiheit ist ein hohes Gut* **6** verwendet vor Substantiven, um jedes einzelne Mitglied oder jeden Teil der genannten Gruppe oder Menge zu bezeichnen | *Der Mensch ist sterblich* (Jeder Mensch stirbt irgendwann) | *Das Auto verpestet die Umwelt* (Alle Autos verschmutzen die Umwelt) | *Watt hat die Dampfmaschine erfunden* **7** *betont* verwendet, um ausdrücklich auf eine Person/Sache hinzuweisen, oft um einen Gegensatz auszudrücken ≈*dieser* | *'Die Frau kenne ich, die andere aber nicht* | *Gerade an 'dem Tag kann ich nicht zu dir kommen*

▸+Namen: **8** verwendet vor Namen von Meeren, Seen, Gebirgen usw. und vor einigen Ländernamen | *die Alpen* | *der Bodensee* | *das Ruhrgebiet* | *die Pfalz* | *der Iran* | *die Schweiz* | *die Türkei* **9** verwendet bei manchen Eigennamen | *der Marienplatz* | *die Wochenzeitung „Die Zeit"* | *das Hofbräuhaus in München* | *die Berliner Philharmoniker* **10** *süddeutsch, gesprochen* verwendet vor Personennamen | *Der Peter hat angerufen* | *Die Meiers wollen umziehen*

■ PRONOMEN

▸im Relativsatz: **11** verwendet, um einen Nebensatz einzuleiten und dabei auf ein vorausgehendes Substantiv oder Pronomen hinzuweisen | *das Buch, das er gelesen hat* | *ein Schulfreund, dessen Adresse ich leider nicht mehr habe* | *zwei Freundinnen, mit denen ich mich gestern getroffen habe* | *die beiden Schwestern, deren Haus wir benutzen konnten*

▸als Subjekt/Objekt: **12** alleine verwendet, um direkt und ausdrücklich auf eine Person/Sache hinzuweisen | *Genau 'das wollte ich auch sagen* | *'Die (da) kenne ich nicht* **H** Zur Bezeichnung von Personen ist dieser Gebrauch umgangssprachlich und meist unhöflich: *'Der versteht nichts davon!*. **13** verwendet, um ein Substantiv, das vorher schon gebraucht wurde, nicht zu wiederholen | *„Was hältst du von meinem Vorschlag?" – „Den finde ich gut"* **14** **das** mit *das* kann man einen Satz oder ganzen Text zusammenfassen | *Gestern war ich in den Bergen. Das war herrlich!* | *Sie hat mich angelogen. Das werde ich ihr nie verzeihen!* **15** verwendet bei unpersönlichen Verben und in Sätzen mit Hilfsverb | *Das blitzt und donnert schon seit einer Stunde* | *Darf ich vorstellen: Das ist meine Frau* **16** *gesprochen* wie ein Substantiv verwendet anstelle der Pronomen *er* oder *sie* | *„Suchst du Monika?" – „Die ist zum Arzt gegangen"*

▸andere Verwendungen: **17** **deren/dessen** *+Substantiv geschrieben* verwendet, um die Artikel *ihr* und *sein* zu ersetzen (meist um den Bezug zu verdeutlichen) | *Er hat uns von dem Unfall und dessen Folgen erzählt* (Er hat von den Folgen des Unfalls erzählt)

★ **der·art** ADVERB so sehr, in solch hohem Maß | *Er war derart aufgeregt, dass er anfing zu stottern*

der·ar·tig ADJEKTIV **1** ≈*solch* | *Derartige Beobachtungen habe ich nicht gemacht* **2** *nur adverbiell* ≈*derart*

derb ADJEKTIV **1** nicht den Normen für anständiges Benehmen entsprechend ⟨Witze, Sprüche⟩ **2** voller Kraft, nicht vorsichtig und meist ungeschickt oder aggressiv ≈*grob* | *jemanden derb an der Schulter packen* **3** grob, fest und gut haltbar ⟨Leder, Stoffe, Schuhe, Kleidung⟩ | *Kartoffelsäcke aus derbem Leinen*

Der·by [-bi] *das*; (-s, -s) **1** ein Rennen für Pferde, die drei Jahre alt sind **2** ein Spiel zwischen zwei Mannschaften aus der gleichen Stadt oder Gegend **K** Lokalderby

GRAMMATIK

▶ Die Formen mit dem Artikel *der*

Nominativ				
Singular	männlich	der	große	Tisch
	weiblich	die	große	Bank
	sächlich	das	große	Bett
Plural		die	großen	Dinge
Akkusativ				
Singular	männlich	den	großen	Tisch
	weiblich	die	große	Bank
	sächlich	das	große	Bett
Plural		die	großen	Dinge
Dativ				
Singular	männlich	dem	großen	Tisch
	weiblich	der	großen	Bank
	sächlich	dem	großen	Bett
Plural		den	großen	Dingen
Genitiv				
Singular	männlich	des	großen	Tisches
	weiblich	der	großen	Bank
	sächlich	des	großen	Bettes
Plural		der	großen	Dinge

GRAMMATIK

▶ Das Pronomen *der*

	Singular			Plural
	männlich	weiblich	sächlich	
Nominativ	der	die	das	die
Akkusativ	den	die	das	die
Dativ	dem	der	dem	denen
Genitiv	dessen	deren	dessen	derer

der·einst ADVERB **1** *geschrieben* später einmal **2** *veraltet* früher einmal

de·ren PRONOMEN **1** verwendet als Genitiv Plural zu *der*, *die* oder *das*, bei der Einleitung eines Relativsatzes | *die beiden Schwestern, deren Haus wir benutzen konnten* **H** → Tabelle unter **der** **2** Genitiv Plural des betonten Pronomens *der*, *die* oder *das* | *die Beweise, aufgrund 'deren(/derer) sie verurteilt wurden* **3** *veraltend* verwendet anstelle von *ihre* oder *ihren* | *alle meine Freunde und deren Kinder*

de·rent·we·gen ADVERB wegen derer | *Die Gäste kommen doch erst später. Derentwegen brauchst du dich also nicht so zu beeilen*

de·rent·wil·len ADVERB **um derentwillen** ≈*derentwegen*

de·rer PRONOMEN **1** verwendet anstelle des Genitiv Plurals von *derjenige* | *das Vermächtnis derer, die den Mut zum Widerstand hatten* **H** → Tabelle unter **der** **2** Genitiv Plural des betonten Pronomens *der*, *die* oder *das* | *die Beweise, aufgrund 'derer (/deren) sie verurteilt wurden*

der·ge·stalt ADVERB **dergestalt, dass ...** *geschrieben* so, dass ... | *Die Verhandlungen verliefen dergestalt, dass keine Ergebnisse erzielt wurden*

der·glei·chen ADJEKTIV *nur in dieser Form* **1** *nur attributiv*

≈ *solch-* | *Dergleichen Dinge passieren jeden Tag* **2** so etwas, etwas Ähnliches | *Dergleichen habe ich auch schon erlebt*

der·je·ni·ge, die·je·ni·ge, das·je·ni·ge
■ ARTIKEL **1** verwendet vor einem Substantiv, um mit besonderer Betonung darauf hinzuweisen; das Substantiv wird durch den folgenden Relativsatz genauer beschrieben | *'Diejenigen Schüler, die an dem Kurs teilnehmen wollen, möchten bitte ins Sekretariat kommen*
■ PRONOMEN **2** alleine verwendet, um mit besonderer Betonung auf eine nicht näher genannte Person oder Sache hinzuweisen | *Wenn ich denjenigen (von euch) erwische, der die Fensterscheibe eingeschlagen hat, dann kann er was erleben!*

GRAMMATIK

▶ derjenige

Nominativ			
	Singular	männlich	derjenige
		weiblich	diejenige
		sächlich	dasjenige
	Plural		diejenigen
Akkusativ			
	Singular	männlich	denjenigen
		weiblich	diejenige
		sächlich	dasjenige
	Plural		diejenigen
Dativ			
	Singular	männlich	demjenigen
		weiblich	derjenigen
		sächlich	demjenigen
	Plural		denjenigen
Genitiv			
	Singular	männlich	desjenigen
		weiblich	derjenigen
		sächlich	desjenigen
	Plural		derjenigen

der·lei ADJEKTIV/PRONOMEN *nur in dieser Form* **1** *nur attributiv* ≈ *solche* | *Derlei Beschimpfungen sollten unterbleiben* **2** so etwas | *Derlei ist mir noch nie bekannt geworden*

der·ma·ßen ADVERB in so hohem Maße, so (sehr) | *Er ist dermaßen eingebildet, dass er niemals als Erster grüßt*

Der·ma·to·lo·ge *der;* (-n, -n) ≈ *Hautarzt* **I** *der Dermatologe; den, dem, des Dermatologen* ● hierzu **Der·ma·to·lo·gie** *die;* **der·ma·to·lo·gisch** ADJEKTIV

★ **der·sel·be, die·sel·be, das·sel·be** ARTIKEL/PRONOMEN **1** drückt aus, dass es sich nicht um verschiedene Personen/Dinge, sondern nur um eine einzige Person/Sache handelt | *Das ist doch dieselbe Person wie auf dem Foto* | *Wir fahren im Sommer immer zu demselben Bauernhof* | *Jeden Tag sehe ich hier dieselben Spaziergänger* **2** *gesprochen* drückt aus, dass die eine Sache genau so ist wie etwas anderes, ohne Unterschied ≈ *gleich* | *Sie hat dieselbe Frisur wie ich* **3** ein und dieselbe Person, ein und dieselbe Sache | *Es sind immer dieselben, die man in diesem Lokal trifft* **4** **dasselbe** etwas, das mit einer anderen Sache gleich ist oder dieser sehr ähnlich ist | *„Ich esse einen Salat und dann eine Pizza. Und du?" – „Ich möchte dasselbe"* | *Das ist nicht dasselbe!* **I** → Tabelle unter **derjenige**

der·sel·bi·ge, die·sel·bi·ge, das·sel·bi·ge ARTIKEL/PRONOMEN; *veraltend* ≈ *derselbe* **I** → Tabelle unter **derjenige**

der·weil, der·wei·len ADVERB ≈ *inzwischen*

★ **der·zeit** ADVERB **1** in der Gegenwart **2** *veraltet* zu der Zeit in der Vergangenheit, von der man gerade spricht ≈ *damals*

des- → de-

De·sas·ter *das;* (-s, -); *geschrieben* ein großes Unglück, ein schlimmer Misserfolg ≈ *Katastrophe* | *Die Expedition endete mit einem Desaster*

de·sen·si·bi·li·sie·ren VERB (desensibilisierte, hat desensibilisiert) **jemanden desensibilisieren** eine Person medizinisch so behandeln, dass sie keine allergischen Reaktionen mehr hat ● hierzu **De·sen·si·bi·li·sie·rung** *die*

De·ser·teur [-'tøːɐ̯] *der;* (-s, -e) ein Soldat, der seine Truppe heimlich verlässt, weil er nicht kämpfen will ● hierzu **de·ser·tie·ren** VERB *(ist)*

des·glei·chen ADVERB; *geschrieben* ≈ *ebenfalls* | *Bei dem Vortrag vermissten wir ein durchdachtes Konzept, desgleichen konkrete Zahlen* | *Die Planung war mangelhaft. Desgleichen ließ die Ausführung zu wünschen übrig*

★ **des·halb** ADVERB aus diesem Grund | *Sie kann sehr gut singen und will deshalb Sängerin werden* | *Ich bin müde. Deshalb gehe ich jetzt ins Bett*

★ **De·sign** [di'zain] *das;* (-s, -s) der Entwurf und die Gestaltung eines (industriellen) Produkts | *Möbel mit modernem Design* **K** Autodesign, Karosseriedesign, Textildesign

De·sig·ner [di'zainɐ] *der;* (-s, -) eine Person, die beruflich Designs macht **K** Autodesigner, Modedesigner, Textildesigner ● hierzu **De·sig·ne·rin** *die*

De·sig·ner- [di'zainɐ-] *im Substantiv, betont, begrenzt produktiv* **die Designerbrille, die Designerjeans, die Designermode** verwendet, um zu sagen, dass etwas individuell entworfen und meist nur für wenige (nicht als Massenware) hergestellt wurde

De·sig·ner·dro·ge [di'zainɐ-] *die* eine moderne, im Labor hergestellte Droge | *die Designerdrogen Crystal Speed und Crack*

de·sig·niert ADJEKTIV; *geschrieben* für ein (hohes) Amt gewählt, aber noch nicht im Amt | *der designierte Ministerpräsident*

des·il·lu·si·o·nie·ren VERB (desillusionierte, hat desillusioniert) **jemanden desillusionieren** *geschrieben* einer Person zeigen, dass sie nicht realistisch gedacht hat ● hierzu **Des·il·lu·si·o·nie·rung** *die*

Des·in·fek·ti·ons·mit·tel [-'tsi̯oːns-] *das* ein (chemisches) Mittel, mit dem Wunden oder medizinische Geräte desinfiziert werden | *Jod ist ein Desinfektionsmittel*

des·in·fi·zie·ren VERB (desinfizierte, hat desinfiziert) **(etwas) desinfizieren** etwas von Bakterien, Schmutz o. Ä. (mit einem geeigneten Mittel) befreien | *eine Wunde mit Jod desinfizieren* | *Alkohol desinfiziert* ● hierzu **Des·in·fek·ti·on** *die;* **Des·in·fi·zie·rung** *die*

Des·in·teg·ra·ti·on [-'tsi̯oːn] *die; geschrieben* die Auflösung oder der Zerfall eines Ganzen in mehrere Teile

Des·in·te·res·se *das; nur Singular; geschrieben* der Mangel an Interesse ● hierzu **des·in·te·res·siert** ADJEKTIV

Des·o·do·rant → Deodorant

de·so·lat ADJEKTIV; *geschrieben* ⟨ein Anblick, ein Zustand⟩ ≈ *traurig*

des·or·ga·ni·siert ADJEKTIV; *geschrieben* schlecht organisiert oder vorbereitet | *Unser Chef ist völlig desorganisiert* ● hierzu **Des·or·ga·ni·sa·ti·on** *die*

des·ori·en·tiert ADJEKTIV verwirrt, geistig durcheinander • hierzu **Des·ori·en·tie·rung** *die*

des·pek·tier·lich ADJEKTIV; *geschrieben* respektlos und nicht höflich ⟨eine Äußerung, ein Verhalten⟩

des·pe·rat ADJEKTIV; *geschrieben* ⟨eine Lage⟩ ≈ *verzweifelt*

Des·pot *der*; (-en, -en) **1** ein Herrscher, welcher die absolute Macht besitzt und meist mit Gewalt über die Untertanen herrscht | *Nero war ein Despot* **2** *abwertend* eine Person, die ihre Macht dazu benutzt, andere Menschen zu unterdrücken ≈ *Tyrann* H *der Despot; den, dem, des Despoten* • hierzu **Des·po·tin** *die*; **Des·po·tis·mus** *der*; **des·po·tisch** ADJEKTIV

des·sen **1** verwendet als Genitiv Singular zu *der*, um einen Zusammenhang (z. B. Besitz) auszudrücken | *mein Bruder, dessen Computer wir benutzen durften* | *ein Roman, dessen Inhalt sehr verwirrend ist* H → Tabelle unter **der** **2** verwendet als Genitiv Singular zu *der*, bei der Einleitung eines Relativsatzes | *der Mann, dessen wir heute gedenken* | *der Beweis, aufgrund dessen er verurteilt wurde* **3** *veraltend* verwendet wie *sein(e)* | *mein Onkel und dessen Frau* **4** → ungeachtet

des·sent·we·gen PRONOMEN/ADVERB **1** *geschrieben* verwendet als Einleitung für einen Relativsatz ≈ *wegen dessen* | *ein Projekt, dessentwegen sich das Unternehmen hoch verschulden musste* **2** ≈ *darum, deswegen*

des·sent·wil·len ADVERB **um dessentwillen** *geschrieben* ≈ *dessentwegen*

Des·sert [dɛˈseːɐ̯] *das*; (-s, -s) eine süße Speise, die zum Abschluss eines Essens serviert wird ≈ *Nachtisch, Nachspeise* | *Es gab Obst und Pudding als/zum Dessert* K Dessertlöffel, Dessertteller

Des·sous [dɛˈsuː] *das*; (-, - [dɛˈsuːs]); *geschrieben* elegante Unterwäsche für Frauen

de·sta·bi·li·sie·ren VERB (destabilisierte, hat destabilisiert) **etwas destabilisieren** einen stabilen Zustand beseitigen

des·til·lie·ren VERB (destillierte, hat destilliert) **etwas destillieren** eine Flüssigkeit verdampfen und wieder flüssig werden lassen, um sie von Schmutz oder von anderen Bestandteilen zu trennen | *destilliertes Wasser in die Autobatterie nachgießen* | *Alkohol aus Wein destillieren* K Destillierapparat, Destillierkolben • hierzu **Des·til·la·ti·on** *die*

★ **des·to** BINDEWORT ≈ *umso* → je

des·truk·tiv [-f] ADJEKTIV; *geschrieben* ⟨eine Kritik⟩ so, dass sie nur negativ ist und keine Vorschläge zur Verbesserung o. Ä. enthält ↔ *konstruktiv*

★ **des·we·gen** ADVERB aus diesem Grund ≈ *deshalb*

★ **De·tail** [deˈtai̯] *das*; (-s, -s); *geschrieben* **1** ein einzelner, meist kleiner Teil eines größeren Ganzen ⟨etwas bis ins kleinste Detail beschreiben, erzählen⟩ ≈ *Einzelheit* | *Der Zeuge konnte sich an alle Details des Unfalls erinnern* K Detailkenntnisse, Detailzeichnung **2** **ins Detail gehen** etwas in allen Einzelheiten beschreiben, diskutieren o. Ä. **3** **im Detail** im Einzelnen ■ ID → Teufel

de·tail·liert [detaˈjiːɐ̯t] ADJEKTIV; *geschrieben* mit vielen Einzelheiten ⟨eine Aufstellung, ein Bericht⟩ ≈ *genau* | *Ich konnte keine detaillierten Angaben zu dem Zwischenfall machen*

De·tek·tiv [dedɛkˈtiːf] *der*; (-s, -e) eine Person, die beruflich andere Leute beobachtet o. Ä. und Informationen über diese beschafft (oft im Zusammenhang mit Verbrechen) | *der berühmte Detektiv Sherlock Holmes* K Detektivbüro, Detektivgeschichte, Detektivroman; Kaufhausdetektiv, Privatdetektiv • hierzu **De·tek·ti·vin** *die*

De·tek·tor *der*; (-s, De·tek·to·ren) ein Gerät, mit dem man radioaktive Strahlung nachweist

De·to·na·ti·on [-ˈtsi̯oːn] *die*; (-, -en) eine starke und laute Explosion | *Die Bombe verursachte eine schwere Detonation* • hierzu **de·to·nie·ren** VERB (*ist*)

deucht *Präsens, 3. Person Singular* → dünken

Deut **keinen/nicht einen Deut** *veraltend* überhaupt nicht, nicht ein bisschen

deu·teln ■ ID **daran gibt es nichts zu deuteln** *gesprochen* dazu gibt es keine andere Lösung oder Interpretation, das ist eindeutig

D

★ **deu·ten** VERB (deutete, hat gedeutet) **1** **etwas (als etwas/irgendwie) deuten** etwas, dessen Sinn oder Zweck nicht sofort klar ist, erklären oder erläutern ⟨ein Gedicht, einen Traum deuten⟩ ≈ *interpretieren* | *Darf ich Ihr Schweigen als Zustimmung deuten?* **2** **(mit etwas) irgendwohin deuten** (meist mit dem Finger) auf eine Person/Sache, in eine Richtung zeigen | *Ich sah den Vogel erst, als sie mit dem Finger auf ihn deutete* **3** **etwas deutet auf jemanden (als etwas)**; **etwas deutet auf etwas** einige Anzeichen lassen vermuten, dass es so ist wie gesagt ≈ *hinweisen* | *Alles deutet auf einen Wetterumschwung (hin)* | *Die Indizien deuten auf ihn als Täter* • zu (1) **deut·bar** ADJEKTIV; zu (1) **Deu·tung** *die*; zu (1) **Deu·tungs·ver·such** *der*

★ **deut·lich** ADJEKTIV **1** gut zu erkennen ⟨eine Ahnung, ein Gefühl; etwas deutlich fühlen, hören, sehen, wahrnehmen (können)⟩ **2** ⟨eine Aussprache, eine Schrift⟩ so klar und genau, dass man sie gut verstehen, sehen oder hören kann | *Kannst du nicht ein bisschen deutlicher sprechen?* **3** so, dass man es nicht falsch verstehen kann ⟨eine Anspielung, ein Hinweis, ein Wink⟩ ≈ *eindeutig* | *Ich habe ihm dazu (klar und) deutlich meine Meinung gesagt* **4** **deutlich werden** eine Kritik offen und direkt äußern | *Ich fürchte, ich muss deutlicher werden* • hierzu **Deut·lich·keit** *die*

★ **deutsch** ADJEKTIV **1** zu Deutschland und den deutschen Bürgern gehörig ⟨die Geschichte, der Staat, die Staatsangehörigkeit, das Volk⟩ | *die deutschen Dichter und Denker* **2** in der Sprache, die in Deutschland, Österreich und in Teilen der Schweiz gesprochen wird ⟨deutsch (mit jemandem) reden, sprechen; sich deutsch unterhalten⟩ | *die deutsche Übersetzung der Werke Shakespeares* H aber: *etwas auf Deutsch sagen* (großgeschrieben) **3** *meist attributiv* in der Schriftart, die in Deutschland bis etwa 1940 verbreitet war ⟨die Buchstaben, die Schrift; deutsch geschrieben⟩ ■ ID **mit jemandem deutsch reden** *gesprochen* einer Person deutlich sagen, was man von ihr will oder denkt

★ **Deutsch** (*das*); (-(s)) **1** *ohne Artikel* die deutsche Sprache ⟨Deutsch lernen, verstehen; (kein) Deutsch sprechen; etwas auf Deutsch sagen; sich (mit jemandem) auf Deutsch unterhalten⟩ | *Meine französische Freundin spricht fließend Deutsch* | *ein Deutsch sprechender Ausländer* | *ein Brief in Deutsch* | *Was heißt das auf Deutsch?* K Deutschkenntnisse, Deutschkurs, Deutschunterricht H auch mit unbestimmtem Artikel verwendet, wenn man die Art beschreibt, wie jemand Deutsch spricht: *(ein) akzentfreies, gutes, fehlerfreies Deutsch sprechen* **2** *mit Artikel* verwendet, um auf eine besondere Verwendung der deutschen Sprache durch eine Person oder eine Gruppe hinzuweisen | *Sie spricht ein merkwürdiges Deutsch* | *das Deutsch des Übersetzers* K Amtsdeutsch, Beamtendeutsch, Juristendeutsch, Zeitungsdeutsch, Norddeutsch, Süddeutsch, Hochdeutsch **3** *ohne Artikel* die deutsche Sprache und Literatur als Unterrichtsfach in der Schule ⟨Deutsch geben, lehren, unterrichten⟩ K Deutschlehrer, Deutschstunde, Deutschunterricht ■ ID **auf gut Deutsch** deutlicher und direkter ausgedrückt | *Sie sagt, sie hat Kopfschmerzen. Das heißt auf gut Deutsch, sie hat keine Lust*; **zu Deutsch** verständlicher ausgedrückt | *Er ist Dermatologe, zu Deutsch Hautarzt*; **Verstehst du kein Deutsch (mehr)?** *gesprochen* verwendet, um eine Person darauf hinzuweisen, dass sie (beim nächsten Mal) besser zuhören oder aufpassen sollte ● zu (1) **deutsch·spra·chig** ADJEKTIV

WORTSCHATZ

▶ Deutscher Wortschatz im Norden und Süden

Im Norden und Süden Deutschlands werden oft ganz verschiedene Wörter verwendet. Hier sind einige Beispiele, die man sich merken sollte:

im Norden sagt man:	im Süden sagt man:
der **Berliner/Pfannkuchen**	der **Krapfen**
das **Brötchen**	die **Semmel**
dieses Jahr	**heuer**
fegen	**kehren**
der **Fleischer/Schlachter**	der **Metzger**
heute Morgen	**heute früh**
der **Imbiss**	die **Brotzeit/Vesper**
die **Kachel**	die **Fliese**
der **Karneval**	der **Fasching**
klingeln	**läuten**
der **Kloß**	der **Knödel**
der **Kohl**	das **Kraut**
die **Möhre/Mohrrübe**	die **Karotte/gelbe Rübe**
nutzen	**nützen**
die **Pflaume**	die **Zwetschge**
die **Harke**	der **Rechen**
der **Rotkohl**	das **Blaukraut**
der **Schornstein**	der **Kamin**
der **Sonnabend**	der **Samstag**
der **Tischler**	der **Schreiner**

LANDESKUNDE

▶ Wo spricht man Deutsch?

Deutsch gehört zur Gruppe der germanischen Sprachen. Auch außerhalb von Deutschland ist Deutsch in einigen Ländern Muttersprache: in **Österreich**, in einem großen Teil der **Schweiz**, in **Südtirol**, in **Liechtenstein** und in einigen Gebieten Frankreichs, Belgiens und Luxemburgs, die an Deutschland angrenzen.

Deutsch ist außerdem eine der Nationalsprachen im afrikanischen Namibia und die Sprache von deutschen Minderheiten in vielen Ländern der Welt.

Deutsch wird als Muttersprache von etwa 100 Millionen und als Fremdsprache von 60 bis 100 Millionen Menschen gesprochen. Es ist nach Englisch eine der am häufigsten verwendeten Sprachen im Internet.

★ **Deut·sche**[1] *der/die*; (-n, -n) eine Person mit der deutschen Staatsangehörigkeit H *ein Deutscher; der Deutsche; den, dem, des Deutschen* ● hierzu **deutsch·stäm·mig** ADJEKTIV

★ **Deut·sche**[2] *das*; (-n) die deutsche Sprache ⟨etwas ins Deutsche, aus dem Deutschen übersetzen⟩ H *das Deutsche; dem, des Deutschen*

★ **Deutsch·land** *(das)*; (-s) **1** der Staat in Mitteleuropa, in dem die Deutschen leben | *im heutigen Deutschland* K Ostdeutschland, Westdeutschland, Norddeutschland, Süddeutschland **2** die Vertreter der Bundesrepublik Deutschland bei internationalen Veranstaltungen, Konferenzen o. Ä. | *Deutschland legte sein Veto ein* | *1 : 0 für Deutschland!*

Deutsch·land|fra·ge *die; nur Singular; historisch* die Probleme, die sich aus der Aufteilung Deutschlands nach dem zweiten Weltkrieg ergaben

LANDESKUNDE

▶ Deutschland

Deutschland ist eine Republik (**Bundesrepublik Deutschland**) und liegt in Mitteleuropa. Es hat eine Fläche von 357 000 km^2 und ist mit beinahe 83 Millionen Einwohnern eines der bevölkerungsreichsten Länder Europas.

Deutschland besteht aus 16 **Bundesländern**: Baden-Württemberg, Bayern, Berlin, Brandenburg, Bremen, Hamburg, Hessen, Mecklenburg-Vorpommern, Niedersachsen, Nordrhein-Westfalen, Rheinland-Pfalz, Saarland, Sachsen, Sachsen-Anhalt, Schleswig-Holstein, Thüringen

Die Hauptstadt ist **Berlin**. Die nächstgrößten Städte sind: **Hamburg**, **München**, **Köln** und **Frankfurt am Main**.

Deutsch·land·lied *das* die Nationalhymne des Deutschen Reiches ab 1922, deren dritte Strophe heute die deutsche Nationalhymne ist

Deutsch·tum *das*; (-s) **1** *oft abwertend* die Eigenschaften und Verhaltensweisen, die für Deutsche typisch sind **2** die Zugehörigkeit zum deutschen Volk

De·vi·se [-v-] *die*; (-, -n); *meist Singular* eine wichtige Erkenntnis oder Lebensweisheit, an der man sich in einer Situation richtet | *„Alles oder nichts" lautete die Devise*

De·vi·sen [-v-] *die*; *Plural* Geld o. Ä. in ausländischer Währung | *Touristen bringen Devisen ins Land* K Devisenbeschränkungen, Devisenbestimmungen, Devisenbörse, Deviseneinnahmen, Devisengeschäft, Devisenhandel, Devisenkurse, Devisenschmuggel, Devisenvergehen

de·vot [-v-] ADJEKTIV; *veraltend* ⟨eine Haltung, eine Verbeugung⟩ ≈ *unterwürfig*

De·vo·ti·o·na·li·en [devotsi̯o'na:li̯ən] *die*; *Plural* Gegenstände, die man kaufen kann und die eine religiöse Bedeutung haben (z. B. ein Kreuz, ein Heiligenbild, Kerzen) K Devotionalienhandlung

★ **De·zem·ber** *der*; (-(s), -); *meist Singular* der zwölfte Monat des Jahres ⟨im Dezember, Anfang, Mitte, Ende Dezember; am 1., 2., 3. Dezember⟩ | *Im Dezember ist Weihnachten* H Abkürzung: *Dez.*

de·zent ADJEKTIV **1** unauffällig, aber geschmackvoll ⟨Farben, Kleidung, Musik, ein Parfüm⟩ | *Sie ist dezent geschminkt* **2** höflich, freundlich und nicht aggressiv ⟨ein Auftreten, ein Hinweis⟩

de·zent·ral, **de·zent·ral** ADJEKTIV; *geschrieben* **1** weit vom Mittelpunkt entfernt ⟨eine Lage⟩ **2** auf verschiedene Orte verteilt, von verschiedenen Orten ausgehend ⟨eine Stromversorgung⟩

de·zent·ra·li·sie·ren VERB (dezentralisierte, hat dezentralisiert) **etwas dezentralisieren** *geschrieben* Aufgaben und Tätigkeiten von einer zentralen Stelle (in der Verwaltung) auf mehrere bzw. viele andere Stellen übertragen ⟨die Verwaltung dezentralisieren⟩ ● hierzu **De·zent·ra·li·sa·ti·on** *die*; **De·zent·ra·li·sie·rung** *die*

De·zer·nat *das*; (-(e)s, -e); *admin* eine Abteilung einer Behörde (vor allem der Polizei), die ein Sachgebiet bearbeitet | *das Dezernat für Wirtschaftskriminalität* K Morddezernat, Rauschgiftdezernat

De·zi·bel *das*; (-s, -) eine Maßeinheit für die Lautstärke H Abkürzung: *dB*

de·zi·diert ADJEKTIV; *geschrieben* mit einer festen Meinung zu einer Angelegenheit ≈ *entschieden* | *ein dezidierter Gegner* der Abtreibung

De·zi·ma·le *die;* (-(n), -n) eine Zahl, die einen Bruch im Dezimalsystem ausdrückt (und deshalb rechts vom Komma steht). ≈ *Kommastelle* | *Die erste Dezimale gibt die Zehntel, die zweite Dezimale gibt die Hundertstel an* | *In 8,426 sind die Dezimalen 4, 2 und 6*

De·zi·mal·stel·le *die* ≈ *Dezimale*

De·zi·mal·sys·tem *das; nur Singular* das Zahlensystem, das auf der Zahl 10 aufbaut

De·zi·mal·zahl *die* eine Zahl, deren Bruchteile rechts vom Komma stehen | *0,5 ist die Dezimalzahl für ½*

De·zi·me·ter *der* der zehnte Teil eines Meters | *Zehn Zentimeter sind ein Dezimeter* ■ Abkürzung: *dm*

de·zi·mie·ren VERB (dezimierte, hat dezimiert); *geschrieben* **1** **jemand/etwas dezimiert Menschen/Tiere** Soldaten, Naturkatastrophen o. Ä. töten viele Menschen oder Tiere | *Im Mittelalter hat die Pest die Bevölkerung stark dezimiert* ■ meist im Passiv **2** **etwas dezimiert sich** etwas wird in der Anzahl weniger | *Die Zahl der Wale hat sich in den letzten Jahren stark dezimiert* • hierzu **De·zi·mie·rung** *die*

DFB [de|ɛf'be:] *der* Deutscher Fußballbund eine Organisation, in welcher die meisten Fußballvereine Deutschlands Mitglied sind

DGB [de:ge:'be:] *der;* (-(s)) Deutscher Gewerkschaftsbund eine Organisation, in der viele Gewerkschaften in Deutschland Mitglied sind

d. h. Abkürzung für *das heißt* → heißen

Di Abkürzung für *Dienstag*

Dia *das;* (-s, -s) ein kleines, durchsichtiges Bild (ein Stück Film) in einem Rahmen. Man steckt das Dia so in einen Apparat (einen Projektor), dass es als großes Bild an der Wand o. Ä. zu sehen ist ⟨Dias vorführen⟩ K Diafilm, Diaprojektor, Diarahmen, Diashow, Diavorführung, Diavortrag; Farbdia, Schwarz-Weiß-Dia

Di·a·be·tes *der;* (-) eine Krankheit, bei der jemand zu viel Zucker im Blut hat ≈ *Zuckerkrankheit*

Di·a·be·ti·ker *der;* (-s, -) eine Person, die Diabetes hat • hierzu **Di·a·be·ti·ke·rin** *die*

di·a·bo·lisch ADJEKTIV; *geschrieben* ⟨ein Grinsen, ein Lächeln, ein Plan⟩ ≈ *teuflisch*

Di·a·dem *das;* (-s, -e) ein halbrundes Schmuckstück, das Frauen um die Stirn oder im Haar tragen | *ein funkelndes Diadem*

Di·ag·no·se *die;* (-, -n) die Feststellung eines Arztes, welche Krankheit ein Patient hat ⟨eine Diagnose stellen⟩ | *Die Diagnose lautete auf Magengeschwür* • hierzu **di·ag·nos·ti·zie·ren** VERB *(hat)*

dia·go·nal ADJEKTIV so, dass zwei Ecken miteinander verbunden werden, die nicht nebeneinanderliegen; schräg oder quer | *ein Hemd mit diagonalen Streifen* | *Er lief diagonal über das Spielfeld*

Dia·go·na·le *die;* (-n, -n) eine Linie, die zwei Ecken einer geometrischen Figur verbindet, die nicht nebeneinanderliegen | *Die Diagonale teilt ein Quadrat in zwei Dreiecke*

Dia·gramm *das;* (-s, -e); *geschrieben* eine grafische Darstellung, die zeigt, in welchem Verhältnis verschiedene Zahlen zueinander stehen | *die Entwicklung der Arbeitslosenzahlen in einem Diagramm verdeutlichen*

Di·a·kon, Di·a·kon *der;* (-s/-en, -e/-en) **1** ein Helfer für die Arbeit in einer Pfarrgemeinde **2** ein Geistlicher, der noch nicht alle Rechte und Pflichten eines Priesters hat ■ *der Diakon; den, dem Diakon/Diakonen, des Diakons/Diakonen* • hierzu **Di·a·ko·nin** *die*

Di·a·ko·nis·se *die;* (-, -n) eine Frau, welche der evangelischen Kirche dient, indem sie in einer Gemeinde z. B. Kranke pflegt K Diakonissenhaus

Di·a·ko·nis·sin *die;* (-, -nen) ≈ *Diakonisse*

★ **Di·a·lekt** *der;* (-(e)s, -e) die Variante einer Sprache, an der man erkennen kann, aus welcher Region der Sprecher kommt | *Für Ausländer ist es schwer, den bayerischen Dialekt zu verstehen* K Dialektausdruck, Dialektdichtung, Dialektforschung, Dialektwort • hierzu **di·a·lekt·frei** ADJEKTIV

Di·a·lek·tik *die;* (-) **1** die Methode, einen Denkprozess in Schritten zu entwickeln. Dabei stellt man einer These immer eine Gegenthese gegenüber und kommt so zu einer Synthese, welche die Gegensätze beseitigt | *die Dialektik Hegels* **2** *geschrieben* die Tatsache, dass etwas zwei gegensätzliche Aspekte, einen Widerspruch enthält • hierzu **di·a·lek·tisch** ADJEKTIV

★ **Di·a·log** *der;* (-(e)s, -e) **1** *geschrieben* ein Gespräch zwischen zwei oder mehreren Personen ⟨einen Dialog führen⟩ **2** alle Gespräche in einem Film, Theaterstück o. Ä. K Dialogregie

Dia·ly·se [-'ly:-] *die;* (-, -n) **1** das regelmäßige Reinigen von Blut (bei einem Menschen, der kranke Nieren hat) K Dialysegerät, Dialysepatient, Dialysestation, Dialysezentrum **2** **an der Dialyse hängen** *gesprochen* durch Schläuche mit einem Gerät verbunden sein, das Blut reinigen kann

Di·a·mant *der;* (-en, -en) ein kostbarer, farbloser, sehr harter Edelstein, den man als Schmuck und zum Schneiden von hartem Material verwendet K Diamantbohrer, Diamantring, Diamantschmuck, diamantenbesetzt; Industriediamant, Rohdiamant ■ *der Diamant; den, dem, des Diamanten*

Dia·po·si·tiv, Dia·po·si·tiv [-f] *das; geschrieben* ≈ *Dia*

Di·ar·rhö(e) [dia'rø:] *die;* (-, Di·ar·rhö·en [-'rø:ən]) ≈ *Durchfall*

Di·as·po·ra *die;* (-); *geschrieben* **1** ein Gebiet, in dem eine meist religiöse Minderheit lebt ⟨in der Diaspora leben⟩ **2** die religiöse Minderheit, die in der Diaspora lebt

★ **Di·ät** *die;* (-, -en); *meist Singular* **1** eine Art der Ernährung, bei der man man wenig isst, um so Gewicht zu verlieren ⟨eine Diät machen⟩ **2** eine spezielle Nahrung, die ein Kranker bekommt und die z. B. wenig Salz oder Fett enthält ⟨jemanden auf Diät setzen; Diät essen, halten (müssen)⟩ ≈ *Schonkost* | *Zuckerkranke müssen eine strenge Diät einhalten* K Diätkoch, Diätkost; Krankendiät

Di·ä·ten *die; Plural* das Geld, das ein Abgeordneter eines Parlaments für seine Arbeit erhält | *Der Bundestag hat die Diäten erhöht*

★ **dich** PRONOMEN *2. Person Singular (du), Akkusativ* | *Ich hoffe, dass ich dich bald wieder besuchen kann* | *Schämst du dich denn gar nicht?* ■ → Tabelle unter **ich** und Infos unter **sich**

★ **dicht** ADJEKTIV (dichter, dichtest) **1** mit wenig Platz zwischen den einzelnen Teilen, Personen oder Dingen ⟨Gestrüpp, Gewühl, Haar; dicht behaart, besiedelt, bevölkert, gedrängt⟩ | *Morgens herrscht auf den Straßen dichter Verkehr* K dichtbehaart, dichtbesiedelt, dichtbevölkert, dichtgedrängt **2** so, dass man kaum oder überhaupt nicht hindurchsehen kann ⟨Nebel, Qualm, Rauch, ein Schneetreiben, eine Wolkendecke⟩ **3** so, dass Luft oder Wasser nicht hindurchdringen | *Ist das Boot/das Dach/das Fass dicht?* | *Der Wasserhahn ist nicht mehr dicht. Er tropft!* K luftdicht, schalldicht, wasserdicht **4** unterhaltsam und interessant, ohne langweilige Passagen ⟨eine Handlung, ein Programm⟩ **5** **etwas steht dicht bevor** etwas wird bald geschehen **6** **dicht an/bei/hinter etwas** *(Dativ)* ganz nahe bei oder hinter einer Person oder Sache **7** **dicht an/bei dicht** *gesprochen* sehr eng beieinander ■ ID **Bist du nicht (mehr) ganz dicht?** *gesprochen, abwertend* Warum tust/sagst du so etwas Dummes?

D

Dịch·te *die;* (-) **1** die Menge einer Sache bezogen auf ein Gebiet, eine Fläche usw. | *die Dichte des Verkehrs/des Nebels* | *Die Dichte der Haare lässt im Alter nach* K Einwohnerdichte, Verkehrsdichte **2** die straffe, gedrängte Darstellung einer Sache ⟨inhaltliche Dichte⟩ **3** das Verhältnis zwischen Masse und Volumen | *die Dichte eines Gases*

dịch·ten VERB (dichtete, hat gedichtet) **1 (etwas) (über jemanden/etwas) dichten** ein literarisches Werk (in Form von Versen) verfassen ⟨eine Ballade, ein Epos, ein Sonett dichten⟩ **2 etwas dichtet (etwas)** ein Material macht etwas dicht | *Das Isoliermaterial im Dach dichtet nicht gut* **3 etwas dichten** etwas dicht machen ⟨Fugen, ein Leck dichten⟩

★ **Dịch·ter** *der;* (-s, -) eine Person, die Dramen und Gedichte schreibt | *Goethe war ein großer Dichter* K Dichterlesung **i** a) zu *Dichterin* → Info im Eintrag **-in**; b) Autoren, die Romane o. Ä. schreiben, nennt man *Schriftsteller.* ● hierzu **Dịch·te·rin** *die*

dịch·te·risch ADJEKTIV *meist attributiv* **1** in Bezug auf das Dichten ⟨eine Begabung, eine Neigung⟩ **2** in Form eines literarischen Werks | *die dichterische Gestaltung/Verarbeitung eines Stoffes/Themas* **3** von einem Dichter ⟨ein Werk⟩

dịcht·hal·ten VERB (hält dicht, hielt dicht, hat dichtgehalten); *gesprochen* etwas, das geheim ist, anderen Leuten nicht sagen

Dịcht·kunst *die; nur Singular; veraltend* Literatur als Kunst | *Malerei und Dichtkunst*

dịcht·ma·chen VERB (machte dicht, hat dichtgemacht) **(etwas) dichtmachen** *gesprochen* ein Geschäft schließen, nicht mehr weiterführen (lassen) | *Er hat solche Schulden, er muss (den Laden) dichtmachen*

Dịch·tung *die;* (-, -en) **1** ein literarisches Kunstwerk, vor allem ein Gedicht oder ein Theaterstück **2** *nur Singular* alle literarischen Werke | *die Dichtung des Barock* **3** ein Ring aus Gummi o. Ä., der vor allem Verschlüsse und Verbindungen zwischen Rohren oder Schläuchen dicht macht | *Der Wasserhahn tropft, weil die Dichtung kaputt ist* K Dichtungsring

★ **dịck** ADJEKTIV **1** mit relativ großem Querschnitt ↔ *dünn* | *eine dicke Scheibe Brot* | *ein dicker Ast* | *ein dickes Seil* | *ein Brot dick mit Wurst belegen* **2** verwendet nach Maßangaben, um die Größe des Durchmessers anzugeben | *Das Kabel ist fünf Millimeter dick und zehn Meter lang* | *eine zehn Zentimeter dicke Mauer* K armdick, fingerdick, zentimeterdick, meterdick **3** mit (zu) viel Fett am Körper ≈ *fett* ↔ *schlank* | *Iss nicht so viel Süßigkeiten, das macht dick!* **4** mit größerem Umfang als normal (meist weil es geschwollen ist) | *durch eine Entzündung ein dickes Knie bekommen* | *in der Schwangerschaft einen dicken Bauch haben* **5** ⟨ein Saft, eine Soße, eine Suppe⟩ so, dass sie viele feste Stoffe enthalten ≈ *dickflüssig* **6** ⟨Luft⟩ mit wenig Sauerstoff und viel Rauch o. Ä. und daher schlecht zu atmen **7** *gesprochen* mit wenig Platz zwischen den einzelnen Personen oder Dingen ⟨mitten im dicksten Getümmel, Gewühl, Verkehr⟩ ≈ *dicht* **8** *gesprochen* so, dass man (fast) nicht hindurchsehen kann ≈ *dicht* | *dicke Nebelschwaden in der Luft* **9** *gesprochen* groß ⟨ein dickes Geschäft, Lob; ein dicker Auftrag; dicke Tränen weinen⟩ | *Er fährt einen dicken Schlitten* (ein großes, teures Auto) **10** *gesprochen meist attributiv* sehr eng, vertraut ⟨Freunde, eine Freundschaft⟩
■ ID **jemanden/etwas dick haben** *gesprochen, abwertend* jemanden/etwas nicht (mehr) mögen, nicht leiden können; **mit jemandem durch dick und dünn gehen** unter allen Umständen, in allen Situationen der Freund einer Person sein, ihr helfen und sie nie verlassen; **Er trägt/Du trägst /... ganz schön dick auf** *gesprochen, abwertend* Er übertreibt/Du übertreibst/... stark; → Luft ● zu (2) **Dị·cke** *die;* zu (3) **dịck·bäu·chig** ADJEKTIV; zu (3) **Dị·cke** *der/die*

DICK
DÜNN

Dịck·darm *der* der relativ dicke und kurze Teil des Darms nach dem Dünndarm K Dickdarmkrebs

dị·cke ADVERB; *gesprochen* mehr als genug (vor allem in Bezug auf Geld) ⟨mit etwas dicke auskommen; von etwas dicke haben⟩ | *Du musst es aber dicke haben, dass du dir das leisten kannst!* (viel Geld haben)

dịck·fel·lig ADJEKTIV; *gesprochen, abwertend* ⟨ein Typ⟩ so gleichgültig, dass er kaum auf Kritik, Ablehnung usw. reagiert

★ **dịck·flüs·sig** ADJEKTIV so, dass etwas nur sehr schwer und langsam fließt ⟨ein Brei, eine Masse, Öl, Sirup, Teig⟩ ↔ *dünnflüssig*

Dịck·häu·ter *der;* (-s, -); *humorvoll* ein großes, schweres Tier mit dicker Haut, z. B ein Elefant oder ein Nashorn ● hierzu **dịck·häutig** ADJEKTIV

Dị·ckicht *das;* (-(e)s, -e); *meist Singular* **1** dicht wachsende Büsche und Sträucher | *sich im Dickicht verstecken* | *das Dickicht des Urwalds* **2** etwas, das im Ganzen unübersichtlich und verwirrend ist | *das Dickicht der Paragrafen* K Paragrafendickicht

Dịck·kopf *der; gesprochen* **1** eine Person, die eigensinnig ist oder nicht nachgibt **2 einen Dickkopf haben** stur sein

dịck·köp·fig ADJEKTIV; *gesprochen* ≈ *stur* ● hierzu **Dịck·köp·fig·keit** *die*

dịck·lich ADJEKTIV nicht mehr schlank, aber auch noch nicht richtig dick

dịck·ma·chen VERB ≈ *dick machen*

Dịck·milch *die* saure, dickflüssige Milch

Dịck·schä·del *der; gesprochen* ≈ *Dickkopf*

dịck·tun VERB (tat sich dick, hat sich dickgetan) **sich (mit etwas) dicktun** *gesprochen, abwertend* ≈ *angeben*

Dịck·wanst *der; gesprochen, abwertend* eine Person, die dick ist

Di·dạk·tik *die;* (-) die Theorie des Unterrichts, Lehrens und Lernens ● hierzu **Di·dạk·ti·ker** *der;* **Di·dạk·ti·ke·rin** *die;* **di·dạk·tisch** ADJEKTIV

★ **die** → der

★ **Dieb** *der;* (-(e)s, -e) eine Person, die etwas stiehlt ⟨einen Dieb fangen, fassen, auf frischer Tat ertappen⟩ | *Der Dieb erbeutete Schmuck im Wert von tausend Euro* | *Haltet den Dieb!* K Diebesbande, Diebesbeute, Diebsgesindel; Autodieb, Fahrraddieb, Pferdedieb; Ladendieb, Taschendieb ■ ID **wie ein Dieb in der Nacht** heimlich ● hierzu **Die·bin** *die*

Die·bes·gut *das;* (-s) das, was ein Dieb gestohlen hat

die·bisch ADJEKTIV **1** *meist attributiv* ⟨eine Elster, Gesindel⟩ so, dass sie oft stehlen **2** sehr stark oder intensiv ⟨eine Freude, ein Vergnügen; sich diebisch freuen⟩

Dieb·stahl *der;* (-(e)s, Dieb·stäh·le) das verbotene Nehmen (Stehlen) von Dingen, die anderen Leuten gehören ⟨einen Diebstahl begehen; jemanden wegen Diebstahls anzeigen, verurteilen⟩ K Diebstahlsdelikt, Diebstahlversicherung; Autodiebstahl, Fahrraddiebstahl, Juwelendiebstahl; Ladendiebstahl

die·je·ni·ge → derjenige

Die·le *die*; (-, -n) **1** ein Vorraum, der direkt hinter dem Eingang in einem Haus liegt und in dem sich meist die Garderobe befindet **2** *meist Plural* die langen, schmalen Bretter eines hölzernen Fußbodens | *Die Dielen knarren bei jedem Schritt* K Dielen(fuß)boden, Dielenbrett

★ **die·nen** VERB (diente, hat gedient) **1** **etwas dient einer Sache** (*Dativ*) etwas hilft einer Sache und unterstützt sie | *Die Fortschritte in der Medizin dienen der Gesundheit der Menschen* **2** **etwas dient (jemandem) als/zu etwas** etwas wird von einer Person zu einem Zweck benutzt | *Die Schere dient mir auch als Brieföffner* | *Dieses Schiff dient zur medizinischen Betreuung der Bevölkerung auf den Inseln* **3** **jemandem/etwas dienen** *geschrieben* sich für jemanden/etwas sehr einsetzen | *Sie haben der Firma viele Jahre als Buchhalter (treu) gedient* **4** **jemandem/irgendwo dienen** in einem privaten Haushalt gegen Lohn die Arbeit eines Dieners, Dienstmädchens o. Ä. machen | *Er hat lange Jahre dem Herrn Baron (treu) gedient* **5** **(irgendwo) dienen** den Militärdienst leisten | *Er hat (bei der Luftwaffe) gedient*

Die·ner *der*; (-s, -) eine Person, die in einem privaten Haushalt gegen Lohn arbeitet und andere Personen (z. B. beim Essen) bedient ● hierzu **Die·ne·rin** *die*

Die·ner·schaft *die*; (-) alle Diener (eines privaten Haushalts)

dien·lich ADJEKTIV **etwas ist jemandem/etwas dienlich** etwas ist für jemanden/etwas eine Hilfe oder von Nutzen | *Die Hinweise der Zeugen waren der Polizei sehr dienlich*

★ **Dienst** *der*; (-(e)s, -e)

▸Arbeit: **1** *nur Singular* die Stunden, in denen man am Arbeitsplatz sein muss und arbeitet ⟨den/zum Dienst antreten; im/außer Dienst sein; Dienst haben, machen, tun; sich zum Dienst melden; einen Dienst ausüben, verrichten, versehen⟩ | *zu spät zum Dienst kommen* | *der Dienst habende/tuende Arzt* | *Hast du morgen Dienst?* | *Sie muss am Wochenende Dienst tun* | *Machst du morgen für mich Dienst?* (Übernimmst du meine Schicht?) K Dienstantritt, Dienstbefehl, Dienstbeginn, Dienstjubiläum, Dienstschluss, Dienststunde, Dienstunfall, Dienstvorschrift, Dienstzeit; Kriegsdienst, Militärdienst, Wehrdienst; Polizeidienst, Schuldienst, Staatsdienst, Verwaltungsdienst; Bereitschaftsdienst, Nachtdienst, Schichtdienst, Sonntagsdienst, Wochenenddienst **2** *nur Singular* ein Arbeitsverhältnis bei einer Behörde, in der Armee o. Ä. ⟨irgendwo im Dienst stehen, in Dienst treten; den Dienst antreten, aufnehmen, kündigen, quittieren; aus dem Dienst ausscheiden; jemanden aus dem Dienst entlassen, vom Dienst suspendieren⟩ **3** *besonders historisch* eine Tätigkeit für einen König o. Ä. oder (z. B. als Diener) in einem Haushalt ⟨jemanden in Dienst nehmen; in jemandes Dienst(e) treten; in jemandes Dienst(en) sein, stehen⟩ | *James Bond, Geheimagent im Dienste Ihrer Majestät* **4** **außer Dienst** nicht mehr aktiv und im Ruhestand ⟨ein Hauptmann, ein Major⟩ H Abkürzung: *a. D.* **5** **der Arzt/der Unteroffizier/... vom Dienst** der Arzt/der Unteroffizier/..., der gerade im Dienst und deshalb verantwortlich ist **6** **der Chef vom Dienst** die Person, die bei einer Zeitung oder Zeitschrift für die Koordination aller Abläufe verantwortlich ist **7** **der Spaßmacher/der Torschütze... vom Dienst** eine Person, die sehr oft Witze macht/Tore schießt/...

▸Bereich, Einrichtung, Abteilung: **8** eine Stufe in der Hierarchie der beruflichen Arbeit für den Staat ⟨der gehobene/höhere, mittlere Dienst⟩ **9** *meist Singular* eine Abteilung in der Regierung oder Verwaltung eines Staates ⟨im auswärtigen, diplomatischen, technischen Dienst (tätig) sein⟩ | *die Leiterin des Sozialen Dienstes der Stadt* K Abwehrdienst, Geheimdienst **10** eine Einrichtung, Firma oder Abteilung mit einer Aufgabe im Bereich der Dienstleistungen | *Der Medizinische Dienst der Krankenkassen beurteilt die Pflegebedürftigkeit* K Kundendienst, Kurierdienst, Lieferdienst, Rettungsdienst, Wachdienst **11** **der öffentliche Dienst** alle Angestellten der Städte, Gemeinden und des Staats bzw. die Arbeit dieser Personen ⟨im öffentlichen Dienst arbeiten, sein⟩

▸Leistung: **12** etwas, das man für eine andere Person tut, um ihr zu helfen o. Ä. ⟨jemandem/etwas einen guten, großen Dienst erweisen, leisten; jemandem seine Dienste anbieten; jemandes Dienste in Anspruch nehmen⟩ K Botendienst, Spitzeldienst; Freundschaftsdienst **13** der persönliche Einsatz zugunsten einer Sache oder Personengruppe ⟨der Dienst am Nächsten⟩ | *Sie stellte sich/ihre Fähigkeiten in den Dienst der Allgemeinheit* | *Er steht im Dienste der Wissenschaft* **14** **Dienst am Kunden** eine zusätzliche Leistung, für die ein Kunde nichts bezahlen muss **15** **Dienst nach Vorschrift** eine Art zu arbeiten, bei der man aus Protest nur das Nötigste macht **16** **jemandem einen schlechten Dienst erweisen** einer Person ohne Absicht schaden **17** **jemandem zu Diensten sein/stehen** sich einer anderen Person zur Verfügung stellen, um ihr zu helfen | *Ich stehe Ihnen zu Diensten, Madame* | *(Ich bin gerne) stets zu Ihren Diensten!*

▸von Dingen, Kenntnissen: **18** **etwas in Dienst stellen** etwas in Betrieb nehmen ⟨ein Flugzeug, ein Schiff⟩ **19** **etwas tut seinen Dienst/seine Dienste** etwas funktioniert | *Das Fahrrad ist zwar alt, aber es tut noch seine Dienste* **20** **etwas tut/leistet jemandem gute Dienste** etwas ist für jemanden sehr nützlich | *Im Urlaub leisteten ihr ihre Sprachkenntnisse gute Dienste*

-dienst *der*; *im Substantiv, betont, begrenzt produktiv* **1** **Hilfsdienst, Nachrichtendienst, Ordnungsdienst, Rettungsdienst** *und andere* eine Institution, Firma oder Abteilung mit der genannten Aufgabe | *Ich habe das Problem an den Kundendienst weitergegeben* (an die Abteilung, welche die Kunden betreut) **2** **Bereitschaftsdienst, Einsatzdienst, Sanitätsdienst** *und andere* die genannte Tätigkeit als (meist berufliche) Aufgabe | *Wir haben heute Wachdienst in der Kaserne* (Wir müssen heute die Kaserne bewachen)

★ **Diens·tag** *der* der zweite Tag der Woche ⟨am Dienstag; letzten, diesen, nächsten Dienstag; Dienstag früh⟩ K Dienstagabend, Dienstagmittag, Dienstagmorgen, Dienstagnachmittag, Dienstagnacht, Dienstagvormittag; dienstagabends, dienstagmittags H Abkürzung: *Di*

diens·tä·gi·g- ADJEKTIV *meist attributiv* so, dass es an einem Dienstag stattfindet | *unser dienstägiges Treffen*

diens·täg·lich ADJEKTIV *meist attributiv* so, dass es an jedem Dienstag stattfindet | *unsere regelmäßigen dienstäglichen Sitzungen*

★ **diens·tags** ADVERB an jedem Dienstag, regelmäßig am Dienstag | *Dienstags gehe ich immer in die Sauna*

Dienst·al·ter *das* die Zahl der Jahre, die jemand in seinem Beruf (vor allem als Beamter oder Soldat) gearbeitet hat

Dienst·äl·tes·te *der/die* die Person, die innerhalb einer Gruppe schon am längsten in ihrem Beruf arbeitet

dienst·bar ADJEKTIV; *geschrieben* **1** in jemandes Dienst stehend ⟨ein Knecht, eine Magd⟩ | *dienstbare Geister* (Hausangestellte, Servicepersonal) **2** nützlich, den Zweck erfüllend | *dienstbare Automaten* **3** **sich** (*Dativ*) **jemanden/etwas dienstbar machen** eine Person/Sache so formen und bilden, dass sie einem Nutzen bringt | *Der Mensch hat sich die Wasserkraft dienstbar gemacht*

D

D

dienst·be·flis·sen ADJEKTIV; *abwertend* übertrieben eifrig, vor allem im Dienst | *Dienstbeflissen erledigte er seine Arbeit*

Dienst·bo·te *der; veraltend* ≈ *Hausangestellte(r)* K Dienstboteneingang • hierzu **Dienst·bo·tin** *die*

dienst·eif·rig ADJEKTIV; *meist abwertend* übertrieben fleißig, zu sehr bemüht, den Vorgesetzten zu gefallen • hierzu **Dienst·ei·fer** *der*

dienst·frei ADJEKTIV so, dass man nicht arbeiten muss ⟨ein Tag, ein Wochenende; dienstfrei haben⟩ ≈ *frei*

Dienst·grad *der* der militärische Rang, den jemand hat | *der Dienstgrad eines Leutnants*

Dienst·herr *der* **1** ≈ *Arbeitgeber* **2** die Behörde, welche jemandem dienstlich vorgesetzt ist • zu (1) **Dienst·her·rin** *die*

Dienst·leis·tung *die; meist Plural* eine berufliche Tätigkeit, bei der man keine Waren produziert, sondern etwas für andere Leute oder für Firmen, Behörden o. Ä. tut, wie z. B. als Arzt, Verkäufer, Beamter usw. K Dienstleistungsberuf, Dienstleistungsbetrieb, Dienstleistungsgewerbe, Dienstleistungsunternehmen

Dienst·leis·tungs|ge·sell·schaft *die* eine moderne Gesellschaft, in der sehr viele Menschen Dienstleistungen anbieten

dienst·lich ADJEKTIV **1** aus beruflichen Gründen ⟨ein Gespräch, eine Reise, ein Schreiben; dienstlich verhindert sein; dienstlich verreisen⟩ **2** in Bezug auf die berufliche Tätigkeit ⟨eine Angelegenheit, ein Befehl⟩ **3** ⟨ein Ton; dienstlich werden⟩ ≈ *formell*

Dienst·mäd·chen *das; veraltend* ≈ *Hausangestellte*

Dienst·per·so·nal *das* die Angestellten in einem Haushalt oder einem Hotel

Dienst·stel·le *die* ein Amt, eine Behörde ⟨eine untergeordnete, vorgesetzte Dienststelle⟩ | *Ich werde mich bei der obersten Dienststelle über Sie beschweren!* K Dienststellenleiter

dienst·taug·lich ADJEKTIV (gesundheitlich) geeignet für den Wehrdienst ⟨diensttauglich sein⟩

Dienst·weg *der; nur Singular* der (bei Behörden) vorgeschriebene Ablauf bei Entscheidungen ⟨den Dienstweg einhalten; auf dem Dienstweg⟩

Dienst·woh·nung *die* eine Wohnung, die eine Firma ihren Angestellten oder Arbeitern zur Verfügung stellt (meist nur solange diese bei ihr arbeiten)

★ **dies** ≈ *dieses* → dieser

dies·be·züg·lich ADJEKTIV *meist attributiv; admin* in Bezug auf die genannte Situation, auf das genannte Schreiben | *Diesbezüglich teilen wir Ihnen mit, dass …*

die·se → dieser

★ **Die·sel** *der;* (-s, -) **1** *nur Singular* Öl, das statt Benzin für manche Motoren verwendet wird K Dieselöl, Dieselmotor H in dieser Verwendung auch: *das Diesel* **2** *gesprochen* ein Auto mit einem Motor, der Öl statt Benzin verbrennt | *Er fährt einen Diesel* K Dieselauto

die·sel·be → derselbe

★ **die·ser, die·se, die·ses** ARTIKEL/PRONOMEN **1** verwendet, um ausdrücklich auf eine Person oder Sache hinzuweisen (oft, indem man auch darauf zeigt) | *Dieses Kleid gefällt mir gut* | *Genau dieses Fahrrad möchte ich auch* **2** verwendet, um etwas bereits Erwähntes hervorzuheben | *Dieser Fall liegt doch schon Jahre zurück* | *Diese Ausrede kenne ich gut* **3** verwendet, um einen Zeitabschnitt zu bezeichnen, der noch nicht zu Ende ist | *Dieses Jahr/diesen Monat/diese Woche wollen wir fertig sein* **4** verwendet, um einen genauen Zeitpunkt oder Zeitraum in der Vergangenheit oder Zukunft anzugeben | *Am 28. Mai wird er 60. An diesem Tag gibt es ein großes Fest* **5** verwendet, um sich auf eine Person zu beziehen, die man (noch) nicht gut kennt | *Dieser Peter scheint ein netter Kerl zu sein* | *Kennst du diese Carola, von der er dauernd schwärmt?* | *Sie sind wieder bei dieser Frau, die sie beim Tanzen kennengelernt haben* **6** *abwertend* verwendet, um sich auf eine Person zu beziehen, die man nicht gut kennt und von der man eine negative Meinung hat | *Dieser Herbert/Typ/Kerl ist doch ganz schön nervig* **7** **dies(es)** wie ein Substantiv verwendet, um sich (zusammenfassend) auf einen bereits erwähnten Satz oder Text zu beziehen | *Er beschloss, uns bei der Arbeit zu helfen. Dies war für uns von großem Nutzen* **8** wie ein Substantiv verwendet, um wieder auf das gerade Genannte zu verweisen (oft in demselben Satz) | *Der Sommer im letzten Jahr war schöner als dieser* | *Martins Computer ist besser als dieser hier* **9** in Verbindung mit *jener* wie ein Substantiv verwendet, um die zweite von zwei vorher erwähnten Personen zu nennen | *Herr Dietz und Herr Ludwig beteiligen sich auch am Projekt: dieser mit 25.000, jener mit 30.000 Euro* (Herr Ludwig beteiligt sich mit 25.000 Euro, Herr Dietz mit 30.0000 Euro)

WORTSCHATZ

▶ dieser

Nominativ					
Singular	männlich	dieser	junge	Hund	
	weiblich	diese	junge	Katze	
	sächlich	dieses	junge	Pferd	
Plural		diese	jungen	Tiere	
Akkusativ					
Singular	männlich	diesen	jungen	Hund	
	weiblich	diese	junge	Katze	
	sächlich	dieses	junge	Pferd	
Plural		diese	jungen	Tiere	
Dativ					
Singular	männlich	diesem	jungen	Hund	
	weiblich	dieser	jungen	Katze	
	sächlich	diesem	jungen	Pferd	
Plural		diesen	jungen	Tieren	
Genitiv					
Singular	männlich	dieses	jungen	Hundes	
	weiblich	dieser	jungen	Katze	
	sächlich	dieses	jungen	Pferdes	
Plural		dieser	jungen	Tiere	

die·sig ADJEKTIV mit Dunst oder leichtem Nebel ⟨das Wetter⟩

dies·jäh·ri·g- ADJEKTIV *meist attributiv* in oder von diesem Jahr | *die diesjährige Ernte*

★ **dies·mal** ADVERB bei dieser Gelegenheit, in diesem Fall | *Diesmal machen wir es richtig* | *Diesmal ist zum Glück noch alles gut gegangen!* • hierzu **dies·ma·li·g-** ADJEKTIV

dies·sei·tig ADJEKTIV *meist attributiv; geschrieben* **1** auf der Seite, auf der sich der Sprecher befindet | *das diesseitige Ufer* **2** ⟨das Leben⟩ ≈ *irdisch*

★ **dies·seits** PRÄPOSITION *mit Genitiv; geschrieben* auf der Seite, auf der sich der Sprecher befindet ↔ *jenseits* | *Diesseits der Grenze verläuft eine Straße* H auch zusammen mit *von*: *diesseits vom Gebirge*

Dies·seits *das;* (-); *geschrieben* das Leben in dieser Welt (im Unterschied zum Jenseits)

Diet·rich *der;* (-s, -e) ein Haken, mit dem man einfache Schlösser öffnen kann, wenn man keinen Schlüssel hat

dif·fa·mie·ren VERB (diffamierte, hat diffamiert) **jemanden/etwas diffamieren** *geschrieben, abwertend* schlecht, oft mit Lügen, über eine Person oder Sache sprechen | *diffamierende Äußerungen* • hierzu **Dif·fa·mie·rung** *die*

Dif·fe·renz *die;* (-, -en) **1** **eine Differenz (zwischen Personen/Dingen)** *geschrieben* ≈ *Unterschied* | *Zwischen den beiden Kandidaten bestehen hinsichtlich ihrer Qualifikationen erhebliche Differenzen* **K** Preisdifferenz, Zeitdifferenz **2** **die Differenz (von/zwischen Zahlen** (*Dativ*)**)** das Ergebnis einer Subtraktion | *Die Differenz von/zwischen 18 und 14 ist 4* **3** eine Summe Geld, die bei der Abrechnung fehlt | *Die Kasse weist eine Differenz von zehn Euro auf* **K** Differenzbetrag **4** **Differenzen (über etwas** (*Akkusativ*)**) (zwischen Personen)** *meist Plural* Streit oder verschiedene Meinungen haben | *Über das Thema „Kindererziehung" kam es immer wieder zu ernsthaften Differenzen zwischen ihnen*

dif·fe·ren·zie·ren VERB (differenzierte, hat differenziert) **(zwischen Dingen) differenzieren** *geschrieben* (bei der Beurteilung einer Sache) genaue (und sinnvolle) Unterschiede machen | *differenzierte Methoden* | *Unser Chef differenziert genau zwischen privaten und beruflichen Angelegenheiten* • hierzu **Dif·fe·ren·zie·rung** *die*

dif·fe·rie·ren VERB (differierten, haben differiert); *geschrieben* **etwas differiert (von etwas); Dinge differieren (voneinander)** Dinge unterscheiden sich, sind voneinander verschieden ⟨Angaben, Ansichten, Meinungen, Preise, Schätzungen, Vorstellungen⟩ | *Die Höhe der Leistungen der Versicherungen differiert erheblich*

dif·fi·zil ADJEKTIV; *geschrieben* so kompliziert oder schwierig, dass man dafür viel Erfahrung und Übung braucht | *Diese diffizile Angelegenheit erfordert viel Fingerspitzengefühl*

dif·fus ADJEKTIV; *geschrieben* **1** unregelmäßig in verschiedene Richtungen zerstreut ⟨Licht⟩ **2** nicht klar und geordnet ⟨Eindrücke, Erinnerungen, Gedanken⟩

★ **di·gi·tal** ADJEKTIV **1** so, dass Werte nur als Zahlen und nicht auf einem Zifferblatt, einer Skala o. Ä. angezeigt werden ⟨ein Messgerät, eine Uhr, eine Waage⟩ | *ein Radiowecker mit digitaler Leuchtanzeige* **K** Digitalanzeige, Digitaluhr **2** mit moderner elektronischer Technik, ohne herkömmliche Verfahren und Mittel (wie Bildröhren, Filmstreifen usw.) ⟨Bildbearbeitung, Fernsehen, Fotografie, ein Medium, die Technik, das Zeitalter⟩ | *eine E-Mail mit digitaler Unterschrift* **K** Digitalkamera

di·gi·ta·li·sie·ren VERB (digitalisierte, hat digitalisiert) **etwas digitalisieren** Bilder, Filme, Musik usw. auf den Computer übertragen und als Dateien speichern | *alte Schallplatten und Fotos digitalisieren*

Dik·tat *das;* (-(e)s, -e) **1** ein Text, den man Schülern vorliest, damit sie ihn aufschreiben und dabei üben, wie man richtig schreibt ⟨ein Diktat geben, schreiben⟩ | *Sie hat nur zwei Fehler im Diktat* **2** *nur Singular* das Diktieren ⟨etwas nach Diktat schreiben⟩ | *die Sekretärin zum Diktat rufen* **3** *geschrieben* ein (gesellschaftlicher o. Ä.) Zwang | *sich nicht dem Diktat der Mode unterwerfen*

Dik·ta·tor *der;* (-s, Dik·ta·to·ren) eine Person, die in einem Staat allein und mit absoluter Macht herrscht (und Gegner mit Gewalt unterdrückt) • hierzu **Dik·ta·to·rin** *die*

dik·ta·to·risch ADJEKTIV; *geschrieben* **1** in der Art einer Diktatur ⟨ein Regime⟩ **2** so, dass jemand nicht auf andere Meinungen oder Proteste hört ⟨eine Entscheidung; etwas diktatorisch bestimmen, entscheiden⟩ ≈ *autoritär*

Dik·ta·tur *die;* (-, -en) **1** eine Regierungsform, in der ein Mensch oder eine Gruppe von Menschen die absolute Macht hat und keine Gegner duldet | *Seit dem Putsch herrscht eine Diktatur der Militärs* **K** Militärdiktatur **2** ein Staat, in dem eine Diktatur besteht ⟨eine Diktatur errichten, abschaffen⟩ | *Unter Hitler war Deutschland eine Diktatur*

dik·tie·ren VERB (diktierte, hat diktiert) **1** **(jemandem) (etwas) diktieren** einer Person etwas (langsam und deutlich) vorsprechen, damit sie es mitschreiben kann | *jemandem einen Brief diktieren* **2** **(jemandem etwas) diktieren** einer Person autoritär sagen, was sie tun soll | *Warum willst du mir immer diktieren, wie ich mich zu verhalten habe?*

Dik·tier·ge·rät *das* ein Gerät, in das man einen Text spricht, damit dieser später geschrieben wird

Dik·ti·on [-'tsio:n] *die;* (-, -en); *meist Singular; geschrieben* der Stil, die Art und Weise, wie sich jemand mündlich oder schriftlich ausdrückt | *die klare Diktion seines Vortrags*

Di·lem·ma *das;* (-s, -s) eine Situation, in der man sich zwischen zwei schwierigen oder unangenehmen Möglichkeiten entscheiden muss ⟨in ein Dilemma geraten; sich in einem Dilemma befinden⟩

Di·let·tant *der;* (-en, -en); *geschrieben, meist abwertend* eine Person, die etwas (als Laie) tut und dabei meist Fehler macht **I** *der Dilettant; den, dem, des Dilettanten* • hierzu **Di·let·tan·tin** *die;* **Di·let·tan·tis·mus** *der;* **di·let·tan·tisch** ADJEKTIV

Dill *der;* (-s) eine Pflanze mit sehr schmalen, zarten Blättern. Die Blätter oder deren Spitzen verwendet man als Gewürz | *Dill schmeckt gut im Gurkensalat* **K** Dillspitzen

★ **Di·men·si·on** *die;* (-, -en) **1** *geschrieben nur Plural* die Größe vor allem eines Gebäudes | *ein Gebäudekomplex von gewaltigen Dimensionen* **2** *geschrieben nur Plural* ein sehr hohes Maß an etwas Negativem ≈ *Ausmaß* | *Die Pest hat im Mittelalter verheerende Dimensionen angenommen* **3** die Länge, Breite oder Höhe einer Sache | *Eine Fläche hat zwei, ein Körper hat drei Dimensionen*

-di·men·si·o·nal *im Adjektiv, unbetont, nicht produktiv* **eindimensional, zweidimensional, dreidimensional, mehrdimensional** *und andere* mit der genannten Zahl oder Menge von Dimensionen

DIN® [di:n] *die;* (-) Deutsche Industrie Norm oft in Verbindung mit einer Nummer verwendet, um einen in Deutschland gültigen Standard zu bezeichnen, z. B. eine Größe für Papier | *DIN A4* **K** DIN-Format, DIN-Norm

Di·ner [di'ne:] *das;* (-s, -s); *geschrieben* ein festliches Essen mit Gästen ⟨zu einem Diner einladen; ein Diner geben⟩

★ **Ding**[1] *das;* (-(e)s, -e) **1** *meist Plural* ein Gegenstand oder eine Sache, die nicht genauer bezeichnet werden | *Sie hat auf die Reise nur die wichtigsten Dinge mitgenommen* | *Für die Reparatur des Autos fehlen mir noch ein paar Dinge* **2** *nur Plural* Einzelheiten, Probleme oder Vorgänge, die jemanden betreffen ⟨persönliche, private, öffentliche, schulische Dinge⟩ ≈ *Angelegenheiten* | *Wir mussten noch einige wichtige Dinge besprechen* | *Er mischt sich in Dinge ein, die ihn nichts angehen* **3** *nur Plural* Ereignisse, die man nicht genauer beschreiben kann oder will | *In dem alten Schloss ereigneten sich seltsame Dinge* ■ **ID** **guter Dinge sein** fröhlich, optimistisch sein; **Gut Ding will Weile haben** Wenn etwas gut werden soll, braucht es/man genügend Zeit dafür; **Da geht es/Das geht nicht mit rechten Dingen zu** *gesprochen* Das ist merkwürdig, sonderbar; **über den Dingen stehen** sich von (den alltäglichen) Schwierigkeiten nicht berühren lassen, immer überlegen und gelassen sein; **vor allen Dingen** besonders, vor allem; **Das ist ein Ding der Unmöglichkeit!** Das ist doch unmöglich, das kann nicht so sein

★ **Ding²** *das;* (-(e)s, -er); *gesprochen* **1** verwendet, wenn man eine Sache nicht genauer bezeichnen kann oder will oder wenn man Kritik ausdrücken will | *Was ist denn das für ein seltsames Ding?* | *Für diese kitschigen Dinger hast du so viel Geld bezahlt?* | *Der haut manchmal unmögliche Dinger raus* (Er gibt unmögliche Sprüche von sich) **2** **ein junges Ding** ≈ *Mädchen* ■ ID **ein (krummes) Ding drehen** eine kriminelle Handlung begehen; **Das ist ja ein Ding!** verwendet, um Erstaunen oder Empörung auszudrücken

din·gen VERB (dingte/dang, hat gedungen) **jemanden dingen** *geschrieben* einer Person sagen, dass sie ein Verbrechen (meist einen Mord) begehen soll und sie für dieses Verbrechen bezahlen | *einen Mörder dingen* | *ein gedungener Killer* [i] Präteritum selten

Din·gens *der/die/das;* (-); *gesprochen* ≈ *Dings*

ding·fest ADJEKTIV **jemanden dingfest machen** ≈ *verhaften* | *einen Verbrecher dingfest machen*

★ **Dings**, **Dings·bums**, **Dings·da** *der/die/das;* (-); *gesprochen* eine Person oder Sache, deren Name dem Sprecher im Augenblick nicht einfällt | *Der Dings – wie heißt er denn gleich (wieder) – kommt heute Abend auch zur Versammlung* | *Sie wohnt in Dings – na, du weißt schon wo*

di·nie·ren VERB (dinierte, hat diniert); *geschrieben* festlich essen ≈ *speisen*

Din·kel *der;* (-s) eine Getreideart

Di·no *der;* (-s, -s); *gesprochen* Kurzwort für *Dinosaurier*

Di·no·sau·ri·er *der;* (-s, -) **1** verwendet als Bezeichnung für jede Art der (meist sehr großen) Reptilien, die vor Millionen von Jahren gelebt haben **2** eine Person oder Sache, die altmodisch ist, aber früher sehr wichtig und bekannt war **3** ein großer Konzern

Di·oxid *das;* (-s, -e) eine Substanz, bei der zwei Sauerstoffatome an ein Atom eines anderen Elements gebunden sind [K] Kohlendioxid, Schwefeldioxid

Di·oxin *das;* (-s, -e) eine sehr giftige Substanz (aus Chlor und Kohlenwasserstoff)

Di·oxyd *das* → Dioxid

Di·ö·ze·se *die;* (-, -n) ein kirchliches Gebiet der katholischen Kirche, das ein Bischof leitet

Diph·the·rie [-f-] *die;* (-) eine sehr gefährliche Infektion besonders im Rachen und Kehlkopf, vor allem bei Kindern

Diph·thong [dɪf'tɔŋ] *der;* (-(e)s, -e) ein Laut, der aus zwei Vokalen besteht, z. B. *au* oder *ei*

Dipl.-Ing. Abkürzung für *Diplomingenieur* → Diplom

★ **Dip·lom** *das;* (-s, -e) **1** ein Zeugnis über ein abgeschlossenes Studium an der Universität oder über eine bestandene Prüfung in einem Handwerksberuf | *Gestern haben die Absolventen ihre Diplome bekommen* [i] → Infos unter **Hochschule** **2** ein akademischer Rang, den man erreicht, wenn man eine Prüfung in manchen Fächern an der Universität oder Fachhochschule bestanden hat ⟨ein Diplom erwerben, machen⟩ [K] Diplomingenieur, Diplomkaufmann, Diplomphysiker, Diplompsychologe, Diplomprüfung, Diplomstudium [i] Abkürzung: *Dipl.*; → Infos unter **Hochschule** **3** eine Ehrenurkunde, die jemand für eine sehr gute Leistung bekommt | *Der Friseur erhielt bei dem Wettbewerb ein Diplom*

Dip·lom·ar·beit *die* eine wissenschaftliche Arbeit, die man schreiben muss, um ein Diplom zu bekommen

Dip·lo·mat *der;* (-en, -en) **1** ein offizieller Vertreter eines Staates im Ausland (z. B. ein Botschafter, Konsul) [K] Diplomatenlaufbahn, Diplomatenpass, Diplomatenviertel [i] *der Diplomat; den, dem, des Diplomaten* **2** eine Person, die sich im Umgang mit Menschen sehr klug und taktvoll verhält

Dip·lo·ma·tie *die;* (-) **1** das Bemühen (vor allem der offiziellen Vertreter eines Staates im Ausland) um gute Beziehungen zwischen den Staaten und das Bestreben, die Interessen des eigenen Staates im Ausland zu wahren **2** das kluge, taktvolle Verhalten im Umgang mit anderen Menschen | *Mit etwas mehr Diplomatie hättest du den Streit vermeiden können*

dip·lo·ma·tisch ADJEKTIV **1** *meist attributiv* wie in der Diplomatie üblich | *einen Konflikt auf diplomatischem Wege lösen* **2** *meist attributiv* bei/von Diplomaten | *Aus diplomatischen Kreisen verlautet, dass ...* **3** taktvoll und höflich ≈ *klug, geschickt* | *Es war nicht sehr diplomatisch von dir, ihm so direkt deine Meinung zu sagen*

★ **dir** PRONOMEN *2. Person Singular (du), Dativ* | *Soll ich dir einen Kaffee machen?* | *Warum nimmst du dir nicht ein paar Tage Urlaub?* [i] → Tabelle unter **ich** und Infos unter **sich**

★ **di·rekt** ■ ADJEKTIV (direkter, direktest-) **1** auf dem kürzesten Weg zu einem Ort führend | *Diese Straße geht direkt zum Bahnhof* [K] Direktflug **2** **direkt** *+Präposition +Substantiv* in unmittelbarer Nähe der genannten Person/des genannten Orts | *Sie wohnt direkt am Meer* | *Sie stand direkt neben ihm* **3** **direkt nach/vor etwas** zeitlich unmittelbar nach/vor etwas | *Ich gehe direkt nach der Arbeit nach Hause* **4** so, dass zwischen den beteiligten Personen keine anderen Personen oder Institutionen sind ⟨sich direkt an jemanden wenden⟩ | *Ich möchte direkt mit dem Chef sprechen* | *Eier direkt vom Bauernhof kaufen/beziehen* | *Die verfeindeten Staaten lehnen direkte Verhandlungen ab* [K] Direktbezug, Direktimport, Direktverkauf **5** so, dass eine Person die nächste in einer Umgebung oder Hierarchie ist, ohne andere dazwischen | *Wir kennen bisher nur unsere direkten Nachbarn* | *Sie ist meine direkte Vorgesetzte* **6** nicht sehr höflich, vorsichtig oder diskret ⟨jemandem eine direkte Frage stellen; jemandem etwas direkt ins Gesicht sagen⟩ ≈ *offen* **7** ≈ *live* [K] Direktübertragung **8** **(eine) direkte Verbindung irgendwohin** eine Verkehrsverbindung mit dem Bus, dem Zug o. Ä., bei der man nicht umsteigen muss | *In München haben sie eine direkte Verbindung nach Köln* [K] Direktverbindung

■ PARTIKEL *unbetont* **9** *oft ironisch* verwendet, um zu sagen, dass man positiv überrascht ist ≈ *tatsächlich* | *Die Arbeit hat mir direkt Spaß gemacht* | *Heute bist du ja mal direkt pünktlich!* (ausnahmsweise) **10** verwendet, um zu sagen, dass ein Verhalten nicht so verrückt wäre, wie es klingt | *Das Wasser im Fluss war so sauber, das hätte man direkt trinken können* | *Man sollte direkt mal mitschreiben, wie oft er das sagt* • zu (6) **Di·rekt·heit** *die*

Di·rekt·bank *die* eine Direktbank hat Kontakt zu den Kunden nur über die Telekommunikation (z. B. Telefon, Internet)

Di·rek·ti·on [-'tsi̯oːn] *die;* (-, -en) **1** eine Gruppe von Personen, die ein Unternehmen, eine (öffentliche) Institution o. Ä. gemeinsam leiten ≈ *Leitung* [K] Direktionsassistent, Direktionsräume, Direktionssekretärin; Bankdirektion, Polizeidirektion **2** *nur Singular* das Leiten eines großen Unternehmens, einer (öffentlichen) Institution o. Ä. ⟨die Direktion übertragen bekommen; jemanden mit der Direktion betrauen⟩ **3** die Räume der Direktion

Di·rek·ti·ve [-və] *die;* (-, -n); *geschrieben* ⟨eine Direktive ausgeben; Direktiven erhalten; sich an eine Direktive halten⟩ ≈ *(An)Weisung*

Di·rekt·man·dat *das* ein Sitz in einem Parlament, den ein Abgeordneter für sich als Person und nicht durch Stimmen für die Liste einer Partei bekommen hat

★ **Di·rek·tor** *der;* (-s, Di·rek·to·ren) **1** der Leiter einer meist öffentlichen Institution [K] Museumsdirektor, Polizeidirektor,

Zoodirektor [i] zu *Direktorin* → Info im Eintrag **-in** [2] der Leiter einer Schule, vor allem eines Gymnasiums [i] zu *Direktorin* → Info im Eintrag **-in** [3] der Leiter einer Firma (oder eines Teils eines Unternehmens) ⟨ein kaufmännischer, technischer Direktor⟩ [i] zu *Direktorin* → Info im Eintrag **-in** • hierzu **Di·rek·to·rin** *die*

Di·rek·to·rat *das*; (-(e)s, -e) die Räume, in denen der Direktor und seine Mitarbeiter arbeiten

Di·rekt·ri·ce [-'tri:sə] *die*; (-, -n) eine leitende Angestellte in Firmen, die Kleidung herstellen [i] ≠ Direktorin

Di·ri·gent *der*; (-en, -en) eine Person, die ein Orchester oder einen Chor dirigiert [K] Dirigentenpult, Dirigentenstab [i] *der Dirigent; den, dem, des Dirigenten* • hierzu **Di·ri·gen·tin** *die*

di·ri·gie·ren VERB (dirigierte, hat dirigiert) [1] **(Personen/etwas) dirigieren** die Aufführung eines Musikstücks leiten, indem man durch Zeichen mit den Händen oder mit einem Stab zeigt, wann und wie die Musiker spielen sollen ⟨ein Ensemble, ein Orchester, ein Konzert, eine Oper dirigieren⟩ | *Er dirigiert die Berliner Philharmoniker* [2] **jemanden/etwas irgendwohin dirigieren** (durch Gesten, Signale) jemandem bei der Ausführung eines Manövers helfen | *Der Beifahrer stieg aus und dirigierte den Wagen durch die schmale Einfahrt*

Di·ri·gis·mus *der*; (-) die (zu) starke Lenkung der Wirtschaft durch den Staat

Dirndl *das*; (-s, -n) [1] ein Kleid, das zu einer bayrischen oder österreichischen Tracht gehört [K] Dirndlbluse, Dirndlkleid, Dirndlrock, Dirndlschürze [2] *süddeutsch* Ⓐ ≈ *Mädchen*

Dir·ne *die*; (-, -n) ≈ *Prostituierte* [K] Dirnenmilieu

Disc·jo·ckey *der* eine Person, die in Diskotheken oder im Radio die Musik aussucht und ankündigt

Dis·co *die*; (-, -s); *gesprochen* ⟨in die Disco gehen⟩ ≈ *Diskothek* [K] Discomusik, Discosound

Dis·coun·ter [-'kauntə] *der*; (-s, -) ein Geschäft mit Selbstbedienung und niedrigen Preisen

dis·har·mo·nisch, dis·har·mo·nisch ADJEKTIV; *geschrieben* [1] ⟨Farben, Töne⟩ so, dass sie nicht gut zusammenpassen [2] mit Streit | *Ihre Begegnung verlief disharmonisch* • hierzu **Dis·har·mo·nie**, **Dis·har·mo·nie** *die*

Disk·jo·ckey *der* → Discjockey

Dis·ko *die* → Disco

Dis·kont·satz *der* die Höhe der Zinsen (in Prozent), die eine Bank für einen Kredit zahlen muss, den ihr die Zentralbank gibt ⟨den Diskontsatz senken, erhöhen⟩

★ **Dis·ko·thek** *die*; (-, -en) [1] ein Lokal, in dem moderne Tanzmusik gespielt wird [2] eine größere Sammlung von CDs usw. mit Musikaufnahmen

dis·kre·di·tie·ren VERB (diskreditierte, hat diskreditiert) [1] **jemanden diskreditieren** *geschrieben* jemanden in schlechten Ruf bringen [2] **etwas diskreditiert jemanden** *geschrieben* etwas bringt jemanden in schlechten Ruf und schadet jemandes Ansehen [3] **sich (durch/mit etwas) diskreditieren** *geschrieben* dem eigenen Ansehen durch Fehler o. Ä. Schaden zufügen | *Er hat sich durch seine Äußerungen selbst diskreditiert* • hierzu **Dis·kre·di·tie·rung** *die*

Dis·kre·panz *die*; (-, -en); *geschrieben* ein deutlicher Unterschied zwischen zwei Dingen | *Es gibt eine deutliche Diskrepanz zwischen seinen Versprechungen und seinen Taten*

dis·kret ADJEKTIV rücksichtsvoll und taktvoll, vor allem bei Dingen, die geheim oder unangenehm sind

Dis·kre·ti·on [-'tsio:n] *die*; (-); *geschrieben* diskretes Verhalten ⟨etwas mit absoluter, äußerster, strengster Diskretion behandeln; Diskretion wahren; auf/mit jemandes Diskretion rechnen (können)⟩

dis·kri·mi·nie·ren VERB (diskriminierte, hat diskriminiert) [1] **jemanden diskriminieren** eine Person wegen ihrer Nationalität, Hautfarbe, Religion o. Ä. schlechter behandeln als andere Leute [2] **jemanden diskriminieren** durch (falsche) Behauptungen dem Ruf oder Ansehen einer Person schaden ⟨diskriminierende Äußerungen⟩ • hierzu **Dis·kri·mi·nie·rung** *die*

Dis·kus *der*; (-(ses), -se/Dis·ken) [1] eine schwere Scheibe aus Holz und Metall, die (als Sport) geworfen wird [2] *gesprochen* ≈ *Diskuswerfen*

★ **Dis·kus·si·on** *die*; (-, -en) [1] **eine Diskussion (über etwas** (*Akkusativ*)); **eine Diskussion** (+*Genitiv*) ein ernsthaftes Gespräch zwischen Personen, die über ein Thema verschiedene Meinungen haben ⟨eine aktuelle, heftige, kontroverse, politische Diskussion; eine Diskussion entbrennt, dreht sich um etwas; eine Diskussion führen; sich an einer Diskussion beteiligen; sich aus einer Diskussion heraushalten; etwas löst Diskussionen aus⟩ | *die Diskussion in der Öffentlichkeit über die Zukunft des Journalismus* | *eine Diskussion der noch offenen Fragen* [K] Diskussionsbedarf, Diskussionsbeitrag, Diskussionsforum, Diskussionsrunde, Diskussionsteilnehmer, Diskussionsveranstaltung [2] ein Gespräch, durch das man die Meinung einer anderen Person ändern will ⟨sich auf keine Diskussion einlassen; jemanden in eine Diskussion verwickeln⟩ ≈ *Auseinandersetzung* [3] **etwas zur Diskussion stellen** andere Personen auffordern, über etwas zu diskutieren [4] **etwas steht (nicht) zur Diskussion** etwas kommt (nicht) infrage

Dis·kus·wer·fen *das*; (-s) eine Sportart, bei der ein Diskus möglichst weit geworfen werden muss • hierzu **Dis·kus·wer·fer** *der*; **Dis·kus·wer·fe·rin** *die*

dis·ku·ta·bel ADJEKTIV; *geschrieben* gut oder wichtig genug, um diskutiert zu werden ⟨ein Vorschlag, ein Entwurf, ein Plan⟩ [i] *diskutabel → ein diskutabler Vorschlag*

★ **dis·ku·tie·ren** VERB (diskutierte, hat diskutiert) [1] **eine Person diskutiert mit jemandem (über etwas** (*Akkusativ*)); **Personen diskutieren (über etwas** (*Akkusativ*)) zwei oder mehrere Personen führen ein relativ langes und intensives Gespräch über ein Thema | *über Politik diskutieren* [2] **Personen diskutieren etwas** eine Gruppe von Personen spricht über verschiedene Aspekte eines Themas, damit jede Person ihre eigene Meinung dazu sagen kann ⟨einen Entwurf, einen Plan, ein Ergebnis, einen Vorschlag, ein Problem diskutieren⟩

Dis·pens *der*; (-es, -e); *meist Singular*; *geschrieben*, **Dis·pens** *die*; (-, -en); Ⓐ die Befreiung von einem Verbot oder einer allgemeinen Verpflichtung (z. B. vom Zölibat der Priester) ⟨um Dispens nachsuchen; Dispens von etwas erhalten; jemandem Dispens erteilen⟩

dis·pen·sie·ren VERB (dispensierte, hat dispensiert) **jemanden (von etwas) dispensieren** *geschrieben* jemanden (ausnahmsweise oder zur Strafe für eine begrenzte Zeit) von einer allgemeinen Verpflichtung befreien | *einen Schüler vom Unterricht dispensieren* • hierzu **Dis·pen·sie·rung** *die*

Dis·play ['dɪspleɪ] *das*; (-s, -s) [1] die optische Darstellung von Daten, durch Leuchtanzeige bei elektronischen Geräten, digitalen Uhren o. Ä. oder auf dem Bildschirm eines Computers [2] ≈ *Bildschirm*

dis·po·nie·ren VERB (disponierte, hat disponiert) **(über etwas** (*Akkusativ*)) **disponieren** *geschrieben* bestimmen, wie man etwas einteilt oder benutzt ⟨über das Geld, seine Zeit gut, schlecht, frei disponieren können⟩ | *Wir haben jetzt anders disponiert* (unsere Pläne geändert) | *Er kann einfach nicht disponieren, zur Monatsmitte geht ihm immer das Geld aus*

D

D

Dis·po·si·ti·on [-ˈtsi̯oːn] *die*; (-, -en); *geschrieben* **1** **etwas zur Disposition haben** etwas zur Verfügung haben und darüber bestimmen können **2** **jemand/etwas steht (jemandem) zur Disposition** jemand/etwas kann von einer Person verwendet werden | *Für den Ankauf neuer Maschinen steht der Abteilung enormes Kapital zur Disposition* **3** *meist Plural* ⟨seine Dispositionen treffen, ändern⟩ ≈ *Pläne* **4** **eine Disposition (für/zu etwas)** ⟨eine angeborene, vererbte, seelische Disposition zu einer/für eine Krankheit⟩ ≈ *Veranlagung*

Dis·put *der*; (-(e)s, -e) **1** *geschrieben* ⟨einen Disput mit jemandem haben⟩ ≈ *Streit* **2** *veraltend* eine wissenschaftliche Diskussion nach festgesetzten Regeln ⟨ein gelehrter Disput⟩ • hierzu **dis·pu·tie·ren** VERB *(hat)*

dis·qua·li·fi·zie·ren VERB (disqualifizierte, hat disqualifiziert) **1** **jemanden disqualifizieren** eine Person von einem Wettkampf ausschließen, weil sie gegen eine Regel verstoßen hat | *Der Läufer wurde wegen Verlassens der Bahn disqualifiziert* **2** **etwas disqualifiziert jemanden** etwas zeigt, dass jemand für eine Aufgabe oder eine gesellschaftliche Stellung nicht geeignet ist | *Sein Verhalten in der Krise hat ihn als Abteilungsleiter disqualifiziert* **3** **sich (durch/mit etwas) disqualifizieren** *geschrieben* bei einer Gelegenheit falsch handeln oder sich nicht richtig benehmen und so zeigen, dass man für eine Aufgabe nicht geeignet ist • zu (1) **Dis·qua·li·fi·ka·ti·on** *die*

dis·sen VERB (disste, hat gedisst); *gesprochen!* **jemanden dissen** ≈ *beleidigen, mobben* **H** von Personen verwendet, die sich absichtlich aggressiv und primitiv ausdrücken

Dis·ser·ta·ti·on [-ˈtsi̯oːn] *die*; (-, -en) **eine Dissertation (über etwas** *(Akkusativ)***/zu etwas)** eine wissenschaftliche Arbeit, die man schreiben muss, um den Doktortitel zu bekommen ⟨eine Dissertation schreiben, abgeben, einreichen⟩ ≈ *Doktorarbeit* • hierzu **dis·ser·tie·ren** VERB *(hat)*

Dis·si·dent *der*; (-en, -en) eine Person, die sich offen dazu bekennt, dass sie gegen die offizielle Politik des Staates o. Ä. ist **H** a) vor allem in Bezug auf Regimekritiker in sozialistischen Ländern verwendet; b) *der Dissident; den, dem, des Dissidenten* • hierzu **Dis·si·den·tin** *die*

Dis·so·nanz *die*; (-, -en) **1** der Klang von Tönen, die zusammen unangenehm und nicht harmonisch klingen **2** *meist Plural* Meinungsverschiedenheiten (vor allem innerhalb einer politischen Partei)

★ **Dis·tanz** *die*; (-, -en); *geschrieben* **1** **die Distanz zwischen Personen/Dingen** *(Dativ)* die räumliche Entfernung zwischen zwei Personen, Orten oder Punkten ≈ *Abstand* | *Aus dieser Distanz kann ich nichts erkennen* **2** **Distanz (zu jemandem)** *nur Singular* eine Haltung gegenüber einer Person, bei der man wenig Gefühle (für sie) zeigt und nur wenig Kontakt zu ihr hat ⟨auf Distanz achten; Distanz (zu jemandem) halten, wahren; auf Distanz (zu jemandem) bleiben, gehen⟩ **3** **Distanz (zu jemandem/etwas)** *nur Singular* ein Zustand, in dem man eine Person/Sache ohne Gefühle objektiv beschreiben und bewerten kann ⟨Distanz (zu jemandem/etwas) gewinnen; etwas aus der Distanz betrachten⟩ | *nicht die nötige Distanz haben, um objektiv bleiben zu können* **4** die vorgesehene Länge eines Boxkampfs o. Ä. | *Der Kampf ging über die volle Distanz*

dis·tan·zie·ren VERB (distanzierte, hat distanziert) **1** **sich von etwas distanzieren** (öffentlich) erklären, dass man meist eine Äußerung, eine Aktion o. Ä. nicht gut oder nicht richtig findet ⟨sich von einem Bericht, einem Parteiprogramm distanzieren⟩ **2** **sich von jemandem distanzieren** mit jemandem nichts mehr zu tun haben wollen | *Nach dem Skandal distanzierten sich viele Freunde von ihm* **3** **jemanden distanzieren** jemanden in einem Rennen o. Ä. deutlich besiegen • zu (1,2) **Dis·tan·zie·rung** *die*

dis·tan·ziert ■ PARTIZIP PERFEKT **1** → distanzieren ■ ADJEKTIV **2** *geschrieben* ≈ *zurückhaltend*

Dis·tel *die*; (-, -n) eine Pflanze mit meist violetten oder weißen Blüten, die Blätter mit kleinen dünnen Stacheln hat | *Der Esel frisst Disteln*

dis·tin·gu·iert [dɪstɪŋˈg(u̯)iːɐ̯t] ADJEKTIV; *geschrieben* ⟨ein Herr⟩ vornehm im Verhalten und in der Art, sich zu kleiden

Dist·rikt *der*; (-(e)s, -e) ein Verwaltungsbezirk in manchen Staaten, z. B. in den USA

★ **Dis·zip·lin** *die*; (-, -en) **1** *nur Singular* das Einhalten von Regeln und Vorschriften (vor allem innerhalb einer Gemeinschaft oder als Schüler, Soldat) ⟨äußerste, strenge, strikte, schlechte Disziplin; wenig Disziplin haben; Disziplin üben, wahren; gegen die Disziplin verstoßen; die Disziplin verletzen⟩ | *In der Armee herrscht strenge Disziplin* **K** Parteidisziplin **2** *nur Singular* die Eigenschaft, dass eine Person ihre Pflichten auch dann erfüllt, wenn sie keine Lust dazu hat oder müde ist ⟨etwas erfordert, verlangt große, viel Disziplin⟩ | *eiserne Disziplin* (große Disziplin) | *Er hat nicht genug Disziplin, um das Studium durchzuhalten* **K** Selbstdisziplin **3** ein Teilgebiet des Sports ≈ *Sportart* | *Der Weitsprung ist eine Disziplin der Leichtathletik* **4** ein Teilgebiet einer Wissenschaft | *Rechtsgeschichte ist eine juristische Disziplin*

dis·zip·li·na·risch ADJEKTIV **eine Behörde geht gegen jemanden disziplinarisch vor** *geschrieben* eine Behörde bestraft einen Mitarbeiter, weil er gegen die Vorschriften verstoßen hat

Dis·zip·li·nar·stra·fe *die* eine Strafe, die ein Sportler (wegen seines unfairen sportlichen Verhaltens) von seinem Verein bekommt

Dis·zip·li·nar·ver·fah·ren *das*; *geschrieben* ein (juristisches) Verfahren gegen eine Person, welche gegen die Vorschriften verstoßen hat

dis·zip·li·niert ADJEKTIV; *geschrieben* **1** mit strenger Disziplin ⟨eine Klasse, eine Truppe; sich diszipliniert verhalten⟩ **2** verantwortungsvoll und mit viel Selbstkontrolle ⟨diszipliniert arbeiten⟩ • hierzu **Dis·zip·li·niert·heit** *die*

dis·zip·lin·los ADJEKTIV; *geschrieben* **1** ohne Disziplin ⟨eine Klasse, eine Truppe; sich disziplinlos verhalten⟩ **2** ohne Selbstdisziplin • hierzu **Dis·zip·lin·lo·sig·keit** *die*

Di·va [-v-] *die*; (-, -s/Di·ven) eine sehr beliebte (meist exzentrische) Sängerin oder Schauspielerin **K** Filmdiva, Operettendiva, Operndiva

Di·ver·genz [-v-] *die*; (-, -en); *geschrieben* **1** die Situation, wenn es große Unterschiede zwischen Dingen gibt ⟨inhaltliche, stilistische Divergenzen⟩ **2** **Divergenzen (über etwas** *(Akkusativ)***/in etwas** *(Dativ)***)** *meist Plural* unterschiedliche Meinungen, die zu Konflikten führen • hierzu **di·ver·gent** ADJEKTIV

di·ver·gie·ren [-v-] VERB (divergierte, hat divergiert) ⟨Meinungen Ansichten Aussagen⟩ **divergieren** sie weichen (stark) voneinander ab | *Die Aussagen der Zeugen divergieren stark*

di·vers- [-v-] ADJEKTIV (diversest-); *meist attributiv, nur mit Plural; geschrieben* ≈ *mehrere* | *diverse Möglichkeiten ausprobieren* **H** kein Komparativ

Di·vi·dend [-v-] *der*; (-en, -en) eine Zahl, die durch eine andere Zahl (den Divisor) geteilt wird ≈ *Zähler* | *In der Rechnung 12 : 3 ist 12 der Dividend und 3 der Divisor* **H** *der Dividend; den, dem, des Dividenden*

Di·vi·den·de [-v-] *die*; (-, -n) der Anteil am Gewinn einer Aktiengesellschaft, der jährlich an die Aktionäre ausgezahlt wird ⟨eine Firma schüttet eine hohe Dividende aus; die Dividende erhöhen⟩

di·vi·die·ren [-v-] VERB (dividierte, hat dividiert) **(eine Zahl**

durch eine Zahl) dividieren berechnen, wie oft eine kleinere Zahl in einer größeren Zahl enthalten ist ≈ *teilen* | *Sechs dividiert durch zwei ist (gleich) drei (6 : 2 = 3)*

Di·vi·si·on *die;* (-, -en) **1** *meist Singular* das Dividieren **2** eine Rechenaufgabe, bei der dividiert wird **3** mehrere militärische Einheiten, Regimenter (etwa 10 000 Mann) **K** Divisionskommandeur, Divisionslazarett

Di·vi·sor [-'viː-] *der;* (-s, Di·vi·so·ren) eine Zahl, durch die eine andere Zahl geteilt wird ≈ *Nenner* | *In der Rechnung 14 : 2 ist 2 der Divisor*

Di·wan *der;* (-s, -e/Ⓐ *auch* -s) **1** *süddeutsch* Ⓐ ≈ *Sofa* **2** *veraltend* ein Sofa ohne Rücken- und Armlehne

DKP [deːkaː'peː] *die;* (-) Deutsche Kommunistische Partei eine politische Partei in Deutschland

DM [deː'|ɛm] *historisch* Abkürzung für *Deutsche Mark* → Mark¹

D-Mark ['deː-] *die historisch* Kurzwort für *Deutsche Mark* → Mark¹

DNS [de|ɛn'|ɛs] *die;* (-) Desoxyribonukleinsäure eine chemische Substanz (in Form von langen Ketten), aus der Chromosomen bestehen und die genetische Information enthält **K** DNS-Strang

Do Abkürzung für *Donnerstag*

Do·ber·mann *der;* (-s, Do·ber·män·ner) ein großer Hund mit braunen oder schwarzen glatten, kurzen, Haaren, der meist als Wachhund gehalten wird

★ **doch** ■ BINDEWORT **1** Der *doch*-Satz beschreibt ein Ergebnis, welches das Gegenteil von dem ist, was geplant, gewünscht oder erwartet wurde ≈ *aber* | *Er tat alles, um rechtzeitig fertig zu werden, doch es gelang ihm nicht* | *Sie sollte sich entscheiden, doch sie tut es nicht* | *Wir haben uns viele Sorgen gemacht, doch ist alles am Ende gut gegangen* **2** trotz des vorher erwähnten Umstands ≈ *trotzdem* | *Sie wollte eigentlich nicht wegfahren, aber sie hat es doch gemacht/hat es aber doch gemacht* **H** In dieser Verwendung wird *doch* immer betont. *Doch* wird oft mit *aber* oder mit *und* kombiniert

■ PARTIKEL *unbetont* **3** in Aussagesätzen wird *doch* verwendet, um etwas zu begründen. Von dem genannten Grund wird angenommen, dass er bekannt oder offensichtlich ist. Die angesprochene Person soll zustimmen und einverstanden sein | *Ich muss nach Hause, es ist doch schon spät* | *Sie ist doch kein Kind mehr!* **4** drückt in Fragen aus, dass man sich sicher ist, die Antwort auf die Frage eigentlich zu kennen | *Du warst doch schon mal hier, nicht wahr?* | *Das war doch so, oder?* | *Wie war das doch gleich/noch mit dem kaputten Reifen?* (Die Antwort fällt mir gerade nicht ein) **5** (in Fragen, welche die Form von Aussagesätzen haben) verwendet, um zu sagen, dass man Zweifel oder Sorgen hat und auf eine beruhigende Antwort hofft | *Du lässt mich doch jetzt nicht im Stich?* | *Das schaffst du doch hoffentlich?* **6** als ablehnende Reaktion auf geäußerte Vermutungen, Aufforderungen oder Kritik verwendet | *„Du bist sicher müde." – „Ich doch nicht!"* (andere vielleicht, ich aber nicht) | *„Mach den Fernseher ein bisschen leiser!" – „Habe ich doch schon!"* | *„Warum hast du mir nichts davon erzählt?" – „Ich konnte doch nicht wissen, dass es für dich so wichtig ist!"* **7** verwendet als zustimmende, positive Antwort auf Fragen, die eine Vermutung oder Hoffnung ausdrücken | *„Du hast ihn nicht etwa selbst angerufen?" – „Doch!"* (Auch, wenn du es kaum glauben kannst: Ich habe ihn angerufen) | *„Hast du denn Zeit dafür?" – „Aber ja/sicher doch!"* **8** verwendet, um einer positiv oder negativ formulierten Äußerung zuzustimmen | *„Ich weiß gar nicht, ob das stimmt." – „Doch, doch, das ist schon richtig."* | *„Das ist schon so lange her." – „Doch, ja, da hast du recht."* **9** verwendet, um Aufforderungen zu verstärken | *Komm doch mal her zu mir!* | *Setzen Sie sich doch bitte!* | *Schrei doch nicht so laut!* **H** Mit *bitte* oder *mal* wirkt die Aufforderung eher höflich, mit *endlich* wirkt sie ungeduldig oder vorwurfsvoll: *Hör doch endlich auf!* **10** verwendet in Ausrufesätzen, um Überraschung, Empörung o. Ä. auszudrücken | *Wie schön es hier doch ist!* | *Das ist doch eine Gemeinheit!* | *Das gibt's doch gar nicht!* **11** verwendet, um einen dringenden Wunsch auszudrücken, der (im Moment noch) nicht erfüllt werden kann ≈ *nur* | *Wenn er doch endlich käme!* | *Wenn es doch schon vorbei wäre!* | *Hätte ich das doch nie getan!* **H** Das Verb steht im Konjunktiv II.

■ **ID Ja doch!** verwendet, wenn man eine Frage, Aufforderung oder Kritik nicht zum ersten Mal hört und sich über die Wiederholung ärgert | *„Hast du auch wirklich alle Türen abgeschlossen?" – „Ja doch, wie oft soll ich es denn noch sagen?"*; **Nicht doch!** verwendet als Reaktion auf eine negative Aussage. Man weist damit die Aussage als falsch zurück | *„Ich bin so ein Idiot!" – „Nicht doch, das hätte mir genauso passieren können."*

Docht *der;* (-(e)s, -e) eine Schnur in einer Kerze oder Lampe, die angezündet wird und langsam verbrennt

Dock *das;* (-(e)s, -s) eine Anlage, in der Schiffe außerhalb des Wassers gebaut oder repariert werden **K** Dockarbeiter

Dog·ge *die;* (-, -n) ein sehr großer Hund mit einer flachen Schnauze und meist gelblich braunem Fell

Dog·ma *das;* (-s, Dog·men) **1** *abwertend* eine Meinung oder Lehre, die von manchen als absolut gültig angesehen wird ⟨eine Lehre, eine Meinung zum Dogma erheben; sich an Dogmen klammern⟩ **2** ein religiöser Grundsatz, der innerhalb der katholischen Kirche absolute Gültigkeit hat | *das Dogma von der Unfehlbarkeit des Papstes*

Dog·ma·tik *die;* (-); *geschrieben* **1** *meist abwertend* eine dogmatische Haltung **2** die systematische Darstellung der Dogmen in christlichen Religion • hierzu **Dog·ma·ti·ker** *der;* **Dog·ma·ti·ke·rin** *die*

dog·ma·tisch ADJEKTIV; *geschrieben, meist abwertend* (starr und unkritisch) an Dogmen festhaltend ⟨eine Haltung, ein Standpunkt; jemandes Denken⟩

Dog·ma·tis·mus *der;* (-); *geschrieben, meist abwertend* das starre Festhalten an Lehren o. Ä.

Doh·le *die;* (-, -n) ein Vogel, der ähnlich wie ein Rabe aussieht, aber kleiner ist und blaue Augen hat

★ **Dok·tor** [-toːɐ̯, -tɐ] *der;* (-s, Dok·to·ren) **1** *gesprochen* verwendet als Anrede oder Bezeichnung für einen Arzt ⟨einen Doktor brauchen, holen; zum Doktor gehen, müssen⟩ **2** *nur Singular* ein akademischer Grad und Titel | *Er ist Doktor der Biologie* (hat einen Doktortitel in Biologie) | *Herr/Frau Dr. Baumann* | *Dr. Müllers Haus* **K** Doktorexamen, Doktorgrad, Doktortitel **H** a) Abkürzung: *Dr.*; b) *der Bericht des Doktors*, aber: *der Bericht Doktor Meiers*; c) *Doktor* wird in der Anrede in Verbindung mit einem Familiennamen abgekürzt geschrieben (*Sehr geehrter Herr Dr. Müller!*), ohne Familiennamen ausgeschrieben (*Sehr geehrter Herr Doktor!*); d) zu *Doktorin* → Info im Eintrag **-in** **3** **den Doktor machen** *gesprochen* einen Doktortitel bekommen | *Sie hat ihren Doktor der Chemie in München gemacht* • zu (2) **Dok·to·rin** [-toːrɪn] *die*

Dok·to·rand *der;* (-en, -en) eine Person, die an einer Dissertation arbeitet, um den Doktortitel zu bekommen **H** *der Doktorand; den, dem, des Doktoranden* • hierzu **Dok·to·ran·din** *die*

Dok·tor·ar·beit *die* ⟨seine Doktorarbeit schreiben; eine Doktorarbeit über etwas (*Akkusativ*)⟩ ≈ *Dissertation*

Dok·tor·va·ter *der; gesprochen* der Professor an einer Universität, der einem Doktoranden das Thema für die Doktorarbeit gibt (und diese fachlich betreut)

Dokt·rin *die;* (-, -en) **1** ein Grundsatz oder eine grundsätzliche (programmatische) Aussage ⟨eine Doktrin aufstellen; nach einer Doktrin handeln⟩ **2** *geschrieben, meist abwertend* ≈ *Dogma*

dokt·ri·när ADJEKTIV; *geschrieben, meist abwertend* nicht bereit, seine Meinung zu ändern

Do·ku *die;* (-, -s); *gesprochen* Kurzwort für *Dokumentation*

★ **Do·ku·ment** *das;* (-(e)s, -e) **1** Ausweise, Zeugnisse, Urkunden usw. sind wichtige Dokumente | *Welche Dokumente muss ich für die Anmeldung des Autos vorlegen?* **2** ein Text oder ein Gegenstand aus einer meist vergangenen Epoche, der wichtige Informationen enthält ⟨ein historisches Dokument⟩ | *Die Grabsteine der Römer sind für die Historiker wichtige Dokumente* K Bilddokument, Kulturdokument

Do·ku·men·tar- *im Substantiv, betont, begrenzt produktiv* **der Dokumentarbericht, der Dokumentarfilm, das Dokumentarstück** *und andere* auf Tatsachen beruhend, ohne fiktive Inhalte

do·ku·men·ta·risch ADJEKTIV **1** ⟨eine Aufnahme, ein Film, eine Darstellung⟩ so, dass sie nur auf Tatsachen beruhen **2** *meist adverbiell* durch Dokumente ⟨etwas ist dokumentarisch belegt, bezeugt, nachweisbar⟩

Do·ku·men·ta·ti·on [-'tsio:n] *die;* (-, -en) **1 eine Dokumentation (über etwas** (*Akkusativ*)**/zu etwas)** eine Sammlung von Dokumenten (z. B. Urkunden, Daten und Fakten zu einem Thema) | *Im Anhang des Buches findet sich eine ausführliche Dokumentation zum Thema „Umweltverschmutzung"* **2 eine Dokumentation (über etwas** (*Akkusativ*)**/zu etwas)** eine dokumentarische Sendung im Fernsehen oder Radio

Do·ku·men·ten·map·pe *die* eine Mappe, in die man wichtige Dokumente legt

do·ku·men·tie·ren VERB (dokumentierte, hat dokumentiert); *geschrieben* **1 etwas dokumentieren** etwas (meist eine Meinung, Haltung) deutlich zeigen | *den guten Willen durch Taten dokumentieren* **2 etwas dokumentiert sich in etwas** (*Dativ*) etwas kommt in etwas deutlich zum Ausdruck

Dolch *der;* (-(e)s, -e) ein spitzes Messer, dessen Klinge auf beiden Seiten schneidet und das als Stoßwaffe dient K Dolchstich, Dolchstoß

Dol·de *die;* (-, -n) viele kleine Blüten, die an feinen Stielen zusammen aus einem Stängel wachsen K Doldengewächs

doll ADJEKTIV; *besonders norddeutsch, gesprochen* **1** ≈ *toll* **2** ≈ *heftig*

Dol·lar *der;* (-s, -s) verwendet als Bezeichnung für die Währung mancher Staaten (z. B. in den USA, in Kanada und Australien) ⟨der amerikanische, kanadische, australische Dollar⟩ K Dollarkurs, Dollarnote H Zeichen: *$*; in Verbindung mit Zahlen wird *Dollar* als Pluralform verwendet: *Das Auto kostet 80 Dollar pro Tag*

Dol·metsch *der;* (-(e)s, -e); Ⓐ ≈ *Dolmetscher*

dol·met·schen VERB (dolmetschte, hat gedolmetscht) **(etwas) dolmetschen** das, was jemand sagt, (meist sofort) mündlich in eine andere Sprache übersetzen ⟨ein Gespräch, ein Interview dolmetschen⟩

Dol·met·scher *der;* (-s, -) eine Person, die (meist beruflich) etwas dolmetscht | *als Dolmetscher beim Europaparlament arbeiten* K Dolmetscherdiplom, Dolmetscherinstitut, Dolmetscherschule; Konferenzdolmetscher, Konsekutivdolmetscher, Simultandolmetscher • hierzu **Dol·met·sche·rin** *die*

Dom *der;* (-(e)s, -e) eine große Kirche, meist die Kirche eines Bischofs (vor allem im deutschsprachigen Raum und in Italien) | *der Kölner Dom* | *der Mailänder Dom* K Domchor, Domglocke

Do·mä·ne *die;* (-, -n) **1** *geschrieben* das Gebiet, in dem eine Person sehr gute Kenntnisse oder Fähigkeiten hat | *Seine eigentliche Domäne ist die Komödie, aber er spielt auch ernste Rollen* **2** ein relativ großer Besitz (mit Landwirtschaft), welcher dem Staat gehört

do·mi·nant ADJEKTIV **1** *geschrieben* stark auffallend ⟨ein Charakterzug; ein Motiv⟩ **2** *geschrieben* sehr stark im Durchsetzen der eigenen Wünsche | *Seine Frau ist sehr dominant* **3** ⟨Merkmale, Erbfaktoren⟩ so, dass sie bei der Vererbung andere Merkmale verdrängen

Do·mi·nanz *die;* (-) **1** *geschrieben* die Fähigkeit, seine eigenen Wünsche durchzusetzen **2** die Eigenschaft, bei der Vererbung andere Merkmale zu verdrängen **3** *geschrieben* die Vorherrschaft

do·mi·nie·ren VERB (dominierte, hat dominiert); *geschrieben* **1 (jemanden/etwas) dominieren** jemandes Handeln/den Ablauf einer Sache bestimmen | *den Ehepartner dominieren* | *eine dominierende Funktion haben* H meist im Passiv **2 etwas dominiert (etwas)** etwas ist (irgendwo) besonders wichtig, beherrschend oder auffällig | *In seinem Leben dominieren die Fehlschläge* | *In diesem Bild dominieren dunkle Farben* | *Das Rot dominiert das Bild*

Do·mi·no *das;* (-s) ein Spiel, bei dem flache, rechteckige Spielsteine mit Punkten darauf nach Regeln aneinandergelegt werden müssen K Dominospiel, Dominostein

Do·mi·zil [-ts-] *das;* (-s, -e); *geschrieben* der Ort, an dem jemand wohnt

Dom·pfaff *der;* (-s/-en, -en) ein Singvogel mit braungrauen Federn, bei dem das Männchen einen roten Bauch hat H *der Dompfaff; den, dem Dompfaff(en); des Dompfaffs/Dompfaffen*

Domp·teur [dɔmp'tø:ɐ̯] *der;* (-s, -e) eine Person, die von Beruf Tiere meist für einen Zirkus dressiert und diese vorführt • hierzu **Domp·teu·se** [-'tø:zə] *die*

Dö·ner *der;* (-s, -) ein Imbiss aus kleinen Stücken Fleisch, die von einem sich drehenden, senkrechten Spieß geschnitten und mit Salat, Zwiebeln, scharfer Soße usw. in einem Fladen serviert werden | *Ich hole mir mittags oft nur einen Döner beim Türken an der Ecke*

★ **Don·ner** *der;* (-s, -); *meist Singular* das laute Geräusch, das man nach einem Blitz hört ⟨der Donner rollt, grollt, kracht (dumpf), dröhnt⟩ K Donnergrollen, Donnerschlag ■ **ID wie vom Donner gerührt** starr vor Schrecken

★ **don·nern** VERB (donnerte, hat/ist gedonnert) **1 es donnert** (*hat*) ein Donner ist zu hören | *Es blitzt und donnert* **2 etwas donnert** (*hat*) etwas macht ein lautes Geräusch, das dem Donner ähnlich ist ⟨Kanonen, Maschinen, Triebwerke⟩ | *donnernder Applaus* **3 jemand/etwas donnert irgendwohin** (*ist*) jemand/etwas bewegt sich schnell und mit lautem Geräusch irgendwohin | *Das Flugzeug donnerte über die Startbahn* | *Die Lawine donnerte ins Tal* **4 jemand/etwas donnert irgendwohin** *gesprochen* (*ist*) eine Person oder Sache stößt mit großer Wucht gegen etwas **5 gegen/auf etwas** (*Akkusativ*) **donnern** (*hat*) mit den Fäusten kräftig und oft gegen etwas schlagen | *gegen eine verschlossene Tür donnern* **6 etwas irgendwohin donnern** *gesprochen* (*hat*) etwas heftig irgendwohin werfen | *die Schulbücher in die Ecke donnern*

★ **Don·ners·tag** *der;* (-(e)s, -e) der vierte Tag der Woche; ⟨am Donnerstag; letzten, diesen, nächsten Donnerstag; Donnerstag früh⟩ K Donnerstagabend, Donnerstagmittag, Donnerstagmorgen, Donnerstagnachmittag, Donnerstagnacht; donnerstagabends, donnerstagmittags H Abkürzung: *Do*

★ **don·ners·tags** ADVERB **1** an jedem Donnerstag **2** am (kommenden, nächsten) Donnerstag

Don·ner·wet·ter *das; gesprochen* **1** lautes und heftiges Schimpfen ⟨ein Donnerwetter kriegen; es gibt ein Donnerwetter⟩ **2** **zum Donnerwetter!** verwendet als Ausruf des Zorns **3** **Donnerwetter!** verwendet als Ausruf der Bewunderung

★ **doof** ADJEKTIV; *gesprochen, abwertend* **1** sehr dumm **2** verwendet, um Ärger über eine Person oder Sache auszudrücken | *So ein doofer Film!* • zu (1) **Doof·heit** *die*

do·pen VERB (dopte, hat gedopt) **jemanden dopen** die Leistungsfähigkeit eines Menschen oder eines Tieres mit verbotenen Medikamenten steigern | *Der Läufer wurde disqualifiziert, weil er gedopt war*

Do·ping *das;* (-s) die Anwendung verbotener Medikamente, um die sportlichen Leistungen zu steigern | *Sie wurde wegen Dopings gesperrt* K Dopingkontrolle, Dopingtest

Dop·pel *das;* (-s, -) **1** das Spiel von zwei Spielern gegen zwei andere Spieler (vor allem beim Tennis) **2** **ein gemischtes Doppel** ein Spiel, das ein Herr und eine Dame gegen ein anderes Paar spielen (vor allem beim Tennis) K Doppelpartner

Dop·pel·agent *der* ein Agent, der für zwei Staaten gleichzeitig als Spion arbeitet

Dop·pel·be·las·tung *die* die Belastung, welche entsteht, wenn eine Person für zwei anstrengende Aufgaben gleichzeitig verantwortlich ist | *die Doppelbelastung von Frauen durch Beruf und Familie*

Dop·pel·bett *das* ein Bett für zwei Personen

Dop·pel·de·cker *der;* (-s, -) **1** ein Omnibus mit zwei Stockwerken K Doppeldeckerbus **2** ein Flugzeug mit zwei Tragflächen auf jeder Seite, die übereinanderliegen

dop·pel·deu·tig ADJEKTIV so, dass zwei Bedeutungen möglich sind ⟨eine Äußerung, eine Bemerkung⟩ **!** ≠ zweideutig • hierzu **Dop·pel·deu·tig·keit** *die*

Dop·pel·gän·ger *der;* (-s, -) eine Person, die einer anderen Person so ähnlich sieht, dass man beide miteinander verwechseln könnte ⟨jemandes Doppelgänger sein⟩ • hierzu **Dop·pel·gän·gerin** *die*

Dop·pel·haus *das* ein Haus, das aus zwei Hälften besteht, wobei in jeder Hälfte eine Familie wohnt K Doppelhaushälfte

Dop·pel·kinn *das* eine Falte unter dem Kinn bei Menschen, die (im Gesicht) dick sind

dop·pel·kli·cken VERB (doppelklickte, hat doppelgeklickt) **(auf etwas** (*Akkusativ*)**) doppelklicken** zweimal schnell nacheinander auf die linke Maustaste drücken, um eine Aktion auszuführen • hierzu **Dop·pel·klick** *der*

Dop·pel·le·ben *das* **ein Doppelleben führen** ein Verbrecher, ein Spion o. Ä. sein und gleichzeitig so leben, als wäre man ein anständiger Bürger

Dop·pel·mord *der* ein Mord, bei dem jemand zwei Menschen tötet ⟨einen Doppelmord begehen⟩

Dop·pel·na·me *der* ein Familien- oder Vorname, der aus zwei Namen besteht, z. B. Hans-Peter, Müller-Seidl

Dop·pel·pass *der* **1** ein Wechsel des Balls zwischen zwei Spielern der gleichen Mannschaft und wieder zurück **2** die Situation, wenn eine Person die Staatsbürgerschaft und Pässe von zwei verschiedenen Ländern hat

Dop·pel·punkt *der* das Satzzeichen : , das vor direkter Rede, vor Aufzählungen und Beispielen steht

dop·pel·rei·hig ADJEKTIV mit zwei Reihen von Knöpfen, Perlen o. Ä. nebeneinander ⟨ein Armband, eine Kette, ein Jackett, ein Sakko⟩

Dop·pel·rol·le *die* zwei Rollen, die derselbe Schauspieler in einem Film oder Theaterstück spielt ⟨eine Doppelrolle haben; in einer Doppelrolle⟩

dop·pel·sei·tig ADJEKTIV auf zwei nebeneinanderliegenden Seiten eines Buches, einer Zeitschrift usw. ⟨eine Anzeige, eine Fotografie⟩ • hierzu **Dop·pel·sei·te** *die*

dop·pel·sin·nig ADJEKTIV mit zwei Bedeutungen (wobei eine Bedeutung meist verschlüsselt und nicht sofort zu verstehen ist) • hierzu **Dop·pel·sinn** *der*

dop·pel·stö·ckig ADJEKTIV **1** mit zwei Geschossen oder Ebenen ⟨ein Bus, ein Haus⟩ ≈ *zweistöckig* **2** *gesprochen, humorvoll* ⟨ein Cognac, ein Whisky⟩ ≈ *doppelt*

★ **dop·pelt** ADJEKTIV **1** zweimal so viel von einer Sache | *Dafür brauchen wir die doppelte Menge Mehl* **2** so, dass etwas zweimal getan wird statt einmal | *Ich will das nicht doppelt machen müssen* | *Im Dialekt wird gern die doppelte Verneinung verwendet* **3** mit der zweifachen Menge wie üblich in einem Glas ⟨ein Cognac, ein Whisky⟩ | *Schenk mir mal einen Doppelten ein!* **4** **doppelt so groß/oft/schön/viel/...** viel größer/öfter/schöner/mehr/... als in anderen Fällen | *Wenn man richtig hungrig ist, schmeckt das Essen doch doppelt so gut* **5** *abwertend* so, dass jemand nicht ehrlich ist, sondern lügt, betrügt o. Ä. | *Ich glaube, er treibt doppeltes Spiel mit uns* (Ich glaube, dass er uns betrügt) | *Das ist doch doppelte Moral!* (Sie erfüllen die moralischen Ansprüche, die sie an andere stellen, selbst nicht) K Doppelmoral ▪ ID **doppelt und dreifach** *gesprochen, oft abwertend* sehr oder übertrieben gründlich | *Er erklärt dir alles immer doppelt und dreifach;* **doppelt gemoppelt** *gesprochen, humorvoll* so, dass etwas auf unnötige Weise zweimal gemacht oder gesagt wurde | *„Weißer Schimmel" ist doppelt gemoppelt*

dop·pelt·ge·mop·pelt ≈ *doppelt gemoppelt*

Dop·pel·ver·die·ner *die; Plural* Ehepartner, die beide arbeiten und Geld verdienen

★ **Dop·pel·zim·mer** *das* ein Zimmer für zwei Personen in einem Hotel o. Ä.

dop·pel·zün·gig ADJEKTIV; *abwertend* nicht ehrlich | *Man kann ihm nichts glauben, er ist doppelzüngig* • hierzu **Dop·pel·zün·gig·keit** *die*

Do·ra·do *das;* (-s, -s) ein idealer Ort für etwas ≈ *Paradies* | *Die französischen Alpen sind ein Dorado für Wintersportler*

★ **Dorf** *das;* (-(e)s, Dör·fer) **1** ein relativ kleiner Ort auf dem Land, oft mit Bauernhöfen ⟨aus einem Dorf kommen, sein; auf dem Dorf aufwachsen, wohnen⟩ | *Er hat genug vom Stadtleben, er zieht jetzt aufs Dorf* K Dorfbewohner, Dorfkirche, Dorfleute, Dorfpfarrer, Dorfplatz, Dorfschule; Bauerndorf, Bergdorf, Fischerdorf, Nachbardorf **2** *gesprochen* alle Menschen, die in demselben Dorf wohnen | *Das halbe/ganze Dorf war auf dem Fest* **3** **das olympische Dorf** die Gebäude, in denen die Sportler bei einer Olympiade wohnen ▪ ID **Das sind für mich böhmische Dörfer** *gesprochen* Das verstehe ich nicht, ist mir zu kompliziert

dörf·lich ADJEKTIV **1** zu einem Dorf gehörend ⟨das Leben, die Sitten, eine Gemeinschaft⟩ ↔ *städtisch* **2** einem Dorf ähnlich ⟨eine Kleinstadt, eine Stadt⟩

DOM

Dorn *der;* (-(e)s, -en) **1** ein harter, spitzer Teil am Stängel einer Pflanze, wie z. B. am Stiel einer Rose ⟨sich (*Dativ*) einen Dorn eintreten; sich (*Dativ*) an einem Dorn stechen⟩ K Dornbusch, Dorngestrüpp, Dornenhecke, Dornenstrauch, Dornenzweig **2** *geschrieben nur Plu-*

ral ⟨ein Lebensweg voller Dornen⟩ ≈ *Leiden* K Dornenweg ■ ID **jemandem ein Dorn im Auge sein** jemanden sehr stören, ärgern; **Keine Rose ohne Dornen** alles Gute hat auch Nachteile • hierzu **dor·nig** ADJEKTIV; zu (2) **dor·nen·reich** ADJEKTIV

Dorn·rös·chen|schlaf *der; geschrieben* ein Zustand, in dem sich lange Zeit nichts ändert | *Das Dorf erwacht langsam aus dem Dornröschenschlaf*

dör·ren VERB (dörrte, hat gedörrt) **etwas dörren** Nahrungsmittel haltbar machen, indem man sie trocknet ⟨Fisch, Fleisch, Obst dörren⟩ K Dörrfisch, Dörrgemüse, Dörrobst, Dörrpflaume

Dorsch *der;* (-(e)s, -e) ≈ *Kabeljau*

★ **dort** ADVERB **1** verwendet, um darauf hinzuweisen, wo jemand/etwas ist | *„Hat jemand meine Brille gesehen?" – „Sie ist dort, wo du sie liegen gelassen hast"* **2** **dort** *+Ortsangabe* (oft zusammen mit einer Geste) verwendet, um auf eine Stelle oder einen Ort zu verweisen ⟨dort drüben, hinten, vorn, oben, unten⟩ H zu 1 und 2: Mit *dort* wird oft auf eine Stelle verwiesen, die weiter von der Bezugsperson entfernt ist als bei *da* **3** verwendet, um auf einen vorher erwähnten Ort zu verweisen | *Vor zwei Wochen waren wir in Köln. Dort haben wir den Dom bewundert* ■ ID **da und dort**, **hier und dort** an verschiedenen Orten, an verschiedenen Stellen | *Ich bin schon da und dort gewesen, aber zu Hause gefällt es mir am besten*

dort·blei·ben VERB (blieb dort, ist dortgeblieben) am genannten Ort, an der genannten Stelle bleiben | *Sie besuchte ihre Freundin und blieb gleich über Nacht dort*

dort·her, **dort·her** ADVERB **von dorther** von dem gezeigten oder genannten Ort zum Sprecher hin

★ **dort·hin**, **dort·hin** ADVERB zu dem gezeigten oder genannten Ort hin

dort·hi·naus, **dort·hi·naus** ADVERB zu der gezeigten oder genannten Tür, Öffnung hinaus ■ ID **bis dorthinaus** *gesprochen, abwertend* so sehr oder so viel, dass es stört | *Er ist arrogant bis dorthinaus*

dor·ti·g- ADJEKTIV *meist attributiv* an dem erwähnten Ort | *In Frankfurt können Sie sich an unseren dortigen Filialleiter wenden*

★ **Do·se** *die;* (-, -n) **1** in eine Dose kann man kleine Dinge legen, z. B. Ringe, Münzen, Nadeln K Blechdose, Plastikdose, Porzellandose; Butterdose, Kaffeedose, Keksdose, Puderdose, Schmuckdose, Zuckerdose H zu *Butterdose* und *Zuckerdose* → Abb. unter **Frühstück** **2** ein Behälter aus Blech, in dem konservierte Lebensmittel, Getränke usw. verpackt sind bzw. die Menge der so verpackten Sache ≈ *Büchse* | *Thunfisch in Dosen* | *Heute gibt es Suppe aus der Dose* | *eine Dose Cola trinken* K Dosenbier, Dosenmilch, Dosensuppe, Dosenwurst **3** *gesprochen* Kurzwort für *Steckdose* ■ ID **aus der Dose** nicht neu oder live gespielt/vorgeführt usw., sondern von einer CD, DVD, älteren Aufnahme usw. | *Statt Musik aus der Dose trat eine Band auf*

DOSE

dö·sen VERB (döste, hat gedöst); *gesprochen* **1** sich in einer Art Halbschlaf befinden | *am Strand liegen und in der Sonne dösen* **2** **vor sich hin dösen** unaufmerksam und unkonzentriert sein | *im Unterricht vor sich hin dösen*

Do·sen·öff·ner *der* ein Gerät, mit dem man Konservendosen öffnen kann

do·sie·ren VERB (dosierte, hat dosiert) **etwas (irgendwie) dosieren** eine Menge (Dosis) einer Sache abmessen ⟨ein Medikament (genau, zu hoch) dosieren⟩ • hierzu **Do·sie·rung** *die*

dö·sig ADJEKTIV; *gesprochen* ≈ *schläfrig*

Do·sis *die;* (-, Do·sen) **1** die Menge eines Medikaments oder Rauschgifts, die auf einmal oder in einem Zeitraum genommen wird ⟨eine schwache, starke, hohe, tödliche Dosis zu sich (*Dativ*) nehmen⟩ K Tagesdosis, Wochendosis **2** die Menge an (radioaktiver) Strahlung, die man meist zu medizinischen Zwecken bekommt K Strahlendosis ■ ID **eine gehörige Dosis** *gesprochen* ziemlich viel | *Dazu braucht man eine gehörige Dosis Mut*

Dos·sier [dɔ'sie:] *das;* (-s, -s) eine (relativ große) Sammlung von Material oder Akten (zu einer Person oder einem Thema) ⟨ein Dossier anlegen, studieren⟩

do·tie·ren VERB (dotierte, hat dotiert) **1** **etwas (mit etwas) dotieren** für eine meist relativ hohe Position in der Wirtschaft oder in der Verwaltung ziemlich viel Geld bezahlen | *Seine neue Stellung ist mit 6.000 Euro im Monat dotiert* H meist im Passiv mit dem Hilfsverb *sein* **2** **etwas mit etwas dotieren** bei einem Wettkampf dem Sieger das genannte Preisgeld versprechen | *ein mit 15.000 Euro dotiertes Pferderennen* H meist im Partizip Perfekt **3** **etwas ist gut/hoch dotiert** etwas ist mit einem hohen Gehalt oder hohen Geldpreisen verbunden K gutdotiert, hochdotiert • hierzu **Do·tie·rung** *die*

Dot·ter *der/das;* (-s, -) der gelbe Teil vom Ei • hierzu **dot·ter·gelb** ADJEKTIV

Dot·ter·blu·me *die* eine Wiesenblume mit leuchtend gelber Blüte (die an Bachufern wächst)

dou·beln ['du:bl̩n] VERB (doubelte, hat gedoubelt) **jemanden doubeln** (bei Filmaufnahmen) die Rolle eines Schauspielers bei gefährlichen Szenen übernehmen

Dou·ble ['du:bl̩] *das;* (-s, -s) eine Person, die bei Filmaufnahmen einen Schauspieler doubelt

down [daun] ADJEKTIV *meist prädikativ; nur in dieser Form; gesprochen* **1** traurig, deprimiert **2** sehr müde, erschöpft

Down·load ['daunloud] *der;* (-s, -s) der Vorgang oder das Angebot, Daten oder Software aus dem Internet herunterzuladen ⟨etwas zum kostenlosen Download anbieten; den Download starten⟩ • hierzu **down·loa·den** VERB (*hat*); *gesprochen*

Do·zent *der;* (-en, -en) **1** eine Person, die an einer Universität oder Hochschule lehrt (und noch nicht Professor ist) **2** ein Lehrer in der Erwachsenenbildung, z. B. an der Volkshochschule H *der Dozent; den, dem, des Dozenten* • hierzu **Do·zen·tin** *die*

do·zie·ren VERB (dozierte, hat doziert) **(über etwas** (*Akkusativ*)**) dozieren** *abwertend* etwas zu einem Thema ausführlich und auf arrogante oder belehrende Art und Weise sagen | *Er doziert gern über die Außenpolitik*

dpa [depe'|a:] *die* Deutsche Presse-Agentur eine Nachrichtenagentur in Deutschland

Dr. Doktor **Dr.** *+Name/Zusatz* ein akademischer Grad und Titel | *Dr. Müller* | *Dr. jur.* (Doktor der Rechtswissenschaft) | *Dr. med.* (Doktor der Medizin) | *Dr. phil.* (Doktor der Philosophie) | *Dr. rer. nat.* (Doktor der Naturwissenschaften) | *Dr. theol.* (Doktor der Theologie)

Dra·che *der;* (-n, -n) **1** (vor allem in Märchen und Sagen) ein großes, gefährliches Tier mit Flügeln, Schuppen und Krallen, das Feuer spuckt H *der Drache; den, dem, des Drachen* **2** *gesprochen, abwertend* verwendet als Bezeichnung für eine Frau, die immer mit allen streitet

Dra·chen *der;* (-s, -) **1** ein Spielzeug aus dünnem Papier oder Folie und dünnen Stangen, die ihm eine feste Form geben. Der *Drachen* steigt bei starkem Wind an einer Schnur in die Luft ⟨einen Drachen basteln, steigen lassen⟩

K Drachenschnur, Drachenschwanz **2** ein Sportgerät (meist in der Form eines Dreiecks), mit dem man von Bergen herab durch die Luft gleiten kann K Drachenfliegen, Drachenflieger; Flugdrachen

Dra·gee [dra'ʒeː] *das;* (-s, -s) **1** eine kleine Kapsel mit einem Medikament darin **2** eine Süßigkeit in Form eines Dragees

★ **Draht** *der;* (-(e)s, Dräh·te) **1** ein dünnes langes Stück Metall, wie es z. B. für Zäune und elektrische Leitungen benutzt wird ⟨einen Draht spannen, ziehen, abkneifen⟩ K Drahtgeflecht, Drahtgitter, Drahtrolle, Drahtschere, Drahtschlinge, Drahtseil, Drahtsieb, Drahtverhau, Drahtzange, Drahtzaun; Kupferdraht, Messingdraht **2** **der heiße Draht** eine direkte Telefonverbindung zwischen den Regierungen zweier Staaten ■ ID **(schwer) auf Draht sein** *gesprochen* tüchtig sein und schnell und klug handeln | *Ihn legt man nicht so schnell herein, er ist auf Draht;* **einen guten Draht zu jemandem haben** *gesprochen* gute Beziehungen zu jemandem haben (und so Vorteile bekommen)

Draht·bürs·te *die* eine Bürste mit Borsten aus Draht, mit der man z. B. Rost oder Farbe entfernt

Draht·esel *der; gesprochen, humorvoll* ≈ *Fahrrad*

drah·tig ADJEKTIV relativ klein, schlank und kräftig | *ein drahtiger Bursche* H meist für Männer verwendet • hierzu **Drah·tig·keit** *die*

draht·los ADJEKTIV ohne Kabel, per Funk ⟨Kopfhörer, die Datenübertragung, ein Mikrofon, ein Telefon⟩

Draht·seil·akt *der* **1** eine Vorführung im Zirkus o. Ä., bei der ein Artist auf einem Seil aus Draht balanciert **2** eine riskante, gefährliche Handlung

Draht·zie·her *der;* (-s, -); *abwertend* eine Person, die bei meist illegalen Handlungen andere Personen für sich arbeiten lässt und selbst im Hintergrund bleibt

Drai·na·ge [drɛ'naːʒə] *die;* (-, -n) ein System von Gräben oder Rohren, mit denen man das Wasser aus Feldern und Wiesen ableitet

dra·ko·nisch ADJEKTIV; *geschrieben* sehr hart oder streng ⟨eine Strafe, Maßnahmen⟩

drall ADJEKTIV (vor allem bei Frauen verwendet) mit runden, kräftigen Formen ⟨ein Mädchen; Hüften⟩

Drall *der;* (-(e)s, -e); *meist Singular* **1** die Rotation eines fliegenden Körpers um die eigene Achse **2** *gesprochen* die Neigung einer Sache, sich in eine Richtung zu bewegen oder zu drehen K Linksdrall, Rechtsdrall **3** *gesprochen, abwertend* die Neigung von Personen, manche Ansichten gut zu finden | *ein Drall zum Nationalsozialismus*

★ **Dra·ma** *das;* (-s, Dra·men) **1** ein Text (in Dialogen), der im Theater gespielt wird ⟨ein Drama aufführen, inszenieren, spielen⟩ ≈ *Theaterstück* | *ein Drama in fünf Akten* | *„Hamlet" ist ein berühmtes Drama von Shakespeare* K Königsdrama, Ritterdrama **2** *nur Singular* die literarische Gattung des Dramas | *das deutsche Drama im 19. Jahrhundert* **3** ein aufregendes Geschehen ⟨ein Drama spielt sich ab, ereignet sich, vollzieht sich⟩ | *Das Drama der Kindesentführung nahm ein glückliches Ende* K Geiseldrama **4** *gesprochen, abwertend* eine Situation, in welcher es heftigen Emotionen (meist Wut oder Enttäuschung) gibt | *Mit meinen Eltern gibt es nach den Zeugnissen immer ein Drama* | *Mach doch nicht aus jeder Kleinigkeit gleich ein Drama!*

Dra·ma·tik *die;* (-) **1** der Zustand, wenn man etwas sehr Wichtiges oder Gefährliches erlebt ⟨die Dramatik eines Kampfes, eines Wettkampfes, einer Situation⟩ | *ein Spiel voller Dramatik* **2** ≈ *Drama*

Dra·ma·ti·ker *der;* (-s, -) eine Person, die Dramen schreibt | *Bert Brecht ist einer der bekanntesten deutschen Dramatiker* • hierzu **Dra·ma·ti·ke·rin** *die*

★ **dra·ma·tisch** ADJEKTIV **1** aufregend und spannend (und gefährlich) ⟨eine Rettungsaktion, eine Situation⟩ | *Die letzten Minuten des Spiels verliefen ziemlich dramatisch* | *Am Unfallort spielten sich dramatische Szenen ab* **2** (plötzlich und) heftig, mit großem Ausmaß | *ein dramatischer Einbruch der Umsatzzahlen* | *Der Fehler hatte dramatische Auswirkungen/Folgen* **3** *gesprochen* so, dass man sich Sorgen macht oder darüber aufregt | *Das war mir schon aufgefallen, aber ich fand es nicht so dramatisch* | *Ach komm, so dramatisch ist das bisschen Arbeit auch wieder nicht* **4** so, dass man damit eine möglichst großen Wirkung erzielen will ⟨ein Auftritt, eine Schilderung⟩ **5** *meist attributiv* zur Gattung des Dramas gehörend ⟨die Dichtung, die Literatur⟩

dra·ma·ti·sie·ren VERB (dramatisierte, hat dramatisiert) **1** **etwas dramatisieren** etwas als wichtiger behandeln, als es in Wirklichkeit ist | *Wir wollen diesen Fall nicht dramatisieren* **2** **etwas dramatisieren** etwas in Form eines Dramas darstellen ⟨einen Stoff, einen Roman dramatisieren⟩ • hierzu **Dra·ma·ti·sie·rung** *die*

Dra·ma·turg *der;* (-en, -en) eine Person, die in einem Theater oder beim Fernsehen Stücke (für die Aufführung) aussucht, die Texte bearbeitet usw. H *der Dramaturg; den, dem, des Dramaturgen* • hierzu **Dra·ma·tur·gin** *die*

Dra·ma·tur·gie *die;* (-, -n [-'giːən]) **1** die Lehre der Gestaltung von Dramen, Filmen o. Ä., vor allem in Bezug auf die Folge der Handlung und die Beziehungen der Personen **2** die Gestaltung eines Dramas auf der Bühne oder eines Films | *Die Dramaturgie ließ einiges zu wünschen übrig* **3** eine Abteilung an einem Theater, bei Funk oder Fernsehen, in der Dramaturgen arbeiten • hierzu **dra·ma·tur·gisch** ADJEKTIV

★ **dran** ADVERB; *gesprochen* **1** ≈ *daran* | *Ich glaub nicht dran* | *Pass auf die Lampe auf! Stoß dich nicht dran!* **2** **jemand ist dran** eine Person wird als Nächste behandelt, bedient oder muss als Nächste etwas tun | *Bin ich jetzt dran mit Würfeln?* **3** **etwas ist dran** etwas soll jetzt getan werden | *Welche Arbeit ist morgen dran?* **4** **gut/schlecht dran sein** es gut/schlecht haben ■ ID **an etwas** (*Dativ*) **ist (et)was/nichts dran** etwas ist (zum Teil) wahr/nicht wahr | *An dem Gerücht ist nichts dran;* **An ihm/ihr ist nichts dran** Er/Sie ist sehr dünn; → glauben

dran- (*im Verb, betont und trennbar, begrenzt produktiv; Diese Verben werden so gebildet:* dranschrauben, schraubte dran, drangeschraubt); *gesprochen* **etwas dranhängen, drankleben, dranknoten, dranschrauben** *und andere* drückt aus, dass man etwas irgendwo befestigt oder gegen etwas hält, drückt o. Ä. ≈ *an-* | *Er nagelte die Latte an den Zaun dran* (Er befestigte die Latte mit Nägeln am Zaun)

Drä·na·ge [drɛ'naːʒə] *die;* (-, -n) → Drainage

dran·blei·ben VERB (*ist*); *gesprochen* **1** **(an jemandem/etwas) dranbleiben** nicht aufhören, sich um jemanden/etwas zu bemühen oder zu kümmern | *Wenn man bei ihm etwas erreichen will, muss man dranbleiben* **2** beim Telefonieren den Hörer nicht auflegen | *Bitte bleiben Sie (noch) dran!*

drang *Präteritum, 1. und 3. Person Singular* → dringen

★ **Drang** *der;* (-(e)s) **der Drang (nach/zu etwas)** ein starkes Bedürfnis (nach etwas/etwas zu tun) ⟨einen inneren, unwiderstehlichen Drang verspüren; einem Drang folgen, nachgeben⟩ | *der Drang nach Freiheit* | *ein ausgeprägter Drang zur Selbstdarstellung* K Arbeitsdrang, Bewegungsdrang, Freiheitsdrang, Geltungsdrang

drän·ge **1** *Präsens, 1. Person Singular* → drängen **2** *Konjunktiv II, 1. und 3. Person Singular* → dringen

dran·ge·ben → darangeben

dran·ge·hen → darangehen

drän·geln [-ŋl̩n] VERB (drängelte, hat gedrängelt); *gesprochen*

(irgendwohin) drängeln; **sich irgendwohin drängeln** in einer Menge von Menschen die anderen Leute leicht stoßen usw., um schneller ans Ziel zu kommen ⟨nach vorne, nach draußen, zum Ausgang drängeln⟩ | *Drängeln Sie doch nicht so!*

★ **drän·gen** VERB (drängte, hat gedrängt) **1** **jemanden (irgendwohin) drängen** drücken oder schieben, sodass eine Person gegen ihren Willen irgendwohin gelangt ⟨jemanden zur Seite, hinaus, auf die Straße drängen⟩ | *Die Polizisten drängten die Demonstranten in eine Ecke* **2** **jemanden (zu etwas) drängen** energisch versuchen, jemanden davon zu überzeugen, etwas zu tun | *Er drängte sie zum Verkauf des Hauses* **3** **jemanden (zu etwas) drängen** energisch versuchen, jemanden dazu zu bringen, etwas schnell oder schneller zu tun | *Seine Vorgesetzten drängten ihn, schneller zu arbeiten* **4** **Personen drängen irgendwohin** viele Personen versuchen, gegen Widerstand irgendwohin zu kommen | *Als das Feuer ausbrach, drängten alle zu den Türen* **5** **auf etwas** (*Akkusativ*) **drängen** versuchen zu erreichen, dass etwas schnell getan wird | *Er drängte auf Abschluss der Arbeiten* **6** **die Zeit drängt** man hat nicht mehr viel Zeit **7** **sich irgendwohin drängen** andere Menschen drücken oder schieben, um selbst irgendwohin zu kommen | *Kurt drängt sich in jeder Schlange nach vorne* **8** **Personen drängen sich irgendwo** viele Menschen stehen irgendwo mit wenig Platz | *Vor der Kasse drängten sich die Zuschauer* **9** **sich nach etwas drängen** *gesprochen* sich sehr bemühen, etwas zu bekommen | *Er drängt sich nicht danach, diesen Posten zu übernehmen*

Drang·sal *die*; (-, -e), **Drang·sal** *das*; (-(e)s, -e); *veraltend* großer Kummer, schlimme Not

drang·sa·lie·ren VERB (drangsalierte, hat drangsaliert) **jemanden (mit etwas) drangsalieren** *geschrieben* jemanden (durch etwas, das man ständig wiederholt) ärgern und belästigen ⟨jemanden mit Bitten, Forderungen, Fragen drangsalieren⟩ ≈ *quälen* ● hierzu **Drang·sa·lie·rung** *die*

dran·hal·ten VERB (*hat*); *gesprochen* **1** **etwas (irgendwo) dranhalten** etwas nahe an einen anderen Gegenstand halten oder leicht gegen diesen drücken **2** **sich dranhalten** sich mit etwas beeilen | *Wenn du rechtzeitig fertig sein willst, musst du dich dranhalten*

dran·hän·gen VERB (hängte dran, hat drangehängt); *gesprochen* **1** **etwas (irgendwo) dranhängen** etwas an einer Sache festmachen, sodass es dort hängt **2** ⟨eine Stunde, ein paar Tage, Wochen⟩ **(an etwas** (*Akkusativ*)**)** dranhängen etwas um die genannte Zeit verlängern | *Wenn wir noch eine Stunde (Arbeit) dranhängen, werden wir heute fertig*

dran·kom·men VERB (*ist*); *gesprochen* **1** **jemand kommt dran** eine Person wird als Nächste, bedient, behandelt oder muss als Nächste etwas tun ⟨als Erster, Nächster, Letzter drankommen⟩ | *Bist du beim Arzt gleich drangekommen?* **2** **etwas kommt dran** mit etwas wird etwas getan ⟨etwas kommt als Erstes, Nächstes, Letztes dran⟩ | *Wenn die Küche geputzt ist, kommt das Bad dran* **3** (als Schüler) vom Lehrer aufgefordert werden, eine Frage zu beantworten o. Ä. **4** **(an jemanden/etwas) drankommen** etwas greifen, mit den Händen o. Ä. erreichen können | *Ich bin zu klein, ich komme an die Bücher auf dem Regal nicht dran*

dran·krie·gen VERB (*hat*) **jemanden drankriegen** *gesprochen* jemanden mit einem Trick täuschen ⟨jemanden mit einem Streich/Trick drankriegen⟩ ≈ *hereinlegen*

dran·ma·chen VERB (*hat*); *gesprochen* **1** **etwas (irgendwo) dranmachen** etwas an einer Sache befestigen **2** **sich dranmachen** → daranmachen

dran·neh·men VERB (*hat*); *gesprochen* **1** **jemanden drannehmen** (als Lehrer) einen Schüler auffordern, im Unterricht eine Frage zu beantworten o. Ä. **2** **jemanden/etwas drannehmen** jemanden/etwas (entsprechend einer Reihenfolge) behandeln/bearbeiten o. Ä. ⟨jemanden als Ersten, Nächsten, Letzten drannehmen⟩ | *Der Zahnarzt hat mich gleich drangenommen* (sofort behandelt)

dran·set·zen → daransetzen

dra·pie·ren VERB (drapierte, hat drapiert) **1** **etwas drapieren** einen Stoff kunstvoll in Falten legen **2** **etwas (mit etwas) drapieren** einen Raum o. Ä. mit einem Stoff kunstvoll schmücken ● hierzu **Dra·pie·rung** *die*

dras·tisch ADJEKTIV **1** so, dass dadurch die unangenehmen, negativen Seiten eines Ereignisses deutlich gezeigt werden ⟨ein Beispiel, eine Schilderung; etwas drastisch darstellen, formulieren, schildern⟩ | *Kinderarbeit ist ein drastischer Fall von Ausbeutung* **2** mit deutlich negativer Wirkung ⟨eine Erhöhung der Preise⟩

drauf ADVERB; *gesprochen* ≈ *darauf* | *Ich bin nicht drauf reingefallen!* ■ ID **drauf und dran sein (zu** *+Infinitiv*) *gesprochen* kurz davor sein, etwas zu tun | *Ich war schon drauf und dran, ihm eine Ohrfeige zu geben*; **Er/Sie hat was drauf** *gesprochen* er oder sie ist intelligent, geschickt o. Ä. oder hat die Fähigkeit, etwas besonders gut zu machen | *In Mathematik hat er ganz schön was drauf*; **gut drauf sein** *gesprochen* in guter Laune, Stimmung sein

drauf- (*im Verb, betont und trennbar, begrenzt produktiv; Diese Verben werden so gebildet:* drauflegen, legte drauf, draufgelegt); *gesprochen* **(auf etwas** (*Dativ*)**) draufliegen, draufsitzen, draufstehen, drauftreten**; **sich/jemanden/etwas drauflegen, draufsetzen, draufstellen** *und andere* bezeichnet eine Lage oben auf einer Person/Sache oder eine Bewegung dorthin | *Er schraubte den Deckel auf die Flasche drauf* (Er schraubte den Deckel oben auf die Flasche)

drauf·be·kom·men VERB (*hat*) **eins/(et)was draufbekommen** *gesprochen* ≈ *draufkriegen*

Drauf·gän·ger *der*; (-s, -); *meist abwertend* eine Person, die versucht, ihre Ziele zu erreichen, ohne dabei auf Gefahren zu achten oder an die Konsequenzen des eigenen Handelns zu denken ● hierzu **Drauf·gän·ge·rin** *die*; **drauf·gän·ge·risch** ADJEKTIV

drauf·ge·ben VERB (*hat*) **jemandem eins draufgeben** *gesprochen* einer Person einen leichten Schlag geben oder diese kritisieren oder schimpfen

drauf·ge·hen VERB (*ist*); *gesprochen* **1** **(bei etwas) draufgehen** ≈ *sterben* **2** **etwas geht (bei etwas) drauf** etwas wird verbraucht | *Im Urlaub ist mein ganzes Geld draufgegangen* **3** **etwas geht (bei etwas) drauf** etwas geht bei etwas kaputt, wird zerstört

drauf·hal·ten VERB (*hat*) **1** **etwas (auf etwas** (*Akkusativ*)**) draufhalten** *gesprochen* etwas fest auf etwas halten | *einen Finger auf den Knoten draufhalten* **2** **(auf jemanden/etwas) draufhalten** jemanden oder etwas als Ziel für einen Schuss (aus der Pistole o. Ä.) nehmen

drauf·kom·men VERB (*ist*); *gesprochen* **1** **(auf etwas** (*Akkusativ*)**) draufkommen** etwas herausfinden, entdecken | *Ich komme einfach nicht drauf, wie das geht* **2** **jemandem draufkommen** herausfinden, dass jemand lügt, betrügt oder etwas Verbotenes vorhat | *Er hat versucht, einen fremden Aufsatz als eigenen auszugeben, aber sie sind ihm draufgekommen*

drauf·krie·gen VERB (*hat*) **eins/(et)was draufkriegen** *gesprochen* geschlagen, bestraft oder besiegt werden

drauf·los ADVERB ohne lange zu zögern oder zu überlegen | *Nur drauflos, dann schaffst du es schon!*

drauf·los- (*im Verb, betont und trennbar, begrenzt produktiv; Diese Verben werden so gebildet:* drauflosrennen, rannte drauflos, drauflosgerannt); *gesprochen* **1 drauflosfahren, draufloslaufen, drauflosrennen** *und andere* drückt aus, dass eine Bewegung ohne festes Ziel beginnt | *Wir sind einfach mal drauflosspaziert* (Wir machten einen Spaziergang, ohne ein festes Ziel zu haben) **2 drauflosquatschen, drauflosreden, drauflosschimpfen** *und andere* drückt aus, dass jemand anfängt zu reden, ohne nachzudenken oder zu zögern | *Sie redete einfach drauflos, damit niemand merkte, wie nervös sie war* (Sie fing einfach an zu reden) **3 drauflosschießen, draufloswirtschaften, draufloswurschteln** *und andere* drückt aus, dass jemand etwas ohne Plan oder System tut | *Ich wusste nicht, wo ich anfangen sollte, und da hab ich einfach mal drauflosgearbeitet* (Ich fing einfach an zu arbeiten)

drauf·ma·chen VERB *(hat)* **1 etwas (irgendwo) draufmachen** etwas auf einer Sache festmachen **2 einen draufmachen** *gesprochen* fröhlich und laut feiern (und dabei Alkohol trinken)

drauf·schla·gen VERB *(hat)* **1 etwas (auf etwas** *(Akkusativ)*) **draufschlagen** einen Preis o. Ä. um die genannte Summe erhöhen | *zehn Prozent auf die Miete draufschlagen* **2 auf etwas** *(Akkusativ)* **draufschlagen** mit der Hand, der Faust oder einem Werkzeug auf etwas schlagen | *mit dem Hammer aufs Sparschwein draufschlagen*

drauf·schrei·ben VERB *(hat)* **(etwas) (auf etwas** *(Akkusativ)*) **draufschreiben** *gesprochen* (etwas) auf etwas schreiben | *eine Notiz auf einen Zettel draufschreiben*

drauf·zah·len VERB *(hat)* **(bei etwas) draufzahlen** *gesprochen* bei etwas einen finanziellen Verlust haben

draus ADVERB; *gesprochen* → daraus

★ **drau·ßen** ADVERB **1** außerhalb des Raumes, in dem man gerade ist, meist im Freien ↔ *drinnen* | *Er steht draußen vor der Tür* | *Die Kinder gehen zum Spielen nach draußen* **2** weit von bewohnten Gebieten entfernt | *draußen auf dem Meer*

drech·seln [-ks-] VERB (drechselte, hat gedrechselt) **(etwas) drechseln** einen Gegenstand aus Holz herstellen, indem man das Rohprodukt mit einer Maschine schnell dreht und dabei mit scharfen Werkzeugen bearbeitet | *ein gedrechseltes Stuhlbein* **H** Bei Metall spricht man von *drehen*.

Drechs·ler [-ks-] *der;* (-s, -) eine Person, die beruflich drechselt **K** Drechslerarbeit, Drechslermeister

Dreck *der;* (-(e)s) **1** *gesprochen* wenn es irgendwo nicht sauber ist, z. B. wegen Erde, Schmutz oder Abfall, dann ist dort Dreck ⟨voller Dreck sein; mit Dreck verschmiert sein⟩ | *Sein Gesicht war vor lauter Dreck kaum noch zu erkennen* | *Dreck vom Fußboden aufkehren* | *Der Apfel fiel in den Dreck* (auf den Erdboden) **K** Dreckhaufen, Dreckspritzer **2** *gesprochen, abwertend* eine Sache oder Angelegenheit | *Kümmere dich doch um deinen eigenen Dreck!* | *Mach deinen Dreck doch allein!* **3** *gesprochen, abwertend* etwas, das sehr schlechte Qualität hat | *Was ist denn das für ein Dreck?*

■ ID ▸Präposition plus Dreck: **aus dem gröbsten Dreck heraus sein** *gesprochen* die Schwierigkeiten, die man am Anfang hatte, überwunden haben; **im Dreck stecken/sitzen** *gesprochen* große Schwierigkeiten haben;

▸Dreck als Objekt: **jemanden wie den letzten Dreck behandeln** *gesprochen* jemanden sehr schlecht behandeln; **Dreck am Stecken haben** *gesprochen* etwas Verbotenes oder Unmoralisches getan haben; **Das geht dich einen Dreck an** *gesprochen* ⚠ das ist nicht deine Sache und du solltest dich nicht dafür interessieren | *Wo ich gestern Abend war, (das) geht dich einen Dreck an!*; **sich einen Dreck um jemanden / etwas kümmern/scheren** *gesprochen* ⚠ sich überhaupt nicht um jemanden/etwas kümmern;

▸andere Verwendungen: **jeder Dreck** *gesprochen, abwertend* jede Kleinigkeit | *Unser Lehrer regt sich wegen jedem Dreck auf*

Dreck-, Drecks- *im Substantiv, betont, begrenzt produktiv; gesprochen, abwertend* **die Drecksarbeit, der Dreckskerl, das Dreckschwein, das Dreckwetter, das Dreckszeug** *und andere* verwendet, um Schimpfwörter zu bilden zur Bezeichnung von Personen oder Dingen, über die man sich ärgert

Dreck·fink *der; gesprochen, humorvoll* ein Junge, der schmutzig ist oder viel Dreck macht

★ **dre·ckig** ADJEKTIV; *gesprochen* **1** voller Dreck ⟨dreckige Hände, Füße; sich bei einer Arbeit dreckig machen⟩ ≈ *schmutzig* **2** *abwertend* gemein, ordinär ⟨ein Witz; dreckig lachen, grinsen⟩ ■ ID **jemandem geht es dreckig** *gesprochen* jemandem geht es sehr schlecht

Dreck·nest *das; gesprochen, abwertend* ein kleiner, langweiliger, schmutziger Ort

Drecks- → Dreck-

Dreck·sack *der; gesprochen!* verwendet als Schimpfwort

Dreck·sau *die; gesprochen* ⚠ verwendet als Schimpfwort

Dreck·schwein *das; gesprochen, abwertend* verwendet als Schimpfwort für eine Person, die sehr schmutzig, sehr gemein oder sehr ordinär ist

Drecks·kerl *der; gesprochen!* verwendet als Schimpfwort

Dreck·spatz *der; gesprochen, humorvoll* ≈ *Dreckfink*

Dreh *der;* (-s, -s); *gesprochen* **1** ≈ *Trick* **2 den (richtigen) Dreh heraushaben/herauskriegen** wissen/erkennen, wie ein schwieriges Problem zu lösen ist ■ ID **(so) um den Dreh** *gesprochen* ungefähr um die angegebene Zeit | *fünf Uhr oder so um den Dreh*

Dreh·ar·bei·ten *die; Plural* das (meist professionelle) Aufnehmen eines Films

Dreh·bank *die* eine Maschine, in der sich ein eingespanntes Werkstück (aus Holz oder Metall) dreht und dabei mit einem Werkzeug bearbeitet werden kann

dreh·bar ADJEKTIV so, dass man es drehen kann ● hierzu **Dreh·bar·keit** *die*

Dreh·buch *das* ein Buch, in dem der Text für einen Film und die Anweisungen für die Regie stehen **K** Drehbuchautor, Drehbuchvorlage

★ **dre·hen** ['dre:ən] VERB (drehte, hat gedreht)

▸im Kreis: **1 jemanden/etwas drehen** eine Person, sich selbst oder eine Sache um das eigene Zentrum oder um die eigene Achse bewegen | *Die Schraube sitzt so fest, dass man sie nicht mehr drehen kann* | *einen Schalter nach rechts/auf Ein drehen* **K** Drehbewegung, Drehbühne, Drehimpuls, Drehkran, Drehstuhl, Drehtür **2 (an etwas** *(Dativ)*) **drehen** ein kleines Teil drehen, das zu einem größeren Gegenstand gehört | *Er drehte an den Knöpfen des Funkgeräts* **3 etwas dreht sich um etwas** etwas bewegt sich in einem Kreis um einen Punkt/eine Achse herum | *Die Erde dreht sich um die Sonne*

▸in eine andere Richtung: **4 der Wind dreht** der Wind ändert die Richtung **5 etwas dreht sich** etwas ändert die Richtung | *Der Wind/Das Boot drehte sich*

▸formen, herstellen: **6 etwas drehen** etwas formen, indem man es in der Hand oder in einer Maschine dreht ⟨Zigaretten, Pillen, Papierkügelchen drehen⟩ **7 etwas drehen** einen Gegenstand herstellen, indem man ein Stück Holz oder Metall an einer Drehbank bearbeitet | *ein Stuhlbein drehen* **8 (etwas) drehen** mit der Kamera Aufnahmen für einen Film machen **K** Drehort, Drehpause

▸um ein Thema: **9 etwas/es dreht sich um jemanden/etwas** jemand/etwas ist Thema einer Sache, eines Gesprächs | *Ihre Unterhaltungen drehen sich ständig um das Wetter*

| *Bei ihrer Beschwerde dreht es sich darum, dass sie sich ungerecht behandelt fühlt*
■ ID **Er/Sie hat sich gedreht und gewunden** Er/Sie wollte keine genaue Antwort geben; **Das kann man drehen und wenden, wie man will** An dieser Tatsache kann nichts mehr geändert werden; **alles dreht sich um jemanden/etwas** die genannte Person oder Sache steht im Mittelpunkt des Interesses; **jemandem dreht sich alles** *gesprochen* jemandem ist schwindlig

Dre·her ['dre:ɐ] *der;* (-s, -) eine Person, die beruflich (an der Drehbank) Metalle bearbeitet

Dreh·kreuz *das* **1** ein Drehkreuz gibt am Eingang zu einem Museum, einem Bad, einer U-Bahn-Station o. Ä. Man kann meist nur in eine Richtung hindurchgehen **2** ein wichtiger Knotenpunkt, meist für den Verkehr | *Der Flug nach Griechenland geht über das Drehkreuz München*

Dreh·or·gel *die* ein (meist fahrbares) Musikinstrument, das Töne erzeugt, wenn man an einer Kurbel dreht

Dreh·schei·be *die* **1** eine Scheibe, die sich dreht und auf der man die Gefäße aus Ton formt **2** *historisch* eine große, drehbare Plattform, mit der man Lokomotiven dreht, um sie auf ein anderes Gleis zu bringen **3** ein Ort, an dem sich viele Verkehrswege treffen ≈ *Knotenpunkt*

Dre·hung ['dre:ʊŋ] *die;* (-, -en) **eine Drehung (um etwas)** eine Bewegung, bei der sich ein Körper einmal ganz um seine eigene Achse bewegt ⟨eine halbe, ganze Drehung machen⟩

Dreh·wurm *der* ■ ID **den Drehwurm haben** *gesprochen, humorvoll* sich schwindlig fühlen

Dreh·zahl *die* die Drehzahl gibt an, wie oft sich etwas in einer Minute oder Sekunde im Kreis dreht; damit wird vor allem die Leistung eines Motors gemessen | *Um den Motor zu schonen, sollte man nicht ständig mit hohen Drehzahlen fahren* K Drehzahlmesser

★ **drei** ZAHLWORT (als Zahl, Ziffer) 3 → Anhang **Zahlen** und Beispiele unter **vier** ■ ID **Er/Sie kann nicht bis drei zählen** *gesprochen* Er/Sie ist dumm

Drei *die;* (-, -en) **1** die Zahl 3 **2** jemand/etwas mit der Nummer 3 **3** die Schulnote 3

Drei·bett|zim·mer *das* ein Zimmer (meist in einem Hotel oder Krankenhaus) mit drei Betten

Drei-D- [drai'de:] *im Substantiv, betont, begrenzt produktiv* **Drei-D-Brille, Drei-D-Effekt, Drei-D-Film** *und andere* drückt aus, dass man damit etwas nicht als flaches, sondern als räumliches Bild sieht ≈ *3-D-*

Drei·eck *das;* (-s, -e) eine Fläche, die von drei geraden Linien begrenzt ist ⟨ein gleichschenkliges, spitzwinkliges, rechtwinkliges, gleichseitiges Dreieck⟩ • hierzu **drei·eckig** ADJEKTIV

Drei·ecks|ver·hält·nis *das* eine Liebesbeziehung zwischen drei Personen

Drei·ei·nig·keit *die* ≈ *Dreifaltigkeit*

Drei·er *der;* (-s, -); *gesprochen* **1** die Ziffer 3 **2** drei richtig angekreuzte Zahlen im Lotto (mit denen man den niedrigsten Preis gewinnt)

Drei·er·rei·he *die* eine Reihe von jeweils drei Personen oder Dingen, die nebeneinanderstehen ⟨sich in Dreierreihe aufstellen; in Dreierreihe marschieren⟩

Drei·fal·tig·keit *die;* (-) (nach der christlichen Lehre) die Einheit von Gott Vater, Gott Sohn (Christus) und dem Heiligen Geist, die zusammen Gott sind

Drei·fuß *der* eine Konstruktion aus einer (runden) Platte mit drei Füßen (z. B. ein Schemel)

drei·hun·dert ZAHLWORT (als Zahl) 300

Drei·kä·se|hoch *der;* (-s, -(s)); *gesprochen, humorvoll* ein kleines Kind, meist ein Junge

Drei·klang *der* ein Akkord, der aus drei Tönen besteht

Drei·kö·nigs|fest *das* ein (christliches) Fest (am 6. Januar) zur Erinnerung an die drei Könige, die Jesus Christus nach seiner Geburt besucht haben, um ihm Geschenke zu bringen

drein·bli·cken VERB (blickte drein, hat dreingeblickt) den genannten Gesichtsausdruck haben ⟨freundlich, skeptisch dreinblicken⟩ | *finster dreinblicken* (ärgerlich dreinblicken)

drein·re·den VERB (redete drein, hat dreingeredet) **jemandem (in/bei etwas** (*Akkusativ*)) **dreinreden** *gesprochen* glauben, das man etwas besser kann als eine andere Person und ihr sagen, was sie tun soll oder wie sie es tun soll

drein·schau·en VERB (schaute drein, hat dreingeschaut) **irgendwie dreinschauen** *gesprochen* den genannten Gesichtsausdruck haben ⟨fröhlich, müde, finster, traurig dreinschauen⟩

Drei·rad *das* ein kleines Fahrrad mit drei Rädern für Kinder

Drei·satz *der; nur Singular* ein Rechenverfahren, bei dem man mit drei bekannten Größen eine vierte unbekannte Größe berechnet K Dreisatzaufgabe, Dreisatzrechnung

Drei·sprung *der; nur Singular* eine Disziplin der Leichtathletik, bei der jemand versucht, durch drei aufeinanderfolgende Sprünge möglichst weit zu kommen • hierzu **Drei·sprin·ger** *der*

★ **drei·ßig** ZAHLWORT **1** (als Zahl) 30 → Anhang **Zahlen** **2** **Anfang/Mitte/Ende dreißig sein** ungefähr 30 bis 33/34 bis 36/37 bis 39 Jahre alt sein

Drei·ßig *die;* (-, -en); *meist Singular* **1** die Zahl 30 **2** jemand/etwas mit der Zahl/Nummer 30

drei·ßi·ger ADJEKTIV *meist attributiv; nur in dieser Form* die zehn Jahre (eines Jahrhunderts oder Menschenlebens) von 30 bis 39 | *in den dreißiger Jahren/den Dreißigern* | *Er ist in den/seinen Dreißigern* K Dreißigerjahre

Drei·ßi·ger *der;* (-s, -); *gesprochen* eine Person, die zwischen 30 und 39 Jahre alt ist K Enddreißiger, Mittdreißiger • hierzu **Drei·ßi·ge·rin** *die*

drei·ßigs·t- ADJEKTIV **1** in einer Reihenfolge an der Stelle 30 ≈ *30.* **2** **der dreißigste Teil (von etwas)** ≈ *1/30*

dreist ADJEKTIV (dreister, dreistest-) ⟨eine Person, ein Verhalten⟩ ≈ *frech, unverschämt* • hierzu **Dreis·tig·keit** *die*

drei·tau·send, drei·tau·send ZAHLWORT (als Zahl) 3000

Drei·vier·tel|jahr *das* ein Zeitraum von 9 Monaten

Drei·vier·tel|li·ter *der* drei Viertel eines Liters | *ein Dreiviertelliter Wein*

Drei·vier·tel|mehr·heit *die* eine Mehrheit von 75 % | *eine Dreiviertelmehrheit benötigen*

Drei·vier·tel·stun·de *die* ein Zeitraum von 45 Minuten | *eine Dreiviertelstunde warten müssen*

Drei·vier·tel|takt *der* der Takt, den z. B. der Walzer hat

★ **drei·zehn** ZAHLWORT (als Zahl) 13 → Anhang **Zahlen**
■ ID **Jetzt schlägt's dreizehn!** *gesprochen* verwendet als Ausdruck der Empörung

Dre·sche *die;* (-); *norddeutsch, gesprochen* ⟨Dresche bekommen, kriegen; es gibt Dresche⟩ ≈ *Schläge, Prügel*

dre·schen VERB (drischt, drosch, hat gedroschen) **(etwas) dreschen** trockenes Getreide (heute meist mit einer Maschine) so schlagen, dass die Körner herausfallen ⟨Getreide, Korn dreschen⟩ K Dreschmaschine

Dress *der;* (-es, -e) eine Kleidung für Sportler oder Mitglieder eines Vereins. Die Farbe der Kleidung oder die Symbole darauf sind jeweils gleich K Mannschaftsdress, Sportdress, Vereinsdress

★ **dres·sie·ren** VERB (dressierte, hat dressiert) **ein Tier dressieren** einem Tier Kunststücke o. Ä. lehren | *Tiere für den Zirkus dressieren*

Dres·sing *das;* (-s, -s) eine Soße, mit der man einen Salat würzt K Salatdressing

Dres·sur *die;* (-, -en); *meist Singular* **1** eine Disziplin im Pferdesport, bei welcher die Pferde mit genau festgelegten Schritten bestimmte Aufgaben ausführen müssen K Dressurreiten **2** das Dressieren eines Tieres | *den Hund zur Dressur geben* **3** ein Kunststück, das von einem dressierten Tier vor allem im Zirkus vorgeführt wird K Dressurakt, Dressurnummer

drib·beln VERB (dribbelte, hat gedribbelt) (beim Fußball) den Ball eng führen oder von einem Fuß zum anderen spielen, während man rennt, und so versuchen, am Gegner vorbeizukommen • hierzu **Dribb·ling** *das*

drif·ten VERB (driftete, ist gedriftet) **jemand/etwas driftet irgendwo(hin)** jemand treibt in einem Boot auf dem Wasser ⟨ein Boot, ein Schiff⟩

dril·len VERB (drillte, hat gedrillt) **1** **Soldaten drillen** Soldaten eine harte und intensive (körperliche) Ausbildung geben **2** **Personen drillen** *abwertend* besonders Schülern Wissen beibringen. Dabei ist man als Lehrer streng und lässt viele Informationen wiederholen ■ ID **auf etwas** (*Akkusativ*) **gedrillt sein** *gesprochen* auf etwas sehr gut vorbereitet sein, weil man es lange geübt hat • hierzu **Drill** *der*

Dril·ling *der;* (-s, -e) **1** jedes der drei Kinder, die gleichzeitig von einer Frau geboren werden ⟨Drillinge bekommen⟩ **2** ein Jagdgewehr mit drei Läufen

★ **drin** ADVERB; *gesprochen* **1** verwendet, um eine Ortsangabe mit *in* zu verstärken | *In der Dose sind ja keine Kekse mehr drin!* **2** in einem Haus, Gebäude, Raum, Zimmer o. Ä. ↔ *draußen* ■ ID **etwas ist drin** *gesprochen* etwas ist möglich oder akzeptabel | *Dieser Preis ist gerade noch drin;* **Das ist bei mir nicht drin** *gesprochen* Das dulde ich nicht, da mache ich nicht mit

drin·blei·ben VERB (blieb drin, ist dringeblieben); *gesprochen* ≈ *drinnenbleiben*

★ **drin·gen** VERB (drang, hat/ist gedrungen) **1** **etwas dringt irgendwohin** (*ist*) etwas gelangt durch etwas hindurch an die genannte Stelle | *Regen dringt durch das Dach* | *Der Pfeil drang ihm ins Bein* **2** **auf etwas** (*Akkusativ*) **dringen** (*hat*) energisch fordern, dass etwas getan wird | *auf sofortige Erledigung einer Arbeit dringen* | *Die Opposition drang auf Entlassung des Finanzministers*

★ **drin·gend** ■ PARTIZIP PRÄSENS **1** → dringen ■ ADJEKTIV **2** so, dass es sofort getan oder bearbeitet werden muss ⟨Arbeiten, ein Fall⟩ ≈ *eilig* | *Ich muss dringend den Arzt sprechen* | *Bitte komm sofort! Es ist dringend!* **3** sehr wichtig für jemanden und deshalb eindringlich formuliert ⟨eine Bitte, ein Gesuch, eine Frage; jemanden dringend um etwas bitten; jemanden dringend vor etwas warnen⟩ ≈ *nachdrücklich* **4** sehr stark ⟨ein Verdacht⟩ | *Es besteht der dringende Verdacht, dass er bestochen wurde*

dring·lich ADJEKTIV ≈ *dringend* • hierzu **Dring·lich·keit** *die*

Drink [drɪŋk] *der;* (-s, -s) ein meist alkoholisches Getränk

★ **drin·nen** ADVERB **1** im Haus, nicht im Freien ⟨drinnen sein, arbeiten⟩ | *Draußen ist es kalt, aber hier drinnen ist es warm* **2** innerhalb eines Raumes, Gebäudes o. Ä. ↔ *draußen* | *„Ist jemand im Badezimmer?" – „Nein, es ist niemand drinnen"* | *Von drinnen hörte man laute Musik*

drin·nen·blei·ben VERB (blieb drinnen, ist drinnengeblieben) im Haus bleiben, nicht nach draußen gehen | *Du bleibst drinnen und machst erst deine Hausaufgaben!*

drischt *Präsens, 3. Person Singular* → dreschen

★ **dritt** ADJEKTIV **1** *meist attributiv* in einer Reihenfolge an der Stelle 3; (als Zahl) 3. **I** → Beispiele unter **viert-** **2** als Substantiv verwendet, um Personen, Länder usw. zu bezeichnen, die an etwas nicht direkt beteiligt sind | *geheime Informationen an Dritte weitergeben* | *Wenn zwei sich streiten, freut sich der Dritte* (ein Sprichwort) K Drittländer **3** **zu dritt** (mit) insgesamt drei Personen | *zu dritt ins Schwimmbad gehen* | *Wir waren zu dritt* ■ ID **der lachende Dritte** eine Person, die einen Vorteil davon hat, dass zwei andere Personen sich streiten

dritt- *im Adjektiv, betont, begrenzt produktiv* **drittältest-, drittbest-, drittgrößt-, dritthöchst-** *und andere* verwendet zusammen mit einem Superlativ, um zu sagen, dass jemand oder etwas in einer Reihenfolge an der Stelle 3 steht

drit·tel ADJEKTIV *meist attributiv; nur in dieser Form* den 3. Teil einer Menge bildend ≈ ⅓

★ **Drit·tel** *das;* (-s, -) der dritte Teil einer Sache | *Ein Drittel der Strecke liegt schon hinter uns*

drit·teln VERB (drittelte, hat gedrittelt) **etwas dritteln** etwas in drei gleiche Stücke teilen

★ **drit·tens** ADVERB verwendet bei einer Aufzählung, um anzuzeigen, dass etwas an dritter Stelle kommt

dritt·klas·sig ADJEKTIV von sehr schlechter Qualität | *eine drittklassige Unterkunft*

Dritt·land *das* ein Land, das einen Vertrag nicht unterschrieben hat. Damit werden vor allem Länder bezeichnet, die nicht zur EU gehören

dritt·ran·gig ADJEKTIV nicht wichtig ⟨Fragen, Probleme⟩

Dritt·staat *der* ≈ *Drittland*

dro·ben ADVERB; *süddeutsch* Ⓐ, *gesprochen* dort oben | *droben am Berg*

drö·ge ADJEKTIV; *besonders norddeutsch, gesprochen* ≈ *langweilig*

★ **Dro·ge** *die;* (-, -n) **1** ein pflanzlicher oder chemischer Stoff, aus dem Medikamente gemacht werden **2** ein Rauschgift wie z. B. Heroin oder Kokain ⟨harte, weiche Drogen; unter dem Einfluss von Drogen stehen⟩ K Drogenabhängigkeit, Drogenberatungsstelle, Drogenentzug, Drogenkonsum, Drogenszene, Drogensucht, Drogentote, drogenabhängig, drogensüchtig

★ **Dro·ge·rie** *die;* (-, -n [-ˈriːən]) in einer Drogerie kauft man vor allem Produkte zur Körperpflege und für die Gesundheit (aber keine Medikamente, die der Arzt verschreibt)

Dro·gist *der;* (-en, -en) eine Person, die eine Drogerie besitzt oder in einer Drogerie arbeitet **I** *der Drogist; den, dem, des Drogisten* • hierzu **Dro·gis·tin** *die*

★ **dro·hen** VERB (drohte, hat gedroht) **1** **(jemandem) mit etwas drohen** einer Person durch Gesten zeigen, dass man sie bestrafen (z. B. schlagen) wird, wenn sie ihr Verhalten nicht ändert ⟨jemandem mit dem Finger, mit der Faust, mit einem Knüppel drohen⟩ K Drohgebärde **2** **(jemandem) (mit etwas) drohen; (jemandem) drohen zu** *+Infinitiv* einer Person sagen, dass man etwas für sie Unangenehmes tun wird, wenn sie sich nicht wie gewünscht verhält | *Sie drohte (ihrem Mann) mit der Scheidung* | *Ihr Chef drohte ihr (sie zu entlassen)* K Drohbrief **3** **etwas droht (jemandem/etwas)** etwas Unangenehmes könnte bald (mit einer Person oder Sache) geschehen ⟨eine Gefahr, ein Unheil, ein Unwetter, ein Gewitter; eine drohende Gefahr⟩ | *Der Firma droht der Bankrott* **4** **jemand/etwas droht zu** *+Infinitiv* etwas Unangenehmes könnte bald mit einer Person oder Sache geschehen | *Sie drohte ohnmächtig zu werden* | *Die Mauer droht einzustürzen* **I** Hier steht vor dem erweiterten Infinitiv kein Komma: *Die Firma droht in Konkurs zu gehen.*

Droh·ku·lis·se *die* Tatsachen oder mögliche negative Folgen, die einer Person oder einem Land Angst machen sollen

Droh·ne *die;* (-, -n) **1** eine männliche Biene **2** ein unbemanntes militärisches Flugzeug

D

dröh·nen VERB (dröhnte, hat gedröhnt) **1** **etwas dröhnt** etwas tönt lange, laut und dumpf ⟨ein Motor, eine Maschine⟩ **2** **etwas dröhnt** etwas ist von einem lauten, vibrierenden Geräusch erfüllt | *Die Erde dröhnte unter den Panzern* **3** **dröhnendes Gelächter, dröhnender Beifall** sehr lautes Gelächter, sehr lauter (donnernder) Beifall ■ ID **Mir dröhnt der Kopf** ich habe sehr starke Kopfschmerzen

★ **Dro·hung** *die*; (-, -en) **1** Worte oder Gesten, mit denen man jemandem droht ⟨eine offene, versteckte Drohung; eine Drohung aussprechen, ausstoßen, wahr machen; jemanden durch Drohungen einschüchtern⟩ **2** **leere Drohungen** was man mit leeren Drohungen sagt, will oder kann man gar nicht wirklich tun

drol·lig ADJEKTIV **1** ⟨eine Geschichte⟩ so, dass sie Spaß macht, amüsant ist **2** ⟨ein Hündchen; ein Kätzchen⟩ so, dass sie durch ihre äußere Erscheinung Freude und Sympathie hervorrufen

Dro·me·dar, **Dro·me·dar** *das*; (-s, -e) ein Kamel mit nur einem Höcker

Drops *der/das*; (-, -(e)) ein Bonbon, das ein bisschen sauer schmeckt

drosch *Präteritum, 1. und 3. Person Singular* → dreschen

Drosch·ke *die*; (-, -n) **1** *veraltend* ≈ *Taxi* **2** *historisch* ≈ *Kutsche*

Dros·sel *die*; (-, -n) ein relativ großer Singvogel, der in vielen Arten auf der ganzen Welt vorkommt. Zu den Drosseln gehören z. B. die Nachtigall und die Amsel

dros·seln VERB (drosselte, hat gedrosselt) **1** **etwas drosseln** die Leistung einer Maschine o. Ä. reduzieren | *die Geschwindigkeit eines Fahrzeugs drosseln* | *die Heizung drosseln* **2** **etwas drosseln** die Menge einer Sache reduzieren ⟨die Importe drosseln⟩ | *die Stromzufuhr drosseln* K Drosselventil ● hierzu **Dros·se·lung** *die*

★ **drü·ben** ADVERB **1** auf der anderen Seite z. B. einer Grenze, einer Straße oder eines Ozeans ⟨da drüben, dort drüben; nach drüben fahren; von drüben kommen⟩ | *Er war lange Zeit drüben in Kanada und spricht deswegen so gut Englisch* | *Hier sind wir noch in Hessen, aber dort drüben beginnt bereits Bayern* **2** *historisch* von den Bewohnern der Bundesrepublik Deutschland und der DDR verwendet, um den jeweils anderen Teil Deutschlands zu bezeichnen | *Er kommt von drüben*

drü·ben·blei·ben VERB (blieb drüben, ist drübengeblieben) auf der anderen Seite (einer Grenze, eines Ozeans usw.) bleiben | *Er flog in die USA und blieb ein paar Wochen drüben*

drü·ber ADVERB; *gesprochen* → darüber

drü·ber- *im Verb; gesprochen* → darüber-

★ **Druck**[1] *der*; (-(e)s, Drü·cke) **1** *meist Singular* Druck entsteht, wenn eine Kraft auf eine Fläche, einen Körper, ein Gas oder eine Flüssigkeit wirkt ⟨der Druck nimmt ab, nimmt zu; etwas hat, steht unter Druck; etwas übt Druck auf etwas (*Akkusativ*) aus⟩ | *Je tiefer man taucht, desto größer wird der Druck in den Ohren* K Druckausgleich, Druckschwankung, Druckunterschied; Außendruck, Innendruck; Gasdruck, Luftdruck, Wasserdruck; Überdruck, Unterdruck **2** **ein Druck (auf etwas** (*Akkusativ*)**)** *nur Singular* das Drücken, das Benutzen eines Hebels, einer Taste usw. | *Mit einem Druck auf diesen Knopf kann man das Licht ausmachen* K Knopfdruck **3** *nur Singular* ein unangenehmes Gefühl vor allem im Magen oder Kopf als würde Druck ausgeübt ⟨einen Druck im Kopf, im Magen haben, verspüren⟩ **4** *nur Singular* die psychische Belastung oder der starke Einfluss, wenn man zu einem Verhalten gedrängt oder gezwungen wird ⟨Druck auf jemanden ausüben; jemanden unter Druck setzen; unter finanziellem, psychischem Druck stehen; unter Druck arbeiten, handeln; auf jemandem lastet ein Druck⟩ | *Die Massendemonstrationen verstärkten den Druck auf die Regierung* K Erfolgsdruck, Leistungsdruck, Notendruck, Zeitdruck ■ ID **Druck (hinter etwas** (*Dativ*)**) machen** *gesprochen* sich selbst mit einer Arbeit sehr beeilen oder andere dazu drängen, dass sie sich beeilen; **in/im Druck sein** *gesprochen* sehr viel zu tun und sehr wenig Zeit haben

★ **Druck**[2] *der*; (-(e)s, -e) **1** *nur Singular* ein (meist maschinelles) Verfahren, mit dem Texte, Bilder und Muster (in großen Mengen) auf Papier oder Stoff übertragen werden K Druckfarbe, Druckgrafik, Druckindustrie, Druckmaschine, Druckmuster, Druckpapier, Druckverfahren, Druckvorlage; Buchdruck, Farbdruck, Schwarz-Weiß-Druck, Stoffdruck **2** *nur Singular* das Veröffentlichen von Texten, indem man sie druckt K Druckverbot **3** *nur Singular* die Art oder Qualität, in der etwas gedruckt ist ⟨ein schwacher, verschwommener Druck⟩ **4** ein gedrucktes Bild, Buch oder Stoffmuster ⟨ein alter, kostbarer, seltener, bunter Druck⟩ | *Das Gemälde ist nicht echt, es ist nur ein Druck* **5** **etwas geht in Druck** etwas wird gedruckt **6** **etwas in (den) Druck geben** etwas drucken lassen | *ein Manuskript in Druck geben* **7** **etwas erscheint im Druck** etwas erscheint in gedruckter Form | *Die Enzyklopädie erscheint nicht im Druck, sondern wird nur elektronisch publiziert*

Druck·buch·sta·be *der* ein Buchstabe, der in Druckschrift gedruckt oder geschrieben ist

Drü·cke·ber·ger *der*; (-s, -); *gesprochen, abwertend* eine Person, die versucht, unangenehmen Aufgaben oder Pflichten aus dem Weg zu gehen

★ **dru·cken** VERB (druckte, hat gedruckt) **1** **etwas (auf etwas** (*Akkusativ*)**) drucken** Buchstaben, Muster oder Bilder mit mechanischen Mitteln auf Papier, Stoff o. Ä. bringen oder übertragen **2** **(Dinge) drucken** Bücher, Zeitungen usw. produzieren, mit Texten und Bildern, die auf Papier gedruckt sind

★ **drü·cken** VERB (drückte, hat gedrückt)

▸mit Kraft: **1** **jemanden/etwas irgendwohin drücken** eine Person oder Sache mit Kraft (von sich weg) irgendwohin bewegen ↔ *ziehen* | *einen Hebel nach unten drücken* | *einen Stempel auf den Umschlag drücken* | *Sie wurde im Gewühl an/gegen die Wand gedrückt* **2** **(jemanden/etwas) irgendwohin drücken** Kraft oder das eigene Gewicht auf eine andere Person oder eine Sache wirken lassen und so die Form, Größe oder Lage verändern ≈ *pressen* | *Senf aus der Tube drücken* | *Pass auf, dass die Bananen nicht gedrückt werden* | *Ich habe mir als Kind die Nase am Schaufenster des Spielwarengeschäfts platt gedrückt* **3** **jemandem etwas in die Hand drücken** jemandem etwas in die Hand geben | *jemandem Geld/einen Schlüssel in die Hand drücken* **4** **(etwas) drücken**; **auf etwas** (*Akkusativ*) **drücken** einen Finger oder die Hand fest auf etwas legen oder den Fuß auf etwas stellen, damit etwas geschieht ⟨(auf) den Auslöser, die Hupe, die Klingel, den Knopf drücken; (auf) die Bremse, das Gaspedal, die Kupplung drücken⟩ **5** **sich an/in etwas** (*Akkusativ*) **drücken** sich meist mit dem Rücken fest gegen etwas lehnen, z. B. um nicht gesehen zu werden oder weil wenig Platz ist ⟨sich an die Wand, in die Ecke drücken⟩

▸als Geste: **6** **jemanden an sich/ans Herz drücken** die Arme vor allem als Zeichen von Freundschaft fest um eine Person legen ≈ *umarmen* **7** **jemandem die Hand drücken** zur Begrüßung oder zum Abschied die rechte Hand einer anderen Person greifen (und schütteln) **8** **jemandem einen Kuss irgendwohin drücken** jemanden als Zeichen der Freundschaft oder Zuneigung fest mit den Lippen berühren

▸negativ beeinflussen: **9** **etwas drücken** etwas auf ein niedrigeres Niveau bringen ⟨die Löhne, die Preise, die Noten drücken⟩ | *Der Durchschnitt wurde durch die schlechten Arbeiten gedrückt* **10** **etwas drückt etwas**; **etwas drückt auf etwas** (*Akkusativ*) etwas hat einen negativen Einfluss auf eine Sache | *Der Vorfall drückte die Stimmung auf der Party* | *Das Wetter drückte auf unsere Stimmung* **11** **etwas drückt jemanden**; **etwas drückt jemandem aufs Gemüt** etwas belastet jemanden psychisch | *Mich drückt mein Gewissen, weil ich ihm nicht geholfen habe* ▸sonstige Verwendungen: **12** **etwas drückt (jemanden) (irgendwo)** man hat ein unangenehmes Gefühl, weil etwas zu klein, zu eng oder zu schwer ist ⟨der Verband, die Schuhe, die Hose, der Rucksack, der Schulranzen⟩ **13** **(Heroin) drücken** *gesprochen* sich Heroin spritzen **14** **sich (vor etwas** (*Dativ*)**/um etwas) drücken** *gesprochen, abwertend* eine unangenehme Aufgabe oder Pflicht nicht erfüllen | *sich vor dem Aufräumen/um den Abwasch drücken*

drü·ckend ■ PARTIZIP PRÄSENS **1** → drücken
■ ADJEKTIV **2** sehr groß, stark und unangenehm ⟨eine Hitze, eine Schwüle⟩ **3** *meist attributiv* sehr groß ⟨Not, Sorgen, Schulden⟩ | *In vielen Ländern der Dritten Welt herrscht drückende Armut*

★ **Dru·cker** *der*; (-s, -) **1** eine Person, die beruflich mit dem Drucken von Büchern, Zeitungen usw. zu tun hat **2** eine Maschine, die Daten und Texte, die in einem Computer gespeichert sind, auf Papier druckt K Druckeranschluss, Druckerkabel, Druckerkartusche, Druckerpapier; Etikettendrucker, Fahrkartendrucker, Fotodrucker; Laserdrucker, Thermodrucker, Tintenstrahldrucker; Farbdrucker, Schwarz-Weiß-Drucker **3** eine Maschine, die auf der Grundlage von elektronischen Plänen im Computer mit besonderen Materialien (z. B. aus Kunststoff) dreidimensionale Gegenstände herstellt K 3-D-Drucker • zu (1) **Dru·cke·rin** *die*

Drü·cker *der*; (-s, -) ein (relativ großer) Knopf vor allem zum Öffnen von Türen ■ **ID** **am Drücker sein/sitzen** *gesprochen* die entscheidende Macht über etwas haben; **auf den letzten Drücker** *gesprochen* gerade noch rechtzeitig, im letzten Augenblick

Dru·cke·rei *die*; (-, -en) eine Firma oder Werkstatt, in der Bücher, Zeitungen usw. gedruckt werden

Drü·cker·ko·lon·ne *die* eine Gruppe von Personen, die von Haus zu Haus gehen, um zu betteln oder auf verbotene Weise Abonnements, Telefonverträge o. Ä. zu verkaufen

Dru·cker·pres·se *die*; (-, -n) eine Maschine, mit der z. B. Bücher und Zeitungen gedruckt werden

Dru·cker·schwär·ze *die*; (-) eine schwarze Farbe, die z. B. zum Drucken von Zeitungen benutzt wird

Druck·fah·ne *die* die (vorläufige) gedruckte Form eines Textes, die noch korrigiert werden kann

Druck·feh·ler *der* ein Fehler in einem gedruckten Text (der beim Schreiben oder Setzen des Texts entstand)

Druck·feh·ler|teu·fel *der* ■ **ID** **Hier hat der Druckfehlerteufel zugeschlagen** *humorvoll* in diesem Text sind viele Druckfehler

druck·frisch ADJEKTIV gerade erst gedruckt ⟨eine Zeitung, ein Buch⟩

Druck·knopf *der* **1** ein Knopf meist an Kleidungsstücken, der aus zwei runden Plättchen besteht, die ineinandergedrückt werden **2** eine Taste, auf die man drückt, damit etwas geschieht → Abb. unter **Knopf**

Druck·le·gung *die*; (-, -en) der Arbeitsvorgang in einer Druckerei, bei dem z. B. Bücher oder Zeitungen gedruckt werden

Druck·luft *die*; *nur Singular* Luft, die durch hohen Druck zusammengepresst ist (und dann als Energie verwendet werden kann) K Druckluftbremse, Druckluftpumpe

Druck·mes·ser *der*; (-s, -) ein Gerät, mit dem der Druck von Gasen und Flüssigkeiten gemessen wird

Druck·mit·tel *das* mit einem Druckmittel versucht man, die Meinung anderer Leute zu ändern oder sie zu etwas zu zwingen | *Die Arbeiter benutzen einen Streik als Druckmittel für höhere Löhne*

druck·reif ADJEKTIV **1** ⟨ein Manuskript, ein Text⟩ so bearbeitet, dass sie gedruckt werden können **2** *oft humorvoll* stilistisch und rhetorisch sehr gut formuliert | *Deine Rede zu meinem Geburtstag war geradezu druckreif!*

Druck·schrift *die*; *meist Singular* eine Art der Handschrift, bei der man so schreibt, dass die Buchstaben ähnlich aussehen wie gedruckt

Druck·stel·le *die* eine Stelle an der Oberfläche z. B. einer Frucht oder eines Körperteils, die meist durch einen ständigen Druck beschädigt oder verletzt ist

Druck·tas·te *die* ≈ *Druckknopf*

Druck·ver·band *der* ein sehr enger Verband, der bei einer Verletzung der Adern verhindert, dass man Blut verliert

Druck·wel·le *die* stark zusammengepresste Luft, die sich infolge des hohen Drucks nach einer Explosion o. Ä. sehr schnell bewegt und ausbreitet

★ **drum** ADVERB; *gesprochen* ≈ *darum* K Ich verliere bei dem Spiel zu oft, drum spiele ich es nicht gern; Das Hand ist kaputt, schade drum! ■ **ID** **das (ganze)/alles Drum und Dran** *gesprochen* alles, was dazugehört | *Er hat eine eigene Wohnung mit allem Drum und Dran*; **Sei's drum!** *gesprochen* drückt aus, dass man sich mit etwas Störendem abgefunden hat

Drum·her·um *das*; (-(s)); *gesprochen* alles, was zu etwas gehört (und meist als störend empfunden wird) | *Skifahren macht zwar Spaß, aber das Drumherum mit den langen Wartezeiten nervt mich!*

drum·rum|kom·men VERB (kam drumrum, ist drumrumgekommen) **(um etwas) drumrumkommen** *gesprochen* etwas (meist Unangenehmes) nicht tun müssen meist verneint

drum·rum|re·den VERB (redete drumrum, hat drumrumgeredet) **(um etwas) drumrumreden** *gesprochen* ≈ *herumreden*

drun·ten ADVERB; *süddeutsch* ⓐ, *gesprochen* dort unten | *drunten im Tal*

drun·ter ADVERB; *gesprochen* ≈ *darunter* ■ **ID** **Hier geht es/alles drunter und drüber** *gesprochen* hier herrscht überhaupt keine Ordnung

drun·ter- *im Verb*; *gesprochen* → darunter-

Drü·se *die*; (-, -n) ein Körperorgan, das Flüssigkeiten (und Hormone) produziert K Drüsenfunktion, Drüsenkrankheit, Drüsenschwellung; Schweißdrüse, Tränendrüse

★ **Dschun·gel** [ˈdʒʊŋl] *der*; (-s, -) **1** ein sehr dichter Wald in den Tropen ≈ *Urwald* K Dschungelpfad **2** ein verwirrendes Durcheinander | *im Dschungel der Großstadt* K Paragrafendschungel

DSL [deːɛsˈʔɛl] *das*; (-) eine Form der Datenübertragung über das Telefon- oder Stromnetz ⟨ein Internetzugang über DSL; DSL haben⟩ K DSL-Anschluss

★ **du** PRONOMEN *2. Person Singular* **1** verwendet als Anrede an eine Person, die man gut kennt (Freunde, Verwandte usw.) oder an ein Kind | *Hast du Lust, ins Kino zu gehen?* | *Du Arme/Armer!* | *Du fehlst mir!* | *Du, ich wollte dich etwas fragen* a) → Tabelle unter **ich** und Infos unter **Anrede**; b) In Briefen können *du, dich, dir dein* usw. großgeschrieben werden. **2** verwendet, wenn man mit Tieren oder Dingen spricht | *Du blöder Computer, musst du jetzt kaputtgehen!* **3** *gesprochen* verwendet als unpersönliches Pronomen ≈ *man* | *Mündliche Prüfungen sind ganz schwer. Du bist aufgeregt und kannst kaum was sagen!* **4** **eine Per-**

son ist mit jemandem per du; **Personen sind per du** Personen sagen *du* zueinander, duzen sich

Du *das*; (-(s), -(s)) **1** **jemandem das Du anbieten** jemandem anbieten, dass man *du* zueinander sagt **2** **auf Du und Du mit jemandem stehen** mit jemandem sehr vertraut sein ℹ → Infos unter **Anrede**

du·al ADJEKTIV so, dass es zwei verschiedene Formen, Möglichkeiten o. Ä. nebeneinander gibt ⟨ein System⟩ | *die duale Ausbildung im Betrieb und an der Berufsschule | Im dualen Zahlensystem werden alle Werte durch die Ziffern 0 und 1 ausgedrückt*

Du·a·lis·mus *der*; (-, Du·a·lis·men); *geschrieben* die Gegensätzlichkeit zweier Phänomene, die nebeneinander existieren, z. B. das Gute und das Böse • hierzu **du·a·lis·tisch** ADJEKTIV

DÜBEL

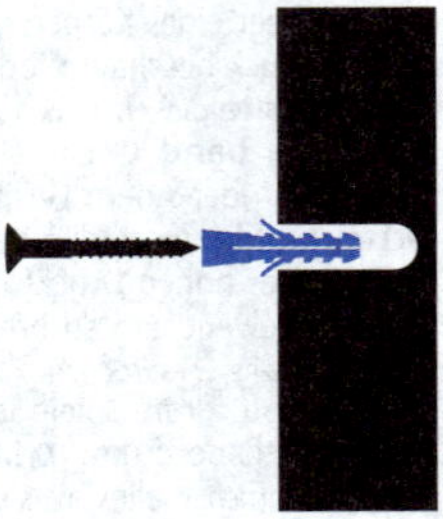

Dü·bel *der*; (-s, -) ein kleines Rohr, das man in ein (gebohrtes) Loch in einer Mauer steckt, um dann eine Schraube hineinzudrehen

dü·beln VERB (dübelte, hat gedübelt) **1** **etwas an etwas** (*Akkusativ*) **dübeln** etwas mit Dübeln meist an einer Wand befestigen | *ein Schränkchen an die Wand dübeln* **2** **(etwas in etwas** (*Akkusativ*)**) dübeln** einen Haken, einen Nagel o. Ä. mit Dübeln an einer Wand befestigen

du·bi·os ADJEKTIV; *geschrieben* ⟨Geschäfte, Machenschaften⟩ wahrscheinlich nicht ganz legal

Dub·let·te *die*; (-, -n) **1** ein Gegenstand einer Sammlung, der zweimal vorhanden ist, z. B. bei Briefmarken ⟨Dubletten tauschen, verkaufen⟩ **2** eine Imitation eines Juwels

du·cken VERB (duckte sich, hat sich geduckt); *gesprochen* **1** **sich ducken** den Kopf senken und den Oberkörper oder die Knie so beugen, dass man einer Gefahr (oder einem Stoß) ausweichen kann | *Er muss sich ducken, damit er durch die Tür kommt* **2** **sich ducken** meist aus Angst vor der Macht vor allem eines Vorgesetzten alles tun, was verlangt wird

Duck·mäu·ser *der*; (-s, -); *abwertend* eine Person, die (meist aus Angst) nicht wagt, die eigene Meinung zu sagen oder einer anderen Person zu widersprechen • hierzu **duck·mäu·se·risch** ADJEKTIV

du·deln VERB (dudelte, hat gedudelt) **(etwas) dudeln** *gesprochen, abwertend* über längere Zeit hinweg Musik machen oder spielen, die andere Personen als lästig und störend empfinden

Du·del·sack *der* ein Blasinstrument, das vor allem in Schottland gespielt wird. Der *Dudelsack* besteht aus einer Art Sack und mehreren Pfeifen K Dudelsackpfeifer, Dudelsackspieler

Du·den® *der*; (-s) verwendet als Bezeichnung für ein Wörterbuch, in dem vor allem die Regeln der deutschen Rechtschreibung erklärt sind

Du·ell *das*; (-s, -e) **1** *historisch* ein Kampf zwischen zwei Personen, meist weil die Ehre eines der Teilnehmer verletzt wurde ⟨jemanden zum Duell (heraus)fordern; ein Duell austragen⟩ K Degenduell, Pistolenduell **2** ein Wettkampf zwischen zwei Sportlern oder zwei Mannschaften | *Die beiden Mannschaften lieferten sich ein packendes/spannendes Duell* **3** *geschrieben* ein (heftiges) Streitgespräch zwischen zwei Personen ⟨Personen liefern sich (*Dativ*) ein Duell⟩

du·el·lie·ren VERB (duellierte sich, hat sich duelliert); *historisch* **eine Person duelliert sich mit jemandem**; **Personen duellieren sich** zwei Personen kämpfen in einem Duell

Du·ett [du'ɛt] *das*; (-(e)s, -e) ein Musikstück für zwei Sänger ⟨ein/im Duett singen⟩ K Opernduett

Duft *der*; (-(e)s, Düf·te) ein angenehmer Geruch ⟨der liebliche, süße, zarte, betörende Duft einer Blume, eines Parfüms⟩

duf·te ADJEKTIV; *regional, gesprochen* ≈ *toll* | *Peter ist wirklich ein dufter Typ! | Das Wetter ist heute dufte*

★ **duf·ten** VERB (duftete, hat geduftet) **1** **etwas duftet** etwas hat einen angenehmen Geruch | *Diese Rosen duften sehr intensiv | Was duftet hier denn so gut, hast du etwas Leckeres gekocht?* **2** **jemand/etwas duftet nach etwas** jemand/etwas hat einen besonderen, angenehmen Geruch | *Die Seife duftet nach Lavendel* **3** **es duftet (nach etwas)** an einem Ort gibt es einen angenehmen Geruch | *Beim Bäcker duftet es nach frischem Brot*

duf·tig ADJEKTIV ⟨Seide, Spitzen, Haar⟩ zart, leicht und locker

Duft·no·te *die* der intensive Geruch, der für eine Sorte Seife oder Parfüm typisch ist

Duft·stoff *der* eine Substanz, mit der ein besonderer, angenehmer Geruch erzeugt wird

Duft·wol·ke *die*; *gesprochen, meist humorvoll* ein starker Geruch (meist von Parfüm), den jemand/etwas hat ⟨sich mit einer Duftwolke umgeben; in eine Duftwolke gehüllt sein⟩

Du·ka·ten *der*; (-s, -); *historisch* eine Goldmünze, die (vom 13. bis 19. Jahrhundert) in Europa verbreitet war

★ **dul·den** VERB (duldete, hat geduldet) **1** **etwas dulden** zulassen, dass etwas (mit dem man nicht einverstanden ist) geschieht ≈ *tolerieren* | *In dieser Sache dulde ich keinen Widerspruch* ℹ meist verneint **2** **jemanden (irgendwo) dulden** erlauben, dass sich eine Person an einem Ort aufhält (obwohl man sie dort nicht haben mag und man es ihr verbieten könnte) | *Benimm dich gut, wir sind hier nur geduldet | Manche Flüchtlinge ohne Bleiberecht werden in Deutschland geduldet* **3** **etwas duldet keinen Aufschub/keine Verzögerung** *geschrieben* etwas ist dringend, muss sofort gemacht werden | *Die Fertigstellung des Baus duldet keinen weiteren Aufschub* **4** **(irgendwie) dulden** *geschrieben* etwas Unangenehmes auf die genannte Weise ertragen ⟨still, tapfer dulden⟩

duld·sam ADJEKTIV voller Geduld oder Toleranz anderen Menschen gegenüber ≈ *tolerant* • hierzu **Duld·sam·keit** *die*

Dul·dung *die*; (-, -en) **1** der Vorgang zu dulden, dass etwas geschieht oder jemand an einem Ort bleibt **2** *admin geschrieben* der Vorgang zu dulden, dass eine Gruppe die Regierung bildet und dabei keine Mehrheit im Parlament hat **3** *admin geschrieben* der Vorgang zu dulden, dass ein Flüchtling ohne Bleiberecht nicht abgeschoben wird

Dult *die*; (-, -en); *süddeutsch* Ⓐ ≈ *Jahrmarkt*

★ **dumm** ADJEKTIV (dümmer, dümmst-) **1** mit wenig Intelligenz (ganz allgemein oder auch nur in der augenblicklichen Situation) ↔ *klug* | *Natürlich begreife ich das! Ich bin doch nicht dumm!* **2** so, dass jemand nicht genug nachdenkt, bevor er handelt ≈ *unvernünftig* | *Es war sehr dumm von dir, im Regen spazieren zu gehen. Jetzt bist du erkältet!* **3** voller Vertrauen, so dass man etwas Böses nicht bemerkt ≈ *naiv* | *Ich war dumm genug/so dumm, dir zu glauben!* **4** ohne logischen Zusammenhang, ohne Sinn ⟨eine Frage, jemandes Gerede, dummes Zeug reden⟩ **5** unangenehm, ärgerlich oder mit negativen Folgen ⟨ein Fehler, ein Zufall, eine Angewohnheit⟩ | *Sei vorsichtig, das kann dumm ausgehen! | Mir ist da etwas Dummes/eine dumme Geschichte passiert* **6** *gesprochen* mit dem Gefühl, als würde man sich sehr schnell im Kreis drehen ≈ *schwindlig* | *Vom Karussellfahren wird mir immer so dumm im Kopf* **7** *gesprochen, abwertend meist attributiv* verwendet in Verbindung mit

Schimpfwörtern, um Ärger oder Ablehnung auszudrücken | *So eine dumme Gans!*

■ ID ▸mit einem Verb: **Komm mir nicht so dumm!** *gesprochen* Sei nicht so unverschämt; **sich dumm stellen** *gesprochen* so tun, als ob man etwas nicht weiß oder jemanden nicht versteht; **jemanden für dumm verkaufen (wollen)** *gesprochen* versuchen, eine Person zu betrügen | *Er will dich bloß für dumm verkaufen!*; **sich (von jemandem) nicht für dumm verkaufen lassen** *gesprochen* eine unwahrscheinliche Geschichte nicht glauben; **jemandem ist/wird etwas zu dumm** *gesprochen* jemand verliert bei etwas die Geduld;

▸andere Verwendungen: **dumm und dämlich** *gesprochen* sehr viel, sehr lange, sehr oft usw. ⟨sich dumm und dämlich suchen, reden, verdienen⟩; **ein dummes Gefühl (bei etwas) haben** *gesprochen* misstrauisch sein oder sich Sorgen machen

Dumm·chen *das; (-s, -); gesprochen, abwertend* verwendet als Bezeichnung für eine naive Frau

dumm·dreist ADJEKTIV dumm und frech zugleich ⟨eine Antwort⟩ • hierzu **Dumm·dreis·tig·keit** *die*

Dum·me *der/die;* (-n, -n) eine Person, die dumm ist ■ ID **(für etwas) einen Dummen finden** *gesprochen* eine Person finden, die so naiv ist, dass man sie ausnutzen kann; **(am Ende/immer) der Dumme sein** *gesprochen* bei etwas einen Nachteil oder Schaden haben; **(für jemanden) den Dummen machen** *gesprochen* sich von jemandem ausnutzen lassen H *ein Dummer; der Dumme; den, dem, des Dummen*

Dum·me·jun·gen|streich *der;* (Dumme(n)jungenstreich(e)s, Dumme(n)jungenstreiche) 1 ein harmloser Streich eines Kindes 2 eine Handlung aufgrund einer dummen Idee

Dum·mer·chen *das;* (-s, -); *gesprochen* meist als (gutmütige) Anrede für ein kleines Kind verwendet, wenn man ihm etwas erklären muss oder es trösten will | *Wein doch nicht, du Dummerchen!*

dum·mer·wei·se, dum·mer·wei·se ADVERB; *gesprochen* 1 ≈ *leider* | *Ich wollte ihn einladen, aber dummerweise war er nicht zu Hause* 2 aus Leichtsinn oder Vergesslichkeit | *Ich habe dummerweise meinen Regenschirm im Zug liegen lassen*

Dumm·heit *die;* (-, -en) 1 *nur Singular* mangelnde Intelligenz | *Das hat nichts mehr mit Pech zu tun, das ist reine Dummheit!* 2 eine dumme und nicht überlegte Handlung oder Äußerung ⟨eine Dummheit machen, begehen⟩ | *Es war eine große Dummheit von dir, ihm das zu sagen* 3 *nur Plural* unsinnige, übermütige Handlungen ⟨Dummheiten machen; nichts als Dummheiten im Kopf haben⟩ ≈ *Unsinn*

dumm·kom·men VERB ≈ *dumm kommen*

Dumm·kopf *der; abwertend* verwendet als Schimpfwort für eine Person, die man für dumm hält

dümm·lich ADJEKTIV; *abwertend* so, dass es wenig intelligent wirkt ⟨ein Gesicht, ein Gesichtsausdruck; dümmlich grinsen⟩

düm·peln VERB (dümpelte, hat gedümpelt) **ein Boot dümpelt** ein Boot schaukelt auf dem Wasser | *Im Hafen dümpeln viele Segelboote*

★ **dumpf** ADJEKTIV (dumpfer, dumpfst-) 1 Geräusche sind dumpf, wenn sie durch die weite Entfernung nicht laut zu hören sind | *das dumpfe Grollen des Donners* 2 Gerüche sind dumpf, wenn es feucht ist und keine frische Luft da ist ≈ *muffig* | *In dem alten Gewölbe roch es dumpf* 3 *abwertend* ohne geistige Aktivität und ohne die Umgebung zu bemerken ⟨dumpf vor sich hin starren, brüten⟩ 4 nicht klar und deutlich, sondern nur schwach (vorhanden) ⟨eine Ahnung; sich nur dumpf an etwas erinnern (können); einen dumpfen Schmerz verspüren⟩

dump·fig ADJEKTIV mit dem Geruch von Feuchtigkeit und Fäulnis ⟨etwas riecht, schmeckt dumpfig⟩

Dum·ping ['dampɪŋ] *das;* (-s) der Verkauf von Waren mit wenig oder ganz ohne Gewinn, um sich auf diese Weise gegen Konkurrenten durchzusetzen K Dumpingpreis

Dü·ne *die;* (-, -n) ein Hügel aus Sand am Meer oder in der Wüste K Dünensand; Wanderdüne

Dung *der;* (-(e)s) Exkremente (Mist) von Tieren, die als Dünger für Felder und Äcker verwendet werden K Dunggrube, Dunghaufen; Kuhdung, Pferdedung, Schafdung

dün·gen VERB (düngte, hat gedüngt) 1 **(etwas) düngen** Pflanzen Nährstoffe (Dünger) geben ⟨ein Beet, ein Feld, eine Pflanze (mit Jauche, Kalk, Mist) düngen⟩ 2 **etwas düngt (irgendwie)** etwas wirkt (irgendwie) als Dünger | *Vogelmist düngt gut* K Düngekalk, Düngemittel • zu (1) **Dün·gung** *die*

Dün·ger *der;* (-s, -) flüssige oder feste Nährstoffe, die in die Erde gegeben werden, damit Pflanzen besser wachsen ⟨natürlicher, organischer, künstlicher Dünger; Dünger ausbringen⟩ K Blumendünger, Rasendünger, Flüssigdünger, Mineraldünger

★ **dun·kel** ADJEKTIV (dunkler, dunkelst-) 1 mit nur wenig oder ohne Licht (wie in der Nacht oder am späten Abend) ⟨ein Zimmer, eine Straße; im Dunkeln sitzen⟩ ↔ *hell* H *dunkel → ein dunkles Zimmer* 2 **es wird dunkel** es wird Abend 3 (in der Farbe) mit relativ viel Schwarz vermischt ⟨eine Hautfarbe, Augen, Haar, Brot, Bier⟩ ↔ *hell* | *einen dunklen Anzug tragen* | *ein Stoff in dunklem Blau* K dunkelblau, dunkelbraun, dunkelgrün, dunkelrot 4 ⟨Klänge, Töne, eine Stimme⟩ ≈ *tief* ↔ *hell* 5 ungenau, ohne Details ⟨eine Ahnung, ein Verdacht, eine Erinnerung⟩ | *Ich kann mich nur dunkel an ihn erinnern* 6 schwer zu verstehen und zu deuten | *eine dunkle Textstelle* 7 *abwertend meist attributiv* kriminell oder unmoralisch (und vor der Öffentlichkeit verborgen) ⟨Geschäfte, Machenschaften, Affären, eine Vergangenheit⟩ 8 mit negativen Erfahrungen verbunden ≈ *unerfreulich* | *ein dunkles Kapitel in der Geschichte* | *Das waren die dunkelsten Stunden in meinem Leben*

■ ID **im Dunkeln tappen** zu wenig Informationen haben, vor allem um ein Verbrechen aufklären zu können | *Bei der Entführung tappt die Polizei noch völlig im Dunkeln*

Dun·kel *das;* (-s); *geschrieben* ⟨im Dunkel der Nacht⟩ ≈ *Dunkelheit*

Dün·kel *der;* (-s); *geschrieben, abwertend* ≈ *Arroganz* K Standesdünkel • hierzu **dün·kel·haft** ADJEKTIV

dun·kel·blond ADJEKTIV blond mit einem starken bräunlichen Ton

dun·kel·haa·rig ADJEKTIV mit dunklen Haaren

dun·kel·häu·tig ADJEKTIV mit dunkler Haut(farbe)

Dun·kel·heit *die;* (-) 1 der Zustand, in dem kein Licht da ist 2 **bei Einbruch der Dunkelheit** der Zeitpunkt am Abend, wenn es dunkel wird

Dun·kel·mann *der; abwertend* eine Person, die unauffällig verdächtigen Geschäften nachgeht

dun·keln VERB (dunkelte, hat gedunkelt) **es dunkelt** *geschrieben* es wird dunkel, es wird Abend

Dun·kel·zif·fer *die* die Zahl der nicht entdeckten oder nicht offiziell gemeldeten Fälle einer Sache | *Bei Sexualverbrechen muss man mit einer hohen Dunkelziffer rechnen*

dün·ken VERB (dünkte, hat gedünkt) **Mich/Mir dünkt (, dass …)** *geschrieben* Ich habe den Eindruck, dass … H *Dünken* wird oft ironisch oder humorvoll verwendet, besonders die ansonsten veralteten Formen *deucht, deuchte, gedeucht.*

★ **dünn** ADJEKTIV 1 von relativ geringem Umfang oder Durchmesser, von relativ geringer Dicke ⟨ein Ast, eine Wand, eine

Eisdecke, ein Stoff, ein Fell, ein Faden, ein Brett, ein Buch⟩ ↔ *dick* | *eine dünne Scheibe vom Braten abschneiden* | *eine Salbe dünn auf die Wunde auftragen* | *Auf dem Schrank liegt eine dünne Schicht Staub* **2** mit sehr wenig Fett (und Muskeln) am Körper ≈ *mager* ↔ *dick, fett* | *Du bist ja so dünn, bekommst du denn nicht genug zu essen?* **3** mit viel Wasser und wenig anderem Inhalt ⟨Kaffee, Tee, eine Suppe, eine Brühe⟩ ↔ *stark, kräftig* **4** **dünnes Haar haben** so feine und wenig Haare haben, dass man die Kopfhaut sehen kann **5** ⟨Luft⟩ mit nur wenig Sauerstoff **6** ⟨ein Stimmchen⟩ leise, schwach und relativ hoch **7** **dünn besiedelt** mit nur wenigen Einwohnern

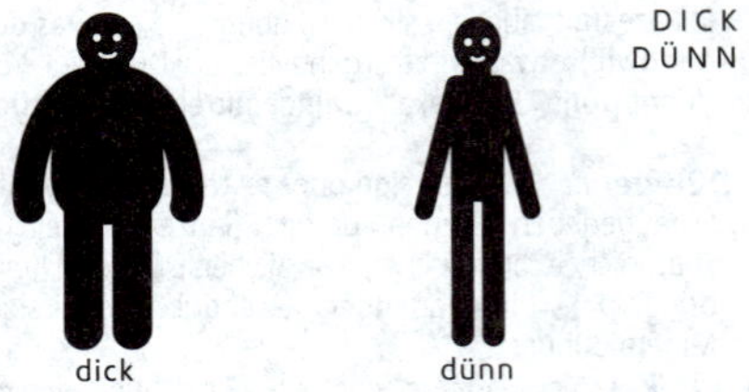

dünn·be·sie·delt ≈ *dünn besiedelt*

Dünn·brett·boh·rer *der; abwertend* eine Person, die immer bequeme Lösungen sucht und sich geistig nicht anstrengen will

Dünn·darm *der* der Teil des Darms, der direkt an den Magen anschließt ↔ *Dickdarm*

dün·ne·ma·chen VERB (machte sich dünne, hat sich dünnegemacht) **sich dünnemachen** *gesprochen* heimlich, unauffällig von irgendwo weggehen

dünn·flüs·sig ADJEKTIV sehr flüssig ⟨Öl, eine Farbe, eine Soße⟩ • hierzu **Dünn·flüs·sig·keit** *die*

dünn·häu·tig ADJEKTIV leicht zu kränken oder traurig zu stimmen ≈ *empfindlich*

Dünn·pfiff *der; nur Singular; gesprochen!* ≈ *Durchfall*

Dünn·schiss *der; nur Singular; gesprochen!* ≈ *Durchfall*

Dunst *der;* (-(e)s, Düns·te) **1** *nur Singular* dünner, leichter Nebel aus Wasserdampf oder Abgasen | *Die Berge sind in dichten Dunst gehüllt* | *Über der Stadt liegt ein leichter Dunst* **K** Dunstschicht, Dunstschleier, Dunstschwaden **2** **ein Dunst (von etwas)** Luft, die mit Partikeln einer Sache gefüllt ist und danach riecht (was meist als störend empfunden wird) | *Ein Dunst von kaltem Rauch erfüllte das Zimmer* **K** Dunstwolke; Küchendunst, Zigarettendunst ■ **ID** **keinen blassen Dunst (von etwas) haben** *gesprochen* von einer Sache überhaupt nichts ahnen oder wissen

Dunst·ab·zugs|hau·be *die* ein Gerät über einem Herd, das Gerüche und Dämpfe, die beim Kochen entstehen, aus der Luft saugt

düns·ten VERB (dünstete, hat gedünstet) **etwas dünsten** etwas in einem geschlossenen Topf mit wenig Wasser oder Fett bei geringer Hitze zubereiten ⟨Gemüse, Fleisch, Fisch dünsten⟩

Dunst·glo·cke *die* eine Schicht aus Abgasen (Smog), die über einem Gebiet, meist einer Stadt, liegt

duns·tig ADJEKTIV **1** mit leichtem Nebel oder Dunst ⟨ein Tag, ein Morgen, (das) Wetter⟩ **2** voll warmer, schlechter Luft ⟨ein Zimmer, eine Kneipe⟩

Dunst·kreis *der* der Bereich, in dem der Einfluss einer Person oder Sache deutlich zu spüren ist | *ein Komponist aus dem Dunstkreis Wagners* | *Im Dunstkreis von mangelnder Bildung findet sich oft auch Radikalismus*

Duo *das;* (-s, -s) **1** ein Musikstück für zwei Instrumente **2** zwei Personen, die zusammen Musik machen **K** Gitarrenduo, Klavierduo

Dup·li·kat *das;* (-(e)s, -e); *geschrieben* eine genaue Kopie eines Dokuments ⟨ein Duplikat anfertigen lassen⟩

Dup·li·zi·tät *die;* (-, -en) ■ **ID** **die Duplizität der Ereignisse** *geschrieben* die Tatsache, dass unabhängig voneinander (zufällig) zwei gleiche oder sehr ähnliche Ereignisse vorkommen

Dur *das;* (-) verwendet als Bezeichnung der Tonarten, die zwischen dem dritten und vierten und dem siebten und achten Ton Abstände von Halbtönen haben ↔ *Moll* **K** Durakkord, Durtonart, Durtonleiter; C-Dur, D-Dur *usw.*

★ **durch**[1] PRÄPOSITION *+Akkusativ*

▸Richtung: **1** **durch etwas (hindurch)** bezeichnet die Richtung einer Bewegung an der einen Stelle in einen Raum oder in ein Gebiet hinein und an einer anderen wieder hinaus | *Sie schwamm durch den Fluss ans andere Ufer* | *Wir fahren von Deutschland durch Frankreich nach Spanien* **2** **durch etwas (hindurch)** bezeichnet eine Bewegung auf der einen Seite einer Öffnung hinein und auf der anderen Seite wieder heraus | *Sie ging durch die Tür* | *Er schob den Brief durch den Spalt unter der Tür* **3** **durch etwas (hindurch)** verwendet, um zu sagen, dass man etwas sehen, hören usw. kann, obwohl ein Hindernis dazwischen ist | *Man hörte die Musik durch die Wand hindurch* **4** bezeichnet einen Vorgang, bei dem eine Öffnung von einer Seite zur anderen entsteht | *Er bohrte ein Loch durch die Wand* | *ein Tunnel durch die Alpen* **5** bezeichnet eine Bewegung zu mehreren Orten in einem Gebiet oder mehreren Punkten in einem Raum | *Wir wanderten durch Bayern* | *Abends gingen wir noch durch die Straßen* | *Die Polizei verfolgte den Verbrecher durch die ganze Stadt*

▸Zeit: **6** *Zeitangabe im Akkusativ +* **durch** vom Anfang bis zum Ende der genannten Zeit | *Die ganze Nacht durch konnte sie nicht schlafen* | *Den Winter durch musste ich mich auf die Prüfung vorbereiten*

▸Mittel: **7** nennt die Handlung, die Methode oder das Mittel, mit denen ein Ziel oder eine Wirkung erreicht wird | *Durch Drücken dieses Knopfes schaltet man die Anlage ein* | *durch Lektüre das Allgemeinwissen vergrößern* | *Die Bevölkerung wurde durch Lautsprecher informiert* | *Er überzeugte mich durch gute Argumente*

▸Medium: **8** nennt das Medium (z. B. Luft, Wasser, Erde), in dem eine Bewegung geschieht | *durch die Luft fliegen* | *Wir kämpften uns durch den tiefen Schnee* | *Wir mussten das Auto durch den Schlamm schieben*

▸Grund, Ursache: **9** nennt den Grund oder die Ursache für eine Situation ≈ *wegen* | *Durch den Sturm sind viele Äste abgebrochen* | *Durch die vielen Abkürzungen sind SMS oft schwer zu verstehen* | *Durch ihre freundliche Art ist sie sehr beliebt*

▸Passiv: **10** nennt im Passivsatz oder passiven Konstruktionen die Person oder Sache, die etwas tut ≈ *von* | *der Entwurf des Planes durch den Architekten* (der Entwurf, den der Architekt macht *oder* gemacht hat) | *die Verabschiedung von Gesetzen durch das Parlament* | *Alle Arbeiten werden bei uns durch Fachleute ausgeführt* | *Der Waffenstillstand wurde durch beide Länder gebrochen*

★ **durch**[2] ADVERB; *gesprochen* **1** verwendet als verkürzte Form für viele Verben mit *durch-*, um zu sagen, dass eine Tätigkeit ganz oder erfolgreich beendet ist | *Der Zug ist schon durch* (durchgefahren) | *Das Fleisch ist durch* (durchgebraten) | *Ich bin durch den Roman durch* (Ich habe den Roman bis zum Ende gelesen) **2** *Uhrzeit +* **durch** es ist kurz nach der genannten Uhrzeit | *„Wie spät ist es?" – „Vier (Uhr) durch"* **3** **durch und durch** in sehr hohem Maße

| *Er ist durch und durch Egoist* | *durch und durch nass sein* ■ ID **etwas geht jemandem durch und durch** etwas tut jemandem sehr weh ⟨ein Geräusch, ein Kreischen, ein Schrei⟩; **Er/Sie ist bei mir unten durch** *gesprochen* Er/Sie hat mich sehr enttäuscht und deshalb mag ich ihn/sie nicht mehr

★ **durch-**[1] (*im Verb, betont und trennbar, sehr produktiv; Diese Verben werden so gebildet:* durchfahren, fuhr durch, durchgefahren) **1** **(durch etwas) durchgehen, durchklettern, durchreisen, durchreiten, durchschwimmen** *und andere* bezeichnet eine Bewegung von einer Seite eines Raumes, eines Gebietes oder einer Öffnung zur anderen | *Auf unserer Reise in den Süden fuhren wir durch München durch* (Wir fuhren auf einer Seite nach München hinein und auf der anderen wieder hinaus) | *Er reichte ihr den Koffer durch das Zugfenster durch* (Er reichte ihr den Koffer von draußen ins Abteil (oder aber vom Abteil nach draußen) **2** **etwas (durch etwas) durchfühlen, durchschmecken; jemanden/etwas (durch etwas) durchhören** *und andere* drückt aus, dass ein Vorgang trotz eines Hindernisses möglich ist | *Das Fenster ist schmutzig! Ich kann kaum durchsehen* (Das Fenster ist so schmutzig, dass man kaum sehen kann, was auf der anderen Seite ist) **3** **etwas durchdiskutieren, durchnummerieren, durchrechnen** *und andere* drückt aus, dass etwas vollständig, von Anfang bis Ende, gemacht wird | *Er hat das dicke Manuskript durchgelesen* (Er hat es von Anfang bis Ende gelesen) **4** **etwas durchbeißen, durchbrechen, durchreißen, durchschneiden; etwas bricht, reißt durch** *und andere* drückt aus, dass durch eine Handlung, einen Vorgang zwei (oder mehrere) Teile entstehen | *Sie sägte das Brett durch* (Sie sägte das Brett in zwei Teile) **5** **etwas durchlaufen, durchliegen, durchsitzen; etwas rostet durch** *und andere* drückt aus, dass etwas durch eine Belastung oder langen Gebrauch völlig abgenutzt oder kaputt wird | *Er hat seine Hose an den Knien durchgewetzt* (Seine Hose hat an den Knien Löcher bekommen)

★ **durch-**[2] (*im Verb, unbetont, nicht trennbar, sehr produktiv; Diese Verben werden so gebildet:* durchfahren, durchfuhr, durchfahren) **etwas durchfliegen, durchschreiten, durchsegeln, durchwandern, durchwaten** *und andere* bildet aus Verben ohne Objekt solche Verben, die dann ein Objekt im Akkusativ haben. Man bezeichnet damit eine Bewegung von einer Seite eines Raumes, eines Gebietes zur anderen oder zu vielen Punkten innerhalb eines Raumes oder Gebietes | *Sie hat schon ganz Europa durchreist* (Sie ist schon in sehr viele Länder Europas gereist) | *Der Wolf durchschwamm den Fluss* (Er schwamm von einer Seite des Flusses zur anderen)

durch·ackern VERB (*hat*) **etwas durchackern** *gesprochen* ≈ *durcharbeiten*

durch·ar·bei·ten VERB (*hat*) **1** **etwas durcharbeiten** einen meist schwierigen Text sehr genau lesen, intensiv prüfen ⟨einen Aufsatz, ein Buch, einen Entwurf, einen Plan durcharbeiten⟩ **2** (in der genannte Zeit) ohne Pause arbeiten ⟨die Nacht, den (ganzen) Tag, in der Mittagspause durcharbeiten⟩ | *von morgens bis abends ohne Pause durcharbeiten* **3** **sich (durch etwas) durcharbeiten** sich durch etwas bewegen, indem man sich selbst (mühsam) einen Weg schafft ⟨sich durch ein Dickicht, ein Gestrüpp, (das) Unterholz, hohen Schnee, eine Menschenmenge durcharbeiten⟩ **4** **sich (durch etwas) durcharbeiten** einen meist schwierigen Text sehr genau lesen, intensiv prüfen

durch·at·men VERB (*hat*) intensiv atmen, die ganze Lunge mit neuer Luft füllen ⟨tief durchatmen⟩

★ **durch·aus, durch·aus** ADVERB **1** etwas ist wahrscheinlich, wahr oder richtig | *Es ist durchaus möglich, dass es heute noch regnet* **2** verwendet in ablehnenden Antworten auf Fragen, die eine Vermutung oder Zweifel ausdrücken | *„Ob er sich wohl getäuscht hat?" – „Nein, er hat sich durch'aus nicht getäuscht!"* | *„Habe ich dich beleidigt?" – „Aber nein, durch'aus nicht!"* **3** unbedingt, auf jeden Fall | *Sie wollte durch'aus allein spazieren gehen*

durch·ba·cken VERB (*hat*) **etwas durchbacken** etwas so lange backen, bis es völlig fertig (= gar) ist ⟨das Brot, den Kuchen (gut) durchbacken⟩

durch·bei·ßen VERB (*hat*) **1** **(etwas) durchbeißen** etwas in zwei Teile zerbeißen | *einen Bonbon durchbeißen* **2** **sich (durch etwas) durchbeißen** *gesprochen* in einer schwierigen Situation nicht aufgeben

durch·be·kom·men VERB (bekam durch, hat durchbekommen); *gesprochen* **1** **jemanden durchbekommen** ≈ *durchbringen* **2** **etwas (durch etwas) durchbekommen** ≈ *durchbringen* **3** **jemanden/etwas durch etwas durchbekommen** jemanden/etwas ohne Komplikationen durch den Zoll, eine Kontrolle o. Ä. bringen **4** **etwas (mit etwas) durchbekommen** etwas trotz Schwierigkeiten in zwei Teile brechen, schneiden usw. | *Mit der stumpfen Säge bekommst du den Ast nie durch!*

durch·bie·gen VERB (*hat*) **1** **etwas durchbiegen** etwas stark biegen | *ein Lineal/einen Stab durchbiegen* **2** **etwas biegt sich durch** etwas biegt sich unter einer Last ⟨ein Brett, ein Regal, eine Stange⟩

durch·bla·sen VERB (*hat*) **1** **etwas durchblasen** ein Rohr o. Ä. reinigen, indem man hineinbläst **2** **(durch etwas) durchblasen** in ein Rohr o. Ä. blasen, sodass die Luft am anderen Ende wieder herauskommt

durch·blät·tern VERB (*hat*) **(etwas) durchblättern** etwas nur teilweise und schnell (oberflächlich) lesen ⟨ein Buch, einen Katalog, eine Zeitschrift, Akten durchblättern⟩

Durch·blick *der*; (-s); *gesprochen* ⟨den (vollen) Durchblick haben/kriegen; den Durchblick verlieren⟩ ≈ *Einsicht, Einblick*

durch·bli·cken VERB (*hat*) **1** **(bei/in etwas** (*Dativ*)**) durchblicken** *gesprochen* etwas verstehen und begreifen ⟨voll durchblicken⟩ | *Ich blicke in Mathe nicht ganz durch* **2** **(durch etwas) durchblicken** durch eine Öffnung o. Ä. sehen

durch·blu·ten VERB **1** **etwas blutet (durch etwas) durch** (*hat*) Blut dringt durch einen Verband o. Ä. | *Die Wunde hat durch den Verband durchgeblutet* **2** **etwas blutet durch** (*ist*) etwas saugt sich allmählich voll Blut ⟨ein Verband, eine Binde⟩

durch·blu·tet ADJEKTIV **etwas ist gut/schlecht durchblutet** etwas ist genügend/ungenügend mit Blut versorgt | *Die Beine sind schlecht durchblutet*

Durch·blu·tung *die*; (-) das Fließen des Blutes im Körper | *Bei Anstrengungen nimmt die Durchblutung der Muskeln zu* K Durchblutungsstörungen

durch·boh·ren[1] VERB (*hat*) **etwas durchbohren** beim Bohren ein Loch in etwas machen, das von der einen Seite bis zur anderen geht ⟨ein Brett, eine Wand durchbohren⟩

durch·boh·ren[2] VERB (durchbohrte, hat durchbohrt) **jemanden/etwas (mit etwas) durchbohren** etwas Spitzes durch etwas stoßen, eine Waffe durch jemandes Körper stoßen ■ ID **jemanden mit Blicken durchbohren** jemanden sehr intensiv und meist böse ansehen

durch·bo·xen VERB (*hat*); *gesprochen* **1** **etwas durchboxen** einen Plan, ein Ziel gegen den Widerstand anderer Leute durchsetzen **2** **sich durchboxen** über längere Zeit mit Erfolg für die eigenen Interessen kämpfen | *Er ist ein Karrieremensch. Der boxt sich sicher noch bis ganz oben durch* **3** **sich (durch etwas) durchboxen** sich rücksichtslos einen

D

D

Weg durch eine Menschenmenge bahnen

durch·bra·ten VERB (*hat*) **1** **etwas durchbraten** etwas so lange braten, bis es innen gar ist ⟨Fleisch, Fisch durchbraten⟩ | *ein Steak gut durchbraten* **2** **etwas muss (noch richtig) durchbraten** meist das Fleisch muss so lange braten, bis es gar ist

durch·bre·chen[1] VERB **1** **etwas durchbrechen** (*hat*) etwas in zwei Teile brechen | *einen Ast durchbrechen* **2** **etwas bricht durch** (*ist*) etwas bricht in zwei Teile, etwas zerfällt | *Das morsche Brett ist durchgebrochen*

durch·bre·chen[2] VERB (durchbricht, durchbrach, hat durchbrochen) **etwas durchbrechen** durch ein Hindernis kommen, indem man sich schnell und mit Kraft bewegt | *Die Demonstranten durchbrachen die Absperrung* • hierzu **Durch·bre·chung** *die*

durch·bren·nen VERB (*ist*) **1** **etwas brennt durch** etwas wird durch zu starke Belastung zerstört, etwas funktioniert nicht mehr ⟨eine Glühbirne, eine Sicherung, ein Heizofen, eine Lampe⟩ **2** **eine Person brennt (jemandem) durch** *gesprochen* eine Person verlässt heimlich eine andere Person, bei der sie lebt | *Seine Frau ist ihm durchgebrannt* **3** **jemand brennt mit etwas durch** *gesprochen* jemand stiehlt etwas und verschwindet damit | *Der Kassierer ist mit der Kasse durchgebrannt*

★ **durch·brin·gen** VERB (*hat*) **1** **jemanden durchbringen** eine Person, die krank, schwach oder verletzt ist, so pflegen, dass sie nicht stirbt | *Er war schwer verletzt, aber die Ärzte konnten ihn durchbringen* **2** **jemanden (mit etwas) durchbringen** in einer schweren Zeit für jemanden oder sich selbst sorgen | *Nach dem Tod ihres Mannes musste sie die Kinder allein durchbringen* **3** **etwas durchbringen** *abwertend* viel Geld verschwenden | *In einem Jahr hat er das Vermögen seines Vaters durchgebracht* **4** **etwas (irgendwo) durchbringen** erreichen, dass ein Antrag oder Vorschlag von einer Behörde, einem Parlament o. Ä. angenommen wird | *Der Minister hat das Gesetz im Bundestag durchgebracht* **5** **etwas (durch etwas) durchbringen** *gesprochen* etwas durch eine Öffnung bewegen können, weil es nicht zu groß ist | *Durch diese schmale Tür werden wir den Schrank nie durchbringen* **6** **etwas (mit etwas) durchbringen** *gesprochen* etwas trotz Schwierigkeiten in zwei Teile brechen, schneiden usw.

Durch·bruch *der*; (-(e)s, Durch·brü·che) **1** **der Durchbruch (zu etwas)** ein Erfolg, auf den man lange gewartet hat und der für die Zukunft entscheidend ist ⟨jemandem/etwas zum Durchbruch verhelfen⟩ | *Mit diesem Roman gelang ihm der Durchbruch zu Ruhm und Reichtum* **2** **ein Durchbruch (durch etwas)** das (gewaltsame) Durchbrechen eines Hindernisses | *Den Truppen gelang der Durchbruch durch die feindlichen Stellungen*

durch·che·cken [-tʃɛkn̩] VERB (*hat*) **1** **jemanden/etwas durchchecken** jemanden/etwas sorgfältig untersuchen **2** **sich durchchecken lassen** *gesprochen* sich vom Arzt gründlich untersuchen lassen

durch·den·ken[1] VERB (*hat*) **etwas durchdenken** sich den Ablauf oder die Einzelheiten einer Sache in Gedanken vorstellen | *Ich habe noch einmal unseren Plan von Anfang bis Ende durchgedacht*

durch·den·ken[2] VERB (durchdachte, hat durchdacht) **etwas (irgendwie) durchdenken** etwas gründlich überlegen und dabei alle Details und Konsequenzen beachten ⟨einen Plan, ein Problem, ein Vorhaben gründlich/genau/bis ins Detail/in allen Einzelheiten durchdenken⟩ | *ein gut/schlecht durchdachter Plan*

durch·dis·ku·tie·ren VERB (diskutierte durch, hat durchdiskutiert) **etwas durchdiskutieren** etwas intensiv und gründlich diskutieren ⟨ein Problem, eine Frage durchdiskutieren⟩

durch·drän·geln VERB (*hat*) **sich (irgendwo(hin)/durch etwas) durchdrängeln** *gesprochen* ≈ *durchdrängen*

durch·drän·gen VERB (*hat*) **sich (irgendwo(hin)/durch etwas) durchdrängen** sich durch eine enge Stelle, eine große Gruppe von Menschen o. Ä. drängen | *sich durch eine Menschenmenge durchdrängen*

durch·dre·hen VERB (drehte durch, hat/ist durchgedreht) **1** **Räder/Reifen drehen durch** (*ist*) Räder oder Reifen kommen wegen fehlenden Widerstands nicht vorwärts, sondern drehen sich auf der Stelle | *Auf Glatteis drehen die Räder durch* **2** *gesprochen* (*hat/ist*) sehr nervös werden, die Nerven verlieren | *Bei dem Stress dreh ich noch völlig durch!* **3** **etwas (durch etwas) durchdrehen** (*hat*) etwas in eine Maschine füllen, die es durch drehende Messer o. Ä. in kleine Stücke schneidet ⟨Fleisch, Kartoffeln durchdrehen⟩

durch·drin·gen[1] VERB (*ist*) **1** **jemand/etwas dringt (durch etwas) durch** jemand/etwas gelangt durch etwas hindurch | *Überall an den Wänden war Feuchtigkeit durchgedrungen* **2** **etwas dringt durch** etwas ist zu hören, zu sehen o. Ä. | *Die Mauer ist so dick, dass kein Geräusch durchdringen kann* **3** **etwas dringt (zu jemandem) durch** jemand erfährt etwas | *Die Nachricht ist bis zu uns nicht durchgedrungen*

durch·drin·gen[2] VERB (durchdrang, hat durchdrungen) **1** **etwas durchdringt etwas** etwas kommt durch etwas Dichtes hindurch | *Radioaktive Strahlung durchdringt sogar dicke Wände* **2** **(ganz) von etwas durchdrungen sein** ganz von einem Gefühl oder einem Gedanken erfüllt sein • zu (1) **Durch·drin·gung** *die*

★ **durch·drin·gend** ■ PARTIZIP PRÄSENS **1** → durchdringen[1] ■ ADJEKTIV **2** *meist attributiv* so intensiv, dass es unangenehm oder schmerzhaft ist ⟨ein Blick, ein Pfiff, ein Schrei, ein Geruch, ein Schmerz⟩

durch·drü·cken VERB (*hat*) **1** **etwas (durch etwas) durchdrücken** etwas durch etwas pressen **2** **etwas durchdrücken** etwas meist in einer Versammlung, einem Parlament o. Ä. gegen eine starke Opposition durchsetzen ⟨Pläne, Gesetze, Neuerungen durchdrücken⟩ **3** **(etwas) durchdrücken** einen Körperteil so stark wie möglich strecken, gerade machen ⟨die Knie, die Arme durchdrücken⟩ **4** **(etwas) durchdrücken** einen Hebel oder Knopf so weit drücken, wie es möglich ist ⟨die Bremse, das Gaspedal durchdrücken⟩

durch·dür·fen VERB (darf durch, durfte durch, hat durchgedurft) **(durch etwas) durchdürfen** *gesprochen* verwendet als verkürzte Form vieler Verben (der Bewegung) mit *durch-*, um zu sagen, dass eine Handlung/eine Bewegung erlaubt ist | *Darf ich bitte durch?* (Darf ich hier durchgehen/durchfahren?)

durch·ei·len VERB (durcheilte, hat durcheilt) **etwas durcheilen** *geschrieben* schnell quer durch einen Raum laufen

★ **durch·ei·nan·der, durch·ei·nan·der** ADVERB **1** ohne Ordnung | *Nach dem Fest lagen Flaschen und Aschenbecher durcheinander auf dem Boden herum* **2** **(ganz/völlig) durcheinander sein** (sehr) verwirrt sein

Durch·ei·nan·der, Durch·ei·nan·der *das*; (-s) **1** der Zustand, in dem Dinge ohne Ordnung irgendwo herumliegen oder -stehen ≈ *Unordnung* | *Hier herrscht ja ein fürchterliches Durcheinander!* **2** eine Situation, in der Menschen verwirrt hin und her laufen und nicht wissen, was sie tun sollen ⟨ein allgemeines, heilloses, wüstes Durcheinander entsteht, herrscht⟩

durch·ei·nan·der- (*im Verb, betont und trennbar, begrenzt produktiv; Diese Verben werden so gebildet:* durcheinanderrufen, riefen durcheinander, durcheinandergerufen) **durcheinanderlaufen, durcheinanderreden, durcheinanderrufen**; etwas **durcheinanderwerfen** *und andere* drückt aus, dass viele einzelne Dinge in Unordnung geraten oder dass mehrere Personen etwas ohne Reihenfolge gleichzeitig tun | *Die Akten sind durcheinandergefallen* (Die Akten sind heruntergefallen und liegen nun ohne Ordnung da)

durch·ei·nan·der·brin·gen VERB *(hat); gesprochen* **1** **Dinge durcheinanderbringen** geordnete Dinge in Unordnung bringen | *die Papiere in der Eile durcheinanderbringen* **2** **Personen/Dinge durcheinanderbringen** verschiedene Personen oder Gegenstände miteinander verwechseln | *Zwillinge kann man leicht durcheinanderbringen* **3** **jemanden (durch/mit etwas) durcheinanderbringen** ≈ *verwirren* | *Er hat mich mit den Zwischenfragen ganz durcheinandergebracht*

durch·ei·nan·der·ge·hen VERB *(ist); gesprochen* **etwas geht durcheinander** etwas wird ohne Ordnung gemacht, läuft ohne System ab | *Alles ging durcheinander, weil niemand wusste, was zu tun war*

durch·ei·nan·der·kom·men VERB *(ist); gesprochen* **1** **etwas kommt durcheinander** etwas wird unordentlich | *Du brauchst nicht aufzuräumen, es kommt ja eh alles wieder durcheinander* **2** **jemand kommt durcheinander** jemand wird verwirrt | *Jetzt bin ich ganz durcheinandergekommen*

durch·ei·nan·der·wer·fen VERB *(hat)* **Dinge durcheinanderwerfen** Dinge miteinander verwechseln | *schwierige Begriffe durcheinanderwerfen* **H** weitere Verwendungen → **durcheinander-**

durch·ex·er·zie·ren VERB (exerzierte durch, hat durchexerziert) **1** **etwas (mit jemandem) durchexerzieren** etwas in allen Details üben | *die unregelmäßigen Verben mit einem Schüler durchexerzieren* **2** **etwas durchexerzieren** etwas in Gedanken ausprobieren ⟨alle Möglichkeiten durchexerzieren⟩

durch·fah·ren[1] VERB *(ist)* **1** **(durch etwas) durchfahren** durch eine enge Stelle, eine Öffnung fahren | *durch ein Tor durchfahren* **2** **(durch etwas) durchfahren** (quer) durch ein Gebiet o. Ä. fahren | *durch die Schweiz durchfahren* **3** bis zu dem genannten Ort oder in der genannten Zeit fahren und dabei nicht anhalten | *acht Stunden/bis Mitternacht durchfahren* | *Der Zug fährt bis Stuttgart durch*

durch·fah·ren[2] VERB (durchfährt, durchfuhr, hat durchfahren) **1** **etwas durchfahren** von einer Grenze eines Gebietes zur anderen fahren oder innerhalb eines Gebietes von einem Punkt zu einem anderen fahren | *Im Urlaub durchfuhren wir Portugal* **2** **etwas durchfährt jemanden** ein Gedanke o. Ä. ist plötzlich bei jemandem vorhanden und bewirkt ein starkes Gefühl (der Freude, der Angst o. Ä.)

Durch·fahrt *die;* (-, -en) **1** eine enge Stelle, z. B. ein Tor, durch die ein Wagen fahren kann **2** *meist Singular* das Durchfahren ⟨Durchfahrt verboten!⟩ **3** ⟨auf der Durchfahrt sein⟩ ≈ *Durchreise* **4** **freie Durchfahrt haben** ohne Kontrollen durch etwas fahren dürfen

Durch·fall *der;* (-(e)s, Durch·fäl·le); *meist Singular* eine Krankheit, bei der man flüssigen Kot ausscheidet ⟨Durchfall haben, bekommen⟩ **H** medizinische Bezeichnung: *Diarrhöe*

★ **durch·fal·len** VERB *(ist)* **1** **jemand/etwas fällt (durch etwas) durch** jemand/etwas fällt durch eine Öffnung o. Ä. ⟨etwas fällt durch ein Gitter, ein Loch, ein Netz, einen Rost, ein Sieb durch⟩ **2** **(bei etwas/in etwas** *(Dativ)*) **durchfallen** eine Prüfung nicht bestehen | *im Abitur durchfallen* **K** Durchfallquote **3** **etwas fällt (bei jemandem) durch** etwas hat keinen Erfolg beim Publikum oder bei den Kritikern | *Das Theaterstück fiel beim Publikum durch*

durch·fech·ten VERB *(hat)* **etwas durchfechten** für eine Sache (vor allem vor Gericht oder in einem Parlament) so lange kämpfen, bis man Erfolg hat | *Der Abgeordnete will ein neues Gesetz durchfechten*

durch·fei·ern VERB *(hat) gesprochen* lange Zeit ohne Unterbrechung feiern ⟨die (ganze) Nacht, bis zum Morgen durchfeiern⟩

durch·fin·den VERB *(hat)* **1** **(durch etwas/zu etwas) durchfinden** einen Weg, ein Ziel durch ein Gebiet o. Ä. finden | *Er hat nicht mehr durch den Wald durchgefunden* **2** **(durch etwas) durchfinden** die Übersicht behalten | *durch einen Berg von Akten durchfinden* **3** **sich (irgendwo(hin)) durchfinden** einen Ort suchen und mit Mühe finden | *sich in der Großstadt durchfinden* **4** **sich durch etwas durchfinden** die Übersicht behalten

durch·flie·gen VERB *(ist)* **1** **etwas fliegt (durch etwas) durch** etwas fliegt durch etwas | *Ein Stein flog durch die Fensterscheibe durch* **2** **(bei etwas/in etwas** *(Dativ)*) **durchfliegen** *gesprochen* ≈ *durchfallen*

durch·flie·ßen[1] VERB *(ist)* ⟨ein Bach, ein Fluss⟩ **fließt (durch etwas) durch** ein Bach, ein Fluss o. Ä. fließt durch etwas

durch·flie·ßen[2] VERB (durchfloss, hat durchflossen) ⟨ein Fluss⟩ **durchfließt etwas** ein Bach, ein Fluss o. Ä. fließt von einem Ende eines Gebietes zum anderen | *Ein Fluss durchfließt das Tal*

durch·flu·ten VERB (durchflutete, hat durchflutet); *geschrieben* **etwas durchflutet etwas** etwas dringt in einen Raum ein und erfüllt ihn ⟨Licht durchflutet/Sonnenstrahlen durchfluten einen Raum⟩

durch·for·schen VERB (durchforschte, hat durchforscht) **1** **etwas (nach jemandem/etwas) durchforschen** etwas gründlich absuchen, um jemanden/etwas zu finden ⟨ein Gebiet, eine Gegend, einen Wald durchforschen⟩ **2** **etwas (nach etwas) durchforschen** schriftliche Unterlagen, Bücher o. Ä. von Anfang bis Ende durcharbeiten, um etwas zu finden, Überflüssiges zu entfernen o. Ä. ⟨die Literatur, literarische Quellen durchforschen⟩ • hierzu **Durch·for·schung** *die*

durch·fors·ten VERB (durchforstete, hat durchforstet) **1** **etwas (nach jemandem/etwas) durchforsten** irgendwo gründlich nach jemandem/etwas suchen | *ein Gebiet nach jemandem durchforsten* | *ein Buch nach einem Zitat durchforsten* **2** **einen Wald durchforsten** aus einem Wald so viele Bäume entfernen, dass die übrigen Bäume besser wachsen können • hierzu **Durch·fors·tung** *die*

durch·fra·gen VERB *(hat)* **sich (zu jemandem/etwas/nach etwas) durchfragen** den Weg zu einem Ziel suchen und dabei mehrere Leute fragen | *sich zum Zoo durchfragen*

durch·fres·sen VERB *(hat)* **1** **ein Tier frisst sich (durch etwas) durch** ein Tier frisst ein Loch in etwas und gelangt so durch etwas (hindurch) | *Die Raupe hat sich durch den Apfel durchgefressen* **2** **sich (bei jemandem) durchfressen** *gesprochen, abwertend* häufig bei einer anderen Person auf deren Kosten essen | *Er frisst sich immer bei Peter durch*

durch·fro·ren ADJEKTIV *meist prädikativ* am ganzen Körper ganz ausgekühlt

Durch·fuhr *die;* (-); *admin* der Transport von Waren oder das Fahren von einem Land in ein anderes durch ein drittes hindurch ≈ *Transit* **K** Durchfuhrerlaubnis, Durchfuhrhandel, Durchfuhrverbot

★ **durch·füh·ren** VERB *(hat)* **1** **etwas durchführen** das tun, was geplant oder vorgeschrieben ist ⟨einen Plan, ein Vorhaben durchführen; einen Auftrag, einen Beschluss durchführen⟩ **2** **etwas durchführen** etwas (nach einem Plan) machen ⟨ein Experiment, einen Versuch, eine Reparatur durchführen⟩ **3** **etwas durchführen** etwas, das man geplant und organisiert hat, stattfinden lassen ⟨eine Aktion, eine Sammlung, eine Konferenz, eine Tagung durchführen⟩ ≈ *veranstalten* ● hierzu **Durch·füh·rung** *die*; **durch·führ·bar** ADJEKTIV

durch·füt·tern VERB *(hat)* **jemanden durchfüttern** *gesprochen* jemanden über relativ lange Zeit mit Essen versorgen

Durch·gang *der*; (-(e)s, Durch·gän·ge) **1** **ein Durchgang (zu etwas); ein Durchgang zwischen Dingen** *(Dativ)* eine meist relativ enge Verbindung zwischen zwei Räumen, Gebäuden o. Ä., durch die man gehen kann | *Bitte den Durchgang frei halten!* **2** *nur Singular* das Überqueren einer Fläche oder eines Gebiets, die anderen Personen gehören | *Durchgang verboten!* **3** eine von mehreren Phasen eines wiederholten Ablaufs | *mehrere Durchgänge eines Wettkampfes* | *im ersten Durchgang an die Reihe kommen* **K** Arbeitsdurchgang, Probedurchgang

durch·gän·gig ADJEKTIV *meist adverbiell* immer, von Anfang bis Ende vorhanden | *Er hat durchgängig gute Leistungen gebracht*

Durch·gangs|la·ger *das* ein Lager, in dem meist Flüchtlinge oder Asylanten nach ihrer Ankunft für kurze Zeit wohnen

Durch·gangs|ver·kehr *der* der Verkehr, der durch einen Ort zu anderen Orten geht

durch·ge·ben VERB *(hat)* **etwas durchgeben** eine Information durch Funk, Radio oder Fernsehen verbreiten ⟨eine Meldung, eine Nachricht, einen Aufruf (im Fernsehen, über Funk) durchgeben⟩

★ **durch·ge·hen** VERB *(ist)* **1** **etwas (auf etwas** *(Akkusativ)* **(hin) durchgehen** einen Text genau lesen, um z. B. Fehler zu finden | *einen Aufsatz auf Kommafehler (hin) durchgehen* **2** **etwas geht durch** etwas dauert, fährt, fliegt o. Ä. ohne Unterbrechung bis zu einem Zeitpunkt oder einem Ort | *Die Party ging die ganze Nacht durch* | *Der Zug geht durch bis Bonn* **3** **(durch etwas) durchgehen** durch eine Öffnung gehen | *durch ein Tor durchgehen* **4** **unter etwas** *(Dativ)* **durchgehen** einen Weg gehen, über dem etwas ist | *unter den Zweigen durchgehen* **5** **etwas geht (durch etwas) durch** *gesprochen* etwas ist kleiner als eine Öffnung und passt deshalb hindurch | *Die Tür ist so schmal, dass der Tisch nicht durchgeht* **6** **etwas geht (durch etwas) durch** *gesprochen* etwas dringt durch etwas | *Das Wasser geht durch meine Schuhe durch* **7** **ein Pferd geht (mit jemandem/etwas) durch** ein Pferd gehorcht nicht mehr und galoppiert ohne Ziel davon **8** **etwas geht mit jemandem durch** *gesprochen* etwas kann von jemandem nicht mehr beherrscht werden ⟨die Nerven, die Gefühle gehen mit jemandem durch; das Temperament geht mit jemandem durch⟩ **9** **mit jemandem/etwas durchgehen** mit jemandem/etwas heimlich verschwinden | *Der Kassierer ist mit den Einnahmen durchgegangen* **10** **etwas geht durch** *gesprochen* etwas ist gut genug, um von einer Person akzeptiert zu werden | *Meinst du, mein Aufsatz geht so durch oder soll ich noch was ändern?* **11** **(jemandem) etwas durchgehen lassen** *gesprochen* eine Person nicht kritisieren oder bestrafen (obwohl sie es verdient hätte) | *jemandem einen Fehler durchgehen lassen* | *Ich werde dein schlechtes Benehmen nicht durchgehen lassen!*

durch·ge·hend ■ PARTIZIP PRÄSENS **1** → durchgehen ■ ADVERB **2** **jemand/etwas hat durchgehend geöffnet; etwas ist durchgehend offen/geöffnet** ein Geschäft, eine öffentliche Einrichtung ist ohne Mittagspause geöffnet | *Die Buchhandlung hat von 8 Uhr bis 18 Uhr durchgehend geöffnet*

durch·ge·knallt ADJEKTIV; *gesprochen!* nicht (mehr) vernünftig und normal ≈ *verrückt* | *Irgendwelche durchgeknallten Typen haben die Mülltonnen angezündet*

durch·ge·stal·ten VERB (gestaltete durch, hat durchgestaltet) **etwas durchgestalten** etwas gründlich, bis ins Detail gestalten

durch·gie·ßen VERB *(hat)* **etwas (durch etwas) durchgießen** etwas durch etwas gießen | *den Tee durch ein Sieb durchgießen*

durch·grei·fen VERB *(hat)* **1** **(durch etwas) durchgreifen** durch eine Öffnung greifen ⟨durch ein Gitter, einen Zaun, einen Spalt durchgreifen⟩ **2** **(gegen jemanden) (irgendwie) durchgreifen** energisch dafür sorgen, dass Regeln und Gesetze beachtet werden ⟨energisch, hart, rücksichtslos durchgreifen⟩ | *Die Polizei greift gegen betrunkene Autofahrer streng durch*

durch·grei·fend ■ PARTIZIP PRÄSENS **1** → durchgreifen ■ ADJEKTIV **2** ⟨Änderungen, Neuerungen⟩ sehr groß, mit starken Auswirkungen/Konsequenzen

durch·ha·ben VERB *(hat)* **etwas durchhaben** *gesprochen* verwendet als verkürzte Form vieler Verben mit *durch-*, um zu sagen, dass eine Tätigkeit ganz oder erfolgreich beendet ist | *ein Buch durchhaben* (durchgelesen haben) | *Akten durchhaben* (durchgesehen haben) | *Hast du das Brett noch nicht durch?* (Hast du es noch nicht durchgesägt/durchgebohrt?)

durch·hal·ten VERB *(hat)* **1** **etwas durchhalten** in einer sehr unangenehmen oder schwierigen Situation seine (körperliche oder seelische) Kraft nicht verlieren | *Obwohl er krank war, hielt er die Strapazen der Reise gut durch* | *Die seelische Belastung halte ich nicht mehr länger durch* **2** **(etwas) durchhalten** etwas gegen Widerstand anderer Leute sehr lange oder bis zum Ende aushalten ⟨bis zum Schluss durchhalten⟩ | *Die Mitglieder der Gewerkschaft haben (den Streik) zehn Wochen lang durchgehalten*

Durch·hal·te|ver·mö·gen *das*; (-s) die Fähigkeit, eine Anstrengung längere Zeit zu ertragen ≈ *Ausdauer*

durch·hän·gen VERB (hing durch, hat durchgehangen) **1** **etwas hängt durch** etwas biegt sich nach unten ⟨ein Seil, ein Kabel, eine Wäscheleine, ein Brett⟩ **2** **jemand hängt durch** *gesprochen* jemand hat keine Energie mehr, ist deprimiert oder müde

durch·hau·en VERB (haute/*geschrieben* hieb durch, hat durchgehauen) **1** **etwas durchhauen** etwas (mit einer Axt o. Ä.) in zwei Teile zerhauen | *einen Ast durchhauen* **2** **jemanden durchhauen** *gesprochen* ≈ *verprügeln*

durch·he·cheln VERB (hechelte durch, hat durchgehechelt) **jemanden/etwas durchhecheln** *gesprochen, abwertend* ≈ *tratschen*

durch·hei·zen VERB *(hat)* **1** **(etwas) durchheizen** so heizen, dass es überall sehr warm wird | *Nach unserer Rückkehr mussten wir die Wohnung erst einmal ordentlich durchheizen* **2** die genannte Zeit ununterbrochen heizen | *Wir mussten den ganzen Winter/auch im April noch durchheizen*

durch·hel·fen VERB *(hat)* **1** **jemandem (durch etwas) durchhelfen** jemandem helfen, durch eine Öffnung, ein Hindernis o. Ä. zu gelangen **2** **jemandem (durch etwas) durchhelfen** jemandem helfen, eine schwierige Zeit zu überstehen ⟨jemandem durch eine Krise, eine Notlage durchhelfen⟩

durch·hö·ren VERB *(hat)* **1** **etwas (durch etwas) durchhören** etwas durch etwas (z. B. eine Wand) hören | *die laute Musik des Nachbarn durch die Wand durchhören* **2** **etwas (durch etwas) durchhören** jemandes Gefühle, Meinungen oder Absichten an der Art, wie er etwas sagt, erkennen | *Durch seine Worte hörte man die Enttäuschung durch*

durch·käm·men VERB (durchkämmte, hat durchkämmt) **etwas (nach jemandem/etwas) durchkämmen** ein Gebiet mit mehreren Leuten gründlich und systematisch durchsuchen | *Die Polizei durchkämmte den Wald nach der Vermissten* • hierzu **Durch·käm·mung** *die*

durch·kämp·fen VERB (*hat*) **1** **sich (durch etwas) durchkämpfen** sich mühsam einen Weg schaffen | *Sie kämpfte sich durch das Gestrüpp durch* **2** **sich durchkämpfen** mit viel Mühe das zu bekommen oder erreichen versuchen, was man braucht | *Es war am Anfang nicht leicht für mich, und ich musste mich durchkämpfen* **3** **etwas durchkämpfen** etwas mit Mühe durchsetzen

durch·kau·en VERB (*hat*) **1** **(etwas) durchkauen** etwas gründlich kauen | *zähes Fleisch gut durchkauen* **2** **etwas durchkauen** *gesprochen* meist einen Lehrstoff so lange üben, bis ihn alle verstanden haben | *das Passiv im Unterricht durchkauen*

durch·klin·gen VERB **1** **etwas klingt (durch etwas) durch** (*ist*) etwas ist zwischen anderen Tönen zu hören **2** **etwas klingt durch** (*hat/ist*) etwas ist indirekt zu erkennen, durch die Art, wie jemand etwas sagt

durch·kne·ten VERB (*hat*) **1** **den Teig durchkneten** den Teig gründlich kneten **2** **jemanden/etwas durchkneten** jemanden gründlich massieren

★ **durch·kom·men** VERB (*ist*) **1** **(durch etwas) durchkommen** durch einen Ort o. Ä. gehen oder fahren, ohne dort anzuhalten | *Der Zug nach Leipzig muss gleich durchkommen* **2** *gesprochen* an einer Verletzung oder Krankheit nicht sterben | *Hoffentlich kommt er durch!* **3** *gesprochen* jemanden telefonisch erreichen können oder eine freie Leitung bekommen <sofort, auf Anhieb, nicht durchkommen> **4** *gesprochen* eine Prüfung bestehen | *Wenn du für das Examen nicht lernst, kommst du nie durch!* **5** **(durch etwas) durchkommen** *gesprochen* durch ein Hindernis, eine enge Stelle gelangen können <durch eine Absperrung, ein Loch, eine Menschenmenge, das Gewühl durchkommen> **6** **eine Nachricht kommt durch** *gesprochen* eine Nachricht wird im Radio oder im Fernsehen gesendet **7** **(bei jemandem) mit etwas durchkommen** mit etwas Erfolg haben | *Mit deinen Ideen kommst du bei unserem Chef nicht durch*

durch·kön·nen VERB (*hat*) **(durch etwas) durchkönnen** *gesprochen* verwendet als verkürzte Form vieler Verben (der Bewegung) mit *durch-*, um zu sagen, dass etwas erlaubt oder möglich ist | *durch eine Absperrung durchkönnen* (durchfahren oder durchgehen können) | *durch einen Fluss durchkönnen* (durchschwimmen, durchwaten usw. können) | *Durch die Dichtung kann keine Luft durch* (durchgelangen, hindurchdringen)

durch·kreu·zen VERB (durchkreuzte, hat durchkreuzt) **jemandes Absichten, Pläne durchkreuzen** bewirken, dass jemandes Absichten, Pläne scheitern • hierzu **Durch·kreu·zung** *die*

durch·krie·gen VERB (*hat*); *gesprochen* **1** **jemanden durchkriegen** ≈ *durchbringen* **2** **etwas (durch etwas) durchkriegen** ≈ *durchbringen* **3** **etwas (mit etwas) durchkriegen** ≈ *durchbekommen*

Durch·lass *der*; (-es, Durch·läs·se); *geschrieben* **1** *nur Singular* die Erlaubnis, über eine Grenze, durch eine Sperre o. Ä. zu gehen <jemandem Durchlass gewähren, verschaffen> **2** eine Stelle, an der jemand/etwas meist durch ein gesperrtes Gebiet gehen oder fahren darf | *Bis auf einen schmalen Durchlass für Fußgänger ist das Gelände gesperrt*

durch·las·sen VERB (*hat*) **1** **etwas lässt etwas (durch etwas) durch** etwas verhindert nicht, dass etwas durch ein Hindernis, eine Öffnung (hindurch) gelangt | *Das Dach lässt Regen durch* | *Die Vorhänge lassen fast kein Licht durch* **2** **jemanden/etwas (durch etwas) durchlassen** jemandem erlauben, durch eine Absperrung, ein Hindernis o. Ä. zu gehen oder zu fahren | *Die Wachen dürfen Personen ohne Ausweis nicht durchlassen*

durch·läs·sig ADJEKTIV **(für etwas) durchlässig** so, dass dadurch etwas (z. B. eine Flüssigkeit, Licht o. Ä.) durchdringen kann | *durchlässige Schuhe* (undichte Schuhe) **K** lichtdurchlässig, luftdurchlässig, wasserdurchlässig • hierzu **Durch·läs·sig·keit** *die*

Durch·laucht *die*; (-, -en); *historisch* verwendet als Anrede für Fürsten und Fürstinnen, Prinzen und Prinzessinnen <Seine, Ihre, Euer Durchlaucht>

Durch·lauf *der* eine von mehreren Phasen eines wiederholten Ablaufs <in ersten, zweiten usw. Durchlauf> ≈ *Durchgang* | *Nach mehreren Durchläufen werden die Ergebnisse statistisch ausgewertet*

★ **durch·lau·fen**[1] VERB **1** **(durch etwas) durchlaufen** (*ist*) durch eine Öffnung, eine enge Stelle laufen | *durch ein Tor durchlaufen* **2** **(durch etwas) durchlaufen** (*ist*) (quer) durch ein Gebiet o. Ä. laufen | *durch einen Wald durchlaufen* **3** **(durch etwas) durchlaufen** (*ist*) durch etwas hindurchgehen o. Ä., ohne dort länger stehen zu bleiben | *durch ein Kaufhaus nur durchlaufen, ohne etwas zu kaufen* **4** **etwas läuft (durch etwas) durch** (*ist*) etwas dringt langsam durch etwas durch | *Der Kaffee ist noch nicht (durch den Filter) durchgelaufen* **5** (*ist*) über einen Zeitraum oder bis zu einem Zeitpunkt oder Ort ohne Unterbrechung laufen, fahren o. Ä. | *zwei Stunden/bis zum Morgengrauen durchlaufen* | *Der Zug läuft bis (nach) Zürich durch* **6** **etwas durchlaufen** (*hat*) etwas so stark abnutzen, dass Löcher entstehen <die Schuhe, die Strümpfe, die Sohlen durchlaufen>

durch·lau·fen[2] VERB (durchlief, hat durchlaufen) **1** **etwas durchlaufen** etwas erfolgreich beenden <eine Schule, eine Ausbildung, ein Studium durchlaufen> **2** **etwas durchläuft etwas** etwas geht durch Stufen oder Phasen einer Entwicklung | *Der Gesetzesvorschlag muss noch alle parlamentarischen Gremien durchlaufen* **3** **etwas durchläuft jemanden/jemandes Körper** *geschrieben* etwas breitet sich plötzlich in jemandes Körper aus <ein Schauder, ein Beben, ein Zittern durchläuft jemanden/jemandes Körper> **4** **etwas durchlaufen** von einem Ende eines Gebietes o. Ä. zum anderen laufen | *einen Wald durchlaufen*

Durch·lauf·er·hit·zer *der*; (-s, -) ein Apparat, der Wasser heiß macht, während es hindurchläuft

durch·la·vie·ren [-v-] VERB (lavierte sich durch, hat sich durchlaviert) **sich (durch etwas) durchlavieren** *gesprochen* durch Glück und Geschick verschiedenen Gefahren entgehen und Erfolg haben

durch·le·ben VERB (durchlebte, hat durchlebt) **etwas durchleben** *geschrieben* eine Situation, einen Zeitraum bewusst erleben <frohe Stunden, Jahre der Not, eine glückliche Kindheit, eine Zeit der Trauer durchleben>

durch·le·sen VERB (*hat*) **(sich (Dativ)) etwas durchlesen** einen Text ganz lesen | *Lies das mal bitte durch!*

durch·leuch·ten VERB (durchleuchtete, hat durchleuchtet) **1** **etwas durchleuchten** etwas genau untersuchen, um Klarheit über alle Einzelheiten zu bekommen <einen Kriminalfall, ein Problem, jemandes Vergangenheit durchleuchten> **2** **jemanden/etwas durchleuchten** ≈ *röntgen* • hierzu **Durch·leuch·tung** *die*

durch·lie·gen VERB (*hat*) **etwas durchliegen** etwas zusammendrücken und abnutzen, weil man viel darauf liegt <eine Matratze durchliegen>

durch·lö·chern VERB (durchlöcherte, hat durchlöchert) **1** **etwas durchlöchern** viele Löcher in etwas machen | *eine Dose mit Kugeln durchlöchern* **2** **etwas durchlöchern** eine

Regelung durch viele Ausnahmen in ihrer Wirkung schwächen ⟨Gesetze, Vorschriften durchlöchern⟩ • hierzu **Durch·lö·che·rung** *die*

durch·lot·sen VERB (*hat*) **jemanden (durch etwas) durchlotsen** *gesprochen* jemanden meist durch ein unbekanntes Gebiet lotsen | *einen Autofahrer durch Berlin bis zum Olympiastadion durchlotsen*

durch·lüf·ten VERB (*hat*) **(etwas) durchlüften** etwas lange und gründlich lüften ⟨(ein Zimmer, die Wohnung) gut, ordentlich durchlüften⟩

durch·ma·chen VERB (*hat*) **1** **etwas durchmachen** etwas Negatives oder Unangenehmes, das längere Zeit dauert, erleben ⟨eine schlimme Krankheit, eine schlimme Zeit durchmachen⟩ | *Sie hat in ihrem Leben schon viel durchmachen müssen* **2** **etwas durchmachen** *gesprochen* etwas erfolgreich beenden | *eine Ausbildung durchmachen* **3** *gesprochen* eine längere Zeit feiern oder arbeiten, ohne eine Pause zu machen ⟨die (ganze) Nacht, bis zum Morgen durchmachen⟩ | *Wenn wir das schaffen wollen, müssen wir mittags/ohne Mittagspause durchmachen*

Durch·marsch *der*; (-(e)s) **1** *gesprochen, humorvoll* ⟨Durchmarsch haben, bekommen⟩ ≈ *Durchfall* **2** **Soldaten sind auf dem Durchmarsch** Soldaten marschieren auf dem Weg zu einem anderen Ziel durch ein Gebiet **3** *gesprochen* mehrere Siege nacheinander bis zum endgültigen Sieg

durch·mes·sen VERB (durchmisst, durchmaß, hat durchmessen) **etwas durchmessen** *geschrieben* mit langsamen, großen Schritten durch einen Raum gehen ⟨einen Saal durchmessen⟩

★ **Durch·mes·ser** *der*; (-s, -) die Länge einer geraden Linie in der Mitte durch einen Kreis oder eine Kugel | *Der Durchmesser beträgt das Doppelte des Radius*

durch·mo·geln VERB (*hat*) **sich durchmogeln** *gesprochen* durch (relativ harmlose) Tricks und Lügen das eigene Ziel erreichen ⟨sich überall durchmogeln⟩

durch·müs·sen VERB (*hat*) **1** **(durch etwas) durchmüssen** *gesprochen* verwendet als verkürzte Form vieler Verben (der Bewegung) mit *durch-*, um zu sagen, dass jemand oder ein Tier etwas durchqueren muss | *durch eine Stadt/Absperrung durchmüssen* (durchfahren, durchgehen müssen) | *durch einen Fluss durchmüssen* (durchschwimmen, durchwaten müssen) **2** eine schwierige oder unangenehme Situation, Prüfung, Probe o. Ä. ertragen müssen | *Du musst da durch, da hilft alles nichts!*

durch·na·gen VERB (*hat*) **ein Tier nagt etwas durch** ein Tier nagt etwas in zwei Teile | *Ein Marder hat das Kabel/den Schlauch durchgenagt*

durch·näs·sen VERB (durchnässte, hat durchnässt) **etwas durchnässt jemanden/etwas** Wasser, Regen o. Ä. macht eine Person oder ihre Kleidung vollkommen nass ⟨völlig, bis auf die Haut durchnässt sein⟩ ■ meist im Passiv mit dem Hilfsverb *sein*

durch·neh·men VERB (*hat*) **etwas durchnehmen** sich in der Schule, im Unterricht mit einem Thema (Lehrstoff) gründlich beschäftigen | *Heute haben wir eine neue Lektion in Latein durchgenommen*

durch·num·me·rie·ren VERB (nummerierte durch, hat durchnummeriert) **etwas durchnummerieren** etwas von Anfang bis Ende (fortlaufend) nummerieren ⟨die Seiten eines Textes durchnummerieren⟩ • hierzu **Durch·num·me·rie·rung** *die*

durch·pau·sen VERB (*hat*) **etwas durchpausen** eine Zeichnung o. Ä. kopieren, indem man z. B. mit durchsichtigem Papier die Linien nachzeichnet

durch·peit·schen VERB (*hat*) **1** **etwas durchpeitschen** *gesprochen, abwertend* erreichen, dass ein Antrag o. Ä. von einem Parlament, einem Gremium o. Ä. schnell angenommen wird, ohne dass lange darüber diskutiert wird ⟨einen Antrag, einen Beschluss, ein Gesetz durchpeitschen⟩ **2** **jemanden durchpeitschen** ≈ *auspeitschen*

durch·pflü·gen VERB (*hat*) **1** **etwas durchpflügt etwas** ein Fahrzeug o. Ä. macht eine tiefe Spur (ähnlich der eines Pfluges) in einen feuchten, schweren Boden | *Panzer durchpflügten das Gelände* **2** **etwas durchpflügt etwas** *geschrieben* ein Schiff oder ein großes Tier bewegt sich durchs Wasser und produziert dabei hohe Wellen | *Die Flotte durchpflügte das Meer*

durch·que·ren VERB (durchquerte, hat durchquert) **etwas durchqueren** sich von einem Ende eines Gebiets, Raumes o. Ä. zum anderen bewegen | *Um von Deutschland nach Spanien zu kommen, muss man Frankreich durchqueren* • hierzu **Durch·que·rung** *die*

durch·ras·seln VERB (*ist*) **(durch/bei/in etwas (*Dativ*)) durchrasseln** *gesprochen* eine Prüfung nicht bestehen | *durchs Abitur durchrasseln* | *bei einem Examen durchrasseln*

durch·rech·nen VERB (*hat*) **etwas durchrechnen** etwas gründlich, von Anfang bis Ende rechnen (und prüfen) ⟨eine Aufgabe durchrechnen; die Kosten, ein Angebot (noch einmal) durchrechnen⟩

durch·reg·nen VERB (*hat*) **es regnet (durch etwas) durch** Regen dringt durch etwas (meist das Dach) durch

Durch·rei·che *die*; (-, -n) eine Öffnung in der Wand meist zwischen Küche und Esszimmer, durch die man Essen, Geschirr usw. reichen kann

Durch·rei·se *die*; (-, -n); *meist Singular* **auf der Durchreise sein; sich auf der Durchreise befinden** während einer Reise kurze Zeit an einem Ort bleiben, bevor man zu einem Ziel weiterreist | *„Bleiben Sie längere Zeit in Frankfurt?" – „Nein, ich bin nur auf der Durchreise."*

durch·rei·sen[1] VERB (*ist*) **(durch etwas) durchreisen** auf einer Reise durch einen Ort, ein Gebiet kommen (und dort höchstens für kurze Zeit bleiben)

durch·rei·sen[2] VERB (durchreiste, hat durchreist) **etwas durchreisen** durch ein Gebiet oder Land auf einer Reise gehen, fahren | *Er hat schon fast die ganze Welt durchreist*

Durch·rei·sen·de *der/die*; (-n, -n) eine Person, die sich auf der Durchreise befindet

Durch·rei·se|vi·sum *das* eine Genehmigung zum Durchreisen eines Staates ≈ *Transitvisum*

durch·rei·ßen VERB **1** **etwas durchreißen** (*hat*) etwas in zwei Teile zerreißen | *ein Blatt Papier in der Mitte durchreißen* **2** **etwas reißt durch** (*ist*) etwas zerreißt in zwei Teile

durch·rin·gen VERB (*hat*) **sich zu etwas durchringen** sich nach längerem Zögern entschließen, etwas, das man nicht gerne tut, trotzdem zu tun ⟨sich zu einem Entschluss, einer Entscheidung, einer Entschuldigung durchringen⟩

durch·ros·ten VERB (*ist*) **etwas rostet durch** etwas rostet so stark, dass es Löcher bekommt oder bricht

durch·rüh·ren VERB (*hat*) **etwas durchrühren** etwas gründlich rühren | *den Kuchenteig mit dem Mixer gut durchrühren*

durch·rut·schen VERB (*ist*); *gesprochen* **1** **(durch etwas) durchrutschen** durch eine Öffnung rutschen **2** meist eine Prüfung gerade noch bestehen ⟨gerade noch (so) durchrutschen⟩

durchs PRÄPOSITION *mit Artikel* durch das ■ In Wendungen wie *für jemanden durchs Feuer gehen, mit jemandem durchs Leben gehen* kann *durchs* nicht durch *durch das* ersetzt werden.

★ **Durch·sa·ge** *die*; (-, -n) die Mitteilung einer Information im Radio, im Fernsehen oder über Lautsprecher ⟨eine aktuelle, wichtige Durchsage bringen, machen⟩ | *Achtung, eine Durchsage: Wegen einer Betriebsstörung verzögert sich die Abfahrt aller S-Bahnen*

durch·sa·gen VERB *(hat)* **etwas durchsagen** eine Information im Radio, Fernsehen oder über Lautsprecher mitteilen

durch·schau·bar ADJEKTIV **1** so, dass man das Ziel dahinter erkennen kann ⟨jemandes Absichten, Pläne⟩ **2** so, dass man leicht dahinterkommt ⟨ein Betrug, eine List⟩ • hierzu **Durch·schau·bar·keit** *die*

durch·schau·en[1] VERB *(hat)* **(durch etwas) durchschauen** durch eine Öffnung oder durch Material wie Glas sehen

durch·schau·en[2] VERB (durchschaute, hat durchschaut) **1** **jemanden durchschauen** jemandes wahren Charakter erkennen | *Ich habe ihn durchschaut: Er ist gar nicht so nett, wie er immer tut* **2** **etwas durchschauen** etwas als List oder Betrug erkennen **3** **etwas durchschauen** das Prinzip oder die Zusammenhänge von etwas Kompliziertem begreifen | *Die Bestimmungen sind schwer zu durchschauen*

durch·schei·nen VERB *(hat)* **etwas scheint (durch etwas) durch** Lichtstrahlen dringen durch etwas hindurch | *Die Sonne schien durch die Wolken*

durch·schei·nend ADJEKTIV so, dass man dahinter etwas relativ gut erkennen kann ⟨Haut, ein Papier, ein Stoff, ein Vorhang⟩ **≈** ≠ durchsichtig

durch·scheu·ern VERB *(hat)* **etwas durchscheuern** meist einen Stoff durch Reiben dünn machen, beschädigen | *die Hose an den Knien durchscheuern*

durch·schim·mern VERB *(hat)* **1** **etwas schimmert (durch etwas) durch** Licht oder Helligkeit dringt durch etwas | *Das Licht der Lampe schimmerte durch den Vorhang durch* **2** **etwas schimmert durch** etwas ist andeutungsweise zu hören

durch·schla·fen VERB *(hat)* eine Zeit lang oder bis zu einem Zeitpunkt schlafen, ohne wach zu werden ⟨die ganze Nacht, nachts, bis zum Morgen durchschlafen⟩

durch·schla·gen[1] VERB **1** **etwas durchschlagen** *(hat)* etwas in zwei Teile schlagen **2** **etwas (durch etwas) durchschlagen** *(hat)* auf etwas schlagen und dadurch bewirken, dass es durch etwas dringt | *einen Nagel durch ein Brett durchschlagen* **3** **etwas schlägt (durch etwas) durch** *(ist)* etwas (meist Unangenehmes) dringt durch etwas hindurch | *Die Nässe ist durch die Wand durchgeschlagen* **4** **sich (durch etwas) durchschlagen**; **sich irgendwohin durchschlagen** *(hat)* trotz Schwierigkeiten durch ein gefährliches Gebiet an ein Ziel kommen | *sich zur Grenze durchschlagen* **5** **sich (irgendwie) durchschlagen** *(hat)* es immer wieder schaffen, dass man gerade genug Geld usw. hat, um leben zu können ⟨sich allein, irgendwie durchschlagen, (müssen)⟩ | *sich recht und schlecht durchschlagen* (so gut es geht) | *„Wie gehts?" – „Man schlägt sich so durch"*

durch·schla·gen[2] VERB (durchschlägt, durchschlug, hat durchschlagen) **etwas durchschlägt etwas** etwas dringt mit großer Kraft und Geschwindigkeit durch ein Hindernis | *Die Pistolenkugel durchschlug die Fensterscheibe*

durch·schla·gend ADJEKTIV **1** ⟨ein Argument, ein Beweis⟩ so, dass sie andere Leute sofort und endgültig überzeugen **2** ⟨ein Erfolg, eine Wirkung⟩ sehr groß, bedeutsam

Durch·schlags·kraft *die; nur Singular* **1** die Fähigkeit, feste Körper zu durchschlagen ⟨etwas ist von hoher, niedriger Durchschlagskraft⟩ | *Die Bombe hatte eine gewaltige Durchschlagskraft* **2** die Fähigkeit, Leute zu überzeugen ⟨die Durchschlagskraft eines Arguments⟩

durch·schme·cken VERB *(hat)* **1** **etwas (durch etwas) durchschmecken** am Geschmack einer Speise deutlich erkennen, dass eine Zutat dabei ist **2** **etwas schmeckt durch** etwas ist als Geschmack bemerkbar

durch·schmo·ren VERB *(ist)* **etwas schmort durch** *gesprochen* etwas wird durch sehr große Hitze zerstört ⟨eine elektrische Leitung, ein Kabel⟩

durch·schnei·den VERB *(hat)* **etwas durchschneiden** etwas in zwei Teile schneiden | *den Stoff in der Mitte durchschneiden*

★ **Durch·schnitt** *der*; (-(e)s, -e) **1** *meist Singular* die Zahl, die sich ergibt, wenn man die Summe aus mehreren Zahlen bildet und die Summe dann durch die Anzahl der Zahlen teilt ⟨den Durchschnitt ermitteln, errechnen⟩ ≈ *Mittelwert, arithmetisches Mittel* | *Der Durchschnitt von drei, fünf und sieben ist/beträgt fünf* (3 + 5 + 7) : 3 = 5) **K** Durchschnittsalter, Durchschnittseinkommen, Durchschnittsgeschwindigkeit, Durchschnittsgewicht, Durchschnittslohn, Durchschnittspreis, Durchschnittstemperatur, Durchschnittsverdienst, Durchschnittszeit; Abiturdurchschnitt, Notendurchschnitt **2** das normale, übliche Maß ⟨etwas liegt über, unter dem Durchschnitt; etwas ist (guter) Durchschnitt; etwas überschreitet, übersteigt den Durchschnitt⟩ | *Peters Leistungen in der Schule liegen weit über dem Durchschnitt* **K** Durchschnittsleistung, Durchschnittsniveau, Durchschnittstalent **3** **im Durchschnitt** in den meisten Fällen ≈ *normalerweise* | *Ich schlafe im Durchschnitt sieben Stunden pro Tag*

★ **durch·schnitt·lich** ADJEKTIV **1** dem Durchschnitt entsprechend, im Durchschnitt | *Sein durchschnittliches Jahreseinkommen liegt bei 40.000 Euro* | *Die Firma produziert durchschnittlich 100 Maschinen pro Tag* **2** weder sehr gut noch sehr schlecht ⟨eine Begabung, eine Leistung⟩ | *ein durchschnittlich begabtes Kind* | *von durchschnittlicher Intelligenz*

Durch·schnitts- *im Substantiv, betont, begrenzt produktiv* **das Durchschnittsauto, der Durchschnittsbürger, der/die Durchschnittsdeutsche, der Durchschnittsleser** *und andere* drückt aus, dass die genannte Person/Sache weder sehr positiv noch sehr negativ auffällt

Durch·schnitts|wert *der* die Zahl, die sich ergibt, wenn man mehrere Zahlen addiert und dann durch ihre Anzahl teilt ≈ *Durchschnitt*

durch·schrei·ten VERB (durchschritt, hat durchschritten) **etwas durchschreiten** *geschrieben* langsam und feierlich von einem Ende eines Raumes o. Ä. zum anderen gehen | *einen Saal durchschreiten*

Durch·schrift *die*; (-, -en) ⟨von einer Sache eine Durchschrift anfertigen⟩ ≈ *Kopie*

Durch·schuss *der*; (-es, Durch·schüs·se) **1** ein Schuss durch den Körper eines Menschen oder Tieres hindurch ⟨ein glatter Durchschuss⟩ **2** (in einem gedruckten Text) der Abstand zwischen den Zeilen

durch·schüt·teln VERB *(hat)* **jemanden/etwas durchschütteln** jemanden/etwas stark oder längere Zeit schütteln ⟨jemanden/etwas gründlich durchschütteln⟩

durch·schwim·men[1] VERB *(ist)* **(durch etwas) durchschwimmen** (quer) durch etwas schwimmen ⟨durch einen Fluss, einen See durchschwimmen⟩

durch·schwim·men[2] VERB (durchschwamm, hat durchschwommen) **etwas durchschwimmen** von einer Seite eines Flusses o. Ä. zur anderen schwimmen ⟨einen Fluss, einen See durchschwimmen⟩

durch·schwit·zen VERB *(hat)* **etwas durchschwitzen** ein Kleidungsstück durch Schweiß ganz nass machen | *ein durchgeschwitztes Hemd*

durch·se·hen VERB *(hat)* **1** **etwas durchsehen** etwas nur teilweise oder kursorisch lesen, ohne auf Einzelheiten zu achten | *einen Bericht kurz durchsehen* **2** **etwas (auf et-**

D

was *(Akkusativ)* **(hin) durchsehen** etwas genau lesen, um es zu prüfen oder um etwas zu finden | *einen Aufsatz auf orthografische Fehler hin durchsehen* **3 etwas durchsehen** in etwas nach etwas suchen | *Sieh mal deine Sachen durch, ob du den Schlüssel findest!* **4 (durch etwas) durchsehen** durch eine Öffnung o. Ä. sehen | *Lass mich auch einmal durch das Fernrohr durchsehen!*

★ **durch·set·zen**[1] VERB *(hat)* **1 etwas (gegen/etwas jemanden) durchsetzen** erreichen, dass etwas gemacht oder realisiert wird, obwohl andere Personen dagegen sind ⟨ein Gesetz, eine Regelung durchsetzen; den eigenen Willen durchsetzen⟩ | *Ich konnte meine Absichten/Pläne nicht gegen den Widerstand des Vorstands durchsetzen* **2 sich (bei jemandem) durchsetzen** (als Autorität oder Vorgesetzter) jemanden dazu bringen, zu gehorchen | *Er konnte sich bei seinen Schülern nicht durchsetzen* **3 sich durchsetzen** trotz Widerstands die Ziele erreichen **4 etwas setzt sich durch** etwas wird von den meisten Leuten akzeptiert ● zu (1) **Durch·set·zung** *die*; zu (1) **durch·setz·bar** ADJEKTIV

durch·set·zen[2] VERB (durchsetzte, hat durchsetzt) **etwas ist mit Personen/Dingen durchsetzt** viele Personen/Dinge sind irgendwo (gleichmäßig) verteilt | *Die Landschaft ist mit Bäumen durchsetzt* | *Die Verwaltung war mit Spitzeln durchsetzt* **!** meist im Passiv mit dem Hilfsverb *sein*

Durch·set·zungs|ver·mö·gen *das*; *nur Singular* die Fähigkeit, sich durchzusetzen und das Ziel zu erreichen ⟨kein Durchsetzungsvermögen haben⟩

Durch·sicht *die*; (-) das prüfende Durchsehen | *Bei Durchsicht der Pläne stießen wir auf viele Fehler*

durch·sich·tig ADJEKTIV **1** so, dass man (wie z. B. bei Glas oder Wasser) hindurchsehen kann | *eine durchsichtige Folie* **2** nicht raffiniert genug, um jemanden zu täuschen ⟨ein Manöver, ein Plan⟩ ● hierzu **Durch·sich·tig·keit** *die*

durch·si·ckern VERB *(ist)* **1 etwas sickert (durch etwas) durch** etwas dringt in kleinen Tropfen langsam durch etwas durch | *Blut sickerte durch den Verband durch* **2 etwas sickert durch** etwas wird allmählich bekannt, obwohl es geheim bleiben soll | *Von diesem Projekt darf nichts an die Öffentlichkeit durchsickern*

durch·sie·ben[1] VERB *(hat)* **etwas durchsieben** etwas durch ein Sieb schütten ⟨Mehl, Sand durchsieben⟩

durch·sie·ben[2] VERB (durchsiebte, hat durchsiebt) **jemanden/etwas (mit etwas) durchsieben** *gesprochen* jemanden/etwas mit vielen Schüssen treffen

durch·sol·len VERB **(durch etwas) durchsollen** *gesprochen* verwendet als verkürzte Form vieler Verben (der Bewegung) mit *durch-*, um zu sagen, dass etwas getan werden soll | *durch eine Absperrung durchsollen* (durchgehen, durchfahren sollen) | *Wie sollen wir denn durch den Fluss durch?* (durch den Fluss durchschwimmen, durchwaten o. Ä.)

durch·spie·len VERB *(hat)* **1 etwas durchspielen** etwas (zur Probe) von Anfang bis Ende spielen | *eine Szene eines Theaterstücks durchspielen* | *die Sonate vor Beginn des Konzerts noch einmal durchspielen* **2 etwas durchspielen** genau überlegen, wie etwas (z. B. eine Situation in der Zukunft) werden könnte (meist um Probleme von vornherein auszuschließen) ⟨eine Situation, alle Möglichkeiten durchspielen⟩

durch·spre·chen VERB *(hat)* **1 eine Person spricht etwas mit jemandem durch; Personen sprechen etwas durch** zwei oder mehrere Personen sprechen lange und gründlich über etwas | *Wir müssen Ihren Vorschlag erst noch durchsprechen* **2 (durch etwas) durchsprechen** etwas an den Mund halten, z. B. um seine Stimme zu verstärken oder zu verstellen ⟨durch ein Megafon, ein Mikrofon, ein Taschentuch durchsprechen⟩

durch·spü·len VERB *(hat)* **etwas durchspülen** etwas gründlich spülen | *die Wäsche mit klarem Wasser mehrmals gut durchspülen*

durch·star·ten VERB *(ist)* **1** nach dem Starten (Anlassen) des Motors stark beschleunigen **2 jemand/etwas startet durch** eine Person oder Sache bekommt viel Schwung ⟨die Konjunktur; jemandes Karriere⟩ | *Er hat sich von seiner Verletzung vollständig erholt und will jetzt wieder richtig durchstarten* **3 (etwas) durchstarten** eine begonnene Landung beenden (abbrechen) und weiterfliegen | *Der Pilot musste (die Maschine) kurz vor der Landung noch einmal durchstarten*

durch·ste·chen[1] VERB *(hat)* **1 etwas sticht (durch etwas) durch** etwas ragt durch etwas durch **2 mit etwas durch etwas durchstechen** mit einem spitzen Gegenstand durch etwas stechen | *mit einer Nadel durch den Stoff durchstechen*

durch·ste·chen[2] VERB (durchsticht, durchstach, hat durchstochen) **etwas durchstechen** etwas mit einer Nadel, einem Messer o. Ä. durchbohren

durch·ste·cken VERB *(hat)* **etwas (durch/unter etwas** *(Dativ)*) **durchstecken** etwas durch eine Öffnung, eine enge Stelle stecken | *Sie hat mir die Nachricht unter der Tür durchgesteckt*

durch·ste·hen VERB *(hat)* **etwas durchstehen** *gesprochen* etwas Unangenehmes längere Zeit oder bis zum Ende ertragen

durch·stei·gen VERB *(ist)* **1 (durch etwas) durchsteigen** durch eine Öffnung, eine enge Stelle steigen | *durch ein Loch im Zaun durchsteigen* **2 (in etwas** *(Dativ)*) **durchsteigen** *gesprochen* etwas verstehen | *In Mathe steig ich nicht durch* | *Steigst du da durch?*

durch·stel·len VERB *(hat)* **(ein Gespräch) durchstellen** ein Telefongespräch von einem Telefon zu einem anderen Nebenanschluss weiterleiten

durch·sto·ßen[1] VERB **1 (durch etwas) (irgendwohin) durchstoßen** *(ist)* sich gewaltsam den Weg zu einem Ziel bahnen | *Der Feind ist bis zur Brücke durchgestoßen* **2 etwas (durch etwas) durchstoßen** *(hat)* etwas durch etwas stoßen

durch·sto·ßen[2] VERB (durchstößt, durchstieß, hat durchstoßen) **jemanden/etwas (mit etwas) durchstoßen** einen Gegenstand mit viel Kraft schnell durch jemanden/etwas stoßen | *den Deckel mit einem Schraubenzieher durchstoßen*

durch·stre·cken VERB *(hat)* **etwas durchstrecken** ein Körperteil so weit wie möglich strecken, gerade machen ⟨die Arme, die Beine, die Knie, den Rücken durchstrecken⟩

durch·strei·chen VERB *(hat)* **etwas durchstreichen** einen Strich durch etwas Geschriebenes oder Gezeichnetes machen (um zu sagen, dass es falsch oder ungültig ist) | *einen Satz durchstreichen und neu formulieren*

durch·strei·fen VERB (durchstreifte, hat durchstreift) **etwas durchstreifen** (ohne festes Ziel) durch ein Gebiet wandern

durch·strö·men VERB (durchströmte, hat durchströmt) **1 etwas durchströmt etwas** ein Fluss o. Ä. fließt von einem Ende zum anderen durch etwas hindurch **2 etwas durchströmt jemanden** jemand hat plötzlich ein starkes, positives Gefühl ⟨(ein Gefühl der) Freude, Zärtlichkeit, Dankbarkeit durchströmt jemanden⟩

durch·su·chen VERB (durchsuchte, hat durchsucht) **1 etwas (nach jemandem/etwas) durchsuchen** in einem Gebiet, Raum nach jemandem/etwas suchen, in einem Behälter o. Ä. nach etwas suchen | *alle Taschen nach einem Schlüssel durchsuchen* | *einen Wald nach einem Kind durchsuchen* **2 jemanden (nach etwas) durchsuchen** in jemandes Kleidung nach etwas (z. B. Drogen, einer Waffe) suchen

| *Die Polizei durchsuchte ihn* ● hierzu **Durch·su̲·chung** *die*

Durch·su̲·chungs·be·fehl *der* der Auftrag für die Polizei, eine Wohnung oder Firma zu durchsuchen, um Personen, Dinge oder Beweise zu finden

du̩rch·tes·ten VERB *(hat)* **etwas durchtesten** etwas gründlich testen

du̩rch·trai·nie·ren VERB (trainierte durch, hat durchtrainiert) **etwas durchtrainieren** etwas gründlich trainieren ⟨ein durchtrainierter Körper⟩ **H** meist im Partizip Perfekt oder im Passiv mit dem Hilfsverb *sein*

durch·trä̲nkt ADJEKTIV **(etwas ist) mit/von etwas durchtränkt** (etwas ist) ganz feucht, nass von etwas | *ein von Blut durchtränkter Verband*

du̩rch·tren·nen, durch·tre̩n·nen VERB (durchtrennte, hat durchtrennt) **etwas durchtrennen** etwas in zwei Teile trennen, schneiden | *Fäden durchtrennen* ● hierzu **Durch·tre̩n·nung** *die*

du̩rch·tre·ten VERB **1** **(etwas) durchtreten** *(hat)* einen Hebel oder ein Pedal mit dem Fuß so weit wie möglich (nach unten) drücken | *Er trat das Gaspedal durch, um den Lastwagen möglichst schnell zu überholen* **2** **etwas tritt (durch etwas) durch** *(ist)* eine Flüssigkeit oder ein Gas dringt durch etwas

durch·trie̲·ben ADJEKTIV; *abwertend* auf eine unangenehme Weise schlau, oft mit böser Absicht | *Er ist ein durchtriebener Bursche!* ● hierzu **Durch·trie̲·ben·heit** *die*

durch·wa̲·chen VERB (durchwachte, hat durchwacht) die genannte Zeit verbringen, ohne zu schlafen | *Sie hat viele Nächte am Bett des Kranken durchwacht*

durch·wa̩ch·sen [-ks-] ADJEKTIV **1** mit Streifen von Fett bzw. mit Streifen von Fleisch ⟨Fleisch, Speck⟩ **2** *gesprochen, humorvoll* mal gut, mal schlecht und nicht so, wie man sich das erhofft hat ⟨die Bilanz, die Leistungen, der Sommer, das Wetter⟩ | *„Und wie sind seine Noten?" – „Na ja, eher durchwachsen."*

Du̩rch·wahl *die*; (-) die direkte Wahl einer Telefonnummer (ohne Vermittlung) **K** Durchwahlnummer

du̩rch·wäh·len VERB *(hat)* **1** bei einer Firma o. Ä. einen Telefonanschluss direkt wählen ⟨durchwählen können⟩ **2** eine Telefonnummer im Ausland selbst wählen (ohne von der Vermittlung verbunden zu werden)

durch·wa̲n·dern VERB (durchwanderte, hat durchwandert) **etwas durchwandern** von einem Ende eines Gebietes o. Ä. zum anderen wandern oder innerhalb eines Gebietes (große) Wanderungen machen | *ein Tal durchwandern*

du̩rch·wa·schen VERB *(hat)* **etwas durchwaschen** *gesprochen* etwas schnell (mit der Hand) waschen | *die Socken kurz durchwaschen*

du̩rch·wa·ten[1] VERB *(ist)* **(durch etwas) durchwaten** (quer) durch etwas waten | *durch einen Bach durchwaten*

durch·wa̲·ten[2] VERB (durchwatete, hat durchwatet) **etwas durchwaten** von einer Seite eines Bachs o. Ä. zur anderen waten

du̩rch·weg, durch·we̩g ADVERB ohne Ausnahme, gänzlich

du̩rch·wegs, durch·we̩gs ADVERB; *besonders süddeutsch* Ⓐ Ⓒⓗ *gesprochen* ≈ *durchweg*

du̩rch·wer·fen VERB *(hat)* **etwas (durch etwas) durchwerfen** etwas durch eine Öffnung o. Ä. werfen | *Erde durch ein Sieb durchwerfen*

du̩rch·wet·zen VERB *(hat)* **etwas durchwetzen** ≈ *durchscheuern* | *Er hat das Hemd an den Ellbogen durchgewetzt*

du̩rch·win·ken VERB *(hat)* **1** **jemanden durchwinken** eine Person über eine Grenze, in ein Gebiet oder Gebäude o. Ä. lassen, ohne ihn zu kontrollieren **2** **etwas durchwinken** etwas erlauben oder beschließen, ohne darüber zu diskutieren oder nachzudenken ⟨einen Antrag, ein Gesetz durchwinken⟩

durch·wi̲rkt ADJEKTIV **mit etwas durchwirkt** so, dass einzelne Fäden eines anderen Materials in etwas gewebt wurden ⟨mit Goldfäden, Silberfäden durchwirkt⟩

du̩rch·wol·len VERB *(hat)*; *gesprochen* **1** **(durch etwas) durchwollen** verwendet als verkürzte Form vieler Verben (der Bewegung) mit *durch-*, um zu sagen, dass jemand oder ein Tier etwas tun will | *durch eine Absperrung durchwollen* (durchgehen oder durchfahren wollen) | *durch einen Fluss durchwollen* (durchschwimmen oder durchwaten wollen) **2** **zu jemandem durchwollen; irgendwo(hin) durchwollen** versuchen, (durch eine Sperre o. Ä.) zu jemandem oder irgendwohin zu gelangen | *Er wollte zum Chef durch, wurde aber aufgehalten*

durch·wü̲h·len VERB (durchwühlte, hat durchwühlt) **etwas (nach etwas) durchwühlen** in einem Raum oder Behälter nach etwas suchen und dabei Unordnung machen | *einen Schrank durchwühlen* | *eine Schublade nach Geld durchwühlen*

du̩rch·wursch·teln, du̩rch·wurs·teln [-ʃt-] VERB (wurs(ch)telte sich durch, hat sich durchgewurs(ch)telt); *besonders süddeutsch, gesprochen* **sich (irgendwo/irgendwie) durchwurschteln** ziemlich viele Probleme haben und nur mit Mühe weiterkommen | *sich in der Schule/im Leben durchwurschteln* | *Man wurschtelt sich so durch*

du̩rch·zäh·len VERB *(hat)* **Personen/Dinge durchzählen** eine Anzahl von Personen/Dingen von Anfang bis Ende, vom Ersten bis zum Letzten zählen ● hierzu **Du̩rch·zäh·lung** *die*

du̩rch·zie·hen[1] VERB **1** **jemanden/etwas (durch etwas) durchziehen** *(hat)* jemanden/etwas durch eine Öffnung, einen Raum o. Ä. ziehen | *einen Faden durchs Nadelöhr durchziehen* **2** **etwas durchziehen** *gesprochen (hat)* eine Sache, die man angefangen hat, trotz Schwierigkeiten zu Ende führen ⟨eine Arbeit, ein Vorhaben, sein Programm durchziehen⟩ *(ist)* **3** **(durch etwas) durchziehen** (vor allem als Gruppe) durch ein Gebiet, einen Ort gehen, fahren o. Ä. **4** **etwas zieht sich durch etwas durch** *(hat)* etwas ist von Anfang bis Ende bei etwas vorhanden | *Dieses Motiv zieht sich durch den Roman durch*

durch·zie̲·hen[2] VERB (durchzog, hat durchzogen) **1** **etwas durchziehen** sich in einem Gebiet von einem Ende zum anderen bewegen oder ohne Ziel in verschiedene Richtungen | *Karawanen durchzogen die Wüste* | *Nach dem Erdbeben durchzogen Plünderer die Stadt* **2** **Dinge durchziehen etwas** etwas geht durch ein Gebiet von einem Ende zum anderen | *Viele Flüsse durchziehen die Ebene*

Du̩rch·zug *der*; (-(e)s) **1** ein starker Luftzug in einem Gebäude oder einem Raum, der entsteht, wenn gegenüber liegende Fenster oder Türen offen sind | *Durchzug machen, um einen Raum zu lüften* **2** **der Durchzug (durch etwas)** das Fahren oder Wandern durch ein Gebiet

★ **dü̩r·fen**[1] MODALVERB (darf, durfte, hat dürfen) **1** *Infinitiv* + **dürfen** die Erlaubnis oder das Recht haben, etwas zu tun | *Darf ich heute Abend in die Disco gehen?* | *Früher hat man erst mit 21 wählen dürfen* | *Im Urlaub darf man ruhig faul sein* | *So etwas darf man doch nicht sagen!* **H** → Infos unter **Modalverb** **2** *Infinitiv* + **dürfen** verwendet bei einer Bitte, Aufforderung, einem Rat oder Wunsch | *Darf ich mich setzen?* | *Dürfte ich Ihr Gespräch kurz unterbrechen?* | *Du darfst mir ruhig helfen!* (Hilf mir doch!) | *Du darfst nicht aufgeben!* (Gib nicht auf!) | *Wir dürfen keine Zeit verlieren* (Wir müssen uns beeilen!) **3** *Infinitiv* + **dürfen** einen guten Grund haben, etwas zu tun | *Du darfst froh sein, dass bei dem Unfall nichts Schlimmes passiert ist* **4** im Konjunktiv II und mit einem Verb im Infinitiv verwendet, um zu sagen, dass etwas wahrscheinlich ist | *Das dürfte nicht schwierig sein* | *Er dürfte bald zurückkommen* | *Da dürftest du wohl recht haben* **i** → Infos unter **Modalverb**

★ **dür·fen**[2] VERB (darf, durfte, hat gedurft); *gesprochen* **1** **(etwas) dürfen** die Erlaubnis haben, etwas zu tun | *„Heute gehe ich ins Kino" – „Darfst du das denn überhaupt?" – „Natürlich darf ich!"* **i** als Objekt steht meist *es, das, dies* oder *viel, wenig, einiges, nichts* **2** **irgendwohin dürfen** die Erlaubnis oder Berechtigung haben, irgendwohin zu gehen, zu fahren o. Ä. | *Dürfen wir heute ins Schwimmbad?* | *Ich bin so müde, aber ich darf leider noch nicht ins Bett* **i** Die Perfektform ist *gedurft*, wenn *dürfen* allein steht. Nach einem anderen Verb steht *dürfen*: *Das hätten wir früher nicht gedurft/nicht tun dürfen.*

durf·te *Präteritum, 1. und 3. Person Singular* → dürfen[1]

dürf·te *Konjunktiv II, 1. und 3. Person Singular* → dürfen[1]

dürf·tig ADJEKTIV **1** ohne Luxus und Komfort ⟨eine Behausung, eine Unterkunft, Kleidung⟩ **2** ⟨ein Ergebnis, Kenntnisse⟩ so, dass sie für den jeweiligen Zweck nicht genug sind

dürr ADJEKTIV **1** ⟨Holz, Äste, Zweige, Laub, Gras⟩ ≈ *trocken* **2** mit wenig Muskeln und mager **3** ⟨Boden⟩ ≈ *unfruchtbar* **4** **mit dürren Worten** ⟨etwas mit dürren Worten sagen, schildern⟩ ≈ *knapp*

Dür·re *die*; (-, -n) eine lange Zeit ohne Regen, in der alle Pflanzen vertrocknen | *Die Gegend wurde von einer schweren/verheerenden Dürre heimgesucht* **K** Dürrejahr, Dürreperiode, Dürreschäden

★ **Durst** *der*; (-(e)s) **1** das Gefühl, etwas trinken zu müssen ⟨Durst bekommen, haben/verspüren; den Durst löschen/stillen⟩ **K** durstlöschend, durststillend **2** **Durst auf etwas** (*Akkusativ*) Lust auf das genannte Getränk | *Durst auf ein kühles Bier haben* **K** Bierdurst, Kaffeedurst **3** **ein Durst nach etwas** *geschrieben* ein starker (und dauerhafter) Wunsch, etwas zu bekommen oder etwas zu tun | *der Durst nach Rache* **K** Freiheitsdurst, Rachedurst, Tatendurst, Wissensdurst ■ **ID** **einen über den Durst trinken** *gesprochen, humorvoll* mehr Alkohol trinken, als man verträgt

durs·ten VERB (durstete, hat gedurstet) **(hungern und) dursten** *geschrieben* (Hunger und) Durst haben

dürs·ten VERB (dürstete, hat gedürstet) **1** **nach etwas dürsten** *geschrieben* den starken Wunsch haben, etwas Wichtiges zu bekommen | *Die Sklaven dürsten nach Freiheit* **2** **jemanden dürstet (es)** *veraltend* jemand hat Durst

★ **durs·tig** ADJEKTIV **1** mit dem Wunsch, etwas zu trinken | *hungrig und durstig sein* **2** **etwas ist durstig** *gesprochen* etwas verbraucht viel Kraftstoff ⟨ein Auto, ein Motor, ein Motorrad⟩ **3** **durstig nach etwas** *geschrieben* mit dem starken Wunsch, etwas zu bekommen oder zu tun

-durs·tig *im Adjektiv, unbetont, begrenzt produktiv* **lebensdurstig, rachedurstig, tatendurstig, wissensdurstig** *und andere* mit dem starken Wunsch danach, die genannte Sache zu bekommen, zu erleben oder zu tun

Durst·stre·cke *die* eine Zeit, in der man nur sehr wenig Geld oder mit anderen Schwierigkeiten zu kämpfen hat | *eine finanzielle Durststrecke durchmachen müssen*

★ **Du·sche**, **Du·sche** *die*; (-, -n) **1** man stellt sich unter eine Dusche, um sich mit Wasser zu waschen ⟨die Dusche auf-/zudrehen⟩ | *Er steht morgens immer so lange unter der Dusche* **2** der Raum oder die Kabine, in denen sich die Dusche befindet | *Im Sportverein gibt es getrennte Duschen für Männer und Frauen* **K** Duschkabine, Duschraum, Duschvorhang, Duschwanne **3** das Duschen ⟨eine kalte, warme, heiße Dusche; eine Dusche nehmen⟩ | *Sie wollte auf ihre tägliche Dusche nicht verzichten* **K** Duschgel ■ **ID** **eine kalte Dusche (für jemanden)** *gesprochen* eine große Enttäuschung (für jemanden) | *Ihre Absage wirkte wie/war eine kalte Dusche für ihn*

★ **du·schen**, **du·schen** VERB (duschte, hat geduscht) **(jemanden) duschen** eine Person oder sich selbst unter die Dusche stellen und waschen | (*sich*) *nach dem Sport heiß duschen*

Dusch·kopf *der* der Teil einer Dusche, aus dem das Wasser durch viele kleine Löcher spritzt

Dü·se *die*; (-, -n) das enge Ende eines Rohres, durch das Flüssigkeiten oder Gase mit hoher Geschwindigkeit hinausgepresst werden

Du·sel *der*; (-s); *gesprochen* ≈ *Glück* | *Bei dem Unfall hat er ganz schön Dusel gehabt*

dü·sen VERB (düste, ist gedüst) **irgendwohin düsen** *gesprochen* schnell irgendwohin fliegen, fahren oder laufen

Dü·sen·an·trieb *der*; *meist Singular* der Antrieb eines Flugzeugs durch Düsentriebwerk(e)

Dü·sen·flug·zeug *das* ein Flugzeug mit Düsentriebwerk(en)

Dü·sen·jä·ger *der* ein Kampfflugzeug mit Düsentriebwerk

Dü·sen·trieb·werk *das* eine Maschine, welche die nötige Energie für den Antrieb vor allem eines Flugzeuges erzeugt, indem Gase mit hoher Geschwindigkeit durch Düsen gepresst werden

Dus·sel *der*; (-s, -); *besonders norddeutsch, gesprochen, abwertend* ≈ *Dummkopf*

dus·se·lig, **duss·lig** ADJEKTIV *besonders norddeutsch, gesprochen, abwertend* ≈ *dumm* ● hierzu **Duss·lig·keit** *die*

düs·ter ADJEKTIV **1** ziemlich dunkel (und unheimlich) | *ein düsterer Gang in einem Parkhaus* **2** ohne Freude und Hoffnung ⟨jemandes Blick, eine Stimmung; ein düsteres Gesicht machen; düster dreinblicken⟩ **3** ⟨eine Prognose; ein düsteres Bild einer Sache malen; etwas in düsteren Farben malen⟩ ≈ *negativ*

Dutt *der*; (-(e)s, -e/-s); *meist Singular* eine Frisur, bei der Frauen ihr langes Haar zu einem Knoten zusammenstecken

★ **Dut·zend**[1] *das*; (-s, -); *veraltend* **ein Dutzend Dinge** eine Menge von zwölf Stück derselben Art | *ein Dutzend frische Eier kaufen* | *drei Dutzend Handtücher* **i** Wenn das Substantiv nach *ein Dutzend* das Subjekt des Satzes ist, kann das Verb sowohl im Singular als auch im Plural stehen: *Ein Dutzend Eier kostet/kosten zwei Euro.*

★ **Dut·zend**[2], **dut·zend** ZAHLWORT *nur in dieser Form*; *gesprochen* ⟨einige, ein paar Dutzend⟩ ≈ *Dutzende* **i** alleine oder vor einem Substantiv verwendet; wenn *Dutzend* genau 12 Stück bedeutet, wird es immer großgeschrieben; bei ungenauen Mengenangaben kann es auch kleingeschrieben werden

Dut·zen·de, **dut·zen·de** ZAHLWORT; *gesprochen* **1** **Dutzende** +*Genitiv*; **Dutzende von Personen/Dingen** verwendet, um eine relativ große Zahl von Personen/Dingen zu benennen | *Dutzende von Leuten sind hier* | *Auf dem See sah man Dutzende kleiner Segelboote* **2** **in/zu Dutzenden** in (relativ) großer Zahl | *Schaulustige kamen zu Dutzenden zum Unfallort*

dut·zend·fach ADJEKTIV; *gesprochen* sehr häufig, sehr oft

Dut·zend·ge·sicht *das*; *abwertend* ein langweiliges, unauffälliges Gesicht

dut·zend·mal ADVERB **(ein) dutzendmal** *gesprochen* sehr oft

Dut·zend·wa·re *die*; *abwertend* eine billige Massenware | *Kauf das nicht, das ist doch nur Dutzendware!*

dut·zend·wei·se ADVERB; *gesprochen* in großen Mengen

★ **du·zen** VERB (duzte, hat geduzt) **1** **jemanden duzen** jemanden mit *du* anreden ↔ *siezen* | *die Kollegen duzen* **i** → Infos unter **Anrede** **2** **eine Person duzt sich mit jemandem**; **Personen duzen sich** Personen reden sich gegenseitig mit *du* an | *Er duzt sich mit seinem Chef*

Duz·freund *der* ein guter Bekannter (aber kein Freund), mit dem man sich duzt

DVD [de:fau'de:] *die;* (-, -s) Digital Versatile Disk eine silberne runde Scheibe zum elektronischen Speichern von Daten, vor allem Filmen K DVD-Brenner, DVD-Laufwerk, DVD-Rekorder

DVD-Play·er [de:fau'de:ple:jɐ], **DVD-Spie·ler** *der;* (-s, -) ein elektronisches Gerät, mit dem man DVDs abspielen kann

Dy·na·mik *die;* (-) **1** *geschrieben* die Eigenschaft, sich aus inneren Ursachen und nach eigenen Gesetzen zu verändern oder zu entwickeln ⟨die Dynamik der geschichtlichen, gesellschaftlichen Entwicklung⟩ **2** (in der Physik) die Lehre darüber, wie Kräfte auf die Bewegung von Körpern wirken **3** die Energie, die Vitalität eines Menschen

dy·na·misch ADJEKTIV **1** ⟨Verhältnisse, Abläufe⟩ so, dass sie sich schnell und immer wieder ändern ↔ *statisch* | *Wachstum ist ein dynamischer Prozess* **2** so, dass jemand viel Energie hat und sich bei der Arbeit sehr einsetzt | *Die Firma sucht einen jungen, dynamischen Mitarbeiter für den Außendienst* **3** **die dynamischen Gesetze** die Gesetze, die Bewegungen betreffen, die durch Kräfte erzeugt werden

Dy·na·mit, **Dy·na·mit** *das;* (-s) ein Sprengstoff (der aus Nitroglyzerin hergestellt wird)

Dy·na·mo [dy:-], **Dy·na·mo** ['dy-] *der;* (-s, -s) eine kleine Maschine (vor allem an einem Fahrrad), die elektrischen Strom z. B. für eine Lampe erzeugt

Dy·nas·tie *die;* (-, Dy·nas·ti·en [-'ti:ən]) **1** eine Familie, aus der mehrere Generationen lang der jeweilige Herrscher eines Staates kommt **2** *geschrieben* eine Familie, die mehrere Generationen lang im öffentlichen Leben großen Einfluss hat und sehr bekannt ist

D-Zug ['de:-] *der* früher als Bezeichnung für Züge verwendet, die nur an größeren Bahnhöfen hielten ≈ *Schnellzug*

E

E, e [e:] *das;* (-, -/ *gesprochen auch* -s) **1** der fünfte Buchstabe des Alphabets ⟨ein großes E; ein kleines e⟩ **2** der dritte Ton der C-Dur-Tonleiter K E-Dur, e-Moll

E-[1] ['e:] *im Substantiv, betont, begrenzt produktiv* **der E-Bass, die E-Gitarre, das E-Piano** *und andere* als Kurzform für *Elektro-* verwendet

E-[2] ['i:] *im Substantiv, betont, begrenzt produktiv; nur vor Wörtern aus dem Englischen* **das E-Bike, das E-Book, das E-Banking, der E-Commerce, das E-Ticket** *und andere* drückt aus, dass etwas mithilfe elektronischer Mittel und Wege (Mobiltelefon, Computer, Internet usw.) geschieht ! Solche Wörter können auch mit kleinem *e* ohne Bindestrich geschrieben werden: *das eBook, das eTicket.*

Eb·be *die;* (-, -n); *meist Singular* **1** der niedrige Stand des Wassers am Meer ↔ *Flut* **2** das Zurückgehen des Wassers am Meer, das zur Ebbe führt | *der Eintritt der Ebbe* **3** *gesprochen, humorvoll* ein Mangel an Geld | *Bei mir ist zurzeit Ebbe in der Kasse* (ich habe kaum noch Geld)

★ **eben** ■ ADJEKTIV **1** ohne Berge oder Hügel und Täler ⟨Land, eine Straße⟩ ≈ *flach* | *Die Umgebung von Hannover ist ziemlich eben* **2** an allen Stellen gleichmäßig hoch ⟨eine Fläche⟩ | *ein ebener Fußboden*
■ ADVERB **3** sehr kurz vor dem jetzigen Zeitpunkt | *Ich bin eben (erst) nach Hause gekommen* **4** in diesem Augenblick ≈ *jetzt* | *Er kommt eben die Treppe herunter* **5** **eben (noch)** gerade noch zum richtigen Zeitpunkt | *Er hat den Bus eben noch erreicht* **6** *norddeutsch, gesprochen* für (relativ) kurze Zeit ≈ *schnell* | *Komm doch eben mal zu mir!*
■ PARTIKEL **7** *unbetont* verwendet, um zu sagen, dass etwas nicht geändert werden kann und akzeptiert werden muss | *Das ist eben nicht mehr zu ändern* | *Du musst dich eben damit abfinden, dass er dich nicht mag* **8** *unbetont* verwendet, um einen Vorschlag zu machen, den man für die Lösung des Problems hält | *Dann fahr eben mit dem Bus (wenn dein Auto kaputt ist)* **9** *unbetont* verwendet, um einen Teil einer Äußerung besonders zu betonen ≈ *genau* | *Eben 'dieses Buch (und kein anderes) habe ich die ganze Zeit gesucht* **10** *betont* verwendet, um Zustimmung auszudrücken und dass man selbst schon früher das Gleiche gesagt hat | *„Dann müssen wir die Sitzung auf morgen verschieben." – „Eben!"* | *„Ich finde ihn sehr unzuverlässig." – „Eben!"* **11** *betont* verwendet, um auf ironische Weise Zustimmung (und zugleich Ungeduld) auszudrücken | *„Es ist schon acht Uhr." – „Eben!"* (Deswegen müssen wir uns ja beeilen) | *„Du musst doch heute noch lernen?" – „Eben!"* (Deswegen habe ich keine Zeit für etwas anderes) **12** **(oder) eben 'nicht** verwendet, um eine Verneinung zu verstärken | *„Sie hat dich doch informiert, oder?" – „Eben nicht!"* | *„Ich bin gespannt, was er inzwischen alles gemacht hat." – „Oder eben nicht (gemacht hat)!"* **13** **nicht eben** → nicht

Eben·bild *das* **jemandes Ebenbild sein** fast genauso aussehen wie eine andere Person | *Sie ist das (genaue) Ebenbild ihrer Mutter*

eben·bür·tig ADJEKTIV ⟨ein Gegner, ein Konkurrent⟩ so, dass sie die gleichen Fähigkeiten haben oder die gleichen Leistungen bringen ● hierzu **Eben·bür·tig·keit** *die*

eben·da, **eben·da** ADVERB genau an der eben schon erwähnten Stelle ! bei Zitaten als Ersatz für die genaue Literaturangabe verwendet; Abkürzung: *ebd.* oder *ebda*

★ **Ebe·ne** *die;* (-, -n) **1** ein großes flaches Stück Land ⟨eine weite Ebene⟩ | *Zwischen den beiden Bergketten erstreckt sich eine fruchtbare Ebene* K Flussebene, Hochebene, Tiefebene **2** der genannte Teil einer Hierarchie oder einer anderen Einteilung ⟨auf unterster, oberster, privater, wissenschaftlicher Ebene⟩ ≈ *Niveau* | *ein Problem auf internationaler Ebene diskutieren* K Führungsebene, Kommandoebene; Bundesebene, Landesebene **3** eine Fläche, die weder begrenzt noch gekrümmt ist ⟨eine schiefe Ebene⟩ **4** ein Stockwerk (in einem großen modernen Gebäude) ⟨auf der 1., 2., 3. Ebene; Ebene 1⟩ K Abflugebene, Ankunftsebene

eben·er·dig ADJEKTIV; *besonders* Ⓐ zu ebener Erde, im Erdgeschoss | *Die Wohnung liegt ebenerdig*

★ **eben·falls** ADVERB **1** drückt aus, dass für jemanden/etwas das Gleiche gilt wie für eine andere Person/Sache ≈ *auch* | *Als ich die Party verließ, ging er ebenfalls* **2** verwendet, um einen Wunsch oder Gruß zu erwidern | *„Guten Appetit/Gute Nacht!" – „Danke, ebenfalls!"* | *„Ich wünsche Ihnen alles Gute." – „Danke, ebenfalls!"*

Eben·holz *das* ein schwarzes, hartes Holz ⟨schwarz wie Ebenholz⟩ | *Schnitzereien aus Ebenholz*

eben·mä·ßig ADJEKTIV; *geschrieben* so, dass es wohlgeformt ist und harmonische Proportionen hat ⟨ein Körper, ein Gesicht⟩ ● hierzu **Eben·maß** *das;* **Eben·mä·ßig·keit** *die*

★ **eben·so** ADVERB **1** im gleichen Maße ⟨ebenso gut, lange, oft, sehr, viel, wenig⟩ ≈ *genauso* | *Sie spielt ebenso gern Fußball wie ihr Bruder* **2** drückt aus, dass für jemanden/etwas das Gleiche gilt wie für eine andere Person/Sache ≈ *ebenfalls* | *Dieser Antrag wurde ebenso abgelehnt* | *Das gilt für Leh-*

rer ebenso wie für Schüler

Eber *der;* (-s, -) ein männliches Schwein

eb·nen VERB (ebnete, hat geebnet) **etwas ebnen** etwas eben und flach machen ⟨ein Beet, ein Feld, eine Straße, einen Weg ebnen⟩ ■ ID → Weg

echauf·fie·ren [eʃɔ'fi:rən] VERB (echauffierte sich, hat sich echauffiert) **sich (über jemanden/etwas) echauffieren** *veraltend* sich (über jemanden/etwas) aufregen, ärgern

E

Echo *das;* (-s, -s) **1** die Erscheinung, dass Gerufenes noch einmal zu hören ist, wenn es auf einen Berg o. Ä. trifft **2** **das Echo (auf etwas** *(Akkusativ)***)** vor allem die öffentliche Reaktion auf etwas ⟨ein starkes, schwaches, lebhaftes, anhaltendes Echo haben, finden⟩ | *Die Rede des Politikers fand kein Echo bei den Wählern*

Ech·se ['ɛksə] *die;* (-, -n) ein Reptil mit länglichem Körper und vier Beinen (wie z. B. ein Krokodil)

★ **echt** ■ ADJEKTIV (echter, echtest-) **1** nicht gefälscht, nicht kopiert oder imitiert ↔ *falsch* | *ein Armband aus echtem Gold | ein echter Pelz | Das Bild ist ein echter Rembrandt* **2** nicht nur dem äußeren Schein nach ≈ *wahr* ↔ *unecht* | *eine echte Freundschaft | Ihre Freude über meinen Besuch war nicht gespielt, sondern echt* **3** *meist attributiv* mit den typischen Eigenschaften einer Person oder Sache | *Er ist ein echter Münchner* **H** zu 1–3: Die Steigerung ist nur in der gesprochenen Sprache möglich
■ PARTIKEL *betont* **4** *gesprochen* zu Verstärkung verwendet ≈ *wirklich* | *Das hast du echt toll gemacht!* **5** *gesprochen* verwendet, um in Form von Fragen Überraschung oder Begeisterung auszudrücken ≈ *tatsächlich* | *„Ich habe im Lotto gewonnen!" – „Echt jetzt?" | „Das schenke ich dir" – „Echt? Super!" | Hast du das echt geglaubt?* • zu (1,2) **Echt·heit** *die*

-echt *im Adjektiv, unbetont, nicht produktiv;* (*besonders in der Sprache der Werbung verwendet*) drückt aus, dass etwas haltbar oder widerstandsfähig (gegen etwas) ist | *ein farbechtes Material | kussechter Lippenstift | lichtechte/waschechte Farbe*

Eck *das;* (-s, -e/ *süddeutsch* Ⓐ -en) **1** *süddeutsch* Ⓐ ≈ *Ecke* **2** **über Eck** *gesprochen* ≈ *diagonal* | *eine Serviette über Eck zusammenlegen*

Eck- *im Substantiv, betont, nicht produktiv* **die Eckdaten, der Eckzins** *und andere* ein wichtige Tatsache oder Information für Behörden, Firmen usw., die zu einer Entscheidung führt ≈ *Richt-*

-eck *das;* (-s, -e); *im Substantiv, unbetont, begrenzt produktiv* **Dreieck, Viereck, Fünfeck, Vieleck** *und andere* bezeichnet eine geometrische Figur mit der genannten Zahl von Ecken

EC-Kar·te [e:'tse:-] *die* eine kleine Karte, mit der man ohne Bargeld zahlen kann oder von einer Bank Geld bekommt

Eck·ball *der* (beim Fuß- und Handball) ein Schuss bzw. Wurf, mit dem der Ball von einer Ecke des Spielfeldes aus wieder ins Spiel gebracht wird

Eck·bank *die* eine Bank aus zwei Teilen, die einen Winkel von 90° bilden

★ **Ecke** *die;* (-, -n) **1** der Punkt, wo sich zwei Linien oder Flächen treffen und einen Winkel (oft von 90°) bilden ⟨die Ecken eines Buches, Tisches, Würfels, Zimmers⟩ | *Ich habe mich an der Ecke des Schrankes gestoßen | Die Kommode stand in einer Ecke des Zimmers* **K** Eckfenster, Eckplatz, Eckpunkt, Eckschrank **2** der Ort, an dem sich zwei Straßen treffen | *das Haus an der Ecke* **K** Eckgebäude, Eckhaus **3** *gesprochen* ein kleines Stück ⟨eine Ecke Wurst, Käse⟩ **K** Käseecke **4** *gesprochen* ein Teil eines Landes, eines Ortes, Platzes, Gartens o. Ä., der nicht in der Nähe der Mitte ist | *eine entlegene Ecke der Stadt* **5** Kurzwort für *Eckball* ⟨eine Ecke treten, ausführen⟩ **K** Eckfahne ■ ID **an allen Ecken und Enden** *gesprochen* überall; **jemand/etwas hat Ecken und Kanten** eine Person ist ziemlich kompliziert, eine Sache oder Aufgabe ist sehr schwierig; **(gleich) um die Ecke** *gesprochen* ganz in der Nähe; **noch eine ganze/ziemliche Ecke** *gesprochen* noch relativ weit; **jemanden um die Ecke bringen** *gesprochen* jemanden töten; **mit jemandem um/über sieben Ecken verwandt** *gesprochen* sehr entfernt verwandt

★ **eckig** ADJEKTIV **1** mit Ecken ↔ *rund* | *ein eckiger Tisch* **2** taktlos, unhöflich ⟨ein Benehmen, ein Verhalten⟩ **3** plötzlich und kräftig, nicht gleichmäßig ⟨Bewegungen⟩ ≈ *ungeschickt*

RUND
ECKIG

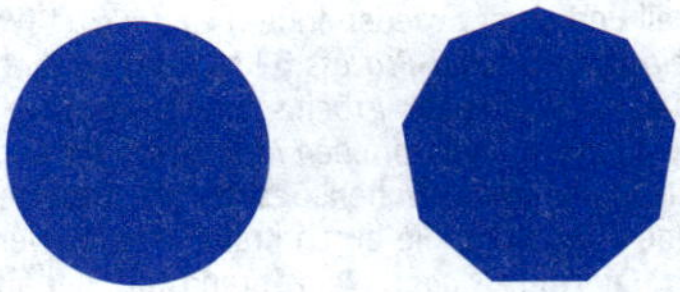

rund eckig

★ **-eckig** *im Adjektiv, unbetont, begrenzt produktiv* **dreieckig, viereckig, fünfeckig, vieleckig** *und andere* mit der genannten Zahl von Ecken

Eck·pfei·ler *der* **1** der Pfeiler an der Ecke eines Gebäudes, welches die Funktion hat, das Gebäude zu tragen **2** *geschrieben* ein wichtiges Element, auf dem etwas basiert ≈ *Stütze* | *die Eckpfeiler einer Theorie*

Eck·stoß *der* ein Eckball (beim Fußball)

Eck·zahn *der* ein spitzer Zahn zwischen den Schneidezähnen und den Backenzähnen

ed. Abkürzung für *herausgegeben von*

Ed. Abkürzung für *Edition*, Ausgabe

★ **edel** ADJEKTIV (edler, edelst-) **1** so, dass eine Person nicht egoistisch ist, sondern auch an andere Menschen denkt und nach hohen moralischen Prinzipien handelt ⟨ein Mensch, ein Spender, eine Gesinnung, eine Tat⟩ ≈ *selbstlos* **H** *edel → eine edle Tat* **2** von sehr guter Qualität (und teuer) ⟨Schmuck, Wein, Hölzer⟩ **3** *geschrieben* von schöner, gleichmäßiger Form ⟨ein Wuchs, eine Gestalt⟩ **4** *veraltet* ≈ *adlig* | *Er ist von edlem Geschlecht/edler Geburt* **K** Edelleute

Edel·gas *das* ein gasförmiges chemisches Element, das unter normalen Bedingungen keine Verbindung eingeht, wie z. B. Helium und Neon

Edel·me·tall *das* ein wertvolles Metall, das nicht rostet (z. B. Silber, Gold, Platin)

Edel·mut *der; nur Singular; geschrieben* das Denken und Handeln, das nicht egoistisch ist • hierzu **edel·mü·tig** ADJEKTIV

Edel·stahl *der; nur Singular* ein sehr harter Stahl, der mit ausgewählten Metallen vermischt ist | *eine Bratpfanne aus rostfreiem Edelstahl*

★ **Edel·stein** *der* ein Stück eines seltenen, wertvollen Minerals (z. B. eines Smaragds oder Diamanten) | *ein Ring mit Edelsteinen*

Edel·weiß *das;* (-(es), -e) eine Blume mit einer weißen Blüte in Form eines Sterns, die im Hochgebirge wächst

Eden **der Garten Eden** *literarisch* verwendet als Bezeichnung für das Paradies

edie·ren VERB (edierte, hat ediert) **etwas edieren** *geschrieben* ≈ *herausgeben*

Edikt *das;* (-(e)s, -e); *historisch* eine Anordnung, die ein Kaiser, König oder Fürst erlässt ⟨ein Edikt erlassen⟩

Edi·ti·on [edi'tsjo:n] *die;* (-, -en); *geschrieben* **1** das Drucken und Publizieren von Büchern oder Zeitungen **2** ein meist wissenschaftlich bearbeitetes Werk ⟨eine historische, wissenschaftliche Edition⟩

★ **EDV** [e:de'fau] *die;* (-); *veraltend* Abkürzung für *elektronische Datenverarbeitung* ≈ *Informationstechnologie, IT* **K** EDV-Gerät, EDV-Kurs, EDV-Programm, EDV-System

Efeu *der;* (-s) eine Pflanze, die vor allem an Mauern und Bäumen hochwächst und deren Blätter im Winter grün bleiben

Eff·eff ■ **ID etwas aus dem Effeff können/beherrschen/wissen** *gesprochen* etwas sehr gut und ohne Mühe können/beherrschen/wissen

★ **Ef·fekt** *der;* (-(e)s, -e) **1** das Ergebnis einer Handlung ⟨etwas hat keinen, wenig, großen Effekt⟩ ≈ *Wirkung* | *Deine ständige Kritik hat den Effekt, dass niemand mit dir arbeiten will* **2** eine Sache, die dazu dient, Aufmerksamkeit (und Bewunderung oder Erstaunen) zu bewirken ⟨ein optischer, modischer, billiger, plumper Effekt⟩ ≈ *Trick*

Ef·fek·ten *die; Plural* Wertpapiere, die an der Börse gehandelt werden **K** Effektenbörse

Ef·fekt·ha·sche·rei *die;* (-); *abwertend* der Versuch, andere Leute durch Effekte stark zu beeindrucken, obwohl die Leistungen nicht gut sind ⟨billige Effekthascherei⟩

★ **ef·fek·tiv** [-f] ADJEKTIV **1** mit guter Wirkung, vorhandene Möglichkeiten gut nutzend ⟨eine Methode, eine Kontrolle, eine Nutzung, ein Schutz⟩ | *Sie forderte eine effektivere Bekämpfung der Jugendkriminalität* | *Er könnte effektiver arbeiten, wenn er nicht dauernd gestört würde* **2** so, dass alles Wichtige vollständig und richtig berechnet wurde | *der effektive Gewinn* (nachdem alle Kosten und Steuern abgezogen sind) | *der effektive Jahreszins* (in dem alle Gebühren und Kosten enthalten sind) **3** *gesprochen* verwendet, um eine (meist verneinte) Aussage zu verstärken | *Ich habe effektiv nichts erreicht* ● zu (1) **Ef·fek·ti·vi·tät** *die*

ef·fekt·voll ADJEKTIV so, dass es durch Effekte die Aufmerksamkeit auf sich zieht | *ein effektvoller Auftritt*

ef·fi·zi·ent ADJEKTIV (effizienter, effizientest-); *geschrieben* wirkungsvoll und (ökonomisch) sinnvoll oder nützlich | *der effiziente Einsatz der IT in der Buchhaltung* ● hierzu **Ef·fi·zi·enz** *die*

EG [e:'ge:] *die;* (-) Kurzwort für *Europäische Gemeinschaft* → europäisch

★ **egal** ADJEKTIV *nur in dieser Form, meist prädikativ; gesprochen* **1 etwas ist egal** etwas ist ohne Bedeutung für eine Sache oder nicht wichtig | *Es ist egal, ob du heute kommst oder morgen* **2 egal wann/was/wer/...** drückt aus, dass es keinen Einfluss auf das Ergebnis hat, wann/was usw. etwas passiert oder wer etwas tut | *Egal was ich tue, niemand beachtet mich* | *Egal wo sie hingeht, sie hat immer ihr Smartphone dabei* **3 etwas ist jemandem egal** etwas interessiert jemanden nicht | *Mir ist egal, wann du nach Hause kommst* **4 jemand ist einer Person egal** die eine Person interessiert sich nicht für die andere Person | *Sie hat ihn früher geliebt, aber jetzt ist er ihr egal*

Egel *der;* (-s, -) Kurzwort für *Blutegel*

Eg·ge *die;* (-, -n) ein großes landwirtschaftliches Gerät, das von einem Traktor gezogen wird und mit vielen Spitzen die Erde nach dem Pflügen klein macht

Ego *das; gesprochen* ≈ *Selbstbewusstsein* | *Er braucht das für sein Ego*

Ego·is·mus [ego'ɪsmʊs] *der; nur Singular; meist abwertend* die Eigenschaft, immer nur an sich selbst und den eigenen Vorteil zu denken

Ego·ist [ego'ɪst] *der;* (-en, -en); *abwertend* eine Person, die immer nur an sich selbst und den eigenen Vorteil denkt **H** *der Egoist; den, dem, des Egoisten* ● hierzu **ego·is·tisch** ADJEKTIV

Ego·zen·tri·ker *der;* (-s, -); *meist abwertend* eine Person, die (noch stärker als ein Egoist) nur an sich selbst und den eigenen Vorteil denkt ● hierzu **ego·zen·trisch** ADJEKTIV

eh [e:] PARTIKEL *betont; süddeutsch* Ⓐ, *gesprochen* ≈ *ohnehin* | *Du brauchst mir nichts zu erzählen, ich weiß es eh schon* ■ **ID seit eh und je** *gesprochen* schon immer; **wie eh und je** *gesprochen* wie schon immer

★ **ehe** ['e:ə] BINDEWORT; *geschrieben* in dem Nebensatz mit *ehe* wird eine Handlung oder Situation genannt, die erst später, nach der des Hauptsatzes, stattfindet ≈ *bevor* | *Wir sollten umkehren, ehe es dunkel wird* | *Ehe du so viel Geld ausgibst, solltest du ein wenig nachdenken* | *Es kann nicht mehr lange dauern, ehe das verboten wird*

★ **Ehe** ['e:ə] *die;* (-, -n) **1** eine Ehe ist die Beziehung, die zwei Personen haben, die miteinander verheiratet sind ⟨eine kinderlose, zerrüttete Ehe; eine gute, harmonische Ehe führen; jemandem die Ehe versprechen; eine Ehe scheitert, wird aufgelöst, wird geschieden⟩ | *Sie hat ein Kind aus erster Ehe und zwei Kinder aus zweiter Ehe* **K** Ehebett, Ehegatte, Ehegattin, Ehegemeinschaft, Ehepartner, Ehering, Ehescheidung **2 eine Ehe schließen** als Pfarrer oder Standesbeamter die Zeremonie einer Trauung durchführen **3 (mit jemandem) eine Ehe schließen/eingehen** *geschrieben* (eine Person) heiraten **4 wilde Ehe** *veraltet* das Zusammenleben eines Paares, das nicht miteinander verheiratet ist ⟨in wilder Ehe leben⟩ **5 die Ehe brechen** sexuelle Kontakte außerhalb der Ehe haben

ehe·ähn·lich ADJEKTIV *meist attributiv* so, als wäre man verheiratet ⟨eine Gemeinschaft, ein Verhältnis⟩

Ehe·be·ra·tung *die; meist Singular* eine meist kirchliche oder staatliche Stelle, bei der Ehepaare Rat und Hilfe finden, wenn sie Probleme in ihrer Ehe haben ⟨zur Eheberatung gehen⟩ **K** Eheberatungsstelle ● hierzu **Ehe·be·ra·ter** *der;* **Ehe·be·ra·te·rin** *die*

Ehe·bre·cher *der;* (-s, -) eine Person, die Ehebruch begeht oder begangen hat ● hierzu **Ehe·bre·che·rin** *die;* **ehe·bre·che·risch** ADJEKTIV

Ehe·bruch *der; meist Singular* eine sexuelle Beziehung einer verheirateten Person zu einem Partner außerhalb der Ehe ⟨Ehebruch begehen⟩

Ehe·frau *die* die Frau, mit der ein Mann verheiratet ist ≈ *Frau* **B** → Abb. unter **Familie**

Ehe·krach *der; gesprochen* ein Streit zwischen Ehepartnern

Ehe·leu·te *die; Plural* ≈ *Ehepaar*

ehe·lich ADJEKTIV **1** als Kind verheirateter Eltern geboren ⟨ein Kind⟩ **2** *meist attributiv* auf die Ehe bezogen ⟨Rechte, Pflichten, die Gemeinschaft⟩

ehe·li·chen VERB (ehelichte, hat geehelicht) **jemanden ehelichen** *veraltet* ≈ *heiraten*

★ **ehe·ma·lig** ADJEKTIV *meist attributiv* drückt aus, dass eine Beziehung oder Funktion in der Vergangenheit bestanden hat, aber heute nicht mehr ≈ *früher-* | *meine ehemalige Freundin* | *der ehemalige Chef* | *Im ehemaligen Fabrikgebäude sind jetzt moderne Apartments entstanden*

ehe·mals ADVERB; *veraltend* vor (relativ) langer Zeit

Ehe·mann *der* der Mann, mit dem eine Frau verheiratet ist ≈ *Mann* **B** → Abb. unter **Familie**

★ **Ehe·paar** *das* zwei Personen (meist ein Mann und eine Frau), die miteinander verheiratet sind

★ **eher** ['e:ɐ] ADVERB **1** zu einem früheren Zeitpunkt | *je eher, umso besser* | *Morgen musst du eher aufstehen als heute* **2** *gesprochen* so, dass man etwas nicht tun will, etwas anderes aber noch schlechter wäre ≈ *lieber* | *Eher gehe ich zu Fuß, als ein teures Taxi zu nehmen* **3** *gesprochen* so, dass die eine Beschreibung besser passt als die andere ≈ *mehr*

| *Die Sonne ist heute eher rot als gelb*

Ehe·recht *das; nur Singular* alle Gesetze, welche die Ehe betreffen

ehern ['e:ɐn] ADJEKTIV **1** *literarisch* aus Eisen ⟨ein Schwert, eine Rüstung⟩ **2** *geschrieben* so, dass es nicht oder nur schwer geändert oder zerstört werden kann ⟨ein Bündnis, ein Gesetz, ein Wille⟩

Ehe·schlie·ßung *die; admin* die offizielle Zeremonie (beim Standesamt), bei der ein Mann und eine Frau heiraten

ehes·t- SUPERLATIV ■ **ID am ehesten** **a** mit größter Wahrscheinlichkeit | *Am ehesten ist möglich, dass ich ins Ausland gehe* **b** drückt aus, dass man eine von mehreren Möglichkeiten als am wenigsten unangenehm empfindet | *Ich mag Hausarbeit nicht, aber am ehesten mag ich noch das Abspülen* **H** vergleiche **eher** **c** nach der kürzesten Zeit | *Er ist am ehesten am Ziel angekommen*

Ehe·stand *der; nur Singular; admin* der Zustand, verheiratet zu sein ⟨im Ehestand⟩ | *in den Ehestand treten* (heiraten)

ehr·bar ADJEKTIV; *geschrieben* ⟨ein Bürger, ein Mensch⟩ so, dass sie sich verhalten, wie es Sitte und Moral erfordern ≈ *geachtet* ● hierzu **Ehr·bar·keit** *die*

Ehr·be·griff *der; meist Singular* die Vorstellung, die jemand davon hat, wie man sich verhalten muss, um Ehre zu haben

★ **Eh·re** *die;* (-, -n) **1** *nur Singular* das Bewusstsein einer Person, Würde zu haben und Respekt zu verdienen ⟨seine Ehre wahren, verlieren; jemandes Ehre verletzen⟩ | *Durch die Bemerkung fühlte er sich in seiner Ehre gekränkt* **K** Ehrverlust **2** eine Handlung oder ein Zeichen, mit denen andere Menschen einer Person/Sache Respekt erweisen ⟨jemandem Ehre, große Ehren erweisen⟩ **3** **jemanden in Ehren halten** jemanden mit viel Respekt behandeln **4** **zu Ehren** *+Genitiv* um jemanden zu ehren | *eine Festrede zu Ehren des Bürgermeisters* ■ **ID Ich habe die Ehre**, **Es ist mir eine Ehre** *geschrieben* Ich fühle mich geehrt; **Zu seiner/ihrer Ehre muss ich sagen, dass ...** Um gerecht zu sein, muss ich sagen, dass ...; **jemandem die letzte Ehre erweisen** *geschrieben* zu jemandes Beerdigung gehen; **auf Ehre und Gewissen, bei meiner Ehre** verwendet, um die Wahrheit einer Aussage zu betonen

Eh·ren- *im Substantiv, betont, begrenzt produktiv* **1** **das Ehrengeleit, der Ehrenplatz, der Ehrenpreis, das Ehrensalut, der Ehrentitel, die Ehrenurkunde, die Ehrenwache** *und andere* verwendet, um zu sagen, dass das im zweiten Wortteil Genannte dazu dient, jemanden zu ehren **2** **der Ehrendoktor, das Ehrenmitglied, der Ehrenpräsident** *und andere* drückt aus, dass eine Person einen Titel bekommen hat, weil sie etwas Gutes getan hat

★ **eh·ren** VERB (ehrte, hat geehrt) **1** **jemanden ehren** einer Person zeigen, dass man sie respektiert | *die Eltern ehren* | *jemandem ein ehrendes Andenken bewahren* **2** **etwas ehrt jemanden** jemand fühlt sich durch etwas respektiert und anerkannt | *Ihr Vertrauen ehrt mich* **3** **jemanden (mit etwas) (für etwas) ehren** jemandem eine Auszeichnung verleihen | *jemanden mit einer Urkunde für seine Leistungen ehren*

eh·ren·amt·lich ADJEKTIV so, dass eine Person für ihre Arbeit nicht bezahlt wird ⟨eine Funktion⟩ | *Sie arbeitet als ehrenamtliche Helferin für das Rote Kreuz* ● hierzu **Eh·ren·amt** *das*

Eh·ren·bür·ger *der* **1** verwendet als Titel, den jemand für besondere Leistungen von einer Stadt oder Gemeinde bekommt | *jemandem für seine Verdienste um die Stadt den Titel/die Würde eines Ehrenbürgers verleihen* **2** eine Person, welche den Titel *Ehrenbürger* erhalten hat ● zu (2) **Eh·ren·bür·ger·in** *die;* zu (1) **Eh·ren·bür·ger·schaft** *die*

Eh·ren·dok·tor *der* **1** *meist Singular* ein akademischer Titel, den jemand für besondere Leistungen ohne eine Dissertation von einer Universität bekommt **K** Ehrendoktorwürde **H** Abkürzung: *Dr. h. c.* oder *Dr. E.h.* **2** eine Person, die diesen Titel bekommen hat

Eh·ren·gast *der* ein sehr wichtiger Gast bei einem Fest oder einer Veranstaltung

eh·ren·haft ADJEKTIV den Idealen der Ehre entsprechend | *ein ehrenhafter Mann* ● hierzu **Eh·ren·haf·tig·keit** *die*

eh·ren·hal·ber ADVERB um jemanden zu ehren | *jemandem einen Titel ehrenhalber verleihen*

Eh·ren·mal *das;* (-s, -e/Eh·ren·mä·ler) ein Denkmal, das an die Soldaten erinnert, die im Krieg getötet wurden

Eh·ren·mann *der* eine Person, die sich ehrenhaft verhält

Eh·ren·mit·glied *das* ein meist prominentes Mitglied in einem Club, einer Partei o. Ä., das keinen Beitrag zahlen muss ● hierzu **Eh·ren·mit·glied·schaft** *die*

Eh·ren·rech·te *die; Plural* **bürgerliche Ehrenrechte** Rechte, die jeder Staatsbürger hat, wie z. B. das Recht, wählen zu dürfen, oder das Recht, eine öffentliche Funktion auszuüben ⟨jemandem die bürgerlichen Ehrenrechte aberkennen⟩

Eh·ren·ret·tung *die* ■ **ID etwas zu jemandes Ehrenrettung sagen** *oft humorvoll* etwas sagen, um die persönliche Ehre einer anderen Person zu verteidigen

eh·ren·rüh·rig ADJEKTIV ⟨eine Behauptung⟩ so, dass sie jemandes Ehre und Ruf verletzt | *sich ehrenrührig über jemanden äußern*

Eh·ren·sa·che *die* ■ **ID Das ist doch Ehrensache!** *gesprochen* drückt aus, dass man etwas getan hat oder tun wird, weil es sich so gehört und selbstverständlich ist

Eh·ren·tag *der; geschrieben* ein besonderer Tag, z. B. ein Geburtstag oder Jubiläum, an dem jemand geehrt wird ⟨seinen Ehrentag begehen⟩

eh·ren·voll ADJEKTIV ⟨ein Amt, eine Aufgabe⟩ so, dass sie Ehre und Anerkennung für jemanden bringen

Eh·ren·wa·che *die* eine Gruppe meist von Soldaten, die vor einem Denkmal oder zu Ehren einer hohen Persönlichkeit Wache hält

Eh·ren·wort *das; nur Singular* ■ **ID jemandem sein Ehrenwort (auf etwas** (*Akkusativ*)**) geben** jemandem etwas feierlich versprechen oder versichern | *Ich gebe dir mein Ehrenwort (darauf), dass ich nichts weitersage*

ehr·er·bie·tig ADJEKTIV; *geschrieben* ≈ *respektvoll* ● hierzu **Ehr·er·bie·tig·keit** *die;* **Ehr·er·bie·tung** *die*

Ehr·furcht *die; nur Singular* **Ehrfurcht (vor jemandem/etwas)** Respekt vor der Würde einer Person/der Bedeutung einer Sache ⟨jemandem Ehrfurcht einflößen⟩ | *Ehrfurcht vor dem Alter haben* ● hierzu **ehr·fürch·tig** ADJEKTIV; **ehr·furchts·voll** ADJEKTIV

Ehr·ge·fühl *das* **1** **jemandes Ehrgefühl verletzen** jemanden kränken oder beleidigen **2** **kein Ehrgefühl (im Leib) haben** unehrenhaft und würdelos handeln

Ehr·geiz *der; nur Singular* ein starkes Bemühen um Erfolg und Ruhm ⟨gesunder, krankhafter Ehrgeiz; den Ehrgeiz haben, etwas zu tun; jemandes Ehrgeiz anstacheln⟩ | *Er hatte den Ehrgeiz, der Beste in der Klasse zu sein* ● hierzu **ehr·gei·zig** ADJEKTIV

★ **ehr·lich** ADJEKTIV **1** so, dass eine Person die Wahrheit sagt, nicht lügt und nichts verschweigt ≈ *aufrichtig* | *„Sei ehrlich, glaubst du das?" – „Ehrlich gesagt, nein."* **2** so, dass eine Person niemanden betrügt | *ein ehrlicher Mensch* | *ehrliche Absichten haben* | *es ehrlich mit jemandem meinen* **3** wirklich und stark empfunden ⟨Gefühle, Freude, Trauer⟩ **4** **etwas ehrlich verdient haben** etwas wirklich verdient haben ■ **ID Ehrlich währt am längsten** Wer ehrlich ist, wird am Ende mehr Erfolg haben als eine Person, die lügt oder betrügt • zu (1 – 3) **Ehr·lich·keit** *die*

ehr·los ohne Ehre ‹ein Schurke› • hierzu **Ehr·lo·sig·keit** *die*

★ **Eh·rung** *die;* (-, -en) eine Zeremonie, bei der jemand geehrt wird K Siegerehrung

ehr·wür·dig ADJEKTIV geachtet und geehrt, meist auch weil er/sie/es schon so alt ist ‹eine Tradition, ein Brauch, ein Denkmal; ein Greis›

ei! (meist im Umgang mit Kindern) verwendet, um Erstaunen o. Ä. zu sagen oder um ein Kind zu trösten

★ **Ei** *das;* (-(e)s, -er) **1** weibliche Vögel und andere Tiere legen Eier; Eier haben eine harte Schale oder feste Hülle, in der sich ein junges Tier entwickelt ‹ein Vogel, eine Schlange, eine Schildkröte legt Eier; ein Tier brütet Eier aus; ein Tier schlüpft aus dem Ei› K Hühnerei, Schlangenei, Vogelei **2** das Ei eines Huhns, das man isst ‹ein frisches, altes, faules, rohes Ei; ein weiches/weich gekochtes, hartes/hart gekochtes Ei; Eier kochen› | *zwei Eier in die Pfanne schlagen* K Eidotter, Eierschale H → Abb. unter **Frühstück** **3** eine Zelle im Körper von Frauen und Tieren, aus denen sich ein Baby entwickeln kann, wenn sie mit einer männlichen Samenzelle zusammenkommt | *Das reife Ei wird befruchtet und nistet sich in der Gebärmutter ein* K Eizelle **4** *gesprochen* ▲ *meist Plural* ≈ *Hoden* ■ ID **Das ist ein dickes Ei!** *gesprochen* Das ist empörend!; **Ach du dickes Ei!** *gesprochen* drückt Überraschung aus; **das Ei des Kolumbus** *geschrieben* eine sehr einfache, jedoch geschickte Lösung; **Personen gleichen sich** (*Dativ*) **wie ein Ei dem anderen** Personen sind/sehen einander sehr ähnlich; **wie auf Eiern gehen** *gesprochen* sehr vorsichtig oder unsicher gehen; **jemanden/etwas wie ein rohes Ei behandeln** jemanden/etwas sehr vorsichtig behandeln; **wie aus dem Ei gepellt aussehen** *gesprochen* sehr elegant gekleidet und gepflegt sein • zu (2) **ei·för·mig** ADJEKTIV

-ei *die;* (-, -en); *im Substantiv, betont, sehr produktiv* **1** **Bäckerei, Druckerei, Gärtnerei, Metzgerei, Schreinerei** *und andere* bezeichnet nach Berufsbezeichnungen den Betrieb, in dem der Beruf ausgeübt wird **2** **Besserwisserei, Drückebergerei, Gaunerei, Geschäftemacherei, Preistreiberei** *und andere meist abwertend* bezeichnet nach Personenbezeichnungen das typische Verhalten einer solchen Person **3** **Drängelei, Fahrerei, Fragerei, Fresserei, Herumhockerei, Heuchelei, Trödelei** *und andere gesprochen, abwertend* drückt nach Verben aus, dass die genannte Handlung lästig ist, oft geschieht oder lange dauert **4** **Bastelei, Häkelei, Malerei, Schmiererei, Schnitzerei, Stickerei** *und andere* bezeichnet nach Verben eine Sache, die durch die genannte Handlung entstanden ist

Ei·be *die;* (-, -n) ein giftiger Nadelbaum mit hartem Holz und roten Beeren

Ei·che *die;* (-, -n) **1** ein großer Laubbaum mit sehr hartem Holz ‹eine knorrige, mächtige Eiche› | *Die ovalen Früchte der Eiche heißen Eicheln* K Eichenholz, Eichenlaub **2** *nur Singular* das Holz der Eiche | *ein Bett aus Eiche* | *ein Schlafzimmer in Eiche* K Eichensarg, Eichenschrank, Eichentisch

Ei·chel *die;* (-, -n) **1** die Frucht der Eiche **2** der vorderste Teil des Penis **3** eine Spielfarbe im deutschen Kartenspiel oder eine Karte dieser Farbe

ei·chen VERB (eichte, hat geeicht) **etwas eichen** Maße und Messgeräte prüfen und einer Norm anpassen ‹Gewichte, eine Waage, ein Thermometer eichen› K Eichamt, Eichgewicht, Eichmaß, Eichmeter, Eichstempel ■ ID **auf etwas geeicht sein** *gesprochen* etwas sehr gut können, auf etwas spezialisiert sein • hierzu **Ei·chung** *die*

Eich·hörn·chen *das;* (-s, -) ein kleines Nagetier mit dichtem, langem Schwanz, das auf Bäume klettert und Nüsse und Samen frisst

Eich·kätz·chen *das;* (-s, -) ≈ *Eichhörnchen*

Eid *der;* (-(e)s, -e) **1** ein feierliches Versprechen, die Wahrheit zu sagen ‹einen Eid ablegen, leisten, schwören, brechen; unter Eid aussagen; jemanden von einem/seinem Eid entbinden› K Eidbruch; Eidesformel, Eidespflicht **2** **der hippokratische Eid** *historisch* das Versprechen, kranken Menschen immer zu helfen, das früher alle Ärzte ablegten ■ ID **an Eides statt** an Stelle eines gerichtlichen Eides

eid·brü·chig ADJEKTIV **eidbrüchig sein/werden** einen Eid gebrochen haben/brechen

Ei·dech·se *die;* (-, -n) ein kleines Reptil mit einem langen, spitzen Schwanz, den es bei Gefahr abwerfen kann

ei·des·statt·lich ADJEKTIV **eine eidesstattliche Erklärung abgeben** eine Aussage machen, die wie ein Eid vor Gericht ist

Eid·ge·nos·se *der* verwendet als Bezeichnung für einen Staatsbürger der Schweiz

Eid·ge·nos·sen·schaft *die* **die schweizerische Eidgenossenschaft** der offizielle Name der Schweiz

eid·ge·nös·sisch ADJEKTIV; (*besonders admin*) *geschrieben* in/von der Schweiz

Ei·er·be·cher *der* ein kleines Gefäß, in dem ein gekochtes Ei serviert wird

Ei·er·kopf *der; gesprochen* **1** *humorvoll, oft abwertend* ein Kopf, der eine deutlich ovale Form hat **2** *abwertend* verwendet als Schimpfwort für einen Intellektuellen

Ei·er·ku·chen *der* eine Speise aus Eiern, Mehl und Milch (und Zucker), die in der Pfanne gebacken wird

ei·ern VERB (eierte, hat geeiert) **etwas eiert** *gesprochen* etwas rollt oder dreht sich ungleichmäßig und wackelt ‹ein Rad, eine Schallplatte›

Ei·er·stock *der;* (-(e), Ei·er·stö·cke); *meist Plural* eines der beiden Organe im Körper von Frauen und weiblichen Tieren, in denen Eier gebildet werden K Eierstockentzündung

Ei·er·tanz *der; oft abwertend* **ein Eiertanz (um jemanden/etwas)** sehr vorsichtiges, geschicktes Verhalten, das in einer schwierigen Situation nötig ist ‹einen Eiertanz aufführen, veranstalten, vollführen› | *der diplomatische Eiertanz um einen Diktator*

Ei·er·uhr *die* eine kleine Sanduhr oder eine Art Wecker für kurze Zeiträume | *Er stellte die Eieruhr auf zehn Minuten ein*

★ **Ei·fer** *der;* (-s) **1** das starke Bemühen, ein Ziel zu erreichen ‹blinder Eifer; jemandes Eifer anstacheln, anspornen› | *Heute gehe ich voller Eifer an die Arbeit, gestern war ich nicht so fleißig* K Arbeitseifer, Lerneifer **2** *meist abwertend* leidenschaftliche Gefühle, bei denen jemand die Kontrolle über sich selbst verliert | *Er war in seinem Eifer zu weit gegangen* | *Wenn sie über Missstände in ihrer Heimat spricht, gerät sie immer in Eifer* **3** **missionarischer Eifer** das starke Bemühen, andere Leute von der eigenen Meinung zu überzeugen ■ ID → Gefecht

Ei·fe·rer *der;* (-s, -) **ein religiöser Eiferer** eine Person, die sich fanatisch für eine religiöse Idee einsetzt

★ **Ei·fer·sucht** *die; nur Singular* **Eifersucht (auf jemanden)** die Angst eines Menschen, die Liebe oder Aufmerksamkeit eines anderen Menschen an eine dritte Person zu verlieren ‹blinde, rasende, krankhafte Eifersucht›

ei·fer·süch·tig ADJEKTIV **eifersüchtig (auf jemanden/etwas)** voll Eifersucht

eif·rig ADJEKTIV voll Eifer ‹ein Schüler, ein Student; eifrig lernen, arbeiten›

Ei·gelb *das;* (-(e)s, -e) der gelbe Teil von Hühnereiern

E

★ **ei·gen** ADJEKTIV **1** *meist attributiv* so, dass etwas der genannten Person, Firma oder Institution gehört | *Mit 18 Jahren hatte er schon ein eigenes Auto* | *Das kannst du mit deinem eigenen Geld kaufen!* | *Unsere Firma hat eine eigene Kantine* **2** *meist attributiv* so, dass etwas von der genannten Person selbst kommt oder die genannte Person selbst betrifft | *Das mache ich auf eigene Verantwortung* | *Er hat immer eine eigene Meinung* | *Es war meine eigene Schuld, dass es nicht funktioniert hat* **K** Eigenanteil, Eigenbedarf, Eigenfinanzierung, Eigeninitiative, Eigenkapital, Eigenleistung, Eigenverbrauch **3** **(etwas ist) jemandem/etwas eigen** (etwas ist) für eine Person oder Sache typisch oder charakteristisch | *mit dem ihr eigenen Charme* | *Diesem Material ist (es) eigen, dass es sehr gut formbar ist* **4** *meist prädikativ* bei einigen Eigenschaften nicht so wie die meisten anderen | *Sie ist zwar ganz nett, aber ein bisschen eigen* ■ **ID sich** (*Dativ*) **etwas zu eigen machen** *geschrieben* eine Meinung o. Ä. von anderen Personen übernehmen | *Sie machten sich liberale Parolen zu eigen*

-ei·gen *im Adjektiv, unbetont, begrenzt produktiv* **betriebseigen, firmeneigen, staatseigen, universitätseigen** *und andere* zur genannten Institution gehörig | *konzerneigene Unternehmen* (Unternehmen, die zum Konzern gehören)

Ei·gen·art *die* etwas (meist eine Verhaltensweise), das typisch für jemanden ist

ei·gen·ar·tig ADJEKTIV wegen ungewöhnlicher Eigenschaften auffällig, schwer verständlich oder schwer erklärbar | *Er ist ein eigenartiger Mensch. Man weiß nie, was in ihm vorgeht* | *Hier riecht es eigenartig* | *Was ist das für ein eigenartiges Geräusch?* ● hierzu **ei·gen·ar·ti·ger|wei·se** ADVERB

Ei·gen·bau *der; nur Singular; gesprochen* **in Eigenbau** indem man es selbst herstellt oder konstruiert | *Unser Haus ist zum Teil in Eigenbau entstanden*

Ei·gen·bröt·ler *der;* (-s, -); *oft abwertend* eine Person, die Kontakt mit anderen Leuten vermeidet ● hierzu **ei·gen·bröt·le·risch** ADJEKTIV

ei·gen·hän·dig ADJEKTIV *meist attributiv* so, dass man es selbst macht (und nicht eine anderen Person) | *Wir benötigen Ihre eigenhändige Unterschrift* | *ein Haus eigenhändig bauen*

Ei·gen·heim *das* ein (meist ziemlich einfaches) Haus, in dem der Eigentümer selbst wohnt

Ei·gen·heit *die;* (-, -en) ein Merkmal oder ein Verhalten, das typisch für jemanden ist

Ei·gen·le·ben *das; nur Singular* ein Leben, das bestimmt von persönlichen Vorstellungen ist ⟨ein Eigenleben führen; sein Eigenleben bewahren⟩

Ei·gen·lie·be *die; nur Singular* ≈ *Egoismus*

Ei·gen·lob *das* ein Lob, mit dem sich jemand selbst lobt ■ **ID Eigenlob stinkt** *gesprochen* man soll sich nicht selbst loben

ei·gen·mäch·tig ADJEKTIV so, dass man dafür nicht den nötigen Auftrag oder die Erlaubnis hat ⟨eine Entscheidung; eigenmächtig handeln, vorgehen; etwas eigenmächtig bestimmen, entscheiden⟩ ● hierzu **Ei·gen·mäch·tig·keit** *die*

Ei·gen·na·me *der* ein Name, mit dem man einzelne Personen, Orte o. Ä. bezeichnet, um sie von anderen Personen, Orten o. Ä. zu unterscheiden | *Schiller, Italien, Rhein und Hamburg sind Eigennamen*

Ei·gen·nutz *der;* (-es) ein (egoistisches) Verhalten mit dem Ziel, für sich selbst Vorteile zu haben ⟨etwas ist Eigennutz; etwas aus Eigennutz tun⟩ ● hierzu **ei·gen·nüt·zig** ADJEKTIV

Ei·gen·nut·zung *die* das Nutzen einer Wohnung oder eines Hauses für den Eigentümer selbst (ohne Vermietung)

★ **ei·gens** ADVERB nur für einen besonderen Zweck | *Ich habe den Kuchen eigens für dich gebacken* | *Ich habe ihn eigens noch daran erinnert, aber er hat es trotzdem vergessen*

★ **Ei·gen·schaft** *die;* (-, -en) **1** durch ihre Eigenschaften unterscheiden sich Personen oder Dinge voneinander oder sind sie sich ähnlich | *Eitelkeit ist eine schlechte Eigenschaft* | *Dieses Metall hat die Eigenschaft, leicht verformbar zu sein* **K** Charaktereigenschaft, Materialeigenschaft **2** **in einer/jemandes Eigenschaft als etwas** *geschrieben* in der genannten Funktion oder Aufgabe | *Er sprach in seiner Eigenschaft als Parteichef*

Ei·gen·schafts·wort *das;* (-(e)s, Ei·gen·schafts·wör·ter) ≈ *Adjektiv*

Ei·gen·sinn *der; nur Singular* die Eigenschaft, immer nur das zu tun, was man selbst für richtig hält ● hierzu **ei·gen·sin·nig** ADJEKTIV; **Ei·gen·sin·nig·keit** *die*

ei·gen·stän·dig ADJEKTIV; *geschrieben* ≈ *selbstständig* ● hierzu **Ei·gen·stän·dig·keit** *die*

★ **ei·gent·lich** ■ PARTIKEL *betont und unbetont* **1** verwendet, um auf Umstände oder Tatsachen hinzuweisen, welche nicht allgemein bekannt oder nicht leicht zu erkennen sind | *Eigentlich gehe ich nicht gern in die Disko* (*aber heute mache ich eine Ausnahme*) | *Eigentlich heißt sie Birgit, aber jeder nennt sie Biggi* **2** verwendet, wenn man von etwas überzeugt ist und man einen Irrtum kaum für möglich hält | *Eigentlich müsste der Brief jetzt fehlerfrei sein* | *Eigentlich müsste er jetzt zu Hause sein* (Normalerweise ist er um diese Zeit da) **3** wenn man es genau nimmt | *Eigentlich darf ich es dir noch nicht sagen, aber ich krieg den Job* | *Eigentlich müsste ich heute lernen* (aber ich gehe doch mit auf die Party) **4** verwendet, wenn eine Erwartung nicht erfüllt wird oder wurde | *Eigentlich müsste er schon längst hier sein. Vielleicht ist etwas dazwischengekommen* | *Eigentlich hätte sie auch anrufen können* (Ich bin enttäuscht, dass sie nicht angerufen hat) **5** verwendet, um einen neuen Gedanken in ein Gespräch einzubringen | *Wie geht es eigentlich deinen Kindern?* | *Wie spät ist es eigentlich?* **6** am Anfang, bevor sich die Situation geändert hat ≈ *ursprünglich* | *Eigentlich wollte ich schon um zehn Uhr gehen, und jetzt ist es schon zwölf* **7** verwendet, wenn man (durch Nachdenken) zu einem Ergebnis oder zu einer Meinung kommt | *Eigentlich war der Film ganz gut* **8** verwendet, um eine Aussage einzuschränken | *„Hast du was dagegen, wenn meine Schwester mitkommt?“ – „Eigentlich nicht.“* (aber ich finde die Idee nicht sehr gut) ■ ADJEKTIV *meist attributiv* **9** verwendet, um zu betonen, was wichtiger oder interessanter ist als das, was schon besprochen wurde | *der eigentliche Anlass unseres Treffens* | *Das eigentliche Problem liegt woanders* **10** der Realität entsprechend ≈ *wirklich* | *Seine eigentlichen Absichten zeigte er erst später* **11** so, wie es zu Beginn war ≈ *anfänglich* | *die eigentliche Bedeutung eines Wortes* | *Sein eigentlicher Beruf ist Maurer, jetzt arbeitet er als Busfahrer*

Ei·gen·tor *das* der unabsichtliche Schuss oder Wurf mit dem Ball o. Ä. in das Tor der eigenen Mannschaft ■ **ID ein Eigentor schießen** so handeln, dass man sich selbst dabei schadet

★ **Ei·gen·tum** *das;* (-s) **1** das, was einer Person, Firma, Institution usw. gehört ⟨persönliches, fremdes Eigentum; sich an fremdem Eigentum vergreifen⟩ ≈ *Besitz* | *Dieses Haus ist mein Eigentum* (Ich habe das Haus nicht gemietet, es gehört mir selbst) **K** Eigentumswohnung **!** Juristisch gesehen ist *Eigentum* alles, was man zu Recht besitzt; *Besitz* kann z. B. auch Diebesgut sein: *Die Gemälde im Besitz des Hehlers stammen aus einem Einbruch und sind Eigentum eines Museums.* **2** **jemandes geistiges Eigentum** eine Sache, die jemand erfunden hat oder eine Idee, die jemand zuerst gehabt hat

Ei·gen·tü·mer *der*; (-s, -) die Person, der eine Sache als Eigentum gehört ● hierzu **Ei·gen·tü·me·rin** *die*

ei·gen·tüm·lich, ei·gen·tüm·lich ADJEKTIV; *geschrieben* **1** ≈ *eigenartig* **2** **(jemandem/etwas) eigentümlich** charakteristisch oder typisch (für jemanden/etwas) | *mit der ihm eigentümlichen Handbewegung* ● hierzu **Ei·gen·tüm·lich·keit** *die*

Ei·gen·tums·de·likt *das* ein Verbrechen gegen das Eigentum oder Vermögen einer anderen Person, wie z. B. Diebstahl, Betrug, Sachbeschädigung usw.

ei·gen·ver·ant·wort·lich ADJEKTIV; *geschrieben* so, dass der Betroffene selbst allein die Verantwortung für etwas trägt ⟨etwas eigenverantwortlich entscheiden⟩ ● hierzu **Ei·gen·ver·ant·wort·lich·keit** *die*

ei·gen·wil·lig ADJEKTIV **1** mit einem starken eigenen Willen und nur selten bereit, das zu tun, was andere Leute sagen **2** so, dass etwas stark von der Persönlichkeit und dem Charakter der genannten Person bestimmt ist ⟨eine Interpretation, ein Stil⟩ **3** ⟨ein Humor, eine Mischung⟩ ≈ *seltsam* ● hierzu **Ei·gen·wil·lig·keit** *die*

★ **eig·nen** VERB (eignete sich, hat sich geeignet) **1** **sich (irgendwie) für etwas eignen** die Eigenschaften oder Fähigkeiten haben, die nötig sind, um die genannte Funktion zu erfüllen | *Sie eignet sich gut für diesen Beruf* **2** **etwas eignet sich (irgendwie) als etwas** etwas hat die Eigenschaften, die nötig sind, um den genannten Zweck zu erfüllen | *Kork eignet sich gut als Isoliermaterial*

Eig·ner *der*; (-s, -); *veraltend* ≈ *Eigentümer* **K** Schiffseigner

Eig·nung *die*; (-) **die Eignung (für/zu etwas)** Talente und Eigenschaften, die für etwas notwendig sind | *Seine Eignung für die Polizeiausbildung muss er erst beweisen* **K** Eignungsprüfung, Eignungstest

Ei·land *das*; (-(e)s, -e); *literarisch* eine (meist kleine) Insel

Eil·bo·te *der* ein Briefträger, der Expressbriefe zu den Empfängern bringt ⟨etwas durch, per Eilboten schicken⟩

Eil·brief *der veraltend* ≈ *Expressbrief*

★ **Ei·le** *die*; (-) **1** das Bemühen oder der Zwang, etwas schnell zu tun ⟨etwas in aller/großer/fieberhafter Eile tun; zur Eile getrieben werden⟩ | *Ich habe in der Eile vergessen, einen Schirm mitzunehmen* **K** Eilschritt, Eiltempo **2** **in Eile sein** (zu) wenig Zeit haben | *Ich kann jetzt nicht reden, ich bin in Eile* ■ **ID** **mit etwas hat es (keine) Eile** *gesprochen* etwas ist (nicht) sehr dringend, etwas muss (nicht) sehr schnell erledigt werden

Ei·lei·ter *der*; (-s, -) ein Organ (in der ungefähren Form eines kleinen Schlauchs) im Körper von Frauen und weiblichen Tieren, in dem sich ein Ei vom Eierstock zur Gebärmutter bewegt

ei·len VERB (eilte, hat/ist geeilt) **1** **irgendwohin eilen** *geschrieben (ist)* schnell irgendwohin gehen oder fahren | *Sie eilte nach Hause* **2** **etwas eilt** *(hat)* etwas ist eilig | *Der Brief eilt, er muss sofort zur Post* **3** **jemandem eilt es mit etwas** *(hat)* jemand will, dass etwas so schnell wie möglich getan wird

ei·lends ADVERB; *veraltend* sehr schnell

eil·fer·tig ADJEKTIV; *geschrieben, abwertend* in dem Bemühen, seine Aufgaben schnell zu erfüllen, ohne dabei kritisch nachzudenken ● hierzu **Eil·fer·tig·keit** *die*

ei·lig ADJEKTIV **1** sehr wichtig und daher schnell zu erledigen | *Dieser Brief ist sehr eilig, bring ihn bitte gleich zur Post!* **2** (zu) schnell gemacht (und dabei manchmal unachtsam) | *Er hat den Brief so eilig geschrieben, dass man ihn nur mit Mühe lesen kann* **3** **es eilig haben** keine oder nur wenig Zeit haben **4** **es (mit etwas) eilig haben** etwas möglichst bald tun wollen

Eil·zug *der*; *historisch* ein Zug, der auch an relativ kleinen Orten hielt (aber nicht an allen, wie ein Nahverkehrszug)

Ei·mer *der*; (-s, -) ein rundes Gefäß (meist aus Plastik oder Blech) vor allem für Flüssigkeiten oder Abfall, das einen Bügel zum Tragen hat **K** Abfalleimer, Mülleimer, Wassereimer, Plastikeimer ■ **ID** **etwas ist im Eimer** *gesprochen* **a** etwas ist kaputt | *Meine Uhr kann ich wegwerfen, die ist völlig im Eimer* **b** etwas muss aufgegeben werden | *Nach dieser Pleite waren ihre Pläne im Eimer*

EIMER

★ **ein, ei·ne, ein** ■ ARTIKEL *unbetont* **1** verwendet, um eine Person/Sache zu bezeichnen, die in den Worten oder im Text vorher noch nicht genannt wurde | *Ich wohne in einem großen Haus* | *Dieses Jahr hatten wir einen regnerischen Sommer* | *Er kam durch einen Verkehrsunfall ums Leben* | *Sie ist Tochter eines Richters* **H** Der unbestimmte Artikel wird im Plural nicht verwendet: *ein altes Haus* → *alte Häuser*. *Ein* wird in der gesprochenen Sprache oft abgekürzt: *Sone/So 'ne Katze; Da kommtn/kommt 'n Hund mit 'nem langen Schwanz*; → auch Tabelle unter **ein** **2** verwendet, um eine (beliebige) einzelne von mehreren vorhandenen Sachen zu bezeichnen | *Hast du ein Blatt Papier für mich?* | *Gib mir bitte einen Stift!* **3** verwendet, um eine nicht genau benannte Person/Sache als Vertreter einer Menge, Art oder Gattung zu bezeichnen | *Ein Hund bleibt dir immer treu* | *Ein Schotte trägt nicht immer einen Schottenrock* **4** verwendet vor abstrakten Begriffen, die (meist durch einen Relativsatz) näher bestimmt sind | *Er ging mit einer Begeisterung an die Arbeit, die ich bei ihm gar nicht kannte* **5** **ein Herr** *+Name*; **eine Frau** *+Name* verwendet, um zu sagen, dass man die genannte Person nicht kennt | *Ein (gewisser) Herr Sommer möchte Sie sprechen*
■ ZAHLWORT *betont* **6** verwendet, um bei zählbaren Begriffen den Zahlenwert 1 auszudrücken | *Jetzt warten wir schon eine Stunde* | *ein Kilo Äpfel* | *Hat sie zwei Autos oder nur ein(e)s?* → Mal[1] **H** oft durch *nur* oder *einzig-* verstärkt: *Ich hatte nur noch 'einen Euro/einen 'einzigen Euro in der Tasche* **7** alleine verwendet, um eine einzelne von mehreren Personen/Sachen zu bezeichnen | *Einer von euch muss hierbleiben* | *„Hier im Wald gibt es Rehe." – „Ja, da läuft ein(e)s"* **8** **der/die/das eine** verwendet, um eine von zwei Personen/Sachen zu bezeichnen | *Der eine Bruder lebt in Amerika (und der andere hier in Köln)* **9** *nur in dieser Form* verwendet zur Bezeichnung der Uhrzeit 1 Uhr bzw. 13 Uhr | *Es ist schon 'ein Uhr* **H** aber: *Es ist eins* **10** **ein oder zwei**; **ein bis zwei**; **ein, zwei** *nur in dieser Form* eine geringe Anzahl | *Kann ich ein, zwei Tage bei dir übernachten?* | *Es dauert vielleicht ein bis zwei Stunden* **11** **ein und derselbe/dieselbe/dasselbe** *nur in dieser Form* verwendet, um *derselbe* usw. zu verstärken | *Das ist alles an ein und demselben Tag passiert* **12** **eine Person/Sache ist jemandes Ein und Alles** eine Person oder Sache ist für jemanden sehr wichtig | *Ihr Pferd ist ihr Ein und Alles*
■ ADVERB **13** verwendet als Aufschrift bei Schaltern usw., mit denen etwas eingeschaltet wird ≈ *an* ↔ *aus*
■ PRONOMEN **14** alleine verwendet, um von einer nicht näher genannten Person zu sprechen ≈ *jemand* | *Das muss einer machen, der etwas davon versteht* **15** **einen/einem** verwendet als Akkusativ bzw. Dativ von *man* | *Das macht einen ja ganz nervös!* | *Das kann einem schon mal passieren* **16** **einer** *gesprochen* jede beliebige Person ≈ *man* | *Das kann einer doch nicht wissen* (Das kann man doch nicht wissen) **17** *gesprochen* verwendet in manchen Wendungen

E

| *jemandem eine reinhauen* (jemandem eine Ohrfeige geben) | *einen trinken* (ein Getränk mit Alkohol trinken) | *einen sitzen haben* (betrunken sein)
■ **ID (nur) einer unter vielen sein** keine besondere Bedeutung oder Stellung haben

GRAMMATIK

▶ Die Formen mit dem Artikel *ein*

Nominativ					
Singular	männlich	ein	großer	Tisch
	weiblich	eine	große	Bank
	sächlich	ein	großes	Bett
Plural			große	Dinge
Akkusativ					
Singular	männlich	einen	großen	Tisch
	weiblich	eine	große	Bank
	sächlich	ein	großes	Bett
Plural			große	Dinge
Dativ					
Singular	männlich	einem	großen	Tisch
	weiblich	einer	großen	Bank
	sächlich	einem	großen	Bett
Plural			großen	Dingen
Genitiv					
Singular	männlich	eines	großen	Tisches
	weiblich	einer	großen	Bank
	sächlich	eines	großen	Bettes
Plural			großer	Dinge

★ **ein-** (*im Verb, betont und trennbar, sehr produktiv; Diese Verben werden so gebildet:* einbauen, baute ein, eingebaut) **1 (in etwas** (*Akkusativ*)**) einfahren, einlaufen, einmarschieren, einreisen** *und andere* drückt aus, dass eine Bewegung von außen nach innen geht | *Sie trat in das Zimmer ein* (Sie kam von draußen ins Zimmer) **2 etwas (in etwas** (*Akkusativ*)**) einfüllen, eingießen, einheften, einschütten** *und andere* drückt aus, dass man etwas nach innen bringt oder zu einem Teil einer Sache macht | *Er hat neue Bremsen in den Wagen eingebaut* (Er hat die alten Bremsen durch neue ersetzt) **3 etwas (in etwas** (*Akkusativ*)**) eingravieren, einkerben, einmeißeln** *und andere* drückt aus, dass durch einen Vorgang tiefere Stellen auf einem Material entstehen | *Er ritzte seinen Namen in die Rinde des Baums ein* (Er schrieb den eigenen Namen, indem er Teile von der Rinde wegkratzte) **4 etwas einbinden, einpacken, einwickeln; jemanden/etwas einkreisen** *und andere* drückt aus, dass eine Hülle, eine Grenze o. Ä. um jemanden/etwas herum entsteht | *ein Bild einrahmen* (einen Rahmen um ein Bild machen) **5 etwas eindrücken, einreißen, einschießen, einschlagen, eintreten** *und andere* drückt aus, dass etwas zerstört oder beschädigt wird | *mit dem Ball ein Fenster einwerfen* (einen Ball so werfen, dass er ein Fenster trifft und das Glas zerbricht)

Ein·ak·ter *der;* (-s, -) ein Theaterstück, das aus nur einem Akt besteht (und meist kurz ist)

★ **ei·nan·der** PRONOMEN so, dass jede Person oder Sache in einer Gruppe das Gleiche für den/die anderen oder mit dem/den anderen tut ≈ *sich* | *Sie fielen einander um den Hals* | *Sie wollten einander erst einmal besser kennenlernen* | *Die vielen Autos behindern einander*

ein·ar·bei·ten VERB (*hat*) **1 jemanden (in etwas** (*Akkusativ*)**) einarbeiten** jemanden oder sich selbst mit einer neuen Arbeit oder Aufgabe bekannt machen | *Der Lehrer hat sich in die neue Methode gut eingearbeitet* **2 etwas (in etwas** (*Akkusativ*)**) einarbeiten** eine Sache so verändern, dass etwas anderes Teil dieser Sache wird ⟨Änderungsvorschläge, Korrekturen in einen Text einarbeiten⟩ | *Kompost in den Boden einarbeiten* | *In den Ring sind mehrere Diamanten eingearbeitet* **3 etwas einarbeiten** mehr arbeiten als normal, um einen zusätzlichen freien Tag zu bekommen | *Er bekam für die Familienfeier frei, musste den Tag jedoch wieder einarbeiten* ● hierzu **Ein·ar·bei·tung** *die*

ein·ar·mig ADJEKTIV mit nur einem Arm

ein·äschern VERB (äscherte ein, hat eingeäschert) **1 jemanden einäschern** einen Toten verbrennen ⟨einen Leichnam, einen Toten einäschern⟩ **2 etwas einäschern** etwas durch Feuer zerstören | *Im Krieg wurde die Stadt eingeäschert* ● hierzu **Ein·äsche·rung** *die*

ein·at·men VERB (*hat*) **1 etwas einatmen** atmen und so Luft (Gase, Dämpfe o. Ä.) in die Lunge bringen ⟨giftige Dämpfe einatmen⟩ **2 (irgendwie) einatmen** atmen und so Luft usw. in die Lunge bringen ⟨tief einatmen⟩ ● hierzu **Ein·at·mung** *die*

ein·äu·gig ADJEKTIV **1** mit nur einem Auge | *ein einäugiger Pirat* **2** *abwertend* so, dass jemand Probleme o. Ä. immer nur aus einer Perspektive betrachtet ● zu (2) **Ein·äu·gig·keit** *die*

Ein·bahn|stra·ße *die* eine Straße, auf der man nur in einer Richtung fahren darf

ein·bal·sa·mie·ren VERB (balsamierte ein, hat einbalsamiert) **jemanden einbalsamieren** den Körper eines toten Menschen oder Tieres mit chemischen Substanzen konservieren ⟨einen Leichnam einbalsamieren⟩ ● hierzu **Ein·bal·sa·mie·rung** *die*

★ **Ein·band** *der;* (-(e)s, Ein·bän·de) **1** der feste Teil eines Buches, der die Seiten zusammenhält und schützt ⟨ein lederner, kartonierter Einband⟩ **2** eine Hülle (meist aus Plastik), in die ein Heft oder Buch (zum Schutz) gesteckt wird

Ein·bau *der;* (-(e)s, -ten) **1** *nur Singular* das Einbauen **2** etwas (z. B. ein Möbelstück), das eingebaut ist

ein·bau·en VERB (*hat*) **1 etwas (in etwas** (*Akkusativ*)**) einbauen** genau passende Teile in etwas, das schon vorhanden ist, einfügen und befestigen ⟨Möbel (in die Küche) einbauen; Bremsen in das Auto einbauen⟩ K Einbauküche, Einbaumöbel, Einbauschrank, Einbauteil **2 etwas (in etwas** (*Akkusativ*)**) einbauen** etwas zu etwas hinzutun, sodass es sich zu einem sinnvollen Ganzen fügt | *Zitate in einen Aufsatz einbauen*

ein·be·grif·fen ADJEKTIV **(in etwas** (*Dativ*)**) einbegriffen** ≈ *einschließlich, inklusive* | *In diesem Preis ist die Lieferung der Ware einbegriffen*

ein·be·hal·ten VERB (behält ein, behielt ein, hat einbehalten) **etwas einbehalten** *admin* etwas (meist Geld), das jemandem eigentlich gehört, dieser Person nicht zurückgeben oder auszahlen | *Der Vermieter behielt einen Teil der Kaution ein, weil nicht alle Schäden repariert worden waren*

ein·bei·nig ADJEKTIV mit nur einem Bein

ein·be·ru·fen VERB (berief ein, hat einberufen) **1 etwas einberufen** mehrere Personen bitten oder ihnen befehlen, sich zu versammeln ⟨eine Konferenz, eine Sitzung, das Parlament einberufen⟩ **2 jemanden (zum Wehrdienst) einberufen** *historisch* anordnen, dass eine Person Wehrdienst leisten muss

Ein·be·ru·fung *die*; (-, -en) **1** die (schriftliche) Anordnung, Wehrdienst zu leisten **K** Einberufungsbefehl, Einberufungstermin **2** *meist Singular* das Einberufen einer Konferenz o. Ä.

ein·be·stel·len VERB (bestellte ein, hat einbestellt) **jemanden einbestellen** jemanden auffordern, zu einer Behörde o. Ä. zu kommen ‹jemanden zur Anhörung, zum Gespräch, zum Verhör einbestellen› | *Der britische Botschafter wurde ins Außenministerium einbestellt*

ein·be·to·nie·ren VERB (betonierte ein, hat einbetoniert) **etwas (in etwas** (*Akkusativ*)**) einbetonieren** etwas befestigen, indem man es in eine Masse aus Beton setzt | *Die Stahlträger wurden in den Boden einbetoniert* ● hierzu **Ein·be·to·nie·rung** *die*

ein·bet·ten VERB (*hat*) **etwas in etwas** (*Akkusativ*) **einbetten** *geschrieben* etwas so in etwas legen, dass es geschützt und umschlossen wird **H** meist im Passiv mit dem Hilfsverb *sein* ● hierzu **Ein·bet·tung** *die*

Ein·bett|zim·mer *das* ein Zimmer in einem Hotel oder Krankenhaus, in dem nur ein Bett steht

ein·be·zie·hen VERB (bezog ein, hat einbezogen) **1 jemanden in etwas** (*Akkusativ*) **(mit) einbeziehen** jemanden (vor allem bei einem Gespräch) zur Teilnahme ermuntern oder auffordern | *Der Vorsitzende bezog alle Teilnehmer der Veranstaltung in die Diskussion (mit) ein* **2 etwas in etwas** (*Akkusativ*) **(mit) einbeziehen** etwas bei etwas (z. B. bei Überlegungen oder Plänen) berücksichtigen und als wichtig betrachten | *Ich habe bei meinen Überlegungen einige Gesichtspunkte noch nicht (mit) einbezogen* ● hierzu **Ein·be·zie·hung** *die*

ein·bie·gen VERB (*ist*) **irgendwohin einbiegen** die Richtung ändern und nach links oder rechts (in eine andere Straße) gehen oder fahren ‹links, rechts, in eine Seitenstraße einbiegen› | *Er bog mit dem Motorrad langsam in den Feldweg ein*

ein·bil·den VERB (*hat*) **1 sich** (*Dativ*) **etwas einbilden** etwas glauben oder von etwas überzeugt sein, das nicht der Wahrheit entspricht | *Er bildete sich ein, Cäsar zu sein* | *Du bist nicht krank! Das bildest du dir nur ein!* **2 sich** (*Dativ*) **etwas/viel (auf etwas** (*Akkusativ*)**) einbilden** deutlich (und meist auf arrogante Weise) zeigen, dass man stolz auf etwas ist | *Sie bildete sich viel auf ihre Schönheit ein* **3 sich** (*Dativ*) **etwas einbilden** *gesprochen* etwas dringend haben wollen | *Das Mädchen hatte sich eine neue Puppe eingebildet* ■ ID **Darauf brauchst du dir nichts ein(zu)bilden!** das ist kein Grund, stolz zu sein

Ein·bil·dung *die*; (-, -en) **1** *nur Singular* die Gedanken oder die Vorstellung, die sich jemand von einer Person oder Sache macht ≈ *Fantasie* | *Dieses Problem existiert nur in seiner Einbildung* (existiert nicht wirklich) **2** etwas, das man sich nur einbildet und nicht wirklich ist | *Ich habe ihn deutlich gesehen, es war sicherlich keine Einbildung* **3** *nur Plural* (krankhafte) Ideen, die jemanden verfolgen | *Er litt unter Einbildungen* **4** *nur Singular* eine unangenehme Art, mit der man zeigt, dass man sich für besser hält als andere Personen ≈ *Arroganz*

Ein·bil·dungs·kraft *die*; *nur Singular* die Fähigkeit, sich neue Ideen auszudenken, vor allem im Bereich der Kunst ≈ *Fantasie*

ein·bin·den VERB (*hat*) **1 etwas (in etwas** (*Akkusativ*)**) einbinden** etwas (zum Schutz) in einen Einband oder Umschlag geben ‹ein Buch, Heft einbinden› | *Das Buch war in einen Umschlag aus Leinen eingebunden* **2 jemanden/etwas einbinden** eine Verletzung mit einem Verband schützen | *Er war verletzt und hatte Arme und Beine eingebunden* **3 jemanden/etwas (in etwas** (*Akkusativ*)**) einbinden** jemanden/etwas in etwas integrieren | *Ich habe versucht, den Außenseiter stärker in die Gruppe einzubinden* ● zu (3) **Ein·bin·dung** *die*

ein·bläu·en VERB (bläute ein, hat eingebläut) **jemandem etwas einbläuen** *gesprochen* eine Person durch ständiges Wiederholen, Drohen oder Strafen dazu bringen, dass sie etwas lernt oder tut ‹jemandem Gehorsam einbläuen› | *den Kindern einbläuen, nicht auf die Straße zu laufen*

ein·blen·den VERB (*hat*) **1 etwas (bei etwas/in etwas** (*Dativ/Akkusativ*)**) einblenden** Bilder, Text und/oder Ton in einer Sendung oder in einem Film (zusätzlich) sichtbar oder hörbar werden lassen | *Der Film lief im amerikanischen Original, es wurden aber deutsche Untertitel eingeblendet* **2 sich** (*Dativ*) **(in etwas** (*Akkusativ*)**) einblenden** sich in eine laufende Sendung einschalten ● hierzu **Ein·blen·dung** *die*

★ **Ein·blick** *der*; *meist Singular* **1 (ein) Einblick (in etwas** (*Akkusativ*)**)** ein erster kurzer Eindruck einer neuen Tätigkeit, eines neuen Gebiets o. Ä. ‹einen Einblick bekommen, gewinnen; sich (*Dativ*) einen Einblick in etwas verschaffen; jemandem (einen) Einblick geben, gewähren, vermitteln› | *Einen umfassenden Einblick in meine neue Arbeit konnte mir mein Chef in der kurzen Unterredung nicht vermitteln* **2 Einblick (in etwas** (*Akkusativ*)**)** *admin* das Lesen von Dokumenten oder wichtigen Briefen ‹Einblick in etwas nehmen› | *Ihm wurde Einblick in die Akten der Polizei gewährt* **3 ein Einblick (in etwas** (*Akkusativ*)**)** die Möglichkeit, in das Innere eines Raumes zu sehen | *Der Einblick in den Garten war durch eine hohe Mauer versperrt*

★ **ein·bre·chen** VERB (*hat/ist*) **1 in etwas** (*Akkusativ*) **einbrechen** (*ist*); **in etwas** (*Dativ*) **einbrechen** (*hat*); **bei jemandem/etwas einbrechen** (*hat/ist*) sich mit Gewalt den Zugang zu einem Haus, Raum o. Ä. verschaffen (und dann dort etwas stehlen) | *Die Täter brachen nachts in die Bank ein* | *Unbekannte Täter haben in der Kirche eingebrochen* **2 in etwas** (*Akkusativ*) **einbrechen** (*ist*) mit Gewalt in ein fremdes Gebiet eindringen, um es zu erobern oder um etwas zu zerstören | *Die Bevölkerung ist wehrlos, wenn der Feind in die Stadt einbricht* **3 etwas bricht ein** (*ist*) einzelne Teile lösen sich und fallen nach unten | *Zum Glück war niemand im Haus, als das Dach einbrach* **4 (in etwas** (*Dativ/Akkusativ*)**) einbrechen** (*ist*) durch etwas, das an einer Stelle bricht, nach unten fallen | *Er ist beim Schlittschuhfahren im/ins Eis eingebrochen* **5 die Nacht bricht ein** (*ist*) die Nacht beginnt **6 (mit/bei etwas) einbrechen** *gesprochen* (*ist*) mit etwas keinen Erfolg haben | *Mit seinem Plan ist er böse eingebrochen* **7 etwas einbrechen** (*hat*) etwas mit Gewalt öffnen oder beschädigen, um Zugang zu einem Haus oder einem Raum zu bekommen ‹eine Tür einbrechen›

Ein·bre·cher *der*; (-s, -) eine Person, die irgendwo (mit Gewalt) einbricht

ein·bren·nen VERB (*hat*) **etwas in etwas** (*Akkusativ*) **einbrennen** mit einem sehr heißen Eisen ein Zeichen auf etwas brennen

ein·brin·gen VERB (*hat*) **1 etwas einbringen** etwas, das geerntet wurde, in einen Lagerraum, z. B. einen Stall oder eine Scheune bringen und dort lagern ‹die Ernte , die Kartoffel, das Heu einbringen› **2 etwas einbringen** etwas vorschlagen, über das dann diskutiert (und entschieden) wird ‹einen Antrag einbringen› **3 etwas in etwas** (*Akkusativ*) **einbringen** etwas einer Gemeinschaft geben, das dann allen zu gleichen Teilen gehört | *Sie hat ein beträchtliches Vermögen in die Ehe eingebracht* **4 etwas bringt (jemandem) etwas ein** etwas bringt Nutzen oder Gewinn | *Das neue Produkt brachte der Firma hohe Gewinne ein* **5 sich (in etwas** (*Dativ/Akkusativ*)**) einbringen** bei einer Aufgabe oder Arbeit die eigenen Fähigkeiten und Kenntnisse einsetzen ⟨sich in einer/eine Diskussion einbringen⟩ • zu (1 – 3,5) **Ein·brin·gung** *die*

ein·bro·cken VERB (brockte ein, hat eingebrockt) **1** **etwas (in etwas** (*Akkusativ*)**) einbrocken** etwas in kleine Stücke teilen und in etwas hineingeben | *Brot in die Suppe einbrocken* **2** **jemandem etwas einbrocken** *gesprochen* jemandem oder sich selbst Schwierigkeiten machen | *Da hast du dir ja was Schönes eingebrockt* (viele Probleme gemacht)

★ **Ein·bruch** *der* **1** das gewaltsame Einbrechen in ein fremdes Haus ⟨einen Einbruch begehen, verüben⟩ | *In der Nacht gab es einen Einbruch in ein/in einem Juweliergeschäft* **K** Einbruch(s)delikt, Einbruch(s)diebstahl, Einbruch(s)versicherung, Einbruch(s)werkzeug; Bankeinbruch, Wohnungseinbruch **2** das schnelle Erobern von feindlichem Gebiet im Krieg | *Der Einbruch der feindlichen Truppen kam überraschend* **3** der Vorgang, wenn einzelne Teile eines Bauwerks oder einer Höhle o. Ä. brechen und von oben herunterfallen ≈ *Einsturz* | *der Einbruch des Gewölbes/Daches* **4** *geschrieben nur Singular* der Zeitpunkt, an dem etwas anfängt ⟨bei/nach/vor Einbruch der Dunkelheit, der Nacht⟩ **K** Föhneinbruch, Frosteinbruch, Kälteeinbruch, Wintereinbruch **5** ein plötzlicher Misserfolg nach einer erfolgreichen Zeit ⟨einen Einbruch erleben, erleiden⟩ **6** *geschrieben* ein starker, plötzlicher Rückgang einer Menge ⟨der Einbruch der Exportzahlen, des Gewinns, der Verkaufszahlen⟩ • zu (1) **ein·bruch(s)·si·cher** ADJEKTIV

ein·buch·ten VERB (buchtete ein, hat eingebuchtet); *gesprochen* **jemanden einbuchten** jemanden ins Gefängnis sperren

Ein·buch·tung *die*; (-, -en) die Stelle, an der eine Fläche oder Oberfläche nach innen gedrückt oder gebogen ist

ein·bür·gern VERB (bürgerte ein, hat eingebürgert) **1** **jemanden (irgendwo/irgendwohin) einbürgern** einem Ausländer, der schon lange in einem Land lebt, die Staatsangehörigkeit dieses Landes geben | *Sie wurde (in den/die USA) eingebürgert* **2** **etwas irgendwo einbürgern** etwas, das fremd ist oder aus einem anderen Gebiet kommt, irgendwo einführen (damit es dort üblich, gebräuchlich oder oft genutzt wird) | *Die Kartoffel wurde in Europa eingebürgert* **3** **etwas bürgert sich ein** etwas wird zur Gewohnheit, etwas gehört zum täglichen Leben | *Es hat sich in unserer Familie eingebürgert, dass am Sonntag die Kinder das Frühstück machen* • zu (1,2) **Ein·bür·ge·rung** *die*

Ein·bür·ge·rungs·test *der* ein Test, den ein Ausländer machen muss, wenn er eingebürgert werden möchte

Ein·bu·ße *die* ein Verlust meist von Geld oder persönlicher Ehre ⟨schwere Einbußen hinnehmen müssen, erleiden⟩

ein·bü·ßen VERB (*hat*) **1** **etwas einbüßen** einen meist finanziellen Verlust erleiden | *bei einer Spekulation viel Geld einbüßen* **2** **etwas einbüßen** etwas meist durch einen Unfall verlieren ⟨ein Bein, ein Auge, das Augenlicht einbüßen⟩

ein·che·cken VERB **1** am Flughafen Ticket und Ausweis zeigen, um einen Platz im Flugzeug zu bekommen **2** sich im Hotel zur Übernachtung anmelden und einen Zimmerschlüssel bekommen

★ **ein·cre·men** VERB (cremte ein, hat eingecremt) **1** **jemanden eincremen** jemandem oder sich selbst Creme in die Haut reiben **2** **(jemandem) etwas eincremen** Creme in die Haut oder auf eine Oberfläche reiben ⟨sich (*Dativ*) das Gesicht eincremen; jemandem den Rücken eincremen; die Schuhe eincremen⟩

ein·däm·men VERB (*hat*) **1** **etwas eindämmen** verhindern, dass etwas größer wird ⟨einen Brand, eine Epidemie, die Kriminalität eindämmen⟩ **2** **etwas eindämmen** fließendes Wasser (durch einen Damm) aufhalten ⟨einen Fluss, das Hochwasser eindämmen⟩ • hierzu **Ein·däm·mung** *die*

ein·de·cken VERB (*hat*) **1** **jemanden (mit etwas) eindecken** *gesprochen* einer Person viel mehr von einer Sache geben, als sie braucht oder haben will ⟨jemanden mit Arbeit, mit Vorwürfen, mit Geschenken eindecken⟩ **2** **sich mit etwas eindecken** Dinge, die man braucht, kaufen, vor allem um in Zukunft genug davon zu haben

ein·dei·chen VERB (deichte ein, hat eingedeicht) **etwas eindeichen** etwas mit einem Deich umgeben ⟨Land, einen Fluss eindeichen⟩

★ **ein·deu·tig** ADJEKTIV **1** völlig klar und verständlich, nicht falsch zu verstehen | *Ihre Antwort auf meine Einladung war ein eindeutiges Nein* **2** so, dass es keinen Zweifel geben kann | *Der Verteidiger lieferte den eindeutigen Beweis für die Unschuld des Angeklagten* **3** genau definiert, sodass kein Missverständnis möglich ist ⟨ein Terminus⟩ • hierzu **Ein·deu·tig·keit** *die*

ein·deut·schen VERB (deutschte ein, hat eingedeutscht) **etwas eindeutschen** ein Wort aus einer Fremdsprache in Aussprache und/oder Schreibung der deutschen Sprache angleichen • hierzu **Ein·deut·schung** *die*

ein·di·cken VERB (dickte ein, hat/ist eingedickt) **1** **etwas (mit etwas) eindicken** (*hat*) eine Flüssigkeit dicker machen | *eine Soße mit Mehl eindicken* **2** **etwas dickt ein** (*ist*) eine Flüssigkeit wird dicker

ein·dö·sen VERB (*ist*); *gesprochen* in einen leichten Schlaf fallen

ein·dre·hen VERB (*hat*) **1** **etwas (in etwas** (*Akkusativ*)**) eindrehen** etwas durch Drehen in etwas befestigen | *eine neue Glühbirne in die Lampe eindrehen* **2** **jemandem die Haare eindrehen** jemandem oder sich selbst die Haare auf Lockenwickler drehen

ein·drin·gen VERB (*ist*) **1** **etwas dringt (in etwas** (*Akkusativ*)**) ein** etwas gelangt (durch ein Hindernis hindurch) tief in etwas | *Das Gas ist durch ein undichtes Rohr in das Zimmer eingedrungen* | *Der Splitter drang tief in den Arm ein* **2** **in etwas** (*Akkusativ*) **eindringen** ohne Erlaubnis (und oft mit Gewalt) in ein fremdes Haus, Gebiet gehen | *Die Einbrecher drangen nachts in die Wohnung ein* **3** **in etwas** (*Akkusativ*) **eindringen** genaue, große Kenntnisse von einer Sache bekommen **4** **(mit etwas) auf jemanden eindringen** ≈ *belästigen* | *Ich werde so lange auf ihn eindringen, bis er nachgibt* **5** **(mit etwas) auf jemanden eindringen** ≈ *bedrohen* | *Er drang mit einem Messer auf sie ein*

ein·dring·lich ADJEKTIV nachdrücklich und auf eine starke Wirkung zielend ⟨eine Bitte, eine Warnung, Worte⟩ • hierzu **Ein·dring·lich·keit** *die*

Ein·dring·ling *der*; (-s, -e) eine Person, die irgendwo eindringt oder eingedrungen ist

★ **Ein·druck** *der*; (-(e)s, Ein·drü·cke) **1** **ein Eindruck von jemandem/etwas**; **ein Eindruck auf jemanden**; **der Eindruck, dass ...** wenn wir einer Person oder Sache begegnen, bekommen wir einen Eindruck davon, wie sie (wahrscheinlich) ist ⟨einen Eindruck von etwas bekommen/gewinnen; neue Eindrücke sammeln⟩ | *Ich habe den Eindruck, dass hier etwas nicht in Ordnung ist* | *Mein erster Eindruck war, dass sie sich sehr gut verstehen* | *Ich möchte nicht, dass Sie einen falschen Eindruck von der Situation bekommen* **2** **ein Eindruck auf jemanden** wenn eine Person oder Sache Eindruck auf uns macht, bekommen wir eine sehr gute Meinung von ihr, großen Respekt oder Angst ⟨einen guten, einen schlechten Eindruck auf jemanden machen⟩ | *Ihre Großzügigkeit hat großen/enormen Eindruck auf mich gemacht* | *Du kannst drohen, so viel du willst, das macht keinen Eindruck auf mich* **3** eine Spur, die in weiches Material gedrückt ist | *Die Räder hatten Eindrücke im Schnee hinterlassen* **4** **(bei jemandem) Eindruck**

schinden *gesprochen, oft abwertend* sich sehr bemühen, auf eine Person einen guten Eindruck zu machen • zu (2) **ein·drucks·voll** ADJEKTIV

ein·drü·cken VERB *(hat)* **1** **etwas eindrücken** etwas nach innen drücken und dadurch beschädigen oder zerstören | *ein eingedrückter Kotflügel* | *Der Einbrecher hat die Fensterscheibe eingedrückt* **2** **etwas in etwas** *(Akkusativ)* **eindrücken** durch Druck etwas in etwas gelangen lassen

ei·ne → ein

ein·eb·nen VERB *(hat)* **1** **etwas einebnen** etwas so verändern, dass es flach oder eben wird **2** **etwas einebnen** etwas so verändern, dass Unterschiede nicht mehr zu bemerken sind ‹Differenzen, Unterschiede einebnen› • hierzu **Ein·eb·nung** *die*

ein·ei·ig ADJEKTIV ‹Zwillinge› aus einer einzigen befruchteten Eizelle

★ **ein·ein·halb** ZAHLWORT *nur in dieser Form* ein Ganzes plus die Hälfte davon | *Ich warte seit eineinhalb Wochen auf einen Brief von ihm*

ei·nem **1** → ein **2** → man[1]

ei·nen[1] VERB (einte, hat geeint) **jemanden/etwas einen** *geschrieben* einzelne Personen oder Gruppen von Personen zu einer Einheit verbinden | *ein Volk einen*

ei·nen[2] **1** → ein **2** → man[1]

ein·en·gen VERB (engte ein, hat eingeengt) **1** **etwas engt jemanden ein** etwas ist so eng, dass sich jemand darin nicht richtig bewegen kann ‹sich eingeengt fühlen› | *In dieser kleinen Wohnung fühlen wir uns richtig eingeengt* **2** **jemanden in seinen Rechten einengen; jemanden in seiner Freiheit einengen; jemandes Rechte/Freiheit einengen** einer Person die Möglichkeit nehmen, das zu tun, was sie tun möchte oder bisher getan hat • hierzu **Ein·en·gung** *die*

ei·ner **1** → ein **2** → man[1]

★ **Ei·ner** *der*; (-s, -) **1** ein Ruderboot, in dem nur eine Person sitzen kann **K** Einerkajak **2** *nur Plural* (in einer Zahl mit mehr als einer Stelle) die erste Stelle (von rechts bzw.) vor dem Komma | *beim Addieren alle Hunderter, alle Zehner, alle Einer untereinanderschreiben* **K** Einerstelle

ei·ner·lei ADJEKTIV *meist prädikativ* **etwas ist (jemandem) einerlei** etwas ist (für jemanden) nicht wichtig | *Es ist mir einerlei, ob er mit mir zufrieden ist oder nicht*

Ei·ner·lei *das*; (-s); *abwertend* etwas, das immer wieder gleich und daher langweilig ist ‹das Einerlei des Alltags›

★ **ei·ner·seits** BINDEWORT **einerseits ... andererseits** verwendet, um zwei gegensätzliche Aussagen oder Fakten gegenüberzustellen | *Einerseits möchte er gerne in der Großstadt wohnen, andererseits ist ihm das Leben dort zu teuer* | *Ich freue mich ja einerseits auf Weihnachten, aber andererseits langweile ich mich während der Feiertage auch meistens*

ei·nes → ein

ei·nes·teils BINDEWORT **einesteils ... anderenteils** *geschrieben* einerseits ... andererseits

Ein-Eu·ro-Job, **Ein·eu·ro·job** *der* eine arbeitslose Person erhält Arbeitslosengeld. Sie kann aber zusätzlich für wenig Geld arbeiten und bekommt mindestens einen Euro pro Stunde • hierzu **Ein-Eu·ro-Job·ber**, **Ein·eu·ro·job·ber** *der*

★ **ein·fach** ■ ADJEKTIV **1** schnell zu verstehen oder zu bewältigen, nicht kompliziert ‹eine Aufgabe, eine Lösung, ein Problem, eine Rechnung; es jemandem/sich selbst einfach machen› ≈ *leicht* ↔ *schwierig* | *Ich kann nicht mal die einfachsten Reparaturen ausführen* **2** ohne jeden Luxus ‹Kleidung, eine Mahlzeit› ≈ *schlicht* **3** mit wenig Luxus zufrieden ‹ein Mensch› ≈ *bescheiden* **4** *meist attributiv* nur einmal gemacht oder vorhanden | *ein Formular in einfacher Ausfertigung* | *ein einfach gefaltetes Blatt Papier* **5** nur für die Fahrt von einem Ort zum anderen gültig, aber nicht zurück ‹eine Fahrkarte› | *(Nach) München einfach, bitte!* ■ PARTIKEL *betont und unbetont* **6** *gesprochen* drückt aus, dass etwas ohne Probleme bzw. ohne viel nachzudenken möglich ist oder wäre | *Sie kaufte sich einfach das teure Kleid* | *Warum hast du ihn nicht einfach gefragt?* | *Komm doch einfach mal bei mir vorbei!* **7** *gesprochen* verwendet bei einer Feststellung, wenn man sich auf keine weitere Diskussion einlassen will | *Ich hab einfach keine Lust!* **8** *gesprochen* drückt aus, dass eine Situation nicht geändert werden kann oder konnte | *Wir haben einfach keine andere Möglichkeit (als das Haus zu verkaufen)* | *Er war einfach zu müde, um noch wegzugehen* **9** *gesprochen* in Ausrufen verwendet, in denen Emotionen (wie Freude, Ärger usw.) zum Ausdruck kommen | *Dieser Vorschlag ist einfach genial!* | *Er lässt sich einfach nicht helfen!* • zu (1 – 3) **Ein·fach·heit** *die*

ein·fä·deln VERB (fädelte ein, hat eingefädelt) **1** **etwas (in etwas** *(Akkusativ)***) einfädeln** etwas durch eine enge Öffnung ziehen ‹einen Faden einfädeln› **2** **eine Nadel einfädeln** den Faden durch das Nadelöhr ziehen **3** **etwas einfädeln** *gesprochen* geschickt dafür sorgen, dass etwas getan wird oder geschieht ‹etwas raffiniert, geschickt einfädeln› | *eine Intrige einfädeln* **4** **sich (in etwas) einfädeln** bei einer mehrspurigen Straße mit einem Fahrzeug auf eine andere Fahrspur wechseln, auf der schon andere Fahrzeuge fahren | *Einfädeln lassen!*

★ **ein·fah·ren** VERB *(hat/ist)* **1** **etwas fährt (in etwas** *(Akkusativ)***) ein** *(ist)* ein Zug oder ein Schiff fährt in den Bahnhof bzw. Hafen | *Der Zug aus Mannheim fährt in Kürze ein* **2** **etwas einfahren** *(hat)* etwas ernten und in die Scheune bringen ‹die Ernte, das Getreide, das Heu einfahren› **3** **etwas einfahren** *(hat)* ein neues Auto anfangs schonend fahren | *Ich darf nicht zu schnell fahren, das Auto wird gerade eingefahren* **4** **etwas einfahren** *(hat)* einen Teil einer Maschine durch eine Mechanik nach innen bewegen | *Nach dem Start fährt das Flugzeug sein Fahrwerk ein* **5** **etwas einfahren** *(hat)* mit dem Auto gegen etwas stoßen, sodass es umfällt | *Jemand hat heute Nacht unseren Zaun eingefahren* **6** **sich einfahren** *(hat)* sich an ein Fahrzeug gewöhnen, indem man es eine Zeit lang benutzt **7** **etwas fährt sich ein** *gesprochen (hat)* etwas wird zur Gewohnheit | *Das hat sich bei uns inzwischen so eingefahren*

★ **Ein·fahrt** *die* **1** eine Stelle, an der man in einen Hof, eine Garage o. Ä. hineinfahren kann ↔ *Ausfahrt* | *Die Einfahrt zur Garage war versperrt* | *die Einfahrt zum Hof teeren* | *Einfahrt frei halten!* **K** Hofeinfahrt **2** ein Weg, der von der öffentlichen Straße zu einem Hof, einer Garage o. Ä. führt ↔ *Ausfahrt* **3** *nur Singular* die Einfahrt ist das langsame Fahren eines Zugs, kurz bevor er im Bahnhof hält

Ein·fall *der* **1** ein plötzlicher Gedanke, eine neue Idee ‹ein guter, glänzender, verrückter Einfall; einen Einfall haben› | *Ihm kam der Einfall/Er kam auf den Einfall, dass ...* **2** das Einfallen (z. B. von Truppen) in ein fremdes Gebiet **3** *nur Singular* das Einfallen von Lichtstrahlen

★ **ein·fal·len** VERB *(ist)* **1** **etwas fällt jemandem ein** jemand hat eine Idee oder denkt an etwas | *Ist das alles, was dir zu diesem Problem einfällt?* **2** **etwas fällt jemandem ein** jemand erinnert sich wieder an etwas | *Jetzt fällt mir ein, wo ich diesen Mann schon einmal gesehen habe* | *In letzter Minute fiel ihm ein, dass er einen Termin beim Zahnarzt hatte* **3** **etwas fällt ein** Teile z. B. eines alten Gebäudes fallen auseinander und nach unten ≈ *einstürzen* | *Das Dach der alten Scheune ist eingefallen* **4** **Personen**

fallen in etwas (*Akkusativ*) **ein** Soldaten o. Ä. dringen mit Gewalt in ein fremdes Gebiet ein **5** **etwas fällt irgendwohin ein** Licht oder Lichtstrahlen dringen in das Innere eines Raumes ■ ID **Was fällt dir (eigentlich) ein!** *gesprochen* Das war unverschämt von dir!; **Das fällt mir nicht im Traum ein!** *gesprochen* Das mache ich auf keinen Fall!; **sich** (*Dativ*) **etwas einfallen lassen (müssen)** intensiv über etwas nachdenken (müssen), um ein Problem zu lösen | *Ich muss mir dringend eine bessere Lösung einfallen lassen*

ein·falls·los ADJEKTIV ohne (gute) Einfälle oder Ideen | *ein einfallsloser Schriftsteller* • hierzu **Ein·falls·lo·sig·keit** *die*

ein·falls·reich ADJEKTIV mit vielen (guten) Einfällen oder Ideen • hierzu **Ein·falls·reich·tum** *der*

Ein·falt *die*; (-); *geschrieben* die Eigenschaft, naiv und unkritisch zu sein und alles zu glauben, was andere Leute sagen

ein·fäl·tig ADJEKTIV **1** naiv und unkritisch wie ein kleines Kind **2** nicht sehr intelligent ≈ *dumm*

Ein·falts·pin·sel *der*; *gesprochen, abwertend* eine Person, die einfältig und naiv ist

Ein·fa·mi·li·en|haus *das* ein Wohnhaus für eine Familie

ein·fan·gen VERB (*hat*) **1** **jemanden einfangen** jemanden oder ein Tier fangen und in einen Käfig (oder ein Gefängnis) sperren | *Die Polizei fing den entlaufenen Zirkuslöwen wieder ein* **2** **sich** (*Dativ*) **etwas einfangen** *gesprochen* sich mit einer Krankheit anstecken | *Ich habe mir einen Schnupfen eingefangen* **3** **sich** (*Dativ*) **etwas einfangen** *gesprochen* Schläge oder Prügel bekommen | *Er hat sich von seinem Bruder eine Ohrfeige eingefangen* **4** **etwas einfangen** *geschrieben* etwas Typisches festhalten und darstellen | *Auf dem Bild hat er den Ausdruck ihrer Augen genau eingefangen*

ein·fär·ben VERB (*hat*) **etwas einfärben** einer Sache, meist Textilien, eine (neue) Farbe geben

ein·far·big ADJEKTIV ⟨ein Kleid, ein Stoff⟩ so, dass sie nur eine Farbe haben ↔ *bunt*

ein·fas·sen VERB (*hat*) **1** **etwas (mit etwas) einfassen** etwas mit einem (festen) Rand begrenzen ⟨einen Garten, einen Brunnen einfassen⟩ | *ein Beet mit Steinen einfassen* **2** **etwas (mit etwas) einfassen** etwas mit einer Fassung versehen ⟨einen Edelstein einfassen⟩

Ein·fas·sung *die* **1** das Einfassen (z. B. eines Edelsteins) **2** das Material, mit dem etwas eingefasst ist | *die steinerne Einfassung eines Grabes*

ein·fet·ten VERB (fettete ein, hat eingefettet) **1** **jemanden einfetten** jemandem oder sich selbst Fett, Vaseline o. Ä. in die Haut reiben **2** **etwas einfetten** die Hand, den Arm o. Ä. mit Creme o. Ä. einreiben **3** **etwas einfetten** eine Maschine o. Ä. mit Fett schmieren • hierzu **Ein·fet·tung** *die*

ein·fin·den VERB (*hat*) **sich (irgendwo) einfinden** aus einem besonderen Grund (an den genannten Ort) kommen | *Zum Empfang des Präsidenten hatten sich alle Diplomaten eingefunden*

ein·flech·ten VERB (*hat*) **1** **etwas (in etwas** (*Akkusativ*)**) einflechten** in einem Gespräch oder einer Rede etwas nebenbei oder zusätzlich sagen | *Anekdoten in einen Vortrag einflechten* **2** **etwas in etwas** (*Akkusativ*) **einflechten** etwas in die Haare flechten ⟨ein Band in den Zopf einflechten⟩ • hierzu **Ein·flech·tung** *die*

ein·flie·gen VERB (*hat/ist*) **1** **jemanden/etwas (irgendwohin) einfliegen** (*hat*) jemanden oder etwas mit dem Flugzeug irgendwohin bringen ⟨Lebensmittel, Medikamente, einen Arzt, Soldaten einfliegen⟩ **2** **irgendwo(her) einfliegen** (*ist*) mit dem Flugzeug ankommen | *Wir sind gerade erst aus Paris eingeflogen* **3** **etwas fliegt irgendwohin ein** (*ist*) ein Flugzeug fliegt in ein Gebiet | *Der Jumbojet ist in fremden Luftraum eingeflogen* • hierzu **Ein·flug** *der*

ein·flie·ßen VERB (*ist*) **1** **etwas fließt in etwas** (*Akkusativ*) **ein** eine Flüssigkeit gelangt in ein Gewässer, ein Kanalsystem o. Ä. | *In den Kanal fließen Abwässer ein* **2** **etwas fließt (irgendwo) ein** etwas bewegt sich in ein Gebiet | *Von Norden fließt Kaltluft nach Deutschland ein* **3** **etwas einfließen lassen** etwas in einem Gespräch oder einer Rede nebenbei erwähnen

ein·flö·ßen VERB (flößte ein, hat eingeflößt) **1** **jemandem etwas einflößen** vor allem einem Kranken etwas langsam und vorsichtig zu trinken geben | *Sie flößte dem Patienten Kamillentee ein* **2** **jemandem etwas einflößen** in jemandem das genannte Gefühl erzeugen ⟨jemandem Achtung, Furcht, Respekt, Vertrauen einflößen⟩ • hierzu **Ein·flö·ßung** *die*

Ein·flug|schnei·se *die* das Gebiet vor einem Flughafen, über dem die Flugzeuge niedrig fliegen (um dann zu landen)

★ **Ein·fluss** *der*; (-es, Ein·flüs·se) **1** **ein Einfluss (auf jemanden/etwas)** die Wirkung (von jemandem oder etwas) auf eine andere Person, Sache oder eine Situation ⟨ein guter, nachhaltiger, schädlicher, schlechter Einfluss; Einfluss auf jemanden haben, ausüben, nehmen; unter dem Einfluss von jemandem/etwas stehen⟩ | *Er stand unter dem Einfluss von Alkohol, als der Unfall passierte* K Einflussbereich, Einflussmöglichkeit, Einflusssphäre; Alkoholeinfluss **2** gesellschaftliches Ansehen und Macht ⟨Einfluss besitzen⟩ • zu (2) **ein·fluss·reich** ADJEKTIV

Ein·fluss·nah·me *die*; (-); *geschrieben* **eine Einflussnahme (auf jemanden/etwas)** das bewusste Einwirken (von einer Person oder Sache) auf eine andere Person oder Sache

ein·flüs·tern VERB (*hat*) **jemandem etwas einflüstern** jemandem etwas leise (ins Ohr) sagen | *Der Schüler flüsterte seinem Freund die Antwort ein* • hierzu **Ein·flüs·te·rung** *die*

ein·for·dern VERB (*hat*) **etwas einfordern** *admin* nachdrücklich (oft mit einer Mahnung) fordern, dass man etwas von jemandem (zurück)bekommt | *geschuldetes Geld einfordern* • hierzu **Ein·for·de·rung** *die*

ein·för·mig ADJEKTIV ⟨eine Arbeit, eine Landschaft, ein Leben⟩ ≈ *langweilig* • hierzu **Ein·för·mig·keit** *die*

ein·fres·sen VERB (*hat*) **etwas frisst sich in etwas** (*Akkusativ*) **ein** etwas dringt tief in etwas ein, beschädigt oder zerstört es | *Die ätzende Säure hat sich tief in das Metall eingefressen*

ein·frie·den VERB (friedete ein, hat eingefriedet) **etwas einfrieden** *geschrieben* etwas zum Schutz mit einer Mauer umgeben • hierzu **Ein·frie·dung** *die*

★ **ein·frie·ren** VERB (*hat/ist*) **1** **etwas einfrieren** (*hat*) Lebensmittel bei sehr kalten Temperaturen (ca. −18 °C) konservieren ⟨Fleisch, Gemüse, Brot einfrieren⟩ ↔ *auftauen* **2** **etwas einfrieren** (*hat*) dafür sorgen, dass eine Person kein Geld von ihrem Bankkonto bekommt ⟨Guthaben, Kredite einfrieren⟩ **3** **etwas einfrieren** (*hat*) etwas eine Zeit lang nicht ändern ⟨Löhne, Preise einfrieren⟩ **4** **etwas einfrieren** (*hat*) in der genannten Angelegenheit nichts weiter tun ⟨die Beziehungen, die Verhandlungen einfrieren⟩ **5** **etwas friert ein** (*ist*) das Wasser in einem See, Bach, Rohr usw. wird zu Eis | *eine eingefrorene Wasserleitung*

★ **ein·fü·gen** VERB (*hat*) **1** **etwas (in etwas** (*Akkusativ*)**) einfügen** etwas als neuen Teil in etwas Vorhandenes tun | *Steine in ein Mosaik einfügen* | *Anmerkungen in einen Text einfügen* **2** **jemand/etwas fügt sich irgendwie (in etwas** (*Akkusativ*)**) ein** eine Person oder Sache ist so, dass sie (nicht) zu anderen Menschen oder Dingen passt | *Der neue Spieler fügt sich gut in unsere Mannschaft ein* • zu (1) **Ein·fü·gung** *die*

ein·füh·len VERB (hat) **sich in jemanden/etwas einfühlen können** die Fähigkeit haben, Menschen oder Situationen gut zu verstehen ● hierzu **Ein·füh·lung** *die*

ein·fühl·sam ADJEKTIV fähig, die Probleme und Gefühle anderer gut zu verstehen ⟨eine Person, Worte⟩ ● hierzu **Ein·fühl·sam·keit** *die*

Ein·füh·lungs|ver·mö·gen *das; nur Singular* die Fähigkeit, sich in die (psychische) Lage eines Menschen hineinzuversetzen

Ein·fuhr *die;* (-, -en) **1** *nur Singular* das Einführen von Waren aus dem Ausland, z. B. von Erdöl, Weizen o. Ä. ↔ *Ausfuhr* | *die Einfuhr von Tierfellen beschränken* **K** Einfuhrbeschränkung, Einfuhrbestimmung, Einfuhrgenehmigung, Einfuhrsperre, Einfuhrverbot; Getreideeinfuhr, Wareneinfuhr **2** die Waren, die eingeführt werden **K** Einfuhrartikel

★ **ein·füh·ren** VERB (hat) **1 etwas (irgendwohin) einführen** Waren im Ausland kaufen und in das eigene Land bringen ≈ *importieren* | *Erdöl aus Saudi-Arabien nach Europa einführen* **2 etwas (irgendwohin) einführen** etwas vorsichtig in eine Öffnung schieben | *Die Ärzte führten einen Schlauch in den Magen des Patienten ein* **3 jemanden in etwas** (Akkusativ) **einführen** eine Person mit etwas, das ihr neu ist (z. B. einer Arbeit, Theorie oder Methode), vertraut machen | *Der Dozent führte seine Studenten in die Grundlagen der Psychologie ein* **4 etwas (irgendwo) einführen** etwas, das neu ist, irgendwo bekannt machen, zu einem festen Bestandteil einer Sache machen oder zu einer Gewohnheit werden lassen | *in einem Betrieb eine neue Urlaubsregelung einführen* **5 jemanden irgendwo einführen** jemanden oder sich selbst in einer gesellschaftlichen Gruppe bekannt machen | *Er führte seine zukünftige Ehefrau in die Familie ein* | *Mit ihrer tatkräftigen Hilfe auf dem Fest hat sie sich im Verein gut eingeführt*

★ **Ein·füh·rung** *die* **1** Texte oder mündliche Erklärungen, in denen das Grundwissen zu einem Thema erklärt wird | *eine Einführung in die Psychologie* **2** *nur Singular* das vorsichtige Schieben eines Gegenstands in eine Öffnung | *die Einführung der Sonde in den Magen* **3** der Vorgang, eine Person oder sich selbst in einer Gruppe bekannt zu machen

Ein·füh·rungs|preis *der* ein günstiger Preis, welcher die Käufer dazu bringen soll, eine neue Ware zu kaufen

ein·fül·len VERB (hat) **etwas (in etwas** (Akkusativ)**) einfüllen** etwas in einen Behälter schütten, gießen o. Ä. | *Wein in eine Flasche einfüllen*

Ein·ga·be *die* **1** eine meist (schriftliche) Bitte oder Beschwerde an eine Institution (z. B. an ein Amt oder an das Parlament) ⟨eine Eingabe machen, prüfen, ablehnen, an jemanden/etwas richten⟩ **2** *meist Singular* das Eingeben von Daten in einen Computer **3** *meist Plural* Daten und Informationen, die man einem Computer eingibt ≈ *Input*

★ **Ein·gang** *der* **1** eine Tür, ein Tor oder eine andere Öffnung, durch die man in ein Gebäude, einen Raum oder Bereich gelangt ↔ *Ausgang* | *am Eingang des Zoos warten* | *den Eingang zur Höhle suchen* | *die Kirche durch einen seitlichen Eingang betreten* **K** Eingangstor, Eingangstür; Haupteingang, Hintereingang, Nebeneingang, Seiteneingang, Vordereingang; Hauseingang, Hofeingang; Dorfeingang, Ortseingang **2** die Öffnung, durch die etwas in das Innere eines Organs gelangt ⟨am Eingang des Magens, des Darms⟩ ↔ *Ausgang* **K** Darmeingang, Mageneingang **3 in etwas** (Dativ/Akkusativ) **Eingang finden** irgendwo akzeptiert, aufgenommen werden | *Eingang in vornehme Kreise/in vornehmen Kreisen finden* | *Seine Theorien haben keinen Eingang in die Praxis gefunden* **4** *admin nur Singular* der Zeitpunkt, zu dem etwas beim Empfänger (meist einer Firma) ankommt ⟨der Eingang eines Schreibens, der Ware⟩ **K** Eingangsdatum, Eingangsstempel **5** *meist Plural* die Postsendungen, Waren oder Geldsummen, die eine Institution oder Firma erhält **K** Posteingang, Wareneingang **6** *veraltend nur Singular* ≈ *Anfang* | *am Eingang der Zeremonie/des Jahrhunderts*

ein·gän·gig ADJEKTIV **1** leicht im Gedächtnis zu behalten ⟨eine Melodie⟩ **2** leicht zu verstehen ⟨Worte⟩ ● hierzu **Ein·gän·gig·keit** *die*

ein·gangs *geschrieben* ■ ADVERB **1** am Anfang | *Wie ich eingangs bereits erwähnte, ist dieses Problem besonders kompliziert*
■ PRÄPOSITION *mit Genitiv* **2** am Anfang | *eingangs der Predigt*

★ **ein·ge·ben** VERB (hat) **1 jemandem etwas eingeben** jemandem dabei helfen, ein Medikament einzunehmen | *Dem Patienten wurde die Arznei mit einem Löffel eingegeben* **2 etwas (in etwas** (Akkusativ)**) eingeben** Daten oder Informationen in einen Computer tippen

ein·ge·bil·det ■ PARTIZIP PERFEKT **1** → einbilden
■ ADJEKTIV **2 (auf etwas** (Akkusativ)**) eingebildet** von der eigenen Überlegenheit sehr überzeugt (und deshalb arrogant) ⟨maßlos eingebildet sein; auf seine Herkunft eingebildet⟩ **3** nur in den Gedanken und nicht in Wirklichkeit vorhanden ⟨eine Krankheit⟩

Ein·ge·bo·re·ne *der/die;* (-n, -n) ein Angehöriger eines Volkes, das seit langer Zeit in einem Gebiet lebt und dort seine eigene Kultur hat **K** Eingeborenenkultur, Eingeborenensiedlung **i** a) verwendet besonders für Naturvölker; b) *ein Eingeborener; der Eingeborene; den, dem, des Eingeborenen*

Ein·ge·bung *die;* (-, -en); *geschrieben* eine sehr gute Idee, die meist künstlerisch wertvoll ist oder mit der ein relativ schwieriges Problem gelöst wird ⟨eine Eingebung haben; einer plötzlichen Eingebung folgen⟩

ein·ge·denk PRÄPOSITION *mit Genitiv; geschrieben* indem man sich an Personen oder Sachen erinnert oder an sie denkt | *Eingedenk der Toten wollen wir beten* | *Eingedenk der Tatsache, dass …*

ein·ge·fal·len ■ PARTIZIP PERFEKT **1** → einfallen
■ ADJEKTIV **2** stark abgemagert ⟨ein Gesicht, die Wangen⟩

ein·ge·fleischt ADJEKTIV *meist attributiv* **1** ⟨eine Gewohnheit, eine Meinung, ein Vorurteil⟩ so, dass sie nicht mehr zu ändern sind **2** → Junggeselle

ein·ge·hakt ■ PARTIZIP PERFEKT **1** → einhaken
■ ADJEKTIV **2** Arm in Arm ⟨mit jemandem eingehakt gehen⟩

★ **ein·ge·hen** VERB (ist) **1 etwas geht ein** ein Kleidungsstück wird beim Waschen kleiner oder enger **2 ein Tier/eine Pflanze geht ein** ein Tier oder eine Pflanze verliert (vor allem wegen einer Krankheit) allmählich alle Kraft und stirbt | *Unser Hund ist aus Kummer eingegangen* **3 (bei etwas) eingehen** *gesprochen* bei etwas keinen Erfolg haben | *Wenn wir nicht mehr trainieren, werden wir beim nächsten Spiel ganz schön eingehen* **4 vor Hunger/Durst/Hitze eingehen** *gesprochen* sehr großen Hunger/Durst haben bzw. vor Hitze ganz schwach sein **5 etwas geht ein** *gesprochen* eine Firma oder ein Geschäft muss geschlossen werden, weil sie keinen Gewinn machen **6 etwas geht (irgendwo) ein** *geschrieben* etwas kommt beim Empfänger an ⟨ein Brief, ein Paket, eine Lieferung, eine Sendung⟩ **7 jemand/etwas geht in die Geschichte/Geschichtsbücher ein** jemand/etwas ist so wichtig, dass man später noch daran denkt | *Seine Entdeckungen werden in die Geschichte der Medizin eingehen* **8 auf jemanden/etwas eingehen** sich (intensiv) mit jemandem/etwas befassen ⟨auf jemandes Fragen, jemandes Probleme eingehen⟩ | *auf ein Thema nicht näher eingehen* **9 auf etwas eingehen** etwas akzeptieren ⟨auf

E

E

ein Angebot, einen Vorschlag eingehen⟩ **10** **etwas geht jemandem ein** *geschrieben* jemand versteht etwas | *Es wollte ihm nicht eingehen, dass er unrecht hatte | Mir geht einfach nicht ein, wie das funktioniert* **!** oft verneint **11** **sich** *(Dativ)* **etwas eingehen lassen** *geschrieben* etwas gut oder verständlich finden und gern akzeptieren | *Gutes Wetter, keine Arbeit, so lasse ich mir das gern eingehen* **12** **etwas (mit jemandem) eingehen** zu jemandem Beziehungen herstellen, meist indem man einen Vertrag schließt ⟨ein Bündnis, einen Handel, eine Wette mit jemandem eingehen; Verpflichtungen eingehen⟩ **13** **etwas geht eine Bindung/Verbindung mit etwas ein** eine chemische Substanz verbindet sich mit einer anderen zu einem neuen Stoff **14** **ein/kein Risiko (bei/mit etwas) eingehen** etwas/nichts riskieren **15** **die Ehe mit jemandem eingehen** *geschrieben* jemanden heiraten

ein·ge·hend ■ PARTIZIP PRÄSENS **1** → eingehen ■ ADJEKTIV **2** sehr genau, bis ins Detail ⟨etwas eingehend behandeln, diskutieren⟩ ↔ *oberflächlich | sich eingehend mit einem Problem auseinandersetzen*

Ein·ge·mach·te *das*; (-n) Lebensmittel (vor allem Obst), die durch Kochen (z. B. als Kompott) konserviert wurden | *Im Keller haben wir noch vier Gläser Eingemachtes* **!** a) meist ohne Artikel verwendet; b) *Eingemachtes; das Eingemachte; dem, des Eingemachten* ■ ID **etwas geht ans Eingemachte** *gesprochen* ein Problem ist sehr kompliziert und kann nur mit größter Anstrengung und unter großen (finanziellen) Opfern gelöst werden

ein·ge·nom·men ■ PARTIZIP PERFEKT **1** → einnehmen ■ ADJEKTIV **2** **von jemandem/etwas eingenommen sein** von jemandem/etwas begeistert sein | *Er war von ihrer liebenswerten Art sehr eingenommen* **3** **von sich** *(Dativ)* **eingenommen sein** *abwertend* arrogant und eingenommen, von sich selbst (zu sehr) überzeugt sein

ein·ge·schwo·ren ADJEKTIV **1** **auf jemanden/etwas eingeschworen sein** die genannte Person oder Sache für sehr gut oder sehr geeignet halten **2** **eine eingeschworene Gemeinschaft** eine Gruppe von Menschen, die immer zusammenhalten

ein·ge·ses·sen ■ PARTIZIP PERFEKT **1** → einsitzen ■ ADJEKTIV **2** *meist attributiv* schon sehr lang (meist seit Generationen) an einem Ort, in einer Stadt wohnend ⟨eine Familie⟩

Ein·ge·ständ·nis *das*; *geschrieben* das Zugeben einer Schwäche, eines Fehlers, einer Schuld o. Ä.

ein·ge·ste·hen VERB *(hat)* **(jemandem) etwas eingestehen** etwas zugeben (wenn man Fehler gemacht hat) ⟨einen Fehler, eine Schwäche, eine Tat eingestehen⟩ ↔ *leugnen | Ich muss leider eingestehen, dass ich mich geirrt habe*

ein·ge·stellt ■ PARTIZIP PERFEKT **1** → einstellen ■ ADJEKTIV **2** **irgendwie eingestellt** mit der genannten Meinung | *Er ist sehr altmodisch eingestellt*

ein·ge·tra·gen ■ PARTIZIP PERFEKT **1** → eintragen ■ ADJEKTIV **2** bei einer Behörde registriert ⟨ein Kaufmann, eine Lebenspartnerschaft, ein Verein, ein Warenzeichen⟩

Ein·ge·wei·de *die*; *Plural* alle Organe, die in der Brust und im Bauch von Menschen und Tieren sind

Ein·ge·weih·te *der/die*; (-n, -n) eine Person, die über etwas informiert wurde, das nicht jeder weiß **!** *ein Eingeweihter; der Eingeweihte; den, dem, des Eingeweihten*

ein·ge·wöh·nen VERB *(hat)* **jemanden (irgendwo) eingewöhnen** jemanden oder sich selbst an eine neue Umgebung gewöhnen | *Er hat sich in der neuen Stadt/bei uns schnell eingewöhnt* ● hierzu **Ein·ge·wöh·nung** *die*

ein·gie·ßen VERB *(hat)* **(jemandem) etwas) eingießen** (jemandem) ein Getränk in eine Tasse oder ein Glas gießen | *Gieß mir doch bitte noch einen Schluck Kaffee ein! | Darf ich eingießen?*

ein·gip·sen VERB *(hat)* **1** **etwas eingipsen** einen Körperteil mit einem Gipsverband versehen ⟨einen Arm, ein Bein eingipsen⟩ **2** **etwas eingipsen** etwas mit Gips in einem Loch (an der Wand) befestigen ⟨einen Dübel, Haken eingipsen⟩

ein·glei·sig ADJEKTIV **1** mit nur einem Gleis ⟨eine Bahnlinie⟩ **2** so, dass man nicht daran denkt, dass es auch eine Alternative oder andere Möglichkeiten gibt ⟨eingleisig denken, argumentieren⟩

ein·glie·dern VERB *(hat)* **jemanden (in etwas** *(Akkusativ)*) **eingliedern** jemanden oder sich selbst zu einem Mitglied einer Gruppe machen und (an diese Gruppe) anpassen | *einen Verbrecher wieder in die Gesellschaft eingliedern | sich in einen Betrieb eingliedern* ● hierzu **Ein·glie·de·rung** *die*

ein·gra·ben VERB *(hat)* **1** **etwas (in etwas** *(Akkusativ)*) **eingraben** etwas in ein Loch, das man in die Erde gegraben hat, hineinlegen und mit Erde o. Ä. wieder bedecken | *eine Blumenzwiebel in den Boden eingraben* **2** **sich eingraben** einen Graben anlegen, um sich darin vor feindlichen Geschossen zu schützen **3** **etwas gräbt sich (in etwas** *(Akkusativ)*) **ein** etwas drückt sich in einen weichen Untergrund und sinkt darin immer tiefer | *Der Fluss grub sich tief in das Hügelland ein* **4** **ein Tier gräbt sich ein** ein Tier gräbt ein Loch in die Erde, in den Schlamm o. Ä., um sich z. B. vor Feinden zu verstecken **5** **etwas gräbt sich in jemandes Gedächtnis ein** ein Erlebnis o. Ä. kann von jemandem nie mehr vergessen werden

ein·gra·vie·ren [-v-] VERB (gravierte ein, hat eingraviert) **etwas (in etwas** *(Akkusativ)*) **eingravieren** Worte, Zahlen oder Bilder mit einem spitzen Gegenstand meist in Metall oder Stein ritzen

★ **ein·grei·fen** VERB *(hat)* **(in etwas** *(Akkusativ)*) **eingreifen** eine Handlung oder Entwicklung (an der man nicht direkt beteiligt ist) lenken, stören oder stoppen | *Der Lehrer griff nur manchmal in die Diskussion der Schüler ein | Wenn die Polizei nicht bald eingreift, wird es noch Ärger geben*

Ein·greif·trup·pe *die* **eine schnelle Eingreiftruppe** eine militärische Einheit, die für den Einsatz in Krisengebieten ausgebildet oder zusammengestellt wird

ein·gren·zen VERB *(hat)* **1** **etwas grenzt etwas ein** etwas umgibt etwas als Grenze oder Absperrung | *Ein Zaun grenzt den Garten ein* **2** **etwas (auf etwas** *(Akkusativ)*) **eingrenzen** bestimmen, dass eine Vorschrift oder Abmachung beachtet wird ⟨einen Begriff, ein Thema, einen Themenkreis eingrenzen⟩ | *Die Diskussion wurde streng (auf ein Thema) eingegrenzt* ● hierzu **Ein·gren·zung** *die*

Ein·griff *der* **1** **ein Eingriff (in etwas** *(Akkusativ)*) das Verletzen der persönlichen Rechte einer anderen Person ⟨ein empfindlicher, schwerwiegender, unerhörter Eingriff⟩ ≈ *Einmischung | Sie wehrte sich gegen die Eingriffe ihres Chefs in ihre Privatsphäre* **2** *geschrieben* eine medizinische Operation ⟨ein operativer, chirurgischer Eingriff; sich einem Eingriff unterziehen; einen Eingriff vornehmen⟩

ein·ha·ken VERB *(hat)* **1** **etwas einhaken** etwas mit einem Haken befestigen | *eine Tür an der Wand einhaken, damit sie offen bleibt* **2** **irgendwo einhaken** *gesprochen* jemanden an einem Punkt seiner Rede unterbrechen, um selbst etwas zu sagen | *Bei dem Stichwort „Renten" hakte die Opposition im Parlament sofort ein* **3** **sich bei jemandem einhaken** (beim Gehen) den eigenen Arm unter den angewinkelten Arm einer anderen Person schieben

-ein·halb *im Zahlwort, betont und unbetont, begrenzt produktiv; nur in dieser Form* **eineinhalb, zweieinhalb, dreieinhalb** *und andere* die genannte Zahl plus ½

Ein·halt *der*; *geschrieben* ■ ID **jemandem Einhalt gebieten**

verhindern, dass jemand weiterhin etwas Unangenehmes oder Schädliches o. Ä. tut; **etwas** *(Dativ)* **Einhalt gebieten** veranlassen, dass eine unangenehme oder schädliche o. Ä. Sache oder Entwicklung gestoppt wird

★ **ein·hal·ten** VERB *(hat)* **1** **etwas einhalten** sich an etwas, wozu man sich verpflichtet oder entschlossen hat, halten ⟨einen Termin, eine Verabredung, ein Versprechen einhalten; eine Diät einhalten⟩ **2** **etwas einhalten** etwas so lassen, wie es im Augenblick ist ⟨eine Geschwindigkeit, eine Richtung, einen Kurs einhalten⟩ **3** **(mit etwas) einhalten** *geschrieben, veraltend* mit etwas aufhören | *Haltet ein!* ● zu (1,2) **Ein·hal·tung** *die*

ein·han·deln VERB *(hat)* **sich** *(Dativ)* **etwas einhandeln** *gesprochen, abwertend oder ironisch* (meist als Konsequenz eines Verhaltens) etwas Unangenehmes oder Negatives erleben müssen

ein·hän·gen VERB (hängte ein, hat eingehängt) **1** **etwas einhängen** etwas an einen Haken, in einen Rahmen o. Ä. hängen und es dadurch befestigen ⟨einen Anhänger, ein Fenster, eine Tür einhängen⟩ **2** **(etwas) einhängen** ein Telefongespräch beenden ⟨das Telefon, den Telefonhörer einhängen⟩ ≈ *auflegen* ↔ *abnehmen* | *Beim zweiten Anruf hängte sie ein* **3** **sich bei jemandem einhängen** *gesprochen* ≈ *einhaken*

ein·hef·ten VERB *(hat)* **1** **etwas einheften** ein Blatt Papier in einem Ordner oder in einer Mappe o. Ä. befestigen | *einen Beleg in den Ordner einheften* **2** **etwas einheften** beim Nähen ein Teil an ein größeres Stück (Stoff) heften ⟨einen Ärmel, ein Futter, einen Reißverschluss einheften⟩

ein·hei·misch ADJEKTIV *meist attributiv* **1** in einem Ort/in einem Land geboren und dort lebend ⟨die Bevölkerung⟩ ↔ *fremd* **2** aus dem eigenen Land ⟨Produkte, Erzeugnisse⟩ ● zu (1) **Ein·hei·mi·sche** *der/die*

ein·heim·sen VERB (heimste ein, hat eingeheimst) **etwas einheimsen** *gesprochen* etwas für sich gewinnen oder bekommen ⟨Applaus, Lob, einen Gewinn, einen Preis einheimsen⟩

ein·hei·ra·ten VERB *(hat)* **in etwas** *(Akkusativ)* **einheiraten** durch Heirat Mitglied einer Familie werden, der ein Unternehmen, ein Betrieb o. Ä. gehört, von dem man dann profitiert ⟨in ein Unternehmen einheiraten⟩

★ **Ein·heit** *die;* (-, -en) **1** wenn verschiedene Dinge (oder Personen) zusammengehören und gut zusammenpassen, dann bilden sie zusammen eine Einheit ⟨eine harmonische, untrennbare Einheit; die deutsche, europäische, nationale, politische Einheit; die Einheit eines Landes, einer Nation⟩ | *einen Beitrag zur inneren Einheit eines Staates leisten* K Einheitsgedanke, Einheitsstreben **2** eine Größe (wie z. B. ein Meter, ein Kilo oder ein Liter), die als Maß verwendet wird | *In welcher Einheit misst man in England die Temperatur?* K Gewichtseinheit, Längeneinheit, Maßeinheit, Währungseinheit **3** eine relativ große Gruppe von Soldaten, Polizisten o. Ä. | *Er wurde in eine andere Einheit versetzt* K Gefechtseinheit, Polizeieinheit, Truppeneinheit

★ **ein·heit·lich** ADJEKTIV **1** für alle gleich ⟨Kleidung, eine Regelung, eine Währung⟩ | *eine bundesweit einheitliche Telefonnummer* **2** so, dass es keine großen Unterschiede gibt ⟨Ansichten, eine Auffassung⟩ | *Die Schüler der Klasse haben ein ziemlich einheitliches Leistungsniveau* | *Wir müssen uns auf eine einheitliche Linie einigen* **3** eine harmonische Einheit bildend ⟨ein Konzept, ein Kunstwerk⟩ ● hierzu **Ein·heit·lich·keit** *die*

Ein·heits·brei *der* so geringe Unterschiede zwischen Angeboten, Meinungen, Merkmalen o. Ä., dass etwas unattraktiv und langweilig wird | *Wir wünschen uns Vielfalt in den Medien, keinen langweiligen Einheitsbrei*

Ein·heits·preis *der* ein Preis, der für mehrere Produkte gilt, die normalerweise nicht das Gleiche kosten

ein·hei·zen VERB *(hat)* **1** einen Ofen, eine Heizung in Betrieb setzen, um einen Raum zu heizen | *Hast du in der Küche eingeheizt?* **2** **jemandem einheizen** *gesprochen* jemanden schimpfen, drängen oder zwingen ⟨jemandem ordentlich einheizen⟩

ein·hel·lig ADJEKTIV ⟨die Auffassung, die Meinung, das Urteil⟩ so, dass sie von allen geteilt werden | *Es herrschte einhellige Empörung über den Vorfall* ● hierzu **Ein·hel·lig·keit** *die*

ein·her- *(im Verb, betont und trennbar, begrenzt produktiv; Diese Verben werden so gebildet:* einherschreiten, schritt einher, einhergeschritten) **einherfahren, einhergehen, einherreiten, einherschleichen, einherschreiten, einherspazieren** *und andere* drückt aus, dass eine Bewegung langsam und gleichmäßig ist (das Ziel wird dabei nicht genannt) | *Es war nicht zu übersehen, wie er mit seinem Orden an der Brust einherstolzierte* (Er schritt voller Stolz mit seinem Orden an den Zuschauern vorbei)

ein·her·ge·hen VERB *(ist)* **etwas geht mit etwas einher** etwas passiert gleichzeitig mit etwas (oder ist unmittelbare Folge davon) | *Mit dieser Krankheit gehen Fieber und Ausschlag einher* ID weitere Verwendungen → **einher**

★ **ein·ho·len** VERB *(hat)* **1** **jemanden/etwas einholen** schneller gehen oder fahren als eine andere Person oder ein Fahrzeug und sie deswegen erreichen | *Der führende Läufer wurde kurz vor dem Ziel von den anderen eingeholt* **2** **etwas einholen** eine fehlende Menge kleiner machen, indem man schneller wird oder mehr arbeitet ⟨eine Verspätung, einen Vorsprung, die verlorene Zeit, das Versäumte einholen⟩ **3** **etwas einholen** etwas zu sich ziehen, weil man es für eine längere Zeit nicht mehr benutzen will ⟨den Anker, eine Fahne, ein Segel einholen⟩ **4** **etwas (bei jemandem) einholen** *geschrieben* sich von jemandem eine Sache geben lassen ⟨eine Auskunft, eine Erlaubnis, einen Rat einholen⟩ **5** **(etwas) einholen** *gesprochen* ≈ *einkaufen* ● zu (4) **Ein·ho·lung** *die*

Ein·horn *das* (in Märchen oder Fabeln) ein weißes Pferd mit einem langen spitzen Horn auf der Stirn

ein·hül·len VERB *(hat)* **1** **jemanden/etwas einhüllen** jemanden, sich selbst oder etwas in eine Hülle wickeln | *jemanden mit einer Decke/in eine Decke einhüllen* **2** **etwas hüllt jemanden/etwas ein** etwas umgibt jemanden/etwas wie eine Hülle | *Nebel hüllte den Berg ein* ● zu (1) **Ein·hül·lung** *die*

★ **ein·hun·dert**, **ein·hun·dert** ZAHLWORT (als Zahl) 100 ≈ *hundert* ID → auch Anhang **Zahlen**

ein·hun·derts·t-, **ein·hun·derts·t-** ADJEKTIV in einer Reihenfolge an der Stelle einhundert ≈ *100.*

★ **ei·nig** ADJEKTIV *meist prädikativ* **1** **jemand ist sich** *(Dativ)* **mit jemandem (über eine Sache) einig; Personen sind sich** *(Dativ)* **(über eine Sache) einig** Personen haben die gleiche Meinung (über eine Sache) oder finden eine gemeinsame Lösung, Entscheidung | *In Ordnung, wir sind uns also einig!* | *Ich bin mir mit ihr nicht immer einig, wie die Kinder zu erziehen sind* | *Alle Parteien sind sich (darüber) einig, dass mehr für den Umweltschutz getan werden muss* **2** **sich** *(Dativ)* **(mit jemandem) über etwas** *(Akkusativ)* **einig werden** Personen reden miteinander und finden eine gemeinsame Lösung oder Entscheidung ● zu (1) **Ei·nig·keit** *die*

★ **ei·ni·g-** ARTIKEL/PRONOMEN **1** *nur Plural* eine unbestimmte Anzahl, die nicht groß ist ≈ *mehrere* | *für einige Tage verreisen* | *Vor dem Gericht warteten einige Demonstranten* | *Ich habe schon einige Mal(e) bei dir angerufen, aber du warst nie da* | *Einige der Äpfel waren faul* | *die Wünsche einiger der*

E

Mitglieder **2** *nur Singular* eine relativ kleine Menge oder ein relativ kleiner Umfang | *Mit einigem guten Willen ist das Problem zu lösen* | *Dazu braucht es einige Übung* **3** *(meist betont)* ziemlich viel | *Das wird noch 'einige Zeit dauern* **4** **einiges an etwas** eine große Anzahl oder Menge des Genannten | *Es wurde einiges an Geld gesammelt* | *Einiges an Erinnerungen ist mir sehr deutlich* **5** alleine verwendet, um sich auf eine Anzahl von Personen oder Dingen zu beziehen, die vorher schon erwähnt wurden oder vorhanden sind | *Schon am Morgen kamen viele Fans zu den Kassen. Einige hatten die Nacht im Freien verbracht*

★ **ei·ni·gen** VERB (einigte, hat geeinigt) **1** **jemand einigt sich (mit jemandem) (auf/über eine Sache); Personen einigen sich (auf/über eine Sache)** Personen (die unterschiedliche Meinungen oder Streit haben) finden eine gemeinsame Lösung | *Sie einigten sich auf einen Kompromiss* **2** **jemanden/etwas einigen** einzelne Personen oder Gruppen zu einer Einheit zusammenbringen ⟨Länder, Staaten, Stämme, Völker einigen⟩ ≈ *vereinigen*

★ **ei·ni·ger·ma·ßen** PARTIKEL *betont und unbetont* **1** verwendet, um eine Aussage abzuschwächen ≈ *ziemlich* | *Die Prüfung hat einigermaßen gut geklappt* | *Ich bin einigermaßen sicher, dass sie kommt* **2** nicht sehr gut, aber auch nicht sehr schlecht | *„Wie gehts dir?" – „Einigermaßen."*

ei·ni·ges → einig-

★ **Ei·ni·gung** *die*; (-, -en); *meist Singular*; *geschrieben* **1** der Vorgang oder das Ergebnis, wenn Personen oder Gruppen eine gemeinsame Lösung zu einem Problem finden ⟨eine Einigung erreichen, erzielen; zu einer Einigung kommen⟩ **2** der Vorgang oder das Ergebnis, wenn aus einzelnen Dingen, Gruppen o. Ä. eine Einheit wird

ein·imp·fen VERB *(hat)* **jemandem etwas einimpfen** *gesprochen, oft abwertend* einer Person etwas immer wieder sagen, damit sie sich auch danach richtet | *Ihre Mutter hat ihr eingeimpft, nicht mit Fremden zu sprechen* ● hierzu **Ein·imp·fung** *die*

ein·ja·gen VERB *(hat)* **eine Person/Sache jagt jemandem Angst/einen Schreck(en) ein** *gesprochen* eine Person oder Sache bewirkt, dass jemand (plötzlich) Angst oder einen Schreck bekommt

ein·jäh·rig ADJEKTIV **1** *nur attributiv* ein Jahr alt | *Seine Schwester hat einen einjährigen Jungen* **2** *nur attributiv* ein Jahr dauernd | *ein einjähriger Aufenthalt im Ausland* **3** verwendet für Pflanzen, die im Herbst absterben und im folgenden Jahr nicht wieder wachsen | *Tomaten sind einjährig, Petersilie ist zweijährig*

ein·kal·ku·lie·ren VERB (kalkulierte ein, hat einkalkuliert) **etwas einkalkulieren** etwas (bei einer Berechnung, einer Planung oder einer Überlegung) berücksichtigen und nicht vergessen | *Sind in/bei dieser Rechnung alle Kosten mit einkalkuliert?* | *Er hat in seinem Zeitplan keine Pausen einkalkuliert* ● hierzu **Ein·kal·ku·lie·rung** *die*

ein·kas·sie·ren VERB (kassierte ein, hat einkassiert) **1** **(bei jemandem) etwas einkassieren** eine Summe Geld von jemandem verlangen und bekommen ⟨Beiträge, Geld, Schulden einkassieren⟩ **2** **etwas einkassieren** *gesprochen* jemandem etwas wegnehmen

Ein·kauf *der* **1** das Einkaufen, Erwerben ⟨Einkäufe machen; seine Einkäufe erledigen⟩ | *Achten Sie beim Einkauf auf unsere Sonderangebote!* **2** *meist Plural* die Waren, die man eingekauft hat | *Sie holte ihre Einkäufe aus dem Korb* **K** Einkaufskorb, Einkaufsnetz, Einkaufstasche, Einkaufswagen **3** *nur Singular* die Abteilung in einer Firma, die Waren für die Firma einkauft

★ **ein·kau·fen** VERB *(hat)* **1** **(etwas) einkaufen** Waren, die man täglich braucht (meist Lebensmittel), kaufen | *Er hat vergessen, Brot einzukaufen* **2** **etwas einkaufen** Waren oder Rohstoffe in größeren Mengen kaufen, um sie wieder zu verkaufen oder um damit etwas zu produzieren | *Der Autohändler hat auf der Messe zehn Sportwagen eingekauft* **3** **jemanden einkaufen** mit einem Sportler einen Vertrag abschließen, dass er den Verein wechselt, und dafür an dessen früheren Verein Geld zahlen

Ein·käu·fer *der* ein Angestellter einer Firma, der im Einkauf arbeitet ● hierzu **Ein·käu·fe·rin** *die*

Ein·kaufs·preis *der* der Preis, den ein Händler dem Hersteller für eine Ware zahlt, welche dieser dann selbst wieder verkauft

Ein·kaufs·zent·rum *das* ein Gebäude (oder mehrere Gebäude nebeneinander) mit mehreren Geschäften

ein·keh·ren VERB *(ist)* **1** **(in etwas** *(Dativ/Akkusativ)***) einkehren** *gesprochen* eine Fahrt, einen Spaziergang o. Ä. unterbrechen, um in ein Gasthaus zu gehen | *Wir sind auf der Wanderung (in einem gemütlichen Lokal) eingekehrt* **2** **etwas kehrt (wieder) ein** *geschrieben* etwas erscheint oder kommt (wieder) ⟨Friede, Ordnung, Ruhe⟩ | *Nach dem Aufstand ist jetzt wieder Ruhe im Land eingekehrt* ● hierzu **Ein·kehr** *die*

ein·kei·len VERB (keilte ein, hat eingekeilt) **Personen/Sachen keilen jemanden/etwas ein** *gesprochen* Personen/Sachen lassen einer anderen zwischen sich kaum genug Platz | *jemanden auf dem Parkplatz einkeilen* | *Unser Zelt war zwischen den anderen völlig eingekeilt*

ein·kel·lern VERB (kellerte ein, hat eingekellert) **etwas einkellern** etwas als Vorrat in den Keller legen ⟨Äpfel, Kartoffeln, Kohlen, Wein einkellern⟩ ● hierzu **Ein·kel·le·rung** *die*

ein·ker·ben VERB (kerbte ein, hat eingekerbt) **etwas (in etwas** *(Akkusativ)***) einkerben** mit dem Messer Kerben oder Zeichen usw. in einen Gegenstand (meist aus Holz) machen ● hierzu **Ein·ker·bung** *die*

ein·ker·kern VERB (kerkerte ein, hat eingekerkert) **jemanden einkerkern** *historisch* jemanden in einen Kerker sperren ● hierzu **Ein·ker·ke·rung** *die*

ein·kes·seln VERB (kesselte ein, hat eingekesselt) **jemanden/etwas einkesseln** Menschen/etwas an einem Ort festhalten, indem man (meist in großer Zahl) von allen Seiten gleichzeitig kommt und sich an allen Seiten aufstellt, vor allem im Krieg oder bei der Jagd | *Die Stadt war von feindlichen Truppen eingekesselt* | *Die Jäger kesselten das Wild ein* ● hierzu **Ein·kes·se·lung** *die*

ein·kla·gen VERB *(hat)* **etwas einklagen** vor Gericht gehen, um etwas zu erreichen, worauf man ein Recht hat | *Wenn Sie nicht freiwillig zahlen, werde ich die Schulden einklagen* ● hierzu **ein·klag·bar** ADJEKTIV

ein·klam·mern VERB *(hat)* **etwas einklammern** etwas Geschriebenes zwischen Klammern setzen ⟨einen Buchstaben, ein Wort, eine Zahl einklammern⟩ ● hierzu **Ein·klam·me·rung** *die*

Ein·klang *der*; (-s); *geschrieben* **1** **in/im Einklang (mit jemandem/etwas)** in einem Zustand, in dem sich zwei oder mehr Dinge miteinander so tun lassen, dass sie sich nicht widersprechen ⟨etwas ist, steht in/im Einklang mit etwas; Dinge in Einklang bringen⟩ | *Er konnte seine privaten und beruflichen Interessen miteinander in Einklang bringen* **2** **sich (mit jemandem) in Einklang (über etwas** *(Akkusativ)***) befinden** die gleiche Meinung haben (wie eine andere Person oder andere Personen)

ein·kle·ben VERB *(hat)* **etwas (in etwas** *(Akkusativ)***) einkleben** etwas mit Klebstoff in einem Buch, Heft usw. befestigen | *Er hat die Fotos in das Album eingeklebt*

ein·klei·den VERB *(hat)* **1** **jemanden neu einkleiden** jemandem oder sich selbst viele neue Kleidungsstücke kaufen

| *Unser Sohn ist so gewachsen, dass ich ihn völlig neu einkleiden muss* **2** **jemanden einkleiden** jemandem eine Uniform o. Ä. geben **3** **etwas in etwas** (*Akkusativ*) **einkleiden** etwas so formulieren, dass die Absicht nicht deutlich ausgesprochen wird | *Er hat seine Kritik in freundliche Worte eingekleidet* • hierzu **Ein·klei·dung** *die*

ein·klem·men VERB (*hat*) **1** **etwas einklemmen** etwas von verschiedenen Seiten so drücken, dass es sich nicht mehr bewegen kann | *ein Stück Holz in den Schraubstock einklemmen* **2** **etwas einklemmen** etwas von verschiedenen Seiten sehr stark drücken und dadurch verletzen oder beschädigen | *sich den Finger in der Tür einklemmen*

ein·klin·ken VERB (klinkte ein, hat/ist eingeklinkt) **1** **etwas einklinken** (*hat*) etwas schließen oder befestigen, indem man auf einen Hebel, die Türklinke o. Ä. drückt | *eine Tür einklinken* **2** **etwas klinkt ein** (*ist*) etwas wird durch einen Mechanismus geschlossen oder befestigt | *Das Fahrgestell des Flugzeugs klinkt nach dem Start ein*

ein·kni·cken VERB **1** **etwas einknicken** (*hat*) etwas so umbiegen, dass es einen Knick bekommt | *Bei dem Unfall hat er eine Straßenlaterne eingeknickt* **2** **etwas knickt ein** (*ist*) etwas bekommt einen Knick | *Die Halme des Getreides sind bei dem Hagel eingeknickt* **3** **jemand knickt ein** jemand gibt den Widerstand auf

ein·ko·chen VERB **1** **etwas einkochen** (*hat*) etwas konservieren, indem man es kocht und so in Gläsern verschließt, dass keine Luft hineinkommt ⟨Gelee, Konfitüre, Marmelade, Obst einkochen⟩ **2** **etwas kocht ein** (*ist*) etwas wird beim Kochen allmählich konzentrierter und dickflüssiger

★ **Ein·kom·men** *das*; (-s, -) Einkommen ist Geld, das man vor allem durch Arbeit, Geschäfte, Renten, Zinsen usw. (regelmäßig) bekommt ⟨ein gutes, festes, geringes, hohes, monatliches, jährliches, regelmäßiges Einkommen haben, bekommen, erhalten; das Einkommen versteuern (müssen)⟩ K Einkommenseinbuße I → Infos unter **Gehalt** • hierzu **ein·kom·mens·schwach** ADJEKTIV; **ein·kom·mens·stark** ADJEKTIV

Ein·kom·mens·schicht *die* ein Teil einer Gesellschaft, der sich von anderen Personengruppen durch die Höhe des Einkommens unterscheidet ⟨die gehobenen, mittleren, oberen, unteren Einkommensschichten⟩

Ein·kom·men(s)·steu·er *die* eine Steuer, die jeder zahlt, der (auch) anderes Einkommen als Lohn oder Gehalt hat oder der relativ viel Geld verdient

Ein·kom·men(s)·steu·er|er·klä·rung *die* die Angaben für das Finanzamt, wie viel Einkommen man im vorangegangenen Jahr hatte

ein·krei·sen VERB (*hat*) **1** **etwas einkreisen** einen Kreis um etwas malen und es dadurch markieren | *Er kreiste ihren Geburtstag auf dem Kalender rot ein* **2** **Personen kreisen jemanden/etwas ein** jemanden/etwas von allen Seiten umgeben | *Die feindliche Armee hat die Stadt völlig eingekreist* **3** **etwas einkreisen** in einer Diskussion oder in einem Text Schritt für Schritt deutlich machen, was zu einem Problem gehört ⟨eine Frage, ein Problem, ein Thema einkreisen⟩ • zu (1,2) **Ein·krei·sung** *die*

Ein·künf·te *die*; *Plural* Geld, das man bekommt (als Lohn, Gehalt, Mieteinnahme, Zins usw.) ⟨Einkünfte beziehen⟩ | *Neben seinem Gehalt hat er noch Einkünfte aus einem Haus, das er vermietet hat* K Nebeneinkünfte

★ **ein·la·den** VERB (*hat*) **1** **etwas (in etwas** (*Akkusativ*)**) einladen** etwas, das irgendwohin transportiert werden soll, in ein Fahrzeug bringen | *Die Spediteure luden die vollen Kisten (in den Lkw) ein* **2** **eine Person (zu etwas) einladen** eine Person darum bitten, als Besuch zu jemandem nach Hause zu kommen | *Ich habe ein paar gute Freunde zum Abendessen/zu uns eingeladen* **3** **jemanden (irgendwohin/zu etwas) einladen** mit jemandem etwas gemeinsam unternehmen und alle Kosten, die dabei entstehen, bezahlen | *Mein Freund hat mich ins Kino eingeladen*

ein·la·dend ■ PARTIZIP PRÄSENS **1** → einladen ■ ADJEKTIV **2** so, dass etwas angenehm oder attraktiv aussieht ⟨ein Essen, das Wetter⟩

★ **Ein·la·dung** *die*; (-, -en) **eine Einladung (zu etwas)** eine Bitte an eine andere Person, zu Besuch zu kommen oder als Gast irgendwohin mitzukommen ⟨eine Einladung aussprechen, verschicken; eine Einladung bekommen, annehmen, ablehnen; einer Einladung folgen⟩ *Ich habe ihm eine Einladung zu meiner Party geschickt* K Einladungsschreiben

LANDESKUNDE

▶ Die Einladung

Ist man privat bei jemandem zum Essen eingeladen, gehört es zur Höflichkeit, pünktlich zu kommen.

Es ist üblich, den Gastgebern eine Kleinigkeit zu schenken, zum Beispiel eine Flasche Wein, Pralinen oder einen Blumenstrauß. Bei näherer Bekanntschaft kann man auch nach Absprache eine Vorspeise oder einen Nachtisch zum Essen mitbringen, um dem Gastgeber Arbeit abzunehmen.

In manchen Familien teilt der Gastgeber das Essen aus, in anderen werden die Gäste aufgefordert, sich selbst zu bedienen. Man wartet mit dem Essen, bis alle etwas auf dem Teller haben und wünscht sich gegenseitig einen **„Guten Appetit!"**.

Auch wartet man normalerweise mit dem Trinken, bis der Gastgeber sein Glas erhebt und alle sich gegenseitig **„Prost!"** oder **„Zum Wohl!"** gewünscht (und dabei miteinander angestoßen) haben. Hierbei sollte man die Person, mit der man sich gerade zuprostet, direkt ansehen.

Auf Festen und Partys gibt es sehr oft Büffets mit Selbstbedienung. Wenn man unsicher ist, ob man sich bedienen darf, sollte man am besten die anderen Gäste beobachten oder den Gastgeber fragen.

Ein·la·ge *die* **1** eine meist künstlerische Vorstellung, die Abwechslung in ein festes Programm bringen soll ⟨eine Einlage bringen⟩ | *Auf dem Ball gab es als Einlage einen Zauberer* K Gesangseinlage **2** *meist Plural* das Geld, das jemand auf einem Konto bei einer Bank hat | *ein Sparbuch mit einer Einlage von 2.000 Euro* | *Die Bank verfügt über Einlagen in Höhe von 50 Millionen Euro* **3** eine provisorische Füllung in einem Zahn **4** *meist Plural* eine zusätzliche Sohle, die in einen Schuh gelegt wird (um den Fuß zu stützen) **5** etwas (z. B. Nudeln oder Fleisch), das in eine Suppe getan wird | *eine Brühe mit Einlage* K Fleischeinlage

ein·la·gern VERB (*hat*) **1** **etwas (irgendwo) einlagern** etwas als Vorrat in einen Raum bringen und dort lassen | *Kartoffeln (im Keller) einlagern* **2** **etwas lagert sich in etwas** (*Akkusativ*) **ein** eine Substanz oder ein Stoff dringt tief in einen festen Körper, einen Organismus o. Ä. ein und setzt sich dort fest | *In den Stein haben sich Kristalle eingelagert* • hierzu **Ein·la·ge·rung** *die*

Ein·lass *der*; (-es, Ein·läs·se); *meist Singular*; *geschrieben* ⟨jemandem Einlass gewähren; sich (*Dativ*) Einlass verschaffen⟩ ≈ *Zutritt* | *Einlass ab 08:00 Uhr* K Einlasszeit

★ **ein·las·sen** VERB (*hat*) **1** **jemanden (irgendwohin) einlassen** *geschrieben* eine Tür oder ein Tor öffnen, damit jemand in ein Gebiet oder Gebäude kommen kann | *Der Pförtner* *ließ mich (in die Fabrik) ein* **2** **etwas (in etwas** (*Akkusativ*)) **einlassen** einen relativ großen Behälter mit Wasser füllen ⟨(Wasser in) ein Becken, einen Kanal, eine Wanne einlassen⟩ | *Lass bitte Wasser (in die Badewanne) ein!* **3** **etwas in etwas** (*Akkusativ*) **einlassen** etwas in eine dafür vorgesehene Lücke fügen, sodass es genau passt | *Die Badewanne ist bei ihnen in den Boden eingelassen* **4** **sich mit jemandem einlassen** *meist abwertend* Kontakt mit jemandem bekommen oder haben | *Lass dich bloß nicht mit diesen Leuten ein!* **5** **sich mit jemandem einlassen** *meist abwertend* eine sexuelle Beziehung mit jemandem anfangen | *Warum hast du dich mit diesem Kerl eingelassen?* **6** **sich mit jemandem einlassen** mit jemandem streiten | *Mit dem würde ich mich nicht einlassen, der ist stärker als du!* ! meist verneint **7** **sich auf etwas** (*Akkusativ*) **einlassen** mit etwas anfangen, bei etwas mitmachen und dabei unangenehme Folgen riskieren | *sich auf krumme Geschäfte einlassen*

Ein·lauf *der* **1** der Vorgang, wenn eine Mannschaft in das Stadion oder auf das Spielfeld läuft **2** der letzte Teil eines Wettlaufs **3** die Reihenfolge, in welcher die Läufer oder die Pferde bei einem Rennen am Ziel ankommen **4** ein Ei oder ein dünner Teig, die in der heißen Suppe zu Fäden werden **5** das Reinigen des Darms mit einer Flüssigkeit, die in den After gespritzt wird ⟨jemandem einen Einlauf machen⟩

★ **ein·lau·fen** VERB **1** **etwas läuft (irgendwohin) ein** (*ist*) eine relativ große Menge Wasser fließt in etwas hinein und füllt es ⟨die Badewanne, den Swimmingpool einlaufen lassen⟩ | *Ich lass dir schon mal das Wasser für ein Bad einlaufen* **2** **eine Mannschaft läuft (irgendwohin) ein** (*ist*) eine Mannschaft läuft zu Beginn eines Spiels auf das Spielfeld **3** **in etwas** (*Akkusativ*) **einlaufen** (*ist*) bei einem Wettlauf das Ziel erreichen ⟨in das Ziel, die Zielgerade einlaufen⟩ | *In welcher Reihenfolge sind sie ins Ziel eingelaufen?* **4** **etwas läuft (irgendwo/irgendwohin) ein** (*ist*) ein Schiff kommt im Hafen an | *Der Tanker lief in den/im Hafen ein* **5** **etwas läuft ein** (*ist*) etwas wird beim Waschen kleiner oder enger ⟨ein T-Shirt, ein Pullover⟩ ≈ *schrumpfen* **6** **Dinge laufen (bei jemandem) ein** (*ist*) Dinge kommen nacheinander beim Empfänger an | *Allmählich beginnen die Rückmeldungen einzulaufen* **7** **etwas einlaufen** (*hat*) neue Schuhe tragen, bis sie bequem sind | *Du solltest die neuen Stiefel vor der Bergtour einlaufen, damit du keine Blasen bekommst* (*hat*) **8** **sich einlaufen** (*hat*) vor einem Wettrennen die Muskeln warm und locker machen, indem man läuft **9** **etwas läuft sich ein** (*hat*) eine Maschine kommt nach dem Einschalten in den normalen Betrieb

ein·le·ben VERB (*hat*) **sich (irgendwo) einleben** sich an eine neue Umgebung gewöhnen | *Es wird lange dauern, bis ich mich in der neuen Stadt eingelebt habe*

Ein·le·ge·ar·beit *die* **1** Ornamente aus vielen kleinen Teilen aus Holz, Elfenbein, Marmor o. Ä., die in eine Oberfläche (meist aus Holz) so eingefügt sind, dass eine glatte Fläche mit Mustern entsteht **2** ein Gegenstand (meist ein Möbelstück) mit Einlegearbeiten

★ **ein·le·gen** VERB (*hat*) **1** **etwas einlegen** eine Zeit der Entspannung zwischen Zeiten der Arbeit, Aktivität legen ⟨eine Pause, eine Rast, einen Ruhetag einlegen⟩ **2** **etwas einlegen** etwas Zusätzliches oder Außergewöhnliches machen (meist um mit etwas schneller fertig zu werden) ⟨einen Spurt, eine zusätzliche Schicht einlegen⟩ | *eine Sonderschicht einlegen, um einen Auftrag rechtzeitig zu erfüllen* **3** **etwas einlegen** in den genannten Gang schalten, vor allem beim Autofahren ⟨den ersten, zweite Gang, den Rückwärtsgang einlegen⟩ **4** **etwas (gegen etwas) einlegen** förmlich gegen etwas protestieren ⟨Beschwerde, Einspruch, sein Veto, Widerspruch einlegen⟩ | *Die Bürgerinitiative legte bei der Stadtverwaltung Beschwerde gegen den Bau der neuen Straße ein* **5** **Berufung/Revision (gegen etwas) einlegen** ein Gerichtsurteil durch ein höheres Gericht überprüfen lassen **6** **etwas (in etwas** (*Akkusativ*)) **einlegen** etwas irgendwo so in etwas legen, dass es benutzt werden kann ⟨einen Film, eine CD, eine DVD einlegen; eine Sohle in einen Schuh einlegen⟩ K Einleg(e)sohle **7** **etwas (in etwas** (*Akkusativ*)) **einlegen** Lebensmittel konservieren und würzen, indem man sie in eine Flüssigkeit legt | *Gurken (sauer/in Essig) einlegen* | *Kirschen (in Rum) einlegen* **8** **etwas in etwas** (*Akkusativ*) **einlegen**; **etwas mit etwas einlegen** Teile aus einer Oberfläche schneiden und durch das genannte Material als Ornament ersetzen | *Elfenbein in einen Tisch einlegen* | *einen Tisch mit Elfenbein einlegen* K Einlegearbeit

ein·lei·ten VERB (*hat*) **1** **etwas mit etwas einleiten** etwas mit etwas beginnen und damit auf den Hauptteil vorbereiten ≈ *eröffnen* | *Er leitete die Feier mit der Begrüßung der Ehrengäste ein* **2** **etwas einleiten** *admin* als zuständiger Beamter oder zuständige Behörde veranlassen, dass eine Behörde aktiv wird ⟨diplomatische/gerichtliche/juristische Maßnahmen, Schritte, einen Prozess, eine Untersuchung, ein Verfahren einleiten⟩ **3** **eine Geburt einleiten** einer schwangeren Frau Medikamente geben, die bewirken, dass die Geburt anfängt **4** **etwas in etwas** (*Akkusativ*) **einleiten** Flüssigkeiten in etwas fließen lassen ⟨Abwässer, Rückstände in einen Kanal, in einen Fluss einleiten⟩ **5** **etwas leitet etwas ein** etwas steht am Anfang von etwas Größerem, von einer Reihe von Ereignissen

★ **Ein·lei·tung** *die* **1** ein relativ kurzer Text, der am Anfang eines Buches, Aufsatzes usw. steht und den Leser auf das Thema vorbereitet **2** das Einleiten einer Veranstaltung **3** das Einleiten einer Flüssigkeit **4** das Einleiten einer Geburt **5** die ersten Teile einer längeren Tätigkeit, vor allem bei Behörden ⟨die Einleitung einer Untersuchung, eines Verfahrens⟩

ein·len·ken VERB (*hat*) in einem Streit oder in einem Konflikt nicht weiter auf die eigene Position bestehen, sondern nachgeben oder kompromissbereit sein | *Er lenkte ein, um einen Kompromiss zu ermöglichen*

ein·le·sen VERB (*hat*) **1** **etwas (in etwas** (*Akkusativ*)) **einlesen** Daten oder Informationen meist mithilfe eines Geräts (Scanners) in einen Computer übertragen **2** **sich (in etwas** (*Akkusativ*)) **einlesen** sich mit einem Thema (oder Wissensgebiet) vertraut machen, indem man viel darüber liest | *Ich brauchte zwei Wochen, um mich in die schwierige Materie einzulesen*

ein·leuch·ten VERB (*hat*) **etwas leuchtet jemandem ein** etwas erscheint jemandem logisch und verständlich ⟨etwas klingt einleuchtend; einleuchtende Argumente⟩

ein·lie·fern VERB (*hat*) **jemanden (in etwas** (*Akkusativ*)) **einliefern** jemanden als Häftling in ein Gefängnis oder als Kranken in ein Krankenhaus bringen • hierzu **Ein·lie·fe·rung** *die*

Ein·lie·ger·woh·nung *die* eine kleine, separate Wohnung, die sich in einem privaten Wohnhaus befindet

ein·lo·chen VERB (lochte ein, hat eingelocht) **jemanden einlochen** *gesprochen* jemanden in ein Gefängnis sperren

ein·log·gen VERB (loggte sich ein, hat sich eingeloggt) **sich in etwas** (*Dativ*) **einloggen** sich mit dem Benutzernamen oder einer Zahlenkombination in einem Computersystem anmelden

ein·lö·sen VERB (*hat*) **1** **etwas einlösen** wenn eine Person einen Gutschein o. Ä. einlöst, bekommt sie selbst oder die andere Person den Wert, der auf dem Gutschein genannt ist ⟨einen Gutschein, einen Scheck einlösen⟩ **2** **ein Pfand einlösen** etwas, das man verpfändet hat, zurückkaufen **3** **etwas einlösen** *geschrieben* sich an etwas halten, das man versprochen hat ⟨ein Versprechen einlösen⟩ • hierzu **Ein·lö·sung** *die*

ein·lul·len VERB (lullte ein, hat eingelullt) **1** **jemanden einlullen** jemanden unvorsichtig oder unkritisch machen, indem man sehr freundlich ist | *jemanden mit Komplimenten einlullen* **2** **etwas lullt jemanden ein** jemand wird schläfrig, weil die Geräusche aus der Umgebung gleichbleibend sind

ein·ma·chen VERB *(hat)* **etwas einmachen** Lebensmittel haltbar machen und in fest verschlossenen Gläsern lagern ⟨Äpfel, Birnen, Kirschen, Gurken, Marmelade einmachen⟩ K Einmachglas, Einmachtopf

★ **ein·mal** ■ ADVERB **1** (nur) ein einzelnes, einziges Mal ↔ *mehrmals* | *Ich war nur einmal in meinem Leben in Madrid* | *Kannst du das noch einmal wiederholen?* **2** zu irgendeiner Zeit (in der Vergangenheit oder Zukunft) ≈ *irgendwann* | *Waren Sie schon einmal in Spanien?* | *Ich kümmere mich darum, wenn ich einmal Zeit habe* **3** **auf 'einmal** ≈ *plötzlich* | *Auf einmal brach der Ast* **4** **auf 'einmal** zur gleichen Zeit | *Iss doch nicht alles auf einmal!* **5** **einmal ..., ein andermal ...** manchmal trifft das zuerst Genannte zu und manchmal das zuletzt Genannte | *Man kennt sich bei ihm nicht aus. Einmal ist er ganz friedlich, ein andermal sehr aggressiv* **6** **einmal 'mehr** etwas geschieht nicht zum ersten Mal ≈ *wieder* | *Da zeigt sich einmal mehr, dass man nie vorsichtig genug sein kann*
■ PARTIKEL *unbetont* **7** **nicht einmal** selbst die geringste Erwartung wurde nicht erfüllt | *Er hat sich für das Geschenk nicht einmal bedankt* (und auch nicht darüber gefreut) **8** **nun einmal** verwendet, um zu sagen, dass man etwas nicht ändern kann ≈ *eben* | *Das ist nun einmal so und nicht anders* **9** **erst einmal** ≈ *zuerst, zunächst* | *Darüber muss ich erst einmal nachdenken*

Ein·mal·eins *das;* (-) **1** **das kleine Einmaleins** das Multiplizieren der Zahlen 1 – 10 miteinander | *Kannst du schon das kleine Einmaleins?* **2** **das große Einmaleins** das Multiplizieren der Zahlen 1 – 20 mit den Zahlen 1 – 10 (oder 1 – 20) **3** das Grundwissen in einem Fachgebiet | *das Einmaleins des Kochens*

★ **ein·ma·lig** ADJEKTIV **1** so, dass etwas nur ein einziges Mal geschieht ⟨eine Abfindung, eine Ausgabe, eine Einnahme, ein Vorgang, eine Zahlung⟩ **2** *gesprochen* sehr selten und sehr günstig ⟨eine Chance, eine Gelegenheit⟩ **3** *gesprochen* von sehr guter Qualität | *Das Essen war einmalig (gut)* | *Ich war bei einem einmaligen Konzert* • hierzu **Ein·ma·lig·keit** *die*

ein·mar·schie·ren VERB (marschierte ein, ist einmarschiert) **1** **Soldaten marschieren (in etwas** *(Akkusativ)***) ein** eine Truppe besetzt ein Land **2** **Personen marschieren (in etwas** *(Akkusativ)***) ein** viele Personen gehen in einer geordneten Gruppe (im gleichen Schritt) in ein Gelände, einen Raum | *Die Athleten marschierten ins Stadion ein* • hierzu **Ein·marsch** *der*

ein·mie·ten VERB *(hat)* **sich irgendwo/bei jemandem einmieten** in einem Haus/bei jemandem eine Wohnung oder ein Zimmer mieten • hierzu **Ein·mie·tung** *die*

ein·mi·schen VERB *(hat)* **sich in etwas** *(Akkusativ)* **einmischen** in eine Handlung eingreifen, von der man selbst nicht betroffen ist | *sich in einen Streit einmischen* | *sich in jemandes Angelegenheiten einmischen* • hierzu **Ein·mi·schung** *die*

ein·mot·ten VERB (mottete ein, hat eingemottet) **1** **etwas einmotten** Stoffe oder Pelze lagern und so behandeln, dass sie von Motten nicht zerstört werden | *einen Pelzmantel einmotten* **2** **etwas einmotten** *gesprochen* etwas längere Zeit nicht benutzen | *Im Winter wird mein Motorrad eingemottet*

ein·mün·den VERB *(hat/ist)* **etwas mündet in etwas** *(Akkusativ)* **ein** etwas geht in etwas anderes über | *Der Fluss mündet ins Meer ein* | *Die Straße mündet in die Hauptstraße ein* • hierzu **Ein·mün·dung** *die*

ein·mü·tig ADJEKTIV so, dass alle Anwesenden dafür sind ⟨ein Beschluss; etwas einmütig beschließen⟩ ≈ *einstimmig* • hierzu **Ein·mü·tig·keit** *die*

★ **Ein·nah·me** *die;* (-, -n) **1** *oft Plural* das Geld, das man für eine Arbeit oder durch Verkaufen, Vermieten oder als Zinsen o. Ä. bekommt ↔ *Ausgaben* | *Die Einnahmen der Firma sind im letzten Jahr erheblich gestiegen* K Jahreseinnahme, Tageseinnahme **2** *nur Singular* das Einnehmen eines Medikaments oder einer Mahlzeit **3** *nur Singular* das Einnehmen und Erobern einer Festung, einer Stadt o. Ä. im Krieg

Ein·nah·me|quel·le *die* etwas, das man nützen kann, um Geld zu verdienen | *Für viele arabische Länder ist Erdöl die wichtigste Einnahmequelle*

ein·ne·beln VERB (nebelte ein, hat eingenebelt) **jemanden/etwas einnebeln** jemanden/etwas mit Rauch, Dampf o. Ä. umgeben oder erfüllen

★ **ein·neh·men** VERB *(hat)* **1** **etwas einnehmen** Geld für geleistete Arbeit, durch Geschäfte, Miete, Zinsen usw. bekommen | *Durch das Miethaus nimmt er im Jahr 40.000 Euro ein* **2** **etwas einnehmen** ein Medikament schlucken | *Sie müssen die Tropfen dreimal täglich einnehmen* **3** **etwas einnehmen** *geschrieben* eine Mahlzeit oder einen Teil einer Mahlzeit essen ⟨das Frühstück, das Abendessen, eine Mahlzeit einnehmen⟩ **4** **Soldaten nehmen etwas ein** eine Armee o. Ä. besetzt etwas nach einem Kampf | *Es gelang Napoleon 1812, Moskau einzunehmen* **5** **etwas nimmt etwas ein** etwas füllt einen Raum oder ein Gebiet | *Der Schrank nimmt in meinem kleinen Zimmer viel zu viel Platz ein* **6** **seinen Platz einnehmen** an seinen Platz gehen (und sich setzen) | *Nehmen Sie bitte Ihre Plätze ein, damit der Vortrag beginnen kann* **7** **etwas einnehmen** in einem Gespräch, einem Streit o. Ä. sagen, welche Meinung man hat ⟨eine Meinung, eine Position, einen Standpunkt einnehmen⟩ **8** **eine liegende/sitzende/gebückte/... Stellung einnehmen** *geschrieben* die Körperhaltung ändern und sich hinlegen, hinsetzen, bücken usw. **9** **etwas nimmt eine Person für/gegen jemanden/etwas ein** etwas erzeugt oder weckt in einer Person ein positives/negatives Gefühl gegenüber einer Sache oder anderen Person | *Ihr Lächeln nahm ihn sehr für sie ein* **10** **von jemandem/etwas eingenommen sein** starke positive Gefühle für jemanden/etwas haben

ein·neh·mend ■ PARTIZIP PRÄSENS **1** → einnehmen
■ ADJEKTIV **2** **ein einnehmendes Wesen besitzen/haben** so (freundlich und charmant) sein, dass man von anderen Leuten sofort für sehr sympathisch und ehrlich gehalten wird

ein·ni·cken VERB *(ist)* (meist im Sitzen) für kürzere Zeit einschlafen, ohne es zu wollen

ein·nis·ten VERB *(hat)* **1** **sich irgendwo/bei jemandem einnisten** *gesprochen, abwertend* zu einer Person zu Besuch kommen und längere Zeit bei ihr bleiben, ohne dass sie es will **2** **ein Vogel nistet sich irgendwo ein** ein Vogel baut irgendwo ein Nest **3** **ein Ei nistet sich ein** ein befruchtetes Ei setzt sich im Uterus fest • hierzu **Ein·nis·tung** *die*

Ein·öde *die;* (-, -n); *meist Singular* eine Gegend, in der keine (oder nur sehr wenige) Menschen wohnen (können)

ein·ölen VERB (*hat*) **1** **jemanden einölen** jemandem oder sich selbst Öl in die Haut reiben | *jemandem den Rücken einölen* **2** **etwas einölen** Öl auf die Oberfläche einer Sache tun, damit ein Mechanismus besser funktioniert ⟨die Scharniere einölen⟩

ein·ord·nen VERB (*hat*) **1** **etwas (in etwas** (*Akkusativ*)**) einordnen** etwas an einen Platz tun, an dem es sein soll | *Ich habe die Namen alphabetisch in die Kartei eingeordnet* **2** **jemanden/etwas irgendwo einordnen** glauben oder denken, dass jemand/etwas an die genannte Stelle in einem theoretischen, politischen o. Ä. System gehört ⟨jemanden in eine Kategorie einordnen⟩ | *Viele hatten den neuen Präsidenten links eingeordnet, aber er erwies sich als relativ konservativ* **3** **sich (in etwas** (*Akkusativ*)**) einordnen** einen eigenen Platz in einer Gruppe oder Gemeinschaft finden und gute Beziehungen zu den anderen Leuten haben ≈*integrieren* | *Der neue Mitarbeiter konnte sich nicht in das Team einordnen* **4** **sich irgendwo einordnen** als Autofahrer, Radfahrer o. Ä. auf eine andere Spur (einer Straße) wechseln, z. B. um abzubiegen | *Du musst dich jetzt links einordnen* ● zu (2,3) **Ein·ord·nung** *die*

★ **ein·pa·cken** VERB (*hat*) **etwas (in etwas** (*Akkusativ*)**) einpacken** etwas in eine Hülle oder einen Behälter tun | *die Blumen in Seidenpapier einpacken* | *den Anzug in den Koffer einpacken* ■ ID **jemanden warm einpacken** *gesprochen* einer Person oder sich selbst warme Kleidung anziehen; **einpacken können** *gesprochen* bei einer Sache keinen Erfolg haben und deshalb aufhören müssen | *Wenn die nächste Prüfung wieder so schlecht ausgeht, kann ich gleich einpacken*

ein·par·ken VERB (*hat*) **(irgendwo) einparken** mit einem Fahrzeug in eine Parklücke fahren

Ein·park·hil·fe *die* z. B. ein akustische Signale oder Kameras, welche dem Autofahrer beim Einparken helfen

ein·pas·sen VERB (*hat*) **1** **etwas (in etwas** (*Akkusativ*)**) einpassen** ein Teil (z. B. eine technische Konstruktion) so groß machen, dass es genau in einen dafür vorgesehenen Raum passt, und es dort einfügen | *Mosaiksteine einpassen* | *ein Schloss in die Tür einpassen* **2** **sich (in etwas** (*Akkusativ*)**) einpassen** ≈*einfügen* ● zu (1) **Ein·pas·sung** *die*

ein·pau·ken VERB (*hat*) **jemandem etwas einpauken** *gesprochen, meist abwertend* jemanden etwas durch ständiges Wiederholen lehren ⟨jemandem die unregelmäßigen Verben, Vokabeln einpauken⟩

ein·pen·deln VERB (*hat*) **etwas pendelt sich (auf etwas** (*Akkusativ*)**) ein** etwas erreicht (nach extremen Werten) einen normalen oder mittleren Wert | *Die Preise für Erdöl haben sich wieder eingependelt*

ein·pfer·chen VERB (*hat*) **1** **Personen/Tiere (irgendwo) einpferchen** eine große Zahl von Menschen oder Tieren zwingen, sehr dicht beieinander zu sein **2** **eingepfercht sein/stehen** sehr dicht beieinander sein

ein·pflan·zen VERB (*hat*) **1** **etwas (in etwas** (*Akkusativ*)**) einpflanzen** eine Pflanze in ein Gefäß oder in den Boden pflanzen | *Ich habe den Gummibaum in einen größeren Topf eingepflanzt* | *Kakteen kann man in Sand einpflanzen* **2** **jemandem etwas einpflanzen** jemandem ein Organ, einen Herzschrittmacher o. Ä. einsetzen ● hierzu **Ein·pflan·zung** *die*

ein·pfle·gen VERB (*hat*) **etwas einpflegen** regelmäßig Daten in eine Liste, Tabelle oder Datenbank eintragen

ein·pla·nen VERB (*hat*) **etwas (bei etwas) einplanen** etwas zum Teil eines Plans machen | *Diese Verzögerung war bei dem Projekt nicht eingeplant* ● hierzu **Ein·pla·nung** *die*

ein·prä·gen VERB (*hat*) **1** **sich** (*Dativ*) **etwas einprägen** sich etwas ganz genau (in allen Einzelheiten) merken **2** **jemandem etwas einprägen** einer Person etwas immer wieder sagen, damit sie sich alle Einzelheiten merkt | *Ich habe ihm genau eingeprägt, was er sagen soll* **3** **etwas (irgendwo) einprägen** ≈*prägen* **4** **etwas prägt sich jemandem ein** etwas bleibt in jemandes Gedächtnis | *Dieser Vorfall hat sich mir unauslöschlich eingeprägt*

ein·präg·sam ADJEKTIV so, dass man sich leicht daran erinnern kann ● hierzu **Ein·präg·sam·keit** *die*

ein·quar·tie·ren VERB (quartierte ein, hat einquartiert) **1** **jemanden irgendwo einquartieren** Soldaten während eines Kriegs oder Manövers etwas als Unterkunft benutzen lassen **2** **jemanden irgendwo einquartieren** jemanden irgendwo übernachten oder wohnen lassen ≈*unterbringen* **3** **sich irgendwo einquartieren** meist für relativ kurze Zeit (z. B. bei einer Reise) irgendwo wohnen ⟨sich bei Bekannten, Freunden einquartieren; sich in einem Haus, Hotel einquartieren⟩ ● hierzu **Ein·quar·tie·rung** *die*

ein·quet·schen VERB (*hat*) **etwas einquetschen** *gesprochen* jemanden oder sich selbst verletzen, weil starker Druck auf einen Körper(teil) presst ⟨sich (*Dativ*) den Finger einquetschen⟩

ein·rah·men VERB (*hat*) **etwas einrahmen** etwas in einen Rahmen tun, meist um es aufzuhängen ⟨ein Bild, ein Foto, eine Urkunde einrahmen⟩

ein·ras·ten VERB (rastete ein, ist eingerastet) **etwas rastet ein** etwas gleitet in eine Vorrichtung (z. B. ein Türschloss oder eine Halterung) und bleibt dann dort durch eine kleine Erhöhung o. Ä. fest | *das Lenkradschloss einrasten lassen*

ein·räu·men VERB (*hat*) **1** **etwas (in etwas** (*Akkusativ*)**) einräumen** etwas in einen Raum oder einen Behälter tun und so ordnen | *Bücher in ein Regal einräumen* **2** **etwas einräumen** sagen, dass eine andere Person recht hat o. Ä. ⟨einen Fehler, einen Irrtum einräumen⟩ ≈*zugeben* | *Der Zeuge räumte vor Gericht ein, dass er sich getäuscht haben könnte* **3** **jemandem etwas einräumen** *admin* jemandem etwas geben ⟨jemandem einen Ehrenplatz, einen Kredit, Rechte einräumen⟩ ● zu (2,3) **Ein·räu·mung** *die*

ein·re·den VERB (*hat*) **1** **sich** (*Dativ*) **etwas einreden** *gesprochen* sich selbst belügen | *Rede dir doch nicht ein, dass du zu dick bist!* **2** **jemandem etwas einreden** *gesprochen* einer Person immer wieder dasselbe sagen, bis sie es schließlich glaubt | *Wer hat dir denn diesen Unsinn eingeredet?* **3** **auf jemanden einreden** längere Zeit zu einer Person sprechen, um sie von etwas zu überzeugen ⟨mit Nachdruck, ununterbrochen auf jemanden einreden⟩

ein·rei·ben VERB (*hat*) **1** **etwas (in etwas** (*Akkusativ*)**) einreiben** eine Flüssigkeit oder eine Creme durch Reiben in etwas eindringen lassen | *eine Salbe in die Haut einreiben* **2** **jemandem etwas einreiben** jemandem oder sich selbst eine Creme o. Ä. in die Haut reiben | *Reib dir mal das Gesicht mit Sonnencreme ein* **3** **sich (mit etwas) einreiben** sich Creme o. Ä. in die Haut reiben

ein·rei·chen VERB (*hat*) **etwas einreichen** *geschrieben* ein Formular, Dokument o. Ä. zu einer offiziellen Stelle bringen oder als Brief dorthin senden, damit es geprüft oder bearbeitet wird ⟨einen Antrag, eine Beschwerde, einen Entwurf, ein Gesuch, (eine) Klage bei Gericht einreichen⟩ ● hierzu **Ein·rei·chung** *die*

ein·rei·hen VERB (*hat*) **1** **jemanden/etwas unter etwas** (*Akkusativ*) **einreihen** *geschrieben* sagen, dass jemand/etwas zu der genannten Gruppe gehört | *Er wird unter die reichsten Männer der Welt eingereiht* **2** **sich (in etwas** (*Akkusativ*)**) einreihen** sich an einen Platz in einer Reihe oder Schlange stellen | *Ich reihte mich in die Schlange vor dem Postschal-*

ter ein • hierzu **Ein·rei·hung** *die*

ein·rei·hig ADJEKTIV mit nur einer Reihe von Knöpfen ⟨ein Anzug, Mantel, Sakko⟩ ↔ *zweireihig*

ein·rei·sen VERB *(ist)* über die Grenze in ein Land kommen | *nach Italien einreisen* | *Die Flüchtlinge durften in das Land nicht einreisen* K Einreiseerlaubnis, Einreisegenehmigung, Einreiseverbot, Einreisevisum • hierzu **Ein·rei·se** *die*

ein·rei·ßen VERB **1** **etwas einreißen** *(hat)* ein Gebäude o. Ä. zerstören, um den Platz wieder nutzen zu können ⟨ein Haus, eine Mauer, eine Wand einreißen⟩ **2** **etwas einreißen** *(hat)* einen Riss in etwas machen ⟨ein Stück Papier einreißen⟩ **3** **etwas reißt ein** *(ist)* etwas bekommt einen Riss | *Das Blatt ist unten eingerissen* **4** **etwas reißt (bei jemandem) ein** *gesprochen (ist)* etwas wird zu einer schlechten Gewohnheit | *Wir dürfen es gar nicht erst einreißen lassen, dass unsere Mitarbeiter zu spät zur Arbeit kommen*

ein·ren·ken VERB (renkte ein, hat eingerenkt) **1** **(jemandem) etwas einrenken** (jemandem) ein Körperglied (z. B. nach einem Unfall) wieder in die richtige Stellung bringen ⟨jemandem den Arm, den Fuß, den Kiefer einrenken⟩ **2** **etwas einrenken** ein Verhältnis zwischen zwei oder mehreren Personen, das z. B. durch einen Streit schlecht geworden ist, wieder in Ordnung bringen | *Er hat die peinliche Angelegenheit wieder eingerenkt* **3** **etwas renkt sich ein** ein schlechtes Verhältnis zwischen Personen wird nach einiger Zeit (von selbst) wieder besser • zu (1) **Ein·ren·kung** *die*

★ **ein·rich·ten** VERB *(hat)* **1** **etwas einrichten** wenn man eine Wohnung o. Ä. einrichtet, dann bringt man alle Möbel und Dinge hinein, die nötig sind, um die Wohnung zu benutzen | *Nachdem meine Tochter ausgezogen ist, habe ich mir ihr Zimmer als Büro eingerichtet* **2** **etwas einrichten** eine Institution oder einen Teil einer Institution neu schaffen ⟨eine Beratungsstelle, einen Kindergarten einrichten⟩ ≈ *eröffnen* **3** **es (sich** *(Dativ)*) **so einrichten, dass ...** seine Zeit so planen, dass man etwas tun kann | *Kannst du es so einrichten, dass du pünktlich um 12 Uhr zum Mittagessen da bist?* **4** **etwas (irgendwie) einrichten** etwas nach einem Plan gestalten ⟨das Leben, den Tagesablauf, die Arbeit neu einrichten⟩ **5** **sich (irgendwie) einrichten** die eigene Wohnung mit Möbeln, Gegenständen (irgendwie) gestalten ⟨sich elegant, gemütlich, geschmackvoll, völlig neu einrichten⟩ | *Habt ihr euch in eurer neuen Wohnung schon eingerichtet?* **6** **sich auf jemanden/etwas einrichten** sich den Umständen anpassen, sich auf jemanden/etwas vorbereiten | *Auf so viele Gäste bin ich nicht eingerichtet*

★ **Ein·rich·tung** *die* **1** alle Möbel und Gegenstände eines Raumes oder einer Wohnung ⟨eine alte, bequeme, schöne, hässliche Einrichtung⟩ K Einrichtungsgegenstand **2** *nur Singular* das Einrichten eines Raumes, einer Wohnung **3** eine Sache, die von einem Staat, einer Gemeinde, einer Organisation o. Ä. als Angebot geschaffen wird ⟨eine gemeinnützige, kirchliche, kulturelle, öffentliche, staatliche Einrichtung⟩ | *soziale Einrichtungen wie Altersheime, Pflegeheime, Kindergärten, Obdachlosenasyle und Waisenhäuser* | *Die Stadtbibliothek ist eine kommunale Einrichtung* **4** die für einen Zweck nötigen Geräte und Räume ⟨sanitäre, technische Einrichtungen⟩ ≈ *Anlage* | *In vielen Ländern besteht großer Mangel an sanitären Einrichtungen* (an Toiletten usw.) **5** *nur Singular* das Schaffen einer Möglichkeit, eines Gremiums o. Ä. | *die Einrichtung einer Sonderkommission/eines Untersuchungsausschusses* **6** **eine ständige Einrichtung** etwas, das regelmäßig stattfindet oder aus Gewohnheit nicht geändert wird

ein·rol·len VERB *(hat)* **1** **etwas einrollen** etwas so wickeln (oder so in etwas einwickeln), dass es die Form einer Rolle bekommt | *den Teppich einrollen* **2** **ein Tier rollt sich ein** ein Tier beugt den Rücken und zieht Kopf und Beine eng an den Bauch ⟨ein Igel, eine Katze⟩

ein·ros·ten VERB *(ist)* **1** **etwas rostet ein** etwas wird rostig und funktioniert deshalb nicht mehr richtig ⟨eine Schraube, ein Türschloss⟩ **2** **jemand/etwas rostet ein** eine Person bewegt sich so wenig oder nutzt eine Fähigkeit so selten, dass sie bestimmte Dinge nicht mehr (so gut) tun kann wie vorher | *Mein Französisch ist seit der Schulzeit ziemlich eingerostet*

ein·rü·cken VERB **1** **(etwas) (um etwas) einrücken** *(hat)* beim Schreiben eines Textes eine neue Zeile weiter rechts beginnen lassen als die anderen Zeilen | *Tabellen (um) fünf Millimeter einrücken* **2** **in etwas** *(Akkusativ)* **einrücken** *(ist)* als Gruppe in etwas marschieren, gehen ⟨Truppen, Soldaten, die Polizei⟩ **3** **in etwas** *(Akkusativ)* **einrücken** *(ist)* Mitglied einer Gruppe werden, irgendwo mitmachen ⟨ins Parlament, ins Trainingslager einrücken⟩ **4** *(ist)* Soldat werden oder ins Gefängnis kommen ⟨einrücken müssen⟩

ein·rüh·ren VERB *(hat)* **etwas (in etwas** *(Akkusativ)*) **einrühren** etwas durch Rühren mit etwas mischen | *ein Gewürz in eine Suppe einrühren*

★ **eins**

■ ZAHLWORT **1** (als Zahl, Ziffer) 1 | *eins plus/und eins ist/macht/gibt zwei* (1 + 1 = 2) | *Ein mal eins ist/macht/gibt eins* (1 × 1 = 1) **H** → Anhang **Zahlen** und Beispiele unter **vier**

■ PRONOMEN **2** *gesprochen* verwendet, um eine Sache zu bezeichnen, die nicht näher beschrieben werden soll oder nicht bekannt ist ≈ *etwas* | *Eins verstehe ich nicht: Woher hat sie meine Adresse?* **3** *gesprochen* verwendet, um eine (beliebige) einzelne von mehreren möglichen Sachen zu bezeichnen ≈ *eines* | *Ich brauche ein neues Hemd und zwar eins, das zu meiner roten Krawatte passt*

■ ADJEKTIV *nur in dieser Form* **4** **jemand ist/wird (mit einer Person) eins**; **Personen sind/werden sich eins** *geschrieben* Personen sind sich einig/einigen sich | *Wir sind/wurden uns eins* | *Ich bin mit ihr eins darin/darüber, dass ...* ■ **ID** **eins, zwei, drei** *gesprochen* sehr schnell | *Wenn alle mithelfen, sind wir eins, zwei, drei fertig*

★ **Eins** *die*; (-, -en) **1** die Zahl 1 | *eine Eins würfeln* **2** eine Person/Sache mit der Nummer 1 (z. B. ein Bus, ein Sportler) **3** die Schulnote 1 ⟨eine Eins in etwas *(Dativ)* haben, bekommen⟩ | *Sie hat in Englisch eine Eins*

ein·sa·gen VERB *(hat)* **(jemandem) (etwas) einsagen** *süddeutsch* Ⓐ einem anderen Schüler heimlich die Antwort auf eine Frage des Lehrers sagen

★ **ein·sam** ADJEKTIV **1** ohne Kontakt zu anderen Menschen (und deshalb traurig) ⟨einsam und allein; einsam leben, sterben; sich einsam fühlen⟩ | *Viele alte Menschen leiden darunter, dass sie so einsam sind* **2** weit entfernt von bewohnten Gebieten oder von der Zivilisation ⟨ein Gebirgsdorf, ein Haus; einsam wohnen⟩ **3** ohne Menschen oder nicht von Menschen bewohnt ≈ *menschenleer* | *Sie ging nachts durch einsame Straßen* • hierzu **Ein·sam·keit** *die*

ein·sam·meln VERB *(hat)* **1** **Dinge einsammeln** Gegenstände, die nicht weit weg voneinander liegen, von einer Fläche nehmen und irgendwohin tun | *im Herbst das Laub einsammeln* | *die Spielkarten auf dem Tisch einsammeln* | *die Äpfel unter dem Baum einsammeln* **2** **Dinge einsammeln** vor allem in einer Klasse, Gruppe o. Ä. sich von den einzelnen Personen etwas geben lassen ⟨Geld, die Hefte einsammeln⟩

★ **Ein·satz** *der* **1** die Verwendung einer Maschine, eines Geräts oder Mittels | *der Einsatz von Computern zur Datenspeicherung* | *der Einsatz von Schädlingsbekämpfungsmitteln* **2** das Einsetzen von Personen für eine Aufgabe oder Arbeit | *Wegen einer Verletzung ist sein Einsatz im nächs-*

E

ten Spiel gefährdet **3** *nur Singular* das Verhalten, wenn man sich Mühe gibt, für ein Ziel viel tut | *Vielen Dank für Ihren Einsatz!* | *Ihr müsst mehr Einsatz zeigen, wenn wir noch gewinnen wollen* **4** eine Aktion, an der Militär, die Polizei usw. beteiligt ist **K** Einsatzbefehl, Einsatzkommando, Einsatzleiter, Einsatzleitung; Feuerwehreinsatz, Polizeieinsatz, Truppeneinsatz **5** das Geld, um das man spielt oder das man auf etwas wettet ⟨hohe, niedrige Einsätze⟩ **6** der Zeitpunkt (während eines Musikstücks), zu dem ein Musiker oder Sänger zu spielen bzw. singen beginnen muss ⟨jemandem den Einsatz geben; den Einsatz verpassen⟩ **7** ein Einsatz ist Geld, das man zurückbekommt, wenn man z. B. eine leere Flasche im Geschäft zurückgibt, ein Schließfach wieder leer macht usw. ≈ *Pfand* | *Auf dieser Flasche ist ein Einsatz von 15 Cent* **8** *nur Singular* ein Verhalten, mit dem man bewusst riskiert, etwas zu verlieren | *Er rettete das Kind unter Einsatz seines Lebens aus dem brennenden Haus* **9** ein Teil, das in einen Stoff eingesetzt ist **10** ein Teil, das man zusätzlich in etwas setzen und wieder herausnehmen kann | *ein Topf mit einem Einsatz* ● zu (1 – 4) **ein·satz·be·reit** ADJEKTIV; zu (1 – 4) **ein·satz·fä·hig** ADJEKTIV

ein·säu·men VERB (*hat*) **1** **etwas säumt etwas ein** *geschrieben* etwas umgibt etwas als Umgrenzung | *Der Parkweg wird von Rosen eingesäumt* **2** **etwas einsäumen** ein Kleidungsstück säumen

ein·scan·nen [-skɛn-] VERB (scannte ein, hat eingescannt) **etwas einscannen** mit einem Scanner Informationen auf einen Computer, eine Kasse o. Ä. übertragen ⟨Fotos, Grafiken, Preise, Texte einscannen⟩

★ **ein·schal·ten** VERB (*hat*) **1** **etwas einschalten** ein Gerät mit einem Schalter zum Funktionieren bringen ⟨ein Radio, einen Fernsehapparat, einen Motor, einen Apparat, das Licht, einen Sender einschalten⟩ **2** **jemanden einschalten** dafür sorgen, dass jemand bei einem Vorgang aktiv wird und eingreift, oder dies selbst tun ⟨die Polizei, einen Anwalt, die Versicherung einschalten⟩ | *Die Bundesregierung hat sich in die Verhandlungen mit der Gewerkschaften eingeschaltet* ● hierzu **Ein·schal·tung** *die*

Ein·schalt·quo·te *die*; (-, -n) der Prozentsatz der Personen, welche im Verhältnis zur Gesamtzahl aller Rundfunkhörer bzw. Fernsehteilnehmer dieselbe Sendung hören oder sehen

ein·schär·fen VERB (*hat*) **jemandem etwas einschärfen** einer Person etwas immer wieder (energisch) sagen, damit sie sich danach richtet | *Er schärfte den Kindern ein, immer nur bei Grün über die Straße zu gehen*

★ **ein·schät·zen** VERB (*hat*) **jemanden/etwas irgendwie einschätzen** die genannte Meinung von jemandem/etwas haben ⟨jemanden/etwas richtig, falsch, positiv, negativ einschätzen⟩ ≈ *beurteilen* ● hierzu **Ein·schät·zung** *die*

★ **ein·schen·ken** VERB (*hat*) **(jemandem) (etwas) einschenken** (jemandem) ein Getränk in ein Glas, eine Tasse usw. gießen | *Darf ich Ihnen noch ein Glas Wein einschenken?*

ein·schi·cken VERB (*hat*) **etwas (an etwas** (*Akkusativ*)**) einschicken** etwas mit der Post an eine Institution schicken

ein·schie·ben VERB (*hat*) **jemanden/etwas (in etwas** (*Akkusativ*)**) einschieben** man kann eine Reihe oder Folge ändern, wenn man eine neue Person oder Sache mitten in diese Reihe aufnimmt und sie einschiebt | *Vielleicht kann ich diese Konferenz noch in meinen Terminplan einschieben* ● hierzu **Ein·schie·bung** *die*

ein·schie·ßen VERB (*hat*) **1** **etwas einschießen** etwas durch Schießen zerstören | *Der Junge hat mit einem Ball die Fensterscheibe eingeschossen* **2** **sich auf jemanden einschießen** jemanden immer wieder heftig kritisieren | *Die Presse hat sich auf den Außenminister eingeschossen*

ein·schif·fen VERB (schiffte ein, hat eingeschifft) **1** **jemanden/etwas einschiffen** jemanden/etwas an Bord eines Schiffs bringen ⟨Passagiere, Transportgüter einschiffen⟩ **2** **sich (irgendwo/irgendwohin) einschiffen** an Bord eines Schiffs gehen, um eine Reise zu machen | *Wir schifften uns in Marseille nach Tunesien ein* ● hierzu **Ein·schif·fung** *die*

★ **ein·schla·fen** VERB (*ist*) **1** anfangen zu schlafen | *Ich bin erst weit nach Mitternacht eingeschlafen* **2** **etwas schläft (jemandem) ein** man kann ein Bein oder einen Arm für kurze Zeit nicht benutzen und nicht richtig fühlen, weil das Blut nicht richtig fließt **3** **etwas schläft ein** etwas wird langsam weniger und hört schließlich auf | *Unsere Freundschaft/Unser Kontakt schlief allmählich ein* **4** **(friedlich/sanft) einschlafen** *euphemistisch* sterben, ohne leiden zu müssen

ein·schlä·fern VERB (schläferte ein, hat eingeschläfert) **1** **etwas schläfert jemanden ein** etwas macht eine Person müde, oft bis sie einschläft | *Das Rauschen des Wasserfalls ist so richtig einschläfernd* (macht sehr müde) **H** meist im Partizip Präsens **2** **ein Tier einschläfern** ein krankes Tier mit einem Medikament töten, damit es keine Schmerzen mehr hat | *Unsere kranke Katze musste eingeschläfert werden* ● zu (1) **Ein·schlä·fe·rung** *die*

Ein·schlag *der* **1** der Vorgang, bei dem etwas Schweres auf etwas fällt oder trifft, und das Ergebnis davon | *Beim Einschlag der Bombe wurden mehrere Häuser zerstört* **K** Einschlagtrichter; Bombeneinschlag, Granat(en)einschlag **2** eine oder mehrere Eigenschaften, die auf die fremde Herkunft deuten | *An ihrem Temperament merkt man den italienischen Einschlag*

★ **ein·schla·gen** VERB (*hat/ist*)

▸Richtung: **1** **etwas einschlagen** (*hat*) in die genannte Richtung gehen oder fahren ⟨eine Richtung, einen Weg, eine Route einschlagen⟩ **2** **(etwas) einschlagen** (*hat*) das Lenkrad nach links oder rechts drehen | *Du musst (das Lenkrad) nach links einschlagen*

▸mit Schlägen: **3** **etwas einschlagen** (*hat*) etwas Flaches zerbrechen, indem man kräftig dagegenschlägt ⟨eine Fensterscheibe einschlagen⟩ **4** **etwas (in etwas** (*Akkusativ*)**) einschlagen** (*hat*) auf einen meist relativ langen Gegenstand schlagen, bis er in etwas steckt, ohne sich zu bewegen | *einen Nagel in die Wand einschlagen* | *einen Pfahl in den Boden einschlagen* **5** **auf jemanden/etwas einschlagen** (*hat*) jemanden/etwas längere Zeit heftig schlagen

▸Bombe, Blitz: **6** **etwas schlägt (in etwas** (*Akkusativ*)**) ein** (*hat/ist*) etwas dringt mit lautem Knall irgendwo ein ⟨eine Bombe, der/ein Blitz⟩ | *In diese Eiche hat einmal der Blitz eingeschlagen* **7** **es hat (irgendwo) eingeschlagen** (*hat*) ein Blitz hat etwas getroffen

▸sonstige Verwendungen: **8** **etwas (in etwas** (*Akkusativ*)**) einschlagen** (*hat*) etwas (zum Schutz oder zur Dekoration) in ein Papier oder Tuch wickeln ≈ *einwickeln* | *Das Geschenk war in Seidenpapier eingeschlagen* **9** **etwas schlägt ein** *gesprochen* (*hat/ist*) etwas hat schnell großen Erfolg | *Ihr neuer Song hat/ist voll eingeschlagen*

ein·schlä·gig ADJEKTIV **1** *meist attributiv* zu dem entsprechenden Bereich des Handels oder der entsprechenden wissenschaftlichen Disziplin gehörend ⟨Geschäft, Literatur⟩ | *Sie finden unser neues Kameramodell in allen einschlägigen Fachgeschäften* **2** **einschlägig vorbestraft sein** für das gleiche oder ein ähnliches Verbrechen bereits bestraft worden sein

ein·schlei·chen VERB (*hat*) **1** **sich (in etwas** (*Akkusativ*)**) einschleichen** ohne Erlaubnis (und ohne dass es jemand bemerkt) an einen Ort, in ein Gebäude o. Ä. gehen | *Die Diebe schlichen sich nachts in das Haus ein* **2** **etwas schleicht**

sich (in etwas (*Akkusativ*)) **ein** etwas entsteht, ohne dass es jemand bemerkt ⟨ein Fehler⟩

ein·schlep·pen VERB (*hat*) **etwas (irgendwo/irgendwohin) einschleppen** besonders eine ansteckende Krankheit oder Schädlinge (meist ohne Absicht) in ein Land oder an einen Ort mitbringen

ein·schleu·sen VERB (*hat*) **jemanden/etwas (irgendwo/irgendwohin) einschleusen** jemanden/etwas ohne Erlaubnis (und ohne dass eine andere Person es merkt) irgendwohin bringen ⟨einen Agenten einschleusen; Drogen, Rauschgift einschleusen⟩ ● hierzu **Ein·schleu·sung** *die*

ein·schlie·ßen (*hat*) **1** **jemanden (in etwas** (*Dativ/Akkusativ*)**) einschließen** verhindern, dass jemand einen Raum verlässt, indem man die Tür mit einem Schlüssel o. Ä. verschließt | *Die Häftlinge werden in ihren/ihre Zellen eingeschlossen* | *Aus Angst vor Dieben schließt er sich nachts immer ein* **2** **etwas (in etwas** (*Dativ/Akkusativ*)**) einschließen** verhindern, dass jemand an etwas gelangen kann, indem man es in einen Behälter tut und diesen mit einem Schlüssel o. Ä. verschließt | *Er schloss die Diamanten im/in den Safe ein* **3** **jemand/etwas wird/ist von etwas eingeschlossen** jemand/etwas ist/wird von allen Seiten von einer Sache umgeben | *Sie waren in den Bergen vom Schnee eingeschlossen* **4** **jemanden/etwas in etwas** (*Akkusativ*)**/bei etwas (mit) einschließen** jemanden, sich selbst oder etwas in einer Aussage auch meinen ⟨jemanden in ein Gebet, in eine Kritik (mit) einschließen⟩ **5** **etwas ist in etwas** (*Dativ*)**/ bei etwas eingeschlossen** etwas ist in dem genannten Preis schon enthalten ≈ *inklusive* | *Die Bedienung ist im Preis eingeschlossen*

★ **ein·schließ·lich** ■ PRÄPOSITION *mit Dativ/Genitiv* **1** drückt aus, dass das Genannte auch Teil der Überlegung oder Rechnung ist ≈ *inklusive* | *Der Preis beträgt 25 Euro einschließlich Porto und Verpackung* **H** → Infos unter **Präposition**

■ ADVERB **2** **bis einschließlich** drückt aus, dass eine Angabe auch für die genannte Zeit oder Zahl gilt | *Das Geschäft ist bis einschließlich Dienstag geschlossen* | *bis einschließlich Seite 15*

ein·schlum·mern VERB (*ist*); *geschrieben* ≈ *einschlafen*

Ein·schluss *der* **unter/mit Einschluss** +*Genitiv*; **unter Einschluss von jemandem/etwas** *admin* so, dass die genannte Person/Sache auch mit dabei oder enthalten ist | *alle Parteien unter Einschluss der Opposition*

ein·schmei·cheln VERB (*hat*) **sich (bei jemandem) einschmeicheln** *abwertend* sich bei einer Person beliebt machen, indem man ihr schmeichelt ● hierzu **Ein·schmei·che·lung**, **Ein·schmeich·lung** *die*

ein·schmei·ßen VERB (*hat*); *gesprochen* ≈ *einwerfen*

★ **ein·schmie·ren** VERB (*hat*); *gesprochen* **jemanden/etwas (mit etwas) einschmieren; (jemandem) etwas (mit etwas) einschmieren** Fett, Creme oder Öl auf der Haut oder einer Fläche verteilen

ein·schnap·pen VERB (*ist*) **1** **etwas schnappt ein** etwas schließt sich (meist mit einem kurzen Geräusch) ⟨die Tür, das Schloss⟩ **2** **eingeschnappt sein** *gesprochen* beleidigt sein

ein·schnei·den VERB (*hat*) **1** **etwas einschneiden** einen Schnitt in etwas machen | *Du musst das Fleisch am Rand einschneiden, bevor du es brätst* **2** **etwas in etwas** (*Akkusativ*) **einschneiden** meist ein Muster oder Buchstaben in einen Baum o. Ä. ritzen **3** **etwas schneidet ein** etwas ist an einer Stelle sehr eng und unbequem ⟨ein Kleidungsstück⟩ | *Der Rock schneidet in der Taille ein*

ein·schnei·dend ■ PARTIZIP PRÄSENS **1** → einschneiden

■ ADJEKTIV **2** ⟨Maßnahmen, Reformen, Veränderungen⟩ so, dass sie eine große oder tiefgreifende Wirkung haben ≈ *drastisch*

Ein·schnitt *der* **1** ein Zeitpunkt, an dem sich etwas stark ändert ⟨ein bedeutsamer, entscheidender, tiefer Einschnitt⟩ ≈ *Zäsur* | *Die Heirat bedeutete einen Einschnitt in ihrem Leben* **2** eine Öffnung, die in etwas geschnitten wurde | *ein Einschnitt bei einer Operation*

★ **ein·schrän·ken** VERB (schränkte ein, hat eingeschränkt) **1** **jemand/etwas schränkt eine Person (in etwas** (*Dativ*)**) ein** eine Person oder Sache sorgt dafür, dass eine Person weniger Möglichkeiten oder Rechte hat | *Ich bin finanziell ziemlich eingeschränkt* (Ich kann mir nicht viel leisten) | *Das Verbot der Gewerkschaften schränkt die Arbeiter in ihren Rechten ein* | *Er fühlte sich in seiner Freiheit eingeschränkt* **2** **etwas einschränken** etwas nicht mehr so oft oder in geringerem Umfang tun als bisher | *Nach der Krankheit schränkte er das Rauchen/Essen ein* (rauchte/aß er weniger) **3** **etwas einschränken** sagen, dass etwas nur unter besonderen Bedingungen zutrifft ⟨eine Äußerung, eine Behauptung einschränken⟩ **4** **sich einschränken (müssen)** mit weniger Geld auskommen (müssen) als bisher

★ **Ein·schrän·kung** *die*; (-, -en) **1** das Einschränken und das Ergebnis davon ⟨Einschränkungen machen, vornehmen⟩ | *Wenn du keine Einschränkungen machst, wirst du die Pläne nie realisieren können* **2** eine Äußerung, mit der man sagt, dass etwas nur unter besonderen Bedingungen richtig oder sinnvoll ist ⟨etwas mit einer Einschränkung versehen; etwas mit einer Einschränkung sagen/behaupten; eine Einschränkung machen⟩ **3** **ohne Einschränkung** ohne Ausnahme oder besondere Bedingungen ⟨etwas gilt ohne Einschränkung; etwas ohne Einschränkung sagen/behaupten⟩

ein·schrau·ben VERB (*hat*) **etwas (in etwas** (*Akkusativ*)**) einschrauben** etwas durch Drehen in etwas befestigen | *eine neue Birne in die Lampe einschrauben*

★ **ein·schrei·ben** VERB (*hat*) **1** **etwas (in etwas** (*Akkusativ*)**) einschreiben** etwas in ein Buch oder Heft schreiben ≈ *eintragen* | *Sie hat seine Telefonnummer in ihr Adressbuch eingeschrieben* **2** **etwas einschreiben** etwas als Einschreiben schicken ⟨ein eingeschriebener Brief; etwas eingeschrieben schicken⟩ **K** Einschreib(e)brief, Einschreib(e)gebühr, Einschreib(e)sendung **H** meist im Partizip Perfekt **3** **sich (irgendwo) einschreiben** den eigenen Namen in eine Liste eintragen, um an etwas teilzunehmen oder in etwas aufgenommen zu werden | *sich für einen Kurs/bei der Volkshochschule einschreiben* | *sich an der Universität einschreiben* (sich als Student anmelden) ● zu (3) **Ein·schrei·bung** *die*

★ **Ein·schrei·ben** *das* meist ein Brief, den man mit der Post schickt und registrieren lässt. Man kann dann beweisen, dass man den Brief abgeschickt hat und dass er angekommen ist ⟨etwas als/per Einschreiben schicken⟩

ein·schrei·ten VERB (*ist*) **(irgendwo) einschreiten** *geschrieben* ≈ *eingreifen*

ein·schrump·fen VERB (*ist*) ≈ *schrumpfen*

Ein·schub *der* ein (meist ziemlich kurzer) Text, der in einen längeren eingefügt ist oder wird

ein·schüch·tern VERB (schüchterte ein, hat eingeschüchtert) **jemanden einschüchtern** einer Person Angst machen, indem man ihr droht | *Ich lasse mich durch den aggressiven Ton nicht einschüchtern* ● hierzu **Ein·schüch·te·rung** *die*

★ **ein·schu·len** VERB (*hat*) **jemanden einschulen** ein Kind (zum ersten Mal) in eine Schule schicken bzw. aufnehmen ● hierzu **Ein·schu·lung** *die*

Ein·schuss *der* das Loch an der Stelle, an der eine Pistolen-

oder Gewehrkugel in etwas eingedrungen ist

ein·schwö·ren VERB *(hat)* **jemanden/etwas auf etwas** *(Akkusativ)* **einschwören** jemanden dazu bringen, sich für eine Sache einzusetzen, etwas zu unterstützen | *eine Partei/die Abgeordneten auf den Regierungskurs einschwören*

ein·se·hen VERB *(hat)* **1** **etwas einsehen** sich (meist durch jemandes Argumente) von etwas überzeugen lassen und es akzeptieren | *Ich sehe überhaupt nicht ein, warum ich immer die ganze Arbeit machen soll* **2** **etwas einsehen** erkennen, sich überzeugen lassen, dass etwas, das man gesagt oder getan hat, falsch war ⟨einen Fehler, einen Irrtum, ein Unrecht einsehen⟩ | *Er sah ein, dass er sich getäuscht hatte, und entschuldigte sich* **3** **etwas einsehen** alles sehen, was zu einem Gebiet oder einem Raum gehört, weil der Blick nicht behindert wird ⟨etwas einsehen können⟩ | *Von hier aus kann ich den ganzen Saal einsehen* **4** **etwas einsehen** *admin* Akten lesen, vor allem im Zusammenhang mit wichtigen Entscheidungen oder Prozessen

Ein·se·hen *das* **mit jemandem (k)ein Einsehen haben** *geschrieben* (kein) Verständnis für eine Person haben und ihr (nicht) nachgeben

ein·sei·fen VERB (seifte ein, hat eingeseift) **1** **jemanden/etwas einseifen** jemanden, sich selbst oder etwas mit Seife (und Wasser) einreiben | *sich vor dem Rasieren einseifen* **2** **jemanden einseifen** *gesprochen* ≈ *betrügen*

★ **ein·sei·tig** ADJEKTIV **1** nur auf einer Seite eines Gegenstandes, der zwei Seiten hat ⟨ein Druck⟩ | *Das Papier ist einseitig bedruckt* **2** *abwertend* nur für einen Teil oder einen Aspekt zutreffend (und nicht für das Ganze) ⟨eine Begabung, ein Interesse, eine Beurteilung⟩ | *Du siehst das Problem zu einseitig* **3** nur von einer Partei, von einem Partner o. Ä. ausgehend | *Ihre Liebe zu dem Mann war leider einseitig* | *Kein Staat will einseitig abrüsten* **4** nur auf einer Seite des Körpers/Organs ⟨eine Lähmung, eine Lungenentzündung⟩ • zu (2,3) **Ein·sei·tig·keit** *die*

ein·sen·den VERB *(hat)* **etwas (an etwas** *(Akkusativ)***) einsenden** ≈ *einschicken* K Einsendeschluss, Einsendetermin

Ein·sen·der *der* eine Person, die etwas eingeschickt hat • hierzu **Ein·sen·de·rin** *die*

Ein·sen·dung *die* **1** *nur Singular* der Vorgang des Einsendens **2** das, was eingeschickt wird, z. B. ein Brief oder eine Postkarte

Ein·ser *der;* (-s, -); *gesprochen* ≈ *Eins*

★ **ein·set·zen** VERB *(hat)* **1** **etwas (in etwas** *(Akkusativ)***) einsetzen** ein meist bisher fehlendes Teil in etwas setzen ⟨eine Fensterscheibe, einen Flicken in die Hose einsetzen; jemandem einen künstlichen Zahn einsetzen⟩ **2** **etwas einsetzen** etwas verwenden, um eine Aufgabe zu erfüllen ⟨Fahrzeuge, Flugzeuge, Maschinen, Werkzeuge einsetzen⟩ | *Wegen des Schneefalls mussten Räumfahrzeuge eingesetzt werden* **3** **jemanden einsetzen** jemandem eine Aufgabe im genannten Bereich geben | *Die neuen Mitarbeiter werden im Außendienst eingesetzt* **4** **jemanden als/zu etwas einsetzen** jemanden für eine Aufgabe, eine Funktion o. Ä. bestimmen ⟨jemanden als Erben, Nachfolger, Stellvertreter einsetzen⟩ **5** **etwas (für jemanden/etwas) einsetzen** bewusst das Risiko eingehen, (für jemanden/etwas) das Leben, viel Geld o. Ä. zu verlieren ⟨das Leben, viel Geld einsetzen⟩ **6** **etwas einsetzen** das Geld, das man in ein Geschäft investiert oder bei einem Glücksspiel riskiert ⟨viel Geld einsetzen⟩ **7** **etwas setzt ein** *geschrieben* etwas, das längere Zeit dauern wird, fängt an ⟨Lärm, Regen, Schneefall⟩ | *Nach der Pause setzte die Musik wieder ein* **8** **sich (für jemanden/etwas) einsetzen** sehr viel dafür tun, dass man selbst (oder eine andere Person) ein Ziel erreicht | *Sie hat sich tatkräftig für die Interessen der Mieter eingesetzt* • zu (4) **Ein·set·zung** *die*

★ **Ein·sicht** *die;* (-, -en) **1** **Einsicht (in etwas** *(Akkusativ)***)** eine Erkenntnis, die einen komplizierten Zusammenhang betrifft | *Die Psychoanalyse führt zu ganz neuen Einsichten in die menschliche Psyche* **2** *nur Singular* die Erkenntnis, dass man Fehler gemacht hat ⟨zur Einsicht kommen; (späte) Einsicht zeigen⟩ ≈ *Reue* **3** *admin nur Singular* das Lesen von Dokumenten, die in einem Amt o. Ä. sind (und die Erlaubnis dafür) ⟨Einsicht in die Akten haben, nehmen; jemandem Einsicht in die Unterlagen gewähren⟩ K Einsichtnahme

ein·sich·tig ADJEKTIV **1** mit Einsicht ⟨ein Mensch; sich einsichtig benehmen, verhalten⟩ **2** verständlich, überzeugend ⟨ein Grund, Argumente; etwas ist leicht, schwer einsichtig⟩

Ein·sied·ler *der* ≈ *Eremit* K Einsiedlerdasein, Einsiedlerleben • hierzu **Ein·sied·le·rin** *die*

ein·sil·big ADJEKTIV **1** ⟨ein Mensch⟩ so, dass er nur wenig und nicht gern redet **2** sehr kurz, knapp ⟨eine Antwort⟩ **3** mit nur einer Silbe ⟨ein Wort⟩

ein·sin·ken VERB *(ist)* **(in etwas** *(Dativ/Akkusativ)***) einsinken** in einen weichen Untergrund sinken ⟨in den/im Boden, Morast, Schlamm einsinken⟩

ein·sit·zen VERB *(hat)* **(in etwas** *(Dativ)***) einsitzen** *admin* als Strafgefangener im Gefängnis sein | *Er sitzt in der Justizvollzugsanstalt (von) Bremen ein*

ein·span·nen VERB *(hat)* **1** **jemanden (zu etwas/für etwas) einspannen** *gesprochen* jemanden die genannte Arbeit tun lassen | *Für die Gartenarbeit spannte er die ganze Familie ein* **2** **etwas (in etwas** *(Akkusativ)***) einspannen** etwas in einer technischen Vorrichtung befestigen ⟨ein Sägeblatt, ein Brett einspannen⟩ **3** **ein Tier einspannen** einem Pferd, einem Ochsen o. Ä. ein Geschirr anlegen, damit es/er einen Wagen o. Ä. ziehen kann

ein·spa·ren VERB *(hat)* **1** **etwas einsparen** relativ wenig Material, Geld, Energie usw. brauchen ⟨Arbeitsplätze, Kosten, Rohstoffe einsparen⟩ **2** **jemanden einsparen** jemanden nicht länger als Arbeitskraft beschäftigen ⟨Personal, Angestellte einsparen⟩ • hierzu **Ein·spa·rung** *die*

ein·spei·chern VERB *(hat)* **etwas (in etwas** *(Dativ/Akkusativ)***) einspeichern** Daten oder Informationen in einem Computer o. Ä. speichern • hierzu **Ein·spei·che·rung** *die*

ein·sper·ren VERB *(hat)* **1** **jemanden (in etwas** *(Dativ/Akkusativ)***) einsperren** ≈ *einschließen* **2** **jemanden einsperren** *gesprochen* jemanden ins Gefängnis bringen

ein·spie·len VERB *(hat)* **1** **etwas spielt etwas ein** ein Film, eine Show o. Ä. bringt dem Produzenten die genannte Summe Geld ein | *Der Film hat mehrere Millionen Euro eingespielt* **2** **etwas spielt sich ein** etwas wird üblich, wird zum normalen Ablauf ⟨eine Arbeitsweise, eine Methode, ein Verfahren⟩ **3** **(gut) aufeinander eingespielt sein** miteinander gut oder harmonisch arbeiten können o. Ä. ⟨eine gut eingespielte Mannschaft; ein eingespieltes Team⟩

★ **ein·spra·chig** ADJEKTIV in oder mit nur einer Sprache ⟨Unterricht; ein Wörterbuch; einsprachig aufwachsen⟩

ein·spre·chen VERB *(hat)* **auf jemanden einsprechen** ≈ *einreden*

ein·sprin·gen VERB *(ist)* **(für jemanden) einspringen** für eine andere Person eine Arbeit tun, weil diese (plötzlich) verhindert oder krank geworden ist ⟨für einen Kollegen einspringen⟩

Ein·spruch *der; admin* eine schriftliche Erklärung, dass man eine Entscheidung, ein Urteil o. Ä. nicht akzeptiert ⟨Einspruch (gegen etwas) erheben, einlegen; einem Einspruch stattgeben⟩ ≈ *Protest* | *Gegen diesen Bescheid können Sie binnen zwei Monaten Einspruch erheben* K Einspruchsfrist, Einspruchsrecht

ein·spu·rig ADJEKTIV **1** mit nur einer Fahrbahn ⟨eine Straße⟩

2 **einspurig befahrbar** so, dass nur auf einer der Spuren gefahren werden kann | *Wegen des Unfalls ist die Autobahn nur einspurig befahrbar*

★ **einst** ADVERB; *geschrieben* **1** vor langer Zeit ≈ *früher* | *Auf diesem Schloss lebte einst ein König* **2** weit in der Zukunft | *Einst wird der Tag kommen, an dem wir uns wiedersehen*

Ein·stand *der* der Spielstand beim Tennis, wenn beide Spieler 40 Punkte haben und ein Spieler zwei Punkte hintereinander machen muss, um das Spiel zu gewinnen ■ **ID seinen Einstand geben** ein kleines Fest für die Kollegen veranstalten, wenn man an einer neuen Arbeitsstelle anfängt

ein·stau·ben VERB *(ist)* **etwas staubt ein** etwas wird (allmählich) völlig von Staub bedeckt | *Die Bücher im Regal sind eingestaubt*

ein·ste·cken VERB *(hat)* **1** **etwas einstecken** einen kleinen Gegenstand in die Tasche stecken, um ihn mitzunehmen ⟨einen Schlüssel, ein Taschentuch einstecken⟩ | *Vergiss nicht, Geld einzustecken, wenn du in die Stadt gehst!* **2** **etwas einstecken** *gesprochen* etwas in einen Briefkasten werfen ⟨einen Brief, ein Päckchen, eine Postkarte einstecken⟩ **3** **etwas (in etwas** *(Akkusativ)*) **einstecken** etwas in eine Öffnung eines Apparates oder eines Mechanismus stecken, damit er funktioniert ⟨einen Stecker (in eine Steckdose) einstecken; den Schlüssel (ins Schloss) einstecken⟩ **4** **etwas einstecken** *gesprochen* Geld oder etwas Wertvolles (ganz) für sich behalten, obwohl es einer anderen Person gehört **5** **(etwas) einstecken (müssen)** *gesprochen* etwas erleiden oder erdulden (müssen) ⟨eine Niederlage, Kritik, Schläge einstecken⟩ | *Wer viel austeilt, muss auch viel einstecken können*

ein·ste·hen VERB *(ist)* **für jemanden/etwas einstehen** für etwas die Verantwortung übernehmen (müssen) | *Der Minister muss für das Verhalten seiner Beamten einstehen*

★ **ein·stei·gen** VERB *(ist)* **1** **(in etwas** *(Akkusativ)*) **einsteigen** in das Innere eines Fahrzeugs gehen oder steigen ⟨in ein Auto, einen Bus, ein Flugzeug, einen Zug einsteigen⟩ **2** **(in etwas** *(Akkusativ)*) **einsteigen** durch das Fenster in einen Raum gelangen, um dort etwas Verbotenes zu tun | *Die Diebe sind über den Balkon in die Wohnung eingestiegen* **3** **(in etwas** *(Akkusativ)*) **einsteigen** *gesprochen* sich an einer Sache beteiligen, die bereits begonnen hat, bereits existiert ⟨in eine Firma, in ein Geschäft, ein Projekt einsteigen⟩ **4** **irgendwo einsteigen** beginnen, in einem Bereich aktiv zu werden oder für eine Firma zu arbeiten ⟨in die Politik einsteigen⟩ | *Er ist vor zehn Jahren bei uns eingestiegen*

★ **ein·stel·len** VERB *(hat)* **1** **jemanden einstellen** jemanden zum Mitarbeiter einer Firma, Behörde o. Ä. machen ⟨Lehrlinge, Arbeiter, Lehrer einstellen⟩ ↔ *entlassen* **2** **etwas (irgendwie/auf etwas** *(Akkusativ)*) **einstellen** ein technisches Gerät so regulieren, dass es in der gewünschten Weise funktioniert | *ein Fernglas scharf einstellen* | *ein Radio leiser einstellen* | *die Zündung (eines Autos) neu einstellen* **3** **etwas einstellen** etwas sichtbar oder hörbar machen, indem man ein technisches Gerät reguliert, einstellt ⟨ein Programm, eine Radio-/Fernsehsendung, einen Sender einstellen⟩ **4** **etwas einstellen** *geschrieben* etwas, das man längere Zeit getan hat, nicht mehr tun ⟨den Betrieb, die Produktion, die Zahlungen, eine Suchaktion, das Rauchen einstellen⟩ **5** **etwas (in etwas** *(Dativ/Akkusativ)*) **einstellen** einen relativ großen Gegenstand für die Zeit, in der er nicht gebraucht wird, in einen Raum stellen ⟨Möbel am Dachboden, im Keller einstellen⟩ | *Ich stelle mein Motorrad für den Winter in der Garage ein* **6** **etwas (in etwas** *(Akkusativ)*) **einstellen** etwas in einer Reihe in ein Regal, einen Schrank stellen ⟨Akten, Bücher einstellen⟩ **7** **sich (irgendwo) einstellen** *geschrieben* zu der verabredeten Zeit an einen Ort kommen ⟨sich pünktlich, rechtzeitig einstellen⟩ **8** **etwas stellt sich (irgendwo/irgendwann) ein** etwas erscheint als (meist negative) Folge einer Sache | *Nach der Operation stellten sich Komplikationen ein* **9** **sich auf jemanden/etwas einstellen** sich auf jemanden/etwas vorbereiten ⟨sich auf eine Änderung, eine neue Situation, eine Veränderung einstellen; sich auf Besuch einstellen⟩ | *Sie hatte sich auf eine Schwangerschaft nicht eingestellt* | *Stell dich schon mal darauf ein, dass das nicht einfach wird* | *Auf so viele Gäste waren wir nicht eingestellt*

ein·stel·lig ADJEKTIV nur aus einer der Ziffern von 0–9 bestehend ⟨eine Nummer, eine Zahl⟩

★ **Ein·stel·lung** *die* **1** der Vorgang, bei dem jemand für eine Arbeit eingestellt wird | *die Einstellung neuer Mitarbeiter* **K** Einstellungsgespräch, Einstellungsstopp, Einstellungstermin **2** *nur Singular* das Einstellen und Regulieren eines technischen Gerätes **K** Feineinstellung **3** der Vorgang, mit etwas aufzuhören, es zu beenden | *die Einstellung der Arbeiten* **4** **eine Einstellung (zu jemandem/etwas)** die Art, wie man über eine Person/Sache denkt, welche Meinung man hat ⟨eine fortschrittliche, negative, offene Einstellung; jemandes Einstellung zu einem Problem⟩

Ein·stieg *der;* (-(e)s, -e) **1** die Tür oder Öffnung, durch die man in einen Bus, ein Flugzeug, eine Straßenbahn o. Ä. einsteigt | *Kein Einstieg!* (Bei dieser Tür nicht einsteigen!) **2** *geschrieben nur Singular* das Einsteigen in ein Fahrzeug oder in ein Haus **3** **der Einstieg (in etwas** *(Akkusativ)*) der Anfang bei einer neuen Aufgabe oder Arbeit ⟨der Einstieg in das Berufsleben; der Einstieg in eine Problematik⟩

eins·ti·g- ADJEKTIV *meist attributiv* so, wie es früher existiert hat ≈ *ehemalig-* | *das einstige Kaiserreich*

ein·stim·men VERB *(hat)* **1** **etwas einstimmen** ein Musikinstrument stimmen **2** **jemanden (auf etwas** *(Akkusativ)*) **einstimmen** jemanden oder sich selbst vor einem Ereignis in die richtige innere Stimmung versetzen **3** **(in etwas** *(Akkusativ)*) **einstimmen** anfangen, mitzusingen oder mitzuspielen, wenn andere Leute bereits singen oder Musikinstrumente spielen **4** **(in etwas** *(Akkusativ)*) **einstimmen** die gleiche Meinung haben oder die gleiche Reaktion zeigen wie andere Leute ⟨in das Lob/Gelächter einstimmen⟩

★ **ein·stim·mig** ADJEKTIV **1** so, dass alle Anwesenden mit Ja stimmen ⟨ein Beschluss; etwas einstimmig beschließen, verabschieden⟩ **2** so, dass alle die gleichen Noten singen oder spielen ⟨ein Lied⟩ • hierzu **Ein·stim·mig·keit** *die*

einst·mals ADVERB; *veraltend* ≈ *einst*

ein·streu·en VERB *(hat)* **etwas (in etwas** *(Akkusativ)*) **einstreuen** etwas meist in einem Text, einer Rede o. Ä. nebenbei erwähnen

ein·stu·die·ren VERB (studierte ein, hat einstudiert) **1** **etwas einstudieren** etwas üben, um es vor einem Publikum vorzuführen ⟨eine Rolle, einen Tanz, ein Musikstück einstudieren⟩ **2** **etwas einstudieren** (als Regisseur o. Ä.) eine Gruppe von Schauspielern, Tänzern o. Ä. etwas üben lassen, damit es vor einem Publikum gespielt werden kann ⟨ein Ballett, ein Theaterstück einstudieren⟩

ein·stu·fen VERB *(hat)* **jemanden/etwas (irgendwie) einstufen** *admin* entscheiden, zu welcher Kategorie jemand/etwas gehört | *Er wurde in die Steuerklasse I eingestuft* | *Sein Verhalten wird von der Polizei als gefährlich eingestuft* • hierzu **Ein·stu·fung** *die*

Ein·stu·fungs·test *der* ein Test, um zu prüfen, welche Kenntnisse eine Person bereits hat, damit sie den für sie passenden Kurs wählen kann

ein·stün·dig ADJEKTIV ⟨eine Rede, eine Veranstaltung⟩ so, dass sie eine Stunde dauern

ein·stür·men VERB *(ist)* **(mit etwas) auf jemanden einstür-**

E

men (von mehreren Personen) sich mit sehr vielen Bitten, Fragen oder Problemen auf einmal an jemanden wenden | *Nach dem Vortrag stürmten die Zuhörer auf den Redner ein*

Ein·sturz *der* das Einstürzen z. B. eines Hauses, einer Mauer o. Ä. K Einsturzgefahr, einsturzbedroht, einsturzgefährdet

ein·stür·zen VERB *(ist)* **etwas stürzt ein** etwas fällt oder stürzt in Teilen oder als Ganzes nach unten ⟨ein Dachstuhl, ein Gebäude, ein Haus, eine Mauer⟩ ■ **ID eine Welt stürzt (für jemanden) ein** eine Person muss wegen eines Ereignisses an allem zweifeln, an das sie bisher geglaubt hat

einst·wei·len ADVERB **1** ≈ *vorläufig* **2** ≈ *unterdessen*

einst·wei·lig ADJEKTIV *meist attributiv; admin* bis zu einem endgültigen Beschluss oder Urteil gültig ⟨eine Anordnung, eine Verfügung⟩

Ein·tags|flie·ge *die* **1** ein Insekt, das einer Fliege ähnlich ist und nur kurze Zeit lebt, wenn es aus der Larve geschlüpft ist **2** eine Sache, die nur für sehr kurze Zeit interessant oder aktuell ist

ein·tau·chen VERB *(hat/ist)* **1 etwas (in etwas** *(Akkusativ)***) eintauchen** *(hat)* etwas in etwas tauchen ⟨den Pinsel in die Farbe eintauchen⟩ **2** *(ist)* unter die Oberfläche einer Flüssigkeit (meist von Wasser) kommen ⟨ins Wasser eintauchen⟩

ein·tau·schen VERB *(hat)* **etwas (gegen/für etwas) eintauschen** jemandem etwas geben und dafür etwas anderes (Gleichwertiges) bekommen | *Der kleine Junge tauschte die Taschenlampe gegen drei Comics ein* ● hierzu **Ein·tausch** *der*

ein·tau·send ZAHLWORT (in Ziffern) 1000 ≈ *tausend* → Anhang **Zahlen** und Beispiele unter **vier**

★ **ein·tei·len** VERB *(hat)* **1 etwas (in etwas** *(Akkusativ)***) einteilen** ein Ganzes in mehrere Teile gliedern | *Das Buch ist in drei Kapitel eingeteilt* **2 jemanden (zu/für etwas) einteilen** jemandem eine von mehreren möglichen Aufgaben geben | *Ich wurde für den Nachtdienst eingeteilt* **3 jemanden/etwas (nach etwas) (in etwas** *(Akkusativ)***) einteilen** bestimmen, dass jemand/etwas (wegen der genannten Eigenschaft) zu einer Gruppe gehört, die Teil einer größeren Gruppe ist | *Die Boxer werden nach ihrem Gewicht in Klassen eingeteilt* **4 (sich** *(Dativ)***) etwas einteilen** (sich) eine Arbeit oder die Zeit für etwas in verschiedene Abschnitte teilen | *Du teilst dir den Tag so schlecht ein, dass du deine Arbeit nicht schaffen kannst!* ● hierzu **Ein·tei·lung** *die*

ein·tei·lig ADJEKTIV nur aus einem Teil bestehend ⟨ein Badeanzug⟩

ein·tö·nig ADJEKTIV langweilig oder monoton, weil keine besonderen Eigenschaften da sind oder weil es keine Abwechslung gibt ⟨eine Arbeit, eine Landschaft, ein Leben; etwas läuft eintönig ab, verläuft eintönig⟩ ● hierzu **Ein·tö·nig·keit** *die*

Ein·topf *der* ein einfaches Essen, für das verschiedene Gemüse oder Gemüse und Fleisch zusammen in einem Topf gekocht werden K Eintopfgericht

Ein·tracht *die*; (-); *geschrieben* ein Zustand, in dem Menschen keinen Streit haben, sich gegenseitig respektieren und sich gut verstehen ⟨in Eintracht miteinander leben; in Frieden und Eintracht⟩

ein·träch·tig ADJEKTIV *meist adverbiell* in Eintracht | *Die Kinder saßen einträchtig nebeneinander auf dem Sofa und sahen fern*

Ein·trag *der*; (-(e)s, Ein·trä·ge) **1** die Namen, Wörter oder Zahlen mit den dazugehörigen Informationen in einer Liste o. Ä. ⟨einen Eintrag suchen, ändern, löschen⟩ | *einen Eintrag im Gästebuch hinterlassen* | *Er bekam einen Eintrag im Strafregister wegen Körperverletzung* **2** ein Text in einem Wörterbuch, Lexikon o. Ä. mit Informationen zu einem Wort (z. B. einer Erklärung der Bedeutung oder Übersetzung) ⟨einen Eintrag schreiben, verfassen⟩ ≈ *Artikel* K Lexikoneintrag, Wörterbucheintrag **3** ein Text in einem Tagebuch, Blog o. Ä. mit Informationen zu einem Thema oder Tag K Blogeintrag, Tagebucheintrag **4** *nur Singular* das Eintragen einer Information in eine Liste o. Ä. ⟨einen Eintrag vornehmen⟩

ein·tra·gen VERB *(hat)* **1 jemanden/etwas (in/auf etwas** *(Dativ/Akkusativ)***) eintragen** den Namen einer Person (oder auch andere Wörter) in ein Buch, Heft oder eine Liste schreiben | *Wer die Prüfung machen will, soll sich bitte auf dieser Liste eintragen* **2 etwas trägt (jemandem) etwas ein** etwas hat etwas (Positives oder Negatives) zum Ergebnis | *Das Geschäft hat ihm viel Geld eingetragen* | *Seine Bemerkung hat ihm viel Kritik eingetragen* ● zu (1) **Ein·tra·gung** *die*

ein·träg·lich ADJEKTIV ⟨eine Arbeit, ein Geschäft⟩ so, dass sie jemandem relativ viel Geld bringen

ein·tref·fen VERB *(ist)* **1 (irgendwo) eintreffen** nach einer Reise oder einem Transport irgendwo ankommen ⟨ein Brief, ein Bus, ein Paket, ein Reisender, ein Zug ⟩ | *Der Zug trifft in Hamburg mit Verspätung ein* **2 etwas trifft ein** etwas wird Realität ⟨eine Befürchtung, eine Prophezeiung, eine Vermutung, eine Vorhersage⟩ | *Alles ist so eingetroffen, wie ich es mir vorgestellt hatte*

ein·trei·ben VERB *(hat)* **etwas eintreiben** jemanden dazu zwingen, seine Schulden oder Steuern zu zahlen ⟨Geld, Schulden, Steuern eintreiben⟩

★ **ein·tre·ten** VERB *(hat/ist)* **1 etwas eintreten** *(hat)* mit dem Fuß etwas mit Gewalt öffnen oder ein Loch hineinmachen | *eine Tür eintreten* | *das Eis eintreten* **2 (in etwas** *(Akkusativ)***) eintreten** *(ist)* (durch die Tür oder ein Tor) in einen Raum gehen **3 (in etwas** *(Akkusativ)***) eintreten** *(ist)* Mitglied in einer Organisation, Gruppe werden ⟨in eine Partei, einen Verein, ein Kloster eintreten⟩ **4 etwas tritt (in etwas** *(Akkusativ)***) ein** *(ist)* etwas gelangt in etwas hinein ⟨Gas, Wasser⟩ | *Wo ist die Kugel eingetreten?* **5 etwas tritt ein** *(ist)* etwas geschieht, beginnt zu sein | *Der Tod trat um acht Uhr ein* | *Es ist noch keine Besserung eingetreten* **6 für jemanden/etwas eintreten** *(ist)* sich für jemanden/etwas einsetzen

ein·trich·tern VERB (trichterte ein, hat eingetrichtert) **jemandem etwas eintrichtern** *gesprochen* einer Person etwas, das sie lernen oder sich merken soll, immer wieder sagen

★ **Ein·tritt** *der*; *meist Singular* **1** die Berechtigung, etwas zu besuchen, an etwas teilzunehmen o. Ä. | *Was kostete der Eintritt?* | *Der Eintritt (ins Museum) ist frei* K Eintrittsgeld, Eintrittskarte, Eintrittspreis **2** der Vorgang, bei dem jemand Mitglied in einer Organisation wird | *Durch viele neue Eintritte hat unser Verein jetzt über 100 Mitglieder* **3** der Beginn einer Veränderung | *Bei Eintritt der Dämmerung passierte der Unfall*

ein·trock·nen VERB *(ist)* **etwas trocknet ein** etwas wird langsam trocken (und fest) und ist daher nicht mehr zu verwenden oder verschwindet ganz ⟨die Farbe, die Tinte; ein Teich, ein See⟩

ein·tru·deln VERB *(ist)* **(irgendwo/bei jemandem) eintrudeln** *gesprochen* ohne Eile (meist mit Verspätung) irgendwo ankommen (wo man erwartet wird)

ein·üben VERB *(hat)* **etwas einüben** etwas durch systematisches Üben und ständiges Wiederholen lernen | *Der Chor übt ein neues Lied ein* ● hierzu **Ein·übung** *die*

ein·ver·lei·ben VERB (verleibte ein, hat einverleibt) **1 sich** *(Dativ)* **etwas einverleiben** etwas zu seinem Besitz hinzufügen (meist mit Gewalt und ohne ein Recht dazu zu haben)

2 **sich** (*Dativ*) **etwas einverleiben** *gesprochen, humorvoll* etwas (meist in großer Menge) essen

Ein·ver·nah·me *die;* (-, -n); *besonders* Ⓐ Ⓒⓗ die Vernehmung bei Gericht

Ein·ver·neh·men *das;* (-s); *geschrieben* **1** eine gute Beziehung zwischen Menschen, die dieselben Ansichten haben oder sich gut miteinander verstehen **2** **Einvernehmen (mit jemandem) (über etwas** (*Akkusativ*)**)** eine Einigung über das, was zu tun ist ⟨mit jemandem Einvernehmen herstellen; etwas im Einvernehmen mit jemandem beschließen⟩

ein·ver·nehm·lich ADJEKTIV *meist adverbiell; geschrieben* so, dass Einvernehmen besteht ⟨etwas einvernehmlich regeln, beschließen, festlegen⟩

★ **ein·ver·stan·den** ADJEKTIV **(mit etwas) einverstanden sein** etwas, das jemand sagt oder tut, akzeptieren | *Ich bin mit deinem Vorschlag einverstanden* | *Ich bin* (*damit*) *einverstanden, dass es so gemacht wird*

Ein·ver·ständ·nis *das; meist Singular* **1** **das Einverständnis (zu etwas)** eine Äußerung, mit der man sagt, dass man mit etwas einverstanden ist oder etwas erlaubt ⟨sein Einverständnis geben; jemandes Einverständnis einholen; im Einverständnis mit jemandem handeln⟩ ≈*Zustimmung* **2** **das Einverständnis (über etwas** (*Akkusativ*)**)** die gleiche Meinung oder Ansicht | *Zwischen den Staaten bestand Einverständnis über die Zusammenarbeit*

Ein·waa·ge *die;* (-) das Gewicht von Lebensmitteln, ohne Wasser, Saft o. Ä., bevor sie in Dosen o. Ä. abgefüllt werden

Ein·wand *der;* (-(e)s, Ein·wän·de) eine Äußerung, mit der eine andere Meinung, Kritik o. Ä. ausgedrückt wird ⟨einen Einwand erheben/vorbringen⟩ | *Gibt es irgendwelche Einwände gegen den Plan?*

★ **ein·wan·dern** VERB (*ist*) **(irgendwo) einwandern** in ein fremdes Land gehen, um dort für immer zu bleiben | *Personen, die in unser Land/nach Deutschland einwandern* ● hierzu **Ein·wan·de·rer** *der;* **Ein·wan·de·rin** *die*

Ein·wan·de·rung *die; meist Singular* das Einwandern K Einwanderungsbehörde, Einwanderungsbeschränkung, Einwanderungserlaubnis, Einwanderungsverbot, Einwanderungswelle

ein·wand·frei ADJEKTIV **1** ohne jeden Fehler ⟨eine Arbeit, ein Benehmen, ein Verhalten; etwas funktioniert einwandfrei⟩ **2** *gesprochen meist adverbiell* ohne dass man daran zweifeln könnte ⟨etwas steht einwandfrei fest⟩ | *Er konnte seine Unschuld einwandfrei beweisen*

ein·wärts ADVERB nach innen oder zur Mitte einer Sache gerichtet

ein·wech·seln VERB (*hat*) **eine Person (gegen jemanden) einwechseln** einen neuen Spieler als Ersatz für einen anderen Spieler ins Spiel bringen ● hierzu **Ein·wechs·lung** *die*

ein·we·cken VERB (*hat*) **etwas einwecken** ≈*einmachen* K Einweckglas, Einwecktopf

Ein·weg- *im Substantiv, betont, begrenzt produktiv* **die Einwegflasche, die Einwegspritze, die Einwegverpackung** *und andere* drückt aus, dass etwas nur ein einziges Mal benutzt und dann weggeworfen wird

ein·wei·chen VERB (weichte ein, hat eingeweicht) **1** **etwas einweichen** etwas längere Zeit in Wasser oder eine andere Flüssigkeit legen, um es weich zu machen ⟨Bohnen, Erbsen, Linsen einweichen; einen Pinsel einweichen⟩ **2** **Wäsche einweichen** Wäsche in Wasser mit Waschpulver legen, bevor man es richtig wäscht

ein·wei·hen VERB (*hat*) **1** **etwas einweihen** ein neues Gebäude o. Ä. feierlich eröffnen | *Am Sonntag wurde unser neues Rathaus eingeweiht* **2** **jemanden (in etwas** (*Akkusativ*)**) einweihen** jemandem etwas sagen, das nicht jeder weiß oder wissen darf ⟨jemanden in seine Absichten, Pläne einweihen⟩ ● zu (1) **Ein·wei·hung** *die*

ein·wei·sen VERB (*hat*) **1** **jemanden (irgendwohin) einweisen** veranlassen, dass eine Person, die krank ist, ein Verbrechen begangen hat o. Ä., an den genannten Ort kommt und dort längere Zeit bleiben muss ⟨jemanden in eine Klinik, ein Heim, in das Gefängnis, in die Psychiatrie einweisen⟩ **2** **jemanden (in etwas** (*Akkusativ*)**) einweisen** einer Person eine neue Arbeit oder Aufgabe erklären, sodass sie weiß, was sie tun muss **3** **jemanden/etwas (in etwas** (*Akkusativ*)**) einweisen** dem Fahrer eines Fahrzeugs o. Ä. Zeichen geben, damit er an die gewünschte Stelle fährt oder um einen Unfall zu vermeiden ⟨jemanden/ein Fahrzeug in eine Parklücke einweisen⟩ ● zu (1,2) **Ein·wei·sung** *die*

ein·wen·den VERB (wandte/wendete ein, hat eingewandt/eingewendet) **etwas (gegen jemanden/etwas) einwenden** ein Argument oder Gründe nennen, die gegen eine Person oder einen Plan, ein Projekt o. Ä. sprechen ⟨etwas/nichts gegen den Plan einzuwenden haben⟩ | *Ich möchte einwenden, dass der Plan nicht realisierbar ist*

★ **ein·wer·fen** VERB (*hat*) **1** **etwas (in etwas** (*Akkusativ*)**) einwerfen** einen Brief in einen Briefkasten oder Münzen in einen Automaten stecken | *Kannst du die Karte an meine Eltern einwerfen, wenn du in die Stadt gehst?* **2** **etwas einwerfen** ein Fenster mit einem Ball, Stein o. Ä. treffen und es so kaputt machen **3** **etwas einwerfen** eine Person, die gerade spricht, unterbrechen, um selbst etwas zu sagen ⟨eine Bemerkung, eine Frage o. Ä. einwerfen⟩ **4** **etwas einwerfen** *gesprochen* eine Tablette schlucken **5** **(etwas) einwerfen** einen Ball von außerhalb wieder ins Spielfeld werfen ⟨den Ball einwerfen⟩

ein·wi·ckeln VERB (*hat*) **1** **etwas (in etwas** (*Akkusativ*)**) einwickeln** etwas in etwas wickeln, meist um es zu schützen oder zu schmücken ⟨ein Geschenk, ein Paket in Papier einwickeln⟩ K Einwickelpapier **2** **jemanden einwickeln** *gesprochen* jemanden (durch Charme) zu etwas überreden | *Lass dich von ihm nicht einwickeln!*

ein·wil·li·gen VERB (willigte ein, hat eingewilligt) **(in etwas** (*Akkusativ*)**) einwilligen** sagen, dass man einen Vorschlag, eine Entscheidung o. Ä. gut findet und damit einverstanden ist ⟨in die Scheidung, in einen Vorschlag einwilligen⟩ ● hierzu **Ein·wil·li·gung** *die*

ein·wir·ken VERB (*hat*) **1** **auf jemanden/etwas einwirken** bestimmen oder zu bestimmen versuchen, wie sich jemand entscheidet o. Ä. ⟨auf jemandes Denken, Urteil einwirken⟩ **2** **etwas wirkt auf jemanden/etwas ein** etwas hat eine Wirkung auf jemanden/etwas

ein·wö·chig ADJEKTIV *meist attributiv* eine Woche dauernd

★ **Ein·woh·ner** *der;* (-s, -) eine Person, die in einer Gemeinde/Stadt oder in einem Land wohnt und nicht nur zu Besuch dort ist | *München hat mehr Einwohner als Frankfurt* K Einwohnerzahl ● hierzu **Ein·woh·ne·rin** *die;* **Ein·woh·ner·schaft** *die*

Ein·woh·ner|mel·de·amt *das* eine Behörde, bei der man sich (bei einem Umzug) an-, um- oder abmelden muss

Ein·wurf *der* **1** das Einwerfen z. B. eines Briefes oder eines Geldstücks **2** das, was jemand in einem Gespräch, einer Diskussion einwirft **3** die Öffnung, durch die etwas eingeworfen werden kann ⟨der Einwurf am Briefkasten, Spielautomaten⟩ **4** das Einwerfen des Balles in ein Feld

Ein·zahl *die; meist Singular* ≈*Singular*

★ **ein·zah·len** VERB (*hat*) **(etwas) (auf etwas** (*Akkusativ*)**) einzahlen** bei einer Bank o. Ä. Geld zahlen, damit es auf ein Konto kommt | *Ich möchte 200 € auf mein Konto einzahlen*

Ein·zah·lung *die* **1** das Einzahlen **2** der Betrag, den man

E

E

einzahlt oder eingezahlt hat

ein·zäu·nen VERB (zäunte ein, hat eingezäunt) **etwas einzäunen** ein Gelände mit einem Zaun umgeben | *ein Grundstück einzäunen* • hierzu **Ein·zäu·nung** *die*

ein·zeich·nen VERB *(hat)* **etwas (in/auf etwas** *(Dativ/Akkusativ)*) **einzeichnen** etwas meist in einen (technischen) Plan oder eine Landkarte zeichnen oder eintragen | *Ich habe unsere Route in den Plan eingezeichnet* | *Der Ort ist auf der Karte gar nicht eingezeichnet* • hierzu **Ein·zeich·nung** *die*

Ein·zel *das*; (-s, -) (bei Badminton, Tischtennis und Tennis) das Spiel, bei dem nur zwei Spieler gegeneinander spielen **K** Dameneinzel, Herreneinzel

★ **Ein·zel-** *im Substantiv, betont, sehr produktiv* **1** **die Einzelhaft, die Einzelkabine, das Einzelschicksal, der Einzelunterricht, die Einzelzelle** *und andere* nur für eine Person allein | *Eine Übernachtung im Einzelzimmer ist meist teurer als im Doppelzimmer* **2** **der Einzelkampf, die Einzelleistung, die Einzelreise** *und andere* von nur einer Person gemacht, durchgeführt **3** **der/die Einzelreisende, der Einzeltäter** *und andere* drückt aus, dass der Betroffene etwas allein tut **4** **die Einzelanfertigung, das Einzelbeispiel, der Einzelfall, das Einzelstück** *und andere* drückt aus, dass die genannte Sache nur einmal vorhanden ist

Ein·zel·fra·ge *die; meist Plural* eine Frage, die nur einen Aspekt eines größeren Zusammenhangs betrifft | *Die Einzelfragen können wir später klären*

Ein·zel·gän·ger *der*; (-s, -) eine Person, die nur wenig Kontakt zu anderen Menschen hat (und daher meist allein handelt, entscheidet und die oft eine andere Meinung hat als die meisten anderen Leute)

Ein·zel·han·del *der*; (-s) alle Geschäfte, die ihre Waren nicht an andere Geschäfte, sondern an den Verbraucher direkt verkaufen ↔ *Großhandel* **K** Einzelhandelsgeschäft, Einzelhandelspreis • hierzu **Ein·zel·händ·ler** *der*; **Ein·zel·händ·le·rin** *die*

Ein·zel·han·dels|kauf·mann *der* verwendet als berufliche Bezeichnung für eine Person, die eine Lehre als Verkäufer im Einzelhandel abgeschlossen hat

★ **Ein·zel·heit** *die*; (-, -en) ein einzelnes Merkmal einer Sache ⟨charakteristische, (un)wichtige Einzelheiten; etwas in allen Einzelheiten erzählen; (nicht) auf Einzelheiten eingehen⟩ ≈ *Detail*

★ **Ein·zel·kind** *das* ein Kind, das keinen Bruder und keine Schwester hat

★ **ein·zeln** ADJEKTIV **1** so, dass eine Person/Sache allein und nicht mit anderen zusammen ist | *ein einzelner Schuh* | *ein einzelnes Auto auf dem Parkplatz* | *die Geschenke einzeln verpacken* **2** **jeder/jede/jedes einzelne** verwendet, um sich auf alle oder auf alles ohne Ausnahme zu beziehen | *Jeder einzelne Fehler muss verbessert werden* | *Jeder Einzelne von uns muss seinen Beitrag leisten* **3** verwendet, um die Teile eines Ganzen jeweils für sich allein zu bezeichnen | *die einzelnen Kapitel des Buchs* **4** **einzelne Personen/Dinge** verwendet, um eine unbestimmte, relativ geringe Zahl zu nennen (von Personen/Dingen, die aus dem Zusammenhang bekannt sind) | *Nur einzelne Zuschauer waren gekommen* | *Viele Fragen wurden beantwortet, aber einzelne blieben noch ungeklärt* **5** **Einzelnes** verwendet, um einige (wenige), meist nicht sehr wichtige Einzelheiten zu bezeichnen | *Einzelnes kritisieren* **6** **im Einzelnen** so, dass alle Details dabei berücksichtigt und beachtet werden | *Dazu kann ich im Einzelnen noch nichts sagen*

Ein·zel·teil *das* ein relativ kleines Teil eines Apparats, einer Maschine o. Ä. | *die Einzelteile eines Radios*

★ **ein·zie·hen** VERB **1** **etwas einziehen** *(hat)* etwas, das im Wasser oder in der Luft war, (wieder) zu sich holen ⟨eine Fahne, ein Netz, ein Segel einziehen⟩ ≈ *einholen* | *Der Fischer musste das Netz einziehen, ohne etwas gefangen zu haben* **2** **etwas einziehen** *(hat)* einen Teil des Körpers an den Körper ziehen, meist um ihn zu schützen oder um ihn kleiner erscheinen zu lassen ⟨den Kopf, den Bauch einziehen⟩ | *Die Schnecke zog ihre Fühler ein* **3** **etwas (in etwas** *(Akkusativ)*) **einziehen** *(hat)* etwas in ein Gebäude, das bereits besteht, einbauen ⟨einen Balken, eine Holzdecke, eine Wand einziehen⟩ | *Wir ziehen eine Wand ein, um das Wohnzimmer zu teilen* **4** **jemanden einziehen** *(hat)* anordnen, dass jemand als Soldat dienen muss **5** **etwas zieht etwas ein** eine Behörde, Firma oder Institution holt Geld, auf das sie Anspruch hat, vom Konto einer Person **6** **etwas einziehen** *(hat)* ungültige Münzen, Banknoten o. Ä. aus dem Verkehr ziehen **7** **der Staat zieht etwas ein** *(hat)* der Staat nimmt aufgrund eines Gesetzes einer Person, Firma o. Ä. ihren Besitz weg | *Nach dem Verbot der Partei wurde ihr Besitz eingezogen* **8** **Erkundigungen (über jemanden/etwas) einziehen** *(hat)* nach Informationen über jemanden/etwas fragen **9** **(irgendwo) einziehen** *(ist)* in neue Räume, in ein neues Haus o. Ä. ziehen, um dort zu wohnen oder zu arbeiten ⟨in ein Haus, eine Wohnung, ein neues Zimmer einziehen⟩ **10** **eine Gruppe zieht (in etwas** *(Akkusativ)*) **ein** *(ist)* mehrere Personen gehen oder marschieren in einer oder mehreren Reihen in ein Gebiet oder einen Raum | *Die Mannschaft zog ins Stadion ein* | *Die Hochzeitsgesellschaft zog in die Kirche ein* **11** **etwas zieht (in etwas** *(Akkusativ)*) **ein** *(ist)* etwas wird von einer Oberfläche oder Sache aufgesaugt ⟨das Wasser, das Öl, die Creme, die Salbe zieht ein⟩ | *Das Wasser zog schnell in die trockene Erde ein* • zu (1 – 7) **ein·zieh·bar** ADJEKTIV; zu (4 – 8) **Ein·zie·hung** *die*

★ **ein·zig** ADJEKTIV **1** nur die genannte(n) Person(en)/Sache(n) und keine andere(n) ⟨der/die/das Einzige; die Einzigen; kein Einziger⟩ | *die einzig mögliche Antwort* | *Ist das der einzige Grund?* | *Lisa und ich waren als Einzige gekommen* **2** **einzig und allein** wirklich nur die genannte Person/Sache und keine andere | *Einzig und allein er ist daran schuld* **3** **das einzig Gute/Richtige/Sinnvolle/...** die einzige Sache, die (in der aktuellen Situation) gut/richtig/sinnvoll/... ist **4** **das einzig Wahre** das Beste, was man tun oder sich wünschen kann | *Ein erfrischendes Bad ist doch das einzig Wahre bei dieser Hitze!*

ein·zig·ar·tig ADJEKTIV **1** von sehr hoher Qualität **2** verwendet, um Adjektive oder Verben zu verstärken ≈ *sehr* | *einzigartig gut*

Ein·zug *der; meist Singular* **1** das Einziehen einer Fahne, eines Netzes o. Ä. **2** das Einziehen in eine neue Wohnung **3** das Einziehen von Geld, Vermögen o. Ä. **4** das Einziehen von Sportlern oder Soldaten in den genannten Ort | *der Einzug der Sportler in das Olympiastadion*

Ein·zugs·be·reich *der* ≈ *Einzugsgebiet*

Ein·zugs·er·mäch·ti·gung *die* **1** eine Methode, vor allem Rechnungen oder Steuern zu zahlen; eine Person erlaubt einem Unternehmen oder dem Finanzamt, sich das Geld vom Konto dieser Person zu holen ⟨jemandem eine Einzugsermächtigung erteilen⟩ **2** ein Formular für eine Einzugsermächtigung

Ein·zugs·ge·biet *das* das Gebiet um eine Stadt o. Ä. herum, dessen Bewohner zu einem großen Teil in dieser Stadt arbeiten, einkaufen usw. ⟨im Einzugsgebiet einer Stadt liegen, wohnen⟩

★ **Eis** *das*; (-es) **1** Wasser, das so kalt ist, dass es zu einer harten Masse geworden ist ⟨das Eis schmilzt, taut, bricht; das Eis aufhacken⟩ K Eisblock, Eisfläche, Eisglätte, Eiskristall, Eisschicht, Eisscholle, eisfrei, eisbedeckt **2** Eis in Form von Würfeln o. Ä. | *Whisky mit Eis* K Eiswürfel, eisgekühlt **3** eine Fläche von Eis in einem Stadion, auf einem See o. Ä. ⟨aufs Eis gehen⟩ | *Das Eis trägt noch nicht* K Eissport, Eisstadion **4** eine süße, kalte Masse aus Milch oder Wasser, Zucker und Früchten o. Ä., die man vor allem im Sommer isst ⟨Eis essen; ein Eis lutschen; Eis am Stiel⟩ K Speiseeis, Fruchteis, Milcheis, Himbeereis, Vanilleeis; Eismaschine, Eissorten, Eistüte, Eisverkäufer, Eiswaffel ■ ID **etwas auf Eis legen** an einer Sache nicht mehr arbeiten, weil es im Augenblick nicht sinnvoll oder erfolgreich ist ⟨Pläne auf Eis legen⟩; **Das Eis ist gebrochen** das Verhältnis zwischen Personen, die sich gerade erst kennengelernt haben, ist entspannter und lockerer geworden; **sich auf dünnes/aufs Eis begeben** sehr viel riskieren

Eis·bahn *die* eine Fläche aus gefrorenem Wasser (in einem Stadion), auf der man Schlittschuh laufen kann

Eis·bär *der* ein Bär mit weißgelbem Fell, der in der Arktis lebt

Eis·be·cher *der* ein großer Becher mit Eis, Früchten, Sahne usw.

Eis·bein *das; norddeutsch* ein Stück Fleisch mit Knochen vom Bein eines Schweines ⟨Eisbein mit Sauerkraut⟩

Eis·berg *der* eine sehr große schwimmende Masse Eis im Meer, von der nur ein kleiner Teil über Wasser zu sehen ist | *ein Zusammenstoß mit einem Eisberg* ■ ID → Spitze

Eis·beu·tel *der* eine mit Eis gefüllte Tüte aus Plastik, mit der man z. B. bei Fieber den Kopf kühlt

Eis·blu·me *die;* (-, -n); *meist Plural* kristallisiertes Eis an Fensterscheiben, das wie Blumen aussieht

Eis·bre·cher *der* ein Schiff, das einen speziellen Bug hat, damit es Eisflächen aufbrechen kann, um den Weg für andere Schiffe frei zu machen

Ei·schnee *der* Eiweiß, das zu festem Schaum geschlagen worden ist

Eis·creme [-kreːm] *die* ≈ *Speiseeis, Eis*

Eis·die·le *die* ein Café, das vor allem Eis verkauft

★ **Ei·sen** *das;* (-s, -) **1** *nur Singular* ein relativ schweres Metall von grauer Farbe, das in feuchter Luft leicht rostet (und dann rötlich braun wird) ⟨Eisen schmelzen, gießen, schmieden; hart wie Eisen⟩ K Eisenerz, Eisengießerei, Eisenindustrie, Eisenkette, Eisenoxid, Eisenstange, Eisenteil **H** Chemisches Zeichen: *Fe* **2** *geschrieben* ein Stück Eisen, das man am Huf eines Pferdes befestigt ≈ *Hufeisen* ■ ID **zum alten Eisen gehören/zählen** *gesprochen* wegen eines hohen Alters nicht mehr gebraucht werden; **ein heißes Eisen** ein problematisches, heikles Thema oder ein Projekt, das heftige Diskussionen mit sich bringt; **ein heißes Eisen anfassen/anpacken** sich um ein problematisches, heikles Thema kümmern; **noch ein Eisen im Feuer haben** noch eine andere Möglichkeit, noch einen anderen Ausweg aus einer schwierigen Situation haben • zu (1) **ei·sen·hal·tig** ADJEKTIV

★ **Ei·sen·bahn** *die* **1** *nur Singular* ein System für den Transport von Personen und Gütern, das aus Zügen besteht, die auf Schienen fahren und an Bahnhöfen halten **2** ein Zug, der aus einer Lokomotive und meist mehreren Wagen (den Waggons) besteht K Eisenbahnfahrkarte, Eisenbahnfahrplan, Eisenbahnlinie, Eisenbahnschaffner, Eisenbahnschiene, Eisenbahnschranke, Eisenbahnsignal, Eisenbahnstrecke, Eisenbahntunnel, Eisenbahnunglück, Eisenbahnverkehr, Eisenbahnwaggon **3** *gesprochen meist Singular* die Institution, der die Züge, Bahnhöfe usw. gehören und die den Zugverkehr durchführt ■ ID **Es ist höchste Eisenbahn** *gesprochen* Es eilt sehr, es ist nur noch wenig Zeit

Ei·sen·bah·ner *der;* (-s, -); *gesprochen* eine Person, die bei einem Bahnunternehmen arbeitet

Ei·sen·bahn|netz *das* alle Eisenbahnstrecken in einem Gebiet ⟨ein dichtes, gut ausgebautes Eisenbahnnetz⟩

Ei·sen·hüt·te *die* ein industrieller Betrieb, in dem aus Erz Eisen gewonnen wird K Eisenhüttenindustrie, Eisenhüttenwerk

Ei·sen·wa·ren *die; Plural* meist relativ kleine Gegenstände aus Eisen (z. B. Werkzeuge, Draht, Nägel)

Ei·sen·werk *das* ≈ *Eisenhütte*

Ei·sen·zeit *die; nur Singular* die Zeit in der frühen Geschichte nach der Steinzeit und der Bronzezeit

ei·sern ADJEKTIV **1** *meist attributiv* aus Eisen ⟨ein Haken, ein Nagel, ein Gitter⟩ **2** sehr stark, fest ⟨Energie, ein Wille, Gesundheit⟩ | *Daran halte ich eisern fest* **3** sehr streng ⟨Disziplin, Prinzipien; mit eiserner Hand regieren; mit eiserner Faust durchgreifen; ein eisernes Regiment führen⟩ **4** → Lunge **5** → Ration

Ei·ses·käl·te *die; geschrieben* eine sehr große Kälte

Eis·hei·li·gen *die; Plural* die Tage vom 11. bis 15. Mai, an denen es nachts oft Frost gibt

★ **Eis·ho·ckey** *das* ein Spiel mit Schlittschuhen auf Eis; zwei Mannschaften versuchen, eine runde Scheibe (den Puck) mit Schlägern ins Tor des Gegners zu schießen K Eishockeyschläger, Eishockeyspieler

ei·sig ADJEKTIV **1** sehr kalt ⟨Wind, Wasser, Kälte⟩ **2** sehr unfreundlich und ablehnend ⟨ein Blick, eine Begrüßung, ein Schweigen⟩

Eis·kaf·fee *der* ein gekühlter Kaffee, der in einem Glas mit Vanilleeis und Sahne serviert wird

eis·kalt ADJEKTIV **1** sehr kalt ⟨ein Getränk, Wasser, ein Wind⟩ **2** ohne menschliche Gefühle wie Liebe oder Mitleid ⟨ein Killer, ein Verbrecher⟩ **3** *nur adverbiell* rücksichtslos und ohne Skrupel ⟨eiskalt kalkulieren, rechnen⟩ **4** **jemandem wird eiskalt** jemand wird von sehr starker Angst und Sorge erfasst | *Ihr wurde eiskalt bei dem Gedanken, ihr Mann könnte verunglückt sein* ■ ID → Rücken

Eis·kunst·lauf *der; nur Singular* eine künstlerische Form des Eislaufs, bei der Sprünge und Drehungen gemacht werden müssen • hierzu **Eis·kunst·läu·fer** *der;* **Eis·kunst·läu·fe·rin** *die*

Eis·lauf *der; nur Singular* die Fortbewegung mit Schlittschuhen auf einer Fläche mit Eis • hierzu **eis·lau·fen** VERB *(ist);* **Eis·läu·fer** *der;* **Eis·läu·fe·rin** *die*

Eis·re·gen *der;* (-s) **1** kalter Regen, der sofort zu Eis wird, wenn er auf den Boden fällt **2** Regen aus feinen Eiskörnern

Eis·schnell·lauf *der; nur Singular* eine Sportart, bei der man mit Schlittschuhen eine Strecke auf Eis möglichst schnell laufen muss • hierzu **Eis|schnell·läu·fer** *der;* **Eis·schnell·läu·fe·rin** *die*

Eis·tanz *der; nur Singular* eine Form des Eislaufs, bei der sich ein Paar ähnlich wie beim Tanzen bewegt • hierzu **Eis·tän·zer** *der;* **Eis·tän·ze·rin** *die*

Eis·tee *der* ein gekühlter Tee, der in einem Glas mit Eis serviert wird

Eis·zap·fen *der* ein Zapfen aus Eis, der entsteht, wenn Wasser von irgendwo herabtropft und sofort gefriert

Eis·zeit *die* eine relativ lange Periode in der Geschichte der Erde, in der es sehr kalt war und in der sich das Eis von den Polen aus sehr weit ausbreitete

ei·tel ADJEKTIV (eitler, eitelst-) **1** *abwertend* ⟨ein Mensch⟩ so, dass er bewundert werden will und sich daher in besonderer Weise benimmt oder kleidet ⟨eitel wie ein Pfau⟩ **H** *eitel → ein eitler Mann* **2** *veraltend* ≈ *sinnlos* | *eitles Geschwätz* **3** *veraltet meist attributiv* in reiner Form ⟨Gold⟩ ■ ID **eitel Freude/eitel Sonnenschein** *oft ironisch* verwendet, um eine Situation zu beschreiben, in der (oft nach einem Streit)

E

Friede und Harmonie herrschen | *Sie hatten letzte Woche Krach, aber jetzt ist/herrscht wieder eitel Sonnenschein*

Ei·tel·keit *die;* (-, -en); *meist Singular* **1** die Eigenschaft einer Person, eitel zu sein **2** **jemanden in seiner Eitelkeit verletzen** jemandes Stolz verletzen

Ei·ter *der;* (-s) eine dicke, gelbliche Flüssigkeit, die in infizierten Wunden entsteht | *Die Wunde sondert Eiter ab* **K** Eitererreger, Eiterpickel ● hierzu **eit·rig** ADJEKTIV

Ei·ter·herd *der* die (infizierte, wunde) Stelle im Körper, an der sich Eiter gebildet hat

ei·tern VERB (eiterte, hat geeitert) **etwas eitert** etwas produziert Eiter | *Die Wunde eitert* ● hierzu **Ei·te·rung** *die*

Ei·weiß *das;* (-es, -/-e) **1** (*Plural: Eiweiß*) der klare bzw. weiße Teil vom Hühnerei | *Man nehme drei Eiweiß* **2** (*Plural: Eiweiße*) eine chemische Verbindung, die sehr wichtig für die Ernährung ist und vor allem in Fleisch, Milch, Käse und Nüssen enthalten ist ≈ *Protein* ● zu (2) **ei·weiß|hal·tig** ADJEKTIV; zu (2) **ei·weiß|reich** ADJEKTIV

Eja·ku·la·ti·on [ejakula'tsjo:n] *die;* (-, -en); *geschrieben* ≈ *Samenerguss* ● hierzu **eja·ku·lie·ren** VERB (*hat*)

EKD [e:ka:'de:] *die;* (-) Evangelische Kirche in Deutschland die Organisation der Evangelischen Kirchen in Deutschland

★ **Ekel**[1] *der;* (-s) **Ekel (vor/gegenüber jemandem/etwas)** eine sehr starke Abneigung gegen jemanden/etwas, die man körperlich spürt ⟨Ekel vor etwas haben; etwas erregt Ekel in jemandem⟩ | *Ich empfinde Ekel vor/gegenüber Schlangen und Spinnen* **K** Ekelgefühl

Ekel[2] *das;* (-s, -); *gesprochen* ein sehr unangenehmer, unsympathischer Mensch

ekel·er·re·gend, Ekel er·re·gend ADJEKTIV so, dass das Gefühl von Ekel entsteht ⟨ein Geruch⟩ **H** *äußerst ekelerregend,* aber: *großen Ekel erregend*

ekel·haft ADJEKTIV **1** so, dass man ein Gefühl des Ekels bekommt oder hat ⟨ein Geruch, ein Geschmack⟩ | *Ich finde Regenwürmer ekelhaft* **2** sehr unangenehm oder lästig | *Er ist ein ekelhafter Kerl* | *Das Wetter ist wirklich ekelhaft* **3** *gesprochen* verwendet, um negative Adjektive oder Verben zu verstärken

ekeln VERB (ekelte, hat geekelt) **1** **sich (vor jemandem/etwas) ekeln** Ekel (vor jemandem oder etwas) empfinden | *Er ekelte sich vor dem Geruch* **2** **es ekelt jemandem/jemanden vor einer Person/Sache** jemand empfindet Ekel vor einer Person oder Sache | *Es ekelte ihr/sie vor Würmern* ■ ID **jemanden aus dem Haus ekeln** *gesprochen* sich so unfreundlich verhalten, dass jemand freiwillig das Haus verlässt

EKG [e:ka:'ge:] Elektrokardiogramm **1** eine Untersuchung des Herzens, bei der man die schwachen elektrischen Ströme des Herzens misst und grafisch zeigt **2** die grafische Darstellung der Messergebnisse dieser Untersuchung

Ek·lat [e'kla(:)] *der;* (-s, -s) ein Vorfall, bei dem sich zwei oder mehrere Personen meist öffentlich streiten, sich gegenseitig beleidigen o. Ä. oder bei dem jemand (meist in einer feinen Gesellschaft) etwas sehr Unpassendes tut oder sagt ⟨es gibt einen Eklat; es kommt zu einem Eklat⟩ ≈ *Skandal* | *Es kam zu einem Eklat, als die Opposition der Regierung Betrug vorwarf*

ek·la·tant ADJEKTIV ⟨Schwächen; ein Widerspruch⟩ so groß oder deutlich, dass es jeder erkennen kann | *ein eklatanter Fall von Betrug*

ek·lig ADJEKTIV **1** so, dass das Gefühl von Ekel entsteht ⟨ein Geruch, ein Geschmack⟩ **2** *gesprochen* ≈ *unfreundlich* | *Unser Chef kann ganz schön eklig werden*

Eks·ta·se [-st-] *die;* (-, -n) ein Zustand wie in einem Drogenrausch, in dem man sich sehr glücklich fühlt ⟨religiöse, fieberhafte, wilde Ekstase; in Ekstase kommen/geraten; jemanden in Ekstase versetzen⟩ ● hierzu **eks·ta·tisch** ADJEKTIV

Ek·zem [ɛk'tse:m] *das;* (-s, -e) eine Entzündung der Haut, die stark juckt

Elan *der;* (-s) eine große innere Kraft oder Begeisterung, die jemanden zum Handeln treibt ⟨jugendlicher Elan; etwas mit (großem) Elan tun⟩

★ **elas·tisch** ADJEKTIV **1** so, dass sich ein Material leicht dehnen lässt ⟨ein Band, eine Binde⟩ **2** so, dass sich jemand voller Schwung harmonisch bewegt (weil die Gelenke federn) ● zu (1) **Elas·ti·zi·tät** *die*

Elch *der;* (-(e)s, -e) ein sehr großer Hirsch mit einem Geweih in Form von Schaufeln, der in Nordeuropa, Nordasien und im Norden Amerikas lebt

El·do·ra·do *das;* (-s, -s) ein Land oder Gebiet, in dem es viele Möglichkeiten gibt, das zu tun, was man (meist als Hobby) gerne tun möchte ≈ *Paradies* | *Die Gegend ist ein wahres Eldorado für Bergsteiger/Angler/Skifahrer*

Ele·fant *der;* (-en, -en) das größte in Afrika und Indien lebende Tier mit großen Ohren, langen Stoßzähnen und einem langen Rüssel, mit dem es greifen kann **K** Elefantenbulle, Elefantenkuh **H** *der Elefant; den, dem, des Elefanten* ■ ID **sich wie ein Elefant im Porzellanladen benehmen** *gesprochen* taktlos die Gefühle anderer Menschen verletzen

Ele·fan·ten·run·de *die* eine Diskussion wichtiger Politiker o. Ä. zu einem aktuellen Thema, oft im Fernsehen | *die Elefantenrunde der Spitzenkandidaten vor der Wahl* | *eine Elefantenrunde der Parteivorsitzenden nach der Bundestagswahl*

★ **ele·gant** ADJEKTIV (eleganter, elegantest-) **1** harmonisch und geschmackvoll (gestaltet) ⟨eine Frisur, ein Kleid, ein Kostüm, ein Mantel⟩ **2** geschmackvoll gekleidet und gepflegt ⟨eine Dame, ein Herr⟩ **3** so, dass etwas sehr harmonisch wirkt, ohne Mühe ausgeführt oder erreicht wird ⟨ein Sprung, eine Verbeugung; ein Stil, eine Formulierung⟩ | *Sie tanzt sehr elegant* **4** **eine elegante Lösung** eine einfache und geschickte Lösung für ein Problem ■ ID **sich elegant aus der Affäre ziehen** auf geschickte Art einen Weg aus einer unangenehmen Situation finden ● zu (1 – 3) **Ele·ganz** *die*

Ele·gie *die;* (-, -n [-'gi:ən]) ein Gedicht, das von Sehnsucht, Trauer, Abschied oder vom Tod handelt

elekt·ri·fi·ziert ADJEKTIV ⟨eine Eisenbahnstrecke⟩ so, dass die Züge darauf mit elektrischer Energie fahren können ● hierzu **Elekt·ri·fi·zie·rung** *die*

Elekt·rik *die;* (-, -en) **1** alle elektrischen Teile oder Geräte meist eines Fahrzeugs ⟨die Elektrik eines Autos, Flugzeugs⟩ **2** *gesprochen nur Singular* ≈ *Elektrotechnik*

Elekt·ri·ker *der;* (-s, -) eine Person, die beruflich alle Arbeiten an elektrischen Leitungen oder Elektrogeräten macht ● hierzu **Elekt·ri·ke·rin** *die*

★ **elekt·risch** ADJEKTIV **1** *meist attributiv* durch Elektrizität entstanden, mit Elektrizität ⟨Strom, Spannung, Ladung, Widerstand⟩ | *Der Zaun ist elektrisch geladen* | *Er bekam einen elektrischen Schlag, als er das defekte Kabel berührte* **2** mit Elektrizität betrieben ⟨eine Heizung, ein Rasierapparat, ein Rasenmäher; elektrisch kochen, heizen⟩

Elekt·ri·sche *die;* (-n, -n); *veraltet* ≈ *Straßenbahn*

elekt·ri·sie·ren VERB (elektrisierte, hat elektrisiert) **1** **etwas elektrisiert (jemanden)** etwas begeistert jemanden spontan | *Die Popmusik wirkte elektrisierend auf die Fans* **H** meist im Partizip Präsens oder Partizip Perfekt **2** **etwas elektrisiert** etwas ist elektrisch geladen; wenn man es berührt, tut das kurz weh | *Der Teppichboden aus Kunststoff elektrisiert*

★ **Elekt·ri·zi·tät** *die;* (-) **1** Elektrizität ist die Energie in Blitzen und Batterien usw. ⟨Elektrizität erzeugen; die Versorgung mit Elektrizität; der Verbrauch von Elektrizität⟩ ≈ *Strom* **2** die Eigenschaft bestimmter Teilchen in Atomen, sich gegenseitig anzuziehen oder abzustoßen ⟨statische, dynamische Elektrizität⟩ K Elektrizitätslehre

Elekt·ri·zi·täts·werk *das* ein Betrieb, in dem Elektrizität in großer Menge erzeugt und an die öffentlichen und privaten Verbraucher verteilt wird

★ **Elekt·ro-** *im Substantiv, betont, begrenzt produktiv* **1** **das Elektroauto, das Elektrofahrzeug, das Elektrogerät, der Elektroherd, die Elektrolok, der Elektromotor, der Elektroofen** *und andere* mit elektrischem Strom betrieben ≈ *elektrisch* **2** **die Elektrochemie, die Elektrodynamik, die Elektroenergie** *und andere* in Bezug auf elektrischen Strom ≈ *elektrisch*

Elekt·ro·de *die*; (-, -n) eines von zwei Metallstücken in einem Stromkreis, zwischen denen der elektrische Strom durch ein anderes Medium (einen anderen Leiter) fließt. Die positive Elektrode ist die Anode, die negative Elektrode ist die Kathode

Elekt·ro·ge·schäft *das*; *gesprochen* ein Laden, in dem man elektrische Geräte wie z. B. Radios, Fernsehapparate oder Bügeleisen kaufen kann

Elekt·ro·in·dust·rie *die* der Teil der Industrie, der mit der Herstellung von elektrischen Maschinen und Geräten zu tun hat

Elekt·ro·in·ge·ni·eur *der* ein Ingenieur, der Elektrotechnik studiert hat • hierzu **Elekt·ro·in·ge·ni·eu·rin** *die*

Elekt·ro·ly·se [-'ly:zə] *die*; (-, -n) das Trennen einer flüssigen chemischen Verbindung in ihre einzelnen Bestandteile, indem Strom durchgeleitet wird • hierzu **elekt·ro·ly·tisch** ADJEKTIV

Elekt·ro·lyt [-'ly:t] *der*; (-s/-en, -e) eine chemische Verbindung, die durch Elektrolyse in ihre Bestandteile getrennt wird

Elekt·ro·mag·net *der* eine Spule mit einem Kern aus Eisen, die unter Strom gesetzt wird, wobei ein starkes Magnetfeld entsteht

Elekt·ro·mag·ne·tis·mus *der* ein Magnetismus, der durch elektrischen Strom erzeugt wird • hierzu **elekt·ro·mag·ne·tisch** ADJEKTIV

Elekt·ron ['e:lɛktrɔn, e'lɛkt-] *das*; (-s, Elekt·ro·nen) ein kleines, negativ geladenes Teilchen, das um den Atomkern kreist

Elekt·ro·nen·mik·ro·skop *das* ein Mikroskop, bei dem anstatt Lichtstrahlen Elektronenstrahlen verwendet werden und das viel stärker vergrößert als ein normales Mikroskop

★ **Elekt·ro·nik** *die*; (-) **1** ein Gebiet der Technik, das sich damit beschäftigt, sehr kleine und komplizierte Bauteile zu entwickeln und herzustellen, die man z. B. für Computer, Fernsehgeräte usw. benötigt **2** alle komplizierten technischen Geräte oder Bauelemente, die mit elektrischem Strom funktionieren | *In modernen Autos ist sehr viel Elektronik verbaut* • hierzu **elekt·ro·nisch** ADJEKTIV

Elekt·ro·smog *der*; *nur Singular*; *gesprochen* die Strahlung von Hochspannungsleitungen und Elektrogeräten im Haushalt, von der man glaubt, dass sie der Gesundheit schadet

Elekt·ro·tech·nik *die*; *meist Singular* ein Teilgebiet der Technik, das sich mit der praktischen technischen Anwendung des physikalischen Wissens über die Elektrizität beschäftigt • hierzu **elekt·ro·tech·nisch** ADJEKTIV

Elekt·ro·tech·ni·ker *der* eine Person, die in der Elektrotechnik arbeitet, z. B. ein Ingenieur, ein Techniker oder ein Elektroinstallateur • hierzu **Elekt·ro·tech·ni·ke·rin** *die*

★ **Ele·ment** *das*; (-(e)s, -e) **1** eine meist typische, charakteristische Eigenschaft einer Sache | *Freie Wahlen und der Schutz der Menschenrechte sind grundlegende Elemente der Demokratie* **2** ein Teil einer Konstruktion, eines Systems K Konstruktionselement, Bauelement **3** eine der über 100 chemischen Substanzen (wie z. B. Wasserstoff, Kupfer, Uran), aus deren Verbindungen alles in der Welt besteht ⟨ein radioaktives Element⟩ **4** *nur Plural* die wichtigsten Begriffe einer Theorie, eines Faches | *die Elemente der Geometrie* **5** *nur Plural* Erscheinungen der Natur, gegen die der Mensch machtlos ist (z. B. Sturm, Erdbeben, Gewitter) | *Wir waren den Elementen der Natur schutzlos ausgeliefert* **6** ein einzelner Teil einer (mathematischen) Menge **7** *abwertend meist Plural* Menschen, die am Rande der Gesellschaft stehen ⟨asoziale, kriminelle, radikale Elemente⟩ **8** **die vier Elemente** Feuer, Wasser, Luft und Erde **9** **das feuchte/nasse Element** *humorvoll* ≈ *Wasser* ■ ID **jemand ist in seinem Element** eine Person hat die Möglichkeit, etwas zu tun, das sie gern tut und gut tun kann

ele·men·tar ADJEKTIV **1** *meist attributiv* ⟨Bedürfnisse⟩ so, dass sie grundlegend und wichtig sind **2** *meist attributiv* sehr einfach und so, dass es jeder wissen sollte ⟨ein elementarer Fehler⟩ | *die elementaren Regeln der Orthografie* K Elementarbegriff, Elementarkenntnisse, Elementarregel **3** stark wie die Elemente ⟨Gewalt, Leidenschaft⟩

Ele·men·tar·scha·den *der* ein Schaden, der durch Sturm, Hagel, Erdbeben, Hochwasser usw. entstanden ist ⟨gegen Elementarschäden versichert sein⟩ K Elementarschadenversicherung

Ele·men·tar·teil·chen *das* eines der kleinsten Teilchen eines Atoms (z. B. Proton, Neutron, Elektron)

elend ADJEKTIV **1** in sehr schlechtem Zustand ⟨eine Baracke, eine Behausung, eine Hütte⟩ **2** in Armut, Not oder Krankheit ⟨ein Dasein, ein Leben; elend zugrunde gehen⟩ **3** *gesprochen nur adverbiell* krank oder unglücklich ⟨sich elend fühlen; elend aussehen⟩ **4** *gesprochen, abwertend meist attributiv* ⟨eine Lüge, ein Schurke, eine Verleumdung⟩ ≈ *böse* **5** *gesprochen* in unangenehmer Weise intensiv ⟨Durst, Hunger⟩ ≈ *schrecklich* | *Es war elend kalt dort*

★ **Elend** *das*; (-s) **1** Armut und Not | *das Elend der Kinder in der Dritten Welt* K Elendsquartier, Elendsviertel **2** eine Lage, in der jemand viel Kummer hat und sehr unglücklich ist ■ ID **wie ein Häufchen Elend** ⟨dastehen, dasitzen⟩ *gesprochen* traurig oder bedrückt; **das heulende Elend kriegen** *gesprochen* sehr traurig werden (und weinen)

★ **elf** ZAHLWORT (als Zahl) 11 ▪ → Anhang **Zahlen** und Beispiele unter **vier**

Elf *die*; (-, -en) **1** die Zahl 11 **2** jemand/etwas mit der Ziffer/Nummer 11 (z. B. ein Spieler, ein Bus o. Ä.) **3** *nur Singular* ≈ *Fußballmannschaft* K Nationalelf

El·fe *die*; (-, -n) ein zartes, meist kleines weibliches Wesen mit Flügeln in einem Märchen • hierzu **Elf** *der*; **el·fen·haft** ADJEKTIV

El·fen·bein *das*; *nur Singular* das Material, aus dem die Stoßzähne des Elefanten bestehen | *geschnitzte Figuren aus Elfenbein* • hierzu **el·fen·bei·nern** ADJEKTIV

El·fen·bein|turm *der* **im Elfenbeinturm sein/sitzen** als Künstler oder Wissenschaftler ganz für sich allein arbeiten, ohne an die gesellschaftliche und politische Wirklichkeit zu denken

Elf·me·ter *der* (beim Fußball) ein Strafstoß als direkter Schuss auf das Tor des Gegners von einem Punkt aus, der elf Meter vor dem Zentrum des Tors liegt ⟨einen Elfmeter geben, verhängen, ausführen, verschießen⟩ | *einen Elfmeter verwandeln* (ein Tor schießen) K Elfmeterpunkt, Elfmeterschießen

elft ADJEKTIV **1** in einer Reihenfolge an der Stelle elf; (als Zahl) 11. ▪ → Beispiele unter **viert-** **2** **der elfte Teil (von etwas)** (als Zahl) 1/11 **3** **zu elft** mit insgesamt 11 Personen | *zu elft eine Berghütte mieten*

elf·tel ADJEKTIV *meist attributiv; nur in dieser Form* den 11. Teil einer Menge bildend ≈ 1/11

Elf·tel *das;* (-s, -) der 11. Teil (1/11) einer Menge

elf·tens ADVERB verwendet bei einer Aufzählung, um anzuzeigen, dass etwas an 11. Stelle kommt

eli·mi·nie·ren VERB (eliminierte, hat eliminiert); *geschrieben* **1** **etwas eliminieren** etwas beseitigen ⟨einen Fehler eliminieren⟩ **2** **jemanden eliminieren** einen Gegner (im Sport) besiegen und so in die nächste Runde kommen **3** **jemanden eliminieren** *euphemistisch* ≈ *töten* ● zu (1) **Eli·mi·nie·rung** *die*

eli·tär ADJEKTIV **1** *abwertend* so, dass eine Person auf arrogante Weise zeigt, dass sie zu einer Elite gehört ⟨ein Denken, Verhalten, Benehmen⟩ **2** zur Elite gehörend ⟨ein Kreis, ein Zirkel⟩

Eli·te *die;* (-, -n); *meist Singular* eine Gruppe von Personen, die viel Macht haben, die sehr reich oder gebildet sind oder die auf einem Gebiet sehr gut sind ⟨die sportliche, gesellschaftliche, akademische Elite; die Elite eines Landes; zur Elite gehören⟩ K Eliteförderung, Eliteliga, Eliteschule, Elitesoldat, Elitetruppe, Eliteuniversität; Finanzelite, Führungselite, Machtelite

Eli·xier *das;* (-s, -e) ein Getränk, das (auf magische Weise) Kraft gibt, Krankheiten heilt usw.

-ell *im Adjektiv, betont, begrenzt produktiv* **1** **emotionell, industriell, intellektuell, sexuell** *und andere* in Bezug auf die im ersten Wortteil genannte Sache oder Person | *finanzielle Probleme haben* **2** **maschinell, ministeriell, notariell** *und andere* durch das im ersten Wortteil Genannte (bewirkt, verursacht o. Ä.) | *bakteriell versuchtes Wasser* **3** **konventionell, sensationell** *und andere* so, dass man etwas als die im ersten Wortteil genannte Sache bezeichnen kann | *unsere traditionelle Weihnachtsfeier*

Ell·bo·gen *der;* (-s, -) **1** das Gelenk, das Oberarm und Unterarm verbindet ⟨die Ellbogen aufstützen⟩ K Ellbogengelenk **2** **die Ellbogen einsetzen/gebrauchen** keine Rücksicht auf andere Menschen nehmen, wenn man das eigene Ziel erreichen will K Ellbogengesellschaft

Ell·bo·gen|frei·heit *die; nur Singular* der Spielraum oder die persönliche Freiheit, welche der Mensch braucht

El·le *die;* (-, -n) **1** der Knochen des Unterarms, der auf der Seite des kleinen Fingers liegt **2** *historisch* eine Einheit zum Messen der Länge (etwas mehr als ein halber Meter) **3** *historisch* ≈ *Messstab* ■ ID **alles mit gleicher Elle messen** unterschiedliche Dinge nur aus einer Perspektive sehen und alles gleich bewerten oder beurteilen

El·len·bo·gen *der* ≈ *Ellbogen*

el·len·lang ADJEKTIV **1** *gesprochen* sehr lang ⟨eine Rede, ein Brief⟩ **2** *gesprochen, humorvoll* sehr groß (in Bezug auf die Körpergröße) ⟨ein Kerl⟩

El·lip·se *die;* (-, -n) **1** eine geometrische Figur von der Form eines Ovals K Ellipsenachse **2** eine Aussage, in der ein Wort oder mehrere Wörter ausgelassen werden, die man aber aus dem Zusammenhang erschließen kann | *Die Antwort „Danke!" auf die Frage „Wie gehts?" ist ein Beispiel für eine Ellipse und bedeutet eigentlich „Danke, mir gehts gut."* ● hierzu **el·lip·tisch** ADJEKTIV

elo·quent ADJEKTIV; *geschrieben* ⟨ein Mensch, ein Redner⟩ so, dass sie gut und überzeugend reden können ● hierzu **Elo·quenz** *die*

Els·ter *die;* (-, -n) ein relativ großer Vogel mit schwarzen und weißen Federn ■ ID **eine diebische Elster** *gesprochen* eine Person, die oft kleinere oder nicht sehr kostbare Dinge stiehlt; **geschwätzig wie eine Elster sein** *gesprochen, abwertend* sehr viel reden

el·ter·lich ADJEKTIV *meist attributiv* von Vater und Mutter zusammen ⟨die Pflichten; Liebe, Sorge; der Haushalt, die Wohnung⟩

★ **El·tern** *die; Plural* **1** Vater und Mutter ⟨die biologischen Eltern⟩ | *Sie hatte sehr liebevolle Eltern* **2** ein Paar, bei dem ein Kind aufwächst K Adoptiveltern, Pflegeeltern ■ ID **etwas ist nicht von schlechten Eltern** *gesprochen, humorvoll* etwas ist ziemlich gut, heftig o. Ä. ● zu (1) **el·tern·los** ADJEKTIV

El·tern·abend *der* ein Treffen (am Abend), bei dem Eltern mit Lehrern über schulische Dinge sprechen

El·tern·bei·rat *der* eine Gruppe von Vätern und Müttern, welche die Eltern aller Schüler an einer Schule vertreten und die bei Angelegenheiten, welche die Schüler betreffen, mitentscheiden dürfen

El·tern·geld *das; nur Singular;* Ⓓ das Geld, das eine Frau (oder ein Mann) nach der Geburt eines Kindes bis zu 14 Monate lang vom Staat bekommt, um in dieser Zeit das Kind betreuen zu können, anstatt zu arbeiten

El·tern·haus *das* **1** der soziale Hintergrund (vor allem die Familie und die Art der Erziehung), den jemand von den Eltern hat ⟨aus einem bürgerlichen, guten, schlechten Elternhaus kommen⟩ **2** das Haus der Eltern, in dem man die Kindheit verbringt oder verbracht hat

El·tern·schaft *die;* (-, -en); *meist Singular* **1** alle Eltern, deren Kinder gemeinsam in einem Kindergarten oder einer Schule sind **2** *nur Singular* das Elternsein

El·tern·teil *der* der Vater oder die Mutter

El·tern·ver·samm·lung *die* eine Versammlung, bei der sich die Eltern von Schülern treffen, um über schulische Probleme zu sprechen

El·tern·zeit *die; nur Singular;* Ⓓ die Zeit, in der Eltern nach der Geburt eines Kindes Elterngeld bekommen ⟨(die) Elternzeit in Anspruch nehmen⟩

Email [e'mai, e'ma:j] *das;* (-s, -s) ein harter, glänzender Überzug, der als Schutz oder zur Dekoration auf Metall aufgetragen wird K Emaileimer, Emaillack, Emailschmuck, Emailtopf ● hierzu **email·lie·ren** [ema'ji:-] VERB *(hat)*

★ **E-Mail** ['i:meil] *die;* (-, -s) **1** eine elektronische Nachricht, die wie ein Brief gestaltet ist ⟨eine E-Mail schreiben, tippen, senden, bekommen, lesen, beantworten, weiterleiten⟩ K E-Mail-Anhang i → Infos unter **Brief** **2** ein System, das dazu dient, elektronische Nachrichten zu senden und zu empfangen K E-Mail-Adresse, E-Mail-Programm, E-Mail-Server

Email·le [e'maljə; e'mai] *die;* (-, -n) ≈ *Email*

Eman·ze *die;* (-, -n); *gesprochen, oft abwertend* eine (sehr selbstbewusste) Frau, die für die Rechte der Frauen eintritt

eman·zi·pie·ren VERB (emanzipierte sich, hat sich emanzipiert) eine Person befreit sich aus sozialer, rechtlicher und wirtschaftlicher Abhängigkeit ● hierzu **Eman·zi·pa·ti·on** [-'tsio:n] *die; meist Singular*

Em·bar·go *das;* (-s, -s) **ein Embargo (gegen ein Land); ein Embargo (für/auf etwas** (*Akkusativ*)) ein Verbot, Handel zu treiben (zwischen verschiedenen Staaten, oft auch auf einzelne Waren bezogen, z. B. auf Waffen) ⟨ein Embargo verhängen, lockern, aufheben; ein Embargo auf/für Waffen⟩

Emb·lem *das;* (-s, -e) **1** ein Zeichen (meist ein Bild), das für einen Begriff steht | *die Taube als Emblem des Friedens* **2** ein Zeichen, das einen Staat repräsentiert

Em·bo·lie *die;* (-, -n [-'li:ən]) ein Zustand, bei dem das Blut nicht mehr durch eine Ader fließen kann (weil die Ader durch Luft oder durch eine Verdickung des Blutes versperrt ist)

Emb·ryo ['ɛmbryo, -brio] *der/* Ⓐ *auch das;* (-s, -s/Em·bry·o·nen) ein Lebewesen am Anfang seiner Entwicklung im Körper der Mutter bzw. in der Eischale ● hierzu **emb·ry·o·nal** ADJEKTIV

eme·ri·tie·ren VERB (emeritierte, hat emeritiert) **jemanden emeritieren** *admin* einen Professor pensionieren | *ein emeritierter Professor* ● hierzu **Eme·ri·tie·rung** *die;* **Eme·ri·tus** *der;* (-, Eme·ri·ti)

Emig·rant *der;* (-en, -en) eine Person, die wegen bedrohlicher wirtschaftlicher, politischer oder religiöser Verhältnisse das Heimatland verlässt **H** *der Emigrant; den, dem, des Emigranten* ● hierzu **Emig·ran·tin** *die;* **emig·rie·ren** VERB *(ist)*

Emig·ra·ti·on [-'tsjo:n] *die;* (-, -en) **1** *nur Singular* ein fremdes Land, in dem Emigranten leben ⟨in die Emigration gehen; in der Emigration leben⟩ **2** das Emigrieren **3** **die innere Emigration** die Weigerung, aktiv in der Gesellschaft oder der Politik zu arbeiten (als Ausdruck der Opposition vor allem gegenüber einer Diktatur)

emi·nent ADJEKTIV **1** *meist attributiv* sehr groß oder hoch ⟨von eminenter Bedeutung⟩ **2** verwendet, um Adjektive zu verstärken ≈ *sehr* | *Er ist eminent fleißig* | *Das ist eine eminent wichtige Frage*

Emi·nenz *die;* (-, -en) **1** verwendet als Titel und Anrede für einen Kardinal **2** ≈ *Kardinal* **3** **eine graue Eminenz** eine Person, die sehr viel Einfluss und Macht hat, aber in der Öffentlichkeit nicht bekannt ist

Emir *der;* (-s, -e) ein Fürst in islamischen Ländern ● hierzu **Emi·rat** *das;* (-(e)s, -e)

Emis·si·on *die;* (-, -en) **1** das Abgeben von (meist schädlichen) Stoffen aus Schornsteinen o. Ä. in die Atmosphäre **K** Emissionsquelle **2** die Ausgabe von neuen Wertpapieren auf dem Kapitalmarkt ● hierzu **emit·tie·ren** VERB *(hat)*

Em·men·ta·ler *der;* (-s, -) eine Sorte von hartem Schweizer Käse mit großen Löchern

Emo·ti·on [-'tsjo:n] *die;* (-, -en) eine (meist starke) seelische Erregung wie z. B. Liebe, Hass ⟨durch, mit etwas in jemandem Emotionen wecken⟩ ≈ *Gefühl* ● hierzu **emo·ti·o·nal** ADJEKTIV

emp·fahl *Präteritum, 1. und 3. Person Singular* → empfehlen

emp·fand *Präteritum, 1. und 3. Person Singular* → empfinden

emp·fän·de *Konjunktiv II, 1. und 3. Person Singular* → empfinden

★ **Emp·fang** *der;* (-(e)s, Emp·fän·ge) **1** *nur Singular* der Vorgang, bei dem man etwas von jemandem bekommt | *eine Quittung über den Empfang einer Zahlung ausschreiben* **K** Empfangsbescheinigung, Empfangsbestätigung; empfangsberechtigt **2** *nur Singular* der Vorgang der Begrüßung ⟨jemandem einen begeisterten, freundlichen, frostigen Empfang bereiten⟩ **K** Empfangskomitee, Empfangsraum, Empfangszimmer **3** eine (offizielle) Feier zu Ehren einer wichtigen Persönlichkeit ⟨für jemanden einen Empfang geben; an einem Empfang teilnehmen⟩ **4** *nur Singular* die technische Qualität eines Funksignals ⟨einen guten, schlechten Empfang haben⟩ | *Ich habe hier mit dem Handy keinen Empfang* **K** Empfangsgerät, Empfangsqualität **5** die Stelle in einem Hotel, zu der die Gäste gehen, wenn sie ankommen ⟨sich am Empfang melden⟩ ≈ *Rezeption* **K** Empfangshalle **6** **etwas in Empfang nehmen** etwas bekommen, das einem eine Person gibt **7** **jemanden in Empfang nehmen** jemanden begrüßen oder irgendwo abholen

★ **emp·fan·gen** VERB (empfängt, empfing, hat empfangen) **1** **etwas (von jemandem) empfangen** etwas (von jemandem) bekommen ⟨ein Geschenk, ein Telegramm, einen Brief, einen Auftrag empfangen⟩ **2** **jemanden (irgendwie) empfangen** jemanden (irgendwie) begrüßen ⟨jemanden freundlich, höflich, herzlich, kühl empfangen⟩ **3** **jemanden empfangen** jemanden als Besucher oder Gast meist bei einer offiziellen Veranstaltung begrüßen | *Die ausländische Delegation wurde im Festsaal des Schlosses empfangen* **4** **etwas empfangen** mithilfe entsprechender Geräte etwas hören oder sehen ⟨einen Funkspruch, eine Sendung empfangen⟩

★ **Emp·fän·ger** *der;* (-s, -) **1** eine Person, die eine Sache (vor allem eine Zahlung oder Nachricht) bekommt **K** Leistungsempfänger, Sendungsempfänger, Zahlungsempfänger **2** ein Gerät, mit dem man Sendungen oder Funksprüche empfangen kann **K** Rundfunkempfänger ● zu (1) **Emp·fän·ge·rin** *die*

emp·fäng·lich ADJEKTIV **1** **für etwas empfänglich sein** bereit sein, Eindrücke oder Empfindungen offen aufzunehmen oder Anregungen von anderen Leuten zu akzeptieren ⟨empfänglich für Lob, Schmeicheleien sein⟩ **2** **für etwas empfänglich sein** immer wieder die genannten Krankheiten bekommen ⟨empfänglich für Infektionskrankheiten sein⟩ ● hierzu **Emp·fäng·lich·keit** *die*

Emp·fäng·nis *die;* (-); *geschrieben* (bei Menschen) die Befruchtung einer weiblichen Eizelle durch eine männliche Samenzelle

Emp·fäng·nis·ver·hü·tung *die; meist Singular* die Verhinderung einer Schwangerschaft (z. B. durch Medikamente oder Kondome)

Emp·fangs·chef *der* ein Angestellter in einem großen Hotel, welcher die Gäste begrüßt und empfängt

emp·fängt *Präsens, 3. Person Singular* → empfangen

★ **emp·feh·len** VERB (empfiehlt, empfahl, hat empfohlen) **1** **(jemandem) eine Person/Sache empfehlen** jemandem eine Person oder Sache nennen, die für einen Zweck geeignet oder günstig wäre | *Dieses Buch kann ich dir sehr empfehlen* | *Können Sie mir einen guten Augenarzt empfehlen?* **2** **(jemandem) etwas empfehlen** jemandem raten, etwas zu tun | *Der Arzt hat mir empfohlen, auf Alkohol zu verzichten* | *Ich habe empfohlen, dass er mit der Bahn fährt* **3** **etwas empfiehlt sich** etwas ist für einen Zweck gut oder sinnvoll | *Diese Behandlung empfiehlt sich besonders bei inneren Verletzungen* | *Unter den jetzigen Umständen empfiehlt es sich, noch etwas zu warten* **4** **sich empfehlen** *veraltet* sich verabschieden

emp·feh·lens·wert ADJEKTIV **1** von guter Qualität oder für einen Zweck sehr geeignet ⟨ein Buch, ein Medikament, eine Reise⟩ **2** **es ist empfehlenswert zu** *+Infinitiv* es ist ratsam oder sinnvoll | *Es ist empfehlenswert, diese Reise früh zu buchen*

★ **Emp·feh·lung** *die;* (-, -en) **1** ein (guter) Rat oder Vorschlag | *Auf seine Empfehlung habe ich den Arzt gewechselt* **2** ein lobendes Urteil ⟨jemandem eine Empfehlung schreiben⟩ | *Auf die Empfehlung seines Chefs hin wurde er Abteilungsleiter* **K** Empfehlungsbrief, Empfehlungsschreiben

emp·fiehlt *Präsens, 3. Person Singular* → empfehlen

★ **emp·fin·den** VERB (empfand, hat empfunden) **1** **etwas empfinden** das genannte Gefühl haben ⟨Durst, Hitze, Schmerzen, Liebe, Angst, Trauer, Hass empfinden⟩ **2** **jemanden/etwas als etwas empfinden** von einer Person oder Sache die genannte Meinung oder den genannten Eindruck haben | *Was du da Musik nennst, empfinde ich als (puren) Lärm* **3** **(sehr) viel für jemanden empfinden** jemanden (sehr) gern mögen **4** **eine Person empfindet nichts für jemanden** eine Person hat keine positiven Gefühlen (und auch keine negativen) Gefühle für eine andere Person

Emp·fin·den *das;* (-s); *geschrieben* **das Empfinden (für etwas)** die Gefühle und Meinungen, die jemand in Bezug auf etwas hat ⟨das sittliche, ästhetische, künstlerische Empfinden; ein starkes Empfinden; das Empfinden für Gerechtigkeit, Verantwortung⟩

★ **emp·find·lich** ADJEKTIV **1** so, dass eine Stelle am Körper

E

E

schnell und oft wehtut ⟨ein Zahn⟩ **2** so, dass eine Person schnell oft krank wird **3** so, dass etwas schonend behandelt werden muss (weil es leicht zu beschädigen ist) ⟨eine Haut, ein Stoff, ein Teppich, eine Pflanze⟩ **4** so, dass jemand leicht zu kränken oder zu beleidigen ist | *Das war doch nicht als Kritik gemeint, sei doch nicht so empfindlich!* | *Ihre Bemerkung hat bei ihm eine empfindliche Stelle getroffen* (betraf ein Thema, bei dem er gekränkt reagiert) **5** so, dass ein Messgerät o. Ä. sehr schnell reagiert, feine Unterschiede feststellt **6** **empfindlich gegen etwas sein** auf etwas schnell negativ reagieren, durch etwas schnell krank oder geschädigt werden ⟨empfindlich gegen Kälte, Sonne, Zugluft sein⟩ **K** hitzeempfindlich, kälteempfindlich, lichtempfindlich **7** so, dass etwas das normale Maß in negativer Weise überschreitet ⟨eine Kälte, eine Niederlage, ein Verlust; empfindlich kalt; etwas tut empfindlich weh; jemanden empfindlich treffen⟩ ● zu (1 – 6) **Emp·find·lich·keit** *die*

emp·find·sam ADJEKTIV ⟨ein Mensch, eine Seele⟩ ≈ *gefühlsbetont* ● hierzu **Emp·find·sam·keit** *die*

Emp·fin·dung *die;* (-, -en) ein Gefühl ⟨die Empfindung von Kälte, Schmerz, Freude, Liebe, Leid⟩

emp·fing *Präteritum, 1. und 3. Person Singular* → empfangen

emp·foh·len PARTIZIP PERFEKT → empfehlen

emp·fun·den PARTIZIP PERFEKT → empfinden

Em·pha·se [-f-] *die;* (-, -n); *meist Singular; geschrieben* ein Mittel (z. B. Lautstärke), mit dem man beim Reden das Wichtige stark betont ⟨mit Emphase reden, auf etwas hinweisen⟩ ≈ *Nachdruck* ● hierzu **em·pha·tisch** ADJEKTIV

em·pi·risch ADJEKTIV durch das Sammeln von Daten gewonnen, also durch Beobachtungen, Experimente, Befragungen usw. | *nach neuesten empirischen Erkenntnissen* | *Die empirische Seite meiner Diplomarbeit ist schon fertig* (die konkrete Forschungsarbeit) ● hierzu **Em·pi·rie** *die*

em·por *geschrieben* (von unten) nach oben ⟨zum Himmel, zum Licht, zu den Sternen empor⟩

em·por- (*im Verb, betont und trennbar, begrenzt produktiv; Diese Verben werden so gebildet:* emporfliegen, flog empor, emporgeflogen); *geschrieben* **emporschweben, emporsehen, emporstreben; jemanden/etwas emporheben, emporziehen** *und andere* bezeichnet eine Bewegung von unten nach oben | *Das Feuer loderte hoch empor* (Die Flammen des Feuers gingen hoch nach oben)

em·por·ar·bei·ten VERB (*hat*) **sich (zu etwas) emporarbeiten** *geschrieben* sehr fleißig arbeiten und dadurch in eine höhere Stellung kommen | *Sie hat sich von der einfachen Buchhalterin (bis) zur Prokuristin emporgearbeitet*

Em·po·re *die;* (-, -n) eine Galerie oder ein Balkon in Kirchen oder großen Sälen

em·pö·ren VERB (empörte, hat empört) **1** **etwas empört jemanden** etwas, das eine Person sagt oder tut, macht jemanden wütend **2** **sich über jemanden/etwas empören** über jemanden/etwas wütend werden | *Ich habe mich über seine Bemerkungen empört* **3** **sich gegen jemanden/etwas empören** *veraltet* gegen jemanden/etwas rebellieren oder einen Aufstand machen

em·por·kom·men VERB (*ist*); *geschrieben* **1** eine höhere Stellung in der Gesellschaft erreichen **2** nach oben, an die Oberfläche einer Sache kommen

Em·por·kömm·ling *der;* (-s, -e); *abwertend* eine Person, die in kurzer Zeit zu Reichtum und Macht gekommen ist (und von der höheren Gesellschaft nicht akzeptiert wird)

em·pört ■ PARTIZIP PERFEKT **1** → empören
■ ADJEKTIV **2** so, dass deutlich wird, dass man sich ärgert ≈ *entrüstet* | *Sie wies die Vorwürfe empört zurück*

★ **Em·pö·rung** *die;* (-); *geschrieben* das Gefühl, wenn man ein Verhalten oder Zustände schlecht oder ungerecht findet und nicht akzeptieren will | *Seine taktlosen Bemerkungen riefen allgemein Empörung hervor*

em·sig ADJEKTIV **1** ⟨eine Ameise, eine Biene⟩ so, dass sie mit großem Fleiß (und ununterbrochen) arbeiten **2** mit viel Fleiß und Konzentration verbunden ⟨Betriebsamkeit, Tätigkeit⟩ | *Er trug in emsiger Kleinarbeit das Material zusammen*

Emul·si·on *die;* (-, -en) eine Mischung von zwei Flüssigkeiten, wie z. B. von Öl und Wasser, bei der sich die Flüssigkeiten aber nicht im chemischen Sinne verbinden

★ **En·de** *das;* (-s, -n) **1** *nur Singular* die Stelle, an der etwas aufhört oder nach der es etwas nicht mehr gibt ⟨am Ende der Straße, der Stadt, des Zuges⟩ ↔ *Anfang* **K** Endsilbe, Endziffer **2** *nur Singular* der Zeitpunkt, zu dem etwas aufhört oder nach dem es etwas nicht mehr gibt ⟨am Ende der Woche, des Monats, des Jahres⟩ **K** Endphase, Endstadium **3** *euphemistisch nur Singular* ≈ *Tod* | *Sie fühlte das Ende nahen* | *Sein Ende war qualvoll* **4** das letzte Stück oder der letzte Teil einer Sache ⟨das Ende einer Schnur, einer Wurst; am Ende des Buches, des Filmes⟩ | *Der Roman hat ein ziemlich überraschendes/trauriges Ende* **5** *norddeutsch, gesprochen* ein kleines Stück einer Sache ⟨ein Ende Wurst, Käse⟩ **6** **Ende** *+Zeitangabe* am Ende der genannten Zeit | *Er kommt Ende nächster Woche/Ende Januar* | *Reicht es, wenn ich bis/gegen Ende des Monats fertig bin?* **7** **Ende** *+Zahl* ungefähr so alt wie die genannte Zahl plus 7–9 Jahre ⟨Ende zwanzig, dreißig, vierzig sein⟩

■ **ID** ▸Präposition plus Ende: **am Ende** **a** zuletzt, schließlich | *Am Ende haben sie sich dann wieder vertragen* **b** *gesprochen* verwendet, um Erstaunen auszudrücken | *Hast du das am Ende selbst gemacht?*; **am Ende sein** erschöpft sein und nicht mehr wissen, was man tun soll; **etwas am falschen Ende anpacken** bei der Lösung eines Problems falsch beginnen; **etwas zu Ende bringen** eine Aufgabe oder eine Arbeit (erfolgreich) beenden;

▸Ende als Objekt: **etwas nimmt kein Ende** etwas Negatives, Lästiges o. Ä. hört nicht auf; **etwas nimmt ein gutes/schlimmes/trauriges Ende** etwas endet auf positive/sehr negative/traurige Weise; **einer Sache** (*Dativ*) **ein Ende machen** mit etwas zum Schluss kommen, zu einer (oft schnellen) Lösung kommen;

▸andere Verwendungen: **etwas geht zu Ende** etwas endet; **am Ende der Welt** weit weg von jeder größeren Stadt; **das Ende vom Lied** der (meist negative) Ausgang oder Schluss eines Vorgangs; **es ist noch ein ganzes/ziemliches Ende** *gesprochen* es ist noch ziemlich weit

End·ef·fekt *der; nur Singular* **1** das schließliche Ergebnis **2** **im Endeffekt** wenn man es vom Ergebnis her sieht oder beurteilt | *Im Endeffekt kommt nichts dabei heraus*

★ **en·den** VERB (endete, hat/ist geendet) **1** **etwas endet irgendwo** (*hat*) etwas kommt räumlich an ein Ende | *Dort endet die Straße* | *Der Rock endet knapp über dem Knie* **2** **etwas endet irgendwann** (*hat*) etwas kommt zeitlich zu einem Ende | *Der Kurs endet im Mai* | *nicht enden wollender Applaus* (= sehr langer) **3** **etwas endet irgendwie** (*hat*) etwas kommt irgendwie zum Schluss | *Das Stück endet mit dem Tod des Helden* | *Das wird nicht gut enden* | *Unsere Diskussionen enden immer im Streit* **4** **jemand endet irgendwie** *geschrieben* (*hat/ist*) jemand stirbt auf die genannte Art ⟨jemand endet tragisch, durch Selbstmord, durch fremde Hand⟩ **5** **etwas endet auf etwas** (*Dativ*) (*hat*) etwas hat den genannten Buchstaben, die genannte Silbe, das genannte Wort o. Ä. am Schluss stehen | *„Vater" endet auf „r"*

End·er·geb·nis *das* das endgültige Ergebnis ⟨das amtliche Endergebnis (einer Wahl)⟩

★ **end·gül·tig** ADJEKTIV so, dass etwas nicht mehr verändert werden (kann) ⟨ein Bescheid, ein Entschluss, eine Entscheidung, eine Fassung, eine Version, eine Niederlage⟩ | *Ich habe noch nichts Endgültiges gehört* • hierzu **End·gül·tig·keit** *die*

End|hal·te·stel·le *die* ≈ *Endstation*

En·di·vie [ɛnˈdiːvi̯ə] *die*; (-, -n) eine Pflanze mit leicht bitter schmeckenden Blättern, aus denen man Salat macht K Endiviensalat

End·kampf *der* der letzte und entscheidende Wettkampf, für den sich die Sportler vorher qualifizieren müssen ⟨sich für den Endkampf qualifizieren⟩

End·la·ger *das* eine sehr sichere und gut geschützte Deponie, vor allem für chemische und radioaktive Abfälle • hierzu **End·la·ge·rung** *die*

End·lauf *der* der letzte und entscheidende Wettlauf

★ **end·lich** ■ ADVERB **1** verwendet, um (nach einer langen Wartezeit) Erleichterung auszudrücken | *Gott sei Dank, wir sind endlich da!* | *Na endlich!* **2** verwendet, um Ungeduld auszudrücken | *Kommst du jetzt endlich?* **3** nach langer Zeit | *Endlich begriff er den Sinn ihrer Worte* ■ ADJEKTIV **4** so, dass es einen Anfang und ein Ende hat ↔ *unendlich* | *Nach Meinung vieler Physiker ist das Weltall endlich* • zu (4) **End·lich·keit** *die*

end·los ADJEKTIV so, dass etwas (scheinbar) kein Ende hat ⟨eine Autokolonne, eine Diskussion, die Wartezeit⟩ | *Die Reise zieht sich endlos hin* • hierzu **End·lo·sig·keit** *die*

End·lö·sung *die* **1** eine Lösung, die einem Zustand o. Ä. ein Ende bereitet **2** **die Endlösung (der Judenfrage)** *historisch* die geplante Vernichtung aller Juden in Europa H Dieses Wort wird heute nur in Zitaten aus nationalsozialistischen Texten oder in historischen Fachtexten verwendet.

End·pro·dukt *das* das Produkt, das am Ende eines meist relativ langen Prozesses entsteht

End·punkt *der* **1** der letzte Punkt einer Strecke, das letzte Ziel einer Reise o. Ä. **2** eine Situation, in der es für ein Problem keine Lösung mehr gibt | *Wir sind in unserer Beziehung an einem Endpunkt angelangt und sollten uns trennen*

End·re·sul·tat *das* ≈ *Endergebnis*

End·run·de *die* die letzte Serie von Spielen oder Wettkämpfen bei einem großen sportlichen Wettbewerb, z. B. einer Weltmeisterschaft, Europameisterschaft o. Ä. ⟨in die Endrunde kommen; die Endrunde erreichen⟩ H Endrunde ≠ Endspiel

★ **End·spiel** *das* das letzte und entscheidende Spiel, in dem der Sieger eines Wettkampfes mit mehreren Teilnehmern ermittelt wird ≈ *Finale* | *Hast du einen Tipp, welche Mannschaften das Endspiel erreichen/bestreiten werden?*

End·spurt *der* **1** der Spurt auf der letzten Strecke kurz vor dem Ziel **2** eine letzte besondere Anstrengung, um eine Arbeit fertig zu machen, eine Prüfung zu bestehen usw.

★ **End·sta·ti·on** *die* **1** die letzte Haltestelle einer Bus-, Straßenbahn-, U-Bahnlinie o. Ä. **2** *gesprochen* ein Punkt, von dem aus es nicht mehr (positiv) weitergeht | *Endstation Krankenhaus* | *Endstation Gefängnis* | *Endstation Rollstuhl*

End·sum·me *die* die Summe, die nach der Addition von mehreren Zwischensummen entsteht

En·dung *die*; (-, -en) der letzte Teil eines Wortes, der (je nach Gebrauch des Wortes) verändert werden kann oder zur Wortbildung verwendet wird | *Im Akkusativ hat das Wort „Pilot" die Endung „-en" (den Piloten)*

End·ver·brau·cher *der* eine Person, die etwas zum eigenen Gebrauch kauft K Endverbraucherpreis • hierzu **End·ver·brau·che·rin** *die*

ener·ge·tisch ADJEKTIV **1** in Bezug auf die Entstehung, Nutzung oder Umwandlung von Energie (Strom usw.) | *die energetische Sanierung eines Gebäudes* | *die energetische Nutzung von Holz* **2** in Bezug auf die körperliche oder psychische Energie einer Person | *das energetische Gleichgewicht* **3** voller Schwung und Energie ≈ *energiegeladen* | *Er machte einen sehr energetischen Eindruck auf mich*

★ **Ener·gie** *die*; (-, -n [-ˈgiːən]) ■ *meist Singular* wir brauchen körperliche, geistige und seelische Energie, um etwas leisten zu können ⟨voller Energie sein; mit Energie an etwas herangehen; alle Energie aufbieten; mit Energie geladen sein⟩ **2** *meist Singular* Energie wird vor allem gebraucht, um elektrische Geräte anzutreiben und Häuser zu heizen und zu beleuchten K Energiebedarf, Energieeinsparung, Energieerzeugung, Energiegewinnung, Energiequelle, Energieverbrauch, Energieverschwendung, Energieversorgung; Atomenergie, Solarenergie, Sonnenenergie, Windenergie **3** *meist Singular* Energie ist eine physikalische Größe, die ein Körper besitzt (z. B. Magnetismus, Elektrizität, Bewegung, Wärme) K Bewegungsenergie, Ruheenergie, Masseenergie • zu (1) **ener·gie·los** ADJEKTIV

Ener·gie·aus·weis *der*; Ⓓ ein Dokument, in dem steht, wie viel Energie in einem Gebäude zum Heizen verbraucht wird

Ener·gie·kri·se *die* ein großer Mangel an Strom, Treibstoffen o. Ä., der zu wirtschaftlichen Problemen in einem Land führt

Ener·gie·spar|lam·pe *die* ein Leuchtmittel, das wenig Strom verbraucht

Ener·gie·wen·de *die* ein (während der Ölkrise in den 1970er Jahren und nach den Unfällen von Tschernobyl und Fukushima geforderter) Wechsel von der Energieerzeugung durch Kohle, Erdöl und Kernenergie auf umweltfreundliche Energie aus Wind, Sonnenlicht, Wasserkraft usw.

★ **ener·gisch** ADJEKTIV **1** voller Energie ⟨energisch handeln, vorgehen; etwas energisch anpacken⟩ **2** mit Temperament ⟨ein Mensch, ein Auftreten; energisch protestieren⟩ ≈ *nachdrücklich* | *Ich muss diesen Vorwurf energisch von mir weisen!*

★ **eng** ADJEKTIV **1** mit wenig Platz zwischen den Seiten ⟨eine Gasse, eine Straße, ein Tal⟩ ↔ *breit* **2** so, dass Personen/Dinge sehr dicht nebeneinander sind | *eng schreiben* | *eine enge Umarmung* | *Sie saßen eng umschlungen auf dem Sofa* **3** so, dass Kleidung direkt am Körper liegt ⟨eng anliegend; etwas wird (jemandem) zu eng⟩ ↔ *weit* | *eine enge Jeans* **4** so, dass sich Personen gut kennen und mögen ⟨Beziehungen, Kontakte; mit jemandem eng befreundet sein⟩ **5** so, dass man sich sehr genau an Vorschriften hält ⟨etwas eng auslegen, befolgen⟩ ■ ID **Das darf man nicht so eng sehen** Hier muss man toleranter oder großzügiger sein; **einen engen Horizont haben** geistig beschränkt sein, ungebildet sein; **im engeren Sinne** nur in der eigentlichen, konkreten Bedeutung; **im engsten Familienkreis** nur mit den nächsten Verwandten (den Eltern, Kindern usw.)

WEIT
ENG

weit eng

★ **En·ga·ge·ment** [ãgaʒ(ə)'mã:] *das;* (-s, -s) **1** *nur Singular* der persönliche Einsatz für etwas, das einem sehr wichtig erscheint ⟨etwas mit großem Engagement tun⟩ **2** ein Vertrag mit einem Künstler für einen oder mehrere Auftritte | *ein Engagement für zwei Jahre bekommen*

★ **en·ga·gie·ren** VERB [ãga'ʒi:rən] (engagierte, hat engagiert) **1** **jemanden engagieren** einem Künstler einen Vertrag für Auftritte geben ⟨einen Schauspieler an ein Theater, eine Band für ein Konzert/einen Ball engagieren⟩ **2** **sich (für jemanden/etwas) engagieren** sehr viel dafür tun, dass ein Ziel erreicht oder Personen geholfen wird ⟨sich politisch, sozial engagieren; ein engagierter Mitarbeiter⟩ ≈ *sich einsetzen* | *Sie engagierte sich sehr für die Rechte verfolgter Minderheiten* | *Er ist politisch engagiert*

★ **Ẹn·ge** *die;* (-, -n) **1** *nur Singular* der Mangel an Platz | *Im Bus herrschte drangvolle Enge* (große Enge) **2** eine enge Stelle meist im Meer, durch die man z. B. mit einem Schiff fahren kann K Meerenge ■ ID **jemanden in die Enge treiben** eine Person mit Fragen oder Argumenten in eine Situation bringen, in der sie nicht mehr weiß, was sie sagen soll

★ **Ẹn·gel** *der;* (-s, -) **1** nach christlicher Vorstellung ein Wesen, das von Gott als Bote zu den Menschen geschickt wird. Engel sehen oft wie Menschen mit Flügeln aus K Engelschar; Schutzengel **2** ein guter Mensch, der anderen Menschen hilft ⟨ein guter, hilfreicher, rettender Engel⟩ | *Wie lieb von dir, du bist wirklich ein Engel!* ■ ID **Du ahnungsloser Engel!** *gesprochen* Du weißt von nichts, du bist naiv; **die Engel/Englein im Himmel singen hören** *gesprochen, humorvoll* (plötzlich) starke Schmerzen haben

Ẹn·gels·ge·duld *die* sehr große Geduld ⟨eine Engelsgeduld (mit jemandem) haben⟩

Ẹn·gels·zun·gen *die; Plural* ■ ID **mit Engelszungen (zu jemandem) reden** geduldig und eindringlich eine lange Zeit mit einer Person sprechen, um sie von etwas zu überzeugen

ẹng·ma·schig ADJEKTIV mit kleinen Maschen ⟨ein Netz; ein engmaschig gestrickter Pullover⟩

Ẹng·pass *der* **1** eine sehr enge Stelle, z. B. auf einer Straße **2** **ein Engpass (an etwas** *(Dativ)***)** ein Mangel an den genannten Produkten oder Leistungen (meist nur für kurze Zeit) K Versorgungsengpass

en gros [ã'gro] ADVERB in großen Mengen ⟨etwas en gros einkaufen⟩

ẹng·stir·nig ADJEKTIV; *abwertend* ⟨ein Mensch, Ansichten⟩ von Vorurteilen oder festen, traditionellen Meinungen geprägt • hierzu **Ẹng·stir·nig·keit** *die*

★ **Ẹn·kel** ['ɛŋkl] *der;* (-s, -) **1** das Kind des Sohnes oder der Tochter K Enkelkind, Enkelsohn, Enkeltochter i → Abb. unter **Familie** **2** *nur Plural* alle eigenen Kinder, Enkel, Urenkel usw. ≈ *Nachkommen* • zu (1) **Ẹn·ke·lin** *die*

En·kla·ve [-v-] *die;* (-, -n) **1** ein (meist kleines) Gebiet eines Staates, das vollständig von Gebieten eines anderen Staates umgeben ist **2** ein Gebiet, das ganz anders ist als die Umgebung

★ **enorm** ADJEKTIV **1** außergewöhnlich groß, hoch oder stark | *ein Gemälde von enormem Wert* | *Die Kosten stellen eine enorme Belastung für mich dar* | *Der Film hatte einen enormen Erfolg* **2** verwendet, um Adjektive oder Verben zu verstärken ≈ *sehr* | *enorm kalt* | *Er strengt sich enorm an*

en pas·sant [ãpa'sã] ADVERB ≈ *nebenbei*

En·sem·ble [ã'sã:bl] *das;* (-s, -s) eine Gruppe von Künstlern, meist Musikern oder Tänzern, die gemeinsam auftreten K Ensemblemitglied, Ensemblemusik; Musikensemble, Theaterensemble

ent- *(im Verb, unbetont, nicht trennbar, sehr produktiv; Diese Verben werden so gebildet:* entknoten, entknotete, entknotet) **1** **etwas entkorken, entrosten, entwässern; jemanden entgiften, entwaffnen** *und andere* drückt aus, dass etwas entfernt wird oder eine Person/Sache davon befreit wird | *Der Ofen muss von Zeit zu Zeit entrußt werden* (Der Ofen muss von Zeit zu Zeit von Ruß befreit werden) **2** **(jemandem/etwas) entfliehen, entschweben; etwas** *(Dativ)* **entstammen, entsteigen** *und andere meist geschrieben* beschreibt eine Bewegung von einer Person/Sache weg oder eine Herkunft | *Es wurde befürchtet, dass dem defekten Reaktor größere Mengen radioaktiven Gases entströmt seien* (Es wurde befürchtet, dass aus dem defekten Reaktor radioaktives Gas herausgekommen ist)

ent·ar·ten VERB (entartete, ist entartet) **etwas entartet zu etwas** etwas entwickelt sich so, dass es nicht als normal gilt oder in dieser Art nicht erwartet wurde | *Harmlose Muttermale können zu bösartigen Tumoren entarten* i Dieses Wort wird von vielen vermieden, weil es an den Nationalsozialismus erinnert. • hierzu **Ent·ar·tung** *die*

ent·beh·ren VERB (entbehrte, hat entbehrt) **1** **etwas entbehren** *geschrieben* ohne etwas auskommen (müssen) | *Nach dem Krieg mussten die Menschen vieles entbehren* **2** **jemanden (nicht) entbehren können** auf jemanden (nicht) verzichten können | *Wir können keinen unserer Arbeiter hier entbehren* **3** **etwas entbehrt einer Sache** *(Genitiv) geschrieben* etwas hat etwas nicht, das eigentlich da sein sollte | *Seine Aussage entbehrt der Glaubwürdigkeit/der Genauigkeit*

ent·behr·lich ADJEKTIV ⟨Menschen, Dinge⟩ so, dass man sie nicht braucht oder darauf verzichten kann

Ent·beh·rung *die;* (-, -en); *geschrieben* ein Mangel an etwas, das man notwendig braucht ⟨große Entbehrungen auf sich nehmen⟩ • hierzu **ent·beh·rungs·reich** ADJEKTIV

ent·bie·ten VERB (entbot, hat entboten) **jemandem einen Gruß/Grüße entbieten** *veraltend* jemanden (be)grüßen

ent·bin·den VERB (entband, hat entbunden) **1** **jemanden von etwas entbinden** *geschrieben* jemanden von einer Pflicht, einer Aufgabe o. Ä. befreien oder aus einem Amt entlassen ⟨jemanden von seinem Versprechen, Eid, einem Amt entbinden⟩ **2** **eine Frau wird (von einem Kind) entbunden** eine Frau bringt (mit der Hilfe einer Hebamme o. Ä.) ein Kind zur Welt | *Sie wurde von einem gesunden Mädchen entbunden* (Sie gebar ein gesundes Mädchen) **3** (als Frau) ein Kind gebären | *Sie hat gestern entbunden*

Ent·bin·dung *die;* (-, -en) **1** *nur Singular* das Entbinden von Aufgaben o. Ä. **2** der Vorgang, wenn ein Kind geboren wird (aus Sicht der Mutter oder des Arztes) ≈ *Geburt* K Entbindungsstation

ent·blö·ßen VERB (entblößte, hat entblößt); *geschrieben* **1** **etwas entblößen** die Kleidung von einem Teil des Körpers wegnehmen ⟨die Brust, das Haupt entblößen⟩ **2** **sich entblößen** sich nackt ausziehen oder Kleidung von einem Körperteil nehmen

ent·bren·nen VERB (entbrannte, ist entbrannt); *geschrieben* **1** **etwas entbrennt** etwas fängt plötzlich mit Heftigkeit an ⟨eine Diskussion, ein Krieg, ein Streit⟩ **2** **in etwas (für jemanden/zu jemandem) entbrennen** plötzlich ein sehr starkes Gefühl von Liebe, Hass o. Ä. bekommen | *Er entbrannte in Liebe für sie/zu ihr*

★ **ent·de·cken** VERB (entdeckte, hat entdeckt) **1** **etwas entdecken** etwas finden, was vielen Menschen bisher unbekannt war | *Kolumbus hat Amerika entdeckt* **2** **etwas entdecken** etwas, das man noch nicht kennt, plötzlich erkennen oder herausfinden | *Auch wenn man die Stadt gut kennt, entdeckt man immer wieder etwas Neues* **3** **jemanden/etwas (irgendwo) entdecken** jemanden/etwas (vor allem nach einer Suche) irgendwo treffen oder finden | *Ich entdeckte*

Blutspuren am Boden

Ent·dẹ·cker *der;* (-s, -) eine Person, die etwas Unbekanntes entdeckt hat ● hierzu **Ent·dẹ·cke·rin** *die*

Ent·dẹ·ckung *die;* (-, -en) **1** das Entdecken ⟨eine Entdeckung machen⟩ | *die Entdeckung Amerikas durch Kolumbus* | *Der Arzt machte eine überraschende Entdeckung auf dem Röntgenbild* K Entdeckungsfahrt **2** das, was entdeckt worden ist | *Der Forscher veröffentlichte seine wissenschaftlichen Entdeckungen*

★ **Ẹn·te** *die;* (-, -n) **1** Enten sind Vögel mit einem breiten Schnabel, die gut schwimmen können ⟨die Ente quakt, schnattert⟩ K Entenbraten, Entenjagd, Entenküken, Entenschnabel, Ententeich **2** eine weibliche Ente **3** eine falsche Nachricht, die in der Presse veröffentlicht wurde K Zeitungsente, Presseente ■ ID **eine lahme Ente** *gesprochen, abwertend oder humorvoll* ein Mensch, der kein Temperament hat

ENTE

ent·ẹh·ren VERB (entehrte, hat entehrt) **1** **jemanden entehren** so handeln, dass jemand seine Ehre verliert **2** **ein Mädchen entehren** *veraltet* ein Mädchen (vor der Ehe) zum Sex verführen oder zwingen

ent·eig·nen VERB (enteignete, hat enteignet) **jemanden enteignen** jemandem das Eigentum (meist Häuser, Fabriken o. Ä.) nehmen und es aufgrund von Gesetzen zum Eigentum des Staates machen ● hierzu **Ent·eig·nung** *die*

ent·ei·sen VERB (enteiste, hat enteist) **etwas enteisen** etwas von Eis befreien ⟨das Türschloss (beim Auto) enteisen⟩ ● hierzu **Ent·ei·sung** *die*

ent·ẹr·ben VERB (enterbte, hat enterbt) **jemanden enterben** bestimmen, dass eine Person, die ein Recht auf ein Erbe hat oder der man früher ein Erbe versprochen hat, das Erbe nicht bekommt ● hierzu **Ent·ẹr·bung** *die*

Ẹn·te·rich *der;* (-s, -e) eine männliche Ente

ẹn·tern VERB (enterte, hat geentert) **etwas entern** *historisch* von einem Schiff auf ein anderes gehen (meist mitten auf dem Meer), um es zu erobern

ent·fa·chen VERB (entfachte, hat entfacht); *geschrieben* **1** **etwas entfachen** etwas zum Brennen bringen ⟨ein Feuer entfachen⟩ **2** **jemand/etwas entfacht etwas** jemand/etwas bewirkt, dass etwas anfängt ⟨etwas entfacht einen Krieg; jemand entfacht einen Streit⟩ **3** **etwas entfacht etwas (in jemandem)** etwas bewirkt, dass ein starkes Gefühl (in jemandem) entsteht ⟨etwas entfacht Begeisterung, Hass⟩

ent·fah·ren VERB (entfuhr, ist entfahren) **jemandem entfährt etwas** *geschrieben* jemand sagt spontan etwas oder stößt einen Laut aus ⟨jemandem entfährt eine Bemerkung, ein Schrei⟩

★ **ent·fal·len** VERB (entfällt, entfiel, ist entfallen) **1** **etwas entfällt** *geschrieben* etwas findet nicht statt | *Meine Sprechstunde muss heute leider entfallen* **2** **etwas entfällt** *geschrieben* ein Teil eines Gesetzes oder Vertrages ist nicht mehr gültig **3** **etwas entfällt auf jemanden/etwas** etwas wird jemandem/etwas gegeben oder zugeteilt | *Der Gewinn entfällt auf das Los Nr. 30* **4** **etwas entfällt jemandem** jemand kann sich (für kurze Zeit) an etwas nicht erinnern | *Es tut mir Leid, aber ihr Name ist mir entfallen*

ent·fal·ten VERB (entfaltete, hat entfaltet) **1** **etwas entfalten** *geschrieben* etwas, das gefaltet ist, ausbreiten ⟨ein Taschentuch, eine Tischdecke, eine Zeitung entfalten⟩ **2** **etwas entfalten** etwas zeigen oder entwickeln ⟨Aktivitäten, Initiative entfalten⟩ **3** **sich entfalten (können)** die individuellen Eigenschaften und Fähigkeiten entwickeln (können) ⟨sich frei entfalten können⟩ **4** **etwas entfaltet sich** etwas öffnet sich ⟨eine Blüte, Blume⟩ ● zu (2 – 4) **Ent·fal·tung** *die*

★ **ent·fẹr·nen** VERB (entfernte, hat entfernt); *geschrieben* **1** **etwas (aus/von etwas) entfernen** bewirken, dass etwas nicht mehr da ist | *einen Fleck aus einer Hose entfernen* | *den Schimmel von der Wand entfernen* **2** **jemanden entfernen** bewirken, dass jemand eine Position nicht mehr hat ⟨jemanden aus dem Amt entfernen⟩ **3** **sich entfernen** nicht an einem Ort bleiben, sondern weggehen, wegfahren o. Ä.

★ **ent·fẹrnt** ■ PARTIZIP PERFEKT **1** → entfernen ■ ADJEKTIV **2** nicht nah, sondern weit weg ⟨ein Ort, ein Gebiet; ein weit entferntes Land⟩ **3** in der genannten Entfernung | *weit entfernt von hier* | *20 km von der Stadt entfernt* **4** nur in geringem Maße (vorhanden) | *Er kann sich nur entfernt an etwas erinnern* (Er kann sich nicht genau erinnern) | *Sie hat eine entfernte Ähnlichkeit mit einer Schauspielerin* (Sie sieht ihr ein bisschen ähnlich) **5** **nicht im Entferntesten** überhaupt nicht **6** **weit davon entfernt sein zu** *+Infinitiv* etwas überhaupt nicht tun wollen

★ **Ent·fẹr·nung** *die;* (-, -en) **1** der Abstand zwischen zwei Punkten, Orten ≈ *Distanz* | *Die Entfernung zwischen den beiden Städten beträgt 60 km* | *Er wartete in angemessener Entfernung darauf, an die Reihe zu kommen* | *Der Turm ist selbst aus großer Entfernung gut zu erkennen* | *Mit dem Flugzeug lassen sich große Entfernungen schnell überbrücken* **2** *nur Singular* der Vorgang, eine Sache oder sich selbst von einem Ort, einer Stelle zu entfernen | *ein Mittel zur Entfernung von Flecken* | *Die unerlaubte Entfernung von der Truppe heißt Desertation*

ent·fẹs·seln VERB (entfesselte, hat entfesselt) **etwas entfesselt etwas** etwas führt zu einer Situation, die mit starken Gefühlen oder mit großer Gewalt verbunden ist ⟨etwas entfesselt einen Krieg, einen Aufstand⟩

ent·flam·men VERB (entflammte, hat/ist entflammt); *geschrieben* **1** **jemanden (für etwas) entflammen** *(hat)* jemanden (für etwas) begeistern **2** **in Liebe zu jemandem entflammen** *(ist)* sich leidenschaftlich in jemanden verlieben **3** **etwas entflammt** *(ist)* etwas fängt an zu brennen

ent·flie·gen VERB (entflog, ist entflogen) **ein Vogel entfliegt** ein Vogel fliegt aus einem offen gelassenen Käfig, aus einem offenen Fenster

ent·flie·hen VERB (entfloh, ist entflohen) **1** **(aus etwas) entfliehen** aus einem Gefängnis o. Ä. in die Freiheit fliehen **2** **einer Sache** *(Dativ)* **entfliehen** *geschrieben* versuchen, die genannten unangenehmen Dinge zu vermeiden ⟨dem Gestank, dem Lärm, der Hektik der Großstadt entfliehen⟩

ent·frẹm·den VERB (entfremdete, hat entfremdet) **1** **jemanden einer Person entfremden** bewirken, dass zwei andere Menschen kein enges Verhältnis (mehr) zueinander haben **2** **etwas seinem Zweck entfremden** etwas so verwenden, dass es nicht mehr dem ursprünglichen Zweck dient **3** **sich (von) jemandem entfremden** jemandem innerlich fremd werden

Ent·frẹm·dung *die;* (-) die Situation, in der man kein enges Verhältnis mehr zu jemandem/etwas hat | *die Entfremdung zwischen Kindern und Eltern* | *die Entfremdung des Menschen von der Natur*

ent·füh·ren VERB (entführte, hat entführt) **1** **jemanden/etwas entführen** eine Person (gegen ihren Willen) oder eine Sache mit Gewalt an einen Ort bringen und sie nur dann freigeben, wenn die Forderungen erfüllt werden ⟨ein Flugzeug, ein Kind entführen⟩ **2** **(jemandem) etwas entführen** *gesprochen, humorvoll* jemandem für kurze Zeit etwas wegnehmen | *Wer von euch hat meinen Bleistift entführt?* ● zu

(1) **Ent·füh·rung** *die*

Ent·füh·rer *der;* (-s, -) eine Person, die jemanden entführt

★ **ent·ge·gen** ■ PRÄPOSITION **1** *mit Dativ* im Gegensatz oder im Widerspruch zu | *entgegen unserer Abmachung* | *dem Befehl entgegen*
■ ADVERB **2** in Richtung auf ein Ziel | *der Sonne entgegen* ■ meist in Liedern o. Ä.

ent·ge·gen- (*im Verb, betont und trennbar, begrenzt produktiv; Diese Verben werden so gebildet:* entgegenlaufen, lief entgegen, entgegengelaufen) **1** **jemandem/etwas entgegenblicken, entgegeneilen, entgegenfahren, entgegengehen** *und andere* bezeichnet eine Bewegung oder Handlung in die Richtung, aus der jemand/etwas kommt | *Er lief ihr entgegen* (Sie kam näher und er ging auf sie zu) **2** **jemandem/etwas entgegenarbeiten, entgegenhandeln, entgegenwirken** *und andere* drückt aus, dass eine Handlung im Gegensatz oder im Widerspruch zu jemandem/etwas steht | *Sie hatten den Befehlen entgegengehandelt* (Sie hatten etwas ganz anderes getan als ihre Befehle waren)

ent·ge·gen·brin·gen VERB (*hat*) **jemandem etwas entgegenbringen** gegenüber jemandem/etwas ein positives Gefühl oder eine positive Haltung zeigen ⟨jemandem Respekt, Vertrauen, Zuneigung entgegenbringen; einer Sache Interesse entgegenbringen⟩

★ **ent·ge·gen·ge·setzt** ■ PARTIZIP PERFEKT **1** → entgegensetzen
■ ADJEKTIV **2** so, dass sich die eine Person/Sache in die Richtung bewegt, aus der die andere Person/Sache kommt ≈ *umgekehrt* | *Sie ist in die entgegengesetzte Richtung gefahren* **3** auf der Seite, wo man nicht ist und die weiter entfernt ist ≈ *gegenüberliegend* | *Sie steht auf der entgegengesetzten Straßenseite* **4** völlig verschieden, nicht miteinander vereinbar und im Widerspruch zueinander ≈ *gegensätzlich* | *Wir vertreten entgegengesetzte Ansichten in dieser Frage*

ent·ge·gen·hal·ten VERB (*hat*) **jemandem etwas entgegenhalten** zu jemandem etwas sagen, das ein Gegenargument ist ■ weitere Verwendungen → **entgegen-**

ent·ge·gen·kom·men VERB (*ist*) **1** **jemandem entgegenkommen** sich jemandem aus der entgegengesetzten Richtung nähern | *Das Auto kam ihm mit großer Geschwindigkeit entgegen* **2** **jemandem entgegenkommen** mit den Wünschen oder Forderungen einer Person zum Teil einverstanden sein | *Wir kommen Ihnen mit dem Preis etwas entgegen* **3** **jemandem (irgendwie) entgegenkommen** sich gegenüber jemandem positiv verhalten ⟨jemandem freundlich, höflich, respektvoll entgegenkommen⟩ • zu (2,3) **Ent·ge·gen·kom·men** *das;* **ent·ge·gen·kom·mend** ADJEKTIV

ent·ge·gen·neh·men VERB (*hat*) **etwas (von jemandem) entgegennehmen** *geschrieben* etwas, das einem jemand gibt, annehmen | *die Post vom Briefträger entgegennehmen* | *auf einer Feier einen Preis entgegennehmen*

ent·ge·gen·se·hen VERB (*hat*) **jemandem/etwas (irgendwie) entgegensehen** *geschrieben* jemanden/etwas (mit dem genannten Gefühl) erwarten | *Evi sieht ihrer Hochzeit mit großer Freude entgegen* ■ weitere Verwendungen → **entgegen-**

ent·ge·gen·set·zen VERB (*hat*) **1** **einer Person/Sache Widerstand entgegensetzen** auf das, was jemand sagt oder tut, mit Widerstand reagieren **2** **einer Person/Sache etwas/viel/wenig/nichts entgegenzusetzen haben** sich gegen jemanden/etwas in der genannten Weise wehren können oder Alternativen nennen | *Er hatte meinen Argumenten wenig entgegenzusetzen* | *Die Mannschaft hatte dem Gegner nicht viel entgegenzusetzen und verlor 0:4*

ent·geg·nen VERB (entgegnete, hat entgegnet) **(jemandem) etwas entgegnen** *geschrieben* antworten (indem man eine andere Meinung vertritt) | *„Kommt nicht infrage!", entgegnete sie* • hierzu **Ent·geg·nung** *die*

ent·ge·hen VERB (entging, ist entgangen) **1** **jemandem/etwas entgehen** (durch Glück) von einer Gefahr oder unangenehmen Situation nicht betroffen werden ⟨einer Gefahr, Strafe, Verfolgung entgehen⟩ **2** **etwas entgeht jemandem** jemand bemerkt etwas nicht **3** **sich** (*Dativ*) **etwas entgehen lassen** eine Chance nicht nutzen ⟨sich (*Dativ*) eine einmalige Gelegenheit entgehen lassen⟩

ent·geis·tert ADJEKTIV unangenehm überrascht, verstört ⟨jemanden entgeistert anstarren⟩

Ent·gelt *das;* (-(e)s, -e); *meist Singular; veraltend* ⟨für/gegen ein geringes Entgelt arbeiten⟩ ≈ *Bezahlung, Lohn*

ent·gel·ten VERB (entgilt, entgalt, hat entgolten) **jemandem etwas (mit etwas) entgelten** *veraltend* einer Person für etwas, das sie getan hat, danken, indem man ihr etwas gibt

ent·gif·ten VERB (entgiftete, hat entgiftet) **etwas entgiften** etwas von giftigen Bestandteilen befreien ⟨Abgase entgiften⟩ • hierzu **Ent·gif·tung** *die*

ent·glei·sen VERB (entgleiste, ist entgleist) **1** **etwas entgleist** etwas kommt aus den Gleisen ⟨ein Zug, eine Straßenbahn, ein Waggon⟩ **2** sich taktlos benehmen

Ent·glei·sung *die;* (-, -en) **1** *meist Singular* das Entgleisen **2** eine taktlose, unhöfliche Äußerung oder Handlung

ent·glei·ten VERB (entglitt, ist entglitten); *geschrieben* **1** **etwas entgleitet jemandem** etwas fällt oder rutscht jemandem aus den Händen **2** **eine Person/Sache entgleitet jemandem** eine Person oder Sache löst sich allmählich von jemandes Einfluss oder Kontrolle los

ent·grä·ten VERB (entgrätete, hat entgrätet) **einen Fisch entgräten** die Gräten von einem Fisch herausnehmen

★ **ent·hal·ten** VERB (enthält, enthielt, hat enthalten) **1** **eine Sache enthält etwas** etwas ist als Inhalt in einer Sache (z. B. in einem Behälter) | *Die Flasche enthält einen Liter Milch* | *Orangen enthalten viel Vitamin C* | *Das Kochbuch enthält gute Rezepte* ■ kein Passiv **2** **etwas ist in etwas** (*Dativ*) **enthalten** etwas ist bei einem Preis o. Ä. bereits berücksichtigt | *In dem Mietpreis sind alle Nebenkosten enthalten* **3** **sich einer Sache** (*Genitiv*) **enthalten** *geschrieben* auf eine angenehme Sache oder auf ein angenehmes Erlebnis verzichten ⟨sich des Alkohols, des Nikotins enthalten⟩ **4** **sich (sexuell) enthalten** auf Sex verzichten **5** **sich der Stimme enthalten** bei einer Abstimmung weder mit Ja noch mit Nein stimmen • zu (3,4) **ent·halt·sam** ADJEKTIV; zu (3,4) **Ent·halt·sam·keit** *die;* zu (5) **Ent·hal·tung** *die*

ent·haup·ten VERB (enthauptete, hat enthauptet) **jemanden enthaupten** eine Person als Strafe für ein Verbrechen töten, indem man ihr den Kopf abschlägt • hierzu **Ent·haup·tung** *die*

ent·häu·ten VERB (enthäutete, hat enthäutet) **etwas enthäuten** die Haut oder Hülle einer Sache entfernen ⟨einen Fisch, eine Zwiebel enthäuten⟩ • hierzu **Ent·häu·tung** *die*

ent·he·ben VERB (enthob, hat enthoben); *geschrieben* **1** **jemanden einer Sache** (*Genitiv*) **entheben** jemandem offiziell verbieten, weiterhin eine (offizielle) Funktion zu erfüllen ⟨jemanden seines Amtes, aller Funktionen entheben⟩ **2** **jemanden einer Sache** (*Genitiv*) **entheben** eine Person von etwas, das sie machen muss, befreien ⟨aller Pflichten enthoben sein⟩ • hierzu **Ent·he·bung** *die*

ent·hei·li·gen VERB (entheiligte, hat entheiligt) **etwas entheiligen** ≈ *entweihen*

ent·hem·men VERB (enthemmte, hat enthemmt) **1** **(jemanden) enthemmen** jemandem seine Hemmungen oder Ängste nehmen **2** **etwas enthemmt (jemanden)** etwas hat eine so starke Wirkung auf eine Person, dass sie die Kontrolle über sich selbst verliert | *Alkohol enthemmt* ● hierzu **Ent·hẹm·mung** *die*; **ent·hẹmmt** ADJEKTIV

ent·hül·len VERB (enthüllte, hat enthüllt); *geschrieben* **1** **etwas enthüllen** etwas zum ersten Mal der Öffentlichkeit zeigen ⟨ein Denkmal, Kunstwerke⟩ **2** **(jemandem) etwas enthüllen** etwas, das geheim oder verborgen war, in der Öffentlichkeit oder einer anderen Person sagen ⟨ein Geheimnis, die Wahrheit enthüllen⟩

Ent·hül·lung *die*; (-, -en) **1** das Enthüllen **2** *oft Plural* eine Nachricht, ein Artikel in einer Zeitung o. Ä., durch die negative Dinge über bekannte Personen öffentlich werden ⟨sensationelle Enthüllungen⟩

En·thu·si·ạs·mus *der*; (-) ⟨voll/voller Enthusiasmus an etwas herangehen⟩ ≈ *Begeisterung* ● hierzu **En·thu·si·ạst** *der*; **en·thu·si·ạs·tisch** ADJEKTIV

ent·jung·fern VERB (entjungferte, hat entjungfert) **ein Mädchen entjungfern** (als Mann) mit einem Mädchen den (für sie) ersten Sex haben

ent·kạl·ken VERB (entkalkte, hat entkalkt) **etwas entkalken** etwas von Kalk befreien ⟨einen Boiler, eine Kaffeemaschine entkalken⟩ ● hierzu **Ent·kạl·kung** *die*

ent·kẹr·nen VERB (entkernte, hat entkernt) **etwas entkernen** Obst von Kernen befreien ⟨Kirschen, Zwetschen entkernen⟩

ent·klei·den VERB (entkleidete, hat entkleidet); *geschrieben* **1** **jemanden entkleiden** ≈ *ausziehen* **2** **jemanden einer Sache** (*Genitiv*) **entkleiden** ≈ *entheben* ● hierzu **Ent·klei·dung** *die*

ent·kof·fe·i·niert ADJEKTIV ⟨ein Kaffee⟩ so, dass er nur noch sehr wenig Koffein enthält

★ **ent·kọm·men** VERB (entkam, ist entkommen) **aus etwas/irgendwohin entkommen**; **(jemandem) entkommen** es schaffen, nicht gefangen zu bleiben/werden, sondern frei zu werden/bleiben ≈ *fliehen* | *Mehrere Häftlinge sind aus dem Gefängnis entkommen* | *Sie konnte ihren Verfolgern entkommen* | *Der Täter ist ins Ausland entkommen*

ent·kọr·ken VERB (entkorkte, hat entkorkt) **etwas entkorken** den Korken aus einer verschlossenen Flasche nehmen ⟨eine Flasche entkorken⟩

ent·kräf·ten VERB (entkräftete, hat entkräftet) **1** **etwas entkräften** einem Argument o. Ä. die Wirkung nehmen, indem man ein gutes Gegenargument bringt ⟨eine Aussage, Behauptung, einen Verdacht entkräften⟩ **2** **etwas entkräftet jemanden** etwas macht jemanden schwach | *Sie war nach der Erkrankung völlig entkräftet*

ent·la·den VERB (entlädt, entlud, hat entladen) **1** **etwas entladen** die Dinge, die ein Fahrzeug transportiert hat, heraus- oder herunternehmen ⟨einen Möbelwagen, einen Waggon entladen⟩ **2** **etwas entladen** die Munition aus einer Waffe nehmen ⟨ein Gewehr, eine Pistole entladen⟩ **3** **etwas entlädt sich (irgendwie/in etwas** (*Dativ*)**)** ein starkes negatives Gefühl tritt heftig und abrupt auf | *Seine Wut entlud sich in Beschimpfungen* **4** **etwas entlädt sich** etwas verliert die elektrische Ladung ⟨ein Akkumulator, eine Batterie⟩ **5** **ein Gewitter entlädt sich** es gibt ein Gewitter ● zu (1,2,4) **Ent·la·dung** *die*

★ **ent·lạng** PRÄPOSITION *+Dativ/Akkusativ/selten Genitiv* etwas ist parallel zu etwas anderem oder folgt der ganzen Länge einer Linie | *Die Straße entlang waren viele Autos geparkt* | *Entlang der Straße standen viele Zuschauer* **H** a) mit Akkusativ und nach dem Substantiv: *den Weg entlang*; seltener mit Dativ und vor dem Substantiv: *entlang dem Weg*; selten mit Genitiv und vor dem Substantiv: *entlang des Weges*; b) auch zusammen mit *an + Dativ* verwendet: *Die Zuschauer stellten sich an der Straße entlang auf, um das Rennen zu sehen*

ent·lạng- (*im Verb, betont und trennbar, begrenzt produktiv; Diese Verben werden so gebildet:* entlangfahren, fuhr entlang, entlanggefahren) **(etwas** (*Akkusativ*)**/an etwas** (*Dativ*)**) entlangfliegen, entlanggehen, entlanglaufen, entlangschwimmen** *und andere* drückt eine Bewegung an/neben der ganzen Länge von etwas (z. B. einer Straße, Mauer, Grenze) aus | *Wir wanderten den Bach/an dem Bach entlang* (Wir wanderten neben dem Bach)

ent·lar·ven [-f-] VERB (entlarvte, hat entlarvt) **jemanden/etwas (als etwas) entlarven** den wahren Charakter, die wahre Identität von jemandem/etwas entdecken (und öffentlich bekannt machen) ⟨jemanden als Betrüger, Hochstapler, Spion entlarven; etwas als Lüge entlarven⟩ ● hierzu **Ent·lar·vung** *die*

★ **ent·lạs·sen** VERB (entlässt, entließ, hat entlassen) **1** **jemanden entlassen** jemanden nicht weiter bei sich arbeiten lassen | *Wegen der Wirtschaftskrise mussten 200 Arbeiter entlassen werden* **2** **jemanden (aus etwas) entlassen** jemandem erlauben, eine Institution zu verlassen, weil der Zweck des Aufenthalts dort erfüllt ist ⟨jemanden aus der Schule, aus dem Krankenhaus, aus dem Gefängnis entlassen⟩

Ent·lạs·sung *die*; (-, -en) **1** die Kündigung des Arbeitsvertrags durch den Arbeitgeber ≈ *Kündigung* **K** Massenentlassung **2** die Erlaubnis, meist eine Institution (z. B. ein Gefängnis, ein Krankenhaus) zu verlassen **K** Entlassungsfeier, Entlassungsgesuch, Entlassungszeugnis

★ **ent·lạs·ten** VERB (entlastete, hat entlastet) **1** **jemanden entlasten** jemandem bei dessen Arbeiten und Pflichten helfen | *Die Krankenschwestern müssten durch zusätzliches Personal entlastet werden* **2** **etwas entlasten** die Belastung ganz oder teilweise von etwas wegnehmen | *den Straßenverkehr durch den Ausbau der Eisenbahn entlasten* **3** **jemanden (mit etwas) entlasten** etwas sagen, das einen Angeklagten von einem Verdacht (ganz oder teilweise) befreit | *Der Zeuge entlastete den Angeklagten mit seiner Aussage* ● hierzu **Ent·lạs·tung** *die*

Ent·lạs·tungs·zeu·ge *der* ein Zeuge, der eine Person von einem Verdacht befreit ● hierzu **Ent·lạs·tungs·zeu·gin** *die*

ent·lau·fen VERB (entläuft, entlief, ist entlaufen) **ein Tier entläuft** ein Hund, eine Katze o. Ä. läuft weg (und kommt nicht zurück)

ent·le·di·gen VERB (entledigte sich, hat sich entledigt); *geschrieben* **1** **sich einer Person/Sache** (*Genitiv*) **entledigen** sich von einer Person/Sache befreien ⟨sich seiner Gegner, Verfolger, Schuldner entledigen⟩ **2** **sich einer Sache** (*Genitiv*) **entledigen** etwas fertig machen oder erfüllen und dadurch frei davon werden ⟨sich einer Aufgabe, einer Verpflichtung entledigen⟩ | *Sie entledigt sich aller Aufgaben mit Bravour* **3** **sich einer Sache** (*Genitiv*) **entledigen** etwas ausziehen ⟨sich der Kleider entledigen⟩

ent·lee·ren VERB (entleerte, hat entleert) **etwas entleeren** etwas leer machen ⟨die Blase, den Darm entleeren⟩ | *nur vollständig entleerte Behälter in die gelbe Tonne tun* ● hierzu **Ent·lee·rung** *die*

ent·le·gen ADJEKTIV; *geschrieben* weit entfernt (von allen größeren Städten o. Ä.) ⟨in einem entlegenen Ort wohnen⟩

ent·leh·nen VERB (entlehnte, hat entlehnt) **etwas entlehnen** etwas aus einem fremden geistigen oder kulturellen Gebiet nehmen und so verändern, dass es in das eigene passt | *Das Wort „Fenster" ist aus dem Lateinischen entlehnt* ● hierzu **Ent·leh·nung** *die*

ent·lei·hen VERB (entlieh, hat entliehen) **etwas entleihen** sich etwas leihen ⟨ein Buch entleihen⟩ ● hierzu **Ent·lei·her** *der*

ent·lọ·cken VERB (entlockte, hat entlockt) **jemandem etwas entlocken** jemanden dazu bewegen, etwas zu sagen oder

E

die gewünschte Reaktion zu zeigen ⟨jemandem ein Geheimnis, ein Lächeln, ein Zugeständnis entlocken⟩

ent·loh·nen VERB (entlohnte, hat entlohnt) **jemanden (für etwas) entlohnen** *veraltet* jemandem den Lohn für etwas zahlen

ent·lüf·ten VERB (entlüftete, hat entlüftet) **etwas entlüften** die Luft aus etwas herauslassen ⟨die Heizung entlüften⟩ • hierzu **Ent·lüf·tung** *die*

ent·mach·ten VERB (entmachtete, hat entmachtet) **jemanden entmachten** jemandem Macht und Einfluss nehmen | *einen Despoten entmachten* • hierzu **Ent·mach·tung** *die*

ent·mi·li·ta·ri·sie·ren VERB (entmilitarisierte, hat entmilitarisiert) **etwas entmilitarisieren** alle Soldaten und militärischen Einrichtungen aus einem Gebiet entfernen ⟨eine entmilitarisierte Zone⟩ • hierzu **Ent·mi·li·ta·ri·sie·rung** *die*

ent·mün·di·gen VERB (entmündigte, hat entmündigt); *historisch* **das Gericht entmündigt jemanden** ein Gericht beschließt, dass eine Person manche Rechte nicht mehr hat, weil sie z. B. eine geistige Behinderung hat **i** In den deutschsprachigen Ländern können Erwachsene nicht mehr entmündigt werden. • hierzu **Ent·mün·di·gung** *die*

ent·mu·ti·gen VERB (entmutigte, hat entmutigt) **jemanden entmutigen** jemandem den Mut nehmen, weiterhin etwas zu tun ⟨sich nicht entmutigen lassen⟩ | *sich durch einen Misserfolg nicht entmutigen lassen* • hierzu **Ent·mu·ti·gung** *die*

Ent·nah·me *die*; (-, -n) der Vorgang und das Ergebnis des Entnehmens **K** Blutentnahme, Wasserentnahme

ent·na·zi·fi·zie·ren VERB (entnazifizierte, hat entnazifiziert); *historisch* **1** **jemanden entnazifizieren** (in Deutschland nach dem 2. Weltkrieg) prüfen, welche Funktion eine Person im Nationalsozialismus hatte und sie bestrafen oder entlasten | *Der Mitläufer wurde entnazifiziert und durfte seinen Arbeitsplatz behalten* **2** **Deutschland entnazifizieren**; **eine Behörde, eine Firma entnazifizieren** (in Deutschland nach dem 2. Weltkrieg) dafür sorgen, dass dort keine Nationalsozialisten mehr sind | *Deutschland wurde von den Alliierten entnazifiziert* • hierzu **Ent·na·zi·fi·zie·rung** *die*; *nur Singular*

ent·neh·men VERB (entnimmt, entnahm, hat entnommen); *geschrieben* **1** **jemandem/(aus) etwas etwas entnehmen** etwas aus jemandem/etwas nehmen ⟨einer Kasse Geld, einem Menschen Blut/eine Blutprobe/eine Gewebeprobe entnehmen⟩ **2** **(aus) etwas** (*Dativ*) **etwas entnehmen** aus dem, was jemand sagt, schreibt oder tut, Schlüsse ziehen | *(Aus) ihren Andeutungen habe ich entnommen, dass das Projekt sehr bald starten wird*

ent·nervt ADJEKTIV; *gesprochen* nach einer meist geistigen Anstrengung oder nach Stress nervös und erschöpft

ent·pup·pen VERB (entpuppte sich, hat sich entpuppt) **1** **jemand entpuppt sich als etwas** nach einiger Zeit wird deutlich, dass eine Person andere Eigenschaften hat, als man vorher geglaubt hat | *Der charmante junge Mann entpuppte sich als Heiratsschwindler* **2** **etwas entpuppt sich als etwas** etwas ist etwas anderes als man vorher geglaubt hat | *Das Bild entpuppte sich als Fälschung*

ent·rah·men VERB (entrahmte, hat entrahmt) **etwas entrahmen** den Rahm von der Milch nehmen oder trennen ⟨Milch entrahmen⟩ | *Magermilch ist entrahmte Milch* • hierzu **Ent·rah·mung** *die*

ent·rät·seln VERB (enträtselte, hat enträtselt) **etwas enträtseln** die Bedeutung von etwas Geheimnisvollem oder schwer Verständlichem nach langem Überlegen schließlich begreifen ⟨ein Geheimnis, eine Schrift enträtseln⟩ • hierzu **Ent·rät·se·lung** *die*

ent·rech·ten VERB (entrechtete, hat entrechtet) **jemanden entrechten** *geschrieben* eine Person unterdrücken und ihr Rechte nehmen ⟨ein entrechtetes Volk; ein Rächer der Entrechteten⟩ • hierzu **Ent·rech·tung** *die*

ent·rei·ßen VERB (entriss, hat entrissen) **1** **jemandem etwas entreißen** jemandem etwas mit Gewalt wegnehmen | *Der Dieb entriss der alten Frau die Handtasche* **2** **jemanden einer Person/Sache entreißen** *geschrieben* jemanden aus einer lebensgefährlichen Situation retten ⟨jemanden den Flammen, den Fluten, dem Tod entreißen⟩

ent·rich·ten VERB (entrichtete, hat entrichtet) **etwas entrichten** *admin* etwas bezahlen ⟨eine Gebühr, Steuern entrichten⟩ • hierzu **Ent·rich·tung** *die*

ent·rin·gen VERB (entrang, hat entrungen); *geschrieben* **1** **ein Laut entringt sich jemandem/etwas** jemand kann die genannten Laute nicht unterdrücken | *Ein Seufzer entrang sich ihrer Brust* | *Als er das hörte, entrang sich ihm ein gequältes Lachen* **2** **jemand entringt sich einer Person/Sache** (*Dativ*) jemand befreit sich mit großer Anstrengung | *Ich entrang mich seinem Griff/seiner Umarmung* **3** **jemandem etwas entringen** jemandem etwas in einem Kampf wegnehmen | *dem Feind ein umkämpftes Gebiet entringen* | *Er entrang ihm die Pistole* **4** **jemandem etwas entringen** etwas mit Mühe von jemandem bekommen | *jemandem ein Versprechen entringen* | *Seine Aufgabe war es, politischen Gefangenen Geständnisse zu entringen*

ent·rin·nen VERB (entrann, ist entronnen) **(jemandem/etwas) entrinnen** *geschrieben* vor Verfolgern, einer Gefahr o. Ä. fliehen können ⟨einer Gefahr, dem Tod, den Verfolgern entrinnen⟩ ≈ *entkommen*

ent·rol·len VERB (entrollte, hat entrollt) **1** **etwas entrollen** etwas auseinanderrollen **2** **etwas entrollen** *geschrieben* etwas in ausführlicher Weise darstellen

ent·ros·ten VERB (entrostete, hat entrostet) **etwas entrosten** den Rost von etwas entfernen | *ein Auto vor dem Lackieren entrosten* • hierzu **Ent·ros·tung** *die*

ent·rückt ADJEKTIV mit den Gedanken weit weg von der normalen Welt | *der Wirklichkeit entrückt sein* • hierzu **Ent·rückt·heit** *die*

ent·rüm·peln VERB (entrümpelte, hat entrümpelt) **etwas entrümpeln** einen Raum von alten Dingen, die man nicht mehr braucht, frei machen ⟨den Dachboden, den Keller entrümpeln⟩ • hierzu **Ent·rüm·pe·lung** *die*

ent·rüs·ten VERB (entrüstete sich, hat sich entrüstet) **sich über jemanden/etwas entrüsten** sich über jemanden/etwas sehr ärgern (und diesen Ärger auch zeigen) | *Sie entrüstete sich über sein unverschämtes Verhalten* • hierzu **Ent·rüs·tung** *die*

ent·rüs·tet ■ PARTIZIP PERFEKT **1** → entrüsten ■ ADJEKTIV **2** **entrüstet (über jemanden/etwas)** ≈ *empört* | *entrüstet protestieren*

ent·saf·ten VERB (entsaftete, hat entsaftet) **etwas entsaften** Früchte pressen o. Ä., um den Saft daraus zu gewinnen ⟨Beeren entsaften⟩

ent·sa·gen VERB (entsagte, hat entsagt) **jemandem/etwas entsagen** *geschrieben* freiwillig auf etwas verzichten, das man gern haben oder tun würde • hierzu **Ent·sa·gung** *die*

ent·sal·zen VERB (entsalzte, hat entsalzt) **etwas entsalzen** das Salz aus/von etwas entfernen ⟨Meerwasser entsalzen⟩ • hierzu **Ent·sal·zung** *die*

ent·schä·di·gen VERB (entschädigte, hat entschädigt) **jemanden (für etwas/irgendwie) entschädigen** jemandem meist Geld geben, um einen Schaden wiedergutzumachen, den man selbst verursacht hat ⟨jemanden für einen Verlust angemessen, reichlich entschädigen; Kriegsopfer entschädigen⟩

Ent·schä·di·gung *die*; (-, -en) **1** *nur Singular* das Entschädigen **2** das, womit jemand entschädigt wird, meist Geld ⟨jemandem eine Entschädigung zusprechen; eine Entschädigung fordern, erhalten⟩ **K** Entschädigungssumme

ent·schär·fen VERB (entschärfte, hat entschärft) **1** **etwas entschärfen** so handeln, dass ein Konflikt nicht zu einem Streit oder Kampf wird ↔ *verschärfen* | *Mit ein paar versöhnlichen Worten entschärfte der Diskussionsleiter die Debatte* **2** **etwas entschärfen** dafür sorgen, dass eine Bombe oder Mine nicht mehr explodieren kann

★ **ent·schei·den** VERB (entschied, hat entschieden) **1** **jemand entscheidet (etwas)** jemand wählt eine Lösung von mehreren Möglichkeiten aus und beschließt, was geschehen soll | *Eine so wichtige Angelegenheit kann ich nicht allein entscheiden* **2** **etwas entscheidet (etwas); etwas entscheidet (über etwas** (*Akkusativ*)**)** etwas hat einen so großen Einfluss auf eine Sache, dass es das Ergebnis bestimmt | *Die Wahl des Studienfachs entschied über ihr weiteres Leben* | *Dieses Tor entschied das Spiel* | *Das Los entscheidet!* **3** **jemand entscheidet (etwas); jemand entscheidet (über etwas** (*Akkusativ*)**)** jemand bestimmt, was in einer Angelegenheit getan werden soll oder was richtig ist | *Über Schuld oder Unschuld des Angeklagten wird ein Gericht entscheiden* **4** **jemand entscheidet etwas für 'sich** jemand gewinnt einen (meist sportlichen) Wettkampf | *Sie konnte das Rennen für sich entscheiden* **5** **jemand entscheidet sich (für** *oder* **gegen jemanden/etwas); jemand entscheidet sich (zu jemandem/etwas)** jemand denkt lange nach und wählt dann eine von zwei oder mehreren Personen/Möglichkeiten | *Ich kann mich nicht entscheiden, wohin ich in Urlaub fahren soll* | *Sie entschied sich dafür/dazu, eine Pause zu machen* | *Die Firma hat sich gegen mich entschieden und die Stelle anderweitig vergeben* **6** **etwas entscheidet sich** eine von zwei oder mehr Möglichkeiten wird Wirklichkeit | *Es wird sich bald entscheiden, ob ich den neuen Job bekomme oder nicht*

★ **ent·schei·dend** ■ PARTIZIP PRÄSENS **1** → entscheiden ■ ADJEKTIV **2** ⟨die Phase, das Tor⟩ so, dass durch sie etwas entschieden wird **3** sehr stark ≈ *grundlegend* | *Unsere Beziehung hat sich entscheidend verändert*

★ **Ent·schei·dung** *die*; (-, -en) **1** der Vorgang, etwas oder sich zu entscheiden oder dessen Ergebnis ⟨eine Entscheidung treffen; zu einer Entscheidung kommen; einer Entscheidung ausweichen, aus dem Weg gehen⟩ | *Er machte sich die Entscheidung, ins Ausland zu gehen, nicht leicht* **2** ein Tor, ein Punkt o. Ä., mit dem man Sieger wird | *Die Entscheidung fiel bereits in der zehnten Spielminute*

ent·schie·den ■ PARTIZIP PERFEKT **1** → entscheiden ■ ADJEKTIV **2** *meist attributiv* sehr energisch ⟨ein entschiedener Gegner einer Sache; etwas entschieden ablehnen, verneinen⟩ **3** **entschieden zu** *+Adjektiv meist attributiv* in sehr hohem Maße | *Das ist mir entschieden zu teuer* (viel zu teuer) ● zu (2) **Ent·schie·den·heit** *die*

ent·schla·fen VERB (entschläft, entschlief, ist entschlafen); *geschrieben, euphemistisch* ⟨sanft entschlafen⟩ ≈ *sterben*

ent·schlei·ern VERB (entschleierte, hat entschleiert) **etwas entschleiern** *geschrieben* die Bedeutung eines Geheimnisses oder Rätsels verständlich machen ● hierzu **Ent·schlei·e·rung** *die*

ent·schleu·ni·gen VERB (entschleunigte, hat entschleunigt) **etwas entschleunigen** Maßnahmen ergreifen, die einen Ablauf langsamer oder weniger hektisch werden lassen ⟨den Alltag, das Leben, den Verkehr entschleunigen⟩

★ **ent·schlie·ßen** VERB (entschloss sich, hat sich entschlossen) **sich zu etwas entschließen** den Willen haben, etwas zu tun (meist nachdem man darüber nachgedacht hat) | *Wir haben uns entschlossen, ein Haus zu kaufen*

★ **ent·schlos·sen** ■ PARTIZIP PERFEKT **1** → entschließen ■ ADJEKTIV **2** **zu etwas fest entschlossen sein** den festen Willen zu etwas haben ● zu (2) **Ent·schlos·sen·heit** *die*

ent·schlüp·fen VERB (entschlüpfte, ist entschlüpft) **1** **etwas entschlüpft jemandem** eine Person sagt etwas spontan oder ohne dass sie es sagen wollte | *Entschuldige, die dumme Bemerkung ist mir so entschlüpft* **2** **jemandem entschlüpfen** vor jemandem schnell mit einer flinken Bewegung fliehen können

★ **Ent·schluss** *der*; (-es, Ent·schlüs·se) der feste Wille, etwas zu tun (meist nach genauem Nachdenken) ⟨ein fester, plötzlicher, schwerer, weiser Entschluss; einen Entschluss fassen, in die Tat umsetzen, bereuen; zu einem/keinem Entschluss kommen⟩ **K** Entschlusskraft; entschlussfreudig, entschlusslos

ent·schlüs·seln VERB (entschlüsselte, hat entschlüsselt) **1** **etwas entschlüsseln** aus einem kodierten Text die eigentliche Nachricht herausfinden ↔ *verschlüsseln* | *Der Geheimdienst entschlüsselte die Botschaft des feindlichen Agenten* **2** **etwas entschlüsseln** ≈ *enträtseln* ● hierzu **Ent·schlüs·se·lung** *die*

ent·schuld·bar ADJEKTIV so, dass man es entschuldigen kann ⟨ein Fehler, ein Verhalten⟩

★ **ent·schul·di·gen** VERB (entschuldigte, hat entschuldigt) **1** **jemanden/etwas (mit etwas) entschuldigen** Gründe für das Verhalten einer Person oder für eine Situation nennen und um Verständnis bitten | *Sie entschuldigte ihr Zuspätkommen mit den schlechten Straßenverhältnissen* | *So eine Nachlässigkeit ist durch nichts zu entschuldigen* (Dafür kann es keinen guten Grund geben) **2** **jemanden (irgendwo) entschuldigen** begründen, warum eine Person ihrer Verpflichtung nicht nachkommen kann | *Die Mutter entschuldigte das kranke Kind in der Schule* **3** **etwas entschuldigen** nicht böse oder ärgerlich über etwas sein | *Entschuldigen Sie bitte die Störung!* **4** **sich (bei jemandem für etwas) entschuldigen** (jemanden für etwas) um Verzeihung bitten | *Du musst dich dafür nicht entschuldigen*

★ **Ent·schul·di·gung** *die*; (-, -en) **1** die Gründe, die man nennt, um ein (falsches) Verhalten zu erklären ⟨nach einer Entschuldigung suchen⟩ **K** Entschuldigungsgrund **2** Worte, mit denen sich jemand für etwas entschuldigt ⟨eine Entschuldigung stammeln⟩ **3** das Verzeihen eines Fehlers ⟨jemanden für etwas um Entschuldigung bitten⟩ ≈ *Nachsicht, Verzeihung* **4** eine schriftliche Nachricht, mit der sich eine Person bei jemandem entschuldigt **K** Entschuldigungsschreiben

ent·schwin·den VERB (entschwand, ist entschwunden) **irgendwo(hin) entschwinden** *geschrieben* ⟨im Dunkeln entschwinden; jemandes Blicken entschwinden⟩ ≈ *verschwinden*

ent·sen·den VERB (entsandte/entsendete, hat entsandt/entsendet) **jemanden (irgendwohin) entsenden** *geschrieben* eine Person irgendwohin schicken, damit sie eine offizielle Aufgabe erfüllt ⟨eine Delegation entsenden⟩ ● hierzu **Ent·sen·dung** *die*

ent·set·zen VERB (entsetzte, hat entsetzt) **1** **jemanden entsetzen** jemanden sehr stark erschrecken oder schockieren **2** **sich (über etwas** (*Akkusativ*)**) entsetzen** sehr erschrocken oder schockiert sein (und entsprechend reagieren)

★ **Ent·set·zen** *das*; (-s) das Gefühl, wenn etwas so schrecklich ist, dass man nicht reagieren kann ⟨vor Entsetzen wie gelähmt sein⟩

ent·setz·lich ADJEKTIV **1** sehr schlimm, schrecklich ⟨ein Verbrechen⟩ **2** *gesprochen* in negativer Weise das normale Maß überschreitend ⟨Durst, Wut; entsetzlich kalt; entsetzlich frieren⟩

ent·setzt ■ PARTIZIP PERFEKT **1** → entsetzen

■ ADJEKTIV **2** **entsetzt (über etwas** (*Akkusativ*)**)** (über etwas) sehr erschrocken oder schockiert

ent·seu·chen VERB (entseuchte, hat entseucht) **etwas entseuchen** einen Raum, ein Gebiet oder Gegenstände von Giften, Radioaktivität oder Krankheitserregern säubern ● hierzu **Ent·seu·chung** *die*

ent·sin·nen VERB (entsann sich, hat sich entsonnen) **sich (jemandes/etwas) entsinnen**; **sich an jemanden/etwas entsinnen** *geschrieben* ≈ *erinnern*

E

ent·sor·gen VERB (entsorgte, hat entsorgt) **etwas entsorgen** *admin* gefährlichen, giftigen Müll von einer Fabrik o. Ä. wegbringen, um ihn irgendwo zu lagern oder ungefährlich zu machen ⟨radioaktive Abfälle entsorgen⟩ ● hierzu **Ent·sor·gung** *die*

★ **ent·span·nen** VERB (entspannte, hat entspannt) **1** **etwas entspannt (jemanden)** etwas macht eine Person für eine kurze Zeit frei von einer Belastung, so dass sie sich erholen kann | *Lesen entspannt* **2** **etwas entspannt (etwas)** etwas macht die Muskeln locker | *Massage entspannt den Körper* **3** **jemand/etwas entspannt etwas** eine Person oder Sache bewirkt, dass die Gefahr eines Streits, Kampfes, Krieges o. Ä. geringer wird | *Es gelang ihr, die gereizte Stimmung mit einigen freundlichen Worten zu entspannen* **4** **sich (bei etwas/mit etwas) entspannen** sich bei einer angenehmen Tätigkeit erholen | *Manche Leute können sich nur beim Fernsehen entspannen* **5** **etwas entspannt sich** gespannte Muskeln werden wieder locker **6** **etwas entspannt sich** ein Konflikt wird weniger gefährlich ⟨ein Konflikt, die Lage, die Situation⟩

Ent·span·nung *die* **1** der Vorgang, bei dem jemand/etwas locker wird (oder das Ergebnis dieses Vorgangs) **2** der Vorgang, bei dem ein Konflikt weniger gefährlich wird (oder das Ergebnis dieses Vorgangs)

Ent·span·nungs·po·li·tik *die* eine Politik, bei der sich die Partner bemühen, bestehende Konflikte zu lösen

★ **ent·spre·chen** VERB (entspricht, entsprach, hat entsprochen) **1** **etwas entspricht einer Sache** (*Dativ*) etwas ist einer anderen Sache (ungefähr) gleich oder mit ihr gleichwertig | *100 Euro entsprechen ungefähr 120 Schweizer Franken* | *Das, was er sagt, entspricht nicht der Wahrheit* | *Der Erfolg entsprach leider nicht den Erwartungen* **2** **etwas entspricht jemandem** *veraltend* etwas gefällt jemandem oder passt zu jemandem **3** **einer Sache** (*Dativ*) **entsprechen** *admin* eine Bitte oder Forderung erfüllen | *Ich darf Sie bitten, meinem Antrag zu entsprechen*

★ **ent·spre·chend** ■ PARTIZIP PRÄSENS **1** → entsprechen

■ ADJEKTIV **2** so, dass es zur genannten Situation oder Sache passt | *Du hast dich als Lektor beworben? Hast du denn entsprechende Vorkenntnisse?* | *Die Sitzung dauerte sehr lange. Entsprechend müde waren wir danach* | *Ich fand das ziemlich unverschämt und habe entsprechend darauf reagiert*

■ PRÄPOSITION *mit Dativ* **3** zur genannten Situation oder Sache passend | *Der Fall wurde der Sachlage entsprechend entschieden* **i** steht vor oder nach dem Substantiv

Ent·spre·chung *die*; (-, -en) etwas, das einer Sache ungefähr gleich ist

ent·sprin·gen VERB (entsprang, ist entsprungen) **1** **etwas entspringt einer Sache** (*Dativ*) etwas hat den Grund, Ursprung in etwas | *Diese Tat entsprang seinem Wunsch nach Anerkennung* **2** **(aus etwas** (*Dativ*)**) entspringen** ⟨ein entsprungener Häftling⟩ ≈ *entfliehen* **3** **ein Fluss entspringt irgendwo** ein Fluss hat irgendwo seine Quelle | *Der Rhein entspringt in der Schweiz*

ent·stam·men VERB (entstammte); *geschrieben* **einer Sache** (*Dativ*) **entstammen** in dem genannten Bereich den Ursprung haben | *Er entstammte einer angesehenen Familie* **i** meist im Präsens und Präteritum

★ **ent·ste·hen** VERB (entstand, ist entstanden) **1** **etwas entsteht** etwas (Neues) fängt an zu sein oder sich zu entwickeln | *Hier entsteht eine Schule* (Hier wird eine Schule gebaut) | *Über den Vorschlag entstand eine hitzige Debatte* **2** **etwas entsteht** etwas wird durch die genannte Ursache bewirkt | *Bei dem Unfall entstand ein erheblicher Sachschaden* ● hierzu **Ent·ste·hung** *die*

ent·stel·len VERB (entstellte, hat entstellt) **1** **etwas entstellt jemanden** etwas verändert jemandes Aussehen sehr negativ | *Er war durch die Narben fast bis zur Unkenntlichkeit entstellt* **2** **etwas entstellen** etwas, vor allem einen Text falsch wiedergeben | *In der Zeitung ist die Aussage des Politikers völlig entstellt worden*

ent·strö·men VERB (entströmte, ist entströmt) **etwas entströmt (aus) etwas** (*Dativ*)**)** *geschrieben* aus einem Behälter, Rohr o. Ä. gelangt Dampf, Gas, Wasser o. Ä. nach außen

ent·tar·nen VERB (enttarnte, hat enttarnt) **jemanden enttarnen** einen vorher nicht identifizierten Spion als solchen erkennen

★ **ent·täu·schen** VERB (enttäuschte, hat enttäuscht) **jemanden enttäuschen** nicht so sein, wie eine Person es erwartet hat und sie dadurch traurig oder unzufrieden machen | *Sie war enttäuscht,* dass *ihm das Geschenk nicht gefiel* | *Du hast mich bitter enttäuscht* | *ein enttäuschender Tag*

★ **Ent·täu·schung** *die* **1** das, was jemanden enttäuscht | *Dieser Abend war eine einzige (große) Enttäuschung für mich* **2** *nur Singular* der Zustand, enttäuscht zu sein | *Er konnte seine Enttäuschung nicht verbergen*

ent·thro·nen VERB (entthronte, hat entthront) **jemanden entthronen** *geschrieben* einem Herrscher die Macht wegnehmen ⟨einen König entthronen⟩ ● hierzu **Ent·thro·nung** *die*

ent·waff·nen VERB (entwaffnete, hat entwaffnet) **1** **jemanden entwaffnen** jemandem die Waffe(n) wegnehmen | *Die Polizei entwaffnete den Verbrecher* **2** **jemanden mit/durch etwas entwaffnen** durch freundliches oder ehrliches Verhalten o. Ä. jemandem jeden Grund nehmen, aggressiv oder ärgerlich zu sein ⟨ein entwaffnendes Lächeln⟩ ● zu (1) **Ent·waff·nung** *die*

Ent·war·nung *die* die Mitteilung oder das Signal (z. B. der Sirene), dass eine Gefahr vorüber ist ⟨Entwarnung geben⟩

Ent·wäs·se·rung *die* **1** das Beseitigen von Wasser, damit etwas besser zu verwenden ist oder besser funktioniert ⟨die Entwässerung von Wiesen, Sümpfen⟩ **2** das System von Röhren, um das Abwasser abzuleiten ● zu (1) **ent·wäs·sern** VERB (*hat*)

★ **ent·we·der** ['ɛntveːdɐ, ɛnt'veː-] BINDEWORT **1** **entweder … oder** drückt aus, dass es zwei oder mehr Möglichkeiten gibt. Man kann damit Sätze oder Teile von Sätzen verbinden | *Du kannst entweder die Reste von gestern essen oder ich lasse dir eine Pizza kommen* | *Die Ferienhäuser waren alle entweder zu teuer oder schon vergeben* | *Also, entweder gehen wir jetzt zurück oder weiter, aber wir sollten hier nicht so lange herumstehen* **2** **entweder … oder** verwendet, um Konsequenzen anzudrohen, wenn eine Forderung nicht erfüllt wird | *Entweder du räumst jetzt dein Zimmer auf oder wir gehen morgen nicht in den Zoo*

ent·wei·chen VERB (entwich, ist entwichen) **etwas entweicht (aus etwas)** aus einem Behälter, Rohr o. Ä. gelangt etwas nach außen ⟨Gase, Dämpfe⟩ | *Aus dem Kernkraftwerk sind radioaktive Dämpfe entwichen*

ent·wei·hen VERB (entweihte, hat entweiht) **etwas entweihen** *geschrieben* durch sein Handeln oder Benehmen die Heiligkeit oder Würde einer Sache verletzen ● hierzu **Ent·wei·hung** *die*

ent·wen·den VERB (entwendete, hat entwendet) **(jemandem) etwas entwenden** *geschrieben* ⟨aus der Kasse Geld entwenden⟩ ≈ *stehlen*

★ **ent·wer·fen** VERB (entwirft, entwarf, hat entworfen) **etwas entwerfen** sich etwas Neues ausdenken und dann als Zeichnung oder mit Worten anderen Personen deutlich machen ⟨einen Bauplan, ein Kleid, ein Modell, ein Programm, ein Projekt entwerfen⟩ | *In diesem Roman wird eine neue Gesellschaftsform entworfen*

ent·wer·ten VERB (entwertete, hat entwertet) **1** **etwas entwerten** eine Briefmarke, Fahrkarte o. Ä. (mit einem Stempel) markieren, damit sie kein zweites Mal benutzt werden kann **2** **etwas entwerten** den Wert einer Sache reduzieren ⟨Geld entwerten⟩ ● hierzu **Ent·wer·tung** *die*

★ **Ent·wer·ter** *der*; (-s, -) ein Gerät in Straßenbahnen, Bussen usw., in das man die Fahrkarte steckt, um sie zu stempeln, damit sie für diese Fahrt gültig ist K Fahrkartenentwerter, Fahrscheinentwerter

★ **ent·wi·ckeln** VERB (entwickelte, hat entwickelt) **1** **etwas entwickeln** etwas erfinden und dann auch (meist nach relativ langer Zeit) herstellen ⟨neue Produkte, Software, Technologien, Verfahren entwickeln⟩ | *Das Modell wurde speziell für den deutschen Markt entwickelt* **2** **etwas entwickeln** sich etwas ausdenken und darüber schreiben ⟨eine Theorie, einen Plan entwickeln⟩ **3** **einen Film entwickeln** einen (belichteten) Film chemisch so behandeln, dass man die Negative und die Fotos erhält **4** **etwas entwickeln** etwas entstehen oder besser werden lassen ⟨eine Fähigkeit entwickeln; Fantasie, Initiative entwickeln⟩ **5** **etwas entwickelt etwas** etwas lässt etwas entstehen | *Der Ofen entwickelt genug Wärme* **6** **etwas entwickelt sich (irgendwie)** etwas Neues fängt an oder entsteht | *Bei dem Brand entwickelten sich giftige Gase* **7** **jemand/etwas entwickelt sich (irgendwie/zu etwas)** eine Person oder Sache verändert sich allmählich (in der genannten Weise/und wird zu etwas) | *Die Stadt hat sich zu einem kulturellen Zentrum entwickelt* | *Das Baby war bei der Geburt sehr klein, aber jetzt entwickelt es sich prächtig* | *Du entwickelst dich ja zu einem richtigen Experten!*

★ **Ent·wick·lung** *die*; (-, -en) **1** die Phase oder das Ergebnis der Entwicklung von neuen Dingen | *Die Wissenschaftler arbeiten an der Entwicklung des neuen Medikaments* | *revolutionäre Entwicklungen auf dem Gebiet der Mikrobiologie* K Entwicklungsphase, Entwicklungsprozess, Entwicklungsstadium, Entwicklungsstufe **2** der Vorgang, bei dem sich jemand/etwas verändert | *Die Medien üben einen starken Einfluss auf die Entwicklung junger Menschen aus* K Entwicklungsmöglichkeit, Entwicklungsphase, Entwicklungsprozess, Entwicklungsstadium, Entwicklungsstufe **3** das Entstehen einer Sache | *Feuchtes Holz verbrennt unter starker Entwicklung von Rauch* K Entwicklungsprozess **4** die Behandlung eines belichteten Films, bei der fertige Bilder und Negative entstehen

Ent·wick·lungs·hel·fer *der* eine Person, welche den Menschen in Entwicklungsländern bei der Lösung medizinischer oder technischer Probleme hilft ● hierzu **Ent·wick·lungs·hel·fe·rin** *die*

Ent·wick·lungs·hil·fe *die*; *meist Singular* die meist finanzielle Unterstützung von Ländern der Dritten Welt durch die großen Industrienationen

Ent·wick·lungs·land *das* ein Land der Dritten Welt, das nur wenig Industrie hat und sehr arm ist

ent·win·den VERB (entwand, hat entwunden) **jemandem etwas entwinden** *geschrieben* einer Person etwas mit Gewalt wegnehmen, das diese in den Händen hält

ent·wir·ren VERB (entwirrte, hat entwirrt) **1** **etwas entwirren** etwas, meist Fäden, die ineinander verschlungen sind, wieder so ordnen, dass sie einzeln liegen ⟨ein Knäuel, einen Knoten entwirren⟩ **2** **etwas entwirren** eine komplizierte Sache allmählich verstehen oder einfach und übersichtlich machen ● hierzu **Ent·wir·rung** *die*

ent·wi·schen VERB (entwischte, ist entwischt) **(jemandem) entwischen** *gesprochen* ≈ *entkommen*

ent·wöh·nen VERB (entwöhnte, hat entwöhnt) **1** **jemanden (von etwas) entwöhnen** bewirken, dass eine Person mit etwas (vor allem mit Drogen o. Ä.) aufhört, an das sie gewöhnt ist ⟨jemanden von Alkohol, von Drogen entwöhnen⟩ **2** **ein Baby entwöhnen** ein Baby daran gewöhnen, allmählich statt der Muttermilch andere Nahrung zu sich zu nehmen ⟨ein Baby, einen Säugling entwöhnen⟩ ● hierzu **Ent·wöh·nung** *die*

ent·wür·di·gend ADJEKTIV ⟨ein Benehmen, eine Behandlung, Zustände⟩ so, dass sie die Würde eines Menschen verletzen

★ **Ent·wurf** *der* **1** eine ungefähre Zeichnung, mit deren Hilfe man etwas bauen, konstruieren o. Ä. will ⟨einen Entwurf ausarbeiten⟩ ≈ *Skizze* | *der Entwurf eines Bungalows* **2** ein Text, der die wichtigsten Punkte oder Gedanken schon enthält, aber noch nicht ganz fertig ist ⟨der Entwurf eines Gesetzes, eines Vertrages, einer Rede, einer Verfassung⟩ K Gesetzesentwurf

ent·wur·zelt ADJEKTIV **1** umgefallen und mit den Wurzeln nicht mehr im Boden ⟨ein Baum⟩ **2** ⟨eine Person⟩ so, dass sie ohne Freunde ist und keinen Halt mehr im Leben hat

ent·zer·ren VERB (entzerrte, hat entzerrt) **etwas entzerren** Verfälschungen beseitigen, die beim Übertragen von akustischen Signalen, beim Fotografieren o. Ä. entstehen ● hierzu **Ent·zer·rung** *die*

★ **ent·zie·hen** VERB (entzog, hat entzogen) **1** **jemandem etwas entziehen** jemandem etwas nicht länger geben, gewähren ⟨jemandem seine Hilfe, Unterstützung, Freundschaft, sein Vertrauen entziehen⟩ **2** **jemandem etwas entziehen** jemandem ein Recht oder eine Erlaubnis wegnehmen ⟨jemandem den Führerschein, eine Konzession, die Kompetenzen entziehen⟩ **3** **jemandem seine Hand entziehen** die eigene Hand, die eine andere Person halten möchte, zurückziehen | *Sie entzog ihm ihre Hand* **4** **sich jemandem/etwas entziehen** einer körperlichen Berührung mit jemandem ausweichen | *Sie entzog sich ihm/seiner Umarmung* **5** **sich jemandem/etwas entziehen** sich vom Einfluss von jemandem/etwas befreien **6** **sich einer Sache** (*Dativ*) **entziehen** etwas nicht mehr tun ⟨sich seinen Pflichten, Verpflichtungen, der Verantwortung entziehen⟩ **7** **etwas entzieht sich jemandes Kenntnis** jemand weiß etwas nicht | *Ob das wirklich so ist, entzieht sich meiner Kenntnis* ● zu (1,2,6) **Ent·zie·hung** *die*

Ent·zie·hungs·kur *die* eine Kur, die man macht, um gegen die Sucht nach Alkohol oder Drogen zu kämpfen

ent·zif·fern VERB (entzifferte, hat entziffert) **1** **etwas entziffern** ≈ *dekodieren* **2** **etwas entziffern** es schaffen, einen Text zu lesen, der schwer zu verstehen ist oder dessen Buchstaben schlecht zu erkennen sind ● hierzu **Ent·zif·fe·rung** *die*; **ent·zif·fer·bar** ADJEKTIV

ent·zü·cken VERB (entzückte, hat entzückt) **jemanden entzücken** *geschrieben* einer Person sehr gefallen und sie begeistern

Ent·zü·cken *das*; (-s); *geschrieben* große Freude über etwas Schönes oder Angenehmes

ent·zü·ckend ■ PARTIZIP PRÄSENS **1** → entzücken ■ ADJEKTIV **2** sehr hübsch ⟨ein Kind, Mädchen, Kleid, eine Bluse; entzückend aussehen⟩

ent·zückt ■ PARTIZIP PERFEKT **1** → entzücken ■ ADJEKTIV **2** **entzückt (über etwas** (*Akkusativ*)**/von etwas**

(*Dativ*)) begeistert (von etwas) ⟨sehr, wenig, nicht gerade entzückt sein⟩ | *Ich bin entzückt über die Freundlichkeit der Leute hier*

Ent·zug *der*; (-(e)s) **1** das Wegnehmen, das Entziehen einer Erlaubnis, eines Rechts o. Ä. **2** die Verweigerung von Hilfe, Unterstützung o. Ä. **3** *gesprochen* eine Situation oder Behandlung, in der eine Person die Drogen nicht mehr bekommt, nach denen sie süchtig ist ⟨auf Entzug sein⟩

Ent·zugs·er·schei·nung *die*; *meist Plural* **1** körperliche Reaktionen, die ein Süchtiger hat, wenn er keine Drogen mehr bekommt **2** *humorvoll* das (unangenehme) Gefühl, das man bekommt, wenn man längere Zeit auf etwas verzichten muss, an das man sich schon gewöhnt hat

★ **ent·zün·den** VERB (entzündete, hat entzündet) **1** **etwas entzündet sich** eine Stelle am/im Körper wird rot, schwillt an, tut weh und/oder füllt sich mit Eiter ⟨die Augen, die Mandeln, eine Wunde⟩ **2** **etwas entzündet sich** etwas fängt von selbst zu brennen an | *Das Heu hat sich im Stall entzündet* **3** **etwas entzündet sich an etwas** (*Dativ*) etwas beginnt aus dem genannten Grund ⟨eine Diskussion, eine Debatte, eine Auseinandersetzung, ein Konflikt⟩ | *An der Behauptung des Redners entzündete sich eine lebhafte Diskussion* **4** **etwas entzünden** *geschrieben* ⟨ein Feuer, Streichholz, eine Kerze entzünden⟩ ≈ *anzünden* ● zu (1,2) **ent·zünd·lich** ADJEKTIV

★ **Ent·zün·dung** *die*; (-, -en) **1** eine kranke Stelle am oder im Körper, die rot und geschwollen ist ⟨eine chronische, schmerzhafte Entzündung⟩ | *eine Entzündung der Augen* **K** Blinddarmentzündung, Gehirnhautentzündung, Lungenentzündung, Mandelentzündung **2** der Vorgang, wenn sich eine Stelle des Körpers entzündet | *Um eine Entzündung der Wunde zu verhindern, muss sie desinfiziert werden* **3** *meist Singular* der Vorgang, wenn etwas zu brennen anfängt

ent·zwei ADJEKTIV *meist prädikativ* **etwas ist entzwei** *veraltend* etwas ist in mehrere Teile zerbrochen ⟨ein Glas, eine Fensterscheibe, ein Spielzeug, eine Vase ist entzwei⟩

ent·zwei·en VERB (entzweite, hat entzweit); *geschrieben* **1** **jemand/etwas entzweit Personen** jemand/etwas zerstört das gute Verhältnis zwischen zwei oder mehr Personen ⟨Freunde, eine Familie entzweien⟩ | *Der Streit um das Erbe hat die Geschwister entzweit* **2** **eine Person entzweit sich mit jemandem**; **Personen entzweien sich** Personen, die vorher ein gutes Verhältnis hatten, werden Gegner oder Feinde | *Wir haben uns entzweit*

ent·zwei·ge·hen VERB (ging entzwei, ist entzweigegangen) **etwas geht entzwei** etwas zerbricht, etwas geht kaputt ⟨eine Fensterscheibe, ein Teller⟩

En·zi·an *der*; (-s, -e) **1** eine kleine Pflanze mit meist leuchtend blauen Blüten in Form von Glocken, die im Gebirge wächst **2** ein Schnaps, der in den Alpen aus den Wurzeln des Gelben Enzians gemacht wird

En·zyk·lo·pä·die *die*; (-, -n [-'di:ən]) ein Lexikon, das Informationen über ein Gebiet oder viele Gebiete des Wissens enthält ● hierzu **en·zyk·lo·pä·disch** ADJEKTIV

Epi·de·mie *die*; (-, -n [-'mi:ən]) eine Infektionskrankheit, die viele Menschen zur gleichen Zeit in einem Gebiet haben **K** Choleraepidemie, Grippeepidemie ● hierzu **epi·de·misch** ADJEKTIV

Epik *die*; (-) alle erzählenden literarischen Gattungen, z. B. Roman, Novelle ● hierzu **episch** ADJEKTIV

Epi·lep·sie *die*; (-) eine Krankheit, bei der eine Person plötzlich heftige, unkontrollierte Bewegungen macht und starke Krämpfe bekommt ● hierzu **Epi·lep·ti·ker** *der*; **epi·lep·tisch** ADJEKTIV

Epi·so·de *die*; (-, -n) ein Ereignis oder Erlebnis, das keine wichtigen Folgen hat

Epi·zent·rum *das* das Gebiet an der Erdoberfläche, das sich direkt über dem Zentrum eines Erdbebens befindet

epo·chal ADJEKTIV von sehr großer Bedeutung (für eine lange Zeit oder für die Zukunft)

★ **Epo·che** *die*; (-, -n) ein relativ langer Zeitabschnitt, mit wichtigen Ereignissen oder Entwicklungen ⟨vergangene Epochen; am Beginn einer neuen Epoche stehen; die Epoche des Barock, der Renaissance, des Kolonialismus⟩ | *eine Ausstellung mit Werken aus verschiedenen Epochen und Kulturen*

Epos *das*; (-, Epen) **1** eine relativ lange Erzählung in Versen, z. B. die Odyssee von Homer **K** Heldenepos, Nationalepos **2** ein relativ langer Film oder Roman, welcher die Geschichte vieler Personen über eine lange Zeit darstellt

★ **er** PRONOMEN *3. Person Singular* verwendet anstelle eines Substantivs, dessen grammatisches Geschlecht maskulin ist | *Mein Bruder ist im Moment nicht da. Er kommt erst am Abend wieder* | *Was ist denn mit dem Hund los? Er bellt die ganze Zeit* | *Ich habe mir den roten Rock gekauft. Er hat mir am besten gefallen* **i** → Tabelle unter **ich**

Er *der*; (-, -s); *gesprochen* ein Mensch oder Tier männlichen Geschlechts | *Ist euer Hund ein Er?*

er- (*im Verb, unbetont, nicht trennbar, sehr produktiv; Diese Verben werden so gebildet:* erglühen, erglühte, erglüht) **1** **erblassen, erblinden, ergrauen, erkranken, erröten**; **etwas ergrünt** *und andere geschrieben* macht aus einem Adjektiv ein Verb, das ausdrückt, dass eine Person/Sache in diesen Zustand kommt | *den Pudding vor dem Servieren erkalten lassen* (den Pudding vor dem Servieren kalt werden lassen) **2** **(sich (***Dativ***)) etwas erbetteln, erbitten**; **etwas erforschen, erlernen, errechnen** *und andere* drückt aus, dass jemand etwas erfolgreich tut, ein Ziel erreicht | *Sie ertastete im Dunkeln den Lichtschalter* (sie fand den Lichtschalter, indem sie mit der Hand danach tastete) **3** **etwas erglänzt, erglimmt, erglüht, erstrahlt** *und andere meist geschrieben* drückt aus, dass ein Vorgang beginnt | *Als das alte Haus gesprengt wurde, erbebten die umliegenden Gebäude* (da fingen die umliegenden Gebäude an zu beben)

-er[1] *der*; (-s, -); *im Substantiv, unbetont, sehr produktiv* **1** **Arbeiter, Aufsteiger, Fahrer, Fußballer, Leser, Spieler** *und andere* bezeichnet eine Person, die etwas (meist häufig oder beruflich) tut oder sich mit etwas beschäftigt **2** **Amerikaner, Berliner, Bremer, Österreicher**; **Gewerkschafter** *und andere* bezeichnet eine Person, die in der genannten Stadt, im genannten Land o. Ä. wohnt oder zu einer Gruppe gehört | *Die Metaller sind eine große Gewerkschaft* (die Arbeiter der Metallindustrie) **3** **Öffner, Bohrer, Entsafter, Rasenmäher** *und andere* bezeichnet das Gerät, mit dem die genannte Arbeit getan wird **4** **Paarhufer, Dickhäuter, Vierbeiner**; **Fünfakter, Hunderter, Dreitausender** *und andere* bezeichnet Lebewesen oder Dinge nach einem wichtigen Merkmal oder nach einer Zahlengröße | *Wiederkäuer* (Tiere, die wiederkäuen) | *in Mathe einen Fünfer haben* (eine Fünf als Note haben)

-er[2] *im Adjektiv, unbetont, sehr produktiv, nur attributiv* drückt aus, dass jemand/etwas aus dem genannten Ort, Gebiet oder Land kommt oder dazu gehört | *der Bremer Bürgermeister* | *Thüringer Würstchen* | *Lübecker Marzipan* **i** Diese Adjektive werden immer mit einem großem Anfangsbuchstaben geschrieben.

er·ach·ten VERB (erachtete, hat erachtet) **jemanden als/für etwas erachten**; **etwas irgendwie erachten** *geschrieben* von jemandem/etwas eine Meinung haben oder jemanden/etwas für etwas halten | *etwas als seine Pflicht erachten* | *Ich erachte diese Maßnahme als dringend erforderlich*

Er·ạch·ten *das; geschrieben* 1 **meines Erachtens** meiner Ansicht/Meinung nach ▪ Abkürzung: *m. E.* 2 **nach meinem Erachten** meines Erachtens

er·ạr·bei·ten VERB (erarbeitete, hat erarbeitet) 1 **etwas erarbeiten** einen relativ langen Text schreiben, in dem ein Plan, eine Idee o. Ä. genau und bis in die Einzelheiten dargestellt wird | *Die Kommission hat einen Bericht über das Waldsterben erarbeitet* 2 **sich** (*Dativ*) **etwas erarbeiten** etwas lernen, indem man sich intensiv damit beschäftigt 3 **sich** (*Dativ*) **etwas (irgendwie) erarbeiten** etwas durch Arbeit bekommen oder erreichen | *Er hat sich sein Haus hart erarbeiten müssen* • zu (1,2) **Er·ạr·bei·tung** *die*

Ẹrb·an·la·ge *die;* (-, -n); *meist Plural* ≈ *Gen*

er·bạr·men VERB (erbarmte, hat erbarmt); *veraltend* 1 **etwas erbarmt jemanden** etwas lässt in jemandem Mitleid entstehen | *Der Anblick der hungernden Kinder erbarmte sie* 2 **sich jemandes erbarmen** mit einer Person Mitleid haben und ihr helfen | *Er erbarmte sich der Armen und gab ihnen zu essen*

Er·bạr·men *das;* (-s) ⟨Erbarmen mit jemandem haben; kein Erbarmen kennen⟩ ≈ *Mitleid* ■ **ID Das ist zum Erbarmen!** das ist eine sehr schlechte Leistung!

er·bạr·mens·wert ADJEKTIV ≈ *mitleiderregend*

er·bạ̈rm·lich ADJEKTIV 1 in einer sehr schlechten Lage, sodass andere Mitleid haben ⟨ein Anblick; in einem erbärmlichen Zustand⟩ ≈ *erbarmenswert* 2 *gesprochen* von sehr schlechter Qualität ⟨eine Leistung⟩ 3 *gesprochen* moralisch schlecht ⟨sich erbärmlich verhalten⟩ 4 *gesprochen* im negativen Sinn sehr groß, sehr intensiv ⟨erbärmlichen Hunger haben⟩ 5 *gesprochen* verwendet, um Adjektive oder Verben mit negativem Sinn zu verstärken ⟨erbärmlich kalt; erbärmlich frieren⟩ • zu (1 – 3) **Er·bạ̈rm·lich·keit** *die*

er·bạr·mungs·los ADJEKTIV ohne Erbarmen, ohne Mitleid

er·bạr·mungs·wür·dig ADJEKTIV; *geschrieben* ≈ *erbarmenswert*

er·bau·en VERB VERB (erbaute, hat erbaut) 1 **etwas erbauen** ein relativ großes Gebäude bauen, | *Diese Kirche wurde im 15. Jahrhundert erbaut* 2 **etwas erbaut jemanden** *veraltend* etwas ruft in jemandem ein Gefühl von innerer Ruhe, Zufriedenheit oder Freude hervor 3 **sich an etwas** (*Dativ*) **erbauen** *veraltend* etwas Schönes sehen oder hören und sich daran freuen ■ **ID über etwas** (*Akkusativ*)**/von etwas nicht (gerade) erbaut sein** etwas nicht sehr gut finden, aber dennoch akzeptieren • hierzu **Er·bau·ung** *die*

Er·bau·er *der;* (-s, -) jemand, der etwas erbauen ließ oder erbaut hat

★ **Ẹr·be**[1] *das;* (-s) 1 der Besitz, der nach dem Tod einer Person meist an die Verwandten weitergeht ⟨das elterliche, väterliche, mütterliche Erbe; auf das Erbe verzichten⟩ ▪ Erbanspruch, Erbonkel, Erbtante, Erbteilung, Erbvertrag; erbberechtigt 2 die Leistungen und Traditionen, die aus der Vergangenheit überliefert sind ⟨das geschichtliche, kulturelle Erbe⟩ ■ **ID ein Erbe antreten** Eigentümer eines Erbes werden; **ein Erbe ausschlagen** auf ein Erbe verzichten

★ **Ẹr·be**[2] *der;* (-n, -n) 1 eine Person, die ein Erbe bekommt ⟨der alleinige, gesetzliche, rechtmäßige Erbe; jemanden als/zum Erben einsetzen/machen⟩ ▪ *der Erbe; den, dem, des Erben* 2 *nur Plural* die spätere, folgende Generation • zu (1) **Ẹr·bin** *die*

ẹr·ben VERB (erbte, hat geerbt) 1 **(etwas) (von jemandem) erben** etwas von einer Person nach ihrem Tod bekommen | *Er hat ein Grundstück von seinem Onkel geerbt* 2 **etwas (von jemandem) erben** eine Eigenschaft der Eltern oder Großeltern haben | *Die braunen Augen hat sie von ihrem Vater geerbt* 3 **etwas von jemandem erben** *gesprochen, humorvoll* einen gebrauchten Gegenstand von jemandem übernehmen | *Den Mantel habe ich von meiner Schwester geerbt*

er·bẹt·teln VERB (erbettelte, hat erbettelt) 1 **etwas erbetteln** etwas durch Betteln bekommen 2 **(sich** (*Dativ*)**) etwas erbetteln** etwas bekommen, weil man lange bittet | *sich eine Erlaubnis erbetteln*

er·beu·ten VERB (erbeutete, hat erbeutet) **etwas erbeuten** etwas durch Kampf oder Raub als Beute bekommen

Ẹrb·feind *der* ein (meist militärischer) Gegner, der schon sehr lange Zeit Feind ist

Ẹrb·gut *das; nur Singular* alle Erbanlagen oder Gene

er·bie·ten VERB (erbot sich, hat sich erboten) **sich erbieten zu** *+Infinitiv veraltet* anbieten, etwas zu tun

er·bịt·ten VERB (erbat, hat erbeten) **(sich** (*Dativ*)**)etwas (von jemandem) erbitten** *geschrieben* jemanden um etwas bitten ⟨jemandes Hilfe, Rat, Verzeihung, Gottes Segen erbitten⟩

er·bịt·tern VERB (erbitterte, hat erbittert) **etwas erbittert jemanden** etwas bewirkt, dass jemand sehr enttäuscht oder zornig ist • hierzu **Er·bịt·te·rung** *die*

er·bịt·tert ■ PARTIZIP PERFEKT 1 → erbittern
■ ADJEKTIV 2 **(über jemanden/etwas) erbittert** enttäuscht und voller Zorn 3 sehr heftig, sehr intensiv ⟨ein Kampf, ein Streit, ein Feind; erbitterten Widerstand leisten⟩

Ẹrb·krank·heit *die* eine Krankheit, die durch eine besondere Erbanlage entstanden ist

er·blạs·sen VERB (erblasste, ist erblasst) **(vor etwas) erblassen** *geschrieben* plötzlich blass werden ⟨vor Neid, vor Schreck erblassen⟩

Ẹrb·las·ser *der;* (-s, -) die Person, deren Eigentum andere Leute erben • hierzu **Ẹrb·las·se·rin** *die*

er·blei·chen VERB (erbleichte, ist erbleicht); *geschrieben* ≈ *erblassen* ▪ In älteren Texten findet man auch die Formen *erblich, ist erblichen.*

ẹrb·lich ADJEKTIV 1 in den Genen festgelegt | *Die Farbe der Augen ist erblich* 2 **erblich belastet sein** wegen der Gene von Geburt an eine negative Eigenschaft oder Krankheit haben 3 ⟨Adel, ein Titel⟩ so, dass sie von den Eltern an die Kinder weitergegeben werden

er·blị·cken VERB (erblickte, hat erblickt) 1 **jemanden/etwas erblicken** *geschrieben* jemanden/etwas sehen 2 **das Licht der Welt erblicken** geboren werden

er·blịn·den VERB (erblindete, ist erblindet) 1 blind werden ⟨auf einem Auge, auf beiden Augen erblinden⟩ 2 **etwas erblindet** etwas wird matt ⟨ein Spiegel⟩ • hierzu **Er·blịn·dung** *die*

er·blü·hen VERB (erblühte, ist erblüht) **etwas erblüht** *geschrieben* etwas fängt an zu blühen | *Über Nacht ist der Flieder erblüht*

Ẹrb·mas·se *die; meist Singular* 1 alles, was jemand als Erbe hinterlässt 2 alle Erbanlagen oder Gene

er·bo·sen VERB (erboste, hat erbost); *veraltend* 1 **etwas erbost jemanden** etwas macht jemanden wütend 2 **sich über jemanden/etwas erbosen** über jemanden oder etwas wütend werden

er·bost ■ PARTIZIP PERFEKT 1 → erbosen
■ ADJEKTIV 2 **(über jemanden/etwas) erbost** ≈ *wütend*

★ **er·bre·chen** VERB (erbrach, hat erbrochen) **(etwas/sich) erbrechen** den Inhalt des Magens durch den Mund nach außen bringen | *Er erbrach (alles, was er gegessen hatte)* | *Vor Aufregung musste sie sich erbrechen* ■ **ID (etwas ist) zum Erbrechen** *gesprochen* (etwas ist) sehr unangenehm ⟨zum Erbrechen langweilig⟩; **bis zum Erbrechen** *gesprochen* unangenehm lange/oft | *Wir haben das bis zum Erbrechen geübt/wiederholt*

er·brịn·gen VERB (erbrachte, hat erbracht); *geschrieben* 1 **etwas erbringt etwas** etwas hat die genannte Summe als Ergebnis | *Die Versteigerung erbrachte über 40.000 Euro* **2** **etwas erbringen** eine Summe Geld zahlen | *eine Kaution erbringen* **3** **etwas erbringen** verwendet zusammen mit einem Substantiv, um ein Verb zu umschreiben | *einen Beweis erbringen* (etwas beweisen) | *eine Klärung erbringen* (etwas (auf)klären)

Erb·schaft *die*; (-, -en) das Erbe ⟨eine Erbschaft machen, antreten, ausschlagen⟩ K Erbschaftssteuer

Erb·schlei·cher *der*; (-s, -) eine Person, die versucht, durch Betrug oder List ein Erbe zu bekommen, auf das andere Personen ein Recht haben • hierzu **Erb·schlei·che·rin** *die*

Erb·se *die*; (-, -n) **1** eine Pflanze mit relativ großen, kugelförmigen grünen Samen, die sich in einer länglichen Hülse befinden **2** *meist Plural* die Samen der Erbse, die als Gemüse gegessen werden K Erbseneintopf, Erbsengericht, Erbsensuppe, erbsengroß

Erb·stück *das* ein meist wertvoller Gegenstand, den man geerbt hat | *ein Erbstück (von) seiner Großmutter*

Erb·teil *das* das, was jemandem als Anteil von einem Erbe gehört ⟨jemandem sein Erbteil auszahlen⟩

Erd·ach·se *die* die (gedachte) Linie zwischen Nord- und Südpol, um die sich die Erde dreht

Erd·an·zie·hung *die* die Kraft, mit welcher die Erde (aufgrund ihrer Masse) kleinere Körper anzieht

Erd·ap·fel *der*; *süddeutsch* Ⓐ ≈ *Kartoffel*

★ **Erd·be·ben** *das*; (-s, -) eine Erschütterung der (Oberfläche der) Erde, die manchmal so stark ist, dass sie Häuser zerstört | *Auf das Erdbeben folgten in den nächsten Tagen noch einige leichtere Erdstöße* K Erdbebengebiet, Erdbebenherd, Erdbebenopfer, Erdbebenwarte

★ **Erd·bee·re** *die* **1** eine kleine, rote, süße, saftige Frucht, die an kleinen Pflanzen wächst und außen kleine Körner hat K Erdbeerbowle, Erdbeerkonfitüre, Erdbeerkuchen, Erdbeermarmelade, Erdbeertorte; Gartenerdbeere, Walderdbeere **2** eine Pflanze mit weißen Blüten, an der Erdbeeren wachsen

ERDBEERE

Erd·bo·den *der*; *nur Singular* die Oberfläche der Erde, auf der man geht und steht | *sich auf den (nackten) Erdboden setzen* | *auf dem blanken Erdboden schlafen* ■ **ID** ⟨eine Stadt⟩ **dem Erdboden gleichmachen** völlig zerstören; **wie vom Erdboden verschluckt sein** *gesprochen* plötzlich verschwunden sein; **Ich könnte (vor Scham) im Erdboden versinken** ich schäme mich sehr

★ **Er·de** *die*; (-, -n) **1** *nur Singular* der Planet, auf dem wir leben | *Die Erde dreht sich in einem Jahr einmal um die Sonne* K Erdatmosphäre, Erdbewohner, Erdbevölkerung, Erdgeschichte, Erdkern, Erdkugel, Erdkruste, Erdmagnetismus, Erdmittelpunkt, Erdoberfläche, Erdumfang, Erdumkreisung, Erdwärme; erdfern, erdnah **2** *nur Singular* die Oberfläche der Erde, auf der man geht und steht ≈ *Boden* | *Pass auf, dass das Glas nicht auf die/zur Erde fällt* | *Der Maulwurf lebt unter der Erde* K Erdboden, Erdhöhle, Erdloch, Erdspalte **3** das Material, in dem Pflanzen wachsen (können) und aus dem die oberste Schicht der Erde besteht ⟨fruchtbare, krümelige, sandige Erde⟩ ≈ *Erdreich* | *im Garten die Erde umgraben* | *einen Blumentopf mit Erde füllen* K Erdbestattung, Erdbrocken, Erdhaufen, Erdhügel, Erdklumpen, Erdscholle, Erdwall; Blumenerde, Komposterde **4** *nur Singular* ein Gebiet der Oberfläche der Erde | *auf fremder/heimatlicher Erde sterben* | *Das ist ein idyllisches Fleckchen Erde* **5** (in Religionen) die materielle Welt im Gegensatz zum Himmel, Jenseits o. Ä. | *Gottes Wille geschehe im Himmel und auf der Erde* K Erdendasein, Erdenleben ℹ In dieser Verwendung sagt man oft auch *auf Erden*: *Das Paradies auf Erden.* **6** das Gemisch von Mineralien, aus der das Material Erde besteht K Heilerde, Porzellanerde, Tonerde **7** der Draht, mit dem etwas elektrisch geerdet wird **8** **Mutter Erde** *literarisch* die Erde (als mythologisches Wesen), aus der das Leben von Pflanzen und Tieren hervorgeht

■ **ID** **Erde zu Erde, Staub zu Staub** verwendet bei einer Beerdigung, um zu sagen, dass der Körper des Menschen vergänglich ist (und nur die Seele weiterlebt); **jemanden unter die Erde bringen** *gesprochen* eine Person psychisch oder physisch so belasten, dass sie stirbt | *Die Trauer um ihren Sohn hat sie unter die Erde gebracht*; **unter der Erde sein/liegen** (meist schon längere Zeit) tot sein

er·den VERB (erdete, hat geerdet) **etwas erden** ein elektrisches Gerät über eine Leitung mit dem Erdboden verbinden (zum Schutz vor einem Stromschlag o. Ä.) | *eine Antenne erden* • hierzu **Er·dung** *die*

er·den·ken VERB (erdachte, hat erdacht) **(sich** (*Dativ*)**) etwas erdenken** *geschrieben* etwas Neues durch relativ langes Überlegen (in Gedanken) entwickeln | *Wer hat denn diesen Plan erdacht?*

er·denk·lich ADJEKTIV; *geschrieben* möglich oder vorstellbar | *jemandem alles erdenklich Gute wünschen* | *Ich habe auf jede erdenkliche Weise versucht, ihr zu helfen* ℹ nur nach *all-* oder *jed-* verwendet

Erd·gas *das*; *nur Singular* ein Gemisch aus Gasen, das es tief unter der Erde gibt und mit dem man heizen und kochen kann

★ **Erd·ge·schoss** *das*, **Erd·ge·schoß** Ⓐ das Stockwerk eines Hauses, das auf der gleichen Höhe wie die Straße liegt

er·dich·ten VERB (erdichtete, hat erdichtet) **etwas erdichten** eine Geschichte erfinden, die nicht wahr ist

er·dig ADJEKTIV **1** *geschrieben* so, dass Erde daran klebt | *Die Kartoffeln/Meine Gummistiefel sind erdig* **2** wie Erde ⟨ein Geruch; etwas riecht, schmeckt erdig⟩

Erd·ku·gel *die* ≈ *Erde, Globus*

Erd·kun·de *die*; *nur Singular* **1** die Wissenschaft, die sich mit den Ländern, Meeren, dem Klima, der wirtschaftlichen Nutzung der Erde usw. beschäftigt ≈ *Geografie* **2** ein Fach in der Schule, in dem Erdkunde unterrichtet wird K Erdkundearbeit, Erdkundebuch, Erdkundelehrer, Erdkundenote, Erdkundestunde, Erdkundeunterricht • zu (1) **erd·kund·lich** ADJEKTIV

Erd·nuss *die* eine Hülsenfrucht, deren Kerne man essen kann (meist geröstet und gesalzen) K Erdnussöl

Erd·nuss|but·ter *die* eine Art Brei aus geriebenen Erdnüssen und Öl, den man aufs Brot streicht

Erd·öl *das* ein Öl, das in tiefen Schichten der Erde vorkommt und aus dem man z. B. Benzin, Heizöl usw. macht K Erdölfeld, Erdölförderung, Erdölraffinerie, Erdölvorkommen

Erd·reich *das*; *nur Singular* die oberste Schicht (der Erde), aus der Pflanzen wachsen | *das trockene Erdreich lockern*

er·dreis·ten VERB (erdreistete sich, hat sich erdreistet) **sich erdreisten, zu** +*Infinitiv* *geschrieben* die Frechheit haben, etwas (Unerlaubtes oder Provozierendes) zu tun oder zu sagen

er·dros·seln VERB (erdrosselte, hat erdrosselt) **jemanden erdrosseln** eine Person töten, indem man ihr so lange die Kehle zudrückt, bis sie tot (erstickt) ist • hierzu **Er·dros·se·lung**, **Er·dross·lung** *die*

er·drü·cken VERB (erdrückte, hat erdrückt) **1** **etwas erdrückt jemanden** etwas drückt so stark gegen die Brust, dass der

Mensch oder das Tier stirbt | *Die Bergleute sind von den nachrutschenden Erdmassen erdrückt worden* **2** **etwas erdrückt jemanden** etwas belastet eine Person psychisch oder auf andere Weise so stark, dass sie es nicht mehr ertragen kann | *Die Last der Sorgen/der Verantwortung erdrückte sie fast* | *erdrückende Schulden* **3** **etwas erdrückt etwas** *gesprochen* etwas ist so (groß und) auffällig, dass andere Gegenstände kaum wahrgenommen werden und nicht richtig zur Geltung kommen | *Die Hochhäuser erdrücken die Altstadt*

er·drü·ckend ■ PARTIZIP PRÄSENS **1** → erdrücken
■ ADJEKTIV **2** so groß, stark oder in solcher Menge, dass man sich nicht dagegen wehren kann | *eine erdrückende Übermacht* | *Der Staatsanwalt legte erdrückendes Beweismaterial gegen den Angeklagten vor*

Erd·rutsch *der* das (meist plötzliche, unerwartete) Rutschen nach unten von großen Mengen Erde

Erd·rutsch|sieg *der* ein sehr großer Sieg (bei Wahlen)

Erd·stoß *der* eine kurze (heftige) Erschütterung der Erde (meist als Teil eines längeren Erdbebens)

Erd·teil *der* ≈ *Kontinent* | *Australien ist ein Erdteil, Grönland ist eine Insel*

er·dul·den VERB (erduldete, hat erduldet) **etwas erdulden** etwas (vor allem Leid und Not) hinnehmen, ohne sich dagegen zu wehren ⟨Erniedrigungen, Schmerzen, Unrecht erdulden (müssen)⟩

Erd·um·dre·hung *die* die Bewegung der Erde um ihre eigene Achse

Erd·um·lauf·bahn *die* die (gedachte) Linie, auf der sich ein Satellit um die Erde bewegt

-e·rei → -ei

er·ei·fern VERB (ereiferte sich, hat sich ereifert) **sich (über jemanden/etwas) ereifern** *oft abwertend* mit viel Emotion und heftigem Engagement über ein Thema reden | *sich unnötig ereifern* ● hierzu **Er·ei·fe·rung** *die*

★ **er·eig·nen** VERB (ereignete sich, hat sich ereignet) **etwas ereignet sich** etwas (meist Ungewöhnliches) geschieht ⟨ein Unfall, ein Unglück, ein Vorfall, ein Zwischenfall⟩ ≈ *passieren* | *Das Zugunglück ereignete sich am frühen Morgen* | *Heute hat sich bei mir den ganzen Tag nicht viel/nichts Besonderes/nichts Außergewöhnliches ereignet*

★ **Er·eig·nis** *das;* (-ses, -se) **1** etwas (Besonderes oder Ungewöhnliches), das (oft überraschend) geschieht ⟨ein Ereignis tritt ein; die Ereignisse überstürzen sich⟩ | *Das Konzert war ein großes Ereignis für das kleine Dorf* **2** **ein freudiges Ereignis** die Geburt eines Kindes ● zu (1) **er·eig·nis·los** ADJEKTIV; zu (1) **er·eig·nis·reich** ADJEKTIV

er·ei·len VERB (ereilte, hat ereilt) **etwas ereilt jemanden** *geschrieben* etwas (Unangenehmes oder Gefährliches) passiert jemandem ⟨ein Schicksalsschlag, der Tod, ein Unglück⟩ | *Auf dem Heimweg ereilte ihn ein Herzinfarkt*

Erek·ti·on [-ˈtsi̯oːn] *die;* (-, -en); *geschrieben* der Zustand, wenn der Penis bei sexueller Erregung groß und steif wird ⟨eine Erektion haben⟩

Ere·mit *der;* (-en, -en); *geschrieben* eine Person, die freiwillig allein und fern von anderen Menschen lebt, um nachzudenken und zu beten [H] *der Eremit; den, dem, des Eremiten*

er·erbt ADJEKTIV **1** durch den Tod eines Menschen in jemandes Besitz gekommen ⟨ein Grundstück, ein Vermögen⟩ **2** durch die Gene bestimmt ⟨eine Eigenschaft, eine Krankheit, eine Missbildung⟩

★ **er·fah·ren**[1] VERB (erfährt, erfuhr, hat erfahren) **1** **etwas (über jemanden/etwas) erfahren** eine neue Information (über jemanden/etwas) bekommen | *Ich habe aus der Zeitung erfahren, dass sie gestorben ist* **2** **etwas erfahren** *geschrieben* ein Gefühl selbst erleben ⟨Freude, Glück, Liebe, Trauer erfahren⟩ **3** **(von jemandem) etwas erfahren** *geschrieben* von jemandem in der genannten Weise behandelt werden ⟨von jemandem Hass, Mitleid erfahren⟩ **4** **von etwas erfahren** die Information bekommen, dass etwas geschehen oder geplant ist | *Hast du noch rechtzeitig von der Terminänderung erfahren?* ● zu (1 2) **er·fahr·bar** ADJEKTIV

★ **er·fah·ren**[2] ■ PARTIZIP PERFEKT **1** → erfahren[1]
■ ADJEKTIV **2** **(in etwas** *(Dativ)***) erfahren** geübt und sicher auf einem Fachgebiet oder in einer Tätigkeit | *Er ist ein erfahrener Pilot* | *Er ist sehr erfahren im Fliegen* [K] lebenserfahren, welterfahren

★ **Er·fah·rung** *die;* (-, -en) **1** ein Wissen oder Können, das man nicht theoretisch aus Büchern, sondern in der Praxis durch eigene Erlebnisse bekommt ⟨Erfahrung haben; etwas aus eigener Erfahrung wissen⟩ | *Er hat viel Erfahrung in seinem Beruf* | *Hast du denn Erfahrung mit dieser Software?* [K] Erfahrungsaustausch, erfahrungsgemäß; Auslandserfahrung, Geschäftserfahrung, Lebenserfahrung, Unterrichtserfahrung **2** *meist Plural* Erlebnisse, aus denen man etwas lernt ⟨Erfahrungen machen, sammeln⟩ **3** **etwas in Erfahrung bringen** Informationen bekommen, indem man danach sucht und/oder andere Personen danach fragt ≈ *herausfinden*

Er·fah·rungs·wert *der* etwas, das man aus vielen Beobachtungen und Erfahrungen (und nicht aus exakten Messungen) weiß

★ **er·fas·sen** VERB (erfasste, hat erfasst) **1** **etwas erfassen** das Wesentliche einer Sache verstehen ≈ *begreifen* | *Er hat sofort erfasst, worum es mir ging* **2** **jemanden/etwas erfassen** *admin* eine Gruppe von Personen oder Dingen in einer Liste, Statistik o. Ä. sammeln ⟨etwas statistisch erfassen⟩ **3** **etwas erfassen** Daten in einen Computer tippen **4** **etwas erfasst jemanden/etwas** etwas reißt jemanden/etwas durch die eigene Bewegung mit | *Der Radfahrer wurde von einem Auto erfasst* | *Das Boot wurde von der Strömung erfasst und trieb auf den Wasserfall zu* **5** **etwas erfasst jemanden** etwas versetzt eine Person in einen Zustand, in dem sie sich kaum oder nicht beherrschen kann | *Er wurde von Abscheu erfasst* [H] meist im Passiv ■ ID **Du hasts erfasst!** *gesprochen, ironisch* verwendet, wenn jemand etwas Selbstverständliches (endlich) verstanden hat ● zu (2,3) **Er·fas·sung** *die*

★ **er·fin·den** VERB (erfand, hat erfunden) **1** **etwas erfinden** durch Forschung o. Ä. etwas Neues konstruieren oder etwas auf eine neue Art nutzen | *Alfred Nobel hat das Dynamit erfunden* [H] Man *erfindet* etwas, was es vorher noch nicht gab, man *entdeckt* etwas, was vorher nicht bekannt war. **2** **jemanden/etwas erfinden** von einer Person/Sache erzählen, die es nur in der Fantasie gibt | *Die Figuren des Films sind frei erfunden* ● zu (1) **Er·fin·der** *der;* zu (1) **Er·fin·de·rin** *die*

er·fin·de·risch ADJEKTIV mit vielen Ideen, wie man in der Technik oder auch im Alltag Probleme einfach lösen kann | *ein erfinderischer Geist* (eine Person, die viele Ideen hat)

★ **Er·fin·dung** *die;* (-, -en) **1** *nur Singular* das Erfinden (in der Forschung) **2** das Neue, das jemand erfunden hat | *Das Rad war eine sehr wichtige Erfindung* **3** das, was sich jemand ausgedacht (erfunden) hat ≈ *Fiktion* | *Seine Abenteuer sind (eine) reine Erfindung* **4** **eine Erfindung machen** etwas Neues erfinden

★ **Er·folg** *der;* (-(e)s, -e) **1** das positive Ergebnis oder Ziel, das man haben wollte und erreicht hat ⟨etwas ist ein großer, guter, schöner, voller, zweifelhafter Erfolg; mit etwas Erfolg haben; Erfolg (bei jemandem) haben; einen Erfolg mit etwas erzielen; etwas mit/ohne Erfolg tun⟩ ↔ *Misserfolg* | *Seine Be-*

werbung hat wenig Aussicht auf Erfolg K Erfolgsaussichten, Erfolgschancen, Erfolgsmeldung, Erfolgsquote; Publikumserfolg, Wahlerfolg 2 **Erfolg versprechend** ⟨eine Idee, ein Plan⟩ so, dass sie wahrscheinlich Erfolg bringen werden ▪ *großen Erfolg versprechend*, aber: *äußerst erfolgversprechend* 3 **etwas ist von Erfolg gekrönt** etwas hat das gewünschte Ergebnis

★ **er·fọl·gen** VERB (erfolgte, ist erfolgt) 1 **etwas erfolgt (auf etwas** *(Akkusativ)***/nach etwas)** etwas geschieht als Folge, Konsequenz einer Sache | *Auf das Klopfen erfolgte keine Antwort* | *Auf den Skandal (hin) erfolgte der Rücktritt des Ministers* 2 **etwas erfolgt (irgendwann/irgendwo)** *admin* etwas wird (irgendwann/irgendwo) getan ≈ *stattfinden* | *Die Unterzeichnung des Vertrags erfolgte vor dem Notar* (Der Vertrag wurde vor dem Notar unterzeichnet) | *Die Auszahlung des Geldes erfolgt später*

er·fọlg·los ADJEKTIV 1 ohne positives Ergebnis | *ein erfolgloser Versuch* 2 ohne Erfolg ⟨erfolglos sein⟩ ↔ *erfolgreich* | *ein erfolgloser Unternehmer* ● hierzu **Er·fọlg·lo·sig·keit** *die*

★ **er·fọlg·reich** ADJEKTIV 1 mit positivem Ergebnis ⟨erfolgreich abschneiden, bestehen⟩ ↔ *erfolglos* | *ein erfolgreicher Versuch* 2 mit vielen Erfolgen ↔ *erfolglos* | *ein erfolgreicher Sänger* | *Sie ist eine erfolgreiche Unternehmerin*

Er·fọlgs·aus·sicht *die; meist Plural* die Wahrscheinlichkeit, dass etwas Erfolg haben wird ⟨geringe, große, gute, keine, schlechte Erfolgsaussichten haben⟩

Er·fọlgs·er·leb·nis *das* ein Gefühl der Freude (und Selbstbestätigung), das eine Person empfindet, der etwas Schwieriges gelungen ist ⟨ein Erfolgserlebnis haben; etwas ist ein Erfolgserlebnis für jemanden⟩

Er·fọlgs·zwang *der* die Notwendigkeit, (oft in relativ kurzer Zeit) eine gute Leistung zu bringen ⟨unter Erfolgszwang stehen⟩

er·fọlg·ver·spre·chend ADJEKTIV ≈ *Erfolg versprechend*

★ **er·fọr·der·lich** ADJEKTIV **erforderlich (für etwas)** so, dass etwas wirklich nötig ist, nicht fehlen darf ≈ *notwendig* | *die erforderlichen Maßnahmen treffen* | *Ist für die Einreise in die USA für mich ein Visum erforderlich?* ● hierzu **er·fọr·der·li·chen·falls** ADVERB

★ **er·fọr·dern** VERB (erforderte, hat erfordert) **etwas erfordert** ⟨Geduld, Konzentration, Mut, viel Geld, Zeit⟩ *geschrieben* man braucht wirklich Geduld, Konzentration usw., um etwas zu tun oder zu erreichen | *Diese Aufgabe erfordert viel Sachkenntnis*

Er·fọr·der·nis *das; (-ses, -se); geschrieben* das, was notwendig ist ≈ *Notwendigkeit, Anforderung*

er·fọr·schen VERB (erforschte, hat erforscht) **etwas erforschen** etwas (meist wissenschaftlich) so genau untersuchen, dass man etwas Neues darüber lernt | *Ursachen und Zusammenhänge erforschen* | *mit Raumsonden das All erforschen* ● hierzu **Er·fọr·schung** *die*

er·fra·gen VERB (erfragte, hat erfragt) **etwas (von jemandem) erfragen** etwas durch (meist wiederholtes) Fragen herausfinden ⟨den Weg, jemandes Meinung erfragen⟩

er·freu·en VERB (erfreute, hat erfreut) 1 **jemanden (mit etwas** *(Dativ)***/durch etwas** *(Akkusativ)***) erfreuen** jemandem (mit/durch etwas) eine Freude machen | *Ich habe meine Mutter mit einem kleinen Geschenk erfreut* 2 **sich an jemandem/etwas erfreuen** Freude über jemanden/etwas haben | *Sie erfreute sich an den seltenen Rosen* 3 **etwas erfreut sich großer Beliebtheit** etwas ist sehr beliebt

★ **er·freu·lich** ADJEKTIV so (schön), dass man froh oder glücklich darüber ist | *Es ist sehr erfreulich, dass du die Prüfung bestanden hast* ● hierzu **er·freu·li·cher·wei·se** ADVERB

er·freut ▪ PARTIZIP PERFEKT 1 → erfreuen
▪ ADJEKTIV 2 **(über etwas** *(Akkusativ)***) erfreut** voller Freude über etwas ≈ *froh* | *Ich war sehr erfreut, dass er kam*

er·frie·ren VERB (erfror, hat/ist erfroren) 1 *(ist)* sterben, weil es sehr kalt ist ⟨Menschen, Pflanzen, Tiere⟩ | *Die verunglückten Bergsteiger sind im Schnee erfroren* 2 **etwas erfriert jemandem** *(ist)* ein Körperteil wird durch die Einwirkung von großer Kälte starr und gefühllos (und stirbt ab) ⟨die Nase, ein Finger, eine Zehe⟩ 3 **etwas erfriert** *(ist)* Obst oder Gemüse verliert an Qualität und Geschmack durch die Einwirkung von Frost ⟨Äpfel, Kartoffeln⟩ 4 **sich** *(Dativ)* **etwas erfrieren** *(hat)* durch große Kälte Schaden an einem Körperteil erleiden, sodass er steif und gefühllos wird

Er·frie·rung *die; (-, -en); meist Plural* eine Stelle am Körper, die durch große Kälte geschädigt wurde ⟨sich *(Dativ)* Erfrierungen zuziehen; Erfrierungen ersten, zweiten Grades⟩

er·frị·schen VERB (erfrischte, hat erfrischt) 1 **etwas erfrischt jemanden** etwas macht eine Person (wieder) frisch und munter oder gibt ihr neue Kraft | *Nach der langen Reise hat mich das Bad jetzt so richtig erfrischt* 2 **sich (mit etwas/durch etwas) erfrischen** etwas tun oder etwas zu sich nehmen, damit man (wieder) frisch und munter wird | *sich mit einer kalten Dusche erfrischen*

er·frị·schend ▪ PARTIZIP PRÄSENS 1 → erfrischen
▪ ADJEKTIV 2 angenehm kühl und wohlschmeckend ⟨ein Getränk⟩ 3 geistig anregend, angenehm offen oder direkt | *einen erfrischenden Humor haben*

Er·frị·schung *die; (-, -en)* 1 ein kühles Getränk oder eine leichte Speise ⟨eine (kleine) Erfrischung anbieten, zu sich *(Dativ)* nehmen⟩ K Erfrischungsgetränk 2 *nur Singular* das Erfrischen

★ **er·fül·len** VERB (erfüllte, hat erfüllt)
▸Aufgabe, Funktion: 1 **etwas erfüllen** das tun, was man einer Person versprochen hat oder was sie erwartet oder fordert ⟨eine Aufgabe, einen Auftrag, einen Vertrag, die Pflicht erfüllen⟩ 2 **etwas erfüllt etwas** etwas funktioniert in der gewünschten Weise ⟨etwas erfüllt eine Funktion, eine Norm, einen Zweck, die Bedürfnisse⟩ | *Die Schuhe sind zwar alt, aber sie erfüllen noch ihren Zweck*
▸Zukunft, Wunsch: 3 **jemandem etwas erfüllen** das tun, was man jemandem oder sich selbst gewünscht hat ⟨jemandem eine Bitte, jemandem/sich selbst einen Traum, einen Wunsch erfüllen⟩ 4 **etwas erfüllt sich** etwas wird Wirklichkeit ⟨eine Ahnung, eine Befürchtung, eine Hoffnung erfüllt sich⟩
▸psychisch: 5 **etwas erfüllt jemanden** *geschrieben* etwas ist (als Gefühl) so stark, dass jemand nichts anderes mehr fühlen kann ⟨Freude, Hass, Wut, ein Glücksgefühl⟩ 6 **etwas erfüllt jemanden mit etwas** *geschrieben* etwas bewirkt in jemandem das genannte Gefühl | *Die Nachricht über den Tod ihrer Freundin erfüllte sie mit tiefer Trauer*
▸sonstige Verwendungen: 7 **etwas erfüllt etwas (mit etwas)** ein Geräusch, ein Geruch o. Ä. ist so intensiv, dass man den Eindruck hat, ein Raum sei voll davon | *Die Blumen erfüllten den Raum mit ihrem Duft* 8 **etwas erfüllt den Tatbestand** +*Genitiv admin* etwas ist so, dass es als das genannte Delikt bestraft werden kann | *Seine Handlungsweise erfüllt den Tatbestand des schweren Betrugs*
▪ ID **etwas ist erfüllend** eine Aufgabe o. Ä. ist sehr befriedigend

er·fụ̈llt ▪ PARTIZIP PERFEKT 1 → erfüllen
▪ ADJEKTIV 2 **von etwas erfüllt** *geschrieben* voll von etwas ⟨ein von Arbeit, Mühen, Pflichten, kleinen Freuden erfülltes Dasein, Leben⟩ 3 **ein erfülltes Leben** ein Leben, das einen Menschen zufrieden macht

Er·fụ̈l·lung *die; (-)* 1 der Vorgang, dass etwas tatsächlich geschieht oder Wirklichkeit wird 2 **etwas geht in Erfül-**

lung ein Wunsch, ein Traum, eine Vorstellung o. Ä. wird Wirklichkeit **3** **als etwas** *(Akkusativ)* **(seine) Erfüllung finden; in etwas** *(Dativ)* **(seine) Erfüllung finden** wegen der eigenen Funktion, dem eigenen Beruf o. Ä. sehr zufrieden sein | *Er hat als Arzt/in seinem Beruf (seine) Erfüllung gefunden*

Er·fụl·lungs·ge·hil·fe *der; meist abwertend* jemand, der einem anderen dabei hilft, etwas durchzuführen | *Abgeordnete müssen ihrem Gewissen folgen und dürfen nicht zu bloßen Erfüllungsgehilfen der Regierung werden*

★ **er·gặn·zen** VERB (ergänzte, hat ergänzt) **1** **etwas (durch etwas) ergänzen** etwas vollständig machen, indem man etwas (Fehlendes) hinzufügt ⟨eine Sammlung, die Vorräte ergänzen⟩ **2** **etwas (zu etwas) ergänzen** eine Bemerkung oder einen Kommentar zu einem Text hinzufügen | *Zu diesem Punkt möchte ich noch ergänzen, dass das Problem inzwischen gelöst ist* **3** **Personen ergänzen sich/einander** Personen passen gut zueinander, weil die eine Person Eigenschaften und Fähigkeiten hat, die der anderen Person fehlen (und umgekehrt)

★ **Er·gặn·zung** *die;* (-, -en) **1** der Vorgang, etwas Zusätzliches hinzuzufügen | *Ist eine Ergänzung der Sammlung geplant?* **2** etwas Zusätzliches, das hinzugefügt wird oder wurde | *Ich habe bei Ihrem Manuskript ein paar Ergänzungen angebracht* **3** ein Teil eines Satzes, der von einem Wort abhängt (und nicht das Subjekt oder Prädikat ist) ⟨eine Ergänzung im Akkusativ, im Dativ⟩ | *Manche Verben können ein Objekt oder einen Nebensatz als Ergänzung haben*

er·gat·tern VERB (ergatterte, hat ergattert) **etwas ergattern** *gesprochen* es schaffen, etwas, das selten oder knapp ist, zu bekommen | *Ich habe gerade noch zwei Karten für das Konzert ergattert*

er·gau·nern VERB (ergaunerte, hat ergaunert) **(sich** *(Dativ)***) etwas ergaunern** *gesprochen* etwas durch illegales Handeln (meist Betrug) in den eigenen Besitz bringen

★ **er·ge·ben**[1] VERB (ergibt, ergab, hat ergeben)

▸Ergebnis, Resultat: **1** **etwas ergibt etwas** eine Rechnung hat das genannte Ergebnis | *Die Summe von vier und zwei ergibt sechs (4 + 2 = 6)* **2** **etwas ergibt etwas** etwas hat zur Folge, dass etwas bekannt oder bewiesen wird | *Was hat die Umfrage denn nun ergeben?* | *Die Untersuchung hat ergeben, dass er völlig gesund ist* **3** **etwas ergibt etwas** eine Tätigkeit o. Ä. hat den genannten Erfolg ≈ *einbringen* | *Die Sammlung ergab genug Geld für den Bau einer neuen Schule* **4** **etwas ergibt Sinn** etwas ist sinnvoll | *Diese Aussage ergibt keinen Sinn* **5** **etwas ergibt etwas** eine Menge ist groß genug für etwas | *Ein Liter Suppe ergibt etwa vier Portionen* **6** **etwas ergibt sich aus etwas** durch Nachdenken und gesammelte Informationen kann man etwas erkennen | *Aus diesen Beobachtungen ergibt sich folgende Regel: …*

▸Entwicklung, Situation: **7** **etwas ergibt sich (aus etwas)** etwas ist die (oft unerwartete) Folge einer Situation ≈ *entstehen* | *Aus seiner neuen Tätigkeit ergaben sich auch Veränderungen in seinem Privatleben* | *Es hat sich so ergeben, dass sie in die gleiche Schule kamen* **8** **wenn sich die Gelegenheit/Möglichkeit ergibt** wenn es gerade passt oder möglich ist

▸im Kampf, Konflikt: **9** **sich (jemandem) ergeben** (z. B. im Krieg oder als Verbrecher) aufhören zu kämpfen/nicht mehr zu fliehen versuchen ⟨sich dem Feind, dem Gegner, der Polizei, einer Übermacht o. Ä. ergeben⟩ ≈ *kapitulieren* | *Als er von den Polizisten eingekreist war, hob er die Hände und ergab sich* **10** **sich einer Sache** *(Dativ)* **ergeben** *geschrieben* eine Leidenschaft, eine Sucht o. Ä. so stark werden lassen, dass man völlig davon beherrscht wird ⟨sich dem Alkohol, einem Laster, einer Leidenschaft, dem Spiel, der Trunksucht o. Ä. ergeben⟩ | *Er hatte sich dem Glücksspiel ergeben und nach wenigen Wochen das ganze Vermögen verloren* **11** **sich in etwas** *(Akkusativ)* **ergeben** etwas akzeptieren, ohne sich dagegen zu wehren ⟨sich in ein Los/Schicksal, in eine Notwendigkeit o. Ä. ergeben⟩

er·ge·ben[2] ■ PARTIZIP PERFEKT **1** → ergeben[1]
■ ADJEKTIV **2** *veraltend* bereit, immer zu tun, was eine andere Person will, und auf eine eigene Meinung zu verzichten **3** **jemandem ergeben** ganz von jemandem abhängig **4** **Ihr sehr ergebener/Ihre sehr ergebene(n)** *+Name(n) veraltet* verwendet als Schluss in förmlichen Briefen

★ **Er·geb·nis** *das;* (-ses, -se) **1** die Folge von einem Ereignis oder Vorgang ≈ *Resultat* K Abstimmungsergebnis, Forschungsergebnis, Prüfungsergebnis, Verhandlungsergebnis, Wahlergebnis **2** das gewünschte Ziel, der gewünschte Erfolg einer Handlung ⟨ein Ergebnis erzielen; etwas führt zu einem guten, mageren Ergebnis; etwas hat etwas zum Ergebnis⟩ | *Die Verhandlungen führten bislang zu keinem Ergebnis/blieben bislang ohne Ergebnis* **3** das, was man durch gesammelte Informationen und Nachdenken erkennt ≈ *Schluss(folgerung)* | *Ich bin zu dem Ergebnis gekommen, dass es keinen Sinn hat, mit ihr zu reden* **4** die Zahl, die bei einer Rechenaufgabe als Lösung ermittelt wird ⟨ein falsches, richtiges Ergebnis⟩ | *Das Ergebnis der Addition von drei und zwei ist fünf* K Endergebnis, Teilergebnis, Zwischenergebnis • zu (1 – 3) **er·geb·nis·los** ADJEKTIV

er·geb·nis·of·fen ADJEKTIV so, dass man nicht schon vorher weiß, welches Ergebnis man wünscht ⟨eine Diskussion; Gespräche, Verhandlungen⟩ | *Wir werden die Möglichkeiten ergebnisoffen prüfen*

er·ge·hen VERB (erging, hat/ist ergangen) **1** **etwas ergeht an jemanden** *geschrieben (ist)* etwas wird an jemanden geschickt | *Die Einladungen sind bereits an die Gäste ergangen* **2** **etwas ergeht an jemanden** *admin (ist)* etwas ist (offiziell) an jemanden gerichtet ⟨eine Anordnung, eine Aufforderung, ein Befehl, eine Berufung⟩ | *An die Bevölkerung erging die Aufforderung, sich an den Wahlen zu beteiligen* **3** **etwas über sich ergehen lassen** *(ist)* sich nicht wehren, wenn man von einer Person in einer Weise behandelt wird, die man nicht angenehm findet | *Er musste die Behandlung über sich ergehen lassen* **4** **sich in etwas** *(Dativ)* **ergehen** *geschrieben, abwertend (hat)* ausführlich (und oft ohne konkretes Wissen) über etwas reden ⟨sich in Andeutungen, Behauptungen, Mutmaßungen, Prophezeiungen, Vermutungen ergehen⟩ | *Er erging sich in Lobeshymnen über die Sängerin* **5** **jemandem ergeht es irgendwie** *(ist)* jemandem geht es irgendwie | *Bei den Eltern ist es ihm gut ergangen* | *Wenn du weiter so frech bist, wird es dir noch schlecht ergehen*

er·gie·big ADJEKTIV **1** so, dass es sehr lang oder sehr häufig verwendet werden kann | *Diese Farbe ist sehr ergiebig* (reicht für eine große Fläche) **2** so, dass es eine große Menge einer Sache enthält ⟨eine Quelle, eine Goldmine⟩ **3** so, dass es viele Anregungen bietet oder Nutzen bringt ⟨ein Thema, eine Diskussion⟩

er·gie·ßen VERB (ergoss sich, hat sich ergossen) **1** **etwas ergießt sich in/auf/über etwas** *(Akkusativ) geschrieben* etwas fließt in großer Menge oder mit großer Gewalt irgendwohin | *Der Damm brach, und die Fluten ergossen sich über die Felder* **2** **etwas ergießt sich über jemanden/etwas** etwas wird (unabsichtlich) über jemanden/etwas geschüttet

ẹr·go ADVERB; *geschrieben* ≈ *also, folglich*

er·go·no·misch ADJEKTIV so, dass bei der Arbeit keine Zeit und Energie verschwendet wird, jemandes Gesundheit nicht unnötig belastet wird ⟨ein Arbeitsplatz, Büromöbel;

ergonomisch gestaltet⟩ | *Dieser Drehstuhl wurde nach ergonomischen Gesichtspunkten entwickelt* ● hierzu **Er·go·no·mie** *die*

er·gọ̈t·zen VERB (ergötzte, hat ergötzt); *geschrieben* **1** **etwas ergötzt jemanden** *veraltend* etwas macht jemandem Spaß oder Freude **2** **sich an etwas** (*Dativ*) **ergötzen** *oft abwertend* Spaß, Freude an etwas haben

er·grau·en VERB (ergraute, ist ergraut) **1** graue Haare bekommen | *Er ist schon stark ergraut, dabei ist er noch gar nicht so alt* **2** **etwas ergraut** etwas wird grau ⟨jemandes Haar(e), jemandes Schläfen⟩ **3** **im Dienst ergrauen** sehr lange irgendwo im Dienst sein (und dort alt werden) **H** meist im Passiv mit dem Hilfsverb *sein*

★ **er·grei·fen** VERB (ergriff, hat ergriffen) **1** **jemanden irgendwo/etwas ergreifen** jemanden/etwas mit der Hand fassen und festhalten | *Er ergriff sie am Arm/bei der Hand und führte sie auf den Balkon* | *Er ergriff das Glas und hob es hoch* **2** **jemanden ergreifen** eine Person (die gesucht wird oder auf der Flucht ist) fangen oder verhaften ≈ *fassen* | *Die Polizei ergriff den Dieb, als er über die Grenze fliehen wollte* **3** **etwas ergreift jemanden** ein starkes Gefühl wirkt plötzlich auf jemanden | *Er wurde von Angst/Panik/Zorn ergriffen* **4** **etwas ergreift jemanden** etwas ruft ein starkes Mitgefühl bei jemandem hervor | *Die Nachricht vom Tod seines Freundes hat ihn tief ergriffen* **5** **etwas ergreift jemanden/etwas** etwas dehnt seine zerstörerische Wirkung auf jemanden/etwas aus | *Das Haus wurde vom Feuer ergriffen* **6** **etwas ergreifen** sich für eine Handlungsweise oder Sache entscheiden und aktiv werden | *einen Beruf ergreifen* (einen Beruf wählen) | *von etwas Besitz ergreifen* (etwas in Besitz nehmen) | *die Flucht ergreifen* (flüchten) | *die Gelegenheit (zu etwas) ergreifen* (die Gelegenheit nutzen, etwas zu tun) | *die Initiative ergreifen* (als Erster aktiv werden) | *Maßnahmen ergreifen* (versuchen, mit den genannten Aktionen etwas zu ändern) | *die Macht ergreifen* (die Herrschaft über ein Land o. Ä. (oft mit Gewalt) übernehmen) | *für jemanden Partei ergreifen* (sich für jemanden einsetzen) | *das Wort ergreifen* (in einer Debatte, Diskussion) über etwas zu sprechen anfangen) ● zu (2,6) **Er·grei·fung** *die*

er·grei·fend ■ PARTIZIP PRÄSENS **1** → ergreifen ■ ADJEKTIV **2** so, dass man dadurch intensiv Mitleid, Rührung, Sympathie o. Ä. fühlt ⟨eine Geschichte, ein Film⟩

er·grif·fen PARTIZIP PERFEKT → ergreifen

er·grụ̈n·den VERB (ergründete, hat ergründet) **etwas ergründen** *geschrieben* einen Grund oder eine Ursache für etwas finden oder einen komplizierten Zusammenhang erkennen

Er·gụss *der;* (-es, Er·güs·se) **1** Kurzwort für *Bluterguss* **2** Kurzwort für *Samenerguss* **3** *geschrieben, abwertend oder ironisch meist Plural* ein Text, der reich an (überflüssigen) Worten ist | *politische Ergüsse*

★ **er·ha·ben** ADJEKTIV **1** *geschrieben* so (großartig), dass man Ehrfurcht fühlt oder ein feierliches Gefühl hat | *eine erhabene Musik* | *der erhabene Anblick der Berge* **2** *geschrieben* sehr edel und würdevoll ⟨Gedanken, Gefühle⟩ **3** **über etwas** (*Akkusativ*) **erhaben** von so hoher Moral, dass niemand etwas Schlechtes über eine Person denken oder sagen kann ⟨über Kritik, einen Verdacht, Zweifel erhaben sein⟩ | *Seine Aufrichtigkeit ist über (jeden/alle) Zweifel erhaben* | *Er ist über den Verdacht des Betrugs erhaben* **4** **sich über jemanden erhaben fühlen** *abwertend* glauben, dass man ein besserer oder vornehmerer Mensch ist als eine andere Person **5** **sich über etwas** (*Akkusativ*) **erhaben fühlen** *abwertend* glauben, dass man die genannte Tätigkeit nicht machen sollte, weil sie so einfach und unwichtig ist | *Sie fühlte sich über primitive Schreibarbeiten erhaben* **6** (gegenüber einer ebenen Fläche) erhöht, z. B. in einem Relief ● zu (1 – 3) **Er·ha·ben·heit** *die*

Er·hạlt *der;* (-(e)s); *admin* **1** der Vorgang, wenn man etwas von einer Person oder Institution bekommt ≈ *Empfang* | *den Erhalt eines Briefes bestätigen/quittieren* **2** das Bewahren des guten Zustands einer Sache | *Mittel für den Erhalt des historischen Schulgebäudes aufbringen*

★ **er·hạl·ten** VERB (erhält, erhielt, hat erhalten) **1** **etwas (von jemandem/etwas) erhalten** etwas von einer anderen Person oder von einer Institution bekommen ⟨ein Schreiben, eine Antwort, einen Bescheid erhalten; einen Auftrag, einen Befehl erhalten; einen Orden erhalten⟩ **2** **etwas (von jemandem) (für etwas) erhalten** eine (direkte) Reaktion auf das eigene Verhalten erleben ⟨eine Ohrfeige, ein Lob, eine Rüge, eine Strafe, einen Tadel, einen Verweis erhalten⟩ **3** **etwas (von jemandem) erhalten** zusammen mit einem Substantiv verwendet, um ein Verb im Passiv zu umschreiben | *Unterstützung erhalten* (unterstützt werden) | *den Segen erhalten* (gesegnet werden) **H** kein Passiv **4** **eine Vorstellung/einen Eindruck (von jemandem/etwas) erhalten** genügend Informationen sammeln, um sich eine Meinung zu bilden **H** kein Passiv **5** **etwas erhalten** etwas als Endprodukt oder Ergebnis bekommen | *Wenn man Kupfer und Messing mischt, erhält man Bronze* **H** kein Passiv **6** **etwas erhalten** (durch die richtigen Maßnahmen) bewirken, dass etwas weiter existiert oder in gutem Zustand bleibt | *ein historisches Bauwerk erhalten* | *Gemüse frisch erhalten* | *den Frieden erhalten* | *Du musst dir deine Gesundheit erhalten* | *den Körper/sich durch Sport gesund erhalten* | *eine gut erhaltene alte Uhr* **7** **jemanden (irgendwie) am Leben erhalten** durch medizinische Maßnahmen verhindern, dass jemand stirbt | *Der Patient wurde künstlich am Leben erhalten* **8** **etwas hat sich erhalten** etwas existiert weiter | *Die mittelalterliche Burg hat sich über Jahrhunderte erhalten* | *Der Brauch hat sich unverändert erhalten* ● zu (6 – 8) **Er·hal·tung** *die*

★ **er·hält·lich** ADJEKTIV **irgendwo erhältlich** drückt aus, dass man etwas kaufen kann | *Das Medikament ist nur in Apotheken erhältlich* | *Dieses Modell ist leider nicht mehr erhältlich*

er·hạ̈n·gen VERB (erhängte, hat erhängt) **jemanden erhängen** eine andere Person oder sich selbst mit einem Seil um den Hals aufhängen und so töten | *Tod durch Erhängen*

er·hạ̈r·ten VERB (erhärtete, hat/ist erhärtet) **1** **etwas erhärten** *geschrieben* (*hat*) etwas allmählich fest, hart machen | *Ton im Brennofen erhärten* **2** **etwas erhärtet etwas** (*hat*) etwas erhöht die Wahrscheinlichkeit, dass etwas richtig oder wahr ist ⟨eine Annahme, eine These, einen Verdacht, einen Zweifel erhärten⟩ | *Die Experimente haben unsere These erhärtet, ein Beweis konnte jedoch noch nicht erbracht werden* **3** **etwas erhärtet** *geschrieben* (*ist*) etwas wird fest, hart | *Wenn die Lava erkaltet, erhärtet sie auch* **4** **etwas erhärtet sich** (*hat*) etwas wird stärker ⟨ein Verdacht ein Zweifel⟩ ● hierzu **Er·hạ̈r·tung** *die*

er·ha·schen VERB (erhaschte, hat erhascht); *geschrieben* **1** **jemanden/etwas erhaschen** nach einer Person/Sache, die schwer zu erreichen oder in Bewegung ist, greifen und sie festhalten **2** **etwas erhaschen** etwas nur für kurze Zeit hören oder sehen ⟨einen Blick, ein paar Worte erhaschen⟩

★ **er·he·ben** VERB (erhob, hat erhoben); *geschrieben*
▸nach oben: **1** **etwas erheben** etwas nach oben bewegen, heben ⟨den Blick zu jemandem/etwas, das Glas auf jemandes Wohl, die Hand zum Gruß/Schwur erheben; mit erhobener Hand⟩ **2** **sich erheben** aus einer sitzenden oder liegenden Stellung aufstehen | *sich vom Boden erheben* | *Der Angeklagte möge sich erheben* **3** **ein Flugzeug/**

ein Vogel erhebt sich ein Flugzeug/ein Vogel fliegt in die Höhe **4** **etwas erhebt sich** etwas ragt steil nach oben | *Vor ihren Augen erhob sich ein hoher Berg* **5** **die Hand gegen jemanden erheben** jemanden schlagen **6** **erhobenen Hauptes** in stolzer, aufrechter Haltung | *Als sie ihn verspotteten, schritt er hoch erhobenen Hauptes davon*

▸verlangen, fordern: **7** **etwas erheben** (bei einer offiziellen Stelle) etwas schriftlich oder mündlich melden ⟨Anspruch auf etwas, einen Einwand gegen etwas erheben; eine Beschuldigung, einen Vorwurf (gegen jemanden) erheben; Anklage, Einspruch, Klage erheben⟩ **8** **seine Stimme (für/gegen jemanden/etwas) erheben** sich öffentlich für/gegen jemanden/etwas einsetzen | *Die Naturschützer erhoben ihre Stimme gegen den geplanten Bau des neuen Flughafens* **9** **etwas erheben** etwas als Zahlung von jemandem fordern ⟨Beiträge, eine Gebühr, eine Steuer erheben⟩

▸ernennen: **10** **jemanden/etwas zu etwas/in etwas** (*Akkusativ*) **erheben** jemanden/etwas offiziell zu etwas ernennen | *eine Straße zur Bundesstraße* | *jemanden in den Adelsstand erheben*

▸Aufstand: **11** **sich (gegen jemanden/etwas) erheben** einen Aufstand, eine Revolution machen | *Das Volk erhob sich gegen den Diktator*

▸entstehen: **12** **etwas erhebt sich** etwas entsteht als Reaktion des Publikums oder der Öffentlichkeit ⟨Aufruhr, Beifall, Gelächter, Geschrei, Jubel, Lärm⟩ | *Ein Sturm der Entrüstung erhob sich, als der Betrug bekannt wurde* **13** **Wind/Sturm erhebt sich** ein (starker) Wind fängt an zu wehen **14** **eine Frage erhebt sich** eine Frage entsteht als Folge einer Situation | *Nun erhebt sich die Frage, wie wir weiter verfahren sollen*

er·he·bend ■ PARTIZIP PRÄSENS **1** → erheben
■ ADJEKTIV **2** ⟨ein Anblick, ein Augenblick, ein Gefühl, ein Moment⟩ so, dass man eine feierliche oder andächtige Stimmung hat

★ **er·heb·lich** ADJEKTIV; *geschrieben* **1** wichtig oder groß (in Ausmaß oder Menge) | *ein erheblicher Unterschied* | *Der Unfall hat erhebliche Kosten verursacht* **2** verwendet vor einem Komparativ, um einen großen Unterschied auszudrücken ≈ *viel* | *Er ist erheblich größer als sie* | *Du leistest erheblich weniger, als ich von dir erwartet habe*

Er·he·bung *die*; (-, -en) **1** *geschrieben* ein Hügel oder Berg | *Der Montblanc ist die höchste Erhebung in den Alpen* **2** *admin meist Plural* eine Untersuchung, die Material für große Berechnungen und Statistiken sammelt | *nach neuesten Erhebungen* **3** *geschrieben* ein Aufstand oder eine Revolution | *Die bewaffnete Erhebung der Bauern im 16. Jahrhundert wurde blutig niedergeschlagen* **4** das Erheben (von Ansprüchen, Rechten, Zahlungen) **5** das Erheben (in einen höheren Rang)

er·hei·tern VERB (erheiterte, hat erheitert) **jemanden erheitern** jemanden in eine heitere, fröhliche Stimmung versetzen ⟨erheitert lachen, sein⟩ ● hierzu **Er·hei·te·rung** *die*

er·hel·len VERB (erhellte, hat erhellt) **1** **etwas erhellen** etwas durch (mehr) Licht hell und sichtbar machen ↔ *verdunkeln* | *Die Lampe ist zu schwach, um das Zimmer richtig zu erhellen* **2** **etwas erhellen** eine Situation, die schwer zu verstehen ist, deutlicher machen/erklären | *Ihre Erläuterungen sollten die komplizierten Zusammenhänge erhellen* **3** **etwas erhellt aus etwas** *geschrieben* etwas ergibt sich aus einer Voraussetzung | *Daraus erhellt, dass seine These falsch ist* **4** **etwas erhellt sich** etwas wird durch Licht hell | *Nach dem Gewitter erhellte sich der Himmel wieder* **5** **etwas erhellt sich** etwas sieht wieder freundlich oder fröhlich aus ⟨jemandes Gesicht, Miene⟩

er·hit·zen VERB (erhitzte, hat erhitzt) **1** **etwas erhitzen** etwas heiß machen | *Die Milch wird erhitzt, um Bakterien abzutöten* **2** **etwas erhitzt jemanden/etwas** etwas macht jemanden wütend (und veranlasst zu heftigen, spontanen Reaktionen) | *Die Diskussion über die Legalisierung der Abtreibung erhitzte die Gemüter* **3** **etwas erhitzt sich** etwas wird heiß | *Der Motor hatte sich bei der Fahrt so stark erhitzt, dass das Kühlwasser kochte* **4** **sich erhitzen** ins Schwitzen kommen | *Sie hatte sich durch das schnelle Laufen erhitzt* **5** **sich (an etwas** *Dativ*) **erhitzen** über etwas in Streit oder Erregung geraten | *Sie erhitzten sich an der Frage, wer für das Unglück zu bezahlen habe*

er·hitzt ■ PARTIZIP PERFEKT **1** → erhitzen
■ ADJEKTIV **2** **jemand ist erhitzt** jemandem ist (nach einer körperlichen Anstrengung) sehr heiß

er·ho·ben PARTIZIP PERFEKT → erheben

er·hof·fen VERB (erhoffte sich, hat sich erhofft) **sich** (*Dativ*) **etwas (von jemandem/etwas) erhoffen** erwarten oder hoffen, dass jemand/etwas einem etwas Positives bringt | *Er erhoffte sich einen großen Gewinn von dem Auftrag*

★ **er·hö·hen** VERB (erhöhte, hat erhöht) **1** **etwas (um etwas) erhöhen** meist ein Bauwerk höher machen | *einen Damm um zwei Meter erhöhen* | *ein Haus um ein Stockwerk erhöhen* **2** **jemand/etwas erhöht eine Sache (um etwas)** jemand/etwas sorgt dafür, dass eine Sache steigt, größer, intensiver oder mehr wird ≈ *steigern* ↔ *senken* | *Die Löhne werden um fünf Prozent erhöht* | *Wirksame Werbung erhöht den Umsatz* | *Bei Nebel muss man mit erhöhter Aufmerksamkeit fahren* **3** **etwas erhöht sich um/auf etwas** (*Akkusativ*) eine Zahl oder Summe wird größer ≈ *steigen* ↔ *sinken* | *Die Miete hat sich im letzten Jahr um zehn Prozent erhöht* | *Nach neuesten Meldungen hat sich die Zahl der Opfer des Erdbebens auf siebzig erhöht* ■ ID **erhöhte Temperatur** leichtes Fieber

★ **er·ho·len** VERB (erholte sich, hat sich erholt) **1** **sich (von etwas) erholen** sich ausruhen und entspannen, um verlorene Kraft wieder zu bekommen ⟨sich gut, kaum, völlig erholen⟩ | *sich im Urlaub von der Arbeit erholen* | *sich von einer schweren Krankheit erholen* **2** **sich (von etwas) erholen** nach einem Schreck oder Schock wieder ruhig werden

er·hol·sam ADJEKTIV so, dass man sich dabei erholen kann ⟨ein Urlaub⟩

★ **Er·ho·lung** *die*; (-) der Vorgang, bei dem man sich ausruht und wieder zu Kräften kommt ⟨Erholung brauchen; etwas zur Erholung tun⟩ | *Er fährt zur Erholung ins Gebirge* **K** Erholungsaufenthalt, Erholungsgebiet, Erholungsheim, Erholungsort, Erholungspause, Erholungsreise, Erholungsurlaub; erholungsbedürftig

er·hö·ren VERB (erhörte, hat erhört) **jemanden/etwas erhören** *geschrieben* (meist verwendet in Gebeten) jemandes Bitte erfüllen | *Gott möge deine Gebete erhören*

Eri·ka *die*; (-, -s/Eri·ken); *meist Singular* eine Pflanze mit vielen kleinen rosa bis violetten Blüten, die im Moor und auf der Heide wächst ≈ *Heidekraut*

★ **er·in·nern** VERB (erinnerte, hat erinnert) **1** **jemanden an etwas** (*Akkusativ*) **erinnern** einer Person sagen, dass sie das Genannte nicht vergessen darf oder soll | *Erinnere mich bitte daran, dass ich morgen einen Termin beim Arzt habe* | *Muss ich dich erst an dein Versprechen erinnern?* **2** **jemand/etwas erinnert (jemanden) an eine Person/etwas** eine Person oder Sache ist einer anderen Person oder Sache ziemlich ähnlich (und deswegen denkt man bei der einen an die andere) | *Seine Art zu lächeln erinnerte mich an seinen Vater* **3** **sich (an jemanden/etwas) erinnern** eine Person oder Sache im Gedächtnis behalten oder wieder an sie denken | *sich nur dunkel an die Großmutter erinnern* | *Wenn ich mich recht erinnere, haben wir uns schon*

E

einmal getroffen | Jetzt erinnere ich mich wieder, wo ich die Tasche hingelegt habe

★ **Er·ịn·ne·rung** *die;* (-, -en) **1** **eine Erinnerung (an jemanden/etwas)** ein Eindruck von Personen oder Ereignissen der Vergangenheit, den man im Bewusstsein hat ⟨eine Erinnerung wird wach, knüpft sich an etwas, verblasst; eine Erinnerung in jemandem wecken; Erinnerungen mit jemandem austauschen; eine Erinnerung verdrängen, zurückrufen; einer Erinnerung nachhängen; von einer Erinnerung zehren⟩ | *Ich habe nur noch schwache Erinnerungen daran, wie es in meiner frühen Kindheit war* **2** *nur Singular* der Speicher im Gehirn, in dem Informationen über Gelerntes und Erlebtes sind ⟨jemanden/etwas in Erinnerung behalten, in der Erinnerung bewahren; sich (*Dativ*) etwas in Erinnerung rufen, in die Erinnerung zurückrufen⟩ ≈ *Gedächtnis* **3** *meist Singular* die Fähigkeit, sich an etwas zu erinnern ≈ *Gedächtnis* | *Wenn mich meine Erinnerung nicht täuscht, dann sind wir uns schon einmal begegnet* **4** **in/zur Erinnerung** *nur Singular* um Personen oder Ereignisse der Vergangenheit nicht zu vergessen | *In/zur Erinnerung an die Opfer des Krieges wurde ein Mahnmal errichtet | Wir feiern eine Messe zur Erinnerung an den Verstorbenen | Fotos zur Erinnerung an die Hochzeit* **5** ein kleiner Gegenstand, der jemandem hilft, etwas Vergangenes nicht zu vergessen ≈ *Andenken, Souvenir* | *Er hat sich ein Foto als Erinnerung an seine ehemalige Freundin aufgehoben*

Er·ịn·ne·rungs·ver·mö·gen *das;* (-s) die Fähigkeit, sich an etwas zu erinnern ≈ *Gedächtnis* | *ein gutes/schlechtes Erinnerungsvermögen haben*

er·kạl·ten VERB (erkaltete, ist erkaltet) **1** **etwas erkaltet** etwas wird kalt | *Die Lava ist erkaltet* **2** **etwas erkaltet** *geschrieben* etwas hört auf, etwas ist nicht mehr vorhanden ⟨jemandes Leidenschaft, Gefühle, Eifer, Liebe⟩

★ **er·kạ̈l·ten** VERB (erkältete sich, hat sich erkältet) **1** **sich erkälten** eine Erkältung bekommen | *Wenn du dich nicht wärmer anziehst, wirst du dich noch erkälten* **2** **sich** (*Dativ*) **etwas erkälten** wegen Kälte eine Entzündung an einem Organ bekommen ⟨sich (*Dativ*) die Blase, die Nieren erkälten⟩

er·kạ̈l·tet ■ PARTIZIP PERFEKT **1** → erkälten
■ ADJEKTIV **2** mit einer Erkältung | *Ich bin zurzeit stark erkältet*

★ **Er·kạ̈l·tung** *die;* (-, -en) eine Krankheit (mit Schnupfen, Husten), die man meistens im Winter hat ⟨eine (leichte, starke) Erkältung haben, bekommen⟩

er·kạ̈mp·fen VERB (erkämpfte, hat erkämpft) **(sich** (*Dativ*)**) etwas erkämpfen** etwas erreichen oder bekommen, indem man dafür kämpft oder sehr hart arbeitet

er·kạnnt PARTIZIP PERFEKT → erkennen

er·kau·fen VERB (erkaufte, hat erkauft) **1** **(sich** (*Dativ*)**) etwas (mit etwas) erkaufen** etwas (Positives) meist nur auf Kosten von etwas anderem erreichen | *Der Sieg war teuer/mit hohen Verlusten erkauft* **2** **(sich** (*Dativ*)**) etwas (mit/durch etwas) erkaufen** etwas durch Bestechung bekommen | *Er hatte (sich) ihr Schweigen durch Geld erkauft*

★ **er·ken·nen** VERB (erkannte, hat erkannt) **1** **jemanden/etwas erkennen** jemanden/etwas so deutlich sehen, dass man weiß, wen oder was man vor den Augen hat | *Aus dieser Entfernung kann ich die Zahlen nicht erkennen* **2** **jemanden/etwas (an etwas** (*Dativ*)**) erkennen** aufgrund einiger Merkmale sofort wissen, um welche Person oder Sache es sich handelt | *jemanden an einer typischen Geste erkennen | Der Experte erkannte sofort, dass das Gemälde eine Fälschung war* K Erkennungszeichen **3** **etwas erkennen** etwas richtig beurteilen oder einschätzen (das man bisher nicht so gesehen hatte) | *den Ernst der Lage erkennen | jemandes Absichten zu spät erkennen | Sie hat ihren Irrtum noch rechtzeitig erkannt* **4** **etwas als etwas erkennen** etwas als etwas akzeptieren | *etwas als seine Pflicht erkennen* **5** **etwas erkennen lassen** sich so verhalten, dass andere Personen eine Eigenschaft oder Emotionen bemerken können | *Sie ließ guten Willen erkennen, sich zu bessern* **6** **auf etwas** (*Akkusativ*) **erkennen** *admin* eine Entscheidung als Urteil des Gerichts bekannt geben | *Das Gericht erkannte auf Freispruch* ● zu (1 – 3) **er·kẹnn·bar** ADJEKTIV

er·kẹnnt·lich ADJEKTIV **1** **als etwas erkenntlich** *admin* so, dass man deutlich sehen kann, worum es sich handelt | *Sie müssen das Paket deutlicher als Luftpost erkenntlich machen* **2** **sich jemandem (für etwas) erkenntlich erweisen/zeigen** *geschrieben* als Zeichen von Dankbarkeit etwas tun | *Ich möchte mich Ihnen gern mit einem Geschenk erkenntlich zeigen* ● hierzu **Er·kẹnnt·lich·keit** *die*

★ **Er·kẹnnt·nis** *die;* (-, -se) **1** *meist Plural* ein neues Wissen, das jemand durch wissenschaftliches Forschen oder durch Nachdenken bekommt | *Aus dieser Testreihe sollen Erkenntnisse über die Ursachen von Krebs gewonnen werden* **2** die Einsicht, dass etwas so ist oder so getan werden muss ⟨zu einer Erkenntnis gelangen, kommen; sich einer Erkenntnis nicht verschließen können⟩ | *Die Politiker sind zu der Erkenntnis gekommen, dass der Umweltschutz bisher vernachlässigt worden ist* **3** *admin nur Plural* Informationen über kriminelle o. Ä. Vorgänge, welche die Polizei oder ein Geheimdienst hat | *Der Regierung liegen neue Erkenntnisse über den internationalen Terrorismus vor*

Ẹr·ker *der;* (-s, -) ein Teil eines Raumes in einem Haus, der (nach außen) aus der Mauer hervorragt und Fenster hat K Erkerfenster, Erkerzimmer

er·kie·sen VERB (erkor, hat erkoren) **(sich** (*Dativ*)**) jemanden/etwas (zu/als etwas) erkiesen** *veraltet* ≈ *erwählen* | *Sie hat ihn (sich) zum Freund erkoren* i nur noch in den Vergangenheitsformen verwendet

★ **er·klä·ren** VERB (erklärte, hat erklärt)
▸Funktionsweise, Gründe: **1** **(jemandem) etwas erklären** einer Person die Tatsachen oder Umstände klar und verständlich machen | *Er erklärte mir ausführlich, wie ein Radio funktioniert* **2** **etwas erklärt etwas** etwas ist der Grund für etwas | *Der Schaden am Motor erklärt, warum wir einen so hohen Benzinverbrauch hatten* **3** **sich** (*Dativ*) **etwas (irgendwie) erklären** den Grund für etwas finden | *Ich kann mir nicht erklären, wo er die ganze Zeit bleibt* **4** **etwas erklärt sich von selbst/von allein** etwas ist ganz klar oder selbstverständlich
▸offiziell: **5** **etwas erklären** etwas offiziell sagen, weil man das Recht oder die Pflicht dazu hat | *Der Minister erklärte seinen Rücktritt | einem Staat den Krieg erklären* (als Herrscher oder Staat verkünden, dass Krieg mit einem anderen Staat herrscht) | *der Mafia den Krieg erklären* (verkünden, dass man die Mafia energisch bekämpfen will) **6** **etwas erklären** etwas (meist mit der eigenen Unterschrift) offiziell bestätigen | *Sie erklärte ihr Einverständnis zur Änderung des Vertrags | Hiermit erkläre ich, dass ich die vorliegende Arbeit selbstständig verfasst und keine anderen als die angegebenen Quellen benutzt habe | Er erklärte ihr seine Liebe* (Er sagte ihr zum ersten Mal, dass er sie liebe) **7** **jemanden/etwas für** *+Adjektiv* **erklären** *geschrieben* offiziell feststellen, dass eine Person, man selbst oder eine Sache im genannten Zustand, in der genannten Situation ist ⟨etwas für ungültig erklären⟩ | *Er hat das Ergebnis für falsch erklärt, aber er hat sich geirrt | Sie erklärte sich in dieser Angelegenheit für nicht zuständig | Der Vermisste wurde schließlich für tot erklärt* **8** **sich mit etwas einverstanden/zufrieden erklären** (offiziell) sagen, dass man mit etwas einverstanden oder zufrieden ist **9** **sich mit jeman-**

dem solidarisch erklären (offiziell) sagen, dass man die Aktionen, die Ansichten o. Ä. einer Person unterstützt **10** **jemanden zu etwas erklären** offiziell verkünden, dass eine Person einen Titel, ein Amt o. Ä. bekommt | *jemanden zum Sieger erklären* | *Der Pfarrer erklärte sie zu Mann und Frau* (Er stellte fest, dass ihre Ehe jetzt gültig sei) • zu (2,3) **er·klär·bar** ADJEKTIV

er·klär·lich ADJEKTIV **1** ⟨ein Fehler, ein Irrtum⟩ so, dass man sich vorstellen kann, selbst in einer ähnlichen Situation zu sein wie eine andere Person ≈ *begreiflich, verständlich* **2** so, dass es für etwas eine (logische) Erklärung gibt ≈ *erklärbar* | *Der Unfall hat eine leicht erklärliche Ursache*

er·klärt ■ PARTIZIP PERFEKT **1** → erklären
■ ADJEKTIV **2** *meist attributiv* so, dass etwas bereits deutlich genannt wurde und bekannt ist ⟨ein Wille, ein Ziel, ein Zweck⟩ | *Sein erklärtes Ziel ist es, den Betrieb zu vergrößern* | *Er ist ein erklärter Gegner dieser Idee* • zu (2) **er·klär·ter·ma·ßen** ADVERB

★ **Er·klä·rung** *die*; (-, -en) **1** **eine Erklärung zu etwas** die Worte, mit denen man eine Situation oder ein Verhalten beschreibt ⟨jemandem eine Erklärung geben, schuldig sein⟩ **2** **eine Erklärung für etwas** etwas, das die Ursache einer Situation ist oder sein könnte ⟨eine Erklärung suchen, finden; auf eine Erklärung stoßen; über eine Erklärung stolpern; etwas ist die Erklärung für etwas⟩ **3** **eine Erklärung über etwas** (*Akkusativ*)/**zu etwas** eine offizielle Mitteilung über Pläne oder Fakten (oft durch eine Unterschrift bestätigt) ⟨eine Erklärung abgeben, machen, unterschreiben⟩ | *Die Regierung gab eine Erklärung zu dem Skandal ab* **K** Austrittserklärung, Bankrotterklärung, Beitrittserklärung, Eintrittserklärung, Einverständniserklärung, Kriegserklärung, Liebeserklärung, Regierungserklärung, Rücktrittserklärung, Todeserklärung

er·kleck·lich ADJEKTIV; *veraltend* ⟨ein Gewinn, ein Profit, ein Sümmchen⟩ ≈ *groß, beachtlich*

er·klet·tern VERB (erkletterte, hat erklettert) **etwas erklettern** zur höchsten Stelle einer Sache klettern ⟨einen Baum, einen Berg, einen Gipfel erklettern⟩

er·klim·men VERB (erklomm, hat erklommen) **etwas erklimmen** *geschrieben* mit großer Anstrengung zur höchsten Stelle einer Sache klettern ⟨einen Baum, einen Berg erklimmen⟩

er·klin·gen VERB (erklang, ist erklungen) **etwas erklingt** etwas ist zu hören ⟨ein Lied, eine Stimme, eine Glocke, ein Instrument⟩

er·klomm *Präteritum, 1. und 3. Person Singular* → erklimmen

er·klom·men PARTIZIP PERFEKT → erklimmen

er·kor *Präteritum, 1. und 3. Person Singular* → erkiesen

er·ko·ren PARTIZIP PERFEKT → erkiesen

er·kran·ken VERB (erkrankte, ist erkrankt) **(an etwas** (*Dativ*)**) erkranken** krank werden ⟨ernstlich, schwer, an einer Lungenentzündung erkranken⟩ • hierzu **Er·kran·kung** *die*

er·kun·den VERB (erkundete, hat erkundet) **etwas erkunden** sich durch ein Gelände bewegen, um sich darüber zu informieren ⟨ein Gebiet, ein Terrain erkunden⟩ • hierzu **Er·kun·dung** *die*

★ **er·kun·di·gen** VERB (erkundigte sich, hat sich erkundigt) **sich nach jemandem/etwas erkundigen** Fragen stellen, um Informationen über eine Person oder Sache zu erhalten | *sich nach jemandes Befinden erkundigen* | *Ich habe mich am Bahnhof erkundigt, wann der nächste Zug nach Essen fährt*

Er·kun·di·gung *die*; (-, -en); *meist Plural* der Vorgang, durch Fragen an Informationen zu kommen ⟨Erkundigungen über jemanden/etwas einholen, einziehen⟩

er·lah·men VERB (erlahmte, ist erlahmt) **1** **jemand/etwas erlahmt** jemand (oder ein Teil des Körpers) wird müde und schwach, weil man sich körperlich sehr angestrengt hat ⟨jemandes Arm, Beine, Finger, Hand, Kräfte⟩ **2** **etwas erlahmt** etwas wird schwächer oder weniger intensiv ⟨jemandes Aufmerksamkeit, Eifer, Enthusiasmus, Interesse⟩ | *Deine Begeisterung für das neue Hobby ist aber schnell erlahmt*

★ **er·lan·gen** VERB (erlangte, hat erlangt) **1** **etwas erlangen** etwas (meist Positives) erreichen oder bekommen ⟨Achtung, Berühmtheit, die Freiheit, Geltung, Gewissheit, die Herrschaft über jemanden/etwas erlangen⟩ **2** **etwas erlangen** *geschrieben* zu einem Ziel kommen oder gelangen

Er·lass *der*; (-es, -e) **1** eine allgemeine Vorschrift, die für Ämter und Behörden gilt ≈ *Anordnung, Verwaltungsvorschrift* | *ein Erlass des Innenministeriums* | *Diese Regelung wurde gerade per amtlichem Erlass abgeschafft* **2** *geschrieben nur Singular* das Erlassen von Aufrufen, Gesetzen, Anordnungen usw. | *ein Antrag auf Erlass einer einstweiligen Anordnung* **3** *geschrieben nur Singular* das Erlassen von Gebühren, Strafen usw. **K** Gebührenerlass, Straferlass **4** *historisch* ein Befehl von einer Regierung, einem König, einer Kirche o. Ä. an die Bevölkerung

er·las·sen VERB (erlässt, erließ, hat erlassen) **1** **etwas erlassen** etwas Offizielles schriftlich beschließen (und der Öffentlichkeit bekannt machen) ⟨einen Aufruf, ein Gesetz erlassen; einen Haftbefehl (gegen jemanden) erlassen⟩ **2** **jemandem etwas erlassen** jemanden von einer (unangenehmen) Verpflichtung oder Strafe befreien ⟨jemandem die Schulden erlassen⟩ | *Wegen guter Führung wurde ihm der Rest der Haftstrafe erlassen*

★ **er·lau·ben** VERB (erlaubte, hat erlaubt) **1** **(jemandem) etwas erlauben** einverstanden sein, dass jemand etwas tun darf ↔ *verbieten* | *Erlauben Sie, dass ich das Fenster öffne?* | *Wer hat dir erlaubt wegzugehen?* **2** **etwas erlaubt (jemandem) etwas** etwas macht etwas für jemanden möglich ⟨die Mittel, die Umstände, die Verhältnisse, die Zeit erlauben etwas⟩ | *Die drängenden Probleme erlauben nicht, noch länger mit einer Entscheidung zu warten* **3** **sich** (*Dativ*) **etwas erlauben** sich das Recht nehmen, etwas zu tun (meist gegen den Willen einer anderen Person) | *Ich erlaube mir, darauf hinzuweisen, dass Sie mir noch Geld schulden* | *Da erlaubt sich doch jemand einen Scherz mit uns!* (Das kann nicht wahr sein!) ■ **ID** **Erlaube mal!**, **Erlauben Sie mal!** *gesprochen* verwendet, um Empörung auszudrücken

★ **Er·laub·nis** *die*; (-, -se); *meist Singular* **1** wenn man die Erlaubnis zu etwas hat, dann darf es tun, ist es nicht verboten ⟨(jemanden) um Erlaubnis (für etwas) bitten; die Erlaubnis zu etwas bekommen/erhalten, haben; jemandem die Erlaubnis (zu etwas) geben, erteilen, verweigern⟩ | *Sie bat um die Erlaubnis, früher nach Hause gehen zu dürfen* **2** ein Dokument, das bestätigt, dass jemand etwas tun darf ⟨eine Erlaubnis beantragen, vorlegen; jemandem eine Erlaubnis ausstellen⟩ **K** Aufenthaltserlaubnis, Ausfuhrerlaubnis, Druckerlaubnis, Einreiseerlaubnis, Einwanderungserlaubnis, Fahrerlaubnis

er·laucht ADJEKTIV *meist attributiv*; *veraltend* verwendet für Personen(gruppen), die einer gesellschaftlichen Elite angehören ⟨ein Herr, eine Gesellschaft, ein Kreis, eine Versammlung⟩ **!** wird heute meist nur noch ironisch gebraucht

★ **er·läu·tern** VERB (erläuterte, hat erläutert) **(jemandem) etwas erläutern** einer Person einen komplizierten Vorgang oder Zusammenhang ausführlich erklären, sodass sie diesen verstehen kann | *jemandem einen Plan erläutern* | *Können Sie mir näher erläutern, wie das vonstattengeht?* • hierzu **Er·läu·te·rung** *die*

Er·le *die*; (-, -n) ein Laubbaum, der wie eine Birke aussieht

E

und an feuchten Orten wächst

★ **er·le·ben** VERB (erlebte, hat erlebt) **1** **jemanden/etwas erleben** selbst dabei sein, wenn etwas geschieht oder etwas selbst fühlen, selbst tun usw. | *Er erlebte eine Überraschung, als sie sich bei ihm entschuldigte* | *Sie musste viele Niederlagen und Enttäuschungen erleben* | *Hast du sie schon einmal wütend erlebt?* | *Diesen Sänger muss man einmal erlebt haben, er ist einfach toll* **2** **etwas erlebt etwas** *geschrieben* etwas ist in der genannten Phase | *Das Land erlebte Jahre des Friedens* | *Die Wirtschaft erlebte einen Aufschwung/eine Rezession* **3** **etwas erleben** zum Zeitpunkt eines Ereignisses noch am Leben sein | *Er hat die Geburt seines Enkels leider nicht mehr erlebt* | *Sie will noch ihren hundertsten Geburtstag erleben* ■ ID **Hat man so etwas schon erlebt?** *gesprochen* drückt Überraschung (und oft auch Ärger) aus; **'Du kannst noch was (von mir) erleben!** *gesprochen* verwendet, um jemandem mit einer Strafe zu drohen

★ **Er·leb·nis** *das;* (-ses, -se) **1** eine Sache, die man erlebt | *Gestern hatte ich ein schreckliches Erlebnis: Ich wäre fast überfahren worden* **2** ein sehr schönes, eindrucksvolles Ereignis o. Ä. | *Das Konzert war wirklich ein Erlebnis*

★ **er·le·di·gen** VERB (erledigte, hat erledigt) **1** **etwas erledigen** das tun, was man tun soll oder was nötig ist (meist eine Arbeit oder Aufgabe) | *Er hat den Auftrag gewissenhaft erledigt* | *Ich muss noch meine Einkäufe erledigen* **2** **jemanden erledigen** *gesprochen* bewirken, dass eine Person ihr Ansehen und ihre Würde verliert | *Nach dem Skandal ist der Minister erledigt, er wird zurücktreten müssen* **3** **jemanden erledigen** *gesprochen, abwertend* jemanden ermorden, töten **4** **etwas hat sich erledigt** es gibt keinen Grund mehr, in einer Angelegenheit aktiv zu werden | *Das Problem hat sich erledigt*

er·le·digt ■ PARTIZIP PERFEKT **1** → erledigen
■ ADJEKTIV **2** *meist prädikativ* abgeschlossen, beendet ⟨ein Fall, eine Sache⟩ | *Entschuldige dich bei ihm, dann ist der Fall erledigt* **3** **für jemanden erledigt sein** *gesprochen* von jemandem verachtet werden | *Seit er so gemein zu ihr war, ist er für mich erledigt* **4** *gesprochen* sehr müde, erschöpft, ruiniert

er·le·gen VERB (erlegte, hat erlegt) **ein Tier erlegen** *geschrieben* ein relativ großes Tier bei der Jagd töten, meist durch einen Schuss

-er·lei *im Adjektiv/Pronomen, betont und unbetont, begrenzt produktiv, nur in dieser Form* **zweierlei, dreierlei; mancherlei, mehrerlei, verschiedenerlei, vielerlei** *und andere* drückt aus, dass etwas in der genannten Zahl oder Menge von Sorten/Arten vorkommt oder geschieht | *mancherlei Fragen* | *Es gibt noch vielerlei zu tun*

★ **er·leich·tern** VERB (erleichterte, hat erleichtert) **1** **(jemandem) etwas erleichtern** eine Sache für jemanden einfacher, bequemer oder angenehmer machen | *Moderne Geräte erleichtern oft die Arbeit* | *Die Abbildungen in dem Buch erleichtern mir, den Stoff zu verstehen* **2** **etwas (um etwas) erleichtern** das Gewicht einer Sache leichter machen **3** **etwas erleichtert jemanden** etwas befreit jemanden von Kummer oder Sorgen | *Diese Nachricht hat uns alle sehr erleichtert* **4** **jemanden um etwas erleichtern** *gesprochen, humorvoll* (meist beim Spiel, durch Betrug oder Diebstahl) von jemandem Geld gewinnen oder stehlen | *jemanden beim Pokern um 100 Euro erleichtern* **5** **das Gewissen/Herz erleichtern** über Dinge, die Kummer oder Sorgen machen, mit anderen Personen sprechen und sich so von seelischem Druck befreien

★ **er·leich·tert** ■ PARTIZIP PERFEKT **1** → erleichtern
■ ADJEKTIV **2** **erleichtert (über etwas** (*Akkusativ*)**)** froh, dass etwas Unangenehmes vorbei oder etwas Schlimmes nicht passiert ist | *Ich bin so erleichtert, dass ich das hinter mir habe!* | *Sie war erleichtert (darüber), dass ihm nichts passiert war*

★ **Er·leich·te·rung** *die;* (-, -en) **1** *meist Singular* das Erleichtern einer relativ schweren oder komplizierten Arbeit | *Eine Waschmaschine stellt eine große Erleichterung im Haushalt dar* | *Die neue Technik ist eine große Erleichterung für die Mitarbeiter* K Arbeitserleichterung **2** **Erleichterung (über etwas** (*Akkusativ*)**)** *nur Singular* das Gefühl, von einem schweren seelischen Druck befreit zu sein | *ein Seufzer der Erleichterung* **3** die Hilfen oder Erlaubnisse, die z. B. eine Person bekommt, damit sie für etwas weniger bezahlen muss oder manche Tätigkeiten einfacher werden K Parkerleichterung

★ **er·lei·den** VERB (erlitt, hat erlitten) **1** **etwas erleiden** etwas Unangenehmes erleben ⟨Angst, Enttäuschungen, Schmerzen erleiden⟩ **2** **etwas erleiden** eine unangenehme Erfahrung machen ⟨eine Einbuße, eine Niederlage, Verluste erleiden⟩ **3** **den Tod erleiden** in einem Kampf oder bei einem Unfall sterben

er·ler·nen VERB (erlernte, hat erlernt) **etwas erlernen** etwas über längere Zeit hinweg so lernen, dass man es beherrscht ⟨einen Beruf, ein Handwerk, eine Sprache erlernen⟩ ● hierzu **er·lern·bar** ADJEKTIV

er·le·sen ADJEKTIV; *geschrieben* von sehr guter und seltener Qualität ⟨ein Genuss, eine Kostbarkeit, ein Mahl, ein Wein⟩

er·leuch·ten VERB (erleuchtete, hat erleuchtet) **1** **etwas erleuchten** etwas durch Licht hell machen | *Der Raum wurde von den Kerzen festlich erleuchtet* | *Die Fenster waren hell erleuchtet* H meist im Passiv **2** **(von etwas) erleuchtet werden** *humorvoll* einen guten Einfall o. Ä. haben oder plötzlich etwas verstehen

Er·leuch·tung *die;* (-, -en); *humorvoll* eine gute Idee, die jemandem plötzlich einfällt ⟨eine Erleuchtung haben; jemandem kommt eine Erleuchtung⟩

★ **er·lie·gen** VERB (erlag, ist erlegen) **1** **einer Sache** (*Dativ*) **erliegen** etwas tun, das man eigentlich nicht tun wollte (aber dann doch positiv empfindet) ⟨jemandes Charme, einer Verlockung, einer Versuchung erliegen⟩ **2** **einer Sache** (*Dativ*) **erliegen** an etwas sterben | *Er erlag gestern seiner Krankheit/den schweren Verletzungen* **3** **einem Irrtum/einer Täuschung erliegen** sich irren/sich täuschen **4** **jemandem/etwas erliegen** von jemandem im Kampf besiegt werden | *Er erlag der feindlichen Übermacht und musste sich ergeben* **5** **etwas bringt etwas zum Erliegen** etwas setzt etwas (eine Zeit lang) außer Betrieb oder bringt es zum Stillstand ⟨etwas bringt die Arbeiten, den Betrieb, die Produktion, den Verkehr zum Erliegen⟩ | *Das Gewitter brachte den Funkverkehr zum Erliegen* **6** **etwas kommt zum Erliegen** etwas wird durch jemanden oder etwas zum Stillstand gebracht

er·lischt *Präsens, 3. Person Singular* → erlöschen

er·lo·gen ADJEKTIV ■ ID → erstunken

★ **Er·lös** *der;* (-es, -e) das Geld, das man bekommt, wenn man etwas verkauft (und nachdem alle Kosten bezahlt sind) ⟨einen Erlös erwirtschaften, erzielen⟩ ≈ *Gewinn* | *Der Erlös aus der Tombola kommt einer gemeinnützigen Stiftung zugute* K Verkaufserlös

er·losch *Präteritum, 3. Person Singular* → erlöschen

er·lo·schen PARTIZIP PERFEKT → erlöschen

er·lö·schen VERB (erlischt/erlöscht, erlosch, ist erloschen) **1** **etwas erlischt** etwas hört auf zu brennen oder zu leuchten ⟨ein Feuer, eine Kerze, ein Licht⟩ **2** **ein Vulkan erlischt** ein Vulkan hört auf, aktiv zu sein **3** **etwas erlischt** etwas verliert seine rechtliche Gültigkeit ⟨ein Anspruch, ein Patent, ein Recht, ein Vertrag⟩ **4** **etwas erlischt** etwas wird aufgelöst oder aus einer offiziellen Liste gestrichen ⟨eine Firma, ein Konto, jemandes Schulden⟩ **5** **etwas erlischt** etwas wird schwächer und hört schließlich auf ⟨jemandes Hass, Hoffnung, Leidenschaft, Liebe, Sehnsucht⟩

er·lö·sen VERB (erlöste, hat erlöst) **1** **jemanden (von etwas) erlösen** jemanden von der Schuld der Sünde befreien | *Christus hat die Menschheit (von ihren Sünden) erlöst* **2** **jemanden (von etwas) erlösen** jemanden von Schmerzen, Sorgen oder Kummer befreien | *Der Lottogewinn hat ihn von seinen Geldsorgen erlöst* | *Der Tod erlöste ihn nach langer Krankheit (von seinen Leiden)* **3** **jemanden aus etwas erlösen** jemanden aus einer unangenehmen Situation befreien ⟨jemanden aus der Gefangenschaft, einer Notlage, einer peinlichen Situation, der Sklaverei erlösen⟩ • hierzu **Er·lö·sung** *die*

Er·lö·ser *der;* (-s) (in den christlichen Religionen) Jesus Christus als diejenige Person, welche die Menschen von ihren Sünden befreit hat

er·mäch·ti·gen VERB (ermächtigte, hat ermächtigt) **jemanden zu etwas ermächtigen** jemandem das Recht oder die Vollmacht geben, etwas zu tun | *Er ermächtigte seine Frau (dazu), von seinem Konto Geld abzuheben* • hierzu **Er·mäch·ti·gung** *die*

er·mah·nen VERB (ermahnte, hat ermahnt) **jemanden (zu etwas) ermahnen** jemanden nachdrücklich dazu auffordern, etwas zu tun oder sich besser zu verhalten | *jemanden zur Vorsicht ermahnen* | *Die Mutter ermahnte die Kinder, nicht auf der Straße zu spielen* • hierzu **Er·mah·nung** *die*

Er·man·ge·lung *die* **in Ermangelung** *+Genitiv;* **in Ermangelung von jemandem/etwas)** *geschrieben* weil die genannte Person/Sache fehlt oder nicht vorhanden ist | *in Ermangelung von Beweisen* | *in Ermangelung besserer Vorschläge*

er·mä·ßi·gen VERB (ermäßigte, hat ermäßigt) **etwas ermäßigen** den Preis für etwas senken ⟨einen Beitrag, eine Gebühr, einen Preis⟩ | *Für Kinder gelten auf unseren Flügen stark ermäßigte Preise* • hierzu **Er·mä·ßi·gung** *die*

er·mat·ten VERB (ermattete, hat/ist ermattet) **1** **etwas ermattet jemanden** *geschrieben* (*hat*) etwas macht jemanden müde | *Nach der langen Krankheit ermatten ihn schon wenige Schritte* **2** (*ist*) nach einer körperlichen Anstrengung müde werden **3** **etwas ermattet** (*ist*) etwas lässt nach, weil jemand müde wird oder die Lust verliert | *Nach langem Kampf ermattete ihr Widerstand*

er·mes·sen VERB (ermisst, ermaß, hat ermessen) **etwas ermessen** *geschrieben* etwas im vollen Umfang seiner Bedeutung begreifen und einschätzen | *Die wahre Bedeutung dieser Entdeckung lässt sich im Augenblick noch nicht ermessen*

Er·mes·sen *das;* (-s) **1** die Überlegungen zu einem Problem, die man für eine Lösung oder Entscheidung braucht ⟨etwas jemandes Ermessen überlassen; etwas liegt in jemandes Ermessen; nach jemandes Ermessen⟩ | *Nach unserem Ermessen sollte die Fabrik geschlossen werden* | *Es liegt nicht in meinem Ermessen, darüber zu entscheiden* **2** **nach bestem Ermessen** so objektiv und sachlich wie nur möglich | *sich nach bestem Ermessen entscheiden, etwas zu tun* **3** **nach menschlichem Ermessen** mit größter Wahrscheinlichkeit | *Nach menschlichem Ermessen müsste die Brücke dieser Belastung standhalten*

Er·mes·sens·fra·ge *die* **etwas ist eine Ermessensfrage** eine Entscheidung ist von der jeweiligen Situation und der Meinung einer Person abhängig

★ **er·mit·teln** VERB (ermittelte, hat ermittelt) **1** **jemanden/etwas ermitteln** eine Person oder Sache suchen und schließlich finden ≈ *feststellen* | *jemandes Aufenthaltsort ermitteln* | *Die Polizei konnte den Täter nicht ermitteln* **2** **jemanden ermitteln** die Position einer Person in einer Rangfolge, z. B. bei einem Wettkampf, feststellen ⟨den Besten, den Gewinner, den Sieger o. Ä. ermitteln⟩ **3** **etwas ermitteln** rechnen und so auf das richtige Ergebnis kommen | *einen Durchschnittswert ermitteln* **4** **gegen jemanden ermitteln** Beweise oder Indizien für die Schuld einer Person sammeln, um sie vor Gericht stellen zu können • hierzu **Er·mitt·lung** *die*

Er·mitt·ler *der;* (-s, -); *admin* eine Person bei der Polizei, die ein Verbrechen untersucht ⟨ein verdeckter Ermittler⟩ • hierzu **Er·mitt·le·rin** *die*

★ **er·mög·li·chen** VERB (ermöglichte, hat ermöglicht) **(jemandem) etwas ermöglichen** (jemandem) etwas möglich machen | *Das feuchtwarme Klima ermöglicht den Anbau von Bananen* | *Seine Eltern ermöglichten ihm das Studium*

★ **er·mor·den** VERB (ermordete, hat ermordet) **jemanden ermorden** an jemandem einen Mord begehen • hierzu **Er·mor·dung** *die*

er·mü·den VERB (ermüdete, hat/ist ermüdet) **1** **etwas ermüdet jemanden** (*hat*) etwas macht jemanden müde oder schläfrig | *Das Sprechen ermüdete den Schwerkranken schnell* **2** (*ist*) müde, schläfrig werden **3** **etwas ermüdet** (*ist*) etwas wurde so oft oder so lange benutzt, dass es nicht mehr stabil ist und leicht kaputtgeht ⟨ein Material, ein Metall⟩ • zu (2,3) **Er·mü·dung** *die*

er·mun·tern VERB (ermunterte, hat ermuntert) **jemanden zu etwas ermuntern** eine Person freundlich auffordern, den Mut oder die Energie zu entwickeln, um etwas zu tun | *jemanden zu einem Entschluss ermuntern* • hierzu **Er·mun·te·rung** *die*

er·mu·ti·gen VERB (ermutigte, hat ermutigt) **eine Person/Sache ermutigt jemanden (zu etwas)** eine Person oder ein Ereignis gibt jemandem den Mut und das Vertrauen, etwas zu tun oder weiterzumachen | *Sein großer Erfolg in der Prüfung hat ihn zu einer zusätzlichen Ausbildung ermutigt* | *Er ermutigte seinen Freund, offen seine Meinung zu sagen* • hierzu **Er·mu·ti·gung** *die*

★ **er·näh·ren** VERB (ernährte, hat ernährt) **1** **jemanden (mit etwas) ernähren** einen Menschen oder ein Tier mit Nahrung versorgen | *ein Baby mit Muttermilch ernähren* | *ein junges Tier mit der Flasche ernähren* | *Er sieht schlecht ernährt aus* **2** **jemanden (mit/von etwas) ernähren** (mit etwas) für den eigenen Lebensunterhalt oder den Lebensunterhalt einer anderen Person sorgen | *Du bist alt genug, eine Familie/dich selbst zu ernähren* | *Von/Mit seiner Arbeit kann er keine Familie ernähren* **3** **etwas ernährt jemanden** etwas bringt so viel Geld ein, dass die Leute davon leben können | *Dieser Bauernhof-Betrieb ernährt eine zehnköpfige Familie* **4** **jemanden künstlich ernähren** einer kranken Person, die nichts essen kann, flüssige Nahrung durch Infusionen geben **5** **sich (von etwas) ernähren** von (der genannten) Nahrung leben | *Füchse ernähren sich hauptsächlich von Mäusen* | *sich vegetarisch ernähren* • hierzu **Er·näh·rung** *die*

Er·näh·rer *der;* (-s, -) die Person, welche für den Lebensunterhalt einer Familie sorgt

er·nen·nen VERB (ernannte, hat ernannt) **1** **jemanden (zu etwas) ernennen** jemandem ein Amt oder eine Funktion geben | *jemanden zum Minister ernennen* **2** **jemanden zu etwas ernennen** eine Person mit einem Titel ehren | *jemanden zum Ehrenbürger ernennen* • hierzu **Er·nen·nung** *die*

er·neu·er·bar ADJEKTIV **erneuerbare Energien** Energien wie Wasserkraft, Wind- und Sonnenenergie, die immer wieder neu entstehen

er·neu·ern VERB (erneuerte, hat erneuert) **1** **etwas erneuern**

etwas, das alt, beschädigt o. Ä. ist, durch etwas Neues ersetzen oder mit neuen Teilen reparieren ⟨ein Dach, einen Zaun erneuern⟩ 2 **etwas erneuern** etwas noch einmal aussprechen ⟨einen Antrag, eine Einladung, einen Vorschlag erneuern⟩ 3 **etwas erneuern** veranlassen, dass etwas wieder wirksam oder gültig wird ⟨eine (alte) Bekanntschaft, eine Freundschaft, eine Erinnerung an jemanden/etwas erneuern⟩ 4 **etwas erneuert sich** etwas wird aus sich heraus/aus eigener Kraft wieder neu | *Haut und Haare erneuern sich ständig* • hierzu **Er·neu·e·rung** *die*

★ **er·neut** ADJEKTIV *meist attributiv; geschrieben* noch einmal (stattfindend) | *Als er sich verbeugte, erklang erneut Beifall* | *Aus dem Kriegsgebiet wurden erneute Kampfhandlungen gemeldet*

er·nied·ri·gen VERB (erniedrigte, hat erniedrigt) 1 **jemanden erniedrigen** eine Person so behandeln, dass sie ihre persönliche Ehre und Würde verliert 2 **sich (zu etwas) erniedrigen** *oft abwertend* etwas tun, obwohl man denkt, dass man dabei seine persönliche Würde verliert 3 **sich vor jemandem erniedrigen** alles tun, was eine andere Person verlangt, obwohl sie kein Recht dazu hat oder sich schlecht benimmt | *Du musst dich vor ihm nicht so erniedrigen, wehr dich doch!* • hierzu **Er·nied·ri·gung** *die*

★ **ernst** ADJEKTIV 1 ruhig und nachdenklich oder traurig | *ein ernstes Gesicht machen* | *Er ist immer so ernst, er lacht nie* | *Sie hatte Mühe, ernst zu bleiben* 2 mit wichtigem oder traurigem Inhalt ⟨ein Buch, ein Film, ein Gespräch⟩ 3 mit großen, unangenehmen Folgen ⟨ein Fehler, ein Mangel, ein Problem, ein Versagen⟩ ≈ *ernsthaft* 4 sehr groß oder intensiv ⟨Bedenken, ein Verdacht, ein Zweifel⟩ 5 das Leben oder die Gesundheit sehr gefährdend ⟨eine Erkrankung, eine Gefahr, eine Verletzung, jemandes Zustand⟩ | *Er erlitt einen ernsten Unfall, der ihn fast das Leben kostete* 6 **etwas ernst meinen** etwas wirklich so meinen (nicht als Scherz o. Ä.) und planen, entsprechend zu handeln 7 **etwas ernst nehmen** etwas als wichtig, gefährlich o. Ä. einschätzen und entsprechend handeln ⟨eine Drohung, eine Gefahr, ein Problem ernst nehmen⟩ 8 **jemanden ernst nehmen** jemanden für fähig und kompetent halten | *Ich kann ihn einfach nicht ernst nehmen, er macht immer so dumme Vorschläge* 9 **jemanden/etwas ernst nehmen** nicht erkennen, dass jemand einen Scherz macht 10 **ernste Musik** klassische Musik

■ ID **Jetzt wird's ernst!** *gesprochen* verwendet, wenn etwas Wichtiges/Entscheidendes anfängt, auf das man gewartet hat (besonders eine Diskussion, ein Streit oder ein Kampf)

★ **Ernst** *der*; (-es) 1 eine Haltung oder Einstellung, bei der man ruhig und nachdenklich, nicht fröhlich ist | *Sie ging mit viel Ernst an ihre neue Aufgabe heran* 2 **der Ernst der Lage** verwendet, um zu sagen, dass eine Situation sehr gefährlich oder bedrohlich ist | *Als er den Ernst der Lage endlich erkannte, war es schon zu spät* 3 **etwas ist jemandes Ernst**; **jemandem ist (mit) etwas Ernst** etwas ist tatsächlich so gemeint, wie es eine Person gesagt hat | *Du willst also gehen. Ist das dein Ernst?* | *Soll das dein Ernst sein?* (Das kannst du nicht wirklich meinen/wollen!) | *Es war ihm bitterer Ernst mit der Drohung* 4 **(mit etwas) Ernst machen** einen Plan oder eine Drohung in die Tat umsetzen | *Es wird Zeit, dass wir Ernst machen!* 5 **aus etwas wird Ernst** etwas, das nur geplant oder gespielt war, wird Wirklichkeit | *Aus dem Spiel wurde bitterer Ernst* 6 **allen Ernstes/im Ernst** verwendet, um zu sagen, dass etwas tatsächlich so (gemeint) ist, auch wenn es nicht wahrscheinlich erscheint | *Er will die Arbeit allen Ernstes allein machen!* | *„Ich kündige." – „Im Ernst?"* 7 **der Ernst des Lebens** der harte Alltag | *Du kommst jetzt in die Schule, da fängt der Ernst des Lebens für dich an*

Ernst·fall *der* eine Situation, in der etwas (meist Gefährliches), das man erwartet oder befürchtet hat, tatsächlich passiert | *Auf/Für den Ernstfall sind wir bestens vorbereitet*

★ **ernst·haft** ADJEKTIV 1 seriös und verantwortungsbewusst und oft in ernster Stimmung | *Er ist ein ernsthafter Mensch/wirkt sehr ernsthaft* 2 ruhig und nachdenklich ≈ *ernst* | *Sie unterhielten sich ernsthaft* | *Sie unterhielten führten ein ernsthaftes Gespräch* 3 tatsächlich, ernst gemeint und mit der Absicht, auch entsprechend zu handeln ⟨eine Absicht, ein Angebot, eine Bitte, ein Vorschlag; etwas ernsthaft bezweifeln, hoffen, wollen, wünschen⟩ | *Er hat ernsthaft versucht, sich um das Problem zu kümmern* 4 gefährlich oder mit großen unangenehmen Folgen ⟨eine Erkrankung, ein Fehler, eine Folge, eine Gefahr, ein Problem, eine Verletzung; ernsthaft erkranken; jemanden ernsthaft gefährden, verletzen⟩ ≈ *ernst* | *Die Maschine ist ernsthaft beschädigt* | *Der Plan weist ernsthafte Mängel auf* • hierzu **Ernst·haf·tig·keit** *die*

ernst·lich ADJEKTIV *meist attributiv* 1 tatsächlich, wirklich (so gemeint) | *Ist das deine ernstliche Absicht?* | *Das kannst du doch nicht ernstlich wollen!* | *Hältst du mich ernstlich für so dumm?* | *Er hat nie ernstlich versucht, einen Job zu finden* 2 ≈ *ernst* | *Bei ernstlichen Störungen werde ich die Sitzung schließen* 3 so, dass das Leben oder die Gesundheit sehr bedroht ist ⟨eine Erkrankung, eine Verletzung; ernstlich erkranken, verletzt werden, gefährdet sein⟩

★ **Ern·te** *die*; (-, -n) 1 *nur Singular* das Ernten von Obst, Gemüse, Getreide usw. | *bei der Ernte helfen* K Erntearbeit, Erntefest, Erntezeit; Baumwollernte, Getreideernte, Heuernte, Kartoffelernte, Obsternte, Reisernte 2 das, was man geerntet hat | *die Ernte einbringen* | *Dieses Jahr war die Ernte sehr groß/gut* K Baumwollernte, Getreideernte; Durchschnittsernte, Rekordernte

Ern·te·dank|fest *das* ein kirchliches Fest, bei dem die Christen Gott für die Ernte danken (meist am ersten Sonntag im Oktober)

★ **ern·ten** VERB (erntete, hat geerntet) 1 **etwas ernten** die Dinge (Getreide, Obst, Gemüse usw.), die man meist auf dem Feld oder im Garten angebaut hat, sammeln, mähen oder pflücken | *Früher wurde das Korn mit der Sense geerntet, heute macht das meist ein Mähdrescher* 2 **etwas ernten** etwas als Reaktion auf eine Äußerung oder Aktion bekommen ⟨Beifall, Dank, Gelächter, Spott, Undank ernten⟩

er·nüch·tern VERB (ernüchterte, hat ernüchtert) 1 **etwas ernüchtert jemanden** etwas macht einen Betrunkenen wieder nüchtern | *Die kalte Luft hat ihn ernüchtert* 2 **etwas ernüchtert jemanden** etwas versetzt eine Person, die vorher gut gelaunt war, in eine ernste Stimmung oder nimmt ihr eine angenehme Hoffnung weg • hierzu **Er·nüch·te·rung** *die*

★ **er·obern** VERB (eroberte, hat erobert) 1 **etwas erobern** ein Land, eine Stadt o. Ä. in einem Krieg dem Feind wegnehmen und unter die eigene Herrschaft bringen 2 **(sich** (*Dativ*)**) etwas erobern** erfolgreich darum kämpfen, dass man etwas bekommt, das auch eine andere Person haben will | *Er hat (sich) auf dem Turnier einen der ersten Plätze erobert* 3 **jemanden/etwas erobern** die Liebe oder Freundschaft eines Menschen für sich gewinnen | *Mit seinem Charme versucht er, die Frauen zu erobern* | *Damit hast du dir einen Platz in meinem Herzen erobert* • zu (1) **Er·obe·rer** *der*

Er·obe·rung *die*; (-, -en) 1 etwas, das man erobert hat | *Die Eroberungen aus dem Krieg musste das Land später wieder abtreten* 2 *humorvoll* eine Person, die man erobert hat | *Auf dem Fest hat er eine Eroberung gemacht*

3 das Erobern

★ **er·öff·nen** VERB (eröffnete, hat eröffnet) **1** **etwas eröffnen** etwas, das neu gebaut oder eingerichtet wurde, den Kunden oder Benutzern zur Verfügung stellen ⟨einen Laden, ein Lokal, ein Museum, eine neue Autobahn, eine Fluglinie eröffnen⟩ ↔ *schließen* **2** **etwas (mit etwas) eröffnen** etwas offiziell beginnen lassen ↔ *beenden* | *Die Diskussion eröffnen* | *Der Richter erklärte die Verhandlung für eröffnet* | *Die Feier wurde mit einer Rede des Bürgermeisters eröffnet* **3** **jemand/etwas eröffnet (einer Person/Sache) etwas** jemand/etwas schafft eine neue Möglichkeit (für eine Person/Sache) ⟨neue, ungeahnte Möglichkeiten, Perspektiven, Wege eröffnen⟩ | *Die Erfindung der Dampfmaschine eröffnete der Seefahrt völlig neue Perspektiven* **4** **jemandem etwas eröffnen** jemandem etwas meist Unerwartetes erzählen/mitteilen | *Er eröffnete seinen Angestellten, dass die Firma bankrott war* **5** **das Feuer eröffnen** anfangen zu schießen **6** **ein Konto eröffnen** ein neues Konto bei einer Bank einrichten **7** **ein Testament eröffnen** den Inhalt eines Testaments nach dem Tod des Verfassers den Erben und der Familie des Toten verkünden | *Der Notar eröffnete das Testament im Beisein der Angehörigen des Verstorbenen* **8** **etwas eröffnet** etwas wird für die Öffentlichkeit zugänglich ⟨ein Geschäft, ein Kino, ein Museum, ein Schwimmbad⟩ | *In der Altstadt hat neulich ein neues Fitnesscenter eröffnet* **9** **etwas eröffnet sich (jemandem)** etwas entsteht als neue Möglichkeit (für jemanden) ⟨eine neue, ungeahnte Chance, Möglichkeit, Perspektive⟩ • hierzu **Er·öff·nung** *die*

ero·gen ADJEKTIV **eine erogene Zone** eine Stelle des Körpers, an der Streicheln sexuell anregend wirkt

er·ör·tern VERB (erörterte, hat erörtert) **etwas erörtern** *geschrieben* ausführlich und detailliert über ein Problem sprechen oder schreiben | *auftretende Schwierigkeiten erörtern* | *eine Frage wissenschaftlich erörtern* • hierzu **Er·ör·te·rung** *die*

Ero·si·on *die*; (-, -en) das Abtragen von Erde und Gestein durch die Einwirkung von fließendem Wasser oder Wind **K** Bodenerosion

★ **ero·tisch** ADJEKTIV **1** ⟨eine Ausstrahlung, eine Frau, ein Mann, ein Buch, eine Darstellung, ein Film⟩ so, dass sie sexuell anziehend oder anregend wirken **2** ⟨ein Bedürfnis, ein Erlebnis⟩ ≈ *sexuell* • hierzu **Ero·tik** *die*

Er·pel *der*; (-s, -) eine männliche Ente

er·picht ADJEKTIV **auf etwas** (*Akkusativ*) **erpicht sein** *oft abwertend* großen Wert auf etwas legen und etwas haben wollen (oder so haben wollen, wie man es sich wünscht) | *Sie ist schrecklich auf Ordnung erpicht/darauf erpicht, dass wir pünktlich sind*

er·pres·sen VERB (erpresste, hat erpresst) **1** **jemanden (mit etwas) erpressen** eine Person (meist durch die Drohung, dass man etwas öffentlich bekannt gibt) dazu zwingen, dass sie etwas gibt (z. B. Geld, Informationen) | *Er wurde mit Fotos erpresst, die ihn mit seiner Geliebten zeigten* **2** **etwas von jemandem erpressen** etwas von jemandem durch Drohungen oder Gewalt bekommen ⟨ein Geständnis, eine Unterschrift von jemandem erpressen⟩ | *Er hat insgesamt 3.000 Euro von ihr erpresst* • hierzu **Er·pres·sung** *die*

Er·pres·ser *der*; (-s, -) eine Person, die jemanden erpresst • hierzu **Er·pres·se·rin** *die*

er·pro·ben VERB (erprobte, hat erprobt) **etwas erproben** testen, ob etwas tatsächlich so funktioniert, wie es funktionieren soll, ausprobieren | *die Wirkung eines Medikaments erproben* • hierzu **Er·pro·bung** *die*

er·qui·cken VERB (erquickte, hat erquickt); *veraltend* **jemanden (mit etwas) erquicken** ≈ *erfrischen*

er·quick·lich ADJEKTIV; *veraltend* ⟨nicht, kaum, wenig erquicklich⟩ ≈ *erfreulich, angenehm*

er·ra·ten VERB (errät, erriet, hat erraten) **etwas erraten** etwas, das man nicht weiß oder kennt, richtig raten ⟨jemandes Absichten, Gedanken, Gefühle erraten⟩ | *Du hasts erraten!*

er·rech·nen VERB (errechnete, hat errechnet) **etwas errechnen** etwas durch Rechnen als Ergebnis bekommen | *den Durchschnittspreis errechnen* | *Sie hat errechnet, wann der Komet wieder an der Erde vorbeiziehen wird* • hierzu **Er·rech·nung** *die*

er·reg·bar ADJEKTIV ⟨ein Mensch⟩ so, dass er sehr schnell wütend, ärgerlich und nervös wird

er·re·gen VERB (erregte, hat erregt) **1** **etwas erregt jemanden** etwas macht jemanden sehr wütend oder sehr nervös | *Er war so erregt, dass er zitterte* **i** meist im Passiv mit dem Hilfsverb *sein* **2** **jemanden erregen** jemanden sexuell anregen **3** **jemand/etwas erregt etwas** eine Person oder Sache ist der Grund für die genannte Reaktion bei anderen Personen ⟨jemand/etwas erregt Aufsehen, (jemandes) Besorgnis, Misstrauen, Mitleid, Widerwillen⟩ **4** **sich über jemanden/etwas erregen** über jemanden/etwas sehr wütend werden und meist deswegen schimpfen

★ **Er·re·ger** *der*; (-s, -) Erreger (wie Viren, Bakterien usw.) sind der Grund für Krankheiten

★ **Er·re·gung** *die*; (-, -en) **1** der Zustand, in dem man nervös oder verärgert ist ⟨in heftige Erregung geraten; die Erregung nicht verbergen können⟩ **2** **Erregung öffentlichen Ärgernisses** eine sexuelle Handlung in der Öffentlichkeit, die als Straftat gilt (weil andere Personen dadurch belästigt werden)

★ **er·rei·chen** VERB (erreichte, hat erreicht) **1** **jemanden/etwas erreichen** so nahe an eine Person oder Sache herankommen, dass man sie berühren kann | *Wenn ich mich strecke, kann ich die Zimmerdecke gerade noch erreichen* **2** **etwas erreichen** an einen Ort, eine Stelle kommen | *In wenigen Minuten erreichen wir Hamburg* **3** **etwas erreichen** gerade noch zur rechten Zeit zu einem Bus, Zug o. Ä. kommen, bevor er wegfährt ↔ *verpassen* **4** **jemanden erreichen** mit jemandem (meist telefonisch) sprechen können | *Ich konnte ihn zu Hause nicht erreichen* | *Ich bin unter der Nummer 2186 zu erreichen* **5** **etwas erreichen** Erfolg haben oder etwas schaffen, was positiv ist ⟨ein hohes Alter, einen hohen Lebensstandard, ein Ziel erreichen⟩ | *Sie hat schon viel in ihrem Leben erreicht* **6** **etwas (bei jemandem) erreichen** eine Person kann eine andere Person von Wünschen und Plänen so überzeugen, dass die andere Person zustimmt und einverstanden ist | *Wenn du so unhöflich bist, erreichst du bei mir gar nichts* • hierzu **er·reich·bar** ADJEKTIV

er·ret·ten VERB (errettete, hat errettet); *geschrieben* **1** **jemanden aus etwas erretten** jemanden aus einer unangenehmen Situation befreien | *Du hast mich aus einer peinlichen Situation errettet* **2** **jemanden von/vor etwas** (*Dativ*) **erretten** verhindern, dass jemand in einer gefährlichen Lage ums Leben kommt ⟨jemanden vom/vor dem Erfrieren, Ersticken, Ertrinken, Tod erretten⟩

★ **er·rich·ten** VERB (errichtete, hat errichtet) **1** **etwas errichten** ein großes Bauwerk bauen ⟨eine Brücke, ein Hochhaus, einen Palast, einen Staudamm, ein Theater errichten⟩ **2** **etwas errichten** etwas aufbauen oder hinstellen (das man später wieder zerlegen und an einem anderen Ort aufbauen kann) ⟨Barrikaden, ein Gerüst, Tribünen, Zelte errichten⟩ **3** **(jemandem) ein Denkmal errichten** ein Denkmal aufstellen, um jemanden zu ehren **4** **etwas errichten** etwas, das es vorher nicht gegeben hat, neu schaffen ⟨eine Stiftung errichten; Hindernisse, Schranken errichten⟩ | *eine*

E

neue Gesellschaftsordnung errichten ● hierzu **Er·rich·tung** *die*

er·rin·gen VERB (errang, hat errungen) **etwas erringen** *geschrieben* etwas dadurch bekommen, dass man sich sehr anstrengt oder sehr darum bemüht ⟨einen Erfolg, einen Sieg, jemandes Freundschaft, jemandes Vertrauen erringen⟩

er·rö·ten VERB (errötete, ist errötet); *geschrieben* rot im Gesicht werden (meist weil man sich freut oder verlegen ist) ⟨vor/aus Freude, Scham, Verlegenheit erröten⟩

er·run·gen PARTIZIP PERFEKT → erringen

Er·run·gen·schaft *die*; (-, -en) **1** *geschrieben* etwas Neues, das einen großer Fortschritt ist ⟨eine medizinische, kulturelle, soziale, technische Errungenschaft⟩ | *Die Bürgerrechte sind eine Errungenschaft der Revolution* | *Strom ist eine große technische Errungenschaft* **2** **eine neue/jemandes neu(e)ste Errungenschaft** *gesprochen, humorvoll* etwas, das sich jemand gerade gekauft hat oder eine Person, die man gerade als Partner oder Mitarbeiter geworben hat | *Er hat wieder eine neue Errungenschaft*

★ **Er·satz** *der*; (-es) **1** **ein Ersatz für jemanden/etwas** eine Person oder Sache, die an die Stelle einer anderen Person oder Sache tritt und diese ersetzt ⟨ein vollwertiger, schlechter Ersatz; als Ersatz für jemanden einspringen⟩ | *Wir brauchen für das heutige Spiel unbedingt einen Ersatz für unseren erkrankten Torwart* K Ersatzmann, Ersatzrad, Ersatzreifen, Ersatzspieler; Kaffeeersatz, Zahnersatz **2** **Ersatz für etwas** die Wiedergutmachung eines Schadens oder Verlustes ⟨Ersatz für entgangenen Gewinn, einen Schaden, einen Verlust; Ersatz fordern, leisten⟩ ≈ *Entschädigung* K Ersatzpflicht; Schadenersatz

★ **Er·satz·teil** *das* ein Teil, das in eine Maschine oder ein Gerät gebaut werden kann, um ein defektes Teil zu ersetzen | *Der Staubsauger war so alt, dass keine Ersatzteile mehr zu bekommen waren* K Ersatzteillager, Ersatzteilmontage

er·satz·wei·se ADVERB als Ersatz | *Die Anweisungen sind in elektronischer, ersatzweise auch in gedruckter Form, aufzubewahren*

er·sau·fen VERB (ersäuft, ersoff, ist ersoffen); *gesprochen* ⚠ ≈ *ertrinken*

er·säu·fen VERB (ersäufte, hat ersäuft) **ein Tier ersäufen** *gesprochen* ⚠ ein Tier ertränken

er·schaf·fen VERB (erschuf, hat erschaffen) **jemanden/etwas erschaffen** *geschrieben* (meist mit göttlicher Kraft) jemanden/etwas entstehen lassen | *Gott erschuf den Menschen* ● hierzu **Er·schaf·fung** *die*

er·schau·dern VERB (erschauderte, ist erschaudert) **(vor etwas** (*Dativ*)**) erschaudern** *geschrieben* plötzlich zusammenzucken und kurz zittern, weil man erschrickt, Angst bekommt o. Ä. ⟨vor Angst, Ehrfurcht, Ekel, Grauen, Kälte⟩

er·schau·ern VERB (erschauerte, ist erschauert) **(vor etwas) erschauern** *geschrieben* ⟨vor Angst, Ehrfurcht, Glück⟩ ≈ *erschaudern* H im Gegensatz zu *erschaudern* auch in Verbindung mit angenehmen Gefühlen verwendet

★ **er·schei·nen** VERB (erschien, ist erschienen) **1** **etwas erscheint (irgendwo)** etwas wird irgendwo sichtbar | *Nach dem Regen erschien wieder die Sonne am Himmel* | *Da erschien ein Flugzeug am Horizont* **2** **jemand/etwas erscheint irgendwo** eine Person oder Sache kommt dorthin, wo sie erwartet wird | *Er ist nicht zum Frühstück erschienen* | *Morgen soll ich als Zeuge vor Gericht erscheinen* **3** **etwas erscheint (irgendwo)** etwas wird veröffentlicht ⟨ein Buch, eine Zeitschrift, etwas erscheint täglich, wöchentlich, monatlich, regelmäßig⟩ | *Bei welchem Verlag erscheint das Werk?* **4** **einer Person erscheint jemand/etwas** eine Person glaubt, dass sie einen Geist, ein Gespenst, einen Engel o. Ä. sieht **5** **eine Person/Sache erscheint (jemandem) irgendwie** eine Person oder Sache macht (auf jemanden) den genannten Eindruck | *Es erscheint (mir) merkwürdig, dass er noch nicht da ist* | *Seine Reaktion erschien mir verdächtig*

Er·schei·nung *die*; (-, -en) **1** etwas, das man beobachten oder wahrnehmen kann ⟨eine häufige, seltene, ungewöhnliche Erscheinung⟩ K Alterserscheinung, Ermüdungserscheinung, Folgeerscheinung, Mangelerscheinung, Modeerscheinung **2** eine Person o. Ä. in Gestalt eines Gespensts, einer Vision o. Ä. ⟨eine Erscheinung haben⟩ **3** verwendet, um den äußeren Eindruck zu beschreiben, den jemand macht ⟨jemand ist eine elegante, imposante, stattliche, sympathische Erscheinung⟩ **4** **(als etwas) in Erscheinung treten** sichtbar oder aktiv werden | *Die Polizei trat bei der Demonstration überhaupt nicht in Erscheinung* **5** ≈ *Veröffentlichung* K Erscheinungsdatum, Erscheinungsjahr, Erscheinungsort, Erscheinungstermin

Er·schei·nungs·bild *das* das Aussehen, das äußere Bild von jemandem/etwas ⟨das Erscheinungsbild ändern⟩ | *Das Erscheinungsbild der Landschaft hat sich unter dem Einfluss der Industrialisierung stark gewandelt*

Er·schei·nungs·form *die* die äußere Form, die etwas annimmt | *Die Erscheinungsformen, in denen reiner Kohlenstoff auftritt, sind Diamant und Grafit*

er·schie·ßen VERB (erschoss, hat erschossen) **jemanden erschießen** jemanden, sich oder ein Tier durch einen Schuss töten

Er·schie·ßung *die*; (-, -en) eine Hinrichtung, Exekution durch Erschießen

er·schlaf·fen VERB (erschlaffte, ist erschlafft) **jemand/etwas erschlafft** jemand/etwas wird müde und hat keine Kraft, keine Energie mehr ⟨die Muskeln, der Wille, der Körper⟩ H meist im Partizip Perfekt ● hierzu **Er·schlaf·fung** *die*

er·schla·gen[1] VERB (erschlug, hat erschlagen) **1** **jemanden (mit etwas) erschlagen** jemanden durch einen oder mehrere Schläge mit einem schweren Gegenstand töten **2** **etwas erschlägt jemanden** etwas fällt auf eine Person und tötet sie | *von einem Felsen erschlagen werden* **3** **von einem Blitz erschlagen werden** von einem Blitz getroffen werden **4** **etwas erschlägt jemanden** *gesprochen* etwas erstaunt oder überrascht jemanden sehr ● zu (1 – 3) **Er·schla·ge·ne** *der/die*

er·schla·gen[2] ■ PARTIZIP PERFEKT **1** → erschlagen[1] ■ ADJEKTIV **2** *gesprochen meist prädikativ* sehr müde, erschöpft ⟨ganz, total, völlig, ziemlich erschlagen sein; sich erschlagen fühlen⟩

er·schlei·chen VERB (erschlich, hat erschlichen) **(sich** (*Dativ*)**) etwas erschleichen** *abwertend* durch Betrug, Täuschung oder Schmeicheleien etwas bekommen ⟨(sich (*Dativ*)) eine Erbschaft, jemandes Vertrauen erschleichen⟩ ● hierzu **Er·schlei·chung** *die*

er·schlie·ßen VERB (erschloss, hat erschlossen) **1** **etwas erschließen** die notwendigen Arbeiten tun, damit etwas genutzt werden kann ⟨Rohstoffe, Bodenschätze, Öl(vorräte), eine Quelle erschließen; einen neuen Markt für ein Produkt erschließen⟩ **2** **etwas erschließen** die notwendigen Arbeiten tun, damit man zu etwas kommen, gelangen kann ⟨eine Gegend, ein Land erschließen⟩ **3** **etwas aus etwas erschließen** aufgrund von Beobachtungen und Überlegungen etwas (ziemlich sicher) annehmen ⟨die Bedeutung eines Wortes aus dem Zusammenhang erschließen⟩ ● hierzu **Er·schlie·ßung** *die*

er·schöp·fen VERB (erschöpfte, hat erschöpft) **1** **etwas erschöpft jemanden** etwas strengt jemanden so an, dass seine körperlichen oder geistigen Kräfte völlig verbraucht sind ⟨völlig erschöpft sein⟩ | *Die Strapazen der Reise hatten* ihn so erschöpft, dass er krank wurde **2** **etwas erschöpfen** etwas vollständig verbrauchen ⟨seine finanziellen Mittel, Reserven, Vorräte erschöpfen⟩ **3** **etwas erschöpft sich in etwas** (*Dativ*) etwas geht nicht über etwas hinaus, ist nicht mehr als das Genannte | *Der Bericht erschöpfte sich in der Aufzählung der Probleme und ging nicht auf die Lösungen ein* ■ ID **jemandes Geduld ist erschöpft** jemand hat keine Geduld mehr oder ist nicht mehr bereit, geduldig zu sein

er·schöp·fend ■ PARTIZIP PERFEKT **1** → erschöpfen ■ ADJEKTIV **2** so, dass dabei alle Fragen beantwortet werden ⟨eine Auskunft, eine Erklärung, ein Thema erschöpfend behandeln⟩ ≈ *vollständig*

Er·schöp·fung *die*; (-, -en); *meist Singular* ein Zustand sehr großer körperlicher oder geistiger Müdigkeit ⟨vor Erschöpfung einschlafen⟩

er·schos·sen ■ PARTIZIP PERFEKT **1** → erschießen ■ ADJEKTIV **2** *gesprochen* sehr müde ⟨ganz erschossen sein⟩

er·schrak *Präteritum, 1. und 3. Person Singular* → erschrecken[1]

er·schrä·ke *Konjunktiv II, 1. und 3. Person Singular* → erschrecken[1]

★ **er·schre·cken**[1] VERB (erschrickt, erschrak, hat/ist erschrocken) **1** **(vor jemandem/etwas) erschrecken** (*ist*) plötzlich Angst, einen Schreck bekommen | *Er erschrickt sogar vor kleinen Hunden, wenn sie bellen* **2** **(über jemanden/etwas) erschrecken** (*ist*) Schreck empfinden, z. B. wenn man etwas Schlimmes sieht | *Ich war über sein schlechtes Aussehen sehr erschrocken* **3** **sich (vor jemandem/etwas) erschrecken**; **sich (über etwas** (*Akkusativ*)) **erschrecken** (*hat*) plötzlich einen Schreck bekommen | *Hast du dich sehr erschrocken?*

★ **er·schre·cken**[2] VERB (erschreckte, hat erschreckt) **1** **jemanden (irgendwie) erschrecken** bewirken, dass jemand einen Schreck bekommt ⟨jemanden sehr, zu Tode erschrecken⟩ | *Der laute Knall hat mich erschreckt* | *Es ist erschreckend zu sehen, wie der Verbrauch von Drogen steigt* **2** **sich (vor jemandem/etwas) erschrecken**; **sich (über etwas** (*Akkusativ*)) **erschrecken** (*hat*) plötzlich einen Schreck bekommen | *Hast du dich sehr erschreckt?*

er·schrickt *Präsens, 3. Person Singular* → erschrecken[1]

er·schro·cken PARTIZIP PERFEKT → erschrecken[1]

er·schüt·tern VERB (erschütterte, hat erschüttert) **1** **etwas erschüttert jemanden** etwas bewirkt, dass jemand plötzlich tiefe Trauer oder großes Mitleid fühlt | *Die Nachricht vom Tod seines Vaters hat ihn zutiefst erschüttert* | *Bei der Beerdigung spielten sich erschütternde Szenen ab* **2** **etwas erschüttert etwas** etwas bewirkt, dass sich etwas bewegt und schwankt, das normalerweise bewegungslos ist | *Ein Erdbeben erschütterte das Haus* **3** **jemand/etwas erschüttert etwas** eine Person oder Sache nimmt etwas die sichere Grundlage ⟨jemandes Ansehen, Entschluss, Glaube, Glaubwürdigkeit erschüttern⟩ | *Ihr Glaube an Gott kann durch nichts erschüttert werden*

Er·schüt·te·rung *die*; (-, -en) **1** *meist Singular* das Gefühl, wenn man sich durch ein trauriges Ereignis sehr schlecht fühlt ≈ *Betroffenheit* | *Bei der Trauerfeier war ihm seine Erschütterung anzumerken* **2** ein kurzes Schwanken | *kleinere Erschütterungen infolge eines Erdbebens* **3** *nur Singular* der Vorgang, wenn der feste Glaube an etwas zerstört wird

er·schwe·ren VERB (erschwerte, hat erschwert) **(jemandem) (durch etwas) etwas erschweren** bewirken, dass etwas (für jemanden) schwieriger oder anstrengender wird oder mehr Mühe macht | *Nach dem Erdbeben erschwerten heftige Regenfälle die Rettungsarbeiten*

Er·schwer·nis *die*; (-, -se); *geschrieben* etwas, das jemandem etwas erschwert

er·schwin·deln VERB (erschwindelte, hat erschwindelt) **sich** (*Dativ*) **etwas erschwindeln** *gesprochen, abwertend* lügen oder betrügen, damit man etwas bekommt

er·schwing·lich ADJEKTIV so, dass man es sich leisten kann; nicht sehr teuer ⟨ein Preis⟩ *Ein Auslandsurlaub ist nicht für jeden erschwinglich*

er·se·hen VERB (ersieht, ersah, hat ersehen); *geschrieben* **1** **etwas aus etwas ersehen** durch etwas eine Information bekommen oder eine richtige Schlussfolgerung ziehen können | *Wie Sie aus Ihren Unterlagen ersehen, ist unser Umsatz stark gestiegen* | *Aus seinem Verhalten kann man nicht ersehen, worauf er hinauswill* **2** **etwas lässt sich aus etwas ersehen** etwas wird durch etwas sichtbar oder deutlich | *Aus ihrem Brief lässt sich nicht ersehen, wann sie uns besuchen will*

er·seh·nen VERB (ersehnte, hat ersehnt) **(sich** (*Dativ*)) **jemanden/etwas ersehnen** intensiv wünschen, dass etwas passiert oder dass man jemanden findet, ein Kind bekommt o. Ä. K Endlich habe ich das lang ersehnte Ziel erreicht

★ **er·set·zen** VERB (ersetzte, hat ersetzt) **1** **(einer Person) jemanden/etwas ersetzen** an die Stelle einer Person/Sache treten, wenn diese nicht (mehr) da ist | *Niemand kann einem Kind die Mutter ersetzen* | *Nichts kann eine gute Erziehung ersetzen* **2** **eine Person/Sache (durch eine Person/Sache) ersetzen** eine Person oder Sache an die Stelle einer anderen Person oder Sache bringen, wenn diese nicht mehr da ist | *einen alten Fernseher durch einen neuen ersetzen* | *Zwei Kollegen haben in letzter Zeit die Firma verlassen, aber nur einer wird ersetzt* **3** **(jemandem) etwas ersetzen** jemandem Geld geben für einen Schaden, einen Verlust o. Ä. (und für den man verantwortlich ist) | *Bei einem Unfall ersetzt die Haftpflichtversicherung Schäden an fremden Fahrzeugen* ● zu (1,2) **er·setz·bar** ADJEKTIV

er·sicht·lich ADJEKTIV so, dass man etwas erkennen und verstehen kann | *Mir ist nicht ersichtlich, wie das Gerät funktioniert* | *Sie hat ihn ohne einen ersichtlichen Grund verlassen*

er·sin·nen VERB (ersann, hat ersonnen) **(sich** (*Dativ*)) **etwas ersinnen** *geschrieben* sich etwas ausdenken ⟨(sich (*Dativ*)) eine Geschichte, ein Märchen, einen Plan ersinnen⟩

er·spä·hen VERB (erspähte, hat erspäht) **jemanden/etwas (irgendwo) erspähen** *geschrieben* eine Person oder Sache sehen können, weil man intensiv und angestrengt nach ihr schaut | *jemanden in einer Menschenmenge erspähen*

er·spa·ren VERB (ersparte, hat erspart) **1** **(sich** (*Dativ*)) **etwas ersparen** eine Summe Geld (oder das Geld für etwas) durch Sparen ansammeln ⟨sich (*Dativ*) etwas mühsam ersparen⟩ | *Sie hatte sich monatlich hundert Euro erspart* | *Er lebt von seinem Ersparten* **2** **jemandem etwas ersparen** verhindern, dass jemand oder man selbst von etwas Unangenehmem betroffen wird ⟨sich/jemandem Ärger, Aufregung, Scherereien ersparen⟩ | *jemandem einen Vorwurf nicht ersparen können* | *Wenn du ein bisschen ordentlicher wärst, würdest du dir das Suchen ersparen* ■ ID **Mir bleibt aber auch nichts erspart!** *gesprochen* verwendet, um zu sagen, dass immer wieder von unangenehmen Situationen betroffen ist

Er·spar·nis *die*; (-, -se) **1** *meist Plural* eine Summe Geld, die man erspart hat ⟨Ersparnisse besitzen; von den Ersparnissen leben, zehren; jemanden um die Ersparnisse bringen⟩ **2** *meist Singular* etwas, das man einspart | *Das neue Herstellungsverfahren ermöglicht uns eine Ersparnis von Kosten und Material* K Arbeitsersparnis, Geldersparnis, Kostenersparnis, Kraftersparnis, Materialersparnis, Platzersparnis, Raumersparnis, Zeitersparnis

er·sprieß·lich ADJEKTIV; *geschrieben* so, dass etwas angenehm ist und Nutzen bringt ⟨ein Gespräch, eine Zusammenarbeit⟩

★ **erst** ■ ADVERB **1** **erst (ein)mal** verwendet, um das zu nennen, was zeitlich am Anfang steht oder womit eine Reihe von Ereignissen beginnt ≈ *zuerst* | *Ich mache erst einmal das Abitur, und dann sehe ich weiter* | *Erst mache ich das Abitur. Dann sehen wir weiter* | *Überleg dir das erst noch mal, bevor du dich endgültig entscheidest* **2** später als erwartet ↔ *schon* | *Unsere Gäste sind erst um zwei Uhr morgens gegangen* | *Ich bin erst gegen Mittag aufgewacht* | *Erst viel später habe ich alle Einzelheiten erfahren* **3** vor nicht sehr langer Zeit | *Ich habe ihn erst gestern gesehen* **4** **es ist erst** +*Zeitangabe* verwendet, um zu sagen, dass es noch relativ früh ist ↔ *schon* | *Bleib noch ein bisschen, es ist erst halb elf* | *Es ist erst Mitte Oktober, und schon schneits!* **5** verwendet, um auf einen Zeitpunkt in der Zukunft zu verweisen | *Wenn du erst wieder gesund bist, holen wir den Ausflug nach* | *Hab 'du erst mal selbst Kinder, dann wirst du sehen, wie das ist* (Wenn du selbst Kinder haben wirst, dann ...) **6** weniger als erwartet oder erwünscht ↔ *schon* | *Ich lese schon seit einer Stunde und habe trotzdem erst sechs Seiten geschafft* **H** *Nur* und *erst* haben eine ähnliche Bedeutung. Wenn man aber sagt: *Ich habe nur drei Weihnachtskarten bekommen*, so erwartet man nicht, dass noch weitere Karten kommen. Sagt man: *Ich habe erst drei Weihnachtskarten bekommen*, so hofft man, dass sich das noch ändert.
■ PARTIKEL *unbetont* **7** **(doch/nur) erst** drückt aus, dass man ungeduldig auf das Genannte wartet ↔ *schon* | *Wenn nur erst Sonntag wäre!* **8** verwendet, um eine Aussage zu steigern oder stark zu betonen | *Wenn du dich schon über diese Kleinigkeit aufregst, wie reagierst du erst bei einem echten Problem?* | *„Ich bin ziemlich nervös." – „Und 'ich erst!"* | *Ich bin ja schon temperamentvoll, aber du müsstest erst meine Schwester kennenlernen!* (Sie ist noch viel temperamentvoller als ich) **9** **erst 'recht** die Entschlossenheit einer Person wird stärker und nicht (wie gewünscht) weniger | *Wenn ich ihr verbiete, Süßigkeiten zu kaufen, tut sie es erst recht* **10** **erst 'recht nicht** verwendet, um eine Verneinung intensiv zu verstärken | *Auf diese Art lösen wir das Problem erst recht nicht* | *Ich kann Sport überhaupt nicht leiden – und Fußball erst recht nicht!*

★ **ers·t-** ADJEKTIV **1** in einer Reihenfolge an der Stelle eins; (als Zahl) 1. **H** → Beispiele unter **viert-** **2** in einer Reihe oder Rangfolge den Anfang bildend | *im ersten Stock wohnen* (direkt über dem Erdgeschoss) | *(im Auto) den ersten Gang einlegen* (den niedrigsten Gang) | *Verbrennungen ersten Grades* (mit den schwächsten Verletzungen) | *Ich sitze in der ersten Reihe* (ganz vorne) | *Der Erste von links auf diesem Foto, das bin ich* **3** so, dass es der Anfang eines Zustands oder einer Entwicklung ist | *bei jemandem die ersten grauen Haare entdecken* | *Dieses Jahr fiel der erste Schnee bereits im September* | *die ersten Symptome einer Krankheit* **4** nur für kurze Zeit gültig, weil etwas noch nicht vollständig oder fertig ist ⟨eine Bilanz, ein Entwurf, ein Ergebnis⟩ ≈ *vorläufig* | *Das ist jetzt nur ein erster Versuch, ich werde weiter daran arbeiten* **5** in Bezug auf die Qualität an der Spitze stehend | *im Zug erster Klasse fahren* | *Weine erster Wahl* ■ **ID** **fürs Erste** *gesprochen* im Moment, bis sich die Situation ändert ≈ *vorläufig, zunächst* | *Mehr brauche ich nicht einzukaufen. Das reicht fürs Erste*

er·stạr·ken VERB (erstarkte, ist erstarkt) **etwas erstarkt** *geschrieben* etwas wird stärker oder größer (nachdem es vorher nur schwach, wenig intensiv war) ⟨jemandes Freundschaft, Glaube, Hoffnung, Liebe, Widerstand⟩ ● hierzu **Er·stạr·kung** *die*

er·stạr·ren VERB (erstarrte, ist erstarrt) **1** **etwas erstarrt (zu etwas)** etwas wird starr, hart oder fest ⟨Gelatine, Gips, Lava, Sülze, Zement⟩ **2** **etwas erstarrt (jemandem)** etwas wird als Folge großer Kälte steif und unbeweglich ⟨die Finger, die Glieder⟩ **3** **(vor etwas** (*Dativ*)**) erstarren** nicht handeln oder sich nicht bewegen können, weil man große Angst hat, erschrickt o. Ä. ⟨vor Angst, Entsetzen, Schreck, in/vor Ehrfurcht erstarren⟩

er·stạt·ten VERB (erstattete, hat erstattet) **1** **jemandem etwas erstatten** *geschrieben* einer Person das Geld, das sie für einen Zweck ausgegeben hat, zurückzahlen ⟨jemandem alle Auslagen, Spesen, Unkosten erstatten⟩ | *Aufwendungen wie Fahrkosten o. Ä., die Ihnen im Zusammenhang mit Ihrer Bewerbung entstehen, werden Ihnen selbstverständlich erstattet* **2** **(gegen jemanden) Anzeige erstatten** *geschrieben* jemanden bei der Polizei anzeigen **3** **(jemandem über etwas** (*Akkusativ*)**) Bericht/Meldung erstatten** *admin* jemandem über etwas in sachlicher Form berichten ● zu (1,2) **Er·stạt·tung** *die*

Erst·auf·füh·rung *die* ≈ *Uraufführung*

Erst·auf·nah·me|ein·rich·tung *die* eine Unterkunft für Flüchtlinge, Asylbewerber usw., die gerade erst in Deutschland angekommen sind

er·stau·nen VERB (erstaunte, hat/ist erstaunt) **1** **etwas erstaunt jemanden** (*hat*) etwas ist so, dass jemand darüber überrascht ist und staunt | *Ihr großes Wissen über dieses schwierige Fachgebiet hat mich sehr erstaunt* **2** **(über etwas** (*Akkusativ*)**) erstaunen** *geschrieben* (*ist*) über etwas in Staunen, Verwunderung geraten

Er·stau·nen *das*; (-s) **1** der Zustand, erstaunt zu sein ⟨jemanden in Erstaunen versetzen⟩ **2** **zu jemandes Erstaunen** so, dass jemand davon sehr überrascht ist | *Zu seinem größten Erstaunen öffnete sich eine geheime Tür, als er die Wand berührte*

★ **er·staun·lich** ADJEKTIV so, dass man darüber staunt | *Sie verfügt über ein erstaunliches Wissen auf diesem Gebiet* | *Er ist erstaunlich vital für sein hohes Alter*

er·staunt ■ PARTIZIP PERFEKT **1** → erstaunen
■ ADJEKTIV **2** **erstaunt sein (über jemanden/etwas)** ≈ *staunen*

Erst·aus·ga·be *die* **1** die erste gedruckte Veröffentlichung eines literarischen oder wissenschaftlichen Werkes **2** ein Exemplar der ersten Auflage eines Buches o. Ä.

erst·bes·t- ADJEKTIV *meist attributiv; oft abwertend* **der/die/das erstbeste** eine Person oder Sache, die als erste infrage kommt (ohne sorgfältig ausgewählt worden zu sein) | *Wir gingen ins erstbeste Café* | *Als wir ankamen, war es schon sehr spät, und wir mussten das erstbeste Hotel nehmen*

★ **Ers·te** *der/die*; (-n, -n) **1** eine Person, die bei einem (sportlichen) Wettbewerb die beste Leistung erzielt hat | *beim 100-Meter-Lauf Erster werden* | *Sie ging als Erste durchs Ziel* **2** **der Erste (des Monats)** der erste Tag eines Monats | *zum nächsten Ersten kündigen* | *Die Zahlung ist am Ersten fällig* **K** Monatserste **H** *Erster; der Erste; den, dem, des Ersten*

er·stẹ·chen VERB (ersticht, erstach, hat erstochen) **jemanden (mit etwas) erstechen** jemanden durch einen oder mehrere Stiche mit einem Messer o. Ä. töten

er·ste·hen VERB (erstand, hat erstanden) **etwas erstehen** etwas kaufen | *Er hat gerade ein neues Auto erstanden* | *Diesen Mantel habe ich ganz billig erstanden*

er·stei·gern VERB (ersteigerte, hat ersteigert) **etwas ersteigern** etwas auf einer Versteigerung o. Ä. kaufen, indem man einen höheren Preis dafür bietet als andere Personen

★ **er·stel·len** VERB (erstellte, hat erstellt) **1** **etwas erstellen** einen

Text oder einen Plan fertig machen ⟨ein Gutachten, ein Protokoll, einen Plan, einen Kostenvoranschlag erstellen⟩ ≈ *ausarbeiten* **2** **etwas erstellen** *admin* ein Bauwerk bauen ≈ *errichten* | *Sozialwohnungen erstellen* • hierzu **Er·stel·lung** *die*

★ **ers·tens** ADVERB (bei Aufzählungen) an erster Stelle der Reihenfolge oder im Rang | *Ich komme nicht mit. Erstens ist mir der Weg zu weit und zweitens habe ich keine Lust dazu*

Ers·te·re *der/die;* (-n, -n) von zwei Personen oder Sachen diejenige, die man zuerst genannt hat | *Peter und Hans waren da, Ersterer ging aber früh nach Hause* **H** *Ersterer; der Erstere; den, dem, des Ersteren*

Erst·ge·bo·re·ne *der/die/das;* (-n, -n) das erste Kind **H** *ein Erstgeborener/Erstgeborenes; der/das Erstgeborene; den, dem, des Erstgeborenen*

er·sti·cken VERB (erstickte, hat/ist erstickt) **1** **jemanden ersticken** (*hat*) eine Person töten, indem man verhindert, dass sie atmen kann **2** **etwas ersticken** (*hat*) ein Feuer löschen (indem man verhindert, dass Sauerstoff dazukommt) | *Die Flammen kann man mit Sand oder mit einer nassen Decke ersticken* **3** **etwas im Keim ersticken** *geschrieben* (*hat*) etwas schon bei den ersten Anzeichen beenden, verhindern ≈ *unterdrücken* **4** **(an etwas** (*Dativ*)**) ersticken** (*ist*) sterben, weil man nicht genug Luft zum Atmen bekommt | *Viele Bergleute sind bei dem Unglück in der Kohlengrube an den giftigen Gasen erstickt* **K** Erstickungstod ◼ **ID in Arbeit ersticken** *gesprochen* sehr viel Arbeit haben • hierzu **Er·sti·ckung** *die*

erst·klas·sig ADJEKTIV; *gesprochen* ganz besonders gut ≈ *ausgezeichnet, hervorragend* | *ein erstklassiger Tennisspieler* | *erstklassige Leistungen*

Erst·kläss·ler *der;* (-s, -) ein Kind, das (mit ca. sechs Jahren) in die erste Klasse einer Grundschule geht • hierzu **Erst·kläss·le·rin** *die*

Erst·kom·mu·ni·on *die* die Feier (in der katholischen Kirche), bei der ein Kind (mit ca. neun Jahren) zum ersten Mal zur Kommunion geht

erst·mal ADVERB; *gesprochen* erst (ein)mal ≈ *zuerst*

erst·ma·lig ADJEKTIV; *geschrieben* zum ersten Mal (vorkommend)

erst·mals ADVERB zum ersten Mal | *Die Stadt wurde erstmals in einer Chronik des 13. Jahrhunderts erwähnt*

er·stre·ben VERB (erstrebte, hat erstrebt) **etwas erstreben** *geschrieben* etwas erreichen wollen ⟨Ansehen, Macht, Reichtum erstreben; das erstrebte Ziel⟩ • hierzu **er·stre·bens·wert** ADJEKTIV

★ **er·stre·cken** VERB (erstreckte sich, hat sich erstreckt) **1** **etwas erstreckt sich (von etwas) bis zu etwas** etwas hat die genannte räumliche Größe | *Die Alpen erstrecken sich im Osten bis zur ungarischen Tiefebene* **2** **etwas erstreckt sich über/auf etwas** (*Akkusativ*) etwas dauert die genannte Zeit | *Die medizinischen Versuche erstreckten sich über einen Zeitraum von acht Jahren* **3** **etwas erstreckt sich auf jemanden/etwas** etwas betrifft (auch) jemanden/etwas | *Auf welche Bereiche erstreckt sich diese Regelung?* | *Das neue Gesetz erstreckt sich auf alle Arbeitnehmer, nicht nur auf die Angestellten*

er·stun·ken ADJEKTIV ◼ **ID etwas ist erstunken und erlogen** *gesprochen* verwendet, um zu sagen, dass etwas völlig unwahr ist

er·su·chen VERB (ersuchte, hat ersucht) **jemanden/etwas um etwas ersuchen; jemanden/etwas ersuchen zu** +*Infinitiv* *geschrieben* eine Person, Behörde o. Ä. höflich oder offiziell um etwas bitten oder zu etwas auffordern | *das Ministerium um eine Auskunft ersuchen* | *Sie ersuchte ihn, ihr zu helfen* • hierzu **Er·su·chen** *das*

er·tap·pen VERB (ertappte, hat ertappt) **1** **jemanden (bei etwas) ertappen** bemerken oder beobachten, dass jemand (heimlich) etwas Verbotenes oder Unrechtes tut ⟨jemanden beim Lügen, Stehlen ertappen; jemanden auf frischer Tat ertappen⟩ ≈ *erwischen* **2** **sich bei etwas ertappen** plötzlich bemerken, dass man etwas Verbotenes, Unrechtes o. Ä. denkt oder wünscht, das man bei bewusster Überlegung eigentlich ablehnt

★ **er·tei·len** VERB (erteilte, hat erteilt) **(jemandem) etwas erteilen** *geschrieben* verwendet zusammen mit einem Substantiv, um ein Verb zu umschreiben | *jemandem eine Rüge erteilen* (jemanden rügen) | *(jemandem) einen Befehl erteilen* (jemandem etwas befehlen) | *jemandem einen Rat erteilen* (jemandem etwas raten) | *(jemandem) einen Auftrag erteilen* (jemanden mit etwas beauftragen) | *jemandem eine Erlaubnis erteilen* (jemandem etwas erlauben) | *jemandem Unterricht erteilen* (jemanden unterrichten)

★ **er·tö·nen** VERB (ertönte, ist ertönt) **etwas ertönt** etwas ist zu hören ⟨Musik, eine Stimme, eine Melodie⟩

Er·trag *der;* (-(e)s, Er·trä·ge); *meist Plural; geschrieben* **1** die Produkte, die (vor allem in der Landwirtschaft) innerhalb einer Zeit erzeugt wurden ⟨geringe, hohe, reiche Erträge erzielen, bringen⟩ **K** Bodenertrag, Ernteertrag **2** der finanzielle Gewinn, den jemand aus geschäftlichen Unternehmungen bekommt ⟨Ertrag abwerfen; von den Erträgen leben können⟩ | *Sein Unternehmen wirft gute Erträge ab* **K** Ertragsminderung, Ertragssteigerung; Nettoertrag, Reinertrag • hierzu **er·trag·reich** ADJEKTIV

er·tra·gen VERB (erträgt, ertrug, hat ertragen) **1** **etwas ertragen** etwas Unangenehmes so akzeptieren, wie es ist ⟨das Schicksal ertragen; Kälte, Schmerzen, eine Krankheit ertragen (müssen)⟩ **2** **jemanden/etwas nicht (mehr) ertragen können** eine sehr starke Abneigung gegen eine Person/Sache haben

er·träg·lich ADJEKTIV **1** so, dass man es ertragen kann ⟨Schmerzen⟩ | *Hier am Wasser ist die Hitze gerade noch erträglich* **2** so, dass man damit gerade noch zufrieden ist ⟨Leistungen⟩

er·trän·ken VERB (ertränkte, hat ertränkt) **jemanden ertränken** einen Menschen oder ein Tier so lange unter Wasser halten, bis er/es tot ist

er·träu·men VERB (erträumte, hat erträumt) **(sich** (*Dativ*)**) jemanden/etwas erträumen** sich vorstellen, dass man das bekommt, was man seit langer Zeit haben möchte | *Sie war genau die Frau, die er sich erträumt hatte* **H** meist im Perfekt oder Plusquamperfekt

er·trin·ken VERB (ertrank, ist ertrunken) sterben, weil man (als Folge eines Unfalls) zu lange unter Wasser gewesen ist | *Er ist beim Baden im Meer ertrunken* | *jemanden vor dem Ertrinken retten*

er·trot·zen VERB (ertrotzte, hat ertrotzt) **sich** (*Dativ*) **etwas ertrotzen** das bekommen, was man will, indem man es immer wieder energisch fordert ⟨sich (*Dativ*) eine Genehmigung, eine Erlaubnis ertrotzen⟩

er·üb·ri·gen VERB (erübrigte, hat erübrigt) **1** **(für jemanden) Zeit erübrigen (können)** sich (für jemanden) Zeit nehmen (können) **2** **etwas erübrigt sich** etwas ist überflüssig oder nicht (mehr) notwendig | *Unser Problem ist bereits gelöst, alle Diskussionen darüber haben sich also erübrigt* | *Es erübrigt sich, darüber noch weiter zu sprechen*

eru·ie·ren VERB (eruierte, hat eruiert) **etwas eruieren** *geschrieben* durch Suchen und Forschen etwas finden | *Experten versuchten zu eruieren, wodurch die Katastrophe zustande gekommen war*

Erup·ti·on [-ˈtsjoːn] *die;* (-, -en) die Explosion eines Vulkans, bei der Asche, Lava und Gase herausgeschleudert werden

er·wa̤·chen VERB (erwachte, ist erwacht); *geschrieben* **1** **(aus etwas) erwachen** wach werden ⟨aus dem Schlaf, aus der Narkose erwachen⟩ **2** **aus etwas erwachen** (aus einer Art Traum) wieder in die Realität zurückfinden ⟨aus einer Illusion, Fantasie, aus seiner Versunkenheit erwachen⟩ **3** **etwas erwacht (in jemandem)** etwas entsteht in jemandem ⟨Misstrauen, Neugier, Interesse, ein Wunsch⟩

er·wa̤ch·sen[1] [-ks-] VERB (erwächst, erwuchs, ist erwachsen); *geschrieben* **1** **etwas erwächst aus etwas** etwas entsteht allmählich aus etwas | *Aus unserer Freundschaft erwuchs eine tiefe Zuneigung* **2** **etwas erwächst jemandem/für jemanden (aus etwas)** etwas ist für jemanden das Resultat oder die Folge einer Handlung | *Aus seinem unhöflichen Verhalten erwuchsen ihm zahlreiche Schwierigkeiten*

★ **er·wa̤ch·sen**[2] [-ks-] ■ PARTIZIP PERFEKT **1** → erwachsen[1] ■ ADJEKTIV **2** wegen des Alters kein Kind, kein Jugendlicher/keine Jugendliche mehr ≈ *volljährig* | *Er hat zwei erwachsene Töchter* **3** so, dass ein relativ junger Mensch sich verhält wie ein Erwachsener | *Die besonnene Reaktion war sehr erwachsen von dir!* | *Durch den frühen Tod der Mutter musste der Junge viel zu früh erwachsen werden*

★ **Er·wa̤ch·se·ne** [-ks-] *der/die*; (-n, -n) ein Mensch, der wegen des Alters kein Kind oder Jugendlicher mehr ist H *ein Erwachsener; der Erwachsene; den, dem, des Erwachsenen*

Er·wa̤ch·se·nen·bil·dung [-ks-] *die*; *nur Singular* der Unterricht (und die Institution) zur Weiterbildung von Erwachsenen für private oder berufliche Zwecke

er·wä̲·gen VERB (erwog, hat erwogen) **etwas erwägen** *geschrieben* etwas (sehr) gründlich überlegen, indem man auch an die Vor- und Nachteile und die Konsequenzen einer Sache denkt | *einen Vorschlag gründlich erwägen* | *Sie erwog, für ein Jahr ins Ausland zu gehen*

Er·wä̲·gung *die*; (-, -en); *geschrieben* **1** eine sorgfältige Überlegung, bei der man vor allem die Konsequenzen einer Sache prüft ⟨nach ernsthafter, reiflicher Erwägung⟩ **2** **etwas in Erwägung ziehen** etwas berücksichtigen, überlegen oder als Möglichkeit in Betracht ziehen

★ **er·wä̲h·nen** VERB (erwähnte, hat erwähnt) **jemanden/etwas erwähnen** (im Zusammenhang mit einer anderen Sache) kurz von jemandem/etwas sprechen oder schreiben ⟨jemanden/etwas lobend, namentlich erwähnen; jemanden/etwas (nur) am Rande erwähnen⟩ | *Er erwähnte nur kurz, dass er einen Unfall hatte, Genaueres hat er nicht dazu gesagt* ● hierzu **Er·wä̲h·nung** *die*; **er·wä̲h·nens·wert** ADJEKTIV

er·wä̲r·men VERB (erwärmte, hat erwärmt) **1** **etwas erwärmt etwas** etwas macht etwas warm | *Der Boiler erwärmt das Wasser auf 80 °C* **2** **jemanden für eine andere Person/etwas erwärmen** bewirken, dass jemand eine andere Person sympathisch findet oder dass sich jemand für etwas interessiert | *Ich konnte ihn für meine Pläne nicht erwärmen* **3** **etwas erwärmt sich** etwas wird (allmählich) warm | *Die Luft hat sich im Laufe des Tages von 5 °C auf 20 °C erwärmt* **4** **sich für jemanden/etwas erwärmen können** mit der Zeit jemanden sympathisch finden/etwas gut oder interessant finden H meist verneint ● zu (1,3) **Er·wä̲r·mung** *die*

★ **er·wa̲r·ten** VERB (erwartete, hat erwartet) **1** **jemanden/etwas erwarten** darauf warten, dass jemand kommt oder dass etwas geschieht ⟨jemanden/etwas sehnsüchtig, ungeduldig erwarten⟩ | *Sie erwartete ihn an der verabredeten Stelle im Park* **2** **etwas erwarten** etwas für sehr wahrscheinlich halten | *Ich hatte erwartet, dass die deutsche Mannschaft gegen England verliert* | *Wie erwartet/Wie zu erwarten war, wurde der neue Film ein großer Erfolg* **3** **(von jemandem/etwas) etwas erwarten** den Anspruch haben oder fordern, dass jemand eine Leistung bringt oder Kenntnisse hat, dass etwas geschieht o. Ä. | *Von den Bewerbern werden gute Fremdsprachenkenntnisse erwartet* | *Ich erwarte von dir, dass du deine Arbeit ordentlich machst* | *So viel Höflichkeit kann man doch wohl erwarten!* **4** **sich** (*Dativ*) **etwas/viel/wenig/nichts (von jemandem/etwas) erwarten** auf etwas hoffen, einen Wunsch haben | *Ich hätte mir von dem Film mehr erwartet* | *Erwartest du dir nicht zu viel von deiner Beziehung?* **5** **(von jemandem) ein Kind erwarten** schwanger sein ■ ID **Das war (ja) zu erwarten** Es war klar, dass das geschehen würde; **etwas kaum/nicht erwarten können** a sehr ungeduldig auf etwas warten | *Ich konnte es kaum erwarten, sie wiederzusehen* b aktiv werden (wollen), weil man nicht mehr auf etwas warten kann oder will | *Ich konnte es nicht mehr erwarten und habe schon einmal angefangen*

★ **Er·wa̲r·tung** *die*; (-, -en) **1** *meist Plural* das, was jemand von einer Person oder Sache hofft, wünscht oder verlangt ⟨große Erwartungen in jemanden/etwas setzen; jemandes Erwartungen erfüllen, enttäuschen; die Erwartung, dass ...⟩ | *Der neue Trainer hat die in ihn gesetzten Erwartungen voll und ganz erfüllt* **2** *meist Singular* das Gefühl, wenn man wartet und sich auf jemanden/etwas freut | *voller Erwartung/voll ungeduldiger Erwartung sein* **3** **in Erwartung** +*Genitiv geschrieben* (ungeduldig oder sehnsüchtig) auf etwas wartend | *In Erwartung Ihrer Antwort verbleibe ich mit freundlichen Grüßen, Ihr Helmut Rosenberger* ● hierzu **er·wa̲r·tungs·ge·mäß** ADJEKTIV; **er·wa̲r·tungs·voll** ADJEKTIV

er·we̲·cken VERB (erweckte, hat erweckt) **1** **(in jemandem) etwas erwecken** bewirken, dass etwas (vor allem ein Gefühl oder eine Vorstellung) in jemandem entsteht ⟨in jemandem Mitleid, Liebe, Vertrauen erwecken⟩ ≈ *hervorrufen* **2** **den Anschein/Eindruck erwecken, ...** eine Vorstellung, Meinung entstehen lassen | *Ihr Verhalten erweckt den Anschein, als wolle sie die Firma verlassen*

er·we̲h·ren VERB ■ ID **Ich kann mich des Eindrucks nicht erwehren, dass ...** *geschrieben* ich habe den Eindruck, den begründeten Verdacht, dass ...

er·we̲i·chen VERB (erweichte, hat/ist erweicht) **1** **jemanden (mit/durch etwas) erweichen** (*hat*) eine Person durch Bitten oder Weinen dazu bringen, dass sie Mitleid bekommt und nachgibt **2** **etwas erweichen** (*hat*) etwas weich machen **3** **etwas erweicht** (*ist*) etwas wird weich | *Das Wachs ist in der Hitze erweicht*

er·we̲i·sen VERB (erwies, hat erwiesen); *geschrieben* **1** **etwas erweisen** ≈ *beweisen* | *Es ist erwiesen, dass Rauchen schädlich ist* H meist im Passiv mit dem Hilfsverb *sein* **2** **jemandem etwas erweisen** verwendet zusammen mit einem Substantiv, um zu sagen, dass man etwas für jemanden tut | *jemandem einen Gefallen erweisen* (jemandem einen Gefallen tun) | *jemandem einen Dienst erweisen* (einen Dienst für jemanden tun) **3** **jemandem etwas erweisen** verwendet zusammen mit einem Substantiv, um zu sagen, dass man jemandem etwas zeigt | *jemandem Achtung erweisen* (jemandem Achtung zeigen) | *jemandem Respekt erweisen* (jemandem Respekt zeigen) **4** **sich als jemand/etwas/irgendwie erweisen** nach einiger Zeit seine wahre Eigenschaft zeigen | *Die Klärung des Mordfalles hat sich als schwierig erwiesen* | *Der angebliche Vertreter hat sich als Betrüger erwiesen* H oft im Perfekt

★ **er·we̲i·tern** VERB (erweiterte, hat erweitert) **1** **etwas erweitern** eine Fläche, ein Gebäude o. Ä. größer machen | *die Ausstellungsfläche um 100 Quadratmeter erweitern* | *Der Flughafen hat nicht genügend Kapazität und muss erweitert werden* **2** **jemand/etwas erweitert etwas (auf/um jemanden/etwas)** etwas wird im Umfang größer gemacht | *den Vorstand von drei auf fünf Mitglieder erweitern* | *Wir er-*

weitern unser Angebot ständig um neue Produkte | Sie hat ihre Sprachkenntnisse durch tägliches Zeitunglesen erweitert | Reisen erweitert den Horizont (Durch Reisen lernt man viel Neues dazu) **3** **etwas erweitert sich** etwas wird im Umfang größer | *Durch Alkohol erweitern sich die Blutgefäße | In der Dunkelheit erweitern sich die Pupillen | Das Repertoire der Band hat sich um etliche Musiktitel erweitert* • hierzu **Er·wei·te·rung** *die*

Er·werb *der;* (-(e)s) **1** der Kauf | *der Erwerb von Aktien/Grundstücken* K Grundstückserwerb **2** das Erwerben von Rechten, Genehmigungen, Titeln usw. | *die Voraussetzungen für den Erwerb des Führerscheins | Zuwanderern den Erwerb der deutschen Staatsbürgerschaft erleichtern* **3** der Vorgang, wenn man etwas lernt und dann kann | *Migranten beim schnellen Erwerb der deutschen Sprache unterstützen* K Fremdsprachenerwerb, Spracherwerb **4** *admin* eine bezahlte berufliche Tätigkeit ⟨(k)einem Erwerb nachgehen⟩ K Gelderwerb, Lebenserwerb

★ **er·wer·ben** VERB (erwirbt, erwarb, hat erworben); *geschrieben* **1** **etwas erwerben** wertvolle, teure Dinge kaufen | *ein Grundstück erwerben* **2** **etwas erwerben** das Recht oder die Erlaubnis erhalten, etwas zu tun ⟨ein Recht, eine Befugnis, eine Berechtigung, eine Konzession erwerben⟩ **3** **(sich** (*Dativ*)**) etwas erwerben** etwas durch eigene Leistungen, durch Lernen usw. im Laufe der Zeit bekommen | *im Laufe des Lebens ein beträchtliches Vermögen erwerben | Sie hat sich mit viel Eifer gute Spanischkenntnisse erworben*

er·werbs·los ADJEKTIV; *admin* ≈ *arbeitslos* • hierzu **Er·werbs·lo·sig·keit** *die*

Er·werbs·lo·se *der/die;* (-n, -n); *admin* ≈ *Arbeitslose(r)* **H** *ein Erwerbsloser; der Erwerbslose; den, dem, des Erwerbslosen*

er·werbs·tä·tig ADJEKTIV; *admin* ≈ *berufstätig* • hierzu **Er·werbs·tä·tig·keit** *die*

Er·werbs·tä·ti·ge *der/die;* (-n, -n); *admin* eine Person, die einen Beruf ausübt und so Geld verdient **H** *ein Erwerbstätiger; der Erwerbstätige; den, dem, des Erwerbstätigen*

er·werbs·un·fä·hig ADJEKTIV; *admin* wegen einer Krankheit oder wegen des Alters nicht fähig, einen Beruf auszuüben • hierzu **Er·werbs·un·fä·hig·keit** *die*

Er·werbs·zweig *der* ein Bereich in der Wirtschaft eines Landes | *Der Weinbau ist ein wichtiger Erwerbszweig in Italien*

er·wi·dern VERB (erwiderte, hat erwidert) **1** **(jemandem) etwas (auf etwas** (*Akkusativ*)**) erwidern** jemandem eine Antwort auf eine Frage oder auf eine Aussage geben | *Auf diese Frage erwiderte sie: „Ich will meinen Anwalt sprechen" | Ich wusste nicht, was ich ihm auf seinen Vorwurf erwidern sollte* **2** **etwas erwidern** als Antwort oder Reaktion auf etwas das gleiche tun, zeigen o. Ä. ⟨jemandes Gefühle, einen Gruß, einen Besuch, einen Blick erwidern⟩ **3** **das Feuer erwidern** zurückschießen, nachdem jemand angefangen hat zu schießen

Er·wi·de·rung *die;* (-, -en) **1** **eine Erwiderung (auf etwas** (*Akkusativ*)**)** die Antwort, die man auf eine Frage erhält | *Seine Erwiderung auf meine Frage kam nach kurzer Überlegung* **2** das Erwidern

er·wie·sen PARTIZIP PERFEKT → erweisen

er·wie·se·ner·ma·ßen ADVERB wie bekannt ist oder wie es immer ist | *Diese Methode funktioniert erwiesenermaßen nicht*

er·wir·ken VERB (erwirkte, hat erwirkt) **etwas erwirken** *admin* bei einer Institution, z. B. einem Amt oder Gericht (durch persönliche Bemühungen) etwas erreichen ⟨einen Freispruch, jemandes Freilassung, eine Erlaubnis erwirken; eine Bestrafung erwirken⟩ | *Der Anwalt erwirkte die Entlassung seines Mandanten aus dem Gefängnis*

er·wirt·schaf·ten VERB (erwirtschaftete, hat erwirtschaftet) **etwas erwirtschaften** durch Arbeit und kluges Planen finanzielle Gewinne erzielen | *Der Unternehmer hat in kürzester Zeit ein beträchtliches Vermögen erwirtschaftet*

★ **er·wi·schen** VERB (erwischte, hat erwischt); *gesprochen* **1** **jemanden erwischen** eine Person noch erreichen, um mit ihr zu sprechen, kurz bevor sie weg ist | *Sieh zu, dass du ihn noch am Vormittag erwischst, später ist er nicht mehr da* **2** **etwas erwischen** ein Verkehrsmittel noch erreichen, bevor es abfährt ↔ *verpassen* | *den Bus in letzter Sekunde noch erwischen* **3** **etwas erwischen** etwas im letzten Augenblick greifen oder fassen können | *Ich habe die Vase gerade noch erwischt, bevor sie heruntergefallen wäre* **4** durch Zufall oder Glück etwas bekommen | *im Bus einen Sitzplatz erwischen* **5** **jemanden erwischen** eine Person, die etwas Verbotenes getan hat, fangen (und festnehmen) **6** **jemanden (bei etwas) erwischen** sehen oder beobachten, wie jemand etwas Verbotenes tut ■ **ID** **jemanden hat es erwischt** a jemand hat sich verliebt b jemand ist krank geworden, verletzt oder bei einem Unfall o. Ä. gestorben | *Alle meine Freunde haben Grippe, mich hat es Gott sei Dank noch nicht erwischt;* **jemand wird / etwas hat jemanden (eis)kalt erwischt** jemand erlebt etwas Unangenehmes, auf das er nicht vorbereitet war

er·wog *Präteritum, 1. und 3. Person Singular* → erwägen

er·wo·gen PARTIZIP PERFEKT → erwägen

★ **er·wünscht** ADJEKTIV **1** *meist attributiv* so, wie man es sich gewünscht hat | *Die wissenschaftliche Untersuchung brachte das erwünschte Resultat* **2** *meist prädikativ* so, dass ein Verhalten oder eine Person willkommen ist | *Rauchen ist hier nicht erwünscht! | Wie bringt man Katzen zum erwünschten Verhalten?* **H** oft verneint

er·wür·gen VERB (erwürgte, hat erwürgt) **jemanden (mit etwas) erwürgen** eine Person töten, indem man sie würgt

Erz, Erz *das;* (-es, -e) ein Mineral, das Metall enthält ⟨Erz abbauen, gewinnen, verhütten⟩ K Erzabbau, Erzader, Erzbergwerk, Erzgießerei, Erzgrube, Erzhütte; Eisenerz

erz-, Erz- *im Adjektiv und Substantiv, betont, begrenzt produktiv* **1** **der Erzbischof, der Erzengel, der Erzherzog; das Erzbistum, die Erzdiözese** *und andere* bezeichnet einen hohen Rang in einer Hierarchie **2** **der Erzfeind, der Erzgauner; erzdumm, erzfaul, erzkonservativ** *und andere abwertend* drückt aus, dass eine Bezeichnung im höchsten Maße zutrifft

★ **er·zäh·len** VERB (erzählte, hat erzählt) **1** **(jemandem) etwas erzählen; (etwas) erzählen** jemandem ein Erlebnis oder Ereignis (meist mündlich) auf unterhaltsame Weise mitteilen ⟨(jemandem) eine Anekdote, eine Geschichte, ein Märchen, Witze erzählen⟩ | *Habe ich dir eigentlich schon erzählt, wen ich gestern getroffen habe? | Seine Großmutter kann ganz spannend erzählen* K Erzählkunst, Erzähltalent **2** **(jemandem) etwas (von einer Person/Sache) erzählen; (jemandem) etwas (über eine Person/Sache) erzählen** jemandem eine Information über eine andere Person oder eine Sache geben ≈ *mitteilen* | *Sie hat uns erzählt, dass ihr Mann schwer erkrankt ist | Was ich dir jetzt über unseren Nachbarn erzähle, darf niemand erfahren* ■ **ID** **Na, dem werde ich was erzählen!** *gesprochen* Dem werde ich meine Kritik deutlich sagen; **Mir kannst du ja viel erzählen!** *gesprochen* Ich kann nicht glauben, was du da erzählst

Er·zäh·ler *der;* (-s, -) **1** eine Person, die etwas erzählt ⟨ein guter, lebendiger Erzähler⟩ K Märchenerzähler **2** ein Schriftsteller, der Erzählungen, Romane usw. schreibt ⟨ein zeitgenössischer Erzähler⟩ • hierzu **Er·zäh·le·rin** *die*

er·zähl·freu·dig ADJEKTIV ⟨ein Mensch⟩ so, dass er gern und viel erzählt

★ **Er·zäh·lung** *die;* (-, -en) **1** das Erzählen ⟨jemandes Erzählung lauschen, zuhören; jemanden in der Erzählung unterbrechen; in/mit der Erzählung fortfahren⟩ **2** eine relativ kurze Prosageschichte ⟨eine spannende, realistische Erzählung⟩

Er·zähl·wei·se *die* die Art und Weise, wie etwas mündlich oder schriftlich erzählt wird ⟨eine geistreiche, temperamentvolle Erzählweise⟩

★ **er·zeu·gen** VERB (erzeugte, hat erzeugt) **1 etwas erzeugen** bewirken, dass etwas entsteht | *Druck erzeugt Gegendruck | Der Autor erzeugt Spannung in seinem Kriminalroman* **2 etwas erzeugen** Waren, Dinge in großen Mengen herstellen ⟨landwirtschaftliche Produkte, Milch, Strom erzeugen⟩ ≈ *produzieren* ● hierzu **Er·zeu·gung** *die*

Er·zeu·ger *der;* (-s, -) **1** eine Person oder Firma, die ein (meist landwirtschaftliches) Produkt erzeugt | *Die Eier direkt beim Erzeuger holen* K Erzeugerland, Erzeugerpreis **2** *oft humorvoll* verwendet, um den Vater eines Kindes zu bezeichnen

Er·zeug·nis *das;* (-ses, -se) **1** etwas, das erzeugt worden ist ⟨ein landwirtschaftliches, industrielles, technisches Erzeugnis⟩ ≈ *Produkt, Ware* **2** etwas, das jemand in geistiger Arbeit hervorgebracht hat | *ein literarisches Erzeugnis*

★ **er·zie·hen** VERB (erzog, hat erzogen) **jemanden (zu etwas) erziehen** das Verhalten und den Charakter eines Kindes durch die Art, wie man mit ihm umgeht, formen ⟨jemanden antiautoritär, frei, streng, zur Selbstständigkeit erziehen⟩ | *Die Eltern haben ihren Sohn zu einem tüchtigen Menschen erzogen*

Er·zie·herin *die;* (-, -innen) **1** eine Frau, die Kinder oder Jugendliche erzieht | *Eltern und Lehrer sind die wichtigsten Erzieher eines Kindes* i → Info im Eintrag **-in** **2** eine Frau, die beruflich vor allem im Kindergarten oder in einem Internat Kinder erzieht i → Info im Eintrag **-in** ● hierzu **Er·zie·he·r** *der*

er·zie·he·risch ADJEKTIV **1** ⟨eine Aufgabe, ein Problem⟩ so, dass sie ein Teil der Erziehung sind ≈ *pädagogisch* **2** ⟨eine Absicht, ein Mittel⟩ so, dass sie der Erziehung dienen | *erzieherische Maßnahmen ergreifen*

★ **Er·zie·hung** *die;* (-) **1** alle Maßnahmen und Methoden, mit denen man jemanden erzieht ⟨eine strenge, autoritäre, nachsichtige, liebevolle, antiautoritäre Erziehung⟩ K Erziehungsfehler, Erziehungsmaßnahme, Erziehungsmethode, Erziehungsschwierigkeiten, Erziehungsziel **2** das Benehmen, das jemand als Ergebnis der Erziehung hat | *Ihr fehlt jede Erziehung* (Sie benimmt sich schlecht)

er·zie·hungs·be·rech·tigt ADJEKTIV; *admin* ⟨eine Person⟩ so, dass sie das Recht und die Verantwortung hat, ein Kind oder eine (einen) Jugendliche(n) zu erziehen ● hierzu **Er·zie·hungs·be·rech·tig·te** *der/die*

Er·zie·hungs·zeit *die;* Ⓓ die Zeit, in der eine Person ein kleines Kind erzieht. Dafür bekommt man später eine höhere Rente ⟨Erziehungszeiten bei der Rente anrechnen⟩

★ **er·zie·len** VERB (erzielte, hat erzielt) **1 etwas erzielen** das, was man sich zum Ziel gesetzt hat, erreichen ⟨einen Erfolg, einen Gewinn, eine Wirkung, gute Resultate erzielen⟩ **2 Einigung (über etwas** (*Akkusativ*)**) erzielen** *geschrieben* sich über etwas einigen

er·zit·tern VERB (erzitterte, ist erzittert); *geschrieben* **1 etwas erzittert** etwas fängt an, stark zu zittern oder zu vibrieren | *Die Mauer erzitterte unter dem Aufprall des Lastwagens | Die Detonation war so stark, dass die Fenster erzitterten* **2 etwas lässt etwas erzittern** etwas bewirkt, dass etwas anfängt, stark zu zittern oder zu vibrieren | *Das Erdbeben ließ die Häuser erzittern* **3 etwas lässt jemanden erzittern** etwas bewirkt, dass jemand anfängt (meist aus Angst) zu zittern

er·zo·gen ■ PARTIZIP PERFEKT **1** → erziehen ■ ADJEKTIV **2 irgendwie erzogen sein** die genannten Verhaltensweisen zeigen, welche der Erziehung entsprechen | *ein frecher und schlecht erzogener Junge*

er·zür·nen VERB (erzürnte, hat erzürnt); *geschrieben* **1 etwas erzürnt jemanden** etwas macht jemanden zornig | *Sein schlechtes Betragen hat den Lehrer sehr erzürnt* **2 sich (über jemanden/etwas) erzürnen** über jemanden/etwas zornig werden

er·zwin·gen VERB (erzwang, hat erzwungen) **etwas erzwingen** etwas erreichen, indem man Zwang oder Druck auf jemanden ausübt ⟨eine Entscheidung, jemandes Einwilligung, ein Geständnis erzwingen; sich (*Dativ*) Zutritt zu etwas erzwingen⟩

er·zwun·ge·ner·ma·ßen ADVERB unter Zwang, nicht freiwillig | *Das Abkommen kam nur erzwungenermaßen zustande*

★ **es**[1] PRONOMEN *3. Person Singular*

▸für eine Person/Sache: **1** verwendet anstelle eines Substantivs, dessen grammatisches Geschlecht sächlich ist | *Das Baby weint. Nimm es doch auf den Arm! | Wo ist mein Kaninchen? Hast du es gesehen? | Das ist ein großes Problem. Es wird nicht leicht zu lösen sein* i Als Akkusativobjekt steht *es* nicht am Anfang des Satzes: *Ich suche es;* → Tabelle unter **ich** **2** verwendet mit dem Verb *sein* anstelle von *er* oder *sie*, wenn ein Substantiv auf das Verb folgt | *Ich glaube, ich kenne den Mann da! Ja, es ist mein Onkel | Da kommt jemand! Es ist Frau Meyer | Ich kenne sie alle! Es sind Schüler aus meiner Klasse*

▸unpersönlich: **3** verwendet als Subjekt bei Verben, die unpersönlich konstruiert werden | *Es hat geklingelt | Mach doch das Fenster zu! Es zieht! | Es bedarf einer genauen Untersuchung | Mich juckts/juckt's | Mich juckt es überall | Es geht ihr gut | Es kommt auf das Wetter an | Es geht um Ihre Bewerbung | Es regnet/schneit/hagelt/donnert/blitzt | Heute ist es wolkig | Es ist zwei Uhr | Es wird bald Frühling | Es bleibt regnerisch in den nächsten Tagen* **4** verwendet als Objekt in festen Wendungen | *Ich habe es eilig* (Ich bin in Eile) | *Er meint es nur gut mit dir* (Er will nur das Beste für dich) | *Du wirst es noch weit bringen* (Du wirst Erfolg haben im Leben) | *Er hat es am Herzen* (Er ist herzkrank) **5** verwendet als formales Objekt in manchen Wendungen und als Bezug auf einen Teil des Gespräches oder Textes vorher | *Ich werds/werd's ihm sagen | Ich versuchs/versuch's | Ich vermute es | Ich nehme es an | Ich weiß es nicht | Ich halts/halt's hier nicht mehr aus* i In der gesprochenen Sprache wird *es* oft zu *s* abgekürzt. **6** verwendet am Satzanfang als Subjekt (an der Stelle eines Substantivs, eines Pronomens oder eines Nebensatzes). Das inhaltliche Subjekt folgt dann später im Satz | *Es ist etwas Schlimmes passiert* (Etwas Schlimmes ist passiert) | *Es hat sich ein Unfall ereignet* (Ein Unfall hat sich ereignet) | *Es wird sich zeigen, ob er recht hat* (Ob er recht hat, wird sich zeigen) | *Es herrschen chaotische Zustände* (Chaotische Zustände herrschen) **7** verwendet am Satzanfang, wenn Verben ohne Objekt wie ein Passiv konstruiert werden | *Es wurde viel gelacht | Es wird nicht geredet bei der Arbeit!* (Hört auf, euch zu unterhalten!) **8** verwendet im Satz, um so auf einen Nebensatz hinzuweisen, der dann gleich folgt | *Mir fällt es schwer, Nein zu sagen* (Nein zu sagen fällt mir schwer) | *Ich kann es nicht verantworten, dass du hier allein bleibst* (Dass du hier allein bleibst, kann ich nicht verantworten) i In den meisten dieser Fällen kann *es* auch weggelassen werden: *Mich freut (es) besonders, dass Sie gekommen sind; Ich verspreche (es) dir, dass das nie wieder vorkommen wird.* **9** verwendet, um auf den Inhalt des vorhergehenden Satzes hinzuweisen | *Er hat sein Versprechen nicht gehalten. Ich habe es leider auch nicht anders erwartet | Die anderen waren alle erkältet, nur Markus war es nicht | „Ist das wirklich Richard?" – „Ja, er ists/ist's!" | Kannst du das etwa? Ich kanns/kann's nicht* **10** verwendet als Subjekt in Konstruktionen mit *sich* (oft mit dem Verb *lassen*). Damit wird gesagt, dass die Voraussetzungen für etwas vorhanden sind | *Hier lässt es sich leben!/Hier lässt sich's leben!* (Hier kann man gut leben!) | *In diesem Sessel sitzt es sich bequem* (In diesem Sessel sitzt man bequem) **H** Wenn *es* zu *s* gekürzt wird, dann wird es mit Apostroph geschrieben: *Ich kann's nicht mehr hören!*, in umgangssprachlicher Schreibung auch: *Ich kanns nicht mehr hören.*

es[2], **Es** *das*; (-, -) der Halbton unter dem e **K** Es-Dur, es-Moll

Esche *die*; (-, -n) **1** ein Laubbaum, dessen Holz vor allem zur Herstellung von Möbeln verwendet wird **K** Eschenholz **2** das Holz der Esche | *ein Schrank aus Esche*

Esel *der*; (-s, -) **1** ein Tier mit langen Ohren und oft grauem Fell, das wie ein kleines Pferd aussieht | *Früher wurden Esel oft als Lasttiere verwendet* **2** *gesprochen, abwertend* als Schimpfwort verwendet, wenn man selbst oder eine andere Person einen dummen Fehler macht • zu (1) **Ese·lin** *die*

Esels·brü·cke *die*; *gesprochen* ein kurzer Spruch, oft ein Reim, mit dem man sich Daten und Fakten besser merken kann ⟨jemandem eine Eselsbrücke bauen⟩

Esels·ohr *das* **1** *gesprochen* die umgeknickte Ecke eines Blattes in einem Buch **2** das Ohr eines Esels

Es·ka·la·ti·on [-'tsi̯oːn] *die*; (-, -en); *geschrieben* die Zunahme oder Verstärkung von aggressiven Handlungen und von Gewalt | *die Eskalation der Gewalt im internationalen Terrorismus*

es·ka·lie·ren VERB (eskalierte, ist eskaliert) **etwas eskaliert (zu etwas)** *geschrieben* etwas weitet sich aus und wird immer stärker | *Der Streit eskalierte zu einer Schlägerei*

Es·ka·pa·de *die*; (-, -n); *geschrieben* **1** eine Handlung, durch die jemand gesellschaftliche (meist moralische) Normen verletzt ⟨sich (*Dativ*) tolle Eskapaden leisten⟩ **2** **eine Eskapade (mit jemandem)** eine kürzere Liebesbeziehung

Es·ki·mo *der*; (-(s), -(s)) ein Angehöriger eines Volkes (der Inuit), das weit im Norden von Kanada und Alaska lebt **K** Eskimoiglu, Eskimokajak, Eskimoschlitten • hierzu **Es·ki·mo·frau** *die*

Es·kor·te *die*; (-, -n) eine Gruppe von Soldaten oder Polizisten, die eine Person begleiten, um sie zu schützen oder zu bewachen • hierzu **es·kor·tie·ren** VERB (*hat*)

eso·te·risch ADJEKTIV; *geschrieben* nur einem exklusiven Kreis von Personen verständlich, die sich mit (intellektuell anspruchsvollen) Dingen beschäftigen ⟨Denken, Literatur, Lyrik⟩ • hierzu **Eso·te·rik** *die*

Es·pe *die*; (-, -n) ein hoher Baum, dessen Blätter schon bei wenig Wind laut rascheln ≈ *Pappel*

Es·pen·laub *das* die Blätter der Espe ■ **ID zittern wie Espenlaub** (vor Angst, Kälte) am ganzen Körper heftig zittern

Es·pres·so *der*; (-(s), -s) **1** ein starker Kaffee, der in einer Maschine gemacht wird, die heißen Dampf durch das Kaffeepulver drückt | *Zwei Espresso, bitte!* **K** Espressokanne, Espressomaschine, Espressopulver, Espressotasse **2** eine Tasse mit Espresso ⟨(sich (*Dativ*)) einen Espresso machen; einen Espresso bestellen, trinken⟩

Es·prit [ɛs'priː] *der*; (-s); *geschrieben* die Fähigkeit, sich in einer eleganten, interessanten (oft witzigen, ironischen oder indirekten) Weise auszudrücken ⟨Esprit besitzen, haben; von/vor Esprit sprühen; etwas verrät (viel) Esprit⟩

Es·say ['ɛse, 'ɛsei̯] *der/das*; (-s, -s) ein relativ kurzer Text, der die subjektive Meinung des Autors über ein Thema wiedergibt und der nicht streng wissenschaftlich, sondern unterhaltsam geschrieben ist | *Montaigne und Bacon schrieben berühmte Essays* • hierzu **Es·say·ist** *der*; **Es·say·is·tin** *die*; **es·say·is·tisch** ADJEKTIV

ess·bar ADJEKTIV ⟨Beeren, Früchte, Pilze⟩ so, dass man sie essen kann und dabei nicht stirbt ↔ *giftig* • hierzu **Ess·bar·keit** *die*

Es·se *die*; (-, -n) ≈ *Schornstein, Kamin*

Ess·ecke *die* ein Teil eines Zimmers (meist eine Ecke) mit einem Tisch, an dem man isst

★ **es·sen** VERB (isst, aß, hat gegessen) **1** **(etwas) essen** Nahrung in den Mund nehmen (, kauen) und schlucken | *zwei Scheiben Brot essen | Iss nicht so hastig!* **K** Essgewohnheiten, Essmanieren **H** vergleiche **fressen** **2** **(etwas) essen gehen** irgendwohin gehen, um dort zu essen | *Wir gehen heute Pizza essen* **3** **von etwas essen** einen Teil der Nahrung essen, die vorhanden ist | *Wer hat von meinen Bonbons gegessen?* **4** **zu Mittag/zu Abend essen** die Mahlzeit am Mittag oder Abend zu sich nehmen **5** **irgendwie essen** etwas essen, das die genannte Eigenschaft hat, im genannten Zustand oder typisch für ein Land ist ⟨billig, gesund, gut, kalt, warm, französisch, italienisch essen⟩ **6** **sich satt essen** so viel essen, bis man satt ist ■ **ID Das ist (bereits) gegessen** *gesprochen* Das ist vorbei oder erledigt

★ **Es·sen** *das*; (-s, -) **1** *nur Singular* der Vorgang, bei dem man Nahrung zu sich nimmt | *Essen ist lebensnotwendig* **2** ein Gericht, das man am Mittag oder am Abend zu sich nimmt ⟨ein warmes, kaltes Essen; das/ein Essen kochen, machen, servieren, vorbereiten⟩ | *Das Essen steht auf dem Tisch* **K** Abendessen, Mittagessen **3** eine Mahlzeit mit anderen Personen zusammen oder in einem Restaurant ⟨mit jemandem zum Essen gehen; jemanden zum Essen einladen⟩ **4** eine große, festliche Mahlzeit | *Der Kanzler gab ein Essen zu Ehren des Präsidenten* **K** Festessen, Hochzeitsessen **5** *nur Singular* alles, was Menschen oder Tiere essen ⟨gesundes, eiweißreiches, schwer verdauliches Essen⟩ ≈ *Nahrung*

Es·sen(s)·mar·ke *die*; *meist Plural* Marken (Coupons), mit denen man in der Kantine eines Betriebs oder in der Mensa einer Universität (billiger) essen kann

Es·sens·zeit *die* die Zeit (meist mittags oder abends), zu der man (normalerweise) etwas isst

LANDESKUNDE

▶ Die Essenszeiten

Die Zeiten für das Mittagessen liegen normalerweise zwischen 12 Uhr und 13:30 Uhr, die für das Abendessen zwischen 18 Uhr und 20 Uhr, in Restaurants auch später.

Es ist wichtig, sich an diese Zeiten zu halten, wenn man in ein Lokal zum Essen geht, da die Küche vor allem mittags oft ab einer bestimmten Uhrzeit geschlossen wird.

Es·senz *die*; (-, -en) **1** *meist Plural* ein Extrakt (Konzentrat) aus tierischen oder pflanzlichen Stoffen mit ihren wichtigsten Bestandteilen **K** Essigessenz, Rosenessenz **2** *geschrieben* der wichtigste (zentrale) Inhalt einer Lehre, eines Textes o. Ä. | *Die Essenz seiner Philosophie hat er in einem kurzen Aufsatz niedergelegt* • zu (2) **es·sen·zi·ell**, **es·sen·ti·ell** ADJEKTIV

Es·ser *der*; (-s, -) eine Person, die isst ⟨ein schlechter, tüchtiger, guter, starker Esser sein⟩

★ **Es·sig** *der*; (-s) eine saure Flüssigkeit, mit der man z. B. Salate würzt oder Gurken konserviert ⟨etwas in Essig einlegen; Salat mit Essig und Öl anmachen⟩ **K** Essigessenz, Essiggurke; Kräuteressig, Obstessig, Weinessig ■ **ID mit etwas ist es Essig** *gesprochen* etwas wird keinen Erfolg haben, wird

E

nicht klappen

Es·sig·säu·re *die* eine (organische) Säure, die im Essig enthalten ist

Ess·löf·fel *der* der (relativ große) Löffel, mit dem man z. B. Suppe isst

Ess·stö·rung *die* eine psychische Störung, bei der eine Person über längere Zeit so viel, so wenig oder ungesunde Dinge isst, dass sie krank wird

Ess·tisch *der* der (meist relativ hohe) Tisch, an dem man (gewöhnlich) isst

Ess·zim·mer *das* das Zimmer in der Wohnung, in dem man (täglich) isst

Es·tab·lish·ment [ɪs'tæblɪʃmənt] *das*; (-s, -s); *meist Singular; oft abwertend* die soziale Schicht, die in einer Gesellschaft die meiste Macht hat (und meist konservativ ist) ⟨zum Establishment gehören⟩

Est·rich *der*; (-s, -e) **1** der harte Boden (aus Zement oder Asphalt) in einem Raum, auf den dann der Teppichboden, das Parkett usw. gelegt wird **2** ⓒⓗ ≈ *Dachboden*

etab·lie·ren VERB (etablierte sich, hat sich etabliert) **sich (irgendwo) etablieren** *geschrieben* einen guten, sicheren Platz in einer (gesellschaftlichen) Ordnung finden | *Er wohnt schon so lange in dieser Stadt, dass er sich hier voll etabliert hat* | *Die neue Partei tritt nun gegen die etablierten Parteien an*

★ **Eta·ge** [-ʒə] *die*; (-, -n); *geschrieben* **1** alle Räume in einem Gebäude, die auf gleicher Höhe (über dem Erdgeschoss) liegen ⟨die erste, zweite, dritte, unterste, oberste Etage⟩ ≈ *Stock* K Etagenheizung, Etagenwohnung I → Infos unter **Stockwerk** **2** eine Ebene der Hierarchie in einer Firma, einer Partei usw. ⟨in den oberen Etagen⟩ | *Das wurde in der obersten Etage entschieden* (in der Geschäftsleitung) K Chefetage

★ **Etap·pe** *die*; (-, -n) **1** ein Abschnitt oder Teil einer Strecke, der ohne längere Pause gefahren wird | *Den Weg bis zu unserem Urlaubsziel haben wir in mehreren Etappen zurückgelegt* | *die dritte Etappe der Tour de France* K Etappensieger, Etappenziel **2** ein Abschnitt in einer Entwicklung ⟨mehrere Etappen durchlaufen⟩ | *In der historischen Entwicklung zum Nationalstaat sind drei Etappen zu unterscheiden* ● hierzu **etap·pen·wei·se** ADVERB

★ **Etat** [e'ta:] *der*; (-s, -s) **1** ein Plan für die Ausgaben und Einnahmen eines Staates, einer Gemeinde o. Ä. ⟨ein ausgeglichener Etat; den Etat aufstellen, beraten, erweitern/erhöhen/aufstocken, kürzen, verabschieden⟩ | *Zusätzliche Mittel für den Hochschulbau sind im Etat nicht vorgesehen* **2** das Geld, das ein Staat, eine Gemeinde, Behörde o. Ä. (für einen Bereich) ausgeben kann ≈ *Haushalt, Budget* | *Die Mittel für den Umbau der Schule muss die Stadt aus ihrem eigenen Etat aufbringen* **3** *gesprochen, humorvoll* das Geld, das jemand (monatlich) ausgeben kann

etc. *geschrieben* Abkürzung für *et cetera* ≈ *und so weiter*

ete·pe·te·te [e:tәpe'te:tә] ADJEKTIV *meist prädikativ; gesprochen, abwertend* so, dass Sauberkeit und gutes Benehmen für jemanden sehr wichtig (und viel zu wichtig) sind | *Er würde sich nie auf eine Bank im Park setzen, ohne ein Taschentuch unterzulegen. So etepetete ist er!*

Ethik *die*; (-) **1** die Normen und die Grundsätze, nach denen die Menschen handeln (sollen), damit eine Gemeinschaft oder Gesellschaft funktioniert **2** die Lehre und Begründung der Ethik ● hierzu **ethisch** ADJEKTIV

eth·nisch, **eth·nisch** ADJEKTIV *meist attributiv* ⟨eine Gruppe, eine Minderheit⟩ so, dass sie durch eine besondere Abstammung, Herkunft, durch eine eigene Kultur charakterisiert sind

Eth·no·lo·gie *die*; (-); *geschrieben* die Wissenschaft, die sich mit der sozialen Struktur und der Kultur von einfachen Völkern beschäftigt und diese miteinander vergleicht ≈ *Völkerkunde* ● hierzu **Eth·no·lo·ge** *der*; **Eth·no·lo·gin** *die*; **eth·no·lo·gisch** ADJEKTIV

Ethos *das*; (-); *geschrieben* die moralischen Werte, welche das ethische Verhalten des Menschen steuern ≈ *Moral* K Arbeitsethos, Berufsethos

Eti·kett *das*; (-(e)s, -en/-s) ein kleines Schild an Waren mit Angaben wie Inhalt, Material, Preis oder Größe K Flaschenetikett, Preisetikett

Eti·ket·te *die*; (-, -n); *meist Singular* die Regeln, die bestimmen, wie man sich in der (vornehmen) Gesellschaft oder bei offiziellen Anlässen verhalten muss ⟨eine strenge Etikette; die höfische Etikette; gegen die Etikette verstoßen⟩

Eti·ket·ten·schwin·del *der* eine Situation, bei der man durch geschickte Präsentation über den wahren Inhalt einer Sache, die wahren Absichten o. Ä. getäuscht wird

eti·ket·tie·ren VERB (etikettierte, hat etikettiert) **1** **etwas etikettieren** ein Etikett auf etwas kleben **2** **jemanden/etwas (als etwas) etikettieren** jemandem/etwas (meist zu Unrecht) eine (negative) Eigenschaft zuschreiben

et·li·ch- ARTIKEL/PRONOMEN **1** verwendet, um eine nicht genau bestimmte, aber relativ große Menge oder Anzahl zu bezeichnen | *Es ist schon etliche Jahre her, dass ich ihn das letzte Mal gesehen habe* | *Bei der Diskussion blieben etliche Fragen offen* | *Etliche der Verletzten mussten in der Klinik behandelt werden* **2** eine nicht genau bestimmte, aber relativ große Menge oder Anzahl der vorher genannten oder bekannten Personen oder Dinge | *Das Erdbeben beschädigte zahlreiche Häuser. Etliche müssen abgerissen werden* **3** ziemlich viel | *Wir hatten eine lange Diskussion. Aber etliches blieb offen*

Etü·de [e'ty:də] *die*; (-, -n) eine musikalische Komposition, die besondere technische Schwierigkeiten enthält und deshalb oft zur Übung gespielt wird | *die Etüden Chopins spielen* K Klavieretüde

Etui [ɛt'vi:, e'tÿi:] *das*; (-s, -s) eine (schmale, kleine) Tasche aus Leder, Metall oder Kunststoff, in der man Dinge wie Brillen oder Stifte vor Schäden schützt ⟨etwas in ein Etui stecken; ein weiches/hartes Etui⟩ K Brillenetui, Zigarettenetui

★ **et·wa** ■ ADVERB **1** drückt aus, dass die Angabe einer Größe, Menge, Zeit oder eines Ortes nicht genau ist, sondern ungefähr | *Um fünf Uhr etwa/Etwa um fünf Uhr können wir uns treffen* | *Hier etwa/Etwa hier ereignete sich der Unfall* | *Etwa 20 Personen werden kommen* **2** **so etwa** drückt aus, dass ein Ablauf o. Ä. nur ungefähr beschrieben wird | *So etwa könntest du die Aufgabe lösen* | *So etwa muss sich das Verbrechen abgespielt haben* **3** **(so/wie) etwa** jemand/etwas wird als Beispiel oder Möglichkeit genannt | *Viele amerikanische Schriftsteller, wie etwa Hemingway, lebten lange in Paris* **4** **in etwa** zum größten Teil, ungefähr | *Du hast die Frage in etwa richtig beantwortet*

■ PARTIKEL *unbetont* **5** drückt in Fragesätzen Sorge, Überraschung oder Entsetzen aus und die Hoffnung auf eine beruhigende Antwort | *Bist du etwa krank?* | *Du bist doch nicht etwa krank?* (Ich bin besorgt um dich) | *Kommt dein Bruder etwa auch mit?* (Das ist mir aber gar nicht recht) I In Fragesätzen, welche die Wortstellung des Hauptsatzes haben und verneint sind, immer mit *doch*: *Du bist mir doch nicht etwa böse?* **6** verstärkend verwendet in verneinten Aussagen, wenn ein (möglicher) Irrtum korrigiert werden soll | *Er ist nicht etwa dumm, sondern nur faul* | *Wale sind nicht etwa Fische, sondern Säugetiere* (Wale sind keine Fische)

et·wa·ig, **et·wa·ig** ADJEKTIV *meist attributiv* als Möglichkeit vorhanden, möglicherweise auftretend | *Etwaig auftreten-*

de Zweifel können in einer Diskussion beseitigt werden | Ich muss eine etwaige Verspätung des Zuges einkalkulieren

★ **et·was** *nur in dieser Form*
▸als Pronomen: **1** verwendet als Subjekt oder Akkusativobjekt, um Dinge und Situationen zu bezeichnen, die nicht näher beschrieben werden oder nicht bekannt sind | *Etwas beunruhigt mich/Mich beunruhigt etwas | Wir hörten plötzlich etwas | Ich würde ihr gern etwas schenken, aber ich weiß nicht was | Ich möchte noch etwas sagen* **2** verwendet, wenn von einer bestimmten Sache die Rede ist, die erst später beschrieben wird oder später dem Hörer bekannt wird | *Über etwas müssen wir noch reden | Mit etwas sind wir noch nicht zurechtgekommen | Da ist noch etwas: Franz hat deine Bücher zurückgebracht* **3** verwendet als letztes Wort (ohne eigentlichen Inhalt) vor einem Relativsatz. Dieser Relativsatz gibt dann die nähere Beschreibung | *Da ist noch etwas, das wir miteinander besprechen müssen | Die Frage der Finanzierung ist etwas, das uns sehr bedrückt* **4** drückt aus, dass eine Sache positiv und beeindruckend ist | *Unser Sohn hat es zu etwas gebracht* (Er hat Erfolg in seinem Leben) | *Sein Wort gilt etwas in der Fachwelt* (Fachleute hören auf seine Meinung, nehmen sie ernst) | *Er hat eine Eins im Examen geschrieben, und das will etwas heißen* (… das ist eine tolle Leistung) **5** wenn *etwas* vor einem Adjektiv steht, das wie ein Substantiv verwendet wird (z. B. *etwas Altes*), dann bezeichnet es solche Dinge oder Situationen, welche die genannte Eigenschaft haben | *Heute wollen wir etwas Neues kennenlernen | Morgen beschäftigen wir uns mit etwas anderem | Etwas Dümmeres habe ich noch nie gehört* **6** verwendet für eine meist kleine Menge der genannten oder bekannten Sache | *Da ist noch* Kuchen. *Nimm dir doch* etwas *(davon)* [H] oft zusammen mit *davon* **7** **so etwas** *gesprochen, oft abwertend* ein Fehler, eine Dummheit, eine Bosheit o. Ä. | *So etwas könnte mir nie passieren | Wie konntest du so etwas tun!* [H] zu 1–7: Wenn *etwas* unbetont ist, wird es in der gesprochenen Sprache oft zu *was* gekürzt.
▸andere Verwendungen: **8** ≈ *ein bisschen, ein wenig* ↔ *viel | Gibst du mir noch etwas Suppe? | Ich möchte etwas von dem lesen, was du geschrieben hast | Wir sind etwas früher als erwartet angekommen | Ich bin noch etwas müde von der Reise*
■ ID **Nein, 'so etwas!** *gesprochen* verwendet, um Überraschung oder Verärgerung auszudrücken

Et·was *das; (-)* **1** verwendet für junge Tiere oder kleine Kinder, um zu sagen, dass sie noch sehr klein sind ≈ *Wesen | Das schreiende Etwas war eine junge Katze* **2** etwas, das man hört oder sieht, ohne genau zu erkennen, was es ist ■ ID **das gewisse Etwas haben** sehr attraktiv, angenehm oder schön wirken, ohne dass dafür ein Grund angegeben werden kann

Ety·mo·lo·gie *die; (-, -n [-'gi:ən])* **1** *nur Singular* ein Bereich der Sprachwissenschaft, welcher den Ursprung, die Verwandtschaft und die Entwicklung der Wörter (und Wortfamilien) beschreibt **2** der Ursprung und die Entwicklung eines Wortes • hierzu **ety·mo·lo·gisch** ADJEKTIV

★ **EU** [e:'u:] *die; (-)* Europäische Union die Union von europäischen Staaten, die in allen politischen Bereichen eng zusammenarbeiten und eine politische Einheit Europas wollen [K] EU-Land, EU-Mitglied, EU-Richtlinie

★ **euch** PRONOMEN *2. Person Plural (ihr), Akkusativ und Dativ | Ich habe euch schon erwartet | Seid höflich und benehmt euch gut! | Nehmt euch doch noch ein Stück Kuchen | Habt ihr euch schon kennengelernt?* [H] → Tabelle unter **ich** und Infos unter **sich**

Eu·cha·ris·tie *die; (-)* ein christliches Sakrament, das mit Brot und Wein an das letzte Treffen von Christus und den Jüngern erinnert [K] Eucharistiefeier

★ **eu·er** ■ ARTIKEL **1** *zur 2. Person Plural (ihr) euer* verwendet man in einer Situation, in welcher man zwei oder mehr Personen mit *ihr* anspricht. Man bezeichnet damit Dinge, Zustände, Vorgänge, Handlungen oder Personen, welche mit den angesprochenen Personen in Zusammenhang sind | *Horst und Katrin, sind das eure Kinder? | Was macht ihr nach eurer Ankunft im Hotel?* [H] a) *euer Haus* → *eure Nachbarn*; b) → Beispiele und Tabelle unter **mein**.
■ PRONOMEN **2** *2. Person Plural (ihr)* verwendet, um sich auf eine (oft bereits erwähnte) Sache oder Person zu beziehen, die zu den Personen gehört, die man mit *ihr* anspricht | *Unsere Kinder spielen gern mit (den) euren* [H] → Beispiele und Tabelle unter **mein** **3** *2. Person Plural (ihr), Genitiv | Wir erinnern uns euer* [H] → Tabelle unter **ich**

Euer ARTIKEL; *geschrieben* **1** *Höflichkeitsform der 2. Person Singular (Sie, Ihr)* verwendet als Teil der Anrede z. B. von Kardinälen *(Eure/Euer Eminenz)* oder Fürsten *(Eure/Euer Durchlaucht)* **2** *2. Person Plural* verwendet als höfliche Form von *euer* in Briefen | *Ich freue mich, dass Euer Sohn wieder gesund ist*

Eu·ka·lyp·tus [-lyp-] *der; (-, Eu·ka·lyp·ten)* ein Baum (vor allem in Australien), dessen Blätter ein ätherisches Öl enthalten [K] Eukalyptusbonbon, Eukalyptusöl

Eu·le *die; (-, -n)* ein Vogel mit großen runden Augen und einem kurzen krummen Schnabel; Eulen jagen bei Nacht ■ ID **Eulen nach Athen tragen** etwas sagen, was schon alle wissen, oder etwas neu beginnen wollen, was schon ganz üblich ist

Eu·mel *der; (-s, -); gesprochen* **1** eine Person, die sich seltsam oder dumm verhält | *Pass doch auf, du Eumel!* **2** etwas, das ungewöhnlich groß ist | *Ich hatte einen Pickel auf der Nase, 'so einen Eumel!*

Eu·nuch *der; (-en, -en)* ein kastrierter Mann [H] *der Eunuch; den, dem, des Eunuchen*

Eu·phe·mis·mus [-f-] *der; (-, Eu·phe·mis·men); geschrieben* ein Ausdruck oder Wort, mit dem etwas Negatives (Schlimmes oder Unangenehmes) nur indirekt und dadurch schöner gesagt wird | *„Heimgehen" ist ein Euphemismus für „sterben"* • hierzu **eu·phe·mis·tisch** ADJEKTIV

Eu·pho·rie [-f-] *die; (-, -n [-'ri:ən]); meist Singular* ein sehr starkes Glücksgefühl ⟨die erste Euphorie ist verflogen; vor verfrühter, allzu großer Euphorie warnen⟩ | *Die anfängliche Euphorie ist der Ernüchterung gewichen* [K] Euphoriegefühl • hierzu **eu·pho·risch** ADJEKTIV

★ **eu·r-** → euer

eu·rer·seits ADVERB was euch betrifft | *Habt ihr eurerseits etwas dagegen?*

eu·res·glei·chen PRONOMEN *nur in dieser Form; oft abwertend* Leute wie ihr | *Ich kenne euch und euresgleichen! | Hier seid ihr unter euresgleichen!*

eu·ret·we·gen ADVERB **1** aus einem Grund, der euch betrifft | *Ich habe mir euretwegen Sorgen gemacht* **2** mit eurer Erlaubnis oder Zustimmung | *Könnte ich euretwegen auch ein bisschen länger bleiben?*

eu·ret·wil·len ADVERB; *veraltend* **um euretwillen** ≈ *euretwegen*

eu·ri·g-, Eu·ri·g- PRONOMEN; *veraltend* verwendet für *der/die/das eure/Eure* [H] → Beispiele und Tabelle unter **mein**

★ **Eu·ro** *der; (-(s), -(s))* die gemeinsame Währung einiger Staaten in Europa | *Ein Euro hat 100 Cent | Dieses Buch kostet 10 Euro* [K] Eurocent [H] Symbol: €

Eu·ro·ci·ty [-sıti] *der; (-(s), -s);* Ⓓ ein Intercity im Auslandsverkehr [H] Abkürzung: *EC*

E

Eu·ro·land *das* ein Land mit dem Euro als Währung

★ **Eu·ro·pa** (*das*); (-s) der Kontinent, der von Portugal (im Westen) bis zum Ural (im Osten) und von Finnland (im Norden) bis Italien (im Süden) reicht K Europapolitik; Mitteleuropa, Nordeuropa, Osteuropa, Südeuropa, Westeuropa

Eu·ro·pä·er *der*; (-s, -) **1** eine Person, die in Europa geboren ist und zu einer europäischen Nation gehört K Nordeuropäer, Südeuropäer, Westeuropäer, Osteuropäer, Mitteleuropäer **2** *geschrieben* verwendet für eine Person, deren Denken und Handeln die Einheit Europas zum Ziel hat ⟨ein überzeugter, wahrer, wirklicher Europäer sein⟩ • hierzu **Eu·ro·pä·e·rin** *die*

★ **eu·ro·pä·isch** ADJEKTIV **1** aus/in/von Europa ⟨ein Auswanderer, ein Land, die Politik⟩ **2** **die Europäische Union** eine Union von europäischen Staaten H Abkürzung: *EU* **3** **die Europäische Gemeinschaft** *historisch* ein politischer Bund von europäischen Staaten, der dann zur Europäischen Union wurde H Abkürzung: *EG*

Eu·ro·pa·meis·ter *der* eine Person oder Mannschaft, die eine Europameisterschaft gewonnen hat ⟨Europameister im Turnen, Skispringen sein⟩ K Fußballeuropameister, Handballeuropameister • hierzu **Eu·ro·pa·meis·te·rin** *die*

Eu·ro·pa·meis·ter·schaft *die* ein Wettkampf, in dem die besten Sportler oder Mannschaft Europas in einer Sportart bestimmt werden ⟨die Europameisterschaft gewinnen⟩ | *Die Europameisterschaften werden dieses Jahr in Köln ausgetragen* K Fußballeuropameisterschaft, Handballeuropameisterschaft

Eu·ro·pa·par·la·ment *das* das Parlament der Europäischen Union

Eu·ro·pa·po·kal *der* **1** ein Wettbewerb innerhalb Europas, bei dem der Sieger einen Pokal bekommt K Eishockeyeuropapokal, Handballeuropapokal, Leichtathletikeuropapokal **2** der Pokal, den die Sieger im Europapokal bekommen

Eu·ro·pa·rat *der* eine Organisation der meisten europäischen Staaten, die darauf achtet, dass wichtige demokratische usw. Prinzipien eingehalten werden

eu·ro·pa·weit ADJEKTIV auf ganz Europa bezogen, in ganz Europa ⟨ein Tief, eine Entwicklung⟩

Eu·ter *das*; (-s, -) das Organ, in dem weibliche Säugetiere wie die Kühe, Schafe und Ziegen ihre Milch haben ⟨ein pralles, volles Euter⟩

Eu·tha·na·sie *die*; (-) **1** Maßnahmen, die das Sterben leichter machen, wenn jemand unheilbar krank ist und Schmerzen hat ≈ *Sterbehilfe* **2** *historisch* im Nationalsozialismus verwendet für den Mord an Menschen, die geistig behindert waren

EU-weit [eː'uː-] ADJEKTIV in der gesamten Europäischen Union, nicht nur in einzelnen Mitgliedsländern ⟨eine Regelung, ein Verbot⟩ | *etwas EU-weit einheitlich regeln*

e. V. [e'fau] Abkürzung für *eingetragener Verein*

Eva ['eːfa] *die*; (-, -s); *gesprochen, humorvoll* eine Frau, die man als typisch weiblich ansieht

eva·ku·ie·ren [eva-] VERB (evakuierte, hat evakuiert) **1** **jemanden (aus etwas) evakuieren** Personen aus einem Haus, Gebiet o. Ä. holen und sie an einen Ort bringen, wo sie sicher sind ⟨die Bevölkerung, die Bewohner evakuieren⟩ | *Wegen des Erdbebens wurde die gesamte Bevölkerung evakuiert* **2** **etwas evakuieren** alle Bewohner des genannten Orts, Gebiets o. Ä. evakuieren ⟨ein Haus, ein Gebäude, ein Gebiet, eine Stadt⟩ | *Das Haus, in dem man die Bombe fand, wurde sofort evakuiert* • hierzu **Eva·ku·ie·rung** *die*

★ **evan·ge·lisch** [evaŋ'geː-] ADJEKTIV zu der (protestantischen) Kirche oder Konfession gehörig, die durch Luthers Reformation entstanden ist ⟨ein Pfarrer; die Kirche, die Konfession; evangelisch sein⟩ H Abkürzung: *ev.*

Evan·ge·list [evaŋ-] *der*; (-en, -en) einer der Verfasser der Evangelien (Markus, Matthäus, Lukas, Johannes) H *der Evangelist; den, dem, des Evangelisten*

Evan·ge·li·um [evaŋ'geːli̯ʊm] *das*; (-s, Evan·ge·li·en) **1** *nur Singular* die Lehre des Jesus Christus ⟨das Evangelium verkünden, predigen⟩ **2** eines der vier Bücher (des Neuen Testaments) über das Leben Jesu | *das Evangelium des Lukas*

Event [ɪ'vɛnt] *das*; (-s, -s); *gesprochen* **1** ein besonderes Ereignis | *Vatertag ist immer ein richtiges Event in unserer Familie* **2** ≈ *Veranstaltung* | *eine neue Stadthalle für Events mit bis zu 20000 Gästen* K Eventkalender, Eventmarketing

Even·tu·a·li·tät [evɛntu̯ali'tɛːt] *die*; (-, -en); *meist Plural* etwas meist Unangenehmes, das nicht wahrscheinlich, aber möglich ist ⟨für alle Eventualitäten gerüstet sein; auf alle Eventualitäten vorbereitet sein⟩

★ **even·tu·ell** [evɛn'tu̯ɛl] ADJEKTIV *meist attributiv* **1** unter manchen Umständen möglich ⟨ein Notfall, Probleme, Schwierigkeiten⟩ | *Bei eventuellen Schwierigkeiten werde ich dir helfen* | *Das Land bereitete sich auf einen eventuellen Krieg vor* **2** *nur adverbiell* unter besonderen Bedingungen ≈ *vielleicht* | *Eventuell fahre ich diesen Sommer nach Italien* H Abkürzung: *evtl.*

evi·dent [-v-] ADJEKTIV; *geschrieben* sofort deutlich sichtbar und klar zu erkennen ⟨ein Fall, ein Mangel, eine Schwierigkeit, eine Tatsache, ein Problem, ein Zusammenhang⟩ | *Die zunehmende Luftverschmutzung ist evident*

Evi·denz [-'dɛnts] *die*; *geschrieben* ≈ *Offenkundigkeit*

Evo·lu·ti·on [evolu'tsi̯oːn] *die*; (-, -en) **1** die Entwicklung der Tier- und Pflanzenarten | *Darwin formulierte als Erster die Theorie der Evolution* **2** *geschrieben* eine Entwicklung (meist in der Gesellschaft), die langsam und ständig weiterläuft (und in dem Sinn als fortschrittlich gilt) ⟨die politische, ökonomische Evolution⟩ | *die Evolution der bürgerlichen Gesellschaft* • hierzu **evo·lu·ti·o·när** ADJEKTIV

E-Werk *das* Kurzwort für *Elektrizitätswerk*

★ **ewig** ADJEKTIV **1** ohne Ende in der Zeit (und auch ohne Anfang) **2** für immer gültig ⟨Wahrheiten⟩ **3** *gesprochen* so lange dauernd (oder so oft geschehend), dass man ein Ende davon wünscht | *Dein ewiges Schimpfen regt mich auf!* **4** **das ewige Leben** (nach vielen Religionen) das Leben nach dem Tod **5** *gesprochen nur adverbiell* sehr lange (Zeit) | *Ich habe dich schon ewig nicht mehr gesehen* | *Diese Konserve hält ewig* ■ ID **ewig und drei Tage** *gesprochen* sehr lange Zeit

Ewig·keit *die*; (-, -en) **1** *geschrieben nur Singular* eine Dauer ohne Ende | *die Ewigkeit Gottes* **2** *gesprochen* eine Zeit, die viel zu lange dauert | *Diese Stunden wurden ihm zur Ewigkeit* | *Wir haben uns ja seit einer Ewigkeit nicht mehr gesehen!* | *Ich warte seit einer halben Ewigkeit auf dich!* **3** (im christlichen Glauben) das Leben bei Gott nach dem Tod | *in die Ewigkeit eingehen* | *sich auf die Ewigkeit vorbereiten*

ex [ɛks] ADVERB **etwas (auf) ex trinken** ein Glas (mit einem alkoholischen Getränk) schnell (und ohne abzusetzen) trinken ■ ID **ex und hopp** *gesprochen, meist abwertend* drückt aus, dass jemand etwas nur kurz benutzt und dann wegwirft oder loswird

Ex *der/die*; (-, -); *meist Singular*; *gesprochen* eine Person, mit der man eine sexuelle Beziehung hatte, die beendet ist | *Hast du noch Kontakt zu deiner Ex?*

Ex- ['ɛks-] *im Substantiv, betont, begrenzt produktiv* **der Exkanzler, der Exminister, der Exweltmeister**; **jemandes Exfrau, Exfreund, Exmann** *und andere* drückt aus, dass eine Person die genannte Funktion oder Rolle, die genannte Beziehung zu einer Person nicht mehr hat

★ **ex̱akt** ADJEKTIV (exakter, exaktest-) **1** so, dass es die Sache genau trifft ⟨ein Ausdruck, eine Formulierung⟩ | *Sie drückt sich sehr exakt aus* **2** so, dass sich alles mathematisch ausrechnen oder nachprüfen lässt ⟨eine Berechnung, die Wissenschaften⟩ **3** sehr gründlich ⟨eine Arbeit, ein Arbeiter; etwas exakt ausführen, durchführen⟩ ● hierzu **Exạkt·heit** *die*

★ **Exa̱·men** *das;* (-s, -/Exa·mi·na) die Prüfung, die man am Ende eines Studiums, eines Kurses, einer Ausbildung macht ⟨ein mündliches, schriftliches Examen; ein Examen machen, ablegen, bestehen, wiederholen; durch das Examen fallen⟩ ≈ *Abschlussprüfung* | *Mein Bruder studiert Sprachen und will nach dem Examen Lehrer werden* **K** Doktorexamen, Staatsexamen ● hierzu **exa·mi·nie̱·ren** VERB *(hat)*

Exe·ge̱·se *die;* (-, -n); *meist Singular; geschrieben* die genaue Interpretation eines Textes (vor allem der Bibel), der als heilig oder sehr wichtig gilt **K** Bibelexegese, Gesetzesexegese, Schriftexegese

exe·ku·tie̱·ren VERB (exekutierte, hat exekutiert) **jemanden exekutieren** *geschrieben* jemanden zur Strafe für etwas töten ≈ *hinrichten* ● hierzu **Exe·ku·ti·o̱n** *die*

Exe·ku·ti̱·ve [-və] *die;* (-, -n); *meist Singular* diejenigen Institutionen in einem Staat, die für die Durchführung der Gesetze zuständig sind, also die Regierung und die Behörden ↔ *Judikative, Legislative*

Ex·ẹm·pel [-pl̩] *das;* (-s, -); *geschrieben* ≈ *Beispiel* ■ **ID an jemandem/mit etwas ein Exempel statuieren** eine sehr harte Strafe verhängen, um so andere Leute abzuschrecken → Probe

★ **Ex·emp·la̱r** *das;* (-s, -e) ein einzelnes Stück oder Individuum (z. B. ein Tier, eine Pflanze, ein Buch) aus einer Gruppe oder Menge der gleichen Art ⟨ein einzelnes, seltenes, wertvolles Exemplar⟩ | *Diese Briefmarke existiert nur noch in wenigen Exemplaren* **K** Einzelexemplar, Prachtexemplar

ex·emp·la̱·risch so, dass sich am Beispiel das Typische zeigt ⟨etwas ist von exemplarischer Bedeutung; etwas exemplarisch veranschaulichen, deutlich machen⟩ | *An den Bienen lässt sich exemplarisch zeigen, dass sich Tiere zu großen Gesellschaften organisieren können*

ex·emp·li·fi·zie̱·ren VERB (exemplifizierte, hat exemplifiziert) **etwas (an etwas** *(Dativ)***) exemplifizieren** *geschrieben* etwas mit einem Beispiel erklären ● hierzu **Ex·em·p·li·fi·ka·ti·o̱n** *die*

ex·er·zie̱·ren VERB (exerzierte, hat exerziert) Handlungen (z. B. das Marschieren oder Grüßen) als Teil der militärischen Ausbildung üben

Ex·hi·bi·ti·o·nịs·mus *der;* (-) die Neigung (die nicht als normal gilt), sich nackt zu zeigen, anderen Leuten die eigenen Geschlechtsteile zu zeigen ● hierzu **Ex·hi·bi·ti·o·nịst** *der*

ex·hu·mie̱·ren [ɛkshu-] VERB (exhumierte, hat exhumiert) **jemanden exhumieren** *admin* eine Leiche aus dem Grab nehmen (z. B. um sie zu untersuchen) ● hierzu **Ex·hu·mie̱·rung** *die*

Exi̱l *das;* (-s, -e); *meist Singular* **1** das fremde Land, in das eine Person flieht, die in ihrer Heimat aus politischen Gründen nicht mehr (sicher) leben kann oder darf | *Frankreich wurde sein Exil* **K** Exilland **2** das Leben als Flüchtling in einem fremden Land ⟨ins Exil gehen, im (französischen, amerikanischen) Exil leben⟩ | *Viele Intellektuelle zogen das Exil einem Leben unter Hitler vor* | *Sein Exil dauerte 30 Jahre* **K** Exilliteratur

exis·tẹnt ADJEKTIV **nicht existent** nicht vorhanden, nicht existierend

exis·ten·ti·ẹll [-ˈtsi̯ɛl], **exis·ten·zi·ẹll** ADJEKTIV; *geschrieben* **1** so wichtig für das Leben eines Menschen oder eines Tieres oder für die Existenz einer Institution, dass alles davon abhängt ⟨eine Angelegenheit, Frage; etwas ist von existenzieller Bedeutung⟩ | *Wasser ist für alle Lebewesen von existenzieller Bedeutung* **2** verwendet (in der Philosophie und Psychologie), um zentrale Probleme, elementare Gefühle o. Ä. zu beschreiben ⟨Ängste, Fragen; von etwas existenziell betroffen sein⟩

★ **Exis·tẹnz** *die;* (-, -en) **1** *nur Singular* die Situation, dass eine Person, ein Tier oder eine Sache (vorhanden) ist, existiert ⟨die Existenz (einer Sache) behaupten, bestätigen, bestreiten, leugnen⟩ | *Ich wusste nichts von der Existenz eines Testaments* | *Die Existenz von Leben auf anderen Planeten ist nicht bewiesen* **2** *nur Singular* das Leben des Menschen, meist in Bezug darauf, wie es geführt wird, ob es schwierig oder leicht ist ⟨um die bloße, nackte, pure Existenz kämpfen⟩ | *Sie führten eine sorglose Existenz* **K** Existenzangst, Existenzkampf **3** der Beruf o. Ä. als finanzielle Lebensgrundlage ⟨eine gesicherte Existenz haben; sich *(Dativ)* eine Existenz aufbauen; eine Existenz als Arzt, Schriftsteller⟩ | *Das Internet hat in unserer Branche viele Existenzen vernichtet* (In unserer Branche können viele Leute nicht mehr von ihrem Beruf leben) **K** Existenzgrundlage, Existenzminimum; existenzbedrohend, existenzgefährdend **4** *abwertend* verwendet meist zusammen mit einem Adjektiv als Bezeichnung für einen armen oder schlechten Menschen ⟨eine gescheiterte, verkrachte Existenz⟩

Exis·tẹnz·grün·dung *die* die Gründung einer eigenen Firma, eines Geschäfts o. Ä., mit der sich jemand selbst einen Arbeitsplatz schafft **K** Existenzgründungsdarlehen

★ **exis·tie̱·ren** VERB (existierte, hat existiert) **1** da sein, vorhanden sein | *Diese Bedrohung existiert nur in deiner Einbildung* | *Für diese Theorie existieren keine Beweise* **2** genügend Geld zum Leben haben ⟨mit/von etwas existieren können, müssen, sollen⟩ | *Von 400 Euro im Monat kann man nicht existieren*

ex·klu·si̱v [-ˈziːf] ADJEKTIV **1** *geschrieben* nur für diejenigen zugänglich, die zu der gleichen (anspruchsvollen) Gruppe gehören und ihre Normen erfüllen | *In England gibt es viele exklusive Klubs* | *Um den Schriftsteller herum bildete sich ein exklusiver Kreis* **2** sehr teuer und sehr gut ⟨Restaurant, Parfum⟩ **3** *nur adverbiell* nur für einige Kunden oder eine einzelne Zeitung bestimmt ≈ *ausschließlich* | *Wir liefern diesen Wein exklusiv an wenige Restaurants* **K** Exklusivbericht, Exklusivinterview ● hierzu **Ex·klu·si·vi·tä̱t** *die*

★ **ex·klu·si̱·ve** [-ˈziːvə] PRÄPOSITION +*Genitiv/Dativ* so, dass etwas nicht dabei, nicht berücksichtigt oder nicht Teil einer Rechnung ist ≈ *ohne* ↔ *inklusive* | *Der Preis beträgt 60 Euro exklusive Porto und Verpackung* **i** → Infos unter **Präposition**

Ex·kre·mẹnt *das;* (-s, -e); *meist Plural; geschrieben* Kot und/oder Urin

Ex·kụrs *der;* (-es, -e); *geschrieben* **ein Exkurs (über etwas** *(Akkusativ)***)** der Teil eines Textes oder einer Rede, in dem (ausführlich) über ein Thema gesprochen wird, das nicht direkt zur Sache gehört ⟨einen Exkurs machen⟩

Ex·kur·si·o̱n *die;* (-, -en); *geschrieben* eine Reise, die wissenschaftlichen Zielen dient | *eine Exkursion nach Rom unternehmen/machen* **K** Forschungsexkursion

ex·mat·ri·ku·lie̱·ren VERB (exmatrikulierte, hat exmatrikuliert); *admin* **1** **jemanden exmatrikulieren** einen Studenten aus der Liste der Studierenden an einer Universität nehmen (meist nach Abschluss des Studiums) ↔ *immatrikulieren* **2** **sich exmatrikulieren** sich bei einer Universität als Student abmelden ↔ *immatrikulieren* ● hierzu **Ex·mat·ri·ku·la·ti·o̱n** *die*

Exo̱t *der;* (-en, -en) ein Mensch, ein Tier oder eine Pflanze aus einem ganz fernen und fremden Land **i** *ein Exot; der Exot;*

den, dem, des Exoten ● hierzu **Exo·tin** *die*

Exo·te *der*; (-n, -n) → Exot G *der Exote; den, dem, des Exoten*

exo·tisch ADJEKTIV 1 aus einem ganz fernen Land (stammend) und deshalb fremd oder geheimnisvoll wirkend | *eine exotische Schönheit* | *Menschen aus fernen Ländern wirken auf uns exotisch* 2 aus einem fernen (meist tropischen) Land ⟨Tiere, Pflanzen⟩ | *exotische Fische* | *die exotische Fauna und Flora*

ex·pan·die·ren VERB (expandierte, hat expandiert) **etwas expandiert** etwas wächst schnell ⟨ein Budget, ein Unternehmen, die Kosten⟩ | *Die Firma expandierte so schnell, dass sie heute doppelt so groß ist wie vor 10 Jahren*

Ex·pan·si·on *die*; (-, -en) 1 das (schnelle) Wachsen ⟨die Expansion eines Unternehmens, der Kosten⟩ 2 der Vorgang, wenn ein Staat seine Macht und sein Gebiet auf Kosten anderer Staaten vergrößert ⟨eine Politik der Expansion betreiben⟩ K Expansionsabsichten, Expansionsbestrebungen, Expansionspolitik

Ex·pe·di·ti·on [-ˈtsi̯oːn] *die*; (-, -en) 1 eine Reise in ein (meist unbekanntes) Gebiet, um dort zu forschen ⟨eine Expedition antreten, durchführen, unternehmen⟩ | *Scott starb auf einer Expedition zum Südpol* K Polarexpedition, Urwaldexpedition 2 eine Gruppe von Menschen, die eine Expedition unternimmt | *Die Expedition brach um vier Uhr morgens auf* K Expeditionsausrüstung, Expeditionsleiter

★ **Ex·pe·ri·ment** *das*; (-(e)s, -e) 1 ein wissenschaftlicher Versuch ⟨ein chemisches, physikalisches, psychologisches Experiment; ein Experiment durchführen; etwas ergibt sich aus einem Experiment, geht aus einem Experiment hervor; ein Experiment an/mit einem Tier; ein Experiment glückt/gelingt, scheitert/misslingt⟩ | *Aus einem Experiment ergab sich, dass Bienen Farben sehen können* 2 ein Versuch, ein praktisches Problem zu lösen, bei dem das Risiko groß ist, dass es nicht funktioniert | *Die wirtschaftlichen Experimente der neuen Regierung scheiterten schnell*

ex·pe·ri·men·tell ADJEKTIV 1 *meist attributiv* ⟨eine Wissenschaft; die Biologie, die Medizin, die Physik⟩ so (angelegt), dass sie Experimente als Mittel der Forschung verwenden ↔ *theoretisch* 2 mit Hilfe von Experimenten ⟨etwas experimentell nachweisen; einen Nachweis experimentell führen⟩ | *Untersuchungen experimentell durchführen* 3 auf der Suche nach neuen Formen und Inhalten ⟨Ballett, Literatur, Musik, Theater, ein Gedicht, ein Roman, eine Oper⟩ ↔ *traditionell*

ex·pe·ri·men·tie·ren VERB (experimentierte, hat experimentiert) **(mit/an einem Tier/etwas) experimentieren** Experimente (z. B. mit einem Stoff oder einem Tier) machen, durch die man etwas Neues entdecken oder erkennen will | *mit Mäusen experimentieren*

★ **Ex·per·te** *der*; (-n, -n) **ein Experte (für etwas/in etwas** (*Dativ*)**)** eine Person, die sehr viel über ein Fachgebiet weiß ↔ *Laie* | *ein Experte in Fragen der Technik* | *ein Experte für internationale Politik* | *Experten auf dem Gebiet der Atomenergie* K Finanzexperte, Kunstexperte, Literaturexperte, Wirtschaftsexperte G a) *der Experte; den, dem, des Experten* b) zu *Expertin* → Info im Eintrag **-in** ● hierzu **Ex·per·tin** *die*

ex·pli·zit ADJEKTIV (expliziter, explizitest-); *meist adverbiell*; *geschrieben* 1 deutlich und direkt (bezeichnet) und nicht nur angedeutet ⟨etwas explizit sagen; explizit auf etwas hinweisen, eingehen; sich explizit mit etwas auseinandersetzen, beschäftigen, befassen⟩ ↔ *implizit* 2 so, dass auch die Details genannt werden ⟨einen Sachverhalt, Zusammenhang explizit darstellen⟩ ≈ *ausführlich*

★ **ex·plo·die·ren** VERB (explodierte, ist explodiert) 1 **etwas explodiert** etwas wird mit einem lauten Geräusch oder einem Knall plötzlich zerrissen, platzt oder verbrennt ⟨ein Gebäude, ein Haus, eine Bombe, Sprengstoff⟩ | *Das Flugzeug explodierte in der Luft* 2 **etwas explodiert** etwas wird in sehr kurzer Zeit sehr viel mehr oder höher ⟨die Kosten, die Preise⟩ | *In vielen armen Ländern explodiert die Bevölkerungszahl* 3 *gesprochen* plötzlich sehr wütend werden

★ **Ex·plo·si·on** *die*; (-, -en) 1 das Explodieren z. B. einer Bombe ⟨eine heftige, laute, schwere Explosion; eine Explosion auslösen, verursachen; etwas zur Explosion bringen⟩ K Explosionsgefahr, Explosionsknall, Explosionskraft, Explosionskrater; Bombenexplosion, Gasexplosion, Kernexplosion 2 die Situation, wenn Kosten, Preise, Zahlen o. Ä. sehr schnell höher werden K Bevölkerungsexplosion, Kostenexplosion, Preisexplosion

ex·plo·si·ons·ar·tig ADJEKTIV (so laut oder schnell) wie eine Explosion ⟨ein Knall; explosionsartig steigende Preise; ein Bevölkerungswachstum⟩

ex·plo·siv [-f-] ADJEKTIV 1 so, dass es leicht explodiert ⟨ein Gemisch, eine Mischung⟩ K hochexplosiv 2 ⟨ein Mensch⟩ so, dass er leicht wütend wird

Ex·po·nat *das*; (-(e)s, -e); *geschrieben* ein Objekt, z. B. ein Bild, das in einem Museum oder einer Ausstellung gezeigt wird | *Die Sammlung des Kunstliebhabers umfasst mehr als hundert Exponate*

Ex·po·nent *der*; (-en, -en) 1 eine hochgestellte Ziffer, die angibt, wie oft man die Zahl, bei der sie steht, mit sich selbst multiplizieren muss 2 **ein Exponent** (+*Genitiv*) ein herausragender Vertreter einer Partei, einer Richtung o. Ä. | *ein Exponent des europäischen Liberalismus* G *der Exponent; den, dem, des Exponenten*

ex·po·niert ADJEKTIV; *geschrieben* 1 weiter vorne, oben o. Ä. als andere Dinge und deshalb deutlich sichtbar und nicht geschützt ⟨eine Lage; an exponierter Stelle⟩ 2 in einer Situation, in der man Aufmerksamkeit erregt und leicht angegriffen werden kann ⟨eine Person, eine Position⟩

★ **Ex·port**[1] *der*; (-(e)s, -e) 1 *nur Singular* die Lieferung von Waren in ein anderes Land ⟨den Export erhöhen, fördern, drosseln, verringern⟩ ≈ *Ausfuhr* ↔ *Import* | *Die Wirtschaft Japans ist auf den Export angewiesen* | *Der Export von Kohle und Stahl nimmt immer mehr ab* K Exportartikel, Exportauftrag, Exportgeschäft, Exporthandel, Exportware 2 *meist Plural* exportierte Waren ≈ *Ausfuhren* ↔ *Importe* K Getreideexporte, Waffenexporte ● zu (1) **Ex·por·teur** [-ˈtøːɐ̯] *der*

Ex·port[2] *das*; (-, -) 1 ein helles Bier (das etwas stärker und länger haltbar ist als normales Bier) 2 ein Glas mit hellem Bier

ex·por·tie·ren VERB (exportierte, hat exportiert) 1 **etwas exportieren** Waren in ein anderes Land bringen, um sie dort zu verkaufen ≈ *ausführen* ↔ *importieren, einführen* | *Deutschland exportiert Maschinen und importiert Rohstoffe* 2 **(irgendwohin) exportieren** Waren an ein fremdes Land verkaufen | *Wir exportieren in die Vereinigten Staaten*

★ **Ex·press** *der*; (-es) 1 ein schneller Zug, der nur an wichtigeren Orten hält K Intercityexpress, Interregioexpress; Balkanexpress, Orientexpress 2 **per Express** so, dass Post sofort nach ihrer Ankunft am Zielort zum Empfänger gebracht wird K Expresspaket, Expressversand

Ex·press·brief *der* ein Brief, der am Zielort sofort zum Empfänger gebracht wird und nicht mit der normalen Post verteilt wird

Ex·pres·si·o·nis·mus *der*; (-) ein Stil der (europäischen) Kunst zu Beginn des 20. Jahrhunderts, in dem elementare Erlebnisse (z. B. des Krieges) mit intensiven, starken Mitteln (Farben, Bildern usw.) ausgedrückt werden ● hierzu **Ex·pres·si·o·nist** *der*; **Ex·pres·si·o·nis·tin** *die*; **ex·pres·si·o-**

nis·tisch ADJEKTIV

ex·pres·siv [-'si:f] ADJEKTIV; *geschrieben* so, dass dabei ein Gefühl stark und intensiv ausgedrückt wird ⟨eine Darstellung, eine Gebärde, ein Tanz⟩ • hierzu **Ex·pres·si·vi·tät** [-v-] *die*

ex·qui·sit ADJEKTIV; *geschrieben* sehr gut ⟨eine Mahlzeit, ein Wein, ein Geschmack⟩

ex·tern ADJEKTIV **1** nicht zu einer Firma oder Behörde gehörend ⟨ein Berater, ein Dienstleister, ein Experte, ein Gutachter⟩ **2** ⟨Schüler eines Internats⟩ so, dass sie nicht im Internat leben, aber die dazugehörige Schule besuchen **3** **eine Prüfung extern ablegen/machen** eine Prüfung an einer Schule o. Ä. machen, in der man nicht als Schüler war oder ist

★ **ext·ra** ADJEKTIV *nur in dieser Form; gesprochen* **1** über das Übliche hinausgehend ≈ *zusätzlich* | *Das Kind bekommt heute 10 Euro extra* | *Sie bekam für ihre Antwort ein extra Lob vom Lehrer* **2** nicht mit anderen Personen oder Sachen zusammen, sondern getrennt | *Tun Sie den Käse bitte in ein extra Papier!* | *Ich muss dir den Rest extra erzählen, sonst wird es zu spät* | *Das Menü kostet 30 Euro, die Getränke gehen/sind extra* **3** *nur adverbiell* nur für diesen einen besonderen Zweck ≈ *nur* | *Ich habe den Kuchen extra für dich gebacken* **4** *nur adverbiell* mit Absicht | *Ich habe ihn extra gestoßen, weil er so gemein zu mir war*

★ **Ext·ra** *das;* (-s, -s); *meist Plural* Dinge, die man beim Kauf einer Ware zusätzlich wählen kann und zusätzlich bezahlen muss | *ein Auto mit vielen Extras*

★ **ext·ra-** *im Adjektiv, betont, begrenzt produktiv; gesprochen* **extragroß, extrafein, extralang, extrastark** *und andere* in ganz besonderem Maße

★ **Ext·ra-** *im Substantiv, betont, begrenzt produktiv* **die Extraausgabe, der Extraplatz, die Extraportion, der Extraraum** *und andere* drückt aus, dass die genannte Sache etwas Besonderes oder Zusätzliches ist | *Wegen des großen Andrangs setzte der Zirkus eine Extravorstellung an* **!** meist mit dem unbestimmten Artikel verwendet

ex·tra·hie·ren VERB (extrahierte, hat extrahiert) **1** **etwas extrahieren** etwas herausziehen ⟨einen Zahn extrahieren⟩ **2** **etwas aus etwas extrahieren** einen Extrakt aus etwas herstellen | *Substanzen aus Pflanzen extrahieren* • hierzu **Ex·trak·ti·on** *die*

Ext·ra·klas·se *die* **etwas der Extraklasse** etwas, das sehr gut, schön o. Ä. ist | *ein Film/ein Sportler der Extraklasse*

Ex·trakt *der/das;* (-(e)s, -e) **1** ein Stoff (auch eine Flüssigkeit), der (durch Kochen, Erhitzen o. Ä.) aus Pflanzen oder Teilen von Tieren gewonnen wird (und z. B. als Medizin dient) ≈ *Konzentrat* | *einen Extrakt aus Kräutern herstellen* **K** Fleischextrakt, Pflanzenextrakt **2** *geschrieben* eine Zusammenfassung der wichtigsten Punkte (des Inhalts) ≈ *Auszug* | *der Extrakt einer wissenschaftlichen Abhandlung*

ext·ra·va·gant, ext·ra·va·gant [-v-] ADJEKTIV (extravaganter, extravagantest-) ganz ungewöhnlich und so, dass es sich (auffällig) vom Üblichen unterscheidet und sehr modern wirkt ⟨ein Aussehen, eine Wohnung, ein Mensch; sich extravagant kleiden⟩ | *Sie hat einen ausgesprochen extravaganten Geschmack* • hierzu **Ext·ra·va·ganz, Ext·ra·va·ganz** *die*

Ext·ra·wurst *die* ■ **ID jemandem eine Extrawurst braten** *gesprochen* jemanden anders oder besser behandeln als andere Leute | *Peter ist nie mit dem zufrieden, was er bekommen soll. Er will immer eine Extrawurst gebraten haben*

★ **ext·rem** ADJEKTIV **1** sehr weit vom normalen Maß entfernt ⟨Armut, Hitze, Temperaturen; extrem hoch, niedrig, gefährlich, schwierig, teuer⟩ | *In der Arktis herrscht extreme Kälte* | *Die Zinsen sind zurzeit extrem niedrig* **K** Extremfall, Extremsituation, Extremwert **2** so, dass sich jemand (oft mit Gewalt) für politische Ziele einsetzt, die sich stark von den Zielen der Mehrheit unterscheiden ⟨Ansichten, eine Gruppierung; extrem links, rechts⟩ ≈ *radikal* | *Er wurde wegen seiner extremen politischen Ansichten vom Verfassungsschutz beobachtet*

Ext·rem *das;* (-s, -e) etwas, das vom Normalen sehr stark abweicht | *einen Mittelweg zwischen den Extremen suchen* ■ **ID von einem Extrem ins andere fallen** nacheinander gegensätzliche extreme Meinungen vertreten oder extremes Verhalten zeigen; **etwas bis ins/zum Extrem treiben** (mit etwas) sehr stark übertreiben

Ext·re·mis·mus *der;* (-, Ex·tre·mis·men); *meist Singular; abwertend* **1** eine radikale politische oder religiöse Position, die sich anderen Positionen gegenüber intolerant zeigt ⟨linker, rechter, christlicher, islamischer Extremismus⟩ **K** Linksextremismus, Rechtsextremismus **2** die Aktivitäten der Radikalen | *Die Weimarer Republik wurde ein Opfer des Extremismus* • zu (1) **Ext·re·mist** *der*; **ext·re·mis·tisch** ADJEKTIV

Ext·re·mi·tä·ten *die; Plural* **1** die Arme und Beine (des Menschen) **2** **die oberen Extremitäten** die Arme **3** **die unteren Extremitäten** die Beine

Ext·rem·sport *der* ein sehr belastender und gefährlicher Sport, den nur wenige Menschen betreiben, wie Bergsteigen in extremen Höhen usw. • hierzu **Ext·rem·sport·ler** *der*

ex·zel·lent ADJEKTIV; *geschrieben* sehr gut ⟨ein Essen, ein Wein, eine Arbeit, eine Leistung⟩

Ex·zel·lenz *die;* (-, -en) **1** die hohe, positive Qualität eines Objektes, einer Leistung oder einer Institution **2** verwendet als Anrede oder Titel für hohe Diplomaten

ex·zent·risch ADJEKTIV (im Verhalten) extrem anders als normal, ganz ungewöhnlich ⟨ein Charakter, ein Lebensstil, ein Künstler, ein Mensch⟩ • hierzu **Ex·zent·rik** *die;* (-); **Ex·zent·ri·ker** *der*; **Ex·zent·ri·zi·tät** *die*

ex·zer·pie·ren VERB (exzerpierte, hat exzerpiert) **etwas exzerpieren** *geschrieben* die wichtigsten Aussagen aus einem Text abschreiben ⟨einen Aufsatz, ein Buch exzerpieren⟩ • hierzu **Ex·zerpt** *das;* (-(e)s, -e)

Ex·zess *der;* (-es, -e); *geschrieben* ein extremes Verhalten, das weit über das normale Maß hinausgeht ⟨Exzesse der Gewalt; sexuelle, alkoholische Exzesse; etwas bis zum Exzess treiben⟩ • hierzu **ex·zes·siv** ADJEKTIV

F

F, f [ɛf] *das;* (-, - / *gesprochen auch* -s) **1** der sechste Buchstabe des Alphabets ⟨ein großes F; ein kleines f⟩ **2** der vierte Ton der C-Dur-Tonleiter **K** F-Dur, f-Moll

Fa. Abkürzung für *Firma*

Fa·bel *die;* (-, -n) eine kurze Geschichte, in der Tiere wie Menschen handeln (und die ein moralisches Prinzip lehren will) | *die Fabeln Lafontaines* ■ **ID etwas gehört ins Reich der Fabel** *veraltend* etwas ist erfunden, etwas ist nicht wahr

fa·bel·haft ADJEKTIV sehr gut | *ein fabelhafter Koch* | *Das Essen war fabelhaft*

Fa·bel·tier *das* ein Tier, das es nur in der Mythologie oder in Märchen gibt (z. B. ein Drache)

Fa·bel·we·sen *das* ein Fantasiewesen, das es nur in der Mythologie oder in Märchen gibt (z. B. Feen, Elfen)

★ **Fab·rik** *die;* (-, -en) **1** ein industrieller Betrieb, in dem mit

Maschinen Waren in großer Menge hergestellt werden ⟨eine Fabrik gründen, leiten⟩ | *Er arbeitet als Schlosser in einer Fabrik* K Fabrikanlage, Fabrikarbeiter, Fabrikbesitzer, Fabrikwaren; Chemiefabrik, Konservenfabrik, Möbelfabrik, Papierfabrik, Zementfabrik **2** die Gebäude, in denen sich eine Fabrik befindet | *Die Fabrik wird abgerissen* K Fabrikgebäude, Fabrikgelände, Fabrikhalle, Fabriktor

Fab·ri·kant *der;* (-en, -en) **1** eine Person, die eine Fabrik besitzt **2** **ein Fabrikant** (+*Genitiv*); **ein Fabrikant von Dingen** eine Firma, welche die genannten Produkte herstellt ≈ *Hersteller* K Schuhfabrikant, Spielwarenfabrikant, Textil(waren)-fabrikant **!** *der Fabrikant; den, dem, des Fabrikanten* ● zu (1) **Fab·ri·kan·tin** *die*

F

Fab·ri·kat *das;* (-(e)s, -e) **1** ein Produkt, das in einer Fabrik hergestellt wird **2** ein industrielles Produkt, ein Typ eines Produkts | *Dieser Videorekorder ist ein japanisches Fabrikat*

Fab·ri·ka·ti·on [-'tsio:n] *die;* (-, -en); *geschrieben* das maschinelle Herstellen von Waren in einer Fabrik ⟨die Fabrikation aufnehmen, einstellen⟩

fab·rik·neu ADJEKTIV noch nicht benutzt, ganz neu ⟨ein Auto⟩

fab·ri·zie·ren VERB (fabrizierte, hat fabriziert); *gesprochen* **1** **etwas fabrizieren** *humorvoll* etwas mühsam, so gut es mit einfachen Mitteln und Geschick möglich ist, herstellen | *Aus den Essensresten hat er ein köstliches Essen fabriziert* **2** **etwas fabrizieren** *abwertend* etwas Falsches, Dummes oder Negatives machen | *Was hat er denn da schon wieder fabriziert?*

fa·bu·lie·ren VERB (fabulierte, hat fabuliert) **(etwas) fabulieren** etwas mit viel Fantasie erzählen oder erfinden ⟨ins Fabulieren geraten⟩ K Fabulierkunst

Fa·cet·te [fa'sɛtə] *die;* (-, -n); *meist Plural* **1** eine von vielen kleinen geschliffenen Flächen meist an einem Edelstein K Facettenschliff **2** ein Merkmal oder eine Eigenschaft einer Person, Situation oder Region K facettenreich

★ **Fach** *das;* (-(e)s, Fä·cher) **1** Fächer sind Teile eines Behälters oder Möbelstücks, welche durch Bretter o. Ä. voneinander getrennt sind. So hat man Platz, um Dinge zu sortieren | *eine Aktentasche mit mehreren Fächern* | *die Töpfe ins unterste Fach des Schrankes stellen* | *Ein Fach im Bücherregal habe ich für Wörterbücher reserviert* K Bücherfach, Wäschefach, Schrankfach, Schreibtischfach **2** ein spezielles Gebiet in der Erziehung und der Ausbildung, der Lehre und der Forschung, auf dem jemand arbeitet oder ausgebildet wird ⟨ein Fach studieren, beherrschen, unterrichten; sich auf ein Fach spezialisieren; ein Meister seines Fachs sein⟩ | *die Fächer Deutsch und Englisch* | *Welche Fächer hattest du in der Schule am liebsten?* K Fachgebiet, Fachgelehrte(r), Fachkenntnis, Fachlehrer, Fachwissen, Fachzeitschrift; Lehrfach, Studienfach, Unterrichtsfach ■ **ID vom Fach sein** Fachmann sein

Fach- *im Substantiv, betont, begrenzt produktiv* **die Fachausbildung, das Fachbuch, der Fachbegriff, das Fachgeschäft, der Fachlehrer, die Fachliteratur, das Fachwissen, das Fachwörterbuch, die Fachzeitschrift** *und andere* drückt aus, dass eine Person mit einem speziellen Fach zu tun hat oder dass eine Sache ein bestimmtes Fach zum Inhalt hat ≈ *Spezial-*

★ **-fach** *im Adjektiv, unbetont, begrenzt produktiv, meist attributiv* **zweifach, dreifach, vierfach; mehrfach, vielfach** *und andere* etwas ist in der genannten Menge vorhanden oder wird die genannten Zahl von Malen gemacht | *ein dreifacher Salto* | *sich mehrfach entschuldigen*

Fach·abi·tur *das;* Ⓓ ein spezielles Abitur, mit dem man die Fachoberschule abschließt und dann eine Fachhochschule, aber keine Universität besuchen kann

Fach·ar·bei·ter *der* ein Arbeiter, der eine abgeschlossene Lehre in seinem Beruf hat ⟨sich zum Facharbeiter ausbilden lassen⟩ K Facharbeiterzeugnis ● hierzu **Fach·ar·bei·te·rin** *die*

Fach·arzt *der* ein Arzt, der eine zusätzliche Ausbildung in einem speziellen Gebiet gemacht hat | *ein Facharzt für Chirurgie* ● hierzu **Fach·ärz·tin** *die;* **fach·ärzt·lich** ADJEKTIV

Fach·aus·druck *der* ein Wort, das man meist nur in einem technischen oder wissenschaftlichen Fachgebiet verwendet | *Der medizinische Fachausdruck für „Durchfall" ist „Diarrhö"*

Fach·be·reich *der* **1** alle Fragen und Themen, die zu einem Fach gehören | *Das weiß ich nicht, das fällt nicht in meinen Fachbereich* **2** ≈ *Fakultät*

fä·cheln VERB (fächelte, hat gefächelt) **jemandem etwas fächeln** *geschrieben* einen Fächer oder einen flachen Gegenstand hin- und herbewegen, um kühle Luft zu erzeugen | *Weil ihr heiß war, fächelte sie sich mit der gefalteten Zeitung die Stirn*

Fä·cher ['fɛçɐ] *der;* (-s, -) ein flacher Gegenstand aus Papier oder Stoff in der Form eines Halbkreises, den man hin- und herbewegt, um kühle Luft zu erzeugen | *ein japanischer Fächer aus Seide* ● hierzu **fä·cher·ar·tig** ADJEKTIV

fä·chern VERB (fächerte sich, hat sich gefächert) **etwas fächert sich (in etwas** (*Akkusativ*)**)** *geschrieben* etwas teilt sich ab einem Punkt in verschiedene Richtungen oder Gebiete | *Nach dem ersten Jahr fächert sich die Ausbildung in mehrere Zweige*

Fach·ge·biet *das* ≈ *Fachbereich*

fach·ge·recht ADJEKTIV sorgfältig und genau (wie von einem Fachmann gemacht) | *Die Reparatur wird fachgerecht durchgeführt*

★ **Fach|hoch·schu·le** *die;* Ⓓ eine spezielle Art von Hochschule, in der die praktische Ausbildung der Studenten wichtiger ist als an Universitäten **!** → Infos unter **Hochschule**

Fach·hoch·schul|rei·fe *die; admin* ≈ *Fachabitur*

Fach·idi·ot *der; abwertend* eine Person, die sich nur in ihrem Fach sehr gut auskennt, aber sonst nicht viel weiß

Fach·kraft *die* eine Person, die eine Lehre gemacht hat und für ihren Beruf gut ausgebildet ist

fach·kun·dig ADJEKTIV mit viel Wissen auf einem speziellen Gebiet ⟨eine Beratung, ein Verkäufer; jemanden fachkundig beraten⟩

★ **Fach·leu·te** *die; Plural* → Fachmann

fach·lich ADJEKTIV *meist attributiv* auf ein technisches oder wissenschaftliches Fach bezogen, zu ihm gehörend ⟨Kenntnisse, Probleme; sich fachlich weiterbilden⟩

★ **Fach·mann** *der;* (-(e)s, Fach·leu·te) **ein Fachmann (für etwas)** eine Person, die ihren eigenen Beruf oder ihr eigenes Fach beherrscht ≈ *Experte* ↔ *Laie* | *Er ist (ein) Fachmann für Heizungstechnik* K Bankfachmann, Heizungsfachmann ● hierzu **Fach·frau** *die*

fach·män·nisch ADJEKTIV ⟨eine Arbeit, eine Reparatur⟩ so, dass sie mit dem Wissen und Können eines Fachmannes ausgeführt werden

Fach|ober·schu·le *die;* Ⓓ eine Art Gymnasium, in dem die Schüler auch praktisch ausgebildet werden

fach·sim·peln VERB (fachsimpelte, hat gefachsimpelt); *gesprochen* sich mit jemandem lange (und ausführlich) über ein Thema unterhalten, über das beide sehr viel wissen

Fach·spra·che *die* alle Fachausdrücke und spezifischen Formulierungen, die in einem Fach (oder Beruf) verwendet werden | *die juristische/medizinische Fachsprache* ● hierzu **fach·sprach·lich** ADJEKTIV

Fach·welt *die; nur Singular* alle Fachleute eines technischen oder wissenschaftlichen Fachs (oder Berufs) | *Seine Theorie fand in der Fachwelt allgemeine Anerkennung*

Fạch·werk *das; nur Singular* eine Art zu bauen, bei der alle Wände von vielen Holzbalken gestützt werden, die von außen sichtbar sind K Fachwerkbau, Fachwerkhaus

FACHWERK

Fạch·wis·sen *das* die speziellen und detaillierten Kenntnisse, die jemand in einem Fachbereich hat

Fa̱·ckel *die;* (-, -n) ein Stab (aus Holz), der am oberen Ende eine Schicht hat, die hell brennt ⟨die Fackel flackert, lodert; eine Fackel anzünden, löschen⟩

fa̱·ckeln VERB (fackelte, hat gefackelt) **nicht lange fackeln** *gesprochen* nicht lange nachdenken, bevor man etwas tut, nicht zögern | *Der Schiedsrichter fackelte nicht lange und stellte den Spieler vom Platz*

Fa̱·ckel·zug *der* eine Veranstaltung, bei der viele Menschen mit Fackeln durch die Straßen gehen (um zu feiern oder um zu protestieren) ⟨einen Fackelzug veranstalten⟩

fa̱·de ADJEKTIV; *abwertend* **1** ⟨Speisen⟩ so, dass sie nicht gut gewürzt, ohne intensiven Geschmack sind | *Die Suppe schmeckt fade* **2** *besonders süddeutsch* Ⓐ, *gesprochen* langweilig und unattraktiv ⟨Menschen; ein Konzert, eine Fernsehsendung⟩

fä̱·deln VERB (fädelte, hat gefädelt) **1** **etwas durch etwas fädeln** etwas durch das Loch einer Nadel ziehen | *einen Faden durch das Nadelöhr fädeln* **2** **etwas auf etwas** (*Akkusativ*) **fädeln** ≈ *auffädeln*

★ **Fa̱·den** *der;* (-s, Fä·den) **1** ein Stück Garn oder Schnur (meist aus Baumwolle oder Wolle), das z. B. zum Nähen verwendet wird ⟨einen Faden einfädeln, auf die Nadel fädeln, verknoten, vernähen, abschneiden; ein Faden reißt⟩ K Fadenende; Nähfaden, Baumwollfaden, Perlonfaden, Seidenfaden, Wollfaden, Zwirnsfaden **!** → Abb. unter **Schnur** **2** etwas, das wie ein Faden aussieht | *Aus dem Mund des Verunglückten floss ein dünner Faden Blut* K Nervenfaden, Spinnwebfaden ■ ID **der rote Faden** ein Gedanke oder ein Motiv, die z. B. in einem Buch oder einem Film immer wiederkehren und einen inhaltlichen Zusammenhang herstellen; **die Fäden (fest) in der Hand haben/halten** entscheidenden Einfluss auf etwas haben, Entscheidungen allein treffen und alles streng kontrollieren; **etwas hängt an einem (dünnen, seidenen) Faden** etwas ist stark in der Existenz gefährdet | *Sein Leben hing nur noch an einem seidenen Faden*; **den Faden verlieren** beim Sprechen plötzlich nicht mehr wissen, was man eigentlich sagen wollte

fa̱·den·schei·nig ADJEKTIV **1** *abwertend* so, dass man gleich erkennt, dass es nicht wahr ist ⟨eine Ausrede, ein Argument, eine Begründung, eine Erklärung⟩ **2** *veraltend* ⟨Stoffe⟩ so, dass sie sehr stark abgenutzt sind • zu (1) **Fa̱·den·schei·nig·keit** *die*

FAGOTT

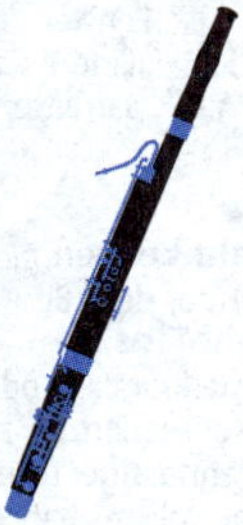

Fa·gọtt *das;* (-(e)s, -e) ein Blasinstrument aus Holz in der Form eines langen Rohres, das sehr tiefe Töne erzeugt • hierzu **Fa·got·tịst** *der*

★ **fä·hig** ['fɛːɪç] ADJEKTIV **1** **zu etwas fähig sein** (wegen der körperlichen oder intellektuellen Voraussetzungen) etwas tun können | *zu guten Leistungen fähig sein* | *Sie war vor Schreck nicht fähig, ein vernünftiges Wort zu sagen* | *Diese grausame Tat zeigt, wozu Menschen fähig sind* **2** *meist attributiv* durch Begabung, Können oder Wissen für etwas sehr gut geeignet ≈ *begabt* | *ein außerordentlich fähiger Mitarbeiter* ■ ID **jemand ist zu allem fähig** *gesprochen, abwertend* es ist möglich oder wahrscheinlich, dass jemand etwas Böses oder völlig Unerwartetes tut

-fä·hig [-fɛːɪç] *im Adjektiv, unbetont, sehr produktiv* **1** **anpassungsfähig, denkfähig, lernfähig** *und andere* so, dass eine Person oder Sache etwas gut (tun) kann | *Die Samen sind nicht mehr keimfähig* (Sie keimen nicht mehr) | *widerstandsfähiges Material* (Material, das große Belastungen aushält) **2** **belastungsfähig, manövrierfähig, strapazierfähig, transportfähig** *und andere* so, dass man mit einer Person oder Sache etwas tun kann | *ein streichfähiger Käse* (weicher Käse, den man aufs Brot streichen kann) | *Der schwerverletzte Zeuge ist noch nicht vernehmungsfähig* **3** **konkurrenzfähig, marktfähig, wettbewerbsfähig** *und andere* drückt aus, dass eine Person oder Sache in der genannten Situation gut reagiert oder funktioniert | *Das Kind ist zwar noch jung, aber durchaus schon schulfähig* (ist reif genug, um die Schule zu besuchen)

★ **Fä·hig·keit** ['fɛːɪç-] *die;* (-, -en) **die Fähigkeit (zu etwas)** die Eigenschaft oder das Talent, die es jemandem möglich machen, etwas zu tun ⟨angeborene, erlernte, künstlerische Fähigkeiten⟩ | *Vertrauen in die eigenen Fähigkeiten haben* | *seine handwerklichen Fähigkeiten unter Beweis stellen* | *Er besaß die Fähigkeit, sich einfach und verständlich auszudrücken* K Anpassungsfähigkeit, Begeisterungsfähigkeit, Konzentrationsfähigkeit, Lernfähigkeit, Urteilsfähigkeit

fahl ADJEKTIV; *geschrieben* **1** auf eine nicht schöne Art blass ⟨fahl im Gesicht sein, werden⟩ K aschfahl **2** nur schwach und dadurch kalt wirkend ⟨Licht⟩

fahn·den VERB (fahndete, hat gefahndet) **nach jemandem/etwas fahnden** intensiv nach einem Verbrecher oder z. B. gestohlenen Dingen suchen | *Die Polizei fahndet nach dem Dieb/nach Rauschgift*

Fahn·dung *die;* (-, -en) das Fahnden ⟨eine Fahndung (nach jemandem/etwas) einleiten, durchführen; die Fahndung auf etwas (*Akkusativ*) ausweiten; die Fahndung einstellen⟩ K Fahndungsfoto

Fahn·dungs·lis·te *die; admin* eine Liste mit den Namen aller Personen, die von der Polizei gesucht werden | *Der Terrorist steht auf der Fahndungsliste*

★ **Fah·ne** *die;* (-, -n) **1** ein meist rechteckiges Stück Stoff in verschiedenen Farben (mit Zeichen), das z. B. einem Land oder einem Verein als Symbol dient und an einer Stange hängt ⟨eine Fahne hissen, auf Halbmast setzen, einholen, schwenken; eine Fahne weht, flattert im Wind⟩ ≈ *Flagge* K Fahnenmast, Fahnenstange; Friedensfahne, Staatsfahne, Truppenfahne, Vereinsfahne **2** *gesprochen, abwertend* ein unangenehmer Geruch nach Alkohol, der aus dem Mund kommt ⟨eine Fahne haben⟩ K Bierfahne, Schnapsfahne ■ ID **sich** (*Dativ*) **etwas auf die Fahnen schreiben** *geschrieben* sich etwas fest zum Ziel setzen (und intensiv dafür kämpfen) | *Die Partei hat sich die Beseitigung der Inflation auf die Fahnen geschrieben*; **mit fliegenden Fahnen zu jemandem überlaufen** plötzlich und ohne Bedenken die eigene Meinung ändern und den früheren Gegner unterstützen; **die Fahne/das Fähnchen nach dem Winde drehen/hängen** *abwertend* sich einer Meinung oder politischen Richtung anschließen, um Ärger zu vermeiden oder um Vorteile zu bekommen

Fah·nen·flucht *die; nur Singular* das Desertieren ⟨Fahnenflucht begehen⟩ • hierzu **fah·nen·flüch·tig** ADJEKTIV; **Fah·nen·flüch·ti·ge** *der*

Fahr·aus·weis *der; admin* ≈ *Fahrkarte*

★ **Fahr·bahn** *die* der Teil der Straße, der für Fahrzeuge bestimmt ist ⟨von der Fahrbahn abkommen⟩ ≈ *Straße* | *Bei regennasser Fahrbahn geriet das Auto ins Schleudern* **K** Fahrbahnrand, Fahrbahnverengung

fahr·bar ADJEKTIV so (mit Rädern, Rollen) konstruiert, dass man es fortbewegen kann

★ **Fäh·re** *die*; (-, -n) ein Schiff, das regelmäßig über einen Fluss, einen See oder das Meer hin- und herfährt, um Menschen und Waren zu transportieren ⟨mit der Fähre fahren, übersetzen; die Fähre legt ab/an⟩ | *die Fähre über den Rhein* **K** Fährboot, Fährschiff; Autofähre, Personenfähre

★ **fah·ren** VERB (fährt, fuhr, hat/ist gefahren) **1** **irgendwohin fahren; (mit etwas) fahren** (*ist*) sich mit einem Fahrzeug auf ein Ziel hin bewegen ⟨mit dem Auto, Fahrrad, Motorrad, Bus, Taxi, Zug fahren; mit der Straßenbahn, der U-Bahn fahren; mit dem Boot, Schiff, Lift, Aufzug fahren⟩ | *im Urlaub ans Meer fahren* | *Morgen fahre ich nach München* | *Fahren wir mit dem Rad oder gehen wir zu Fuß?* **2** **irgendwie fahren** (*ist*) sich mit einem Fahrzeug, das man selbst steuert, auf die genannte Weise fortbewegen ⟨rücksichtslos, rücksichtsvoll, sicher, vorsichtig, zu schnell fahren; mit überhöhter Geschwindigkeit fahren⟩ | *Sie fuhren mit 160 Stundenkilometern, als der Unfall passierte* **3** **etwas fährt** (*ist*) ein Fahrzeug bewegt sich mithilfe eines Motors fort ⟨ein Auto, ein Schiff, eine Straßenbahn, ein Zug⟩ | *Das Auto fährt mit einer Geschwindigkeit von 100 Stundenkilometern* **K** Fahrgeschwindigkeit **4** **etwas fährt** (*ist*) ein öffentliches Verkehrsmittel transportiert regelmäßig auf einer Strecke Personen ⟨der Bus, die Fähre, die Straßenbahn, die U-Bahn, der Zug⟩ | *Dieser Zug fährt nicht an Sonn- und Feiertagen* **5** **in die Höhe fahren** (*ist*) plötzlich und schnell aufstehen (weil man einen Schock oder Schreck hat) | *Bleich vor Schreck fuhr sie in die Höhe* **6** **(jemandem) durch/über etwas** (*Akkusativ*) **fahren** (*ist/hat*) mit einer gleichmäßigen Bewegung durch/über etwas streichen | *Ich fuhr mir mit den Fingern durch die Haare* | *Er fuhr mit der Hand kurz über den Tisch* **7** **etwas fahren** (*hat*) ein Fahrzeug selbst lenken, regelmäßig benutzen (und besitzen) | *Auto fahren lernen* | *Ich fahre gern Fahrrad* | *Ihr neuer Freund fährt einen Porsche* **8** **etwas irgendwohin fahren** (*hat*) ein Fahrzeug lenken und so an einen Ort bringen | *das Auto in die Garage fahren* **9** **etwas fahren** (*hat/ist*) mit einem Fahrzeug eine Strecke zurücklegen ⟨einen Umweg fahren⟩ | *Ich bin auf meiner Urlaubsreise fast 2000 Kilometer gefahren* **10** **etwas fahren** (*ist*) sich mithilfe der genannten Sache (meist zum eigenen Vergnügen) fortbewegen ⟨Achterbahn, Karussell, Rollschuh, Schlitten, Schlittschuh, Ski fahren⟩ **11** **jemanden/etwas (mit etwas) irgendwohin fahren** (*hat*) jemanden/etwas mit einem Fahrzeug an einen Ort bringen, transportieren | *einen Schwerverletzten (mit dem Krankenwagen) ins Krankenhaus fahren* | *Ziegelsteine (mit einem Lastwagen) zur Baustelle fahren*
■ **ID** **mit jemandem/etwas gut, schlecht fahren** *gesprochen* mit jemandem/etwas gute, schlechte Erfahrungen machen | *Mit den Produkten dieser Firma sind wir noch nie gut gefahren*; **Was ist denn in dich gefahren?** *gesprochen* Warum verhältst du dich plötzlich so seltsam?

Fah·ren·heit (*die*) eine Einheit, in der man die Temperatur misst (vor allem in den USA) **H** Abkürzung nach Zahlen: °F

fah·ren las·sen, **fah·ren·las·sen** VERB (ließ fahren, hat fahren lassen/fahrenlassen) **einen fahren lassen** *gesprochen* ⚠ Luft aus dem Darm (mit einem lauten Geräusch) entweichen lassen **H** a) aber: *mit seinem Auto auch andere fahren lassen* (immer getrennt geschrieben); b) im Perfekt gesprochen auch *fahren gelassen* ■ **ID** → Hoffnung

★ **Fah·rer** *der*; (-s, -) **1** eine Person, die ein Fahrzeug selbst lenkt ⟨ein sicherer, umsichtiger, rücksichtsloser Fahrer⟩ **K** Autofahrer, Bootsfahrer, Fahrradfahrer, Motorradfahrer **H** zu *Fahrerin* → Info im Eintrag **-in** **2** eine Person, die beruflich ein Fahrzeug lenkt | *Der Fahrer des Präsidenten kam bei dem Anschlag ums Leben* **K** Busfahrer, Lastwagenfahrer, Taxifahrer **H** zu *Fahrerin* → Info im Eintrag **-in** ● hierzu **Fah·re·rin** *die*

Fah·rer·flucht *die* das Verlassen eines Unfallorts, bevor die Polizei oder derjenige, dessen Auto o. Ä. man beschädigt hat, kommt ⟨Fahrerflucht begehen⟩ ● hierzu **fah·rer·flüch·tig** ADJEKTIV

Fahr|er·laub·nis *die; admin* ⟨jemandem die Fahrerlaubnis erteilen, entziehen⟩ ≈ *Führerschein*

Fah·rer·sitz *der* der Platz des Fahrers in einem Kraftfahrzeug ↔ *Beifahrersitz*

★ **Fahr·gast** *der; admin* eine Person, die z. B. einen Bus oder Zug (als öffentliches Verkehrsmittel) benutzt **H** Bei einem Flugzeug oder Schiff sagt man *Passagier*.

Fahr·geld *das; meist Singular* das Geld, das man für das Fahren mit einem öffentlichen Verkehrsmittel bezahlen muss

Fahr·ge·mein·schaft *die* eine Gruppe von Personen, die regelmäßig gemeinsam mit dem Auto einer dieser Personen zur Arbeit fahren ⟨eine Fahrgemeinschaft bilden⟩

Fahr·ge·stell *das* der Teil eines Kraftfahrzeugs, an dem die Räder befestigt sind

fah·rig ADJEKTIV **1** hastig und unkontrolliert (meist als Zeichen von Nervosität) ⟨Handbewegungen⟩ **2** **fahrig sein** sich nicht auf etwas konzentrieren können, nervös sein

★ **Fahr·kar·te** *die* wenn man mit dem Bus, mit dem Zug usw. fahren will, muss man eine Fahrkarte kaufen ⟨eine Fahrkarte lösen, entwerten (lassen)⟩ **K** Fahrkartenautomat, Fahrkartenkontrolle, Fahrkartenschalter; Busfahrkarte, Straßenbahnfahrkarte, Zugfahrkarte

SPRACHGEBRAUCH

▶ Eine Fahrkarte kaufen

A: „Ich hätte gern eine Fahrkarte nach Nürnberg."
B: „Einfach oder hin und zurück?"
A: „Eine einfache Fahrkarte, bitte."
B: „Mit BahnCard®?"
A: „Ohne."
B: „Wann möchten Sie denn fahren?"
A: „Am Dienstag, nachmittags. Welchen Zug kann ich da nehmen?"
B: „Mit der Regionalbahn nach München, um vierzehn Uhr siebenundvierzig, mit Umsteigen in Mühldorf. Ab München mit dem ICE®, Ankunft in Nürnberg um achtzehn Uhr dreiundzwanzig. Sie können auch später fahren, die Züge verkehren stündlich."
A: „Nein, danke. Diese Verbindung passt mir gut. Ich würde auch gern einen Platz reservieren: am Fenster, mit Tisch, wenn möglich."
B: „Eine Platzreservierung ist nur im ICE® möglich."
A: „Ja, bitte, das ist in Ordnung. Vielen Dank!"

Fahr·kos·ten *die; Plural* das Geld, das eine Fahrt mit dem Auto, dem Bus, dem Zug o. Ä. kostet

fahr·läs·sig ADJEKTIV; *geschrieben* **1** ohne die nötige Aufmerksamkeit oder Vorsicht, ohne an die Gefahren oder Konsequenzen zu denken ⟨(grob) fahrlässig handeln⟩ **2** **fahrlässige Tötung** die Tötung eines Menschen, ohne es gewollt zu haben ● zu (1) **Fahr·läs·sig·keit** *die*

Fahr·leh·rer *der* eine Person, die (beruflich) anderen Leuten beibringt, wie man ein Kraftfahrzeug fährt ● hierzu **Fahr·leh·re·rin** *die*

★ **Fahr·plan** *der* der Fahrplan bestimmt, wo und wann ein Bus, Zug o. Ä. hält. Den Fahrplan gibt es auch als Liste auf Papier, im Internet usw. ⟨den Fahrplan ändern, einhalten; im Fahrplan nachsehen⟩ K Fahrplanänderung; Sommerfahrplan, Winterfahrplan

fahr·plan|mä·ßig ADJEKTIV; *admin* wie es im Fahrplan steht | *„Der Zug aus München, fahrplanmäßige Ankunft neun Uhr fünfzehn, wird voraussichtlich zehn Minuten später eintreffen"*

Fahr·pra·xis *die; nur Singular* die praktische Erfahrung, die man allmählich bekommt, wenn man ein Kraftfahrzeug fährt ⟨keine, eine lange Fahrpraxis haben⟩

Fahr·preis *der* das Geld, das man für eine Fahrt mit einem Bus, einem Zug usw. zahlen muss ⟨den Fahrpreis entrichten, erhöhen, ermäßigen⟩ K Fahrpreiserhöhung, Fahrpreisermäßigung

Fahr·prü·fung *die* die (staatliche) Prüfung, die man machen muss, bevor man den Führerschein bekommt

★ **Fahr·rad** *das* ein Fahrrad hat zwei Räder, Pedale, einen Sattel und einen Lenker ⟨(mit dem) Fahrrad fahren⟩ K Fahrradfahrer, Fahrradkette, Fahrradreifen, Fahrradtour, Fahrradverleih; Damenfahrrad, Herrenfahrrad, Kinderfahrrad i In der gesprochenen Sprache sagt man statt *Fahrrad* oft *Rad*

Fahr·schein *der; admin* ≈ *Fahrkarte*

Fahr·schu·le *die* **1** eine private Schule, in der man lernt, wie man Auto, Motorrad o. Ä. fährt **2** *gesprochen nur Singular* der Unterricht in einer Fahrschule ⟨Fahrschule haben⟩ ● hierzu **Fahr·schü·ler** *der*; **Fahr·schü·le·rin** *die*

Fahr·steig *der*; (-s, -e); *admin* ein Fahrsteig transportiert Fußgänger und Gepäck auf einer ebenen Bahn in einem Flughafen

Fahr·stuhl *der* eine Kabine, mit der Personen in einem Gebäude nach oben und unten transportiert werden ⟨den Fahrstuhl nehmen; mit dem Fahrstuhl fahren⟩ ≈ *Aufzug*

Fahr·stun·de *die* eine Unterrichtsstunde bei einem Fahrlehrer, in der man praktisch übt, wie man ein Fahrzeug fährt

fährt *Präsens, 3. Person Singular* → fahren

★ **Fahrt** *die*; (-, -en) **1** die Reise mit einem Fahrzeug (an ein Ziel) | *eine Fahrt nach Paris machen/unternehmen* | *Nach sechs Stunden Fahrt erreichten wir endlich Verona* K Fahrtkosten, Fahrtrichtung, Fahrtroute, Fahrtunterbrechung; Busfahrt, Zugfahrt **2** *nur Singular* die Geschwindigkeit, mit der sich ein Fahrzeug fortbewegt ⟨in voller Fahrt sein⟩ | *Wenn der Zug in den Bahnhof einrollt, verlangsamt er die Fahrt* ■ ID **eine Fahrt ins Blaue** ein Ausflug (mit einem Fahrzeug) zum Vergnügen, ohne dass das Ziel vorher beschlossen wurde; **in Fahrt kommen/geraten** *gesprochen* **a** in eine gute Stimmung kommen, Temperament entwickeln (und viel reden) **b** immer wütender werden; **in Fahrt sein** *gesprochen* **a** in guter Stimmung sein (und viel reden und lachen) **b** sehr wütend sein und schimpfen

fahr·taug·lich ADJEKTIV; *admin* ≈ *fahrtüchtig* ● hierzu **Fahr·taug·lich·keit** *die*

Fähr·te *die*; (-, -n) **1** die Fußspuren eines Tieres, das gejagt wird ⟨eine Fährte aufspüren, verfolgen⟩ **2** **jemandem auf der Fährte sein** *gesprochen* jemanden verfolgen ■ ID **auf der falschen Fährte sein** ≈ *irren*

Fahr·ten·schrei·ber *der*; (-s, -) ein technisches Gerät in einem Lastwagen, einem Bus o. Ä., das alle wichtigen Daten (z. B. die Geschwindigkeit) während der Fahrt aufzeichnet

fahr·tüch·tig ADJEKTIV **1** in der körperlichen und geistigen Verfassung, ein Fahrzeug sicher zu fahren ⟨Personen⟩ **2** ⟨ein Fahrzeug⟩ in einem guten technischen Zustand ↔ *fahruntüchtig* | *Sein altes Auto ist nicht mehr fahrtüchtig* ● hierzu **Fahr·tüch·tig·keit** *die*

Fahr·ver·bot *das* **1** das Verbot für Fahrzeuge einer Art, auf einer Straße zu fahren | *Auf der Autobahn besteht (ein) Fahrverbot für Traktoren* **2** das zeitlich befristete polizeiliche bzw. gerichtliche Verbot, ein Kraftfahrzeug zu fahren | *Er erhielt (ein) Fahrverbot für ein Jahr, weil er betrunken Auto gefahren war* | *Fahrverbot bei Smog/wegen Smogs*

Fahr·ver·hal·ten *das; geschrieben* **1** die Eigenschaften, die ein Kraftfahrzeug während der Fahrt zeigt **2** die Art und Weise, wie jemand ein Kraftfahrzeug fährt | *ein aggressives/defensives Fahrverhalten zeigen*

Fahr·was·ser *das; meist Singular* der Bereich eines Gewässers, in dem Schiffe fahren (können) ■ ID **in seinem/im**

FAHRRAD / RAD

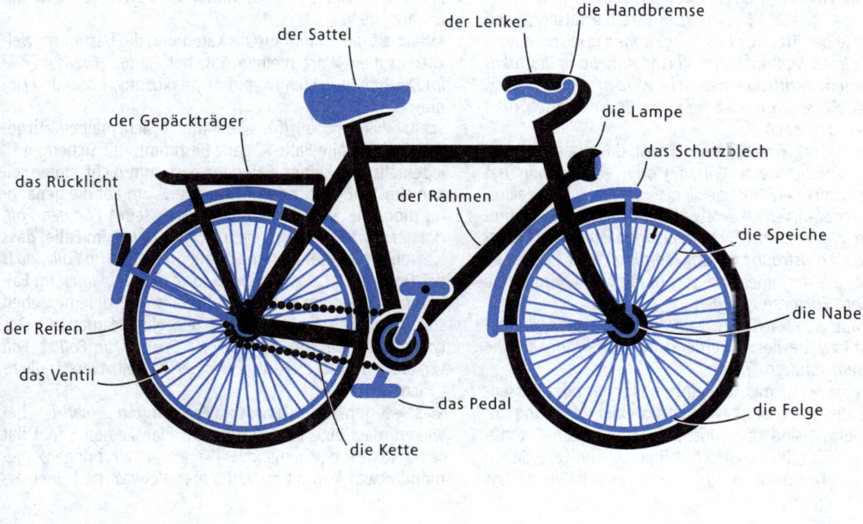

richtigen Fahrwasser sein *gesprochen* temperamentvoll und eifrig über etwas reden bzw. etwas tun, das man gut beherrscht oder gern mag | *Wenn es um Politik geht, ist sie so richtig in ihrem Fahrwasser*; **in jemandes Fahrwasser geraten** von einer anderen Person stark beeinflusst oder abhängig werden

Fahr·werk *das* das Fahrgestell eines Flugzeugs ⟨das Fahrwerk ausfahren, einziehen⟩

Fahr·zeit *die* die Zeit, die man braucht, um mit einem Fahrzeug eine Strecke zu fahren

★ **Fahr·zeug** *das*; (-(e)s, -e) Fahrzeuge wie Autos, Fahrräder, Züge, Boote oder Schlitten benutzen wir, um schnell und bequem an einen Ort zu kommen oder Lasten zu transportieren **K** Luftfahrzeug, Schienenfahrzeug, Wasserfahrzeug, Motorfahrzeug

Fahr·zeug·brief *der*; Ⓓ ein (amtliches) Dokument mit den Daten eines Kraftfahrzeugs und des Eigentümers

Fahr·zeug·hal·ter *der*; *admin* der Eigentümer eines Fahrzeugs

Fahr·zeug·pa·pie·re *die*; *Plural*; *geschrieben* ≈ *Fahrzeugschein*

Fahr·zeug·park *der* ≈ *Fuhrpark*

Fahr·zeug·schein *der*; Ⓓ ein amtliches Dokument mit den Daten eines Kraftfahrzeugs, das man beim Fahren bei sich tragen muss und das beweist, dass das Fahrzeug amtlich angemeldet und versichert ist

Fai·ble ['fɛːbl] *das* **ein Faible für jemanden/etwas haben** jemanden/etwas sehr gern mögen | *Er hat ein Faible für schnelle Autos*

★ **fair** [fɛːɐ̯] ADJEKTIV **1** so, dass die Rechte aller Personen Rücksicht genommen wird und niemand einen Nachteil hat ⟨ein Urteil, ein Verhalten; fair bleiben, handeln, sein⟩ ≈ *gerecht* **2** so, dass die Regeln genau beachtet und keine Tricks angewendet werden (vor allem beim Sport) ⟨ein Wettkampf; fair kämpfen, spielen⟩

Fair·ness ['fɛːɐ̯nɛs] *die*; (-) ein faires Verhalten, vor allem im Spiel

Fä·ka·li·en [-i̯ən] *die*; *Plural*; *geschrieben* Urin und Kot von Tieren und Menschen

Fa·kir *der*; (-s, -e) (vor allem in Indien) eine Person, die sich so stark konzentrieren kann, dass sie z. B. keine Schmerzen fühlt, wenn sie auf einem Brett mit Nägeln liegt

★ **Fakt** *der/das*; (-(e)s, -en) **1** *geschrieben meist Plural* Tatsache ≈ *Faktum* **2** **Fakt ist (, dass ...)** es steht fest (, dass ...)

fak·tisch ■ ADJEKTIV **1** *geschrieben* was die tatsächlichen Verhältnisse betrifft | *Das hat nur geringen faktischen Nutzen* | *Mit diesen Maßnahmen soll eine Anhebung des faktischen Renteneintrittsalters erreicht werden*

■ PARTIKEL **2** *gesprochen* ≈ *eigentlich* | *Es ist faktisch alles beim Alten geblieben*

★ **Fak·tor** *der*; (-s, Fak·to·ren) **1** ein Element, das zusammen mit anderen Elementen eine Wirkung oder ein Ergebnis hat ⟨ein bestimmender, maßgeblicher, wesentlicher Faktor; das Zusammenwirken unterschiedlicher Faktoren⟩ | *Technische Mängel und menschliches Versagen waren die Faktoren, die zur Katastrophe in dem Atomkraftwerk führten* **2** jede Zahl, die mit einer anderen multipliziert wird | *eine Zahl in ihre Faktoren zerlegen*

Fak·tum *das*; (-s, Fak·ten); *geschrieben* eine Tatsache, die bewiesen ist bzw. bewiesen werden kann | *Ich brauche keine Hypothesen, sondern Fakten*

Fa·kul·tät *die*; (-, -en) mehrere einzelne Fächer oder Wissenschaften, die an einer Universität zu einer Abteilung zusammengefasst sind ⟨die Juristische, Medizinische, Naturwissenschaftliche, Philosophische, Theologische Fakultät⟩

fa·kul·ta·tiv, **fa·kul·ta·tiv** [-f] ADJEKTIV; *geschrieben* so, dass etwas zwar sein kann, aber nicht sein muss (und man oft selbst darüber entscheiden kann) ↔ *obligatorisch* | *Die Teilnahme an dem Seminar ist fakultativ*

Fal·ke *der*; (-n, -n) **1** ein mittelgroßer Raubvogel, mit dem man früher gern gejagt hat | *einen Falken zur Jagd abrichten* **K** Falkenhorst, Falkenjagd **!** *der Falke; den, dem, des Falken* **2** *geschrieben meist Plural* eine Person, die vor allem im politischen Bereich sehr hart und rigoros gegen die Gegner vorgeht

Falk·ner *der*; (-s, -) eine Person, die Falken für die Jagd dressiert

Falk·ne·rei *die*; (-, -en) **1** *nur Singular* das Dressieren von Falken für die Jagd **2** der Ort, die Anlage, in der Falken gehalten und dressiert werden

★ **Fall** *der*; (-(e)s, Fäl·le)

▸nach unten: **1** das Fallen aus der Höhe nach unten | *Während des Falls öffnete sich der Fallschirm* **2** das Fallen auf den Boden ≈ *Sturz* | *sich bei einem Fall schwer verletzen* **3** **der freie Fall** das beschleunigte Fallen eines Körpers, auf den nur die Schwerkraft wirkt **K** Fallgeschwindigkeit, Fallgesetz

▸Angelegenheit: **4** **ein Fall** +*Genitiv*/**von etwas**; **der Fall, dass ...** eine Situation, die eintreten kann oder die jemanden betrifft ⟨im äußersten, schlimmsten Fall; in diesem, keinem, jedem Fall; in vielen, manchen, seltenen, den meisten Fällen⟩ | *So ein Fall ist noch nie eingetreten* | *Was würdest du in meinem Fall tun?* (wenn du in meiner Situation wärest) | *Eigentlich darf ich das nicht, aber in Ihrem Fall will ich eine Ausnahme machen* (dieses Mal) **K** Krankheitsfall, Kriegsfall, Notfall, Unglücksfall **5** **ein Fall** +*Genitiv*/**von etwas** ein konkretes Ereignis, das als Beispiel für eine allgemeine Lage oder eine Entwicklung gesehen wird ⟨ein alltäglicher, trauriger, ungewöhnlicher Fall⟩ | *Dieses Unglück ist ein typischer Fall von Unachtsamkeit* **K** Einzelfall, Extremfall, Normalfall, Sonderfall, Spezialfall **6** eine Angelegenheit, die vor allem von der Polizei oder vor Gericht untersucht wird ⟨einen Fall untersuchen, vor Gericht bringen, bearbeiten⟩ | *einen Fall zu den Akten legen* (nicht weiter bearbeiten) | *der Fall Alfred Meier* **K** Kriminalfall, Rechtsfall, Mordfall

▸Patient: **7** ein Patient, der von einem Arzt behandelt wird | *Die schweren Fälle liegen auf der Intensivstation* | *Sie ist ein komplizierter Fall* (Ihre Behandlung ist sehr schwierig) | *Er ist ein Fall für den Psychiater* (Ein Psychiater sollte ihn behandeln)

▸Kasus: **8** die grammatische Kategorie, die bestimmt, welche Form ein Wort in einem Satz hat ≈ *Kasus* | *Die vier Fälle im Deutschen heißen Nominativ, Akkusativ, Dativ und Genitiv*

■ ID ▸ohne Verb: **auf/für alle Fälle** vorsichtshalber; **auf jeden Fall/auf alle Fälle** **a** ganz bestimmt, mit Sicherheit **b** jedenfalls; **auf keinen Fall** ganz bestimmt nicht, unter keinen Umständen; **für den Fall, dass ...** um auf die genannte, mögliche Situation vorbereitet zu sein | *Für den Fall, dass es regnet, habe ich einen Schirm dabei*; **im Falle, dass ...** wenn es zur genannten Situation kommt | *Im Falle, dass der Dollar steigt, werden die Exporte der EU billiger*; **im Falle eines Falles**, **im Fall der Fälle** falls es Probleme geben sollte; **von Fall zu Fall** in jeder einzelnen Situation | *Das entscheiden wir von Fall zu Fall* | *Das ist von Fall zu Fall verschieden*; **Klarer Fall!** *gesprochen* **a** Selbstverständlich! **b** Ich verstehe!;

▸mit Verb: **jemanden/etwas zu Fall bringen** *geschrieben* bewirken, dass eine Person oder ein Plan keinen Erfolg hat ⟨eine Regierung, jemandes Pläne zu Fall bringen⟩; **jemand/etwas kommt zu Fall** jemand/etwas hat keinen Erfolg; **etwas ist (nicht) der Fall** etwas ist (nicht) so | *Es ist oft der Fall, dass zu große Hektik schadet*; **eine Person/Sache ist (nicht) jemandes Fall** eine Person oder Sache gefällt jemandem (nicht)

Fạll·beil *das; historisch* ≈ *Guillotine*

★ **Fạl·le** *die;* (-, -n) **1** in/mit Fallen fängt man Tiere ⟨eine Falle aufstellen; Fallen stellen, legen⟩ | *Die Maus ist in die Falle gegangen* K Kaninchenfalle, Mausefalle **2** **jemandem eine Falle stellen; jemanden in eine Falle locken** einen Trick anwenden, um eine Person zu täuschen und ihr dadurch zu schaden | *Der Prüfer hat mir mit seiner Frage eine Falle gestellt, und ich bin darauf hereingefallen* **3** *gesprochen, humorvoll* ≈ *Bett* | *Ab in die Falle!*

★ **fạl·len** VERB (fällt, fiel, ist gefallen)

▸räumlich: **1** **etwas fällt** etwas bewegt sich (aufgrund des eigenen Gewichts) nach unten (und bleibt liegen) | *Das Glas ist auf den Boden gefallen und zerbrochen* | *Im Herbst fällt das Laub von den Bäumen* | *Heute Nacht sind zehn Zentimeter Schnee gefallen* | *Vorsicht, lass den Teller nicht fallen!* **2** **jemand fällt** eine Person, die geht, steht oder sitzt, verliert das Gleichgewicht ≈ *stürzen* | *Er rutschte er aus und fiel zu Boden* | *Das Kind stolperte und fiel auf die Knie* | *Sie beugte sich zu weit vor und fiel ins Wasser* **3** **jemand fällt irgendwohin; jemand lässt sich irgendwohin fallen** jemand sinkt mit Schwung in eine sitzende, liegende oder kniende Position | *Am Abend fiel sie völlig erschöpft ins Bett* | *Er ließ sich aufs Sofa fallen* | *Der Verurteilte fiel vor dem König auf die Knie/zu Boden und bat um Gnade* **4** **etwas fällt (von irgendwoher) irgendwohin** etwas gelangt (von irgendwoher) an die genannte Stelle ⟨Licht, (die) Sonne, Schatten; jemandes Blick⟩ | *Ihr Blick fiel zufällig auf das Foto* | *Durch die Ritzen des Fensterladens fiel das Licht ins Zimmer* **5** **etwas fällt irgendwie** etwas hängt auf die genannte Art nach unten | *Der Rock ist weit und fällt sehr schön* | *Ihre Locken fielen ihr ins Gesicht/locker auf die Schultern*

▸im Niveau, Wert: **6** **etwas fällt** etwas wird im Ausmaß oder Niveau geringer ⟨die Temperatur, der Druck⟩ ≈ *sinken* ↔ *steigen* | *Der Wasserspiegel des Rheins ist um einen Meter gefallen* **7** **etwas fällt** etwas wird im Wert geringer ⟨ein Aktienkurs, ein Preis, ein Wertpapier⟩ ↔ *steigen*

▸Ereignis, Geschehen: **8** **jemand fällt (im Krieg)** ein Soldat stirbt im Kampf **9** **etwas fällt** etwas wird ausgeführt oder durchgeführt, etwas ereignet sich ⟨eine Entscheidung, ein Urteil, ein Beschluss⟩ | *Das erste Tor fiel in der fünften Spielminute* | *Bei der Verfolgungsjagd fielen mehrere Schüsse* (wurde mehrmals geschossen) | *Meine Wahl fiel auf den grünen Pullover* (ich entschied mich für den grünen Pullover) **10** **etwas fällt an jemanden** etwas kommt in jemandes Besitz | *Das Erbe fiel an seine Kinder* | *Nach dem Krieg fiel das Gebiet an Polen* **11** **jemand fällt in etwas** (*Akkusativ*) jemand kommt (plötzlich) in den genannten Zustand ⟨jemand fällt in schwere Depressionen, in ein Koma, in Ohnmacht, in tiefen Schlaf, in Ungnade⟩ **12** **durch etwas fallen** *gesprochen* eine Prüfung nicht bestehen ⟨durchs Abitur, Examen fallen⟩

▸im Gespräch: **13** **etwas fällt; jemand lässt etwas fallen** jemand sagt oder erwähnt etwas ⟨eine Andeutung, eine Bemerkung fallen lassen⟩ | *Im Gespräch ist auch dein Name gefallen* | *Und so etwas Wichtiges lässt du ganz nebenbei fallen?*

▸Zuordnung: **14** **etwas fällt auf/in etwas** (*Akkusativ*) etwas gehört zur genannten Zeit | *Der 1. Mai fällt dieses Jahr auf einen Donnerstag* | *In die Zeit um 1200 fällt die Blüte des Minnesangs* **15** **etwas fällt in/unter etwas** (*Akkusativ*) eine Sache gehört zum genannten Bereich | *Dieser Fall fällt nicht in meinen Kompetenzbereich/in mein Aufgabengebiet* | *Welche Dinge fallen in/unter die Kategorie „Sperrmüll"?*

▸aufhören: **16** **etwas fällt** *geschrieben* etwas hört auf zu existieren ⟨eine Sprachbarriere, ein Tabu, Schranken⟩ | *Am 9. November 1989 fiel die Berliner Mauer*

★ **fạ̈l·len** VERB (fällte, hat gefällt) **1** **einen Baum fällen** (mit einer Säge oder einem Beil) einen Baum von seinen Wurzeln trennen, sodass er zu Boden fällt **2** **eine Entscheidung (über etwas** (*Akkusativ*)**) fällen** *geschrieben* beschließen, etwas zu tun oder sich für bzw. gegen eine Sache entscheiden **3** **ein Urteil (über jemanden/etwas) fällen** *geschrieben* zu einem negativen Urteil kommen | *Das Gericht fällte das Todesurteil über den Angeklagten* | *Der Kritiker fällte ein vernichtendes Urteil über den Film* **4** **das Lot (auf etwas** (*Akkusativ*)**) fällen** die senkrechte Linie zu einer waagerechten Linie bilden

★ **fạl·len las·sen** VERB, **fạl·len·las·sen** (ließ fallen, hat fallen lassen/fallenlassen) **1** **etwas fallen lassen** aufhören, sich mit etwas zu beschäftigen ⟨einen Gedanken, einen Plan, ein Projekt, ein Thema fallen lassen⟩ ≈ *aufgeben* **2** **jemanden fallen lassen** *gesprochen* nicht mehr der Freund einer anderen Person sein oder diese nicht mehr unterstützen | *Nach dem Skandal ließen ihn seine Freunde fallen* **3** **sich fallen lassen** sich entspannen, keine Angst mehr haben | *Vertrau mir, lass dich einfach mal fallen* **4** **sich fallen lassen** nicht mehr an sich selbst glauben und sich nicht mehr bemühen, etwas zu erreichen | *Er hatte sich fallen lassen, wollte nur noch sterben* H a) aber: *ein Glas fallen lassen* (immer getrennt geschrieben); b) im Perfekt gesprochen auch *fallen gelassen*

Fạl·len·stel·ler *der;* (-s, -) eine Person, die (beruflich) Fallen aufstellt, um damit Tiere zu fangen

Fạll·gru·be *die* ein tiefes Loch (im Wald), das mit Zweigen o. Ä. bedeckt ist und als Falle für große Tiere dient

★ **fạ̈l·lig** ADJEKTIV **1** *admin* so, dass man etwas zu dem genannten Zeitpunkt bezahlen muss | *Die Miete ist am Ersten jeden Monats fällig* | *Er hat endlich die längst fällige Rechnung bezahlt* **2** so, dass es zu einem Zeitpunkt notwendig ist oder stattfindet | *Die Reparatur des Autos war schon längst fällig* | *Morgen ist eine neue Lieferung fällig* **3** **jemand ist fällig** *gesprochen* jemand hat etwas getan, das andere Leute nicht gut finden und wird nun ermahnt oder bestraft

Fạ̈l·lig·keit *die;* (-, -en); *admin* der Zeitpunkt, zu dem man z. B. bei einer Bank die Schulden oder einen Kredit zurückzahlen muss K Fälligkeitsdatum, Fälligkeitstermin

Fạll·obst *das* das Obst, das nicht gepflückt wurde, sondern vom Baum heruntergefallen ist

Fall-out, **Fall·out** ['fɔːl|aut] *der;* (-s, -s); *geschrieben* die radioaktive Strahlung in der Luft und am Boden nach der Explosion einer Atombombe oder dem Unfall eines Kernkraftwerks

★ **falls** BINDEWORT mit *falls* wird eine wenig wahrscheinliche Bedingung oder Möglichkeit eingeleitet | *Falls du ihn noch treffen solltest/noch triffst, grüß ihn bitte von mir* | *Ich kann, falls überhaupt, erst in einer Woche Urlaub machen* | *Falls ich komme, dann nur mit dem Zug*

Fạll·schirm *der* mit einem Fallschirm sinkt man langsam zur Erde, nachdem man aus einem Flugzeug o. Ä. gesprungen ist K Fallschirmspringen, Fallschirmspringer, Fallschirmtruppe

Fạll·schirm|jä·ger *der* ein Soldat, der dazu ausgebildet ist, mit dem Fallschirm zu landen

Fạll·strick *der; gesprochen* eine List, die man nicht sofort erkennen kann und die jemandem schaden soll

Fall·stu·die *die; geschrieben* die wissenschaftliche Untersuchung eines Problems anhand eines typischen Beispiels, eines charakteristischen Einzelfalles

fällt *Präsens, 3. Person Singular* → fallen

Fall·tür *die* eine (versteckte) Tür im Fußboden

★ **falsch** ADJEKTIV (falscher, falschest-) **1** so, dass es den Tatsachen nicht entspricht, einen Irrtum oder Fehler enthält ⟨von jemandem/etwas einen falschen Eindruck haben; sich (*Dativ*) von etwas eine falsche Vorstellung machen; etwas falsch verstehen; über etwas falsch informiert sein⟩ ↔ *richtig* | *Die Uhr geht falsch* **K** Falschmeldung **2** so, dass es der Wahrheit nicht entspricht (in der Absicht, jemanden zu täuschen oder zu betrügen) ⟨falsche Angaben, Versprechungen machen⟩ | *unter falschem Namen reisen* | *vor Gericht falsch aussagen* **K** Falschaussage **3** etwas Echtes, Natürliches imitierend ⟨Edelsteine, Zähne⟩ ≈ *künstlich* ↔ *echt* **4** einem Original nachgebildet in der Absicht, jemanden damit zu betrügen ⟨Banknoten, ein Pass⟩ ≈ *gefälscht* ↔ *echt* **K** Falschgeld **5** anders als gewollt ⟨sich falsch ausdrücken⟩ | *Ich bin versehentlich in den falschen Zug eingestiegen* **6** mit Fehlern oder Mängeln ⟨ein Wort falsch aussprechen, betonen, schreiben; falsch singen; falsche Schlüsse aus etwas ziehen⟩ ↔ *richtig* | *ein Zitat falsch wiedergeben* **7** von der Situation oder Moral her nicht richtig ⟨Bescheidenheit, Rücksichtnahme, Scham, Stolz⟩ **8** *abwertend* so, dass die wahren Absichten verborgen bleiben ⟨falsch lächeln⟩ ↔ *aufrichtig* | *Das ist ein ganz falscher Typ!* **9** **falsch verbunden sein** am Telefon einen anderen Gesprächspartner haben, als man wollte (meist weil man aus Versehen nicht die richtige Nummer gewählt hat)
■ ID **an den Falschen/die Falsche geraten** *gesprochen* eine Person falsch eingeschätzt haben, sodass man sein Ziel nicht erreicht | *Wenn du einen Dummen suchst, der für dich die Kohlen aus dem Feuer holt, bist du bei mir an den Falschen geraten!* (Ich werde dieses heikle Problem nicht für dich lösen)

fäl·schen VERB (fälschte, hat gefälscht) **etwas fälschen** eine genaue Kopie einer Sache machen, um damit jemanden zu täuschen oder zu betrügen ⟨Banknoten, Geld, eine Urkunde, ein Gemälde; jemandes Unterschrift fälschen⟩ | *Die Polizei nahm ihn fest, weil seine Papiere gefälscht waren*

Fäl·scher *der;* (-s, -) eine Person, die etwas fälscht **K** Fälscherbande; Geldfälscher, Urkundenfälscher ● hierzu **Fäl·sche·rin** *die*

Falsch·fah·rer *der* eine Person, die vor allem auf einer Autobahn nicht in der vorgeschriebenen Richtung fährt und so andere Leute in Gefahr bringt ● hierzu **Falsch·fah·re·rin** *die*

Falsch·heit *die;* (-) **1** die Tatsache, dass etwas falsch ist | *die Falschheit von jemandes Aussagen beweisen* **2** *abwertend* die Tatsache, dass jemand nicht ehrlich ist ⟨jemandes Falschheit durchschauen⟩ ↔ *Aufrichtigkeit*

fälsch·lich ADJEKTIV *meist attributiv; geschrieben* auf einem Fehler oder Irrtum beruhend, nicht den Tatsachen entsprechend ⟨etwas fälschlich annehmen, behaupten⟩ ↔ *richtig* | *In der fälschlichen Annahme, es sei ihr Mann, öffnete sie dem Täter die Tür* ● hierzu **fälsch·li·cher·wei·se** ADVERB

falsch·lie·gen VERB (lag falsch, hat/ist falschgelegen) **(mit etwas) falschliegen** *gesprochen* etwas Falsches glauben, sich irren | *Wenn du glaubst, dass ich auf den Trick hereinfalle, dann liegst du falsch*

Falsch·mün·zer *der;* (-s, -) eine Person, die Geld fälscht ● hierzu **Falsch·mün·ze·rin** *die*

Falsch·par·ker *der;* (-s, -) eine Person, die mit ihrem Fahrzeug im Halte- oder Parkverbot parkt ● hierzu **Falsch·par·ke·rin** *die*

falsch·spie·len VERB (spielte falsch, hat falschgespielt) beim Spielen betrügen (vor allem beim Kartenspiel) ● hierzu **Falsch·spie·ler** *der;* **Falsch·spie·le·rin** *die*

Fäl·schung *die;* (-, -en) **1** etwas, das falsch ist | *Dieses Bild ist kein Original, sondern eine Fälschung* **2** *meist Singular* das Fälschen | *Bei der Fälschung der Unterschrift machte er einen Fehler*

fäl·schungs·si·cher ADJEKTIV ⟨ein Ausweis, ein Pass⟩ so, dass sie nicht gefälscht werden können

Falt·blatt *das* ein Prospekt in einer Zeitung, der für eine Firma oder ein Produkt wirbt

Falt·boot *das* ein Paddelboot, das man auseinandernehmen kann, um es zu transportieren

★ **Fal·te** *die;* (-, -n); *meist Plural* **1** eine der Linien in der Haut, die z. B. beim Lachen entstehen und die vor allem ältere Menschen im Gesicht haben ⟨Falten (im Gesicht) haben; die Stirn in Falten legen⟩ **K** Faltenbildung; Lachfalte, Sorgenfalte **2** eine unregelmäßige Linie in einem Stoff, die beim Benutzen von selbst entsteht ⟨die Falten ausbügeln, mit der Hand glatt streichen⟩ **K** Knitterfalte **3** eine gerade Linie, die entsteht, wenn man Papier oder Stoff knickt und mit der Hand bzw. dem Bügeleisen flach drückt | *Falten in die Hosenbeine bügeln* **K** Bügelfalte **4** das schmale, längliche Stück Stoff, das entsteht, wenn man den Stoff faltet und bügelt oder zusammennäht | *ein Rock mit schönen Falten* **K** Faltenrock ● zu (1) **fal·ten·los** ADJEKTIV; zu (1) **fal·tig** ADJEKTIV; zu (2) **fal·ten·frei** ADJEKTIV

FALTEN

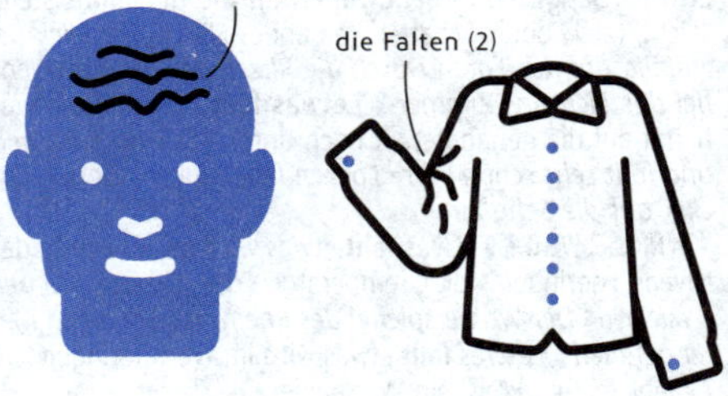

★ **fal·ten** VERB (faltete, hat gefaltet) **1** **etwas falten** ein Stück Papier oder Stoff knicken und es mit der Hand flach drücken (und diesen Vorgang mehrmals wiederholen) ⟨ein Handtuch, eine Serviette, ein Blatt Papier falten; etwas einfach, doppelt falten⟩ ≈ *zusammenlegen* **2** **die Hände falten** beide Handflächen aufeinanderlegen, vor allem um zu beten ⟨die Hände zum Gebet falten⟩ **3** **die Stirn falten** die Augenbrauen heben, sodass die Haut an der Stirn Falten bekommt ≈ *runzeln* ● zu (1) **falt·bar** ADJEKTIV; zu (1) **Fal·tung** *die*

Fal·ter *der;* (-s, -) ≈ *Schmetterling* **K** Nachtfalter, Tagfalter

Falz *der;* (-es, -e) **1** die Stelle, an der ein Blatt Papier gefaltet ist **2** eine Vertiefung zwischen dem Rücken und dem Deckel eines Buches **3** die Stelle, an welcher die Ränder z. B. einer Blechdose gebogen und zusammengepresst wurden und an der sie einen dicken Rand bilden

fal·zen VERB (falzte, hat gefalzt) **etwas falzen** einen Falz in etwas machen | *einen Prospekt falzen* | *ein (Stück) Blech falzen*

fa·mi·li·är ADJEKTIV **1** in Bezug auf die Familie ⟨Probleme, Schwierigkeiten, Verpflichtungen⟩ | *Er zieht sich aus familiären Gründen aus der Politik zurück* **2** so entspannt, als wäre man zu Hause bei seiner Familie ⟨eine Atmosphäre, ein Umgangston⟩

★ **Fa·mi·lie** [-i̯ə] *die;* (-, -n) **1** die Eltern und ihr Kind oder ihre Kinder ⟨eine kinderreiche, fünfköpfige Familie; Familie haben; eine Familie gründen; etwas im engsten Kreis der Familie besprechen⟩ | *Wohnt hier Familie Huber?* K Familienangehörige(r), Familienausflug, Familienfeier, Familienfest, Familienfoto, Familienmitglied, Familienoberhaupt, Familienvater; Arbeiterfamilie, Arztfamilie, Offiziersfamilie, Großfamilie, Kleinfamilie **2** alle miteinander verwandten Personen, auch diejenigen aus früheren Generationen, die schon tot sind ⟨eine alteingesessene Familie; in eine alte, vornehme Familie einheiraten; aus guter Familie stammen⟩ K Familienchronik, Familiengrab, Familiengruft **i** → Abbildung unter **Familie** **3** eine Kategorie im System der Lebewesen | *In der Ordnung „Raubtiere" gibt es eine Familie „Katzen", zu der die Gattung „Großkatzen" (Löwen, Tiger usw.) gehört* ■ **ID So (et)was kommt in den besten Familien vor!** *gesprochen* Das ist nicht so schlimm, das kann man verzeihen; **Das liegt (bei uns** *o. Ä.***) in der Familie** das ist eine vererbte Eigenschaft **i** → Abb. nächste Seite

Fa·mi·li·en·be·sitz *der* das Eigentum einer Familie ⟨etwas gehört zum, stammt aus, befindet sich in Familienbesitz⟩ | *Das Schloss befindet sich seit Jahrhunderten in Familienbesitz*

Fa·mi·li·en·be·trieb *der* ein (meist ziemlich kleiner) Betrieb, z. B. ein Restaurant, in dem oft (fast) alle Mitarbeiter zur Familie gehören

fa·mi·li·en·feind·lich ADJEKTIV ungünstig für Familien ⟨eine Politik; Wohnungen⟩

fa·mi·li·en·freund·lich ADJEKTIV günstig für Familien ⟨ein Gesetz; eine Politik; ein Restaurant, ein Hotel⟩

Fa·mi·li·en·kreis *der; meist Singular* die Mitglieder, die zu einer Familie gehören ⟨etwas im (engsten) Familienkreis besprechen, feiern⟩

Fa·mi·li·en·kut·sche *die; gesprochen, humorvoll* ein praktisches Auto mit genug Platz für Kinder und viel Gepäck

Fa·mi·li·en|nach·zug *der* die Situation, wenn enge Verwandte (Kinder, Ehepartner o. Ä.) von Flüchtlingen, die bereits in Deutschland sind, ebenfalls nach Deutschland kommen dürfen

★ **Fa·mi·li·en·na·me** *der* der Name, den man mit der Familie gemeinsam hat ≈ *Nachname* ↔ *Vorname* | *Er heißt mit Vornamen „Karl" und mit Familiennamen „Meier"*

Fa·mi·li·en·pa·ckung *die* eine sehr große Packung einer Ware, die man zu einem günstigen Preis kaufen kann

Fa·mi·li·en·pla·nung *die* **Familienplanung betreiben** *geschrieben* (als Paar) planen, wann man Kinder bekommt und wie viele Kinder man bekommt

Fa·mi·li·en·sinn *der; nur Singular* **(keinen) Familiensinn haben, besitzen** (nicht) gern und oft mit mit der eigenen Familie zusammen sein wollen | *Er hat einen ausgeprägten Familiensinn*

Fa·mi·li·en·stand *der; nur Singular; admin* der soziale Status einer Person im Hinblick darauf, ob sie ledig, verheiratet, geschieden oder verwitwet ist

Fa·mi·li·en·ver·hält·nis·se *die; Plural* die soziale und psychische Situation, die Bedingungen und Umstände in einer Familie ⟨aus geordneten, zerrütteten Familienverhältnissen kommen⟩

fa·mos ADJEKTIV; *veraltend* von sehr hoher Qualität

★ **Fan** [fɛn] *der;* (-s, -s) **ein Fan (von jemandem/etwas)** *gesprochen* eine Person, die von jemandem/etwas (immer wieder) begeistert ist K Fanclub, Fanpost; Fußballfan, Jazzfan, Krimifan

Fa·na·ti·ker *der;* (-s, -); *abwertend* eine Person, die fanatisch ist • hierzu **Fa·na·ti·ke·rin** *die*

fa·na·tisch ADJEKTIV; *abwertend* so, dass man sich mit zu großer Leidenschaft für eine Sache einsetzt und andere Meinungen nicht gelten lässt (vor allem in Religion und Politik) ⟨ein Anhänger, ein Fan, ein Gegner; ein Eifer, ein Glaube, ein Hass⟩

Fa·na·tis·mus *der;* (-) das fanatische Verhalten

fand *Präteritum, 1. und 3. Person Singular* → finden

fän·de *Konjunktiv II, 1. und 3. Person Singular* → finden

Fan·fa·re *die;* (-, -n) ein akustisches Signal (mit einer Trompete) K Fanfarenbläser, Fanfarenklang

Fang *der;* (-(e)s) **1** das Fangen von Tieren K Fangsaison; Fischfang, Vogelfang, Walfang **2** alle Tiere, die man gefangen hat ⟨einen guten, fetten Fang machen⟩ ≈ *Beute* K Fangquote ■ **ID mit jemandem/etwas einen guten Fang gemacht haben** *gesprochen* mit jemandem/etwas eine gute Wahl getroffen haben

Fang·arm *der; meist Plural* einer von mehreren Körperteilen z. B. von einem Tintenfisch, die wie Arme aussehen und mit denen das Tier die Beute festhält

Fän·ge *die;* (-); *Plural* die Füße und Krallen eines Raubvogels bzw. die Eckzähne eines Raubtiers ■ **ID jemandem in die Fänge geraten** *gesprochen* einer Person begegnen und nur mit Mühe von ihr wegkommen können

★ **fan·gen** VERB (fängt, fing, hat gefangen) **1** **ein Tier fangen** ein Tier (das man gejagt hat) zu fassen bekommen, ihm die Freiheit nehmen | *einen Fuchs in einer Falle fangen* | *Die Katze hat eine Maus gefangen* | *Hast du viele Fische gefangen?* K Fangergebnis, Fanggebiet, Fanggerät, Fangnetz, Fangschiff **2** **jemanden fangen** einer Person, die wegläuft, nachlaufen und sie zu fassen bekommen und festhalten **3** **(etwas) fangen** einen Gegenstand, der durch die Luft fliegt, greifen | *einen Ball mit beiden Händen fangen* | *„Hier, fang!"* **4** **ein Tier fängt sich irgendwo** ein Tier gerät in eine Falle und kann sich nicht mehr befreien | *Zahlreiche Fische haben sich im Netz gefangen* **5** **sich (wieder) fangen** (nachdem man geschwankt hat oder gestolpert ist) wieder ins Gleichgewicht kommen | *Die Seiltänzerin verlor für einen Augenblick die Balance, konnte sich aber wieder fangen* **6** **sich (wieder) fangen** *gesprochen* nach einer schlechten Leistung, einer schlimmen Nachricht oder einer Enttäuschung die alte Form, die innere Ruhe und Harmonie wiedergewinnen

Fang·fra·ge *die* eine trickreiche Frage, mit der man zu einer falschen oder ungewollten Antwort verführt wird | *Ein Lehrer sollte in einer Prüfung keine Fangfrage stellen*

fängt *Präsens, 3. Person Singular* → fangen

★ **Fan·ta·sie** *die;* (-, -n [-ˈziːən]) **1** *nur Singular* die Fähigkeit, sich Dinge, Ereignisse, Menschen usw. vorzustellen, die es nicht gibt ⟨eine rege, schmutzige Fantasie haben; viel, wenig, keine Fantasie haben; seiner Fantasie freien Lauf lassen; jemandes Fantasie anregen⟩ | *Grüne Männchen auf dem Mars sind Produkte der Fantasie* K Fantasiegebilde, Fantasiekostüm, Fantasiewelt **2** *meist Plural* etwas, das man sich in der Fantasie vorstellt und das es in Wirklichkeit nicht gibt ⟨etwas ist pure, reine, bloße Fantasie; erotische, sexuelle Fantasien; sich in Fantasien flüchten, verlieren⟩ ↔ *Realität* **3** *nur Plural* Bilder, die jemand nur im Traum oder im Fieber sieht K Fieberfantasie ■ **ID eine blühende Fantasie haben** Unwahres erzählen oder sehr stark übertreiben • zu (1) **fan·ta·sie·los** ADJEKTIV; zu (1) **Fan·ta·sie·lo·sig·keit** *die;* zu (1) **fan·ta·sie·voll** ADJEKTIV

fan·ta·sie·ren VERB (fantasierte, hat fantasiert) **1** **(von etwas) fantasieren** an etwas denken oder von etwas sprechen, das man sich in der Fantasie vorstellt | *Er fantasiert in letzter Zeit immer davon, nach Amerika auszuwandern* **2** (im Fieber) Dinge erzählen, die niemand versteht

Fan·tast *der;* (-en, -en); *abwertend* ein Mensch mit Ideen, die nicht zu konkreten Ergebnissen führen ↔ *Realist* **i** *der Fantast; den, dem, des Fantasten*

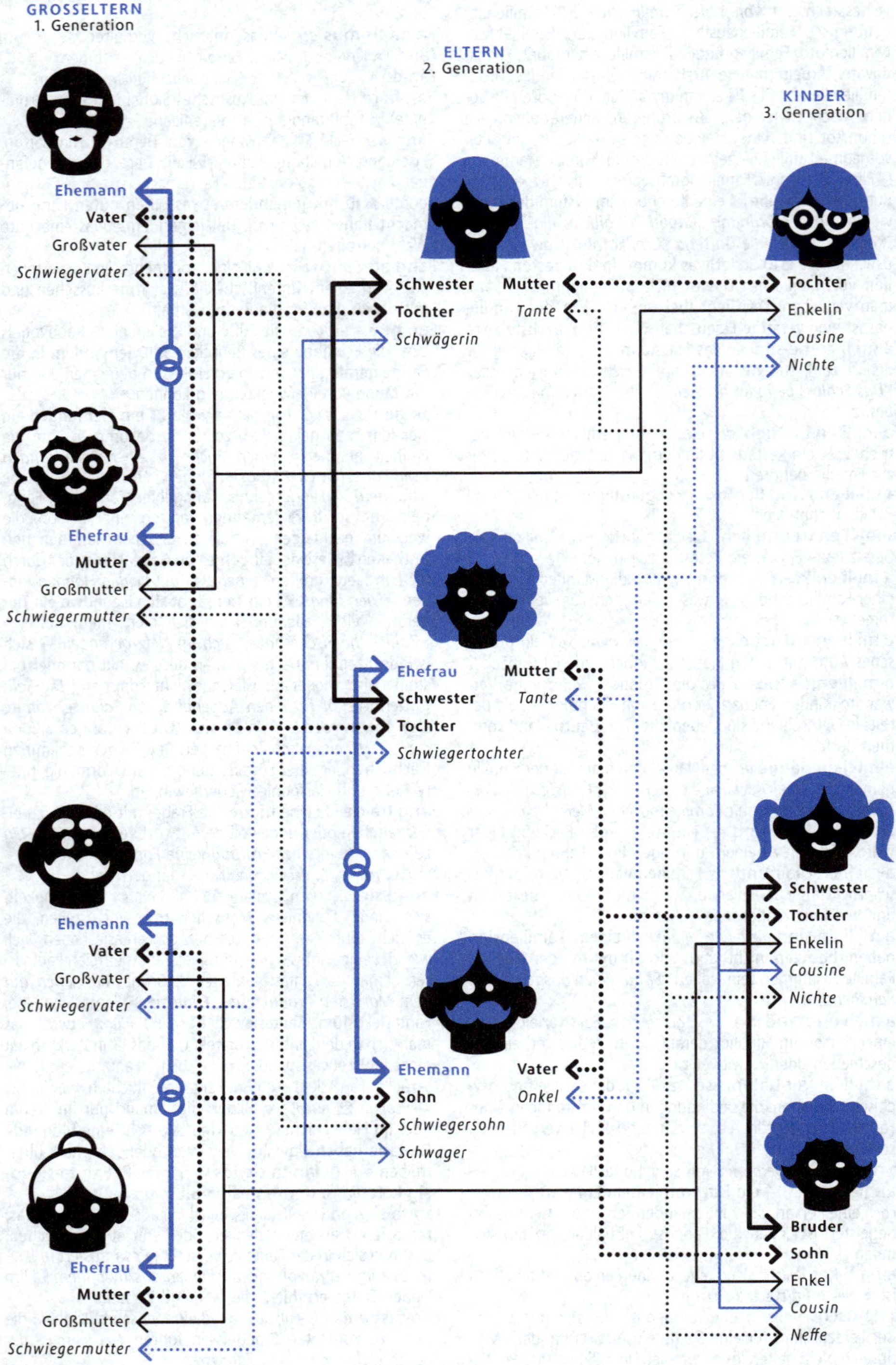
GROSSELTERN
1. Generation
ELTERN
2. Generation
KINDER
3. Generation
Ehemann
Vater
Großvater
Schwiegervater
Ehefrau
Mutter
Großmutter
Schwiegermutter
Schwester
Tochter
Schwägerin
Mutter
Tante
Tochter
Enkelin
Cousine
Nichte
Ehefrau
Schwester
Tochter
Schwiegertochter
Mutter
Tante
Ehemann
Vater
Großvater
Schwiegervater
Ehefrau
Mutter
Großmutter
Schwiegermutter
Ehemann
Sohn
Schwiegersohn
Schwager
Vater
Onkel
Schwester
Tochter
Enkelin
Cousine
Nichte
Bruder
Sohn
Enkel
Cousin
Neffe

fan·tas·tisch ADJEKTIV **1** voll von Dingen, die es nur in der Fantasie gibt ⟨eine Geschichte, ein Film⟩ ↔ *realistisch* **2** so ungewöhnlich, dass man es kaum glauben kann ⟨ein Abenteuer, eine Idee, ein Erlebnis; etwas klingt (reichlich) fantastisch⟩ **3** so gut, dass jeder davon/von ihm oder ihr begeistert ist ⟨ein Schauspiel, ein Essen, Wetter; fantastisch spielen, tanzen, singen⟩ **4** sehr groß oder hoch ⟨Preise, eine Höhe, eine Summe⟩

★ **Far·be** *die*; (-, -n) **1** die optische Erscheinung, die es möglich macht, z. B. bei einer Ampel den Unterschied zwischen den Signalen rot, gelb und grün zu sehen ⟨die gelbe, rote, blaue, grüne, braune, schwarze, weiße Farbe; eine grelle, kalte, kräftige, leuchtende, schreiende, warme Farbe; die Farben des Regenbogens; Farben aufeinander abstimmen⟩ | *Welche Farbe hat ihr Auto? Beige oder braun?* K Farbabstufung, Farbkontrast, Farbnuance, Farbskala; Augenfarbe, Gesichtsfarbe, Haarfarbe, Hautfarbe, Modefarbe **2** *nur Singular* die Farben Rot, Blau, Grün, Gelb usw. im Gegensatz zu Schwarz und Weiß | *Das Buch enthält viele Abbildungen. Die meisten sind in Farbe* K Farbaufnahme, Farbdruck, Farbfilm, Farbfoto, Farbtafel **3** die Farbe, die helle Haut bekommt, wenn sie von der Sonne dunkler wird | *Du hast im Urlaub am Meer eine richtig gesunde Farbe bekommen* **4** eine flüssige Substanz, mit der man einen Gegenstand anmalt ⟨eine gut deckende, lichtbeständige Farbe; eine Farbe dick, dünn (auf etwas (*Akkusativ*)) auftragen; eine Farbe verdünnen; Farben mischen⟩ | *Die (alte) Farbe blättert schon von den Wänden* | *Fass nicht an den Zaun, die Farbe ist noch frisch!* K Farbfleck, Farbklecks, Farbschicht, Farbtupfen; Holzfarbe, Lackfarbe, Malfarbe, Ölfarbe **5** Kurzwort für *Spielfarbe* | *Welche Farbe ist Trumpf?* ■ ID **Farbe bekennen (müssen)** die tatsächliche Meinung über etwas nicht länger verbergen (können)

farb·echt ADJEKTIV ⟨ein Stoff, eine Bluse, ein Hemd⟩ so, dass sie (z. B. beim Waschen) nichts von ihrer Farbe verlieren

Fär·be·mit·tel *das* ein Mittel (ein Farbstoff), mit dem man etwas färben kann

fär·ben VERB (färbte, hat gefärbt) **1** **etwas färben** die Farbe einer Sache mit einem Farbstoff ändern ⟨Wolle, einen Stoff färben⟩ | *die Ostereier (bunt) färben* **2** **(jemandem) die Haare färben** Haaren eine andere als die natürliche Haarfarbe geben **3** **etwas färbt etwas irgendwie** etwas bewirkt, dass etwas eine Farbe annimmt | *Die Sonne färbt die Haut braun* | *Safran färbt den Reis gelb* **4** **etwas färbt** *gesprochen* ≈ *abfärben* | *Die neuen Jeans färben* **5** **etwas färbt sich (irgendwie)** etwas bekommt eine (andere) Farbe | *Im Herbst färben sich die Blätter bunt*

-far·ben *im Adjektiv, unbetont, begrenzt produktiv* **elfenbeinfarben, fleischfarben, goldfarben, kupferfarben, orangefarben, pastellfarben** *und andere* mit der genannten Farbe oder Art von Farbe

far·ben·blind ADJEKTIV nicht fähig, Farben (meist Rot und Grün) zu erkennen oder zu unterscheiden ● hierzu **Far·ben·blind·heit** *die*

far·ben·froh ADJEKTIV mit vielen (leuchtenden) Farben ≈ *bunt* | *Sie bevorzugt farbenfrohe Kleidung*

Far·ben·pracht *die*; *geschrieben* viele leuchtende Farben | *der Garten in seiner sommerlichen Farbenpracht* ● hierzu **far·ben·präch·tig** ADJEKTIV

Fär·ber *der*; (-s, -) eine Person, die beruflich Textilien und Leder färbt

Fär·be·rei *die*; (-, -en) ein Betrieb, in dem Textilien und Leder gefärbt werden

★ **far·big** ADJEKTIV **1** mit den Farben Rot, Blau, Grün, Gelb usw. (im Gegensatz zu Schwarz und Weiß) ≈ *bunt* | *eine Zeichnung farbig ausmalen* K einfarbig, zweifarbig, vielfarbig, verschiedenfarbig H *Farbig* betont, dass mindestens eine Farbe außer Schwarz und Weiß vorhanden ist, *bunt* betont, dass mehrere Farben vorhanden sind. **2** mit einer der Farben ⟨Glas, Licht⟩ ↔ *schwarz, weiß* **3** mit verschiedenen Farben, sodass ein lebhafter, fröhlicher Eindruck entsteht ≈ *bunt* | *Die Masken beim Karneval in Venedig bieten dem Betrachter ein farbiges Bild* **4** mit lebhaften Worten, sodass der Leser, Zuhörer oder Zuschauer eine deutliche Vorstellung von etwas bekommt ⟨eine Schilderung⟩ **5** zu den Menschen mit relativ dunkler Hautfarbe gehörend ↔ *weiß* ● zu (1 – 4) **Far·big·keit** *die*

-far·big *im Adjektiv, unbetont, begrenzt produktiv* ≈ *-farben*

Far·bi·ge *der/die*; (-n, -n) ein Mensch mit einer dunklen Hautfarbe H a) *ein Farbiger; der Farbige; den, dem, des Farbigen*; b) oft als rassistisches Wort empfunden

Farb·kas·ten *der* ein Kasten mit verschiedenen Öl- oder Wasserfarben zum Malen

farb·lich ADJEKTIV *meist attributiv* in Bezug auf die Farbe einer Sache | *Die farbliche Zusammenstellung überlasse ich ganz Ihnen*

★ **farb·los** ADJEKTIV **1** ohne eine (kräftige) Farbe ⟨Lack, Glas; eine Flüssigkeit⟩ ≈ *durchsichtig* **2** weder durch positive noch durch negative Merkmale auffallend ⟨eine Debatte, eine Erzählung, eine Frau, eine Persönlichkeit⟩ ≈ *langweilig* ● hierzu **Farb·lo·sig·keit** *die*

★ **Farb·stift** *der* ein Holz- oder Filzstift, mit dem man farbig zeichnen oder malen kann ≈ *Buntstift*

Farb·stoff *der* eine Substanz, die einer Sache ihre Farbe gibt oder die man zum Färben benutzt ⟨pflanzliche, synthetische Farbstoffe; (Süßigkeiten) mit Farbstoff⟩ | *Hämoglobin ist der rote Farbstoff im Blut*

Farb·ton *der* wenn eine Farbe gemischt aussieht oder eine zusätzliche Qualität hat, dann hat sie den genannten Farbton ⟨ein heller, dunkler, gräulicher Farbton⟩ | *Ihr Kleid und ihre Schuhe passen im Farbton genau zusammen*

Fär·bung *die*; (-, -en) **1** eine Farbe, deren Ton (noch) nicht sehr kräftig, nicht intensiv ist | *Die Haut nahm in der Sonne eine rötliche Färbung an* **2** *meist Singular* das Färben ⟨die Färbung eines Stoffes⟩

Far·ce ['farsə, fars] *die*; (-, -n); *abwertend* **1** eine Handlung oder Situation, die lächerlich wirkt, weil sie unter den gegebenen Umständen keine Bedeutung (mehr) hat, unwichtig ist | *Seine Ausbildung war die reinste Farce, er hat nichts dabei gelernt* **2** ein kleines, lustiges Theaterspiel (meist in Versen)

Farm *die*; (-, -en) ein landwirtschaftlicher Betrieb, vor allem in englischsprachigen Ländern ● hierzu **Far·mer** *der*

-farm *die*; *im Substantiv, unbetont, begrenzt produktiv* **Geflügelfarm, Hühnerfarm, Schlangenfarm** *und andere* ein Betrieb, in dem die genannten Tiere in großer Zahl gehalten oder gezüchtet werden

Farn *der*; (-(e)s, -e) eine Pflanze mit Blättern ähnlich wie Federn, die an schattigen und feuchten Plätzen wächst und keine Blüten hat

Fa·san *der*; (-(e)s, -e(n)) Fasane sind wilde Hühner, deren Männchen bunte Federn und einen langen Schwanz haben K Fasanengehege, Fasanenjagd, Fasanenzucht

★ **Fa·sching** *der*; (-s); *besonders süddeutsch* Ⓐ im Fasching (im Januar und Februar) tragen die Menschen auf fröhlichen Festen lustige Kleider ≈ *Karneval* K Faschingsball, Faschingskostüm, Faschingsprinz, Faschingsprinzessin, Faschingszeit

Fa·schings·diens·tag *der*; *besonders süddeutsch* Ⓐ der letzte Tag des Faschings vor dem Aschermittwoch

Fa·schings·zug *der*; *besonders süddeutsch* Ⓐ ein Umzug im Fasching, bei dem die Menschen lustige Kleider tragen

Fa·schis·mus *der*; (-) **1** ein totalitäres, extrem nationalistisches politisches System, in dem der Staat alles kontrolliert und die Opposition unterdrückt | *der deutsche Faschismus im Nationalsozialismus* | *der Faschismus unter Mussolini* **2** die Ideologie, auf welcher der Faschismus basiert (oder Teile dieser Ideologie) ● hierzu **Faschist** *der*; **fa·schis·tisch** ADJEKTIV

fa·seln VERB (faselte, hat gefaselt); *gesprochen, abwertend* **1 etwas faseln** etwas Unsinniges sagen, ohne genau zu überlegen | *Er hat wieder Blödsinn gefaselt* **2 (über etwas/von etwas) faseln** meist lange über Dinge reden (von denen man nichts versteht), etwas Unsinniges reden | *Er hat mal wieder über die Weltpolitik gefaselt*

F

Fa·ser *die*; (-, -n) **1** eine Art (feiner) Faden im (natürlichen) Gewebe von Pflanzen, Tieren oder Menschen K Fleischfaser, Holzfaser, Muskelfaser, Nervenfaser **2** ein pflanzliches, tierisches oder synthetisches Material, aus dem Garn und Gewebe für Textilien gemacht werden K Baumwollfaser, Chemiefaser, Kunststofffaser, Synthetikfaser, Textilfaser

fa·se·rig ADJEKTIV mit vielen Fasern ⟨Holz, Papier⟩

Fa·sler *der*; (-s, -); *gesprochen, abwertend* ≈ *Schwätzer*

Fas·nacht *die*; *besonders* CH ≈ *Fasching*

FASS

★ **Fass** *das*; (-es, Fäs·ser) in Fässern lagert man vor allem Wein, Bier und Chemikalien | *für das Fest ein Fass Bier kaufen* K Fassbier, Fasswein; Bierfass, Holzfass, Wasserfass, Weinfass H Als Mengenangabe bleibt *Fass* oft unverändert: *drei Fass/Fässer Wein kaufen* ■ ID **ein Fass aufmachen** a ≈ *feiern* b eine Diskussion anfangen; **ein Fass ohne Boden** eine Arbeit, die sehr lange dauert und bei der immer wieder neue Arbeiten anstehen

★ **Fas·sa·de** *die*; (-, -n) **1** die vordere äußere Seite eines Gebäudes, die meist zur Straße zeigt ⟨eine Fassade streichen, verputzen⟩ K Außenfassade, Barockfassade, Glasfassade **2** *abwertend* das äußere, sichtbare Erscheinungsbild (für ein Verhalten), das den (wahren) Charakter verdeckt | *Hinter der Fassade aus Freundlichkeit verbirgt sich ein bösartiger Charakter*

fass·bar ADJEKTIV so, dass man es verstehen oder innerlich verarbeiten, begreifen kann ⟨kaum, nicht, leicht, schwer fassbar⟩

★ **fas·sen** VERB (fasste, hat gefasst)

▸mit der Hand: **1 jemanden/etwas fassen** eine Person/Sache mit einer Hand oder mit beiden Händen greifen und festhalten ↔ *loslassen* | *den Rettungsring mit beiden Händen fassen* | *das Messer am Griff fassen* | *Sie fasste den Blinden am Arm und führte ihn über die Straße* **2 irgendwohin fassen** mit einer Hand oder mit beiden Händen eine Sache berühren | *an den warmen Ofen/ins Wasser fassen*

▸fangen: **3 jemanden fassen** einen Verbrecher finden und gefangen nehmen ⟨jemanden zu fassen bekommen⟩ ↔ *freilassen* | *Der Polizei gelang es, den Bankräuber zu fassen*

▸verstehen: **4 etwas kaum/nicht fassen (können)** über ein Ereignis oder eine Tatsache sehr überrascht sein ⟨das Glück/Unglück (noch) gar nicht fassen können⟩ | *Sie konnte (es) nicht fassen, dass sie im Lotto gewonnen hatte* **5 etwas nicht fassen (können)** *geschrieben* etwas, das sehr schwierig ist, nicht verstehen (können)

▸formulieren: **6 etwas irgendwie/in etwas** (*Akkusativ*) **fassen** Gedanken oder Gefühle in der genannten Weise formulieren ≈ *ausdrücken* | *einen Gesetzestext allgemeinverständlich fassen* | *seine Gefühle in Worte fassen* H → auch **kurzfassen**

▸räumlich: **7 etwas fasst etwas** ein Raum hat Platz für die genannte Zahl von Menschen, bzw. ein Behälter kann die genannte Menge Flüssigkeit aufnehmen | *Das Stadion fasst 70000 Menschen* | *Der Tank fasst 3000 Liter/3 m³ Wasser* H kein Passiv

▸sonstige Verwendungen: **8 einen Entschluss fassen** *geschrieben* sich zu etwas entschließen **9 einen Beschluss fassen** *geschrieben* etwas beschließen **10 keinen klaren Gedanken fassen können** meist vor Schreck oder Überraschung so verwirrt sein, dass man nicht fähig ist, klar und logisch zu denken **11 sich fassen** sich nach einem Schreck oder Schock wieder beruhigen | *sich nach einem Schock nur mühsam wieder fassen*

fass·lich ADJEKTIV ≈ *verstehbar, begreifbar*

Fas·son [fa'sõ:] ■ ID **jeder nach seiner Fasson** so, wie jeder Einzelne es für richtig hält

★ **Fas·sung** *die*; (-, -en) **1** die sprachliche Form und der Inhalt eines Textes, Filmes o. Ä. ≈ *Version* | *Ist das jetzt die endgültige Fassung des Berichts?* | *Ich habe nur die deutsche Fassung des Films gesehen* K Originalfassung **2** die Fähigkeit, Gefühle durch den Willen zu beherrschen und nicht nach außen zu zeigen ⟨die Fassung bewahren, verlieren; aus der Fassung geraten⟩ | *Er ist durch nichts aus der Fassung zu bringen* **3** in die Fassung eines elektrischen Geräts (z. B. einer Lampe) schraubt man ein Teil hinein (z. B. eine Glühbirne), damit Strom in die Teile fließen kann | *eine Glühbirne in die Fassung schrauben* **4** eine Art Rahmen, in dem etwas befestigt ist ≈ *Einfassung* | *die goldene Fassung eines Diamanten* K Brillenfassung H → Abb. unter **Brille**

fas·sungs·los ADJEKTIV so überrascht oder geschockt, dass man nichts mehr sagen kann ⟨jemanden fassungslos anschauen⟩ | *So viel Frechheit macht mich fassungslos*

Fas·sungs·ver·mö·gen *das*; *nur Singular* **1** die Menge, die in einen Behälter oder Raum passt ≈ *Kapazität* | *Der Benzinkanister hat ein Fassungsvermögen von zehn Litern* **2** die Fähigkeit, etwas zu verstehen | *Diese komplizierten Rechenaufgaben übersteigen das Fassungsvermögen der Schüler*

★ **fast** PARTIKEL *betont und unbetont* **1 fast** +*Adjektiv/Adverb* so, dass die genannte Eigenschaft oder Menge nicht ganz erreicht wird ≈ *annähernd* | *Es war schon fast dunkel, als er von der Arbeit kam* | *Er wäre fast zornig geworden, wenn du ihn noch länger geärgert hättest* | *Der Eimer war fast voll* | *Wir haben uns seit fast einem ganzen Jahr nicht mehr gesehen* **2 fast** +*Verb* so, dass eine mögliche oder wahrscheinliche Handlung nicht eingetreten ist ≈ *beinahe* | *Ich wäre fast verzweifelt, wenn du mir nicht geholfen hättest*

fas·ten VERB (fastete, hat gefastet) **1** aus religiösen Gründen weniger essen (vor allem Fleisch) K Fasttag **2** eine Zeit lang weniger oder nichts essen, um Gewicht zu verlieren K Fasttag, Fastenkur

Fas·ten·zeit *die* (in manchen Religionen) eine Zeit, während der man manche Speisen nicht isst und allgemein viel weniger isst und trinkt als sonst | *Der Ramadan ist die Fastenzeit der Muslime* | *Die Fastenzeit der Katholiken dauert von Aschermittwoch bis Ostern*

Fast·nacht *die* die letzten Tage des Faschings/Karnevals (vor allem Rosenmontag und Faschingsdienstag)

Fas·zi·na·ti·on [-'tsjo:n] *die*; (-) die starke Wirkung, die große Attraktivität, die eine Person oder Sache auf jemanden hat | *Dieser Schauspieler übt eine starke Faszination auf sein Publikum aus*

fas·zi·nie·ren VERB (faszinierte, hat fasziniert) **eine Person/Sache fasziniert jemanden** eine Person oder Sache ruft bei jemandem großes Interesse und große Bewunderung hervor | *Die Raumfahrt hat ihn seit Langem fasziniert* • hierzu **fas·zi·nie·rend** ADJEKTIV

fa·tal ADJEKTIV mit schlimmen Folgen/Konsequenzen ⟨ein Fehler, ein Irrtum, Folgen; in einer fatalen Lage, Situation sein⟩

Fa·ta·lis·mus *der;* (-ses) die Meinung, dass das eigene Schicksal bestimmt ist und dass man nichts dagegen tun kann • hierzu **Fa·ta·list** *der;* **fa·ta·lis·tisch** ADJEKTIV

Fa·ta Mor·ga·na *die;* (-, Fa·ta Mor·ga·nen/Mor·ga·nas) **1** eine optische Täuschung, bei der man (vor allem in der Wüste) Dinge sieht, die gar nicht da sind ≈ *Trugbild* **2** ein Wunsch oder Plan, der nicht Wirklichkeit werden kann

Fatz·ke *der;* (-s, -s); *gesprochen, abwertend* ein eitler, arroganter Mann, der sich selbst sehr wichtig nimmt

fau·chen VERB (fauchte, hat gefaucht) **1** **(etwas) fauchen** etwas mit wütender und unfreundlicher Stimme sagen | *„Hau endlich ab!", fauchte sie* **2** **ein Tier faucht** ein Tier macht Geräusche wie eine erschrockene oder wütende Katze | *Der Tiger fauchte, als die Zuschauer zu nahe an den Käfig kamen*

★ **faul** ADJEKTIV (fauler, faulst-) **1** ohne Lust zu arbeiten oder aktiv zu sein ↔ *fleißig* | *faul in der Sonne liegen* | *morgens zu faul zum Aufstehen sein* **K** schreibfaul, sprechfaul **2** voll von Bakterien und deshalb verdorben, nicht mehr brauchbar oder essbar ⟨ein Apfel, ein Ei, Fleisch, Holz, Wasser; etwas riecht faul⟩ **3** *gesprochen meist attributiv* unangenehm, mit Problemen verbunden oder nicht wahr ⟨eine Ausrede, ein Witz⟩ ≈ *schlecht* ■ **ID** **An der Sache ist etwas faul** *gesprochen, abwertend* die Sache ist irgendwie verdächtig • zu (1) **Faul·heit** *die*

Fäu·le *die;* (-) der Zustand, in dem Pflanzen oder Früchte durch die Wirkung von Bakterien faul sind ⟨etwas geht in Fäule über⟩

fau·len VERB (faulte, hat/ist gefault) **etwas fault** etwas verdirbt und wird faul ⟨Obst, Gemüse; die Zähne⟩

fau·len·zen VERB (faulenzte, hat gefaulenzt) faul sein | *Im Urlaub möchte ich nur in der Sonne liegen und faulenzen*

Fau·len·zer *der;* (-s, -); *humorvoll* eine Person, die oft faulenzt

fau·lig ADJEKTIV in einem faulen Zustand oder mit faulem Geruch ⟨Wasser; etwas riecht, schmeckt faulig, sieht faulig aus⟩

Fäul·nis *die;* (-) der Zustand, in dem etwas faul ist ⟨etwas geht in Fäulnis über⟩ **K** Fäulnisbakterien, Fäulniserreger

Faul·pelz *der;* (-es, -e); *abwertend* ein Mensch, der nicht gerne arbeitet

Faul·tier *das* ein Säugetier in Südamerika, das auf Bäumen lebt und sich sehr langsam bewegt

Fau·na *die;* (-, Fau·nen); *meist Singular; geschrieben* alle Tiere (die gleichzeitig im selben Gebiet leben) ≈ *Tierwelt* | *die Fauna und Flora der Tropen*

★ **Faust** *die;* (-, Fäus·te) die geschlossene Hand ⟨eine Faust machen; die Hand zur Faust ballen; mit der Faust drohen, auf den Tisch schlagen; mit den Fäusten auf jemanden/etwas einschlagen, eintrommeln⟩ **K** Fausthieb, Faustschlag ■ **ID** **eine Person/Sache passt zu jemandem/etwas wie die Faust aufs Auge** *gesprochen* **a** eine Person oder Sache passt überhaupt nicht zu zu einer anderen Person oder Sache **b** *ironisch* eine Person oder Sache passt in negativer Weise zu einer anderen Person oder Sache; **auf eigene Faust** *gesprochen* selbst, ohne die Hilfe anderer Personen | *Urlaub auf eigene Faust machen;* **mit eiserner Faust** ⟨herrschen, regieren⟩ sehr streng und mit Gewalt (herrschen)

FAUST

Faust·ball *ohne Artikel; nur Singular* ein Ballspiel zwischen zwei Mannschaften, bei dem der Ball mit der Faust über eine Schnur geschlagen wird

Fäust·chen *das; gesprochen* ■ **ID** **sich** (*Dativ*) **(eins) ins Fäustchen lachen** sich über jemandes Schaden oder Misserfolg (heimlich) freuen

faust·dick ADJEKTIV **1** so dick wie eine Faust ⟨ein Tumor⟩ **2** *meist attributiv* sehr groß ⟨eine Lüge⟩ **3** **faustdick auftragen** eine Situation sehr übertrieben beschreiben ■ **ID** → Ohr

Faust|hand·schuh *der* ein warmer Handschuh, bei dem alle Finger außer dem Daumen in einer gemeinsamen Hülle stecken

Fäust·ling *der;* (-s, -e) ≈ *Fausthandschuh*

Faust·pfand *das; veraltend* ein meist wertvoller Gegenstand, der als Pfand dient

Faust·recht *das; nur Singular* ein Zustand, in dem sich diejenigen durchsetzen, die körperlich stärker sind

Faust·re·gel *die* eine einfache Regel, die in vielen Fällen stimmt, jedoch nicht immer ganz präzise ist ⟨eine alte, bewährte, einfache Faustregel anwenden⟩

Faux·pas [fo'pa] *der;* (-, - [-s]); *geschrieben* eine Handlung gegen die Regeln des guten Benehmens ⟨einen Fauxpas begehen; jemandem unterläuft ein Fauxpas⟩

fa·vo·ri·sie·ren [-v-] VERB (favorisierte, hat favorisiert); *geschrieben* **1** **jemanden favorisieren** jemanden im Vergleich zu anderen Menschen besser behandeln oder mehr mögen | *Das alte Gesetz favorisierte die Reichen* **2** **etwas favorisieren** etwas im Vergleich zu anderen Dingen mehr mögen

fa·vo·ri·siert [-v-] ■ PARTIZIP PERFEKT **1** → favorisieren ■ ADJEKTIV **2** mit den besten Chancen auf den Sieg | *Die favorisierte Mannschaft hat hoch verloren*

★ **Fa·vo·rit** [-v-] *der;* (-en, -en) **Favorit (auf etwas** (*Akkusativ*)) derjenige Teilnehmer an einem Wettkampf, von welchem die meisten Leute glauben, dass er gewinnen wird ⟨klarer Favorit sein; der Favorit auf den Titel⟩ **K** Favoritenrolle; Meisterschaftsfavorit **!** *der Favorit; den, dem, des Favoriten* • hierzu **Fa·vo·ri·tin** *die*

★ **Fax** *das;* (-, -(e)) **1** ein System oder Gerät, mit dem man über Telefonleitungen genaue Kopien von Briefen, Dokumenten usw. senden und empfangen kann **K** Faxanschluss, Faxgerät, Faxnummer **2** eine Kopie, die mit einem Faxgerät gesendet wurde • hierzu **fa·xen** VERB (*hat*)

Fa·xen *die; Plural; gesprochen* **1** Gesichtsausdrücke, Bewegungen o. Ä., die lustig wirken sollen ⟨Faxen machen⟩ **2** alberne Späße oder nicht sinnvolle Handlungen, die auf andere Leute negativ wirken ⟨die/jemandes Faxen satthaben⟩ | *Mach ja keine Faxen!* **K** Faxenmacher

★ **Fa·zit** *das;* (-s, -s/-e); *meist Singular; geschrieben* das abschließende Urteil über eine Sache ⟨ein Fazit ziehen⟩ ≈ *Schlussfolgerung* | *Als Fazit der Untersuchung kann festgehalten werden, dass immer mehr Leute das Rauchen aufgeben*

FC [ɛf'tseː] *der;* (-); *gesprochen* ≈ *Fußballclub*

FCKW [ɛftseːka'veː] *das;* (-, -) Fluorchlorkohlenwasserstoff eine giftige Substanz, die z. B. als Kühlmittel in Kühlschränken verwendet wurde und welche dem Ozon in der Atmosphäre schadet • hierzu **FCKW-frei** ADJEKTIV

FDP [efdeː'peː] *die;* (-) eine politische Partei in Deutschland (*Freie Demokratische Partei*) bzw. in der Schweiz (*Freisinnig-Demokratische Partei*)

Fea·ture ['fi:tʃɐ] *das;* (-s, -s) **ein Feature (über etwas** (*Akkusativ*)) eine Sendung oder ein Bericht über ein aktuelles Thema ≈ *Dokumentation*

Fe·ber *der;* (-s, -); Ⓐ ≈ *Februar*

★ **Feb·ru·ar** *der;* (-s) der zweite (und kürzeste) Monat des Jahres ⟨im Februar, Anfang, Mitte, Ende, Februar; am 1., 2., 3. Februar⟩ H Abkürzung: *Feb.*

fech·ten VERB (ficht, focht, hat gefochten) **(mit jemandem/gegen jemanden) fechten** (früher in einem Krieg oder heute als Sport) mit einem Degen, Säbel o. Ä. gegen jemanden kämpfen K Fechtkampf; Degenfechten, Säbelfechten • hierzu **Fech·ter** *der;* **Fech·te·rin** *die*

★ **Fe·der** *die;* (-, -n) **1** Vögel haben an ihrem Körper viele Federn; die Federn halten den Körper warm und helfen beim Fliegen ⟨bunte, schillernde, zerzauste Federn; ein Vogel sträubt die Federn; ein Kissen mit Federn füllen⟩ K Federkissen; Daunenfeder, Flaumfeder; Schwungfeder, Schwanzfeder; Gänsefeder, Pfauenfeder **2** eine kleine spitze Feder aus Metall am Ende eines Stiftes; Federn hat man vor allem früher zum Schreiben und Zeichnen benutzt ⟨die Feder in das Tintenglas eintauchen; die Feder kleckst, kratzt⟩ K Federstrich, Federzeichnung; Schreibfeder, Stahlfeder **3** Federn aus Metall in Form von Spiralen haben vor allem in Fahrzeugen, Sofas und Sesseln den Zweck, Stöße und Druck auszugleichen ■ ID **zur Feder greifen** *veraltend* **a** beginnen, etwas zu schreiben **b** Schriftsteller(in) werden; **etwas stammt aus jemandes Feder** ein Buch, Gedicht o. Ä. ist von jemandem geschrieben worden; **nicht aus den Federn kommen** *gesprochen, humorvoll* noch müde sein und noch im Bett bleiben; **Federn lassen (müssen)** *gesprochen* als Folge eines Streits oder einer Niederlage (kleine) Nachteile bekommen; **sich mit fremden Federn schmücken** *abwertend* die Leistungen oder Verdienste anderer Personen als die eigenen bezeichnen und damit prahlen

FEDER

Fe·der·ball *der* **1** ein kleiner, leichter Gegenstand aus einer runden Kappe, an der Federn o. Ä. (kreisförmig) angeordnet sind. Der Federball wird meist von zwei Personen mit Schlägern (über ein Netz) hin und her gespielt K Federballnetz, Federballschläger **2** *meist ohne Artikel* das Spiel mit dem Federball ⟨Federball spielen⟩ K Federballmatch, Federballspiel H Im Wettkampf heißt dieser Sport auch *Badminton*

Fe·der·bett *das* eine Bettdecke, die mit Federn gefüllt ist ⟨ein Federbett aufschütteln, beziehen⟩

Fe·der·ge·wicht *das* eine Gewichtsklasse z. B. beim Boxen oder Ringen, in der kein Sportler mehr als 62 kg wiegen darf

Fe·der·hal·ter *der;* (-s, -) ein Stift aus Holz, in den man eine Feder zum Schreiben oder Zeichnen steckt

fe·der·leicht ADJEKTIV sehr leicht | *ein Kleid aus einem federleichten Stoff*

Fe·der·le·sen ■ ID **nicht viel Federlesen(s) (mit jemandem/etwas) machen** **a** jemanden ohne große Rücksicht behandeln **b** etwas schnell und ohne viel Nachdenken abhandeln

★ **Fe·der·mäpp·chen** *das* ein flacher, länglicher Behälter, in den die Schüler ihre Bleistifte, Füller, Kugelschreiber usw. legen

fe·dern VERB (federte, hat gefedert) **1** **etwas federn** Federn aus Metall verwenden, damit etwas Stöße und Druck ausgleichen kann | *ein schlecht gefedertes Sofa* H meist im Partizip Perfekt **2** **etwas federt** etwas gibt (wie eine Feder) unter einem Druck nach, verändert seine Form und geht wieder in seine ursprüngliche Stellung oder Form zurück, wenn der Druck nachlässt ⟨ein Sprungbrett, ein Polster⟩

Fe·de·rung *die;* (-, -en) eine Konstruktion aus Federn, die bewirkt, dass Stöße oder ein Druck schwächer werden ⟨die Federung eines Autos, eines Bettes⟩

Fe·der·vieh *das; gesprochen, meist humorvoll* ≈ *Geflügel*

Fe·der·wei·ße *der;* (-n) ein junger Wein, der noch gärt H *ein Federweißer; der Federweiße; den, dem, des Federweißen*

Fee *die;* (-, -n ['fe:ən]) meist eine (schöne) Frau im Märchen, die übernatürliche Kräfte hat (und oft den Menschen hilft und ihre Wünsche erfüllt) ⟨eine gute, böse Fee erscheint jemandem⟩ K Feenkönigin, Feenreich; Glücksfee, Märchenfee, Zauberfee

Feed·back, Feed·back ['fi:dbɛk] *das;* (-s, -s); *meist Singular; gesprochen* eine (meist positive) kritische Reaktion, die eine Person für etwas bekommt, das sie getan hat

Fee·ling ['fi:lɪŋ] *das;* (-s); *gesprochen* ≈ *Gefühl* | *Es ist schon ein tolles Feeling, über den Wolken zu schweben!*

Fe·ge·feu·er *das; nur Singular; historisch* ein Ort, an dem (nach katholischem Glauben) die Menschen nach ihrem Tod die relativ kleinen Sünden büßen müssen, bevor sie in das Paradies kommen

fe·gen VERB (fegte, hat/ist gefegt) **1** **etwas fegen** (*hat*) etwas sauber machen, indem man mit einem Besen o. Ä. den Staub und Schmutz entfernt ⟨den Fußboden fegen⟩ **2** **etwas von etwas fegen** (*hat*) mit einem Besen etwas von einem Ort entfernen | *die Scherben von der Straße fegen* **3** **etwas von etwas fegen** *gesprochen* (*hat*) etwas mit einer schnellen Bewegung seiner Hand bzw. seines Arms von irgendwo herunterwerfen | *Sie hat mit einer heftigen Bewegung das Glas vom Tisch gefegt* **4** Ⓒⓗ (*hat*) etwas mit Wasser sauber machen ⟨Töpfe⟩ **5** **etwas fegt irgendwo(hin)** (*ist*) etwas weht heftig irgendwo(hin) ⟨der Wind⟩

Feh·de *die;* (-, -n); *geschrieben* ein (lang dauernder) Streit ⟨mit jemandem in Fehde liegen; eine Fehde mit jemandem ausfechten⟩ K Familienfehde, Stammesfehde

Feh·de|hand·schuh *der* ■ ID **jemandem den Fehdehandschuh hinwerfen** *geschrieben* einen Streit mit jemandem beginnen (z. B. über ein Thema, über das man unterschiedliche Meinungen hat)

fehl ADJEKTIV ■ ID **etwas ist fehl am Platz(e)** etwas passt an einem Ort, in einer Situation nicht, ist nicht angemessen; **jemand ist/fühlt sich irgendwo fehl am Platz(e)** jemand sollte irgendwo nicht sein oder fühlt sich irgendwo fremd, nicht wohl

Fehl ■ ID **ohne Fehl (und Tadel)** *veraltend* ohne (charakterlichen) Fehler, ohne Makel

Fehl- *im Substantiv, betont, begrenzt produktiv* **der Fehlalarm, die Fehldiagnose, die Fehleinschätzung, die Fehlentwicklung, das Fehlverhalten** *und andere* drückt aus, dass das Genannte falsch ist oder Fehler enthält, Probleme mit sich bringt | *Bei dem Bericht handelte es sich um eine gezielte Fehlinformation der Öffentlichkeit* | *Aufgrund ei-*

ner Fehlplanung blieben sehr viele Getränke übrig

Fẹhl·an·zei·ge *die; gesprochen* verwendet, um eine Frage negativ zu beantworten | *„Ist er in diesem Zimmer?" – „Nein, Fehlanzeige!"*

fẹhl·bar ADJEKTIV **fehlbar sein** *veraltend* Fehler machen, nicht vollkommen sein | *Der Mensch ist fehlbar* • hierzu **Fẹhl·bar·keit** *die*

Fẹhl·be·trag *der; admin* eine Summe Geld, die (beim Abrechnen) in der Kasse fehlt | *In der Kasse ist ein Fehlbetrag von hundert Euro*

★ **feh·len** VERB (fehlte, hat gefehlt) **1** **etwas fehlt** etwas ist nicht (mehr) vorhanden | *An seinem Mantel fehlt ein Knopf* **2** **etwas fehlt jemandem** etwas steht einer Person nicht zur Verfügung, obwohl sie es benötigt | *Ihm fehlte das Geld, um sich ein neues Auto zu kaufen* | *Ihr fehlt jegliches Selbstbewusstsein* | *Dem Läufer fehlte nur eine Zehntelsekunde zum Sieg* **3** **jemand fehlt (irgendwo)** eine Person ist nicht dort, wo sie sein sollte | *Die Kinder haben zwei Tage unentschuldigt im Unterricht gefehlt* **4** **eine Person fehlt jemandem** *gesprochen* jemand ist traurig, weil die genannte Person nicht da ist | *„Komm doch bald nach Hause, du fehlst mir sehr", schrieb sie in ihrem Brief* **5** **es fehlt (jemandem) an etwas** *(Dativ)* etwas ist (bei jemandem) nicht (genügend) vorhanden ⟨jemandem fehlt es an Arbeitseifer, Ausdauer, Mut⟩ | *Den Opfern des Erdbebens fehlt es an Nahrung und Unterkünften* ■ ID **Fehlt dir was?** *gesprochen* bist du krank, hast du Schmerzen?; **Na, wo fehlt's denn?** *gesprochen* was hast du für Probleme, Sorgen?; **weit gefehlt!** verwendet, um zu sagen, dass sich jemand völlig geirrt hat; **Das hat mir gerade noch gefehlt!** *ironisch* **a** das passt nicht in meine Pläne **b** das kann ich in dieser Situation nicht gebrauchen; **Du hast mir gerade noch gefehlt!** *ironisch* **a** dich kann ich in dieser Situation nicht gebrauchen **b** verwendet, um zu sagen, dass man sich jemandes Anwesenheit nicht freut; **Es fehlte nicht viel, und** *+Konjunktiv II* etwas wäre fast, beinahe geschehen | *Es fehlte nicht viel, und ich hätte einen Unfall gehabt*

Fẹhl·ent·schei·dung *die* eine falsche Entscheidung

★ **Feh·ler** *der; (-s, -)* **1** etwas, das falsch ist (vor allem ein Irrtum oder eine Störung in einem System) ⟨ein grober, häufiger, leichter, schwerer Fehler; einen Fehler machen, ausbessern, korrigieren, ausmerzen⟩ | *Er spricht fließend Deutsch und macht fast keine Fehler* | *Die Ursache des Unglücks war ein technischer Fehler* K Fehleranalyse, Fehlersuche; Denkfehler, Druckfehler, Grammatikfehler, Rechenfehler, Rechtschreibfehler, Tippfehler **2** eine Stelle im Material einer Ware, die im Aussehen oder in der Qualität nicht so gut ist, wie sie sein sollte | *Kristallgläser mit kleinen Fehlern* K Materialfehler **3** ein Verhalten oder eine Entscheidung, die der Situation oder den Umständen nicht angemessen sind ⟨einen Fehler wiedergutmachen; immer wieder in den gleichen Fehler verfallen⟩ | *Es war ein Fehler (von mir), ihn so anzuschreien* **4** eine schlechte charakterliche Eigenschaft oder ein körperlicher Mangel vor allem eines Menschen ⟨ein angeborener, organischer Fehler⟩ | *Jeder Mensch hat seine Fehler* K Sehfehler, Sprachfehler • zu (1,2) **feh·ler·haft** ADJEKTIV; zu (1,2) **feh·ler·frei** ADJEKTIV; zu (3,4) **feh·ler·los** ADJEKTIV

Feh·ler·quel·le *die* etwas, das zu einem Fehler führt, die Ursache eines Fehlers ⟨eine mögliche, potentielle Fehlerquelle ermitteln, ausschalten⟩

Fẹhl·ge·burt *die* **eine Fehlgeburt haben** (als Frau) einen Embryo gebären, der noch nicht fähig ist, außerhalb des Körpers der Mutter zu leben

fẹhl·ge·hen VERB (ging fehl, ist fehlgegangen); *geschrieben* **1** einen falschen Weg gehen | *Mit der Karte kann er nicht fehlgehen* **2** **in etwas** *(Dativ)* **fehlgehen** sich in etwas irren, sich täuschen | *Er geht fehl in der Annahme, dass ...* **3** **etwas geht fehl** etwas trifft nicht das Ziel ⟨ein Schuss, ein Wurf⟩

fẹhl·ge·lei·tet ADJEKTIV; *geschrieben* wegen einer falschen Erziehung im normalen Verhalten gestört oder kriminell ⟨Kinder, Jugendliche⟩

Fẹhl·griff *der* **(mit jemandem/etwas) einen Fehlgriff tun** eine schlechte Entscheidung treffen (z. B. beim Kauf einer Sache oder der Anstellung einer Person)

fẹhl·in·ter·pre·tie·ren VERB (interpretierte fehl, hat fehlinterpretiert) **etwas fehlinterpretieren** *geschrieben* etwas falsch interpretieren, etwas so deuten, wie es gar nicht (gemeint) ist | *Die Rede des Politikers wurde fehlinterpretiert* • hierzu **Fẹhl·in·ter·pre·ta·ti·on** *die*

Fẹhl·in·ves·ti·ti·on *die; geschrieben* die Investition meist von Geld oder Zeit in ein Projekt, das keinen Gewinn bringt

Fẹhl·kauf *der* ein Kauf, den man bereut | *Das Haus war ein Fehlkauf, es ist viel zu groß für uns*

Fẹhl·kon·struk·ti·on *die; geschrieben* ein Gerät, ein Bauwerk o. Ä. mit technischen Fehlern

Fẹhl·leis·tung *die* **1** eine Handlung, bei der man unbewusst etwas tut oder sagt, was man gar nicht tun oder sagen wollte **2** **eine freudsche/Freud'sche Fehlleistung** eine (falsche) Äußerung, bei der unbewusste Wünsche o. Ä. zum Ausdruck kommen

Fẹhl·schlag *der* ≈ *Misserfolg* | *Sein neues Projekt erwies sich als Fehlschlag*

fẹhl·schla·gen VERB (schlägt fehl, schlug fehl, ist fehlgeschlagen) **etwas schlägt fehl** etwas ist ein Misserfolg, etwas gelingt nicht | *Alle seine Versuche, sich mit ihr zu versöhnen, schlagen fehl*

Fẹhl·start *der* **1** ein zu frühes Starten eines Teilnehmers bei einem Wettrennen (was dazu führt, dass der Start wiederholt wird) ⟨einen Fehlstart verursachen⟩ **2** ein Start eines Flugzeugs oder einer Rakete, der wegen Problemen abgebrochen werden muss

Fẹhl·tritt *der* **1** ein schlecht platzierter, ungeschickter Schritt (der z. B. zu einem Sturz führt) | *Ein Fehltritt auf dem Seil kann einem Artisten das Leben kosten* **2** eine Tat, die moralisch falsch ist

Fẹhl·ur·teil *das; geschrieben* **1** ein falsches, ungerechtes Urteil eines Richters ⟨ein Fehlurteil abgeben, korrigieren⟩ **2** eine falsche Beurteilung, Einschätzung einer Situation

Fẹhl·zün·dung *die* **etwas hat eine Fehlzündung** ein Auto, ein Motorrad, ein Motor o. Ä. zündet nicht zum richtigen Zeitpunkt | *Wenn ein Auto eine Fehlzündung hat, gibt es einen lauten Knall*

★ **Fei·er** *die; (-, -n)* eine festliche Veranstaltung, die z. B. wegen eines Geburtstags oder Jubiläums stattfindet ⟨eine öffentliche, private Feier; eine Feier im kleinen, im familiären Kreis/Rahmen abhalten, begehen; eine Feier veranstalten⟩ K Abschiedsfeier, Familienfeier, Geburtstagsfeier, Gedenkfeier, Hochzeitsfeier, Jubiläumsfeier, Silvesterfeier, Verlobungsfeier, Weihnachtsfeier ■ ID **zur Feier des Tages** **a** weil es Grund zum Feiern gibt **b** *humorvoll* einfach so, ohne bestimmten Anlass

★ **Fei·er·abend** *der* **1** das Ende der täglichen Arbeitszeit ⟨Feierabend haben, machen⟩ | *Um fünf Uhr ist in der Fabrik Feierabend* **2** die Zeit nach der täglichen beruflichen Arbeit (meist der Abend) | *Am Feierabend liest und musiziert er immer* K Feierabendbeschäftigung ■ ID **Jetzt ist aber Feierabend!** *gesprochen* jetzt ist Schluss damit, jetzt habe ich genug davon

★ **fei·er·lich** ADJEKTIV **1** ernst und festlich ⟨eine Atmosphäre, eine Handlung, eine Rede, eine Stimmung, eine Umgebung,

F

eine Zeremonie⟩ ≈*festlich* | *Es war ein feierlicher Augenblick, als man ihm den Nobelpreis überreichte* **2** *meist adverbiell* mit großem Ernst und starker Betonung ⟨etwas feierlich geloben, erklären, versprechen⟩ ■ **ID Das ist (ja, schon) nicht mehr feierlich!** *gesprochen* das ist unerträglich, das geht zu weit | *Das ist schon nicht mehr feierlich, wie oft er in Urlaub fährt!*

Fei·er·lich·keit *die*; (-, -en) **1** *meist Plural* feierliche Handlungen oder eine Reihe von Feiern | *Die Feierlichkeiten anlässlich der Krönung ziehen sich über mehrere Tage hin* **K** Hochzeitsfeierlichkeiten, Begräbnisfeierlichkeiten **2** *nur Singular* ein feierlicher Zustand

★ **fei·ern** VERB (feierte, hat gefeiert) **1 etwas feiern** die Bedeutung eines Ereignisses dadurch ausdrücken, dass man eine Feier macht ⟨(den) Geburtstag, (die) Hochzeit, Weihnachten, Abschied, Wiedersehen feiern⟩ **2 jemanden (als etwas) feiern** eine Person meist öffentlich für ihre Leistungen und Taten ehren und loben ⟨das Geburtstagskind, den Star feiern; jemanden als Retter feiern⟩ **3 (ein Fest) feiern** ein Fest veranstalten | *Am Samstag feiern wir*

Fei·er·stun·de *die* eine offizielle Feier, meist mit Reden | *eine Feierstunde zum Gedenken an die Opfer des Zweiten Weltkriegs*

★ **Fei·er·tag** *der* ein Tag, an dem man nicht arbeitet, weil an diesem Tag ein wichtiges religiöses oder geschichtliches Ereignis stattfand ⟨ein kirchlicher, ein gesetzlicher Feiertag⟩ ↔ *Werktag* **K** Nationalfeiertag, Osterfeiertag, Pfingstfeiertag, Weihnachtsfeiertag

LANDESKUNDE

▶ Die Feiertage in Deutschland

Die **gesetzlichen Feiertage** in Deutschland sind von Bundesland zu Bundesland unterschiedlich. Ob ein **kirchlicher Feiertag** in einer bestimmten Gemeinde oder Region auch gesetzlicher Feiertag ist, hängt von der religiösen Tradition (evangelisch oder katholisch) des betreffenden Gebietes ab. **Bewegliche Feiertage** sind nicht an ein festes Datum gebunden.

Die wichtigsten Feiertage sind:

Neujahr*	1. Januar
Heilige Drei Könige	6. Januar
Karfreitag*	beweglicher Feiertag
Ostersonntag*	beweglicher Feiertag
Ostermontag*	beweglicher Feiertag
Maifeiertag,Tag der Arbeit*	1. Mai
Christi Himmelfahrt*	beweglicher Feiertag (immer ein Donnerstag), katholischer Feiertag
Pfingstsonntag*	beweglicher Feiertag
Pfingstmontag*	beweglicher Feiertag
Fronleichnam	beweglicher Feiertag (immer ein Donnerstag), katholischer Feiertag
Mariä Himmelfahrt	15. August, katholisch
Tag der deutschen Einheit*	3. Oktober
Reformationstag	31. Oktober, evangelisch
Allerheiligen	1. November
Buß- und Bettag	beweglicher Feiertag (immer ein Mittwoch), evangelisch, nur in Sachsen
1. Weihnachtsfeiertag*	25. Dezember
2. Weihnachtsfeiertag*	26. Dezember

(*) Feiertag in ganz Deutschland

fei·er·tags ADVERB an Feiertagen | *Der Zug fährt sonn- und feiertags nicht*

★ **feig, fei·ge** ADJEKTIV **1** ohne Mut, ängstlich | *Er ist zu feig, um seine Meinung offen zu sagen* **2** so, dass das Opfer keine Chance hat, zu fliehen oder sich zu wehren ⟨ein Attentat, ein Mord, ein Mörder⟩ ● hierzu **Feig·heit** *die*

Fei·ge *die*; (-, -n) **1** die Frucht des Feigenbaums | *getrocknete Datteln und Feigen* **2** ≈*Feigenbaum*

Fei·gen·baum *der* ein Baum, der in warmen Gebieten wächst und weiche, süße Früchte trägt

Fei·gen·blatt *das* **1** ein Blatt des Feigenbaums **2** *abwertend* etwas, womit man versucht, etwas zu verhüllen oder zu verbergen ⟨etwas als Feigenblatt benutzen⟩

Feig·ling *der*; (-s, -e); *abwertend* eine Person, die feige und ängstlich ist

feil·bie·ten VERB (bot feil, hat feilgeboten) **etwas feilbieten** *veraltend* etwas zum Verkauf anbieten

Fei·le *die*; (-, -n) ein Werkzeug in Form eines Metallstabs mit vielen kleinen Zähnen oder Rillen, mit dem man die Oberflächen von Holz- und Metallstücken glatt macht

fei·len VERB (feilte, hat gefeilt) **1 etwas feilen** etwas mit einer Feile bearbeiten ⟨ein Brett, einen Eisenstab feilen; sich (*Dativ*) die Fingernägel feilen⟩ **2 an etwas** (*Dativ*) **feilen** *gesprochen* immer wieder an einem Aufsatz, einer Rede o. Ä. arbeiten, um bessere Formulierungen zu finden | *Er feilt schon seit Tagen an seiner Rede*

feil·schen VERB (feilschte, hat gefeilscht) **(mit jemandem) (um etwas) feilschen** lange über den Kaufpreis einer Sache verhandeln (in der Absicht, den Preis zu senken) | *Wir wollen doch nicht um ein paar Euro feilschen!*

★ **fein** ADJEKTIV **1** sehr dünn ⟨Gewebe, Haar, eine Linie, ein Wasserstrahl⟩ ↔ *dick* **2** aus sehr kleinen Teilchen (bestehend) ⟨Mehl, Zucker, Sand; fein gemahlener Kaffee⟩ **K** feingemahlen **3** zart, schön aussehend, zierlich ⟨Hände, ein Gesicht⟩ **4** fähig, mit den Sinnesorganen auch ganz leise Geräusche, schwache Gerüche usw. wahrzunehmen ⟨ein Gehör, eine Nase⟩ ≈*empfindlich* **5** sensibel auf äußere Eindrücke reagierend ⟨ein feines Empfinden, Gespür für etwas haben⟩ **6** ⟨Humor, Spott, Ironie⟩ so, dass man sie erst bemerkt, wenn man nachdenkt **7** gering oder nicht leicht festzustellen ⟨Unterschiede⟩ **8** von sehr guter Qualität ⟨Gebäck, Pralinen, Seife, Weine; etwas schmeckt fein⟩ **9** *oft ironisch* ⟨eine Dame, ein Herr⟩ ≈*vornehm* | *Sie spielt immer die feine Dame* **10** *gesprochen* (als Lob verwendet) nett, anständig ⟨sich fein verhalten⟩ | *Du bist wirklich ein feiner Kerl!* **11** *gesprochen* verwendet, um zu sagen, dass etwas positiv oder schön ist | *Das hast du fein gemacht* **12 sich fein machen** *gesprochen* festliche Kleidung anziehen
■ **ID vom Feinsten** *gesprochen* mit sehr guter Qualität | *Das Album ist Musik vom Feinsten;* **fein heraus sein** *gesprochen* in einer glücklichen, günstigen Lage sein (nachdem man eine Schwierigkeit überwunden hat) | *Peter hat eine Lehrstelle gefunden. Der ist fein heraus*

feind ADJEKTIV **jemandem/etwas feind sein** *veraltend* jemanden/etwas absolut nicht mögen

★ **Feind** *der*; (-(e)s, -e) **1** eine Person, die eine andere Person hasst und versucht, ihr zu schaden ⟨jemandes ärgster, erbittertster Feind sein; sich (*Dativ*) Feinde, sich (*Dativ*) *jemanden zum Feind machen*⟩ ↔ *Freund* **2** *nur Singular* die Menschen eines Landes bzw. die Soldaten eines Staates, mit dem das eigene Land Krieg führt ⟨den Feind angreifen, besiegen; vor dem Feind flüchten; zum Feind überlaufen⟩ **K** Feindkontakt, Feindesland; Landesfeind **3 ein Feind** *+Genitiv*/**von jemandem/etwas sein** eine starke Abneigung gegen jemanden/etwas haben, etwas ablehnen (und es bekämpfen) | *Er ist ein erklärter Feind des Rauchens* **K** Frauenfeind, Menschenfeind, Staatsfeind ● zu (1) **Fein·din** *die*

Feind·bild *das* die negativen Vorstellungen, die man von einer Person oder Gruppe hat ⟨ein festes Feindbild haben; sich (*Dativ*) ein Feindbild aufbauen; Feindbilder brauchen, pflegen, abbauen⟩

★ **feind·lich** ADJEKTIV **1** wie ein Feind und aggressiv ⟨jemandem feindlich gesinnt sein⟩ **2** so, dass man gegen etwas ist ⟨eine feindliche Haltung, Einstellung (gegen jemanden/jemandem gegenüber)⟩ **3** zum militärischen Gegner gehörend ⟨Stellungen, Truppen; ein Sender⟩ **4** von einem militärischen Gegner ausgehend ⟨ein Angriff, ein Überfall, Zerstörungen⟩ **5** **jemandem/etwas feindlich gegenüberstehen** jemanden als Gegner betrachten, eine Sache sehr stark ablehnen

-feind·lich *im Adjektiv, unbetont, begrenzt produktiv* **1** **ausländerfeindlich, fortschrittsfeindlich, frauenfeindlich, staatsfeindlich** *und andere* mit einer negativen, ablehnenden Einstellung/Haltung zur genannten Person/Sache **2** **familienfeindlich, kommunikationsfeindlich, lebensfeindlich** *und andere* für die genannte Person/Sache schlecht

Feind·lich·keit *die*; (-, -en) **1** *nur Singular* eine ablehnende, sehr unfreundliche Haltung **2** eine aggressives Verhalten, meist aus Hass

Feind·schaft *die*; (-, -en); *meist Singular* **Feindschaft (zwischen Personen)** eine Beziehung voller Hass und Aggressionen ⟨mit jemandem in Feindschaft leben; sich (*Dativ*) jemandes Feindschaft zuziehen⟩ | *Zwischen den politischen Gegnern besteht/herrscht keine persönliche Feindschaft* ● hierzu **feind·schaft·lich** ADJEKTIV

feind·se·lig ADJEKTIV von einer starken Abneigung oder von Hass erfüllt ⟨ein Verhalten; jemanden feindselig ansehen, behandeln⟩ ≈ *feindlich*

Feind·se·lig·keit *die*; (-, -en) **1** *nur Singular* das feindselige Verhalten ⟨jemandem mit offener Feindseligkeit gegenübertreten⟩ **2** *geschrieben nur Plural* Kämpfe (im Krieg) ⟨die Feindseligkeiten eröffnen, einstellen⟩ | *An der Grenze kam es zu Feindseligkeiten*

fein·füh·lend ADJEKTIV *meist prädikativ* mit Feingefühl, sensibel und taktvoll ↔ *abgestumpft*

fein·füh·lig ADJEKTIV mit Feingefühl | *Er ist ein feinfühliger Mensch* ● hierzu **Fein·füh·lig·keit** *die*

Fein·ge·fühl *das*; *nur Singular* das Verständnis vor allem für die Gefühle anderer Menschen, das sich im taktvollen Verhalten zeigt ⟨bei etwas sehr viel Feingefühl zeigen⟩

fein·glie·de·rig, **fein·glied·rig** ADJEKTIV von schlankem und zartem Körperbau, Aussehen ⟨ein Mädchen, ein Knabe, Hände⟩

Fein·heit *die*; (-, -en) **1** *nur Singular* die feine Art und dünne Struktur eines Stoffes (vor allem von Textilien) | *die Feinheit des Gewebes* **2** *nur Singular* die feine und zarte Art der Haut | *die Feinheit ihres Gesichts* **3** *meist Plural* die Einzelheiten, Nuancen einer Sache | *die Feinheiten der französischen Aussprache beachten*

Fein·kost *die*; *nur Singular* ≈ *Delikatessen* K Feinkostgeschäft, Feinkostladen

fein·ma·chen VERB ≈ *fein machen*

fein·ma·schig ADJEKTIV mit engen, kleinen Maschen ⟨ein Netz⟩

Fein·me·cha·nik *die*; *nur Singular* ein Gebiet der Technik, das sich mit der Herstellung von komplizierten mechanischen, elektrischen oder optischen Geräten (z. B. von Mikroskopen) befasst ● hierzu **Fein·me·cha·ni·ker** *der*; **Fein·me·cha·ni·ke·rin** *die*

Fein·schme·cker *der*; (-s, -) eine Person, die gern sehr gute, aufwändig zubereitete Speisen isst K Feinschmeckerlokal ● hierzu **Fein·schme·cke·rin** *die*

fein·sin·nig ADJEKTIV intelligent, sensibel und mit künstlerischem Verständnis ⟨ein Kunstwerk, ein Künstler⟩ ● hierzu **Fein·sin·nig·keit** *die*

Fein·staub *der* Staub in der Luft, der so fein ist, dass man ihn nicht sieht. Feinstaub schadet der Lunge, wenn man ihn einatmet K Feinstaubplakette, Feinstaubverordnung

Fein·wä·sche *die* Wäsche (z. B. aus Wolle oder Seide), die man bei niedrigen Temperaturen sehr vorsichtig und schonend waschen muss

feist ADJEKTIV; *meist abwertend* auf hässliche Weise dick ⟨das Gesicht, die Wangen⟩ ≈ *fett*

fei·xen VERB (feixte, hat gefeixt) **jemand feixt** eine Person grinst sehr deutlich (und freut sich dabei über den Schaden einer anderen Person)

★ **Feld** *das*; (-(e)s, -er) **1** eine relativ große abgegrenzte Fläche Land, auf der z. B. Weizen, Kartoffeln oder Rüben angebaut werden ⟨das Feld bebauen, bestellen, pflügen, eggen, abernten⟩ ≈ *Acker* K Feldarbeit, Feldblume, Feldmaus; Baumwollfeld, Getreidefeld, Kartoffelfeld, Maisfeld, Rübenfeld, Tulpenfeld **2** *nur Singular* ein weites Gelände | *auf freiem/offenem Feld zelten* **3** ein meist rechteckiger oder quadratischer Teil einer Fläche (z. B. auf einem Formular oder in einem Schachspiel), der dadurch entstanden ist, dass die Fläche aufgeteilt wurde | *die Felder eines Formulars ausfüllen* | *Das Schachspiel hat 64 Felder* **4** *meist Singular* eine abgegrenzte, meist durch Linien markierte Fläche, die vor allem für Ballspiele genutzt wird | *Wegen eines groben Fouls wurde der Spieler des Feldes verwiesen* K Fußballfeld, Handballfeld, Hockeyfeld, Volleyballfeld, Spielfeld **5** *nur Singular* ein sachlicher oder thematischer Bereich (z. B. in der Wissenschaft oder Forschung), mit dem sich jemand beschäftigt | *das weite Feld der Psychologie* K Betätigungsfeld, Tätigkeitsfeld **6** *nur Singular* eine Gruppe von Sportlern, die in einem Rennen, die mit sehr kleinem Abstand beieinander laufen bzw. fahren | *Sie legte einen Spurt ein und konnte sich vom Feld absetzen* K Teilnehmerfeld, Hauptfeld **7** der (dreidimensionale) Raum, in dem elektrische und magnetische Kräfte oder Gravitationskräfte wirken ⟨ein elektromagnetisches Feld⟩ K Gravitationsfeld, Magnetfeld **8** *veraltend nur Singular* das Gebiet, auf dem in einem Krieg Kämpfe stattfinden ⟨ins Feld ziehen; im Feld stehen; im Feld fallen⟩ K Feldarzt, Feldbett, Feldlager, Feldlazarett; Schlachtfeld

■ ID ▸Präposition plus Feld: **jemanden aus dem Feld schlagen** einen Gegner oder Konkurrenten besiegen; **etwas (gegen jemanden/etwas) ins Feld führen** *geschrieben* etwas als Argument gegen jemanden/etwas vorbringen; **gegen, für jemanden/etwas zu Felde ziehen** *geschrieben* leidenschaftlich gegen oder für jemanden/etwas kämpfen;
▸Feld als Objekt: **das Feld räumen** sich zurückziehen (weil man in einem Kampf oder einem Streit besiegt worden ist); **das Feld behaupten** *geschrieben* in einem Kampf oder in einem Streit Sieger bleiben;
▸andere Verwendung: **Das ist ein weites Feld** über das gerade diskutierte Thema kann man noch viel sagen

Feld·fla·sche *die* eine gut isolierte Trinkflasche (meist aus Blech) für Soldaten

Feld·frucht *die*; *meist Plural* eine Pflanze, die auf einem Feld angebaut wird | *Zu den Feldfrüchten zählen z. B. Kartoffeln, Kohl, Mais, Rüben, Weizen*

Feld·herr *der*; *historisch* eine Person, die im Krieg militärische Aktionen plante und leitete

Feld·jä·ger *der*; (-s, -) **1** *nur Plural* eine Truppe der Armee, die z. B. für Ordnung und Sicherheit innerhalb des Militärs zu sorgen hat K Feldjägertruppe **2** ein Soldat, der Mitglied der Feldjäger ist ● zu (2) **Feld·jä·ge·rin** *die*

Feld·sa·lat *der; nur Singular* eine Pflanze mit kleinen, ovalen grünen Blättern, die als Salat gegessen werden

Feld·ste·cher *der;* (-s, -) ein meist großes Fernglas

Feld-Wald-und-Wie·sen- *im Substantiv, betont, begrenzt produktiv; gesprochen, abwertend* **der Feld-Wald-und-Wiesen-Doktor, die Feld-Wald-und-Wiesen-Rede, das Feld-Wald-und-Wiesen-Thema** drückt aus, dass die genannte Person/Sache ganz gewöhnlich und durchschnittlich ist

Feld·we·bel *der;* (-s, -) **1** ein relativ hoher Unteroffizier (bei der Luftwaffe und beim Heer) **2** *gesprochen, abwertend oder humorvoll* eine Person, die grob oder autoritär ist und gern andere Leute kommandiert

Feld·weg *der* ein schmaler Weg, der nicht geteert ist und der an Feldern oder an Wiesen entlangführt

Feld·zug *der* **1 ein Feldzug (gegen jemanden/etwas)** eine große militärische Aktion im Krieg, bei dem eine Armee ihren Feind angreift ⟨einen Feldzug planen, führen⟩ | *der Feldzug Napoleons gegen Russland* **2 ein Feldzug (für, gegen jemanden/etwas)** eine öffentliche Kampagne (für oder gegen jemanden/etwas) | *einen Feldzug gegen den Konsum von Drogen starten* K Wahlfeldzug, Werbefeldzug

Fel·ge *die;* (-, -n) der Teil eines Rades, auf dem der Reifen festgemacht ist K Zierfelge i → Abb. unter **Auto** und **Fahrrad**

★ **Fell** *das;* (-(e)s, -e) **1** *meist Singular* die dicht wachsenden Haare, die den Körper mancher Tiere bedecken ⟨ein glänzendes, seidiges, struppiges, zottiges Fell⟩ | *das seidige Fell einer Katze* | *einem Hund das Fell bürsten* **2** die Haut eines Tieres mit den dichten Haaren, die darauf wachsen ⟨einem Tier das Fell abziehen; ein Fell gerben⟩ K Felljacke, Fellmütze, Fellschuhe; Bärenfell, Lammfell, Löwenfell, Wolfsfell ■ ID **jemandem das Fell über die Ohren ziehen** *gesprochen* jemanden betrügen; **ein dickes Fell haben** *gesprochen* sich über Kritik, Beleidigungen usw. nicht ärgern; **jemandem sind die Felle davongeschwommen** *gesprochen* jemandes Hoffnungen haben sich nicht erfüllt

Fels *der* **1** *nur Singular, meist ohne Artikel, nur in dieser Form* eine große und sehr harte Masse aus Stein | *Die Geologen sind bei den Bohrungen auf Fels gestoßen* **2** ≈ *Felsen* K Felsblock, Felsbrocken, Felsmassiv, Felstrümmer, Felsvorsprung ■ ID **wie ein Fels in der Brandung** *geschrieben* auch in schwierigen Situationen ruhig und gelassen

★ **Fel·sen** *der;* (-s, -) eine große Masse aus festem Gestein (z. B. an der Küste des Meeres) als Teil der Erdoberfläche ⟨ein nackter, schroffer, steiler Felsen; auf einen Felsen klettern⟩ K Felsengipfel, Felsenhöhle, Felsenküste, Felsenriff; Granitfelsen, Kalkfelsen, Kreidefelsen

fel·sen·fest ADJEKTIV ganz fest ⟨ein Entschluss, eine Überzeugung; felsenfest an etwas glauben; felsenfest von etwas überzeugt sein⟩

fel·sig ADJEKTIV **1** mit vielen Felsen ⟨ein Berghang, ein Gelände, ein Weg⟩ **2** aus Fels ⟨eine Bergkuppe, ein Gipfel⟩

Fels·wand *die* ein steiler Abhang, der aus Fels besteht

Fe·me *die;* (-); *historisch* ein geheimes Gericht, das meist über Leben und Tod eines Angeklagten entschied K Femegericht

fe·mi·nin ADJEKTIV **1** *geschrieben* auf positive Art typisch für Frauen ≈ *weiblich* | *Sie hat eine sehr feminine Stimme* **2** so, dass es die weiblichen Körperformen betont | *Dieses Jahr ist die Mode besonders feminin* **3** *meist abwertend* (in Bezug auf einen Mann) mit den (körperlichen und charakterlichen) Eigenschaften, die als typisch für Frauen gelten | *Manfred ist ein ziemlich femininer Typ* **4** von dem grammatischen Geschlecht, das für Substantive im Nominativ Singular den Artikel *die* verlangt ⟨ein Substantiv, der Artikel⟩

Fe·mi·nis·mus *der;* (-) die Überzeugung, dass Männer und Frauen gleichberechtigt sind (und die Aktivitäten, die aus dieser Überzeugung folgen) ● hierzu **fe·mi·nis·tisch** ADJEKTIV

Fe·mi·nis·tin *die;* (-, -nen) eine Frau, die sich für den Feminismus engagiert ● hierzu **Fe·mi·nist** *der*

Fen·chel *der;* (-s) eine Pflanze mit dicken weißen Knollen, die intensiv riecht und die man als Gemüse oder Salat isst und deren Samen man als Tee verwendet K Fenchelgemüse, Fenchelsalat, Fencheltee

★ **Fens·ter** *das;* (-s, -) **1** Fenster gibt es in Häusern und Fahrzeugen, damit man nach draußen sehen kann ⟨ein Fenster öffnen, schließen; aus dem Fenster sehen; zum Fenster hinausschauen; ein Fenster ist/steht offen, ist geschlossen/zu, klemmt⟩ | *Er kurbelte das Fenster herunter und fragte einen Passanten nach dem Weg* K Fensterglas, Fenstergriff, Fensteröffnung, Fensterrahmen, Fensterscheibe, Fenstersims; Autofenster, Dachfenster, Kellerfenster, Kirchenfenster, Küchenfenster, Wohnzimmerfenster **2** Kurzwort für *Schaufenster* ⟨ein Fenster dekorieren⟩ **3** ein geöffnetes Programm im Computer hat ein eigenes Fenster am Monitor ⟨ein Fenster aktivieren, anklicken, öffnen, schließen⟩ K Dialogfenster, Listenfenster, Textfenster ■ ID **weg vom Fenster sein** *gesprochen* **a** nicht mehr beliebt sein **b** keine Chance mehr haben

Fens·ter·bank *die* ≈ *Fensterbrett*

Fens·ter·brett *das* eine schmale Platte aus Holz, Metall oder Stein unter einem Fenster | *Blumentöpfe auf das Fensterbrett stellen*

Fens·ter·flü·gel *der* eine Hälfte eines Fensters, die man öffnen kann | *Die Fensterflügel sind weit geöffnet*

Fens·ter·la·den *der* Fensterläden aus Holz kann man außen vor die Fenster klappen, damit es drinnen dunkel ist ⟨die Fensterläden aufmachen, aufschlagen, zumachen, schließen⟩

Fens·ter·le·der *das* ein (kleines Stück) weiches Leder, mit dem man Fenster putzt

Fens·ter·platz *der* ein Sitzplatz neben dem Fenster, z. B. im Bus oder Zug ⟨einen Fensterplatz haben, reservieren⟩

★ **Fe·ri·en** [-i̯ən] *die; Plural* **1** die Zeit, in der Institutionen (wie z. B. Schulen, Universitäten oder Ämter) geschlossen sind ⟨Ferien haben, machen; in den Ferien sein⟩ | *Die Ferien beginnen dieses Jahr am ersten August* K Ferienbeginn, Ferienende, Ferientag, Ferienzeit; Parlamentsferien, Schulferien, Semesterferien, Sommerferien, Weihnachtsferien **2** die Zeit, in der man verreisen kann, weil man nicht arbeiten oder in die Schule gehen muss ⟨in die Ferien fahren, gehen; Ferien haben, machen; die Ferien irgendwo verbringen; in Ferien sein⟩ ≈ *Urlaub* | *Ferien an der See* K Ferienaufenthalt, Ferienhaus, Ferienjob, Ferienreise, Ferienwohnung **3 die großen Ferien** die lange Zeit im Sommer, in der man nicht zur Schule muss ≈ *Sommerferien*

Fe·ri·en·kurs *der* ein Lehrgang, den man während der Ferien oder des Urlaubs macht | *ein Ferienkurs in Italienisch*

Fe·ri·en·la·ger *das* ein Zeltlager, in dem Jugendliche ihre Ferien zusammen verbringen

Fer·kel *das;* (-s, -) **1** ein junges Schwein | *Die Ferkel quieken* K Ferkelzucht **2** *gesprochen, abwertend* verwendet als Schimpfwort für eine Person, die schmutzig oder unordentlich ist | *„Wasch dir mal die Hände, du Ferkel!"* **3** *gesprochen, abwertend* verwendet als Schimpfwort für eine Person, die etwas tut, das gegen die Sexualmoral ist

Fer·ment *das;* (-s, -e); *veraltend* ≈ *Enzym*

★ **fern** ■ ADJEKTIV **1 fern (von jemandem/etwas)** räumlich weit (vom Sprecher) entfernt, in großer Distanz ⟨Länder;

LANDESKUNDE

▶ Die Ferien

Die Schulferien sind in Deutschland über das ganze Jahr verteilt und in jedem Bundesland unterschiedlich.
Im Allgemeinen gibt es vier bis sechs Ferienzeiten:

Weihnachtsferien: etwa zwei Wochen, im Dezember und Januar

Winterferien: eine oder zwei Wochen, im Januar und/oder Februar, nur in einigen Bundesländern

Osterferien: zwei Wochen, im März und/oder April

Pfingstferien: eine oder zwei Wochen, im Juni und/oder Juli, nur in einigen Bundesländern

Sommerferien: fünf bis sechs Wochen, zwischen Ende Juni und Anfang September

Herbstferien: eine oder zwei Wochen, im Oktober und/oder November

etwas von fern beobachten, hören⟩ ↔ *nahe* | *Von fern sah man den Zug kommen* **2** (vom Standpunkt des Sprechers aus) zeitlich weit in der Zukunft oder Vergangenheit ⟨in ferner Zukunft, Vergangenheit⟩ | *Der Tag ist nicht mehr fern, an dem wir uns wiedersehen werden*
■ PRÄPOSITION *mit Dativ* **3** *geschrieben* in großer räumlicher Distanz, weit entfernt ⟨fern der Heimat⟩ ↔ *nahe* | *fern dem lauten Treiben der Stadt*

-fern *im Adjektiv, unbetont, begrenzt produktiv* **gegenwartsfern, praxisfern, wirklichkeitsfern** *und andere* verwendet, um zu sagen, dass eine Person oder Sache keinen Bezug zu dem Genannten hat | *Seine Gehaltsvorstellungen sind realitätsfern* (Er erhofft sich ein viel höheres Gehalt, als es in der Realität gezahlt wird)

fern·ab *Präposition; mit Genitiv* weit entfernt | *eine Reise fernab der Touristenzentren* | *eine Beschreibung fernab der üblichen Klischees* **H** auch zusammen mit *von*: *fernab vom Lärm des Alltags*

Fern·ab·fra·ge *die* die Möglichkeit oder die Handlung, bei längerer Abwesenheit von zu Hause die eigene Telefonnummer zu wählen, um die Nachrichten auf dem Anrufbeantworter anzuhören ⟨ein Anrufbeantworter mit Fernabfrage⟩

Fern·be·die·nung *die* ein kleines technisches Gerät, mit dem man ein anderes Gerät, eine Maschine (z. B. einen Fernsehapparat) von einem weiter entfernten Platz aus bedienen kann

fern·blei·ben VERB (blieb fern, ist ferngeblieben) **einer Sache** (*Dativ*) **fernbleiben** *admin* (absichtlich) nicht an etwas teilnehmen ⟨der Arbeit, dem Unterricht fernbleiben⟩

Fern·bus *der* ein Linienbus, der weite Strecken zu größeren Städten oder Feriengebieten fährt | *Fahr doch mit dem Fernbus, das ist viel billiger als mit der Bahn*

★ **Fer·ne** *die*; (-) **1** eine große räumliche Distanz (von einem Standort aus gesehen) | *träumend in die Ferne blicken* | *In der Ferne zeichnen sich die Berge am Horizont ab* **2** *geschrieben* Gebiete oder Länder, die vom jetzigen Standort weg (entfernt) liegen ≈ *Fremde* ↔ *Heimat* | *Sehnsucht nach der Ferne haben* | *in die Ferne reisen* **3** **in weiter Ferne** weit in der Vergangenheit oder Zukunft | *Der Tag, an dem es der Medizin gelingen wird, den Krebs zu besiegen, liegt noch in weiter Ferne* **4** **aus der/aus weiter Ferne** von Orten, Gebieten o. Ä., die weit weg sind | *etwas aus der Ferne beobachten*

fer·ner BINDEWORT; *geschrieben* ≈ *außerdem* | *Für das Dessert brauchen Sie Erdbeeren und Zucker, ferner Wein, Sahne und Zitrone* ■ ID **unter „ferner liefen"** in einem Wettbewerb auf einem sehr schlechten Platz | *Obwohl er Chancen auf den Sieg hatte, rangierte er am Schluss nur unter „ferner liefen"*

fer·ner·hin ADVERB; *geschrieben* **1** ≈ *ferner, außerdem* **2** in Zukunft ≈ *künftig* | *Daran wird sich wohl auch fernerhin nichts ändern*

Fern·fah·rer *der* eine Person, die beruflich mit dem Lastwagen weite Strecken fährt

Fern·ge·spräch *das* ein Telefongespräch mit einer Person, die an einem anderen Ort (mit einer anderen telefonischen Vorwahl) ist

Fern·glas *das*; (-es, Fern·glä·ser) ein optisches Gerät (mit zwei Rohren), durch das man Menschen und Dinge in der Ferne größer sieht als mit bloßem Auge | *ein Pferderennen durch ein Fernglas verfolgen*

fern·hal·ten VERB (hält fern, hielt fern, hat ferngehalten); *geschrieben* **1** **jemanden/etwas (von einer Person/Sache) fernhalten** verhindern, dass jemand oder etwas mit einer anderen Person oder einer Sache in Kontakt kommt | *die Kinder von dem Kranken fernhalten* **2** **sich (von jemandem/etwas) fernhalten** bewusst nicht zu jemandem oder an einen Ort gehen ≈ *meiden*

Fern·hei·zung *die*; *meist Singular* eine Heizungsanlage, bei welcher die Wärme über Rohre von einer zentralen Stelle aus in die einzelnen Gebäude und Wohnungen gebracht wird

Fern·lei·he *die*; (-) **1** das Verfahren, die Einrichtung, nach denen man Bücher aus Bibliotheken anderer Städte entleihen kann | *ein Buch über (die) Fernleihe bestellen* **2** die Abteilung einer Bibliothek, die für die Fernleihe zuständig ist

fern·len·ken VERB (lenkte fern, hat ferngelenkt) **etwas fernlenken** ≈ *fernsteuern* ● hierzu **Fern·len·kung** *die*

Fern·licht *das*; *nur Singular* das Licht der Scheinwerfer eines Autos, das am weitesten leuchtet ⟨das Fernlicht einschalten, ausschalten⟩

fern·lie·gen VERB (lag fern, hat ferngelegen) **etwas liegt jemandem fern** *geschrieben* jemand hat keine Absicht, etwas zu tun | *Es lag ihm fern, den Kollegen zu beleidigen*

Fern·mel·de·tech·nik *die*; *geschrieben* die technischen Grundlagen der Telekommunikation

Fern·rei·se *die* eine Urlaubsreise in ein weit entferntes Land

Fern·rohr *das* ein optisches Gerät (mit einem Rohr), durch das man Dinge sieht, die sehr weit entfernt sind ≈ *Teleskop* | *den Mond durch ein Fernrohr betrachten* → Fernglas

Fern·seh·ap·pa·rat *der* ≈ *Fernseher*

★ **fern·se·hen** VERB (sieht fern, sah fern, hat ferngesehen) Sendungen im Fernsehen ansehen | *Kinder sollten nicht stundenlang fernsehen*

★ **Fern·se·hen** *das*; (-s) **1** eine Technik, mit der man über große Entfernungen Bilder und Ton übermitteln kann | *Das Fernsehen ist eine Erfindung des 20. Jahrhunderts* **K** Fernsehantenne, Fernsehgerät **2** die Institution, die das Fernsehen organisiert | *Das Fernsehen bringt ab nächster Woche eine neue Familienserie* **K** Fernsehanstalt, Fernsehgebühren, Fernsehjournalist, Fernsehreporter, Fernsehsprecher, Fernsehstudio, Fernsehübertragung **3** das Programm, das vom Fernsehen gesendet wird | *Was gibt es heute Abend im Fernsehen?* | *Sie ist schon mal im Fernsehen aufgetreten* **K** Fernsehfilm, Fernsehprogramm, Fernsehreportage, Fernsehsendung, Fernsehserie, Fernsehzeitschrift, Fernsehzuschauer **4** *gesprochen* ≈ *Fernseher* **H** → Info-Fenster nächste Seite

F

LANDESKUNDE

▶ Fernsehen und Radio

In Deutschland gibt es etwa 400 Fernsehprogramme, die meisten davon sind jedoch regionale und lokale Angebote.

Es gibt öffentliche und private Sender. Die öffentlichen Sender werden vor allem durch Gebühren finanziert, die jeder Haushalt in Deutschland zahlen muss, sogar wenn kein Fernseher vorhanden ist. Die privaten Sender finanzieren sich entweder nur durch Werbung (frei empfangbare Sender) oder auch durch Abonnementgebühren (Pay-TV).

Die zwei wichtigsten öffentlichen Fernsehsender sind die **ARD** (auch „das erste Programm" oder „das Erste" genannt), und das **ZDF** (auch: „das zweite Programm" oder „das Zweite" genannt).

Beide Sender betreiben mehrere Programme wie z. B. das Nachrichtenprogramm **tagesschau24** der ARD, **ZDFneo** oder **KiKA**, das gemeinsame Programm für Kinder.
Die sogenannten dritten Programme sind regionale Programme der Mitglieder der ARD (z. B. **Westdeutscher Rundfunk (WDR)**, **Südwestfunk (SWR)**, **Norddeutscher Rundfunk (NDR)** und **Bayerischer Rundfunk (BR)**).

3sat ist ein Gemeinschaftsprogramm von ARD, ZDF, dem österreichischen **ORF** und dem Schweizer **SRG**. Das Programm **arte** wurde 1991 von der französischen und der deutschen Regierung geschaffen.

Zu den Privatsendern gehören z. B. **SAT.1**, **ProSieben**, **VOX**, **kabel eins**, **RTL** und **RTL II**.

Die Mitglieder der ARD bieten auch eigene **Radioprogramme** an. Daneben gibt es den landesweiten Sender **Deutschlandradio**, die international empfangbare **Deutsche Welle**, einen internationalen Sender, und eine Vielzahl privater Radiostationen.

★ **Fern·se·her** *der*; (-s, -); *gesprochen* ein Gerät, mit dem man die Sendungen des Fernsehens empfangen kann ⟨ein tragbarer Fernseher⟩

Fern·sicht *die*; (-) die weite Sicht, die man (von einem Berg, Turm, Flugzeug o. Ä. aus) hat | *Im Spätherbst herrscht im Gebirge oft gute Fernsicht*

Fern·spre·cher *der*; (-s, -); *veraltet* ≈ *Telefon*

fern·steu·ern VERB (steuerte fern, hat ferngesteuert) **etwas fernsteuern** ein technisches Gerät, ein Fahrzeug o. Ä. durch ein anderes Gerät aus einiger Entfernung steuern ⟨ein Flugzeug, einen Satelliten, eine Rakete fernsteuern⟩ | *ein ferngesteuertes Modellauto* ● hierzu **Fern·steu·e·rung** *die*

Fern·stu·di·um *das* ≈ *Fernunterricht*

Fern·uni·ver·si·tät *die* eine Institution, die eine akademische Ausbildung (durch Fernunterricht) gibt

Fern·un·ter·richt *der* eine Art von Unterricht, bei dem man nicht an einer Schule, sondern zu Hause ohne Lehrer lernt

Fern·ver·kehr *der* die Fahrzeuge, die Personen oder Güter über große Entfernungen transportieren **K** Fernverkehrsstraße

Fern·weh *das*; (-s) **Fernweh (nach etwas)** die Sehnsucht, in ein fernes Land zu fahren | *Fernweh nach fremden Ländern haben*

★ **Fer·se** *die*; (-, -n) **1** der hinterste Teil des Fußes, vor allem beim Menschen | *sich einen Dorn in die Ferse treten* **H** → Abb. unter **Fuß** **2** der Teil eines Strumpfes, der die Ferse bedeckt ■ **ID jemandem auf den Fersen sein/sitzen** *gesprochen* eine Person verfolgen und ganz nahe hinter ihr sein; **jemandem auf den Fersen bleiben** nicht aufhören, jemanden zu verfolgen; **sich an jemandes Fersen heften** *gesprochen* nicht aufhören, jemanden zu verfolgen

Fer·sen·geld *das* ■ **ID Fersengeld geben** *gesprochen, humorvoll* sehr schnell von einem Ort weglaufen, meist um vor jemandem zu fliehen

★ **fer·tig** ADJEKTIV **1** *meist prädikativ* ganz vorbereitet und bereit, etwas zu tun | *zur Abreise fertig sein* | *sich zur Abreise fertig machen* | *Dass du aber auch nie rechtzeitig fertig bist/wirst, wenn wir ins Theater gehen wollen!* **K** marschfertig, reisefertig **2** als Ganzes vollständig hergestellt | *Der Neubau ist fertig* | *„Kommt bitte zu Tisch. Das Essen ist fertig"* | *Wird das Haus rechtzeitig zum Umzug fertig?* **K** Fertigmenü, Fertigprodukt, Fertigteil, Fertigwaren; gebrauchsfertig, halbfertig **3** *gesprochen meist prädikativ* müde und erschöpft | *Nach der Rennerei war ich völlig fertig* **4** **(mit etwas) fertig sein**; **etwas fertig haben** eine Tätigkeit abgeschlossen, beendet haben ⟨mit dem Essen, mit den Hausaufgaben fertig sein⟩ **5** **etwas fertig bekommen/bringen/kriegen** *gesprochen* eine Arbeit abschließen, beenden können | *Er muss das Referat unbedingt noch heute fertig bekommen* **H** aber: *es nicht fertigbekommen/fertigkriegen, die Freunde anzulügen* (zusammengeschrieben) **6** **etwas fertig machen**; **mit etwas fertig werden** etwas zu Ende bringen, beenden | *Ich muss den Bericht bis heute Abend fertig machen* | *pünktlich mit einem Auftrag fertig werden* **7** **mit jemandem fertig sein** *gesprochen* keinen weiteren (freundschaftlichen) Kontakt mehr mit jemandem haben wollen **8** **mit jemandem fertig werden** bei einem Streit oder einer Diskussion besser sein als die genannte Person **9** **mit etwas fertig werden** meist ein Problem lösen, seelisch bewältigen | *Er wird mit der Trennung von seiner Frau einfach nicht fertig*

-fer·tig *im Adjektiv nach Substantiv oder Verb, unbetont, begrenzt produktiv* **backfertig, druckfertig, versandfertig** *und andere* so, dass die genannte Tätigkeit sofort oder ohne weitere Vorbereitungen ausgeführt werden kann | *Wann ist die Wohnung bezugsfertig?*

Fer·tig·bau *der*; (-(e)s, -ten) **1** ≈ *Fertighaus* **2** *nur Singular* eine Methode, Häuser aus großen Teilen herzustellen, die schon fertig sind und nur noch zusammengesetzt werden müssen ⟨ein Haus im Fertigbau errichten⟩

fer·tig·be·kom·men, fertig bekommen VERB (bekam fertig, hat fertigbekommen/fertig bekommen); *gesprochen* ≈ *fertigbringen*

fer·tig·brin·gen VERB (brachte fertig, hat fertiggebracht); *gesprochen* **1** **etwas fertigbringen** etwas Schwieriges, Außergewöhnliches tun können | *Er brachte das Kunststück fertig, unseren Vater zum Lachen zu bringen* | *Er hat es tatsächlich fertiggebracht, zehn Kilometer zu schwimmen* **2** **es (nicht) fertigbringen zu** *+Infinitiv* (nicht) fähig sein, etwas zu tun, womit man eine andere Person verletzt, beleidigt oder ihr Kummer macht | *Sie brachte es nicht fertig,* ihm die Wahrheit zu sagen **H** a) meist verneint; b) aber: *eine Arbeit rechtzeitig fertig bringen* (getrennt geschrieben)

fẹr·ti·gen VERB (fertigte, hat gefertigt) **etwas fertigen** *geschrieben* ≈ *herstellen* • hierzu **Fẹr·ti·gung** *die*

Fẹr·tig·ge·richt *das* ein fertig gekochtes Essen, das man im Geschäft kauft und das man nur noch warm zu machen braucht

Fẹr·tig·haus *das* ein Haus, das aus großen Bauteilen, die bereits fertig sind, in kurzer Zeit zusammengesetzt wird

★ **Fẹr·tig·keit** *die*; (-, -en) **1** *nur Singular* die Fähigkeit, etwas gut und rasch tun zu können ⟨eine Fertigkeit ausbilden, erwerben, erlangen⟩ ≈ *Geschick* | *Sie hat sich eine gewisse Fertigkeit im Malen erworben* **2** *nur Plural* die Fähigkeiten und speziellen Kenntnisse, die man vor allem für einen Beruf braucht

fẹr·tig·krie·gen VERB (kriegte fertig, hat fertiggekriegt); *gesprochen* ≈ *fertigbringen*

fẹr·tig·ma·chen VERB (machte fertig, hat fertiggemacht); *gesprochen* **1** **jemanden fertigmachen** jemanden scharf tadeln, kritisieren | *Die Kritiker haben den Sänger fertiggemacht* **2** **jemanden fertigmachen** bewirken, dass jemand oder man selbst deprimiert, verzweifelt oder körperlich erschöpft ist | *Dieser ständige Stress macht mich noch völlig fertig* **3** **jemanden fertigmachen** jemanden brutal schlagen oder töten

fẹr·tig·stel·len, **fẹr·tig stel·len** VERB (stellte fertig, hat fertiggestellt/fertig gestellt) **etwas fertigstellen** etwas (das gebaut, produziert wird) vollenden ≈ *beenden* | *Der Neubau des Theaters konnte endlich fertiggestellt werden* • hierzu **Fẹr·tig·stel·lung** *die*

fẹr·tig·wer·den VERB ≈ *fertig werden*

fẹsch ADJEKTIV; *süddeutsch* Ⓐ, *gesprochen* ⟨ein Kleid; fesch aussehen⟩ ≈ *hübsch*

Fẹs·sel *die*; (-, -n); *meist Plural* **1** eine Kette, ein Riemen, ein Strick o. Ä., mit denen man jemanden fesselt ⟨jemanden in Fesseln legen; jemandem die Fesseln abnehmen, lösen; sich von den Fesseln befreien⟩ **2** der (schmale) Teil des Beines zwischen Wade und Fußgelenk ⟨schlanke, starke Fesseln⟩ **3** (vor allem bei Pferden) der schmale Teil zwischen Huf und Bein

fẹs·seln VERB (fesselte, hat gefesselt) **1** **jemanden (an etwas** (*Akkusativ*)**) fesseln** einer Person Arme oder Beine so zusammenbinden, dass sie sich nicht mehr bewegen kann ⟨jemanden an Händen und Füßen fesseln; jemanden fesseln und knebeln⟩ **2** **etwas fesselt jemanden** etwas interessiert eine Person so stark, dass sie sich ganz darauf konzentriert | *Der Kriminalroman fesselte ihn*

★ **fẹst** ADJEKTIV (fester, festest-) **1** *ohne Steigerung* nicht flüssig oder gasförmig, sondern so, dass es die äußere Form behält ⟨ein Brennstoff; Nahrung⟩ | *Eis ist Wasser in festem Zustand* **K** Feststoff **2** so hart oder haltbar, dass es nicht reißt oder bricht ⟨Gestein; ein Faden, ein Gewebe⟩ ≈ *stabil* | *Für die Bergwanderung braucht man feste Schuhe* **3** ohne (größeren) Zwischenraum, in engem Kontakt mit einem Material oder einem Körper ⟨ein Verband, ein Knoten; etwas fest verbinden⟩ | *Sie fror und zog die Jacke fester um ihre Schultern* **4** mit (körperlicher) Kraft ⟨ein Händedruck⟩ | *vor Wut die Lippen fest aufeinanderpressen* **5** so, dass es gleich bleibt und nicht wechselt oder sich den Umständen anpasst ⟨ein Einkommen, ein Preis, ein Wohnsitz, ein Freundeskreis; eine feste Bindung eingehen⟩ ≈ *konstant* **K** Festpreis **6** nicht bereit, etwas zu ändern oder aufzuhören | *die feste Absicht haben, etwas zu tun* | *Es war sein fester Entschluss, mit dem Rauchen aufzuhören* | *Er glaubte fest daran, dass seine Frau zu ihm zurückkehren würde* **7** so, dass man sich daran halten muss oder sollte ⟨feste Pläne, Termine haben; etwas unterliegt festen Regeln⟩ ≈ *verbindlich* | *Sie hatte ihren Freunden fest versprochen, zu Besuch zu kommen* **8** energisch und mit dem Gefühl, dass man recht hat oder sehr gut ist ⟨ein Blick; mit fester Stimme sprechen⟩ **9** *meist attributiv* (im Hinblick auf Moral, Lebensanschauung o. Ä.) von Prinzipien bestimmt, die sich nicht ändern | *einen festen Charakter besitzen* **K** charakterfest **10** *gesprochen* verwendet, um Verben zu verstärken ⟨fest arbeiten, feiern, schlafen⟩

★ **Fẹst** *das*; (-(e)s, -e) **1** eine Veranstaltung, bei der sich mehrere Personen treffen, um miteinander zu feiern und fröhlich zu sein ⟨ein ausgelassenes, frohes, fröhliches, gelungenes, rauschendes Fest; ein Fest veranstalten, feiern⟩ ≈ *Feier* **K** Festansprache, Festbankett, Festessen, Festkleid, Festmahl, Festrede, Festsaal, Festtafel; Familienfest, Gartenfest, Hochzeitsfest, Kinderfest, Neujahrsfest, Sommerfest **2** der Tag oder die Tage, an denen ein wichtiges religiöses Ereignis gefeiert wird | *Zu Weihnachten feiern die Christen das Fest der Geburt Christi* **K** Festgottesdienst; Osterfest, Pfingstfest, Weihnachtsfest ■ **ID** **Man muss die Feste feiern, wie sie fallen** *gesprochen* man sollte keine Gelegenheit versäumen zu feiern

★ **fẹst-** (*im Verb, betont und trennbar, begrenzt produktiv; Diese Verben werden so gebildet:* festbinden, band fest, festgebunden) **etwas festdrücken, festkleben, festklemmen, festnageln**; **etwas/jemanden festklammern, festschnallen**; **etwas hängt fest, klebt fest** *und andere* drückt aus, dass eine Person oder Sache von irgendwo nicht mehr oder nur schwer wegkommen kann, entfernt werden kann (und dort fest bleibt) | *Er band den Hund am Zaun fest* (Er band den Hund so an den Zaun, dass dieser nicht mehr weglaufen konnte)

-fẹst *im Adjektiv, unbetont, begrenzt produktiv* **feuerfest, hitzefest, waschmaschinenfest, wetterfest** *und andere* so, dass es durch das Genannte nicht beschädigt oder zerstört werden kann | *bruchfestes Glas*

fẹst·bei·ßen VERB (*hat*) **1** **ein Tier beißt sich fest** ein Tier beißt zu und lässt nicht mehr los **2** **sich (an etwas** (*Dativ*)**) festbeißen** *gesprochen* sich nicht mehr von einer Vorstellung lösen (können) | *Er hat sich an dieser Idee festgebissen*

fẹst·fah·ren VERB (*hat*) **1** **etwas fährt sich irgendwo fest** etwas bleibt mit den Rädern im weichen Boden stecken | *Das Auto hat sich im Sand festgefahren* **2** **sich festfahren** mit seiner Arbeit nicht mehr weiterkommen (weil Schwierigkeiten auftreten) | *Mit seiner Argumentation hat er sich völlig festgefahren* **3** **etwas fährt sich fest** etwas kommt nicht mehr voran, kann nicht mehr fortgesetzt werden ⟨Verhandlungen⟩

Fẹst·geld *das* Geld, das man auf der Bank für eine vorher festgelegte Zeit spart (und nicht sofort wieder abheben kann)

★ **fẹst·hal·ten** VERB (*hat*) **1** **jemanden/etwas (mit etwas) (an etwas** (*Dativ*)**) festhalten** jemanden/etwas meist mit den Händen greifen und halten ⟨jemanden am Arm, Mantel festhalten; einen Hund (am Halsband) festhalten; etwas mit den Zähnen festhalten⟩ ↔ *loslassen* | *Ein mutiger Mann hielt den Einbrecher fest, bis die Polizei kam* **2** **jemanden (irgendwo) festhalten** jemanden daran hindern, einen Ort zu verlassen ↔ *freilassen* | *jemanden an der Grenze festhalten* **3** **jemanden/etwas (in etwas** (*Dativ*)**/mit etwas) festhalten** jemanden/etwas beschreiben, fotografieren oder filmen | *jemanden im Bild festhalten* | *etwas mit der Kamera festhalten* **4** **an etwas** (*Dativ*) **festhalten** sich an etwas halten ⟨an alten Gewohnheiten festhalten; (unbeirrt) an einem Vorsatz, an einer Meinung festhalten⟩ **5** **an jeman-**

dem festhalten jemanden nicht verlassen (meist trotz schwieriger Umstände) | *Sie hielt treu an ihren alten Freunden fest* **6** **sich (an jemandem/etwas) festhalten** eine Person oder etwas ergreifen (z. B. damit man nicht stürzt) | *sich (mit den Händen) am Geländer festhalten*

fes·ti·gen VERB (festigte, hat gefestigt) **1** **etwas festigen** etwas stärker, sicherer oder intensiver machen ⟨eine Freundschaft, ein Bündnis, seine Herrschaft festigen⟩ **2** **etwas festigt sich** etwas wird stärker, sicherer oder intensiver | *Die Beziehungen zwischen den beiden Ländern haben sich in den letzten Jahren gefestigt* ● hierzu **Fes·ti·gung** *die*

Fes·ti·ger *der*; (-s, -) eine Flüssigkeit, welche der Frisur Halt gibt K Haarfestiger

Fes·tig·keit *die*; (-) **1** die Eigenschaft eines Materials, zu halten und nicht zu zerbrechen **2** die Eigenschaft einer Beziehung, eines Systems oder eines Charakters, stabil zu bleiben | *die Festigkeit eines politischen Systems* | *Die Festigkeit ihrer Freundschaft wurde auf die Probe gestellt*

★ **Fes·ti·val** [-val, -vəl] *das*; (-s, -s) eine große kulturelle Veranstaltung, die meist mehrere Tage dauert ≈ *Festspiele* | *ein Festival des modernen Theaters* K Festivalbesucher, Festivalpublikum; Filmfestival, Rockfestival, Schlagerfestival, Theaterfestival

Fest·land *das*; *nur Singular* eine große Masse von Land, die eine Einheit bildet | *das griechische Festland und die griechischen Inseln* | *die Fährverbindungen zwischen England und dem europäischen Festland* ● hierzu **fest·län·disch** ADJEKTIV

★ **fest·le·gen** VERB (*hat*) **1** **etwas festlegen** *geschrieben* (offiziell) erklären, dass etwas gilt ⟨die Gebühren, den Preis für etwas, einen Termin, einen Zeitpunkt, die Tagesordnung festlegen⟩ **2** **jemanden (auf etwas** (*Akkusativ*)**) festlegen** etwas für definitiv (endgültig) erklären | *Er wollte sich auf keine Zusage festlegen lassen*

★ **fest·lich** ADJEKTIV **1** zu einem Fest passend ⟨ein Essen, Kleidung⟩ | *ein festlich geschmückter Saal* **2** in Form einer Veranstaltung, bei der man etwas feiert ⟨ein Empfang, eine Premiere⟩

Fest·lich·keit *die*; (-, -en) **1** *geschrieben* eine feierliche Veranstaltung, ein großes Fest | *die Festlichkeiten anlässlich des Firmenjubiläums* **2** *nur Singular* eine festliche Atmosphäre, Stimmung

fest·lie·gen VERB (*hat/ist*) **1** **ein Schiff liegt fest** ein Schiff kann nicht mehr weiterfahren, weil das Wasser nicht tief genug ist **2** **etwas liegt fest** etwas ist offiziell entschieden | *Der genaue Termin für die Sitzung liegt jetzt fest*

★ **fest·ma·chen** VERB (*hat*) **1** **etwas irgendwo festmachen** bewirken, dass etwas irgendwo fest und eng verbunden ist und dort bleibt ≈ *befestigen* **2** **(mit jemandem) etwas festmachen** *gesprochen* einen Termin, einen Zeitpunkt für eine Verabredung o. Ä. endgültig bestimmen | *mit dem Zahnarzt einen Termin festmachen* **3** **(irgendwo) festmachen** ein Boot oder ein Schiff in einem Hafen mit einem dicken Seil festbinden ⟨an dem/der Pier, der Mole festmachen; in einem Hafen festmachen⟩ ≈ *anlegen* | *Die Fregatte hat im Marinehafen festgemacht* | *Wir haben mit dem Frachter in Bremerhaven festgemacht*

fest·na·geln VERB (*hat*) **jemanden (auf etwas** (*Akkusativ*)**) festnageln** *gesprochen* eine Person dazu bringen, dass sie genau das tut, was sie gesagt oder versprochen hat **i** weitere Verwendungen → **fest-**

Fest·nah·me *die*; (-, -n) eine Handlung (vor allem der Polizei), durch die jemand in Haft genommen wird ⟨sich der Festnahme entziehen⟩ | *Die Festnahme des Verbrechers erfolgte gestern*

★ **fest·neh·men** VERB (*hat*) **jemanden festnehmen** (vor allem als Polizist) jemanden (vorläufig) in Haft nehmen ≈ *verhaften* | *Die Polizei nahm bei der Demonstration zehn Randalierer fest*

Fest·netz *das* das Netz der Telefonkabel, an das Gebäude angeschlossen sind ↔ *Mobilfunk* | *Der Anruf bei der Servicenummer kostet 42 Cent vom Handy und 14 Cent aus dem Festnetz* K Festnetzanschluss

Fest·plat·te *die* eine Platte in einem Computer, die fest eingebaut ist und auf der man Daten speichert

Fest·re·de *die* eine Rede, die auf einem Fest gehalten wird ● hierzu **Fest·red·ner** *der*

Fest·schrift *die* **eine Festschrift (für jemanden)** ein Buch, das für jemanden (z. B. einen Wissenschaftler) bei einem Jubiläum herausgegeben wird

fest·set·zen VERB (*hat*) **1** **etwas (für etwas/auf etwas** (*Akkusativ*)**) festsetzen** ≈ *festlegen* | *einen Termin für die nächste Sitzung festsetzen* **2** **etwas setzt sich irgendwo fest** etwas bildet oder sammelt sich irgendwo und bleibt dort haften | *Am Blumentopf hat sich eine Schicht Kalk festgesetzt* **3** **etwas setzt sich in jemandem fest** eine Person hat eine Idee oder Vorstellung, an die sie ständig denken muss | *In mir hatte sich der Gedanke festgesetzt, es noch einmal zu versuchen* ● zu (1,2) **Fest·set·zung** *die*

fest·sit·zen VERB (*hat/ist*) **1** **etwas sitzt fest** etwas ist so angebracht, befestigt, dass es dort (fest) bleibt | *ein festsitzender Verschluss* **2** nicht mehr weiterfahren, weiterreisen können | *Wegen des Streiks der Fluglotsen sitzen wir hier in Rom fest*

Fest·spie·le *die*; *Plural* eine Reihe von kulturellen Veranstaltungen, die immer wieder am gleichen Ort stattfinden | *die Salzburger Festspiele* K Festspielbühne, Festspielgast, Festspielhaus, Festspielstadt

fest·ste·cken VERB (*hat*) **1** **etwas (an etwas** (*Dativ*)**) feststecken** etwas mit Nadeln an etwas befestigen | *den Ärmel am Mantel feststecken* **2** sich nicht mehr weiterbewegen können | *Wahrscheinlich steckt er im Stau fest* | *in einer engen Röhre feststecken*

★ **fest·ste·hen** VERB (*hat/ist*) **etwas steht fest** etwas ist endgültig entschieden oder bekannt, ist nicht zu ändern | *Mein Entschluss steht fest* | *Steht schon fest, wann sie heiraten?*

★ **fest·stel·len** VERB (*hat*) **1** **etwas feststellen** (vor allem durch Nachforschen, Untersuchen, Prüfen) Informationen über etwas bekommen ⟨jemandes Personalien feststellen; die Windrichtung, die Todesursache feststellen⟩ ≈ *ermitteln* | *Man hat festgestellt, dass die Schäden an den Bäumen auf die Luftverschmutzung zurückzuführen sind* **2** **etwas (an jemandem/etwas) feststellen** etwas an jemandem bemerken oder erkennen ⟨eine Veränderung (an jemandem/etwas) feststellen⟩ **3** **etwas feststellen** (entschieden) auf eine Tatsache hinweisen | *Ich möchte einmal deutlich feststellen, dass wir unsere Planung ändern müssen* ● zu (1,2) **fest·stell·bar** ADJEKTIV

Fest·stel·lung *die*; (-, -en) **1** *nur Singular* das Erkennen und Bestimmen einer Sache ⟨die Feststellung der Todesursache⟩ ≈ *Ermittlung* **2** etwas, das man durch Sehen, Hören usw. erkannt hat **3** **eine Feststellung machen/treffen** *geschrieben* ≈ *feststellen*

Fest·tag *der* ein Tag, an dem man (z. B. einen Geburtstag oder ein Jubiläum) feiert

Fes·tung *die*; (-, -en) ein großer Bau mit starken Mauern und Türmen, in dem sich die Menschen vor ihren Feinden schützen ⟨eine Festung belagern, stürmen, einnehmen⟩ K Festungsanlage, Festungsbau, Festungsgelände, Festungsgraben, Festungswall

Fest·zug *der* ein Umzug während eines Festes

Fe·te *die*; (-, -n); *veraltet* ein privates Fest (meist mit Musik und Tanz) ⟨auf eine Fete gehen⟩ ≈ *Party*

Fe·tisch *der*; (-(e)s, -e) ein Gegenstand, von dem man glaubt, dass er magische Kräfte habe ⟨einen Fetisch anbeten, verehren; etwas zum Fetisch machen⟩

★ **fett** ADJEKTIV (fetter, fettest-) **1** mit viel Fett ⟨Fleisch, Käse, Milch, Quark, Speck⟩ ↔ *mager* K fettarm, fettfrei, fettreich **2** *gesprochen, abwertend* mit viel Fett am Körper ≈ *dick* ↔ *schlank* | *Weil er zu viel Kuchen isst, ist er ziemlich fett geworden* **3** mit dickeren Strichen gedruckt und daher auffällig | *eine Überschrift, die in fetten Lettern gedruckt ist* K Fettdruck **4** *gesprochen* sehr groß ⟨fette Gewinne machen⟩ **5** *gesprochen!* verwendet, um Anerkennung auszudrücken | *Der Rapper fand den Sound voll fett*

★ **Fett** *das*; (-(e)s, -e) **1** *nur Singular* die weiße oder gelbe Schicht, die bei Menschen und Tieren direkt unter der Haut ist (und z. B. die Aufgabe hat, den Körper warm zu halten) ⟨Fett ansetzen⟩ K Fettablagerung, Fettansatz, Fettgewebe, Fettpolster, Fettzelle **2** *nur Singular* eine (feste) Masse, die man aus dem Fett von Tieren oder Pflanzen gewinnt und die man oft beim Kochen (oder Braten) braucht ⟨ranziges Fett⟩ | *Kartoffeln in Fett (an)braten* K Fetttropfen; Entenfett, Gänsefett, Pflanzenfett, Schweinefett **3** eine feste oder flüssige Substanz, die vor allem aus den Zellen von Tieren und Pflanzen gewonnen wird (und die im Wasser nicht löslich ist) ⟨pflanzliche, tierische Fette⟩ K Fettsäure
■ ID **sein Fett abbekommen/abkriegen** *gesprochen* die Strafe, den Tadel oder die Kritik bekommen, die man verdient hat

fet·ten VERB (fettete, hat gefettet) **etwas fettet** etwas gibt/sondert Fett ab | *Die Handcreme fettet (stark)* | *Ihre Haare fetten schnell*

Fett·fleck *der* ein Fleck, der durch Fett oder Öl entstanden ist | *Fettflecke auf der Tischdecke*

fet·tig ADJEKTIV **1** voller Fett **2** ⟨Haare, Haut⟩ so, dass sie viel Fett haben oder bilden

Fett·näpf·chen *das* ■ ID **(bei jemandem) ins Fettnäpfchen treten** *gesprochen, humorvoll* etwas auf eine falsche (oder ungeschickte) Art sagen oder tun und damit andere Leute beleidigen oder verärgern

Fett·stift *der* ein Stift aus fettiger Creme, die man auf die Lippen gibt, um sie vor Kälte zu schützen

Fett·wanst *der*; *gesprochen, abwertend* ein dicker Mann

fet·zen VERB (fetzte, hat/ist gefetzt); *gesprochen* **1** **etwas von etwas fetzen** *(hat)* etwas heftig (und achtlos) von etwas reißen | *ein Plakat von der Wand fetzen* **2** **irgendwohin fetzen** *(ist)* sehr schnell irgendwohin rennen oder fahren **3** **etwas/das fetzt!** *(ist)* etwas ist aufregend, weckt Begeisterung ⟨die Musik⟩

Fet·zen *der*; (-s, -) **1** ein abgerissenes kleines Stück Papier oder Stoff (mit einer unregelmäßigen Form) | *ein Blatt Papier in kleine Fetzen reißen* | *Die Tapete hing in Fetzen von der Wand* **2** *meist Plural* Teile, Ausschnitte eines Gesprächs, einer Melodie (die man zufällig hört) **3** *gesprochen, abwertend* ≈ *Kleidungsstück* ■ ID ⟨sich prügeln, streiten⟩, **dass die Fetzen fliegen** *meist gesprochen* sich heftig prügeln, streiten

fet·zig ADJEKTIV; *gesprochen* toll, mitreißend | *fetzige Musik*

★ **feucht** ADJEKTIV (feuchter, feuchtest-) **1** nicht trocken und auch nicht ganz nass | *Wäsche lässt sich gut bügeln, wenn sie noch feucht ist* | *den Tisch mit einem feuchten Lappen abwischen* | *feuchte Hände* **2** mit viel Wasserdampf in der Luft ⟨Wetter, ein Klima⟩ | *Sie verträgt die feuchte Hitze der Tropen nicht* K feuchtheiß, feuchtkalt, feuchtwarm

feucht·fröh·lich ADJEKTIV; *gesprochen, humorvoll* in fröhlicher Stimmung und vom Alkohol angeregt ⟨eine Gesellschaft, ein Fest⟩ | *eine feuchtfröhliche Geburtstagsfeier*

★ **Feuch·tig·keit** *die*; (-) **1** der Wasserdampf oder die leichte Nässe, die in der Luft enthalten sind K Feuchtigkeitsgehalt; Luftfeuchtigkeit **2** die leichte Nässe, die in etwas ist ⟨etwas gibt viel Feuchtigkeit ab; etwas saugt viel Feuchtigkeit auf⟩ | *Durch die Feuchtigkeit der Wand bildet sich Schimmel*

feu·dal ADJEKTIV **1** im Feudalismus, auf ihn bezogen | *die feudale Oberschicht im späten Mittelalter* K Feudaladel, Feudalherr, Feudalherrschaft, Feudalsystem **2** *gesprochen* sehr vornehm, luxuriös und teuer | *eine feudale Villa* | *ein feudales Essen*

Feu·da·lis·mus *der*; (-); *historisch* ein (gesellschaftliches und wirtschaftliches) System im europäischen Mittelalter, in dem die Adeligen das Land besaßen und es dafür auch verteidigen mussten • hierzu **feu·da·lis·tisch** ADJEKTIV

★ **Feu·er** *das*; (-s, -) **1** *meist Singular* Feuer gibt es, wenn Dinge (z. B. Kohle, Holz oder Öl) verbrennen und Flammen, Licht und Wärme entstehen ⟨ein flackerndes, loderndes, offenes, prasselndes Feuer; das olympische Feuer; das Feuer brennt, erlischt; das Feuer (im Herd, im Ofen, im Kamin) anzünden, anmachen, schüren, ausgehen lassen⟩ | *Wilde Tiere haben Angst vor Feuer* K Feuerholz, Holzfeuer, Kaminfeuer **2** *nur Singular* ein Feuer, das Dinge zerstört und gefährlich ist ⟨ein verheerendes Feuer; Feuer legen; ein Feuer eindämmen, löschen; im Feuer umkommen⟩ ≈ *Brand* | *Das Feuer brach in einem Lagerhaus aus und griff rasch auf die umliegenden Häuser über* K Feueralarm, Feuergefahr, Feuerschaden, Feuerversicherung **3** **jemandem Feuer geben** jemandem die Zigarette anzünden **4** *nur Singular* vor allem der (außergewöhnliche) Glanz, der durch reflektiertes Licht entsteht | *das Feuer eines Edelsteins* **5** *nur Singular* ein starkes Temperament ⟨das Feuer der Leidenschaft; jugendliches Feuer besitzen⟩ **6** **Feuer!** verwendet als Ausruf, wenn ein Feuer ausgebrochen ist, um andere Personen zu warnen oder um Hilfe zu bitten **7** **Feuer!** verwendet als Kommando zum Schießen **8** *nur Singular* das (mehrmalige) Schießen mit Gewehren o. Ä. ⟨das Feuer (auf jemanden) eröffnen, einstellen; etwas unter Feuer nehmen⟩ ≈ *Beschuss* K Feuergefecht, Feuerpause, Feuerwaffe; Geschützfeuer, Kanonenfeuer, Maschinengewehrfeuer **9** **jemanden um Feuer bitten** jemanden bitten, einem die Zigarette anzuzünden **10** **Hast du/Haben Sie Feuer?** *gesprochen* verwendet, um eine andere Person zu fragen, ob sie einem die Zigarette anzünden kann
■ ID **für jemanden durchs Feuer gehen** eine Person so sehr schätzen oder lieben, dass man alles für sie tun würde; **mit dem Feuer spielen** aus Leichtsinn handeln und dadurch sich selbst oder andere Personen in Gefahr bringen; **(für jemanden/etwas) Feuer und Flamme sein** von jemandem/etwas begeistert sein; **etwas fängt Feuer** etwas beginnt zu brennen; **Feuer fangen** *gesprochen* **a** sich plötzlich für jemanden/etwas begeistern **b** sich in jemanden verlieben

feu·er·be·stän·dig ADJEKTIV ≈ *feuerfest*

Feu·er·be·stat·tung *die* ≈ *Einäscherung*

feu·er·fest ADJEKTIV so, dass es durch Feuer nicht verändert, beschädigt oder zerstört wird ⟨Glas⟩ | *ein feuerfester Anzug*

feu·er·ge·fähr·lich ADJEKTIV so, dass es leicht brennt | *Benzin ist eine feuergefährliche Substanz*

Feu·er·lei·ter *die* eine eiserne Leiter an (der Rückseite von) großen Gebäuden, über die man diese verlassen kann, wenn es brennt

Feu·er·lö·scher *der*; (-s, -) ein Behälter aus Eisen, der Schaum enthält, mit dem man einen kleinen Brand löschen kann

Feu·er·mel·der *der*; (-s, -) ein Gerät, mit dem man (Feueralarm geben und) die Feuerwehr rufen kann ⟨einen

Feuermelder einschlagen, betätigen⟩

feu·ern VERB (feuerte, hat gefeuert) **1** **jemanden feuern** *gesprochen* jemanden (sofort) aus dem Dienst entlassen ≈ *kündigen* | *Er wurde fristlos gefeuert* **2** **etwas irgendwohin feuern** *gesprochen* etwas (meist aus Wut) irgendwohin werfen | *Am letzten Schultag feuerte er seine Schultasche in die Ecke* **3** **auf jemanden/etwas feuern** mit einem Gewehr oder einer Pistole (mehrere Male) auf jemanden/etwas schießen

Feu·er·pro·be *die* ■ ID **die Feuerprobe bestehen** in einer schwierigen Situation, die man zum ersten Mal erlebt, gut reagieren

F

feu·er·rot ADJEKTIV intensiv rot | *vor Wut feuerrot im Gesicht werden*

Feu·ers·brunst *die*; (-, Feu·ers·brüns·te); *geschrieben* ein Brand, bei dem ein großer Schaden entsteht

Feu·er·schutz *der* ■ ID **jemandem Feuerschutz geben** heftig auf den Gegner schießen, damit jemand irgendwohin laufen kann, ohne vom Gegner erschossen zu werden, oder damit die eigenen Truppen vorankommen

Feu·er·stein *der* ein Stein, mit dem man (durch Reibung) Funken erzeugen kann

Feu·er·tau·fe *die* der erste Anlass, bei dem eine Person zeigen muss, was sie kann ⟨die Feuertaufe bestehen, erhalten; die Feuertaufe noch vor sich (*Dativ*) haben⟩

Feu·er·wa·che *die* **1** das Gebäude, in dem die Geräte, Fahrzeuge o. Ä. der Feuerwehr auf den Einsatz warten **2** die Feuerwehrleute, die ein Feuer bewachen bzw. die nach einem gelöschten Brand aufpassen, dass das Feuer nicht wieder ausbricht

Feu·er·waf·fe *die*; *meist Plural* ≈ *Schusswaffe*

★ **Feu·er·wehr** *die*; (-, -en) eine Gruppe von Personen, deren (berufliche) Aufgabe es ist, Brände zu löschen ⟨die freiwillige Feuerwehr; die Feuerwehr rückt aus⟩ | *Als er den Rauch aus dem Haus aufsteigen sah, alarmierte er sofort die Feuerwehr* K Feuerwehrauto, Feuerwehrleiter, Feuerwehrmann, Feuerwehrspritze, Feuerwehrübung; Berufsfeuerwehr ■ ID **(schnell) wie die Feuerwehr** *gesprochen* sehr schnell

Feu·er·werk *das*; *meist Singular* Feuerwerke sind die bunten Lichter und kleinen Explosionen am Himmel, mit denen man z. B. das neue Jahr feiert ⟨ein Feuerwerk abbrennen⟩

Feu·er·werks|bat·te·rie *die* mehrere Raketen usw., die nacheinander explodieren, nachdem die erste angezündet wurde

Feu·er·werks|kör·per *der* eine kleine Rakete o. Ä., die am Himmel explodiert und buntes Licht erzeugt

★ **Feu·er·zeug** *das*; (-(e)s, -e) ein kleines Gerät, mit dem man Zigaretten und Kerzen anzünden kann K Benzinfeuerzeug, Gasfeuerzeug, Taschenfeuerzeug

Feuil·le·ton [fœjə'tõ:] *das*; (-s, -s) der kulturelle oder unterhaltende Teil einer Zeitung K Feuilletonredakteur, Feuilletonredaktion, Feuilletonstil; Filmfeuilleton, Theaterfeuilleton

feu·rig ADJEKTIV **1** voll Leidenschaft und Temperament ⟨ein Liebhaber, ein Temperament, Küsse⟩ **2** so hell und rot wie Feuer ⟨ein Glanz, ein Schein⟩ | *Der feurige Ball der Abendsonne versinkt im Meer* **3** glänzend, funkelnd ⟨ein Edelstein⟩ | *ein feuriger Rubin*

FH [ɛf'ha:] *die*; (-, -s) Abkürzung für *Fachhochschule*

Fi·a·ker *der*; (-s, -) eine Kutsche mit zwei Pferden, mit der (vor allem in Wien) Touristen durch die Stadt (zu den Sehenswürdigkeiten) gefahren werden

Fi·as·ko *das*; (-s, -s); *meist Singular* ein großer Misserfolg ⟨etwas endet in einem Fiasko⟩

Fi·bel *die*; (-, -n); *veraltend* das erste Lesebuch, nach dem Schulkinder lesen und schreiben lernen K Kinderfibel, Schulfibel

ficht *Präsens, 3. Person Singular* → fechten

Fich·te *die*; (-, -n) **1** ein Baum mit kurzen Nadeln und hängenden Zapfen K Fichtenbestand, Fichtenholz, Fichtennadel, Fichtenschonung, Fichtenzapfen **2** das Holz der Fichte | *ein Schrank aus Fichte*

fi·cken VERB (fickte, hat gefickt); *gesprochen* ⚠ **jemanden ficken; (mit jemandem) ficken** mit jemandem Sex haben

fi·del ADJEKTIV; *gesprochen* ⟨ein Mensch, eine Gesellschaft⟩ ≈ *fröhlich, lustig*

★ **Fie·ber** *das*; (-s) **1** die zu hohe Temperatur des Körpers, die ein Symptom für eine Krankheit ist ⟨hohes, leichtes Fieber; Fieber bekommen, haben; Fieber messen; das Fieber fällt, steigt; mit Fieber im Bett liegen⟩ | *Er hat 39 Grad Fieber* K Fieberanfall, Fieberthermometer, fieberheiß, fieberkrank **2** *geschrieben* ein leidenschaftliches Verlangen nach etwas ⟨ein Fieber ergreift jemanden, kommt über jemanden⟩ K Arbeitsfieber, Jagdfieber, Spielfieber, Wettfieber

fie·ber·frei ADJEKTIV (wieder) ohne Fieber

fie·ber·haft ADJEKTIV mit großer Eile, Aufregung verbunden ⟨Eile, Hast; Spannung, Unruhe⟩ ≈ *hektisch*

fie·bern VERB (fieberte, hat gefiebert) **1** Fieber haben **2** sehr aufgeregt und nervös sein ⟨vor Aufregung, Erregung, Spannung fiebern⟩ **3** **nach etwas fiebern** *geschrieben* etwas dringend haben wollen | *Er fiebert nach Ruhm und Anerkennung*

fie·ber·sen·kend ADJEKTIV *meist attributiv* mit der Wirkung, dass das Fieber sinkt ⟨ein Medikament, ein Zäpfchen⟩

fieb·rig ADJEKTIV **1** mit Fieber | *Der Patient ist fiebrig* | *Seine Augen glänzen fiebrig* | *eine fiebrige Erkältung* **2** sehr aufgeregt und nervös ⟨Eile; Spannung⟩

Fie·del *die*; (-, -n); *gesprochen, humorvoll* ≈ *Geige* ● hierzu **fie·deln** VERB (*hat*)

fiel *Präteritum, 1. und 3. Person Singular* → fallen

fies ADJEKTIV (fieser, fiesest-); *gesprochen, abwertend* ⟨ein Kerl, ein Typ⟩ ≈ *böse, gemein, hässlich*

fif·ty-fif·ty ['fɪftɪ 'fɪftɪ] ADVERB; *gesprochen* **1** **etwas fifty-fifty teilen; fifty-fifty machen** etwas so teilen oder regeln, dass jeder genau die Hälfte bekommt | *Wenn wir bei der Lotterie gewinnen, machen wir fifty-fifty* **2** **etwas steht fifty-fifty** etwas (z. B. ein Wettbewerb) ist noch nicht entschieden

Fight [fait] *der*; (-s, -s); *gesprochen* **1** ein Boxkampf **2** das intensive Kämpfen (Fighten) um den Sieg

figh·ten ['faitn̩] VERB (fightete, hat gefightet) **irgendwie fighten** *gesprochen* hart um den Sieg kämpfen (und nicht aufgeben) ● hierzu **Figh·ter** *der*

★ **Fi·gur** *die*; (-, -en) **1** *meist Singular* die äußere Erscheinung, Gestalt eines Menschen und ihre Proportionen ⟨eine gute, schlanke, tolle Figur haben⟩ | *Als Model muss sie sehr auf ihre Figur achten und isst daher sehr wenig* K Idealfigur **2** eine Person, die zu einem Zeitpunkt oder für ein Ereignis sehr wichtig war | *Robespierre war eine wichtige Figur der Französischen Revolution* **3** eine Person, die in einem Roman, Film o. Ä. vorkommt | *Für die Figuren seines Romans nahm der Autor Menschen aus seinem Leben als Vorbild* K Charakterfigur, Romanfigur **4** *gesprochen, meist abwertend* verwendet für eine unbekannte Person (vor allem für einen Mann) | *In der dunklen Straße schlichen ein paar seltsame, verdächtige Figuren herum* **5** die (meist künstlerisch) geformte oder gezeichnete Abbildung eines Menschen oder Tieres ⟨eine Figur aus Holz, Porzellan, Ton⟩ | *eine Figur in Stein hauen* K Gipsfigur, Porzellanfigur, Wachsfigur **6** ein kleiner Gegenstand (meist aus Holz oder Plastik), der bei Brettspielen (wie z. B. Schach) verwendet wird ⟨die Figuren aufstellen; mit einer Figur ziehen⟩ K Schachfigur **7** eine geometrische Form (z. B. ein Dreieck, ein Kreis oder ein Würfel) ⟨eine geometrische Figur zeichnen⟩ **8** (vor allem beim Eiskunstlaufen und Tanzen) eine (vorgeschriebene) Folge von Bewegungen ⟨Figuren laufen⟩ | *Die Pirouette ist eine schwierige Figur* K Tanzfigur

■ ID **eine gute/schlechte Figur machen/abgeben** *gesprochen* sich so benehmen, dass man einen guten oder schlechten Eindruck auf andere Personen macht • zu (1,5) **fi·gür·lich** ADJEKTIV

Fik·ti·on [-ˈtsi̯oːn] *die*; (-, -en); *geschrieben* etwas, das nicht wirklich, sondern nur angeblich oder in der Vorstellung existiert

fik·tiv [-f] ADJEKTIV; *geschrieben* nicht wirklich, sondern frei erfunden | *ein fiktiver Dialog zwischen Newton und Einstein*

Fi·let [fiˈleː] *das*; (-s, -s) **1** ein zartes Stück Fleisch ohne Knochen vom Rücken vor allem eines Rinds oder Schweins K Filetbraten, Filetsteak; Rinderfilet, Schweinefilet **2** ein Stück Fleisch aus der Brust des Geflügels K Hähnchenfilet, Putenfilet **3** ein Stück Fleisch ohne Gräten vom Fisch K Heringsfilet, Makrelenfilet, Sardellenfilet

★ **Fi·li·a·le** *die*; (-, -n) **1** ein (meist kleines) Geschäft, das eine Person zusätzlich zu ihrem ersten Geschäft an einer anderen Stelle führt | *Der Bäcker gründet eine Filiale am Rand der Stadt* K Filialgeschäft **2** eines von mehreren Büros oder Geschäften meist einer Bank oder einer Versicherung, die in einem anderen Teil der Stadt oder in einem anderen Ort geführt werden ⟨eine Filiale eröffnen, leiten⟩ K Filialleiter

★ **Film** *der*; (-(e)s, -e) **1** ein transparenter Streifen, der zu einer Rolle aufgewickelt ist und auf den eine Kamera Bilder aufnimmt ⟨ein hochempfindlicher Film; einen neuen Film (in die Kamera/den Fotoapparat) einlegen; einen Film entwickeln⟩ K Filmspule; Farbfilm, Schmalfilm, Schwarz-Weiß-Film, Röntgenfilm **2** Filme, die im Kino oder im Fernsehen gezeigt werden, erzählen eine Geschichte in bewegten Bildern ⟨einen Film (ab)drehen, machen, synchronisieren, vorführen⟩ | *Der Film läuft seit vielen Wochen im Kino* K Filmaufnahme, Filmfestspiele, Filmkamera, Filmkritik, Filmkritiker, Filmmaterial, Filmmusik, Filmpremiere, Filmproduzent, Filmstar, Filmstudio, Filmverleih, Filmvorführung; Abenteuerfilm, Cowboyfilm, Dokumentarfilm, Fernsehfilm, Kriminalfilm, Liebesfilm, Stummfilm, Tonfilm, Wildwestfilm, Zeichentrickfilm **3** *nur Singular* die Firmen, die Filme produzieren ⟨beim Film sein, zum Film gehen⟩ K Filmbranche, Filmindustrie, Filmwirtschaft **4** eine dünne Schicht (auf der Oberfläche einer Sache), die meist als Schutz dient ⟨ein öliger, wasserundurchlässiger Film⟩ | *Das Sonnenöl bildet einen schützenden Film auf der Haut* K Fettfilm, Ölfilm, Schutzfilm

Fil·me·ma·cher *der*; (-s, -) eine Person, die als Regisseur und oft auch als Autor Filme macht • hierzu **Fil·me·ma·che·rin** *die*

★ **fil·men** VERB (filmte, hat gefilmt) **1** **(jemanden/etwas) filmen** von jemandem/etwas mit einer Filmkamera Aufnahmen machen, einen Film drehen **2** in einem Film als Schauspieler mitmachen | *Nach dem Unfall musste er aufhören zu filmen*

film·reif ADJEKTIV so ungewöhnlich und interessant, dass man es für einen Film verwenden könnte | *Der betrunkene Autofahrer hat sich mit der Polizei eine filmreife Verfolgungsjagd geliefert*

Film·the·a·ter *das*; *geschrieben* ≈ *Kino*

★ **Fil·ter** *der*; (-s, -) **1** ein feines Sieb, Tuch oder Papier, durch die man Flüssigkeit, Gas oder Rauch leitet, um verschiedene Stoffe voneinander zu trennen ⟨etwas durch einen Filter gießen; einen Filter einbauen⟩ K Abgasfilter, Rauchfilter, Staubfilter **2** eine Tüte, in die man Kaffee gibt, um darüber heißes Wasser zu gießen | *Gib bitte einen neuen Filter in die Kaffeemaschine!* K Filterpapier, Filtertüte **3** eine kleine Scheibe aus Glas vor der Linse einer Foto- oder Filmkamera, die verhindert, dass das gesamte Licht auf den Film kommt K Gelbfilter, UV-Filter

Fil·ter·kaf·fee *der* Kaffee, der mit einem Papierfilter zubereitet wird

fil·tern VERB (filterte, hat gefiltert) **1** **etwas filtern** eine Flüssigkeit oder ein Gas durch einen Filter leiten, damit sie sauber werden | *verschmutzte Luft filtern* | *Wasser filtern, um es von Schlamm zu reinigen* **2** **etwas filtern** ein Getränk zubereiten, indem man kochendes Wasser über gemahlenen Kaffee o. Ä. gießt, der in einem Papierfilter ist ⟨Kaffee filtern⟩

filt·rie·ren VERB (filtrierte, hat filtriert) **etwas filtrieren** ≈ *filtern*

Filz *der*; (-es, -e) **1** *nur Singular* ein weiches Material, das aus vielen feinen Tierhaaren oder Fasern zusammengepresst wird und aus dem man z. B. Hüte macht K Filzhut, Filzpantoffeln, Filzunterlage **2** *nur Plural* verschiedene Arten, Formen oder Farben von Filz **3** *nur Singular* einzelne Fasern, die so ineinander verschlungen sind, dass sie eine nicht mehr trennbare Masse zu bilden scheinen | *ein Filz von Haaren/Wurzeln* **4** *abwertend* Verhältnisse, bei denen sich Personen, die Einfluss haben, gegenseitig Vorteile verschaffen

fil·zen VERB (filzte, hat gefilzt) **1** **jemanden filzen** *gesprochen* genau kontrollieren, ob jemand etwas Verbotenes bei sich hat | *Wir wurden beim Zoll gefilzt* **2** **etwas filzt** etwas wird in der Struktur so ähnlich wie Filz ⟨ein Pullover⟩

Filz·schrei·ber *der* ≈ *Filzstift*

★ **Filz·stift** *der* ein Stift mit einer weichen Spitze aus Filz, mit dem man farbig schreiben (und malen) kann

Fim·mel *der*; (-s, -); *meist Singular*; *gesprochen, abwertend* **ein Fimmel (für etwas)** wenn eine Person einen Fimmel hat, begeistert oder interessiert sie sich zu sehr für eine Sache oder benimmt sich seltsam | *Er hat einen Fimmel für schnelle Sportwagen* K Modefimmel, Putzfimmel, Sauberkeitsfimmel

fi·nal ADJEKTIV **1** *geschrieben* am Ende eines Ablaufs oder mit dem Zweck, einen Ablauf zu beenden ⟨die Phase, das Stadium⟩ | *die finale Version eines Textes* **2** so, dass damit eine Absicht, ein Zweck ausgedrückt wird ⟨eine Konjunktion, ein Nebensatz⟩

★ **Fi·na·le** *das*; (-s, -/-s) **1** der letzte Wettkampf einer Reihe von Wettkämpfen, dessen Sieger dann einen Pokal oder einen Titel gewinnt ⟨ins Finale kommen; sich fürs Finale qualifizieren; im Finale stehen⟩ ≈ *Endspiel* K Finalgegner, Finalspiel, Finalteilnehmer; Weltmeisterschaftsfinale **2** der letzte Teil eines längeren musikalischen Werks, z. B. einer Oper | *das Finale von Beethovens 9. Sinfonie*

★ **Fi·nanz·amt** *das* **1** das Amt, an das man die Steuern zahlt **2** das Gebäude, in dem das Finanzamt ist

★ **Fi·nan·zen** *die*; *Plural* **1** das Geld (vor allem die Einnahmen und Ausgaben) eines Staates, einer Institution oder einer Firma ⟨die Finanzen prüfen; die Finanzen sind geordnet, zerrüttet⟩ K Finanzexperte, Finanzlage, Finanzministerium; Staatsfinanzen **2** *gesprochen, oft humorvoll* das Geld, das jemand privat zur Verfügung hat | *Mit meinen Finanzen sieht es zurzeit nicht gerade gut aus*

★ **fi·nan·zi·ell** ADJEKTIV *meist attributiv* **1** in Bezug auf das Geld, die Finanzen ⟨Mittel, Probleme, Reserven, Schwierigkeiten; die Situation; eine Krise⟩ | *Er kann sich ein neues Auto derzeit finanziell nicht leisten* **2** durch/mit Geld ⟨Hilfe, Unterstützung; jemanden finanziell unterstützen⟩ | *sich finanziell*

F

an einem Unternehmen beteiligen

★ **fi·nan·zie·ren** VERB (finanzierte, hat finanziert); *geschrieben* **1** **etwas (durch/mit etwas) finanzieren** das nötige Geld für etwas geben | *Mehrere Unternehmen finanzieren das Projekt* | *Er finanziert das Studium durch Ferienarbeit* **2** **jemandem etwas finanzieren** einer Person (eine größere Summe) Geld geben, das sie für etwas braucht | *Sein Vater finanziert ihm das Studium* • hierzu **Fi·nan·zie·rung** *die*

Fi·nanz·kauf *der* bei einem Finanzkauf bekommt man die Ware sofort und zahlt sie erst später, meist in Raten

fi·nanz·kräf·tig ADJEKTIV mit viel Kapital ⟨eine Firma, ein Betrieb⟩

fi·nanz·schwach ADJEKTIV mit nur wenig Kapital ⟨eine Firma, ein Betrieb⟩

fi·nanz·stark ADJEKTIV ≈ *finanzkräftig*

Fin·del·kind *das* ein Kind, das von den Eltern absichtlich irgendwo zurückgelassen (ausgesetzt) wurde, von Fremden gefunden wurde und nun von diesen ernährt und erzogen wird

★ **fin·den** VERB (fand, hat gefunden) **1** **jemanden/etwas finden** (zufällig oder nach gezieltem Suchen) irgendwo eine Person/Sache sehen ≈ *entdecken* | *einen Geldschein (auf der Straße) finden* | *den richtigen Weg finden* | *Nach langem Suchen fand sie den verlorenen Ring unter dem Schrank* | *Die Polizei hat noch keine Spur von dem Mörder gefunden* **2** **jemanden/etwas finden** (durch eigenes Bemühen) eine Person oder Sache, die man sich gewünscht hat, für sich bekommen ⟨eine neue Arbeitsstelle, eine Wohnung, viele Freunde finden; bei jemandem Hilfe finden⟩ | *Er hat die Frau fürs Leben gefunden* **3** **etwas finden** durch Nachdenken erreichen, dass man eine Idee, eine (gute) Lösung hat | *die Antwort auf eine Frage finden* | *Er konnte den Fehler in der Rechnung nicht finden* **4** **jemanden/etwas irgendwie finden** die genannte Art von Meinung über eine Person oder Sache haben ⟨etwas gut, schlecht, interessant, witzig, zum Lachen, in Ordnung, völlig überflüssig finden⟩ | *Ich finde unseren neuen Nachbarn sehr nett* | *Ich finde es kalt hier* **5** **etwas an jemandem/etwas finden** eine Person oder etwas in positiver Weise sehen, erleben, bewerten ⟨Gefallen, Spaß an etwas finden⟩ | *Ich weiß gar nicht, was er an dieser Frau findet* **6** **etwas finden** *geschrieben* verwendet mit einem Substantiv, um ein Verb zu umschreiben | *etwas findet Anwendung/Verwendung* (etwas wird angewendet) | *jemand/etwas findet Beachtung* jemand/etwas wird beachtet **7** **finden** (+*Nebensatz*) die Meinung haben, dass … ≈ *meinen* | *Findest du nicht auch, dass er jetzt viel älter aussieht?* | *Ich finde, er lügt* | *„Das sieht gut aus!" – „Findest du?"* **8** **irgendwohin finden** suchend an einen Ort kommen | *Wir hatten uns verlaufen, aber schließlich doch noch zurück zum Hotel gefunden* **9** **etwas findet sich (irgendwo)** jemand findet etwas wieder | *Die Brieftasche hat sich (wieder) gefunden*
▪ ID **Das wird sich alles finden** *gesprochen* für all das wird es eine Lösung geben

Fin·der *der*; (-s, -) **1** eine Person, die durch Zufall etwas findet, was eine andere Person verloren hat **2** **der ehrliche Finder** eine Person, die etwas findet und nicht für sich behält, sondern zurückgibt • hierzu **Fin·de·rin** *die*

Fin·der·lohn *der*; *nur Singular* eine Belohnung (meist Geld), die man dafür erhält, dass man etwas gefunden und zurückgegeben hat, das eine andere Person verloren hat

fin·dig ADJEKTIV klug und mit Ideen, wie man eine schwierige Situation meistern kann | *Sie ist ein findiger Kopf* • hierzu **Fin·dig·keit** *die*

Fi·nes·se *die*; (-, -n); *geschrieben* **1** *meist Plural* ein meist kompliziertes oder spezielles (technisches) Detail an einem Gerät | *Dieser Sportwagen ist mit allen Finessen ausgestattet* **2** *meist Plural* eine Methode, etwas auf geschickte Weise zu machen ≈ *Trick*

fing *Präteritum, 1. und 3. Person Singular* → fangen

★ **Fin·ger** [-ŋɐ] *der*; (-s, -) **1** eines der fünf Glieder an der Hand des Menschen oder des Affen, mit denen er greift ⟨geschickte, flinke Finger haben; die Finger krümmen, spreizen, nach etwas ausstrecken; mit den Fingern schnipsen⟩ | *einen goldenen Ring am Finger tragen* K Fingernagel, Fingerspitze; fingerdick, fingerlang H Die fünf Finger heißen *Daumen, Zeigefinger, Mittelfinger, Ringfinger, kleiner Finger*; → Abb. unter **Hand**; zu *Fingernagel* → Abb. unter **Nagel** **2** **der kleine Finger** der kürzeste und schmalste Finger der Hand **3** der Teil des Handschuhs, der einen einzelnen Finger umgibt
▪ ID ▸Finger als Objekt: **sich** (*Dativ*) **etwas an den fünf Fingern abzählen können** *gesprochen* etwas leicht vorhersehen können; **(bei etwas) die Finger im Spiel haben** *gesprochen, abwertend* heimlich, indirekt an etwas meist Negativem (z. B. einem kriminellen Unternehmen) beteiligt sein; **seine Finger überall drinhaben** *gesprochen, abwertend* (heimlich) an vielen meist negativen Unternehmen beteiligt sein, großen Einfluss haben; **die Finger von etwas lassen** *gesprochen* sich absichtlich nicht mit etwas beschäftigen, etwas nicht tun (meist weil es zu riskant erscheint); **sich** (*Dativ*) **die Finger nach etwas lecken** *gesprochen* etwas sehr gern haben wollen; **jemand macht lange Finger** *gesprochen, humorvoll* jemand stiehlt; **sich** (*Dativ*) **nicht gern die Finger schmutzig machen** *meist abwertend* versuchen, unangenehme Arbeiten o. Ä. zu vermeiden (meist weil man sich zu fein dafür fühlt); **keinen Finger rühren/krumm machen** *gesprochen, meist abwertend* sehr faul sein und nichts tun (wollen); **sich** (*Dativ*) **(bei jemandem/etwas) die Finger verbrennen** *gesprochen* bei jemandem/etwas einen Misserfolg haben (weil man ohne Vorsicht handelt oder ein Risiko nicht sieht);
▸Präposition plus Finger: **jemandem auf die Finger schauen/sehen** *gesprochen* bei einer Person aus Misstrauen genau darauf achten, was sie tut; **jemandem auf die Finger klopfen** *gesprochen* jemanden streng tadeln, kritisieren; **sich** (*Dativ*) **etwas aus den Fingern saugen** *gesprochen, meist abwertend* sich etwas ohne Vorbereitung ausdenken oder etwas erfinden (müssen); **etwas in die Finger bekommen/kriegen** *gesprochen* zufällig in den Besitz einer Sache kommen; **jemanden um den (kleinen) Finger wickeln** *gesprochen* (vor allem durch Charme) so großen Einfluss auf eine Person haben, dass man alles von ihr bekommt | *Dieser Casanova wickelt jede Frau um den kleinen Finger*

Fin·ger·ab·druck *der* **1** das Muster von Linien auf der Haut des vorderen Teils der Finger ⟨Fingerabdrücke hinterlassen⟩ | *Die Einbrecher wurden anhand der Fingerabdrücke am Tatort identifiziert/überführt* **2** **jemandes Fingerabdrücke abnehmen** (bei der Polizei) die Finger einer Person zuerst in Tinte und dann auf ein Stück Papier drücken

Fin·ger·breit, **Fin·ger breit** (*der*); *nur in dieser Form* **1** **einen Fingerbreit** ungefähr in der Breite eines Fingers | *Du musst deinen Fahrradsattel einen Fingerbreit höher stellen* **2** **keinen Fingerbreit** überhaupt nicht ⟨keinen Fingerbreit nachgeben, von etwas abgehen⟩

Fin·ger·fer·tig·keit *die*; *meist Singular* die Fähigkeit, etwas mit den Fingern schnell und geschickt zu tun | *Der Cellist spielte die Sonate mit großer Fingerfertigkeit*

Fin·ger·hut *der* eine kleine Hülle (meist aus Metall), die vor allem beim Nähen die Spitze des Fingers schützt, mit dem man die Nadel schiebt ▪ ID **ein Fingerhut voll** *gesprochen* sehr wenig (von einer Flüssigkeit)

Fin·ger·kup·pe *die* der oberste Teil, die Spitze des Fingers
fin·gern VERB (fingerte, hat gefingert); *gesprochen* **1** **etwas aus etwas fingern** etwas nach längerem Suchen, mit Mühe, aus etwas hervorholen | *Schließlich fingerte er noch zwei Geldstücke aus der Hosentasche* **2** **irgendwo (nach etwas) fingern** (nervös) mit den Fingern nach etwas suchen oder mit etwas spielen | *Im Dunkeln fingerte er an der Tür, ohne das Schloss zu finden*
Fin·ger·spit·zen|ge·fühl *das* **1** **Fingerspitzengefühl** die Eigenschaft, bei feinen Arbeiten mit der Hand sehr geschickt zu sein **2** **Fingerspitzengefühl (für etwas)** das intuitive Wissen, wie man sich in schwierigen Situationen richtig verhält ⟨Fingerspitzengefühl für etwas besitzen/haben, brauchen⟩ | *Er hat kein Fingerspitzengefühl für den Umgang mit Menschen*
Fin·ger·zeig *der* ⟨jemandem einen Fingerzeig geben; ein Fingerzeig des Schicksals⟩ ≈ *Hinweis*
fin·gie·ren [-ŋ'giː-] VERB (fingierte, hat fingiert) **etwas fingieren** *geschrieben* etwas erfinden oder fälschen, um andere Personen zu täuschen ⟨eine Rechnung fingieren; ein fingierter Diebstahl, Überfall, Unfall⟩
Fi·nish [-ʃ] *das*; (-s, -s) ≈ *Endkampf, Endspurt*
Fink *der*; (-en, -en) ein kleiner Vogel mit kurzem dickem Schnabel und bunten Federn **H** *der Fink; den, dem, des Finken*
fins·ter ADJEKTIV **1** (völlig) ohne Licht ⟨die Nacht, ein Keller⟩ ≈ *dunkel* | *Er tastete im Finstern nach dem Lichtschalter* **2** ziemlich dunkel und deshalb unheimlich (wirkend) ⟨eine Gasse, ein Gebäude, ein Hof, eine Kneipe⟩ **3** *abwertend* unfreundlich oder feindselig ⟨ein Mensch; eine finstere Miene aufsetzen; jemanden finster ansehen⟩ **4** *abwertend* wie ein Verbrecher (wirkend) ≈ *suspekt* | *In der Hafenkneipe trieben sich finstere Gestalten herum* **5** *abwertend* so, dass es Schaden (für andere Menschen) mit sich bringen kann | *finstere Gedanken haben* | *finstere Pläne ausbrüten*
Fins·ter·nis *die*; (-, -se) **1** *geschrieben nur Singular* das (völlige) Fehlen von Licht ≈ *Dunkelheit* | *Der Weg war in tiefe, undurchdringliche Finsternis getaucht* **2** Kurzwort für *Mondfinsternis* und *Sonnenfinsternis*
Fin·te *die*; (-, -n); *geschrieben* eine Handlung oder Aussage, mit der man jemanden täuschen will ≈ *Trick*
Fire·wall ['faiɐ̯vɔːl] *die*; (-, -s) eine Einrichtung, die verhindern soll, dass jemand über ein Netzwerk unerlaubt und heimlich Zugang zu einem Computersystem bekommt
Fir·le·fanz *der*; (-es); *veraltend* **1** Dinge, die überflüssig oder wertlos sind | *Sie trug ein schlichtes Kleid ohne modischen Firlefanz* **2** ≈ *Unfug* | *Statt zu lernen, treibt er nur Firlefanz*
firm ADJEKTIV **firm in etwas** (*Dativ*) **sein** *veraltend* etwas sehr gut können | *Im Rechnen ist Martin ganz firm*
★ **Fir·ma** *die*; (-, Fir·men) Firmen produzieren Waren, handeln mit Waren oder bieten Dienste an ≈ *Unternehmen* **K** Firmenchef, Firmengründer, Firmeninhaber, Firmenjubiläum, Firmenkapital; Baufirma, Beratungsfirma, Exportfirma, Handelsfirma, Importfirma, Lieferfirma
Fir·ma·ment *das*; (-(e)s); *geschrieben* ≈ *Himmel*
fir·men VERB (firmte, hat gefirmt) **jemand wird gefirmt** ein Mitglied der katholischen Kirche erhält das Sakrament der Firmung **K** Firmpate
fir·mie·ren VERB (firmierte, hat firmiert) **etwas firmiert als** *+Name*; **etwas firmiert mit/unter dem Namen ...** *geschrieben* eine Firma o. Ä. hat den genannten Namen | *Das Unternehmen firmiert unter dem Namen Schmidt & Partner*
Firm·ling *der*; (-s, -e) eine Person, die gefirmt wird
Fir·mung *die*; (-) ein Sakrament in der katholischen Kirche, durch das man ein vollwertiges Mitglied der Kirchengemeinde wird

Firn *der*; (-s) der Schnee weit oben im Gebirge, der an der Oberfläche meist sehr rau und hart gefroren ist
Fir·nis *der*; (-) ein farbloser, glänzender Lack
First *der*; (-(e)s, -e) die oberste, horizontale Kante des Daches, an der zwei schräge Dachflächen zusammenstoßen **K** Dachfirst
fis, Fis *das*; (-, -) der Halbton über dem f **K** Fis-Dur, fis-Moll
★ **Fisch** *der*; (-(e)s, -e) **1** ein meist längliches Tier, das im Wasser lebt und sich mit Flossen schwimmend bewegt ⟨einen Fisch angeln, fangen⟩ | *Fische haben Schuppen und atmen durch Kiemen* | *ein Schwarm junger Fische* **K** Fischbestand, Fischbrut, Fischflosse, Fischgräte, Fischhändler, Fischlaich, Fischschuppe, Fischteich, Fischzucht; Meeresfisch, Süßwasserfisch **2** *nur Singular* der Fisch als Speise ⟨gebackener, gebratener, geräucherter Fisch⟩ | *Fisch ist reich an Eiweiß* **K** Fischfilet, Fischkonserve; Bratfisch **3** *nur Plural, ohne Artikel* das Sternzeichen für die Zeit vom 19. Februar bis 20. März **H** → Abb. unter **Sternzeichen** **4** eine Person, die in der Zeit vom 19. Februar bis 20. März geboren ist | *Sie ist ein Fisch* ■ **ID kleine Fische** *gesprochen* Personen oder Dinge von geringer Bedeutung | *Das sind für ihn nur kleine Fische*; **ein großer/dicker Fisch** *gesprochen, oft humorvoll* eine wichtige, meist kriminelle Person | *Bei der Fahndung ist der Polizei ein dicker Fisch ins Netz gegangen*; **etwas ist weder Fisch noch Fleisch** *gesprochen* man weiß nicht, wie man das Genannte genau beschreiben soll; **stumm wie ein Fisch sein** *gesprochen* nichts reden, schweigsam sein

FISCH

★ **fi·schen** VERB (fischte, hat gefischt) **1** **(etwas) fischen** versuchen, mit einer Angel oder mit einem Netz Fische usw. zu fangen | *Heringe fischen* | *Jeden Tag fährt er zum Fischen aufs Meer* **2** **jemanden/etwas aus etwas fischen** *gesprochen* jemanden/etwas aus einer Flüssigkeit holen | *ein Haar aus der Suppe fischen* **3** **(sich** (*Dativ*)**) etwas (aus etwas) fischen** *gesprochen* (sich) etwas aus etwas nehmen | *Sie fischte sich eine Praline aus der Schachtel*
★ **Fi·scher** *der*; (-s, -) eine Person, die (vor allem beruflich) Fische fängt | *Die Insel ist nur von Fischern bewohnt* **K** Fischerboot, Fischerdorf, Fischerhaus, Fischerinsel, Fischernetz; Austernfischer, Perlenfischer
Fi·sche·rei *die*; (-) das Fangen von Fischen und anderen Tieren, die im Meer leben ⟨von der Fischerei leben⟩ **K** Fischereigewässer, Fischereihafen; Hochseefischerei, Küstenfischerei, Perlenfischerei
Fisch·fang *der*; *nur Singular* das Fangen von Fischen (als Beruf) ⟨auf Fischfang gehen; vom Fischfang leben⟩
Fisch·ver·gif·tung *die* eine Vergiftung, die man bekommt, wenn man verdorbenen Fisch gegessen hat
Fisch·zug *der*; (-(e)s) **1** der Fischfang mit dem Schleppnetz **2** **ein guter Fischzug** ein Geschäft, das reichen Gewinn bringt
Fi·si·ma·ten·ten *die*; *Plural*; *gesprochen, veraltend* viel Arbeit wegen unwichtiger Dinge ⟨Fisimatenten machen⟩ ≈ *Umstände*
Fis·kus *der*; (-) alle Institutionen des Staates (vor allem die Finanzämter), die für Finanzen und Steuern zuständig sind
Fis·tel·stim·me *die*; *gesprochen* eine sehr hohe, unangenehme Stimme
★ **fit** ADJEKTIV *meist prädikativ* (durch sportliches Training) bei guter Gesundheit | *Er hält sich durch Gymnastik und Dauerläufe fit*

Fit·ness *die*; (-) eine gute körperliche Verfassung ⟨etwas für die/seine Fitness tun⟩ K Fitnessprogramm, Fitnessstudio, Fitnesstest, Fitnesstraining

Fit·ness·cen·ter [-'sɛntɐ] *das* im Fitnesscenter stehen Geräte, mit denen man übt, um stärkere Muskeln zu bekommen und fit zu werden

Fit·tich *der* ■ ID **jemanden unter seine Fittiche nehmen** *humorvoll* sich um eine Person kümmern, indem man sie beschützt und ihr hilft

fix ADJEKTIV (fixer, fixest-); *gesprochen* **1** *nur adverbiell* ≈ *rasch, schnell* | *seine Arbeit ganz fix erledigen* **2** fähig, etwas schnell zu verstehen oder zu tun | *ein fixer Junge* **3** so, dass es gleich bleibt und nicht wechselt ⟨das Gehalt, Kosten, ein Preis⟩ ≈ *fest, unveränderlich* ↔ *variabel* K Fixkosten, Fixpreis ■ ID **fix und fertig** *gesprochen* **a** vollständig bis zum Ende gemacht | *Das Kleid, das ich genäht habe, ist jetzt fix und fertig* | *Alles ist fix und fertig aufgeräumt* **b** (körperlich oder seelisch) völlig erschöpft | *Die Hitze macht mich fix und fertig* **c** völlig ruiniert

fi·xen VERB (fixte, hat gefixt); *gesprochen* sich Rauschgift in eine Ader spritzen • hierzu **Fi·xer** *der*

fi·xie·ren VERB (fixierte, hat fixiert) **1** **etwas fixieren** *admin* etwas, das vorher mündlich gesagt wurde, aufschreiben | *Die Polizisten fixierten die Aussagen des Verhafteten in einem Protokoll* **2** **etwas irgendwo fixieren** *geschrieben* etwas irgendwo festmachen | *ein Plakat an der Wand fixieren* **3** **jemanden/etwas fixieren** *geschrieben* starr und konzentriert auf jemanden/etwas blicken **4** **etwas fixieren** einen (entwickelten) Film in eine spezielle Flüssigkeit geben, damit sich das Bild nicht mehr durch Licht verändert ⟨einen Film, Fotos fixieren⟩ K Fixierbad, Fixiermittel

fi·xiert ■ PARTIZIP PERFEKT **1** → fixieren
■ ADJEKTIV **2** **auf jemanden/etwas fixiert** *geschrieben, meist abwertend* emotional so stark an eine Person oder Sache gebunden, dass man psychisch von ihr abhängt | *Das Kind ist stark auf seine Mutter fixiert*

Fix·stern *der* ein Stern (Himmelskörper) wie z. B. unsere Sonne, welcher die eigene Lage im Vergleich zu anderen Sternen nicht ändert

Fi·xum *das*; (-s, Fi·xa); *geschrieben* ein festes Gehalt (für eine Arbeit), zu dem meist noch weitere Zahlungen (je nach Leistung) hinzukommen | *Das Fixum des Kellners ist so gering, dass er auf Trinkgelder angewiesen ist*

FKK [ɛfka:'ka:] *nur in dieser Form* Freikörperkultur **FKK machen/treiben** *gesprochen* sich im Freien, in der Natur ohne Kleidung bewegen oder vor allem baden K FKK-Gelände, FKK-Strand, FKK-Urlaub

★ **flach** ADJEKTIV (flacher, flach(e)st-) **1** ohne (auffällige) Erhebung oder Vertiefung ⟨ein Gebiet, ein Land, ein Brett⟩ ≈ *eben* | *sich flach auf den Boden legen* (ausgestreckt) **2** nicht sehr hoch ⟨ein Bau, ein Gebäude, Schuhe⟩ ≈ *niedrig* ↔ *hoch* | *Schuhe mit flachen Absätzen* K Flachbau **3** so, dass es sich nur ganz wenig nach unten erstreckt, nur geringe Tiefe hat ⟨eine Schüssel, ein Teller, ein Gewässer, ein Flussbett⟩ ≈ *niedrig* K Flachwasser **4** *abwertend* ohne etwas Wichtiges oder Neues ⟨eine Unterhaltung, ein Vortrag⟩ **5** so, dass eine Person beim Atmen nur wenig Luft in die Lungen bekommt, vor allem weil sie schwach ist ⟨flach atmen; jemandes Atem geht flach⟩ ↔ *tief*

Flach·bild·schirm *der* ein moderner Bildschirm für Fernseher oder Computer, der nur wenige Zentimeter dick ist

Flach·dach *das* ein Dach, das horizontal auf einem Gebäude liegt, ohne schräge Flächen

★ **Flä·che** *die*; (-, -n) **1** ein ebenes Gebiet mit einer begrenzten Länge und Breite | *Weite Flächen Chinas sind mit Reis bebaut* | *Vor dem Supermarkt kann man auf einer großen Fläche parken* K Flächenausdehnung, Flächenbrand; Ackerfläche, Anbaufläche, Eisfläche, Rasenfläche, Schneefläche, Tanzfläche, Wasserfläche **2** die flache Seite eines geometrischen Körpers | *Ein Würfel besteht aus sechs quadratischen Flächen* K Seitenfläche, Spiegelfläche, Wandfläche **3** verwendet, um die Größe von geometrischen Formen zu berechnen die keinen Raum nach oben oder unten haben | *Die Fläche des Kreises beträgt 20 cm²* K Flächenberechnung, Flächeninhalt, Flächenmaß; Kegelfläche, Kreisfläche

STEIL
FLACH

flach·fal·len VERB (fällt flach, fiel flach, ist flachgefallen) **etwas fällt flach** *gesprochen* etwas findet nicht statt ⟨ein Fest, ein Ausflug⟩

Flach·heit *die*; (-, -en) **1** das Fehlen von guten und neuen Ideen | *Die Flachheit seines Vortrags war kaum zu übertreffen* **2** *abwertend meist Plural* eine Äußerung, die nichts Wichtiges oder Neues enthält

-flä·chig *im Adjektiv, unbetont, begrenzt produktiv* **vierflächig, fünfflächig, sechsflächig, vielflächig** *und andere* mit der genannten Zahl oder Menge von Flächen

Flach·land *das*; *nur Singular* ein relativ großes, flaches Gebiet ≈ *Ebene*

flach·lie·gen VERB (lag flach, hat/ist flachgelegen); *gesprochen* krank sein und im Bett liegen

Flach·mann *der*; (-(e)s, Flach·män·ner); *gesprochen, humorvoll* eine kleine Flasche (für Schnaps), die so flach ist, dass man sie in die Jackentasche stecken kann

Flachs [flaks] *der*; (-es) **1** eine Pflanze, aus deren Fasern man Schnüre und und Stoffe für Kleidung o. Ä. macht. Die Samen und das Öl verwendet man zum Backen und Kochen **2** *gesprochen* Unsinn, der aus Spaß gesagt wird ⟨Flachs machen⟩

fla·ckern VERB (flackerte, hat geflackert) **etwas flackert** etwas brennt so, dass sich die Flamme sehr unruhig bewegt ⟨eine Flamme, eine Lampe, ein Licht⟩ | *Im Kamin flackerte ein helles Feuer*

Fla·den *der*; (-s, -) **1** ein Kuchen oder Brot, die sehr flach sind K Fladenbrot **2** eine (dickflüssige) Masse, die flach und breit auseinandergelaufen ist (z. B. der Kot von Kühen) K Kuhfladen

Flag·ge *die*; (-, -n) eine kleine Fahne z. B. am Mast eines Schiffes ⟨eine Flagge hissen, aufziehen, einholen⟩ | *Der Tanker fährt unter libanesischer Flagge* K Flaggenmast; Nationalflagge, Piratenflagge, Schiffsflagge ■ ID **Flagge zeigen** die eigene Meinung klar und deutlich zu erkennen geben

Flagg·schiff *das* **1** das größte und wichtigste Schiff einer Flotte **2** das teuerste und modernste Modell einer Autofirma

fla·grant ADJEKTIV *meist attributiv*; *geschrieben* ⟨ein Verstoß, ein Widerspruch⟩ ≈ *offenkundig*

Flair [flɛ:ɐ̯] *das*; (-s); *geschrieben* die besondere Atmosphäre, die etwas umgibt oder die ein Mensch ausstrahlt | *das Flair der Wiener Kaffeehäuser*

flam·bie·ren VERB (flambierte, hat flambiert) **etwas flambieren** den Alkohol anzünden, den man über eine Speise gegossen hat (und diese brennend servieren)

Fla·min·go [-ŋg-] *der*; (-s, -s) ein Vogel mit langen Beinen, langem Hals und meist rosa Federn (der an See- und Flussufern in warmem Klima lebt)

★ **Flam·me** *die*; (-, -n) **1** der obere (bläulich oder gelblich brennende) Teil des Feuers, der sich bewegt ⟨eine helle, schwache, starke Flamme; eine Flamme erlischt, lodert, züngelt; jemand erstickt die Flammen⟩ | *Flammen schlugen aus dem Dach des brennenden Hauses* **K** Gasflamme, Kerzenflamme **2** **etwas steht in Flammen** *geschrieben* etwas brennt als Ganzes **3** **etwas geht in Flammen auf** *geschrieben* etwas wird durch ein Feuer zerstört | *Das ganze Gebäude ging in Flammen auf* **4** **auf kleiner Flamme** bei geringer Hitze | *eine Fischsuppe auf kleiner Flamme kochen* **5** **Flammen** +*Genitiv geschrieben* verwendet, um intensive Gefühle zu beschreiben ⟨Flammen der Begeisterung, der Leidenschaft, des Hasses⟩ **6** *veraltend* verwendet als Bezeichnung für ein Mädchen, in das ein junger Mann verliebt ist

flam·mend ADJEKTIV **1** so, dass es in heller oder kräftiger Farbe strahlt | *ein flammendes Gelb* **2** von starken Gefühlen/Emotionen begleitet, mit Leidenschaft ⟨ein Appell, ein Plädoyer, eine Rede⟩

Fla·nell *der*; (-s) ein leichter, sehr weicher Stoff aus Wolle (oder Baumwolle), der sehr gut wärmt | *ein Pyjama aus Flanell* **K** Flanellbluse, Flanellhemd, Flanellhose

fla·nie·ren VERB (flanierte, hat/ist flaniert); *geschrieben* (ohne ein Ziel) durch die Straßen einer Stadt gehen ≈ *spazieren*

Flan·ke *die*; (-, -n) **1** die weiche Seite des Körpers von Tieren zwischen Brust(korb) und Becken | *Der Reiter drückte dem Pferd die Sporen in die Flanken* **2** die rechte oder linke Seite einer Truppe, die marschiert oder bereits (im Gelände) eine Position zum Kämpfen eingenommen hat **3** ein Schuss (vor allem beim Fußball), bei dem der Ball von einer Seite des Spielfelds direkt vor das Tor des Gegners kommt ⟨eine (hohe) Flanke schlagen⟩ **4** ein Sprung von der Seite über ein Turngerät, Brett o. Ä., bei dem man eine Hand aufstützt ⟨eine Flanke machen⟩ • zu (3,4) **flan·ken** VERB (*hat*)

flan·kie·rend ADJEKTIV **flankierende Maßnahmen** ⟨ergreifen⟩ *geschrieben* Maßnahmen (ergreifen), welche die Wirkung einer Sache unterstützen

★ **Fla·sche** *die*; (-, -n) **1** viele Getränke werden in Flaschen aus Glas oder Plastik verkauft ⟨eine schlanke, bauchige Flasche⟩ | *Bier in Flaschen abfüllen* | *eine Flasche Wein aufmachen/entkorken* **K** Flaschenbier, Flaschengärung, Flaschenglas, Flaschenmilch, Flaschenpfand, Flaschenverschluss; Bierflasche, Sektflasche, Weinflasche, Milchflasche, Sauerstoffflasche **2** die Menge an Flüssigkeit, die in eine Flasche passt | *eine Flasche Bier trinken* **3** eine Flasche mit einem Sauger für Babys bzw. die Nahrung in solch einer Flasche ⟨einem Kind die Flasche geben⟩ **K** Flaschennahrung; Babyflasche **4** *gesprochen, abwertend* eine Person, die oft oder in wichtigen Dingen nicht die erwartete Leistung bringt ≈ *Versager*

FLASCHE

Fla·schen·hals *der* **1** der obere, enge Teil einer Flasche **2** die Stelle, an der eine (breite) Straße enger wird

Fla·schen·öff·ner *der* ein kleiner Gegenstand (aus Metall), mit dem man Flaschen öffnen kann, die einen Verschluss aus Metall haben → Korkenzieher

Fla·schen·post *die* eine schriftliche Nachricht in einer verschlossenen Flasche, die ins Meer geworfen wird, damit sie von jemandem gefunden und gelesen wird

Fla·schen·zug *der* eine Konstruktion aus Seilen und Rollen, mit der man schwere Lasten mit relativ wenig Kraft hochziehen kann

Flat [flɛt] *die*; (-, -s); *gesprochen* Kurzwort für *Flatrate*

Flat·rate [ˈflɛtreit] *die*; (-, -s) wenn man eine Flatrate für Telefon, Internet o. Ä. hat, dann bezahlt man einen festen monatlichen Betrag, unabhängig von der Menge der Nutzung

flat·ter·haft ADJEKTIV wenn eine Person flatterhaft ist, ändert sie ihre Meinung sehr oft und schnell

flat·tern VERB (flatterte, hat/ist geflattert) **1** **ein Tier flattert irgendwohin** (*ist*) ⟨ein Vogel, ein Schmetterling⟩ fliegt so, dass sich die Flügel schnell und unruhig auf und ab bewegen | *Der Schmetterling flattert über die Wiese* **2** **ein Tier flattert mit den Flügeln** (*hat*) ⟨ein Vogel, ein Schmetterling⟩ bewegt seine Flügel heftig auf und ab | *Die Hühner flatterten aufgeregt mit den Flügeln* **3** **etwas flattert irgendwohin** (*ist*) Papier fällt mit einer ungleichmäßigen Bewegung zu Boden oder wird vom Wind durch die Luft bewegt **4** **etwas flattert** (*hat*) etwas bewegt sich im Wind heftig hin und her | *Die Wäsche flatterte auf/an der Leine* **5** **jemandes Herz/Puls flattert** (*hat*) jemandes Herz/Puls schlägt unregelmäßig

flau ADJEKTIV (flauer, flau(e)st-) **1** **jemandem ist flau** *gesprochen* eine Person fühlt sich nicht wohl, weil ihr ein wenig übel oder schwindlig ist | *Vor lauter Aufregung war mir ganz flau im Magen* **2** *gesprochen* ≈ *langweilig* | *Die Stimmung auf seiner Party war ziemlich flau* **3** *meist prädikativ* so, dass dabei nicht viel Geld verdient wird ⟨das Geschäft, der Verkauf, der Umsatz ist flau⟩ • zu (1) **Flau·heit** *die*

Flaum *der*; (-(e)s) **1** die kleinen, sehr weichen Federn, die ein Vogel unter den anderen Federn direkt auf der Haut hat **K** Flaumfeder **2** *gesprochen, meist humorvoll* die ersten Barthaare eines jungen Mannes **K** Bartflaum **3** eine sehr weiche Oberfläche | *der Flaum eines Pfirsichs* • zu (3) **flau·mig** ADJEKTIV

flau·schig ADJEKTIV aus einem dicken Stoff, der sich sehr weich anfühlt | *eine flauschige Wolldecke*

Flau·sen *die*; *Plural* ■ ID (**nichts als/nur**) **Flausen im Kopf haben** *gesprochen, abwertend* (immer nur) lustige Streiche, Unfug machen

Flau·te *die*; (-, -n) **1** der Zustand, in dem auf dem Meer kein Wind weht | *Wegen einer Flaute konnte die Regatta nicht gestartet werden* **2** die Zeit, in der z. B. eine Firma wenig Waren verkauft oder nur wenig Aufträge bekommt | *In der Bauindustrie herrscht zurzeit eine Flaute* **3** (von Menschen) eine vorübergehende Verschlechterung in der Leistung, Stimmung o. Ä.

Flech·te *die*; (-, -n) **1** eine einfache Pflanze, die eine dünne Schicht auf Steinen oder auf Holz bildet und noch in großen Höhen oder bei extremer Kälte überlebt **2** eine Krankheit, bei welcher die Haut juckt, Flecken bekommt und trocken wird

flech·ten VERB (flicht, flocht, hat geflochten) **1** **etwas flechten** beim Flechten legt man Haare, Fäden oder Halme so übereinander, dass ein Band oder ein Zopf entsteht | *die Haare (eines Mädchens) zu einem Zopf flechten* **2** **etwas flechten** durch Flechten einen Gegenstand herstellen | *aus Weidenruten einen Korb flechten* | *aus Bast eine Matte flechten* **H** → Abb. nächste Seite

★ **Fleck** *der*; (-(e)s, -e) **1** eine schmutzige Stelle, vor allem aus Stoff | *sich mit Farbe Flecke auf das neue Hemd machen* | *einen Fleck aus dem Tischtuch entfernen* **K** Blutfleck, Farbfleck, Fettfleck, Grasfleck, Rostfleck, Rotweinfleck, Schmutzfleck, Soßenfleck, Tintenfleck **2** eine kleine Stelle (vor allem auf dem Fell von Tieren), die eine andere Farbe

FLECHTEN

hat als ihre Umgebung | *Unser Hund hat einen weißen Fleck auf der Stirn* K Hautfleck **3** **ein blauer Fleck** eine Stelle am Körper, die nach einem Sturz oder einem Stoß dunkel wird | *nach einem Sturz blaue Flecke am Bein haben* **4** *gesprochen* eine Stelle, ein Punkt ⟨sich nicht vom Fleck rühren⟩ | *Die Handbremse klemmt. Ich kriege den Wagen nicht vom Fleck* (ich kann den Wagen nicht bewegen) **5** *gesprochen* eine kleine Fläche in einer Landschaft, einem Gebiet ⟨ein schöner, herrlicher, stiller Fleck⟩ H meist in Verbindung mit positiven Adjektiven und oft auch in der verkleinerten Form *Fleckchen* ■ ID **ein weißer Fleck auf der Landkarte** eine Gegend der Erde, die noch nicht erforscht ist; **(mit etwas) nicht vom Fleck kommen** *gesprochen* (vor allem bei einer Arbeit) nicht weiterkommen

Fle·cken *der;* (-s, -) **1** ≈ *Fleck* **2** *veraltend* eine kleine Ortschaft ≈ *Dorf*

Fle·cken·ent·fer·ner *der* eine Flüssigkeit oder ein Pulver, mit denen man Flecken entfernt

fle·cken·los ADJEKTIV ohne einen Fleck

fle·ckig ADJEKTIV **1** mit (vielen) Flecken ⟨ein Hemd, eine Tischdecke⟩ **2** *abwertend* mit vielen Flecken bedeckt und deshalb nicht schön ⟨ein Gesicht, eine Haut; ein Apfel⟩

Fle·der·maus *die* ein kleines Säugetier mit Flügeln, das in Höhlen lebt, nachts fliegt und beim Schlafen mit dem Kopf nach unten hängt

Fleece [fliːs] *das;* (-) ein sehr weicher, dicker, warmer Stoff aus Kunstfasern K Fleecejacke, Fleecepullover

Fle·gel *der;* (-s, -); *gesprochen, abwertend* verwendet als Schimpfwort für einen Mann oder Jungen, der sich frech und unhöflich benimmt

fle·gel·haft ADJEKTIV wie ein Flegel ⟨sich flegelhaft benehmen; flegelhafte Manieren haben⟩ H meist für Männer verwendet • hierzu **Fle·gel·haf·tig·keit** *die*

Fle·gel·jah·re *die; Plural* eine Zeit in der Entwicklung vieler (männlicher) Jugendlicher, in der sie sehr frech und unhöflich sind ⟨in den Flegeljahren sein⟩

fle·geln VERB (flegelte sich, hat sich geflegelt) **sich irgendwohin flegeln** *gesprochen, abwertend* sich in sehr bequemer und lässiger Haltung irgendwohin setzen | *Flegel dich nicht so auf die Couch!*

fle·hen ['fleːən] VERB (flehte, hat gefleht) **(um etwas) flehen** intensiv um etwas bitten und auf eine großzügige Reaktion hoffen ⟨um Gnade, Hilfe, Vergebung flehen⟩ | *„Lass mich nicht allein!", flehte er*

fle·hent·lich ADJEKTIV *meist attributiv; geschrieben* in Demut (flehend) ⟨eine Bitte; jemanden flehentlich um etwas bitten⟩

★ **Fleisch** *das;* (-(e)s) **1** die weiche Substanz am Körper von Menschen und Tieren, die unter der Haut liegt und die Knochen umhüllt (vor allem die Muskeln) | *Der Löwe riss ein großes Stück Fleisch aus dem Körper der Antilope* K Fleischwunde **2** Teile des Fleisches von Tieren, die man z. B. gekocht oder gebraten isst ⟨fettes, frisches, mageres, rohes, zähes, gebratenes, geräuchertes Fleisch⟩ K Fleischgericht, Fleischkonserve; Hühnerfleisch, Kalbfleisch, Rindfleisch, Schweinefleisch **3** die weichen Teile von Früchten und manchen Gemüsearten, die man isst | *das saftige Fleisch der Tomaten* K Fruchtfleisch **4** *veraltend* die sinnlichen, vor allem sexuellen Bedürfnisse K Fleischeslust ■ ID **sich** (*Dativ*) **ins eigene Fleisch schneiden** (durch eine Dummheit, Unvorsichtigkeit) sich selbst schaden; **etwas geht jemandem in Fleisch und Blut über** eine Person hat etwas schon so lange oder oft getan, dass sie es automatisch beherrscht oder tut; **sein eigen Fleisch und Blut** *veraltend* das eigene Kind/die eigenen Kinder; **jemand fällt vom Fleisch** *gesprochen* jemand nimmt stark ab, wird mager

Fleisch·be·schau *die;* (-) die Feststellung (durch eine Behörde), ob das untersuchte Fleisch verkauft und gegessen werden kann

Fleisch·brü·he *die* **1** eine klare Suppe, die durch Kochen von Fleisch und Knochen entsteht **2** ein Pulver o. Ä., mit dem man Suppen würzt

Flei·scher *der;* (-s, -) eine Person, die beruflich schlachtet, Fleisch verkauft, Wurst macht ≈ *Metzger* K Fleischerhandwerk, Fleischerladen, Fleischerlehrling, Fleischermeister, Fleischermesser

Flei·sche·rei *die;* (-, -en) ein Geschäft, in dem Fleisch und Wurst verkauft werden ≈ *Metzgerei*

Fleisch·fres·ser *der;* (-s, -) ein Tier, das hauptsächlich von Fleisch lebt • hierzu **fleisch·fres·send** ADJEKTIV

flei·schig ADJEKTIV **1** mit viel Fleisch (vor allem Körperteile) ⟨ein Gesicht, eine Nase, Lippen, Hände⟩ ≈ *dick* **2** mit viel Fruchtfleisch (vor allem Obst) | *fleischige Kirschen*

fleisch·lich ADJEKTIV *meist attributiv; veraltend* von sexueller Lust bestimmt ⟨Begierde, Gelüste, Lust⟩

Fleisch·pflan·zerl *das;* (-s, -); *süddeutsch* ≈ *Frikadelle*

Fleisch·ver·gif·tung *die* eine Vergiftung, die man bekommt, wenn man verdorbenes Fleisch gegessen hat

Fleisch·wa·ren *die; Plural* Wurst und Fleisch in verschiedenen Sorten, die es im Geschäft zu kaufen gibt K Fleischwarenabteilung

Fleisch·wolf *der* ein Küchengerät, mit dem man Fleisch in so kleine Stücke hackt, dass eine weiche Masse entsteht

Fleiß *der;* (-es) die konzentrierte und intensive Arbeit und Beschäftigung mit etwas | *mit unermüdlichem Fleiß an etwas arbeiten* | *Der Schüler zeigt wenig Fleiß beim Lernen* ■ ID **Ohne Fleiß kein Preis!** nur durch Fleiß erreicht man das eigene Ziel

Fleiß·ar·beit *die* eine Arbeit, die viel Fleiß erfordert, oft aber nicht sehr interessant ist

★ **flei·ßig** ADJEKTIV **1** mit Fleiß und Ausdauer, mit viel Arbeit ⟨ein Handwerker, eine Hausfrau, ein Schüler, Ameisen, Bienen⟩ ↔ *faul* **2** *gesprochen meist adverbiell* ziemlich intensiv (und regelmäßig) | *Er hat im Sommer fleißig Sport getrieben*

flek·tie·ren VERB (flektierte, hat flektiert) **etwas flektieren** einem Wort (z. B. einem Verb oder Substantiv) die Endung geben, die grammatisch richtig ist (das Wort also konjugieren oder deklinieren) ⟨ein Wort flektieren; die flektierten Formen⟩ | *ein schwach/stark flektiertes Adjektiv* | *„machst" ist eine flektierte Form von „machen"* • hierzu **flek·tier·bar** ADJEKTIV

flen·nen VERB (flennte, hat geflennt); *gesprochen, abwertend* (heftig) weinen

flet·schen VERB (fletschte, hat gefletscht) **ein Tier fletscht die Zähne** ein Tier (vor allem ein Hund) zeigt als Ausdruck der Drohung die Zähne

fleucht ■ ID → kreucht

Flex® *die;* (-, -) ein tragbares, elektrisches Gerät zum Sägen von Stein, Metall usw. ≈ *Trennschleifer* ● hierzu **flẹ·xen** VERB (*hat*)

★ **fle·xi·bel** ADJEKTIV (flexibler, flexibelst-) **1** so weich, dass man die Form verändern kann, ohne dass es dabei kaputt geht ⟨(ein) Material, ein Rohr, eine Stange⟩ **2** in der Lage oder geeignet, sich veränderten Bedingungen anzupassen ⟨eine Haltung, eine Planung; flexibel reagieren⟩ | *den Tagesablauf flexibel gestalten* **H** *flexibel → eine flexible Haltung* ● hierzu **Fle·xi·bi·li·tät** *die*

Fle·xi·on *die;* (-, -en) durch Flexion entstehen verschiedene Formen eines Wortes, z. B. *Häuser* aus *Haus* oder *legte* aus *legen* **K** Flexionsendung

flicht *Präsens, 3. Person Singular* → flechten

fli·cken VERB (flickte, hat geflickt) **(etwas) flicken** etwas (meist einen Gegenstand aus Stoff), das ein Loch hat oder zerrissen ist, (mit einem Flicken) ausbessern/reparieren ⟨eine zerrissene Hose, einen Fahrradschlauch, ein Fischernetz, ein Segel flicken⟩ **K** Flickarbeit

Fli·cken *der;* (-s, -) ein kleines Stück Stoff o. Ä., mit dem man etwas flickt **K** Lederflicken, Stoffflicken

Flick·werk *das; nur Singular; gesprochen, abwertend* das Ergebnis/Produkt einer handwerklichen oder geistigen Tätigkeit, das viele Fehler und Mängel hat und (in der Planung oder Ausführung) nicht einheitlich ist

Flick·zeug *das; meist Singular* alle Dinge, die man braucht, um Kleidung oder einen Fahrradschlauch zu reparieren

Flie·der *der;* (-s) ein Strauch mit kleinen weißen oder lila Blüten, die sehr stark duften und in Form von Trauben wachsen **K** Fliederbaum, Fliederbusch, Fliederstrauch, Fliederstrauß ● hierzu **flie·der·far·ben** ADJEKTIV

★ **Flie·ge** *die;* (-, -n) **1** Fliegen sind Insekten, die sich gern auf Lebensmittel und Kot setzen | *eine lästige Fliege fangen* | *Die Larve der Fliege heißt Made* **K** Fliegengitter, Fliegennetz, Fliegenschwarm **2** eine kleine Krawatte in Form einer Schleife, die Männer zu sehr eleganten Anzügen tragen ■ **ID Personen fallen um/sterben wie die Fliegen** *gesprochen* Personen sterben in großer Zahl; **zwei Fliegen mit einer Klappe schlagen** *gesprochen* mit einer Handlung zwei Ziele zugleich erreichen; **keiner Fliege (et)was zuleide tun (können)** *gesprochen* einen sehr sanften Charakter haben und niemanden verletzen (können); **die Fliege machen** *gesprochen* einen Ort (schnell) verlassen

★ **flie·gen** VERB (flog, hat/ist geflogen) **1** **ein Tier fliegt** (*ist*) ein Vogel, ein Insekt o. Ä. bewegt sich mit Flügeln aus eigener Kraft durch die Luft | *Der Schmetterling fliegt von Blüte zu Blüte* **2** **etwas fliegt** (*ist*) etwas bewegt sich mit technischer Hilfe durch die Luft ⟨ein Flugzeug, ein Hubschrauber, ein Raumschiff⟩ | *Die Rakete fliegt zum Mond* **3** **(irgendwohin) fliegen** (*ist*) (als Pilot oder als Passagier) mit einem Flugzeug an einen Ort reisen | *Ich fliege im Urlaub nach Amerika* | *„Fährst du mit dem Zug nach Paris?" – „Nein, ich fliege"* **4** **etwas fliegt irgendwo(hin)** (*ist*) etwas wird durch eine von außen wirkende Kraft (wie z. B. Wind) durch die Luft bewegt | *Durch den Windstoß flogen die Blätter vom Schreibtisch* | *Ihre langen Haare flogen im Wind* | *Der Ball flog durchs Fenster* (wurde von jemandem durchs Fenster geworfen) **5** **irgendwohin fliegen** *gesprochen* (*ist*) sich sehr schnell (z. B. durch Laufen) irgendwohin bewegen | *Sie flog in seine Arme* **6** **jemand fliegt irgendwohin** *gesprochen* (*ist*) jemand verliert das Gleichgewicht und fällt (und verletzt sich dabei) | *Tante Lotti ist gestern über die Stufe vor dem Haus geflogen* **7** *gesprochen* (*ist*) (meist wegen falschem Verhalten) den Job verlieren oder aus der Schule entlassen werden **8** **durch etwas fliegen** *gesprochen* (*ist*) eine Prüfung nicht bestehen ≈ *durchfallen* **9** **auf jemanden/etwas fliegen** *gesprochen* (*ist*) eine Person/Sache sehr attraktiv finden und somit sehr stark von ihr angezogen sein | *Er fliegt auf große Frauen mit langen, schlanken Beinen* **10** **etwas fliegen** (*hat*) als Pilot etwas steuern ⟨einen Hubschrauber, ein Flugzeug fliegen⟩ **11** **etwas fliegen** (*hat/ist*) einen Weg mit einem Flugzeug zurücklegen ⟨eine Kurve, einen Looping, einen Umweg fliegen⟩ | *die Strecke London–Paris fliegen* **12** **jemanden/etwas irgendwohin fliegen** (*hat*) jemanden/etwas mit einem Flugzeug o. Ä. an den genannten Ort bringen | *Die Ärzte wurden mit einem Hubschrauber in das Katastrophengebiet geflogen*

flie·gend ■ PARTIZIP PRÄSENS **1** → fliegen
■ ADJEKTIV **2** *meist attributiv* sehr groß ⟨in fliegender Eile, Hast⟩ **3** ⟨ein Händler⟩ so, dass er von Ort zu Ort zieht

Flie·gen·fän·ger *der;* (-s, -) ein langer Streifen aus Papier, der mit Leim bestrichen ist und den man aufhängt, damit Fliegen daran kleben bleiben

Flie·gen·ge·wicht *das* eine Gewichtsklasse (z. B. beim Boxen oder Ringen), in der je nach Sportart nur Sportler mit weniger als 51 bis 53 kg kämpfen dürfen

Flie·gen·klat·sche *die;* (-, -n), *gesprochen* mit der Fliegenklatsche erschlägt man lästige Fliegen

Flie·gen·pilz *der* ein giftiger Pilz mit flacher roter Kappe und weißen Punkten darauf

★ **Flie·ger** *der;* (-s, -); *gesprochen* **1** ≈ *Flugzeug* | *Flieger aus Papier basteln* **K** Papierflieger **2** ≈ *Pilot* | *Er ist Flieger bei der Luftwaffe* **3** *meist Plural* alle Piloten, Soldaten usw. einer militärischen Einheit o. Ä., die sich mit Flugzeugen beschäftigt **K** Fliegerhorst, Fliegermütze, Fliegerjacke; Heeresflieger, Marineflieger, Rettungsflieger

★ **flie·hen** ['fli:ən] VERB (floh, ist geflohen) **(aus etwas, vor jemandem/etwas) (irgendwohin) fliehen** (aus Angst oder um einen sicheren Platz zu suchen) schnell und meist heimlich einen Ort verlassen ⟨vor den Feinden, dem Unwetter fliehen; über die Grenze, ins Ausland fliehen⟩ ≈ *flüchten* | *Der Verbrecher ist aus dem Gefängnis geflohen* | *Viele Menschen mussten vor dem Krieg fliehen*

flie·hend ■ PARTIZIP PRÄSENS **1** → fliehen
■ ADJEKTIV **2** *meist attributiv* mit einer Form, die sehr schräg (nach hinten) verläuft ⟨eine Stirn, ein Kinn⟩

Flieh·kraft *die; nur Singular* die Kraft, die auf jeden Körper, der sich um eine Achse dreht, so wirkt, dass er sich von dieser Achse wegbewegt ≈ *Zentrifugalkraft*

Flie·se *die;* (-, -n) im Bad sind Boden und Wände mit Fliesen bedeckt, die man leicht reinigen kann ⟨Fliesen legen⟩ | *den Fußboden der Küche mit Fliesen auslegen* **K** Fliesenleger; Bodenfliese, Wandfliese; Steinfliese

flie·sen VERB (flieste, hat gefliest) **etwas fliesen** Fliesen auf etwas kleben | *Die Wände im Bad sind gefliest*

★ **Fließ·band** *das* in Fabriken werden einzelne Teile usw. auf Fließbändern durch die Hallen bewegt und zusammengebaut oder bearbeitet ⟨am Fließband arbeiten, stehen; etwas am Fließband herstellen⟩ | *Heute rollt der tausendste Traktor vom Fließband* **K** Fließbandarbeit, Fließbandarbeiter, Fließbandproduktion

★ **flie·ßen** VERB (floss, ist geflossen) **1** **etwas fließt (irgendwohin)** eine Flüssigkeit (z. B. das Wasser in einem Fluss) bewegt sich irgendwohin | *Tränen flossen über ihr Gesicht* | *Die Donau fließt ins Schwarze Meer* **2** **etwas fließt** etwas bewegt sich gleichmäßig und ohne Unterbrechung fort ⟨der Verkehr, der elektrische Strom⟩ | *Die Polizei meldet, dass auf den Autobahnen der Verkehr ungehindert fließt* **3** **etwas fließt (irgendwohin)** etwas gelangt von einer Person zur anderen, irgendwohin | *Bei dem Bauprojekt flossen Bestechungsgelder* | *Die Informationen flie-*

F

ßen spärlich

★ **flie·ßend** ■ PARTIZIP PRÄSENS **1** → fließen ■ ADJEKTIV **2** *nur adverbiell* ohne Mühe und ohne eine Pause ≈ *flüssig* | *fließend französisch sprechen* | *fließend lesen* **3** nicht deutlich markiert oder definiert ⟨Übergänge, Grenzen⟩

flim·mer·frei ADJEKTIV ⟨ein Bildschirm, ein Fernseher, ein Bild⟩ so, dass sie nicht flimmern

Flim·mer·kis·te *die; gesprochen, abwertend oder humorvoll* ≈ *Fernseher*

flim·mern VERB (flimmerte, hat geflimmert) **1** **etwas flimmert** etwas leuchtet unruhig und zitternd ⟨das Licht, die Sterne, die Wasseroberfläche, ein Glühwürmchen⟩ | *Ein Film flimmert über die Leinwand* | *die vor Hitze flimmernde Luft in der Wüste* **2** **das Herz flimmert** das Herz schlägt unregelmäßig

flink ADJEKTIV (flinker, flink(e)st-) **1** schnell, leicht und geschickt in den Bewegungen ⟨ein Bursche, ein Mädchen, ein Arbeiter⟩ **2** **eine flinke Zunge/ein flinkes Mundwerk haben** *veraltend* schnelle und gute Antworten geben • zu (1) **Flink·heit** *die*

Flin·te *die;* (-, -n) ein Gewehr für die Jagd, das mit vielen kleinen Kugeln schießt K Jagdflinte, Schrotflinte ■ ID **die Flinte ins Korn werfen** *gesprochen* aufgeben (weil man keine Hoffnung mehr hat)

Flip·flop® *der;* (-s, -s); *meist Plural* eine einfache Sandale aus Plastik

Flip·per *der;* (-s, -) ein Spielautomat, bei dem man Hebel bewegt und an Knöpfen zieht, damit eine Kugel möglichst lange auf einer schrägen Fläche bleibt • hierzu **flip·pern** VERB *(hat); gesprochen*

flip·pig ADJEKTIV; *gesprochen* voller ungewöhnlicher Ideen, auffallend und nicht den gesellschaftlichen Konventionen entsprechend ⟨Kleidung, ein Typ⟩

Flirt [flø:ɐ̯t] *der;* (-s, -s) **1** das Flirten ⟨ein harmloser, unverbindlicher Flirt⟩ **2** eine kurze, oberflächliche erotische Beziehung ⟨mit jemandem einen Flirt anfangen, haben⟩

flir·ten ['flø:ɐ̯tn̩] VERB (flirtete, hat geflirtet) **(mit jemandem) flirten** einer Person durch Blicke, Gesten oder Worte zeigen, dass man sie sympathisch und (erotisch) attraktiv findet

Flitt·chen *das;* (-s, -); *gesprochen, abwertend* eine Frau, die häufig und mit verschiedenen Männern sexuelle Beziehungen hat

Flit·ter *der;* (-s, -) **1** *abwertend nur Singular* Schmuck o. Ä., den man für teuer halten könnte, der aber nicht viel wert ist **2** kleine, schillernde Plättchen aus Metall, die als Schmuck auf Kleider genäht werden

Flit·ter·wo·chen *die; Plural* die ersten Wochen nach der Heirat, in denen viele Ehepaare verreisen

flit·zen VERB (flitzte, ist geflitzt) **(mit etwas) irgendwohin flitzen** *gesprochen* sich (mit einem Fahrzeug oder zu Fuß) sehr schnell irgendwohin bewegen

Flit·zer *der;* (-s, -); *gesprochen* ein sehr schnelles, meist kleines Fahrzeug

floa·ten ['floutn̩] VERB (floatete, hat gefloatet) **eine Währung floatet** eine Währung schwankt innerhalb fester Grenzen • hierzu **Floa·ting** *das*

flocht *Präteritum, 1. und 3. Person Singular* → flechten

★ **Flo·cke** *die;* (-, -n) **1** ein kleines Stück einer weichen, lockeren Masse (wie z. B. Schnee, Schaum, Wolle oder Watte) | *Der Schnee wirbelte in dicken Flocken herab* | *Flocken aus Schaumstoff* K Schneeflocke, Seifenflocke **2** *meist Plural* ein Getreidekorn, das so bearbeitet wurde, dass es wie ein kleines, dünnes Plättchen aussieht | *Getreide zu Flocken verarbeiten* K Haferflocke, Maisflocke, Weizenflocke

flo·ckig ADJEKTIV locker und leicht ⟨Schaum, eine Masse⟩

flog *Präteritum, 1. und 3. Person Singular* → fliegen

floh *Präteritum, 1. und 3. Person Singular* → fliehen

Floh [flo:] *der;* (-(e)s, Flö·he) ein sehr kleines Insekt ohne Flügel, das hoch und weit springt und als Parasit auf Tieren lebt | *Der Hund hat Flöhe* ■ ID **jemandem einen Floh ins Ohr setzen** *gesprochen* in jemandem einen Gedanken oder Wunsch wecken, der schwer oder gar nicht zu verwirklichen ist

Floh·markt *der* ein Markt, auf dem meist kleine oder bereits gebrauchte Gegenstände verkauft werden ⟨etwas auf dem Flohmarkt kaufen⟩

Flop *der;* (-s, -s); *gesprochen* ein meist geschäftlicher Misserfolg

Flo·ra *die;* (-, Flo·ren); *meist Singular; geschrieben* alle Pflanzen (die im genannten Gebiet wachsen) ≈ *Pflanzenwelt* | *die Flora und Fauna der Tropen*

Flo·rett *das;* (-s, -e) eine lange Waffe zum Stechen, die beim Fechten verwendet wird K Florettfechten

flo·rie·ren VERB (florierte, hat floriert) **etwas floriert** etwas hat Erfolg und funktioniert deshalb gut ⟨ein Geschäft, ein Unternehmen, der Handel, die Wirtschaft, die Kunst, die Wissenschaft⟩

Flo·rist *der;* (-en, -en) eine Person, die beruflich (in einem Blumengeschäft) Sträuße und Kränze zusammenstellt oder bindet ■ *der Florist; den, dem, des Floristen* • hierzu **Flo·ris·tin** *die*

Flos·kel *die;* (-, -n); *meist abwertend* eine feste Redewendung oder Aussage, über deren Sinn man nicht mehr nachdenkt ⟨eine abgedroschene, abgegriffene, leere, nichtssagende, höfliche Floskel⟩ K Höflichkeitsfloskel • hierzu **flos·kel·haft** ADJEKTIV

floss *Präteritum, 3. Person Singular* → fließen

Floß *das;* (-es, Flö·ße) ein einfaches Wasserfahrzeug aus großen Holzteilen (z. B. Baumstämmen), die miteinander zu einer ebenen Fläche zusammengebunden sind ⟨auf, mit einem Floß fahren⟩ K Floßfahrt

Flos·se *die;* (-, -n) **1** Fische o. Ä. bewegen ihre Flossen, um zu schwimmen K Bauchflosse, Brustflosse, Rückenflosse, Schwanzflosse ■ → Abb. unter **Fisch** **2** einer von zwei Gegenständen (ähnlich wie Schuhe) aus Gummi, mit denen man (unter Wasser) besser schwimmen kann K Schwimmflosse, Taucherflosse **3** *gesprochen, abwertend oder humorvoll* ≈ *Fuß, Hand* | *Flossen weg!*

flö·ßen VERB (flößte, hat geflößt) **etwas flößen** etwas (z. B. Baumstämme) wie ein Floß oder auf einem Floß (auf einem Fluss) transportieren • hierzu **Flö·ßer** *der*

Flö·te *die;* (-, -n) ein Musikinstrument aus Holz oder Metall in Form eines Rohrs, auf dem man bläst ⟨Flöte spielen; auf der Flöte blasen⟩ K Flötenkonzert, Flötenmusik, Flötenspiel, Flötenspieler; Blockflöte, Querflöte

FLÖTEN

die Blockflöte

die Querflöte

flö·ten VERB (flötete, hat geflötet) **1** **(etwas) flöten** ein Musikstück auf einer Flöte spielen **2** **(etwas) flöten** *gesprochen,* *abwertend oder humorvoll* etwas mit zarter und sanfter Stimme sagen, meist um etwas Günstiges für sich zu erreichen **3** **ein Vogel flötet** eine Amsel oder Nachtigall gibt die Laute von sich, die für ihre Art typisch sind ■ **ID etwas geht flöten** *gesprochen* etwas geht verloren ‹die Zeit, das Geld›

Flö·tist *der*; (-en, -en) eine Person, die (vor allem in einem Orchester) Flöte spielt **H** *der Flötist; den, dem, des Flötisten* ● hierzu **Flö·tis·tin** *die*

★ **flott** ADJEKTIV (flotter, flottest-) **1** *gesprochen* mit relativ hoher Geschwindigkeit ‹eine Bedienung, ein Tempo› ≈ *rasch, schnell* | *Der Bau (des Hauses) geht flott voran* **2** *gesprochen* elegant und geübt ‹ein Tänzer› **3** *gesprochen* mit (zum Tanz anregendem) relativ schnellen Rhythmus ‹Tanzmusik› **4** *gesprochen* ‹eine Geschichte; flott geschrieben› ≈ *unterhaltsam* **5** *gesprochen* attraktiv ‹eine Frau, ein Mann; Kleidung, eine Frisur› **6** **ein Schiff ist (wieder) flott** ein Schiff ist (nach einem Unfall wieder) fahrbereit | *Das auf Grund gelaufene Schiff ist wieder flott*

Flot·te *die*; (-, -n) **1** alle militärischen Schiffe, die einem Staat gehören | *die britische Flotte* **K** Flottenkommandant, Flottenmanöver, Flottenstützpunkt, Flottenverband; Kriegsflotte **2** alle Schiffe, die für den selben Zweck gebaut sind **K** Fischereiflotte, Handelsflotte **3** **eine Flotte** (*+Genitiv*) eine größere Anzahl von Schiffen, die sich gleichzeitig irgendwo befinden | *Bei dem Seefest war eine ganze Flotte geschmückter Boote unterwegs*

flott·ma·chen VERB (machte flott, hat flottgemacht) **1** **etwas (wieder) flottmachen** ein Schiff in tieferes Wasser bringen, sodass es frei schwimmt ‹ein auf Grund gelaufenes Schiff flottmachen› **2** **etwas (wieder) flottmachen** ein Fahrzeug, das man lange nicht benutzt hat, wieder zum Fahren bereit machen | *Sobald das Wetter im Frühjahr wärmer wird, mache ich mein Motorrad wieder flott*

Fluch *der*; (-(e)s, Flü·che) **1** **ein Fluch (über jemanden/etwas)** ein Wort oder Worte, das/die man in großer Wut oder in großem Hass spontan sagt ‹einen gotteslästerlichen, kräftigen Fluch ausstoßen› **2** *meist Singular* **ein Fluch (gegen jemanden)** (magische) Worte, mit denen man jemandem etwas Böses wünscht | *Die Zauberin hatte einen Fluch gegen den Prinzen ausgesprochen* **3** *nur Singular* **ein Fluch (auf jemandem/etwas)** das Böse, das Unheil oder die Strafe, die (scheinbar) durch einen Fluch bewirkt wurden | *Auf dem Schloss lastet seit Jahrhunderten ein fürchterlicher Fluch* **4** *geschrieben* **ein Fluch (für jemanden/etwas)** eine ungünstige oder gefährliche Situation | *Wird die moderne Technologie zum Fluch für den Menschen?*

flu·chen VERB (fluchte, hat geflucht) **1** **(etwas) fluchen** böse Worte, Flüche aussprechen | *„Verdammt", fluchte er* **2** **über jemanden/etwas fluchen**; **auf etwas** (*Akkusativ*) **fluchen** heftig über jemanden/etwas schimpfen | *auf/über das schlechte Wetter fluchen*

★ **Flucht** *die*; (-, -en) **1** **die Flucht (aus etwas, vor jemandem/etwas); die Flucht (irgendwohin)** *meist Singular* das Fliehen ‹auf der Flucht (vor jemandem) sein; jemandem zur Flucht verhelfen› | *die Flucht aus dem Gefängnis* **K** Fluchtauto, Fluchtplan, Fluchtversuch, Fluchtwagen **2** **die Flucht (aus/vor etwas** (*Dativ*)); **die Flucht (in etwas** (*Akkusativ*)) *geschrieben meist Singular* das Ausweichen vor Problemen oder vor der Realität ‹die Flucht aus/vor dem Alltag, in den Alkohol, in die Vergangenheit› **3** eine gerade Linie, Reihe, in der z. B. Gebäude oder Räume stehen ‹eine lange Flucht von Zimmern› **K** Fensterflucht, Häuserflucht ■ **ID die Flucht ergreifen** fliehen; **jemanden in die Flucht schlagen** bewirken, dass jemand (vor allem ein Angreifer) flieht; **die Flucht nach vorn antreten** mutig und entschlossen handeln, obwohl man in einer schlechten Situation ist

flucht·ar·tig ADJEKTIV sehr schnell, um aus einer unangenehmen Situation zu kommen ‹fluchtartig den Raum, das Land verlassen›

★ **flüch·ten** VERB (flüchtete, hat/ist geflüchtet) **1** **(aus etwas) (irgendwohin) flüchten**; **(vor jemandem/etwas) (irgendwohin) flüchten** (*ist*) einen Ort sehr schnell verlassen, weil plötzlich eine akute Gefahr droht | *Als das Feuer ausbrach, flüchteten die Hotelgäste auf das Dach* **H** Im Gegensatz zu *fliehen* sind bei *flüchten* die Bewegung und die Geschwindigkeit betont. **2** **sich (vor etwas** (*Dativ*)) **irgendwohin flüchten** *geschrieben* (*hat*) sehr schnell irgendwo hingehen, um Schutz zu suchen | *Wir flüchteten uns vor dem Regen unter das Vordach* | *Die Wandergruppe flüchtete sich vor dem Gewitter in eine Hütte*

Flucht·ge·fahr *die* die Gefahr, dass ein Verdächtiger oder eine Person, welche die Polizei festgenommen hat, (wieder) flieht ‹es besteht Fluchtgefahr›

Flucht·hel·fer *der* eine Person, die anderen Leuten (die meist aus politischen Gründen aus ihrem Land fliehen wollen) bei der Flucht hilft ● hierzu **Flucht·hel·fe·rin** *die*

flüch·tig ADJEKTIV **1** auf der Flucht | *Die ausgebrochenen Häftlinge sind immer noch flüchtig* **2** von kurzer Dauer und nicht sehr intensiv ‹ein Gruß, ein Kuss, eine Umarmung; jemanden flüchtig begrüßen, berühren› **3** nicht genau ‹jemanden nur flüchtig kennen; ein Eindruck› ≈ *oberflächlich* | *Ich habe das Buch nur flüchtig durchgeblättert* **4** schnell und ohne Konzentration, so dass Fehler entstehen | *Der Schüler hat in der letzten Zeit oft sehr flüchtig gearbeitet*

Flüch·tig·keits·feh·ler *der* ein Fehler, den man (z. B. in einer Prüfung) macht, weil man nicht aufmerksam oder nicht konzentriert ist

★ **Flücht·ling** *der*; (-s, -e) eine Person, die (z. B. wegen eines Krieges) ein Land, die Heimat verlässt bzw. verlassen muss | *Flüchtlingen Asyl gewähren* | *als politischer Flüchtling anerkannt werden* **K** Flüchtlingslager, Flüchtlingsunterkunft

Flucht·weg *der*; *meist Singular* **1** der Weg, auf dem jemand flüchtet oder geflohen ist **2** der Weg, auf dem man im Notfall fliehen kann | *In öffentlichen Gebäuden sind die Fluchtwege ins Freie mit Pfeilen gekennzeichnet*

★ **Flug** *der*; (-(e)s, Flü·ge) **1** *nur Singular* die Fortbewegung des Vogels in der Luft | *den ruhigen Flug des Adlers beobachten* **K** Vogelflug **2** *nur Singular* die schnelle Bewegung eines Flugzeugs o. Ä. | *den Flug der Rakete auf den Radarschirmen verfolgen* **K** Fluggeschwindigkeit, Flughöhe, Flugrichtung, Flugroute, Flugsicherheit, Flugstrecke, Flugverkehr, Flugwetter, Flugzeit; Probeflug, Testflug, Übungsflug, Weltraumflug **3** eine Reise durch die Luft (im Flugzeug) ‹einen angenehmen, (un)ruhigen Flug haben; einen Flug buchen› | *Wegen des dichten Nebels mussten alle Flüge von und nach London gestrichen werden* **K** Fluggast, Fluggepäck, Flugkapitän, Flugnummer, Flugpassagier, Flugpersonal, Flugpreis, Flugreise, Flugschein, Flugticket, Flugverbindung ■ **ID etwas vergeht (wie) im Flug(e)** eine Zeit vergeht sehr schnell | *Die Urlaubstage vergingen (wie) im Flug*

Flug·bahn *die* der Weg, den ein (fliegender) Körper durch die Luft zurücklegt | *eine Flugbahn berechnen*

Flug·be·glei·ter *der* eine Person, die sich beruflich in Flugzeugen um die Passagiere kümmert ● hierzu **Flug·be·glei·te·rin** *die*

Flug·blatt *das* ein bedrucktes Blatt Papier, das bei einem aktuellen Anlass (meist in großen Mengen) kostenlos verteilt wird und Informationen liefert, z. B. zu politischen Ak-

F

tionen auffordert

★ **Flü·gel** *der*; (-s, -)
▸von Vögeln, Flugzeugen: **1** Vögel und viele Insekten haben Flügel, mit denen sie fliegen können ⟨ein Vogel schlägt mit den Flügeln; ein Vogel breitet die Flügel aus⟩ | *Der Vogel legte die Flügel an* (zog die ausgebreiteten Flügel wieder an den Körper) K Flügelschlag; Schmetterlingsflügel
▸von Gebäuden, Fenstern, Geräten: **2** der linke oder der rechte Teil einer symmetrischen Sache | *die Flügel eines Altars/eines Fensters* | *der linke/rechte Flügel der Lunge* K Flügelaltar, Flügelfenster, Flügeltür; Altarflügel, Fensterflügel, Lungenflügel, Nasenflügel **3** *meist Plural* Ventilatoren, Windmühlen usw. haben viele Flügel, die sich im Kreis drehen K Windmühlenflügel **4** der seitliche Teil eines großen Gebäudes | *Im östlichen Flügel des Krankenhauses ist die Chirurgie untergebracht* K Seitenflügel
▸von Parteien, Mannschaften, Truppen: **5** eine Gruppe von Mitgliedern einer Partei, deren politische Meinung in einigen Bereichen von der offiziellen Haltung der Partei abweicht | *der linke/rechte Flügel der SPD* K Flügelkämpfe **6** der linke oder der rechte vordere Teil einer Mannschaft K Flügelstürmer **7** der linke oder rechte äußere Teil einer aufgestellten Truppe
▸Musikinstrument: **8** ein großes Klavier, dessen Deckel man öffnen kann K Konzertflügel
■ **ID** **jemandem die Flügel stutzen** jemanden in der Handlungsfreiheit einschränken; **die Flügel hängen lassen** *gesprochen, meist humorvoll* deprimiert, traurig sein

flü·gel·lahm ADJEKTIV **1** nicht fähig zu fliegen ⟨ein Vogel⟩ **2** ohne Kraft oder Energie ⟨ein Mensch⟩

flüg·ge ADJEKTIV *meist prädikativ* **1** ⟨Vögel⟩ so weit herangewachsen und so groß, dass sie fliegen können **2** *gesprochen, humorvoll* ⟨Kinder⟩ so alt (und reif), dass sie weitgehend selbstständig handeln und ihren Willen durchsetzen | *Unsere Tochter wird langsam flügge*

Flug·ge·sell·schaft *die* eine Firma, die gegen Bezahlung Personen oder Fracht befördert | *Die „Lufthansa" ist die größte deutsche Fluggesellschaft*

★ **Flug·ha·fen** *der* ein großes Gelände, auf dem Flugzeuge starten und landen | *„Orly" und „Charles de Gaulle" sind die zwei großen Flughäfen von Paris* K Flughafengebäude, Flughafengebühr, Flughafengelände

Flug·kör·per *der* etwas (z. B. eine Rakete, ein Raumschiff oder ein Satellit), das sich auf einer festen Flugbahn bewegt

Flug·lärm *der* der Lärm, den Flugzeuge machen, vor allem beim Start, bei der Landung oder wenn sie tief fliegen

Flug·li·nie *die* die Route, auf der ein Flugzeug regelmäßig fliegt | *die internationale Fluglinie Frankfurt–Tokio*

Flug·lot·se *der* eine Person, die (über Funk) das Starten und Landen der Flugzeuge vom Boden aus steuert | *Der Fluglotse nimmt über Funk Kontakt mit dem Flugzeug auf und dirigiert es auf eine freie Landebahn* ● hierzu **Flug·lot·sin** *die*

Flug·mo·dus *der* wenn man bei einem Mobiltelefon den Flugmodus einschaltet, kann man nicht damit telefonieren und ins Internet gehen, es aber noch für andere Zwecke benutzen

Flug·ob·jekt *das* **ein unbekanntes Flugobjekt** ein fliegender Gegenstand, der gesehen wurde, aber nicht identifiziert werden konnte **i** Abkürzung: *Ufo* oder *UFO*

Flug·platz *der* ein großes Gelände, auf dem meist kleine Flugzeuge starten und landen K Militärflugplatz, Zivilflugplatz

flugs ADVERB; *veraltend* rasch, ohne zu zögern

Flug·schrei·ber *der* ein Gerät, das in einem Flugzeug (beim Flug) automatisch technische Daten wie z. B. Höhe, Geschwindigkeit usw. aufschreibt

Flug·si·che·rung *die* **1** die Dienststelle, die in einem Flughafen dafür sorgt, dass beim Starten und Landen der Flugzeuge keine Unfälle passieren **2** *nur Singular* das Sichern von Start und Landung von Flugzeugen

Flug·steig *der*; (-(e)s, -e) *geschrieben* ein Ausgang am Flughafen, von dem aus man zum Flugzeug gelangt ≈ *Gate*

★ **Flug·zeug** *das*; (-(e)s, -e) Flugzeuge transportieren Personen und Dinge durch die Luft ⟨ein Flugzeug startet, hebt ab, fliegt irgendwohin, landet, stürzt ab; ein Flugzeug chartern; das Flugzeug auftanken⟩ | *An Bord des Flugzeugs befinden sich 200 Passagiere* K Flugzeugabsturz, Flugzeugentführung, Flugzeughalle, Flugzeugkatastrophe, Flugzeugrumpf, Flugzeugunglück; Charterflugzeug, Passagierflugzeug, Transportflugzeug, Überschallflugzeug, Verkehrsflugzeug; Düsenflugzeug, Modellflugzeug, Propellerflugzeug, Segelflugzeug

Flug·zeug·trä·ger *der* ein sehr großes Schiff, auf dessen Deck Flugzeuge landen und starten können

fluk·tu·ie·ren VERB (fluktuierte, hat fluktuiert) **etwas fluktuiert** *geschrieben* etwas ändert sich unregelmäßig ⟨Preise, Mengen, Zahlen⟩ ≈ *schwanken* ● hierzu **Fluk·tu·a·ti·on** *die*

Flun·der *die*; (-, -n) ein bräunlicher Fisch mit sehr flachem Körper ⟨etwas ist platt wie eine Flunder⟩

flun·kern VERB (flunkerte, hat geflunkert); *gesprochen, humorvoll* (bei unwichtigen Dingen, meist im Scherz) nicht die Wahrheit sagen ≈ *schwindeln*

Flup·pe *die*; (-, -n); *gesprochen!* ≈ *Zigarette*

★ **Flur**[1] *der*; (-(e)s, -e) ein meist langer, schmaler Raum im Innern einer Wohnung, eines Gebäudes, von dem aus man in die einzelnen Zimmer geht ≈ *Gang*

Flur[2] *die*; (-, -en); *geschrieben* Äcker und Wiesen, die nicht mit

Häusern bebaut sind

★ **Fluss** *der*; (-es, Flüs·se) **1** in Flüssen fließt relativ viel Wasser auf einem langen, natürlichen Weg durchs Land ⟨ein breiter, tiefer, reißender Fluss; der Lauf, die Mündung, die Quelle eines Flusses; ein Fluss fließt/mündet ins Meer, in einen See⟩ | *Der Fluss wurde durch die Abwässer der chemischen Fabrik verunreinigt* | *Der Fluss trat über die Ufer und überschwemmte das Land* K Flussfisch, Flusslauf, Flussmündung, Flussufer; Gebirgsfluss, Grenzfluss **2** *geschrieben nur Singular* der gleichmäßige Ablauf einer Bewegung oder eines Vorgangs ohne Unterbrechungen ⟨der Fluss der Arbeit, der Ereignisse, einer Rede⟩ | *Eine Baustelle behindert den Fluss des Straßenverkehrs* K Gedankenfluss, Redefluss, Verkehrsfluss **3** **etwas kommt/gerät in Fluss** *geschrieben* etwas beginnt und geht dann ohne Unterbrechung weiter ⟨eine Arbeit, eine Unterhaltung⟩

fluss·ab, fluss·ab·wärts ADVERB in der Richtung, in welche das Wasser in einem Fluss fließt | *ein Boot flussab treiben lassen*

Fluss·arm *der* einer von mehreren Teilen eines Flusses, die nebeneinander fließen | *Vom Amazonas gehen viele Flussarme ab*

fluss·auf, fluss·auf·wärts ADVERB (in Richtung) zur Quelle eines Flusses hin, gegen die Strömung | *flussauf rudern*

Fluss·bett *das* die (vertiefte) Rinne, durch die ein Fluss fließt ⟨ein ausgetrocknetes, schlammiges Flussbett⟩

★ **flüs·sig** ADJEKTIV **1** so, dass es fließen kann | *Wachs wird flüssig, wenn man es erwärmt* | *Metall im Hochofen flüssig machen* K dickflüssig, dünnflüssig **2** (in Bezug auf die Art des Lesens, Sprechens oder Schreibens) ohne Mühe, selbstsicher und gewandt ⟨etwas flüssig vortragen; einen flüssigen Stil schreiben⟩ | *Er spricht ein flüssiges Englisch* **3** ohne eine Pause, Unterbrechung | *Wir wurden am Zoll flüssig abgefertigt* **4** ⟨Gelder, Mittel⟩ so, dass man sie gleich verwenden kann **5** **(nicht) flüssig sein** *gesprochen, humorvoll* im Augenblick (kein) Geld haben

★ **Flüs·sig·keit** *die*; (-, -en) **1** Wasser, Milch, Blut usw. sind Flüssigkeiten ⟨eine ätzende, farblose, klare, trübe, klebrige Flüssigkeit⟩ K Bremsflüssigkeit, Kühlflüssigkeit, Schmierflüssigkeit **2** *ohne Artikel, nur Singular* alle (flüssigen) Substanzen, die man trinkt, weil sie der Körper braucht | *Bei Fieber soll man viel Flüssigkeit zu sich nehmen* K Flüssigkeitsbedarf, Flüssigkeitsverlust **3** *nur Singular* die Tatsache, dass etwas flüssig (gesprochen, geschrieben) ist | *die Flüssigkeit seines Stils*

flüs·sig·ma·chen VERB (machte flüssig, hat flüssiggemacht) **etwas flüssigmachen** Geld für einen Zweck zur Verfügung stellen oder haben | *Er konnte die erforderlichen 5.000 Euro nicht flüssigmachen*

Fluss·pferd *das* ein großes, massiges Tier, das in Afrika in und an Flüssen lebt und kleine Augen und Ohren und ein großes, breites Maul hat ≈ *Nilpferd*

flüs·tern VERB (flüsterte, hat geflüstert) **(etwas) flüstern** sehr leise sprechen, etwas sehr leise sagen ⟨jemandem etwas ins Ohr flüstern⟩ K Flüsterstimme, Flüsterton ■ **ID jemandem (et)was flüstern** *gesprochen* jemanden (wegen eines Fehlers) kritisieren | *Na, dem werde ich was flüstern, wenn ich ihn erwische!*

★ **Flut** *die*; (-, -en) **1** *nur Singular* das Steigen des Wassers (Wasserspiegels) im Meer, das durch die Anziehungskraft des Mondes bewirkt wird ⟨die Flut kommt⟩ ↔ *Ebbe* | *Das Schiff lief mit der Flut aus* **2** *geschrieben meist Plural* große Mengen von Wasser (die in Bewegung und meist gefährlich sind) ⟨aufgewühlte, tosende Fluten⟩ | *Viele Menschen ertranken in den Fluten des Hochwassers* K Flutkatastrophe, Flutwarnung, Wasserflut **3** **eine Flut von etwas** *geschrieben* eine große Menge einer Sache (die plötzlich und unerwartet auftritt) ⟨eine Flut von Glückwünschen, Protesten, Beschwerdebriefen, Tränen⟩ | *Eine Flut von Schimpfwörtern ergoss sich über ihn* K Bücherflut, Farbenflut, Menschenflut, Tränenflut ■ **ID sich in die Fluten stürzen** ins Wasser springen

flu·ten VERB (flutete, ist geflutet); *geschrieben* **1** **etwas flutet irgendwohin** eine große Menge Licht, Luft, Wasser o. Ä. strömt irgendwohin **2** **Personen fluten irgendwohin** viele Menschen bewegen sich gleichzeitig irgendwohin ⟨Menschenmassen, die Zuschauer⟩ | *Die Absperrung wurde eingedrückt und die Menge der Demonstranten flutete auf den Platz*

Flut·licht *das; nur Singular* helles künstliches Licht, mit dem man abends Sportplätze o. Ä. beleuchtet ⟨bei Flutlicht spielen⟩ K Flutlichtanlage

Flut·wel·le *die* **1** eine sehr hohe Welle, die z. B. durch einen Sturm entsteht **2** das schnelle Ansteigen des Wassers vor allem in den Mündungen der Flüsse, wenn die Flut kommt

Fly·er ['flaiɐ] *der*; (-s, -) ein gefaltetes Blatt oder kleines Heft mit gedruckten Informationen über ein Thema

focht *Präteritum, 1. und 3. Person Singular* → fechten

Fö·de·ra·lis·mus *der*; (-) **1** das Streben nach einer staatlichen Ordnung, in welcher die einzelnen Regionen ziemlich selbstständig sind **2** das Streben von Ländern, die zusammen einen Staat bilden, nach größerer Unabhängigkeit von der zentralen Regierung ↔ *Zentralismus* ● hierzu **Fö·de·ra·list** *der*; **fö·de·ra·lis·tisch** ADJEKTIV

Fö·de·ra·ti·on [-'tsio:n] *die*; (-, -en) ein Verband, eine Union von Staaten oder Organisationen

foh·len VERB (fohlte, hat gefohlt) **eine Stute fohlt** eine Stute bringt ein Fohlen zur Welt

Foh·len *das*; (-s, -) ein junges Pferd

★ **Föhn** *der*; (-(e)s, -e) **1** ein elektrisches Gerät, mit dem man sich die Haare trocknet ■ Die Schreibung *Fön* ist der Name einer Marke für das Produkt einer Firma. **2** *nur Singular* ein warmer Südwind, der auf der nördlichen Seite der Alpen auftritt K Föhnsturm, Föhnwetter, Föhnwind ● zu (2) **föh·nig** ADJEKTIV

föh·nen VERB (föhnte, hat geföhnt) **1** **jemanden föhnen** die Haare einer Person (oder die eigenen) mit einem Föhn trocknen **2** **(jemandem) die Haare föhnen** jemandes oder die eigenen Haare mit einem Föhn trocknen | *Ich muss mir nur noch die Haare föhnen*

Föh·re *die*; (-, -n) ≈ *Kiefer*

Fo·kus *der*; (-, -se) **1** der Punkt, in dem sich Lichtstrahlen treffen, die durch eine Linse o. Ä. fallen ≈ *Brennpunkt* **2** *geschrieben* der Bereich, der besonders wichtig ist, auf den man sich konzentriert ⟨im Fokus der Aufmerksamkeit, der Kritik, der Öffentlichkeit; etwas rückt in den Fokus, steht im Fokus; den Fokus auf etwas (*Akkusativ*) legen, richten⟩ | *ein Medienkonzern mit Fokus auf Filmproduktionen*

★ **Fol·ge** *die*; (-, -n) **1** **eine Folge** (+*Genitiv*/**von etwas**) etwas, das sich nach und wegen einer Handlung, eines Geschehens ereignet ⟨(etwas hat) böse, schlimme, unangenehme, verheerende Folgen; die Folgen einer Sache tragen müssen, auf sich nehmen; etwas hat etwas zur Folge⟩ | *Die Folgen der Naturkatastrophe sind noch nicht abzusehen* | *Sie starb an den Folgen des Autounfalls* **2** eine Reihe von Dingen, die in zeitlich (relativ) kurzen Abständen nacheinander kommen | *Die Autos auf der Autobahn fuhren in dichter Folge* K Bild(er)folge, Gedankenfolge, Lautfolge, Reihenfolge, Zahlenfolge **3** eines von mehreren Teilen eines Ganzen, einer Serie, die in festen Abständen nacheinander kommen (z. B. eine Episode einer Fernsehserie) | *Die nächste*

F

Folge des dreiteiligen Kriminalfilms sehen Sie am kommenden Montag **4** ⟨einem Befehl, einem Rat⟩ **Folge leisten** *admin* etwas akzeptieren und befolgen

Fol·ge- *im Substantiv, betont, begrenzt produktiv* **1** **Folgejahr, Folgemonat, Folgesaison, Folgetag** *und andere* bezeichnet den nächsten Zeitraum der genannten Länge in einer Reihenfolge | *Im Folgequartal stiegen die Umsätze wieder* (Im nächsten Quartal waren die Umsätze höher) **2** **Folgeantrag, Folgeprojekt, Folgetreffen, Folgevertrag** *und andere* drückt aus, dass die genannte Sache in einer Reihenfolge später als eine andere solche Sache kommt | *Die Folgeaufträge waren besser bezahlt* (Der erste Auftrag war schlecht bezahlt, die späteren Aufträge waren besser) **3** **Folgeerkrankung, Folgeerscheinung, Folgeschäden, Folgewirkung** *und andere* drückt aus, dass die genannte Sache durch eine andere verursacht wurde, eine logische Folge von etwas ist | *Folgefehler in einer mehrteiligen Mathematikaufgabe werden nicht eigens gewertet* (Wenn man mit einem falschen Ergebnis in einer Mathematikaufgabe weiterrechnet, wird nur der erste Fehler gewertet, die weiteren Fehler aber nicht)

F

★ **fol·gen**[1] VERB (folgte, ist gefolgt) **1** **jemandem/etwas folgen** sich hinter jemandem/etwas her in derselben Richtung bewegen ⟨jemandem heimlich, unauffällig, auf Schritt und Tritt, dicht, in großem Abstand folgen⟩ | *Der Hund folgte der Blutspur im Schnee* **2** **einer Sache** (*Dativ*) **irgendwie folgen** einem Gespräch o. Ä. aufmerksam zuhören, etwas beobachten | *dem Vortrag des Wissenschaftlers mit Interesse folgen* **3** **jemandem/etwas (nicht) folgen können** die Argumentation oder eine Folge von Gedanken (nicht) verstehen können | *Ich kann deinen Ausführungen zu diesem komplizierten Thema leider nicht folgen* **4** **einer Sache** (*Dativ*) **folgen** sich nach etwas richten, einer Sache entsprechend handeln ⟨jemandes Rat, Anordnungen, Befehlen folgen; seinem Gefühl, einer Eingebung folgen⟩ **5** **jemandem/etwas folgen** jemanden/etwas als Vorbild nehmen und danach handeln | *Er ist dem Beispiel seines Vaters gefolgt und ebenfalls Arzt geworden* **6** **etwas folgt (auf) etwas** (*Dativ*) etwas kommt in der Reihenfolge oder ereignet sich zeitlich nach etwas | *Auf Regen folgt Sonnenschein | im folgenden Jahr* **7** auf dem nächsten Platz, der nächsten Stufe in einer Hierarchie oder Skala weiter unten erscheinen | *Nach Sabine Binz folgt auf Platz zwei Edith Löhner* **8** **etwas folgt aus etwas** etwas ist die logische Konsequenz einer Sache | *Aus den Berechnungen des Kopernikus folgte, dass sich die Erde um die Sonne dreht*

★ **fol·gen**[2] VERB (folgte, hat gefolgt) **ein Kind/Tier folgt (jemandem)** *gesprochen* ein Kind/ein Hund o. Ä. tut das, was die Eltern/Besitzer sagen ≈ *gehorchen* | *Der Hund folgt mir aufs Wort* (gehorcht immer sofort)

★ **fol·gend** ■ PARTIZIP PRÄSENS **1** → folgen[1]
■ ADJEKTIV **2** *meist attributiv* verwendet, um sich auf Personen/Sachen zu beziehen, die (in einer Liste) genannt werden | *Folgende Schüler haben die Prüfung bestanden: …*

fol·gen·der·ma·ßen ADVERB auf die anschließend beschriebene Art und Weise | *Der Salat wird folgendermaßen zubereitet: …*

fol·gen·schwer ADJEKTIV mit großen (meist negativen) Folgen/Konsequenzen ⟨ein Fehler, ein Irrtum, ein Unfall⟩

fol·ge·rich·tig ADJEKTIV; *geschrieben* logisch und konsequent ⟨eine Entscheidung; folgerichtig denken, handeln⟩ ● hierzu **Fol·ge·rich·tig·keit** *die*

fol·gern VERB (folgerte, hat gefolgert) **etwas (aus etwas) folgern** *geschrieben* aus Anzeichen oder Fakten die logische Konsequenz ziehen | *Aus seinem Verhalten folgerte sie, dass er ihrer Meinung war*

Fol·ge·rung *die*; (-, -en) **eine Folgerung (aus etwas)** das Ergebnis einer Überlegung o. Ä. ⟨eine logische Folgerung; eine Folgerung aus etwas ableiten, ziehen⟩ **K** Schlussfolgerung

★ **folg·lich** ADVERB als Konsequenz oder Ergebnis einer Sache ≈ *deshalb* | *Die Firma machte Bankrott, folglich mussten alle Mitarbeiter entlassen werden/alle Mitarbeiter mussten folglich entlassen werden*

folg·sam ADJEKTIV immer bereit zu gehorchen ⟨ein Hund, ein Kind, ein Pferd⟩ ≈ *gehorsam* ● hierzu **Folg·sam·keit** *die*

Fo·lie [-li̯ə] *die*; (-, -n) **1** ein sehr dünnes Material (meist aus Kunststoff oder Metall), mit dem man Gegenstände (z. B. Lebensmittel) verpackt, abdeckt oder isoliert ⟨etwas in Folie verpacken; etwas mit Folie abdecken⟩ **K** Alu(minium)folie, Kunststofffolie, Plastikfolie, Frischhaltefolie **2** ein Stück durchsichtige Folie mit Schrift oder Bildern, z. B. für einen Overheadprojektor

Folk·lo·re *die*; (-) alle Formen der Kultur (z. B. Musik, Tanz und Dichtung), die für die Leute einer Region oder Landschaft typisch sind **K** Folklorekunst, Folkloremusik ● hierzu **folk·lo·ris·tisch** ADJEKTIV

★ **Fol·ter** *die*; (-) **1** *nur Singular* der Vorgang, wenn jemand gefoltert wird | *Amnesty International setzt sich gegen Folter in aller Welt ein | Er ist bei der Folter gestorben* **K** Folterinstrument, Foltermethode, Folterqual **2** *gesprochen* etwas, das sehr unangenehm oder lästig ist ≈ *Qual* | *Lange Vorträge sind für mich eine wahre Folter* ■ **ID** **jemanden auf die Folter spannen** die Spannung erhöhen, indem man jemanden absichtlich warten lässt

fol·tern VERB (folterte, hat gefoltert) **1** **jemanden foltern** einer Person körperliche Schmerzen zufügen (vor allem, um sie zu einem Geständnis oder zu einer Aussage zu zwingen) | *In manchen Ländern werden Gefängnisinsassen regelmäßig gefoltert* **2** **etwas foltert jemanden** *geschrieben* etwas quält jemanden psychisch | *Sein schlechtes Gewissen folterte ihn*

Fon *das* → Phon

Fön® *der*; (-(e)s, -e) ein elektrisches Gerät, mit dem man sich die Haare trocknet

Fond [fõ:] *der*; (-s, -s); *meist Singular* **1** *geschrieben* der hintere Teil im Innern eines Autos (mit den Rücksitzen) ⟨im Fond sitzen⟩ **2** eine Flüssigkeit, die beim Braten oder Kochen entsteht und aus der man Soße oder Suppe machen kann **K** Bratenfond, Hühnerfond; Soßenfond, Suppenfond

★ **Fonds** [fõ:] *der*; (- [fõ:(s)], - [fõ:s]) **1** Geld, das als Vorrat für einen Zweck bestimmt ist ⟨einen Fonds einrichten⟩ **K** Hilfsfonds, Studienfonds **2** eine Art, Geld anzulegen; man zahlt Geld in den Fonds, mit dem eine Gesellschaft Aktien, Immobilien usw. kauft, um Gewinne zu machen ⟨ein gemischter, geschlossener, offener Fonds; in einen Fonds einzahlen, investieren⟩ **K** Immobilienfonds, Investmentfonds

Fon·due [fõ'dy:] *das*; (-s, -s), **Fon·due** *die*; (-, -s) ein Gericht, das man am Tisch zubereitet. Man gibt mit einer langen Gabel z. B. kleine Stücke Fleisch in einen Topf mit heißem Öl oder kleine Stücke Brot in einen Topf mit geschmolzenem Käse **K** Fonduegabel, Fondueteller; Fleischfondue, Käsefondue

Font *der*; (-s, -s) ≈ *Zeichensatz*

Fon·tä·ne *die*; (-, -n) **1** ein starker Strahl Wasser, der vor allem aus einem Brunnen nach oben spritzt **2** ein Brunnen mit einer Fontäne ≈ *Springbrunnen*

fop·pen VERB (foppte, hat gefoppt) **jemanden foppen** *gesprochen* einer Person (meist im Scherz) etwas Unwahres sagen, um sie zu ärgern

for·cie·ren [-'si:-] VERB (forcierte, hat forciert) **etwas forcieren** *geschrieben* mit gezielten Maßnahmen oder Druck dafür sorgen, dass ein Ziel schneller erreicht wird ⟨die Anstrengungen, die Bemühungen, eine Entwicklung, das Tempo forcieren⟩

För·de·rer *der;* (-s, -) eine Person, die jemanden oder etwas durch Geld aktiv unterstützt ≈ *Mäzen* | *ein Förderer der Künste* • hierzu **För·de·rin** *die*

för·der·lich ADJEKTIV **etwas ist jemandem/etwas förderlich** *geschrieben* etwas ist für jemanden/etwas nützlich, von Vorteil | *Ein solches Verhalten ist seiner Karriere wenig förderlich*

★ **for·dern** VERB (forderte, hat gefordert) **1** **(von jemandem/etwas) etwas fordern** einer Person oder Institution (energisch und nachdrücklich) sagen, dass man etwas von ihr will ≈ *verlangen* | *Die Entführer forderten von den Eltern/der Regierung ein hohes Lösegeld* | *Sie forderte, freigelassen zu werden* **2** **etwas fordert Opfer/Menschenleben** *geschrieben* ein Unglück o. Ä. hat den Tod von Personen zur Folge | *Das Erdbeben forderte zahlreiche Opfer* **3** **etwas fordert jemanden** etwas verlangt viel Energie o. Ä. von jemandem, ist sehr anstrengend | *Mein Beruf fordert mich nicht genug* **4** **Freispruch fordern** (als Rechtsanwalt) dafür plädieren, dass ein Angeklagter vor Gericht keine Strafe bekommt | *Der Rechtsanwalt forderte Freispruch für seinen Mandanten*

★ **för·dern** VERB (förderte, hat gefördert) **1** **jemanden/etwas fördern** eine Person oder Sache so unterstützen (z. B. durch persönliches Engagement, Mitarbeit oder finanzielle Mittel), dass sie sich gut weiterentwickelt | *junge Künstler/die Wissenschaft fördern* **2** **etwas fördern** *geschrieben* etwas stärker oder intensiver machen | *Ihre Bemerkungen förderten seinen Ärger nur noch mehr* **3** **etwas fördern** Kohle, Öl, Erz o. Ä. in großer Menge aus der Erde holen, um sie wirtschaftlich zu nutzen K Förderanlage, Förderleistung, Fördermenge, Förderschacht

-för·dernd *im Adjektiv, unbetont, begrenzt produktiv* **bildungsfördernd, schlaffördernd** *und andere* so, dass es einem Zweck erfolgreich dient | *eine friedensfördernde Politik* | *ein verdauungsförderndes Medikament*

För·der·schu·le *die* eine Schule, in der Kinder unterrichtet werden, die Schwierigkeiten beim Lernen haben K Förderschullehrer I → Infos unter **Schule** • hierzu **För·der·schü·ler** *der;* **För·der·schü·le·rin** *die*

★ **For·de·rung** *die;* (-, -en) **1** **eine Forderung (an jemanden); eine Forderung (nach etwas)** das, was von jemandem verlangt, gefordert wird ⟨eine berechtigte, maßlose, unannehmbare Forderung; eine Forderung erheben, geltend machen, (an jemanden) stellen; eine Forderung erfüllen; auf einer Forderung bestehen; von einer Forderung ablassen⟩ | *Die Arbeitgeber lehnten die Forderung der Gewerkschaften nach mehr Lohn ab* **2** **eine Forderung (an jemanden)** *geschrieben* der Anspruch auf Geld, das man für gelieferte Waren oder erbrachte Leistungen von jemandem bekommen soll ⟨eine Forderung anmelden, erheben, geltend machen⟩ | *Die Firma hat Forderungen in Höhe von 50.000 Euro an ihre Schuldner* K Geldforderung

★ **För·de·rung** *die;* (-) **1** eine meist finanzielle Hilfe von Firmen, reichen Personen, Stiftungen oder vom Staat ⟨die Förderung von Ausbildung, Engagement, Krankenhäusern, Kindergärten, Kunst, Künstlern, Kunst, Museen, Schülern, sozialen Einrichtungen, Studenten⟩ ≈ *Unterstützung* | *die Förderung begabter Schüler durch eine Stiftung* K Förderungsantrag; Ausbildungsförderung, Begabtenförderung, Nachwuchsförderung **2** der Vorgang, etwas mit Maschinen in großer Menge aus der Erde zu holen ⟨die Förderung von Rohstoffen⟩ K Erzförderung, Kohleförderung, Ölförderung

★ **Fo·rel·le** *die;* (-, -n) ein (mittelgroßer) Fisch, der vor allem in kalten Bächen und in kleineren Gewässern lebt und der gut schmeckt K Forellenteich, Forellenzucht

Fo·ren *die; Plural* → Forum

For·ke *die;* (-, -n); *norddeutsch* ≈ *Heugabel, Mistgabel*

★ **Form** *die;* (-, -en)

▸Gestalt, Zustand: **1** die äußere plastische Gestalt, in der ein Gegenstand erscheint, vor allem in Hinsicht auf die Linien, die ihn begrenzen ≈ *Gestalt* | *Die Erde hat die Form einer Kugel* K Eiform, Hufeisenform, Kreisform, Kugelform, Spiralform, Würfelform **2** **in Form** (+*Genitiv*/**von etwas**) in dem Zustand, in dem etwas erscheint oder vorhanden ist | *Niederschläge in Form von Regen/Schnee/Hagel* | *Eis ist Wasser in fester Form*

▸von Personen: **3** *nur Plural* die Konturen des Körpers einer Frau, vor allem von Busen und Hüften | *eine Frau mit üppigen Formen* **4** *nur Singular* die körperliche oder geistige Verfassung und Leistung, die verlangt wird ⟨gut, schlecht in Form sein; (nicht) in Form sein; seine Form halten⟩ K Bestform, Höchstform, Tagesform

▸Art und Weise: **5** die Art und Weise, in der etwas existiert, in der es organisiert oder strukturiert ist | *die Ehe als Form des Zusammenlebens von Mann und Frau* K Gesellschaftsform, Lebensform, Organisationsform, Regierungsform, Staatsform, Wirtschaftsform **6** die Art und Weise, in der ein Inhalt (künstlerisch) gestaltet ist | *die strenge Form der Novelle/des Sonetts* K Briefform, Gedichtform, Liedform, Romanform, Tanzform **7** *meist Plural* die vorgeschriebenen Regeln, Konventionen, die bestimmen, wie man sich gegenüber anderen Leuten verhalten soll ⟨sich über gesellschaftliche Formen hinwegsetzen⟩ | *die strengen Formen am königlichen Hof* K Umgangsform, Verhaltensform **8** die Art und Weise, wie etwas Offizielles gestaltet ist oder werden muss | *Verträge bedürfen nicht unbedingt der schriftlichen Form, auch mündliche Verträge sind bindend* | *Der Antrag wurde wegen eines Fehlers in der Form abgelehnt*

▸Gegenstand: **9** ein Gegenstand, der innen hohl ist oder der Vertiefungen hat und in den man eine lockere oder flüssige Masse (z. B. Teig oder geschmolzenes Metall) gibt, die dann fest wird | *den Kuchenteig in eine Form aus Blech füllen* K Backform, Gussform, Kuchenform

■ ID **etwas nimmt (feste) Formen an** ein Plan, ein Projekt o. Ä. wird allmählich entwickelt und realisiert; **in aller Form** genau so, wie es nach den Regeln des Verhaltens sein soll | *Er entschuldigte sich in aller Form für seine Unhöflichkeit*

★ **for·mal** ADJEKTIV *meist attributiv* **1** die Art und Weise, in welcher ein Inhalt gegliedert und aufgebaut wird ↔ *inhaltlich* | *der formale Aufbau eines Dramas* **2** in Bezug auf die Bestimmungen des Gesetzes, die Regeln o. Ä. | *Der Prozess musste wegen eines formalen Fehlers unterbrochen werden* **3** so, dass ein Gesetz o. Ä. zwar existiert, aber fast niemand entsprechend handelt | *In vielen Staaten sind die Frauen nur formal gleichberechtigt*

For·ma·lie [-li̯ə] *die;* (-, -n); *meist Plural* Einzelheiten, die inhaltlich nicht sehr wichtig sind, aber bei Entscheidungen beachtet werden müssen ⟨juristische Formalien⟩ | *Da wären noch einige Formalien zu klären*

For·ma·lis·mus *der;* (-, For·ma·lis·men); *meist Singular; geschrieben* die (zu) starke Betonung der äußeren Form | *der Formalismus in der Verwaltung* • hierzu **For·ma·list** *der;* **for·ma·lis·tisch** ADJEKTIV

For·ma·li·tät *die;* (-, -en) **1** *meist Plural* eine (bürokratische) Bestimmung, Vorschrift, die man erfüllen muss, damit etwas offiziell gültig wird o. Ä. ⟨die Formalitäten einhalten, erledigen⟩ **2** eine gesellschaftliche Regel, Konvention, die nur die äußere Form betrifft

★ **For·mat** *das;* (-(e)s, -e) **1** die Größe oder Form, in der Papier, Bücher usw. hergestellt werden | *Fotos mit dem Format 18 × 13* **K** Buchformat, Postkartenformat, Großformat, Kleinformat, Standardformat **2** **von Format** (von Personen) von großer Bedeutung | *Heinrich Böll war ein Schriftsteller von (internationalem) Format* **3** **Format haben** in Bezug auf Charakter oder Fähigkeiten sehr bedeutend, vorbildlich sein

For·ma·ti·on [-ˈtsi̯oːn] *die;* (-, -en) **1** eine Gruppe von Musikern, Tänzern o. Ä., die gemeinsam auftreten **K** Jazzformation, Tanzformation **2** eine Gruppe von Soldaten, Flugzeugen, Vögeln o. Ä., die in einer festen Ordnung gemeinsam marschieren, fliegen o. Ä. ⟨eine bewaffnete, militärische Formation⟩ **3** die Form oder Reihenfolge, in der Personen oder Dinge angeordnet sind | *in geschlossener Formation fliegen* (beim Fliegen die gleichen Abstände zueinander behalten und immer gemeinsam die Richtung wechseln) **4** *nur Singular* das Formieren **5** eine Folge von Schichten aus einer oder mehreren Gesteinsarten | *eine Küste mit bizarren geologischen Formationen*

form·bar ADJEKTIV **1** ⟨ein Material⟩ so, dass es (mit den Händen) geformt werden kann | *Der Ton wird mit Wasser zu einer gut formbaren Masse verarbeitet* **2** ⟨ein Charakter, ein Kind, ein Talent⟩ so, dass man sie beeinflussen und ändern kann

Form·blatt *das; admin* ≈ *Formular*

★ **For·mel** *die;* (-, -n) **1** eine Kombination von Buchstaben, Zahlen oder Zeichen als (verkürzter) Ausdruck z. B. eines mathematischen Lehrsatzes, einer chemischen Verbindung oder einer physikalischen Regel | *Die chemische Formel für Wasser ist „H_2O"* **2** ein Ausdruck oder Satz, der bei vielen Anlässen immer wieder in derselben sprachlichen Form verwendet wird **K** Beschwörungsformel, Eid(es)formel, Grußformel, Zauberformel **3** *meist abwertend* ein sprachlicher Ausdruck, der so häufig verwendet wird, dass man dabei über den Sinn nicht mehr nachdenkt ⟨eine leere, nichtssagende Formel⟩ **4** ein kurzer Satz oder Ausdruck, der einen komplizierten gedanklichen Zusammenhang einfach ausdrückt und zusammenfasst | *ein komplexes Problem auf eine einfache Formel bringen* **5** **Formel 1** [-ˈains] eine Kategorie von sehr schnellen Rennwagen **K** Formel-1-Rennen, Formel-1-Wagen

for·mel·haft ADJEKTIV sehr häufig verwendet oder monoton ⟨ein Ausdruck; jemandes Sprache, jemandes Stil⟩ ≈ *stereotyp* • hierzu **For·mel·haf·tig·keit** *die*

★ **for·mell** ADJEKTIV **1** korrekt und höflich, so wie es die Regeln und Konventionen erfordern ⟨eine Begrüßung, eine Einladung, ein Empfang⟩ **2** den Vorschriften entsprechend ⟨ein Abkommen, eine Einigung⟩ ≈ *offiziell* **3** sehr höflich und korrekt und dadurch steif (wirkend) ≈ *förmlich* ↔ *informell* | *Er ist immer sehr formell* **4** *meist adverbiell* nur zum Schein, nicht wirklich | *Er ist nur noch formell der Chef, eigentlich leitet der Sohn die Firma*

for·men VERB (formte, hat geformt) **1** **etwas (aus etwas) formen** einen Gegenstand aus einem weichen Material herstellen, indem man dem Material mit den Händen eine Form gibt | *einen Krug aus Ton formen* | *Die Kinder formten Tiere aus Knetmasse* **2** **etwas (zu etwas) formen** einem weichen Material mit den Händen eine Form geben | *Teig zu einem Brotlaib formen* **3** **etwas formt jemanden (zu etwas)** ein Einfluss verändert den Charakter eines Menschen in positiver Weise | *Die Erfahrungen in diesen Jahren haben ihn (zu einer verantwortungsbewussten Persönlichkeit) geformt* • hierzu **For·mung** *die*

For·men·leh·re *die; meist Singular* die Beschreibung derjenigen Dinge, die in manchen Bereichen vorkommen, z. B. in der Sprache die Formen der Wörter, in der Musik die Arten der Stücke. **i** In manchen Wissensgebieten spricht man auch von *Morphologie*

Form·feh·ler *der; geschrieben* ein Verstoß gegen eine amtliche Vorschrift, die einen Ablauf oder die Form von Schreiben regelt | *Wegen eines Formfehlers wurde die Wahl für ungültig erklärt*

for·mie·ren VERB (formierte, hat formiert) **1** **jemand formiert etwas** jemand stellt eine Gruppe von Menschen oder Dingen in einer vorgeschriebenen Ordnung auf ⟨eine Mannschaft, eine Marschkolonne, eine Tanzgruppe formieren⟩ **2** **Personen formieren sich (zu etwas)** sich nach einem Muster aufstellen | *Die Tänzer formierten sich zu einem Kreis* • hierzu **For·mie·rung** *die*

-för·mig *im Adjektiv, unbetont, sehr produktiv* **eiförmig, glockenförmig, herzförmig, hufeisenförmig, kreisförmig, sternförmig** *und andere* mit der genannten Form

förm·lich ■ ADJEKTIV **1** korrekt und höflich ⟨eine Begrüßung, ein Umgangston⟩ **2** den bekannten Vorschriften entsprechend ⟨eine Abmachung, eine Erklärung, ein Vertrag⟩ ≈ *formell, offiziell*
■ PARTIKEL *unbetont* **3** vor allem mit bildlichen Ausdrücken verwendet, um eine Aussage zu verstärken | *Sie kochte förmlich vor Wut* | *Er hat mich mit Vorwürfen förmlich überschüttet* • zu (1,2) **Förm·lich·keit** *die*

form·los ADJEKTIV **1** ohne feste Umrisse, ohne eine klare äußere Form ⟨eine Masse⟩ **2** ohne eine offiziell vorgeschriebene Form ⟨ein Antrag⟩ • zu (1) **Form·lo·sig·keit** *die*

Form·sa·che *die; nur Singular* **etwas ist Formsache** etwas muss den Regeln entsprechend noch getan oder genehmigt werden, wird aber ganz sicher keine Probleme machen | *Mach dir keine Sorgen, das Genehmigungsverfahren ist reine Formsache*

★ **For·mu·lar** *das;* (-s, -e) ein Blatt Papier (wie es z. B. bei einer Behörde oder Bank verwendet wird), auf dem Angaben oder Fragen gedruckt sind, die man ergänzen oder beantworten muss ⟨ein Formular ausfüllen, unterschreiben⟩ **K** Anmeldeformular, Einzahlungsformular, Überweisungsformular

★ **for·mu·lie·ren** VERB (formulierte, hat formuliert) **etwas (irgendwie) formulieren** etwas, das man (mündlich oder schriftlich) ausdrücken will, in eine entsprechende sprachliche Form bringen | *einen Gedanken präzise formulieren* | *eine Frage formulieren*

For·mu·lie·rung *die;* (-, -en); *geschrieben* **1** *nur Singular* das Formulieren | *Die Formulierung seiner Gedanken fiel ihm schwer* **2** die Art, wie etwas gesagt oder geschrieben wird | *Die Formulierungen in Gesetzen sind oft kompliziert*

forsch ADJEKTIV (forscher, forschest-) selbstsicher, energisch und entschlossen ⟨ein Benehmen; forsch an etwas herangehen⟩ • hierzu **Forsch·heit** *die*

★ **for·schen** VERB (forschte, hat geforscht) **1** etwas systematisch und mit wissenschaftlichen Methoden untersuchen, um darüber mehr Wissen zu bekommen | *Er forscht auf dem Gebiet der Kernphysik* **2** **nach jemandem/etwas forschen** *geschrieben* sehr gründlich, intensiv nach jemandem/etwas suchen ⟨nach einem Vermissten, den Ursachen einer Sache forschen⟩ | *Er forscht in alten Archiven nach der Herkunft seiner Familie*

for·schend ■ PARTIZIP PRÄSENS **1** → forschen
■ ADJEKTIV **2** *meist attributiv* kritisch und prüfend ⟨ein Blick; jemanden forschend ansehen⟩

★ **For·scher** *der;* (-s, -) eine Person, die wissenschaftlich arbeitet und forscht ≈ *Wissenschaftler* **K** Altertumsforscher, Bibelforscher, Naturforscher H zu *Forscherin* → Info im Eintrag **-in** ● hierzu **For·sche·rin** *die*

★ **For·schung** *die*; (-, -en) **1** das Forschen und Suchen nach Wissen | *Kopernikus hat bei seinen Forschungen herausgefunden, dass sich die Erde um die Sonne bewegt* **2** *nur Singular* die Wissenschaft (die sich mit einem speziellen Gebiet befasst) 〈die naturwissenschaftliche, medizinische Forschung; der neueste Stand der Forschung〉 | *Sie ist in der Forschung tätig* K Forschungsarbeit, Forschungsauftrag, Forschungsbericht, Forschungsergebnis, Forschungsgebiet, Forschungsgegenstand, Forschungsmethode, Forschungsobjekt, Forschungsprojekt, Forschungszweck; Altertumsforschung, Geschichtsforschung, Krebsforschung, Sprachforschung, Verhaltensforschung, Weltraumforschung **3** *nur Singular* alle Forscher, die auf einem speziellen Gebiet arbeiten, mit ihren Ergebnissen | *Der Forschung war es gelungen, Insulin synthetisch herzustellen*

Forst *der*; (-(e)s, -e); *admin* ein (meist großes) Stück Wald, das wirtschaftlich genutzt wird | *ein staatlicher Forst* K Forstamt, Forstverwaltung, Forstwirtschaft; Gemeindeforst, Privatforst, Staatsforst

Förs·ter *der*; (-s, -) eine Person, die beruflich für ein Stück Wald und für die Tiere in diesem Gebiet verantwortlich ist ● hierzu **Förs·te·rin** *die*

Förs·te·rei *die*; (-, -en) ≈ *Forsthaus*

Forst·haus *das* das Wohnhaus des Försters (in dem sich auch seine Dienststelle befindet)

★ **fort** ADVERB **1** **jemand/etwas ist fort** eine Person oder Sache befindet sich nicht (mehr) an dem Ort, an dem sie war | *Mein Fahrrad ist fort!* **2** **fort sein** weggegangen, weggefahren oder verreist sein | *Sie ist drei Wochen fort gewesen* **3** **fort (von hier)!** verwendet als Aufforderung, sich von einem Ort zu entfernen ≈ *weg* | *Es brennt, schnell fort von hier!* **4** **Fort (mit jemandem/etwas)!** verwendet, um zu sagen, dass eine Person weggehen soll oder dass eine Sache entfernt werden soll ≈ *weg* | *Fort mit ihm!* | *Fort damit!* ■ ID **in einem 'fort** *veraltend* ohne Unterbrechung ≈ *ständig*; **und so fort** drückt aus, dass man eine Aufzählung oder Liste noch mit ähnlichen Dingen verlängern könnte

★ **fort-** (*im Verb, betont und trennbar, sehr produktiv; Diese Verben werden so gebildet:* fortfliegen, flog fort, fortgeflogen) **fortfahren, fortgehen, fortlaufen, fortreiten**; **jemanden/etwas fortbringen, fortschaffen, fortschicken** *und andere* drückt mit Verben der Bewegung aus, dass jemand/etwas einen Ort verlässt ≈ *weg-* | *Als sie die Katze sahen, flogen die Vögel fort*

Fort·be·stand *der*; *nur Singular*; *geschrieben* die weitere Existenz, das Weiterleben in der Zukunft | *Der Fortbestand vieler Tierarten ist heute gefährdet*

fort·be·ste·hen VERB (bestand fort, hat fortbestanden) **etwas besteht fort** *geschrieben* etwas gilt oder existiert weiterhin (so wie es bisher war) 〈eine Vereinbarung, die alten Zustände〉

★ **fort·be·we·gen** VERB (bewegte fort, hat fortbewegt) **sich/etwas (irgendwie) fortbewegen** sich selbst oder Dinge an einen anderen Ort bewegen | *Der Tunnel war so niedrig, dass ich mich auf Händen und Knien fortbewegen musste* | *Mit vereinten Kräften konnten wir den Felsen von der Straße fortbewegen*

Fort·be·we·gung *die*; *nur Singular*; *geschrieben* der Vorgang, bei dem man sich selbst, eine andere Person oder eine Sache an einen anderen Ort bewegt | *Der Gelähmte benötigt zur Fortbewegung einen Rollstuhl* | *Die Flügel dienen dem Vogel zur Fortbewegung* K Fortbewegungsmittel, Fortbewegungsorgan

★ **fort·bil·den** VERB (*hat*) **sich (in etwas** (*Dativ*)**) fortbilden** spezielle Kenntnisse oder die Allgemeinbildung erweitern (meist indem man spezielle Kurse oder Seminare besucht) ≈ *weiterbilden* | *Die Sekretärin will sich in IT fortbilden* ● hierzu **Fort·bil·dung** *die*

fort·blei·ben VERB (*ist*) **(eine Zeit lang) (von etwas) fortbleiben** für längere Zeit nicht an einen Ort zurückkommen 〈lange, nur kurze Zeit fortbleiben〉 | *Er blieb zwei Tage von der Arbeit fort*

fort·dau·ern VERB (*hat*) **etwas dauert fort** *geschrieben* etwas dauert weiterhin an, hört nicht auf 〈eine Beziehung, ein Zustand〉 ● hierzu **Fort·dau·er** *die*

★ **fort·fah·ren** VERB **1** (*ist*) einen Ort verlassen und an einen anderen fahren ≈ *wegfahren* **2** **mit etwas fortfahren**; **fortfahren zu** +*Infinitiv* *geschrieben* (*ist*) (nach einer Unterbrechung) weiter das tun, was man vorher getan hat | *Er ließ sich durch den Lärm nicht stören und fuhr fort zu arbeiten* **3** **jemanden/etwas fortfahren** (*hat*) jemanden/etwas mit einem Fahrzeug an einen anderen Ort bringen

fort·fal·len VERB (*ist*) **etwas fällt fort** etwas ist nicht mehr wirksam oder gültig, nicht mehr vorhanden ≈ *wegfallen* | *Wenn das neue Gesetz in Kraft tritt, fällt die alte Regelung fort* ● hierzu **Fort·fall** *der*

★ **fort·füh·ren** VERB (*hat*) **etwas fortführen** *geschrieben* mit etwas, das eine andere Person angefangen hat, ohne Unterbrechung weitermachen ≈ *fortsetzen* | *Nach dem Tod des Vaters führt der Sohn das Unternehmen fort* ● hierzu **Fort·füh·rung** *die*

Fort·gang *der*; *nur Singular*; *geschrieben* **1** die Art und Weise, wie sich etwas entwickelt | *Der Archäologe berichtete über den Fortgang der Ausgrabungen* **2** das Verlassen eines Orts (meist für lange Zeit) | *Seit seinem Fortgang von Berlin habe ich ihn nicht mehr gesehen* **3** **etwas nimmt seinen Fortgang** *veraltend* etwas geht weiter, entwickelt sich weiter

fort·ge·hen VERB (*ist*) **etwas geht fort** *gesprochen* etwas geschieht ohne Unterbrechung ≈ *weitergehen* | *Das ging so fort, bis plötzlich eine drastische Änderung eintrat* H weitere Verwendungen → **fort-**

fort·ge·schrit·ten ■ PARTIZIP PERFEKT **1** → fortschreiten ■ ADJEKTIV **2** so, dass es ein relativ spätes Stadium (der Entwicklung) erreicht hat 〈etwas befindet sich in einem fortgeschrittenen Stadium; jemand ist im fortgeschrittenen Alter〉 | *Die Krankheit ist so weit fortgeschritten, dass keine Heilung mehr möglich ist* **3** **jemand ist (in etwas** (*Dativ*)**) fortgeschritten** jemand hat auf einem Wissensgebiet, in einem Fach o. Ä. (relativ) gute Kenntnisse und ist nicht mehr Anfänger | *Kurt ist in Französisch schon ziemlich fortgeschritten*

Fort·ge·schrit·te·ne *der/die*; (-n, -n) eine Person, die an einer Ausbildung schon längere Zeit teilgenommen und schon viele Kenntnisse oder Fertigkeiten hat ↔ *Anfänger* | *Im nächsten Semester beginnt ein Deutschkurs für Fortgeschrittene* K Fortgeschrittenenkurs, Fortgeschrittenenlehrgang, Fortgeschrittenenunterricht H *ein Fortgeschrittener; der Fortgeschrittene; den, dem, des Fortgeschrittenen*

fort·ge·setzt ■ PARTIZIP PERFEKT **1** → fortsetzen ■ ADJEKTIV **2** *meist attributiv* (in Bezug auf verbotene oder strafbare Handlungen) so, dass sie immer wieder vorkommen, sich ständig wiederholen | *jemanden wegen fortgesetzten Betrugs bestrafen*

fort·ha·ben VERB (*hat*) **jemanden/etwas forthaben wollen** *gesprochen* wollen, dass jemand/etwas nicht mehr da ist oder dass man sich mit etwas nicht mehr beschäftigen muss | *Seine Kollegen wollten ihn aus der Firma forthaben*

F

| *Ich will die Steuererklärung endlich forthaben!*

fort·kom·men VERB *(ist)* **1** **(von jemandem/etwas) fortkommen** *gesprochen* von jemandem/etwas weggehen, wegfahren können, einen Ort verlassen können | *Ich bin abends wieder nicht (vom Büro) fortgekommen, weil der Chef mich noch sprechen wollte* **2** **(irgendwie) fortkommen** sich (auf die genannte Weise) fortbewegen | *Auf dem sandigen Weg kam der Radfahrer nur mühsam fort* ■ ID **Mach/Schau, dass du fortkommst!** *gesprochen* verwendet als sehr unfreundliche Aufforderung wegzugehen

Fort·kom·men *das;* (-s) **1** die Möglichkeit, sich (vor allem im Verkehr) vorwärtszubewegen | *Bei diesem Verkehrsstau war an ein Fortkommen nicht zu denken* **2** der Aufstieg in der beruflichen Karriere | *Er hat nur sein berufliches Fortkommen im Sinn*

F

fort·las·sen VERB *(hat)* **1** **jemanden fortlassen** zulassen, dass jemand weggeht **2** **etwas fortlassen** etwas nicht berücksichtigen ≈ *weglassen* | *Bei der Neuauflage des Buches wurde das alte Vorwort fortgelassen*

fort·lau·fen VERB *(ist)* **1** einen Ort verlassen, indem man läuft **2** **(jemandem) fortlaufen** *gesprochen* jemanden verlassen ≈ *weglaufen* | *Nach einem Streit mit seinem Vater ist er von zu Hause fortgelaufen* | *Unserem Nachbarn ist die Frau fortgelaufen*

fort·lau·fend ■ PARTIZIP PRÄSENS **1** → fortlaufen ■ ADJEKTIV **2** *meist attributiv* in kontinuierlicher Reihenfolge | *Die Seiten des Manuskripts sind fortlaufend nummeriert*

fort·le·ben VERB *(hat)* **eine Person/Sache lebt (in jemandem/etwas) fort** eine Person oder Sache ist in jemandem/etwas weiterhin vorhanden und wird nicht vergessen ⟨jemand lebt in seinen Kindern, in seinen Schriften fort⟩ | *Alfred Nobels Name lebt in seiner Stiftung fort*

fort·pflan·zen VERB *(hat)* **1** **Menschen/Tiere/Pflanzen pflanzen sich fort** Lebewesen vermehren sich | *Vögel pflanzen sich fort, indem sie Eier legen* **2** **etwas pflanzt sich fort** *geschrieben* etwas breitet sich aus | *Im Wasser pflanzen sich Schallwellen besser fort als in der Luft* ● hierzu **Fort·pflan·zung** *die*

fort·rei·ßen VERB *(hat)* **etwas reißt jemanden/etwas (mit sich) fort** etwas reißt eine Person oder Sache mit sich an einen anderen Ort | *Der Orkan hat viele Dächer fortgerissen* | *Die starke Strömung riss das Boot mit sich fort*

fort·sche·ren VERB *(hat)* **Scher dich fort/schert euch fort!** *gesprochen!* verwendet als unfreundliche Aufforderung an jemanden, schnell wegzugehen

fort·schrei·ten VERB *(ist)* **etwas schreitet fort** *geschrieben* etwas wird größer, intensiver, entwickelt sich weiter ⟨eine Arbeit, eine Krankheit, der Verfall, die Zerstörung⟩ | *Die Vernichtung des Waldes durch die Luftverschmutzung scheint unaufhaltsam fortzuschreiten*

★ **Fort·schritt** *der* **1** *nur Singular* die ständige Verbesserung und Entwicklung der Wissenschaft, der Technik (und der Lebensqualität) ⟨an den Fortschritt glauben; für den Fortschritt kämpfen; der medizinische, wirtschaftliche Fortschritt⟩ | *der unaufhaltsame Fortschritt der Technik* | *der rasche Fortschritt in der Raumfahrt* **2** *nur Plural* das positive Ergebnis von Bemühungen ⟨Fortschritte erzielen⟩ | *Er macht große/keine Fortschritte mit seiner Doktorarbeit*

fort·schritt·lich ADJEKTIV **1** ⟨ein Mensch, eine Persönlichkeit⟩ so, dass sie im Sinne des Fortschritts denken und handeln ≈ *modern* ↔ *konservativ* | *fortschrittlich eingestellt/gesinnt sein* **2** ⟨eine Entwicklung, eine Technologie⟩ so, dass sie (ein Beispiel für) den Fortschritt sind ● hierzu **Fort·schritt·lich·keit** *die*

fort·schritts·feind·lich ADJEKTIV den Fortschritt ablehnend ⟨eine Einstellung, eine Haltung; fortschrittsfeindlich gesinnt sein⟩

Fort·schritts·glau·be *der; geschrieben* die Meinung oder der Glaube, dass es einen ständigen Fortschritt (zum Wohl des Menschen) gibt ● hierzu **fort·schritts·gläu·big** ADJEKTIV

★ **fort·set·zen** VERB *(hat)* **1** **etwas fortsetzen** nach einer Unterbrechung mit etwas weitermachen | *Nach einer kurzen Rast setzten sie die Fahrt fort* **2** **etwas setzt sich fort** *geschrieben* etwas dauert länger oder verbreitet sich | *Die Debatte des Parlaments setzte sich bis in die Abendstunden fort*

★ **Fort·set·zung** *die;* (-, -en) **1** *nur Singular* das Fortsetzen einer Tätigkeit | *die Fortsetzung der Arbeit nach der Mittagspause* **2** der Teil z. B. eines Romans oder einer Fernsehserie, der auf einen vorhergehenden Teil (desselben Romans bzw. derselben Fernsehserie) folgt ≈ *Folge* | *Jede Woche erscheint eine neue Fortsetzung des Romans in der Sonntagszeitung* | *Fortsetzung folgt!* K Fortsetzungsgeschichte, Fortsetzungsroman

fort·steh·len VERB *(hat)* heimlich von einem Ort weggehen

fort·trei·ben VERB **1** **jemanden forttreiben** *(hat)* jemanden oder ein Tier von einem Ort vertreiben **2** **ein Tier/etwas forttreiben** *(hat)* ein Tier/etwas an einen anderen Ort treiben | *Die Hirten zogen weiter und trieben ihre Schafe fort* | *Die Strömung hat das Boot fortgetrieben* **3** **etwas forttreiben** *gesprochen (hat)* etwas (Negatives oder Lästiges) immer wieder, weiterhin tun ≈ *fortsetzen* | *Er trieb die Betrügereien so lange fort, bis er gefasst wurde* **4** **etwas treibt fort** *ist* etwas bewegt sich in der Strömung o. Ä. weg

fort·wäh·ren VERB *(hat)* **etwas währt fort** *geschrieben* etwas dauert weiter

fort·wäh·rend ■ PARTIZIP PRÄSENS **1** → fortwähren ■ ADJEKTIV **2** *meist attributiv* so, dass es lange andauert oder sich ständig wiederholt und stört oder lästig ist ≈ *dauernd* | *Das Telefon stört ihn fortwährend bei der Arbeit*

fort·wir·ken VERB *(hat)* **etwas wirkt (in jemandem/etwas) fort** *geschrieben* etwas verliert die Wirkung oder den Einfluss auch nach längerer Zeit nicht | *Das Vorbild Buddhas wirkte in seinen Schülern fort*

fort·wün·schen VERB *(hat)* **jemanden/etwas fortwünschen** wünschen, dass jemand, man selbst oder eine Sache an einem anderen Ort wäre

fort·zah·len VERB *(hat)* **etwas fortzahlen** etwas (über einen Zeitpunkt hinaus) weiterhin regelmäßig zahlen ⟨die Löhne, die Beiträge fortzahlen⟩ ● hierzu **Fort·zah·lung** *die*

fort·zie·hen VERB *(ist)* an einen anderen Ort ziehen, um dort zu leben H weitere Verwendungen → fort-

Fo·rum *das;* (-s, Fo·ren) **1** **ein Forum (über etwas** *(Akkusativ)***)** eine öffentliche Diskussion ⟨ein politisches, literarisches Forum; an einem Forum teilnehmen⟩ **2** **ein Forum (für etwas)** ein geeigneter Ort, um ausgewählte Themen zu diskutieren o. Ä. **3** eine Gruppe von Fachleuten, die etwas diskutieren ⟨einem Forum angehören; vor einem Forum sprechen⟩ **4** eine Website, auf der die Benutzer in schriftlichen Beiträgen über bestimmte Themen diskutieren und informieren

fos·sil ADJEKTIV fossile Dinge sind so alt, dass sie sich in der Erde in eine andere Substanz verwandelt haben, z. B. Knochen in Stein oder Pflanzen in Erdöl ⟨Brennstoffe, Energieträger, Überreste⟩

Fos·sil *das;* (-s, Fos·si·li·en [-i̯ən]); *meist Plural* Überreste von Tieren oder Pflanzen, die vor langer Zeit existiert haben und ganz oder teilweise als Abdruck im Gestein erhalten sind ≈ *Versteinerung*

★ **Fo·to**[1] *das;* (-s, -s) **ein Foto** (+*Genitiv*/**von jemandem/etwas)** ein Bild, das man mit einer Kamera macht ⟨ein (un)scharfes, verwackeltes Foto; ein Foto machen, schießen⟩ | *ein Album mit alten Fotos* **K** Fotoalbum, Fotoatelier, Fotoausstellung, Fotolabor, Fotopapier, Fotoreportage, Fotowettbewerb; Farbfoto, Schwarz-Weiß-Foto **H** Anstelle von *Foto, fotogen* usw. findet man vor allem in älteren Texten auch *Photo, photogen* usw.

Fo̲to² *der;* (-s, -s); *gesprochen ≈ Kamera* | *Hast du deinen Foto dabei?*

Fo·to·ap·pa·rat *der; veraltend* ein Gerät, mit dem man Fotos macht *≈ Kamera*

fo·to·gen ADJEKTIV **jemand ist fotogen** jemand sieht auf Fotos sehr gut und attraktiv aus | *Ich bin leider nicht sehr fotogen*

★ **Fo·to·graf** *der;* (-en, -en) eine Person, die beruflich Fotos macht **K** Fotografenausbildung, Fotografenausrüstung; Berufsfotograf, Hobbyfotograf, Tierfotograf **H** a) *der Fotograf; den, dem, des Fotografen* b) zu *Fotografin* → Info im Eintrag **-in** ● hierzu **Fo·to·gra·fin** *die*

★ **Fo·to·gra·fie** *die;* (-, -n [-ˈfiː(ə)n]) **1** *nur Singular* die Technik oder die Kunst, mithilfe einer Kamera genaue Bilder von Menschen, Tieren oder Dingen zu machen ⟨die digitale Fotografie⟩ **2** ein Bild, das durch Fotografie entsteht *≈ Foto* ● hierzu **fo·to·gra·fisch** ADJEKTIV

★ **fo·to·gra·fie·ren** VERB (fotografierte, hat fotografiert) **(jemanden/etwas) fotografieren** (von jemandem/etwas) ein Foto machen | *das Brautpaar vor der Kirche fotografieren* | *Ich fotografiere gern*

Fo·to·ko·pie *die* ein weiteres Exemplar eines Textes o. Ä., das eine Art Foto auf normalem Papier ist

fo·to·ko·pie·ren VERB (fotokopierte, hat fotokopiert) **(etwas) fotokopieren** eine Fotokopie von etwas machen | *Können Sie diese Unterlagen für mich fotokopieren?* **K** Fotokopiergerät

Fo·to·mo·dell *das* eine Person, die Geld dafür bekommt, dass man Fotos von ihr macht, die veröffentlicht werden | *Sie arbeitet als Fotomodell für eine Werbeagentur*

Fo·to·mon·ta·ge *die* **1** *nur Singular* das Zusammensetzen von Teilen verschiedener Fotos zu einem neuen Foto **2** ein Foto, das durch Fotomontage hergestellt wurde

Fo·to·stre·cke *die;* (-, -n) mehrere Bilder mit einem Thema, welche in einer Zeitschrift oder einer Website nebeneinander oder direkt nacheinander zu sehen sind | *Auf unserer Website gibt es eine Fotostrecke über die Ausstellung*

foul [faul] ADVERB **foul spielen** beim Spielen ein Foul oder mehrere Fouls begehen

Foul [faul] *das;* (-s, -s) (bei Mannschaftsspielen) eine unsportliche und unerlaubte Behinderung des Gegners ⟨ein brutales, grobes, rüdes Foul; ein Foul begehen, ahnden⟩ | *Der Schiedsrichter ahndete das grobe Foul des Verteidigers mit einem Platzverweis*

fou·len [ˈfaulən] VERB (foulte, hat gefoult) **(jemanden) foulen** jemanden beim Spielen durch ein Foul behindern

Fo·yer [foaˈjeː] *das;* (-s, -s) der Bereich nach dem Eingang in einem Theater oder Hotel

Fr Abkürzung für *Freitag*

Fr. verwendet als Abkürzung von *Frau* in Verbindung mit Namen | *Fr. Maier*

Fracht *die;* (-, -en) die Dinge, die mit großen Fahrzeugen transportiert werden ⟨die Fracht verladen⟩ *≈ Ladung* | *die Fracht löschen* (ausladen) | *Die Fracht des Lkws bestand aus italienischem Wein* **K** Frachtflugzeug, Frachtgut, Frachtkosten, Frachtraum, Frachtschiff, Frachtverkehr; Eisenbahnfracht, Schiffsfracht

Fracht·brief *der* ein Dokument, das mit einer Fracht mitgeschickt wird (und Empfänger, Inhalt, Gewicht o. Ä. der Fracht nennt)

Frach·ter *der;* (-s, -) ein Schiff, das Waren transportiert

Frack *der;* (-(e)s, Frä·cke) ein (meist schwarzer) Anzug für Herren, der zu sehr festlichen Anlässen getragen wird und der aus einer Hose und einer Jacke besteht, die vorne kurz ist und hinten bis zu den Knien reicht

★ **Fra·ge** *die;* (-, -n) **1** **eine Frage (nach jemandem/etwas)** eine mündliche oder schriftliche Äußerung, mit der man eine andere Person um eine Information bittet ⟨eine dumme, kluge, peinliche, verfängliche, vorsichtige Frage; jemandem/an jemanden eine Frage stellen; an jemanden eine Frage richten; jemanden mit Fragen bombardieren, löchern; eine Frage beantworten, bejahen, verneinen; einer Frage (*Dativ*) ausweichen⟩ *↔ Antwort* **K** Fragesatz, Fragesteller; Prüfungsfrage, Quizfrage, Rätselfrage, Scherzfrage **2** ein Problem, das gelöst werden muss ⟨eine offene, strittige, ungelöste Frage; eine Frage anschneiden, aufwerfen, diskutieren, erörtern, klären, lösen⟩ | *Die Außenminister beschäftigten sich mit Fragen der Abrüstung* **3** das Problem, von dem eine Entscheidung abhängt **K** Erziehungsfrage, Geldfrage, Geschmacksfrage, Kostenfrage, Prestigefrage, Qualitätsfrage, Zeitfrage **4** **etwas steht außer Frage** *geschrieben* etwas ist ganz sicher, gewiss **5** **ohne Frage** ganz sicher, zweifellos ■ **ID** **Das/Es ist (nur) eine Frage** *+Genitiv* Die genannte Sache ist das Problem, von dem die Entscheidung abhängig ist | *Es ist nur eine Frage des Geldes, ob wir dieses Jahr in Urlaub fahren können;* **Das/Es ist nur eine Frage von** *+Zeitangabe* Das dauert nur ein paar Sekunden, Minuten o. Ä.; **Das ist noch die Frage, Das ist die große Frage** Das ist noch nicht entschieden (und davon hängt viel ab); **Das ist keine Frage** Das ist ganz sicher; **Gute Frage, nächste Frage!** *gesprochen* drückt aus, dass man eine Frage nicht beantworten kann

Fra·ge·bo·gen *der* ein Formular, auf dem Fragen stehen, die man beantworten soll

★ **fra·gen** VERB (fragte, hat gefragt) **1** **(jemanden) (etwas) fragen; (eine Person) nach jemandem/etwas fragen** mit einer Person sprechen, um von ihr eine Information zu bekommen | *„Gehst du mit mir ins Kino?", fragte er (sie)* | *Er fragte (sie),* ob *sie mit ihm ins Kino gehe* | *eine Verkäuferin nach dem Preis einer Ware fragen* | *Hat er nach mir gefragt?* **2** **(jemanden) (um Erlaubnis) fragen** eine Person bitten, dass sie jemandem erlaubt, etwas zu tun | *Er fragte seine Mutter um Erlaubnis, bevor er ihr Auto benutzte* | *Er nahm das Auto, ohne zu fragen* **3** **(jemanden) um Rat fragen** eine Person bitten, dass sie jemandem mit ihren Ideen und ihren Vorschlägen bei etwas hilft **4** **sich fragen, ob/warum/wie/...** über ein Problem nachdenken, zu dem man noch keine Antwort weiß | *Ich frage mich, wo ich meine Brille hingelegt habe* | *Ich frage mich, wer uns da helfen könnte* **5** **nicht nach etwas fragen** *geschrieben* kein Interesse an etwas haben | *Die Benutzer fragen nicht nach den Kosten* | *Er fragt nicht* danach, was *andere über ihn denken* **6** **es fragt sich, ob ...** es ist zweifelhaft, ob ... | *Es fragt sich, ob du mit deiner Behauptung wirklich recht hast* **7** **es fragt sich nur, wann/wie/...** verwendet, um zu sagen, dass noch nicht bekannt ist, wann/wie usw. etwas geschehen soll | *Er kommt bestimmt, es fragt sich nur, wann* | *Ich würde gern wegfahren, es fragt sich nur, wohin und von welchem Geld* **H** Die Formen *du frägst* und *er frägt* werden in der gesprochenen Sprache verwendet, sie gelten jedoch für die Schriftsprache als nicht korrekt.

Fra·ge·stel·lung *die* **1** die Art und Weise, wie eine Frage gestellt oder formuliert wird | *Seine Fragestellung war undurchsichtig* **2** *≈ Frage, Problem* | *Mit diesen Versuchen gehen die Wissenschaftler verschiedenen Fragestellungen nach*

Fra·ge·stun·de *die* eine Sitzung des Parlaments, in der über ein aktuelles oder sehr wichtiges Thema diskutiert wird | *eine aktuelle Fragestunde zum Thema „Alternative Energien" beantragen*

Fra·ge·wort *das* am Anfang von Fragen verwendet man ein Fragewort, wenn man nach einer Person oder Sache fragt (z. B. *wer, wann, warum*)

GRAMMATIK

▶ Fragewörter

Wer?

Mit **Wer?** fragt man nach einer Person:

Nominativ	**Wer hat das getan?**
Akkusativ	**Wen hast du gesehen?**
Dativ	**Wem schenkst du die Blumen?**
Genitiv	**Wessen Bücher sind das?**

Was?

Mit **Was?** fragt man nach einer Sache oder einem Sachverhalt:

Nominativ	**Was ist geschehen?**
Akkusativ	**Was siehst du auf dem Bild?**

In Verbindung mit einer Präposition verwendet man in der geschriebenen Sprache statt **was** meist **wo(r-)** + *Präposition*: **Wodurch?, Womit?, Wonach?, Worüber?**:
Worum (= um was) **geht es?**
Womit (= mit was) **fängt man Fische?**

In der gesprochenen Sprache fragen manche Leute auch **Was?**, wenn sie etwas nicht verstanden haben und den Sprecher bitten möchten, seine Worte zu wiederholen. Diese Verwendung gilt als unhöflich.

Wie?

Mit **Wie?** fragt man nach Eigenschaften von Personen, Dingen und nach der Art und Weise, auf die etwas getan wird:
Wie sieht er aus?
Wie schwer sind die Kisten?
Wie hast du das denn gemacht?

Wie bitte? fragt man, wenn man etwas nicht verstanden hat und den Sprecher bitten möchte, seine Worte zu wiederholen.

Wo?

Mit **Wo?** fragt man nach einem Ort, an dem eine Person oder Sache ist:
Wo ist meine Brille?
Wo wohnen Sie denn?
Wo kann ich Briefmarken kaufen?

Wenn man nach einer Richtung fragt, verwendet man oft **Wohin?** oder **Woher?**:
Wohin soll ich die Kiste stellen?
Woher kommen die Mandarinen?

Wann?

Mit **Wann?** fragt man nach einem Zeitpunkt oder einem Zeitraum:
Wann kommst du uns endlich besuchen?
Bis wann muss ich das Formular abgeben?
Seit wann kennt ihr euch schon?

Warum?

Mit **Warum?** fragt man nach dem Grund:
Warum hast du das Geschirr nicht gespült?
Warum wollen Sie das wissen?
Statt **Warum?** verwendet man in der geschriebenen Sprache auch **Weshalb?** oder **Weswegen?**, in der gesprochenen Sprache wird oft **Wieso?** verwendet.

Welcher/Welche/Welches?

Vor Substantiven verwendet man **Welcher?**, **Welche?** oder **Welches?**, um nach einer Person, einem Tier oder einer Sache aus einer Menge zu fragen:
Welcher Bus fährt zum Bahnhof?
Welche Mutter kennt das Problem nicht?
Welches Buch soll ich im Urlaub lesen?
„Ich habe mir zwei CDs gekauft". – „Welche denn?"

Fra·ge·zei·chen *das* das Zeichen ?, das am Ende eines Fragesatzes steht

frag·lich ADJEKTIV **1** *meist prädikativ* noch nicht entschieden | *Ob er eine Anstellung erhält, ist noch sehr fraglich* **2** *admin meist attributiv* bereits erwähnt | *Der Befragte gab an, dass er zum fraglichen Zeitpunkt zu Hause gewesen sei* (Der Angeklagte sagte, er sei zur Tatzeit zu Hause gewesen)

frag·los ADVERB ohne Zweifel, sicherlich | *Rom ist fraglos eine interessante Stadt*

Frag·ment *das*; (-(e)s, -e); *geschrieben* ein unvollständiger Teil eines meist bedeutenden, historischen Werkes ≈ *Bruchstück* | *Archäologen haben Fragmente einer Statue gefunden* | *Der Dichter hat das Fragment eines Romans hinterlassen*

frag·wür·dig ADJEKTIV ⟨Praktiken, eine Methode, ein Verfahren⟩ so, dass sie Zweifel wecken und Anlass zu Misstrauen geben | *Rauchen ist ein fragwürdiges Vergnügen, wenn man die gesundheitlichen Risiken bedenkt*

★ **Frak·ti·on** [-ˈtsi̯oːn] *die*; (-, -en) die Gruppe aller Abgeordneten einer Partei im Parlament o. Ä. | *die sozialdemokratische Fraktion im Bundestag* K Fraktionsausschuss, Fraktionsbeschluss, Fraktionsmitglied, Fraktionssitzung, Fraktionssprecher, Fraktionsvorsitzende(r)

Frak·tur *die*; (-, -en) **1** als medizinische Bezeichnung für einen Knochenbruch verwendet **2** *nur Singular* eine gedruckte Schriftart mit eckigen Buchstaben, die früher vor allem in Deutschland üblich war ■ **ID (mit jemandem) Fraktur reden** (jemandem) etwas Unangenehmes deutlich sagen

frank ADJEKTIV ■ **ID frank und frei** offen und ehrlich | *frank und frei seine Meinung sagen*

★ **Fran·ken** *der*; (-s, -) **(Schweizer) Franken** die Währung des Geldes in der Schweiz | *Ein Franken hat hundert Rappen*

Frank·fur·ter[1] *der*; (-s, -) eine Person, welche in der Stadt Frankfurt wohnt oder dort geboren ist ● hierzu **Frank·fur·te·rin** *die*

Frank·fur·ter[2] *die*; (-, -) ein Würstchen aus Schweinefleisch, das man in Wasser heiß macht ⟨ein, zwei Paar Frankfurter⟩ ≈ *Wiener*

★ **fran·kie·ren** VERB (frankierte, hat frankiert) **etwas frankieren** eine Briefmarke auf einen Brief oder ein Päckchen kleben

Fran·se *die*; (-, -n); *meist Plural* **1** einer der Fäden, die den Rand von Teppichen usw. schmücken **2** *nur Plural* Haare, die so geschnitten sind, dass sie in die Stirn hängen ● hierzu **fran·sig** ADJEKTIV

frap·pie·rend ADJEKTIV; *geschrieben* ≈ *überraschend* | *Sie hat eine frappierende Ähnlichkeit mit ihrer Mutter*

Frä·se *die;* (-, -n) **1** eine Maschine, mit der man Rillen, Gewinde o. Ä. in Holz, Metall oder Kunststoff schneiden kann **2** eine Maschine, mit der man den Ackerboden bearbeitet • hierzu **frä·sen** VERB *(hat)*

fraß *Präteritum, 3. Person Singular* → fressen

Fraß *der;* (-es); *gesprochen, abwertend* ein Essen, das sehr schlecht schmeckt ⟨ein widerlicher Fraß⟩

Fratz *der;* (-es/-en, -e/-en); *gesprochen* **1 ein niedlicher/süßer/… Fratz** ein Kind, das als nett und niedlich empfunden wird **2 ein eitler/verzogener/… Fratz** *süddeutsch* Ⓐ, *abwertend* ein Kind, das als unangenehm empfunden wird **H** *der Fratz; den, dem Fratz/Fratzen, des Fratzes/Fratzen*

Frat·ze *die;* (-, -n) **1** ein sehr hässliches Gesicht ⟨eine grinsende, höhnische Fratze⟩ | *die Fratze eines Dämons* **K** Fratzengesicht, Fratzenmaske **2** *gesprochen, abwertend* ≈ *Gesicht*

frau PRONOMEN *nur in dieser Form; oft humorvoll* verwendet anstelle von *man*, um sich ausdrücklich auf Frauen zu beziehen, nicht (auch) auf Männer | *Das sollte man/frau inzwischen verstanden haben* | *Wenn frau ihr erstes Kind bekommt …*

★ **Frau** *die;* (-, -en) **1** eine erwachsene, weibliche Person ⟨eine alleinstehende, berufstätige, emanzipierte, geschiedene, verheiratete Frau⟩ ↔ *Mann* **K** Frauenberuf, Frauenemanzipation, Frauenkrankheit, Frauenleiden, Frauenstimmrecht, Frauenüberschuss, Frauenzeitschrift **2** Kurzwort für *Ehefrau* ⟨seine ehemalige, zukünftige, geschiedene, verstorbene Frau⟩ ↔ *Mann* | *Er hat sich von seiner Frau scheiden lassen* **3** *nur Singular* im Gespräch und in Briefen als Teil der Anrede vor dem Familiennamen oder Titel einer Frau verwendet ↔ *Herr* | *„Guten Tag, Frau Müller!"* | *Sehr geehrte Frau Meier …* | *Frau Doktor Maier hat heute keine Sprechstunde* **H** *Frau* wird heute auch als Anrede für unverheiratete Frauen verwendet. Die Anrede *Fräulein* wird nicht mehr benutzt. **4 die Frau des Hauses** *veraltend* die Ehefrau, die den Haushalt führt, vor allem in ihrer Funktion als Gastgeberin **5 Frau Holle** im Märchen eine Frau, bei der zwei Mädchen die Betten ausschütteln, damit es auf der Erde schneit • zu (1) **frau·en·haft** ADJEKTIV

Frau·chen *das;* (-s, -); *gesprochen* verwendet, um die Besitzerin eines Hundes, einer Katze o. Ä. zu bezeichnen (nur in Verbindung mit dem Tier) | *„Sei ein braver Hund und komm zu/zum Frauchen!"*

Frau·en·arzt *der* ein Arzt, der sich auf Frauenkrankheiten (und Geburtshilfe) spezialisiert hat ≈ *Gynäkologe* • hierzu **Frau·en·ärz·tin** *die*

frau·en·feind·lich ADJEKTIV für Frauen ungünstig, nachteilig ⟨eine Politik, Gesetze, eine Gesinnung⟩

Frau·en·han·del *der* ein illegales Geschäft, bei dem Frauen oder Mädchen in fremde Länder gebracht und dort meist gezwungen werden, als Prostituierte zu arbeiten • hierzu **Frau·en·händ·ler** *der*

Frau·en·haus *das* ein Haus (als soziale Institution), in dem Frauen, die von ihren Männern misshandelt werden, (mit ihren Kindern) wohnen können und Hilfe bekommen

Frau·en·recht·le·rin *die;* (-, -nen) eine Frau, die für die Gleichberechtigung der Frau kämpft

Frau·en·sa·che *die* **etwas ist Frauensache** *gesprochen* etwas, das meist von Frauen getan oder entschieden wird

Frau·en·zim·mer *das; gesprochen, abwertend* eine Frau ⟨ein liederliches, unverschämtes Frauenzimmer⟩

Fräu·lein *das;* (-s, -/ *gesprochen auch* -s) *veraltet* früher als Bezeichnung und Anrede von jungen, unverheirateten Frauen verwendet **H** Als Anrede verwendet man heute immer *Frau*; Abkürzung: *Frl.*

frau·lich ADJEKTIV im Aussehen und im Verhalten einer erwachsenen Frau entsprechend und nicht mehr einem jungen Mädchen ähnlich | *Sie ist ein ausgesprochen fraulicher Typ* • hierzu **Frau·lich·keit** *die*

Freak [fri:k] *der;* (-s, -s) **1** eine Person, die nicht so lebt, wie es den Normen der Gesellschaft entspricht, und die andere Ideen, einen anderen Geschmack o. Ä. hat **2** eine Person, die sich (zu) sehr für etwas begeistert **K** Computerfreak, Motorradfreak, Musikfreak

★ **frech** ADJEKTIV **1 frech (zu jemandem)** ohne den üblichen Respekt gegenüber einer anderen Person ⟨ein Kind, ein Kerl, ein Lümmel, eine Antwort, eine Lüge; frech grinsen⟩ ≈ *unverschämt* | *Sei nicht so frech zu mir!* **2** auffällig und provokativ | *freche Lieder singen* | *Sie hatte einen frechen Minirock an* (einen sehr kurzen Minirock) • hierzu **Frech·heit** *die*

Frech·dachs [-daks] *der; gesprochen, humorvoll* verwendet, um vor allem ein freches (aber nicht unangenehmes) Kind zu bezeichnen

★ **frei** ADJEKTIV (freier, frei(e)st-)

▸nicht gefangen: **1** wenn Menschen oder Tiere frei sind, sind sie nicht gefangen oder eingesperrt und können gehen, wohin sie wollen ⟨frei lebende Tiere⟩ | *Nach zehn Jahren Gefängnis ist er jetzt wieder frei*

▸nicht abhängig: **2** wenn Personen, Völker oder Länder frei sind, sind von niemandem abhängig und können eigene Entscheidungen treffen | *Nach jahrhundertelanger Kolonialherrschaft wurde Ceylon 1948 frei* **3** *meist attributiv* so, dass etwas nur vom eigenen Willen, der eigenen Entscheidung abhängt | *Es war ihr freier Wille zu heiraten* | *Er konnte frei über das Erbe verfügen* | *Du bist frei zu tun, was dir beliebt*

▸nicht bedeckt, besetzt, versperrt: **4** so, dass etwas nicht durch ein Hindernis versperrt ist ⟨die Ausfahrt frei halten, machen⟩ | *einen freien Blick auf die Berge haben* | *Ist der Weg jetzt frei?* **5** so, dass etwas nicht von anderen Personen benutzt wird oder besetzt ist ⟨jemandem einen Platz/Sitz frei halten, machen⟩ | *einen freien Tisch suchen* | *Ist dieser Platz noch frei?* **6** nicht von Kleidung bedeckt ≈ *nackt, bloß* | *Das Abendkleid lässt die Schultern frei* **K** kniefrei, rückenfrei, schulterfrei **7** so, dass etwas nicht von einer Schicht bedeckt ist | *Der Schnee schmilzt, die Straßen sind schon wieder frei* **K** eisfrei, schneefrei **8** so, dass dort nichts geschrieben steht ⟨eine Zeile, den Rand frei lassen⟩ | *ein paar freie Seiten* | *Der Rest des Heftes blieb frei* **9** ohne eine Begrenzung, wie z. B. einen Zaun, eine Mauer oder ein Dach | *unter freiem Himmel schlafen* | *über das freie Feld laufen* **10 etwas/sich frei machen** beim Arzt einen Teil der Kleidung/die ganze Kleidung ausziehen ⟨den Oberkörper, Unterkörper frei machen⟩

▸ohne Pflichten oder Probleme: **11** *meist attributiv* so, dass man nichts arbeiten oder tun muss und Zeit hat, sich zu erholen | *Die Mutter von den drei kleinen Kindern beklagte sich, dass sie nie eine freie Minute hätte* **12 frei von etwas** ohne etwas Störendes, Belastendes ⟨frei von Fieber, Schmerzen, Schuld, Sorgen, Verpflichtungen sein⟩ | *Das Brot ist frei von Konservierungsmitteln* | *Sie müssen sich von dieser Vorstellung frei machen!* **H** vergleiche auch **-frei**

▸ohne Vorgaben, Hilfsmittel: **13 frei (nach jemandem/etwas)** nicht genau dem Original oder der Vorlage folgend ⟨eine Übersetzung⟩ | *Das Drehbuch für den Film wurde frei nach einer Novelle von Stefan Zweig gestaltet* **14** ohne Hilfsmittel (z. B. ohne ein Manuskript beim Vortrag einer Rede oder ohne ein Lineal beim Zeichnen) | *Der Redner hielt einen einstündigen freien Vortrag* | *einen Kreis frei zeichnen*

▸ohne Kosten: **15** so, dass man nichts dafür bezahlen muss ≈ *gratis, kostenlos* | *Der Eintritt ist für Schüler und Studenten frei* | *Das erste Glas ist frei, jedes weitere kostet drei Euro* **K**

Freiexemplar
▸ohne feste Stelle: **16** *meist attributiv* nicht fest angestellt, sondern auf der Basis von Aufträgen arbeitend ⟨ein Journalist, ein Fotograf, ein Schriftsteller⟩ ≈ *freischaffend* | *Er arbeitet als freier Mitarbeiter bei einer Zeitung*
▸ohne Hemmungen, Zurückhaltung: **17** **frei (und offen)** ehrlich und ohne etwas zu verschweigen | *Er redete ganz offen über seine Gefühle zu ihr*
▸bei Filmen, Spielen: **18** **frei ab 6/12/18/… Jahren** drückt aus, ab welchem Alter ein Film angesehen oder ein Computerspiel gespielt werden darf
■ ID **(Danke,) ich bin so frei** drückt als Antwort auf ein Angebot aus, dass man das Angebot annimmt; **etwas steht frei** a ein Haus, eine Wohnung o. Ä. ist leer, nicht bewohnt b ein Haus oder Baum steht allein, weit entfernt von anderen

★ **frei-** (*im Verb, betont und trennbar, begrenzt produktiv; Diese Verben werden so gebildet:* freikehren, kehrte frei, freigekehrt) **etwas freikämpfen, freikratzen, freischaufeln** *und andere* drückt aus, dass etwas von etwas (Störendem) befreit wird | *Er musste den Weg vom Schnee freikehren* H Die hier genannten Verben können auch getrennt geschrieben werden.

-frei *im Adjektiv, unbetont, begrenzt produktiv* **1** **alkoholfrei, fehlerfrei, fettfrei, störungsfrei** *und andere* ohne das Genannte | *akzentfrei sprechen* (ohne Akzent) | *eine weitgehend sinnfreie Maßnahme* (ohne Sinn) **2** **gebührenfrei, portofrei, steuerfrei, zollfrei** *und andere* das Genannte muss nicht bezahlt werden | *eine beitragsfreie Mitgliedschaft* **3** **bauchfrei, kniefrei, schulterfrei** *und andere* die Kleidung bedeckt den genannten Körperteil nicht **4** etwas tut das Genannte nicht | *knitterfreier Stoff* (der Stoff knittert nicht) | *ein rostfreies Messer* (das Messer rostet nicht) **5** das Genannte muss nicht getan werden | *ein bügelfreies Hemd* (das Hemd muss nicht gebügelt werden) | *wartungsfreie Maschinen* (die Maschinen müssen nicht gewartet werden)

Frei·bad *das* ein öffentliches Schwimmbad im Freien

frei·be·kom·men VERB, **frei be·kom·men** (bekam frei, hat freibekommen) **1** **jemanden freibekommen** erreichen, dass jemand seine Freiheit wieder bekommt | *Der Industrielle zahlte das Lösegeld, um seine entführte Tochter freizubekommen* **2** **etwas freibekommen** erreichen, dass etwas, das stecken bleibt, wieder gelöst wird | *Sie zerrte am eingeklemmten Mantel, bis sie ihn freibekam* **3** aus wichtigen Gründen für kurze Zeit von der Arbeit oder von der Schule befreit werden | *Für seine Hochzeit hat er drei Tage freibekommen*

frei·be·ruf·lich ADJEKTIV *meist attributiv* so, dass man nicht bei einer Firma o. Ä. angestellt ist, sondern selbstständig und in eigener Verantwortung arbeitet | *ein freiberuflicher Journalist* ● hierzu **Frei·be·ruf·ler** *der*

Frei·be·trag *der* ein Teil des Einkommens, für den man keine Steuern zahlen muss K Steuerfreibetrag; Behindertenfreibetrag, Kinderfreibetrag

Frei·beu·ter *der*; (-s, -); *historisch* ≈ *Pirat, Seeräuber*

Frei·bier *das*; *nur Singular* das Bier, das man kostenlos bekommt

Frei·brief *der*; *meist Singular*; *geschrieben* die Erlaubnis, etwas zu tun, was normalerweise nicht erlaubt ist ⟨einen Freibrief für etwas haben; jemandem einen Freibrief für etwas ausstellen⟩

★ **Freie** (*das*) **1** **im Freien** nicht in einem Gebäude, sondern draußen (in der Natur) | *im Freien übernachten* **2** **ins Freie** nach draußen (in die Natur) | *Er trat ins Freie, um die Sterne zu beobachten*

frei·en VERB (freite, hat gefreit); *veraltet* **1** **(jemanden) freien** ≈ *heiraten* **2** **um jemanden freien** sich als Mann um eine Frau bemühen, die man heiraten möchte ■ ID **Jung gefreit, nie bereut!** ein Sprichwort, das bedeutet, dass es gut sei, jung zu heiraten

Frei·er *der*; (-s, -) **1** ein Mann, der zu einer Prostituierten geht **2** *veraltend* ein Mann, der eine junge Frau heiraten will

Frei·ers·fü·ße *die*; *Plural* ■ ID **auf Freiersfüßen gehen/wandeln** *gesprochen, humorvoll* als Mann auf der Suche nach einer Ehefrau sein

Frei·gän·ger *der*; (-s, -) ein Strafgefangener, der außerhalb des Gefängnisses arbeiten darf, aber nachts ins Gefängnis muss ● hierzu **Frei·gän·ge·rin** *die*

frei·ge·ben VERB, **frei ge·ben** (*hat*) **1** **jemanden freigeben** *geschrieben* jemandem die Freiheit wiedergeben | *Nach langen Verhandlungen gaben die Terroristen ihre Geiseln frei* **2** **etwas freigeben** *geschrieben* etwas nicht mehr sperren oder einschränken, sondern es (allgemein, öffentlich) zur Verfügung stellen | *Nach zwei Stunden gab die Polizei die Straße, die nach einem Unfall blockiert war, wieder* (*für den Verkehr*) *frei* **3** **etwas zu etwas freigeben** *geschrieben* erlauben, dass etwas zu dem genannten Zweck verwendet werden kann ≈ *zulassen* | *einen Artikel zur Veröffentlichung freigeben* | *eine Ware zum Verkauf freigeben* **4** **jemandem freigeben** jemanden für kurze Zeit von der Arbeit oder vom Unterricht befreien | *Der Chef gab ihr drei Stunden frei, da sie zum Arzt musste* ● zu (1 – 3) **Frei·ga·be** *die*

frei·ge·big ADJEKTIV ≈ *freigiebig, großzügig* ↔ *geizig*

frei·gie·big ADJEKTIV gern bereit, anderen Leuten etwas zu schenken ● hierzu **Frei·gie·big·keit** *die*

frei·ha·ben, frei ha·ben VERB (*hat*); *gesprochen* eine Zeit lang nicht zur Arbeit oder zur Schule gehen müssen | *Nächste Woche habe ich einen Tag frei, da könnten wir zusammen baden gehen*

frei·hal·ten VERB (*hat*) **1** **jemanden freihalten** für jemanden in einer Gaststätte Essen und Getränke bezahlen | *Weil er Geburtstag hatte, hielt er uns alle frei* H aber: *die Einfahrt frei halten* (getrennt geschrieben) **2** **jemandem etwas freihalten** dafür sorgen, dass andere Personen irgendwo sitzen, stehen, laufen usw. können | *Ich halte euch gerne ein paar Plätze frei*

frei·hän·dig ADJEKTIV *meist attributiv* ohne sich mit den Händen aufzustützen oder festzuhalten ⟨freihändig (Rad) fahren⟩

★ **Frei·heit** *die*; (-, -en) **1** *nur Singular* der Zustand, frei und nicht gefangen zu sein ⟨eine Person, ein Tier der Freiheit berauben; einer Person, einem Tier die Freiheit schenken, zurückgeben; die Freiheit wiedererlangen; (wieder) in Freiheit sein⟩ ↔ *Gefangenschaft* **2** *nur Singular* der Zustand, frei und unabhängig zu sein ⟨für die persönliche, nationale Freiheit kämpfen; die Freiheit der Wissenschaft⟩ ≈ *Unabhängigkeit* | *„Freiheit, Gleichheit, Brüderlichkeit" lautete die Parole der Französischen Revolution* K Freiheitskampf, Freiheitskrieg; Meinungsfreiheit, Pressefreiheit, Redefreiheit, Religionsfreiheit, Versammlungsfreiheit **3** **die Freiheit haben zu** +*Infinitiv* genau das tun können, was man will und für richtig hält | *Du hast die Freiheit zu tun und zu lassen, was du willst* **4** *meist Plural* ein besonderes Recht, das jemandem gewährt wird | *als toleranter Vater den Kindern viele Freiheiten lassen* **5** *nur Plural* die demokratischen Grundrechte ⟨die demokratischen Freiheiten⟩ **6** **dichterische Freiheit** das Recht, als Autor Ereignisse und Personen in einem literarischen Werk so zu schildern, wie man es für richtig hält

Frei·heits·ent·zug *der*; *admin* eine Strafe, bei der jemand ins Gefängnis muss ≈ *Freiheitsstrafe* | *Er wurde zu fünf Jah-*

ren Freiheitsentzug verurteilt

Frei·heits·stra·fe *die; geschrieben* der Aufenthalt in einem Gefängnis als Strafe für ein Delikt | *Er wurde wegen Raubes zu einer Freiheitsstrafe von fünf Jahren verurteilt*

frei·he·raus ADVERB ohne zu zögern, ohne etwas zu verheimlichen | *Er sagt immer freiheraus, was er denkt*

Frei·herr *der* **1** *nur Singular* ein Adelstitel (unterhalb des Grafen) **2** eine Person, welche den Titel des Freiherrn trägt • hierzu **Freifrau** *die*

Frei·kar·te *die* eine Eintrittskarte, die nichts kostet

frei·kom·men VERB *(ist)* die Freiheit wiedererlangen ⟨Gefangene⟩ | *Die Geiseln, die vor zwei Wochen entführt wurden, sind heute (wieder) freigekommen*

Frei·kör·per|kul·tur *die; nur Singular* → FKK

frei·krie·gen VERB, **frei krie·gen** *(hat); gesprochen* **1** ≈ *freibekommen* **2** ≈ *freibekommen*

Frei·land·hal·tung *die; nur Singular* eine Art, Hühner usw. zu halten, bei der sie im Freien herumlaufen dürfen ⟨Eier, Geflügel aus Freilandhaltung⟩

frei·las·sen, **frei las·sen** VERB *(hat)* **1** **jemanden freilassen** eine Person, die irgendwo gefangen ist, die Freiheit wiedergeben und ihr erlauben, dorthin zu gehen, wohin sie will | *Der Verhaftete wurde gegen eine hohe Kaution wieder freigelassen* **2** **ein Tier freilassen** ein Tier nicht mehr (im Käfig) gefangen halten ⟨einen Vogel freilassen⟩ **H** aber: *beim Schreiben eine Zeile frei lassen* (getrennt geschrieben) • hierzu **Frei·las·sung** *die*

frei·le·bend ADJEKTIV ≈ *frei lebend*

frei·le·gen, **frei le·gen** VERB *(hat)* **etwas freilegen** *geschrieben* etwas (wieder) sichtbar machen, indem man darüber liegende Schichten entfernt | *Archäologen haben Reste eines römischen Amphitheaters freigelegt* • hierzu **Frei·le·gung** *die*

frei·lich ADVERB verwendet, um zu sagen, dass man etwas für ganz klar und offensichtlich hält | *Dass ich krank werden könnte, damit hatte ich freilich nicht gerechnet, als ich die Reise buchte* | *„Musst du morgen in die Arbeit?" – „Ja, freilich."*

Frei·licht- *im Substantiv, betont, begrenzt produktiv* **die Freilichtbühne, das Freilichtmuseum, das Freilichttheater** *und andere* im Freien, nicht in einem Gebäude | *eine Aufführung im Rahmen der Freilichtspiele* (im Rahmen einer Veranstaltung mit Theater im Freien)

frei·ma·chen VERB, **frei ma·chen** *(hat)* **1** **(etwas) freimachen** *gesprochen* eine kurze Zeit nicht arbeiten | *Morgen mache ich (den Nachmittag) frei* **2** **sich (irgendwann) freimachen** *gesprochen* freimachen und sich für jemanden Zeit nehmen | *Ich kann mich morgen (für eine Stunde) freimachen, um dich zu treffen* **3** **etwas freimachen** *admin* ≈ *frankieren* **H** in dieser Verwendung immer zusammengeschrieben

frei·mü·tig ADJEKTIV so, dass man nicht versucht, etwas nicht zu sagen ⟨ein Geständnis; etwas freimütig bekennen, gestehen⟩ ≈ *ehrlich* • hierzu **Frei·mü·tig·keit** *die*

frei·neh·men, **frei neh·men** VERB *(hat)* **sich** *(Dativ)* **(etwas) freinehmen** sich (für kurze Zeit) Urlaub nehmen | *Ich habe mir für heute Nachmittag freigenommen, weil ich zum Zahnarzt muss*

frei·pres·sen VERB *(hat)* **jemanden freipressen** durch Erpressung erreichen, dass jemand (vor allem aus dem Gefängnis) freigelassen wird

Frei·raum *der; geschrieben* die Möglichkeit oder die Zeit, die eine Person hat, um die eigene Persönlichkeit zu entwickeln ⟨sich/jemandem, für sich/jemanden/etwas einen Freiraum, Freiräume schaffen⟩

frei·schaf·fend ADJEKTIV *meist attributiv* (als Künstler oder Autor) nicht angestellt, sondern selbstständig arbeitend ⟨ein Künstler, ein Maler, ein Schriftsteller, ein Architekt, ein Journalist; freischaffend tätig sein⟩

frei·schal·ten VERB *(hat)* **jemanden/etwas (für etwas) freischalten** möglich machen, dass eine Person oder die Allgemeinheit ein Angebot (vor allem im Internet oder per Telefon) nutzt ⟨einen Anschluss, einen Zugang, eine Hotline, eine Internetseite freischalten⟩ | *Ist dein Handy denn für die Benutzung im Ausland freigeschaltet?* | *Kunden, deren Stromanschluss wegen unbezahlter Rechnungen gesperrt wurde, werden nach Bezahlung der Schulden wieder freigeschaltet*

Frei·schär·ler *der;* (-s, -) ein Mitglied einer militärischen Organisation, die gegen die Armee des eigenen Landes kämpft

frei·set·zen VERB *(hat)* **etwas wird freigesetzt** *geschrieben* etwas löst sich aus einer Bindung oder entsteht als Folge eines chemischen, physikalischen usw. Vorgangs ⟨Sauerstoff, Wasserstoff, Wärme, Energie, Strahlen⟩ | *Bei dem Brand in der chemischen Fabrik wurde ein hochgiftiges Gas freigesetzt* **H** meist im Passiv • hierzu **Frei·set·zung** *die*

Frei·sprech·an·la·ge *die* mit einer Freisprechanlage kann man beim Autofahren telefonieren, ohne das Handy in der Hand zu halten | *Der Fahrer darf nicht ohne Freisprechanlage telefonieren*

Frei·sprech·ein·rich·tung *die* ≈ *Freisprechanlage*

frei·spre·chen VERB *(hat)* **jemanden (von etwas) freisprechen** (als Richter oder Gericht) in einem Urteil erklären, dass aufgrund von Untersuchungen und Befragungen von Zeugen jemand als nicht schuldig gilt | *Er wurde (von der Anklage des Betrugs) freigesprochen*

Frei·spruch *der; geschrieben* das Urteil eines Richters oder Gerichts, durch das ein Angeklagter freigesprochen wird ⟨Freispruch (für jemanden) beantragen; auf Freispruch erkennen⟩

Frei·staat *der;* Ⓓ verwendet in der Bezeichnung für die Bundesländer Bayern, Sachsen und Thüringen

frei·ste·hen VERB *(hat)* **etwas steht jemandem frei** eine Person darf selbst entscheiden, ob sie etwas tun will oder nicht | *Es steht ihm frei, seinen Urlaub im Juli oder August zu nehmen* **H** aber: *ein Baum, der frei steht; eine Wohnung, die schon lange frei steht* (getrennt geschrieben)

frei·stel·len VERB *(hat)* **1** **jemandem etwas freistellen** *geschrieben* sagen, dass jemand selbst zwischen verschiedenen Möglichkeiten wählen kann | *Ich stelle Ihnen frei, wann Sie mit der Arbeit beginnen wollen* **2** **jemanden (von etwas) freistellen** bestimmen, dass jemand eine Zeit lang nicht arbeiten oder Militärdienst leisten muss | *Sein Chef stellte ihn für den Fortbildungslehrgang (vom Dienst) frei* • zu (2) **Frei·stel·lung** *die*

Frei·stel·lungs·auf·trag *der;* Ⓓ ein Auftrag an eine Bank, bis zur genannten Summe keine Steuern von den Zinsen abzuziehen, welche die Bank für ein Guthaben zahlt

Frei·stil *der; nur Singular, meist ohne Artikel* **1** eine Disziplin beim Schwimmen, bei welcher der Sportler die Technik frei wählen kann | *100 m Freistil der Herren* **K** Freistilschwimmen **2** eine Art zu ringen, bei der Griffe am ganzen Körper erlaubt sind **K** Freistilringen

Frei·stoß *der* (bei Ballspielen) ein Schuss, den eine Mannschaft (als Strafe für ein Foul des Gegners) ausführen darf, ohne vom Gegner dabei behindert zu werden ⟨einen Freistoß ausführen; ein direkter, indirekter Freistoß⟩ | *Der Schiedsrichter entschied auf Freistoß*

★ **Frei·tag** *der;* (-s, -e) der fünfte Tag der Woche ⟨am Freitag; letzten, diesen, nächsten Freitag; Freitag früh⟩ **K** Freitagabend, Freitagmittag, Freitagmorgen, Freitagnacht; freitagabends, freitagmittags **H** Abkürzung: *Fr*

★ **frei·tags** ADVERB jeden Freitag ⟨freitags abends, mittags⟩ | *Freitags schließt das Büro um 15 Uhr*

Frei·tod *der; meist Singular; geschrieben* ≈ *Selbstmord, Suizid* | *den Freitod wählen* (Selbstmord begehen)

frei·tra·gend ADJEKTIV nicht von Pfeilern o. Ä. gestützt ⟨eine Brücke, eine Konstruktion⟩

Frei·trep·pe *die* eine breite, große Treppe, die zu einem großen Gebäude führt

Frei·übung *die* eine Turnübung ohne Sportgerät

Frei·wild *das* **jemand ist Freiwild für eine Person** damit kritisiert man, dass manche Personen meinen, sie dürften schwächere Personen oder Gruppen belästigen, beleidigen, gefährden oder verletzen | *Für manche Autofahrer sind die Radfahrer Freiwild*

★ **frei·wil·lig** ADJEKTIV aus eigenem Willen, ohne Zwang | *Er musste den Aufsatz nicht schreiben, er hat es freiwillig gemacht* | *Es war sein freiwilliger Entschluss zu bleiben, es hat ihn niemand dazu gezwungen* ● hierzu **Frei·wil·lig·keit** *die*

Frei·wil·li·ge *der/die;* (-n, -n) eine Person, die freiwillig einen Dienst oder eine Pflicht übernimmt **K** Kriegsfreiwillige **H** *ein Freiwilliger; der Freiwillige; den, dem, des Freiwilligen*

Frei·zei·chen *das* ein Ton, den man am Telefon hört, wenn die Nummer, die man gewählt hat, nicht besetzt ist

★ **Frei·zeit** *die; nur Singular* die Zeit (meist abends und am Wochenende), in der man weder im Beruf noch im Haushalt arbeiten muss | *Er verbringt seine Freizeit mit Lesen* | *In ihrer Freizeit treibt sie viel Sport* **K** Freizeitbeschäftigung, Freizeitgestaltung, Freizeitkleidung, Freizeitindustrie, Freizeitsport, Freizeitvergnügen

Frei·zeit|wert *der; nur Singular; geschrieben* die Möglichkeiten, die man in einer Stadt oder in einer Gegend hat, seine Freizeit zu gestalten (z. B. durch Sport und Kultur) | *eine Stadt mit einem hohen Freizeitwert*

frei·zü·gig ADJEKTIV **1** so, dass man sich nicht streng an Regeln und Vorschriften hält ⟨etwas freizügig handhaben⟩ **2** ⟨eine Erziehung⟩ so, dass sie dem Betroffenen viel Freiheit lässt **3** so, dass Personen die üblichen moralischen Vorstellungen in Bezug auf Sexualität nicht beachten ⟨ein Film, eine Unterhaltung⟩ | *sich freizügig kleiden* ● hierzu **Frei·zü·gig·keit** *die*

★ **fremd** ADJEKTIV (fremder, fremdest-) **1** *meist attributiv* zu einem anderen Land oder Volk als dem eigenen gehörend ⟨Sitten; eine Sprache⟩ | *Der Autor erzählt in seinem Buch von fremden Ländern und Völkern* **2** **(jemandem) fremd** (jemandem) von früher her nicht bekannt | *Die meisten Gäste auf der Party waren ihm fremd* | *fremde Städte bereisen* **3** anders als in der Vorstellung oder Erinnerung, die man von jemandem/etwas hat | *Am Telefon klang ihre Stimme ganz fremd* **4** auf eine andere Person bezogen oder zu ihr gehörend | *„Misch dich doch nicht immer in fremde Angelegenheiten!"* **5** **jemandem fremd werden** sich so verändern, dass kein Interesse oder keine herzliche Beziehung mehr vorhanden ist | *Als sie ihren ehemaligen Freund nach langer Zeit wiedersah, stellte sie fest, dass er ihr ganz fremd geworden war*

-fremd *im Adjektiv nach Substantiv, unbetont, begrenzt produktiv* **1** **praxisfremd, realitätsfremd, wirklichkeitsfremd** *und andere* verwendet, um zu sagen, dass jemand/etwas nicht am Genannten kein Interesse hat, es nicht tut oder nicht mag ≈ *-fern* | *Solche Erwartungen sind doch völlig lebensfremd!* **2** nicht zur genannten Sache gehörig | *betriebsfremde/ortsfremde Personen* | *branchenfremde Geschäfte der Firma*

Fremd·ar·bei·ter *der; historisch* ≈ *Gastarbeiter* ● hierzu **Fremd·ar·bei·te·rin** *die*

fremd·ar·tig ADJEKTIV fremd und ungewohnt ⟨etwas klingt, wirkt fremdartig⟩ | *die fremdartigen Wesen der Tiefsee* ● hierzu **Fremd·ar·tig·keit** *die*

★ **Frem·de**[1] *der/die;* (-n, -n) **1** eine Person, die man nicht kennt | *Die Mutter ermahnte das Kind, nicht mit einem Fremden mitzugehen* **2** eine Person aus einem anderen Ort, einer anderen Gegend oder einem anderen Land | *Nur selten kommt ein Fremder in das einsame Bergdorf* **K** Fremdenhass **H** *ein Fremder; der Fremde; den, dem, des Fremden*

Frem·de[2] *die;* (-); *geschrieben* eine Gegend, ein Land o. Ä., die jemandem nicht bekannt sind ⟨in der Fremde leben; in die Fremde ziehen⟩

frem·deln VERB (fremdelte, hat gefremdelt) Fremden gegenüber scheu sein, vor Fremden Angst haben ⟨ein Baby, ein Säugling⟩

frem·den·feind·lich ADJEKTIV feindlich gegenüber Ausländern ⟨eine Äußerung, eine Gesinnung, eine Haltung⟩ ≈ *ausländerfeindlich* ● hierzu **Frem·den·feind·lich·keit** *die*

Frem·den·füh·rer *der* eine Person, die (beruflich) Touristen eine Stadt, ein Land oder eine Gegend zeigt ● hierzu **Frem·den·füh·re·rin** *die*

Frem·den·le·gi·on *die* (in Frankreich) eine militärische Truppe, die aus ausländischen Berufssoldaten besteht

Frem·den·ver·kehr *der; nur Singular* das Reisen und der Aufenthalt von Touristen in einem Land, einem Ort, einer Gegend ⟨den Fremdenverkehr fördern; eine Stadt, Gegend lebt vom Fremdenverkehr⟩ ≈ *Tourismus* **K** Fremdenverkehrsamt, Fremdenverkehrsbüro, Fremdenverkehrsverein

Frem·den·zim·mer *das* ein Zimmer in einem Hotel, Gasthof o. Ä., in dem Touristen schlafen können

fremd·ge·hen VERB (ging fremd, ist fremdgegangen); *gesprochen* eine sexuelle Beziehung außerhalb der Ehe oder der festen Partnerschaft haben

Fremd·herr·schaft *die; meist Singular* das Beherrschen eines Volkes oder Landes durch eine ausländische Macht ⟨ein Land schüttelt die Fremdherrschaft ab⟩

Fremd·kör·per *der* **1** ein Gegenstand, der in einen Körper gelangt ist und dort nicht hingehört ⟨einen Fremdkörper verschlucken, aus dem Auge entfernen⟩ **2** verwendet als Bezeichnung für eine Person oder Sache, die nicht zu ihrer Umgebung passt | *Das moderne Kaufhaus wirkt zwischen den alten Häusern wie ein Fremdkörper*

fremd·län·disch ADJEKTIV für ein fremdes Land typisch ⟨ein Akzent, ein Baustil, eine Kleidung⟩ ≈ *exotisch*

Fremd·ling *der;* (-s, -e); *veraltend* eine Person, die man nicht kennt

Fremd·schä·men *das;* (-s) das unangenehme Gefühl, wenn man beobachtet, wie eine andere Person sich unmoralisch oder peinlich verhält

★ **Fremd·spra·che** *die* eine Sprache, die in einem anderen Land gesprochen wird (und die ganz anders ist als die Sprache im eigenen Land). Sie wird dort auch als offizielle Sprache verwendet ⟨eine Fremdsprache lernen, beherrschen, (fließend) sprechen⟩ ↔ *Muttersprache* | *Für einen Deutschen ist Englisch eine Fremdsprache* | *Deutsch als Fremdsprache lernen* **K** Fremdsprachenerwerb, Fremdsprachenunterricht

Fremd·spra·chen|kor·res·pon·dent *der* ein Angestellter, der für eine Firma Briefe in einer oder mehreren Fremdsprachen liest und schreibt ● hierzu **Fremd·spra·chen|kor·res·pon·den·tin** *die*

fremd·spra·chig ADJEKTIV so, dass eine fremde Sprache benutzt wird ⟨eine Bevölkerungsgruppe, eine Rundfunksendung, der Unterricht, eine Zeitung⟩ **H** *Fremdsprachlicher* Unterricht ist Unterricht über eine Fremdsprache, der auch in der Muttersprache stattfinden kann, im *fremdsprachigen* Unterricht wird nur die Fremdsprache gesprochen.

frẹmd·sprach·lich ADJEKTIV *meist attributiv* in einer Fremdsprache (geschrieben/gehalten) ⟨ein Lehrbuch, der Unterricht⟩

★ **Frẹmd·wort** *das*; (-(e)s, Fremd·wör·ter) ein Wort, das aus einer anderen Sprache in die eigene Sprache übernommen wurde und das geschrieben oder gesprochen noch fremd wirkt | *„Sauce" ist ein Fremdwort aus dem Französischen, das heute im Deutschen meist „Soße" geschrieben wird* | *Seine Ausdrucksweise ist mit Fremdwörtern gespickt* ■ ID **etwas ist ein Fremdwort für jemanden** verwendet, um sagen, dass jemand das Genannte nicht beachtet, tut o. Ä. | *Pünktlichkeit ist für ihn ein Fremdwort, er kommt immer zu spät*

fre·ne̲·tisch ADJEKTIV sehr heftig und leidenschaftlich ⟨Applaus, Beifall⟩

fre·quen·tie̲·ren VERB (frequentierte, hat frequentiert) **etwas frequentieren** *geschrieben* häufig oder regelmäßig zu dem genannten Ort, Gebäude o. Ä. kommen | *Dieses Lokal wird von Jugendlichen stark frequentiert* | *ein schwach frequentierter Hafen* H meist im Passiv

Fre·quẹnz *die*; (-, -en) **1** die Anzahl der Schwingungen einer Welle pro Sekunde | *Schallwellen haben eine relativ niedrige, Röntgenstrahlen eine äußerst hohe Frequenz* | *Die Frequenz wird in Hertz gemessen* K Frequenzbereich **2** eine Bereich der Funkwellen, auf dem ein Radiosender das Programm sendet | *Auf welcher Frequenz liegt/sendet der Deutschlandfunk?* **3** *geschrieben* die Häufigkeit, mit der etwas geschieht

Frẹs·ko *das*; (-s, Fres·ken) ein Gemälde, das auf eine Wand gemalt wird, während der Putz aus Kalk noch feucht ist (z. B. in Kirchen) | *die Fresken der Sixtinischen Kapelle* K Freskenmalerei

Fres·sa̲·li·en [-li̯ən] *die*; *Plural*; *gesprochen, humorvoll* Dinge zum Essen | *Pack noch ein paar Fressalien für unterwegs ein*

Frẹs·se *die*; (-, -n); *gesprochen* ⚠ **1** ≈ *Gesicht* **2** ≈ *Mund* ■ ID **jemandem die Fresse polieren** *gesprochen* ⚠ jemandem (mehrmals) ins Gesicht schlagen; **Halt die Fresse** *gesprochen* ⚠ sei still!

★ **frẹs·sen** VERB (frisst, fraß, hat gefressen) **1 ein Tier frisst (etwas)** ein Tier nimmt feste Nahrung zu sich | *Affen fressen gern Bananen* | *Meine Katze frisst mir aus der Hand* **2 (etwas) fressen** *gesprochen* ⚠ als Mensch (oft viel, gierig oder unappetitlich) essen **3 etwas frisst etwas** *gesprochen* etwas braucht eine große Menge einer Sache ⟨etwas frisst viel (Energie, Geld, Kraft, Strom)⟩ | *Sein Sportwagen frisst 15 Liter Benzin auf 100 Kilometer* **4 etwas frisst etwas (in etwas** (*Akkusativ*)**/durch etwas)** etwas macht ein Loch oder eine Lücke in etwas | *Das Feuer hat eine Schneise in/durch den Wald gefressen* **5 etwas frisst an etwas** (*Dativ*) etwas beginnt, etwas langsam zu zerstören ⟨ein Feuer, Flammen, eine Lauge, Rost, eine Säure⟩ | *Das Streusalz frisst an den Bäumen und Fahrzeugen* **6 etwas frisst an/in jemandem** *geschrieben* etwas zerstört jemanden seelisch ⟨Hass, Neid, Sorge, Verzweiflung⟩ **7 etwas frisst sich in etwas** (*Akkusativ*)**/durch etwas** etwas macht ein Loch in etwas ⟨ein Bohrer, eine Lauge, Rost, eine Säge, eine Säure⟩ | *Der Bagger fraß sich immer tiefer in das Erdreich* ■ ID **jemand ist zum Fressen, jemand sieht zum Fressen aus** *gesprochen* jemand ist sehr hübsch, niedlich; **jemanden zum Fressen gern haben** *gesprochen* jemanden sehr gern haben; **etwas gefressen haben** *gesprochen* etwas verstanden, begriffen haben, sodass man es nun weiß oder kann | *Er hat immer noch nicht gefressen, wie man die Fläche eines Dreiecks berechnet*; **jemanden/etwas gefressen haben** *gesprochen* sich über eine Person/Sache ärgern, sie nicht mögen

Frẹs·sen *das*; (-s) **1** *gesprochen* das Futter für ein Tier | *dem Hund das Fressen geben* **2** *gesprochen* ⚠ (schlechtes) Essen ≈ *Fraß* ■ ID **etwas ist ein gefundenes Fressen (für jemanden/etwas)** *gesprochen* etwas (meist Negatives aus Sicht der Betroffenen) ist jemandem sehr willkommen | *Die Liebesaffäre zwischen der Prinzessin und dem Popstar war ein gefundenes Fressen für die Presse*

-fres·ser *der*; (-s, -); *im Substantiv, unbetont, begrenzt produktiv* **1 Aasfresser, Fleischfresser, Insektenfresser, Körnerfresser** *und andere* ein Tier, das sich von der genannten Sache ernährt **2 Geldfresser, Stromfresser, Zeitfresser** *und andere* eine Sache, die viel von der genannten anderen Sache verbraucht **3** *gesprochen* ⚠ bezeichnet Personen, die etwas gern essen | *Froschfresser* (Franzose) | *Körnerfresser* (Vegetarier) | *Spaghettifresser* (Italiener) H Diese Bezeichnungen werden oft als Beleidigung verwendet.

Frẹss·napf *der* ein kleiner Behälter, aus dem ein Haustier das Futter frisst ≈ *Futternapf*

Frẹss·sack *der*; *gesprochen, abwertend* eine Person, die viel und gierig isst

Frẹtt·chen *das*; (-s, -) ein kleiner Marder, der als Haustier gehalten wird

Freud *die* ■ ID **in Freud und Leid** *geschrieben* nicht nur solange es angenehm und schön ist, sondern auch dann, wenn es Probleme gibt | *Sie hielten in Freud und Leid treu zueinander*

★ **Freu·de** *die*; (-, -n) **1** *nur Singular* das Gefühl von Glück oder Zufriedenheit, das mit einer Person oder Sache verbunden ist ⟨eine große, tiefe, wahre, echte Freude; jemandem (mit etwas) eine (kleine, große) Freude bereiten, machen⟩ | *Es ist mir eine Freude, Sie heute hier zu sehen!* K Freudenschrei, Freudenträne; Wiedersehensfreude **2 die Freude (an jemandem/etwas)** der über längere Zeit andauernde Zustand des Glücks oder der Zufriedenheit in Bezug auf eine Person oder Sache ⟨Freude an den Kindern, an der Arbeit haben; jemandem die Freude (an etwas) nehmen, verderben⟩ | *Die Kinder hatten ihre helle Freude an dem Ausflug* (sehr viel Spaß dabei) K Arbeitsfreude, Erzählfreude, Experimentierfreude, Lebensfreude **3 die Freude (über etwas** (*Akkusativ*)**)** das kurze oder momentane Gefühl des Glücks oder der Zufriedenheit in Bezug auf etwas ⟨Freude über etwas empfinden, äußern, zum Ausdruck bringen⟩ **4 die Freuden** ⟨des Lebens, des Sommers, der Liebe⟩ *nur Plural* die freudigen Erlebnisse oder Momente, die mit dem Genannten verbunden sind ■ ID **eine Person ist jemandes (ganze/einzige) Freude** die genannte Person ist für jemanden sehr wichtig | *Meine Tochter ist meine einzige Freude*; **vor Freude an die Decke springen** *gesprochen, oft ironisch* sich sehr freuen; **jemandem eine kleine Freude machen** jemandem etwas Nettes schenken o. Ä.

Freu·den·bot·schaft *die* eine Nachricht, die einem Freude macht ⟨eine Freudenbotschaft erhalten⟩

Freu·den·haus *das*; *gesprochen, humorvoll, veraltend* ≈ *Bordell*

Freu·den·rausch *der* ein euphorischer Zustand, in dem man sehr starke Freude fühlt

Freu·den·tag *der* **jemandes Freudentag** ein Tag, an dem jemand Geburtstag, ein Jubiläum oder einen anderen wichtigen Grund zu feiern hat

Freu·den·tanz *der* ■ ID **einen Freudentanz aufführen/vollführen** aus Freude hüpfen und hin und her laufen

Freu·den·tau·mel *der* ein plötzliches, starkes Gefühl der Freude ⟨von einem Freudentaumel erfasst werden; in einen Freudentaumel verfallen⟩ | *Nach dem Sieg der Mannschaft erfasste die Fans ein Freudentaumel*

freu·de·strah·lend ADJEKTIV *meist attributiv* von großer Freude erfüllt ⟨ein Blick, ein Lächeln⟩ | *Sie begrüßte ihn freudestrahlend*

freu·dig ADJEKTIV *meist attributiv; geschrieben* **1** so, dass es jemandem eine Freude macht ⟨eine Botschaft, ein Ereignis, eine Überraschung⟩ **2** von Freude erfüllt ⟨freudig bewegt, erregt, überrascht sein; etwas stimmt jemanden freudig⟩ | *Als sie ihn zum Essen einlud, sagte er freudig zu*

-freu·dig *im Adjektiv, unbetont, begrenzt produktiv* **1** **arbeitsfreudig, entschlussfreudig, kontaktfreudig, spendierfreudig** *und andere* gern zu dem im ersten Wortteil Genannten bereit **2** **genussfreudig, reisefreudig, trinkfreudig** *und andere* so, dass jemand das im ersten Wortteil Genannte oft und gern tut

freud·los ADJEKTIV ohne jede Freude | *Er fristet ein freudloses Dasein* ● hierzu **Freud·lo·sig·keit** *die*

★ **freu·en** VERB (freute, hat gefreut) **1** **sich (über etwas** (*Akkusativ*)) **freuen** wegen etwas ein Gefühl der Freude empfinden ⟨sich sehr, ehrlich, riesig freuen⟩ | *sich über einen Anruf freuen* | *Ich habe mich sehr darüber gefreut, dass wir uns endlich kennengelernt haben* | *Ich freue mich, Sie wiederzusehen* **2** **sich auf jemanden/etwas freuen** die Ankunft oder den Besuch einer Person (oder ein anderes Ereignis) mit Spannung und Freude erwarten | *sich auf den Urlaub freuen* | *Ich freue mich schon auf dich!* **3** **etwas freut jemanden** etwas macht jemanden froh oder glücklich | *Dein Lob hat ihn sehr gefreut* | *Es freut mich, dass du auch mitkommst* ■ ID **Freut mich (, Sie kennenzulernen)!** *gesprochen* verwendet als höfliche Floskel, wenn man jemandem vorgestellt wird

freund ADJEKTIV; *veraltend* **jemandem freund sein** jemanden gernhaben, mögen

★ **Freund** *der*; (-(e)s, -e) **1** **ein Freund (von jemandem)** eine Person, die man sehr gut kennt und zu der man über eine relativ lange Zeit eine enge Beziehung hat ⟨ein guter, treuer, wahrer Freund; jemanden zum Freund gewinnen; viele Freunde haben, besitzen⟩ | *Markus macht mit ein paar Freunden eine Radtour um den Chiemsee* | *Ein Freund von mir ist Energieberater* K Schulfreund, Studienfreund **2** **jemandes Freund** ein Junge oder Mann, der mit einem Mädchen oder einer Frau befreundet ist (und mit ihr zusammenlebt) ⟨ein fester, langjähriger Freund⟩ | *Sie fährt mit ihrem Freund in Urlaub* **3** eine Person, von der man in einem Konflikt, Streit o. Ä. unterstützt wird ⟨politische Freunde⟩ ↔ *Gegner* | *Du brauchst keine Angst zu haben, hier befindest du dich unter Freunden* K Parteifreund **4** **ein Freund** *+Genitiv*/**von etwas** *geschrieben* eine Person, die etwas sehr gern mag (und sich dafür einsetzt) ⟨ein großer, ausgesprochener Freund der Kunst, der Oper, von guter Musik⟩ ↔ *Gegner* K Bücherfreund, Kinderfreund, Kunstfreund, Menschenfreund, Musikfreund, Naturfreund **5** **ein alter Freund** eine Person, die schon seit sehr langer Zeit ein Freund und Vertrauter ist **6** **kein Freund von (vielen) Worten sein** *geschrieben* lieber handeln als reden **7** **alter/guter/mein Freund** *gesprochen* verwendet als vertrauliche Anrede für einen Mann | *„Na, wie gehts, mein Freund?"* **8** **dicke Freunde** *gesprochen nur Plural* Personen, die sehr eng miteinander befreundet sind **9** **der beste Freund des Menschen** der Hund **10** **unsere gefiederten Freunde** *humorvoll* die Vögel **11** **unsere vierbeinigen Freunde** *humorvoll* Katzen und Hunde ● zu (1 – 3) **Freun·din** *die*

Freund·chen *das*; (-s, -); *gesprochen* ■ ID **..., (mein) Freundchen!** verwendet, wenn man vor allem einem Kind droht

Freun·des·kreis *der* alle Freunde, die jemand hat | *Er hat nur einen kleinen Freundeskreis* (wenig Freunde) | *Die Verlobung wird im engeren Freundeskreis gefeiert* (= nur mit den besten Freunden)

★ **freund·lich** ADJEKTIV **1** **freundlich (zu jemandem)** zu anderen Menschen höflich und hilfsbereit | *jemanden freundlich anlächeln/begrüßen* | *Der Zahnarzt ist immer sehr freundlich zu unseren Kindern* H → auch **Gruß** **2** so, dass man darüber froh ist oder dass es angenehm ist ⟨eine Atmosphäre, ein Klima, eine Umgebung, Wetter⟩ **3** so, dass die Kurse an der Börse gestiegen sind ⟨eine Börse, eine Tendenz⟩ ↔ *schwach* | *Gestern noch lustlos, war die Börse heute freundlich*

-freund·lich *im Adjektiv, unbetont, begrenzt produktiv* **1** **kinderfreundlich, menschenfreundlich, regierungsfreundlich** *und andere* mit einer positiven Einstellung zur genannten Person/Sache **2** **arbeitnehmerfreundlich, familienfreundlich, klimafreundlich, umweltfreundlich** *und andere* für die genannte Person/Sache gut

freund·li·cher·wei·se ADVERB **1** aus Höflichkeit, aus Freundlichkeit | *Er hat mir freundlicherweise beim Umzug geholfen* **2** *oft ironisch* verwendet, um eine Aufforderung zu verstärken | *Könntest du mir freundlicherweise helfen!*

Freund·lich·keit *die*; (-, -en) **1** *nur Singular* das freundliche Verhalten gegenüber anderen Menschen | *Ich wurde überall mit großer Freundlichkeit empfangen* **2** *veraltend* eine freundliche Handlung, Geste ⟨jemanden um eine Freundlichkeit bitten; jemandem Freundlichkeiten erweisen⟩

★ **Freund·schaft** *die*; (-, -en); *meist Singular* **1** die Beziehung, die zwischen Freunden besteht | *Sie schlossen miteinander Freundschaft* (Sie wurden Freunde) K Freundschaftsbeweis, Freundschaftsverhältnis **2** eine (längere) sexuelle Beziehung zwischen zwei Menschen, die nicht verheiratet sind **3** eine Beziehung, die zwischen Freunden Leuten besteht, die ähnliche Ziele haben K Völkerfreundschaft **4** **in (aller) Freundschaft** als Freunde und ohne Streit ⟨sich in Freundschaft trennen; jemandem etwas in aller Freundschaft sagen⟩ **5** **jemandem in Freundschaft verbunden sein** jemanden gernhaben

freund·schaft·lich ADJEKTIV **1** wie es unter Freunden üblich ist ⟨ein Ratschlag, ein Verhältnis, eine Zusammenarbeit⟩ | *freundschaftlichen Umgang mit jemandem pflegen* **2** **jemandem freundschaftlich verbunden sein** *geschrieben* jemanden gernhaben

Freund·schafts·dienst *der* etwas, das man für eine Person tut, weil man ihr Freund ist ⟨jemandem einen Freundschaftsdienst erweisen⟩

Freund·schafts·spiel *das* ein Spiel, bei dem es nicht um eine Meisterschaft o. Ä. im Sport geht

Fre·vel [-f-] *der*; (-s, -) **ein Frevel (an etwas** (*Dativ*)); **ein Frevel gegen etwas** (*Akkusativ*) *geschrieben* eine Handlung, die als moralisch schlecht gilt oder religiöse Überzeugungen angreift K Freveltat

fre·vel·haft [-f-] ADJEKTIV; *geschrieben* so sehr zu verurteilen wie ein Frevel oder ein Verbrechen ⟨Leichtsinn, Übermut⟩

fre·veln [-f-] VERB (frevelte, hat gefrevelt) **gegen etwas freveln** *veraltend* etwas, das jemandem heilig oder äußerst wichtig ist, nicht mit Respekt behandeln, sondern verspotten, beschädigen, zerstören o. Ä.

frev·le·risch [-f-] ADJEKTIV ≈ *frevelhaft*

fri·cke·lig ADJEKTIV; *gesprochen* schwierig, weil etwas kompliziert oder unpraktisch ist | *Der Einbau der Festplatte in den Computer war etwas frickelig*

Frie·de *der*; (-ns, -n); *meist Singular; veraltend* → Frieden H *der Friede; des Friedens; den, dem Frieden*

★ **Frie·den** *der*; (-s) **1** der Zustand, in dem Völker und Staaten in Ruhe nebeneinanderleben und eventuelle Konflikte nicht mit Waffen, sondern durch Verhandlungen lösen

⟨ein dauerhafter Frieden; den Frieden bewahren, sichern; in Frieden und Freiheit leben⟩ ↔ *Krieg* K Friedensnobelpreis, Friedenspolitik, Friedenssicherung, Friedenssymbol, Friedenszeiten; Weltfrieden **2** *geschrieben* ein Vertrag, in dem nach einem Krieg die Bedingungen für den zukünftigen Frieden festgelegt werden und den Sieger und Besiegte(r) gemeinsam unterschreiben ⟨ein ehrenvoller, günstiger Frieden; der Sieger diktiert den Frieden⟩ | *mit dem Gegner Frieden schließen* K Friedensabschluss, Friedensangebot, Friedensbedingungen, Friedensbruch, Friedenskonferenz, Friedensverhandlungen, Friedensvertrag **3** der Zustand von Harmonie und gegenseitigem Verständnis vor allem im privaten Bereich ⟨der eheliche, häusliche Frieden; Frieden halten, den Frieden stören⟩ ↔ *Streit* | *mit seinen Nachbarn in Ruhe und Frieden leben* K Ehefrieden, Hausfrieden **4** *geschrieben* der angenehme Zustand von Stille und Zufriedenheit | *den Frieden in der Einsamkeit der Berge genießen* **5** **Frieden stiften** bewirken, dass Personen, die miteinander streiten, damit aufhören und sich wieder vertragen | *Die Nachbarn versuchten, zwischen den streitenden Eheleuten Frieden zu stiften* K Friedensstifter ■ ID **keinen Frieden geben** *gesprochen* immer wieder von Neuem anfangen zu streiten oder Lärm zu machen; **keinen Frieden vor jemandem haben** *gesprochen* von jemandem immer wieder geärgert oder belästigt werden; **dem Frieden nicht trauen** *gesprochen* misstrauisch und vorsichtig sein, wenn alles scheinbar ruhig und harmonisch ist, und befürchten, dass es bald wieder Streit, Probleme o. Ä. geben wird; **seinen Frieden mit jemandem machen** einen Streit mit jemandem beenden; **jemanden in Frieden lassen** *gesprochen* jemanden nicht stören oder ärgern | *Lass mich mit diesem Problem in Frieden!*; **um des lieben Friedens willen** ⟨nachgeben, zustimmen⟩ bei einem Problem das tun, was eine andere Person will (damit kein Streit entsteht)

Frie·dens·be·we·gung *die* eine Bewegung, die sich vor allem für den Frieden einsetzt und vor der Gefahr eines atomaren Krieges warnt

frie·dens·för·dernd ADJEKTIV so, dass es dem Frieden dient ⟨eine Politik⟩

Frie·dens·pfei·fe *die* ■ ID **mit jemandem die Friedenspfeife rauchen** *gesprochen, humorvoll* sich mit jemandem wieder versöhnen

Frie·dens·tau·be *die* eine weiße Taube als Symbol für den Frieden

fried·fer·tig ADJEKTIV so, dass kein Streit entsteht ⟨ein Charakter, ein Mensch⟩ ≈ *friedlich* ↔ *aggressiv* ● hierzu **Fried·fer·tig·keit** *die*

★ **Fried·hof** *der* ein Platz, wo die Toten begraben werden ⟨jemand liegt auf dem Friedhof (begraben); auf den Friedhof gehen⟩ K Friedhofsgärtnerei, Friedhofskapelle, Friedhofsmauer, Friedhofsruhe

★ **fried·lich** ADJEKTIV **1** ohne Anwendung von Gewalt und Waffen ⟨eine Demonstration, eine Revolution⟩ | *einen Konflikt zwischen zwei Staaten mit friedlichen Mitteln lösen* **2** im Zustand des Friedens ⟨eine Zukunft⟩ | *die friedliche Koexistenz der Völker* **3** zu zivilen, nicht militärischen Zwecken | *die friedliche Nutzung der Kernenergie* **4** so, dass es keinen Ärger, Streit oder Kämpfe gibt ⟨Absichten, ein Mensch, ein Tier, ein Zusammenleben⟩ ↔ *aggressiv* **5** *geschrieben* von Frieden und Ruhe erfüllt ≈ *ruhig, still* | *Der Wald bot in der Abenddämmerung ein friedliches Bild* ● zu (4,5) **Fried·lich·keit** *die*

fried·lie·bend ADJEKTIV *meist attributiv* ⟨ein Mensch, ein Volk⟩ so, dass sie den Frieden nicht stören wollen

fried·voll ADJEKTIV; *geschrieben* ≈ *friedlich*

★ **frie·ren** VERB (fror, hat/ist gefroren) **1** **(an etwas** (*Dativ*)**) frieren** (*hat*) eine starke, unangenehme Kälte fühlen | *In den dünnen Schuhen wirst du im Winter (an den Füßen) frieren* **2** **etwas friert (zu etwas)** (*ist*) etwas gefriert (zu etwas) ↔ *tauen* | *Das Tauwasser ist zu Eiszapfen gefroren* **3** **es friert** (*hat*) die Temperatur ist unter 0 °C | *Laut Wetterbericht wird es heute Nacht frieren* **4** **jemanden friert (es)** *gesprochen* (*hat*) jemand friert | *Mich friert!* | *Ohne Handschuhe hat es mich (an den Händen) gefroren*

fri·gid, fri·gi·de ADJEKTIV; *meist abwertend* ⟨eine Frau⟩ so, dass sie keine sexuelle Befriedigung fühlen kann ● hierzu **Fri·gi·di·tät** *die*

★ **Fri·ka·del·le** *die*; (-, -n) eine flache, runde, gebratene Masse aus Hackfleisch, Weißbrot, Zwiebeln und Ei

Fri·kas·see [-'se:] *das*; (-s, -s) ein Gericht aus kleinen Fleischstücken (von Kalb oder Geflügel) mit einer hellen Soße K Hühnerfrikassee, Kalbsfrikassee

★ **frisch** ADJEKTIV (frischer, frischest-)

▸Lebensmittel, Blumen: **1** gerade erst geerntet, erzeugt o. Ä., nicht gelagert ⟨Brot, Eier, Fisch, Fleisch, Gemüse⟩ ↔ *alt* **2** nicht haltbar gemacht, nicht konserviert ⟨Gemüse, Kräuter⟩ | *Das sind frische Erbsen, keine aus der Dose* K Frischei, Frischfisch, Frischfleisch, Frischmilch **3** gerade erst von der lebenden Pflanze abgeschnitten, nicht welk oder trocken ⟨Blumen, Gras, ein Zweig⟩ **4** **etwas frisch halten** Lebensmittel, Blumen o. Ä. kühl und so lagern, dass sie relativ lange Zeit in gutem Zustand bleiben K Frischhaltebeutel, Frischhaltefolie, Frischhaltepackung **5** **etwas hält sich frisch** etwas bleibt relativ lange Zeit in gutem Zustand | *Im Kühlschrank hält sich der Salat noch ein paar Tage frisch*

▸neu: **6** erst vor Kurzem entstanden ⟨eine Spur, eine Wunde⟩ | *Die Erinnerung an das schreckliche Erlebnis ist noch ganz frisch* **7** noch nicht benutzt ≈ *sauber, neu* | *ein frisches Hemd anziehen* | *Ich brauche ein frisches Blatt Papier, weil ich mich verschrieben habe* | *ein Bett frisch beziehen* (= mit sauberer Wäsche)

▸voll Energie: **8** ausgeruht, nicht müde oder erschöpft ⟨frisch und munter⟩ | *frische Pferde anspannen* | *sich nach einem Mittagsschlaf wieder frisch fühlen* **9** voller Lebensfreude und jugendlicher Kraft ⟨frisch aussehen⟩ | *Sie besaß ein frisches Wesen* **10** wieder erholt, erneuert ⟨mit frischen Kräften; mit frischem Mut⟩

▸Luft, Wasser, Wind: **11** kühl und nicht verschmutzt bzw. reich an Sauerstoff ⟨Luft, Wasser, Wind⟩ ↔ *abgestanden* | *frisches Wasser aus dem Brunnen holen* | *nach draußen gehen, um frische Luft zu schnappen* K Frischluft, Frischwasser **12** ziemlich stark, kräftig ⟨eine Brise, ein Lüftchen, ein Wind⟩ | *Am Meer wehte eine frische Brise*

▸Farben: **13** leuchtend (bunt) ↔ *blass, fahl* | *ein Sommerkleid in frischen Farben*

▸mit Verb: **14** **sich frisch machen** sich nach der Arbeit o. Ä. waschen, kämmen (und die Kleidung wechseln) | *sich nach einer langen Reise erst einmal frisch machen* **15** **frisch** *+Partizip Perfekt* gerade erst in den genannten Zustand gebracht oder gekommen | *frisch geputzte Schuhe* | *Vorsicht, frisch gestrichen!* | *Meine Haare sind frisch gewaschen* | *ein frisch verheiratetes Paar* ■ Diese Kombinationen können auch zusammengeschrieben werden: *frischgebackenes Brot, frischgekochte Eier*

frisch- *im Adjektiv, betont, sehr produktiv* → frisch

-frisch *im Adjektiv, unbetont, begrenzt produktiv* **druckfrisch, erntefrisch, fangfrisch, röstfrisch** *und andere* so, dass die genannte Sache gerade erst irgendwoher kommt oder dass etwas gerade erst mit der genannten Sache getan wurde | *ofenfrisches Brot*

Fri·sche *die*; (-) **1** der Zustand, in dem man frisch ist und noch alle körperlichen Kräfte hat | *Die Pause gab mir neue Frische* **2** die relativ kurze Zeit, seit der etwas existiert ≈ *Alter* | *Die Frische von Eiern kann man feststellen, indem man sie in Wasser legt: alte Eier schwimmen, frische sinken* **3** der Zustand, dass etwas kühl/frisch ist | *Nach der Hitze am Strand ist die Frische des Meerwassers sehr angenehm*

Frisch·fleisch *das* frisches Fleisch, das nicht gekocht, getrocknet, geräuchert usw. ist | *Hunde mit Frischfleisch füttern*

frisch·ge·ba·cken ADJEKTIV; *gesprochen, humorvoll* gerade erst dazu geworden ⟨ein Arzt, Ehemann⟩

Frisch·kä·se *der* weicher, weißer Käse, den man aufs Brot streichen kann

Frisch·ling *der;* (-s, -e) ein junges Wildschwein

frisch·ma·chen VERB ≈ *frisch machen*

★ **Fri·seur** [fri'zø:ɐ̯] *der;* (-s, -e) eine Person, deren Beruf es ist, Haare (und Bart) anderer Menschen zu schneiden und zu pflegen K Friseurhandwerk, Friseursalon; Damenfriseur, Herrenfriseur ● hierzu **Fri·seu·se** [-'zø:zə] *die;* **Fri·seu·rin** *die*

★ **fri·sie·ren** VERB (frisierte, hat frisiert) **1 jemanden frisieren** jemandem oder sich selbst das Haar mit einem Kamm oder mit einer Bürste ordnen | *stets gut frisiert sein* **2 jemandem etwas frisieren** jemandem oder sich selbst die Haare, den Bart o. Ä. frisieren ⟨jemandem den Bart, die Haare, die Perücke, das Toupet frisieren⟩ **3 etwas frisieren** *gesprochen* etwas fälschen, um Tatsachen, die einer Person selbst schaden können, zu verbergen ⟨eine Bilanz, eine Buchführung, eine Statistik frisieren⟩ | *Versuchsergebnisse frisieren* **4 etwas frisieren** *gesprochen* einen Motor so verändern, dass er eine größere Leistung bringt ⟨ein Auto, einen Motor, ein Motorrad frisieren⟩ ≈ *tunen*

Fri·sier·kom·mo·de *die* eine Kommode, über der ein Spiegel hängt und vor die man sich zum Kämmen, Schminken usw. setzt

Fri·sier·sa·lon *der* ein Geschäft, in dem ein oder mehrere Friseure oder Friseusen arbeiten

Fri·sör *der;* (-s, -e) → Friseur ● hierzu **Fri·sö·se** *die;* **Fri·sö·rin** *die*

frisst *Präsens, 2. und 3. Person Singular* → fressen

★ **Frist** *die;* (-, -en) **eine Frist (von** *+Zeitangabe*) **(für etwas)** die Zeit, die jemand hat, bis etwas getan oder fertig sein muss ⟨eine Frist festlegen, einhalten, überschreiten, verlängern, versäumen; jemandem eine Frist setzen; eine Frist beginnt, läuft, läuft ab⟩ | *„Ich gebe Ihnen eine Frist von acht Tagen, um den Schaden zu beseitigen"* | *Können Sie mir noch eine letzte Frist einräumen/gewähren?* K Kündigungsfrist, Lieferfrist, Zahlungsfrist

fris·ten VERB (fristete, hat gefristet) **ein** ⟨ärmliches, bescheidenes, mühevolles, trostloses⟩ **Dasein/Leben fristen** *geschrieben* ärmlich, bescheiden usw. leben H nur in Verbindung mit negativen Adjektiven verwendet

Fris·ten·lö·sung *die* eine Regelung, nach der man für den Abbruch einer Schwangerschaft nicht bestraft wird, wenn dieser in den ersten (drei) Monaten vorgenommen wird

Fris·ten·re·ge·lung *die* ≈ *Fristenlösung*

frist·ge·mäß ADJEKTIV entsprechend einer vorher festgelegten Frist ⟨jemandem fristgemäß kündigen; etwas fristgemäß erledigen, liefern, zahlen⟩ | *Wir garantieren fristgemäße Lieferung*

frist·ge·recht ADJEKTIV ≈ *fristgemäß*

frist·los ADJEKTIV *meist attributiv* ⟨eine Kündigung, eine Entlassung⟩ so, dass sie aus wichtigen Gründen sofort gilt (und die übliche Kündigungsfrist nicht eingehalten wird) | *Er wurde fristlos entlassen* | *jemandem einen Vertrag fristlos kündigen*

★ **Fri·sur** *die;* (-, -en) die Art und Weise, wie jemandes Haar geschnitten und frisiert ist ⟨eine neue, moderne Frisur haben; sich (*Dativ*) eine neue Frisur machen lassen⟩ K Kurzhaarfrisur, Lockenfrisur

Frit·tate *die;* (-, -n); *meist Plural;* Ⓐ schmale Streifen von Pfannkuchen, die man in einer Suppe isst K Frittatensuppe

Frit·ten *die; Plural; besonders norddeutsch, gesprochen* ≈ *Pommes frites*

frit·tie·ren VERB (frittierte, hat frittiert) **etwas frittieren** etwas so braten, dass es in heißem Fett schwimmt ⟨Huhn, Fisch, Kartoffeln frittieren⟩

-frit·ze *der;* (-n, -n); *im Substantiv, unbetont, begrenzt produktiv; gesprochen, abwertend* **1 Filmfritze, Immobilienfritze, Versicherungsfritze, Zeitungsfritze** *und andere* ein Mann, der beruflich mit etwas zu tun hat **2 Meckerfritze, Nörgelfritze, Quasselfritze** *und andere* ein Mann, der etwas oft tut H *der -fritze; den, dem, des -fritzen*

fri·vol [-v-] ADJEKTIV ⟨eine Bemerkung, ein Buch, ein Lied, ein Witz⟩ so, dass sie auf (sexuelle) Tabus nicht achten

Fri·vo·li·tät [-v-] *die;* (-, -en) **1** *nur Singular* ein frivoles Verhalten **2** eine frivole Bemerkung

★ **froh** ADJEKTIV (froher, froh(e)st-) **1** voller Freude ⟨froh gelaunt, gestimmt sein⟩ ≈ *glücklich* ↔ *traurig* | *Unter dem Weihnachtsbaum sah man nur frohe Gesichter* K frohgelaunt, frohgestimmt **2** *meist attributiv* so, dass es Freude bringt ⟨eine Botschaft, eine Nachricht⟩ **3 froh (um/über etwas** (*Akkusativ*)**) sein** dankbar, erleichtert sein | *Sie war froh (darüber), dass ihr Sohn den Unfall ohne Verletzungen überstanden hatte* | *Ich bin froh um jede Hilfe*

froh·ge·mut ADJEKTIV; *veraltend* in guter Laune und zuversichtlich ≈ *optimistisch*

★ **fröh·lich** ADJEKTIV **1** in freudiger und lebhafter Stimmung ⟨ein Fest, Gelächter, ein Lied, ein Tanz; fröhlich feiern, lachen⟩ ↔ *traurig* **2** *gesprochen nur adverbiell* ohne viel nachzudenken ⟨fröhlich drauflosreden⟩ ● zu (1) **Fröh·lich·keit** *die*

froh·lo·cken VERB (frohlockte, hat frohlockt); *veraltend* **1 über etwas** (*Akkusativ*) **frohlocken** ≈ *triumphieren* **2** das Lob Gottes singen

Froh·na·tur *die;* (-, -en) ein Mensch, der immer fröhlich und gut gelaunt ist ⟨eine Frohnatur sein⟩

Froh·sinn *der;* (-(e)s) eine frohe Stimmung

fromm ADJEKTIV (frommer/frömmer, frommst-/frömmst-) **1** in festem Glauben an eine Religion (und gehorsam gegenüber ihren Geboten) ⟨ein Leben, ein Mensch⟩ | *Sie ist sehr fromm, geht jeden Tag in die Kirche und betet viel* **2** von religiösen Vorstellungen erfüllt ⟨ein Lied, ein Spruch⟩ ● hierzu **Fröm·mig·keit** *die*

Fröm·me·lei *die;* (-); *abwertend* das Verhalten, wenn jemand sehr fromm tut und keine Kritik an der Kirche erlaubt

Fron *die;* (-, -en); *meist Singular* **1** *geschrieben* eine Arbeit, die man als Zwang empfindet **2** *historisch* Arbeit, die einfache Leute (vor allem Bauern) für ihren Herrn tun mussten, ohne dafür bezahlt zu werden

frö·nen VERB (frönte, hat gefrönt) **einer Sache** (*Dativ*) **frönen** *geschrieben* die angenehmen Seiten einer Leidenschaft, eines Lasters genießen ⟨einem Laster frönen⟩

Fron·leich·nam *ohne Artikel;* (-s) ein religiöses Fest der katholischen Kirche, das am zweiten Donnerstag nach Pfingsten mit Prozessionen gefeiert wird ⟨an Fronleichnam⟩ K Fronleichnamsfest, Fronleichnamsprozession

★ **Front** *die;* (-, -en) **1** die Seite eines Gebäudes, die zur Straße zeigt und an der meist der Haupteingang liegt ≈ *Fassade* | *An der Front des alten Hauses wuchs Efeu empor* K Frontseite; Fensterfront, Häuserfront, Schaufensterfront

2 der vordere Teil eines Kraftfahrzeugs | *Bei dem Aufprall wurde die Front des Wagens eingedrückt* K Frontscheibe, Frontscheinwerfer **3** eine Luftmasse, die andere Temperaturen, ein anderes Wetter mit sich bringt | *Von Westen her nähert sich eine Front kalter Meeresluft* K Gewitterfront, Kaltfront, Warmfront **4** *nur Singular* das Gebiet, in dem während eines Krieges gekämpft wird ⟨an die Front kommen, müssen; an der Front kämpfen, sterben⟩ K Fronteinsatz **5** die vorderste Linie, der vorderste Abschnitt der kämpfenden Soldaten | *auf breiter Front angreifen* | *die feindliche Front durchbrechen* | *auf der Karte zeigen, wo die Front verläuft* K Frontverlauf **6** *nur Singular* eine (organisierte) Gruppe von Menschen, die sich dafür einsetzt, dass etwas durchgesetzt, verhindert, beendet oder abgeschafft wird ⟨einer geschlossenen Front gegenüberstehen⟩ | *Die Front der Kernkraftgegner wächst ständig* **7** **in Front gehen/liegen** in einem sportlichen Wettkampf zu einem Zeitpunkt der/die Erste sein ■ **ID gegen jemanden/etwas Front machen** entschieden gegen jemanden/etwas protestieren oder sich wehren | *Die Bürgerinitiative macht Front gegen den Bau des neuen Atomkraftwerks*; **klare Fronten schaffen** deutlich machen, dass es in einer Angelegenheit, einem Streit gegensätzliche Meinungen und Positionen gibt; **die Fronten haben sich verhärtet** keiner der Beteiligten ist bereit, bei einem Streit einen Kompromiss zu schließen

fron·tal ADJEKTIV *meist attributiv* von vorn (kommend) ⟨(im Auto) frontal mit jemandem zusammenstoßen; ein Angriff⟩ K Frontalangriff, Frontalzusammenstoß

fror *Präteritum, 1. und 3. Person Singular* → frieren

★ **Frosch** *der*; (-es, Frö·sche) ein kleines (meist grünes oder bräunliches Tier) mit glatter Haut und ohne Schwanz, das große Hinterbeine zum Springen und Schwimmen hat | *Aus Kaulquappen werden Frösche* | *Frösche quaken nachts im Teich* K Froschlaich, Froschteich ■ **ID einen Frosch im Hals haben** *gesprochen* (für kurze Zeit) heiser sein, eine raue Stimme haben; **Sei kein Frosch!** *gesprochen* verwendet, um einer Person zu sagen, dass sie Mut haben, etwas wagen oder sich für etwas entscheiden soll

Frosch·kö·nig *der* ein Frosch im Märchen, der ein verzauberter Prinz ist

Frosch·mann *der*; (-(e)s, Frosch·män·ner) eine Person, die bei einem Einsatz, Notfall mit besonderer Ausrüstung (Flossen, Atemgerät usw.) unter Wasser arbeitet

Frosch·per·spek·ti·ve *die* **1** **aus der Froschperspektive** aus der Sicht von (weit) unten ⟨jemanden/etwas aus der Froschperspektive filmen, fotografieren, sehen⟩ **2** **aus der Froschperspektive** mit wenig Kenntnis | *Er sieht alles nur aus der Froschperspektive*

★ **Frost** *der*; (-(e)s, Frös·te) ein Wetter, bei dem die Temperatur der Luft unter 0 °C liegt und bei dem Wasser gefriert ⟨leichter, starker, strenger Frost⟩ | *Für morgen ist Frost angesagt* | *Wir haben heute Frost* | *Manche Pflanzen vertragen keinen Frost und müssen im Haus überwintern* K Frosteinbruch, Frostgefahr, Frostperiode, Frostschaden, Frostschutzmittel; frostbeständig, frostempfindlich, frostgeschützt; Bodenfrost, Nachtfrost

Frost·beu·le *die* eine Beule, die man von großer Kälte (vor allem an den Füßen) bekommt

frös·teln VERB (fröstelte, hat gefröstelt) **1** vor Kälte leicht zittern **2** **es fröstelt jemanden; jemanden fröstelt** *gesprochen* jemand zittert vor Kälte | *Ihn fröstelt/Es fröstelt ihn, weil er so dünn angezogen ist*

frost·fest ADJEKTIV so, dass Frost es nicht beschädigen oder zerstören kann ⟨ein Ventil⟩

frost·frei ADJEKTIV ohne Frost ⟨ein Wintertag⟩

fros·tig ADJEKTIV **1** sehr kalt ⟨eine Nacht, ein Tag, ein Wind⟩ **2** ohne freundliche Gefühle ⟨eine Atmosphäre, eine Begrüßung, ein Empfang⟩

Frot·tee, **Frot·tee** *das/der*; (-s, -s) ein Stoff mit einer rauen Oberfläche, mit dem man sich gut abtrocknen kann K Frotteebademantel, Frotteebetttuch, Frotteehandtuch, Frotteesocken, Frotteestoff, Frotteewäsche

frot·tie·ren VERB (frottierte, hat frottiert) **1** **jemanden frottieren** jemanden oder sich selbst mit einem Handtuch o. Ä. trocken reiben | *ein Kind nach dem Baden kräftig mit einem Tuch frottieren* **2** **(jemandem) etwas frottieren** den Körper oder das Haar frottieren | *die nassen Haare frottieren*

frot·zeln VERB (frotzelte, hat gefrotzelt) **(über jemanden/etwas) frotzeln** *gesprochen* ironische oder spöttische Bemerkungen machen

★ **Frucht** *die*; (-, Früch·te) **1** Früchte wachsen an Bäumen und Sträuchern. Viele davon kann man essen, manche sind süß ⟨eine reife, saftige, süße Frucht essen⟩ | *Äpfel, Bananen, Erdbeeren und Orangen sind Früchte* K Fruchtbonbon, Fruchteis, Fruchtgeschmack, Fruchtjoghurt, Fruchtsaft, Fruchtzucker **2** **die Früchte des Feldes** *geschrieben* alles, was auf dem Feld angebaut wird, z. B. Getreide und Kartoffeln **3** *geschrieben meist Plural* ein positives Ergebnis einer Anstrengung o. Ä. | *die Früchte seiner Arbeit genießen* | *Der Erfolg war die Frucht seines Fleißes* ■ **ID etwas trägt reiche Früchte** *geschrieben* etwas führt zu guten Ergebnissen, zum Erfolg

★ **frucht·bar** ADJEKTIV **1** so, dass Pflanzen gut darauf wachsen können ⟨ein Acker, ein Boden, die Erde, das Land⟩ **2** *geschrieben* produktiv und mit Erfolg ⟨ein Gedankenaustausch, ein Gespräch, eine Zusammenarbeit⟩ ≈ *nützlich* **3** **ein Tier ist fruchtbar** ein Tier bekommt/zeugt viele Nachkommen | *Kaninchen sind sehr fruchtbar* **4** **nicht fruchtbar** (von Menschen und Tieren) nicht fähig, Kinder bzw. Junge zu bekommen ≈ *unfruchtbar* **5** **die fruchtbaren Tage (der Frau)** die Tage, an denen eine Frau schwanger werden kann ● zu (1 – 3) **Frucht·bar·keit** *die*

Frucht·bla·se *die* eine Hülle, welche das ungeborene Kind oder Tier im Leib der Mutter umgibt

Frücht·chen *das*; (-s, -); *abwertend* ein Kind oder Jugendlicher, das/den man für schlecht erzogen hält

Früch·te·brot *das* ein süßes Gebäck aus dunklem Teig und Früchten, das wie ein Brot aussieht

fruch·ten VERB (fruchtete, hat gefruchtet) **etwas fruchtet (bei jemandem)** etwas hat (bei jemandem) eine gute Wirkung, einen Nutzen ⟨Bemühungen, eine Ermahnung⟩ **!** meist verneint

Frucht·fleisch *das* der essbare, weiche Teil einer Frucht | *das Fruchtfleisch von Schale und Kernen befreien/trennen*

fruch·tig ADJEKTIV ⟨ein Geschmack, ein Wein⟩ so, dass sie nach Obst und frischen Früchten schmecken

frucht·los ADJEKTIV ohne Nutzen oder Erfolg ⟨Bemühungen, ein Versuch⟩ | *Die Verhandlungen blieben fruchtlos, es konnte keine Einigung erzielt werden*

Frucht·was·ser *das* eine Flüssigkeit, welche das Kind oder Tier im Leib der Mutter umgibt

fru·gal ADJEKTIV; *geschrieben* einfach und so, dass es nicht sehr gut schmeckt ⟨ein Mahl; frugal speisen⟩ ↔ *reichhaltig*

★ **früh** ADJEKTIV (früher ['fryːɐ], früh(e)st- ['fryː(ə)st-]) **1** *meist attributiv* am Anfang eines Zeitabschnitts (liegend) ⟨früh am Morgen, Tag, Abend⟩ ↔ *spät* | *am frühen Morgen aufstehen* | *Er musste von frühester Jugend an hart arbeiten* | *In den frühen Zwanzigerjahren ist der Tango zum Gesellschaftstanz geworden* K Frühbarock, Frühform, Frühgeschichte, Frühherbst, Frühsommer, Frühstadium, Frühzeit

F

2 vor der erwarteten, üblichen, regulären Zeit ⟨ein Tod, ein Winter; allzu früh; früh altern, sterben; früh aufstehen, zu Bett gehen⟩ | *Sie hat schon früh die Mutter verloren* | *Ich habe einen früheren Zug genommen* | *Er ist zu früh gekommen* **K** Frühehe, Frühkartoffel **3** *nur adverbiell* am Morgen, morgens | *Gestern früh ist sie abgereist* | *Morgen früh muss ich zum Arzt* | *Er hat von früh bis spät auf die Prüfung gelernt* (von morgens bis abends) **K** Frühdienst, Frühnachrichten, Frühnebel, Frühschicht, Frühsport ■ **ID** **früher oder später** etwas wird mit großer Wahrscheinlichkeit irgendwann passieren | *Früher oder später wird er schon nachgeben, es fragt sich nur, wann*

Früh·auf·ste·her *der;* (-s, -) eine Person, die (gern) morgens früh aufsteht

Früh·beet *das* ein Beet, das mit Glasscheiben o. Ä. vor Kälte geschützt wird

Früh·bu·cher *der;* (-s, -) eine Person, welche eine Reise bucht, lange bevor diese beginnt (meist für einen Urlaub) | *Frühbucher bezahlen oft sehr viel weniger für die Flugtickets* **K** Frühbucherrabatt

Früh·chen *das;* (-s, -) ein Kind, das viel früher geboren worden ist als normal | *Frühchen müssen im Krankenhaus versorgt werden* **K** Früchhenstation

Frü·he [fryːə] *die;* (-); *geschrieben* der Beginn des Tages | *in der kühlen Frühe des nebligen Tages* ■ **ID** **in aller Frühe** ganz früh am Morgen

★ **frü·her** [ˈfryːɐ] ■ ADVERB **1** in einer vergangenen Zeit, in der Vergangenheit | *Heute verkehren weniger Züge als früher* | *Er lebte früher in Wien* | *Er hat alle Schulhefte von früher aufgehoben* | *Ich kenne ihn noch von früher her* ■ ADJEKTIV *meist attributiv* **2** zeitlich weit zurückliegend ⟨in früheren Jahren; eine Epoche⟩ **3** vorhergehend, ehemalig ⟨ein Freund, Kollege, Mitarbeiter⟩ | *Sie hält noch Kontakt zu etlichen ihrer früheren Schüler*

Früh·er·ken·nung *die; meist Singular* die frühzeitige Entdeckung meist einer Krankheit (z. B. Krebs)

★ **frü·hes·tens** ADVERB nicht früher als zu der genannten Zeit | *Die neue Autobahn ist frühestens in drei Jahren fertig*

frü·hest·mög·lich ADJEKTIV *meist attributiv* so früh wie möglich ⟨zum frühestmöglichen Zeitpunkt⟩ | *Der frühestmögliche Termin, an dem wir uns treffen können, ist Samstag*

Früh·ge·burt *die* **1** die Geburt eines Kindes, das noch nicht voll entwickelt ist, aber schon leben kann ⟨eine Frühgeburt haben⟩ **2** ein Kind, das durch eine Frühgeburt zur Welt gekommen ist

★ **Früh·jahr** *das* der Teil des Jahres zwischen Winter und Sommer ≈ *Frühling* **K** Frühjahrskatalog, Frühjahrskollektion, Frühjahrsmode, Frühjahrsmüdigkeit, Frühjahrsputz

★ **Früh·ling** *der;* (-s, -e) **1** die Jahreszeit der drei Monate, die auf den Winter folgen ⟨ein milder, regnerischer Frühling; der Frühling kommt; es wird Frühling⟩ | *Offiziell dauert der Frühling (auf der nördlichen Hälfte der Erde) vom 21. März bis zum 21. Juni* **K** Frühlingsanfang, Frühlingsbeginn, Frühlingsblume, Frühlingslied, Frühlingsmonat, Frühlingstag **2** **der Frühling des Lebens** *literarisch* die Jugend ■ **ID** **einen neuen/zweiten Frühling erleben** sich im Alter von etwa 45 Jahren und älter noch einmal verlieben

Früh·lings·bo·te *der* etwas (z. B. eine Blume oder ein Zugvogel), dessen Erscheinen zeigt, dass es Frühling wird

früh·lings·haft ADJEKTIV wie im Frühling ⟨eine Stimmung, ein Wetter, eine Witterung⟩ | *Die Luft ist frühlingshaft mild*

früh·reif ADJEKTIV körperlich oder geistig weiter entwickelt als für das Alter normal ⟨ein Kind⟩

Früh·rent·ner *der* eine Person, die vor dem üblichen Alter Rentner wird, meist weil sie krank ist ● hierzu **Früh·ren·te** *die*

Früh·schop·pen *der;* (-s, -) ein Treffen (in einem Gasthaus) am Vormittag, bei dem meist Alkohol getrunken wird ⟨zum Frühschoppen gehen; beim Frühschoppen sitzen⟩

★ **Früh·stück** *das;* (-(e)s, -e); *meist Singular* die erste Mahlzeit des Tages am Morgen ⟨das Frühstück machen, einnehmen; etwas zum Frühstück essen⟩ | *Zum Frühstück gibt es Tee oder Kaffee* **K** Frühstücksbrot, Frühstücksbuffet, Frühstücksei, Frühstücksgeschirr, Frühstückspause, Frühstückstisch

★ **früh·stü·cken** VERB (frühstückte, hat gefrühstückt) **(etwas) frühstücken** etwas zum Frühstück essen ⟨ausgiebig frühstücken; ein Ei, Müsli frühstücken⟩

Früh·warn|sys·tem *das* **1** ein System von Radargeräten, mit dem ein Land einen militärischen Angriff eines Feindes rechtzeitig bemerken kann **2** ein System von technischen Geräten, mit denen man eine Naturkatastrophe rechtzeitig erkennen und die Bevölkerung vor dieser warnen kann

früh·zei·tig ADJEKTIV zu einem frühen Zeitpunkt | *Er geht frühzeitig schlafen* | *das frühzeitige Erkennen von Krebs*

Frust *der;* (-(e)s); *gesprochen* der Zustand, wenn jemand enttäuscht oder frustriert ist ⟨einen Frust haben⟩

frus·ten VERB (frustete, hat gefrustet) **etwas frustet jemanden** *gesprochen* etwas frustriert jemanden

Frust·ra·ti·on [-ˈtsjoːn] *die;* (-, -en); *geschrieben* das Gefühl der Verärgerung über eine Enttäuschung oder ein Problem, das man nicht lösen kann ⟨eine Frustration erleben⟩

frust·rie·ren VERB (frustrierte, hat frustriert) **1** **etwas frustriert jemanden** etwas macht eine Person mutlos und unglücklich (meist weil sie keinen Erfolg hat) | *Ihre schlechten Noten haben sie so frustriert, dass sie nicht mehr zur Schule gehen will* **2** **eine Person frustriert jemanden (mit etwas)** *gesprochen* die Worte, das Verhalten o. Ä. einer Person deprimieren jemanden ● zu (1) **frus·triert** ADJEKTIV

Fuchs [-ks] *der;* (-es, Füch·se) **1** ein Raubtier, das wie ein kleiner Hund aussieht, in einer Art Höhle (dem Bau) im Wald lebt und dessen Fell meist rotbraun und am Bauch weiß ist ⟨schlau, listig wie ein Fuchs⟩ | *Füchse haben einen buschigen Schwanz* **K** Fuchsbau, Fuchsfalle, Fuchsjagd, Fuchspelz, Fuchsschwanz, fuchsrot **2** eine Person, die sehr listig, schlau oder raffiniert ist ⟨ein schlauer Fuchs⟩ **3** ein Pferd mit rotbraunem Fell ■ **ID** **wo sich Fuchs und Hase gute Nacht sagen** an einem sehr einsamen (abgelegenen) Ort ● zu (1) **Füch·sin** *die*

fuch·sen VERB [-ks-] (fuchste, hat gefuchst); *gesprochen* **1** **etwas fuchst jemanden** etwa ärgert jemanden **2** **sich fuchsen** ≈ *ärgern*

fuch·sig [-ks-] ADJEKTIV **1** rotbraun wie das Fell eines Fuchses ⟨Haar⟩ **2** *gesprochen meist prädikativ oder adverbiell* ⟨jemand/etwas macht jemanden fuchsig; fuchsig werden, sein⟩ ≈ *wütend*

Fuchs·schwanz *der* **1** der Schwanz eines Fuchses **2** eine Säge aus einem breiten Sägeblatt und einem Griff an einem Ende

fuchs·teu·fels|wild [-ks-] ADJEKTIV *meist prädikativ; gesprochen* sehr wütend

Fuch·tel *die;* (-, -n); *gesprochen, meist abwertend* **1** **jemanden unter der/seiner Fuchtel haben** streng über jemanden (vor allem einen Verwandten) herrschen **2** **eine Person ist/steht unter jemandes Fuchtel** eine Person soll immer das tun, was eine andere Person will, und wehrt sich nicht dagegen | *Obwohl sie schon lange erwachsen ist, steht sie noch ganz unter der Fuchtel ihrer Mutter*

fuch·teln VERB (fuchtelte, hat gefuchtelt) **mit den Armen fuchteln** *gesprochen* die Arme schnell in der Luft hin und her bewegen

Fuff·zi·ger *der;* (-s, -); *gesprochen* **1** ≈ *Fünfziger* **2** **ein fal-**

FRÜHSTÜCK

F

scher Fuffziger eine Person, die nicht ehrlich ist und der man nicht trauen kann

Fug ■ ID **mit Fug und Recht** *geschrieben* mit vollem Recht, aus gutem Grund ⟨etwas mit Fug und Recht behaupten können⟩

Fu·ge *die*; (-, -n) **1** ein sehr schmaler Zwischenraum zwischen den einzelnen Teilen, aus denen etwas gemacht ist, z. B. zwischen den Steinen einer Mauer ⟨Fugen abdichten, ausfüllen, verstopfen⟩ | *Der Wind pfiff durch alle Ritzen und Fugen* K Fugenkitt, Fugenmaterial, Fugenmörtel **2** ein Musikstück, das nach strengen Regeln komponiert ist und bei dem das Thema in verschiedenen Stimmen in einem Abstand wiederholt wird | *Johann Sebastian Bach beherrschte die Kunst der Fuge meisterhaft* K Fugenschema ■ ID **etwas ist/geht/gerät aus den/allen Fugen** ein (meist abstraktes) System verliert seine Ordnung | *Die Welt gerät/geht/ist aus den Fugen* • zu (1) **fu·gen·los** ADJEKTIV

★ **fü·gen** VERB (fügte, hat gefügt) **1** **etwas an etwas** (*Akkusativ*) **fügen** Dinge so zusammenbringen, dass daraus ein Ganzes wird | *Beim Bau einer Mauer muss man einen Stein an den anderen fügen* **2** **Dinge zu etwas fügen** *geschrieben* mehrere Dinge zu etwas zusammensetzen | *Steine zu einer Mauer fügen* **3** **etwas in etwas** (*Akkusativ*) **fügen** *geschrieben* etwas zu einem Teil eines Ganzen, einer Reihe machen | *einen Stein in eine Lücke fügen* **4** **Dinge fügen sich zu etwas** zwei oder mehrere Teile ergeben ein Ganzes | *Die Perlen fügen sich zu einer Kette* **5** **etwas fügt sich in etwas** (*Akkusativ*) etwas passt zu etwas | *Dieses Bild fügt sich gut in den Hintergrund* **6** **sich (jemandem/etwas) fügen** *geschrieben* jemandem gehorchen, sich nicht (mehr) weigern | *Sie fügte sich widerspruchslos den Wünschen ihres Vaters* **7** **sich in etwas** (*Akkusativ*) **fügen** *geschrieben* etwas Unangenehmes hinnehmen, akzeptieren, ohne sich zu wehren | *Du musst dich in dein Schicksal fügen!* **8** **es fügt sich, dass …** *geschrieben* es ergibt sich als günstiger Zufall, dass …

füg·sam ADJEKTIV bereit, Befehlen o. Ä. ohne Widerspruch zu gehorchen ⟨ein Kind⟩ ≈ *gehorsam* • hierzu **Füg·sam·keit** *die*

Fü·gung *die*; (-, -en); *geschrieben* ein günstiger Zufall ⟨eine gnädige, seltsame Fügung; eine Fügung des Himmels, des Schicksals⟩ | *Durch eine glückliche Fügung hat er seinen vermissten Bruder wiedergefunden*

fühl·bar ADJEKTIV **1** so, dass man es spüren, fühlen kann | *einen kaum fühlbaren Puls haben* | *Das Wasser ist am Ufer fühlbar wärmer* **2** so, dass man es feststellen oder wahrnehmen kann ⟨ein Fortschritt, eine Erleichterung, eine Verschlechterung⟩ ≈ *deutlich, spürbar*

★ **füh·len** VERB (fühlte, hat gefühlt) **1** **etwas fühlen** Berührungen, Schmerzen usw. am Körper mit den Nerven spüren | *die Wärme der Sonne auf der Haut fühlen* | *Ich habe es gar nicht gefühlt, als mich die Mücke gestochen hat, erst hinterher hat es gejuckt* **2** **etwas fühlen** Freude, Trauer, Sorge usw. empfinden | *Mitleid mit jemandem fühlen* | *eine drohende Gefahr (instinktiv) fühlen* **i** → auch **gefühlt** **3** **(jemandem) den Puls fühlen** die Zahl der Herzschläge pro Minute zählen, indem man zwei Finger auf die Schlagader legt | *Der Arzt fühlte dem Patienten den Puls* **4** **nach etwas fühlen** mit der Hand nach etwas suchen, nach etwas tasten | *Er fasste an seine Jacke und fühlte nach der Brieftasche* **5** **sich irgendwie fühlen** den Zustand des Körpers in der genannten Art spüren

⟨sich gesund, krank, jung, alt, wie gerädert fühlen⟩ | *Hast du immer noch Kopfschmerzen, oder fühlst du dich schon besser?* **6** **sich irgendwie fühlen** den seelischen Zustand in der genannten Art wahrnehmen ⟨sich allein, fremd, glücklich, unbehaglich, unwohl fühlen⟩ **7** **sich irgendwie fühlen** glauben, dass man in der genannten Lage ist ⟨sich bedroht, betrogen, verfolgt, schuldig, überflüssig fühlen⟩ | *Ich fühlte mich verpflichtet, ihm zu helfen* **8** **sich fühlen** *gesprochen, abwertend* sehr stolz und zu selbstbewusst sein | *Der fühlt sich aber!*

F

Füh·ler *der;* (-s, -) eines von mindestens zwei länglichen Organen, z. B. bei Insekten und Schnecken, mit denen diese Tiere tasten, riechen und schmecken können ⟨ein Insekt streckt die Fühler aus, zieht die Fühler (wieder) ein⟩ ■ **ID** **seine/die Fühler ausstrecken** *gesprochen* vorsichtig Verbindung zu jemandem/etwas aufnehmen oder vorsichtig eine Situation erkunden

Füh·lung *die;* (-); *geschrieben* ⟨mit jemandem Fühlung aufnehmen, Fühlung haben, in Fühlung bleiben⟩ ≈ *Kontakt*

Füh·lung·nah·me *die;* (-, -n); *geschrieben* das Aufnehmen von Kontakten ⟨in Fühlungnahme (mit jemandem) gehen⟩

fuhr *Präteritum, 1. und 3. Person Singular* → fahren

Fu·hre *die;* (-, -n) **eine Fuhre** *+Substantiv* die Menge, die mit einem Auto oder einem Lastwagen bei einer Fahrt transportiert wird ⟨eine Fuhre Kohlen, Mist, Sand⟩ ≈ *Ladung*

füh·re **1** *Präsens, 1. Person Singular* → führen **2** *Konjunktiv II, 1. und 3. Person Singular* → fahren

★ **füh·ren** VERB (führte, hat geführt)

▸an einen Ort: **1** **jemanden (irgendwohin) führen** mit Personen oder Tieren irgendwohin gehen, damit sie (sicher) am gewünschten Ort ankommen | *ein Kind an/bei der Hand (über die Straße) führen* | *ein Pferd am Zügel aus dem Stall führen* **H** Man *treibt* ein Tier vor sich her und *führt* es hinter sich her. **2** **jemanden (durch etwas) führen** mit einer Person irgendwohin gehen oder fahren und ihr dabei Informationen geben | *Touristen durch die Stadt/durch eine Ausstellung führen* **3** **jemanden irgendwohin führen** mit einer Person irgendwohin gehen oder fahren und etwas für sie bezahlen ≈ *ausführen* | *die Freundin in ein Restaurant führen* **4** **etwas führt jemanden irgendwohin** etwas ist der Grund dafür, dass jemand an den genannten Ort kommt | *Ihre Reise führte sie in ferne Länder* | *Was führt dich hierher?*

▸bei sich haben: **5** **etwas bei/mit sich** (*Dativ*) **führen** *geschrieben* etwas in einer Tasche o. Ä. mit sich tragen ⟨einen Ausweis, Gepäck, Bargeld, eine Waffe bei/mit sich (*Dativ*) führen⟩

▸in eine Richtung: **6** **jemand/etwas führt eine Person/Sache irgendwohin** jemand/etwas bewirkt, dass eine Person oder Sache an den genannten Ort kommt | *Der Regierung gelang es nicht, das Land aus der Krise zu führen* | *Ein anonymer Hinweis führte die Polizei auf die Spur des Täters* **7** **etwas zum Mund/an die Lippen führen** *geschrieben* etwas zum Mund, an die Lippen heben

▸als Chef, Leiter: **8** **etwas führen** die Leitung eines Geschäfts oder einer Organisation haben ⟨einen Betrieb, eine Firma, ein Unternehmen führen⟩ ≈ *leiten*

▸als Verantwortlicher: **9** **etwas führen** etwas tun, für das man verantwortlich ist ⟨Aufsicht, den Befehl, das Kommando über jemanden/etwas führen; die Geschäfte, den Haushalt (für jemanden) führen; Regie führen; den Vorsitz über etwas (*Akkusativ*) führen; Krieg, einen Prozess (gegen jemanden/etwas) führen⟩ **10** **jemanden führen** (vor allem in pädagogischer Absicht) Einfluss auf jemanden nehmen | *Der Lehrer verstand es, die Jugendlichen zu führen*

▸als Handelnder: **11** **etwas irgendwie führen** ein Werkzeug oder Gerät in der genannten Weise benutzen und bewegen ⟨einen Geigenbogen, eine Kamera, eine Nadel, einen Pinsel, eine Säge geschickt, ruhig, sicher führen⟩ **12** **etwas führen** *admin* ein Fahrzeug selbst steuern ≈ *lenken* | *Er erhielt die Erlaubnis, ein schweres Motorrad zu führen* **13** **etwas führen** verwendet zusammen mit einem Substantiv, um ein Verb zu umschreiben | *Beschwerde (über jemanden/etwas) führen* (sich offiziell über jemanden/etwas beschweren) | *den Beweis für etwas führen* (etwas beweisen) | *ein (Telefon-)Gespräch (mit jemandem) führen* (mit jemandem (am Telefon) sprechen) | *einen Kampf (gegen jemanden/etwas) führen* (gegen jemanden/etwas kämpfen) | *ein aufregendes/ruhiges/... Leben führen* (aufregend, ruhig usw. leben) | *den Nachweis führen, dass ...* (nachweisen, dass ...) **14** **etwas zu Ende führen** etwas (mit Erfolg) beenden **15** **eine glückliche/gute Ehe führen** in der Ehe glücklich sein

▸Liste o. Ä.: **16** **etwas führen** regelmäßig Daten in eine Liste eintragen ⟨(über etwas (*Akkusativ*)) Buch, eine Liste, eine Kartei führen; ein Konto (für jemanden) führen⟩ **17** **jemand/etwas wird irgendwo/als etwas geführt** jemand/etwas steht auf einer Liste | *auf jemandes Gehaltsliste/als vermisst geführt werden* **18** **ein Geschäft führt etwas** ein Geschäft bietet die genannte Ware an | *Wir führen keine Sportartikel* (In unserem Geschäft kann man keine Sportartikel kaufen)

▸Bezeichnung, Symbol: **19** **etwas führen** *geschrieben* etwas als Kennzeichen oder als Bezeichnung, Titel haben | *einen Adler im Wappen führen* | *einen Künstlernamen/den Doktortitel führen*

▸Wasserstand: **20** **ein Fluss führt Hochwasser/wenig Wasser** *geschrieben* ein Fluss hat mehr/weniger Wasser als normal

▸im Wettkampf: **21** **jemand/eine Mannschaft führt** eine Person oder Mannschaft ist dabei, einen Wettkampf oder ein Spiel zu gewinnen | *Der FC Bayern führt (mit fünf Punkten Vorsprung)*

▸im Wettbewerb: **22** **führend** auf einem Gebiet sehr erfolgreich und einflussreich | *Unsere Firma ist in dieser Branche führend* | *Das Projekt wird von führenden Forschern unterstützt*

▸Richtung, Ziel: **23** **etwas führt irgendwohin** etwas geht zu dem genannten Ziel oder in die genannte Richtung | *Die Brücke führt über den Bach* | *Führt dieser Weg zum Bahnhof?* **24** **etwas führt zu weit** etwas gehört nicht unmittelbar zur Sache, zum Thema und wird deswegen nicht besprochen o. Ä. | *Ich könnte Ihnen noch weitere Beispiele nennen, aber das würde jetzt zu weit führen*

▸Ergebnis: **25** **etwas führt irgendwohin** etwas hat das genannte Ergebnis, eine Folge | *Diese Krankheit führt oft zum Tod* | *Diese Methode führte schnell zum Erfolg* | *Solches Verhalten führt nur zu Konflikten/Streit*

▸im Gefängnis o. Ä.: **26** **sich gut/schlecht führen** sich im Gefängnis o. Ä. so/nicht so verhalten, wie es gewünscht wird | *Der Strafgefangene wurde vorzeitig entlassen, weil er sich gut geführt hatte*

★ **Füh·rer** *der;* (-s, -) **1** eine Person, die einer Gruppe Interessantes und Schönes in der Natur, in Städten, Museen o. Ä. zeigt und erklärt | *Die Besteigung des Berges ist nur mit einem Führer möglich* **K** Bergführer, Fremdenführer, Reiseführer **H** zu *Führerin* → Info im Eintrag **-in** **2** eine Person, die ein Geschäft, eine Organisation o. Ä. leitet | *der Führer einer Delegation/der Opposition im Parlament* **K** Führereigenschaften, Führerpersönlichkeit, Führerrolle; Geschäftsführer, Konzernführer, Parteiführer **H** zu *Führerin* → Info im Eintrag **-in** **3** *admin* eine Person, die ein Fahrzeug lenkt ≈ *Fahrer* | *Der Führer des Fahrzeugs ist nach dem Unfall geflüchtet* **K** Flugzeugführer, Kranführer, Lokführer i zu *Führerin* → Info im Eintrag **-in** 4 ein Heft oder Buch, in dem die Sehenswürdigkeiten einer Stadt, eines Landes o. Ä. beschrieben werden | *einen Führer von Rom kaufen* K Reiseführer, Stadtführer 5 **der Führer** *historisch* verwendet im Nationalsozialismus als Bezeichnung für Adolf Hitler • zu (1 – 3) **Füh·re·rin** *die*

Füh·rer·aus·weis *der*; ⓒⓗ ≈ *Führerschein*

Füh·rer·na·tur *die* die Fähigkeit, eine Gruppe gut zu leiten ⟨eine Führernatur haben, sein⟩

★ **Füh·rer·schein** *der* 1 ein Dokument, das einer Person erlaubt, Autos, Motorräder oder Lastwagen zu lenken | *Wegen Trunkenheit am Steuer wurde ihm der Führerschein entzogen* K Führerscheinentzug, Führerscheinkontrolle, Führerscheinneuling, Führerscheinprüfung 2 **den Führerschein machen** Fahrunterricht nehmen und eine Prüfung ablegen, um den Führerschein zu bekommen

Fuhr·ge·schäft *das* ≈ *Fuhrunternehmen*

Fuhr·leu·te *die*; *Plural* → Fuhrmann

Fuhr·mann *der*; (-(e)s, Fuhr·leu·te/*seltener* Fuhr·män·ner); *historisch* eine Person, die mit einem Pferdewagen Waren transportierte

Fuhr·park *der* alle Fahrzeuge, die z. B. eine Firma hat | *Der Fuhrpark der Stadt wird modernisiert*

★ **Füh·rung** *die*; (-, -en) 1 die Besichtigung (meist einer Sehenswürdigkeit) mit einer Person, die einem dazu Erklärungen gibt | *an einer Führung durch das Museum/das Schloss teilnehmen* 2 *nur Singular* das Führen, die Leitung einer Organisation oder Institution | *jemandem die Führung eines Betriebes übertragen* K Betriebsführung 3 *nur Singular* eine Gruppe von Personen, die z. B. einen Betrieb oder eine Organisation führt | *Die Führung der Partei traf sich zu einem Gedankenaustausch* K Führungsgremium, Führungswechsel; Betriebsführung, Gewerkschaftsführung, Kirchenführung, Parteiführung 4 *nur Singular* die führende (und leitende) Position, die jemand (z. B. auf wirtschaftlichem oder sportlichem Gebiet) hat ⟨die Führung übernehmen; in Führung gehen, liegen, sein⟩ | *Der Läufer der französischen Mannschaft liegt mit zehn Sekunden Vorsprung in Führung* K Führungsanspruch 5 *geschrieben nur Singular* die Art und Weise, in der man etwas in einer Situation oder für einen Zweck tut ⟨die Führung eines Gesprächs, von Verhandlungen, eines Prozesses, eines Nachweises⟩ K Beschwerdeführung, Beweisführung, Gesprächsführung, Krieg(s)führung, Prozessführung, Verhandlungsführung 6 *nur Singular* die Art, wie sich jemand verhalten oder benommen hat ≈ *Verhalten* | *Der Strafgefangene wurde wegen guter Führung vorzeitig entlassen* 7 *nur Singular* das Führen und Erziehen oder Motivieren | *Die Führung von Menschen erfordert eine starke Persönlichkeit* K Führungseigenschaften, Führungsqualitäten; Menschenführung 8 *nur Singular* die Art, wie man mit etwas (z. B. einem Gerät oder Werkzeug) umgeht ≈ *Handhabung* | *die gekonnte Führung des Geigenbogens* K Ballführung, Kameraführung, Pinselführung 9 *nur Singular* das Sammeln von verschiedenen Daten und schriftlichem Material ⟨die Führung eines Kontos, einer Liste, einer Kartei⟩ K Kontoführung, Protokollführung

Füh·rungs·schwä·che *die*; *meist Singular* wenn eine Person eine leitende Position hat, aber die Mitarbeiter nicht gut einsetzen kann, hat sie eine Führungsschwäche

Füh·rungs·spit·ze *die* eine Gruppe von Personen, die ein großes Unternehmen, eine Partei o. Ä. leitet | *Die gesamte Führungsspitze war zum Empfang erschienen*

Füh·rungs·stil *der* die Art und Weise, wie jemand ein Unternehmen, eine Organisation o. Ä. leitet

Füh·rungs·zeug·nis *das* **ein polizeiliches Führungszeugnis** *admin* ein Dokument, auf dem geschrieben steht, ob jemand in den letzten Jahren von einem Gericht bestraft wurde | *Den Bewerbungsunterlagen muss ein polizeiliches Führungszeugnis beigefügt werden*

Fuhr|un·ter·neh·men *das* ein Betrieb, der (meist mit Lastwagen) Waren transportiert

Fuhr·werk *das* ein Wagen (zum Transportieren von Lasten), der von Ochsen oder Pferden gezogen wird

Fül·le *die*; (-) 1 **eine Fülle** +*Genitiv*; **eine Fülle von Dingen** *geschrieben* eine große Menge oder Anzahl einer Sache | *Auf seinen Reisen gewann er eine Fülle von neuen Eindrücken* | *Er schmückte seine Rede mit einer Fülle literarischer Zitate* 2 **die Fülle** +*Genitiv* *geschrieben* das reiche Vorhandensein der genannten Sache | *die Fülle ihres Haars* | *die Fülle seiner Stimme* | *die Fülle des Klangs einer Geige* K Haarfülle, Klangfülle, Stimmfülle 3 **zur Fülle neigen** *humorvoll* dick sein K Körperfülle, Leibesfülle

★ **fül·len** VERB (füllte, hat gefüllt) 1 **etwas (mit etwas) füllen** einen Behälter mit etwas (ganz oder teilweise) vollmachen | *einen Korb (mit Früchten) füllen* | *die Gläser (bis zum Rand/zur Hälfte) (mit Wein) füllen* 2 **etwas in etwas** (*Akkusativ*) **füllen** etwas in einen Behälter geben | *Bonbons in eine Dose füllen* | *Wein in Fässer füllen* 3 **etwas (mit etwas) füllen** die passende Füllung für die genannte Speise dazugeben | *die Ente (mit Äpfeln) füllen* | *eine Torte (mit Sahne und Erdbeeren) füllen* 4 **einen Zahn füllen** (als Zahnarzt) einen Zahn mit einer Füllung versehen 5 **Dinge füllen etwas** Dinge brauchen durch ihre Menge oder Anzahl einen Raum, der groß genug ist | *Die Akten des Staatsanwalts füllen fünf Ordner* 6 **etwas füllt sich mit Personen/etwas** etwas wird voll von Personen/etwas | *Erst nach dem zweiten Klingelzeichen füllte sich das Theater allmählich (mit Zuschauern)* | *Der Eimer füllte sich mit Wasser*

Fül·len *das*; (-s, -) ≈ *Fohlen*

★ **Fül·ler** *der*; (-s, -) Füller haben eine Feder zum Schreiben und innen eine Patrone mit Tinte K Schulfüller

Füll|fe·der·hal·ter *der* ≈ *Füller*

fül·lig ADJEKTIV 1 *gesprochen, humorvoll* dick und rundlich ⟨Personen⟩ | *Sie hat eine ziemlich füllige Figur* 2 **fülliges Haar** Haar, das locker fällt und dicht ist

Fül·lung *die*; (-, -en) 1 ein Material, mit dem z. B. ein Bett, ein Kissen, eine Matratze o. Ä. gefüllt ist K Bettfüllung, Kissenfüllung, Matratzenfüllung 2 die Masse, mit der ein Loch in einem Zahn gefüllt wird K Amalgamfüllung, Goldfüllung, Zahnfüllung 3 eine Mischung (oft aus Brot, Gewürzen, Obst), mit der eine Speise (z. B. eine Gans) gefüllt wird K Hackfleischfüllung, Käsefüllung, Obstfüllung

Fum·mel *der*; (-s, -); *gesprochen* ein Kleid aus dünnem (oft billigem) Stoff

fum·meln VERB (fummelte, hat gefummelt); *gesprochen* 1 **(irgendwo nach etwas) fummeln** etwas tastend suchen | *In der Handtasche nach dem Schlüssel fummeln* 2 **(an etwas** (*Dativ*)**) fummeln** versuchen, mit den Händen vor allem eine schwierige Arbeit durchzuführen (die viel Geduld erfordert) 3 **eine Person fummelt mit jemandem**; **Personen fummeln** zwei Personen küssen sich und berühren sich sexuell

★ **Fund** *der*; (-(e)s, -e) 1 ein Gegenstand, den jemand (gesucht und) gefunden hat ⟨ein einmaliger, seltener, überraschender Fund⟩ | *Er hat seinen Fund beim Fundbüro abgeliefert* | *Seine These wird durch archäologische Funde gestützt* K Fundgegenstand, Fundobjekt, Fundort, Fundsache, Fundstelle; Grabfund, Münzfund 2 *nur Singular* das Finden (nach dem Suchen) 3 **einen Fund machen** etwas finden

Fun·da·ment *das*; (-s, -e) 1 die stabile Grundlage aus Mauern oder Beton eines Gebäudes ⟨ein Fundament errichten,

F

gießen, legen, mauern⟩ | *Die Kathedrale brannte bis auf die Fundamente ab* K Fundamentplatte; Betonfundament **2** eine (geistige oder materielle) Grundlage, auf der etwas aufgebaut ist oder wird ⟨ein Fundament legen; an den Fundamenten rütteln; etwas in seinen Fundamenten erschüttern⟩ | *Mit dieser Ausbildung legst du dir ein gutes Fundament für deinen späteren Beruf*

fun·da·men·tal ADJEKTIV; *geschrieben* ⟨eine Erkenntnis, ein Irrtum, ein Unterschied⟩ ≈ *grundlegend, wesentlich* | *Die Entdeckung des Penicillins war von fundamentaler Bedeutung*

Fun·da·men·ta·lis·mus *der;* (-); *geschrieben* eine Bewegung, die von ihren Anhängern fordert, dass diese sich exakt an den ursprünglichen Inhalt einer religiösen oder politischen Lehre halten • hierzu **Fun·da·men·ta·list** *der;* **Fun·da·men·ta·lis·tin** *die;* **fun·da·men·ta·lis·tisch** ADJEKTIV

Fund·amt *das; besonders* Ⓐ ≈ *Fundbüro*

★ **Fund·bü·ro** *das; meist Singular* eine Behörde, bei der man gefundene Gegenstände abgeben bzw. verlorene Gegenstände abholen kann

Fund·gru·be *die* **eine Fundgrube (für Dinge)** etwas, das etwas Wertvolles oder Begehrtes in großer Zahl enthält | *Dieses Antiquitätengeschäft ist eine wahre Fundgrube für alte Puppen*

fun·diert ADJEKTIV **1** mit einer gesicherten, soliden Grundlage | *Seine Aussagen sind wissenschaftlich fundiert* | *Er verfügt über ein fundiertes Wissen* **2** finanziell abgesichert | *ein gut fundiertes Unternehmen* | *ein fundierter Kredit*

fün·dig ADJEKTIV **1** **fündig werden** bei der Suche nach z. B. Öl, Kohle, Erzen, Gold erfolgreich sein | *Erst nach mehreren Bohrungen wurde die Ölgesellschaft fündig* **2** **fündig werden** durch intensives Suchen etwas entdecken | *Auf der Suche nach alten Dokumenten ist er im Archiv fündig geworden*

Fun·dus *der;* (-, -); *meist Singular* **1** alle Kostüme, Requisiten und Bühnendekorationen z. B. eines Theaters oder Filmateliers K Kostümfundus, Theaterfundus **2** **ein Fundus von/an Dingen** (*Dativ*) *geschrieben* das gesamte Wissen oder die Fähigkeiten einer Person | *ein reicher Fundus von/an Erfahrungen* K Wissensfundus

★ **fünf** ZAHLWORT (als Zahl, Ziffer) 5 I → Anhang **Zahlen** und Beispiele unter **vier** ■ ID **fünf gerade sein lassen** *gesprochen* etwas nicht so genau nehmen

Fünf *die;* (-, -en) **1** die Zahl 5 **2** jemand/etwas mit der Nummer 5 **3** die Schulnote 5 | *Sie hat in der letzten Probe eine Fünf geschrieben*

Fün·fer *der;* (-s, -); *gesprochen* **1** ≈ *Fünf* **2** fünf richtige Zahlen im Lotto (mit denen man einen relativ hohen Preis gewinnt) **3** eine Münze im Wert von 5 Cent, Rappen usw.

fünf·hun·dert ZAHLWORT (als Zahl) 500

Fünf·pro·zent|hür·de *die;* Ⓓ die Grenze von 5 % der Stimmen, die eine Partei erreichen muss, um in den Bundestag oder Landtag zu kommen | *Die Partei scheiterte an der Fünfprozenthürde*

fünft- ADJEKTIV **1** in einer Reihenfolge an der Stelle fünf; (als Zahl) 5. I → Beispiele unter **viert-** **2** **der fünfte Teil (von etwas)** (als Zahl) ⅕ **3** **zu fünft** (mit) insgesamt 5 Personen | *Wir sind zu fünft* | *zu fünft am Tisch sitzen*

Fünf·ta·ge|wo·che *die* eine Arbeitszeit von fünf Tagen in der Woche

fünf·tau·send ZAHLWORT (als Zahl) 5000

fünf·tel ADJEKTIV *nur in dieser Form* den 5. Teil eines Ganzen bildend ≈ ⅕

Fünf·tel *das;* (-s, -) der fünfte Teil eines Ganzen | *ein Fünftel des Vermögens erben*

fünf·tens ADVERB verwendet bei einer Aufzählung, um anzuzeigen, dass etwas an 5. Stelle kommt

★ **fünf·zehn** ZAHLWORT (als Zahl) 15 I → Anhang **Zahlen** und Beispiele unter **vier**

★ **fünf·zig** ZAHLWORT **1** (als Zahl) 50 I → Anhang **Zahlen** und Beispiele unter **vier** **2** **Anfang/Mitte/Ende fünfzig sein** ungefähr 50 bis 53/54 bis 56/57 bis 59 Jahre alt sein

Fünf·zig *die;* (-, -en); *meist Singular* **1** die Zahl 50 **2** jemand/etwas mit der Zahl/Nummer 50

fünf·zi·ger ADJEKTIV *meist attributiv; nur in dieser Form* die zehn Jahre (eines Jahrhunderts oder Menschenlebens) von 50 bis 59 | *ein Mann in den/seinen Fünfzigern* | *in den fünfziger Jahren des vorigen Jahrhunderts* K Fünfzigerjahre

Fünf·zi·ger *der;* (-s, -); *gesprochen* **1** eine Person, die zwischen 50 und 59 Jahre alt ist K Endfünfziger, Mittfünfziger **2** eine Münze im Wert von 50 Cent, Pfennig usw. oder ein Geldschein im Wert von 50 Euro, Franken usw. • zu (1) **Fünf·zi·ge·rin** *die*

fünf·zigs·t- ADJEKTIV **1** in einer Reihenfolge an der Stelle 50 ≈ *50.* **2** **der fünfzigste Teil (von etwas)** ≈ *1/50*

fun·gie·ren [-ŋ'gi:-] VERB (fungierte, hat fungiert) **als etwas fungieren** *geschrieben* die genannte Aufgabe erfüllen ⟨als Fremdenführer, Sanitäter, Schiedsrichter fungieren⟩

Funk *der;* (-s) **1** die (drahtlose) Übermittlung von Informationen durch elektromagnetische Wellen | *über Funk erreichbar sein* | *über Funk Hilfe herbeirufen* **2** eine Anlage für den Funk | *Der Rotkreuzwagen ist mit Funk ausgerüstet* **3** ≈ *Rundfunk* | *Funk und Fernsehen* K Hörfunk I meist ohne Artikel verwendet

★ **Fun·ke** *der;* (-ns, -n) **1** ein glühendes Teilchen, das von einem brennenden oder heftig geriebenen Gegenstand wegspringt ⟨Funken fliegen, glühen, springen über, sprühen, stieben⟩ | *Wenn man eine Schere schleift, sprühen die Funken* | *Bei dem Brand sprangen Funken auf die benachbarten Gebäude über* I *der Funke; den, dem Funken; des Funkens* **2** **keinen Funken** +*Substantiv* **haben** sehr wenig von einer Sache haben ⟨keinen Funken Hoffnung, Anstandsgefühl, Verstand haben⟩ | *Er hat keinen Funken Verstand*

fun·keln VERB (funkelte, hat gefunkelt) **1** **etwas funkelt** etwas wird unregelmäßig, abwechselnd sehr hell und wieder dunkler ⟨ein Edelstein, ein Stern, ein Glas⟩ **2** **jemandes Augen funkeln (vor etwas** (*Dativ*)**)** jemandes Augen lassen starke Gefühle erkennen ⟨jemandes Augen funkeln vor Zorn, Wut, Begeisterung⟩

fun·kel·na·gel|neu ADJEKTIV; *gesprochen* ganz neu und noch nicht gebraucht | *ein funkelnagelneues Fahrrad*

fun·ken VERB (funkte, hat gefunkt) **1** **(etwas) funken** mit elektromagnetischen Wellen Signale (und jemandem so Informationen) geben ⟨eine Nachricht, einen Notruf, eine Warnung, Messdaten funken⟩ K Funkanlage, Funkeinrichtung, Funkgerät, Funkkontakt, Funkmeldung, Funksignal, Funksprechgerät, Funkstörung, Funktechnik, Funktelefon, Funkverbindung, Funkverkehr, Funkzeichen **2** **bei jemandem funkt es; bei jemandem hat es gefunkt** *gesprochen* jemand begreift, versteht etwas oder hat etwas begriffen, verstanden **3** **bei zwei Menschen hat es gefunkt** *gesprochen* zwei Menschen haben sich ineinander verliebt

Fun·ken *der;* (-s, -) ≈ *Funke*

Fun·ker *der;* (-s, -) eine Person, die (meist beruflich) funkt K Amateurfunker, Bordfunker

Funk·feu·er *das* eine Funkstation, die Signale sendet, damit Schiffe oder Flugzeuge ihren Kurs bestimmen können

Funk·loch *das* ein Ort, an dem man mit dem Handy nicht telefonieren oder nicht ins Internet kann

Funk·spruch *der* eine Nachricht, die über Funk weiter gegeben wird <einen Funkspruch auffangen, durchgeben, senden, übermitteln>

Funk·stil·le *die* **1** die Situation, in der es keinen Kontakt über Funk gibt **2** eine Pause zwischen zwei Rundfunksendungen ■ **ID bei jemandem herrscht (gerade) Funkstille** *gesprochen* jemand ist gerade unkonzentriert und begreift nichts; **es herrscht Funkstille** *gesprochen* (nach einem Streit o. Ä.) haben meist zwei Personen keinen Kontakt miteinander

Funk·strei·fe *die* ein Auto (oder Motorrad) der Polizei, das per Funk mit einer Zentrale verbunden ist | *Nachts fährt die Funkstreife regelmäßig durch das Hafenviertel* K Funkstreifenwagen

★ **Funk·ti·on** [-'tsio:n] *die;* (-, -en) **1** die Aufgabe oder der Zweck, den eine Person/Sache innerhalb eines Systems hat | *Die Figur in diesem Roman hat eine tragende, wichtige Funktion* | *Hat dieser Knopf hier an der Maschine eine bestimmte Funktion?* K Schutzfunktion, Überwachungsfunktion **2** das Amt, die Stellung, die jemand in einer Organisation, z. B. einer Partei, hat <eine hohe, leitende Funktion ausüben, bekleiden> ≈ *Aufgabe* | *Er hat in der Gewerkschaft die Funktion des Vorsitzenden inne* **3** *nur Singular* die Aufgabe eines Teils, z. B. eines Körperorgans oder einer Maschine, in einem System | *die Funktion des Herzens überprüfen* K funktionsfähig; Funktionsstörung; Drüsenfunktion, Körperfunktion, Leberfunktion **4 etwas ist in/außer Funktion** eine Maschine, eine Anlage o. Ä. arbeitet/arbeitet nicht | *Das Kernkraftwerk war wegen einer technischen Panne drei Wochen lang außer Funktion* **5 etwas außer Funktion setzen** *admin* bewirken, dass etwas nicht weiterarbeiten, nicht weiter wirksam sein kann | *eine technische Anlage außer Funktion setzen* **6 etwas tritt in Funktion** *admin* ein technischer Apparat o. Ä. fängt an zu arbeiten, wird aktiv | *Im Falle eines Stromausfalls tritt die Notbeleuchtung in Funktion* **7** eine Größe, die von einer oder mehreren veränderlichen Größen abhängt (wobei man die Abhängigkeit durch eine Kurve darstellen kann) | *eine Funktion mit zwei Variablen* K Hyperbelfunktion, Sinusfunktion, Tangensfunktion • zu (3) **funk·ti·ons·fä·hig** ADJEKTIV; zu (1) **funk·ti·ons·ge·recht** ADJEKTIV

funk·ti·o·nal [-tsio-] ADJEKTIV *meist attributiv; geschrieben* einer Funktion entsprechend | *Das Design ist sehr nüchtern und funktional* | *Die Architekten haben das Bürohaus funktional gestaltet* • hierzu **Funk·ti·o·na·li·tät** *die*

Funk·ti·o·när [-tsio-] *der;* (-s, -e) ein Mitglied einer Partei, Gewerkschaft, Organisation o. Ä., das eine wichtige Aufgabe oder Funktion hat <ein führender, hoher Funktionär> K Gewerkschaftsfunktionär, Parteifunktionär • hierzu **Funk·ti·o·nä·rin** *die*

funk·ti·o·nell [-tsio-] ADJEKTIV *meist attributiv oder adverbiell; geschrieben* **1** in einer Funktion wirksam | *Der Arbeitsablauf folgt funktionellen Prinzipien* **2** in Bezug auf die Leistung eines Organs | *Seine Probleme mit dem Herzen sind funktioneller, nicht organischer Natur*

★ **funk·ti·o·nie·ren** [-tsio-] VERB (funktionierte, hat funktioniert) **1 etwas funktioniert** etwas erfüllt einen Zweck oder eine Funktion | *Der Aufzug ist repariert, jetzt funktioniert er wieder* | *Seine Nieren funktionieren nicht mehr richtig* **2 etwas funktioniert** etwas läuft ohne größere Probleme und Fehler ab | *Die Organisation der Sportveranstaltung funktionierte reibungslos*

Funk·ti·ons- [-'tsions] *im Substantiv, betont, begrenzt produktiv* **die Funktionshose, die Funktionskleidung, die Funktionswäsche** *und andere* aus modernem Material und gut zum Sport geeignet, so dass man nicht friert, nicht nass wird usw.

Funk·turm *der* ein sehr hoher Turm, über den Radio- und Fernsehprogramme, Funksignale usw. übermittelt werden

Fun·zel *die;* (-, -n); *gesprochen, abwertend* eine Lampe, die nur schwaches Licht gibt

★ **für** PRÄPOSITION *+Akkusativ*

▸Ziel, Zweck, Nutzen: **1** nennt das Ziel oder den Zweck einer Sache | *für etwas sparen* | *eine Gebrauchsanweisung für den Fernsehapparat* **2** nennt die Person(en), die betroffen oder Ziel einer Handlung oder Sache sind | *Das Geschenk ist für dich* | *ein Kurs für Fortgeschrittene* | *Das ist nicht leicht für mich* **3** nennt die Person oder Sache, die einen Vorteil oder Nutzen von etwas hat ↔ *gegen* | *sich für jemanden/etwas einsetzen* | *Er hat bei der Wahl für den Kandidaten der Opposition gestimmt* | *Die Mutter tut alles für ihren geliebten Sohn* **4** nennt die Gelegenheit oder den Fall, in denen etwas gilt | *Was hast du für Sonntag/für die Party geplant?* | *eine Versicherung für Unfälle* **5** *gesprochen* nennt die Sache, die verhindert oder beseitigt oder deren negative Wirkung schwächer gemacht werden soll ≈ *gegen* | *ein Medikament für Kopfschmerzen* | *Wasser für den Durst*

▸Grund: **6** nennt den Grund einer Sache ≈ *wegen* | *Der Angeklagte wurde für den Betrug hart bestraft*

▸Vertretung, Tausch: **7** nennt die Person oder Sache, die vertreten, ausgewechselt oder ersetzt wird ≈ *statt* | *Mein Vater hat für mich unterschrieben, weil ich noch nicht volljährig bin* | *ein neuer Motor als Ersatz für den kaputten* | *Tauscht du mit mir? Ich gebe dir einen Apfel für dein Brötchen*

▸Vergleich: **8** im Vergleich zu dem, was üblich oder meistens der Fall ist | *Für die Jahreszeit ist es viel zu kalt* | *Für einen Anfänger kannst du das schon sehr gut*

▸Preis: **9** verwendet, um den Preis einer Sache anzugeben | *Er hat sich ein Auto für 20.000 Euro gekauft* | *Dort sind gute Schuhe schon für wenig Geld zu haben*

▸Zeit: **10** gibt an, wie lange etwas dauert oder gültig ist | *Er ist für drei Wochen verreist* | *Er hat einen Mietvertrag für fünf Jahre unterschrieben*

▸als Ergänzung: **11** verwendet, um Ergänzungen anzuschließen | *sich für Fußball interessieren* | *für eine Arbeit besonders geeignet sein* | *seine Begeisterung für den Sport*

▸Zuordnung: **12** bringt eine Person oder Sache mit einer Eigenschaft oder einem Zustand in Zusammenhang | *jemanden für einen großen Künstler halten* | *jemanden für tot erklären lassen* | *etwas für sinnvoll ansehen*

▸Reihe: **13 Meter für Meter, Monat für Monat, Schritt für Schritt, Stück für Stück, Stunde für Stunde** *und andere* drückt aus, dass eine Aussage für eine lange Reihe gilt, die aus vielen einzelnen Teilen besteht | *Sie hofften immer wieder, wurden aber Mal für Mal enttäuscht* (jedes Mal wieder) | *Sie wartete Tag für Tag auf einen Brief von ihm* (viele Tage voller Sehnsucht) | *Sie hat den Vertrag Wort für Wort gelesen* (jedes Wort, sehr gründlich) | *Er legte Euro für Euro zurück, bis er sich den Computer kaufen konnte* (Er legte so viele kleine Beträge zurück, bis er genug Geld gespart hatte) ■ **ID für 'sich** allein, ohne andere Personen <für sich bleiben, leben, wohnen> | *Abends bin ich dann auch ganz gern einmal nur für mich;* **das Für und Wider (einer Sache)** *geschrieben* die Vor- und Nachteile einer Sache

Für·bit·te *die* **Fürbitte (für jemanden)** *geschrieben* eine Bitte oder ein Gebet für eine andere Person <Fürbitte für jemanden einlegen> | *Der Gottesdienst schließt mit einer Fürbitte für die Kranken ab*

Fur·che *die;* (-, -n) **1** ein schmaler, flacher Graben, wie ihn z. B. ein Pflug im Boden macht <eine breite, tiefe Furche; Furchen ziehen> K Ackerfurche, Bodenfurche **2** *geschrieben* eine tiefe Falte im Gesicht eines Menschen

F

★ **Furcht** *die*; (-) **Furcht (vor jemandem/etwas)** *geschrieben* das Gefühl, das man hat, wenn man in Gefahr ist ⟨aus Furcht vor jemandem/etwas; Furcht vor der Einsamkeit, vor dem Tod haben; ganz ohne Furcht sein; jemand wird von Furcht ergriffen; jemanden in Furcht versetzen; vor Furcht blass werden, zittern; Furcht und Schrecken verbreiten⟩ ≈ *Angst* | *Die Kinder versteckten sich aus Furcht vor dem Gewitter* ■ ID **zwischen Furcht und Hoffnung schweben** in einem Zustand der Angst und Ungewissheit sein, bis sich etwas geklärt hat; **keine Furcht kennen** sehr mutig sein

★ **furcht·bar** ADJEKTIV **1** so, dass es Furcht, Schrecken erregt ⟨eine Ahnung, eine Katastrophe, ein Traum, ein Verbrechen, ein Verdacht⟩ ≈ *schrecklich* | *Etwas Furchtbares ist passiert* | *Der Sturm kam mit furchtbarer Gewalt* **2** sehr unangenehm ≈ *schlimm* | *Der Straßenlärm ist furchtbar* | *Ich habe heute wieder furchtbare Migräne* **3** *gesprochen* verwendet, um (meist negative) Adjektive, Verben oder Adverbien zu verstärken | *Ich muss gehen! Es ist schon furchtbar spät* | *Es regnet furchtbar* | *Er ärgert sich furchtbar* | *Er ist furchtbar erschrocken* | *ein furchtbar aufregender Film* | *Sie ist furchtbar nett zu mir*

★ **fürch·ten** VERB (fürchtete, hat gefürchtet) **1** **sich (vor jemandem/etwas) fürchten** Angst (vor einer Person/Sache) haben | *Das Kind fürchtet sich im Dunkeln* | *sich vor Hunden fürchten* | *Er fürchtet sich davor, ausgelacht zu werden* **2** **fürchten, (dass) ...; fürchten zu** +*Infinitiv* Angst davor haben, dass etwas Gefährliches oder Unangenehmes geschieht oder wahr ist | *Sie fürchtete, dass sie ihren Job verlieren würde* | *Er fürchtet, einem Attentat zum Opfer zu fallen* | *Ich fürchte, das stimmt* (Ich glaube, dass das leider stimmt) **3** **jemanden/etwas fürchten** Angst vor einer Person oder einer Sache haben | *eine gefürchtete Krankheit* (eine Krankheit, vor der viele Menschen Angst haben) | *Ich fürchte den Tod nicht* | *Der Stürmer war für seine scharfen Schüsse bei den Gegnern gefürchtet* **4** **jemanden fürchten** *veraltend* Ehrfurcht vor jemandem haben ⟨Gott, die Götter fürchten⟩ **5** **für/um jemanden/etwas fürchten** wegen einer Person/Sache in großer Sorge sein | *Ich fürchte um seine Gesundheit, wenn er weiter so viel arbeitet*

fürch·ter·lich ADJEKTIV **1** so, dass es Angst und Entsetzen hervorruft ⟨ein Erlebnis, eine Rache, ein Unglück⟩ **2** *gesprochen* sehr unangenehm, sehr stark | *eine fürchterliche Hitze* | *fürchterliche Schmerzen haben* | *ein fürchterliches Durcheinander* **3** *gesprochen* über das normale Maß weit hinausgehend | *Er ist fürchterlich groß* | *Sie hat sich fürchterlich gefreut*

furcht·los ADJEKTIV ohne Furcht ⟨ein Auftreten, eine Haltung, ein Mensch; furchtlos handeln; für jemanden/etwas furchtlos eintreten⟩ ≈ *mutig* ● hierzu **Furcht·lo·sig·keit** *die*

furcht·sam ADJEKTIV sehr leicht zu erschrecken und von Angst, Furcht erfüllt ⟨ein Charakter, ein Kind, ein Wesen⟩ ≈ *ängstlich* ● hierzu **Furcht·sam·keit** *die*

für·ei·nan·der ADVERB eine Person oder Sache für die andere (drückt eine Gegenseitigkeit aus) | *Sie leben füreinander* (Sie lebt nur für ihn, und er nur für sie)

Fu·rie [-riə] *die*; (-, -n) **1** eine Göttin der römischen Mythologie, die Rache übt und Furcht und Schrecken verbreitet **2** *abwertend* eine Frau, die oft wütend ist und schimpft ■ ID **wie von Furien gejagt** in großer Panik; **wie eine Furie** sehr wütend

fu·ri·os ADJEKTIV begeisternd, mitreißend | *ein furioses Finale* | *Der Marathonläufer legte einen furiosen Endspurt hin*

Fur·nier *das*; (-s, -e) eine sehr dünne Schicht (meist aus wertvollem Holz), die bei preiswerten Möbeln auf die Oberfläche geklebt ist | *Ist das massives Holz oder Furnier?* K Furnierholz; Buchenfurnier, Eichenfurnier, Holzfurnier, Kunststofffurnier ● hierzu **fur·niert** ADJEKTIV

Fu·ro·re *die*; (-) **jemand macht (mit etwas) Furore**; **etwas macht Furore** jemand/etwas hat sehr großen Erfolg, erregt Aufsehen | *Mit ihrem neuen Mantel machte sie Furore* | *Seine neuen Entdeckungen in der Physik werden bald Furore machen*

★ **fürs** PRÄPOSITION MIT ARTIKEL für das | *ein Foto fürs Album* H *Fürs* kann in der Wendung *fürs Erste* nicht durch *für das* ersetzt werden.

Für·sor·ge *die*; *nur Singular* **1** das persönliche Bemühen um eine Person, die Hilfe braucht ⟨die elterliche, eine freundschaftliche, eine liebevolle Fürsorge⟩ | *Das behinderte Kind braucht besondere Fürsorge* K Fürsorgepflicht **2** die Hilfe des Staates für Menschen, die Not leiden | *von der öffentlichen Fürsorge eine Unterstützung bekommen* K Fürsorgeamt, Fürsorgearzt, Fürsorgeeinrichtung, Fürsorgeerziehung, Fürsorgetätigkeit; Sozialfürsorge **3** das Geld, das Arme vom Sozialamt als finanzielle Hilfe bekommen ⟨Fürsorge beantragen⟩ | *Er muss von der Fürsorge leben* K Fürsorgeempfänger, Fürsorgeleistung

für·sorg·lich ADJEKTIV liebevoll darum bemüht, dass es einer anderen Person gut geht | *Sie deckte das schlafende Kind fürsorglich zu* ● hierzu **Für·sorg·lich·keit** *die*

Für·spra·che *die*; *nur Singular* der Einsatz, das Eintreten einer einflussreichen Person für jemanden bei einer anderen Person oder einem Gremium ⟨bei jemandem für eine Person Fürsprache einlegen⟩ | *Dank der Fürsprache seines Lehrers wurde er nicht von der Schule verwiesen*

Für·sprech *der*; (-s, -e); (CH) ≈ *Rechtsanwalt*

Für·spre·cher *der* **1** eine Person, die anderen hilft (z. B. sie lobt, ihre Rechte verteidigt, über ihre Not öffentlich spricht usw.) | *Er ist ein Fürsprecher der Unterdrückten* **2** eine Person, die sich für eine Sache einsetzt ≈ *Förderer* ● hierzu **Für·spre·che·rin** *die*

★ **Fürst** *der*; (-en, -en) **1** ein Adelstitel | *Die nach Fürst Pückler benannte Eisspezialität besteht aus Erdbeer-, Schokolade- und Vanilleeis* **2** ein Mitglied des höchsten Adels | *Alle Fürsten, Herzöge und Grafen hatten sich am Hof des Königs versammelt* K Fürstengeschlecht, Fürstengruft, Fürstenhof **3** eine Person, die die Macht über ein Land oder ein Volk hat ≈ *Herrscher* | *Kürzlich wurde das Grab eines keltischen Fürsten entdeckt* K Landesfürst H *der Fürst; den, dem, des Fürsten* ● hierzu **Fürs·tin** *die*

Fürs·ten·tum *das*; (-s, Fürs·ten·tü·mer) ein Land, das von einem Fürsten regiert wird | *das Fürstentum Monaco*

fürst·lich ADJEKTIV **1** *meist attributiv* (zu) einem Fürsten gehörend ⟨eine Residenz, ein Wappen, die Familie, die Ahnen, eine Herkunft⟩ **2** in großer Menge und hoher Qualität ⟨eine Bewirtung, ein Gehalt; fürstlich speisen; jemanden fürstlich bewirten⟩ ≈ *reichlich*

Furt *die*; (-, -en) eine Stelle in einem Fluss, an welcher das Wasser so niedrig ist, dass man hindurchgehen oder -fahren kann ⟨eine Furt durchqueren⟩

Fu·run·kel *der/das*; (-s, -) ein großer Pickel auf der Haut, der stark entzündet und mit Eiter gefüllt ist

Für·wort *das*; (-es, Für·wör·ter) ⟨ein persönliches, besitzanzeigendes, rückbezügliches Fürwort⟩ ≈ *Pronomen*

Furz *der*; (-es, Für·ze); *gesprochen* ⚠ Gase, die (laut) aus dem Darm nach draußen kommen ⟨einen Furz lassen⟩ ● hierzu **fur·zen** VERB (*hat*); *gesprochen* ⚠

furz·tro·cken ADJEKTIV; *gesprochen!* völlig ohne Feuchtigkeit | *Obwohl es gestern geregnet hat, ist die Erde schon wieder furztrocken*

Fu·sel *der*; (-s, -); *meist Singular*; *gesprochen, abwertend* Schnaps von schlechter Qualität

Fu·si·on *die;* (-, -en) **1** die Vereinigung von zwei oder mehreren Firmen, Banken o. Ä. zu einem größeren Unternehmen K Fusionsverhandlungen, Fusionsvertrag **2** das Verschmelzen von zwei Atomkernen, um Energie zu erzeugen ↔ *Spaltung* K Fusionsreaktor; Kernfusion ● zu (1) **fu·si·o·nie·ren** VERB *(hat)*

★ **Fuß¹** *der;* (-es, Fü·ße) **1** der unterste Teil des Beines, auf dem Menschen und Affen stehen ⟨mit bloßen Füßen; kalte Füße haben; jemandem (versehentlich) auf den Fuß treten⟩ | *zierliche Füße haben* | *Er hat sich beim Sport den Fuß verstaucht* K Fußpflege, Fußschweiß **i** Anstatt *Fuß* sagt man bei Katzen, Hunden usw. *Pfote*, bei Kühen, Schafen usw. *Klaue*, bei Pferden, Eseln usw. *Huf* und bei Bären, Löwen usw. *Pranke* oder *Tatze*. **2** der (meist kurze) unterste, tragende Teil eines Gegenstands (z. B. eines Möbelstücks), auf dem der Gegenstand steht | *die Füße des Schrankes* | *eine Lampe mit einem hölzernen Fuß* | *Der Fuß des Glases ist abgebrochen* K Bettfuß, Lampenfuß, Sesselfuß **3** *meist Singular* ein Block aus Stein o. Ä., auf dem z. B. eine Säule oder eine Statue steht ≈ *Sockel* | *der Fuß des Denkmals* **4** *gesprochen* das Bein bei Tieren mit kurzen Beinen | *Die Eidechse hat vier Füße* **5** *süddeutsch* Ⓐ *gesprochen* ≈ *Bein* | *Nimm deine Füße unter meinem Stuhl weg!* **6** **zu Fuß (gehen)** nicht mit einem Fahrzeug (fahren, sondern gehen) | *„Soll ich dich mit dem Auto mitnehmen?" – „Nein danke, ich gehe lieber zu Fuß"* | *Ich bin zu Fuß hier* | *Die Burg erreicht man nur zu Fuß* **7** **am Fuß(e)** *+Genitiv* am untersten Punkt, an der Basis, wo z. B. ein Berg oder ein Gebäude nach oben ragt | *Wir standen am Fuß(e) des Eiffelturms und blickten nach oben* **8** **bei Fuß!** verwendet als Befehl an einen Hund, zu seinem Herrn zu kommen

■ **ID** ▸Präposition plus Fuß: **auf eigenen Füßen stehen** selbstständig und unabhängig sein; **sich auf freiem Fuß befinden** nicht (mehr) im Gefängnis sein; **auf großem Fuß(e) leben** verschwenderisch leben und viel Geld ausgeben; **mit jemandem auf gutem Fuß(e) stehen** sich gut mit jemandem vertragen oder ein gutes Verhältnis zu jemandem haben; **jemandem zu Füßen liegen** jemanden sehr verehren; **jemandem auf den Fuß/die Füße treten** jemanden kränken, beleidigen; **jemanden/etwas mit Füßen treten** jemanden/etwas grob verletzen oder missachten; **immer (wieder) auf die Füße fallen** *gesprochen* trotz vieler Schwierigkeiten keinen Schaden erleiden; **schlecht zu Fuß sein** *gesprochen* nicht ohne Schmerzen, ohne Probleme lange Strecken gehen können; **gut zu Fuß sein** keine Probleme beim Gehen haben;

▸Fuß als Objekt: **(irgendwo) (festen) Fuß fassen** sich nach einer gewissen Zeit an eine neue Umgebung gewöhnen; **kalte Füße bekommen/kriegen** *gesprochen* ein geplantes Unternehmen aufgeben, weil man plötzlich Angst vor dem Risiko hat; **sich** *(Dativ)* **die Füße vertreten** meist nachdem man lange gesessen hat, ein bisschen hin und her gehen

FUSS

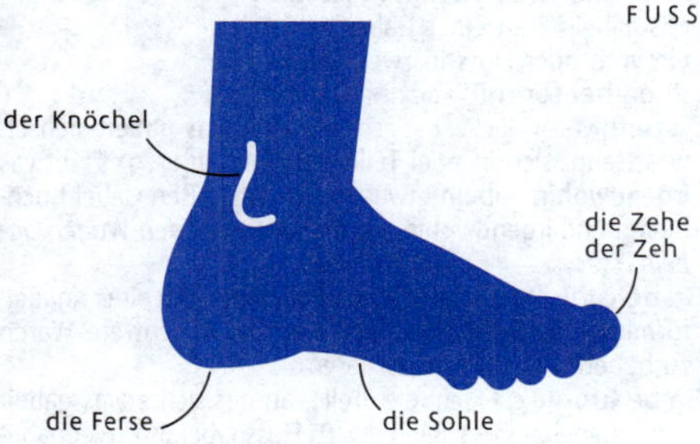

Fuß² *der;* (-es, -) ein Längenmaß, das vor allem in englischsprachigen Ländern verwendet wird

Fuß·ab·druck *der* ein Fleck oder eine Vertiefung, die ein Fuß (am Boden) hinterlässt

Fuß·ab·strei·fer *der;* (-s, -) eine kleine Matte oder ein Gitter aus Metall vor der Wohnungs- oder Haustür, auf denen man den Schmutz von den Schuhsohlen abstreift

★ **Fuß·ball** *der* **1** *ohne Artikel, nur Singular* ein Ballspiel zwischen zwei Mannschaften mit je elf Spielern, bei dem jede Mannschaft versucht, den Ball mit dem Fuß oder Kopf in das Tor des Gegners zu schießen ⟨Fußball spielen⟩ | *Fußball ist sein Lieblingssport* K Fußballbundesliga, Fußballfan, Fußballfeld, Fußballmatch, Fußballmannschaft, Fußballprofi, Fußballschuh, Fußballspiel, Fußballspieler, Fußballstadion, Fußballstar, Fußballtor, Fußballtrainer, Fußballverein, Fußballweltmeister, Fußballweltmeisterschaft **2** der Ball aus Leder, mit dem man Fußball spielt

Fuß·bal·ler *der;* (-s, -); *gesprochen* eine Person, die Fußball spielt K Amateurfußballer, Profifußballer

Fuß·bank *die;* (-, Fuß·bän·ke) eine kleine, niedrige Bank, auf die man beim Sitzen die Füße stellt

★ **Fuß·bo·den** *der* im Haus oder Zimmer ist der Fußboden die Fläche, auf der man geht und auf der die Möbel stehen ⟨den Fußboden wischen, kehren⟩ K Fußbodenbelag; Holzfußboden, Steinfußboden

Fuß·bo·den|hei·zung *die* eine Heizung, die sich unter der gesamten Fläche des Fußbodens befindet und mit geringer Temperatur einen Raum erwärmen kann

Fuß·breit, Fuß breit *der;* (-, -) ein Abstand, eine Fläche, der/die etwa so breit ist wie ein Fuß | *zwei Fußbreit* | *Für die Straße werde ich nicht einen Fußbreit meines Grundstückes hergeben!* ■ **ID um) keinen Fußbreit/auch nicht einen Fußbreit** überhaupt nicht ⟨(um) keinen Fußbreit von seiner Meinung abgehen⟩

Fuß·brem·se *die* die Bremse an oder in einem Fahrzeug, auf die man mit dem Fuß drückt

Fus·sel *die;* (-, -n) ein kleines Stück Wollfaden oder eine Faser, die an der Kleidung oder auf Teppichen hängen bleiben | *Bürste deine Jacke ab, sie ist voll(er) Fusseln!*

fus·se·lig ADJEKTIV; *gesprochen* von Fusseln bedeckt ■ **ID sich** *(Dativ)* **(den Mund) fusselig reden (müssen)** *gesprochen* sehr viel reden (müssen), um jemanden zu überzeugen

fus·seln VERB (fusselte, hat gefusselt) **etwas fusselt** etwas bildet Fusseln ⟨ein Wollschal, ein Pullover⟩

fu·ßen VERB (fußte, hat gefußt) **etwas fußt auf etwas** *(Dativ) geschrieben* etwas hat etwas zur Grundlage ⟨etwas fußt auf Beobachtungen, Berechnungen, Tatsachen⟩

Fuß·en·de *das* die Stelle des Bettes, eines Sofas o. Ä., an die man die Füße legt

★ **Fuß·gän·ger** *der;* (-s, -) eine Person, die auf Straßen oder Wegen zu Fuß geht | *Die Fußgänger überquerten die Straße an einer Ampel* K Fußgängerampel, Fußgängerbrücke, Fußgängerweg ● hierzu **Fuß·gän·ge·rin** *die*

Fuß·gän·ger|über·weg *der;* (-s, -e) eine Stelle auf der Fahrbahn, die mit dicken weißen Streifen markiert ist und an der Autos usw. halten sollen, wenn Fußgänger über die Straße wollen

★ **Fuß·gän·ger·zo·ne** *die* ein Bereich im Zentrum einer Stadt, der nur für Fußgänger (und nicht für Autos) bestimmt ist

Fuß·ge·lenk *das* das Gelenk zwischen Fuß und Bein | *Beim Turnen hat er sich das Fußgelenk verstaucht*

Fuß·knö·chel *der* der vorspringende Knochen, der sich innen und außen am Fußgelenk befindet

fuß·läu·fig ADJEKTIV so, dass etwas leicht zu Fuß erreicht werden kann, dass man nicht weit gehen muss ⟨etwas ist fußläufig erreichbar⟩

Fuß·marsch *der* eine (längere) Wanderung ⟨einen Fußmarsch machen⟩

Fuß·mat·te *die* **1** eine Matte (vor der Tür), auf der man den Schmutz von den Schuhen entfernt **2** eine Matte, die in einem Badezimmer z. B. als Schutz vor dem kalten Fußboden dient

Fuß·no·te *die* eine Anmerkung zu einem Text, die am unteren Ende einer Seite steht (und auf die im Text mit einer hochgestellten Zahl verwiesen wird)

Fuß·pilz *der* eine Hautkrankheit (ein Pilz) zwischen den Zehen

Fuß·soh·le *die* der untere Teil des Fußes, mit dem man auftritt

Fuß·spur *die* die Abdrücke der Füße, die jemand beim Gehen in einem weichen Boden oder mit schmutzigen Füßen macht

Fuß·stap·fen *der*; (-s, -); *meist Plural* der Abdruck eines Fußes vor allem in weichem Boden ⟨Fußstapfen im Sand, im Schnee hinterlassen⟩ ■ ID **in jemandes Fußstapfen treten** jemandes (beruflichem) Vorbild folgen

Fuß·tritt *der* ein Stoß mit dem Fuß ⟨jemandem/einem Tier/etwas einen Fußtritt geben, versetzen⟩

Fuß·volk *das*; (-(e)s) **1** *abwertend* Personen in untergeordneter Stellung (z. B. in einer Firma oder Organisation) | *Er hat in diesem Verein nicht viel zu sagen, er gehört nur zum Fußvolk* **2** *historisch* die Soldaten der Infanterie

Fuß·weg *der* **1** ein meist schmaler Weg in der Landschaft für Fußgänger **2** ≈ *Bürgersteig* **3** die Wegstrecke, die man zu Fuß zurücklegt | *Zum Bahnhof ist es ein Fußweg von fünf Minuten*

Fu·ton *der*; (-s, -s) eine dünne, feste Matratze, die man zusammenklappen oder -rollen kann, wenn man sie nicht braucht, bzw. ein Bett mit einer solchen Matratze

futsch ADJEKTIV *meist prädikativ* **etwas ist futsch** *gesprochen* etwas ist verloren, verschwunden oder kaputt

★ **Fut·ter** *das*; (-s) **1** die Nahrung, die Tiere fressen ⟨ein Tier sucht (nach) Futter⟩ | *dem Papagei frisches Futter geben* K Futtergetreide, Futtermittel, Futternapf, Futterrübe, Futtersilo, Futtertrog; Fischfutter, Hühnerfutter, Schweinefutter, Viehfutter, Vogelfutter; Dosenfutter, Frischfutter, Trockenfutter **2** der Stoff o. Ä. auf der Innenseite von Kleidungsstücken, Lederwaren o. Ä. | *ein Jackett mit glänzendem Futter* K Lederfutter, Pelzfutter, Seidenfutter, Wollfutter **3** eine Füllung aus dünnem Papier in einem Briefumschlag o. Ä. | *ein Briefumschlag mit grauem Futter*

Fut·te·ral *das*; (-s, -e) eine stabile Hülle für Gegenstände aus empfindlichem oder zerbrechlichem Material (wie z. B. eine Brille) | *einen Schirm ins Futteral stecken/aus dem Futteral ziehen* K Brillenfutteral, Flötenfutteral, Lederfutteral, Schirmfutteral

Fut·ter·krip·pe *die* ein Behälter, den man im Winter für die Tiere im Wald mit Futter füllt

fut·tern VERB (futterte, hat gefuttert) **(etwas) futtern** *gesprochen* meist viel und mit gutem Appetit essen

★ **füt·tern** VERB (fütterte, hat gefüttert)
▸mit Nahrung: **1** **jemanden (mit etwas) füttern** jemandem (mit einem Löffel) das Essen in den Mund schieben ⟨einen Kranken, ein kleines Kind füttern⟩ **2** **ein Tier (mit etwas) füttern** einem Tier Nahrung, Futter geben | *das Vieh mit Heu füttern* | *im Winter das Wild füttern* | *Der Storch füttert seine Jungen* **3** **(einem Tier) etwas füttern** einem Tier etwas als Futter geben | *den Kühen Mais füttern*
▸mit Daten, Münzen: **4** **einen Computer (mit etwas) füttern** *gesprochen* in einen Computer Daten eingeben | *einen Computer mit Informationen füttern* **5** **einen Automaten füttern** Geld in einen Automaten geben
▸mit Stoff: **6** **etwas füttern** in Kleidungsstücke, Lederwaren o. Ä. ein Futter nähen ⟨gefütterte Stiefel; eine Mütze mit Pelz füttern⟩ | *Die Sommerjacke ist nicht gefüttert*

Füt·te·rung *die*; (-, -en) **1** das Füttern von Tieren | *Die Fütterung der Seelöwen im Zoo findet um 15 Uhr statt* K Fütterungszeit; Fischfütterung, Vogelfütterung **2** das Material, mit dem ein Mantel usw. gefüttert ist K Pelzfütterung, Seidenfütterung

Fu·tur *das*; (-s, -e); *meist Singular* eine grammatische Kategorie beim Verb, die mit *werden* und Infinitiv (erstes Futur) oder *werden* und Perfekt (zweites Futur) gebildet wird und mit der man die genannte Handlung usw. als zukünftig darstellt, z. B. in „Ich werde dir bald schreiben", „Dann werde ich ihn schon gesehen haben"

Fuz·zi *der*; (-s, -s); *gesprochen, abwertend* ein Mann, über den man sich ärgert oder den man nicht ernst nehmen kann | *Der Fuzzi von der Telefongesellschaft konnte mir auch nicht helfen*

G

G, g [geː] *das*; (-, -/ *gesprochen auch* -s) **1** der siebente Buchstabe des Alphabets ⟨ein großes G; ein kleines g⟩ **2** der fünfte Ton der C-Dur-Tonleiter K G-Dur, g-Moll

gab *Präteritum, 1. und 3. Person Singular* → geben

Ga·be *die*; (-, -n) **1** *geschrieben* eine außergewöhnliche geistige, künstlerische Fähigkeit oder charakterliche Eigenschaft ≈ *Begabung, Talent* | *Er besitzt die Gabe, durch sein liebenswürdiges Wesen alle Menschen fröhlich zu machen* K Auffassungsgabe, Dichtergabe, Erzählergabe, Kombinationsgabe, Rednergabe **2** *geschrieben* ≈ *Geschenk* | *Viele Gaben lagen unter dem Weihnachtsbaum* **3** die Verabreichung eines Medikaments o. Ä. | *durch die Gabe von Vitamin C Krankheiten vermeiden* **4** **eine milde Gabe** das, was man einem Armen gibt, z. B. Geld ≈ *Spende* | *Der Bettler bat um eine milde Gabe* **5** (CH) ≈ *Gewinn, Preis*

gä·be KONJUNKTIV II, 1. UND 3. PERSON SINGULAR → geben ■ ID → gang

★ **Ga·bel** *die*; (-, -n) **1** Gabeln haben Spitzen, mit denen man Essen aufspießen kann ⟨etwas auf die Gabel nehmen, schieben, spießen; mit Messer und Gabel essen⟩ | *Das Besteck besteht aus Messer, Gabel und Löffel* **2** mit großen Gabeln wendet man Heu und Stroh und schaufelt Mist K Heugabel, Mistgabel **3** an einer Gabel teilt sich ein Weg oder Fluss in zwei Teile ● zu (1) **ga·bel·för·mig** ADJEKTIV

GABEL

ga·beln VERB (gabelte, hat gegabelt) **1** **etwas gabelt sich** etwas trennt sich in zwei Teile ⟨ein Ast, ein Weg⟩ **2** **etwas irgendwohin gabeln** etwas mit einer großen Gabel hochheben und irgendwohin werfen | *Heu auf den Wagen gabeln*

Ga·bel·stap·ler *der*; (-s, -) ein Fahrzeug mit einer (gabelförmigen) Schaufel, das dazu dient, z. B. schwere Waren zu heben und zu transportieren

Ga·be·lung *die*; (-, -en) die Stelle, an der sich etwas gabelt ⟨eine Gabelung des Baumes⟩ K Flussgabelung, Weggabelung

Ga·ben·tisch *der* ein Tisch, auf dem Geschenke liegen, vor allem an Weihnachten oder an jemandes Geburtstag ⟨ein reich gedeckter Gabentisch⟩

ga·ckern VERB (gackerte, hat gegackert) **1** **ein Huhn gackert** ein Huhn gibt die Laute von sich, die für seine Art typisch sind ■ Hühner gackern, Hähne krähen **2** *gesprochen* (meist in Bezug auf junge Mädchen verwendet) unwichtige Dinge (sehr aufgeregt) sagen (und dabei kichern)

gaf·fen VERB (gaffte, hat gegafft); *abwertend* **1** dastehen und starr irgendwohin schauen, sodass es dumm wirkt ⟨mit offenem Mund gaffen⟩ **2** (oft nach einem Unfall) neugierig zusehen | *Steh nicht da und gaff, sondern hilf mir lieber!* ● hierzu **Gaf·fer** *der*

Gag [gɛk] *der;* (-s, -s) **1** etwas, das ein Künstler im Film, Kabarett, Zirkus o. Ä. sagt oder tut, um das Publikum zu überraschen und zum Lachen zu bringen ⟨ein alter, abgegriffener, guter, neuer Gag⟩ | *Der Film war nicht so toll, aber es gab ein paar gute Gags* **2** *gesprochen* etwas, das jemanden sehr überrascht | *Der Gag war, dass unser Chef die Rechnung bezahlen musste!*

Ga·ge ['ga:ʒə] *die;* (-, -n) die Bezahlung, die z. B. ein Künstler für einen Auftritt oder ein Schauspieler für einen Film bekommt ⟨hohe Gagen einstreichen⟩ ■ → Infos unter **Gehalt**

gäh·nen VERB (gähnte, hat gegähnt) **1** den Mund weit öffnen und tief atmen, weil man müde ist oder sich langweilt ⟨ansteckend, herzhaft, laut gähnen⟩ **2** → Abgrund **3** → Leere[1]

Ga·la, Ga·la *die;* (-, -s) **1** *nur Singular* eine elegante Kleidung, die man bei besonderen festlichen Veranstaltungen trägt ⟨in Gala erscheinen⟩ K Galakleidung, Galauniform **2** eine festliche Veranstaltung K Galaabend, Galadiner, Galakonzert, Galavorstellung

ga·lant ADJEKTIV (galanter, galantest-); *veraltend* ⟨ein Herr⟩ so, dass er auf altmodische Art sehr höflich zu Frauen ist | *sich galant verbeugen*

Ga·lan·te·rie *die;* (-, -n [-'ri:ən]); *veraltend* **1** *nur Singular* ein galantes Benehmen **2** ein (galantes) Kompliment

Ga·la·xie *die;* (-, -n [-'ksi:ən]) ein System von Sternen wie z. B. die Milchstraße ● hierzu **ga·lak·tisch** ADJEKTIV

Ga·lee·re *die;* (-, -n); *historisch* ein großes Schiff mit Segeln und Rudern im Altertum und Mittelalter, auf dem meist Sklaven ruderten K Galeerensklave

★ **Ga·le·rie** *die;* (-, -n [-'ri:ən]) **1** ein großer Raum (oder ein Geschäft), in dem Kunstwerke ausgestellt (und verkauft) werden K Gemäldegalerie **2** eine Halle, ein Gang o. Ä. in Schlössern und Burgen, in denen eine Sammlung von Kunstwerken ist K Ahnengalerie, Bildergalerie, Gemäldegalerie **3** ein Gang mit einem Dach, der innen oder außen an eine Mauer gebaut ist und der durch Säulen oder ein Geländer vom Garten, Hof oder einem großen Raum abgetrennt ist K Holzgalerie, Seitengalerie, Spiegelgalerie **4** *veraltend* die obersten (billigsten) Sitzreihen in einem Theater ■ ID **eine ganze Galerie** *+Genitiv*/**von Dingen** *humorvoll* sehr viele Dinge der gleichen Art | *Er hat eine ganze Galerie von Pfeifen*

Gal·gen *der;* (-s, -) ein Gerüst aus Balken, an dem Menschen, die zum Tode verurteilt sind, an einem Seil aufgehängt werden

Gal·gen·frist *die; meist Singular* die kurze (zusätzliche) Zeit, die einer Person noch bleibt, bevor sie mit etwas fertig sein muss o. Ä. ⟨jemandem eine Galgenfrist geben, gewähren⟩

Gal·gen·hu·mor *der* eine Art von Humor, den jemand in einer verzweifelten Lage hat oder zeigt ⟨Galgenhumor entwickeln⟩

Gal·gen·vo·gel *der; gesprochen, abwertend* ein Verbrecher oder eine Person, die man für fähig hält, Verbrechen zu begehen

Ga·li·ons·fi·gur *die* **1** eine geschnitzte Figur an der Spitze (am Bug) von alten Schiffen **2** eine Person, die bekannt und beliebt ist und die z. B. von einer Partei dazu benutzt wird, für diese zu werben

Gal·le *die;* (-, -n) **1** *nur Singular* eine bittere Flüssigkeit, die von der Leber produziert wird und die hilft, Fette zu verdauen ⟨etwas schmeckt/ist (bitter) wie Galle⟩ K galle(n)bitter **2** ein Organ, in dem die Galle gespeichert wird ≈ *Gallenblase* K Gallenkolik, Gallenstein ■ ID **jemandem kommt die Galle hoch**, **jemandem läuft die Galle über** *gesprochen* eine Person wird so wütend, dass sie schimpft und schreit

Gal·len·bla·se *die* das Organ Galle

Gal·lert, Gal·lert *das;* (-(e)s) eine durchsichtige, relativ feste Masse (z. B. Sülze) ● hierzu **gal·lert·ar·tig, gal·lert·ar·tig** ADJEKTIV

Gal·ler·te *die;* (-) ≈ *Gallert*

gal·lig ADJEKTIV **1** sehr bitter (wie Galle) ⟨etwas schmeckt gallig⟩ **2** sehr unfreundlich (und sarkastisch) ⟨eine Äußerung, eine Bemerkung, eine Satire⟩

Gal·lo·ne *die;* (-, -n) ein Maß, mit dem in vielen englischsprachigen Ländern Flüssigkeiten gemessen werden | *Eine englische Gallone hat 4,54 Liter, eine amerikanische 3,78 Liter*

Ga·lopp *der;* (-s) **1** die schnellste Art, in der sich ein Pferd bewegt ⟨in vollem Galopp; in Galopp fallen; im Galopp reiten⟩ K Galopprennen **2** **in gestrecktem Galopp** sehr schnell, sodass die Beine des Pferdes o. Ä. dabei gestreckt werden ■ ID **im Galopp** *gesprochen* sehr schnell ⟨etwas im Galopp erledigen⟩

ga·lop·pie·ren VERB (galoppierte, hat/ist galoppiert) **1** *(hat/ist)* im Galopp laufen oder reiten **2** **irgendwohin galoppieren** *(ist)* irgendwohin im Galopp laufen oder reiten **3** **irgendwohin galoppieren** *gesprochen (ist)* schnell irgendwohin laufen

ga·lop·pie·rend ■ PARTIZIP PRÄSENS **1** → galoppieren ■ ADJEKTIV **2** **galoppierende Inflation** eine wirtschaftliche Situation, in welcher die Preise sehr schnell und stark steigen

galt *Präteritum, 1. und 3. Person Singular* → gelten

gäl·te *Konjunktiv II, 1. und 3. Person Singular* → gelten

gal·va·ni·sie·ren [-v-] VERB (galvanisierte, hat galvanisiert) **etwas galvanisieren** elektrischen Strom verwenden, um etwas mit einer Schicht aus Metall zu überziehen ⟨Eisen, Schrauben galvanisieren⟩

Ga·ma·sche *die;* (-, -n); *meist Plural* ein Kleidungsstück aus Stoff oder Leder, das man über dem unteren Teil der Beine trug, um sie vor Kälte, Nässe oder Schmutz zu schützen

Ga·mer ['geimɐ] *der;* (-s, -) eine Person, die sich viel mit Computerspielen beschäftigt

Game·show ['ge:mʃo:, 'geimʃoʊ] *die* eine Show im Fernsehen mit Spielen, bei denen die Kandidaten Preise gewinnen können

gam·me·lig ADJEKTIV; *gesprochen* **1** so, dass man es nicht mehr essen kann ⟨etwas sieht gammelig aus, schmeckt gammelig⟩ **2** *abwertend* unordentlich gekleidet und oft schmutzig ⟨gammelig herumlaufen⟩

gam·meln VERB (gammelte, hat gegammelt); *gesprochen* **1** **etwas gammelt** etwas wird schlecht, verdirbt | *Das Brot gammelt* **2** *abwertend* leben, ohne eine feste Arbeit zu haben und ohne Pläne für die Zukunft zu machen **3** nichts tun und faul sein **4** wenig oder langsam arbeiten | *Ich hab heute den ganzen Tag gegammelt*

Gamm·ler *der;* (-s, -); *gesprochen, abwertend* eine Person, die keine Arbeit oder keine Ziele hat und ohne festen Wohnsitz lebt ● hierzu **Gamm·le·rin** *die*

gamm·lig ADJEKTIV → gammelig

Gams·bart *der* ein Büschel aus den Haaren einer Gämse, das als Schmuck an Hüte gesteckt wird

Gäm·se *die;* (-, -n) ein Tier, das in Europa im Gebirge lebt, sehr gut klettern kann und einer Ziege ähnlich sieht ⟨ein Rudel Gämsen⟩

gang ■ ID **etwas ist gang und gäbe** etwas ist üblich | *Bei uns ist es gang und gäbe, dass die Kinder im Haushalt helfen*

★ **Gang** *der;* (-(e)s, Gän·ge)

▸Raum, Weg: **1** ein schmaler, langer Raum in einer Wohnung mit Türen zu den einzelnen Zimmern ≈ *Flur* | *Das Wartezimmer des Arztes war so überfüllt, dass ich auf dem Gang warten musste* K Gangfenster, Gangtür; Hausgang **2** der Weg neben oder zwischen den Sitzreihen im Kino, Theater, Bus oder Flugzeug K Mittelgang **3** ein schmaler, langer Weg unter der Erde ⟨ein unterirdischer Gang⟩ | *die Gänge in den Katakomben von Rom* K Geheimgang

▸Bewegung: **4** *nur Singular* die Art und Weise, wie sich jemand beim Gehen bewegt ⟨ein federnder, schleppender Gang; jemanden am Gang erkennen⟩ **5** *nur Singular* das Gehen mit einer Absicht oder zu einem Ziel ⟨der Gang zum Zahnarzt, zum Bäcker⟩ | *einen Gang entlang der Stadtmauer machen* | *in der Stadt ein paar Gänge zu erledigen haben* K Botengang, Erkundungsgang, Inspektionsgang, Kirchgang, Patrouillengang, Spaziergang

▸bei Fahrzeugen: **6** Autos, Fahrräder usw. haben mehrere Gänge für die verschiedenen Geschwindigkeiten ⟨den ersten, zweiten Gang einlegen; einen Gang herausnehmen⟩ | *im ersten Gang anfahren* | *vom dritten in den vierten Gang schalten* | *ein Rennrad mit 20 Gängen* K Gangschaltung; Rückwärtsgang, Vorwärtsgang

▸Funktion, Ablauf: **7** *meist Singular* der Zustand, wenn sich ein Gerät oder eine Maschine bewegt und funktioniert ⟨etwas in Gang bringen/setzen, in Gang halten; etwas kommt in Gang⟩ | *der Gang einer Uhr* | *Kannst du den Rasenmäher wieder in Gang bringen?* **8** *meist Singular* der Ablauf eines Vorgangs ⟨etwas in Gang bringen, in Gang halten; etwas kommt in Gang⟩ | *Die Verhandlungen kamen nur schleppend in Gang* **9** *geschrieben nur Singular* der (zeitliche) Prozess, in dem sich etwas entwickelt ≈ *Verlauf* | *der Gang der Ereignisse/der Geschichte* K Arbeitsgang, Ausbildungsgang, Entwicklungsgang

▸beim Essen: **10** ein einzelnes Gericht in einer Folge von Speisen, die während eines meist festlichen Essens serviert werden | *Das Diner bestand aus acht Gängen* K Hauptgang

■ ID **ein schwerer Gang** eine schwere und oft traurige Aufgabe; **etwas ist im Gange** etwas wird (heimlich) geplant, vorbereitet oder durchgeführt ⟨eine Verschwörung ist im Gange⟩ | *Die beiden tuscheln schon wieder, da ist doch etwas im Gange!*; **etwas geht seinen Gang** etwas geschieht so wie erwartet; **jemand kommt in Gang** jemand wird richtig wach, bringt die volle Leistung | *Ich komme heute irgendwie nicht in Gang*; **einen Gang zulegen** *gesprochen, humorvoll* sich bei etwas beeilen

Gang·art *die* **1** die Art, wie sich ein Mensch oder ein Tier vorwärtsbewegt ⟨eine schnellere Gangart anschlagen; eine andere Gangart wählen⟩ | *Das Pferd hat die Gangarten Schritt, Trab und Galopp* **2** *oft abwertend* die Art, wie man z. B. als Vorgesetzter mit den Mitarbeitern umgeht oder als Sportler den Gegner behandelt ⟨eine härtere, weichere Gangart anschlagen⟩

gang·bar ADJEKTIV ⟨eine Methode, eine Lösung, eine Möglichkeit, ein Weg⟩ so, dass man sich dadurch den erwünschten Erfolg verspricht

Gän·gel·band *das* ■ ID **jemanden am Gängelband haben/halten** *abwertend* jemanden bevormunden, gängeln

gän·geln VERB (gängelte, hat gegängelt) **jemanden gängeln** *abwertend* einer Person immer wieder sagen, was sie tun soll, obwohl sie selbst darüber entscheiden könnte | *Sie lässt sich von ihren Eltern gängeln, als wäre sie noch ein kleines Kind*

gän·gig ADJEKTIV **1** allgemein üblich ⟨ein Begriff, eine Ansicht, eine Meinung, eine Definition, eine Interpretation, eine Methode⟩ ≈ *gebräuchlich, verbreitet* **2** ⟨Artikel, Größen⟩ so, dass sie von vielen Leuten gekauft werden | *Mäntel in gängigen Größen*

Gangs·ter ['gɛŋstɐ] *der;* (-s, -); *gesprochen* ein professioneller Verbrecher ⟨ein berüchtigter, gefürchteter Gangster⟩ K Gangsterbande, Gangsterboss, Gangsterfilm, Gangstermethoden

Gang·way ['gɛŋvei] *die;* (-, -s) eine Treppe, über die man ein Flugzeug oder ein Schiff betritt/verlässt

Ga·no·ve [-və] *der;* (-n, -n); *gesprochen* ≈ *Gauner, Verbrecher* H *der Ganove; den, dem, des Ganoven*

★ **Gans** *die;* (-, Gän·se) **1** ein großer, meist ganz weißer Wasservogel mit langem Hals, der vor allem wegen des Fleisches und der Federn gehalten wird ⟨die Gans schnattert, watschelt; Gänse halten, hüten, mästen, schlachten, rupfen⟩ K Gänsehirt, Gänsebraten, Gänsefeder, Gänsefett, Gänseleber, Gänseschmalz **2** eine weibliche Gans **3** *gesprochen, abwertend* verwendet als Schimpfwort für eine Frau | *So eine Gans!*

Gän·se·blüm·chen *das;* (-s, -) eine kleine Blume, deren Blüte in der Mitte gelb und außen weiß ist H *Gänseblümchen* haben kurze Stängel und sind klein, *Margeriten* haben lange Stängel und sind groß.

Gän·se·füß·chen *die; Plural; gesprochen* ⟨etwas steht in Gänsefüßchen; etwas in Gänsefüßchen setzen⟩ ≈ *Anführungszeichen*

Gän·se·haut *die; nur Singular* verwendet als Bezeichnung für die vielen kleinen Erhebungen auf der Haut, die entstehen, wenn sich vor Angst oder Kälte die Haare aufstellen ⟨eine Gänsehaut bekommen, haben⟩

Gän·se·marsch *der* **im Gänsemarsch** *gesprochen* eine Person hinter der anderen ⟨im Gänsemarsch gehen, marschieren⟩

Gän·se·rich *der;* (-s, -e) eine männliche Gans

Gant *die;* (-, -en); (CH) ≈ *Versteigerung*

Gan·ter *der;* (-s, -); *norddeutsch* ≈ *Gänserich*

★ **ganz** ■ ADJEKTIV

▸vollständig: **1** *meist attributiv* ohne Ausnahme, Rest oder Einschränkung ≈ *gesamt* | *Die ganze Familie war versammelt* | *Ich habe dir nicht die ganze Wahrheit gesagt* H ohne Endung vor geografischen Namen ohne Artikel *ganz Paris, ganz Amerika* **2** **der/die/das ganze** *+Substantiv;* **die ganzen** *+Substantiv gesprochen* die gesamte Menge ≈ *alle(s)* | *Hast du die ganzen Bonbons aufgegessen?* | *Das ganze Mehl ist schon verbraucht* **3** **im Ganzen** alles zusammen, in der Summe ≈ *insgesamt* | *Für diese Arbeit habe ich im Ganzen vier Stunden gebraucht*

▸nicht kaputt: **4** *gesprochen meist prädikativ* ohne Beschädigung, nicht defekt ≈ *heil, unbeschädigt* | *Das Glas, das auf den Boden gefallen ist, ist ganz geblieben* **5** **etwas (wieder) ganz machen** *gesprochen* einen kaputten Gegenstand wieder in den Zustand bringen, in dem er vorher war ≈ *reparieren* | *die kaputte Puppe wieder ganz machen*

▸Menge: **6** *gesprochen meist attributiv* drückt aus, dass die genannte Menge groß ist | *Er hat eine ganze Menge/einen ganzen Haufen Bücher* | *Ich musste ganze vier Stunden* *beim Zahnarzt warten* **7** **ganze zwei/drei/...** *gesprochen* drückt aus, dass die genannte Menge klein ist ≈ *nur, bloß* | *Der Pullover hat ganze dreißig Euro gekostet* | *In ganzen fünf Minuten war er mit der Arbeit fertig*

■ ADVERB **8** ohne Rest oder Einschränkung ≈ *völlig* | *Er hat den Kuchen ganz aufgegessen* | *Das ist mir ganz egal* | *Ich bin ganz deiner Meinung* **9** verwendet, um Adjektive oder Adverbien zu verstärken ≈ *sehr* | *vor Schreck ganz blass werden* | *Dein Vorschlag ist mir ganz recht* | *Er wurde ganz traurig, als er das hörte* **10** verwendet, um eine Aussage einzuschränken und abzuschwächen ≈ *ziemlich* | *Der Film hat mir ganz gut gefallen* | *Er ist ja ganz nett, aber auch ziemlich langweilig* **i** In dieser Bedeutung ist *ganz* immer unbetont und kann so von anderen Bedeutungen unterschieden werden: *Das Wasser ist 'ganz warm* (= es ist sehr warm); *Das Wasser ist ganz 'warm* (= es ist ziemlich warm). **11** **'ganz schön** *gesprochen* im Vergleich zu einer anderen Sache viel größer, intensiver o. Ä. ≈ *ziemlich* | *ganz schön viel Geld verdienen* | *Hier ist es ganz schön kalt* **12** **ganz und gar** mit allen Teilen, ohne Rest ≈ *völlig* | *Die Stadt wurde von dem Erdbeben ganz und gar zerstört* **13** **ganz und gar nicht** verstärkt eine Verneinung | *Damit bin ich ganz und gar nicht einverstanden*

■ **ID** **ganz zu schweigen von ...** verwendet, um nach einer negativen Aussage etwas noch Negativeres zu nennen, das auch zutrifft | *Er hat privat viel Ärger im Moment, ganz zu schweigen von den Problemen im Beruf*; **jemand ist 'ganz die/seine Mutter, jemand ist 'ganz der/sein Vater** jemand ist der eigenen Mutter oder dem eigenen Vater sehr ähnlich

★ **Gạn·ze** *das;* (-n) **1** das Ganze ist alles zusammen als Einheit | *Die einzelnen Stücke des Albums bilden zusammen ein harmonisches, in sich gerundetes Ganzes* **i** *ein Ganzes; das Ganze; den, dem, des Ganzen* **2** **das Ganze** die gesamte, gerade besprochene Angelegenheit | *Wir brauchen nicht länger darüber zu sprechen, das Ganze ist doch zwecklos* ■ **ID** **aufs (große) Ganze gesehen** wenn man alles zusammen betrachtet | *Aufs (große) Ganze gesehen war die Expedition erfolgreich*; **aufs Ganze gehen** *gesprochen* für ein Ziel mit vollem Einsatz kämpfen oder alles riskieren; **es geht ums Ganze** es geht um die Entscheidung (z. B. um Sieg oder Niederlage)

Gän·ze *die* **zur Gänze** *geschrieben* ≈ *vollständig*

Gạnz·heit *die;* (-); *geschrieben* ≈ *Gesamtheit* | *ein Kunstwerk in seiner Ganzheit erfassen* • hierzu **gạnz·heit·lich** ADJEKTIV

gạnz·jäh·rig ADJEKTIV *meist attributiv* das ganze Jahr über | *Der Campingplatz ist ganzjährig geöffnet*

gänz·lich ADJEKTIV *meist attributiv* ≈ *völlig, vollkommen* | *Es mangelt ihm gänzlich an Selbstvertrauen*

gạnz·ma·chen VERB ≈ *ganz machen, reparieren*

gạnz·sei·tig ADJEKTIV ⟨eine Abbildung, eine Anzeige, ein Artikel⟩ so, dass sie eine ganze Seite (eines Buches, einer Zeitung) einnehmen

★ **gạnz·tä·gig** ADJEKTIV **1** (ohne größere Pause) von morgens bis abends oder 24 Stunden am Tag | *Das Lokal ist ganztägig geöffnet* **2** **ganztägig arbeiten** die volle Arbeitszeit (von ca. acht Stunden) am Tag arbeiten

★ **gạnz·tags** ADVERB den ganzen Tag, vormittags und nachmittags ⟨ganztags arbeiten⟩ ≈ *Vollzeit* ↔ *halbtags* | *Seit sie ein Kind hat, arbeitet sie nicht mehr ganztags, sondern nur noch halbtags* **K** Ganztagsjob, Ganztagstätigkeit

Gạnz·tags·schu·le *die* eine Schule, in welcher die Kinder vormittags und nachmittags Unterricht haben

★ **gar** ■ ADJEKTIV **1** so, dass Speisen durch Kochen, Braten o. Ä. weich sind und gegessen werden können ⟨Fleisch, Gemüse⟩ | *das Fleisch gar kochen* | *Das Gemüse ist noch nicht gar*

■ ADVERB **2** *betont* verwendet, um eine Verneinung zu verstärken ⟨gar kein, gar nicht(s)⟩ ≈ *überhaupt* | *Er war vor der Prüfung gar nicht nervös* | *Diese Unverschämtheit lasse ich mir auf gar keinen Fall bieten!* **3** *betont* verwendet, um *zu* und *so* zu verstärken | *Er hätte gar zu gern gewusst, was sie über ihn denkt* | *Sei doch nicht gar so aggressiv!* **4** *unbetont* drückt eine Steigerung des zuerst Genannten aus ≈ *sogar* | *Das Problem der Umweltverschmutzung betrifft viele, wenn nicht gar alle Menschen* **5** ⓒⓗ, *sonst veraltet unbetont* verstärkt ein Adjektiv oder ein Adverb ≈ *sehr* | *Sie ist ein gar schönes Mädchen*

■ PARTIKEL **6** *unbetont* verwendet, um eine Vermutung oder rhetorische Frage zu verstärken, auf die man eine negative Antwort erwartet | *Er wird doch nicht gar einen Unfall gehabt haben?* **i** meist verneint **7** *unbetont* verwendet, um Erstaunen auszudrücken ≈ *wirklich* | *Er hat gar geglaubt, dieses Problem existiere überhaupt nicht*

★ **Ga·ra·ge** [-ʒə] *die;* (-, -n) ein Gebäude oder Teil eines Gebäudes, in dem Autos, Motorräder o. Ä. abgestellt werden ⟨das Auto in die Garage bringen, fahren, stellen; das Auto aus der Garage holen⟩ **K** Garageneinfahrt, Garagentor

Ga·rạnt *der;* (-en, -en) **ein Garant (für etwas)** eine Person, die durch ihr Handeln o. Ä. etwas sicher und gut macht | *Unser Marketingleiter war bisher immer ein Garant für den Erfolg unserer Firma* **i** *der Garant; den, dem, des Garanten*

★ **Ga·ran·tie** *die;* (-, -n [-'tiːən]) **1** **(eine) Garantie (für etwas)** eine Erklärung, in der man sagt, dass etwas wahr ist oder dass es fest versprochen ist ⟨(keine) Garantie für etwas übernehmen⟩ | *Ich kann Ihnen keine Garantie geben, dass Sie den Job bekommen* **2** **(eine) Garantie (auf etwas** (*Akkusativ*)) die schriftliche Erklärung des Herstellers einer Ware, dass einige der Fehler oder Schäden, die während einer genannten Zeit nach dem Kauf auftreten, kostenlos beseitigt werden ⟨etwas hat noch Garantie, keine Garantie mehr; die Garantie auf/für etwas ist abgelaufen⟩ | *Auf diese Uhr gebe ich Ihnen zwei Jahre Garantie* **K** Garantieanspruch, Garantieschein, Garantiezeit **3** *meist Plural* ≈ *Bürgschaft* | *Die Bank fordert Garantien für den Kredit* **4** **unter Garantie** ganz sicher | *Er hat unter Garantie kein Geld mehr*

★ **ga·ran·tie·ren** VERB (garantierte, hat garantiert) **1** **(jemandem) etwas garantieren** jemandem etwas ganz fest versprechen | *Ich garantiere Ihnen, dass Sie mit diesem Produkt viel Freude haben werden* **2** **(jemandem) etwas garantieren** durch Verträge oder Gesetze erklären, dass jemand unter dem Schutz der genannten Rechte ist | *In der Verfassung werden die Menschenrechte garantiert* **3** **für etwas garantieren** die Verantwortung für etwas übernehmen | *Er garantiert für ihre Sicherheit* | *Die Firma garantiert für die Qualität der Waren* | *Ich garantiere dafür, dass das richtig ist*

ga·ran·tiert ■ PARTIZIP PERFEKT **1** → garantieren

■ ADVERB **2** ganz sicher, bestimmt | *Er wird garantiert wieder zu spät kommen*

Gar·aus, Ga·raus *der* ■ **ID** **jemandem/etwas den Garaus machen** **1** *gesprochen!* jemanden oder ein Tier töten | *einer Fliege den Garaus machen* **2** *humorvoll* etwas beenden oder zerstören | *jemandes Hoffnungen den Garaus machen*

Gar·be *die;* (-, -n) **1** geschnittenes Getreide, das zusammengebunden wird; diese Garbe wird zum Trocknen aufgestellt ⟨eine Garbe binden⟩ **2** mehrere Schüsse (aus einer automatischen Schusswaffe), die rasch aufeinanderfolgen ⟨eine Garbe abfeuern⟩

Gar·de *die;* (-, -n) eine Gruppe meist ausgewählter Soldaten

G

zum persönlichen Schutz z. B. eines Königs K Gardekorps, Gardeoffizier, Garderegiment, Gardesoldat; Leibgarde ■ ID **(einer) von der alten Garde sein** a ein langjähriger Mitarbeiter sein b eine Person sein, die noch an alten Idealen festhält • hierzu **Gar·dịst** *der*

★ **Gar·de·ro̱·be** *die*; (-, -n) **1** die Kleidung (mit Ausnahme der Unterwäsche), die jemand besitzt ⟨eine elegante, feine Garderobe besitzen⟩ **2** die Kleidungsstücke wie Handschuhe, Hut, Mantel, die eine Person anzieht, wenn sie ins Freie geht | *Ihre Garderobe können Sie hier abgeben/ablegen!* | *Für Garderobe übernimmt das Lokal keine Haftung* **3** ein Brett o Ä. mit Haken, an die man Mäntel und Jacken hängt | *den Mantel an die Garderobe hängen* K Garderobenhaken, Garderobenschrank, Garderobenständer **4** in einem Theater, Museum o. Ä. können die Besucher an der Garderobe ihre Mäntel, Jacken und Taschen abgeben ⟨etwas an der Garderobe abgeben, abholen⟩ **5** in einem Theater ziehen sich die Künstler vor und nach dem Auftritt in ihrer Garderobe um

Gar·de·ro̱·ben·frau *die* die Garderobenfrau (im Theater, Museum o. Ä.) passt auf die Mäntel und Jacken auf, die Besucher bei ihr abgeben

★ **Gar·di̱·ne** *die*; (-, -n) ein dünner, durchsichtiger Stoff, der im Zimmer vor dem Fenster hängt ⟨die Gardine/Gardinen aufziehen, vorziehen/zuziehen, aufhängen, abnehmen⟩ K Gardinenleiste, Gardinenstange ■ ID **hinter schwedischen Gardinen** *gesprochen* im Gefängnis

Gar·di̱·nen·pre·digt *die* ■ ID **jemandem eine Gardinenpredigt halten** *gesprochen, humorvoll* jemanden streng tadeln, kritisieren

ga̱·ren VERB (garte, hat gegart) **1** **etwas garen** Speisen heiß machen und so gar werden lassen ⟨Gemüse, Fleisch garen⟩ **2** **etwas gart** etwas wird gar | *Während das Gemüse garte, bereitete er die Soße vor*

gä̱·ren VERB (gärte/gor, hat gegärt/hat/ist gegoren) **1** **etwas gärt** (*hat*) etwas wird sauer, weil durch chemische Prozesse Alkohol oder Säure entsteht (z. B. bei der Herstellung von Bier, Wein, Essig) ⟨Most, Wein, Teig⟩ K Gärmittel, Gärprozess **2** **etwas gärt zu etwas** (*ist*) etwas wird durch Gären zu etwas anderem | *Der Wein ist zu Essig gegoren* **3** **etwas gärt in jemandem** (*hat*) etwas entsteht in jemandem und wird allmählich sehr stark ⟨Hass, Unzufriedenheit, Wut⟩ **4** **es gärt** (*hat*) Unzufriedenheit macht sich bemerkbar | *Es hatte schon lange im Volk gegärt, bis schließlich die Revolution ausbrach* • zu (1,2) **Gä̱·rung** *die*

ga̱r·ko·chen VERB ≈ *gar kochen*

★ **Ga̱rn** *das*; (-(e)s/-e) ein Faden aus mehreren Fasern zum Nähen oder Stricken ⟨etwas aus grobem Garn stricken, weben; mit feinem Garn nähen, sticken⟩ K Garnknäuel, Garnrolle, Garnspule; Nähgarn, Stopfgarn, Wollgarn ■ ID **ein Garn spinnen** eine erfundene Geschichte erzählen; **jemandem ins Garn gehen** *veraltend* von jemandem gefangen werden

Gar·ne̱·le *die*; (-, -n) ein kleiner Krebs mit langen Fühlern und zehn Beinen, dessen Fleisch als Delikatesse gegessen wird

gar·ni̱e·ren VERB (garnierte, hat garniert) **etwas (mit etwas) garnieren** Speisen mit essbaren Dingen schmücken | *eine Torte mit Weintrauben und Kirschen garnieren* | *eine Fleischplatte mit Salatblättern und Kräutern garnieren* • hierzu **Gar·ni̱e·rung** *die*

Gar·ni·so̱n *die*; (-, -en) **1** der Ort, an dem militärische Einheiten stationiert sind ⟨die Truppe liegt, steht in Garnison⟩ K Garnisonsstadt **2** die Truppen, die an einem Ort stationiert sind

Gar·ni·tu̱r *die*; (-, -en) **1** mehrere Dinge, die zusammen benutzt werden und die in Farbe und Stil zueinanderpassen (z. B. die Unterwäsche für eine Person oder die wichtigsten Möbelstücke für ein Zimmer) | *eine Garnitur Unterwäsche kaufen* K Couchgarnitur, Schlafzimmergarnitur, Wohnzimmergarnitur, Babygarnitur, Damengarnitur, Herrengarnitur, Wäschegarnitur, Besteckgarnitur, Schreibtischgarnitur, Toilettengarnitur **2** **(die) erste/zweite/dritte Garnitur** die besten/weniger guten/schlechten Vertreter einer Gruppe | *Die Mannschaft spielte mit der zweiten Garnitur*

ga̱rs·tig ADJEKTIV **1** hässlich und böse ⟨eine Hexe, ein Tier, ein Ungeheuer, ein Zwerg⟩ **2** *veraltend* sehr unangenehm ⟨ein Gefühl, ein Geruch, (das) Wetter⟩ ≈ *ekelhaft* **3** *veraltend* ⟨ein Kind; sich garstig benehmen⟩ ≈ *ungezogen*

★ **Ga̱r·ten** *der*; (-s, Gär·ten) **1** im Garten hat man Blumen, Rasen, Gemüsepflanzen und Bäume und verbringt dort Freizeit ⟨einen Garten anlegen; im Garten arbeiten; etwas im Garten anbauen⟩ | *Die Kinder spielen im Garten hinter dem Haus* K Gartenanlage, Gartenarbeit, Gartenbank, Gartenbeet, Gartenfest, Gartengrill, Gartengrundstück, Gartenlaube, Gartenmauer, Gartenmöbel, Gartenparty, Gartenschaukel, Gartenschere, Gartenschlauch, Gartenstuhl, Gartentisch, Gartentor, Gartentür, Gartenweg, Gartenzaun; Blumengarten, Gemüsegarten, Kräutergarten, Obstgarten, Rosengarten; Klostergarten, Schlossgarten **2** **ein botanischer Garten** ein öffentlicher Park, in dem man viele (auch seltene) Pflanzen sehen kann **3** **ein zoologischer Garten** *geschrieben* ein Park, in dem man Tiere in Gehegen oder Käfigen beobachten kann ≈ *Zoo*

Ga̱r·ten·ar·chi·tekt *der* eine Person, die beruflich Gärten plant und gestaltet • hierzu **Ga̱r·ten·ar·chi·tek·tin** *die*; **Ga̱r·ten·ar·chi·tek·tur** *die*

Ga̱r·ten·bau *der*; *nur Singular* der berufliche Anbau von Blumen und anderen Pflanzen für Gärten und Parks K Gartenbauarchitekt, Gartenbauarchitektur, Gartenbauausstellung, Gartenbaubetrieb

Ga̱r·ten·ge·rät *das*; (-(e)s, -e); *meist Plural* ein Gerät, mit dem man im Garten den Boden bearbeitet oder die Pflanzen pflegt

Ga̱r·ten·haus *das* ein kleines Haus oder eine Hütte im Garten (in die man die Gartengeräte und -möbel stellt)

Ga̱r·ten·schau *die* eine große Ausstellung, in der Gärtner Blumen, Pflanzen usw. zeigen

Ga̱r·ten·zwerg *der* eine Figur (in Form eines Zwerges) aus Keramik oder Kunststoff, die im Garten aufgestellt wird

Gä̱rt·ner *der*; (-s, -) eine Person, die (beruflich) vor allem Gemüse, Bäume oder Blumen anbaut und verkauft K Friedhofsgärtner, Hobbygärtner • hierzu **Gä̱rt·ne·rin** *die*

Gärt·ne·rei *die*; (-, -en) eine Firma, die vor allem Pflanzen und Sträucher anbaut und verkauft

gä̱rt·ne·risch ADJEKTIV *meist attributiv* **1** so, dass Pflanzen für Gärten angebaut und verkauft werden ⟨ein Betrieb⟩ **2** als Gärtner ⟨jemandes Qualitäten, jemandes Talente, jemandes Tätigkeiten⟩

gä̱rt·nern VERB (gärtnerte, hat gegärtnert) (als Hobby) im Garten arbeiten

★ **Ga̱s** *das*; (-es, -e) **1** eine nicht feste, nicht flüssige Substanz, die wie Luft ist ⟨ein brennbares, giftiges, explosives Gas; Gase strömen aus⟩ | *einen Luftballon mit Gas füllen* K Gasflasche, Gasvergiftung; Giftgas **2** *nur Singular* ein Gas, das leicht brennt und das man zum Kochen und Heizen verwendet | *Aus der defekten Leitung im Herd strömte Gas aus* K Gasableser, Gasexplosion, Gasfeuerzeug, Gasflamme, Gasgeruch, Gashahn, Gasheizung, Gasherd, Gaskocher, Gaslampe, Gasleitung, Gasofen, Gasrechnung; Erdgas, Biogas **3** *gesprochen* Kurzwort für *Gaspedal* ⟨aufs Gas treten⟩ **4** **Gas geben** *gesprochen* schneller fahren, indem man auf das Gaspedal tritt ≈ *beschleunigen* **5** **vom Gas gehen**;

(das) **Gas wegnehmen** den Fuß vom Gaspedal nehmen, damit das Auto langsamer wird ● zu (1) **gas·hal·tig** ADJEKTIV

gas·för·mig ADJEKTIV aus Gas oder wie Gas ⟨Stoffe⟩

Gas·kam·mer *die; historisch* in Gaskammern haben die Nazis mit Giftgas Menschen ermordet

Gas·mas·ke *die* eine Gasmaske setzt man über Mund und Nase, damit man keine (gefährlichen) Gase einatmet | *Der Feuerwehrmann setzt die Gasmaske auf*

Gas·pe·dal *das* das Pedal im Auto, auf das man tritt, damit das Auto (schneller) fährt ⟨auf das Gaspedal treten⟩

Gas·pis·to·le *die* eine Pistole, deren Patronen mit Gas gefüllt sind und die dazu dient, sich gegen einen Angreifer zu verteidigen, ohne ihn schwer zu verletzen

Gas·se *die;* (-, -n) **1** eine schmale Straße, an der links und rechts Häuser stehen ⟨eine düstere, enge, kleine, schmale, verwinkelte Gasse⟩ **2** ein schmaler Weg in einer Stadt | *Wir gingen durch eine schmale Gasse zum Dom* **3** ein schmaler Weg durch eine Menschenmenge ⟨(für jemanden) eine Gasse bilden⟩ | *Sie bahnten sich eine Gasse durch die Menge*

Gas·sen·hau·er *der;* (-s, -); *veraltend* ein sehr bekannter und beliebter Schlager ⟨einen Gassenhauer pfeifen, singen⟩

Gas·si ■ ID **einen Hund Gassi führen, (mit einem Hund) Gassi gehen** *gesprochen* mit einem Hund aus dem Haus gehen, damit er sich frei bewegen (und Blase und Darm entleeren) kann; **ein Hund muss Gassi** *gesprochen* ein Hund muss ins Freie, um Blase und Darm zu entleeren

★ **Gast** *der;* (-(e)s, Gäs·te) **1** eine Person, die man zu einem relativ kurzen Besuch in das eigene Haus eingeladen hat ⟨ein gern gesehener, willkommener, seltener Gast; Gäste bewirten, (zum Essen) einladen, erwarten, wieder ausladen⟩ | *Wir haben heute Abend Gäste* K Gästebett, Gästeliste, Gästezimmer I → Infos unter **Einladung 2 mein Gast** eine Person, für die man den Preis eines Essens oder einer Veranstaltung zahlt | *Du kannst essen, was du willst, du bist heute mein Gast* **3** eine Person, die in einem Hotel wohnt oder in einem Lokal isst und dafür bezahlt ⟨zahlende Gäste⟩ K Gästehaus; Feriengast, Hotelgast, Kurgast, Urlaubsgast **4** eine Persönlichkeit (z. B. ein Politiker oder Künstler), die an einer Veranstaltung o. Ä. teilnimmt | *Heute Abend ist der Bundespräsident Gast in einer Fernsehdiskussion* K Gastdirigent, Gastdozent, Gastkonzert, Gastprofessor, Gastredner, Gastvortrag **5** *meist Plural* die Mannschaft, die nicht auf dem eigenen, sondern auf dem Sportplatz des Gegners spielt ↔ *Gastgeber* K Gästemannschaft **6 irgendwo zu Gast sein** irgendwo (privat oder z. B. in einem Hotel) als Gast sein

Gast·ar·bei·ter *der;* Ⓓ *oft abwertend* eine Person, die in ein anderes Land geht, um dort einige Zeit zu arbeiten, und dann wieder in die Heimat zurückkehrt | *die türkischen Gastarbeiter in Deutschland* ● hierzu **Gast·ar·bei·te·rin** *die*

Gäs·te·buch *das* ein Buch, in welches die Gäste einer Familie, einer Stadt usw. ihren Namen schreiben ⟨sich in das Gästebuch eintragen⟩

Gast·fa·mi·lie *die* eine Familie, bei der ein Schüler oder Student aus einem anderen Land für mehrere Wochen oder Monate als Gast wohnt

gast·freund·lich ADJEKTIV gern bereit, Gäste bei sich aufzunehmen und ihnen Essen usw. zu geben ⟨eine Familie, ein Haus⟩ ● hierzu **Gast·freund·lich·keit** *die*

Gast·freund·schaft *die; nur Singular* das freundliche Benehmen gegenüber Gästen ⟨jemandes Gastfreundschaft genießen/in Anspruch nehmen⟩

★ **Gast·ge·ber** *der* **1** eine Person, die gerade Gäste bei sich hat ⟨ein aufmerksamer, freundlicher Gastgeber⟩ I → Infos unter **Einladung 2** *meist Plural* die Mannschaft, auf deren Sportplatz das Spiel stattfindet ↔ *Gäste* | *Die Gastgeber schossen das erste Tor* ● zu (1) **Gast·ge·be·rin** *die*

Gast·ge·schenk *das* ein Geschenk, welches der Gast dem Gastgeber mitbringt

★ **Gast·haus** *das* eine ländlich, traditionell eingerichtete Gaststätte ⟨in einem Gasthaus einkehren; im Gasthaus essen⟩

★ **Gast·hof** *der* ein Gasthaus, in dem man auch übernachten kann

Gast·hö·rer *der* eine Person, die an einzelnen Vorlesungen und Seminaren einer Universität teilnimmt, obwohl sie an dieser Universität nicht immatrikuliert ist

gas·tie·ren VERB (gastierte, hat gastiert) **irgendwo gastieren** als Künstler in einer fremden Stadt auftreten (z. B. bei einer Tournee) | *Das Orchester gastiert gerade in Berlin*

Gast·land *das* ein Land, in dem sich ein Ausländer als Besucher (für kurze Zeit) aufhält

gast·lich ADJEKTIV so, dass sich dort ein Gast wohlfühlen kann ⟨ein Haus; jemanden gastlich aufnehmen, bewirten⟩ ● hierzu **Gast·lich·keit** *die*

Gast·ri·tis *die;* (-) eine Entzündung der Magenschleimhaut

Gast·ro·nom *der;* (-en, -en); *admin* ≈ *Gastwirt* I *der Gastronom; den, dem, des Gastronomen* ● hierzu **Gast·ro·no·min** *die*

Gast·ro·no·mie *die;* (-) das Gewerbe, welches die Unterbringung und Bewirtung von Gästen in Hotels oder Restaurants betreibt ● hierzu **gast·ro·no·misch** ADJEKTIV

Gast·spiel *das* ein Auftritt, eine Vorstellung als Gast | *Das russische Ballett gibt mehrere Gastspiele in Deutschland* K Gastspielreise ■ ID **(irgendwo) nur ein kurzes Gastspiel geben** nur kurze Zeit irgendwo dabei sein, in einer Firma arbeiten o. Ä.

★ **Gast·stät·te** *die* in Gaststätten kann man für Geld essen und trinken ≈ *Lokal* K Gaststättengewerbe, Sportgaststätte

Gast·stu·be *die* der Raum in einem Gasthaus, in dem die Gäste essen und trinken

Gast·wirt *der* eine Person, die beruflich ein Gasthaus, ein Restaurant o. Ä. betreibt ● hierzu **Gast·wir·tin** *die*

Gast·wirt·schaft *die* ≈ *Gasthaus*

Gas·werk *das* ein Betrieb, der Energie aus Gas herstellt oder Gas in Leitungen (an die einzelnen Haushalte und Firmen) liefert

Gas·zäh·ler *der* ein Gerät, das misst, wie viel Gas (in einem Haushalt) verbraucht wird ⟨den Gaszähler ablesen⟩

Gate [geit] *das;* (-s, -s) ≈ *Flugsteig*

Gat·te *der;* (-n, -n), **Gat·tin** *die;* (-, -nen); *geschrieben* in einer Ehe ist der Mann der Gatte und die Frau die Gattin I Für viele Sprecher sind *Gatte* und *Gattin* veraltende Wörter. Ehepartner verwenden die Bezeichnungen *meine Frau* bzw. *mein Mann*

Gat·ter *das;* (-s, -) ein Tor oder Zaun aus breiten Latten

★ **Gat·tung** *die;* (-, -en) **1** eine Kategorie von einzelnen Dingen mit wichtigen gemeinsamen Merkmalen | *Lyrik, Epik und Dramatik sind literarische Gattungen* K Gattungsbezeichnung, Gattungsname, gattungsfremd, gattungsgleich, gattungsspezifisch; Kunstgattung, Literaturgattung **2** eine Kategorie im System der Lebewesen | *In der Familie „Katzen" gibt es eine Gattung „Großkatzen", zu der z. B. die Arten Löwe, Tiger und Leopard gehören*

Gau *der;* (-(e)s, -e); *veraltend* ein großes Gebiet, dessen Landschaft und Bewohner eine Einheit bilden

GAU [gau] *der;* (-(s), -s); *meist Singular* größter anzunehmender Unfall der schlimmste Unfall, mit dem man in einem Atomkraftwerk rechnen muss

Gau·di *die;* (-); *süddeutsch* Ⓐ, *gesprochen* großer Spaß, viel Vergnügen ⟨eine riesige Gaudi haben⟩

gau·keln VERB (gaukelte, ist gegaukelt) **ein Schmetterling gaukelt** ein Schmetterling fliegt hin und her

Gauk·ler *der;* (-s, -); *veraltend* ein Akrobat oder Zauberkünstler ● hierzu **Gauk·le·rin** *die*

Gaul *der;* (-(e)s, Gäu·le) **1** *abwertend* ein schlechtes Pferd ⟨ein alter, kranker, lahmer Gaul⟩ **2** *besonders süddeutsch, gesprochen ≈ Pferd* **K** Ackergaul, Droschkengaul, Karrengaul ■ **ID Einem geschenkten Gaul schaut man nicht ins Maul** wenn man etwas geschenkt bekommt, soll man damit zufrieden sein und es nicht kritisch (auf Fehler oder Nachteile) prüfen; **jemandem geht der Gaul durch** *gesprochen* jemand verliert die Beherrschung über sich

Gau·lei·ter *der; historisch* (im Nationalsozialismus) ein hoher Funktionär, der einen großen Bezirk leitete und nach 1933 auch staatliche Ämter hatte

Gau·men *der;* (-s, -) **1** der Teil des Mundes, welcher das Innere des Mundes nach oben abschließt ⟨einen entzündeten, wunden Gaumen haben⟩ **K** Gaumenzäpfchen **2** *geschrieben* der Gaumen als Organ, mit dem man schmeckt | *etwas schmeichelt dem Gaumen* (schmeckt sehr gut) | *einen feinen/verwöhnten Gaumen haben* (Feinschmecker sein) **K** Gaumenfreude, Gaumenkitzel

Gau·ner *der;* (-s, -); *gesprochen* **1** eine Person, die stiehlt oder andere Leute betrügt **K** Gaunerbande, Gaunersprache **2** eine Person, die schlau ist und viele Tricks anwendet | *Der alte Gauner hat mich schon wieder überlistet!*

Gau·ner·stück *das* ein raffinierter Betrug oder Diebstahl

Ga·ze ['ga:zə] *die;* (-, -n) ein sehr dünner, locker gewebter Stoff ⟨ein Fliegennetz, ein Verband aus Gaze⟩

Ga·zel·le *die;* (-, -n) eine Antilope mit langen, schlanken Beinen, die in Afrika lebt

Ga·zet·te *die;* (-, -n); *veraltend* eine Zeitung (mit geringer Qualität)

Ge- *das;* (-s); *im Substantiv, unbetont, sehr produktiv* **1** *nur Singular* **Gebrüll, Geflüster, Gemetzel, Gerangel, Geraschel, Geschrei** *und andere* verwendet, um aus einem Verb ein Substantiv zu machen. Viele dieser Begriffe haben negativen Charakter und oft wird dadurch ausgedrückt, dass die genannte Handlung lästig ist, dass sie zu oft geschieht oder zu lange dauert | *das Gebell der Hunde* (das Bellen) | *das Geheul der Wölfe* (das Heulen) **i** a) auch mit zusammengesetzten Verben: *das Herumgehopse*; der negative Charakter kann durch ein *-e* am Ende noch verstärkt werden: *Ich kann dein ewiges Gejammer(e) nicht mehr hören!* **2** **Gedränge, Gekritzel, Gemisch, Geschmier, Gewimmel** *und andere* etwas meist Unangenehmes, das durch die genannte Handlung entsteht | *Ich kann dieses Gekrakel nicht entziffern* **3** **Gebäck, Gebälk, Gebüsch, Gewässer** *und andere* verwendet, um eine Gruppe von Dingen, Tieren o. Ä. zu bezeichnen | *das Geäst eines Baumes* (die Äste) | *Unter dem Holzstoß war allerlei Getier* (waren viele kleine Tiere)

ge·ädert ADJEKTIV mit Linien (die wie Adern aussehen) ⟨Marmor⟩

ge·ar·tet ADJEKTIV **irgendwie geartet** in der genannten Art, mit der genannten Eigenschaft | *Das Problem ist komplizierter geartet, als ich dachte*

geb. **geb.** *+Datum* Abkürzung für *geboren*

★ **Ge·bäck** *das;* (-(e)s) kleine gebackene (meist süße) Stücke aus Teig | *seinen Gästen zum Tee Gebäck anbieten* **K** Gebäckdose, Gebäckstück; Blätterteiggebäck, Salzgebäck, Weihnachtsgebäck

★ **ge·ba·cken** PARTIZIP PERFEKT → backen

ge·bannt PARTIZIP PERFEKT **1** → bannen **2** **(wie) gebannt** voller Spannung ⟨(jemandem) (wie) gebannt zuhören, zuschauen⟩ *≈ fasziniert*

ge·bar *Präteritum, 1. und 3. Person Singular* → gebären

Ge·bär·de *die;* (-, -n) eine Bewegung des Körpers (vor allem der Hände oder der Arme), durch die man Gefühle, Wünsche o. Ä. ausdrückt ⟨eine abweisende, drohende, einladende, nervöse, ungeduldige, unwillige Gebärde machen⟩ *≈ Geste* **K** Gebärdensprache

ge·bär·den VERB (gebärdete sich, hat sich gebärdet) **sich irgendwie gebärden** sich in der genannten Weise verhalten, benehmen ⟨sich wie toll, wie verrückt, wie ein Wahnsinniger gebärden⟩

Ge·ba·ren *das;* (-s); *geschrieben* die Art, wie sich jemand verhält, benimmt ⟨ein seltsames, sonderbares, unfreundliches Gebaren⟩ **K** Geschäftsgebaren

★ **ge·bä·ren** VERB (gebärt/*veraltend* gebiert, gebar, hat geboren) **(ein Kind) gebären** als Frau ein Baby zur Welt bringen | *Wann bist du geboren?* **i** meist im Perfekt oder Passiv ■ **ID Der Mann/Die Frau** *usw.* **muss erst (noch) geboren werden, der/die ...** *gesprochen* es gibt niemanden, der das Genannte tun könnte | *Der Mann muss erst geboren werden, der mir Angst macht!*

ge·bär·fä·hig ADJEKTIV **im gebärfähigen Alter** (von Frauen) in dem Alter, in dem sie ein Kind gebären können

Ge·bär·mut·ter *die; nur Singular* (bei Menschen und Säugetieren) das Organ, in dem ein Embryo heranwächst *≈ Uterus*

ge·bauch·pin·selt **sich gebauchpinselt fühlen** *gesprochen, humorvoll* sich durch ein Kompliment o. Ä. geschmeichelt fühlen

★ **Ge·bäu·de** *das;* (-s, -) ein großes Haus, in dem relativ viele Leute wohnen, arbeiten oder sich aufhalten | *„Was ist das für ein Gebäude?" – „Das ist das Nationaltheater"* **K** Gebäudeflügel, Gebäudekomplex, Gebäudereinigung, Gebäudetrakt; Bahnhofsgebäude, Bankgebäude, Parlamentsgebäude, Schulgebäude, Universitätsgebäude; Hauptgebäude, Nebengebäude

ge·baut ■ PARTIZIP PERFEKT **1** → bauen
■ ADJEKTIV **2** **gut gebaut** mit guter Figur

Ge·bei·ne *die; Plural; geschrieben* die Knochen eines Toten *≈ Skelett*

★ **ge·ben** VERB (gibt, gab, hat gegeben)
▸einer Person: Sache, Geld: **1** **jemandem etwas geben** etwas in die Hände oder in Nähe einer Person legen oder stellen, sodass sie es bekommt *↔ nehmen* | *jemandem ein Buch geben* | *einem Kind ein Glas Milch geben* **2** **jemandem etwas geben** einer Person etwas schenken (meist als Belohnung) | *dem Kellner (ein) Trinkgeld geben* | *Für das gute Zeugnis hat mir mein Vater ein Fahrrad gegeben* **3** **(jemandem) etwas für etwas geben** etwas für etwas bezahlen | *Wie viel gibst du mir für das Bild?* **4** **jemandem (etwas) zu** *+Infinitiv* **geben** einer Person etwas geben, damit sie etwas tut | *einem Gast zu essen und zu trinken geben* | *jemandem viel zu tun geben* | *Gibst du mir das Hemd zum Waschen?* **5** **etwas zu etwas/in etwas** (*Akkusativ*) **geben** etwas irgendwohin bringen, damit dort etwas getan wird | *den Fernseher in/zur Reparatur geben* | *jemandem etwas zur Aufbewahrung geben*
▸einer Person: Abstraktes: **6** **(jemandem) etwas geben** erlauben oder dafür sorgen, dass jemand etwas bekommt | *einem Reporter ein Interview geben* | *jemandem noch eine Chance geben* **7** **(jemandem) etwas geben** *gesprochen* Schülern Wissen oder Kenntnisse auf einem Gebiet vermitteln | *Unser Lehrer gibt außer Englisch auch noch Geschichte* | *Sie gibt Gitarrestunden* | *Kannst du mir Nachhilfe geben?* **8** **etwas gibt jemandem etwas** etwas bewirkt, dass jemand etwas bekommt | *Der Erfolg gab ihr neuen Mut* **9** **(jemandem) etwas geben** verwendet zusammen mit einem Substantiv, um ein Verb zu umschreiben | *(jemandem) eine Antwort geben* (jemandem antworten) | *(je-*

mandem) einen Befehl geben (jemandem) etwas befehlen) | *(jemandem) seine Einwilligung (zu etwas) geben* (in etwas (*Akkusativ*)) einwilligen) | *(jemandem) eine Erlaubnis geben* (jemandem) etwas erlauben) | *jemandem einen Kuss geben* (jemanden küssen) | *jemandem Nachricht (von etwas) geben* (jemanden (von etwas) benachrichtigen) | *jemandem einen Rat geben* (jemandem etwas raten) | *jemandem einen Stoß geben* (jemanden stoßen) | *jemandem einen Tritt geben* (jemanden treten) | *(jemandem) Unterricht geben* (jemanden) unterrichten) | *jemandem ein Versprechen/sein Wort geben* (jemandem etwas versprechen)
▸einer Person: am Telefon: **10** **einer Person jemanden/etwas geben** jemanden am Telefon mit der genannten Person oder einem Mitarbeiter der genannten Abteilung o. Ä. sprechen lassen | *Geben Sie mir bitte die Versandabteilung* | *Ich gebe Ihnen Herrn Müller*
▸an einen Ort: **11** **etwas irgendwohin geben** etwas irgendwohin legen, stellen usw. | *den Kuchen in den Ofen geben* | *Backpulver an den/zum Teig geben* **12** **jemanden irgendwohin geben** Personen oder Tiere in eine Institution oder zu anderen Personen bringen, damit sie dort versorgt werden | *ein Kind zur Pflege geben* (zu einer anderen Familie) | *Wir mussten den Hund ins Tierheim geben*
▸Konzert, Party: **13** **etwas geben** ein Fest, eine Party, ein Konzert o. Ä. stattfinden lassen ≈ *veranstalten* | *Der Stadtrat gab zu ihren Ehren ein feierliches Bankett* **14** **etwas geben** ein Theaterstück oder eine Oper aufführen | *Heute wird im Nationaltheater Mozarts Zauberflöte gegeben*
▸Erzeugnis: **15** **ein Tier/etwas gibt etwas** ein Tier/etwas erzeugt, produziert etwas, was der Mensch nutzt | *Der Ofen gibt Wärme* | *Die Kuh gibt Milch* | *Die Hühner geben Eier*
▸Ergebnis: **16** **etwas gibt etwas** *gesprochen* etwas hat etwas als Ergebnis | *Vier mal fünf gibt zwanzig* | *Wenn man Zement, Sand, Kies und Wasser mischt, gibt das Beton* | *Was du da schreibst, gibt keinen Sinn* **H** kein Passiv
▸Meinung, Äußerung, Einstellung: **17** **jemandem/etwas etwas geben** die Meinung haben oder äußern, dass eine Person oder Sache etwas hat | *Die Ärzte geben ihr noch ein Jahr (zu leben)* | *Gibst du dem Projekt eine Chance?* **18** **(et)was/viel/wenig/nichts auf etwas** (*Akkusativ*) **geben** etwas für wichtig/unwichtig halten | *Ich gebe viel auf dein Urteil* | *Du solltest nicht so viel auf das Aussehen geben* **19** **etwas 'von sich** (*Dativ*) **geben** etwas sagen | *Er gibt viel Unsinn von sich*
▸Töne, Laute: **20** **etwas gibt etwas 'von sich** eine Sache produziert Töne oder ein Tier produziert Laute | *Das Radio ist kaputt, es gibt keinen Ton von sich*
▸aus Ärger: **21** **es jemandem geben** *gesprochen* sich über eine Person ärgern und deswegen aggressiv werden, schimpfen oder sie verprügeln | *Er hat versucht, mich zu ärgern. Aber dem habe ich es ordentlich gegeben!* | *Was für eine Unverschämtheit, denen werde ich es aber geben!*
▸Spielkarten: **22** beim Kartenspielen die Karten verteilen | *Du gibst!* | *Wer ist dran mit Geben/zu geben?*
▸Verhalten: **23** **sich irgendwie geben** durch ein Verhalten den genannten Eindruck erwecken (wollen) | *Sie gab sich ganz gelassen/ruhig* | *Er gibt sich gern als Kunstkenner, aber in Wirklichkeit versteht er nicht viel davon*
▸aufhören: **24** **etwas gibt sich (wieder)** etwas wird (wieder) schwächer, hört allmählich auf ≈ *nachlassen* | *Zurzeit bin ich sehr beschäftigt, aber das gibt sich wieder*
▸Existenz: **25** **es gibt jemanden/etwas** jemand/etwas existiert, ist tatsächlich vorhanden | *Kängurus gibt es nur in Australien* | *Damals gab es noch kein Telefon* | *Du bist der netteste Mensch, den es gibt!* | *Gibt es irgendwelche Probleme?* | *Es gibt keinen Tag, an dem ich nicht an ihn denke*
▸Ereignis: **26** **es gibt etwas** etwas geschieht, ereignet sich | *Morgen soll es Regen geben* | *Wenn Vater das hört, gibt es Ärger*
▸Angebot: **27** **es gibt etwas** etwas wird (im Fernsehen, Kino, Theater) angeboten | *Was gibts heute Abend im Fernsehen?* **28** **es gibt etwas** etwas wird zu essen oder zu trinken angeboten | *Was gibts heute zum Mittagessen?* | *Auf der Party gab es exotische Cocktails*
▸Möglichkeit, Notwendigkeit: **29** **es gibt etwas zu** +*Infinitiv* es ist möglich oder nötig, etwas zu tun | *Was gibt es da zu sehen?* | *Vor der Reise gibt es noch viel zu erledigen*
■ **ID** ▸Fragen und Ausrufe: **Was gibt's?** *gesprochen* was willst du von mir?; **Was es nicht alles gibt!** *gesprochen* verwendet, um Überraschung auszudrücken; **Das gibt's ja gar nicht!** *gesprochen* verwendet, um Ärger oder Verwunderung auszudrücken; **Gibt es dich auch noch?** *gesprochen, ironisch* verwendet, wenn man jemanden nach langer Zeit endlich wiedersieht; **Wenn … nicht …, dann gibt's was!** *gesprochen* verwendet als Drohung einem Kind gegenüber (damit es tut, was es tun soll); **Da gibt's (gar) nichts!** *gesprochen* verwendet, um eine Aussage zu verstärken | *Auf Peter kann man sich immer verlassen, da gibt's gar nichts!*; **Das muss man sich** (*Dativ*) **mal geben!** *gesprochen* Das kann man kaum glauben;
▸andere Verwendungen: **für jemanden/etwas keinen Cent/Pfennig/… geben** *gesprochen* glauben, dass jemand/etwas nichts wert ist oder dass jemand/etwas verloren ist; **Ich gäbe viel/(et)was darum, wenn …/zu** +*Infinitiv* Ich habe den starken Wunsch danach | *Ich gäbe etwas darum zu wissen, warum er das getan hat*; **etwas ist jemandem gegeben** jemand hat eine natürliche Fähigkeit | *Es ist dem Menschen nicht gegeben, in die Zukunft zu sehen*

Ge·ber *der*; (-s, -) **1** eine Person, die jemandem etwas gibt oder schenkt **K** Arbeitgeber, Geldgeber **2** diejenige Person, die beim Kartenspiel die Karten verteilt

Ge·ber·lau·ne *die* **in Geberlaune sein** *humorvoll* bereit sein, andere Leute einzuladen und für sie zu zahlen

★ **Ge·bet** *das*; (-(e)s, -e) **1** das Beten (als Handlung) | *die Hände zum Gebet falten* **2** der Text, den man beim Beten spricht ⟨ein Gebet sprechen⟩ **K** Gebetbuch; Abendgebet, Morgengebet, Tischgebet, Dankgebet ■ **ID** **jemanden ins Gebet nehmen** *gesprochen* jemanden mit Nachdruck ermahnen

ge·be·ten PARTIZIP PERFEKT → bitten

ge·biert *Präsens, 3. Person Singular* → gebären

★ **Ge·biet** *das*; (-(e)s, -e) **1** ein (meist relativ großer) Teil einer Gegend oder Landschaft ⟨ein fruchtbares, sumpfiges Gebiet⟩ | *Die Lüneburger Heide ist ein Gebiet, das unter Naturschutz steht* **K** Industriegebiet, Sumpfgebiet, Waldgebiet **2** ein staatliches Territorium oder ein Teil davon | *Das andere Seeufer ist schon Schweizer Gebiet* **K** Gebietsanspruch, Gebietserweiterung; Bundesgebiet, Staatsgebiet **3** das Fach oder das Thema, mit dem sich jemand (beruflich) beschäftigt ≈ *Bereich* | *auf dem Gebiet der Kernenergie arbeiten* | *Die Mechanik und die Elektronik sind zwei wichtige Gebiete der Physik* **K** Arbeitsgebiet, Fachgebiet, Forschungsgebiet, Wissensgebiet ● zu (1) **ge·biets·wei·se** ADJEKTIV

ge·bie·ten VERB (gebot, hat geboten); *geschrieben* **1** **(jemandem) (etwas) gebieten** jemandem etwas befehlen | *Mein Gewissen gebietet mir zu sprechen* **2** **über jemanden/etwas gebieten** ≈ *herrschen* | *Ludwig XIV. gebot über ein großes Land und viele Untertanen* **3** **etwas gebietet etwas** etwas macht etwas dringend nötig ⟨der Ernst der Lage gebietet etwas⟩ | *Die Situation gebietet rasches Handeln*

| *Wenn wir rechtzeitig fertig werden wollen, ist höchste Eile geboten*

Ge·bie·ter *der*; (-s, -); *veraltet* ≈ *Herr* ● hierzu **Ge·bie·te·rin** *die*

ge·bie·te·risch ADJEKTIV; *geschrieben* mit der Erwartung, dass den Befehlen sofort gefolgt wird ⟨eine Geste, eine Stimme⟩ | *Mit einer gebieterischen Handbewegung winkte sie ihn zu sich*

Ge·bil·de *das*; (-s, -) 1 ein Ding, das sich aus verschiedenen Teilen oder in einer bestimmten Form gebildet hat ⟨ein komplexes Gebilde⟩ | *Ein Atom ist ein Gebilde aus Protonen, Neutronen und Elektronen* | *Schneeflocken sind zarte, vergängliche Gebilde* K Wolkengebilde 2 eine Sache, die gebildet wurde | *Die Bausteine lassen sich zu höchst unterschiedlichen Gebilden zusammenfügen* K Fantasiegebilde

★ **ge·bil·det** ■ PARTIZIP PERFEKT 1 → bilden
■ ADJEKTIV 2 mit einer guten Erziehung und Bildung | *ein sehr gebildeter Mensch* 3 so, dass deutlich wird, dass jemand gebildet ist und viel weiß | *eine gebildete Konversation*

Ge·bin·de *das*; (-s, -) mehrere Blumen, die zu einem relativ großen Strauß gebunden wurden K Blumengebinde

★ **Ge·bir·ge** *das*; (-s, -) eine Gruppe von hohen Bergen ⟨im Gebirge leben; ins Gebirge fahren⟩ | *Der Himalaya ist das höchste Gebirge der Welt* K Gebirgsbach, Gebirgsdorf, Gebirgslandschaft, Gebirgssee, Gebirgstal

ge·bir·gig ADJEKTIV so, dass dort viele Berge sind ⟨eine Landschaft, ein Land⟩

Ge·birgs·jä·ger *der* 1 ein Soldat, der für den Einsatz im Gebirge ausgebildet ist 2 *nur Plural* eine Truppe von Gebirgsjägern

Ge·birgs·ket·te *die* eine lange Reihe von Gebirgen oder von hohen Bergen eines Gebirges

Ge·birgs·rü·cken *der* der oberste Teil (der Kamm) eines Gebirgszuges

Ge·birgs·zug *der* ein schmales, lang gestrecktes Gebirge oder ein Teil eines Gebirges, der aus einer schmalen Reihe von Bergen besteht

Ge·biss *das*; (-es, -e) 1 alle Zähne eines Menschen oder Tieres ⟨ein gesundes, gutes, prächtiges Gebiss⟩ | *das scharfe Gebiss eines Wolfes* 2 (zusammenhängende) künstliche Zähne (für einen oder beide Kiefer) als Ersatz für die natürlichen Zähne ⟨ein künstliches Gebiss; ein Gebiss einsetzen, tragen, herausnehmen⟩ ≈ *Zahnersatz* K Gebissträger 3 der Teil des Zaumzeuges, den das Pferd im Maul hat

ge·bis·sen PARTIZIP PERFEKT → beißen

Ge·blä·se *das*; (-s, -) ein Gerät, das einen Luftstrom erzeugt, damit man etwas wärmen, kühlen oder lüften kann K Heizgebläse, Kühlgebläse

ge·bla·sen PARTIZIP PERFEKT → blasen

ge·bli·chen PARTIZIP PERFEKT → bleichen

ge·blie·ben PARTIZIP PERFEKT → bleiben

ge·blümt ADJEKTIV mit einem Muster aus Blumen ⟨ein Stoff, eine Tapete⟩ | *ein blau geblümtes Kleid*

Ge·blüt *das*; (-(e)s); *geschrieben* ⟨von edlem, vornehmem Geblüt sein⟩ ≈ *Abstammung, Herkunft*

ge·bo·gen PARTIZIP PERFEKT → biegen

★ **ge·bo·ren** ■ PARTIZIP PERFEKT 1 → gebären
■ ADJEKTIV 2 *nur attributiv* verwendet, um den Familiennamen zu nennen, den jemand vor der Ehe hatte | *Frau Meier, geborene/geb. Müller* | *Sie ist eine geborene Winkler* 3 *nur attributiv* drückt aus, dass jemand am genannten Ort, im genannten Land geboren wurde | *Er ist ein geborener Berliner* 4 sehr begabt, gut geeignet für eine besondere Tätigkeit ⟨für/zu etwas geboren sein⟩ | *Er ist der geborene Sänger* | *Er ist zum Dichter geboren*

ge·bor·gen ■ PARTIZIP PERFEKT 1 → bergen
■ ADJEKTIV 2 *meist prädikativ* beschützt, sicher ⟨irgendwo, bei jemandem geborgen sein; sich irgendwo, bei jemandem geborgen fühlen⟩ ● zu (2) **Ge·bor·gen·heit** *die*

ge·bors·ten PARTIZIP PERFEKT → bersten

Ge·bot *das*; (-(e)s, -e) 1 **ein Gebot** (+*Genitiv*) etwas, das man tun soll, weil es ein Gesetz, ein moralischer oder religiöser Grundsatz oder die Vernunft vorschreibt | *Es ist ein Gebot der Nächstenliebe, den Armen zu helfen* | *In dieser Situation ist oberstes Gebot/das Gebot der Stunde, (die) Ruhe zu bewahren* 2 *geschrieben* eine (amtliche) Anordnung ⟨ein Gebot beachten, befolgen, missachten, übertreten⟩ K Gebotsschild, Gebotszeichen 3 **die Zehn Gebote** die Gesetze, die Moses von Gott auf dem Berg Sinai empfangen hat | *Das fünfte Gebot lautet: „Du sollst nicht töten!"* 4 **etwas steht jemandem zu Gebote** *veraltend* etwas steht jemandem zur Verfügung | *Ihm standen nur geringe finanzielle Mittel zu Gebote* 5 die Geldsumme, die jemand bei einer Auktion für etwas zahlen will ⟨ein Gebot machen, erhöhen⟩

ge·bo·ten PARTIZIP PERFEKT 1 → bieten 2 → gebieten

ge·bracht PARTIZIP PERFEKT → bringen

ge·brannt ■ PARTIZIP PERFEKT 1 → brennen
■ ADJEKTIV 2 *meist attributiv* geröstet und dabei mit einer braunen Schicht aus Zucker überzogen ⟨Erdnüsse, Mandeln⟩ ■ ID → Kind

★ **ge·bra·ten** PARTIZIP PERFEKT → braten

Ge·bräu *das*; (-(e)s, -e); *gesprochen, abwertend* verwendet als Bezeichnung für ein Getränk, wenn es schlecht schmeckt (vor allem bei Bier und heißen Getränken) | *Was ist denn das für ein komisches Gebräu?*

★ **Ge·brauch** *der*; (-(e)s) 1 **der Gebrauch** +*Genitiv*/**von etwas** das Verwenden, Gebrauchen ≈ *Benutzung* | *der Gebrauch vieler Fremdwörter* | *Die Schüler müssen den Gebrauch eines Wörterbuches üben* K Gebrauchsgegenstand, Gebrauchswert; Dienstgebrauch, Privatgebrauch, Sprachgebrauch 2 *veraltend nur Plural* ≈ *Bräuche, Sitten* | *die Sitten und Gebräuche eines Volkes* 3 **etwas in/im Gebrauch haben** etwas regelmäßig benutzen 4 **etwas in Gebrauch nehmen** etwas, das man regelmäßig benutzen wird, zum ersten Mal verwenden 5 **etwas kommt in/außer Gebrauch** etwas wird von immer mehr/weniger Personen benutzt 6 **etwas ist in/im Gebrauch** etwas wird regelmäßig benutzt, verwendet 7 **von etwas (keinen) Gebrauch machen** *geschrieben* etwas (nicht) verwenden | *Der Polizist machte von seiner Schusswaffe Gebrauch* | *Sie hat von den vertraulichen Informationen keinen Gebrauch gemacht* 8 **vor/nach Gebrauch** bevor man etwas verwendet/nachdem man etwas verwendet hat | *die Flasche vor Gebrauch gut schütteln/nach Gebrauch wieder verschließen*

★ **ge·brau·chen** VERB (gebrauchte, hat gebraucht) 1 **etwas gebrauchen** etwas (zum genannten Zweck oder auf die genannte Art) verwenden oder benutzen | *Er gebraucht Fremdwörter, um die Leute zu beeindrucken* | *Er gebrauchte geschickt seinen Charme, um uns zu überreden* 2 **jemanden/etwas (irgendwie) gebrauchen können** *gesprochen* jemanden/etwas in einer Situation nützlich, nicht störend finden | *Heute können wir einen Regenschirm gut gebrauchen* | *Dich kann ich hier nicht gebrauchen* ■ ID **jemand/etwas ist zu nichts zu gebrauchen** *gesprochen, abwertend* jemand/etwas ist zu nichts nütze

ge·bräuch·lich ADJEKTIV häufig oder allgemein verwendet ⟨ein Name, eine Redensart, eine Methode⟩ ≈ *üblich* | *Der Begriff ist heute nicht mehr gebräuchlich*

★ **Ge·brauchs·an·lei·tung** *die* ≈ *Gebrauchsanweisung*

★ **Ge·brauchs·an·wei·sung** *die* ein Text und die Bilder, die man zusammen mit einer gekauften Ware bekommt, in denen erklärt wird, wie man sie verwendet | *Lies erst die Gebrauchsanweisung durch, bevor du das Gerät einschaltest!*

Ge·brauchs·ar·ti·kel *der* eine Ware, die man täglich braucht, z. B. Seife

ge·brauchs·fer·tig ADJEKTIV ⟨ein Erzeugnis, ein Produkt⟩ so, dass man sie sofort gebrauchen kann

★ **ge·braucht** ■ PARTIZIP PERFEKT **1** → brauchen **2** → gebrauchen

■ ADJEKTIV **3** schon verwendet und daher nicht mehr neu, sauber oder frisch ⟨ein Handtuch, Hemd⟩ | *Wohin mit den gebrauchten Taschentüchern?* **4** nicht neu im Laden gekauft, sondern vom vorigen Besitzer übernommen ⟨ein Auto, Möbel⟩ | *gebrauchte Kleidung am Flohmarkt kaufen* K Gebrauchtmöbel, Gebrauchtwagen, Gebrauchtwaren

ge·bre·chen VERB (gebricht, gebrach, hat gebrochen) **es gebricht jemandem an etwas** *(Dativ) veraltend* jemand besitzt etwas nicht in ausreichendem Maß | *Er kann sich nicht in deine Probleme hineindenken, dazu gebricht es ihm an Fantasie*

Ge·brech·en *das*; (-s, -) **1** *geschrieben* eine körperliche oder geistige Behinderung, die lange anhält ⟨ein schweres Gebrechen haben; mit einem Gebrechen behaftet sein⟩ K Altersgebrechen **2** **ein technisches Gebrechen** Ⓐ ≈ *Defekt*

ge·brech·lich ADJEKTIV wegen hohen Alters oder einer Behinderung schwach und anfällig für Krankheiten ⟨alt und gebrechlich sein⟩ | *Unser Großvater ist schon sehr gebrechlich* ● hierzu **Ge·brech·lich·keit** *die*

★ **ge·bro·chen** ■ PARTIZIP PERFEKT **1** → brechen **2** → gebrechen

■ ADJEKTIV **3** so, dass jemand jede Freude am Leben verloren hat | *Seit dem Tod seiner Frau ist er ein gebrochener Mann* **4** **mit gebrochener Stimme** so, dass jemand aus Trauer oder Schwäche nur leise und mit Pausen sprechen kann **5** *meist attributiv* mit vielen Fehlern und deswegen schwer verständlich ↔ *fließend* | *Ich spreche leider nur gebrochen Schwedisch* **6** *meist attributiv* durch Hinzufügen eines weiteren Farbtons gedämpft, nicht mehr leuchtend ⟨ein Blau, ein Rot⟩

Ge·brü·der *die*; *Plural*; *veraltet* verwendet als Bezeichnung für zwei oder mehrere Brüder, die gemeinsam ein Geschäft o. Ä. besitzen ℹ Abkürzung: *Gebr.*

★ **Ge·bühr** *die*; (-, -en) **1** *oft Plural* eine Geldsumme, die man für manche (öffentliche) Dienste einer Institution, eines Anwalts, eines Arztes usw. zahlen muss ⟨Gebühren erheben, erhöhen, senken, bezahlen/entrichten; jemandem eine Gebühr erlassen; etwas gegen (eine) Gebühr bekommen, leihen⟩ | *Muss ich beim Geldwechseln Gebühren bezahlen?* K Gebührenerhöhung, Gebührenermäßigung; Anmeldegebühr, Autobahngebühr, Beitrittsgebühr, Prüfungsgebühr, Rundfunkgebühr, Transportgebühr, Vermittlungsgebühr, Sondergebühr **2** **nach Gebühr** *geschrieben* so, wie es richtig und angemessen ist | *Wir haben seine Bilder nach Gebühr bewundert* **3** **über Gebühr** *geschrieben* mehr als nötig oder angemessen | *Die Kinder haben meine Geduld über Gebühr beansprucht* ● zu (1) **ge·büh·ren·frei** ADJEKTIV

ge·büh·ren VERB (gebührte, hat gebührt); *geschrieben* **1** **etwas gebührt jemandem/etwas** etwas steht jemandem/etwas (als Recht) zu | *Für diese Tat gebührt ihm unser Dank* | *Dieser Tat gebührt unsere Anerkennung* | *Ehre, wem Ehre gebührt!* **2** **es/etwas gebührt sich** ein Verhalten ist richtig und angemessen ≈ *gehören* | *Sie benimmt sich stets, wie es sich gebührt* | *Es gebührt sich nicht, in der Kirche zu lachen und zu schreien*

ge·büh·rend ■ PARTIZIP PRÄSENS **1** → gebühren

■ ADJEKTIV **2** so, wie es jemand/etwas verdient | *jemanden/etwas in gebührender Weise würdigen* | *Ihr neues Kleid wurde gebührend bewundert*

Ge·büh·ren·ein·heit *die*; *admin* eine Maßeinheit für die Berechnung von Telefongebühren oder anderen Gebühren

Ge·büh·ren·ord·nung *die* in einer Gebührenordnung ist geregelt, welche Gebühren für Leistungen verlangt werden dürfen ⟨die Gebührenordnung für Anwälte, Ärzte⟩

ge·büh·ren·pflich·tig ADJEKTIV; *admin* so, dass man dafür eine Gebühr zahlen muss ⟨eine Bescheinigung, eine Verwarnung, ein Parkplatz⟩

ge·bühr·lich ADJEKTIV; *veraltet* so, wie es sich gebührt, wie es sein soll ⟨sich gebührlich benehmen⟩

ge·bun·den ■ PARTIZIP PERFEKT **1** → binden

■ ADJEKTIV **2** **(an etwas** *(Akkusativ)*) **gebunden sein** wegen einer Person oder einer Sache gewisse Verpflichtungen haben und daher etwas anderes nicht tun können | *an das Geschäft gebunden sein* | *Mit drei kleinen Kindern ist sie sehr ans Haus gebunden*

-gebunden *im Adjektiv, unbetont, begrenzt produktiv; geschrieben* **ortsgebunden, situationsgebunden, termingebunden, zweckgebunden** *und andere* verwendet, um zu sagen, dass etwas ganz von jemandem/etwas abhängt | *ein personengebundener Gutschein* (ein Gutschein, der nur für die Person gilt, deren Name auf dem Schein steht)

★ **Ge·burt** *die*; (-, -en) **1** der Vorgang, bei dem ein Baby oder ein Tier aus dem Leib der Mutter kommt ⟨vor, bei, nach der Geburt; von Geburt an⟩ | *Bei ihrem ersten Kind hatte sie eine schwere Geburt* | *Das Baby wog bei der Geburt fast acht Pfund* (als es auf die Welt kam) K Geburtenrate, Geburtenrückgang, Geburtenstatistik, Geburtenzahl, Geburtsanzeige, Geburtsdatum, Geburtshaus, Geburtsjahr, Geburtsland, Geburtsort, Geburtsstadt, Geburtsurkunde, Geburtswehen ℹ vergleiche **Entbindung** **2** *geschrieben* die Position (in Bezug auf den sozialen Rang oder die Nationalität), in die man hineingeboren wird ⟨von niedriger, hoher Geburt sein⟩ ≈ *Abstammung* | *Er ist Deutscher von Geburt* **3** *geschrieben* der Zeitpunkt, zu dem etwas anfängt ≈ *Beginn* | *Die Entdeckung Amerikas war die Geburt eines neuen Zeitalters* ■ ID **etwas ist eine schwere Geburt** *gesprochen* etwas braucht viel Mühe und Zeit, bis es getan ist | *Ich habe die Mathematikaufgaben gelöst, aber das war eine schwere Geburt!*

Ge·bur·ten·kon·trol·le *die*; *nur Singular* (beim Menschen) das Planen von Anzahl und Zeitpunkt der Geburten | *Empfängnisverhütung ist ein Mittel zur Geburtenkontrolle*

Ge·bur·ten·re·ge·lung *die*; *meist Singular* ≈ *Geburtenkontrolle*

ge·bur·ten·schwach ADJEKTIV **ein geburtenschwacher Jahrgang** *admin* ein Jahrgang mit wenigen Geburten

ge·bur·ten·stark ADJEKTIV **ein geburtenstarker Jahrgang** *admin* ein Jahrgang mit vielen Geburten

Ge·bur·ten·über·schuss *der* die Tatsache, dass es mehr Geburten als Todesfälle gibt

★ **ge·bür·tig** ADJEKTIV *meist attributiv* verwendet, um anzugeben, wo jemand geboren ist ≈ *geboren* | *Er ist gebürtiger Schweizer*

Ge·burts·feh·ler *der* eine körperliche oder geistige Behinderung, die man von Geburt an hat

Ge·burts·hel·fe·rin *die* eine Frau, die Frauen bei der Geburt hilft (z. B. eine Ärztin, eine Hebamme) ● hierzu **Ge·burts·hel·fer** *der*

Ge·burts·hil·fe *die*; *meist Singular* die Hilfe bei der Geburt, die meist von einem Arzt oder einer Hebamme geleistet wird ⟨Geburtshilfe leisten⟩

Ge·burts·na·me *der* der Familienname der Eltern, den man nach der Geburt erhalten hat

★ **Ge·burts·tag** *der* **1** am Geburtstag feiert man eine Person, die an dem Tag geboren wurde ⟨Geburtstag feiern, haben; jemandem zum Geburtstag gratulieren⟩ | *Alles Gute zum Geburtstag!* K Geburtstagsfeier, Geburtstagsfest, Geburtstagsgast, Geburtstagsgeschenk, Geburtstagskarte, Geburtstagskuchen, Geburtstagsparty, Geburtstagstorte, Geburtstagswunsch **2** **jemandes Geburtstag** *admin* das Datum der Geburt einer Person

Ge·burts·tags·kind *das; humorvoll* eine Person, die gerade Geburtstag hat | *Das Geburtstagskind lebe hoch!*

Ge·bụsch *das;* (-(e)s, -e); *meist Singular* mehrere Büsche, die dicht beieinanderstehen ⟨ein dichtes Gebüsch⟩

Gẹck *der;* (-en, -en); *abwertend* ein eitler Mann, der sich auffällig und modisch kleidet i *der Geck; den, dem, des Gecken*

ge·dạcht ■ PARTIZIP PERFEKT **1** → denken **2** → gedenken ■ ADJEKTIV **3** **für jemanden/etwas (als etwas) gedacht**; **irgendwie/als etwas gedacht** für einen Zweck vorgesehen | *Die Blumen sind als Geschenk für Mutter gedacht* | *So war das nicht gedacht, dass du alles allein aufisst!* **4** nur in der Vorstellung, nicht wirklich vorhanden | *eine gedachte Linie entlanggehen*

★ **Ge·dächt·nis** *das;* (-ses, -se) **1** *meist Singular* die Fähigkeit, sich an etwas erinnern zu können ⟨ein gutes/schlechtes Gedächtnis haben; das Gedächtnis verlieren; jemandes Gedächtnis lässt nach⟩ K Gedächtniskraft, Gedächtnisschwäche, Gedächtnisstörung, Gedächtnistraining; Namensgedächtnis, Personengedächtnis, Zahlengedächtnis **2** *nur Singular* ein Speicher im Gehirn, in welchem die Informationen über Gelerntes und Erlebtes sind ⟨etwas im Gedächtnis behalten, bewahren; etwas aus dem Gedächtnis verlieren; sich (*Dativ*) etwas ins Gedächtnis rufen⟩ | *ein Gedicht aus dem Gedächtnis zitieren* **3** *geschrieben nur Singular* die Erinnerung an eine Person oder an ein Ereignis ⟨jemanden in gutem Gedächtnis behalten; eine Feier zum Gedächtnis an jemanden/etwas veranstalten⟩ ≈ *Andenken* K Gedächtnisausstellung, Gedächtnisfeier, Gedächtnisrede ■ ID **kein Gedächtnis für etwas haben** *gesprochen* sich etwas (z. B. Gesichter, Namen, Zahlen) schlecht merken können; **ein Gedächtnis wie ein Sieb haben** *gesprochen, humorvoll* schnell und immer wieder Dinge vergessen; **jemanden/etwas aus seinem Gedächtnis streichen** nicht mehr an jemanden/etwas denken

Ge·dächt·nis·hil·fe *die* ein Hinweis, der hilft, dass man sich an etwas erinnert

Ge·dächt·nis·lü·cke *die* **eine Gedächtnislücke haben** sich an Ereignisse oder Vorgänge nicht erinnern können

Ge·dächt·nis·schwund *der* ein krankhafter Zustand des Gehirns, bei dem jemand plötzlich oder allmählich das Gedächtnis verliert

Ge·dächt·nis·stüt·ze *die* ≈ *Gedächtnishilfe*

★ **Ge·dạn·ke** *der;* (-ns, -n) **1** das Resultat des Denkens ⟨ein kluger, vernünftiger Gedanke; einen Gedanken fassen, haben; seine Gedanken sammeln⟩ ≈ *Überlegung* K Fluchtgedanken, Heiratsgedanken, Rachegedanken, Selbstmordgedanken i *der Gedanke; des Gedankens; den, dem Gedanken* **2** das, was jemandem plötzlich in den Sinn, ins Bewusstsein kommt ⟨der rettende Gedanke; jemandem kommt ein guter Gedanke⟩ ≈ *Idee* | *Dein Hinweis bringt mich auf einen (guten) Gedanken* | *Wie bist du bloß auf den Gedanken gekommen, das zu tun/dass du das tun darfst?* **3** *nur Plural* der Vorgang des Denkens ⟨jemanden den eigenen Gedanken überlassen; (tief/ganz) in Gedanken verloren, versunken sein; aus den Gedanken gerissen werden; jemandes Gedanken erraten, lesen (können)⟩ **4** **der Gedanke (an jemanden/etwas)** das Denken an jemanden/etwas ⟨sich an einen Gedanken gewöhnen; vor einem Gedanken zurückschrecken⟩ ≈ *Vorstellung* | *Der bloße Gedanke an die Prüfung verursacht mir Magenschmerzen* | *Der Gedanke, dass mein Mann eine Geliebte haben könnte, ist mir unerträglich* **5** das (gedankliche) Bild, die Vorstellung von etwas (Abstraktem) ≈ *Idee* | *der Gedanke der Freiheit/des Friedens* K Freiheitsgedanke, Friedensgedanke, Gleichheitsgedanke ■ ID **jemanden auf andere Gedanken bringen** einer Person dabei helfen, dass sie nicht immer an ihre eigenen Probleme und Sorgen denkt; **auf dumme Gedanken kommen** *gesprochen* etwas tun, das falsch, dumm oder unmoralisch ist; **mit dem Gedanken spielen zu** *+Infinitiv*, **sich mit dem Gedanken tragen zu** *+Infinitiv* darüber nachdenken, ob man etwas tun soll; **sich** (*Dativ*) **seine Gedanken (über jemanden/etwas) machen** sich über jemanden/etwas eine Meinung bilden; **(jemandes) Gedanken lesen (können)** erraten (können), was jemand denkt; **Kein Gedanke (daran)!** *gesprochen* Ganz sicher nicht!

Ge·dạn·ken·aus·tausch *der; geschrieben* ein Gespräch oder Briefwechsel, bei dem jeder seine Gedanken äußert | *Die Minister trafen sich zu einem Gedankenaustausch*

Ge·dạn·ken·blitz *der; gesprochen* eine plötzliche (gute) Idee ⟨einen Gedankenblitz haben⟩

Ge·dạn·ken·gang *der* eine Folge von Gedanken, die auf ein Ziel gerichtet sind ⟨einem Gedankengang folgen (können)⟩

Ge·dạn·ken·le·sen *das* die Fähigkeit zu erraten, was jemand denkt

ge·dạn·ken·los ADJEKTIV; *abwertend* unüberlegt, ohne nachzudenken ⟨gedankenlos handeln; etwas gedankenlos tun⟩ | *Das war gedankenlos von dir!* • hierzu **Ge·dạn·ken·lo·sig·keit** *die*

Ge·dạn·ken·sprung *der* ein plötzlicher Wechsel von einem Thema zu einem anderen (meist im Gespräch)

Ge·dạn·ken·strich *der* das Zeichen –, das verwendet wird, um in einem Text eine Pause im Satz zu markieren

Ge·dạn·ken·über·tra·gung *die; meist Singular* die (scheinbare) Übertragung der eigenen Wünsche, Gedanken o. Ä. auf eine andere Person | *„Witzig, dass du anrufst. Ich habe gerade an dich gedacht." – „Das war Gedankenübertragung!"*

ge·dạnk·lich ADJEKTIV *meist attributiv* **1** auf den Vorgang des Denkens bezogen ⟨eine Anstrengung, eine Leistung⟩ | *Der gedankliche Aufbau des Romans ist unklar* | *Ihre Aussage steht in keinem gedanklichen Zusammenhang zu den Problemen, um die es hier geht* **2** *nur adverbiell* in den Gedanken ⟨ein Problem gedanklich durchdringen, erfassen, verarbeiten⟩

★ **Ge·dẹck** *das;* (-(e)s, -e); *geschrieben* das Geschirr und das Besteck, das eine Person bei einer Mahlzeit benutzt

ge·dẹckt ■ PARTIZIP PERFEKT **1** → decken ■ ADJEKTIV **2** nicht hell und bunt ⟨Farben⟩ | *Stoffe in gedeckten Farben* **3** ⟨ein Scheck⟩ so, dass man ihn einlösen kann, weil genügend Geld auf dem Konto ist ↔ *ungedeckt*

Ge·deih ■ ID **auf Gedeih und Verderb** *geschrieben* ⟨sich jemandem auf Gedeih und Verderb anvertrauen; auf Gedeih und Verderb zusammenhalten; jemandem auf Gedeih und Verderb (= völlig) ausgeliefert sein⟩ ≈ *bedingungslos*

ge·dei·hen VERB (gedieh, ist gediehen); *geschrieben* **1** **(irgendwie) gedeihen** gesund und kräftig wachsen ⟨Kinder, Pflanzen, Tiere⟩ | *Hier gedeihen die Blumen sehr gut* | *Auf diesem kargen Boden gedeiht nichts* **2** **etwas gedeiht (irgendwie)** etwas entwickelt sich (gut) ⟨Pläne, Vorhaben⟩ | *„Wie weit ist sein neues Haus schon gediehen?" – „Er kann bald einziehen"*

ge·deih·lich ADJEKTIV; *geschrieben* gut und effektiv ⟨eine Zusammenarbeit⟩

ge·den·ken VERB (gedachte, hat gedacht); *geschrieben* **1** **gedenken zu** *+Infinitiv* die Absicht haben, etwas zu tun | *Was gedenken Sie zu tun?* **2** **jemandes/etwas gedenken** an einen Toten/ein vergangenes Ereignis denken und damit den Toten ehren, das Ereignis feiern oder darüber trauern | *Wir gedenken heute der Opfer des Zweiten Weltkriegs* K Gedenkfeier, Gedenkminute, Gedenkmünze, Gedenkstätte, Gedenkstein, Gedenkstunde, Gedenktafel, Gedenktag • zu (2) **Ge·den·ken** *das*

★ **Ge·dicht** *das*; (-(e)s, -e) ein (kurzer) Text meist in Reimen, der in Verse und Strophen gegliedert ist ⟨ein Gedicht schreiben/verfassen, auswendig lernen, aufsagen⟩ | *„Der Erlkönig" ist ein bekanntes Gedicht von Goethe* K Gedichtinterpretation, Gedichtsammlung, Gedichtzyklus ■ ID **etwas ist ein Gedicht** *gesprochen* etwas schmeckt oder ist sehr gut | *Die Nachspeise war heute ein Gedicht!*

ge·die·gen ADJEKTIV **1** nicht mit anderen Metallen vermischt ≈ *rein* | *ein Schmuck aus gediegenem Gold* **2** von sehr guter Qualität, (handwerklich) solide und gut verarbeitet | *In unserem Möbelgeschäft finden Sie nur gediegene Stücke* **3** ≈ *gründlich, solide* | *gediegene Kenntnisse in einem Fach haben* • hierzu **Ge·die·gen·heit** *die*

ge·dieh *Präteritum, 1. und 3. Person Singular* → gedeihen

ge·die·hen [gə'diːən] PARTIZIP PERFEKT → gedeihen

Ge·döns *das*; (-es); *norddeutsch, gesprochen, abwertend* viel Aufregung über eine unwichtige Angelegenheit

Ge·drän·ge *das*; (-s) ein Durcheinander von vielen Menschen/Tieren auf engem Raum | *Im Kaufhaus herrschte ein fürchterliches Gedränge* | *Er kämpfte sich durchs Gedränge* ■ ID **(mit etwas) ins Gedränge geraten/kommen** *gesprochen* zu wenig Zeit für etwas (eingeplant) haben und sich deshalb beeilen müssen

ge·drängt ■ PARTIZIP PERFEKT **1** → drängen
■ ADJEKTIV **2** so, dass das Wichtigste kurz zusammengefasst wird | *den Lehrstoff in gedrängter Form vortragen*

ge·dro·schen PARTIZIP PERFEKT → dreschen

ge·drückt ■ PARTIZIP PERFEKT **1** → drücken
■ ADJEKTIV **2** ⟨in gedrückter Stimmung sein⟩ ≈ *bedrückt, deprimiert*

ge·drun·gen ■ PARTIZIP PERFEKT **1** → dringen
■ ADJEKTIV **2** breit und nicht sehr groß ⟨eine Gestalt; von gedrungenem Körperbau, Wuchs⟩

★ **Ge·duld** *die*; (-) **1** die Fähigkeit oder die Bereitschaft, lange und ruhig auf etwas zu warten ⟨viel, wenig, keine, eine engelhafte Geduld haben⟩ **2** die Fähigkeit, sich zu beherrschen und etwas zu ertragen, das unangenehm oder ärgerlich ist ⟨die Geduld verlieren; mit der Geduld am Ende sein; Geduld mit jemandem/etwas haben⟩ ≈ *Beherrschung* **3** **Geduld (für/zu etwas)** die Fähigkeit, eine schwierige und lange dauernde Arbeit zu machen ≈ *Ausdauer* | *Ich habe keine Geduld (dazu/dafür), das Modell zu bauen* ■ ID **sich in Geduld fassen/üben** geduldig auf etwas warten; **mit Geduld und Spucke** *gesprochen* mit viel Ausdauer

ge·dul·den VERB (geduldete sich, hat sich geduldet) **sich gedulden** *geschrieben* mit Geduld warten | *Bitte, gedulden Sie sich noch einen Augenblick!*

ge·dul·dig ADJEKTIV mit Geduld ⟨etwas geduldig ertragen, erwarten, über sich ergehen lassen⟩

Ge·dulds·fa·den *der* ■ ID **jemandem reißt der Geduldsfaden** *gesprochen* jemand verliert die Ruhe oder die Geduld und wird ärgerlich

Ge·dulds·pro·be *die* eine Sache, bei der man viel Zeit und Geduld haben muss | *Das lange Warten beim Arzt ist oft eine Geduldsprobe*

Ge·dulds·spiel *das* **1** ein Spiel, das man meist allein spielt und bei dem man geschickt sein muss und Geduld braucht **2** *abwertend* eine Arbeit o. Ä., bei der man viel Geduld braucht

ge·durft PARTIZIP PERFEKT → dürfen[1]

ge·ehrt ■ PARTIZIP PERFEKT **1** → ehren
■ ADJEKTIV **2** verwendet als Teil einer höflichen Anrede, vor allem in Briefen | *Sehr geehrter Herr Reuter* | *Sehr geehrte Frau Kunze*

★ **ge·eig·net** ADJEKTIV **(als/für/zu etwas) geeignet** für einen Zweck passend ⟨eine Maßnahme, ein Mittel; im geeigneten Moment⟩ | *Bücher sind immer als Geschenk geeignet* | *Sie ist für schwere Arbeit nicht geeignet*

Geest *die*; (-) flache (etwas höher gelegene) Gebiete an der Küste der Nordsee mit nicht sehr fruchtbarem, sandigem Boden K Geestland

★ **Ge·fahr** *die*; (-, -en) wenn etwas Schlimmes geschehen könnte, ist das eine Gefahr ⟨eine akute, ernste, tödliche Gefahr; in Gefahr geraten, kommen, sein; sich in Gefahr begeben; jemanden/etwas in Gefahr bringen; eine Gefahr heraufbeschwören, abwenden, bannen; außer Gefahr sein⟩ | *Schadstoffe in der Luft sind eine Gefahr für den Wald* K Gefahrenbereich, Gefahrenquelle, Gefahrenstelle, Gefahrenzone; Ansteckungsgefahr, Explosionsgefahr, Feuergefahr, Unfallgefahr ■ ID **(auch) auf die Gefahr hin, dass ...** (auch) wenn man damit rechnen muss, dass ... | *Auch auf die Gefahr hin, dass er mich feuert, sage ich dem Chef meine Meinung*; **Gefahr laufen zu** *+Infinitiv geschrieben* ein Risiko eingehen | *Ein betrunkener Autofahrer läuft Gefahr, seinen Führerschein zu verlieren*; **auf eigene Gefahr** so, dass keine andere Person die Verantwortung übernimmt, wenn etwas Negatives passiert | *Der Patient wurde auf eigene Gefahr vorzeitig aus dem Krankenhaus entlassen* • hierzu **ge·fahr·brin·gend** ADJEKTIV; **ge·fahr·los** ADJEKTIV; **ge·fahr·voll** ADJEKTIV

★ **ge·fähr·den** VERB (gefährdete, hat gefährdet) **jemanden/etwas gefährden** jemanden/etwas in Gefahr bringen | *Durch seinen Leichtsinn hat der Busfahrer die Fahrgäste unnötig gefährdet* • hierzu **Ge·fähr·dung** *die*

Ge·fähr·der *der*; (-s, -); *geschrieben* eine Person, die sehr wahrscheinlich (oft mit Gewalt) Straftaten begehen wird | *Gefährder unter den Asylbewerbern sollen schneller abgeschoben werden*

ge·fähr·det ■ PARTIZIP PERFEKT **1** → gefährden
■ ADJEKTIV **2** in Gefahr, kriminell, drogensüchtig o. Ä. zu werden ⟨Jugendliche⟩

ge·fah·ren PARTIZIP PERFEKT → fahren

Ge·fah·ren·herd *der* eine Quelle besonderer oder häufiger Gefahr

Ge·fah·ren·zu·la·ge *die* eine Geldsumme, die man zusätzlich zum normalen Lohn/Gehalt bekommt, wenn die Arbeit, die man macht, gefährlich ist

★ **ge·fähr·lich** ADJEKTIV **gefährlich (für jemanden/etwas)** so, dass eine Gefahr für jemanden/etwas besteht | *Krebs ist eine sehr gefährliche Krankheit* | *Rennfahrer leben gefährlich* ■ ID **jemand/etwas sieht gefährlich aus** *gesprochen, humorvoll* die Kleidung, Frisur o. Ä. einer Person macht sie hässlich oder lächerlich • hierzu **Ge·fähr·lich·keit** *die*

Ge·fährt *das*; (-(e)s, -e); *veraltend* ≈ *Fahrzeug* | *In diesem klapprigen Gefährt soll ich mit dir nach Italien fahren?*

Ge·fähr·te *der*; (-n, -n) eine Person, mit der man befreundet ist und mit der man viel Zeit verbringt K Lebensgefährte, Reisegefährte, Spielgefährte H *der Gefährte; den, dem, des Gefährten* • hierzu **Ge·fähr·tin** *die*

Ge·fäl·le *das*; (-s, -); *meist Singular* **1** der Grad, mit dem ein Gelände, eine Straße, ein Fluss usw. schräg nach unten geht ⟨ein leichtes, starkes Gefälle⟩ ≈ *Neigung* ↔ *Steigung*

| *Die Straße hat ein Gefälle von 8 %* K Flussgefälle, Straßengefälle **2** *geschrieben* der Unterschied (im Wert oder im Niveau) zwischen zwei oder mehreren Dingen | *das starke/große wirtschaftliche und soziale Gefälle zwischen den Industriestaaten und den Ländern der Dritten Welt* K Bildungsgefälle, Einkommensgefälle

★ **ge·fal·len**[1] VERB (gefällt, gefiel, hat gefallen) **1** **eine Person/Sache gefällt jemandem** eine Person/Sache ist so, dass sich jemand darüber freut oder es schön findet | *Es gefällt mir gar nicht, dass ich heute länger arbeiten muss* | *Gefalle ich dir mit meiner neuen Frisur?* | *Dieses Verhalten gefällt mir nicht besonders an ihm* | *Er gefällt sich in der Rolle des Provokateurs* (Er provoziert andere Menschen gerne) **2** **jemand/etwas gefällt** jemand/etwas gefällt vielen Leuten | *Sie hat den starken Wunsch zu gefallen* ■ ID **sich** (*Dativ*) **etwas gefallen lassen** *gesprochen* sich gegen etwas nicht wehren, sondern es ruhig ertragen | *Warum lässt du dir seine Gemeinheiten gefallen?* | *Lass dir das doch nicht gefallen!*; **'Das lasse ich mir gefallen!**, **'So lasse ich mir das gefallen!** *humorvoll* Damit bin ich sehr zufrieden

★ **ge·fal·len**[2] PARTIZIP PERFEKT **1** → fallen **2** → gefallen[1]

★ **Ge·fal·len**[1] *der*; (-s) etwas, das man aus Freundlichkeit für jemanden tut ⟨jemandem einen (großen, kleinen) Gefallen tun/erweisen⟩ | *Tu mir bitte den Gefallen und hör mit diesem Lärm auf!* | *Kannst du mir einen großen Gefallen tun und mir ein Buch aus der Stadt mitbringen?*

★ **Ge·fal·len**[2] *das*; (-s) **Gefallen an jemandem/etwas finden, haben** jemanden sympathisch finden, etwas mögen, gut finden oder damit zufrieden sein | *Er fand großes Gefallen an ihr/an seinem neuen Job* | *Ich habe kein Gefallen an solchen Spielchen*

Ge·fal·le·ne *der/die*; (-n, -n) ein Soldat, der im Krieg getötet wurde (oder eine Soldatin) H *ein Gefallener; der Gefallene; den, dem, des Gefallenen*

ge·fäl·lig ADJEKTIV **1** so, dass man es gern ansieht ⟨eine Aufmachung, ein Aussehen⟩ ↔ *abstoßend* | *Unsere Verkäuferinnen müssen auf ein gefälliges Äußeres achten* **2** **(jemandem) gefällig** gern bereit, jemandem zu helfen ⟨sich (jemandem) gefällig erweisen/zeigen⟩ ≈ *hilfsbereit* ■ ID **(ist) (sonst) noch etwas gefällig?** *oft ironisch* wünschst du/wünschen Sie (sonst) noch etwas?

Ge·fäl·lig·keit *die*; (-, -en) **1** etwas, das man aus Freundlichkeit und Hilfsbereitschaft für jemanden tut (und das nicht sehr schwierig ist und nicht sehr viel Zeit kostet) ⟨jemandem eine Gefälligkeit erweisen⟩ **2** *nur Singular* die Bereitschaft, jemandem eine Gefälligkeit zu tun ⟨etwas aus (reiner) Gefälligkeit tun⟩

ge·fäl·ligst ■ ADJEKTIV **1** Superlativ von gefällig
■ PARTIKEL **2** *gesprochen betont* verwendet in Befehlen und Forderungen, um zu sagen, dass man ungeduldig und ärgerlich ist | *Komm gefälligst sofort her!* | *Warte gefälligst auf mich!*

ge·fan·gen ■ PARTIZIP PERFEKT **1** → fangen
■ ADJEKTIV **2** **jemanden gefangen halten** jemanden in einem Gefängnis o. Ä., ein Tier in einem Käfig o. Ä. halten und nicht weggehen lassen **3** **jemanden gefangen nehmen** meist im Krieg einen Soldaten fangen H Ein Verbrecher wird von der Polizei *festgenommen* oder *verhaftet*. **4** **etwas nimmt jemanden gefangen** etwas zieht jemandes Aufmerksamkeit auf sich | *Ihr Charme hat ihn ganz gefangen genommen* • zu (3,4) **Ge·fan·gen·nah·me** *die*

★ **Ge·fan·ge·ne** *der/die*; (-n, -n) **1** eine Person, die im Gefängnis ist ⟨ein politischer Gefangener⟩ ≈ *Häftling* K Strafgefangene **2** eine Person, die im Krieg vom Feind gefangen genommen worden ist ⟨Gefangene machen, austauschen, freilassen⟩ K Gefangenenaustausch, Gefangenenlager; Kriegsgefangene H *ein Gefangener; der Gefangene; den, dem, des Gefangenen*

Ge·fan·gen·schaft *die*; (-) **1** der Zustand, ein Gefangener zu sein ⟨in Gefangenschaft geraten, sein; aus der Gefangenschaft entlassen werden, heimkehren⟩ K Kriegsgefangenschaft **2** (von Tieren) der Zustand, in einem Käfig, Zoo o. Ä. leben zu müssen ⟨Tiere in Gefangenschaft halten⟩

★ **Ge·fäng·nis** *das*; (-ses, -se) **1** ein Gebäude, in dem Personen eingesperrt sind, die ein Verbrechen begangen haben (und vom Gericht zu einer Haftstrafe verurteilt worden sind) ⟨ins Gefängnis kommen; im Gefängnis sein, sitzen⟩ K Gefängnisaufseher, Gefängnisdirektor, Gefängnisinsasse, Gefängniswärter, Gefängniszelle; Frauengefängnis, Untersuchungsgefängnis **2** *nur Singular* Kurzwort für *Gefängnisstrafe* | *zu zwei Jahren Gefängnis verurteilt werden* | *Auf Raub steht Gefängnis/stehen fünf Jahre Gefängnis*

Ge·fäng·nis·stra·fe *die* eine Strafe für ein Verbrechen, bei der man ins Gefängnis muss ⟨eine Gefängnisstrafe absitzen, verbüßen⟩

★ **Ge·fäß** *das*; (-es, -e) **1** ein relativ kleiner Behälter, meist für Flüssigkeiten ⟨etwas in ein Gefäß füllen/schütten, tun⟩ | *Krüge und Schüsseln sind Gefäße* K Trinkgefäß **2** *meist Plural* durch die Gefäße fließen Blut und andere Flüssigkeiten durch den Körper K Gefäßchirurg, Gefäßerweiterung, Gefäßkrankheit, Gefäßverengung, Gefäßwand; Blutgefäß, Lymphgefäß

ge·fasst ■ PARTIZIP PERFEKT **1** → fassen
■ ADJEKTIV **2** so, dass man seine Gefühle unter Kontrolle hat und nicht weint und klagt | *Sie nahm die schlechte Nachricht gefasst auf* **3** **auf etwas** (*Akkusativ*) **gefasst sein** mit etwas Unangenehmem rechnen ⟨auf das Schlimmste gefasst sein⟩ **4** **sich auf etwas** (*Akkusativ*) **gefasst machen** etwas Schlimmes oder Unangenehmes erwarten und sich seelisch darauf einstellen | *Nach dem Urlaub kannst du dich auf einiges gefasst machen!*

Ge·fecht *das*; (-(e)s, -e) **1** ein einzelner Kampf in einem Krieg o. Ä. | *Gefechte zwischen Regierungstruppen und Rebellen* **2** ein Streit mit Worten | *Gegner und Befürworter der Abtreibung lieferten sich ein hitziges Gefecht* K Wortgefecht ■ ID **im Eifer/in der Hitze des Gefechts** in der Eile oder Aufregung; **jemanden außer Gefecht setzen** eine Person so verletzen oder behindern, dass sie nicht mehr kämpfen oder wirksam handeln kann | *Der Schnupfen hat ihn völlig außer Gefecht gesetzt*; **etwas ins Gefecht führen** in einer Diskussion etwas als Argument vorbringen • zu (1) **ge·fechts·be·reit** ADJEKTIV

ge·feit ADJEKTIV; *geschrieben* **gegen etwas gefeit sein** vor etwas geschützt, sicher sein | *Der Bär ist durch das dicke Fell gegen die Kälte gefeit* | *Er glaubt, gegen Alkohol gefeit zu sein*

Ge·fie·der *das*; (-s, -) alle Federn eines Vogels ⟨ein Vogel putzt, sträubt das Gefieder, plustert das Gefieder auf⟩

ge·fie·dert ADJEKTIV **1** mit Federn | *die Vögel, unsere gefiederten Freunde* | *ein bunt gefiederter Papagei* **2** einer Feder ähnlich ⟨ein Blatt⟩

Ge·fil·de *das*; (-s, -); *meist Plural*; *literarisch* eine schöne Landschaft oder Gegend

Ge·flecht *das*; (-(e)s, -e) **1** etwas Geflochtenes K Bastgeflecht, Drahtgeflecht, Weidengeflecht **2** ein dichtes Gewirr aus länglichen Teilen | *Ein Vogel hat sich im Geflecht des Busches ein Nest gebaut* K Wurzelgeflecht

ge·fleckt ADJEKTIV mit (farbigen) Flecken ⟨ein Fell, ein Gefieder, ein Stoff⟩ | *eine schwarz-weiß gefleckte Kuh*

ge·flis·sent·lich ADVERB; *geschrieben* ⟨jemanden geflissentlich ignorieren, übersehen⟩ ≈ *absichtlich* | *Diesen Vorwurf hat sie geflissentlich überhört*

ge·floch·ten PARTIZIP PERFEKT → flechten

ge·flo·gen PARTIZIP PERFEKT → fliegen

ge·flo·hen [gəˈfloːən] PARTIZIP PERFEKT → fliehen

ge·flos·sen PARTIZIP PERFEKT → fließen

★ **Ge·flü·gel** *das;* (-s) **1** alle Vögel wie z. B. Hühner, Enten oder Gänse, die man isst oder wegen der Eier und Federn hält **K** Geflügelfarm, Geflügelzucht; Wildgeflügel **2** das Fleisch von Geflügel **K** Geflügelsalat, Geflügelwurst

ge·flü·gelt ADJEKTIV **1** (meist von Insekten o. Ä.) mit Flügeln **2** → Wort

ge·foch·ten PARTIZIP PERFEKT → fechten

Ge·fol·ge *das;* (-s, -); *meist Singular* **1** alle Leute, die eine wichtige Person begleiten | *Etwa vierzig Ritter bildeten das Gefolge des Königs* **2** alle Leute, die bei einer Beerdigung den Toten zum Grab begleiten

Ge·folg·schaft *die;* (-, -en) **1** alle treuen Anhänger einer (berühmten) Person **2** *veraltend nur Singular* Gehorsam, Treue gegenüber einem Herrscher ⟨jemandem Gefolgschaft leisten⟩ **3** **jemandem die Gefolgschaft (auf)kündigen/verweigern** *geschrieben* sich weigern, weiterhin für jemanden zu arbeiten

Ge·folgs·mann *der;* (-es, Ge·folgs·leu·te/Ge·folgs·män·ner); *veraltend* eine Person, die von jemandem oder von einer Sache so überzeugt ist, dass sie sich auch aktiv engagiert ⟨seine Gefolgsleute um sich scharen/versammeln⟩ ≈ *Anhänger*

ge·fragt ■ PARTIZIP PERFEKT **1** → fragen
■ ADJEKTIV **2** oft und gern gekauft, engagiert o. Ä. ⟨ein Künstler, ein Produkt⟩ | *ein gefragtes Fotomodell* | *Dieser Autotyp ist stark gefragt*

ge·frä·ßig ADJEKTIV; *abwertend* (von Menschen und Tieren) so, dass sie gern sehr viel essen | *gefräßige Heuschrecken* • hierzu **Ge·frä·ßig·keit** *die*

Ge·frei·te *der/die;* (-n, -n) ein Soldat bzw. eine Soldatin mit dem zweitniedrigsten Rang **H** *ein Gefreiter; der Gefreite; den, dem, des Gefreiten*

ge·fres·sen PARTIZIP PERFEKT → fressen

Ge·frier- *im Substantiv, betont, begrenzt produktiv* **das Gefrierfach, der Gefrierschrank, die Gefriertruhe, der Gefrierbeutel, die Gefrierdose** *und andere* in Bezeichnungen für Geräte und Behälter verwendet, in denen man Lebensmittel durch Gefrieren konserviert

★ **ge·frie·ren** VERB (gefror, ist gefroren) **etwas gefriert** etwas wird durch Kälte zu Eis oder fest und hart | *Der Boden ist gefroren*

ge·frier·ge·trock·net ADJEKTIV bei niedrigen Temperaturen im Vakuum gefroren und getrocknet ⟨Kaffee⟩

Ge·frier·punkt *der; nur Singular* die Temperatur, bei der Flüssigkeiten (vor allem Wasser) gefriert ■ **ID** **die Stimmung sank unter den Gefrierpunkt** *gesprochen* die Stimmung wurde sehr unfreundlich und kühl

★ **ge·fro·ren** PARTIZIP PERFEKT **1** → frieren **2** → gefrieren

Ge·fü·ge *das;* (-s, -) **1** etwas, das aus einzelnen Teilen zu einem Ganzen zusammengesetzt ist ≈ *Konstruktion* | *ein Gefüge aus Balken* **2** die Art und Weise, in der einzelne Elemente/Teile ein (geordnetes) Ganzes bilden ≈ *Aufbau, Struktur* | *das wirtschaftliche und soziale Gefüge eines Staates* **K** Lohngefüge, Preisgefüge, Sozialgefüge, Wirtschaftsgefüge

ge·fü·gig ADJEKTIV; *abwertend* so, dass jemand immer das tut, was eine andere Person will | *Er machte sich die Frau durch Drohungen gefügig* • hierzu **Ge·fü·gig·keit** *die*

★ **Ge·fühl** *das;* (-s, -e) **1** **ein Gefühl** (+*Genitiv*/**von etwas**) *nur Singular* das, was man mit den Nerven im oder am eigenen Körper spürt ⟨ein Gefühl der/von Kälte, Wärme, Nässe haben, verspüren⟩ ≈ *Empfindung* | *Nach dem Unfall hatte sie kein Gefühl mehr in den Beinen* | *Sie hatte das Gefühl, zu ersticken* **K** Durstgefühl, Hungergefühl, Schwindelgefühl **2** **ein Gefühl** (+*Genitiv*/**von etwas**) das, was man fühlt oder empfindet ⟨ein beglückendes, beruhigendes Gefühl; ein Gefühl der/von Angst, Erleichterung, Freude, Geborgenheit, Unsicherheit; ein Gefühl beherrschen, unterdrücken, verdrängen, verbergen, zeigen; sich der eigenen Gefühle schämen⟩ ≈ *Emotion* | *Ich muss mir erst über meine Gefühle ihm gegenüber/für ihn klar werden* **K** Gefühlsarmut, Gefühlsausbruch; Abhängigkeitsgefühl, Angstgefühl, Glücksgefühl, Hassgefühl, Rachegefühl, Schuldgefühl **3** *nur Singular* wenn man das genannte Gefühl hat, glaubt man, dass man irgendwie weiß, was passieren wird ⟨ein mulmiges, ungutes Gefühl bei etwas haben⟩ ≈ *Vermutung* | *Ich habe das Gefühl, dass heute noch etwas Schlimmes passiert* **4** **ein Gefühl (für etwas)** *nur Singular* die Fähigkeit, etwas instinktiv richtig einzuschätzen oder zu machen ⟨etwas im Gefühl haben⟩ | *ein Gefühl für Farben und Formen/für Recht und Unrecht haben* **K** Rhythmusgefühl, Schamgefühl, Zeitgefühl ■ **ID** **jemandes Gefühle erwidern** *geschrieben* zwei Personen sind einander sehr sympathisch, mögen oder lieben einander; **mit gemischten Gefühlen** mit positiven und zugleich negativen Gefühlen; **etwas ist das höchste der Gefühle** *gesprochen, oft ironisch* etwas ist das Beste, was man sich vorstellen oder erwarten kann • zu (1,2) **ge·fühl·los** ADJEKTIV; zu (2) **ge·fühls·be·tont** ADJEKTIV

Ge·fühls·du·se·lei *die;* (-, -en); *meist Singular; abwertend* ein Verhalten, bei dem jemand zu viele Gefühle zeigt

ge·fühls·kalt ADJEKTIV **1** nicht fähig oder bereit, auf die Gefühle anderer Leute einzugehen **2** ≈ *frigide* • zu (1) **Ge·fühls·käl·te** *die*

Ge·fühls·le·ben *das* alle Gefühle, die jemand hat | *Eintönige Arbeit wirkt sich negativ auf das Gefühlsleben aus*

ge·fühls·mä·ßig ADJEKTIV *meist attributiv* so, wie es dem Gefühl entspricht ⟨eine Reaktion; etwas gefühlsmäßig entscheiden⟩

Ge·fühls·mensch *der* eine Person, die in ihrem Verhalten hauptsächlich von ihren Gefühlen und nicht vom Verstand geleitet wird

Ge·fühls·sa·che *die* **etwas ist (reine) Gefühlssache** man tut oder glaubt etwas, was man für richtig hält, ohne darüber nachzudenken | *„Woher willst du wissen, dass sie es war?" – „Das ist reine Gefühlssache"*

ge·fühlt ■ PARTIZIP PERFEKT **1** → fühlen
■ ADJEKTIV **2** drückt aus, dass man den Umfang, die Intensität o. Ä. einer Sache deutlich größer bzw. stärker empfindet als es zutrifft | *Wir haben schon seit gefühlten 100 Jahren nicht mehr gewonnen* **3** dem Gefühl entsprechend, das man in einer Situation hat ≈ *gefühlsmäßig* | *Gute Beleuchtung verringert die gefühlte Bedrohung in der Tiefgarage, wenn auch nicht die reale Gefahr*

ge·fühl·voll ADJEKTIV **1** zu tiefen Gefühlen fähig ⟨ein Mensch⟩ **2** *oft abwertend* mit Gefühl, etwas sentimental ⟨eine Schwärmerei; ein Gedicht gefühlvoll vortragen⟩

ge·fun·den PARTIZIP PERFEKT → finden

ge·gan·gen PARTIZIP PERFEKT → gehen

ge·ge·ben ■ PARTIZIP PERFEKT **1** → geben
■ ADJEKTIV **2** *geschrieben* als Tatsache bestehend ⟨etwas als gegeben hinnehmen, voraussetzen; unter den gegebenen Umständen⟩ **3** *meist attributiv* für einen Zweck geeignet, passend ≈ *günstig* | *Wir werden zum gegebenen Zeitpunkt auf ihr Angebot zurückkommen* **4** vor dem Rechnen bereits bekannt ⟨eine Größe, eine Zahl⟩

ge·ge·be·nen·falls ADVERB; *geschrieben* wenn es durch eine Situation nötig werden sollte | *Gegebenenfalls wird die Regierung neue Gesetze erlassen* **H** Abkürzung: *ggf.*

Ge·ge·ben·heit *die;* (-, -en) *meist Plural* etwas, das als Um-

G

stand in einer Situation vorhanden ist ⟨die baulichen, geographischen, politischen, räumlichen Gegebenheiten; sich neuen, veränderten Gegebenheiten anpassen⟩

★ **ge·gen** ■ PRÄPOSITION *mit Akkusativ*

▸Richtung: **1** in Richtung zu jemandem/etwas hin oder so, dass jemand/etwas berührt wird | *sich mit dem Rücken gegen die Wand lehnen* | *mit dem Knie gegen den Tisch stoßen* | *Er warf kleine Steinchen gegen das Fenster* **2** in die Richtung, aus der jemand/etwas kommt ≈ *entgegen* | *gegen die Strömung schwimmen* | *einen Geldschein gegen das Licht halten, um zu prüfen, ob er echt ist* | *Wir mussten gegen die Sonne spielen*

▸Opposition: **3** nennt die Person oder Sache, die einen Nachteil oder Schaden von etwas hat ↔ *für* | *sich gegen jemanden/etwas entscheiden* | *gegen einen Kandidaten/Vorschlag stimmen* | *Vorurteile/Gewalt gegen Minderheiten* **4** nennt die Sache, die verhindert oder beseitigt oder deren negative Wirkung schwächer gemacht werden soll | *der Kampf gegen die Umweltverschmutzung* | *ein Mittel gegen Kopfschmerzen* | *eine Versicherung gegen Unfälle/Krankheit* | *Gegen diese Missstände muss doch etwas getan werden!* **5** nennt die Person oder Sache, zu der ein negatives Verhältnis, eine negative Einstellung besteht | *misstrauisch gegen jemanden sein* | *gegen etwas protestieren* | *eine Allergie gegen Pollen* | *Besteht noch Verdacht gegen ihn?* **6** nennt den Gegner bei einem Wettkampf o. Ä. ⟨gegen jemanden spielen, gewinnen, verlieren⟩ | *Das Pokalspiel Hamburg gegen Köln endete 3 : 1* **7** bezeichnet einen Gegensatz, Widerspruch o. Ä. | *Er wurde gegen seinen Willen dort festgehalten* | *gegen seine Überzeugung handeln* | *Das ist gegen alle Vernunft!* (ist völlig unvernünftig)

▸Tausch: **8** nennt eine nötige Gegenleistung oder eine Person oder Sache, die als Ersatz dient | *die Sommerreifen gegen Winterreifen austauschen* | *Viele Medikamente sind nur gegen Rezept erhältlich* | *Die Ware wird nur gegen Barzahlung geliefert*

▸Vergleich: **9** *gesprochen* verglichen mit | *Gegen ihn bist du ein Riese* | *Gegen gestern geht es mir heute ja schon gut* (Es geht mir zwar schlecht, aber schon besser als gestern)

■ ADVERB **10** **gegen** +*Zahlenangabe* drückt aus, dass man eine Zahl nicht genau kennt ≈ *ungefähr* | *Es waren gegen fünftausend Menschen zu der Demonstration erschienen* **11** **gegen** +*Zeitangabe* drückt aus, dass man den genauen Zeitpunkt nicht kennt oder nicht nennen will ≈ *ungefähr* | *Wir treffen uns gegen fünf Uhr vor dem Rathaus* | *„Wann haben Sie das Haus verlassen?" – „So gegen neun Uhr"*

Ge·gen- *im Substantiv, betont, sehr produktiv* **1** **das Gegenlicht, die Gegenströmung, der Gegenverkehr, der Gegenwind** *und andere* drückt aus, dass jemand/etwas aus der entgegengesetzten Richtung kommt **2** **das Gegenargument, das Gegenbeispiel, der Gegenbeweis, die Gegenmaßnahme, das Gegenmittel** *und andere* drückt aus, dass die genannte Sache gegen etwas wirken oder zeigen soll, dass etwas falsch ist **3** **der Gegenangriff, der Gegenbesuch, die Gegenfrage, die Gegenleistung, der Gegenvorschlag** *und andere* drückt aus, dass etwas eine Reaktion auf eine ähnliche Handlung oder Sache ist

Ge·gen·an·zei·ge *die* ≈ *Kontraindikation*

Ge·gen·be·such *der* **einen Gegenbesuch machen** eine Person besuchen, von der man (kurz) vorher selbst besucht wurde

Ge·gen·be·we·gung *die* **1** eine Bewegung in die andere Richtung ⟨eine Gegenbewegung auslösen⟩ **2** eine organisierte Gruppe, die in Opposition zu etwas steht

★ **Ge·gend** *die*; (-, -en) **1** ein (meist relativ kleiner) Teil einer Landschaft, dessen Grenzen nicht genau bestimmt sind ⟨eine einsame, verlassene, gebirgige Gegend; durch die Gegend fahren; sich (*Dativ*) die Gegend ansehen⟩ | *Unsere Reise führte uns durch die schönsten Gegenden Frankreichs* **2** ein Teil der Stadt, dessen Grenzen nicht genau bestimmt sind | *in einer ruhigen Gegend wohnen* K Bahnhofsgegend, Villengegend **3** **die Gegend um etwas** die (nähere) Umgebung einer Stadt | *Sie wohnt in der Gegend um Frankfurt* **4** **in der Gegend** +*Genitiv* ungefähr an der genannten Stelle des Körpers | *Schmerzen in der Gegend des Herzens* K Blinddarmgegend, Herzgegend, Magengegend **5** *gesprochen nur Singular* die Bewohner einer Gegend | *Die ganze Gegend strömte zusammen, als die Kirche brannte* ■ ID **jemand macht die Gegend unsicher** *gesprochen* jemand streift irgendwo herum und begeht kleine (kriminelle) Delikte | *Eine Bande von Halbstarken machte die Gegend unsicher*

Ge·gen·dar·stel·lung *die* mit einer Gegendarstellung, die eine Zeitung, ein Sender o. Ä. veröffentlichen muss, versucht eine Person, eine ihrer Meinung nach falsche Darstellung der eigenen Person zu korrigieren

★ **ge·gen·ei·nan·der** ADVERB eine Person/Sache gegen die andere (drückt eine Gegenseitigkeit aus) | *Gerd und Peter kämpften gegeneinander* (Gerd kämpfte gegen Peter, und Peter gegen Gerd) | *Die Spione wurden gegeneinander ausgetauscht*

ge·gen·ei·nan·der- (*im Verb, betont und trennbar, begrenzt produktiv; Diese Verben werden so gebildet:* gegeneinanderstoßen, stießen gegeneinander, gegeneinandergestoßen) **Dinge gegeneinanderdrücken, gegeneinanderpressen, gegeneinanderschlagen** *und andere* bezeichnet die Richtung der Bewegung einer Person oder Sache auf eine andere zu (und umgekehrt) | *Die beiden Autos stießen gegeneinander* (Ein Auto stieß gegen das andere und umgekehrt)

Ge·gen·fahr·bahn *die* die Fahrbahn, auf welcher der Gegenverkehr fährt

Ge·gen·fi·nan·zie·rung *die* Geld, welches der Staat sparen oder zusätzlich einnehmen muss, wenn neue und höhere Ausgaben geplant werden • hierzu **ge·gen·fi·nan·zie·ren** VERB

Ge·gen·ge·wicht *das* **1** ein schwerer Gegenstand z. B. hinten an einem Bagger oder Kran, der dafür sorgt, dass der Bagger oder Kran nicht umkippt, wenn er etwas Schweres hebt **2** **ein Gegengewicht (zu etwas)** ein Gegensatz als (notwendiger) Ausgleich | *Ihre Fröhlichkeit war ein Gegengewicht zu seinem Pessimismus*

Ge·gen·gift *das* ein Gift, das gegen die Wirkung eines anderen Giftes hilft

Ge·gen·kan·di·dat *der* eine Person, die bei einer Wahl gegen einen Konkurrenten kandidiert | *Die Opposition stellte einen Gegenkandidaten auf*

ge·gen·läu·fig ADJEKTIV in entgegengesetzter Richtung ⟨eine Bewegung, eine Entwicklung, eine Tendenz⟩

Ge·gen·leis·tung *die* **eine Gegenleistung (für etwas)** etwas, das man einer Person gibt oder das man für sie tut, weil man selbst etwas (meist Geschenke oder Hilfe) von ihr bekommen hat | *Er reparierte ihr kaputtes Auto und bekam als Gegenleistung fünf Flaschen Wein* | *Keine Leistung ohne Gegenleistung!*

Ge·gen·licht *das; nur Singular* (beim Fotografieren) Licht, das genau in die Richtung der Kamera fällt K Gegenlichtaufnahme

Ge·gen·lie·be *die* **(bei jemandem) (mit etwas) auf Gegenliebe stoßen** von jemandem eine positive Reaktion auf etwas erhalten | *Er ist mit seinen Vorschlägen auf wenig Gegenliebe gestoßen* H meist verneint oder eingeschränkt verwendet

Ge·gen·mit·tel *das* ein Mittel, das gegen eine Krankheit, ein Gift usw. hilft

Ge·gen·par·tei *die* **1** eine Gruppe, die eine andere (entgegengesetzte) Meinung hat als eine andere Gruppe **2** der Gegner vor Gericht (z. B. einer der Ehepartner bei einer Scheidung) **3** **die Gegenpartei ergreifen** sich (als Dritter) auf die Seite der Gegenpartei stellen

Ge·gen·pol *der* **1** der andere (entgegengesetzte) Pol **2** **jemandes Gegenpol** eine Person, die (meist in ihrem Charakter und Temperament) ganz anders ist als eine andere Person

Ge·gen·pro·be *die* die Überprüfung eines Rechenergebnisses o. Ä. durch umgekehrtes Rechnen (also z. B. durch Subtrahieren vom Ergebnis, wo man vorher zum Ergebnis hin addierte)

Ge·gen·re·ak·ti·on *die* eine Reaktion als Antwort auf eine Reaktion, die vorher erfolgt ist

ge·gen·rech·nen VERB (rechnete gegen, hat gegengerechnet) **etwas (mit etwas) gegenrechnen; Dinge gegenrechnen** zwei Rechnungen oder ihre Summen miteinander vergleichen | *Einnahmen und Ausgaben gegenrechnen* | *die Anschaffungskosten der neuen Heizung mit den Einsparungen beim Heizöl gegenrechnen*

Ge·gen·re·de *die; meist Singular* **1** *geschrieben* ≈ *Antwort, Erwiderung* **2** ≈ *Widerspruch*

Ge·gen·rich·tung *die* die Fahrtrichtung, welche der eigenen Richtung entgegengesetzt ist | *In der Gegenrichtung war ein kilometerlanger Stau*

★ **Ge·gen·satz** *der* **1** ein großer, wichtiger Unterschied zwischen zwei Personen, Dingen, Eigenschaften usw. | *Diese beiden Aussagen stellen einen krassen Gegensatz dar* **2** **im Gegensatz zu jemandem/etwas** im Unterschied oder als Kontrast zu jemandem/etwas | *Im Gegensatz zu ihm ist sein Vater ziemlich klein* (Er selbst ist groß und sein Vater klein)

ge·gen·sätz·lich ADJEKTIV ⟨Meinungen, Standpunkte⟩ so, dass sie sich stark voneinander unterscheiden ≈ *unterschiedlich*

Ge·gen·schlag *der* **1** ein Schlag als Reaktion auf einen Schlag, den man vorher von jemandem bekommen hat **2** eine (militärische oder polizeiliche) Maßnahme als Reaktion auf einen Angriff oder ein Verbrechen | *Die Polizei holte zum Gegenschlag gegen die Drogenmafia aus*

Ge·gen·sei·te *die* **1** die andere, gegenüberliegende Seite einer Sache | *Er grüßte von der Gegenseite der Straße freundlich herüber* **2** ≈ *Gegenpartei, Gegner*

★ **ge·gen·sei·tig** ADJEKTIV **1** so, dass eine Person etwas für eine andere Person tut, was diese für die erste Person tut ⟨Beeinflussung, Hilfe⟩ | *Sie haben sich gegenseitig bei der Arbeit geholfen* **2** **im gegenseitigen Einvernehmen** beide bzw. alle Personen oder Parteien sind mit einer Lösung eines Problems einverstanden | *Sie trennten sich im gegenseitigen Einvernehmen*

Ge·gen·sei·tig·keit *die;* (-) **etwas beruht auf Gegenseitigkeit** etwas ist in gleichem Maße (sowohl bei dem einen als auch bei dem anderen) vorhanden | *Das gute Verhältnis zu den Nachbarn beruht auf Gegenseitigkeit*

Ge·gen·spie·ler *der* **1** ≈ *Gegner, Widersacher* **2** ein Spieler (beim Sport oder bei Spielen wie z. B. Schach), der gegen einen anderen Spieler spielt, kämpft • hierzu **Ge·gen·spie·le·rin** *die*

Ge·gen·sprech·an·la·ge *die* eine Sprechanlage an Türen usw., bei der man durch Drücken eines Knopfes mit jemandem im Inneren eines Hauses sprechen kann

★ **Ge·gen·stand** *der* **1** ein meist relativ kleiner, fester Körper, den man nicht genauer benennen kann oder will ⟨ein eckiger, kantiger, runder, ovaler schwerer Gegenstand⟩ ≈ *Ding* **K** Gebrauchsgegenstand, Glasgegenstand, Metallgegenstand, Kunstgegenstand **2** **der Gegenstand** *+Genitiv meist Singular* das Ziel, das man mit einer Handlung hat | *Die Rede des Ministers wurde zum Gegenstand heftiger Kritik der Opposition* **3** **der Gegenstand** *+Genitiv meist Singular* der zentrale Gedanke eines Gesprächs, einer (wissenschaftlichen) Untersuchung, Abhandlung o. Ä. ≈ *Thema* | *Gegenstand seines Vortrags war die Manipulation von Genen* **K** Diskussionsgegenstand, Forschungsgegenstand, Gesprächsgegenstand

ge·gen·ständ·lich ADJEKTIV so, dass die gemalten oder geformten Gegenstände aussehen wie in der Wirklichkeit (und dass man sie erkennen kann) ⟨eine Darstellung, Kunst, Malerei⟩ ≈ *konkret* • hierzu **Ge·gen·ständ·lich·keit** *die*

ge·gen·stands·los ADJEKTIV **1** nicht gerechtfertigt ⟨ein Verdacht, ein Vorwurf⟩ **2** nicht mehr notwendig, weil sich die Umstände geändert haben | *Falls Sie bereits gezahlt haben sollten, betrachten Sie diese Mahnung als gegenstandslos!*

ge·gen·steu·ern VERB (steuerte gegen, hat gegengesteuert) **1** (beim Autofahren) das Auto kurz in eine andere Richtung lenken, um z. B. die Wirkung des Windes auszugleichen **2** **einer Sache** (*Dativ*) **gegensteuern** Maßnahmen ergreifen, um eine nicht gewollte Entwicklung zu bremsen oder zu stoppen | *Politiker und Kirchen versuchen, dem Trend zum Extremismus gegenzusteuern*

Ge·gen·stim·me *die* eine Stimme, die bei einer Abstimmung gegen einen Kandidaten oder einen Antrag abgegeben wird | *Der Antrag wurde bei zwei Enthaltungen und einer Gegenstimme angenommen*

Ge·gen·stoß *der* **1** ein Stoß als Reaktion auf einen Stoß, den man vorher von jemandem bekommen hat **2** ≈ *Gegenschlag*

Ge·gen·stück *das* **1** eine Person oder Sache, die einer anderen Person oder Sache genau entspricht **2** ≈ *Gegenteil*

★ **Ge·gen·teil** *das; meist Singular* eine Person, Sache, Eigenschaft usw., die völlig andere Merkmale hat als eine andere Person, Sache, Eigenschaft usw. | *Das Gegenteil von „groß" ist „klein"* | *Rita ist ein sehr ruhiges Mädchen. Ihr Bruder ist genau das Gegenteil von ihr* ■ ID **(ganz) im Gegenteil** überhaupt nicht | *„Du bist sicher todmüde!" – „Oh nein, ganz im Gegenteil!"* (Ich bin fit und munter) • hierzu **ge·gen·tei·lig** ADJEKTIV

Ge·gen·tor *das* ein Tor, das von der anderen Mannschaft erzielt wird

★ **ge·gen·über** ■ PRÄPOSITION *mit Dativ* **1** das Gesicht oder die Vorderseite genau dem Gesicht/der Vorderseite von jemandem oder von etwas zugewandt | *Er setzte sich seinem Nachbarn gegenüber* | *Ihr Haus steht gegenüber der Kirche* **!** Gegenüber steht immer nach dem Pronomen: *Er wohnt ihr gegenüber.* **2** verwendet, um einen Vergleich herzustellen | *Gegenüber der Hochsaison ist die Nachsaison besonders billig* | *Sie ist dir gegenüber im Vorteil* **3** **jemandem gegenüber** im Verhalten, Umgang mit jemandem | *Mir gegenüber ist sie immer sehr nett*
■ ADVERB **4** auf der entgegengesetzten Seite einer Sache ⟨direkt, genau, schräg gegenüber⟩ | *Wir stehen hier am Nordufer des Bodensees. Direkt gegenüber liegt die Schweiz*

Ge·gen·über *das;* (-s, -) **jemandes Gegenüber** eine Person, die sich gegenüber von jemandem befindet | *Im Zug kam ich mit meinem Gegenüber ins Gespräch*

ge·gen·über- (*im Verb, betont und trennbar, begrenzt produktiv; Diese Verben werden so gebildet:* gegenübersitzen, saß gegenüber, gegenübergesessen) **Personen/Dinge liegen, stehen**

sich/einander gegenüber; **Personen setzen, stellen sich/einander gegenüber**; **Dinge/Personen (einander) gegenüberstellen** *und andere* drückt aus, dass jemandes Gesicht oder die Vorderseite einer Sache genau dem Gesicht oder der Vorderseite einer anderen Person bzw. Sache zugewandt ist oder wird | *Mario und Laura saßen sich/einander im Zug gegenüber*

★ **ge·gen·über·ste·hen** VERB *(hat)* **1** **jemandem/etwas gegenüberstehen** so stehen, dass man das Gesicht einer anderen Person oder ein Gebäude, Objekt o. Ä. sieht | *Als sie um die Ecke bog, stand sie plötzlich einer alten Freundin gegenüber* **2** **Personen stehen sich/einander gegenüber** zwei oder mehrere Personen stehen so, dass sie sich gegenseitig ansehen | *Sie standen sich lange schweigend gegenüber, bevor sie sich in die Arme fielen* **3** **Personen/Gruppen stehen sich/einander gegenüber** zwei Personen/Gruppen stehen für einen Wettkampf oder Kampf gegeneinander bereit ⟨Boxer, Mannschaften, feindliche Truppen⟩ **4** **Dinge stehen sich/einander gegenüber** wenn sich z. B. zwei Häuser gegenüberstehen, stehen sie links und rechts von einer Straße gleich weit von einer Kreuzung o. Ä. entfernt | *Unsere Häuser stehen einander genau gegenüber* **5** **Dinge stehen sich/einander gegenüber** zwei oder mehr verschiedene Meinungen, Argumente o. Ä. treffen aufeinander, widersprechen sich **6** **einer Sache** *(Dativ)* **gegenüberstehen** mit etwas konfrontiert sein ⟨Problemen, Schwierigkeiten gegenüberstehen⟩ **7** **jemandem/etwas irgendwie gegenüberstehen** die genannte Meinung zu jemandem/etwas haben | *einem Plan skeptisch gegenüberstehen*

ge·gen·über·stel·len VERB *(hat)* **1** **einer Sache** *(Dativ)* **etwas gegenüberstellen** etwas so hinstellen, dass es etwas anderem zugewandt ist | *Den Fernseher stellen wir der Couch gegenüber* **2** **jemanden einer Person gegenüberstellen**; **Personen gegenüberstellen** meist einen Verdächtigen mit Zeugen oder dem Opfer eines Verbrechens konfrontieren, um zu sehen, ob diese ihn als den Täter wiedererkennen | *Der vermeintliche Täter wurde dem Opfer gegenübergestellt* **H** meist im Passiv **3** **Personen/Dinge einander gegenüberstellen** zwei oder mehrere Personen/Dinge miteinander vergleichen | *Nachdem wir die Bewerber einander gegenübergestellt hatten, wussten wir, dass nur zwei in Frage kamen* • zu (2,3) **Ge·gen·über·stel·lung** *die*

Ge·gen·ver·kehr *der* die Fahrzeuge, die einem auf der Straße aus der anderen Richtung entgegenkommen ⟨Gegenverkehr haben; es herrscht starker Gegenverkehr⟩

★ **Ge·gen·wart** *die;* (-) **1** die Zeit zwischen Vergangenheit und Zukunft, also jetzt ⟨in der Gegenwart⟩ **K** Gegenwartskunst, Gegenwartsliteratur, Gegenwartssprache **2** **in jemandes Gegenwart** in Anwesenheit von jemandem | *In seiner Gegenwart ist sie immer sehr nervös*

ge·gen·wär·tig ADJEKTIV; *geschrieben* **1** *meist attributiv* in der Gegenwart ≈ *zurzeit* | *die gegenwärtige Situation auf dem Arbeitsmarkt* | *Er befindet sich gegenwärtig im Ausland* **2** persönlich anwesend | *Er war bei der Versammlung nicht gegenwärtig* **3** im Gedächtnis gespeichert ⟨etwas gegenwärtig haben; jemandem ist etwas gegenwärtig⟩

Ge·gen·wehr *die;* (-); *geschrieben* ⟨ohne Gegenwehr; (keine) Gegenwehr leisten⟩ ≈ *Widerstand* | *Die Bankräuber leisteten bei ihrer Festnahme keine Gegenwehr*

Ge·gen·wind *der* der Wind, der gegen die Richtung weht, in die sich jemand/etwas bewegt | *Wegen des starken Gegenwindes hatte der Flug Verspätung*

ge·gen·zeich·nen VERB (zeichnete gegen, hat gegengezeichnet) **etwas gegenzeichnen** etwas unterschreiben, das vorher eine andere Person unterschrieben hat ⟨einen Vertrag, ein Dokument gegenzeichnen⟩ • hierzu **Ge·gen·zeich·nung** *die*

Ge·gen·zug *der* **1** eine Maßnahme als Reaktion auf eine (vorhergehende) Maßnahme meist seines politischen Gegners ⟨einen taktisch klugen Gegenzug machen⟩ **2** **im Gegenzug (zu etwas)** als Reaktion auf eine Maßnahme | *Im Gegenzug zur Verhaftung ihrer Attachés brach die Regierung die diplomatischen Beziehungen ab*

ge·ges·sen PARTIZIP PERFEKT → essen

ge·gli·chen PARTIZIP PERFEKT → gleichen

ge·glit·ten PARTIZIP PERFEKT → gleiten

ge·glom·men PARTIZIP PERFEKT → glimmen

★ **Geg·ner** *der;* (-s, -) **1** die Person(en), gegen die man kämpft, spielt oder mit der/denen man Streit hat ⟨ein fairer, persönlicher, politischer, militärischer, überlegener Gegner; einen Gegner besiegen, schlagen, ausschalten, überlisten; einem Gegner unterliegen; jemanden zum Gegner haben⟩ ≈ *Feind* | *Gleich in der ersten Runde des Turniers stieß er auf den schwersten Gegner* **H** zu *Gegnerin* → Info im Eintrag **-in** **2** **ein Gegner** *+Genitiv*/**von etwas** eine Person, die etwas ablehnt, gegen etwas kämpft | *ein entschiedener Gegner der Frauenquote sein* **H** zu *Gegnerin* → Info im Eintrag **-in** • hierzu **Geg·ne·rin** *die*

geg·ne·risch ADJEKTIV *meist attributiv* zum Gegner gehörend, den Gegner betreffend ⟨die Seite, die Mannschaft, die Partei, die Truppe⟩

Geg·ner·schaft *die;* (-, -en); *meist Singular* eine Haltung oder Handlungen, die gegen eine Person oder Sache gerichtet sind ≈ *Opposition* | *seine Gegnerschaft gegen die Todesstrafe* | *die Gegnerschaft zum Regime*

ge·gol·ten PARTIZIP PERFEKT → gelten

ge·go·ren PARTIZIP PERFEKT → gären

ge·gos·sen PARTIZIP PERFEKT → gießen

ge·grif·fen PARTIZIP PERFEKT → greifen

Ge·ha·be *das;* (-s); *abwertend* ein Verhalten, durch das eine Person zeigen will, wie wichtig sie zu sein glaubt ⟨ein auffälliges, dummes Gehabe⟩

ge·habt, ge·habt PARTIZIP PERFEKT → haben[1] ■ **ID** **Gehabt euch wohl!** ein sehr alter Abschiedsgruß, der nur noch humorvoll verwendet wird; **wie gehabt** *gesprochen* wie es bisher geplant oder üblich war | *Es bleibt alles wie gehabt*

Ge·hack·te *das;* (-n) ≈ *Hackfleisch* | *ein Pfund Gehacktes* **H** *Gehacktes; das Gehackte; dem, des Gehackten*

★ **Ge·halt**[1] *das;* (-(e)s, Ge·häl·ter) das Geld, das ein Angestellter jeden Monat für die Arbeit bekommt ⟨ein hohes, niedriges, festes, anständiges, ordentliches Gehalt haben, bekommen, beziehen⟩ **K** Gehaltsabrechnung, Gehaltsanspruch, Gehaltsempfänger, Gehaltserhöhung, Gehaltsfortzahlung, Gehaltskonto, Gehaltskürzung, Gehaltszulage; Anfangsgehalt, Jahresgehalt, Monatsgehalt

WORTSCHATZ

▶ Gehalt – Bezüge – Honorar ...

Angestellte bekommen ein **Gehalt**, Beamte erhalten **Bezüge** und Arbeiter einen **Lohn**.
In den freien Berufen (z. B. Rechtsanwälte, Ärzte oder Übersetzer) bekommt man ein **Honorar**. Personen, die selbstständig arbeiten, haben ein (privates) **Einkommen**. Schauspieler und Künstler bekommen eine **Gage**, Soldaten einen **Sold**. **Verdienst** ist der Oberbegriff.

★ **Ge·halt**[2] *der;* (-(e)s, -e); *meist Singular* **1** **der Gehalt (an etwas** *(Dativ)***)** der Anteil, den eine chemische Substanz an einem Gemisch oder einer Verbindung hat | *Der Gehalt an Eisen*

G

in diesem Erz ist gering K Goldgehalt, Schadstoffgehalt, Silbergehalt, Vitamingehalt **2** *geschrieben* die Gedanken und Ideen, die in einem (meist literarischen) Werk enthalten sind • zu (2) **ge·halt·los** ADJEKTIV

ge·halt·voll ADJEKTIV **1** mit viel interessantem Inhalt, vielen interessanten Gedanken ‹eine Ansprache, ein Programm, ein Text› **2** reich an Nährwert, Kalorien, Alkohol o. Ä. ‹ein Eintopf, eine Suppe, ein Wein; Essen, Milch›

ge·han·di·kapt [gəˈhɛndikɛpt] ADJEKTIV *meist prädikativ* (vor allem bei sportlichen Wettkämpfen) so, dass man wegen einer Verletzung, Krankheit oder Behinderung einen Nachteil hat

ge·han·gen PARTIZIP PERFEKT → hängen[1]

ge·har·nischt ADJEKTIV energisch und scharf formuliert (weil man empört oder wütend ist) ‹ein Brief, ein Protest›

ge·häs·sig ADJEKTIV voller Bosheit ‹eine Bemerkung, ein Kommentar› | *Er ist ein missgünstiger Mensch, der gehässig über andere Leute redet* • hierzu **Ge·häs·sig·keit** *die*

ge·häuft ■ PARTIZIP PERFEKT **1** → häufen
■ ADJEKTIV **2** *meist adverbiell* ‹etwas tritt gehäuft auf, kommt gehäuft vor› ≈ *häufig* | *In diesem Monat kam es gehäuft zu Unfällen* **3** ‹ein Löffel› so gefüllt, dass ein kleiner Berg (von Zucker, Salz, Kaffeepulver o. Ä.) daraufliegt | *ein gehäufter Teelöffel Zucker*

Ge·häu·se *das;* (-s, -) **1** die relativ harte, schützende Hülle einer Schnecke K Schneckengehäuse **2** der Teil eines Apfels oder einer Birne, in dem die Kerne sind K Kerngehäuse **3** die feste Hülle eines (elektrischen) Geräts, einer Maschine | *das Gehäuse einer Uhr* K Holzgehäuse, Metallgehäuse

Ge·he·ge *das;* (-s, -) ein Gelände mit einem Zaun, in dem Tiere gehalten werden, z. B. in einem Zoo ■ ID **jemandem ins Gehege kommen** *gesprochen* jemandes Absichten und Pläne stören

★ **ge·heim** ADJEKTIV **1** so, dass andere Personen nichts davon erfahren (sollen) ‹ein Auftrag, Pläne; eine Verschwörung; Gedanken, Wünsche› | *Pläne über militärische Stützpunkte sind streng geheim* K Geheimabkommen, Geheimagent, Geheimakte, Geheimbund, Geheimdokument, Geheimnummer, Geheimorganisation, Geheimrezept, Geheimschrift, Geheimsprache, Geheimversteck, Geheimwaffe **2** **im Geheimen** ohne dass jemand etwas erfährt oder bemerkt ‹etwas bleibt im Geheimen; etwas im Geheimen planen, vorbereiten› **3** *meist attributiv* mit dem Verstand nicht zu erklären ≈ *mysteriös* | *Der Hellseher schien geheime Kräfte zu besitzen* **4** **etwas (vor jemandem) geheim halten** einen Vorfall nicht öffentlich bekannt werden lassen | *Die ganze Affäre wurde von der Regierung geheim gehalten* • zu (4) **Ge·heim·hal·tung** *die*

★ **Ge·heim·dienst** *der* eine staatliche Organisation, die geheime Informationen aus anderen Ländern beschaffen soll

★ **Ge·heim·nis** *das;* (-ses, -se) **1** etwas, das andere Leute nicht erfahren sollen ‹ein streng gehütetes Geheimnis; jemandem ein Geheimnis anvertrauen, offenbaren, verraten; jemanden in ein Geheimnis einweihen; ein Geheimnis bewahren, lüften; (keine) Geheimnisse vor jemandem haben› K Amtsgeheimnis, Beichtgeheimnis, Berufsgeheimnis, Staatsgeheimnis **2** *oft humorvoll meist Plural* etwas, das für viele Menschen nur sehr schwer zu verstehen ist | *jemanden in die Geheimnisse der Chemie einweihen* (jemandem Chemie beibringen, erklären) | *Die Natur birgt viele Geheimnisse* **3** **ein offenes Geheimnis** etwas, das allgemein bekannt ist, aber offiziell nicht erwähnt oder bekannt gegeben wird **4** **kein Geheimnis aus etwas machen** etwas offen aussprechen oder zugeben

Ge·heim·nis·krä·me·rei *die;* (-, -en); *meist Singular; gesprochen* ein Verhalten, bei dem man so tut, als hätte man wichtige Geheimnisse • hierzu **Ge·heim·nis·krä·mer** *der;* **Ge·heim·nis·krä·me·rin** *die*

Ge·heim·nis·trä·ger *der* eine Person, die durch den eigenen Beruf vor allem militärische oder politische Geheimnisse kennt • hierzu **Ge·heim·nis·trä·ge·rin** *die*

ge·heim·nis·um·wit·tert ADJEKTIV; *geschrieben* mit seltsamen, geheimnisvollen Geschichten verbunden | *ein geheimnisumwittertes altes Schloss*

ge·heim·nis·voll ADJEKTIV **1** so, dass man es nicht (mit dem Verstand) erklären kann ‹eine Kraft› | *seit seinem geheimnisvollen Verschwinden* **2** so, als ob man ein Geheimnis hätte ‹geheimnisvoll lächeln, tun›

Ge·heim·po·li·zei *die* eine Polizei, deren Aufgabe es ist, alles, was gegen den Staat gerichtet ist, zu bekämpfen

Ge·heim·rats·ecken *die; Plural; gesprochen, humorvoll* zwei Stellen rechts und links an der Stirn von Männern, an denen die Haare ausgefallen sind ‹Geheimratsecken bekommen›

Ge·heim·tipp *der; meist humorvoll* ein Ort, ein Lokal o. Ä., die relativ unbekannt oder neu sind, aber als sehr empfehlenswert gelten

Ge·heiß *das* **auf (jemandes) Geheiß** *veraltend* auf jemandes (mündlichen) Befehl

ge·hemmt ■ PARTIZIP PERFEKT **1** → hemmen
■ ADJEKTIV (gehemmter, gehemmtest-) **2** so, dass man die eigenen Gefühle nicht zeigen will | *Fremden gegenüber ist er immer sehr gehemmt* • zu (2) **Ge·hemmt·heit** *die*

★ **ge·hen** VERB [ˈgeːən] (ging, ist gegangen)
▸Fortbewegung: **1** sich aufrecht auf den Füßen mit relativ langsamen Schritten fortbewegen ‹barfuß, gebückt, am Stock, auf Zehenspitzen gehen; auf und ab gehen; spazieren gehen› | *„Willst du im Auto mitfahren?" – „Nein, ich gehe lieber (zu Fuß)."* | *einen Umweg gehen* | *Gehst du ein Stück mit mir?* (Begleitest du mich ein Stück?) | *Ich bin die Strecke in zwei Stunden gegangen* K gehbehindert, gehfähig **2** **irgendwohin gehen;** *Infinitiv* + **gehen** sich zu Fuß oder mit einem Fahrzeug zu einem Ort bewegen (um etwas zu tun) | *einkaufen/schlafen/schwimmen gehen* | *ins/zu Bett gehen* | *nach Hause gehen* | *Ich muss bald zum Arzt gehen* | *Gehst du mit mir ins Kino?* | *Um wie viel Uhr gehst du ins Büro/zur Arbeit?* **3** **irgendwohin gehen** die eigene Heimat oder Wohnung verlassen, um an einem anderen Ort zu leben (und zu arbeiten) ‹ins Ausland, nach Afrika, ins Kloster gehen› **4** einen Ort verlassen ≈ *weggehen* | *„Willst du schon wieder gehen? Du bist doch gerade erst gekommen!"*
▸Tätigkeit: **5** **irgendwohin gehen** eine Schule o. Ä. regelmäßig besuchen, eine Ausbildung machen ‹in den Kindergarten, zur Schule, in die Realschule, ins/aufs Gymnasium, auf die Universität gehen› **6** **irgendwohin gehen** eine berufliche Tätigkeit im genannten Bereich beginnen | *in die Industrie/zum Film gehen* **7** **an/in etwas** (*Akkusativ*) **gehen** mit einer Tätigkeit oder einem Lebensabschnitt beginnen ‹in Pension, in Rente, in den Ruhestand, in Urlaub gehen; auf Reisen gehen› | *Als sie den Auftrag bekam, ging sie sofort an die Arbeit/ans Werk* **8** aufhören, für eine Firma zu arbeiten | *Zwei unserer Mitarbeiter gehen Ende des Jahres*
▸Richtung, Ziel: **9** **etwas geht irgendwohin** etwas zeigt in die genannte Richtung | *Das Fenster geht auf die Straße* **10** **etwas geht irgendwohin** etwas führt zum genannten Ziel oder hat die genannte Richtung | *Der Weg geht nach Bonn/zum See/entlang der Stadtmauern* **11** **etwas geht irgendwohin** etwas trifft etwas | *Der Schuss ging ins Auge* | *Der Ball ging ins Tor/gegen die Latte* **12** **etwas geht irgendwohin** etwas gelangt irgendwohin, wird weitergegeben oder verbreitet | *Der Zettel ging von Hand zu Hand*

G

| *Die Nachricht ging durch die Presse* **13** **etwas geht an jemanden/irgendwohin** etwas ist an jemanden gerichtet oder für ein Ziel bestimmt | *Der Brief geht an Oma/nach Köln/nach Amerika*
▸öffentliches Verkehrsmittel: **14** **etwas geht irgendwohin/irgendwann/irgendwie** etwas fährt oder fliegt dem Fahrplan o. Ä. entsprechend | *Dieser Zug geht nur bis Zürich. Dort müssen wir umsteigen* | *Wann geht das nächste Flugzeug nach Frankfurt?* | *Geht der Zug pünktlich?*
▸Kleidung: **15** **irgendwie gehen** die genannte Art von Kleidung tragen | *Sie geht in Schwarz/in Trauer* | *Im Fasching gehe ich dieses Jahr als Indianer*
▸Größe o. Ä.: **16** **etwas geht irgendwohin** etwas findet irgendwo genügend Platz ≈*passen* | *In den Krug gehen drei Liter* | *Der Tisch geht nicht durch die Tür* **17** **jemand/etwas geht (einer Person) bis an etwas** (*Akkusativ*)**/bis zu etwas** jemand/etwas reicht bis zum genannten Punkt | *Sie geht ihm bloß bis an die Schulter* | *Das Wasser geht mir bis zum Knie*
▸Ablauf, Entwicklung: **18** **etwas geht irgendwie** etwas läuft irgendwie ab, geschieht irgendwie | *Bei der Prüfung ist alles gut gegangen* | *In dieser Firma geht es drunter und drüber* | *Versuchs mal, es geht ganz leicht!* | *Kannst du mir erklären, wie dieses Spiel geht?* **19** **etwas geht gut** etwas entwickelt sich oder endet positiv | *Das ist gerade noch einmal gut gegangen, beinahe wäre ich die Treppe runtergefallen!* **H** → auch **glattgehen, schiefgehen** **20** **mit Personen geht es gut** die Beziehung zwischen zwei Personen entwickelt sich positiv | *Meinst du, dass es mit den beiden gut geht oder werden sie sich trennen?*
▸Zustand: **21** **jemandem geht es irgendwie** jemand befindet sich (körperlich oder seelisch) im genannten Zustand | *„Wie geht es dir?“ – „Mir gehts ganz gut, danke.“* **22** **jemand/etwas geht** *gesprochen* jemand/etwas ist zwar nicht so, wie man es sich wünschen würde, aber doch noch akzeptabel | *Sie geht ja noch, aber er ist wirklich unmöglich!* | *Geht das so oder soll ich mich umziehen?* (Ist meine Kleidung in Ordnung?) | *Die Vorspeise war fade, aber die Hauptspeise ging eigentlich*
▸Funktion: **23** **etwas geht (irgendwie)** etwas funktioniert (irgendwie) | *Die Uhr geht falsch* | *Er fuhr gegen den Zaun, weil die Bremsen nicht gingen* **24** **etwas geht** etwas läutet (meist als Signal) ⟨die Alarmanlage, die Sirene, das Telefon, die Türklingel geht⟩
▸sonstige Verwendungen ohne Präposition: **25** **etwas geht** etwas ist möglich | *„Ich hätte morgen gern frei. Geht das?“* | *Es geht leider nicht, dass wir uns morgen treffen* **26** **etwas geht gut/schlecht** etwas wird von vielen/wenigen Leuten gekauft | *Seidenhemden gehen zurzeit sehr gut* **27** **etwas geht** ein Teig bekommt allmählich (durch Hefe o. Ä.) ein größeres Volumen | *den Hefeteig gehen lassen*
▸in Wendungen mit einer Präposition: **28** **etwas geht in/zu etwas** drückt aus, dass ein Vorgang beginnt oder etwas geschieht | *etwas geht zu Bruch* (etwas zerbricht) | *etwas geht in Druck* (etwas wird gedruckt) | *etwas geht in Erfüllung* (etwas erfüllt sich) | *etwas geht in Produktion* (etwas wird produziert) **29** **an etwas** (*Akkusativ*) **gehen** etwas ohne Erlaubnis benutzen, nehmen | *Geh ja nicht an meinen Computer, wenn ich nicht da bin!* | *Die Kinder sind an die Bonbons gegangen* **30** **jemand geht auf die 50/60/70/...** jemand wird bald 50/60/70/... Jahre alt sein **31** **etwas geht in etwas** (*Akkusativ*) eine neue Phase, ein neuer Zeitabschnitt eines Vorgangs beginnt | *Die Verhandlungen gehen in die dritte Runde/ins zweite Jahr* **32** **'in sich gehen** intensiv über etwas nachdenken und die Meinung oder das Verhalten ändern **33** **mit jemandem 'gehen** *gesprochen* (als Jugendlicher) mit jemandem eine feste Liebesbeziehung haben **34** **etwas geht nach jemandem/etwas** etwas richtet sich nach jemandes Wünschen, einem Maßstab o. Ä. | *Es kann nicht immer alles nach dir/deinem Kopf gehen!* (Es kann sich nicht alles nach deinen Wünschen richten) | *Wenn es nach mir ginge, gäbe es diese Regelung schon längst nicht mehr* **35** **jemand geht nach etwas** jemand richtet sich nach etwas, verlässt sich auf etwas | *Im Reiseprospekt scheint immer die Sonne, danach kann man nicht gehen* **36** **etwas geht über etwas** (*Akkusativ*) etwas kann mit einer Sache nicht bewältigt werden ⟨etwas geht über jemandes Kräfte, Geduld, Verstand, Möglichkeiten⟩ | *Das Vorhaben geht über unsere finanziellen Mittel* | *Dieser Vortrag geht über meinen Horizont* (Ich kann ihn nicht verstehen) **37** **etwas geht vor sich** etwas geschieht, läuft ab | *In diesem Haus gehen seltsame Dinge vor sich, die Leute sagen, es spukt* | *Kann mir jemand sagen, wie der Unfall vor sich ging?* **38** **etwas geht zu Ende/zur Neige** etwas wird bald zu Ende/verbraucht sein **39** **zu weit gehen** das akzeptable Maß überschreiten | *Als er seinen Chef anschrie, ist er wohl zu weit gegangen* | *Das geht zu weit!* (das ist nicht mehr akzeptabel)
▸mit es: **40** **es geht um etwas** etwas ist das Thema, der Inhalt, der Anlass o. Ä. einer Sache | *Worum ging es bei eurem Streit?* | *Worum geht es in dem Buch?* **41** **jemandem geht es um etwas** etwas ist jemandem wichtig | *Mir geht es nur darum, die Wahrheit herauszufinden* **42** **es geht gegen Mitternacht** es wird bald Mitternacht sein
■ **ID** **jemand wird gegangen** *gesprochen, humorvoll* eine Person wird entlassen und verliert so ihre Arbeitsstelle; **wo er/sie geht und steht** immer und überall | *Er spielt mit seinem Handy, wo er geht und steht*; **nichts geht über jemanden/etwas** es gibt nichts Besseres als jemanden/etwas; **Er/Sie ist von uns gegangen** *euphemistisch* Er/Sie ist gestorben; **Gehen Sie/Geh mir doch damit (vom Leib)!** *gesprochen* Lassen Sie/Lass mich damit in Ruhe!; **Wie geht's, wie steht's?** *gesprochen* verwendet als Frage danach, in welcher Stimmung oder Verfassung jemand ist; **Geht's noch?** *gesprochen* **a** Hast du genug Kraft oder Zeit, das noch zu tun? **b** Muss das denn wirklich sein?; → anders

Ge·hen *das*; (-s) eine Disziplin der Leichtathletik, bei der man schnell geht. Dabei muss immer ein Fuß den Boden berühren. **K** 20-km-Gehen, 50-km-Gehen ● hierzu **Ge·her** *der*; **Ge·he·rin** *die*

ge·hen las·sen, gehen·lassen VERB (ließ gehen, hat gehen lassen/gehenlassen) **1** **sich gehen lassen** sich nicht beherrschen **2** **jemanden/etwas gehen lassen** *gesprochen* jemanden/etwas nicht mehr festhalten, sondern loslassen **3** **jemanden gehen lassen** *gesprochen* jemanden in Ruhe lassen **H** a) aber: *einen Angestellten, den Teig gehen lassen* (immer getrennt geschrieben); b) im Perfekt gesprochen auch *gehen gelassen*

ge·heu·er [gəˈhɔyɐ] ADJEKTIV **etwas ist jemandem nicht (ganz) geheuer** etwas ruft Angst oder Zweifel bei jemandem hervor | *Der Weg durch den dunklen Park war mir nicht geheuer* **H** *geheuer → eine nicht ganz geheure Gegend*

Ge·hil·fe *der*; (-n, -n) **1** eine Person, die in einem Betrieb o. Ä. einfache Arbeiten macht **K** Bürogehilfe, Hausgehilfe, Kanzleigehilfe **H** *der Gehilfe; den, dem, des Gehilfen* **2** eine Person, die jemandem hilft, ein Verbrechen zu begehen, ohne jedoch die Tat selbst auszuführen ≈*Komplize* **3** *geschrieben* ≈*Helfer* ● hierzu **Ge·hil·fin** *die*

★ **Ge·hirn** *das*; (-(e)s, -e) **1** das Organ im Kopf von Menschen und Tieren, mit dem sie denken und fühlen | *Der Schädel schützt das Gehirn vor Verletzungen* **K** Gehirnblutung, Gehirnchirurgie, Gehirnnerv, Gehirnoperation, Gehirntumor, Gehirnzelle **2** *gesprochen* die Fähigkeit zu denken und zu urteilen ≈ *Verstand* | *Streng dein Gehirn an!* (Denke sorgfältig und intensiv nach)

Ge·hirn·er·schüt·te·rung *die* ein Zustand des Gehirns nach einem Schlag oder Sturz, bei dem man starke Kopfschmerzen und Übelkeit hat

Ge·hirn·haut|ent·zün·dung *die* eine Entzündung der Hirnhaut ≈ *Meningitis*

Ge·hirn·schlag *der* ≈ *Schlaganfall*

Ge·hirn·schmalz *das; gesprochen, humorvoll* ≈ *Verstand* | *Für diese Arbeit brauchst du viel Gehirnschmalz*

Ge·hirn·wä·sche *die* der Versuch, eine Person durch Folter o. Ä. dazu zu bringen, dass sie die eigenen politische Einstellung ändert oder Geheimnisse verrät ⟨jemanden einer Gehirnwäsche unterziehen; eine Gehirnwäsche mit jemandem machen⟩

★ **ge·ho·ben** ■ PARTIZIP PERFEKT **1** → heben ■ ADJEKTIV **2** **auf einer relativ hohen (sozialen) Stufe** ⟨eine Position, eine Stellung, der Mittelstand⟩ **3** *meist attributiv* wie für Personen auf einer relativ hohen sozialen Stufe üblich ⟨eine Ausdrucksweise, eine Sprache; sich gehoben ausdrücken⟩ ↔ *vulgär* **4** so, dass es hohen Ansprüchen genügt ⟨ein Hotel, die Qualität, ein Restaurant⟩ ≈ *vornehm* **5** so, dass man (sehr) viel Geld bezahlen muss ⟨ein Preissegment, ein Sektor⟩ ≈ *teuer* **6** **in gehobener Stimmung sein** fröhlich, heiter sein

Ge·höft, **Ge·höft** *das;* (-(e)s, -e) ≈ *Bauernhof*

ge·hol·fen PARTIZIP PERFEKT → helfen

Ge·hölz *das;* (-es, -e) **1** eine kleine Gruppe von Sträuchern und niedrigen Bäumen **2** *nur Plural* Bäume und Sträucher

★ **Ge·hör** *das;* (-(e)s) **1** die Fähigkeit zu hören ⟨ein gutes, feines Gehör haben; sich nach dem Gehör richten/orientieren⟩ | *nach Gehör Klavier spielen* **K** Gehörfehler, Gehörsinn **2** **das absolute Gehör** die Fähigkeit, die Höhe/Note eines Tones zu nennen, wenn man ihn hört **3** **(jemanden) um Gehör bitten** *geschrieben* eine Person darum bitten, dass sie zuhört **4** **(bei jemandem) Gehör finden** *geschrieben* einer Person oder Institution etwas mitteilen und sicher sein, dass man auch verstanden wird | *Er fand mit seinem Gesuch bei dem Amt kein Gehör* **5** **jemandem Gehör schenken** *geschrieben* jemandem zuhören **6** **sich** (*Dativ*) **Gehör verschaffen** *geschrieben* dafür sorgen, dass andere einen hören oder einem zuhören **7** **etwas zu Gehör bringen** *veraltend* ein Lied oder Gedicht (feierlich) vortragen

★ **ge·hor·chen** VERB (gehorchte, hat gehorcht) **1** **(jemandem/etwas) gehorchen** das tun, was jemand verlangt oder was ein Gesetz o. Ä. vorschreibt ⟨jemandem willig, aufs Wort gehorchen⟩ | *Sie gehorchte blind* (Sie gehorchte, ohne darüber nachzudenken, ob das richtig ist) | *Er gehorchte dem Wunsch seines Vaters und ging auf die höhere Schule* **2** **etwas gehorcht jemandem nicht** ein Teil des Körpers funktioniert nicht so, wie man es wünscht | *Die Beine wollten ihr nicht mehr gehorchen* | *Seine Stimme gehorchte ihm nicht mehr*

★ **ge·hö·ren** VERB (gehörte, hat gehört) **1** **ein Tier/etwas gehört jemandem** ein Tier/etwas ist jemandes Eigentum oder Besitz | *Das Haus, in dem wir wohnen, gehört meinen Eltern* | *Weißt du, wem diese Katze gehört?* **2** **etwas gehört jemandem** etwas ist vollständig für jemanden bestimmt | *Unserem einzigen Sohn gehört unsere ganze Liebe* **3** **jemand/etwas gehört zu etwas** jemand/etwas ist (wichtiger) Teil eines Ganzen, einer Einheit | *Sie gehört zum engsten Freundeskreis* | *Das gehört zum Allgemeinwissen* **4** **ein Tier/etwas gehört irgendwohin** irgendwo ist der richtige Ort, Platz o. Ä. für ein Tier/etwas | *Die Fahrräder gehören in die Garage* | *Ein großer Hund gehört nicht in eine kleine Wohnung* | *Gehört die Bemerkung überhaupt zum Thema?* **5** **etwas gehört zu etwas** etwas ist für etwas notwendig | *Es gehört viel Geschick dazu, ein Auto selbst zu reparieren* **6** **jemand/etwas gehört** –*Partizip Perfekt besonders süddeutsch, gesprochen* verwendet, um zu sagen, dass etwas gegen eine Person oder einen Zustand getan werden muss | *So ein Lärm gehört doch verboten!* **7** **etwas gehört sich** etwas entspricht den guten Sitten, den gesellschaftlichen Normen | *Unanständige Witze gehören sich nicht in einer solchen Gesellschaft* | *Es gehört sich nicht, so etwas zu sagen!*

Ge·hör·gang *der* die Verbindung zwischen der Ohrmuschel und dem Trommelfell

ge·hö·rig ADJEKTIV **1** *meist attributiv* so, wie es richtig oder angemessen ist ⟨der Respekt; sich gehörig entschuldigen⟩ **2** *meist attributiv* viel, groß oder intensiv ⟨ein gehöriger Schrecken; jemanden gehörig ausschimpfen, verprügeln, erschrecken⟩ | *Es gehört eine gehörige Portion Glück dazu* **3** **(zu) jemandem/etwas gehörig** *geschrieben* jemandem gehörend oder einen Teil einer Sache bildend

ge·hör·los ADJEKTIV so, dass eine Person nicht die Fähigkeit hat, (mit den Ohren) zu hören **!** besonders in der geschriebenen Sprache verwendet; anders als *taub* nie abwertend ● hierzu **Ge·hör·lo·se** *der/die*

ge·hörnt ADJEKTIV **1** mit Hörnern ⟨ein Dämon, ein Tier⟩ **2** *veraltend meist attributiv* von der Ehefrau (sexuell) betrogen ⟨der Ehemann⟩

★ **ge·hor·sam** ADJEKTIV **1** **(jemandem gegenüber) gehorsam** so, dass ein Kind tut, was die Eltern, Lehrer usw. wünschen ≈ *folgsam* | *gehorsam zu Bett gehen* **2** *veraltend* so, dass eine Person tut, was in ihrer sozialen Stellung von ihr erwartet wird, und nie Kritik äußert ⟨ein Diener, ein Soldat, ein Untertan⟩ ● hierzu **Ge·hor·sam·keit** *die*

Ge·hor·sam *der;* (-s) **1** ein gehorsames Verhalten ⟨(jemandem) Gehorsam leisten; (jemandem) den Gehorsam verweigern; unbedingten Gehorsam (von jemandem) fordern⟩ | *blinder Gehorsam* (absoluter, unkritischer Gehorsam) **2** **vorauseilender Gehorsam** *abwertend* ein Verhalten, mit dem man versucht, sich jemandes Wünschen anzupassen, bevor diese überhaupt geäußert wurden

Geh·steig *der;* (-(e)s, -e) *besonders süddeutsch* Ⓐ ≈ *Bürgersteig*

Geht·nicht·mehr ■ ID **bis zum Gehtnichtmehr** *gesprochen* so lange, oft, viel o. Ä., bis man es nicht mehr erträgt | *Ich hab das bis zum Gehtnichtmehr geübt*

★ **Geh·weg** *der* **1** ein fester und meist erhöhter Weg für Fußgänger neben der Straße in Städten und Dörfern ≈ *Gehsteig* **2** ein schmaler Weg für Fußgänger außerhalb der Stadt ≈ *Fußweg*

Gei·er ['gaiɐ] *der;* (-s, -) ein großer Vogel, der vor allem vom Fleisch toter Tiere lebt ■ ID **Hol dich/Hols der Geier!** *gesprochen* verwendet, um Ärger über jemanden/etwas auszudrücken

Gei·fer *der;* (-s) Speichel, der einem Tier aus dem Maul rinnt oder tropft

gei·fern VERB (geiferte, hat gegeifert) **1** **ein Tier geifert** ein Hund, ein Wolf o. Ä. lässt Speichel aus dem Maul fließen **2** **(gegen jemanden) geifern** *abwertend* mit wütenden und gehässigen Worten über jemanden schimpfen ● zu (2) **Gei·fe·rer** *der*

★ **Gei·ge** *die;* (-, -n) ein Musikinstrument mit vier Saiten, das mit einem Bogen gestrichen wird und das man zum Spielen an die Schulter legt ⟨(auf einer) Geige spielen⟩ ≈ *Violine* **K** Geigenbogen, Geigensaite, Geigenvirtuose ■ **ID die erste Geige spielen** *gesprochen* eine führende Position haben; **die zweite Geige spielen** *gesprochen* wenig Einfluss haben

gei·gen VERB (geigte, hat gegeigt) **(etwas) geigen** *gesprochen* etwas auf der Geige spielen ■ **ID es jemandem geigen** *gesprochen* jemanden lange und heftig schimpfen

Gei·gen·kas·ten *der* ein Behälter für eine Geige

Gei·ger·zäh·ler *der* ein Gerät, mit dem man radioaktive Strahlung misst

geil ADJEKTIV; *gesprochen* **1** *meist abwertend* begierig auf Sex ⟨jemanden geil machen⟩ **2** verwendet, um Anerkennung auszudrücken ≈ *toll* | *Echt geil, dein neues Auto!* **3** **auf etwas** (*Akkusativ*) **geil sein** etwas sehr gern tun, haben oder erreichen wollen | *Er ist ganz geil auf den Job* ● hierzu **Geil·heit** *die*

-geil *im Adjektiv, unbetont, begrenzt produktiv; gesprochen, meist abwertend* **karrieregeil, machtgeil, profitgeil, sensationsgeil** *und andere* mit einem sehr großen oder zu großen Wunsch nach der genannten Sache ≈ *-gierig*

Gei·sel *die*; (-, -n) eine Person, die von jemandem gefangengenommen wurde und erst dann wieder freigelassen wird, wenn die Forderungen erfüllt sind ⟨eine Geisel nehmen; jemanden als/zur Geisel nehmen⟩ **K** Geiselbefreiung, Geiseldrama

Gei·sel·nah·me *die*; (-, -n) das Gefangennehmen einer Geisel oder mehrerer Geiseln ● hierzu **Gei·sel·neh·mer** *der*

Geiß *die*; (-, -en); *süddeutsch* Ⓐ Ⓒⓗ eine weibliche Ziege

Geiß·bock *der*; *süddeutsch* Ⓐ Ⓒⓗ eine männliche Ziege ≈ *Ziegenbock*

Gei·ßel *die*; (-, -n) **1** *geschrieben* eine sehr große Plage, ein großes Unglück | *Die Pest war eine Geißel der Menschheit* **2** *historisch* ein Stab mit Riemen, mit dem jemand zur Strafe geschlagen wurde **3** *besonders süddeutsch* Ⓐ Ⓒⓗ ≈ *Peitsche*

gei·ßeln VERB (geißelte, hat gegeißelt) **1** **etwas geißeln** *geschrieben* etwas scharf verurteilen | *die Korruption der Regierung geißeln* | *soziale Missstände geißeln* **2** **etwas geißelt Personen** *geschrieben* eine Katastrophe peinigt, quält das Volk o. Ä. | *Immer wieder wurde Europa im Mittelalter von der Pest gegeißelt* **3** **jemanden geißeln** *historisch* eine Person oder sich selbst mit einer Geißel schlagen ● hierzu **Gei·ße·lung** *die*

★ **Geist**[1] *der*; (-(e)s, -er) **1** (*nur Singular*) die Fähigkeit des Menschen, die Welt wahrzunehmen und zu denken ⟨einen regen, wachen, scharfen Geist haben⟩ ≈ *Bewusstsein, Verstand* | *Streng doch mal deinen Geist ein bisschen an!* **2** (*nur Singular*) die innere Einstellung oder Haltung, die für eine Art zu denken oder zu leben charakteristisch ist | *der demokratische/olympische Geist* **K** Geisteshaltung, Geistesrichtung, Geistesströmung, Geistesverwandtschaft; Gemeinschaftsgeist, Kampfgeist, Klassengeist, Mannschaftsgeist **3** (*nur Singular*) das Charakteristische vor allem in einer Epoche ⟨der Geist der Zeit⟩ **K** Zeitgeist **4** **im Geiste** (*nur in dieser Form*) nicht wirklich, sondern nur in jemandes Fantasie ⟨jemanden/etwas im Geiste vor sich (*Dativ*) sehen; im Geiste bei jemandem sein⟩ | *Er sah sich im Geiste schon als neuen Abteilungsleiter* **5** **in jemandes Geist(e)** *geschrieben* (*nur in dieser Form*) so, wie es jemand getan oder gewollt hätte ⟨in jemandes Geist(e) handeln⟩ | *Die Firma wird ganz im Geiste des verstorbenen Gründers geführt* **6** **ein** *+Adjektiv* **Geist** ein Mensch mit der genannten Eigenschaft ⟨ein dienstbarer, freundlicher, hilfreicher, unruhiger Geist⟩ **K** Plagegeist, Quälgeist **7** **ein großer Geist** eine Person, die wegen ihrer Intelligenz und ihrer neuen Ideen wichtig ist | *Rousseau war einer der größten Geister seiner Zeit* **8** **der Heilige Geist** (*nur in dieser Form*) die Erscheinung des christlichen Gottes, die meist als Taube dargestellt wird ■ **ID etwas gibt den/seinen Geist auf** *gesprochen* ein Gerät oder eine Maschine hört auf zu funktionieren; **seinen Geist sprühen lassen**, **vor Geist sprühen** viele kluge Gedanken interessant und witzig formulieren; **Der Geist ist willig, aber das Fleisch ist schwach** *oft humorvoll* verwendet, wenn man erklären will, warum man das nicht tun konnte, was man sich vorgenommen hatte; **jemandem auf den Geist gehen** *gesprochen* jemandem lästig sein ● zu (1) **geist·los** ADJEKTIV; zu (1) **geist·reich** ADJEKTIV

★ **Geist**[2] *der*; (-(e)s, -er) **1** ein gedachtes Wesen ohne Körper, das gut oder böse zu den Menschen ist, z. B. eine Fee oder ein Dämon ⟨ein guter, böser Geist; Geister beschwören; an Geister glauben⟩ **K** Geisterbeschwörung, Geisterglaube, Geisterwelt; Brunnengeist, Luftgeist, Waldgeist **2** ein Mensch, den jemand nach dessen Tod als Geist zu hören oder zu sehen glaubt ⟨ein Geist erscheint jemandem, geht um, spukt⟩ | *In dem alten Schloss geht nachts der Geist eines Ritters um* **K** Geistererscheinung, Geisterhaus, Geisterschloss, Geisterspuk, Geisterstimme ■ **ID Daran/Hier scheiden sich die Geister** über dieses Thema gibt es unterschiedliche Meinungen; **Du bist wohl von allen guten Geistern verlassen!** *gesprochen* du spinnst wohl! ● zu (2) **geis·ter·haft** ADJEKTIV

Geis·ter·bahn *die* in einer Geisterbahn fährt man auf Jahrmärkten in kleinen Wagen durch dunkle Räume und wird durch unheimliche Geräusche und Gegenstände erschreckt

Geis·ter·fah·rer *der* ein Autofahrer, der auf der Autobahn in die falsche (entgegengesetzte) Fahrtrichtung fährt

Geis·ter·hand *die* **wie von/durch Geisterhand** als hätte es eine unsichtbare Hand oder Kraft getan

geis·tern VERB (geisterte, hat/ist gegeistert) **1** **irgendwohin geistern** (*ist*) zu einer Zeit, in der alle schlafen, wach sein und umhergehen | *nachts durchs Haus geistern* **2** **etwas geistert irgendwohin** (*ist*) ein Licht leuchtet schwach und bewegt sich irgendwo | *Lichter, die über den Himmel geistern* **3** **etwas geistert durch jemandes Kopf** (*ist*) etwas lässt einer Person keine Ruhe, weil sie immer wieder daran denken muss ⟨ein Gedanke, eine Idee, eine Vorstellung⟩ **4** **irgendwo geistert es** (*hat*) an einem Ort gehen Geister, Gespenster um

Geis·ter·stun·de *die*; *nur Singular* die Stunde nach Mitternacht, in der (wie früher manche geglaubt haben) die Geister erscheinen

geis·tes·ab·we·send ADJEKTIV in Gedanken nicht bei der Sache, mit der man sich gerade beschäftigen soll ● hierzu **Geis·tes·ab·we·sen·heit** *die*

Geis·tes·blitz *der*; *gesprochen* eine plötzliche (gute) Idee ⟨einen Geistesblitz haben⟩

Geis·tes|ge·gen·wart *die* die Fähigkeit, in einer gefährlichen oder unangenehmen Situation schnell und richtig zu handeln ⟨die Geistesgegenwart haben zu *+Infinitiv*⟩ | *Durch die Geistesgegenwart des Fahrers wurde ein Unfall vermieden* ● hierzu **geis·tes|ge·gen·wär·tig** ADJEKTIV

Geis·tes·ge·schich·te *die*; *nur Singular* die Geschichte der wissenschaftlichen, philosophischen und politischen Ideen einer Zeit, eines Landes o. Ä. ● hierzu **geis·tes·ge·schicht·lich** ADJEKTIV

geis·tes·ge·stört ADJEKTIV ≈ *geisteskrank* ● hierzu **Geis·tes·ge·stör·te** *der/die*; **Geis·tes·stö·rung** *die*

geis·tes·krank ADJEKTIV an einer Krankheit des Geistes und der Psyche leidend ● hierzu **Geis·tes·kran·ke** *der/die*; **Geis·tes·krank·heit** *die*

Geis·tes·wis·sen·schaft *die* eine der Wissenschaften, die sich mit Kunst, Kultur oder Sprache beschäftigen ↔ *Naturwissenschaft* ● hierzu **geis·tes·wis·sen·schaft·lich** ADJEKTIV; **Geis·tes·wis·sen·schaft·ler** *der*; **Geis·tes·wis·sen·schaft·le·rin** *die*

Geis·tes·zu·stand *der; nur Singular* die gesundheitliche Verfassung, in der jemandes Verstand und Psyche sind

★ **geis·tig** ADJEKTIV *meist attributiv* **1** in Bezug auf den menschlichen Verstand, Geist ⟨eine Arbeit, eine Tätigkeit; geistig behindert, rege, umnachtet, verwirrt, zurückgeblieben⟩ | *Trotz ihres hohen Alters ist sie geistig noch sehr aktiv* **2** *geschrieben* in Bezug auf die Ansichten und Überzeugungen ⟨jemandes Einstellung, Haltung⟩ | *Die beiden Freunde verband eine geistige Verwandtschaft* **3** → Eigentum **4** → Getränk **5** → Vater

geist·lich ADJEKTIV *meist attributiv* **1** in Bezug auf die (christliche) Kirche als Institution ↔ *weltlich* | *ein geistlicher Herr* (ein Priester) | *der geistliche Stand* (alle Geistlichen) **2** in Bezug auf den Glauben ⟨Beistand; jemandem geistlich beistehen⟩

Geist·li·che *der/die*; (-n, -n) eine Person, die als Theologe bzw. Theologin für die Kirche, in der Seelsorge o. Ä. arbeitet | *einen Geistlichen zu einem Sterbenden rufen* **H** *ein Geistlicher; der Geistliche; den, dem, des Geistlichen*

Geist·lich·keit *die*; (-) alle Geistlichen ≈ *Klerus*

geist·tö·tend ADJEKTIV sehr langweilig ⟨eine Beschäftigung⟩

Geiz *der*; (-es); *abwertend* die Eigenschaft einer Person, kein Geld ausgeben zu wollen ⟨großer, krankhafter Geiz⟩ | *Ihre Sparsamkeit grenzt schon an Geiz* ● hierzu **gei·zig** ADJEKTIV

gei·zen VERB (geizte, hat gegeizt) **mit etwas geizen** mit etwas zu sparsam sein, nur wenig von etwas hergeben ⟨mit jedem Tropfen Wasser geizen; nicht mit Beifall, Lob geizen⟩ | *Der Lehrer geizte nicht mit guten Noten* (gab viele gute Noten)

Geiz·hals *der*; *abwertend* ein geiziger Mensch

Geiz·kra·gen *der*; *gesprochen, abwertend* ≈ *Geizhals*

ge·kannt PARTIZIP PERFEKT → kennen

ge·klun·gen PARTIZIP PERFEKT → klingen

ge·knickt ■ PARTIZIP PERFEKT **1** → knicken
■ ADJEKTIV (geknickter, geknicktest-) **2** *gesprochen* ⟨geknickt aussehen, sein⟩ ≈ *enttäuscht*

ge·knif·fen PARTIZIP PERFEKT → kneifen

ge·konnt ■ PARTIZIP PERFEKT **1** → können[1]
■ ADJEKTIV **2** so, dass deutlich wird, dass jemand eine Sache gut beherrscht ⟨eine Darbietung, eine Reparatur⟩ | *Er hat alle Schwierigkeiten gekonnt gemeistert*

Ge·krit·zel *das*; (-s); *abwertend* Zeichen und Buchstaben, die jemand mit Mühe oder schnell geschrieben hat und die man deshalb schlecht lesen kann | *Ich kann sein Gekritzel nicht entziffern/lesen*

ge·kro·chen PARTIZIP PERFEKT → kriechen

ge·küns·telt ADJEKTIV; *abwertend* so, dass es unnatürlich wirkt ⟨gekünstelt lachen, sprechen⟩

Ge·la·ber *das*; (-s); *gesprochen, abwertend* oberflächliches, dummes Gerede

Ge·läch·ter *das*; (-s, -); *meist Singular* das Lachen ⟨befreiendes, schallendes Gelächter; in Gelächter ausbrechen; etwas mit (höhnischem, spöttischem) Gelächter quittieren⟩ | *Seine Erklärungen gingen im Gelächter der Schüler unter*

ge·lack·mei·ert ADJEKTIV; *gesprochen, humorvoll* ⟨sich gelackmeiert fühlen; gelackmeiert werden, sein⟩ ≈ *betrogen* ● hierzu **Ge·lack·mei·er·te** *der/die*

ge·la·den ■ PARTIZIP PERFEKT **1** → laden
■ ADJEKTIV **2** *gesprochen* ≈ *wütend*

★ **Ge·län·de** *das*; (-s, -) **1** ein Teil der Erdoberfläche mit den topografischen Eigenschaften ⟨ein bergiges, hügeliges, unwegsames Gelände; ein Gelände erkunden, durchkämmen⟩ ≈ *Terrain* **K** Geländefahrt **2** ein Stück Land, das jemandem gehört oder das für einen Zweck abgegrenzt wurde ⟨ein unbebautes Gelände; ein Gelände absperren⟩ **K** Ausstellungsgelände, Bahnhofsgelände, Baugelände, Fabrikgelände, Firmengelände, Messegelände **3** (aus Sicht des Militärs) freie Landschaft im Gegensatz zur Kaserne und zu Ortschaften ⟨ins Gelände fahren, gehen⟩ **K** Geländemarsch, Geländeübung

Ge·län·de- *im Substantiv, betont, begrenzt produktiv* **das Geländefahrrad, das Geländefahrzeug, der Geländewagen** *und andere* nicht nur für asphaltierte Straßen, sondern auch für Gras, Sand, Schotterwege usw. gut geeignet

★ **Ge·län·der** *das*; (-s, -) Geländer sind die Stangen am Rand von Treppen, Balkonen usw., an denen man sich festhalten kann, damit man nicht fällt ⟨sich am Geländer festhalten; sich über das Geländer beugen; über das Geländer klettern⟩ **K** Balkongeländer, Treppengeländer

ge·lang *Präteritum, 3. Person Singular* → gelingen

ge·län·ge *Konjunktiv II, 3. Person Singular* → gelingen

★ **ge·lan·gen** VERB (gelangte, ist gelangt) **1** **irgendwohin gelangen** ein Ziel oder einen Ort erreichen | *jemand gelangt ans Ziel* | *Er konnte nicht ans andere Ufer gelangen* | *Das Paket ist an eine falsche Adresse gelangt* **2** **etwas gelangt irgendwohin** etwas kommt, etwas gerät irgendwohin | *Diese Informationen hätten nie an die Öffentlichkeit gelangen dürfen* | *Wie sind die Dokumente in Ihren Besitz/in ihre Hände gelangt?* **3** **zu etwas gelangen** den erwünschten Zustand erreichen ⟨zu einer Einigung, Verständigung (mit jemandem) gelangen; zu Ruhm und Ehre, zu Reichtum gelangen⟩ **4** **zu etwas gelangen** sich eine Meinung, ein Urteil bilden ⟨zu einer Ansicht, einem Urteil gelangen; zu der Erkenntnis gelangen, dass ...⟩ **5** **zu etwas gelangen** *geschrieben* verwendet, um eine Passivkonstruktion zu umschreiben | *zum Einsatz gelangen* (eingesetzt werden) | *etwas gelangt zur Ausführung* (etwas wird ausgeführt)

★ **ge·las·sen** ■ PARTIZIP PERFEKT **1** → lassen
■ ADJEKTIV **2** (seelisch) ganz ruhig, nicht nervös, wütend o. Ä. ⟨gelassen bleiben; etwas gelassen hinnehmen⟩ ● zu (2) **Ge·las·sen·heit** *die*

Ge·la·ti·ne [ʒela'tiːnə] *die*; (-) eine Substanz, aus der man vor allem Sülze und Gelee macht | *Gelatine in Form von Pulver*

ge·lau·fen PARTIZIP PERFEKT → laufen

ge·läu·fig ADJEKTIV **1** weit verbreitet, vielen Leuten bekannt ⟨eine Redensart⟩ **2** **etwas ist jemandem geläufig** etwas ist jemandem bekannt, vertraut | *Dieser Begriff ist mir nicht geläufig* **3** so, dass sich jemand in einer fremden Sprache ohne Fehler und Mühe ausdrückt | *Als ich ihn auf Englisch ansprach, antwortete er mir in geläufigem Deutsch* ● zu (2) **Ge·läu·fig·keit** *die*

★ **ge·launt** ADJEKTIV **irgendwie gelaunt** mit der genannten Art von Laune oder Stimmung ⟨gut, schlecht, übel gelaunt sein⟩ **K** gutgelaunt, schlechtgelaunt, übelgelaunt

★ **gelb** ADJEKTIV von der Farbe einer Zitrone, der Sonne | *ein gelbes Kleid tragen* | *eine Wand gelb streichen* **K** gelbbraun, gelbgrün; dottergelb, goldgelb, honiggelb, maisgelb, senfgelb, strohgelb, zitronengelb

Gelb *das*; (-s, - /gesprochen auch -s); *meist Singular* **1** die gelbe Farbe ⟨ein kräftiges, leuchtendes, warmes Gelb⟩ **2** das Licht einer Ampel, das zwischen dem grünen und dem roten Licht aufleuchtet | *bei Gelb noch schnell über die Kreuzung fahren*

Gel·be *das* ■ ID **etwas ist nicht das Gelbe vom Ei** *gesprochen* etwas ist nicht sehr schlecht, sollte aber doch viel besser sein | *Die neue Regelung ist auch noch nicht das Gelbe*

G

vom Ei, da muss noch einiges verbessert werden

Gelb·fie·ber *das; nur Singular* eine Krankheit, die in den Tropen vorkommt und bei der man Fieber und Gelbsucht bekommt

gelb·lich ADJEKTIV fast gelb, der Farbe Gelb ähnlich | *Beim Sonnenuntergang verfärbte sich der Himmel gelblich*

Gelb·sucht *die; nur Singular* eine Krankheit, bei welcher die Leber nicht mehr richtig funktioniert und deshalb die Haut und der weiße Teil des Auges gelb werden ⟨Gelbsucht haben⟩ • hierzu **gelb·süch·tig** ADJEKTIV

★ **Geld** *das*; (-es, -er) **1** *nur Singular* Münzen oder Banknoten, die man dazu benutzt, etwas zu kaufen, oder die man bekommt, wenn man etwas verkauft oder leistet ⟨die Kaufkraft, der Wert des Geldes; Geld verdienen, einnehmen, kassieren, scheffeln, ausgeben; Geld zur Bank tragen, bei der Bank einzahlen; Geld sparen, auf der Bank/auf dem Konto haben, anlegen; Geld vom Konto abheben, flüssig haben, umtauschen, wechseln; das Geld verspielen; Geld fälschen, unterschlagen; jemanden um das Geld bringen; jemandem Geld auslegen, vorschießen, schulden, zustecken, zurückzahlen; etwas kostet viel, einen Batzen, einen Haufen, einen Sack voll, eine Stange Geld; etwas bringt viel Geld ein⟩ | *Er hat das ganze Geld verjubelt/verprasst/verpulvert/verschleudert* (sinnlos ausgegeben) | *Von dem Geld, das er beim Lotto gewonnen hat, will er ein Haus bauen* | *Wenn wir Karten spielen, spielen wir immer um Geld* K Geldbetrag, Geldbuße, Geldgier, Geldknappheit, Geldmangel, Geldsorgen, Geldspende, Geldstrafe, Geldsumme; Bargeld, Münzgeld, Papiergeld, Silbergeld, Falschgeld; Bußgeld, Eintrittsgeld, Haushaltsgeld, Schulgeld **2** *meist Plural* große Summen Geld für einen besonderen Zweck ⟨öffentliche, private Gelder; Gelder beantragen, veruntreuen⟩ | *Der Bau des Krankenhauses hat wesentlich mehr Gelder verschlungen, als ursprünglich vorgesehen war* K Lohngelder, Staatsgelder, Steuergelder **3** **hartes/kleines Geld** *nur Singular* Münzen **4** **großes Geld** *nur Singular* Banknoten ≈ *Papiergeld, Geldscheine*

■ ID ▸Präposition plus Geld: **jemand sitzt auf dem/seinem Geld** *gesprochen* jemand ist geizig; **etwas nicht für Geld und gute Worte tun** sich nicht zu etwas überreden lassen; **etwas für teures Geld kaufen** viel Geld für etwas bezahlen; **etwas zu Geld machen** etwas verkaufen; **jemand schwimmt im Geld** *gesprochen* jemand ist reich; **etwas geht ins Geld** etwas ist sehr teuer; **jemand/etwas ist nicht mit Geld zu bezahlen** eine Person oder Sache ist für jemanden sehr wichtig oder wertvoll; **jemand stinkt vor Geld** *gesprochen* jemand ist sehr reich;

▸Geld als Objekt: **das Geld arbeiten lassen** das Geld so verwenden, dass es mehr wird, z. B. durch Investieren; **Ich habe mein Geld nicht auf der Straße gefunden** ich will mein Geld nicht für etwas (Sinnloses) ausgeben; **jemand wirft/schmeißt das Geld zum Fenster hinaus** jemand verschwendet Geld; **jemandem (das) Geld aus der Tasche ziehen** *gesprochen* jemanden dazu bringen, Geld auszugeben;

▸andere Verwendungen: **Geld stinkt nicht** man kann nicht erkennen, auf welche Weise jemand Geld verdient hat; **jemand hat Geld wie Heu** *gesprochen* jemand ist reich; **etwas bedeutet bares Geld** etwas wird jemandem sicher Geld bringen

Geld·adel *der* sehr reiche Leute, die wegen ihres Geldes Einfluss und Prestige haben

★ **Geld·au·to·mat** *der* ein Automat einer Bank, von dem man Geld bekommt, wenn man eine Bankkarte in den Schlitz steckt

★ **Geld·beu·tel** *der* eine kleine Tasche (meist aus Leder) für das Geld, das man bei sich trägt ⟨etwas in den Geldbeutel tun⟩ ■ ID **einen dicken/dünnen Geldbeutel haben** *gesprochen* viel/wenig Geld haben; **tief in den Geldbeutel greifen** *gesprochen* viel Geld ausgeben

★ **Geld·bör·se** *die* ≈ *Geldbeutel*

Geld·kar·te *die* eine kleine Karte aus Plastik. Mit der Geldkarte kann man an Automaten ohne Bargeld zahlen

Geld·mit·tel *die; Plural* das Geld, das jemandem (für einen Zweck) zur Verfügung steht ⟨über geringe, große Geldmittel verfügen⟩

Geld·rol·le *die* eine Anzahl von Münzen mit dem gleichen Wert, die mit Papier zu einer Rolle gewickelt sind

★ **Geld·schein** *der; gesprochen* ein Stück Papier mit einer Zahl für den Geldwert, mit dem man bezahlen kann ≈ *Banknote*

Geld·schrank *der* ein stabiler Behälter aus Metall, in den man Geld, Schmuck, Dokumente usw. einschließt, um sie vor Dieben, Feuer o. Ä. zu schützen ⟨einen Geldschrank aufbrechen/knacken, ausrauben⟩ ≈ *Tresor*

Geld·stück *das* ein (meist rundes) Stück Metall, auf dem ein Wert steht und das zur Zahlung benutzt wird ≈ *Münze*

Geld·wä·sche *die; gesprochen* Handlungen, mit denen man illegal eingenommenes Geld so verwendet, dass es legal wirkt

Geld·wech·sel *der* das Umtauschen von Geld einer Währung in Geld einer anderen Währung

Ge·lee [ʒe'leː] *der/das*; (-s, -s) Fruchtsaft, der mit Zucker gekocht wurde und der dadurch so fest geworden ist, dass man ihn auf Brot streichen kann K Apfelgelee, Himbeergelee, Johannisbeergelee ▪ → auch **Konfitüre** und **Marmelade**

Ge·le·ge *das*; (-s, -) alle Eier, die ein Vogel oder ein Reptil gelegt hat | *Die Schildkröte vergräbt ihr Gelege im Sand*

★ **ge·le·gen** ■ PARTIZIP PERFEKT **1** → liegen

■ ADJEKTIV **2** **etwas kommt jemandem gelegen** etwas geschieht zu einer Zeit, die für jemanden günstig ist | *Dein Besuch kommt mir sehr gelegen, denn ich brauche deine Hilfe* **3** **jemandem ist an etwas** (Dativ) **gelegen** *geschrieben* jemandem ist etwas wichtig | *Der Polizei ist an einer schnellen Klärung des Falls gelegen* | *Mir wäre sehr daran gelegen, dass wir heute pünktlich Schluss machen*

★ **Ge·le·gen·heit** *die*; (-, -en) **1** ein Zeitpunkt oder eine Situation, die für einen Zweck günstig ist ⟨eine einmalige, günstige, gute, seltene Gelegenheit; die Gelegenheit ergreifen, verpassen⟩ | *Er nutzt jede Gelegenheit, (um) von seinem Urlaub zu erzählen* **2** die Möglichkeit, etwas zu tun ⟨jemandem (die) Gelegenheit zu etwas geben; etwas bei der ersten Gelegenheit tun; jemandem bietet sich eine Gelegenheit⟩ | *Ich hatte keine Gelegenheit, sie anzurufen* **3** etwas, das man zu einem sehr niedrigen Preis gekauft hat (und oft nicht braucht) | *Die Schuhe waren eine Gelegenheit. So was kriege ich zu dem Preis nie wieder!* K Gelegenheitskauf **4** eine feierliches gesellschaftliches Ereignis (z. B. ein Geburtstag, eine Hochzeit, ein offizieller Empfang o. Ä.) ≈ *Anlass* | *Dieses Kleid trage ich nur zu besonderen Gelegenheiten* ■ ID **die Gelegenheit beim Schopf ergreifen/fassen/packen** eine günstige Gelegenheit nutzen

Ge·le·gen·heits- *im Substantiv, betont, begrenzt produktiv* **der Gelegenheitsdieb, der Gelegenheitsraucher, der Gelegenheitstrinker** *und andere* verwendet, um zu sagen, dass jemand etwas nur manchmal, nicht regelmäßig tut ↔ *Gewohnheits-*

Ge·le·gen·heits·ar·beit *die* eine (berufliche) Arbeit, die jemand nur kurze Zeit (und ohne feste Anstellung) macht • hierzu **Ge·le·gen·heits·ar·bei·ter** *der*; **Ge·le·gen·heits·ar·bei·te·rin** *die*

ge·le·gent·lich ADJEKTIV **1** so, dass etwas manchmal, hin und wieder geschieht | *Der Sommer war heiß und trocken, mit gelegentlichen Gewittern* | *Ich trinke meist Tee oder Wasser und nur gelegentlich Wein* 2 *meist adverbiell* bei passenden, günstigen Umständen | *Ich werde dich gelegentlich besuchen*

ge·leh·rig ADJEKTIV mit der Fähigkeit, leicht zu lernen, etwas schnell zu verstehen ⟨ein Kind, ein Schüler, ein Tier⟩ | *Papageien sind sehr gelehrige Tiere* ● hierzu **Ge·leh·rig·keit** *die*

ge·lehr·sam ADJEKTIV ≈ *gelehrig* ● hierzu **Ge·lehr·sam·keit** *die*

★ **ge·lehrt** ■ PARTIZIP PERFEKT 1 → lehren
■ ADJEKTIV (gelehrter, gelehrtest-) 2 mit viel wissenschaftlichem Wissen ⟨eine Frau, ein Mann⟩ 3 mit wissenschaftlichem Inhalt ⟨eine Abhandlung, Ausführungen⟩ 4 abstrakt und kompliziert formuliert und deshalb schwer verständlich ⟨gelehrt sprechen; sich gelehrt ausdrücken⟩

Ge·lehr·te *der/die;* (-n, -n) eine Person mit großen wissenschaftlichen Kenntnissen ⟨ein bedeutender, namhafter Gelehrter⟩ H *ein Gelehrter; der Gelehrte; den, dem, des Gelehrten*

Ge·leit *das;* (-(e)s) 1 **jemandem das Geleit geben** *geschrieben* eine Person begleiten, um sie zu ehren oder zu schützen | *Drei Polizeiwagen gaben dem Botschafter das Geleit zum Flughafen* K Geleitschutz, Geleitzug 2 **freies/sicheres Geleit** eine Person hat freies Geleit, wenn ihr versprochen wird, dass sie sich auf einem Gebiet bewegen darf und nicht angegriffen oder festgenommen wird ⟨jemandem freies/sicheres Geleit gewähren⟩ 3 **zum Geleit** *geschrieben* verwendet als Überschrift für ein Vorwort zu einem Buch K Geleitwort ■ ID **jemandem das letzte Geleit geben** *geschrieben* an jemandes Beerdigung teilnehmen

ge·lei·ten VERB (geleitete, hat geleitet) **jemanden irgendwohin geleiten** *geschrieben* ≈ *begleiten*

★ **Ge·lenk** *das;* (-(e)s, -e) 1 eine bewegliche Verbindung zwischen Knochen ⟨ein entzündetes, gebrochenes, geschwollenes, schmerzendes, steifes Gelenk⟩ K Gelenkentzündung, Gelenkschmerzen, Gelenkversteifung; Handgelenk, Hüftgelenk, Kniegelenk 2 eine bewegliche Verbindung zwischen Maschinenteilen o. Ä.

Ge·lenk·bus *der* ein langer Bus mit einem beweglichen Verbindungsteil

ge·len·kig ADJEKTIV zu geschickten, flinken Bewegungen fähig ≈ *beweglich, gewandt* | *Trotz seines hohen Alters ist er noch sehr gelenkig* ● hierzu **Ge·len·kig·keit** *die*

Ge·lenk·ku·gel *die* das runde Ende eines Knochens, das Teil eines Gelenks ist

Ge·lenk·pfan·ne *die* eine Vertiefung an einem Knochen, die Teil eines Gelenks ist

ge·lernt ■ PARTIZIP PERFEKT 1 → lernen
■ ADJEKTIV 2 *meist attributiv* mit einer abgeschlossenen Ausbildung oder Lehre in dem genannten Beruf | *Er ist gelernter Koch* | *Sie ist gelernte Verkäuferin*

ge·le·sen PARTIZIP PERFEKT → lesen

Ge·lieb·te *der/die;* (-n, -n) 1 eine Person, zu der man eine sexuelle Beziehung hat (oft neben der Ehe mit einer anderen Person) ⟨einen Geliebten/eine Geliebte haben; der/die Geliebte von jemandem sein⟩ H *ein Geliebter; der Geliebte; den, dem, des Geliebten* 2 *veraltet* verwendet als Anrede für den Mann/die Frau, den/die man liebt

ge·lie·fert ■ PARTIZIP PERFEKT 1 → liefern
■ ADJEKTIV 2 *gesprochen* **geliefert sein** keine Chance mehr haben

ge·lie·hen PARTIZIP PERFEKT → leihen

ge·lie·ren [ʒe-] VERB (gelierte, hat geliert) **etwas geliert** etwas wird zu Gelee ⟨eine Brühe, ein Fruchtsaft, eine Sülze⟩ K Geliermittel, Gelierzucker

ge·lin·de ADJEKTIV 1 *geschrieben* von geringer Intensität ⟨ein Schmerz, eine Strafe⟩ ≈ *leicht* 2 **gelinde gesagt** vorsichtig formuliert | *Er ist hier, gelinde gesagt, nicht gerade willkommen*

★ **ge·lin·gen** VERB (gelang, ist gelungen) 1 **etwas gelingt (jemandem)** etwas geschieht so, wie es jemand gewollt oder geplant hat oder es hat ein positives Ergebnis ⟨ein Plan, ein Versuch, jemandes Flucht⟩ | *zum Gelingen eines Unternehmens beitragen* | *Der Kuchen ist dir gut gelungen* 2 **es gelingt jemandem zu** +*Infinitiv* jemand kann etwas erfolgreich durchführen, beenden | *Es gelang mir nicht, sie vom Gegenteil zu überzeugen*

ge·lit·ten PARTIZIP PERFEKT → leiden

gell ■ ADJEKTIV 1 unangenehm laut (und hoch) ⟨ein Pfiff, ein Schrei⟩
■ PARTIKEL *betont* 2 *süddeutsch, gesprochen* verwendet am Anfang oder Ende eines Satzes, wenn der Sprecher hofft, dass die andere Person zustimmt oder einverstanden ist | *Das denkst du auch, gell?* | *Du hilfst mir doch, gell?* | *Gell, du bringst mir nachher noch die Bücher zurück?*

gel·len VERB (gellte, hat gegellt) 1 **etwas gellt** ein Ruf, eine Stimme klingt sehr laut (und hoch) 2 **jemandem gellen die Ohren (von etwas)** jemandem tun die Ohren weh, weil etwas so laut ist oder war

ge·lo·ben VERB (gelobte, hat gelobt) **(jemandem) etwas geloben** *geschrieben* (jemandem) etwas feierlich (in einer Zeremonie) versprechen ⟨jemandem Besserung, (ewige) Treue geloben⟩ ≈ *schwören* | *Er gelobte, die Wahrheit zu sagen*

Ge·löb·nis *das;* (-ses, -se); *geschrieben* ein feierliches (rituelles) Versprechen ⟨ein Gelöbnis ablegen, einhalten, brechen⟩ ≈ *Schwur, Gelübde* K Gelöbnisfeier; Treuegelöbnis

ge·lo·gen PARTIZIP PERFEKT → lügen

ge·löst ■ PARTIZIP PERFEKT 1 → lösen
■ ADJEKTIV 2 ruhig und nicht nervös ≈ *entspannt* | *Er macht einen ruhigen und gelösten Eindruck*

gelt PARTIKEL; *süddeutsch* Ⓐ, *gesprochen* ≈ *gell*

★ **gel·ten** VERB (gilt, galt, hat gegolten) 1 **etwas gilt** etwas kann eine Zeit lang oder unter entsprechenden Umständen rechtmäßig benutzt oder angewandt werden ⟨ein Ausweis, eine Fahrkarte, eine Regel, eine Vorschrift⟩ | *Die Fahrkarte gilt eine Woche* | *nach geltendem Recht* | *In allen Zügen gilt Rauchverbot* | *Der Pass gilt nicht mehr, er ist gestern abgelaufen* 2 **etwas gilt für jemanden/etwas** etwas betrifft eine Person oder Sache | *Der Spitzensteuersatz gilt nur für sehr hohe Einkommen* 3 **etwas gilt jemandem/etwas** etwas ist für eine Person oder Sache bestimmt oder an sie gerichtet | *Der Gruß galt dir* | *Meine Sorge gilt vor allem den Kindern* | *Der Schuss, der den Hund traf, hatte eigentlich dem Hasen gegolten* 4 **etwas gilt einer Sache** (*Dativ*) *geschrieben* etwas ist auf ein Ziel gerichtet | *Sein Hauptinteresse galt der Kunst* | *Diesen Punkten sollte unser besonderes Augenmerk gelten* 5 **jemand/etwas gilt als etwas** eine Person oder Sache hat nach Meinung vieler Menschen die genannte Eigenschaft | *Diese Straße gilt als gefährlich* | *Er gilt als großer Künstler* 6 **etwas gilt** etwas ist nach den Spielregeln erlaubt oder gültig | *Das Tor gilt nicht, weil ein Spieler im Abseits stand* 7 **etwas gelten lassen** etwas als rechtmäßig oder gerechtfertigt akzeptieren ⟨einen Einwand, eine Entschuldigung, einen Widerspruch gelten lassen⟩ 8 **etwas gilt etwas** etwas hat den genannten Wert | *„Was gilt die Wette?" – „Zwei Flaschen Sekt"* | *Deine Meinung gilt hier nichts!* 9 **es gilt zu** +*Infinitiv geschrieben* jetzt ist der Zeitpunkt gekommen, an dem etwas getan werden muss | *Jetzt gilt es, Ruhe zu bewahren* | *Es gilt, keine Zeit zu verlieren* 10 **es gilt etwas** *veraltend* es geht um etwas (das irgendwie gefährdet ist) | *Sie rannte, als gälte es ihr Leben*

■ ID **Das gildet nicht!** *Kindersprache oder gesprochen, humorvoll* Das ist unfair! **!** Die Form *gildet* ist nicht korrekt; **etwas geltend machen** **a** etwas nennen und durchzusetzen versuchen ⟨Ansprüche, Forderungen⟩ **b** etwas für ein Ziel einsetzen ⟨seinen Einfluss geltend machen⟩; **etwas macht sich geltend** etwas zeigt Wirkung

★ **Gel·tung** *die; (-); geschrieben* **1** **etwas hat/besitzt Geltung** etwas entspricht gesetzlichen oder rechtlichen Vorschriften und ist deshalb wirksam, wird anerkannt oder kann für den vorgesehenen Zweck verwendet werden ≈ *Gültigkeit* | *Dieses Gesetz hat immer noch Geltung* **K** Geltungsbereich, Geltungsdauer **2** **sich/etwas** *(Dativ)* **Geltung verschaffen** dafür sorgen, dass man/etwas Respekt erhält **3** **etwas kommt (irgendwie) zur Geltung** etwas hat eine Wirkung ⟨etwas kommt gut, voll zur Geltung⟩ | *Vor dem bunten Hintergrund kommt das Bild nicht zur Geltung* **4** **etwas zur Geltung bringen** etwas positiv wirken lassen | *Der helle Hintergrund bringt die dunklen Möbel gut zur Geltung*

Gel·tungs·sucht *die; nur Singular* der übertriebene Wunsch, beachtet und anerkannt zu werden ⟨eine krankhafte Geltungssucht⟩ • hierzu **gel·tungs·süch·tig** ADJEKTIV

Ge·lüb·de *das; (-s, -); geschrieben* ein feierliches Versprechen, das man aus einer meist religiösen Überzeugung heraus macht ⟨ein Gelübde ablegen, brechen⟩ **K** Armutsgelübde, Keuschheitsgelübde, Schweigegelübde

ge·lun·gen ■ PARTIZIP PERFEKT **1** → gelingen
■ ADJEKTIV **2** *gesprochen* ⟨etwas ist gelungen, sieht gelungen aus⟩ ≈ *komisch, witzig* | *Das ist wirklich eine gelungene Idee!*

Ge·lüs·te *die; Plural; gesprochen* **Gelüste (auf etwas** *(Akkusativ)***)** ein momentanes starkes Verlangen nach etwas | *Während der Schwangerschaft hatte sie oft seltsame Gelüste auf ausgefallene Speisen*

ge·lüs·ten VERB (gelüstete, hat gelüstet) **jemanden gelüstet es nach etwas** *geschrieben oder humorvoll* jemand hat ein starkes Verlangen nach etwas

Ge·mach *das; (-(e)s, Ge·mä·cher); geschrieben* ein (großer) Wohnraum meist in einer Burg, einem Schloss o. Ä. ⟨die königlichen Gemächer⟩ ■ ID **sich in seine Gemächer zurückziehen** *humorvoll* in das Zimmer gehen, in dem man nachts schläft

ge·mäch·lich ADJEKTIV ohne Eile, ohne Hast ⟨ein Tempo; etwas gemächlich tun⟩ • hierzu **Ge·mäch·lich·keit** *die*

Ge·mahl *der; (-s, -e); meist Singular; veraltet* **1** **(jemandes) Gemahl** ≈ *Ehemann, Gatte* | *der Gemahl der Königin* **2** verwendet als höfliche Bezeichnung für den Ehemann, wenn man mit seiner Ehefrau über ihn spricht | *Herzliche Grüße an Ihren Gemahl* | *Wie gehts dem Herrn Gemahl?* • hierzu **Ge·mah·lin** *die*

ge·mah·len PARTIZIP PERFEKT → mahlen

ge·mah·nen VERB (gemahnte, hat gemahnt) **(jemanden) an eine Person/Sache gemahnen** *geschrieben* jemanden an eine Person oder ein vergangenes Ereignis erinnern | *Das Denkmal gemahnt uns an die Toten*

★ **Ge·mäl·de** *das; (-s, -)* ein Bild, das ein Künstler (meist in Öl) gemalt hat ⟨ein Gemälde anfertigen, rahmen⟩ **K** Gemäldeausstellung, Gemäldegalerie, Gemäldesammlung

ge·ma·sert ADJEKTIV mit einer Maserung ⟨Holz, Marmor⟩

★ **ge·mäß** ■ ADJEKTIV **1** **jemandem/etwas gemäß** so, wie es üblich und angemessen ist, wie es zu einer Person oder Situation passt | *Es wird um eine dem feierlichen Anlass gemäße Kleidung gebeten*
■ PRÄPOSITION *mit Dativ* **2** *geschrieben* so, wie es in Plänen oder Erwartungen ist ⟨jemandes Erwartungen, Forderungen, Wünschen gemäß; gemäß einer Vorschrift⟩ | *Sie handelten seinem Vorschlag gemäß/gemäß seinem Vorschlag* **!** oft nach dem Substantiv; in Texten aus den Bereichen Recht und Verwaltung meist ohne Artikel: *gemäß Paragraf 19; gemäß Vorschrift, Anordnung*

-ge·mäß *im Adjektiv nach Substantiv, unbetont, begrenzt produktiv* **1** **altersgemäß, auftragsgemäß, erfahrungsgemäß, ordnungsgemäß, vereinbarungsgemäß, wahrheitsgemäß** *und andere* so, dass es zu dem im ersten Wortteil Genannten passt, ihm entspricht | *Solche Vorstellungen sind nicht mehr zeitgemäß* (Solche Vorstellungen passen nicht zur heutigen Zeit, sind altmodisch) **2** **fristgemäß, sachgemäß, termingemäß** *und andere* so, wie es das im ersten Wortteil Genannte erfordert, nötig macht ≈ *-gerecht* | *die artgemäße Haltung von Nutztieren* | *eine fachgemäße Reparatur*

ge·mä·ßigt ■ PARTIZIP PERFEKT **1** → mäßigen
■ ADJEKTIV **2** mit einem normalen, durchschnittlichen Ausmaß ⟨ein Alkoholkonsum, ein Optimismus⟩ **3** politisch nicht extrem ⟨Ansichten, ein Politiker⟩ ↔ *radikal* **4** so, dass es dort weder sehr heiß wird (wie in den Tropen) noch sehr kalt (wie am Polarkreis) ⟨die Breiten(grade), eine Zone⟩ ↔ *arktisch, tropisch*

Ge·mäu·er [gəˈmɔyɐ] *das; (-s, -)* die Mauern eines alten Gebäudes, meist einer Ruine ⟨ein verfallenes Gemäuer⟩

★ **ge·mein** ADJEKTIV
▸moralisch: **1** mit der Absicht, andere zu ärgern oder ihnen zu schaden ⟨eine Lüge, eine Tat, ein Mensch, ein Verbrecher; gemein zu jemandem sein; jemanden gemein behandeln⟩ | *Warum hast du sie nicht mitkommen lassen? Das ist gemein (von dir)!*
▸unangenehm: **2** *gesprochen* so, dass man sich darüber ärgert | *Wie gemein, es regnet schon wieder!* **3** *gesprochen* in negativer Weise das normale Maß überschreitend ⟨Schmerzen, eine Verletzung; etwas tut gemein weh⟩ **4** unsympathisch und Widerwillen erregend ⟨ein Gesicht(sausdruck), ein Lachen⟩ ≈ *abstoßend* **5** etwas Unangenehmes ansprechend, so dass es Gefühle verletzt oder provozierend wirkt ⟨ein Witz, eine Redensart⟩
▸unauffällig: **6** *nur attributiv* verwendet im Namen einer Tier- oder Pflanzenart, um diejenige Variante zu benennen, die am weitesten verbreitet ist | *die Gemeine Brennnessel* **!** In dieser Bedeutung wird *gemein* großgeschrieben. **7** *veraltend meist attributiv* durchschnittlich, ohne besondere Kennzeichen ⟨der Mann, das Volk⟩
▸Gemeinsamkeit: **8** **Personen/Dinge haben etwas gemein; eine Person/Sache hat etwas mit jemandem/etwas gemein; etwas ist Personen/Dingen gemein** zwei oder mehrere Personen oder Dinge haben eine gemeinsame Eigenschaft | *Sie haben viele Ansichten gemein* | *Den Brüdern ist eine gewisse Schüchternheit gemein*

★ **Ge·mein·de** *die; (-, -n)* **1** ein Ort (kleiner als eine Stadt) mit eigenem Bürgermeister ⟨eine ländliche, städtische, arme, reiche Gemeinde⟩ ≈ *Kommune* | *Zu welchem Landkreis gehört diese Gemeinde?* **K** Gemeindebezirk, Gemeindehaushalt, Gemeindekindergarten, Gemeindesteuern, Gemeindevertreter, Gemeindevertretung, Gemeindeverwaltung, Gemeindewahl; Grenzgemeinde, Stadtgemeinde **2** ein Gebiet mit einer (christlichen) Kirche, das von einem Priester betreut wird ≈ *Pfarrei* | *Die Gottesdienste der Gemeinde finden in der St.-Martins-Kirche statt* **K** Gemeindemitglieder; Kirchengemeinde, Pfarrgemeinde **3** die Menschen, die in einer (politischen oder kirchlichen) Gemeinde leben | *Die Gemeinde wählt heute einen neuen Bürgermeister* | *Die Gemeinde hat für die Armen gesammelt* **4** die Verwaltung einer Gemeinde oder die Räume, in denen sich diese Behörde befindet ⟨etwas bei der Gemeinde beantragen; auf die/zur Gemeinde gehen⟩ K Gemeindebeamte(r), Gemeindebeschluss, Gemeindehaus **5** die Personen, die bei einem Gottesdienst anwesend sind | *„Liebe Gemeinde" sagte der Pfarrer …* **6** **eine Gemeinde** *+Genitiv*/**von Personen** eine Gruppe von Menschen mit einem gemeinsamen, meist religiösen Interesse ≈ *Gemeinschaft* | *die Gemeinde der Mönche/von Mönchen in einem Kloster* K Christengemeinde, Fangemeinde, Glaubensgemeinde **7** das Publikum bei einer Veranstaltung oder die Anwesenden bei einer Feier | *eine dankbare Gemeinde haben* K Hochzeitsgemeinde, Trauergemeinde

Ge·mein·de·rat *der* **1** eine Gruppe von Personen, die von den Einwohnern einer Gemeinde in Deutschland gewählt werden. Der Gemeinderat entscheidet darüber, wie die Gemeinde verwaltet wird **2** ein Mitglied des Gemeinderats • zu (2) **Ge·mein·de·rä·tin** *die*

Ge·mein·de·schwes·ter *die* eine Krankenschwester, die Kranke zu Hause besucht und dort pflegt

Ge·mein·de·zent·rum *das* ein Gebäude einer religiösen oder politischen Gemeinde für Veranstaltungen, Kurse und soziale Begegnungen

Ge·mein·ei·gen·tum *das* Eigentum, das einer Gemeinschaft (meist einem Staat) und nicht einzelnen Personen gehört ↔ *Privateigentum*

ge·mein·ge·fähr·lich ADJEKTIV für seine Mitmenschen sehr gefährlich ⟨ein Verbrecher, ein Verrückter⟩

Ge·mein·gut *das; nur Singular; geschrieben* ≈ *Gemeineigentum* ■ ID **etwas wird zum Gemeingut** etwas wird allgemein bekannt ⟨eine Neuigkeit, ein Wissen⟩

★ **Ge·mein·heit** *die;* (-, -en) **1** *nur Singular* eine böse und gemeine Art | *Er hat seinen Bruder aus purer Gemeinheit geschlagen* **2** eine böse und gemeine Tat | *Es war eine große Gemeinheit, den Hund auszusetzen* **3** *gesprochen* etwas, das Grund zu Ärger gibt | *Gerade heute geht der Fernseher kaputt! So eine Gemeinheit!* **4** *meist Plural* beleidigende Worte ⟨jemandem Gemeinheiten an den Kopf werfen⟩

ge·mein·hin ADVERB ⟨es wird gemeinhin angenommen, dass …⟩ ≈ *normalerweise*

ge·mein·nüt·zig ADJEKTIV so, dass es der Allgemeinheit, der Gesellschaft dient und nicht einzelnen Personen ⟨ein Verein, ein Zweck⟩ ≈ *sozial* | *Der Sportverein wurde als gemeinnützig anerkannt* • hierzu **Ge·mein·nüt·zig·keit** *die*

Ge·mein·platz *der; abwertend* etwas, das schon oft so formuliert wurde und oberflächlich (und nichtssagend) ist ⟨sich in Gemeinplätzen ausdrücken, ergehen⟩

★ **ge·mein·sam** ADJEKTIV **1** so, dass mehrere Personen/Dinge etwas gleichzeitig oder miteinander tun, erleben oder haben | *Sie haben gemeinsame Interessen und Ziele* | *Der Hund gehört den beiden Kindern gemeinsam* | *eine gemeinsame Erklärung abgeben* | *Wollen wir gemeinsam nach Hause gehen?* | *Die beiden Zimmer haben einen gemeinsamen Balkon* **2** **eine Person/Sache hat etwas mit jemandem/etwas gemeinsam; Personen haben etwas gemeinsam** zwei oder mehrere Personen/Dinge sind irgendwie ähnlich | *Sie haben viel (miteinander) gemeinsam*

Ge·mein·sam·keit *die;* (-, -en) **1** eine Eigenschaft o. Ä., die mehrere Personen oder Dinge haben **2** das Zusammensein (in Harmonie und Freundschaft) ⟨etwas in trauter Gemeinsamkeit tun⟩

★ **Ge·mein·schaft** *die;* (-, -en) **1** eine Gruppe von Menschen (oder Völkern), die etwas gemeinsam haben, durch das sie sich verbunden fühlen ⟨jemanden in eine Gemeinschaft aufnehmen; Mitglied/Teil einer Gemeinschaft sein; jemanden aus einer Gemeinschaft ausschließen/ausstoßen⟩ ≈ *Gruppe* | *Die Dorfbewohner bildeten eine verschworene Gemeinschaft (hielten fest zusammen)* K Gemeinschaftsleben, Gemeinschaftssinn; Aktionsgemeinschaft, Arbeitsgemeinschaft, Dorfgemeinschaft, Sprachgemeinschaft **2** die organisierte Form einer Gemeinschaft | *Aus der Europäischen Gemeinschaft wurde 2009 die Europäische Union* | *Er ist einer Gemeinschaft zur Wahrung der Menschenrechte beigetreten* K Forschungsgemeinschaft, Glaubensgemeinschaft, Interessengemeinschaft, Religionsgemeinschaft, Wirtschaftsgemeinschaft **3** das Zusammensein mit anderen Menschen, die Anwesenheit anderer Menschen ⟨jemandes Gemeinschaft suchen⟩ ≈ *Gesellschaft* | *Wenn ich in einer Gemeinschaft mit Gleichgesinnten bin, dann fühle ich mich wohl* K Gemeinschaftserlebnis, Gemeinschaftsfahrt, Gemeinschaftsgrab, Gemeinschaftsraum, Gemeinschaftsunterkunft **4** **in ehelicher/häuslicher Gemeinschaft mit jemandem leben** als/wie ein Ehepaar zusammenleben **5** **in Gemeinschaft mit jemandem/etwas** in Zusammenarbeit mit jemandem/etwas | *Diese Straße hat das Land Bremen in Gemeinschaft mit dem Bund gebaut* K Gemeinschaftsarbeit, Gemeinschaftsproduktion, Gemeinschaftssendung, Gemeinschaftswerk

ge·mein·schaft·lich ADJEKTIV **1** einer Gemeinschaft, einer Gruppe von Menschen gehörend, sie betreffend ⟨ein Besitz, Eigentum, Interessen⟩ ↔ *individuell* | *das gemeinschaftliche Anliegen aller Mieter* **2** so, dass mehrere Menschen daran beteiligt sind ⟨eine Arbeit, ein Verbrechen; etwas gemeinschaftlich tun⟩ ≈ *gemeinsam*

Ge·mein·schafts·ge·fühl *das; meist Singular* das Gefühl, zu einer Gruppe von Menschen zu gehören

Ge·mein·schafts·kun·de *die; nur Singular* ein Fach in der Schule, in dem die Kinder Geografie, Geschichte und Sozialkunde lernen

Ge·mein·schafts·ver·pfle·gung *die* Essen, das für eine große Zahl von Menschen (in einer Großküche) zubereitet wird ⟨Gemeinschaftsverpflegung bekommen⟩

Ge·mein·spra·che *die; meist Singular* der Teil einer Sprache, den die meisten Menschen verstehen und benutzen können, die diese Sprache als Muttersprache haben • hierzu **ge·mein·sprach·lich** ADJEKTIV

Ge·mein·wohl *das* die Situation, wenn es der Bevölkerung eines Staates gut geht

Ge·men·ge *das;* (-s, -) **ein Gemenge** (*+Genitiv*); **ein Gemenge aus/von etwas** (*Dativ*) ≈ *Gemisch*

ge·mes·sen ■ PARTIZIP PERFEKT **1** → messen[1] ■ ADJEKTIV **2** ruhig und mit Würde ⟨ein Auftreten, eine Haltung; jemandem gemessenen Schrittes folgen⟩ **3** so, wie es höflich oder üblich ist ⟨jemandem in gemessenem Abstand folgen⟩

Ge·met·zel *das;* (-s, -) das Töten von vielen (meist wehrlosen) Menschen oder Tieren ⟨ein blutiges, grausames, sinnloses Gemetzel⟩

ge·mie·den PARTIZIP PERFEKT → meiden

Ge·misch *das;* (-(e)s, -e) **ein Gemisch** (*+Genitiv*); **ein Gemisch aus/von etwas** (*Dativ*) etwas, das dadurch entstand, dass mehrere Dinge oder Stoffe miteinander gemischt wurden ≈ *Mischung* | *Er spricht ein Gemisch verschiedener Dialekte* | *Manche Motoren brauchen ein Gemisch aus Öl und Benzin*

ge·mischt ■ PARTIZIP PERFEKT **1** → mischen ■ ADJEKTIV **2** drückt aus, dass Frauen und Männer oder Mädchen und Jungen gleichzeitig daran teilnehmen ⟨ein Doppel (beim Tennis), eine Sauna, ein Chor⟩ ■ ID **Jetzt wirds gemischt!** Jetzt gibt es Ärger

ge·mocht PARTIZIP PERFEKT → mögen[1]

ge·mol·ken PARTIZIP PERFEKT → melken

ge·mop·pelt → doppelt

G

★ **Ge·mü·se** *das*; (-s, -) **1** (Teile von) Pflanzen, die man (meist gekocht) isst ⟨frisches, rohes, gedünstetes, gekochtes Gemüse; Gemüse anbauen, ernten, putzen, schneiden, kochen⟩ | *gemischtes Gemüse aus Erbsen, Bohnen und Karotten* | *Heute gibt es Fleisch, Kartoffeln, Gemüse und Salat* **K** Gemüse(an)bau, Gemüsebeet, Gemüsebrühe, Gemüseeintopf, Gemüsegarten, Gemüsehändler, Gemüsesaft, Gemüsesuppe; Blattgemüse, Wurzelgemüse, Dosengemüse, Frischgemüse, Gartengemüse **H** Kartoffeln, Obst und Getreide werden nicht als Gemüse bezeichnet. **2** **junges Gemüse** *gesprochen, humorvoll* Kinder und junge Leute, die keine Erfahrung haben | *Er hatte auf seine Party nur junges Gemüse eingeladen*

ge·musst PARTIZIP PERFEKT → müssen[1]

ge·mus·tert ADJEKTIV mit einem Muster ⟨ein Stoff, eine Tapete⟩ | *eine bunt gemusterte Bluse*

Ge·müt *das*; (-(e)s, -er) **1** *nur Singular* alle Gefühle, die ein Mensch entwickeln kann und dessen Wesen bestimmen ⟨ein ängstliches, freundliches, heiteres, kindliches, sanftes Gemüt (haben); jemandes Gemüt bewegen, erschüttern⟩ ≈ *Psyche, Seele* **K** Gemütsverfassung, Gemütszustand **2** *nur Plural* Menschen im Hinblick auf ihre Gefühle ⟨etwas bewegt, erhitzt, erregt die Gemüter⟩ | *Das neue Gesetz löste zunächst heftige Proteste aus, aber dann haben sich die Gemüter wieder beruhigt* **3** **ein schlichtes Gemüt** *abwertend* eine Person, die nicht sehr intelligent ist **4** **ein sonniges Gemüt haben** *ironisch* in naiver Weise optimistisch sein **5** **etwas legt sich jemandem aufs Gemüt**; **etwas schlägt jemandem aufs Gemüt** etwas macht eine Person traurig oder deprimiert sie ■ **ID** **sich** (*Dativ*) **etwas zu Gemüte führen** *gesprochen, humorvoll* **a** etwas lesen **b** etwas Gutes essen oder trinken | *sich eine Flasche Wein zu Gemüte führen*

★ **ge·müt·lich** ADJEKTIV **1** so, dass man sich wohlfühlt, ohne störende Einflüsse oder Merkmale ⟨eine Atmosphäre, ein Lokal, ein Sessel, eine Wohnung⟩ ≈ *behaglich* **2** ohne unangenehme Pflichten, in angenehmer Gesellschaft ⟨ein Beisammensein, ein Treffen; gemütlich beisammensitzen; sich (*Dativ*) einen gemütlichen Abend machen⟩ | *Nachdem das offizielle Programm abgewickelt war, begann der gemütliche Teil des Abends bei Musik und Tanz* **3** langsam, ohne Eile ⟨ein Spaziergang, ein Tempo⟩ ↔ *gehetzt* | *Wir hatten vor der Abfahrt noch Zeit, gemütlich essen zu gehen* **4** nett und freundlich ⟨ein Mensch⟩ **5** **es sich** (*Dativ*) **irgendwo gemütlich machen** (sich hinlegen oder -setzen und) sich entspannen ● zu (1 – 4) **Ge·müt·lich·keit** *die*

Ge·müts·be·we·gung *die* ein Gefühl, das sich deutlich zeigt

GEMÜSE

ge·müts·krank ADJEKTIV psychisch krank (meist depressiv) • hierzu **Ge·müts·krank·heit** *die*

Ge·müts·mensch *der* eine Person, die immer freundlich ist und die sich nicht aus der Ruhe bringen lässt

Ge·müts·ru·he *die* ■ **ID in aller Gemütsruhe** *gesprochen* ruhig und ohne Hast, obwohl nicht viel Zeit übrig ist | *Fünf Minuten vor dem Abflug schlenderte er in aller Gemütsruhe zum Flugsteig*

gen PRÄPOSITION *mit Akkusativ; veraltet* in die genannte Richtung | *Die Vögel fliegen gen Süden* **H** Das folgende Substantiv wird ohne Artikel verwendet.

★ **Gen** *das;* (-s, -e); *meist Plural* die Gene in den Zellen unseres Körpers bestimmen, welche Eigenschaften wir haben ≈ *Erbanlage* | *Gene sind die Träger der Erbinformation* **K** Genforscher, Genforschung, Genmanipulation, Genmaterial, Genmutation, Gentest

Gen- *im Substantiv, betont, begrenzt produktiv* **Genfleisch, Genmais, Gentomate** *und andere* dabei handelt es sich meist um genmanipulierte Lebensmittel

ge·nannt PARTIZIP PERFEKT → nennen

ge·nas *Präteritum, 1. und 3. Person Singular* → genesen

★ **ge·nau** ADJEKTIV (genauer, genau(e)st-) **1** so, dass es in allen Einzelheiten mit der Wirklichkeit, einer Regel, einem Vorbild o. Ä. übereinstimmt ⟨eine Übersetzung, die Uhrzeit; sich genau an etwas halten; etwas ist genau das Richtige⟩ ≈ *exakt* ↔ *ungefähr* | *Sie traf genau ins Ziel* | *Die Schnur ist genau zwölf Meter lang* (nicht kürzer und nicht länger) **2** so, dass nichts Wichtiges fehlt, dass alle Einzelheiten enthalten sind ⟨eine Beschreibung, ein Bericht, eine Untersuchung, eine Zeichnung⟩ | *Wisst ihr schon Genaueres über den Unfall?* **3** *nur adverbiell* sehr gut ⟨jemanden/etwas genau kennen⟩ **4** *nur adverbiell* bewusst und konzentriert ⟨sich (Dativ) etwas genau merken; genau aufpassen⟩ **5** *nur adverbiell* ohne Zweifel ≈ *sicher* | *Ich weiß noch nicht genau, ob wir kommen* **6** **Genau!**; **Stimmt genau!** *gesprochen* verwendet, um eine Frage positiv zu beantworten oder um eine Vermutung zu bestätigen | *„Wir verdienen alle viel zu wenig!" – „Stimmt genau!"* **7** **es mit etwas genau nehmen** sehr gewissenhaft und sorgfältig sein ⟨es mit der Arbeit, dem Geld, den Vorschriften genau nehmen⟩ **8** **genau genommen** wenn man es genau nimmt | *Sie nennt ihn „Vater", aber genau genommen ist er ihr Stiefvater*

Ge·nau·ig·keit *die;* (-) **1** die Übereinstimmung mit der Wirklichkeit, einer Regel oder einem Vorbild ≈ *Präzision* | *Die Uhr funktioniert mit großer Genauigkeit* **2** eine strenge Konzentration und Ordnung bei einer Handlung ⟨etwas mit pedantischer, peinlicher Genauigkeit tun⟩ **3** **mit Genauigkeit** ⟨etwas nicht mit Genauigkeit wissen, sagen können⟩ ≈ *endgültig, sicher*

★ **ge·nau·so** ADVERB **genauso (… wie …)** in der gleichen Weise oder im gleichen Maße wie eine andere Person oder Sache ⟨genauso gut, lange, oft, viel, weit, wenig⟩ ≈ *ebenso* | *Ein Würfel ist genauso hoch wie breit* | *Er ist genauso klug wie sein Bruder* | *Mach es doch genauso (wie ich)!* **H** aber: *„Habe ichs richtig gemacht?" – „Ja, genau so macht mans."* (getrennt geschrieben)

Gen·bank *die;* (-, Gen·ban·ken) eine Institution, die Samen von sehr vielen verschiedenen Pflanzen lagert, damit deren Gene nicht verloren gehen

Gen·darm [ʒan-] *der;* (-en, -en); *veraltet* ein Polizist **H** *der Gendarm; den, dem, des Gendarmen*

Gen·dar·me·rie [ʒan-] *die;* (-, -n [-'riːən]); *veraltet* **1** alle Gendarmen **2** eine Einheit der Polizei

gen·dern [dʒɛn-] VERB (*hat*); *geschrieben* etwas so tun, dass man dabei sowohl an Männer als auch an Frauen denkt (indem man z. B. in Texten usw. männliche und weibliche Wortformen verwendet) ⟨Texte⟩ | *In den Verträgen muss jetzt gegendert werden*

ge·nehm ADJEKTIV; *geschrieben* **jemandem genehm** jemandem willkommen, angenehm

★ **ge·neh·mi·gen** VERB (genehmigte, hat genehmigt) **(jemandem) etwas genehmigen** einer Person etwas (offiziell) erlauben, um das sie gebeten hat oder für das sie einen Antrag gestellt hat ↔ *verbieten* | *Die Demonstration war von der zuständigen Behörde genehmigt worden* ■ **ID sich** (*Dativ*) **etwas genehmigen** *gesprochen, humorvoll* etwas essen oder trinken, auf das man Lust hat | *Genehmigen wir uns noch ein Glas Wein?*; **sich** (*Dativ*) **einen genehmigen** *gesprochen, humorvoll* (ein Glas) Alkohol trinken

★ **Ge·neh·mi·gung** *die;* (-, -en) **1** **eine Genehmigung (für/zu etwas)** die offizielle Erlaubnis, etwas zu tun ⟨eine befristete, behördliche, polizeiliche, schriftliche Genehmigung; eine Genehmigung einholen, erhalten; jemandem eine Genehmigung erteilen⟩ | *Er bekam keine Genehmigung, das militärische Gebiet zu betreten* **K** Genehmigungspflicht; Sondergenehmigung, Ausnahmegenehmigung **2** das Blatt Papier, auf dem eine Genehmigung steht ⟨eine Genehmigung vorlegen, vorzeigen⟩

ge·neigt ■ PARTIZIP PERFEKT **1** → neigen
■ ADJEKTIV **2** **zu etwas geneigt sein** *geschrieben* bereit sein, etwas zu tun | *Er war nicht geneigt, ihr zu glauben* **3** **jemandem geneigt sein** *geschrieben* zu jemandem freundlich und wohlwollend sein

★ **Ge·ne·ral** *der;* (-s, -e/Ge·ne·rä·le) der höchste Offizier in einer Armee **K** Generalsrang, Generalstitel

Ge·ne·ral- *im Substantiv, betont, begrenzt produktiv* **1** **die Generalamnestie, der/die Generalbevollmächtigte, die Generalinspektion, die Generalvollmacht** *und andere* drückt aus, dass etwas (fast) alles/alle betrifft | *Man kann doch nicht alle Politiker unter Generalverdacht stellen!* (Es ist nicht fair, wenn man misstrauisch gegen alle Politiker ist, weil manche Politiker das Vertrauen der Bürger missbrauchen) **2** **der Generaldirektor, der Generalintendant, der Generalstaatsanwalt** *und andere* drückt aus, dass jemand den höchsten Rang hat

Ge·ne·ral·bun·des·an·walt *der;* Ⓓ der oberste Staatsanwalt beim Bundesgerichtshof • hierzu **Ge·ne·ral·bun·des·an·wäl·tin** *die*

Ge·ne·ral·ins·pek·teur *der;* Ⓓ der höchste Offizier der Bundeswehr • hierzu **Ge·ne·ral·ins·pek·teu·rin** *die*

ge·ne·ra·li·sie·ren VERB (generalisierte, hat generalisiert) **(etwas) generalisieren** *geschrieben* ≈ *verallgemeinern* • hierzu **Ge·ne·ra·li·sie·rung** *die*

Ge·ne·ral·pro·be *die* die letzte Probe vor der ersten Aufführung (der Premiere) eines Theaterstückes, Konzerts o. Ä.

★ **Ge·ne·ral·sek·re·tär** *der* der Leiter der Verwaltung einer großen Organisation, einer Partei o. Ä. | *der Generalsekretär der Vereinten Nationen* **H** zu *Generalsekretärin* → Info im Eintrag **-in** • hierzu **Ge·ne·ral·sek·re·tä·rin** *die*

Ge·ne·ral·stab *der* eine Gruppe von Offizieren, welche den obersten Befehlshaber einer Armee beraten

Ge·ne·ral·streik *der* ein Streik, an dem sich die meisten Arbeiter aller Arbeitsbereiche eines Landes beteiligen ⟨den Generalstreik ausrufen; in den Generalstreik treten⟩

ge·ne·ral·über·ho·len VERB (hat generalüberholt) **etwas generalüberholen** eine Maschine gründlich überprüfen und alle Mängel reparieren ⟨ein Auto, ein Flugzeug generalüberholen⟩ **H** nur im Infinitiv und Partizip Perfekt • hierzu **Ge·ne·ral·über·ho·lung** *die*

Ge·ne·ral·ver·samm·lung *die* eine Versammlung, zu der alle Mitglieder eines Vereins, einer Organisation o. Ä. eingeladen werden ⟨eine Generalversammlung einberufen⟩

G

Ge·ne·ral·ver·tre·ter *der* eine Person, die in einem Gebiet den Verkauf von Versicherungen oder von Produkten einer Firma leitet und betreut • hierzu **Ge·ne·ral·ver·tre·te·rin** *die*; **Ge·ne·ral·ver·tre·tung** *die*

★ **Ge·ne·ra·ti·on** [-'tsio:n] *die*; (-, -en) **1** alle Menschen, die ungefähr gleich alt sind ⟨die junge, ältere, heutige Generation; die Generation der Eltern, der Kinder⟩ | *eine Meinungsumfrage unter der Generation der Zwanzig- bis Dreißigjährigen durchführen* **2** eine Stufe in der zeitlichen Reihenfolge von Vorfahren und Nachkommen einer Familie, z. B. die Eltern (und ihre Geschwister und deren Partner) | *Seit drei Generationen wohnt Familie Meier in München* **K** Generationswechsel **3** eine Zeit von etwa dreißig Jahren ⟨in/vor zwei, drei Generationen⟩ **4** alle Maschinen, Geräte o. Ä., die auf dem gleichen Stand der Entwicklung stehen | *eine neue Generation von Computern*

Ge·ne·ra·ti·o·nen·ver·trag *der*; *nur Singular* das System, nach dem die Renten einer Generation jeweils von der nächsten Generation bezahlt werden

Ge·ne·ra·ti·ons·kon·flikt [-'tsio:ns-] *der* Probleme und Konflikte zwischen jüngeren und älteren Menschen (z. B. Kindern und ihren Eltern), die verschiedene Ansichten und Lebensweisen haben

Ge·ne·ra·tor *der*; (-s, Ge·ne·ra·to·ren) eine Maschine, die elektrischen Strom erzeugt

★ **ge·ne·rell** ADJEKTIV nicht auf einen einzelnen Fall beschränkt, sondern allgemein ⟨eine Entscheidung, eine Lösung, ein Problem; etwas generell ablehnen, erlauben, verbieten⟩ | *Er hat eine generelle Abneigung gegen alle Milchprodukte*

ge·ne·rie·ren VERB *(hat)*; *geschrieben* **1** **etwas generiert etwas** etwas automatisch (mit einer Maschine) herstellen ⟨einen Code; Strukturen, Texte⟩ | *Die Bilder wurden vom Computer generiert* | *Die Website wird automatisch generiert* **2** **jemand/etwas generiert etwas** Personen oder Sachen sind der Grund dafür, dass das Genannte entsteht ⟨Daten, Zahlen⟩ | *Millionen von Nutzern generieren jeden Tag riesige Mengen von Daten* **3** **jemand generiert etwas** etwas tun, damit etwas anderes entsteht ⟨Gewinn, Kunden, Umsatz⟩ | *Wir müssen mit neuen Ideen mehr Kunden generieren* | *Der Betrieb generiert keinen Gewinn* • hierzu **ge·ne·riert** ADJEKTIV

Ge·neri·kum *das*; (-s, Ge·ne·ri·ka); *geschrieben oft Plural* ein Medikament, welches von einer anderen Firma hergestellt und verkauft wird als von derjenigen, welche es erfunden hat | *Generika sind oft viel billiger*

ge·ne·rös ADJEKTIV (generöser, generösest-); *geschrieben* ⟨ein Geschenk⟩ ≈ *großzügig* • hierzu **Ge·ne·ro·si·tät** *die*

Ge·ne·se *die*; (-, -n) **die Genese** +*Genitiv geschrieben* ⟨die Genese einer Krankheit, eines Romans⟩ ≈ *Entstehung*

ge·ne·sen VERB (genas, ist genesen) **(von etwas) genesen** *geschrieben* nach einer Krankheit wieder gesund werden

Ge·ne·sis, **Ge·ne·sis** *die*; (-) die Geschichte der Erschaffung der Welt, wie sie in der Bibel steht ≈ *Schöpfungsgeschichte*

Ge·ne·sung *die*; (-, -en); *meist Singular* **(jemandes) Genesung (von etwas)** der Vorgang, dass jemand gesund wird oder das Ergebnis dieses Vorgangs ⟨jemandem eine baldige, schnelle Genesung wünschen; sich auf dem Wege der Genesung befinden⟩ **K** Genesungsprozess, Genesungsurlaub

ge·ne·tisch ADJEKTIV so, dass etwas die Gene betrifft oder durch die Art der Gene bedingt ist ⟨ein Experiment, eine Manipulation; Forschungen, Untersuchungen⟩ | *eine Krankheit mit genetischen Ursachen* | *die genetische Information in den Körperzellen* • hierzu **Ge·ne·tik** *die*

ge·ni·al ADJEKTIV **1** mit einer außergewöhnlich großen intellektuellen und/oder künstlerischen Begabung ⟨ein Erfinder, ein Künstler⟩ **2** außergewöhnlich klug, gut (gemacht) ⟨eine Erfindung, eine Idee, ein Kunstwerk⟩ • hierzu **Ge·ni·a·li·tät** *die*

Ge·nick *das*; (-(e)s, -e); *meist Singular* der hintere Teil des Halses | *Von der Zugluft bekam sie ein steifes Genick* **K** Genickstarre **H** → Abb. unter **Mensch** ■ **ID** **etwas bricht jemandem das Genick** *gesprochen* etwas ruiniert jemanden/jemandes Karriere

Ge·nie [ʒe'ni:] *das*; (-s, -s) **1** ein Mensch mit ganz außergewöhnlicher Begabung ⟨ein großes, verkanntes Genie⟩ | *Sie ist ein mathematisches Genie* **2** *nur Singular* geniale Fähigkeiten ⟨Genie besitzen, haben⟩ | *das Genie eines Malers* | *Seine Bilder zeugen von großem Genie*

ge·nie·ren [ʒe-] VERB (genierte sich, hat sich geniert) **sich genieren** sich unsicher und verlegen fühlen, weil man etwas als peinlich empfindet ⟨sich vor jemandem genieren⟩ ≈ *sich schämen* | *Sie genierte sich in ihrem neuen Bikini*

ge·nieß·bar ADJEKTIV **etwas ist nicht mehr genießbar** eine Speise, ein Getränk o. Ä. schmeckt nicht mehr, ist verdorben o. Ä. ■ **ID** **Er/Sie ist nicht genießbar** *gesprochen* er/sie ist schlecht gelaunt und unfreundlich • hierzu **Ge·nieß·bar·keit** *die*

★ **ge·nie·ßen** VERB (genoss, hat genossen) **1** **etwas genießen** Freude, Genuss bei etwas empfinden ⟨das Essen, die Musik, die Ruhe, den Urlaub genießen⟩ | *Sie genießt es, am Sonntag lange zu schlafen* **2** **etwas genießen** etwas, das nützlich oder erfreulich ist, besitzen ⟨hohes Ansehen, jemandes Hochachtung, jemandes Vertrauen, jemandes Wertschätzung genießen⟩ | *Er genießt bei allen große Sympathie* **3** **eine Ausbildung/ Erziehung genießen** *geschrieben* eine Ausbildung/Erziehung bekommen **4** **etwas ist nicht/kaum zu genießen** etwas schmeckt nicht | *Das Essen ist so stark gewürzt, dass es kaum zu genießen ist* ■ **ID** **jemand ist kaum/nicht/nur mit Vorsicht zu genießen** *gesprochen* jemand ist schlecht gelaunt und unfreundlich

Ge·nie·ßer *der*; (-s, -) eine Person, die gern etwas genießt und ihr Leben entsprechend gestaltet ⟨ein stiller Genießer⟩ • hierzu **Ge·nie·ße·rin** *die*

ge·nie·ße·risch ADJEKTIV mit großem Genuss, wie ein Genießer ⟨etwas genießerisch auf der Zunge zergehen lassen⟩

Ge·nie·streich *der* eine sehr kluge und fantasievolle, oft unerwartete Tat

Ge·ni·tal·be·reich *der* der Teil des Körpers zwischen den Beinen (wo die Geschlechtsorgane sind)

Ge·ni·ta·li·en [-liən] *die*; *Plural* ≈ *Geschlechtsorgane*

★ **Ge·ni·tiv** [-f] *der*; (-s, -e [-v-]) der Kasus, in dem vor allem ein Substantiv steht, das auf die Frage „Wessen ...?" antwortet ⟨das Substantiv steht im Genitiv⟩ | *In der geschriebenen Sprache steht nach „wegen" der Genitiv: „wegen des schlechten Wetters"* **K** Genitivattribut, Genitivobjekt **H** → Infos unter **Deklination**

Ge·ni·us *der*; (-, Ge·ni·en [-iən]); *geschrieben* ≈ *Genie*

gen·ma·ni·pu·liert ADJEKTIV; *meist abwertend* ⟨Pflanzen, Tiere⟩ mit neuen Eigenschaften, die nicht durch Züchtung, sondern durch Gentechnik geschaffen wurden | *die Kennzeichnung von genmanipulierten Lebensmitteln* • hierzu **Gen·ma·ni·pu·la·ti·on** *die*

ge·nom·men PARTIZIP PERFEKT → nehmen

ge·noss *Präteritum, 1. und 3. Person Singular* → genießen

Ge·nos·se *der*; (-n, -n) **1** verwendet von Mitgliedern einer Gewerkschaft oder einer linken Partei als Anrede und Bezeichnung für andere Mitglieder dieser Organisationen **H** *der Genosse; den, dem, des Genossen* **2** *veraltet* ≈ *Gefährte, Kamerad* • hierzu **Ge·nos·sin** *die*

ge·nos·sen PARTIZIP PERFEKT → genießen

Ge·nos·sen·schaft *die;* (-, -en) eine Organisation meist von Bauern oder Handwerkern, die sich zusammengeschlossen haben, um z. B. gemeinsam Maschinen zu kaufen oder den Verkauf ihrer Produkte zu organisieren K Genossenschaftsbank, Genossenschaftsbauer; Landwirtschaftsgenossenschaft, Produktionsgenossenschaft • hierzu **Ge·nos·sen·schaf·ter, Ge·nos·sen·schaft·ler** *der;* **Ge·nos·sen·schaf·te·rin, Ge·nos·sen·schaft·le·rin** *die;* **ge·nos·sen·schaft·lich** ADJEKTIV

Gen·re ['ʒã:rə] *das;* (-s, -s); *geschrieben* eine Einteilung von Werken der bildenden Kunst, Literatur oder Musik, bei der inhaltliche oder formale Merkmale verwendet werden | *Jazz ist ein Genre der modernen Musik*

Gen·tech·nik *die; meist Singular* die Veränderung von Genen im Labor, besonders von landwirtschaftlich genutzten Pflanzen • hierzu **gen·tech·nisch** ADJEKTIV

Gen·tech·no·lo·gie *die* das Gebiet der Biologie, das sich mit der künstlichen Veränderung von Genen beschäftigt

Gen·test *der* die Untersuchung der Erbanlagen in Blut, Speichel, Sperma o. Ä., z. B. um den Vater eines Kindes oder den Täter eines Verbrechens zu bestimmen | *ein Gentest auf die Veranlagung zu Brustkrebs | ein diagnostischer Gentest für Neugeborene*

Gen·tle·man ['dʒɛntlmən] *der;* (-s, Gen·tle·men [-mən]) ein Mann mit sehr guten Manieren und gutem Charakter

★ **ge·nug** ADVERB **1** so viel, wie nötig ist ≈ *ausreichend | Sie hat nicht genug Geld für eine Urlaubsreise | Zeit genug/Genug Zeit haben, um eine Arbeit fertigzustellen | nicht genug zu essen haben | Er verdient kaum genug, um seine Familie zu ernähren* **2** *Adjektiv* + **genug** so, dass die genannte Eigenschaft in ausreichendem Maße vorhanden ist | *Er ist schon alt genug, um das zu verstehen | Es ist noch nicht warm genug für kurze Hosen* **3** *Adjektiv* + **genug** verwendet, um eine negative Aussage zu verstärken | *Das Problem ist schwierig genug | Das ist schlimm genug!* ■ **ID Er/Sie kann nie genug bekommen** er/sie will immer noch mehr haben; **von jemandem/etwas genug haben** *gesprochen* einer Person oder Sache überdrüssig sein; **Genug damit!, Jetzt ist aber genug!** verwendet, um zu sagen, dass jemand keine Geduld mehr hat

Ge·nü·ge ■ **ID zur Genüge** drückt aus, dass etwas wirklich genug ist (und schon lästig wird) | *Hör mit diesen Vorwürfen auf. Die kenn ich schon zur Genüge!*; **einer Sache** (*Genitiv*) **Genüge tun/leisten** *geschrieben* etwas erfüllen, etwas ausreichend beachten ⟨jemandes Bitten, Forderungen Genüge tun/leisten⟩

★ **ge·nü·gen** VERB (genügte, hat genügt) **1 etwas genügt (jemandem) (für/zu etwas)** etwas ist genug, es ist nichts Zusätzliches oder anderes nötig ⟨etwas genügt fürs Erste, vollkommen, vollauf⟩ | *Ich habe nur 10 Euro dabei. Genügt das? | Bei diesem Wetter genügt eine Strickjacke nicht, nimm lieber den Mantel! | Genügt dir eine Stunde zum Einkaufen/für den Einkauf? | Bei dieser Dürre genügt ein Funke, um einen Waldbrand zu entfachen* **2 einer Sache** (*Dativ*) **genügen** *geschrieben* etwas gut genug erfüllen ⟨einer Aufgabe, den Anforderungen, den Pflichten genügen⟩ | *Der Schüler hat den Anforderungen nicht genügt, er muss die Klasse wiederholen*

★ **ge·nü·gend** ■ PARTIZIP PRÄSENS **1** → genügen ■ ADVERB **2** in der nötigen Menge ≈ *ausreichend | Ist genügend Kaffee für alle da? | Sie hat nicht genügend für die Prüfung gelernt*

ge·nüg·sam ADJEKTIV mit wenig zufrieden ⟨ein Mensch, ein Tier; genügsam leben⟩ • hierzu **Ge·nüg·sam·keit** *die*

Ge·nug·tu·ung *die;* (-) **1 Genugtuung (über etwas** (*Akkusativ*)) ein Gefühl der Zufriedenheit ⟨etwas mit Genugtuung hören, sehen; Genugtuung empfinden⟩ ≈ *Befriedigung | Er empfand große Genugtuung darüber, dass der Täter hart bestraft wurde* **2 Genugtuung (für etwas)** ein Ersatz für einen (körperlichen oder seelischen) Schaden ⟨(von jemandem) (für einen Schaden, eine Beleidigung) Genugtuung fordern, erhalten; jemandem Genugtuung leisten⟩

Ge·nus, Ge·nus *das;* (-, Ge·ne·ra) eine der drei grammatischen Klassen (männlich/maskulin, weiblich/feminin, sächlich/neutral), in welche die Substantive eingeteilt werden **i** → Infos unter **Geschlecht**

★ **Ge·nuss** *der;* (-es, Ge·nüs·se) **1** die Freude, die man empfindet, wenn man etwas Angenehmes erlebt ⟨etwas mit Genuss essen, hören, ansehen⟩ | *Die Lektüre dieses Romans ist wirklich ein großer literarischer Genuss* **2 der Genuss** (+*Genitiv*/**von etwas**) *geschrieben nur Singular* das Essen oder Trinken | *Vor dem Genuss dieser Pilze wird gewarnt* **3 in den Genuss** (+*Genitiv*/**von etwas**) **kommen** etwas (Angenehmes) bekommen, das man gerne haben möchte oder worauf man einen (rechtlichen) Anspruch hat ⟨in den Genuss einer Vergünstigung, einer Wohltat kommen⟩

ge·nüss·lich ADJEKTIV voller Genuss

Ge·nuss·mit·tel *das* etwas (wie z. B. Schokolade oder Kaffee), das man isst, trinkt oder raucht, weil es gut schmeckt oder anregend wirkt und nicht, weil man Hunger oder Durst hat

Ge·nuss·sucht *die; nur Singular* das zu große Verlangen, die Gier nach einem Genuss • hierzu **ge·nuss·süch·tig** ADJEKTIV

ge·nuss·voll ADJEKTIV ≈ *genüsslich*

ge·öff·net ADJEKTIV **1** so, dass es möglich ist, hineinzugehen, hineinzusehen, hineinzugreifen o. Ä. ≈ *offen* ↔ *geschlossen, zu | am geöffneten Fenster sitzen | Lässt sich die geöffnete Packung wieder verschließen?* **2** so, dass Kunden und Besucher hineindürfen ⟨das Amt, das Geschäft, die Bibliothek, das Schwimmbad, das Theater⟩ | *Die Museen sind im August nur vormittags geöffnet*

★ **Geo·gra·fie, Geo·gra·phie** *die* (-) **1** die Wissenschaft, die sich mit den Erscheinungen auf der Erdoberfläche und ihrer Beziehung zum Menschen beschäftigt ⟨Geografie studieren⟩ **2** das Schulfach, in dem Geografie gelehrt wird ≈ *Erdkunde* • zu (1) **Geo·graf, Geo·graph** *der;* zu (1) **Geo·gra·fin, Geo·gra·phin** *die;* zu (1) **geo·gra·fisch, geo·gra·phisch** ADJEKTIV

Geo·lo·gie *die;* (-) die Wissenschaft, die sich mit der Geschichte der Erde und mit Gesteinsarten beschäftigt • hierzu **Geo·lo·ge** *der;* **Geo·lo·gin** *die;* **geo·lo·gisch** ADJEKTIV

Geo·met·rie *die;* (-) das Gebiet der Mathematik, das sich mit Linien, Flächen und Körpern befasst • hierzu **geo·met·risch** ADJEKTIV

★ **Ge·päck** *das;* (-(e)s) die Koffer und Taschen, die man auf Reisen mitnimmt ⟨mit leichtem, großem, viel, wenig Gepäck reisen⟩ K Gepäckausgabe, Gepäckband, Gepäckkontrolle, Gepäckstück, Gepäckversicherung, Gepäckwagen; Handgepäck, Reisegepäck

★ **Ge·päck·auf·be·wah·rung** *die* ein Bereich in einem Bahnhof oder Flughafen mit Schließfächern für Gepäck

Ge·päck·schein *der* eine Quittung, die man bekommt, wenn das Reisegepäck im Laderaum eines Flugzeugs, Schiffs o. Ä. transportiert wird

★ **Ge·päck·trä·ger** *der* **1** das Gestell über dem hinteren Rad eines Fahrrades, auf dem man z. B. eine Tasche befestigen kann **B** → Abb. unter **Fahrrad** **2** eine Person, die an einem Bahnhof oder Flughafen arbeitet und den Reisenden hilft, das Gepäck zu tragen

Ge·pard *der;* (-s, -e) eine schlanke, mittelgroße Raubkatze, die ein gelbliches Fell mit kleinen dunklen Flecken hat

G

und sehr schnell laufen kann

ge·pfef·fert ■ PARTIZIP PERFEKT 1 → pfeffern
■ ADJEKTIV 2 *gesprochen* sehr hoch, zu hoch ⟨Preise, eine Rechnung⟩ 3 *gesprochen* mit erotischem Inhalt ⟨ein Witz⟩

ge·pfif·fen PARTIZIP PERFEKT → pfeifen

★ **ge·pflegt** ■ PARTIZIP PERFEKT 1 → pflegen
■ ADJEKTIV 2 (durch sorgfältige Pflege) in einem guten Zustand und deshalb angenehm, ästhetisch wirkend | *Der Garten ist sehr gepflegt* | *Dieser Wagen wirkt sehr gepflegt* 3 so, dass der jemand sehr auf das Aussehen achtet | *Er macht einen sehr gepflegten Eindruck* 4 von einem angenehm hohen (kulturellen) Niveau ⟨eine Atmosphäre, ein Stil, ein Restaurant⟩ | *In unserer Weinstube können Sie gepflegt speisen*

G

Ge·pflo·gen·heit *die*; (-, -en); *meist Plural*; *geschrieben* ⟨entgegen den sonstigen Gepflogenheiten; etwas entspricht (nicht) den Gepflogenheiten⟩ ≈ *Brauch, Gewohnheit*

Ge·plän·kel *das*; (-s, -) 1 ein harmloser oder scherzhafter Streit 2 ein kleines Gefecht im Krieg

Ge·prä·ge *das*; (-s); *geschrieben* das charakteristische Aussehen | *Die Stadt hat noch ein ganz mittelalterliches Gepräge*

ge·prie·sen PARTIZIP PERFEKT → preisen

ge·punk·tet ADJEKTIV mit vielen Punkten ⟨ein Stoff⟩ | *ein rot gepunktetes Kleid*

ge·quält ■ PARTIZIP PERFEKT 1 → quälen
■ ADJEKTIV (gequälter, gequältest-) 2 so, dass trotzdem deutlich wird, dass man enttäuscht oder traurig ist ⟨ein Lächeln; gequält lächeln⟩

ge·quol·len PARTIZIP PERFEKT → quellen

★ **ge·ra·de** ■ ADJEKTIV 1 ohne Änderung der Richtung, ohne Kurve, Bogen, Knick o. Ä. ⟨gerade sitzen, stehen⟩ | *mit dem Lineal eine gerade Linie ziehen* | *einen Draht gerade biegen* | *Der Baum ist gerade gewachsen* | *Halt dich gerade, mach keinen so krummen Rücken!* 2 ohne Abweichung von einer waagrechten oder senkrechten Linie ⟨einen Teller, den Kopf gerade halten⟩ ↔ *schief* | *eine gerade Ebene* | *Das Bild hängt gerade* | *Er wohnt gerade gegenüber der Kirche* 3 so, dass man die Wahrheit sagt ⟨ein Charakter, ein Mensch⟩ ≈ *aufrichtig* | *gerade und offen seine Meinung sagen* 4 nicht ungefähr, sondern genau ⟨das Gegenteil; gerade umgekehrt, entgegengesetzt⟩ | *Du kommst gerade im rechten Augenblick* 5 → Zahl
■ ADVERB 6 in diesem oder dem genannten Augenblick | *Ich habe gerade keine Zeit* | *Er ist gerade unterwegs* | *Ich war gerade am Einschlafen, als das Telefon klingelte* 7 **jemand wollte gerade** +*Infinitiv* jemand war kurz davor, etwas zu tun | *Ich wollte gerade gehen, als er anrief* | *Was wolltest du gerade sagen?* 8 vor sehr kurzer Zeit | *Ich bin gerade erst zurückgekommen*
■ PARTIKEL 9 *betont und unbetont* betont, dass eine Aussage auf jemanden/etwas besonders zutrifft und dabei im Gegensatz zu dem steht, was vorher gesagt wurde | *„Nach acht Stunden im Büro bin ich zu müde, um Sport zu treiben." – „Gerade dann würde dir ein bisschen Bewegung aber guttun!"* | *Gerade du solltest das besser wissen!* 10 *unbetont* verwendet, um Ärger oder Überraschung darüber auszudrücken, dass etwas zum genannten Zeitpunkt oder der genannten Person geschieht ≈ *ausgerechnet* | *Musste es gerade heute regnen, wo wir einen Ausflug machen wollten?* | *Warum passiert so etwas gerade mir?* 11 **gerade noch** *betont und unbetont* nur knapp, fast nicht mehr | *Das Essen war gerade noch genießbar* | *Er hat den Zug gerade noch erreicht* | *Sie hat die Prüfung gerade noch bestanden* 12 **gerade noch** *ironisch betont* verwendet, um auf ironische Weise Ärger auszudrücken | *Auf den haben wir gerade noch gewartet!* (Den können wir jetzt wirklich nicht gebrauchen) | *Das hat uns gerade noch gefehlt!* 13 **nicht gerade** → nicht
■ ID **Jetzt 'gerade!** *gesprochen* verwendet, um zu sagen, dass man aus Trotz oder Ärger etwas tut, obwohl es jemand ablehnt oder obwohl die Umstände sehr ungünstig sind • zu (1 – 3) **Ge·rad·heit** *die*

KRUMM
GERADE

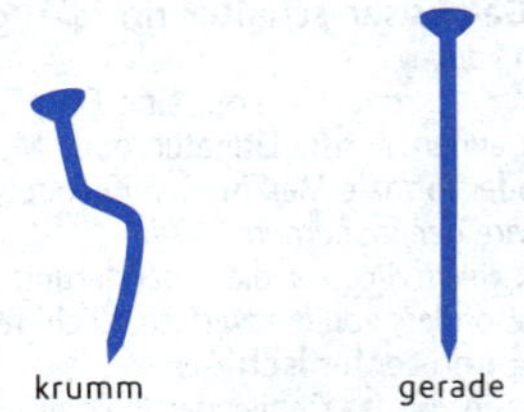

SCHIEF
GERADE

SCHRÄG
GERADE

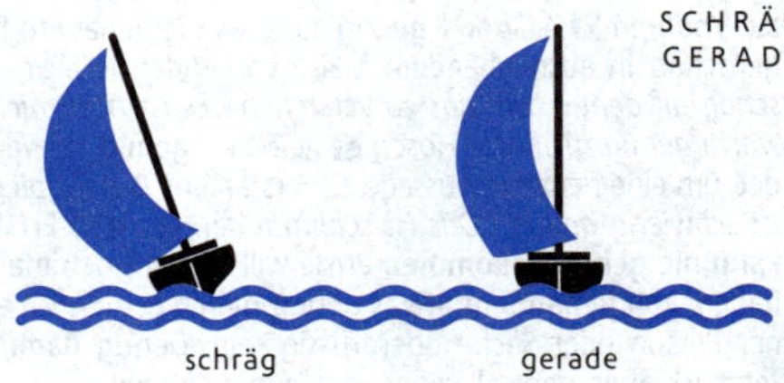

Ge·ra·de *die*; (-, -n) 1 (in der Mathematik) eine gerade Linie ohne ein Ende 2 ein Teil einer Rennstrecke, der gerade ist und keine Kurve K Gegengerade, Zielgerade

★ **ge·ra·de·aus, ge·ra·de·aus** ADVERB ohne die Richtung zu ändern, weiter nach vorn ⟨geradeaus gehen, fahren⟩

ge·ra·de·bie·gen VERB (bog gerade, hat geradegebogen) **etwas (wieder) geradebiegen** *gesprochen* etwas wieder in Ordnung bringen **!** aber: *einen Draht gerade biegen* (getrennt geschrieben)

ge·ra·de·her·aus ADVERB; *gesprochen* ≈ *freimütig, offen* | *seine Meinung geradeheraus sagen*

ge·rä·dert ADJEKTIV *meist prädikativ*; *gesprochen* völlig erschöpft ⟨vollkommen gerädert sein; sich wie gerädert fühlen⟩

ge·ra·de·so ADVERB ⟨geradeso gut, viel⟩ ≈ *ebenso*

ge·ra·de·ste·hen VERB (stand gerade, hat/ist geradegestanden) **für etwas geradestehen** die negativen Folgen einer Sache tragen, die Verantwortung für etwas übernehmen | *Die anderen haben die Fehler gemacht, aber ich muss dafür geradestehen!* **!** aber: *nicht krumm, sondern gerade stehen* (getrennt geschrieben)

ge·ra·de·wegs ADVERB 1 ohne einen Umweg zu machen ≈ *direkt* | *Sie ist geradewegs nach Hause gegangen* 2 ohne zu zögern oder vorher etwas anderes zu tun oder zu sagen ≈ *direkt* | *Sie kam geradewegs auf unseren Streit zu sprechen*

ge·ra·de·zu PARTIKEL *unbetont* verwendet, um meist ein Adjektiv oder Substantiv zu verstärken und um zu sagen, dass die Aussage in sehr hohem Maße zutrifft | *Ihr Benehmen war nicht nur unangebracht, sondern geradezu lächerlich!* | *Es wäre geradezu ein Wunder, wenn er pünktlich käme*

ge·rad·li·nig ADJEKTIV **1** ohne Änderung der Richtung, ohne Kurve, o. Ä. ⟨etwas verläuft geradlinig⟩ ≈ *gerade* **2** sachlich und ehrlich ⟨geradlinig sein, denken⟩ ● hierzu **Ge·rad·li·nig·keit** *die*

ge·ram·melt ADVERB **gerammelt voll** *gesprochen* sehr voll (von Menschen), überfüllt | *Das Kino war gerammelt voll*

Ge·ra·nie [-niə] *die;* (-, -n) eine Blume mit großen, leuchtend roten oder rosaroten Blüten, mit der man vor allem Balkons schmückt

ge·rann *Präteritum, 3. Person Singular* → gerinnen

ge·rannt PARTIZIP PERFEKT → rennen

ge·rät *Präsens, 3. Person Singular* → geraten[1]

★ **Ge·rät** *das;* (-(e)s, -e) **1** Geräte sind Dinge, die Menschen geschaffen haben, um sie für eine Tätigkeit zu benutzen **K** Gerätehaus, Geräteraum, Geräteschuppen; Gartengerät, Küchengerät, Arbeitsgerät, Schreibgerät, Sportgerät **i** Ein Rasenmäher ist ein *Gartengerät*, ein Mixer ein *Küchengerät*, ein Kugelschreiber ein *Schreibgerät* und ein Speer ein *Sportgerät.* **2** technische Geräte benötigen elektrischen Strom, Benzin o. Ä., um zu funktionieren ⟨ein Gerät bedienen⟩ ≈ *Apparat* **K** Elektrogerät, Fernsehgerät, Haushaltsgerät, Küchengerät, Radiogerät **3** *meist Plural* eine Konstruktion aus Stangen, Seilen, Balken o. Ä. zum Turnen (z. B. Barren, Reck) ⟨an den Geräten turnen⟩ **K** Geräteturnen, Geräteturner, Geräteübung; Turngerät **4** *nur Singular* die Ausrüstung, die man zu etwas braucht | *Die Bergsteiger überprüften ihr gesamtes Gerät, bevor sie aufbrachen*

★ **ge·ra·ten**[1] VERB (gerät, geriet, ist geraten) **1** **irgendwohin geraten** zufällig an den falschen Ort o. Ä. kommen, ohne Absicht irgendwohin kommen | *auf die falsche Fahrbahn geraten* | *Wie ist denn der Brief hinter den Schrank geraten?* **2** **in etwas** (*Akkusativ*) **geraten** zufällig in eine unangenehme Situation kommen ⟨in Gefahr, in Not, in Schwierigkeiten, in Verdacht geraten; in einen Stau, in einen Sturm geraten⟩ **3** **in etwas** (*Akkusativ*) **geraten** in einen neuen, meist unangenehmen Zustand kommen ⟨in Panik, in Wut geraten⟩ | *Früher war er ein bekannter Popstar, aber heute ist er in Vergessenheit geraten* | *etwas gerät in Brand* (etwas fängt an zu brennen) **4** **an jemanden/etwas geraten** zufällig mit einer meist unangenehmen Person/Sache zu tun bekommen o. Ä. | *Sie ist an eine Sekte geraten* | *Mit so einer Bitte bist du bei ihm an den Falschen geraten. Er hilft dir bestimmt nicht* **5** **außer sich geraten** (vor Freude oder Wut) die Beherrschung verlieren **6** **jemand/etwas gerät irgendwie** jemand/etwas entwickelt sich irgendwie | *Bei diesem Wetter gerät das Gemüse schlecht* | *Die Kinder sind gut geraten* **7** **etwas gerät (jemandem) irgendwie** jemand produziert etwas mit dem genannten Ergebnis | *Der Kuchen ist dir gut/schlecht/nicht geraten* **8** **nach jemandem geraten** (als Kind) im Charakter oder Aussehen jemandem ähnlich werden | *Meine Tochter gerät ganz nach der Großmutter*

★ **ge·ra·ten**[2] ■ PARTIZIP PERFEKT **1** → raten **2** → geraten[1] ■ ADJEKTIV **3** **etwas (er)scheint (jemandem) geraten** *geschrieben* etwas scheint (jemandem) ratsam, empfehlenswert zu sein

Ge·ra·te·wohl *das* **aufs Geratewohl** in der Hoffnung, dass es gut geht (ohne das Ergebnis zu kennen) | *Wir sind im Urlaub ohne festen Plan, einfach aufs Geratewohl losgefahren*

Ge·rät·schaf·ten *die; Plural* mehrere Geräte, die zusammengehören und einem ähnlichen Zweck dienen

Ge·räu·cher·te *das;* (-n) geräuchertes Schweinefleisch **i** *Geräuchertes; das Geräucherte; dem, des Geräucherten*

ge·raum ADJEKTIV; *geschrieben* **1** **vor, nach, seit geraumer Zeit** vor, nach, seit langer Zeit **2** **eine geraume Weile/Zeit** relativ lange

★ **ge·räu·mig** ADJEKTIV ⟨ein Haus, eine Wohnung, ein Zimmer, ein Schrank⟩ so, dass sie viel Platz bieten ● hierzu **Ge·räu·mig·keit** *die*

★ **Ge·räusch** *das;* (-(e)s, -e) etwas, das man hören kann ⟨ein lautes, leises, dumpfes, durchdringendes, störendes Geräusch⟩ **K** Geräuschminderung, Geräuschpegel; geräuschempfindlich ● hierzu **ge·räusch·arm** ADJEKTIV; **ge·räusch·los** ADJEKTIV; **ge·räusch·voll** ADJEKTIV

Ge·räusch·ku·lis·se *die; meist Singular* die Geräusche im Hintergrund, die man oft nicht bewusst oder nicht deutlich wahrnimmt

ger·ben VERB (gerbte, hat gegerbt) **etwas gerben** die Haut oder das Fell eines Tieres zu Leder verarbeiten **K** Gerbmittel, Gerbsäure, Gerbstoff ● hierzu **Ger·ber** *der*

★ **ge·recht** ADJEKTIV (gerechter, gerechtest-) **1** moralisch richtig und zur Situation passend ⟨eine Entscheidung, eine Strafe, ein Urteil; jemanden gerecht behandeln, bestrafen, beurteilen⟩ | *Es ist nicht gerecht, dass immer ich im Haushalt helfen muss und mein Bruder nie* | *Findest du es gerecht, ihn für den Diebstahl so hart zu bestrafen?* **2** ⟨ein Richter, ein Vater⟩ so, dass sie gerecht und fair entscheiden **3** so, dass jeder dabei gleich viel bekommt ⟨eine Verteilung; etwas gerecht (mit jemandem) teilen⟩ **4** *meist attributiv* so, dass jemand guten Grund dafür hat ⟨ein Anspruch, Zorn⟩ ≈ *berechtigt* **5** **einer Sache** (*Dativ*) **gerecht** so, wie es eine Sache oder Situation verlangt, nötig macht | *eine dem Bedarf gerechte Planung* | *Seine Leistungen werden den steigenden Anforderungen nicht gerecht* **6** **jemandem/etwas gerecht werden** jemanden/etwas richtig und angemessen einschätzen, bewerten oder behandeln | *Der Film wird dem Thema nicht gerecht* | *Der Kritiker wurde dem Dichter nicht gerecht*

-ge·recht *im Adjektiv nach Substantiv, unbetont, begrenzt produktiv* **bedarfsgerecht, familiengerecht, fristgerecht, termingerecht** *und andere* so, wie es etwas erfordert, nötig macht ≈ *-gemäß* | *eine artgerechte Tierhaltung* | *eine maßstabsgerechte Zeichnung*

★ **Ge·rech·tig·keit** *die;* (-) **1** die Eigenschaft, dass etwas gerecht und fair ist | *Zweifel an der Gerechtigkeit eines Urteils/eines Richters haben* **2** etwas, das man für gerecht und fair hält ⟨Gerechtigkeit fordern; jemandem Gerechtigkeit widerfahren/zuteilwerden lassen; sich (*Dativ*) Gerechtigkeit verschaffen; die Gerechtigkeit nimmt ihren Lauf⟩ | *Gerechtigkeit üben/walten lassen* (jemanden gerecht behandeln) **K** Gerechtigkeitsfanatiker, Gerechtigkeitsliebe **3** *geschrieben* ⟨jemanden der Gerechtigkeit ausliefern, übergeben, überantworten⟩ ≈ *Justiz* ■ **ID** **Das ist ausgleichende Gerechtigkeit** drückt aus, dass eine positive Sache der Ausgleich für eine negative ist oder umgekehrt

Ge·rech·tig·keits·ge·fühl *das; meist Singular* das (instinktive) Gefühl dafür, was gerecht und was ungerecht ist ⟨ein ausgeprägtes Gerechtigkeitsgefühl besitzen; jemandes Gerechtigkeitsgefühl verletzen⟩

Ge·rech·tig·keits·sinn *der; nur Singular* ≈ *Gerechtigkeitsgefühl*

Ge·re·de *das;* (-s); *abwertend* **1** langes, sinnloses Reden über etwas (meist Unwichtiges) ⟨dummes, törichtes, unnötiges Gerede⟩ **2** **Gerede (über jemanden/etwas)** das (Negative und meist Falsche), was über jemanden/etwas gesagt und

G

verbreitet wird ⟨es gibt böses, viel Gerede⟩ **3** **jemand/etwas kommt ins Gerede** jemand/etwas wird das Thema von Gerede **4** **jemanden/etwas ins Gerede bringen** bewirken, dass jemand/etwas das Thema von Gerede wird

ge·rei·chen VERB (gereichte, hat gereicht) **etwas gereicht jemandem** ⟨zur Ehre, zur Schande, zum Vorteil, zum Nachteil⟩ *geschrieben* etwas bringt jemandem die genannte Sache

ge·reizt ■ PARTIZIP PERFEKT **1** → reizen
■ ADJEKTIV (gereizter, gereiztest-) **2** nervös und aggressiv ⟨eine Atmosphäre, eine Stimmung; gereizt sein, reagieren⟩ • zu (2) **Ge·reizt·heit** *die*

★ **Ge·richt** *das*; (-(e)s, -e)
▸zur Rechtsprechung: **1** *meist Singular* eine öffentliche Einrichtung, bei der meist ein Richter darüber entscheidet, ob eine Person, eine Institution, eine Tat usw. gegen ein Gesetz verstoßen hat und wenn ja, welche Strafe dafür angemessen ist ⟨das zuständige Gericht; das Gericht tagt, vertagt sich, tritt zusammen; jemanden vor (einem) Gericht verklagen; jemanden/eine Sache vor Gericht bringen; mit einer Sache vor Gericht gehen; vor dem Gericht erscheinen, aussagen; sich vor dem Gericht verantworten müssen⟩ | *das Gericht anrufen* (um ein Urteil bitten) | *als Zeuge vor Gericht geladen werden* (dort hinkommen müssen, um auszusagen) K Gerichtsakte, Gerichtsmedizin, Gerichtstermin, Gerichtsverfahren, Gerichtsverhandlung, Gerichtsvorsitzende(r); Schwurgericht, Schiedsgericht **2** *nur Singular* die Richter o. Ä., die das Urteil in einem Prozess sprechen ⟨das Gericht zieht sich zur Beratung zurück, spricht jemanden frei, verurteilt jemanden, entscheidet auf etwas (*Akkusativ*)⟩ K Gerichtsbeschluss, Gerichtsurteil **3** das Gebäude, in dem das Gericht zusammenkommt | *Ich habe noch auf dem/im Gericht zu tun* | *Musst du noch aufs/ins Gericht?* K Gerichtsgebäude, Gerichtssaal **4** **vor Gericht kommen/stehen** angeklagt werden/sein **5** **etwas kommt vor Gericht** etwas wird in einem Prozess vor Gericht entschieden **6** **Hohes Gericht!** verwendet als Anrede für den oder die Richter **7** **das Jüngste Gericht** nach christlichem Glauben das Ende der Welt, bei dem Gott entscheidet, ob die Menschen für ihre Taten belohnt oder bestraft werden
▸zum Essen: **8** ein warmes Essen ⟨ein Gericht zubereiten, auftragen/auf den Tisch bringen⟩ K Fischgericht, Fleischgericht, Pilzgericht *usw.*; Fertiggericht, Schnellgericht, Nationalgericht, Hauptgericht
■ ID **über jemanden Gericht halten** a wie ein Gericht über jemanden urteilen b jemandes Ansichten oder Verhalten verurteilen, ablehnen; **mit jemandem hart/streng ins Gericht gehen** jemanden streng kritisieren oder bestrafen

ge·richt·lich ADJEKTIV **1** ⟨ein Verfahren, eine Verhandlung⟩ so, dass sie vor dem Gericht stattfinden | *jemanden gerichtlich belangen* **2** zum Gericht gehörend ⟨Medizin, Psychologie⟩ ≈ *forensisch* **3** vom Gericht, mithilfe des Gerichts (durchgeführt) ⟨ein Beschluss, ein Urteil, ein Vergleich, eine Verfügung⟩

Ge·richts·bar·keit *die*; (-, -en); *meist Singular*; *geschrieben* **1** das Recht und die Pflicht (des Staates), dafür zu sorgen, dass die Gesetze beachtet werden **2** alle Gerichte

Ge·richts·hof *der*; *meist Singular* ein hohes und wichtiges Gericht K Bundesgerichtshof

Ge·richts·kos·ten *die*; *Plural* die Summe Geld, die ein Prozess (vor Gericht) kostet ⟨die Gerichtskosten tragen⟩

Ge·richts·stand *der*; *meist Singular* der Ort, dessen Gericht für eventuelle Prozesse zuständig ist

Ge·richts·voll·zie·her *der*; (-s, -) eine Person, die auf Anordnung eines Gerichts z. B. Dinge pfändet

Ge·richts·weg *der* **auf dem Gerichtsweg** *geschrieben* mithilfe eines Gerichts ⟨gegen jemanden auf dem Gerichtsweg vorgehen⟩

ge·rie·ben ■ PARTIZIP PERFEKT **1** → reiben
■ ADJEKTIV **2** *gesprochen, meist abwertend* ⟨ein Bursche⟩ ≈ *raffiniert*

ge·riet *Präteritum, 1. und 3. Person Singular* → geraten[1]

★ **ge·ring** ADJEKTIV **1** klein (in Bezug auf die Menge, das Ausmaß, die Dauer usw.) ⟨ein Gewicht, eine Größe, eine Höhe, eine Tiefe, ein Abstand, eine Entfernung, eine Dauer, eine Verzögerung⟩ | *Der Zug fuhr mit geringer Verspätung in den Bahnhof ein* **2** klein und nicht wichtig ⟨ein Unterschied; von geringer Bedeutung⟩ | *Er hat nur noch eine geringe Chance zu siegen* **3** wenig intensiv ⟨eine Anstrengung, (eine) Mühe⟩ | *Er gibt sich nicht die geringste Mühe bei seiner Arbeit* | *Ich habe nicht die geringste Lust, sie anzurufen* **4** *geschrieben* schlecht, niedrig (in Bezug auf den Wert einer Sache, den sozialen Status einer Person) ↔ *hoch* | *Er schämt sich seiner geringen Herkunft* | *Dieser Stoff ist nur von geringer Qualität* **5** **nicht im Geringsten** überhaupt nicht | *Das interessiert mich nicht im Geringsten!* **6** **jemanden/etwas gering achten/schätzen** jemanden/etwas als unbedeutend ansehen ≈ *verachten* H auch mit dem Verb zusammengeschrieben • zu (6) **Ge·ring·schät·zung** *die*

★ **ge·ring·fü·gig** ADJEKTIV **1** sehr klein oder sehr wenig und deshalb nicht wichtig ⟨eine Änderung, ein Anlass, ein Unterschied, eine Verletzung⟩ | *Das Manuskript muss nur noch geringfügig geändert werden, dann kann es gedruckt werden* **2** *admin geschrieben* mit sehr niedrigem Lohn ⟨Beschäftigte, eine Beschäftigung⟩ • zu (1) **Ge·ring·fü·gig·keit** *die*

ge·ring·schät·zig ADJEKTIV so, dass der Betroffene in seinem Verhalten Verachtung ausdrückt ⟨jemanden/etwas geringschätzig ansehen, behandeln⟩ • hierzu **Ge·ring·schät·zig·keit** *die*

Ge·ring·ver·die·ner *der*; (-s, -); *geschrieben oft Plural* eine Person, die mit ihrer Arbeit sehr wenig Geld verdient | *Geringverdiener müssen oft keine oder nur sehr niedrige Steuern bezahlen* • hierzu **Ge·ring·ver·die·ne·rin** *die*

ge·rin·nen VERB (gerann, ist geronnen) **etwas gerinnt** eine Flüssigkeit (bildet Flocken oder Klumpen und) wird fest ⟨Blut, Milch⟩ • hierzu **Ge·rin·nung** *die*

Ge·rip·pe *das*; (-s, -) **1** das Knochengerüst von (toten) Menschen und Tieren ≈ *Skelett* **2** **ein (wandelndes) Gerippe** *gesprochen, humorvoll* ein sehr magerer Mensch **3** die innere Konstruktion eines Gegenstandes aus Stäben, Balken o. Ä. ⟨das Gerippe eines Flugzeugs, eines Schiffes⟩

ge·rippt ADJEKTIV mit Rippen ⟨ein Pullover, ein Stoff⟩

ge·ris·sen ■ PARTIZIP PERFEKT **1** → reißen
■ ADJEKTIV **2** *gesprochen, meist abwertend* ⟨ein Bursche, ein Kerl, ein Betrüger, ein Geschäftsmann⟩ so, dass sie alle Tricks kennen und anwenden, um alle Vorteile für sich zu nutzen • zu (2) **Ge·ris·sen·heit** *die*

ge·rit·ten PARTIZIP PERFEKT → reiten

ge·ritzt ADJEKTIV ■ ID **(Die Sache/Das ist) geritzt!** *gesprochen* verwendet, um zu sagen, dass etwas wie besprochen oder geplant geschehen wird

Germ *der*; (-s); *süddeutsch*, **Germ** *die*; (-); Ⓐ ≈ *Hefe* K Germknödel, Germteig

Ger·ma·ne *der*; (-n, -n) die Germanen waren ein Volk, das früher in dem Gebiet gelebt hat, wo heute Deutschland ist H *der Germane; den, dem, des Germanen* • hierzu **Ger·ma·nin** *die*; **ger·ma·nisch** ADJEKTIV

Ger·ma·nis·tik *die*; (-) die Wissenschaft, die sich mit der Erforschung germanischer Sprachen und Literaturen (vor allem der deutschen Sprache und Literatur) beschäftigt ⟨Germanistik studieren, lehren⟩ • hierzu **Ger·ma·nist** *der;* **Ger·ma·nis·tin** *die;* **ger·ma·nis·tisch** ADJEKTIV

★ **gern, ger·ne** ADVERB (lieber, am liebsten) **1** mit Freude und Vergnügen ⟨etwas gern tun, mögen⟩ | *Im Sommer gehe ich gern zum Schwimmen* | *Am liebsten würde ich jetzt einen Spaziergang machen* | *Hättest du jetzt auch gern ein Eis?* **H** aber: *jemanden/etwas gernhaben* (= zusammengeschrieben) **2** *oft ironisch* ohne Zweifel oder Widerwillen | *Das glaube ich dir gern!* | *Du kannst gern ein Stück von meinem Kuchen haben* **3** *gesprochen* gewöhnlich | *In diesen Ecken sammelt sich gern der Staub* **4** **gern gesehen** sehr geschätzt ⟨ein Gast; bei jemandem stets gern gesehen sein⟩ ≈ *beliebt* **H** auch zusammengeschrieben: *ein gerngesehener Gast* ■ **ID** → geschehen; → gut

gern·ha·ben VERB (hatte gern, hat gerngehabt) **jemanden/etwas gernhaben** jemanden/etwas mögen | *Ich habe ihn gern, aber ich liebe ihn nicht* | *Unsere Katze hat es gern, wenn man sie streichelt* **H** aber: *jemanden/etwas sehr gern haben* (getrennt geschrieben) ■ **ID** **Du kannst mich (mal) gernhaben!, Der/Die kann mich (mal) gernhaben!** *gesprochen, ironisch* verwendet, um zu sagen, dass man mit einer Person nichts mehr zu tun haben will oder dass man ihre Wünsche nicht erfüllen will

ge·ro·chen PARTIZIP PERFEKT → riechen

Ge·röll *das;* (-(e)s) viele Steine, die sich an Berghängen und in Flusstälern ablagern **K** Geröllhalde, Gerölllawine

ge·ron·nen PARTIZIP PERFEKT **1** → rinnen **2** → gerinnen

Gers·te *die;* (-) **1** ein Getreide mit kurzem Halm und langen Borsten an den Ähren, das z. B. zur Herstellung von Bier verwendet wird ⟨Gerste anbauen⟩ **2** die Körner der Gerste ⟨Gerste mahlen⟩

Gers·ten·korn *das* **1** ein Korn der Gerste **2** eine eitrige, entzündete Schwellung am Augenlid

Gers·ten·saft *der; nur Singular; gesprochen, humorvoll* ≈ *Bier*

Ger·te *die;* (-, -n) ein dünner, elastischer Stock, der meist beim Reiten verwendet wird **K** Reitgerte

ger·ten·schlank ADJEKTIV sehr schlank ⟨ein Mädchen⟩

★ **Ge·ruch** *der;* (-(e)s, Ge·rü·che) **1** etwas, das man mit der Nase riecht ⟨ein beißender, penetranter, stechender, strenger, säuerlicher, süßlicher, muffiger Geruch⟩ | *Die Mülltonne verströmt üble Gerüche* | *ein Geruch nach frischer Farbe* **K** Geruchsbelästigung, Geruchsstoff **2** *nur Singular* die Fähigkeit, etwas zu riechen **K** Geruchsnerv, Geruchsorgan, Geruchssinn **3** *geschrieben nur Singular* die Situation, dass die Leute eine schlechte Meinung von jemandem haben | *Er kam in den Geruch der Kinderfeindlichkeit/in den Geruch, kinderfeindlich zu sein* | *Das Gemälde steht im Geruch, eine Fälschung zu sein* • zu (1) **ge·ruch·los** ADJEKTIV; zu (1) **ge·ruch(s)·frei** ADJEKTIV

Ge·ruchs·sinn *der* die Fähigkeit (von Menschen und Tieren), etwas zu riechen

Ge·rücht *das;* (-(e)s, -e) eine Neuigkeit oder Nachricht, die sich verbreitet, ohne dass man weiß, ob sie wirklich wahr ist ⟨ein Gerücht kursiert/geht um, verbreitet sich; ein Gerücht ausstreuen/in Umlauf setzen/in die Welt setzen, weitertragen⟩ | *Es geht das Gerücht, dass er im Lotto gewonnen habe* ■ **ID** **Das halte ich für ein Gerücht** *gesprochen* das glaube ich nicht

Ge·rüch·te·kü·che *die; gesprochen, abwertend* eine Stelle, an der viele Gerüchte entstehen

ge·rücht·wei·se ADVERB als Gerücht ⟨etwas gerüchtweise gehört/erfahren haben⟩

ge·ru·hen VERB (geruhte, hat geruht) **geruhen zu** +*Infinitiv ironisch* sich (gnädig) herablassen, etwas zu tun

ge·ruh·sam ADJEKTIV ohne Eile und Aufregung ⟨ein Nachmittag, ein Abend; geruhsam frühstücken, spazieren gehen⟩

Ge·rüm·pel *das;* (-s); *abwertend* alte Dinge, die kaputt oder nutzlos sind | *Unser Dachboden ist voll(er) Gerümpel*

ge·run·gen PARTIZIP PERFEKT → ringen

Ge·rüst *das;* (-(e)s, -e) **1** eine Konstruktion aus Stangen und Brettern, die z. B. Maler aufbauen, wenn sie ein Haus streichen ⟨ein Gerüst aufbauen, errichten, abbauen; auf ein Gerüst klettern⟩ **K** Gerüstbau, Gerüstbauer; Baugerüst, Holzgerüst, Stahlgerüst **2** die grobe Gliederung eines Textes

ge·rüt·telt PARTIZIP PERFEKT → rütteln ■ **ID** → Maß¹

ges, Ges *das;* (-, -) der Halbton unter dem g

ge·sal·zen ■ PARTIZIP PERFEKT **1** → salzen ■ ADJEKTIV **2** *gesprochen* sehr hoch, zu hoch ⟨Preise, eine Rechnung⟩ **3** *gesprochen* ⟨ein Brief, ein Schreiben, eine Antwort⟩ ≈ *unfreundlich, grob*

★ **ge·samt** ADJEKTIV *meist attributiv* **1** drückt aus, dass etwas auf alle, die zu einer Gruppe gehören, zutrifft | *die gesamte Familie* | *die gesamte Belegschaft der Firma* | *die gesamte Bevölkerung* **2** drückt aus, dass etwas auf alles, wovon man gerade spricht, zutrifft | *die gesamte Ernte* | *der gesamte Ertrag* | *das gesamte Einkommen* **3** ≈ *insgesamt* | *Die Kosten beliefen sich auf gesamt 50.000 Euro*

Ge·samt- *im Substantiv, betont, begrenzt produktiv* **der Gesamtbetrag, der Gesamteindruck, das Gesamtergebnis, das Gesamtgewicht, der Gesamtwert** *und andere* drückt aus, dass alle Einzelteile oder Details dabei zusammengenommen werden (so dass eine Einheit entsteht) | *eine Gesamtausgabe der Werke Goethes* | *Sie hat das Abitur mit einer Gesamtnote von 1,2 bestanden*

Ge·samt·ar·beits·ver·trag *der;* ⓒⓗ ≈ *Tarifvertrag*

ge·samt·deutsch ADJEKTIV; *historisch* in Bezug auf die Bundesrepublik Deutschland und die DDR ⟨Beziehungen, Verhandlungen⟩

ge·samt·haft ADVERB; ⓒⓗ ≈ *insgesamt*

Ge·samt·heit *die;* (-) **1** **die Gesamtheit** +*Genitiv* alle Personen, Dinge, Erscheinungen o. Ä., die gemeinsame Merkmale haben und deshalb zusammengehören | *die Gesamtheit der Lehrer einer Schule* **2** **in seiner/ihrer Gesamtheit** mit allen einzelnen Personen, allen Teilen oder Bereichen | *die Schulklasse in ihrer Gesamtheit* | *das Phänomen der Umweltverschmutzung in seiner Gesamtheit betrachten*

Ge·samt·schu·le *die* eine Schule, in der Schüler, die verschiedene Schulabschlüsse und Ausbildungen machen wollen, gemeinsam unterrichtet werden (anstatt in verschiedene Schulen zu gehen) **H** → Infos unter **Schule**

ge·sandt PARTIZIP PERFEKT → senden

Ge·sand·te *der;* (-n, -n) ein Diplomat, der einen Staat in einem anderen Staat vertritt (und der im Rang unter dem Botschafter steht) **H** *ein Gesandter; der Gesandte; den, dem, des Gesandten*

Ge·sandt·schaft *die;* (-, -en) **1** die diplomatische Vertretung (im Ausland), die von einem Gesandten geleitet wird **2** das Gebäude, in dem die Gesandtschaft arbeitet

★ **Ge·sang** *der;* (-(e)s, Ge·sän·ge) **1** *nur Singular* das Singen ⟨der Gesang eines Vogels, eines Chores; der Gesang von Liedern⟩ **K** Gesangskunst, Gesangssolist, Gesangsstimme, Gesangsverein **2** etwas, das man singen kann ⟨geistliche, weltliche Gesänge⟩ ≈ *Lied* **K** Gesangsstück **3** *nur Singular* das Studienfach, in dem man das Singen lernt ⟨Gesang studieren, lehren⟩ **K** Gesang(s)lehre, Gesang(s)schule, Gesang(s)stunde, Gesang(s)unterricht

Ge·sang·buch, Ge·sangs·buch *das* eine Sammlung von Liedern in einem kleinen Buch, das im Gottesdienst verwendet wird **K** Kirchengesangbuch

Ge·säß *das;* (-es, -e); *geschrieben* der Teil des Körpers, auf dem man sitzt **K** Gesäßbacke, Gesäßmuskel **H** → Abb. unter **Mensch**

Ge·säß·ta·sche *die* eine Tasche hinten in einer Hose

ge·sät·tigt ■ PARTIZIP PERFEKT **1** → sättigen
■ ADJEKTIV **2** ⟨eine Lösung⟩ so, dass man nicht noch mehr von einer chemischen Substanz darin auflösen kann **3** **der Markt ist gesättigt** man kann kaum noch Produkte (einer Art) verkaufen

ge·schaf·fen PARTIZIP PERFEKT → schaffen[1]

★ **Ge·schäft** *das*; (-(e)s, -e)
▸Handel: **1** das Kaufen oder Verkaufen von Waren oder Leistungen mit dem Ziel, Geld zu verdienen ⟨(mit jemandem) Geschäfte machen; (mit jemandem) ein Geschäft abschließen, abwickeln, tätigen; in ein Geschäft einsteigen; aus einem Geschäft aussteigen; die Geschäfte gehen gut, schlecht, schleppend, stockend⟩ ≈ *Handel* | *Mein Bruder versucht, aus allem ein Geschäft zu machen. Sogar für kleine Hilfen im Haushalt will er bezahlt werden* K Geschäftsabschluss, Geschäftsfreund, Geschäftspartner, Geschäftsreise, Geschäftsschädigung, Geschäftsverbindung; geschäftsschädigend; Abzahlungsgeschäft, Tauschgeschäft, Verlustgeschäft **2** *nur Singular* alle Geschäfte, die in einer bestimmten Zeit gemacht werden ⟨das Geschäft belebt sich, blüht, flaut ab⟩ | *Wenn im Sommer die Touristen in die Badeorte kommen, blüht das Geschäft* | *Was macht das Geschäft?* **3** **jemand kommt mit einer Person ins Geschäft**; **Personen kommen (miteinander) ins Geschäft** zwei oder mehrere Personen verhandeln über ein Geschäft und schließen dieses ab | *Wenn Sie Ihr Angebot erhöhen, können wir (miteinander) ins Geschäft kommen*
▸Firma: **4** eine (meist kaufmännische) Firma ⟨ein Geschäft gründen, führen/leiten, aufgeben, auflösen⟩ ≈ *Unternehmen* | *Nach dem Tode seines Vaters übernahm er die Leitung des Geschäfts* K Geschäftsführer, Geschäftsinhaber, Geschäftsleiter, Geschäftsleitung **5** ein Gebäude oder ein Teil eines Gebäudes, in dem Dinge zum Verkauf angeboten werden ≈ *Laden* | *Dieses Geschäft hat/ist/bleibt über Mittag geöffnet* | *Die Geschäfte schließen um 18 Uhr* K Geschäftsräume, Geschäftsstraße, Geschäftsviertel, Geschäftszentrum; Lebensmittelgeschäft, Schmuckgeschäft, Schreibwarengeschäft, Sportartikelgeschäft
▸Aufgabe: **6** eine Aufgabe, die jemand (regelmäßig) tun muss ⟨ein Geschäft übernehmen, erfüllen, abgeben⟩ **7** *nur Plural* berufliche, dienstliche Aufgaben, die man in einer Firma oder einem Amt regelmäßig erfüllen muss ⟨die laufenden Geschäfte erledigen; wichtige Geschäfte zu erledigen haben⟩ | *Ich muss wegen dringender Geschäfte ins Ausland* K Dienstgeschäft **8** **(mit etwas) ein (gutes) Geschäft machen** (mit etwas) einen (großen) Gewinn machen **9** **sein Geschäft verstehen** die (beruflichen) Aufgaben gründlich und gut machen
▸Körperausscheidungen: **10** **sein Geschäft verrichten** *gesprochen* den Darm und/oder die Blase entleeren **11** **ein großes/kleines Geschäft machen** *gesprochen* den Darm/die Blase entleeren

Ge·schäf·te·ma·cher *der*; *abwertend* eine Person, die immer Geschäfte machen will, um möglichst viel Gewinn zu haben

ge·schäf·tig ADJEKTIV so sehr beschäftigt und voller Eifer, dass man in Eile ist und keine Zeit für anderes hat ⟨geschäftig hin und her eilen; es herrscht ein geschäftiges Treiben⟩ • hierzu **Ge·schäf·tig·keit** *die*

★ **ge·schäft·lich** ADJEKTIV **1** in Bezug auf ein Geschäft oder den Beruf ⟨Erfolge, Beziehungen, Kontakte; mit jemandem geschäftlich zu tun haben; geschäftlich verreisen; das Geschäftliche erledigen⟩ ↔ *privat* | *ein geschäftlich genutztes Auto* **2** ohne Gefühle, neutral und höflich ⟨sich (rein) geschäftlich verhalten; etwas in geschäftlichem Ton sagen; geschäftlich werden⟩

Ge·schäfts·be·din·gun·gen *die*; *Plural* die Bedingungen in einem Vertrag, die für ein Geschäft gelten oder z. B. zu denen ein Betrieb Waren liefert

Ge·schäfts·es·sen *das* eine Mahlzeit im Restaurant mit Geschäftspartnern oder Mitarbeitern, bei der man berufliche Dinge bespricht

ge·schäfts·fä·hig ADJEKTIV fähig, selbstständig rechtlich gültige Geschäfte abzuschließen • hierzu **Ge·schäfts·fä·hig·keit** *die*

Ge·schäfts·frau *die* **1** eine Frau, die ein Geschäft leitet oder besitzt **2** **eine (gute) Geschäftsfrau** eine Frau, die geschickt Geschäfte macht

Ge·schäfts·jahr *das* ein Zeitraum von zwölf Monaten; danach berichtet die Firma über ihre Geschäfte, den Gewinn usw. H das Geschäftsjahr muss nicht dem Kalenderjahr entsprechen

Ge·schäfts·kos·ten *die*; *Plural* **auf Geschäftskosten** so, dass die Firma die Kosten bezahlt | *auf Geschäftskosten reisen*

Ge·schäfts·le·ben *das* ≈ *Geschäftswelt*

Ge·schäfts·mann *der*; (-(e)s, Ge·schäfts·leu·te) **1** ein Mann, der ein Geschäft leitet oder besitzt **2** **ein (guter) Geschäftsmann** ein Mann, der geschickt Geschäfte macht H Wenn man von *Geschäftsleuten* spricht, können auch *Geschäftsfrauen* dabei sein.

ge·schäfts·mä·ßig ADJEKTIV ≈ *geschäftlich*

Ge·schäfts·mo·dell *das*; (-s, -e) die Idee, etwas anzubieten oder zu verkaufen, um so Geld zu verdienen ⟨ein funktionierendes, innovatives, profitables Geschäftsmodell⟩ | *Die neue Firma hat ein lukratives Geschäftsmodell entwickelt*

Ge·schäfts·ord·nung *die* Vorschriften, die regeln, wie die Handlungen in einem Amt, einem Parlament, einem Verein o. Ä. ablaufen müssen ⟨eine Geschäftsordnung aufstellen, ändern; gegen die Geschäftsordnung verstoßen⟩

Ge·schäfts·schluss *der*; *nur Singular* das Schließen der Geschäfte am Abend ≈ *Ladenschluss*

Ge·schäfts·sinn *der*; *nur Singular* das (instinktive) Wissen, was man tun muss, damit Geschäfte Erfolg haben ⟨Geschäftssinn besitzen/haben⟩

Ge·schäfts·stel·le *die*; *meist Singular* das Büro einer Organisation, einer Partei oder eines Vereins, das z. B. dem Kontakt mit der Öffentlichkeit dient

Ge·schäfts·stun·den *die*; *Plural* ≈ *Geschäftszeit*

ge·schäfts·tüch·tig ADJEKTIV fähig, geschickt Geschäfte zu machen

Ge·schäfts·welt *die*; *nur Singular* **1** alle Geschäftsleute (z. B. in einer Stadt) **2** der Bereich (des öffentlichen Lebens), zu dem die Geschäfte gehören | *Das ist in der Geschäftswelt nicht üblich*

Ge·schäfts·zeit *die* die Zeit, in welcher die Geschäfte geöffnet sind ≈ *Öffnungszeit*

ge·schah *Präteritum, 3. Person Singular* → geschehen

ge·schä·he *Konjunktiv II, 3. Person Singular* → geschehen

ge·scheckt ADJEKTIV mit unregelmäßigen Flecken ⟨ein Fell; ein Hund, eine Kuh, ein Pferd⟩

★ **ge·sche·hen** [gəˈʃeːən] VERB (geschieht, geschah, ist geschehen) **1** **etwas geschieht** etwas ist in einer Situation da (und führt somit oft eine Veränderung herbei) ⟨ein Unfall, ein Unglück, ein Unrecht, ein Wunder⟩ | *Der Unfall geschah, kurz nachdem wir in die Hauptstraße eingebogen waren* | *Es geschieht immer wieder, dass ...* **2** **etwas geschieht jemandem** etwas Unangenehmes tritt ein und betrifft jemanden | *Wenn er weiterhin so unvorsichtig ist, wird ihm noch ein Unglück geschehen* | *Keine Angst, hier kann* *dir nichts geschehen!* 3 **etwas geschieht (mit jemandem/etwas)** etwas wird getan oder etwas wird (mit einer Person) gemacht | *In dieser Angelegenheit muss endlich etwas geschehen!* | *„Was geschieht mit den Kindern, wenn ihr in Urlaub seid?" – „Sie bleiben bei der Oma."* 4 **etwas geschehen lassen** etwas dulden, ohne zu protestieren | *Wie konntest du nur geschehen lassen, dass er zu Unrecht beschuldigt wurde?* | *Er war so müde, dass er alles ohne Protest mit sich geschehen ließ* ■ ID **Gern geschehen!** verwendet, um höflich zu antworten, wenn sich jemand bedankt | *„Vielen Dank für deine Hilfe." – „(Bitte,) gern geschehen!"*; **Das geschieht ihm/ihr recht!** *gesprochen* das hat er/sie verdient | *„Er ist in der Prüfung durchgefallen." – „Das geschieht ihm eigentlich recht. Er hat ja kaum dafür gelernt."*; **um jemanden/etwas ist es geschehen** jemand/etwas kann nicht mehr gerettet werden; **geschehe, was da wolle** ohne Rücksicht darauf, was in der Zukunft passieren mag

★ **Ge·sche·hen** [gəˈʃeːən] *das;* (-s); *geschrieben* etwas, das geschieht, sich ereignet | *Interessiert verfolgten die Zuschauer das Geschehen auf der Bühne*

-ge·sche·hen *das; im Substantiv nach Substantiv, unbetont, nicht produktiv* verwendet, um einen Prozess oder einen Ablauf zu bezeichnen | *das Krankheitsgeschehen genau dokumentieren* | *das Unterrichtsgeschehen aufmerksam verfolgen* | *das Verkehrsgeschehen beobachten*

Ge·scheh·nis *das;* (-ses, -se); *geschrieben* ≈ *Ereignis*

ge·scheit ADJEKTIV (gescheiter, gescheitest-) 1 mit viel Verstand, Intelligenz ⟨eine Äußerung, eine Idee⟩ ≈ *klug* 2 *gesprochen* ≈ *vernünftig* | *Sei doch gescheit!* | *Es wäre das Gescheiteste, wenn du mit der Entscheidung noch warten würdest* | *Er weiß mit seiner Freizeit nichts Gescheites anzufangen* 3 *süddeutsch, gesprochen* so, wie es dem Zweck entspricht (und wie man es sich daher wünscht) ≈ *ordentlich, richtig* | *sich ein gescheites Stück Kuchen abschneiden* | *Machs doch lieber gleich gescheit!* 4 *süddeutsch, gesprochen* sehr stark, sehr intensiv ≈ *ordentlich* | *Da habe ich mich aber gescheit gefreut* | *Gestern war es gescheit kalt draußen* 5 **aus jemandem/etwas nicht gescheit werden** jemanden/etwas nicht verstehen können H meist als Frage oder verneint ■ ID **Du bist wohl nicht ganz/recht gescheit!** *gesprochen* Das ist völlig unvernünftig! ● zu (1) **Ge·scheit·heit** *die*

★ **Ge·schenk** *das;* (-(e)s, -e) 1 **ein Geschenk (von jemandem) (für eine Person)** ein Gegenstand, den man jemandem kostenlos gibt ⟨ein kleines, nettes, großzügiges, wertvolles, geeignetes, (un)passendes Geschenk⟩ | *Hast du schon ein Geschenk für Mutter zum Geburtstag?* K Geschenkgutschein, Geschenkidee, Geschenkpackung; Abschiedsgeschenk, Geburtstagsgeschenk, Hochzeitsgeschenk, Weihnachtsgeschenk 2 **jemandem ein Geschenk machen**; **jemandem etwas zum Geschenk machen** jemandem etwas schenken | *Ich möchte dir ein kleines Geschenk machen* 3 **ein Geschenk des Himmels** etwas, das jemandem in einer Situation sehr hilft | *Dieser kleine Fernseher war bei dem schlechten Wetter ein Geschenk des Himmels!*

Ge·schenk·korb *der* ein Korb mit teuren Lebensmitteln, Alkohol o. Ä. als Geschenk

Ge·schenk·pa·pier *das* buntes, dekoratives Papier, mit dem man Geschenke verpackt ⟨ein Bogen Geschenkpapier; etwas in Geschenkpapier einschlagen/(ein)wickeln⟩

★ **Ge·schich·te** *die;* (-, -n)

▸Entwicklung: 1 **die Geschichte** (+*Genitiv*) *meist Singular* die Entwicklung (eines Teils) der menschlichen Kultur oder der Natur ⟨der Gang, der Lauf der Geschichte⟩ | *die Geschichte Deutschlands/Amerikas* | *Das Land kann auf eine lange, wechselhafte Geschichte zurückblicken* | *die Geschichte der Malerei/des Altertums* K Geschichtsauffassung, Geschichtsforscher, Geschichtsforschung, Geschichtswissenschaft, Geschichtswissenschaftler; Kirchengeschichte, Kulturgeschichte, Kunstgeschichte, Literaturgeschichte, Musikgeschichte, Naturgeschichte, Sprachgeschichte 2 **die Geschichte** (+*Genitiv*) der Vorgang und Verlauf, wie etwas entsteht, sich eine Person oder Sache entwickelt | *In der Geschichte ihrer Erkrankung kam es mehrmals zu Behandlungsfehlern* K Entstehungsgeschichte, Entwicklungsgeschichte, Leidensgeschichte, Krankengeschichte, Krankheitsgeschichte

▸Fach(gebiet): 3 die Wissenschaft, die sich mit der gesellschaftlichen, politische und wirtschaftlichen Geschichte der Menschheit oder eines Landes beschäftigt ⟨Geschichte studieren, lehren⟩ 4 ein Fach in der Schule, in dem die Schüler historische Ereignisse und Entwicklungen kennenlernen K Geschichtsarbeit, Geschichtsbuch, Geschichtslehrer, Geschichtsnote, Geschichtsstunde

▸Erzählung, Buch: 5 **eine Geschichte** (+*Genitiv*) ein Buch, das sich mit der Darstellung von historischen Ereignissen und Entwicklungen beschäftigt | *eine Geschichte des Zweiten Weltkriegs schreiben* | *eine Geschichte der Technik lesen* 6 **eine Geschichte (über jemanden/etwas)**; **eine Geschichte (von jemandem/etwas)** ein mündlicher oder schriftlicher Text, in dem von Ereignissen berichtet wird, die wirklich geschehen oder erfunden sein können ⟨eine erfundene, wahre, spannende, unterhaltsame, lustige, rührende Geschichte; (jemandem) eine Geschichte erzählen, vorlesen⟩ ≈ *Erzählung* | *Sie schrieb eine Geschichte über Drachen* K Geschichtenerzähler; Abenteuergeschichte, Detektivgeschichte, Gespenstergeschichte, Gruselgeschichte, Indianergeschichte, Liebesgeschichte, Räubergeschichte, Spukgeschichte, Tiergeschichte, Weihnachtsgeschichte, Bildergeschichte

▸Angelegenheit: 7 *gesprochen, meist abwertend* eine Angelegenheit oder Situation ⟨eine dumme, unangenehme, langwierige, verzwickte Geschichte; sich aus einer Geschichte heraushalten; in eine Geschichte hineingezogen werden; sich auf eine Geschichte einlassen; eine Geschichte aus der Welt schaffen⟩ ≈ *Sache* | *Mach bloß keine große Geschichte daraus!*

■ ID **jemand/etwas geht in die Geschichte ein** eine Person oder Sache ist so wichtig, dass sich spätere Generationen an sie erinnern werden; **etwas gehört der Geschichte an** etwas existiert nicht mehr; **etwas ist Geschichte** *gesprochen* etwas ist vorbei; **jemand/etwas macht Geschichte** jemand/etwas ist für die Menschheit sehr wichtig oder jemand tut etwas sehr Wichtiges | *Die Erfindung des Ottomotors hat Geschichte gemacht*; **Du machst/Das sind ja schöne Geschichten!**, **Was machst du denn für Geschichten?** *gesprochen* a verwendet, um einer Person zu sagen, dass sie etwas Dummes gemacht hat b *humorvoll* verwendet, um Bedauern darüber auszudrücken, dass jemand krank oder verletzt ist; **Mach keine Geschichten!** *gesprochen* a Mach keine Dummheiten! b verwendet, um jemanden aufzufordern, nicht länger zu zögern, sich nicht länger zu weigern; **die ganze Geschichte** *gesprochen* alles zusammen | *Zwei Wochen Urlaub – mit Flug, Hotel und Essen hat mich die ganze Geschichte zweitausend Euro gekostet*

-ge·schich·te *die; im Substantiv, unbetont, begrenzt produktiv; gesprochen* 1 **Herzgeschichte, Magengeschichte, Nierengeschichte, Unterleibsgeschichte** *und andere* eine (relativ lange dauernde) Erkrankung am genannten Teil des Körpers 2 **Bettgeschichte, Frauengeschichte, Männerge-**

G

schichte *und andere oft abwertend* bezeichnet ein sexuelles Abenteuer | *Dreiecksgeschichte* (eine Liebesbeziehung zwischen drei Personen) | *Du immer mit deinen Weibergeschichten!*

ge·schicht·lich ADJEKTIV **1** *meist attributiv* in Bezug auf die Geschichte ‹ein Rückblick, ein Überblick, eine Entwicklung› **2** tatsächlich in der Vergangenheit geschehen ‹ein Ereignis, eine Tatsache, eine Wahrheit› ≈ *historisch* **3** für die Geschichte wichtig ‹ein Ereignis, eine Leistung› ≈ *historisch*

Ge·schichts·schrei·bung *die; meist Singular* die schriftliche Darstellung der Geschichte

Ge·schick *das;* (-(e)s, -e) **1** *nur Singular* die Fähigkeit, etwas gut und schnell zu machen ‹ein, kein Geschick für/zu etwas haben› **2** *geschrieben* ≈ *Schicksal* **3** *geschrieben meist Plural* die politischen bzw. wirtschaftlichen Belange | *die Geschicke des Staates lenken*

Ge·schick·lich·keit *die;* (-) **1** die Fähigkeit, sich schnell und und ohne Mühe zu bewegen | *Mit großer Geschicklichkeit kletterte sie auf einen Baum* **K** Geschicklichkeitsspiel, Geschicklichkeitsübung **2** die Fähigkeit, etwas gut und schnell zu machen ‹handwerkliche, manuelle Geschicklichkeit›

★ **ge·schickt** ▪ PARTIZIP PERFEKT **1** → schicken
▪ ADJEKTIV (geschickter, geschicktest-) **2** so, dass jemand mit den Händen schnell und ohne Mühe oder Fehler arbeitet oder sich mit dem Körper so bewegt ‹ein Handwerker; geschickte Hände haben; (handwerklich) geschickt sein; sich bei etwas geschickt anstellen› | *Der Artist balancierte geschickt auf dem Seil* **3** so, dass jemand den eigenen Verstand klug und erfolgreich einsetzt, um zum Ziel zu kommen ‹geschickt vorgehen› | *durch geschickte Fragen jemandem ein Geheimnis entlocken* | *Sein Anwalt hat ihn geschickt verteidigt*

★ **ge·schie·den** PARTIZIP PERFEKT → scheiden

Ge·schie·de·ne *der/die;* (-n, -n) eine Person, deren Ehe geschieden worden ist **!** *ein Geschiedener; der Geschiedene; den, dem, des Geschiedenen*

ge·schieht *Präsens, 3. Person Singular* → geschehen

ge·schie·nen PARTIZIP PERFEKT → scheinen

★ **Ge·schirr** [gəˈʃɪr] *das;* (-(e)s, -e)
▸zum Essen, Kochen: **1** *nur Singular* die Dinge aus Glas, Porzellan o. Ä., aus denen (oder von denen) man isst oder trinkt, vor allem Teller, Schüsseln und Tassen **K** Glasgeschirr, Holzgeschirr, Plastikgeschirr, Porzellangeschirr, Steingutgeschirr **2** *nur Singular* alle Dinge, die man beim Kochen, Essen und Trinken benutzt und schmutzig macht, vor allem Geschirr, Besteck und Töpfe ‹das Geschirr abräumen, (ab)spülen, abwaschen, abtrocknen› **K** Geschirrschrank, Geschirrspülmaschine, Geschirrspülmittel
▸für Tiere: **3** die Riemen und Gurte, mit denen ein Tier (vor allem ein Pferd) vor einen Wagen gespannt wird, damit es diesen zieht ‹einem Tier das Geschirr anlegen, abnehmen› | *Die Pferde legten sich ins Geschirr* (Sie fingen an, kräftig zu ziehen) **K** Pferdegeschirr

★ **Ge·schirr·spü·ler** *der;* (-s, -) ein Gerät, in dem schmutziges Geschirr gereinigt wird ≈ *Geschirrspülmaschine* **!** Leute, die in einem Restaurant o. Ä. Geschirr spülen, nennt man *Tellerwäscher*

Ge·schirr·tuch *das* ein Tuch, mit dem man gespültes Geschirr abtrocknet

ge·schis·sen PARTIZIP PERFEKT → scheißen

ge·schla·fen PARTIZIP PERFEKT → schlafen

ge·schla·gen ▪ PARTIZIP PERFEKT **1** → schlagen
▪ ADJEKTIV **2** **geschlagen** *+Zeitangabe meist attributiv* verwendet, um Ärger darüber auszudrücken, dass etwas so lang gedauert hat | *Ich habe eine geschlagene Stunde vor dem Kino auf sie gewartet!* **!** meist zusammen mit einer Zahl von Stunden

★ **Ge·schlecht** *das;* (-(e)s, -er) **1** *nur Singular* die Merkmale, durch die ein Mensch oder Tier als männlich oder weiblich bezeichnet wird | *ein Kleinkind weiblichen Geschlechts* | *Welches Geschlecht hat die Katze?* **K** Geschlechtschromosom, Geschlechtshormon, geschlechtsspezifisch **2** alle Menschen oder Tiere mit dem gleichen Geschlecht ‹das männliche, weibliche Geschlecht› **3** *nur Singular* Kurzwort für *Geschlechtsteile* **4** *geschrieben* eine große, meist bekannte Familie und die Verwandten | *aus einem edlen Geschlecht stammen* **K** Adelsgeschlecht **5** *nur Singular* eine Klasse in der Grammatik, in die Substantive eingeteilt werden ‹männliches, weibliches, sächliches Geschlecht› ≈ *Genus* **6** **das starke Geschlecht** *gesprochen, humorvoll* die Männer und Jungen **7** **das schwache/zarte Geschlecht** *gesprochen, humorvoll* die Frauen und Mädchen **!** wird oft als (sexistische) Beleidigung empfunden

ge·schlecht·lich ADJEKTIV *meist attributiv* **1** in Bezug auf sexuelle Gefühle und auf sexuelles Verhalten ‹Triebe, Lust› ≈ *sexuell* **2** ‹die Fortpflanzung, die Vermehrung› so, dass dabei beide Geschlechter von Menschen, Tieren oder Pflanzen beteiligt sind

Ge·schlechts·akt *der; geschrieben* ‹den Geschlechtsakt voll-

GRAMMATIK

▶ Das Geschlecht der Substantive

In der deutschen Sprache werden die Substantive in drei (grammatische) Geschlechter eingeteilt: **männlich**, **weiblich** und **sächlich**. Es gibt keine allgemein gültigen Regeln für die Zuordnung des Geschlechts. Deshalb muss man bei den meisten Substantiven im Deutschen das Geschlecht zusammen mit dem jeweiligen Substantiv lernen. Es gibt aber einige Hinweise, die helfen können, das Geschlecht zu bestimmen:

Männlich …

… sind die Namen der Jahreszeiten, Monate und Wochentage (**der Sommer; der März; der Samstag**) und die meisten Substantive auf **-er**, **-ig**, **-ling** und **-s** (**der Becher; der Käfig; der Liebling; der Bus**).

Weiblich …

… sind die meisten Substantive auf **-ei**, **-in**, **-keit**, **-heit**, **-schaft** und **-ung**: **die Bücherei; die Lehrerin; die Helligkeit; die Freiheit; die Gesellschaft; die Anerkennung**.

Sächlich …

… sind die substantivierten Infinitive der Verben (**das Bauen; das Lernen; das Schreiben; das Wandern**), die Verkleinerungsformen auf **-chen** und **-lein** (**das Häuschen; das Kätzchen; das Büchlein; das Tischlein**) und die Namen von Buchstaben, Farben und Sprachen: **das A; das Rot; das Französisch**(e).

ziehen⟩ ≈ *Beischlaf, Koitus*

Ge·schlechts·krank·heit *die* eine Infektionskrankheit, die vor allem beim Sex übertragen wird | *Syphilis ist eine Geschlechtskrankheit* • hierzu **ge·schlechts·krank** ADJEKTIV

Ge·schlechts·merk·mal *das* **1** ein Merkmal, das männliche und weibliche Lebewesen voneinander unterscheidet **2** **primäre Geschlechtsmerkmale** die Geschlechtsmerkmale, die von Geburt an da sind, wie z. B. Penis, Hoden und Vagina **3** **sekundäre Geschlechtsmerkmale** die Geschlechtsmerkmale, die sich erst im Laufe des Lebens (vor allem in der Pubertät) entwickeln, wie z. B. Schamhaare, Bartwuchs und Busen

Ge·schlechts·or·gan *das* ein Organ, das zur Fortpflanzung dient | *Die Eierstöcke und die Gebärmutter sind Geschlechtsorgane der Frau*

Ge·schlechts·part·ner *der* eine Person, mit der man sexuellen Kontakt hat ≈ *Sexualpartner* • hierzu **Ge·schlechts·part·ne·rin** *die*

ge·schlechts·reif ADJEKTIV mit Geschlechtsorganen, die so weit entwickelt sind, dass Nachkommen gezeugt werden können • hierzu **Ge·schlechts·rei·fe** *die*

Ge·schlechts·teil *das* ein äußerlich sichtbares Organ, welches der Fortpflanzung dient (Penis und Vagina)

Ge·schlechts·ver·kehr *der; meist Singular* der Akt, in dem die Partner Sex miteinander haben ⟨(mit jemandem) Geschlechtsverkehr haben⟩ ≈ *Sex*

ge·schli·chen PARTIZIP PERFEKT → schleichen

ge·schlif·fen ■ PARTIZIP PERFEKT **1** → schleifen²
■ ADJEKTIV **2** perfekt in Bezug auf die äußere Form oder auf das Verhalten | *Er hat eine geschliffene Ausdrucksweise/geschliffene Manieren*

★ **ge·schlos·sen** ■ PARTIZIP PERFEKT **1** → schließen
■ ADJEKTIV **2** so, dass Kunden o. Ä. nicht hineinkönnen ↔ *geöffnet* | *Das Geschäft ist geschlossen* **3** *meist adverbiell* so, dass jedes Mitglied einer Gruppe beteiligt ist ⟨ein Vorgehen; geschlossen abstimmen, auftreten, vorgehen; sich geschlossen zurückziehen⟩ ≈ *einheitlich* | *Der Vereinsvorstand stimmte geschlossen gegen den Antrag* | *Die Regierung ist geschlossen zurückgetreten* **4** *meist attributiv* ⟨eine Gesellschaft, ein Kreis⟩ so, dass nur Eingeladene dabei sein dürfen **5** **eine geschlossene Ortschaft** ein Dorf oder eine Stadt (im Gegensatz zu einem ländlichen Gebiet mit einzelnen Häusern) | *Innerhalb geschlossener Ortschaften beträgt die Höchstgeschwindigkeit 50 km/h* **6** mit nur geringer Öffnung des Mundes gebildet ⟨Vokale⟩ • zu (3) **Ge·schlos·sen·heit** *die*

ge·schlun·gen PARTIZIP PERFEKT → schlingen

★ **Ge·schmack** *der;* (-(e)s, Ge·schmä·cke / *gesprochen, humorvoll* Ge·schmä·cker) **1** *nur Singular* das, was man mit der Zunge und dem Gaumen beim Essen oder Trinken schmeckt ⟨ein süßer, salziger, saurer, bitterer, unangenehmer, guter, fader, schlechter, milder, intensiver Geschmack⟩ | *Das Brot hat wenig Geschmack* | *Die Wurst hat einen seltsamen Geschmack. Ich glaube, sie ist schlecht geworden* **2** *nur Singular* die Fähigkeit, Schönes von Hässlichem und Gutes von Schlechtem zu unterscheiden ⟨ein guter, sicherer, schlechter Geschmack; viel, wenig, keinen Geschmack haben⟩ | *Sie kleidet sich immer mit viel Geschmack* **3** eine persönliche Vorliebe für etwas ⟨etwas ist nach jemandes Geschmack; etwas entspricht (nicht) jemandes Geschmack⟩ | *Wir haben in vielen Dingen den gleichen Geschmack. Wir mögen die gleiche Musik, die gleichen Filme usw.* **4** *geschrieben* eine Mode, die nur relativ kurze Zeit aktuell ist | *Mode nach neuestem Geschmack* **K** Zeitgeschmack **5** *nur Singular* die Fähigkeit, mit der Zunge den Geschmack einer Sache wahrzunehmen ≈ *Geschmackssinn* **6** **der gute Geschmack** die Regeln für moralisches Verhalten, die in einer Gesellschaft gelten ⟨etwas verstößt gegen den guten Geschmack⟩ ■ **ID an etwas** *(Dativ)* **Geschmack finden**, **etwas** *(Dativ)* **Geschmack abgewinnen** beginnen, etwas gern zu tun, eine Vorliebe für etwas entwickeln; **Jetzt bin ich auf den Geschmack gekommen** ich möchte mehr davon haben, weitermachen, das öfter erleben usw.; **Die Geschmäcker sind verschieden** *gesprochen, humorvoll* drückt aus, dass einem etwas nicht gefällt, was eine andere Person gut findet

ge·schmack·lich ADJEKTIV *meist attributiv* in Bezug auf den Geschmack einer Speise oder eines Getränks | *das Essen geschmacklich verfeinern*

ge·schmack·los ADJEKTIV **1** ohne oder mit wenig Geschmack ↔ *würzig* | *Diese Brühe ist ja völlig geschmacklos!* **2** ohne guten Geschmack, Stil ⟨Kleidung⟩ | *eine geschmacklos eingerichtete Wohnung* **3** nicht den guten Manieren und Sitten entsprechend ⟨eine Bemerkung, ein Witz⟩ ↔ *anständig, taktvoll* • hierzu **Ge·schmack·lo·sig·keit** *die*

Ge·schmacks·rich·tung *die* ein bestimmter Geschmack (z. B. nach einer Frucht, einem Aroma o. Ä.) | *Liköre in verschiedenen Geschmacksrichtungen*

Ge·schmacks·sa·che *die* **etwas ist Geschmackssache** verwendet, um zu sagen, dass jeder einen anderen Geschmack hat (und man deshalb anderer Meinung ist)

Ge·schmacks·sinn *der; nur Singular* die Fähigkeit, (mit Zunge und Nase) den Geschmack einer Sache wahrzunehmen

ge·schmack·voll ADJEKTIV so, dass es guten Geschmack, Stil erkennen lässt | *Sie haben ihr neues Haus geschmackvoll eingerichtet*

Ge·schmei·de *das;* (-s, -); *veraltend* kostbarer Schmuck

ge·schmei·dig ADJEKTIV **1** voll Kraft und Eleganz ⟨Bewegungen⟩ | *Sie bewegt sich so geschmeidig wie eine Raubkatze* **2** ⟨Leder⟩ ≈ *weich* • hierzu **Ge·schmei·dig·keit** *die*

Ge·schmier *das;* (-(e)s); *gesprochen abwertend* **1** ein Text, der (in Bezug auf die Schrift) nicht deutlich geschrieben wurde | *Dein Geschmier kann doch keiner entziffern!* **2** ein Buch o. Ä. ohne Niveau

ge·schmis·sen PARTIZIP PERFEKT → schmeißen

ge·schmol·zen PARTIZIP PERFEKT → schmelzen

Ge·schnet·zel·te *das;* (-n); *besonders süddeutsch* Ⓐ Ⓒⓗ ein Gericht, das aus kleinen Stücken von Fleisch besteht **I** *Geschnetzeltes; das Geschnetzelte; dem, des Geschnetzelten*

ge·schnie·gelt ADJEKTIV; *gesprochen, meist abwertend* (zu) sehr sorgfältig gekämmt und gekleidet ⟨ein Mann⟩

ge·schnit·ten PARTIZIP PERFEKT → schneiden

ge·schno·ben PARTIZIP PERFEKT; *veraltet* → schnauben

ge·scho·ben PARTIZIP PERFEKT → schieben

ge·schol·ten PARTIZIP PERFEKT → schelten

Ge·schöpf *das;* (-(e)s, -e) **1** ein Lebewesen (oft in religiösen Texten) | *ein Geschöpf Gottes* **2** *geschrieben* eine Person oder Gestalt, die meist ein Dichter erfunden hat

ge·scho·ren PARTIZIP PERFEKT → scheren¹

Ge·schoss *das;* (-es, -e), **Ge·schoß** Ⓐ **1** ≈ *Etage, Stockwerk* | *ein Haus mit drei Geschossen* **K** Erdgeschoss, Obergeschoss, Untergeschoss **I** → Infos unter **Stockwerk** **2** Geschosse sind Dinge wie Kugeln, Patronen, Pfeile, Steine usw., die schnell durch die Luft fliegen und eine Person oder Sache treffen ⟨ein gefährliches Geschoss; von einem Geschoss getroffen werden⟩ **K** Wurfgeschoss

ge·schos·sen PARTIZIP PERFEKT → schießen

-ge·schos·sig, -ge·scho·ßig *im Adjektiv, unbetont, begrenzt produktiv;* Ⓐ **eingeschossig, zweigeschossig, dreigeschossig** *und andere* mit der genannten Zahl von Stockwerken ≈ *-stöckig*

ge·schraubt ■ PARTIZIP PERFEKT **1** → schrauben ■ ADJEKTIV **2** *abwertend* mit schwierigen und schwer verständlichen Wörtern ⟨eine Ausdrucksweise, ein Stil; geschraubt reden⟩ ↔ *natürlich*

Ge·schrei *das;* (-s) **1** *abwertend* das (dauernde) Schreien **K** Kindergeschrei **2** *gesprochen, abwertend* lautes Jammern und Klagen wegen einer unwichtigen Sache | *Mach doch deswegen nicht so ein Geschrei!*

ge·schrie·ben PARTIZIP PERFEKT → schreiben

ge·schrien PARTIZIP PERFEKT → schreien

ge·schrit·ten PARTIZIP PERFEKT → schreiten

ge·schun·den PARTIZIP PERFEKT → schinden

Ge·schütz *das;* (-es, -e) eine (fahrbare) schwere Feuerwaffe, mit der man Granaten abschießen kann ⟨ein Geschütz laden, abfeuern, in Stellung bringen⟩ **K** Geschützfeuer, Geschützrohr ■ ID **(gegen jemanden/etwas) schweres Geschütz auffahren** *gesprochen* (bei einem Streit o. Ä.) jemanden/etwas sehr energisch kritisieren

Ge·schwätz *das;* (-es); *gesprochen, abwertend* **1** langes, sinnloses Reden über etwas (meist Unwichtiges) ⟨dummes, leeres Geschwätz⟩ **2** ≈ *Tratsch* | *Sie gibt nichts auf das Geschwätz der Leute*

ge·schwät·zig ADJEKTIV; *abwertend* ⟨Personen⟩ so, dass sie zu viel reden

ge·schweift ■ PARTIZIP PERFEKT **1** → schweifen ■ ADJEKTIV **2** aus zwei leicht gebogenen Teilen zusammengesetzt | *geschweifte Klammern* (die Zeichen { und }) | *ein Tisch mit geschweiften Beinen*

ge·schwei·ge BINDEWORT **geschweige (denn)** noch viel weniger, erst recht nicht | *Ich konnte kaum gehen, geschweige denn Treppen steigen*

ge·schwie·gen PARTIZIP PERFEKT → schweigen

ge·schwind ADJEKTIV; *besonders süddeutsch* Ⓐ ≈ *rasch, schnell*

★ **Ge·schwin·dig·keit** *die;* (-, -en) **1** das Verhältnis der gefahrenen oder gelaufenen Strecke zu der Zeit, die man/etwas dafür braucht ⟨mit großer, hoher, rasanter, rasender, niedriger Geschwindigkeit fahren; die Geschwindigkeit messen, kontrollieren, erhöhen, verringern, beibehalten⟩ ≈ *Tempo* | *Er bekam eine Strafe, weil er mit einer Geschwindigkeit von 70 Stundenkilometern durch die Stadt fuhr* **K** Geschwindigkeitsbegrenzung, Geschwindigkeitsbeschränkung, Geschwindigkeitskontrolle, Geschwindigkeitsmessung, Geschwindigkeitsüberschreitung **2** das Verhältnis der geleisteten Arbeit o. Ä. zu der Zeit, die dafür gebraucht wird | *Der Computer verarbeitet die Daten mit rasender Geschwindigkeit*

★ **Ge·schwis·ter** *die; Plural* die (männlichen und weiblichen) Kinder derselben Eltern | *„Hast du noch Geschwister?" – „Ja, ich habe noch einen Bruder und zwei Schwestern"* ● hierzu **ge·schwis·ter·lich** ADJEKTIV

ge·schwol·len ■ PARTIZIP PERFEKT **1** → schwellen[1] ■ ADJEKTIV **2** *abwertend* so formuliert, dass es wichtiger klingt, als es ist ⟨eine Ausdrucksweise, ein Stil; geschwollen reden⟩

ge·schwom·men PARTIZIP PERFEKT → schwimmen

ge·schwo·ren PARTIZIP PERFEKT → schwören

Ge·schwo·re·ne *der/die;* (-n, -n) **1** (vor allem in den USA) ein Bürger, der zusammen mit mehreren anderen Bürgern unabhängig vom Richter darüber entscheidet, ob jemand schuldig oder unschuldig ist **2** *veraltet* ≈ *Schöffe* **H** *ein Geschworener; der Geschworene; den, dem, des Geschworenen*

Ge·schwulst *die;* (-, Ge·schwüls·te) eine Schwellung, die durch schnelles und unkontrolliertes Wachsen von Gewebe entstanden ist ⟨eine (bösartige, gutartige) Geschwulst entfernen⟩

ge·schwun·den PARTIZIP PERFEKT → schwinden

ge·schwun·gen PARTIZIP PERFEKT → schwingen

Ge·schwür *das;* (-(e)s, -e) ein geschwollener Teil der Haut, der sich entzündet hat (und eitert) ⟨ein Geschwür bildet sich, bricht auf, platzt auf, heilt ab⟩ **K** Darmgeschwür, Magengeschwür

Ge·selch·te *das;* (-n); *süddeutsch* Ⓐ geräuchertes Fleisch **H** *Geselchtes; das Geselchte; dem, des Geselchten*

Ge·sel·le *der;* (-n, -n) **1** ein Handwerker, der seine Lehrzeit mit einer Prüfung abgeschlossen hat **K** Gesellenprüfung **H** *der Geselle; den, dem, des Gesellen* **2** *veraltend* ein meist jüngerer Mann | *Er war ein munterer Geselle* ● zu (1) **Ge·sel·lin** *die*

ge·sel·len VERB (gesellte sich, hat sich gesellt) **1** **sich zu jemandem gesellen** zu einer Person gehen, um bei ihr zu sein und sich mit ihr zu unterhalten | *Nachdem er eine Stunde allein am Tisch neben uns gesessen hatte, gesellte er sich zu uns* **2** **etwas gesellt sich zu etwas** etwas kommt zu etwas hinzu | *Zu den finanziellen Sorgen gesellen sich noch Probleme mit seiner Freundin*

ge·sel·lig ADJEKTIV **1** gern mit anderen Menschen zusammen | *Peter ist nicht gern allein, er ist ein sehr geselliger Typ* **2** ⟨ein Abend, ein Beisammensein⟩ so, dass dabei mehrere Menschen zu ihrem Vergnügen zusammen sind ● hierzu **Ge·sel·lig·keit** *die*

★ **Ge·sell·schaft** *die;* (-, -en)

▸im Staat: **1** *meist Singular* alle Menschen, die zusammen in einem politischen, wirtschaftlichen und sozialen System leben ⟨die menschliche Gesellschaft⟩ **2** *meist Singular* die Verhältnisse, Strukturen und wichtigen Merkmale, durch die eine Gesellschaft bestimmt ist ⟨die bürgerliche, sozialistische, klassenlose Gesellschaft⟩ | *Die Studentenbewegung der 60er Jahre in Deutschland und Frankreich wollte eine Veränderung der Gesellschaft erreichen* **K** Gesellschaftskritik, Gesellschaftsordnung, Gesellschaftsschicht, Gesellschaftsstruktur, gesellschaftskritisch; Agrargesellschaft, Dienstleistungsgesellschaft, Feudalgesellschaft, Industriegesellschaft, Klassengesellschaft **3** die obere Schicht der Bevölkerung ⟨die feine/vornehme Gesellschaft; die Damen der Gesellschaft⟩

▸Gruppe: **4** *meist Singular* die Personen, die etwas (mit jemandem) gemeinsam tun ⟨eine fröhliche, langweilige Gesellschaft; sich in guter, schlechter Gesellschaft befinden⟩ **K** Hochzeitsgesellschaft, Jagdgesellschaft **5** eine festliche Veranstaltung mit vielen Gästen ⟨eine Gesellschaft geben⟩ | *Sie lernten sich auf einer Gesellschaft kennen* **6** **eine geschlossene Gesellschaft** eine Veranstaltung, an der nur eingeladene Gäste teilnehmen dürfen bzw. die dazu eingeladenen Gäste

▸Firma, Organisation: **7** eine Firma oder eine Organisation, die von mehreren Personen gegründet wurde oder geführt wird | *die Gesellschaft für bedrohte Völker* | *eine Gesellschaft bürgerlichen Rechts gründen* **K** Gesellschaftsform; Aktiengesellschaft, Baugesellschaft, Eisenbahngesellschaft, Fluggesellschaft, Handelsgesellschaft, Transportgesellschaft **8** **Gesellschaft mit beschränkter Haftung** eine Firma, die im Falle des Konkurses nur so viel Schulden zurückzahlen muss, wie sie eigenes Kapital hat **H** Abkürzung: *GmbH*

▸Zusammensein: **9** **jemandes Gesellschaft** *nur Singular* das Zusammensein mit jemandem ⟨jemandes Gesellschaft suchen, meiden⟩ ≈ *Umgang* | *Sie legt auf seine Gesellschaft keinen großen Wert* **10** **jemandem Gesellschaft leisten** bei einer Person bleiben, damit sie nicht allein ist **11** **zur Gesellschaft** nur aus Gründen der Geselligkeit oder

weil man jemandem einen Gefallen tun will
■ ID **Da bist du/befindest du dich in guter Gesellschaft** Da bist du nicht der Einzige (der das sagt, denkt, tut o. Ä.)

Ge·sell·schaf·ter *der*; (-s, -) eine Person, die mit ihrem Kapital an einer Firma beteiligt ist ● hierzu **Ge·sell·schaf·te·rin** *die*

★ **ge·sell·schaft·lich** ADJEKTIV *meist attributiv* **1** so, dass es die ganze Gesellschaft eines Staates betrifft ⟨Entwicklungen, Zusammenhänge⟩ ≈ *sozial* | *Der neu gewählte Präsident versprach, die gesellschaftlichen Verhältnisse zu ändern* **2** in der Gesellschaft eines Staates | *Er hat seine beruflichen Erfolge der gesellschaftlichen Stellung seines Vaters zu verdanken*

Ge·sell·schafts·leh·re *die*; *meist Singular* **1** ≈ *Soziologie* **2** ≈ *Gemeinschaftskunde*

Ge·sell·schafts·ro·man *der* ein Roman, in dem die Bedingungen und Probleme (einer meist gehobeneren) Schicht der Gesellschaft innerhalb einer Epoche behandelt werden

Ge·sell·schafts·spiel *das* ein Spiel, das zwei oder mehrere Personen (zum Zeitvertreib) gemeinsam spielen. Gesellschaftsspiele sind z. B. Spiele mit Würfeln, Spielbrettern, Karten usw., bei denen man im Zimmer an einem Tisch sitzt

Ge·sell·schafts·tanz *der* ein Tanz (wie z. B. der Walzer), bei dem ein Partner und eine Partnerin bei einem Fest miteinander tanzen

ge·ses·sen PARTIZIP PERFEKT → sitzen

★ **Ge·setz** *das*; (-es, -e) **1** eine rechtliche Norm, die vom Staat (meist vom Parlament) zum geltenden Recht gemacht worden ist und die alle beachten müssen ⟨die geltenden Gesetze; ein Gesetz (im Parlament) einbringen, beraten, verabschieden/erlassen/beschließen, in/außer Kraft setzen; ein Gesetz einhalten, brechen/übertreten/verletzen; gegen ein Gesetz verstoßen; ein Gesetz tritt in/außer Kraft⟩ | *Ich habe mich immer an die Gesetze gehalten* **K** Gesetzbuch, Gesetzentwurf, Gesetzestext, Gesetzesvorschrift; Einwanderungsgesetz, Jugendschutzgesetz, Notstandsgesetz, Strafgesetz **2** *meist Plural* ein Prinzip oder eine feste Regel, die allgemein beachtet werden | *die ungeschriebenen Gesetze der Höflichkeit* **K** Formgesetz, Moralgesetz **3** ein Satz oder eine Formel, die beschreiben, wie ein Vorgang vor allem in der Natur immer abläuft ⟨ein physikalisches, ökonomisches Gesetz⟩ | *das Gesetz von der Erhaltung der Energie* **K** Naturgesetz ■ ID **mit dem Gesetz in Konflikt kommen/geraten** etwas tun, das gesetzlich verboten ist

Ge·setz·blatt *das* eine amtliche Veröffentlichung neuer Gesetze und Verordnungen

Ge·set·zes·bre·cher *der* eine Person, die gegen ein Gesetz verstößt ≈ *Rechtsbrecher* ● hierzu **Ge·set·zes·bre·che·rin** *die*

Ge·set·zes·hü·ter *der*; (-s, -); *oft ironisch* ≈ *Polizist* ● hierzu **Ge·set·zes·hü·te·rin** *die*

Ge·set·zes·vor·la·ge *die* ein Vorschlag für ein neues Gesetz ⟨eine Gesetzesvorlage einbringen⟩

Ge·setz·ge·ber *der*; (-s) die parlamentarischen Gremien, die Volksversammlung o. Ä., welche die Gesetze beschließen oder ändern ≈ *Legislative* ↔ *Exekutive, Judikative* | *Das Parlament erfüllt meist die Funktion des Gesetzgebers*

★ **ge·setz·lich** ADJEKTIV durch ein Gesetz geregelt ⟨Bestimmungen, Feiertage⟩ ≈ *rechtlich* | *Die Bürger mit eigenem Einkommen sind gesetzlich dazu verpflichtet, Steuern zu zahlen*

ge·setz·mä·ßig ADJEKTIV **1** einem Naturgesetz entsprechend ⟨eine Entwicklung; etwas läuft gesetzmäßig ab, kehrt gesetzmäßig wieder⟩ ↔ *zufällig* **2** so, wie es in einem Gesetz geregelt ist ≈ *rechtmäßig, legal* ● hierzu **Ge·setz·mä·ßig·keit** *die*

ge·setzt ■ PARTIZIP PERFEKT **1** → setzen
■ ADJEKTIV **2** durch Alter und Erfahrung ruhig und vernünftig ⟨ein Herr; im gesetzten Alter⟩
■ BINDEWORT **3** verwendet, um eine Annahme einzuleiten ≈ *wenn* | *Es wird sich manches ändern, gesetzt (den Fall), wir gewinnen die Wahlen/gesetzt (den Fall), dass wir die Wahlen gewinnen* ● zu (2) **Ge·setzt·heit** *die*

ge·setz·wid·rig ADJEKTIV im Gegensatz zu dem, was ein Gesetz bestimmt ⟨eine Handlung⟩

★ **Ge·sicht** *das*; (-(e)s, -er) **1** das Gesicht ist der Teil des Kopfes mit Augen, Mund und Nase ⟨ein hübsches, hässliches, schmales, rundliches, markantes, ausdrucksloses Gesicht⟩ **K** Gesichtsausdruck, Gesichtshälfte, Gesichtsmuskel, Gesichtsnerv; Kindergesicht, Madonnengesicht, Verbrechergesicht **2** die Gefühle, die man im Gesicht einer Person erkennen kann ⟨ein ängstliches, beleidigtes, bestürztes, ernstes, fröhliches, skeptisches, verlegenes Gesicht machen⟩ **3** **über das ganze Gesicht strahlen** im Gesicht große Freude zeigen **4** **ein neues/fremdes/unbekanntes/… Gesicht** eine neue/fremde/unbekannte/… Person **5** **das Gesicht** +*Genitiv* das charakteristische Aussehen eines großen Gebäudes, einer Stadt o. Ä. | *Das Gesicht der Stadt hat sich nach dem Krieg völlig gewandelt*
■ ID ▸Gesicht als Objekt: **jemand macht ein langes Gesicht** jemand sieht enttäuscht aus **das Gesicht verlieren** die persönliche Würde, die Ehre verlieren; **jemand zeigt sein wahres Gesicht** jemand zeigt nach einer Zeit der Täuschung den wahren (meist schlechten) Charakter oder die tatsächlichen Absichten;
▸Präposition plus Gesicht: **jemand ist einer Person wie aus dem Gesicht geschnitten** jemand ist einer anderen Person sehr ähnlich; **Ich wollte ihm/ihr ins Gesicht springen** *gesprochen* ich war sehr wütend auf ihn/sie; **jemandem etwas ins Gesicht sagen/schleudern** jemandem etwas (Unangenehmes) direkt/rücksichtslos sagen; **jemanden/etwas zu Gesicht bekommen** jemanden/etwas sehen | *Ich habe meinen neuen Nachbarn noch nicht zu Gesicht bekommen*

GESICHT

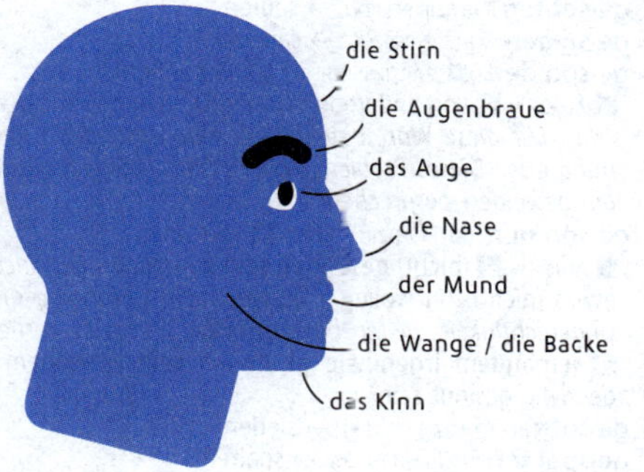

Ge·sichts·er·ken·nung *die* **1** die Funktion eines elektronischen Gerätes, mit welcher es Gesichter mit Fotos vergleicht und so erkennt **2** das Programm für einen Computer, mit welchem dieser Gesichter mit Fotos vergleicht und so erkennt

Ge·sichts·feld *das*; *meist Singular* der Teil der Umgebung, den man sehen kann, ohne den Kopf zu bewegen

Ge·sichts·kreis *der*; *meist Singular*; *geschrieben* **1** das, was jemand geistig erfassen kann **2** der Raum, den jemand überblicken kann | *Der Radfahrer tauchte ganz plötzlich*

in seinem Gesichtskreis auf **3** **jemanden aus dem Gesichtskreis verlieren** den Kontakt zu jemandem verlieren

Ge·sichts·punkt *der* die Art, wie man eine Situation oder ein Problem beurteilt, bewertet ≈ *Standpunkt* | *einen Sachverhalt vom juristischen Gesichtspunkt aus betrachten*

Ge·sichts·was·ser *das;* (-s, Ge·sichts·wäs·ser) eine kosmetische Flüssigkeit (oft mit Alkohol), mit der man die Haut reinigt und pflegt

Ge·sichts·zug *der; meist Plural* eine charakteristische Eigenschaft eines Gesichtes ⟨edle, feine, weiche, harte, strenge Gesichtszüge⟩

Ge·sims *das;* (-es, -e) die schmalen, waagrecht hervortretenden Teile einer Mauer, die diese gliedern K Dachgesims, Fenstergesims

Ge·sin·de *das;* (-s); *veraltet* alle Knechte und Mägde, vor allem auf einem Bauernhof

Ge·sin·del *das;* (-s); *abwertend* Menschen, die von anderen Menschen (meist wegen ihrer Armut oder einer Neigung zur Kriminalität) verachtet werden

ge·sinnt ADJEKTIV **1** **irgendwie gesinnt** mit der genannten Art von Meinungen | *ein fortschrittlich, politisch, demokratisch gesinnter Mensch* **2** **jemandem irgendwie gesinnt sein** jemandem gegenüber die genannte Haltung haben ⟨jemandem feindlich, wohlwollend gesinnt sein⟩ → gesonnen, gutgesinnt

Ge·sin·nung *die;* (-, -en); *meist Singular* die grundsätzliche geistige Haltung, die jemand gegenüber einer anderen Person oder einer Sache hat ≈ *Einstellung* | *die politische Gesinnung ändern/wechseln* K Gesinnungstreue, Gesinnungswandel, Gesinnungswechsel

Ge·sin·nungs·ge·nos·se *der* eine Person mit derselben (meist politischen) Gesinnung wie eine andere Person ● hierzu **Ge·sin·nungs·ge·nos·sin** *die*

ge·sit·tet ADJEKTIV so, wie es die guten Sitten, die allgemeinen gesellschaftlichen Normen verlangen ⟨ein Verhalten; sich gesittet benehmen, verhalten⟩

Ge·socks *das;* (-); *gesprochen, abwertend* ≈ *Gesindel*

Ge·söff *das;* (-(e)s); *gesprochen, meist abwertend* ein schlecht schmeckendes Getränk

ge·sof·fen PARTIZIP PERFEKT → saufen

ge·so·gen PARTIZIP PERFEKT → saugen

ge·son·dert ■ PARTIZIP PERFEKT **1** → sondern[1]
■ ADJEKTIV **2** von anderen Personen/Dingen getrennt ≈ *einzeln* | *Für diese Waren stellen wir eine gesonderte Rechnung aus* | *Dieses Problem wollte er mit jedem Angestellten gesondert besprechen*

ge·son·nen ■ PARTIZIP PERFEKT **1** → sinnen
■ ADJEKTIV **2** **(nicht) gesonnen sein zu** +*Infinitiv geschrieben* etwas (nicht) tun wollen | *Sie war nicht gesonnen, diese Ungerechtigkeit weiter hinzunehmen* H meist verneint **3** **jemandem irgendwie gesonnen sein** jemandem irgendwie gesinnt sein

ge·sot·ten PARTIZIP PERFEKT → sieden

ge·spal·ten PARTIZIP PERFEKT → spalten

Ge·spann *das;* (-(e)s, -e) **1** zwei oder mehrere Tiere, die einen Wagen oder ein landwirtschaftliches Gerät ziehen | *ein Gespann Ochsen* **2** ein Wagen oder landwirtschaftliches Fahrzeug mit einem Gespann K Ochsengespann, Pferdegespann **3** *gesprochen, humorvoll* zwei Menschen, die miteinander leben oder arbeiten | *Die beiden neuen Kollegen bilden ein gutes Gespann*

★ **ge·spannt** ■ PARTIZIP PERFEKT **1** → spannen
■ ADJEKTIV **2** **(auf jemanden/etwas) gespannt** voller Erwartung darauf, wie jemand/etwas sein wird, was geschehen wird o. Ä. | *Wir sind alle (darauf) gespannt, wie die Wahlen ausgehen werden* | *Gespannt lauschten die Kinder seiner Erzählung* | *Ich bin gespannt, ob er kommt* **3** voller Spannungen und deshalb so, dass es leicht zu Konflikten kommen könnte ⟨Beziehungen, Verhältnisse, eine Lage⟩ | *Zwischen den beiden Staaten herrschten gespannte Beziehungen*

★ **Ge·spenst** *das;* (-(e)s, -er) **1** der Geist eines toten Menschen, der (angeblich) den Lebenden erscheint (vor allem in alten Schlössern o. Ä.) ⟨(nicht) an Gespenster glauben⟩ ≈ *Geist* **2** **das Gespenst** +*Genitiv geschrieben* eine drohende Gefahr | *das Gespenst eines neuen Krieges heraufbeschwören* ■ ID **Gespenster sehen** *gesprochen* sich Sorgen machen oder Angst haben, obwohl kein Grund dazu besteht ● zu (1) **ge·spens·ter·haft** ADJEKTIV

ge·spens·tisch ADJEKTIV unheimlich, wie von Gespenstern verursacht ⟨ein Geräusch, ein Luftzug, ein Schatten, eine Stille⟩

ge·spien PARTIZIP PERFEKT → speien

Ge·spinst *das;* (-(e)s, -e) ein sehr dünner Stoff (der leicht zerreißt) K Seidengespinst

ge·spon·nen PARTIZIP PERFEKT → spinnen

Ge·spött *das;* (-(e)s) **1** andauerndes Spotten ⟨jemandes Gespött nicht mehr ertragen können; sein Gespött mit jemandem treiben⟩ **2** **jemanden zum Gespött machen** jemanden oder sich selbst lächerlich machen **3** **zum Gespött der Leute werden** von vielen Leuten verspottet werden

★ **Ge·spräch** *das;* (-(e)s, -e) **1** **ein Gespräch (mit jemandem/zwischen Personen) (über etwas** (*Akkusativ*)**)** das, was zwei oder mehrere Personen sich sagen oder einander erzählen ⟨ein offenes, vertrauliches, dienstliches, fachliches Gespräch; mit jemandem ein Gespräch anfangen, führen; jemanden in ein Gespräch verwickeln; jemanden ins Gespräch ziehen; mit jemandem ins Gespräch kommen; in ein Gespräch vertieft sein⟩ | *Gespräche mit dem Geschäftspartner führen* | *Unsere Gespräche drehten sich nur um private Themen* | *Sie brachte das Gespräch auf den Vorfall* (Sie sprach dieses Thema an) | *Die Gespräche zwischen den Regierungen wurden nach längerer Pause wieder aufgenommen* (die Verhandlungen) K Gesprächspartner, Gesprächsstoff, Gesprächsteilnehmer, Gesprächsthema, gesprächsbereit; Streitgespräch **2** ein Gespräch, das man am Telefon mit jemandem führt ⟨ein dienstliches, privates Gespräch führen⟩ ≈ *Telefonat* K Gesprächsteilnehmer; Auslandsgespräch, Ferngespräch, Telefongespräch **3** *nur Singular* das Thema, über das viele Leute gerade sprechen | *Die Hochzeit der Millionenerbin war das Gespräch des Tages* K Stadtgespräch, Tagesgespräch ■ ID **jemand ist (als etwas) im Gespräch** jemand ist Gegenstand von (öffentlichen) Diskussionen o. Ä. | *Er ist als neuer Direktor im Gespräch;* **etwas ist im Gespräch** etwas wird in Erwägung gezogen

ge·sprä·chig ADJEKTIV ⟨ein Mensch⟩ so, dass er gern redet, viel erzählt | *„Du bist ja heute nicht sehr gesprächig"* ● hierzu **Ge·sprä·chig·keit** *die*

Ge·sprächs·gut·ha·ben *das* ein Geldbetrag, für den man telefonieren darf ⟨ein Gesprächsguthaben abtelefonieren⟩ | *Bei Vertragsabschluss erhalten Sie ein Gesprächsguthaben in Höhe von 60 € gratis*

Ge·sprächs·run·de *die* mehrere Personen, die miteinander diskutieren

ge·spreizt ■ PARTIZIP PERFEKT **1** → spreizen
■ ADJEKTIV (gespreizter, gespreiztest-) **2** *abwertend* nicht natürlich und zu vornehm ⟨ein Stil⟩ | *Wenn sie nicht so gespreizt daherreden würde, wäre sie mir viel sympathischer*

ge·spren·kelt ADJEKTIV mit kleinen, unregelmäßigen Flecken ⟨ein Gefieder, Federn, Vogeleier⟩

ge·spro·chen PARTIZIP PERFEKT → sprechen

ge·spros·sen PARTIZIP PERFEKT → sprießen

ge·sprụn·gen PARTIZIP PERFEKT → springen

Ge·spür *das;* (-s) **ein Gespür (für etwas)** die Fähigkeit, etwas mit dem Gefühl (instinktiv richtig) zu erfassen ⟨ein (feines, sicheres) Gespür für etwas haben; jemandem fehlt das Gespür für etwas⟩

Ge·sta̱·de *das;* (-s, -); *meist Plural; literarisch* ≈*Küste, Ufer* | *an den Gestaden des Meeres*

★ **Ge·stạlt** *die;* (-, -en) **1** *meist Singular* die äußere Erscheinung, die Form eines Lebewesens (vor allem in Bezug auf den Bau des Körpers) ⟨von schlanker, hagerer, schmächtiger, gedrungener, untersetzter Gestalt sein⟩ | *Zeus entführte Europa in der Gestalt eines Stiers* **2** *meist Singular* die sichtbare äußere Form einer Sache ≈*Form* | *Die Erde hat die Gestalt einer Kugel* **3** eine Person, die man nicht kennt oder die man (meist wegen der Entfernung) nicht deutlich erkennen kann | *In der Ferne sah man eine dunkle Gestalt* | *Im Hafenviertel trieben sich zwielichtige Gestalten herum* **4** eine bedeutende Persönlichkeit (vor allem der Geschichte) | *die Gestalt Napoleons* **5** eine (erfundene) Person in einem Roman, Drama o. Ä. | *Die Gestalten des Romans sind frei erfunden* [K] Märchengestalt, Fantasiegestalt, Romangestalt **6** **in Gestalt** *+Genitiv*/**von etwas** mit dem Aussehen einer Sache, in Form von etwas | *Hilfe in Gestalt von Geld* | *Er erschien auf dem Faschingsball in Gestalt eines Harlekins* | *Das Unglück kam in Gestalt von mehreren Erdbeben* **7** **etwas nimmt (feste) Gestalt an** etwas bekommt allmählich konkrete Formen und kann durchgeführt werden ⟨Ideen, Pläne⟩

★ **ge·stạl·ten** VERB (gestaltete, hat gestaltet) **1** **etwas irgendwie gestalten** eine Sache in die gewünschte Form bringen, ihr die gewünschten Merkmale geben | *ein Schaufenster künstlerisch/den Abend abwechslungsreich/das Leben angenehm gestalten* **2** **etwas gestaltet sich irgendwie** *geschrieben* etwas bekommt die genannte Form oder entwickelt sich in der genannten Art | *Die Verhandlungen über die Rückgabe der eroberten Gebiete gestalten sich äußerst schwierig* • hierzu **Ge·stạl·tung** *die*

ge·stạl·te·risch ADJEKTIV *meist attributiv* ⟨Fähigkeiten⟩ ≈*künstlerisch*

ge·stạn·den ■ PARTIZIP PERFEKT **1** → stehen **2** → gestehen ■ ADJEKTIV **3** *süddeutsch* Ⓐ *meist attributiv* groß und stark ⟨ein Mann, ein Mannsbild⟩ **4** Ⓒⓗ relativ alt ⟨Menschen⟩

ge·stạ̈n·dig ADJEKTIV ⟨Menschen⟩ so, dass sie bei der Polizei oder vor Gericht ein Verbrechen zugeben | *Der Tatverdächtige war in vollem Umfang geständig*

★ **Ge·stạ̈nd·nis** *das;* (-ses, -se) **1** die Aussage (vor allem vor Gericht oder vor der Polizei), dass man etwas Verbotenes getan hat ⟨ein Geständnis ablegen, verweigern, widerrufen⟩ [K] Schuldgeständnis **2** **jemandem ein Geständnis machen** jemandem sagen, dass man z. B. etwas Falsches getan hat

Ge·stạnk *der;* (-(e)s) ein unangenehmer Geruch | *der Gestank fauler Eier* [K] Schwefelgestank

Ge·sta̱·po *die;* (-); *historisch* Geheime Staatspolizei die politische Polizei im Nationalsozialismus

ge·stạt·ten VERB (gestattete, hat gestattet); *geschrieben* **1** **(jemandem) etwas gestatten** ≈*erlauben* | *Es ist nicht gestattet, vor einer Einfahrt zu parken* **2** **etwas gestattet (jemandem) etwas** etwas ermöglicht jemandem etwas | *Sein geringes Einkommen gestattet ihm nicht, jedes Jahr in Urlaub zu fahren* [H] meist verneint **3** **sich** (*Dativ*) **etwas gestatten** sich die Freiheit nehmen, etwas zu tun oder zu lassen | *Er gestattete sich keine Pause* ■ ID **Gestatten (Sie (, dass ...)?** verwendet als höfliche Frage, z. B. wenn man sich zu einer anderen Person setzen will, wenn man ihr ein Getränk eingießen will oder wenn sie zur Seite gehen soll

★ **Gẹs·te, Ge̱s·te** *die;* (-, -n) **1** eine Bewegung, die jemand meist mit den Händen oder Armen macht, um etwas zu signalisieren ⟨eine abwehrende, einladende, ungeduldige Geste; mit lebhaften Gesten⟩ | *Mit stummer Geste forderte er die Gäste auf, sich zu setzen* **2** eine Handlung mit symbolischem Charakter ⟨eine höfliche, nette Geste⟩ | *Es war eine nette Geste, ihr Blumen ins Krankenhaus zu schicken*

Ge·stẹck *das;* (-(e)s, -e) ein (meist kunstvoll zusammengebundener) Strauß aus Blumen, Zweigen usw. [K] Blumengesteck

ge·stẹckt ■ PARTIZIP PERFEKT **1** → stecken ■ ADVERB **2** **gesteckt voll** *gesprochen* sehr voll | *Der Bus war gesteckt voll*

★ **ge·ste̱·hen** VERB (gestand, hat gestanden) **1** **(jemandem) etwas) gestehen** zugeben, dass man etwas Verbotenes oder (moralisch) Falsches getan oder ein Verbrechen begangen hat | *Der Angeklagte weigert sich zu gestehen* | *Er hat den Mord gestanden* | *Er gestand, das Auto gestohlen zu haben* | *Ich muss zu meiner Schande gestehen, dass ich unsere Verabredung vergessen habe* **2** **jemandem etwas gestehen** jemandem gegenüber zugeben, dass man etwas Verbotenes oder (moralisch) Falsches getan hat | *Sie hat ihm ihre Untreue gestanden* **3** **jemandem etwas gestehen** sagen, dass man das genannte Gefühl (für eine Person) empfindet | *Er gestand ihr seine Liebe*

Ge·ste̱in *das;* (-(e)s, -e) **1** der feste, harte Teil der Erde, der aus Mineralien besteht ⟨kristallines, vulkanisches Gestein⟩ [K] Gesteinsart, Gesteinsformation, Gesteinskunde, Gesteinsprobe, Gesteinsschicht [H] Die Pluralform wird nur bei verschiedenen Arten von Gestein verwendet. **2** *nur Singular* eine relativ große Menge von Steinen oder von zusammenhängendem Stein ⟨brüchiges, glattes, zerklüftetes Gestein⟩ [K] Gesteinsblock, Gesteinsbrocken

★ **Ge·stẹll** *das;* (-(e)s, -e) **1** aus Stangen, Brettern u. Ä. kann man ein Gestell bauen, in das man z. B. Flaschen, Gläser oder Bücher stellen kann [K] Drahtgestell, Holzgestell, Büchergestell, Flaschengestell **2** aus Stangen, Brettern u. Ä. kann man ein Gestell bauen, das Gegenstände, Maschinen o. Ä.zusammenhält oder trägt [K] Bettgestell, Brillengestell, Fahrzeuggestell

ge·stẹlzt ADJEKTIV (gestelzter, gestelztest-) *abwertend* mit zu vielen Fremdwörtern und gehobenen Ausdrücken ⟨eine Ausdrucksweise, ein Stil; gestelzt reden⟩ ↔*natürlich*

★ **gẹs·tern** ADVERB an dem Tag, der direkt vor dem heutigen Tag war ⟨gestern früh, Vormittag, Mittag, Nachmittag, Abend⟩ | *Gestern Abend kamen wir in Hamburg an, heute besichtigten wir die Stadt, und morgen wollen wir eine Hafenrundfahrt machen*

ge·sti̱e·felt ■ PARTIZIP PERFEKT **1** → stiefeln ■ ADJEKTIV **2** **gestiefelt und gespornt** *humorvoll* vollständig angezogen und bereit, wegzugehen oder wegzufahren

ge·sti̱e·gen PARTIZIP PERFEKT → steigen

Gẹs·tik, Ge̱s·tik *die;* (-) die Bewegungen der Hände/Arme (Gesten), mit denen sich jemand zusätzlich zur Sprache ausdrückt | *Manche Menschen haben eine sehr lebhafte Gestik*

ges·ti·ku·li̱e·ren VERB (gestikulierte, hat gestikuliert) meist die Arme heftig bewegen, um die Aufmerksamkeit auf sich zu ziehen ⟨heftig, lebhaft, wild gestikulieren; mit den Armen gestikulieren⟩

Ge·stịrn *das;* (-(e)s, -e); *geschrieben* ein Himmelskörper (wie z. B. die Sonne, der Mond, ein Stern) | *den Lauf der Gestirne beobachten*

ge·sto̱·ben PARTIZIP PERFEKT → stieben

ge·stọ·chen ■ PARTIZIP PERFEKT **1** → stechen

■ ADVERB **2** **gestochen scharf** sehr scharf ⟨ein Bild, ein Foto; etwas gestochen scharf sehen⟩

ge·stoh·len PARTIZIP PERFEKT → stehlen

ge·stor·ben PARTIZIP PERFEKT → sterben

ge·stört ■ PARTIZIP PERFEKT **1** → stören
■ ADJEKTIV **2** **(geistig/psychisch) gestört** *gesprochen, abwertend* geistig nicht normal/psychisch krank

Ge·sträuch *das;* (-(e)s, -e); *meist Singular* mehrere Sträucher, die dicht beieinanderstehen ⟨dichtes Gesträuch⟩

ge·streift ■ PARTIZIP PERFEKT **1** → streifen
■ ADJEKTIV **2** mit Streifen | *Die Bluse war rotweiß gestreift* | *Das Zebra hat ein gestreiftes Fell*

★ **ge·stri·chen** ■ PARTIZIP PERFEKT **1** → streichen
■ ADJEKTIV **2** ⟨ein Löffel; gestrichen voll⟩ so gefüllt, dass der Zucker, das Salz, das Kaffeepulver o. Ä. genau bis zum Rand reicht ↔ *gehäuft* | *ein gestrichener Teelöffel Backpulver*

gest·ri·g- ADJEKTIV *meist attributiv* **1** von gestern | *Die Anzeige stand in der gestrigen Zeitung* **2** **der gestrige Tag/Abend** gestern/gestern Abend **3** *geschrieben* konservativ und nicht mehr der gegenwärtigen Zeit entsprechend | *gestrige Ansichten vertreten*

ge·strit·ten PARTIZIP PERFEKT → streiten

Ge·strüpp *das;* (-(e)s, -e); *meist Singular* viele wild wachsende Sträucher, die sehr dicht beieinanderstehen | *Als er versuchte, sich durch das Gestrüpp hindurchzukämpfen, zerriss er sich die Hose*

Ge·stühl *das;* (-(e)s, -e); *meist Singular* alle Stühle oder Bänke, die (meist in einer festen Anordnung und fest miteinander verbunden) in einem Saal oder in einer Kirche aufgestellt sind K Chorgestühl, Kirchengestühl

ge·stun·ken PARTIZIP PERFEKT → stinken

Ge·stüt *das;* (-(e)s, -e) ein Betrieb, in dem Pferde gezüchtet werden

★ **Ge·such** *das;* (-(e)s, -e) **ein Gesuch (um etwas)** ein Brief, mit dem jemand eine Behörde um etwas bittet ⟨ein Gesuch einreichen, befürworten, bewilligen, ablehnen; einem Gesuch entsprechen⟩ K Bittgesuch, Entlassungsgesuch

ge·sucht ■ PARTIZIP PERFEKT **1** → suchen
■ ADJEKTIV (gesuchter, gesuchtest-) **2** (selten und) begehrt | *Seltene alte Bücher sind sehr gesucht* **3** *abwertend* bewusst vornehm, um besser zu wirken als das Normale ⟨mit gesuchten Worten; sich gesucht ausdrücken⟩ ≈ *gewählt*

★ **ge·sund** ADJEKTIV (gesünder/gesunder, gesündest-/gesundest-) **1** frei von Krankheit ↔ *krank* | *nach einer Krankheit wieder gesund werden* **2** ohne die Schäden, die durch eine Krankheit entstehen ⟨ein Herz, Zähne, Haare⟩ **3** mit einer positiven Wirkung für die Gesundheit ⟨die Ernährung, eine Lebensweise; gesund leben⟩ | *Rauchen ist nicht gesund* | *Meeresluft ist gesund* **4** auf einer gefestigten wirtschaftlichen Basis, nicht von Konkurs bedroht ⟨ein Betrieb, ein Unternehmen⟩ **5** (nach Meinung der meisten Menschen) natürlich, normal und vernünftig ⟨Ansichten, ein Ehrgeiz⟩ ↔ *übertrieben* | *eine gesunde Einstellung zur Sexualität haben* ■ ID **Das ist (ganz) gesund für ihn/sie** *gesprochen* Das schadet ihm/ihr nicht | *Das bisschen Warten ist ganz gesund für ihn. Dann sieht er endlich mal, wie das ist!*

Ge·sun·de *der/die;* (-n, -n) ein gesunder Mensch **H** *ein Gesunder; der Gesunde; den, dem, des Gesunden*

ge·sun·den VERB (gesundete, ist gesundet); *geschrieben* (nach einer Krankheit) wieder gesund werden ● hierzu **Ge·sun·dung** *die*

★ **Ge·sund·heit** *die;* (-) **1** der Zustand, dass der Körper gesund ist ⟨eine angegriffene Gesundheit haben; sich bester Gesundheit erfreuen; etwas greift jemandes Gesundheit an; auf jemandes Gesundheit trinken⟩ ↔ *Krankheit* | *Rauchen schadet der Gesundheit* K Gesundheitsfanatiker, Gesundheitsrisiko, Gesundheitsschaden, Gesundheitszustand, gesundheitsgefährdend, gesundheitsschädlich **2** der Zustand, gesund (und nicht krank) zu sein | *auf die Gesundheit der Zähne und des Zahnfleischs achten* **3** **eine eiserne/robuste Gesundheit haben** sehr selten krank sein **4** **Gesundheit!** *gesprochen* verwendet als höfliche Reaktion, wenn jemand niest ● zu (1) **ge·sund·heit·lich** ADJEKTIV

Ge·sund·heits·amt *das* eine Behörde, die in einer Stadt (oder in einem Landkreis) für die Gesundheit der Bevölkerung verantwortlich ist

ge·sund·heits·be·wusst ADJEKTIV bewusst auf die Gesundheit achtend | *sich gesundheitsbewusst ernähren* ● hierzu **Ge·sund·heits·be·wusst·sein** *das*

Ge·sund·heits·kar·te *die* ≈ *Versichertenkarte*

Ge·sund·heits·we·sen *das; nur Singular* die Institutionen in einem Staat, die sich um die Gesundheit der Bevölkerung kümmern | *ein gut organisiertes Gesundheitswesen*

Ge·sund·heits·zeug·nis *das* ein Dokument, mit dem ein Arzt bestätigt, dass jemand gesund ist und vor allem keine ansteckende Krankheit hat | *Ohne Gesundheitszeugnis dürfen Sie nicht als Koch arbeiten*

ge·sund·schrei·ben VERB (schrieb gesund, hat gesundgeschrieben) **jemanden gesundschreiben** als Arzt (in einem Attest) bestätigen, dass jemand wieder gesund ist und arbeiten kann

ge·sund·schrump·fen VERB (schrumpfte gesund, hat gesundgeschrumpft) **etwas/sich gesundschrumpfen** die Produktion und die Zahl der Angestellten reduzieren, um so finanzielle Verluste zu vermeiden | *Das Unternehmen hat sich gesundgeschrumpft*

ge·sund·sto·ßen VERB (stößt sich gesund, stieß sich gesund, hat sich gesundgestoßen) **sich (an etwas** (*Dativ*)**) gesundstoßen** bei einem Geschäft sehr viel Geld verdienen | *Viele Firmen konnten sich am Bau des neuen Flughafens gesundstoßen*

ge·sun·gen PARTIZIP PERFEKT → singen

ge·sun·ken PARTIZIP PERFEKT → sinken

ge·tan PARTIZIP PERFEKT → tun

ge·ti·gert ■ PARTIZIP PERFEKT **1** → tigern
■ ADJEKTIV **2** mit Streifen wie auf dem Fell eines Tigers ⟨ein Fell, eine Katze⟩

Ge·tö·se *das;* (-s) ein andauernder großer Lärm ⟨das Getöse eines Wasserfalls, der Brandung, des Verkehrs⟩

ge·tra·gen ■ PARTIZIP PERFEKT **1** → tragen
■ ADJEKTIV **2** langsam und feierlich ⟨eine Melodie; im getragenen Tempo⟩ **3** bereits benutzt, nicht neu oder frisch ⟨ein Hemd, eine Hose⟩

★ **Ge·tränk** *das;* (-(e)s, -e) **1** eine Flüssigkeit, die man trinkt ⟨ein alkoholisches, alkoholfreies, erfrischendes, heißes Getränk⟩ | *Tee und Kaffee sind aromatische Getränke* K Getränkeautomat, Getränkekarte, Getränkekellner; Erfrischungsgetränk, Fruchtsaftgetränk, Milchmixgetränk **2** **geistige Getränke** alkoholische Getränke

Ge·trän·ke·markt *der* ein Geschäft, in dem man (meist billig) Getränke kaufen kann

ge·trau·en VERB (getraute sich, hat sich getraut) **sich etwas getrauen** *veraltend* den Mut zu etwas haben | *Er getraute sich nicht, sie zum Tanz zu bitten*

★ **Ge·trei·de** *das;* (-s) alle Pflanzen (wie Weizen, Roggen, Gerste, Hafer o. Ä.), aus deren Körnern Mehl gemacht wird ⟨Getreide anbauen, mähen, ernten, dreschen; das Getreide steht gut⟩ K Getreideanbau, Getreideart, Getreideernte, Getreideexport, Getreidefeld, Getreidehandel, Getreideimport, Getreidelieferung, Getreidemühle, Getreidesilo, Getreidesorte; Futtergetreide; Sommergetreide, Wintergetreide

ge·tre·ten PARTIZIP PERFEKT → treten

ge·treu ■ ADJEKTIV **1** **(einer Sache** *(Genitiv)***) getreu** *geschrieben meist attributiv* so, dass etwas die gleiche Qualität wie das Original oder die Vorlage hat ⟨ein Abbild, eine Wiedergabe⟩ | *eine der Wirklichkeit getreue Schilderung der Zustände* **2** *veraltet* ≈ *treu*
■ PRÄPOSITION *mit Dativ* **3** *geschrieben* in Übereinstimmung mit einer Sache | *getreu seinem letzten Willen*

-ge·treu *im Adjektiv, unbetont, begrenzt produktiv* **maßstabsgetreu, naturgetreu, originalgetreu, wirklichkeitsgetreu** *und andere* so, dass etwas der genannten Sache entspricht

Ge·trie·be *das;* (-s, -) **1** der Teil einer Maschine, welcher die Kraft und die Bewegungen des Motors überträgt ⟨ein automatisches, hydraulisches, synchronisiertes Getriebe⟩ **K** Getriebeöl, Getriebeschaden; Fünfganggetriebe **2** *nur Singular* das lebhafte Kommen und Gehen von vielen Menschen

ge·trie·ben PARTIZIP PERFEKT → treiben

ge·trof·fen PARTIZIP PERFEKT → treffen

ge·tro·gen PARTIZIP PERFEKT → trügen

ge·trost ADVERB ohne etwas befürchten zu müssen | *sich getrost auf den Weg machen* | *Das kannst du getrost mir überlassen!*

ge·trun·ken PARTIZIP PERFEKT → trinken

Get·to *das;* (-s, -s) **1** *abwertend* ein Teil einer Stadt, in dem viele Menschen einer einzigen (meist armen) sozialen Gruppe leben **K** Gettobildung **2** *historisch* der abgeschlossene Teil einer Stadt, in dem die jüdische Bevölkerung leben musste **3** ein soziales oder geistiges Milieu ohne Kontakt zu anderen Milieus ⟨ein selbstgewähltes Getto⟩ | *das elitäre Getto der Eingeweihten*

Ge·tue *das;* (-s); *gesprochen, abwertend* **1** ein Verhalten, mit dem jemand Aufmerksamkeit erwecken will und das nicht natürlich wirkt | *Ihr aufgeregtes Getue ärgert mich schon lange!* **2** **viel Getue um jemanden/etwas machen** zu große Aufmerksamkeit für jemanden/etwas zeigen | *Du machst viel zu viel Getue um deine Kinder!*

Ge·tüm·mel *das;* (-s) das lebhafte, oft laute Durcheinander einer relativ großen Anzahl von Menschen oder Tieren **K** Kampf(es)getümmel, Schlacht(en)getümmel

ge·tupft ADJEKTIV mit kleinen, meist farbigen Punkten bedeckt ⟨ein Kopftuch, eine Krawatte⟩ | *ein rot getupftes Kleid*

ge·übt ■ PARTIZIP PERFEKT **1** → üben
■ ADJEKTIV (geübter, geübtest-) **2** **(in etwas** *(Dativ)***) geübt** so, dass man etwas gut kann, weil man es oft gemacht hat ⟨ein Redner⟩ | *im Klettern geübt sein* | *ein geübter Tennisspieler* **3** *meist attributiv* schnell und sicher in der Wahrnehmung ⟨ein geübtes Auge, Gehör, einen geübten Blick haben⟩

Ge·wächs [-ks] *das;* (-es, -e) **1** ⟨ein heimisches, tropisches Gewächs⟩ ≈ *Pflanze* **2** ≈ *Geschwulst, Tumor*

ge·wach·sen [-ks-] ■ PARTIZIP PERFEKT **1** → wachsen[1]
■ ADJEKTIV **2** **jemandem gewachsen** körperlich oder geistig genauso gut wie eine andere Person | *Seinen Konkurrenten war er nicht gewachsen* **3** **einer Sache** *(Dativ)* **gewachsen sein** eine schwierige Aufgabe oder Situation bewältigen können ⟨etwas gewachsen sein; sich etwas gewachsen fühlen, zeigen⟩ | *Der Doppelbelastung durch Beruf und Haushalt war sie nicht gewachsen*

Ge·wächs·haus *das* ein Haus aus Glas, in dem Pflanzen unter sehr günstigen Bedingungen wachsen können

ge·wagt ■ PARTIZIP PERFEKT **1** → wagen
■ ADJEKTIV (gewagter, gewagtest-) **2** ⟨ein Unternehmen, eine Tat⟩ so, dass sie viel Mut erfordern, ein hohes Risiko mit sich bringen ≈ *riskant* | *Mit so wenig Kapital ein Geschäft zu eröffnen, ist ein gewagtes Unternehmen* **3** ⟨ein Witz, eine Filmszene⟩ so, dass sie Moralvorstellungen verletzen und daher Anstoß erregen können | *ein Abendkleid mit einem gewagten Dekolleté*

ge·wählt ■ PARTIZIP PERFEKT **1** → wählen
■ ADJEKTIV **2** bewusst vornehm, um besser zu wirken als das Alltägliche oder Normale ⟨eine Ausdrucksweise; sich gewählt ausdrücken⟩

ge·wahr ADJEKTIV **jemanden/etwas gewahr werden**; **jemandes/etwas gewahr werden** *geschrieben* jemanden/etwas wahrnehmen oder erkennen

Ge·währ *die;* (-); *geschrieben* die Sicherheit oder Garantie, dass etwas richtig ist, dass etwas in der besprochenen Weise abläuft o. Ä. ⟨für etwas Gewähr leisten⟩ | *Ich kann keine Gewähr dafür übernehmen, dass die Informationen richtig sind* | *Diese Angaben sind ohne Gewähr*

★ **ge·wäh·ren** VERB (gewährte, hat gewährt); *geschrieben* **1** **jemandem etwas gewähren** einer Person etwas geben, worum sie gebeten hat (weil man die Möglichkeit und die Macht dazu hat) ⟨jemandem Asyl, Obdach, Schutz gewähren; jemandem einen Kredit gewähren⟩ | *Der Papst gewährte den Pilgern eine Audienz* **2** **jemandem etwas gewähren** einer Person etwas erlauben, worum sie gebeten hat oder das sie sich gewünscht hat ⟨jemandem eine Bitte, einen Wunsch gewähren⟩ **3** **etwas gewährt jemandem etwas** etwas bietet eine Möglichkeit o. Ä., die jemand braucht ⟨etwas gewährt jemandem Schutz, Sicherheit, Trost⟩ **4** **jemanden gewähren lassen** Geduld haben und eine Person das tun lassen, was sie möchte

ge·währ·leis·ten VERB (gewährleistete, hat gewährleistet) **(jemandem) etwas gewährleisten** dafür sorgen oder garantieren, dass etwas geschieht oder jemand etwas bekommt | *Können Sie gewährleisten, dass die Lieferung rechtzeitig ankommt?* ● hierzu **Ge·währ·leis·tung** *die*

Ge·wahr·sam *der;* (-s); *geschrieben* **1** **jemanden in (polizeilichen) Gewahrsam nehmen** ≈ *festnehmen* **2** **in (polizeilichem) Gewahrsam sein** in Haft sein

Ge·währs·mann *der;* (-(e)s, Ge·währs·män·ner/Ge·währs·leu·te) eine Person, auf deren Aussage oder Auskunft man sich beruft, weil man sie für zuverlässig und kompetent hält | *Diese Nachricht stützt sich auf die Aussagen mehrerer Gewährsleute*

★ **Ge·walt** *die;* (-, -en) **1** **Gewalt (gegen jemanden/etwas)** *nur Singular* das Benutzen von körperlicher Kraft, Macht, Drohungen usw., um einer Person zu schaden oder um eine Person zu etwas zu zwingen ⟨brutale, rohe Gewalt; Gewalt anwenden; etwas mit Gewalt erzwingen; jemandem Gewalt androhen, antun⟩ | *jemandem etwas mit Gewalt wegnehmen* | *Wird im Fernsehen zu viel Gewalt gezeigt?* **K** Gewaltandrohung, Gewaltanwendung, Gewaltherrschaft, Gewaltmaßnahme, Gewaltverbrechen, Gewaltverbrecher; Waffengewalt **2** *nur Singular* das Benutzen von körperlicher Kraft, um etwas zu erreichen | *Die Kiste ließ sich nur mit Gewalt öffnen* **K** Gewaltanwendung **3** *meist Singular* die große natürliche Kraft, die Heftigkeit eines Naturphänomens | *die Gewalt einer Explosion/eines Sturmes/der Wellen* **K** Naturgewalt(en) **4** **Gewalt (über jemanden/etwas)** *nur Singular* die Macht, über jemanden/etwas bestimmen zu können ⟨die elterliche, richterliche, staatliche Gewalt; Gewalt über jemanden gewinnen, haben; jemanden/etwas in seine Gewalt bekommen, bringen; die Gewalt an sich reißen; die Gewalt über jemanden verlieren; in jemandes Gewalt geraten sein/stehen⟩ | *Der Bankräuber brachte mehrere Geiseln in seine Gewalt* **5** einer der drei Bereiche, in welche die Aufgaben und die Macht eines Staates unterteilt werden (Legislative, Exekutive und Judikative) ⟨die drei Gewalten; die gesetzgebende, ausführende, richterliche Gewalt⟩ **K** Gewaltenteilung, Gewaltentrennung **6** **höhere Gewalt** *nur*

Singular ein Ereignis (wie z. B. ein Unfall, eine Naturkatastrophe o. Ä.), das nicht zu erwarten war und nicht verhindert werden konnte | *Das Spiel musste wegen eines Gewitters ausfallen. Da kann man nichts machen, das ist höhere Gewalt* **7** **sich/etwas** (*Akkusativ*) **in der Gewalt haben** sich/etwas beherrschen können, unter Kontrolle haben | *Sie erschrak, hatte sich aber sofort wieder in der Gewalt* | *Er hatte den Wagen nicht mehr in der Gewalt* **8** **die Gewalt über etwas** (*Akkusativ*) **verlieren** ein Fahrzeug nicht mehr unter Kontrolle haben **9** **mit (aller) Gewalt** *gesprochen* unter allen Umständen und mit jeder möglichen Methode ≈ *unbedingt* | *etwas mit aller Gewalt durchsetzen wollen* **10** **mit sanfter Gewalt** mit leichtem Zwang oder Druck, freundlich, aber sehr bestimmt **11** **einer Sache** (*Dativ*) **Gewalt antun** etwas so verändern, dass es nicht mehr der Wirklichkeit entspricht ⟨den Tatsachen, der Wahrheit Gewalt antun⟩ **12** **jemandem Gewalt antun** *geschrieben* jemanden zum Sex zwingen ≈ *vergewaltigen* **13** **sich** (*Dativ*) **Gewalt antun** *geschrieben* sich selbst töten
■ ID **Gewalt geht vor Recht** der Stärkere setzt sich oft durch, obwohl er nicht im Recht ist • zu (1) **ge·walt·los** ADJEKTIV

Ge·walt·akt *der* **1** eine Handlung, bei der in sehr kurzer Zeit sehr viel erreicht wird, die aber auch sehr anstrengend ist **2** eine Handlung, bei der Gewalt angewendet wird ≈ *Gewalttat*

Ge·walt·be·reit·schaft *die* die Neigung, bei Konflikten körperliche Gewalt anzuwenden • hierzu **ge·walt·be·reit** ADJEKTIV

ge·walt·frei ADJEKTIV **1** ohne Anwendung von körperlicher Gewalt **2** ⟨eine Blockade, eine Demonstration⟩ ohne dass dabei körperliche Gewalt angewendet wird

★ **ge·wal·tig** ADJEKTIV **1** sehr groß, hoch oder kräftig und deshalb beeindruckend ⟨ein Baum, ein Bauwerk, ein Berg⟩ **2** ungewöhnlich intensiv oder stark ⟨ein Sturm, eine Hitze, eine Kraft⟩ **3** sehr groß in Zahl oder Menge oder Umfang ⟨eine Last, eine Menge, eine Zahl; ein Irrtum, ein Unsinn⟩ **4** sehr beeindruckend ⟨eine Leistung, ein Werk⟩ **5** verwendet, um Adjektive oder Verben zu verstärken ⟨sich (ganz) gewaltig irren, täuschen; jemanden/etwas gewaltig überschätzen; gewaltig aufpassen müssen⟩ ≈ *mächtig*

-ge·wal·tig *im Adjektiv, unbetont, begrenzt produktiv* **redegewaltig, sprachgewaltig, stimmgewaltig, wortgewaltig** *und andere* drückt aus, dass jemand in Bezug auf etwas (vor allem das Reden) enorme Wirkung hat | *ein schussgewaltiger Stürmer*

Ge·walt·marsch *der* ein langer, anstrengender Marsch über eine große Strecke

ge·walt·sam ADJEKTIV **1** mit Gewalt oder großer körperlicher Kraft | *gewaltsam in ein Haus eindringen* | *jemanden gewaltsam festhalten* | *eine Kiste gewaltsam öffnen* **2** nur mit großer Mühe ⟨sich gewaltsam beherrschen, wach halten⟩ **3** durch Unfall, Mord oder Selbstmord ⟨eines gewaltsamen Todes sterben; ein gewaltsames Ende nehmen⟩ ↔ *natürlich*

Ge·walt·tat *die* eine oft kriminelle Tat, die eine Person begeht, indem sie Waffen oder körperliche Gewalt anwendet ⟨zu Gewalttaten neigen⟩ ≈ *Verbrechen* • hierzu **Ge·walt·tä·ter** *der*

ge·walt·tä·tig ADJEKTIV **1** ⟨Menschen⟩ so, dass sie dazu neigen, körperliche Gewalt anzuwenden ≈ *brutal* **2** **gewalttätig werden** körperliche Gewalt anwenden, jemanden schlagen o. Ä. • hierzu **Ge·walt·tä·tig·keit** *die*

Ge·walt·ver·zicht *der* der Verzicht auf die Anwendung militärischer Gewalt, der von zwei oder mehreren Staaten in einem Vertrag geregelt ist K Gewaltverzichtsabkommen, Gewaltverzichtserklärung

Ge·wand *das*; (-(e)s, Ge·wän·der) **1** ein langes, weites Kleidungsstück (ohne Gürtel), das bei feierlichen Anlässen oder in verschiedenen Kulturen als Oberbekleidung getragen wird ⟨ein Gewand anlegen, ablegen⟩ | *die Gewänder der alten Griechen* | *Der Opernchor schritt in wallenden Gewändern auf die Bühne* **2** ≈ *Kleidung* **3** *nur Singular* die äußere Gestaltung, die Aufmachung einer Sache | *Ab Januar bieten wir den Katalog in neuem Gewand an*

ge·wandt ■ PARTIZIP PERFEKT **1** → wenden
■ ADJEKTIV **2** (im Auftreten o. Ä.) sehr geschickt | *ein gewandter Tänzer* | *Sie ist sehr gewandt im Umgang mit Kunden* • zu (2) **Ge·wandt·heit** *die*

ge·wann *Präteritum, 1. und 3. Person Singular* → gewinnen

ge·wän·ne *Konjunktiv II, 1. und 3. Person Singular* → gewinnen

ge·wär·tig ADJEKTIV; *veraltend* **(sich** (*Dativ*)**) einer Sache** (*Genitiv*) **gewärtig sein** damit rechnen, dass etwas meist Unangenehmes geschehen kann | *Ich bin mir (dessen) gewärtig, dass ich damit ein großes Risiko eingehe*

Ge·wäsch *das*; (-(e)s); *gesprochen, abwertend* ≈ *Geschwätz*

ge·wa·schen PARTIZIP PERFEKT → waschen

★ **Ge·wäs·ser** *das*; (-s, -) **1** eine (relativ große) natürliche Ansammlung von Wasser, z. B. ein Fluss, See oder Meer ⟨ein stilles, sumpfiges, trübes, verschmutztes Gewässer; die heimischen Gewässer⟩ K Gewässerschutz; Binnengewässer, Küstengewässer **2** **fließendes Gewässer** ein Bach, ein Fluss o. Ä. **3** **stehendes Gewässer** ein Teich, ein See o. Ä.

Ge·we·be *das*; (-s, -) **1** ein Stoff, der durch Weben hergestellt worden ist ⟨ein dichtes, feines, grobes, synthetisches Gewebe⟩ **2** die relativ weiche Substanz, aus welcher der Körper oder ein Organ eines Menschen oder Tieres besteht ⟨menschliches, tierisches Gewebe; Gewebe entnehmen, verpflanzen⟩ K Gewebeflüssigkeit, Gewebeprobe, Gewebetransplantation; Hautgewebe, Lungengewebe, Muskelgewebe, Nervengewebe

★ **Ge·wehr** *das*; (-(e)s, -e) eine relativ lange Schusswaffe, die man mit beiden Händen hält ⟨das Gewehr laden, (an die Schulter) anlegen, abfeuern, nachladen⟩ | *das Gewehr schultern* (zum Tragen über die Schulter hängen) | *Er legte das Gewehr auf das Reh an und schoss* K Gewehrkolben, Gewehrkugel, Gewehrsalve, Gewehrschuss; Jagdgewehr
■ ID **Gewehr bei Fuß stehen** aufmerksam warten und bereit sein, sofort aktiv zu werden

Ge·wehr·lauf *der* das Rohr eines Gewehrs, durch welches die Kugel abgefeuert wird

Ge·weih *das*; (-(e)s, -e) männliche Hirsche haben ein Geweih auf dem Kopf. Es sieht aus wie kleine Äste ⟨ein Hirsch wirft das Geweih ab⟩ K Elchgeweih, Hirschgeweih

★ **Ge·wer·be** *das*; (-s, -) **1** eine selbstständige berufliche Tätigkeit im Bereich des Handels, des Handwerks oder der Dienstleistungen ⟨ein Gewerbe ausüben, betreiben⟩ K Gewerbebetrieb, Gewerberecht; Baugewerbe, Gaststättengewerbe, Hotelgewerbe **2** ein kleinerer oder mittlerer privater Betrieb im Bereich des Handwerks, des Handels oder der Dienstleistungen ⟨ein Gewerbe betreiben⟩ **3** ⓒⓗ ≈ *Bauernhof, Landwirtschaft* ■ ID **das horizontale Gewerbe, das älteste Gewerbe der Welt** *gesprochen* ≈ *Prostitution*

Ge·wer·be·ge·biet *das* ein Gebiet vor allem am Rand einer Stadt, in dem es viele Firmen, Gewerbe gibt

ge·werb·lich ADJEKTIV in Bezug auf ein Gewerbe ⟨eine Tätigkeit⟩ | *Das Gelände hinter dem Bahnhof ist für gewerbliche Nutzung bestimmt*

ge·werbs·mä·ßig ADJEKTIV so, dass eine Person dadurch regelmäßig Geld verdient (oft in einem negativen Sinn) ⟨eine Tätigkeit gewerbsmäßig ausüben, betreiben; ein Dieb, ein

Schwindler; gewerbsmäßiger Betrug⟩

★ **Ge·werk·schaft** *die;* (-, -en) eine Organisation, welche die Interessen der Arbeitnehmer (meist einer Berufsgruppe) gegenüber den Arbeitgebern vertritt | *die Gewerkschaft der Angestellten* K Gewerkschaftsbeitrag, Gewerkschaftsbewegung, Gewerkschaftsführer, Gewerkschaftsfunktionär, Gewerkschaftsmitglied, Gewerkschaftssekretär, Gewerkschaftssitzung, Gewerkschaftsvorsitzende(r); Lokführergewerkschaft, Pilotengewerkschaft, Polizeigewerkschaft ● hierzu **ge·werk·schaft·lich** ADJEKTIV

Ge·werk·schaf·ter, Ge·werk·schaft·ler *der;* (-s, -) ein Mitglied oder Funktionär einer Gewerkschaft ● hierzu **Ge·werk·schaf·te·rin, Ge·werk·schaft·le·rin** *die*

Ge·werk·schafts·bund *der* eine Vereinigung von verschiedenen einzelnen Gewerkschaften

ge·we·sen PARTIZIP PERFEKT → sein¹

ge·wi·chen PARTIZIP PERFEKT → weichen

★ **Ge·wicht** *das;* (-(e)s, -e) **1** *nur Singular* das Gewicht ist eine Eigenschaft, die meist in Gramm oder Kilogramm angegeben wird und die sagt, wie schwer jemand/etwas ist ⟨ein geringes, großes Gewicht haben; an Gewicht verlieren, zunehmen⟩ | *Das zulässige Gewicht des Lastwagens beträgt 30 Tonnen* | *Bei der Geburt hatte das Kind ein Gewicht von dreieinhalb Kilogramm* K Gewichtskontrolle, Gewichtsverlust, Gewichtszunahme; Bruttogewicht, Gesamtgewicht, Körpergewicht, Nettogewicht **2** in der Physik ist das Gewicht die Kraft, mit der ein Körper von der Erde angezogen wird und die in Newton gemessen wird | *Die Masse eines Körpers ist konstant, aber das Gewicht ist z. B. auf dem Mond deutlich geringer* **3** **das spezifische Gewicht** das Verhältnis des Gewichts eines Körpers zum Volumen **4** *meist Plural* auf Gewichten aus Metall steht, wie viel sie wiegen. Man legt sie auf eine Schale einer Waage, um herauszufinden, wie viel die Dinge auf der anderen Schale wiegen ⟨kleine, große Gewichte⟩ K Bleigewicht, Kilogewicht **5** *meist Plural* Gewichte für Sportler sind schwere Gegenstände aus Metall, die man hochhebt, um die Muskeln zu trainieren oder zu zeigen, wie stark man ist ⟨Gewichte stemmen⟩ **6** *nur Singular* das Gewicht einer abstrakten Sache sagt, wie wichtig sie ist | *Sie maß seinen Versprechungen kein großes Gewicht bei* | *Seine Stimme hat in der Kommission viel Gewicht* **7** **etwas fällt (kaum, nicht) ins Gewicht** etwas ist (nicht) von entscheidender Bedeutung | *Bei einem so großen Projekt fällt diese Rechnung kaum ins Gewicht* **8** **auf etwas** (*Akkusativ*) **Gewicht legen** etwas für wichtig halten

ge·wich·ten VERB (gewichtete, hat gewichtet) **etwas irgendwie gewichten** *geschrieben* etwas in Bezug auf die Bedeutung oder Wichtigkeit ordnen | *Wir müssen unsere Zielsetzungen neu gewichten*

Ge·wicht·he·ben *das;* (-s) eine Sportart, bei der man versucht, eine Stange mit Gewichten (auf verschiedene Arten) in die Höhe zu bewegen | *Die drei Disziplinen im Gewichtheben sind Reißen, Stoßen und Drücken* ● hierzu **Ge·wicht·he·ber** *der*

ge·wich·tig ADJEKTIV **1** *geschrieben* wichtig, von großer Bedeutung ⟨Gründe, Probleme; eine Persönlichkeit⟩ **2** *humorvoll* ≈ *dick, korpulent*

Ge·wichts·klas·se *die* eine der Kategorien vor allem bei einem Sport wie Boxen, Judo, Ringen, in welche die Athleten aufgrund ihres Körpergewichts eingeteilt werden | *Fliegen- und Schwergewicht sind zwei Gewichtsklassen*

ge·wieft ADJEKTIV (gewiefter, gewieftest-) ⟨ein Geschäftsmann, ein Stratege, ein Taktiker⟩ wegen der eigenen Erfahrung geschickt und schlau (sodass sie sich nicht täuschen lassen)

ge·wie·sen PARTIZIP PERFEKT → weisen

ge·willt ADJEKTIV *meist prädikativ* mit der Absicht oder Bereitschaft, etwas zu tun | *Ich bin nicht länger gewillt, diese Zustände zu ertragen*

Ge·wim·mel *das;* (-s) ein Durcheinander von vielen, meist kleinen Lebewesen

Ge·win·de *das;* (-s, -) eine Rille, die außen an einer Schraube oder innen in einer Mutter die Form einer Spirale hat ⟨ein Gewinde bohren, fräsen, schneiden⟩ K Gewindebohrer, Gewindeschneider

★ **Ge·winn** *der;* (-(e)s, -e) **1** Gewinne sind das Geld oder die Dinge, die man bei einem Spiel oder in einer Lotterie gewinnen kann K Gewinnanteil, Gewinnaussichten, Gewinnauszahlung, Gewinnchance; Lottogewinn, Millionengewinn **2** Gewinn ist das Geld, das man bei einem Geschäft verdient, nachdem alle Kosten abgezogen sind ⟨(einen) Gewinn machen, erzielen; aus etwas Gewinn schlagen, ziehen; etwas mit Gewinn verkaufen; jemanden am Gewinn beteiligen; etwas bringt Gewinn ein, wirft Gewinn ab⟩ ≈ *Profit* ↔ *Verlust* | *einen Gewinn (in Höhe) von 10 % machen/erzielen* K gewinnorientiert; Bruttogewinn, Nettogewinn, Reingewinn **3** **ein Gewinn (für jemanden/etwas)** *nur Singular* eine Sache, die jemandem Vorteile bringt | *Der neue Mitarbeiter ist ein Gewinn für den Betrieb* ● zu (2,3) **ge·winn·brin·gend** ADJEKTIV

★ **ge·win·nen** VERB (gewann, hat gewonnen) **1** **(etwas) gewinnen** in einem Kampf, Wettkampf, Spiel o. Ä. der Beste oder der Sieger sein ⟨eine Schlacht, den Krieg, den Pokal, das Rennen, einen Wettkampf, eine Wette gewinnen; ein Spiel knapp, (haus)hoch gewinnen⟩ | *Der Schachweltmeister gewann jede Partie* | *ein Fußballspiel (mit) 3 : 0 gewinnen* | *Er hat beim Tennis noch nie gegen mich gewonnen* **2** **(etwas) gewinnen** bei einem Wettkampf oder Glücksspiel einen Preis bekommen | *im Lotto tausend Euro gewinnen* **3** **etwas gewinnen** durch eigene Bemühungen etwas bekommen ⟨jemandes Achtung, Liebe, Vertrauen gewinnen; Ansehen, Einfluss gewinnen⟩ **4** **jemanden für etwas gewinnen** eine Person dazu bewegen, sich an etwas zu beteiligen oder für etwas aktiv zu werden | *Er konnte sie für die Partei gewinnen* **5** **etwas aus etwas gewinnen** etwas aus etwas (meist einem Naturprodukt) herstellen | *Wein gewinnt man aus Trauben* **6** **etwas gewinnen** Bodenschätze wie z. B. Kohle oder Metalle aus der Erde holen ⟨Eisen, Erze, Gold gewinnen⟩ **7** **an etwas** (*Dativ*) **gewinnen** mehr von einer Sache bekommen ⟨an Höhe, an Geschwindigkeit, an Macht, an Einfluss gewinnen⟩ **8** **durch etwas gewinnen** durch etwas schöner, besser werden oder den eigenen Wert steigern | *Das Zimmer gewinnt durch die neuen Tapeten* ● zu (1,2) **Ge·win·ner** *der;* zu (1,2) **Ge·win·ne·rin** *die*

ge·win·nend ■ PARTIZIP PRÄSENS **1** → gewinnen ■ ADJEKTIV **2** freundlich und sympathisch ⟨ein Lächeln, gewinnend lächeln⟩

Ge·winn·span·ne *die* der Unterschied zwischen dem Preis, zu dem man eine Ware kauft oder produziert und dem Preis, zu dem man sie verkauft

Ge·winn·zahl *die; meist Plural* die Zahlen, mit denen man in einer Lotterie o. Ä. gewinnt *Die Gewinnzahlen der 30. Ausspielung im Lotto sind …*

Ge·wirr [gəˈvɪr] *das;* (-(e)s) **1** **ein Gewirr von Dingen** viele Fäden, Drähte, Haare o. Ä., die durcheinander und schwer zu ordnen sind **2** **ein Gewirr von Dingen** eine große, verwirrende Menge, welche es schwierig macht, eine Ordnung zu erkennen ⟨ein Gewirr von Gassen, Stimmen⟩

★ **ge·wiss** ADJEKTIV (gewisser, gewissest-) **1** **(jemandem) gewiss** *nur prädikativ* so, dass es ganz sicher geschehen wird | *Der Sieg ist uns gewiss* | *Sie hielt es für gewiss, dass er* *kommen würde* | *Eins/So viel ist gewiss: Dir helfe ich nie mehr* **2** *nur adverbiell* mit Sicherheit, ohne Zweifel | *Wenn du dich nicht beeilst, kommst du gewiss zu spät* | *„Rufst du mich einmal an?" – „Aber gewiss (doch)!"* **3** **sich** *(Dativ)* **jemandes/etwas gewiss sein** ganz sicher sein, dass man fest auf jemanden/etwas vertrauen kann **4** **etwas/nichts Gewisses** genaue/keine genauen Informationen über jemanden/etwas | *Man weiß noch nichts Gewisses über den Unfall* **5** *nur attributiv* verwendet, um sich auf eine Person oder Sache zu beziehen, die man nicht näher nennen kann oder will bzw. die dem Gesprächspartner vermutlich bekannt sind | *Eine gewisse Frau Meier, die in der Nelkenstraße wohnt, möchte dich sprechen* | *In gewissen politischen Kreisen denkt man an einen Ausstieg aus der Kernenergie* **6** *nur attributiv* nicht sehr deutlich erkennbar, aber trotzdem vorhanden | *Bei den Geschwistern kann man eine gewisse Ähnlichkeit feststellen*

★ **Ge·wis·sen** *das;* (-s, -); *meist Singular* **1** das Gewissen besteht aus Gedanken, durch die eine Person erkennt, ob sie moralisch richtig oder falsch gehandelt hat oder ob etwas gut oder böse ist/war ⟨ein gutes, schlechtes Gewissen haben; das Gewissen beruhigen, erleichtern; jemandes Gewissen wachrütteln; etwas vor dem eigenen Gewissen (nicht) verantworten können⟩ | *Er bekam ein schlechtes Gewissen, als er sah, wie weh er ihr getan hatte* **2** **ein reines/ruhiges Gewissen** ein gutes Gewissen ▪ ID **Ein gutes/reines Gewissen ist ein sanftes Ruhekissen** wenn man ein gutes Gewissen hat, schläft man auch gut; **jemanden/etwas auf dem Gewissen haben** schuld an etwas, vor allem an einem Unglück oder jemandes Tod sein; **jemandem ins Gewissen reden** eine Person kritisieren und versuchen, sie dazu zu bringen, das Verhalten zu ändern; **ein reines Gewissen haben** keine Schuld an etwas haben; **jemandes Gewissen regt/rührt sich** eine Person ist traurig, weil sie sich moralisch falsch verhalten hat oder von einer ungerechten Situation profitiert

ge·wis·sen·haft ADJEKTIV sich der eigenen Verantwortung oder Pflicht bewusst und deswegen sorgfältig und genau | *ein gewissenhafter Mitarbeiter* | *etwas gewissenhaft prüfen* | *einen Befehl gewissenhaft ausführen* ● hierzu **Ge·wis·sen·haf·tig·keit** *die*

ge·wis·sen·los ADJEKTIV ohne moralische Bedenken ⟨ein Betrüger, ein Mörder⟩ ≈ *skrupellos* ● hierzu **Ge·wis·sen·lo·sig·keit** *die*

Ge·wis·sens·bis·se *die; Plural* **Gewissensbisse haben**; **sich** *(Dativ)* **(über etwas** *(Akkusativ)*) **Gewissensbisse machen** sich schuldig fühlen, weil man etwas Unerlaubtes, Unmoralisches o. Ä. getan hat

Ge·wis·sens·grün·de *die; Plural* Gründe für ein Verhalten oder eine Überzeugung, die vom Gewissen bestimmt sind | *den Wehrdienst aus Gewissensgründen verweigern*

ge·wis·ser·ma·ßen ADVERB in einem gewissen Sinn

Ge·wiss·heit *die;* (-) das sichere Wissen in Bezug auf etwas ⟨sich *(Dativ)* Gewissheit über etwas *(Akkusativ) verschaffen;* etwas nicht mit Gewissheit sagen können⟩ ≈ *Sicherheit*

★ **Ge·wit·ter** *das;* (-s, -) Wetter mit Blitz und Donner und meist auch starkem Regen und Wind ⟨ein Gewitter zieht auf, braut sich zusammen, entlädt sich, zieht ab⟩ | *Gestern Abend gab es ein heftiges Gewitter* **K** Gewitterfront, Gewitterregen, Gewitterschauer, Gewittersturm, Gewitterwolken

ge·wit·tern VERB (gewitterte, hat gewittert) **es gewittert** es gibt ein Gewitter

ge·witt·rig ADJEKTIV **1** mit Blitz und Donner ⟨Regenschauer, Sturmböen⟩ **2** ⟨eine Schwüle, ein Wetter⟩ so, dass sie ein Gewitter ankündigen

ge·witzt ADJEKTIV (gewitzter, gewitztest-) ⟨ein Bursche, ein Geschäftsmann⟩ ≈ *schlau* ● hierzu **Ge·witzt·heit** *die*

ge·wo·ben PARTIZIP PERFEKT → weben

ge·wo·gen ▪ PARTIZIP PERFEKT **1** → wiegen[1]
▪ ADJEKTIV **2** **jemandem gewogen** *geschrieben meist prädikativ* mit viel Sympathie für jemanden ⟨sich jemandem gewogen zeigen⟩ | *Ihr Chef war ihr sehr gewogen und förderte sie*

★ **ge·wöh·nen** VERB (gewöhnte, hat gewöhnt) **1** **jemanden an etwas** *(Akkusativ)* **gewöhnen** wenn man eine Person oder sich selbst an etwas gewöhnt, kennt sie/man es schließlich so gut, dass es normal oder selbstverständlich wird | *sich an die neue Umgebung gewöhnen* | *Ich habe mich daran gewöhnt, dass er so wortkarg ist* **2** **eine Person an jemanden gewöhnen** durch häufigen Kontakt bewirken, dass eine Person oder man selbst jemanden so gut kennt, dass Vertrauen entsteht | *Es war schwierig, das Kind aus dem Waisenhaus an seine neue Familie zu gewöhnen* **3** **etwas gewöhnt sein** ≈ *gewohnt* ● hierzu **Ge·wöh·nung** *die*

★ **Ge·wohn·heit** *die;* (-, -en) **1** **die Gewohnheit (zu** *+Infinitiv*) eine Verhaltensweise, die durch häufige Wiederholung automatisch und unbewusst geworden ist ⟨eine alte, feste, liebe, schlechte Gewohnheit; etwas aus reiner Gewohnheit tun; seine Gewohnheiten ändern⟩ | *Unsere Sitzungen sind zur Gewohnheit geworden* (haben keine besondere Bedeutung mehr) | *Sie hat die Gewohnheit, nach dem Essen einen Cappuccino zu trinken* **K** Gewohnheitstrinker, Gewohnheitsverbrecher; Denkgewohnheit, Lebensgewohnheit, Trinkgewohnheit **2** **die Macht der Gewohnheit** das, was uns etwas tun lässt, weil wir es sonst auch immer so machen (auch wenn das nicht unsere Absicht war) ● zu (1) **ge·wohn·heits·ge·mäß** ADJEKTIV; zu (1) **ge·wohn·heits·mä·ßig** ADJEKTIV

Ge·wohn·heits·mensch *der* eine Person, deren Leben von Gewohnheiten geprägt ist und die wenig spontan und flexibel ist

Ge·wohn·heits·recht *das; meist Singular* ein Recht, das es aufgrund einer relativ langen Tradition gibt, das aber nicht schriftlich vorhanden ist

Ge·wohn·heits·tier *das; humorvoll* ≈ *Gewohnheitsmensch*

★ **ge·wöhn·lich** ADJEKTIV **1** so wie immer, nicht von der Regel abweichend | *Sie wachte zur gewöhnlichen Zeit auf* | *Er benahm sich wie gewöhnlich* **2** so wie viele andere, nicht auffällig oder besonders ≈ *normal* | *Heute war ein ganz gewöhnlicher Arbeitstag ohne besondere Ereignisse* **3** *abwertend, veraltend* mit einem niedrigen Niveau, vor allem im Benehmen ⟨ein Mensch; sich gewöhnlich benehmen⟩ ↔ *gebildet* ● zu (2,3) **Ge·wöhn·lich·keit** *die*

★ **ge·wohnt** ADJEKTIV **1** *meist attributiv* vertraut, üblich geworden ⟨die Umgebung; etwas in gewohnter Weise erledigen; etwas wie gewohnt tun⟩ | *Die Dinge gehen ihren gewohnten Gang* **2** **etwas gewohnt sein** etwas als selbstverständlich ansehen, weil es immer so abläuft oder gemacht wird | *Ich bin (es) gewohnt, spät ins Bett zu gehen* | *Er war schwere körperliche Arbeit nicht gewohnt*

Ge·wöl·be *das;* (-s, -) **1** eine gemauerte, nach oben runde Decke, meist in einer Kirche, einem Saal oder einem Keller **K** Kreuzgewölbe **2** ein Raum unter der Erde, ohne Fenster und mit Mauern mit einem Gewölbe ⟨ein dumpfes, feuchtes, finsteres, muffiges Gewölbe⟩

ge·wollt ▪ PARTIZIP PERFEKT **1** → wollen[1]
▪ ADJEKTIV **2** so, dass es mit Absicht geschieht (und manchmal nicht natürlich wirkt) | *ein gewollt lockeres Benehmen* | *Das klang/wirkte schon arg gewollt*

ge·won·nen PARTIZIP PERFEKT → gewinnen

ge·wor·ben PARTIZIP PERFEKT → werben

ge·wor·den PARTIZIP PERFEKT → werden[1]

ge·wor·fen PARTIZIP PERFEKT → werfen

ge·wrun·gen PARTIZIP PERFEKT → wringen

Ge·wühl *das;* (-(e)s) ein Durcheinander von vielen Menschen oder Tieren, die sich auf engem Raum hin und her bewegen

ge·wun·den PARTIZIP PERFEKT → winden

ge·wun·ken PARTIZIP PERFEKT; *gesprochen* → winken

★ **Ge·würz** *das;* (-es, -e) eine Substanz (wie z. B. Salz oder Pfeffer), die man in kleinen Mengen zum Essen gibt, damit es einen besonderen Geschmack bekommt 〈ein getrocknetes, exotisches, mildes, scharfes Gewürz〉 K Gewürzessig, Gewürzkuchen, Gewürzmischung

Ge·würz·gur·ke *die* eine Gurke, die in Essig, Wasser und Gewürzen eingelegt ist

Ge·würz·nel·ke *die; meist Plural* die getrocknete Blütenknospe eines Baumes, die als Gewürz verwendet wird K Gewürznelkenbaum

ge·wusst PARTIZIP PERFEKT → wissen

Gey·sir ['gaizi:ɐ̯] *der;* (-s, -e) eine natürliche Quelle, aus der von Zeit zu Zeit heißes Wasser in die Luft schießt

gez. als Abkürzung für *gezeichnet* verwendet, wenn ein vervielfältigtes Schreiben nicht von Hand unterschrieben ist

Ge·zei·ten *die; Plural* das Auf und Ab des Meeresspiegels an der Küste K Gezeitenwechsel

Ge·zei·ten|kraft·werk *das* ein Kraftwerk, welches die Strömung des Wassers bei Ebbe und Flut nutzt, um elektrischen Strom zu erzeugen

ge·zie·hen PARTIZIP PERFEKT → zeihen

ge·zielt ■ PARTIZIP PERFEKT 1 → zielen
■ ADJEKTIV 2 auf ein Ziel oder einen Zweck ausgerichtet 〈ein Schuss, eine Frage, Maßnahmen, eine Suche〉 | *Sie ging bei ihrer Suche gezielt vor*

ge·zie·men VERB (geziemte, hat geziemt); *veraltend* 1 **etwas geziemt jemandem** etwas steht jemandem als Recht zu 2 **etwas geziemt sich** ein Verhalten entspricht den gesellschaftlichen Normen

ge·zie·mend ■ PARTIZIP PRÄSENS 1 → geziemen
■ ADJEKTIV 2 *veraltend* so höflich, wie es den (traditionellen) Normen entspricht 〈in geziemendem Abstand; mit geziemender Höflichkeit〉

ge·ziert ■ PARTIZIP PERFEKT 1 → zieren
■ ADJEKTIV (gezierter, geziertest-) 2 in einer Weise vornehm, die zu deutlich und künstlich ist 〈eine Ausdrucksweise, ein Stil, eine Geste〉 ≈ *affektiert*

ge·zo·gen PARTIZIP PERFEKT → ziehen

Ge·zwit·scher *das;* (-s) das Zwitschern 〈das Gezwitscher der Vögel〉 K Vogelgezwitscher

ge·zwun·gen ■ PARTIZIP PERFEKT 1 → zwingen
■ ADJEKTIV 2 nicht spontan und deshalb nicht natürlich wirkend | *Mit einem gezwungenen Lächeln begrüßte sie die Gäste*

ge·zwun·ge·ner·ma·ßen ADVERB nicht freiwillig, sondern weil man muss oder nicht anders kann | *Da ich kein Auto habe, muss ich gezwungenermaßen mit dem Bus fahren*

ggf. Abkürzung für *gegebenenfalls*

Ghet·to *das* → Getto

Ghost·wri·ter ['goustraitɐ] *der;* (-s, -) eine Person, die für jemanden (z. B. einen Politiker) Reden, Bücher o. Ä. schreibt und dabei anonym bleibt • hierzu **Ghost·wri·te·rin** ['goustraitərın] *die*

gibt *Präsens, 3. Person Singular* → geben

Gicht *die;* (-) eine Krankheit, bei der sich die Gelenke entzünden (und verformen) ≈ *Arthritis* K Gichtanfall, Gichtknoten; gichtkrank

gich·tig ADJEKTIV an Gicht erkrankt 〈ein Greis; Gelenke〉

Gie·bel *der;* (-s, -) der obere, dreieckige Teil der Wand an der schmalen Seite eines Hauses | *ein Haus mit einem spitzen Giebel* K Giebelfenster, Giebelseite, Giebelwand, Giebelzimmer

★ **Gier** *die;* (-) **die Gier (nach etwas)** ein unvernünftig heftiges und unkontrolliertes Verlangen, etwas zu haben oder zu bekommen 〈unersättliche, maßlose, grenzenlose Gier〉 | *die grenzenlose Gier nach Macht und Reichtum*

gie·ren VERB (gierte, hat giert) **nach etwas gieren** ein sehr starkes Verlangen nach etwas haben

★ **gie·rig** ADJEKTIV **gierig (auf etwas** (*Akkusativ*)**/nach etwas)** voller Gier 〈ein Mensch; Blicke; etwas gierig verschlingen; gierig essen, trinken〉 | *gierig nach Geld und Ruhm sein*

-gie·rig *im Adjektiv, unbetont, begrenzt produktiv* **geldgierig, goldgierig, machtgierig, mordgierig, profitgierig, rachgierig, raffgierig** *und andere* voll Gier, die genannte Sache zu tun, zu bekommen oder zu erleben

★ **gie·ßen** VERB (goss, hat gegossen) 1 **etwas irgendwohin gießen** eine Flüssigkeit aus einem Gefäß irgendwohin fließen lassen (indem man das Gefäß neigt) | *Wein in ein Glas gießen* | *Vanillesoße über den Pudding gießen* | *Sie hat sich aus Versehen Tee über die Bluse gegossen* 2 **etwas gießen** Glocken, Kerzen usw. werden gegossen, indem man das Metall, Wachs o. Ä. flüssig macht und in einer Form wieder fest werden lässt 3 **(etwas) gießen** Blumen oder anderen Pflanzen (mit einer Gießkanne) Wasser geben 4 **es gießt** *gesprochen* es regnet sehr stark

Gie·ße·rei *die;* (-, -en) ein Betrieb, in dem aus flüssigem Metall Gegenstände hergestellt (gegossen) werden K Gießereiarbeiter, Gießereibetrieb

Gieß·kan·ne *die* ein Behälter (eine Kanne) mit einem langen Rohr, mit dem man die Pflanzen (im Haus und im Garten) gießt

Gieß·kan·nen|prin·zip *das; nur Singular; abwertend* ein System, staatliche Mittel zu gleichen Teilen auf viele Empfänger zu verteilen (ohne auf die tatsächlichen Bedürfnisse zu achten) 〈etwas nach dem Gießkannenprinzip verteilen〉

★ **Gift** *das;* (-(e)s, -e) 1 eine chemische Substanz, die dem Organismus stark schadet und tödlich sein kann | *Gift gegen Ratten auslegen* | *Das Gift von Klapperschlangen ist für Menschen sehr gefährlich* K Giftdrüse, Giftgas, Giftmord, Giftmörder, Giftpfeil, Giftpflanze, Giftpilz, Giftschlange, Giftstachel, Giftstoff, Giftzahn; Insektengift, Pflanzengift, Rattengift, Schlangengift 2 **Gift (für jemanden/etwas)** eine Substanz, Sache oder Situation, die einer Person oder Sache sehr schadet K Klimagift, Umweltgift 3 **Gift nehmen** absichtlich Gift essen oder trinken, um zu sterben ■ ID **Gift und Galle spucken, sein Gift versprühen** bösartige Bemerkungen machen; **Darauf kannst du Gift nehmen!** *gesprochen* Darauf kannst du dich verlassen, das ist ganz bestimmt so

gif·ten VERB (giftete, hat gegiftet); *gesprochen* 1 **etwas giftet jemanden** etwas macht jemanden sehr böse/ärgerlich | *Die Beförderung seines Kollegen hat ihn so richtig gegiftet* 2 den Ärger mit Beschimpfungen o. Ä. zum Ausdruck bringen | *Sie giftet den ganzen Tag* 3 **sich (über etwas** (*Akkusativ*)**) giften** wegen etwas sehr ärgerlich werden | *Über die Ungerechtigkeit seines Chefs giftete er sich gewaltig*

gift·grün ADJEKTIV von einem sehr grellen, hellen Grün

★ **gif·tig** ADJEKTIV 1 Gift enthaltend 〈eine Pflanze, ein Pilz〉 2 so, dass sie beim Beißen, Stechen o. Ä. Gift von sich geben 〈Schlangen, Skorpione〉 3 mit Stoffen, die (meist für die Gesundheit) schädlich sind 〈Dämpfe, Abwässer〉 4 *gesprochen* boshaft und voller Hass 〈Bemerkungen, Blicke, Spott〉 | *Als er bemerkte, dass er verlieren würde, wurde er sehr giftig* 5 〈ein Grün〉 ≈ *grell*

Gift·müll *der; nur Singular* giftige Abfallstoffe, welche die Umwelt schädigen

Gift·zwerg *der; gesprochen, abwertend* ein Mensch, der klein, sehr boshaft und missgünstig ist

Gi·gant *der;* (-en, -en); *geschrieben* **1** ≈ *Riese* **2** eine Person/Sache, die auf einem Gebiet sehr mächtig oder dominant ist | *die Giganten im Bereich der Elektronik* | *die Giganten des Tennissports* **3** etwas von außergewöhnlicher Größe | *Das Matterhorn zählt zu den Giganten der Bergwelt* **H** *der Gigant; den, dem, des Giganten* ● zu (3) **gi·gan·tisch** ADJEKTIV

Gil·de *die;* (-, -n); *historisch* eine Vereinigung von Handwerkern oder Kaufleuten (vor allem im Mittelalter), die sich gegenseitig schützten und ihre Interessen sichern wollten

gilt *Präsens, 3. Person Singular* → gelten

ging *Präteritum, 1. und 3. Person Singular* → gehen

Gins·ter *der;* (-s) ein relativ kleiner Strauch mit vielen grünen Zweigen, kleinen Blättern (und vielen gelben Blüten)

★ **Gip·fel** *der;* (-s, -) **1** die oberste Spitze eines Berges ⟨einen Gipfel besteigen, bezwingen, mit letzter Kraft erreichen⟩ **2** **der Gipfel** +*Genitiv* der höchste Grad, das höchste Ausmaß der genannten Sache | *Er hat den Gipfel seines Ruhmes längst überschritten* (Er ist nicht mehr so bekannt und beliebt, wie er schon mal war) | *Das ist der Gipfel der Geschmacklosigkeit* **3** Verhandlungen von Regierungen auf höchster Ebene | *Der Gipfel über Klimaprobleme findet nächste Woche in Brüssel statt* **K** Gipfelkonferenz, Gipfeltreffen; Wirtschaftsgipfel ■ **ID Das ist (doch) der Gipfel!** *gesprochen* Das ist eine Unverschämtheit!

Gip·fel·kon·fe·renz *die* ≈ *Gipfel*

gip·feln VERB (gipfelte, hat gegipfelt) **etwas gipfelt in etwas** (*Dativ*) *geschrieben* eine Handlung oder Situation erreicht auf die genannte Weise einen (oft negativen) Höhepunkt | *Seine Rede gipfelte in einem Aufruf an alle Mitglieder zum Streik* | *Die Demonstration gipfelte schließlich in einer gewalttätigen Auseinandersetzung zwischen Demonstranten und Polizei*

Gip·fel·tref·fen *das* ≈ *Gipfel*

Gips *der;* (-es) **1** ein hellgraues Pulver, das zusammen mit Wasser eine Masse gibt, welche schnell hart wird. Mit Gips füllt man vor allem Löcher in einer Wand oder stellt Formen her ⟨Gips anrühren; der Gips bindet schnell ab⟩ | *ein Loch mit Gips zuspachteln* **K** Gipsabdruck, Gipsbüste, Gipsfigur **2** das weiche Mineral, aus dem Gips besteht **H** chemischer Fachausdruck: *Kalziumsulfat* **3** Kurzwort für *Gipsverband* ⟨einen Gips (am Arm, am Bein) haben⟩

Gips·bein *das; gesprochen* ein Bein oder ein Fuß mit einem Gipsverband ⟨ein Gipsbein haben⟩

gip·sen VERB (gipste, hat gegipst) **1** **etwas gipsen** etwas mit Gips reparieren, füllen o. Ä. ⟨ein Loch, einen Riss gipsen⟩ **2** **jemanden/etwas gipsen** *gesprochen* jemandem an einem Körperteil einen Gipsverband anlegen

Gips·ver·band *der* Binden mit feuchtem, weichem Gips, die man um einen verletzten oder gebrochenen Körperteil wickelt. Wenn der Gips trocken und hart wird, kann man den Körperteil nicht mehr bewegen ⟨jemandem einen Gipsverband anlegen, abnehmen; einen Gipsverband am Arm, Bein haben⟩

Gi·raf·fe *die;* (-, -n) ein großes Säugetier mit braunen Flecken, langen Beinen und einem sehr langen Hals, das in Afrika lebt und Pflanzen frisst

Gir·lan·de *die;* (-, -n) eine lange Kette aus Papier, Blumen o. Ä., mit der man Säle, Häuser oder Straßen festlich schmückt **K** Girlandenschmuck

Gi·ro ['ʒiːro] *das;* (-s, -s) der bargeldlose Zahlungsverkehr zwischen verschiedenen Konten **K** Girobank, Giroscheck, Giroverkehr

Gi·ro·kon·to ['ʒiː-] *das* ein Bankkonto, von dem jederzeit Geld abgehoben werden kann oder auf das Geld überwiesen werden kann | *Der Lohn wird jeden Monat auf das Girokonto überwiesen*

gis, Gis *das;* (-, -) der Halbton über dem g **K** gis-Moll

Gischt *die;* (-) der Schaum und das sprühende Wasser, die sich oben auf Wellen bilden

★ **Gi·tar·re** *die;* (-, -n) das Musikinstrument mit sechs Saiten, das in der Popmusik wichtig ist ⟨Gitarre spielen; jemanden auf der Gitarre begleiten; zur Gitarre singen⟩ | *am Lagerfeuer Gitarre spielen* **K** Gitarrensolo, Gitarrenspieler, Gitarrenverstärker; Bassgitarre, Elektrogitarre, Rhythmusgitarre, E-Gitarre

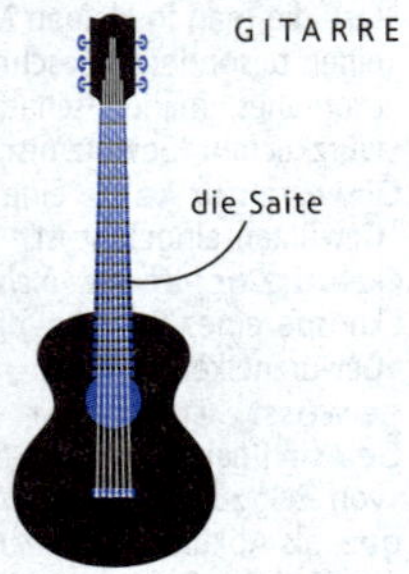

Gi·tar·rist *der;* (-en, -en) eine Person, die (beruflich) Gitarre spielt **K** Bassgitarrist, Sologitarrist **H** *der Gitarrist; den, dem, des Gitarristen* ● hierzu **Gi·tar·ris·tin** *die*

★ **Git·ter** *das;* (-s, -) Gitter bestehen aus Stangen oder Draht und versperren Öffnungen so, dass noch Luft oder Wasser hindurchkommt **K** Gitterfenster, Gitterstab, Gittertür, Gitterzaun ■ **ID hinter Gitter/Gittern** ins/im Gefängnis ⟨jemanden hinter Gitter bringen; hinter Gitter kommen; hinter Gittern sein⟩

Git·ter·bett *das* ein Bett für kleine Kinder, das außen von Stäben umgeben ist, damit das Kind nicht hinausfällt

Glace [glas] *die;* (-, -n); Ⓒⓗ ≈ *Speiseeis, Eiscreme*

Gla·cee|hand·schuh, Gla·cé|hand·schuh [gla'seː-] *der* ■ **ID jemanden mit Glacéhandschuhen anfassen** eine Person sehr vorsichtig und höflich behandeln, um sie nicht zu beleidigen oder zu kränken

Gla·di·a·tor *der;* (-s, Gla·di·a·to·ren); *historisch* eine Person, die im alten Rom in der Arena mit einer Waffe gegen Menschen oder wilde Tiere kämpfte

Gla·di·o·le *die;* (-, -n) eine Blume mit großen (trichterförmigen) Blüten in leuchtenden Farben

★ **Glanz** *der;* (-es) **1** **der Glanz** +*Genitiv*/**von etwas** das Licht, das von einem glatten Gegenstand zurückgestrahlt wird ⟨der Glanz eines Diamanten; der Glanz von Gold, von Haaren⟩ **K** Glanzlack, Glanzleder, Glanzpapier; Seidenglanz, Silberglanz **2** das Leuchten ⟨der Glanz der Sterne⟩ **K** Lichterglanz **3** **der Glanz** +*Genitiv* das sehr Positive, das etwas an sich hat ⟨der Glanz der Jugend, der Schönheit, des Ruhmes, des Sieges⟩ ■ **ID mit Glanz und Gloria untergehen** eine schwere Niederlage erleiden

★ **glän·zen** VERB (glänzte, hat geglänzt) **1** **etwas glänzt** etwas Glattes leuchtet im Licht ⟨Gold, ein Spiegel, die Wasseroberfläche, die Augen, die Haare⟩ **2** **jemand glänzt** jemand wird für eine Eigenschaft oder Fähigkeit bewundert | *Sie glänzte durch ihre Schönheit und ihr Wissen* | *Er wollte vor seinen Freunden glänzen* ■ **ID** → Abwesenheit

★ **glän·zend** ■ PARTIZIP PRÄSENS **1** → glänzen ■ ADJEKTIV **2** sehr gut, hervorragend ⟨ein Redner, eine Idee; sich (mit jemandem) glänzend verstehen; glänzend aufgelegt sein⟩ | *Mir geht es glänzend*

Glanz·idee *die; gesprochen, oft ironisch* eine sehr gute Idee | *Das war keine Glanzidee!*

Glanz·leis·tung *die; oft ironisch* eine sehr gute Leistung ⟨eine Glanzleistung vollbringen⟩ | *Das war nicht gerade eine Glanzleistung*

glạnz·los ADJEKTIV **1** ohne Glanz **2** mittelmäßig ‹eine Leistung›

Glạnz·stück *das; oft ironisch* eine sehr gute Leistung, ein Meisterwerk

glạnz·voll ADJEKTIV **1** sehr gut ‹eine Leistung, ein Sieg› ≈ *hervorragend, ausgezeichnet* **2** so, dass man den vorhandenen Reichtum sehr deutlich sehen kann ‹ein Fest›

★ **Glas** *das;* (-es, Glä·ser) **1** *nur Singular* ein durchsichtiges, hartes Material, das leicht zerbricht und aus dem man z. B. Fensterscheiben und Flaschen herstellt ‹geschliffenes, kugelsicheres, unzerbrechliches Glas; Glas (zer)bricht, splittert, springt› K Glasauge, Glasbehälter, Glasflasche, Glasgefäß, Glaskasten, Glaskugel, Glasperle, Glasplatte, Glasscheibe, Glasscherbe, Glasschüssel, Glassplitter, Glastisch, Glastür; Fensterglas, Flaschenglas, Altglas H zu *Glasscherbe* → Abb. unter **Stück** **2** ein Gefäß aus Glas, aus dem man kalte Getränke trinkt ‹die Gläser klirren› | *Sie stießen mit ihren Gläsern auf sein Wohl an* K Bierglas, Cognacglas, Schnapsglas, Sektglas, Wasserglas, Weinglas, Kristallglas **3** die Menge eines Getränks, die in ein Glas passt ‹ein Glas einschenken, austrinken› | *ein Glas kalte Milch* H Als Mengenangabe wird auch *Glas* als Plural verwendet: *drei Glas/Gläser Cola trinken.* **4** ein Gefäß aus Glas für Vorräte bzw. die Menge, die in diesem Gefäß ist | *ein Glas Essiggurken öffnen* | *Ich habe heute fünf Gläser Marmelade/Apfelmus eingekocht* K Bonbonglas, Gurkenglas, Honigglas, Marmeladenglas **5** *meist Plural* ein geschliffenes Stück Glas für eine Brille | *eine Brille mit dicken Gläsern* K Brillenglas H → Abb. unter **Brille** **6** Kurzwort für *Fernglas* K Opernglas ■ ID **zu tief ins Glas geschaut haben, ein Glas über den Durst getrunken haben** *gesprochen, humorvoll* zu viel Alkohol getrunken haben

Glas·blä·ser *der* eine Person, die beruflich aus geschmolzenem Glas Gegenstände herstellt • hierzu **Glas·blä·se·rin** *die*

Gla·ser *der;* (-s, -) ein Handwerker, der Glasscheiben zuschneidet und einsetzt o. Ä. K Glasermeister

Gla·se·rei *die;* (-, -en) die Werkstatt oder das Geschäft des Glasers

glä·sern ADJEKTIV *meist attributiv* **1** aus Glas ‹eine Figur, eine Kuppel, ein Sarg› **2** mit großen Flächen aus Glas ‹ein Aufzug, eine Fassade, ein Foyer› **3** *abwertend* so, dass den Behörden, einer Institution usw. sehr viele persönliche Informationen einer Person bekannt sind ‹der Bankkunde, der Bürger, der Patient›

Glas·fa·ser|ka·bel *das* ein Kabel aus Glas in Form von langen, dünnen Fäden, das für die gleichzeitige Übertragung großer Mengen von Daten dient

Glas·fi·ber *die;* (-) ein Kunststoff, der aus geschmolzenem Glas gemacht wird K Glasfiberboot, Glasfiberkabel, Glasfiberstab

glas·hart ADJEKTIV sehr hart ‹ein Material›

Glas·haus *das* ≈ *Treibhaus, Gewächshaus* ■ ID **Wer (selbst) im Glashaus sitzt, soll nicht mit Steinen werfen** Fehler, die man selbst hat, sollte man nicht bei anderen Leuten kritisieren

Glas·hüt·te *die* ein Industriebetrieb, in dem Glas hergestellt und verarbeitet wird

gla·sie·ren VERB (glasierte, hat glasiert) **1** **etwas glasieren** ein Gefäß (aus Keramik oder Porzellan) mit einer Glasur überziehen | *eine Vase glasieren* **2** **etwas glasieren** Gebäck mit einer Glasur aus Zucker überziehen | *ein Nusshörnchen glasieren*

gla·sig ADJEKTIV **1** starr und ausdruckslos ‹Augen, ein Blick› **2** leicht glänzend und fast durchsichtig | *Zwiebeln dünsten, bis sie glasig sind*

Glas·ke·ra·mik *die* ein sehr hartes Material aus Glas, aus dem die Oberfläche mancher Elektroherde besteht K Glaskeramikkochfeld

glas·klar ADJEKTIV **1** so klar und durchsichtig wie Glas ‹Wasser› **2** klar und deutlich ‹sich glasklar ausdrücken›

Glas·pa·last *der* ein großes modernes Gebäude mit vielen, großen Fenstern

Gla·sur *die;* (-, -en) **1** die glatte glänzende Oberfläche von Dingen aus Porzellan oder Keramik **2** eine glatte Schicht aus geschmolzenem Zucker oder Schokolade auf Kuchen usw. K Schokoladenglasur, Zuckerglasur

Glas·wol·le *die* ein Isoliermaterial aus Fasern aus Glas, das ähnlich wie Watte aussieht

★ **glatt** ■ ADJEKTIV (glatter/glätter, glattest-/glättest-) **1** ohne Löcher, Risse oder Erhebungen ‹eine Oberfläche› ↔ *rau* **2** ohne Falten, Wellen oder Unebenheiten | *glattes Haar haben* | *Wäsche bügeln, damit sie glatt wird* **3** so glatt, dass man leicht darauf ausrutschen und hinfallen kann ‹ein Parkettboden› | *Die Straße war sehr glatt* (Sie war mit Eis bedeckt) **4** **etwas glatt** +*Verb* durch eine Aktion bewirken, dass etwas glatt wird ‹etwas glatt bügeln, hobeln, kämmen, machen, polieren, rasieren, schleifen, streichen, ziehen› | *das Bettlaken glatt streichen/ziehen* H *Glatt* kann auch mit dem Verb zusammengeschrieben werden: *etwas glattbügeln, glatthobeln* usw. **5** drückt aus, dass Zahlen keine Stellen nach dem Komma haben oder dass sie Nullen am Ende haben ‹eine Zahl, eine Summe, ein Betrag› ≈ *rund* | *glatte fünf Prozent* (also 5,0 % und nicht z. B. 4,97 oder 5,1) | *Wir haben glatte dreitausend Euro eingenommen* (also 3.000 und nicht z. B. 2.998 oder 3.015) **6** *meist attributiv* ohne Schwierigkeiten oder Probleme ‹eine Fahrt, Landung; etwas verläuft glatt› | *der glatte Ablauf einer Veranstaltung* H → auch **glattgehen** **7** *gesprochen meist attributiv* so, dass es jeder sofort sehen und erkennen kann ‹etwas ist glatter Betrug, glatter Blödsinn, eine glatte Lüge› | *Das ist glatt gelogen!* **8** *gesprochen meist attributiv* ohne Zögern ‹eine Absage, ein Nein; etwas glatt ablehnen› **9** **eine glatte Eins/Zwei/...** *gesprochen* verwendet, um zu sagen, dass eine Schulnote klar und deutlich erreicht wurde | *Sie hat in Englisch eine glatte Sechs bekommen!* **10** *abwertend* immer höflich, sodass es nicht ehrlich wirkt ‹ein Typ›
■ PARTIKEL *betont und unbetont* **11** *gesprochen* verwendet, um Erstaunen über etwas auszudrücken ≈ *tatsächlich* | *Stell dir vor, er hat das glatt geglaubt!* | *Gut, dass du mich da-*

ran erinnerst, ich hätte es glatt vergessen
■ ID **etwas geht jemandem glatt runter** *gesprochen* etwas schmeichelt jemandem

glatt- *im Verb, betont und trennbar, wenig produktiv* → glatt

Glät·te *die;* (-) **1** der Zustand, wenn Straßen glatt sind, weil sich Eis gebildet hat | *bei Nässe oder Glätte ins Schleudern kommen | vermehrte Unfälle durch Glätte* K Eisglätte, Schneeglätte; Straßenglätte **2** der Zustand, wenn Oberflächen keine Unebenheiten, Risse, Wellen, falten usw. haben | *die polierte Glätte des Tisches* **3** *abwertend* ein Verhalten, das so selbstbewusst oder höflich ist, dass es nicht ehrlich wirkt **4** *abwertend* eine zu perfekte und daher langweilige Darbietung | *die kommerzielle Glätte ihrer Musik*

★ **Glatt·eis** *das; nur Singular* eine glatte Eisschicht auf Straßen und Wegen | *Bei Glatteis muss man vorsichtig bremsen, um nicht ins Rutschen zu kommen* K Glatteisbildung, Glatteisgefahr ■ ID **jemanden aufs Glatteis führen** jemanden überlisten; **sich aufs Glatteis begeben** in eine heikle Situation kommen (ohne dass man es wollte)

glät·ten VERB (glättete, hat geglättet) **1** **etwas glätten** etwas, das nicht eben ist oder Falten hat, glatt machen | *ein zerknülltes Stück Papier glätten | einen zerknitterten Stoff mit dem Bügeleisen glätten* **2** **etwas glättet sich** etwas wird (wieder) glatt ■ ID **die Wogen haben sich geglättet** *geschrieben* die Empörung o. Ä. ist jetzt vorbei

glatt·ge·hen VERB (ging glatt, ist glattgegangen) **etwas geht glatt** *gesprochen* etwas verläuft ohne Probleme | *Wenn alles glattgeht, sind wir in einer Stunde zu Hause*

glatt·ma·chen VERB (machte glatt, hat glattgemacht) **1** **etwas glattmachen** ⟨eine Rechnung, eine Summe glattmachen⟩ ≈ *bezahlen* **2** **etwas glattmachen** ≈ *glatt machen, glätten*

glatt·weg ADVERB; *gesprochen* **1** ohne zu zögern ⟨etwas glattweg leugnen⟩ | *ein Angebot glattweg ablehnen* **2** ≈ *eindeutig* | *Das ist glattweg erfunden/gelogen!*

Glat·ze *die;* (-, -n) **1** eine Kopfhaut ohne Haare **2** eine relativ große Stelle auf dem Kopf, an der keine Haare mehr sind K Stirnglatze **3** *gesprochen* ≈ *Skinhead*

Glatz·kopf *der* **1** ein Kopf ohne Haare oder mit nur wenig Haaren **2** *gesprochen, oft abwertend* eine Person, die keine Haare auf dem Kopf hat ● zu (1) **glatz·köp·fig** ADJEKTIV

★ **Glau·be** *der;* (-ns) **1** **der Glaube (an etwas)** die feste Überzeugung, dass jemand/etwas existiert oder dass etwas wahr, richtig oder möglich ist ⟨ein blinder, fanatischer, felsenfester, unerschütterlicher Glaube; den Glauben an jemanden/etwas verlieren; jemandem/jemandes Worten (keinen) Glauben schenken⟩ | *der Glaube an das Gute im Menschen* K Fortschrittsglaube H *der Glaube; des Glaubens; den, dem Glauben* **2** **der Glaube an jemanden** das Vertrauen in jemanden | *Sie hat den Glauben an ihn verloren* **3** der Glaube an einen oder mehrere Götter, an Rituale, an Gebote usw. ⟨der christliche, jüdische Glaube; zu einem anderen Glauben überwechseln; jemanden zu einem anderen Glauben bekehren⟩ ≈ *Religion* K Glaubensgemeinschaft **4** **der Glaube (an Gott)** die religiöse Überzeugung, dass es einen Gott gibt ⟨seinen Glauben bekennen, verlieren, wiederfinden⟩ K Glaubenslehre, Glaubensstreit

★ **glau·ben** VERB (glaubte, hat geglaubt) **1** **(etwas) glauben** die genannte Meinung zu etwas haben | *Ich glaube, dass er kommen wird | Ich glaube, er kommt | Sie glaubte, im Recht zu sein | „Wird es regnen?" – „Ich glaube nicht/schon"* H → auch Infos unter **annehmen** **2** **jemandem (etwas) glauben; (jemandem) etwas glauben; einer Sache** (*Dativ*) **glauben** das, was jemand gesagt oder behauptet hat, für wahr halten | *Sie glaubte ihm nicht/kein Wort | Ich kann einfach nicht glauben, dass er das machen wollte | Wir glaubten seiner Aussage nicht* **3** **jemanden irgendwie/irgendwo glauben** die Meinung haben, dass etwas in Bezug auf eine Person oder sich selbst zutrifft | *sich unbeobachtet glauben | sich im Recht glauben | Er glaubte sie in Berlin* **4** **an etwas** (*Akkusativ*) **glauben** der Meinung sein, dass etwas möglich ist, existieren oder geschehen wird | *an den Sieg glauben | Ich glaube nicht an Wunder!* **5** **an jemanden glauben** Vertrauen zu einer Person haben und überzeugt sein, dass sie das Richtige tut **6** **an (einen) Gott glauben** fest davon überzeugt sein, dass (ein) Gott existiert
■ ID ▸glauben im Infinitiv: **dran glauben müssen** *gesprochen* **a** sterben (müssen) **b** von etwas Unangenehmem betroffen werden | *„Wer ist dran mit dem Abwasch?" – „Heute musst du dran glauben!"*; **eine Person will jemandem etwas glauben machen** eine Person versucht, jemanden von etwas zu überzeugen, das nicht wahr ist | *Sie wollte mich glauben machen, dass …*; **Das ist ja nicht/kaum zu glauben!** verwendet, um Zweifel und Entrüstung auszudrücken;
▸andere Verwendungen: **Wer's glaubt, wird selig!** *gesprochen, humorvoll* Das glaube ich nicht; **Ob du es glaubst oder nicht** *gesprochen* verwendet zur Verstärkung, wenn man jemandem etwas Überraschendes mitteilt

Glau·ben *der;* (-s) → Glaube

Glau·bens·be·kennt·nis *das* **1** die Zugehörigkeit zu einer Religionsgemeinschaft ≈ *Konfession* **2** die wichtigsten religiösen Prinzipien, meist in der Art eines Gebets ⟨das Glaubensbekenntnis sprechen, ablegen⟩ ≈ *Credo* **3** die (öffentliche) Darlegung der eigenen prinzipiellen Ansichten, Überzeugungen usw. | *In seiner Rede hat er sein politisches Glaubensbekenntnis abgelegt*

Glau·bens·frei·heit *die; meist Singular* das Recht, die Religion oder den Glauben frei zu wählen | *Die Glaubensfreiheit ist in der Verfassung verankert*

glaub·haft ADJEKTIV so, dass es einen Sinn ergibt und man es jemandem glauben kann ⟨Argumente, ein Zeuge; etwas glaubhaft darstellen, versichern⟩ ≈ *überzeugend* | *Seine Entschuldigung klingt nicht glaubhaft* ● hierzu **Glaub·haf·tig·keit** *die*

gläu·big ADJEKTIV **1** von der Lehre einer Religionsgemeinschaft überzeugt ⟨ein Christ, ein Hindu, ein Jude, ein Moslem usw.⟩ ≈ *fromm* K andersgläubig, rechtgläubig, strenggläubig **2** mit vollem Vertrauen in jemanden | *Unter den Zwanzigjährigen hatte er zahlreiche gläubige Anhänger*

-gläu·big *im Adjektiv, unbetont, begrenzt produktiv; meist abwertend* **autoritätsgläubig, fortschrittsgläubig, obrigkeitsgläubig, wissenschaftsgläubig, zukunftsgläubig** *und andere* mit zu großem Vertrauen in die genannte Sache, ohne vernünftige Kritik oder Zweifel

Gläu·bi·ge *der/die;* (-n, -n) eine Person, die von einer Religion überzeugt ist H *ein Gläubiger; der Gläubige; den, dem, des Gläubigen*

Gläu·bi·ger *der;* (-s, -) eine Person, die berechtigt ist, von einer anderen Person Geld zu fordern, weil diese für Waren oder Leistungen (noch) nicht bezahlt hat ↔ *Schuldner* | *Seine Gläubiger fordern das geliehene Geld zurück* ● hierzu **Gläu·bi·ge·rin** *die*

glaub·wür·dig ADJEKTIV ⟨ein Zeuge, ein Bericht⟩ so, dass man ihnen glauben kann ● hierzu **Glaub·wür·dig·keit** *die*

★ **gleich** ■ ADJEKTIV
▸vergleichbar: **1** ohne Unterschied in Größe, Form, Zahl, Art o. Ä. ≈ *übereinstimmend* | *einen Kuchen in zwölf gleiche Teile schneiden | Die Frauen verlangen gleichen Lohn für gleiche Arbeit (wie Männer) | Christa und ich sind gleich groß und gleich alt* K gleichgeschlechtlich **2** sehr ähnlich, in

vielen Merkmalen übereinstimmend | *Sie hat die gleiche Frisur wie du* | *Sie sind sich in vielem gleich* | *Solche Feste laufen immer gleich ab*
▸identisch: **3** **(ist) gleich** ist identisch mit, ergibt | *Zwei plus drei (ist) gleich fünf* **4** *gesprochen meist attributiv* drückt aus, dass es sich nur um eine einzige Person oder Sache handelt, nicht um mehrere verschiedene ≈ *derselbe/dieselbe/dasselbe* | *Petra und Kerstin gehen in die gleiche Schule* | *Wir sind im gleichen Jahr geboren*
▸unverändert: **5** in keiner Weise verändert | *Der Umsatz ist in den letzten Jahren praktisch gleich geblieben* | *jemandem immer gleich freundlich und höflich antworten* (= in gleichem Maße) | *Er ist immer noch der Gleiche* (hat sich gar nicht geändert)
▸egal: **6** **etwas ist jemandem gleich** *gesprochen* etwas ist nicht interessant, wichtig o. Ä. für jemanden ≈ *egal* | *Wenn ich arbeiten muss, ist es mir gleich, wie das Wetter ist* | *Es sollte dir nicht gleich sein, was er von dir denkt* **7** **gleich, wann/wer/was/...** *gesprochen* drückt aus, dass etwas keinen Einfluss auf etwas hat | *Gleich, was ich mache, sie hat immer was zu kritisieren* | *Ganz gleich, wer anruft, ich bin nicht zu sprechen*

■ ADVERB

▸zeitlich, räumlich: **8** in sehr kurzer Zeit ≈ *sofort* | *Muss ich das gleich erledigen, oder kann ich mir Zeit lassen?* | *Sie hat den Arzt angerufen, und er ist gleich gekommen* | *Das haben wir gleich* **9** in unmittelbarer Nähe | *Die Bäckerei ist gleich um die Ecke* | *Er wohnt gleich nebenan*

■ PARTIKEL **10** *unbetont* drückt in Fragesätzen aus, dass man sich nur im Augenblick nicht an etwas erinnern kann, was man eigentlich weiß | *Wie war doch gleich ihre Telefonnummer?* **11** *betont und unbetont* drückt Ärger darüber aus, dass eine andere Person einer Aussage nicht geglaubt hat oder nicht das tut, was man von ihr wünscht | *Wenn du keine Lust zum Tanzen hast, dann lässt du es am besten gleich bleiben!* | *Ich habe dir doch gleich gesagt, dass das nicht geht!* **12** *unbetont* etwas ist überraschend viel | *Die Hemden haben mir so gut gefallen, da habe ich gleich fünf davon gekauft*

■ PRÄPOSITION *mit Dativ* **13** *geschrieben* genauso wie | *Gleich seinem Vater ist auch er Arzt geworden* | *Einem Adler gleich flog er mit seinem Gleitschirm durch die Luft* **i** oft nachgestellt

■ **ID** **Gleiches mit Gleichem vergelten** eine andere Person genau so behandeln, wie man von ihr behandelt wurde; **Das kommt/läuft auf das Gleiche hinaus** *gesprochen* Egal, wie man das macht, das Ergebnis ist immer dasselbe; **Gleich und Gleich gesellt sich gern** *oft abwertend* Menschen mit denselben Absichten und Interessen schließen sich oft zusammen

gleich·alt·rig ADJEKTIV im gleichen Alter ⟨Freunde⟩

gleich·ar·tig ADJEKTIV von der gleichen Art ⟨Probleme, Situationen⟩ • hierzu **Gleich·ar·tig·keit** *die*

gleich·be·deu·tend ADJEKTIV **etwas ist gleichbedeutend mit etwas** etwas hat die gleiche Bedeutung wie etwas anderes | *Ihre Reaktion war gleichbedeutend mit einer Absage*

★ **gleich·be·rech·tigt** ADJEKTIV **1** mit den gleichen Rechten | *In unserer Firma sind alle Partner gleichberechtigt* **2** (in Bezug auf eine Frau) mit den gleichen Rechten wie der Mann **3** mit dem gleichen Stellenwert | *Die beiden Lösungswege stehen gleichberechtigt nebeneinander* • zu (1,2) **Gleich·be·rech·ti·gung** *die*

gleich·blei·bend, **gleich blei·bend** ADJEKTIV so, dass es keine Veränderungen gibt | *mit gleichbleibender Geschwindigkeit fahren* | *Das Wetter war gleichbleibend gut* **i** aber: *gleich bleiben* (getrennt geschrieben)

★ **glei·chen** VERB (glich, hat geglichen) **jemandem/etwas (in etwas** (*Dativ*)**) gleichen** einer Person oder Sache im Aussehen oder einer anderen Eigenschaft sehr ähnlich oder fast identisch sein | *Er gleicht seinem Vater nicht nur äußerlich, sondern auch in seinem Temperament* | *Die Zwillinge gleichen sich/einander wie ein Ei dem anderen*

glei·cher·ma·ßen ADVERB im gleichen Grad oder Maß | *Sie ist bei ihren Kollegen wie bei ihren Vorgesetzten gleichermaßen beliebt*

glei·cher·wei·se ADVERB ≈ *gleichermaßen*

★ **gleich·falls** ADVERB **1** verwendet, um einen Wunsch oder einen Gruß zu erwidern ≈ *ebenfalls* | *„Schönen Tag noch!" – „Danke gleichfalls!"* **2** *geschrieben* drückt aus, dass für jemanden/etwas das Gleiche gilt wie für eine andere Person/Sache ≈ *ebenso* | *Dieser Antrag wurde gleichfalls abgelehnt* | *Anschließend wurde der gleichfalls vorgeladene Nachbar zur Sache befragt*

gleich·för·mig ADJEKTIV ohne Änderung oder Abwechslungen (über längere Zeit), in gleicher Weise | *Bei der Gymnastik gleichförmige Bewegungen machen* | *Die stundenlange gleichförmige Arbeit macht mich krank* • hierzu **Gleich·för·mig·keit** *die*

★ **Gleich·ge·wicht** *das*; (-(e)s) **1** der Zustand, wenn eine Person oder Sache so steht o. Ä., dass sie nicht kippt oder umfällt ⟨im Gleichgewicht sein; das Gleichgewicht halten, verlieren; aus dem Gleichgewicht kommen⟩ ≈ *Balance* **K** Gleichgewichtslage, Gleichgewichtssinn **2** eine innere Ruhe und Gelassenheit | *sich nicht so leicht aus dem (seelischen) Gleichgewicht bringen lassen* **3** der Zustand, dass vor allem von Gegnern keiner deutlich stärker ist als der andere ⟨das militärische, kräftemäßige Gleichgewicht⟩ **4** **das ökologische Gleichgewicht** das natürliche Verhältnis zwischen den verschiedenen Bestandteilen und Phänomenen der Umwelt ⟨das ökologische Gleichgewicht stärken⟩

Gleich·ge·wichts|stö·rung *die*; (-, -en); *meist Plural* ein Gefühl des Schwindels und Probleme, das Gleichgewicht zu halten ⟨Gleichgewichtsstörungen haben⟩

★ **gleich·gül·tig** ADJEKTIV **1** ohne Interesse | *ein gleichgültiger Schüler* | *sich (jemandem gegenüber) gleichgültig verhalten* **2** **jemandem gleichgültig** für jemanden völlig unwichtig | *(Es ist mir) gleichgültig, ob du mitkommst, wir gehen auf jeden Fall ins Kino* • hierzu **Gleich·gül·tig·keit** *die*

Gleich·heit *die*; (-) **1** die Situation, wenn es keinen (großen) Unterschied zwischen mehreren Personen oder Dingen gibt **2** die Situation, wenn alle die gleichen Rechte haben, die Gesetze oder Regeln gerecht sind | *die Gleichheit aller Menschen vor dem Gesetz* **K** Gleichheitsgrundsatz, Gleichheitsprinzip

Gleich·heits·zei·chen *das* das mathematische Zeichen =, das ausdrückt, dass die Größen links und rechts von ihm den gleichen Wert haben

Gleich·klang *der* **1** das gleichzeitige, harmonische Klingen von Tönen **2** ⟨der Gleichklang der Herzen, Gefühle⟩ ≈ *Harmonie*

gleich·kom·men VERB (kam gleich, ist gleichgekommen) **1** **etwas kommt einer Sache** (*Dativ*) **gleich** etwas hat die gleichen Merkmale wie etwas | *Seine Aussagen kommen einem Geständnis gleich* **2** **jemandem (in/an etwas** (*Dativ*)**) gleichkommen** (in Bezug auf die Leistung) so gut sein wie eine andere Person | *In seinem/An Organisationstalent kam ihm so schnell keiner gleich*

gleich·lau·tend, **gleich lau·tend** ADJEKTIV mit denselben Worten formuliert ⟨Äußerungen, Erklärungen, Meldungen⟩

gleich·ma·chen VERB (machte gleich, hat gleichgemacht) **Din-**

G

ge gleichmachen; **etwas einer Sache** (*Dativ*) **gleichmachen** die Unterschiede zwischen Situationen, Vorgängen, Dingen usw. beseitigen | *Die Geschlechter sollen gleichberechtigt sein, nicht gleichgemacht* ■ ID → Erdboden

Gleich·ma·che·rei *die*; (-); *abwertend* das Missachten von (wesentlichen) Unterschieden

★ **gleich·mä·ßig** ADJEKTIV **1** so, dass man den Rhythmus, den Druck, das Tempo o. Ä. dabei nicht ändert | *gleichmäßig atmen* | *sich in gleichmäßigem Tempo bewegen* **2** zu gleichen Teilen oder im gleichen Ausmaß | *die Bonbons an die Kinder gleichmäßig verteilen* | *die Torte gleichmäßig mit Glasur bestreichen* • hierzu **Gleich·mä·ßig·keit** *die*

Gleich·mut *der*; *nur Singular* wenn man meistens ganz ruhig ist und nicht nervös oder wütend wird, hat man Gleichmut ⟨etwas voller Gleichmut über sich ergehen lassen, ertragen, hinnehmen⟩ ≈ *Gelassenheit* • hierzu **gleich·mü·tig** ADJEKTIV; **Gleich·mü·tig·keit** *die*

gleich·na·mig ADJEKTIV **1** mit dem gleichen Namen | *Herr Weber ist Inhaber der gleichnamigen Firma* **2** mit gleichem Nenner | *Nur gleichnamige Brüche dürfen addiert werden* • hierzu **Gleich·na·mig·keit** *die*

Gleich·nis *das*; (-ses, -se) ein oft relativ kurzer Text, der eine Situation oder Geschichte erzählt. Die Leser sollen durch den Vergleich merken, dass der Text für sie wichtig ist ⟨in Gleichnissen reden; etwas durch ein Gleichnis veranschaulichen⟩ ≈ *Parabel* | *das Gleichnis vom verlorenen Sohn*

gleich·ran·gig ADJEKTIV mit gleichem Rang, gleicher Wichtigkeit ⟨Probleme⟩

gleich·sam ADVERB; *veraltend* ⟨gleichsam als (ob (+*Konjunktiv*))⟩ ≈ *gewissermaßen*

gleich·schal·ten VERB (schaltete gleich, hat gleichgeschaltet) **etwas einer Sache** (*Dativ*) **gleichschalten**; **Dinge gleichschalten** *abwertend* (in einer Diktatur) alle Vereine, Institutionen und Organisationen dazu zwingen, die Ideologie der Regierung zu vertreten | *Hitler ließ 1933 die Gewerkschaften gleichschalten* • hierzu **Gleich·schal·tung** *die*

gleich·schen·ke·lig, **gleich·schenk·lig** ADJEKTIV mit zwei gleich langen Seiten ⟨ein Dreieck⟩ **H** vergleiche **gleichseitig**

Gleich·schritt *der* **Soldaten gehen / marschieren im Gleichschritt** Soldaten o. Ä. halten (als Gruppe) beim Gehen oder Marschieren einen genauen Rhythmus

gleich·se·hen VERB (sieht gleich, sah gleich, hat gleichgesehen) **1** **jemandem gleichsehen** so aussehen wie eine andere Person | *Er sieht seinem Vater gleich* **2** **etwas sieht jemandem gleich** *gesprochen* etwas (meist ein Verhalten) ist typisch für jemanden

gleich·sei·tig ADJEKTIV so, dass alle Seiten gleich lang sind ⟨ein Dreieck⟩ • hierzu **Gleich·sei·tig·keit** *die*

gleich·set·zen VERB (setzte gleich, hat gleichgesetzt) **etwas mit einer Sache** (*Dativ*) **gleichsetzen**; **Dinge gleichsetzen** zwei oder mehrere Dinge als gleich ansehen • hierzu **Gleich·set·zung** *die*

Gleich·stand *der*; *meist Singular* die Situation im sportlichen Wettkampf, in der beide Gegner die gleiche Anzahl von Punkten oder Toren erreicht haben | *Bei Gleichstand nach 90 Minuten wird das Spiel verlängert*

gleich·stel·len VERB (stellte gleich, hat gleichgestellt) **eine Person/Sache (mit) jemandem/etwas gleichstellen**; **Personen/Dinge gleichstellen** zwei oder mehreren Personen oder Sachen die gleiche Bedeutung zumessen, als gleichwertig ansehen oder gleich behandeln | *die Arbeiter (mit) den Angestellten finanziell gleichstellen* • hierzu **Gleich·stel·lung** *die*

Gleich·strom *der* elektrischer Strom, der immer in dieselbe Richtung fließt ↔ *Wechselstrom*

gleich·tun VERB (tat gleich, hat gleichgetan) **es jemandem (in/an etwas** (*Dativ*)**) gleichtun** dieselbe gute Leistung erreichen wie eine andere Person (die man sich als Vorbild genommen hat) | *Viele jüngere Geschwister versuchen, es den älteren gleichzutun* **H** Auf *in* folgt ein Substantiv mit Pronomen oder Artikel, auf *an* nicht.

Glei·chung *die*; (-, -en) ein mathematischer Ausdruck, bei dem das, was rechts und links des Gleichheitszeichens ist, denselben mathematischen Wert hat ⟨eine Gleichung aufstellen, berechnen, lösen; die Gleichung geht (nicht) auf⟩ | *„x + 3 = 5" ist eine Gleichung mit einer Unbekannten*

gleich·viel ADVERB; *veraltend* ≈ *egal*

gleich·wer·tig ADJEKTIV von gleichem Wert, gleicher Bedeutung oder gleichem Rang ⟨Gegner; Partner⟩ | *Der neue Kollege ist kein gleichwertiger Ersatz für seinen Vorgänger* • hierzu **Gleich·wer·tig·keit** *die*

gleich·wohl ADVERB; *veraltend* ≈ *dennoch, trotzdem*

★ **gleich·zei·tig** ADJEKTIV *meist attributiv* zur gleichen Zeit (stattfindend) | *Ich kann doch nicht fünf Dinge gleichzeitig machen!* • hierzu **Gleich·zei·tig·keit** *die*

gleich·zie·hen VERB (zog gleich, hat gleichgezogen) **1** **mit jemandem gleichziehen** (beim Sport) den Vorsprung des Gegners wieder aufholen **2** **etwas zieht mit etwas gleich** etwas kommt auf dasselbe Niveau, dieselbe Stufe o. Ä. wie etwas anderes | *Das Land braucht Zeit, um technologisch mit seinen Nachbarn gleichzuziehen*

★ **Gleis** *das*; (-es, -e) die zwei Schienen, auf denen Züge, Straßenbahnen oder U-Bahnen fahren ⟨Gleise verlegen⟩ | *Der Zug fährt/läuft auf Gleis 3 ein* **K** Gleisanlage, Gleisbau(ten); Eisenbahngleis, Rangiergleis, Straßenbahngleis ■ ID **aus dem (gewohnten/rechten) Gleis geworfen werden/geraten/kommen** (durch ein außergewöhnliches Ereignis) aus der gewohnten Ordnung, dem normalen Rhythmus des Lebens geraten; **etwas wieder ins rechte Gleis bringen** einen Fehler wiedergutmachen; **etwas bewegt sich in ausgefahrenen Gleisen** *abwertend* etwas ist immer dasselbe, ändert sich nicht

glei·ßend ADJEKTIV; *geschrieben* sehr hell glänzend ⟨Licht⟩ | *im gleißenden Scheinwerferlicht stehen*

★ **glei·ten** VERB (glitt, ist geglitten) **1** **jemand/etwas gleitet über etwas** (*Akkusativ*) jemand/etwas bewegt sich leicht und ohne Mühe über eine Fläche | *Die Schlittschuhläufer glitten über das Eis* | *Das Segelboot glitt über die Wasseroberfläche* | *Sie ließ ihre Zunge über ihre Lippen gleiten* | *Sein Blick glitt über das Bild* **K** Gleitfläche **2** **ein Vogel/etwas gleitet irgendwo(hin)** wenn Vögel oder Dinge durch die Luft gleiten, werden sie von der Luft getragen und setzen keine eigene Kraft ein, um zu fliegen ⟨ein Adler, ein Drachenflieger⟩ **K** Gleitflug, Gleitflugzeug **3** **jemand/etwas gleitet irgendwohin** jemand/etwas bewegt sich mit einer einzigen, fließenden Bewegung irgendwohin | *Er ließ sich vom Rand des Schwimmbeckens ins Wasser gleiten* | *Sie ließ den Bademantel zu Boden/von den Schultern gleiten* **4** **etwas gleitet jemandem aus der Hand** jemand kann etwas (Glattes) nicht mehr festhalten, sodass es nach unten fällt **5** **gleitend** → Arbeitszeit

Gleit·schirm *der* ein Sportgerät (ähnlich einem Fallschirm), mit dem man von Bergen herab durch die Luft gleiten kann **K** Gleitschirmfliegen, Gleitschirmflieger(in) **H** *Drachen* haben ein festes Gestell, *Gleitschirme* nicht.

Gleit·zeit *die*; *meist Singular* gleitende Arbeitszeit → Arbeitszeit **K** Gleitzeitregelung

Glet·scher *der*; (-s, -) eine große Masse von Eis im hohen Gebirge oder weit im Norden und Süden der Erde **K** Gletschereis, Gletscherspalte; Eiszeitgletscher, Hochgebirgsgletscher

Glet·scher·zun·ge *die* das vordere schmale Ende eines Gletschers

glich *Präteritum, 1. und 3. Person Singular* → gleichen

★ **Glied** *das;* (-(e)s, -er) **1** ein beweglicher Körperteil bei Menschen und Tieren, vor allem ein Arm oder ein Bein | *Er hatte Rheuma und ständig Schmerzen in allen Gliedern* **K** Gliederbau, Gliederschmerzen **2** ein Teil eines Fingers oder Zehs zwischen zwei Gelenken **K** Fingerglied, Zehenglied **3** das Geschlechtsorgan des Mannes ≈ *Penis* **4** einer der Ringe, die eine Kette bilden **K** Kettenglied **5** ein einzelnes Element innerhalb einer Reihe von zusammenhängenden Dingen, z. B. von Entwicklungsstufen | *Die Wissenschaftler suchen noch immer das fehlende Glied in der Entwicklung vom Affen zum Menschen* **K** Bindeglied, Mittelglied, Zwischenglied **6** Subjekt, Prädikat, Objekt usw. sind Glieder eines Satzes mit eigener Funktion **K** Satzglied

-glie·de·rig → -gliedrig

★ **glie·dern** VERB (gliederte, hat gegliedert) **1 etwas (in etwas** (*Akkusativ*)**) gliedern** wenn man etwas gliedert, unterscheidet man sinnvolle einzelne Teile oder Abschnitte | *Der Bericht ist in fünf Kapitel gegliedert* **2 etwas gliedert sich in etwas** (*Akkusativ*) etwas besteht aus verschiedenen einzelnen Teilen oder Abschnitten | *Dieser Satz gliedert sich in Haupt- und Nebensatz*

★ **Glie·de·rung** *die;* (-, -en) **1** das Einteilen in einzelne Abschnitte o. Ä. **2** die Art, wie etwas aus verschiedenen Teilen zusammengesetzt ist ≈ *Struktur* | *die Gliederung einer gotischen Kathedrale in das Hauptschiff und die Nebenschiffe* | *Sein Aufsatz lässt keine Gliederung erkennen* **3** ein Plan in Stichworten, aus welchen Abschnitten ein Text bestehen soll oder besteht | *Die Schüler müssen zu ihrem Aufsatz zuerst eine Gliederung anfertigen*

Glied·ma·ßen *die; Plural* die Glieder von Menschen oder Tieren

-glied·rig *im Adjektiv, unbetont, nicht produktiv* **feingliedrig, schmalgliedrig, zartgliedrig** *und andere* mit der genannten Art von Gliedern (Armen, Beinen, Fingern usw.)

Glied·satz *der* ≈ *Nebensatz*

glim·men VERB (glimmte, hat geglimmt) **etwas glimmt** etwas brennt schwach und ohne Flamme | *Im Ofen glimmen noch Reste des Feuers* **H** In der geschriebenen Sprache werden auch die Formen *glomm, hat geglommen* verwendet.

Glimm·stän·gel *der; gesprochen, meist abwertend* ≈ *Zigarette*

glimpf·lich ADVERB ohne (großen) Schaden oder Nachteil ⟨glimpflich davonkommen; etwas läuft glimpflich ab⟩ | *Bei dem Autounfall bin ich noch einmal glimpflich davongekommen*

glit·schen VERB (glitschte, ist geglitscht) **etwas glitscht jemandem aus der Hand** *gesprochen* etwas, das glatt und feucht ist, gleitet oder rutscht jemandem aus der Hand ⟨Seife, ein Fisch⟩

glit·schig ADJEKTIV; *gesprochen* feucht und glatt ⟨ein Fisch, ein Frosch, die Seife⟩ | *Nach dem Regen waren die Wege im Wald ganz glitschig*

glitt *Präteritum, 1. und 3. Person Singular* → gleiten

glit·zern VERB (glitzerte, hat geglitzert) **etwas glitzert** etwas leuchtet in vielen Lichtreflexen immer wieder hell ⟨die Sterne, der Schnee, das Wasser, Diamanten⟩ | *Die Regentropfen glitzerten im Sonnenlicht*

★ **glo·bal** ADJEKTIV; *geschrieben* **1** die ganze Erde umfassend, auf alle ihre Länder, Staaten bezogen | *Für die Umweltprobleme müssen globale Lösungen gefunden werden* **2** sehr groß ⟨ein Wissen⟩ **3** *oft abwertend meist adverbiell* ohne ins Detail zu gehen ⟨global gesehen⟩ ≈ *allgemein* | *In der kurzen Zeit konnten wir die Themen nur global behandeln*

Glo·ba·li·sie·rung *die* **1** eine (unzulässige) Verallgemeinerung **2** die Ausdehnung eines Zustands, Systems o. Ä. auf die ganze Erde ⟨die Globalisierung der Märkte, der Wirtschaft⟩

Glo·be·trot·ter *der;* (-s, -) eine Person, die Reisen durch die ganze Welt macht

Glo·bus *der;* (-(ses), -se/*geschrieben* Glo·ben) **1** eine Kugel, auf welcher die Landkarte der Erde, des Monds o. Ä. gemalt ist und die man um ihre eigene Achse drehen kann **K** Erdglobus, Mondglobus **2** *gesprochen* der Planet Erde | *Auf unserem Globus wird es immer enger*

★ **Glo·cke** *die;* (-, -n) **1** ein Becher aus Metall mit einem Stab (dem Klöppel) in der Mitte. Glocken läuten, wenn man sie bewegt ⟨eine bronzene Glocke; Glocken gießen; eine Glocke klingt, läutet, (er)tönt⟩ **K** Glockengeläut(e), Glockengießerei, Glockenklang, Glockenläuten, Glockenschlag, Glockenton, Glockenturm; Kirchenglocke, Klosterglocke, Kuhglocke, Schiffsglocke, Turmglocke **2** etwas mit der Form einer Glocke, z. B. eine Blüte | *die Glocken der Narzissen* **K** Glockenrock **3** ein akustisches Signal (wie) von einem Gong oder einer Klingel | *Die Glocke läutet zur Pause* **K** Alarmglocke, Feuerglocke, Schulglocke, Signalglocke, Sturmglocke **4** *veraltend* ≈ *Klingel* **K** Hausglocke, Türglocke, Wohnungsglocke ■ **ID etwas an die große Glocke hängen** *abwertend* etwas, das eigentlich privat oder geheim ist, vielen Leuten erzählen; **wissen, was die Glocke geschlagen hat** erkennen, dass die Situation (für einen) ernst oder bedrohlich ist ● zu (2) **glo·cken·för·mig** ADJEKTIV

-glo·cke *die; im Substantiv, unbetont, begrenzt produktiv* **1 Butterglocke, Käseglocke, Kuchenglocke** *und andere* eine Sache mit der ungefähren Form einer Glocke (die zum Schutz über Lebensmittel gestellt wird) **2 Dunstglocke, Rauchglocke** *und andere* eine dichte Schicht der genannten Substanz in der Luft über einem relativ kleinen Gebiet, vor allem einer Stadt

Glo·cken·blu·me *die* eine Blume mit meist blauen Blüten mit der Form von kleinen Glocken

Glo·cken·schlag *der* **1** ein Ton, ein Schlag einer Glocke ⟨die Glockenschläge zählen⟩ **2 mit dem/auf den Glockenschlag** ⟨kommen, gehen⟩ ganz pünktlich kommen, gehen

Glo·cken·spiel *das* **1** ein Musikwerk aus mehreren kleinen Glocken (meist im Turm eines Rathauses), die zu regelmäßigen Zeiten automatisch eine Melodie spielen | *das Glockenspiel des Münchner Rathauses* **2** ein Musikinstrument aus mehreren, verschieden langen Plättchen oder Röhren aus Metall, die mit einer Art kleinem Hammer zum Tönen gebracht werden

Glo·cken·stuhl *der* die Balken in einem Turm, an denen die Glocke hängt

Glöck·ner *der;* (-s, -); *historisch* eine Person, welche (beruflich) die Glocken einer Kirche läutete

glomm *Präteritum, 3. Person Singular* → glimmen

Glo·ria *das;* (-s, -s) **1** *meist ironisch nur Singular* ≈ *Ruhm* **H** → auch **Glanz** **2** ein Gesang im christlichen Gottesdienst, in dem Gott gelobt wird ⟨das Gloria singen⟩

glo·ri·fi·zie·ren VERB (glorifizierte, hat glorifiziert) **jemanden/etwas (als etwas) glorifizieren** *geschrieben* jemanden/etwas in übertriebener Weise positiv sehen oder darstellen ⟨jemanden als Held, als Märtyrer glorifizieren⟩ ≈ *verherrlichen* ● hierzu **Glo·ri·fi·zie·rung** *die;* **Glo·ri·fi·ka·ti·on** *die*

glo·ri·os ADJEKTIV (glorioser, gloriosest-); *gesprochen, ironisch* ≈ *glorreich*

glor·reich ADJEKTIV *meist attributiv* **1** *ironisch* ⟨ein Einfall, ein Gedanke, eine Idee⟩ nicht originell und sinnlos **2** ⟨ein Sieg⟩ ≈ *ruhmvoll*

Glos·sar *das;* (-s, -e) eine meist alphabetisch geordnete Liste von Wörtern (mit kurzen Angaben zur Bedeutung oder mit einer Übersetzung o. Ä.)

Glos·se *die*; (-, -n) (in der Presse, im Rundfunk und im Fernsehen) ein kurzer (meist polemischer oder ironischer) Kommentar zu aktuellen Ereignissen aus Politik und Kultur **K** Glossenschreiber

Glot·ze *die*; (-, -n); *meist Singular; gesprochen, oft abwertend* ≈ *Fernseher*

glot·zen VERB (glotzte, hat geglotzt); *gesprochen, abwertend* **1** **(irgendwie) glotzen** starr und konzentriert auf etwas schauen und dabei eine dumme Miene machen | *Glotz nicht so (dämlich)!* **2** ≈ *fernsehen*

gluck! **gluck, gluck!** verwendet, um das Geräusch nachzuahmen, wenn sich z. B. Wasser bewegt oder wenn man etwas trinkt

G

★ **Glück** *das*; (-(e)s) **1** Umstände oder Zufälle, auf die man keinen Einfluss hat und die einen Vorteil oder Erfolg bringen ⟨großes, unverdientes, unverschämtes Glück; (kein, wenig, viel) Glück (in der Liebe, im Spiel) haben; etwas bringt jemandem Glück; jemandem (viel) Glück für/zu etwas wünschen; sich auf das Glück verlassen⟩ ↔ *Pech* | *Er hat noch einmal Glück gehabt. Der Unfall hätte schlimmer ausgehen können!* | *Wenn du Glück hast, ist vielleicht noch Kuchen übrig* | *Viel Glück im Neuen Jahr!* **K** Jagdglück **2** das Glück, das man sich als Person oder Macht vorstellt ⟨das blinde, launische, wechselhafte Glück; jemandem lacht, winkt das Glück; das Glück ist auf jemandes Seite, ist jemandem hold; jemanden verlässt das Glück⟩ **K** Glücksgöttin **3** ein psychischer Zustand, in dem man große Freude oder Zufriedenheit empfindet ⟨ein dauerndes, kurzes, tiefes, stilles, ungetrübtes, verlorenes Glück; etwas fehlt jemandem noch zum/zu seinem Glück⟩ | *Wir wollen das Glück des jungen Ehepaars nicht stören* **K** Glücksgefühl; Eheglück, Familienglück, Mutterglück **4** **(es ist) ein Glück (dass …)** es ist gut/günstig, dass … | *Es war ein Glück, dass ich den Zug noch erwischt habe*

■ ID ▸Präposition plus Glück: **auf gut Glück** ohne die Sicherheit, dass man Erfolg haben wird; **jemand kann (noch) von Glück reden, dass …** jemand hat Glück, dass etwas nicht (noch) unangenehmer, schlechter o. Ä. ist; **zum Glück** drückt aus, dass man über etwas froh ist; **Man kann niemanden zu seinem Glück zwingen** drückt die Verärgerung des Sprechers darüber aus, dass eine andere Person einen guten Rat, eine Hilfe o. Ä. nicht annimmt;
▸Glück als Objekt: **(mit etwas) bei jemandem kein Glück haben** (mit etwas) bei jemandem nichts erreichen können, nicht zum Ziel kommen; **Er/Sie hat mehr Glück als Verstand (gehabt)** die genannte Person hat (in einer gefährlichen, riskanten Situation, an welcher sie meist selbst Schuld hat) viel Glück gehabt; **Glück im Unglück haben** bei einem Unfall o. Ä. nicht so schwer verletzt o. Ä. werden, wie es hätte sein können; **sein Glück machen** *veraltend* großen Erfolg im Leben haben; **sein Glück probieren/versuchen** etwas tun in der Hoffnung, dass man Erfolg damit hat;
▸andere Verwendungen: **Jeder ist seines Glückes Schmied** jede Person ist selbst dafür verantwortlich, wie es ihr geht; **Glück und Glas, wie leicht bricht das** ein Zustand des Glücks kann sehr schnell enden

glü·cken VERB (glückte, ist geglückt) **etwas glückt jemandem** etwas gelingt jemandem nach Wunsch | *Ihm glückt alles, was er anfängt*

glu·ckern VERB (gluckerte, hat gegluckert) **etwas gluckert (irgendwohin)** eine Flüssigkeit bewegt sich leicht und macht dabei ein Geräusch | *Das Wasser gluckert in den Abfluss*

SPRACHGEBRAUCH

▶ Viel Glück!

Es gibt verschiedene Möglichkeiten, anderen Leuten Glück zu wünschen:

Vor einem Wettkampf, vor einer Prüfung:

Viel Glück!
Alles Gute!
Toi, toi, toi!
Ich drücke dir/euch/Ihnen die Daumen!

Wenn etwas gefährlich ist:

Hals- und Beinbruch!

Wenn jemand Angst hat:

Nur Mut!
Keine Angst! Keine Bange!
Wird schon werden!
humorvoll: **Wird schon schiefgehen!**

★ **glück·lich** ADJEKTIV **1** **glücklich (über etwas** (*Akkusativ*)**)** von großer Freude oder Zufriedenheit erfüllt ⟨ein Ehepaar, eine Familie, eine Mutter, eine Zeit; wunschlos glücklich sein; jemanden glücklich machen⟩ | *Sie waren 40 Jahre lang glücklich verheiratet* | *Ich bin glücklich (darüber), dich kennengelernt zu haben/dass ich dich kennengelernt habe* **2** *meist attributiv* so, dass jemand Glück hat und kein Pech ⟨ein Umstand, ein Zufall⟩ | *der glückliche Gewinner des Preisausschreibens* **3** ohne Probleme, Zwischenfälle, Unfälle o. Ä. ⟨eine Heimkehr; irgendwo glücklich angekommen, gelandet sein⟩ | *Die Verhandlungen nahmen einen glücklichen Verlauf*

glück·li·cher·wei·se ADVERB so, dass man über etwas froh ist ≈ *zum Glück* | *Glücklicherweise wurde bei dem Unfall niemand verletzt*

Glücks- *im Substantiv, betont, begrenzt produktiv* **der Glückspfennig, das Glücksschwein, der Glücksstern, der Glückstag, die Glückszahl, der Glücksklee** *und andere* verwendet, um Dinge zu bezeichnen, die als Symbole gelten, die Glück bringen | *der Glückskäfer* (Marienkäfer)

Glück·sa·che *die* → Glückssache

Glücks·brin·ger *der*; (-s, -) eine Person oder Sache, die jemandem Glück bringen soll

glück·se·lig ADJEKTIV sehr glücklich über die Situation, in der man ist • hierzu **Glück·se·lig·keit** *die*

gluck·sen VERB (gluckste, hat gegluckst) **1** **etwas gluckst** ≈ *gluckern* **2** ein Lachen unterdrücken und dabei ein dunkel klingendes Geräusch von sich geben

Glücks·fall *der* ein sehr günstiger Umstand oder Zufall (der einen großen Vorteil bringt)

Glücks·kind *das* eine Person, die immer Glück hat

Glücks·pilz *der*; *gesprochen* eine Person, die (oft und überraschend) Glück hat

Glücks·rit·ter *der*; *meist abwertend* eine Person, die leichtsinnig (und verantwortungslos) handelt, weil sie glaubt, dass sie immer Glück hat

Glücks·sa·che *die* **etwas ist (reine) Glückssache** in einer Situation kann man selbst nichts tun, weil es von einem günstigen Zufall abhängt

Glücks·spiel *das* ein Spiel (z. B. mit Würfeln oder Karten), bei dem es nur vom Zufall abhängt, ob man gewinnt oder verliert

Glücks·sträh·ne *die* **eine Glückssträhne haben** eine (relativ) lange Zeit Glück und Erfolg haben

glück·strah·lend ADJEKTIV glücklich und zufrieden | *Sie er-*

zählte glückstrahlend, dass sie die Prüfung bestanden habe

★ **Glück·wunsch** *der* **ein Glückwunsch (zu etwas)** mit Glückwünschen sagt man einer Person, dass man sich mit ihr über einen Erfolg oder ein schönes Ereignis freut | *Herzlichen Glückwunsch zum Geburtstag!* | *Meine Glückwünsche zum bestandenen Examen!* | *Herzlichen Dank für die vielen Glückwünsche und Geschenke zu unserer Hochzeit!* K Glückwunschkarte

★ **Glüh·bir·ne** *die* dünnes Glas mit der Form einer Birne, das man in eine Lampe schraubt, damit sie leuchtet

glü·hen ['gly:ən] VERB (glühte, hat geglüht) **1** **etwas glüht** etwas brennt ohne Flamme und Rauch rot (bzw. bei sehr hohen Temperaturen weiß) | *Unter der Asche glühen die Kohlen noch* | *Er hat sich mit der glühenden Zigarette verbrannt* **2** **etwas glüht (vor etwas** *(Dativ)***)** ein Körperteil wird rot und heiß, weil jemand Fieber hat, aufgeregt ist o. Ä. ‹jemandes Gesicht, jemandes Ohren, jemandes Stirn, jemandes Wangen› | *Ihr Gesicht glühte vor Eifer* **3** **vor etwas** *(Dativ)* **glühen** *geschrieben* ein Gefühl intensiv erleben ‹vor Begeisterung, Erregung, Freude glühen›

glü·hend ['gly:ənt] ■ PARTIZIP PRÄSENS **1** → glühen ■ ADJEKTIV **2** sehr stark oder intensiv ‹ein Verlangen, ein Wunsch, Liebe, Hass; jemanden glühend beneiden, bewundern› **3** ‹ein Bewunderer, ein Verehrer› ≈ *leidenschaftlich* **4** **glühend heiß** sehr heiß

Glüh·lam·pe *die* ≈ *Glühbirne*

Glüh·wein *der* ein heißes Getränk aus Rotwein, Zucker und Gewürzen

Glüh·würm·chen *das*; (-s, -) ein kleiner Käfer, dessen Körper in der Dunkelheit leuchten kann

Glu·ko·se *die*; (-) ≈ *Traubenzucker*

Glupsch·au·ge *das* ■ ID **Glupschaugen kriegen/machen** *humorvoll oder ironisch* (mit weit geöffneten Augen) staunen

Glut *die*; (-, -en) **1** *meist Singular* die rote, glühende Masse, die übrig bleibt, wenn z. B. Holz oder Kohle mit heller Flamme verbrannt ist ‹die Glut schüren, wieder anfachen, löschen› | *Unter der Asche glimmt noch Glut* K Kohlenglut, Ofenglut **2** *nur Singular* eine sehr große Hitze | *die sengende Glut der Sonne Afrikas* K Gluthitze; Mittagsglut **3** *geschrieben* **die Glut** +*Genitiv nur Singular* die Leidenschaftlichkeit (einer Emotion o. Ä.)

Glu·ten, Glu·ten *das*; (-s) eine Substanz in den meisten Sorten von Getreide, die manche Menschen nicht vertragen | *Simon kann keine Nudeln essen, weil sie Gluten enthalten* • hierzu **glu·ten·frei** ADJEKTIV

glut·rot ADJEKTIV von sehr dunkler roter Farbe ‹die Abendsonne› • hierzu **Glut·rö·te** *die*

Gly·ze·rin *das*; (-s) eine Substanz, die in allen Fetten enthalten ist und aus der man Cremes, Salben und Sprengstoff (Nitroglyzerin) macht

GmbH [ge:ɛmbe:'ha:] *die*; (-, -s) Abkürzung für *Gesellschaft mit beschränkter Haftung* → Gesellschaft

★ **Gna·de** *die*; (-, -n) **1** *meist Singular* Freundlichkeit und Hilfe für eine Person, welcher man dabei deutlich zeigt, dass sie schwächer oder abhängig ist ‹jemandem einen Beweis der Gnade geben; von jemandes Gnade abhängen› K Gnadenakt **2** eine Tat aus Gnade ‹jemandem eine Gnade erweisen› **3** *nur Singular* der Vorgang, wenn eine Person aus Mitleid oder Großzügigkeit gar nicht oder nicht so bestraft wird, wie sie es verdient hätte ‹(jemanden) um Gnade bitten; um Gnade flehen; Gnade walten lassen› K Gnadengesuch **4** *meist Singular* die Vorstellung im christlichen Glauben, dass Gott alle Sünden verzeiht ‹die Gnade Gottes; die göttliche Gnade› **5** **Euer Gnaden** *historisch* verwendet als Anrede für Richter oder andere Personen von hohem Rang ■ ID **Gnade vor jemandem finden**, **Gnade vor jemandes Augen finden** von jemandem akzeptiert und anerkannt werden; **jemand hat die Gnade zu** +*Infinitiv ironisch* jemand tut etwas auf herablassende, arrogante Art | *Sie hatte die Gnade, die Einladung anzunehmen*; **Gnade vor/für Recht ergehen lassen** großzügig sein und darauf verzichten, etwas zu fordern, jemanden zu bestrafen oder auf etwas zu bestehen; **jemandem auf Gnade und/oder Ungnade ausgeliefert sein** völlig davon abhängig sein, ob jemand nett zu einem ist oder nicht • zu (3) **gna·den·los** ADJEKTIV

gna·den VERB ■ ID **Wenn ..., dann gnade dir/ihm/... Gott!** verwendet, um vor schlimmen Folgen zu warnen oder jemandem zu drohen | *Wenn das mit der Klimaerwärmung so weitergeht, dann gnade uns Gott!*

Gna·den·brot *das* ■ ID **einem Tier das Gnadenbrot geben/gewähren** ein Pferd, das jetzt alt und schwach ist, weiter füttern und pflegen (weil es früher viel gearbeitet hat)

Gna·den·frist *die* ■ ID **jemandem eine Gnadenfrist einräumen/gewähren** jemandem zum letzten Mal eine Frist verlängern, bis zu der etwas getan werden muss

Gna·den·schuss *der* ■ ID **einem Tier den Gnadenschuss geben** *geschrieben* ein schwer verletztes, krankes Tier mit einer Schusswaffe töten

Gna·den·weg *der* **auf dem Gnadenweg** mit einer Begnadigung durch den Präsidenten, Monarchen o. Ä. (der ausdrücklich darum gebeten wurde)

gnä·dig ADJEKTIV **1** *oft ironisch* verwendet, um zu sagen, dass der Sprecher ein Verhalten für herablassend und arrogant hält | *Es ist wirklich zu gnädig von dir, dass du mir hilfst!* | *Sie war so gnädig, es mir zu sagen* **2** die Bereitschaft Gottes oder einer Autorität, nicht oder nur milde zu strafen ‹ein Richter› | *Es beschütze uns der gnädige Gott!* **3** **gnädige Frau** *veraltend*; **gnädiger Herr** *veraltet* verwendet als höfliche Anrede für eine Frau/einen Mann | *„Kann ich Ihnen behilflich sein, gnädige Frau?"*

Gnom *der*; (-s/-en, -e(n)) ein kleines Männchen in Sagen oder Märchen, das man sich oft als hässlich oder böse vorstellt **i** *der Gnom; den, dem Gnom(en); des Gnoms/Gnomen*

Goal [go:l] *das*; (-s, -s); Ⓐ Ⓒⓗ das Tor beim Fußball o. Ä.

Go·be·lin [gobə'lɛ̃:] *der*; (-s, -s) ein fein gewebter Teppich für die Wand, der (wie ein Bild) etwas darstellt

Go·ckel *der*; (-s, -) ≈ *Hahn*

Go·kart *der*; (-(s), -s) **1** ein niedriger, kleiner Rennwagen K Gokartrennen **2** ein kleines Auto mit Pedalen für Kinder

★ **Gold** *das*; (-(e)s) **1** ein wertvolles Metall mit gelblichem Glanz, aus dem man vor allem Münzen und Schmuck macht ‹echtes, massives, pures, reines Gold; Gold suchen; nach Gold graben, schürfen› | *ein Armband aus reinem Gold* | *Diamanten in Gold fassen* | *Gold waschen* (Gold mit Wasser von Erde, Sand o. Ä. trennen) K Goldader, Goldbarren, Goldfaden, Goldkette, Goldklumpen, Goldkrone, Goldlegierung, Goldmine, Goldmünze, Goldring, Goldschmuck, Goldsucher, Goldwäscher, Goldzahn; goldblond, goldbraun, goldgelb **i** chemisches Zeichen: *Au* **2** ein Gegenstand, meist ein Schmuckstück, aus Gold | *Aus dem Juwelierladen wurden Gold und Edelsteine im Wert von mehreren tausend Euro geraubt* **3** *ohne Artikel* eine Medaille aus Gold, die der Sieger in einem wichtigen Wettkampf bekommt ‹olympisches Gold; Gold gewinnen, holen› ≈ *Goldmedaille* K Goldmedaille ■ ID **Es ist nicht alles Gold, was glänzt** was nach außen kostbar oder großartig zu sein scheint, ist in Wirklichkeit oft wertlos oder unbedeutend; **Er/Sie hat Gold in der Kehle** er/sie kann sehr schön singen; **treu wie Gold** *veraltend* sehr treu; **jemand/etwas ist Gold/**

G

Goldes wert jemand/etwas ist von großem Wert oder Nutzen; **jemand/etwas ist nicht mit Gold zu bezahlen/aufzuwiegen** eine Person/Sache ist sehr wichtig oder kostbar (für jemanden) ● zu (1) **gold·far·ben** ADJEKTIV; zu (1) **gold·hal·tig** ADJEKTIV

★ **gol·den** ADJEKTIV **1** *meist attributiv* aus Gold bestehend oder gemacht ⟨ein Armband, ein Becher, ein Ring, eine Uhr⟩ **2** mit der Farbe und dem Glanz von Gold ⟨Haar, die Sonne, die Sterne; etwas glänzt, scheint, schimmert golden⟩ **3** so ideal, dass etwas immer passt oder gilt ⟨die Mitte, der Mittelweg, eine Regel⟩ **4** **eine goldene Zukunft** eine Zukunft mit viel Erfolg o. Ä. **5** **ein goldenes Herz haben** sehr gütig sein

Gold·fisch *der* ein kleiner Fisch von gelblicher bis rötlicher Farbe, den man gern in Zierteichen und Aquarien hält K Goldfischteich

Gold·grä·ber *der*; (-s, -) eine Person, die in der Erde nach Gold sucht ● hierzu **Gold·grä·be·rin** *die*

Gold·gru·be *die* **1** meist ein Geschäft oder ein Unternehmen, mit dem man viel Geld verdient | *Sein Restaurant ist eine wahre Goldgrube* **2** *veraltend* eine Mine, in der Gold gewonnen wird

Gold·hams·ter *der* ein kleiner Hamster mit gelblich braunem Fell (vor allem für Kinder im Haus gehalten)

gol·dig ADJEKTIV; *gesprochen* **1** ⟨Kleintiere, Jungtiere, Kätzchen, Hamster; Kleinkinder⟩ ≈ *süß, niedlich* **2** sehr nett | *Das war richtig goldig von ihm, sich um meine Blumen zu kümmern*

Gold·rausch *der* ein Goldrausch entsteht, wenn irgendwo Gold gefunden wird und viele Menschen dorthin gehen, um reich zu werden

gold·rich·tig ADJEKTIV; *gesprochen* **1** völlig richtig, sehr gut | *Die Entscheidung war goldrichtig* **2** sehr sympathisch, nett | *Unser neuer Mitarbeiter ist goldrichtig*

Gold·schatz *der* **1** ein Schatz aus Gold **2** *gesprochen, humorvoll* verwendet als liebevolle Bezeichnung für eine Person, der man für etwas dankt | *Du bist ein richtiger Goldschatz!*

Gold·schmied *der* eine Person, die beruflich Schmuck aus Gold, Silber, Edelsteinen usw. herstellt K Goldschmiedearbeit, Goldschmiedekunst, Goldschmiedewerkstatt ● hierzu **Gold·schmie·din** *die*

Gold·staub *der* sehr kleine Körner aus Gold

Gold·stück *das* **1** *historisch* eine Münze aus Gold **2** *gesprochen, humorvoll* ≈ *Goldschatz*

Gold·waa·ge *die* eine Waage für sehr kleine Mengen von Gold o. Ä. ■ ID **jedes Wort/alles auf die Goldwaage legen** a sehr vorsichtig sein und sich sehr genau überlegen, was man sagt b jedes Wort, das gesprochen wird, völlig ernst nehmen

Golf[1] *der*; (-(e)s, -e) eine große Meeresbucht | *der Persische Golf* | *der Golf von Mexiko* H meist in geografischen Eigennamen verwendet

Golf[2] *das*; (-s) eine Sportart, bei der man versucht, mit einem Schläger einen kleinen, harten Ball mit möglichst wenigen Schlägen in mehrere Löcher (meist 18) zu bringen ⟨Golf spielen⟩ K Golfball, Golfklub, Golfplatz, Golfschläger, Golfspieler, Golfturnier ● hierzu **Gol·fer** *der*; **Gol·fe·rin** *die*

Golf·strom *der* eine Strömung im Atlantik, die warmes Wasser vom Golf von Mexiko in den Norden (nach Europa) bringt und dort das Klima beeinflusst

Gon·del *die*; (-, -n) **1** ein schmales, meist verziertes Boot, mit dem man auf den Kanälen von Venedig fährt K Gondelfahrt **2** die Kabine, die an dem Drahtseil einer Seilbahn hängt und in der Personen meist auf einen Berg fahren können K Gondelbahn **3** der große Korb, der unter einem Ballon hängt und in dem sich die Ballonfahrer befinden

gon·deln VERB (gondelte, ist gegondelt) **irgendwohin gondeln** *gesprochen* mit einem Fahrzeug ohne Eile und ohne festes Ziel irgendwohin fahren

Gong *der*; (-s, -s) **1** eine frei hängende Metallscheibe, an die man schlägt, um ein Tonsignal zu geben ⟨den Gong schlagen⟩ **2** ein elektrisches Gerät, das einen Ton wie bei einem Gong erzeugt (und z. B. in Schulen o. Ä. ein Signal gibt) ⟨der Gong ertönt⟩ **3** ein Musikinstrument (wie ein Gong)

gon·gen VERB (gongte, hat gegongt) **1** einen Gong zum Tönen bringen | *Der Steward gongt (zum Abendessen)* **2** **es gongt** ein Gong ertönt

gön·nen VERB (gönnte, hat gegönnt) **1** **jemandem etwas gönnen** sich mit einer Person ohne Neid darüber freuen, dass sie Glück oder Erfolg hat | *Er gönnte ihr den beruflichen Erfolg von Herzen* | *Ich gönne es dir, dass du jetzt ein bisschen mehr Ruhe hast* **2** **jemandem etwas gönnen** dafür sorgen, dass jemand oder man selbst etwas Angenehmes bekommt ⟨jemandem eine Pause, eine Rast gönnen⟩

Gön·ner *der*; (-s, -) eine Person, die reich ist und andere Menschen (vor allem Künstlern) mit Geld hilft ● hierzu **Gön·ne·rin** *die*

gön·ner·haft ADJEKTIV; *abwertend* auf herablassende Art freundlich ⟨gönnerhaft nicken; jemanden gönnerhaft belehren; mit gönnerhafter Miene⟩ ● hierzu **Gön·ner·haf·tig·keit** *die*

Gön·ner·mie·ne *die* **mit Gönnermiene** ≈ *gönnerhaft* | *Mit Gönnermiene teilte er uns mit, dass er Bücher zu verschenken habe*

goo·geln ['gu:gl̩n] VERB (googelte, hat gegoogelt) **(jemanden/etwas) googeln** *gesprochen* mit einer Suchmaschine (vor allem Google®) im Internet Informationen suchen | *Hast du schon mal deinen Namen/dich selbst gegoogelt?*

gor *Präteritum, 3. Person Singular* → gären

Gör *das*; (-s, -en); *besonders humorvoll oder ironisch, meist abwertend* **1** *meist Plural* ≈ *Kind* **2** ein freches Mädchen

Gö·re *die*; (-, -n) → Gör

Go·ril·la *der*; (-s, -s) **1** ein großer Menschenaffe, der in den Urwäldern Afrikas lebt **2** *gesprochen, abwertend* ≈ *Leibwächter*

goss *Präteritum, 1. und 3. Person Singular* → gießen

Gos·se *die*; (-, -n) **1** *veraltend* ≈ *Rinnstein* **2** *abwertend* die niedrigste Schicht der Gesellschaft, die wegen ihrer Lebensweise als moralisch schlecht gilt ⟨die Sprache der Gosse; in der Gosse aufwachsen, leben, landen, enden; ein Mädchen, Junge aus der Gosse⟩

Go·tik *die*; (-) ein Stil der europäischen Kunst und der Architektur von der Mitte des 12. bis Ende des 15. Jahrhunderts | *Die Kathedrale Notre-Dame in Paris ist ein Meisterwerk der Gotik* K Frühgotik, Spätgotik ● hierzu **go·tisch** ADJEKTIV

★ **Gott** *der*; (-(e)s, Göt·ter) **1** *nur Singular* vor allem Christen, Juden und Moslems glauben an einen Gott, der die Welt erschaffen hat und ihr Schicksal lenkt K Gottvertrauen, Gottesbeweis H *Gott* wird meist nur dann mit einem Artikel verwendet, wenn ein Adjektiv davor steht: *der allmächtige Gott.* **2** in vielen Religionen glauben die Menschen, dass Götter mächtige Wesen sind und die Welt lenken ⟨die germanischen, griechischen, heidnischen Götter⟩ | *Amor ist der römische Gott der Liebe* K Göttergeschlecht, Göttersage; Kriegsgott, Liebesgott, Meeresgott, Sonnengott, Wettergott ■ ID ▸Begrüßung oder Abschied: **Grüß (dich/euch/Sie) Gott!** *süddeutsch* Ⓐ verwendet als Gruß, wenn man jemanden trifft ⟨(jemandem) Grüß/grüß Gott sagen⟩ ≈ *Guten Tag!*; **Behüt dich Gott** *süddeutsch* Ⓐ, *veraltend* verwendet, wenn man sich von jemandem verabschiedet; **Gott zum Gruß!** *veraltet* verwendet als Gruß;

▸Ausrufe: **Gott sei Dank!** *gesprochen* verwendet, um Erleichterung auszudrücken; **O 'Gott!, (Ach,) du 'lieber Gott!, Großer Gott!, Mein 'Gott!, Gott im 'Himmel!, Um 'Gottes willen** *gesprochen* verwendet, um Überraschung, Entsetzen, Bedauern o. Ä. auszudrücken; **Da sei 'Gott vor!** *gesprochen* verwendet, um zu sagen, dass man die Vorstellung von etwas entsetzlich findet oder dass man etwas vollkommen ablehnt; **Hilf dir selbst, so hilft dir Gott!** man muss selbst aktiv werden, wenn man etwas erreichen/haben will; **Das wissen die Götter!** *gesprochen* das weiß niemand; **Gott steh mir bei!** *gesprochen* verwendet, um Entsetzen oder große Angst auszudrücken; **Vergelt's Gott!** *süddeutsch* Ⓐ danke sehr; **..., so wahr mir Gott helfe!** verwendet am Ende eines Schwurs oder eines Eides, um diesen zu verstärken; **Du bist wohl ganz (und gar) von Gott verlassen!** *gesprochen* du spinnst wohl;
▸Gott als Subjekt, im Nominativ: **so Gott 'will** *gesprochen* wenn alles wie geplant verläuft; **weiß Gott** *gesprochen* verwendet, um eine Aussage zu betonen ≈ *wirklich* | *Es war weiß Gott nicht leicht* | *Er ist weiß Gott nicht dumm* H siehe auch ID unter *wissen*; **Gott hab ihn/sie selig** *gesprochen, veraltend* verwendet, nachdem man den Namen eines/einer Toten genannt hat; **gebe Gott, dass ...** hoffentlich; **wie Gott ihn/sie geschaffen hat** *gesprochen* völlig nackt; **leben wie Gott in Frankreich** *gesprochen* in Luxus, in Überfluss leben; **wie ein junger Gott** ⟨singen, spielen, tanzen⟩ *gesprochen* sehr gut singen, spielen oder tanzen;
▸Gott im Genitiv: **leider Gottes** *gesprochen* leider, bedauerlicherweise; **in Gottes Namen** *gesprochen* verwendet, wenn man jemandem etwas (meist nach wiederholtem Bitten) erlaubt; **Dein Wort in Gottes Ohr!** *gesprochen* das wäre schön, das wollen wir hoffen!; **von Gottes Gnaden** *historisch* verwendet als Teil des Titels von Herrschern o. Ä.; **etwas um Gottes Lohn tun** etwas ohne Bezahlung, umsonst tun; **Gottes Mühlen mahlen langsam** böse Taten werden manchmal erst nach langer Zeit bestraft;
▸Gott als Objekt: **den lieben Gott spielen** *gesprochen* versuchen, etwas nach den eigenen Wünschen zu bestimmen; **den lieben Gott einen guten Mann sein lassen** *gesprochen* faul sein, nichts tun; **Gott und die Welt kennen** *gesprochen* viele Leute kennen;
▸Präposition plus Gott: **über Gott und die Welt reden** *gesprochen* über viele verschiedene Dinge reden ● zu (2) **Gọt·tin** *die*

Gott·er·bar·men ■ ID **zum Gotterbarmen** *gesprochen* a qualitativ sehr schlecht | *Der Kinderchor hat zum Gotterbarmen gesungen* b so, dass man Mitleid spürt | *Das kleine Mädchen weinte zum Gotterbarmen* ● hierzu **gott(s)·er·bärm·lich** ADJEKTIV

gott·er·ge·ben ADJEKTIV *meist adverbiell; oft abwertend oder ironisch* so, dass man immer ruhig bleibt und sich nicht beklagt, wenn einem etwas Negatives passiert ⟨etwas gottergeben hinnehmen⟩

Göt·ter·spei·se *die; meist Singular* eine durchsichtige, bunte, weiche Masse aus süßem Fruchtsaft und Gelatine, die wackelt, wenn man sie bewegt

★ **Gọt·tes·dienst** *der* eine religiöse Feier zur Verehrung Gottes (vor allem bei den christlichen Religionen) ⟨ein evangelischer, katholischer, ökumenischer Gottesdienst; zum Gottesdienst gehen; den Gottesdienst besuchen⟩

Gọt·tes·haus *das; geschrieben* ≈ *Kirche*

Gọt·tes·läs·te·rung *die* eine Äußerung oder eine Handlung, die als Beleidigung Gottes angesehen wird ≈ *Blasphemie* ● hierzu **gọt·tes·läs·ter·lich** ADJEKTIV

Gọt·tes·mut·ter *die* Maria, die Mutter von Jesus Christus (in christlichen Religionen)

Gọt·tes·sohn *der* Jesus Christus

Gọt·tes·ur·teil *das; historisch* ein Gerichtsverfahren vor allem im Mittelalter. Man glaubte, den Schuldigen durch den Ausgang eines Kampfes o. Ä. finden zu können

gọtt·ge·fäl·lig ADJEKTIV; *geschrieben* so, dass es den religiösen Vorstellungen entspricht | *gottgefällig leben*

Gọtt·heit *die;* (-, -en) ein Gott oder eine Göttin, die nicht näher bezeichnet oder nicht genau bekannt sind | *In der Grabkammer wurden Statuen verschiedener ägyptischer Gottheiten entdeckt*

gött·lich ADJEKTIV 1 so, dass es eine Eigenschaft von Gott ist ⟨die Allmacht, die Gnade, die Güte, die Weisheit⟩ 2 so, dass es von Gott kommt ⟨eine Eingebung, eine Erleuchtung⟩ 3 so, wie es einem Gott gebührt | *In einigen Naturreligionen genoss die Sonne göttliche Anbetung* 4 *geschrieben* außerordentlich gut oder schön ⟨eine Musik, eine Stimme, ein Weib, ein Sänger; göttlich singen, spielen⟩ ≈ *herrlich, wunderbar* 5 *humorvoll* so, dass man sich gut dabei amüsiert ≈ *köstlich, herrlich* | *Es war göttlich, wie sie ihre Kollegin nachgeahmt hat*

gott·lob ADVERB; *veraltend* Gott sei Dank

gọtt·los ADJEKTIV nicht nach den Geboten Gottes (und der geltenden Moral) gerichtet oder lebend ⟨ein Leben, ein Mensch⟩

Gott·va̲·ter *der* Gott als Vater von Jesus Christus und als eine der drei Gestalten des christlichen Gottes

gọtt·ver·dammt ADJEKTIV *meist attributiv; gesprochen, abwertend* verwendet, um einen starken Ärger auszudrücken

gọtt·ver·las·sen ADJEKTIV; *gesprochen, abwertend* so einsam gelegen, dass man es als deprimierend empfindet ⟨ein Dorf, eine Gegend⟩ | *Ich langweile mich in diesem gottverlassenen Nest!*

Göt·ze *der;* (-n, -n); *meist Plural abwertend* 1 ein Tier, eine Person oder ein Ding, die wie ein Gott verehrt werden ⟨heidnische Götzen; Götzen anbeten⟩ K Götzenbild, Götzendienst, Götzenverehrung H nicht für die Götter der großen Weltreligionen verwendet 2 etwas, das jemand viel zu wichtig nimmt | *Sind Autos die Götzen des modernen Menschen?* H *der Götze; den, dem, des Götzen*

Gour·met [gʊr'me:] *der;* (-s, -s) *geschrieben* ≈ *Feinschmecker*

Gou·ver·nan·te [gu-] *die;* (-, -n); *historisch* eine Privatlehrerin oder Erzieherin für Kinder aus reichen Familien

Gou·ver·neur [guvɛr'nø:ɐ̯] *der;* (-s, -e) 1 der höchste Vertreter der Regierung eines Bundesstaates in den USA 2 *historisch* (zur Zeit der Kolonialherrschaft) eine Person, die eine Kolonie regierte und verwaltete

★ **Gra̲b** *das;* (-(e)s, Grä·ber) 1 das Loch in der Erde, in das ein Toter bei der Beerdigung gelegt wird ⟨ein Grab ausheben, schaufeln, zuschaufeln, zuschütten⟩ 2 der Platz (auf einem Friedhof), an dem ein Toter begraben ist ⟨ein Grab bepflanzen, pflegen, schmücken⟩ | *Blumen auf jemandes Grab legen* K Grabbeigabe, Grabhügel, Grabinschrift, Grabkreuz, Grabplatte, Grabschmuck; Einzelgrab, Familiengrab, Kindergrab, Massengrab, Soldatengrab, Urnengrab ■ ID **jemand würde sich im Grab umdrehen, wenn er wüsste, dass ...** *gesprochen, meist humorvoll* eine Person würde sich sehr ärgern, wenn sie noch leben würde und wüsste, dass ...; **Er/Sie/Das bringt mich noch ins Grab!** *gesprochen, meist humorvoll* er/sie/das ärgert mich sehr, macht mich ganz nervös | *Die bringen mich noch ins Grab mit ihrer ewigen Streiterei!*; **jemanden zu Grabe tragen** *geschrieben* jemanden beerdigen; **verschwiegen sein/schweigen wie ein Grab** *gesprochen* ein Geheimnis bewahren (können); **(sich (*Dativ*)) sein eigenes Grab graben/schaufeln** sich (durch leichtsinniges Verhalten) selbst sehr schaden

★ **gra̲·ben** VERB (gräbt, grub, hat gegraben) 1 **(etwas) graben** ein

G

Loch, einen Graben o. Ä. in die Erde machen, indem man (z. B. mit einem Spaten oder einem Bagger) Erde wegschaufelt | *Wühlmäuse graben Gänge in die/der Erde | Die Geologen mussten tief graben, bis sie auf Erdöl stießen* K Grabwerkzeug **2** **nach etwas graben** in der Erde nach etwas (z. B. Kohle, Gold, Münzen) suchen | *Die Archäologen gruben nach den Überresten der verschütteten Stadt* **3** **etwas gräbt sich in etwas** (*Akkusativ*) etwas dringt mit Kraft oder Gewalt in etwas ein oder sinkt langsam irgendwo ein | *Die Räder gruben sich in den Schlamm* **4** **etwas hat sich in jemandes Gedächtnis gegraben** *geschrieben* etwas ist so interessant, aufregend o. Ä. gewesen, dass der Betroffene es nie vergessen kann

G

Gra·ben *der*; (-s, Grä·ben) **1** eine lange, relativ schmale Vertiefung in der Erde, die meist von Menschen gemacht wird und z. B. zur Bewässerung von Feldern dient ⟨ein flacher, tiefer, künstlicher, natürlicher Graben; einen Graben ausheben, ziehen⟩ | *Um die Burg führt ein tiefer, mit Wasser gefüllter Graben* K Grabenrand, Grabenwand; Bewässerungsgraben, Burggraben, Entwässerungsgraben, Stadtgraben, Wassergraben **2** Kurzwort für *Schützengraben* K Grabenkampf, Grabenkrieg; Panzergraben **3** **der Graben zwischen Personen/Dingen** (*Dativ*) die sehr starken ideologischen o. Ä. Unterschiede zwischen verschiedenen Personen, Gruppen o. Ä. | *der Graben zwischen Regierung und Opposition*

Gra·bes·stil·le *die*; *geschrieben* völlige Stille

Gra·bes·stim·me *die* **mit Grabesstimme** mit tiefer, trauriger oder unheimlich klingender Stimme

Grab·mal *das*; (-(e)s, Grab·mä·ler/*geschrieben* -e) ein Bauwerk oder Denkmal als Schmuck für das Grab einer wichtigen oder reichen Person bzw. das Grab selbst

Grab·schän·der *der*; (-s, -) eine Person, die ein Grab ausraubt oder beschädigt • hierzu **Grab·schän·dung** *die*

Grab·stät·te *die*; *geschrieben* ≈ *Grab*

Grab·stein *der* ein großer Stein auf einem Grab, auf dem der Name (und der Geburts- und Sterbetag) des Toten steht

gräbt *Präsens, 3. Person Singular* → graben

Gra·bung *die*; (-, -en) die Suche nach Resten alter Kulturen oder wertvollen Steinen usw. in der Erde

grad *gesprochen* → gerade

★ **Grad** *der*; (-(e)s, -/-e) **1** (*Plural: Grad*) die Einheit, mit der man Temperaturen misst ⟨ein Grad Celsius, Fahrenheit⟩ | *Das Thermometer zeigt zwölf Grad (12 °C) unter null/minus | Tageshöchsttemperaturen bei zwei Grad über null/plus | Der Patient hatte vierzig Grad Fieber | Gestern hatte es dreißig Grad im Schatten | Wie viel Grad hat es?* K Gradeinteilung; Hitzegrad, Kältegrad, Wärmegrad, Minusgrad, Plusgrad H Zeichen: ° **2** (*Plural: Grad*) die Einheit, mit der man Winkel misst | *Der Kreis wird in 360 Grad eingeteilt* K Winkelgrad H Zeichen: ° **3** (*Plural: Grad*) eine der gedachten Linien, die von Norden nach Süden oder von Osten nach Westen um die Erde gehen ⟨der erste, zweite Grad nördlicher/südlicher Breite, östlicher/westlicher Länge⟩ | *München liegt auf dem 48. Grad nördlicher Breite* K Breitengrad, Längengrad H zu 1–3: Die Pluralform der Zusammensetzungen lautet *-grade*. **4** **der Grad** +*Genitiv*/**an etwas** (*Dativ*) (*Plural: Grade*) das Maß, die Stärke oder Intensität, in der etwas vorhanden ist ⟨ein geringer, hoher Grad⟩ | *Der Grad der Umweltverschmutzung hat bedrohliche Ausmaße angenommen | Bis zu einem gewissen Grad gebe ich dir recht, aber …* (in gewissem Maße) K Entwicklungsgrad, Schwierigkeitsgrad, Verschmutzungsgrad **5** **ein (akademischer) Grad** (*Plural: Grade*) ein Titel, den man von einer Universität bekommt | *der Grad eines Doktors der Theologie* K Doktorgrad ■ **ID** **Er/Sie hat sich um 180 Grad geändert/gedreht** Er/Sie ist völlig anders geworden.

gra·de *gesprochen* → gerade

Grad·mes·ser *der*; *geschrieben* der Maßstab für den Grad, in dem etwas vorhanden ist | *Steigende Aktienkurse sind ein Gradmesser für das Wachstum der Wirtschaft | ein Gradmesser für die beginnende politische Entspannung*

gra·du·ell [gra'dụɛl] ADJEKTIV; *geschrieben* **1** graduelle Unterschiede sind relativ gering, so dass man sie nicht deutlich erkennen kann **2** in kleinen Schritten ⟨eine Veränderung⟩ ≈ *allmählich*

gra·du·iert ADJEKTIV mit einem Abschluss einer Hochschule • hierzu **Gra·du·ier·te** *der/die*

Graf *der*; (-en, -en) ein Adeliger (mit einem Rang zwischen Freiherr und Fürst) K Grafenstand, Grafentitel H *der Graf; den, dem, des Grafen*; Der frühere Titel *Graf* ist heute in Deutschland und in der Schweiz nur noch Teil des Familiennamens. • hierzu **Grä·fin** *die*; **gräf·lich** ADJEKTIV

Graf·fi·ti *die*; *Plural* Sprüche oder Zeichnungen an Wänden oder Mauern

★ **Gra·fik** *die*; (-, -en) **1** *nur Singular* die Kunst und Technik des Zeichnens und des Druckens mit manuellen Verfahren (z. B. Holzschnitte, Kupferstiche oder Radierungen) **2** ein Blatt (Papier) mit einer (gedruckten) künstlerischen Zeichnung K Druckgrafik, Originalgrafik **3** eine Zeichnung, mit der eine Situation, eine Entwicklung o. Ä. (meist mathematisch, prozentual o. Ä.) illustriert wird ≈ *Diagramm*

Gra·fi·ker *der*; (-s, -) eine Person, die (künstlerische) Grafiken zeichnet oder am Computer gestaltet • hierzu **Gra·fi·ke·rin** *die*

Gra·fik·kar·te *die* ein elektronisches Bauteil in einem Computer, welches die Bilder auf dem Monitor produziert | *Für dieses Computerspiel brauchst du eine bessere Grafikkarte*

★ **gra·fisch** ADJEKTIV *meist attributiv* **1** zur Grafik gehörend | *die grafische Kunst | das grafische Werk Rembrandts* **2** mit einer oder durch eine Grafik ⟨eine Darstellung⟩ | *eine wirtschaftliche Entwicklung grafisch darstellen*

Gra·fit, **Gra·fit** *der/das*; (-s, -e); *meist Singular* ein weiches, graues Mineral, aus dem man z. B. die Mine von Bleistiften macht

Gra·fo·lo·gie *die*; (-) die Wissenschaft, die sich damit beschäftigt, was man an der Schrift eines Menschen erkennen kann, vor allem in Bezug auf den Charakter • hierzu **Gra·fo·lo·ge** *der*; **Gra·fo·lo·gin** *die*; **gra·fo·lo·gisch** ADJEKTIV

Graf·schaft *die*; (-, -en) **1** *historisch* das Gebiet, in dem ein Graf herrschte **2** ein Verwaltungsbezirk vor allem in Großbritannien | *die Grafschaft Essex*

gram ADJEKTIV **jemandem gram sein** *veraltet* über jemanden verärgert sein

Gram *der*; (-(e)s); *geschrieben* ein starker, lang dauernder Kummer ⟨tiefer Gram; von Gram erfüllt, gebeugt sein⟩ K gramerfüllt, gramgebeugt

grä·men VERB (grämte, hat gegrämt); *veraltend* **1** **etwas grämt jemanden** etwas macht jemanden sehr traurig | *Es grämte ihn, sie verlassen zu müssen | Es grämte sie, dass er sie nicht liebte* **2** **sich (über etwas** (*Akkusativ*)**) grämen** über etwas sehr traurig sein

★ **Gramm** *das*; (-s, -) **1** eine Einheit, mit der man das Gewicht misst | *Tausend Gramm sind ein Kilo(gramm) | Ein Pfund hat 500 Gramm* K Kilogramm, Milligramm H Abkürzung: *g* **2** eine Einheit, mit der man in der Physik die Masse misst H Abkürzung: *g*

★ **Gram·ma·tik** *die*; (-, -en) **1** *meist Singular* die (Lehre von den) Regeln einer Sprache, nach denen Wörter in ihrer sprachlichen Form verändert und zu Sätzen kombiniert werden | *die französische Grammatik beherrschen | die*

Grammatik des Deutschen K Grammatikprüfung, Grammatikregel, Grammatiktheorie **2** ein Buch, in dem die Regeln einer Sprache erklärt werden

gram·ma·ti·ka·lisch ADJEKTIV ≈*grammatisch*

★ **gram·ma·tisch** ADJEKTIV **1** nach den Regeln in den Grammatiken ⟨grammatisch richtig, falsch⟩ **2** so, dass die Regeln einer Sprache beschrieben werden ⟨eine Theorie, eine Darstellung⟩

Gram·mo·fon, Gram·mo·phon® [-fo:n] *das*; (-s, -e); *historisch* ein Gerät mit Kurbel und Trichter, mit dem man Schallplatten abspielen konnte

Gra·nat *der*; (-(e)s/Ⓐ -en, -e/Ⓐ -en) ein dunkelroter Halbedelstein K Granatbrosche, Granatkette, Granatschmuck H *der Granat; den, dem Granat/Granaten, des Granat(e)s/Granaten*

Gra·na·te *die*; (-, -n) eine kleine Bombe, die mit einer schweren Waffe (einem Geschütz) geschossen oder mit der Hand geworfen wird ⟨eine Granate detoniert, schlägt ein; jemanden/etwas mit Granaten beschießen⟩ K Granatfeuer, Granatsplitter; Handgranate

Grand·ho·tel ['grã:-] *das* ein großes, luxuriöses Hotel

gran·di·os ADJEKTIV (grandioser, grandiosest-) ≈*großartig, hervorragend*

Gra·nit, Gra·nit *der*; (-s, -e); *meist Singular* ein sehr hartes, graues Gestein (aus dem z. B. Pflastersteine für den Straßenbau gemacht werden) K Granitblock, Granitfelsen, Granitgestein, Granitplatte ■ ID **bei jemandem (mit etwas) auf Granit beißen** *gesprochen* bei jemandem (z. B. mit einer Bitte oder einer Forderung) auf absolute Ablehnung stoßen oder nichts erreichen können

Gran·ne *die*; (-, -n) eine Art steifes Haar an den Körnern von Gräsern und Getreide | *Die Gerste hat sehr lange Grannen*

gran·teln VERB (grantelte, hat gegrantelt); *süddeutsch* Ⓐ, *gesprochen, abwertend* alles und jeden kritisieren (weil man schlecht gelaunt ist) ● hierzu **Grant·ler** *der*; **Grant·le·rin** *die*

gran·tig ADJEKTIV; *süddeutsch* Ⓐ, *gesprochen, abwertend* schlecht gelaunt ● hierzu **Gran·tig·keit** *die*

Gra·nu·lat *das*; (-(e)s, -e) eine (meist chemische) Substanz in Form von Körnern, z. B. Wasch- oder Düngemittel

Grape·fruit ['gre:pfru:t] *die*; (-, -s) eine große Frucht mit gelber Schale, deren Fleisch leicht bitter schmeckt K Grapefruitsaft

Gra·phik, Gra·phi·ker [-f-] *usw.* → Grafik, Grafiker

Gra·phit [-'fi(:)t] → Grafit

Gra·pho·lo·gie [-f-] *usw.* → Grafologie *usw.*

grap·schen VERB (grapschte, hat gegrapscht); *gesprochen* **1** **(sich** (*Dativ*)**) jemanden/etwas grapschen** jemanden oder etwas schnell mit der Hand fassen oder greifen | *Der kleine Junge hat sich die Bonbons gegrapscht* **2** **nach jemandem/etwas grapschen** rasch nach jemandem/etwas greifen **3** **ein Mann grapscht** ein Mann berührt eine Frau in sexueller Absicht, ohne dass die Frau einverstanden ist

★ **Gras** *das*; (-es, Grä·ser) **1** *nur Singular* Gras (einer Wiese, eines Rasens) besteht aus dicht wachsenden, kleinen grünen Pflanzen. Viele Tiere wie Kühe und Schafe fressen Gras ⟨frisches, saftiges, dürres Gras; das Gras mähen; im Gras liegen⟩ | *Wir setzten uns unter einen Baum ins/auf das Gras* K Grasbüschel, Grasfläche, Graswuchs **2** Gräser sind kleine Pflanzen mit langen schmalen Blättern, die vor allem auf Wiesen wachsen | *Reis und Weizen gehören botanisch gesehen zu den Gräsern* K Grashalm, Grassamen, Grassorte; Wiesengräser, Ziergräser; Steppengras **3** *gesprochen* ⟨Gras rauchen⟩ ≈*Haschisch, Marihuana* ■ ID **ins Gras beißen** *gesprochen* ▲ sterben; **das Gras wachsen hören** *gesprochen, ironisch* aus den kleinsten (oder auch eingebildeten) Anzeichen zu erkennen glauben, was in Zukunft sein wird; **über etwas** (*Akkusativ*) **wächst Gras** ein Skandal, ein Streit o. Ä. wird allmählich wieder vergessen; **über etwas** (*Akkusativ*) **Gras wachsen lassen** warten, bis ein Skandal, ein Streit o. Ä. vergessen wird

Gras·de·cke *die* dicht wachsendes Gras, welches den Boden (vollständig) bedeckt

gra·sen VERB (graste, hat gegrast) **ein Tier grast** eine Kuh, ein Pferd o. Ä. frisst Gras auf einer Wiese

gras·grün ADJEKTIV von leuchtendem, hellem Grün | *ein grasgrüner Frosch*

Gras·hüp·fer *der*; (-s, -) ≈*Heuschrecke*

Gras·nar·be *die* ≈*Grasdecke*

gras·sie·ren VERB (grassierte, hat grassiert) **etwas grassiert** etwas verbreitet sich schnell ⟨eine Epidemie, eine Krankheit, eine Seuche⟩ | *Die Grippe grassiert in unserer Stadt*

gräss·lich ADJEKTIV **1** ⟨ein Verbrechen, ein Gestank⟩ so, dass sie Ekel oder sehr negative Gefühle hervorrufen ≈*abscheulich* **2** *gesprochen* sehr unangenehm ⟨ein Kerl, Wetter⟩ **3** *gesprochen* sehr groß, sehr intensiv ⟨Kälte, Angst, Schmerzen⟩ **4** *gesprochen* verwendet, um negative Adjektive, Adverbien oder Verben zu verstärken | *grässlich langweilig | sich grässlich fürchten*

Grat *der*; (-(e)s, -e) die oberste schmale Linie (Kante), auf dem Rücken eines Berges oder Gebirges ≈*Kamm* K Gebirgsgrat

Grä·te *die*; (-, -n) einer der feinen, meist spitzen Teile, aus denen das Skelett eines Fisches besteht ⟨eine Gräte in den Hals bekommen; sich an einer Gräte verschlucken⟩ K Fischgräte ● hierzu **grä·ten·los** ADJEKTIV

Gra·ti·fi·ka·ti·on [-'tsjo:n] *die*; (-, -en) das Geld, das eine Person mit einer festen Arbeitsstelle bei einer Firma bei besonderen Gelegenheiten (z. B. zu Weihnachten) zusätzlich zum normalen Lohn oder Gehalt bekommt K Urlaubsgratifikation, Weihnachtsgratifikation

★ **gra·tis** ADJEKTIV *meist prädikativ* so, dass man nichts dafür bezahlen muss ≈*kostenlos* | *Der Eintritt ist heute gratis | Diese Warenprobe bekommen Sie gratis* K Gratisbeilage, Gratisexemplar, Gratisprobe, Gratisvorstellung

Grät·sche *die*; (-, -n) **eine Grätsche machen**; **in die Grätsche gehen** die Beine grätschen

grät·schen VERB (grätschte, hat gegrätscht) **die Beine grätschen** (beim Turnen) im Sprung o. Ä. beide Beine so weit wie möglich voneinander wegstrecken und gerade halten K Grätschschritt, Grätschsprung, Grätschstellung

Gra·tu·lant *der*; (-en, -en) eine Person, die jemandem (vor allem zum Geburtstag oder zu einem Jubiläum) gratuliert K Geburtstagsgratulant H *der Gratulant; den, dem, des Gratulanten* ● hierzu **Gra·tu·lan·tin** *die*

Gra·tu·la·ti·on [-'tsjo:n] *die*; (-, -en) **1** das Gratulieren | *Viele Freunde kamen zur Gratulation* **2** **die Gratulation (zu etwas)** ≈*Glückwunsch* | *Meine Gratulation zur bestandenen Prüfung!*

★ **gra·tu·lie·ren** VERB (gratulierte, hat gratuliert) **(jemandem) (zu etwas) gratulieren** jemandem zu einem erfreulichen Anlass Glückwünsche sagen | *jemandem (herzlich) zum Geburtstag/zur Hochzeit/zum bestandenen Examen gratulieren | „Du hast den Führerschein schon vor zwei Wochen gemacht? Da muss ich ja noch nachträglich gratulieren!“* ■ ID **sich** (*Dativ*) **zu jemandem/etwas gratulieren können** *gesprochen, humorvoll* Grund haben, froh und dankbar für jemanden/etwas zu sein | *Zu dieser Frau kannst du dir gratulieren!* H *Gratulieren* wird häufiger verwendet als *beglückwünschen*, aber *Glückwunsch* häufiger als *Gratulation*.

Grat·wan·de·rung *die* eine schwierige Situation, in der man diplomatisch und vorsichtig sein muss

★ **grau** ADJEKTIV (grauer, grau(e)st-) **1** von der Farbe, die entsteht, wenn man Schwarz und Weiß mischt ⟨grau gefärbt, gestreift, lackiert, meliert⟩ | *einen grauen Anzug tragen* | *Er hat schon graue Haare bekommen* **K** Graugans, Grauhai, Grauschimmel, graublau, graubraun, graugrün, graugefärbt, graugestreift, graumeliert; aschgrau, blaugrau, dunkelgrau, grüngrau, hellgrau, mausgrau, silbergrau **2** **jemand wird/ist grau** jemand bekommt/hat graue Haare **K** grauhaarig **3** so blass und müde, als wäre man krank | *vor Übermüdung grau im Gesicht sein* **4** langweilig und ohne Freude ⟨der Alltag⟩ | *Das Leben schien ihm grau* **5** *meist attributiv* zeitlich sehr weit entfernt ⟨in grauer Ferne, Vorzeit, Zukunft⟩ ● zu (1) **Grau** *das*

Gräu·el *der*; (-s, -) **1** *geschrieben meist Plural* entsetzliche, grausame Taten und Ereignisse | *die Gräuel des Krieges* **K** Gräuelgeschichte, Gräuelszene, Gräueltat **2** **eine Person/ein Tier/eine Sache ist jemandem ein Gräuel** jemand empfindet eine Person, ein Tier oder Sache als sehr unangenehm | *Die Steuererklärung ist mir ein Gräuel*

grau·en VERB (graute, hat gegraut) **1** **der Morgen/der Tag graut** *geschrieben* es wird hell, Tag ≈ *dämmern* **2** **sich (vor etwas** (*Dativ*)**) grauen** vor etwas (große) Furcht empfinden | *Er graut sich davor, allein zu sein* **3** **jemandem/jemanden graut (es) (vor einer Person/Sache)** jemand fürchtet sich (vor einer Person, einem Tier oder einer Sache) | *Mir/Mich graut, wenn ich an das Examen denke* | *Es graut ihm vor nichts*

Grau·en *das*; (-s, -) **1** **Grauen (vor jemandem/etwas)** *nur Singular* große Furcht vor einer Person/Sache, die einem unheimlich ist ⟨Grauen erregen; von Grauen erfüllt, erfasst, gepackt (sein)⟩ ≈ *Entsetzen* **2** ein Ereignis, das Entsetzen hervorruft | *die Grauen des Bürgerkriegs* **3** **etwas bietet ein Bild des Grauens** *geschrieben* etwas wirkt schockierend auf den Betrachter | *Die Unfallstelle bot ein Bild des Grauens*

grau·en·er·re·gend, Grau·en er·re·gend ADJEKTIV so, dass man großes Entsetzen spürt ⟨ein Anblick, ein Verbrechen⟩

grau·en·haft ADJEKTIV **1** ⟨eine Überschwemmung, eine Verletzung, ein Mord, ein Unfall⟩ so, dass sie Angst oder Entsetzen hervorrufen | *eine grauenhaft verstümmelte Leiche* **2** *gesprochen* in negativer Weise das normale Maß deutlich überschreitend ⟨eine Hitze, eine Kälte, Schmerzen⟩ | *Hier zieht's ja grauenhaft!* | *ein grauenhaft hässliches Bild* **3** *gesprochen* sehr schlecht | *Das Spiel war grauenhaft!*

grau·en·voll ADJEKTIV ≈ *grauenhaft*

grau·len VERB (graulte, hat gegrault); *gesprochen* **1** **jemanden aus etwas graulen** durch unfaire Handlungen erreichen, dass jemand (z. B. aus einer Firma, einer Gemeinschaft) weggeht | *Seine Stiefmutter will ihn aus der Wohnung graulen* **2** **sich (vor jemandem/etwas) graulen** ≈ *grauen* **3** **jemandem/jemanden grault (es) (vor einer Person/einem Tier/einer Sache)** ≈ *grauen*

gräu·lich ADJEKTIV ≈ *grässlich*

Grau·peln *die*; *Plural* Körnchen aus gefrorenem Regen oder Schnee (die kleiner und weicher sind als Hagelkörner) | *Der Wetterbericht hat Niederschläge in Form von Regen oder Graupeln vorhergesagt* **K** Graupelkörner, Graupelregen, Graupelschauer, Graupelwetter

Graus *der*; (-es); *gesprochen* **1** **O Graus!** *veraltend* verwendet als Ausdruck des Erschreckens **2** ⟨etwas ist (jemandem) ein Graus⟩ ≈ *Gräuel*

★ **grau·sam** ADJEKTIV **1** **grausam (zu/gegenüber jemandem)** so, dass ein Mensch ohne Mitleid handelt, Menschen oder Tiere absichtlich quält o. Ä. ⟨jemanden grausam quälen, bestrafen, behandeln; sich grausam rächen⟩ **2** so, dass der Betroffene sehr leidet ⟨eine Rache, eine Strafe, eine Tat⟩ **3** sehr unangenehm ⟨eine Enttäuschung, eine Hitze, eine Kälte, Schmerzen⟩ **4** verwendet, um negative Adjektive und Verben zu verstärken | *grausam frieren* | *Es ist grausam kalt* | *Das tut grausam weh*

Grau·sam·keit *die*; (-, -en) **1** *nur Singular* grausames Verhalten | *Die Grausamkeit mancher Menschen ist unfassbar* **2** *nur Singular* die grausame Art und Weise, wie etwas getan wird | *Die Grausamkeit des Mordes schockierte die Öffentlichkeit* **3** *meist Plural* grausame Taten | *Bei der mittelalterlichen Hexenverfolgung wurden ungeheuerliche Grausamkeiten begangen*

Grau·schlei·er *der* **etwas hat einen Grauschleier** etwas ist nicht ganz weiß, wirkt leicht grau und schmutzig ⟨die Wäsche⟩

grau·sen VERB (grauste, hat gegraust) **1** **sich (vor jemandem/etwas) grausen** sich (vor jemandem/etwas) ekeln (und fürchten) | *Sie graust sich vor Würmern* **2** **jemandem/jemanden graust (es) (vor einer Person/Sache)** jemand empfindet Ekel und Furcht (vor einer Person, einem Tier oder einer Sache) | *Mir graust vor Schlangen* | *Es graust ihr vor Spinnen*

Grau·sen *das*; (-s) große Furcht und Abscheu ⟨ein eisiges, kaltes Grausen erfasst, erfüllt, packt jemanden; sich mit Grausen (von etwas) abwenden⟩ ■ **ID** **jemandem kommt das große Grausen, jemand kriegt das große Grausen** *gesprochen* eine Person fühlt Entsetzen, Ekel oder Angst (z. B. wenn sie an etwas Unangenehmes denkt, das bevorsteht)

grau·sig ADJEKTIV ⟨eine Entdeckung, ein Mord⟩ so, dass sie bei jemandem Schrecken und Ekel hervorrufen ≈ *schrecklich*

Grau·zo·ne *die* ein Bereich, in dem es schwierig ist, richtig zu handeln oder richtige Entscheidungen zu treffen (weil es keine Regeln gibt oder weil die Regeln nicht klar sind)

gra·vie·ren [-v-] VERB (gravierte, hat graviert) **1** **etwas in etwas** (*Akkusativ*) **gravieren** Linien (Ornamente oder eine Schrift) in ein hartes Material, z. B. Metall oder Glas, schneiden **2** **etwas gravieren** etwas schmücken, indem man Ornamente oder eine Schrift in ein hartes Material schneidet | *einen Pokal gravieren lassen* | *ein gravierter Ring*

gra·vie·rend [-v-] ■ PARTIZIP PRÄSENS **1** → gravieren ■ ADJEKTIV **2** *geschrieben* (im negativen Sinne) von großer Bedeutung ⟨ein Fehler, ein Unterschied⟩ ≈ *schwerwiegend*

Gra·vi·ta·ti·on [gravita'tsjo:n] *die*; (-); *geschrieben* die Anziehungskraft (der Erde) ≈ *Schwerkraft*

Gra·vur [-v-] *die*; (-, -en) eine Schrift oder eine Verzierung, die in etwas graviert ist

Gra·zie [-tsjə] *die*; (-, -n) **1** *nur Singular* eine Art, sich zu bewegen, die sehr leicht und elegant aussieht (vor allem bei Frauen und Mädchen) ≈ *Anmut* | *Die Tänzerin bewegt sich mit viel Grazie* **2** *humorvoll* eine hübsche junge Frau

gra·zil ADJEKTIV; *geschrieben* schlank und zierlich ⟨ein Mädchen; eine Figur⟩ ≈ *zart*

gra·zi·ös ADJEKTIV mit Grazie ⟨eine Bewegung, eine Figur; graziös tanzen⟩ ≈ *anmutig*

Greif *der*; (-(e)s/-en, -e/-en); *geschrieben* ≈ *Raubvogel* **H** *der Greif; den, dem Greif/Greifen, des Greif(e)s/Greifen*

greif·bar ADJEKTIV **1** so (nahe), dass man es leicht finden und nehmen oder benutzen kann | *die Akten greifbar haben* **2** ⟨ein Erfolg, Beweise⟩ ≈ *konkret, offensichtlich* **3** **(etwas ist) greifbar nahe** (etwas ist) sehr gut zu sehen | *Bei gutem Wetter sieht man die Berge greifbar nahe* **4** **etwas ist greifbar nahe; etwas rückt in greifbare Nähe** etwas wird sehr bald geschehen, stattfinden o. Ä. | *Der Prüfungstermin ist in greifbare Nähe gerückt*

★ **grei·fen** VERB (griff, hat gegriffen) **1** **sich** (*Dativ*) **etwas greifen** *gesprochen* sich etwas nehmen | *Er griff sich eine Zeitschrift und machte es sich auf dem Sofa bequem* **2** **nach jeman-**

dem/etwas greifen die Hand nach einer Person oder Sache ausstrecken und sie festhalten oder versuchen, sie mit der Hand zu fassen | *Sie griff rasch nach dem fallenden Glas* | *Das Kind griff ängstlich nach der Hand der Mutter* **3** **zu etwas greifen** *geschrieben* etwas meist regelmäßig tun | *Wenn sie Zeit hat, greift sie gern zu einem guten Buch* (liest sie gern) | *Er greift gern zur Flasche* (trinkt viel Alkohol) | *Sie griff zur Feder* (wurde Schriftstellerin) **4** **zu etwas greifen** etwas (meist Negatives) anwenden | *zu einer List greifen* **5** **etwas greift um sich** etwas breitet sich schnell aus ⟨eine Epidemie, ein Feuer⟩ **6** **in die Saiten/Tasten greifen** auf einem Saiten- bzw. Tasteninstrument spielen **7** **etwas greift** etwas hat so guten Kontakt mit etwas, dass eine Maschine oder ein Vorgang ohne Fehler funktioniert | *Auf der regennassen Fahrbahn griffen die Räder nicht mehr* **8** **etwas greift** etwas hat die gewünschte Wirkung oder den gewünschten Erfolg | *Die Maßnahmen zur Verringerung der Arbeitslosigkeit haben gegriffen*
■ ID **(etwas ist) zum Greifen nah(e)** (etwas ist) sehr nahe; **etwas ist zu hoch/niedrig gegriffen** *geschrieben* eine geschätzte Zahl ist zu hoch/zu niedrig

Grei·fer *der*; (-s, -) der Teil eines Baggers, Krans o. Ä., mit dem man nach etwas greift

Greif·vo·gel *der* ≈ *Raubvogel*

grei·nen VERB (greinte, hat gegreint); *gesprochen, abwertend* **1** leise und jammernd weinen **2** ≈ *jammern*

greis ADJEKTIV (greiser, greisest-); *meist attributiv; geschrieben* sehr alt | *Ihr greiser Vater ist sehr krank*

Greis *der*; (-es, -e); *geschrieben* ein sehr alter Mann K Greisenalter, Greisenstimme • hierzu **Grei·sin** *die*

grei·sen·haft ADJEKTIV wie ein Greis, wie bei einem Greis | *Der Mann wirkte greisenhaft*

Greiß·ler *der*; (-s, -); Ⓐ eine Person, die in einem kleinen Laden Lebensmittel verkauft ≈ *Krämer*

grell ADJEKTIV **1** so hell, dass es blendet (und den Augen wehtut) ⟨das Licht, die Sonne; ein Blitz; grell beleuchtet⟩ | *Der Sänger trat auf die Bühne ins grelle Scheinwerferlicht* K grellbeleuchtet **2** hell und oft unangenehm intensiv ⟨Farben; ein Orange, ein Rot⟩ K grellbunt, grellgelb, grellrot **3** unangenehm hoch ⟨ein Ton, ein Pfiff, ein Schrei, eine Stimme⟩ ≈ *schrill*

★ **Gre·mi·um** *das*; (-s, Gre·mi·en [-mjən]); *geschrieben* eine Gruppe meist von Experten, die eine spezielle Aufgabe erfüllen oder ein Problem lösen soll ⟨ein Gremium bilden; in einem Gremium mitwirken⟩ ≈ *Kommission* K Gremienarbeit; Führungsgremium, Parteigremium, Vorstandsgremium

Grenz·baum *der* ≈ *Schlagbaum*

Grenz·be·am·te *der* ein Beamter, der (z. B. als Polizist) an einer Staatsgrenze oder beim Zoll arbeitet • hierzu **Grenz·be·am·tin** *die*

Grenz·be·reich *der* **1** der Bereich, in dem sich zwei benachbarte Wissenschaften o. Ä. überschneiden | *der Grenzbereich zwischen Physik und Chemie* **2** das Gebiet an den beiden Seiten einer politischen Grenze

grenz·de·bil ADJEKTIV; *gesprochen, abwertend* sehr dumm

★ **Gren·ze** *die*; (-, -n) **1** **die Grenze (zu/nach etwas)** eine Grenze ist die gedachte Linie, die einen Staat von einem anderen trennt ⟨die Grenzen befestigen, sichern, öffnen, schließen; (irgendwo) die Grenze passieren, überschreiten⟩ | *Weil die Zöllner streikten, mussten wir an der Grenze lange warten* K Grenzbahnhof, Grenzbewohner, Grenzbezirk, Grenzkonflikt, Grenzkontrolle, Grenzlinie, Grenzort, Grenzpolizei, Grenzstadt, Grenzverkehr, Grenzwall; Landesgrenze, Staatsgrenze **2** eine natürliche Grenze ist ein Hindernis, das zwei geografische Gebiete voneinander trennt, z. B. ein Gewässer oder Gebirge | *Der Rhein bildet eine natürliche Grenze zwischen Deutschland und Frankreich* K Grenzfluss, Grenzgebirge, Grenzgewässer **3** eine Linie, die den äußeren Rand eines Grundstücks markiert K Grundstücksgrenze **4** **die Grenze zwischen Dingen** (*Dativ*) miteinander verwandte Bereiche, Themen o. Ä. werden durch eine Grenze voneinander getrennt | *Wie definiert man die Grenze zwischen Kindheit und Jugend?* | *Die Grenzen zwischen Physik und Chemie sind fließend* K Grenzwissenschaft **5** das äußerste Maß, das nicht überschritten werden kann oder darf ⟨jemandem/etwas sind (enge) Grenzen gesetzt⟩ | *Auch meine Geduld hat Grenzen!* K Altersgrenze, Einkommensgrenze, Leistungsgrenze, Preisgrenze, Schmerzgrenze **6** **die grüne Grenze** ein Teil der Grenze zwischen zwei Ländern, der nicht oder nur wenig bewacht wird ⟨über die grüne Grenze fliehen, Rauschgift schmuggeln, illegal einwandern⟩ ■ ID **etwas hält sich in Grenzen** *meist humorvoll* etwas ist in nur geringem Maß vorhanden, ist nicht sehr ausgeprägt | *Seine Begeisterung für die Schule hält sich in Grenzen*; **seine Grenzen kennen** wissen, was man noch leisten oder ertragen kann und was nicht mehr

gren·zen VERB (grenzte, hat gegrenzt) **1** **etwas grenzt an etwas** (*Akkusativ*) etwas hat eine gemeinsame Grenze mit etwas | *Sein Grundstück grenzt an den Wald* **2** **etwas grenzt an etwas** (*Akkusativ*) etwas ist fast genauso wie etwas anderes (meist Negatives) | *Sein Mut grenzt an Dummheit*

gren·zen·los ADJEKTIV **1** (scheinbar) ohne Ende, ohne räumliche Grenzen ⟨eine Ebene, eine Weite⟩ **2** ohne Einschränkung ⟨Freiheit; jemanden grenzenlos bewundern; grenzenlos glücklich sein⟩ **3** sehr groß, sehr intensiv ⟨Angst, Begeisterung, Ehrgeiz, Geduld, Güte, Hass, Leid⟩ **4** *nur adverbiell* unendlich viel | *Ich habe nicht grenzenlos Zeit für dich, also beeil dich!* • zu (1,2) **Gren·zen·lo·sig·keit** *die*

Gren·zer *der*; (-s, -); *gesprochen* ≈ *Grenzbeamte(r)* • hierzu **Gren·ze·rin** *die*

Grenz·fall *der* ein Problemfall, der nicht klar ist, weil es mehrere Möglichkeiten der Interpretation (oder Klassifizierung) gibt | *juristische Grenzfälle*

Grenz·gän·ger *der*; (-s, -) eine Person, die regelmäßig und häufig über eine Landesgrenze geht, z. B. weil sie auf der anderen Seite der Grenze arbeitet • hierzu **Grenz·gän·ge·rin** *die*

Grenz·land *das*; *nur Singular* ≈ *Grenzbereich*

Grenz·pos·ten *der* eine Wache, ein Wachtposten an der Grenze

Grenz·si·tu·a·ti·on *die*; *geschrieben* eine außergewöhnliche Situation, in der jemand extreme Maßnahmen ergreifen und dabei oft gegen allgemeine oder persönliche moralische Prinzipien verstoßen muss

Grenz·über·gang *der* **1** die Stelle, an der man offiziell über eine Grenze geht (und an der sich der Zoll befindet) **2** das Überschreiten einer politischen Grenze | *Wir wurden beim Grenzübergang kontrolliert*

grenz·über·schrei·tend ADJEKTIV *meist attributiv* über politische Grenzen hinweg ⟨Handel, Verkehr⟩

Grenz·über·tritt *der*; (-s, -e); *geschrieben admin* bei einem Grenzübertritt geht man über die Grenze zwischen zwei Ländern ⟨der illegale Grenzübertritt⟩ | *der Grenzübertritt zwischen Mexiko und den USA* | *Für den Grenzübertritt benötigt man einen gültigen Reisepass*

Grenz·ver·let·zung *die* das illegale Überschreiten einer Grenze von bewaffneten Truppen

Grenz·wert *der* **1** ein extremer Wert, der nicht unterschritten oder überschritten werden darf | *Grenzwerte bei der Radioaktivität* **2** ein mathematischer Wert, auf den sich die einzelnen Glieder einer Folge von Zahlen zubewegen ≈ *Limes* | *Die Folge der Zahlen 1, ½, ⅓, ¼ … strebt dem*

Grenzwert null zu

grenz·wer·tig ADJEKTIV gerade noch zulässig, erträglich oder akzeptabel | *Zwanzig Euro für das Essen sind aber schon grenzwertig!*

Gret·chen·fra·ge *die; meist Singular; geschrieben* die entscheidende Frage (meist nach der grundsätzlichen persönlichen Einstellung von jemandem zu einem Problem), die man nur schwer beantworten kann ⟨(jemandem) die Gretchenfrage stellen⟩

Grie·be *die;* (-, -n) ein kleines Stück gerösteter Speck (oft in Schmalz) K Griebenschmalz

grie·nen VERB (griente, hat gegrient); *humorvoll oder ironisch* ≈ *grinsen*

G

Gries·gram *der;* (-(e)s, -e); *abwertend* ein schlecht gelaunter Mensch, der nicht viel redet • hierzu **gries·grä·mig** ADJEKTIV

Grieß *der;* (-es) grob gemahlener Weizen oder Mais, aus dem man meist Brei macht K Grießbrei, Grießklöße, Grießpudding, Grießsuppe; Maisgrieß, Weizengrieß

griff *Präteritum, 1. und 3. Person Singular* → greifen

★ **Griff** *der;* (-(e)s, -e)

▸von Geräten, Taschen: **1** der Teil eines Gegenstandes, an dem man diesen gut festhalten kann ⟨der Griff eines Koffers, eines Löffels, eines Messers, eines Schirms, einer Schublade, einer Tür⟩ K Fenstergriff, Koffergriff, Schirmgriff, Türgriff; Holzgriff, Messinggriff

▸Handlung: **2** **der Griff irgendwohin** der Vorgang des Greifens mit der Hand | *der Griff zum Telefonhörer/zur Fernbedienung | Beim Griff in die Jackentasche stellte er fest, dass er seinen Geldbeutel vergessen hatte* K Würgegriff **3** eine gezielte Bewegung mit der Hand bei einer Tätigkeit ⟨ein geübter, falscher Griff⟩ | *Damit die Bedienung der Maschine reibungslos funktioniert, muss jeder Griff sitzen* **4** **mit eisernem Griff** ganz fest, mit Gewalt | *Der Polizist hielt den Dieb mit eisernem Griff fest* **5** **der Griff in jemandes Taschen/in die Kasse** der Vorgang, auf unehrliche oder unmoralische Weise an fremdes Geld zu kommen | *der tiefe Griff in die Taschen des Steuerzahlers* **6** **der Griff nach etwas** der Versuch, etwas zu bekommen | *der Griff nach der Macht* **7** **der Griff zu etwas** der Vorgang, wenn man sich dafür entscheidet, etwas zu benutzen | *der Griff zu zweifelhaften Mitteln | der Griff zur Droge/Flasche/Zigarette* (der (regelmäßige) Konsum von Drogen/Alkohol/Zigaretten)

■ ID **jemand/etwas hat eine Person/Sache im Griff** jemand/etwas hat eine Person/Sache unter Kontrolle | *Wir haben die Probleme jetzt im Griff | Der Winter hat uns fest im Griff*; **etwas in den Griff bekommen/kriegen** etwas unter Kontrolle bringen; **mit jemandem/etwas einen guten Griff getan haben** mit jemandem/etwas eine gute Wahl getroffen haben; **ein Griff ins Klo** *gesprochen* eine schlechte Entscheidung, Wahl

griff·be·reit ADJEKTIV so, dass man es rasch und bequem nehmen kann (ohne lange danach suchen zu müssen) ⟨etwas griffbereit haben; etwas liegt griffbereit⟩

Griff·brett *das* man drückt die Saiten einer Gitarre, Geige

GRIFF

usw. an das Griffbrett, damit die Töne verschieden hoch klingen

Grif·fel *der;* (-s, -) **1** ein Stift, mit dem man auf kleine Tafeln schreibt **K** Griffelkasten, Griffelspitzer **2** *gesprochen, abwertend meist Plural* ≈ *Finger*

grif·fig ADJEKTIV **1** ⟨eine Parole, ein Schlagwort⟩ so einfach (und gut formuliert), dass man sie sich gut merken kann **2** ⟨ein Hammer, eine Zange⟩ so geformt, dass man sie gut greifen und benutzen kann ≈ *handlich* **3** so, dass etwas nicht rutscht oder glatt ist ⟨eine Fahrbahn, eine Piste, Schnee⟩ **4** ⟨ein Reifenprofil⟩ mit einer guten Verbindung zwischen Reifen und Straße **5** aus einem festen, stabilen Gewebe ⟨ein Stoff⟩ • hierzu **Grif·fig·keit** *die*

★ **Grill** *der;* (-s, -s) **1** ein Gerät, mit dem man (auf einem Rost oder Spieß) Fleisch usw. röstet (über glühender Kohle oder durch elektrisch erzeugte Hitze) | *ein Steak/ein Hähnchen vom Grill* **K** Elektrogrill, Holzkohlengrill, Gartengrill **2** Kurzwort für *Kühlergrill*

Gril·le *die;* (-, -n) **1** ein Insekt, das wie eine Heuschrecke aussieht und in kleinen Erdlöchern lebt. Die Männchen machen in der Nacht ein lautes monotones Geräusch ⟨die Grillen zirpen⟩ **2** *veraltend* ein komischer Gedanke, eine Laune

★ **gril·len** VERB (grillte, hat gegrillt) **(etwas) grillen** Fleisch o. Ä. bei großer Hitze und ohne Fett (auf einem Grill oder über offenem Feuer) braten ⟨ein Steak, ein Hähnchen, Würstchen grillen⟩ **K** Grillfleisch, Grillgerät, Grillkohle, Grillparty, Grillpfanne, Grillplatz, Grillrost, Grillspieß, Grillwürstchen

Gri·mas·se *die;* (-, -n) ein Gesicht, das man macht, um jemanden zum Lachen zu bringen oder um ein starkes Gefühl auszudrücken ⟨eine Grimasse/Grimassen machen, schneiden; das Gesicht zu einer Grimasse verziehen⟩

Grimm *der;* (-(e)s); *geschrieben* ≈ *Groll*

grim·mig ADJEKTIV **1** voller Zorn oder Groll ⟨ein grimmiges Gesicht machen; grimmig aussehen, dreinschauen⟩ **2** *geschrieben* ⟨ein Löwe, ein Wächter⟩ so böse aussehend, dass sie Furcht erregen **3** *geschrieben* sehr groß, sehr intensiv ⟨eine Kälte, ein Winter, Frost, Hunger⟩

Grind *der;* (-(e)s, -e) **1** ≈ *Schorf* **2** *gesprochen* ein Hautausschlag, auf dem sich eine trockene Kruste bildet

grin·sen VERB (grinste, hat gegrinst) mit breit auseinandergezogenen Lippen (meist mit spöttischer Absicht) lächeln ⟨frech, höhnisch, schadenfroh, spöttisch grinsen; jemanden grinsend ansehen; ein grinsendes Gesicht⟩ | *Er verzog sein Gesicht zu einem breiten Grinsen*

grip·pal ADJEKTIV *meist attributiv; geschrieben* wegen einer Grippe entstanden oder einer Grippe ähnlich ⟨ein Infekt⟩

★ **Grip·pe** *die;* (-) **1** eine ansteckende Viruskrankheit mit hohem Fieber, Kopfschmerzen, Durchfall usw. ⟨(die/eine) Grippe haben; mit Grippe im Bett liegen; an Grippe erkranken⟩ **K** Grippeepidemie, Grippeimpfung, Grippemittel, Grippewelle; Schweinegrippe, Vogelgrippe **H** medizinischer Fachausdruck: *Influenza* **2** *gesprochen* eine Erkältung mit (hohem) Fieber

Grips *der;* (-es); *gesprochen* ⟨nicht viel Grips (im Kopf) haben; seinen Grips anstrengen, zusammennehmen⟩ ≈ *Verstand*

★ **grob** ADJEKTIV (gröber, gröbst-) **1** relativ dick, rau und fest ⟨Leinen, ein Schuhwerk, ein Stoff⟩ ↔ *fein* **2** so, dass die einzelnen Körner, Steine, Stücke o. Ä. relativ groß sind ⟨Kies, Sand; grob gehackte/gemahlene Nüsse⟩ **K** grobkörnig **3** z. B. durch dicke Finger, eine große Nase, raue Haut o. Ä. nicht ästhetisch aussehend ⟨Gesichtszüge, Hände⟩ ↔ *zart, fein* **K** grobknochig **4** *abwertend* unfreundlich und nicht höflich oder nett ⟨ein Mensch; Späße; jemanden grob zurechtweisen; grob werden⟩ **5** **grob sein** eine Person fest anfassen und ihr dabei wehtun ↔ *behutsam sein* | *Au, sei doch nicht so grob!* **6** *meist attributiv* nicht ganz genau, sondern nur ungefähr und ohne Details ⟨einen groben Überblick über etwas geben; etwas in groben Umrissen schildern; etwas in groben Zügen wiedergeben⟩ **K** Grobstruktur **7** *meist attributiv* mit (möglichen) schlimmen Folgen ⟨ein Irrtum, Unfug, ein Verstoß; grob fahrlässig handeln⟩ **ID aus dem Gröbsten heraus sein** *gesprochen* **a** die größten Schwierigkeiten überwunden haben **b** als Kind schon relativ selbstständig sein | *Die Kinder sind jetzt aus dem Gröbsten heraus, da kann ich wieder berufstätig werden*

Grob·heit *die;* (-, -en) **1** *meist Plural* unhöfliche, beleidigende Worte ⟨jemandem Grobheiten an den Kopf werfen⟩ **2** *nur Singular* eine grobe (rücksichtslose und unhöfliche) Handlung

Gro·bi·an *der;* (-s, -e); *gesprochen, abwertend* ein Mann oder Junge, der oft grob oder rücksichtslos ist

gröb·lich ADJEKTIV *meist attributiv; geschrieben* auf eine grobe Art und Weise ⟨jemanden/etwas gröblich vernachlässigen, missachten⟩

grob·schläch·tig ADJEKTIV von plumper, unförmiger Gestalt ⟨ein Kerl, ein Mensch⟩

Grog *der;* (-s, -s) ein heißes Getränk aus Rum, Zucker und Wasser | *ein steifer Grog* (mit viel Rum)

grog·gy ['grɔgi] ADJEKTIV *meist prädikativ; nur in dieser Form; gesprochen* ≈ *müde, erschöpft*

grö·len VERB (grölte, hat gegrölt) **(etwas) grölen** *gesprochen, abwertend* (etwas) laut und falsch singen oder laut schreien | *Die Fans zogen grölend durch die Straßen*

Groll *der;* (-s) **(ein) Groll auf/gegen jemanden/etwas** Ärger, den man lange Zeit empfindet und meist nicht offen zeigt ⟨ein heimlicher, tiefer, versteckter Groll; einen Groll gegen jemanden hegen⟩

grol·len VERB (grollte, hat gegrollt) **1** **(mit) jemandem grollen** *geschrieben* auf jemanden böse sein, verärgert sein **2** **etwas grollt** etwas macht in so weiter Ferne ein lautes Geräusch, dass es nur leise zu hören ist ⟨der Donner, das Gewitter, die Kanonen⟩

Gros[1] [gro:] *das;* (-) **das Gros** +*Genitiv* der größte Teil (meist einer Personengruppe) | *Das Gros der Bevölkerung ist gegen das geplante Kraftwerk*

Gros[2] [grɔs] *das;* (-ses, -se); *veraltet* **ein Gros** +*Substantiv* 144 Stück des genannten Gegenstands **H** Mit einer Zahl lautet die Pluralform *Gros*: *4 Gros*

Gro·schen *der;* (-s, -) **1** *historisch* die kleinste Währungseinheit in Österreich vor Euro und Cent | *Ein Schilling hatte hundert Groschen* **2** Ⓓ *historisch* eine Zehnpfennigmünze **3** *gesprochen, veraltend nur Plural* eine kleine Summe Geld | *Er verdient als Zeitungsjunge ein paar Groschen nebenbei* **ID bei jemandem fällt (endlich) der Groschen** *gesprochen* jemand versteht endlich, wovon die Rede ist **H** Die Idiome, die unter *Pfennig* aufgeführt sind, hört man auch mit *Groschen*.

Gro·schen·heft *das; abwertend* ein Heft mit einem relativ kurzen, einfachen Roman, das sehr billig ist

Gro·schen·ro·man *der; abwertend* ein billiger und literarisch wertloser Roman

★ **groß** ADJEKTIV (größer, größt-)

▸Maße: **1** verwendet, um die Maße von Gegenständen, Räumen oder Flächen oder die Länge des Körpers von Menschen und Tieren anzugeben | *Das Regal ist drei mal vier Meter groß* | *Das Schwimmbecken ist 250 m² groß* | *Mein Bruder ist einen Meter achtzig groß* **2** so, dass die Länge, die Höhe, der Umfang, das Volumen o. Ä. mehr ist als bei ähnlichen Dingen ↔ *klein* | *Der große Zeiger der Uhr zeigt die Minuten an, der kleine die Stunden* | *Ich brauche einen größeren Koffer als diesen hier* **K** Großbaustelle, Großfeuer, Großformat, großflächig

▸Menge, Dauer, Umfang: **3** mit relativ vielen Personen, Tieren oder Dingen ⟨eine Familie, eine Gruppe, eine Herde, ein Orchester, ein Verein⟩ ↔ *klein* | *Die Sendung erreichte ein großes Publikum* | *Hier finden Sie eine große Auswahl an Radios* K Großangriff, Großbetrieb, Großeinsatz, Großfahndung, Großfamilie, Großkundgebung, Großpackung, Großveranstaltung **4** in der Menge oder im Wert über dem Durchschnitt ⟨ein Betrag, ein Gewinn, eine Summe, ein Verlust, ein Vermögen, ein Geldschein⟩ ↔ *klein* K Großauftrag, Großeinkauf, Großkredit **5** mit relativ langer Dauer ⟨eine Pause, ein Zeitraum⟩ ↔ *klein* | *Wo fahren Sie in den großen Ferien hin?* (in den Sommerferien) **6** mit viel Aufwand, Kosten usw. verbunden ⟨ein Empfang, ein Fest, eine Veranstaltung; groß ausgehen; jemanden/etwas groß herausbringen⟩ | *Das müssen wir groß feiern*
▸Bedeutung, Qualität: **7** von besonderer Bedeutung, sehr wichtig ≈ *bedeutend* | *Picasso war ein großer Künstler* | *Kaiser Karl der Große* **8** sehr gut | *Das war eine große Leistung* | *In Physik ist sie ganz groß* **9** mit vielen (oft unangenehmen) Folgen ⟨ein Fehler, ein Irrtum, ein Problem, ein Unterschied⟩ ↔ *klein* K Großtat
▸Intensität: **10** intensiv, heftig oder stark ↔ *gering, wenig* | *Ich habe große Angst/großen Hunger* | *Nach der Rede gab es großen Beifall* | *Im Saal herrschte große Unruhe* **11** **etwas (auf) groß schalten/stellen/drehen** mit einem Schalter die Leistung eines Geräts auf die höchste Stufe stellen | *Er drehte den Herd auf groß* | *Wenn dir kalt ist, stell doch die Heizung größer*
▸Alter: **12** *gesprochen nur attributiv* älter als die Person, über die gesprochen wird ⟨ein Bruder, eine Schwester⟩ | *Ich habe zwei große Brüder* **13** *gesprochen* ≈ *erwachsen* | *Was willst du werden, wenn du einmal groß bist?*
▸andere Verwendungen: **14** *meist attributiv* in Bezug auf das Wesentliche, ohne unwichtige Details ⟨die Zusammenhänge⟩ | *Er schilderte seine Pläne in großen Zügen* | *Das große Ganze darf man nicht vergessen* (die Gesamtsituation) **15** in der Form, die man z. B. am Anfang eines Satzes oder Namens verwendet (z. B. *A, B, C* im Unterschied zu *a, b, c*) ⟨Buchstaben⟩ ↔ *klein* | *„Zu Fuß" schreibt man auseinander und mit einem großen F* K Großbuchstabe ■ → auch **großschreiben** **16** drückt aus, dass etwas eigentlich nicht zutrifft | *sich nicht groß um jemanden/etwas kümmern* (jemanden/etwas kaum beachten) | *Was sollen wir groß darüber streiten?* (es lohnt sich nicht, darüber zu streiten) | *Was ist schon groß dabei?* (Es ist doch nichts dabei) | *„Na, was war denn gestern los?" – „Was soll schon groß gewesen sein?"* (Wie zu erwarten war, war nichts Besonderes los)
■ **ID** **groß angelegt** mit großem Aufwand, vielen Personen usw. geplant und durchgeführt ⟨eine Fahndung, eine Untersuchung⟩; **im Großen und Ganzen** in Bezug auf das Ganze ≈ *insgesamt* | *Im Großen und Ganzen kann man mit dem abgelaufenen Geschäftsjahr zufrieden sein*; **Groß und Klein** alte und junge Menschen ≈ *alle, jeder*; **groß machen/müssen** *Kindersprache* den Darm entleeren (müssen)

GROSS
KLEIN

groß klein

Groß·ab·neh·mer *der* ≈ *Großkunde* ● hierzu **Groß·ab·neh·me·rin** *die*

Groß·alarm *der* ein Alarm, mit dem bei einem größeren Unglück sehr viele Helfer gerufen werden ⟨Großalarm auslösen, geben⟩

groß·an·ge·legt ≈ *groß angelegt*

★ **groß·ar·tig** ADJEKTIV von hervorragender Qualität, sehr gut | *Das war eine großartige Leistung* | *Das Wetter im Urlaub war einfach großartig!* | *Unsere Mannschaft hat großartig gespielt* ● hierzu **Groß·ar·tig·keit** *die*

Groß·auf·nah·me *die* eine Aufnahme in einem Film, bei der ein Objekt (z. B. ein Gesicht) das ganze Bild ausfüllt ⟨etwas in Großaufnahme zeigen⟩

Groß·brand *der* ein Feuer, von dem eine große Fläche oder ein großes Gebäude betroffen ist

Groß·bür·ger·tum *das; nur Singular; besonders historisch* der reichere und mächtigere Teil des Bürgertums, vor allem in der Gesellschaft des 19. Jahrhunderts ● hierzu **Groß·bür·ger** *der*; **Groß·bür·ge·rin** *die*; **groß·bür·ger·lich** ADJEKTIV

groß·deutsch ADJEKTIV; *historisch* **1** mit der Absicht, alle deutschsprachigen Länder zu vereinigen | *der großdeutsche Gedanke der Nationalsozialisten* **2** **das Großdeutsche Reich** verwendet als Bezeichnung für das nationalsozialistische Deutschland (einschließlich Österreich) von 1938 bis 1945

Gro·ße *der/die*; (-n, -n) **1** ein großer Junge/ein großes Mädchen | *Unser Großer kommt schon in die Schule!* **2** *Kindersprache nur Plural* ≈ *Erwachsene* ■ **ein Großer**; **der Große**; *den, dem, des Großen*

★ **Grö·ße** *die*; (-, -n) **1** **die Größe** +*Genitiv*; **die Größe von etwas** die Maße (Breite, Länge, Höhe, Tiefe, Umfang, Volumen usw.), die eine Fläche, ein Gegenstand oder ein Raum hat | *Die Größe des Zimmers beträgt vier mal fünf Meter/zwanzig Quadratmeter* | *Schüsseln in verschiedenen Größen* | *die beeindruckende Größe eines Gebirges* K Größenangabe, Größenunterschied, Größenverhältnis **2** **die Größe** +*Genitiv*; **die Größe von jemandem/etwas** die Höhe/Länge des Körpers eines Menschen oder Tieres | *Er hat ungefähr meine Größe* | *Mit seiner Größe überragt er die Menge* (Er ist sehr groß) | *Manche Wale erreichen eine Größe von 25 Metern und mehr* K Körpergröße **3** ein genormtes Maß für die Größe von Kleidungsstücken, Schuhen usw. | *Schuhe der Größe 38* | *Welche Größe haben Sie?* K Handschuhgröße, Kleidergröße, Kragengröße, Schuhgröße, Konfektionsgröße, Übergröße, Zwischengröße **4** *meist Singular* die Zahl der Mitglieder einer Gruppe von Personen, Tieren oder Dingen | *die Größe einer Familie/einer Herde/einer Auswahl/eines Angebots* **5** *meist Singular* die Menge oder der Wert einer Sache | *die Größe einer Summe/des Gewinns/des Verlustes* **6** *meist Singular* die Bedeutung, die Wichtigkeit einer Sache oder Person | *die Größe einer Leistung einschätzen* | *die Größe eines Unterschieds messen* | *die Größe Goethes* **7** *meist Singular* die Intensität oder das Ausmaß einer Sache | *die Größe seiner Liebe zu ihr* **8** *meist Singular* der gute und edle Charakter einer Person ⟨menschliche, seelische Größe (zeigen)⟩ **9** eine wichtige Persönlichkeit, die sehr viel leistet | *Michelangelo zählt zu den Größen der italienischen Kunst* K Geistesgröße **10** ein Begriff, mit dem man rechnen, den man in Zahlen ausdrücken kann (z. B. ein Gewicht, eine Länge, eine Temperatur) | *die unbekannte Größe x*

★ **Groß·el·tern** *die; Plural* die Eltern der Mutter oder des Vaters ● hierzu **groß·el·ter·lich** ADJEKTIV

Groß·en·kel *der* ≈ *Urenkel* ● hierzu **Groß·en·ke·lin** *die*

Grö·ßen·ord·nung *die* ein (ungefährer) Bereich, in den

das Ausmaß, der Umfang o. Ä. einer Sache einzuordnen ist | *Der Verbrauch liegt in der Größenordnung zwischen 1000 und 2000 Litern*

gro·ßen·teils ADVERB zum großen Teil | *Unsere Produkte werden großenteils im Ausland verkauft*

Grö·ßen·wahn *der* die (krankhafte) Tendenz, sich selbst, die eigenen Fähigkeiten und Möglichkeiten für viel größer zu halten als sie tatsächlich sind | *Seit er die neue Stelle hat, leidet er an Größenwahn | der Größenwahn von Diktatoren* ● hierzu **grö·ßen·wahn·sin·nig** ADJEKTIV

Groß|grund·be·sit·zer *der* eine Person, die sehr viele und große Grundstücke und Flächen besitzt, welche für die Landwirtschaft benutzt werden ● hierzu **Groß|grund·be·sit·ze·rin** *die;* **Großgrund·be·sitz** *der*

Groß·han·del *der* alle Betriebe oder Händler, die Waren in großen Mengen bei den Produzenten einkaufen und an einzelne Geschäfte weiterverkaufen ↔ *Einzelhandel* K Großhandelskaufmann, Großhandelspreis; Getreidegroßhandel, Holzgroßhandel ● hierzu **Groß·händ·ler** *der;* **Groß·hand·lung** *die*

groß·her·zig ADJEKTIV; *geschrieben* **1** tolerant und großzügig ⟨ein Mensch⟩ **2** ⟨ein Angebot, eine Spende, eine Tat⟩ so, dass sie von Großzügigkeit zeugen ● zu (1) **Groß·her·zig·keit** *die*

Groß·hirn *das* der vordere und größte Teil des Gehirns, der aus zwei Hälften besteht

Groß·in·dust·ri·el·le *der/die* eine Person, die einen großen Industriebetrieb oder mehrere Firmen besitzt oder leitet

Gros·sist *der;* (-en, -en) Betriebe oder Händler, die Waren in großen Mengen einkaufen und sie an kleinere Geschäfte weiterverkaufen ≈ *Großhändler* H *der Grossist; den, dem, des Grossisten*

Groß·kind *das;* ⒸⒽ ≈ *Enkel(kind)*

groß·kot·zig ADJEKTIV; *gesprochen, abwertend* ⟨großkotzig daherreden⟩ ≈ *aufschneiderisch, prahlerisch*

Groß·kü·che *die* eine Küche (z. B. in einem Betrieb, einer Kaserne), in der für viele Menschen gekocht wird

Groß·kun·de *der* ein Kunde, der Waren in großen Mengen kauft

Groß·macht *die* ein wirtschaftlich und militärisch starker Staat, der starken Einfluss auf die Weltpolitik hat | *die Großmacht USA* K Großmachtpolitik, Großmachtstellung, Großmachtstreben

Groß·markt *der* ein Markt, bei dem Händler ihre Waren kaufen

Groß·maul *das; meist Singular; gesprochen, abwertend* ≈ *Angeber* ● hierzu **groß·mäu·lig** ADJEKTIV; *gesprochen, abwertend*

groß·mü·tig ADJEKTIV mit großzügiger, toleranter Gesinnung ⟨großmütig auf etwas verzichten; jemandem großmütig verzeihen⟩ ● hierzu **Groß·mut** *die;* **Groß·mü·tig·keit** *die*

★ **Groß·mut·ter** *die* die Mutter des Vaters oder der Mutter ● hierzu **groß·müt·ter·lich** ADJEKTIV

Groß·nef·fe *der* der Enkel des Bruders oder der Schwester

Groß·nich·te *die* die Enkelin des Bruders oder der Schwester

Groß·on·kel *der* **1** der Bruder des Großvaters oder der Großmutter **2** der Ehemann der Großtante

Groß·rat *der;* ⒸⒽ ein Mitglied des Parlaments eines Kantons

Groß·raum *der* ein relativ großes Gebiet um eine Stadt herum | *der Großraum München*

Groß·raum- *im Substantiv, betont, begrenzt produktiv* **das Großraumbüro, das Großraumflugzeug, der Großraumwagen** *und andere* nicht in einzelne, kleinere Räume oder Abteilungen eingeteilt

groß·räu·mig ADJEKTIV **1** über ein großes Gebiet ⟨eine Absperrung, eine Brandbekämpfung, eine Fahndung, die Wetterlage⟩ | *Es wird empfohlen, die Unfallstelle großräumig zu umfahren* (in großem Abstand) **2** mit viel Platz ⟨ein Park, eine Wohnung⟩

Groß|rei·ne·ma·chen, Groß|rein·ma·chen *das;* (-s); *gesprochen* ein gründliches Putzen der Wohnung oder des Hauses

groß·schnäu·zig ADJEKTIV; *abwertend* ≈ *angeberisch*

groß·schrei·ben VERB (schrieb groß, hat großgeschrieben) **1** **etwas großschreiben** ein Wort mit einem großen Buchstaben beginnen (also mit *A, B, C* ..., nicht *a, b, c* ...) | *Im Deutschen schreibt man Substantive groß* H aber: Wenn Buchstaben höher und breiter sind als normal, sind sie *groß geschrieben* (getrennt geschrieben). **2** **etwas großschreiben** etwas als sehr wichtig ansehen | *Bei uns wird Kundendienst großgeschrieben* ● zu (1) **Groß·schrei·bung**

GRAMMATIK

▶ Die Großschreibung

In der deutschen Sprache beginnen folgende Wörter immer mit einem Großbuchstaben:

alle Substantive

der große Baum; ein schönes Land

substantivierte Verben und Adjektive:

Das Gehen fällt ihr schwer.
Er sucht immer das Gute im Menschen.

die Pronomen der Höflichkeitsform:

Wie heißen Sie?
Ist das Ihre Brille?

alle Wörter am Anfang eines vollständigen Satzes:

Meine Freundin hat einen Hund.
Unter dem Tisch stehen noch ein paar Kartons.

Folgt ein vollständiger Satz auf einen Doppelpunkt, wird – im Gegensatz zum Strichpunkt – ebenfalls der erste Buchstabe des folgenden Wortes großgeschrieben:

Und jetzt zu unserem nächsten Problem: Wir haben nicht genügend eingekauft.
aber: **Wir fuhren mit dem Bus; der Zug war ausgefallen.**

groß·spre·che·risch ADJEKTIV; *abwertend* ≈ *angeberisch*

groß·spu·rig ADJEKTIV; *abwertend* ⟨ein Auftreten, Reden⟩ ≈ *arrogant, stolz*

★ **Groß·stadt** *die* eine Stadt mit mehr als 100.000 Einwohnern K Großstadtlärm, Großstadtleben, Großstadtluft, Großstadtmensch, Großstadtverkehr ● hierzu **Groß·städ·ter** *der;* **Groß·städ·te·rin** *die;* **groß·städ·tisch** ADJEKTIV

Groß·tan·te *die* **1** die Schwester des Großvaters oder der Großmutter **2** die Ehefrau des Großonkels

★ **Groß·teil** *der; nur Singular* **1** der größere Teil einer Sache | *Er verbringt den Großteil seiner Ferien im Gebirge* **2** ein großer Teil, eine große Anzahl | *der Großteil der Bevölkerung | Ein Großteil der Schulabgänger ist noch ohne Lehrstelle*

größ·ten·teils ADVERB in der Hauptsache | *Unsere Produkte werden größtenteils nach Übersee exportiert*

größt·mög·lich ADJEKTIV *meist attributiv* so groß wie möglich | *etwas bietet größtmögliche Sicherheit*

groß·tu·e·risch ADJEKTIV; *abwertend* ≈ *angeberisch, prahlerisch*

groß·tun VERB (tat groß, hat großgetan) **1** **(mit etwas) großtun** *gesprochen, abwertend* ≈ *angeben, prahlen* | *Sie muss im-*

G

mer mit ihrem Cabrio großtun **2** **sich (mit etwas) großtun** (mit etwas) angeben

★ **Groß·va·ter** *der* der Vater der Mutter oder des Vaters ● hierzu **groß·vä·ter·lich** ADJEKTIV

Groß·vieh *das* Pferde, Rinder, Schweine, Schafe und Ziegen

Groß|wet·ter·la·ge *die* die Wetterlage in einem relativ großen Gebiet über mehrere Tage

Groß·wild *das* große Tiere (z. B. Löwen, Tiger, Elefanten), die gejagt werden, vor allem in Afrika und Indien **K** Großwildjagd, Großwildjäger

groß·zie·hen VERB (zog groß, hat großgezogen) **jemanden großziehen** für ein Kind oder ein junges Tier so lange sorgen, bis es selbstständig geworden ist

★ **groß·zü·gig** ADJEKTIV **1** von einer Art, die zeigt, dass man von dem, was man besitzt, gern und viel gibt ⟨ein Mensch, ein Geschenk, eine Spende; großzügig sein; jemanden großzügig beschenken, unterstützen⟩ | *Es war sehr großzügig von ihr, uns alle zum Essen einzuladen* **2** von einer Art, die zeigt, dass man Umstände, welche ungünstig oder störend sein könnten, nicht so wichtig nimmt ⟨ein Mensch; jemandem großzügig verzeihen; großzügig über etwas hinwegsehen⟩ ≈ *tolerant* | *Durch das großzügige Entgegenkommen konnte ein Kompromiss erreicht werden* **3** groß und mit viel Platz | *eine großzügige Wohnung* ● hierzu **Groß·zü·gig·keit** *die*

gro·tesk ADJEKTIV seltsam oder lächerlich, weil einzelne Merkmale übertrieben sind ⟨eine Aufmachung, eine Erscheinung, eine Erzählung, eine Situation; grotesk aussehen, wirken⟩ | *Mit dem kleinen Kopf und den viel zu langen Armen wirkt diese Skulptur grotesk*

Gro·tes·ke *die*; (-, -n) **1** ein Kunstwerk, welches die Wirklichkeit grotesk darstellt **2** ein Ereignis, das man als grotesk empfindet

Grot·te *die*; (-, -n) eine kleine natürliche oder künstliche Höhle in einem Felsen | *die Blaue Grotte auf Capri*

grot·tig ADJEKTIV; *gesprochen, abwertend* sehr schlecht | *ein grottiger Sound* | *Die Band hat grottig gespielt*

Grou·pie ['gru:pi] *das*; (-s, -s); *gesprochen* ein weiblicher Fan eines Popstars, der versucht, persönlichen Kontakt zu diesem zu bekommen

grub *Präteritum, 1. und 3. Person Singular* → graben

Grüb·chen *das*; (-s, -) eine kleine Vertiefung in der Wange oder am Kinn | *Wenn sie lacht, hat sie Grübchen neben den Mundwinkeln*

Gru·be *die*; (-, -n) **1** eine (meist relativ große, breite, rechteckige) Vertiefung im Erdboden (die meist jemand gegraben hat) ⟨eine Grube graben, ausheben⟩ **K** Abfallgrube, Müllgrube, Jauche(n)grube, Fanggrube **2** ≈ *Bergwerk* | *Die Bergleute fahren in die Grube ein* **K** Grubenarbeit, Grubenarbeiter, Grubenbeleuchtung, Grubenexplosion, Grubenlampe, Grubenunglück; Erzgrube, Kiesgrube, Kohlengrube, Sandgrube, Zinngrube

grü·beln VERB (grübelte, hat gegrübelt) **(über etwas** (*Dativ/Akkusativ*)**) grübeln** lange und intensiv über etwas nachdenken ⟨vor sich hin grübeln; über eine/einer Aufgabe, ein/einem Problem grübeln⟩ ● hierzu **Grüb·ler** *der*; **grüb·le·risch** ADJEKTIV

grü·e·zi! ['gry:ɛtsi] ⒸⒽ verwendet als Begrüßung in der Schweiz

Gruft *die*; (-, Grüf·te) ein gemauertes Grab, vor allem unter einer Kapelle oder einer Kirche ⟨jemanden in einer Gruft beisetzen⟩ **K** Familiengruft

Gruf·ti *der*; (-s, -s); *gesprochen!* ein älterer oder konservativer Mensch

★ **grün** ADJEKTIV **1** von der Farbe des Grases und der Blätter | *Wenn die Ampel für die Fußgänger grünes Licht zeigt, dürfen sie die Straße überqueren* **K** grünblau; dunkelgrün, grasgrün, hellgrün, moosgrün, olivgrün, smaragdgrün, gelbgrün, graugrün **2** noch nicht reif und deswegen meist sauer ⟨Äpfel, Erdbeeren, Pflaumen, Tomaten⟩ **3** *meist abwertend oder ironisch* jung und ohne Erfahrung ⟨ein Junge⟩ ≈ *unreif* **4** zur Partei der Grünen gehörig ⟨ein Abgeordneter⟩ **K** grün-alternativ **5** ⟨Ideen, Vorstellungen, Politik⟩ so, dass sie den Umweltschutz wichtig nehmen **6** **ein Baum wird grün** ein Baum bekommt (im Frühling) frische Blätter ■ **ID** **sich grün und 'blau ärgern** *gesprochen* sich sehr ärgern; **jemanden grün und 'blau schlagen** *gesprochen* jemanden heftig verprügeln; **Die sind sich/Wir sind uns nicht grün** *gesprochen* sie mögen sich nicht/wir mögen uns nicht

Grün *das*; (-s, -/gesprochen -s) **1** die grüne Farbe | *Das Kleid ist in zartem Grün gehalten* **2** *nur Singular* alle Pflanzen, die Blätter haben ⟨das frische, junge, zarte Grün⟩ **K** Birkengrün **3** *nur Singular* eine Fläche mit Gras, Bäumen und Büschen ≈ *Grünanlage* | *eine Stadt mit viel Grün* **4** *nur Singular* (beim Golfspiel) die relativ kleine Fläche mit kurz geschnittenem Rasen, in deren Mitte das Loch für den Golfball ist **5** eine Spielfarbe im deutschen Kartenspiel oder eine Karte dieser Farbe ■ **ID** **(Das ist) dasselbe in Grün** *gesprochen* (das ist) das Gleiche

Grün·an·la·ge *die* ein öffentlicher Park in einer Stadt

★ **Grund**[1] *der*; (-(e)s) **1** der Erdboden als Fläche, auf der man steht und geht ⟨auf felsigem, festem, schlüpfrigem, sumpfigem Grund stehen⟩ **2** *veraltend* der Erdboden als Fläche, auf der etwas angebaut wird oder wächst ⟨fetter, magerer, lehmiger, sandiger Grund⟩ ≈ *Boden* **K** Ackergrund **3** ein Stück Land, das jemand besitzt ⟨eigenen Grund haben; einen Grund kaufen, verkaufen, bebauen⟩ | *Der meiste Grund im Dorf gehört immer noch den Bauern* **K** Grunderwerb, Grundsteuer; Baugrund **4** **jemandes Grund und Boden** das Grundstück oder die Grundstücke in jemandes Besitz **5** die untere Fläche, der Boden eines Gewässers | *Das Wrack liegt auf dem Grund des Meeres* **K** Meeresgrund **6** eine Fläche mit einer Farbe, die den Hintergrund oder Untergrund für ein Bild oder Muster bildet | *ein Stoff mit schwarzen Streifen auf rotem Grund* **7** **zu Grunde** → zugrunde ■ **ID** **einer Sache** (*Dativ*) **auf den Grund gehen** versuchen, die verborgenen Ursachen oder Gründe zu finden; **im Grunde (genommen)** wenn man genauer hinsieht und alles genau überlegt ≈ *eigentlich* | *Er wirkt etwas ruppig, ist aber im Grunde ein guter Kerl*; **sich in Grund und 'Boden schämen** sich sehr schämen; **etwas in Grund und 'Boden wirtschaften** durch schlechtes Wirtschaften etwas ruinieren; **von Grund auf/aus** als Ganzes, mit allen Teilen ⟨etwas von Grund auf/aus ändern, erneuern, kennen lernen⟩

★ **Grund**[2] *der*; (-(e)s, Grün·de) **1** das, warum wir etwas tun, denken oder fühlen oder warum etwas geschieht ⟨ein einleuchtender, schwerwiegender, stichhaltiger, triftiger, zwingender Grund; aus beruflichen, privaten, gesundheitlichen Gründen; Gründe für etwas vorbringen⟩ | *Ich habe meine Gründe für diese Entscheidung* | *Es besteht kein Grund zur Aufregung* | *Sie hat allen Grund, sich zu ärgern* | *Ein Maschinenschaden war der Grund, warum sich der Zug verspätet hat* **K** Entlassungsgrund, Entschuldigungsgrund, Krankheitsgrund, Scheidungsgrund, Verhaftungsgrund **2** **auf Grund** → aufgrund ● hierzu **grund·los** ADJEKTIV

grund- *im Adjektiv, betont, begrenzt produktiv* **grundanständig, grundehrlich, grundfalsch, grundsolide** *und andere* drückt aus, dass die genannte Eigenschaft in sehr hohem

Maße vorhanden ist

Grund- *im Substantiv, betont, sehr produktiv* **1** **der Grundgedanke, die Grundidee, das Grundprinzip, die Grundtendenz** *und andere* drückt aus, dass etwas die Basis darstellt, aus der sich etwas anderes entwickelt | *die Grundbedeutung eines Wortes | Die Grundform eines Verbs heißt Infinitiv* **2** **die Grundbestandteile, die Grundregel, die Grundvoraussetzung, das Grundwissen** *und andere* drückt aus, dass etwas das Wichtigste bei etwas ist | *Wasser und Sauerstoff sind die Grundbedingungen für alles Leben auf der Erde* **3** **die Grundgebühr, das Grundgehalt, der Grundlohn** *und andere* drückt aus, dass etwas immer gezahlt wird, nötig ist o. Ä. und etwas anderes dann noch dazukommen kann | *die Grundausstattung für das Baby kaufen* **4** **Grundanstrich, Grundausbildung, Grundstudium** *und andere* drückt aus, dass etwas in einer Reihenfolge als Erstes kommt

Grund·bau·stein *der* einer der wichtigsten Teile, aus denen etwas besteht

Grund·be·dürf·nis *das;* (-ses, -se); *meist Plural* das, worauf man nicht verzichten kann (vor allem Essen, Trinken, Schlafen und Kleidung)

Grund·be·griff *der;* (-es, -e) **1** *meist Plural* die einfachsten, wichtigsten, elementarsten Regeln und Zusammenhänge in einem Fach, auf einem Gebiet o. Ä. | *jemandem die Grundbegriffe der Mathematik beibringen* **2** ein sehr wichtiges, häufig gebrauchtes Wort in einer in einem technischen oder wissenschaftlichen Fach

Grund·be·sitz *der* **1** die Grundstücke oder das Land, das jemand besitzt **2** das Besitzen von Grundstücken und Land ● hierzu **Grund·be·sit·zer** *der*

Grund·buch *das* ein amtliches Verzeichnis, in dem alle Grundstücke und deren Eigentümer eingetragen werden K Grundbuchamt, Grundbucheintrag

Grund·ei·gen·tum *das* ≈ *Grundbesitz* ● hierzu **Grund·ei·gen·tü·mer** *der*

grün·deln VERB (gründelte, hat gegründelt) **ein Tier gründelt** ein Wasservogel (z. B. eine Ente) sucht am Boden von flachen Seen o. Ä. nach Futter und taucht dabei den Kopf tief ins Wasser

★ **grün·den** VERB (gründete, hat gegründet) **1** **etwas gründen** etwas neu schaffen ⟨eine Firma, eine Partei, einen Staat, eine Stadt, ein Unternehmen, einen Verein gründen⟩ | *Rom wurde 753 v. Chr. gegründet* **2** **eine Familie gründen** *veraltend* heiraten (in der Absicht, Kinder zu bekommen) **3** **etwas auf etwas** (*Akkusativ*) **gründen** *geschrieben* eine Entscheidung oder ein Verhalten mit den genannten Gründen erklären | *Der Richter gründete den Freispruch auf mangelnde Beweise* **4** **etwas gründet sich auf etwas** (*Akkusativ*); **etwas gründet auf etwas** (*Dativ*) *geschrieben* etwas beruht auf einer Sache, stützt sich auf etwas | *Meine Theorie gründet auf folgenden Überlegungen/gründet sich auf folgende Überlegungen ...* ● zu (1) **Grün·der** *der;* zu (1) **Grün·de·rin** *die*

Grün·der·jah·re *die; Plural;* Ⓓ *historisch* die Zeit von 1871 bis ungefähr 1900 in Deutschland, in der viele (industrielle) Unternehmen gegründet wurden und es dem Staat wirtschaftlich gut ging

Grün·der·zeit *die; nur Singular* ≈ *Gründerjahre*

Grund·far·be *die* **1** eine der drei Farben Gelb, Rot und Blau, aus denen man alle anderen Farben mischen kann **2** die Farbe, welche den Untergrund von etwas bildet oder die als erste Farbe auf etwas gestrichen, gemalt o. Ä. wird

Grund·fes·ten *die; Plural* **1** **an den Grundfesten von etwas rütteln** *geschrieben* etwas grundsätzlich in Frage stellen und es dadurch in der Existenz gefährden | *an den Grundfesten der Monarchie rütteln* **2** **etwas wird in seinen Grundfesten erschüttert** meist eine These, eine Ideologie o. Ä. wird grundsätzlich in Frage gestellt

Grund·flä·che *die* die untere Fläche eines geometrischen Körpers, auf der er steht | *die Grundfläche eines Würfels berechnen*

★ **Grund·ge·setz** *das; nur Singular;* Ⓓ verwendet als Bezeichnung für die Verfassung (die grundlegenden Gesetze) der Bundesrepublik Deutschland **I** Abkürzung: *GG*

Grund·hal·tung *die* die grundsätzliche Einstellung, die jemand gegenüber einer Person oder Sache hat | *eine positive Grundhaltung gegenüber dem Fortschritt haben*

grun·die·ren VERB (grundierte, hat grundiert) **(etwas) grundieren** etwas mit einer ersten Schicht Farbe oder einer speziellen, sehr haltbaren Flüssigkeit versehen | *das Auto vor dem Lackieren mit einem Rostschutzmittel grundieren* ● hierzu **Grun·die·rung** *die*

Grund·kennt·nis *die;* (-, -se); *meist Plural* das erste Wissen, das man braucht, um mehr über etwas lernen zu können | *sich Grundkenntnisse in einer Sprache aneignen*

Grund·kurs *der* der erste Kurs, in dem man das Wichtigste über etwas lernt

★ **Grund·la·ge** *die* etwas, das schon da ist und das man weiterentwickeln oder ergänzen kann ⟨eine feste, solide, stabile, tragfähige Grundlage; etwas auf eine neue Grundlage stellen; die Grundlagen für etwas schaffen⟩ ≈ *Basis* | *Eine gute Ausbildung ist die Grundlage für den beruflichen Erfolg*

Grund·la·gen|for·schung *die; meist Singular* die Forschung, die sich mit den allgemeinen theoretischen Grundlagen einer Wissenschaft (und nicht mit ihrer praktischen Anwendung) befasst

grund·le·gend ADJEKTIV; *geschrieben* **1** von entscheidender Bedeutung ⟨eine Erkenntnis, eine Voraussetzung⟩ ≈ *fundamental, wesentlich* | *Zwischen ihren Ansichten besteht ein grundlegender Unterschied* **2** radikal, völlig ⟨eine Änderung, eine Erneuerung, eine Umgestaltung; etwas grundlegend ändern, erneuern⟩

★ **gründ·lich** ADJEKTIV **1** sehr sorgfältig und genau ⟨eine Ausbildung, eine Reinigung, eine Vorbereitung; etwas gründlich säubern, planen, vorbereiten; sich (*Dativ*) etwas gründlich überlegen⟩ **2** *nur adverbiell* verwendet, um Verben zu verstärken ⟨sich gründlich irren, täuschen⟩ ● zu (1) **Gründ·lich·keit** *die*

Grund·li·nie *die* **1** eine der beiden hinteren Linien (vor allem beim Tennis und Volleyball), welche das Spielfeld begrenzen und hinter denen der Ball im Aus ist **2** die unterste Linie einer geometrischen Figur

Grund·mau·er *die; meist Plural* die Fundamente eines Gebäudes ⟨etwas brennt bis auf die Grundmauern ab⟩

★ **Grund·nah·rungs·mit·tel** *das* ein sehr wichtiges Nahrungsmittel wie z. B. Kartoffeln, Brot, Reis

Grün·don·ners·tag *der* der Donnerstag vor Ostern **I** → Infos unter **Ostern**

Grund·ord·nung *die* die wichtigsten Gesetze und Regeln, die in einem Staat gelten ⟨die freiheitlich-demokratische Grundordnung⟩

Grund|re·chen·art *die* eine der vier Rechenarten Addition, Subtraktion, Multiplikation und Division

Grund·recht *das;* (-(e)s, -e); *meist Plural* **1** eines der (politischen) Rechte des Bürgers in einem demokratischen Staat, z. B. das Wahlrecht **2** eines der elementaren Menschenrechte, z. B. die Freiheit der Person oder die Gleichheit aller Menschen vor dem Gesetz ≈ *Menschenrecht*

Grund·riss *der* **1** eine technische Zeichnung mit der waagrechten Form eines Gebäudes | *einen Grundriss eines Bungalows anfertigen* **2** eine einfache, kurze Darstellung eines komplizierten Themas | *die Grundrisse der Anatomie*

★ **Grund·satz** *der* **1** eine wichtige Regel, nach der jemand lebt oder handelt ⟨moralische, politische, religiöse Grundsätze; einen Grundsatz streng befolgen; an einem Grundsatz festhalten; nach festen Grundsätzen handeln, leben⟩ ≈ *Prinzip* **2** eine allgemein anerkannte Regel, auf der etwas aufgebaut ist ≈ *Prinzip* | *Seine Theorie beruht auf relativ einfachen wissenschaftlichen Grundsätzen*

Grund·satz- *im Substantiv, betont, begrenzt produktiv* **die Grundsatzdebatte, die Grundsatzdiskussion, die Grundsatzentscheidung, das Grundsatzurteil** *und andere* drückt aus, dass sich etwas auf Grundlegendes bezieht (und oft auch normativen Charakter hat)

★ **grund·sätz·lich, grund·sätz·lich** ADJEKTIV **1** *meist attributiv* so, wie es ein Grundsatz, eine Regel verlangt (und deshalb wichtig) ⟨Bedenken, Fragen, eine Entscheidung, ein Unterschied; sich grundsätzlich zu etwas äußern⟩ ≈ *prinzipiell* **2** *meist attributiv* in allen Fällen, ohne Ausnahme (weil es den eigenen Grundsätzen entspricht) | *Rassentrennung grundsätzlich ablehnen* **3** *meist adverbiell* drückt aus, dass etwas die wichtigsten Punkte betrifft (meist gefolgt von einer Einschränkung) | *Er ist zwar grundsätzlich damit einverstanden, aber ...*

★ **Grund·schu·le** *die;* ⓓ die Schule, in welche die Kinder die ersten vier Jahre gehen **K** Grundschullehrer, Grundschulunterricht **H** → Infos unter **Schule** ● hierzu **Grund·schü·ler** *der*

Grund·si·che·rung *die* Hilfen vom Staat für Arme, Arbeitslose, Alte usw., damit sie genug Geld zum Leben haben | *Das Arbeitslosengeld II dient der Grundsicherung*

Grund·stein *der* der erste Stein, mit dem man bei einer Feier beginnt, die Mauern eines öffentlichen Gebäudes zu bauen ⟨den Grundstein legen, setzen⟩ **K** Grundsteinlegung ■ **ID den Grundstein für/zu etwas legen** die Basis, den Ausgangspunkt für die Entwicklung von etwas schaffen | *den Grundstein für ein neues/zu einem neuen Leben legen*; **etwas ist der Grundstein für/zu etwas** etwas ist der Anfang einer Sache | *Der Auslandsaufenthalt war der Grundstein zu seiner Karriere als Dolmetscher*

Grund·stock *der* **der Grundstock** +*Genitiv*; **der Grundstock für/zu etwas** die (wenigen) Dinge, die mit denen anfängt und zu denen später mehr hinzukommt | *einfache Möbel als Grundstock für den Aufbau eines Haushalts kaufen*

Grund·stoff *der* **1** ein Material, aus dem die Industrie etwas macht ≈ *Rohstoff* **K** Grundstoffindustrie **2** ein chemisches Element

★ **Grund·stück** *das* ein Stück Land, dessen Lage und Größe genau gemessen ist und das einen Eigentümer hat ⟨ein Grundstück (ver)pachten, bebauen⟩ **K** Grundstückseigentümer, Grundstücksmakler, Grundstücksnachbar, Grundstückspreis

Grund·stu·di·um *das* der erste Teil des Studiums an einer Hochschule, der meist mit einer Prüfung endet

Grund·übel *das* ein Fehler, Mangel o. Ä., der Ursache für andere Fehler, Mängel usw. ist

★ **Grün·dung** *die;* (-, -en) **1** der Vorgang, etwas völlig Neues zu schaffen | *die Gründung einer neuen Partei* **K** Gründungsfeier, Gründungsjahr, Gründungskapital, Gründungsmitglied, Gründungstag, Gründungsversammlung; Ortsgründung, Parteigründung, Staatsgründung, Vereinsgründung **2** **die Gründung einer Familie** *veraltend* das Heiraten (in der Absicht, Kinder zu bekommen) **K** Familiengründung

grund·ver·kehrt ADJEKTIV völlig falsch

grund·ver·schie·den ADJEKTIV ganz verschieden

Grund·ver·sor·gung *die* die Versorgung mit Nahrungsmitteln, Kleidung und Wohnung

Grund·was·ser *das; nur Singular* der natürliche Vorrat an Wasser, das unter der Erdoberfläche ist | *Versickerndes Heizöl gefährdet das Grundwasser* **K** Grundwasserspiegel

Grund·wehr·dienst *der* der gesetzlich vorgeschriebene Militärdienst, den jemand leisten (= machen) muss

Grund·wort·schatz *der* die wichtigsten Wörter einer Sprache, die man zuerst lernt oder die man kennen muss, um sich in einer Sprache zu verständigen

Grund·zahl *die* eine der ganzen Zahlen 1, 2, 3 usw. ≈ *Kardinalzahl*

Grund·zug *der; meist Plural* die wichtigsten Elemente einer Sache | *die Grundzüge der deutschen Geschichte* | *eine Entwicklung in ihren Grundzügen darstellen*

Grü·ne[1] *das;* (-n) **1** **im Grünen** in der freien Natur, nicht in der Stadt | *im Grünen wohnen* **2** **ins Grüne** in die freie Natur | *ins Grüne fahren*

Grü·ne[2] *der/die;* (-n, -n) **1** **die Grünen** verwendet als Bezeichnung ökologischer Parteien vor allem in Deutschland, Österreich und der Schweiz **H** auch ohne Artikel (z. B. auf einem Wahlzettel): *Grüne* **2** ein Mitglied oder Anhänger einer ökologischen Partei **H** *ein Grüner; der Grüne; den, dem, des Grünen*

grü·nen VERB (grünte, hat gegrünt); *geschrieben* **1** **etwas grünt** etwas entwickelt junge, frische Blätter oder Triebe ⟨die Bäume, die Sträucher, die Wiesen⟩ **2** **es grünt (und blüht)** die Pflanzen bekommen grüne Blätter (im Frühling)

★ **Grün·flä·che** *die; admin* **1** *meist Plural* ein öffentlicher Park **2** *meist Plural* alle Gärten, Parks, Wiesen und Wälder, die zu einer Stadt gehören

Grün·fut·ter *das* frische Pflanzen (z. B. Gras), die Tiere als Futter bekommen

Grün·kern *der* ein Getreide (unreifer Dinkel), das man vor allem für Suppen verwendet

Grün·kohl *der* dunkelgrüner Kohl, der keinen Kopf bildet und den man erst im Winter erntet

grün·lich ADJEKTIV von leicht grüner Farbe

Grün·schna·bel *der; oft abwertend* ein junger Mensch, der noch keine Lebenserfahrung hat (aber vorlaut ist und immer alles besser weiß)

Grün·span *der;* (-(e)s) ein Belag, der sich durch die Einwirkung meist von Luft (allmählich) auf Kupfer und Messing bildet

Grün·strei·fen *der* ein schmaler Streifen aus Gras (und Sträuchern), der meist zwischen zwei Fahrbahnen oder am Rand einer Straße ist

grün- und blau·är·gern VERB (ärgerte sich grün und blau, hat sich grün- und blaugeärgert); *gesprochen* **sich grün- und blauärgern** sehr großen Ärger empfinden

grun·zen VERB (grunzte, hat gegrunzt) **1** **ein Schwein grunzt** ein Schwein gibt die Laute von sich, die für seine Art typisch sind **2** **etwas grunzen** *gesprochen* unhöflich und nicht deutlich sprechen

Grün·zeug *das; nur Singular; gesprochen, auch abwertend* **1** frisches rohes Gemüse oder Salat **2** frische Kräuter, mit denen man etwas würzt

★ **Grup·pe** *die;* (-, -n) **1** **eine Gruppe** +*Genitiv*; **eine Gruppe von Personen/Dingen** mehrere Personen, Tiere, Dinge o. Ä., die gleichzeitig an einem Ort sind, die zusammengehören oder gemeinsame Merkmale haben ⟨Gruppen bilden; Personen/Dinge in Gruppen einordnen, einteilen⟩ | *Die Kinder verließen das Schulhaus einzeln und in Gruppen* | *eine Gruppe großer Bäume/von Bäumen* **K** Gruppenbild, Gruppenfahrkarte, Gruppenfoto, Gruppenreise; Baumgruppe, Felsengruppe, Inselgruppe, Personengruppe; Altersgruppe, Berufsgruppe, Blutgruppe, Gehaltsgruppe,

Lohngruppe, Sachgruppe **2** eine Gruppe von Menschen, die sich regelmäßig treffen, um etwas gemeinsam zu tun, um gemeinsame Ziele zu verfolgen o. Ä. ⟨in einer Gruppe mitarbeiten⟩ | *eine Therapie in einer Gruppe machen* | *Unsere Gruppe kämpft für die Abschaffung der Tierversuche* K Gruppenleiter, Gruppentherapie; Arbeitsgruppe, Bastelgruppe, Frauengruppe, Sportgruppe, Theatergruppe, Therapiegruppe, Volkstanzgruppe, Wandergruppe • zu (1) **grup·pen·wei·se** ADJEKTIV

Grup·pen·sex *der* sexuelle Handlungen zwischen mehr als zwei Personen

grup·pie·ren VERB (gruppierte, hat gruppiert) **1** **Personen/Dinge irgendwie/irgendwo gruppieren** Personen oder Sachen in der genannten Art oder an dem genannten Ort als Gruppe anordnen | *den Chor vor der Orgel gruppieren* | *Er gruppierte die Sessel um die Couch/zu einem Kreis* **2** **Personen gruppieren sich irgendwie/irgendwo** sich als Gruppe in der genannten Art oder am genannten Ort aufstellen, formieren | *Die Tänzer gruppierten sich an den Seiten der Bühne um den Solotänzer*

Grup·pie·rung *die;* (-, -en) **1** das Einteilen in Gruppen **2** ≈ *Anordnung* | *Er änderte die Gruppierung der Stühle noch einmal* **3** eine Gruppe von Personen meist innerhalb einer politischen Partei, die Ansichten vertreten, die von der grundsätzlichen Richtung der Partei abweichen

gru·se·lig ADJEKTIV ⟨eine Geschichte, ein Erlebnis⟩ so unheimlich, dass sie Angst hervorrufen

gru·seln VERB (gruselte, hat gegruselt) **1** **sich (vor jemandem/etwas) gruseln** vor anderen Leuten, Tieren oder Sachen Angst haben ⟨sich vor der Dunkelheit, von Geistern, Leichen, Masken, Schlangen, Spinnen gruseln⟩ **2** **jemanden/jemandem gruselt (es) (vor einer Person/einem Tier/einer Sache)** eine Person hat Angst vor jemandem oder etwas, das ihr unheimlich vorkommt | *Es gruselt ihn/ihm vor der Dunkelheit* K Gruselfilm, Gruselgeschichte

★ **Gruß** *der;* (-es, Grü·ße) **1** *meist Singular* Worte oder Gesten, die man aus Höflichkeit verwendet, wenn man sich trifft oder trennt ⟨jemandem die Hand zum Gruß reichen; jemandes Gruß erwidern⟩ K Grußformel; Abschiedsgruß, Willkommensgruß **2** etwas, das man jemandem als Zeichen der Freundschaft sagt, schreibt oder schenkt ⟨jemandem Grüße (von jemandem) ausrichten, bestellen, überbringen; jemandem Grüße schicken, senden⟩ | *einen Kranz als letzten Gruß auf ein Grab legen* K Grußkarte; Blumengruß, Geburtstagsgruß, Neujahrsgruß, Weihnachtsgruß **3** **Mit freundlichen Grüßen** verwendet am Ende von Briefen an Firmen, Behörden usw. oder an Personen, die man nicht persönlich kennt **4** **viele/herzliche/schöne Grüße (von jemandem) (an eine Person)** verwendet, wenn man Grüße einer anderen Person weitergibt oder Grüße an eine andere Person weitergeben lässt | *Schöne Grüße von meiner Frau/an Ihren Mann* | *Sag Maria herzliche Grüße von mir!*

Gruß·ad·res·se *die* ≈ *Grußwort*

★ **grü·ßen** VERB (grüßte, hat gegrüßt) **1** **jemanden grüßen** einer anderen Person einen Gruß zusenden | *Grüße bitte deine Schwester von mir!* **2** **(jemanden) grüßen** wenn man jemanden trifft oder sich trennt, ist es höflich, mit den üblichen Worten und/oder Gesten zu grüßen ⟨(jemanden) freundlich, höflich, flüchtig grüßen⟩ | *Er zog grüßend den Hut* **3** **jemand lässt (eine Person) grüßen** jemand lässt Grüße (an die genannte Person) ausrichten ■ ID **Grüß dich!** *süddeutsch* Ⓐ als Grußformel verwendet, wenn man eine Person trifft, zu der man *du* sagt

gruß·los ADJEKTIV *meist adverbiell* ohne zu grüßen | *Nach dem Streit verließ er grußlos den Raum*

Gruß·wort *das;* (-(e)s, Gruß·wor·te) **1** eine kurze, offizielle Ansprache, mit der jemand die Teilnehmer z. B. eines Kongresses begrüßt **2** ein Schreiben, mit dem die Teilnehmer einer Veranstaltung offiziell begrüßt werden

Grüt·ze *die;* (-) **1** ein Brei, den man aus gemahlenen Hafer- oder Gerstenkörnern macht **2** **grüne/rote Grütze** eine Süßspeise aus grünen/roten Früchten, deren Saft und Zucker **3** **Grütze (im Kopf)** *veraltend* ⟨viel, wenig, keine Grütze (im Kopf) haben; zu etwas braucht man Grütze⟩ ≈ *Verstand*

★ **gu·cken** ['gʊkn̩, 'kʊkn̩] VERB (guckte, hat geguckt); *gesprochen* **1** **irgendwohin gucken** den Blick (bewusst) auf etwas richten ≈ *sehen* | *aus dem Fenster/durchs Schlüsselloch gucken* **2** **irgendwie gucken** den genannten Gesichtsausdruck haben ⟨freundlich, finster, überrascht, verständnislos gucken⟩ **3** **etwas guckt aus etwas** etwas ragt aus etwas heraus | *Dein Hemd guckt aus der Hose* ■ ID → Wäsche

Gue·ril·la¹ [ge'rɪlja] *der;* (-s, -s); *meist Plural* ein Mitglied einer bewaffneten Organisation, die im eigenen Land einen Krieg gegen die Regierung oder eine Besatzungsmacht führt K Guerillakampf, Guerillakrieg, Guerillaorganisation

Gue·ril·la² [ge'rɪlja] *die;* (-, -s) eine Gruppe von Guerillas

Guil·lo·ti·ne [gijo'tiːnə] *die;* (-, -n); *historisch* eine Maschine, mit der (vor allem zur Zeit der Französischen Revolution) durch ein herabfallendes Beil Menschen der Kopf abgeschlagen wurde

Gu·lasch *der/das;* (-(e)s, -e/-s) ein Gericht aus kleinen Stücken Rind- und/oder Schweinefleisch in einer scharfen Soße mit viel Zwiebeln und Paprika K Gulaschsuppe; Kalbsgulasch, Rinder-/Rinds-, Schweine-/Schweins-, Paprikagulasch

Gul·den *der;* (-s, -) **1** *historisch* die Währung der Niederlande vor Euro und Cent | *der holländische Gulden* **2** *historisch* eine Gold- bzw. später Silbermünze, die man vom 14. bis 19. Jahrhundert in Deutschland verwendet hat

Gul·ly ['gʊli] *der;* (-s, -s) durch den Gully fließt das Wasser von der Straße in die Kanalisation

★ **gül·tig** ADJEKTIV **1** ⟨ein Ausweis, eine Eintrittskarte, eine Fahrkarte, ein Vertrag⟩ so, dass sie den (gesetzlichen oder rechtlichen) Vorschriften entsprechen (und daher wirksam sind bzw. für den vorgesehenen Zweck verwendet werden können) ↔ *ungültig* | *Der Reisepass ist noch bis Ende September gültig* **2** von der Gesellschaft oder einer kompetenten Gruppe (z. B. im wissenschaftlichen Bereich) allgemein anerkannt und daher verpflichtend ⟨ein Grundsatz, eine Maxime, ein Maßstab, ein Lehrsatz⟩ ≈ *verbindlich* • hierzu **Gül·tig·keit** *die*

★ **Gum·mi** *der/das;* (-s, -s) **1** *nur Singular* ein glattes, elastisches Material, das kein Wasser durchlässt | *Aus Gummi werden Reifen, Schuhsohlen und Stiefel hergestellt* K Gummiabsatz, Gummidichtung, Gummihandschuh, Gummireifen, Gummischlauch, Gummischürze, Gummisohle, Gummistiefel i Das Material wird meist mit dem Artikel *das* verwendet, in den anderen Verwendungen im südlichen Sprachgebiet meist mit *der* **2** Kurzwort für *Gummiband* und *Gummiring* **3** Kurzwort für *Radiergummi* **4** *gesprochen!* ≈ *Kondom* • zu (1) **gum·mi·ar·tig** ADJEKTIV

Gum·mi·band *das;* (-(e)s, Gum·mi·bän·der) **1** ein schmales, elastisches Band in Form eines Kreises, das man z. B. verwendet, um Haare zusammenzuhalten ≈ *Gummiring* **2** ein elastisches Band, das Kleidung eng am Körper hält | *ein neues Gummiband in den Bund der Schlafanzughose einziehen*

Gum·mi·bär·chen *das;* (-s, -); *meist Plural* eine Süßigkeit aus einer weichen, elastischen Masse in Form von bunten, kleinen Bären

Gum·mi·baum *der* ein tropischer Baum mit großen, dicken, dunkelgrünen Blättern, der in Europa gern als Zimmerpflanze verwendet wird

gum·miert ADJEKTIV (vor allem auf der Rückseite) mit einem Klebstoff überzogen ⟨Briefmarken, Briefumschläge, Etiketten⟩

Gum·mi·knüp·pel *der* ein Stock aus hartem Gummi, den die Polizei als Schlagwaffe verwendet

Gum·mi·pa·ra·graf *der* eine Vorschrift, die so allgemein formuliert ist, dass man sie auf sehr unterschiedliche Weise interpretieren kann

Gum·mi·ring *der* **1** ≈ *Gummiband* **2** ein flacher Ring aus Gummi, den man beim Einkochen zwischen den Deckel und den Rand des Einkochglases legt

Gum·mi·zug *der* **1** ein Gummiband in einem Kleidungsstück **2** ein Band, das elastisch ist, weil Fäden aus Gummi darin sind

G

★ **Gunst** *die;* (-); *geschrieben* **1** ein freundliches Gefühl, eine positive Haltung, eine Bereitschaft zur Hilfe gegenüber einer Person ⟨jemandes Gunst erringen, gewinnen, genießen, verlieren; jemandem seine Gunst schenken; um jemandes Gunst werben; sich um jemandes Gunst bemühen⟩ | *Die politischen Parteien müssten sich mehr um die Gunst der Wähler bemühen* K Gunstbeweis; Wählergunst **2** etwas, das man für eine Person als Zeichen der Gunst tut ⟨eine große, kleine Gunst; jemandem eine Gunst erweisen, gewähren; um eine (letzte) Gunst bitten⟩ **3** **zu jemandes Gunsten** so, dass es für jemanden ein Vorteil oder Nutzen ist ⟨etwas zu jemandes Gunsten auslegen⟩ | *Die Kassiererin hat sich zu meinen Gunsten verrechnet* H → auch **zugunsten** ■ ID **die Gunst des Augenblicks/der Stunde** ⟨nutzen⟩ eine günstige Gelegenheit (ausnutzen)

★ **güns·tig** ADJEKTIV **1** **günstig (für jemanden/etwas)** für jemanden von Vorteil oder für einen Zweck gut geeignet ⟨Umstände, Voraussetzungen, eine Gelegenheit; etwas wirkt sich günstig aus; etwas günstig beeinflussen⟩ | *Die Verhandlung verlief für ihn sehr günstig* | *Der Wind war günstig, und wir konnten gut segeln* **2** so, dass man weniger Geld dafür bezahlen muss als sonst ⟨ein Preis, ein Tarif, eine Ware; etwas günstig bekommen, kaufen; (irgendwo) günstig einkaufen (können)⟩ ≈ *preiswert* | *Das Handy habe ich besonders günstig bekommen* | *Im Supermarkt kriegst du das günstiger* H oft in der Form *günstiger* **3** *veraltet meist prädikativ* positiv, freundlich und mit gutem Willen

-güns·tig *im Adjektiv, unbetont, begrenzt produktiv* **kostengünstig, preisgünstig, verkehrsgünstig** *und andere* mit Vorteilen im Hinblick auf die genannte Sache | *zinsgünstige Wertpapiere*

güns·ti·gen·falls, güns·tigs·ten·falls ADVERB wenn alles optimal läuft ≈ *bestenfalls* | *Er kann in dem Wettkampf günstigenfalls noch den dritten Platz erreichen*

Günst·ling *der;* (-s, -e); *meist abwertend* **jemandes Günstling** eine Person, welche oft Hilfe und Unterstützung von einer anderen und wichtigen Person bekommt K Günstlingswirtschaft

Gur·gel *die;* (-, -n) der vordere Teil des Halses ⟨jemanden an der Gurgel packen; jemandem die Gurgel zudrücken; jemandem die Gurgel durchschneiden⟩ ≈ *Kehle* ■ ID **jemandem an die Gurgel springen** *gesprochen* sehr wütend auf eine Person werden und sie beschimpfen

gur·geln VERB (gurgelte, hat gegurgelt) **1** **(mit etwas) gurgeln** (bei zurückgelegtem Kopf) den Rachen mit einer Flüssigkeit ausspülen. Man bewegt die Flüssigkeit, indem man Luft ausstößt (wobei Geräusche im Hals entstehen) | *Bei Halsschmerzen gurgelt er mit Salbeitee* | *beim Zähneputzen gurgeln* **2** **etwas gurgelt** eine Flüssigkeit bewegt sich mit einem Geräusch wie beim Gurgeln

GURKE

Gur·ke *die;* (-, -n) **1** eine längliche grüne Frucht, die man vor allem roh als Salat isst ⟨Gurken schälen, (in Scheiben) schneiden, raspeln⟩ K Gurkenhobel, Gurkenkern, Gurkenschale, Gurkensalat; Salatgurke **2** **eine (saure) Gurke** eine kleine Gurke, die in Gläsern mit Essig verkauft wird | *ein Salamibrot mit (saurer) Gurke garnieren* K Gurkenglas; Essiggurke, Salzgurke, Senfgurke **3** eine Pflanze mit rauen Blättern und gelben Blüten, die im Garten wächst und deren Früchte man als Gemüse isst K Gurkenbeet, Gurkenranke **4** *gesprochen, humorvoll* eine meist hässliche, große Nase **5** *gesprochen, abwertend* eine Person, ein Auto o. Ä., die nicht die gewünschte Leistung bringen | *Mein Computer ist eine uralte Gurke, den muss ich dringend austauschen*

Gur·ken·trup·pe *die; gesprochen, abwertend* eine Gruppe von Personen mit schlechten Fähigkeiten oder Leistungen, z. B. eine Fußballmannschaft

gur·ren VERB (gurrte, hat gegurrt) **eine Taube gurrt** eine Taube gibt die Laute von sich, die für ihre Art typisch sind

★ **Gurt** *der;* (-(e)s, -e) **1** ein breites, stabiles Band vor allem zum Tragen oder Halten von Dingen | *die Gurte eines Fallschirms* K Haltegurt, Ledergurt, Patronengurt, Schultergurt, Trag(e)gurt **2** Kurzwort für *Sicherheitsgurt* **3** ein breiter und stabiler Gürtel (vor allem bei einer Uniform) ⟨den Gurt umschnallen, abnehmen⟩

★ **Gür·tel** *der;* (-s, -) **1** ein Band aus Leder o. Ä., das man um die Taille trägt, um die Hose oder den Rock zu halten oder um ein weites Kleidungsstück enger zu binden ⟨ein breiter, schmaler Gürtel; den Gürtel enger, weiter machen/schnallen; sich (*Dativ*) einen Gürtel umbinden, umschnallen⟩ K Gürtelschließe, Gürtelschnalle; Kleidergürtel, Ledergürtel, Mantelgürtel, Stoffgürtel **2** ein Streifen Land oder eine Landschaft, die etwas umgeben | *Nördlich und südlich des Äquators erstreckt sich der Gürtel der Tropen* K Waldgürtel ■ ID **Wir müssen den Gürtel enger schnallen** Wir müssen sparen

Gür·tel·li·nie *die* ■ ID **ein Schlag unter die Gürtellinie** a (vor allem beim Boxen) ein (verbotener) Schlag in den Unterleib b eine unfaire, verletzende Handlung oder Bemerkung; **(etwas ist) unterhalb der Gürtellinie** a (etwas ist) unanständig ⟨ein Witz⟩ b (etwas ist) unfair ⟨eine Bemerkung⟩

Gür·tel·ro·se *die; meist Singular* eine schmerzhafte Virusinfektion, bei der sich auf der Haut Bläschen bilden

Gür·tel·tier *das* ein Tier, das in Mittel- und Südamerika lebt und einen Panzer aus kleinen Hornplatten um den Körper trägt

gür·ten VERB (gürtete sich, hat sich gegürtet) **sich (mit etwas) gürten** *veraltet* sich etwas als Gürtel umlegen

Gurt·muf·fel *der; gesprochen* eine Person, die im Auto oft nicht den Sicherheitsgurt anlegt

Gu·ru *der;* (-s, -s) **1** ein religiöser Lehrer im Hinduismus und Buddhismus **2** *abwertend, veraltend* eine Person, die in einem Bereich ein Vorbild ist und eine Leitfunktion hat | *ein Guru der Popmusik*

GUS [geːuːˈʔɛs] *die;* (-) Gemeinschaft Unabhängiger Staaten ein Staatenbund von Republiken der früheren Sowjetunion

Guss *der;* (-es, Güs·se) **1** eine relativ große Menge einer Flüssigkeit, die mit einem Schwung ausgeschüttet oder ausgegossen wird **2** das Gießen eines Gegenstandes aus Metall o. Ä. | *der Guss einer neuen Glocke* K Gussbeton, Gussform, Gussstahl **3** eine Schicht aus (verflüssigter und wieder fest gewordener) Schokolade o. Ä. (meist auf einem Kuchen) | *den Guss für die Torte vorbereiten* K Tortenguss, Schokoladenguss, Zuckerguss ■ ID **wie aus einem Guss** vollkommen einheitlich (in der Gestaltung) | *Architektur und Ausgestaltung der Kirche wirken wie aus einem Guss*

Guss·ei·sen *das; nur Singular* eine besondere Art von Eisen, die man gut zum Gießen verwenden kann • hierzu **guss·ei·sern** ADJEKTIV

Gus·to *der;* (-s) **nach (jemandes) Gusto** nach jemandes Geschmack oder Vorliebe | *Du kannst die Wohnung ganz nach deinem Gusto einrichten*

★ **gut** ADJEKTIV (besser, best-)

▸Leistung, Qualität: **1** so, wie es sein sollte, ohne Mängel, von oder mit hoher Qualität oder Leistung ↔ *schlecht* | *eine gute Leistung* | *gute Augen/Ohren haben* | *ein gutes Gedächtnis/Gehör haben* | *Hast du gut geschlafen?* | *Er kann gut tanzen* | *Er tanzt gut* | *Er ist ein guter Tänzer* **2** so, dass jemand alle Aufgaben und Pflichten zuverlässig und mit Erfolg erfüllt ⟨ein Schüler, ein Student, ein Anwalt, ein Arzt, ein Lehrer⟩ ↔ *schlecht* | *Gute Eltern sind immer für ihre Kinder da* **3** so, wie man es sich wünscht oder wie man es als richtig, schön oder angenehm empfindet | *ein gut aussehender Mann* | *Hattet ihr eine gute Fahrt/Reise?* | *Er macht einen guten Eindruck auf mich* | *gut informierte/unterrichtete Kreise* (Personen, die über etwas genaue Informationen haben) **4** mit mehr Ertrag oder Erfolg als normal ⟨eine Ernte, ein Jahr⟩ ↔ *schlecht* **5** so, dass jemand (mit etwas) viel Geld verdient oder bekommt ⟨ein Job, ein Geschäft; jemanden gut bezahlen, entlohnen; ein gut bezahlter/verdienender Angestellter, Manager; ein gut bezahlter/dotierter Job, Posten⟩ | *ein gut gehendes Geschäft/Restaurant* (mit vielen Kunden und hohen Einnahmen) **6** Ⓓ verwendet als Bezeichnung für die zweitbeste Schulnote 2 auf der Skala von 1 bis 6 bzw. *sehr gut* bis *ungenügend* | *Der Aufsatz wurde mit „gut" bewertet* **i** → Infos unter **Note** **7** **sehr gut** Ⓓ verwendet als Bezeichnung für die beste Schulnote 1 **i** → Infos unter **Note** **8** verwendet als Teil von Grüßen und höflichen Wünschen ⟨Guten Morgen!; Guten Tag!; Guten Abend!; Gute Nacht!; Guten Appetit!; Gute Fahrt/Reise!; Gute Besserung!⟩ **9** **Alles Gute (für/zu etwas)!** verwendet, um jemandem Glück zu wünschen oder zu gratulieren | *Alles Gute für die Prüfung morgen!* | *Alles Gute zum Geburtstag!* **10** *meist attributiv* nur für besondere Anlässe ⟨Kleidung, Geschirr⟩ | *Zum Vorstellungsgespräch zog er seinen guten Anzug an* | *Heute können wir mal die guten Gläser rausholen*

▸Moral: **11** bemüht, kein Unrecht zu tun und anderen Menschen zu helfen ⟨ein Mensch; gut zu jemandem sein; jemanden gut behandeln⟩ ↔ *böse* | *das Gute im Menschen* | *Im Märchen siegen immer die Guten über die Bösen* **12** so, dass anderen Personen dadurch geholfen wird ⟨eine Tat, ein Werk⟩ ↔ *böse* **13** *gesprochen* brav und gehorsam ⟨ein Kind, ein Junge, ein Mädchen, ein Hund⟩ ↔ *böse* | *Willst du jetzt wieder gut sein?* **14** von etwas überzeugt und bemüht, nach dieser Überzeugung zu handeln ⟨ein Christ, ein Demokrat⟩ ↔ *schlecht* **15** so, wie es in einer Gesellschaft üblich ist und erwartet wird ⟨Benehmen, Manieren, Umgangsformen; etwas verstößt gegen den guten Geschmack/die guten Sitten⟩ ↔ *schlecht*

▸Nützlichkeit: **16** **gut (für jemanden)** für jemanden nützlich ↔ *schlecht* | *Es wäre gut für dich, dich einmal auszuruhen/wenn du dich einmal ausruhen würdest* **17** mit der gewünschten Wirkung, für eine Situation passend | *Kennst du ein gutes Mittel für/gegen Halsschmerzen?* | *Das haben wir gut hingekriegt* **18** wichtig oder nützlich für jemanden | *Gut, dass du mich daran erinnert hast!* **19** **gut gemeint** in der freundlichen Absicht, jemandem zu helfen o. Ä. (aber ohne Erfolg oder mit negativer Wirkung) ⟨ein Rat, ein Vorschlag⟩

▸Vertrautheit: **20** *meist attributiv* so, dass man eine relativ enge, intensive Beziehung hat ⟨ein Bekannter, ein Freund, eine Freundin⟩

▸Menge: **21** *meist attributiv* ein bisschen mehr als die genannte Menge, genannte Zeit o. Ä. ↔ *knapp* | *eine gute/gut eine Stunde warten* | *Ich habe schon gut die Hälfte erledigt* | *Noch gut(e) zehn Kilometer, dann sind wir am Ziel*

▸ohne Probleme: **22** *nur adverbiell* ohne Mühe oder Probleme ⟨sich (Dativ) etwas gut merken können; gut lernen; sich gut an etwas erinnern⟩ ≈ *leicht* | *Ich kann hier nicht gut weg*

▸Zustimmung: **23** verwendet, um Zustimmung auszudrücken | *Gut, einverstanden!* | *„Darf ich?" – „Also/Nun gut, wenn du unbedingt willst"* | *Schon gut/Lass gut sein!* (du musst nichts mehr sagen oder tun)

▸Situation, Gesundheit: **24** **jemandem ist nicht gut** jemand fühlt sich gesundheitlich nicht wohl oder hat das Gefühl, erbrechen zu müssen **25** **jemandem ist wieder gut/besser** jemand fühlt sich gesundheitlich wieder wohl/wohler **26** **jemand hat es gut/ist gut dran** *gesprochen* jemand hat Glück oder hat (im Vergleich zu anderen Personen) einen Vorteil

■ ID ▸mit dem Verb sein: **jemandem wieder gut sein** nicht mehr wütend auf jemanden sein; **sich** (*Dativ*) **für etwas zu gut sein** *abwertend* sich für zu wichtig, zu intelligent o. Ä. für die genannte Sache halten; **jemand ist immer gut für etwas** *gesprochen* jemand tut das Genannte ziemlich oft | *Konrad ist immer gut für einen Witz*; **etwas kann gut sein/ist gut möglich** etwas ist durchaus vorstellbar; **Das ist des Guten zu viel** *auch ironisch* Das ist übertrieben; **es gut sein lassen** in einer Angelegenheit nichts mehr unternehmen; **Wofür/Wozu soll das gut sein?**, **Wofür/Wozu ist das gut?** Welchen Zweck hat das?; **Du bist (vielleicht) gut!** *gesprochen, ironisch* verwendet, um einen Vorschlag abzulehnen; **Wer weiß, wofür/wozu das (noch) gut ist!** drückt aus, dass etwas Negatives auch positive Folgen haben könnte;

▸mit anderen Verben: **etwas hat sein Gutes** etwas Negatives hat auch positive Aspekte; **Er/Sie führt nichts Gutes im Schilde** Er/Sie plant etwas Böses; **Du hast/Er hat** *usw.* **gut lachen/reden** eine Person kann froh sein oder leicht Ratschläge geben, weil sie von etwas Unangenehmem nicht betroffen ist; **des Guten zu viel tun** etwas Gutes so übertreiben, dass es negative Folgen hat; **es mit jemandem im Guten wie im Bösen versuchen** mal freundlich und mal streng zu zu einer Person sein, damit sie ihr Verhalten ändert; **sich** (*Dativ*) **gut vorkommen** *abwertend* (zu Unrecht) stolz auf etwas sein;

▸andere Verwendungen: **so gut wie** beinahe, fast | *Bitte warte noch! Ich bin schon so gut wie fertig*; **im Guten** ohne Streit ⟨sich im Guten einigen, trennen, im Guten auseinander gehen⟩; **gut und gern(e)** mindestens | *Das dauert gut und gern zwei Wochen* | *Das Geschenk hat gut und gern hundert Euro gekostet*; **(Und) damit gut!** *gesprochen* verwendet, um eine Diskussion o. Ä. zu beenden

★ **Gut** *das;* (-(e)s, Gü·ter) **1** Dinge, die jemandem gehören ⟨sich an fremdem Gut vergreifen⟩ ≈ *Besitz* | *bewegliche Güter* (transportable Güter) | *Die Polizei fand bei dem Hehler gestohlenes Gut* K Beutegut, Diebesgut, Schmuggelgut **2** *geschrieben* eine Sache, die für jemanden einen besonderen Wert hat ⟨geistige, irdische, materielle Güter⟩ | *Freiheit ist ein kostbares Gut* K Bildungsgut, Ideengut, Kulturgut, Sprachgut, Wissensgut, Volksgut **3** *meist Plural* Waren, vor allem wenn sie transportiert werden ⟨verderbliche,

G

sperrige Güter; Güter lagern, verladen, befördern, transportieren, verzollen⟩ K Gütertransport, Güterverkehr, Güterversand, Güterwagen; Bahngut, Postgut; Sammelgut, Stückgut; Eilgut, Expressgut; Frachtgut, Versandgut; Gebrauchsgüter, Handelsgüter, Konsumgüter, Luxusgüter, Nahrungsgüter; Massengüter **4** ein großer landwirtschaftlicher Betrieb ⟨ein Gut bewirtschaften, verwalten, (ver)pachten; auf einem Gut arbeiten⟩ K Gutsbesitzer, Gutsverwalter; Klostergut, Rittergut, Staatsgut, Landgut, Mustergut, Weingut ■ ID **Unrecht Gut gedeihet nicht** *geschrieben* Besitz, den man durch Diebstahl, Betrug, Ausbeutung o. Ä. bekommen hat, bringt kein Glück

-gut *das; im Substantiv, unbetont, begrenzt produktiv, meist Singular* **Einmachgut, Gefriergut, Pflanzgut, Saatgut** *und andere* Dinge, die Objekt der genannten Handlung sind

G

★ **Gut·ach·ten** *das;* (-s, -) **1** **ein Gutachten (über jemanden/etwas)** ein Bericht, in dem ein Experte nach sorgfältiger, meist wissenschaftlicher Untersuchung die eigene Meinung zu einer Person, einer Situation o. Ä. sagt ⟨ein ärztliches, juristisches, psychiatrisches Gutachten; ein Gutachten anfordern, erstellen, vorlegen; bei jemandem ein Gutachten einholen⟩ **2** eine schriftliche Darstellung der Eignung und der Qualitäten meist eines Studenten | *Für das Stipendium benötigen Sie ein Gutachten von zwei Professoren* ● zu (1) **Gut·ach·ter** *der;* zu (1) **Gut·ach·te·rin** *die;* zu (1) **gut·ach·ter·lich** ADJEKTIV

gut·ar·tig ADJEKTIV **1** gehorsam und nicht aggressiv ⟨ein Hund, ein Pferd⟩ **2** ⟨eine Geschwulst, ein Tumor⟩ so, dass sie nur an einem einzelnen Organ sind und keine Metastasen bilden ● hierzu **Gut·ar·tig·keit** *die*

gut·aus·se·hend ADJEKTIV ≈ *gut aussehend*

gut·be·zahlt ADJEKTIV ≈ *gut bezahlt*

gut·bür·ger·lich ADJEKTIV **1** *oft abwertend* so, wie es dem (wohlhabenden) Bürgertum entspricht, solide (und manchmal etwas bieder) ⟨eine Familie; aus gutbürgerlichem Elternhaus sein⟩ **2** einfach und reichlich, wie es in einfachen Gasthäusern angeboten wird ⟨Essen, die Küche⟩

Gut·dün·ken *das;* (-s) **nach jemandes Gutdünken** so wie jemand es für richtig hält | *Er kann sein Taschengeld nach eigenem/seinem Gutdünken ausgeben*

Gü·te *die;* (-) **1** eine freundliche, großzügige Einstellung gegenüber anderen Menschen | *die Güte Gottes* | *Hätten Sie bitte die Güte, mir zu helfen?* **2** eine (gute) Qualität | *Dieser Markenname bürgt für die Güte der Ware* K Güteklasse, Gütekontrolle, Gütesiegel; Bildgüte ■ ID **(Ach) du 'meine / 'liebe Güte!** *gesprochen* verwendet, um Erschrecken oder Überraschung auszudrücken

Gu·te·nacht- *im Substantiv, unbetont, nicht produktiv* **das Gutenachtgebet, der Gutenachtkuss, das Gutenachtlied** so, dass etwas kurz vor dem Schlafengehen (in der Familie) gemacht wird | *eine Gutenachtgeschichte vorlesen*

Gü·ter *Plural* → Gut

Gü·ter·bahn·hof *der* ein Bahnhof nur für Güterzüge

Gü·ter·ge·mein·schaft *die* die rechtliche Regelung, dass beide Ehepartner nach der Heirat ihr Vermögen gemeinsam verwalten

Gü·ter·tren·nung *die* die rechtliche Regelung , dass nach der Heirat jeder Ehepartner das eigene Vermögen behält (vor allem für den Fall, dass man sich später wieder trennt) ↔ *Gütergemeinschaft*

Gü·ter·zug *der* ein Zug, der nur Lasten transportiert

Gü·te·zei·chen *das* ein Symbol auf einer Ware, das zeigt, dass die Qualität geprüft wurde

★ **gut·ge·hen** ADJEKTIV ≈ *gut gehen*

gut·ge·launt ADJEKTIV ≈ *gut gelaunt*

gut·ge·meint ADJEKTIV ≈ *gut gemeint*

gut·ge·sinnt ADJEKTIV **jemandem gutgesinnt** mit einer freundlichen Haltung gegenüber jemandem

gut·gläu·big ADJEKTIV mit dem naiven und unkritischen Glauben, dass auch andere Leute gut und ehrlich sind | *Er hat dich doch reingelegt. Du bist einfach zu gutgläubig!* ● hierzu **Gut·gläu·big·keit** *die*

★ **Gut·ha·ben** *das;* (-s, -) die Summe Geld, die man auf dem Bankkonto hat K Bankguthaben, Sparguthaben, Zinsguthaben

gut·hei·ßen VERB (hieß gut, hat gutgeheißen) **etwas gutheißen** *geschrieben* etwas für gut oder richtig halten | *Diese Verschwendung kann man nicht gutheißen*

gut·her·zig ADJEKTIV ≈ *gutmütig* ● hierzu **Gut·her·zig·keit** *die*

gü·tig ADJEKTIV **gütig (gegenüber/zu einer Person); gütig gegen eine Person** freundlich und voll Verständnis, Geduld o. Ä. ⟨ein Mensch; gütig lächeln⟩ ■ ID **Zu gütig!** *gesprochen, ironisch* verwendet, um zu sagen, dass man eine Person für nicht so großzügig oder freundlich hält, wie sie tut oder selbst glaubt

gut·in·for·miert ADJEKTIV ≈ *gut informiert*

güt·lich ADJEKTIV **1** ohne Streit, in gegenseitigem Einverständnis ⟨eine Einigung, eine Lösung; etwas gütlich regeln⟩ **2** **sich an etwas** (*Dativ*) **gütlich tun** *meist humorvoll* viel und mit gutem Appetit essen oder trinken

gut·ma·chen VERB (machte gut, hat gutgemacht) **etwas gutmachen** einen Schaden, den man verursacht hat, oder ein Unrecht, das man jemandem zugefügt hat, wieder in Ordnung bringen | *Ich habe bei dir einiges gutzumachen* **!** aber: *seine Arbeit gut machen* (getrennt geschrieben)

Gut·mensch *der; gesprochen* ⚠ *, abwertend oder ironisch* eine Person, die in naiver oder übertriebener Weise versucht, sehr moralisch zu leben

gut·mü·tig ADJEKTIV sehr geduldig und friedlich und immer bereit, die Wünsche und Bitten anderer Leute zu erfüllen | *Gutmütig wie sie ist, wird sie es schon machen* ● hierzu **Gut·mü·tig·keit** *die*

gut·nach·bar·lich ADJEKTIV so freundschaftlich und friedlich, wie es zwischen guten Nachbarn üblich ist | *Zwischen den beiden Ländern bestehen gutnachbarliche Beziehungen*

Gut·schein *der* ein Schein, für den man Waren o. Ä. bekommt, ohne dass man selbst dafür bezahlen muss (meist bis zu dem Wert, der auf dem Schein steht) ⟨jemandem einen Gutschein (für etwas) ausstellen; einen Gutschein einlösen⟩ | *ein Gutschein im Wert von 100 Euro* | *Sie hat bei der Tombola einen Gutschein für einen Kinobesuch gewonnen* K Gutscheinheft; Essensgutschein, Getränkegutschein, Warengutschein

gut·schrei·ben VERB (schrieb gut, hat gutgeschrieben) **eine Bank** *o. Ä.* **schreibt (jemandem) etwas gut** *admin* eine Bank o. Ä. trägt eine Geldsumme, die einer Person zusteht, auf deren Konto (als Guthaben) ein | *Die Zinsen wurden Ihrem Sparkonto gutgeschrieben*

Gut·schrift *die* **1** das Geld, das jemandem auf das Bankkonto überwiesen wird oder wurde **2** eine Quittung über eine Gutschrift

Guts·haus *das* das Wohnhaus eines Gutsherrn

Guts·herr *der; veraltet* der Besitzer eines Gutes ● hierzu **Guts·her·rin** *die*

Guts·hof *der* ≈ *Gut*

gut·si·tuiert ADJEKTIV ≈ *gut situiert*

gut·tun VERB (tut gut, tat gut, hat gutgetan) **1** **etwas tut (jemandem) gut** etwas hat eine positive Wirkung auf jemanden | *Bei dieser Hitze tut eine kalte Dusche gut* **2** **etwas tut (jemandem/etwas) gut** etwas ist für jemandes Gesundheit nützlich | *Süßigkeiten tun den Zähnen nicht gut*

gut·un·ter·rich·tet ADJEKTIV ≈ *gut unterrichtet*

gut·ver·die·nend ADJEKTIV ≈ *gut verdienend*

gut·wil·lig ADJEKTIV **1** *meist adverbiell* ohne zu widersprechen, ohne dass Zwang angewendet werden muss ‹sich gutwillig zeigen; jemandem gutwillig folgen› **2** ≈ *gutartig* ● hierzu **Gut·wil·lig·keit** *die*

gym·na·si·al ADJEKTIV am Gymnasium ‹die Ausbildung, der Unterricht› K Gymnasialbildung, Gymnasiallehrer

Gym·na·si·ast *der*; (-en, -en) ein Schüler eines Gymnasiums **!** *der Gymnasiast; den, dem, des Gymnasiasten* ● hierzu **Gym·na·si·as·tin** *die*

★ **Gym·na·si·um** *das*; (-s, Gym·na·si·en) **1** eine Schule, die Kinder nach der Grundschule besuchen können und die mit dem Abitur abschließt ‹ein neusprachliches, ein mathematisch-naturwissenschaftliches, ein humanistisches Gymnasium; das Gymnasium besuchen; aufs Gymnasium kommen, gehen› | *Seit der Schulreform machen die Schüler an vielen Gymnasien schon in der zwölften Klasse Abitur* **!** → Infos unter **Schule** **2** das Gebäude, in dem sich ein Gymnasium befindet

Gym·nas·tik *die*; (-) Bewegungen und Übungen, mit denen man den Körper trainiert, damit er elastisch bleibt oder wieder beweglich wird ‹Gymnastik treiben› K Gymnastikkurs, Gymnastiklehrer; Ballgymnastik, Heilgymnastik, Krankengymnastik, Morgengymnastik ● hierzu **gym·nas·tisch** ADJEKTIV

Gy·nä·ko·lo·ge *der*; (-n, -n) ein Arzt mit einer speziellen Ausbildung in Gynäkologie ≈ *Frauenarzt* **!** *der Gynäkologe; den, dem, des Gynäkologen* ● hierzu **Gy·nä·ko·lo·gin** *die*

Gy·nä·ko·lo·gie *die*; (-) das Gebiet der Medizin, das sich mit den Krankheiten von Frauen und mit der Geburtshilfe beschäftigt ≈ *Frauenheilkunde* ● hierzu **gy·nä·ko·lo·gisch** ADJEKTIV

H

H, h [ha:] *das*; (-, -/*gesprochen auch* -s) **1** der achte Buchstabe des Alphabets ‹ein großes H; ein kleines h› **2** der siebte Ton der C-Dur-Tonleiter K H-Dur, h-Moll

ha! **1** **Ha!** drückt aus, dass man Genugtuung empfindet | *Ha, das geschieht dir ganz recht!* **2** **Ha?** drückt aus, dass man über etwas erstaunt ist | *Ha? Das gibts ja wohl nicht!* **3** **Ha, ha, ha!** der Laut, den man hört, wenn jemand lacht **4** **Ha, ha!** ironisch verwendet, um zu signalisieren, dass etwas überhaupt nicht lustig ist | *Ha, ha, sehr witzig!*

hä! **1** **Hä?** *gesprochen* **A** drückt auf unhöfliche Weise aus, dass man das Gesagte nicht verstanden hat **2** **Hä, hä(, hä)!** drückt Schadenfreude aus

★ **Haar** *das*; (-(e)s, -e) **1** Haare wachsen bei Menschen und vielen Tieren aus der Haut, beim Menschen vor allem am Kopf ‹ein blondes, braunes, graues Haar; jemandem ein Haar ausreißen; sich (*Dativ*) die Haare rasieren› K Haarausfall, Haarbüschel, Haarwuchs, Haarwurzel; Achselhaar, Barthaar, Brusthaar, Kopfhaar, Flaumhaar, Schamhaar, Schwanzhaar **2** **das Haar/die Haare** alle Haare auf dem Kopf eines Menschen ‹dünnes, feines, glattes, krauses, lockiges, strähniges, schütteres, volles Haar (haben); die Haare fallen/hängen jemandem ins Gesicht/in die Augen/in die Stirn; die Haare gehen jemandem aus; das Haar/die Haare lang, kurz, offen, in der Mitte/seitlich gescheitelt tragen; das Haar/die Haare föhnen, kämmen, bürsten, frisieren, toupieren, flechten, tönen, färben, bleichen, schneiden; (sich (*Dativ*)) die Haare wachsen lassen› K Haarbürste, Haarfarbe, Haarklemme, Haarspange, Haarspray, Haarsträhne, Haartransplantation, Haarwäsche, Haarwaschmittel **!** → Abb. unter **Kopf**; zu *Haarbürste* → Abb. unter **Bürste** **3** *nur Singular* das Fell von manchen Tieren | *eine Katze mit langem Haar*

■ **ID** ▸Präposition plus Haar: **etwas ist an den Haaren herbeigezogen** *abwertend* etwas ist sehr wahrscheinlich nicht richtig oder wahr | *Seine Ausrede war an den Haaren herbeigezogen*; **kein gutes Haar an jemandem/etwas lassen** jemanden/etwas sehr stark kritisieren; **aufs Haar** *gesprochen* ganz genau ‹jemandem aufs Haar gleichen›; **Personen geraten/kriegen sich in die Haare** *gesprochen* zwei oder mehrere Personen fangen an, miteinander zu streiten; **Personen liegen sich** (*Dativ*) **in den Haaren** *gesprochen* zwei oder mehrere Personen haben Streit miteinander; **um ein Haar/ums Haar** *gesprochen* beinahe, fast | *Ich hätte ihn um ein Haar überfahren*; **nicht um ein Haar/um kein Haar** *gesprochen* überhaupt nicht | *Er hat sich um kein Haar verändert*;

▸Haar als Objekt: **Ich bekomme noch graue Haare deinetwegen/deswegen!** du bereitest/das bereitet mir viel Sorgen; **ein Haar in der Suppe finden** einen Nachteil, Mangel, Fehler bei etwas entdecken; **jemandem die Haare vom Kopf fressen** *gesprochen, humorvoll* auf jemandes Kosten sehr viel essen; **Sie hat Haare auf den Zähnen** sie ist sehr streitsüchtig und aggressiv und will immer recht haben; **niemandem ein Haar/ein Härchen krümmen können** sehr freundlich und sanftmütig sein; **Da hat er/sie Haare lassen müssen** er/sie hat bei diesem (erfolgreichen) Unternehmen auch einen Schaden erlitten; **sich** (*Dativ*) **wegen einer Person** (*Genitiv/gesprochen auch Dativ*)/*etwas keine grauen Haare wachsen lassen*, **über etwas** (*Akkusativ*) **keine grauen Haare wachsen lassen** sich keine (allzu) großen Sorgen wegen einer Person/Sache machen;

▸andere Verwendung: **jemandem stehen die Haare zu Berge**, **jemandem sträuben sich die Haare** jemand ist über etwas (meist über schlimme Fehler von anderen Personen) entsetzt

Haar·an·satz *der*; *meist Singular* die Stelle an der Stirn, an welcher das Kopfhaar beginnt ‹ein niedriger, hoher Haaransatz›

haa·ren VERB (haarte, hat gehaart) **ein Tier haart** ein Hund, eine Katze o. Ä. verliert Haare

Haa·res·brei·te *die* ■ **ID** **um Haaresbreite** so, dass nur wenig fehlt(e) ≈ *knapp* | *ein Ziel um Haaresbreite verfehlen* | *nur um Haaresbreite einem Unglück entgehen*

haar·fein ADJEKTIV so dünn wie ein Haar ‹ein Riss, ein Strich; etwas ist haarfein gezeichnet›

haar·ge·nau ADJEKTIV; *gesprochen* sehr genau, in allen Details ‹eine Beschreibung; etwas stimmt haargenau; etwas haargenau wissen, kennen, ausrechnen›

haa·rig ADJEKTIV **1** ‹Arme, Beine, Schultern› so, dass sie (viele) Haare haben **2** *gesprochen* schwierig und unangenehm ‹eine Angelegenheit, eine Sache, eine Geschichte›

-haa·rig *im Adjektiv, unbetont, begrenzt produktiv* **dunkelhaarig, glatthaarig, grauhaarig, krausharig, kurzhaarig, langhaarig, schwarzhaarig, weißhaarig** *und andere* mit Haaren von der genannten Art oder Farbe | *eine rothaarige junge Frau*

Haar·klam·mer *die* eine kleine Klammer, mit der man das Haar schmückt oder die Frisur festmacht

haar·klein ADVERB; *gesprochen* ≈ *haargenau*

Haar·na·del *die* ein kleines Stück Draht, mit dem man einen Teil der Frisur festhält

Haar·na·del·kur·ve *die* eine sehr enge Kurve

Haar·netz *das* ein feines Netz, mit dem man die Haare zusammenhält

Haar·riss *der* ein sehr dünner Riss, den man oft nicht sehen kann (meist in einem Stück Glas, Metall oder Plastik)

haar·scharf ADJEKTIV; *gesprochen* **1** ganz nahe oder knapp | *haarscharf am Ziel vorbeischießen* | *haarscharf einem Unfall entgehen* **2** sehr präzise und exakt ⟨haarscharf überlegen, kalkulieren⟩

Haar·schnitt *der* **1** die Form, in welcher die Haare auf dem Kopf geschnitten sind ⟨ein flotter, frecher, gewagter Haarschnitt⟩ ≈ *Frisur* **2** das Schneiden der Kopfhaare ⟨einen Haarschnitt brauchen; jemandem einen Haarschnitt machen⟩

Haar·spal·te·rei *die*; (-, -en); *abwertend* ein Streit um unwichtige Details ● hierzu **haar·spal·te·risch** ADJEKTIV

haar·sträu·bend ADJEKTIV so, dass es Empörung oder Entsetzen bewirkt ⟨eine Geschichte, ein Skandal, Unsinn; jemandes Benehmen,⟩

Haar·teil *das* fremde Haare (z. B. in der Form eines Zopfes), die man an den eigenen Haaren befestigt

Haar·was·ser *das* eine Flüssigkeit, mit der man die Kopfhaare pflegt

Haar·wuchs *der* **1** das Wachsen der Haare **2** die Dichte der Haare, die jemand (auf dem Kopf) hat ⟨einen dichten, starken, spärlichen Haarwuchs haben⟩

Hab ■ ID **Hab und Gut** *geschrieben* die Dinge, die jemand besitzt | *das gesamte Hab und Gut verlieren*

★ **ha·ben**[1] VERB (hat, hatte, hat gehabt)

▸mit Objekt: **1** **jemand hat etwas** etwas ist jemandes Eigentum, Besitz | *Sie hat ein Auto* | *Hast du genug Geld?* **2** **jemand/etwas hat etwas** verwendet, um Eigenschaften oder Merkmale von Personen, Tieren oder Dingen zu beschreiben | *Peter hat Mut* | *Unser Hund hat lange Haare* | *Die Wohnung hat einen Balkon* **3** **jemand/etwas hat etwas** eine Person, ein Tier oder eine Sache ist im genannten Zustand (krank, verletzt, beschädigt o. Ä.) | *Das Kind hat einen wunden Finger* | *Die Katze hat Durchfall* | *Das Auto hat einen Motorschaden* | *Die Rose hat Blattläuse* **4** **jemand hat etwas** eine Person oder ein Tier erlebt gerade ein Gefühl | *Du brauchst keine Angst zu haben!* | *Habt ihr schon Hunger?* | *Ich habe Sehnsucht nach dir* **5** **jemand hat etwas** ein Umstand oder eine Situation ist für jemanden/bei jemandem vorhanden | *Hast du etwas Zeit für mich oder noch zu viel Arbeit?* | *Er hat Probleme* | *Ich hatte nicht die Absicht, dich zu stören* | *Sie haben Streit miteinander* | *Hoffentlich haben wir morgen besseres Wetter* | *Sie hatte gestern einen Unfall* **6** **jemand hat Dienst/Schule/Unterricht** jemand muss arbeiten bzw. in die Schule gehen **7** **jemand hat frei/Ferien/Urlaub** jemand muss für kurze oder längere Zeit nicht arbeiten bzw. nicht in die Schule gehen **8** **jemand hat etwas** jemand bekommt Unterricht in einem Fach oder über ein Thema | *Im Gymnasium wirst du auch Chemie haben* | *In Geschichte haben wir gerade den Ersten Weltkrieg* **9** **etwas hat Personen/Dinge** etwas besteht aus einer Anzahl Personen/Dinge | *Ein Kilometer hat tausend Meter* | *Der Ort hat fünfhundert Einwohner* | *Der Verein hat 200 Mitglieder* **10** **jemand/etwas hat etwas** eine Person, ein Tier oder eine Sache ist mit etwas versorgt oder bekommt etwas | *Die Pflanze hat am Fenster viel Licht* | *Hat der Hund genug Futter?* **11** **wir haben** +*Zeitangabe* verwendet, um die aktuelle Zeit zu nennen | *Wir haben jetzt genau fünf Uhr* | *Haben wir heute Mittwoch oder Donnerstag?* | *In New York haben sie jetzt Nacht* **12** **etwas haben** *gesprochen* (elliptisch) verwendet, um zu sagen, dass etwas bereits geschehen oder getan ist | *Hast du die Hausaufgaben?* (gemacht?) | *Die Polizei hat den Dieb* (gefangen, gefunden) | *Er hat den Schlüssel* (gefunden, mitgenommen usw.) | *Hat sie ihr Kind schon?* (geboren?) **13** **eine Person hat jemanden** es gibt eine oder mehrere Personen mit der genannten Beziehung zu jemandem | *Sie hat zwei ältere Brüder* | *Er hat viele/keine/kaum Freunde unter den Kollegen* **14** **etwas nicht haben können** *gesprochen* eine starke Abneigung gegen etwas fühlen | *Ich kann es nicht haben, wenn man mich kitzelt!*

▸mit Objekt und Präposition: **15** **eine Person hat jemanden als etwas** (*Akkusativ*)**/zu etwas** eine Person steht zu jemandem in der genannten Beziehung | *Er hat eine Frau als Vorgesetzte* | *Sie hat einen Politiker zum Vater* **16** **etwas an jemandem/etwas haben** die Vorteile von jemandem/etwas genießen | *Er hat viel Freude an seinem Garten* | *Erst als sie weg war, merkte er, was er an ihr gehabt hatte* **17** **jemand/etwas hat etwas 'an sich** (*Dativ*) drückt aus, dass eine Eigenschaft oder Verhaltensweise für jemanden/etwas gilt | *Du hast manchmal echt einen unverschämten Ton an dir* | *Das haben Autos nun mal so an sich, dass sie irgendwann kaputtgehen* **18** **eine Person hat jemanden für sich/hinter sich** (*Dativ*) eine Person wird von jemandem unterstützt | *Bei dem Streit hatte ich meine Freunde und Familie für mich/hinter mir* **19** **für etwas zu haben sein** etwas mögen oder gern tun | *Für ein Glas Wein bin ich immer zu haben* | *Für solche Spiele ist er nicht mehr zu haben* **20** **etwas hat (et)was/einiges/manches** *o. Ä.* **für sich** es gibt gute Gründe, etwas zu akzeptieren oder gut zu finden | *Ein Urlaub in Italien hat schon was für sich* **21** **(et)was gegen jemanden/etwas haben** jemanden/etwas nicht mögen | *Ich habe was gegen Kümmel im Brot* | *„Was hast du denn gegen sie?" – „Sie ist mir zu arrogant."* **22** **nichts gegen jemanden/etwas haben** sich durch jemanden/etwas nicht gestört fühlen **23** **jemand/etwas hat es 'in sich** (*Dativ*) *gesprochen* verwendet, um auf Eigenschaften hinzuweisen, die man nicht sofort bemerkt | *Alkopops schmecken wie Limonade, haben es aber ganz schön in sich* (enthalten viel Alkohol) **24** **jemand hat etwas hinter sich** (*Dativ*)**/(noch) vor sich** (*Dativ*) jemand hat etwas schon/noch nicht getan oder erlebt | *Wenn ich die Prüfung hinter mir habe, wird gefeiert* | *Du hast noch dein ganzes Leben vor dir* **25** **es (sehr) mit jemandem/etwas haben** jemanden/etwas sehr mögen oder sehr wichtig nehmen | *Unser Chef hat es sehr mit der Ordnung, das nervt manchmal ganz schön* **26** **es nicht (so) mit jemandem/etwas haben** *gesprochen* eine Person/Sache nicht mögen, sich nicht für sie interessieren oder Probleme mit ihr haben | *Ich habs nicht so sehr mit Kaffee, Tee ist mir lieber* | *Meine Mutter hats nicht so mit Computern, wir müssen ihr immer helfen* **27** **(et)was/es mit jemandem haben** *gesprochen, oft abwertend* eine sexuelle Beziehung zu jemandem haben | *Er hat was mit seiner Sekretärin* **28** **(et)was/viel/wenig/nichts von jemandem/etwas haben** die Vorteile oder Anwesenheit einer Sache/Person genießen/nicht genießen können | *Hoffentlich ist das Wetter schön, dann hast du mehr von deinem freien Tag* | *Wenn du so viel arbeitest, habe ich gar nichts mehr von dir* **29** **(et)was/nichts von jemandem haben** Ähnlichkeit/keine Ähnlichkeit mit jemandem haben | *Er hat viel von seinem Vater* **30** **jemand hat es irgendwo** *gesprochen* ein Körperteil einer Person ist nicht gesund und macht Probleme ⟨jemand hat es am Knie, im Rücken, an/mit der Leber⟩ **31** **eine Person hat jemanden/etwas irgendwo (liegen, sitzen, stehen)** eine Person

oder Sache, die (zu) jemandem gehört, ist am genannten Ort | *Geld auf der Bank (liegen) haben* | *eine Flasche Wasser am Bett (stehen) haben* | *Sie hat immer Besucher im Vorzimmer (sitzen)*
▸mit zu und Infinitiv: **32** **jemanden/etwas zu** *+Infinitiv* **haben** etwas (mit jemandem/etwas) tun müssen | *Sie hat noch einen weiten Weg zurückzulegen* | *Der Herr Doktor hat noch einen Patienten zu behandeln, bevor er Zeit für Sie hat* | *Hast du nichts zu tun?* **i** auch ohne Objekt verwendet: *Ich habe noch zu arbeiten* **33** **nichts zu** *+Infinitiv* **haben** nicht das Recht haben, etwas zu tun ⟨jemandem/irgendwo nichts zu befehlen, sagen, verbieten haben⟩ | *Du hast hier nichts zu suchen, verschwinde!* (du solltest nicht hier sein) **34** **etwas ist zu haben** etwas wird zum Verkauf angeboten | *Ist das Haus noch zu haben oder ist es schon verkauft?* **35** **jemand ist noch/wieder zu haben** *gesprochen* eine Frau oder ein Mann ist nicht verheiratet, hat keinen festen Partner
▸mit es und Adjektiv: **36** **es irgendwie haben** verwendet, um die Situation zu beschreiben, in der eine Person ist ⟨es eilig, leicht, schwer, schön haben⟩ | *Sehr gemütlich habt ihr es hier!* | *Du hasts gut, du kannst Urlaub machen!* (Ich beneide dich darum)
▸mit sich: **37** **sich haben** *gesprochen, abwertend* aus Angst, Scham, Stolz o. Ä. zögern, etwas zu tun ≈ *zieren* | *Jetzt habt euch nicht so, vertragt euch wieder!* **i** meist verneint **38** **sich mit etwas haben** *gesprochen, abwertend* zu ängstlich, zu vorsichtig mit etwas umgehen | *Der hat sich vielleicht mit seinem Laptop! Da lässt er keinen dran*
▸unpersönlich: **39** **es hat etwas** *gesprochen* die Luft hat die genannte Temperatur | *Wie viel Grad hat es?* | *Gestern hatte es Frost*
■ **ID** ▸Fragen und Ausrufe: **Ich hab's!** *gesprochen* drückt Freude darüber aus, dass man die gesuchte Lösung gefunden hat oder sich wieder an etwas erinnert; **Da/Jetzt hast du's/haben wir's/habt ihr's!** *gesprochen* drückt Genugtuung darüber aus, dass man mit einer Warnung recht gehabt hat; **Das habe ich/Das hast du** *usw.* **nun davon/von …!** *gesprochen, oft ironisch* drückt aus, dass die negativen Folgen von jemandes Verhalten eigentlich zu erwarten gewesen sind | *Das habe ich nun von meiner Gutmütigkeit!* | *Jetzt ist der Bus schon weg. Das haben wir nun davon, dass du immer so trödelst!*; **Hat sich was!** *gesprochen* drückt aus, dass eine Hoffnung, ein Wunsch oder eine Vermutung nicht erfüllt wird; **Dich hat's wohl!**, **Hat's dich (jetzt ganz)?** *gesprochen* verwendet, um gegen jemandes Verhalten oder Äußerung zu protestieren; **Haste was, biste was!** *gesprochen* Wer reich ist, hat auch Macht, Ansehen und Einfluss; **Wie hätten Sie's denn gern(e)?** *oft humorvoll oder ironisch* **a** Wie würden Sie entscheiden? **b** Wie wäre es Ihnen recht?;
▸andere Verwendungen: **wie gehabt** unverändert; **Das werden wir gleich haben** Das Problem kann ich leicht lösen, den Schaden kann ich schnell reparieren; **(Und) damit hat sich's** *gesprochen* drückt aus, dass es zu einem Thema nichts mehr zu sagen gibt; **Er/Sie 'hat's ja** *gesprochen* Er/Sie hat genug Geld, um nicht sparsam sein zu müssen; **Was man 'hat, das 'hat man** drückt aus, dass es gut ist, etwas zu kaufen oder nehmen, weil man es später vielleicht brauchen könnte; **Wer 'hat, der 'hat** *gesprochen, humorvoll oder ironisch* drückt aus, dass jemand auf den eigenen Besitz stolz sein kann

★ **ha·ben**[2] HILFSVERB mit *haben* und dem Partizip Perfekt bildet man das Perfekt, Plusquamperfekt und zweite Futur von den meisten Verben | *Er hat geschlafen* | *Sie hatte geweint* | *Ich habe sie nicht gesehen* | *Falls es im Laufe des Tages geregnet haben sollte, brauchst du die Blumen morgen nicht zu gießen* **i** → Infos unter **Hilfsverb**

★ **Ha·ben** *das;* (-s) die Summe Geld, die jemand einnimmt oder (z. B. auf einer Bank) hat ↔ *Soll*

Ha·be·nichts *der;* (-(es), -e); *veraltend* eine Person, die nur wenig besitzt oder arm ist

Hab·gier *die; nur Singular; abwertend* das (ständige) Verlangen, immer mehr zu besitzen ● hierzu **hab·gie·rig** ADJEKTIV

hab·haft ADJEKTIV **jemandes/etwas habhaft werden** *geschrieben* jemanden/etwas finden, zu fassen bekommen ⟨des Täters, des Mörders, des Diebs habhaft werden⟩

Ha·bicht *der;* (-s, -e) ein mittelgroßer Raubvogel, der in Europa und Asien vorkommt und am Tag jagt

ha·bi·li·tie·ren VERB (habilitierte, hat habilitiert) **(sich) habilitieren** eine längere wissenschaftliche Arbeit schreiben und dadurch die Berechtigung bekommen, an einer Universität, Hochschule (als Privatdozent oder Professor) zu lehren ● hierzu **Ha·bi·li·ta·ti·on** *die*

Hab·se·lig·kei·ten *die; Plural* die wenigen und nicht wertvollen Dinge, welche die genannte Person hat | *Auf ihrer Flucht konnten sie nur ein paar Habseligkeiten mitnehmen*

Hab·sucht *die; nur Singular* ≈ *Habgier* ● hierzu **hab·süch·tig** ADJEKTIV

Hach·se [-ks-] *die;* (-, -n) **1** der untere Teil des Beines von Kalb und Schwein **K** Kalbshachse, Schweinshachse **2** *gesprochen, humorvoll* ⟨lange Hachsen haben⟩ ≈ *Bein*

Hack·bra·ten *der* ein Braten aus Hackfleisch

Hack·brett *das* ein Musikinstrument mit vielen Saiten, die man mit zwei kleinen Hämmern (Klöppeln) schlägt

Ha·cke *die;* (-, -n) **1** ein einfaches Werkzeug, mit dem man den Erdboden locker macht **2** *norddeutsch* ≈ *Ferse* **3** *norddeutsch* der Absatz eines Schuhs ⟨sich (*Dativ*) die Hacken schief treten⟩ | *Schuhe mit hohen Hacken* ■ **ID sich** (*Dativ*) **die Hacken nach etwas ablaufen** *norddeutsch* lange suchen müssen, um etwas zu bekommen

ha·cken[1] VERB (hackte, hat gehackt) **1** **etwas hacken** etwas mit kräftigen Hieben in Stücke teilen (oder zerstören), z. B. mit einer Axt, einem Beil oder einem Messer ⟨Holz hacken; einen Stuhl in Stücke/zu Brennholz hacken; ein Loch ins Eis hacken⟩ **2** **(etwas) hacken** (meist mit einer Hacke) die Erde (um etwas) lockern ⟨die Erde, ein Beet hacken; Kartoffeln, Rüben hacken⟩ **3** **ein Vogel hackt nach jemandem/etwas** ein Vogel sticht oder stößt mit dem Schnabel nach jemandem/etwas | *Der Papagei hat nach mir gehackt*

ha·cken[2] VERB ['hɛkn̩] VERB (hackte, hat gehackt) **1** **etwas hacken** ohne Erlaubnis mit dem Computer in ein fremdes Datensystem eindringen ⟨einen Computer, ein System, ein Netzwerk hacken⟩ | *Kriminelle haben die Computer der Firma gehackt* | *Das Handy der Kanzlerin wurde gehackt* **2** **(etwas) hacken** ein Computerprogramm so verändern, dass Schaden entsteht ⟨ein Programm, eine Software hacken⟩ | *Die App wurde gehackt, um die Benutzer abzuhören* **3** **(etwas) hacken** als ausgebildeter Programmierer (meist beruflich) ein Programm für einen Computer schreiben **4** **sich in etwas hacken** ohne Erlaubnis mit dem Computer in ein fremdes Datensystem eindringen ⟨sich in einen Computer, ein System, ein Netzwerk hacken⟩ | *Die Terroristen haben sich in das Netzwerk der Regierung gehackt* ● hierzu **Ha·cker** ['hɛkɐ] *der;* **Ha·cker·in** ['hɛkər-] *die*

★ **Hack·fleisch** *das* Fleisch, das in sehr kleine Stücke gehackt ist (und aus dem man Hackbraten, Hamburger, Frikadellen usw. macht) **i** Rohes gehacktes Rindfleisch wird oft *Tatar* genannt.

Hack·klotz *der* ein großes Stück Holz, auf das man Fleisch, Holz o. Ä. legt, um es klein zu hacken

Hack·ord·nung *die* **1** die Hierarchie in einer Gruppe von

Tieren (die durch Drohen und Kämpfen entsteht) 2 *humorvoll oder ironisch* die Rangordnung unter den Menschen (z. B. im Beruf, in der Familie)

häck·seln VERB (häckselte, hat gehäckselt) **etwas häckseln** Teile von Pflanzen mit einer Maschine in kleine Stücke schneiden; man verwendet die Stücke als Futter oder streut sie auf Beete usw. K Häckselmaschine • hierzu **Häcks·ler** *der*

Hack·steak *das* gebratenes Hackfleisch, das so ähnlich wie ein Steak aussieht

Ha·der *der*; (-s); *veraltend* ≈ *Streit*

ha·dern VERB (haderte, hat gehadert) **mit etwas hadern** *geschrieben* mit etwas (dauernd) unzufrieden sein und darüber jammern ⟨mit seinem Schicksal hadern⟩

★ **Ha·fen** *der*; (-s, Hä·fen) 1 ein geschützter Platz (mit den nötigen technischen Anlagen), an dem Schiffe anlegen, um Passagiere und Ladung an Bord zu nehmen ⟨ein Schiff läuft einen Hafen an, läuft in den/im Hafen ein, läuft aus dem Hafen aus, liegt, ankert im Hafen⟩ K Hafenarbeiter, Hafenbecken, Hafenbehörde, Hafengebühr, Hafenpolizei, Hafenrundfahrt, Hafenstadt, Hafenviertel; Bootshafen, Fischereihafen, Handelshafen, Jachthafen, Marinehafen 2 *geschrieben nur Singular* ein Ort, an dem man sich geschützt und sicher fühlt 3 *süddeutsch* Ⓐ Ⓒⓗ ein Topf, eine Schüssel o. Ä. aus Ton oder Porzellan ■ ID **in den Hafen der Ehe einlaufen, im Hafen der Ehe landen** *gesprochen, humorvoll* ≈ *heiraten*

Ha·fer *der*; (-s) eine Sorte Getreide, die vor allem in kühlen Gegenden wächst und die als Nahrung für Menschen und Pferde dient K Haferbrei, Haferflocken, Haferkorn, Hafermehl, Haferstroh ■ ID **jemanden sticht der Hafer** *gesprochen* jemand ist in einer vergnügten und leichtsinnigen Laune

Ha·fer·schleim *der* eine Suppe aus gekochten Haferflocken

Haff *das*; (-(e)s, -e/-s) ein Teil des Meeres an einer Küste (vor allem an der Ostsee), der durch einen schmalen Landstreifen, Inseln o. Ä. vom offenen Meer abgetrennt ist

★ **Haft** *die*; (-) 1 *gesprochen* der Zustand, wenn man von der Polizei festgehalten oder eingesperrt wird 2 eine Strafe, bei der man im Gefängnis ist ⟨sich in Haft befinden; in Haft sein; die Polizei nimmt jemanden in Haft⟩ | *Für den Diebstahl hat er zwei Jahre Haft bekommen/ist er zu zwei Jahren Haft verurteilt worden* K Haftanstalt, Haftbefehl, Haftdauer, Haftentlassene, Haftentlassung, Haftstrafe; Dunkelhaft, Einzelhaft, Kerkerhaft, Untersuchungshaft

-haft *im Adjektiv, unbetont, sehr produktiv* 1 **albtraumhaft, automatenhaft, märchenhaft, traumhaft** *und andere* drückt aus, dass etwas so ist wie die im ersten Wortteil genannte Sache | *eine bildhafte Beschreibung* | *Sie war von zarter, elfenhafter/feenhafter Gestalt* 2 **meisterhaft, rüpelhaft, stümperhaft** *und andere* nach Art der genannten Art von Person | *heldenhaften Mut beweisen* 3 **lasterhaft, tugendhaft** *und andere* mit einer Neigung zu dem genannten Verhalten | *eine schwatzhafte Person*

haft·bar ADJEKTIV 1 **für etwas haftbar sein** dazu verpflichtet sein, einen entstandenen Schaden wiedergutzumachen 2 **jemanden für etwas haftbar machen** jemanden dazu verpflichten, einen entstandenen Schaden wiedergutzumachen | *Der Benutzer wird für eventuelle Schäden an der Maschine haftbar gemacht*

★ **Haft·be·fehl** *der* der schriftliche Beschluss (eines Richters oder Gerichts), jemanden zu verhaften ⟨der Richter erlässt (einen) Haftbefehl gegen jemanden⟩

Haf·tel·ma·cher *der* ■ ID **aufpassen wie ein Haftelmacher** *besonders* Ⓐ, *gesprochen* sich sehr konzentrieren, damit man keinen Fehler macht

★ **haf·ten** VERB (haftete, hat gehaftet)
▸an einer Oberfläche: 1 **etwas haftet irgendwo** etwas bleibt auf einer Oberfläche (auf der es aufgetragen, angebracht wird oder wurde) | *Auf nasser Haut haften Pflaster schlecht* | *Schmutz haftete an seinen Schuhen* K Haftnotiz 2 **etwas haftet** etwas rutscht nicht ⟨Räder, Reifen⟩ 3 **etwas bleibt irgendwo haften** etwas klebt irgendwo | *Das Etikett will nicht auf der Flasche haften bleiben, es geht immer wieder ab*
▸im Gedächtnis: 4 **etwas haftet an jemandem/etwas** Personen verbinden eine negative Vorstellung mit einer Person oder Sache ⟨ein Makel, ein Verdacht, ein schlechter Ruf haftet an jemandem⟩ 5 **etwas bleibt irgendwo haften** etwas bleibt im Gedächtnis ⟨etwas bleibt bei jemandem, im Gedächtnis, in der Erinnerung haften⟩
▸für Schäden: 6 **für etwas haften** verpflichtet sein, einen entstandenen Schaden wiedergutzumachen | *Bitte achten Sie selbst auf Ihre Sachen, wir haften nicht für eventuelle Verluste* 7 **für jemanden haften** dazu verpflichtet sein, für Schäden zu bezahlen, welche eine andere Person gemacht hat (z. B. das eigene Kind) | *Eltern haften für ihre Kinder* 8 **(jemandem) für etwas haften** (jemandem gegenüber) für etwas verantwortlich sein | *Sie haften (mir) dafür, dass die Ware rechtzeitig eintrifft*

haf·ten·blei·ben VERB ≈ *haften bleiben*

Häft·ling *der*; (-s, -e) eine Person, die zur Strafe in einem Gefängnis sein muss ⟨ein weiblicher, männlicher, politischer Häftling⟩ K Häftlingskleidung, Häftlingsrevolte

Haft·pflicht *die*; *nur Singular* 1 die gesetzliche Pflicht, einen Schaden zu ersetzen, den man selbst oder den eine Person, für die man verantwortlich ist, jemandem zugefügt hat K Haftpflichtversicherung; Amtshaftpflicht 2 *gesprochen* ≈ *Haftpflichtversicherung* K Autohaftpflicht, Privathaftpflicht

Haft·scha·le *die* ≈ *Kontaktlinse*

Haf·tung *die*; (-, -en); *meist Singular* die Verpflichtung, einen entstandenen Schaden wiedergutzumachen ⟨(keine) Haftung für etwas übernehmen; eine Gesellschaft mit beschränkter Haftung⟩

Haft·ur·laub *der* eine kurze Unterbrechung der Haft

Ha·ge·but·te *die*; (-, -n) die rote Frucht der (Hecken-)Rose, aus der man Tee macht K Hagebuttentee

Ha·gel *der*; (-s) 1 viele kleine harte Kugeln aus Eis, die aus den Wolken zur Erde fallen K Hagelkorn, Hagelschaden, Hagelschauer 2 **ein Hagel von Dingen** eine Menge von (bedrohlichen) Dingen, die jemanden/etwas plötzlich treffen ⟨ein Hagel von Vorwürfen, Protesten, Flüchen⟩ K Bombenhagel, Kugelhagel, Pfeilhagel, Steinhagel

ha·geln VERB (hagelte, hat gehagelt) 1 **es hagelt** Hagel fällt 2 **es hagelt etwas** es gibt viel Kritik oder Proteste | *Nach der Rede hagelte es Proteste/Vorwürfe*

Ha·gel·schlag *der* ein Wetter mit starkem Hagel, das in der Landwirtschaft großen Schaden macht

ha·ger ADJEKTIV mager und meist groß gewachsen ⟨ein Jüngling, eine Frau, ein Gesicht, eine Gestalt, Arme⟩

Hä·her ['hɛːɐ] *der*; (-s, -) ein Vogel mit bunten Federn und langem Schwanz, der in Europa im Wald lebt

★ **Hahn** *der*; (-(e)s, Häh·ne) 1 ein männliches Huhn ⟨der Hahn kräht, kratzt im Mist⟩ ↔ *Henne* | *Der Hahn hat einen roten Kamm auf dem Kopf* K Hahnenfeder, Hahnenkamm, Hahnenkampf, Hahnenschrei 2 der Teil einer Wasser- oder Gasleitung usw., der dazu dient, diese zu öffnen und zu schließen ⟨der Hahn tropft, klemmt; den Hahn öffnen, schließen, aufdrehen, zudrehen⟩ K Gashahn, Wasserhahn, Zapfhahn ■ ID **(irgendwo) der Hahn im Korb sein** *gesprochen* meist als einziger Mann unter vielen Frauen sein; **Da-**

nach kräht kein Hahn *gesprochen* das interessiert niemanden

★ **Hähn·chen** *das;* (-s, -) ein Hahn (oder Huhn) zum Essen ⟨ein Hähnchen rupfen, würzen, braten, grillen⟩ K Backhähnchen, Brathähnchen, Grillhähnchen, Masthähnchen

Hah·nen·fuß *der; nur Singular* eine giftige Blume mit mehreren kleinen gelben Blüten, die auf Wiesen wächst K Hahnenfußgewächs

Hai *der;* (-(e)s, -e) ein meist großer, grauer Raubfisch im Meer, der vor allem in warmen Wasser lebt. Haie haben mehrere Reihen von scharfen Zähnen K Haifisch

Hain *der;* (-(e)s, -e); *besonders literarisch* ein kleiner, heller Wald K Birkenhain, Buchenhain, Erlenhain, Olivenhain

Hä·ke·lei *die;* (-, -en) etwas, das gehäkelt wird/ist

hä·keln VERB (häkelte, hat gehäkelt) **(etwas) häkeln** etwas aus Garn herstellen, indem man mit einer Nadel, die vorne einen Haken hat, Maschen macht ⟨eine Mütze, einen Topflappen häkeln⟩ | *ein Tischtuch mit gehäkelten Spitzen* K Häkelarbeit, Häkelgarn, Häkelnadel

ha·ken VERB (hakte, hat gehakt) **1** **etwas in/an etwas** (*Akkusativ*) **haken** etwas mit einem Haken irgendwo befestigen | *einen Schlüsselbund an den Gürtel haken* **2** **etwas hakt (irgendwo)** etwas hängt irgendwo fest und kann nicht bewegt werden ⟨ein Schlüssel, eine Taste⟩

★ **Ha·ken** *der;* (-s, -) **1** ein Stück Metall, Plastik o. Ä., das gebogen ist und das meist dazu verwendet wird, etwas festzuhalten oder irgendwo zu befestigen | *einen Spiegel mit Haken an der Wand befestigen* | *den Hut vom Haken nehmen* K Angelhaken, Bilderhaken, Kleiderhaken, Fleischerhaken, Mauerhaken, Metzgerhaken, Eisenhaken, Plastikhaken, Stahlhaken **2** eine Linie, welche die Form eines Hakens hat | *Die Lehrerin macht unter jede richtige Rechnung einen Haken* **3** *gesprochen* ein Nachteil, der mit einer Sache verbunden ist (den man aber noch nicht kennt) | *Das Angebot klingt zu gut! Da muss irgendwo ein Haken sein* | *Pass auf, die Sache hat bestimmt einen Haken!* **4** (beim Boxen) ein Schlag von unten nach oben K Aufwärtshaken, Kinnhaken **5** **ein Tier schlägt einen Haken** ein Hase o. Ä. wechselt beim Fliehen ganz plötzlich die Richtung ● zu (1) **ha·ken·för·mig** ADJEKTIV

Ha·ken·kreuz *das* ein Kreuz mit Haken, das in Deutschland als Zeichen des Nationalsozialismus diente K Hakenkreuzfahne

Ha·ken·na·se *die* eine stark gebogene Nase ⟨eine Hakennase haben⟩

★ **halb** ADJEKTIV **1** *meist attributiv* so, dass etwas die Hälfte einer Sache ist | *ein halbes Brot* | *ein halber Liter* | *Die Züge fahren jede halbe Stunde* | *Dieses Jahr war der Urlaub nur halb so teuer* K Halbkreis, Halbkugel, Halbleinen, Halbmond, Halbrund **2** zum Teil, nicht vollständig ⟨ein Satz, ein Sieg, die Wahrheit; sich nicht mit halben Sachen zufriedengeben; etwas halb zugeben; halb automatisch, blind, erfroren, fertig, gar, nackt, offen, tot, verhungert, voll⟩ | *Er ist nur halb angezogen* | *Ihre Augen sind halb geschlossen* | *Die Arbeit ist erst halb getan* | *die Flasche ist halb leer* | *ein halb rohes Steak* | *Das Schiff fuhr mit halber Kraft rückwärts* (nicht mit voller Geschwindigkeit) | *Sie hörte nur mit halbem Ohr/nur halb zu* (Sie hörte nicht genau zu) K Halbgebildete(r), Halbdunkel, Halbschlaf, Halbwahrheit, Halbwissen H Die hier genannten Adjektive und Partizipien können auch mit *halb* zusammengeschrieben werden: *ein halb leeres/halbleeres Glas;* vergleiche **halb-** **3** *meist attributiv* ironisch oder übertreibend verwendet, um eine sehr große Gruppe von Menschen zu bezeichnen | *Das halbe Land kennt ihn schon* | *Zur Feier war die halbe Stadt eingeladen* **4** *meist attributiv* an der Mitte einer Strecke, eines Zeitabschnitts o. Ä. ⟨auf halbem Weg/auf halber Strecke aufgeben, stehen bleiben, umkehren⟩ | *Der Wecker klingelte zur halben Stunde* K Halbjahr **5** *nur adverbiell* dreißig Minuten vor der genannten Stunde | *Wir treffen uns um halb zwölf* ■ ID **etwas ist nichts Halbes und nichts Ganzes** etwas ist nicht vollständig, nicht durchdacht, nicht eindeutig o. Ä. und daher unbefriedigend; **halb ..., halb ...** von beiden genannten Dingen, Tätigkeiten, Eigenschaften usw. etwas ⟨halb Mensch, halb Tier sein; halb lachen, halb weinen⟩; **halb und halb** a nicht vollständig ≈ *einigermaßen* | *Er hatte sich schon wieder halb und halb beruhigt* b mit zwei Bestandteilen in gleicher Menge | *Ein Pfund gemischtes Gulasch, halb und halb* (die eine Hälfte Rindfleisch, die andere Hälfte Schweinefleisch); **halb so wild** *gesprochen* nicht so schlimm wie befürchtet oder wie es jemand sagt

halb- *im Adjektiv, betont, begrenzt produktiv* **1** **halbjährig, halbjährlich, halbstündig, halbtägig, halbtäglich** *und andere* verwendet, um die Hälfte des genannten Zeitraums zu bezeichnen | *Die Züge fahren halbstündlich* (jede halbe Stunde, alle 30 Minuten) **2** nur in relativ geringem Maße, nicht völlig | *halbbittere Schokolade* | *halbfester Käse* | *eine halblaut geführte Unterhaltung* | *halbtrockener Wein* H Die hier genannten Adjektive müssen immer, die unter *halb* genannten Adjektive und Patizipien können auch mit *halb* zusammengeschrieben werden: *ein halb leeres/halbleeres Glas;* → auch **halb.**

Halb·af·fe *der* ein Säugetier, das zu den Affen gehört, große Augen hat und vor allem nachts aktiv wird

halb·amt·lich ADJEKTIV **1** ⟨eine Meldung, eine Nachricht, eine Verlautbarung⟩ durch guten Kontakt zu einer wichtigen Nachrichtenquelle entstanden, aber nicht offiziell bestätigt **2** herausgegeben mit Unterstützung eines oder mehrerer Ämter oder Behörden ⟨eine Zeitung⟩ H aber: *Er macht das halb amtlich, halb privat* (getrennt geschrieben)

Halb·blut *das* **1** ein Tier (vor allem ein Pferd), dessen Elterntiere verschiedenen Rassen angehören **2** *abwertend* ⚠ eine Person, deren Eltern verschiedene Hautfarbe haben

Hal·be *die;* (-n, -n); *süddeutsch, gesprochen* ein halber Liter Bier (in einem Glas) H In Verbindung mit Zahlen ist die Pluralform *Halbe*: *Zwei Halbe, bitte!* Genitiv und Dativ Singular: *einer Halben*

Halb|edel·stein *der* ein Stein, der meist als Schmuck verwendet wird, aber nicht so wertvoll wie ein Edelstein ist | *Opale und Türkise sind Halbedelsteine*

hal·be-hal·be ■ ID **(mit jemandem) halbe-halbe machen** *gesprochen* etwas so mit einer anderen Person teilen, dass jeder die Hälfte bekommt

-hal·ben *im Adverb nach Pronomen, unbetont, nicht produktiv; veraltend* **deinethalben, dere(n)thalben, dessenthalben, eurethalben, ihrethalben, meinethalben, seinethalben, unser(e)thalben** ≈ *-wegen*

hal·ber PRÄPOSITION *mit Genitiv; nachgestellt; geschrieben* verwendet, um den Grund für etwas anzugeben ⟨der Einfachheit, Ordnung, Vollständigkeit halber⟩ ≈ *wegen*

-hal·ber *im Adverb nach Substantiv, unbetont, begrenzt produktiv* **gesundheitshalber, krankheitshalber, ordnungshalber, sicherheitshalber, spaßeshalber, vorsichtshalber** *und andere* aus dem genannten Grund | *„Warum fragst du?" – „Nur so, interessehalber."* (ohne besonderen Grund, nur weil es mich interessiert)

halb·fett ADJEKTIV **1** mit relativ wenig Fettanteil ⟨ein Käse⟩ **2** in dickerer Schrift als die Normalschrift ⟨ein Buchstabe; etwas halbfett drucken⟩

★ **Halb·fi·na·le** *das* die Runde eines Wettkampfs, deren Sieger ins Finale kommen

H

Hal̲b·gott *der* **1** (in der Mythologie) ein Wesen, das halb Mensch, halb Gott ist **2** *ironisch* eine Person, die sehr stark und kritiklos verehrt wird **3** **ein Halbgott in Weiß** *ironisch* ein Arzt (im Krankenhaus)

Hal̲b·hei·ten *die; Plural* Dinge, die nicht fertig geworden sind oder die nicht das gewünschte Resultat gebracht haben ⟨sich nicht mit Halbheiten zufriedengeben⟩

hal̲b·her·zig ADJEKTIV ohne wirkliche Überzeugung und Interesse ⟨ein Versuch, eine Antwort, ein Lächeln⟩

hal̲b·hoch ADJEKTIV mit einer Höhe, die weder hoch noch niedrig ist | *ein halbhoher Schrank*

hal·bie̲·ren VERB (halbierte, hat halbiert) **1** **etwas halbieren** etwas in zwei Hälften teilen | *eine Melone mit einem Messer halbieren* | *eine Strecke mit dem Zirkel halbieren* **2** **etwas halbieren** etwas um die Hälfte kleiner machen | *Wir können den Arbeitsaufwand halbieren, wenn wir einen Computer verwenden* ● hierzu **Hal·bie̲·rung** *die*

Hal̲b·in·sel *die* ein Stück Land, das auf drei Seiten von Wasser umgeben ist | *Italien ist eine Halbinsel* | *die iberische Halbinsel (Spanien und Portugal)*

Hal̲b·jah·res|zeug·nis *das* ein Zeugnis, das ein Schüler nach der ersten Hälfte des Schuljahres bekommt

hal̲b·lang ADJEKTIV weder lang noch kurz ⟨Haare, ein Rock⟩ ■ ID **(Nun) mach/machs (aber) mal halblang!** *gesprochen* übertreib nicht so

Hal̲b·lei·ter *der* ein Stoff, dessen elektrische Leitfähigkeit mit steigender Temperatur sehr stark zunimmt

hal̲b·mast ADVERB **(auf) halbmast** (in Bezug auf Fahnen) so, dass sie auf halber Höhe des Mastes wehen (meist als Zeichen der Trauer) ⟨eine Fahne (auf) halbmast setzen; eine Fahne steht, weht (auf) halbmast⟩

Hal̲b·mes·ser *der;* (-s, -) der halbe Durchmesser eines Kreises ≈ *Radius*

★ **Hal̲b·pen·si·on** *die; nur Singular* wenn man in einem Hotel o. Ä. Halbpension bucht, bekommt man das Frühstück und eine warme Mahlzeit ⟨Halbpension buchen, haben, nehmen; ein Zimmer mit Halbpension⟩

Hal̲b·schuh *der* ein meist leichter und geschlossener Schuh, welcher den Knöchel nicht bedeckt

HALBSCHUH

Hal̲b·schwes·ter *die* eine Schwester, mit der man nur einen gemeinsamen Elternteil hat

hal̲b·sei·den ADJEKTIV; *abwertend* moralisch zweifelhaft und nicht seriös ⟨ein Publikum, ein Lokal, ein Milieu⟩

hal̲b·sei·tig ADJEKTIV **1** *meist attributiv* eine halbe Seite lang ⟨ein Artikel, ein Bericht⟩ **2** so, dass die linke oder die rechte Seite des menschlichen Körpers betroffen ist ⟨eine Lähmung; halbseitig gelähmt sein⟩

Hal̲b·star·ke *der;* (-n, -n); *abwertend* (meist verwendet von älteren Personen) ein Jugendlicher, der sich in der Gruppe stark fühlt und sich oft respektlos benimmt **!** *ein Halbstarker; der Halbstarke; den, dem, des Halbstarken*

★ **hal̲b·tags** ADVERB halb so viele Arbeitsstunden wie üblich ⟨halbtags arbeiten, beschäftigt sein⟩ ↔ *ganztags* | *Die Ausstellung ist zurzeit nur halbtags geöffnet* **K** Halbtagsarbeit, Halbtagsjob, Halbtagsstelle, Halbtagstätigkeit

Hal̲b·ton *der* der kleinste Abstand zwischen zwei Tönen oder der dazugehörige Ton (in dem am häufigsten verwendeten Tonsystem) | *Das Fis ist der Halbton zwischen dem F und dem G*

Hal̲b·wai·se *die* ein Kind, dessen Vater oder Mutter tot ist

hal̲b·wegs ADVERB; *gesprochen* so, dass man gerade noch zufrieden sein kann | *Kannst du nicht einmal halbwegs höflich sein!*

Hal̲b·welt *die; nur Singular* ein gesellschaftliches Milieu von Menschen, die elegant wirken, aber keinen guten Ruf haben

Hal̲b·werts|zeit *die* die Zeit, in der die Hälfte der Atome eines radioaktiven Stoffes zerfällt ⟨etwas hat eine kurze, lange Halbwertszeit⟩

hal̲b·wüch·sig ADJEKTIV noch nicht erwachsen ⟨ein Kind, ein Junge, ein Mädchen⟩

★ **Hal̲b·zeit** *die* **1** eine der beiden Spielhälften eines Fußballspiels o. Ä. ⟨die erste, zweite Halbzeit⟩ **2** die Pause zwischen den beiden Hälften eines Spiels (vor allem beim Fußball) | *Zur Halbzeit steht es null zu null*

Hal̲·de *die;* (-, -n) eine große Menge von Abfall, Kies, Kohle usw. in der Form eines Hügels ⟨etwas zu einer Halde aufschütten; eine Halde abräumen⟩ **K** Müllhalde, Schutthalde

half *Präteritum, 1. und 3. Person Singular* → helfen

häl·fe *Konjunktiv II, 1. und 3. Person Singular* → helfen

★ **Hälf·te** *die;* (-, -n) **1** einer von zwei gleich großen Teilen eines Ganzen ⟨die Hälfte eines Betrags, einer Fläche, einer Größe, einer Menge, einer Zeit; jemand hat, etwas hat/ist um die Hälfte mehr, weniger⟩ | *Schneide den Apfel in der Mitte durch und gib mir die Hälfte* **2** einer von zwei ähnlich großen Teilen eines Ganzen ⟨die größere, kleinere Hälfte⟩ | *gut die Hälfte* (etwas mehr als die Hälfte) **3** **zur Hälfte** (nur) zu 50 Prozent ≈ *halb* | *eine Arbeit zur Hälfte erledigen* | *Schulden zur Hälfte bezahlen* ■ ID **jemandes bessere Hälfte** *gesprochen, humorvoll* jemandes Ehepartner

Half·ter *der/das;* (-s, -) **1** die Seile oder Lederriemen (ohne Gebiss), die man einem Pferd um den Kopf legt, um es zu führen ⟨ein Tier am Halfter führen, nehmen; einem Tier ein Halfter umlegen, abnehmen⟩ **K** Pferdehalfter **2** eine Tasche für eine Pistole, die an einem Gurt befestigt ist **K** Pistolenhalfter, Schulterhalfter

Hall *der;* (-(e)s) ein dumpfes, schwingendes Geräusch ⟨der Hall von Schritten, Tritten, Stimmen⟩

★ **Hal̲·le** *die;* (-, -n) **1** ein großes, lang gestrecktes Gebäude, das meist nur einen hohen und weiten Raum hat ⟨eine große, lange Halle⟩ | *die Hallen einer Fabrik* **K** Hallen(schwimm)bad, Hallenfußball, Hallenhandball, Hallenturnier; Ausstellungshalle, Bahnhofshalle, Fabrikhalle, Flugzeughalle, Kongresshalle, Kühlhalle, Lagerhalle, Markthalle, Schwimmhalle, Sporthalle, Turnhalle, Wartungshalle **2** ein großer Raum gleich hinter dem Eingang eines Hotels, eines großen repräsentativen Hauses o. Ä. **K** Eingangshalle, Empfangshalle, Hotelhalle

hal·le·lu̲·ja! verwendet, um (im Gottesdienst) Gott zu preisen

hal̲·len VERB (hallte, hat gehallt) **1** **etwas hallt** etwas klingt so wie in einem großen, leeren Raum ⟨etwas hallt laut, unheimlich⟩ | *Ihre Schritte hallten in dem weiten Korridor* **2** **etwas hallt** etwas gibt Geräuschen einen hallenden Klang, ruft ein Echo hervor ⟨ein Raum, ein Saal⟩ **3** **etwas hallt** *geschrieben* etwas ist laut zu hören | *Ein Schrei hallte durch die Nacht*

Hal̲·lig *die;* (-, -en [-lɪgn̩]) eine kleine Insel aus einer Inselgruppe (den Halligen) vor der deutschen Nordseeküste

Hal̲·li·gal̲·li *das;* (-(s)); *gesprochen* ein fröhliches Durcheinander | *Das Halligalli auf der Silvesterparty wurde mir zu viel*

hal̲·li hal·lo̲! *humorvoll* ≈ *hallo*

★ **hal̲·lo!** **1** verwendet, um die Aufmerksamkeit einer anderen Person auf sich selbst zu lenken | *Hallo! Hören Sie mich?* | *Hallo, ist da jemand?* **2** verwendet als Begrüßung unter Freunden oder gut Bekannten | *Hallo, wie geht's?* **3** verwendet, um sich am Telefon zu melden, wenn man angerufen wird | *Hallo, wer ist da bitte?* **4** verwendet als Ausdruck der Überraschung | *Hallo? Das kann doch nicht wahr sein!* | *Hallo, was seh ich denn da!* **!** Wenn man angenehm überrascht ist, wird *hallo* auf der zweiten Silbe betont. ■ ID **Aber hallo!** verwendet, um zu betonen, dass eine Aussage in besonderem Maße zutrifft | *„Macht denn so was Spaß?" – „Aber hallo!"* | *Das kannst du mir glauben, aber hallo!*

Hal·lo *das;* (-s, -s); *gesprochen* lautes, fröhliches Rufen | *War das ein Hallo!* | *Wir wurden mit großem Hallo begrüßt*

Hal·lu·zi·na·ti·on [-'tsjo:n] *die;* (-, -en) etwas, das man zu sehen oder hören glaubt, das aber nicht da ist ⟨Halluzinationen haben; an/unter Halluzinationen leiden⟩

★ **Halm** *der;* (-(e)s, -e) der (meist hohle) Stängel von Gräsern und Getreide | *Die Halme im Weizenfeld biegen sich im Wind* **K** Getreidehalm, Grashalm

Ha·lo·gen *das;* (-s, -e) ein Element, das ohne Sauerstoff mit Metallen Salz bildet | *Brom und Chlor gehören zu den Halogenen*

Ha·lo·gen- *im Substantiv, betont, nicht produktiv* **die Halogenlampe, der Halogenscheinwerfer, der Halogenstrahler** *und andere* verwendet für Lampen, die sehr hell sind

★ **Hals** *der;* (-es, Häl·se) **1** (beim Menschen und bei vielen Wirbeltieren) der schmale Teil des Körpers zwischen Kopf und Schultern ⟨den Hals beugen, strecken, (ver)drehen; ein Tuch um den Hals binden, legen, tragen; jemanden am Hals packen, würgen; sich (*Dativ*) den Hals verrenken, brechen; sich bis zum/bis an den Hals zudecken⟩ | *Giraffen haben einen langen, schlanken Hals* **K** Halskette, Halsschlagader, Halstuch, Halswirbel **!** → Abb. unter **Kopf** und **Mensch** **2** der Hals als Organ, durch das Luft und Nahrung in den Körper gelangen und in dem die Laute gebildet werden ⟨einen entzündeten, rauen, trockenen, wunden Hals haben; jemandem tut der Hals weh; jemandem bleibt etwas im Hals stecken⟩ | *Der Arzt schaute ihr in den Hals und stellte fest, dass die Mandeln entzündet waren* **K** Halsentzündung, Halsschmerzen, Halsweh **3** die Stelle in der Nähe der Öffnung, an der ein Gefäß, ein hohler Körper oder ein Organ schmal ist ⟨der Hals einer Flasche, einer Vase⟩ **K** Flaschenhals, Gebärmutterhals **4** ein langer, schmaler Teil eines Musikinstruments, auf dem die Saiten (und das Griffbrett) sind ⟨der Hals einer Geige, einer Gitarre⟩
■ ID ▸Präposition plus Hals: **sich einer Person an den Hals werfen** *gesprochen, abwertend* **a** in übertriebener Weise freundlich zu einer Person sein **b** einer Person deutlich zeigen, dass man sexuelles Interesse an ihr hat; **jemanden/etwas auf dem/am Hals haben** *gesprochen* etwas (für jemanden) tun müssen, was unangenehm ist; **einer Person jemanden auf den Hals hetzen** *gesprochen* eine Person bei einer staatlichen Institution anzeigen, damit sie verfolgt oder bestraft wird ⟨jemandem die Polizei, die Steuerfahndung auf den Hals hetzen⟩; **sich** (*Dativ*) **jemanden/etwas auf den Hals laden** *gesprochen* **a** sich um eine Person kümmern, die immer unangenehmer wird **b** eine unangenehme Verpflichtung auf sich nehmen; **aus vollem Hals(e)** laut ⟨rufen, schreien, singen⟩; **bis an den/bis über den/bis zum Hals in etwas** (*Dativ*) **stecken** *gesprochen* Probleme haben, weil man sehr/zu viel von etwas hat ⟨bis zum Hals in Arbeit, in Schulden, in Schwierigkeiten stecken⟩; **etwas in den falschen Hals bekommen/kriegen** *gesprochen* **a** sich verschlucken **b** etwas falsch verstehen und zu Unrecht gekränkt sein; **jemandem um den Hals fallen** eine Person plötzlich und heftig umarmen; **einen langen Hals machen/kriegen** sich strecken, um besser sehen zu können; **jemandem eine Person/etwas vom Hals(e) halten** *gesprochen* verhindern, dass jemand oder man selbst mit einem Problem oder von einer Person belästigt wird; **jemandem eine Person/etwas vom Hals(e) schaffen** *gesprochen* jemanden oder sich selbst von einer Person/etwas Unangenehmem befreien; **jemandem mit etwas vom Hals(e) bleiben** *gesprochen* jemanden nicht mit etwas belästigen; **etwas hängt jemandem zum Hals (he)raus** *gesprochen* eine Person hat genug von etwas, findet etwas nur noch sehr unangenehm;
▸Hals als Objekt: **den Hals nicht voll (genug) kriegen (können)** *gesprochen, meist abwertend* immer noch mehr von etwas haben wollen, obwohl man schon viel davon hat; **etwas bricht jemandem den Hals, etwas kostet jemanden den Hals** *gesprochen* ein Ereignis oder eine (leichtsinnige) Handlung ruiniert jemanden, kostet jemanden die eigene Karriere o. Ä.; **den/seinen Hals aus der Schlinge ziehen** einen Ausweg aus einer gefährlichen Situation finden;
▸andere Verwendung: **Hals über Kopf** (zu) plötzlich

Hals·ab·schnei·der *der;* (-s, -); *gesprochen, abwertend* ≈ *Wucherer* ● hierzu **hals·ab·schnei·de·risch** ADJEKTIV

Hals·band *das* ein Band, das man meist einem Hund um den Hals bindet, um daran eine Leine zu befestigen ⟨einem Tier ein Halsband anlegen, abnehmen⟩

hals·bre·che·risch ADJEKTIV so gefährlich, dass man Glück hat, wenn man sich nicht verletzt ⟨ein Tempo⟩ | *Sie machte eine halsbrecherische Tour durch das Hochgebirge*

Hals-Na·sen-Oh·ren-Arzt *der* ein Arzt, der sich auf die Behandlung von Krankheiten des Halses, der Nase und der Ohren spezialisiert hat **!** Abkürzung: *HNO-Arzt*

hals·star·rig ADJEKTIV; *abwertend* überhaupt nicht bereit, die eigene Meinung oder den eigenen Willen zu ändern ● hierzu **Hals·star·rig·keit** *die*

Hals- und Bein·bruch *gesprochen, humorvoll* (als Formel) verwendet, um jemandem für eine meist gefährliche Aktion Glück zu wünschen | *„Hals- und Beinbruch bei eurer Kletterpartie!"*

★ **halt**[1] PARTIKEL *unbetont; gesprochen* **1** verwendet, um zu betonen, dass an einer Tatsache nichts geändert werden kann | *So ist das halt im Leben* | *„Ist das kalt heute!" – „Na ja, es wird halt Winter."* **2** verwendet, um eine Aufforderung zu verstärken | *Ruh dich halt aus, wenn du müde bist!* | *Dann lass es halt bleiben, wenn du nicht willst!*

★ **halt!**[2] verwendet, um jemanden aufzufordern, nicht weiterzugehen, etwas nicht zu tun oder eine Tätigkeit zu beenden/zu unterbrechen | *Halt, hier können sie nicht durch!* | *Halt! Bleiben Sie stehen!*

hält *Präsens, 3. Person Singular* — halten

★ **Halt** *der;* (-(e)s, -e/-s) **1** *geschrieben meist Singular* das Anhalten, Unterbrechen einer Bewegung oder Tätigkeit ≈ *Stopp* | *Sie fuhren ohne Halt durch bis ans Ziel* **2** *meist Singular* die Stelle, an der Busse, Straßenbahnen und Züge halten ≈ *Haltestelle* | *Am nächsten Halt müssen Sie aussteigen* **3** *nur Singular* etwas, das verhindert, dass man/etwas fällt, von irgendwo abrutscht usw. ⟨ein fester, sicherer Halt; irgendwo Halt suchen; (keinen) Halt finden/haben; den Halt verlieren; etwas gibt jemandem/etwas Halt⟩ | *Zum Bergsteigen braucht man feste Schuhe, in Sandalen hat man nicht genügend Halt* **4** *nur Singular* eine Person oder Sache, die einer anderen Person hilft, wenn diese unsicher oder verzweifelt ist ⟨ein innerer, moralischer, sittlicher Halt; jemandem ein Halt sein; jemandem (einen) Halt geben; etwas nimmt jemandem den Halt⟩ ≈ *Stütze* **5** **Halt machen** ≈ *haltmachen* ■ ID **jemandem Halt gebieten** *geschrieben* verhindern, dass jemand etwas tut

★ **halt·bar** ADJEKTIV **1** so, dass etwas lange Zeit gegessen werden kann und nicht verdirbt ⟨Lebensmittel; etwas ist lange,

H

nur kurz haltbar; etwas haltbar machen⟩ | *Durch Konservierung werden Lebensmittel länger haltbar* **2** lange Zeit fest und stabil ⟨eine Frisur, Schuhe, eine Verbindung⟩ ≈ *strapazierfähig* **3** ⟨eine Theorie, eine These⟩ so, dass sie als vernünftig und sinnvoll gelten und nicht verändert werden müssen | *Seine altmodischen Ansichten über Frauen sind wirklich nicht mehr haltbar* **H** meist verneint • zu (1,2) **Hạlt·bar·keit** *die*

★ **Hạlt·bar·keits·da·tum** *das; nur Singular* der Zeitpunkt, bis zu dem garantiert ist, dass ein Lebensmittel gut ist ⟨etwas hat das Haltbarkeitsdatum überschritten⟩

★ **hạl·ten** VERB (hält, hielt, hat gehalten)

▸mit der Hand, im Arm: **1** **jemanden/etwas halten** eine Person oder Sache mit der Hand greifen oder mit den Armen an den Körper drücken ⟨etwas in der Hand, in den Händen, mit beiden Händen halten; jemanden an/bei der Hand, im Arm, in den Armen halten⟩ | *Er hielt ihr die Leiter, während sie hinaufkletterte* | *Haltet den Dieb!* | *Hältst du bitte mal den Koffer? Ich muss nach dem Schlüssel suchen*

▸Position: **2** **etwas irgendwohin halten** etwas in die genannte Position bringen, damit es dort bleibt | *die Hand an/vor den Mund halten* | *einen Schirm über den Kopf halten* **3** **etwas hält etwas (irgendwo)** etwas bewirkt, dass etwas irgendwo (befestigt) bleibt | *Der Nagel hält das Bild an der Wand* **4** **sich irgendwo halten** eine Position einnehmen, an einer Stelle bleiben ⟨sich neben jemandem, in sicherer Entfernung, in der Mitte, dicht hinter jemandem halten⟩ **5** **eine Person/Sache hält jemanden (irgendwo)** eine Person oder Sache bewegt oder veranlasst jemanden dazu, irgendwo zu bleiben | *Was hält dich noch in dieser Firma, wenn dir die Arbeit gar nicht gefällt?* **6** **sich halten können** die eigene Position behalten können | *sich auf einem bockenden Pferd halten (können)* (nicht herunterfallen) | *sich als Parteivorsitzender halten können* | *Die Armee konnte sich nicht mehr halten* (musste vor dem Feind zurückweichen)

▸Körperhaltung: **7** **sich irgendwie halten** die genannte Körperhaltung haben ⟨sich aufrecht, gerade, gut, krumm, schief halten⟩

▸Richtung: **8** **sich irgendwo(hin) halten** sich in der genannten Richtung weiterbewegen | *Wenn wir uns immer nördlich/nach Norden halten, finden wir bald aus dem Wald heraus* | *An der nächsten Abzweigung müssen Sie sich (nach) rechts halten* **9** **irgendwie halten**; **auf jemanden/etwas halten** (mit einer Waffe) auf jemanden/etwas zielen ⟨zu hoch, zu niedrig halten; auf jemandes Herz, Kopf halten⟩

▸stoppen: **10** mit einer Fortbewegung aufhören, stehen bleiben ≈ *anhalten* | *Der Zug hält in fünf Minuten am Bahnhof* | *Der Bus hält nicht am Zoo* **11** **etwas halten** als Torwart verhindern, dass der Ball ins Tor gelangt ⟨den Ball, einen Elfmeter, einen Freiwurf halten⟩ **12** **jemand ist nicht zu halten** man kann jemanden nicht stoppen | *Wenn er hört, dass jemand eine Party gibt, ist er nicht (mehr) zu halten*

▸ohne Veränderung: **13** **jemand hält etwas** jemand ändert, beendet, stört oder unterbricht etwas nicht | *Bitte diesen Kurs/das Tempo halten!* | *Sie kann beim Singen den Ton sehr lange halten* | *Kannst du nicht einmal Frieden/Ordnung halten?* | *Diese Theorie ließ sich nicht lange halten* **14** **jemand hält etwas** jemand hat eine Position im Krieg oder Wettkampf und verliert sie nicht an andere ⟨eine Festung, eine Stadt, eine Stellung halten; die Führung, einen Rekord halten⟩ **15** **etwas hält** etwas wird durch Belastungen nicht zerstört ⟨eine Ehe, eine Freundschaft⟩ **16** **etwas hält** etwas löst sich nicht ⟨ein Knoten, eine Naht⟩ **17** **etwas hält (sich)** etwas bleibt in einem guten Zustand ⟨Blumen, Lebensmittel⟩ | *Das Wetter wird nicht halten. Es sieht nach Regen aus* **18** **jemand hält sich gut** *o. Ä.* der Zustand oder die Leistung einer Person bleibt gut | *Sie hat sich in der Prüfung tapfer/wacker gehalten* | *Er hat sich gut gehalten. Man sieht ihm das Alter nicht an* **19** **etwas hält etwas** etwas bewirkt, dass etwas bestehen bleibt | *Der Ofen hält die Hitze lange* **20** **jemand kann etwas (nicht) halten** jemand kann eine Firma (nicht) vor dem Bankrott retten | *Er konnte den Betrieb nicht mehr halten* **21** **jemanden/etwas irgendwie halten** bewirken, dass jemand/etwas im genannten Zustand bleibt | *das Essen warm halten* | *jemanden bei Laune/am Leben halten* | *etwas in Gang/in Ordnung halten*

▸treu: **22** **etwas halten** das tun, was man versprochen hat ⟨ein Versprechen, Wort halten⟩ | *Was man verspricht, muss man auch halten* **23** **zu jemandem halten** jemanden in einer Diskussion, bei einem Streit oder in einer unangenehmen Situation unterstützen | *Ihr Mann hält zu ihr, was auch geschieht* **24** **sich an etwas** (*Akkusativ*) **halten** sich nach etwas richten, nicht von etwas abweichen ⟨sich an eine Abmachung, ein Gesetz, die Regeln, die Tatsachen, einen Vertrag, eine Vorlage, die Wahrheit halten⟩ | *Der Film hält sich eng an den gleichnamigen Roman*

▸glauben, meinen: **25** **eine Person/Sache für jemanden/etwas halten** etwas glauben, was falsch oder noch nicht bestätigt ist | *Falschgeld für echt(es Geld) halten* | *Ich halte ihn für sehr mutig/für einen echten Held* | *Wegen ihrer kurzen Haare und ihrer Kleidung hielt ich sie zuerst für einen Mann* **26** **(et)was/viel/nichts von jemandem/etwas halten** eine gute oder schlechte Meinung von jemandem/etwas haben | *Was hältst du von der Idee?* | *Der Chef hielt nicht viel von seinem Stellvertreter*

▸vor Publikum: **27** **etwas halten** einen Text vor einem Publikum sprechen ⟨eine Predigt, eine Rede, ein Referat, eine Unterrichtsstunde, einen Vortrag halten⟩

▸Haustiere: **28** **(sich** (*Dativ*)**) ein Tier halten** ein Tier besitzen (und irgendwo unterbringen) | *(sich) eine Katze/Hühner halten* | *ein Pferd im Sommer auf der Koppel und im Winter im Stall halten*

▸Hauspersonal, Geliebte: **29** **sich** (*Dativ*) **jemanden halten** *oft abwertend* eine Person im Haushalt beschäftigen oder einen zusätzlichen Sexualpartner haben, den man finanziell unterstützt ⟨sich (*Dativ*) einen Butler, ein Hausmädchen halten; sich (*Dativ*) eine Freundin/Geliebte, einen Freund/Liebhaber halten⟩

▸gestalten: **30** **etwas irgendwie halten** etwas in der genannten Weise gestalten | *ein Zimmer ganz in Grün halten* | *Das Referat war zu allgemein gehalten* **H** meist im Passiv mit dem Hilfsverb *sein*

▸durchführen: **31** **etwas halten** die genannte Handlung durchführen | *nach jemandem/etwas Ausschau halten* (sich nach jemandem/etwas umsehen) | *einen Mittagsschlaf halten* (mittags schlafen) | *Unterricht halten* (unterrichten) | *Wache halten* (etwas bewachen)

▸Orientierung: **32** **es mit jemandem halten** sich nach einem Vorbild richten | *Sie hält es mit ihrem Vater, der immer sagte: „Spare in der Zeit, dann hast du in der Not"* **33** **es irgendwie (mit etwas) halten** sich nach eigenen Grundsätzen richten | *Wie haltet ihr es mit der neuen Regelung?* **34** **auf etwas** (*Akkusativ*) **halten** Wert auf etwas legen | *Er hält viel auf Höflichkeit* **35** **auf sich halten** darauf achten, dass man gut gekleidet ist, einen guten Ruf hat | *Wer auf sich hält, verkehrt nicht in zwielichtigen Lokalen* **36** **sich an jemanden halten** in einer Angelegenheit mit einer Person sprechen, die zuständig ist | *Bei Beschwerden halten Sie sich bitte an den Geschäftsführer* **37** **sich an jeman-**

den halten mit einer Person Kontakt pflegen, bei ihr Rat suchen oder weil man ihr vertraut | *Halte dich nur an mich, wenn es Probleme gibt!*
▸Anweisung: **38** **gehalten sein zu** +*Infinitiv geschrieben* die Aufforderung bekommen haben, etwas zu tun | *Die Schüler sind gehalten, mit Füllhalter zu schreiben*
▸Selbstbeherrschung: **39** **'an sich** (*Akkusativ*) **halten (müssen)** sich beherrschen, sich zusammenreißen (müssen) | *Ich musste an mich halten, um nicht laut loszulachen/zu schreien*

Hal·te·punkt *der* eine Haltestelle (vor allem an einer Bahnlinie)

Hal·ter *der*; (-s, -) **1** eine Konstruktion, mit der man etwas stützt oder an einer Stelle befestigt | *Der Radrennfahrer nahm die Trinkflasche aus dem Halter* **K** Flaschenhalter, Handtuchhalter, Kerzenhalter, Sockenhalter, Strumpfhalter **2** **der Halter** +*Genitiv*; **der Halter von etwas** *admin* ≈ *Eigentümer, Besitzer* | *der Halter des Fahrzeugs* | *die Halter von Hunden* **K** Fahrzeughalter, Hundehalter, Katzenhalter, Pferdehalter, Schweinehalter, Tierhalter • zu (2) **Hal·te·rin** *die*

Hal·te·rung *die*; (-, -en) eine Konstruktion, die als Halter für etwas dient ⟨etwas aus der Halterung nehmen; in die Halterung hängen⟩

★ **Hal·te·stel·le** *die* die Stelle, an der Busse und Bahnen (regelmäßig) stehen bleiben, damit man ein- oder aussteigen kann **K** Bushaltestelle, Straßenbahnhaltestelle

Hal·te·ver·bot *das*; *meist Singular* ein Bereich, in dem man mit dem Auto nicht stehen bleiben darf ⟨absolutes, eingeschränktes Halteverbot; im Halteverbot stehen⟩ | *In unserer Straße besteht auf beiden Seiten Halteverbot* **K** Halteverbotsschild

-hal·tig *im Adjektiv, unbetont, sehr produktiv, nicht adverbiell* **eisenhaltig, goldhaltig, nikotinhaltig, sauerstoffhaltig, zuckerhaltig** *und andere* so, dass die genannte Substanz darin enthalten ist

halt·los ADJEKTIV **1** ohne jeden sachlichen Grund ⟨ein Gerücht, eine Anklage, eine Behauptung, eine Anschuldigung⟩ **2** ohne psychische und moralische Festigkeit ≈ *labil* | *Nach dem Tod ihrer Eltern war sie eine Zeit lang völlig haltlos* • hierzu **Halt·lo·sig·keit** *die*

halt·ma·chen VERB (machte halt, hat haltgemacht) **1** **(irgendwo) haltmachen** (vor allem beim Gehen, Wandern, Fahren o. Ä.) eine Pause machen | *Auf halbem Weg zum Gipfel machten wir halt, um uns auszuruhen* **2** **vor jemandem/etwas nicht haltmachen**; **vor nichts (und niemandem) haltmachen** Dinge tun, die extrem oder sehr böse sind | *Sie machten mit ihrer Zerstörungswut vor nichts halt*

★ **Hal·tung** *die*; (-, -en) **1** *nur Singular* die Art, wie jemand steht oder den Körper (beim Gehen, Sport o. Ä.) bewegt oder hält ⟨eine gute, schlechte, aufrechte Haltung haben; eine gebückte Haltung einnehmen⟩ | *Weil er so eine schlechte Haltung hat, macht er jeden Tag zehn Minuten Gymnastik* **K** Haltungsfehler, Haltungsschaden; Armhaltung, Beinhaltung, Kopfhaltung, Körperhaltung **2** **die Haltung (zu/gegenüber jemandem/etwas)** *meist Singular* die individuelle Art und Weise, wie eine Person denkt, die Welt betrachtet und sich ihr gegenüber verhält ⟨eine konservative, progressive, fortschrittliche, autoritäre, liberale, ablehnende, feindselige Haltung haben⟩ | *die zögernde Haltung der Regierung zu den Problemen der Luftverschmutzung* **K** Abwehrhaltung, Geisteshaltung **3** **die Haltung** (+*Genitiv*/**von Tieren)** *nur Singular* der Besitz von lebenden Tieren | *In diesem Haus ist die Haltung von Hunden verboten* **K** Tierhaltung, Geflügelhaltung, Hundehaltung

Ha·lun·ke *der*; (-n, -n); *oft humorvoll* ein Mann, der Tricks anwendet und andere Leute betrügt **H** *der Halunke; den, dem, des Halunken*

SPRACHGEBRAUCH

▶ Hamburg

Die Hansestadt Hamburg an der **Elbe** ist die zweitgrößte Stadt Deutschlands und gleichzeitig eines der 16 Bundesländer, zu dem auch einige Inseln in der **Nordsee** gehören. Hamburg ist ein wichtiges kulturelles Zentrum und der größte deutsche Hafen.

Ham·bur·ger *der*; (-s, -) **1** ['hambʊrgɐ] eine Person, die in der Stadt Hamburg wohnt oder dort geboren ist ⟨ein gebürtiger Hamburger⟩ | *ein waschechter Hamburger* (ein typischer Hamburger) **2** ['hambʊrgɐ, 'hɛmbœːgɐ] eine Frikadelle in einem Brötchen (mit Ketchup, einem Salatblatt usw.) • zu (1) **Ham·bur·ge·rin** *die*

hä·misch ADJEKTIV voller Freude darüber, dass jemandem etwas Unangenehmes passiert ist ⟨ein Grinsen, Blicke, Bemerkungen; hämisch grinsen; sich hämisch über etwas (*Akkusativ*) freuen⟩

Ham·mel *der*; (-s, -) **1** ein kastriertes männliches Schaf **2** *nur Singular* das Fleisch des Hammels, das man isst **K** Hammelbraten, Hammelfleisch, Hammelkeule, Hammelkotelett, Hammelspieß **3** *gesprochen, abwertend* verwendet als Schimpfwort für einen Mann, den man für sehr dumm oder unverschämt hält

★ **Ham·mer** *der*; (-s, Häm·mer) **1** ein Werkzeug (mit einem Stiel), mit dem man vor allem Nägel in Bretter oder Wände schlägt **K** Hammerstiel **2** eine Kugel aus Metall, die an einem Draht befestigt ist und weit geschleudert wird **K** Hammerwerfen, Hammerwerfer **3** *gesprochen* ein großer Fehler ⟨sich (*Dativ*) einige grobe Hämmer leisten⟩ ■ **ID etwas kommt unter den Hammer** etwas wird versteigert; **Das ist (ja) der/ein Hammer!** *gesprochen* drückt aus, dass man etwas empörend oder erstaunlich findet; **jemand hat einen Hammer** *gesprochen, abwertend* jemand tut verrückte Dinge

ham·mer·hart ADJEKTIV; *gesprochen* **1** sehr anstrengend, schwierig oder belastend | *eine hammerharte Bergtour* | *Die Prüfungsfragen waren einfach hammerhart!* **2** ≈ *erschreckend, ungeheuerlich* | *Hammerhart, wie die mit den Flüchtlingen umgehen!* **3** mit großer Wucht, viel Kraft | *ein Tennisspieler mit einem hammerharten Aufschlag*

häm·mern VERB (hämmerte, hat gehämmert) **1** mit dem Hammer mehrere Male gegen etwas schlagen **2** **irgendwohin hämmern** (in kurzen Abständen) mehrere Male kräftig gegen eine Fläche schlagen (und ein lautes Geräusch erzeugen) ≈ *klopfen* | *Er hämmerte mit den Fäusten gegen die Tür* **3** **auf etwas** (*Dativ*) **hämmern** ungeschickt und kräftig (aber meist langsam) die Tasten eines Klaviers oder einer Tastatur anschlagen ⟨auf dem Klavier, auf einer Tastatur hämmern⟩

Ham·pel·mann *der* **1** eine Puppe, deren Arme und Beine sich gleichzeitig nach oben bewegen, wenn man an einem Faden zieht **2** *gesprochen, abwertend* eine Person, die keinen eigenen Willen hat und das tut, was andere Leute wollen | *Ich bin doch nicht dein Hampelmann!*

Hams·ter *der*; (-s, -) ein kleines Nagetier, das in den dicken Backen viel Futter sammelt (und das oft als Haustier gehalten wird)

ham·stern VERB (hamsterte, hat gehamstert); *gesprochen* **(etwas) hamstern** vor allem Lebensmittel in großen Mengen kaufen (um in der Not einen Vorrat zu haben) ⟨Brot, Mehl, Zucker hamstern; Gold, Heizöl hamstern⟩ K Hamsterkauf

★ **Hand** *die*; (-, Hän·de) **1** der Körperteil am Ende des Armes, mit dem man z. B. nach etwas greift, einen Gegenstand hält usw. ⟨die fünf Finger der Hand; die rechte, linke Hand; eine feine, zartgliedrige, grobe Hand; feuchte, kalte Hände haben; etwas in die Hand nehmen, in der Hand halten, aus der Hand legen⟩ | *sich vor dem Essen die Hände waschen* | *die Hände in die Hosentaschen stecken* | *ein Buch in die Hand nehmen und darin blättern* K Handbürste, Handcreme, Handknochen, Händetrockner; Frauenhand, Kinderhand, Männerhand **2** **jemandem die Hand geben/schütteln** bei der Begrüßung oder beim Abschied die rechte Hand ausstrecken und damit die Hand einer anderen Person fassen, drücken (und schütteln) ⟨jemandem zur Begrüßung, zum Abschied die Hand geben/schütteln⟩ **3** **jemanden bei der Hand nehmen** die Hand eines Kindes fassen, um es zu führen **4** **etwas zur Hand nehmen** etwas meist Kleines mit der Hand fassen (um es zu benutzen) **5** **jemandes rechte Hand** der engste und wichtigste Mitarbeiter eines Chefs oder Vorgesetzten **6** **linker Hand/rechter Hand** links/rechts | *Direkt vor uns haben wir das Rathaus, und linker Hand können Sie die Türme der Frauenkirche sehen* **7** *ohne Artikel, nur Singular* beim Fußball eine unerlaubte Berührung des Balles mit der Hand ≈ *Handspiel* | *Der Schiedsrichter entschied auf Hand im Strafraum und gab Elfmeter*

■ ID ▸Präposition plus Hand (Singular): **jemanden an der Hand haben** *gesprochen* eine Person kennen, die in einer Situation helfen kann | *einen versierten Steuerberater an der Hand haben*; **etwas liegt (klar) auf der Hand** etwas ist offensichtlich | *Die Vorteile dieser neuen Methode liegen klar auf der Hand*; **aus erster Hand** a von einer Person, die zuverlässige Informationen direkt bekommt ⟨Nachrichten, Informationen aus erster Hand⟩ b vom ersten Besitzer ⟨ein Auto aus erster Hand⟩; **aus zweiter/dritter** *usw.* **Hand** a von einer Person, die nicht direkt beteiligt war ⟨Nachrichten, Informationen⟩ b von dem (in einer Reihenfolge) zweiten/dritten usw. Besitzer ≈ *gebraucht* ↔ *neu* | *Er kaufte sich ein altes Auto aus zweiter Hand*; **etwas (nicht) aus der Hand geben** a etwas, das man hat, (nicht) Personen weitergeben o. Ä. | *Er ist nicht bereit, wichtige Aufgaben aus der Hand zu geben* b eine Funktion, die man hat, (nicht) an andere Personen abgeben; **hinter vorgehaltener Hand** nicht offen oder offiziell ⟨jemandem etwas hinter vorgehaltener Hand sagen⟩ ≈ *geheim*; **etwas in die Hand nehmen** sich darum kümmern, dass eine Arbeit erledigt wird; **jemanden in der Hand haben** so viel Macht über eine Person haben, dass man über sie bestimmen kann; **etwas geht mit etwas Hand in Hand** eine Entwicklung ist eng mit einer anderen verbunden | *eine höhere Zahl von/an Arbeitslosen geht meistens Hand in Hand mit sozialer Unruhe*; **um jemandes Hand anhalten** *veraltend* (als Mann) einer Frau einen Heiratsantrag machen oder die Eltern fragen, ob man ihre Tochter heiraten darf; **unter der Hand** nicht öffentlich oder offiziell ⟨etwas unter der Hand kaufen, verkaufen, erfahren, weitergeben⟩ ≈ *heimlich*; **von der Hand in den Mund leben** das wenige Geld, das man bekommt, für Essen und Trinken, Miete usw. ausgeben müssen (und nichts sparen können); **jemandem zur Hand gehen** jemandem bei einer Arbeit helfen;

▸Präposition plus Hände (Plural): **sich** (*Dativ*) **etwas an beiden Händen abzählen können** leicht erkennen können, wie die Zusammenhänge sind; **mit leeren Händen** a ohne ein Geschenk o. Ä. mitzubringen b ohne ein positives Ergebnis erreicht zu haben | *mit leeren Händen von den Verhandlungen zurückkommen*; **etwas fällt jemandem in die Hände** etwas kommt (oft durch Zufall) in jemandes Besitz ⟨geheime Pläne, Dokumente o. Ä. fallen jemandem in die Hände⟩; **eine Person fällt jemandem in die Hände** eine Person gerät in jemandes Gewalt | *Mehrere Soldaten der Regierungstruppen fielen den Rebellen in die Hände*; **in festen Händen sein** *gesprochen, humorvoll* eine feste Beziehung mit einem Freund oder einer Freundin haben; **mit vollen Händen** verschwenderisch; **mit Händen und Füßen** mit vielen deutlichen, übertriebenen Gesten ⟨mit Händen und Füßen reden; etwas mit Händen und Füßen erklären, beschreiben⟩; **sich mit Händen und Füßen gegen jemanden/etwas wehren** *gesprochen* sich heftig gegen jemanden/etwas wehren | *Die Beschäftigten wehrten sich mit Händen und Füßen gegen die neuen Vorschriften*; **zu Händen (von) Herrn/Frau X** *veraltet* verwendet in Anschriften auf Briefen, um anzuzeigen, für wen (in einer Institution oder Firma) der Brief ist | *An das Finanzamt Wuppertal, z. H. Frau Wagner* **!** Abkürzung: *z. H.* oder *z. Hd.*;

▸Hand/Hände als Objekt: **zwei linke Hände haben** *gesprochen* sehr ungeschickt bei handwerklichen Tätigkeiten sein; **eine ruhige/sichere Hand haben** die Hände geschickt und ohne Zittern benutzen können; **eine sichere/gute Hand (bei etwas) haben** etwas geschickt tun können | *Sie hat eine sichere Hand bei der Zusammenstellung von Farben*; **etwas hat Hand und Fuß** etwas ist gut durchdacht, vorbereitet oder geplant | *Der neue Kollege scheint gut zu sein. Alles, was er macht, hat Hand und Fuß*; **für jemanden/etwas die/seine Hand ins Feuer legen** *gesprochen* a ganz sicher sein, dass man jemandem vertrauen kann oder dass er unschuldig ist | *Manfred hat das Fahrrad nicht beschädigt. Dafür lege ich die Hand ins Feuer* b davon überzeugt sein, dass etwas ganz sicher passieren wird oder wahr ist; **alle/beide Hände voll zu tun haben** *gesprochen* sehr viel Arbeit haben; **seine Hände in Unschuld waschen** *geschrieben* beteuern, dass man für etwas nicht verantwortlich ist; **die Hände über dem Kopf zusammenschlagen** *gesprochen* sehr erstaunt oder erschrocken sein | *Ihre Mutter schlug die Hände über dem Kopf zusammen, als sie ihre neue Frisur sah*;

▸andere Verwendung: **jemandem rutscht die Hand aus** *gesprochen* eine Person schlägt eine andere Person (weil sie provoziert oder geärgert wurde); **eine Hand wäscht die andere** drückt aus, dass jemand für eine Gefälligkeit oder Unterstützung selbst etwas Ähnliches erwartet oder gibt

HAND

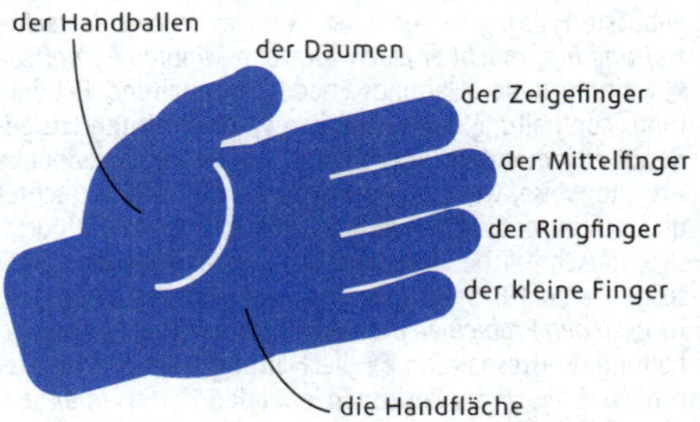

★ **Hand·ar·beit** *die* **1** etwas, das jemand gestrickt, gehäkelt, gestickt o. Ä. hat | *Sie macht gerade eine Handarbeit aus Seide* **K** Handarbeitsgeschäft, Handarbeitslehrer(in), Handarbeitsunterricht **2** ein Gegenstand, der als einzelnes Stück und nicht maschinell hergestellt worden ist | *Dieses Paar Schuhe ist eine echte indianische Handarbeit* **3** *nur Singular* eine Arbeit, für die man geschickte Hände braucht (wie z. B. beim Schnitzen oder Nähen) | *Diese Figuren sind alle in Handarbeit entstanden* ● zu (1) **hand·ar·bei·ten** VERB *(hat)*

★ **Hand·ball** *der* **1** *nur Singular* eine Sportart, bei der zwei Mannschaften versuchen, einen Ball in das Tor der jeweils anderen Mannschaft zu bringen, wobei der Ball mit der Hand geworfen wird ⟨Handball spielen⟩ **K** Handballspiel, Handballspieler, Handballturnier; Feldhandball, Hallenhandball **2** ein Ball, mit dem man Handball spielt

Hand·bal·len *der;* (-s, -) der dicke Muskel an der Innenseite der Hand unter dem Daumen

Hand·be·sen *der* ein kleiner Besen mit kurzem Stiel (den man zusammen mit einer Schaufel verwendet)

Hand·be·we·gung *die* eine Bewegung mit der Hand, die eine Bedeutung hat und eine Absicht zeigt ⟨eine Handbewegung machen⟩ ≈ *Geste* | *Mit einer Handbewegung brachte er alle zum Schweigen* | *einen Einwand mit einer verächtlichen Handbewegung abtun*

Hand·breit, Hand breit *die;* (-, -) die Breite von ungefähr 10 Zentimetern | *ein Kleid eine Handbreit kürzer machen*

Hand·brem·se *die* eine Bremse an einem Fahrzeug, die man mit der Hand zieht ⟨die Handbremse ziehen, lösen⟩ **!!** → Abb. unter **Fahrrad**

Hand·buch *das* ein Buch, das alles Wichtige über ein Gebiet zusammenfasst | *ein Handbuch der Fotografie*

Händ·chen *das;* (-s, -) **1** eine kleine Hand **2** **jemand hält mit einer Person Händchen; Personen halten Händchen** zwei Menschen, die sich lieben, halten sich gegenseitig (zärtlich) an der Hand ■ **ID ein (gutes) Händchen für etwas haben** so handeln, dass man mit den eigenen Zielen Erfolg hat | *Er hat ein gutes Händchen für Pflanzen* ● zu (2) **händ·chen·hal·tend** ADJEKTIV

Hän·de·druck *der; meist Singular* die Geste, bei der zwei Menschen einander die Hand geben, wenn sie sich begrüßen oder verabschieden ⟨ein leichter, kräftiger Händedruck⟩ | *Sie begrüßte jeden Gast mit einem herzlichen Händedruck*

★ **Han·del** *der;* (-s) **1** **Handel (mit etwas)** das Einkaufen und Verkaufen von Waren ⟨lebhafter, blühender Handel; (mit etwas) Handel treiben⟩ | *Der Handel mit Gewürzen floriert/stagniert/geht zurück* **K** Handelsabkommen, Handelsbeziehungen, Handelspartner, Handelsschiff, Handelsvertrag; Drogenhandel, Gewürzhandel, Pelzhandel, Rauschgifthandel, Tabakhandel, Teppichhandel **2** **der Handel** alle Geschäftsleute und Geschäfte, die mit dem Handel zu tun haben | *Der Handel sah sich zu einer Erhöhung der Preise gezwungen* **K** Buchhandel **3** **etwas ist im Handel** etwas wird zum Verkauf angeboten | *Das Buch, das Sie suchen, ist seit einiger Zeit nicht mehr im Handel*

★ **han·deln**[1] VERB (handelte, hat gehandelt) **1** **(irgendwie) handeln** in einer Situation aktiv werden, sich in der genannten Weise verhalten ⟨besonnen, fahrlässig, verantwortungslos, eigenmächtig, selbstsüchtig, übereilt, unüberlegt, vorschnell handeln⟩ | *Als er den Unfall sah, handelte er sofort und leistete dem Verletzten Erste Hilfe* | *Der Angeklagte wurde freigesprochen, da er in Notwehr gehandelt hatte* **2** **etwas handelt von etwas** etwas hat das Genannte zum Thema | *Der Film handelt von einem Jungen, der bei Wölfen aufwächst* **3** **(bei einer Person/Sache) handelt es sich um jemanden/etwas** *geschrieben* eine Person oder Sache ist das, was über sie gesagt wird | *Bei dem Angeklagten handelt es sich um einen mehrfach vorbestraften Mann* | *Bei diesem Fund handelt es sich um eine Vase aus dem 3. Jahrhundert* **4** **es handelt sich darum, dass .../zu** +*Infinitiv* es ist wichtig oder notwendig, das Genannte zu tun | *Es handelt sich darum, den Opfern schnell und unbürokratisch zu helfen*

★ **han·deln**[2] VERB (handelte, hat gehandelt) **1** **etwas handeln** etwas auf einem Markt (oder an der Börse) verkaufen | *Im Sommer werden Tomaten zu viel günstigeren Preisen gehandelt als im Winter* **!!** meist im Passiv **2** **mit etwas handeln** eine Ware einkaufen und wieder verkaufen | *mit Antiquitäten handeln* **3** **(mit jemandem) (um etwas) handeln** (beim Kauf einer Ware) versuchen, die Ware billiger zu bekommen | *mit einem Händler um den Preis eines Teppichs handeln* | *In manchen Ländern ist es üblich, beim Kauf bestimmter Waren zu handeln*

han·deln[3] [ˈhɛn-] VERB (handelte, hat gehandelt) **etwas (irgendwie) handeln** eine Aufgabe in der genannten Weise erledigen, ein Problem lösen | *Das ist eine heikle Angelegenheit, die muss man geschickt handeln*

Han·dels·aka·de·mie *die;* Ⓐ eine Schule in Österreich, die auf kaufmännische Berufe vorbereitet und zur Matura führt

han·dels·ei·nig ADJEKTIV **jemand ist/wird (sich** *(Dativ)***) mit jemandem handelseinig; Personen sind/werden (sich** *(Dativ)***) handelseinig** zwei oder mehrere Personen haben/finden eine Basis für ein Geschäft | *Nach langem Hin und Her wurde er mit seinem Geschäftspartner handelseinig*

Han·dels·klas·se *die* eine Kategorie, mit der man Waren nach ihrer Qualität bezeichnet | *Die großen Eier sind Handelsklasse I*

Han·dels·schu·le *die* ein Typ von Schulen in Deutschland, der Schweiz und in Österreich, die auf eine Tätigkeit im kaufmännischen Bereich vorbereiten. Die Ausbildung dauert meist zwei oder drei Jahre **K** Handelsschulabschluss, Handelsschullehrer ● hierzu **Han·dels·schü·ler** *der;* **Han·dels·schü·le·rin** *die*

Han·dels·span·ne *die* die Differenz zwischen den Preisen, zu denen ein Händler eine Ware kauft und wiederverkauft

han·dels·üb·lich ADJEKTIV so, wie im Handel üblich ⟨eine Packung, eine Größe⟩

Han·dels·ver·tre·ter *der* eine Person, die für Firmen Waren an Geschäfte verkauft

hän·de·rin·gend ADJEKTIV *meist adverbiell* sehr dringend, verzweifelt ⟨jemanden händeringend um etwas bitten; etwas händeringend suchen, brauchen⟩

Hand·fe·ger *der;* (-s, -) ≈ *Handbesen*

Hand·fer·tig·keit *die; meist Singular* die Fähigkeit, mit den Händen geschickt zu arbeiten

hand·fest ADJEKTIV *meist attributiv* **1** von großer Intensität und so, dass man es ernst nehmen muss ⟨eine Drohung, eine Auseinandersetzung, ein Streit, ein Krach, ein Skandal⟩ **2** ⟨eine Mahlzeit; etwas Handfestes essen⟩ ≈ *kräftig, nahrhaft*

Hand·flä·che *die* die ganze innere Seite einer Hand

hand·ge·ar·bei·tet ADJEKTIV von einer Person als einzelnes Stück hergestellt, nicht mit Maschinen in größeren Stückzahlen ⟨ein Einzelstück, ein Modell, ein Unikat⟩ | *handgearbeitete Schuhe*

Hand·ge·lenk *das* das Gelenk zwischen der Hand und dem unteren Teil des Arms | *sich bei einem Sturz das Handgelenk verstauchen* ■ **ID etwas aus dem Handgelenk schütteln, etwas aus dem Handgelenk (heraus) tun** etwas ganz ohne Mühe und ohne Vorbereitung tun

Hand·ge·men·ge *das;* (-s, -); *meist Singular* ein Streit zwischen mehreren Personen, bei dem sie mit Händen gegeneinander kämpfen | *Als die Polizei mit Tränengas gegen die Demonstranten vorging, kam es zu einem Handgemenge*

Hand·ge·päck *das* eine kleine Tasche und andere Dinge, die man auf Reisen (vor allem im Flugzeug) bei sich behält | *Passagiere dürfen nur ein Handgepäck mitnehmen*

hand·ge·schrie·ben ADJEKTIV mit der Hand geschrieben ⟨ein Brief, ein Lebenslauf, eine Bewerbung, ein Testament⟩

Hand·gra·na·te *die* eine kleine Bombe, die man mit der Hand auf ein Ziel wirft, an dem sie explodiert

hand·greif·lich ADJEKTIV **1** **(gegen jemanden) handgreiflich werden** jemanden körperlich angreifen oder beginnen, sich mit jemandem zu schlagen **2** *meist attributiv* konkret und deutlich ⟨ein Beweis, ein Misserfolg, eine Lüge, ein Widerspruch⟩ ● zu (1) **Hand·greif·lich·kei·ten** *die; Plural*

Hand·griff *der* **1** **etwas ist nur ein Handgriff** etwas kann ohne Mühe gemacht werden **2** **mit ein paar Handgriffen** schnell und ohne Mühe | *etwas mit ein paar Handgriffen reparieren* **3** ≈ *Griff*

Hand·ha·be *die;* (-) **eine Handhabe (zu** *+Infinitiv*); **eine Handhabe für etwas** die Möglichkeit oder gesetzliche Grundlage, auf etwas zu reagieren | *Die Polizei hatte keine gesetzliche Handhabe zu schießen/für den Schusswaffengebrauch*

hand·ha·ben VERB (handhabte, hat gehandhabt) **1** **etwas handhaben** ein Werkzeug nehmen und richtig benutzen ⟨Werkzeuge, Geräte, Maschinen, Instrumente handhaben; einen Hammer, einen Pinsel, eine Bohrmaschine handhaben; etwas (un)sachgemäß handhaben⟩ **2** **etwas irgendwie handhaben** (nach einer Interpretation o. Ä.) etwas irgendwie anwenden, praktizieren o. Ä. ⟨ein Gesetz, eine Vorschrift großzügig, kleinlich handhaben⟩ ● hierzu **Hand·ha·bung** *die*

Han·di·cap ['hɛndikɛp] *das;* (-s, -s) → Handikap

-hän·dig *im Adjektiv, unbetont, nicht produktiv* **beidhändig, einhändig, linkshändig, rechtshändig** *und andere* mit der genannten Hand oder mit der genannten Zahl von Händen | *eine eigenhändige Unterschrift* | *mit jemandem vierhändig Klavier spielen*

Han·di·kap ['hɛndikɛp] *das;* (-s, -s) etwas, das für jemanden/etwas einen (schweren) Nachteil darstellt (auch bei sportlichen Wettkämpfen)

Hand·kuss *der* eine (heute seltene) Art der Begrüßung, bei der ein Mann den Kopf neigt und die ausgestreckte Hand der Frau mit den Lippen leicht oder fast berührt ■ ID **etwas mit Handkuss nehmen** etwas sehr gern und ohne zu zögern nehmen

Hand·lan·ger *der;* (-s, -) **1** eine Person, die für jemanden sehr einfache (körperliche) Arbeiten macht ≈ *Gehilfe* K Handlangerarbeiten **2** *abwertend* eine Person, die anderen Leuten bei etwas hilft, das moralisch schlecht ist | *der Diktator und seine Handlanger* | *Wir dürfen uns nicht zu Handlangern des Unrechtregimes machen* K Handlangerdienste

★ **Händ·ler** *der;* (-s, -) **1** eine Person, die Waren kauft und wieder verkauft (meist als Besitzer eines kleinen Geschäfts) ≈ *Kaufmann* K Antiquitätenhändler, Autohändler, Blumenhändler, Buchhändler, Gemüsehändler, Kohlenhändler, Rauschgifthändler, Viehhändler, Weinhändler, Zeitungshändler **2** **ein fliegender Händler** eine Person, die Waren nicht in einem Geschäft verkauft, sondern von Ort zu Ort fährt

hand·lich ADJEKTIV (meist klein und einfach gebaut und deshalb) leicht zu verwenden ⟨ein Laptop, eine Nähmaschine, eine Bohrmaschine, ein Staubsauger, eine Kamera; eine Packung, ein Format⟩ | *Dieser Koffer ist recht handlich, weil er schmal ist und wenig wiegt* ● hierzu **Hand·lich·keit** *die*

★ **Hand·lung** *die;* (-, -en) **1** der Ablauf oder das Resultat dessen, was jemand tut oder getan hat ⟨eine unbedachte, (un)überlegte, unreflektierte, strafbare Handlung; eine symbolische Handlung; eine Handlung begehen, bereuen⟩ ≈ *Tat* | *sich zu kriegerischen Handlungen provozieren lassen* K Handlungsfreiheit, Handlungsspielraum, Handlungsweise; Amtshandlung, Gewalthandlung, Kurzschlusshandlung, Willkürhandlung **2** *meist Singular* die Dinge, die in einer Geschichte, einem Films usw. geschehen ⟨eine spannende, langweilige, verwickelte Handlung⟩ | *Der Film ist ziemlich langweilig, da er zu wenig Handlung hat* K Handlungsablauf, Handlungskette; Haupthandlung, Nebenhandlung ● zu (1) **hand·lungs·fä·hig** ADJEKTIV

★ **-hand·lung** *die;* (-, -en) **Buchhandlung, Fahrradhandlung, Kohlenhandlung, Weinhandlung, Zoohandlung** *und andere* ein Geschäft, in dem man Dinge kaufen kann, eine Firma, die mit der genannten Ware handelt ≈ *Laden*

Hand-out ['hɛndaut] *das;* (-s, -s) eine oder mehrere Seiten mit kurzen Informationen für die Teilnehmer eines Kurses, Seminars o. Ä.

Hand·rü·cken *der* die äußere Seite einer Hand ↔ *Handfläche*

Hand·schel·len *die; Plural* zwei Ringe aus Metall, die durch eine Kette miteinander verbunden sind und mit denen die Polizei Gefangenen die Hände fesselt ⟨jemandem Handschellen anlegen; jemandem die Handschellen abnehmen; jemanden in Handschellen abführen⟩

Hand·schlag *der; meist Singular* ein Händedruck, der in manchen Situationen als Symbol dient (z. B. um einen Vertrag für gültig zu erklären) ⟨einen Vertrag, eine Abmachung mit/durch/per Handschlag bekräftigen, besiegeln⟩ ■ ID **keinen Handschlag tun** *gesprochen, meist abwertend* überhaupt nicht arbeiten

Hand·schrift *die* **1** die Art, die Buchstaben zu schreiben, die für jemanden typisch ist ⟨eine (un)saubere, (un)leserliche, (un)ordentliche Handschrift haben⟩ **2** ein Buch, das mit der Hand geschrieben ist | *Handschriften des 13. Jahrhunderts* ■ ID **etwas trägt/verrät jemandes Handschrift** man erkennt, dass etwas von jemandem gemacht oder ausgedacht wurde

hand·schrift·lich ADJEKTIV **1** mit der Hand geschrieben ⟨ein Lebenslauf, eine Bewerbung, eine Notiz⟩ **2** in alten Handschriften ⟨Texte, Quellen, eine Überlieferung⟩

★ **Hand·schuh** *der* ein Kleidungsstück für die Hände, das sie (vor Kälte, Schmutz oder Verletzungen) schützt K Arbeitshandschuh, Boxhandschuh; Fausthandschuh, Fingerhandschuh; Damenhandschuh, Herrenhandschuh; Gummihandschuh, Lederhandschuh, Pelzhandschuh, Wollhandschuh

Hand·schuh|fach *das* das Fach vorn im Auto (vor dem Beifahrer), in das man kleine Dinge legen kann

Hand·stand *der;* (-(e)s) eine sportliche Übung, bei der man mit den Händen am Boden und dem Kopf nach unten die Arme und die Beine senkrecht in die Höhe streckt ⟨einen Handstand machen⟩

★ **Hand·ta·sche** *die* eine Tasche (vor allem für Frauen) für kleine Dinge (wie Geld, Schlüssel, Ausweise usw.) K Damenhandtasche

Hand·tel·ler *der* die ganze innere Seite einer Hand ≈ *Handfläche*

★ **Hand·tuch** *das* ein Tuch (meist aus einem weichen Stoff), mit dem man sich nach dem Waschen abtrocknet K Handtuchhalter; Badehandtuch, Frotteehandtuch ■ ID **das Handtuch werfen/schmeißen** *gesprochen* nicht mehr weitermachen, weil etwas zu schwierig ist

Hand·um·dre·hen ■ ID **(etwas) im Handumdrehen (tun)** (etwas) in sehr kurzer Zeit (tun)

Hand·voll, **Hand voll** *die*; (-, -) eine kleine Menge oder Anzahl | *eine Handvoll Reis* | *Zu der Veranstaltung war(en) nur eine Handvoll Leute gekommen*

Hand·wä·sche *die* **1** das Waschen der Hände mit Wasser und Seife **2** das Waschen von Wäsche mit der Hand **3** *nur Singular* Wäsche, die man mit der Hand und nicht mit der Waschmaschine wäscht

★ **Hand·werk** *das*; (-s) **1** einer der Berufe, bei denen man mit den Händen und mit Werkzeugen Dinge baut, herstellt oder repariert ⟨ein Handwerk erlernen, ausüben⟩ | *das Handwerk des Zimmermanns* K Handwerksberuf, Handwerksbetrieb, Handwerksgeselle, Handwerksmeister; Metzgerhandwerk, Schreinerhandwerk, Schusterhandwerk, Tischlerhandwerk **2** alle Leute und Betriebe, die ein Handwerk ausüben ■ ID **jemandem ins Handwerk pfuschen** *gesprochen* in einem Bereich aktiv werden, für den eine andere Person zuständig und besser geeignet ist; **jemandem das Handwerk legen** bewirken, dass jemand nichts Böses mehr tun kann | *einem Taschendieb das Handwerk legen*; **Handwerk hat goldenen Boden** Handwerker werden immer gebraucht und können mit ihrer Arbeit gut Geld verdienen

★ **Hand·wer·ker** *der*; (-s, -) eine Person, die als Beruf ein Handwerk ausübt | *Schlosser, Schreiner und Maurer sind Handwerker* H zu *Handwerkerin* → Info im Eintrag **-in** • hierzu **Hand·wer·ke·rin** *die*

hand·werk·lich ADJEKTIV *meist attributiv* in Bezug auf das Handwerk ⟨Können, Geschick; Fähigkeiten; handwerklich geschickt, begabt sein⟩

Hand·werks·zeug *das*; *nur Singular* alle Dinge, Werkzeuge, Kenntnisse o. Ä., die man braucht, um eine Arbeit machen zu können | *Hammer und Meißel gehören zum Handwerkszeug des Maurers*

★ **Han·dy** ['hɛndi] *das*; (-s, -s) ein Telefon ohne Kabel, das man mitnimmt, wenn man das Haus verlässt ≈ *Mobiltelefon* K Handyanruf, Handynummer, Handyvertrag; Diensthandy, Klapphandy H → Infos unter **Telefon**

Hand·zei·chen *das* ein Zeichen oder ein Signal, das man mit der Hand gibt ⟨per Handzeichen abstimmen⟩

Hanf *der*; (-(e)s) **1** eine Pflanze, aus der man Haschisch gewinnt und aus deren Stängeln man Schnüre, Seile o. Ä. macht **2** die Samen des Hanfs **3** die Fasern des Hanfs | *eine Hängematte aus Hanf* K Hanfgarn, Hanfseil, Hanfstrick

★ **Hang** *der*; (-(e)s, Hän·ge) **1** der schräg abfallende Teil eines Berges oder Hügels ⟨ein steiler, steil abfallender Hang⟩ K Berghang **2** **der Hang zu etwas** *nur Singular* die Tendenz, etwas tun zu wollen, was für andere Personen oft negativ oder unangenehm ist | *einen Hang zum Faulenzen haben* | *Er hat den Hang, aggressiv zu werden, wenn er zu viel Stress hat*

Hän·ge·brü·cke *die* eine meist sehr lange Brücke, die an starken Stahlseilen hängt, die an hohen Pfeilern befestigt sind | *Die „Golden Gate Bridge" in San Francisco ist eine berühmte Hängebrücke*

Hän·ge·mat·te *die* ein Netz oder Tuch, das man (z. B. zwischen Bäumen) aufhängt, um darin zu liegen | *eine Hängematte zwischen zwei Bäumen spannen*

★ **hän·gen**[1] VERB (hing, hat/ist gehangen)

▸nach unten: **1** **etwas hängt irgendwo/irgendwie** etwas ist oben mit einer Sache fest verbunden, kann sich aber im unteren Teil frei bewegen | *An unserem Baum hängen viele reife Birnen* | *Die Wäsche hängt zum Trocknen an der Leine* | *Der Mantel hängt auf dem Kleiderbügel* | *Das Bild hängt ja ganz schief!* | *Seine Haare waren so lang, dass sie ihm ins Gesicht hingen* **2** **irgendwo hängen** sich irgendwo festhalten und keinen Boden unter den Füßen haben | *Der Turner hing am Reck* **3** **etwas hängt (irgendwohin)** etwas ist nach unten gebogen | *Die schneebedeckten Zweige hingen bis auf den Boden* | *Sie ging enttäuscht mit hängenden Schultern davon* **4** **etwas hängt voller Dinge** viele Dinge hängen irgendwo | *Der Baum hängt voller Früchte* | *Der Schrank hängt voller Kleider*

▸an einer Stelle: **5** **jemand/etwas hängt irgendwo** jemand/etwas ist irgendwo befestigt | *Der Anhänger hängt am Auto* | *Der Bergsteiger hing am Seil* **6** **etwas hängt irgendwo** etwas klebt oder haftet an einer Stelle | *An den Stiefeln hing Schlamm* | *Auf dem Dachboden hängen überall Spinnweben* **7** **etwas hängt irgendwo** etwas bleibt an der genannten Stelle | *Sein Blick hing an ihren Lippen* | *Ein unangenehmer Geruch hing in der Luft* | *Eine Dunstglocke hing über der Innenstadt*

▸andere Verwendungen: **8** **an jemandem/etwas hängen** eine Person/Sache sehr mögen und sich nicht von ihr trennen wollen | *sehr an den Eltern hängen* | *Er hing sehr an dem alten Auto* **9** **an der Strippe/am Telefon hängen** *gesprochen* (lange) telefonieren **10** **etwas hängt an jemandem/etwas** *gesprochen* etwas hängt von jemandem/etwas ab | *Ob wir gewinnen, hängt jetzt nur noch an dir* **11** **etwas hängt (an jemandem/etwas)** *gesprochen* etwas entwickelt sich (wegen jemandem/etwas) nicht weiter | *Du solltest doch schon längst fertig sein. Woran hängt es denn noch?* ■ ID **mit Hängen und Würgen** *gesprochen* nur mit sehr großer Anstrengung ≈ *knapp, gerade noch* | *das Ziel mit Hängen und Würgen erreichen* H → auch **hängen bleiben, hängen lassen**

★ **hän·gen**[2] VERB (hängte, hat gehängt) **1** **etwas irgendwohin hängen** etwas so an einer Stelle befestigen, dass der untere Teil frei beweglich bleibt | *einen Mantel auf den Kleiderbügel hängen* | *Wäsche auf die Leine hängen* | *eine Tasche über die Schulter hängen* | *ein Bild an die Wand hängen* **2** **etwas irgendwohin hängen** etwas (z. B. ein Körperteil) in eine Richtung nach unten bewegen (oft weil man müde ist) | *den Arm aus dem Fenster hängen* | *die Füße ins Wasser hängen* **3** **ein Tier/etwas irgendwohin hängen** ein Tier irgendwo festmachen/etwas irgendwo befestigen | *den Hund an die Leine hängen* | *den Wagen an den Traktor hängen* **4** **jemanden hängen** eine Person mit einem Strick um den Hals an einen Baum oder Galgen hängen, um sie zu töten | *Der Mörder wurde gehängt* **5** **sich irgendwohin hängen** sich mit den Händen festhalten und den Körper frei in der Luft schwingen lassen | *Er hängte sich an den Ast und schaukelte hin und her* **6** **sich ans Telefon/an die Strippe hängen** *gesprochen* anfangen zu telefonieren

hän·gen blei·ben, **hän·gen·blei·ben** VERB (blieb hängen, ist hängen geblieben / hängengeblieben) **1** **jemand / etwas bleibt irgendwo hängen** jemand/etwas wird von einem Hindernis festgehalten und kann sich nicht weiterbewegen | *Der Drachen blieb in einem Baum hängen* | *Als er über den Zaun klettern wollte, blieb er mit der Hose hängen und stürzte* **2** **(irgendwo) hängen bleiben** *gesprochen* länger als geplant an einem Ort oder bei jemandem bleiben | *Ich wollte schon früher zurück sein, aber dann traf ich Pia und blieb mit ihr im Café hängen* **3** **etwas bleibt an jemandem hängen** *gesprochen* jemand muss eine Aufgabe übernehmen, weil es keine andere Person tut | *Die unangenehmen Arbeiten bleiben mal wieder an mir hängen!* **4** **hängen bleiben** *gesprochen* eine Schulklasse wiederholen müssen ≈ *sitzenbleiben* **5** **von etwas bleibt bei jemandem viel / nichts / wenig / (et)was hängen** *gesprochen* jemand kann viel/nichts/wenig/einen Teil einer Sache im Gedächtnis behalten | *Von seiner Rede ist bei mir kaum etwas hängen geblieben*

hän·gen las·sen, **hän·gen·las·sen** VERB (ließ hängen, hat hängen lassen/hängenlassen) **1** **etwas (irgendwo) hängen lassen** meist Kleidung, die man irgendwo aufgehängt hat, dort vergessen | *Er hat die Jacke im Hotel hängen lassen* **2** **den Kopf/die Schultern hängen lassen** meist aus Enttäuschung oder Erschöpfung den Körper nicht aufrecht halten **3** **jemanden hängen lassen** *gesprochen* jemandem nicht helfen, obwohl man es versprochen oder beschlossen hat | *Der Klempner wollte eigentlich heute kommen, aber er hat mich hängen lassen* **4** **sich hängen lassen** *gesprochen* keine Lust und Energie (mehr) haben, etwas zu tun | *Los, wir müssen weiterarbeiten, wir dürfen uns jetzt nicht hängen lassen!* H Im Perfekt gesprochen auch *hat hängen gelassen* ■ ID **Lass den Kopf nicht hängen!** *gesprochen* Sei nicht traurig!

Hän·ge·schrank *der* ein kleiner Schrank, der an der Wand aufgehängt wird

Hans·dampf *der* ■ ID **ein Hansdampf in allen Gassen** *gesprochen* eine Person, die sich mit vielen verschiedenen Dingen (oberflächlich) beschäftigt

hän·seln VERB (hänselte, hat gehänselt) **ein Kind hänselt ein Kind** ein Kind ärgert ein anderes Kind wegen etwas, das es an ihm seltsam findet | *In der Schule wurde sie wegen ihrer roten Haare oft gehänselt*

Hans·wurst, **Hans·wurst** *der*; (-(e)s, -e/Hans·würs·te); *abwertend* eine Person, die dumm ist und über die man lacht

Han·tel *die*; (-, -n) eine Stange mit Gewichten an beiden Enden, die man mit einer Hand hochdrückt oder hochhebt, um die Muskeln zu trainieren ⟨mit Hanteln trainieren; Hanteln wuchten⟩ K Hanteltraining

han·tie·ren VERB (hantierte, hat hantiert) **(mit etwas) hantieren** etwas (meist ein Gerät oder Werkzeug) für eine Tätigkeit verwenden | *An Tankstellen sollte man nicht mit offenem Feuer hantieren* | *Man hörte sie in der Küche hantieren*

ha·pern VERB (haperte, hat gehapert) **1** **es hapert (jemandem/etwas) an etwas** (*Dativ*) es gibt (zurzeit) von einer Sache zu wenig oder nichts | *Die Firma ging bankrott, weil es (ihr) an Aufträgen haperte* **2** **bei jemandem hapert es mit etwas/in etwas** (*Dativ*) jemand ist auf einem Wissensgebiet nicht sehr gut | *Er schreibt gute Aufsätze, aber mit/in der Rechtschreibung hapert es noch bei ihm*

Hap·pen *der*; (-s, -); *gesprochen* **1** eine Kleinigkeit zum Essen, ein kleiner Imbiss ≈ *Bissen* | *Ich habe zwar keinen großen Hunger, aber einen Happen könnte ich schon vertragen* **2** **ein fetter Happen** eine Sache, bei der man einen großen finanziellen Gewinn macht

Hap·pe·ning ['hɛpənɪŋ] *das*; (-s, -s) eine spontane öffentliche (oft provozierende) Aktion (vor allem von Künstlern)

hap·pig ADJEKTIV; *gesprochen* zu hoch ⟨ein Preis, eine Strafe⟩ ■ ID **Das ist ganz schön happig** *gesprochen* das (ist riskant und) kann negative Folgen haben

hap·py ['hɛpi] ADJEKTIV; *gesprochen* sehr glücklich

Hap·py End, **Hap·py·end** ['hɛpi'ʔɛnt] *das*; (-(s), -s) (in Filmen, Romanen, Märchen usw.) ein Ende, das schön und harmonisch ist, weil alle Konflikte gelöst worden sind ⟨etwas endet mit einem Happy End; etwas kommt zu einem Happy End⟩

Här·chen *das*; (-s, -) ein kleines, dünnes Haar

Hard·ware ['ha:dvɛ:ɐ̯] *die*; (-) alle Geräte und Teile eines Computers ↔ *Software*

Ha·rem *der*; (-s, -s) **1** *historisch* der Teil des Palastes eines Scheichs, Sultans usw., in welchem dessen Frauen lebten K Haremsdame, Haremsfrau, Haremswächter **2** *historisch* die Frauen, die im Harem lebten **3** *gesprochen, humorvoll* mehrere Frauen, mit denen ein Mann viel zusammen ist oder zu tun hat

Har·fe *die*; (-, -n) ein großes Musikinstrument mit einem dreieckigen Rahmen und senkrechten Saiten, auf denen man mit beiden Händen spielt ⟨die Harfe zupfen; auf der Harfe spielen⟩ K Harfenspiel • hierzu **Har·fe·nist** *der*; **Har·fe·nis·tin** *die*

Har·ke *die*; (-, -n); *besonders norddeutsch* ≈ *Rechen* ■ ID **Dem werde ich zeigen, was eine Harke ist!** *gesprochen* verwendet, um zu sagen, dass man einem Dritten deutlich die eigene Meinung sagen wird

har·ken VERB (harkte, hat geharkt) **1** **etwas harken** etwas mit der Harke glatt oder sauber machen ⟨Beete, Wege, den Rasen harken⟩ **2** **etwas (von etwas) harken** etwas mit der Harke von etwas entfernen ⟨Laub (vom Rasen) harken⟩

Har·le·kin *der*; (-s, -e); *meist Singular* eine lustige Gestalt, oft in einem Kostüm mit Karos und einem langen, spitzen Hut

★ **harm·los** ADJEKTIV **1** ⟨ein Mensch, ein Zeitgenosse, ein Typ, ein Hund, eine Bemerkung, eine Frage⟩ so, dass sie nichts Böses wollen oder tun ≈ *ungefährlich* | *Vor dieser Dogge brauchst du keine Angst zu haben. Sie ist völlig harmlos* **2** ohne schädliche Wirkung oder schlimme Folgen ⟨ein Medikament, ein Schlafmittel, eine Verletzung, eine Wunde⟩ **3** sittlich und moralisch in Ordnung (und manchmal langweilig) ⟨ein Buch, ein Film, ein Witz, ein Vergnügen, ein Zeitvertreib⟩ • hierzu **Harm·lo·sig·keit** *die*

★ **Har·mo·nie** *die*; (-, -n [-'ni:ən]) **1** **die Harmonie** +*Genitiv*; **die Harmonie von Dingen** die angenehme Wirkung, wenn verschiedene Dinge gut zusammenpassen ⟨die Harmonie der Töne, Klänge, Farben; die Harmonie von Körper und Geist, von Form und Inhalt⟩ **2** *nur Singular* ein friedlicher Zustand ohne Konflikte und Streit ⟨in Harmonie mit jemandem/etwas leben⟩ ↔ *Streit* | *die Harmonie zwischen zwei Menschen* **3** die Art, wie Töne zusammenpassen und Melodien bilden K Harmonielehre

har·mo·nie·ren VERB (harmonierte, hat harmoniert) **1** **etwas harmoniert mit etwas**; **Dinge harmonieren (miteinander)** zwei oder mehrere Dinge passen gut zusammen | *Die Farben der Häuser harmonieren sehr gut mit den Farben des Meeres und des Himmels* **2** **eine Person harmoniert mit jemandem**; **Personen harmonieren (miteinander)** zwei oder mehrere Personen verstehen sich gut (und leben oder arbeiten deshalb gut zusammen)

★ **har·mo·nisch** ADJEKTIV **1** so, dass die einzelnen Teile gut zueinanderpassen | *die harmonischen Formen einer Statue* **2** so, dass man sich gut miteinander versteht (und kein Streit entsteht) | *eine harmonische Ehe führen* **3** so, dass alle Töne gut klingen, wenn sie gleichzeitig oder nacheinander gespielt werden ⟨ein Akkord, ein Dreiklang, eine Melodie⟩ ↔ *disharmonisch*

har·mo·ni·sie·ren VERB (harmonisierte, hat harmonisiert) **Dinge harmonisieren** bewirken, dass zwischen verschiedenen Dingen Harmonie entsteht • hierzu **Har·mo·ni·sie·rung** *die*

Harn *der*; (-(e)s) **1** ≈ *Urin* **2** **Harn lassen** *geschrieben* die Blase entleeren

Harn·bla·se *die* in der Harnblase sammelt sich der Urin, bevor er ausgeschieden wird

Harn·drang das Gefühl, dass man die Blase entleeren muss ⟨starken Harndrang haben⟩

Har·nisch *der*; (-(e)s, -e); *historisch* die eiserne Rüstung eines Ritters ■ ID **in Harnisch sein/geraten** wütend sein/werden; **jemanden in Harnisch bringen** jemanden wütend machen

Harn·lei·ter *der* die Harnleiter verbinden die Nieren mit der Harnblase

Harn·röh·re *die* durch die Harnröhre gelangt der Urin von der Blase aus dem Körper

Har·pu·ne *die;* (-, -n) ein Speer, mit dem man Fische fängt

har·ren VERB (harrte, hat geharrt) **jemandes/etwas harren; auf jemanden/etwas harren** *geschrieben* geduldig (aber neugierig oder sehnsüchtig) auf jemanden/etwas warten | *der Dinge harren, die da kommen sollen*

harsch ADJEKTIV unfreundlich ⟨eine Äußerung, eine Bemerkung, Worte⟩ | *jemanden harsch ansprechen*

★ **hart** ADJEKTIV (härter, härtest-) **1** fest und nur schwer zu zerbrechen oder zu verformen ⟨eine Bank, ein Bett, ein Holz, eine Schale; hart wie Fels/Stein; hart gefroren⟩ ↔ *weich* | *Das Brot ist trocken und hart* | *Die Erde ist so ausgetrocknet, dass sie ganz hart ist* K Hartgummi, Hartholz, Hartkäse, Hartmetall, hartgefroren; eisenhart, knochenhart, stahlhart, steinhart **2** ohne Mitleid, Rücksicht oder andere freundliche Gefühle ⟨ein Blick, ein Herz, eine Strafe, ein Urteil, Worte; hart zu jemandem sein; jemanden hart anfassen, bestrafen⟩ ≈ *streng* | *Die vielen Enttäuschungen haben ihn hart gemacht* **3** so, dass sehr viel Kraft und Anstrengung nötig ist (oder aufgewendet wird) ⟨eine Arbeit, ein Kampf, ein Training; hart arbeiten, lernen; hart umkämpft⟩ ≈ *schwer* ↔ *leicht* **4** **hart (für jemanden)** kaum zu ertragen ⟨Bedingungen, ein Leben, ein Los, Strapazen, ein Winter; etwas nimmt jemanden hart mit, trifft jemanden hart; jemandem hart zusetzen⟩ | *Es ist hart für ihn, dass seine Eltern so früh gestorben sind* **5** mit großer Wucht, heftig ⟨ein Aufprall, eine Landung, Schläge, ein Sturz; hart aufschlagen, bremsen⟩ ↔ *sanft* | *Das Flugzeug setzte hart auf* **6** mit hohem Alkoholgehalt ⟨ein Drink⟩ | *Er trinkt auch härtere Sachen* (Schnaps o. Ä.) **7** mit starker Wirkung und gefährlich ⟨Drogen⟩ **8** (physisch und psychisch) stark und widerstandsfähig ⟨ein Bursche, ein Mann⟩ | *Sein Motto ist: „Gelobt sei, was hart macht"* **9** mit starkem Kontrast ⟨ein Gegensatz, Konturen, ein Umriss⟩ ≈ *deutlich* **10** so, dass eine Person Konsonanten stimmlos und stark betont ausspricht ⟨ein Akzent, eine Aussprache⟩ ↔ *weich* **11** *meist attributiv* mit einem stabilen Kurs ⟨Devisen, eine Währung⟩ | *in harten Schweizer Franken zahlen* **12** so, dass man damit sehr dünne Striche machen kann ⟨ein Bleistift, eine Mine⟩ ↔ *weich* **13** *gesprochen meist adverbiell* etwas ist erstaunlich oder empörend/entsetzlich | *Hast du von dem Skandal gehört? Ganz schön hart!* **14** *nur adverbiell* sehr nahe, dicht ⟨hart an der Grenze (zu etwas); hart am Abgrund⟩ **15** **hart gekocht** ⟨ein Ei⟩ so lange gekocht, dass Dotter und Eiweiß fest sind

■ **ID** **Es geht hart auf hart** *gesprochen* es wird schonungslos und mit vollem Einsatz gekämpft; **hart im Nehmen sein** *gesprochen* viele Niederlagen ertragen können

★ **Här·te** *die;* (-, -n) **1** *meist Singular* die Eigenschaft eines Körpers oder einer Substanz, hart zu sein und nur schwer zu zerbrechen ⟨etwas ist von großer, geringer Härte⟩ | *Stoffe mit unterschiedlicher Härte* | *die Härte eines Kristalls ermitteln* K Härtegrad, Härteprüfung, Härtestufe **2** *nur Singular* die Eigenschaft, hart und streng zu sein oder zu reagieren ⟨etwas mit grausamer, rücksichtsloser Härte ahnden, bestrafen, verfolgen; mit äußerster Härte gegen jemanden/etwas vorgehen⟩ ≈ *Strenge* | *Ihn traf die ganze Härte des Gesetzes* **3** *meist Singular* der Kalkgehalt des Wassers ⟨Wasser von großer, mittlerer, geringer Härte⟩ | *ein Waschmittel entsprechend der Härte des Wassers dosieren* K Härtebereich **4** etwas Unangenehmes, das kaum zu ertragen ist ⟨eine unzumutbare Härte⟩ | *die Härten des Lebens tapfer ertragen* **5** *nur Singular* die Grausamkeit einer Sache, Situation ⟨die Härte des Elends, der Not, jemandes Schicksals lindern⟩ **6** *nur Singular* von Härte spricht man, wenn zwei Objekte mit Wucht aufeinandertreffen, und mindestens eines dieser Objekte nicht weich ist | *die Härte des Aufpralls* **7** *nur Singular* die meist unangenehme Stärke oder Intensität einer Sache ⟨die Härte der Farben, eines Gegensatzes, der Konturen⟩ **8** die Festigkeit einer Bleistiftmine, die bestimmt, wie stark die Striche werden | *Stifte in verschiedenen Härten kaufen*

Här·te·fall *der* **1** eine Situation großer Not, in der sich jemand befindet | *In Härtefällen kann der Kredit verlängert werden* **2** *gesprochen* eine Person, die sich in einer besonderen Notsituation befindet ⟨ein Härtefall sein⟩

här·ten VERB (härtete, hat gehärtet) **etwas härten** eine Substanz hart oder härter machen ⟨Stahl härten⟩ K Härteverfahren

hart·ge·kocht ADJEKTIV ≈ *hart gekocht*

Hart·geld *das; nur Singular* Geld in Form von Münzen ↔ *Papiergeld*

hart·ge·sot·ten ADJEKTIV ohne Mitleid und ohne Skrupel ⟨ein Bursche, ein Geschäftsmann, ein Manager⟩ ≈ *gefühllos*

hart·her·zig ADJEKTIV ohne Mitleid, Rücksicht oder andere freundliche Gefühle ⟨ein Mensch⟩ • hierzu **Hart·her·zig·keit** *die*

hart·ma·chen VERB ≈ *hart machen*

hart·nä·ckig ADJEKTIV **1** so, dass jemand trotz aller Hindernisse das eigene Ziel und die eigene Meinung nicht ändert und sich ständig dafür einsetzt ⟨eine Bitte, ein Verfolger, ein Widerstand; etwas hartnäckig behaupten, fordern; sich hartnäckig weigern⟩ | *Wir bestürmten sie mit Fragen, aber sie schwieg hartnäckig* **2** (in Bezug auf eine Krankheit) so, dass sie lange dauert ⟨eine Erkältung, eine Heiserkeit, ein Schnupfen⟩ • zu (1) **Hart·nä·ckig·keit** *die*

hart·tun VERB (tut sich hart, tat sich hart, hat sich hartgetan); *süddeutsch* Ⓐ, *gesprochen* **sich (mit etwas) harttun** Schwierigkeiten (mit etwas) haben | *Sie tut sich hart in der Schule* | *sich mit dem Lernen harttun*

Hartz IV [harts'fiːɐ̯] *ohne Artikel; nur in dieser Form;* Ⓓ **1** eine Reform, nach der in Deutschland Menschen finanziell unterstützt werden, die ein sehr niedriges oder gar kein Einkommen haben **2** ≈ *Arbeitslosengeld II* K Hartz-IV-Empfänger

Harz *das;* (-es, -e) eine klebrige Flüssigkeit, die Bäume dort produzieren, wo ihre Rinde beschädigt ist K Fichtenharz, Kiefernharz, Tannenharz • hierzu **har·zig** ADJEKTIV

Hasch *das;* (-s); *gesprochen* Kurzwort für *Haschisch*

Ha·schee *das;* (-s, -s) ein Gericht aus gehacktem Fleisch, Fisch o. Ä.

ha·schen VERB (haschte, hat gehascht) **1** **jemanden haschen** *geschrieben* Menschen oder Tiere, die sich bewegen, fangen | *einen Schmetterling haschen* **2** **nach jemandem/etwas haschen** *geschrieben* versuchen, jemanden/etwas zu fangen **3** *gesprochen* Haschisch rauchen • zu (3) **Ha·scher** *der;* zu (3) **Ha·sche·rin** *die*

Hä·scher *der;* (-s, -); *geschrieben abwertend* eine Person, die auf Befehl (einer Regierung o. Ä.) Menschen sucht, um sie festzunehmen

Ha·schisch *das/der;* (-(s)) eine Droge, die wie eine Zigarette oder in einer Pfeife geraucht wird K Haschischpfeife, Haschischzigarette

★ **Ha·se** *der;* (-n, -n) **1** ein Säugetier mit hellbraunem Fell, sehr langen Ohren und einem kurzen, weißen Schwanz. Hasen leben meist auf Feldern und Wiesen und können sehr schnell laufen K Hasenbraten, Hasenfell, Hasenjagd, Hasenpfote; Feldhase **i** *der Hase; den, dem, des Hasen* **2** ein männlicher Hase **3** *gesprochen* als Bezeichnung für Kaninchen verwendet, die als Haustiere gehalten werden **4** *veraltend* vor allem von Männern als Bezeichnung für eine (attraktive) junge Frau verwendet ⟨ein flotter Hase⟩ **5** **ein alter Hase** eine Person, die auf einem Gebiet schon viel Erfahrung hat **6** **falscher Hase** ein Braten aus Hackfleisch ■ **ID** **Da liegt der Hase im Pfeffer** das ist die Sache, die Schwierigkeiten macht; **erkennen/wissen, wie der Hase läuft** erkennen/wissen, wie die Zusammenhänge sind, was in einer Situation normalerweise geschieht; **Mein Name ist Hase (, ich weiß von nichts)** *gesprochen* von dieser Angelegenheit habe ich nichts gewusst (und habe deshalb keine Schuld daran)

Ha·sel *die*; (-, -n) ≈ *Haselnuss* K Haselbusch, Haselkätzchen, Haselrute, Haselstrauch, Haselzweig

Ha·sel·nuss *die* **1** eine kleine, runde Nuss, die eine braune, harte, glänzende Schale hat **2** der Strauch, an dem die Haselnuss wächst K Haselnussstaude, Haselnussstrauch

Ha·sen·fuß *der*; *gesprochen, abwertend* ein ängstlicher Mensch

Ha·sen·schar·te *die* eine Spalte in der Oberlippe (die ein Mensch als Missbildung seit der Geburt hat)

Hä·sin *die*; (-, -nen) ein weiblicher Hase

★ **Hass** *der*; (Has·ses) **1** **Hass gegen jemanden/etwas** eine sehr starke Abneigung gegen jemanden/etwas ⟨abgrundtiefer, glühender, leidenschaftlicher Hass; jemand ist von Hass erfüllt, ist voller Hass; Hass empfinden/fühlen; Hass gegen jemanden/etwas hegen; sich (*Dativ*) jemandes Hass zuziehen⟩ ↔ *Liebe* | *Die blutige Niederschlagung der Revolte schürte den Hass der Bevölkerung gegen das Regime* K Hassgefühl, Hassliebe, Hasstirade **2** **ein Hass (auf jemanden/etwas)** *gesprochen* ein sehr starkes Gefühl von Ärger und Zorn ⟨einen Hass auf jemanden/etwas haben⟩ ≈ *Wut* ■ **ID** **einen Hass (auf jemanden/etwas) schieben** sich über eine Person oder Sache sehr ärgern ● hierzu **hass·er·füllt** ADJEKTIV

★ **has·sen** VERB (hasste, hat gehasst) **1** **(jemanden/etwas) hassen** Hass (gegen jemanden/etwas) fühlen ⟨jemanden blind, erbittert, zutiefst, auf den Tod, aus ganzem Herzen hassen⟩ **2** **etwas hassen** etwas als sehr unangenehm empfinden | *Sie hasst es, früh aufstehen zu müssen*

has·sens·wert ADJEKTIV so, dass andere Personen zu Recht starke Ablehnung gegen eine Person/Sache empfinden ⟨ein Mensch, eine Tat, ein Verbrechen⟩

★ **häss·lich** ADJEKTIV **1** so, dass es einem Betrachter überhaupt nicht gefällt ⟨ein Bild, eine Gegend, ein Gesicht, ein Haus⟩ **2** unangenehm, nicht nett und freundlich ⟨Worte, Szenen; sich hässlich benehmen⟩ ● zu (1) **Häss·lich·keit** *die*

hast *Präsens, 2. Person Singular* → haben[1]

Hast *die*; (-) die Unruhe, mit der man etwas tut, wenn man sehr wenig Zeit hat ⟨etwas in, mit, ohne, voller Hast tun⟩ | *In großer Hast packte sie ihre Koffer und floh durch die Hintertür*

has·ten VERB (hastete, ist gehastet) **irgendwohin hasten** voller Unruhe irgendwohin laufen

has·tig ADJEKTIV (zu) schnell gemacht (und dabei manchmal mit Fehlern)

hat *Präsens, 3. Person Singular* → haben[1]

hät·scheln, **hät·scheln** VERB (hätschelte, hat gehätschelt) **1** **jemanden hätscheln** einen Menschen oder ein Tier (meist übertrieben zärtlich) streicheln, küssen | *Der alte Mann sitzt schon seit einer Stunde auf der Bank und hätschelt sein Hündchen* **2** **jemanden hätscheln** eine Person sehr freundlich behandeln und sie deutlich mehr mögen als andere | *ein von der Presse gehätschelter Künstler*

hat·schi!, **hat·schi!** verwendet, um das Niesen nachzuahmen

hat·te *Präteritum, 1. und 3. Person Singular* → haben[1]

hät·te *Konjunktiv II, 1. und 3. Person Singular* → haben[1]

Hau·be *die*; (-, -n) **1** eine Kopfbedeckung für Frauen, bei der Haare und Ohren (fast) vollständig bedeckt sind ⟨die Haube einer Nonne, einer Krankenschwester⟩ **2** ein elektrisches Gerät zum Trocknen der Haare, welches den Kopf bedeckt ⟨unter der Haube sitzen⟩ **3** etwas, das einen Gegenstand bedeckt (und ihn wärmt, schützt o. Ä.) | *den Kaffee unter die Haube stellen* | *Der Baum hat eine Haube aus Schnee* K Eierhaube, Kaffeehaube, Käsehaube **4** Kurzwort für *Motorhaube* **5** *süddeutsch* Ⓐ ≈ *Mütze* ■ **ID** **unter die Haube kommen** *gesprochen, humorvoll* (als Frau) heiraten; **unter der Haube sein** *gesprochen, humorvoll* (als Frau) verheiratet sein

Hauch *der*; (-(e)s) **1** die Luft, die jemand (hörbar oder sichtbar) ausatmet ≈ *Atem* **2** ein sehr leichter Wind ⟨ein kühler, kalter Hauch⟩ | *Es regte sich kaum ein Hauch* K Lufthauch, Windhauch **3** **ein Hauch (von etwas)** eine sehr geringe, kaum spürbare Menge einer Sache ⟨ein leichter, rosiger, zarter Hauch; ein Hauch von Parfüm, Rouge; ein Hauch von Schwermut⟩ | *Er zeigte nicht den leisesten Hauch von Reue*

hauch·dünn ADJEKTIV sehr dünn ⟨ein Schleier, ein Stoff, Strümpfe, eine Scheibe⟩

hau·chen VERB (hauchte, hat gehaucht) **1** **(irgendwohin) hauchen** durch den offenen Mund Luft ausstoßen | *auf eine Brille hauchen, um sie zu putzen* | *in die Hände hauchen, um sie zu wärmen* **2** **jemandem einen Kuss auf die Wange/die Lippen hauchen** jemandem einen sehr leichten, flüchtigen Kuss geben **3** **etwas hauchen** etwas sehr leise (und schüchtern) sagen i Das Objekt ist meist ein Satz.

hauch·zart ADJEKTIV sehr zart

Hau·de·gen *der*; (-s, -) ein älterer Mann, der erfahren ist und noch mit viel Kraft arbeitet oder auch kämpft

Haue[1] *die*; *Plural*; *gesprochen* Schläge oder Prügel als Bestrafung (vor allem für Kinder) ⟨Haue kriegen, verdienen⟩

Haue[2] *die*; (-, -n); *süddeutsch* Ⓐ Ⓒⓗ ≈ *Hacke*

★ **hau·en** VERB (haute/*geschrieben* hieb, hat/ist gehauen) **1** **jemanden hauen** *gesprochen* (*haute; hat*) jemanden mit den Fäusten schlagen | *Ich sags meinem Bruder, der haut dich!* i besonders von Kindern verwendet **2** **etwas in etwas** (*Akkusativ*) **hauen** (*haute/hieb; hat*) etwas herstellen, indem man mit einem Werkzeug Stücke von etwas wegschlägt ⟨ein Loch ins Eis, Stufen in den Fels/Stein hauen⟩ | *ein in Marmor gehauenes Bildnis* **3** **etwas irgendwohin hauen** *gesprochen* (*haute; hat*) etwas mit Schwung irgendwohin werfen | *seine Sachen in den Schrank/in die Ecke hauen* **4** **es haut jemanden irgendwohin** *gesprochen* (*haute; hat*) jemand stürzt | *Beim Schlittschuhlaufen hat es mich einmal voll aufs Eis gehauen* **5** **etwas in Stücke hauen** (*haute/hieb; hat*) etwas durch Schläge zerstören **6** **etwas kurz und klein hauen** *gesprochen* (*haute; hat*) etwas zerstören, indem man immer wieder (mit einem Hammer, einer Axt o. Ä.) darauf schlägt **7** **Bäume hauen** (*haute; hat*) Bäume fällen **8** **Holz hauen** (*haute; hat*) Holz mit einem Beil in kleine Stücke hacken **9** **(mit etwas) irgendwohin hauen** *gesprochen* (*haute/hieb; hat*) irgendwohin schlagen ⟨mit der Faust auf den Tisch, mit dem Stock nach jemandem hauen⟩ **10** **(mit etwas) irgendwohin hauen** *gesprochen* (*haute; ist*) unabsichtlich gegen etwas stoßen | *mit dem Kopf an/gegen die Wand hauen* | *(mit dem Knie) an/gegen den Tisch hauen* **11** **sich mit jemandem hauen**; **Personen hauen sich** *gesprochen* (*haute; hat*) Kinder kämpfen mit Händen und Fäusten **12** **sich irgendwohin hauen** *gesprochen* (*haute; hat*) sich irgendwohin fallen lassen | *sich aufs Bett/in den Sessel hauen*

Hau·er *der*; (-s, -) einer von zwei langen Eckzähnen des männlichen Wildschweins

Häuf·chen *das;* (-s, -) ein kleiner Haufen ■ ID **wie ein Häufchen Elend/Unglück** ⟨aussehen, dasitzen⟩ sehr traurig, niedergeschlagen

häu·fen VERB (häufte, hat gehäuft) **1** **Dinge irgendwohin häufen** einzelne Dinge so legen, dass ein Haufen entsteht | *Er häufte Holz in den Ofen und zündete es an* **2** **Dinge häufen sich** etwas wird immer mehr oder passiert immer öfter | *Auf ihrem Schreibtisch häufen sich die Akten* | *Die Beschwerden häufen sich* • zu (2) **Häu·fung** *die*

★ **Hau·fen** *der;* (-s, -) **1** eine Menge einzelner Dinge, die so übereinanderliegen, dass sie die Form eines kleinen Hügels/Berges bilden ⟨ein Haufen Kartoffeln, Sand, Schutt, schmutziger Wäsche; alles auf einen Haufen legen, werfen⟩ | *Die Putzfrau kehrte den Schmutz zu einem Haufen zusammen/auf einen Haufen* K Abfallhaufen, Blätterhaufen, Heuhaufen, Holzhaufen, Kieshaufen, Komposthaufen, Misthaufen, Sandhaufen, Schutthaufen, Trümmerhaufen H vergleiche **Stapel** **2** *gesprochen* eine große Anzahl oder Menge, sehr viel(e) | *Das Auto hat einen Haufen Geld gekostet* | *An der Unfallstelle hatte sich ein Haufen Neugieriger versammelt* H zu 1 und 2: Das nachfolgende Substantiv steht im Singular im Nominativ, im Plural meist im Genitiv: *ein Haufen kreischender Vögel.* **3** **auf einen Haufen** *gesprochen* alle zusammen zur gleichen Zeit | *Zuerst kam niemand, und dann kamen gleich alle auf einen Haufen* ■ ID **etwas über den Haufen werfen** *gesprochen* etwas (vor allem einen Plan) schnell aufgeben; **jemanden über den Haufen rennen/fahren** *gesprochen* jemanden (versehentlich oder mit Absicht) umrennen, umfahren; **jemanden über den Haufen schießen** *gesprochen* mit einer Waffe auf eine Person schießen und sie so schwer verletzen oder töten • zu (2) **hau·fen·wei·se** ADVERB

HAUFEN

Hau·fen·wol·ke *die* eine große dichte Wolke am Himmel ≈ *Kumuluswolke*

★ **häu·fig** ADJEKTIV so, dass es immer wieder vorkommt ⟨etwas tritt häufig auf; etwas geschieht häufig⟩ ≈ *oft* | *ein häufiger Fehler* | *eine häufig gestellte Frage* | *Er ist häufig bei uns zu Gast* • hierzu **Häu·fig·keit** *die*

Haupt *das;* (-(e)s, Häup·ter); *geschrieben* **1** der Kopf eines Menschen | *Sie schritt stolz erhobenen Hauptes durch die Menge* K Haupthaar; Greisenhaupt **2** der Kopf eines edlen Tieres **3** eine Person, die an der Spitze einer Gruppe von Menschen steht und diese führt ≈ *Oberhaupt* | *Der Großvater war das Haupt der Familie* **4** **gekrönte Häupter** Könige und Kaiser

★ **Haupt-** *im Substantiv, betont, sehr produktiv* **die Hauptarbeit, der Hauptbestandteil, der Haupteingang, die Hauptperson, die Hauptmahlzeit, das Hauptproblem** *und andere* verwendet, um zu sagen, dass es sich um das Zentrale oder Wichtigste handelt | *Zur Hauptreisezeit im August sind alle Hotels ausgebucht* | *den Hauptpreis in einem Preisausschreiben gewinnen*

haupt·amt·lich ADJEKTIV so, dass eine Person die genannte Aufgabe als Hauptberuf hat | *der hauptamtliche Leiter eines Vereins*

Haupt|bahn·hof *der* der größte Bahnhof in einer Großstadt H Abkürzung: *Hbf*

Haupt·be·ruf *der; meist Singular* (in Bezug auf eine Person, die mindestens zwei Berufe hat) der Beruf, in dem jemand hauptsächlich arbeitet | *Er ist im Hauptberuf Lehrer, aber er arbeitet manchmal auch als Musiker* • hierzu **haupt·be·ruf·lich** ADJEKTIV

Haupt·dar·stel·ler *der* der Schauspieler, der in einem Theaterstück oder Film die wichtigste oder eine sehr wichtige Rolle spielt • hierzu **Haupt·dar·stel·le·rin** *die*

Haupt·fach *das* **1** ein wichtiges Fach in der Schule | *In den Hauptfächern Deutsch, Englisch und Mathematik hat der Schüler gute Zensuren* **2** das Fach, das im Studium die größere Bedeutung hat

Haupt·fi·gur *die* die wichtigste oder eine der wichtigsten Personen in einem Roman, Film oder Theaterstück

Haupt·gang *der* ≈ *Hauptgericht*

Haupt·ge·richt *das* der wichtigste Teil einer Mahlzeit (im Hotel oder Restaurant), der nach der Vorspeise serviert wird

Häupt·ling *der;* (-s, -e) der Führer eines Volkes von Indianern o. Ä. K Indianerhäuptling

Haupt·mann *der;* (-(e)s, Haupt·leu·te) ein relativ hoher Offizier (mit einem Rang zwischen Oberleutnant und Major)

Haupt·quar·tier *das* der Ort, an dem sich (im Krieg) die Führer einer Armee aufhalten

Haupt·red·ner *der* eine Person, die auf einer Veranstaltung/Versammlung die wichtigste (und längste) Rede hält • hierzu **Haupt·red·ne·rin** *die*

Haupt·rol·le *die* die wichtigste oder eine der wichtigsten Rollen in einem Theaterstück oder Film ⟨die Hauptrolle bekommen, übernehmen, spielen⟩ ■ ID **eine Person/Sache spielt (für jemanden) die Hauptrolle** eine Person oder Sache ist (für jemanden) am wichtigsten | *Seine Tochter spielt die Hauptrolle in seinem Leben*

★ **Haupt·sa·che** *die* **1** das Wichtigste, der entscheidende Punkt in einer Angelegenheit ↔ *Nebensache* | *Lassen Sie uns jetzt zur Hauptsache kommen* | *Die Hauptsache ist, dass Sie hier glücklich sind* **2** **in der Hauptsache** zum größten Teil, vor allem | *Dieses Geschäft verkauft in der Hauptsache exklusive Modellkleider*

★ **haupt·säch·lich** ADJEKTIV **1** *nur adverbiell* am meisten, zum größten Teil | *Er interessiert sich hauptsächlich für Kunst* **2** *meist attributiv* am größten oder am wichtigsten | *Sein hauptsächliches Interesse galt ihr*

Haupt·sai·son *die; meist Singular* die beliebteste Reisezeit

Haupt·satz *der* **1** ein Satz, der allein stehen kann und nicht von einem anderen Satz grammatisch abhängig ist **2** der Teil eines längeren Musikstückes, welcher das Hauptthema in der Grundtonart enthält

Haupt·schlag·ader *die* die größte Arterie, von der alle anderen Arterien ausgehen ≈ *Aorta*

Haupt·schuld *die* der größte Teil einer Schuld, der am schwersten wiegt ⟨die Hauptschuld an etwas tragen; jemandem die Hauptschuld an etwas (*Dativ*) zuschreiben, zusprechen, zumessen⟩ • hierzu **Haupt·schul·di·ge** *der/die*

★ **Haupt·schu·le** *die;* ⓓ die Schule, die man (nach der Grundschule) von der fünften bis zur neunten Klasse besucht, wenn man nicht eine höhere Schule (Realschule, Gymnasium) wählt K Hauptschulabschluss, Hauptschullehrer H → Infos unter **Schule** • hierzu **Haupt·schü·ler** *der;* **Haupt·schü·le·rin** *die*

★ **Haupt·stadt** *die* die (oft größte) Stadt eines Landes, in der die Regierung ihren Sitz hat | *Paris ist die Hauptstadt von Frankreich*

Haupt·stra·ße *die* **1** die größte und wichtigste Straße eines Ortes | *Sein Haus liegt direkt an der Hauptstraße* **2** eine Straße, auf der man Vorfahrt hat

Haupt·tref·fer *der* der größte Gewinn oder einer der größten Gewinne in einem Glücksspiel ⟨einen Haupttreffer im Lotto haben⟩

Haupt·ver·hand·lung *die* die Verhandlung in einem Prozess, in welcher das Urteil verkündet wird

Haupt·ver·kehrs|zeit *die* die Zeit, in der sehr viel Verkehr ist (meist kurz vor Beginn und kurz nach dem Ende der normalen Arbeitszeit)

Haupt·ver·samm·lung *die* die Versammlung, bei der eine Organisation (z. B. eine Aktiengesellschaft) über wichtige Themen spricht und zu der sie alle Mitglieder einlädt K Jahreshauptversammlung

Haupt·wohn·sitz *der; admin* der Wohnsitz, der im Ausweis eingetragen wird und an dem man die Steuern zahlen muss | *Er hat seinen Hauptwohnsitz ins Ausland verlegt, um Steuern zu sparen*

Haupt·wort *das* ≈ *Substantiv*

hau ruck! verwendet als Ruf beim Bewegen einer schweren Last

★ **Haus** *das;* (-es, Häu·ser) **1** ein Gebäude, in dem Menschen wohnen ⟨ein einstöckiges, mehrstöckiges, baufälliges Haus; ein Haus bauen, einrichten, beziehen, bewohnen, besitzen; ein Haus renovieren, umbauen, abreißen; ein Haus (ver)kaufen, (ver)mieten⟩ | *Das alte Haus steht unter Denkmalschutz* K Hausbesitzer, Hausbewohner, Hauseigentümer, Hauseingang, Hausfassade, Hausflur, Hausglocke, Hauskauf, Hausnummer, Haustür, Hausverwalter, Hauswand; Bauernhaus, Einfamilienhaus, Hochhaus, Mietshaus, Reihenhaus, Wohnhaus **2** *geschrieben* ein großes Gebäude, in dem meist viele Leute arbeiten, eine Veranstaltung besuchen o. Ä. | *Bei dem Gastspiel der berühmten Sängerin war das Haus ganz ausverkauft* K Kurhaus, Schulhaus **3** *nur Singular* das Gebäude, in dem man ständig lebt | *Er hat um sieben Uhr das Haus verlassen, um zur Arbeit zu gehen* **4** **jemand ist/bleibt zu Hause** eine Person ist/bleibt dort, wo sie wohnt **5** **jemand geht/kommt nach Hause** eine Person geht/kommt dorthin, wo sie wohnt **6** *gesprochen nur Singular* alle Menschen, die in einem Haus wohnen oder sind | *Durch den Knall wachte das ganze Haus auf* | *Bei dem Konzert des Popstars tobte das ganze Haus vor Begeisterung* **7** *geschrieben* eine große Familie aus mehreren Generationen von meist hohem sozialen Status | *Sie verkehrt in den besten Häusern der Stadt* **8** *geschrieben* eine Familie, die seit mehreren Generationen über einen Staat herrscht ≈ *Dynastie* | *das Haus Hohenzollern* K Fürstenhaus, Herrscherhaus, Königshaus **9** *meist Singular* ≈ *Firma* | *Unser traditionsreiches Haus hat seit über 50 Jahren nur zufriedene Kunden* K Versandhaus, Warenhaus **10** **das Weiße Haus** das Gebäude in Washington, in dem der Präsident der USA wohnt und arbeitet
■ ID **altes Haus** *gesprochen, humorvoll* verwendet in der Anrede für einen guten Freund | *„Na, wie gehts, altes Haus?"*; **Haus und Hof** ⟨verlieren, verspielen⟩ alles, was man besitzt; **jemandem das Haus besorgen** *veraltend* den Haushalt für jemanden führen; **jemandem (wegen etwas) das Haus einrennen** *gesprochen, abwertend* wegen derselben Sache immer wieder zu einer Person kommen (und sie so belästigen); **frei Haus** so, dass für den Transport nichts bezahlt werden muss ⟨etwas frei Haus liefern⟩; **das Haus hüten** zu Hause bleiben (meist weil man krank ist); **jemandem ins Haus platzen/schneien/geschneit kommen** *gesprochen* jemanden überraschend besuchen; **in etwas** (*Dativ*) **zu Hause sein** *gesprochen* auf einem Wissensgebiet oder Sachgebiet gute Kenntnisse haben | *Anette ist in der Rechtswissenschaft zu Hause*; **etwas steht (jemandem) ins Haus** jemandem steht etwas (meist Unangenehmes) bevor; **mit etwas Haus halten** mit etwas sparsam umgehen ⟨mit den Vorräten, dem Wirtschaftsgeld, den Kräften Haus halten⟩; **von Haus aus** von Anfang an und ohne Zweifel | *Er meint, er habe von Haus aus das Recht dazu*

Haus·an·ge·stell·te *die* eine Frau, die im täglichen Haushalt hilft und dafür bezahlt wird

Haus·apo·the·ke *die* Medikamente und andere Dinge (z. B. Pflaster), die man zu Hause bereithält

Haus·ar·beit *die* **1** *nur Singular* im Haus regelmäßig notwendige Arbeiten wie Putzen, Waschen, Kochen usw. **2** eine schriftliche und meist längere Arbeit, die ein Schüler oder Student zu Hause macht ⟨eine Hausarbeit schreiben⟩ **3** ≈ *Hausaufgabe*

Haus·ar·rest *der* eine Strafe, bei der man das Haus oder die Wohnung nicht verlassen darf ⟨jemanden unter Hausarrest stellen; Hausarrest haben, bekommen; unter Hausarrest stehen⟩

Haus·arzt *der* der Arzt, zu dem man regelmäßig geht, wenn man krank ist (und der einen auch zu Hause besucht) ● hierzu **Haus·ärz·tin** *die*

★ **Haus·auf·ga·be** *die* eine Arbeit, die ein Schüler zu Hause machen soll ⟨jemandem eine Hausaufgabe aufgeben; viele, wenig Hausaufgaben aufhaben, aufbekommen; die/seine Hausaufgaben machen⟩

haus·ba·cken ADJEKTIV; *abwertend* sehr einfach und ohne Besonderheit ⟨eine Kleidung, Ansichten; hausbacken aussehen, gekleidet sein⟩

Haus·bar *die* **1** ein Schrank, ein Regal o. Ä. in der Wohnung, wo die starken alkoholischen Getränke sind **2** ein Raum in einem Privathaus, der als Bar eingerichtet ist

Haus·be·set·zer *der;* (-s, -); *meist Plural* eine Person, die in ein leeres Haus einzieht, ohne es gemietet oder gekauft zu haben (und damit gegen die Wohnungspolitik protestiert) | *Die Hausbesetzer wollen mit ihrer Aktion gegen die hohen Mieten protestieren* ● hierzu **Haus·be·set·ze·rin** *die;* **Haus·be·set·zung** *die*

Haus·be·sor·ger *der;* (-s, -); Ⓐ ≈ *Hausmeister* ● hierzu **Haus·be·sor·ge·rin** *die*

Haus·be·such *der* ein Besuch eines Arztes o. Ä. in der Wohnung einer Person, um ihr dort zu helfen

Haus·boot *das* meist ein kleines Schiff, das als Wohnung eingerichtet ist und in dem man wohnen kann

Häus·chen *das;* (-s, -) **1** ein kleines Haus **2** *gesprochen* ⟨aufs Häuschen müssen⟩ ≈ *Toilette* ■ ID **ganz/völlig aus dem Häuschen sein** *gesprochen* (meist vor Freude) sehr aufgeregt sein

Haus·dra·chen *der; gesprochen, abwertend* eine Ehefrau, die viel streitet

Haus·durch·su·chung *die* eine Aktion, bei der Polizisten jemandes Haus oder Wohnung durchsuchen, z. B. um gestohlene Gegenstände zu finden

haus·ei·gen ADJEKTIV *meist attributiv* zu einem Haus gehörig | *Meine Firma hat einen hauseigenen Parkplatz*

hau·sen VERB (hauste, hat gehaust) **1** **irgendwo hausen** irgendwo unter schlechten Bedingungen wohnen | *Sie hausten in einer armseligen Wellblechhütte in den Slums* **2** **jemand/etwas haust (irgendwie)** jemand/etwas bewirkt große Unordnung (und Zerstörungen) ⟨hausen wie die Vandalen⟩ | *Die Einbrecher haben in der Wohnung fürchterlich gehaust*

Häu·ser·block *der* mehrere große Mietshäuser, die aneinandergebaut sind

Häu·ser·front *die* die (vordere) Seite von mehreren Häusern, die zur Straße hin liegt ⟨an einer Häuserfront entlangfahren, entlanggehen; eine Häuserfront abschreiten⟩

Häu·ser·meer *das; meist Singular* sehr viele Häuser, z. B. in einer großen Stadt

★ **Haus·frau** *die* eine (meist verheiratete) Frau, die für die eigene Familie die Arbeit im Haus macht und oft keinen anderen Beruf ausübt | *Sie ist als Hausfrau und Mutter stärker belastet als in ihrem erlernten Beruf* • hierzu **haus·frau·lich** ADJEKTIV

Haus·freund *der* **1** ein guter Freund der Familie, der oft ins Haus kommt **2** *humorvoll* der Liebhaber einer verheirateten Frau und Hausfrau, der zu ihr nach Hause kommt

Haus·frie·de(n) *der* ein gutes, harmonisches Verhältnis zwischen den Bewohnern eines Hauses oder einer Wohnung (z. B. zwischen den Mitgliedern einer Familie) ⟨den Hausfrieden stören, wiederherstellen⟩ ■ **ID der Hausfriede(n) hängt schief** es gibt Streit innerhalb der Familie, zwischen zwei Leuten, die sich eine Wohnung teilen o. Ä.

Haus·frie·dens|bruch *der* eine (strafbare) Handlung, bei der jemand illegal z. B. die Wohnung oder das Grundstück einer fremden Person betritt

Haus·ge·brauch *der* ■ **ID für den Hausgebrauch** a für die eigene Familie (oder den eigenen Haushalt) gedacht | *Wir musizieren nur für den Hausgebrauch* b so, dass es für die eigenen Ansprüche ausreicht | *Ich bin kein großer Techniker, aber für den Hausgebrauch reicht es*

haus·ge·macht ADJEKTIV von jemandem selbst hergestellt | *hausgemachte Marmelade*

Haus·ge·mein·schaft *die* **1** alle Bewohner eines Hauses (vor allem eines Mietshauses) | *Die gesamte Hausgemeinschaft war bei der Versammlung anwesend* **2** die sozialen Beziehungen in einer Hausgemeinschaft | *Wir haben eine gute, intakte Hausgemeinschaft*

★ **Haus·halt** *der*; (-(e)s, -e) **1** *meist Singular* alle Arbeiten (z. B. Kochen, Putzen, Waschen, Einkaufen), die in einem Haus oder einer Wohnung getan werden müssen ⟨(jemandem) den Haushalt besorgen, erledigen, führen, machen; jemandem im Haushalt helfen⟩ | *Am Wochenende machen wir alle gemeinsam den Haushalt* K Haushaltsführung, Haushaltskasse **2** *meist Singular* die Wohnung und die Möbel und Gegenstände, die dazugehören | *Nach dem Tod unserer Großmutter mussten wir ihren Haushalt auflösen* (mussten wir alle Gegenstände aus ihrer Wohnung entfernen) K Haushaltsauflösung, Haushaltsgründung **3** alle Personen, die in einer Wohnung zusammenleben, meist eine Familie | *Die Broschüren wurden an alle privaten Haushalte verschickt* K Einzelhaushalt, Geschäftshaushalt, Privathaushalt **4** *admin* die Einnahmen und Ausgaben einer Gemeinde/eines Landes/Staates oder einer (öffentlichen) Institution ⟨(über) den Haushalt beraten; den Haushalt beschließen⟩ ≈ *Etat* | *Der Bundestag berät den Haushalt für das kommende Jahr* K Haushaltsausschuss, Haushaltsdebatte, Haushaltsdefizit, Haushaltsgesetz, Haushaltsplan, Haushaltspolitik; Bundeshaushalt, Sozialhaushalt, Staatshaushalt, Verteidigungshaushalt

-haus·halt *der*; *im Substantiv, unbetont, begrenzt produktiv* **Energiehaushalt, Hormonhaushalt, Vitaminhaushalt, Wärmehaushalt, Wasserhaushalt** *und andere* verwendet, um chemische oder physikalische Prozesse im Körper oder in der Natur zu bezeichnen | *Die Nieren regulieren den Salz- und Flüssigkeitshaushalt im Körper*

haus·hal·ten ■ **ID** → Haus

Haus·häl·te·rin *die*; (-, -nen) eine Angestellte, welche den täglichen Haushalt führt

Haus·halts|ar·ti·kel *der*; *meist Plural* ein Gegenstand, den man im Haushalt braucht | *Töpfe, Gläser und Geschirr finden Sie in unserer Abteilung für Haushaltsartikel*

Haus·halts|geld *das*; *nur Singular* das Geld, das jemand für einen Haushalt ausgeben kann

Haus·halts|ge·rät *das* ein (elektrisches) Gerät, das man im Haushalt braucht, z. B. ein Staubsauger

Haus·halts|hil·fe *die* meist eine Frau, die jemandem stundenweise gegen Bezahlung im Haushalt hilft **!** ≠ Haushälterin

Haus·halts|jahr *das*; *admin* der Zeitraum, für den ein Etat, Haushalt berechnet wird

Haus·halts|mit·tel *die*; *Plural* das Geld, das in einem Haushaltsjahr ausgegeben werden kann

Haus·halts|rei·ni·ger *der* ein meist flüssiges Mittel, mit dem man Bad und Küche putzt

Haus·halts|wa·ren *die*; *Plural* ≈ *Haushaltsartikel* K Haushaltswarengeschäft

Haus·herr *der*; *meist Singular* **1** der Gastgeber bei einem Fest oder einer Party | *Der Hausherr führte seine Gäste ins Wohnzimmer* **2** meist der Vater, der in einer Familie über alles bestimmt **3** *süddeutsch* Ⓐ der Besitzer eines Mietshauses | *Der Hausherr hat uns die Kündigung geschickt* • hierzu **Haus·her·rin** *die*

haus·hoch ADJEKTIV **1** sehr hoch und gewaltig ⟨Flammen, Wellen⟩ | *Haushohe Brecher schlugen gegen die Ufermauer* **2** mit großem Unterschied, Abstand ⟨ein Favorit, ein Sieg; ein Spiel haushoch gewinnen, verlieren; jemandem haushoch überlegen, unterlegen sein⟩ **!** *haushoch → ein haushoher Sieg*

hau·sie·ren VERB (hausierte, hat hausiert) **1** **(mit Dingen) hausieren (gehen)** von Haus zu Haus gehen, um Waren (die man bei sich hat) zu verkaufen | *Er hausierte mit Schreibwaren* | *Betteln und Hausieren verboten!* **2** **mit etwas hausieren gehen** *abwertend* mit vielen Leuten über ein Thema sprechen, um sie zu überzeugen ⟨mit einer Idee, mit einem Vorschlag hausieren gehen⟩ • zu (1) **Hau·sie·rer** *der*

häus·lich ADJEKTIV **1** im eigenen Haus, in der eigenen Familie ⟨das Glück, die Umgebung, Pflichten, Sorgen⟩ | *Die häuslichen Arbeiten verrichtet er meist am Wochenende* **2** gern zu Hause und bei der Familie ■ **ID sich (irgendwo/bei jemandem) häuslich niederlassen** lange irgendwo oder bei jemandem bleiben (obwohl man nicht erwünscht ist) • zu (2) **Häus·lich·keit** *die*

Haus·mann *der* ein (meist verheirateter) Mann, der (für die eigene Familie) den Haushalt macht und keinen anderen Beruf ausübt

Haus·manns|kost *die* **1** ein einfaches Essen **2** (vor allem im Sport) eine schlechte Leistung | *Beide Teams boten nur biedere Hausmannskost*

★ **Haus·meis·ter** *der* eine Person, die in einem größeren Haus (z. B. einem Mietshaus oder einer Firma) für die Reinigung, kleinere Reparaturen und Ordnung sorgt **!** zu *Hausmeisterin* → Info im Eintrag **-in** • hierzu **Haus·meis·te·rin** *die*

Haus·müll *der* die Abfälle, die in privaten Haushalten entstehen

Haus·mu·sik *die* das private Musizieren mit der Familie oder mit Freunden

Haus·müt·ter·chen *das*; *gesprochen, abwertend* verwendet als Bezeichnung für eine langweilige (und biedere) Hausfrau

Haus·ord·nung *die* Vorschriften, welche das Zusammenleben in einem Haus (vor allem in einem Mietshaus) regeln ⟨die Hausordnung beachten, einhalten; gegen die Hausordnung verstoßen⟩

Haus·putz *der* die gründliche Reinigung eines Hauses oder einer Wohnung ⟨(einen) Hausputz machen⟩

Haus·rat *der*; (-s) alle Dinge, die man zum Wohnen und Leben braucht ≈ *Einrichtung* K Hausratsversicherung

Haus·recht *das; nur Singular* das Recht eines Eigentümers oder Mieters einer Wohnung, anderen Leuten zu verbieten, die Wohnung zu betreten ⟨von seinem Hausrecht Gebrauch machen⟩

Haus·schlüs·sel *der* der Schlüssel für die Eingangstür eines Hauses

★ **Haus·schuh** *der* ein bequemer Schuh, den man zu Hause trägt

HAUSSCHUH

Hausse ['(h)o:s(ə)] *die;* (-, -n) das Steigen der Preise von Aktien (und anderen Wertpapieren) an der Börse ↔ *Baisse*

Haus·se·gen *der* ■ ID **bei jemandem hängt der Haussegen schief** *gesprochen, humorvoll* in einer Familie oder einer Ehe gibt es Streit

Haus·staub|al·ler·gie *die; meist Singular* eine Allergie gegen den Kot der winzigen Tiere (Milben), die in Teppichen, Polstern und Betten leben

★ **Haus·tier** *das* ein Tier, das man in einer Wohnung oder einem Wohnhaus hält, z. B. ein Hund, eine Katze | *Er hat ein Kaninchen und zwei Hamster als Haustiere*

Haus·tür *die* die Tür, durch die man ein Haus betritt K Haustürschlüssel

Haus·ver·bot *das* das Verbot, jemandes Haus oder jemandes Wohnung zu betreten ⟨bei jemandem/irgendwo Hausverbot haben; jemandem Hausverbot erteilen⟩

Haus·wirt *der* eine Person, die ein Haus besitzt und dieses vermietet | *Diese Reparatur muss der Hauswirt übernehmen* • hierzu **Haus·wir·tin** *die*

Haus·wirt·schaft *die* **1** alle Arbeiten, die man in einem Haus oder einer Wohnung tun muss ⟨bei jemandem die Hauswirtschaft führen⟩ ≈ *Haushalt* **2** *nur Singular* ein Fach an manchen Schulen, in welchem alle diejenigen Arbeiten unterrichtet werden, die notwendig sind, um einen Haushalt zu führen K Hauswirtschaftslehrerin, Hauswirtschaftsschule • zu (1) **haus·wirt·schaft·lich** ADJEKTIV; zu (1) **Haus·wirt·schaf·te·rin** *die*

★ **Haut** *die;* (-, Häu·te) **1** *nur Singular* die Haut schützt unseren Körper als äußere Schicht ⟨sich (*Dativ*) die Haut abschürfen, aufschürfen, eincremen; fettige, trockene Haut haben⟩ | *Deine Haut ist ja so braun, warst du in Urlaub?* K Hautarzt, Hautausschlag, Hautcreme, Hautentzündung, Hautfarbe, Hautfetzen, Hautjucken, Hautkrankheit, Hautkrebs, Hautpflege, Hautsalbe, Hauttransplantation; Gesichtshaut, Kopfhaut **2** Häute nennt man die Felle von Tieren, die abgezogen, aber noch nicht zerschnitten und zu Leder verarbeitet sind K Büffelhaut, Kuhhaut, Schlangenhaut **3** die äußere Schicht von Würsten, manchen Früchten und anderen Dingen | *die sieben Häute der Zwiebel* | *die Haut von den Mandeln abziehen* | *Die Haut des Flugzeugs besteht aus Aluminium* K Bootshaut, Schiffshaut, Eihaut, Pfirsichhaut, Wursthaut **4** eine dünne Schicht, die sich auf der Oberfläche einer Flüssigkeit gebildet hat | *Der Pudding hat beim Abkühlen eine Haut bekommen*

■ ID ▸Präposition plus Haut: **auf der faulen Haut liegen, sich auf die faule Haut legen** *gesprochen* nichts tun, faulenzen; **nur noch aus Haut und Knochen bestehen** *gesprochen* sehr dünn sein, sehr mager sein; **aus der Haut fahren** *gesprochen* sehr wütend werden; **nicht aus seiner Haut (heraus)können** *gesprochen* sich nicht ändern, sich nicht anders verhalten können; **jemand fühlt sich in seiner Haut nicht wohl, jemandem ist in seiner Haut nicht wohl** jemand fühlt sich (wegen einer Situation/der Umstände) nicht wohl; **nicht in jemandes Haut stecken wollen/mögen** *gesprochen* nicht an jemandes Stelle sein wollen, weil sich dieser in einer ungünstigen Lage befindet; **mit Haut und Haar(en)** völlig, ganz und gar; **mit heiler Haut davonkommen** etwas ohne Verletzung/ohne Schaden überstehen; **etwas geht jemandem unter die Haut** etwas berührt jemanden emotional sehr stark;

▸andere Verwendungen: **eine ehrliche/gute Haut** *gesprochen* ein ehrlicher/guter Mensch; **nur noch Haut und Knochen sein** sehr dünn sein, stark abgemagert sein; **seine Haut retten** sich/seine Existenz retten; **seine Haut zu Markte tragen** sich für jemanden/etwas einsetzen und sich dadurch selbst in Gefahr bringen; **seine Haut teuer verkaufen** sich heftig wehren; **sich seiner Haut wehren** sich gegen einen Angriff wehren

häu·ten VERB (häutete, hat gehäutet) **1** **ein Tier häuten** von einem geschlachteten Tier die Haut (ab)ziehen ⟨einen Hasen, eine Kuh häuten⟩ **2** **etwas häuten** die Haut einer Frucht o. Ä. entfernen ⟨Mandeln, einen Pfirsich häuten⟩ **3** **ein Tier häutet sich** ein Tier streift die oberste Schicht der Haut ab | *Eidechsen und Schlangen häuten sich*

haut·eng ADJEKTIV so eng am Körper (anliegend), dass sich dessen Formen deutlich zeigen ⟨ein Pullover, ein Kleid, Jeans⟩

haut·freund·lich ADJEKTIV nicht schädlich für die Haut ⟨eine Creme, ein Puder, eine Seife⟩

haut·nah ADJEKTIV so, dass man es direkt und intensiv fühlen/wahrnehmen kann ⟨ein Bericht; etwas hautnah miterleben⟩ | *In den Nachrichten waren hautnahe Bilder vom Kriegsschauplatz zu sehen*

Ha·va·rie [-v-] *die;* (-, -n [-ri:ən]) **1** ein Schaden meist an einem Schiff oder Flugzeug **2** ein Unfall eines Flugzeugs oder Schiffes

Ha·xe *die;* (-, -n) ≈ *Hachse* K Kalbshaxe, Schweinshaxe

Hbf Abkürzung für *Hauptbahnhof*

H-Bom·be ['ha:-] *die* ≈ *Wasserstoffbombe*

he! verwendet als Ausdruck des Erstaunens oder der Empörung, oder wenn man jemanden auf etwas aufmerksam machen will

Head·hun·ter ['hɛthante] *der;* (-s, -) eine Person, die im Auftrag für Unternehmen o. Ä. Führungskräfte oder Talente (z. B. Modelle, Schauspieler) sucht • hierzu **Head·hun·te·rin** ['hɛthantərɪn] *die*

Head·set ['hɛt-] *das;* (-(s), -s) Kopfhörer mit Mikrofon, die man z. B. am Computer oder beim Telefonieren im Auto benutzt

Heb·am·me *die;* (-, -n) eine Frau, die beruflich bei Geburten hilft

He·be·büh·ne *die* eine technische Anlage, mit der Autos hochgehoben werden | *Um den Auspuff richtig zu sehen, fuhr er das Auto auf die Hebebühne*

★ **He·bel** *der;* (-s, -) **1** ein einfacher Griff, mit dem man ein Gerät oder eine Maschine z. B. ein- oder ausschalten kann ⟨einen Hebel bedienen, betätigen, umlegen, herunterdrücken, hochdrücken⟩ K Bremshebel, Einstellhebel, Kupplungshebel, Schalthebel **2** ein einfaches Werkzeug in Form einer Stange oder eines Bretts, mit dem man schwere Gegenstände heben und fortbewegen kann ⟨den Hebel (irgendwo) ansetzen⟩ K Hebelarm, Hebelwirkung ■ ID **(irgendwo) den Hebel ansetzen** an einem Punkt mit einer Sache beginnen; **alle Hebel in Bewegung setzen** alles Mögliche tun, um etwas zu erreichen; **am längeren Hebel sitzen** in einer besseren Position als der Gegner sein und mehr Einfluss und Macht haben | *Gegen unseren Lehrer können wir nichts ausrichten. Er sitzt immer am längeren Hebel*

★ **he·ben** VERB (hob, hat gehoben) **1** **jemanden/etwas heben** jemanden/etwas nach oben bewegen | *Er macht Bodybuilding und hebt mühelos Gewichte von hundert Kilo* | *Sie hob den Kopf und lauschte aufmerksam* **2** **jemanden/etwas irgendwohin heben** jemanden/etwas hochnehmen und an einen anderen Ort, in eine andere Lage bringen | *Sie hob das Baby aus der Wiege* | *Er hob den Sack Kartoffeln auf die Schultern* **3** **etwas hebt etwas** *geschrieben* etwas verbessert, steigert etwas ⟨etwas hebt den Lebensstandard, den Wohlstand, das Niveau⟩ ↔ *senken* | *Der berufliche Erfolg hat ihr Selbstbewusstsein gehoben* **4** **etwas heben** *geschrieben* etwas, das in der Erde oder unter Wasser ist, nach oben bringen ⟨einen Schatz, ein Schiff heben⟩ | *Die Forscher haben das alte spanische Kriegsschiff gehoben* **5** **etwas hebt sich** *geschrieben* etwas wird nach oben bewegt, geht in die Höhe ↔ *senken* | *Im Theater hob sich langsam der Vorhang* **6** **etwas hebt sich** *geschrieben* etwas wird besser, steigert sich ↔ *sinken* | *Im Lauf des Abends hob sich die Stimmung auf der Party* ■ **ID** **einen heben** *gesprochen* viel Alkohol trinken • zu (3,4) **He·bung** *die*

he·cheln VERB (hechelte, hat gehechelt) **ein Tier hechelt** meist ein Hund atmet heftig mit offenem Maul, sodass die Zunge heraushängt

Hecht *der*; (-(e)s, -e) **1** ein Raubfisch mit langem Kopf und starken Zähnen, der bis zu 1,50 Meter lang ist und im Süßwasser lebt ⟨einen Hecht angeln, fangen⟩ **2** *gesprochen* ≈ *Hechtsprung* **3** **ein toller Hecht** *gesprochen* ein Mann, der sehr bewundert wird, weil er sehr mutig ist und männlich wirkt

hech·ten VERB (hechtete, ist gehechtet) **1** **(irgendwohin) hechten** mit dem Kopf voraus und mit nach vorne gestreckten Armen ins Wasser springen | *vom Dreimeterbrett ins Wasser hechten* **2** **irgendwohin hechten** mit dem Kopf voraus und mit nach vorne gestreckten Armen springen, um einen Ball zu fangen ⟨nach dem Ball hechten⟩ | *Der Torwart hechtete ins rechte untere Eck*

Hecht·sprung *der* der Sprung mit dem Kopf voraus und mit nach vorne gestreckten Armen (meist ins Wasser oder über ein Turngerät) | *einen Hechtsprung ins Schwimmbecken machen*

Heck *das*; (-s, -e/-s) der hinterste Teil eines Schiffes, Autos oder Flugzeugs K Heckantrieb, Heckfenster, Heckmotor, Heckscheibe, Heckspoiler, Hecktür → Abb. unter **Segelboot**; zu *Heckscheibe* → Abb. unter **Auto**

He·cke *die*; (-, -n) eine Reihe von Büschen oder Sträuchern, die zusammen eine Grenze bilden ⟨eine Hecke pflanzen; die Hecke schneiden, stutzen⟩ K Heckenschere; Dornenhecke, Gartenhecke

He·cken·schüt·ze *der*; *abwertend* eine Person, die aus einem Versteck heraus auf andere Leute schießt • hierzu **He·cken·schüt·zin** *die*

Heck·klap·pe *die* eine Tür mit Fenster hinten an Autos, die nach oben geöffnet wird

★ **Heer** *das*; (-(e)s, -e) **1** der Teil der Armee eines Landes, der vor allem auf dem Land kämpft **2** **ein Heer von Personen/Dingen** eine sehr große Anzahl von Personen oder Dingen | *Jeden Sommer strömt ein Heer von Touristen in Richtung Süden*

Heer·scha·ren *die* **Heerscharen von Personen** *gesprochen* große Mengen | *Heerscharen von Besuchern*

He·fe *die*; (-) eine helle, grau-braune Masse aus sehr kleinen Pilzen, die einen Teig locker und weich macht | *die Hefe in den Teig rühren und den Teig gehen lassen* K Hefekuchen, Hefepilz, Hefeteig; Backhefe, Trockenhefe

★ **Heft** *das*; (-(e)s, -e) **1** Hefte bestehen aus mehreren Blättern Papier und einem dünnen Umschlag; man benutzt sie vor allem in der Schule zum Schreiben | *Der Lehrer sammelt die Hefte mit den Hausaufgaben ein* K Aufsatzheft, Diktatheft, Rechenheft, Schulheft, Vokabelheft **2** ein Heft mit einem gedruckten Text, z. B. als Broschüre, Prospekt oder Werbung **3** die einzelne Folge einer Zeitschrift, die regelmäßig erscheint | *Die Zeitschrift erscheint jährlich in zwölf Heften* K Comicheft, Modeheft, Pornoheft, Programmheft

hef·ten VERB (heftete, hat geheftet) **1** **etwas heften** Blätter mit Fäden oder Klammern zu einem Heft oder Buch zusammenfügen | *eine Broschüre heften* **2** **etwas irgendwohin heften** etwas mit einer Nadel oder Klammer an etwas befestigen | *ein Poster an die Wand heften* **3** **(etwas) heften** die Teile eines Kleidungsstücks, die man zugeschnitten hat, mit Nadeln oder großen Stichen provisorisch zusammennähen | *eine Naht/einen Saum heften*

Hef·ter *der*; (-s, -) **1** ein kleines Gerät, mit dem man Klammern in Papiere drückt, um sie aneinander festzumachen **2** ≈ *Schnellhefter*

★ **hef·tig** ADJEKTIV **1** von großer Intensität, sehr stark ⟨ein Gewitter, ein Regen, ein Sturm, ein Schlag, ein Stoß, Schmerzen, ein Streit, ein Kampf; (eine) Abneigung, (eine) Leidenschaft; heftig weinen, erschrecken, aneinandergeraten; sich heftig (mit jemandem) streiten; jemanden heftig tadeln⟩ ≈ *gewaltig* **2** plötzlich und mit viel Kraft ⟨eine Bewegung⟩ ≈ *ruckartig* **3** so, dass die genannte Person leicht wütend wird ⟨eine heftige Art (an sich (*Dativ*)) haben; heftig reagieren⟩ • zu (1,2) **Hef·tig·keit** *die*

Heft·klam·mer *die* eine kleine Klammer aus Draht, mit der man mehrere Blätter Papier verbindet → Abb. unter **Klammer**

Heft·pflas·ter *das* ein kleiner Streifen aus Plastik o. Ä. und Stoff, den man über kleinere Wunden klebt ⟨ein Heftpflaster über eine Wunde kleben; ein Heftpflaster abziehen⟩

He·ge *die*; (-) alles, was man tut, damit es (wilden) Tieren oder Pflanzen gut geht

he·gen VERB (hegte, hat gehegt) **1** **Tiere/Pflanzen hegen** sich (beruflich) um Tiere oder Pflanzen kümmern, damit es ihnen gut geht | *Der Förster hegt das Wild* **2** **jemanden hegen (und pflegen)** *geschrieben* sich intensiv und mit viel Liebe um eine Person kümmern, die krank ist oder Hilfe braucht | *Die Mutter hegte und pflegte ihren Sprössling* **3** **etwas hegen** *geschrieben* etwas fühlen, aber nicht offen aussprechen, nicht deutlich zeigen ⟨Abscheu, Hass, Groll, Misstrauen, einen Verdacht, Widerwillen gegen jemanden/etwas hegen; Zweifel an etwas (*Dativ*) hegen⟩ | *sich einen lang gehegten Wunsch erfüllen*

Hehl *der/das* ■ **ID** **kein(en) Hehl aus etwas machen** *geschrieben* etwas (vor allem Gefühle) deutlich zeigen | *Er machte kein(en) Hehl aus seiner maßlosen Enttäuschung*

Heh·ler *der*; (-s, -) eine Person, die Dinge kauft (und wieder verkauft), obwohl sie genau weiß, dass diese gestohlen sind • hierzu **Heh·le·rin** *die*

Heh·le·rei *die*; (-) die kriminelle Tat (Straftat), die ein Hehler begeht ⟨sich der Hehlerei schuldig machen⟩

hei! drückt aus, dass man sich freut oder lustig ist *Hi!* (= hallo) wird genauso ausgesprochen

Hei·de[1] *die*; (-) eine meist sandige, trockene Landschaft, in der Büsche, Gräser und Sträucher wachsen | *die Lüneburger Heide* K Heideland

Hei·de[2] *der*; (-n, -n); *veraltend, oft abwertend* eine Person, die keiner christlichen Religion angehört ⟨die Heiden bekehren⟩ a) meist von Christen verwendet; b) *der Heide; den, dem, des Heiden* • hierzu **Hei·din** *die*

Hei·de·kraut *das*; *nur Singular* ≈ *Erika*

Hei·del·bee·re *die* **1** ein niedriger Strauch, an dem kleine dunkelblaue bis schwarze Beeren wachsen, aus denen man vor allem Saft oder Marmelade herstellt ≈ *Blaubeere* K Heidelbeerstrauch **2** die Frucht der Heidelbeere ⟨Heidelbeeren pflücken, einkochen⟩ K Heidelbeermarmelade, Heidelbeersaft

Hei·den- *im Substantiv, betont, nicht produktiv; gesprochen* **eine Heidenangst, eine Heidenarbeit, ein Heidengeld, ein Heidenlärm, ein Heidenspaß** *und andere* sehr viel, sehr groß oder sehr intensiv | *Wir hatten einen Heidenrespekt vor diesem Lehrer* H a) meist mit unbestimmtem Artikel; b) Beide Teile dieser Wörter werden betont.

heid·nisch ADJEKTIV so, wie es bei den Heiden ist ⟨ein Kult, ein Brauch⟩

hei·kel ADJEKTIV (heikler, heikelst-) **1** ⟨ein Mensch⟩ nur dann zufrieden, wenn alles so ist, wie man es will ≈ *anspruchsvoll* | *Was Sauberkeit angeht, ist Ilse sehr heikel* **2** *meist attributiv* so, dass über die genannte Sache viel gestritten wird und man deshalb vorsichtig darüber sprechen muss ⟨ein Thema, ein Problem, eine Frage, eine Angelegenheit⟩ | *Der Redner schnitt das heikle Problem der Rassendiskriminierung an* H *heikel → eine heikle Angelegenheit*

★ **heil** ADJEKTIV *meist prädikativ* **1** gesund und ohne Verletzung ⟨(bei etwas) heil davonkommen⟩ | *Sie hat den schweren Unfall heil überstanden* | *Komm wieder heil zurück!* **2** *gesprochen* nach einer Verletzung wieder gesund ↔ *krank* | *Das Bein ist wieder heil* **3** *gesprochen* ohne Schaden oder Beschädigung ↔ *kaputt* | *Mir ist das Glas auf den Boden gefallen, aber es ist heil geblieben*

Heil *das*; (-(e)s); *geschrieben* **1** etwas, das für jemanden ein sehr großes Glück bedeutet ⟨sein Heil in etwas (*Dativ*) suchen, finden⟩ **2** (in manchen Religionen) die Erlösung von den Sünden ⟨das ewige Heil⟩ K Heilsbotschaft; Seelenheil ■ ID **sein Heil in der Flucht suchen** *meist ironisch* ≈ *fliehen*; **sein Heil (bei jemandem) versuchen** versuchen, bei einer Person etwas zu erreichen (das man oft bei anderen Leuten nicht erreicht)

Hei·land *der*; (-(e)s) **der Heiland** Jesus Christus ⟨der gegeißelte, gekreuzigte Heiland⟩

Heil·an·stalt *die* ein Krankenhaus für Menschen, die chronisch oder psychisch krank sind ⟨jemanden in eine Heilanstalt einweisen⟩ K Lungenheilanstalt, Nervenheilanstalt, Trinkerheilanstalt

Heil·butt *der*; (-(e)s, -e) ein flacher (platter) Fisch, der vor allem in Meeren des nördlichen Teils der Erde lebt und dessen Fleisch sehr gut schmeckt

★ **hei·len** VERB (heilte, hat/ist geheilt) **1** **jemanden (von etwas) heilen** (*hat*) einen Kranken wieder gesund machen | *Der Arzt hat den Patienten (von seinem Leiden/seinen Beschwerden) geheilt* K Heilberuf **2** **etwas heilen** (*hat*) eine Erkrankung oder Krankheit durch eine Behandlung oder Medikamente beseitigen | *Diese Krankheit kann nach dem heutigen Stand der Medizin nicht geheilt werden* **3** **etwas heilt** (*ist*) etwas wird gesund ⟨Verletzungen, Wunden⟩ | *Die Brandwunde ist gut geheilt* | *Muskeln heilen schneller als Knochen* ■ ID **(von jemandem/etwas) geheilt sein** wegen negativer Erfahrungen nichts mehr mit jemandem/etwas zu tun haben wollen ● zu (1) **heil·bar** ADJEKTIV; zu (1) **Heil·bar·keit** *die*

heil·froh ADJEKTIV *meist prädikativ; gesprochen* sehr erleichtert oder froh, dass etwas vorbei ist, dass etwas Schlimmes nicht geschehen ist o. Ä. | *Wir waren alle heilfroh, dass/als die Prüfungen endlich vorbei waren*

★ **hei·lig** ADJEKTIV **1** durch den Bezug zu (einem) Gott und zur Religion von besonderem Wert oder besonderer Würde ⟨die Sakramente, die Messe, die Taufe⟩ | *Der Ganges ist für die Hindus ein heiliger Fluss* **2** von der katholischen Kirche als Heilige/Heiliger anerkannt | *die heilige Elisabeth* | *der heilige Franz von Assisi* H Abkürzung: *hl.* **3** *geschrieben* von höchstem Wert | *Die Freiheit ist ein heiliges Gut* **4** *gesprochen* sehr groß | *einen heiligen Zorn haben* | *Ich habe einen heiligen Schrecken bekommen* **5** **jemandem ist nichts heilig** jemand hat vor nichts Respekt (oder Ehrfurcht)

Hei·lig·abend (*der*) der 24. Dezember H man sagt: *Er kommt (an) Heiligabend/am Heiligen Abend nach Hause*; → Infos unter **Weihnachten**

★ **Hei·li·ge** *der/die*; (-n, -n) **1** eine Person, die im Sinne der katholischen Kirche ein sehr frommes und tugendhaftes Leben gelebt hat und die verehrt wird | *Franz von Assisi wird als Heiliger verehrt* K Heiligenbild, Heiligenlegende, Heiligenverehrung; Schutzheilige H *ein Heiliger; der Heilige; den, dem, des Heiligen* **2** *gesprochen, meist ironisch* ein sehr frommer Mensch mit sehr hohen moralischen Prinzipien ■ ID **ein seltsamer/komischer Heiliger** *gesprochen, meist abwertend oder ironisch* ein Mensch, der sich seltsam benimmt

Hei·li·gen·schein *der* der Lichtschein, der auf Bildern den Kopf meist eines Heiligen umgibt

hei·lig·spre·chen VERB (spricht heilig, sprach heilig, hat heiliggesprochen) **der Papst spricht jemanden heilig** der Papst erklärt, dass jemand ein Heiliger ist ● hierzu **Hei·lig·spre·chung** *die*

Hei·lig·tum *das*; (-s, Hei·lig·tü·mer) **1** ein Ort, an dem ein Gott verehrt wird | *das Heiligtum des Apollo in Delphi* **2** ein Gegenstand, den man verehrt **3** *gesprochen, oft ironisch* ein Gegenstand, der für jemanden einen sehr hohen Wert hat | *Sein Auto ist sein Heiligtum*

Heil·kraft *die* die Eigenschaft, heilen zu können | *die Heilkräfte der Kamille*

Heil·kun·de *die*; (-) die Wissenschaft, die sich mit der Heilung von Krankheiten beschäftigt ≈ *Medizin*

Heil·kunst *die; meist Singular* das Wissen und die Fähigkeit, mit medizinischen Mitteln Krankheiten zu heilen

heil·los ADJEKTIV; *abwertend* verwendet, um zu sagen, dass ein negativer Zustand sehr schlimm ist ⟨ein Durcheinander, eine Unordnung, eine Verwirrung⟩

Heil·mit·tel *das* ein Mittel (ein Medikament oder ein medizinisches Verfahren), mit dem man versucht, eine Krankheit zu heilen

Heil·prak·ti·ker *der* eine Person, die (beruflich) Kranke behandeln und heilen darf (obwohl sie kein Arzt ist), aber meist andere Methoden anwendet als die traditionelle Medizin ● hierzu **Heil·prak·ti·ke·rin** *die*

Heil·quel·le *die* eine meist warme Quelle, die Mineralien o. Ä. enthält und bei Krankheiten hilft

heil·sam ADJEKTIV einer Person nützlich, indem es ihr zeigt, dass ihr Verhalten oder Denken falsch war oder ist ⟨eine Erfahrung, ein Schock⟩

★ **Hei·lung** *die*; (-, -en) der Vorgang des Heilens | *die Heilung eines Kranken* K Heilungsaussichten, Heilungschance, Heilungsprozess

★ **heim** ADVERB; *gesprochen* dorthin, wo man wohnt H → auch **heim-**

★ **Heim** *das*; (-(e)s, -e) **1** *nur Singular* das Haus oder die Wohnung, in dem/der jemand lebt (und sich wohlfühlt) ⟨ein behagliches, gemütliches, trautes Heim⟩ ≈ *Zuhause* | *Sie richtete sich ihr Heim geschmackvoll ein* **2** **ein eigenes Heim** das Haus, in dem eine Person wohnt und das ihr auch gehört | *Der Wunsch nach einem eigenen Heim* K Eigenheim **3** ein Haus, in dem Personen oder Tiere leben und betreut werden, weil sie Hilfe brauchen ⟨in ein Heim kommen, eingewiesen werden; in einem Heim untergebracht sein⟩ | *Das Kind ist in einem/im Heim aufgewachsen* K Heimerziehung, Heimkind, Heimtier; Altenheim, Altersheim, Blindenheim, Kinderheim, Obdachlosenheim, Tierheim, Erholungsheim, Ferienheim, Pflegeheim, Wohnheim **4** ein Haus, in dem sich die Mitglieder eines Klubs oder Vereins treffen | *Alle Mitglieder haben geholfen, das neue Heim zu bauen* K Klubheim, Vereinsheim

★ **heim-** (*im Verb, betont und trennbar, begrenzt produktiv; Diese Verben werden so gebildet:* heimbringen, brachte heim, heimgebracht) **heimfinden, heimgehen, heimmüssen**; **jemanden heimbegleiten, heimbringen, heimfahren, heimholen, heimschicken** *und andere* bezeichnet die Richtung zur eigenen Wohnung, zum eigenen Haus hin | *Am Dienstag kommt sie wieder heim* (Am Dienstag kommt sie wieder dahin zurück, wo sie zu Hause ist)

Heim·ar·beit *die; meist Singular* eine meist einfache Arbeit, die man für eine Firma zu Hause gegen Bezahlung macht ⟨etwas in Heimarbeit anfertigen⟩

★ **Hei·mat** *die;* (-) **1** das Land, die Gegend oder der Ort, wo man (geboren und) aufgewachsen ist, wo man eine sehr lange Zeit gelebt hat und wo man sich (wie) zu Hause fühlt ⟨seine Heimat verlieren; (irgendwo) eine neue Heimat finden⟩ | *Nach zwanzig Jahren kehrten sie in ihre alte Heimat zurück* K Heimatdorf, Heimatland, Heimatliebe, Heimatmuseum, Heimatort, Heimatstadt **2** **die zweite Heimat** ein fremdes Land, eine fremde Gegend, ein fremder Ort, wo man sich nach einiger Zeit sehr wohl fühlt | *Sie stammt aus Hamburg, aber inzwischen ist Würzburg zu ihrer zweiten Heimat geworden* K Wahlheimat **3** das Land, die Gegend oder der Ort, wo etwas von Anfang an war | *Australien ist die Heimat des Kängurus* | *Die Heimat der „Commedia dell'arte" ist Italien* ● zu (1) **hei·mat·los** ADJEKTIV

Hei·mat·dich·ter *der* ein Dichter, der über Themen aus der Region schreibt, in der er lebt, und dazu oft den Dialekt dieser Region benutzt ● hierzu **Hei·mat·dich·te·rin** *die*; **Hei·mat·dich·tung** *die*

Hei·mat·kun·de *die* ein Fach in der Grundschule, in dem die Kinder die Geschichte und Geografie, die Tiere und Pflanzen usw. der näheren Umgebung kennenlernen ● hierzu **hei·mat·kund·lich** ADJEKTIV

hei·mat·lich ADJEKTIV (so wie) in jemandes Heimat ⟨die Sprache; Klänge; die Berge, das Meer; Bräuche⟩

Hei·mat·ver·trie·be·ne *der/die;* Ⓓ ein Deutscher/eine Deutsche, der/die nach 1945 das Gebiet östlich der Flüsse Oder bzw. Neiße verlassen musste

Heim·chen *das;* (-s, -) eine kleine Grille ⟨Reptilien mit Heimchen füttern⟩ ■ ID **ein Heimchen am Herd(e)** *abwertend oder ironisch* eine Hausfrau, die damit zufrieden ist, ihre Familie zu versorgen, und die sonst keine Interessen hat

hei·me·lig ADJEKTIV so eingerichtet, dass man sich darin sehr wohl fühlt ≈ *gemütlich*

Heim·fahrt *die* die Fahrt nach Hause/zu dem Ort, wo man wohnt

heim·ge·hen VERB (*ist*) **1** *gesprochen, euphemistisch* ≈ *sterben* H meist im Perfekt **2** **es geht heim (bei jemandem)** *gesprochen* die Reise nach Hause (z. B. nach dem Urlaub) beginnt | *Wir fliegen am Montag nach Deutschland zurück. Und wann geht es bei euch heim?* H weitere Verwendungen → **heim-**

hei·misch ADJEKTIV **1** *meist attributiv* zur Heimat gehörig | *die heimische Tier- und Pflanzenwelt* | *die heimische Bevölkerung* **2** **irgendwo heimisch** so, dass es aus der genannten Gegend stammt | *Der Tiger ist in Indien heimisch* **3** **sich irgendwo heimisch fühlen** sich am genannten Ort so wohl fühlen wie in der Heimat

Heim·kehr *die;* (-) das Zurückkommen in die Heimat, nachdem man längere Zeit fort war | *die Heimkehr der Soldaten aus dem Krieg*

heim·keh·ren VERB (*ist*) (nachdem man längere Zeit fort war) in die Heimat zurückkommen | *von einer Expedition in den Urwald wieder heil heimkehren* ● hierzu **Heim·keh·rer** *der*; **Heim·keh·re·rin** *die*

★ **heim·lich** ADJEKTIV so, dass es andere Leute nicht sehen, hören oder bemerken | *ein heimliches Treffen im Wald* | *eine heimliche Vereinbarung treffen* ■ ID **heimlich, still und leise** so, dass es niemand hört und sieht | *Er schlich sich heimlich, still und leise ins Haus* ● hierzu **Heim·lich·keit** *die*

heim·lich·tun VERB (tut heimlich, tat heimlich, hat heimlichgetan); *abwertend* sich so verhalten, dass die anderen Leute merken, dass man etwas geheim hält | *Wenn sie über ihren Beruf spricht, tut sie immer furchtbar heimlich* ● hierzu **Heim·lich·tu·er** *der*; **Heim·lich·tu·e·rin** *die*

Heim·spiel *das* ein Spiel/Match auf dem eigenen Sportplatz (und nicht auf dem des Gegners) ⟨ein Heimspiel haben⟩

heim·su·chen VERB (*hat*); *geschrieben* **1** **jemanden heimsuchen** in das Haus oder die Wohnung einer anderen Person eindringen und diese belästigen oder schädigen | *von Einbrechern heimgesucht werden* **2** **etwas sucht jemanden/etwas heim** etwas hat einen schädlichen Einfluss auf jemanden oder auf eine Gegend ⟨Krankheiten, Epidemien⟩ | *Sie wurden von einem Erdbeben heimgesucht* | *Das Land wurde von Epidemien heimgesucht* H meist im Passiv

Heim·su·chung *die;* (-, -en); *geschrieben* ein großes Unglück (das man als Schicksalsschlag empfindet)

Heim·tü·cke *die;* (-) **1** eine gemeine und hinterhältige Handlungsweise, mit der man jemandem schaden will | *unter der Heimtücke von Neidern leiden müssen* **2** die Eigenschaft einer Krankheit, erst dann bemerkt zu werden, wenn sie schon sehr schlimm ist | *die Heimtücke von Aids* ● hierzu **heim·tü·ckisch** ADJEKTIV

heim·wärts ADVERB in der Richtung zu dem Ort, wo man wohnt oder wo man geboren wurde ⟨heimwärts ziehen, fahren⟩

Heim·weg *der; meist Singular* der Weg nach Hause ⟨auf dem Heimweg sein⟩

★ **Heim·weh** *das;* (-s) **Heimweh (nach jemandem/etwas)** (wenn man weit weg von zu Hause ist) der starke Wunsch, nach Hause, in die Heimat zurückzukehren ⟨Heimweh haben, bekommen⟩

Heim·wer·ker *der;* (-s, -) eine Person, die zu Hause handwerkliche Arbeiten macht (z. B. tapeziert oder repariert) ● hierzu **Heim·wer·ke·rin** *die*

heim·zah·len VERB (*hat*) **jemandem etwas heimzahlen** einer Person etwas Böses tun, weil diese selbst auch etwas Böses getan hat ≈ *rächen* | *Ich werde ihm seine boshaften Bemerkungen schon noch gewaltig heimzahlen!*

Hei·ni *der;* (-s, -s); *gesprochen, abwertend* ein Mann, den man ablehnt oder für dumm hält

-hei·ni *der; im Substantiv, unbetont, begrenzt produktiv; gesprochen, abwertend* **Filmheini, Versicherungsheini, Zeitungsheini** *und andere* bezeichnet eine Person, die mit der genannten Sache beruflich zu tun hat ≈ *-fritze*

Hein·zel·männ·chen *das* (in Sagen und Märchen) ein freundlicher Zwerg, der heimlich die Arbeit der Menschen macht, wenn sie nicht zu Hause sind

★ **Hei·rat** *die;* (-, -en) **die Heirat (mit jemandem)** die Verbindung zur Ehe | *die Heirat des reichen Geschäftsmannes mit einer jungen Schauspielerin* K Heiratsabsichten, Heiratsannonce, Heiratsurkunde

★ **hei·ra·ten** VERB (heiratete, hat geheiratet) **1** **(jemanden) heiraten** als Mann oder Frau gemeinsam mit dem Partner zum Standesamt (und in die Kirche) gehen und dort in einer Zeremonie erklären, dass man das Leben zusammen verbringen will ⟨kirchlich, standesamtlich heiraten⟩ | *Er heiratet morgen (seine langjährige Freundin)* **2** **irgendwohin heiraten** eine Person heiraten und mit ihr an einen Ort ziehen | *Vor drei Jahren lernte unsere Tochter einen Italiener kennen und heiratete nach Florenz*

Hei·rats·an·trag *der* ein Vorschlag, meist von einem Mann an eine Frau gerichtet, zu heiraten ⟨einer Frau einen Heiratsantrag machen; einen Heiratsantrag bekommen⟩

hei·rats·fä·hig ADJEKTIV **im heiratsfähigen Alter sein** alt genug sein, um heiraten zu können

Hei·rats·schwind·ler *der* ein Mann, der so tut, als wolle er eine Frau heiraten, damit sie ihm Geld schenkt o. Ä. • hierzu **Hei·rats·schwind·le·rin** *die*; **Hei·rats·schwin·del** *der*

hei·ser ADJEKTIV so, dass die Stimme (z. B. wegen einer Erkältung) sehr rau klingt ⟨heiser sein; sich heiser schreien⟩ | *Er war so erkältet, dass seine Stimme ganz heiser klang* • hierzu **Hei·ser·keit** *die*

★ **heiß** ADJEKTIV (heißer, heißest-) **1** mit/von sehr hoher Temperatur, sehr warm ⟨glühend, kochend, siedend heiß⟩ ↔ *kalt* | *ein heißes Bad nehmen* | *An heißen Tagen gehe ich gern schwimmen* | *Das Kind hat eine ganz heiße Stirn, bestimmt hat es Fieber* [K] Heißluft **2** sehr intensiv ⟨eine Liebe, eine Sehnsucht, ein Verlangen, ein Wunsch; jemanden heiß begehren, heiß und innig lieben; etwas heiß ersehnen; heiß begehrt, ersehnt, geliebt sein⟩ | *Das Kind hat seinen heiß geliebten Teddy verloren* [K] heißbegehrt, heißersehnt, heißgeliebt **3** mit heftigen Worten und starken Gefühlen ⟨eine Debatte, eine Diskussion, ein Kampf; heiß umkämpft, umstritten⟩ [K] heißumkämpft, heißumstritten **4** so, dass es zu Streit oder Konflikten führt ⟨ein Thema⟩ ≈ *brisant* **5** mit Streit, Protest oder politischen Aktionen | *Die Atomkraftgegner kündigten einen heißen Herbst an* **6** *meist attributiv* mit sehr guten Aussichten auf Erfolg, auf den Sieg ⟨ein Favorit⟩ | *ein heißer Tipp beim Pferderennen* **7** mit einem schnellen, erregenden Tanzrhythmus (wie z. B. bei Rockmusik) ⟨Musik, Rhythmen⟩ **8** *gesprochen* (von sportlichen Autos, schnellen Motorrädern) sehr schnell | *ein heißer Ofen* **9** *gesprochen* sehr gut, sehr schön ≈ *toll* | *Den Film finde ich echt heiß!* **10** **jemandem ist heiß** jemand schwitzt **11** **etwas läuft heiß** etwas wird durch starke Reibung heiß ⟨ein Getriebe, ein Rad, eine Maschine⟩
■ ID **es läuft jemandem heiß und kalt den Rücken hinunter/herunter** eine Person hat Angst (wenn sie an etwas denkt)

heiß·blü·tig ADJEKTIV mit viel Leidenschaft oder Temperament ⟨ein Typ⟩

★ **hei·ßen** VERB (hieß, hat geheißen) **1** (*Name* +) **heißen** den genannten Namen haben | *„Wie heißen Sie?" – „Ich heiße Helga Huber"* | *Wie heißt er denn mit Vornamen/Nachnamen?* **2** **etwas heißt …** etwas entspricht einem Wort, Satz o. Ä. einer anderen Sprache | *„Wasser" heißt im Lateinischen „aqua"* **3** **etwas heißt …** etwas hat einen Sinn, eine Bedeutung, Konsequenzen | *„Das heißt also, du hast morgen keine Zeit für mich?"* | *Wenn er anruft, heißt das, ich habe den Job* **4** **das heißt …** verwendet, um einen Teilsatz einzuleiten, der das vorher Gesagte näher erklärt oder einschränkt | *Ich lese viel, das heißt, wenn ich die Zeit dazu habe* [H] Abkürzung: *d. h.* **5** **jemanden/etwas** +*Name* **heißen** *veraltend* einer Person oder Sache einen Namen geben | *Sie hießen das Schiff „Titanic"* **6** **jemanden/etwas etwas** (*Akkusativ*) **heißen** *veraltet* eine Person/Sache als etwas bezeichnen | *Sie hieß ihn einen Lügner* **7** **jemanden heißen zu** +*Infinitiv veraltet* jemandem etwas befehlen | *Er hieß sie, Platz zu nehmen* **8** **es heißt, (dass) …** man vermutet, behauptet, dass … | *Es heißt, er habe geheiratet/dass er geheiratet habe* **9** **irgendwo heißt es, (dass) …** es steht irgendwo geschrieben, dass … | *In der Reklame hieß es, die Uhr sei wasserdicht* **10** **irgendwo/irgendwann heißt es** +*Partizip Perfekt*/**(zu)** +*Infinitiv* es ist sinnvoll oder notwendig, etwas zu tun | *Hier heißt es, sich schnell zu entscheiden* | *Jetzt heißt es zugreifen/zugegriffen*
■ ID **Was soll das heißen?** verwendet, um Protest oder Kritik zu äußern | *„Die Schnellste bist du ja nicht gerade!" – „Was soll das heißen?"*

Heiß·hun·ger *der* **ein Heißhunger (auf etwas** (*Akkusativ*)**)** ein sehr starker Appetit (auf die genannte Speise) • hierzu **heiß·hung·rig** ADJEKTIV

heiß·lau·fen VERB ≈ *heiß laufen*

heiß·ma·chen VERB ≈ *heiß machen* ■ ID **Was ich nicht weiß, macht mich nicht heiß!** *gesprochen* verwendet, um zu sagen, dass es manchmal besser ist, wenn man von etwas nichts erfährt, damit man sich nicht ärgern und nicht nervös werden kann

Heiß·man·gel *die* ein Gerät, das Wäsche zwischen Walzen glatt macht bzw. ein Betrieb, der mit solchen Geräten arbeitet

-heit *die*; (-, -en); *im Substantiv, unbetont, sehr produktiv* **1** **Besonnenheit, Freiheit, Geborgenheit, Nacktheit, Raffiniertheit, Schönheit** *und andere nur Singular* macht aus einem Adjektiv oder Partizip ein Substantiv, mit dem man den genannten Zustand oder die genannte Eigenschaft bezeichnet | *Durch dieses Werk hat der Dichter Berühmtheit erlangt* **2** **Neuheit, Seltenheit, Unebenheit, Unklarheit, Verrücktheit** *und andere* bezeichnet eine Person oder Sache, welche die genannte Eigenschaft hat oder im genannten Zustand ist | *Bei der Oscarverleihung kann man viele Berühmtheiten sehen* | *Müssen diese ständigen Bosheiten denn sein?* [H] Besonders auf Adjektive, die auf *-bar, -ig, -lich, -sam* enden, folgt *-keit*: *Heiterkeit, Lebendigkeit, Unvereinbarkeit* usw.

★ **hei·ter** ADJEKTIV **1** froh und von innerer Ruhe und Humor bestimmt ⟨ein Mensch, ein Gemüt, ein Wesen; in einer heiteren Laune, Stimmung sein; etwas stimmt jemanden heiter⟩ **2** mit blauem Himmel und Sonnenschein ⟨ein Tag, Wetter⟩ | *Morgen wird das Wetter heiter bis wolkig* ■ ID **Das kann ja heiter werden!** *ironisch* man befürchtet, dass etwas Unangenehmes passieren wird

Hei·ter·keit *die*; (-) **1** der Zustand, in dem jemand froh und heiter ist ⟨Heiterkeit ausstrahlen, um sich verbreiten; von Heiterkeit erfüllt sein⟩ **2** **jemand löst (mit etwas) Heiterkeit aus**; **etwas löst Heiterkeit aus** jemand bewirkt mit einem (naiven) Vorschlag o. Ä., dass die Leute lachen | *Er löste mit seinem Vorschlag allgemeine Heiterkeit aus* [K] Heiterkeitsausbruch

heiz·bar ADJEKTIV mit einer Heizung ⟨ein Keller, ein Raum⟩

Heiz·de·cke *die* eine Bettdecke, die man elektrisch warm machen kann

★ **hei·zen** VERB (heizte, hat/ist geheizt) **1** **(etwas) heizen** (*hat*) einen Raum oder ein Haus usw. mit einem Ofen oder einer Heizung warm machen ⟨ein Haus, ein Schwimmbad, eine Wohnung, ein Zimmer heizen⟩ | *In unserem Schlafzimmer wird nicht geheizt* [K] Heizgerät, Heizkosten, Heizkraftwerk, Heizofen **2** **irgendwie/(mit) etwas heizen** (*hat*) auf die genannte Weise oder mit dem genannten Brennstoff in einem Ofen, einer Heizung Wärme erzeugen ⟨mit Holz, Kohle, Pellets, Gas, Öl heizen; elektrisch heizen⟩ | *den Ofen mit Pellets heizen* [K] Heizmaterial, Heizöl **3** *gesprochen* (*ist*) sehr schnell fahren | *mit 180 Sachen über die Autobahn heizen*

Hei·zer *der*; (-s, -) eine Person, deren Beruf es ist, Öfen,

Dampfkessel o. Ä. zu bedienen | *ein Heizer auf einem Dampfer*

Heiz·flä·che *die* **1** der Teil eines Ofens oder einer Heizung, welche die Hitze ausstrahlt | *Nicht die Heizfläche berühren!* **2** der Teil der Wohnfläche, der auf Räume mit Heizung entfällt

Heiz·kes·sel *der* ein Kessel (als Teil einer Heizung), in dem die Wärme produziert wird

Heiz·kis·sen *das* ein Kissen, das man elektrisch warm machen kann

Heiz·kör·per *der* **1** ein Gerät (als Teil einer Heizung), durch das heißes Wasser oder heißer Dampf geleitet wird, um einen Raum zu heizen ≈ *Heizung* **2** ein elektrisches Gerät, das wie ein Heizkörper aussieht und das man (vorübergehend) in einen Raum stellt, um ihn zu heizen ≈ *Radiator*

Heiz·kos·ten *die; Plural* die Kosten für das Heizen einer Wohnung | *Die Mieter müssen mit Nachzahlungen bei den Heizkosten rechnen* K Heizkostenabrechnung

Heiz·lüf·ter *der;* (-s, -) ein elektrisches Gerät, das mit warmer Luft heizt

Heiz·pe·ri·o·de *die* die Zeit des Jahres, in der man Häuser und Wohnungen heizen muss

★ **Hei·zung** *die;* (-, -en) **1** eine technische Anlage, mit der man Räume bzw. Häuser heizt und die meist mit Gas, Öl oder Elektrizität betrieben wird ⟨die Heizung anstellen, abstellen, bedienen, warten⟩ | *Die Heizung ist außer Betrieb* K Heizungsanlage, Heizungskeller, Heizungsmonteur, Heizungstank; Dampfheizung, Elektroheizung, Gasheizung, Ölheizung **2** *gesprochen* ≈ *Heizkörper* | *Er legt die Socken zum Trocknen auf die Heizung* **3** *nur Singular* das Heizen | *Die Heizung des großen Hauses kommt sehr teuer*

Heiz·werk *das* ein Kraftwerk, das Wärme zum Heizen von Gebäuden produziert

Heiz·wert *der; meist Singular* die Menge an Wärme, die ein Stoff beim Verbrennen abgibt ⟨etwas hat einen hohen, geringen Heizwert⟩

Hek·tar *der/das;* (-s, -) das Maß für eine Fläche von 10000 m^2 | *3 Hektar Ackerland* K Hektarertrag H Abkürzung: *ha*

Hek·tik *die;* (-) große Eile, die nervös macht ⟨irgendwo herrscht Hektik; etwas voller Hektik tun⟩ | *In der Hektik (des Aufbruchs) hat er seinen Reisepass vergessen* | *die Hektik des Alltags*

hek·tisch ADJEKTIV mit großer Eile, Nervosität und Unruhe ⟨eine Atmosphäre, ein Mensch; etwas hektisch tun; hektische Betriebsamkeit entwickeln⟩

Hek·to·li·ter, **Hek·to·li·ter** *der/das* 100 Liter H Abkürzung: *hl*

he·lau! verwendet im Karneval (vor allem in Mainz), um jemanden zu grüßen oder um Begeisterung auszudrücken

★ **Held** *der;* (-en, -en) **1** eine Person, die mit großem Mut eine gefährliche Aufgabe löst (und damit anderen Menschen hilft) | *Die Feuerwehrleute, die ihr Leben riskiert hatten, wurden als Helden gefeiert* K Heldenmut, Heldentat H *der Held; den, dem, des Helden* **2** ein Soldat, der im Krieg sehr tapfer gekämpft hat ⟨ein großer, tapferer Held; die gefallenen Helden⟩ K Heldenfriedhof; Kriegsheld **3** eine mythologische Gestalt (wie z. B. Odysseus), die mutig und tapfer war und große Abenteuer erlebt hat K Heldendichtung, Heldenepos, Heldensage **4** **der Held des Tages, des Abends** eine Person, die wegen einer besonderen (z. B. sportlichen) Leistung für kurze Zeit sehr bewundert wird | *Nach dem Tor in der letzten Minute war er der Held des Tages* | *Vielen Dank für die Hilfe, du bist mein Held!* **5** die (männliche) Hauptperson in einem literarischen Werk | *der tragische Held des Dramas* K Heldendarsteller, Heldenrolle; Filmheld, Märchenheld, Romanheld, Sagenheld **6** **in etwas** (*Dativ*) **kein Held sein** *gesprochen* auf einem Gebiet keine guten Leistungen erbringen | *In der Schule ist er kein (großer) Held* **7** **den Helden spielen** sich unnötig einer Gefahr aussetzen oder so tun, als wäre man mutig ● zu (1 – 3) **hel·den·haft** ADJEKTIV; zu (1 – 5) **Hel·din** *die*

Hel·den·stück *das* eine mutige Tat oder eine großartige Leistung | *Das war wahrlich kein Heldenstück!*

Hel·den·tum *das;* (-s) ein Verhalten, Denken und Handeln, das jemanden zum Helden macht

★ **hel·fen** VERB (hilft, half, hat geholfen) **1** **(jemandem) (bei etwas) helfen** eine Person unterstützen, damit sie ihr Ziel (schneller und leichter) erreicht ⟨jemandem bereitwillig, freiwillig, spontan, finanziell, mit Rat und Tat helfen⟩ | *Hilfst du mir bei den Hausaufgaben?* | *Er half dem Kind (dabei), sich anzuziehen* | *Sie hat ihm suchen/beim Suchen geholfen* **2** **etwas hilft (jemandem) (bei/gegen etwas)** etwas bringt (jemandem) bei einer Krankheit Besserung oder Heilung | *Vitamin C hilft bei Erkältungen* **3** **etwas hilft nicht(s)** *gesprochen* etwas kann eine unangenehme Situation nicht ändern oder verhindern | *Weinen und Schreien hilft nicht(s)* | *Du musst jetzt ins Bett. Da hilft alles nichts!* **4** **sich** (*Dativ*) **nicht (mehr) zu helfen wissen** in einer schwierigen Situation nicht (mehr) wissen, was man tun soll ■ ID **jemandem ist nicht zu helfen** *abwertend* bei einer Person sind alle guten Ratschläge zwecklos, weil sie diese doch nicht befolgt ● zu (1) **Hel·fer** *der;* zu (1) **Hel·fe·rin** *die*

Hel·fer·kreis *der;* (-s, -e) eine Gruppe von Personen (meist in einem Verein), die anderen Personen helfen ⟨ein Helferkreis für Flüchtlinge⟩ | *In Deutschland wurden viele Helferkreise gegründet, bei denen Flüchtlinge wichtige Informationen oder Lebensmittel bekommen*

Hel·fers·hel·fer *der* eine Person, die jemandem hilft, ein Verbrechen zu begehen oder Böses zu tun ≈ *Komplize*

He·li·kop·ter *der;* (-s, -) ≈ *Hubschrauber*

He·li·um *das;* (-s) ein chemisches Element (Edelgas), mit dem man z. B. Ballons und Leuchtröhren füllt H chemisches Zeichen: *He*

★ **hell** ADJEKTIV **1** mit (viel) Licht ⟨ein Lichtstrahl, Mondschein, ein Raum, ein Treppenhaus; ein hell erleuchtetes Fenster⟩ | *Die Kerze brennt hell* **2** **es wird hell** die Sonne kommt hervor, der Morgen dämmert **3** mit Weiß vermischt ⟨Farben⟩ | *ein helles Rot* K hellblau, hellgrau, hellgrün **4** gelblich ⟨Haar⟩ ≈ *blond* | *Sie hat ihre Haare hell getönt* **5** mit wenig Farbe, Pigmenten ⟨Haut⟩ | *Sie liegt nicht gern in der Sonne, weil sie eine helle Haut hat* **6** Stimmen von kleinen Kindern klingen hell ⟨ein Ton, eine Stimme, ein Lachen; etwas klingt, tönt hell⟩ ≈ *hoch* | *Das Glöckchen hat einen hellen Klang* **7** *gesprochen* mit vielen Kenntnissen, Vernunft der Fähigkeit, logisch zu denken ⟨ein Bursche, ein Junge, ein Verstand⟩ ≈ *intelligent* | *Er hat/ist ein helles Köpfchen* **8** *meist attributiv* sehr intensiv, groß ⟨in heller Aufregung, Begeisterung, Empörung, Freude, Panik⟩ | *Das ist doch heller Wahnsinn, so schnell Auto zu fahren!* ● zu (1,3,5,6) **Hel·lig·keit** *die*

hell·auf ADVERB ⟨hellauf begeistert sein⟩ ≈ *sehr*

hel·le ADJEKTIV; *humorvoll oder ironisch* ⟨jemand ist helle⟩ ≈ *klug, intelligent*

Hel·le *das;* (-n, -n); *gesprochen* (ein Glas) helles Bier | *Ein kleines Helles, bitte!* H *ein Helles; das Helle; dem, des Hellen*

Hel·ler *der;* (-s, -); *historisch* eine Münze mit geringem Wert, die vor 1900 benutzt wurde ■ ID **keinen/nicht einen (lumpigen, roten) Heller** *gesprochen* kein Geld, nichts | *Das Bild ist keinen Heller wert*; **etwas auf Heller und Pfennig zurückzahlen**, **etwas bis auf den letzten Heller zurückzahlen** *gesprochen* Schulden vollständig zurückzahlen

hẹll·hö·rig ADJEKTIV **1** misstrauisch und deswegen aufmerksam ⟨hellhörig werden; etwas macht jemanden hellhörig⟩ **2** ⟨ein Haus, eine Wohnung⟩ so gebaut, dass man fast alle Geräusche hört, die aus einem anderen Zimmer oder Haus kommen

hẹll·lich·t- ADJEKTIV *meist attributiv* **am helllichten Tag** während des Tages | *Das Verbrechen geschah am helllichten Tag* **H** verwendet, um Erstaunen oder Empörung auszudrücken

hẹll·se·hen VERB *nur im Infinitiv* (so tun, als ob man in der Lage sei zu) wissen, was in der Zukunft passieren wird bzw. was gerade an einem weit entfernten Ort passiert ⟨hellsehen können⟩ • hierzu **Hẹll·se·her** *der;* **Hẹll·se·he·rin** *die;* **hẹll·se·he·risch** ADJEKTIV

hẹll·sich·tig ADJEKTIV so, dass jemand an alle wichtigen Punkte und möglichen Folgen denkt | *Sie hat die Zukunft damals erstaunlich hellsichtig beschrieben* • hierzu **Hẹll·sich·tig·keit** *die*

hẹll·wạch ADJEKTIV ganz wach, überhaupt nicht müde ⟨hellwach sein, daliegen⟩

Hẹlm *der;* (-(e)s, -e) eine harte Kopfbedeckung aus Metall, Plastik o. Ä., welche den Kopf vor Verletzungen schützt ⟨der Helm eines Bauarbeiters, eines Ritters, eines Soldaten; einen Helm aufsetzen, tragen, abnehmen⟩ **K** Schutzhelm, Sturzhelm; Fahrradhelm, Motorradhelm, Skihelm; Stahlhelm

★ **Hẹmd** *das;* (-(e)s, -en) **1** ein Kleidungsstück für den Oberkörper mit einem festen Kragen, Ärmeln und einer (meist durchgehenden) Reihe von Knöpfen ⟨ein bügelfreies, kurzärmeliges, langärmeliges Hemd; ein Hemd anziehen, zuknöpfen, aufknöpfen, ausziehen; Hemd und Krawatte tragen⟩ ≈ *Oberhemd* | *Er trägt einen Pullover über dem Hemd* **K** Hemd(s)ärmel, Hemdenknopf, Hemdenkragen; Freizeithemd, Herrenhemd, Smokinghemd, Karohemd, Seidenhemd, Streifenhemd **H** → Abb. unter **Bekleidung** **2** ein Kleidungsstück für den Oberkörper (meist aus Baumwolle) ohne Kragen und oft ohne Ärmel, das zur Unterwäsche gehört ≈ *Unterhemd* | *Im Winter trägt sie ein warmes Hemd unter der Bluse* **K** Angorahemd, Spitzenhemd, Trägerhemd **3** **nass bis aufs Hemd** *gesprochen* mit völlig nasser Kleidung ■ **ID** **jemanden bis aufs Hemd ausplündern/ausziehen** *gesprochen* jemandem alles (Geld) wegnehmen; **Mach dir nicht ins Hemd!** *gesprochen!* Sei nicht so ängstlich!; **Personen/Dinge wie das Hemd wechseln** *abwertend* Personen/Dinge oft gegen andere Personen/Dinge wechseln ⟨Freunde, Partner, Geschäftspartner; seine Meinung⟩ | *Er wechselt seine Freundinnen wie das Hemd* | *Sie wechselt ihre Meinung wie das Hemd;* **sein letztes Hemd hergeben** alles hergeben (verschenken), was man hat

Hẹmd·blu·se *die* eine Bluse, die wie ein Hemd aussieht **K** Hemdblusenkleid, Hemdblusenstil

hẹmds·är·me·lig, hẹmds·ärm·lig ADJEKTIV **1** *meist adverbiell* so, dass die Ärmel des Hemdes nach oben umgeschlagen sind ⟨hemdsärmelig dasitzen, herumlaufen⟩ **2** nicht höflich und rücksichtsvoll | *Seine Art ist mir ein bisschen zu hemdsärmelig* • zu (2) **Hẹmds·är·me·lig·keit, Hẹmds·ärm·lig·keit** *die*

He·mi·sphä̱·re *die;* (-, -n) eine der beiden Hälften der Erdkugel ⟨die nördliche, südliche Hemisphäre⟩

hẹm·men VERB (hemmte, hat gehemmt); *geschrieben* **1** **jemand/etwas hemmt etwas** jemand/etwas macht durch einen Widerstand die Bewegung einer Sache langsamer (und bringt sie zum völligen Stillstand) | *Die Bäume hemmten die Lawine/den Lauf der Lawine* **2** **etwas hemmt jemanden in etwas** (*Dativ*) etwas stört jemanden (z. B. in einer Tätigkeit oder einem Entwicklungsprozess) | *Die schwere Krankheit hat das Kind in seiner körperlichen Entwicklung gehemmt* **3** **jemand/etwas hemmt etwas (in etwas** (*Dativ*)) jemand/etwas stört oder verzögert den Ablauf oder die Entwicklung einer Sache | *den technischen Fortschritt hemmen* | *die Wirtschaft in ihrer Entwicklung hemmen*

Hẹmm·nis *das;* (-ses, -se); *geschrieben* etwas, das jemanden/etwas in einer Bewegung, Entwicklung oder Tätigkeit hindert ⟨etwas bedeutet ein (großes) Hemmnis für jemanden/etwas; alle Hemmnisse überwinden⟩ ≈ *Hindernis*

Hẹmm·schuh *der* **1** eine Person oder Sache, die eine Bewegung, Entwicklung oder Tätigkeit hemmt, behindert **2** ≈ *Bremsklotz*

Hẹmm·schwel·le *die* moralische Bedenken, Angst o. Ä., die jemanden daran hindern, etwas zu tun ⟨eine Hemmschwelle überwinden⟩

Hẹm·mung *die;* (-, -en) **1** *nur Plural* ein Gefühl, unfähig oder weniger wert zu sein als andere Leute, wodurch man sehr schüchtern, ängstlich und unsicher wird ⟨große, starke Hemmungen haben; voller Hemmungen sein; unter Hemmungen leiden⟩ | *Er hat Hemmungen, mit Fremden zu sprechen* **2** *meist Plural* die Angst davor, Dinge zu tun, die sittlich oder moralisch nicht (völlig) von anderen Leuten akzeptiert werden ⟨keine Hemmungen haben, kennen⟩ ≈ *Skrupel* | *Er nimmt sich immer ohne jegliche Hemmungen das größte Stück Kuchen* **3** *geschrieben* der Vorgang, der etwas hemmt | *die Hemmung der wirtschaftlichen Entwicklung* • zu (2) **hẹm·mungs·los** ADJEKTIV

Hẹngst *der;* (-(e)s, -e) das männliche Tier bei Pferd, Esel, Zebra, Kamel o. Ä. **K** Hengstfohlen; Zuchthengst

★ **Hẹn·kel** *der;* (-s, -) ein schmaler Griff (zum Tragen oder Halten) in Form eines Bogens an einem Behälter ⟨der Henkel einer Kanne, einer Tasse; die Henkel eines Korbs, einer Tasche; etwas am Henkel fassen, nehmen; ein Henkel bricht ab, reißt ab⟩ **K** Henkelkorb, Henkelkrug, Henkeltopf **H** → Abb. unter **Griff** • hierzu **hẹn·kel·los** ADJEKTIV

hẹn·ken VERB (henkte, hat gehenkt) **jemanden henken** eine Person zur Strafe töten (hinrichten), indem man sie (am Galgen) aufhängt **H** meist im Passiv

Hẹn·ker *der;* (-s, -) eine Person, die einen Verbrecher als Strafe tötet (hinrichtet), der von einem Gericht zum Tod verurteilt worden ist • hierzu **Hẹn·ke·rin** *die*

Hẹn·kers|mahl·zeit *die; humorvoll* die letzte Mahlzeit (mit jemandem) vor einem unangenehmen Ereignis oder einem Abschied

Hẹn·ne *die;* (-, -n) ein weibliches Huhn

He·pa·ti·tis *die;* (-) eine Entzündung der Leber ≈ *Gelbsucht*

★ **he̱r** ADVERB **1** **etwas ist** *+Zeitangabe* **her** etwas war/geschah vor der genannten Zeit | *Es ist drei Jahre her, dass wir uns das letzte Mal gesehen haben* **2** **von irgendwo her** von dem genannten Ort in Richtung auf den Sprecher zu | *Er hat mich von der anderen Straßenseite her gerufen* | *Sie kam von rechts her* **3** **wo ist jemand/etwas her?** *gesprochen* aus welchem Ort oder Land kommt jemand?; woher stammt etwas? | *Weißt du, wo er her ist?* | *Wo ist das denn her?* **4** **von irgendwann her** seit der genannten Zeit | *Ich kenne ihn von der Schulzeit her* | *Sie kannte ihn noch von früher her* **5** **von etwas her** unter dem genannten Gesichtspunkt betrachtet | *Der Film ist von der schauspielerischen Leistung her sehr interessant* | *Das Kleid gefällt mir vom Stoff her sehr gut* | *Die Wohnung ist von der Größe her nicht für mich geeignet* **6** **Her zu mir!** *gesprochen* verwendet als (aggressive oder unhöfliche) Aufforderung, zum Sprecher zu kommen **7** **her mit** *+Substantiv/Pronomen! gesprochen* verwendet als (aggressive oder unhöfliche) Aufforderung, dem Sprecher etwas zu geben oder zu bringen | *Her mit dem Geld!* | *Her damit!* ■ **ID** **hinter jeman-**

dem her sein **a** *gesprochen* jemanden verfolgen oder nach jemandem suchen | *Die Polizei ist hinter ihm her* **b** *gesprochen, oft abwertend* eine Liebesbeziehung zur genannten Person haben wollen; **hinter etwas her sein** *gesprochen, oft abwertend* etwas unbedingt haben wollen | *Er ist hinter ihrem Geld her*; **mit jemandem/etwas ist es nicht weit her** *gesprochen* jemandes Leistung oder Gesundheit/die Qualität einer Sache ist relativ schlecht

★ **her-** (*im Verb, betont und trennbar, sehr produktiv; Diese Verben werden so gebildet:* herkommen, kam her, hergekommen) **1** **herdürfen, herkommen, hersehen; jemanden/etwas herholen, herschicken; sich hertrauen** *und andere* bezeichnet die Richtung von irgendwo zum Sprecher oder Erzähler hin | *Bring bitte den Hammer her!* (Bring den Hammer bitte zu mir, hierher) **H** vergleiche auch **hin- 2** **hinter/neben/vor jemandem herfahren, hergehen, herlaufen, herschwimmen** *und andere* drückt in Verbindung mit Verben der Bewegung aus, dass dieselbe Richtung eingehalten wird | *Sie kletterte auf den Baum und ihr Bruder kletterte hinter ihr her* (Ihr Bruder kletterte nach ihr in dieselbe Richtung, auch auf den Baum)

he·rab [hɛ'rap] ADVERB bezeichnet die Richtung von irgendwo (oben) nach unten, häufig zum Sprecher oder Erzähler hin ⟨von oben herab; vom Himmel herab⟩ **H** → auch **hinab**

he·rab- [hɛ'rap-] (*im Verb, betont und trennbar, begrenzt produktiv; Diese Verben werden so gebildet:* herabfallen, fiel herab, herabgefallen) **herabsehen, herabsteigen; etwas baumelt, fällt, hängt herab; etwas herabwerfen** *und andere* bezeichnet die Richtung von irgendwo (oben) nach unten, häufig zum Sprecher oder Erzähler hin | *Die Katze traut sich nicht mehr vom Baum herab* (Die Katze traut sich nicht, vom Baum zu uns nach unten zu klettern) **H** vergleiche auch **hinab-**

he·rab·bli·cken VERB (*hat*) **auf jemanden herabblicken** jemanden verachten ⟨hochmütig, mit Verachtung auf jemanden herabblicken⟩ **H** weitere Verwendungen → **herab-**

he·rab·las·sen VERB (*hat*) **1** **jemanden/etwas herablassen** ein Seil o. Ä. dazu benutzen, um jemanden, sich selbst oder etwas nach unten zu bringen ≈*herunterlassen* | *Der Bergsteiger ließ sich an einem Seil (von der Felswand) zu seinen Kameraden herab* **H** weitere Verwendungen → **herab- 2** **sich zu etwas herablassen** *ironisch* etwas tun, aber dabei auch zeigen, dass man etwas Besseres zu tun hätte oder dass andere es tun sollten | *sich dazu herablassen, mit jemandem zu sprechen* | *Du könntest dich auch einmal zum Geschirrspülen herablassen* **3** **eine Person lässt sich zu jemandem herab** *ironisch* eine Person spricht mit jemandem oder nimmt Kontakt auf, obwohl sie glaubt, das sei unter ihrer Würde

he·rab·las·send ■ PARTIZIP PRÄSENS **1** → herablassen ■ ADJEKTIV **2** so, dass jemand glaubt, viel besser zu sein als andere Leute und dies auch durch das eigene Verhalten zeigt ⟨ein Verhalten; jemanden herablassend behandeln, grüßen⟩

he·rab·se·hen VERB (*hat*) **auf jemanden herabsehen** ≈*verachten* | *Er ist arrogant und sieht auf jeden herab, der weniger Geld hat als er* **H** weitere Verwendungen → **herab-**

he·rab·set·zen VERB (*hat*) **1** **etwas herabsetzen** etwas auf eine niedrigere Stufe, ein niedrigeres Niveau bringen ⟨die Geschwindigkeit, die Kosten, die Preise herabsetzen⟩ **2** **jemanden/etwas herabsetzen** eine Person oder Sache zu Unrecht kritisieren, ihnen einen geringeren Wert zuschreiben, als sie haben ⟨jemandes Leistungen, jemandes Verdienste, jemandes Wert herabsetzen⟩ | *jemanden vor allen Leuten herabsetzen und demütigen* ● hierzu **He·rab·set·zung** *die*

he·rab·wür·di·gen VERB (*hat*) **jemanden/etwas herabwürdigen** ≈*herabsetzen* ● hierzu **He·r·ab·wür·di·gung** *die*

★ **he·ran** [hɛ'ran] ADVERB bezeichnet die Richtung von irgendwoher zu einem Objekt hin und zugleich oft näher zum Sprecher oder Erzähler hin | *Etwas weiter rechts/an die Seite heran* **H** *Heran* wird in der gesprochenen Sprache zu *ran* abgekürzt.

he·ran- [hɛ'ran-] (*im Verb, betont und trennbar, sehr produktiv; Diese Verben werden so gebildet:* herankommen, kam heran, herangekommen) **(an jemanden/etwas) heranfahren, herangehen, herantreten; eine Person/Sache (an jemanden/etwas) heranführen, heranlassen** *und andere* bezeichnet die Richtung von irgendwoher zu einem Ziel hin oder näher zum Sprecher oder Erzähler hin | *Auf der Safari kamen die Elefanten bis auf wenige Meter an uns heran* (Die Elefanten kamen ganz in unsere Nähe) **H** *Heran-* wird in der gesprochenen Sprache zu *ran-* abgekürzt.

he·ran·bil·den VERB (*hat*) **jemanden (zu etwas) heranbilden** jemandem eine spezielle berufliche Ausbildung geben | *Die Computerfirmen bilden neue Fachkräfte heran* ● hierzu **He·ran·bil·dung** *die*

he·ran·füh·ren VERB (*hat*) **1** **jemanden an etwas** (*Akkusativ*) **heranführen** einer Person etwas zeigen und deren Interesse dafür wecken | *die Mitarbeiter an neue Technologien heranführen* **2** **etwas führt an etwas** (*Akkusativ*) **heran** etwas führt in die Nähe einer Sache | *Der Weg führt an den Fluss heran* **H** weitere Verwendungen → **heran-**

he·ran·ge·hen VERB (*ist*) **an etwas** (*Akkusativ*) **herangehen** ⟨mit Eifer, Elan, Freude, Lust, Unlust an eine Arbeit herangehen⟩ ≈*beginnen* **H** weitere Verwendungen → **heran-**

he·ran·kom·men VERB (*ist*) **1** **(an etwas** (*Akkusativ*)**) herankommen** es schaffen, mit der Hand einen Gegenstand zu berühren | *Kommst du an die Bücher heran, die oben im Regal stehen?* **2** **an etwas** (*Akkusativ*) **herankommen** es schaffen, etwas zu bekommen | *In vielen Großstädten kommen Jugendliche leicht an Rauschgift heran* **3** **an jemanden/etwas herankommen** es schaffen, genauso gut wie eine andere Person zu sein oder deren Leistungen zu erreichen **H** weitere Verwendungen → **heran-**

he·ran·las·sen VERB (*hat*) **eine Person an jemanden/etwas heranlassen** zulassen, dass eine Person bei jemandem sein darf, etwas genau ansieht oder es in die Hand nimmt | *Er lässt niemanden an seine Münzsammlung heran* **H** a) meist verneint; b) weitere Verwendungen → **heran-**

he·ran·ma·chen VERB (*hat*) **sich an jemanden heranmachen** *gesprochen* versuchen, mit jemandem (sexuellen) Kontakt zu bekommen | *Er macht sich schon seit längerer Zeit an seine Nachbarin heran*

he·ran·neh·men VERB (*hat*) **jemanden herannehmen** viel Leistung von einer anderen Person verlangen | *Der Trainer nimmt die Mannschaft hart heran*

he·ran·rei·chen VERB (*hat*) **1** **(an etwas** (*Akkusativ*)**) heranreichen** einen Punkt erreichen, (an etwas) herankommen | *Das Kind kann an den Schalter nicht heranreichen* **2** **an jemanden/etwas heranreichen** genau so viel leisten wie eine andere Person

he·ran·rei·fen VERB (*ist*) **1** **etwas reift heran** etwas wird allmählich reif ⟨Früchte, Getreide⟩ **2** **jemand reift (zu etwas) heran** jemand entwickelt sich (geistig) **3** **etwas reift (in jemandem) heran** etwas entwickelt sich in jemandes Gedanken ⟨ein Plan, eine Idee⟩

he·ran·tas·ten VERB (*hat*) **sich an etwas** (*Akkusativ*) **herantasten** durch intensives (vorsichtiges) Suchen etwas allmählich verstehen oder zu einer Lösung kommen | *sich an den Kern eines Problems herantasten* **H** weitere Verwendungen → **heran-**

he·ran·tra·gen VERB *(hat)* **etwas an jemanden herantragen** einer Person sagen, was man wünscht oder worum man sie bitten will ⟨eine Bitte an jemanden herantragen⟩ **H** weitere Verwendungen → **heran-**

he·ran·trau·en VERB *(hat)* **sich an etwas** *(Akkusativ)* **herantrauen** den Mut, das Selbstvertrauen haben, eine schwierige Arbeit zu machen oder ein schwieriges Problem zu lösen **H** weitere Verwendungen → **heran-**

he·ran·tre·ten VERB *(ist)* **1** **(an etwas** *(Akkusativ)***) herantreten** von irgendwo näher an etwas treten | *Ein Mann trat plötzlich an unseren Tisch heran und forderte uns auf mitzukommen* **2** **(mit etwas) an jemanden herantreten** *geschrieben* sich mit einer Bitte, einem Problem o. Ä. an jemanden wenden

he·ran·wach·sen VERB *(ist)* **jemand wächst (zu etwas) heran** ein Mensch oder ein Tier wird allmählich erwachsen

he·ran·wa·gen VERB *(hat)* **sich an etwas** *(Akkusativ)* **heranwagen** ≈ *herantrauen* **H** weitere Verwendungen → **heran-**

★ **he·ran·zie·hen** VERB **1** **eine Person/Sache (an jemanden/etwas) heranziehen; eine Person/Sache (zu jemandem/etwas) heranziehen** *(hat)* eine Person oder Sache in die Richtung, Nähe zu einer anderen Person, sich selbst oder einer Sache ziehen | *Ich zog ihn näher an mich/zu mir heran und flüsterte ihm etwas ins Ohr* **2** **jemanden zu etwas heranziehen** *(hat)* dafür sorgen, dass jemand etwas tut | *die Kinder zu Arbeiten im Haushalt heranziehen* | *die Straftäter zum Sozialdienst heranziehen* **3** **jemanden zu etwas heranziehen** jemanden an eine Tätigkeit gewöhnen | *Der Fußballverein hatte es versäumt, ausreichend Nachwuchs für die Mannschaft heranzuziehen* | *Der Firmeninhaber hat seinen ältesten Sohn als seinen Nachfolger herangezogen* **4** **jemanden heranziehen** *(hat)* einen Experten bitten, etwas zu beurteilen oder zu entscheiden | *Der Stadtrat zog zur Klärung der rechtlichen Lage einen Juristen heran* **5** **etwas heranziehen** *(hat)* etwas vor allem als Beweis vorlegen | *Der Rechtsanwalt zog mehrere Paragrafen heran, die als Grundlage für eine Milderung der Strafe dienen sollten* **6** **etwas heranziehen** *(hat)* sich um junge Tiere oder Pflanzen kümmern, bis sie groß sind | *Ferkel heranziehen* | *Tomatenpflanzen heranziehen* **7** **etwas zieht heran** *(ist)* etwas nähert sich | *Ein Gewitter zieht heran*

he·rauf [hɛ'rau̯f] ADVERB bezeichnet die Richtung von irgendwo (unten) nach oben, häufig zum Sprecher oder Erzähler hin | *Vom Tal bis zu uns herauf wanderte er zwei Stunden* **H** *Herauf* wird in der gesprochenen Sprache zu *rauf* abgekürzt; vergleiche auch **hinauf**

he·rauf- [hɛ'rau̯f-] *(im Verb, betont und trennbar, sehr produktiv; Diese Verben werden so gebildet:* heraufkommen, kam herauf, heraufgekommen) **(irgendwohin) herauffahren, heraufsehen, heraufsteigen; jemanden/etwas (irgendwohin) heraufbringen, heraufholen, heraufschicken, herauftragen** *und andere* bezeichnet die Richtung von irgendwo (unten) nach oben, häufig zum Sprecher oder Erzähler hin | *Der Briefträger kam zu uns in den vierten Stock herauf* (Er kam in den vierten Stock, wo wir wohnen) **H** Anstelle einer Richtungsangabe (*in den vierten Stock*) steht häufig nur eine Angabe im Akkusativ: *Sie kam den Berg herauf; Er führte sie die Treppe herauf. Herauf-* wird in der gesprochenen Sprache zu *rauf-* abgekürzt; vergleiche auch **hinauf-**

he·rauf·ar·bei·ten VERB *(hat)* **1** **sich (etwas** *(Akkusativ)***) heraufarbeiten** unter großen Mühen von irgendwo (unten) nach oben gelangen | *Die Bergsteiger arbeiteten sich mühsam die steile Felswand herauf* **2** **sich (zu etwas) heraufarbeiten** ≈ *hocharbeiten* | *Sie hat sich zur Abteilungsleiterin heraufgearbeitet*

he·rauf·be·schwö·ren VERB (beschwor herauf, hat heraufbeschworen) **etwas heraufbeschwören** durch unüberlegte Handlungen eine schlimme oder gefährliche Situation entstehen lassen ⟨eine Krise, einen Krieg, ein Unheil heraufbeschwören⟩ | *durch aggressives Verhalten einen Streit heraufbeschwören*

he·rauf·set·zen VERB *(hat)* **etwas heraufsetzen** ⟨die Miete, den Preis heraufsetzen⟩ ≈ *erhöhen*

★ **he·raus** [hɛ'rau̯s] ADVERB **1** bezeichnet die Richtung von irgendwo (drinnen) nach draußen, häufig aus der Sicht des Sprechers oder Erzählers | *Heraus mit dir (aus dem Haus)!* **H** *Heraus* wird in der gesprochenen Sprache zu *raus* abgekürzt; vergleiche auch **hinaus.** **2** **aus etwas heraus** verwendet, um die räumliche Präposition *aus* zu verstärken | *Aus dem Saal heraus hörte man laute Stimmen* **3** **aus etwas heraus** verwendet, um die kausale Präposition *aus* zu verstärken ⟨etwas aus bestimmten Überlegungen heraus, aus einer Notlage heraus, aus einer Laune heraus tun⟩ **4** **heraus sein** *gesprochen* herausgekommen sein | *Jetzt ist die Maus aus ihrem Loch heraus* **5** **etwas ist heraus** *gesprochen* etwas ist zum Verkauf im Handel oder auf dem Markt | *Ist das neue Lexikon schon heraus?* **6** **etwas ist heraus** *gesprochen* etwas ist (allgemein) bekannt | *Inzwischen ist heraus, wer die Autos aufgebrochen hat* **7** **aus etwas heraus sein** *gesprochen* die genannte Phase des Lebens hinter sich haben | *Unser Sohn ist aus dem Alter heraus, in dem er heimlich geraucht hat* ■ ID **Jetzt ist es (endlich) heraus!** *gesprochen* Endlich habe ich/hast du das gesagt!

he·raus- [hɛ'rau̯s-] *(im Verb, betont und trennbar, sehr produktiv; Diese Verben werden so gebildet:* herausfahren, fuhr heraus, herausgefahren) **(aus etwas) herausfahren, herauskommen, herauslaufen; jemanden/etwas (aus etwas) herausbringen, herauslassen, heraustragen, herauswerfen; etwas (aus etwas) herausnehmen, herausstrecken** *und andere* bezeichnet die Richtung von irgendwo (drinnen) nach draußen, häufig zum Sprecher oder Erzähler hin | *Aus dem Loch im Eimer sickerte Wasser heraus* (Das Wasser floss langsam durch ein Loch nach außen) **H** *Heraus-* wird in der gesprochenen Sprache zu *raus-* abgekürzt; vergleiche auch **hinaus-**

he·raus·ar·bei·ten VERB *(hat)* **1** **etwas herausarbeiten** die wichtigen Teile oder Aspekte einer Sache ganz deutlich zeigen | *in einem Aufsatz die Gründe der Arbeitslosigkeit herausarbeiten* **2** **sich (aus etwas) herausarbeiten** sich unter großer Mühe aus etwas befreien | *sich aus dem Schlamm herausarbeiten* ● zu (1) **He·r<u>aus</u>·ar·bei·tung** *die*

he·raus·be·kom·men VERB (bekam heraus, hat herausbekommen) **1** **etwas (aus etwas) herausbekommen** es schaffen, etwas aus etwas anderem zu entfernen | *den Nagel nicht aus dem Brett herausbekommen* | *Der Ball ist in den Bach gefallen, und ich bekomme ihn nicht mehr heraus!* **2** **etwas herausbekommen** (beim Bezahlen) die Summe Geld zurückbekommen, die man zu viel gegeben hat | *Wenn ein Buch 18,90 € kostet, und man mit einem Zwanzigeuroschein bezahlt, bekommt man 1,10 € heraus* **3** **etwas (aus jemandem) herausbekommen** es schaffen, etwas Unbekanntes zu erfahren, indem man sucht, forscht oder Personen fragt | *Die Polizei muss erst noch herausbekommen, was das genau geschehen ist* | *Hast du die Wahrheit aus ihr herausbekommen?* **4** **etwas herausbekommen** *gesprochen* eine Aufgabe, ein Rätsel lösen können | *eine Bruchrechnung nicht herausbekommen*

he·raus·bil·den VERB *(hat)* **etwas bildet sich heraus** etwas entwickelt sich allmählich | *Zwischen seinem Nachbarn* *und ihm hat sich im Lauf der Jahre eine freundschaftliche Beziehung herausgebildet* ● hierzu **He·r·aus·bil·dung** *die*

he·raus·bre·chen VERB **1** **etwas (aus etwas) herausbrechen** *(hat)* etwas brechend aus einem Ganzen lösen | *eine Latte aus dem Zaun herausbrechen* **2** **etwas bricht (aus etwas) heraus** *(ist)* etwas löst sich von selbst aus einem größeren Ganzen | *Große Stücke sind aus der Felswand herausgebrochen* **3** **etwas bricht aus jemandem heraus** ein Gefühl zeigt sich plötzlich, weil sich jemand nicht mehr beherrschen kann ‹Wut, Zorn, Hass, ein Schluchzen›

he·raus·brin·gen VERB *(hat)* **1** **etwas herausbringen** ein neues Produkt auf den Markt bringen | *Der Sänger hat dieses Jahr schon seine zweite Schallplatte herausgebracht* | *ein neues Waschmittel herausbringen* **2** **etwas herausbringen** einen Laut oder Ton erzeugen | *Er war so heiser, dass er keinen Ton mehr herausbrachte* **3** **etwas (aus jemandem) herausbringen** *gesprochen* eine Person dazu bringen, etwas zu sagen, was sie nicht sagen will | *Aus den Kindern war nicht herauszubringen, wer die Fensterscheibe eingeworfen hatte* **4** **etwas herausbringen** *gesprochen* das richtige Ergebnis einer Rechnung finden | *Was hast du bei der dritten Aufgabe herausgebracht?* weitere Verwendungen → **heraus-**

he·raus·fah·ren VERB **1** **(aus etwas) herausfahren** *(ist)* aus einem Gebiet, Gebäude o. Ä. nach draußen fahren | *Der Lkw fuhr langsam rückwärts aus der Einfahrt heraus* **2** **etwas (aus etwas) herausfahren** *(hat)* etwas aus einem Gebiet, Gebäude o. Ä. nach draußen fahren | *das Auto aus der Garage herausfahren* **3** **etwas herausfahren** *(hat)* (bei Rad- oder Autorennen) etwas erreichen ‹eine Medaille, einen dritten Platz, eine gute Zeit herausfahren›

★ **he·raus·fin·den** VERB *(hat)* **1** **etwas herausfinden** etwas, das man wissen will, durch Suchen und Forschen entdecken | *Habt ihr schon herausgefunden, wie der neue Drucker funktioniert?* **2** **(aus etwas) herausfinden** es schaffen, den Weg nach draußen zu finden | *Er hat sich im Wald verirrt und findet nicht mehr heraus*

he·raus·for·dern VERB *(hat)* **1** **jemanden (zu etwas) herausfordern** jemanden (vor allem einen Sportler) dazu auffordern, gegen einen zu kämpfen o. Ä. | *den Weltmeister im Schwergewicht zum Titelkampf herausfordern* **2** **etwas herausfordern** durch das eigene Verhalten erreichen, dass etwas meist Negatives entsteht ‹eine bedrohliche Situation, eine Gefahr, eine Krise, Protest, herbe Kritik herausfordern› **3** **jemanden herausfordern** ≈ *provozieren* | *jemanden herausfordernd ansehen* ● zu (1) **He·r·aus·for·de·rer** *der*

★ **He·raus·for·de·rung** *die*; (-, -en) **1** ein Kampf, bei dem ein Sportler gegen den Titelverteidiger (um den Meistertitel) kämpft und ihn so herausfordert **2** eine schwierige oder außergewöhnliche Aufgabe, die jemanden reizt | *Es war für ihn eine Herausforderung, Japanisch zu lernen*

he·raus·ge·ben VERB *(hat)* **1** **jemanden/etwas herausgeben** eine Person, die man gefangen genommen hat, oder etwas, was man an sich genommen hat, wieder zurückgeben | *Die Entführer gaben die Geisel nach drei Wochen wieder heraus* | *Der Dieb gab seine Beute freiwillig heraus* **2** **etwas herausgeben** für die Veröffentlichung einer Zeitung, Zeitschrift oder eines Buches verantwortlich sein ‹eine Zeitung, ein Magazin, ein Wörterbuch herausgeben› **3** **(jemandem) etwas herausgeben** einer Person das Geld zurückgeben, das sie zu viel gezahlt hat | *Die Kassiererin hat mir zu wenig herausgegeben!* weitere Verwendungen → **heraus-** **4** **(jemandem) auf etwas** *(Akkusativ)* **herausgeben** einer Person Wechselgeld zurückgeben, weil sie (mit einem Geldschein) zu viel bezahlt hat | *Können Sie mir auf fünfzig Euro herausgeben?* ● zu (2) **He·r·aus·ge·ber** *der*; zu (1,2) **He·r·aus·ga·be** *die*

he·raus·ge·hen VERB *(ist)* **1** **etwas geht (aus etwas) heraus** etwas lässt sich aus etwas entfernen | *Der Tintenfleck geht nur sehr schwer aus dem Hemd heraus* | *Der Kuchen geht nicht aus der Backform heraus* **2** **aus sich** *(Dativ)* **herausgehen** nicht mehr schüchtern sein, sondern lebhaft werden und den anderen Leuten die eigenen Gefühle zeigen | *Zuerst war er sehr zurückhaltend, doch dann ging er voll aus sich heraus* weitere Verwendungen → **heraus-**

he·raus·grei·fen VERB *(hat)* **jemanden/etwas (aus Dingen/einer Menge) herausgreifen** eine Person oder Sache aus einer Menge, Anzahl auswählen | *aus der Klasse einen Schüler herausgreifen, um ihn zu prüfen*

he·raus·ha·ben VERB *(hat)*; *gesprochen* **1** **etwas heraushaben** die Lösung gefunden haben ‹den Trick, den Dreh heraushaben› | *Er hatte bald heraus, wie die Maschine funktioniert* **2** **etwas heraushaben** durch Suchen, Fragen und Forschen erfahren, was unbekannt war | *Die Kripo hat schnell herausgehabt, wer den Einbruch verübt hatte*

he·raus·hal·ten VERB *(hat)* **jemanden/etwas (aus etwas) heraushalten** versuchen, dass jemand, man selbst oder etwas nicht in eine schwierige Situation kommt | *Aus diesem Streit halte ich mich heraus* weitere Verwendungen → **heraus-**

he·raus·hän·gen[1] VERB (hängte heraus, hat herausgehängt) **etwas heraushängen (lassen)**; **sich** *(Dativ)* **etwas heraushängen lassen** *gesprochen, abwertend* auf arrogante Weise zeigen, dass man etwas hat oder kann, das andere Leute nicht haben oder können | *Lass dir doch den Doktor(titel) nicht gar so sehr heraushängen!* weitere Verwendungen → **heraus-**

he·raus·hän·gen[2] VERB (hing heraus, hat herausgehangen) **jemand/etwas hängt (aus etwas) heraus** jemand/etwas hängt aus etwas nach draußen | *Sein Hemd hing aus der Hose heraus*

he·raus·ho·len VERB *(hat)* **1** **etwas herausholen** (große) Erfolge oder Gewinne bei etwas haben | *Bei den Verhandlungen konnte er viel herausholen* **2** **etwas herausholen** *gesprochen* ≈ *herausarbeiten* weitere Verwendungen → **heraus-**

he·raus·hö·ren VERB *(hat)* **1** **etwas (aus etwas) heraushören** aus einem Gemisch von Tönen oder Stimmen eine Einzelheit hören | *Aus dem Chor war ihre Stimme deutlich herauszuhören* **2** **etwas (aus etwas) heraushören** an der Art, wie eine Person etwas sagt, merken, was sie denkt oder fühlt ‹Ärger, Enttäuschung, Freude, Wut aus jemandes Stimme heraushören; Ironie, Kritik, Zustimmung aus jemandes Worten heraushören›

he·raus·keh·ren VERB *(hat)* **etwas herauskehren** *gesprochen, abwertend* anderen Leuten gegenüber die eigene (berufliche) Stellung, den (wissenschaftlichen) Titel oder eine Eigenschaft (auf unangenehme Weise) deutlich zeigen | *Er kehrt immer den Chef heraus* weitere Verwendungen → **heraus-**

★ **he·raus·kom·men** VERB *(ist)* **1** **(aus etwas) herauskommen** aus einem Gebiet, Gebäude o. Ä. nach draußen kommen | *Er kam den ganzen Tag nicht aus seinem Zimmer heraus* **2** **etwas kommt heraus** etwas wird zum Verkauf in den Handel gebracht | *Das neue Automodell kommt nächstes Jahr heraus* **3** **etwas kommt heraus** etwas wird (allgemein) bekannt | *Es ist nie herausgekommen, wer die Bankräuber waren* **4** **etwas kommt (bei etwas) heraus** *gesprochen* etwas ist das Ergebnis einer Sache | *Ich habe schon dreimal nachgerechnet, aber es kommt jedes Mal etwas anderes heraus* | *Bei unserer Diskussion ist nichts Vernünftiges herausgekommen* **5** **etwas kommt irgend-**

H

wie heraus *gesprochen* etwas ist so deutlich oder klar, dass man es gut erkennen kann | *Auf diesem Foto kommen die Farben nicht gut heraus* | *In der Verfilmung des Romans kommt die eigentliche Problematik gar nicht richtig heraus* **6** **mit etwas herauskommen** *gesprochen* erst nach einigem Zögern anfangen, über etwas Unangenehmes zu sprechen | *Allmählich kam er mit der Wahrheit heraus* **7** **groß herauskommen** *gesprochen* (vor allem als Künstler) großen Erfolg in der Öffentlichkeit haben | *Die Schauspielerin ist im Fernsehen groß herausgekommen* **8** *gesprochen* als Erster eine Karte spielen

▪ ID **aus dem Lachen/Staunen nicht herauskommen** nicht aufhören können zu lachen/staunen; **etwas kommt auf dasselbe heraus** *gesprochen* etwas macht keinen Unterschied, hat das gleiche Ergebnis

he·raus·krie·gen VERB *(hat)* **etwas herauskriegen** *gesprochen* etwas in Erfahrung bringen

he·raus·las·sen VERB *(hat); gesprochen* **etwas herauslassen** etwas (nach längerem Zögern o. Ä.) aussprechen | *Er wollte lange nicht herauslassen, dass er sich verliebt hatte* weitere Verwendungen → **heraus-**

he·raus·le·sen VERB *(hat)* **etwas (aus etwas) herauslesen** an dem Gesicht, dem Verhalten oder einer Formulierung zu erkennen glauben, was eine Person denkt oder fühlt | *Ich habe aus seinem Brief herausgelesen, dass er unglücklich ist*

he·raus·ma·chen VERB *(hat); gesprochen* **1** **etwas (aus etwas) herausmachen** etwas Unerwünschtes aus etwas entfernen | *einen Fleck aus der Hose herausmachen* **2** **sich herausmachen** sich positiv entwickeln, die eigenen Fähigkeiten verbessern

he·raus·neh·men VERB *(hat)* **1** **(jemandem) etwas herausnehmen** (als Arzt o. Ä.) jemandem ein inneres Organ entfernen ⟨jemandem die Mandeln, den Blinddarm herausnehmen⟩ weitere Verwendungen → **heraus-** **2** **sich** *(Dativ)* **etwas herausnehmen** *gesprochen* etwas tun, das andere Leute frech finden | *Er nimmt sich dem Chef gegenüber ziemlich viele Freiheiten heraus* weitere Verwendungen → **heraus-**

he·raus·plat·zen VERB *(ist); gesprochen* **1** plötzlich (ungewollt) anfangen zu lachen **2** **mit etwas herausplatzen** plötzlich und ohne viel zu überlegen etwas sagen ⟨mit einer Frage, einem Vorschlag, einer Neuigkeit herausplatzen⟩

he·raus·put·zen VERB *(hat)* **jemanden herausputzen** *gesprochen* jemanden oder sich selbst für einen besonderen Anlass sehr hübsch machen

he·raus·ra·gen VERB *(hat)* **jemand/etwas ragt (aus etwas) heraus** jemand/etwas ist viel besser als der Durchschnitt ⟨aus der Gruppe, Masse, Menge herausragen⟩ | *herausragende Leistungen vollbringen* | *Mozart und Bach waren herausragende Komponisten* weitere Verwendungen → **heraus-**

he·raus·re·den VERB *(hat)* **sich (aus etwas) herausreden** *gesprochen* versuchen, andere Leute davon zu überzeugen, dass man unschuldig ist (obwohl man schuldig ist) | *Erst wollte er sich herausreden, aber dann gab er doch zu, dass er den Unfall verursacht hatte*

he·raus·rei·ßen VERB *(hat)* **1** **etwas (aus etwas) herausreißen** so stark an etwas reißen, dass es sich löst oder von etwas getrennt wird | *ein Foto aus dem Album herausreißen* | *ein Blatt aus einem Heft herausreißen* **2** **etwas reißt etwas (wieder) heraus** *gesprochen* eine positive Leistung gleicht eine negative Leistung wieder aus | *Die Zwei in der mündlichen Prüfung hat seine schlechte Note im schriftlichen Examen wieder herausgerissen*

he·raus·rü·cken VERB *gesprochen* **1** **etwas herausrücken** *(hat)* etwas hergeben, nachdem man lange gezögert hat | *Nach langem Hin und Her rückte sein Vater endlich fünfzig Euro heraus* **2** **mit etwas herausrücken** *(ist)* etwas sagen oder verraten, nachdem man zuerst gezögert hat ⟨mit einer Bitte, einer Frage herausrücken⟩ | *Nun rück schon heraus damit, was ist los?*

he·raus·rut·schen VERB *(ist)* **etwas rutscht jemandem heraus** *gesprochen* jemand sagt etwas, ohne es zu wollen | *Entschuldige, ich wollte dich nicht beleidigen, das ist mir nur so herausgerutscht* weitere Verwendungen → **heraus-**

he·raus·schin·den VERB *(hat)* **etwas herausschinden** *gesprochen* meist durch Tricks einen Vorteil oder Gewinn bekommen

he·raus·schla·gen VERB *(hat)* **etwas herausschlagen** *gesprochen* meist etwas durch Tricks o. Ä. für sich gewinnen weitere Verwendungen → **heraus-**

he·raus·schme·cken VERB *(hat)* **1** **etwas (aus etwas) herausschmecken** einen speziellen Geruch oder Geschmack aus einer Speise wahrnehmen | *Den Knoblauch konnte man deutlich aus der Tomatensoße herausschmecken* **2** **etwas schmeckt (aus etwas) heraus** etwas ist durch den intensiven Geschmack aus einer Speise deutlich wahrnehmbar | *Aus dem Salat schmeckt der Essig zu sehr heraus*

he·raus·schrei·ben VERB *(hat)* **etwas (aus etwas) herausschreiben** Teile aus einem Text abschreiben | *interessante Daten aus einem Zeitungsartikel herausschreiben*

he·raus·sprin·gen VERB *(ist)* **etwas springt (für jemanden) (bei etwas) heraus** *gesprochen* ein Gewinn oder Vorteil entsteht für jemanden (am Ende einer Transaktion o. Ä.) | *Beim Verkauf seines alten Autos sprang für ihn noch unerwartet viel Geld heraus* weitere Verwendungen → **heraus-**

he·raus·ste·hen VERB *(hat)* **etwas steht heraus** *gesprochen* ≈ *hervorstehen*

he·raus·stel·len VERB *(hat)* **1** **jemanden/etwas herausstellen** deutlich zeigen, wie wichtig oder gut jemand, man selbst oder etwas ist | *Der Politiker stellte die Grundsätze seiner Partei deutlich heraus* **2** **etwas stellt sich heraus** etwas wird (zum Schluss) deutlich | *In der Verhandlung stellte sich heraus, dass der Angeklagte unschuldig war* | *Es wird sich noch herausstellen, wer von uns beiden recht hat* weitere Verwendungen → **heraus-**

he·raus·stre·cken VERB *(hat)* **jemandem die Zunge herausstrecken** einer anderen Person die Zunge zeigen, um sie zu ärgern oder um ihr zu zeigen, dass man sie nicht mag o. Ä. weitere Verwendungen → **heraus-**

he·raus·strei·chen VERB *(hat)* **1** **etwas (aus etwas) herausstreichen** Wörter oder Sätze in einem Text streichen | *bei der Korrektur eines Textes ganze Sätze herausstreichen* **2** **jemanden/etwas herausstreichen** deutlich zeigen oder sagen, wie wichtig oder gut jemand, man selbst oder etwas ist | *Er streicht ständig seine Leistungen als Sportler heraus*

he·raus·su·chen VERB *(hat)* **etwas (aus etwas) heraussuchen** in einer Menge suchen und etwas Passendes auswählen | *Ich habe dir eine günstige Zugverbindung herausgesucht*

he·raus·wach·sen VERB *(ist)* **aus etwas herauswachsen** *gesprochen* so wachsen, dass ein Kleidungsstück nicht mehr passt | *Unser Sohn wächst alle paar Monate aus seinen Schuhen heraus*

he·raus·win·den VERB *(hat)* **sich (aus etwas) herauswinden** es schaffen, sich mit Tricks oder Ausreden aus einer unangenehmen Situation zu befreien | *Mit vielen Ausreden und Vorwänden gelang es ihm, sich aus der peinlichen Situa-*

tion herauszuwinden

herb ADJEKTIV [1] mit einem Geschmack oder Geruch, der nicht süß, sondern leicht bitter oder sauer ist ⟨(ein) Wein, ein Parfüm⟩ [2] so, dass eine Person/Sache sehr ernst und streng wirkt ⟨ein Typ; eine herbe Schönheit sein; herbe Züge haben; herb wirken⟩ [3] sehr streng ⟨Kritik, Worte⟩ [4] sehr schlimm | *eine herbe Enttäuschung erleben* | *herbe Verluste hinnehmen müssen*

her·bei ADVERB bezeichnet die Richtung (von irgendwoher) zu einem Objekt und häufig auch zum Sprecher oder Erzähler hin

her·bei- (*im Verb, betont und trennbar, begrenzt produktiv; Diese Verben werden so gebildet:* herbeieilen, eilte herbei, herbeigeeilt) **herbeikommen, herbeilaufen; jemanden/etwas herbeibringen, herbeiholen, herbeischaffen** *und andere* bezeichnet die Richtung (von irgendwoher) zu einem Objekt und häufig auch zum Sprecher oder Erzähler hin | *Als er mich sah, eilte er herbei* (Als er mich sah, eilte er zu mir)

her·bei·füh·ren VERB (*hat*) **etwas herbeiführen** bewirken, dass etwas (meist Wichtiges, Entscheidendes) passiert ⟨eine Entscheidung, das Ende herbeiführen; etwas führt den Tod herbei⟩ | *Dem Vermittler gelang es, ein klärendes Gespräch zwischen den zerstrittenen Parteien herbeizuführen*

her·bei·re·den VERB (*hat*) **etwas herbeireden** an etwas Unangenehmem schuld sein, weil man unnötig oft darüber redet ⟨Probleme, Schwierigkeiten herbeireden⟩

her·bei·seh·nen VERB (*hat*) **jemanden/etwas herbeisehnen** den dringenden Wunsch haben, dass jemand/etwas da wäre | *Sie alle sehnen den Tag herbei, an dem der Krieg zu Ende ist*

her·bei·wün·schen VERB (*hat*) **jemanden/etwas herbeiwünschen** ≈ *herbeisehnen*

her·be·kom·men VERB (bekam her, hat herbekommen); *gesprochen* **jemanden/etwas herbekommen** es schaffen, eine Person oder Sache zu bekommen, die man (dringend) braucht | *Wo soll ich denn mitten in der Nacht einen Installateur herbekommen?*

Her·ber·ge *die*; (-, -n); *veraltend* [1] ein einfaches Gasthaus, in dem man schlafen und essen kann [K] Jugendherberge [2] *nur Singular* die Aufnahme als Gast ⟨um Herberge bitten; irgendwo Herberge finden⟩

her·be·stel·len VERB (bestellte her, hat herbestellt) **eine Person/etwas (zu jemandem) herbestellen** den Auftrag geben, dass jemand von irgendwoher kommt/dass etwas gebracht wird | *den Kellner wegen einer Reklamation herbestellen*

her·bit·ten VERB (*hat*) **jemanden herbitten** jemanden bitten, zu einem zu kommen ⟨jemanden zu sich (*Dativ*) herbitten⟩

Her·bi·zid *das*; (-(e)s, -e) ein chemisches Mittel, mit dem man Unkraut vernichtet

★ **Herbst** *der*; (-(e)s, -e); *meist Singular* die Jahreszeit zwischen Sommer und Winter, in der die Blätter der Laubbäume bunt werden ⟨ein regnerischer, stürmischer Herbst⟩ | *Die Sonne scheint nicht mehr so stark. Es wird langsam Herbst* [K] Herbstanfang, Herbstblume, Herbstferien, Herbstmesse, Herbstmonat, Herbstnebel, Herbstsonne, Herbststurm, Herbsttag; Frühherbst, Spätherbst ● hierzu **herbst·lich** ADJEKTIV

Herbst·zeit·lo·se *die*; (-, -n) eine giftige Pflanze, die im Herbst blüht. Die Blüten haben eine hellviolette Farbe und sehen aus wie Krokusse

★ **Herd** *der*; (-(e)s, -e) [1] ein großes Gerät in der Küche, auf dem man kochen kann ⟨ein elektrischer Herd; den Herd anschalten, ausschalten; eine Pfanne, einen Topf auf den Herd stellen, vom Herd nehmen⟩ [K] Herdplatte; Elektroherd, Gasherd, Küchenherd [2] **der Herd** (+*Genitiv*) der Ort, an dem eine Krankheit oder eine unangenehme Entwicklung beginnt oder zuerst auftritt ⟨der Herd der Unruhen, des Aufruhrs, des Erdbebens, der Seuche⟩ ≈ *Ausgangspunkt* [K] Brandherd, Eiterherd, Entzündungsherd, Infektionsherd, Krankheitsherd, Krisenherd, Seuchenherd, Unruheherd [3] **am Herd stehen** *gesprochen* ein warmes Essen machen ≈ *kochen* | *Anette steht den ganzen Tag am Herd* [4] **der häusliche Herd** *veraltend* die eigene Wohnung oder das eigene Haus

Her·de *die*; (-, -n) [1] **eine Herde** (+*Genitiv*) eine Gruppe großer (pflanzenfressender) Tiere derselben Art, die miteinander leben ⟨eine Herde Kühe, Pferde, Schafe, Schweine, Ziegen; in der Herde lebende Tiere; die Herde hüten⟩ | *eine Herde durstiger Elefanten* [K] Büffelherde, Pferdeherde, Schafherde, Viehherde [!] vergleiche auch **Rudel** [2] *abwertend* eine große Gruppe von Menschen, die sich oft gleich verhalten und das tun, was ein Anführer ihnen befiehlt ⟨in der Herde mitlaufen; der Herde folgen⟩

Her·den·trieb *der*; *nur Singular* [1] der Instinkt von Tieren, bei ihrer Herde zu bleiben [2] *abwertend* die Neigung mancher Menschen, sich großer Gruppen anzuschließen, um nicht selbstständig denken und handeln zu müssen

★ **he·rein** [hɛˈrain] ADVERB [1] bezeichnet die Richtung von irgendwo (draußen) nach drinnen, häufig zum Sprecher oder Erzähler hin | *Bis in mein Zimmer herein drang der Lärm* [!] *Herein* wird in der gesprochenen Sprache zu *rein* abgekürzt; vergleiche auch **hinein** [2] **Herein!** verwendet, um einer Person zu erlauben, ins Zimmer zu kommen, nachdem sie an der Tür geklopft hat

he·rein- [hɛˈrain-] (*im Verb, betont und trennbar, sehr produktiv; Diese Verben werden so gebildet:* hereinkommen, kam herein, hereingekommen) **(irgendwohin) hereinfahren, hereinfallen, hereinkommen; jemanden/etwas (irgendwohin) hereinbringen, hereinholen, hereintragen** *und andere* bezeichnet die Richtung von irgendwo (draußen) nach drinnen, häufig zum Sprecher oder Erzähler hin | *Als ich das Fenster öffnete, flog eine Wespe herein* (Eine Wespe flog von draußen zu mir ins Zimmer) [!] *Herein-* wird in der gesprochenen Sprache zu *rein-* abgekürzt; vergleiche auch **hinein**

he·rein·be·kom·men VERB (bekam herein, hat hereinbekommen) [1] **etwas hereinbekommen** *gesprochen* meist eine Ware, die man verkaufen will, vom Hersteller bekommen | *Nächste Woche bekommen wir die neue Winterkollektion herein* [2] **etwas hereinbekommen** *gesprochen* einen Sender (mit dem Radio oder mit dem Fernseher) empfangen können | *Hier ist der Empfang so gut, dass wir sogar das Schweizer Programm hereinbekommen*

he·rein·bit·ten VERB (*hat*) **jemanden hereinbitten** jemanden bitten, ins Zimmer zu kommen

he·rein·bre·chen VERB (*ist*) **etwas bricht (über jemanden/etwas) herein** etwas geschieht oder beginnt plötzlich und unerwartet (und betrifft jemanden) ⟨ein Unglück, eine Katastrophe bricht über jemanden herein; die Nacht, der Winter bricht herein⟩

he·rein·brin·gen VERB (*hat*) **etwas (wieder) hereinbringen** *gesprochen* länger arbeiten, um etwas zu tun, das man schon vorher hätte tun sollen | *die versäumten Arbeitsstunden wieder hereinbringen* [!] weitere Verwendungen → **herein-**

he·rein·fal·len VERB (*ist*); *gesprochen* [1] **auf jemanden/etwas hereinfallen** von jemandem/durch etwas getäuscht oder betrogen werden ⟨auf einen Betrüger, einen Trick hereinfallen⟩ [2] **(bei/mit etwas) hereinfallen** durch etwas einen Nachteil oder Schaden haben | *Mit dem neuen Auto ist* *er ganz schön hereingefallen* weitere Verwendungen → **herein-**

he·rein·ho·len VERB *(hat)* **etwas hereinholen** *gesprochen* ≈ *hereinbringen* weitere Verwendungen → **herein-**

he·rein·kom·men VERB *(ist)* **1** **etwas kommt herein** etwas wird jemandem (als Gehalt oder Gewinn) gegeben | *Überstunden machen, damit mehr Geld hereinkommt* **2** **etwas kommt herein** eine Ware wird geliefert | *Die neuen Jacken kommen nächste Woche herein* weitere Verwendungen → **herein-**

he·rein·krie·gen VERB *(hat)* **etwas hereinkriegen** *gesprochen* ≈ *hereinbekommen*

he·rein·las·sen VERB *(hat)* **jemanden hereinlassen** *gesprochen* es jemandem oder einem Tier erlauben (oder möglich machen) hereinzukommen | *die Tür öffnen, um die Katze hereinzulassen*

he·rein·le·gen VERB *(hat)* **jemanden hereinlegen** *gesprochen* jemanden betrügen oder täuschen | *Der Händler hat mich hereingelegt: Das Gerät funktioniert nicht* weitere Verwendungen → **herein-**

he·rein·plat·zen VERB *(ist)* **jemand platzt (irgendwo) herein** *gesprochen* jemand kommt plötzlich in eine Veranstaltung, Versammlung o. Ä. und stört sie so

he·rein·reg·nen VERB *(hat)* **es regnet herein** es regnet (z. B. durch ein Loch im Dach) in einen Raum

he·rein·schau·en VERB *(hat)*; *gesprochen* jemanden kurz besuchen | *Ich wollte bloß mal kurz bei dir hereinschauen* weitere Verwendungen → **herein-**

he·rein·schnei·en VERB *gesprochen (ist)* überraschend zu jemandem (auf Besuch) kommen ⟨hereingeschneit kommen⟩ weitere Verwendungen → **herein-**

he·rein·spa·zie·ren VERB *(ist)*; *gesprochen, oft humorvoll* ≈ *hereinkommen* | *„Hereinspaziert, hereinspaziert!", rief ein Mann vor dem Zirkuszelt*

he·rein·zie·hen VERB *(hat)* **1** **jemanden/etwas (irgendwohin) hereinziehen** eine Person oder Sache in einen Raum, eine Öffnung usw. (zu sich) holen, indem man an ihr zieht | *Ich öffnete die Tür nur einen Spalt und zog ihn schnell zu mir herein* **2** **jemanden in etwas** (*Akkusativ*) **hereinziehen** bewirken, dass eine andere Person in dieselbe (unangenehme) Situation kommt, in der man selbst schon ist | *Es tut mir leid, dass ich dich in diese Sache mit hereingezogen habe* **3** **es zieht herein** kalte Luft dringt von außen in einen Raum weitere Verwendungen → **herein-**

her·fah·ren VERB **1** *(ist)* von irgendwoher mit dem Auto, Fahrrad, Zug, Bus o. Ä. kommen | *Bist du mit dem Auto hergefahren?* **2** **hinter, neben, vor jemandem/etwas herfahren** *(ist)* hinter, neben, vor jemandem/etwas in dieselbe Richtung fahren | *Ich zeig dir den Weg, fahr einfach hinter mir her* **3** **jemanden/etwas herfahren** *(hat)* jemanden/etwas meist mit dem Auto von irgendwoher bringen | *Er hat die Möbel hergefahren* • zu (1) **Her·fahrt** *die*

her·fal·len VERB *(ist)* **1** **über jemanden herfallen** jemanden plötzlich mit brutaler Gewalt angreifen **2** **über jemanden/etwas herfallen** *gesprochen* jemanden/etwas stark kritisieren **3** **über etwas herfallen** etwas voller Gier essen ⟨über das Essen, den Kuchen, den Braten, das Dessert herfallen⟩ **4** **mit etwas über jemanden herfallen** jemanden mit etwas belästigen ⟨mit Fragen, Bitten über jemanden herfallen⟩

her·fin·den VERB *(hat)* **jemand findet her** eine Person findet den Weg an den Ort, an dem man selbst ist | *Hast du leicht hergefunden?*

her·flie·gen VERB *(ist)* von irgendwoher mit dem Flugzeug kommen • hierzu **Her·flug** *der*

her·füh·ren VERB *(hat)* **etwas führt jemanden her** etwas ist der Grund, warum jemand irgendwohin kommt | *Was hat Sie hergeführt?* weitere Verwendungen → **her-**

Her·gang *der*; *meist Singular* die Art, wie etwas geschehen ist ≈ *Ablauf, Verlauf* | *den Hergang des Unfalls schildern*

her·ge·ben VERB *(hat)* **1** **etwas hergeben** jemandem etwas reichen | *Gib mir das Buch her!* **2** **etwas hergeben** etwas verschenken oder verkaufen ⟨etwas freiwillig, ungern hergeben⟩ **3** **etwas/sich für etwas hergeben** etwas/sich für etwas zur Verfügung stellen ⟨seinen Namen für einen guten Zweck hergeben; sich für eine niedrige Arbeit hergeben⟩ **4** **etwas gibt etwas her** *gesprochen* etwas enthält etwas, das nützlich oder interessant ist ⟨etwas gibt viel, wenig, nichts her⟩ | *Dieses Thema gibt nichts her*

her·ge·hen VERB *(ist)* **1** **neben, hinter, vor jemandem/etwas hergehen** neben, hinter, vor jemandem/etwas in dieselbe Richtung gehen | *Sie ging neben ihm her und hielt ihn bei der Hand* **2** *süddeutsch* Ⓐ von irgendwoher zum Sprecher kommen meist im Imperativ **3** **es geht irgendwie her** *gesprochen* etwas geschieht, verläuft in der genannten Weise | *Auf der Party ging es laut her* | *Bei der Diskussion ging es heiß her* ■ ID **hergehen und etwas tun** *gesprochen* (ohne lange zu überlegen) etwas tun und dadurch einen unangenehmen Eindruck machen | *Der geht einfach her und benutzt meine Sachen, ohne mich zu fragen!*

her·ge·holt ■ PARTIZIP PERFEKT **1** → herholen ■ ADJEKTIV **2** **etwas ist weit hergeholt** etwas ist nicht wahrscheinlich und so, dass man es kaum glauben kann ⟨eine Ausrede ist weit hergeholt⟩

her·ge·lau·fen ADJEKTIV *meist attributiv* ⟨ein Bursche, ein Kerl, ein Typ⟩ so, dass (sie einen schlechten Eindruck machen und) man nichts über sie weiß • hierzu **Her·ge·lau·fe·ne** *der/die*

her·ha·ben VERB *(hat)* verwendet, um danach zu fragen, warum oder woher jemand einen Besitz, eine Eigenschaft o. Ä. hat oder zu sagen, dass man darüber erstaunt ist | *Wo hat er nur die vielen Autos her?* | *Ich weiß wirklich nicht, wo du immer deine guten Ideen herhast*

her·hal·ten VERB *(hat)* **1** **etwas herhalten** etwas so halten, dass es in die Nähe des Sprechers kommt | *Halt deinen Teller her, du kriegst einen Nachschlag* **2** **eine Person/Sache muss (als etwas) herhalten**; **eine Person/Sache muss für jemanden/etwas** *gesprochen* eine Person oder Sache muss (an Stelle von einer anderen Person oder Sache) eine Funktion übernehmen ⟨etwas muss als Beweis, Vorwand herhalten; jemand muss als Opfer herhalten⟩ | *Seine Erkältung musste als Ausrede für sein schlechtes Spiel herhalten* | *Sie muss für ihre beiden erkrankten Kollegen herhalten*

her·ho·len VERB *(hat)* **jemanden/etwas herholen** jemanden/etwas von irgendwoher holen ⟨einen Arzt, einen Krankenwagen, ein Taxi herholen⟩

her·hö·ren VERB *(hat)*; *gesprochen* aufmerksam auf das hören, was der Sprecher sagt | *Hört mal alle her!*

★ **He·ring** *der*; (-s, -e) **1** ein silbern glänzender Meeresfisch, der in großen Gruppen vor allem in nördlichen Meeren lebt und gern gegessen wird ⟨gesalzene, gepökelte, geräucherte, marinierte Heringe; einen Hering ausnehmen, braten⟩ K Heringsfang, Heringsfilet, Heringsschwarm; Brathering, Räucherhering, Salzhering **2** einer von mehreren kleinen Stäben aus Metall, die man in die Erde steckt, um die Schnüre eines Zeltes daran zu befestigen

her·kom·men VERB *(ist)* **1** von irgendwoher (meist zum Sprecher) kommen | *Komm sofort her zu mir!* **2** verwendet, um nach der Herkunft oder dem Ursprung zu fragen oder das Erstaunen darüber auszudrücken, dass jemand/etwas da ist | *Wo kommt er eigentlich her?* (Wo ist er geboren und aufgewachsen?) | *Ich weiß nicht, wo der Fleck auf dem*

Hemd herkommt | „Wo kommst du denn auf einmal her?" – „Ich war nur kurz einkaufen" | Wo soll denn das Geld herkommen, wenn niemand arbeitet?

her·kömm·lich ADJEKTIV *meist attributiv* ⟨Methoden, Verfahren⟩ so, wie sie seit Langem bekannt sind (und angewendet werden) *≈ traditionell ↔ modern, neu* ● hierzu **her·kömm·li·cher·wei·se** ADVERB

her·krie·gen VERB *(hat)* **jemanden/etwas herkriegen** *gesprochen ≈ herbekommen*

★ **Her·kunft** *die; (-, Her·künf·te); meist Singular* **1** das Land, die Familie, die soziale Schicht usw., in denen jemand geboren und aufgewachsen ist ⟨adeliger, bäuerlicher, bürgerlicher Herkunft sein⟩ *≈ Abstammung | der Herkunft nach Schotte sein* **2** der Ort oder Bereich, an bzw. in dem etwas entstanden ist oder produziert worden ist ⟨die Herkunft eines Wortes, eines Kunstwerkes, einer Ware⟩ *≈ Ursprung | Dieser Käse ist holländischer Herkunft* **K** Herkunftsangabe, Herkunftsland, Herkunftsort

her·le·gen VERB *(hat)* **jemanden/etwas herlegen** *gesprochen* jemanden, sich selbst oder etwas in die Nähe des Sprechers legen | *Leg dich zu mir her*

her·lei·ten VERB *(hat)* **1** **etwas (aus etwas) herleiten** durch logische Schlüsse zu einem Resultat kommen ⟨eine Formel, einen Rechtsanspruch herleiten⟩ **2** **etwas (von/aus etwas) herleiten** von einer Sache den Ursprung angeben oder erkennen | *ein Wort aus dem Griechischen herleiten* **3** **etwas leitet sich von/aus etwas her** etwas hat in etwas den Ursprung | *Das Wort „Demokratie" leitet sich vom griechischen „demos" her*

her·ma·chen VERB *(hat); gesprochen* **1** **jemand/etwas macht (et)was/viel/(gar) nichts** *usw.* **her** jemand/etwas ist schön/sehr schön/(überhaupt) nicht schön und macht deshalb einen/keinen guten guten Eindruck) | *Mit ihrer flotten neuen Frisur macht sie ziemlich was her* **2** **sich über etwas** *(Akkusativ)* **hermachen** etwas mit viel Energie (zu tun) beginnen ⟨sich über die Arbeit, das Essen hermachen⟩ **3** **sich über jemanden/etwas hermachen** jemanden/etwas stark kritisieren

Her·me·lin[1] *das; (-s, -e)* ein kleines Raubtier, das im Winter ein weißes Fell hat

Her·me·lin[2] *der; (-s, -e); meist Singular* das weiße Fell eines Hermelins, das früher Könige und Fürsten trugen **K** Hermelinkragen, Hermelinmantel

her·me·tisch ADJEKTIV *meist adverbiell; geschrieben* so, dass niemand und nichts eindringen kann ⟨etwas hermetisch abriegeln, abschließen, verschließen⟩ | *Die Polizei riegelte das Gelände hermetisch ab*

her·nach ADVERB; *besonders süddeutsch* Ⓐ *≈ danach, später*

her·neh·men VERB *(hat)* **1** verwendet, um nach dem Ursprung zu fragen oder Erstaunen darüber auszudrücken, dass jemand etwas hat | *Wo nimmt sie bloß die Geduld her? | Ich weiß nicht, wo ich das Geld für die Reparatur hernehmen soll* **2** **eine Person/Sache nimmt jemanden her** eine Person oder Sache belastet jemanden körperlich oder psychisch stark | *Die Krankheit hat ihn sehr hergenommen | Der Trainer nahm unsere Mannschaft ordentlich her*

her·nie·der ADVERB; *geschrieben ≈ herunter, herab*

he·ro·ben ADVERB; *süddeutsch* Ⓐ hier oben

He·roe [-ˈroːə] *der; (-n, -n); geschrieben,* **He·ros** *(-, He·ro·en) ≈ Held* **1** *der Heroe; den, dem, des Heroen – der Heros; den, dem, des Heros* ● hierzu **He·ro·in** *die*

He·ro·in *das; (-s)* ein starkes Rauschgift, das sich Süchtige in den Arm spritzen ⟨(sich *(Dativ)*) Heroin spritzen⟩ **K** Herointote(r); heroinabhängig, heroinsüchtig

He·ro·ine *die; (-, -n)* die wichtigste weibliche Figur in einem Schauspiel **1** *die Heroin; die, der, der Heroin*

he·ro·isch ADJEKTIV; *geschrieben* sehr tapfer oder mutig ⟨ein Entschluss, eine Tat, ein Kampf; sich heroisch zur Wehr setzen⟩ *≈ heldenhaft*

Her·pes *der; (-)* eine ansteckende Krankheit, bei der man schmerzhafte kleine Blasen auf der Haut bekommt (z. B. an den Lippen) **K** Herpesbläschen, Herpesvirus; Genitalherpes, Lippenherpes

★ **Herr** *der; (-n, -en)* **1** verwendet als höfliche Bezeichnung für eine erwachsene männliche Person (mit der man nicht befreundet ist oder die man nicht näher kennt) ⟨ein junger, älterer, freundlicher Herr⟩ *↔ Dame | Ein Herr hat angerufen | Die Herren fordern die Damen zum Tanzen auf* **K** Herrenfahrrad, Herrenfriseur, Herrenhemd, Herrenkonfektion, Herrenmantel, Herrenmode, Herrenrad, Herrensattel, Herrenschneider, Herrenschuh, Herrensocken, Herrentoilette, Herrenuhr, Herrenunterwäsche **2** **Herr** *(+Titel) +Name*; **Herr** *+Titel* verwendet als höfliche Anrede oder Bezeichnung für eine erwachsene männliche Person *↔ Frau | Guten Tag, Herr Dr. Müller! | Hast du schon mit Herrn Huber gesprochen?* **3** *nur Plural* die männlichen Sportler *↔ Damen | Bei den Herren siegte Hans Maier | der Slalom der Herren* **K** Herrendoppel, Herreneinzel **4** **Herr (über jemanden/etwas)** eine Person, die große Macht über Menschen, Tiere und Dinge hat ⟨ein gütiger, strenger, gerechter Herr; sich zum Herrn machen; Herr über Leben und Tod sein⟩ | *Der Hund gehorcht seinem Herrn aufs Wort* **K** Burgherr, Fabrik(s)herr, Feudalherr, Grundherr, Gutsherr, Kolonialherr, Landesherr, Leh(e)nsherr **5** Gott als die Person, die über alles regiert (meist in Religionen mit nur einem Gott) ⟨der Herr im Himmel; den Herrn loben, preisen; dem Herrn danken⟩ **6** **der Herr des Hauses** der Vorstand einer Familie, vor allem in der Funktion als Gastgeber **7** **die Herren der Schöpfung** *humorvoll* die Männer ■ **ID** **der Herr im Haus sein** in einer Familie die Entscheidungen treffen; **sein eigener Herr sein** (vor allem finanziell) unabhängig sein; **Herr der Lage/Situation sein, bleiben** eine schwierige Situation unter Kontrolle haben; **jemandes/etwas Herr werden, über jemanden/etwas Herr werden** sich gegen jemanden durchsetzen bzw. eine Situation unter die eigene Kontrolle bringen; **nicht mehr Herr seiner Sinne sein** so verwirrt sein, dass man nicht weiß, was man tut; **aus aller Herren Länder(n)** *geschrieben* von überall her ● zu (4) **Her·rin** *die*

Herr·chen *das; (-s, -); gesprochen* der Besitzer eines Hundes o. Ä.

Her·ren·abend *der; veraltend* ein (meist geselliges) Beisammensein von Männern (ohne deren Frauen)

Her·ren·aus·stat·ter *der; (-s, -)* ein (elegantes) Geschäft, das Kleidung für Männer verkauft

her·ren·los ADJEKTIV ohne Besitzer (der darauf aufpasst) ⟨ein Hund, eine Katze, Gepäck; etwas liegt, steht herrenlos herum⟩

Herr·gott *der; nur Singular gesprochen* ⟨unser Herrgott; der liebe Herrgott (im Himmel)⟩ *≈ Gott* ■ **ID** **Herrgott (noch mal)!** *gesprochen* verwendet, um Ungeduld oder Ärger auszudrücken

Herr·gotts·frü·he *die* ■ **ID** **in aller Herrgottsfrühe** *gesprochen* sehr früh am Morgen ⟨in aller Herrgottsfrühe aufbrechen⟩

her·rich·ten VERB *(hat)* **1** **etwas herrichten** etwas für einen Zweck fertig machen | *die Betten für die Gäste herrichten* **2** **etwas herrichten** etwas, das kaputt oder alt ist, wieder in Ordnung bringen *≈ renovieren | die alte Kirche wieder herrichten* **3** **jemanden herrichten** jemanden oder sich selbst durch Frisieren, Schminken o. Ä. schön machen

| *sich ein bisschen herrichten, weil man ausgehen will*

her·risch ADJEKTIV; *abwertend* so, dass eine Person jemanden auf unfreundliche Art zwingt, ihr zu gehorchen ⟨eine Person, eine Frau; ein herrisches Wesen haben⟩

herr·je!, **herr·je·mi·ne!** drückt aus, dass man (unangenehm) überrascht oder entsetzt ist

★ **herr·lich** ADJEKTIV in hohem Maß schön, gut oder angenehm ⟨Wetter, ein Tag, Sonnenschein, ein Essen, ein Ausblick; etwas klingt, riecht, schmeckt herrlich⟩ ● hierzu **Herr·lich·keit** *die*

★ **Herr·schaft** *die*; (-, -en) **1** **die Herrschaft (über jemanden/etwas)** *nur Singular* (das Recht und) die Macht einer Person oder Gruppe, ein Land zu regieren und wichtige Entscheidungen zu treffen ⟨die Herrschaft des Volkes, des Diktators, des Staates; die Herrschaft an sich reißen, antreten, ausüben, innehaben; an die Herrschaft gelangen, kommen⟩ | *Dieses Schloss wurde während der Herrschaft von Kaiserin Maria-Theresia erbaut* (während ihrer Regierungszeit) K Herrschaftsanspruch, Herrschaftsform; Alleinherrschaft, Feudalherrschaft, Fremdherrschaft, Gewaltherrschaft, Schreckensherrschaft, Weltherrschaft **2** *veraltend meist Singular* eine Person, die Diener, Dienstmädchen usw. hat | *Der Kutscher wartet auf seine Herrschaft* **3** *gesprochen nur Plural* alle (anwesenden) Damen und Herren | *Meine Herrschaften, ich begrüße Sie herzlich!* | *Ich bitte die Herrschaften, mir zu folgen!* **4** **unter jemandes Herrschaft** während der Zeit, in der eine Person (z. B. ein König oder ein Diktator) herrscht **5** **die Herrschaft über etwas** (*Akkusativ*) **verlieren** etwas nicht mehr unter Kontrolle haben | *Er verlor die Herrschaft über seinen Wagen und fuhr in den Straßengraben* ■ ID **Herrschaft (noch mal)!** *gesprochen* verwendet, um Ärger auszudrücken ● zu (2) **herr·schaft·lich** ADJEKTIV

★ **herr·schen** VERB (herrschte, hat geherrscht) **1** **(über jemanden/etwas) herrschen** ein Land regieren (vor allem als König) | *Alexander der Große herrschte über ein riesiges Reich* **2** **etwas herrscht** etwas hat großen Einfluss (vor allem auf die Politik) ⟨die herrschende Klasse, Schicht, Partei⟩ | *In unserer Zeit herrscht das Geld* **3** **etwas herrscht** etwas bestimmt (als Zustand) die Lage oder das Verhalten der Menschen ⟨es herrscht Armut, Not, Schweigen, Freude, Trauer; die herrschenden Verhältnisse, Ansichten⟩ | *Nach der langen Trockenheit herrscht nun eine große Hungersnot*

★ **Herr·scher** *der*; (-s, -) **ein Herrscher (über Personen/ein Land)** eine Person, welche die Macht über ein Land, einen großen Besitz o. Ä. hat K Herrschergeschlecht, Herrscherhaus, Herrscherpaar; Alleinherrscher H zu *Herrscherin* → Info im Eintrag **-in** ● hierzu **Herr·sche·rin** *die*

herrsch·süch·tig ADJEKTIV; *abwertend* so, dass man andere Leute immer unter Kontrolle haben will ● hierzu **Herrsch·sucht** *die*

her·rüh·ren VERB (*hat*) **etwas rührt von etwas her** etwas wird oder wurde durch etwas verursacht | *Die Narbe rührt von einer Operation her*

her·sagen VERB (*hat*) **etwas hersagen** einen Text auswendig vortragen ⟨ein Gedicht hersagen⟩

her·schau·en VERB (*hat*) in jemandes Richtung sehen | *Schaut bitte mal alle zu mir her* | *Wenn niemand herschaut, laufen wir schnell weg* ■ ID **'Da schau her!** *süddeutsch* Ⓐ Ⓒ verwendet, um Erstaunen auszudrücken

her·schen·ken VERB (*hat*) **etwas herschenken** *süddeutsch* Ⓐ ≈ *verschenken*

her·stam·men VERB (*hat*) verwendet, um nach der Herkunft oder dem Ursprung zu fragen | *Weißt du, wo seine Familie herstammt?*

★ **her·stel·len** VERB (*hat*) **1** **etwas herstellen** ein Produkt machen ⟨etwas maschinell, industriell, von Hand herstellen⟩ ≈ *produzieren* | *Diese Firma stellt Autos her* **2** **etwas herstellen** bewirken, dass etwas entsteht ⟨eine telefonische Verbindung, einen Kontakt herstellen⟩ **3** **etwas herstellen** etwas von irgendwo bringen und in die Nähe des Sprechenden stellen ● zu (1) **Her·stel·ler** *der*; zu (1) **Her·stel·le·rin** *die*

★ **Her·stel·lung** *die*; (-) **1** der Vorgang, bei dem Waren produziert werden ≈ *Produktion* | *Bei der Herstellung von Aluminium wird viel Energie benötigt* K Herstellungsfehler, Herstellungskosten, Herstellungsland, Herstellungsverfahren; Autoherstellung, Glasherstellung, Papierherstellung **2** der Vorgang, bei dem etwas hergestellt wird oder entsteht | *auf die Herstellung der Internetverbindung warten*

her·trei·ben VERB (*hat*) **1** **jemanden (zu einer Person) hertreiben** Personen oder Tiere in jemandes Richtung treiben **2** **jemanden vor sich** (*Dativ*) **hertreiben** hinter Personen oder Tieren hergehen und sie dazu zwingen, (schneller) weiterzugehen

Hertz *das*; (-, -) die Einheit, mit der man die Frequenz von Wellen misst K Kilohertz H Abkürzung: *Hz*

he·rü·ben ADVERB; *süddeutsch* Ⓐ hier auf dieser Seite

he·rü·ber [hɛ'ryːbɐ] ADVERB bezeichnet die Richtung von irgendwo (drüben) auf die Seite des Sprechers oder Handelnden hin | *Wie lange dauert eine Schiffsreise von Amerika herüber nach Europa?* H *Herüber* wird in der gesprochenen Sprache zu *rüber* abgekürzt; vergleiche auch **hinüber**

he·rü·ber- [hɛ'ryːbɐ-] (*im Verb, betont und trennbar, begrenzt produktiv; Diese Verben werden so gebildet:* herübergehen, ging herüber, herübergegangen) **(irgendwohin) herüberfahren, herübergehen, herüberklettern**; **jemanden/etwas (irgendwohin) herüberbringen, herüberholen, herüberlassen, herüberschicken** *und andere* bezeichnet die Richtung von irgendwo (drüben) zur Seite des Sprechers, Erzählers oder Handelnden hin | *Sie kam über die Brücke zu mir herüber* (Sie kam vom anderen Ufer über die Brücke auf die Seite, auf der ich war) H *Herüber-* wird in der gesprochenen Sprache zu *rüber-* abgekürzt; vergleiche auch **hinüber-**

he·rü·ber·kom·men VERB (*ist*) (als Nachbar) jemanden kurz besuchen | *Kommen Sie doch mal auf einen Kaffee zu uns herüber!* H weitere Verwendungen → **herüber-**

he·rü·ber·rei·chen VERB (*hat*) **etwas reicht herüber** etwas ist so lang, dass es sich von irgendwo drüben bis auf die Seite des Sprechenden erstreckt | *Das Seil reicht leicht zu mir herüber* H weitere Verwendungen → **herüber-**

he·rü·ber·zie·hen VERB **1** **jemanden/etwas (irgendwohin) herüberziehen** (*hat*) jemanden/etwas (von irgendwo) zu sich ziehen | *Ich griff seine Hand und zog ihn zu mir herüber über den Bach* **2** **jemanden (zu sich** (*Dativ*)**) herüberziehen** (*hat*) jemanden (vor allem Wähler) von der eigenen Meinung überzeugen **3** **(irgendwohin) herüberziehen** (*ist*) sich von irgendwo in jemandes Richtung bewegen | *Hoffen wir mal, dass das Gewitter nicht zu uns herüberzieht*

★ **he·rum** [hɛ'rʊm] ADVERB **1** (in Bezug auf Bewegungen) in einem Bogen oder Kreis um sich selbst/jemanden/etwas ⟨nach rechts, nach links, im Kreis herum⟩ | *Wir drehten uns im Kreis, mal nach rechts, mal nach links herum* K linksherum, rechtsherum H *Herum* wird in der gesprochenen Sprache zu *rum* abgekürzt. **2** **um jemanden/etwas herum** (in Bezug auf eine Lage, Anordnung) in einem Bogen oder Kreis um jemanden/etwas | *Um das ganze Haus herum wachsen Rosen* | *Der Weg um den See herum ist verschneit* K ringsherum, rundherum **3** **um jemanden/etwas herum** in der Umgebung oder Nähe von jemandem/

etwas | *In der Gegend um München herum müssen wir eine Pause einlegen* | *Alle um sie herum wussten von ihrem Leid* **4** **um** *+Zeit-/Maßangabe* **herum** *gesprochen* als ungefähre Angabe verwendet | *Ich komme um vier herum bei dir vorbei* **5** **verkehrt herum** mit der falschen Seite nach außen, vorne, oben o. Ä. | *Du hast den Pullover verkehrt herum an* **6** **etwas ist herum** *gesprochen* etwas ist zu Ende, vorüber | *Die Pause ist gleich herum* **7** **um jemanden herum sein** *gesprochen* in der Nähe einer Person sein und sich um sie kümmern | *Sie ist ständig um ihre kranke Mutter herum*

★ **he·rum-** [hɛˈrʊm-] (*im Verb, betont und trennbar, sehr produktiv; Diese Verben werden so gebildet:* herumgehen, ging herum, herumgegangen) **1** **um jemanden/etwas herumgehen, herumlaufen, herumreiten; etwas um jemanden/etwas herumbinden, herumlegen** *und andere* bezeichnet eine Bewegung oder Anordnung in einem Kreis oder mit jemandem/etwas als Mittelpunkt | *Wir saßen/standen alle um das Feuer herum* (Wir bildeten sitzend/stehend einen Kreis, mit dem Feuer in der Mitte) **2** **etwas herumbiegen, herumdrehen, herumdrücken, herumwerfen** *und andere* bezeichnet eine Bewegung in die andere (entgegengesetzte) Richtung | *Sie riss das Steuer herum, um dem Felsen auszuweichen* (Sie drehte heftig am Steuer des Bootes und lenkte es so in eine andere Richtung) **3** **(irgendwo) herumfahren, herumgehen, herumirren, herumlaufen** *und andere* so, dass man über Richtung und Ziel spontan entscheidet | *Wir spazierten stundenlang in der Stadt herum* (Wir spazierten ohne bestimmtes Ziel durch die Stadt) **4** **an etwas** (*Dativ*) **herumbasteln, herumrätseln; herumprobieren, herumraten** *und andere* drückt aus, dass etwas längere Zeit versucht wird, ohne dass man genau weiß, wie es enden wird | *Sie experimentieren schon lange mit dem neuen Treibstoff herum* (Sie experimentieren schon lange mit dem neuen Treibstoff, haben aber keine positiven Ergebnisse erzielt) **5** **(irgendwo) herumbrüllen, herumschreien, herumsitzen, herumstehen** *und andere* drückt aus, dass etwas ohne konkrete Absicht, ohne Zweck oder ohne Konzentration geschieht | *Er blätterte lustlos in der Zeitschrift herum* (Er sah die Zeitschrift nur kurz durch, ohne viel zu lesen) **6** **sich (mit jemandem/etwas) herumärgern, herumplagen; (an jemandem/etwas) herummäkeln, herumnörgeln** *und andere* drückt aus, dass man über längere Zeit mit einer unangenehmen Person oder Sache zu tun hat oder sich darüber beklagt | *Er quält sich schon seit Jahren mit seiner Doktorarbeit herum* (Er arbeitet daran, aber ohne Lust und ohne fertig zu werden) **H** *Herum-* wird in der gesprochenen Sprache zu *rum-* abgekürzt.

he·rum·al·bern VERB (*hat*); *gesprochen* über längere Zeit Witze, Späße machen

he·rum·är·gern VERB (*hat*) **sich (mit jemandem/etwas) herumärgern** *gesprochen* mit jemandem/etwas immer wieder Probleme haben und sich ärgern

he·rum·bal·gen VERB (*hat*) **eine Person balgt sich mit jemandem herum; Personen balgen sich herum** *gesprochen* zwei Personen oder Tiere kämpfen zum Spaß miteinander

he·rum·bas·teln VERB (*hat*) **(an etwas** (*Dativ*)**) herumbasteln** *gesprochen* an etwas über längere Zeit immer wieder basteln (oft ohne je zu einem Ende zu kommen) | *Er bastelt jeden Sonntag an seinem Auto herum*

he·rum·be·kom·men VERB (*hat*); *gesprochen* **1** **jemanden herumbekommen** durch Reden und mit kleinen Tricks bewirken, dass jemand das tut, was man will ≈ *überreden* | *Sie hat ihren Mann doch noch herumbekommen mitzugehen* **2** **eine Zeit (irgendwie) herumbekommen** etwas tun (aber oft nichts Sinnvolles), damit die Zeit vergeht | *Wie soll ich bloß die zwei Stunden herumbekommen, bis der Zug fährt?*

he·rum·brin·gen VERB (*hat*) **etwas herumbringen** *gesprochen* etwas tun (aber oft nichts Sinnvolles), damit die Zeit vergeht | *Wir werden die zehn Tage schon irgendwie herumbringen*

he·rum·bum·meln VERB; *gesprochen* **1** (*ist*) ohne Eile und ohne Ziel spazieren gehen | *in der Stadt herumbummeln* **2** *abwertend* (*hat*) langsam und ohne Eifer arbeiten | *Sie hat während ihres Studiums ziemlich herumgebummelt*

he·rum·deu·teln VERB (*hat*) **(an etwas** (*Dativ*)**) herumdeuteln** *gesprochen, abwertend* versuchen, die Aussage eines Textes durch kleinliches Interpretieren so zu deuten, wie es einem passt

he·rum·dok·tern VERB (dokterte herum, hat herumgedoktert); *gesprochen* **1** **(an jemandem) herumdoktern** versuchen, ohne dass man Arzt ist (und das nötige Wissen hat), jemanden oder sich selbst zu heilen | *Geh doch zum Arzt, statt selbst an dir herumzudoktern!* **2** **(an etwas** (*Dativ*)**) herumdoktern** versuchen, etwas zu reparieren | *Er hat lange an der Waschmaschine herumgedoktert*

he·rum·dre·hen VERB (*hat*) **1** **jemanden/etwas herumdrehen** jemanden, sich selbst oder etwas auf die andere Seite drehen ⟨den Schlüssel im Schloss herumdrehen; sich im Kreis herumdrehen⟩ **2** **an etwas** (*Dativ*) **herumdrehen** *gesprochen* über längere Zeit gedankenlos an etwas drehen | *Sie drehte so lange an dem Knopf herum, bis er abriss*

he·rum·drü·cken VERB (*hat*) **1** **etwas herumdrücken** etwas auf die andere Seite drücken ⟨einen Hebel herumdrücken⟩ **2** **sich um etwas herumdrücken** *gesprochen* versuchen, etwas Unangenehmes nicht tun zu müssen | *sich ums Geschirrspülen herumdrücken* **3** **sich irgendwo herumdrücken** *gesprochen* sich an einem Ort aufhalten, ohne etwas Nützliches zu tun ⟨sich auf der Straße, in Lokalen herumdrücken⟩

he·rum·druck·sen VERB (druckste herum, hat herumgedruckst); *gesprochen* sich nur zögernd und nicht direkt zu etwas äußern

he·rum·ei·ern VERB (eierte herum, hat herumgeeiert); *gesprochen* nichts sinnvolles sagen oder tun, weil man es nicht will oder kann, und deshalb zu keinem Ergebnis kommen | *Die Ministerin hat immer nur herumgeeiert*

he·rum·er·zäh·len VERB (*hat*) **etwas herumerzählen** *meist abwertend* etwas vielen Leuten erzählen | *Du musst nicht überall herumerzählen, dass er seinen Job verloren hat*

he·rum·fah·ren VERB **1** (*ist*) ohne Ziel von einem Ort zum anderen fahren | *Wir sind in der Stadt herumgefahren* **2** **um jemanden/etwas herumfahren** (*ist*) in einem Bogen an jemandem/etwas vorbeifahren | *um ein Hindernis herumfahren* **3** (*ist*) sich (vor Schreck) plötzlich und schnell umdrehen | *Als die Tür hinter ihr aufging, fuhr sie erschrocken herum* **4** **jemanden etwas herumfahren** (*hat*) jemanden/etwas von einem Ort zum anderen fahren | *Wir haben die Gäste in der Stadt herumgefahren*

he·rum·fra·gen VERB (*hat*) viele verschiedene Leute (dasselbe) fragen | *Ich werde in der Nachbarschaft herumfragen, ob jemand unseren Hund gesehen hat* | *ein bisschen herumfragen, um sich eine Meinung zu bilden*

he·rum·fuch·teln VERB (*hat*; *gesprochen* die Hände heftig hin und her bewegen | *mit den Händen in der Luft herumfuchteln*

he·rum·füh·ren VERB (*hat*) **1** **jemanden (irgendwo) herumführen** eine Person von einem Platz zum anderen führen, um ihr etwas zu zeigen ⟨jemanden in der Stadt, im Haus, in der Bibliothek, im Museum herumführen⟩ **2** **eine Person um jemanden/etwas herumführen** eine Person in

H

einem Kreis um jemanden oder etwas führen oder in einem Bogen an jemandem/etwas vorbeiführen ⟨jemanden um den See, um ein Hindernis herumführen⟩ **3** **etwas um etwas herumführen** etwas in einem geschlossenen Kreis um etwas bauen | *einen Zaun um den Garten herumführen* **4** **etwas führt um etwas herum** etwas umgibt etwas in Form eines geschlossenen Kreises | *Der Wanderweg führt um den ganzen See herum*

he·rum·fuhr·wer·ken VERB (fuhrwerkte herum, hat herumgefuhrwerkt); *gesprochen* auf grobe oder dilettantische Art mit etwas arbeiten oder spielen | *Er wird mit dem Messer noch so lange herumfuhrwerken, bis er etwas kaputt macht*

he·rum·fum·meln VERB (*hat*); *gesprochen* **1** **an etwas** (*Dativ*) **herumfummeln** etwas immer wieder nervös berühren | *am Tischtuch herumfummeln* **2** **an etwas** (*Dativ*) **herumfummeln** *abwertend* auf ungeschickte Art versuchen, etwas zu reparieren **3** **an jemandem herumfummeln** eine andere Person (oft in sexueller Absicht) berühren und so belästigen

he·rum·ge·ben VERB (*hat*) **etwas herumgeben** in einer Gruppe etwas von einer Person zur anderen geben | *ein Bild herumgeben*

★ **he·rum·ge·hen** VERB (*ist*) **1** **um jemanden/etwas herumgehen** in einem Kreis um jemanden/etwas gehen oder in einem Bogen an jemandem/etwas vorbeigehen ⟨um ein Hindernis herumgehen⟩ | *Wir gingen um den Turm herum, um ihn von allen Seiten zu fotografieren* **2** **(irgendwo) herumgehen** ohne genaues Ziel in verschiedene Richtungen gehen | *Wir gingen in der Wohnung herum und sahen uns alles genau an* **3** von einer Person zur anderen gehen | *Nach dem Essen ging ein Kellner herum und bot Kaffee an* **4** **etwas geht herum**; **jemand lässt etwas herumgehen** etwas wird von einer Person zur anderen weitergegeben | *Er ließ eine Liste herumgehen, in die wir uns eintragen konnten* **5** **etwas geht jemandem im Kopf herum** jemand muss lange Zeit immer wieder an etwas denken | *Der Film ist mir noch lange im Kopf herumgegangen* **6** **etwas geht (irgendwie) herum** eine Zeit vergeht (irgendwie) | *Das Wochenende ging schnell herum*

he·rum·geis·tern VERB (*ist*); *gesprochen* (vor allem nachts) anstatt zu schlafen noch irgendwo umhergehen

he·rum·gon·deln VERB (*ist*) **(irgendwo) herumgondeln** *gesprochen, meist abwertend* zum Vergnügen Reisen machen oder ohne festes Ziel herumfahren | *Sie gondelt in der Welt herum*

he·rum·ha·cken VERB (*hat*) **auf jemandem herumhacken** *gesprochen* jemanden ständig kritisieren

he·rum·hän·gen VERB (hing herum, hat herumgehangen); *gesprochen* **1** **etwas hängt herum** meist etwas hängt irgendwo ohne Ordnung | *In ihrem Zimmer hängen viele Fotos herum* **2** **jemand hängt (irgendwo) herum** jemand ist irgendwo, ohne etwas Nützliches zu tun ⟨in der Kneipe, zu Hause, auf der Straße herumhängen⟩

he·rum·ho·cken VERB (*hat/ist*) **1** **Personen hocken um jemanden/etwas herum** Personen hocken oder sitzen in einem Kreis, mit jemandem/etwas in der Mitte | *Die Kinder hockten um den Korb mit den jungen Kätzchen herum* **2** *gesprochen* ≈ *herumsitzen*

he·rum·hor·chen VERB (*hat*); *gesprochen* viele verschiedene Leute (dasselbe) fragen (um etwas in Erfahrung zu bringen) | *Ich werde im Betrieb herumhorchen, ob jemand weiß, was passiert ist*

he·rum·ir·ren VERB (*ist*) durch eine Gegend gehen oder fahren, ohne den (richtigen) Weg zu wissen | *im Wald herumirren*

he·rum·kno·beln VERB (*hat*) **(an etwas** (*Dativ*)**) herumknobeln** *gesprochen* lange Zeit immer wieder versuchen, ein Rätsel oder Problem zu lösen

he·rum·kom·man·die·ren VERB (*hat*) **jemanden herumkommandieren** *gesprochen* jemandem ständig Befehle geben | *die Angestellten herumkommandieren*

he·rum·kom·men VERB (*ist*); *gesprochen* **1** **um etwas herumkommen** einer unangenehmen Sache entgehen können | *Um diese Prüfung wirst du nicht herumkommen* H meist verneint **2** **(in der ganzen Welt) viel/weit herumkommen** durch häufige Reisen viel sehen und erleben **3** **um etwas herumkommen** es schaffen, um etwas herumzugehen oder herumzufahren | *Er kam mit dem großen Auto nicht um die enge Kurve herum*

he·rum·krie·gen VERB (*hat*) **1** **etwas herumkriegen** *gesprochen* ≈ *herumbekommen* **2** **jemanden herumkriegen** *gesprochen* mit jemandem freundlich sprechen und so dazu bringen, etwas zu tun

he·rum·kri·ti·sie·ren VERB (*hat*) **an jemandem/etwas herumkritisieren** *gesprochen* jemanden/etwas ständig kritisieren

he·rum·kur·ven VERB (*ist*); *gesprochen* ohne Ziel hin und her fahren ⟨in der Gegend herumkurven⟩

he·rum·kut·schie·ren VERB (kutschierte herum, hat/ist herumkutschiert); *gesprochen* **1** (*ist*) ohne Ziel durch die Gegend fahren **2** **jemanden/etwas herumkutschieren** (*hat*) jemanden/etwas von einem Ort zum anderen fahren

he·rum·lau·fen VERB (*ist*); *gesprochen* **1** **um jemanden/etwas herumlaufen** in einem Kreis um jemanden/etwas laufen oder in einem Bogen an jemandem/etwas vorbeilaufen **2** **irgendwo herumlaufen** (ohne einen Zweck) von einem Ort zum anderen (hin und her) laufen | *in der Stadt herumlaufen* **3** **irgendwie herumlaufen** auf die genannte Art gekleidet sein oder die genannte Kleidung tragen | *Sie läuft den ganzen Tag nur in Jogginghosen herum*

he·rum·lie·gen VERB (*hat/ist*); *gesprochen* **1** **Dinge liegen irgendwo herum** verschiedene Dinge liegen meist unordentlich irgendwo | *Überall liegen Zeitschriften herum* **2** **jemand liegt (irgendwo) herum** jemand liegt irgendwo und tut nichts Nützliches | *Sie liegt ständig im Bett herum und liest Comics*

he·rum·lun·gern VERB (lungerte herum, hat/ist herumgelungert) **jemand lungert (irgendwo) herum** *gesprochen* jemand ist irgendwo und tut nichts Nützliches ⟨auf der Straße herumlungern⟩

he·rum·mä·keln VERB (*hat*) **(an jemandem/etwas) herummäkeln** *gesprochen* jemanden/etwas ständig kritisieren

he·rum·murk·sen VERB (*hat*) **(an etwas** (*Dativ*)**) herummurksen** *gesprochen* meist (dilettantisch) versuchen, etwas zu reparieren, aber keinen Erfolg haben | *am kaputten Radio herummurksen*

he·rum·nör·geln VERB (*hat*) **(an jemandem/etwas) herumnörgeln** *gesprochen* jemanden/etwas ständig kritisieren

he·rum·pla·gen VERB (*hat*) **sich (mit jemandem/etwas) herumplagen** *gesprochen* immer wieder mit jemandem/etwas Mühe, Probleme haben | *Er plagt sich schon seit Stunden mit dem kaputten Rad herum*

he·rum·pro·bie·ren VERB (*hat*); *gesprochen* **1** es immer wieder probieren, versuchen **2** **an etwas** (*Dativ*) **herumprobieren** meist ein Gerät zu bedienen oder zu reparieren versuchen

he·rum·quä·len VERB (*hat*) **sich (mit jemandem/etwas) herumquälen** *gesprochen* ≈ *herumplagen*

he·rum·rät·seln VERB (*hat*) **(an etwas** (*Dativ*)**) herumrätseln** *gesprochen* lange Zeit immer wieder versuchen, ein Rätsel, eine Frage oder ein Problem zu lösen | *Ich rätsle immer noch herum, wie das passieren konnte*

he·rum·re·den VERB (hat) **(um etwas) herumreden** *gesprochen* von unwichtigen Dingen sprechen, um nicht über das eigentliche (meist unangenehme) Thema reden zu müssen → Brei

he·rum·rei·chen VERB (hat); *gesprochen* **1 etwas herumreichen** etwas nacheinander mehreren Leuten geben, reichen | *die Schnapsflasche in der Runde herumreichen* **2 jemanden herumreichen** jemanden vielen Leuten vorstellen | *Nach dem Olympiasieg wurde er überall herumgereicht* **3 etwas reicht um etwas herum** etwas ist lang genug, um einen Kreis um etwas bilden zu können | *Die Schnur reicht nicht um das Paket herum*

he·rum·rei·sen VERB (ist); *gesprochen* viele Reisen machen | *Für ihre Firma muss sie viel in der Welt herumreisen*

he·rum·rei·ßen VERB (hat) **etwas herumreißen** etwas mit einer schnellen Bewegung in die andere Richtung drehen ⟨das Steuer, das Lenkrad herumreißen⟩

he·rum·rei·ten VERB (ist); *gesprochen* **1 auf etwas** (*Dativ*) **herumreiten** *abwertend* immer wieder von derselben (unangenehmen) Sache sprechen ⟨auf jemandes Fehlern herumreiten⟩ **2 auf jemandem herumreiten** jemanden ständig kritisieren **3 um jemanden/etwas herumreiten** in einem Kreis um jemanden/etwas reiten oder in einem Bogen an jemandem/etwas vorbeireiten **4** (ohne einen Zweck) von einem Ort zum anderen reiten

he·rum·ren·nen VERB (ist); *gesprochen* **1 um jemanden/etwas herumrennen** schnell in einem Kreis um jemanden/etwas laufen oder in einem Bogen an jemandem/etwas vorbeilaufen | *um das Haus herumrennen* **2** (ohne einen Zweck) von einem Ort zum anderen rennen ≈ *umherrennen* | *Die Kinder rannten ausgelassen im Garten herum* **3 irgendwie herumrennen** irgendwie gekleidet sein | *im Sommer in Shorts herumrennen*

he·rum·rüh·ren VERB (hat) **1 (in etwas** (*Dativ*)**) herumrühren** *gesprochen* immer wieder in einem Topf o. Ä. rühren | *im Suppentopf herumrühren* **2 (in etwas** (*Dativ*)**) herumrühren** über unangenehme Dinge sprechen, die weit in der Vergangenheit liegen | *in alten Geschichten herumrühren*

he·rum·rut·schen VERB (ist); *gesprochen* **1** auf einer glatten Oberfläche rutschen ⟨auf dem Eis herumrutschen⟩ **2** sich hin und her bewegen (statt ruhig zu sitzen) | *auf dem Stuhl herumrutschen*

he·rum·schar·wen·zeln VERB (scharwenzelte herum, ist herumscharwenzelt) **(um jemanden) herumscharwenzeln** *gesprochen, abwertend* immer in der Nähe einer Person sein und alles tun, um ihr zu gefallen

he·rum·schi·cken VERB (hat) **jemanden/etwas herumschicken** *gesprochen* jemanden/etwas nacheinander zu mehreren Leuten, Institutionen o. Ä. schicken | *Er hat seine neue Idee in der ganzen Firma herumgeschickt*

he·rum·schla·gen VERB (hat) **sich mit jemandem/etwas herumschlagen** *gesprochen* mit jemandem/etwas Schwierigkeiten und Ärger haben ⟨sich mit Problemen, Zweifeln herumschlagen; sich mit dem Chef, der Vermieterin, den Nachbarn herumschlagen (müssen)⟩

he·rum·schlep·pen VERB (hat); *gesprochen* **1 etwas (mit sich** (*Dativ*)**) herumschleppen** etwas (meist einen schweren Gegenstand) lange Zeit bei sich tragen ⟨einen Rucksack, einen Koffer, Bücher mit sich (*Dativ*) herumschleppen⟩ **2 etwas mit sich** (*Dativ*) **herumschleppen** ein Problem, Sorgen, Kummer o. Ä. haben **3 etwas mit sich** (*Dativ*) **herumschleppen** seit längerer Zeit eine Krankheit haben | *Diesen Schnupfen schleppe ich schon lange mit mir herum* **4 jemand schleppt eine Person irgendwo herum** *oft humorvoll* jemand nimmt eine Person (gegen ihren Willen) von einem Ort zum anderen mit ⟨jemanden in der Stadt, im Museum herumschleppen⟩

he·rum·schnüf·feln VERB (hat); *gesprochen, abwertend* (heimlich) versuchen, Informationen über jemanden/etwas zu bekommen | *in jemandes Privatleben herumschnüffeln*

he·rum·schrei·en VERB (hat); *gesprochen, abwertend* laut schreien oder schimpfen, ohne sich zu beherrschen

he·rum·schwän·zeln VERB (ist) **um jemanden herumschwänzeln** *gesprochen, abwertend* ≈ *herumscharwenzeln*

he·rum·sit·zen VERB (hat/ist) **1 Personen sitzen um jemanden/etwas herum** Personen sitzen in einem Kreis, mit jemandem/etwas in der Mitte | *Wir saßen um das Lagerfeuer herum* **2** *gesprochen* (längere Zeit) irgendwo sitzen, ohne etwas Nützliches zu tun | *Sitz doch nicht immer nur in deinem Zimmer herum, geh doch mal raus an die frische Luft*

he·rum·spi·o·nie·ren VERB (hat); *gesprochen, abwertend* (heimlich) versuchen, Informationen über jemanden/etwas zu bekommen

he·rum·spre·chen VERB (hat) **etwas spricht sich herum** etwas wird von einer Person einer anderen Person weitergesagt und so allgemein bekannt | *Ein Skandal spricht sich in einer so kleinen Stadt schnell herum*

he·rum·sprin·gen VERB (ist); *gesprochen* ohne einen besonderen Grund hin und her springen | *Das Kind sprang fröhlich im Garten herum*

he·rum·ste·hen VERB (hat/ist); *gesprochen* **1 Personen stehen um jemanden/etwas herum** mehrere Personen stehen in einem Kreis, mit jemandem/etwas in der Mitte | *Um den Verletzten standen viele Schaulustige herum* **2** irgendwo stehen, ohne etwas Nützliches zu tun | *in der Kneipe herumstehen* **3 etwas steht irgendwo herum** etwas steht (unordentlich) irgendwo und stört | *In der Küche steht viel Geschirr herum, das noch nicht gespült ist*

he·rum·stö·bern VERB (hat); *gesprochen* irgendwo (heimlich) etwas suchen (und dabei Unordnung machen) | *in den Schubladen herumstöbern* | *auf dem Dachboden herumstöbern*

he·rum·sto·chern VERB (hat) **in etwas** (*Dativ*) **herumstochern** *gesprochen* in etwas immer wieder mit etwas (z. B. einer Gabel, einem Zahnstocher) stechen oder bohren ⟨mit einem Stock im Mülleimer herumstochern; mit der Gabel im Teller, im Essen herumstochern⟩

he·rum·stol·zie·ren VERB (ist); *gesprochen* stolz und mit steifer Körperhaltung (ohne einen Zweck) von einem Ort zum anderen (hin und her) gehen | *am Strand herumstolzieren*

he·rum·sto·ßen VERB (hat) **jemanden herumstoßen** *gesprochen* vor allem ein Kind immer wieder zu einer anderen Pflegeperson geben, damit es dort lebt ⟨ein Pflegekind herumstoßen⟩

he·rum·strei·fen VERB (ist) meist auf der Suche nach etwas in einem Gebiet hin und her gehen | *im Wald herumstreifen*

he·rum·strei·ten VERB (hat) **eine Person streitet sich mit jemandem herum; Personen streiten sich herum** zwei oder mehrere Personen streiten immer wieder

he·rum·streu·nen VERB (ist) **ein Tier streunt herum** eine Katze, ein Hund o. Ä. läuft hin und her, (auf Nahrungssuche) durch die Gegend

he·rum·tan·zen VERB (ist); *gesprochen* **1 Personen tanzen um jemanden/etwas herum** mehrere Personen tanzen in einem Kreis um jemanden/etwas | *Sie tanzten um das Feuer herum* **2 um jemanden herumtanzen** *abwertend* immer in der Nähe einer Person sein und alles tun, um ihr zu gefallen **3** (fröhlich und aufgeregt) herumlaufen | *Was tanzt ihr hier herum? Geht in den Garten spielen!*

he·rum·te·le·fo·nie·ren VERB (hat); *gesprochen* wegen einer

H

Sache viele verschiedene Leute anrufen

he·rụm·to·ben VERB; *gesprochen* **1** *(hat/ist)* spielen und dabei hin und her laufen und Lärm machen | *Die Kinder toben im Garten herum* **2** *abwertend (hat)* laut und wütend über etwas schimpfen

he·rụm·tol·len VERB *(hat/ist); gesprochen* ≈ *herumtoben*

he·rụm·tra·gen VERB *(hat); gesprochen* **1** **jemanden/etwas herumtragen** jemanden/etwas tragen und dabei hin und her gehen | *das Baby herumtragen, bis es einschläft* **2** **etwas mit sich** *(Dativ)* **herumtragen** etwas immer bei sich haben | *Ich will doch meinen Ausweis nicht immer mit mir herumtragen* **3** **etwas mit sich** *(Dativ)* **herumtragen** sich in den Gedanken ständig mit etwas beschäftigen ‹einen Plan, eine Idee, ein Problem mit sich *(Dativ)* herumtragen›

he·rum·tram·peln VERB *(hat); gesprochen* **1** **(auf etwas** *(Dativ)***) herumtrampeln** immer wieder auf etwas treten und es so zerstören | *Trampel doch nicht auf den Blumen herum!* **2** **auf jemandem herumtrampeln** jemandes Gefühle (durch ständige harte Kritik) verletzen ≈ *beleidigen* **3** **auf jemandes Gefühlen herumtrampeln** durch rücksichtsloses, egoistisches Verhalten jemandes Gefühle ständig verletzen

he·rụm·trei·ben VERB *(hat)* **sich (irgendwo) herumtreiben** *gesprochen, abwertend* einmal hier und einmal dort sein und nichts Nützliches tun ● hierzu **He·rụm·trei·ber** *der*

he·rụm·trö·deln VERB *(hat); gesprochen* ≈ *trödeln*

he·rụm·tun VERB *(hat)* **(mit/an etwas** *(Dativ)***) herumtun** *süddeutsch* Ⓐ, *gesprochen* sich umständlich mit etwas beschäftigen

he·rụm·tur·nen VERB *(ist); gesprochen* **irgendwo herumturnen** irgendwo (ohne besonderen Zweck) klettern | *Die Kinder turnten auf dem Dach/im Baum herum*

he·rụm·wer·fen VERB *(hat)* **1** **etwas herumwerfen** etwas mit einer schnellen, plötzlichen Bewegung in die andere Richtung drehen ‹das Steuer, das Lenkrad herumwerfen› **2** **etwas herumwerfen** *gesprochen* etwas unordentlich irgendwohin legen, werfen | *die Kleider im Zimmer herumwerfen* **3** **mit etwas herumwerfen** *gesprochen* etwas oft oder viel davon verwenden ‹mit Geld, mit Fremdwörtern, mit Fachausdrücken herumwerfen›

he·rụm·zi·cken VERB (zickte herum, hat herumgezickt); *gesprochen, abwertend* vor allem als Frau oder Mädchen andere ohne Respekt behandeln und zeigen, dass man schlechte Laune hat

he·rụm·zie·hen VERB *(ist); gesprochen* von einem Ort zum anderen ziehen und nirgends lange bleiben | *in der Welt herumziehen*

he·rụn·ten ADVERB; *süddeutsch* Ⓐ dort unten, wo sich der Sprecher befindet oder befand

★ **he·run·ter** [hɛˈrʊntɐ] ADVERB **1** bezeichnet die Richtung von irgendwo (oben) nach unten, häufig zum Sprecher oder Erzähler hin | *Herunter mit dir!* (komm von dort herunter) **H** *Herunter* wird in der gesprochenen Sprache zu *runter* abgekürzt; vergleiche **hinunter** **2** **etwas ist herunter** *gesprochen* etwas ist heruntergelassen, ist unten ‹die Jalousien, die Rollläden, der Theatervorhang› **3** **völlig mit den Nerven herunter sein** *gesprochen* kurz vor einem Nervenzusammenbruch sein

he·run·ter- [hɛˈrʊntɐ-] *(im Verb, betont und trennbar, sehr produktiv; Diese Verben werden so gebildet:* herunterblicken, blickte herunter, heruntergeblickt) **1** **(irgendwohin) herunterfallen, herunterklettern, herunterkommen; jemanden/etwas (irgendwohin) herunterbringen, herunterholen, herunterstoßen, herunterwerfen; (etwas) herunterschlucken** *und andere* bezeichnet die Richtung von irgendwo oben nach unten, häufig zum Sprecher oder Erzähler hin | *Er beugte sich aus dem Fenster und rief zu uns herunter: „Ich komme gleich!"* (Wir standen vor dem Haus und er rief uns von oben etwas zu) **H** Anstelle einer Richtungsangabe *(zu uns)* steht häufig nur eine Angabe im Akkusativ: *Sie kam den Berg herunter; Er führte die alte Frau die Treppe herunter. Herunter-* wird in der gesprochenen Sprache zu *runter-* abgekürzt; vergleiche **hinunter-** **2** **etwas (von etwas) herunterkratzen, heruntermachen, herunterreißen, herunterschaben** *und andere gesprochen* drückt aus, dass etwas (durch die genannte Handlung) entfernt, beseitigt wird | *Wie bekommen wir diese Farbspritzer von der Wand herunter?* (Wie können wir sie entfernen?) **H** *Herunter-* wird in der gesprochenen Sprache zu *runter-* abgekürzt.

he·rụn·ter·be·kom·men VERB (bekam herunter, hat herunterbekommen) **etwas herunterbekommen** *gesprochen* Nahrung essen, schlucken können ‹keinen Bissen mehr herunterbekommen› **H** a) meist verneint; b) weitere Verwendungen → **herunter-**

he·rụn·ter·bre·chen VERB *(hat)* **etwas (auf etwas** *(Akkusativ)***) herunterbrechen** einen Plan, ein Ergebnis oder eine Theorie anwenden, um so in einzelnen Fällen oder kleinen Bereichen gut arbeiten zu können | *Die neuesten Trendzahlen muss man allerdings auf unsere Region herunterbrechen* **H** weitere Verwendungen → **herunter-**

he·rụn·ter·bren·nen VERB *(ist)* **1** **etwas brennt herunter** etwas brennt und wird dabei kürzer ‹eine Kerze› **2** **etwas brennt herunter** etwas wird durch Feuer völlig zerstört | *Das Schloss ist bis auf die Grundmauern heruntergebrannt*

he·rụn·ter·fah·ren VERB *(hat)* **1** **etwas herunterfahren** einen Computer so ausschalten, dass vorher alle Programme beendet und Daten gespeichert werden | *Nach dem Update des Betriebssystems wird der Rechner heruntergefahren und neu gestartet* **2** **etwas herunterfahren** die Leistung eines Systems reduzieren ‹ein Kraftwerk, einen Reaktor herunterfahren› | *Die Fische fahren im Winter ihren Stoffwechsel auf ein Minimum herunter* **3** **etwas herunterfahren** die Menge oder den Umfang reduzieren ‹die Ausgaben, die Kapazität, die Produktion, die Investitionen herunterfahren› *(ist)* **4** **etwas fährt herunter** ein System schaltet sich automatisch aus | *Wegen eines Fehlers fuhr der Reaktor automatisch herunter* **H** weitere Verwendungen → **herunter-**

he·rụn·ter·ge·hen VERB *(ist); gesprochen* **1** sich nach unten bewegen, sinken ‹der Vorhang, die Jalousie, der Rollladen, die Preise, die Zinsen› **2** **(mit etwas) heruntergehen** etwas in der Höhe reduzieren ≈ *senken* | *Der Händler mit den Preisen stark heruntergegangen* **3** **(von etwas) heruntergehen** vom genannten Ort entfernt werden können | *Der Dreck geht nicht herunter* **4** **(von etwas) heruntergehen** sich vom genannten Ort nach unten entfernen | *Gehst du wohl vom Baum herunter!*

he·rụn·ter·han·deln VERB *(hat)* **jemanden/etwas (auf etwas** *(Akkusativ)***) herunterhandeln** *gesprochen* mit einer Person so lange handeln, bis sie einem geringeren Preis zustimmt | *Er kaufte den Teppich, nachdem er den Preis von 1.000 auf 850 Euro heruntergehandelt hatte*

he·rụn·ter·hau·en VERB *(hat)* **jemandem eine/ein paar herunterhauen** *gesprochen* jemanden ins Gesicht schlagen

he·rụn·ter·kom·men VERB *(ist)* **1** durch schlechte Pflege in einen sehr schlechten Zustand geraten | *Das alte Schloss ist völlig heruntergekommen* **2** wieder ruhig werden | *Nach so einem aufregenden Tag dauert es, bis man wieder herunterkommt und einschlafen kann* **3** **von etwas**

(**auf etwas** *(Akkusativ)*) **herunterkommen** *gesprochen* von einer schlechten Leistung zu einer besseren kommen | *Sie möchte in Englisch von ihrer Fünf auf eine Drei herunterkommen* **H** weitere Verwendungen → **herunter-**

he·run·ter·la·den VERB *(hat)* **etwas herunterladen** etwas aus dem Internet in den Speicher des eigenen Computers, Handys o. Ä. holen ⟨Informationen, ein Programm herunterladen⟩ ↔ *hochladen*

he·run·ter·lei·ern VERB *(hat)* **etwas herunterleiern** *gesprochen, abwertend* einen Text ohne Betonung vortragen, sodass er langweilig wirkt | *Der Schüler leierte das Gedicht herunter*

he·run·ter·ma·chen VERB *(hat); gesprochen* **1** **jemanden/etwas heruntermachen** jemanden/etwas sehr negativ beurteilen, als schlecht bewerten | *Die Kritiker haben den neuen Film total heruntergemacht* **2** **jemanden heruntermachen** eine Person streng kritisieren und so anderen Personen zeigen, wie schlecht, dumm usw. diese Person ist | *Die Direktorin hat den Lehrer vor der ganzen Klasse heruntergemacht* **H** weitere Verwendungen → **herunter-**

he·run·ter·put·zen VERB *(hat)* **jemanden herunterputzen** *gesprochen* ≈ *heruntermachen*

he·run·ter·ras·seln VERB *(hat)* **etwas herunterrasseln** *gesprochen, abwertend* einen Text (ohne Fehler, aber) sehr schnell und monoton vortragen ⟨ein Gedicht, einen Vortrag herunterrasseln⟩

he·run·ter·schlu·cken VERB *(hat)* **etwas herunterschlucken** *gesprochen* etwas nicht sagen | *eine bissige Bemerkung herunterschlucken* **H** weitere Verwendungen → **herunter-**

he·run·ter·se·hen VERB *(hat)* **auf jemanden heruntersehen** ≈ *verachten* **H** weitere Verwendungen → **herunter-**

he·run·ter·set·zen VERB *(hat)* **etwas heruntersetzen** ≈ *herabsetzen* | *eine Ware im Preis heruntersetzen*

he·run·ter·spie·len VERB *(hat)* **1** **etwas herunterspielen** (mit Absicht) etwas als weniger wichtig oder weniger schlimm beschreiben, als es in Wirklichkeit ist | *das Ausmaß der Katastrophe herunterspielen* **2** **etwas herunterspielen** *gesprochen* ein Musikstück ohne die nötige Konzentration (ausdruckslos) spielen | *eine Sonate lieblos herunterspielen*

he·run·ter·stu·fen VERB *(hat)* **1** **etwas herunterstufen** etwas auf ein niedrigeres Niveau senken ⟨die Gehälter, die Löhne herunterstufen⟩ **2** **jemanden herunterstufen** (als Arbeitgeber) eine Person in eine niedrigere Gehalts- oder Lohngruppe einordnen, sodass sie weniger Geld als vorher bekommt

he·run·ter·wirt·schaf·ten VERB *(hat)* **etwas herunterwirtschaften** *gesprochen* meist eine Firma o. Ä. durch schlechtes Management ruinieren

he·run·ter·wür·gen VERB *(hat)* **etwas herunterwürgen** *gesprochen* etwas das zäh ist oder schlecht schmeckt, mit Mühe herunterschlucken | *einen zähen Bissen herunterwürgen*

★ **her·vor** ADVERB von irgendwo (drinnen, hinten, unten oder dazwischen) nach draußen, vorn

her·vor- *(im Verb, betont und trennbar, begrenzt produktiv; Diese Verben werden so gebildet:* hervorstrecken, streckte hervor, hervorgestreckt) **(irgendwo) hervorkommen, hervortreten; jemanden (irgendwo) hervorlocken; etwas (irgendwo) hervorholen, hervorziehen** *und andere* bezeichnet eine Bewegung oder Handlung, bei der eine Person, ein Tier oder eine Sache, die vorher versteckt war, sichtbar wird oder nach vorn kommt | *Der Jung sprang hinter dem Baum/aus dem Gebüsch hervor und rief: „Buh!"*

her·vor·brin·gen VERB *(hat)* **1** **etwas bringt etwas hervor** etwas bewirkt, dass etwas wächst | *den Boden düngen, damit er mehr hervorbringt Die Kakteen brachten große Blüten hervor* **2** **etwas hervorbringen** Laute produzieren oder von sich geben | *auf einem Instrument Töne hervorbringen* | *Vor Angst brachte sie keinen Pieps hervor* **3** **etwas bringt jemanden/etwas hervor** etwas ist die Heimat einer Person oder der Ursprung einer Sache oder etwas bietet die Möglichkeiten, dass sich jemand/etwas zu etwas entwickeln kann | *eine der faszinierendsten Tierarten, die die Evolution hervorgebracht hat* | *Österreich hat große Musiker hervorgebracht*

her·vor·ge·hen VERB *(ist); geschrieben* **1** **etwas geht aus etwas hervor** man kann etwas an etwas erkennen, erfährt etwas aus einer Quelle | *Aus unseren Akten geht hervor, dass Sie rechtzeitig informiert wurden* **2** **aus etwas als Sieger hervorgehen** am Ende eines Vorgangs Sieger sein ⟨aus einem Kampf, einem Wettstreit als Sieger hervorgehen⟩ **3** **aus einer Beziehung ging ein Kind hervor/gingen zwei Kinder hervor/...** ein Paar hatte die genannte Zahl gemeinsamer Kinder **H** nur verwendet in Biografien o. Ä.

her·vor·gu·cken VERB *(hat); gesprochen* **1** **irgendwo hervorgucken** aus einem Versteck heraus den Blick irgendwohin richten | *Das Kind hielt sich die Hände vors Gesicht und guckte vorsichtig zwischen den Fingern hervor* **2** **etwas guckt (irgendwo) hervor** etwas ist nicht vollständig/mehr durch etwas verdeckt und ist/wird teilweise sichtbar | *Eine Ecke des Fotos guckte unter dem Stapel Briefe hervor*

her·vor·he·ben VERB *(hat)* **etwas hervorheben** etwas stark betonen ⟨etwas lobend hervorheben⟩ | *Ich möchte insbesondere Ihre Treue und Ihr Pflichtbewusstsein hervorheben*

her·vor·ra·gen VERB *(hat)* **1** **etwas ragt hervor** etwas ist teilweise sichtbar oder wird nicht ganz von anderen Dingen verdeckt | *Der Brief ragte aus/unter dem Stapel hervor* **2** **(unter Personen/Dingen) hervorragen; aus etwas hervorragen** *geschrieben* durch etwas meist Positives im Vergleich zu anderen Leuten auffallen | *Er ragt durch seine Leistungen unter den Mitschülern/aus der Klasse hervor*

★ **her·vor·ra·gend** ■ PARTIZIP PRÄSENS **1** → hervorragen ■ ADJEKTIV **2** (in Bezug auf Leistung, Talent o. Ä.) viel besser als der Durchschnitt | *Sie ist eine hervorragende Ärztin* **3** sehr wichtig oder gut ⟨ein Ereignis, eine Position, eine Stellung; etwas ist von hervorragender Bedeutung (für jemanden)⟩

★ **her·vor·ru·fen** VERB *(hat)* **etwas ruft (bei jemandem) etwas hervor** etwas hat die genannte Wirkung | *Zugluft ruft oft Erkältungen hervor* | *Das Konzert rief einen Sturm der Begeisterung hervor*

her·vor·sprin·gen VERB *(ist)* **etwas springt hervor** etwas ragt stark nach außen ⟨jemandes Kinn, jemandes Nase springt scharf/stark hervor⟩ | *ein hervorspringender Fels* **H** a) oft im Partizip Präsens; b) weitere Verwendungen → **hervor-**

her·vor·ste·chen VERB *(hat)* **etwas sticht (irgendwo) hervor** etwas zieht (durch besondere Eigenschaften) die Aufmerksamkeit auf sich ≈ *auffallen* | *Das Rot sticht auf diesem Bild deutlich hervor* **H** oft im Partizip Präsens

her·vor·ste·hen VERB *(hat)* **1** **etwas steht hervor** etwas ist teilweise sichtbar oder wird nicht ganz von anderen Dingen verdeckt | *Das Brett steht aus/unter dem Stapel hervor* **2** **etwas steht hervor** etwas steht deutlich nach vorn oder nach außen ⟨Backenknochen, Zähne⟩

her·vor·tun VERB *(hat)* **1** **sich (als etwas) hervortun** etwas ungewöhnlich gut machen und damit andere Leute beeindrucken ⟨sich ganz/nicht besonders/sonderlich hervortun⟩ | *Sie hat sich als Flötistin hervorgetan* **2** **sich (mit etwas) hervortun** *gesprochen, abwertend* (vor anderen Leuten) die eigenen Leistungen, Fähigkeiten bewusst betonen | *Sie tut sich bei jeder Gelegenheit mit ihren Spanischkenntnissen hervor*

her·vor·zau·bern VERB *(hat)* **etwas hervorzaubern** etwas plötzlich durch Zaubertricks erscheinen lassen | *Der Magier zauberte ein Kaninchen aus dem Hut hervor*

Her·weg *der* der Weg von irgendwo zu dem Ort, an dem sich der Sprecher befindet ↔ *Hinweg*

★ **Herz** *das;* (-ens, -en) **1** das Organ im Inneren der Brust, welches das Blut durch die Adern pumpt ⟨das Herz schlägt, pocht, hämmert, arbeitet, funktioniert; ein kräftiges, starkes, schwaches Herz haben⟩ [K] Herzbeschwerden, Herzchirurg, Herzflattern, Herzkranke(r), Herzkrankheit, Herzoperation, Herzschmerzen, Herzschwäche, Herztransplantation, Herzverpflanzung, herzkrank [H] *das Herz; dem Herzen; des Herzens* **2** das Herz als Zentrum der Gefühle ⟨ein gütiges, reines, fröhliches, warmes, weiches, gutes, hartes Herz haben⟩ **3** Bilder oder Gegenstände, die wie ein Herz aussehen (oft als Symbol für die Liebe) | *ein Herz aus Lebkuchen* [K] Herzform; Lebkuchenherz, Marzipanherz, Schokoladenherz **4** der innerste Teil mancher Pflanzen | *Der beste Teil einer Artischocke ist ihr Herz* [K] Artischockenherz, Palmenherz **5** *nur Singular* das geografische Zentrum von etwas ≈ *Mittelpunkt* | *Innsbruck liegt im Herzen Europas* **6** *ohne Artikel, nur Singular* eine Spielfarbe im Kartenspiel | *Herz ist Trumpf* [K] Herzass, Herzbube, Herzdame, Herzkönig, Herzzehn *usw.* **7** eine Karte der Spielfarbe Herz ⟨ein kleines/niedriges, großes/hohes Herz ausspielen, zugeben⟩ [H] In dieser Bedeutung lautet der Plural *Herz*: *vier Herz auf der Hand haben*

■ ID ▸Präposition plus Herz: **jemand/etwas liegt einer Person am Herzen** jemand/etwas ist für eine Person sehr wichtig; **jemanden/etwas auf Herz und Nieren prüfen** jemanden/etwas sehr genau prüfen, untersuchen (um zu sehen, ob alles in Ordnung ist); **etwas auf dem Herzen haben** eine Bitte, einen Wunsch haben und mit jemandem darüber sprechen wollen; **aus seinem Herzen keine Mördergrube machen** die eigene Meinung offen sagen; **aus tiefstem Herzen, von (ganzem) Herzen, von Herzen gern** *geschrieben* aus einem ehrlichen oder intensiven Gefühl heraus ⟨jemandem von (ganzem) Herzen alles Gute wünschen; jemanden/etwas aus tiefstem Herzen verabscheuen, bedauern⟩; **jemandem etwas ans Herz legen** jemanden bitten, einer Sache große Aufmerksamkeit zu schenken; **jemandem ans Herz gewachsen sein** von jemandem sehr gemocht werden; **jemanden in sein/ins Herz schließen** jemanden sehr mögen; **etwas nicht übers Herz bringen zu** *+Infinitiv* etwas nicht tun können, was jemandem selbst oder einer anderen Person Schmerzen oder Kummer bringt; **eine Frau/sie trägt ein Kind unter dem Herzen** *geschrieben, veraltend* eine Frau ist schwanger; **sich** *(Dativ)* **etwas zu Herzen nehmen** genau über etwas nachdenken und entsprechend handeln ⟨sich *(Dativ)* jemandes Ratschläge, Ermahnungen, Vorwürfe, Kritik zu Herzen nehmen⟩;

▸Herz als Objekt: **jemandem sein Herz ausschütten** jemandem die Sorgen, die man hat, erzählen; **jemand/etwas bricht einer Person das Herz** jemand/etwas macht eine Person sehr traurig oder unglücklich; **sich** *(Dativ)* **ein Herz fassen** die Angst überwinden (und etwas tun); **seinem Herzen einen Stoß geben** sich plötzlich für etwas entscheiden (nachdem man lange gezögert hat); **nicht das Herz haben zu** *+Infinitiv* etwas nicht tun können, was jemandem selbst oder einer anderen Person Schmerzen oder Kummer bringt; **ein Herz für jemanden/etwas haben** [a] jemanden/etwas lieben | *ein Herz für Kinder/für die Natur haben* [b] Rücksicht auf jemanden/etwas nehmen; **das Herz auf dem rechten Fleck haben** *gesprochen* ein vernünftiger und liebenswürdiger Mensch sein; **jemandem sein Herz schenken** jemanden lieben; **jemand/etwas lässt jemandes Herz höher schlagen** eine Person oder Sache bewirkt, dass jemand sich sehr freut; **sein Herz sprechen lassen** den eigenen Gefühlen (z. B. Mitleid) folgen; **etwas zerreißt jemandem das Herz** etwas macht jemanden sehr traurig;

▸Herz als Subjekt: **alles, was das Herz begehrt** alles, was man sich wünscht; **jemandes Herz hängt an etwas** *(Dativ)* jemand möchte etwas unbedingt haben oder behalten; **jemandem lacht das Herz im Leib(e)** jemand freut sich sehr; **jemandem rutscht/fällt das Herz in die Hose** *gesprochen* jemand verliert plötzlich den Mut; **jemandem schmilzt das Herz** eine Person, die vorher streng, verbittert o. Ä. war, wird freundlich; **jemandem wird das Herz schwer** jemand wird traurig; **jemandem blutet/bricht das Herz** jemand ist voller Mitleid oder Trauer über etwas; **Sie sind 'ein Herz und 'eine Seele** zwei Menschen mögen sich sehr;

▸andere Verwendung: **leichten/schweren Herzens** ohne/voller Zweifel und Sorge ● zu (3) **herz·för·mig** ADJEKTIV

Herz·an·fall *der* starke Herzschmerzen, die plötzlich auftreten. Bei einem Herzanfall spürt man Angst und kann nicht gut atmen ⟨einen Herzanfall bekommen, haben⟩

her·zei·gen VERB *(hat)* **etwas herzeigen** *gesprochen* jemandem etwas zeigen

her·zens·gut ADJEKTIV sehr gütig und herzlich ⟨ein Mensch⟩ ● hierzu **Her·zens·gü·te** *die*

Her·zens·lust **nach Herzenslust** wie es sich jemand gerade wünscht | *Auf der Party konnte jeder nach Herzenslust essen, trinken und tanzen*

Her·zens·wunsch *der; meist Singular* **jemandes Herzenswunsch** etwas, das sich jemand sehr stark wünscht

herz|er·fri·schend ADJEKTIV natürlich und deshalb angenehm und anregend | *Sie hat ein herzerfrischendes Lachen*

herz|er·grei·fend ADJEKTIV ⟨eine Liebesgeschichte⟩ so, dass sie den Zuhörer o. Ä. emotional sehr bewegt (und zum Weinen bringt)

Herz·feh·ler *der* ein (angeborener) Defekt am Herzen, durch den das Herz nicht normal arbeitet ⟨einen Herzfehler haben; jemanden wegen eines Herzfehlers operieren⟩

Herz·ge·gend *die; nur Singular* der Bereich des Körpers, welcher das Herz umgibt | *Stiche in der Herzgegend verspüren*

herz·haft ADJEKTIV **1** ⟨ein Händedruck, ein Kuss; herzhaft gähnen, lachen⟩ ≈ *intensiv, kräftig* **2** ⟨Speisen⟩ ≈ *kräftig, nahrhaft* | *Es gab ein herzhaftes Frühstück mit Eiern, Speck und Schwarzbrot*

her·zie·hen VERB **1** **etwas herziehen** *gesprochen (hat)* etwas von irgendwo zu einem selbst ziehen | *den Tisch ein bisschen näher (zu sich) herziehen* **2** **jemanden/etwas hinter sich** *(Dativ)* **herziehen** *(hat)* jemanden/etwas ziehen (und so mit sich führen) | *einen Schlitten hinter sich herziehen* **3** *(ist)* den Wohnort wechseln und an den Ort ziehen, in dem man sich gerade befindet | *Sie sind erst vor Kurzem aus Hamburg hergezogen* **4** **hinter/neben/vor jemandem/etwas herziehen** *(ist)* sich hinter/neben/vor jemandem/etwas in die gleiche Richtung bewegen **5** **über jemanden/etwas herziehen** *gesprochen (hat/ist)* in boshafter Weise über eine Person sprechen, die nicht anwesend ist | *Die Angestellten ziehen immer über ihre Chefin her*

her·zig ADJEKTIV; *veraltend* hübsch und lieb ⟨ein Kind, ein junges Tier⟩ ≈ *niedlich*

-her·zig *im Adjektiv, unbetont, nicht produktiv* **gutherzig, hartherzig, kaltherzig, mildherzig, warmherzig, weichherzig** *und andere* so, dass der Charakter einer Person die genannte Eigenschaft hat | *Der Hund schaut so treuherzig*

Hẹrz·in·farkt *der* eine plötzliche Erkrankung, bei welcher das Herz (wegen schlechter Durchblutung) nicht mehr richtig funktioniert ⟨einen Herzinfarkt bekommen⟩

Hẹrz·kam·mer *die* einer der beiden Teile des Herzens, welche das Blut zur Lunge oder in den Körper pumpen ⟨die linke, rechte Herzkammer⟩

Hẹrz·klop·fen *das;* (-s) **Herzklopfen haben** sehr aufgeregt sein ⟨vor Angst, Aufregung, Freude Herzklopfen haben⟩

Hẹrz|kranz·ge·fäß *das;* (-es, -e); *meist Plural* eine der großen Adern am Herzen

★ **hẹrz·lich** ADJEKTIV **1** freundlich und liebevoll ⟨Worte, ein Blick, ein Lächeln; jemanden herzlich begrüßen, empfangen; jemanden herzlich zu etwas beglückwünschen; jemandem herzlich danken⟩ **2** verwendet, um negative Adjektive und Verben zu verstärken ≈ *sehr* | *Der Vortrag war herzlich langweilig* | *Ich habe mich herzlich geärgert* | *herzlich schlechtes Wetter* **3** drückt in formelhaften Redewendungen aus, dass man etwas wirklich meint oder so empfindet ⟨Herzlichen Dank!; Herzlichen Glückwunsch!; Herzliche Grüße!; Herzliches Beileid!⟩ • zu (1) **Hẹrz·lich·keit** *die*

hẹrz·los ADJEKTIV ohne Mitleid, ohne Mitgefühl ⟨ein Mensch; herzlos handeln⟩ • hierzu **Hẹrz·lo·sig·keit** *die*

Hẹrz·mus·kel *der; meist Singular* der Muskel, aus dem das Herz besteht und welcher das Blut in den Körper pumpt **K** Herzmuskelentzündung, Herzmuskelschwäche

Hẹr·zog *der;* (-(e)s, Her·zö·ge) **1** ein Adelstitel, der höher als der des Grafen, aber niedriger als der des Königs ist **2** eine Person, welche den Titel Herzog trägt | *der Herzog von York* • hierzu **Hẹr·zo·gin** *die*

Hẹr·zog·tum *das;* (-s, Her·zog·tü·mer) das Gebiet, in dem ein Herzog herrscht

Hẹrz·schlag *der* **1** ein einzelner Schlag des Herzens | *56 Herzschläge pro Minute* **2** *nur Singular* das wiederholte, rhythmische Schlagen des Herzens ⟨einen schnellen, langsamen, unregelmäßigen Herzschlag haben⟩ ≈ *Pulsschlag* **3** das plötzliche Ende der Tätigkeit des Herzens ⟨an einem Herzschlag sterben; einen Herzschlag erleiden; einem Herzschlag erliegen⟩ ≈ *Herzversagen*

Hẹrz|schritt·ma·cher *der* ein Gerät, das man in den Körper einpflanzt, um die Tätigkeit eines schwachen Herzens zu unterstützen

Hẹrz·tä·tig·keit *die; meist Singular* die Arbeit des Herzens, das Blut durch den Körper zu pumpen

Hẹrz·trop·fen *die; Plural* ein flüssiges Medikament, mit dem man das Herz stärkt

her·zu ADVERB; *veraltend* ≈ *herbei*

her·zu- *im Verb, betont und trennbar, nicht produktiv; veraltend* ≈ *herbei-*

Hẹrz·ver·sa·gen *das;* (-s); *geschrieben* die Tatsache, dass das Herz aufhört zu schlagen

hẹrz·zer·rei·ßend ADJEKTIV so, dass es großes Mitleid erregt ⟨ein Geschrei, ein Gejammer, ein Anblick; herzzerreißend weinen, heulen⟩

LANDESKUNDE

▶ Hessen

Hessen liegt in der Mitte Deutschlands. Die Hauptstadt ist **Wiesbaden**, die größte Stadt ist jedoch **Frankfurt am Main** – Standort der deutschen Börse und des größten deutschen Flughafens. Die Landschaft Hessens ist von zahlreichen Mittelgebirgen geprägt. Die bekanntesten sind **Rhön, Odenwald, Spessart, Taunus** und **Westerwald**.

he·te·ro·gen ADJEKTIV so, dass die einzelnen Teile nicht zueinanderpassen oder (sehr) unterschiedlich sind | *ein heterogenes Gemisch aus Wasser und Öl* | *eine heterogene Klasse* • hierzu **He·te·ro·ge·ni·tät** *die*

he·te·ro·se·xu·ell ADJEKTIV mit sexueller Neigung zu Menschen des anderen Geschlechts ⟨eine Beziehung⟩ ↔ *homosexuell*

Hẹtz·blatt *das; abwertend* eine Zeitung, Zeitschrift o. Ä., die immer gegen jemanden/etwas hetzt

Hẹt·ze *die;* (-) **1** *gesprochen* eine Situation, in der man etwas sehr schnell und unter großem Druck tut **2** **eine Hetze (gegen jemanden/etwas)** *abwertend* Äußerungen und Handlungen, die Aggression, Wut o. Ä. gegen jemanden/etwas zu erzeugen sollen ⟨politische, antisemitische, rassistische Hetze; eine Hetze gegen jemanden/etwas betreiben, veranstalten⟩ **K** Judenhetze, Kommunistenhetze

★ **hẹt·zen** VERB (hetzte, hat/ist gehetzt) **1** **jemanden hetzen** *(hat)* Menschen oder Tiere verfolgen, um sie zu fangen ⟨das Wild (mit Hunden) hetzen⟩ | *Die Hunde hetzten den Hasen* **2** **einen Hund auf jemanden hetzen** *(hat)* einem Hund befehlen, einen Menschen oder ein anderes Tier zu verfolgen und zu fangen **3** **(gegen jemanden/etwas) hetzen** *abwertend (hat)* so über jemanden/etwas sprechen, dass bei anderen Personen Aggressionen gegen diese Person oder Sache entstehen | *Die Demonstranten hetzten lautstark gegen die Flüchtlinge* **K** Hetzartikel, Hetzkampagne, Hetzpropaganda, Hetzrede **4** **(jemanden) hetzen** *gesprochen (hat)* eine Person immer wieder auffordern, etwas schneller zu tun | *Hetz (mich) doch nicht so!* **5** *(hat)* sich sehr beeilen | *hetzen müssen, um alles rechtzeitig zu erledigen* **6** **irgendwohin hetzen** *(ist)* in Eile irgendwohin gehen oder fahren | *zum Bahnhof hetzen, um den Zug noch zu erreichen* **7** **sich hetzen** *gesprochen (hat)* sich sehr beeilen • zu (3) **Hẹt·zer** *der*

Hẹtz·jagd *die* **1** eine Art der Jagd, bei der man Tiere mit Hunden hetzt ⟨eine Hetzjagd veranstalten⟩ **2** **eine Hetzjagd (auf jemanden)** die systematische Verfolgung einer Person (um sie zu fangen) **3** **eine Hetzjagd (auf jemanden)** wiederholte Äußerungen (z. B. in der Presse), um jemandes Ruf oder Ansehen zu schaden

Heu *das;* (-(e)s) geschnittenes und getrocknetes Gras, das man als Futter für Tiere verwendet ⟨Heu machen⟩ **K** Heuernte, Heugabel, Heuhaufen, Heuschober, Heustadel

Heu·che·lei *die;* (-, -en) **1** *nur Singular* das Heucheln | *Ihr Mitleid ist doch nur Heuchelei!* **2** eine Äußerung oder Handlung, mit der man etwas heuchelt

heu·cheln VERB (heuchelte, hat geheuchelt) **(etwas) heucheln** so tun, als ob man Gefühle oder Eigenschaften hätte, die man in Wirklichkeit gar nicht hat ⟨Sympathie, Mitgefühl, Mitleid, Reue, Interesse heucheln⟩ • hierzu **Heuch·ler** *der;* **Heuch·le·rin** *die;* **heuch·le·risch** ADJEKTIV

★ **heu·er** ADVERB; *süddeutsch* (A)(CH) in diesem Jahr

Heu·er *die;* (-, -n); *meist Singular* der Lohn, den ein Seemann bekommt

heu·len VERB (heulte, hat geheult) **1** **ein Tier heult** ein Tier gibt die langen (klagenden) Laute von sich, wie es z. B. Wölfe oder Hunde nachts tun **2** **etwas heult** etwas erzeugt lange und laute (durchdringende) Töne ⟨eine Sirene, ein Motor⟩ **K** Heulton **3** **der Wind/Sturm heult** der Wind oder Sturm weht sehr stark und macht dadurch laute Geräusche **4** *gesprochen* ⟨vor Angst, Schmerz, Wut heulen; jemandem ist zum Heulen zumute⟩ ≈ *weinen* | *Hör endlich auf zu heulen!* ■ **ID** **etwas ist zum Heulen** *gesprochen* etwas ist so, dass es traurig macht

Heul·su·se *die;* (-, -n); *gesprochen, abwertend* vor allem ein Mädchen, das oft weint

heu·rig ADJEKTIV *meist attributiv; süddeutsch* (A)(CH) ≈ *diesjährig* | *das heurige Osterfest*

Heu·ri·ge *der;* (-n, -n); Ⓐ der Wein der letzten Ernte ⟨einen Heurigen trinken⟩ **I** *ein Heuriger; der Heurige; den, dem, des Heurigen*

Heu·schnup·fen *der; nur Singular* eine Krankheit (eine Allergie gegen Blütenstaub), die ähnlich wie ein Schnupfen ist

Heu·schre·cke *die;* (-, -n) ein Insekt, das fliegen und sehr weit springen kann | *Die Heuschrecken fielen in Schwärmen über die Felder her und vernichteten die Ernte* K Heuschreckenplage, Heuschreckenschwarm

★ **heu·te** ADVERB **1** der gegenwärtige Tag oder am gegenwärtigen Tag ⟨heute früh/Morgen, Mittag, Abend, Nacht; ab, bis, seit heute; von heute ab/an⟩ | *Heute scheint die Sonne* | *Heute ist mein Geburtstag* | *Heute ist Montag, der 10. April* **2** in der Gegenwart | *Heute besitzen viele Leute ein Auto* ■ ID **lieber heute als morgen** man möchte, dass etwas sehr bald geschieht | *Ich würde lieber heute als morgen kündigen!*; **von heute auf morgen** innerhalb sehr kurzer Zeit | *Eine Fremdsprache lernt man nicht von heute auf morgen*

★ **heu·ti·g-** ADJEKTIV *meist attributiv* **1** heute, an diesem Tag (stattfindend) | *das heutige Konzert* | *das heutige Gastspiel* **2** von heute, von diesem Tag | *die heutige Post* | *In der heutigen Zeitung ist ein langer Bericht über den Unfall* **3** zur gegenwärtigen Zeit (Epoche) gehörend ⟨die Generation, die Jugend, die Technik⟩ | *der heutige Stand der Wissenschaft* **4** **am heutigen/der heutige Tag** ≈ *heute* | *Am heutigen Tag wollen wir feiern*

★ **heut·zu·ta·ge** ADVERB in der Gegenwart

He·xe *die;* (-, -n) **1** (in Märchen) eine meist alte und hässliche Frau, die zaubern kann und böse ist | *Die böse Hexe verzauberte den Prinzen in einen Frosch* K Hexenbesen, Hexenhäuschen **2** *historisch* eine Frau, von der man glaubte, dass sie mit dem Teufel verbündet sei | *Sie wurde als Hexe angeklagt und auf dem Scheiterhaufen verbrannt* K Hexenglaube, Hexenprozess, Hexenverbrennung, Hexenverfolgung, Hexenwahn **3** *gesprochen, abwertend* als Schimpfwort verwendet für eine (meist ältere) Frau, die man hässlich und/oder böse, unsympathisch findet

he·xen VERB (hexte, hat gehext) ≈ *zaubern* | *Ich kann doch nicht hexen!* (ich bin auch nur ein Mensch)

He·xen·kes·sel *der* ein Durcheinander, das dadurch entsteht, dass viele Menschen vor Begeisterung oder aus Wut schreien und toben | *Während des Endspiels glich das Fußballstadion einem brodelnden Hexenkessel*

He·xen·schuss *der; nur Singular* ein sehr starker, plötzlicher Schmerz im Rücken

hg., **hrsg.** Abkürzung für *herausgegeben*; in Quellenangaben vor den Namen von Herausgebern verwendet

Hg., **Hrsg.** Abkürzung für *Herausgeber(in)*

hi! [hai] als Gruß unter jungen Leuten verwendet ≈ *hallo* | *Hi, wie gehts?*

Hick·hack *das/der;* (-s, -s); *gesprochen, abwertend* ein sinnloser Streit wegen relativ kleiner Probleme

hie ADVERB **hie und da** *veraltend* ≈ *manchmal*

hieb *Präteritum, 1. und 3. Person Singular* → hauen

Hieb *der;* (-(e)s, -e) **1** ein starker Schlag (vor allem mit einer Waffe oder einer Axt) ⟨jemandem einen Hieb versetzen⟩ | *Ein einziger Hieb mit der Axt genügte, und der Baum fiel um* K Hiebwaffe; Peitschenhieb, Schwerthieb **2** *meist Plural* eine Bemerkung, die jemanden scharf kritisiert ⟨Hiebe austeilen, einstecken⟩ | *Bei seiner Ansprache teilte er nach allen Seiten Hiebe aus* K Seitenhieb **3** *gesprochen nur Plural* Schläge, die jemand in einem Kampf oder zur Strafe bekommt ⟨Hiebe bekommen/kriegen, einstecken (müssen), austeilen⟩ ≈ *Prügel, Schläge* ■ ID **es setzt Hiebe** *gesprochen* jemand bekommt Prügel

hieb- und stich·fest ADJEKTIV gut begründet und deshalb nicht zu widerlegen ⟨ein Alibi, ein Argument, ein Beweis⟩

hielt *Präteritum, 1. und 3. Person Singular* → halten

★ **hier** ADVERB **1** an diesem Ort, an dieser Stelle (an welcher sich der Sprecher befindet) ⟨hier oben, unten, draußen, drinnen, vorn, hinten⟩ | *Wo ist denn Petra? Vorhin war sie noch hier!* | *Wann wird der Brief endlich hier sein?* | *Hier soll eine Schule gebaut werden* | *Ich hole dich in zwei Stunden hier wieder ab* | *Deine Brille liegt hier auf dem Schrank* | *Von hier bis zu unserem Haus sind es nur noch ein paar Schritte* | *Komm rauf! Hier oben ist es warm!* **2** **(gleich) hier** +*Richtungsangabe* von dieser Stelle aus (an der sich der Sprecher befindet) in die genannte Richtung ⟨(gleich) hier um die Ecke, gegenüber, nebenan, in der Nähe⟩ | *Hier schräg gegenüber/über die Straße war früher eine Bäckerei* | *Gleich hier um die Ecke wohnt ein Freund von mir* **3** **von hier sein** *gesprochen* in diesem Ort oder dieser Gegend wohnen bzw. geboren sein **4** *Substantiv/Pronomen* + **hier** verwendet, um auf jemanden/etwas (in der Nähe des Sprechers) hinzuweisen | *Mein Freund hier hat uns sehr geholfen* | *In dem Haus hier war früher eine Schule* **5** in diesem Zusammenhang, an dieser Stelle (bei einer Unterhaltung, einer Diskussion, einer Rede, einem Vortrag) | *Dieser Einwand tut hier nichts zur Sache* | *Darauf kann hier nicht näher eingegangen werden* **6** in diesem Fall | *Hier liegt ein Irrtum vor* | *Hier geht es um das Wohl des Kindes* **7** zu diesem Zeitpunkt ⟨von hier ab/an⟩ | *Hier endet nun ein Zeitalter, und ein neues beginnt* ■ ID **hier und da** a nicht oft b an wenigen, einzelnen Orten; **hier und jetzt/heute** ohne Verzögerung ≈ *sofort* | *Darauf will ich hier und jetzt eine Antwort haben!*

hie·ran, **hie·ran** ADVERB *betont* verwendet, um auf etwas hinzuweisen, das man jemandem zeigt oder gerade (mit der Präposition *an*) erwähnt hat | *Hieran kannst du das Bild hängen* (an diesen Haken) | *Hieran kann kein Zweifel bestehen* (an dieser Tatsache)

★ **Hie·rar·chie** *die;* (-, -n [-ˈçiːən]) **1** eine strenge Ordnung (meist in einem Staat oder einer Organisation), die von oben nach unten geht und in der jeder einen festen (hohen oder niedrigen) Rang hat ⟨eine strenge, strikte, lockere Hierarchie; die staatliche, kirchliche Hierarchie; in einer Hierarchie aufsteigen, absteigen; eine Hierarchie durchbrechen⟩ K Parteihierarchie, Staatshierarchie **2** alle Mitglieder in einer Hierarchie, die einen hohen Rang haben • zu (1) **hie·rar·chisch** ADJEKTIV

hie·rauf, **hie·rauf** ADVERB *betont* **1** verwendet, um auf etwas hinzuweisen, das man jemandem zeigt und das in der Nähe des Sprechers ist oder das gerade (mit der Präposition *auf*) erwähnt wurde | *Hierauf schlief einst König Ludwig* (auf diesem Bett) | *Hierauf bezog sich seine Kritik* (auf diese Aussage) **2** zeitlich kurz nach der eben erwähnten Sache oder Handlung ≈ *danach* | *Um acht Uhr frühstückte er, hierauf fuhr er weg* **3** zeitlich nach (und meist wegen) der eben erwähnten Sache oder Handlung | *Er beleidigte den Schiedsrichter und wurde hierauf vom Platz gestellt*

hie·raus, **hie·raus** ADVERB *betont* verwendet, um auf etwas hinzuweisen, das man jemandem zeigt und das in der Nähe des Sprechers ist oder das gerade (mit der Präposition *aus*) erwähnt wurde | *Hieraus wurde früher feierlich getrunken* (aus diesem Kelch) | *Hieraus ergaben sich große Probleme* (aus dieser Tatsache)

hier·be·hal·ten VERB (behält hier, behielt hier, hat hierbehalten) **1** **jemanden/etwas hierbehalten (können)** eine Person oder Sache bei sich lassen (und auf sie aufpassen) | *Kannst* du meinen Hund hierbehalten, während ich beim Arzt bin? **2** **jemanden hierbehalten (müssen)** jemanden nicht weggehen lassen (z. B. aus einem Krankenhaus, einer Polizeistation) | *Wenn die Wunde nicht ausheilt, müssen wir Sie noch eine Woche hierbehalten*

★ **hier·bei, hier·bei** ADVERB *betont* verwendet, um auf etwas hinzuweisen, das man jemandem zeigt oder das man gerade (mit der Präposition *bei*) erwähnt hat | *Hierbei handelt es sich um einen Fehler* (bei diesem Fall) | *Hierbei kam es zu Krawallen* (bei diesem Anlass)

hier·blei·ben VERB (blieb hier, ist hiergeblieben) an diesem Ort (an dem der Sprecher ist) bleiben | *Mir gefällt es in dem Garten, ich möchte noch eine Weile hierbleiben*

hier·durch, hier·durch ADVERB *betont* verwendet, um auf etwas hinzuweisen, das man jemandem zeigt oder das man vorher (mit der Präposition *durch*) erwähnt hat | *Hierdurch ist der Fuchs in den Stall gekommen* (durch dieses Loch) | *Hierdurch wird bestätigt, dass Frau Meier in unserer Firma ein Praktikum macht* (durch diesen Brief)

★ **hier·für, hier·für** ADVERB *betont* verwendet, um auf etwas hinzuweisen, das man jemandem zeigt oder das man vorher (mit der Präposition *für*) erwähnt hat | *Die Vorbereitungen hierfür sind abgeschlossen* (für dieses Fest) | *Die Beweise hierfür sind eindeutig* (für diese Tatsache)

hier·ge·gen, hier·ge·gen ADVERB *betont* verwendet, um auf etwas hinzuweisen, das man jemandem zeigt oder das man vorher (mit der Präposition *gegen*) erwähnt hat | *Hiergegen lehnte er die Leiter* (gegen diese Wand) | *Hiergegen protestieren wir* (gegen diese Maßnahme)

★ **hier·her, hier·her, hier·her** ADVERB *betont* **1** an diesen Ort, nach hier | *Sie wird nach der Feier hierher* (in unsere Wohnung) *kommen* **2** **bis hierher** bis zu diesem Zeitpunkt, bis zu diesem Stadium o. Ä. | *Bis hierher habe ich den Text verstanden, aber jetzt wirds schwierig* **H** vergleiche auch **hierhin-** ■ ID **bis hierher und nicht weiter** dies ist die Grenze, die nicht überschritten werden darf

hier·her- (*im Verb, betont und trennbar, begrenzt produktiv; Diese Verben werden so gebildet:* hierherkommen, kam hierher, hierhergekommen) **hierherfahren, hierherschauen; jemanden/etwas hierherbringen, hierherschicken, hierhertragen; etwas führt hierher** *und andere* bezeichnet die Richtung von irgendwo an den Ort, an dem sich der Sprecher befindet ≈ *her-* | *Komm sofort hierher!* (Komm sofort zu mir/an den Ort, an dem ich bin!)

hier·her·ge·hö·ren VERB (*hat*) **1** **etwas gehört hierher** etwas gehört an diesen Ort | *Bring den Hund aus dem Schlafzimmer, er gehört nicht hierher!* **2** **etwas gehört hierher** etwas gehört in diesen Zusammenhang und muss dort besprochen, diskutiert werden | *„Dieses Thema gehört nicht hierher." – „Doch, das gehört hierher!"*

hier·her·zie·hen VERB **1** **jemanden/etwas hierherziehen** (*hat*) an jemandem/etwas ziehen und so zum Sprecher hin bewegen **2** (*ist*) an diesen Ort kommen, um hier zu wohnen | *Wir sind vor zwei Jahren hierhergezogen*

★ **hier·hin, hier·hin** ADVERB *betont* an diesen Ort hin (auf den der Sprecher hinweist) ↔ *dorthin* | *Stellen Sie den Schrank bitte hierhin!* | (*Füllen Sie das Glas*) *bis hierhin, bitte!*

hier·hin- *im Verb, betont und trennbar, begrenzt produktiv* ≈ *hierher-*

hie·rin, hie·rin ADVERB *betont* **1** in diesem (vorher genannten) Gegenstand, Raum o. Ä. | *Hierin* (*in diesem Gebäude*) *befand sich früher die Bibliothek* **2** in dieser (vorher genannten) Tatsache, Angelegenheit | *Hierin* (*in diesem Punkt*) *liegt das Problem*

hier·las·sen VERB (lässt hier, ließ hier, hat hiergelassen) **jemanden/etwas hierlassen** jemanden/etwas an dem Ort lassen, an dem sich der Sprecher befindet ↔ *wegbringen* | *Du kannst deine Tasche hierlassen und sie später wieder abholen*

★ **hier·mit, hier·mit** ADVERB *betont* **1** verwendet, um auf etwas hinzuweisen, das man jemandem zeigt oder das man vorher (mit der Präposition *mit*) erwähnt hat | *Nimm dies, hiermit wirst du das Glas aufbekommen* (mit diesem Gerät wirst du das Glas öffnen können) | *Hiermit beschäftigt sie sich schon lange* (mit diesem Thema) **2** drückt aus, dass etwas dadurch wirklich wird, dass man es sagt | *Hiermit taufe ich dich auf den Namen „Admiral"* (dieses Schiff) | *Hiermit erkläre ich die Ausstellung für eröffnet* | *Hiermit erkläre ich meinen Sohn Martin zum Alleinerben meines gesamten Vermögens*

Hie·ro·gly·phe [hi:ro'gly:fə] *die;* (-, -n) **1** ein Zeichen der alten ägyptischen Bilderschrift **2** *gesprochen, humorvoll nur Plural* etwas, das jemand mit der Hand geschrieben hat und das man kaum lesen kann | *Deine Hieroglyphen kann ich nicht entziffern*

hie·rü·ber, hie·rü·ber ADVERB *betont* verwendet, um auf etwas hinzuweisen, das man jemandem zeigt oder das man vorher (mit der Präposition *über*) erwähnt hat | *Hierüber können wir gehen* (über diese Brücke) | *Hierüber schrieb er ein Buch* (über dieses Thema)

hie·run·ter, hie·run·ter ADVERB *betont* verwendet, um auf etwas hinzuweisen, das man jemandem zeigt oder das man zuvor (mit der Präposition *unter*) erwähnt hat | *Hierunter lag der Schlüssel* (unter diesem Stein) | *Hierunter verstehen wir Folgendes* (unter diesem Begriff) | *Hierunter litt er sehr* (unter dieser Beleidigung)

hier·von, hier·von ADVERB *betont* verwendet, um auf etwas hinzuweisen, das man jemandem zeigt oder das man vorher (mit der Präposition *von*) erwähnt hat | *Unser Haus ist nicht weit hiervon entfernt* (von diesem Ort) | *Hiervon nahm sie zehn Stück* (von diesen Tabletten) | *Hiervon hängt alles ab* (von dieser Bedingung)

★ **hier·zu, hier·zu** ADVERB *betont* **1** als Zusatz oder Ergänzung zu dieser (vorher genannten) Sache | *Hierzu brauchen Sie dieses Kabel* (zu diesem Gerät) | *Hierzu passen rote Schuhe* (zu diesem Kleid) **2** zu diesem (vorher genannten) Zweck | *Er möchte in die USA reisen. Hierzu braucht er ein Visum* **3** zu dieser (vorher genannten) Angelegenheit | *Hierzu habe ich mir noch keine Meinung gebildet* (zu diesem Problem) | *Hierzu sage ich nichts* (zu diesem Vorwurf)

hier·zu·lan·de, hier zu Lan·de ADVERB; *veraltend* in diesem Land oder diesem Gebiet (in dem sich der Sprecher befindet) | *Das ist hierzulande so üblich*

hie·sig ADJEKTIV *meist attributiv* in/aus dieser Gegend (in der sich der Sprecher befindet) ⟨die Bevölkerung, die Sitten, die Gebräuche⟩ | *Sie ist keine Hiesige* (Sie ist nicht von hier)

hieß *Präteritum, 1. und 3. Person Singular* → heißen

hie·ven VERB (hievte, hat gehievt) **etwas (irgendwohin) hieven** etwas Schweres meist nach oben ziehen ⟨den Anker hieven, etwas an Deck hieven⟩

Hi-Fi ['haifi, 'hai'fai] High Fidelity früher verwendet für Geräte mit hoher Qualität der Wiedergabe von Musik **K** Hi-Fi-Anlage, Hi-Fi-Turm

High·life ['hailaif] *das;* (-(s)) **irgendwo ist Highlife** *gesprochen* irgendwo wird laut und lustig gefeiert

High·tech ['hai'tɛk] *das;* (-(s)), **High·tech** *die;* (-) sehr moderne technische Geräte, Verfahren usw., die mit Computern und Mikroelektronik zu tun haben

★ **Hil·fe** *die;* (-, -n) **1** *nur Singular* die Handlungen, mit denen man jemandem hilft oder die Umstände, die jemandem helfen ⟨ärztliche, nachbarliche, finanzielle, materielle, uneigennützige, wirksame, gegenseitige Hilfe; Hilfe (von jeman-

H

dem) erwarten; jemandem Hilfe leisten, zusagen; jemandem zu Hilfe eilen, kommen; jemandem (seine) Hilfe anbieten; bei jemandem/irgendwo Hilfe suchen; jemanden um Hilfe bitten; um Hilfe flehen, rufen, schreien; auf jemandes Hilfe angewiesen sein⟩ | *Ein echter Freund ist immer da, wenn man Hilfe braucht* K Hilfeleistung, Hilferuf, Hilfeschrei, Hilfestellung, Hilfsaktion, Hilfsmaßnahme **2** eine Person, die hilft ⟨Hilfe rufen, holen⟩ | *Keine Angst, gleich kommt Hilfe* **3** *oft Plural* etwas, das man als Unterstützung bekommt, meist Geld ⟨Hilfen beantragen, beziehen, erhalten⟩ K Hilfsbedürftigkeit, Hilfsdienst, Hilfsfonds, Hilfsgelder, Hilfskasse, Hilfsorganisation, hilfsbedürftig; Altershilfe, Entwicklungshilfe, Sozialhilfe, Wirtschaftshilfe **4** eine Person, die bei einer Arbeit hilft, meist ohne dafür ausgebildet zu sein ⟨eine Hilfe beschäftigen, einstellen, suchen⟩ | *Die alte Dame sucht eine Hilfe für den Haushalt* K Erntehilfe, Haushaltshilfe, Küchenhilfe, Ladenhilfe, Putzhilfe **5** **Erste/erste Hilfe** die ersten und meist sehr wichtigen medizinischen Maßnahmen, mit denen man einem verletzten Menschen hilft (bevor der Arzt da ist) ⟨jemandem Erste/erste Hilfe leisten⟩ K Erste-Hilfe-Kurs **6** **(zu) Hilfe!** verwendet, um nach Hilfe zu rufen, wenn man in Gefahr ist **7** **mit Hilfe** → mithilfe **8** **etwas zu Hilfe nehmen** etwas benutzen, um dadurch etwas zu erreichen | *einen Stock zu Hilfe nehmen, um etwas aus dem Bach zu fischen* **9** **eine Person ist jemandem eine Hilfe** eine Person unterstützt eine andere Person | *Unser Sohn ist mir im Haushalt schon eine große Hilfe* | *Ist es dir eine Hilfe, wenn wir mit der Entscheidung noch warten?* **10** **etwas ist (jemandem/für jemanden) eine Hilfe** eine Sache ist für eine Person nützlich | *Die neue Waschmaschine ist für mich eine echte Hilfe* **11** **Hilfe suchend** ⟨ein Blick, ein Gesichtsausdruck⟩ so, dass sie ausdrücken, dass die Person Hilfe braucht | *sich Hilfe suchend umblicken/umsehen*

SPRACHGEBRAUCH

▶ Hilfe!

In einer Notsituation ruft man einfach **Hilfe**!
Wenn es irgendwo brennt, ruft man **Feuer**!
Um jemanden zu warnen, ruft man **Achtung**! oder **Vorsicht**!

hil·fe·su·chend ≈ *Hilfe suchend*

★ **hilf·los** ADJEKTIV **1** nicht fähig, sich selbst zu helfen | *Nach dem Unfall war sie im Auto eingeklemmt und völlig hilflos* | *Seinen Aggressionen stand sie hilflos gegenüber* **2** unbeholfen, ungeschickt | *Seine hilflosen Ausreden wirkten eher peinlich* ● hierzu **Hilf·lo·sig·keit** *die*

hilf·reich ADJEKTIV **1** so, dass man anderen Menschen eine große Hilfe ist ⟨ein Mensch; jemandem hilfreich zur Hand gehen, zur Seite stehen⟩ **2** ⟨ein Hinweis, ein Umstand⟩ ≈ *nützlich*

Hilfs- *im Substantiv, betont, nicht produktiv* **1** **Hilfskraft, Hilfspersonal** *und andere* ohne Ausbildung für den ausgeübten Beruf | *Wir haben zwei Hilfsarbeiter eingestellt* **2** **Hilfsgeistliche**; **Hilfspolizist** *und andere* so, dass jemand nicht ständig in einem Beruf arbeitet oder (noch) nicht voll ausgebildet ist | *Er arbeitet nebenher als Hilfslehrer*

★ **hilfs·be·reit** ADJEKTIV gern bereit zu helfen ⟨ein Mensch⟩ | *Der Junge ist alten Menschen gegenüber sehr hilfsbereit* ● hierzu **Hilfs·be·reit·schaft** *die*

Hilfs·mit·tel *das* **1** etwas, das eine Arbeit einfacher macht ⟨ein (un)erlaubtes, (un)geeignetes, technisches Hilfsmittel; ein Hilfsmittel anwenden, benutzen⟩ **2** *nur Plural* Geld oder Gegenstände, Personen helfen sollen, die in Not ist | *Nach dem Erdbeben trafen die Hilfsmittel von überall ein*

Hilfs·verb *das* ein Verb, das zusammen mit einem anderen Verb verwendet wird, um z. B. das Perfekt oder das Passiv zu bilden H Die Hilfsverben im Deutschen sind *haben*, *sein* und *werden*

GRAMMATIK

▶ Die Hilfsverben *haben* und *sein*

Um die zusammengesetzten Formen der Vergangenheit zu bilden, verwendet man die Hilfsverben **haben** und **sein**.

Mit Verben, die einen **Zustand**, die **Veränderung eines Zustands** oder eine **Fortbewegung** ausdrücken, verwendet man **sein**:
Ich bin krank gewesen.
Die Temperatur ist gestiegen.
Ich bin durch Spanien gereist.

In allen anderen Fällen verwendet man **haben**:
Ich habe eine Übung gemacht.
Ralf hat an der Börse viel Geld verloren.

hilft *Präsens, 3. Person Singular* → helfen

Him·bee·re *die* **1** eine rote Beere, die man essen kann und die aus vielen kleinen Teilen besteht K Himbeereis, Himbeergeschmack, Himbeersaft, Himbeerstrauch H vergleiche auch → Erdbeere **2** ein Strauch mit Stacheln und weißen Blüten, an dem die Himbeeren wachsen

HIMBEERE

★ **Him·mel** *der*; (-s) **1** der Luftraum über der Erde ⟨ein blauer, bewölkter, bedeckter, klarer, wolkenloser, (wolken)verhangener, düsterer Himmel; der Himmel klart (sich) auf⟩ | *Am Himmel funkeln die Sterne* K Himmelsgewölbe, Himmelskugel, himmelblau; Sternenhimmel, Wolkenhimmel **2** der Ort, an dem (im Glauben mancher Religionen) Gott ist und an den die Menschen nach dem Tod kommen wollen ⟨in den Himmel kommen⟩ ≈ *Paradies* ↔ *Hölle* K Himmelsfürst, Himmelspforte, Himmelstor, Himmelstür **3** als Bezeichnung für Gott verwendet (in Religionen, die daran glauben, dass Gott im Himmel wohnt) | *Der Himmel beschütze uns!* | *ein Zeichen des Himmels* **4** eine Art Dach aus Stoff (z. B. über einem Thron oder einem Bett) ≈ *Baldachin* K Himmelbett **5** **unter freiem Himmel** im Freien ⟨unter freiem Himmel schlafen, übernachten⟩ **6** **zwischen Himmel und Erde** hoch über der Erde (und meist in gefährlichen Situationen, ohne sicheren Halt) | *Der Artist hing hoch oben an einem Seil zwischen Himmel und Erde* **7** *gesprochen* verwendet in Ausrufen der Verwunderung und des Schreckens und in Flüchen | *Um Himmels willen!* | *(Ach) du lieber Himmel!* | *Gütiger Himmel!* | *Himmel noch mal!* ■ ID **aus heiterem Himmel** plötzlich und ohne dass man damit rechnen konnte oder es erwartet hat; **im siebten Himmel sein, sich (wie) im sieb(en)ten Himmel fühlen** sehr glücklich (und verliebt) sein; **jemanden/etwas in den Himmel heben** jemanden/etwas sehr loben; **etwas schreit/stinkt zum Himmel** etwas ist empörend ⟨ein Unrecht, eine Ungerechtigkeit⟩; **der Himmel auf Erden** ein sehr angenehmes Leben; **Himmel und Hölle in Bewegung setzen** alles tun oder veranlassen, um ein Ziel zu erreichen; **jemandem hängt der Himmel voller Geigen** *veraltend* jemand ist sehr glücklich; **jemanden/etwas schickt der Himmel** eine Person oder Sache kommt in einem günstigen Augenblick (in dem man sie dringend braucht)

him·mel·angst ADJEKTIV **jemandem ist/wird (es) himmelangst** *gesprochen* jemand hat/bekommt große Angst

Him·mel·fahrt *(die); nur Singular* **1** (nach christlichem Glauben) die Rückkehr von Jesus Christus in den Himmel **2** **(Christi) Himmelfahrt** ein katholischer Feiertag (am 40. Tag nach Ostern)

Him·mel·fahrts|kom·man·do *das* **1** eine lebensgefährliche Aktion (vor allem im Krieg) **2** alle Personen, die an einem Himmelfahrtskommando teilnehmen

him·mel·hoch ADJEKTIV; *gesprochen* sehr hoch, in sehr hohem Maße ⟨ein Unterschied; jemandem himmelhoch überlegen sein⟩ ▪ *himmelhoch → ein himmelhoher Unterschied* ▪ ID **himmelhoch jauchzend, zu Tode betrübt** verwendet, um eine Person zu beschreiben, die abwechselnd sehr fröhlich und sehr traurig gestimmt ist

Him·mel·reich *das ≈ Himmel*

him·mel·schrei·end ADJEKTIV; *gesprochen* (in Bezug auf etwas Negatives) sehr stark, sehr groß ⟨ein Unrecht, eine Ungerechtigkeit⟩ *≈ empörend*

★ **Him·mels·kör·per** *der* ein Objekt im Weltraum (Stern, Planet, Mond usw.), das man (meist nachts) am Himmel sehen kann

★ **Him·mels·rich·tung** *die* **1** eine der vier großen Richtungen (Nord, Süd; West, Ost) **2** **aus allen Himmelsrichtungen** von allen Seiten, von überall her **3** **in alle Himmelsrichtungen** nach allen Seiten, überallhin

Him·mels·zelt *das; literarisch ≈ Himmel*

him·mel·weit ADJEKTIV *meist attributiv; gesprochen* sehr groß ⟨ein Unterschied⟩

himm·lisch ADJEKTIV **1** ⟨ein Tag, ein Wetter, eine Ruhe⟩ *≈ herrlich, wunderbar* **2** im oder aus dem Himmel ⟨Mächte, die Engel, ein Wesen⟩ **3** **der himmlische Vater** Gott (vor allem in der christlichen Religion)

★ **hin** ADVERB

▸Ort: **1** in Richtung vom Sprecher oder einem bereits erwähnten Ort weg auf ein Ziel zu ↔ *her* | *nach links hin* | *Der Weg zum Stadion hin wird neu geteert* **2** verwendet, um die Länge einer Strecke zu bezeichnen | *Der Kanal erstreckt sich über viele Kilometer hin* | *Die Straße entlang des Flusses war über weite Strecken hin überflutet* **3** **hin und zurück** für Hinfahrt und Rückfahrt oder -flug | *Bitte einmal (eine Fahrkarte nach) Köln hin und zurück* ▪ In der Bedeutung „hin und zurück" wird zusammengeschrieben: *zwischen Augsburg und München hin- und herfahren, hin- und herpendeln* usw. **4** **hin und her** ohne bestimmte Richtung bzw. mit ständig wechselnder Richtung ⟨hin und her gehen, fahren, laufen⟩ *≈ herum-* | *Er war so nervös, dass er ständig hin und her ging* | *Die Enten schwimmen auf dem See hin und her*

▸Zeit, Stadium: **5** zu einer Zeit oder in einem Stadium, wenn etwas näher kommt | *Gegen Abend hin wurde es kalt* | *Zum Ende hin wurde das Buch noch spannend* **6** in der genannten Zeit, mit der genannten Dauer | *Die Entwicklung vollzog sich über mehrere Monate hin* | *Durch viele Jahre hin trafen sie sich regelmäßig* **7** **hin und wieder** *≈ manchmal* | *So etwas kann schon hin und wieder vorkommen* **8** **es ist nicht mehr lange/noch lange hin bis (zu) etwas** *gesprochen* es dauert nicht mehr/noch lange, bis etwas geschehen wird | *Bis zu deinem Geburtstag ist (es) noch lange hin*

▸Grund, Ziel, Zweck: **9** **auf etwas** *(Akkusativ)* **hin** mit der Absicht, das genannte Ziel oder einen Zweck zu erreichen ⟨etwas auf etwas hin anlegen, ausrichten, planen⟩ | *Unser Betrieb ist auf eine kleine Produktion hin ausgerichtet* **10** **auf etwas** *(Akkusativ)* **hin** aus dem genannten Grund oder Anlass ⟨auf einen Verdacht, eine Vermutung, einen Hinweis, einen Vorschlag hin⟩ | *Auf meine Bitte hin wurde der Termin verschoben* **11** **auf etwas** *(Akkusativ)* **hin** um die genannte Sache zu finden oder auszuschließen | *jemanden auf Krebs hin untersuchen* | *einen Plan auf Fehler hin überprüfen*

▸mit sein: **12** **hin sein** *gesprochen* hingegangen, hingefahren o. Ä. sein | *Als er so traurig war, ist sie zu ihm hin und hat ihn getröstet* **13** **hin sein** *gesprochen* sehr erschöpft sein | *Nach dem Training war er völlig hin* **14** **hin sein** *gesprochen!* tot sein | *Die Katze rührt sich nicht mehr. Die ist hin* **15** **etwas ist hin** *gesprochen* etwas ist kaputt, funktioniert nicht mehr | *Sein Auto ist hin* **16** **etwas ist hin** *gesprochen* etwas ist verloren, ruiniert oder kann nicht mehr Wirklichkeit werden | *Jetzt ist sein guter Ruf hin* | *Wenn es weiter regnet, sind meine Pläne für morgen hin* **17** **(von jemandem/etwas) ganz hin sein** *gesprochen* von jemandem/etwas begeistert sein | *Als er ihre Stimme hörte, war er ganz hin*

▪ ID **... hin, ... her** *gesprochen* verwendet, um sagen, dass man etwas trotzdem tun muss | *Keine Lust hin, keine Lust her, das muss gemacht werden* | *Freundin hin, Freundin her, ich sage ihr meine Meinung*; **hin oder her** *gesprochen* mehr oder weniger | *Zwei Tage hin oder her machen da auch keinen großen Unterschied*; **hin und her gerissen sein** sich (zwischen mehreren Möglichkeiten) nicht entscheiden können; **hin und her überlegen** *gesprochen* über alle Aspekte eines Problems o. Ä. nachdenken; **nach einigem/langem/ewigem Hin und Her** nachdem etwas lange diskutiert oder eine Entscheidung mehrmals geändert wurde; **das ist hin wie her** *gesprochen* das ist egal; **nach außen hin** nur äußerlich, dem Anschein nach | *sich nach außen hin liberal geben*

★ **hin-** *(im Verb, betont und trennbar, sehr produktiv; Diese Verben werden so gebildet:* hinfahren, fuhr hin, hingefahren) **(irgendwohin) hingehen, hinkommen, hinreisen, hinsehen; jemanden/etwas (irgendwohin) hinbringen, hinlegen, hinstellen** *und andere* bezeichnet die Richtung zu einem Ziel, häufig vom Sprecher, Erzähler oder Handelnden weg | *Morgen fahre ich zu ihr hin, um sie zu besuchen* ▪ vergleiche auch **her-**

hi·nab ADVERB; *geschrieben ≈ hinunter* | *Ins Tal hinab geht man mehrere Stunden*

hi·nab- *im Verb, betont und trennbar, begrenzt produktiv; geschrieben ≈ hinunter-*

hi·nan *geschrieben ≈ hinauf*

hin·ar·bei·ten VERB *(hat)* **auf etwas** *(Akkusativ)* **hinarbeiten** sich (zielstrebig) bemühen, etwas zu erreichen oder zu verwirklichen ⟨auf eine Prüfung hinarbeiten⟩ | *Die Bürgerinitiative arbeitet darauf hin, dass das geplante Kernkraftwerk nicht gebaut wird*

★ **hi·nauf** ADVERB bezeichnet die Richtung von unten nach oben, weg vom Sprecher oder Erzähler | *Vom Tal bis zur Skihütte hinauf braucht man eine Stunde* ▪ *Hinauf* wird in der gesprochenen Sprache zu *rauf* abgekürzt; vergleiche auch **herauf**

hi·nauf- *(im Verb, betont und trennbar, sehr produktiv; Diese Verben werden so gebildet:* hinaufgehen, ging hinauf, hinaufgegangen) **(irgendwohin) hinaufklettern, hinaufkommen, hinaufsehen; jemanden/etwas (irgendwohin) hinaufbringen, hinaufschicken, hinauftragen** *und andere* bezeichnet die Richtung von unten nach (irgendwo) oben, häufig weg vom Sprecher oder Erzähler | *Er ging zur Hütte hinauf* (Er ging auf den Berg, nach oben zur Hütte) ▪ Anstelle einer Richtungsangabe *(zur Hütte)* steht häufig nur eine Angabe im Akkusativ: *Er ging den Berg hinauf. Hinauf-* wird in der gesprochenen Sprache zu *rauf-* abgekürzt; vergleiche auch **herauf-**

hi·nauf·ar·bei·ten VERB (*hat*) **1** **sich hinaufarbeiten** unter großen Mühen nach oben gelangen | *sich eine Felswand hinaufarbeiten* **2** **sich (zu etwas) hinaufarbeiten** Schritt für Schritt eine hohe berufliche Position erreichen | *sich zum Direktor hinaufarbeiten*

hi·nauf·ge·hen VERB (*ist*) **1** **etwas geht hinauf** *gesprochen* etwas wird höher ⟨die Miete, der Preis⟩ ≈ *steigen* **2** **(mit etwas) hinaufgehen** *gesprochen* etwas erhöhen, steigern ⟨mit dem Preis, der Geschwindigkeit hinaufgehen⟩ ID weitere Verwendungen → **hinauf-**

hi·nauf·set·zen VERB (*hat*) **etwas hinaufsetzen** ⟨die Miete, den Preis hinaufsetzen⟩ ≈ *erhöhen* ID weitere Verwendungen → **hinauf-**

hi·nauf·trei·ben VERB (*hat*) **etwas hinauftreiben** bewirken, dass etwas höher wird, steigt ⟨die Preise hinauftreiben⟩ ID weitere Verwendungen → **hinauf-**

H

★ **hi·naus** ADVERB **1** bezeichnet die Richtung von drinnen nach irgendwo draußen, häufig weg vom Sprecher oder Erzähler | *(zur Tür) hinaus ins Freie gehen* ID *Hinaus* wird in der gesprochenen Sprache zu *raus* abgekürzt; vergleiche auch **heraus. 2** **hinaus** +*Richtungsangabe* in Richtung auf einen freien Raum | *hinaus aufs Land/Meer fahren* | *ein Fenster zum Hof hinaus* | *(eine Wohnung) nach hinten/zur Straße hinaus* **3** **über etwas** (*Akkusativ*) **hinaus** so, dass eine Grenze, ein Maß o. Ä. überschritten wird | *jemanden über die Dauer eines Vertrags hinaus beschäftigen* **4** **auf/über etwas** (*Akkusativ*) **hinaus** eine unbestimmte, längere Zeit lang ⟨auf Tage, Wochen, Monate, Jahre hinaus⟩ | *Das Konzert ist auf Wochen hinaus ausverkauft* **5** **hinaus sein** *gesprochen* hinausgegangen, -gefahren o. Ä. sein | *Er ist auf die Felder hinaus* **6** **über etwas** (*Akkusativ*) **hinaus sein** *gesprochen* die genannte Zeit oder Phase hinter sich haben | *Er ist über das Alter hinaus, in dem man jeden Abend in die Disko geht*

hi·naus- (*im Verb, betont und trennbar, sehr produktiv; Diese Verben werden so gebildet:* hinaustragen, trug hinaus, hinausgetragen) **1** **hinausgehen, hinausklettern, hinaussehen; jemanden/etwas (aus/zu etwas) hinausbringen, hinausfahren, hinausschaffen; sich/etwas hinausbeugen, hinauslehnen** *und andere* bezeichnet die Richtung von drinnen nach draußen, häufig vom Sprecher, Erzähler oder Handelnden weg | *Die Sanitäter trugen den Verletzten (aus dem Haus/zur Tür) hinaus* ID *Hinaus-* wird in der gesprochenen Sprache zu *raus-* abgekürzt; vergleiche auch **heraus-**. **2** **über etwas** (*Akkusativ*) **hinausragen, hinausreichen, hinausschauen, hinauswachsen** *und andere* drückt aus, dass eine Grenze überschritten wird | *Seine Forderungen gehen weit über das hinaus, was möglich ist* (Er verlangt viel mehr, als er bekommen kann)

hi·naus·ekeln VERB (*hat*) **jemanden (aus etwas) hinausekeln** eine Person so ärgern, dass sie weggeht oder kündigt | *Ihre Kollegen haben sie aus der Firma hinausgeekelt*

hi·naus·fah·ren VERB **1** **(aus/zu etwas) hinausfahren** (*ist*) aus einem Gebäude oder Gebiet fahren | *aus der Garage/zum Tor hinausfahren* **2** **über etwas** (*Akkusativ*) **hinausfahren** (*ist*) weiter als bis zu einer Grenze, einem Punkt fahren | *über das Ziel hinausfahren* **3** **jemanden/etwas (aus/zu etwas) hinausfahren** (*hat*) jemanden/etwas mit einem Fahrzeug aus einem Gebäude oder Gebiet transportieren

hi·naus·flie·gen VERB (*ist*) **1** **(aus/zu etwas) hinausfliegen** aus einem Gebäude oder Gebiet fliegen | *Der Vogel flog zum Fenster hinaus* **2** **(aus etwas) hinausfliegen** *gesprochen* nach draußen fallen **3** **(aus etwas) hinausfliegen** *gesprochen* gekündigt werden ⟨in hohem Bogen hinausfliegen⟩ | *aus der Firma hinausfliegen* **4** **etwas fliegt über etwas** (*Akkusativ*) **hinaus** etwas fliegt weiter als bis zu einer Grenze oder zu einem Ort | *Der Ball ist über das Spielfeld hinausgeflogen*

hi·naus·ge·hen VERB (*ist*) **1** von drinnen nach draußen gehen | *Sie ging zur Tür/aus dem Haus hinaus* **2** **etwas geht über etwas** (*Akkusativ*) **hinaus** etwas ist größer als das genannte Maß | *Diese Arbeit geht über meine Kräfte hinaus* **3** **etwas geht irgendwohin hinaus** *gesprochen* etwas liegt in der genannten Richtung | *Die Wohnung geht nach hinten, zum Hof hinaus* | *die zur Straße hinausgehenden Fenster*

hi·naus·kom·men VERB (*ist*) **1** von drinnen nach draußen kommen | *Sie kam zur Tür/aus dem Haus hinaus* **2** **jemand/etwas kommt über etwas** (*Akkusativ*) **hinaus** jemand/etwas überschreitet ein das genannte Maß | *Sein altes Auto kommt nicht mehr über 100 Stundenkilometer hinaus* **3** **etwas kommt auf etwas** (*Akkusativ*) **hinaus; etwas kommt 'darauf hinaus, dass ...** etwas hat das genannte Ergebnis ID weitere Verwendungen → **hinaus-**

hi·naus·lau·fen VERB (*ist*) **1** von drinnen nach draußen laufen | *Sie lief zur Tür/aus dem Haus hinaus* **2** **etwas läuft auf etwas** (*Akkusativ*) **hinaus** etwas hat das genannte Ergebnis | *Der Plan läuft auf eine Modernisierung der Fabrik hinaus*

hi·naus·po·sau·nen VERB (posaunte hinaus, hat hinausposaunt) **etwas hinausposaunen** *gesprochen, oft abwertend* eine Information, die nicht bekannt werden sollte, bekannt machen

hi·naus·ra·gen VERB (*hat*) **etwas ragt über etwas** (*Akkusativ*) **hinaus** etwas ist größer als die genannte Sache, das genannte Maß | *Der Baum darf nicht über die Gartenmauer hinausragen* | *Seine Leistungen ragen weit über den Durchschnitt hinaus* ID weitere Verwendungen → **hinaus-**

hi·naus·rei·chen VERB (*hat*) **etwas reicht über etwas** (*Akkusativ*) **hinaus** ≈ *hinausragen* ID weitere Verwendungen → **hinaus-**

hi·naus·schie·ben VERB (*hat*) **etwas hinausschieben** etwas nicht sofort tun, sondern zögern, noch damit warten ⟨den Abschied, eine Entscheidung hinausschieben⟩ ID weitere Verwendungen → **hinaus-**

hi·naus·schie·ßen VERB (*ist*) **1** **(aus etwas) hinausschießen** *gesprochen* sehr schnell von drinnen nach draußen laufen oder fahren **2** **über etwas** (*Akkusativ*) **hinausschießen** *gesprochen* weiter als bis zu der genannten Grenze oder dem genannten Ort rennen ID weitere Verwendungen → **hinaus-** und **Ziel**

hi·naus·schmei·ßen VERB (*hat*); *gesprochen* ≈ *hinauswerfen*

hi·naus·schwim·men VERB (*ist*) **(irgendwohin) hinausschwimmen** weit weg vom Ufer schwimmen ⟨aufs Meer, auf den See hinausschwimmen⟩

hin·aus·set·zen VERB (*hat*) **jemanden hinaussetzen** *gesprochen* den Mietvertrag für eine Wohnung kündigen, damit der Mieter oder die Mieterin aus der Wohnung ausziehen muss | *Als er ein halbes Jahr mit der Miete im Rückstand war, hat ihn sein Vermieter hinausgesetzt* ID weitere Verwendungen → **hinaus-**

hi·naus·steh·len VERB (*hat*) **sich hinausstehlen** heimlich und leise einen Raum verlassen

hi·naus·wach·sen VERB (*ist*) **über sich (selbst) hinauswachsen** die eigenen bisherigen Leistung sehr steigern ID weitere Verwendungen → **hinaus-**

hi·naus·wer·fen VERB (*hat*); *gesprochen* **1** **jemanden hinauswerfen** jemandem kündigen | *Sie haben ihn hinausgeworfen, weil er so unzuverlässig ist* **2** **jemanden hinaus-**

werfen jemanden zwingen, einen Raum oder ein Gebäude zu verlassen oder aus der Wohnung auszuziehen ■ weitere Verwendungen → **hinaus-**

hi·naus·wol·len VERB *(hat)* **1** **auf etwas** *(Akkusativ)* **hinauswollen** eine Absicht, ein Ziel haben ≈ *beabsichtigen* | *Worauf willst du mit dieser Frage hinaus?* **2** **jemand will hoch hinaus** jemand ist sehr ehrgeizig und und möchte viel leisten, um eine hohe Position im Beruf o. Ä. zu bekommen ■ weitere Verwendungen → **hinaus-**

hi·naus·zie·hen VERB **1** **jemanden/etwas (aus/zu etwas) hinausziehen** *(hat)* an jemandem/etwas ziehen und so nach draußen bringen | *Zieh mich bitte aus dem Wasser hinaus* | *Die Ochsen zogen den Karren zum Tor hinaus* **2** **(aus/zu etwas) hinausziehen** *(ist)* sich als Gruppe irgendwohin bewegen, aus etwas heraus | *Die Musikanten zogen zum Tor/aus dem Dorf hinaus* **3** **etwas zieht sich hinaus** *(hat)* etwas dauert länger als erwartet

hi·naus·zö·gern VERB *(hat)* **1** **etwas hinauszögern** etwas nicht tun wollen und daher auf einen späteren Zeitpunkt verschieben ⟨den Abschied, eine Entscheidung hinauszögern⟩ **2** **etwas zögert sich hinaus** etwas findet später statt als erwartet oder geplant | *Der Beginn des Konzerts zögert sich noch etwas hinaus.*

hin·be·kom·men VERB (bekam hin, hat hinbekommen); *gesprochen* ≈ *hinkriegen*

hin·bie·gen VERB *(hat)*; *gesprochen* **1** **etwas hinbiegen** ein Problem durch geschicktes Handeln (oder Manipulieren) beseitigen ⟨etwas geschickt, wieder hinbiegen⟩ | *Obwohl er an dem Unfall schuld war, bog er es so hin, dass er den Schaden nicht bezahlen musste* **2** **jemanden hinbiegen** eine Person so beeinflussen, dass sie sich so verhält, wie man es wünscht

hin·blät·tern VERB *(hat)* **etwas für etwas hinblättern** *gesprochen* (viel) Geld für etwas bezahlen | *Für das Haus musste er ein hübsches Sümmchen hinblättern* (viel Geld bezahlen)

★ **Hin·blick** *der* **im/in Hinblick auf etwas** *(Akkusativ)* im Zusammenhang mit der genannten Angelegenheit | *Im/In Hinblick auf unser gestriges Gespräch möchte ich Ihnen noch die versprochenen Dokumente geben*

hin·brin·gen VERB *(hat)* **etwas hinbringen** *gesprochen* etwas machen können | *Er wollte das Radio reparieren, brachte es aber einfach nicht hin* ■ weitere Verwendungen → **hin-**

hin·den·ken ■ ID **Wo denkst du hin?, Wo denken Sie hin?** *gesprochen* verwendet, um zu sagen, dass jemandes Vermutung völlig abwegig ist | *„Gehst du bis auf den Gipfel (des Berges)?" – „Ach, wo denkst du hin!"*

hin·der·lich ADJEKTIV *meist prädikativ* **(jemandem/etwas) hinderlich**; **(für jemanden/etwas) hinderlich** so, dass jemand/etwas behindert, gestört wird | *alles vermeiden, was der Entwicklung hinderlich sein könnte* | *Die Maßnahme war eher hinderlich als förderlich*

★ **hin·dern** VERB (hinderte, hat gehindert) **1** **jemand/etwas hindert eine Person/Sache an etwas** *(Dativ)* jemand/etwas bewirkt, dass eine Person etwas nicht tut oder nicht tun kann oder dass etwas nicht geschieht | *Der Gipsverband hindert sie am Schwimmen* | *Niemand hindert Sie daran zu gehen!* **2** **jemand/etwas hindert eine Person nicht, zu** *+Infinitiv* eine Person macht genau das, was sie will (und niemand und kein Umstand können das ändern) | *Der Regen hinderte ihn nicht, im Wald spazieren zu gehen* **3** **etwas hindert (jemanden) bei etwas** etwas stört jemanden bei einer Tätigkeit | *Helles Licht hindert (mich) beim Schlafen*

★ **Hin·der·nis** *das*; (-ses, -se) **1** etwas, das einen Weg versperrt und das Weiterkommen schwer oder unmöglich macht ⟨ein Hindernis aufbauen, errichten, umgehen, überwinden/nehmen, überspringen⟩ | *Das Pferd setzte mühelos über die Hindernisse* | *Ohne die Fähre wäre der Fluss für uns ein unüberwindliches Hindernis gewesen* ■ Hindernislauf, Hindernisrennen **2** **ein Hindernis (für jemanden/etwas)** etwas, das etwas schwierig macht, etwas zu tun ⟨ein Hindernis beseitigen/aus dem Weg räumen/überwinden; jemandem Hindernisse in den Weg legen⟩ | *Das Inserat lautete: „Reparaturen Tag und Nacht, Entfernung kein Hindernis"*

Hin·de·rungs·grund *der* ein Grund, der etwas schwierig oder unmöglich macht ⟨etwas ist für jemanden kein Hinderungsgrund⟩

hin·deu·ten VERB *(hat)* **etwas deutet auf etwas** *(Akkusativ)* **hin** etwas bewirkt, dass man etwas vermutet, annimmt ≈ *hinweisen* | *Alle Indizien deuten darauf hin, dass er der Gesuchte ist* ■ weitere Verwendungen → **hin-**

Hin·du *der*; (-(s), -(s)) eine Person, die an die Lehre des Hinduismus glaubt

Hin·du·is·mus *der*; (-) eine Religion, die vor allem in Indien verbreitet ist und deren Anhänger an die Wiedergeburt glauben • hierzu **hin·du·is·tisch** ADJEKTIV

★ **hin·durch** ADVERB **1** **durch etwas hindurch** verwendet, um die räumliche Präposition *durch* zu verstärken | *Ich höre die Musik durch die Wand hindurch* **2** *räumliche Angabe +* **hindurch** verwendet, um eine Strecke, eine Distanz o. Ä. zu bezeichnen | *Die ganze Stadt hindurch hielt der Bus nur ein einziges Mal* **3** *Zeitangabe +* **hindurch** so, dass etwas vom Anfang bis zum Ende der genannten Zeit getan wird oder dauert ≈ *während* | *Sie wachte die ganze Nacht hindurch an seinem Bett* | *All die Jahre hindurch habe ich dich nicht vergessen*

hin·durch- *(im Verb, betont und trennbar, begrenzt produktiv; Diese Verben werden so gebildet:* hindurchfahren, fuhr hindurch, hindurchgefahren) **(durch etwas) hindurchfahren, hindurchgehen, hindurchkriechen**; **etwas dringt, fließt durch etwas hindurch**; **jemanden/etwas (durch etwas) hindurchlassen, hindurchschieben** *und andere* bezeichnet die Richtung in etwas hinein und (am anderen Ende) wieder hinaus | *Sie zwängte sich durch die Lücke in der Hecke hindurch* (Sie zwängte sich auf der einen Seite zwischen die Sträucher und auf der anderen Seite der Hecke wieder nach draußen)

★ **hi·nein** ADVERB **1** bezeichnet die Richtung von draußen nach (irgendwo) drinnen, häufig weg vom Sprecher oder Erzähler | *Hinein (ins Bett) mit dir!* ■ *Hinein* wird in der gesprochenen Sprache zu *rein* abgekürzt; vergleiche auch **herein**. **2** **bis in etwas** *(Akkusativ)* **hinein** verwendet, um die Präposition *in* zu verstärken | *Das Fest dauerte bis in die späte Nacht hinein* | *Die Zeichnung ist bis ins letzte Detail hinein sehr exakt*

hi·nein- *(im Verb, betont und trennbar, sehr produktiv; Diese Verben werden so gebildet:* hineinfahren, fuhr hinein, hineingefahren) **(irgendwohin) hineinfahren, hineinfallen, hineinsehen, hineinspringen**; **jemanden/etwas (irgendwohin) hineinbringen, hineinlassen, hineintragen** *und andere* bezeichnet die Richtung von draußen nach (irgendwo) drinnen, häufig weg vom Sprecher oder Erzähler | *Sie führte das Pferd in den Stall hinein* ■ *Hinein-* wird in der gesprochenen Sprache zu *rein-* abgekürzt; vergleiche auch **herein-**

hi·nein·den·ken VERB *(hat)* **sich in jemanden/etwas hineindenken** sich vorstellen, man wäre eine andere Person oder in einer anderen Situation, um diese besser zu verstehen | *versuchen, sich in den Gegner hineinzudenken*

hi·nein·fin·den VERB *(hat)* **sich in etwas** *(Akkusativ)* **hineinfinden** sich mit etwas vertraut machen | *sich schnell in eine neue Arbeit hineinfinden* ■ weitere Verwendungen

→ **hinein-**

hi·nein·fres·sen VERB *(hat)* **1** **etwas in sich hineinfressen** *gesprochen* gierig sehr viel essen **2** **etwas in sich hineinfressen** *gesprochen* Wut oder Trauer, die man fühlt, nicht zeigen, obwohl man darunter leidet ⟨Ärger, Kummer, Wut, Zorn in sich hineinfressen⟩ **3** **etwas frisst sich in etwas** *(Akkusativ)* **hinein** eine ätzende Flüssigkeit beschädigt eine Oberfläche

hi·nein·ge·bo·ren ADJEKTIV **jemand ist/wird in eine Familie hineingeboren** ein Kind hat eine soziale Stellung wegen seiner Familie | *Sie wurde in eine der reichsten Familien des Landes hineingeboren*

hi·nein·ge·heim·nis·sen VERB (geheimnisste hinein, hat hineingeheimnisst) **etwas in etwas** *(Akkusativ)* **hineingeheimnissen** *gesprochen* glauben, dass einige Gründe, Motive oder Absichten bei etwas eine Rolle spielen, die in Wirklichkeit aber nicht da sind ⟨etwas in jemandes Verhalten, Worte hineingeheimnissen⟩

hi·nein·ge·hen VERB *(ist)* **1** **(irgendwohin) hineingehen** von draußen nach drinnen gehen | *Mir ist kalt, gehen wir doch wieder (ins Haus) hinein* **2** **etwas geht in etwas** *(Akkusativ)* **hinein** *gesprochen* etwas hat in einem Behälter oder Raum Platz oder passt in eine Form | *In den Tank gehen 50 Liter (Benzin) hinein* | *Der Schlüssel geht nicht ins Loch hinein*

hi·nein·hei·ra·ten VERB *(hat)* **in etwas** *(Akkusativ)* **hineinheiraten** durch Heirat Mitglied einer Familie (und dadurch oft reich) werden ⟨in eine Familie, eine Firma hineinheiraten⟩

hi·nein·in·ter·pre·tie·ren VERB (interpretierte hinein, hat hineininterpretiert) **etwas in etwas** *(Akkusativ)* **hineininterpretieren** glauben, dass man etwas in einer Aussage, Handlung erkennt, obwohl vielleicht kein Grund dafür vorhanden ist

hi·nein·knien VERB *(hat)* **sich in etwas** *(Akkusativ)* **hineinknien** *gesprochen* sich intensiv mit etwas beschäftigen ⟨sich in eine Arbeit, eine Aufgabe, ein Problem hineinknien⟩

hi·nein·la·chen VERB *(hat)* **in sich hineinlachen** sich heimlich freuen

hi·nein·pas·sen VERB *(hat)* **1** **Personen/Dinge passen in etwas** *(Akkusativ)* **hinein** eine Zahl von Personen oder eine Menge von Sachen hat in etwas Platz | *In den Saal passen tausend Menschen hinein* **2** **etwas passt (in etwas** *(Akkusativ)***) hinein** etwas hat eine Form, die in etwas passt | *Der Schlüssel passt ins Schloss hinein* **3** **jemand passt in etwas** *(Akkusativ)* **hinein** ein Kleidungsstück, Bett o. Ä. ist groß genug für jemanden | *In diese Hose passe ich nicht mehr hinein*

hi·nein·plat·zen VERB *(ist)* **in etwas** *(Akkusativ)* **hineinplatzen** *gesprochen* plötzlich in einen Raum kommen und die Leute, die dort sind, stören ⟨in eine Feier, in eine Gesellschaft, in eine Versammlung hineinplatzen⟩

hi·nein·reg·nen VERB *(hat)* **es regnet (irgendwohin) hinein** Regen kommt durch ein offenes Fenster, ein Loch o. Ä. nach drinnen

hi·nein·rei·ßen VERB *(hat)*; *gesprochen* **1** **jemanden (in etwas** *(Akkusativ)***) (mit) hineinreißen** bewirken, dass jemand in eine unangenehme Situation kommt (in der man selbst ist) | *Er wurde in den Skandal (mit) hineingerissen* **2** **etwas reißt jemanden hinein** etwas kostet jemanden viel Geld | *Der Urlaub hat mich ganz schön hineingerissen* **■** weitere Verwendungen → **hinein-**

hi·nein·rei·ten VERB **jemanden in etwas** *(Akkusativ)* **hineinreiten** *gesprochen (hat)* bewirken, dass jemand oder man selbst in eine unangenehme Situation kommt | *Er hat sich in den Schlamassel selbst hineingeritten* **■** weitere Verwendungen → **hinein-**

hi·nein·schlit·tern VERB *(ist)* **in etwas** *(Akkusativ)* **hineinschlittern** *gesprochen* ohne es zu merken, in eine unangenehme Situation geraten

hi·nein·schnup·pern VERB *(hat)* **in etwas** *(Akkusativ)* **hineinschnuppern** sich kurz mit etwas beschäftigen und einen ersten Eindruck davon bekommen ⟨in eine Arbeit, einen Betrieb hineinschnuppern⟩

hi·nein·spie·len VERB *(hat)* **etwas spielt (in etwas** *(Akkusativ)***) (mit) hinein** etwas gehört zu den Ursachen oder wichtigen Aspekten einer Sache | *Viele Gesichtspunkte spielen in die Entscheidung mit hinein, die Fabrik hier zu bauen*

hi·nein·stei·gern VERB *(hat)* **1** **sich (in etwas** *(Akkusativ)***) hineinsteigern** ein heftiges Gefühl immer stärker werden lassen ⟨sich in (eine) Wut hineinsteigern⟩ **2** **sich (in etwas** *(Akkusativ)***) hineinsteigern** sich mit etwas so intensiv beschäftigen, dass man immer daran denkt ⟨sich in ein Problem, eine Sache hineinsteigern⟩

hi·nein·stol·pern VERB *(ist)* **in etwas** *(Akkusativ)* **hineinstolpern** durch Zufall in eine meist unangenehme Situation kommen ⟨in eine Falle hineinstolpern⟩ **■** weitere Verwendungen → **hinein-**

hi·nein·ver·set·zen VERB (versetzte sich hinein, hat sich hineinversetzt) **sich in jemanden/etwas hineinversetzen** ≈ *hineindenken* | *Versetz dich doch einmal in meine Lage hinein: Was würdest du denn tun?*

hi·nein·wach·sen VERB *(ist)* **1** **in etwas** *(Akkusativ)* **hineinwachsen** so wachsen, dass einem ein Kleidungsstück o. Ä. passt | *Du wächst noch in den Mantel hinein* **2** **in etwas** *(Akkusativ)* **hineinwachsen** sich so entwickeln, dass man etwas nach und nach immer besser tun kann ⟨in eine Aufgabe hineinwachsen⟩ | *Sie muss in ihre Rolle als Mutter erst noch hineinwachsen* **■** weitere Verwendungen → **hinein-**

hi·nein·zie·hen VERB **1** **jemanden/etwas (in etwas** *(Akkusativ)***) hineinziehen** *(hat)* an jemandem/etwas ziehen und so nach drinnen bringen | *Er zog den Hund hinter sich ins Haus hinein* **2** **jemanden in etwas** *(Akkusativ)* **(mit) hineinziehen** *(hat)* bewirken, dass jemand in die (unangenehme) Situation kommt, in der man selbst ist | *Ich möchte nicht in Ihre Angelegenheiten hineingezogen werden!* **3** **(in etwas** *(Akkusativ)***) hineinziehen** *(ist)* sich als Gruppe nach drinnen bewegen | *Die Hochzeitsgesellschaft zog in die Kirche hinein*

hin·fah·ren VERB **1** **(irgendwohin) hinfahren** *(ist)* zu einem Ziel fahren, vom Sprecher, Erzähler o. Ä. weg | *Wo wollen wir in den Ferien hinfahren?* **2** **jemanden/etwas (irgendwohin) hinfahren** *(hat)* jemanden/etwas zu einem Ziel fahren, vom Sprecher, Erzähler o. Ä. weg | *Kannst du mich morgen (zur Schule) hinfahren? Zurück komme ich mit dem Bus*

Hin·fahrt *die* die Fahrt zu einem Ort oder Reiseziel ↔ *Rückfahrt* | *Als er nach Irland fuhr, machte er auf der Hinfahrt ein paar Tage in England halt*

hin·fal·len VERB *(ist)* **1** beim Gehen, Stehen o. Ä. zu Boden fallen ⟨der Länge nach hinfallen; sich hinfallen lassen⟩ ≈ *stürzen* | *Er stolperte über die Teppichkante und fiel hin* **2** **etwas fällt (jemandem) hin** etwas (rutscht jemandem aus der Hand und) fällt zu Boden | *Mir ist die Tasche hingefallen, jetzt ist einiges darin kaputt*

hin·fäl·lig ADJEKTIV **1** nicht mehr nötig oder gültig, weil sich die Umstände geändert haben ⟨eine Entscheidung, ein Plan, eine Regelung⟩ | *Der neue Bauplan für das Haus macht den alten Plan hinfällig* **2** *geschrieben* alt und schwach ⟨ein Greis; hinfällig werden⟩ • hierzu **Hin·fäl·lig·keit** *die*

hin·flie·gen VERB *(ist)* **1** **(irgendwohin) hinfliegen** *(ist)* zu einem Ziel fliegen, vom Sprecher, Erzähler o. Ä. weg **2** *gesprochen* ≈ *hinfallen*

Hin·flug *der* der Flug zu einem Ort oder zu einem Reiseziel ↔ *Rückflug*

hing *Präteritum, 1. und 3. Person Singular* → hängen[1]

Hin·ga·be *die; nur Singular* der leidenschaftliche Einsatz, Eifer, mit dem man etwas tut, das einem sehr wichtig ist ‹etwas mit/voller Hingabe tun› | *Erfolg hatte sie nur durch absolute Hingabe an ihre Arbeit*

hin·ge·ben VERB *(hat)* **1** **(jemandem/etwas) etwas hingeben; etwas (für jemanden/etwas) hingeben** *geschrieben* (jemandem/etwas) etwas opfern | *für jemanden sein Leben hingeben* | *Er gab sein Hab und Gut für die Armen hin* **2** **sich einer Sache** *(Dativ)* **hingeben** etwas mit Eifer und voller Aufmerksamkeit tun ‹sich einer Arbeit, einer Aufgabe hingeben› **3** **sich einer Sache** *(Dativ)* **hingeben** sich nicht gegen ein Gefühl, einen Gedanken o. Ä. wehren ‹sich Illusionen, (ganz/völlig) seinem Schmerz hingeben› | *Sie gab sich der trügerischen Hoffnung hin, er könne wieder gesund werden* **4** **sich jemandem hingeben** *veraltend* (vor allem als Frau) Sex mit jemandem haben

Hin·ge·bung *die;* (-) ≈ *Hingabe* • hierzu **hin·ge·bungs·voll** ADJEKTIV

★ **hin·ge·gen** BINDEWORT *geschrieben* verwendet, um einen Gegensatz auszudrücken ≈ *dagegen* | *Eulen können nachts sehr gut sehen, am Tag hingegen sind sie fast blind/hingegen sind sie am Tag fast blind*

hin·ge·hen VERB *(ist)* **1** **(irgendwohin) hingehen** *(ist)* zu einem Ziel gehen, vom Sprecher, Erzähler o. Ä. weg | *Wo wollen wir heute Abend hingehen?* | *Der Priester sprach: „Gehet hin in Frieden!"* **2** **etwas geht hin** etwas ist gerade noch annehmbar, akzeptabel | *Wenn du diese Fehler noch verbesserst, mag der Aufsatz so hingehen* **3** **etwas geht hin** *geschrieben* ≈ *vergehen* | *Die Monate gingen hin, und der Winter kam ins Land* **4** *euphemistisch* ≈ *sterben* ■ meist im Perfekt

hin·ge·hö·ren VERB *(hat); gesprochen* **1** **etwas gehört da/dort/hier hin** wenn etwas irgendwo hingehört, ist es dort, wo es sein soll und immer ist | *„Wo gehört das Messer hin?" – „Es gehört dort hin, in die Schublade"* **2** **da/dort/hier hingehören** zu anderen Personen gehören oder passen | *Ich fühle mich hier nicht wohl. Ich gehöre hier einfach nicht hin*

hin·ge·ris·sen ■ PARTIZIP PERFEKT **1** → hinreißen
■ ADJEKTIV **2** **(von jemandem/etwas) hingerissen** von jemandem/etwas fasziniert und begeistert ‹hingerissen lauschen, zuhören› | *Er war von der Schauspielerin hingerissen* | *Sie war von seinem Charme hingerissen*

Hin·gu·cker *der;* (-s, -); *gesprochen* eine Person oder Sache, die optisch auffällig oder attraktiv ist

hin·hal·ten VERB *(hat)* **1** **jemandem etwas hinhalten** etwas so halten, dass eine andere Person es nehmen oder sehen kann | *An der Grenze hielt er dem Beamten seinen Ausweis hin* **2** **jemanden hinhalten** jemanden darauf warten lassen, dass man ein Versprechen einlöst, ihm Bescheid gibt o. Ä. | *Ich lasse mich nicht länger hinhalten. Wenn ich mein Geld nicht bald bekomme, gehe ich vor Gericht* K Hinhaltetaktik

hin·hau·en VERB *(hat); gesprochen* **1** **etwas haut hin** etwas ist richtig, funktioniert | *Mach dir keine Sorgen, das wird schon hinhauen* **2** **irgendwo hinhauen** auf die genannte Stelle schlagen | *Wo der hinhaut, wächst kein Gras mehr* (Er schlägt mit sehr viel Kraft zu) **3** **sich hinhauen** sich hinlegen (um zu schlafen) **4** **etwas hinhauen** etwas schnell und ohne Sorgfalt machen ‹eine Arbeit, einen Aufsatz hinhauen› **5** **etwas hinhauen** ≈ *hinwerfen* | *seine Klamotten einfach hinhauen* | *Ich mag nicht mehr, ich hau den Job hin*

hin·hö·ren VERB *(hat)* konzentriert auf etwas hören ‹genau, kaum, nicht richtig hinhören› ≈ *zuhören*

hin·ken VERB (hinkte, hat/ist gehinkt) **1** **jemand hinkt** *(hat)* jemand geht mit ungleichmäßigen Schritten, wenn sich ein Bein nicht so leicht bewegen lässt wie das andere ‹auf/mit dem linken, rechten Bein hinken› **2** **irgendwohin hinken** *(ist)* irgendwohin gehen und dabei hinken **3** **ein Vergleich hinkt** *(hat)* ein Vergleich passt nicht, trifft nicht zu

hin·kom·men VERB *(ist)* **1** **(irgendwohin) hinkommen** an einen Ort kommen | *Als ich hinkam, war das Fest schon fast vorbei* | *Wo kommt der Koffer hin?* (Wohin soll ich den Koffer tun?) **2** **jemand kommt (mit etwas) an etwas** *(Akkusativ)* **hin** *gesprochen* jemand berührt etwas versehentlich | *Komm ja nicht an die Stromleitung hin!* **3** **(mit etwas) hinkommen** *gesprochen* mit einer geringen Menge genug haben, nicht mehr brauchen | *Kommen wir mit dem Brot hin, oder soll ich noch eins kaufen?* **4** **etwas kommt hin** *gesprochen* ≈ *ausreichen* | *Die Brötchen kommen für heute gerade noch hin* **5** **etwas kommt hin** *gesprochen* etwas ist richtig | *Das sind dann zusammen dreißig Euro, kommt das hin?* ■ ID **Wo kommen/kämen wir da hin (, wenn ...)?** verwendet, um gegen etwas zu protestieren | *Wo kämen wir da hin, wenn jeder so faul wäre wie du?*

hin·krie·gen VERB *(hat); gesprochen* **1** **etwas hinkriegen** etwas erfolgreich tun | *Die Arbeit ist ja schon fertig. Wie hast du das bloß so schnell hingekriegt?* **2** **etwas hinkriegen** etwas reparieren oder in Ordnung bringen können | *Das Fahrrad kriegt keiner mehr hin, es ist nur noch Schrott* **3** **jemanden wieder hinkriegen** jemanden heilen, gesund machen

hin·läng·lich ADJEKTIV *meist attributiv* so, dass es genügt ‹etwas ist hinlänglich bekannt›

★ **hin·le·gen** VERB *(hat)* **1** **etwas (irgendwo) hinlegen** *gesprochen* etwas an einen Ort legen | *Ich habe den Geldbeutel da hingelegt* **2** **etwas hinlegen** *gesprochen* etwas sehr gut (meisterhaft) tun ‹einen Tanz, eine Vorführung hinlegen› | *Der Schlagzeuger legte ein Solo hin, dass alle staunten* **3** **sich hinlegen** sich auf ein Bett o. Ä. legen, um zu ruhen/schlafen | *sich für ein Stündchen hinlegen* ■ weitere Verwendungen → hin-

★ **hin·ma·chen** VERB *(hat); gesprochen* **1** **irgendwo hinmachen** Kot oder Urin an einem Ort ausscheiden, der nicht dafür vorgesehen ist | *Die Katze hat hier irgendwo im Wohnzimmer hingemacht* **2** ≈ *sich beeilen* | *Jetzt mach doch mal hin, wir kommen noch zu spät!* **3** **etwas hinmachen** etwas irgendwo befestigen | *Wo wollen wir das Regal hinmachen?* **4** **etwas hinmachen** ≈ *kaputt machen, kaputtmachen* **5** **etwas macht jemanden hin** etwas verbraucht die ganze Kraft einer Person | *Dieser Job macht ihn noch hin, wenn er nicht bald kündigt* **6** **jemanden hinmachen** *abwertend* ≈ *töten*

★ **hin·neh·men** VERB *(hat)* **1** **etwas hinnehmen** sich gegen etwas nicht wehren ‹etwas schweigend, wortlos, geduldig hinnehmen› | *Seine Beleidigungen nehme ich nicht länger hin!* **2** **etwas als etwas hinnehmen** akzeptieren, dass etwas so ist, wie es ist, und es nicht verändern wollen ‹etwas als gegeben, selbstverständlich, unvermeidlich hinnehmen; etwas als Tatsache hinnehmen› ■ weitere Verwendungen → hin-

hin·pas·sen VERB *(hat)* **jemand/etwas passt irgendwo hin** *gesprochen* jemand/etwas passt zu einer Umgebung, findet dort genügend Platz | *Das Bild/Sofa passt da nicht hin*

hin·rei·chend ADJEKTIV so, dass es genügt ‹hinreichend über etwas informiert sein› ≈ *ausreichend*

Hin·rei·se *die* die Reise an einen bestimmten Ort ⟨auf der Hinreise⟩ ↔ *Rückreise*

hin·rei·ßen **sich zu etwas hinreißen lassen** etwas Unüberlegtes tun, weil man emotional heftig reagiert | *Er ließ sich dazu hinreißen, im Streit seinen Bruder zu schlagen*

hin·rei·ßend ◼ PARTIZIP PRÄSENS **1** → hinreißen ◼ ADJEKTIV **2** sehr schön, sehr gut ⟨eine Frau, ein Mädchen; hinreißend aussehen, singen⟩

hin·rich·ten VERB *(hat)* **jemanden hinrichten** eine Person töten, nachdem sie von einem Gericht wegen eines Verbrechens zum Tode verurteilt wurde ⟨jemanden mit der Giftspritze hinrichten; jemanden öffentlich hinrichten (lassen)⟩ • hierzu **Hin·rich·tung** *die*

hin·schei·den VERB *(ist)*; *geschrieben* ≈ *sterben*

hin·schla·gen VERB **(lang) hinschlagen** *gesprochen (ist)* mit großer Wucht hinfallen, stürzen **H** weitere Verwendungen → **hin-**

hin·schmei·ßen VERB *(hat)* **etwas hinschmeißen** *gesprochen* aus Enttäuschung o. Ä. entscheiden, etwas nicht länger zu tun ⟨die Arbeit, den ganzen Kram hinschmeißen⟩ | *Ich möchte am liebsten alles hinschmeißen!* **H** weitere Verwendungen → **hin-**

hin·schrei·ben VERB *(hat)* **1** **etwas (irgendwohin) hinschreiben** etwas an die genannte Stelle schreiben | *Schreib die Rechnung da hin, auf die Tafel!* **2** *gesprochen* einen Brief o. Ä. an eine Person, Firma oder Institution schreiben

★ **hin·set·zen** VERB *(hat)* **1** **jemanden (irgendwohin) hinsetzen** jemanden oder sich selbst auf einen Platz setzen | *Setz dich dort aufs Sofa hin!* | *Jetzt setzt euch doch endlich mal hin!* **2** **etwas hinsetzen** etwas, das man in der Hand hält, irgendwohin stellen | *eine Tasse hinsetzen* **3** **sich hinsetzen und lernen/lesen/rechnen/schreiben** beginnen, eine geistige Arbeit konzentriert zu tun | *Wenn du nicht durchfallen willst, musst dich jetzt endlich mal hinsetzen und lernen*

★ **Hin·sicht** *die*; (-, -en); *meist Singular* **1** **in … Hinsicht** unter einem Aspekt, unter dem etwas betrachtet wird ⟨in dieser, gewisser, mancher, vieler, jeder Hinsicht; in künstlerischer, wirtschaftlicher, wissenschaftlicher Hinsicht⟩ | *In finanzieller Hinsicht geht es ihm gut* **2** **in Hinsicht auf etwas** *(Akkusativ)* verwendet, um sich auf das Genannte zu beziehen | *Gibt es in Hinsicht auf den Vertrag noch irgendwelche Fragen?*

★ **hin·sicht·lich** PRÄPOSITION *mit Genitiv*; *geschrieben* verwendet, um sich auf das Genannte zu beziehen | *Hinsichtlich seiner Gesundheit brauchen Sie sich keine Sorge zu machen* | *Hinsichtlich der Qualität unserer Produkte gibt es keine Klagen* **H** → Infos unter **Präposition**

Hin·spiel *das* das erste von zwei Spielen zwischen denselben Mannschaften ↔ *Rückspiel*

hin·stel·len VERB *(hat)* **jemanden/etwas als etwas hinstellen** behaupten, dass jemand, man selbst oder etwas die genannte Eigenschaft hat, obwohl es nicht wahr ist ⟨jemanden als Dummkopf, Trottel, Versager, Genie, Vorbild hinstellen⟩ | *Er stellt sich immer als naiv und harmlos hin, dabei ist er sehr schlau* | *Sie hat das Problem als unwichtig hingestellt* **H** weitere Verwendungen → **hin-**

hin·stre·cken VERB *(hat)* **1** **jemandem etwas hinstrecken** etwas mit ausgestrecktem Arm so halten, dass es nahe bei jemandem ist | *jemandem die Hand hinstrecken* **2** **sich auf etwas** *(Akkusativ)* **hinstrecken** sich gestreckt auf etwas legen | *sich auf das Bett hinstrecken* **3** **etwas streckt sich irgendwo(hin) hin** etwas hat eine große Ausdehnung in eine Richtung, etwas erstreckt sich irgendwo(hin) | *Der Wald streckt sich bis zum Fluss hin* | *Die Straße streckt sich entlang der Grenze hin*

hin·stür·zen VERB *(ist)* **1** ≈ *hinfallen* | *Sie rutschte aus und stürzte hin* **2** **zu etwas hinstürzen** sehr schnell irgendwohin laufen | *Sie stürzte zur Tür hin*

hint·an·set·zen VERB (setzte hintan, hat hintangesetzt) **jemanden/etwas hintansetzen** *geschrieben* eine Person oder Sache nicht so wichtig nehmen und sich mehr um eine andere Person oder Sache kümmern | *der Karriere zuliebe die Familie hintansetzen* • hierzu **Hint·an·set·zung** *die*

hint·an·ste·hen VERB (stand hintan, hat/ist hintangestanden) **jemand/etwas steht hintan** *geschrieben* jemand/etwas wird zum Vorteil einer anderen Person oder Sache vernachlässigt | *Bis zur Lösung der finanziellen Probleme muss alles andere hintanstehen*

hint·an·stel·len VERB (stellte hintan, hat hintangestellt) **jemanden/etwas hintanstellen** *geschrieben* ≈ *hintansetzen* • hierzu **Hint·an·stel·lung** *die*

★ **hin·ten** ADVERB **1** an einem Ort, der relativ weit/am weitesten vom Ziel entfernt ist | *sich in der Schlange hinten anstellen* | *Beim Einlauf ins Ziel war der Läufer mit der Startnummer 3 weit hinten* **2** dort(hin), wo (oft aus der Blickrichtung des Sprechers) das Ende eines Gegenstandes, Raumes usw. ist | *Das Register ist hinten im Buch* | *Der Geldbeutel lag ganz hinten in der Schublade* **3** **(da/dort) hinten** an einem Ort, der (relativ) weit vom Sprecher entfernt ist | *Den Schlüssel habe ich da/dort hinten gefunden* **4** auf der Seite eines Hauses, die am weitesten von der Straße entfernt ist | *Das Haus hat hinten einen zweiten Ausgang* | *Die Fenster gehen nach hinten auf den Hof* | *Er ist hinten im Garten* **5** auf der Seite des Körpers, an welcher der Rücken ist | *Ich näherte mich ihm von hinten* | *Er schaute über seine Schulter nach hinten* **6** *gesprochen* am Hintern, Gesäß | *hinten wund sein* ◼ **ID** **hinten und vorn(e) nicht** *gesprochen* überhaupt nicht ⟨etwas klappt, reicht, stimmt hinten und vorn(e) nicht⟩; **jemanden von hinten und vorn(e) bedienen** *gesprochen* sich übertrieben intensiv um jemanden kümmern; **nicht (mehr) wissen, wo hinten und vorn(e) ist** *gesprochen* sehr verwirrt sein; **jemanden am liebsten von hinten sehen** *gesprochen* eine Person nicht mögen (und froh sein, wenn sie bald wieder weggeht)

hin·ten·dran ADVERB; *gesprochen* an einer/eine Stelle, die hinten an jemandem/etwas ist

hin·ten·drauf ADVERB; *gesprochen* hinten auf etwas ⟨etwas hat etwas hintendrauf; etwas (auf etwas) hintendrauf legen, tun, werfen⟩ | *Der Lastwagen hat zehn Säcke Kartoffeln hintendrauf* ◼ **ID** **eins/ein paar/(et)was hintendrauf** ⟨bekommen, kriegen⟩ *gesprochen* einen Schlag oder ein paar (leichte) Schläge aufs Gesäß (bekommen)

hin·ten·drein ADVERB ≈ *hinterher*

hin·ten·her·um ADVERB; *gesprochen* **1** hinten um jemanden/etwas herum | *Wir suchen den Garten rund ums Haus ab: Du schaust vorne, und ich gehe hintenherum* **2** auf Umwegen, nicht offen oder direkt ⟨etwas hintenherum erfahren, hören⟩

hin·ten·hin ADVERB an das hintere Ende, zur Rückseite hin | *Stell dich hintenhin, ans Ende der Schlange*

hin·ten·nach ADVERB; *süddeutsch* Ⓐ ≈ *hinterher*

hin·ten·raus ADVERB; *gesprochen* nach hinten heraus/hinaus | *Der Dieb ist hintenraus gelaufen* | *Seine Wohnung liegt hintenraus*

hin·ten·rum ADVERB; *gesprochen* ≈ *hintenherum*

hin·ten·über ADVERB nach hinten | *hintenüber ins Wasser fallen*

hin·ten·über|fal·len VERB (fällt hintenüber, fiel hintenüber, ist hintenübergefallen) nach hinten umfallen | *mit dem Stuhl hintenüberfallen*

hin·ten·über|kip·pen VERB (kippte hintenüber, ist hintenübergekippt) nach hinten umkippen

★ **hin·ter** ■ PRÄPOSITION **1** *mit Dativ* auf der Seite, die weiter entfernt oder hinten ist | *im Auto hinter dem Fahrer sitzen* | *ein Garten hinter dem Haus* | *sich hinter der Tür verstecken* | *hinter einem Auto herlaufen* **I** → Infos unter **Präposition** **2** *mit Akkusativ* in Richtung auf die Seite, die weiter entfernt oder hinten ist | *sich hinter das Lenkrad setzen* | *sich hinter das Rednerpult stellen* **I** → Infos unter **Präposition** **3** *mit Dativ* in einer Reihenfolge oder Hierarchie nach jemandem/etwas | *Er steht hinter mir auf der Liste* | *Das muss hinter dringenderen Angelegenheiten zurückstehen* **4** *mit Dativ* drückt aus, dass eine Zeit vorbei oder eine Handlung abgeschlossen ist | *Ich weiß, du hast eine schwere Zeit hinter dir* | *Puh, das hätten wir jetzt endlich hinter uns* **5** *mit Akkusativ* drückt aus, dass eine Phase oder Handlung abgeschlossen wird | *Ich wollte die Arbeit so schnell wie möglich hinter mich bringen*
■ ADVERB **6** *süddeutsch* Ⓐ, *gesprochen* nach hinten

★ **hin·te·r-** ADJEKTIV *meist attributiv* da, wo hinten ist ⟨das Ende, die Seite, der Teil⟩ ↔ *vorder-* | *sich in die hinterste Reihe setzen* | *die Lösungen im hinteren Teil des Buches* **K** Hinterachse, Hinterausgang, Hintereingang, Hinterhuf, Hinterpforte, Hinterrad, Hinterseite, Hintertreppe ■ **ID das Hinterste zuvorderst kehren** *gesprochen* **a** etwas sehr gründlich suchen **b** etwas suchen und dabei alles in Unordnung bringen

Hin·ter·ba·cke *die*; (-, -n); *meist Plural; gesprochen, humorvoll* ≈ *Gesäß*

Hin·ter·bänk·ler *der*; (-s, -); *abwertend* ein Mitglied des Parlaments, das keine sehr wichtige politische Funktion hat und keine Reden im Parlament hält ● hierzu **Hin·ter·bänk·le·rin** *die*

Hin·ter·bein *das* eines der hinteren Beine eines Tieres ■ **ID sich auf die Hinterbeine stellen** *gesprochen* sich wehren, sich etwas nicht gefallen lassen

Hin·ter·blie·be·ne *der/die*; (-n, -n); *geschrieben* ein Mitglied der Familie einer gestorbenen Person, vor allem deren Kind oder Ehepartner/Ehepartnerin **K** Hinterbliebenenrente **I** *ein Hinterbliebener; der Hinterbliebene; den, dem, des Hinterbliebenen*

hin·ter·brin·gen VERB (hinterbrachte, hat hinterbracht) **jemandem etwas hinterbringen** einer Person etwas (meist Unangenehmes) erzählen, das sie nicht erfahren sollte

hin·ter·drein ADVERB; *veraltend* ≈ *hinterher*

★ **hin·ter·ei·nan·der** ADVERB **1** eine Person/Sache hinter die andere oder hinter der anderen ⟨sich hintereinander aufstellen; hintereinander herfahren, hergehen, herlaufen⟩ **2** in einer ununterbrochenen Reihenfolge ≈ *nacheinander* | *Es regnet nun schon an fünf Wochenenden hintereinander* | *Er gewann zweimal hintereinander bei der Weltmeisterschaft die Goldmedaille*

hin·ter·ei·nan·der- (*im Verb, betont und trennbar, wenig produktiv; Diese Verben werden so gebildet:* hintereinanderfahren, fuhren hintereinander, hintereinandergefahren) **Personen/Autos fahren hintereinander**; **Personen gehen, setzen sich, stellen sich hintereinander**; **Personen/Dinge liegen, stehen hintereinander** *und andere* drückt aus, dass mehrere Personen oder Dinge in einer Reihe (einer/eines hinter dem anderen) sind oder kommen | *Die drei Mädchen saßen im Bus hintereinander* (Ein Mädchen saß im Bus, hinter ihm das zweite Mädchen, dahinter das dritte Mädchen)

hin·ter·fra·gen VERB (hinterfragte, hat hinterfragt) **etwas hinterfragen** *geschrieben* prüfen, warum etwas so ist, wie es ist, oder was es bedeutet ⟨Klischees, Vorurteile hinterfragen⟩

Hin·ter·ge·dan·ke *der* eine verborgene Absicht ⟨einen Hintergedanken bei etwas haben⟩

hin·ter·ge·hen VERB (hinterging, hat hintergangen) **jemanden hintergehen** jemandes Vertrauen missbrauchen ≈ *betrügen* | *Sein Geschäftspartner hat ihn hintergangen*

Hin·ter·glas|ma·le·rei *die* **1** ein Bild, das auf Glas gemalt ist und das man von der anderen Seite des Glases betrachtet **2** *nur Singular* das Malen eines solchen Bildes

★ **Hin·ter·grund** *der* **1** *meist Singular* der Bereich des Blickfelds oder eines Bildes, der relativ weit entfernt ist, hinter den Personen und Dingen, die man betrachtet | *ein Bild mit einem grünen Hintergrund* | *Das Foto zeigt im Vordergrund eine Stadt und im Hintergrund die Berge* **2** die Dinge, die man nicht richtig bemerkt, weil die Aufmerksamkeit auf andere Dinge gerichtet ist ⟨der akustische, ein neutraler Hintergrund; etwas gibt einen guten Hintergrund ab⟩ | *Bei der Aufnahme des Interviews hört man im Hintergrund ein Stimmengewirr* **K** Hintergrundgeräusche, Hintergrundmusik **3** eine Position, in der jemand/etwas nicht bemerkt oder beachtet wird ⟨in den Hintergrund geraten, treten; im Hintergrund stehen, bleiben; aus dem Hintergrund hervortreten⟩ | *Bei den Verhandlungen hielt er sich im Hintergrund* **4** *nur Singular* die allgemeine Situation, die einen Einfluss auf die Entwicklung einer Person/Sache hat ⟨der gesellschaftliche, politische, ökonomische Hintergrund; jemandes familiärer Hintergrund⟩ | *Der Roman spielt vor dem Hintergrund des Bürgerkriegs* **5** *meist Plural* die Gründe für eine Tat oder ein Geschehen ⟨die Hintergründe einer Tat ahnen, erkennen, erklären, suchen⟩ ≈ *Motiv* | *Vermutlich hatte der Mord politische Hintergründe* **6** **etwas hat einen historischen/realen Hintergrund** etwas ist wahr und nicht nicht frei erfunden | *Die Legende von König Artus hat einen historischen Hintergrund*

hin·ter·grün·dig ADJEKTIV mit einer Bedeutung, die nicht deutlich gezeigt wird ⟨eine Frage, jemandes Humor, ein Lächeln; hintergründig lächeln⟩ ● hierzu **Hin·ter·grün·dig·keit** *die*

Hin·ter·grund|in·for·ma·ti·on *die* eine Information über den Hintergrund einer Sache

Hin·ter·halt *der*; (-(e)s, -e); *meist Singular* ein Ort, an dem sich jemand versteckt, um eine andere Person zu überfallen, wenn diese dort vorbeikommt ⟨im Hinterhalt liegen; in einen Hinterhalt geraten; jemanden aus dem Hinterhalt überfallen⟩ | *Er wurde durch einen Schuss aus dem Hinterhalt getötet*

hin·ter·häl·tig ADJEKTIV nach außen hin freundlich, aber mit bösen Absichten ● hierzu **Hin·ter·häl·tig·keit** *die*

Hin·ter·hand *die*; *meist Singular* das hintere Bein eines großen Tieres (z. B. eines Pferdes) ■ **ID in der Hinterhand sitzen** beim Kartenspielen als Letzter ausspielen können; **etwas in der Hinterhand haben** etwas in Reserve haben

★ **hin·ter·her, hin·ter·her** ADVERB **1** später als das zuerst genannte Ereignis oder die zuerst genannte Tätigkeit ≈ *danach* | *Wir wollen erst ins Kino und hinterher essen gehen* **2** so, dass sich eine Person oder Sache hinter jemandem/etwas in die gleiche Richtung bewegt | *Beide sprangen ins Wasser: das Kind voraus, und der Hund hinter'her* **3** **jemandem hinter'her sein** *gesprochen* versuchen, jemanden einzuholen oder zu fangen ⟨einem Verbrecher hinterher sein⟩ **4** **jemandem/etwas hinter'her sein** *gesprochen* aufpassen und dafür sorgen, dass jemand richtig arbeitet, etwas getan wird | *sehr hinter'her sein, dass alles aufgeräumt wird* **5** **jemandem/etwas hinter'her sein** *gesprochen* sich sehr darum bemühen, jemanden/etwas für sich zu gewinnen | *Er ist ihr/ihrem Geld hinter'her* **6** **mit etwas/in etwas** (*Dativ*) **hinter'her sein** *gesprochen* mit der Arbeit langsamer

H

sein als eine andere Person ⟨in der Entwicklung, mit der Arbeit hinterher sein⟩

hin·ter·her- *(im Verb, betont und trennbar, wenig produktiv; Diese Verben werden so gebildet:* hinterherlaufen, lief hinterher, hinterhergelaufen) **(jemandem/etwas) hinterherfahren, hinterhergehen, hinterherrennen; (jemandem) etwas hinterhertragen, hinterherwerfen** *und andere* drückt aus, dass eine Person oder Sache sich in die gleiche Richtung bewegt wie eine andere Person oder Sache zuvor | *Sie ging durch den Garten, und ihr Hund lief ihr hinterher* (und ihr Hund lief hinter ihr in die gleiche Richtung)

hin·ter·her|hin·ken VERB *(ist)* **(hinter) etwas** *(Dativ)* **hinterherhinken** *gesprochen* nicht schnell genug mit etwas (fertig) sein | *Wir hinken (hinter) der Entwicklung hinterher | mit der Arbeit um zwei Wochen hinterherhinken* **i** weitere Verwendungen → **hinterher-**

hin·ter·her|lau·fen VERB *(ist)* **(jemandem/etwas) hinterherlaufen** *gesprochen* sich eifrig bemühen, jemanden für sich zu gewinnen oder etwas zu bekommen | *Er läuft den Mädchen hinterher | Ich habe keine Lust mehr, ständig Aufträgen hinterherzulaufen* **i** weitere Verwendungen → **hinterher-**

Hin·ter·hof *der* ein meist dunkler Hof zwischen mehreren Häusern

Hin·ter·kopf *der* der hintere Teil des Kopfes | *einen Schlag auf den Hinterkopf bekommen* ■ ID **etwas im Hinterkopf haben/behalten** etwas nicht vergessen, sich etwas (für später) merken

Hin·ter·land *das; nur Singular* ein Gebiet um eine große Stadt herum oder hinter einer Grenze, auf welches die Stadt oder die Umgebung eine wirtschaftliche, eine politische oder eine kulturelle Wirkung hat

★ **hin·ter·las·sen** VERB (hinterlässt, hinterließ, hat hinterlassen) **1** **etwas hinterlassen** Spuren o. Ä. produzieren, die noch da sind, wenn man wieder fort ist oder wenn etwas vorbei ist ≈ *zurücklassen | Der Einbrecher hat überall Fingerabdrücke hinterlassen | Das Buch hat einen guten Eindruck bei mir hinterlassen | Mein Vorgänger hat (mir) ein totales Chaos hinterlassen* **2** **jemandem etwas hinterlassen** bestimmen, dass eine Person etwas bekommt, wenn man selbst tot ist ≈ *vererben | jemandem ein Haus hinterlassen* **3** **jemanden hinterlassen** sterben und so jemanden zurücklassen | *Er hinterlässt eine Frau und zwei Kinder*

Hin·ter·las·sen·schaft *die;* (-, -en) **1** das, was eine Person einer anderen Person vererbt ≈ *Erbe* **2** *geschrieben* das, was jemand/etwas irgendwo zurücklässt **3** **jemandes Hinterlassenschaft antreten** nach dem Tod einer Person etwas von ihr erben oder übernehmen, ihre Arbeit fortführen usw. **4** *gesprochen, humorvoll* der Kot von Tieren

hin·ter·le·gen VERB (hinterlegte, hat hinterlegt) **etwas irgendwo hinterlegen** einer Person etwas geben, damit es bei ihr sicher ist | *den Schlüssel beim Hausmeister hinterlegen | das Geld im Safe hinterlegen*

Hin·ter·leib *der* der hintere Teil des Körpers von Insekten

Hin·ter·list *die; nur Singular* **1** die Absicht, eine Person zu täuschen und ihr dadurch zu schaden ⟨voller Hinterlist sein⟩ **2** eine Handlung, mit der man eine Person täuschen und ihr schaden will ⟨eine gemeine Hinterlist⟩ • zu (1) **hin·ter·lis·tig** ADJEKTIV

hin·term PRÄPOSITION *mit Artikel; gesprochen* hinter dem | *ein Garten hinterm Haus*

Hin·ter·mann *der* **1** **jemandes Hintermann** eine Person, die hinter einer anderen Person ist ⟨sich zum Hintermann umdrehen; sich mit dem Hintermann unterhalten⟩ **2** *meist Plural* eine Person, die für etwas verantwortlich ist, aber nicht bekannt wird ⟨die Hintermänner eines Terroranschlags⟩

hin·tern PRÄPOSITION *mit Artikel; gesprochen* hinter den | *hintern Ofen kriechen*

★ **Hin·tern** *der;* (-s, -); *gesprochen* **1** der hintere Teil des Körpers, auf dem man sitzt ⟨auf den Hintern fallen; einem Kind den Hintern versohlen; jemanden/jemandem in den Hintern treten, kneifen; jemanden/jemandem auf den Hintern hauen⟩ ≈ *Gesäß* **2** **jemandem ein paar auf den Hintern geben** jemandem mehrere Schläge auf den Hintern geben **3** **ein paar auf den Hintern bekommen/kriegen** Schläge auf den Hintern bekommen ■ ID **sich auf den Hintern setzen** *gesprochen* **a** auf den Hintern fallen **b** fleißig lernen oder arbeiten; **ich könnte mir/mich (vor Wut/Ärger) in den Hintern beißen** *gesprochen* ich ärgere mich sehr darüber, dass ich etwas nicht getan bzw. dass ich etwas Falsches getan habe; **jemandem in den Hintern kriechen** *gesprochen, abwertend* zu jemandem übertrieben freundlich sein oder jemanden übertrieben loben, um einen Vorteil zu bekommen | *Er ist dem Chef in den Hintern gekrochen, damit er die Stelle bekommt;* **jemandem/jemanden in den Hintern treten** *gesprochen* jemanden unfreundlich zur Arbeit oder zur Eile antreiben

hin·ter·rücks ADVERB **1** von hinten ⟨jemanden hinterrücks erschießen, erstechen, überfallen⟩ **2** ohne dass die betroffene Person es weiß ⟨jemanden hinterrücks anschuldigen, verleumden⟩

hin·ters PRÄPOSITION *mit Artikel* hinter das | *hinters Haus gehen* **i** In Wendungen wie *jemanden hinters Licht führen* kann *hinters* nicht durch *hinter das* ersetzt werden.

Hin·ter·sinn *der; nur Singular* **1** eine verborgene zusätzliche Bedeutung ⟨etwas ohne/mit bösem Hintersinn fragen, sagen⟩ **2** die eigentliche Bedeutung, die man nicht sofort versteht | *der Hintersinn eines Gleichnisses* • hierzu **hin·ter·sin·nig** ADJEKTIV

Hin·ter·teil *das; gesprochen* ≈ *Gesäß, Hintern*

Hin·ter·tref·fen *das* **ins Hintertreffen geraten/kommen** in einem Wettbewerb, Vergleich o. Ä. in eine ungünstige Position kommen

hin·ter·trei·ben VERB (hintertrieb, hat hintertrieben) **etwas hintertreiben** heimlich und auf unfaire Weise versuchen, etwas zu verhindern | *jemandes Beförderung hintertreiben, indem man schlecht über ihn redet*

★ **Hin·ter·tür** *die* eine Tür auf der hinteren Seite eines Hauses ■ ID **durch die Hintertür** so, dass eine Handlung nicht oder kaum bemerkt wird | *etwas abschaffen und durch die Hintertür wieder einführen;* **sich** *(Dativ)* **eine Hintertür offenhalten** sich eine Möglichkeit offenhalten, durch die man etwas (z. B. ein Versprechen) wieder rückgängig machen kann

Hin·ter·wäld·ler *der;* (-s, -); *abwertend* eine Person, die nichts Neues kennt und bei ihren alten Ansichten und Gewohnheiten bleibt • hierzu **hin·ter·wäld·le·risch** ADJEKTIV

hin·ter·zie·hen VERB (hinterzog, hat hinterzogen) **etwas hinterziehen** Geld, das einem nicht gehört, heimlich für sich behalten ⟨Staatsgelder, Steuern hinterziehen⟩ • hierzu **Hin·ter·zie·hung** *die*

Hin·ter·zim·mer *das* **1** ein Zimmer im hinteren Teil des Hauses **2** ein Zimmer, in das man kommt, wenn man z. B. durch ein Geschäft oder ein Restaurant hindurchgeht | *eine geschlossene Veranstaltung im Hinterzimmer* ■ ID **eine Entscheidung im Hinterzimmer** eine Entscheidung, die nur von wenigen Leuten heimlich getroffen wird

hin·tre·ten VERB *(ist)* **1** **irgendwohin hintreten** den Fuß an die genannte Stelle setzen | *Wo man hier auch hintritt, überall ist es schmutzig* **2** **zu jemandem/etwas hintreten** mit wenigen Schritten zu jemandem/etwas (vom Standpunkt des Sprechers weg) gehen **3** **(mit etwas) vor jemanden hintreten** mit einer Bitte o. Ä. zu jemandem gehen | *mit einem Anliegen vor jemanden hintreten*

hịn·tun VERB *(hat)* **etwas da/dort/hier hintun** *gesprochen* etwas an die Stelle legen oder stellen, auf die man meist mit dem Finger zeigt | *„Wo soll ich das Buch hintun?" – „Du kannst es dort hintun"*

hi·nü·ber ADVERB **1** bezeichnet die Richtung von irgendwo nach einer anderen, gegenüberliegenden Seite hin, oft weg vom Sprecher oder Erzähler | *Der Wald erstreckt sich nach rechts hinüber* ▪ *Hinüber* wird in der gesprochenen Sprache zu *rüber* abgekürzt; vergleiche **herüber** **2** **etwas ist hinüber** *gesprochen, humorvoll* etwas ist kaputt oder verdorben | *Das Radio ist hinüber* | *Die Milch war schon hinüber, deshalb habe ich sie weggeschüttet* **3** **jemand ist hinüber** *gesprochen* ▲ jemand oder ein Tier ist tot **4** **jemand ist hinüber** *gesprochen, abwertend* jemand ist sehr betrunken **5** **jemand ist hinüber** *gesprochen, abwertend* jemand schläft oder hat das Bewusstsein verloren

hi·nü·ber- *(im Verb, betont und trennbar, begrenzt produktiv; Diese Verben werden so gebildet:* hinüberschwimmen, schwamm hinüber, hinübergeschwommen) **(irgendwohin) hinübergehen, hinüberklettern, hinüberspringen, hinübersteigen; etwas führt, hängt, reicht (irgendwohin) hinüber** *und andere* bezeichnet die Richtung nach einer anderen, gegenüberliegenden Seite hin, häufig weg vom Sprecher oder Erzähler | *Das Kind schwamm über den Fluss/ans andere Ufer/zum anderen Ufer hinüber* (Das Kind schwamm von dieser Seite des Flusses/Sees zur anderen, gegenüberliegenden Seite) ▪ *Hinüber-* wird in der gesprochenen Sprache zu *rüber* abgekürzt; vergleiche **herüber-**.

hi·nü·ber·hel·fen VERB *(hat)* **1** **jemandem (über etwas** *(Akkusativ)*) **hinüberhelfen** jemandem helfen, ein Hindernis zu überwinden | *jemandem über einen Zaun hinüberhelfen* **2** **jemandem über etwas** *(Akkusativ)* **hinüberhelfen** jemandem helfen, Probleme o. Ä. zu bewältigen ⟨jemandem über Schwierigkeiten, eine schwere Zeit hinüberhelfen⟩

hịn- und hẹr- *(im Verb, betont und trennbar, wenig produktiv; Diese Verben werden so gebildet:* hin- und herlaufen, lief hin und her, hin- und hergelaufen) **hin- und herfahren, hin- und herfliegen, hin- und hergehen, hin- und herschwingen** *und andere* bezeichnet eine Bewegung zu einem Ort, Ziel hin und wieder zum Ausgangspunkt zurück | *Er pendelt täglich zwischen Rosenheim und München hin und her* (Er fährt täglich von Rosenheim nach München und wieder nach Rosenheim zurück)

★ **hi·nụn·ter** ADVERB **1** bezeichnet die Richtung von oben nach (irgendwo) unten, häufig weg vom Sprecher oder Erzähler | *Wir sahen vom Turm hinunter zu ihr* | *Zur Talstation hinunter wandert man zwei Stunden* ▪ *Hinunter* wird in der gesprochenen Sprache zu *runter* abgekürzt; vergleiche auch **herunter**. **2** **hinunter sein** *gesprochen* hinuntergegangen, hinuntergefahren usw. sein

hi·nụn·ter- *(im Verb, betont und trennbar, sehr produktiv; Diese Verben werden so gebildet:* hinuntergehen, ging hinunter, hinuntergegangen) **(irgendwohin) hinunterfahren, hinunterfallen, hinunterklettern, hinunterspringen; jemanden/etwas (irgendwohin) hinunterbringen, hinunterstoßen, hinuntertragen; etwas fließt, hängt, reicht, rollt (irgendwohin) hinunter** *und andere* bezeichnet die Richtung von oben nach (irgendwo) unten, häufig vom Sprecher oder Erzähler weg | *Sie schaffte die Kartons vom Wohnzimmer in den Keller hinunter* (Sie brachte die Kartons, die oben im Wohnzimmer waren, nach unten in den Keller) ▪ Anstelle einer Richtungsangabe (*vom Wohnzimmer, in den Keller*) steht häufig nur eine Angabe im Akkusativ: *Er kam den Berg/die Treppe hinunter. Hinunter-* wird in der gesprochenen Sprache zu *runter-* abgekürzt; vergleiche auch **herunter-**.

hi·nụn·ter·kip·pen VERB *(hat)* **etwas hinunterkippen** *gesprochen* etwas sehr schnell (oft mit einem einzigen Schluck) trinken ⟨einen Schnaps hinunterkippen⟩ ▪ weitere Verwendungen → **hinunter-**

hi·nụn·ter·schlin·gen VERB *(hat)* **etwas hinunterschlingen** etwas sehr schnell essen, ohne richtig zu kauen ⟨etwas hastig, gierig hinunterschlingen⟩

hi·nụn·ter·schlu·cken VERB *(hat)* **etwas hinunterschlucken** *gesprochen* dem Wunsch, ein Gefühl zu zeigen oder etwas zu sagen, nicht nachgeben ⟨eine Bemerkung, einen Kommentar hinunterschlucken; den Ärger, die Tränen, die Wut hinunterschlucken⟩ ▪ weitere Verwendungen → **hinunter-**

hi·nụn·ter·wür·gen VERB *(hat)* **etwas hinunterwürgen** etwas mit großer Mühe oder großem Ekel schlucken | *trockenes Brot hinunterwürgen*

hịn·wärts ADVERB auf dem Hinweg

★ **hin·wẹg** ADVERB **1** **über jemanden/etwas hinweg** verwendet, um die räumliche Distanz auszudrücken, die zwischen den genannten Personen oder Dingen ist | *Er winkte ihr über die Straße hinweg zu* (die Straße lag zwischen den beiden) **2** **über jemanden/etwas hinweg** verwendet, um zu sagen, dass sich etwas über ein Hindernis o. Ä. bewegt | *Der Ball flog über das Tor hinweg ins Aus* **3** **über etwas** *(Akkusativ)* **hinweg** für die Dauer der genannten Zeit | *Sie hatten sich über Jahre hinweg nicht gesehen* **4** **über etwas** *(Akkusativ)* **hinweg** ohne sich von etwas aufhalten zu lassen | *über alle Grenzen/Schwierigkeiten hinweg* **5** **über jemandes Kopf hinweg; über jemanden hinweg** so, dass man eine Entscheidung trifft, ohne vorher eine andere Person zu fragen, welche man hätte fragen müssen ⟨etwas über jemanden hinweg entscheiden⟩ **6** *geschrieben* weg, fort von hier | *Hinweg mit ihm!* **7** **über etwas** *(Akkusativ)* **hinweg sein** *gesprochen* etwas überwunden haben

Hịn·weg *der* der Weg, die Reise (von zu Hause o. Ä. weg) zu einem Ziel hin ↔ *Rückweg*

hin·wẹg- *(im Verb, betont und trennbar, wenig produktiv; Diese Verben werden so gebildet:* hinwegspringen, sprang hinweg, hinweggesprungen) **(über etwas** *(Akkusativ)*) **hinwegfliegen, hinwegspringen, hinwegsehen; etwas (über etwas** *(Akkusativ)*) **hinwegwerfen** *und andere* drückt eine Bewegung aus, die (mit einem gewissen Abstand) von einer Seite über ein Hindernis o. Ä. zur anderen führt ≈ *hinüber-* | *Das Pferd sprang über alle Hindernisse hinweg* (Das Pferd sprang über die Hindernisse, ohne sie zu berühren)

hin·wẹg·ge·hen VERB *(ist)* **1** **über etwas** *(Akkusativ)* **hinweggehen** etwas nicht beachten, sondern weitersprechen o. Ä. ⟨über eine Bemerkung, einen Einwand lächelnd, taktvoll, mit einem Scherz hinweggehen⟩ **2** **etwas geht über etwas** *(Akkusativ)* **hinweg** *geschrieben* etwas betrifft ein großes Gebiet oder mehrere Bereiche | *Der Widerstand gegen das Bauprojekt geht über Parteigrenzen hinweg*

hin·wẹg·hel·fen VERB *(hat)* **jemandem über etwas** *(Akkusativ)* **hinweghelfen** jemandem helfen, etwas zu ertragen oder zu bewältigen ⟨jemandem über einen Verlust, jemandes Tod, eine schwere Zeit hinweghelfen⟩

hin·wẹg·kom·men VERB *(ist)* **über etwas** *(Akkusativ)* **hinwegkommen** ⟨über eine Enttäuschung, jemandes Tod, einen Verlust hinwegkommen⟩ ≈ *überstehen, überwinden*

hin·wẹg·le·sen VERB *(hat)* **über etwas** *(Akkusativ)* **hinweglesen** etwas beim Lesen nicht bemerken, beachten | *über einen Fehler hinweglesen*

hin·wẹg·raf·fen VERB *(hat)* **etwas rafft jemanden hinweg**

H

geschrieben etwas ist der Grund für den Tod einer Person ‹der Hunger, der Krieg, die Malaria, die Pest›

hin·weg·re·den VERB *(hat)* **1** **über die Köpfe hinwegreden** bei einer Rede nicht bemerken, dass das Publikum nicht mehr zuhört oder nichts versteht **2** **über etwas** *(Akkusativ)* **hinwegreden** etwas beim Reden oder Diskutieren nicht zur Kenntnis nehmen | *Er redete über unsere Einwände hinweg* **3** **etwas hinwegreden** etwas durch Worte verschwinden lassen | *Sie versuchte, unsere Zweifel hinwegzureden*

hin·weg·se·hen VERB *(hat)* **1** **über jemanden hinwegsehen** so tun, als ob man jemanden nicht sähe ≈ *ignorieren* **2** **über etwas** *(Akkusativ)* **hinwegsehen** etwas nicht wichtig nehmen und deswegen nicht kritisieren o. Ä. | *über kleine Mängel/die Unordnung hinwegsehen* **H** weitere Verwendungen → **hinweg-**

hin·weg·set·zen VERB **1** **jemand setzt über etwas** *(Akkusativ)* **hinweg** *(hat/ist)* jemand oder ein Tier bewegt sich mit einem großen Sprung über ein Hindernis | *Das Pferd setzte über den Zaun hinweg* **2** **sich über etwas** *(Akkusativ)* **hinwegsetzen** *(hat)* etwas absichtlich nicht beachten (und z. B. etwas Verbotenes trotzdem tun) ‹sich über ein Verbot, jemandes Bedenken, jemandes Einwände hinwegsetzen›

hin·weg·täu·schen VERB *(hat)* **1** **jemanden über etwas** *(Akkusativ)* **hinwegtäuschen** eine Person so täuschen, dass sie etwas nicht bemerkt **2** **sich über etwas** *(Akkusativ)* **hinwegtäuschen lassen** es zulassen, dass man von einer Person über einen Vorgang oder eine Situation falsch informiert oder getäuscht wird | *sich über die schlechte Lage der Wirtschaft hinwegtäuschen lassen*

hin·weg·trös·ten VERB *(hat)* **jemanden (mit etwas) über etwas** *(Akkusativ)* **hinwegtrösten** eine Person oder sich selbst (mit etwas) trösten, damit diese oder man selbst einen Verlust oder Kummer vergisst | *Die freundlichen Worte konnten uns nicht über die Niederlage hinwegtrösten*

★ **Hin·weis** *der*; (-es, -e) **1** **ein Hinweis (auf etwas** *(Akkusativ)***)** eine Äußerung, die eine Person auf etwas aufmerksam machen soll ‹ein deutlicher, freundlicher, bibliografischer Hinweis; jemandem einen Hinweis geben; einen Hinweis beachten; einem Hinweis folgen› | *Die Polizei erhielt anonyme Hinweise auf den Täter, die zu seiner Verhaftung führten* **K** Hinweisschild, Hinweistafel **2** **ein Hinweis für/auf etwas** *(Akkusativ)* eine Tatsache, aus der man logische Schlüsse ziehen kann ‹ein Hinweis liegt vor, existiert› | *Wir haben keinen Hinweis dafür/darauf, dass diese Krankheit ansteckend sein könnte* **3** **ein Hinweis für/zu etwas** eine Erklärung, Erläuterung, die bei einer Tätigkeit helfen soll ≈ *Rat* | *Hinweise für die/zur Bedienung eines elektrischen Geräts* **4** **unter Hinweis auf etwas** *(Akkusativ)* *admin* indem der Betreffende auf etwas aufmerksam gemacht wird | *Der Zeuge wurde unter Hinweis auf das Recht der Aussageverweigerung vernommen*

★ **hin·wei·sen** VERB *(hat)* **1** **(jemanden) auf etwas** *(Akkusativ)* **hinweisen** (jemanden) auf eine Tatsache aufmerksam machen | *Ich möchte (Sie) darauf hinweisen, dass das Rauchen hier verboten ist* **2** **etwas weist auf etwas** *(Akkusativ)* **hin** etwas erweckt einen Eindruck oder macht eine Schlussfolgerung möglich | *Die Schäden am Auto weisen eindeutig auf überhöhte Geschwindigkeit hin* **3** **ein Schild weist auf etwas hin** ein Schild zeigt in die Richtung, wo etwas ist

hin·wen·den VERB *(hat)* **sich (an jemanden) hinwenden** *gesprochen* bei jemandem Rat, Hilfe, Trost, Auskunft suchen | *Hier sind so viele Büros. Wo muss ich mich nun hinwenden?* **H** meist im Fragesatz; weitere Verwendungen → **hin-**

hin·wer·fen VERB *(hat)* **1** **etwas hinwerfen** *gesprochen* ≈ *hinschmeißen* **2** **etwas hinwerfen** etwas kurz und rasch sagen ‹eine Frage, einen Satz, ein Wort hinwerfen› | *eine flüchtig hingeworfene Bemerkung* **3** **etwas hinwerfen** etwas schnell und nicht sehr sorgfältig zeichnen oder schreiben ‹einige Zeilen, eine Skizze hinwerfen› | *Er hat den Plan mit ein paar Strichen hingeworfen* **4** **sich hinwerfen** sich auf den Boden fallen lassen **H** weitere Verwendungen → **hin-**

hin·wie·de·rum ADVERB; *geschrieben* verwendet, um zu sagen, dass man nun über eine andere Person oder Situation spricht, meist so, dass dabei ein Gegensatz formuliert wird | *Bakterien können gut mit Antibiotika bekämpft werden, bei Viruserkrankungen hinwiederum helfen diese Mittel nicht*

hin·wir·ken VERB *(hat)* **auf etwas** *(Akkusativ)* **hinwirken** alles tun, um ein Ziel zu erreichen | *auf eine Einigung der streitenden Parteien hinwirken* | *darauf hinwirken, dass die Umwelt besser geschützt wird*

Hinz ■ ID **Hinz und Kunz** *gesprochen, abwertend* ≈ *jeder*

hin·zau·bern VERB *(hat)* **etwas hinzaubern** *gesprochen* etwas Gutes oder Schönes mit einfachen Mitteln in kurzer Zeit herstellen | *ein gutes Essen hinzaubern*

★ **hin·zie·hen** VERB **1** **irgendwohin hinziehen** *(ist)* sich als Gruppe zu einem Ziel bewegen, vom Sprecher, Erzähler o. Ä. weg | *Wo ziehen die Kraniche im Winter hin?* **2** **irgendwohin hinziehen** *(ist)* an einen anderen Ort gehen, um dort zu leben **3** **etwas zieht sich hin** *(hat)* etwas dauert unangenehm oder unnötig lange oder geschieht später als erwartet | *Ihre Ausbildung zog sich über Jahre hin* | *Die Sitzung zog sich bis zum Abend hin* **4** **etwas zieht sich hin** *(hat)* etwas erstreckt sich in eine Richtung | *Die Straße zieht sich am Waldrand hin* **5** **etwas zieht eine Person zu jemandem/etwas hin** *(hat)* etwas bewirkt, dass eine Person eine andere Person oder etwas gern mag ‹sich zu jemandem hingezogen fühlen› | *Die angenehme Atmosphäre zieht mich immer wieder zu diesem Lokal hin* **6** **etwas hinziehen** *(hat)* etwas unnötig lange dauern lassen ‹einen Prozess, ein Verfahren hinziehen›

hin·zu- *(im Verb, betont und trennbar, wenig produktiv; Diese Verben werden so gebildet:* hinzugeben, gab hinzu, hinzugegeben*)* **eine Person/Sache (zu jemandem/etwas) hinzubekommen, hinzunehmen, hinzurechnen, hinzuzählen; etwas hinzuverdienen** *und andere* drückt aus, dass eine Gruppe von Personen oder eine Menge von Dingen durch eine Person oder Sache ergänzt wird ≈ *dazu-* | *Die Suppe schmeckt fade. Gib noch ein bisschen Salz hinzu* (Gib noch ein bisschen Salz in die Suppe, damit sie besser schmeckt)

★ **hin·zu·fü·gen** VERB *(hat)* **1** **(einer Sache** *(Dativ)***) etwas hinzufügen** etwas als Zusatz, Ergänzung in/zu etwas geben | *einer Geschichte eine Fortsetzung hinzufügen* **2** **einer Sache** *(Dativ)***) etwas hinzufügen** etwas noch zusätzlich sagen | *Er hatte seiner Rede nichts mehr hinzuzufügen*

★ **hin·zu·kom·men** VERB *(ist)* **1** **jemand kommt hinzu** jemand kommt dorthin, wo schon andere Leute sind | *Sie kamen gerade hinzu, als der Unfall passierte* **2** **jemand kommt (zu einer Person) hinzu** jemand kommt zu einer anderen Person und tut das, was diese auch tut | *Zuerst waren wir zu dritt, aber dann kamen (zu unserer Gruppe) noch Peter und Susi hinzu* **3** **etwas kommt (zu etwas) hinzu** etwas ereignet sich auch noch oder muss auch noch erwähnt werden ‹es kommt hinzu/hinzu kommt, dass ...› | *Er war völlig erschöpft. Hinzu kam, dass er Fieber hatte* **4** **etwas kommt (zu etwas) hinzu** etwas wird zu etwas dazugegeben | *Zu den zwei Eigelb kommen drei Esslöffel Zucker hinzu*

hin·zu·sto·ßen VERB *(ist)* zu einer Gruppe kommen und mitmachen

hin·zu·tun VERB *(hat)* **etwas (zu etwas) hinzutun** *gesprochen*

≈ *hinzufügen* ■ ID **ohne jemandes Hinzutun** ohne dass jemand aktiv wird, dazu beiträgt

hin·zu·zie·hen VERB *(hat)* **jemanden (bei etwas) hinzuziehen** jemanden (zusätzlich) um Rat bitten, etwas fragen o. Ä. ⟨einen Arzt, einen Experten hinzuziehen⟩

Hi·obs·bot·schaft *die* eine sehr schlechte Nachricht ≈ *Schreckensnachricht*

Hip-Hop, Hip·hop *der;* (-s) eine Musik- und Stilrichtung der Jugend, für die harter Sprechgesang (Rap), ein akrobatischer Tanzstil und Graffiti typisch sind

hipp, hipp, hurra! verwendet, um Jubel über etwas auszudrücken ● hierzu **Hipp·hipp·hur·ra** *das*

Hip·pie *der;* (-s, -s); *historisch* (vor allem in den 60er und 70er Jahren des 20. Jahrhunderts) ein junger Mensch, der gegen die herrschende Gesellschaft protestierte (und bunte Kleidung und lange Haare trug)

Hirn *das;* (-(e)s, -e) **1** das Gehirn (als Organ) ⟨das menschliche Hirn⟩ K Hirnblutung, Hirnhaut, Hirnmasse, Hirnschale, Hirntumor, hirngeschädigt, hirnverletzt; Großhirn, Kleinhirn **2** das Gehirn eines geschlachteten Tieres, das man gebraten oder gebacken essen kann K Kalbshirn, Schweinehirn **3** *gesprochen* ⟨das Hirn anstrengen; sich (*Dativ*) das Hirn zermartern⟩ ≈ *Verstand* | ***kein Hirn haben*** (dumm sein)

Hirn·ge·spinst *das; abwertend* eine absurde Idee

Hirn·kas·ten *der; nur Singular* ■ ID **nichts im Hirnkasten haben** *gesprochen* dumm sein

hirn·los ADJEKTIV; *gesprochen, abwertend* so dumm, dass man sich darüber ärgert ⟨ein Geschwätz, ein Verhalten⟩

hirn·ris·sig ADJEKTIV; *gesprochen, abwertend* dumm und unrealistisch ⟨eine Idee, ein Vorschlag⟩

Hirn·schlag *der* ein plötzliches Auftreten von Lähmungen usw., wenn die Adern an einer Stelle des Gehirns nicht mehr genug Blut durchlassen

Hirn·tod *der* der Zeitpunkt, zu dem das Gehirn aufhört zu funktionieren und jemand nicht mehr lebensfähig ist, auch wenn das Herz noch schlägt

hirn·ver·brannt ADJEKTIV; *gesprochen, abwertend* sehr dumm ⟨Blödsinn, Unsinn⟩

Hirsch *der;* (-(e)s, -e) **1** ein relativ großes Tier mit glattem, braunem Fell, das in Wäldern lebt und Gras frisst. Das männliche Tier hat ein Geweih auf dem Kopf K Hirschart, Hirschgeweih, Hirschjagd, Hirschkalb, Hirschleder, Hirschrudel **2** ein männlicher Hirsch ⟨ein kapitaler Hirsch; der Hirsch röhrt⟩ **3** **ein (blöder) Hirsch** *gesprochen, abwertend* eine Person, die etwas Dummes getan hat

Hirsch·kuh *die* ein weiblicher Hirsch

Hir·se *die;* (-, -n) **1** ein Getreide mit kleinen, runden gelben Körnern K Hirsekorn; Kolbenhirse **2** die Körner der Hirse K Hirseauflauf, Hirsebrei

Hirt *der;* (-en, -en); *veraltend* ≈ *Hirte* K Schafhirt, Schweinehirt, Viehhirt, Ziegenhirt H *der Hirt; den, dem, des Hirten*

Hir·te *der;* (-n, -n) eine Person, die eine Herde von Tieren (auf der Weide) bewacht ⟨der Hirte hütet, weidet die Schafe⟩ K Hirtenflöte, Hirtenhund, Hirtenjunge, Hirtenlied, Hirtenstab, Hirtenvolk H *der Hirte; den, dem, des Hirten* ● hierzu **Hir·tin** *die*

Hir·ten·brief *der* ein Text, in dem sich ein Bischof zu einem religiösen oder politischen Problem äußert und der während des Gottesdienstes vorgelesen wird

his, His *das;* (-, -) der Halbton über dem h

his·sen VERB (hisste, hat gehisst) **etwas hissen** eine Fahne, eine Flagge oder ein Segel an einer Stange/an einem Mast nach oben ziehen und festmachen

His·tör·chen *das;* (-s, -); *humorvoll* ≈ *Anekdote*

His·to·ri·ker *der;* (-s, -) ein Wissenschaftler im Fach Geschichte ● hierzu **His·to·ri·ke·rin** *die*

★ **his·to·risch** ADJEKTIV **1** in Bezug auf die Geschichte der Menschheit, eines Landes o. Ä. ⟨eine Entwicklung, Studien⟩ | *Die Schlacht ist historisch belegt* (Es gibt Beweise dafür, dass sie wirklich stattgefunden) **2** mit einem Thema aus der Geschichte der Menschheit, eines Landes o. Ä. ⟨ein Roman, ein Film⟩ **3** für die Kultur oder die Politik sehr wichtig ⟨ein Augenblick, ein Moment, ein Ereignis⟩ | *Der Bau der Berliner Mauer am 13. August 1961 war ein historisches Ereignis* **4** *meist attributiv* ⟨eine Stätte, eine Landschaft, ein Ort⟩ so, dass dort (meist politisch) wichtige Dinge geschehen sind

★ **Hit** *der;* (-(s), -s); *gesprochen* **1** ein Lied, das sehr populär und erfolgreich ist ⟨einen Hit komponieren, schreiben⟩ | *Der Schlager wurde ein Hit/zu einem Hit* K Hitliste **2** ein Produkt, das sehr viele Leute kaufen | *Hausröcke sind der Hit der Saison* K Verkaufshit ■ ID **etwas ist der Hit** *gesprochen* etwas ist sehr gut, erfolgreich o. Ä.

Hit·ler·ju·gend *die; historisch* eine Organisation für die Jugend im Nationalsozialismus H Abkürzung: *HJ*

Hit·pa·ra·de *die* **1** die Liste der beliebtesten Hits **2** eine Sendung im Fernsehen oder Radio mit den beliebtesten Hits

★ **Hit·ze** *die;* (-) **1** eine hohe Temperatur, eine große Wärme ⟨etwas bei mäßiger, mittlerer, starker Hitze kochen, braten, backen⟩ | *Der Ofen strahlt große Hitze aus* K Hitzeeinwirkung **2** ein Wetter mit hohen Temperaturen, die meist als unangenehm empfunden werden ⟨es herrscht (eine) brütende, drückende, glühende, große, lastende, schwüle, sengende, tropische Hitze⟩ | *Die Luft flimmert vor Hitze* | *Ich vertrage diese Hitze nicht* K Hitzeperiode, Hitzewelle; Mittagshitze, Sommerhitze, Tropenhitze **3** ein Zustand, in dem man sehr aufgeregt oder wütend ist ⟨sich in Hitze reden; in Hitze geraten/kommen⟩ ■ ID **in der Hitze des Gefechts** *humorvoll* weil man aufgeregt ist oder in Eile ist ⟨etwas in der Hitze des Gefechts sagen, übersehen, vergessen⟩ ● zu (1) **hit·ze·be·stän·dig** ADJEKTIV; zu (1) **hit·ze·fest** ADJEKTIV

hit·ze·frei ADJEKTIV **hitzefrei bekommen/kriegen, haben** nicht in die Schule gehen müssen, weil es draußen sehr heiß ist

hit·zig ADJEKTIV **1** leicht (emotional) erregbar und mit heftigen Reaktionen ⟨ein Mensch; ein hitziges Temperament haben⟩ **2** mit erregten Worten (geführt) ⟨eine Debatte, eine Diskussion, ein Wortgefecht; hitzig über etwas (*Akkusativ*) streiten⟩

Hitz·kopf *der* eine Person, die sehr schnell ärgerlich wird und zu streiten beginnt ● hierzu **hitz·köp·fig** ADJEKTIV

Hitz·schlag *der* das plötzliche Versagen des Kreislaufs, wenn man zu lange in großer Hitze war

HIV [haːǀiːˈfau] *das;* (-(s)) das Virus, von dem man Aids bekommt K HIV-Infektion, HIV-Infizierte(r), HIV-Test

HIV-ne·ga·tiv [haːǀiːˈfau-] ADJEKTIV ohne eine Infektion durch HIV

HIV-po·si·tiv [haːǀiːˈfau-] ADJEKTIV durch HIV infiziert

HJ [haːˈjɔt] *die;* (-) Abkürzung für *Hitlerjugend*

hm! ein Laut, den man mit geschlossenem Mund produziert und dessen Bedeutung sich nach dem Kontext richtet. Man erkennt sie an Intonation, Tonhöhe und Tonlänge | *Hm, lecker!* | *Hm, wie funktioniert denn das?* | *Hm, das ist doch doof!* | *Hm, spinnt der jetzt total?* | *Hm, hm, hm, ja, gut, ich verstehe*

H-Milch [ˈhaː-] *die* eine Milch, die speziell behandelt wird, damit sie lange hält

HNO-Arzt [haːǀɛnˈǀoː-] *der* Kurzwort für *Hals-Nasen-Ohren-arzt*

ho! verwendet, um Erstaunen oder Protest auszudrücken

hob *Präteritum, 1. und 3. Person Singular* → heben

★ **Hob·by** ['hɔbi] *das;* (-s, -s) etwas, das man (regelmäßig) in der Freizeit zum Vergnügen tut ⟨ein Hobby haben; etwas als Hobby betreiben⟩ | *Ihre Hobbys sind Reiten und Skifahren*

Hob·by- *im Substantiv, betont, begrenzt produktiv* **der Hobbyfotograf, der Hobbygärtner, der Hobbykoch** *und andere* verwendet, um zu sagen, dass jemand etwas nicht beruflich, sondern als Hobby macht | *Petra ist eine begnadete Hobbygärtnerin* (Petra arbeitet gern und oft mit sehr großem Erfolg in ihrem Garten)

Hob·by·kel·ler *der* ein Zimmer im Keller, in dem jemand das eigene Hobby ausübt (z. B. Basteln)

Ho·bel *der;* (-s, -) **1** ein Werkzeug mit einer scharfen Klinge, die dünne Stücke (Späne) von Gegenständen aus Holz wegnimmt und so die Oberfläche glatt macht K Hobelmaschine **2** ein Küchengerät mit einer scharfen Klinge, mit dem man z. B. Gemüse in dünne Scheiben schneiden kann K Gurkenhobel, Krauthobel

Ho·bel·bank *die* ein Tisch, auf dem man große Stücke Holz befestigt, um sie zu hobeln

ho·beln VERB (hobelte, hat gehobelt) **1** **(etwas) hobeln** Holz mit einem Hobel glatt machen ⟨Balken, Bretter hobeln⟩ K Hobelspan **2** **etwas hobeln** Gemüse mit einem Hobel in dünne Scheiben schneiden ⟨eine Gurke, Kraut hobeln⟩

★ **hoch** ADJEKTIV (höher, höchst-)

▸räumlich: **1** bezeichnet die Größe nach oben ↔ *niedrig, flach* | *ein hoher Berg* | *eine hohe Mauer* | *Schuhe mit hohen Absätzen* | *Das Gras ist schon hoch, es muss gemäht werden* | *Der Schrank ist so hoch, dass er nicht durch die Tür geht* K Hochgebirge, Hochhaus; haushoch, meterhoch, turmhoch H *Das Haus ist hoch;* aber: *das hohe Haus;* Menschen und Tiere sind *groß*, nicht *hoch*. **2** verwendet, um die Länge einer Strecke nach oben zu nennen | *ein zweitausend Meter hoher Berg* | *Der Tisch ist nur sechzig Zentimeter hoch* **3** in relativ großer Entfernung über dem Boden, dem Meeresspiegel o. Ä. ↔ *niedrig, tief* | *die Hände hoch über den Kopf heben* | *Mittags steht die Sonne hoch am Himmel* | *ein hoch gelegenes Tal* K Hochalm, Hochebene, Hochland, Hochnebel, Hochparterre, Hochplateau; hochalpin, hochgelegen

▸Menge, Intensität: **4** **hoch** *+Substantiv* in der Menge, im Ausmaß, in der Intensität o. Ä. den Durchschnitt übertreffend | *Der Patient hat hohes Fieber/hohen Blutdruck* | *Das Auto fuhr mit hoher Geschwindigkeit* | *Die Mieten und Preise sind zu hoch* | *Er machte hohe Verluste bei dem Geschäft* | *eine Zeitung mit hoher Auflage* **5** **hoch** *+Verb/Partizip* das normale, übliche Maß übertreffend ⟨jemandem etwas hoch anrechnen; hoch begabt, bezahlt, entwickelt, erfreut, geachtet, qualifiziert, verehrt, willkommen sein⟩ ≈ *sehr* | *ein hoch angesehener Wissenschaftler* | *ein hoch dosiertes Medikament* | *Hoch geehrtes/geschätztes Publikum!* | *ein hoch industrialisiertes Land* | *eine hoch komplizierte Angelegenheit* | *hoch konzentriert zuhören* H Viele dieser Adjektive können auch mit *hoch* zusammengeschrieben werden: *hochbegabt, hochkompliziert* usw.; vergleiche **hoch-**. **6** **etwas ist zu hoch gegriffen** eine Zahl oder Menge wird überschätzt | *„Von 200 Bewerbern werden rund 180 die Prüfung bestehen." – „Das ist zu hoch gegriffen!"*

▸Niveau, Stadium: **7** auf einem guten Niveau ⟨Ansprüche, Ideale, ein Lebensstandard, Ziele⟩ K Hochkultur **8** in einer Hierarchie relativ weit oben ⟨ein Gast, ein Offizier, ein Rang; etwas auf höherer Ebene entscheiden⟩ K Hochadel, Hocharistokratie **9** zeitlich weit fortgeschritten, relativ spät | *im hohen Alter* | *bis hoch ins 17. Jahrhundert*

▸akustisch: **10** Stimmen von kleinen Kindern und Töne wie das Pfeifen von Geräten sind hoch ⟨eine Stimme, ein Ton⟩ ≈ *hell* ↔ *dunkel, tief*

▸mathematisch: **11** *Zahl* + **hoch** *+Zahl* verwendet, um eine mathematische Potenz auszudrücken | *zehn hoch drei ist tausend* ($10^3 = 1.000$)

■ ID ▸hoch: **etwas ist jemandem/für jemanden zu hoch** *gesprochen* jemand versteht etwas nicht; **(jemandem) etwas hoch und heilig versprechen** jemandem etwas ganz fest versprechen; **hoch hinauswollen** *gesprochen* sehr ehrgeizig sein und eine wichtige berufliche oder gesellschaftliche Position erreichen wollen; **wenn es hoch kommt** *gesprochen* höchstens | *Auf der Party waren zwanzig Leute, wenn es hoch kommt;* **hoch zehn** *gesprochen* drückt aus, dass etwas sehr groß oder extrem ist | *Das ist doch Blödsinn/eine Dummheit hoch zehn!;* **drei/vier/fünf** *usw.* **Mann hoch** *gesprochen* verwendet, um eine Zahl von Personen anzugeben, die etwas gemeinsam als Gruppe tun | *Wir gingen acht Mann hoch zum Chef und beschwerten uns;*

▸höher-: **nach Höherem streben** a im Beruf ehrgeizig sein b hohe Ideale haben und sich nach diesen richten; **sich zu Höherem berufen fühlen** *meist ironisch* überzeugt sein, dass man für etwas Anspruchsvolleres geeignet ist;

▸höchst-: **es wird höchste Zeit** die Zeit wird knapp, Personen müssen sich beeilen | *Wir müssen gehen, es wird höchste Zeit!*

★ **Hoch** *das;* (-s, -s) **1** Kurzwort für *Hochdruckgebiet* ⟨ein ausgedehntes, kräftiges, stabiles Hoch⟩ ↔ *Tief* | *Das Hoch verdrängt die Wolken* **2** das (gemeinsame) Rufen „(Er/Sie lebe) hoch!", um jemanden zu ehren ⟨ein Hoch auf jemanden ausbringen⟩ | *Ein dreifaches Hoch auf den Sieger!* K Hochruf

★ **hoch-**[1] *im Adjektiv, betont, sehr produktiv* **hochaktuell, hocherfreut, hochgebildet, hochgiftig, hochintelligent, hochinteressant, hochkonzentriert, hochmodern, hochschwanger** *und andere* verwendet, um Adjektive zu verstärken ≈ *sehr (stark)* | *hochanständige Leute* | *ein hochempfindliches Messgerät* | *eine hochexplosive Substanz* | *einen hochroten Kopf bekommen* | *Hochverehrte Gäste!* | *Das ist uns hochwillkommen* | *ein hochwirksames Mittel* H Die hier genannten Adjektive müssen immer, die unter *hoch* genannten Adjektive können auch mit *hoch* zusammengeschrieben werden.

★ **hoch-**[2] (*im Verb, betont und trennbar, sehr produktiv; Diese Verben werden so gebildet:* hochsteigen, stieg hoch, hochgestiegen) **etwas hochbinden, hochklappen, hochwerfen; jemanden/etwas (irgendwohin) hochheben, hochreißen, hochtragen; etwas rankt sich hoch, wächst hoch** *und andere* bezeichnet die Richtung von unten nach oben | *Er stieg ins oberste/zum obersten Stockwerk hoch* (Er ging alle Treppen nach oben bis ins oberste Stockwerk) H Anstelle einer Richtungsangabe (*ins oberste/zum obersten Stockwerk*) steht häufig nur eine Angabe im Akkusativ: *Sie stieg die Treppe hoch; Er zog den Schlitten den Berg hoch.*

★ **Hoch-** *im Substantiv, betont, nicht produktiv* **das/der Hochbarock, die Hochgotik, das Hochmittelalter, die Hochrenaissance** *und andere* verwendet, um den Höhepunkt oder die Mitte eines Zeitraums zu bezeichnen | *im Hochsommer* (in der heißesten Zeit des Sommers)

hoch·ach·ten ≈ *hoch achten*

Hoch·ach·tung *die;* (-) **die Hochachtung (vor jemandem/etwas)** eine sehr große Achtung, ein sehr großer Respekt vor jemandem/etwas ⟨Hochachtung vor jemandem/etwas haben; seine Hochachtung zum Ausdruck bringen⟩

hoch·ach·tungs·voll ADVERB; *veraltet* früher verwendet als Formel am Schluss eines offiziellen Briefes (z. B. an eine Behörde oder eine Firma) H Heute verwendet man *Mit* *freundlichen Grüßen.*

hoch·ar·bei·ten VERB *(hat)* **sich hocharbeiten** im Beruf langsam von einer niederen zu einer relativ hohen Position kommen | *Er hat sich vom Kellner zum Direktor des Hotels hochgearbeitet*

Hoch·bau *der; nur Singular* der Bereich des Bauens, der sich mit Bauten über der Erdoberfläche befasst | *eine Firma für Hoch- und Tiefbau*

hoch·be·gabt, **hoch be·gabt** ADJEKTIV sehr begabt oder intelligent ⟨ein Kind, ein Schüler⟩

Hoch·be·trieb *der; nur Singular* **irgendwo herrscht Hochbetrieb** in einem Geschäft, Gasthaus o. Ä. sind sehr viele Leute (die dort einkaufen, essen usw.)

hoch·brin·gen VERB *(hat)* **1** **jemanden hochbringen** *gesprochen* jemanden mit nach oben in die Wohnung bringen | *Ich bring morgen meine Freundin mit hoch* **2** **jemanden (wieder) hochbringen** jemanden gesund pflegen **3** **jemanden hochbringen** *gesprochen* ≈ *ärgern* **H** weitere Verwendungen → **hoch-**

Hoch·burg *die* ein Ort, an dem eine politische, religiöse oder kulturelle Bewegung sehr stark vertreten ist

hoch·deutsch ADJEKTIV deutsch, wie man in Nachrichten oder höflich mit Fremden spricht (ohne Dialekt usw.) ⟨die Aussprache, die Sprache; hochdeutsch mit jemandem reden, sprechen⟩

Hoch·deutsch *das; (-(s))* die deutsche Sprache, wie man sie in Nachrichten oder höflich mit Fremden spricht (ohne Dialekt usw.) ⟨auf, in Hochdeutsch⟩ | *Viele Schulkinder müssen lernen, ihren Dialekt abzulegen und Hochdeutsch zu sprechen*

Hoch·deut·sche *das; (-n)* ≈ *Hochdeutsch* | *Ich verstehe die Leute hier kaum. Sie müssen für mich alles ins Hochdeutsche übersetzen!* **H** im Gegensatz zu *Hochdeutsch* immer mit dem bestimmten Artikel verwendet

hoch·die·nen VERB *(hat)* **sich hochdienen** sehr fleißig und hart arbeiten und dadurch von einer niederen in eine hohe (berufliche) Position kommen

Hoch·druck *der; meist Singular* **1** ein hoher Druck in einer Flüssigkeit | *Im Behälter herrscht Hochdruck* **2** hoher Luftdruck **K** Hochdruckzone **3** **mit/unter Hochdruck** konzentriert und mit großer Eile ⟨etwas mit Hochdruck betreiben; unter Hochdruck arbeiten⟩

Hoch·druck|ge·biet *das* ein Gebiet mit hohem Luftdruck

hoch·fah·ren VERB **1** **(irgendwohin) hochfahren** *(ist)* nach oben fahren (z. B. auf einen Berg oder in ein höheres Stockwerk) | *Fahren wir mit dem Aufzug hoch oder nehmen wir die Treppe?* **2** *(ist)* schnell (vom Stuhl oder vom Bett) aufstehen, weil man erschrocken ist **3** **jemanden/etwas (irgendwohin) hochfahren** *(hat)* jemanden/etwas mit einem Fahrzeug nach oben transportieren | *frische Lebensmittel in ein Bergdorf/zur Alm hochfahren* **4** **etwas hochfahren** *(hat)* einen Computer anschalten, starten ⟨den Computer, den PC hochfahren⟩ **5** **etwas hochfahren** *(hat)* die Leistung einer Maschine, eines Reaktors o. Ä. langsam steigern

hoch·fah·rend ■ PARTIZIP PRÄSENS **1** → hochfahren ■ ADJEKTIV **2** arrogant und aggressiv

Hoch·fi·nanz *die; nur Singular* die Besitzer von Großbanken und Großunternehmen eines Landes, die politisch sehr einflussreich sind

hoch·flie·gen VERB *(ist)* **etwas fliegt hoch** *gesprochen* etwas wird durch eine Explosion zerstört **H** weitere Verwendungen → **hoch-**

hoch·flie·gend ■ PARTIZIP PRÄSENS **1** → hochfliegen ■ ADJEKTIV **2** *meist attributiv* voller Idealismus und Optimismus und meist unrealistisch ⟨Pläne⟩

Hoch·form *die; nur Singular* ein sehr guter körperlicher Zustand, in dem man gute Leistungen bringt ⟨in Hochform sein; zur Hochform auflaufen⟩

Hoch·ge·bir·ge *das* ein Gebirge mit steilen Hängen und spitzen Felsgipfeln, die meist über 2000 Meter liegen

Hoch·ge·fühl *das; meist Singular* ein starkes Gefühl großer Freude oder des Stolzes

hoch·ge·hen VERB *(ist)* **1** **etwas geht hoch** etwas bewegt sich nach oben ⟨die Schranke, der Vorhang (im Theater)⟩ **2** **etwas geht hoch** *gesprochen* ⟨eine Bombe, eine Mine⟩ ≈ *explodieren* **3** *gesprochen* wütend werden | *Geh doch nicht immer gleich hoch, wenn ich dich ein bisschen necke!* **4** **jemanden/etwas hochgehen lassen** jemanden/etwas an die Polizei verraten, als Polizist eine Person entdecken und verhaften oder ein Verbrechen verhindern ⟨eine Bande, einen Plan hochgehen lassen⟩ **5** **etwas hochgehen lassen** in einem Gebäude o. Ä. eine Bombe explodieren lassen und es so zerstören **H** weitere Verwendungen → **hoch-**

hoch·geis·tig ADJEKTIV auf einem hohen intellektuellen Niveau ⟨ein Gespräch⟩

Hoch·ge·nuss *der* ein sehr großer Genuss | *Dieser edle Wein ist ein Hochgenuss*

hoch·ge·schlos·sen ADJEKTIV ⟨eine Bluse, ein Kleid⟩ so, dass sie den Oberkörper bis hinauf zum Hals ganz bedecken

hoch·ge·schraubt ADJEKTIV so, dass man unrealistische Vorstellungen hat ⟨Erwartungen⟩

hoch·ge·spannt ADJEKTIV ≈ *hochgesteckt*

hoch·ge·steckt ADJEKTIV so, dass man etwas erreichen will, das sehr groß oder sehr gut ist (und oft auch nicht möglich ist) ⟨Erwartungen, Ziele⟩

hoch·ge·stellt ADJEKTIV **1** **eine hochgestellte Zahl** eine Zahl in kleiner Schrift, die (im Verhältnis zur normalen Schrift) nach oben versetzt ist **2** in einer Hierarchie relativ weit oben ⟨eine Persönlichkeit⟩

hoch·ge·stimmt ADJEKTIV; *geschrieben* mit großen Erwartungen und voller Freude ⟨ein Publikum⟩

hoch·ge·sto·chen ADJEKTIV; *gesprochen, abwertend* in einer Art zu schreiben oder zu sprechen, die zu kompliziert ist ⟨Formulierungen, Reden; sich hochgestochen ausdrücken⟩

hoch·ge·wach·sen ADJEKTIV *meist attributiv* groß und schlank ⟨ein Junge, ein Mädchen⟩

hoch·ge·züch·tet ADJEKTIV sehr leistungsfähig, aber gleichzeitig sehr empfindlich ⟨ein Motor, eine Maschine⟩

Hoch·glanz *der* ein starker Glanz ⟨etwas auf Hochglanz polieren, putzen⟩ **K** Hochglanzpapier ■ **ID** **etwas auf Hochglanz bringen** *gesprochen* etwas sehr sauber putzen | *die Wohnung auf Hochglanz bringen*

hoch·gra·dig ADJEKTIV *meist attributiv* in hohem Grad, Maß ⟨Erregung, Nervosität; etwas ist hochgradig veraltet⟩ ≈ *äußerst* | *Der Erdboden war durch Chemikalien hochgradig verseucht*

hoch·ha·ckig ADJEKTIV mit hohen Absätzen ⟨Schuhe, Pumps, Sandaletten, Stiefel⟩

hoch·hal·ten VERB *(hat)* **1** **jemanden/etwas hochhalten** jemanden/etwas hoch in die Luft halten | *ein Schild hochhalten* **2** **etwas hochhalten** etwas Wichtiges weiter in Erinnerung behalten oder tun ⟨jemandes Andenken, Bräuche, Traditionen hochhalten⟩

★ **Hoch·haus** *das* ein sehr hohes Haus mit vielen Etagen und Wohnungen

hoch|herr·schaft·lich ADJEKTIV sehr vornehm ⟨hochherrschaftlich leben, wohnen⟩

hoch·her·zig ADJEKTIV; *geschrieben* ⟨eine Tat, jemandes Handeln⟩ ≈ *großzügig* • hierzu **Hoch·her·zig·keit** *die*

hoch·ja·gen VERB *(hat)* **1** **jemanden hochjagen** bewirken, dass eine Person oder ein Tier sehr schnell aufsteht ≈ *auf-*

scheuchen **2** **den Motor hochjagen** *gesprochen* (beim Auto) in einem niedrigen Gang schneller als normal fahren (und danach schnell in den höheren Gang schalten) ⓘ weitere Verwendungen → **hoch-**

hoch·ju·beln VERB *(hat)* **jemanden/etwas hochjubeln** *gesprochen* jemanden/etwas (zu) sehr loben und dadurch bekannt machen | *Die Presse hat den Sänger hochgejubelt*

hoch·kant ADVERB mit einer der beiden schmalsten und kürzesten Seitenflächen nach unten | *eine Kiste hochkant stellen* ■ ID **jemanden hochkant hinauswerfen/rausschmeißen** *gesprochen* jemanden mit scharfen Worten oder mit körperlicher Gewalt aus einer Wohnung oder dem Job entfernen

hoch·ka·rä·tig ADJEKTIV **1** von sehr großer Bedeutung oder Qualität ‹Politiker, Schauspieler› **2** **eine hochkarätige Chance** eine sehr gute Möglichkeit, im Sport einen Titel, einen Punkt o. Ä. zu bekommen | *eine hochkarätige Chance vergeben*

★ **hoch·kom·men** VERB *(ist); gesprochen* **1** **(irgendwohin) hochkommen** nach oben kommen | *Kommst du mit hoch auf den Berg/zur Alm?* ⓘ Anstelle einer Richtungsangabe steht meist eine Angabe im Akkusativ: *Wer kommt denn da die Treppe hoch?* **2** ‹aus einem Sessel, von einer Bank hochkommen› ≈ *aufstehen* | *Sie fiel hin und kam nicht wieder vom Boden hoch* **3** eine berufliche Karriere machen | *Der Chef lässt niemanden neben sich hochkommen* **4** wieder gesund werden | *Nach der Operation kam sie schnell wieder hoch* **5** **etwas kommt jemandem hoch** etwas kommt aus dem Magen wieder nach oben (in den Hals) ‹jemandem kommt das Essen wieder hoch› **6** **etwas kommt jemandem wieder hoch** jemand erinnert sich immer wieder an etwas Negatives | *Da kam ihr die Erinnerung an den Unfall wieder hoch*

Hoch·kon·junk·tur *die; meist Singular* **1** eine Phase in der Konjunktur, in der es der Wirtschaft sehr gut geht ≈ *Boom* ↔ *Rezession* **2** **etwas hat (gerade) Hochkonjunktur** etwas ist gerade sehr beliebt oder wird oft gekauft

hoch·kön·nen VERB *(hat); gesprochen* nach oben kommen oder aufstehen können | *Kannst du allein aus dem Bett hoch, oder soll ich dir helfen?*

hoch·krem·peln VERB *(hat)* **etwas hochkrempeln** ≈ *aufkrempeln*

hoch·krie·gen VERB *(hat)* **1** **jemanden/etwas hochkriegen** *gesprochen* jemanden/etwas nach oben bringen können **2** **(k)einen hochkriegen** *gesprochen* ▲ (k)eine Erektion bekommen

hoch·la·den VERB (lud hoch, hat hochgeladen) **etwas (irgendwohin) hochladen**; **etwas auf etwas hochladen** Dateien über das Internet auf einem anderen Computer speichern, meist damit andere Personen sie auch benutzen können ‹Bilder, Dateien, Musik hochladen› ↔ *herunterladen* | *Das Video habe ich gestern auf YouTube® hochgeladen* | *Die Tabellen habe ich schon auf den Server hochgeladen*

hoch·le·ben **jemanden/etwas hochleben lassen** jemanden/etwas feiern, indem man ein Hoch ausbringt

hoch·le·gen VERB *(hat)* **die Beine hochlegen** die Füße im Sitzen auf einen Stuhl o. Ä. legen, nicht am Boden lassen

Hoch·leis·tung *die* eine sehr hohe/große Leistung bei äußerster Anspannung ‹eine (geistige, sportliche) Hochleistung vollbringen›

Hoch·leis·tungs|sport *der* die Art von Sport, bei der professionell trainiert wird, damit man an Wettkämpfen teilnehmen und sehr gute Leistungen bringen kann ‹Hochleistungssport betreiben›

Hoch·mut *der* das Denken oder das Verhalten einer Person, welche glaubt, sie sei besser, klüger, schöner usw. als andere Menschen ≈ *Arroganz* ■ ID **Hochmut kommt vor dem Fall** verwendet, um jemanden davor zu warnen, arrogant zu sein ● hierzu **hoch·mü·tig** ADJEKTIV

hoch·nä·sig ADJEKTIV; *gesprochen, abwertend* ≈ *hochmütig, eingebildet* ● hierzu **Hoch·nä·sig·keit** *die*

hoch·neh·men VERB *(hat)* **1** **jemanden/etwas hochnehmen** jemanden/etwas vom Boden, Tisch o. Ä. nehmen (und in den Händen oder auf dem Arm irgendwohin tragen) ‹ein Kind hochnehmen› | *eine schwere Kiste hochnehmen und wegtragen* **2** **jemanden hochnehmen** *gesprochen* sich über eine Person auf freundliche Weise lustig machen **3** **die Polizei nimmt jemanden hoch** *gesprochen* die Polizei verhaftet einen Verbrecher

Hoch·ofen *der* ein Ofen, in dem Eisenerz geschmolzen wird (um daraus Eisen zu gewinnen)

hoch·päp·peln VERB (päppelte hoch, hat hochgepäppelt) **jemanden hochpäppeln** *gesprochen* eine Person oder ein Tier, die sehr schwach oder krank sind, wieder stark und gesund machen | *ein verwaistes Jungtier hochpäppeln* | *Du bist aber dünn geworden! Aber keine Bange, wir werden dich schon wieder hochpäppeln*

hoch·po·li·tisch ADJEKTIV von großer politischer Bedeutung ‹eine Frage, ein Problem, ein Thema›

hoch·pro·zen·tig ADJEKTIV (höherprozentig, höchstprozentig) ‹Alkohol, eine Lösung› so, dass sie einen großen Anteil (Prozentsatz) von einer Sache enthalten

hoch·ran·gig ADJEKTIV (höherrangig, höchstrangig) mit einem hohen Rang und deshalb wichtig ‹ein Diplomat, ein Offizier, ein Vertreter›

Hoch·rech·nung *die* eine (vorläufige) Rechnung, bei der man mit bereits vorhandenen Daten versucht, das (endgültige) Ergebnis vorherzusagen (z. B. bei Wahlen) | *Die ersten Hochrechnungen haben ergeben, dass die Regierungspartei viele Wählerstimmen verloren hat* ● hierzu **hoch·rech·nen** VERB *(hat)*

hoch·rüs·ten VERB (rüstete hoch, hat hochgerüstet) ≈ *aufrüsten* ● hierzu **Hoch·rüs·tung** *die; nur Singular*

Hoch·sai·son *die* **1** *meist Singular* ≈ *Hauptsaison* **2** **etwas hat Hochsaison** zu einer Zeit verkauft ein Geschäft mehr Waren als sonst oder wird eine Ware sehr oft gekauft | *Vor Weihnachten haben die Geschäfte Hochsaison*

hoch·schal·ten VERB *(hat)* **(in etwas** *(Akkusativ)*) **hochschalten** in einen höheren Gang schalten | *in den dritten Gang hochschalten*

hoch·schät·zen ≈ *hoch schätzen*

hoch·schau·keln VERB *(hat); gesprochen* **1** **etwas hochschaukeln** ein Problem wichtiger nehmen als es ist und dadurch verschlimmern ‹einen Konflikt, eine Lappalie hochschaukeln› **2** **etwas schaukelt sich hoch**; **Personen/Dinge schaukeln sich (gegenseitig) hoch** durch eine Wechselwirkung zwischen Personen/Dingen wird eine Situation immer schwieriger oder eine Stimmung immer aggressiver ‹ein Konflikt, eine Krise schaukelt sich hoch› | *Die religiösen Gegensätze im Land schaukelten sich plötzlich gefährlich hoch*

hoch·scheu·chen VERB *(hat)* **1** **ein Tier hochscheuchen** ein Tier stören, sodass es wegläuft oder wegfliegt **2** **jemanden hochscheuchen** eine Person, die schläft oder sich ausruht, dazu auffordern und bewegen, aktiv zu werden

hoch·schie·ßen VERB **1** **jemand/eine Pflanze schießt hoch** *(ist)* ein Mensch oder eine Pflanze wächst sehr schnell in die Höhe | *Durch den vielen Regen sind die Bohnen schnell hochgeschossen* **2** **(irgendwohin) hochschießen** *gesprochen (ist)* schnell nach oben laufen, klettern o. Ä. | *Die Katze schoss voller Panik den Baum hoch* ⓘ Anstelle einer Richtungsangabe (*in den dritten Stock*) steht meist nur eine Angabe im Akkusativ: *die Treppe hochschießen.* **3** **etwas schießt hoch** *(ist)* etwas bewegt sich schnell nach oben, steigt schnell an ⟨der Blutdruck, die Flammen⟩ **4** **jemanden/etwas hochschießen** *(hat)* jemanden/etwas durch einen Schuss oder mit einer Rakete nach oben befördern | *einen Astronauten ins Weltall hochschießen*

hoch·schrau·ben VERB *(hat)* **1** **etwas hochschrauben** etwas drehen und dadurch nach oben bewegen | *den Klavierhocker hochschrauben* **2** **etwas hochschrauben** etwas immer größer oder höher werden lassen ⟨die Ansprüche, die Erwartungen, die Preise hochschrauben⟩ **3** **ein Flugzeug/ein Vogel schraubt sich hoch** ein Segelflugzeug, ein Vogel bewegt sich in Form einer Spirale nach oben

hoch·schre·cken VERB (schreckt/schrickt hoch, schreckte/schrak hoch, ist hochgeschreckt) **1** (aus Angst o. Ä.) sehr schnell aus dem Liegen oder Sitzen aufspringen | *Er schreckte aus dem Schlaf hoch* (schreckt jemanden hoch, schreckte jemanden hoch, hat jemanden hochgeschreckt) **2** **jemanden hochschrecken** bewirken, dass jemand oder ein Tier (aus Angst o. Ä.) schnell aufspringt | *Wild hochschrecken*

★ **Hoch·schu·le** *die* eine Institution, an der man als Erwachsener wissenschaftliche Fächer studieren kann K Hochschulabschluss, Hochschulabsolvent, Hochschulbildung, Hochschulgesetz, Hochschullehrer, Hochschulreform, Hochschulstudium ID → auch **Universität** • hierzu **Hoch·schü·ler** *der;* **Hoch·schü·le·rin** *die*

Hoch·schul|rei·fe *die; admin* ⟨die Hochschulreife haben⟩ ≈ *Abitur*

hoch·schwan·ger ADJEKTIV im 8. oder 9. Monat der Schwangerschaft ⟨hochschwanger sein⟩

Hoch·see *die; nur Singular* die Teile des Meeres, die weit von der Küste entfernt sind K Hochseefischer, Hochseefischerei, Hochseeflotte, Hochseejacht

Hoch·si·cher·heits|trakt *der* ein Teil eines Gefängnisses mit sehr hohen Sicherheitsmaßnahmen

Hoch·sitz *der* vom Hochsitz aus (oft in einem Baum versteckt) beobachtet der Jäger das Wild

Hoch·span·nung *die* **1** eine hohe elektrische Spannung K Hochspannungsleitung, Hochspannungsmast **2** *nur Singular* eine sehr große Erwartung und Spannung | *Vor seinem Auftritt herrschte Hochspannung im Saal*

hoch·spie·len VERB *(hat)* **etwas hochspielen** *gesprochen* etwas wichtiger machen, als es eigentlich ist

Hoch·spra·che *die; meist Singular* die (vor allem geschriebene) Form einer Sprache, die als Standard angesehen wird und keine regionalen Merkmale hat • hierzu **hoch·sprach·lich** ADJEKTIV

Hoch·sprung *der; nur Singular* eine Disziplin in der Leichtathletik, bei der man über eine Latte springen muss, die immer höher gelegt wird • hierzu **Hoch·sprin·ger** *der;* **Hoch·sprin·ge·rin** *die*

★ **höchst** ADVERB verwendet vor Adjektiven, um ein Maximum der genannten Eigenschaft auszudrücken ⟨höchst erfreut, gefährlich, interessant, leichtsinnig, naiv, ungenau, unwahrscheinlich, zufrieden⟩

hoch·sta·peln VERB *(hat)* **1** so tun, als hätte man eine hohe gesellschaftliche Position und viel Geld, obwohl es nicht wahr ist, um so (vor allem finanzielle) Vorteile zu bekommen **2** so tun, als hätte man ein großes Wissen oder bedeutende Dinge getan, obwohl es nicht wahr ist • hierzu **Hoch·stap·ler** *der;* **Hoch·stap·le·rin** *die;* **Hoch·sta·pe·lei** *die*

hoch·ste·hen *(ist)* **jemandes Haare stehen hoch** jemandes Haare stehen weg vom Kopf

hoch·ste·hend ■ PARTIZIP PRÄSENS **1** → hochstehen ■ ADJEKTIV **2** von einem hohen (gesellschaftlichen) Rang ⟨eine Persönlichkeit⟩

hoch·stei·gen VERB *(ist)* **etwas steigt in jemandem hoch** ein Gefühl entsteht bei jemandem und wird stärker ⟨Ärger, Wut, Freude, Hass⟩ ID weitere Verwendungen → **hoch-**

★ **höchs·tens** ADVERB **1** **höchstens** *+Zahl* auf keinen Fall mehr, wahrscheinlich aber weniger (als die Zahl angibt) ≈ *maximal* | *Sie ist höchstens 15 Jahre alt* | *Das Auto darf höchstens 10.000 Euro kosten* | *Er trinkt keinen Alkohol, höchstens einmal ein Glas Sekt zu Silvester* **2** drückt aus, dass nur das Genannte überhaupt in Frage kommt (und dass auch das nicht wahrscheinlich ist) | *Dieses Problem könnte höchstens ein Genie lösen* (kann praktisch nicht gelöst werden) | *Höchstens ein Wunder könnte ihn jetzt noch retten* (wahrscheinlich kann er nicht mehr gerettet werden)

Höchst·fall *der* **im Höchstfall** im besten Fall | *Im Höchstfall können wir 500 Stück verkaufen*

Höchst·form *die; nur Singular* der Zustand, in dem jemand (vor allem beim Sport) am meisten leisten kann ⟨in Höchstform sein; sich in Höchstform befinden⟩

Höchst·ge·schwin·dig·keit *die; meist Singular* die höchste Geschwindigkeit, die möglich oder erlaubt ist

hoch·sti·li·sie·ren VERB (stilisierte hoch, hat hochstilisiert) **jemanden/etwas (zu etwas) hochstilisieren** *abwertend* eine Person oder Sache besser und wichtiger erscheinen lassen,

H

LANDESKUNDE

▶ Das Hochschulsystem

Das Studium an öffentlichen Hochschulen ist in Deutschland weitgehend kostenlos, es müssen nur geringe Gebühren bezahlt werden. Es gibt mehrere unterschiedliche Arten von Hochschulen: **Universitäten, Technische Universitäten/Hochschulen, Medizinische** und **Pädagogische Hochschulen**, **Kunst-** und **Musikhochschulen** usw. Die **Fachhochschulen** haben eine weitgehend praktische Ausrichtung.

Die allgemeine Hochschulreife (in Deutschland das **Abitur**, in Österreich und in der Schweiz die **Matura**) berechtigt zum Studium eines beliebigen Studiengangs an einer europäischen Hochschule. Es gibt auch die fachgebunde Hochschulreife, die zum Studium bestimmter Fächer berechtigt, mit der Fachhochschulreife (*gesprochen* **Fachabitur**) darf man an Fachhochschulen studieren, in einigen Bundesländern auch bestimmte Fächer an einer Universität.

In vielen Studienfächern gibt es viel mehr Interessenten als Studienplätze. Die Zulassung in diesen Fächern ist beschränkt und hängt zu einem großen Teil von der Durchschnittsnote des Schulabschlusses ab (der **Numerus clausus**), zu einem anderen Teil von Zulassungstests und Auswahlverfahren der einzelnen Hochschulen.

1999 beschlossen die Mitgliedsländer der EU, ihre Hochschulsysteme bis 2010 zu vereinheitlichen. Als Folge davon wurden in den meisten Fächern die europäischen Abschlüsse **Bachelor** und **Master** eingeführt. In manchen Fächern kann man nach wie vor ein **Staatsexamen** (z. B. als Jurist, Lehrer) oder **Diplom** machen. Mit einer zusätzlichen **Promotion** kann ein Doktortitel erworben werden.

als sie in Wirklichkeit ist | *Wir sollten den Zwischenfall nicht zu einem Riesenproblem hochstilisieren*

Hoch·stim·mung *die; meist Singular* eine sehr gute (fröhliche oder optimistische) Stimmung ⟨in Hochstimmung sein; es herrscht Hochstimmung⟩

Höchst·leis·tung *die* die beste (mögliche) Leistung | *sportliche Höchstleistungen vollbringen*

Höchst·maß *das* **ein Höchstmaß (an etwas** (*Dativ*)**)** ein sehr hoher Grad (einer Sache) ≈ *Maximum* | *Diese Arbeit fordert ein Höchstmaß an Konzentration*

Höchst·men·ge *die* die größte mögliche oder erlaubte Menge | *die empfohlene tägliche Höchstmenge für Salz in der Nahrung*

höchst·mög·lich ADJEKTIV *meist attributiv* ≈ *größtmöglich-*

höchst·per·sön·lich, höchst·per·sön·lich ADVERB; *oft humorvoll* selbst, in eigener Person | *Der Chef hat mir höchstpersönlich gratuliert* | *Sie hat höchstpersönlich angerufen*

Höchst·stand *der; meist Singular* der höchste Stand, das höchste Niveau ⟨etwas erreicht den Höchststand; etwas ist auf dem (technischen, wissenschaftlichen) Höchststand⟩

Höchst·tem·pe·ra·tur *die* die höchste (mögliche) Temperatur | *mit Höchsttemperaturen von 30 Grad*

höchst|wahr·schein·lich ADVERB sehr wahrscheinlich | *Sie werden höchstwahrscheinlich zu spät kommen*

höchst·zu·läs·sig ADJEKTIV *meist attributiv; admin* so hoch, wie es höchstens erlaubt ist ⟨das Gesamtgewicht, die Geschwindigkeit⟩

Hoch·tal *das* ein Tal, das in relativ großer Höhe im Hochgebirge liegt

Hoch·tech·no·lo·gie *die* sehr komplizierte Technologie auf der Grundlage neuester Forschungsergebnisse

Hoch·tou·ren *die; Plural* **1** **auf Hochtouren** so, dass die Leistung am größten ist ⟨etwas läuft auf Hochtouren; jemand arbeitet auf Hochtouren; etwas auf Hochtouren bringen; auf Hochtouren kommen⟩ | *Die Maschine läuft auf Hochtouren* **2** **etwas läuft auf Hochtouren** etwas ist in der Phase der größten Aktivität ⟨die Kampagne, die Vorbereitungen⟩

hoch·tou·rig ADJEKTIV **hochtourig fahren** so fahren, dass der Motor mit hoher Drehzahl läuft und man erst sehr spät in einen höheren Gang schaltet ⟨hochtourig fahren⟩

hoch·tra·bend ADJEKTIV; *abwertend* viel zu vornehm und feierlich ⟨Worte; etwas klingt hochtrabend⟩

hoch·trei·ben VERB (*hat*) **etwas hochtreiben** (bewusst) bewirken, dass Preise oder Aktienkurse steigen H weitere Verwendungen → **hoch-**

hoch·ver·dient ADJEKTIV *meist attributiv; geschrieben* ⟨eine Persönlichkeit, ein Politiker, ein Wissenschaftler⟩ so, dass sie viel geleistet haben und dafür geehrt worden sind H aber: *Ihr Sieg war hoch verdient* (getrennt geschrieben)

Hoch·ver·rat *der; nur Singular* ein Verbrechen, bei dem eine Person ihr Land in (große) Gefahr bringt (z. B. weil sie feindlichen Staaten geheime Dokumente gibt) ⟨Hochverrat begehen; des/wegen Hochverrats angeklagt sein⟩ • hierzu **Hoch·ver·rä·ter** *der;* **Hoch·ver·rä·te·rin** *die;* **hoch·ver·rä·te·risch** ADJEKTIV

★ **Hoch·was·ser** *das; nur Singular* **1** die Situation, wenn vor allem ein Fluss so viel Wasser hat, dass es zu einer Überschwemmung kommen kann | *Der Fluss hat Hochwasser* **2** der Vorgang, bei dem große Mengen Wasser aus einem Fluss oder See oder wegen starken Regens über eine Fläche fließen und meist Schaden anrichten ≈ *Überschwemmung* K Hochwassergefahr, Hochwasserkatastrophe, Hochwasserschaden, Hochwasserschutz **3** der höchste Stand des Wassers zur Zeit der Flut (am Meer) ↔ *Ebbe, Niedrigwasser*

hoch·wer·tig ADJEKTIV von hoher Qualität ⟨Produkte, Nahrungsmittel, Lebensmittel, Stahl, Textilien⟩ | *hochwertige Stoffe* | *sich hochwertig ernähren* (mit hochwertigen Lebensmitteln)

Hoch·wür·den *veraltend* verwendet als Anrede oder Titel für katholische und höhere evangelische Geistliche ⟨Euer, Seine Hochwürden⟩

Hoch·zahl *die* die Zahl, die angibt, wie oft man eine Zahl mit sich selbst multiplizieren muss ≈ *Exponent* | *In 2^3 (2 hoch 3) ist 3 die Hochzahl und bedeutet $2 \times 2 \times 2 = 8$*

★ **Hoch·zeit**[1] *die;* (-, -en) **1** *meist Singular* die Verbindung zweier Erwachsener zur Ehe ⟨die kirchliche, standesamtliche Hochzeit⟩ K Hochzeitsbild, Hochzeitsbrauch, Hochzeitsfoto, Hochzeitsgast, Hochzeitsgeschenk, Hochzeitskleid, Hochzeitskutsche, Hochzeitspaar, Hochzeitsreise **2** ein Fest, um eine Hochzeit zu feiern ⟨Hochzeit feiern, halten; eine Hochzeit ausrichten; (jemanden) zur Hochzeit (ein)laden⟩ K Hochzeitsfeier, Hochzeitsfest, Hochzeitsmahl, Hochzeitstafel **3** **(die) silberne/goldene/diamantene/eiserne Hochzeit** der 25./50./60./65. Jahrestag einer Hochzeit oder eine Feier an diesem Tag ◼ ID **nicht auf zwei Hochzeiten tanzen können** *gesprochen* zwei Dinge nicht gleichzeitig machen können

Hoch·zeit[2] *die; geschrieben* ≈ *Blütezeit*

Hoch·zeits|nacht *die* die erste Nacht nach der Hochzeit, die ein Paar miteinander verbringt

Hoch·zeits|tag *der* **1** der Tag der Hochzeit **2** ein Jahrestag einer Hochzeit | *den fünften Hochzeitstag feiern*

Ho·cke *die;* (-) **1** die Körperhaltung, in der man hockt ⟨in der Hocke sitzen; in die Hocke gehen⟩ **2** ein Sprung (als Turnübung), bei dem die Beine zum Körper gezogen sind ⟨eine Hocke über den Kasten, das Pferd machen⟩

★ **ho·cken** VERB (hockte, hat/ist gehockt) **1** **(irgendwo) hocken** (*hat/ist*) die Knie so beugen, dass man auf den Unterschenkeln sitzt | *Sie hockte auf dem Boden und pflückte Erdbeeren* **2** **irgendwo hocken** *gesprochen* (*hat/ist*) so auf dem Boden sitzen, dass die Beine an den Körper herangezogen sind | *Sie hockten um das Lagerfeuer und wärmten sich die Hände* **3** **irgendwo hocken** (*ist*) ≈ *sitzen* | *auf dem Sofa vor dem Fernseher hocken* **4** **irgendwo hocken** *gesprochen, meist abwertend* (*hat/ist*) längere Zeit immer nur an ein und demselben Ort bleiben | *Sie hockt jeden Abend zu Hause und geht nie aus* | *Während wir in diesem Dorf hocken, reist sie um die Welt* **5** **über etwas** (*Akkusativ*) **hocken** (*ist*) mit angewinkelten Beinen über ein Hindernis oder Sportgerät springen ⟨über das Pferd, den Kasten hocken⟩ **6** **sich irgendwohin hocken** (*hat*) sich in hockender Stellung an einen Platz setzen | *Er hockte sich vor die Katze und kraulte sie* **7** **sich irgendwohin hocken** *süddeutsch* Ⓐ (*hat*) ≈ *setzen* | *Sie hockte sich vor den Kamin* | *Hock dich auf den Stuhl!*

★ **Ho·cker** *der;* (-s, -) **1** ein Stuhl ohne Lehne (oft mit drei Beinen) | *auf einem Hocker am Klavier sitzen* K Barhocker, Klavierhocker, Küchenhocker **2** ein niedriger Hocker, auf den man z. B. steigt, wenn man etwas in der Höhe erreichen will ⟨auf einen Hocker steigen⟩ ◼ ID **etwas reißt jemanden nicht vom Hocker** *gesprochen* etwas interessiert eine Person nicht oder gefällt ihr nicht sehr

Hö·cker *der;* (-s, -) Kamele haben Höcker auf dem Rücken, die wie kleine Hügel aussehen | *ein Kamel mit zwei Höckern*

hö·cke·rig ADJEKTIV **1** mit einem oder mehreren Höckern ⟨eine Nase⟩ **2** nicht eben und nicht gerade ⟨ein Boden⟩

Ho·ckey ['hɔki, 'hɔkei] (*das*); (-s) ein Spiel, bei dem zwei Mannschaften versuchen, einen kleinen Ball mit Stöcken ins gegnerische Tor zu schlagen ⟨Hockey spielen⟩ K Hockeyschläger, Hockeyspieler; Eishockey, Feldhockey, Rasenhockey

höck·rig ADJEKTIV → höckerig

Ho·den *der;* (-s, -); *meist Plural* der Teil der Geschlechtsorgane bei Männern, in dem die Samen produziert werden **i** → Abb. unter **Mensch**

Ho·den·sack *der* die Hülle aus Haut, in der sich die Hoden befinden

★ **Hof** *der;* (-(e)s, Hö·fe) **1** eine Fläche hinter einem Haus oder zwischen Häusern, die von Mauern o. Ä. umgeben ist (und die von den Hausbewohnern zu verschiedenen Zwecken benutzt wird) ⟨ein gepflasterter, geteerter Hof; auf dem/im Hof spielen; Fahrräder im Hof abstellen; Wäsche im Hof aufhängen⟩ | *Das Fenster geht auf den/zum Hof hinaus* **K** Hoftor; Hinterhof, Schulhof **2** das Haus eines Bauern mit Scheune, Ställen, Garten, Feldern usw. ⟨einen Hof erben, pachten, verpachten; in einen Hof einheiraten⟩ | *Nur noch wenige Höfe im Dorf werden bewirtschaftet* **K** Hoferbe, Hofhund; Bauernhof, Gutshof **3** der Ort und die Häuser, in denen ein König, Fürst o. Ä. lebt und von wo aus er ein Gebiet regiert ⟨der königliche, kaiserliche Hof; bei Hofe/am Hof eingeführt werden; am Hof leben⟩ | *der Hof Ludwigs XIV. in Versailles* **K** Hofadel, Hofdame, Hofgesellschaft, Hofgarten, Hofkirche, Hoflieferant, Hofnarr, Hofpoet; Fürstenhof, Kaiserhof, Königshof **4** *nur Singular* die Personen, die am Hof eines Herrschers leben ≈ *Hofstaat* | *Die Schauspieltruppe führte ihr Stück vor dem Hof des Königs auf* **5** *nur Singular* ein heller Bereich um den Mond, der wie Nebel aussieht **6** **jemand hält (irgendwo) Hof** *historisch* ein Fürst, ein König o. Ä. ist mit dem Hofstaat irgendwo und regiert dort | *Karl der Große hielt in Aachen Hof* ■ **ID** **jemandem den Hof machen** *veraltend* als Mann charmant um eine Frau werben

★ **hof·fen** VERB (hoffte, hat gehofft) **1** **etwas hoffen** den Wunsch haben, dass etwas geschehen wird, und gleichzeitig glauben, dass es geschehen kann | *Ich hoffe, dass es morgen schönes Wetter gibt* | *Hoffen wir das Beste!* **2** **(auf etwas** (*Akkusativ*)) **hoffen** den Wunsch haben, dass etwas geschehen wird | *Ich hoffe auf ein baldiges Wiedersehen!* | *Das Kind war schon so lange krank, dass die Eltern kaum noch zu hoffen wagten* | *Ich hoffe und bete* ■ **ID** **Das will ich (doch stark) hoffen!** verwendet, um eine indirekte Drohung oder Warnung auszusprechen

★ **hof·fent·lich** ADVERB **1** so, dass man etwas sehr stark wünscht | *Hoffentlich hatte er keinen Unfall!* | *Du hast doch hoffentlich nicht vor, diesen Mann zu heiraten?* **2** verwendet als Antwort auf eine Entscheidungsfrage, um einen leichten Zweifel auszudrücken | *„Kann er das Fahrrad reparieren?" – „Hoffentlich!"*

★ **Hoff·nung** *die;* (-, -en) **1** **eine Hoffnung (auf etwas** (*Akkusativ*)) der starke Wunsch oder Glaube, dass etwas Positives geschehen wird ⟨eine begründete, berechtigte, falsche, schwache Hoffnung; jemandem/sich selbst Hoffnung(en) machen; in jemandem Hoffnung(en) (er)wecken; Hoffnung schöpfen; (keine, wenig) Hoffnung haben; jemandem eine/die Hoffnung nehmen; die Hoffnung aufgeben, verlieren⟩ | *Es gibt kaum noch Hoffnung, dass er wieder gesund wird* | *Sie ging voller Hoffnung in die Prüfung* | *Mach dir keine falschen Hoffnungen!* **2** eine Person, eine Handlung oder ein Vorhaben, von denen man eine gute Leistung oder Hilfe erwartet | *Er ist die große Hoffnung seiner Eltern, er soll einmal ein berühmter Künstler werden* | *Du bist/Das ist meine letzte Hoffnung!* **3** **Hoffnung in jemanden/etwas setzen** von einer Person eine gute Leistung oder Hilfe erwarten **4** **guter Hoffnung sein** *veraltend* (als Frau) ein Kind erwarten, schwanger sein ■ **ID** **alle Hoffnung fahren lassen/fahrenlassen** keinerlei Hoffnung mehr haben; **Die Hoffnung stirbt zuletzt** drückt aus, dass man immer noch auf etwas hofft, das aber wahrscheinlich nie geschehen wird ● zu (1) **hoff·nungs·voll** ADJEKTIV

hoff·nungs·froh ADJEKTIV; *geschrieben* voller Hoffnung ⟨hoffnungsfroh in die Zukunft blicken⟩ ≈ *optimistisch*

hoff·nungs·los ADJEKTIV **1** so, dass es keine Aussicht auf Besserung oder Erfolg gibt ⟨ein Fall, eine Lage⟩ **2** in sehr hohem, negativem Maße ⟨hoffnungslos überfordert, überfüllt, überlastet, unterlegen sein⟩ | *Wir hatten uns hoffnungslos verirrt*

Hoff·nungs·schim·mer *der; geschrieben* ein bisschen Hoffnung

Hoff·nungs·trä·ger *der* eine Person, von der man viel (an Leistung oder Hilfe) erwartet ● hierzu **Hoff·nungs·trä·ge·rin** *die*

hof·hal·ten ≈ *Hof halten*

ho·fie·ren VERB (hofierte, hat hofiert) **jemanden hofieren** sehr hilfsbereit und höflich zu einer Person sein und ihr schmeicheln ⟨den Chef, einen Gönner hofieren⟩

hö·fisch ADJEKTIV **1** *historisch* so, wie es an einem adeligen Hof üblich war ⟨Sitten, Manieren, ein Tanz⟩ **2** der Kultur und den Idealen der ritterlichen Gesellschaft des Mittelalters entsprechend ⟨die Dichtung, die Epik, die Kunst⟩

Hof·knicks *der; historisch* ein Knicks, mit dem Frauen früher Fürsten usw. begrüßen mussten

★ **höf·lich** ADJEKTIV **höflich (zu jemandem)** mit einem Verhalten, das auf die Gefühle und die Ehre anderer Menschen Rücksicht nimmt und den sozialen Normen entspricht ⟨eine Antwort, ein Benehmen, ein Gruß; ausgesucht, übertrieben höflich sein; (jemanden) höflich um etwas bitten; jemanden höflich grüßen; sich höflich bedanken⟩ | *Er war so höflich, mir die Tür aufzuhalten* | *Als höflicher Mensch unterbricht er nie ein Gespräch*

Höf·lich·keit *die;* (-, -en) **1** **Höflichkeit (jemandem gegenüber)** *nur Singular* ein höfliches Benehmen ⟨jemanden mit ausgesuchter, großer, übertriebener Höflichkeit begrüßen, behandeln; es nicht an Höflichkeit fehlen lassen; etwas aus reiner/nur aus Höflichkeit tun⟩ **K** Höflichkeitsbesuch, Höflichkeitsbezeigung, Höflichkeitsfloskel **2** *meist Plural* höfliche, aber meist unwichtige Worte ⟨Höflichkeiten austauschen⟩ ● zu (2) **höf·lich·keits·hal·ber** ADVERB

Höf·ling *der;* (-s, -e); *historisch* eine Person, die zum Hofstaat eines Fürsten o. Ä. gehörte

Hof·rat *der;* Ⓐ **1** ein Ehrentitel für Beamte **2** eine Person mit diesem Titel

Hof·staat *der;* (-s) alle Personen, die am Hof eines Fürsten o. Ä. leben | *Der König und sein ganzer Hofstaat versammelten sich im Thronsaal*

ho·h- → hoch

★ **Hö·he** ['hø:ə] *die;* (-, -n) **1** die Größe einer Sache nach oben ↔ *Tiefe* | *eine Mauer von zwei Meter Höhe* | *Dieser Berg hat eine Höhe von 3000 Metern* | *die Länge, Breite und Höhe eines Schranks abmessen* **K** Höhenangabe, Höhenunterschied, höhengleich; Schrankhöhe, Stuhlhöhe, Tischhöhe *usw.* **2** die Entfernung nach oben, die etwas von der Erdoberfläche oder vom Meeresspiegel hat ⟨etwas fliegt, liegt in großer Höhe; etwas befindet sich in einer Höhe von … Metern⟩ | *etwas aus großer Höhe fallen lassen* | *Der Ort liegt in sechshundert Metern Höhe (über dem Meeresspiegel)* **K** Höhenlage, Höhenunterschied; Augenhöhe, Brusthöhe, Kniehöhe, Schulterhöhe; Flughöhe, Meereshöhe **3** eine (mathematische) Größe, die sich messen oder berechnen und in Zahlen ausdrücken lässt ⟨die Höhe eines Betrags, eines Lohnes, einer Steuer, des Drucks, der Temperatur; die Höhe bestimmen, ermitteln, festlegen, variieren,

verändern⟩ | *Die Höhe der Preise richtet sich nach Angebot und Nachfrage* **K** Druckhöhe, Preishöhe, Schadenshöhe, Temperaturhöhe **4** *geschrieben* ein Punkt oder eine Gegend, die (weit) über eine Ebene herausragen, z. B. ein Hügel ⟨eine Höhe erklimmen, ersteigen; auf einer Höhe stehen⟩ | *Er machte eine Wanderung zur Höhe der Klippe* **K** Höhenwanderung, Höhenweg, Höhenwind; Bergeshöhe, Passhöhe, Waldeshöhe **5** die Frequenz, die ein Geräusch hat ⟨die Höhe eines Tons⟩ | *beim Singen nicht die richtige Höhe treffen* **K** Tonhöhe **6** **die Höhen** *nur Plural* alle hohen Töne (z. B. in einem Musikstück) im Gegensatz zu den mittelhohen und tiefen Tönen **7** *nur Singular* ein relativ gutes Niveau ⟨(etwas hat) eine beachtliche, beträchtliche Höhe⟩ | *Unsere Produkte sind auf der Höhe der derzeitigen Entwicklung* **8** **auf der Höhe** *+Genitiv*/**von jemandem/etwas**; **auf gleicher Höhe (mit jemandem/etwas)** auf derselben (gedachten) Linie wie jemand/etwas | *Sie parkte das Auto auf der Höhe der Kirche* | *Die beiden Pferde befinden sich kurz vor der Ziellinie auf gleicher Höhe* **9** der senkrechte Abstand, den der höchste Punkt einer Figur von der Grundlinie oder Grundfläche hat ⟨die Höhe eines Dreiecks, einer Pyramide; die Höhe bestimmen, errechnen, ermitteln, messen, einzeichnen⟩ **10** der Abstand, den ein Planet, ein Stern o. Ä. vom Horizont hat | *Die Venus steht gerade in einundzwanzig Grad, sechzehn Minuten (21°16') Höhe* **11** **auf der Höhe** *+Genitiv* am höchsten Punkt einer Entwicklung ≈ *Höhepunkt* | *Er befindet sich auf der Höhe seines Ruhms*
▪ **ID** **Das ist (ja) die Höhe!** verwendet, um Empörung auszudrücken; **auf der Höhe der Ereignisse sein** über ein aktuelles Thema informiert sein; **etwas ist auf der Höhe der Zeit** etwas entspricht dem Stand der Entwicklung; **nicht (ganz) auf der Höhe sein** *gesprochen* nicht ganz gesund sein

Ho·heit *die*; (-, -en) **1** **die Hoheit (über etwas** *(Akkusativ)*) *nur Singular* das Recht (eines Staates), ein Gebiet zu regieren, und die Verpflichtung, es zu schützen ⟨die Hoheit über ein Land, ein Meeresgebiet, die Hoheit eines Landes anerkennen; ein Land steht unter jemandes Hoheit⟩ ≈ *Souveränität* | *Die eroberten Gebiete wurden unter die Hoheit der Siegermächte gestellt* **K** Hoheitsgebiet, Hoheitsgewalt, Hoheitsgewässer, Hoheitsrecht, Hoheitsträger, Hoheitszeichen; Finanzhoheit, Gerichtshoheit, Gebietshoheit **2** *geschrieben nur Singular* der vornehme und edle Charakter ⟨die Hoheit einer Erscheinung, einer Persönlichkeit, eines Amtes⟩ **3** verwendet als Anrede und Titel von Angehörigen einer adeligen regierenden Familie | *Herzlich willkommen, Eure Hoheit!* | *Ihre Hoheit, die Königin*

Hö·hen·angst *die; meist Singular* die Angst davor, z. B. von einer Brücke oder einem Berg nach unten zu sehen

Hö·hen·flug *der* **1** ein Flug in großer Höhe **2** *meist abwertend oder ironisch* die Wanderung von jemandes Gedanken in sehr unrealistische, fantastische Bereiche ⟨jemandes geistige Höhenflüge⟩ **3** ein großer Erfolg | *sein Höhenflug wurde gebremst*

Hö·hen·krank·heit *die; nur Singular* Kopfschmerzen und Übelkeit (wegen eines Mangels an Sauerstoff), die manche Menschen bekommen, wenn sie auf sehr hohen Bergen sind

Hö·hen·luft *die; nur Singular* die Luft im Hochgebirge mit relativ wenig Sauerstoff ⟨die Höhenluft nicht vertragen; sich an die Höhenluft gewöhnen, anpassen (müssen)⟩

Hö·hen·son·ne *die* **1** *nur Singular* das Licht der Sonne im Gebirge, das ziemlich viel ultraviolette Strahlen enthält **2** ein Gerät, das Licht mit viel ultravioletten Strahlen erzeugt und so Krankheiten heilen kann ⟨unter der Höhensonne liegen; von einer Höhensonne bestrahlt werden⟩

hö·hen|ver·stell·bar ADJEKTIV ⟨eine Lampe, ein Sitz⟩ so, dass man ihre Höhe ändern kann

★ **Hö·he·punkt** *der* **1** **der Höhepunkt** *+Genitiv*/**der Höhepunkt in etwas** *(Dativ)* der wichtigste (und schönste) Teil einer Entwicklung oder eines Vorgangs ⟨der dramatische, musikalische Höhepunkt; etwas geht dem Höhepunkt zu; etwas erreicht einen Höhepunkt; auf dem Höhepunkt der Karriere, Laufbahn sein⟩ | *Die Wahl zum Präsidenten stellte den Höhepunkt (in) seiner politischen Laufbahn dar* **2** der Zeitpunkt des höchsten sexuellen Genusses ⟨zum Höhepunkt kommen⟩ ≈ *Orgasmus*

hö·her ['hø:ɐ] *Komparativ* → hoch

hö·he·rer·seits ADVERB; *geschrieben* von einer höheren (vorgesetzten) Dienststelle oder von einem Vorgesetzten aus ⟨etwas wird höhererseits angeordnet, befohlen, verfügt⟩

hö·her·grup·pie·ren VERB (gruppierte höher, hat höhergruppiert) **jemanden höhergruppieren** jemandem mehr Geld für die Arbeit geben • hierzu **Hö·her·grup·pie·rung** *die*

hö·her·stu·fen VERB (stufte höher, hat höhergestuft) **jemanden höherstufen** jemandem eine bessere Stellung mit höherer Bezahlung geben ≈ *höhergruppieren* • hierzu **Hö·her·stu·fung** *die*

★ **hohl** ADJEKTIV **1** innen leer, ohne Inhalt ⟨ein Baum, ein Zahn⟩ | *Die Mauer klingt an dieser Stelle hohl* **K** Hohlkörper, Hohlraum **2** so, dass etwas, das normalerweise flach oder gerade ist, nach innen gebogen ist ⟨ein hohles Kreuz, hohle Wangen haben⟩ ≈ *konkav* | *Sie schöpfte mit der hohlen Hand Wasser aus dem Bach* **K** Hohlspiegel **3** ⟨ein Klang, ein Gelächter⟩ so, dass es klingt, als kämen sie aus einem leeren Raum **4** *abwertend* ohne wichtigen (geistigen) Inhalt ⟨ein Gerede, Phrasen⟩

hohl·äu·gig ADJEKTIV mit Augen, die tief (im Kopf) liegen (infolge von Krankheit oder Unterernährung) ⟨Kinder, ein Gesicht⟩

★ **Höh·le** *die*; (-, -n) **1** ein Raum unter der Erde oder in einem Berg, Felsen usw. ⟨eine (unterirdische) Höhle entdecken, erforschen⟩ | *Die Steinzeitmenschen lebten in Höhlen* **K** Bärenhöhle, Dachshöhle, Fuchshöhle, Wolfshöhle, Erdhöhle **2** Kurzwort für *Augenhöhle* ⟨jemandes Augen liegen tief in ihren Höhlen⟩ **3** *abwertend* eine dunkle, feuchte, ärmliche Wohnung ⟨in einer muffigen Höhle hausen, wohnen⟩ **4** *gesprochen* das eigene Zimmer oder die eigene Wohnung, in der man sich geborgen fühlt ⟨sich in seine(r) Höhle verkriechen⟩ ▪ **ID** **sich in die Höhle des Löwen wagen** *humorvoll* mutig zu einer Person gehen, vor der man eigentlich Angst hat

Höh·len·ma·le·rei *die* **1** Bilder, die Menschen alter Kulturen an die Wände ihrer Höhlen malten **2** *meist Plural* ein Bild in dieser Art

Hohl·kopf *der; gesprochen, abwertend* ≈ *Dummkopf*

Hohl·kreuz *das* eine Wirbelsäule, die im Bereich des unteren Rückens stark nach vorn gebogen ist ⟨ein Hohlkreuz haben, machen⟩

Hohl·maß *das* **1** eine Maßeinheit, mit der man angibt, wie groß das Volumen einer Sache ist ≈ *Raummaß* | *Kubikmeter und Liter sind Hohlmaße* **2** ein Gefäß mit einer Skala, mit dem man die Menge einer Flüssigkeit messen kann

Höh·lung *die*; (-, -en); *geschrieben* eine meist natürlich entstandene kleine Höhle in einem Baum oder Felsen | *Viele Seevögel nisten in Höhlungen in der Felswand*

hohl·wan·gig ADJEKTIV sehr mager im Gesicht, mit eingefallenen Wangen (infolge von Krankheit oder Unterernährung)

Hohl·weg *der* ein Weg zwischen steilen Felswänden

Hohn *der*; (-(e)s) böser Spott, der mit Verachtung gemischt ist ⟨beißender, blanker, kalter, offener, unverhüllter Hohn; jemand/etwas erntet nur Spott und Hohn⟩ K Hohngelächter ■ ID **Das ist ja der blanke, reine Hohn!** das ist ohne jede Vernunft, das ist völlig absurd; **etwas spricht etwas** (*Dativ*) **Hohn** *geschrieben* etwas steht im Widerspruch zu etwas und macht es dadurch lächerlich und nicht sinnvoll | *Diese Theorie spricht allen empirischen Ergebnissen Hohn | ein allem Recht Hohn sprechendes Urteil*

höh·nen VERB (höhnte, hat gehöhnt) **etwas höhnen** *geschrieben* etwas voller Hohn sagen | *„Das geschieht dir ganz recht", höhnte sie* **i** Das Objekt ist meist ein Satz.

höh·nisch ADJEKTIV voller Hohn ⟨ein Grinsen, ein Lachen, eine Bemerkung, eine Antwort; höhnisch grinsen, lachen⟩

hohn·lä·chelnd ADVERB; *geschrieben* mit einem höhnischen Lächeln ⟨jemandem etwas hohnlächelnd zur Antwort geben⟩

hohn·la·chend ADVERB; *geschrieben* mit einem höhnischen Lachen

hohn·spre·chen ≈ *Hohn sprechen*

ho·ho! verwendet, um Erstaunen oder Protest auszudrücken

hoi! [hɔy] drückt aus, dass man überrascht und/oder erfreut ist

Ho·kus·po·kus *der*; (-) **1** *gesprochen, humorvoll ohne Artikel* verwendet als Formel, die man spricht, wenn man einen Zaubertrick zeigt | *Hokuspokus, da ist das Kaninchen!* **2** Zauberei oder Tricks | *Er machte den Kindern allerlei Hokuspokus vor*

hold ADJEKTIV; *geschrieben* **1** sehr zart und hübsch ⟨ein Kind, ein Lächeln⟩ **2** **das Glück ist jemandem (nicht) hold** jemand hat (kein) Glück

★ **ho·len** VERB (holte, hat geholt) **1** **jemanden/etwas holen** dorthin gehen, wo eine Person oder Sache ist, und diese mit sich zurückbringen | *Kartoffeln aus dem Keller holen | jemanden ans Telefon holen* **2** **etwas aus etwas holen** etwas aus einem Behälter nehmen | *den Schlüssel aus der Tasche holen | Milch aus dem Kühlschrank holen* **3** **jemanden holen** eine Person anrufen oder beauftragen, damit sie kommt und das tut, was ihre Aufgabe oder ihr Beruf ist ⟨den Arzt, den Klempner, die Polizei holen⟩ ≈ *rufen* **4** **etwas holen** *gesprochen* ≈ *einkaufen* | *Brötchen holen* **5** **jemanden aus dem Bett holen** jemanden veranlassen, aus dem Bett aufzustehen | *Der Telefonanruf hat mich mitten in der Nacht aus dem Bett geholt* **6** **Atem/Luft holen** viel Luft in die Lunge bringen (meist nach einer Anstrengung), kräftig einatmen ⟨tief Atem/Luft holen⟩ **7** **(sich** (*Dativ*)**) etwas holen** (bei einem Wettbewerb, beim Sport usw.) etwas gewinnen ⟨eine Medaille, einen Preis, einen Titel holen⟩ | *Der Verein hat (sich) mit diesem Spiel die Meisterschaft geholt* **8** **sich** (*Dativ*) **etwas holen** *gesprochen* sich mit etwas infizieren und krank werden ⟨sich (*Dativ*) die Grippe, einen Schnupfen holen⟩ **9** **sich** (*Dativ*) **etwas holen** sich etwas geben lassen ⟨sich (*Dativ*) Anregungen, (einen) Rat, Tipps (von jemandem) holen⟩
■ ID **Bei dem/der ist nichts (mehr) zu holen** *gesprochen* eine Person hat kein Geld mehr (das man ihr wegnehmen könnte)

hol·la! verwendet, um Überraschung auszudrücken

★ **Höl·le** *die*; (-) **1** der Ort, von dem man (in manchen Religionen) glaubt, dass dort nach dem Tod die Seelen der Menschen für ihre Sünden bestraft werden ⟨in die Hölle kommen; zur Hölle fahren⟩ ↔ *Himmel* K Höllenfeuer, Höllenqualen **2** ein Ort oder ein Zustand, in dem man sehr viel leidet ⟨etwas ist für jemanden die Hölle; jemandem das Leben zur Hölle machen⟩ ■ ID **jemandem die Hölle heiß machen** *gesprochen* jemandem durch Drohungen Angst machen; **Hier ist die Hölle los** *gesprochen* Hier ist großer Lärm und ein (hektisches) Durcheinander

Höl·len- *im Substantiv, betont, begrenzt produktiv; gesprochen* **die Höllenangst, der Höllenkrach, das Höllenspektakel, das Höllentempo** *und andere* verwendet, um Substantive (meist mit negativem Inhalt) zu verstärken | *Der Verkehr macht einen Höllenlärm* (Der Verkehr ist sehr laut)

höl·lisch ADJEKTIV; *gesprochen* **1** zur Hölle gehörig ⟨das Feuer⟩ **2** in negativer Weise über das normale Maß hinausgehend ⟨Angst, Schmerzen, eine Hitze, ein Lärm, ein Tempo; höllisch aufpassen müssen; es ist höllisch heiß, kalt⟩ | *Die Wunde tut höllisch weh*

Holm *der*; (-(e)s, -e) einer der beiden langen Teile einer Leiter | *Eine Leiter besteht aus zwei Holmen und mehreren Sprossen*

Ho·lo·caust ['hoːlokaust] *der*; (-(s), -s) **1** *historisch* der Massenmord an den Juden zur Zeit des Nationalsozialismus **2** das Töten einer sehr großen Zahl von Menschen ⟨ein atomarer Holocaust⟩ ≈ *Massenvernichtung*

hol·pe·rig ADJEKTIV → holprig

hol·pern VERB (holperte, hat/ist geholpert) **etwas holpert** (*hat*); **etwas holpert irgendwohin** (*ist*) etwas bewegt sich während einer Fahrt unruhig und wackelt (weil die Straße oder der Weg schlecht ist) | *Da sein Anhänger zu sehr holperte, fiel die Ladung herunter | Die Kutsche holperte über das Pflaster*

holp·rig ADJEKTIV **1** voller Löcher und Unebenheiten ⟨eine Gasse, ein Pfad, ein Weg⟩ ≈ *uneben* | *auf einem holprigen Pflaster fahren* **2** so, dass man noch viele Pausen beim Sprechen macht oder machen muss ⟨holprig lesen, sprechen, vortragen⟩ | *Mein Italienisch ist noch ziemlich holprig*

hol·ter·die·pol·ter ADVERB; *gesprochen* in zu großer Eile ⟨etwas holterdiepolter machen; etwas geht holterdiepolter⟩ ≈ *überstürzt*

Ho·lun·der *der*; (-s) **1** ein Strauch oder kleiner Baum mit kleinen schwarzen Beeren K Holunderblüte, Holundertee **2** die Beeren des Holunders, aus denen man Marmelade macht oder deren Saft man trinkt K Holunderbeere, Holundersaft

★ **Holz** *das*; (-es, Höl·zer) **1** *nur Singular* das Material, aus dem Äste und Stämme von Bäumen bestehen und aus dem man z. B. Möbel und Papier macht ⟨hartes, weiches, dürres, trockenes Holz; Holz hacken, sägen, spalten, stapeln; (etwas aus) Holz schnitzen⟩ | *ein Schrank aus massivem Holz | Holz für ein Lagerfeuer sammeln* K Holzbank, Holzbrett, Holzbrücke, Holzfigur, Holzgerüst, Holzhammer, Holzhaus, Holzhütte, Holzindustrie, Holzkiste, Holzklotz, Holzkreuz, Holzscheit, Holzschnitzer, Holzschnitzerei, Holzschuhe, Holzschuppen, Holzspan, Holzsplitter, Holzstapel, Holzstück, Holzzaun, holzgeschnitzt, holzgetäfelt, holzverkleidet; Buchenholz, Eichenholz; Laubholz, Nadelholz, Hartholz, Weichholz; Bauholz, Brennholz, Möbelholz **2** *meist Plural* eine spezielle Sorte Holz | *für den Geigenbau nur beste Hölzer verwenden | Mahagoni und Teak sind edle Hölzer* K Edelhölzer **3** *veraltend* ein Wald, den man nutzt, um Holz zum Bauen, für Papier, zum Heizen usw. zu produzieren ⟨ins Holz gehen, fahren⟩ **4** **Holz machen** Bäume fällen oder Brennholz klein hacken ■ ID **jemand ist aus hartem/weichem Holz geschnitzt** jemand ist körperlich und geistig sehr belastbar/nicht sehr belastbar, hat einen festen Charakter/ist charakterlich nicht gefestigt; **jemand ist aus anderem/dem gleichen Holz geschnitzt** jemand ist charakterlich ganz anders als/genau so wie eine andere Person; **Das ist viel Holz** *gesprochen* das ist eine große Menge Geld, Arbeit o. Ä.; **Eine Person steht wie ein Stück Holz** da eine Person steht steif und unbeweglich da; **Holz sägen** *gesprochen, humorvoll* schnarchen; **Sie hat (viel) Holz vor der Hütte** *gesprochen* ⚠ Diese Frau hat einen großen Busen

Hölz·chen *das;* (-s, -) **1** ein kleines Stück Holz **2** ≈ *Zündholz*

höl·zern ADJEKTIV **1** *meist attributiv* aus Holz ⟨eine Brücke, ein Spielzeug⟩ **2** ⟨Bewegungen⟩ ungeschickt und steif und nicht elegant | *sich hölzern verbeugen* **3** ohne die nötige Erfahrung und Routine ⟨sich hölzern benehmen⟩ ≈ *taktlos, ungeschickt*

Holz·fäl·ler *der;* (-s, -) eine Person, die beruflich im Wald Bäume fällt • hierzu **Holz·fäl·le·rin** *die*

Holz·ham·mer|me·tho·de *die; abwertend* eine plumpe, nicht sehr taktvolle Methode, die eigene Meinung durchzusetzen und jemanden von etwas zu überzeugen ⟨die Holzhammermethode anwenden; nach der Holzhammermethode vorgehen⟩

hol·zig ADJEKTIV **1** so hart wie Holz ⟨ein Stängel⟩ **2** hart und trocken und deshalb schwer zu kauen

Holz·koh·le *die; meist Singular* eine sehr leichte Kohle, die man beim Grillen oder zum Zeichnen verwendet K Holzkohlengrill

Holz·schnitt *der* **1** *nur Singular* eine grafische Technik, bei der man ein Bild (seitenverkehrt) mit einem scharfen Messer aus einer Holzplatte herausschneidet. Die Holzplatte wird dann gefärbt und dient für den Druck des Bildes **2** ein Blatt, das in der Technik des Holzschnitts hergestellt ist | *Holzschnitte und Kupferstiche aus dem 16. Jahrhundert*

Holz|schutz·mit·tel *das* ein (chemisches) Mittel, mit dem man Holz (gegen Feuchtigkeit, Schädlinge) konserviert

Holz·weg *der* ■ ID **auf dem Holzweg sein** falsche Vorstellungen von jemandem/etwas haben

Holz·wurm *der* die Larve von verschiedenen Käfern, die Gänge ins Holz frisst

★ **Home·page** ['hoʊmpeɪtʃ] *die;* (-, -s [-peidʒɪz]) eine Information im Internet, mit der sich vor allem eine Firma, eine Organisation selbst beschreibt bzw. die erste Seite dieser Information ⟨eine Homepage basteln, erstellen, aufrufen, besuchen, lesen; Informationen, Fotos auf die Homepage stellen⟩ | *Besuchen Sie auch unsere Homepage im Internet!* ℹ → auch **Website**

Ho·mo *der;* (-s, -s); *gesprochen* Kurzwort für *Homosexuelle(r)* K Homoehe

ho·mo·gen ADJEKTIV; *geschrieben* so, dass die einzelnen Teile gut zueinanderpassen, weil sie gleichartig sind ⟨eine Gruppe, eine Masse, eine Gesellschaftsschicht⟩ ≈ *einheitlich* ↔ *heterogen* • hierzu **Ho·mo·ge·ni·tät** *die*

ho·mo·ge·ni·sie·ren VERB (homogenisierte, hat homogenisiert) **etwas homogenisieren** die Bestandteile von Flüssigkeiten, die sich nicht mischen, in kleinste Teile zerlegen und mischen | *homogenisierte Milch*

Ho·möo·path [homøo'pa:t] *der;* (-en, -en) ein Arzt mit einer Ausbildung in Homöopathie ℹ *der Homöopath; den, dem, des Homöopathen* • hierzu **Ho·möo·pa·thin** [homøo'pa:tɪn] *die*

Ho·möo·pa·thie [homøopa'ti:] *die;* (-) eine Heilmethode, bei der Krankheiten durch sehr kleine Mengen derjenigen Substanz geheilt werden, welche der Grund für die Krankheit sind

★ **ho·mo·se·xu·ell** ADJEKTIV mit sexueller Neigung zu Menschen des gleichen Geschlechts ⟨eine Beziehung, Neigungen; homosexuell veranlagt sein⟩ ↔ *heterosexuell* ℹ Man bezeichnet vor allem Männer als *homosexuell*, Frauen meist als *lesbisch*. • hierzu **Ho·mo·se·xu·a·li·tät** *die*

Ho·mo·se·xu·el·le *der/die;* (-n, -n) eine Person, die homosexuell ist ℹ a) *ein Homosexueller; der Homosexuelle; den, dem, des Homosexuellen;* b) meist für Männer, nur selten für Frauen verwendet

★ **Ho·nig** *der;* (-s) **1** Bienen produzieren süßen Honig, den man z. B. auf ein Brot streicht ⟨Milch, Tee, ein Brot mit Honig⟩ K Honigbiene, Honigbonbon, Honigbrot, Honigglas, Honigmilch, Honigwabe, Honigwein; honiggelb, honigsüß; Bienenhonig, Blütenhonig, Waldhonig **2** **türkischer Honig** eine harte, weiße Süßigkeit mit Mandeln und Nüssen, vor allem auf Jahrmärkten verkauft wird ■ ID **jemandem Honig um den Bart/ums Maul streichen/schmieren** *gesprochen* jemandem schmeicheln • zu (1) **ho·nig·far·ben** ADJEKTIV

Ho·nig·ku·chen *der* ein Gebäck, das Honig und viele Gewürze enthält ≈ *Lebkuchen*

Ho·nig·ku·chen|pferd *das* ■ ID **grinsen/strahlen wie ein Honigkuchenpferd** *gesprochen, humorvoll* sich sehr freuen und das durch ein Lächeln zeigen

Ho·nig·le·cken *das* ■ ID **etwas ist kein Honiglecken** *gesprochen* etwas ist nicht so einfach und angenehm (wie manche Leute glauben) | *Das Leben als Filmstar ist kein Honiglecken*

Ho·nig·me·lo·ne *die* eine relativ kleine, sehr süße gelbe Melone

Ho·nig·schle·cken *das* ≈ *Honiglecken*

Ho·no·rar *das;* (-s, -e) das Geld, das man Ärzten, Autoren, Rechtsanwälten usw. für ihre Dienste zahlt ⟨ein Honorar fordern, vereinbaren, zahlen, kassieren⟩ K Honorarabrechnung, Honorarfestsetzung, Honorarforderung; Arzthonorar, Autorenhonorar ℹ → Infos unter **Gehalt**

Ho·no·ra·ti·o·ren [-'tsjo:rən] *die; Plural; geschrieben* die Bürger eines Ortes oder einer Stadt, die wegen ihres Berufes und ihrer Stellung sehr geachtet sind

ho·no·rie·ren VERB (honorierte, hat honoriert) **1** **jemanden (für etwas) honorieren** jemandem für eine Leistung ein Honorar bezahlen ⟨sich (*Dativ*) etwas honorieren lassen⟩ | *einen Autor für seinen Roman angemessen honorieren* | *einen Rechtsanwalt für seine Bemühungen honorieren* **2** **etwas (mit etwas) honorieren** für eine Arbeit/Leistung ein Honorar zahlen ⟨einen Artikel, einen Beitrag, jemandes Mitarbeit honorieren⟩ | *Der Artikel wurde mit hundert Euro honoriert* **3** **etwas (mit etwas) honorieren** etwas anerkennen und belohnen | *Seine Bemühungen um den Naturschutz wurden nicht honoriert* • hierzu **Ho·no·rie·rung** *die*

Hoo·li·gan ['hu:lig(ə)n] *der;* (-s, -s) ein gewalttätiger junger Mann (vor allem ein Fußballfan)

Hop·fen *der;* (-s) **1** eine Pflanze, die an langen Stangen hochwächst und deren Frucht verwendet wird, um Bier herzustellen ⟨Hopfen anbauen⟩ K Hopfenbauer, Hopfenfeld, Hopfenstange **2** die Frucht des Hopfens ⟨Hopfen pflücken, dörren⟩ | *Hopfen, Malz und Gerste sind wichtige Zutaten bei der Herstellung von Bier* K Hopfenernte **3** **Hopfen zupfen** Hopfen ernten ■ ID **bei jemandem ist Hopfen und Malz verloren** *gesprochen* jeder Versuch, jemanden zu ändern, ist umsonst

hopp! *gesprochen* **1** **Hopp, hopp!** sehr schnell (und mit wenig Sorgfalt) ⟨jemand macht etwas hopp, hopp; jemand/etwas ist hopp, hopp fertig⟩ | *Fürs Kochen nimmt er sich nicht viel Zeit, das geht bei ihm immer hopp, hopp!* **2** **Hopp(, hopp)!** verwendet, um einer Person zu sagen, dass sie sich beeilen soll | *Hopp, komm schon, sonst verpassen wir die Straßenbahn!* **3** als Kommentar verwendet, während man etwas wegwirft | *Hopp, weg damit!* ■ ID **hopp oder top** drückt aus, dass es zwei Möglichkeiten gibt, mit einer Sache umzugehen: sie loswerden zu wollen oder davon begeistert zu sein

hop·peln VERB (hoppelte, ist gehoppelt) **ein Tier hoppelt (irgendwohin)** wenn Hasen, Kaninchen usw. hoppeln, bewegen sie sich langsam mit kleinen Sprüngen fort

hopp·la! verwendet als Ausruf, wenn jemand/man selbst gestolpert ist, sich ungeschickt verhalten hat o. Ä. | *Hoppla! Fast wäre ich gefallen!*

hop·sen VERB (hopste, ist gehopst) **(irgendwohin) hopsen** *gesprochen* hüpfen (und sich dadurch fortbewegen) | *Die Kinder hopsten durch das Zimmer* • hierzu **hops!**

Hop·ser *der*; (-s, -); *gesprochen* ein kleiner Sprung ⟨einen Hopser machen⟩

hops·ge·hen VERB (ging hops, ist hopsgegangen) **1** *gesprochen, euphemistisch* ≈ *sterben* **2** **etwas geht hops** *gesprochen, humorvoll* etwas geht kaputt

hör·bar ADJEKTIV so, dass man es hören kann | *ein kaum hörbares Geräusch*

Hör·buch *das* eine CD, auf der jemand ein Buch vorliest

hor·chen VERB (horchte, hat gehorcht) **1** heimlich bei etwas zuhören ⟨an der Tür, an der Wand horchen⟩ | *Er horchte an der Tür, um zu erfahren, was sie über ihn sagten* **2** sehr aufmerksam (angestrengt) auf Geräusche achten | *Horch, kommt da nicht jemand die Treppe herauf?* | *Er hielt die Uhr an sein Ohr und horchte, ob sie noch tickte* **3** **auf jemanden/etwas horchen** *süddeutsch* Ⓐ *gesprochen* auf jemanden/etwas hören | *Horch auf das, was ich dir sage!*

Hor·de *die*; (-, -n) **1** **eine Horde** (+*Genitiv*); **eine Horde von Personen** *meist abwertend* eine Gruppe von Personen, in der es keine klare Ordnung gibt und die oft als Bedrohung empfunden wird ⟨eine lärmende, wilde Horde; eine Horde Fußballfans, Rocker; eine Horde rottet sich zusammen; in einer Horde umherstreifen⟩ | *Auf dem Flughafen hatte sich eine Horde kreischender Fans versammelt, um den Popstar zu begrüßen* **2** *historisch* eine Gruppe von Familien, die zusammenleben (in den frühen Zeiten der Geschichte) | *Die Jäger und Sammler der Steinzeit lebten in Horden zusammen*

★ **hö·ren** VERB (hörte, hat gehört) **1** **(jemanden/etwas) hören** Laute oder Geräusche mit den Ohren wahrnehmen ⟨ein Geräusch, einen Knall, einen Schrei, einen Ton hören; gut, schlecht, schwer hören; nur noch auf einem Ohr hören (können)⟩ | *Bei dem Lärm konnte er das Ticken der Uhr nicht hören* | *Er hört dich nicht, da er von Geburt an taub ist* | *Hast du ihn schon singen gehört?* K Hörbehinderte(r), Hörtest, hörbehindert **2** **etwas hören** Geräusche bewusst und aufmerksam verfolgen ⟨Musik, ein Konzert, Radio, eine CD hören⟩ ≈ *anhören* **3** **etwas (über jemanden/etwas) hören** etwas über jemanden/etwas erfahren bzw. herausfinden, dass etwas geschehen ist | *Ich habe schon von den Nachbarn gehört, dass du umziehen willst* | *Wir wollen die Gründe hören, die Sie zu dieser Tat getrieben haben* | *Ich habe nur Gutes über ihn gehört* **4** **einen Vortrag/eine Vorlesung hören** einen Vortrag/eine Vorlesung besuchen **5** **jemanden (zu etwas) hören** *admin* eine Person veranlassen oder ihr erlauben, zu einem Thema etwas zu sagen ⟨den Angeklagten, einen Sachverständigen, einen Zeugen hören⟩ | *Er verlangte, zu dem Fall gehört zu werden* **6** **etwas an etwas** (*Dativ*) **hören** einen Schluss aus dem ziehen, was jemand sagt bzw. wie jemand etwas sagt | *Er hörte an ihrer Stimme, dass sie log* **7** **auf jemanden/etwas hören** dem Rat einer Person folgen ⟨auf die Eltern, auf einen Freund, auf einen Rat hören⟩ | *Er hörte nicht auf die Warnungen und wurde abseits der Skipiste von einer Lawine verschüttet* **8** **ein Tier hört auf den Namen „…"** ein Tier hat den genannten Namen vom Besitzer bekommen | *Mein Wellensittich hört auf den Namen „Hansi"* **9** **von jemandem/etwas hören** Informationen über jemanden/etwas bekommen | *Ich habe schon von seiner abenteuerlichen Reise gehört* **10** **von jemandem hören** nach längerer Zeit (wieder) einen Brief, Anruf o. Ä. von jemandem bekommen

■ ID ▸hören im Infinitiv: **(et)was von jemandem zu hören bekommen** von jemandem getadelt, beschimpft werden | *Wenn Vater heimkommt, wirst du was zu hören bekommen!*; **(et)was/nichts von sich** (*Dativ*) **hören lassen** zu einer Person (keinen) Kontakt haben | *„Tschüs! Und lass mal wieder was von dir hören!"*; **etwas lässt sich hören**, **etwas kann sich hören lassen** etwas ist gut, erfreulich | *Der Preis kann sich wirklich hören lassen!*; **Wer nicht hören will, muss fühlen** Wer Ratschläge nicht beachtet, muss die negativen Folgen tragen;
▸andere Verwendungen: **jemandem vergeht Hören und Sehen** jemand erlebt etwas Unangenehmes sehr intensiv | *Ich habe solche Angst gehabt, mir ist Hören und Sehen vergangen*; **jemand hört sich gern reden** *abwertend* jemand redet gerne viel und ist dabei sehr von sich selbst überzeugt; **Hör mal/Hören Sie mal!** verwendet, um die Dringlichkeit einer Bitte, Forderung o. Ä. zu betonen | *Hör mal, du musst aber wirklich ganz vorsichtig sein, ja?*; **Na, hör mal/Na, hören Sie mal!** verwendet, um zu protestieren; **Man höre und staune!** verwendet, um Überraschung auszudrücken

Hö·ren·sa·gen *das* **vom Hörensagen** nicht aus eigener Erfahrung, sondern aus den Erzählungen anderer Leute ⟨jemanden/etwas nur vom Hörensagen kennen; etwas vom Hörensagen wissen⟩

★ **Hö·rer** *der*; (-s, -) **1** eine Person, die Musik o. Ä. im Radio hört K Hörerbrief, Hörerpost, Hörerwunsch; Radiohörer, Rundfunkhörer F zu *Hörerin* → Info im Eintrag **-in** **2** *geschrieben* ein Student an einer Universität oder Hochschule ≈ *Student* | *eine Veranstaltung für Hörer der naturwissenschaftlichen Fakultät* K Gasthörer F zu *Hörerin* → Info im Eintrag **-in** **3** der Teil des Telefons, den man gegen das Ohr hält und in den man hineinspricht ⟨den Hörer abnehmen, auflegen⟩ K Telefonhörer • zu (1,2) **Hö·re·rin** *die*

Hör·feh·ler *der* ein Missverständnis, das entsteht, wenn jemand etwas akustisch nicht richtig verstanden hat

Hör·funk *der*; *veraltend* ≈ *Rundfunk*

Hör·ge·rät *das* ein Gerät für Schwerhörige, das ihnen hilft, besser zu hören

hö·rig ADJEKTIV **1** **jemandem hörig sein** immer das tun, was eine andere Person will **2** **jemandem (sexuell) hörig sein** vor allem sexuell so stark an eine Person gebunden sein, dass man völlig von ihr abhängig ist **3** *historisch* rechtlich und wirtschaftlich vollkommen von einer anderen Person (meist einem Fürsten o. Ä.) abhängig • hierzu **Hö·rig·keit** *die*

★ **Ho·ri·zont**, **Ho·ri·zont** *der*; (-(e)s, -e) **1** *nur Singular* die Linie in der Ferne, an der sich Himmel und Erde/Meer zu berühren scheinen | *Die Sonne versinkt am Horizont* **2** *meist Singular* der Bereich, den ein Mensch mit dem Verstand beurteilen und verstehen kann ⟨einen beschränkten, engen, großen, weiten Horizont haben; etwas erweitert jemandes Horizont; geht über jemandes Horizont hinaus⟩ | (*Das*) *Reisen erweitert den Horizont* **3** **neue Horizonte** *geschrieben* neue Möglichkeiten oder Perspektiven ⟨etwas eröffnet (jemandem/etwas) neue Horizonte; neue Horizonte tun sich jemandem auf⟩

ho·ri·zon·tal ADJEKTIV parallel zum Boden ≈ *waagrecht* ↔ *vertikal, senkrecht* | *in horizontaler Lage* | *etwas verläuft horizontal*

H

Ho·ri·zon·ta·le *die; (-, -n); meist Singular* eine horizontale Linie oder Lage ⟨etwas liegt, verläuft in der Horizontalen⟩ ↔ *Vertikale*

Hor·mon *das;* (-s, -e) eine Substanz, welche der Körper selbst bildet und die Prozesse im Körper (z. B. das Wachstum) steuert K Hormonbehandlung, Hormonhaushalt, Hormonmangel, Hormonpräparat, Hormonspritze; Sexualhormon, Wachstumshormon • hierzu **hor·mo·nal** ADJEKTIV; **hor·mo·nell** ADJEKTIV

★ **Horn** *das;* (-(e)s, Hörner) **1** Hörner sind oben am Kopf von Rindern, Ziegen o. Ä. Tiere benutzen ihre Hörner meist zum Kampf ⟨ein gerades, krummes, spitzes, stumpfes Horn; die Hörner einer Kuh, einer Ziege⟩ | *Der Torero wurde von einem Horn des Stiers verletzt* K Horntier, Hornvieh H Hirsche, Rentiere usw. haben keine *Hörner*, sondern ein *Geweih*. **2** *nur Singular* das Material, aus dem Haare, Nägel und die äußere Schicht der Haut bestehen K Hornbrille, Hornkamm, Hornknopf **3** ein Musikinstrument aus Blech, in das man bläst ⟨das Horn blasen; ins Horn stoßen⟩ K Hornsignal, Hörnerklang; Jagdhorn, Waldhorn **4** ein Gerät, das bei Autos laute akustische Signale gibt, vor allem die Hupe oder das Martinshorn ⟨das Horn ertönen lassen⟩ ■ ID **jemandem Hörner aufsetzen** den Ehemann mit einem anderen Mann betrügen; **sich** *(Dativ)* **die Hörner ablaufen/abstoßen** *gesprochen* (vor allem sexuelle) Erfahrungen sammeln und dadurch ruhiger, reifer werden; **ins gleiche Horn blasen/stoßen** Ansichten äußern, die eine Person auch hat

HORN

★ **Hörn·chen** *das;* (-s, -) ein süßes Gebäck, das wie ein Horn gebogen ist K Nusshörnchen

HÖRNCHEN

Horn·haut *die; meist Singular* **1** die harte, trockene Haut, die man z. B. an der Ferse oder innen auf der Hand bekommt ⟨eine Hornhaut bekommen⟩ **2** die durchsichtige äußere Haut über dem Augapfel K Hornhautentzündung, Hornhautübertragung, Hornhautverletzung

Hor·nis·se *die;* (-, -n) ein Insekt, das wie eine große Wespe aussieht K Hornissennest

Hor·nist *der;* (-en, -en) eine Person, die (beruflich) in einem Orchester o. Ä. das Horn bläst H *der Hornist; den, dem, des Hornisten*

Horn·och·se *der; gesprochen, abwertend* verwendet als Schimpfwort für eine Person, die etwas Dummes getan hat | *So ein Hornochse!*

Ho·ro·skop *das;* (-(e)s, -e) eine Aussage über jemandes Schicksal und Zukunft, die ein Astrologe (nach der Position der Sterne) macht ⟨jemandem (s)ein Horoskop stellen⟩ | *Er liest regelmäßig sein Horoskop in der Wochenzeitung* | *Er ließ sich von einer berühmten Astrologin sein Horoskop erstellen*

hor·rend ADJEKTIV; *abwertend* viel zu hoch, viel schlimmer, höher, stärker als üblich ⟨Preise, eine Summe⟩ | *Die Preise sind horrend gestiegen*

Hor·ror *der;* (-s) **1** ≈ *Entsetzen, Grauen* K Horrorfilm, Horrorgeschichte, Horrorvideo **2** **(einen) Horror (vor jemandem/etwas) haben** *gesprochen* Angst und Abscheu vor jemandem/etwas haben | *Ich habe (einen) Horror vor Spinnen/vor der Schule* ■ ID **etwas ist der Horror** *gesprochen* etwas ist extrem unangenehm, grausam

Hör·saal *der* ein großer Raum in der Universität für Vorträge und Vorlesungen

Hör·spiel *das* ein Theaterstück, das im Radio gesendet wird ⟨ein Hörspiel anhören⟩ K Hörspielautor

Horst[1] *der;* (-(e)s, -e) das Nest eines großen Raubvogels, das auf hohen Felsen gebaut ist K Adlerhorst

Horst[2] *der* ■ ID **sich zum Horst machen** *gesprochen* sich lächerlich machen

Hort *der;* (-(e)s, -e) **1** eine Einrichtung, in der Kinder betreut werden, während die Eltern tagsüber arbeiten K Hortkind, Hortleiter; Kinderhort **2** **ein Hort** *(+Genitiv) geschrieben;* **ein Hort von etwas** *(Dativ) geschrieben* ein Ort, wo (geistige) Werte und Ideale gepflegt und geschützt werden | *die Universität als Hort der Gelehrsamkeit* **3** *literarisch* ≈ *Schatz* | *der Hort der Nibelungen*

hor·ten VERB (hortete, hat gehortet) **Dinge horten** große Mengen einer Sache sammeln, die wertvoll oder schwer zu bekommen ist | *Waren für schlechtere Zeiten horten*

Hor·ten·sie [-zi̯ə] *die;* (-, -n) eine Gartenpflanze mit weißen, roten oder blauen Blüten

Hör·ver·mö·gen *das; nur Singular* die Fähigkeit, (genau) zu hören ⟨ein gutes, schlechtes Hörvermögen besitzen/haben⟩

Hör·wei·te *die* **jemand/etwas ist in/außer Hörweite** eine Person/Sache ist innerhalb/außerhalb des Bereichs, in dem jemand sie hören kann

Hös·chen *das;* (-s, -) **1** eine kleine Hose K Kinderhöschen, Strampelhöschen **2** eine Unterhose für Frauen

★ **Ho·se** *die;* (-, -n) **1** ein Kleidungsstück, das jedes Bein separat bedeckt und von der Taille bis zu den Oberschenkeln, Knien oder den Füßen reicht ⟨eine lange, kurze, (haut)enge, weite Hose; eine Hose waschen, bügeln, anziehen, tragen; in eine Hose schlüpfen⟩ | *Als es kühler wurde, zog er seine kurze Hose aus und schlüpfte in eine lange* K Hosenbein, Hosentasche; Anzugshose, Damenhose, Herrenhose, Jeanshose, Lederhose, Radlerhose, Stoffhose, Schlafanzug(s)hose, Sporthose, Strampelhose, Latzhose H Die Pluralform wird in der gesprochenen Sprache oft auch für eine einzelne Hose verwendet: *Er hat lange Hosen an;* → Abb. unter **Bekleidung** **2** Kurzwort für *Unterhose* | *Eine Garnitur Unterwäsche besteht aus Hemd und Hose* | *Das Kind hat in die Hose gemacht* ■ ID **die Hosen anhaben** *gesprochen* derjenige sein, der (meist zu Hause) bestimmt, was geschieht | *Bei ihm zu Hause hat die Frau die Hosen an;* **die Hose (gestrichen) voll haben, sich (vor Angst) in die Hose machen** *gesprochen* ▲ große Angst haben; **einen auf dicke Hose machen** *gesprochen* ▲ sehr selbstbewusst auftreten, prahlen oder etwas stolz zur Schau stellen; **etwas geht in die Hose** *gesprochen* etwas misslingt, geht schief; **(irgendwo ist) tote Hose** *gesprochen* so, dass (an dem genannten Ort) nichts Interessantes geschieht | *„Abends ist in diesem Kaff doch nur tote Hose. Kein Kino, keine einzige Kneipe hat offen!"*

Ho·sen·an·zug *der* ein Kleidungsstück für Frauen, das aus einer langen Hose und einer (dazu passenden) Jacke besteht

Ho·sen·rock *der* eine Hose für Frauen, die bis zum Knie reicht und so weite Beine hat, dass sie wie ein Rock aussieht

Ho·sen·schei·ßer *der; gesprochen* ▲ ein ängstlicher Mensch

Ho·sen·trä·ger *der;* (-s, -); *meist Plural* zwei schmale Bänder (meist aus Gummi), die oben an der Hose befestigt werden und über beide Schultern gehen, um zu verhindern, dass die Hose nach unten rutscht

Hos·pi·tal *das;* (-s, Hos·pi·tä·ler/Hos·pi·ta·le); *veraltend* ≈ *Krankenhaus* K Armenhospital

Hos·piz *das;* (-es, -e) **1** ein Krankenhaus, in dem Sterbende gepflegt werden **2** *veraltend* ein christliches Hotel, Gasthaus o. Ä. für Pilger

Hos·tess *die;* (-, -en) **1** eine junge Frau, die vor allem bei Messen oder Reisen die Gäste und Besucher begleitet und informiert **2** ≈ *Prostituierte*

Hos·tie ['hɔstiə] *die;* (-, -n) eine Oblate, die bei der christlichen Feier des Abendmahls gegessen wird ⟨die Hostien verteilen⟩

Hot·dog, Hot Dog *der/das;* (-s, -s) ein heißes Würstchen in einer Semmel (mit Ketchup oder Senf)

★ **Ho·tel** *das;* (-s, -s) **1** ein Haus, in dem man gegen Bezahlung schlafen (und essen) kann ⟨ein erstklassiges, teures, vornehmes, kleines, schäbiges Hotel; in einem Hotel absteigen, übernachten⟩ | *Das Hotel „Royal" ist während der Messe ausgebucht* K Hotelangestellte(r), Hotelbar, Hotelbesitzer, Hotelbett, Hoteldetektiv, Hoteldirektor, Hotelfachschule, Hotelgast, Hotelgewerbe, Hotelhalle, Hotelkette, Hotelküche, Hotelpersonal, Hotelrechnung, Hotelverzeichnis, Hotelzimmer; Berghotel, Luxushotel, Sporthotel **2** **Hotel Mama** *humorvoll* verwendet, um die Situation zu beschreiben, wenn erwachsene Kinder noch bei den Eltern wohnen und sich bedienen lassen

Ho·te·li·er [hotɛ'lie:] *der;* (-s, -s) eine Person, die ein Hotel besitzt und/oder leitet

Hot·line ['hɔtlain] *die;* (-, -s) eine Telefonnummer, unter der z. B. Computerhersteller Rat und Auskunft anbieten

Hot·spot *der;* (-s, -s) ein Ort, an dem man z. B. mit einem Laptop, einem Tablet oder einem Smartphone über Funk (WLAN) das Internet benutzen kann ⟨ein gebührenpflichtiger, kostenloser, öffentlicher Hotspot; einen Hotspot betreiben, nutzen⟩ | *In vielen deutschen Städten gibt es auf öffentlichen Plätzen kostenlose Hotspots*

hott → hü

Hr. Abkürzung für *Herr*

Hrn. Abkürzung für *Herrn* oder *Herren*

hu! ein Laut, den man von sich gibt, wenn man überrascht ist oder sich fürchtet

hü! **hü (hott)!** verwendet, um einem Pferd das Signal zu geben, dass es anfangen soll zu laufen ■ ID **einmal hü und einmal hott sagen** *gesprochen* die eigene Meinung immer wieder ändern, weil man nicht weiß, was man will

hü·ben ADVERB ■ ID **hüben wie drüben** auf dieser Seite und auch auf der anderen Seite (z. B. eines Flusses, einer Grenze) | *Hüben wie drüben wird Wein angebaut*

Hub·raum *der; meist Singular* **1** das Volumen des Zylinders, in dem sich der Kolben einer Maschine auf- und abbewegt **2** (bei Kraftfahrzeugen) das Volumen der Zylinder des Motors | *ein Motor mit einem Hubraum von 1600 cm³*

★ **hübsch** ■ ADJEKTIV **1** mit einer äußeren Form, die man schön findet ⟨eine Frau, ein Mädchen, ein Gesicht, ein Kleid; hübsch aussehen; sich hübsch machen⟩ ≈ *schön* **2** so (angenehm), dass man es gern hört ⟨eine Melodie, eine Stimme⟩ **3** *gesprochen* relativ gut, aber noch nicht perfekt ⟨eine Leistung⟩ ! Mit *hübsch* drückt man oft ein nur schwaches Lob aus. **4** *gesprochen, oft ironisch* das normale Maß, die normale Menge deutlich übersteigend ⟨ein hübsches Sümmchen (Geld); ein hübsches Stück Arbeit⟩ | *Das hat eine hübsche Stange Geld gekostet* (ziemlich viel Geld) | *Es ist ganz hübsch kalt hier* | *Das ist ganz hübsch teuer*

■ PARTIKEL *betont und unbetont* **5** verwendet, um Aufforderungen zu verstärken | *Sei hübsch brav!* | *Immer hübsch der Reihe nach!*

Hub·schrau·ber *der;* (-s, -) ein Flugzeug ohne Flügel (dafür mit einem Rotor auf dem Dach), das senkrecht startet und landet ≈ *Helikopter*

huch! ein Laut, den man von sich gibt, wenn man erschrickt, mit etwas Unangenehmem in Berührung kommt o. Ä.

Hu·cke *die* **1** **jemandem die Hucke vollhauen** *gesprochen* jemanden verprügeln **2** **die Hucke vollkriegen** *gesprochen* verprügelt werden **3** **jemandem die Hucke volllügen** *gesprochen* jemandem viele (extreme) Lügen erzählen **4** **sich** (*Dativ*) **die Hucke vollsaufen** *gesprochen* sich sinnlos betrinken

hu·cke·pack ADVERB **jemanden/etwas huckepack nehmen/tragen** jemanden/etwas auf dem Rücken tragen | *Als sein kleiner Sohn beim Wandern müde wurde, trug er ihn huckepack nach Hause*

hu·deln VERB (hudelte, hat gehudelt); *süddeutsch, gesprochen* meist eine Arbeit sehr schnell und nicht gut machen | *Nur nicht hudeln!* (Lass dir Zeit)

★ **Huf** *der;* (-(e)s, -e) der harte, unterste Teil des Fußes z. B. eines Pferdes oder Esels ⟨einem Pferd die Hufe beschlagen; ein Pferd scharrt mit den Hufen⟩ K Hufgeklapper, Hufkrankheit, Hufpflege; Pferdehuf ! → Abb. unter **Pferd**

Huf·ei·sen *das* **1** ein gebogenes Stück Eisen, das man am Huf eines Pferdes mit Nägeln befestigt ⟨einem Pferd die Hufeisen anpassen, abnehmen⟩ | *Das Pferd hat ein Hufeisen verloren* | *Viele Menschen glauben, dass ein Hufeisen Glück bringt* **2** eine Sache mit der Form eines Hufeisens ⟨etwas bildet, formt ein Hufeisen⟩ | *die Tische im Klassenzimmer bilden ein Hufeisen* K Hufeisenform ● zu (2) **huf·ei·sen·för·mig** ADJEKTIV

Huf·lat·tich *der;* (-s) eine kleine Pflanze mit gelben Blüten, die sehr früh im Frühjahr blüht

Huf·schlag *der* **1** *nur Singular* das Geräusch, das entsteht, wenn z. B. Pferde oder Esel über einen harten Boden laufen | *von Weitem den Hufschlag eines Pferdes hören* **2** ein heftiger Tritt, Schlag mit dem Huf | *durch einen Hufschlag seines Pferdes verletzt werden*

Huf·schmied *der* ein Schmied, der Pferde mit Hufeisen beschlägt

★ **Hüf·te** *die;* (-, -n) einer der beiden seitlichen Teile (am Körper des Menschen) zwischen Oberschenkel und Taille ⟨breite, runde, schmale Hüften haben⟩ | *die Arme in die Hüften stemmen* K Hüftgelenk, Hüftknochen, Hüftleiden, Hüftschwung, Hüftumfang, Hüftweite ! → Abb. unter **Mensch** ■ ID **sich in den Hüften wiegen** die Hüften beim Gehen oder Tanzen leicht hin und her bewegen; **aus der Hüfte schießen** eine (zu) schnelle Entscheidung treffen, ohne lange nachzudenken

Hüft·hal·ter *der* ein breiter, elastischer Gürtel, an dem Frauen ihre Strümpfe befestigen

hüft·hoch ADJEKTIV so, dass es vom Boden bis zu jemandes Hüfte reicht ! *hüfthoch* → *hüfthohes Gras*

Hüft·ho·se *die* eine Hose, die nicht bis zur Taille reicht, sondern nur bis zur Hüfte

Huf·tier *das* ein Tier mit Hufen | *Antilopen sind Huftiere*

★ **Hü·gel** *der;* (-s, -) bei einem Hügel ist das Land nicht flach, sondern höher als die Umgebung ⟨ein bewaldeter Hügel; einen Hügel hinaufsteigen⟩ | *Rom wurde auf sieben Hügeln erbaut* K Hügelkette, Hügelkuppe, Hügelland, Hügellandschaft; Ameisenhügel; Erdhügel, Sandhügel ● hierzu **hü·gel·reich** ADJEKTIV

hü·ge·lig, hüg·lig ADJEKTIV mit (vielen) Hügeln ⟨ein Gebiet, eine Gegend, eine Landschaft⟩

HUHN

★ **Huhn** *das;* (-(e)s, Hüh·ner) **1** Hühner sind Vögel, die wegen ihrer Eier und ihres Fleisches gehalten werden ⟨Hühner picken Körner, baden im Sand, kratzen/scharren im Mist, sitzen auf der Stange; ein Huhn schlachten, rupfen, braten⟩ K Hühnerbein, Hühnerbrühe, Hühnerei, Hühnerfarm, Hühnerfleisch, Hühnerfrikassee, Hühnerfutter, Hühnerhof, Hühnerleber, Hühnerstall, Hühnersuppe; Brathuhn, Suppenhuhn **i** Ein *Huhn*, das gebraten und gegessen wird, bezeichnet man meist als *Hähnchen* oder *Hühnchen*. **2** ein weibliches Huhn ⟨ein Huhn gackert, legt Eier, brütet⟩ ≈ *Henne* ↔ *Hahn* **3** das Fleisch eines Huhns | *Reis mit Huhn* **4** **ein verrücktes Huhn** *gesprochen, humorvoll* eine Frau, die ungewöhnliche Dinge tut oder lustige Ideen hat **5** **ein dummes Huhn** *gesprochen, abwertend* verwendet, um eine Frau zu bezeichnen, die man für dumm hält ■ ID **mit den Hühnern** ⟨aufstehen, schlafen gehen⟩ *humorvoll* sehr früh; **Da lachen ja die Hühner!** *gesprochen* Das ist lächerlich; **Ein blindes Huhn findet auch einmal ein Korn** *oft ironisch* eine Person, die normalerweise nie Erfolg hat, hat auch einmal Erfolg

Hühn·chen *das;* (-s, -) ein Huhn, das man (meist gebraten) isst ■ ID **Mit dem/der habe ich (noch) ein Hühnchen zu rupfen** *gesprochen* Ich muss ihm/ihr noch deutlich sagen, was ich von seinem/ihrem Verhalten halte

Hüh·ner·au·ge *das* eine schmerzende dicke Stelle an der Haut eines Zehs, die vor allem durch zu enge Schuhe entsteht K Hühneraugenpflaster

hu·hu![1] ['hu:hu] verwendet, um eine Person auf sich aufmerksam zu machen, die relativ weit weg ist

hu·hu![2] [hu'hu:] verwendet, um jemanden zu erschrecken, vor allem, wenn man Gespenst spielt

hui! **1** verwendet, um das Geräusch nachzuahmen, das durch eine schnelle Bewegung oder starken Wind entsteht | *Hui, wie das heute stürmt!* **2** ≈ *hoi*

Huld *die;* (-); *veraltend* ≈ *Gunst, Wohlwollen* ● hierzu **huld·voll** ADJEKTIV

hul·di·gen VERB (huldigte, hat gehuldigt); *geschrieben* **1** **einer Sache** (*Dativ*) **huldigen** *meist ironisch* etwas mit (zu) großem Eifer vertreten ⟨einer Anschauung, einem Grundsatz, einer Überzeugung huldigen⟩ **2** **jemandem huldigen** *veraltend* einer Person zeigen, dass man sie sehr verehrt | *Das Publikum huldigte dem berühmten Dirigenten* ● hierzu **Hul·di·gung** *die*

hül·fe *Konjunktiv II, 1. und 3. Person Singular* → helfen

★ **Hül·le** *die;* (-, -n) **1** eine Hülle bedeckt einen Gegenstand (meist von allen Seiten) zum Schutz vor Staub, Hitze oder Beschädigung ⟨eine schützende, transparente, wasserdichte Hülle; eine Hülle aus Plastik, Stoff; etwas in eine Hülle tun/stecken; etwas aus einer Hülle nehmen⟩ | *die Dokumente in eine schützende Hülle stecken* K Papphülle, Plastikhülle; Handyhülle, Schirmhülle; Schutzhülle **2** **die Hüllen fallen lassen** sich (nackt) ausziehen **3** **die sterbliche Hülle** *geschrieben* der Körper eines toten Menschen ■ ID **in Hülle und Fülle** reichlich, mehr als genug | *Greift zu, es ist Essen in Hülle und Fülle da*

hül·len VERB (hüllte, hat gehüllt) **1** **jemanden/etwas in etwas** (*Akkusativ*) **hüllen** etwas um eine Person, eine Sache oder sich selbst legen (um sie oder sich selbst zu bedecken, zu wärmen oder zu schützen) | *jemanden/sich in eine Decke hüllen* | *eine Vase in Geschenkpapier hüllen* **2** **etwas um jemanden/etwas hüllen** etwas um jemanden/etwas wickeln | *ein Tuch um seine Schultern hüllen* **3** **jemand/etwas ist in etwas** (*Akkusativ*) **gehüllt** etwas umgibt eine Person oder Sache so, dass man sie kaum noch sehen kann | *Der Berggipfel ist in Nebel/Wolken gehüllt* **4** **sich in Schweigen hüllen** *geschrieben* ≈ *schweigen*

hül·len·los ADJEKTIV; *humorvoll* völlig nackt | *hüllenlos am Strand liegen*

Hül·se *die;* (-, -n) **1** ein kleines Rohr, in das man etwas steckt, damit es geschützt ist ⟨die Hülse eines Bleistifts, einer Patrone, eines Thermometers⟩ K Metallhülse, Papphülse, Patronenhülse **2** der längliche, schmale Teil verschiedener Früchte (z. B. Bohnen, Erbsen), in dem die Samen reif werden | *Vor dem Kochen streift man die grünen Erbsen aus den Hülsen heraus*

Hül·sen·frucht *die;* (-, Hül·sen·früch·te); *meist Plural* (eine Gemüsepflanze mit) Samen, die in einer Hülse wachsen | *Bohnen und Erbsen sind Hülsenfrüchte*

hu·man ADJEKTIV; *geschrieben* **1** gut zu anderen Menschen ⟨ein Vorgesetzter; jemandes Einstellung⟩ ≈ *freundlich* **2** so, dass die Würde des Menschen geachtet/respektiert wird ≈ *menschenwürdig* | *humaner Strafvollzug* | *Der Stadtrat versucht, die Wohnviertel humaner zu gestalten* | *Gefangene human behandeln*

Hu·man- *im Substantiv, betont, begrenzt produktiv; geschrieben* **die Humanbiologie, die Humangenetik, die Humanmedizin** *und andere* den Menschen betreffend

hu·ma·ni·sie·ren VERB (humanisierte, hat humanisiert) **etwas humanisieren** *geschrieben* etwas so verändern, dass es für die Menschen angenehmer wird ⟨die Arbeit, den Strafvollzug humanisieren⟩ ● hierzu **Hu·ma·ni·sie·rung** *die*

Hu·ma·nis·mus *der;* (-); *geschrieben* **1** eine geistige Haltung, die großen Wert auf die Würde des Menschen und die Entfaltung der eigenen Persönlichkeit und der eigenen Fähigkeiten legt ⟨die Ideale des Humanismus⟩ **2** eine geistige Strömung in Europa (vor allem im 15. und 16. Jahrhundert), für welche die Ideale der antiken römischen und griechischen Kulturen ein Vorbild waren | *Erasmus von Rotterdam war einer der bedeutendsten Vertreter des Humanismus* ● hierzu **Hu·ma·nist** *der;* **Hu·ma·nis·tin** *die*

hu·ma·nis·tisch ADJEKTIV **1** *geschrieben* nach den Ideen und Idealen des Humanismus | *der humanistische Geist einer Schrift* **2** **ein humanistisches Gymnasium** Ⓓ ein Gymnasium, in dem die Schüler Latein und Griechisch lernen

hu·ma·ni·tär ADJEKTIV mit der Absicht, dem Ziel, Menschen zu helfen, die arm oder krank sind ⟨Aufgaben, Bestrebungen, Zwecke, Einrichtungen; aus humanitären Gründen⟩ ≈ *karitativ, wohltätig* | *Das Rote Kreuz ist eine humanitäre Organisation*

Hu·ma·ni·tät *die;* (-) die Eigenschaft, human und friedlich zu sein ≈ *Menschlichkeit* | *Seine Humanität zeigt sich darin, dass er sich um die Armen kümmert*

Hu·man·ka·pi·tal *das* die Fähigkeiten und Kenntnisse von Arbeitnehmern, die wirtschaftlich genutzt werden können

Hum·bug *der;* (-s); *gesprochen, abwertend* **1** etwas, woran viele Leute glauben, das aber im Grunde Betrug ist | *Astrologie ist doch nichts als Humbug!* **2** ⟨Humbug reden⟩ ≈ *Unsinn*

Hum·mel *die;* (-, -n) Hummeln sehen aus wie dicke Bienen mit Haaren ⟨die Hummel brummt⟩

Hum·mer *der;* (-s, -) **1** ein großer Meereskrebs mit kräftigen Scheren, dessen Fleisch als Delikatesse gegessen wird K Hummerfang, Hummerfleisch **2** das Fleisch des Hummers K Hummercocktail, Hummersalat

★ **Hu·mor** *der;* (-s) **1** ein heiteres Wesen, Gemüt ⟨Humor haben⟩ **2** die Fähigkeit, unangenehme Dinge heiter und gelassen zu ertragen ⟨ein goldener, unverwüstlicher Humor; jemand hat viel, wenig, keinen Humor; etwas mit Humor ertragen/nehmen⟩ | *Auch in den schwierigsten Situationen behält er seinen Humor* | *Der ewige Regen kann einem wirklich den Humor verderben!* (die gute Laune verderben) **3** die Fähigkeit, selbst Witze zu machen und auch zu lachen, wenn man selbst das Ziel von Witzen ist ⟨(keinen) Sinn für Humor haben; vor Humor sprühen⟩ **4** **trockener Humor** die Fähigkeit, knappe und passende (oft ironische oder sarkastische) Bemerkungen zu machen, die andere Personen lustig finden • hierzu **hu·mor·los** ADJEKTIV; **Hu·mor·lo·sig·keit** *die*; **hu·mor·voll** ADJEKTIV

hu·mo·rig ADJEKTIV von Humor zeugend ⟨eine Bemerkung, eine Rede⟩

Hu·mo·rist *der*; (-en, -en) ≈ *Komiker* [i] *der Humorist; den, dem, des Humoristen* • hierzu **Hu·mo·ris·tin** *die*

hu·mo·ris·tisch ADJEKTIV voll Humor, mit Witzen und Späßen ⟨eine Darbietung, eine Erzählung, eine Zeichnung; etwas humoristisch betrachten, erzählen⟩

hum·peln VERB (humpelte, hat/ist gehumpelt) **1** (*hat*) (wegen Schmerzen) mit einem Fuß nicht richtig auftreten können und deshalb ungleichmäßig gehen ≈ *hinken* | *Nach seinem Unfall hat er eine Woche lang gehumpelt* **2** **irgendwohin humpeln** (*ist*) sich humpelnd fortbewegen | *Nach dem Sturz mit dem Rad ist er nach Hause gehumpelt*

Hum·pen *der*; (-s, -) ein Gefäß meist mit einem Henkel und einem Deckel, aus dem man vor allem Bier trinkt

Hu·mus *der*; (-) die oberste, fruchtbare Erdschicht des Bodens ⟨den Humus abtragen⟩ [K] Humusbildung, Humusboden, Humuserde, Humusschicht • hierzu **hu·mus·reich** ADJEKTIV

★ **Hund** *der*; (-(e)s, -e) **1** ein Tier, das als Haustier gehalten wird, dem Menschen bei der Jagd hilft und das Haus bewacht ⟨ein struppiger, reinrassiger, herrenloser, streunender, treuer, bissiger Hund; ein Hund bellt, knurrt, jault, winselt, hechelt, beißt; ein Hund wedelt mit dem Schwanz; einen Hund an die Leine nehmen, an die Kette legen, in einen Zwinger sperren, ausführen, (zur Jagd) abrichten⟩ | *Manche Hunde werden dazu ausgebildet, Blinde zu führen* | *mit dem Hund Gassi/spazieren gehen* [K] Hundebesitzer, Hundefutter, Hundegebell, Hundehaare, Hundehalter, Hundehütte, Hundekot, Hundeleine, Hunderasse, Hunderennen, Hundeschnauze, Hundezucht, Hundezüchter, Hundezwinger; Blindenhund, Haushund, Hirtenhund, Hofhund, Jagdhund, Polizeihund, Schlittenhund, Wachhund [i] zu *Hundeleine* → Abb. unter **Schnur** **2** **ein scharfer Hund** ein Hund, der so dressiert ist, dass er auf Befehl angreift **3** *gesprochen* als negative Bezeichnung oder als Schimpfwort für einen Mann verwendet ⟨ein dummer, fauler, feiger, gemeiner Hund⟩ | *Ein Hund ist er ja schon!* (er ist bewundernswert raffiniert, unverschämt o. Ä.) | *So ein blöder Hund!* | *Du Hund!* (Du Schuft!) **4** **ein armer/scharfer Hund** *gesprochen* ein bedauernswerter/strenger Mensch | *Du bist wirklich ein armer Hund!* **5** **ein dicker Hund** *gesprochen* ein grober Fehler oder eine Tat, über die man erstaunt ist und die man für sehr frech hält

■ ID ▸Vergleiche mit wie: **Die sind wie Hund und Katze** Sie streiten immer miteinander; **jemand ist bekannt wie ein bunter/scheckiger Hund** jemand ist sehr bekannt; **wie ein geprügelter Hund** voller Scham; **wie ein Hund leben** in armen und schlechten Verhältnissen leben; **jemanden wie einen Hund behandeln** jemanden schlecht (und verächtlich) behandeln;

▸Hund als Subjekt: **Da liegt der Hund begraben!** Das ist der Kern des Problems, die Ursache; **Hunde, die bellen, beißen nicht** eine Person, die sehr laut und aggressiv droht, macht ihre Drohungen meist nicht wahr (weil sie feige oder harmlos ist); **Viele Hunde sind des Hasen Tod** Gegen viele Gegner hat eine einzelne Person keine Chance;

▸andere Verwendungen: **Damit kann man/kannst du keinen Hund hinter dem Ofen (her)vorlocken** *gesprochen* Das ist völlig uninteressant, unattraktiv; **schlafende Hunde wecken** jemanden auf etwas aufmerksam machen und dabei das Risiko eingehen, sich selbst zu schaden | *„Wenn wir nicht um Erlaubnis fragen, kann er es uns nicht verbieten. Man soll keine schlafenden Hunde wecken!"*; **jemand/etwas geht vor die Hunde** jemand/etwas wird ruiniert, zerstört ⟨jemandes Gesundheit, ein Mensch, die Moral⟩

HUNDE

hun·de·elend ADJEKTIV; *gesprochen* (gesundheitlich, seelisch) sehr schlecht, sehr elend ⟨sich hundeelend fühlen; jemandem ist hundeelend zumute⟩

Hun·de·ku·chen *der* ein harter Gebäck als Futter für Hunde, das man ihnen meist als Belohnung gibt

Hun·de·le·ben *das*; *gesprochen, abwertend* ein Leben in Armut und Not ⟨ein Hundeleben führen/haben⟩

Hun·de·mar·ke *die* eine kleine Metallscheibe, die am Halsband des Hundes befestigt wird. Die Hundemarke dient als Nachweis, dass man die Hundesteuer bezahlt hat

hun·de·mü·de ADJEKTIV; *gesprochen* sehr müde ⟨hundemüde sein⟩

★ **hun·dert** ZAHLWORT **1** (als Zahl) 100 [i] → Anhang **Zahlen** und Beispiele unter **vier** **2** → Hundert³ ■ ID **auf hundert sein** *gesprochen* sehr wütend sein

★ **Hun·dert¹** *die*; (-, -e) **1** die Zahl 100 **2** *nur Singular* jemand/etwas mit der Nummer 100

★ **Hun·dert²** *das*; (-s, -) **1** eine Menge von 100 Personen oder Dingen ⟨das erste, zweite Hundert; jemand/etwas macht das Hundert voll⟩ **2** **vom Hundert** *geschrieben* der hundertste Teil einer Sache ≈ *Prozent* | *Der Zinssatz beträgt 8 vom Hundert* [i] Abkürzung: *v. H.*

★ **Hun·dert³**, **hun·dert** ZAHLWORT *nur in dieser Form; gesprochen* ⟨ein paar, einige Hundert⟩ ≈ *Hunderte* | *Das hast du jetzt schon Hundert Mal gesagt* (sehr oft) [i] wie ein Adjektiv oder Substantiv verwendet

Hun·der·te, **hun·der·te** ZAHLWORT **1** **Hunderte Personen/Dinge** (*Genitiv*); **Hunderte von Personen/Dingen** (*Dativ*) eine große unbestimmte Zahl von Personen oder Dingen | *Das versteht nur einer von/unter Hunderten* | *Zu Hunderten säumten die Zuschauer die Straßen* | *Hunderte kleiner Kinder/von Kindern erkrankten* **2** **etwas geht in die Hunderte** eine Menge ist deutlich mehr als 100 (Personen, Dinge, Euro usw.) | *Die Kosten für die Reparatur gehen in die Hunderte* | *Die Zahl der Todesopfer ging in die Hunderte*

H

Hun·der·ter *der*; (-s, -) **1** *gesprochen* die Zahl 100 **2** *gesprochen* ein Geldschein im Wert von 100 Euro, Franken o. Ä. | *Der Fernseher kostete mich ein paar Hunderter* **3** *nur Plural* (in einer Zahl mit mehreren Stellen) die dritte Stelle (von rechts bzw.) vor dem Komma | *beim Addieren alle Hunderter, alle Zehner und alle Einer untereinanderschreiben* **K** Hunderterstelle

Hun·dert·me·ter|lauf *der* ein Wettlauf über hundert Meter | *der Start zum Hundertmeterlauf* **H** Kurzform: *100-m-Lauf*

hun·dert·pro ADVERB; *gesprochen* absolut sicher | *„Bist du dir sicher?" – „Hundertpro!"*

hun·dert·pro·zen·tig ADJEKTIV **1** so, dass es 100 % einer Menge umfasst ⟨Alkohol; ein Gewinn⟩ **H** Abkürzung: *100%ig* **2** ⟨ein Erfolg, eine Sicherheit; etwas rentiert sich hundertprozentig⟩ ≈ *völlig, total* **3** *gesprochen nur adverbiell* ganz gewiss, ganz sicher ⟨sich hundertprozentig auf jemanden verlassen können⟩ | *Es ist hundertprozentig so, wie ich es dir erzählt habe*

Hun·dert·schaft *die*; (-, -en) eine Gruppe aus hundert Personen (meist Soldaten, Polizisten) | *Eine Hundertschaft der Polizei sucht nach den Terroristen*

hun·derts·t- ADJEKTIV **1** in einer Reihenfolge an der Stelle hundert ≈ *100.* | *der hundertste Teilnehmer an einem Wettbewerb* **2** **der hundertste Teil (von etwas)** ≈ *¹⁄₁₀₀* ■ ID **vom Hundertsten ins Tausendste kommen** (beim Erzählen oder bei einer Unterhaltung) ständig das Thema wechseln

hun·derts·tel ADJEKTIV *meist attributiv; nur in dieser Form* den hundertsten Teil einer Sache bildend ≈ *¹⁄₁₀₀* | *eine hundertstel Sekunde* **H** Bei gebräuchlichen Maßangaben ist auch die Schreibung *Hundertstelsekunde* usw. üblich.

Hun·derts·tel *das*; (-s, -) der hundertste Teil einer Sache | *Die Gebühr beträgt ein Hundertstel der Summe* **K** Hundertstelsekunde

hun·dert·tau·send, **hun·dert·tau·send** ZAHLWORT (als Zahl) 100 000

Hun·de·sa·lon *der* ein Geschäft, in dem Hunden die Haare geschnitten werden usw.

Hun·de·schlit·ten *der* ein großer Schlitten, der von mehreren Schlittenhunden gezogen wird **K** Hundeschlittenführer, Hundeschlittenrennen

Hun·de·sohn *der*; *gesprochen, abwertend* verwendet als Schimpfwort für einen gemeinen Menschen

Hun·de·steu·er *die* eine (kommunale) Steuer, welche der Besitzer eines Hundes zahlen muss

Hün·din *die*; (-, -nen) ein weiblicher Hund

hün·disch ADJEKTIV; *abwertend* in zu starker Weise bemüht, einer Person zu dienen ⟨Gehorsam, ein Blick⟩ ≈ *servil*

hunds- *im Adjektiv, betont, nicht produktiv; gesprochen, abwertend* **hundserbärmlich, hundsgemein, hundsmiserabel** *und andere* verwendet, um etwas Negatives zu verstärken ≈ *schrecklich*

Hunds·ta·ge *die*; *Plural* die heißesten Tage des Sommers in Europa

Hü·ne *der*; (-n, -n) ein sehr großer und kräftiger Mann ⟨ein Hüne (an Gestalt) sein⟩ ≈ *Riese* **H** *der Hüne; den, dem, des Hünen*

Hü·nen·grab *das*; *historisch* ein Grab aus der Steinzeit, das aus mehreren großen Steinen besteht

hü·nen·haft ADJEKTIV sehr groß und stark ⟨ein Mensch, eine Gestalt⟩ ≈ *riesig*

★ **Hun·ger** *der*; (-s) **1** das Gefühl, das man hat, wenn man längere Zeit nichts gegessen hat ⟨großen, viel, keinen Hunger haben; Hunger bekommen, verspüren; seinen Hunger stillen; jemanden plagt der Hunger⟩ | *„Hast du noch Hunger?" – „Nein, ich bin schon satt."* **K** Hungergefühl, Hungerkur; Bärenhunger, Löwenhunger, Wolfshunger **2** ein Mangel an Nahrungsmitteln, der lange dauert und dazu führt, dass man an Gewicht verliert (und schließlich stirbt) ⟨Hunger leiden; an, vor Hunger sterben⟩ | *In vielen Teilen der Welt herrscht (großer) Hunger* **K** Hungertod **3** **Hunger nach etwas** *geschrieben* ein starker Wunsch nach etwas ⟨Hunger nach Geld, Ruhm, Liebe, Zärtlichkeit⟩ ■ ID **Hunger wie ein Bär/Löwe/Wolf haben** sehr großen Hunger haben; **Hunger ist der beste Koch** wenn man Hunger hat, schmecken alle Speisen

Hun·ger·jahr *das* ein Jahr, in dem Hunger herrscht

Hun·ger·lei·der *der*; (-s, -); *gesprochen, abwertend* eine Person, die sehr arm ist

Hun·ger·lohn *der*; *abwertend* sehr wenig Geld für eine geleistete Arbeit ⟨für einen Hungerlohn arbeiten müssen⟩

hun·gern VERB (hungerte, hat gehungert) **1** nur wenig oder nichts essen können, weil man nicht genug oder keine Lebensmittel hat | *Nach dem Krieg mussten viele Menschen hungern* **2** (für kurze Zeit) absichtlich wenig oder nichts essen, um Gewicht zu verlieren **3** **sich fit/gesund/krank/schlank hungern** lange Zeit wenig oder nichts essen, so dass man in den genannten Zustand kommt **4** **jemanden hungert (es)** *veraltend* jemand hat Hunger | *Mich hungert und dürstet, habt doch Erbarmen!* **5** **jemanden hungert (es) nach etwas** *geschrieben* jemand hat einen starken Wunsch nach etwas | *Das Volk hungert nach Freiheit und Gerechtigkeit*

hun·gers ■ ID **hungers sterben** *geschrieben* ≈ *verhungern*

Hun·gers·not *die* eine Situation, in welcher die Menschen nicht genug zu essen haben ⟨eine Hungersnot droht irgendwo, herrscht irgendwo⟩

Hun·ger·streik *der* die Weigerung (über lange Zeit), etwas zu essen, um dadurch ein (meist politisches) Ziel zu erreichen ⟨in den Hungerstreik treten⟩ | *Die Häftlinge traten in den Hungerstreik, um bessere Bedingungen zu erzwingen*

Hun·ger·tuch *das* ■ ID **am Hungertuch nagen** *gesprochen, meist humorvoll* kein Geld haben, arm sein

★ **hung·rig** ADJEKTIV **1** (Menschen oder Tiere) mit dem Gefühl, sie etwas essen wollen **2** **hungrig nach etwas** *geschrieben* mit einem starken Wunsch nach etwas ⟨hungrig nach Anerkennung, Liebe, Zärtlichkeit (sein)⟩ ■ ID **hungrig wie ein Bär/Löwe/Wolf** sehr hungrig sein

-hung·rig *im Adjektiv, unbetont, begrenzt produktiv* **bildungshungrig, erlebnishungrig, machthungrig, sensationshungrig, sonnenhungrig** *und andere* mit einem starken Verlangen nach der genannten Sache

Hu·pe *die*; (-, -n) man drückt auf die Hupe, wenn man (z. B. als Autofahrer) andere Personen mit einem lauten Ton warnen will ⟨die Hupe betätigen; auf die Hupe drücken⟩ **K** Hupsignal, Hupton; Autohupe

★ **hu·pen** VERB (hupte, hat gehupt) mit einer Hupe einen Signalton erzeugen ⟨das Auto, das Taxi, der Fahrer; ärgerlich, laut, ungeduldig hupen⟩ | *Vor Schulen und Krankenhäusern ist das Hupen verboten* **K** Hupverbot

hup·fen VERB (hupfte, ist gehupft); *süddeutsch* Ⓐ ≈ *hüpfen* ■ ID **Das ist gehupft wie gesprungen** *gesprochen* das macht keinen Unterschied

★ **hüp·fen** VERB (hüpfte, ist gehüpft) mit einem oder beiden Füßen kleine Sprünge machen (und sich dadurch fortbewegen) ⟨in die Höhe hüpfen; auf einem Bein hüpfen⟩ | *Die Kinder hüpften den Weg entlang* | *Der Vogel hüpfte von Ast zu Ast*

Hup·fer *der*; (-s, -); *besonders süddeutsch* Ⓐ **1** ≈ *Hüpfer* **2** **ein junger Hupfer** *oft abwertend* ein junger Mensch mit noch wenig Erfahrung

Hüp·fer *der*; (-s, -) ein kleiner Sprung (meist vor Schreck oder aus Freude) ⟨einen Hüpfer machen⟩

Hup·kon·zert *das; humorvoll* der Lärm, der entsteht, wenn mehrere Autofahrer gleichzeitig hupen

★ **Hür·de** *die;* (-, -n)
▸Probleme: **1** **eine Hürde (für etwas)** etwas, das eine Person daran hindert, ihr Ziel bequem und einfach zu erreichen ⟨bürokratische Hürden überwinden (müssen)⟩ | *Das fehlende Abitur erwies sich als (unüberwindliche) Hürde für seine berufliche Karriere* **2** **eine Hürde nehmen** eine Schwierigkeit überwinden und Erfolg haben | *Wenn er die Abschlussprüfung besteht, ist die letzte Hürde auf seinem schulischen Weg genommen*
▸im Sport: **3** eine Konstruktion aus Holzteilen, über welche die Läufer bzw. die Pferde bei manchen sportlichen Wettkämpfen springen müssen ⟨eine Hürde aufstellen, überspringen, überwinden, reißen⟩ K Hürdenlauf, Hürdenläufer, Hürdenrennen **4** **eine Hürde nehmen** (in der Leichtathletik, im Reitsport) über eine Hürde springen (und nicht stürzen)

Hu·re *die;* (-, -n); *abwertend* ≈ *Prostituierte*

hu·ren VERB (hurte, hat gehurt); *abwertend* oft mit verschiedenen Partnern sexuelle Kontakte haben

Hu·ren·bock *der; gesprochen* ⚠ verwendet als Schimpfwort für einen Mann, der oft mit verschiedenen Frauen Sex hat

hur·ra! verwendet als Ausruf der Begeisterung oder des Beifalls ⟨Hurra/hurra rufen⟩ | *Hurra! Morgen beginnen die Ferien!* K Hurraruf

Hur·ra *das;* (-s, -s) der Ruf „Hurra!" ⟨jemanden mit einem (dreifachen) Hurra begrüßen⟩

Hur·ra·pat·ri·o·tis·mus *der; abwertend* übertriebener und unkritischer Patriotismus

hur·tig ADJEKTIV; *veraltend* ⟨sich hurtig davonmachen⟩ ≈ *schnell, rasch*

Hu·sar *der;* (-en, -en); *historisch* ein Soldat einer Reitertruppe (der eine Uniform im Stil der ungarischen Nationaltracht trug) K Husarenmütze, Husarenuniform **i** *der Husar; den, dem, des Husaren*

Hu·sa·ren·streich *der; veraltend* eine (sehr) mutige Tat, die gut endet ⟨jemandem gelingt ein Husarenstreich⟩

Hu·sa·ren·stück *das; veraltend* ⟨ein Husarenstück vollbringen⟩ ≈ *Husarenstreich*

husch! verwendet, um jemanden (meist ein Kind) oder ein Tier aufzufordern, schnell (und leise) wegzugehen | *Husch, ins Bett!* | *Husch! Fort von hier!*

hu·schen VERB (huschte, ist gehuscht) **1** **irgendwohin huschen** sich sehr schnell und leise irgendwohin bewegen | *Eine Eidechse huschte über den Weg* **2** **ein Lächeln huscht über jemandes Gesicht** *geschrieben* jemand lächelt ganz leicht und kurz

hüs·teln VERB (hüstelte, hat gehüstelt) mehrmals leicht oder leise husten (meist aus Verlegenheit oder um jemanden auf etwas aufmerksam zu machen) ⟨verlegen hüsteln⟩

★ **hus·ten** VERB (hustete, hat gehustet) **1** Luft mehrere Male kräftig und ziemlich laut aus dem geöffneten Mund ausstoßen ⟨heftig, krampfhaft, laut husten⟩ **2** eine Erkältungskrankheit haben, bei der man oft husten muss | *Sie hustet schon seit drei Tagen* | *Das Kind war erkältet und hustete die ganze Nacht* **3** **auf etwas** (*Akkusativ*) **husten** *gesprochen* auf etwas, das einem nicht gut genug ist, verzichten **4** **Blut/Schleim husten** stark husten und dabei Blut oder Schleim ausspucken ■ ID **Dem/Der werd ich was/eins husten!** *gesprochen, humorvoll oder ironisch* Ich werde ganz bestimmt nicht tun, was er/sie will

★ **Hus·ten** *der;* (-s) **1** eine Krankheit, bei der man oft und heftig husten muss ⟨einen starken, trockenen, chronischen Husten bekommen, haben; Husten haben; an Husten leiden⟩ K Hustenbonbon, Hustenmittel, Hustensaft, Hustentee, Hustentropfen **2** das Husten K Hustenanfall, Hustenreiz

★ **Hut**[1] *der;* (-(e)s, Hü·te) **1** ein Kleidungsstück mit einer stabilen Form, das man auf dem Kopf trägt ⟨einen Hut aufsetzen, tragen, aufhaben/auf dem Kopf haben; ein Hut mit einer breiten Krempe; den Hut abnehmen; (vor jemandem) den Hut ziehen⟩ K Hutband, Hutkrempe, Hutmode; Cowboyhut, Damenhut, Filzhut, Lederhut, Stoffhut, Strohhut, Sonnenhut, Trachtenhut, Zylinderhut **2** der obere Teil eines Pilzes, der wie ein runder Deckel aussieht **3** **ein alter Hut** etwas, das nicht mehr neu und interessant ist, sondern das schon jeder kennt
■ ID ▸Präposition plus Hut: **Steck dir doch … an den Hut, … kannst du dir an den Hut stecken!** *gesprochen!* verwendet, um einer Person auf unhöfliche Weise zu sagen, dass sie etwas behalten soll, weil man es nicht haben will | *„Steck dir doch deine Blumen an den Hut! Ich will kein Geschenk von dir"*; **mit jemandem/etwas nichts am Hut haben** *gesprochen* jemanden/etwas nicht mögen; **jemandem eins auf den Hut geben** *gesprochen* jemanden tadeln, kritisieren; **eins auf den Hut bekommen/kriegen** *gesprochen* getadelt, kritisiert werden; **Personen/Dinge unter einen Hut bringen** bewirken, dass mehrere Personen oder verschiedene Dinge harmonisch zusammenpassen;
▸andere Verwendungen: **jemandem geht der Hut hoch** *gesprochen* jemand verliert die Geduld und wird wütend; **Hut ab (vor jemandem/etwas)!** verwendet, um Bewunderung auszudrücken | *„Ich muss sagen: Hut ab vor ihrer Leistung!"*; **seinen Hut nehmen (müssen)** eine leitende Position aufgeben (müssen)

Hut[2] *die* ■ ID **(vor jemandem/etwas) auf der Hut sein** (gegenüber einer anderen Person oder einer Sache) vorsichtig sein

Hut·ab·la·ge *die* der Teil einer Garderobe, auf den man die Hüte legt

★ **hü·ten** VERB (hütete, hat gehütet) **1** **ein Tier hüten** aufpassen, dass einem Tier auf der Weide nichts passiert und dass es nicht wegläuft ⟨Gänse, Kühe, Schafe, Ziegen hüten⟩ K Hütejunge **2** **jemanden hüten** auf jemanden, meist ein Kind, aufpassen **3** **ein Geheimnis hüten** ein Geheimnis nicht verraten **4** **das Bett hüten** das Bett nicht verlassen, weil man krank ist **5** **das Haus hüten** im Haus bleiben und aufpassen, dass nichts Schlimmes geschieht (während die anderen Bewohner weg sind) **6** **sich vor jemandem/etwas hüten** vorsichtig sein, um sich vor anderen Personen oder Gefahren zu schützen | *Die Mutter sagte zu Rotkäppchen: „Hüte dich vor dem bösen Wolf!"* **7** **sich hüten zu** *+Infinitiv* etwas aus einem bestimmten Grund (z. B. aus Vorsicht) nicht tun | *Er kann nicht schweigen, deshalb werde ich mich hüten, ihm noch einmal ein Geheimnis zu erzählen!*

Hü·ter *der;* (-s, -); *geschrieben* eine Person, die etwas bewacht und schützt ⟨ein Hüter der Demokratie, der Moral, der Ordnung⟩ **i** Eine Person, die Tiere hütet, bezeichnet man als *Hirte.* • hierzu **Hü·te·rin** *die*

Hut·ma·cher *der* eine Person, die beruflich Hüte produziert • hierzu **Hut·ma·che·rin** *die*

Hut·na·del *die* eine lange Nadel (als Schmuck), mit der Frauen den Hut im Haar befestigen können

Hut·schnur *die* ■ ID **etwas geht jemandem über die Hutschnur** *gesprochen* jemand ärgert sich sehr über etwas und will es nicht länger ertragen

★ **Hüt·te** *die;* (-, -n) **1** ein kleines, einfaches Haus, das oft nur aus einem Raum besteht ⟨eine strohgedeckte Hütte; eine Hütte aus Holz, Lehm, Wellblech⟩ K Blechhütte, Holzhütte, Jagdhütte, Lehmhütte **2** eine Hütte in den Bergen, in der

H

Bergsteiger, Skifahrer usw. essen, übernachten oder Schutz suchen können ⟨die Nacht in einer Hütte verbringen⟩ K Hüttenwirt; Berghütte, Schutzhütte, Skihütte **3** eine Industrieanlage, in der Metalle aus Erzen bzw. Glas oder Schwefel gewonnen werden K Hüttenarbeiter, Hüttenindustrie, Hütteningenieur, Hüttenkunde; Eisenhütte, Erzhütte, Glashütte, Kupferhütte, Schwefelhütte, Stahlhütte

Hüt·ten·abend *der* eine Feier am Abend in einer Hütte in den Bergen

Hüt·ten·kä·se *der* eine Art von festem Quark

Hüt·ten·schuh *der; meist Plural* ein Hausschuh, der aussieht wie ein Strumpf mit einer festen Ledersohle

Hüt·ten·werk *das* ≈ *Hütte*

hut·ze·lig, **hutz·lig** ADJEKTIV; *gesprochen* klein, mager und mit vielen Falten im Gesicht ⟨ein hutz(e)liges altes Weib, Weiblein⟩

Hy·ä·ne *die;* (-, -n) ein Raubtier in Afrika und Asien, das einem Hund ähnlich sieht ■ ID **wie eine Hyäne/die Hyänen** *abwertend* rücksichtslos und habgierig

hyb·rid ADJEKTIV **1** aus einer biologischen Kreuzung entstanden ⟨eine Pflanze, ein Tier⟩ **2** mit zwei verschiedenen Treibstoffen oder Antrieben K Hybridauto, Hybridmotor ● zu (1) **Hyb·ri·de** *die*

Hyb·ris ['hy:-] *die;* (-); *geschrieben* ≈ *Hochmut*

Hyd·rant *der;* (-en, -en) Hydranten stehen an Straßen, damit die Feuerwehr daran Schläuche anschließen und Wasser holen kann H *der Hydrant; den, dem, des Hydranten*

Hyd·rat *das;* (-(e)s, -e) eine Substanz, die Wasser (chemisch gebunden) enthält

Hyd·rau·lik *die;* (-) **1** die Wissenschaft und Lehre von den Strömungen der Flüssigkeiten **2** eine technische Konstruktion, die Kräfte durch den Druck einer Flüssigkeit erzeugt oder überträgt ● zu (2) **hyd·rau·lisch** ADJEKTIV

Hyd·ro·kul·tur ['hy:-] *die* bei der Hydrokultur wachsen die Pflanzen in Behältern ohne Erde. Die Wurzeln bekommen ihre Nahrung durch Flüssigkeiten

Hy·gi·e·ne [hy'gie:nə] *die;* (-) **1** alle Maßnahmen, mit denen man Haus und Körper sauber hält und so Krankheiten verhindert ⟨mangelnde, übertriebene Hygiene⟩ | *In einem Krankenhaus muss ganz besonders auf Hygiene geachtet werden* K Hygieneartikel, Hygienemaßnahme, Hygienevorschrift; Körperhygiene **2** die Wissenschaft, die sich damit beschäftigt, wie man (vor allem durch Sauberkeit und Körperpflege) die Gesundheit erhalten und verbessern kann

hy·gi·e·nisch [hy'gie:nɪʃ] ADJEKTIV **1** mit dem Ziel, durch Sauberkeit vor Krankheiten zu schützen ⟨eine Maßnahme, eine Vorschrift⟩ **2** sehr sauber und ohne gefährliche Bakterien und Viren ⟨eine Verpackung; etwas ist (nicht) hygienisch⟩ | *Lebensmittel müssen hygienisch verpackt sein*

Hyg·ro·me·ter *das;* (-s, -) ein Gerät, mit dem man die Feuchtigkeit der Luft misst ● hierzu **hyg·ro·met·risch** ADJEKTIV

Hym·ne ['hʏmnə] *die;* (-, -n) **eine Hymne (an/auf jemanden/etwas)** ein feierliches Lied oder Gedicht, in dem man z. B. Gott oder das eigene Land ehrt und lobt | *eine Hymne auf die Freiheit* K Hymnenmelodie, Hymnensammlung, Hymnentext; Nationalhymne

hy·per- ['hy:pe-] *im Adjektiv, betont und unbetont, begrenzt produktiv; meist abwertend* **hypergenau, hyperkorrekt, hypermodern, hypersensibel** *und andere* in sehr/zu hohem Maß ≈ *über-*

hy·per·ak·tiv ['hy:-] ADJEKTIV ⟨ein Kind⟩ so, dass es sich sehr schlecht konzentrieren und nicht still sitzen kann

Hy·per·bel *die;* (-, -n) eine symmetrische Kurve (eines Kegelschnitts), deren beide Enden (die Äste) sich voneinander entfernen ● hierzu **hy·per·bo·lisch** ADJEKTIV

Hyper·link ['haipe-] *der;* (-s, -s) wenn man im Computer auf einen Hyperlink klickt, wird man an eine andere Stelle im Text oder Internet weitergeleitet

Hyp·no·se ['hʏp-] *die;* (-) im Zustand der Hypnose ist man sehr entspannt und nimmt nicht bewusst wahr, was man tut und sagt ⟨jemanden in Hypnose versetzen; unter Hypnose stehen; aus der Hypnose erwachen⟩ ≈ *Trance* ● hierzu **hyp·no·tisch** ADJEKTIV

Hyp·no·ti·seur [-'zø:ɐ̯] *der;* (-s, -e) eine Person, die (beruflich) andere Personen hypnotisiert ● hierzu **Hyp·no·ti·seu·rin** [-'zø:rɪn] *die*

hyp·no·ti·sie·ren VERB (hypnotisierte, hat hypnotisiert) **1** **jemanden hypnotisieren** bewirken, dass jemand in Hypnose gerät ⟨einen Patienten hypnotisieren⟩ **2** **von jemandem/etwas (wie) hypnotisiert sein** von einer Person oder Sache so stark beeindruckt sein, dass man alles andere vergisst

Hy·po·chon·der [hypo'xɔndɐ] *der;* (-s, -); *geschrieben* eine Person, die immer glaubt, dass sie krank sei und deshalb klagt und traurig ist ● hierzu **Hy·po·chon·de·rin** *die*

Hy·po·chond·rie [hypoxɔn'dri:] *die;* (-, -n [-'dri:ən]); *meist Singular* die ständige (zwanghafte) Einbildung, dass man krank sei ● hierzu **hy·po·chond·risch** ADJEKTIV

Hy·po·te·nu·se *die;* (-, -n) die Seite in einem rechtwinkligen Dreieck, welche dem rechten Winkel gegenüberliegt ↔ *Kathete*

Hy·po·thek *die;* (-, -en) **1** ein Kredit von einer Bank; man bekommt ihn, wenn man der Bank eine Wohnung oder ein Haus als Sicherheit gibt ⟨eine Hypothek (auf das Haus) aufnehmen; eine Hypothek abtragen, tilgen⟩ K Hypothekenschuldner, Hypothekenzinsen **2** etwas Negatives, das eine Person früher getan hat und das jetzt für sie ein Problem ist | *Die frühere Gefängnisstrafe ist eine schwere Hypothek für seinen beruflichen Erfolg*

Hy·po·the·se *die;* (-, -n); *geschrieben* etwas, das man zur (wissenschaftlichen) Erklärung eines Phänomens oder Problems vorläufig behauptet, das aber noch nicht bewiesen ist ⟨eine Hypothese aufstellen, widerlegen⟩ ● hierzu **hy·po·the·tisch** ADJEKTIV

Hys·te·rie *die;* (-, -n [-'ri:ən]) **1** ein Zustand, in dem eine Person nicht mehr vernünftig denken und handeln kann, weil sie so nervös oder begeistert ist oder Angst hat K Massenhysterie **2** die Neigung zur Hysterie als Krankheit ● zu (2) **Hys·te·ri·ker** *der;* zu (2) **Hys·te·ri·ke·rin** *die*

hys·te·risch ADJEKTIV **1** *meist abwertend* in einem Zustand der Hysterie ⟨ein Anfall, ein Verhalten; hysterisch sein, reagieren; hysterisch kreischen⟩ | *Jetzt werde doch nicht gleich hysterisch!* **2** ⟨eine Frau, ein Mann⟩ so, dass sie zur Hysterie neigen

I

I, i [iː] *das;* (-, -/*gesprochen auch* -s) der neunte Buchstabe des Alphabets ⟨ein großes I; ein kleines i⟩
i! [iː] ≈ *igitt*
-i *im Substantiv, unbetont, sehr produktiv; gesprochen* **1** **die Mami, die Mutti, die Omi, der Opi, der Papi, der Vati** *und andere* verwendet, um aus einer Bezeichnung oder einem Namen eine vertraute, freundliche Form der Anrede oder einen Kosenamen zu machen | *Die Susi und der Hansi kommen auch* | *Hallo Schatzi/Spatzi!* **H** Außer bei Namen und Personenbezeichnungen ist der Artikel *das*: *So ein niedliches Hundi/Katzi!* **2** verwendet, um Abkürzungen zu bilden | *die Amis* (die Amerikaner) | *der Profi* (der Professionelle) | *der Pulli* (der Pullover) | *der Rolli* (der Rollstuhl/Rollkragen)
i. A. Abkürzung für *im Auftrag* → Auftrag
IC® [iˈtseː] *der;* (-s, -s) Abkürzung für *Intercity*
ICE® [itseˈ|eː] *der;* (-s, -s) Abkürzung für *Intercityexpress*
★ **ịch** PRONOMEN *1. Person Singular* verwendet, um die eigene Person, also sich selbst (als Sprecher/Sprecherin oder Schreiber/Schreiberin) zu bezeichnen | *Du und ich, wir beide zusammen schaffen das schon!* | *Ich bin müde* | *Ich Arme/Armer!* **H** → Tabelle unter **ich**
Ịch *das;* (-(s), -(s)) das eigene Wesen ⟨das eigene Ich erkennen, erforschen, verleugnen⟩ ≈ *Selbst*
ịch·be·zo·gen ADJEKTIV; *abwertend* **ichbezogen sein** sich selbst immer in den Vordergrund stellen ≈ *egoistisch* • hierzu **Ịch·be·zo·gen·heit** *die*
Ịch·form *die; nur Singular* eine Form des Erzählens, bei welcher Autoren so tun, als ob sie selbst an der Handlung beteiligt wären
Ịch·mensch *der* ≈ *Egoist*
Ịch·sucht *die; nur Singular* ≈ *Egoismus, Eigenliebe* • hierzu **ịch·süch·tig** ADJEKTIV
★ **ide·al** [ideˈaːl] ADJEKTIV **1** so, dass man es sich nicht besser vorstellen kann ≈ *perfekt* | *Die neue Autobahn ist ideal für mich, ich komme jetzt in 10 Minuten zur Arbeit* | *Das Wetter war ideal zum Skifahren* | *Er hat die ideale Frau gefunden* **K** Idealfall, Idealgewicht, Ideallösung, Idealvorstellung **2** nur in der Vorstellung existierend, nicht real vorhanden ↔ *real* | *der ideale Staat*
★ **Ide·al** [ideˈaːl] *das;* (-s, -e) **1** ein hohes (moralisches) Ziel, das jemand erreichen will ⟨ein hohes Ideal; seine Ideale verwirklichen, realisieren; sich (Dativ) Ideale bewahren, erhalten⟩ | *Freiheit, Gleichheit und Brüderlichkeit waren die Ideale der Französischen Revolution* **2** **das Ideal** +*Genitiv Singular nur Singular* die perfekte Verkörperung/Ausführung einer Person/Sache | *Er ist das Ideal eines Familienvaters*
Ide·al·bild *das* ≈ *Ideal*
ide·a·li·sie·ren VERB (idealisierte, hat idealisiert) **jemanden/etwas idealisieren** *geschrieben* eine Person oder Sache besser oder schöner darstellen, als sie wirklich ist • hierzu **Ide·a·li·sie·rung** *die*
Ide·a·lịs·mus *der;* (-) **1** der Wille, nur das Gute wahrzunehmen, aber nicht das Schlechte ⟨jugendlicher, schwärmerischer Idealismus⟩ ↔ *Realismus* **2** das Bemühen, so zu leben und zu arbeiten, wie es die Ideale verlangen ↔ *Egoismus* | *Er denkt nur noch an das Geld. Den anfänglichen Idealismus hat er ganz verloren* **3** die philosophische Lehre,

GRAMMATIK

▶ Die Pronomen *ich, du* usw.

Singular

Nominativ	Akkusativ	Dativ	Genitiv
ich	**mich**	**mir**	**meiner**
Ich bin krank.	Wer pflegt mich?	Wer hilft mir?	Wer erbarmt sich meiner?
du	**dich**	**dir**	**deiner**
Du bist krank.	Wer pflegt dich?	Wer hilft dir?	Wer erbarmt sich deiner?
er	**ihn**	**ihm**	**seiner**
Er ist krank.	Wer pflegt ihn?	Wer hilft ihm?	Wer erbarmt sich seiner?
sie	**sie**	**ihr**	**ihrer**
Sie ist krank.	Wer pflegt sie?	Wer hilft ihr?	Wer erbarmt sich ihrer?
es	**es**	**ihm**	**seiner**
Es ist krank.	Wer pflegt es?	Wer hilft ihm?	Wer erbarmt sich seiner?

Plural

Nominativ	Akkusativ	Dativ	Genitiv
wir	**uns**	**uns**	**unser**
Wir sind krank.	Wer pflegt uns?	Wer hilft uns?	Wer erbarmt sich unser?
ihr	**euch**	**euch**	**euer**
Ihr seid krank.	Wer pflegt euch?	Wer hilft euch?	Wer erbarmt sich euer?
sie	**sie**	**ihnen**	**ihrer**
Sie sind krank.	Wer pflegt sie?	Wer hilft ihnen?	Wer erbarmt sich ihrer?

Höflichkeitsform (Singular und Plural)

Nominativ	Akkusativ	Dativ	Genitiv
Sie	**Sie**	**Ihnen**	**Ihrer**
Sie sind krank.	Wer pflegt Sie?	Wer hilft Ihnen?	Wer erbarmt sich Ihrer?

dass der Geist und das Bewusstsein wichtiger für den Menschen sind als materielle Dinge ↔ *Materialismus* ● hierzu **Ide·a·list** *der;* **Ide·a·lis·tin** *die;* **ide·a·lis·tisch** ADJEKTIV

★ **Idee** *die;* (-, -n [i'de:(ə)n]) **1** ein meist spontaner Gedanke, wie man ein Problem lösen könnte, was man tun könnte o. Ä. ⟨eine gute Idee; eine Idee haben; auf eine Idee eingehen⟩ ≈ *Einfall* | *Die Situation schien ausweglos, aber plötzlich hatte ich eine Idee* **2** *oft Plural* ein allgemeiner Gedanke, Vorschlag oder Plan ⟨fortschrittliche, neuartige, konstruktive, revolutionäre Ideen; eine Idee weiterentwickeln, verwerfen, vertreten, nachvollziehen⟩ | *Die Ideen des neuen Managers wurden mit Skepsis aufgenommen* **K** Ideengehalt **3** **eine fixe Idee** eine (oft falsche) Vorstellung, die jemanden einfach nicht loslässt ⟨eine fixe Idee haben; etwas wird bei jemandem zur fixen Idee⟩ **4** **eine Idee** +*Komparativ gesprochen* in sehr kleinem Maß, sehr wenig | *Die Hose müsste eine Idee länger sein* **ID** **keine Idee von etwas haben** *gesprochen* gar nichts von etwas wissen ● zu (1) **ide·en·reich** ADJEKTIV

ide·ell [ide'ɛl] ADJEKTIV **1** von einer Idee bestimmt oder abgeleitet | *der ideelle Gehalt eines Buches* **2** **ein ideeller Wert** ein Wert, der nicht in Geld ausgedrückt werden kann; er hat nur für einzelne Personen Bedeutung | *Diese Uhr ist ein Erbstück und hat für mich einen hohen ideellen Wert*

Iden·ti·fi·ka·ti·ons|num·mer *die* eine Nummer, mit welcher eine Person oder Sache erkannt werden kann **K** Produktidentifikationsnummer, Steueridentifikationsnummer **H** Abkürzung: *ID, IdNr*

★ **iden·ti·fi·zie·ren** VERB (identifizierte, hat identifiziert) **1** **eine Person/etwas (als jemanden/etwas) identifizieren** erkennen und feststellen, welche Person jemand ist oder um welche Sache es sich handelt | *Der Zeuge konnte den Täter identifizieren* | *Anhand der Motornummer konnte das Auto identifiziert werden* **2** **eine Person/etwas mit etwas identifizieren** eine Person oder Sache mit einer anderen Person oder Sache gedanklich verbinden | *Er wird immer mit einer Figur identifiziert, die er als junger Mann gespielt hat* **3** **sich mit jemandem/etwas identifizieren** mit jemandem/etwas völlig einverstanden sein | *Mit den Zielen dieser Organisation kann ich mich nicht identifizieren* **4** **sich mit jemandem/etwas identifizieren** die eigenen Erfahrungen o. Ä. in einer anderen Person oder einer Sache wiedererkennen | *Mit den Figuren im Roman kann ich mich sehr gut identifizieren* ● hierzu **Iden·ti·fi·ka·ti·on** *die;* **Iden·ti·fi·zie·rung** *die*

★ **iden·tisch** ADJEKTIV; *geschrieben* **1** ohne irgendeinen Unterschied ≈ *gleich* | *Die Aussagen der beiden Zeugen waren identisch* | *Über die Außenpolitik hatten beide Politiker identische Vorstellungen* **2** **eine Person/Sache ist mit jemandem/etwas identisch; Personen/Dinge sind identisch** es handelt sich nicht um zwei verschiedene Personen/Dinge, sondern nur um eine

★ **Iden·ti·tät** *die;* (-, -en); *meist Singular; geschrieben* **1** **jemandes Identität** Name, Geburtsdatum, Adresse usw. einer Person als Beweis dafür, wer sie ist ⟨die Identität beweisen, nachweisen, belegen; die Identität feststellen, überprüfen⟩ | *Die Polizei stellte die Identität des Verhafteten fest* **K** Identitätsnachweis **2** die vollständige Gleichheit | *die Identität von zwei Dokumenten* **3** die innere Einheit, das Wesen von jemandem/etwas | *die österreichische Identität*

Iden·ti·täts·kar·te *die;* Ⓒⓗ ≈ *Personalausweis*

Iden·ti·täts·kri·se *die* eine psychische Krise, die man erlebt, weil man den Sinn und Zweck des eigenen Lebens nicht sehen kann

Ideo·lo·ge *der;* (-n, -n) eine Person, die eine Ideologie vertritt **H** *der Ideologe; den, dem, des Ideologen* ● hierzu **Ideo·lo·gin** *die*

★ **Ideo·lo·gie** *die;* (-, -n [-'gi:ən]) das System von Werten und Überzeugungen einer sozialen Gruppe oder einer Gesellschaft ⟨die westliche, östliche, kommunistische Ideologie; eine Ideologie begründen, vertreten⟩ ● hierzu **ideo·lo·gisch** ADJEKTIV

Idi·om *das;* (-s, -e) **1** die Sprache, die für Personen einer Region, Berufsgruppe oder sozialen Schicht charakteristisch ist **2** ein sprachlicher Ausdruck (aus mehreren Wörtern), dessen Bedeutung man nicht aus den Bedeutungen der einzelnen Bestandteile ableiten kann (wie z. B. *jemandem durch die Lappen gehen*) ● zu (2) **idi·o·ma·tisch** ADJEKTIV

Idi·ot *der;* (-en, -en) verwendet als Schimpfwort für eine Person, die man für ganz dumm, ungeschickt o. Ä. hält ≈ *Dummkopf* **H** *der Idiot; den, dem, des Idioten* ● hierzu **idi·o·tisch** ADJEKTIV

idi·o·ten·si·cher ADJEKTIV; *gesprochen, humorvoll* ganz einfach zu verstehen oder zu bedienen ⟨ein Gerät, eine (Bedienungs)Anleitung⟩

Idi·o·tie *die;* (-, -n [-'ti:ən]); *gesprochen, abwertend* ein dummes Verhalten ≈ *Dummheit, Blödsinn*

Idol *das;* (-s, -e) eine Person, die sehr verehrt wird und für viele ein Vorbild ist ⟨ein Idol anbeten, vergöttern, umschwärmen⟩ | *ein Idol der Jugend*

Idyll [i'dʏl] *das;* (-s, -e) der Zustand eines einfachen, friedlichen und harmonischen Lebens ⟨ein dörfliches, ländliches, häusliches Idyll⟩

Idyl·le [i'dʏlə] *die;* (-, -n) **1** die Darstellung eines Idylls in der Kunst **2** ≈ *Idyll*

idyl·lisch [i'dʏl-] ADJEKTIV **1** wie in einem Idyll **2** ruhig und landschaftlich schön

-ie·ren, -i·sie·ren *im Verb nach Adjektiv oder Substantiv, betont, sehr produktiv* **etwas halbieren, komplettieren; etwas bagatellisieren, legalisieren, modernisieren, ritualisieren** *und andere* oft verwendet, um eine Aktion zu bezeichnen, durch die eine Person oder Sache in den genannten Zustand gebracht wird | *ein System stabilisieren* (dafür sorgen, dass ein System stabil(er) wird)

-ig *im Adjektiv, unbetont, sehr produktiv* **1** **eifrig, fleißig, geizig, gierig, mutig** *und andere* mit der genannten Sache oder Eigenschaft | *ein zweiseitiger Brief* | *ein dreistöckiges Haus* | *ein vierbändiger Roman* **2** **flegelig, milchig, riesig** *und andere* in der Art wie das Genannte | *ein affiges Benehmen* | *eine bullige Figur haben* **3** **bergig, bröselig, klumpig, kugelig** *und andere* mit der genannten Form oder Art | *Der Boden war feucht und schwammig*

Igel *der;* (-s, -) ein kleines Tier mit vielen Stacheln fast überall auf dem Körper

IGEL

-i·gen *im Verb nach Adjektiv oder Substantiv, unbetont, begrenzt produktiv* **fertigen, reinigen, tätigen** *und andere* bezeichnet eine Aktion oder einen Vorgang, welche den genannten Zustand oder die genannte Sache bewirken | *ein System festigen* (bewirken, dass ein System fest(er) wird) | *Kartoffeln sättigen* (Sie machen satt) | *Das Streusalz schädigt die Straßenbäume* (Es bewirkt Schäden an den Bäumen)

igitt!, igitt·igitt! verwendet, um zu sagen, dass man sich vor etwas ekelt

-ig·keit *im Substantiv* → -keit

Ig·lu *der/das;* (-s, -s) ein Haus aus (Blöcken von) Schnee | *die Iglus der Inuit*

ig·no·rant ADJEKTIV; *oft abwertend* **1** (absichtlich) ohne Wissen oder Interesse ⟨ein Mensch, eine Person⟩ ≈ *dumm* **2** so, dass man andere Personen nicht sehen oder kennen will, ihnen nicht zuhört oder nicht mit ihnen spricht ⟨ein Mensch, eine Person⟩

Ig·no·rant *der;* (-en, -en); *geschrieben, abwertend* ein dummer, unwissender Mensch H *der Ignorant; den, dem, des Ignoranten* ● hierzu **Ig·no·ran·tin** *die;* **Ig·no·ran·ten·tum** *das*

Ig·no·ranz *die;* (-); *geschrieben, abwertend* ≈ *Dummheit, Unwissenheit*

ig·no·rie·ren VERB (ignorierte, hat ignoriert) **jemanden/etwas ignorieren** jemanden/etwas absichtlich nicht sehen oder erkennen wollen | *Seine Ideen wurden von den Kollegen ignoriert*

IHK [iːhaˈkaː] *die;* (-) Abkürzung für *Industrie- und Handelskammer*

★ **ihm** PRONOMEN *3. Person Singular (er und es), Dativ* | *Wir geben ihm das Buch morgen zurück* | *Das Handy ist ins Wasser gefallen, aber es hat ihm nicht geschadet* H → Tabelle unter **ich**

★ **ihn** PRONOMEN *3. Person Singular (er), Akkusativ* | *Wir werden ihn morgen treffen* H → Tabelle unter **ich**

★ **ih·nen** PRONOMEN *3. Person Plural (sie), Dativ* | *Meine Eltern sind nicht zu Hause. Ich telefoniere dann später mit ihnen* H → Tabelle unter **ich**

★ **Ih·nen** PRONOMEN *Höflichkeitsform der 2. Person Singular und Plural (Sie), Dativ* | *Darf ich Ihnen noch ein Stück Kuchen anbieten?* H → Tabelle unter **ich**

★ **ihr** [iːɐ̯] ■ ARTIKEL **1** *zur 3. Person Singular (sie) ihr* verwendet man in einer Situation, in welcher man von einer Person (oder Sache) mit *sie* reden würde. Man bezeichnet damit Dinge, Zustände, Vorgänge, Handlungen oder Personen, welche mit dieser Person (oder Sache) in Zusammenhang sind | *Petra und ihre Mutter* | *Sie hat mich gleich nach ihrer Ankunft angerufen* H → Beispiele und Tabelle unter **mein** **2** *zur 3. Person Plural (sie) ihr* verwendet man in einer Situation, in welcher man von mehreren Personen (oder Dingen) mit *sie* reden würde. Man bezeichnet damit Dinge, Zustände, Vorgänge, Handlungen oder Personen, welche mit diesen Personen (oder Dingen) in Zusammenhang sind | *Familie Meier mit ihren Kindern* | *die Touristen und ihre Reiseziele*
■ PRONOMEN **3** *2. Person Plural (sie)* verwendet, um eine Gruppe von Personen anzureden, von denen man alle (oder fast alle) einzeln mit *du* anredet | *Kommt ihr mit zum Baden?* | *Was macht ihr heute?* H → Tabelle unter **ich** und Infos unter **Anrede** **4** *3. Person Singular (sie), Dativ* | *Meine Mutter ist nicht hier. Kann ich ihr etwas ausrichten?* H → Tabelle unter **ich** **5** *3. Person Singular und Plural (sie)* verwendet, um sich auf eine (oft bereits erwähnte) Person/Sache zu beziehen, die zu der Person/Sache bzw. zu den Personen/Dingen gehört, über die man mit *sie* spricht | *Unsere Kinder spielen oft mit (den) ihren* (mit den Kindern von Sabine/ von Familie Schmitt) H → Beispiele und Tabelle unter **mein** **6** *3. Person Singular und Plural (ihr), Genitiv* | *Wir erinnern uns ihrer* H → Tabelle unter **ich**

★ **Ihr** ■ ARTIKEL **1** *zur höflichen Anrede mit Sie Ihr* verwendet man in einer Situation, in welcher man eine Person oder mehrere Personen mit *Sie* anspricht. Man bezeichnet damit Dinge, Zustände, Vorgänge, Handlungen oder Personen, welche mit der angesprochenen Person bzw. den angesprochenen Personen in Zusammenhang sind | *Sind das Ihre Schlüssel, Frau Kunze?* | *Kann ich bitte Ihren Führerschein/Ihre Fahrkarten sehen?* | *Sehr geehrte Damen und Herren, vielen Dank für Ihre freundliche Antwort*
■ PRONOMEN **2** *2. Person Plural* verwendet als höfliche Form der Anrede *ihr* in Briefen | *Ich freue mich darauf, dass Ihr nächste Woche zu Besuch kommt* **3** *historisch 2. Person Höflichkeitsform* verwendet als höfliche und respektvolle Anrede für einen Richter oder einen König | *Ihr habt gerufen, mein König?*

ih·rer·seits ADVERB was sie (Singular oder Plural) betrifft | *Sie war/waren ihrerseits sehr zufrieden*

Ih·rer·seits ADVERB was Sie (Singular oder Plural) betrifft | *Haben Sie Ihrerseits noch Einwände?*

ih·res·glei·chen PRONOMEN *nur in dieser Form; oft abwertend* Leute wie sie (Singular oder Plural) | *Ich kenne sie und ihresgleichen*

Ih·res·glei·chen PRONOMEN *nur in dieser Form; oft abwertend* Leute wie Sie (Singular oder Plural)

ih·ret·we·gen ADVERB **1** aus einem Grund, der sie betrifft | *Machst du dir ihretwegen Sorgen?* **2** mit ihrer Erlaubnis oder Zustimmung | *Sie sagt/sagen, ihretwegen können wir tun, was wir wollen*

Ih·ret·we·gen ADVERB *Höflichkeitsform* **1** aus einem Grund, der Sie betrifft | *Ihretwegen haben wir den Termin nicht geschafft!* **2** mit Ihrer Erlaubnis oder Zustimmung | *Können wir Ihretwegen den Termin verschieben oder haben Sie Einwände?*

ih·ret·wil·len ADVERB **um ihretwillen** *geschrieben* ≈ *ihretwegen*

Ih·ret·wil·len ADVERB *Höflichkeitsform* **um Ihretwillen** *geschrieben* ≈ *Ihretwegen*

ih·ri·g-, **Ih·ri·g-** PRONOMEN; *veraltend* alleine verwendet für *der, die, das ihre/Ihre* H → Beispiele und Tabelle unter **mein**

-i·ker *der;* (-s, -); *im Substantiv, unbetont, begrenzt produktiv* **1** **Chemiker, Dramatiker, Satiriker, Sinfoniker** *und andere* eine Person, die etwas (beruflich) macht, sich mit etwas beschäftigt **2** **Alkoholiker, Allergiker, Diabetiker** *und andere* eine Person, die eine Krankheit hat **3** **Choleriker, Fanatiker, Neurotiker, Zyniker** *und andere* eine Person, die ein Verhalten zeigt, das als negativ empfunden wird

Iko·ne *die;* (-, -n) **1** ein Bild (in der russisch- bzw. griechisch-orthodoxen christlichen Kirche) mit religiösen Motiven K Ikonenmalerei **2** **eine Ikone** *+Genitiv* eine Person, die bei vielen Menschen bekannt und beliebt ist ⟨eine Ikone des Fußballs, der Popkultur, des Sports⟩

★ **il·le·gal** ADJEKTIV gegen das Gesetz ↔ *legal* | *Er wurde wegen illegalen Waffenbesitzes verhaftet* ● hierzu **Il·le·ga·li·tät** *die*

il·le·gi·tim [-tiːm] ADJEKTIV; *geschrieben* **1** gegen die Rechtsordnung (z. B. eines Staates, einer Organisation) ⟨ein Vorgehen, eine Einmischung⟩ ≈ *unrechtmäßig* **2** *veraltend* ⟨ein Kind, ein Sohn, eine Tochter⟩ ≈ *unehelich* ● zu (1) **Il·le·gi·ti·mi·tät** *die*

★ **Il·lu·si·on** *die;* (-, -en); *oft Plural* **eine Illusion über jemanden/etwas** eine falsche, meist zu optimistische Vorstellung von etwas ⟨Illusionen haben; jemandes Illusionen zerstören; sich (*Dativ*) Illusionen machen; sich Illusionen hingeben, von einer Illusion verabschieden; keinerlei Illusionen aufkommen lassen⟩ | *Deine Idee ist nicht zu verwirklichen, reine Illusion!* | *Es ist eine Illusion zu glauben, dass …*

il·lu·si·o·när ADJEKTIV; *geschrieben* auf einer Illusion beruhend ⟨ein Plan, eine Vorstellung⟩ ↔ *realistisch*

il·lu·si·ons·los ADJEKTIV ohne Illusionen ⟨eine Einschätzung, eine Beurteilung⟩ ≈ *realistisch* ● hierzu **Il·lu·si·ons·lo·sig·keit** *die*

il·lu·so·risch ADJEKTIV nur in der Vorstellung, nicht realisierbar | *Du willst das ganz alleine schaffen? Das ist doch illusorisch!*

il·lus·ter ADJEKTIV *meist attributiv; geschrieben* vornehm und berühmt ⟨eine Gesellschaft, ein Kreis, ein Gast⟩ H *illuster*

→ *ein illustrer Gast*

Il·lust·ra·ti·on [-'tsi̯o:n] *die*; (-, -en) **1** ein Bild, Foto o. Ä. zu einem Text | *die Illustrationen in einem Lexikon* **2** das Herstellen und Verwenden von Bildern ≈ *Bebilderung* | *die Illustration eines Kinderbuchs* **3** das Erklären mit Beispielen ≈ *Veranschaulichung*

il·lust·ra·tiv [-'ti:f] ADJEKTIV; *geschrieben* als Erläuterung dienend ⟨ein Beispiel⟩

Il·lust·ra·tor *der*; (-s, Il·lus·tra·to·ren) ein Künstler, der Illustrationen macht • hierzu **Il·lust·ra·to·rin** *die*

il·lust·rie·ren VERB (illustrierte, hat illustriert) **1** **etwas illustrieren** Bilder (Abbildungen) für etwas machen ⟨ein Buch, einen Text, ein Lexikon illustrieren; eine illustrierte Zeitschrift⟩ **2** **etwas illustrieren** etwas erläutern, verdeutlichen | *eine These mit einem Beispiel illustrieren* | *Er illustrierte seinen Vortrag mit Tabellen* • zu (2) **Il·lust·rie·rung** *die*

★ **Il·lust·rier·te** *die*; (-n, -n) eine Zeitschrift, die viele Bilder enthält **H** im Genitiv und Dativ Singular: *der Illustrierten*

Il·tis *der*; (-ses, -se) ein kleiner brauner Marder

★ **im** PRÄPOSITION *mit Artikel* **1** in dem | *im Garten sein* | *im Kino sein* | *im Bett liegen* | *im Jahre 2002* **H** In Wendungen wie *im Grunde genommen*, *im Gegenteil* und *im Großen und Ganzen* kann *im* nicht durch *in dem* ersetzt werden. **2** **im** *+substantivierter Infinitiv* in Bezug auf, in Hinsicht auf | *Im Rechnen ist er sehr gut, aber im Schreiben von Aufsätzen hat er Schwierigkeiten* **3** **im** *+substantivierter Infinitiv* während einer Aktion, eines Vorgangs | *Im Gehen drehte er sich noch einmal um und winkte uns zu*

★ **Image** ['ɪmɪtʃ, 'ɪmɪdʒ] *das*; (-(s), -s ['ɪmɪdʒɪz]) das Bild von jemandem/etwas, das in der Öffentlichkeit herrscht (und oft extra zu diesem Zweck erzeugt wurde) ⟨ein angekratztes, angeschlagenes, ramponiertes Image; ein positives Image aufbauen; um ein gutes Image bemüht sein; ein schlechtes Image aufpolieren, korrigieren, verbessern, loswerden⟩ | *das Image der Unbestechlichkeit*

ima·gi·när ADJEKTIV nur in der Vorstellung/Fantasie vorhanden ↔ *wirklich, real*

★ **Im·biss** *der*; (-es, -e) ein kleines (oft kaltes) Essen ⟨einen Imbiss zubereiten, (ein)nehmen⟩ **K** Imbissbude, Imbissstand, Imbissstube

Imi·tat *das*; (-(e)s, -e) ≈ *Imitation, Nachbildung*

Imi·ta·ti·on [-'tsi̯o:n] *die*; (-, -en) **1** das Imitieren, das Nachahmen **2** etwas, das nachgeahmt oder einer Sache nachgebildet wurde ↔ *Original* | *Dieser Schmuck ist nicht echt, sondern eine gut gemachte Imitation* • zu (1) **imi·ta·tiv** ADJEKTIV

Imi·ta·tor *der*; (-s, Imi·ta·to·ren) eine Person, die (meist beruflich) Stimmen und Gesten bekannter Personen oder Tierstimmen, Geräusche usw. nachahmt, um das Publikum damit zu unterhalten **K** Stimmenimitator

imi·tie·ren VERB (imitierte, hat imitiert) **1** **jemanden/etwas imitieren** ≈ *nachahmen* | *Er kann sehr gut Politiker/Vogelstimmen imitieren* **2** **etwas imitieren** etwas künstlich herstellen | *imitiertes Leder*

Im·ker *der*; (-s, -) eine Person, die (meist beruflich) Bienen hält, um Honig zu produzieren • hierzu **Im·ke·rin** *die*

Im·ke·rei *die*; (-, -en) **1** *nur Singular* die Pflege von Bienen, um Honig zu erhalten **2** ein Betrieb, der Honig herstellt und verarbeitet

im·ma·nent ADJEKTIV; *geschrieben* **(einer Sache** (*Dativ*)**) immanent** in einer Sache (als ein wichtiger Bestandteil) enthalten • hierzu **Im·ma·nenz** *die*

im·ma·te·ri·ell, im·ma·te·ri·ell ADJEKTIV **ein immaterieller Schaden** ein Schaden, der nicht jemandes Geld oder Vermögen betrifft, sondern z. B. die Ehre oder die seelische oder körperliche Gesundheit

im·mat·ri·ku·lie·ren VERB (immatrikulierte, hat immatrikuliert); *admin* **1** **jemanden immatrikulieren** jemanden als Student an einer Hochschule aufnehmen **2** **sich immatrikulieren** sich als Student an einer Hochschule anmelden ≈ *einschreiben* • hierzu **Im·mat·ri·ku·la·ti·on** *die*

im·mens ADJEKTIV sehr groß ⟨Kosten, Schäden, Schwierigkeiten, Summen; ein Aufwand, eine Bedeutung⟩

★ **im·mer** ■ ADVERB **1** zu jeder Zeit ↔ *nie* | *Sie war immer freundlich zu mir* | *Er war mir immer ein guter Freund* | *Sie ist höflich wie immer* **2** **immer wenn** jedes Mal | *Immer wenn ich ihn treffe, grüßt er freundlich* **3** **für/auf immer** von einem Zeitpunkt an auf unbegrenzte Zeit | *Er kommt nicht wieder! Er ist für immer fortgegangen* **4** **immer noch/noch immer** (schon seit relativ langer Zeit und) auch jetzt noch | *Er hält immer noch den Weltrekord im Hochsprung*

■ PARTIKEL **5** *betont oder unbetont* vor einem Komparativ verwendet, um eine ständige Steigerung auszudrücken | *Das Flugzeug stieg immer höher* (höher und noch höher) | *Es kommen immer mehr Leute* | *Das Wasser wurde immer heißer* **6** **wann, wo, wie, was** *usw.* **(auch) immer** *betont* gleichgültig, wann/wo/wie/was usw. | *Wo immer ich (auch) bin, was immer ich (auch) tue, ich denke nur an dich* | *Was immer er dir erzählen wird, glaub ihm kein Wort* **7** *betont und unbetont* verwendet am Anfang von meist freundlichen Aufforderungen | *Immer mit der Ruhe!* | *Immer rein, hier ist genug Platz!*

im·mer·fort ADVERB; *veraltend* ≈ *immer*

im·mer·grün ADJEKTIV *meist attributiv* das ganze Jahr über grün, also mit Blättern oder mit Nadeln ⟨eine Pflanze⟩

★ **im·mer·hin** PARTIKEL *betont und unbetont* **1** drückt Anerkennung für einen positiven Umstand in einer ansonsten negativen Situation aus ≈ *wenigstens* | *Er hat zwar nicht gewonnen, aber immerhin ist er Zweiter geworden* | *Das ist immerhin eine neue Idee, wenn auch schwer zu realisieren* | *„Sie ist zwar nicht gekommen, aber sie hat sich entschuldigt." – „Na, immerhin!"* **2** drückt aus, dass die genannte Person, Situation oder Sache bei einer Entscheidung oder Handlung beachtet werden soll ≈ *schließlich* | *Das kann ich ihm nicht antun, er ist immerhin mein bester Freund* | *So solltest du nicht mit ihr reden, sie ist immerhin deine Mutter*

im·mer·wäh·rend, im·mer wäh·rend ADJEKTIV *meist attributiv* ohne Ende | *immerwährender Frieden*

im·mer·zu ADVERB; *gesprochen* ≈ *immer* | *Mein kleiner Bruder ärgert mich immerzu*

Im·mig·rant *der*; (-en, -en) eine Person, die in ein Land gekommen ist, um dort zu leben und zu arbeiten ≈ *Einwanderer* **H** *der Immigrant; den, dem, des Immigranten* • hierzu **Im·mig·ran·tin** *die*; **Im·mig·ra·ti·on** *die*; **im·mig·rie·ren** VERB (*ist*)

Im·mis·si·on *die*; (-, -en); *geschrieben* die negative Wirkung von Lärm, Schmutz, radioaktiven Strahlen usw. auf Menschen, Tiere, Pflanzen **K** Immissionsschutz

★ **Im·mo·bi·lie** [-i̯ə] *die*; (-, -n); *meist Plural* eine unbewegliche Sache (meist ein Haus, eine Wohnung oder ein Grundstück) als Eigentum ⟨mit Immobilien handeln⟩ **K** Immobilienbesitz, Immobilienhandel, Immobilienhändler, Immobilienmakler, Immobilienmarkt

im·mun ADJEKTIV *meist prädikativ* **1** **immun gegen etwas sein** so, dass man sich mit einer Krankheit nicht (mehr) anstecken kann | *Ich habe als Kind Masern gehabt, jetzt bin ich immun dagegen* **2** **immun gegen etwas sein** *gesprochen* so, dass das Genannte kein Problem, keine Gefahr ist | *Gegen solche Versuchungen bin ich immun*

im·mu·ni·sie·ren VERB (immunisierte, hat immunisiert) **jeman-**

den (gegen etwas) immunisieren eine Person (meist durch eine Impfung) davor schützen, dass sie eine bestimmte Krankheit bekommt • hierzu **Im·mu·ni·sie·rung** *die*

Im·mu·ni·tät *die*; (-) **1** **die Immunität (gegen etwas)** der Zustand, gegen Krankheitserreger immun zu sein | *Immunität gegen einen Grippevirus besitzen* **2** als Diplomat oder Abgeordneter vor strafrechtlicher Verfolgung geschützt ⟨Immunität genießen; jemandes Immunität aufheben⟩

Im·mun·schwä·che *die*; *meist Singular* ein Zustand, bei dem das Immunsystem schwächer ist als normal und bei dem man sehr leicht Infektionskrankheiten bekommt ≈ *Abwehrschwäche* **K** Immunschwächekrankheit

Im·mun·sys·tem *das* das System von Zellen und Organen im Körper, das Krankheiten abwehrt ⟨ein intaktes, geschwächtes Immunsystem haben⟩

Im·pe·ra·tiv [-ti:f] *der*; (-s, -e [-v-]); *meist Singular* eine Form des Verbs, mit der man eine Bitte, Aufforderung, Warnung, einen Befehl o. Ä. ausdrückt (z. B.: *Komm mal bitte her!; Seid ruhig!*) ≈ *Befehlsform* • hierzu **im·pe·ra·ti·visch** [-v-] ADJEKTIV

Im·per·fekt *das*; (-s, -e); *meist Singular* ⟨das Verb steht im Imperfekt; das Imperfekt bilden; etwas ins Imperfekt setzen⟩ ≈ *Präteritum*

Im·pe·ri·a·lis·mus *der*; (-) das Streben eines Staates, das eigene Gebiet oder die eigene (politische, wirtschaftliche) Macht immer weiter auszudehnen ⟨eine Politik des Imperialismus betreiben⟩ | *der koloniale Imperialismus* • hierzu **Im·pe·ri·a·list** *der*; **im·pe·ri·a·lis·tisch** ADJEKTIV

Im·pe·ri·um *das*; (-s, Im·pe·ri·en [-iən]) **1** *historisch* ein sehr großes (politisches) Reich ⟨das römische Imperium⟩ **2** *geschrieben* eine sehr große und mächtige wirtschaftliche Organisation **K** Rüstungsimperium, Wirtschaftsimperium, Zeitungsimperium

im·per·ti·nent ADJEKTIV; *geschrieben* ≈ *unverschämt* • hierzu **Im·per·ti·nenz** *die*

★ **imp·fen** VERB (impfte, hat geimpft) **(jemanden) (gegen etwas) impfen** einer Person ein Medikament geben oder einen Impfstoff in ihren Körper spritzen, damit sie vor einer Krankheit geschützt ist | *Kinder gegen Tuberkulose und Kinderlähmung impfen* **K** Impfaktion, Impfbescheinigung, Impfschutz • hierzu **Imp·fung** *die*

Impf·pass *der* ein Dokument, in dem alle Impfungen eingetragen werden, die jemand bekommt

Impf·stoff *der* ein Medikament, mit dem jemand geimpft wird

Im·plan·tat *das*; (-(e)s, -e) ein Teil aus Kunststoff, Metall, ein Gerät oder ein künstliches Organ, das implantiert wird **K** Hüftimplatant, Zahnimplantat, Metallimplantat

im·plan·tie·ren VERB (implantierte, hat implantiert) **(jemandem) etwas implantieren** einen Menschen operieren und diesem dabei ein künstliches Organ, ein Gerät, ein Teil usw. einsetzen | *jemandem einen Herzschrittmacher implantieren* • hierzu **Im·plan·ta·ti·on** *die*

im·pli·zie·ren VERB (implizierte, hat impliziert) **jemand/etwas impliziert etwas** *geschrieben* aufgrund einer Äußerung oder aufgrund von Tatsachen ist etwas logisch oder ebenfalls wahr, richtig o. Ä. | *Seine Aussage impliziert, dass er von dem Verbrechen gewusst haben muss* • hierzu **Im·pli·ka·ti·on** *die*

im·pli·zit ADJEKTIV; *geschrieben* bei einer Bedeutung mit eingeschlossen, aber nicht direkt ausgedrückt ↔ *explizit*

im·po·nie·ren VERB (imponierte, hat imponiert) **(jemandem) imponieren** ≈ *beeindrucken* | *Diese Vorführung hat mir sehr imponiert* | *Er hat ein sehr imponierendes Auftreten*

Im·po·nier·ge·ha·be *das*; (-s) **1** das Verhalten von männlichen Tieren, mit dem sie weibliche Tiere beeindrucken und männliche Rivalen abschrecken wollen **2** *abwertend* ein Verhalten, mit dem man jemanden beeindrucken will

★ **Im·port** *der*; (-(e)s, -e) **1** der Vorgang, Waren im Ausland zu kaufen und ins eigene Land zu bringen (um dort damit zu handeln) ≈ *Einfuhr* ↔ *Export* | *Der Import von japanischen Autos hat stark zugenommen* **K** Importartikel, Importgeschäft, Importhandel, Importstopp, Importware **2** *meist Plural* eine Ware, die im Ausland gekauft wurde | *Importe aus der Dritten Welt*

im·por·tie·ren VERB (importierte, hat importiert) **1** **etwas importieren** Waren im Ausland kaufen, um sie dann im Inland weiterzuverkaufen ↔ *exportieren, ausführen* **2** **(irgendwoher) importieren** Waren aus einem fremden Land einführen | *Wir importieren aus Fernost* • hierzu **Im·por·teur** [-'tøːɐ̯] *der*; **Im·por·teu·rin** [-'tøːrɪn] *die*

im·po·sant ADJEKTIV sehr eindrucksvoll ⟨ein Auftreten, eine Erscheinung; ein Bau, ein Gebäude⟩

im·po·tent ADJEKTIV (als Mann) nicht fähig, Sex zu haben bzw. ein Kind zu zeugen • hierzu **Im·po·tenz** *die*

im·präg·nie·ren VERB (imprägnierte, hat imprägniert) **1** **etwas imprägnieren** Textilien (chemisch) so behandeln, dass kein Wasser eindringen kann ⟨eine Jacke, Leder, einen Mantel imprägnieren⟩ **2** **etwas imprägnieren** Holz o. Ä. (chemisch) behandeln, um es länger haltbar zu machen • hierzu **Im·präg·nie·rung** *die*

Im·pres·si·on *die*; (-, -en); *meist Plural*; *geschrieben* die Eindrücke, die man auf einer Reise hatte

Im·pres·si·o·nis·mus *der*; (-) ein Stil der (europäischen) Kunst am Ende des 19. Jahrhunderts, in dem individuelle Eindrücke und Stimmungen sehr deutlich wiedergegeben wurden ⟨die Malerei des Impressionismus⟩ | *Claude Monet und Auguste Renoir sind Maler des Impressionismus* • hierzu **Im·pres·si·o·nist** *der*; **im·pres·si·o·nis·tisch** ADJEKTIV

im·pro·vi·sie·ren [-v-] VERB (improvisierte, hat improvisiert) **1** **(etwas) improvisieren** etwas ohne Vorbereitung, spontan tun | *für überraschenden Besuch eine Mahlzeit improvisieren* | *Er hatte sich auf die Prüfung schlecht vorbereitet und musste improvisieren* **2** **(etwas) improvisieren** (während man ein Instrument spielt) ein musikalisches Motiv entwickeln und variieren | *In der Jazzmusik wird häufig improvisiert* • hierzu **Im·pro·vi·sa·ti·on** *die*

Im·puls *der*; (-es, -e) **1** *meist Plural* ≈ *Anregung, Anstoß* | *Von ihm gingen wertvolle Impulse für die Arbeit unserer Firma aus* | *Persönliche Erfahrungen geben ihm immer wieder Impulse für seine Erzählungen* **2** ein spontaner innerer Drang, etwas zu tun ⟨etwas aus einem Impuls heraus tun; einem plötzlichen Impuls folgen⟩ **3** *meist Plural* ein kurzer Stromstoß ⟨etwas sendet Impulse (aus); etwas empfängt Impulse⟩

im·pul·siv [-'ziːf] ADJEKTIV **1** einem spontanen Impuls folgend ⟨eine Bewegung, eine Reaktion; impulsiv reagieren⟩ **2** (im Charakter) so, dass man oft spontanen Impulsen folgt ⟨ein Mensch, ein Charakter⟩ ≈ *spontan* | *Er ist sehr impulsiv und überlegt meist nicht lange, bevor er etwas tut* • hierzu **Im·pul·si·vi·tät** *die*

im·stan·de, im Stan·de **imstande sein zu** *+Infinitiv* fähig sein, etwas zu tun | *Er ist durchaus imstande, die Arbeit allein zu machen* | *Vor Aufregung war sie nicht imstande zu sprechen* ■ **ID** **jemand ist imstande und tut etwas** *gesprochen* es ist möglich oder wahrscheinlich, dass jemand etwas (Negatives, Böses) tut | *Er ist imstande und erzählt alles deiner Frau*

★ **in**[1] PRÄPOSITION

▸Ort: **1** *mit Dativ* verwendet mit der Bezeichnung für einen Raum, einen Behälter o. Ä., um zu sagen, dass jemand oder etwas dort ist | *im Haus sein* | *im Bett liegen* | *die alten Fotos in der Schachtel* H → Infos unter **Präposition** **2** *mit Akkusativ* nennt die Richtung von außen nach innen | *ins Haus gehen* | *den Schlüssel in die Tasche stecken* H → Infos unter **Präposition** **3** *mit Dativ* verwendet mit der Bezeichnung für einen Ort, ein Land, eine Gegend o. Ä., um sagen, dass jemand oder etwas dort ist | *in Italien* | *in Hamburg* | *in einem kleinen Dorf* | *ein Nachmittag im Schwimmbad* | *die Bäume in diesem Wald* **4** *mit Akkusativ* nennt die Richtung einer Bewegung zu einem Land, einem Ort usw. hin | *in die Stadt fahren* | *ins Schwimmbad gehen* ▸Zeit: **5** *mit Dativ* verwendet, um eine Zeit zu nennen, während der etwas geschieht | *In diesem Sommer bleibe ich zu Hause* | *In der letzten Woche war er krank* | *Ich habe in zwei Wochen fünf Kilo abgenommen* **6** *mit Dativ* verwendet, um eine Zeit zu nennen, nach welcher etwas geschehen wird | *In zwei Stunden ist Mittagspause* | *Bin in zehn Minuten zurück!* | *In einer Woche wird es dir wieder besser gehen* **7** **(bis) in** *+Akkusativ* **(hinein/zurück)** nennt eine Dauer bis nach dem Beginn der genannten Zeit | *Sie arbeitete bis spät in die Nacht* | *Dieser Zustand blieb bis in die Zwanzigerjahre bestehen* | *Letztes Jahr lag bei uns bis weit in den April hinein Schnee* | *Diese Tradition reicht bis ins 12. Jahrhundert zurück* **8** *mit Akkusativ* drückt aus, dass für jemanden die genannte Zeit oder Phase des Lebens beginnt | *in (den) Urlaub fahren* | *in den Ruhestand/in Rente gehen* | *in die Pubertät/in die Wechseljahre kommen* ▸Zugehörigkeit: **9** *mit Dativ* nennt die Gruppe, Institution o. Ä., zu der jemand gehört | *in der Armee sein* | *Mitglied in einer Partei sein* | *Bist du schon in der Schule?* **10** *mit Akkusativ* drückt aus, dass eine Person Mitglied einer Gruppe, Institution o. Ä. wird | *in einen Verein eintreten* | *in die Politik gehen* | *Sie ist schon mit fünf in die Schule gekommen* **11** *mit Dativ* nennt die Sache, zu der etwas gehört, bei der man etwas findet | *die Fehler im Aufsatz* | *ein Loch in der Hose* | *Farbstoffe in Lebensmitteln* **12** *mit Akkusativ* drückt aus, dass eine Sache Teil einer anderen wird oder dazukommt | *Eier in den Teig rühren* | *ein Loch in die Hose machen* **13** *mit Dativ* nennt das Medium, das eine Information oder Unterhaltung anbietet | *ein Artikel in der Zeitung* | *ein Film im ersten Programm* | *Dieses Lied wird oft im Radio gespielt* **14** **etwas kommt in etwas** (*Akkusativ*) drückt aus, dass etwas von einem Medium verbreitet, angeboten wird | *Wann kommt dein Artikel in die Zeitung?* | *Der Skandal wurde vertuscht und kam nicht in die Medien* **15** *mit Dativ* nennt das Fach, die Tätigkeit oder den Bereich, auf die sich eine Aussage bezieht | *Ich bin nicht sehr geübt im Skifahren* | *Sie hat eine Eins in Biologie* | *der Sieger im Weitsprung* | *in seinem Beruf Erfolg haben* ▸Situation, Zustand, Form: **16** *mit Dativ* nennt die Situation, den Zustand oder die Form, die für jemanden/etwas gilt | *Er ist in Schwierigkeiten* | *Der Aufzug ist nicht in Betrieb* | *im Notfall* | *ein Roman in drei Bänden* | *Die T-Shirts gibt es in vielen Farben und Größen* **17** *mit Akkusativ* drückt aus, was aus einer Person oder Sache wird, deren Zustand sich ändert | *Die Hexe verzauberte den Prinzen in einen Frosch* | *etwas zerfällt in zwei Teile* | *Das Wasser verwandelte sich in Eis* **18** **in Dollar/Gramm/Kilo/Metern/Litern/...** verwendet, um die benutzte Maßeinheit oder Währung zu nennen | *Wie viel sind zwanzig Grad Fahrenheit in Celsius?* | *„Das kostet hundert Yen." – „Was ist das in Euro umgerechnet?* **19** **in Massen/Mengen/Scharen/...** verwendet zur Bezeichnung einer großen Menge oder Zahl | *Am Strand gab es Muscheln in Haufen/Massen zu finden* ▸Art und Weise: **20** *mit Dativ* drückt aus, wie etwas geschieht oder getan wird | *ein Glas in einem Zug austrinken* | *In aller Eile packte sie die Koffer* ▸Ergänzung: **21** *mit Dativ/Akkusativ* verwendet mit manchen Substantiven, Adjektiven und Verben, um eine Ergänzung anzuschließen | *in jemanden verliebt sein* | *sich in jemanden verlieben* | *Sie vertiefte sich in ein Buch/war in ein Buch vertieft* | *Ich bin nicht in der Lage, dir zu helfen*

★ **in**² ADVERB **etwas ist in** *gesprochen* etwas ist modern, aktuell | *Kurze Röcke sind in* | *Surfen ist in*

in- *im Adjektiv, betont, begrenzt produktiv; geschrieben* **inakzeptabel, indiskret, inhuman, inkonsequent, instabil** *und andere* so, dass eine Person oder Sache eine Eigenschaft nicht hat oder nicht so ist H a) In Verbindung mit Fremdwörtern steht *in-*. b) Vor Wörtern, die mit *l* beginnen, steht *il-* (z. B. *illegal*), vor Wörtern mit *m* oder *p* steht *im-* (z. B. *immateriell, impotent*), vor Wörtern mit *r* steht *ir-* (z. B. *irreal*).

★ **-in** *die; (-, -nen); im Substantiv, unbetont, sehr produktiv* **1** **Ärztin, Beamtin, Europäerin, Leserin, Partnerin, Siegerin, Seniorin, Zeugin** *und andere* drückt aus, dass die Person, die das Substantiv beschreibt, eine Frau (oder ein Mädchen) ist | *Als Polizistin muss ich oft energischer auftreten als meine männlichen Kollegen* | *Die Fußgängerin wurde nur leicht verletzt* H Die Bezeichnungen für Männer (wie *Ärzte, Leser, Senioren*) werden im Plural auch für Frauen verwendet, wenn man von der Gruppe in einem sehr allgemeinen Sinn spricht: *die Ausbildung der Ärzte, die Verantwortung der Lehrer*. In allen anderen Fällen ist es heute jedoch üblich, deutlich zu machen, dass sowohl die Männer als auch die Frauen gemeint sind: *ein Kongress mit über zweihundert Ärztinnen und Ärzten; die Bürgerinnen und Bürger unserer Stadt*. Das gilt besonders für Stellenangebote und in der Anrede: *Projektleiter/Projektleiterin gesucht; Liebe Kolleginnen und Kollegen*. Schriftliche Lösungen wie *Maler/in* und *MitarbeiterInnen* entsprechen nicht den orthografischen Regeln und werden von vielen Lesern als störend empfunden **2** **Anbieterin, Betreiberin, Eigentümerin, Inhaberin, Organisatorin** *und andere* oft verwendet, wenn man von einer Institution, einer Organisation oder einem Unternehmen spricht | *die Universität als Antragstellerin* | *Er klagt gegen seine Arbeitgeberin, die Stadt München* **3** **Bärin, Eselin, Hündin, Löwin** *und andere* drückt aus, dass das Tier, welches das Substantiv beschreibt, weiblich ist | *Manche Leute sagen Kätzin zu einer weiblichen Katze* H *zu 1, 2, 3* In einigen Wörtern hat der Vokal vor der Endung *-in* einen Umlaut, wie bei *Arzt – Ärztin, Franzose – Französin, Hund – Hündin*. Wenn die männliche Bezeichnung auf *-erer* endet, dann ist die Endung *-erin: Förderer – Förderin*. Es gibt auch einige Wörter mit der Endung *-rerin: Wanderer – Wanderin* oder *Wandrerin*

in·ad·äquat, in·ad·äquat ADJEKTIV; *geschrieben* nicht adäquat ⟨eine Darstellung⟩ ≈ *unangemessen*

in·ak·tiv, in·ak·tiv ADJEKTIV; *geschrieben* nicht aktiv und ohne Energie ≈ *passiv, untätig*

in·ak·zep·ta·bel, in·ak·zep·ta·bel ADJEKTIV; *geschrieben* nicht akzeptabel ≈ *unannehmbar* H *inakzeptabel → ein inakzeptabler Vorschlag*

In·an·spruch·nah·me *die; (-); geschrieben* **1** das Nutzen eines Rechts, einer Möglichkeit o. Ä. (die einem zustehen) | *die Inanspruchnahme von Rechten* **2** ≈ *Belastung* | *die Inanspruchnahme durch berufliche Pflichten*

In·be·griff *der; (-(e)s)* **der Inbegriff** *+Genitiv Singular* eine Person oder Sache, die eine Eigenschaft in so großem Maße besitzt, dass sie als Symbol für diese Eigenschaft gilt | *Die Biene ist der Inbegriff des Fleißes*

★ **in·be·grif·fen** ADJEKTIV *meist prädikativ* **(in etwas** (*Dativ*)**) inbegriffen** in etwas enthalten, schon dabei | *In diesem Preis* *ist die Mehrwertsteuer inbegriffen | Die Reise kostet zweitausend Euro, Vollpension inbegriffen*

In·be·trieb·nah·me *die;* (-); *geschrieben* 1 das Einschalten o. Ä. eines meist relativ großen Geräts | *Vor Inbetriebnahme des Geräts sind alle Kontakte zu überprüfen* 2 die Eröffnung meist einer Anlage, einer Bahnlinie o. Ä.

In·brunst *die;* (-); *geschrieben* ein sehr starkes Gefühl, das man für eine Person oder Sache hat, die man liebt oder von der man überzeugt ist ⟨mit großer/voller Inbrunst beten, lieben⟩ • hierzu **in·brüns·tig** ADJEKTIV

in·de·fi·nit ADJEKTIV ohne Bezug auf eine ganz bestimmte Person oder Sache ⟨der Artikel, ein Pronomen⟩ ≈ *unbestimmt | „Jemand" ist ein indefinites Pronomen, es bezieht sich nicht auf eine bestimmte Person, sondern auf irgendeine Person* K Indefinitpronomen

in·de·kli·na·bel, in·de·kli·na·bel ADJEKTIV so, dass es die Form nicht ändert (wie z. B. das Adjektiv *rosa*) ⟨ein Adjektiv, ein Pronomen, ein Wort⟩ H *indeklinabel → ein indeklinables Wort*

★ **in·dem** BINDEWORT der Nebensatz mit *indem* nennt ein Mittel oder eine Methode, um das, was im Hauptsatz gesagt wird, zu erreichen | *Er verschloss die Tür, indem er einen Riegel vorschob | Wir können das Problem nicht beseitigen, indem wir es ignorieren*

in·des(·sen) *geschrieben* ■ ADVERB 1 ≈ *jedoch, aber | Die Bürger forderten Neuwahlen. Der Präsident indes war anderer Ansicht | Der Minister warnte indessen davor, allzu optimistisch zu sein* 2 ≈ *inzwischen | Auch Professor Schulze war indessen angekommen*

■ BINDEWORT 3 die beschriebenen Vorgänge oder Ereignisse geschehen zur gleichen Zeit ≈ *während | Indes über einen Friedensvertrag verhandelt wurde, liefen schon die Vorbereitungen für den Krieg*

★ **In·dex** *der;* (-(es), -e/In·di·ces [-tseːs]) 1 (*Plural: Indexe/Indices*) eine alphabetische Liste von Namen oder Begriffen am Schluss eines Buches ⟨etwas steht im Index; etwas im Index nachschlagen⟩ 2 (*Plural: Indexe*) eine Liste von Büchern, Filmen, Computerspielen o. Ä., die verboten sind ⟨etwas kommt auf den Index; etwas steht auf dem Index⟩ 3 (*Plural: Indices*) eine Zahl oder ein Buchstabe in kleiner Schrift, mit denen man verschiedene Begriffe, Werte oder Größen unterscheidet, wenn sie die gleiche Bezeichnung haben ⟨ein hochgestellter, tiefgestellter Index⟩ | *Bei den mathematischen Größen „n^3" und „x_2" sind „3" und „2" Indizes* 4 (*Plural: Indices*) eine hochgestellte Zahl oder ein Symbol in einem Text, die auf eine Anmerkung am Ende der Seite oder des Textes verweisen ⟨einen Index setzen⟩ 5 **der Index** +*Genitiv Plural* (*Plural: Indices*) eine Statistik, die das Verhältnis der aktuellen Höhe von Preisen, Kosten usw. zu ihrer Höhe zu einem früheren Zeitpunkt ausdrückt | *der Index der Lebenshaltungskosten ist gefallen/gestiegen* K Aktienindex, Preisindex

In·di·a·ner *der;* (-s, -) die Indianer haben schon in Amerika gelebt, bevor die Weißen aus Europa kamen K Indianerhäuptling, Indianerreservat, Indianerstamm • hierzu **In·di·a·ne·rin** *die;* **in·di·a·nisch** ADJEKTIV

In·di·ces *Plural* → Index

in·dif·fe·rent ADJEKTIV; *geschrieben* **(jemandem/etwas gegenüber) indifferent** ohne Interesse an einer Person oder Sache ⟨jemandem/etwas indifferent gegenüberstehen; sich indifferent verhalten⟩ • hierzu **In·dif·fe·renz** *die*

In·di·ka·ti·on [-ˈtsi̯oːn] *die;* (-, -en) 1 eine Situation, in der es vernünftig ist, für die Heilung eine Behandlungsmethode anzuwenden K Operationsindikation 2 ein (rechtlich anerkannter) Grund dafür, dass eine Frau eine Schwangerschaft abbrechen darf ⟨die medizinische, ethische, soziale Indikation⟩

In·di·ka·tiv [-f] *der;* (-s, -e); *meist Singular* die grammatische Kategorie des Verbs, bei welcher die Vorgänge o. Ä. als tatsächlich gegeben dargestellt werden ↔ *Konjunktiv* K Indikativform • hierzu **in·di·ka·ti·visch, in·di·ka·ti·visch** [-v-] ADJEKTIV

In·di·ka·tor *der;* (-s, In·di·ka·to·ren); *geschrieben* **ein Indikator (für etwas)** etwas, an dem man erkennen kann, in welchem Zustand sich etwas befindet oder welche Vorgänge gerade stattfinden | *Die Stabilität einer Währung ist ein Indikator für den wirtschaftlichen Zustand*

In·dio *der;* (-s, -s) Indios haben in Süd- und Mittelamerika gelebt, als die Weißen aus Europa kamen

★ **in·di·rekt** ADJEKTIV 1 in sehr höflichen Worten und sehr vorsichtig formuliert ⟨etwas indirekt sagen, zum Ausdruck bringen⟩ 2 **eine indirekte Beleuchtung** eine Beleuchtung mit Lampen, die nicht direkt in den Raum strahlen, sondern versteckt angebracht sind

in·dis·kret ADJEKTIV nicht diskret ⟨eine Frage, eine Bemerkung⟩ • hierzu **In·dis·kre·ti·on** *die*

in·dis·ku·ta·bel, in·dis·ku·ta·bel ADJEKTIV so schlecht, dass es überhaupt nicht in Frage kommt ⟨ein Vorschlag; etwas ist vollkommen indiskutabel⟩ H *indiskutabel → eine indiskutable Leistung*

in·dis·po·niert, in·dis·po·niert ADJEKTIV *meist prädikativ; geschrieben* im Augenblick in schlechter körperlicher Verfassung | *Der Chef ist heute indisponiert* H oft auch als Ausrede verwendet, wenn man jemanden nicht sehen will

In·di·vi·du·a·lis·mus [-v-] *der* (-) die Anschauung, nach welcher die Rechte und die persönliche Freiheit des einzelnen Menschen die wichtigsten Werte in einer Gesellschaft sind

In·di·vi·du·a·list [-v-] *der;* (-en, -en) eine Person, die ganz nach den eigenen Vorstellungen leben möchte H *der Individualist; den, dem, des Individualisten* • hierzu **In·di·vi·du·a·lis·tin** *die;* **in·di·vi·du·a·lis·tisch** ADJEKTIV

In·di·vi·du·a·li·tät [-v-] *die;* (-); *geschrieben* das Besondere, das einen Menschen von allen anderen Menschen unterscheidet ⟨seine Individualität bewahren⟩

In·di·vi·du·al·ver·kehr *der; admin* der Straßenverkehr mit privaten Autos o. Ä. im Unterschied zum Verkehr mit Bussen, Straßenbahnen usw.

★ **in·di·vi·du·ell** [-viˈdu̯ɛl] ADJEKTIV; *geschrieben* 1 in Bezug auf eine einzelne Person ⟨Bedürfnisse, Eigenschaften, ein Geschmack, ein Stil, Wünsche⟩ 2 für die einzelne Person gemacht, geplant o. Ä. ⟨etwas individuell gestalten⟩

★ **In·di·vi·du·um** [-ˈviːduʊm] *das;* (-s, In·di·vi·du·en [-du̯ən]) 1 *geschrieben* der Mensch als einzelne Person 2 ein Tier als einzelnes Exemplar einer Art 3 *abwertend* eine Person, die nicht sympathisch ist | *ein verdächtiges Individuum*

★ **In·diz** *das;* (-es, In·di·zi·en [-i̯ən]) 1 *meist Plural* etwas, das darauf hindeutet, dass jemand ein Verbrechen begangen hat ⟨die Indizien sprechen gegen jemanden; jemanden aufgrund von Indizien verhaften, verurteilen⟩ K Indizienprozess 2 *geschrieben* etwas, dass ein Entwicklung oder ein Ereignis in der Zukunft erkennen lässt ⟨ein sicheres Indiz für etwas⟩

in·di·zie·ren VERB (indizierte, hat indiziert) 1 **etwas indizieren** *geschrieben* etwas auf einen Index setzen und so verbieten oder verhindern ⟨ein Buch indizieren⟩ 2 **etwas ist indiziert** eine Behandlung, eine Methode o. Ä. erscheint sinnvoll oder angebracht | *In diesem Fall ist eine Operation nicht indiziert* H meist im Passiv mit dem Hilfsverb *sein* • hierzu **In·di·zie·rung** *die*

in·do·eu·ro·pä·isch, in·do·eu·ro·pä·isch ADJEKTIV **die indoeuropäischen Sprachen** die Sprachen in Europa, Persien und Indien mit dem gleichen Ursprung (z. B. Deutsch,

Griechisch, Persisch)
in·do·ger·ma·nisch, in·do·ger·ma·nisch ADJEKTIV ≈ *indoeuropäisch*
In·duk·ti·on [-'tsio:n] *die*; (-, -en) **1** *geschrieben* das Schließen aus (bekannten) Tatsachen auf allgemeine Regeln ↔ *Deduktion* **2** das Erzeugen von Elektrizität mit magnetischen Feldern **K** Induktionsherd, Induktionsspannung, Induktionsstrom ● hierzu **in·duk·tiv, in·duk·tiv** ADJEKTIV; **in·du·zie·ren** VERB *(hat)*
in·dust·ri·a·li·sie·ren VERB (industrialisierte, hat industrialisiert) **etwas industrialisieren** irgendwo eine Industrie aufbauen | *als Deutschland industrialisiert wurde* **H** meist im Passiv ● hierzu **In·dust·ri·a·li·sie·rung** *die*
★ **In·dust·rie** *die*; (-, -n [-'tri:ən]) **1** *meist Singular* alle Betriebe der Wirtschaft, die mit Maschinen große Mengen an Waren oder Rohstoffen produzieren ⟨die chemische, pharmazeutische Industrie⟩ | *Die Übergänge zwischen Industrie und Handwerk sind fließend* **K** Industrieabgase, Industrieabwasser, Industriebetrieb, Industriegebiet, Industriestadt, Industrieunternehmen, Industriezweig; Autoindustrie, Metallindustrie, Papierindustrie, Rüstungsindustrie, Spielwarenindustrie, Textilindustrie **2** Ⓒ ein Gebäude mit Maschinen für die Herstellung von Waren ≈ *Fabrik*
In·dust·rie|kauf·mann *der* eine Person, die eine kaufmännische Ausbildung gemacht hat und in der Industrie z. B. im Vertrieb oder in der Verwaltung arbeitet ● hierzu **In·dust·rie|kauf·frau** *die*
★ **in·dust·ri·ell** ADJEKTIV *meist attributiv* in/von der Industrie ⟨die Entwicklung, die Fertigung, die Produktion⟩
In·dust·ri·el·le *der/die*; (-n, -n) eine Person, die einen Industriebetrieb besitzt ≈ *Unternehmer* **K** Großindustrielle **H** *ein Industrieller; der Industrielle; den, dem, des Industriellen*
In·dust·rie- und Han·dels·kam·mer *die*; Ⓓ eine Organisation, welche die Interessen von Industrie und Handel einer Region vertritt **H** Abkürzung: *IHK*
In·dust·rie|zeit·al·ter *das*; *nur Singular* die Periode in der neuesten Geschichte, in welcher die Industrie die Wirtschaft verändert hat (ungefähr ab dem 19. Jahrhundert)
in·ef·fek·tiv, in·ef·fek·tiv [-f] ADJEKTIV; *geschrieben* nicht wirksam ⟨eine Methode, ein Verfahren⟩
in·ef·fi·zi·ent, in·ef·fi·zi·ent ADJEKTIV; *geschrieben* ohne den gewünschten Erfolg ≈ *unwirtschaftlich* | *ineffizient arbeiten*
in·ei·nan·der ADVERB eine Person/Sache in die andere Person/Sache oder in der anderen Person/Sache (drückt eine Gegenseitigkeit aus) | *Sie sind ineinander verliebt* (Er liebt sie, und sie liebt ihn) | *Die beiden Farben gehen ineinander über*
in·ei·nan·der- (*im Verb, betont und trennbar, begrenzt produktiv; Diese Verben werden so gebildet:* ineinandergreifen, griffen ineinander, ineinandergegriffen) **Dinge passen, stecken ineinander; Dinge ineinanderschieben, ineinanderstecken** *und andere* drückt aus, dass sich zwei oder mehrere Dinge (miteinander) vermischen oder auf andere Weise eine Einheit bilden ↔ *auseinander-* | *Die beiden Flüsse fließen ineinander* (Die beiden Flüsse vereinigen sich und bilden dann einen Fluss)
in·ei·nan·der·grei·fen VERB *(haben)* **1** **Dinge greifen ineinander** zwei oder mehrere Dinge, Teile einer Maschine o. Ä. sind so gelagert, dass sie gegenseitig in den jeweils anderen Teil greifen und so eine gemeinsame Bewegung zustande kommt ⟨Zahnräder⟩ **2** ⟨Aktionen, Maßnahmen⟩ **greifen ineinander** zwei oder mehr Vorgänge, Unternehmungen o. Ä. wirken gemeinsam, weil sie zusammenpassen
in·fam ADJEKTIV; *geschrieben, abwertend* böse und unverschämt ⟨eine Lüge⟩ ≈ *gemein* ● hierzu **In·fa·mie** *die*
In·fan·te·rie, In·fan·te·rie [-təri:] *die*; (-) die Soldaten einer Armee, die zu Fuß kämpfen **K** Infanteriedivision, Infanterieregiment ● hierzu **In·fan·te·rist, In·fan·te·rist** *der*
in·fan·til ADJEKTIV; *abwertend* nicht reif und erwachsen, sondern wie ein Kind ⟨ein Verhalten⟩ ● hierzu **In·fan·ti·li·tät** *die*
In·farkt *der*; (-(e)s, -e) bei einem Infarkt bekommt ein Organ (meist das Herz) nicht mehr genug Blut und funktioniert nicht mehr oder nur noch schlecht ⟨einen Infarkt erleiden, haben⟩ **K** Herzinfarkt, Lungeninfarkt, Niereninfarkt
In·fekt *der*; (-(e)s, -e) **1** ≈ *Infektion* **2** **ein grippaler Infekt** ≈ *Grippe*
★ **In·fek·ti·on** [-'tsio:n] *die*; (-, -en) **1** das Übertragen einer Krankheit durch Bakterien, Viren usw. ≈ *Ansteckung* **K** Infektionsgefahr, Infektionskrankheit **2** eine Krankheit, die durch Infektion übertragen wird ⟨eine Infektion haben⟩ **K** Virusinfektion
in·fek·ti·ös [-'tsiø:s] ADJEKTIV ⟨eine Erkrankung⟩ ≈ *ansteckend*
in·fer·na·lisch ADJEKTIV **1** so (böse), dass es einem Angst macht ⟨ein Gelächter⟩ ≈ *teuflisch, höllisch* **2** sehr intensiv und unangenehm ⟨ein Lärm, ein Geruch, ein Gestank⟩ ≈ *abscheulich*
In·fer·no *das*; (-s, -s); *meist Singular; geschrieben* **das Inferno** (+*Genitiv*) verwendet, um etwas zu bezeichnen, das ganz schrecklich ist ⟨das Inferno der Flammen, des Krieges⟩
in·fi·nit, in·fi·nit ADJEKTIV so, dass eine Verbform nicht nach Tempus, Numerus usw. bestimmt ist (wie z. B. der Infinitiv, die Partizipien)
In·fi·ni·tiv [-ti:f] *der*; (-s, -e [-və]) die Grundform eines Verbs, in der es ins Wörterbuch eingetragen wird, z. B. *gehen, spazieren* ⟨ein substantivierter Infinitiv; ein Verb steht im Infinitiv⟩
in·fi·zie·ren VERB (infizierte, hat infiziert) **jemanden infizieren** eine andere Person oder sich selbst mit einer Krankheit anstecken
in flag·ran·ti ■ ID **jemanden in flagranti ertappen/erwischen** eine Person zufällig dabei beobachten, wie sie etwas Verbotenes tut
★ **In·fla·ti·on** [-'tsio:n] *die*; (-, -en); *meist Singular* eine wirtschaftliche Situation, in welcher die Preise stark steigen und das Geld weniger wert wird **K** Inflationsbekämpfung, Inflationsrate
in·fla·ti·o·när ADJEKTIV **1** zu einer Inflation führend, gehörend ⟨eine Entwicklung, eine Geldpolitik, Tendenzen⟩ **2** immer öfter und zu oft ⟨die inflationäre Verwendung eines Begriffs; einen Begriff inflationär gebrauchen⟩
In·fo *die*; (-, -s) *gesprochen* Kurzwort für *Information* | *Ich habe eine wichtige Info für euch* | *zwei Seiten mit Infos über alle Spielfilme der Woche* **K** Infoheft, Inforeise, Infostand, Infoveranstaltung
★ **in·fol·ge** PRÄPOSITION *mit Genitiv; geschrieben* gibt den Grund, die Ursache von etwas an ≈ *wegen* | *Infolge des starken Regens kam es zu Überschwemmungen* | *Die Rettungsmannschaften mussten infolge starker Stürme umkehren* **H** auch zusammen mit *von*: *infolge von einigen Zwischenfällen*
in·fol·ge·des·sen ADVERB; *geschrieben* als Folge der genannten Situation | *Es kam zu Ausschreitungen zwischen den Fans beider Mannschaften. Infolgedessen musste die Polizei eingreifen*
In·for·mant *der*; (-en, -en) **(jemandes) Informant** eine Person, die jemandem (meist wichtige oder geheime) Informationen über etwas weitergibt | *ein Informant der Polizei* **H** *der Informant; den, dem, des Informanten* ● hierzu **In·for·man·tin** *die*
In·for·ma·tik *die*; (-) die (mathematische) Wissenschaft, die sich mit Computern und ihrer Anwendung beschäftigt

• hierzu **In·for·ma·ti·ker** *der;* **In·for·ma·ti·ke·rin** *die*

★ **In·for·ma·ti·on** [-'tsjo:n] *die;* (-, -en) **1** **Informationen (über jemanden/etwas)** *meist Plural* die Fakten, Details o. Ä., die man bekommt, wenn man Bücher oder Zeitungen liest, Radio hört, nach etwas fragt o. Ä. ⟨vertrauliche, zuverlässige Informationen; Informationen (von jemandem) einholen, erhalten; (mit jemandem) Informationen austauschen; Informationen zurückhalten, an jemanden weitergeben; jemandem Informationen geben⟩ | *Ich brauche dringend einige Informationen* K Informationsangebot, Informationsaustausch, Informationsbedürfnis, Informationsblatt, Informationsdefizit, Informationsmaterial, Informationsquelle, Informationsschrift, Informationsstand, Informationswert, Informationszentrum; Presseinformation, Produktinformation **2** *nur Singular* die Stelle, an der man Informationen bekommen kann | *Herr Maier bitte zur Information!* | *Ich frage mal an der Information.* **3** **die Information (über jemanden/etwas)** *nur Singular* der Vorgang, wenn jemand Informationen bekommt | *Zu ihrer Information legen wir unserem Brief eine Broschüre bei*

In·for·ma·ti·ons·tech·nik [-'tsjo:ns-] *die; meist Singular* die Verarbeitung von Informationen und Daten mit elektronischen Geräten H Abkürzung: *IT*

in·for·ma·tiv [-'ti:f] ADJEKTIV; *geschrieben* ⟨ein Gespräch, ein Vortrag⟩ so, dass sie (wichtige) Informationen enthalten

in·for·mell, **in·for·mell** ADJEKTIV; *geschrieben* nicht formell, nicht förmlich ⟨ein Anlass, eine Veranstaltung⟩

★ **in·for·mie·ren** VERB (informierte, hat informiert) **1** **jemanden (über eine Person/Sache) informieren** jemandem oder sich selbst Informationen über eine andere Person, zu einem Thema o. Ä. beschaffen | *sich über die Preise informieren* | *sich informieren, wie etwas funktioniert* **2** **jemanden (von etwas) informieren** jemandem etwas mitteilen

In·fo·tain·ment ['-tein-] *das;* (-s) unterhaltsam gestaltete Nachrichten und Informationen

in·fra·ge, **in Fra·ge** ADVERB **1** **eine Person/Sache kommt (für jemanden/etwas) infrage** eine Person oder Sache ist für etwas geeignet | *Für diese Stelle kommt nur ein Bewerber mit langjähriger Berufserfahrung infrage* **2** **etwas stellt etwas infrage** etwas gefährdet etwas, macht etwas ungewiss | *Der Regen stellt unser Gartenfest am Wochenende infrage* **3** **etwas infrage stellen** Zweifel an etwas haben oder äußern ■ ID **das kommt (gar/mir) nicht infrage!** Das erlaube ich nicht, das verbiete ich

Inf·ra·rot, **Inf·ra·rot** *das;* (-s) warme Strahlen, die im Lichtspektrum hinter den roten Strahlen liegen und nicht mehr zu sehen sind K Infrarotbestrahlung, Infrarotheizung, Infrarotlampe, Infrarotstrahlung • hierzu **inf·ra·rot**, **inf·ra·rot** ADJEKTIV

Inf·ra·struk·tur *die; geschrieben* alle Elemente, die notwendig sind, damit sich in einem Gebiet eine Wirtschaft entwickeln kann, z. B. Straßen, Eisenbahnen, Wohnsiedlungen, öffentliche Gebäude usw. | *eine Region mit gut/schwach entwickelter Infrastruktur*

In·fu·si·on *die;* (-, -en) bei einer Infusion bekommt man Flüssigkeiten mit einem Schlauch in die Adern ⟨jemandem eine Infusion geben; eine Infusion bekommen⟩ K Infusionsbeutel, Infusionsflasche, Infusionskanüle, Infusionsschlauch

Ing. Abkürzung für *Ingenieur*

★ **In·ge·ni·eur** [ɪnʒe'ni̯øːɐ̯] *der;* (-s, -e) eine Person, die (an der Universität oder Fachhochschule) ein technisches Fach studiert hat K Bauingenieur, Elektroingenieur, Heizungsingenieur, Maschinenbauingenieur; Diplomingenieur H a) Abkürzung: *Ing.*; b) zu *Ingenieurin* → Info im Eintrag **-in** • hierzu **In·ge·ni·eu·rin** [-'ni̯øː-] *die*

In·gre·di·en·zen [-'di̯ɛntsn̩], **In·gre·di·en·zi·en** [-'di̯ɛntsi̯ən] *die; Plural; geschrieben* ≈ *Bestandteile, Zutaten*

Ing·wer ['ɪŋvɐ] *der;* (-s) **1** eine (asiatische) Pflanze, deren Wurzel als Gewürz verwendet wird **2** das Gewürz, das aus Ingwer gemacht wird

★ **In·ha·ber** *der;* (-s, -) **1** der Eigentümer vor allem eines Geschäftes oder Lokals | *Das Lokal hat den Inhaber gewechselt* K Alleininhaber, Fabrikinhaber, Firmeninhaber, Geschäftsinhaber, Lizenzinhaber, Wohnungsinhaber H zu *Inhaberin* → Info im Eintrag **-n** **2** eine Person, die ein Amt, eine Funktion o. Ä. hat K Amtsinhaber, Lehrstuhlinhaber, Rekordinhaber • hierzu **In·ha·be·rin** *die*

in·haf·tie·ren VERB (inhaftierte, hat inhaftiert) **jemanden inhaftieren** *geschrieben* jemanden verhaften • hierzu **In·haf·tie·rung** *die*

In·ha·la·tor *der;* (-s, In·ha·la·to·ren) ein medizinisches Gerät, mit dem man Medikamente als Dampf oder Spray einatmen kann, z. B. bei Asthma

in·ha·lie·ren VERB (inhalierte, hat inhaliert) **1** **(etwas) inhalieren** etwas tief einatmen, vor allem aus medizinischen Gründen ⟨ätherische Öle inhalieren⟩ | *Wegen seiner Bronchitis soll er täglich inhalieren* **2** **(etwas) inhalieren** den Rauch einer Zigarette o. Ä. in die Lunge einatmen • hierzu **In·ha·la·ti·on** *die*

★ **In·halt** *der;* (-(e)s, -e); *meist Singular* **1** **der Inhalt** (+*Genitiv*) das, was in einem Behälter o. Ä. ist | *Zeigen Sie mir bitte den Inhalt ihres Koffers* **2** das, was in einem Behälter/Raum Platz hat ≈ *Volumen* K Rauminhalt **3** die Größe einer Fläche K Flächeninhalt **4** das, was in einem Text, Film, Theaterstück o. Ä. erzählt, mitgeteilt wird ⟨der gedankliche, ideologische, sprachliche Inhalt einer Geschichte, eines Romans; etwas hat etwas zum Inhalt; den Inhalt erfassen, wiedergeben, zusammenfassen⟩ K Inhaltsübersicht; Gesprächsinhalt **5** **der Inhalt jemandes Lebens** das, was dem Leben einer Person einen Sinn gibt und für sie sehr wichtig ist K Lebensinhalt • zu (4) **in·halts·arm** ADJEKTIV; zu (4) **in·halt(s)·be·zo·gen** ADJEKTIV; zu (4) **in·halts·leer** ADJEKTIV; zu (4) **in·halts·los** ADJEKTIV; zu (4) **in·halts·reich** ADJEKTIV

in·halt·lich ADJEKTIV in Bezug auf den Inhalt ↔ *formal* | *der inhaltliche und formale Aufbau eines Dramas*

In·halts·an·ga·be *die* ein relativ kurzer Text, der mitteilt, welchen Inhalt ein Buch, ein Film o. Ä. hat

in·halts·schwer ADJEKTIV ⟨eine Botschaft, Worte⟩ ≈ *wichtig, bedeutungsvoll*

In·halts·ver·zeich·nis *das* eine Liste der Kapitel oder Abschnitte, die ein Buch o. Ä. hat

in·hä·rent ADJEKTIV; *geschrieben* **(einer Sache** (*Dativ*)**) inhärent** ≈ *enthalten* | *die einer Sache inhärente Problematik*

in·hu·man ADJEKTIV; *geschrieben* unmenschlich ⟨eine Strafe, eine Behandlung, ein Vorgehen⟩

Ini·ti·a·le [-'tsi̯aːlə] *die;* (-, -n); *meist Plural* einer der Großbuchstaben, mit denen jemandes Vorname und Familienname beginnen (z. B. G.M. für Gisela Meier)

Ini·ti·a·tiv|be·wer·bung *die* eine Initiativbewerbung macht man, wenn man gar nicht weiß, ob der Empfänger überhaupt eine Stelle zu besetzen hat

★ **Ini·ti·a·ti·ve** [-tsi̯a'tiːvə] *die;* (-, -n) **1** *nur Singular* der Wunsch und die Bereitschaft, eigene Ideen zu entwickeln (und zu realisieren) ⟨Initiative haben, besitzen; jemandem mangelt es an Initiative⟩ **2** eine Anregung, die eine Person gibt und so etwas verändert ⟨etwas geht auf jemandes Initiative zurück⟩ K Eigeninitiative, Privatinitiative, Regierungsinitiative **3** **die Initiative ergreifen** in einer Sache aktiv werden **4** **auf eigene Initiative** von sich aus, selbstständig **5** **eine Initiative (für/gegen etwas)** eine Gruppe von Menschen, die sich aktiv für ein (politisches) Ziel oder für eine Änderung von schlechten Zuständen einsetzen ⟨eine Initiative gründen⟩ | *Er ist Mitglied einer Initiative für Umweltschutz* **K** Bürgerinitiative **6** das Recht, dem Parlament Vorschläge für Gesetze zu machen oder das Vorschlagen von Gesetzen **K** Gesetzesinitiative **7** Ⓒⓗ der Antrag eines Teils der Bevölkerung, über eine wichtige politische Frage abstimmen zu dürfen ≈ *Volksbegehren* **K** Initiativbegehren, Initiativkomitee

Ini·ti·a·tor [-'tsi̯aːtoːɐ̯] *der;* (-s, Ini·ti·a·to·ren) eine Person, die als Erste etwas dafür tut, dass ein Ereignis stattfindet

ini·ti·ie·ren [-tsi'iːrən] VERB (initiierte, hat initiiert) **etwas initiieren** *geschrieben* den Anstoß zu etwas geben, etwas veranlassen | *eine Demonstration initiieren*

In·jek·ti·on [-'tsi̯oːn] *die;* (-, -en) **1** der Vorgang, wenn jemand eine Spritze mit einem Medikament bekommt ⟨eine intramuskuläre, intravenöse Injektion; eine Injektion bekommen; jemandem eine Injektion geben⟩ **K** Injektionslösung, Injektionsnadel, Injektionsspritze **2** die Flüssigkeit, die in einer Spritze ist

in·ji·zie·ren VERB (injizierte, hat injiziert) **(jemandem) etwas injizieren** einer Person oder sich selbst ein Medikament o. Ä. mit einer Spritze in eine Ader oder in einen Muskel geben | *jemandem ein Betäubungsmittel injizieren*

In·kar·na·ti·on [-'tsi̯oːn] *die;* (-, -en); *geschrieben* **die Inkarnation** *+Genitiv Singular* eine Person oder Sache, die eine Eigenschaft in sehr hohem Maße besitzt und deswegen ein perfektes Beispiel dafür ist ≈ *Inbegriff* | *Der Teufel galt als Inkarnation des Bösen*

In·kas·so *das;* (-s, -s/Ⓐ In·kas·si) das Einziehen von Geld (meist von Schulden) **K** Inkassobevollmächtigte(r), Inkassobüro, Inkassovollmacht

In·klu·si·on *die;* (-, -en) **1** das gemeinsame Unterrichten von behinderten und nicht behinderten Kindern ⟨schulische Inklusion⟩ **K** Inklusionsklasse **2** gesellschaftliche Umstände, welche es einer Person oder Personengruppe möglich machen, am gesellschaftlichen Leben teilzunehmen ⟨die Inklusion von Behinderten; Barrierefreiheit und Inklusion; Inklusion und Teilhabe⟩

★ **in·klu·si·ve** [-və] PRÄPOSITION *mit Genitiv* so, dass etwas schon dabei ist, nicht extra gerechnet wird ≈ *einschließlich* | *Der Preis beträgt neunzig Euro inklusive Mehrwertsteuer* **K** Inklusivangebot, Inklusivarrangement, Inklusivpreis **H** Abkürzung: *inkl.* oder *incl.*; auch nach dem Substantiv verwendet: *Mehrwertsteuer inklusive*; c) → Infos unter **Präposition**

in·kog·ni·to ADJEKTIV so, dass man (als bekannte Persönlichkeit) nicht erkannt wird ⟨inkognito bleiben, reisen⟩

In·kog·ni·to *das;* (-s, -s); *meist Singular; geschrieben* der Zustand, wenn jemand inkognito ist | *Sie lüftete ihr Inkognito* (Sie sagte, wer sie wirklich ist)

in·kom·pa·ti·bel ADJEKTIV; *geschrieben* so, dass es mit einem anderen System, Gerät o. Ä. nicht kombiniert werden kann | *Sein Programm ist mit meinem Computer inkompatibel* | *die beiden Systeme sind inkompatibel und können deshalb nicht miteinander verbunden werden* **H** *inkompatibel → inkompatible Systeme* ● hierzu **In·kom·pa·ti·bi·li·tät** *die*

in·kon·se·quent ADJEKTIV; *geschrieben* nicht konsequent ● hierzu **In·kon·se·quenz** *die*

in·kon·ti·nent ADJEKTIV nicht fähig, Urin und/oder Kot zurückzuhalten, bis man auf der Toilette ist ⟨im Alter inkontinent werden⟩ ● hierzu **In·kon·ti·nenz** *die*

in·kor·rekt ADJEKTIV; *geschrieben* nicht korrekt | *Diese Aussprache ist inkorrekt* ● hierzu **In·kor·rekt·heit** *die*

In-Kraft-Tre·ten *das;* (-s); *geschrieben* der Vorgang oder Zeitpunkt, wenn ein Gesetz o. Ä. gültig wird ⟨das In-Kraft-Treten eines Gesetzes⟩

In·ku·ba·ti·ons·zeit [-'tsi̯oːns-] *die* **eine Inkubationszeit von etwas** die Zeit zwischen der Ansteckung und dem Ausbrechen der Krankheit | *Cholera hat eine Inkubationszeit von ein bis fünf Tagen*

★ **In·land** *das; nur Singular* **1** das Gebiet, das innerhalb der Grenzen des eigenen Staates ist ↔ *Ausland* | *Waren im Inland verkaufen* **K** Inlandsflug, Inlandsgeschäft, Inlandsporto, Inlandsreise, Inlandsverkehr **2** der Teil eines Landes, der nicht am Meer liegt ↔ *Küstengebiet*

in·lie·gend ADJEKTIV *meist attributiv; geschrieben* bei einem Brief o. Ä. zusätzlich dabei | *Beachten sie bitte das inliegende Formular*

In·li·ner ['ɪnlai̯nɐ] *der;* (-s, -); *meist Plural* ein Schuh mit kleinen Rädern, die in einer Reihe hintereinander angeordnet sind

In·line·skate ['ɪnlai̯nskeːt] *der;* (-s, -s); *meist Plural* ≈ *Inliner*

in·line·ska·ten ['ɪnlai̯nskeːtn̩] VERB (inlineskatete, hat inlinegeskatet) mit Inlinern fahren ● hierzu **In·line·ska·ter** *der,* **In·line·ska·te·rin** *die*

in me·di·as res [-di̯aːs-] **in medias res gehen** *geschrieben* ein Thema sofort und direkt ansprechen, sofort zur Sache kommen

in·mit·ten PRÄPOSITION *mit Genitiv; geschrieben* in der Mitte eines Gebietes oder in der Mitte zwischen mehreren Personen oder Dingen | *Er saß inmitten der Schüler und unterhielt sich mit ihnen* | *Das Schloss liegt inmitten eines Waldes* **H** auch adverbiell verwendet mit *von*: *Sie saß im Garten, inmitten von Blumen und Bäumen*

in na·tu·ra so, dass die betroffene Person/Sache selbst da ist, nicht als Kopie, Bild, Modell o. Ä. | *Ich hätte das Haus gern in natura gesehen, das Foto sagt mir nicht viel*

in·ne·ha·ben VERB (hat inne, hatte inne, hat innegehabt) **etwas innehaben** *geschrieben* ein Amt ausüben oder eine wichtige Position haben ⟨ein Amt, einen Posten, einen Rang innehaben⟩

in·ne·hal·ten VERB (hält inne, hielt inne, hat innegehalten) **(in etwas** (*Dativ*)**) innehalten** *geschrieben* eine Tätigkeit unterbrechen und eine kurze Pause machen | *Er hielt im Reden inne, um zu warten, bis die Zuhörer wieder ruhig waren*

★ **in·nen** ADVERB in dem Bereich, der in einem Raum, Körper usw. liegt ↔ *außen* | *Die Kokosnuss ist außen braun und innen weiß* | *Die Tür geht nach innen auf* | *Hast du schon einmal einen Computer von innen gesehen?*

In·nen- *im Substantiv, unbetont, begrenzt produktiv* **der Innendurchmesser, die Inneneinrichtung, die Innenfläche, der Innenhof, der Innenraum, die Innenseite** *und andere* innen in einem Raum, Gebäude oder Behälter ↔ *Außen-*

-In·nen *im Substantiv, unbetont, sehr produktiv* **AutorInnen, StudentInnen, LehrerInnen** *und andere* bei Berufsbezeichnungen usw. verwendet, um zu betonen, dass sowohl Frauen als auch Männer gemeint sind

In·nen·ar·chi·tekt *der* ein Architekt, der Räume einrichtet und gestaltet ● hierzu **In·nen·ar·chi·tek·tin** *die;* **In·nen·ar·chi·tek·tur** *die*

In·nen·le·ben *das* die Gefühle und Gedanken eines Menschen | *sein Innenleben vor den anderen ausbreiten*

★ **In·nen·mi·nis·ter** *der* der Minister, der für die öffentliche Ordnung, die Polizei usw. zuständig ist ● hierzu **In·nen·mi·nis·te·rin** *die;* **In·nen·mi·nis·te·ri·um** *das*

In·nen·po·li·tik *die* die politischen Aktivitäten, die in das Aufgabengebiet des Innenministers fallen ↔ *Außenpolitik* ● hierzu **in·nen·po·li·tisch** ADJEKTIV

★ **In·nen·stadt** *die* das Zentrum meist einer relativ großen Stadt, in dem die meisten Geschäfte sind ≈ *City*

★ **in·ne·r-**[1] ADJEKTIV *meist attributiv* **1** innen oder auf der Innenseite befindlich ↔ *äußer-* | *die inneren Teile eines Radios* | *die innere Tasche einer Jacke* **2** in den Gefühlen und Gedanken einer Person ⟨die Gelassenheit, die Ruhe, die Spannung⟩ ↔ *äußerlich* | *Seine innere Unruhe war ihm nicht anzusehen, er wirkte sehr gelassen* **3** *nur Superlativ* so persönlich, dass man nicht darüber spricht ⟨Gedanken, Sehnsüchte, Wünsche⟩ **4** **die inneren Organe** die Organe, die sich im Körper befinden (z. B. Herz, Leber, Niere, Lunge usw.) **5** in oder an einem Organ innen im Körper ⟨eine Blutung, eine Krankheit⟩ **6** **die innere Medizin** ein Fachgebiet der Medizin, das sich mit Krankheiten der inneren Organe beschäftigt **7** im eigenen Land (das Inland) ⟨Angelegenheiten, Probleme⟩ **8** als notwendiger Bestandteil in einer Sache enthalten ⟨der Aufbau, die Ordnung, der Zusammenhang⟩

★ **in·ner-**[2] *im Adjektiv, betont, begrenzt produktiv* **innerbetrieblich, innerkirchlich, innerparteilich, innerschulisch, innerstaatlich** *und andere* so, dass etwas innerhalb eines Systems oder einer Organisation stattfindet

in·ner·deutsch ADJEKTIV; *historisch* zwischen den beiden deutschen Staaten (der Bundesrepublik Deutschland und der DDR bis 1990)

In·ne·re *das*; (-n) **1** der Bereich innen oder in der Mitte | *das Innere eines Hauses* | *im Inneren des Landes* **2** die Gefühle und Gedanken einer Person, vor allem diejenigen, die sie für sich behält | *Tief in seinem Inneren glaubte er nicht daran* H *sein Inneres; das Innere; dem, des Inneren*

In·ne·rei·en *die*; *Plural* die inneren Organe von Tieren, die man essen kann (z. B. Leber, Herz, Magen)

in·ner·halb PRÄPOSITION *mit Genitiv* **1** in dem genannten Gebiet, im Bereich eines Gebietes | *Der Fußballplatz liegt innerhalb der Stadt* H auch als Adverb verwendet; auch zusammen mit *von*: *innerhalb von Europa* **2** während der genannten Zeit | *Der Schulbus fährt nur innerhalb der Schulzeit* H auch als Adverb verwendet; auch zusammen mit *von*: *innerhalb von zwei Jahren*

★ **in·ner·lich** ADJEKTIV **1** innerhalb eines Körpers, Raumes o. Ä. | *ein Medikament zur innerlichen Anwendung* **2** *meist adverbiell* in der Psyche, in den Gedanken und Gefühlen | *Äußerlich wirkte er ruhig, aber innerlich war er sehr nervös*

in·nert PRÄPOSITION *mit Dativ*; (CH) *≈ innerhalb*

in·ne·wer·den VERB (wird inne, wurde inne, ist innegeworden) **einer Sache** (*Genitiv*) **innewerden** *geschrieben* sich einer Sache bewusst werden | *Plötzlich wurde ich mir der Gefahr inne, mich zu verlieren*

in·ne·woh·nen VERB (wohnte inne, hat innegewohnt) **etwas wohnt einer Sache** (*Dativ*) **inne** *geschrieben* etwas ist in einer Sache enthalten, ist eine ihrer Eigenschaften

in·nig ADJEKTIV **1** mit einem intensiven Gefühl ⟨eine Beziehung, eine Freundschaft, eine Umarmung⟩ | *Sie liebten sich heiß und innig* (Sie liebten sich wirklich sehr) **2** **jemandes inniger/innigster Wunsch** jemandes größter Wunsch

In·no·va·ti·on [-va'tsjo:n] *die*; (-, -en); *geschrieben* etwas ganz Neues oder eine Reform ● hierzu **in·no·va·tiv** ADJEKTIV; **in·no·va·ti·ons·feind·lich** ADJEKTIV; **in·no·va·ti·ons·freu·dig** ADJEKTIV

in·of·fi·zi·ell ADJEKTIV nicht offiziell ⟨ein Besuch, eine Feier, eine Mitteilung⟩

in·ope·ra·bel, in·ope·ra·bel ADJEKTIV so, dass eine Operation nicht möglich ist (ohne den Patienten zu gefährden) H *inoperabel → ein inoperabler Tumor*

in pet·to ■ ID **etwas in petto haben** *gesprochen* etwas Wichtiges haben oder wissen, von dem andere Leute nichts wissen und wovon man sich einen Vorteil verspricht

in punc·to **in puncto** *+Substantiv ohne Artikel ≈ hinsichtlich* | *In puncto Sauberkeit ist er sehr pingelig*

In·put *der/das*; (-s, -s) die Daten, die in den Computer eingegeben werden ↔ *Output*

In·qui·si·ti·on [-'tsjo:n] *die*; (-, -en) **1** *historisch nur Singular* eine Organisation der katholischen Kirche, die vom 12. bis 18. Jahrhundert Menschen suchte und streng bestrafte, deren Glaube anders war als die offizielle Lehre | *Er fiel der Inquisition zum Opfer* **2** ein strenges Verhör ● hierzu **In·qui·si·tor** *der*; **in·qui·si·to·risch** ADJEKTIV

★ **ins** PRÄPOSITION *mit Artikel* in das H *Ins* kann nicht durch *in das* ersetzt werden in Wendungen wie: *sich ins Fäustchen lachen, etwas ins Leben rufen.*

In·sas·se *der*; (-n, -n); *admin* **1** eine Person, die in einem Fahrzeug sitzt | *Vier Insassen des Busses wurden bei dem Unfall schwer verletzt* K Insassenversicherung **2** eine Person, die in einem Heim lebt oder im Gefängnis ist ⟨die Insassen eines Altersheims⟩ K Gefängnisinsasse, Heiminsasse, Lagerinsasse H *der Insasse; den, dem, des Insassen* ● hierzu **In·sas·sin** *die*

ins·be·son·de·re, ins·be·son·de·re PARTIKEL *betont und unbetont* vor allem | *Alle waren müde, Vater insbesondere* | *Ich hasse Insekten, insbesondere Wespen*

In·schrift *die* etwas, das auf Stein, Holz oder Metall geschrieben ist ⟨eine Inschrift auf einem Denkmal, einem Grabstein, in einem Tempel, über einer Tür; irgendwo eine Inschrift anbringen⟩ K Denkmalsinschrift, Grabinschrift

★ **In·sekt** *das*; (-(e)s, -en) ein kleines Tier, das sechs Beine und keine Knochen hat, z. B. eine Fliege, eine Ameise ⟨blutsaugende, lästige, nützliche Insekten⟩ K Insektenfresser, Insektengift, Insektenplage, Insektenspray, Insektenstich

INSEKTEN

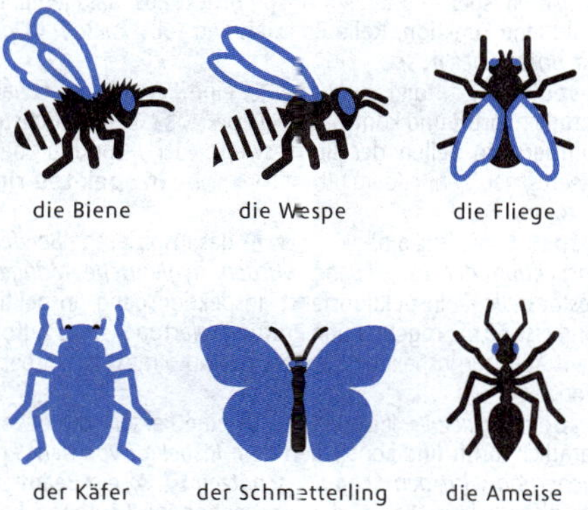

In·sek·ten·schutz·mit·tel *das* ein Mittel (vor allem zum Einreiben der Haut), mit dem man sich vor Insektenstichen schützt

In·sek·ten·staat *der* eine relativ große Gruppe von Insekten (z. B. Bienen, Ameisen), die in einer Art Gesellschaft zusammenleben

In·sek·ti·zid *das*; (-(e)s, -e); *geschrieben* ein chemisches Mittel, mit dem störende Insekten bekämpft werden

★ **In·sel** *die*; (-, -n) ein (meist relativ kleines) Stück Land, das von Wasser umgeben ist ⟨eine Insel im Meer, im See, im Fluss; auf einer Insel leben, sein⟩ | *Im Mittelmeer gibt es viele Inseln* K Inselbewohner, Inselgruppe, Inselstaat, Inselvolk; Felseninsel ■ ID **reif für die Insel sein** *gesprochen* mit

I

den Nerven völlig fertig sein

★ **In·se·rat** *das;* (-(e)s, -e) eine Anzeige in einer Zeitung ⟨ein Inserat aufgeben, in die Zeitung setzen⟩ K Zeitungsinserat

in·se·rie·ren VERB (inserierte, hat inseriert) **(etwas) inserieren** etwas in einem Inserat, einer Anzeige zum Verkauf anbieten | *Ich rufe wegen des Fernsehers an, den Sie inseriert haben* ● hierzu **In·se·rent** *der;* **In·se·ren·tin** *die*

ins·ge·heim ADVERB ≈ *heimlich* | *sich insgeheim über jemanden lustig machen*

★ **ins·ge·samt** ADVERB so, dass alles mitgezählt ist ≈ *zusammen* | *Sie spielt in der Woche insgesamt zwanzig Stunden Tennis* | *„Ich hatte zwei Wasser und ein Achtel Wein, was macht das insgesamt?"*

In·si·der ['ɪnsaidɐ] *der;* (-s, -) eine Person, die in einem bestimmten Bereich arbeitet (oder zu einer Gruppe gehört) und sich dort deshalb sehr gut auskennt K Insiderinformation, Insiderwissen ● hierzu **In·si·de·rin** ['ɪnsaidərɪn] *die*

In·si·gni·en [-niən] *die; Plural; geschrieben* die Symbole eines hohen Amtes | *Krone und Zepter sind die Insignien des Königs*

★ **in·so·fern, in·so·fern** BINDEWORT **1** ['---] in diesem Punkt, in dieser Sache | *„Paul ist ein guter Schüler, insofern stimme ich Ihnen zu, aber sein Benehmen ist sehr schlecht"* **2** **insofern** ['---] **(... , als)** in der genannten Art oder aus dem genannten Grund | *Er hatte insofern noch Glück bei dem Unfall, als er sich nur die Hand gebrochen hat* **3** **insofern** [--'-] **(als)** verwendet, um eine Aussage auf eine einzige Möglichkeit einzuschränken ≈ *wenn* | *Ich werde kommen, insofern (als) es mir möglich ist*

In·sol·venz, In·sol·venz *die;* (-, -en) die Tatsache, dass eine Person, ein Geschäft, eine Firma usw. kein Geld mehr hat, um Rechnungen oder Angestellte zu bezahlen ● hierzu **in·sol·vent, in·sol·vent** ADJEKTIV

in·so·weit ADVERB/BINDEWORT ≈ *insofern*

in spe [ɪn 'spe:] *Substantiv* + **in spe** drückt aus, dass jemand bald eine Funktion, Rolle übernehmen soll ≈ *künftig-* | *Das ist unser Chef in spe*

In·spek·teur [-'tø:ɐ̯] *der;* (-s, -e) **1** eine Person, die etwas (amtlich) prüft und kontrolliert ≈ *Inspektor* **2** Ⓓ der höchste Offizier von Teilen der Bundeswehr ⟨der Inspekteur des Heeres, der Marine, der Luftwaffe⟩ ● hierzu **In·spek·teu·rin** [-'tø:rɪn] *die*

In·spek·ti·on [-'tsjo:n] *die;* (-, -en) **1** das Inspizieren | *Bei der Inspektion der Hotelküche wurden hygienische Mängel festgestellt* K Inspektionsfahrt, Inspektionsgang, Inspektionsreise **2** die regelmäßige Prüfung (Wartung) eines Autos ⟨ein Auto zur Inspektion bringen; das Auto muss zur Inspektion⟩

In·spek·tor *der;* (-s, In·spek·to·ren) **1** eine Person, die etwas (amtlich) prüft und kontrolliert | *Ein Inspektor von der Versicherung wird den Schaden schätzen* **2** Ⓓ ein Beamter im öffentlichen Dienst, der eine gehobene Laufbahn beginnt K Polizeiinspektor, Verwaltungsinspektor, Zollinspektor ● hierzu **In·spek·to·rin** *die*

In·spi·ra·ti·on [-'tsjo:n] *die;* (-, -en); *geschrieben* **1** ein guter (schöpferischer) Einfall ⟨eine Inspiration haben⟩ **2** der Vorgang, bei dem jemand durch etwas inspiriert wird

in·spi·rie·ren VERB (inspirierte, hat inspiriert) **eine Person/Sache inspiriert jemanden (zu etwas)** *geschrieben* eine Person oder Sache regt vor allem einen Künstler zu neuen Einfällen an

in·spi·zie·ren VERB (inspizierte, hat inspiziert) **jemanden/etwas inspizieren** (als Vertreter eines Amtes o. Ä.) Truppen o. Ä./etwas (vor allem Räume) genau prüfen, um festzustellen, ob alles in Ordnung ist ⟨eine Schule inspizieren; die Truppen inspizieren⟩ ≈ *kontrollieren* | *Die elektronischen Leitungen der Fabrik wurden inspiziert*

in·sta·bil, in·sta·bil ADJEKTIV; *geschrieben* nicht stabil ⟨ein Gleichgewicht, ein Zustand⟩ ≈ *labil* ● hierzu **In·sta·bi·li·tät** *die*

In·stal·la·teur [-'tø:ɐ̯] *der;* (-s, -e) eine Person, die beruflich Geräte anschließt, Leitungen und Rohre verlegt und repariert K Elektroinstallateur

★ **in·stal·lie·ren** VERB (installierte, hat installiert) **1** **etwas installieren** technische Geräte, Leitungen und Rohre in ein Gebäude o. Ä. einbauen ⟨eine Gasleitung, eine Heizung, einen Herd, Wasserrohre installieren⟩ **2** **etwas installieren** ein Programm vor der ersten Benutzung in einem Computer teilweise oder ganz auf der Festplatte einrichten ● hierzu **In·stal·la·ti·on** *die*

in·stand ADVERB **1** **etwas instand setzen/bringen** ≈ *reparieren* | *ein baufälliges Haus wieder instand setzen* Ⓐ Ⓒⓗ auch: *etwas instand stellen.* **2** **etwas instand halten** dafür sorgen, dass etwas in einem guten Zustand bleibt ≈ *pflegen* | *den Garten instand halten* **3** **etwas ist** ⟨gut, ausgezeichnet, hervorragend⟩ **instand** etwas ist in einem guten Zustand und funktioniert | *Die alten Maschinen sind noch gut instand* ● zu (1) **In·stand·set·zung** *die;* zu (2) **In·stand·hal·tung** *die*

in·stän·dig ADJEKTIV *meist attributiv* ⟨eine Bitte; inständig (auf etwas) hoffen; (jemanden) inständig um etwas bitten⟩ ≈ *dringend, nachdrücklich*

In·stanz *die;* (-, -en) **1** ein Amt oder eine Behörde, die für etwas zuständig ist ⟨eine gesetzgebende, höhere, übergeordnete, politische, staatliche Instanz⟩ | *Ein Gesetz muss durch mehrere Instanzen gehen, bis es endgültig verabschiedet wird* K Instanzenweg **2** ein Gericht auf der genannten Stufe in der Hierarchie der Gerichte ⟨die erste, zweite, dritte, letzte Instanz⟩ | *Er wurde in erster Instanz zu zwei Jahren Haft verurteilt und in zweiter Instanz schließlich freigesprochen*

In·stinkt *der;* (-(e)s, -e) **1** *meist Singular* die (lebensnotwendigen) Verhaltensweisen, mit denen ein Tier geboren wird und die es nicht lernen muss | *ein Tier folgt seinem Instinkt* K Instinkthandlung **2** ein sicheres Gefühl für die richtige Entscheidung in einer bestimmten Situation ⟨ein feiner, untrüglicher, kaufmännischer, politischer Instinkt; Instinkt beweisen, zeigen, haben⟩ | *Mit seinem erstaunlichen Instinkt für lohnende Geschäfte gelang es ihm, viel Geld zu verdienen* ■ ID **etwas appelliert an die niederen Instinkte des Menschen** vor allem ein Buch oder Film versucht, in jemandem (unbewusst) sexuelle oder aggressive Gefühle zu wecken

in·stink·tiv [-'ti:f] ADJEKTIV vom Instinkt, von Gefühlen, nicht vom Verstand geleitet (gesteuert) ⟨ein Verhalten, ein Wissen; instinktiv handeln, reagieren; etwas instinktiv richtig machen⟩ ↔ *rational* | *Tiere haben eine instinktive Angst vor Feuer*

★ **In·sti·tut** *das;* (-(e)s, -e) **1** ein Institut beschäftigt sich mit der Lehre oder Erforschung eines Fachgebiets | *ein Institut für Meeresbiologie* K Institutsdirektor, Institutsleiter; Forschungsinstitut, Hochschulinstitut **2** die Gebäude, in denen ein Institut untergebracht ist

★ **In·sti·tu·ti·on** [-'tsjo:n] *die;* (-, -en) **1** eine Gruppe von Leuten, die gemeinsam eine Funktion erfüllen oder Tätigkeiten ausüben im Auftrag des Staates, der Kirche, der Gesellschaft o. Ä. | *Schule und Polizei sind staatliche Institutionen* | *Er arbeitet bei der Caritas, einer kirchlichen Institution* **2** eine Gewohnheit, Sitte o. Ä., die es schon lange gibt ⟨eine feste, soziale Institution; die Institution der Ehe, der Familie, der Taufe⟩

in·sti·tu·ti·o·na·li·sie·ren [-tsjo-] VERB (institutionalisierte, hat institutionalisiert) **etwas institutionalisieren** *geschrieben* etwas zu einer Institution machen | *einen Brauch institutionalisieren* ● hierzu **In·sti·tu·ti·o·na·li·sie·rung** *die*

in·stru·ie·ren VERB (instruierte, hat instruiert); *geschrieben* **1** **jemanden instruieren (zu** *+Infinitiv*) einer Person sagen, dass oder wie sie etwas tun soll | *Die Wachsoldaten wurden instruiert, nicht mit den Touristen zu sprechen* **2** **jemanden (über etwas** (*Akkusativ*)) **instruieren** einer Person Informationen geben, die sie für eine Tätigkeit braucht ● hierzu **Instruk·ti·on** *die*

in·struk·tiv [-'ti:f] ADJEKTIV; *geschrieben* so, dass man viel daraus lernen kann ⟨ein Beispiel⟩ ≈ *lehrreich*

★ **In·stru·ment** *das*; (-(e)s, -e) **1** ein Gegenstand, mit dem man Musik macht ⟨ein Instrument lernen, beherrschen, spielen, stimmen⟩ | *Sie spielt zwei Instrumente: Klavier und Gitarre* **K** Musikinstrument, Blasinstrument, Saiteninstrument, Schlaginstrument, Streichinstrument, Tasteninstrument **2** ein Gegenstand, mit dem (auch komplizierte) mechanische Tätigkeiten ausgeführt werden ⟨feinmechanische, medizinische, optische Instrumente⟩ | *die Instrumente des Chirurgen* **K** Instrumentenkoffer **3** **ein Instrument** (*+Genitiv*) etwas, das man als Hilfe benutzt, um etwas anders zu tun oder um etwas zu erreichen | *Presse und Fernsehen sind Instrumente der Nachrichtenübermittlung* **K** Machtinstrument **4** **ein Instrument** (*+Genitiv*) eine Person, die von jemandem zu einem Zweck benutzt wird | *Er hat sie zu seinem (willenlosen) Instrument gemacht* **H** → Abb. nächste Seite

in·stru·men·tal ADJEKTIV nur mit Musikinstrumenten, ohne Gesang ⟨Musik, ein Stück⟩ ↔ *vokal* **K** Instrumentalbegleitung, Instrumentalmusik, Instrumentalstück

In·stru·men·ta·ri·um *das*; (-s, In·stru·men·ta·ri·en [-rjən]); *geschrieben* alle Mittel oder Instrumente, die für einen gemeinsamen Zweck verwendet werden | *das Instrumentarium eines Arztes* | *das Instrumentarium der Macht*

In·suf·fi·zi·enz [-tsjɛnts], **In·suf·fi·zi·enz** *die*; (-, -en) die Schwäche eines Organs o. Ä. **K** Herzinsuffizienz, Kreislaufinsuffizienz

In·su·lin *das*; (-s) ein Hormon, das für die Ernährung der Körperzellen wichtig ist | *Viele Diabetiker müssen sich Insulin spritzen* **K** Insulinmangel, Insulinpräparat

in·sze·nie·ren VERB (inszenierte, hat inszeniert) **1** **etwas inszenieren** als Regisseur ein Drama im Theater einstudieren und aufführen | *Der neue Regisseur inszenierte als erstes Stück Schillers „Räuber"* **2** **etwas inszenieren** *oft abwertend* dafür sorgen, dass es Aufregung gibt, um so Aufmerksamkeit zu bekommen ⟨einen Aufstand, einen Skandal inszenieren⟩ ● hierzu **In·sze·nie·rung** *die*

in·takt ADJEKTIV **1** *ohne Steigerung* ⟨ein technisches Gerät⟩ so, dass es funktioniert, keine großen Fehler (Mängel) oder Schäden hat | *Der Kühlschrank ist alt, aber immer noch intakt* **2** harmonisch, ohne große Probleme ⟨eine Beziehung, eine Ehe⟩

in·te·ger ADJEKTIV; *geschrieben* so, dass man der genannten Person vertrauen kann ⟨eine Persönlichkeit, ein Politiker⟩ **H** *integer → eine integre Persönlichkeit*

★ **In·teg·ra·ti·on** [-'tsjo:n] *die*; (-, -en); *geschrieben* **1** die Prozesse, die zu einem friedlichen Zusammenleben führen (vor allem, wenn Menschen aus verschiedenen Ländern und verschieden Kulturen beteiligt sind) | *die Integration von Immigranten in die Bevölkerung* **K** Integrationspolitik, Integrationsproblem **2** die Mitgliedschaft in einer Gesellschaft **3** das mathematische Berechnen eines Integrals

In·te·gra·tions·kurs *der* eine Art Unterricht für Menschen, die nach Deutschland gekommen sind und dort bleiben wollen. Sie bekommen Sprachunterricht und lernen, was man über das Leben in Deutschland wissen muss

★ **in·teg·rie·ren** VERB (integrierte, hat integriert) **1** **jemanden (in etwas** (*Akkusativ*)) **integrieren** jemanden oder sich selbst zum Mitglied einer Gruppe machen | *ein neues Schulkind in die Klasse integrieren* **2** **etwas in etwas** (*Akkusativ*) **integrieren** etwas zu einem Teil eines Ganzen werden lassen | *eine Küchenzeile mit integriertem Kühlschrank* **3** **(etwas) integrieren** ein Integral berechnen

In·teg·ri·tät *die*; (-) **1** *geschrieben* **jemandes Integrität** der Charakter einer Person, die auf ehrliche Weise versucht, ihre Ziele zu erreichen ⟨auf jemandes Integrität vertrauen; an jemandes Integrität zweifeln⟩ ≈ *Rechtschaffenheit* **2** das Recht des Staates, die Aufgaben allein und autonom zu regeln und die Grenzen zu schützen ⟨die politische, wirtschaftliche, territoriale Integrität eines Staates⟩

In·tel·lekt *der*; (-(e)s); *geschrieben* ⟨der menschliche Intellekt, ein scharfer Intellekt; jemandes Intellekt schulen⟩ ≈ *Verstand*

in·tel·lek·tu·ell ADJEKTIV **1** *meist attributiv* in Bezug auf den Verstand ⟨die Entwicklung, eine Leistung; jemandes Fähigkeiten⟩ ↔ *körperlich, physisch* **2** so, dass Wissen, Verstand und geistige Arbeit stark betont werden

In·tel·lek·tu·el·le *der/die*; (-n, -n) eine gebildete Person, mit kritischem Verstand **H** *ein Intellektueller; der Intellektuelle; den, dem, des Intellektuellen*

★ **in·tel·li·gent** ADJEKTIV ⟨ein Kind, ein Tier, eine Frage⟩ so, dass sie (viel) Intelligenz haben oder zeigen ≈ *klug*

★ **In·tel·li·genz** *die*; (-) **1** die Fähigkeit eines Menschen (oder Tieres) zu denken und vernünftig zu handeln ⟨(eine) geringe, durchschnittliche, große Intelligenz⟩ **K** Intelligenzgrad, Intelligenzleistung, Intelligenztest **2** alle Menschen in der Bevölkerung, die als intelligent gelten und so eine Gruppe bilden (vor allem Wissenschaftler, Künstler) **3** Lebewesen, die Intelligenz haben | *Gibt es Intelligenz auf anderen Planeten?*

In·tel·li·genz·bes·tie *die*; *gesprochen, abwertend* eine Person, die sehr intelligent ist (und dies anderen Leuten deutlich zeigt)

In·tel·li·genz·quo·ti·ent *der* ein Zahlenwert, der angibt, wie intelligent eine Person im Vergleich zu anderen ist ⟨einen hohen, niedrigen Intelligenzquotienten haben⟩ **H** Abkürzung: *IQ*

In·ten·dant *der*; (-en, -en) der Leiter eines Theaters, eines Radio- oder Fernsehsenders **H** *der Intendant; den, dem, des Intendanten* ● hierzu **In·ten·dan·tin** *die*

In·ten·danz *die*; (-, -en) **1** die Arbeit, das Amt eines Intendanten | *die Intendanz eines Theaters übernehmen* **2** das Büro eines Intendanten

in·ten·die·ren VERB (intendierte, hat intendiert) **etwas intendieren** *geschrieben* ≈ *beabsichtigen*

★ **in·ten·siv** [-'zi:f] ADJEKTIV **1** mit viel Arbeit, Energie, Aufmerksamkeit (verbunden) | *sich intensiv auf eine Prüfung vorbereiten* | *einen Kranken intensiv betreuen* **2** so, dass es sehr deutlich wahrgenommen werden kann ⟨eine Farbe, ein Gefühl, ein Schmerz, eine Strahlung⟩ ≈ *stark* ↔ *schwach* | *Mittags ist die Sonne am intensivsten* **3** ⟨der Ackerbau, die Landwirtschaft, die Viehzucht⟩ so, dass sie mit hohem Aufwand und modernster Technik betrieben werden ● hierzu **In·ten·si·tät** *die*

-in·ten·siv [-zi:f] *im Adjektiv, unbetont, begrenzt produktiv* **1** **arbeitsintensiv, personalintensiv, pflegeintensiv, zeitintensiv** *und andere* so, dass viel von dem im ersten Wortteil Genannten nötig ist **2** **geruchsintensiv, kostenintensiv, lärmintensiv, stressintensiv** *und andere* so, dass viel von der negativen, im ersten Wortteil genannten Sache dabei entsteht

in·ten·si·vie·ren [-'vi:-] VERB (intensivierte, hat intensiviert) **et-**

INSTRUMENTE

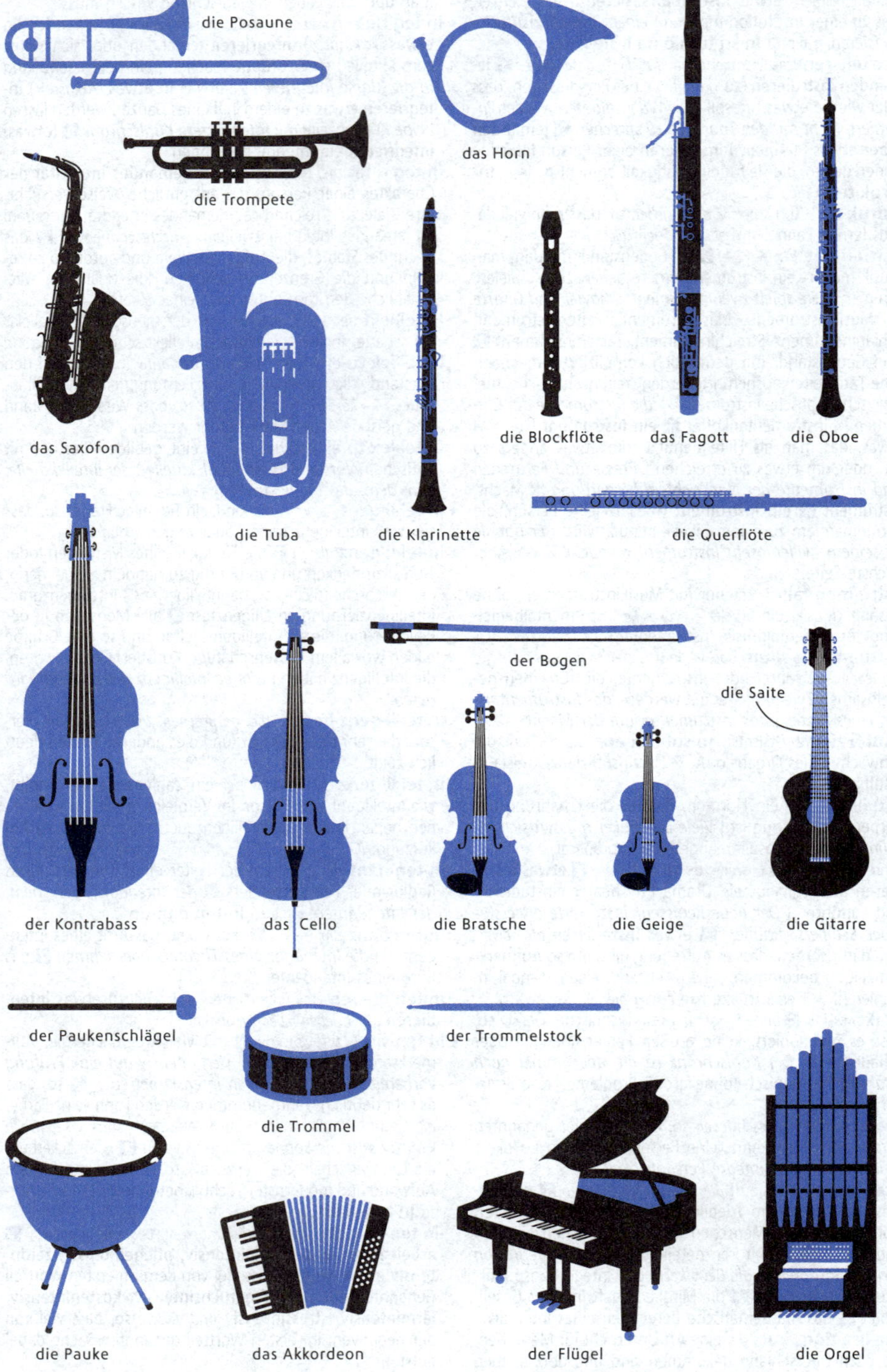

was **intensivieren** etwas stärker oder intensiver machen | *seine Bemühungen intensivieren, um doch noch zum Ziel zu kommen* • hierzu **In·ten·si·vie·rung** *die*

In·ten·siv·kurs *der* ein Kurs, bei dem man in kurzer Zeit sehr viel intensiv und konzentriert lernt | *ein Intensivkurs in Englisch*

In·ten·siv·sta·ti·on *die* eine Abteilung im Krankenhaus, in der Patienten liegen, deren Leben in Gefahr ist (z. B. nach einer Operation)

In·ten·ti·on [-'tsi̯oːn] *die;* (-, -en); *geschrieben* ⟨etwas entspricht jemandes Intentionen⟩ ≈ *Absicht, Wille* • hierzu **in·ten·ti·o·nal** ADJEKTIV

in·ter- *im Adjektiv, unbetont, begrenzt produktiv* **1** drückt aus, dass etwas Dinge, Gebiete, Staaten o. Ä. verbindet | *interdisziplinäre Gespräche | intermolekulare Kräfte | internationale Beziehungen* **2** zwischen zwei, mehreren oder vielen Dingen oder Phänomenen (liegend) | *der interplanetarische/interstellarische Raum*

in·ter·ak·tiv ADJEKTIV so, dass man immer wieder Fragen beantworten und aktiv werden muss, während man ein Computerprogramm benutzt

In·ter·ci·ty® [-'sɪti] *der;* (-s, -s) ein schneller Zug des Fernverkehrs, der nur in größeren Städten hält **I** Abkürzung: *IC*

In·ter·ci·ty·ex·press® [-'sɪti-] *der;* Ⓓ der schnellste Zug der Deutschen Bahn **I** Abkürzung: *ICE*

in·ter·dis·zip·li·när ADJEKTIV; *geschrieben* so, dass mehrere wissenschaftliche Fächer beteiligt sind ⟨die Forschung⟩

★ **in·te·res·sant** ADJEKTIV **1** so, dass jemand Interesse daran findet ⟨ein Buch, eine Person, ein Problem; etwas interessant finden⟩ **2** so, dass viele Leute es haben wollen ⟨ein Angebot, ein Geschäft⟩ **3** **sich interessant machen (wollen)** *abwertend* ungewöhnliche Dinge sagen oder tun, um von anderen Personen bemerkt zu werden

in·te·res·san·ter·wei·se ADVERB verwendet, wenn man etwas Interessantes und Aufschlussreiches in ein Gespräch einfließen lässt | *Mir hat er gesagt, dass er keine Zeit hat, aber interessanterweise war er bei der Party doch dabei*

★ **In·te·res·se** [ɪntə'rɛsə] *das;* (-s, -n) **1** **Interesse (an jemandem/etwas)** *nur Singular* der Wunsch, mehr über eine Person/Sache zu wissen oder etwas zu tun o. Ä. ⟨wenig, großes Interesse haben, zeigen; Interesse für jemanden/etwas aufbringen; etwas weckt jemandes Interesse; etwas ist für jemanden von Interesse⟩ | *Er betrachtete die Bilder ohne großes Interesse | Ich habe kein Interesse daran, ihn wiederzusehen* **2** **Interesse (an etwas** (*Dativ*)**)** *nur Singular* der Wunsch, etwas zu kaufen | *Bei diesem milden Wetter besteht kaum Interesse an Wintersportartikeln* **3** **Interesse an jemandem/für jemanden** *nur Singular* der Wunsch, die genannte Person besser kennenzulernen **4** *nur Plural* die Dinge, mit denen sich eine Person gern beschäftigt und die ihr Spaß machen ⟨geistige, handwerkliche, gemeinsame Interessen⟩ **K** Interessengebiet **5** *meist Plural* die wirtschaftlichen und politischen Bedürfnisse, die eine Person, ein Staat oder eine Gruppe hat ⟨jemandes Interessen durchsetzen, wahrnehmen, vertreten⟩ | *Die Gewerkschaften vertreten die Interessen der Arbeitnehmer* **K** Interessengegensatz, Interessengemeinschaft, Interessengruppe, Interessenkonflikt, Interessenverband, Interessenvertreter, Interessenvertretung **6** **etwas ist/liegt in jemandes Interesse** etwas bringt jemandem einen Vorteil o. Ä. | *Es liegt in deinem eigenen Interesse, den Vorfall der Polizei zu melden* **7** **in jemandes Interesse handeln** so handeln, wie es eine Person will oder wie es ihr nützt • zu (1) **in·te·res·se·hal·ber** ADVERB; zu (1) **in·te·res·se·los** ADJEKTIV; zu (1) **In·te·res·se·lo·sig·keit** *die*

In·te·res·sen·grup·pe *die* eine Organisation, welche vor allem die politischen Interessen ihrer Mitglieder vertritt

In·te·res·sent *der;* (-en, -en) **1** **ein Interessent (für etwas)** eine Person, die etwas kaufen oder mieten will | *Es haben schon viele Interessenten für die Wohnung angerufen* **2** eine Person, die bei etwas mitmachen oder an etwas teilnehmen will | *Unsere Skikurse haben bisher immer zahlreiche Interessenten gefunden* **K** Interessentenkreis **I** *der Interessent; den, dem, des Interessenten* • hierzu **In·te·res·sen·tin** *die*

★ **in·te·res·sie·ren** VERB (interessierte, hat interessiert) **1** **eine Person/Sache interessiert jemanden** eine Person oder Sache ist so, dass man mehr über sie wissen möchte | *Am meisten interessieren mich alte Briefmarken* **2** **jemanden für etwas interessieren** etwas so beschreiben, dass eine Person es haben möchte oder daran teilnehmen möchte ⟨jemanden für einen Plan, ein Produkt, ein Projekt interessieren⟩ **3** **sich für etwas interessieren** etwas gern haben oder tun wollen, mehr über etwas wissen wollen o. Ä. ⟨sich für Musik, für Sport, für den Preis einer Reise interessieren⟩ **4** **sich für jemanden interessieren** mehr über jemanden wissen wollen, jemanden näher kennenlernen wollen o. Ä. | *Es sieht so aus, als ob sich dein Bruder für meine Schwester interessiert*

★ **in·te·res·siert** ■ PARTIZIP PERFEKT **1** → interessieren ■ ADJEKTIV **2** **(an jemandem/etwas) interessiert** mit Interesse ⟨jemandem interessiert zuhören, zusehen⟩ | *ein interessierter und aufmerksamer Schüler | Sind Sie an dem Haus interessiert?*

In·ter·fe·renz *die;* (-, -en) **1** (in der Physik) die Situation, in der mehrere Wellen eine Wirkung aufeinander haben, sich gegenseitig überlagern o. Ä. **K** Interferenzerscheinung **2** die Interferenz kann das Lernen von Neuem stören (weil man das alte Verhalten gewohnt ist)

In·te·ri·eur [ɛ̃te'ri̯øːɐ̯] *das;* (-s, -s/-e); *geschrieben* das Innere eines Hauses oder Raumes, vor allem in Bezug auf die Einrichtung gesehen ⟨ein stilvolles Interieur⟩

In·ter·jek·ti·on [-'tsi̯oːn] *die;* (-, -en) ein kurzes Wort wie *oh, pfui, au* usw., das meist als Ausruf verwendet wird

in·ter·kon·ti·nen·tal ADJEKTIV *meist attributiv; geschrieben* ⟨Raketen⟩ so, dass sie von einem Kontinent zum anderen fliegen können **K** Interkontinentalflug, Interkontinentalrakete

In·ter·mez·zo *das;* (-s, -s/In·ter·mez·zi) **1** eine kleine Episode während eines größeren Ereignisses ⟨ein kleines, unbedeutendes Intermezzo⟩ ≈ *Zwischenfall* **2** ein Zwischenspiel in einer Oper **3** ein kurzes Musikstück

★ **in·tern** ADJEKTIV; *geschrieben* ⟨Angelegenheiten, eine Regelung⟩ so, dass sie nur einen Betrieb oder eine Institution betreffen | *eine Sache auf einer internen Sitzung besprechen* **K** betriebsintern, gewerkschaftsintern, universitätsintern

★ **In·ter·nat** *das;* (-(e)s, -e) eine Schule, in der die Schüler auch wohnen ⟨ins Internat kommen; im Internat sein⟩ **K** Internatsschüler

★ **in·ter·na·ti·o·nal, in·ter·na·ti·o·nal** ADJEKTIV ⟨ein Abkommen, die Beziehungen, ein Kongress, eine Meisterschaft⟩ so, dass mehrere Nationen, Staaten beteiligt sind | *Das Rote Kreuz ist eine internationale Organisation | Dieser Führerschein ist international gültig*

★ **In·ter·net** *das;* (-s, -s); *meist Singular* mit dem Computer, Smartphone usw. gehen wir ins Internet, um dort Informationen zu bekommen, Daten auszutauschen und Kontakte zu pflegen ⟨das Internet nutzen; ins Internet gehen; im Internet surfen; etwas aus dem Internet herunterladen, ins Internet stellen⟩ **K** Internetadresse, Internetanschluss, Inter-

I

netfirma, Internetnutzer, Internetprovider, Internetseite, Internetsurfer, Internetzugang

In·ter·net·auf·tritt *der* die Informationen, mit denen sich eine Firma, Behörde, Organisation o. Ä. im Internet vorstellt

In·ter·net·auk·ti·on *die* bei einer Internetauktion wird eine (oft gebrauchte) Ware an diejenige Person verkauft, die am meisten Geld dafür bietet

In·ter·net·ca·fé *das* im Internetcafé stehen viele Computer, mit denen man gegen eine Gebühr ins Internet kann

in·ter·nie·ren VERB (internierte, hat interniert) **jemanden internieren** während eines Krieges o. Ä. eine Person, die nicht am Kampf beteiligt ist, zwingen, in einem Lager zu leben ⟨Flüchtlinge internieren⟩ ● hierzu **In·ter·nie·rung** *die*

In·ter·nist *der*; (-en, -en) ein Arzt mit einer Spezialausbildung für die Krankheiten des Herzens, des Magens und des Darms **H** *der Internist; den, dem, des Internisten* ● hierzu **In·ter·nis·tin** *die*

In·ter·pret *der*; (-en, -en) eine Person, die etwas interpretiert **H** *der Interpret; den, dem, des Interpreten* ● hierzu **In·ter·pre·tin** *die*

★ **in·ter·pre·tie·ren** VERB (interpretierte, hat interpretiert) **1** **etwas (als etwas) interpretieren** sagen oder denken, dass jemandes Verhalten, Worten o. Ä. (die genannte) Bedeutung hat ≈ *deuten* | *Sein Schweigen kann man als Feindseligkeit interpretieren* **2** **etwas interpretieren** versuchen, den tieferen Sinn einer Sache zu erklären ⟨ein Gedicht, einen Gesetzestext, einen Roman interpretieren⟩ ≈ *deuten* **3** **jemanden/etwas (irgendwie) interpretieren** das Werk eines Komponisten o. Ä. (auf die genannte Weise) spielen oder singen | *Chopin wurde von Rubinstein sehr einfühlsam interpretiert* ● hierzu **In·ter·pre·ta·ti·on** *die*

In·ter·punk·ti·on [-'tsjo:n] *die*; (-) das Setzen von Kommas, Punkten usw. in einem geschriebenen Text ⟨eine fehlerhafte, schlechte Interpunktion; die Regeln der Interpunktion⟩ ≈ *Zeichensetzung* **K** Interpunktionsfehler, Interpunktionsregel

In·ter·re·gio-Ex·press® *der*; (-es, -e); Ⓓ ein schneller Zug im Nahverkehr, der nicht an allen Bahnhöfen hält **H** Abkürzung: *IRE*

In·ter·ro·ga·tiv·pro·no·men *das* am Anfang von Fragen verwendet man ein Interrogativpronomen, wenn man nach einer Person oder Sache fragt (z. B. *wer, wann, warum*) ≈ *Fragewort*

in·ter·se·xu·ell ADJEKTIV mit körperlichen Merkmalen beider Geschlechter ⟨ein Mensch⟩

In·ter·vall [-v-] *das*; (-s, -e) **1** *geschrieben* **ein Intervall (zwischen Dingen)** *meist Plural* die Zeit zwischen zwei Ereignissen | *ein Intervall von drei Stunden* | *Die Intervalle zwischen seinen Fieberanfällen werden immer kürzer* **2** der Abstand zwischen zwei Tönen (in Bezug auf die Höhe) | *das Intervall der Oktave* **3** **in Intervallen** *geschrieben* in zeitlichen Abständen immer wieder ⟨etwas findet in Intervallen statt, kehrt in Intervallen wieder⟩

in·ter·ve·nie·ren [-v-] VERB (intervenierte, hat interveniert); *geschrieben* **1** **(gegen etwas) intervenieren** offiziell gegen etwas protestieren | *Wann interveniert der UN-Sicherheitsrat endlich gegen diese Verletzung der Menschenrechte?* **2** in einer kritischen Situation, in einem Konflikt etwas tun, damit die Situation nicht schlimmer wird | *Die Notenbank hat am Devisenmarkt interveniert, um die Währung zu stützen* ● hierzu **In·ter·ven·ti·on** *die*

★ **In·ter·view** [-vju:] *das*; (-s, -s) **ein Interview mit jemandem (zu etwas)** ein Gespräch, das ein Reporter oder Journalist mit einer Person führt und das dann in der Zeitung erscheint oder im Fernsehen gezeigt wird ⟨ein Interview verabreden, machen, senden⟩ **K** Interviewpartner

in·ter·view·en [-'vju:ən] VERB (interviewte, hat interviewt) **jemanden (über etwas** (*Akkusativ*)**) interviewen** (als Reporter oder Journalist) jemandem (zu einem Thema) Fragen stellen | *einen Popstar interviewen* ● hierzu **In·ter·view·er** [-'vju:ɐ] *der*; **In·ter·view·e·rin** [-'vju:ərɪn] *die*

★ **in·tim** ADJEKTIV **1** sehr gut, sehr eng ⟨ein Freund⟩ **2** so, dass es sich dabei um private, persönliche Dinge handelt ⟨ein Gespräch, ein Problem, Gedanken⟩ **3** ⟨eine Feier⟩ mit nur wenigen eingeladenen Gästen **4** *meist attributiv* in dem Teil des Körpers, in dem die Geschlechtsorgane sind ⟨die Hygiene⟩ **K** Intimbereich, Intimhygiene, Intimpflege, Intimspray **5** **mit jemandem intim sein/werden** mit jemandem sexuelle Kontakte haben/bekommen **6** *meist attributiv* sehr genau, detailliert ⟨intime Kenntnis von etwas besitzen/haben⟩ | *Er ist ein intimer Kenner der Szene* **7** ⟨eine Atmosphäre, ein Restaurant⟩ ≈ *gemütlich*

In·tim·feind *der* eine Person, die man gut kennt, zu der man aber ein sehr schlechtes Verhältnis hat

In·ti·mi·tät *die*; (-, -en) **1** *nur Singular* das sehr gute und enge Verhältnis zwischen zwei Personen **2** *nur Plural* sexuelle Handlungen | *Kam es zwischen den beiden zu Intimitäten?*

In·tim·sphä·re [-'sfɛ:rə] *die* die persönlichen Gedanken und Gefühle eines einzelnen ⟨jemandes Intimsphäre verletzen; in jemandes Intimsphäre eindringen⟩

In·tim·ver·kehr *der*; *geschrieben* ≈ *Geschlechtsverkehr*

★ **in·to·le·rant, in·to·le·rant** ADJEKTIV **1** **intolerant (gegen jemanden/etwas); intolerant (gegenüber jemandem/etwas)** nicht tolerant ⟨eine Einstellung, eine Haltung⟩ **2** **intolerant gegen(über) etwas** so, dass man besonders ein Nahrungsmittel nicht verträgt, z. B. allergisch reagiert ⟨intolerant gegen(über) Gluten, Laktose sein⟩ ● hierzu **In·to·le·ranz** *die*

In·to·na·ti·on [-'tsjo:n] *die*; (-, -en) die Art, wie man die Wörter betont und wie die (Tonhöhe der) Stimme beim Sprechen steigt und fällt

in·tran·si·tiv [-ti:f] ADJEKTIV ohne Akkusativobjekt ⟨ein Verb intransitiv verwenden⟩ | *ein intransitives Verb* (ein Verb, das kein Akkusativobjekt haben kann)

in·tra·ve·nös, in·tra·ve·nös [-v-] ADJEKTIV *meist attributiv* in die Vene (gehend) ⟨eine Injektion; etwas intravenös spritzen, verabreichen⟩

Int·ri·ge *die*; (-, -n); *abwertend* ein meist geheimer und komplizierter Plan, mit dem man jemandem schaden will ⟨Intrigen einfädeln, aufdecken; einer Intrige zum Opfer fallen⟩

int·ri·gie·ren VERB (intrigierte, hat intrigiert) **(gegen jemanden/etwas) intrigieren** *geschrieben* etwas Gemeines planen (und ausführen), um jemandem/etwas zu schaden

int·ro·ver·tiert, int·ro·ver·tiert [-v-] ADJEKTIV (von Menschen) so, dass sie wenig Kontakt zu anderen Menschen suchen, sich mit ihren eigenen Gefühlen und Gedanken beschäftigen und diese nicht offen zeigen ↔ *extrovertiert*

In·tu·i·ti·on [-'tsjo:n] *die*; (-, -en) **1** das Ahnen oder Verstehen von Zusammenhängen o. Ä. aufgrund eines Gefühls oder Instinkts ⟨Intuition haben⟩ **2** etwas, das man durch Intuition fühlt oder weiß ⟨eine Intuition haben; einer Intuition folgen⟩ ● hierzu **in·tu·i·tiv** ADJEKTIV

in·tus ADJEKTIV ■ **ID** **etwas intus haben** **a** etwas verstanden und im Gedächtnis haben | *die Vokabeln intus haben* **b** etwas Alkoholisches getrunken haben

in·va·lid, in·va·li·de [-v-] ADJEKTIV durch einen Unfall oder eine Krankheit für immer körperlich stark geschädigt ⟨nach einem Unfall invalid sein; invalid werden⟩ ● hierzu **In·va·li·de** *der/die*; **In·va·li·di·tät** *die*

In·va·si·on *die*; (-, -en) **1** das Eindringen einer Armee in ein fremdes Land (z. B. im Krieg) **2** **eine Invasion (von Personen/Tieren)** *abwertend oder humorvoll* die Ankunft von vielen Menschen oder Tieren in einem Gebiet, einem Ort | *eine Invasion von Touristen | eine Invasion von Schnecken im Garten*

In·ven·tar [-v-] *das;* (-s, -e) **1** alles, was ein Betrieb, eine Firma besitzt, oder die Gegenstände, mit denen ein Haus o. Ä. eingerichtet ist | *den Wert des Inventars schätzen | Das Vieh ist das lebende Inventar eines Bauernhofes* **K** Inventarverzeichnis **2** eine Liste, in welcher das Inventar steht ⟨ein Inventar aufstellen, führen; etwas steht im Inventar⟩

In·ven·tur *die;* (-, -en) die genaue Erfassung aller Waren (am Ende des Jahres), die in einem Geschäft, einer Firma, einem Lager o. Ä. sind ⟨Inventur machen; wegen Inventur geschlossen⟩

In·ver·si·ons·la·ge *die* eine Wetterlage, bei welcher die oberen Schichten der Luft wärmer sind als die unteren. Dadurch wird die Luft nicht erneuert, und die Menge an Abgasen usw. in der Luft nimmt zu

★ **in·ves·tie·ren** VERB [-v-] (investierte, hat investiert) **1** **(etwas) (in etwas** (*Akkusativ*)**) investieren** Geld meist relativ lange zur Verfügung stellen, damit eine Firma neue Maschinen kaufen kann oder sich vergrößern kann ⟨Geld, Kapital in die Entwicklung neuer Produkte investieren⟩ **2** **etwas (in jemanden/etwas) investieren** etwas geben oder zur Verfügung stellen, damit eine Person oder ein Vorhaben einen Vorteil davon hat ⟨viel Geduld, Liebe, Zeit in jemanden/etwas investieren⟩ | *Sie hat sehr viel Mühe in diese Arbeit investiert*

in·ves·ti·ga·tiv ADJEKTIV so, dass meist über finanzielle oder politische Vorgänge kritisch berichtet wird. Die Kritik enthält viele Fakten und Nachforschungen ⟨investigativer Journalismus; investigativ recherchieren⟩

★ **In·ves·ti·ti·on** [-'tsi̯oːn] *die;* (-, -en) **1** das Investieren oder etwas, das man investiert hat ⟨eine gewinnbringende Investition⟩ | *die Konjunktur durch Investitionen beleben* **K** Investitionsanreiz, Investitionsbereitschaft, Investitionszulage **2** etwas, wofür man Geld ausgegeben hat (meist in der Hoffnung, dadurch Geld zu verdienen, zu sparen o. Ä.) | *Der Computer war eine gute Investition*

In·vest·ment [-v-] *das;* (-s, -s) ≈ *Kapitalanlage* **K** Investmentfonds, Investmentgesellschaft, Investmentpapier

in·wen·dig ADJEKTIV im Inneren einer Sache | *Die Kokosnuss ist inwendig hohl* ■ **ID** **jemanden/etwas in- und auswendig kennen** *gesprochen* jemanden/etwas sehr gut, genau kennen

in·wie·fern, in·wie·fern FRAGEWORT in welcher Art und Weise, bis zu welchem Grad | *Inwiefern hat er recht?* **i** auch in indirekten Fragen: *Ich würde gern wissen, inwiefern sich die beiden Vorschläge unterscheiden*

in·wie·weit, in·wie·weit FRAGEWORT ≈ *inwiefern*

In·zest *der;* (-(e)s, -e); *meist Singular* der (verbotene) Sex zwischen zwei Personen, die eng verwandt sind, z. B. zwischen Bruder und Schwester ≈ *Blutschande* • hierzu **in·zes·tu·ös** ADJEKTIV

In·zucht *die;* (-) das Zeugen von Jungen unter eng verwandten Tieren oder von Kindern unter eng verwandten Menschen

★ **in·zwi·schen** ADVERB **1** während der Zeit, in der etwas geschieht | *Geht ruhig spazieren, ich koche inzwischen das Essen* **2** drückt aus, dass zwischen einem Zeitpunkt in der Vergangenheit und jetzt ein Stand oder Zustand erreicht worden ist | *Ich habe vor vier Jahren begonnen, Russisch zu lernen. Inzwischen kann ich russische Zeitungen lesen* **3** in der Zeit zwischen jetzt und einem Ereignis in der Zukunft | *Morgen gebe ich ein großes Fest. Inzwischen habe ich noch viel zu tun*

Ion ['i̯oːn] *das;* (-s, Io·nen) ein Atom oder eine Atomgruppe mit elektrischer Ladung

i-Punkt ['iː-] *der* der Punkt auf dem kleinen i

IQ [iː'kuː, ai̯'kjuː] *der;* (-(s), -(s)) Abkürzung für *Intelligenzquotient*

ir- *im Adjektiv* → in-

ir·disch ADJEKTIV **1** in Bezug auf das alltägliche Leben (im Gegensatz zum religiösen Leben oder einem Leben nach dem Tod) ⟨das Glück, Freuden⟩ **2** *geschrieben* auf der Erde (vorkommend) ⟨(die) Lebewesen, die Gesteine⟩

★ **ir·gend** PARTIKEL *betont* **1** **irgend so ein/eine; irgend so etwas** *gesprochen, oft abwertend* drückt aus, dass man (oft aus Mangel an Interesse) eine Person oder Sache nicht genau nennen oder beschreiben kann, etwas nicht genau weiß | *Da war irgend so ein Vertreter, der nach dir gefragt hat* **2** *geschrieben* drückt aus, dass alle vorhandenen Möglichkeiten genutzt werden (sollen) | *Ich würde gerne helfen, wenn ich nur irgend könnte | Kommen Sie bitte, so rasch es irgend geht* (so bald wie möglich)

★ **ir·gend·ein** ARTIKEL/PRONOMEN **1** die genannte Person oder Sache, die man aber nicht (genauer) kennt, nicht (genauer) bestimmen kann oder will | *Irgendeine Frau hat angerufen | In der Rechnung habe ich irgendeinen Fehler gemacht, ich weiß nur noch nicht wo | Irgendein Geschenk werde ich bestimmt finden | Für den Urlaub kaufe ich mir irgendein Buch. Hauptsache, es ist lustig* **i** → Tabelle unter **ein**; als Plural verwendet man *irgendwelche* **2** als Pronomen verwendet; der Bezug zur jeweiligen Person oder Sache ergibt sich aus der Situation | *Irgendeiner wird schon noch kommen | Dafür brauche wir nicht irgendeinen, dafür brauchen wir einen Spezialisten | Irgendeines wird schon noch ein Zimmer haben* (Eines der Hotels ...)

★ **ir·gend·et·was, ir·gend·et·was** ADJEKTIV/PRONOMEN **1** verwendet vor einem Adjektiv, um eine Sache zu bezeichnen, welche die genannte Eigenschaft hat, aber sonst nicht näher beschrieben wird ≈ *etwas | Gibt es irgendetwas Neues?* **2** verwendet, um eine Sachen oder Tätigkeiten zu bezeichnen und dabei zu betonen, dass man diese nicht kennt ≈ *etwas | Ist dir irgendetwas aufgefallen? | Hast du irgendetwas gehört?*

★ **ir·gend·je·mand, ir·gend·je·mand** PRONOMEN **1** verwendet, um eine Person zu bezeichnen, von der man nur sehr wenig oder gar nichts weiß | *Irgendjemand muss das Geld doch aus der Kasse genommen haben* **2** **nicht irgendjemand** [--'--] **sein** eine Person sein, die bekannter oder wichtiger ist als andere | *Er ist nicht irgendjemand, sondern unser Bürgermeister!*

★ **ir·gend·wann, ir·gend·wann** ADVERB zu einer Zeit, die man (noch) nicht kennt | *Irgendwann wird noch ein Unglück geschehen! | Er möchte irgendwann nach Indien reisen*

★ **ir·gend·was, ir·gend·was** PRONOMEN; *gesprochen* ≈ *irgendetwas*

★ **ir·gend·wel·ch-, ir·gend·wel·ch-** ADJEKTIV/PRONOMEN verwendet als Plural für *irgendein/irgendeine* | *Gibt es irgendwelche Probleme?*

★ **ir·gend·wer, ir·gend·wer** PRONOMEN; *gesprochen* ≈ *irgendjemand | Kennst du irgendwen, der ein Auto kaufen möchte?*

★ **ir·gend·wie, ir·gend·wie** ADVERB **1** auf eine unbekannte Art | *Wir müssen das Problem irgendwie lösen | Irgendwie werden wir es schon schaffen* **2** *gesprochen* unter einem Aspekt, aus einer Sicht, die man nicht nennen kann | *Irgendwie hast du schon recht | Sie könnte einem irgendwie leidtun*

★ **ir·gend·wo**, **ir·gend·wo** ADVERB **1** an irgendeinem Ort, an irgendeiner Stelle | *Wir werden irgendwo am Meer Urlaub machen* | *Ist hier irgendwo eine Toilette?* **2** *gesprochen* auf eine nicht genau bezeichnete oder bekannte Art ≈ *irgendwie* | *Irgendwo spinnt er*

★ **ir·gend·wo·her**, **ir·gend·wo·her** ADVERB **1** von irgendeinem Ort | *Irgendwoher kommt Rauch – Ich glaube, es brennt* **2** durch irgendwelche (nicht näher bekannten) Umstände | *Ich werde schon noch irgendwoher Geld bekommen* | *Ich kenne ihn irgendwoher*

★ **ir·gend·wo·hin**, **ir·gend·wo·hin** ADVERB an irgendeinen Ort | *Ich möchte irgendwohin, wo nie Winter ist*

Iris *die;* (-, -) **1** eine Blume mit langen, spitzen Blättern und meist gelben oder violetten Blüten **2** *nur Singular* der farbige (blaue, braune, schwarze oder grüne) Teil des Auges, in dessen Mitte die Pupille ist ≈ *Regenbogenhaut*

Iro·nie *die;* (-) Ironie ist, wenn man bewusst das Gegenteil von dem sagt, was man meint (vor allem, um auf witzige Art Ärger oder Kritik auszudrücken) ⟨mit feiner, leiser, bitterer Ironie⟩ ■ ID **eine Ironie des Schicksals** ein Zusammentreffen von völlig unerwarteten Ereignissen, durch welche die Abhängigkeit des Menschen vom Schicksal betont wird

★ **iro·nisch** ADJEKTIV voller Ironie ⟨ein Lächeln, eine Bemerkung; ironisch lächeln; etwas ironisch meinen⟩

irr ADJEKTIV *meist prädikativ* geisteskrank, verrückt, wahnsinnig ⟨jemanden für irr halten⟩ H → auch **irre**

ir·ra·ti·o·nal, **ir·ra·ti·o·nal** ADJEKTIV; *geschrieben* nicht den Gesetzen der Vernunft folgend oder durch sie erklärbar ⟨ein Verhalten; irrational handeln⟩

ir·re ADJEKTIV **1** ≈ *irr* **2** *gesprochen* ungewöhnlich und sehr gut ≈ *toll* | *Der Film war echt irre* **3** *gesprochen* sehr groß, sehr intensiv | *eine irre Hitze* | *sich irre freuen* | *irre aufgeregt sein*

Ir·re[1] *der/die;* (-n, -n); *gesprochen, oft abwertend* eine Person, die psychisch oder geistig krank ist ■ ID **ein armer Irrer** *gesprochen* eine Person, die anderen Leuten wegen ihrer Dummheit oder Naivität leidtut; **wie ein Irrer** *gesprochen* sehr schnell ⟨fahren, rennen⟩ H *ein Irrer; der Irre; den, dem, des Irren*

Ir·re[2] *die;* (-) **in die Irre** in eine falsche Richtung, auf einen falschen Weg ⟨jemanden in die Irre führen, locken; in die Irre gehen⟩ | *Demagogen haben das Volk mit schönen Reden in die Irre geführt*

ir·re·al ADJEKTIV; *geschrieben* **1** nicht realistisch **2** ⟨Forderungen, Vorstellungen⟩ so, dass sie auf keinen Fall Wirklichkeit werden können

ir·re·füh·ren VERB (führte irre, hat irregeführt) **jemanden irreführen** (absichtlich) bewirken, dass eine Person eine falsche Vorstellung von jemandem oder etwas bekommt | *jemanden durch falsche Informationen irreführen* H oft im Partizip Präsens: *eine irreführende Behauptung* ● hierzu **Ir·re·füh·rung** *die*

ir·re·ge·hen VERB (ging irre, ist irregegangen) **mit/in etwas** (*Dativ*) **irregehen** *geschrieben* sich mit etwas irren ⟨in/mit einer Annahme, Vermutung irregehen⟩

ir·re·gu·lär, **ir·re·gu·lär** ADJEKTIV; *geschrieben* ⟨eine Erscheinung⟩ nicht den Regeln oder der Norm entsprechend ● hierzu **Ir·re·gu·la·ri·tät** *die*

ir·re·lei·ten VERB (leitete irre, hat irregeleitet); *geschrieben* **1** **eine Person/Sache leitet jemanden irre** eine Person oder Sache führt jemanden auf den falschen Weg | *durch falsche Schilder irregeleitet werden* **2** **etwas leitet jemanden irre** etwas führt jemanden irre | *sich durch einen falschen Eindruck irreleiten lassen*

ir·re·le·vant, **ir·re·le·vant** ADJEKTIV; *geschrieben* nicht wichtig, nicht relevant ⟨eine Bemerkung, ein Unterschied⟩ ● hierzu **Ir·re·le·vanz**, **Ir·re·le·vanz** *die*

ir·re·ma·chen VERB (machte irre, hat irregemacht) **jemanden irremachen** bewirken, dass jemand (in den Ansichten, der Meinung o. Ä.) unsicher wird | *Lass dich von ihm nicht irremachen, du hast ganz recht*

★ **ir·ren** VERB (irrte, hat/ist geirrt) **1** **sich (mit/in etwas** (*Dativ*)**) irren** (*hat*) etwas Falsches für echt, wahr oder richtig halten | *sich in der Richtung irren* | *sich mit einer Vermutung irren* | *Du hast dich geirrt – er hat im Juni Geburtstag, nicht erst im Juli* | *Er irrt sich sehr, wenn er glaubt, dass wir ihm helfen* K Irrglaube, Irrlehre **2** **sich in jemandem irren** (*hat*) einen falschen Eindruck von einer Person haben | *Leider habe ich mich in ihm geirrt: Er ist lange nicht so ehrlich wie ich dachte* **3** **irgendwohin irren** (*ist*) in einem Gebiet von einem Punkt zum anderen (hin und her) gehen, fahren, ohne das Ziel, den richtigen Weg zu finden | *durch die Straßen/durch den Wald irren* | *von Ort zu Ort irren* K Irrfahrt, Irrweg **4** *geschrieben* (*hat*) jemand hält (ohne Absicht) etwas Falsches für wahr | *Er irrt, wenn er glaubt, dass ich die Arbeit für ihn erledige* ■ ID **Irren ist menschlich** Alle Menschen machen Fehler

Ir·ren·an·stalt *die; gesprochen* ≈ *Nervenklinik*

Ir·ren·haus *das; gesprochen, abwertend* ≈ *Nervenklinik* ■ ID **Hier gehts (ja) zu wie im Irrenhaus!** *gesprochen, abwertend oder humorvoll* Hier ist es chaotisch und sehr laut

ir·re·pa·ra·bel, **ir·re·pa·ra·bel** ADJEKTIV; *geschrieben* ⟨Schäden⟩ so, dass man sie nicht mehr reparieren kann H *irreparabel → irreparable Schäden*

ir·re·ver·si·bel, **ir·re·ver·si·bel** [-v-] ADJEKTIV; *geschrieben* ⟨ein Prozess, ein Vorgang⟩ nicht umkehrbar, nicht rückgängig zu machen H *irreversibel → irreversible Vorgänge* ● hierzu **Ir·re·ver·si·bi·li·tät** *die*

ir·re·wer·den VERB (wird irre, wurde irre, ist irregeworden) **an jemandem/etwas irrewerden** jemanden oder etwas nicht mehr verstehen oder den Glauben an jemanden oder etwas verlieren

Irr·gar·ten *der* ≈ *Labyrinth*

ir·rig ADJEKTIV auf einem Irrtum beruhend ⟨eine Annahme, eine Ansicht; in der irrigen Annahme, dass …⟩ ≈ *falsch* ● hierzu **ir·ri·ger·wei·se** ADVERB

Ir·ri·ta·ti·on [-'tsio:n] *die;* (-, -en); *geschrieben* das Verwirrtsein (durch äußere Umstände, Reize o. Ä.)

ir·ri·tie·ren VERB (irritierte, hat irritiert) **1** **eine Person oder Sache irritiert jemanden** eine Person oder Sache macht jemanden unsicher oder nervös oder verwirrt jemanden | *Ihr Lächeln irritierte ihn* **2** **eine Person/Sache irritiert jemanden** eine Person oder Sache stört jemanden bei einer Tätigkeit | *Er machte Fehler, weil ihn der Lärm irritierte*

Irr·läu·fer *der* Irrläufer sind Briefe, Pakete o. Ä., die bei einer Person ankommen, für die sie nicht bestimmt sind

Irr·sinn *der;* (-s) **1** ein kranker Geisteszustand **2** *abwertend* eine sinnlose, oft gefährliche Handlung | *der Irrsinn des Wettrüstens*

irr·sin·nig ADJEKTIV **1** geistig oder psychisch krank ⟨irrsinnig sein, werden⟩ **2** **irrsinnig vor etwas** (*Dativ*) wegen eines sehr intensiven negativen Gefühls nicht fähig, vernünftig zu handeln ⟨(halb) irrsinnig vor Angst, Verzweiflung, Wut⟩ **3** *gesprochen* sehr groß, sehr intensiv ⟨Angst, Hitze, Kälte, Schmerzen⟩ **4** *gesprochen* verwendet, um Adjektive oder Verben zu verstärken ≈ *sehr* | *Er ist irrsinnig reich* | *Hier ist es irrsinnig kalt* | *Sie hat sich ganz irrsinnig gefreut*

Irr·sinns- *im Substantiv, meist betont, begrenzt produktiv; gesprochen* **Irrsinnshitze, Irrsinnspreis** *und andere* verwendet, um zu sagen, dass etwas sehr gut oder sehr intensiv ist | *Hier herrscht im Winter eine Irrsinnskälte* (Hier ist es im Winter extrem kalt⟩

★ **Irr·tum** *der;* (-s, Irr·tü·mer) **1** ein Fehler, der dadurch entsteht, dass man sich nicht richtig konzentriert, informiert o. Ä. und eine Situation nicht richtig versteht ⟨ein kleiner, großer, schwerer, bedauerlicher, folgenschwerer, verhängnisvoller Irrtum; einem Irrtum erliegen, unterliegen, verfallen; jemandem unterläuft ein Irrtum; ein Irrtum liegt vor⟩ ≈ *Versehen* | *Diese Annahme beruht auf einem Irrtum* **2** **im Irrtum sein; sich im Irrtum befinden** sich irren **3** **sich über jemanden/etwas im Irrtum befinden** *geschrieben* einen falschen Eindruck von einer Person oder Sache haben

irr·tüm·lich ADJEKTIV auf einem Irrtum beruhend ⟨eine Annahme, eine Entscheidung; etwas irrtümlich glauben⟩ • hierzu **irr·tüm·li·cher·wei·se** ADVERB

-isch *im Adjektiv, unbetont, sehr produktiv* **1** **arabisch, bayrisch, griechisch, russisch, schwäbisch, spanisch; biologisch, kaufmännisch, kommunistisch, modisch, psychisch, studentisch** *und andere* verwendet, um Adjektive zu bilden, mit denen man sagt, dass eine Person oder Sache zu jemandem oder etwas gehört oder einen Bezug zu jemandem oder etwas hat **2** **anarchistisch, angeberisch, dämonisch, diktatorisch, teuflisch, tyrannisch** *und andere oft abwertend* drückt eine Ähnlichkeit zur genannten Person/Sache aus **H** Diese Adjektive auf *-istisch* gehören zu Substantiven, die auf *-ist(in)* enden.

Is·chi·as ['ɪʃi̯as, 'ɪsçi̯as] *der/das;* (-) Schmerzen im Bereich des Ischiasnervs ⟨Ischias haben; an/unter Ischias leiden⟩

Is·chi·as·nerv *der* ein Nerv, der vom Nacken über den Rücken bis zum Fuß geht

-i·sie·ren → -ieren

★ **Is·lam, Is·lam** *der;* (-(s)) der Glaube, der auf der Lehre Mohammeds beruht; die moslemische Religion ⟨sich zum Islam bekennen; zum Islam übertreten⟩ • hierzu **is·la·misch** ADJEKTIV

is·la·mis·tisch ADJEKTIV; *oft abwertend* so, dass die Politik und die Handlungen mit dem Islam begründet werden ⟨Extremisten, Terroristen⟩ **H** Meist für politisch extreme Bewegungen gebraucht

-is·mus *der;* (-, -is·men); *im Substantiv, betont, sehr produktiv, nur Singular* **1** **Buddhismus, Katholizismus, Kapitalismus, Kommunismus, Sozialismus, Expressionismus, Impressionismus** *und andere* verwendet, um Religionen, politische oder philosophische Strömungen und Systeme, Kunststile o. Ä. zu bezeichnen **H** Zu vielen dieser Wörter gibt es Adjektive auf *-istisch.* **2** **Egoismus, Idealismus, Optimismus, Perfektionismus, Rassismus** *und andere* verwendet, um eine persönliche Einstellung auszudrücken **H** Zu vielen dieser Wörter gibt es Adjektive auf *-istisch.* **3** **Anglizismus, Latinismus, Archaismus, Euphemismus, Vulgarismus** *und andere* verwendet, um einen Begriff zu beschreiben, welcher die genannte Herkunft oder Eigenschaft hat **H** Zu vielen dieser Wörter gibt es Adjektive auf *-istisch.* **4** **Alkoholismus, Autismus, Masochismus, Sadismus, Voyeurismus** *und andere* verwendet, um eine Veranlagung oder Krankheit zu bezeichnen **H** Zu vielen dieser Wörter gibt es Adjektive auf *-istisch.*

Iso·la·ti·on [-'tsi̯oːn] *die;* (-, -en); *meist Singular* **1** das Isolieren | *die Isolation elektrischer Leitungen* **2** das Material, mit dem etwas gegen Strom, Hitze usw. isoliert ist | *Die Isolation des Kabels war defekt* **3** der Zustand, ohne Kontakt zu einer Gemeinschaft zu sein ⟨sich aus seiner Isolation befreien⟩ | *die Isolation in der Großstadt* **4** das Isolieren und Verhindern von Kontakt bei ansteckenden Krankheiten | *die Isolation von Typhuskranken auf einer Quarantänestation*

Iso·la·tor *der;* (-s, Iso·la·to·ren) **1** eine Substanz, die isoliert **2** ein Gegenstand vor allem aus Porzellan, der gegen elektrischen Strom isoliert

★ **iso·lie·ren** VERB (isolierte, hat isoliert) **1** **etwas isolieren** etwas an der äußeren Seite mit einer Schicht eines geeigneten Materials bedecken, um es oder die Umgebung vor elektrischem Strom, Hitze, Kälte, Lärm o. Ä. zu schützen ⟨Leitungen, Rohre, Räume, Wände isolieren⟩ **K** Isolierband, Isolierglas, Isoliermaterial, Isolierschicht **2** **jemanden (von Personen/etwas) isolieren** verhindern, dass jemand Kontakt mit anderen Personen bekommt ⟨einen Häftling, Infizierte, Cholerakranke isolieren⟩ **K** Isolierstation **3** **etwas isolieren** eine chemische Substanz von anderen trennen (und entdecken) | *einen Wirkstoff isolieren* **4** **etwas isoliert** etwas schützt gegen Strom, Hitze, Kälte, Lärm o. Ä. | *Gummi isoliert gegen elektrischen Strom* **5** **sich (von Personen/etwas) isolieren** Kontakt mit anderen Leuten vermeiden

iso·liert ■ PARTIZIP PERFEKT **1** → isolieren
■ ADVERB **2** **etwas isoliert betrachten** etwas nicht im größeren (z. B. historischen, politischen, sozialen) Zusammenhang sehen | *Eine Erscheinung wie die Drogensucht von Jugendlichen darf man nicht isoliert betrachten*

Iso·lie·rung *die;* (-, -en) ≈ *Isolation*

isst *Präsens, 2. und 3. Person Singular* → essen

ist *Präsens, 3. Person Singular* → sein[1]

Ist- *im Substantiv, betont, begrenzt produktiv* **Istzeit, Iststand** *und andere* drückt aus, dass etwas tatsächlich (so, in dieser Art) vorhanden ist ↔ *Soll-* | *der Istbestand an/die Istmenge der Waren* | *die Istleistung einer Maschine* | *die Iststärke der Truppen* | *der zu reduzierende Istwert*

-ist *der;* (-en, -en); *im Substantiv, betont, sehr produktiv* **1** **Buddhist, Hinduist, Pazifist, Faschist, Kommunist, Sozialist, Expressionist, Impressionist** *und andere* verwendet, um einen Anhänger oder Vertreter einer Religion, einer philosophischen oder politischen Überzeugung, eines Kunststils o. Ä. zu bezeichnen **2** **Egoist, Idealist, Perfektionist, Rassist** *und andere* verwendet, um eine Person zu bezeichnen, deren persönliche Einstellung sich auf etwas konzentriert **3** **Bassist, Flötist, Gitarrist, Pianist, Posaunist** *und andere* verwendet, um eine Person zu bezeichnen, welche das genannte Musikinstrument (in einem Orchester) spielt **4** **Maschinist, Kabarettist, Kontorist, Lagerist, Karikaturist, Komponist, Parodist** *und andere* verwendet, um eine Person zu bezeichnen, die beruflich mit etwas zu tun hat, an einem Ort beschäftigt ist oder die genannte Tätigkeit ausübt **5** **Finalist, Putschist, Infanterist, Reservist, Seminarist** *und andere* verwendet, um eine Person zu bezeichnen, die an etwas teilnimmt oder zu einer Gruppe von Personen gehört **H** Substantive auf *-ist* enden in allen Fällen außer dem Nominativ auf *-en.* • hierzu **-is·tin**

IT [ai'tiː] *die* Informationstechnik der Bereich der Technik, der sich mit Computern und Datenverarbeitung beschäftigt

i-Tüp·fel·chen *das;* (-s, -) **bis aufs i-Tüpfelchen** bis ins kleinste Detail | *etwas ist bis aufs i-Tüpfelchen richtig/vorbereitet*

J

J, j [jɔt, Ⓐ jeː] *das;* (-, -/*gesprochen auch* -s) der zehnte Buchstabe des Alphabets ⟨ein großes J; ein kleines j⟩

★ **ja** PARTIKEL **1** *meist betont* verwendet, um eine Frage positiv zu beantworten ↔ *nein* | *„Hast du Lust, mit uns baden zu gehen?" – „Ja, klar/sicher/gern"* | *„Bist du schon lange in Deutschland?" – „Ja, schon seit vier Jahren"* | *„Willst du noch ein Glas Wein?" – „Ja, bitte!"* | *„Ich gehe jetzt ins Bett" – „Ja, tu das"* | *Ist das falsch, und wenn ja, warum?* **2** *betont und unbetont* verwendet, um zu sagen, dass man zuhört, z. B. am Telefon oder wenn jemand relativ lange redet | *„Ja, … ja, ich verstehe, …"* **3** *betont und unbetont* verwendet, um einen Satz einzuleiten oder eine Pause zu füllen oder um Zeit zum Nachdenken zu gewinnen | *Ja, also, das ist so …* | *Ja, ich weiß nicht …* | *„Was ist denn damals geschehen?" – „Ja, wie war das noch gleich?"* (Ich muss erst noch kurz nachdenken) **4** **ja?** *betont* verwendet, um zu sagen, dass man darüber erstaunt ist, was eine andere Person sagt, oder dass man das Gesagte nicht ganz glaubt | *„Ich darf jetzt doch mitfahren!" – „Ja, ehrlich?"* | *„Der Fisch war mindestens zwei Meter lang!" – „Ja?"* **5** **…, ja?** *betont* verwendet am Ende des Satzes, wenn man vom Gesprächspartner Zustimmung oder Bereitschaft erwartet und man eine Bitte/Aufforderung o. Ä. freundlicher ausdrücken will | *Du hilfst mir doch, ja?* | *Gib mir mal das Salz, ja?* **6** *unbetont* verwendet, um dem Gesagten besonderen Nachdruck zu geben ≈ *wirklich* | *Ja, das war eine herrliche Zeit* | *Ich werde ihn verklagen, ja, das werde ich tun!* | *Da hast du ja eine schöne Bescherung angerichtet!* (Das ist wirklich schlimm) **7** **ja (sogar)** *betont und unbetont* verwendet, um stark zu betonen, dass der folgende Teil des Satzes ebenfalls richtig ist oder zutrifft | *Mein Mann liebt Fußball über alles, ja, er ist (sogar) ganz verrückt danach* | *Wir waren alle schrecklich wütend, ja sogar mein Vater, der sonst immer ganz ruhig bleibt!* **8** *unbetont* verwendet im Aussagesatz, um einem Teil einer Aussage zuzustimmen und die Zustimmung gleichzeitig einzuschränken ≈ *zwar* | *Diese Lösung ist ja momentan ganz gut, aber auf lange Sicht müssen wir uns etwas Neues einfallen lassen* | *Ich kann es ja versuchen (aber ich glaube nicht, dass es funktioniert)* **9** *unbetont* verwendet, um zu sagen, dass etwas bekannt ist, um an etwas zu erinnern oder um zu sagen, dass man Zustimmung, Einverständnis erwartet ≈ *doch* | *Du weißt ja, wie er ist* | *Er ist ja schon seit Langem krank* | *Mach dir keine Sorgen, du hast ja noch genug Zeit* | *Ich habe ja gleich gesagt, dass das schiefgehen wird!* **10** *unbetont* verwendet, um Erstaunen darüber auszudrücken, dass etwas der Fall ist | *Du bist ja ganz nass!* | *Da bist du ja schon – du wolltest doch erst später kommen!* | *Ja, kennst du mich denn nicht mehr?* **11** *betont* verwendet, um eine Aufforderung zu verstärken, oft mit einer Warnung oder Drohung verbunden ≈ *bloß* | *Mach das ja nicht noch mal!* | *Dass du nach der Schule ja sofort nach Hause kommst!* | *Zieh dich nach dem Duschen ja warm an!* **12** **auch 'ja** *betont* in Fragen verwendet, auf die man eine positive Antwort erwartet. Man drückt damit aus, dass das Gesagte wichtig ist | *Wirst du bei der Oma auch ja brav sein?* | *Hast du auch ja alles so gemacht, wie ich es dir gesagt habe?*

★ **Ja** *(das);* (-(s), -(s)) **1** das Wort *ja* als Antwort oder eine Zustimmung ⟨mit Ja antworten, stimmen; beim Ja bleiben⟩ ↔ *Nein* **2** **Ja/ja zu etwas sagen** sagen, dass man mit etwas einverstanden ist | *Der Stadtrat sagte Ja zu dem Antrag der Bürger, ein Schwimmbad zu bauen* ■ ID **nicht Ja/ja und nicht Nein/nein sagen** sich nicht entscheiden | *Ich sage dazu nicht Ja und nicht Nein, ich muss noch einmal darüber nachdenken;* → Amen

Jacht *die;* (-, -en) ein schnelles Schiff mit Segeln oder Motor, das man zum Sport oder Vergnügen benutzt K Jachthafen, Jachtklub; Luxusjacht, Motorjacht, Segeljacht

★ **Ja·cke** *die;* (-, -n) ein Kleidungsstück für den Oberkörper, das vorne offen ist und mit Knöpfen oder Reißverschluss geschlossen werden kann K Jackenärmel, Jackentasche; Damenjacke, Herrenjacke; Lederjacke, Pelzjacke, Strickjacke, Wolljacke; Anzugjacke, Kostümjacke; Regenjacke, Windjacke B → Abb. unter **Bekleidung** ■ ID **Das ist Jacke wie Hose** *gesprochen, humorvoll* Da gibt es keinen Unterschied

Ja·ckett [ʒa-, ʃa-] *das;* (-s, -s) ≈ *Anzugjacke, Sakko*

★ **Jagd** *die;* (-) **1** **die Jagd (auf ein Tier)** das Jagen von einem Tier ⟨Jagd auf ein Tier machen; eine Jagd veranstalten; die Jagd aufnehmen⟩ | *Wir haben einen Leoparden bei der Jagd auf Antilopen beobachtet* K Jagdbeute, Jagderlaubnis, Jagdgebiet, Jagdgewehr, Jagdhund, Jagdleidenschaft, Jagdrevier, Jagdschein, Jagdtrophäe; Bärenjagd, Elefantenjagd, Entenjagd, Fuchsjagd **2** **die Jagd auf jemanden** das Jagen oder Verfolgen von Personen | *Jagd auf Terroristen machen* K Hexenjagd, Menschenjagd, Verbrecherjagd **3** **die Jagd nach etwas** die Suche nach etwas, das Verfolgen eines Ziels | *die Jagd nach neuen Ideen/nach dem Glück* **4** ein Gebiet, in dem man jagen kann ⟨eine Jagd haben, pachten⟩ K Jagdaufseher, Jagdhaus, Jagdhütte, Jagdpacht, Jagdschloss **5** **auf die/zur Jagd gehen** Tiere jagen

Jagd|flug·zeug *das* ein schnelles Flugzeug für den Kampf in der Luft

Jagd·grün·de *die; Plural* ■ ID **in die ewigen Jagdgründe eingehen** *gesprochen, humorvoll* ≈ *sterben*

★ **ja·gen** VERB (jagte, hat/ist gejagt) **1** **(ein Tier) jagen** *(hat)* (als Mensch oder Tier) Tiere verfolgen, um sie zu fangen oder zu töten ⟨Elefanten, Enten, Füchse, Hasen, Wildschweine jagen; jagen gehen⟩ **2** **jemanden jagen** *(hat)* eine Person verfolgen, um sie gefangen zu nehmen ⟨Bankräuber, Terroristen, Verbrecher jagen⟩ **3** **von etwas gejagt werden** *(hat)* ⟨von Ängsten, Albträumen, Gewissensbissen⟩ gequält werden **4** **jemanden irgendwohin jagen** *(hat)* Personen oder Tieren Angst machen o. Ä., damit sie irgendwohin gehen ≈ *vertreiben* | *Sie jagte die Kinder in den Garten, weil sie in der Wohnung zu viel Krach machten* **5** **jemandem etwas irgendwohin jagen** *gesprochen (hat)* jemandem oder sich selbst etwas mit großer Wucht in den Körper stoßen oder schießen | *Der Arzt jagte dem Patienten eine Spritze in den Arm* **6** **ein Ereignis/ein Termin/… jagt das andere/den anderen** *(hat)* mehrere Ereignisse/Termine/… folgen schnell aufeinander **7** **irgendwohin jagen** *(ist)* schnell irgendwohin fahren oder rennen ≈ *rasen* | *mit 80 Stundenkilometern durch die Innenstadt jagen* ■ ID **Damit kannst du mich jagen!** Ich habe eine starke Abneigung gegen die genannte Sache

Jä·ger *der;* (-s, -) **1** eine Person, die (beruflich oder in der Freizeit) Tiere jagt K Großwildjäger, Löwenjäger **2** *gesprochen* ≈ *Jagdflugzeug* K Abfangjäger, Düsenjäger • zu (1) **Jä·ge·rin** *die*

-jä·ger *der; im Substantiv, unbetont, begrenzt produktiv* **Autogrammjäger, Kopfgeldjäger, Mitgiftjäger** *und andere* eine Person, die alles versucht, um das Genannte zu erreichen oder zu bekommen

Jä·ger·la·tein *das* eine Geschichte, in welcher der Erzählende von großen Taten berichtet, die aber nicht wahr sind

J

| *Angeblich hat er im Wald einen Luchs gesehen, aber ich halte das für Jägerlatein*

Ja·gu·ar *der*; (-s, -e) eine große südamerikanische Raubkatze mit schwarzen Kreisen und Flecken auf dem Fell

jäh ADJEKTIV *meist attributiv; geschrieben* **1** plötzlich und unerwartet (und meist heftig) ⟨eine Bewegung, ein Schmerz, ein Windstoß; sich jäh umdrehen; jäh aufspringen; ein jähes Ende nehmen; einen jähen Tod finden⟩ **2** sehr steil ⟨ein Abgrund, ein Felsvorsprung; etwas fällt jäh ab; etwas steigt jäh an; etwas geht jäh in die Höhe/Tiefe⟩

jäh·lings ADVERB; *veraltend* ≈ *plötzlich*

★ **Jahr** *das*; (-(e)s, -e) **1** die Zeit vom 1. Januar bis 31. Dezember ⟨voriges, letztes, vergangenes Jahr⟩ | *das Jahr 1903* | *im Jahr 1839* | *jemandem ein glückliches neues Jahr wünschen* | *Dieses Jahr fehlt uns das Geld, um wegzufahren* K Jahresabonnement, Jahresabrechnung, Jahresablauf, Jahresanfang, Jahresbeginn, Jahresbeitrag, Jahresbestzeit, Jahresbilanz, Jahreseinkommen, Jahresende, Jahresrückblick, Jahresumsatz, Jahresurlaub, Jahreswechsel; Schaltjahr **2** die Zeit von ungefähr 365 Tagen, ab einem beliebigen Zeitpunkt des Kalenderjahres | *Sie ist 10 Jahre (alt)* | *Heute vor zwei Jahren haben wir uns kennengelernt* ■ ID **in den besten Jahren** im Alter von 30 bis zu 50 Jahren; **lange Jahre** ⟨arbeiten⟩ sehr lange

★ **-jahr** *das; im Substantiv, unbetont, sehr produktiv* **1** **Baujahr, Erscheinungsjahr, Geburtsjahr, Sterbejahr, Todesjahr, Gründungsjahr** *und andere* ein Jahr, in dem das, was im ersten Wortteil ausgedrückt wird, geschehen ist/geschieht **2** **Goethejahr, Lutherjahr, Mozartjahr** *und andere* ein Jahr, in dem eine berühmte Persönlichkeit besonders geehrt wird **3** **Friedensjahre, Kriegsjahre, Notjahre** *und andere meist Plural* eine Zeit, in der jahrelang der genannte Zustand herrscht **4** **ein gutes/schlechtes Obstjahr, Bienenjahr, Weinjahr** *und andere* ein Jahr, in dem die Bedingungen für das Genannte sehr gut oder schlecht sind **5** **Dienstjahre, Ehejahre, Jugendjahre, Kinderjahre, Lehrjahre, Studienjahre** *und andere meist Plural* eine Zeit, die als Teil des Lebens einer Person charakterisiert wird **6** **Haushaltsjahr, Geschäftsjahr, Kalenderjahr, Kirchenjahr, Schuljahr, Studienjahr** *und andere* eine Zeit von 365 Tagen, die jeweils an verschiedenen Tagen beginnt

jahr·aus ADVERB ■ ID **jahraus, jahrein** über einen langen Zeitraum hin immer wieder (geschehend) | *Jahraus, jahrein nur kochen und putzen. Ich hab's satt!*

Jahr·buch *das* ein Buch, das einmal im Jahr erscheint und das über die Ereignisse (z. B. in einem Betrieb, einer Institution) des vorausgegangenen Jahres informiert

jahr·ein ADVERB → jahraus

★ **jah·re·lang** ADJEKTIV *meist attributiv* mehrere oder viele Jahre (dauernd) | *Unser jahrelanges Warten hat sich jetzt endlich gelohnt* | *Wir haben jahrelang gespart, um uns ein neues Auto kaufen zu können*

jäh·ren VERB (jährte sich, hat sich gejährt) **etwas jährt sich (zum ersten/zehnten/… Mal)** ein Ereignis hat vor der genannten Zahl von Jahren stattgefunden | *2006 jährte sich Mozarts Geburtstag zum 250. Mal*

Jah·res·frist *die* **vor, nach, binnen Jahresfrist** *geschrieben* vor, nach einem Jahr, innerhalb eines Jahres

Jah·res|haupt·ver·samm·lung *die* das wichtigste jährliche Treffen von Mitgliedern eines Vereins o. Ä.

Jah·res·kar·te *die* eine Fahrkarte oder eine Eintrittskarte (z. B. für den Zoo, das Schwimmbad), die ein Jahr lang und für beliebig viele Fahrten, Besuche usw. gültig ist

-jah·res|plan *der; im Substantiv, betont, nicht produktiv* **Zweijahresplan, Vierjahresplan, Fünfjahresplan, Zehnjahresplan** ein Plan für die Entwicklung der Wirtschaft eines Staates oder eines Unternehmens o. Ä. für die genannte Zahl von Jahren

Jah·res·ring *der; meist Plural* einer der Ringe, an denen man sieht, wie alt ein Baum ist, wenn man den Stamm durchschneidet (für jedes Jahr ein Ring)

★ **Jah·res·tag** *der* ein Tag, an dem man sich an ein Ereignis erinnert, das genau vor einem oder mehreren Jahren stattgefunden hat | *Der Jahrestag der Französischen Revolution wird immer groß gefeiert*

Jah·res·wa·gen *der* ein wenig gebrauchtes Auto, das ein Jahr alt ist und das man billiger kaufen kann

Jah·res·zahl *die* die Zahl, die ein Jahr innerhalb einer Zeitrechnung hat (wenn es mit einem wichtigen Ereignis verbunden wird) | *Jahreszahlen der Geschichte auswendig lernen*

SPRACHGEBRAUCH

▶ Jahreszahlen

Jahreszahlen von 1100 bis 1999 werden anders als andere Zahlen gesprochen. So wird 1765 als Zahl „eintausend siebenhundert fünfundsechzig" und als Jahreszahl „siebzehnhundert fünfundsechzig" gelesen.

J

★ **Jah·res·zeit** *die* einer der vier Teile des Jahres, die sich durch das Wetter voneinander unterscheiden ⟨die kalte, warme Jahreszeit⟩ | *Die vier Jahreszeiten sind Frühling, Sommer, Herbst und Winter* • hierzu **jah·res·zeit·lich** ADJEKTIV

-jahr·fei·er *die; im Substantiv, betont und unbetont, begrenzt produktiv* **Zehnjahrfeier, Hundertjahrfeier, Zweihundertjahrfeier, Tausendjahrfeier, Zweitausendjahrfeier** *und andere* ein Fest, das man feiert, weil etwas seit der genannten Zahl von Jahren besteht H aber mit Ziffern: 1000-Jahr-Feier

★ **Jahr·gang** *der* **1** alle Menschen, die im selben Jahr geboren sind | *als die geburtenstarken Jahrgänge in die Schule kamen* **2** das Jahr, in dem jemand geboren ist | *Wir sind beide Jahrgang '80* | *Er ist mein Jahrgang* (Er ist im selben Jahr geboren wie ich) **3** verwendet, um das Jahr der Herstellung oder der Veröffentlichung zu bezeichnen ⟨der Jahrgang einer Zeitschrift, eines Weins⟩ | *die Jahrgänge einer Zeitschrift* | *Wir nehmen den Beaujolais, Jahrgang 2015* H Abkürzung: *Jg*

Jahr·gän·ger *der*; (-s, -); ⓒⓗ **Personen sind Jahrgänger** zwei oder mehrere Personen sind im selben Jahr geboren | *Ich glaube, wir sind Jahrgänger*

★ **Jahr·hun·dert** *das*; (-s, -e) **1** die Zeit von 100 Jahren (nach der Zeitrechnung z. B. in Europa) ⟨das kommende, vergangene Jahrhundert; im nächsten, vorigen Jahrhundert⟩ | *Das 3. Jahrhundert vor/nach Christi Geburt* K Jahrhundertmitte, jahrhundertealt, jahrhundertelang H Abkürzung: *Jh.* **2** **das Jahrhundert** +*Genitiv* ein Jahrhundert, das wegen des Genannten bekannt oder berühmt ist | *das Jahrhundert der Chirurgie/der Raumfahrt*

Jahr·hun·dert- *im Substantiv, betont, begrenzt produktiv* **Jahrhundertereignis, Jahrhundertprojekt, Jahrhundertsensation, Jahrhundertwerk** *und andere* verwendet, um etwas ganz Außergewöhnliches zu charakterisieren

Jahr·hun·dert|wen·de *die* der Übergang von einem Jahrhundert zum nächsten | *Dieses Foto stammt noch aus der Zeit um die vorletzte Jahrhundertwende*

-jäh·rig *im Adjektiv, unbetont, begrenzt produktiv, meist attributiv* **1** **einjährig, zweijährig, dreijährig** *und andere* die genannte Zahl von Jahren alt | *das achtjährige Mädchen* | *ein 200-jähriger Baum* **2** **einjährig, zweijährig, dreijährig**

und andere die genannte Zahl von Jahren dauernd | *eine dreijährige Ausbildung* | *eine langjährige Freundschaft* (viele Jahre dauernd) **3** **diesjährig, letztjährig, nächstjährig, vorjährig** *und andere* verwendet, um sich auf das genannte Jahr zu beziehen | *die letztjährigen Umsatzzahlen*

★ **jähr·lich** ADJEKTIV *meist attributiv* in jedem Jahr, jedes Jahr (wieder) stattfindend, fällig o. Ä. | *ein jährliches Einkommen von 35.000 Euro haben* | *Die Weltmeisterschaften finden jährlich statt*

-jähr·lich *im Adjektiv, unbetont, begrenzt produktiv* **vierteljährlich, halbjährlich, zweijährlich, dreijährlich** *und andere* in Abständen, die jeweils die genannte Zahl von Jahren bzw. den genannten Teil eines Jahres dauern

Jahr·markt *der* Jahrmärkte finden einmal oder mehrmals im Jahr in Städten statt; es gibt Verkaufsstände und oft auch Karussells, Bierzelte, Losbuden usw.

★ **Jahr·tau·send** *das*; (-s, -e) die Zeit von tausend Jahren

★ **Jahr·zehnt** *das*; (-s, -e) die Zeit von zehn Jahren

jäh·zor·nig ADJEKTIV ⟨Menschen⟩ so, dass sie oft und plötzlich wütend werden • hierzu **Jäh·zorn** *der*

ja·ja PARTIKEL *betont; allein oder am Satzanfang* **1** verwendet, um jemandem zuzustimmen oder um Bedauern auszudrücken. Gleichzeitig signalisiert man damit, dass etwas bekannt ist | *„Früher haben wir hier oft gebadet, aber heute geht das nicht mehr." – „Jaja, so ist es."|„Jaja, das waren noch Zeiten!"* **2** verwendet, um zu sagen, dass eine Aufforderung, Frage o. Ä. lästig und überflüssig ist | *„Die Blumen müssen noch gegossen werden." – „Jaja, das mach ich nachher schon noch."* | *„Kommst du auch ganz bestimmt?" – „Jaja."*

Ja·lou·sie [ʒalu'ziː] *die*; (-, -n [-'ziːən]) Jalousien bestehen aus waagerechten kleinen Brettern oder dünnen Streifen aus Plastik innen oder außen vor dem Fenster; man lässt sie nachts oder bei starkem Sonnenlicht herunter **I** *Rollläden* sind stabile Jalousien außen vor dem Fenster, die besonders nachts geschlossen werden; *Rollos* sind aus einem Stück Stoff.

Jam·mer *der*; (-s) **1** **der Jammer (über etwas); der Jammer um jemanden/etwas** großer Kummer, der sich meist in lautem Klagen äußert | *der Jammer um einen Verlust* | *Der Jammer im Dorf war groß, als der Fluss alles überschwemmte* **K** Jammergeschrei **2** ein Zustand des Leids ⟨ein Bild des Jammers bieten⟩ ≈*Elend* **K** Jammergestalt **3** **Es ist ein Jammer, dass ...** *gesprochen* es ist sehr schade/bedauerlich, dass ... ■ **ID** **Es ist ein Jammer mit jemandem/etwas** *gesprochen* es ist sehr schwierig, fast aussichtslos mit jemandem/etwas

Jam·mer·lap·pen *der*; *gesprochen, abwertend* ein ängstlicher, schwacher Mensch

jäm·mer·lich ADJEKTIV **1** in einem Zustand, der Mitleid oder Verachtung hervorruft | *Nach dem Erdbeben war die Stadt in einem jämmerlichen Zustand* | *Du bist ein jämmerlicher Verräter!* **2** so, dass es großen Kummer ausdrückt ⟨Geschrei, Weinen; jämmerlich heulen, schreien, weinen⟩ **3** verwendet, um ein Verb oder Adjektiv, das etwas Negatives ausdrückt, zu verstärken ⟨jämmerlich frieren, weinen⟩ • zu (1) **Jäm·mer·lich·keit** *die*

jam·mern VERB (jammerte, hat gejammert) **(über jemanden/etwas) jammern** (meist mit vielen Worten und in klagendem Ton) über die eigenen Sorgen und Schmerzen sprechen | *Er jammert schon wieder (darüber), dass er kein Geld hat* | *„ Ich bin so einsam!", jammerte sie* | *Ich weiß, ich jammere auf hohem Niveau* (obwohl es mir im Vergleich zu anderen Leuten recht gut geht) • hierzu **Jam·me·rei** *die*; **Ge·jam·me·re** *das*

jam·mer·scha·de ADJEKTIV **es ist jammerschade (um jemanden/etwas)** *gesprochen* verwendet, um großes Bedauern über eine nicht genutzte Möglichkeit, eine vergebliche Mühe, einen vermeidbaren Schaden usw. auszudrücken | *Es ist jammerschade um ihre herrliche Stimme* | *Es ist jammerschade, dass sie nicht Sängerin geworden ist* | *Das ist jammerschade*

Jan·ker *der*; (-s, -); *süddeutsch* Ⓐ eine dicke Jacke, die meist zur traditionellen Kleidung einer Gegend gehört

Jän·ner *der*; (-s, -); *meist Singular*; Ⓐ ≈*Januar*

★ **Ja·nu·ar** *der*; (-s, -e); *meist Singular* der erste Monat des Jahres; ⟨im Januar; Anfang, Mitte, Ende Januar; am 1., 2., 3. Januar⟩ **I** Abkürzung: *Jan.*

jap·sen VERB (japste, hat gejapst); *gesprochen* nach einer großen Anstrengung schnell und laut atmen | *Er war in den zehnten Stock gerannt und stand nun (nach Luft) japsend vor der Tür*

Jar·gon [ʒar'gõː] *der*; (-s, -s) die besonderen Ausdrücke, die man benutzt, wenn man z. B. über ein Hobby oder mit Kollegen über den Beruf spricht **K** Fußballjargon, Insiderjargon, Künstlerjargon, Polizeijargon, Schülerjargon, Studentenjargon, Theaterjargon, Zeitungsjargon

Ja·sa·ger *der*; (-s, -); *abwertend* eine Person, die mit der Meinung oder den Plänen anderer Leute immer einverstanden ist • hierzu **Ja·sa·ge·rin** *die*

Jas·min *der*; (-s, -e) ein Strauch mit intensiv duftenden, gelben oder weißen Blüten **K** Jasminöl, Jasmintee

Ja·stim·me *die* die Entscheidung für eine Person oder Sache, die jemand bei einer Wahl oder Abstimmung trifft | *Der Antrag wurde mit zwanzig Jastimmen bei zwei Neinstimmen und einer Enthaltung angenommen*

jä·ten VERB (jätete, hat gejätet) **1** **(etwas) jäten** kleine Pflanzen, die als störend empfunden werden, mit der Hand entfernen ⟨Unkraut jäten⟩ **2** **(etwas) jäten** von einer Fläche das Unkraut mit der Hand entfernen ⟨ein Beet jäten⟩

Jau·che *die*; (-) ein Gemisch aus Urin und Kot von Tieren, das man in Gruben sammelt und als Dünger auf die Felder spritzt ⟨Jauche auf dem Feld ausbringen⟩ **K** Jauche(n)grube

jauch·zen VERB (jauchzte, hat gejauchzt); *geschrieben* mit lauter (hoher) Stimme jubeln ⟨vor Freude jauchzen⟩

jau·len VERB (jaulte, hat gejault) **ein Hund jault** ein Hund gibt lange, laute Töne von sich, die traurig klingen **I** Hunde jaulen, Wölfe *heulen*.

Jau·se *die*; (-, -n); Ⓐ ≈*Imbiss, Snack* **K** Jausenbrot, Jausenzeit; Kaffeejause • hierzu **jau·sen** VERB *(hat)*

ja·wohl PARTIKEL *betont* **1** **Jawohl!** verwendet, um energisch Zustimmung auszudrücken **2** **Jawohl!** verwendet, um zu sagen, dass man einem Befehl folgen wird

ja·woll PARTIKEL *betont; gesprochen* **Jawoll!** ≈*jawohl*

Ja·wort *das* **jemandem das/sein Jawort geben** *geschrieben* jemanden heiraten

★ **Jazz** [dʒɛs] *der*; (-) eine Art der modernen Musik, die aus der afroamerikanischen Musik entstanden ist. Beim Jazz wird der Rhythmus stark betont und oft improvisiert **K** Jazzband, Jazzfan, Jazzfestival, Jazzgitarrist, Jazzmusik, Jazzsänger, Jazztrompeter

jaz·zen ['dʒɛsn̩] VERB (jazzte, hat gejazzt) Jazzmusik spielen

★ **je** ■ ADVERB **1** irgendwann in der Vergangenheit oder Zukunft ≈*jemals* | *mehr/weniger denn je* | *Sie war glücklicher denn/als je (zuvor)* | *Das ist das Schönste, was ich je gehört habe* | *Wirst du dich je ändern?* **2** verwendet, um die Zahl von Personen/Sachen zu nennen, die für eine einzelne Person oder eine Sache gilt ≈*jeweils* | *Gruppen von/zu je fünf (Personen) bilden* | *Die Prüflinge bekommen je drei Fragen gestellt* (Jeder Prüfling muss drei Fragen beantworten) **3** **je nach etwas** verwendet, um die Bedingung zu nennen, von der eine Auswahl oder Entscheidung abhängt | *Je nach*

Saison gibt es Erdbeer-, Kirsch- oder Zwetschgenkuchen | Zum Essen trinkt er Bier oder Wein, je nach Laune
■ BINDEWORT **4** **je** *+Komparativ* **..., desto/umso** *+Komparativ* ... die Größe oder Intensität der einen Sache hat Folgen für die Größe oder Intensität der anderen Sache | *Je mehr ich lerne, desto weniger kann ich mir merken | Man lernt ein Land umso besser kennen, je mehr man dort herumreist* **H** *Desto* drückt oft eine widersprüchliche, nicht zu erwartende Aussage aus: *Je reicher die Leute, desto geiziger sind sie oft* und *umso* eine parallele: *Je mehr er aß, umso dicker wurde er.* **5** **je nachdem ob/wie/wie viel/...** verwendet, um die Bedingung zu nennen, von der eine Entscheidung abhängt | *Er kommt um zehn oder elf Uhr, je nachdem ob er den früheren Zug erreicht oder nicht*
■ PRÄPOSITION *+Akkusativ/Nominativ* **6** **je** *+Substantiv* für jede einzelne Person oder Sache ≈*pro* | *Wir kauften ein Paar Würstchen je Kind* **7** **je** *+Zeitangabe* drückt aus, dass etwas für die genannte Zeit gilt ≈*pro* | *acht Euro je Stunde verdienen | 100 Euro je angefangenen/angefangener Monat* **H** Das folgende Substantiv wird ohne Artikel verwendet.
■ ID **Ach/O je!** *gesprochen* drückt Bedauern oder Erschrecken aus | *Ach je, jetzt komme ich zu spät! | O je, das Brot ist verschimmelt!*; **je nun** *veraltend* man stimmt zwar zu, hat aber auch Bedenken oder einen Einwand | *„Das hat mich sehr geärgert" – „Je nun, so ist das eben im Leben"*

★ **Jeans** [dʒi:nz] *die*; (-, -) eine Hose aus festem Baumwollstoff, meist mit vier gerade geschnittenen Hosentaschen ⟨eine Jeans, ein Paar Jeans tragen⟩ ≈*Bluejeans*

Jeans- [dʒi:ns-] *im Substantiv, betont, begrenzt produktiv* **der Jeansanzug, das Jeanshemd, die Jeansjacke, der Jeansrock, der Jeansstoff** *und andere* aus dem (blauen) Stoff, aus dem Jeans sind

jeck ADJEKTIV; *regional, gesprochen, oft abwertend* ≈*verrückt, närrisch*

Jeck *der*; (-en, -en); *regional, gesprochen* **1** *abwertend* ≈*Narr, Verrückte(r)* **2** eine Person, die Karneval feiert | *Am Rosenmontag ist Köln fest in der Hand der Jecken* **H** *der Jeck; den, dem, des Jecken*

je·de → jeder

★ **je·den·falls** PARTIKEL *unbetont* **1** so, dass etwas unabhängig von den Bedingungen geschieht, getan wird oder so (und nicht anders) ist | *Meinst du, es wird regnen? Ich nehme jedenfalls einen Schirm mit | Ich weiß nicht warum, aber jedenfalls hat sie ihn verlassen* **2** verwendet, um eine Aussage einzuschränken (sodass sie nur für eine spezielle Person oder unter einer besonderen Bedingung gültig ist) | *Wir hatten tolles Wetter im Urlaub, jedenfalls in der ersten Woche*

★ **je·der, je·de, je·des** ■ ARTIKEL **1** verwendet, um deutlich zu machen, dass man auf die einzelnen Mitglieder oder Teilnehmer einer Gruppe oder die einzelnen Teile einer Menge hinweist | *von jedem der Getränke einen Schluck probieren | Ich lese jedes Buch, das sie schreibt | Ich muss jeden Tag um sechs Uhr aufstehen | Jede Hilfe war umsonst* **H** → Tabelle unter **dieser**
■ PRONOMEN **2** alle einzelnen Mitglieder einer Gruppe oder Menge | *Jeder in meiner Klasse, der genug Geld hat, kauft sich ein Smartphone*

je·der·lei ADJEKTIV *nur in dieser Form* jede Art von | *Sie liebt jederlei Schmuck* **H** *Jederlei* wird nur mit Substantiven im Plural oder mit einem Substantiv, das eine Menge oder Substanz bezeichnet, verwendet.

★ **je·der·mann** PRONOMEN **1** **etwas ist nicht jedermanns Sache/Geschmack** *gesprochen* nicht alle Menschen finden die genannte Sache gut oder angenehm | *Früh aufstehen ist nicht jedermanns Sache* **2** *veraltend* jeder einzelne Mensch ≈*jeder* | *wie jedermann weiß* **H** meist im Nominativ verwendet

★ **je·der·zeit** ADVERB **1** zu jeder beliebigen Zeit ≈*immer* | *Sie können sich jederzeit an mich wenden* **2** sehr bald | *Die Lawine kann jederzeit abgehen*

je·des → jeder

★ **je·doch** ADVERB verwendet, um einen Gegensatz oder Widerspruch auszudrücken ≈*aber* | *Er wurde um einen Beitrag gebeten, er lehnte jedoch ab | Die Polizei suchte ihn überall, fand ihn jedoch nicht* **H** Mit *jedoch* kann auch ein Nebensatz eingeleitet werden, diese Verwendung findet man eher in geschriebenen Texten: *Die Polizei suchte ihn überall, jedoch sie fand ihn nicht.*

jed·we·der, jedwede, jedwedes *veraltet* wirklich jeder/jede/jedes ≈*jeder*

Jeep® [dʒi:p] *der*; (-s, -s) ein sehr stabiles, meist offenes Auto, mit dem man z. B. auch durch Sand und Gras fahren kann

★ **jeg·li·cher, jeg·li·che, jeg·li·ches** ARTIKEL mit abstrakten Begriffen verwendet, um zu betonen, dass wirklich jeder/jede/jedes gemeint ist | *Nach seinem schweren Unfall war ihm jegliche Freude am Motorradfahren vergangen | Ihm fehlt jeglicher Ehrgeiz* **H** Der Gebrauch als Pronomen für Personen ist veraltet.

★ **je·her** **seit/von jeher** seit man sich erinnern kann | *Wir kennen uns schon seit jeher*

jein PARTIKEL; *humorvoll* verwendet, um zu sagen, dass man sich nicht zwischen ja und nein entscheiden kann

★ **je·mals** ADVERB zu irgendeinem Zeitpunkt in der Vergangenheit oder Zukunft | *Wirst du das jemals lernen? | Hast du schon jemals so etwas Schönes gesehen?*

★ **je·mand** PRONOMEN (jemanden, jemandem, jemandes) verwendet, um eine Person zu bezeichnen, welche man nicht kennt oder die man nicht näher beschreiben will oder kann | *Jemand muss doch wissen, wo Karin ist | Heute habe ich jemanden getroffen, den ich seit zehn Jahren nicht mehr gesehen habe | Da musst du jemand anders/anderen fragen* **H** In der gesprochenen Sprache verwendet man oft *jemand* anstelle von *jemanden* und *jemandem*: *Ich habe jemand getroffen*; → Tabelle unter **ein**

je·ner, je·ne, je·nes ■ ARTIKEL **1** mit *jener* weist man darauf hin, dass eine Person oder Sache vom Standpunkt des Sprechers relativ weit entfernt ist | *Jenes Bild, das Sie dort sehen, ist von Monet* **H** Vor allem in der gesprochenen Sprache wird meist *dieser ... da* oder *der/die/das ... da* anstelle von *jener* verwendet: *Der Mann da; Dieser Mann da*; → Tabelle unter **dieser**. **2** man verwendet *jener*, um einen Gegensatz zu *dieser* auszudrücken | *Dieser Zug fährt nach München, jener nach Stuttgart | Jene Schule war größer als diese* **3** verwendet, um auf einen Zeitpunkt in der Vergangenheit hinzuweisen, von dem bereits gesprochen wurde | *Es war der 23. Dezember. An jenem Abend beschlossen sie zu heiraten | In jenen Monaten dachte noch niemand an Krieg* **4** die genannte Art einer Sache | *Was ich nicht aushalten kann, ist jene Arroganz, die er hat | Hier ist eine Liste jener Kräuter, die gut gegen Husten sind*
■ PRONOMEN **5** verwendet, um auf eine von mehreren vorher erwähnten Personen oder Sachen hinzuweisen | *Frau Günther und Frau Bauer waren auch da. Jene ist Chefredakteurin bei einer Zeitschrift* (Frau Günther ist Chefredakteurin)

★ **jen·seits** PRÄPOSITION *mit Genitiv* **1** auf derjenigen Seite der genannten Sache, die vom Standpunkt des Sprechers, des Erzählers (oder des Subjekts) weiter entfernt ist ⟨jenseits des Flusses; jenseits des Gebirges; jenseits der Grenze⟩

J

| *Wir befinden uns hier in Kufstein. Jenseits der Alpen liegt die Po-Ebene* **H** auch zusammen mit *von: jenseits von Afrika* **2** die Grenzen einer Sache überschreitend | *jenseits des Gesetzes* ■ **ID jemand ist jenseits von Gut und Böse** *humorvoll* jemand ist geistig oder körperlich zu schwach, um etwas zu tun, das moralisch nicht richtig ist

★ **Jen·seits** *das;* (-) **1** der Bereich, der (vor allem nach dem Glauben der Christen) außerhalb dieser Welt liegt und in den man kommt, wenn man stirbt **2** **jemanden ins Jenseits befördern** *gesprochen* jemanden töten

jepp! verwendet, um Zustimmung oder Einverständnis auszudrücken ≈*ja*

Jet [dʒɛt] *der;* (-(s), -s) ein meist sehr schnelles Düsenflugzeug

Jet·lag ['dʒɛtlɛg] *der;* (-s, -s) übermäßige Müdigkeit und andere Beschwerden, nachdem man weite Strecken in westliche oder östliche Richtung geflogen ist

Jet·set ['dʒɛtsɛt] *der;* (-s) die reichen Leute, die von einem exklusiven Ort zum anderen fliegen, um sich dort zu amüsieren ⟨zum Jetset gehören⟩

jet·ten ['dʒɛtn̩] VERB (jettete, ist gejettet) **irgendwohin jetten** *gesprochen* mit einem Flugzeug (sehr schnell) an einen Ort fliegen | *Sie jettet immer mal wieder mal eben zum Shopping nach Paris*

★ **jet·zi·g-** ADJEKTIV *meist attributiv* jetzt existierend, bestehend o. Ä. ≈*momentan* | *ihr jetziger Freund*

★ **jetzt** ■ ADVERB **1** genau zu dem Zeitpunkt, zu dem man spricht | *Ich habe jetzt leider keine Zeit für dich. Komm bitte später wieder* | *Heute früh hat es geregnet, aber jetzt kommt die Sonne wieder heraus* **2** in der Gegenwart | *Viele Leute gehen jetzt joggen, um etwas für ihre Gesundheit zu tun* **3** verwendet, um einen Zeitpunkt der Vergangenheit zu bezeichnen | *Sie hatte jetzt alles, was sie wollte* **4** drückt eine Veränderung zwischen einem Zeitpunkt in der Vergangenheit und der Gegenwart aus ≈*inzwischen* | *Nach der Hitzewelle ist es jetzt wieder kühler geworden* **5** in diesem Augenblick oder innerhalb sehr kurzer Zeit | *Ich bin fertig, wir können jetzt gehen* | *Sie wird jetzt heiraten*
■ PARTIKEL *betont und unbetont* **6** *gesprochen* in Fragesätzen verwendet, um Verärgerung, Ungeduld oder Verwunderung auszudrücken | *Hast du das jetzt noch immer nicht verstanden?* | *Jetzt habe ich schon wieder vergessen, sie anzurufen!* | *Was ist denn jetzt schon wieder los?* ■ **ID von jetzt auf gleich** *gesprochen* übertrieben schnell, sofort | *Das kann ich nicht von jetzt auf gleich entscheiden*

Jetzt *das;* (-); *geschrieben* die heutige Zeit ⟨das Einst und das Jetzt; ganz im Hier und Jetzt leben⟩ ≈*Gegenwart*

je·wei·lig ADJEKTIV *meist attributiv* in einer Situation gerade vorhanden | *sich den jeweiligen Umständen anpassen*

★ **je·weils** ADVERB **1** für jede einzelne Person oder Sache ≈*je* | *Für die Testfragen gibt es jeweils maximal vier Punkte* **2** jedes Mal zum genannten Zeitpunkt ≈*immer* | *Die Miete ist jeweils am Monatsersten zu zahlen*

Jh. Abkürzung für *Jahrhundert*

jid·disch ADJEKTIV **1** zu der Sprache gehörig, die früher viele Juden vor allem in Europa sprachen ⟨die Sprache, ein Ausdruck, ein Wort⟩ **H** In Israel spricht man *Hebräisch.* **2** in jiddischer Sprache ⟨ein Lied⟩ • zu (1) **Jid·disch** (*das*); zu (1) **Jid·di·sche** *das*

★ **Job** [dʒɔp] *der;* (-s, -s) **1** eine Arbeit, mit der man für relativ kurze Zeit Geld verdient | *sich in den Ferien einen Job suchen* | *Im Sommer hat er einen Job als Kellner* **K** Jobvermittlung; Aushilfsjob, Ferienjob **2** *gesprochen* ⟨seinen Job verlieren; einen neuen Job suchen⟩ ≈*Arbeitsstelle* **K** Jobsuche **3** *gesprochen* eine Tätigkeit, mit der man den eigenen Lebensunterhalt verdient ≈*Arbeit* | *In meinem Job muss man hart arbeiten*

job·ben ['dʒɔbn̩] VERB (jobbte, hat gejobbt) durch einen Job Geld verdienen ⟨jobben gehen⟩ | *In den Ferien jobbt er als Briefträger*

Job·bör·se ['dʒɔb-] *die* ein Angebot zur Vermittlung von Arbeitsplätzen und Jobs ⟨eine Jobbörse im Internet⟩

Job·cen·ter ['dʒɔb-] *das* **1** Ⓓ eine staatliche Behörde, deren Aufgabe es ist, sich um Menschen zu kümmern, die schon lange arbeitslos sind | *Das Arbeitslosengeld II wird vom Jobcenter ausgezahlt* **2** ein Angebot oder Unternehmen zur Vermittlung von Arbeitsplätzen und Jobs

Job·sha·ring ['dʒɔbʃɛːɡrɪŋ] *das;* (-(s)) eine Regelung, bei der sich meist zwei Personen einen Arbeitsplatz teilen, der sonst von einer Person besetzt wäre

Joch *das;* (-(e)s, -e) **1** ein Joch legt man zwei Ochsen auf den Nacken, die etwas gemeinsam ziehen müssen **2** *geschrieben nur Singular* ein Zustand, den man als Belastung oder Qual empfindet ⟨das Joch der Sklaverei, der Fremdherrschaft, der Ehe abschütteln; sich aus dem/vom Joch der Tyrannei befreien⟩

Joch·bein *das* der Knochen zwischen dem Oberkiefer und der Schläfe

Jo·ckei *der* → Jockey

Jo·ckey ['dʒɔke, 'dʒɔkei] *der;* (-s, -s) eine Person, die (meist beruflich) bei Pferderennen reitet

Jod *das;* (-(e)s) ein chemisches Element, das man z. B. verwendet, um Wunden zu desinfizieren oder die Schilddrüse zu behandeln **K** Jodpräparat, Jodtinktur **H** Chemisches Zeichen: *I* • hierzu **jod·hal·tig** ADJEKTIV

jo·deln VERB (jodelte, hat gejodelt) in schnellem Wechsel von sehr hohen und tiefen Tönen einzelne Silben singen (wie es in den Alpen typisch ist)

Jod·ler *der;* (-s, -) **1** ein Lied, in dem gejodelt wird **2** eine Person, die jodelt • zu (1) **Jod·le·rin** *die*

★ **jog·gen** ['dʒɔɡn̩] VERB (joggte, hat/ist gejoggt) in einem relativ langsamen, aber gleichmäßigen Tempo ziemlich lange Strecken laufen (um fit zu bleiben) • hierzu **Jog·ger** *der;* **Jog·ge·rin** *die*

★ **Jog·ging** ['dʒɔɡɪŋ] *das;* (-s) die Tätigkeit oder der Sport des Joggens **K** Jogginghose, Joggingschuhe

Jog·ging·an·zug *der* Hose und Jacke aus leichtem, weichem Stoff, die man zum Sport anzieht

★ **Jo·ghurt, Jo·gurt** ['joːɡʊrt] *der/besonders* Ⓐ *das;* (-(s), -s) ein Produkt aus Milch, das durch Bakterien leicht sauer und dick geworden ist und das man oft mit Früchten isst **K** Joghurtbecher; Fruchtjoghurt, Erdbeerjoghurt, Kirschjoghurt *usw.* **H** zu *Joghurtbecher* → Abb. unter **Becher**

Jo·han·nis·bee·re *die* **1** ein Strauch mit kleinen roten, schwarzen oder weißen Beeren, die sauer schmecken und den man meist in Gärten findet **K** Johannisbeerstrauch **2** *meist Plural* kleine rote, schwarze oder weiße Beeren, die sauer schmecken. Aus Johannisbeeren macht man Marmelade oder Saft **K** Johannisbeermarmelade, Johannisbeersaft

joh·len VERB (johlte, hat gejohlt) **(etwas) johlen** mit lauter und unangenehmer Stimme schreien | *Nach dem Sieg ihrer Mannschaft zogen die Fans johlend davon*

Joint [dʒɔint] *der;* (-s, -s); *gesprochen* eine Zigarette, die Haschisch oder Marihuana enthält ⟨sich (*Dativ*) einen Joint drehen; einen Joint rauchen⟩

Jo·ker ['joːke, 'dʒoːke] *der;* (-s, -) **1** eine (zusätzliche) Spielkarte ohne bestimmten Wert, mit der man jede andere Karten ersetzen kann **2** eine Person oder Sache, von der man noch nicht weiß, wie man sie einsetzen wird, die man aber für sehr wertvoll für ein Unternehmen oder Projekt hält | *Der Rechtsanwalt hob seinen Joker bis zum letzten Ver-*

handlungstag auf

Jol·le *die;* (-, -n) **1** ein Ruderboot, das große Schiffe (als Beiboot) auf ihren Fahrten dabeihaben **2** ein kleines offenes Segelboot K Segeljolle

Jong·leur [ʒɔŋ'(g)løːɐ̯] *der;* (-s, -e) eine Person, die gut jonglieren kann und ihr Können in einem Zirkus o. Ä. zeigt • hierzu **Jong·leu·rin** [ʒɔŋ'(g)løːrɪn] *die*

jong·lie·ren VERB [ʒɔŋ'(g)liːrən] (jonglierte, hat jongliert) **1** **(mit etwas) jonglieren** mehrere Gegenstände schnell hintereinander in die Luft werfen und wieder auffangen ⟨mit Bällen, Keulen, Reifen jonglieren⟩ **2** **mit etwas jonglieren** mit Worten oder Zahlen sehr geschickt umgehen ⟨mit Worten, Ausdrücken, Begriffen, Zahlen jonglieren⟩ **3** **etwas jonglieren** etwas sehr geschickt im Gleichgewicht halten | *Der Seehund jongliert den Ball auf der Nasenspitze*

Jop·pe *die;* (-, -n) eine dicke, bequeme Jacke für Männer, die kürzer ist als ein Mantel

Jor·dan *der;* (-s) ein Fluss in Israel und Jordanien ■ ID **über den Jordan gehen/sein** *euphemistisch* sterben/tot sein

Jo·ta *das* ■ ID **(um) kein/nicht (um) ein Jota** *geschrieben* überhaupt nicht | *nicht um ein Jota abweichen*

Joule [dʒuːl] *das;* (-(s), -) die offizielle Maßeinheit für Energie K Kilojoule i Vor allem in der gesprochenen Sprache wird die ältere Bezeichnung *Kalorie* für den Energiegehalt von Lebensmitteln verwendet: *Nüsse enthalten viele Kalorien.* Abkürzung: *J*

Jour·nal [ʒʊr-] *das;* (-s, -e) **1** eine Zeitschrift mit Bildern zur Unterhaltung oder Information ≈ *Illustrierte* K Kulturjournal, Modejournal **2** eine Radio- oder Fernsehsendung mit ausführlichen Berichten zu verschiedenen Themen

Jour·na·lis·mus [ʒʊr-] *der;* (-) **1** die Tätigkeit von Journalisten K Sensationsjournalismus **2** die Art, wie Journalisten berichten, schreiben ⟨billiger Journalismus⟩

★ **Jour·na·list** [ʒʊr-] *der;* (-en, -en) eine Person, die Berichte usw. für Zeitungen, Fernsehen oder Rundfunk macht | *Als Star wird er ständig von Journalisten verfolgt* K Fernsehjournalist, Rundfunkjournalist, Sportjournalist, Wirtschaftsjournalist i *der Journalist; den, dem, des Journalisten* • hierzu **Jour·na·lis·tin** *die*

Jour·na·lis·tik [ʒʊr-] *die;* (-) die Wissenschaft, die sich mit den Aufgaben der Journalisten beschäftigt

jour·na·lis·tisch [ʒʊr-] ADJEKTIV in Bezug auf die Arbeit von Journalisten, typisch für Journalisten ⟨eine Tätigkeit, Fertigkeiten, ein Stil⟩

jo·vi·al [-v-] ADJEKTIV (in Bezug auf einen Mann, der in einer Hierarchie höher steht) freundlich und großzügig ⟨ein Chef, ein Vorgesetzter⟩ | *jemandem jovial auf die Schulter klopfen* | *jemandem gegenüber jovial sein*

Joy·stick ['dʒɔistɪk] *der;* (-s, -s) ein Zusatzgerät für Computer zur Steuerung bei Computerspielen

JU [jɔt'uː] *die;* (-); Ⓓ Abkürzung für *Junge Union* → Union

★ **Ju·bel** *der;* (-s) große Freude, vor allem wenn sie von vielen Menschen lebhaft gezeigt wird ⟨in Jubel ausbrechen⟩ | *Die Sieger wurden mit großem Jubel empfangen* K Jubelruf, Jubelschrei ■ ID ⟨es herrscht, ist, gibt⟩ **Jubel, Trubel, Heiterkeit** eine laute und fröhliche Stimmung

Ju·bel·fest *das; humorvoll oder veraltet* ≈ *Jubiläum(sfeier), Geburtstag(sfeier)*

Ju·bel·jahr *das* ■ ID **alle Jubeljahre (einmal)** *gesprochen, humorvoll* sehr selten

ju·beln (jubelte, hat gejubelt) **(über etwas** (*Akkusativ*)**) jubeln** die Freude laut und lebhaft zeigen | *Der Torschütze jubelte über seinen Treffer*

Ju·bi·lar *der;* (-s, -e) eine Person, die ein Jubiläum feiert | *unser Jubilar, der heute seinen achtzigsten Geburtstag feiert* • hierzu **Ju·bi·la·rin** *die*

★ **Ju·bi·lä·um** *das;* (-s, Ju·bi·lä·en) ein Tag, an dem man ein Ereignis feiert, das genau vor einer Zahl von Jahren stattgefunden hat ⟨ein Jubiläum begehen/feiern, haben⟩ | *zum fünfzigjährigen Jubiläum einer Firma gratulieren* | *ein Jubiläum zum hundertjährigen Bestehen eines Vereins* K Jubiläumsfeier, Jubiläumstag; Betriebsjubiläum, Dienstjubiläum, Geschäftsjubiläum i nicht für Geburtstage und Hochzeitstage verwendet

ju·bi·lie·ren VERB (jubilierte, hat jubiliert) **1** **über etwas** (*Akkusativ*) **jubilieren** (oft aus Freude über den Schaden von anderen Leuten) jubeln *Sie jubilierte über die Niederlage ihrer Gegnerin* **2** **Engel/Vögel jubilieren** Engel oder Vögel singen hell und fröhlich

juch·he! verwendet, um große Freude auszudrücken

★ **ju·cken** VERB (juckte, hat gejuckt)

▸körperlich: **1** **etwas juckt (jemanden); jemanden juckt es irgendwo** ein unangenehmes Gefühl an einer Stelle der Haut haben, sodass man sich dort kratzt | *Mein Fuß juckt* | *Es juckt sie am Kopf* K Juckreiz **2** **etwas juckt (jemanden)** etwas ist der Grund für ein unangenehmes Gefühl an einer Stelle auf der Haut, an der man sich dann kratzt ⟨eine Narbe, ein Pullover, ein Schal⟩ | *Die Mückenstiche juckten (mich) sehr* K Juckpulver

▸psychisch: **3** **etwas juckt jemanden nicht** *gesprochen* etwas interessiert oder stört eine Person nicht | *Es juckt mich nicht, dass du mich nicht magst* **4** **etwas juckt jemanden** *gesprochen* etwas ist so interessant, dass es jemand gern tun würde | *Es juckt mich schon lange, Surfen zu lernen*

Ju·das *der;* (-, -se); *abwertend* eine Person, die einen Verrat begeht K Judaslohn

★ **Ju·de** *der;* (-n, -n) eine Person, die zu der Religion gehört, welche das Alte Testament der Bibel als wichtigste Grundlage hat | *Viele Juden leben heute in Israel* i *der Jude; den, dem, des Juden;* Juden, die in Israel leben, werden als *Israelis* bezeichnet • hierzu **Jü·din** *die;* **jü·disch** ADJEKTIV

Ju·den·stern *der; historisch* ein Stern aus gelbem Stoff, den Juden im Nationalsozialismus auf der Kleidung tragen mussten

★ **Ju·den·tum** *das;* (-s) **1** alle Juden **2** die Religion und Kultur der Juden ⟨sich zum Judentum bekennen⟩

Ju·den·ver·fol·gung *die* Handlungen gegen die Rechte, den Besitz und das Leben der Juden (meist aus rassistischen Gründen), vor allem während der Zeit des Nationalsozialismus in Deutschland

Ju·di·ka·ti·ve [-və] *die;* (-, -n); *meist Singular* die Institutionen in einem Staat, die für die Rechtsprechung zuständig sind ↔ *Exekutive, Legislative*

Ju·do ['juːdo] *das;* (-(s)) ein Sport, bei dem man versucht, den Gegner mit besonderen Griffen abzuwehren und ihn zu Boden zu werfen K Judoanzug, Judogriff, Judolehrer

★ **Ju·gend** *die;* (-) **1** die Zeit des Lebens, in der man kein Kind mehr ist, aber auch noch kein Erwachsener | *In der/seiner Jugend war er sehr sportlich* K Jugendalter, Jugenderinnerungen, Jugendfreund, Jugendjahre, Jugendsünde, Jugendtraum, Jugendzeit **2** die typischen Eigenschaften, die ein Mensch während der Jugendzeit hat | *mit der Unbekümmertheit der Jugend* **3** **die Jugend** alle Menschen im Alter von etwa 13 bis 21 Jahren ⟨die heranwachsende, heutige Jugend; die Jugend von heute⟩ K Jugendarbeitslosigkeit, Jugendbuch, Jugendgruppe, Jugendkriminalität, Jugendliteratur, Jugendmannschaft, Jugendorganisation, Jugendstrafanstalt, Jugendzeitschrift; Dorfjugend, Landjugend, Stadtjugend **4** **die reifere Jugend** *humorvoll oder ironisch* Menschen, die nicht mehr jung, aber auch noch nicht sehr alt sind

ju·gend·frei ADJEKTIV für Jugendliche moralisch vertretbar

J

und deshalb für sie gesetzlich erlaubt ⟨ein Film⟩ | *Pornofilme sind nicht jugendfrei*

ju·gend·ge·fähr·dend ADJEKTIV für Jugendliche moralisch gefährlich ⟨ein Buch, ein Film, Schriften⟩

Ju·gend·ge·richt *das* ein Gericht, das mit den Straftaten zu tun hat, die Jugendliche begangen haben

Ju·gend·heim *das* eine Einrichtung für die Erziehung, Erholung oder Freizeitgestaltung Jugendlicher

★ **Ju·gend·her·ber·ge** *die* eine Art einfaches Hotel, in dem vor allem Jugendliche billig übernachten können

ju·gend·lich ADJEKTIV **1** im Alter von Jugendlichen ⟨ein Publikum, ein Zuschauer⟩ **2** (vor allem in Bezug auf ältere Menschen) von einer Art, die für junge Menschen typisch ist ⟨Elan, Frische, Leichtsinn, Schwung, Übermut⟩ ● hierzu **Ju·gend·lich·keit** *die*

★ **Ju·gend·li·che** *der/die*; (-n, -n) eine Person, die kein Kind mehr, aber noch kein Erwachsener ist **H** *ein Jugendlicher; der Jugendliche; den, dem, des Jugendlichen*

Ju·gend·lie·be *die* eine Person, die man geliebt hat, als man noch jung war | *eine alte Jugendliebe wiedersehen*

Ju·gend·meis·ter *der* eine Person, die einen Wettbewerb von Sportlern im Alter von 14 bis 18 Jahren gewonnen hat ● hierzu **Ju·gend·meis·te·rin** *die*; **Ju·gend·meis·ter·schaft** *die*

Ju·gend·schutz *der* die Gesetze o. Ä., die bestimmen, ob, wann oder wie lange Kinder und Jugendliche arbeiten dürfen, wie sie vor Alkohol, Pornografie usw. geschützt werden **K** Jugendschutzgesetz

Ju·gend·spra·che *die; meist Singular* die Variante der Sprache, die Jugendliche (miteinander) sprechen

Ju·gend·stil *der; nur Singular* ein Stil in der (europäischen) Kunst und im Kunsthandwerk am Ende des 19. und Anfang des 20. Jahrhunderts **K** Jugendstilbau, Jugendstilmöbel, Jugendstilvase

Ju·gend·stra·fe *die* eine Gefängnisstrafe, die ein Jugendlicher bekommt

Ju·gend·zent·rum *das* ein Gebäude, in dem sich Jugendliche treffen können, um miteinander ihre Freizeit zu gestalten

ju·hu! **1** verwendet, um große Freude auszudrücken **2** ['ju:'hu:] verwendet, um eine Person, die weit entfernt ist, auf sich selbst aufmerksam zu machen

Ju·lei, Ju·lei *der*; (-(s), -s); *meist Singular* (vor allem am Telefon) verwendet anstelle von Juli, um eine Verwechslung mit Juni zu vermeiden **H** vergleiche **Juno**

★ **Ju·li** *der*; (-(s), -s); *meist Singular* der siebente Monat des Jahres ⟨im Juli; Anfang, Mitte, Ende Juli; am 1., 2., 3. Juli⟩ **H** Am Telefon wird meist *Julei* verwendet, um eine Verwechslung mit *Juni* zu vermeiden.

Jum·bo *der*; (-s, -s) Kurzwort für *Jumbojet*

Jum·bo·jet ['jʊmbodʒɛt] *der* ein sehr großes Passagierflugzeug

★ **jung** ADJEKTIV (jünger, jüngst-) **1** (in Bezug auf einen Menschen, ein Tier oder eine Pflanze) so, dass sie erst seit relativ kurzer Zeit leben ⟨noch jung an Jahren sein⟩ ↔ *alt* | *Sie ist noch zu jung, um wählen zu gehen* | *Er ist sehr jung gestorben* | *Susi ist meine jüngere Schwester, sie ist drei Jahre jünger als ich* | *In jungen Jahren war er Musiker* | *Junge Hunde nennt man Welpen* | *Er ist schon achtzig, aber er tanzt wie ein Junger* **K** Jungakademiker, Jungbürger, Jungtier, Jungvieh, Jungvogel, Jungwähler **2** so, dass Personen Eigenschaften haben, die als typisch für junge Leute gelten | *Ich fühle mich jung und beschwingt!* | *Sie hat sich ein junges Herz bewahrt* **3** vor relativ kurzer Zeit | *Das hat sich in der jüngsten Vergangenheit nicht verändert* | *In jüngster Zeit war sie immer so traurig* | *„Ist das eine Untersuchung jüngeren Datums?" – „Ja, sie ist nur zehn Tage alt."* **H** meist im Komparativ oder Superlativ verwendet **4** so, dass eine Sache oder ein Zustand erst seit relativ kurzer Zeit existiert oder da ist ↔ *alt* | *Es ist erst acht Uhr, der Tag ist noch jung* **5** *Zahl* + **Jahre jung sein** *humorvoll* (vor allem als Mensch) das genannte Alter haben, das auf diese Weise als gering eingestuft wird | *Sie ist 46 Jahre jung* **6** **Jung und Alt**; **die Alten und die Jungen** junge und alte Menschen ≈ *alle* **7** **das Jüngste Gericht** → Gericht **8** **der Jüngste Tag** → Tag

★ **Jun·ge**[1] *der*; (-n, -n/*gesprochen* Jungs) **1** ein Jugendlicher oder ein männliches Kind ↔ *Mädchen* **K** Jungengesicht, Jungenklasse, Jungenschule, Jungenstreich **H** *ein, der Junge; den, dem, des Jungen* **2** *gesprochen* (*Plural: Jungs*) (vor allem von Männern) verwendet als Anrede für Freunde oder Kollegen | *Na, (alter/mein) Junge, wie gehts dir?* | *Machts gut, Jungs!* **3** **ein schwerer Junge** *gesprochen* ein Krimineller ■ **ID** **Junge, Junge!** *gesprochen* verwendet, um Erstaunen und oft Bewunderung auszudrücken; **jemanden wie einen dummen Jungen behandeln** jemanden nicht ernst nehmen und entsprechend behandeln ● zu (1) **jun·gen·haft** ADJEKTIV

★ **Jun·ge**[2] *das*; (-n, -n) ein sehr junges Tier | *Unsere Katze kriegt Junge* **K** Hundejunge, Katzenjunge, Löwenjunge **H** *ein Junges; das Junge; dem, des Jungen*

Jün·ger ['jʏŋɐ] *der*; (-s, -) **1** einer der Männer, die Jesus Christus folgten **2** **ein Jünger** +*Genitiv geschrieben* ein Anhänger einer Lehre oder eines Lehrers | *ein Jünger der Lehre des Sokrates* | *ein Jünger Platons*

Jün·ge·re *der/die*; (-n, -n); *historisch Name* + **der/die Jüngere** nach Namen verwendet, um von zwei berühmten Personen mit gleichem Namen diejenige zu bezeichnen, die später geboren wurde ↔ *Ältere* | *Johann Strauß der Jüngere* **H** *der Jüngere; den, dem, des Jüngeren*

Jung·fer *die*; (-, -n) *veraltet* ≈ *Jungfrau* ■ **ID** **eine alte Jungfer** *abwertend oder ironisch* eine nicht verheiratete Frau, die man für altmodisch, seltsam und moralisch sehr streng hält ● hierzu **(alt)jüng·fer·lich** ADJEKTIV

Jung·fern- *im Substantiv, unbetont, nicht produktiv* drückt aus, dass jemand/etwas die genannte Sache zum ersten Mal tut | *die Jungfernfahrt eines Schiffes* | *der Jungfernflug eines Flugzeugs/einer Person* | *die Jungfernrede eines neuen Abgeordneten*

Jung·fern|häut·chen *das* eine dünne Haut, welche die Scheide einer Jungfrau teilweise verschließt **H** medizinischer Fachausdruck: *das Hymen*

Jung·frau *die* **1** ein Mädchen oder eine Frau, die noch nie Sex hatte **2** *nur Singular* das Sternzeichen für die Zeit vom 24. August bis 23. September **H** → Abb. unter **Sternzeichen** **3** eine Person, die in der Zeit vom 24. August bis 23. September geboren ist | *Er ist (eine) Jungfrau* ■ **ID** **zu etwas kommen wie die Jungfrau zum Kind** *humorvoll* auf unverhoffte, unerklärliche Weise etwas bekommen

jung·fräu·lich ADJEKTIV **1** (in Bezug auf ein Mädchen oder eine Frau) so, dass sie noch keinen Sex gehabt haben | *jungfräulich heiraten* **2** *meist attributiv* noch von keinem Menschen betreten oder erforscht | *den jungfräulichen Schnee betreten* ● hierzu **Jung·fräu·lich·keit** *die*

Jung·ge·sel·le *der*; (-n, -n) **1** ein Mann, der (noch) nicht verheiratet ist | *Er ist schon vierzig und immer noch Junggeselle* **K** Junggesellenbude, Junggesellenleben, Junggesellenwohnung, Junggesellenzeit **H** *der Junggeselle; den, dem, des Junggesellen* **2** **ein eingefleischter Junggeselle** ein Mann, der nicht verheiratet ist und (aus Überzeugung) nicht heiraten will ● zu (1) **Jung·ge·sel·lin** *die*

Jung·ge·sel·len·ab·schied *der* eine fröhliche Feier kurz vor der Hochzeit, die der Bräutigam mit seinen Freunden oder die Braut mit ihren Freundinnen feiert

Jüng·ling *der*; (-s, -e); *veraltend* ein fast erwachsener junger Mann [K] Jünglingsalter

Jung·so·zi·a·list *der*; Ⓓ ein Mitglied der Jugendorganisation der SPD [H] Abkürzung: *Juso* • hierzu **Jung·so·zi·a·lis·tin** *die*

jüngst ADVERB; *veraltend* vor kurzer Zeit

Jüngs·te *der/die*; (-n, -n) [1] die jüngste Person in einer Gruppe | *Peter als Jüngster war auch am schnellsten* [2] der jüngste Sohn oder die jüngste Tochter einer Person | *Unsere Jüngste kommt jetzt in die Schule* [H] *unser Jüngster; der Jüngste; den, dem, des Jüngsten* ■ ID **(auch) nicht mehr der/die Jüngste sein** schon relativ alt und deswegen körperlich nicht mehr sehr fit sein

jung·ver·hei·ra·tet ADJEKTIV erst seit kurzer Zeit verheiratet ⟨ein Paar⟩

jung·ver·mählt ADJEKTIV; *geschrieben* ≈ *jungverheiratet*

★ **Ju·ni** *der*; (-(s), -s); *meist Singular* der sechste Monat des Jahres ⟨im Juni; Anfang, Mitte, Ende Juni; am 1., 2., 3. Juni⟩ [H] Am Telefon wird meist *Juno* verwendet, um eine Verwechslung mit *Juli* zu vermeiden.

Ju·ni·kä·fer *der* ein kleiner, hellbrauner Käfer, den man im Juni und Juli sieht

ju·ni·or ADJEKTIV *nur in dieser Form Name +* **junior** verwendet, um den Sohn zu bezeichnen (wenn Vater und Sohn den gleichen Vornamen haben) ↔ *senior* | *Huber junior* | *Hermann Löns junior*

Ju·ni·or *der*; (-s, Ju·ni·o·ren) [1] **der/jemandes Junior** *humorvoll meist Singular* verwendet als Bezeichnung für den jüngsten Sohn einer Familie | *Unser Junior kommt dieses Jahr in die Schule* [2] *nur Singular* (in einer Firma) der Sohn des Besitzers oder der jüngere Partner ↔ *Senior* [K] Juniorchef, Juniorpartner [3] **die Junioren** *nur Plural* die Gruppe der (fast) erwachsenen, jungen Sportler (meist zwischen 18 und 21 Jahren) [K] Juniorenmeister, Juniorenmeisterschaft • zu (2) **Ju·ni·o·rin** *die*

Jun·ker *der*; (-s, -); *historisch* [1] ein junger Adliger [2] *oft abwertend* ein Besitzer eines landwirtschaftlichen Gutes im ehemaligen Preußen

Junk·food ['dʒaŋkfu:t] *das*; (-s); *gesprochen* ungesundes Essen mit viel Fett, Zucker o. Ä.

Jun·kie ['dʒaŋkɪ] *der*; (-s, -s); *gesprochen* ≈ *Rauschgiftsüchtige(r), Drogenabhängige(r)*

-jun·kie [dʒaŋkɪ] *der*; (-s, -s); *im Substantiv, unbetont, begrenzt produktiv; gesprochen* **Facebookjunkie, Nachrichtenjunkie, Serienjunkie** *und andere* eine Person, die sich zu viel mit einer Sache beschäftigt oder etwas ungewöhnlich stark genießt | *Hochhausklettern ist ein Extremsport für echte Adrenalinjunkies* (für Leute, die es lieben, wenn der Körper durch die Angst viel Adrenalin produziert)

Ju·no, Ju·no *der*; (-s) am Telefon anstelle von *Juni* verwendet, um eine Verwechslung mit *Juli* zu vermeiden [H] vergleiche **Julei**

Jun·ta ['xʊnta] *die*; (-, Jun·ten); *meist Singular* eine Regierung (vor allem aus Offizieren), die meist durch Gewalt an die Macht gekommen ist [K] Militärjunta

Jupe [ʒy:p] *die*; (-, -s), **Jupe** *der*; (-s, -s); ⒸⒽ ein Rock für Mädchen oder Frauen

Ju·pi·ter *der*; (-s) der fünfte und größte Planet unseres Sonnensystems

Ju·ra *ohne Artikel* die Wissenschaft, die sich mit Gesetz und Recht beschäftigt und Studienfach an der Universität ist ⟨Jura studieren⟩ ≈ *Rechtswissenschaft* [K] Jurastudent, Jurastudium

ju·ri·disch ADJEKTIV *meist attributiv*; Ⓐ ≈ *juristisch*

Ju·ris·pru·denz *die*; (-); *veraltet* ≈ *Rechtswissenschaft, Jura*

★ **Ju·rist** *der*; (-en, -en) eine Person, die Rechtswissenschaft studiert hat und auf diesem Gebiet arbeitet, z. B. als Rechtsanwalt oder Richter [H] a) *der Jurist; den, dem, des Juristen* b) zu *Juristin* → Info im Eintrag **-in** • hierzu **Ju·ris·tin** *die*

ju·ris·tisch ADJEKTIV *meist attributiv* [1] zur Rechtswissenschaft oder zu den entsprechenden Berufen gehörend ⟨eine Fakultät, eine Laufbahn, ein Gutachten⟩ [2] genau den Methoden der Rechtswissenschaft entsprechend ⟨juristisch denken, argumentieren⟩

★ **Ju·ry** [ʒy'ri:, 'ʒy:ri] *die*; (-, -s) eine Gruppe von Personen, die in einem Wettbewerb die Leistungen der Teilnehmer bewertet | *Der letzte Turner bekam von der Jury die beste Note*

Jus [ʒy:] *ohne Artikel*; ⒶⒸⒽ ≈ *Jura*

Ju·so *der*; (-s, -s); Ⓓ Kurzwort für *Jungsozialist*

just ADVERB; *geschrieben* verwendet, um auf den Zeitpunkt hinzuweisen, zu dem etwas (oft Unerwartetes oder Unerwünschtes) passiert oder eintritt ⟨just in dem Moment/in dem Augenblick, als …⟩

jus·ta·ment ADVERB; *veraltet* ≈ *just*

jus·tie·ren VERB (justierte, hat justiert) **etwas justieren** *geschrieben* etwas genau einstellen ⟨ein Fernglas, ein Messgerät, eine Waage justieren⟩ • hierzu **Jus·tie·rung** *die*

Jus·ti·tia [-tsja] *die*; (-) die Gerechtigkeit, als (römische) Göttin dargestellt

★ **Jus·tiz** *die*; (-) [1] der Teil der staatlichen Verwaltung, der die geltenden Gesetze anwendet und durchsetzt [K] Justizminister, Justizministerium; Militärjustiz, Ziviljustiz [2] eine Behörde, die für die Justiz verantwortlich ist ⟨jemanden der Justiz ausliefern, übergeben⟩ [K] Justizbeamte(r), Justizbehörde, Justizgebäude

Jus·ti·zi·ar *der*; (-s, -e) eine Person, die beruflich die rechtlichen Angelegenheiten eines Unternehmens, eines Vereins o. Ä. regelt • hierzu **Jus·ti·zi·a·rin** *die*

Jus·tiz·irr·tum *der* eine falsche Entscheidung eines Gerichts, vor allem die Verurteilung einer unschuldigen Person ⟨einem Justizirrtum zum Opfer fallen⟩

Jus·tiz·voll·zugs|an·stalt *die*; *admin* ≈ *Gefängnis* [H] Abkürzung: *JVA*

Ju·te *die*; (-) [1] der grobe Stoff aus den Fasern einer tropischen Pflanze, aus dem man z. B. Säcke macht [K] Jutefaser, Jutesack, Jutetasche [2] die Pflanze, aus der man Jute gewinnt

Ju·wel¹ *das/der*; (-s, -en); *meist Plural* ein sehr wertvoller Edelstein [K] Juwelendiebstahl, Juwelenraub

Ju·wel² *das*; (-s, -e); *meist Singular* eine Person oder Sache, die man als sehr wertvoll empfindet | *Ihr Mann ist ein wahres Juwel* | *Der Dom ist ein Juwel gotischer Baukunst*

Ju·we·lier *der*; (-s, -e) eine Person, die beruflich Schmuck herstellt oder verkauft [K] Juweliergeschäft, Juwelierladen • hierzu **Ju·we·lie·rin** *die*

Jux *der*; (-es); *gesprochen* ⟨einen Jux machen; etwas aus Jux sagen, tun⟩ ≈ *Spaß, Scherz* ■ ID **aus (lauter) Jux (und Tollerei)** *gesprochen* aus Übermut, nur zum Spaß

JVA [jɔtvau'|a:] *die*; (-, -s) Abkürzung für *Justizvollzugsanstalt* ≈ *Gefängnis*

jwd [jɔtve:'de:] ADVERB; *gesprochen, humorvoll* weit außerhalb einer Stadt ⟨jwd wohnen⟩

J

K

K, k [ka:] *das*; (-, -/*gesprochen auch* -s) der elfte Buchstabe des Alphabets ⟨ein großes K; ein kleines k⟩

★ **Ka·ba·rett** [kaba'rɛt, kaba're:, 'kabarɛt, 'kabare] *das*; (-s, -s) **1** *nur Singular* das Kabarett kritisiert auf der Bühne politische und soziale Verhältnisse und Ereignisse auf witzige Art ⟨das politische, literarische Kabarett; Kabarett machen⟩ **2** das Haus oder der Saal, in dem Kabarett aufgeführt wird **3** die Personen, die das Kabarett gestalten • zu (3) **Ka·ba·ret·tist** *der*; zu (3) **Ka·ba·ret·tis·tin** *die*; zu (1) **ka·ba·ret·tis·tisch** ADJEKTIV

kab·beln VERB (kabbelte sich, hat sich gekabbelt) **eine Person kabbelt sich mit jemandem; Personen kabbeln sich** *humorvoll oder ironisch* zwei oder mehrere Personen streiten sich (nicht heftig)

★ **Ka·bel** *das*; (-s, -) **1** Kabel für elektrische Leitungen bestehen aus langen Drähten mit einer schützenden Schicht aus Kunststoff ⟨Kabel verlegen⟩ | *den Drucker mit einem Kabel an den Computer anschließen* K Kabelbrand, Kabelrolle; Stromkabel, Starkstromkabel, Telefonkabel, Verlängerungskabel **2** ein sehr dickes Seil aus starken Drähten (z. B. bei einer Seilbahn, einer Hängebrücke) H → Abb. unter **Schnur** **3** *nur Singular* eine Technik, mit welcher Signale für Fernsehen und Radio mit Kabeln übertragen und empfangen werden (statt über Antenne oder Satellit) ⟨Programme, Sender via/über Kabel empfangen, verbreiten⟩ K Kabelfernsehen, Kabelnetz, Kabelnetzbetreiber

Ka·bel·an·schluss *der* ein Anschluss an das Netz des Kabelfernsehens

Ka·bel·jau *der*; (-s, -e/-s) ein Fisch, der vor allem im nördlichen Teil des Atlantiks gefangen wird

Ka·bel·sa·lat *der*; *gesprochen* ein Durcheinander von Kabeln | *der Kabelsalat unter meinem Schreibtisch*

★ **Ka·bi·ne** *die*; (-, -n) **1** ein kleiner Raum (z. B. zum Umkleiden), der durch einen Vorhang oder eine dünne Wand von anderen Räumen getrennt ist | *Sie können das Kleid noch nicht anprobieren – die Kabinen sind alle besetzt* K Badekabine, Duschkabine, Umkleidekabine **2** ein Raum auf einem Schiff, in dem Passagiere wohnen und schlafen K Kabinendeck; Innenkabine, Außenkabine, Luxuskabine, Schlafkabine **3** der Raum in einem Flugzeug, in dem die Passagiere sitzen

★ **Ka·bi·nett** *das*; (-s, -e) **1** alle Minister einer Regierung ⟨ein Kabinett bilden, einberufen, umbilden, auflösen; das Kabinett tagt⟩ K Kabinettsbeschluss, Kabinettsbildung, Kabinettskrise, Kabinettsliste, Kabinettsmitglied, Kabinettssitzung, Kabinettstagung, Kabinettsvorlage **2** *historisch* das Arbeitszimmer eines Fürsten **3** Ⓐ ein kleines Zimmer K Schlafkabinett

Ka·bi·nett·stück *das* eine sehr kluge oder geschickte Aktion, die Erfolg hatte | *Der Abschluss dieses Vertrages war ein brillantes Kabinettstück*

Ka·buff *das*; (-s, -s); *gesprochen* ein kleiner Raum meist ohne Fenster, in dem man Dinge abstellt

Ka·chel *die*; (-, -n) eine dünne (meist viereckige) Platte aus (gebranntem) Ton, die man vor allem auf Wände oder Böden (z. B. im Bad, in der Küche) klebt ≈ *Fliese*

ka·cheln VERB (kachelte, hat gekachelt) **1** **etwas kacheln** eine Fläche (vor allem Fußboden und Wände) mit Kacheln versehen ≈ *fliesen* **2** *gesprochen* sehr schnell fahren ≈ *rasen*

Ka·chel·ofen *der* ein Ofen, der mit Kacheln bedeckt ist und die Wärme gut speichert

Ka·cke *die*; (-); *gesprochen* ▲ **1** ≈ *Exkremente, Kot* K kackbraun **2** eine schlechte oder unangenehme Sache | *So eine Kacke!* • zu (1) **ka·cken** VERB (*hat*)

Ka·da·ver [-ve] *der*; (-s, -) der Körper eines toten Tieres ≈ *Aas*

Ka·denz *die*; (-, -en) **1** eine Folge von Akkorden, welche das Thema eines Musikstücks enthält und es auch abschließt K Schlusskadenz **2** das Solo eines Instruments meist kurz vor dem Ende eines Satzes in einem Solokonzert

Ka·der *der*/Ⓒⓗ *auch das*; (-s, -) **1** eine Elitegruppe (einer Organisation), die für ihre Aufgabe sehr gut ausgebildet oder speziell geschult wurde | *der Kader einer Partei* | *Er gehört zum Kader der Nationalmannschaft* **2** *meist Plural* die Mitglieder eines Kaders ⟨Kader heranbilden⟩

Ka·der·schmie·de *die* eine Schule o. Ä., in der Personen ausgebildet werden, die später oft zu einer einflussreichen Elite gehören

Ka·dett *der*; (-en, -en); *historisch* ein Schüler in einer Institution, in der junge Männer auf den späteren Beruf des Offiziers vorbereitet wurden K Kadettenanstalt, Kadettenschule H *der Kadett; den, dem, des Kadetten*

Ka·di *der*; (-s, -s) ein Richter in einem islamischen Land ■ ID **jemanden vor den Kadi bringen/schleppen** *gesprochen* jemanden vor Gericht bringen

★ **Kä·fer** *der*; (-s, -) **1** Käfer sind Insekten mit dünnen Flügeln zum Fliegen und harten Flügeln zum Schutz der dünnen Flügel ⟨ein Käfer summt, brummt, schwirrt durch die Luft, krabbelt auf dem Boden⟩ **2** **ein flotter/niedlicher/... Käfer** *gesprochen* ein hübsches junges Mädchen **3** **ein (VW) Käfer®** *historisch* ein Automodell der Firma *Volkswagen®*, das früher sehr beliebt war ⟨einen Käfer fahren⟩

KÄFER

Kaff *das*; (-s, -s/-e); *gesprochen, abwertend* ein kleiner, langweiliger Ort

★ **Kaf·fee, Kaf·fee** *der*; (-s, -s) **1** *nur Singular* ein dunkelbraunes Getränk, das aus gebrannten, dann gemahlenen Bohnen und kochendem Wasser gemacht wird, etwas bitter schmeckt und anregend wirkt ⟨starker, schwacher, dünner, koffeinfreier Kaffee; Kaffee machen, kochen, aufgießen, aufbrühen, filtern⟩ | *„Nehmen Sie Ihren Kaffee mit Milch und Zucker?" – „Nein, schwarz."* K Kaffeepulver, Kaffeegeschirr, Kaffeekanne, Kaffeeservice, Kaffeetasse, kaffeebraun; Filterkaffee H zu *Kaffeekanne* → Abb. unter **Frühstück** **2** *meist Singular* die Bohnen, aus denen man Kaffee macht ⟨Kaffee rösten, mahlen⟩ | *einen Teelöffel Kaffee pro Tasse in den Filter füllen* K Kaffeebohnen, Kaffeesorte **3** *nur Singular* eine Pflanze, deren Samen wie Bohnen aussehen und aus denen man Kaffee macht ⟨Kaffee anbauen, ernten⟩ K Kaffeebaum, Kaffeepflanze, Kaffeeplantage, Kaffeestrauch **4** *nur Singular* eine kleine Mahlzeit am Nachmittag, bei der Kaffee getrunken (und süßes Gebäck gegessen) wird ⟨jemanden zum Kaffee einladen⟩ K Kaffeepause **5** **kalter Kaffee** *gesprochen* eine Sache, die nicht mehr aktuell und deshalb uninteressant ist

Kaf·fee·fahrt *die* eine sehr billige Ausflugsfahrt, die Firmen machen, um den Teilnehmern bei dieser Gelegenheit ihre Produkte (meist zu sehr hohen Preisen) zu verkaufen

Kaf·fee·fil·ter *der* **1** eine Art Trichter, durch den man Kaffee filtert **2** eine Tüte, die man in den Kaffeefilter legt

Kaf·fee·haus *das*; *besonders* Ⓐ ≈ *Café*

Kaf·fee·kas·se *die* ein Behälter, in dem in einem Büro o. Ä. Kleingeld für Getränke und andere Kleinigkeiten gesammelt wird bzw. das Geld in diesem Behälter

Kaf·fee·klatsch *der; gesprochen, humorvoll* ein (geselliges) Treffen von Frauen am Nachmittag, bei dem man Kaffee trinkt, Kuchen isst und sich unterhält

Kaf·fee·kränz·chen *das;* (-s, -) **1** ≈ *Kaffeeklatsch* **2** eine Gruppe alter Frauen, die sich regelmäßig zum Kaffeekränzchen treffen

Kaf·fee·löf·fel *der* ein kleiner Löffel ≈ *Teelöffel*

Kaf·fee·ma·schi·ne *die* ein elektrisches Gerät, mit dem man Filterkaffee macht

Kaf·fee·müh·le *die* eine kleine (elektrische oder mechanische) Mühle, in der man die Kaffeebohnen mahlt

Kaf·fee·satz *der* der Rest des gemahlenen Kaffees, der auf dem Boden der Kanne oder der Tasse übrig bleibt

Kaf·fee·tisch *der* ein Tisch, der so gedeckt ist, dass man dort Kaffee trinken (und Kuchen essen) kann ⟨den Kaffeetisch decken; sich an den Kaffeetisch setzen⟩

★ **Kä·fig** *der;* (-s, -e) **1** ein Raum mit Gittern o. Ä., in dem Tiere (gefangen) gehalten werden | *Der Tiger ist aus seinem Käfig ausgebrochen* K Affenkäfig, Raubtierkäfig, Löwenkäfig, Tigerkäfig **2** ein Kasten mit Stäben oder Gittern als Wänden, in dem man kleine Tiere hält K Käfighaltung; Hamsterkäfig, Vogelkäfig ■ ID **ein goldener Käfig** eine Situation, in der es einer Person finanziell gutgeht, sie aber von anderen völlig abhängig ist

kaf·ka·esk [-ka'ɛsk] ADJEKTIV; *geschrieben* absurd und so bedrohlich (wie in den Romanen von Franz Kafka), dass man Angst bekommt ⟨eine Welt; etwas hat kafkaeske Züge⟩

Kaf·tan *der;* (-s, -e) ein langes, weites Kleid mit langen Ärmeln, wie es im Orient vor allem die Männer tragen

kahl ADJEKTIV (kahler, kahlst-) **1** (fast) ohne Haare ⟨ein Kopf, ein Schädel; jemanden kahl scheren⟩ | *Mein Vater wird allmählich kahl* **2** ohne Blätter ⟨ein Ast, ein Baum, ein Strauch⟩ | *Die Heuschrecken haben alles kahl gefressen* (alle Blätter abgefressen) **3** ohne Bäume und Sträucher ⟨ein Berg, eine Gegend, eine Landschaft⟩ **4** ohne Bilder, Möbel o. Ä. ⟨eine Wand, ein Zimmer⟩ ≈ *leer* ● hierzu **Kahl·heit** *die*

kahl·fres·sen VERB ≈ *kahl fressen*

Kahl·kopf *der* **1** ein Kopf ohne Haare **2** *gesprochen, abwertend* eine Person ohne Haare ● zu (1) **kahl·köp·fig** ADJEKTIV; zu (1) **Kahl·köp·fig·keit** *die*

kahl·sche·ren VERB ≈ *kahl scheren*

Kahl·schlag *der* **1** *nur Singular* das Fällen aller Bäume **2** der Ort (im Wald), an dem alle Bäume gefällt wurden

Kahn *der;* (-(e)s, Käh·ne) **1** ein offenes, flaches Boot zum Rudern | *mit dem Kahn über den See rudern* K Kahnfahrt **2** ein offenes flaches Schiff für Flüsse, das mit Waren beladen wird K Lastkahn, Schleppkahn **3** *gesprochen, abwertend oder humorvoll* ≈ *Schiff*

Kai *der;* (-s, -s) das Ufer im Hafen, an dessen Mauer die Schiffe liegen, wenn sie be- und entladen werden ⟨ein Schiff macht am Kai fest, liegt am Kai⟩ K Kaimauer

★ **Kai·ser** *der;* (-s, -) **1** der oberste (weltliche) Herrscher, den es in einer Monarchie geben kann K Kaiserkrone, Kaiserreich H → auch **König** **2** *nur Singular* der Titel des Kaisers ⟨jemanden zum Kaiser ernennen, wählen, krönen; jemanden als Kaiser ausrufen⟩ | *Kaiser Maximilian, der letzte Ritter* ● hierzu **Kai·se·rin** *die;* zu (1) **Kai·ser·tum** *das;* **kai·ser·lich** ADJEKTIV

Kai·ser·schmar·ren *der; süddeutsch* Ⓐ eine süße Mehlspeise (mit Rosinen), die in der Pfanne gemacht, dann in kleine Stücke geschnitten und so serviert wird

Kai·ser·schnitt *der* eine Operation, bei welcher die Gebärmutter einer schwangeren Frau durch einen Schnitt vom Bauch aus geöffnet wird, um das Kind herauszuholen K Kaiserschnittgeburt, Kaiserschnittoperation

Ka·jak *der/das;* (-s, -s) ein schmales Boot mit einer kleinen Öffnung für eine oder zwei Personen, das man mit Paddeln bewegt

Ka·jü·te *die;* (-, -n) ein (geschlossener) Raum auf Booten und Schiffen, in dem man isst und schläft K Bootskajüte, Offizierskajüte

Ka·ka·du *der;* (-s, -s) ein Vogel mit langen Federn am Kopf, die er aufrichten kann

★ **Ka·kao** [ka'kau] *der;* (-s) **1** ein braunes Pulver, das aus großen Samenkörnern des Kakaobaums hergestellt wird und aus dem man Schokolade macht ⟨stark/schwach entölter Kakao⟩ K Kakaopulver **2** der Samen, aus dem man Kakao macht ⟨Kakao rösten⟩ K Kakaobohnen **3** die Pflanze, an der Kakao wächst ⟨Kakao anbauen⟩ K Kakaobaum, Kakaopflanze, Kakaoplantage, Kakaostrauch **4** ein Getränk aus Milch, Kakao und Zucker ⟨eine Tasse Kakao⟩ ■ ID **jemanden/etwas durch den Kakao ziehen** *gesprochen* über jemanden/etwas (meist auf lustige, gutmütige Weise) spotten

Ka·ker·lak *der;* (-s/-en, -en) ein großes schwarzes Insekt, das in den Spalten alter (schmutziger) Häuser lebt H *der Kakerlak; den, dem Kakerlak/Kakerlaken; des Kakerlaks/Kakerlaken*

Ka·ki *das;* (-(s)) ein helles, mit Gelb vermischtes Braun

Kak·tus *der;* (-/-ses, Kak·te·en [-'te:ən], *gesprochen auch* -se) eine (tropische) Pflanze mit dicken (fleischigen) Blättern oder Polstern und vielen Stacheln, die meist in trockenen Regionen wächst ⟨Kakteen züchten⟩ K Kakteenzucht; Kugelkaktus, Säulenkaktus

Ka·la·mi·tät *die;* (-, -en); *veraltend* eine unangenehme, schwierige Situation

Ka·lau·er *der;* (-s, -) ein einfacher, nicht sehr intelligenter Witz (der oft durch ein Spiel mit Worten entsteht) ● hierzu **ka·lau·ern** VERB *(hat)*

Kalb *das;* (-(e)s, Käl·ber) **1** ein junges Rind K Kalbfleisch, Kalb(s)fell, Kalb(s)leder, Kalbsbraten, Kalbsfrikassee, Kalbshachse, Kalbskopf, Kalbsleberwurst, Kalbsschnitzel, Kälberfutter, Kälberstall **2** verwendet als Bezeichnung für das Junge einiger Säugetiere (z. B. des Elefanten) K Elefantenkalb, Giraffenkalb, Hirschkalb ■ ID **das Goldene Kalb anbeten, ums Goldene Kalb tanzen** *geschrieben* die Macht des Geldes über alles schätzen

kal·ben VERB (kalbte, hat gekalbt) **eine Kuh kalbt** eine Kuh bringt ein Kalb zur Welt

Ka·lei·do·skop *das;* (-s, -e) **1** ein optisches Gerät in Form eines Fernrohrs, in dem sich kleine, bunte Glassteine befinden, die sich beim Drehen des Rohres so spiegeln, dass man Muster und geometrische Figuren sieht, die sich ständig verändern **2** *geschrieben* eine sich schnell ändernde Folge von verschiedenen Dingen, Erscheinungen usw. ⟨ein Kaleidoskop von Eindrücken⟩ ● zu (1) **ka·lei·do·sko·pisch** ADJEKTIV

ka·len·da·risch ADJEKTIV nach dem Datum, welches der Kalender nennt | *der kalendarische Beginn des Winters am 21. Dezember*

★ **Ka·len·der** *der;* (-s, -) **1** eine Liste mit allen Tagen, Wochen und Monaten eines Jahres, oft als Block oder Buch. In einen Kalender kann man Termine u. Ä. eintragen | *wichtige Termine im Kalender vormerken* K Terminkalender, Wandkalender **2** die Einteilung der Zeit nach astronomischen Einheiten wie Tag, Monat, Jahr | *der gregorianische Kalender*

Ka·len·der·blatt *das* das einzelne Blatt eines Kalenders

★ **Ka·len·der·jahr** *das* die Zeit zwischen dem 1. Januar und dem 31. Dezember eines Jahres (im Unterschied z. B. zu einem Schuljahr)

Ka·li *das;* (-s) ein Salz, das Kalium enthält und als Dünger verwendet wird K Kalibergbau, Kalidünger, Kaliindustrie

K

Ka·li·ber *das;* (-s, -) **1** der innere Durchmesser von Rohren (vor allem beim Lauf von Gewehren usw.) **2** der äußere Durchmesser von Gewehr-, Pistolenkugeln o. Ä. | *eine Kugel vom Kaliber 32* **3** **vom selben Kaliber** *meist abwertend* von der gleichen Art, mit dem gleichen (schlechten) Charakter | *Die beiden sind vom selben Kaliber*

Ka·li·um *das;* (-s) ein sehr weiches, silbrig glänzendes Leichtmetall [H] chemisches Zeichen: *K*

Kalk *der;* (-(e)s) ein weißes Pulver (aus Kalkstein), das man beim Bauen braucht (vor allem um die Mauern mit einer weißen Schicht zu bedecken) ⟨gebrannter, (un)gelöschter Kalk; Kalk brennen, löschen⟩ [K] Kalkbrennerei, Kalkmörtel • hierzu **kalk·hal·tig** ADJEKTIV; **kal·kig** ADJEKTIV

kal·ken VERB (kalkte, hat gekalkt) **etwas kalken** Wände o. Ä. mit einer Mischung aus Wasser und Kalk streichen

Kalk·man·gel *der* der Zustand, wenn im Körper von Menschen und Tieren oder in der Erde zu wenig Kalzium ist

Kalk·stein *der* ein meist weißes Gestein, das man aus Felsen bricht (und z. B. beim Bauen verwendet)

Kal·kül *der/das;* (-s, -e); *geschrieben* **1** eine Überlegung oder Planung, bei der überlegt wird, welche Faktoren eine Wirkung auf das Ergebnis haben ⟨etwas ins Kalkül ziehen⟩ **2** eine Überlegung, wie man einen Vorteil bekommt ⟨etwas aus reinem Kalkül tun⟩ ≈ *Berechnung*

Kal·ku·la·ti·on [-'tsio:n] *die;* (-, -en) **1** das Berechnen (meist der Kosten für etwas) | *die Kalkulation der Kosten für ein neues Projekt* **2** ≈ *Schätzung* | *Nach meiner Kalkulation müssten wir gleich da sein* • zu (1) **kal·ku·la·to·risch** ADJEKTIV

kal·ku·lie·ren VERB (kalkulierte, hat kalkuliert) **1** **etwas kalkulieren** schon vorher berechnen, welche Kosten entstehen, welche Preise man verlangen muss | *die Kosten für ein Buch kalkulieren* **2** **(etwas) kalkulieren** eine Situation schnell erkennen und verstehen ⟨schnell, scharf, falsch kalkulieren⟩ • hierzu **kal·ku·lier·bar** ADJEKTIV

kalk·weiß ADJEKTIV sehr blass oder bleich (vor Erregung oder Angst) | *vor Angst kalkweiß im Gesicht sein*

Ka·lo·rie *die;* (-, -n [-'ri:ən]) **1** *gesprochen meist Plural* eine Maßeinheit, mit der man angibt, wie viel Energie ein Nahrungsmittel im Körper erzeugt | *Schokolade hat viele Kalorien* [K] Kaloriengehalt **2** *veraltet* ein Maß für die Wärmeenergie [H] Abkürzung: *cal;* die offizielle Einheit ist heute *Joule* • zu (1) **ka·lo·ri·en·arm** ADJEKTIV; zu (1) **ka·lo·ri·en·reich** ADJEKTIV

ka·lo·ri·en·be·wusst ADJEKTIV so, dass man beim Essen darauf achtet, nicht zu viele Kalorien zu sich nehmen ⟨kalorienbewusst leben, essen; sich kalorienbewusst ernähren⟩

Ka·lo·ri·en·bom·be *die; gesprochen* eine Speise oder ein Getränk, die viele Kalorien enthalten

★ **kalt** ADJEKTIV (kälter, kältest-) **1** mit/von (sehr oder relativ) niedriger Temperatur, sehr kühl ↔ *heiß* | *Draußen ist es kalt, zieh doch einen Mantel an* | *Der Winter war bitter/empfindlich kalt* (eisig, sehr kalt) | *Iss schnell, sonst wird die Suppe kalt* | *Er hat immer kalte Hände und Füße, weil sein Blutdruck so niedrig ist* [K] Kaltluft; bitterkalt, eiskalt **2** nicht durch eine Heizung warm gemacht | *ein Zimmer mit fließend warmem und kaltem Wasser* (ein Zimmer mit Waschbecken, aus dessen Hahn kaltes und warmes Wasser kommt) **3** drückt aus, dass Speisen entweder ohne Kochen zubereitet wurden (z. B. Salat) oder längere Zeit vor dem Servieren/Essen zubereitet wurden und daher nicht warm sind ⟨ein Braten, ein Buffet, eine Mahlzeit, eine Platte⟩ | *Zwischen vierzehn und achtzehn Uhr servieren wir nur kalte Speisen* | *Der Braten schmeckt auch kalt auf Brot sehr gut* **4** ohne freundliche Gefühle ⟨ein Lächeln, ein Mensch; kalt bleiben, lächeln⟩ ↔ *herzlich* **5** wenn das Licht oder die Farben kalt sind, empfindet man seine Umgebung als kühl und ungemütlich ⟨ein Blau, ein Grün, ein Weiß⟩ **6** *meist attributiv* unangenehm intensiv ⟨kaltes Entsetzen, kaltes Grausen, kalte Wut erfasst/packt jemanden⟩ **7** **jemandem ist kalt** jemand friert | *Ist dir kalt?* **8** **etwas kalt stellen** Getränke oder Speisen an einen Ort stellen, wo sie kalt werden **9** so, dass in der Miete die Heizungskosten noch nicht enthalten sind | *Die Wohnung kostet 850 Euro kalt* [K] Kaltmiete **10** **kalt lächelnd** *abwertend* mit boshafter Freude und ohne Mitleid mit einer Person, zu der man böse ist ⟨kalt lächelnd zusehen; jemanden kalt lächelnd abservieren, fertigmachen⟩

Kalt·blü·ter *der;* (-s, -) ein schweres, starkes Pferd einer Rasse, die früher für die Arbeit in der Landwirtschaft gezüchtet wurde

kalt·blü·tig ADJEKTIV **1** *abwertend* ohne Skrupel (und Mitleid) ⟨ein Verbrecher; jemanden kaltblütig ermorden, umbringen⟩ [H] *Heißblütig* wird im Sinne von *temperamentvoll* gebraucht. **2** in einer gefährlichen Situation fähig, ganz ruhig zu bleiben und vernünftig und mutig zu handeln | *der Gefahr kaltblütig ins Auge sehen* **3** ⟨Tiere⟩ so, dass sich ihre Körpertemperatur an die Temperatur der Umgebung anpasst • zu (1,2) **Kalt·blü·tig·keit** *die*

★ **Käl·te** *die;* (-) **1** eine niedrige Temperatur (der Luft, des Wassers), die man als unangenehm empfindet, weil man friert ⟨es herrscht (eine) eisige, grimmige, schneidende Kälte; vor Kälte zittern⟩ ↔ *Hitze* | *Bei dieser Kälte brauchst du unbedingt Schal und Mütze* [K] Kältegefühl, Kältegrad, Kälteschutz **2** Temperaturen unter null Grad (Celsius) | *20 Grad Kälte* (−20 °C) **3** das Fehlen von Freundlichkeit und Mitgefühl für andere Personen | *In seinen Worten lag eine eisige Kälte* [K] Gefühlskälte

Käl·te·ein·bruch *der* das schnelle und plötzliche Sinken der Außentemperatur (oft so, dass es friert)

Käl·te·pe·ri·o·de *die* ein relativ langer Zeitraum mit kaltem Wetter

Käl·te·wel·le *die* Kälte, die in einem Gebiet relativ lange dauert

Kalt·front *die* kalte Luftmassen, die in ein Gebiet mit wärmerer Luft dringen ⟨eine Kaltfront dringt vor, zieht herauf⟩

kalt·her·zig ADJEKTIV ohne Gefühl (vor allem ohne Mitleid oder Liebe) • hierzu **Kalt·her·zig·keit** *die*

kalt·lä·chelnd ≈ *kalt lächelnd*

kalt·las·sen VERB (lässt kalt, ließ kalt, hat kaltgelassen) **eine Person/Sache lässt jemanden kalt** eine Person oder Sache bewirkt bei jemandem kein Mitgefühl | *Das Elend ließ ihn kalt*

Kalt·luft *die; nur Singular* kalte Luft | *Polare Kaltluft greift auf Deutschland über*

kalt·ma·chen VERB (machte kalt, hat kaltgemacht) **jemanden kaltmachen** *gesprochen* jemanden töten, ermorden

kalt·schnäu·zig ADJEKTIV ohne Mitgefühl oder Respekt, gleichgültig • hierzu **Kalt·schnäu·zig·keit** *die*

kalt·stel·len VERB (stellte kalt, hat kaltgestellt) **jemanden kaltstellen** *gesprochen* (durch meist unfaires Handeln) einer Person ihre Macht oder ihren Einfluss nehmen | *einen lästigen Konkurrenten kaltstellen* [H] aber: *Getränke kalt stellen* (getrennt geschrieben)

Kal·zi·um *das;* (-s) ein sehr weiches, silbriges Leichtmetall, das z. B. in Knochen, Zähnen und Kreide vorkommt [H] chemisches Zeichen: *Ca*

kam *Präteritum, 1. und 3. Person Singular* → kommen

kä·me *Konjunktiv 1. und 3. Person Singular* → kommen

Ka·mel *das;* (-s, -e) **1** ein großes Tier mit einem oder zwei Höckern am Rücken, das in der Wüste oder Steppe lebt ⟨auf einem Kamel reiten⟩ [K] Lastkamel **2** *gesprochen, abwertend* verwendet als Schimpfwort ≈ *Dummkopf*

Ka·mel·haar *das; nur Singular* ein Stoff von (gelblicher) Farbe, der aus den Haaren von Kamelen gemacht wird **K** Kamelhaardecke, Kamelhaarmantel

★ **Ka·me·ra** *die;* (-, -s) **1** ein Apparat zum Filmen ⟨die Kamera läuft; die Kamera führen, auf etwas richten; die Kamera zeigt etwas⟩ | *Er hat die Hochzeit mit seiner kleinen Kamera gefilmt* **K** Kameraeinstellung, Kameraführung, Kamerateam; kamerascheu; Fernsehkamera, Filmkamera; Überwachungskamera **2** ein Gerät, mit dem man Fotos macht | *Die Kamera in meinem Handy macht gute Bilder* **K** Kameratasche; Digitalkamera, Fotokamera, Handykamera, Kleinbildkamera, Spiegelreflexkamera ■ **ID vor der Kamera stehen** (als Schauspieler) in einem Film mitspielen oder im Fernsehen auftreten

Ka·me·rad *der;* (-en, -en) **1** eine Person, mit der man lange Zeit zusammen war (z. B. in der Schule) und der man deshalb vertraut ⟨jemandem ein guter Kamerad sein⟩ **K** Klassenkamerad, Kriegskamerad, Schulkamerad **H** vergleiche **Freund** und **Genosse** **2** eine Person, mit der man viel Zeit gemeinsam verbringt, weil man die gleichen Interessen hat **K** Mannschaftskamerad, Spielkamerad, Sportkamerad **H** *der Kamerad; den, dem, des Kameraden* ● hierzu **Ka·me·ra·din** *die*

Ka·me·rad·schaft *die;* (-) **Kameradschaft (mit jemandem); Kameradschaft zwischen Personen** das Verhältnis zwischen zwei oder mehreren Menschen, die einander vertrauen und helfen **H** vergleiche **Freundschaft** ● hierzu **ka·me·rad·schaft·lich** ADJEKTIV

Ka·me·rad·schafts·geist *der; nur Singular* eine Einstellung innerhalb einer Gruppe, die durch Kameradschaft bestimmt ist

Ka·me·ra·mann *der;* (-es, Ka·me·ra·män·ner/Ka·me·ra·leu·te) eine Person, die beim Film und Fernsehen die Kamera führt ● hierzu **Ka·me·ra·frau** *die*

Ka·mil·le *die;* (-, -n); *meist Singular* eine duftende Blume, deren Blüten in der Mitte gelb sind und weiße Blütenblätter haben; Kamille wird als Tee bei Entzündungen und Problemen mit dem Magen verwendet **K** Kamillenblüte, Kamillentee

★ **Ka·min** *der;* (-s, -e) **1** manche Häuser haben einen offenen Kamin, in dem man Feuer macht, um davor zu sitzen ⟨vor dem, am Kamin sitzen⟩ | *Im Kamin prasselte ein Feuer* | *Ich hätte auch gern einen offenen Kamin, das finde ich so gemütlich* **K** Kaminfeuer, Kamingitter, Kaminsims **2** ein meist eckiges Rohr auf dem Dach eines Hauses, aus dem der Rauch aus der Heizung kommt ≈ *Schornstein* ■ **ID etwas in den Kamin schreiben (können)** *gesprochen* etwas als verloren betrachten (müssen) | *Jetzt, wo er pleite ist, kann ich mein Geld in den Kamin schreiben*

Ka·min·keh·rer *der;* (-s, -); *süddeutsch* ≈ *Schornsteinfeger* ● hierzu **Ka·min·keh·re·rin** *die*

★ **Kamm** *der;* (-(e)s, Käm·me) **1** Kämme sind lang und flach und man benutzt sie zum Kämmen der Haare | *Er fuhr sich schnell mit dem Kamm durch die Haare* **H** vergleiche **Bürste** **2** der Kamm bei Hühnern, Truthähnen usw. ist ein roter Hautlappen auf dem Kopf, der bei Hähnen sehr groß ist **K** Hahnenkamm **3** der (oberste) Teil eines Gebirges, der von Weitem wie eine Linie aussieht **K** Kammlage; Bergkamm **4** der höchste Punkt einer Welle **K** Wellenkamm ■ **ID alle(s) über 'einen Kamm scheren** Menschen oder Dinge ganz gleich behandeln und beurteilen, obwohl sie verschieden sind; **jemandem schwillt der Kamm** *gesprochen* **a** jemand wird wütend **b** eine Person zeigt durch ihr Verhalten, wie stolz sie ist

★ **käm·men** VERB (kämmte, hat gekämmt) **jemanden kämmen; jemandem die Haare kämmen** die eigenen oder jemandes Haare mit einem Kamm glatt und ordentlich machen und ihnen so die gewünschte Frisur geben | *Kämm dir die Haare nach hinten – das steht dir gut*

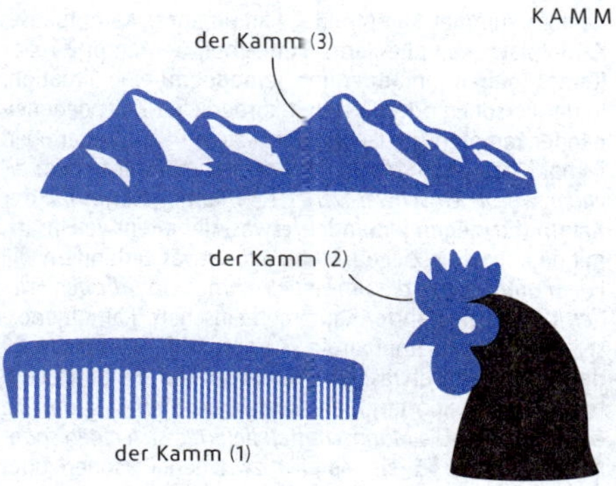

★ **Kam·mer** *die;* (-, -n) **1** ein kleiner Raum zum Schlafen, vor allem früher oder in Bauernhäusern | *Das Dienstmädchen hatte eine Kammer unter dem Dach* **K** Dachkammer **2** ein kleiner Raum (ohne oder mit kleinem Fenster) zum Lagern von Vorräten, Geräten usw. | *Das Bügelbrett steht in der Kammer neben dem Bad* **K** Abstellkammer, Besenkammer, Speisekammer, Vorratskammer **3** ein geschlossener Raum im Innern von manchen Motoren oder technischen Geräten | *die Kammern des Brennofens* **4** ein Raum im Herzen, durch den Blut gepumpt wird *Das Herz hat vier Kammern* **K** Herzkammer **5** die Mitglieder eines Parlaments oder ein Teil eines Parlaments **K** Abgeordnetenkammer, Deputiertenkammer **6** eine Organisation, die für die Interessen eines Berufsstandes arbeitet **K** Anwaltskammer, Ärztekammer, Handelskammer

Kam·mer·chor *der* eine kleine Gruppe von Sängern, die zusammen Kammermusik machen

Kam·mer·die·ner *der; historisch* der persönliche Diener eines Fürsten o. Ä.

Kam·mer·jä·ger *der* eine Person, die (beruflich) Ungeziefer in Gebäuden tötet

Kam·mer·kon·zert *das* ein Konzert, bei dem Kammermusik gespielt wird

Käm·mer·lein *das;* (-s, -); *humorvoll* ein kleines Zimmer ■ **ID im stillen Kämmerlein** *humorvoll* in Ruhe und ganz allein

Kam·mer·mu·sik *die; meist Singular* klassische Musik für eine kleine Zahl von Instrumenten oder Sängern ● hierzu **Kam·mer·mu·si·ker** *der*

Kam·mer·or·ches·ter *das* ein relativ kleines Orchester, das Kammermusik spielt

Kam·mer·zo·fe *die; historisch* eine Frau, deren Aufgabe es war, eine Fürstin o. Ä. zu bedienen

★ **Kam·pag·ne** [-'panjə] *die;* (-, -n) **eine Kampagne (für, gegen jemanden/etwas)** eine Aktion mit dem Zweck, in der Öffentlichkeit für eine Person oder Sache zu werben oder (meist aus politischen Gründen) gegen eine Person, Pläne oder Absichten zu kämpfen ⟨eine Kampagne starten, führen⟩ | *Die Kampagne gegen das Rauchen hatte Erfolg* **K** Pressekampagne, Werbekampagne

★ **Kampf** *der;* (-(e)s, Kämp·fe) **1 der Kampf (gegen jemanden/mit jemandem)** eine militärische Aktion im Krieg ⟨ein harter, schwerer, erbitterter, blutiger, bewaffneter Kampf; der Kampf gegen die Eindringlinge, die feindliche Armee; ein Kampf entbrennt, tobt⟩ **K** Kampfflugzeug, Kampfgebiet,

Kampfgetümmel, Kampfmittel, Kampfpanzer, Kampfpause, Kampfplatz, Kampf(es)lärm; Luftkampf, Seekampf **2** **der Kampf (gegen jemanden/mit jemandem)** eine Situation, in der Personen oder Tiere mit körperlicher Kraft gegeneinander kämpfen ⟨jemanden zum Kampf herausfordern; ein Kampf Mann gegen Mann⟩ | *Bei dem Kampf mit seinem Rivalen wurde er schwer verletzt* K Kampf(es)mut **3** **der Kampf (für/gegen jemanden/etwas)** der intensive Einsatz, mit dem man ein Ziel erreichen oder etwas verhindern will | *der Kampf gegen die Umweltverschmutzung/für den Frieden* K Kampfgefährte, Kampfgemeinschaft, Kampfgenosse, Kampflied, Kampfparole, Kampfschrift, Kampfziel **4** **der Kampf (um etwas)** ein Wettkampf um die beste Leistung in einer Sportart | *der Kampf um den Sieg/um die Goldmedaille* | *Die Mannschaften lieferten sich einen spannenden Kampf* **5** ein Konflikt zwischen Personen oder Gruppen, die unterschiedliche Interessen, Meinungen usw. vertreten | *der Kampf der Geschlechter* **6** **der Kampf (um jemanden/etwas)** der intensive Einsatz, mit dem man versucht, ein Ziel zu erreichen oder jemanden/etwas zu bekommen, zu behalten oder zu retten | *der Kampf ums Überleben* | *der Kampf der Ärzte um das Leben des Schwerverletzten* | *Die Gewerkschaft hat den Kampf um eine Erhöhung der Löhne aufgenommen* **7** die Anstrengungen, mit denen man einen seelischen Konflikt lösen will ⟨ein innerer, seelischer Kampf; einen Kampf mit sich (*Dativ*) (selbst) austragen⟩ **8** **jemandem/etwas den Kampf ansagen** zum Ausdruck bringen, dass man jemanden/etwas bekämpfen will K Kampfansage ● zu (1 – 6) **kạmpf·be·reit** ADJEKTIV; zu (1 – 7) **kạmpf·los** ADJEKTIV

-kampf *der; im Substantiv, unbetont, nicht produktiv* **Dreikampf, Fünfkampf, Zehnkampf** *und andere* ein sportlicher Wettkampf (vor allem der Leichtathletik) mit der genannten Zahl von Disziplinen

Kạmpf·ab·stim·mung *die* eine Abstimmung o. Ä., bei der zwei Gruppen (meist politische Parteien) ungefähr die gleichen Chancen haben zu gewinnen

★ **kạ̈mp·fen** VERB (kämpfte, hat gekämpft) **1** **(gegen jemanden/mit jemandem) kämpfen** im Krieg mit Waffen versuchen, feindliche Soldaten zu besiegen ⟨tapfer, erbittert gegen die Eindringlinge, die feindliche Armee kämpfen⟩ **2** **(gegen jemanden/mit jemandem) kämpfen** (körperliche) Gewalt gegen eine andere Person anwenden und so versuchen, sie zu besiegen (auch mit Waffen) | *Die beiden jungen Burschen kämpften verbissen miteinander* **3** **für jemanden/etwas kämpfen; gegen jemanden/etwas kämpfen** sich sehr stark (angestrengt) bemühen, etwas zu erreichen bzw. zu verhindern | *für die Rechte von Minderheiten kämpfen* | *gegen den Kandidaten der Opposition kämpfen* | *dagegen kämpfen, dass eine Autobahn gebaut wird* **4** **um jemanden/etwas kämpfen** sich ganz intensiv darum bemühen, etwas zu erreichen, jemanden/etwas zu behalten o. Ä. | *Die Gewerkschaft kämpft um höhere Löhne* | *Bei der Scheidung kämpfte sie um ihr Kind* | *Er kämpfte darum, die Kontrolle nicht zu verlieren* **5** **(um etwas) kämpfen** sich vor allem im Sport bemühen, Erfolg (im Wettkampf) zu haben ⟨hart, verbissen kämpfen⟩ | *um den Meistertitel, um den Sieg kämpfen* **6** **(mit sich** (*Dativ*)**) kämpfen** lange und intensiv über die positiven und negativen Aspekte einer unangenehmen Sache, eines privaten Problems o. Ä. nachdenken, um sich richtig zu entscheiden | *Er kämpfte lange (mit sich), bevor er sich entschloss, seiner Frau die Wahrheit zu sagen*

Kạm·pfer *der;* (-s) eine Masse, die aus dem Holz eines (asiatischen) Baumes gewonnen wird und in der Medizin und Pharmazie verwendet wird K Kampferöl, Kampfersalbe

Kạ̈mp·fer *der;* (-s, -) eine Person, die (vor allem als Soldat, Sportler o. Ä.) für ein Ziel oder gegen jemanden oder etwas kämpft K Kämpferherz; Freiheitskämpfer, Frontkämpfer ● hierzu **Kạ̈mp·fe·rin** *die*

kạ̈mp·fe·risch ADJEKTIV bereit (und von dem Wunsch erfüllt), für ein Ziel auch aggressiv zu kämpfen ⟨eine Haltung, ein Einsatz; sich kämpferisch zeigen⟩

Kạ̈mp·fer·na·tur *die* ein Mensch, der von Natur aus gern kämpft (und nicht aufgibt) | *Er ist eine richtige Kämpfernatur*

kạmp·fes·lus·tig ADJEKTIV **1** bereit, mit jemandem einen Streit anzufangen ⟨jemanden kampfeslustig ansehen⟩ **2** bereit, für etwas, gegen jemanden zu kämpfen ● hierzu **Kạmp·fes·lust** *die*

Kạmp·fes·wil·le *der; nur Singular* die Entschlossenheit, (weiter) zu kämpfen (und nicht aufzugeben)

Kạmpf·geist *der; nur Singular* ≈ *Kampfeswille*

Kạmpf·ge·richt *das* eine Gruppe von Experten, die einen sportlichen Wettkampf überwachen (und die Leistungen der Sportler bewerten) ≈ *Jury*

Kạmpf·hand·lung *die; meist Plural* eine militärische Aktion im Kampf ⟨die Kampfhandlungen beenden, einstellen⟩

Kạmpf·hund *der* ein Hund, der für das Kämpfen gezüchtet und dressiert wurde

Kạmpf·kraft *die; nur Singular* die Fähigkeit (vor allem von Soldaten), erfolgreich zu kämpfen ⟨die Kampfkraft der Armee/Soldaten/Truppe erhöhen, verstärken⟩ ● hierzu **kạmpf·kräf·tig** ADJEKTIV

kạmpf·lus·tig ADJEKTIV ≈ *kampfeslustig*

Kạmpf·preis *der* ein sehr niedriger Preis für eine Ware, mit dem eine Firma die Konkurrenz vom Markt verdrängen will

Kạmpf·rich·ter *der* ein Experte, der bei einem sportlichen Wettkampf die Leistungen der Sportler bewertet und darauf achtet, dass die Regeln eingehalten werden ● hierzu **Kạmpf·rich·te·rin** *die*

Kạmpf·sport *der* eine Sportart wie z. B. Boxen, Ringen oder Judo

Kạmpf·stoff *der; meist Plural* **biologische, chemische, radioaktive Kampfstoffe** (biologische, chemische, radioaktive) Substanzen, mit denen im Krieg Menschen getötet oder verletzt werden

Kạmpf·trin·ken *das* eine Art Wettkampf, bei dem man versucht, mehr Alkohol zu trinken als die anderen Leute

kạmpf·un·fä·hig ADJEKTIV nicht (mehr) in der Lage, (weiter) zu kämpfen ⟨jemanden kampfunfähig machen⟩ ● hierzu **Kạmpf·un·fä·hig·keit** *die*

kam·pie·ren VERB (kampierte, hat kampiert) **irgendwo kampieren** für kurze Zeit meist in einem Zelt im Freien wohnen

★ **Ka·nal** *der;* (-s, Ka·nä·le) **1** Kanäle sind künstlich geschaffene Flüsse, vor allem für den Verkehr von Schiffen K Seitenkanal **2** durch Kanäle unter der Erde fließt schmutziges Wasser von den Straßen und Häusern weg | *Die Abwässer der Stadt werden durch unterirdische Kanäle in die Kläranlage geleitet* K Kanalbau, Kanaldeckel, Kanalsystem; Abwasserkanal, Bewässerungskanal, Entwässerungskanal **3** ein Bereich der Funkwellen, in dem man den gewünschten Sender empfangen kann ⟨einen Kanal wählen, einstellen, empfangen, hören⟩ **4** **geheime/dunkle/diplomatische Kanäle** *nur Plural* geheime/verdächtige/diplomatische Wege, auf denen Informationen zum Empfänger gelangen ■ ID **den Kanal voll haben** *gesprochen* jemanden/etwas nicht mehr ertragen können

Ka·nal·ar·bei·ter *der* **1** ein Arbeiter, welcher den Abwasserkanal repariert **2** Ⓓ *gesprochen* eine Person, die vor allem für einen Politiker arbeitet, ohne selbst öffentlich bekannt zu sein ● hierzu **Ka·nal·ar·bei·te·rin** *die*

Ka·na·li·sa·ti·on [-ˈtsjoːn] *die;* (-, -en) ein System von Gräben und Kanälen unter der Erde, durch welche das gebrauchte schmutzige Wasser abgeleitet wird K Kanalisationsnetz; Abwasserkanalisation

ka·na·li·sie·ren VERB (kanalisierte, hat kanalisiert) **1** **einen Ort kanalisieren** in einer Stadt, einem Dorf usw. Kanäle für Abwässer bauen **2** **etwas kanalisieren** *geschrieben* etwas in eine Richtung lenken (und für ein Ziel benutzen) | *die Unzufriedenheit der Bevölkerung kanalisieren* ● zu (2) **Ka·na·li·sie·rung** *die*

Ka·nal·tun·nel *der; nur Singular* der Tunnel unter dem Ärmelkanal, der England mit Frankreich verbindet ≈ *Eurotunnel*

Ka·na·pee *das;* (-s, -s); *veraltend* ≈ *Sofa, Couch*

Ka·na·ri *der;* (-s, -); *besonders süddeutsch* Ⓐ, *gesprochen* ≈ *Kanarienvogel*

Ka·na·ri·en·vo·gel [-ri̯ən-] *der* ein gelber oder rötlicher kleiner Vogel, den man als Haustier in Käfigen hält

Kan·da·re *die;* (-, -n) ■ **ID** **jemanden an die Kandare nehmen, jemandem die Kandare anlegen** die Freiheit einer Person einschränken und ihr Tun stärker kontrollieren

Kan·de·la·ber *der;* (-s, -) ein Leuchter für mehrere Kerzen

★ **Kan·di·dat** *der;* (-en, -en) **1** **ein Kandidat (für etwas)** eine Person, die sich um eine Stelle oder um ein Amt bewirbt, vor allem in politischen Wahlen ⟨der Kandidat einer Partei; einen Kandidaten benennen, aufstellen/nominieren, wählen⟩ ≈ *Bewerber* | *Bei der Wahl zum Bürgermeister erzielte im ersten Wahlgang keiner der Kandidaten die erforderliche Mehrheit* | *Er war der aussichtsreichste Kandidat für das Amt des Präsidenten* K Kandidatenliste; Gegenkandidat, Ersatzkandidat, Spitzenkandidat **2** ein Schüler, Student o. Ä., der (gerade) das Examen machen will | *Heute werden die ersten zehn Kandidaten mündlich geprüft* H *der Kandidat; den, dem, des Kandidaten* ● hierzu **Kan·di·da·tin** *die*

★ **Kan·di·da·tur** *die;* (-, -en) **die Kandidatur (für etwas)** die Bewerbung oder Nominierung als Kandidat für eine Wahl ⟨eine Kandidatur annehmen, unterstützen, ablehnen; seine Kandidatur zurückziehen⟩ | *Wir unterstützen seine Kandidatur für den Bundestag*

★ **kan·di·die·ren** VERB (kandidierte, hat kandidiert) **(für etwas) kandidieren** sich als Kandidat um ein öffentliches Amt bewerben | *Er kandidierte bei den Wahlen für unsere Partei*

kan·diert ADJEKTIV *meist attributiv* mit Zucker bedeckt und haltbar gemacht ⟨Früchte⟩

Kan·dis·zu·cker *der* große, feste Kristalle aus weißem, gelbem oder braunem Zucker

Kän·gu·ru *das;* (-s, -s) Kängurus leben in Australien; sie hüpfen aufrecht auf ihren großen Hinterbeinen und tragen ihre Jungen in einem Beutel am Bauch

Ka·nin·chen *das;* (-s, -) Kaninchen sehen aus wie Hasen, leben in Höhlen unter der Erde und bekommen viele Junge K Kaninchenbau, Kaninchenbraten, Kaninchenfell, Kaninchenstall, Kaninchenzucht

Ka·nis·ter *der;* (-s, -) ein großer Behälter aus Blech oder Plastik, den man mit Wasser, Öl oder Benzin füllt K Benzinkanister, Ölkanister, Wasserkanister; Reservekanister

KANISTER

kann *Präsens, 1. und 3. Person Singular* → können[1]

Känn·chen *das;* (-s, -) **1** eine kleine Kanne K Milchkännchen, Sahnekännchen **2** **ein Kännchen Kaffee/Tee/Schokolade** die Menge eines warmen Getränks (die man in einem Lokal bestellt), die in einer kleinen Kanne serviert wird und ungefähr dem Inhalt von zwei Tassen entspricht

Kan·ne *die;* (-, -n) ein relativ hohes Gefäß, mit dem man Flüssigkeiten gut in kleinere Gefäße gießen kann | *eine Kanne Kaffee* K Gießkanne Kaffeekanne, Milchkanne, Ölkanne, Teekanne; Blechkanne, Porzellankanne

KANNE

Kan·ni·ba·le *der;* (-n, -n) eine Person, die Menschenfleisch isst H *der Kannibale; den, dem, des Kannibalen* ● hierzu **Kan·ni·ba·lin** *die;* **Kan·ni·ba·lis·mus** *der;* **kan·ni·ba·lisch** ADJEKTIV

kann·te *Präteritum, 1. und 3. Person Singular* → kennen

Ka·non *der;* (-s, -s) **1** ein Lied, bei dem zwei oder mehrere Stimmen kurz nacheinander anfangen, dieselbe Melodie zu singen **2** *geschrieben meist Singular* ein System von Regeln o. Ä., die für den genannten Bereich gelten K Gesetzeskanon, Verhaltenskanon **3** Kenntnisse, die als wichtig für die Kultur und die Erziehung gelten ⟨etwas gehört zum Kanon der Allgemeinbildung, zum klassischen, literarischen Kanon⟩ K Bildungskanon, Kulturkanon, Literaturkanon

Ka·no·ne *die;* (-, -n) **1** eine große Waffe mit einem langen Rohr, aus der man sehr starke und schwere Munition schießt ⟨eine Kanone laden, abfeuern⟩ ≈ *Geschütz* K Kanonenboot, Kanonendonner, Kanonenkugel, Kanonenschuss **2** *gesprochen* ≈ *Revolver* | *Gib die Kanone her!* **3** *gesprochen* eine Person, die etwas (meist eine Sportart) sehr gut kann | *Er ist eine Kanone im Tennis* K Sportskanone ■ **ID** **jemand/etwas ist unter aller Kanone** *gesprochen* jemand/etwas ist in der Leistung oder Qualität sehr schlecht; **mit Kanonen auf Spatzen schießen** mit (zu) starken Mitteln gegen etwas Harmloses, ein kleines Problem kämpfen

Ka·no·nen·fut·ter *das; abwertend* die Soldaten, die im Krieg für Aktionen geopfert werden, die keinen Erfolg haben können

Ka·no·nier *der;* (-s, -e) der Soldat, der mit einer Kanone schießt

Kan·ta·te *die;* (-, -n) ein meist religiöses Lied für mehrere Sänger, das ein Chor und ein Orchester begleiten ⟨eine Kantate aufführen⟩ | *die Kantaten von Bach*

★ **Kan·te** *die;* (-, -n) **1** die Linie, mit der sich zwei Flächen in einem Winkel berühren ⟨eine scharfe Kante⟩ | *Ein Würfel hat 6 Flächen und 12 Kanten* | *Ich habe mich an einer Kante des Tisches gestoßen* K Bettkante, Stuhlkante, Tischkante **2** der äußere Rand, an dem etwas endet | *Die Kanten der Hemdsärmel sind schon etwas abgestoßen* (beschädigt) ■ **ID** **etwas auf die hohe Kante legen** Geld als Reserve, für schlechte Zeiten sparen; **klare Kante zeigen** in einer Diskussion oder einem Streit den eigenen Standpunkt sehr deutlich machen und entschlossen verteidigen; **auf Kante genäht** so geplant, dass schon kleine Schwierigkeiten das ganze Unternehmen in Gefahr bringen

Kan·ten *der;* (-s, -); *besonders norddeutsch* das erste oder letzte Stück von einem (Laib) Brot

Kant·holz *das* Kanthölzer sind längliche Stücke von gesägtem Holz (mit vier rechten Winkeln), die in einer Konstruktion viel Gewicht tragen müssen

kan·tig ADJEKTIV **1** mit Kanten ⟨ein Stein, ein Fels⟩ **2** **ein kantiges Gesicht** ein Gesicht mit einem starken, eckigen Kinn

K

-kan·tig *im Adjektiv, unbetont, nicht produktiv* **dreikantig, vierkantig, sechskantig, achtkantig**; **scharfkantig** *und andere* mit der genannten Zahl oder Art von Kanten

★ **Kan·ti·ne** *die*; (-, -n) eine Art Restaurant in einem Betrieb, einer Kaserne o. Ä. | *mittags in der Kantine essen* K Kantinenessen, Kantinenkost, Kantinenpächter, Kantinenwirt

★ **Kan·ton** *der*; (-s, -e) das Gebiet der Schweiz ist in 23 Kantone mit eigener Verwaltung eingeteilt | *der Kanton Uri* K Kantonsgericht, Kantonsregierung H Abkürzung: *Kt.* ● hierzu **kan·to·nal** ADJEKTIV

Kan·tor *der*; (-s, Kan·to·ren) der Leiter eines Kirchenchors, der zugleich Orgel spielt ● hierzu **Kan·to·rin** *die*

Kant·stein *der*; *norddeutsch* ≈ *Bordstein*

Ka·nu, Ka·nu *das*; (-s, -s) Kanus sind schmale, oben offene Boote zum Paddeln K Kanusport; Indianerkanu

Ka·nü·le *die*; (-, -n) die hohle Nadel an einer medizinischen Spritze

Ka·nu·te *der*; (-n, -n) ein Sportler, der mit einem Kanu Sport treibt H *der Kanute; den, dem, des Kanuten*

Kan·zel *die*; (-, -n) **1** der Teil der Kirche (oft seitlich des Altars oder auf einer Säule), wo der Pfarrer die Predigt hält **2** die Kabine vorne im Flugzeug, in welcher der Pilot sitzt ≈ *Cockpit* K Pilotenkanzel

Kanz·lei *die*; (-, -en) das Büro eines Rechtsanwalts oder die Dienststelle in einem Amt

★ **Kanz·ler** *der*; (-s, -) **1** Kurzwort für *Bundeskanzler* K Kanzleramt, Kanzlerkandidat H zu *Kanzlerin* → Info im Eintrag **-in** **2** Kurzwort für *Reichskanzler* **3** der oberste Beamte der Verwaltung einer Universität H zu *Kanzlerin* → Info im Eintrag **-in** ● zu (1,3) **Kanz·le·rin** *die*

Kanz·ler·de·mo·kra·tie *die*; *meist Singular* ein politisches System, in dem der Kanzler sehr viel politischen Einfluss hat

Kap *das*; (-s, -s) ein Teil einer Felsenküste, der weit ins Meer ragt H vor allem in geografischen Namen, z. B.: *Kap der Guten Hoffnung, Kap Horn*

★ **Ka·pa·zi·tät** *die*; (-, -en) **1** die Menge an Waren oder Substanzen, die in einer Zeit produziert oder verarbeitet werden kann ⟨ausreichende, freie, nicht (aus)genutzte, vorhandene, zusätzliche Kapazitäten; die Kapazität ausbauen, voll (aus)nutzen, reduzieren⟩ | *Die Fabrik hat eine Kapazität von 15 Millionen Tonnen jährlich* | *Das Unternehmen betreibt Kraftwerke mit einer Kapazität von 2,5 Gigawatt* **2** die maximale Menge oder Anzahl, die Platz hat o. Ä. | *Das Krankenhaus hat eine Kapazität von 300 Betten* | *ein Flughafen mit einer Kapazität von 20 Millionen Passagieren* | *eine Festplatte mit 10 Gigabyte Kapazität* K Speicherkapazität **3** die Leistungen, die einer Person oder Sache möglich sind | *Verfügen Sie noch über freie Kapazitäten für dieses Projekt?* (Haben Sie Zeit, um an diesem Projekt zu arbeiten?) | *Wir nutzen nur einen geringen Teil der Kapazität unseres Gehirns* **4** die Fähigkeit (eines Kondensators), elektrische Ladung aufzunehmen und zu speichern **5** ein Experte, der ein Fachgebiet ausgezeichnet beherrscht und dafür bekannt ist | *Er ist eine Kapazität auf dem Gebiet der Neurochirurgie*

Ka·pel·le *die*; (-, -n) **1** eine kleine Kirche (manchmal als Raum in einem Schloss oder in einer großen Kirche) K Wallfahrtskapelle, Grabkapelle, Taufkapelle H → Abb. unter **Kirche** **2** *veraltend* ein (relativ kleines) Orchester, das vor allem Musik zur Unterhaltung und zum Tanz spielt K Blaskapelle, Musikkapelle, Tanzkapelle

Ka·pell·meis·ter *der* der 2. oder 3. Dirigent nach dem Chefdirigenten eines großen Orchesters

Ka·per *die*; (-, -n); *meist Plural* die Blütenknospe eines Strauches, die man in Essig legt und als Gewürz verwendet K Kapernsoße, Kapernstrauch

ka·pern VERB (kaperte, hat gekapert) **1** **Piraten kapern etwas** Piraten überfallen und rauben ein fremdes Schiff K Kaperfahrt, Kaperschiff **2** **jemand kapert ein Flugzeug** eine Person bringt ein Flugzeug in ihre Gewalt (meist um ein politisches Ziel zu erreichen) **3** **sich** (*Dativ*) **jemanden/etwas kapern** es (durch List o. Ä.) schaffen, jemanden oder etwas für sich zu bekommen

★ **ka·pie·ren** VERB (kapierte, hat kapiert); *gesprochen* **etwas kapieren** wissen oder erkennen, wie etwas ist oder warum es so ist ≈ *verstehen, begreifen* | *Ich habe versucht, Physik zu lernen, aber ich kapiere das alles einfach nicht* | *Ich kapiere einfach nicht, warum das so eilig ist* | *Kapier doch endlich, dass es nicht so weitergehen kann!*

Ka·pil·la·re *die*; (-, -n) eine ganz dünne, feine Ader ● hierzu **ka·pil·lar** ADJEKTIV

ka·pi·tal ADJEKTIV **1** sehr groß bzw. dumm ⟨eine Dummheit; ein Fehler⟩ **2** (vor allem von Jägern verwendet) sehr groß ⟨ein Bock, ein Hirsch, ein Hecht⟩

★ **Ka·pi·tal** *das*; (-s, -e/-ien [-i̯ən]) **1** das Geld, die Maschinen usw., die eine Firma besitzt ⟨die Gesellschaft erhöht ihr Kapital⟩ K Kapitalaufstockung, Kapitalbedarf, Kapitalbesitz, Kapitaleigner, Kapitalerhöhung, Kapitalinvestition **2** Geld, das Gewinn bringt, z. B. in Form von Zinsen ⟨das Kapital (gut, gewinnbringend) anlegen; das Kapital aufbrauchen⟩ ≈ *Vermögen* K Kapitalanlage, Kapitalertrag, Kapitalvermögen ■ **ID** **aus etwas Kapital schlagen/ziehen** etwas so nutzen, dass man einen Vorteil oder einen Gewinn davon hat | *aus einer vertraulichen Information Kapital schlagen*; **totes Kapital** Kenntnisse, Erfahrungen, Fähigkeiten o. Ä., die man nicht (mehr) nutzen kann

Ka·pi·tal·bil·dung *die* die Vermehrung des Kapitals (z. B. durch Sparen oder Investieren)

Ka·pi·tal·er·trags·steu·er *die*; Ⓓ eine Steuer, die man für Einkünfte aus Sparguthaben, Wertpapieren o. Ä. zahlen muss

Ka·pi·tal·flucht *die* das Senden von sehr viel Geld ins Ausland bei schlechten finanziellen Bedingungen im Inland

★ **Ka·pi·ta·lis·mus** *der*; (-) ein gesellschaftliches System, in dem Fabriken usw. nicht dem Staat, sondern Firmen gehören und in dem Angebot und Nachfrage die Preise bestimmen ● hierzu **ka·pi·ta·lis·tisch** ADJEKTIV

Ka·pi·ta·list *der*; (-en, -en) **1** *oft abwertend* ein reicher privater Unternehmer (der einen möglichst hohen Gewinn machen will) **2** ein Anhänger des Kapitalismus H *der Kapitalist; den, dem, des Kapitalisten* ● hierzu **Ka·pi·ta·lis·tin** *die*

Ka·pi·tal·markt *der* der Markt für (langfristige) Kredite, Aktien, Pfandbriefe usw.

Ka·pi·tal·ver·bre·chen *das* ein sehr schweres Verbrechen (wie z. B. Mord oder Entführung) ● hierzu **Ka·pi·tal·ver·bre·cher** *der*

★ **Ka·pi·tän** *der*; (-s, -e) **1** die Person, die auf einem Schiff das Kommando hat **2** der verantwortliche Pilot eines Flugzeugs, das Passagiere befördert **3** Kurzwort für *Mannschaftskapitän* | *der Kapitän der Nationalmannschaft* **4** **Kapitän zur See** verwendet als Titel eines hohen Offiziers der Marine

Ka·pi·täns·pa·tent *das* das Recht, große Schiffe (als Kapitän) zu steuern

★ **Ka·pi·tel** *das*; (-s, -) ein Abschnitt eines (längeren) Textes, der eine inhaltliche Einheit bildet (und eine Überschrift, einen Titel hat) | *Der Roman hat 10 Kapitel* K Kapitelüberschrift; Einleitungskapitel, Schlusskapitel H Abkürzung: *Kap.* ■ **ID** **etwas ist ein Kapitel für sich** etwas ist unangenehm, problematisch oder schwierig | *Das Wohnungsproblem ist ein Kapitel für sich*

Ka·pi·tell *das;* (-s, -e) der oberste (meist verzierte) Teil einer Säule o. Ä.

Ka·pi·tu·la·ti·on [-ˈtsi̯oːn] *die;* (-, -en) **1** die offizielle Erklärung von einem der Gegner im Krieg, dass er zu kämpfen aufhört und besiegt ist ⟨eine bedingungslose Kapitulation; die Kapitulation erklären⟩ | *die Kapitulation Deutschlands im Zweiten Weltkrieg* **2** ein Vertrag, welcher die Erklärung der Kapitulation enthält ⟨die Kapitulation annehmen, unterschreiben⟩

ka·pi·tu·lie·ren VERB (kapitulierte, hat kapituliert) **1** **eine Armee/ein Land kapituliert** eine Armee oder ein Land hört auf zu kämpfen, weil sie besiegt sind **2** **(vor etwas** *(Dativ)***) kapitulieren** keine Hoffnung mehr auf Erfolg haben und daher nichts mehr tun ⟨vor einer schwierigen Aufgabe, den Schwierigkeiten kapitulieren⟩ ≈ *aufgeben*

Kap·lan *der;* (-s, Kap·lä·ne) ein Priester, der einem katholischen Pfarrer in der Gemeinde hilft

Ka·po *der;* (-s, -s); *gesprochen* eine Person, die bei Arbeiten Aufsicht führt und Befehle erteilen darf (z. B. ein Vorarbeiter, Aufseher oder Offizier)

★ **Kap·pe** *die;* (-, -n) **1** Kappen für den Kopf sind meist eng und aus festem Material; viele haben vorn einen Schirm, der die Augen vor der Sonne schützt ⟨eine Kappe tragen, aufsetzen⟩ K Lederkappe, Pelzkappe; Badekappe, Baseballkappe **2** ein Stück Metall, Plastik o. Ä., mit dem man etwas schützt oder verschließt (z. B. eine Flasche) K Radkappe, Schutzkappe, Verschlusskappe H → Abb. unter **Deckel** **3** der feste Teil vorn am Schuh ▪ ID **etwas auf seine (eigene) Kappe nehmen** die Verantwortung für etwas auf sich nehmen

kap·pen VERB (kappte, hat gekappt) **1** **etwas kappen** ein Stück von etwas abschneiden und dies dadurch kürzer machen | *Der Sturm hat die Spitzen der Bäume gekappt* **2** **etwas kappen** etwas in zwei Teile schneiden ⟨die Taue, die Leinen kappen⟩ ≈ *zerschneiden*

Käp·pi *das;* (-s, -s) eine schmale, längliche Uniformmütze

Kap·ri·o·le *die;* (-, -n); *meist Plural* **1** eine meist lustige, ungewöhnliche Tat ⟨Kapriolen machen⟩ **2** ein großer, meist akrobatischer Sprung, der lustig aussieht

kap·ri·zi·ös ADJEKTIV; *geschrieben* launisch, eigenwillig ⟨ein Benehmen; ein Stil; ein Wesen⟩

Kap·sel *die;* (-, -n) **1** ein kleiner, runder oder ovaler Behälter aus dünnem, aber festem Material K Blechkapsel, Bleikapsel, Gummikapsel, Metallkapsel, Silberkapsel **2** ein Medikament (meist in Form von Pulver), das von einer Hülle umgeben ist (die sich dann im Magen auflöst) **3** (bei Pflanzen) die Hülle, in welcher der Samen ist K Samenkapsel

★ **ka·putt** ADJEKTIV; *gesprochen* **1** in einem so schlechten Zustand, dass es nicht mehr benutzt werden kann ⟨ein Gerät, eine Maschine; etwas kaputt machen, schlagen⟩ ≈ *defekt* | *Der Fernseher ist kaputt* | *die kaputte Fensterscheibe austauschen* | *Er hat das neue Auto kaputt gefahren* | *Diese stabilen Stiefel sind kaum kaputt zu kriegen* **2** in schlechtem Zustand, mit großen Schäden oder Problemen | *Mit meinen kaputten Bandscheiben darf ich nicht schwer heben* | *das kaputte Rentensystem neu organisieren* **3** völlig erschöpft und müde ⟨sich kaputt fühlen⟩ | *Ich war nach der Arbeit ganz kaputt* **4** in so schlechtem Zustand, dass sich die Partner nicht mehr lieben und verstehen ⟨eine Beziehung, eine Ehe⟩ **5** so, dass jemand die Hoffnung auf ein normales, besseres Leben aufgegeben hat und sich nicht mehr pflegt, nicht nach Arbeit sucht, viel Alkohol trinkt usw. ⟨ein kaputter Typ⟩ **6** nicht den geltenden Vorstellungen von Moral entsprechend | *Hier werden immer mehr Lebensmittel weggeworfen und dort verhungern die Kinder, das ist so kaputt!*

★ **ka·putt·ge·hen** VERB (ging kaputt, ist kaputtgegangen); *gesprochen* **1** **etwas geht kaputt** etwas zerbricht o. Ä., gerät in einen so schlechten Zustand, dass es nicht mehr zu gebrauchen ist **2** **etwas geht kaputt** etwas löst sich (auf) ⟨eine Beziehung, eine Ehe⟩ **3** **jemand/etwas geht kaputt** ein Geschäft o. Ä. wird wirtschaftlich ruiniert **4** **(an etwas) kaputtgehen** wegen etwas die Freude am Leben oder die Gesundheit verlieren

ka·putt·krie·gen ≈ *kaputt kriegen*

ka·putt·la·chen VERB (lachte sich kaputt, hat sich kaputtgelacht) **sich (über jemanden/etwas) kaputtlachen** *gesprochen* sehr heftig und laut über jemanden/etwas lachen | *sich über einen Witz kaputtlachen*

★ **ka·putt·ma·chen** VERB (machte kaputt, hat kaputtgemacht); *gesprochen* **1** **etwas macht jemanden kaputt** etwas fordert so viel Kraft (durch Anstrengungen) von einer Person, dass sie dabei ihre körperlichen oder psychischen Kräfte verliert | *Die Sorgen um ihren kranken Sohn machen sie noch kaputt* H aber: *das Fahrrad kaputt machen/kaputtmachen* **2** **(jemandem) etwas kaputtmachen** etwas (für jemanden) ruinieren | *Ich lasse mir von Ihnen nicht mein Geschäft/die Preise kaputtmachen!* | *Wir hatten so viel Spaß miteinander und du hast jetzt alles kaputtgemacht* **3** **sich kaputtmachen** alle Kräfte für etwas verbrauchen und dadurch die eigene Gesundheit ruinieren | *Du solltest nicht so viel arbeiten. – Du machst dich doch kaputt!*

ka·putt·schla·gen, ka·putt schla·gen *gesprochen* **etwas (mit etwas) kaputtschlagen/kaputt schlagen** so lange mit einem Hammer o. Ä. fest auf etwas schlagen, bis es zerbricht

Ka·pu·ze *die;* (-, -n) manche Pullover, Mäntel und Jacken haben eine Kapuze, mit der man den Kopf bedecken kann K Kapuzenjacke, Kapuzenpulli

Ka·ra·bi·ner *der;* (-s, -) ein Gewehr, das einen kurzen Lauf hat

Ka·ra·bi·ner·ha·ken *der* ein (geschlossener) Haken (z. B. an der Hundeleine) mit einer Feder, die verhindert, dass er sich von selbst öffnet

Ka·ra·cho **mit Karacho** *gesprochen* mit großer Geschwindigkeit, mit hohem Tempo | *mit Karacho losrasen*

Ka·raf·fe *die;* (-, -n) eine schöne (gewölbte) Flasche, in der man z. B. Likör oder Wein serviert

Ka·ram·bo·la·ge [-ˈlaːʒə] *die;* (-, -n) ein Zusammenstoß von mehreren Fahrzeugen, meist Autos ⟨es kommt zu einer Karambolage⟩ | *eine Karambolage im Nebel* K Massenkarambolage

Ka·ra·mell *der/das;* (-s) eine braune (klebrige) Substanz, die entsteht, wenn man Zucker erhitzt K Karamellbonbon, Karamellcreme, Karamellpudding ● hierzu **ka·ra·mell·far·ben** ADJEKTIV

Ka·ra·mel·le *die;* (-, -n); *meist Plural* ≈ *Karamellbonbon*

Ka·rat *das;* (-(e)s, -(e)) **1** eine Maßeinheit, in der man das Gewicht von Edelsteinen angibt | *ein Diamant von einem Karat* **2** eine Maßeinheit, mit der man angibt, wie hoch der Anteil von Gold (in einer Legierung) ist | *Reines Gold hat 24 Karat* H Nach Zahlenangaben lautet der Plural *Karat.*

Ka·ra·te *(das);* (-(s)) ein Sport und eine Methode, ohne Waffen zu kämpfen, bei denen man mit den Kanten der Hände schlägt und mit den Füßen tritt K Karatekämpfer, Karatemeister

Ka·ra·wa·ne *die;* (-, -n) eine Gruppe von Reisenden, die mit Kamelen durch unbewohnte Gebiete (Asiens oder Afrikas) ziehen

Kar·dan·wel·le *die* (beim Auto) eine Stange mit mehreren Gelenken, welche die Kraft vom Motor auf die Räder überträgt

Kar·di·nal *der;* (-s, Kar·di·nä·le) ein Priester, der in der Hierarchie der katholischen Kirche direkt unter dem Papst steht

Kar·di·nal- *im Substantiv, betont, nicht produktiv; geschrieben* **der Kardinalfehler, die Kardinalfrage, das Kardinalproblem, die Kardinaltugend** *und andere* drückt aus, dass es sich um das Wichtigste der genannten Sache handelt ≈ *Haupt-*

Kar·di·nal·zahl *die* eine Kardinalzahl gibt an, wieviele Elemente die genannte Menge hat, z. B. 4 (Kinder), 19 (Punkte), 150 (Jahre) ≈ *Grundzahl*

Kar·dio·lo·gie *die;* (-) das Gebiet der Medizin, das sich mit den Funktionen und den Erkrankungen des Herzens beschäftigt • hierzu **Kar·dio·lo·ge** *der;* **Kar·dio·lo·gin** *die;* **kar·dio·lo·gisch** ADJEKTIV

Kar·fi·ol *der;* (-s); *süddeutsch* Ⓐ ≈ *Blumenkohl*

Kar·frei·tag *der* der Freitag vor Ostern

karg ADJEKTIV (karger/kärger, kargst-/kärgst-) **1** nicht sehr reichlich in der Menge ⟨ein Mahl, ein Lohn; etwas ist karg bemessen⟩ **2** wenig fruchtbar ⟨ein Boden⟩

kärg·lich ADJEKTIV **1** so, dass es sehr bescheiden und einfach ist ⟨eine Mahlzeit⟩ **2** nur mit ganz wenigen, einfachen Möbeln ⟨eine Einrichtung⟩ | *Dieser Raum ist sehr kärglich eingerichtet* **3** ärmlich ⟨ein Dasein, ein Leben⟩ **4** gering, wenig ⟨ein Lohn, ein Rest⟩

ka·riert ADJEKTIV **1** mit einem Muster aus Vierecken ⟨ein Stoff⟩ **2** mit Linien, die Quadrate oder Rechtecke bilden ⟨ein Schreibblock, Papier⟩ **3 kariert (daher)reden** *gesprochen, abwertend* Dinge sagen, die keinen Sinn haben

Ka·ri·es [-i̯ɛs] *die;* (-) eine Erkrankung der Zähne, bei welcher die äußere, harte Substanz (der Zahnschmelz) zerstört wird ⟨Karies haben⟩

Ka·ri·ka·tur *die;* (-, -en) eine (meist witzige) Zeichnung, auf der charakteristische Merkmale oder Eigenschaften einer Person oder Sache übertrieben dargestellt werden ⟨eine politische Karikatur⟩ K Zeitungskarikatur

Ka·ri·ka·tu·rist *der;* (-en, -en) eine Person, die (beruflich) Karikaturen zeichnet H *der Karikaturist; den, dem, des Karikaturisten* • hierzu **Ka·ri·ka·tu·ris·tin** *die*

ka·ri·kie·ren VERB (karikierte, hat karikiert) **jemanden/etwas karikieren** jemanden/etwas in einer Karikatur darstellen | *einen Politiker karikieren*

ka·ri·ta·tiv, ka·ri·ta·tiv [-f] ADJEKTIV mit dem Ziel, armen oder kranken Menschen zu helfen ⟨eine Organisation; sich karitativ betätigen, engagieren⟩ ≈ *wohltätig* | *Das Rote Kreuz ist eine karitative Organisation*

★ **Kar·ne·val** [-val] *der;* (-s, -e/-s); *meist Singular* im Karneval (im Januar und Februar) tragen die Menschen auf fröhlichen Festen lustige Kleider ≈ *Fasching* | *Der Rosenmontag ist der Höhepunkt des Karnevals am Rhein* K Karnevalsfeier, Karnevalsfest, Karnevalskostüm, Karnevalslied, Karnevalsmaske, Karnevalstreiben, Karnevalstrubel, Karnevalsumzug, Karnevalsveranstaltung, Karnevalsverein, Karnevalszeit, Karnevalszug • hierzu **kar·ne·va·lis·tisch** ADJEKTIV

Kar·ni·ckel *das;* (-s, -); *gesprochen* ≈ *Kaninchen*

Ka·ro *das;* (-s, -s) **1** eines von vielen Vierecken, die als Muster auf Papier oder auf Stoffe gedruckt werden K Karomuster, Karostoff **2** eine Spielfarbe im internationalen Kartenspiel oder eine Karte dieser Farbe H → Beispiele unter **Herz**

Ka·ros·se·rie *die;* (-, -n [-ˈriːən]) die Teile aus Blech, die einem Auto die äußere Form geben ⟨eine schnittige Karosserie⟩ K Karosseriebau, Karosserieschaden; Autokarosserie, Stahlkarosserie

Ka·ro·tin *das;* (-s) eine Substanz, aus der Vitamin A entsteht und die z. B. in Karotten enthalten ist

KAROTTE

★ **Ka·rot·te** *die;* (-, -n) die dicke, längliche, orange Wurzel einer Pflanze, die man als Gemüse isst ≈ *Möhre* K Karottenbeet, Karottengemüse, Karottensaft

Karp·fen *der;* (-s, -) ein dicker Fisch, der in Teichen und Seen lebt ⟨Karpfen züchten, kochen, braten⟩ K Karpfenteich, Karpfenzucht; Silvesterkarpfen, Weihnachtskarpfen

Kar·re *die;* (-, -n) **1** ein kleiner Wagen zum Schieben (meist mit einem oder zwei Rädern und langen Griffen), auf dem man z. B. Erde transportiert K Karrenrad, Karrenweg; Mistkarre, Sackkarre, Schubkarre **2** *gesprochen, abwertend* ein altes Auto, Motorrad o. Ä. in schlechtem Zustand ■ **ID die Karre (für jemanden) aus dem Dreck ziehen** *gesprochen* etwas (Unangenehmes), für das eine andere Person verantwortlich ist, wieder in Ordnung bringen; **jemandem an die Karre fahren** *gesprochen* jemanden scharf oder mit groben Worten kritisieren

Kar·ree *das;* (-s, -s) **im Karree** *veraltend* in der Form eines Vierecks | *Die Häuserblocks stehen im Karree*

kar·ren VERB (karrte, hat gekarrt) **1 etwas (irgendwohin) karren** etwas in einer Karre (oder einem kleinen Wagen) irgendwohin transportieren ⟨Erde, Steine, Lasten⟩ **2 jemanden irgendwohin karren** *gesprochen, meist abwertend* jemanden irgendwohin fahren

Kar·ren *der;* (-s, -) ≈ *Karre* ■ **ID jemandem an den Karren fahren** *gesprochen* jemanden scharf kritisieren; **jemanden vor seinen Karren spannen** *gesprochen* eine andere Person für sich arbeiten lassen oder ausnutzen

★ **Kar·ri·e·re** [-ˈri̯eːrə] *die;* (-, -n) der Weg, der im Beruf zu Erfolg und zu einer guten Position führt ⟨eine glänzende, steile, große Karriere vor sich (*Dativ*) haben; jemandem die Karriere verderben⟩ K Beamtenkarriere ■ **ID (als etwas) Karriere machen** (auf dem genannten Gebiet) beruflichen Erfolg haben und Anerkennung finden | *Sie hat als Fotomodell Karriere gemacht*

Kar·ri·e·re·frau [-ˈri̯eːrə-] *die* eine Frau, die Karriere macht oder im Beruf außerordentlich erfolgreich ist

Kar·ri·e·re·ma·cher [-ˈri̯eːrə-] *der; abwertend* eine Person, die Karriere gemacht hat oder machen will und dabei keine Rücksicht auf andere Leute nimmt • hierzu **Kar·ri·e·re·ma·che·rin** *die*

Kar·ri·e·rist [-ri̯e-] *der;* (-en, -en); *abwertend* ≈ *Karrieremacher* H *der Karrierist; den, dem, des Karrieristen* • hierzu **Kar·ri·e·ris·tin** *die*

Kar·sams·tag *der* der Tag vor Ostersonntag H → Infos unter **Ostern**

Karst *der;* (-(e)s, -e) eine Landschaft aus Kalkfelsen mit vielen Spalten (Rissen) und Höhlen, auf der kaum Pflanzen wachsen K Karstboden, Karstgebiet, Karstlandschaft • hierzu **kars·tig** ADJEKTIV

★ **Kar·te** *die;* (-, -n) **1** ein rechteckiges Stück aus dickem, festem Papier, auf das man etwas schreibt K Karteikarte **2** eine Karte (oft mit einem gedruckten Bild), die dazu dient, Grüße zu schreiben ⟨jemandem aus dem Urlaub, zum Geburtstag, an Weihnachten eine Karte schicken, schreiben⟩ K Ansichtskarte, Beileidskarte, Geburtstagskarte, Glückwunschkarte, Postkarte, Weihnachtskarte **3** eine von verschiedenen Karten mit Zahlen und/oder Symbolen, die beim Kartenspiel verwendet werden ⟨die Karten mischen, geben; gute, schlechte Karten haben; Karten spielen⟩ K Bridgekarten, Canastakarten, Rommékarten, Skatkarten, Spielkarten **4** eine Zeichnung eines Gebietes mit Einzelheiten wie Bergen, Straßen, Flüssen usw. (auf Papier oder einem Bildschirm) ‹eine Karte lesen, studieren; etwas auf der Karte suchen› ≈ *Landkarte* K Europakarte, Weltkarte, Himmelskarte, Straßenkarte, Autokarte **5** (in Restaurants, Bars o. Ä.) eine Liste, auf der Speisen, Getränke usw. und deren Preise stehen ‹die Karte verlangen, studieren; jemandem die Karte bringen› K Eiskarte, Getränkekarte, Speisekarte, Weinkarte **6** Kurzwort für *Eintrittskarte* ‹Karten kaufen, bestellen, reservieren lassen› K Kartenbestellung, Karten(vor)verkauf; Kinokarte, Konzertkarte, Theaterkarte **7** Kurzwort für *Fahrkarte* ‹eine Karte lösen; die Karte entwerten (lassen), vorzeigen, kontrollieren› ≈ *Ticket* K Jahreskarte, Monatskarte, Wochenkarte, Rückfahrkarte, Schülerkarte, Seniorenkarte **8** Kurzwort für *Kreditkarte* oder *Bankkarte* ‹mit Karte zahlen› K Kartenzahlung **9** Kurzwort für *Visitenkarte* ‹seine Karte dalassen, abgeben, überreichen› **10** **die Gelbe/Rote Karte** eine gelbe oder rote Karte, die der Schiedsrichter hochhält, um zu signalisieren, dass ein Spieler wegen eines Fouls o. Ä. verwarnt wird (gelb) bzw. das Feld verlassen muss (rot)

■ ID **die/seine Karten aufdecken**, **seine Karten (offen) auf den Tisch legen**, **mit offenen Karten spielen** nicht so handeln, dass man andere Personen täuscht oder nur wenig informiert; **alles auf 'eine Karte setzen** nur eine von mehreren Lösungsmöglichkeiten versuchen und so riskieren, dass es die falsche ist; **auf die falsche Karte setzen** eine Sache unterstützen, die keinen Erfolg hat; **jemandem in die Karten sehen/schauen** merken, welche Pläne und Absichten jemand hat; **jemandem die Karten legen** jemandem mit Spielkarten die Zukunft voraussagen

Kar·tei *die;* (-, -en) eine Kartei besteht aus Kästen, in denen viele Karten oder Ordner mit Informationen sind ‹eine Kartei anlegen, führen; in der Kartei nachsehen› K Karteiblatt, Karteikarte, Karteikasten, Karteizettel; Mitgliederkartei, Patientenkartei

Kar·tei·lei·che *die; humorvoll* ein Mitglied einer Organisation, dessen Name zwar in einer Liste steht, das aber nicht aktiv ist

Kar·tell *das;* (-s, -e) **1** ein Kartell besteht aus Unternehmen, die eigentlich Konkurrenten sind, aber trotzdem die Preise ihrer Produkte miteinander festlegen | *Große Firmen bilden häufig ein Kartell* K Kartellamt, Kartellgesetz, Kartellrecht; Preiskartell, Verkaufskartell **2** eine kriminelle Organisation in Mittel- oder Südamerika

Kar·ten·gruß *der* eine Postkarte mit einer kurzen Mitteilung und einem Gruß

Kar·ten·haus *das* eine Pyramide aus Spielkarten, die sehr leicht umfällt ■ ID **etwas stürzt zusammen wie ein Kartenhaus**, **etwas fällt in sich zusammen wie ein Kartenhaus** **a** eine Idee, eine Theorie o. Ä. scheitert bei der ersten kritischen Prüfung (oder Bewährungsprobe), weil sie völlig unrealistisch ist **b** ein großes Unternehmen o. Ä. geht zugrunde

Kar·ten|kunst·stück *das* ein Trick mit Spielkarten ‹ein Kartenkunststück beherrschen, können›

Kar·ten·spiel *das* **1** ein Gesellschaftsspiel mit Karten (wie Skat oder Bridge) ‹ein Kartenspiel machen› **2** alle Karten, die man für ein bestimmtes Kartenspiel braucht • zu (1) **Kar·ten·spie·ler** *der;* zu (1) **Kar·ten·spie·le·rin** *die*

★ **Kar·tof·fel** *die;* (-, -n) **1** Kartoffeln sind braun und wachsen unter der Erde. Man isst sie gekocht oder gebraten ‹festkochende, mehlige Kartoffeln; Kartoffeln schälen, kochen, in Scheiben schneiden› K Kartoffelbrei, Kartoffelpüree, Kartoffelsack, Kartoffelschalen, Kartoffelschnaps, Kartoffelsuppe; Frühkartoffel, Futterkartoffel, Salatkartoffel, Speisekartoffel **2** die Pflanze, an welcher die Kartoffeln wachsen ‹Kartoffeln anbauen, pflanzen› K Kartoffelacker, Kartoffelblüte, Kartoffelernte, Kartoffelfeld, Kartoffelkraut

Kar·tof·fel·chips *die; Plural* in Fett gebackene dünne Scheiben von Kartoffeln, die man kalt isst

Kar·tof·fel·kä·fer *der* ein Käfer mit gelben und schwarzen Streifen, welcher die Blätter von Kartoffelpflanzen frisst

Kar·tof·fel·kloß *der* eine runde Masse aus dem Teig von (geriebenen) rohen oder (zerdrückten) gekochten Kartoffeln

Kar·tof·fel·knö·del *der; süddeutsch* Ⓐ ≈ *Kartoffelkloß*

Kar·tof·fel·mehl *das; nur Singular* feines Mehl aus Kartoffeln, das man z. B. zum Backen verwendet

Kar·tof·fel·puf·fer *der;* (-s, -) Kartoffelpuffer macht man aus rohen, geriebenen Kartoffeln, Eiern und Mehl; sie werden in der Pfanne gebraten

Kar·tof·fel·sa·lat *der* gekochte, in Scheiben geschnittene Kartoffeln, die man mit Zwiebeln, Mayonnaise usw. zubereitet und kalt als Salat isst

Kar·tof·fel·stär·ke *die; nur Singular* ≈ *Kartoffelmehl*

Kar·to·gra·fie, **Kar·to·gra·phie** [-'fi:] *die;* (-) die Wissenschaft und Technik der Herstellung von Landkarten • hierzu **Kar·to·graf**, **Kar·to·graph** *der;* **kar·to·gra·fisch**, **kar·to·gra·phisch** ADJEKTIV; **kar·to·gra·fie·ren**, **kar·to·gra·phie·ren** VERB *(hat)*

★ **Kar·ton** [-'tɔŋ, -'tõ, -'to:n] *der;* (-s, -s) **1** ein Behälter aus Pappe, der wie ein Kasten aussieht ≈ *Schachtel* **2** *nur Singular* das dicke, steife Papier, aus dem Kartons gemacht werden ≈ *Pappe*

KARTON

kar·to·niert ADJEKTIV (in Bezug auf Bücher) mit einem festen Deckel (Einband) aus Karton K leinenkartoniert

Ka·rus·sell *das;* (-s, -e/-s) (auf Volksfesten o. Ä.) ein großes, rundes Gestell mit hölzernen Pferden, kleinen Autos o. Ä., das sich im Kreis dreht, und auf dem man mitfahren kann ‹(mit dem) Karussell fahren› K Kettenkarussell, Kinderkarussell

Kar·wo·che *die* die Woche vor Ostern **i** → Infos unter **Ostern**

Kar·zi·nom *das;* (-s, -e) ≈ *Tumor*

Ka·schem·me *die;* (-, -n); *veraltend* ein billiges Lokal

ka·schie·ren VERB (kaschierte, hat kaschiert) **etwas kaschieren** sich so benehmen oder handeln, dass andere Personen Fehler oder Mängel nicht bemerken | *versuchen, Probleme zu kaschieren* | *den Bauchansatz mit einem weiten Kleid kaschieren*

Kasch·mir *der;* (-s, -e); *meist Singular* ein feines, weiches (oft glänzendes) Gewebe aus Wolle K Kaschmirpullover, Kaschmirschal

★ **Kä·se** *der;* (-s) **1** ein festes (weißes oder gelbes) Produkt aus Milch, das man (in vielen Sorten) meist zu Brot isst | *Der Camembert ist ein französischer Käse* K Käseaufschnitt, Käsebrot, Käsegebäck; Hartkäse, Weichkäse, Schafskäse, Ziegenkäse **i** Als Plural wird *Käsesorten* verwendet; zu *Käseaufschnitt* → Abb. unter **Aufschnitt** **2** *gesprochen, abwertend* ≈ *Unsinn* | *Was er da erzählt, ist Käse*

KÄSE

Kä·se·blatt *das; gesprochen, abwertend* eine kleine, unwichtige Regionalzeitung

Kä·se·glo·cke *die* ein Teller mit einer Haube (aus Glas), unter die man den Käse legt, damit er frisch bleibt
Kä·se·ku·chen *der* ein Kuchen, dessen Teig zu einem großen Teil aus Quark besteht
Kä·se·mes·ser *das* ein spezielles (gebogenes) Messer, mit dem man Käse schneidet
Kä·se·plat·te *die* verschiedene Sorten Käse, die man auf einem flachen Teller (einer Platte) anbietet
Kä·se·rin·de *die* die äußere Schicht von einem harten Käse ⟨die Käserinde abschneiden⟩
Ka·ser·ne *die*; (-, -n) ein Komplex von Häusern, in dem Soldaten untergebracht sind K Kasernenhof
ka·ser·nie·ren VERB (kasernierte, hat kaserniert) **Personen kasernieren** eine Gruppe von Personen nach Art von Soldaten für kurze Zeit irgendwo unterbringen ⟨Sportler, Truppen kasernieren⟩
Kä·se·tor·te *die* eine Torte mit einer dicken Schicht aus Quark und Sahne
kä·se·weiß ADJEKTIV; *gesprochen* sehr blass, bleich | *Sie wurde vor Schreck käseweiß im Gesicht*
kä·sig ADJEKTIV; *gesprochen* sehr blass, bleich ⟨Haut; käsig im Gesicht sein, aussehen⟩
Ka·si·no *das*; (-s, -s) **1** Kurzwort für *Spielkasino* **2** ein großer Raum, in dem man sich nach der Arbeit trifft, um zu feiern o. Ä. ≈ *Klubhaus* **3** ein Speiseraum für Offiziere K Offizierskasino **4** ein Speiseraum in einem Betrieb, Büro o. Ä. ≈ *Kantine*
Kas·ka·de *die*; (-, -n) ein (meist künstlich angelegter) Bach, der über mehrere Stufen wie ein Wasserfall steil nach unten stürzt
Kas·ko·ver·si·che·rung *die* eine Form der Versicherung, bei der ein Schaden am eigenen Auto ganz oder teilweise auch dann ersetzt wird, wenn der Fahrer selbst am Unfall schuld ist
Kas·per *der*; (-s, -) **1** (im Puppentheater) eine lustige, freche Figur mit einer großen Nase und Zipfelmütze K Kaspertheater **2** *gesprochen* eine Person, die gern alberne Späße macht ⟨den Kasper machen⟩
Kas·perl *der*; (-s, -(n)); *süddeutsch* Ⓐ ≈ *Kasper* K Kasperltheater
Kas·per·le *das/der*; (-s, -); *süddeutsch* ≈ *Kasper* K Kasperletheater
kas·pern VERB (kasperte, hat gekaspert); *gesprochen* alberne Späße machen (und dabei lachen)
Kas·sa *die*; (-, Kas·sen); Ⓐ ≈ *Kasse*
Kas·sand·ra·ruf *der*; *geschrieben* die Warnung vor einer Katastrophe
★ **Kas·se** *die*; (-, -n) **1** ein Kasten für Geld aus Stahl ⟨Geld aus der Kasse nehmen; jemandem die Kasse anvertrauen⟩ **2** ein Gerät, das in Geschäften dazu dient, die gekauften Waren zu registrieren und auszurechnen, wie viel der Kunde bezahlen muss ⟨das Wechselgeld in der Kasse; etwas in die Kasse tippen⟩ K Ladenkasse, Registrierkasse **3** (in einem Supermarkt, Theater, Kino usw.) die Stelle, an der man die gekauften Waren bzw. den Eintritt bezahlt ⟨zur Kasse gehen; sich an der Kasse anstellen⟩ | *Karten an der Kasse abholen* | *Es gab lange Schlangen vor den Kassen* K Kinokasse, Theaterkasse, Vorverkaufskasse **4** der Ort (meist in einer Bank), an dem man Geld einzahlen oder bekommen kann K Kassenraum, Kassenschalter **5** Kurzwort für *Krankenkasse* | *Die Kosten für das Krankenhaus zahlt die Kasse* **6** **Kasse machen** (als Kaufmann) ausrechnen, wie viel Geld man (z. B. an einem Tag) eingenommen und ausgegeben hat ■ ID **jemanden zur Kasse bitten** von jemandem Geld verlangen; **gut/schlecht oder knapp bei Kasse sein** viel/wenig Geld (zur Verfügung) haben; **seine Kasse aufbessern** Geld dazuverdienen
Kas·sen·arzt *der* ein Arzt mit dem Recht (und der Pflicht), die Patienten zu behandeln, die bei einer gesetzlichen Krankenkasse versichert sind • hierzu **Kas·sen·ärz·tin** *die*; **kas·sen·ärzt·lich** ADJEKTIV
Kas·sen·er·folg *der* ein Film, ein Theaterstück, Musical usw., die sehr gut besucht werden und deshalb viel Geld einbringen
Kas·sen·pa·ti·ent *der* ein Patient, der bei einer gesetzlichen Krankenkasse versichert ist • hierzu **Kas·sen·pa·ti·en·tin** *die*
Kas·sen·schla·ger *der* meist eine Ware, die von sehr vielen Kunden gekauft wird
Kas·sen·sturz *(der)* ■ ID **Kassensturz machen** zählen oder feststellen, wie viel Geld man (noch) hat
Kas·sen·wart *der*; (-(e)s, -e) eine Person, welche das Geld eines Vereins verwaltet • hierzu **Kas·sen·war·tin** *die*
Kas·sen·zet·tel *der* ein Zettel, auf dem steht, wie viel Geld man für jede einzelne Ware bezahlt hat, und den man im Supermarkt o. Ä. als Quittung bekommt
Kas·se·rol·le *die*; (-, -n) ein (flacher) Topf mit Stiel oder mit Henkeln, in dem man Fleisch brät
Kas·set·te *die*; (-, -n) **1** *historisch* ein magnetisches Band in einer Hülle aus Plastik, auf dem früher Musik oder Filme gespeichert wurden ⟨eine Kassette abspielen, aufnehmen⟩ K Musikkassette, Videokassette; Kassettenrecorder **2** ein kleiner Behälter aus Metall, in den man wertvolle Dinge oder Geld einschließen kann K Geldkassette, Schmuckkassette **3** ein Karton, in den man zusammengehörige Bücher, CDs o. Ä. schiebt, damit sie zusammenbleiben | *eine Kassette mit Werken von Heinrich Heine* | *eine Kassette mit den Sinfonien von Beethoven* K Bücherkassette, Geschenkkassette
Kas·sier *der*; (-s, -e); *süddeutsch* Ⓐ㊂ ≈ *Kassierer*
★ **kas·sie·ren** VERB (kassierte, hat kassiert) **1** **(etwas) kassieren** von einer Person Geld für eine Ware, Leistung o. Ä. fordern und nehmen ⟨die Miete, den Strom, das Fahrgeld kassieren⟩ | *Die Kellnerin hatte vergessen, bei uns zu kassieren* **2** **etwas kassieren** *gesprochen* einer Person etwas wegnehmen, weil man das Recht oder die Macht dazu hat ⟨jemandes Pass, Führerschein kassieren⟩ **3** **etwas kassieren** *gesprochen* das Geld, auf das man einen Anspruch hat, bekommen ⟨das Honorar, die Provision kassieren⟩ **4** **etwas kassieren** *gesprochen* etwas nehmen und benutzen, ohne um Erlaubnis zu fragen ≈ *klauen* | *Hast du schon wieder mein Feuerzeug kassiert?* **5** **etwas kassieren** *gesprochen* etwas Unangenehmes bekommen oder erleiden ⟨eine Niederlage, eine Ohrfeige kassieren⟩ | *Unsere Mannschaft hat vier Tore kassiert* **6** **ein Lob kassieren** *gesprochen* gelobt werden
Kas·sie·rer *der*; (-s, -) **1** eine Person (z. B. in einer Bank), bei der man Geld einzahlen oder bekommen kann | *Der Kassierer hatte seinen Schalter schon geschlossen* K Bankkassierer **2** ≈ *Kassenwart* • hierzu **Kas·sie·re·rin** *die*
Kas·tag·net·te [-tan'jɛtə] *die*; (-, -n); *meist Plural* eines von zwei kleinen Schälchen aus Holz, die man (bei spanischen Tänzen) an den Fingern einer Hand hält und rhythmisch gegeneinanderschlagen lässt
★ **Kas·ta·nie** [-ni̯ə] *die*; (-, -n) **1** eine braune, harte Frucht in einer grünen, stacheligen Hülle. Es gibt eine Sorte Kastanien, die man essen kann ⟨Kastanien rösten; heiße Kastanien essen⟩ | *das Wild mit Kastanien füttern* K Esskastanie **2** ein Baum, an dem Kastanien wachsen K Kastanienallee, Kastanienbaum ■ ID **(für jemanden) die Kastanien aus dem Feuer holen** eine unangenehme oder gefährliche Sache für jemanden erledigen • zu (1) **kas·ta·ni·en·braun**

ADJEKTIV

Käst·chen *das*; (-s, -) **1** ein kleiner rechteckiger Behälter (meist aus Metall oder Holz) **2** eines von vielen kleinen Quadraten, die auf Rechenpapier gedruckt sind

Kas·te *die*; (-, -n) **1** eine von mehreren Gruppen der Gesellschaft (vor allem in Indien), die voneinander sehr streng getrennt sind **2** *meist abwertend* eine Gruppe der Gesellschaft, die meint, die Elite zu sein **K** Ärztekaste, Offizierskaste

kas·tei·en VERB (kasteite sich, hat sich kasteit); *geschrieben* **1** **sich kasteien** sich selbst (vor allem durch Schläge, Hungern o. Ä.) bestrafen | *Früher haben sich die Mönche kasteit, um ihre Sünden zu sühnen* **2** **sich kasteien** *humorvoll* bewusst auf etwas verzichten

Kas·tell *das*; (-s, -e) ≈ *Burg, Festung*

★ **Kas·ten** *der*; (-s, Käs·ten) **1** ein meist rechteckiger Behälter aus Holz, Metall o. Ä. (mit Deckel), in den man Dinge legt **K** Briefkasten, Farbenkasten, Geigenkasten, Karteikasten, Werkzeugkasten **2** **ein Kasten** (+*Substantiv*) ein rechteckiger Behälter ohne Deckel, der speziell für den Transport von Flaschen gemacht ist ⟨ein Kasten Bier, Limo, Mineralwasser⟩ **3** Kurzwort für *Schaukasten* **4** *gesprochen, abwertend* ein meist (altes) Auto, das nicht mehr gut fährt **5** *gesprochen, abwertend* ein (altes) Radio oder Fernsehgerät **6** *süddeutsch,* Ⓐ Ⓒⓗ ein meist kleiner Schrank für Kleider, Schuhe o. Ä. **7** ein Turngerät (aus Holz) in der Form eines Kastens mit einer Oberfläche aus Leder, über den man springt | *eine Grätsche über den Kasten springen* ■ **ID** **(et)was auf dem Kasten haben** *gesprochen* intelligent sein oder gute Fähigkeiten haben • zu (1) **kas·ten·för·mig** ADJEKTIV

Kas·ten·brot *das* ein Brot, das in Form eines länglichen Kastens gebacken wurde

Kas·ten·form *die* eine rechteckige, längliche Backform

kast·rie·ren VERB (kastrierte, hat kastriert) **jemanden kastrieren** bei einem männlichen Tier die Hoden entfernen, damit es unfruchtbar ist • hierzu **Kast·ra·ti·on** *die*

Ka·sus *der*; (-, - [-zu:s]) ≈ *Fall*

★ **Ka·ta·log** *der*; (-(e)s, -e) **1** eine Art Liste mit allen Gegenständen, die in einem Museum, einem Lager, einer Bibliothek oder bei einer Ausstellung vorhanden sind | *der alphabetische Katalog einer Bibliothek* **K** Bibliothekskatalog, Sachkatalog **2** ein Buch oder dickes Heft mit Bildern, in dem man (als Besucher oder Kunde) lesen kann, welche Gegenstände in einer Ausstellung bzw. in einem Museum zu sehen sind oder welche Waren eine Firma verkauft ⟨im Katalog blättern; etwas aus dem Katalog bestellen⟩ **K** Katalogpreis; Ausstellungskatalog, Versandhauskatalog, Warenkatalog **3** **ein Katalog von Dingen** viele einzelne Elemente, die zu einem Thema gehören | *ein Katalog von Maßnahmen* **K** Fragenkatalog, Themenkatalog

ka·ta·lo·gi·sie·ren VERB (katalogisierte, hat katalogisiert) **etwas katalogisieren** etwas (mit einer Nummer) in einen Katalog aufnehmen • hierzu **Ka·ta·lo·gi·sie·rung** *die*

Ka·ta·ly·sa·tor *der*; (-s, Ka·ta·ly·sa·to·ren) **1** Autos mit Katalysator produzieren weniger schädliche Abgase als andere Autos **K** Katalysatortechnik **2** ein Stoff, der eine chemische Reaktion bewirkt, selbst aber unverändert bleibt **3** etwas, das eine Entwicklung auslöst oder beschleunigt ⟨etwas wirkt als Katalysator⟩

Ka·ta·ma·ran *der*; (-s, -e) ein Fahrzeug zum Segeln, das aus zwei parallel miteinander verbundenen Booten besteht

Ka·ta·pult *der/das*; (-(e)s, -e) ≈ *(Stein)Schleuder*

ka·ta·pul·tie·ren VERB (katapultierte, hat katapultiert) **jemanden/etwas irgendwohin katapultieren** jemanden/etwas (mit oder wie mit einem Katapult) irgendwohin schleudern oder schießen | *Beim Aufprall wurde er aus dem Auto katapultiert*

Ka·ta·rakt *der*; (-(e)s, -e) **1** ≈ *Stromschnelle* **2** ≈ *Wasserfall*

Ka·tarr, Ka·tarrh *der*; (-s, -e) **1** eine Entzündung der Bronchien, bei der Schleim entsteht **K** Raucherkatarr **2** *gesprochen* ≈ *Erkältung*

Ka·tas·ter *der/das*; (-s, -) die Akten oder Bücher in einem Amt, in denen alle Grundstücke aus einem Bezirk verzeichnet und beschrieben sind **K** Katasteramt, Katasterauszug

ka·ta·stro·phal [-'fa:l] ADJEKTIV sehr schlimm ⟨ein Fehler, ein Irrtum, eine Wirkung, Folgen⟩ | *In dem Erdbebengebiet herrschen katastrophale Zustände*

★ **Ka·ta·stro·phe** [-fə] *die*; (-, -n) **1** ein natürliches Ereignis oder ein Krieg mit schlimmen Folgen für ein Gebiet oder die Menschen, die dort leben ⟨eine atomare, humanitäre, kosmische, nationale, globale Katastrophe⟩ | *die Bevölkerung vor einer drohenden/nahenden Katastrophe warnen* | *Die Dürre war eine verheerende Katastrophe für das Land* **K** Dürrekatastrophe, Erdbebenkatastrophe, Naturkatastrophe, Unwetterkatastrophe **2** eine Situation oder ein Ereignis mit schlimmen Folgen für jemanden | *Es wäre eine Katastrophe für die Firma, wenn sie diesen Auftrag verliert* | *Dann kommen wir eben mal zu spät, das wäre auch keine Katastrophe* ■ **ID** **jemand/etwas ist eine Katastrophe** jemand/etwas ist sehr schlecht, nicht zu gebrauchen | *Der Sänger/Das Essen war eine einzige Katastrophe*

Ka·ta·stro·phen·alarm *der* eine Nachricht, die vor einer drohenden Gefahr (vor allem einer Naturkatastrophe) warnt ⟨Katastrophenalarm geben, auslösen⟩

Ka·ta·stro·phen·dienst *der* eine Gruppe oder Organisation, die (vor allem medizinische und technische) Hilfe leistet, wenn ein großes Unglück, vor allem eine Naturkatastrophe, passiert ist

Ka·ta·stro·phen·fall *der* **im Katastrophenfall** wenn sich eine Katastrophe ereignet (hat) | *Die Helfer wissen, was sie im Katastrophenfall tun müssen*

Ka·ta·stro·phen·ge·biet *das* die Gegend, in der sich eine Naturkatastrophe (z. B. ein Erdbeben) ereignet hat

Ka·ta·stro·phen·schutz *der* **1** eine Organisation, die (vor allem medizinische und technische) Hilfe leistet, wenn sich eine Katastrophe ereignet hat **2** die Maßnahmen, die Katastrophen verhindern sollen

Ka·te·chis·mus *der*; (-, Ka·te·chis·men) ein Lehrbuch für den religiösen (christlichen) Unterricht in der Schule

★ **Ka·te·go·rie** *die*; (-, -n [-'ri:ən]) eine Gruppe, in die man Dinge oder Personen mit gemeinsamen Merkmalen einordnet ⟨etwas gehört, zählt zu einer Kategorie⟩ | *Kleidung ist im Katalog in mehrere Kategorien unterteilt: für Damen, Herren und Kinder, für Freizeit, Sport, festliche Anlässe usw.* **K** Preiskategorie, Warenkategorie

ka·te·go·risch ADJEKTIV; *geschrieben* sehr bestimmt und mit viel Nachdruck ⟨ein Nein; etwas kategorisch ablehnen, fordern, verneinen; (jemandem) etwas kategorisch verbieten⟩

Ka·ter *der*; (-s, -) **1** eine männliche Katze **2** die Kopfschmerzen und die Übelkeit, die man hat, wenn man am Tag vorher zu viel Alkohol getrunken hat ⟨einen Kater bekommen, haben⟩ **K** Katerfrühstück **3** **der gestiefelte Kater** im Märchen ein Kater, der Stiefel trägt

Ka·the·der *der/das*; (-s, -); *veraltend* ein schmaler hoher Tisch, an dem Redner steht (früher auch Lehrer) ≈ *Pult*

Ka·the·dra·le *die*; (-, -n) eine große Kirche (die zu einem Bistum, zum Sitz eines Bischofs gehört) | *die Kathedrale von Westminster* **H** Mit *Kathedrale* werden meist Kirchen in England, Frankreich und Spanien bezeichnet. In Deutschland verwendet man *Dom* oder *Münster*: *der Kölner Dom, das Ulmer Münster.*

Ka·the·te *die*; (-, -n) eine der beiden Seiten eines Dreiecks, die einen rechten Winkel bilden ↔ *Hypotenuse*

Ka·the·ter *der;* (-s, -) ein dünner Schlauch, mit dem ein Arzt die Organe des Körpers (z. B. die Harnblase) entleert oder untersucht | *einen Katheter in die Blase einführen* K Blasenkatheter, Darmkatheter, Herzkatheter

Ka·tho·de *die;* (-, -n) der negative Pol (die Elektrode) einer elektrischen Batterie o. Ä. ↔ *Anode* K Kathodenstrahlen

Ka·tho·lik, Ka·tho·lik *der;* (-en, -en) ein Mitglied der katholischen Kirche ⟨ein gläubiger, praktizierender Katholik⟩ H *der Katholik; den, dem, des Katholiken* • hierzu **Ka·tho·li·kin, Ka·tho·li·kin** *die*

★ **ka·tho·lisch** ADJEKTIV zu der christlichen Religion gehörig, deren höchster Vertreter der Papst in Rom ist ⟨die Kirche, ein Priester, ein Dogma; katholisch sein⟩ H Abkürzung *kath.*

Ka·tho·li·zis·mus *der;* (-) die Lehre der katholischen Kirche ⟨zum Katholizismus übertreten; sich zum Katholizismus bekennen⟩

Katz *die* ■ ID **etwas ist für die Katz** *gesprochen* etwas ist umsonst, vergebens | *Meine ganze Arbeit war für die Katz!*; **jemand gehört der Katz** *gesprochen* jemand hat keine Chance mehr, ist verloren; **Katz und Maus (mit jemandem) spielen** (aus einer Position der Stärke heraus) mit einer Person spielen, indem man ihr (öfter) Hoffnungen auf etwas macht und diese dann nicht erfüllt

Kätz·chen *das;* (-s, -) **1** eine kleine oder junge Katze **2** *meist Plural* die weichen Blüten mancher Bäume und Sträucher K Haselkätzchen, Weidenkätzchen

KATZE

★ **Kat·ze** *die;* (-, -n) **1** ein Haustier mit scharfen Zähnen und Krallen, das Mäuse fängt ⟨die Katze miaut, schnurrt, faucht, kratzt, putzt sich, macht einen Buckel; anschmiegsam, falsch, zäh wie eine Katze⟩ K Hauskatze; Katzenfell **2** verwendet als Bezeichnung für eine weibliche Katze (im Gegensatz zu einem Kater) **3** eine der verschiedenen Tierarten, die mit der Katze verwandt sind | *Tiger und Löwen sind Katzen* K Raubkatze, Wildkatze ■ ID **die Katze im Sack kaufen** etwas kaufen, ohne vorher die Qualität zu prüfen; **die Katze aus dem Sack lassen** etwas Wichtiges, das man bisher verschwiegen hat, verraten; **wie die Katze um den heißen Brei herumgehen** nicht den Mut haben, über etwas klar und deutlich zu reden; **Da beißt sich die Katze in den Schwanz** ein Problem wiederholt sich selbst immer wieder (z. B. man bekommt keine Wohnung, wenn man arbeitslos ist und man bekommt auch keine Arbeit, wenn man keine Wohnung hat; **Die Katze lässt das Mausen nicht** jemand will die alten Gewohnheiten nicht ändern • zu (1) **kat·zen·ar·tig** ADJEKTIV

Kat·zen·au·ge *das* **1** das Auge einer Katze **2** *gesprochen* eine kleine Scheibe (z. B. hinten am Fahrrad), die Licht reflektiert

Kat·zen·jam·mer *der* eine traurige Stimmung nach einer Enttäuschung o. Ä.

Kat·zen·mu·sik *die; nur Singular; abwertend* eine Musik, die ohne Harmonie ist und schlecht klingt ⟨Katzenmusik machen⟩

Kat·zen·sprung *der* **(nur) ein Katzensprung** nicht weit entfernt | *„Ist es noch weit bis zur Stadtmitte?" – „Nein, das ist nur noch ein Katzensprung."*

Kat·zen·tisch *der; gesprochen, humorvoll* im Restaurant oder bei Feiern ein kleiner Tisch am Rand oder an einer ungünstigen Stelle ⟨mit dem Katzentisch vorlieb nehmen müssen⟩

Kat·zen·wä·sche *die* ■ ID **Katzenwäsche machen** *gesprochen, humorvoll* sich sehr schnell, nicht gründlich und ohne viel Wasser waschen

Kau·der·welsch *das;* (-(s)); *abwertend* eine (verworrene) Sprache oder eine Art zu sprechen, die man nicht verstehen kann ⟨ein Kauderwelsch reden⟩

★ **kau·en** VERB (kaute, hat gekaut) **1** **(etwas) kauen** feste Nahrung mit den Zähnen kleiner machen (zerbeißen) ⟨etwas gut, gründlich kauen; mit vollen Backen kauen⟩ | *Es ist ungesund, beim Essen nicht richtig zu kauen* K Kaubewegung, Kaumuskel **2** **an/auf etwas** (*Dativ*) **kauen** (meist weil man nervös ist) auf etwas herumbeißen ⟨an den Fingernägeln, auf einem Bleistift kauen⟩ **3** **an etwas** (*Dativ*) **zu kauen haben** *gesprochen* etwas nur mit Mühe schaffen können ⟨an einer Aufgabe, einem Problem zu kauen haben⟩

kau·ern VERB (kauerte, hat/ist gekauert) **1** **(irgendwo) kauern** mit gebeugten Knien so auf den Fersen sitzen, dass die Beine fest an den Körper gedrückt sind K Kauerstellung **2** **sich irgendwohin kauern** sich in einer kauernden Stellung auf den Boden setzen | *sich hinter eine Hecke kauern, um sich zu verstecken*

★ **Kauf** *der;* (-(e)s, Käu·fe) **1** das Kaufen ⟨ein Kauf auf Raten, Kredit; etwas zum Kauf anbieten; einen Kauf abschließen, rückgängig machen⟩ | *Das Haus steht zum Kauf* (kann gekauft werden) | *Vom Kauf dieser Spülmaschine kann man nur abraten* K Grundstückskauf, Hauskauf, Ratenkauf **2** etwas, das man gegen Bezahlung bekommen hat ⟨ein günstiger, schlechter, vorteilhafter Kauf⟩ | *Stolz präsentierte sie ihre neuen Käufe* ■ ID **etwas in Kauf nehmen** Negatives akzeptieren, ohne das man etwas Gutes nicht bekommen kann ⟨Nachteile, einen Umweg, lange Wartezeiten/Wege in Kauf nehmen⟩; **etwas billigend in Kauf nehmen** etwas trotzdem tun, obwohl schlimme Folgen wahrscheinlich sind

★ **kau·fen** VERB (kaufte, hat gekauft) **1** **(etwas) kaufen** etwas dadurch bekommen, dass man Geld dafür zahlt ⟨etwas neu, alt, gebraucht kaufen; bei jemandem kaufen⟩ | *etwas für teures Geld kaufen* (viel Geld dafür bezahlen) | *Sie kauft ihre Eier auf dem Markt* | *Hier kaufe ich nie wieder!* K Kaufpreis, Kaufvertrag **2** **(sich** (*Dativ*)**) etwas kaufen** etwas für sich selbst kaufen | *sich vom Taschengeld Bonbons kaufen* | *Hast du dir schon wieder neue Schuhe gekauft?* **3** **jemanden kaufen** *gesprochen* ≈ *bestechen* **4** **sich** (*Dativ*) **jemanden kaufen** *gesprochen* einer Person Vorwürfe machen und sie bestrafen ■ ID **Dafür kann ich mir nichts kaufen** *gesprochen* Das ändert nichts an meiner schlechten Situation

★ **Käu·fer** *der;* (-s, -) eine Person, die etwas kauft bzw. gekauft hat K Käuferschicht H zu *Käuferin* → Info im Eintrag **-in** • hierzu **Käu·fe·rin** *die*

Kauf·frau *die* eine Frau mit einer abgeschlossenen kaufmännischen Lehre H vergleiche **Kaufmann**

★ **Kauf·haus** *das* ein großes Geschäft (meist mit mehreren Stockwerken), in dem man viele verschiedene Waren kaufen kann

Kauf·kraft *die* **1** **die Kaufkraft (des Geldes)** der Wert des Geldes (einer Währung) in Bezug auf die Menge der Waren, die man dafür kaufen kann ⟨die Kaufkraft des Euro, des Dollars; die Kaufkraft steigt, fällt, bleibt konstant⟩ **2** **jemandes Kaufkraft** jemandes Fähigkeit, Waren o. Ä. zu bezahlen ⟨eine geringe, hohe Kaufkraft; die Kaufkraft der Bevölkerung, der Arbeitnehmer⟩ • zu (2) **kauf·kräf·tig** ADJEKTIV

Kauf·leu·te *die; Plural* → Kaufmann

käuf·lich ADJEKTIV **1** so, dass man es für Geld bekommen, kaufen kann ⟨etwas käuflich erwerben⟩ | *Die Bilder dieser Galerie sind nur zum Teil käuflich* **2** *veraltend* ⟨ein Beamter, ein Zeuge⟩ ≈ *bestechlich* **3** **käufliche Liebe** ≈ *Prostitution* • zu (2) **Käuf·lich·keit** *die*

Kauf·lust *die; nur Singular* die Bereitschaft, Waren zu kaufen | *Die Bekleidungsindustrie will die Kauflust der Konsumenten steigern* • hierzu **kauf·lus·tig** ADJEKTIV

Kauf·mann *der;* (-(e)s, Kauf·leu·te) **1** eine Person, die eine spezielle (kaufmännische) Lehre abgeschlossen hat und deren Beruf es ist, Dinge zu kaufen und zu verkaufen | *Er arbeitet als Kaufmann bei einer Bank* **K** Bankkaufmann, Einzelhandelskaufmann, Exportkaufmann, Großhandelskaufmann, Industriekaufmann, Diplomkaufmann **H** vergleiche **Kauffrau** **2** *veraltend* der Besitzer eines kleinen Einzelhandelsgeschäfts

★ **kauf·män·nisch** ADJEKTIV *meist attributiv* **1** in Bezug auf den Beruf des Kaufmanns ⟨eine Lehre, eine Ausbildung⟩ **2** mit Aufgaben im Bereich von Einkauf und Verkauf ⟨ein Angestellter, ein Direktor, ein Leiter⟩ **3** so, wie es der Kaufmann lernt ⟨das Rechnen, eine Buchführung⟩ **4** in der Art eines (erfolgreichen) Kaufmanns ⟨Geschick, ein Instinkt; kaufmännisch denken, handeln⟩

Kau·gum·mi *der* eine weiche Masse, meist als Streifen, die man lange kauen kann, die dabei klebrig wird und nach Pfefferminz, einer Frucht o. Ä. schmeckt ⟨Kaugummi kauen⟩

Kaul·quap·pe *die;* (-, -n) ein sehr kleines Tier, das sich später zu einem Frosch entwickelt

★ **kaum** ADVERB **1** nur zu einem geringen Grad | *jemanden kaum kennen* | *Die Musik war kaum zu hören* **2** nur mit Mühe oder Schwierigkeiten | *Die Portion war so groß, dass ich sie kaum geschafft habe* (Nur mit Mühe konnte ich alles aufessen) | *Er hat's kaum glauben können* (Er hatte starke Zweifel daran) **3** verwendet, um zu sagen, dass man etwas nicht glaubt (für nicht wahrscheinlich hält) | *Es ist schon spät – jetzt wird sie kaum noch kommen* | *Er wird doch kaum so dumm sein, das zu glauben, oder?* **4** verwendet, um zu sagen, dass zwischen zwei Ereignissen nur sehr wenig Zeit liegt | *Ich hatte kaum mit der Arbeit angefangen, da wurde ich schon unterbrochen* **5** nicht oft oder nur in kleiner Menge ≈ *selten* | *Er ist kaum zu Hause* (nur selten) | *Diese Tierart kommt bei uns kaum vor* (nur wenige Tiere dieser Art) **6** **kaum, dass** kurz nachdem | *Kaum, dass sie zu Hause war, musste sie schon wieder fort*

kau·sal ADJEKTIV **1** *geschrieben* durch das Verhältnis zwischen Ursache und Wirkung bestimmt ⟨eine Beziehung, ein Zusammenhang; etwas ist (durch etwas) kausal bedingt⟩ **K** Kausalbeziehung, Kausalzusammenhang **2** so, dass der Grund für einen Vorgang oder die Ursache genannt wird ⟨ein Nebensatz, eine Konjunktion⟩ **K** Kausalsatz

Kau·sa·li·tät *die;* (-, -en); *geschrieben* der Zusammenhang von Ursache und Wirkung | *die Kausalität zwischen Rauchen und Lungenkrebs*

Kau·sal·ket·te *die; geschrieben* eine Aufeinanderfolge von Wirkungen, die kausal zusammenhängen

Kau·ta·bak *der* ein sehr fester (gepresster) Tabak, der gekaut (und nicht geraucht) wird ⟨eine Stange Kautabak⟩

Kau·ti·on [-'tsio:n] *die;* (-, -en) **1** Geld, das man als Sicherheit zahlen (hinterlegen) muss, wenn man z. B. eine Wohnung oder ein Fahrzeug mietet | *Der Vermieter verlangt drei Monatsmieten (als) Kaution* **2** Geld, das man als Bürgschaft zahlen muss, damit ein Gefangener aus der Untersuchungshaft entlassen wird ⟨eine Kaution für jemanden stellen, zahlen; jemanden gegen Zahlung einer Kaution auf freien Fuß setzen⟩

Kau·tschuk *der;* (-s) die Substanz, (die man aus dem Saft tropischer Bäume gewinnt und) aus der man Gummi macht **K** Kautschukbaum, Kautschukmilch, Kautschukplantage; Naturkautschuk

Kauz *der;* (-es, Käu·ze) **1** bestimmte Arten von Eulen werden Käuze genannt ⟨der Kauz ruft, schreit⟩ **2** *abwertend oder humorvoll* eine Person, die sich (auf sympathische Weise) seltsam benimmt ⟨ein seltsamer, sonderbarer, komischer Kauz⟩ • zu (2) **kau·zig** ADJEKTIV

Ka·va·lier *der;* (-s, -e) **1** ein Mann, der sich vor allem Frauen gegenüber sehr höflich und taktvoll benimmt ⟨ein vollkommener Kavalier; ganz, immer Kavalier sein; (den) Kavalier spielen⟩ | *Als guter Kavalier half er der Dame gleich aus dem Mantel* **2** **ein Kavalier am Steuer** ein Autofahrer, der Rücksicht auf andere Leute nimmt **3** **ein Kavalier der alten Schule** ein perfekter Kavalier

Ka·va·liers·de·likt *das* eine verbotene Handlung, die aber von der Gesellschaft toleriert wird | *Steuerhinterziehung wird oft als Kavaliersdelikt betrachtet* | *Schwarzfahren ist kein Kavaliersdelikt!*

Ka·val·le·rie, **Ka·val·le·rie** [-v-] *die;* (-, -n [-'ri:ən]); *meist Singular; historisch* der Teil eines Heeres, bei dem die Soldaten auf Pferden kämpften • hierzu **Ka·val·le·rist** *der*

Ka·vi·ar [-v-] *der;* (-s) eine Delikatesse aus kleinen runden Eiern von Fischen (vor allem vom Stör) ⟨echter, roter, schwarzer, russischer Kaviar⟩

KB [ka'be:] Abkürzung für *Kilobyte* → Kilo-

keck ADJEKTIV **1** auf eine sympathische und nicht unhöfliche Weise frech ⟨keck auftreten; jemanden keck anschauen; jemandem eine kecke Frage stellen, eine kecke Antwort geben⟩ **2** ⟨ein Bärtchen, eine Locke, ein Hütchen⟩ so (auffällig), dass sie lustig wirken

Ke·fir *der;* (-s) ein Getränk aus Milch, das etwas sauer (wie Joghurt) schmeckt

Ke·gel *der;* (-s, -) **1** ein Körper, der einen Kreis als Grundfläche hat und nach oben immer schmaler wird ⟨ein spitzer, stumpfer Kegel⟩ **2** etwas mit der Form eines Kegels, z. B. ein Berg oder das Licht eines Scheinwerfers **K** Bergkegel, Lichtkegel **3** eine der Holzfiguren, die man beim Kegeln umstößt ⟨die Kegel aufstellen, abräumen, umwerfen; die Kegel fallen⟩ • zu (2) **ke·gel·för mig** ADJEKTIV

Ke·gel·bahn *die* **1** eine Anlage zum Kegeln | *eine Gaststätte mit Kegelbahn* **2** die Fläche, auf der beim Kegeln die Kugel rollt

ke·geln VERB (kegelte, hat gekegelt) **1** (im Spiel) eine schwere Kugel so über eine Bahn rollen lassen, dass sie möglichst viele der neun Figuren (Kegel) am Ende der Bahn umwirft **2** das Kegeln regelmäßig als Sport oder Spiel betreiben **K** Kegelklub, Kegelsport

Ke·gel·stumpf *der* ein Körper, der wie ein geometrischer Kegel aussieht, von dem die Spitze abgeschnitten ist

★ **Keh·le** *die;* (-, -n) **1** der vordere (äußere) Teil des Halses | *Vor Schreck griff sie sich an die Kehle* **2** durch die Kehle im Hals kommen die Luft und die Speisen in den Körper ⟨eine entzündete, heisere, raue Kehle haben⟩ ≈ *Rachen, Schlund* ■ **ID** **aus voller Kehle** sehr laut ⟨aus voller Kehle schreien, singen⟩; **sich** (*Dativ*) **die Kehle aus dem Hals schreien** *gesprochen* sehr laut und lange schreien; **etwas in die falsche Kehle bekommen/kriegen** *gesprochen* etwas falsch verstehen und deshalb (zu Unrecht) beleidigt sein; **etwas schnürt jemandem die Kehle zu** etwas erzeugt bei einer Person das Gefühl, dass der Hals eng wird und sie nicht mehr reden kann | *Die Angst schnürte mir die Kehle zu*

keh·lig ADJEKTIV (weit) hinten in der Kehle artikuliert ⟨ein Laut, eine Stimme; kehlig lachen, sprechen⟩

Kehl·kopf *der* das (knorpelige) Organ im Hals (am oberen Ende der Luftröhre), in dem die Töne (und die Stimme) erzeugt werden **K** Kehlkopfentzündung, Kehlkopfkrebs

Kehr·aus *der;* (-); *süddeutsch* das letzte Tanzfest im Fasching (der Ball am Faschingsdienstag) ⟨zum Kehraus gehen; Kehraus feiern⟩

Keh·re *die;* (-, -n) **1** eine Biegung oder Kurve, bei der sich eine Straße ganz in die Gegenrichtung wendet | *eine Passstraße mit vielen Kehren* **2** ein Sprung oder Schwung beim Turnen, bei dem man sich ganz in eine andere, neue Richtung dreht | *mit einer Kehre vom Pferd abgehen* | *eine Kehre am Barren machen*

★ **keh·ren** VERB (kehrte, hat/ist gekehrt) **1** **(etwas aus etwas/von etwas/irgendwohin) kehren** *(hat)* Schmutz mit dem Besen entfernen ⟨die Straße, Treppe kehren; den Staub, das Laub von der Straße kehren⟩ K Kehrbesen, Kehrblech, Kehrschaufel **2** **etwas irgendwohin kehren** *(hat)* etwas so drehen oder wenden, dass es in die genannte Richtung zeigt | *Er kehrte seine Hosentaschen nach außen, um zu zeigen, dass sie leer waren* | *Sie saß mit dem Gesicht zur Tür gekehrt da* **3** **etwas kehrt sich gegen jemanden (selbst)** *(hat)* negative Gefühle, unangenehme Maßnahmen o. Ä. wirken auf denjenigen, von dem sie ausgegangen sind **4** **etwas kehrt sich zum Besten** *(hat)* etwas fängt schlecht an, aber endet gut **5** **sich an etwas** *(Dativ)* **nicht kehren** *(hat)* sich von etwas meist Unangenehmem nicht stören lassen | *Sie kehrt sich nicht daran, was man von ihr denkt* **6** **nach Hause kehren** *geschrieben (ist)* nach Hause zurückkommen ≈ *heimkehren*

K

Keh·richt *der/das;* (-s); *geschrieben* der Abfall oder Schmutz, den man zu einem Haufen zusammengekehrt hat | *den Kehricht mit einer Schaufel aufnehmen* K Kehrichteimer, Kehrichthaufen, Kehrichtschaufel H zu *Kehrichtschaufel* → Abb. unter **Schaufel** ■ ID **Das geht dich einen feuchten Kehricht an!** *gesprochen, abwertend* Das geht dich überhaupt nichts an!

Kehr·reim *der* Worte oder Sätze, die sich in einem Gedicht oder Lied wiederholen ≈ *Refrain*

Kehr·sei·te *die* **1** der negative Aspekt (Nachteil) einer Sache | *Kein Privatleben mehr zu haben, war die Kehrseite seines Erfolgs* **2** *humorvoll* der Rücken oder das Gesäß ⟨jemandem die Kehrseite zuwenden⟩ **3** *veraltend* ≈ *Rückseite* ■ ID **die Kehrseite der Medaille** der Nachteil einer Sache

kehrt·ma·chen VERB (machte kehrt, hat kehrtgemacht) sich so drehen, dass man in die andere (entgegengesetzte) Richtung gehen kann | *Lasst uns kehrtmachen, wir sind auf dem falschen Weg!*

Kehrt·wen·dung *die* **1** eine Bewegung, mit der jemand beginnt, in die entgegengesetzte Richtung zu gehen ⟨eine Kehrtwendung machen⟩ | *Er machte eine Kehrtwendung und lief nach Hause* **2** die plötzliche, vollständige Änderung der eigenen Meinung ⟨eine Kehrtwendung machen, vollziehen⟩

kei·fen VERB (keifte, hat gekeift); *gesprochen, abwertend* **(etwas) keifen** mit lauter und hoher Stimme schimpfen

KEIL

Keil *der;* (-(e)s, -e) **1** meist ein spitzes Stück Holz oder Metall in Form eines Dreiecks, das als Werkzeug dient | *Er trieb einen Keil in den Baumstamm, um ihn zu spalten* **2** man legt einen Keil vor die Räder eines Wagens, damit er nicht wegrollt ■ ID **einen Keil zwischen Personen/Gruppen** *(Akkusativ)* **treiben** die Liebe oder Freundschaft zwischen zwei Leuten, die Harmonie zwischen zwei Gruppen, Parteien o. Ä. zerstören • zu (1) **keil·för·mig** ADJEKTIV

Kei·le *die;* (-); *gesprochen* Schläge, die man in einem Kampf oder Streit bekommt ⟨jemand kriegt Keile⟩ ≈ *Prügel* | *Wenn du das tust, setzt es Keile!* (wirst du verprügelt)

kei·len VERB (keilte, hat gekeilt) **1** **etwas in etwas** *(Akkusativ)* **keilen** einen Keil in einen Spalt o. Ä. schlagen oder klemmen | *ein Stück Holz in einen Baumstamm keilen* **2** **eine Person keilt sich mit jemandem; Personen keilen sich** *gesprochen* zwei oder mehrere Personen streiten und prügeln sich

Kei·ler *der;* (-s, -) ein männliches Wildschwein

Keil·rie·men *der* ein festes Band (meist aus dickem Gummi), das bei Maschinen dazu dient, die Kraft der Bewegung auf andere Teile zu übertragen

Keim *der;* (-(e)s, -e) **1** *meist Plural* Keime sind Bakterien usw., die Krankheiten erzeugen K Keimträger **2** das, was sich als Erstes aus dem Samen oder der Zwiebel einer Pflanze entwickelt ⟨eine Pflanze bildet, treibt Keime⟩ K Keimblatt **3** die befruchtete Eizelle bei Menschen und Tieren | *Der Keim nistet sich in der Gebärmutter ein* **4** der erste Anfang eines Gefühls oder eines Gedankens, einer Beziehung o. Ä., der noch schwach ist ⟨der Keim der Hoffnung, der Liebe; den Keim einer Sache in sich *(Dativ)* tragen; etwas ist im Keim vorhanden⟩ | *Dieser harmlose Streit war dann der Keim für eine lange Feindschaft* ■ ID **etwas im Keim ersticken** etwas bereits am Anfang (im Anfangsstadium) zerstören

Keim·drü·se *die* das Organ, in dem das Ei bzw. der Samen entsteht. Die männlichen Keimdrüsen sind die Hoden, die weiblichen Keimdrüsen sind die Eierstöcke

kei·men VERB (keimte, hat gekeimt) **1** **etwas keimt** etwas bildet einen Keim oder Trieb ⟨die Saat, der Samen, die Zwiebeln⟩ **2** **etwas keimt (in/bei jemandem)** etwas entsteht als Gefühl oder Gedanke in jemandem • zu (1) **Kei·mung** *die;* zu (1) **keim·fä·hig** ADJEKTIV

keim·frei ADJEKTIV ohne Krankheitserreger ≈ *steril* | *pasteurisierte, keimfreie Milch* | *Lebensmittel keimfrei verpacken*

Keim·ling *der;* (-s, -e) eine junge Pflanze, die gerade erst (aus dem Keim) entstanden ist

Keim·zel·le *die* **1** eine Zelle, die eine Befruchtung möglich macht | *Die männliche Samenzelle und die weibliche Eizelle sind Keimzellen* **2** der Ausgangspunkt einer Sache, aus dem sich ein größeres Ganzes entwickelt | *die Familie als Keimzelle des Staates*

★ **kein** ■ ARTIKEL **1** nicht ein (Einziger, Einziges), nicht eine (Einzige) | *Kein Mensch, kein Laut war zu hören* | *Es sind keine sauberen Tassen mehr da* | *Es regnete keinen einzigen Tag* H → Tabelle unter **dieser** **2** so, dass von dem Genannten nichts da ist | *Sie hatte keine Lust, nach Hause zu gehen* | *Wir haben kein Geld* | *Sie hat keine Zeit* | *sich keine Sorgen machen* **3** **kein** *+Zahl gesprochen* ein bisschen weniger als die genannte Menge, Zahl oder Zeit | *Die Fahrt hat keine halbe Stunde gedauert* | *Wir mussten keine zehn Minuten warten* **4** **kein** *+Adjektiv* verwendet, um zu sagen, dass das Gegenteil der genannten Eigenschaft zutrifft | *Das ist kein schlechter Wein* (Das ist ein ziemlich/wirklich guter Wein) | *Keine schlechte Idee!* (Das ist eine gute Idee!)
■ PRONOMEN **5** niemand, nicht einer/eine/eines ↔ *jeder* | *Das glaubt dir keiner!* | *Ich kenne keinen von den beiden (Jungen)* | *Kein(e)s der Kinder war müde* **6** nicht einer/eine/eines davon | *„Gefällt dir das rote Tuch besser als das blaue?" – „Mir gefällt kein(e)s von beiden"* **7** verwendet, um zu betonen, dass von dem Genannten überhaupt nichts da ist | *Lust habe ich keine* | *Geld hat er keins* | *Freunde hat er keine*

★ **kei·ner·lei** *nur in dieser Form* überhaupt kein/keine | *Das macht mir keinerlei Vergnügen* | *Sie hat keinerlei Lust, diese Stellung anzutreten* | *Wir haben darauf keinerlei Ein-*

fluss

★ **kei·nes·falls** ADVERB unter keinen Umständen ≈ *niemals* | *Keinesfalls wird dieses Geheimnis verraten* | *„Nimmst du mein Angebot an?" – „Keinesfalls!"*

★ **kei·nes·wegs** ADVERB etwas ist überhaupt nicht der Fall | *Ich hatte keineswegs die Absicht, dich zu kränken* | *„War sie verärgert?" – „Keineswegs!"*

kein·mal ADVERB nicht ein einziges Mal | *Er hat mir keinmal widersprochen*

keins·t- ▪ ID **in keinster Weise** *gesprochen* überhaupt nicht

-keit *die*; (-, -en); *im Substantiv, unbetont, sehr produktiv* 1 **Freundlichkeit, Fruchtbarkeit, Heiserkeit, Übelkeit, Wirksamkeit** *und andere nur Singular* macht Substantive aus Adjektiven, die einen Zustand oder eine Eigenschaft benennen 2 **Flüssigkeit, Möglichkeit, Notwendigkeit, Sehenswürdigkeit, Spitzfindigkeit** *und andere* eine Person oder Sache mit der genannten Eigenschaft oder in dem genannten Zustand i Oft tritt zwischen das Adjektiv und *-keit* noch ein *-ig*: *Boshaftigkeit, Helligkeit, Müdigkeit, Schnelligkeit*; vergleiche **-heit**.

Keks *der/besonders* Ⓐ *auch das*; (-(es), -(e)) ein kleines, flaches Gebäck, das in Dosen oder Packungen verkauft wird und lange haltbar ist | *eine Mischung aus Keksen und Waffeln* K Keksdose; Butterkeks, Schokoladenkeks i selbst gebackene Kekse nennt man *Plätzchen* ▪ ID **jemandem auf den Keks gehen** *gesprochen* jemanden nervös machen oder belästigen

Kelch *der*; (-(e)s, -e) ein meist verziertes Glas zum Trinken, mit rundem Fuß und einem Stiel | *Wein in kostbaren Kelchen* K Trinkkelch ▪ ID **den bitteren Kelch bis auf den Grund leeren (müssen), den bitteren Kelch bis zur Neige leeren (müssen)** *geschrieben* eine sehr unangenehme Sache bis zum Ende ertragen (müssen); **Der Kelch ist an ihm/ihr/mir vorübergegangen** *veraltend* er/sie/ich wurde vor dieser unangenehmen Sache bewahrt ● hierzu **kelch·för·mig** ADJEKTIV

Kel·le *die*; (-, -n) 1 ein Löffel mit langem Stiel, mit dem man Suppe oder Soße aus dem Topf oder der Schüssel nimmt (schöpft) K Schöpfkelle, Suppenkelle 2 eine Metallplatte mit einem Griff, mit der Maurer Zement oder Putz auf die Mauer streichen K Maurerkelle 3 ein Stab mit einer runden Scheibe am Ende, mit dem z. B. Polizisten im Verkehr Signale geben ⟨ein Polizist hebt die Kelle, winkt mit der Kelle⟩

★ **Kel·ler** *der*; (-s, -) 1 der Teil eines Hauses, der ganz oder teilweise unter der Oberfläche der Erde liegt ⟨etwas aus dem Keller holen; etwas in den Keller bringen⟩ | *Kartoffeln im Keller lagern* K Kellerbar, Kellerfenster, Kellergeruch, Kellergeschoss, Kellergewölbe, Kellerraum, Kellertreppe, Kellertür, Kellerwohnung 2 ein Raum im Keller eines Hauses | *Jeder Mieter hat seinen eigenen Keller* K Heizungskeller, Hobbykeller, Kartoffelkeller, Kohlenkeller, Vorratskeller; Kellerabteil ▪ ID **etwas fällt in den Keller** etwas sinkt oder fällt sehr tief ⟨die Aktienkurse, die Preise, die Temperaturen⟩; **etwas ist im Keller** etwas ist sehr tief unten oder stark gesunken | *Der Dollar ist zurzeit im Keller*

Kel·le·rei *die*; (-, -en) ein Betrieb, in dem Wein und Sekt in großen Mengen gelagert werden K Weinkellerei

Kel·ler·meis·ter *der* eine Person, die in einem Weinkeller arbeitet und dafür sorgt, dass der Wein die beste Qualität bekommt ● hierzu **Kel·ler·meis·te·rin** *die*

★ **Kell·ner** *der*; (-s, -) ein Mann, der den Gästen in einem Restaurant, in einer Bar o. Ä. die Getränke oder das Essen bringt ⟨den/nach dem Kellner rufen⟩ K Aushilfskellner, Oberkellner i a) zu *Kellnerin* → Info im Eintrag **-in**; b) früher hat man *Kellner* mit „Herr Ober" und *Kellnerinnen* mit „Fräulein" angeredet. Besonders Letzteres ist heute nicht mehr üblich und die direkte Anrede wird vermieden. Man sagt stattdessen nur „Zahlen, bitte" usw. ● hierzu **Kell·ne·rin** *die*

kell·nern VERB (kellnerte, hat gekellnert) im Nebenjob oder als Aushilfe als Kellner oder Kellnerin arbeiten

Kel·ter *die*; (-, -n) ein Gerät, mit dem man den Saft aus Früchten (vor allem Trauben) presst ● hierzu **kel·tern** VERB *(hat)*

Kel·te·rei *die*; (-, -en) ein Betrieb, in dem Saft aus Trauben und Obst gewonnen wird K Obstkelterei, Weinkelterei

Ke·me·na·te *die*; (-, -n) 1 *historisch* (vor allem im Mittelalter) ein Raum für Frauen in einer Burg 2 *humorvoll* ein kleiner, einfacher Raum, in dem man für sich ist, in den man sich zurückziehen kann

Kenn- *im Substantiv, betont, begrenzt produktiv* **die Kennfarbe, die Kennmarke, die Kennzahl, die Kennziffer** *und andere* drückt aus, dass damit Personen oder Dinge bezeichnet werden, um sie von anderen Personen oder Dingen unterscheiden zu können

★ **ken·nen** VERB (kannte, hat gekannt) 1 **jemanden/etwas kennen** durch Erfahrung wissen, wie eine Person oder Sache ist ⟨jemandes Schwächen, Stärken kennen⟩ | *Ich kenne ihn genau, er würde nie etwas Böses tun!* | *Ich kenne mich. Wenn ich diese Arbeit nicht sofort erledige, bleibt sie noch lange liegen* | *Ich kenne München gut, ich habe mehrere Jahre dort gelebt* i *Kennen* und *wissen* haben eine sehr ähnliche Bedeutung. Man *kennt* Personen/Dinge besonders aus eigener Erfahrung und man *weiß* Dinge, weil man Informationen darüber gehört oder gelesen hat. 2 **jemanden kennen** eine Person schon getroffen (und mit ihr gesprochen) haben ⟨jemanden flüchtig, gut, persönlich, vom Sehen, von früher, von der Arbeit/Schule kennen⟩ | *„Woher kennen wir uns bloß?" – „Ich glaube, wir kennen uns vom Studium her"* 3 **jemanden/etwas kennen** wissen, wer jemand oder was etwas ist ⟨jemanden dem Namen nach kennen; etwas vom Hörensagen kennen⟩ | *Ich kenne dieses Spiel, das haben meine Eltern immer gespielt* 4 **etwas kennen** etwas wissen und deshalb nennen können ⟨jemandes Adresse, Alter, Name, Telefonnummer kennen; den Grund für etwas kennen⟩ | *Ich kenne ein nettes Lokal in der Nähe* 5 **etwas kennen** etwas schon einmal erlebt haben | *Kennst du dieses Glücksgefühl?* | *ein Winter (von) nie gekannter Härte* 6 **jemanden/etwas irgendwie kennen** die wesentlichen Eigenschaften einer Person oder Sache kennen oder eine begründete Meinung darüber haben | *Ich kenne ihn nur als liebevollen Familienvater* | *Sie kennt Italien nur von seiner besten Seite* | *Wie ich dich kenne, schreibst du wieder nicht aus dem Urlaub* 7 **jemanden/etwas an etwas** (Dativ) **kennen** *gesprochen* wegen einer typischen Eigenschaft wissen, dass es sich um jemanden/etwas handelt ⟨jemanden am Gang, der Stimme kennen⟩ ≈ *erkennen* | *Hunde kennen Menschen am Geruch* 8 **jemand/etwas kennt etwas** *meist verneint* ein Einfluss wird bei jemandem/etwas wirksam | *Er kennt keine Furcht/kein Mitleid* (Er fürchtet sich nie/empfindet nie Mitleid) | *Dieses Land kennt keine heißen Sommer* (Dort wird es im Sommer nie heiß) | *Ihre Begeisterung kannte keine Grenzen* (war durch nichts eingeschränkt)
▪ ID **sich nicht mehr 'kennen** ⟨vor Eifersucht, Wut⟩ *gesprochen* sich nicht mehr beherrschen können; **Das 'kenne ich (schon)** *gesprochen* man hat selbst schon öfter Ähnliches (oft Unangenehmes) schon erlebt; **Da kenne ich 'nichts!** *gesprochen* davon lasse ich mich nicht abhalten

★ **ken·nen·ler·nen, ken·nen ler·nen** VERB (lernte kennen, hat kennengelernt/kennen gelernt) 1 **jemanden kennenlernen** einer Person zum ersten Mal begegnen und mit ihr spre-

K

chen | *Die beiden haben sich im Urlaub kennengelernt | Sie lernte ihren späteren Ehemann beim Tanzen kennen* **2** **jemanden/etwas kennenlernen** Erfahrungen mit jemandem/etwas machen | *Wenn du die Arbeit erst besser kennengelernt hast, wird sie dir vielleicht gefallen* ■ **ID** **Du sollst/Der soll/… mich (noch) kennenlernen!** *gesprochen* verwendet, um jemandem zu drohen

Ken·ner *der;* (-s, -) eine Person, die von einer Sache sehr viel versteht | *Er ist ein Kenner der feinen Küche | Das ist Musik für Kenner* **K** Branchenkenner, Kunstkenner, Menschenkenner ● hierzu **Ken·ne·rin** *die*

Ken·ner·blick *der* **mit Kennerblick** prüfend, kritisch und mit Sachkenntnis ⟨etwas mit Kennerblick ansehen, prüfen, mustern⟩

Ken·ner·mie·ne *die* **mit Kennermiene** mit Kennerblick

kennt·lich ADJEKTIV **jemanden/etwas (irgendwie) kenntlich machen** an jemandem/etwas ein Zeichen anbringen | *Vögel durch Fußringe kenntlich machen | gefährliche Straßenabschnitte durch Warnschilder kenntlich machen* ● hierzu **Kennt·lich·ma·chung** *die*

★ **Kennt·nis** *die;* (-, -se) **1** *meist Plural* das gesamte Wissen auf einem Gebiet, das man durch Erfahrung und Lernen hat ⟨eingehende, gründliche Kenntnisse; seine Kenntnisse auffrischen, erweitern, vertiefen⟩ | *Seine Kenntnisse auf dem Gebiet der Atomphysik waren erstaunlich* **K** Fachkenntnisse, Sachkenntnisse, Sprachkenntnisse **2** *nur Singular* der Zustand, über eine Sache informiert zu sein ⟨Kenntnis von etwas erhalten, erlangen, haben; etwas entzieht sich jemandes Kenntnis⟩ | *Ohne Kenntnis der genauen Umstände kann ich keine Entscheidung treffen* **3** **von jemandem/etwas (keine) Kenntnis nehmen** jemanden/etwas (nicht) bewusst wahrnehmen oder bemerken | *Er war in sein Buch vertieft und nahm keine Kenntnis von dem, was um ihn herum geschah* **4** **etwas zur Kenntnis nehmen** erkennen lassen, dass man etwas gehört hat, aber nichts dazu sagen | *Ich habe Ihren Einwand zur Kenntnis genommen. – Darf ich nun mit meinem Vortrag fortfahren?* **5** **jemanden (nicht) zur Kenntnis nehmen** jemanden (nicht) beachten | *Sie begegnete mir häufig auf Kongressen, aber sie nahm mich nie zur Kenntnis* **6** **jemanden (von etwas) in Kenntnis setzen** *geschrieben* einer Person etwas Wichtiges berichten ● zu (1,2) **kennt·nis·reich** ADJEKTIV; zu (3,4) **Kennt·nis·nah·me** *die*

Kenn·wort *das;* (-(e)s, Kenn·wör·ter) **1** ein Wort, mit dem man kurz den Grund nennt, warum man jemandem schreibt oder jemanden anruft | *Senden Sie die Lösung des Rätsels unter dem Kennwort „Osterpreisrätsel" an die Redaktion* **2** ein geheimes Wort, das man nennen muss, um zu beweisen, dass man zu einer Gruppe gehört ⟨jemanden nach dem Kennwort fragen; das Kennwort verlangen, nennen; das Kennwort heißt „…"⟩ **3** eine geheime Folge von Zeichen, Buchstaben oder Ziffern. Man braucht persönliche Kennwörter für viele Aktionen in elektronischen Geräten ⟨das Kennwort eingeben, ändern⟩ ≈ *Passwort*

Kenn·zei·chen *das* **1** ein Schild mit einer Kombination von Buchstaben und Zahlen am Auto, Motorrad usw. ⟨das polizeiliche, amtliche Kennzeichen; gestohlene Kennzeichen⟩ | *Welches Kennzeichen hatte das Auto, das den Unfall verursachte?* **K** Autokennzeichen **2** etwas Besonderes, an dem man jemanden oder etwas erkennen und von anderen Personen oder Dingen unterscheiden kann ⟨besondere, typische Kennzeichen⟩⟩ ≈ *Merkmal* | *Sein auffälligstes Kennzeichen ist die Narbe im Gesicht* **3** ein Symbol, das dazu dient, dass man jemanden/etwas erkennen kann

kenn·zeich·nen VERB (kennzeichnete, hat gekennzeichnet) **1** **ein Tier/etwas (irgendwie) kennzeichnen** an etwas (oder jemandem) ein Kennzeichen anbringen | *Vögel mit Fußringen/durch Ringe kennzeichnen | Waren mit/durch Etiketten kennzeichnen* **H** meist nicht auf Personen bezogen **2** **etwas als etwas kennzeichnen** darauf hinweisen, dass eine Sache eine Eigenschaft hat oder etwas ist | *Schleichwerbung ist Werbung, die nicht als solche gekennzeichnet ist* **3** **etwas kennzeichnet jemanden/etwas (als etwas)** etwas ist ein typisches Merkmal einer Person/Sache | *Sein Verhalten kennzeichnet ihn als verantwortungsbewussten Menschen | Dieser schwarze Humor ist kennzeichnend für Briten | Die derzeitige Situation ist gekennzeichnet durch einen Mangel an Pflegepersonal* ● zu (1,2) **Kenn·zeich·nung** *die*

ken·tern VERB (kenterte, ist gekentert) **etwas kentert** ein Boot o. Ä. wird z. B. durch Sturm oder Wellen umgeworfen

Ke·ra·mik *die;* (-, -en) **1** *nur Singular* Ton, der durch große Hitze in einem Ofen sehr hart geworden ist | *„Ist die Vase aus Porzellan?" – „Nein, aus Keramik"* **2** etwas, das aus Keramik hergestellt ist | *eine Ausstellung alter Keramiken* **K** Keramikfliesen, Keramikgeschirr, Keramikvase ● hierzu **Ke·ra·mi·ker** *der;* **Ke·ra·mi·ke·rin** *die;* **ke·ra·misch** ADJEKTIV

Ker·be *die;* (-, -n) eine kleine Vertiefung in der Oberfläche von Holz ⟨eine Kerbe in etwas (*Akkusativ*) hauen, machen, schlagen, schneiden, schnitzen⟩ **H** vergleiche auch **Scharte** ■ **ID** **in dieselbe/die gleiche Kerbe hauen/schlagen** *gesprochen* dasselbe sagen wie eine andere Person und diese dadurch (in ihrer Meinung) unterstützen

Ker·bel *der;* (-s) ein Gewürz für Suppe o. Ä.

Kerb·holz *das* ■ **ID** **etwas auf dem Kerbholz haben** etwas Verbotenes, Unrechtes getan oder ein Verbrechen begangen haben

Ker·ker *der;* (-s, -) **1** *historisch* ein Raum, in dem früher Personen unter strengen oder grausamen Bedingungen gefangen gehalten wurden ⟨jemanden in den Kerker werfen; im Kerker schmachten⟩ **2** Ⓐ ≈ *Gefängnisstrafe*

Ker·ker·meis·ter *der; historisch* ein Aufseher in einem Kerker

Kerl *der;* (-s, -e/*norddeutsch* -s); *gesprochen* **1** ein Junge oder Mann ⟨ein hübscher, dummer, frecher, unverschämter, komischer Kerl⟩ | *So ein blöder Kerl! | Ich kann den Kerl einfach nicht ausstehen!* **K** Prachtkerl, Riesenkerl **H** In Verbindung mit negativen Adjektiven wird *Kerl* meist als Schimpfwort verwendet. **2** **ein richtiger/ganzer Kerl** ein Mann, auf den man sich verlassen kann (auch in schwierigen Situationen) **3** **ein feiner/netter Kerl** ein Mann oder eine Frau, die sehr sympathisch, liebenswert sind | *Susi ist ein wirklich feiner Kerl!*

Kerl·chen *das;* (-s, -) ein kleiner Junge ⟨ein goldiges, nettes, süßes, freches, naseweises Kerlchen⟩ **H** meist mit Adjektiven verwendet

★ **Kern** *der;* (-(e)s, -e) **1** der innere Teil einer Frucht, aus dem eine neue Pflanze wachsen kann und der eine (harte) Schale hat ⟨der Kern einer Aprikose, eines Pfirsichs, einer Pflaume; die Kerne eines Apfels, einer Melone, einer Sonnenblume; einen Kern ausspucken, verschlucken, mitessen⟩ **K** Obstkern, Apfelkern, Aprikosenkern, Birnenkern, Kirschkern, Kürbiskern, Mandarinenkern, Melonenkern, Orangenkern, Pfirsichkern, Pflaumenkern, Zitronenkern **H** → Abb. unter **Obst** **2** der weiche innere, meist essbare Teil einer Nuss, eines Kerns ⟨die Kerne von Haselnüssen, Mandeln, Pistazien, Sonnenblumen; Kerne schälen, essen⟩ ↔ *Schale* | *geröstete und gesalzene Kerne von Mandeln* **K** Erdnusskern, Kürbiskern, Mandelkern **3** der (wichtigste) Teil in der Mitte von etwas ⟨der Kern der Erde, einer Körperzelle, einer Stadt⟩ ↔ *Rand* | *ein Baum, dessen Kern fault | Die Sonne ist in* *ihrem Kern noch viel heißer als an der Oberfläche* K Kernholz; Erdkern, Stadtkern, Zellkern **4** das Wesentliche, der wichtigste Teil einer Sache ⟨der Kern einer Aussage, eines Problems⟩ K Kernfrage, Kerngedanke, Kernproblem, Kernpunkt, Kernstück **5** der innere, positiv geladene Teil eines Atoms, um den die Elektronen kreisen ⟨ein leichter, schwerer Kern; einen Kern spalten⟩ K Kernfusion, Kernladung, Kernphysik, Kernspaltung, Kernverschmelzung, Kernzerfall; Atomkern, Heliumkern, Sauerstoffkern, Urankern, Wasserstoffkern *usw.* **6** **der (harte) Kern** die Mitglieder einer Gruppe, die sich am meisten für ihre Ziele und Aktivitäten interessieren und am aktivsten sind | *der harte Kern einer Terroristengruppe* ■ ID **jemand hat einen guten Kern, in jemandem steckt ein guter Kern** jemand hat einen guten Charakter • zu (1) **kern·los** ADJEKTIV

Kern- *im Substantiv, betont, begrenzt produktiv* **die Kernenergie, die Kernforschung, die Kernkraft, das Kernkraftwerk, der Kernreaktor, die Kernwaffen** *und andere* drückt aus, dass etwas mit der Spaltung oder Fusion von Atomkernen zu tun hat ≈ *Atom-* H *Kern-* wird besonders von Befürwortern, *Atom-* auch von Gegnern der (zivilen, militärischen) Nutzung von Atomenergie verwendet.

Kern·ge·häu·se *das* der (innere) Teil z. B. eines Apfels oder einer Birne, in dem Kerne sind

kern·ge·sund ADJEKTIV vollkommen gesund

ker·nig ADJEKTIV **1** mit (vielen) Kernen | *kernige Orangen* **2** stark, sportlich und gesund ⟨ein Typ; jemand hat eine kernige Natur⟩ H vor allem für Männer verwendet **3** grob oder derb ⟨ein Fluch; jemandes Sprache, jemandes Worte⟩

Kern·kom·pe·tenz *die* **1** eine grundlegende Fähigkeit, die nötig ist | *Der Kindergarten fördert soziale Kernkompetenzen* **2** ein Gebiet, auf dem sich eine Firma o. Ä. sehr gut auskennt | *Der Verlagskonzern will sich wieder mehr auf seine Kernkompetenzen konzentrieren*

Kern·obst *das* Obst mit relativ weichen, kleinen Kernen (z. B. Äpfel oder Birnen)

Kern·sei·fe *die; meist Singular* eine einfache Seife (die nicht gefärbt oder parfümiert ist)

Kern·zeit *die; meist Singular* die Stunden eines Arbeitstages, an denen alle Mitarbeiter eines Betriebes mit gleitender Arbeitszeit anwesend sein müssen

Ke·ro·sin [-z-] *das;* (-s) das Benzin, das Flugzeuge tanken

★ **Ker·ze** *die;* (-, -n) **1** ein Gegenstand aus Wachs o. Ä. (meist in der Form einer Stange) mit einem Docht in der Mitte, den man anzündet, um Licht zu haben ⟨ein Weihnachtsbaum mit Kerzen; eine Kerze anstecken/anzünden, löschen/ausmachen; eine Kerze brennt (herunter), leuchtet, flackert, tropft, verlischt/geht aus⟩ | *eine Kerze aus echtem Bienenwachs* K Kerzenbeleuchtung, Kerzenflamme, Kerzenhalter, Kerzenleuchter, Kerzenlicht, Kerzenschein, Kerzenständer, Kerzenstummel, Kerzenstumpf; Geburtstagskerze, Grabkerze, Wachskerze **2** etwas, das wie eine längliche Kerze aussieht ⟨eine elektrische Kerze⟩ | *Die Kastanie hat in der Blütezeit rosarote oder weiße Kerzen* **3** Kurzwort für *Zündkerze* K Kerzenwechsel **4** eine Turnübung, bei der man auf dem Rücken liegt und beide Beine so weit und gerade wie möglich in die Höhe streckt ⟨eine Kerze machen, turnen⟩

ker·zen·ge·ra·de ADJEKTIV (in senkrechter Richtung) ganz gerade, (auf meist steife Art) aufrecht ⟨ein Baum; sich kerzengerade halten; kerzengerade dasitzen⟩

Ke·scher *der;* (-s, -) ein Stab mit einem kleinen Netz in Form eines Beutels an einem Ring, mit dem man Fische, Krebse, Insekten o. Ä. fängt

kess ADJEKTIV (kesser, kessest-) **1** (auf lustige Weise) ein bisschen frech (und ohne Respekt) ⟨eine Antwort⟩ H vor allem in Bezug auf Kinder und Jugendliche verwendet **2** auf angenehme Art etwas anders als normal üblich (und deshalb auffällig) ⟨eine Frisur, ein Kleid⟩

★ **Kes·sel** *der;* (-s, -) **1** eine Kanne aus Metall, in der man Wasser heiß macht ⟨den Kessel aufsetzen, vom Herd nehmen⟩ K Kaffeekessel, Teekessel, Wasserkessel **2** *historisch* ein Topf ohne Deckel, den man über ein Feuer hängt, um darin Wasser oder Suppen zu kochen **3** ein großer (geschlossener) Behälter aus Metall für Gase oder Flüssigkeiten | *Der Heizer schürte das Feuer unter dem Kessel der Lokomotive* K Dampfkessel, Druckkessel, Heizkessel, Gaskessel **4** ein tiefes Tal, das auf allen Seiten von Bergen umgeben ist K Talkessel **5** ein Gebiet, das feindliche Soldaten eingekreist haben | *aus einem Kessel ausbrechen* **6** ein Kreis, den Jäger (beim Kesseltreiben) bilden und in den sie das Wild treiben

Kes·sel·pau·ke *die* eine große, runde Pauke

Kes·sel·stein *der; nur Singular* eine harte Schicht aus Kalk, die sich in Töpfen bildet, in denen (hartes) Wasser gekocht wird

Kes·sel·trei·ben *das* eine Form der Jagd, bei der man das Wild (vor allem Hasen) zu einer Stelle treibt und von allen Seiten umstellt ■ ID **Personen veranstalten ein Kesseltreiben gegen jemanden** eine Gruppe von Gegnern oder Kritikern bekämpft jemanden systematisch (mit Worten) | *Die Presse veranstaltet ein Kesseltreiben gegen den Minister*

Ket·chup, Ket·schup ['kɛtʃap] *der/das;* (-s, -s) eine gewürzte, dicke Soße aus Tomaten und Gewürzen (die meist in Flaschen verkauft wird) ⟨Pommes frites, Würstchen mit Ketchup⟩ K Tomatenketchup

★ **Ket·te** *die;* (-, -n) **1** eine (lange) Reihe von Ringen aus Metall, die fest aneinanderhängen ⟨die Glieder einer Kette; einen Hund an die Kette legen; ein Tier hängt/liegt an einer Kette; die Kette klirrt, rasselt⟩ | *Die Privatparkplätze sind mit Ketten abgesperrt* K Kettenglied; Stahlkette **2** eine Kette, die dazu dient, die Kraft von einem Teil einer Maschine oder eines Fahrzeugs auf einen anderen zu übertragen ⟨die Kette eines Fahrrads spannen, ölen⟩ K Kettenantrieb, Kettenfahrzeug, Kettenpanzer, Kettenrad, Kettensäge, Kettenschutz; Fahrradkette H → Abb. unter **Fahrrad** **3** ein Schmuck (in Form eines Bandes aus Gold, Silber oder einer Reihe von Steinen, Perlen o. Ä.), den man meist um den Hals oder das Handgelenk trägt ⟨eine goldene, silberne Kette; Perlen zu einer Kette auffädeln; eine Kette umlegen, tragen, ablegen/abnehmen⟩ K Kettenanhänger; Goldkette, Korallenkette, Perlenkette, Silberkette; Armkette, Fußkette, Halskette **4** mehrere Geschäfte, Restaurants, Hotels o. Ä., die sich an verschiedenen Orten befinden, aber zum gleichen Unternehmen gehören | *eine bekannte Kette von preiswerten Supermärkten* K Hotelkette, Kaufhauskette, Ladenkette, Restaurantkette **5** **eine Kette** *+Genitiv*/**von Dingen** eine ununterbrochene Reihe von Dingen oder Ereignissen gleicher Art | *eine schlüssige Kette von Argumenten* | *Die Kette der Unfälle an dieser Kreuzung reißt nicht ab* | *Der Urlaub bestand aus einer Kette von Enttäuschungen* K Bergkette **6** eine Reihe von Personen, die sich an den Händen halten oder die etwas von einer Person zur nächsten Person reichen ⟨Personen bilden eine Kette⟩ | *Die Polizisten bildeten eine Kette, um die Demonstranten zurückzudrängen* K Menschenkette ■ ID **jemanden an die Kette legen** die Freiheit einer Person einschränken, indem man ihr Vorschriften macht oder Verbote erteilt

ket·ten VERB (kettete, hat gekettet) **1** **eine Person/Sache an jemanden/etwas ketten** eine Person oder Sache mit einer Kette irgendwo fest anbinden | *das Fahrrad an den Zaun ketten* | *Der Wachhund war an die Hundehütte gekettet* **2**

jemanden an sich ketten dafür sorgen, dass jemand von einem abhängig ist und sich nicht trennen kann

Ket·ten·hemd *das; historisch* eine Art Hemd oder Jacke aus vielen kleinen Ringen aus Metall zum Schutz vor Stichen und Hieben im Kampf

Ket·ten·rau·cher *der* eine Person, die (fast ohne Pause) eine Zigarette, Zigarre usw. nach der anderen raucht

Ket·ten·re·ak·ti·on [-'tsjo:n] *die* **1** eine Folge von (chemischen, physikalischen) Vorgängen, die von selbst nacheinander ablaufen, wenn sie einmal begonnen haben ⟨etwas löst eine Kettenreaktion aus⟩ **2** eine Reihe von Ereignissen, die auf einen einzelnes Ereignis folgen und nicht vermieden werden können

Ket·zer *der;* (-s, -) **1** *historisch* eine Person, deren Glauben nicht ganz mit der katholischen Kirche übereinstimmte (und die deswegen verfolgt wurde) **2** *oft humorvoll* eine Person, die andere Ansichten hat als die Mehrheit ● hierzu **Ket·ze·rin** *die;* **ket·ze·risch** ADJEKTIV

keu·chen VERB (keuchte, hat gekeucht) **1** (vor allem vor Anstrengung) laut und tief atmen (schnaufen) | *Der Marathonläufer kam keuchend am Ziel an* **2** **etwas keuchen** etwas mit Mühe sagen und dabei keuchen **i** Das Objekt ist meist ein Satz.

Keuch·hus·ten *der* ein sehr starker und lange andauernder gefährlicher Husten (vor allem bei Kindern)

Keu·le *die;* (-, -n) **1** eine längliche Waffe aus Holz, die an einem Ende dünn und am anderen Ende dick ist ⟨die Keule schwingen; jemanden mit einer Keule erschlagen⟩ **K** Keulenschlag **2** ein Sportgerät in Form einer Keule, die man bei der Gymnastik verwendet **3** der Oberschenkel von Tieren, den man isst ⟨eine gebratene Keule⟩ **K** Gänsekeule, Hühnerkeule, Lammkeule ● zu (1) **keu·len·för·mig** ADJEKTIV

keusch ADJEKTIV (keuscher, keuschest-); *veraltend* so, dass eine Person aus moralischen Gründen nicht an Sex denkt ⟨eine Nonne, eine Seele; keusch leben⟩ ● hierzu **Keusch·heit** *die*

Key·board ['ki:bɔ:d] *das;* (-s, -s) **1** ein elektronisches Tasteninstrument (ähnlich einem Klavier) **2** ≈ *Tastatur*

Kfz [ka:|ɛf'tsɛt] *das;* (-, -(s)); *gesprochen* Abkürzung für *Kraftfahrzeug* **K** Kfz-Papiere, Kfz-Steuer, Kfz-Versicherung, Kfz-Werkstatt

KG [ka'ge:] *die;* (-, -s) Abkürzung für *Kommanditgesellschaft*

Kha·ki *das* → Kaki

Ki·cher·erb·se *die* eine Pflanze, die im Orient wächst, und deren Früchte wie Erbsen aussehen

ki·chern VERB (kicherte, hat gekichert) leise und mit hohen Tönen lachen ⟨(verlegen) vor sich hin kichern⟩ | *Als der Lehrer stolperte, kicherten die Kinder schadenfroh*

ki·cken VERB (kickte, hat gekickt); *gesprochen* **1** **etwas irgendwohin kicken** einen Ball mit dem Fuß irgendwohin fliegen lassen ⟨den Ball ins Tor, ins Aus kicken⟩ **2** Fußball spielen ● hierzu **Ki·cker** *der*

kid·nap·pen [-nɛpn̩] VERB (kidnappte, hat gekidnappt) **jemanden kidnappen** *gesprochen* eine Person entführen und Geld dafür verlangen, dass man sie wieder freilässt | *Der gekidnappte Fabrikant wurde gegen ein hohes Lösegeld wieder freigelassen* ● hierzu **Kid·nap·per** *der;* **Kid·nap·pe·rin** *die*

Kid·nap·ping [-nɛpɪŋ] *das;* (-s, -s) das Kidnappen, Entführen eines Menschen ≈ *Menschenraub*

Kids *die; Plural; gesprochen* Kinder

kie·big ADJEKTIV; *norddeutsch* **1** ≈ *frech* **2** verärgert ⟨kiebig werden⟩

Kie·bitz *der;* (-es, -e) **1** ein Vogel mit einem Büschel schwarzer Federn am Kopf **2** *gesprochen* ein Zuschauer beim Kartenspiel, beim Training von Sportlern o. Ä. ● zu (2) **kie·bit·zen** VERB *(hat)*

Kie·fer[1] *der;* (-s, -) die beiden Knochen des Schädels, aus denen die (oberen und unteren) Zähne wachsen ⟨ein kräftiger, vorstehender Kiefer; die Kiefer öffnen, schließen; sich (*Dativ*) den Kiefer verrenken⟩ **K** Kieferbruch, Kiefergelenk; Oberkiefer, Unterkiefer

Kie·fer[2] *die;* (-, -n) ein Baum mit langen, dünnen Nadeln **K** Kiefernholz, Kiefernmöbel, Kiefernnadel, Kiefernzapfen

kie·ken VERB (kiekte, hat gekiekt); *humorvoll oder ironisch* ≈ *gucken*

Kie·ker *der* ■ **ID jemanden auf dem Kieker haben** *gesprochen* ständig nach Gründen suchen, um jemanden tadeln oder bestrafen zu können

kiek·sen VERB (kiekste, hat gekiekst) **(etwas) kieksen** (etwas) mit hoher, aber schwacher Stimme sprechen **i** Das Objekt ist meist ein Satz

Kiel *der;* (-(e)s, -e) **1** der Kiel ist die Kante in der Mitte des Bodens bei Booten und Schiffen, die am tiefsten im Wasser liegt **K** Bootskiel **2** der harte Teil in der Mitte einer Vogelfeder **K** Federkiel

kiel·oben ADVERB so, dass der Kiel oben ist ⟨ein Boot liegt, schwimmt, treibt kieloben (auf dem Wasser)⟩

Kiel·was·ser *das; meist Singular* die Fahrspur, die sich hinter einem fahrenden Schiff auf dem Wasser bildet ■ **ID in jemandes Kielwasser segeln/schwimmen** jemandes Ansichten und Handeln befürworten und selbst profitieren

Kie·me *die;* (-, -n); *meist Plural* eine der Spalten am Kopf eines Fisches, durch die er atmet ⟨ein Fisch bewegt die Kieme⟩ **K** Kiemenatmung

Kie·pe *die;* (-, -n); *norddeutsch* ein (meist viereckiger) Korb, den man auf dem Rücken trägt | *eine Kiepe (voll) Holz*

★ **Kies** *der;* (-es) **1** viele kleine Steine, die am Fluss, am Rand der Straße oder auf Fußwegen liegen ⟨feiner, grober Kies⟩ **K** Kieshaufen, Kiesweg **2** *gesprochen* ⟨viel, wenig, ein Haufen Kies⟩ ≈ *Geld*

Kie·sel *der;* (-s, -) ein kleiner Stein, der durch fließendes Wasser fast rund geschliffen wurde ⟨bunte Kiesel⟩

Kie·sel·stein *der* ≈ *Kiesel*

Kies·gru·be *die* eine Stelle, an der Kies (aus dem Boden) gewonnen wird

Kiez *der;* (-es, -e); *regional* **1** ein Stadtteil, dessen Bewohner sich als Gemeinschaft fühlen, die sich von anderen Stadtteilen unterscheidet **2** ein Stadtteil, in dem es viele Nachtlokale und Bordelle gibt

kif·fen VERB (kiffte, hat gekifft); *gesprochen* Haschisch rauchen ● hierzu **Kif·fer** *der;* **Kif·fe·rin** *die*

ki·ke·ri·ki! verwendet, um das Krähen eines Hahnes zu imitieren

kil·le·kil·le! *Kindersprache* verwendet, wenn man ein Kind kitzelt

kil·len VERB (killte, hat gekillt) **jemanden killen** *gesprochen* jemanden oder ein Tier grausam töten, ohne Mitleid zu haben

Kil·ler *der;* (-s, -); *gesprochen* eine Person (ein Mörder), die in jemandes Auftrag andere Menschen tötet und dafür bezahlt wird ● hierzu **Kil·le·rin** *die*

Kil·ler- *im Substantiv, betont, begrenzt produktiv* **die Killerbiene, der Killerhai, der Killerwal, die Killerzelle** *und andere* drückt aus, dass das genannte Tier aggressiv und gefährlich ist oder dass die genannte Sache zerstörerisch wirkt

-kil·ler *der; im Substantiv, unbetont, begrenzt produktiv; gesprochen* **Jobkiller, Karrierekiller, Lustkiller, Ozonkiller** *und andere* verwendet, um eine Sache zu bezeichnen, die einer positiven Sache schadet, sie zerstört oder vernichtet | *der Klimakiller Kohlendioxid*

Kil·ler·spiel *das; gesprochen, abwertend* ein gewalttätiges

K

Computerspiel mit realistischer Darstellung

★ **Ki·lo** *das;* (-s, -/-s); *gesprochen* Kurzwort für *Kilogramm* | *zwei Kilo Fleisch* | *überflüssige Kilos abspecken* (durch eine Diät verlieren) H Nach Zahlen ist der Plural *Kilo.* ● hierzu **ki·lo·wei·se** ADVERB

Ki·lo- *im Substantiv, betont, nicht produktiv* **Kilobyte, Kilogramm, Kilohertz, Kilojoule, Kilowatt, Kilometer** *und andere* verwendet, um das Tausendfache einer Maßeinheit zu bezeichnen

★ **Ki·lo·gramm** *das* tausend Gramm H Abkürzung: *kg*

★ **Ki·lo·me·ter** *der* **1** tausend Meter; | *Bis zum Flughafen sind es noch 20 Kilometer* H Abkürzung: *km* **2** *gesprochen* (bei Geschwindigkeiten) Kilometer pro Stunde ≈ *Stundenkilometer* | *In der Stadt sind nur 50 Kilometer erlaubt*

Ki·lo·me·ter|fres·ser *der; gesprochen, abwertend oder humorvoll* eine Person, die ohne Pause sehr lange Strecken mit dem Auto fährt

Ki·lo·me·ter|geld *das* **1** das Geld pro Kilometer, das man (z. B. von der Firma) für Fahrten bekommt, die mit dem Beruf zu tun haben **2** das Geld, das man für ein Leihauto pro Kilometer bezahlen muss

ki·lo·me·ter|lang ADJEKTIV **1** mehrere Kilometer lang ⟨ein Stau⟩ **2** *gesprochen* sehr lang

Ki·lo·me·ter·pau·scha·le *die* ein Betrag, den man für beruflich gefahrene Kilometer von der Steuer absetzen kann oder vom Arbeitgeber ersetzt bekommt

Ki·lo·me·ter|stand *der* die Anzeige der schon gefahrenen Kilometer (auf dem Kilometerzähler)

Ki·lo·me·ter|stein *der* ein Stein am Straßenrand, auf dem die Zahl der Kilometer steht, die bis dahin von einem bestimmten Punkt aus zurückgelegt sind

Ki·lo·me·ter|zäh·ler *der* ein Gerät in einem Fahrzeug, das anzeigt, wie viele Kilometer es schon gefahren ist

Ki·lo·watt|stun·de *die* eine Maßeinheit, mit der man angibt, wie viel elektrischen Strom ein Gerät verbraucht H Abkürzung: *kWh*

Kim·me *die;* (-, -n) eine Kerbe am Visier von Schusswaffen, die hilft, genau zu zielen ⟨über Kimme und Korn zielen⟩

★ **Kind** *das;* (-(e)s, -er) **1** ein junger Mensch, der noch wächst und noch nicht selbstständig, sondern von den Eltern abhängig ist ⟨ein ungeborenes, neugeborenes, tot geborenes Kind; ein artiges, braves, freches, ungezogenes, verzogenes Kind; ein Kind erwarten, bekommen, zur Welt bringen, in die Welt setzen, gebären, aufziehen, großziehen, erziehen⟩ ↔ *Erwachsene(r)* | *Mit vierzehn ist sie eigentlich kein Kind mehr* | *Die großen Kinder gehen in die Schule, die kleinen in den Kindergarten* K Kindesmisshandlung, Kindestötung, Kindstaufe, Kinderarmut, Kinderarzt, Kinderbuch, Kinderchor, Kinderfahrrad, Kinderfilm, Kinderheilkunde, Kinderlied, Kinderpsychologe, Kinderpuder, Kinderschar, Kindersendung, Kinderzimmer; Schulkind, Wunderkind, Wunschkind H Ein Kind unter etwa 18 Monaten wird *Baby* genannt, von ca. 18 Monaten bis 4 Jahre spricht man von *Kleinkind,* ab ca. 12 Jahren sagt man *Jugendliche(r).* **2** **(mein/dein/...) Kind** der Sohn oder die Tochter der genannten Person ⟨ein eigenes, leibliches, (un)eheliches, (il)legitimes, angenommenes, adoptiertes Kind; das einzige, geliebte Kind; ein Kind haben⟩ | *Das ist eine Schule für Kinder reicher Eltern* | *Unsere Kinder sind schon erwachsen* K Kind(e)smutter, Kind(e)svater; Bauernkind, Enkelkind, Waisenkind **3** *humorvoll nur Plural* verwendet als Anrede für eine Gruppe von Freunden, Kollegen o. Ä. | *Kommt, Kinder, jetzt feiern wir!* **4** **ein Kind** (+*Genitiv*) eine Person, die am genannten Ort oder zur genannten Zeit geboren wurde und dadurch (im Charakter, Verhalten) geprägt wurde ⟨ein (echtes) Kind seiner Zeit⟩ | *Er ist ein typisches Kind der Berge* **5** **von Kind an/auf** seit der Zeit, als man noch ein Kind war | *Wir kennen uns von Kind auf* | *Ich war von Kind an ein Einzelgänger* **6** **einer Frau ein Kind machen/andrehen/anhängen** *gesprochen, abwertend* eine Frau schwanger machen **7** **bei einer Frau/einem Paar ist ein Kind unterwegs** eine Frau ist schwanger, zwei Personen werden Eltern **8** **jemanden an Kindes statt annehmen** *geschrieben* jemanden adoptieren

■ ID ▸Adjektiv + Kind: **ein gebranntes Kind sein** durch schlechte Erfahrungen vorsichtig geworden sein; **Ein gebranntes Kind scheut das Feuer** schlechte Erfahrungen machen den Menschen vorsichtig; **ein großes Kind sein** (als Erwachsener) naiv wie ein Kind sein; **etwas ist jemandes liebstes Kind** etwas ist jemandem sehr wichtig | *Das Auto ist des Deutschen liebstes Kind;* **sich bei jemandem lieb Kind machen** sehr freundlich zu jemandem sein, um so einen Vorteil zu bekommen;

▸Kind als Objekt: **das Kind mit dem Bade ausschütten** etwas Schlechtes beseitigen wollen und dabei auch etwas Gutes zerstören (weil man zu eifrig ist); **das Kind beim (rechten) Namen nennen** deutlich, offen über ein unangenehmes Thema sprechen; **Wir werden das Kind schon schaukeln** *gesprochen* wir werden das Problem schon lösen/die Sache schon erledigen; **Wie sag ichs meinem Kinde?** *humorvoll* wie erkläre ich das?;

▸andere Verwendungen: **mit Kind und Kegel** mit der ganzen Familie | *mit Kind und Kegel verreisen;* **unsere Kinder und Kindeskinder** unsere Nachkommen; **das Kind im Manne** *humorvoll* die Freude, die viele Männer am Spielen haben; **kein Kind von Traurigkeit sein** lebenslustig sein; **Aus Kindern werden Leute** Kinder werden (schnell) erwachsen ● zu (1) **kin·der·feind·lich** ADJEKTIV; zu (1) **kin·der·freund·lich** ADJEKTIV; zu (1) **kind·ge·mäß** ADJEKTIV; zu (2) **kin·der·reich** ADJEKTIV; zu (2) **kin·der·los** ADJEKTIV

Kin·der·ar·beit *die; nur Singular* die (gesetzlich verbotene) Arbeit von Kindern gegen Lohn

Kin·der·dorf *das* eine Gruppe von Häusern (als soziale Institution), in denen meist Waisen wie in Familien von einer Kinderdorf-Mutter erzogen werden

Kin·de·rei *die;* (-, -en) ein kindisches Verhalten, eine kindische Tat | *sich Kindereien ausdenken*

★ **Kin·der·gar·ten** *der* **1** im Kindergarten spielen und lernen Kinder zwischen 3 und 6 Jahren gemeinsam, bevor sie in die Schule kommen H → Infos unter **Schule** **2** das Haus, in dem ein Kindergarten ist

Kin·der·gärt·ner *der* eine Person, die im Kindergarten die Kinder betreut ● hierzu **Kin·der·gärt·ne·rin** *die*

★ **Kin·der·geld** *das; nur Singular* Geld, das Eltern vom Staat bekommen (als Hilfe für die Erziehung ihrer Kinder)

Kin·der·glau·be *der; meist abwertend oder ironisch* eine naive Vorstellung von einer Person oder Sache ⟨sich (*Dativ*) einen Kinderglauben bewahren⟩

Kin·der·heim *das* **1** ein Heim, in dem die Kinder wohnen und erzogen werden, wenn sie keine Eltern mehr haben, die für sie sorgen ⟨ein Kind kommt ins Kinderheim⟩ **2** ein Heim für Kinder, die geistig oder körperlich behindert sind

Kin·der·hort *der* im Kinderhort werden Kinder nachmittags nach der Schule betreut

Kin·der·krank·heit *die* **1** eine Infektionskrankheit, die vor allem Kinder bekommen | *Masern, Mumps und Windpocken zählen zu den Kinderkrankheiten* **2** Probleme, die ein neues Projekt, Modell o. Ä. am Anfang macht

Kin·der·krie·gen *das;* (-s); *gesprochen* das Gebären eines Kindes | *der beste Zeitpunkt zum Kinderkriegen*

Kin·der·krip·pe *die* in der Kinderkrippe werden Kinder un-

K

ter drei Jahren während des Tages betreut
Kin·der·la·den *der* ein privat von den Eltern organisierter Kindergarten, in dem die Kinder vor allem liberal erzogen werden
Kin·der·läh·mung *die; nur Singular* eine Infektionskrankheit, die vor allem Kinder bekommen und die zu schweren Lähmungen führen kann ≈ *Polio(myelitis)*
kin·der·leicht ADJEKTIV; *gesprochen* sehr leicht, einfach ⟨eine Aufgabe, eine Rechnung⟩
kin·der·lieb ADJEKTIV **(sehr) kinderlieb sein** Kinder sehr gern mögen
Kin·der·mäd·chen *das* eine (meist junge) Frau, die von einer Familie dafür bezahlt wird, dass sie (täglich) für die Kinder sorgt
Kin·der·narr *der* eine Person, die Kinder sehr gern hat
Kin·der·schän·der *der* eine Person, die Kinder sexuell missbraucht • hierzu **Kin·der·schän·de·rin** *die*
Kin·der·schreck *der; nur Singular; gesprochen* eine Person, vor der Kinder Angst haben
Kin·der·schuh *der* ein Schuh für Kinder ■ ID **den Kinderschuhen entwachsen sein** erwachsen sein; **etwas steckt noch in den Kinderschuhen** etwas ist noch am Anfang (im Anfangsstadium) | *Die Gentechnologie steckt noch in den Kinderschuhen*
Kin·der·se·gen *der; nur Singular* **ein (reicher) Kindersegen** *humorvoll* viele Kinder in einer Familie
Kin·der·sitz *der* **1** ein Sitz für kleine Kinder, den man auf dem Fahrrad befestigen kann **2** im Kindersitz im Auto sind kleine Kinder bei Unfällen besser geschützt
Kin·der·spiel *das* ein Spiel für Kinder oder ein Spiel, das Kinder spielen ■ ID **etwas ist ein Kinderspiel (für jemanden)** *gesprochen* etwas ist sehr einfach, kein Problem für jemanden | *Das Auto zu reparieren ist doch ein Kinderspiel für mich!*
Kin·der·sterb·lich·keit *die; admin* der Prozentanteil der Kinder, die in einem Land sehr jung sterben
Kin·der·stu·be *die* ■ ID **eine gute Kinderstube haben** zur Höflichkeit und zu gutem Benehmen erzogen sein
Kin·der·tel·ler *der* eine kleine Portion Essen für Kinder im Restaurant ⟨einen/den Kinderteller bestellen⟩
Kin·der·wa·gen *der* im Kinderwagen liegen Babys, wenn man mit ihnen spazieren geht
Kin·der·zeit *die; nur Singular* ≈ *Kindheit*
Kin·des·al·ter *das* **im Kindesalter** ⟨sein⟩ in dem Alter (sein), in dem man noch ein Kind ist
Kin·des·bei·ne *die; Plural* ■ ID **von Kindesbeinen an** seit der Zeit, als man ein Kind war | *Sie kennen sich von Kindesbeinen an*
Kin·des·miss·hand·lung *die* das Quälen und Schlagen von Kindern (vor allem durch ihre Eltern)
★ **Kind·heit** *die;* (-, -en); *meist Singular* die Zeit, in der jemand ein Kind ist ⟨eine glückliche, schöne, unbeschwerte, freudlose, traurige Kindheit haben, erleben⟩ | *Er verbrachte seine Kindheit bei seiner Großmutter in Amerika* K Kindheitserinnerung, Kindheitstraum
kin·disch ADJEKTIV; *abwertend* (als Erwachsene(r) mit einem Benehmen wie ein Kind ⟨ein Benehmen; jemandes Trotz⟩ | *Du bist manchmal sehr kindisch!* **I** → Infos unter **kindlich**
kind·lich ADJEKTIV wie ein Kind ⟨ein Aussehen, eine Handschrift, eine Naivität; kindlich wirken⟩ ↔ *erwachsen* • hierzu **Kind·lich·keit** *die*
Kinds·kopf *der; gesprochen, abwertend* eine Person, die sich albern und kindisch benimmt
Ki·ne·tik *die;* (-) ein Gebiet der Physik, das sich mit den Bewegungen der Körper beschäftigt • hierzu **ki·ne·tisch**

ADJEKTIV
WORTSCHATZ

▶ kindlich – kindisch

Die Adjektive **kindisch** und **kindlich** sind sich sehr ähnlich, dürfen aber nicht verwechselt werden.

Wenn Personen **kindisch** sind, benehmen sie sich unvernünftig oder albern wie Kinder:
- **kindische Spielchen spielen**
- **Es ist kindisch, sich über etwas so Unwichtiges zu streiten.**

Erwachsene sind **kindlich**, wenn sie Kindern auf positive Weise ähnlich sind:
- **eine kindliche Freude an einfachen Dingen haben**
- **kindliche Begeisterung entwickeln**

King *der;* (-s, -s); *gesprochen* eine Person, die Besonderes leistet und sehr verehrt wird ⟨der absolute King sein, sich für den King halten⟩
Kin·ker·litz·chen *die; Plural; gesprochen* **1** ein (albernes und überflüssiges) Verhalten, das eine andere Person ärgert ⟨Kinkerlitzchen machen⟩ | *Lass deine dummen Kinkerlitzchen!* **2** unbedeutende Kleinigkeiten
★ **Kinn** *das;* (-(e)s, -e) der Teil des Gesichts unterhalb des Mundes (der ein bisschen vorsteht) ⟨ein eckiges, rundes, spitzes, fliehendes Kinn; ein Kinn mit einem Grübchen; das Kinn in/auf die Hand stützen⟩ K Kinnbart, Kinnspitze **I** → Abb. unter **Gesicht** und **Kopf**
Kinn·ba·cke *die* einer der beiden (seitlichen) Teile des Unterkiefers nahe dem Kinn
Kinn·ha·ken *der* ein Schlag mit der Faust (meist von unten) gegen das Kinn ⟨jemandem einen Kinnhaken geben⟩
Kinn·la·de *die* ≈ *Unterkiefer*
Kinn·rie·men *der* ein Riemen um das Kinn, der einen Helm festhält
★ **Ki·no** *das;* (-s, -s) **1** ein Raum oder Haus, in dem (vor einem Publikum) Filme gezeigt werden ⟨etwas wird im Kino gespielt/gezeigt; etwas kommt, läuft im Kino; ins Kino gehen⟩ K Kinobesitzer, Kinobesucher, Kinofilm, Kinokarte, Kinokasse, Kinoprogramm, Kinoreklame, Kinovorstellung; Vorstadtkino **2** *nur Singular* eine Vorstellung im Kino | *Das Kino beginnt um halb neun* **3** der Film als künstlerisches Medium ■ ID **etwas ist ganz großes Kino** *gesprochen* etwas ist großartig
Kin·topp *der;* (-s, -s); *gesprochen* **1** *veraltend* ≈ *Kino* **2** *nur Singular* der Film als Medium (vor allem zur Zeit des Stummfilms)
★ **Ki·osk, Ki·osk** *der;* (-(e)s, -e) ein kleines Haus (eine Bude oder ein Stand), in dem vor allem Zigaretten, Zeitschriften und Süßigkeiten verkauft werden ⟨etwas am Kiosk kaufen⟩ K Zeitungskiosk
Kip·ferl *das;* (-s, -(n)); *süddeutsch* Ⓐ ≈ *Hörnchen*
Kip·pe *die;* (-, -n); *gesprochen* **1** der Rest einer gerauchten Zigarette **2** Kurzwort für *Müllkippe* ■ ID **jemand/etwas steht auf der Kippe** **a** jemand/etwas ist in einer ungünstigen Situation **b** etwas droht zu scheitern ⟨ein Plan, ein Projekt⟩
kip·pen VERB (kippte, hat/ist gekippt) **1** **etwas kippen** *(hat)* etwas in eine schräge Lage bringen | *die Ladefläche des Lkw kippen, um die Erde abzuladen* | *das Fenster nachts kippen, um frische Luft hereinzulassen* K Kippfenster, Kipplore, Kippschalter **2** **etwas irgendwohin kippen** *(hat)* etwas aus einem Gefäß irgendwohin schütten | *Wasser in den Ausguss kippen* | *Sie haben den Müll einfach auf die Stra-*

ße gekippt **3** **einen kippen** *gesprochen (hat)* ein Glas Schnaps o. Ä. trinken **4** **jemand/etwas kippt** *(ist)* eine Person/Sache bewegt sich so aus einer aufrechten Position, dass sie umfällt | *ein Regal so ungleichmäßig beladen, dass es (nach hinten/vorne) kippt* **5** **etwas kippt** *(ist)* etwas ändert sich plötzlich ins Negative ⟨die Stimmung, das Wetter⟩ | *Das Spiel kippte in der zweiten Halbzeit* ● zu (1) **kipp·bar** ADJEKTIV

★ **Kir·che** *die;* (-, -n) **1** ein großes Gebäude, in dem Christen den Gottesdienst abhalten ⟨eine romanische, gotische, barocke, moderne Kirche⟩ K Kirchenbank, Kirchenchor, Kirchengemeinde, Kirchenglocke, Kirchentür, Kirchplatz, Kirchturm; Barockkirche, Bischofskirche, Dorfkirche, Klosterkirche ℹ Sehr kleine Kirchen heißen *Kapelle*, große Kirchen von Bischöfen heißen *Dom*, *Kathedrale* oder *Münster*. **2** eine religiöse Gemeinschaft, vor allem mit christlichem Glauben ⟨die evangelische, griechisch-orthodoxe, lutherische, katholische Kirche; einer Kirche angehören; aus der Kirche austreten⟩ ≈*Konfession* | *Der Papst ist das Oberhaupt der römisch-katholischen Kirche* K Kirchenamt, Kirchenaustritt, Kirchengeschichte, Kirchenlehre, Kirchenrecht, Kirchenspaltung, Kirchenübertritt **3** die religiöse Gemeinschaft einer Kirche als Institution | *die Trennung von Kirche und Staat* **4** *nur Singular* die Messe oder der Gottesdienst (in einer christlichen Kirche) ⟨in die Kirche gehen⟩ | *Samstags ist um 19 Uhr Kirche* K Kirchenbesuch, Kirchenbesucher, Kirchenlied, Kirchenmusik, Kirchgang, Kirchgänger ■ ID **die Kirche im Dorf lassen** mit etwas nicht übertreiben

KIRCHE

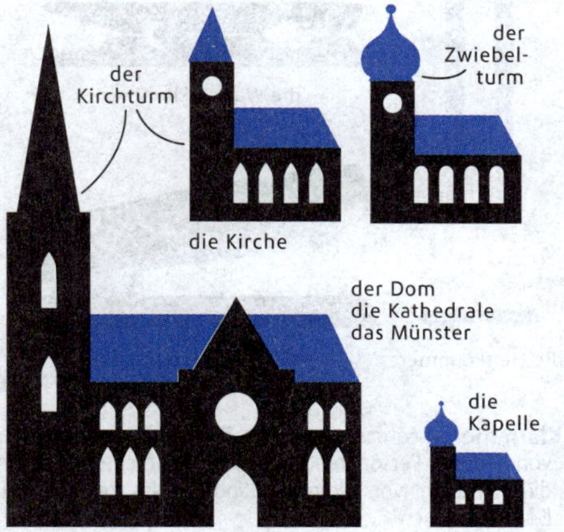

Kir·chen·buch *das* eine Chronik der Geburten, Sterbefälle, Taufen und Eheschließungen einer kirchlichen Gemeinde

Kir·chen·jahr *das; nur Singular* das Jahr, wie es unter religiösen Aspekten (nach Sonn- und Feiertagen, kirchlichen Festen der katholischen, evangelischen Kirche) gegliedert wird

Kir·chen·maus *die* ■ ID **arm wie eine Kirchenmaus (sein)** *humorvoll* sehr arm (sein)

Kir·chen·staat *der; nur Singular* ein kleiner Bezirk in Italien (in Rom), der unter der Herrschaft des Papstes steht ≈*Vatikan*

Kir·chen·steu·er *die* eine Steuer, welche die (katholische oder evangelische) Kirche in manchen Ländern von ihren Mitgliedern fordert (und die in Deutschland der Staat einzieht)

Kir·chen·va·ter *der* einer von mehreren berühmten Lehrern und Verfassern wichtiger historischer christlicher Schriften (z. B. Augustinus)

★ **kirch·lich** ADJEKTIV **1** *meist attributiv* in Bezug auf die (katholische, evangelische) Kirche ⟨ein Amt, ein Fest, ein Ritus⟩ **2** nach den Ritualen der (katholischen, evangelischen) Kirche ⟨eine Trauung; kirchlich heiraten, kirchlich beerdigt werden⟩

Kirch·weih *die;* (-, -en) ein Fest mit einem Jahrmarkt, das zur Erinnerung an die Einweihung einer Kirche gefeiert wird

Kir·mes *die;* (-, -sen) ≈*Kirchweih*

Kir·sche *die;* (-, -n) **1** eine kleine, weiche, runde, meist rote Frucht mit einem harten Kern in der Mitte K Kirschkern, Kirschkuchen, Kirschlikör, Kirschmarmelade, Kirschsaft **2** der Baum, an dem die Kirschen wachsen K Kirschblüte, Kirschholz ■ ID **mit jemandem ist nicht gut Kirschen essen** mit einer Person kann man sich nicht gut vertragen (weil sie unfreundlich oder streitsüchtig ist)

KIRSCHEN

Kirsch·was·ser *das; nur Singular* ein Schnaps, der aus Kirschen gemacht wird

★ **Kis·sen** *das;* (-s, -) Kissen sind weich. Meist legt man den Kopf darauf oder setzt sich darauf ⟨ein weiches Kissen; ein Kissen aufschütteln; den Kopf auf ein Kissen legen⟩ | *Er legte ein Kissen auf der Stuhl* | *Das Kissen ist mit Schaumstoff gefüllt* K Kissenbezug, Kissenfüllung, Kissenüberzug; Federkissen, Gummikissen, Schaumstoffkissen, Seidenkissen; Sofakissen, Stuhlkissen, Zierkissen; Fußkissen, Kopfkissen

Kis·sen·schlacht *die* ein Kinderspiel, bei dem man mit Kissen wirft und versucht, sich gegenseitig zu treffen ⟨eine Kissenschlacht machen⟩

★ **Kis·te** *die;* (-, -n) **1** ein rechteckiger Behälter aus Holz ⟨eine Kiste mit Büchern; etwas in eine Kiste tun, verpacken; Kisten stapeln⟩ K Obstkiste, Weinkiste **2** **eine Kiste** +*Substantiv* die Menge, die in eine Kiste passt | *eine Kiste Äpfel kaufen* **3** *gesprochen, abwertend* ein (altes) Fahrzeug, vor allem ein Auto ● zu (2) **kis·ten·wei·se** ADVERB

KISTE

Ki·ta *die;* (-, -s) Kurzwort für *Kindertagesstätte*: eine Einrichtung, in der Kinder tagsüber betreut werden

Kitsch *der;* (-(e)s); *abwertend* etwas, das keinen künstlerischen Wert hat, geschmacklos oder sentimental ist | *Diese imitierte Barockstatue ist der reinste Kitsch* ● hierzu **kit·schig** ADJEKTIV

Kitt *der;* (-(e)s) eine weiche Substanz, die an der Luft allmählich hart wird und z. B. dazu dient, das Glas im Fensterrahmen zu halten ⟨etwas mit Kitt verschmieren; der Kitt bröckelt (ab)⟩ K Fensterkitt

Kitt·chen *das;* (-s, -); *gesprochen, meist humorvoll* ⟨im Kittchen sitzen⟩ ≈*Gefängnis*

Kit·tel *der;* (-s, -) ein Mantel aus dünnem Stoff, den man bei der Arbeit trägt K Kittelkleid, Kittelschürze; Arbeitskittel, Arztkittel, Malerkittel, Monteur(s)kittel

kit·ten VERB (kittete, hat gekittet) **etwas kitten** etwas mit Kitt (oder ähnlichen Materialien) reparieren oder kleben | *eine zerbrochene Kaffeekanne kitten* ■ ID **Ihre Ehe lässt sich**

K

(nicht mehr) kitten *gesprochen* Ihre Ehe kann nach einem großen Streit (nicht mehr) gerettet werden

Kitz *das*; (-es, -e) ein junges Reh, eine junge Gämse oder Ziege K Rehkitz

Kit·zel *der*; (-s, -) **1** das Gefühl, das man hat, wenn die Haut leicht gereizt (gekitzelt) wird H ein *Kitzel* ist ein eher angenehmes Gefühl, *Juckreiz* ein störendes. **2** ein angenehmes Gefühl, das eine Person hat, wenn sie etwas Gefährliches oder Verbotenes tut ⟨einen Kitzel verspüren⟩ K Nervenkitzel

kit·ze·lig ADJEKTIV **1 jemand ist kitzelig** eine Person reagiert sehr schnell (empfindlich), wenn sie gekitzelt wird | *an den Fußsohlen ist er besonders kitzelig* **2** kompliziert und mit Problemen ⟨eine Angelegenheit, eine Situation⟩

kit·zeln VERB (kitzelte, hat gekitzelt) **1 jemanden kitzeln** eine Person leicht berühren, sodass sie lachen muss ⟨jemanden an den Fußsohlen, am Bauch, mit einer Feder, mit einem Grashalm kitzeln⟩ **2 etwas kitzelt jemanden** jemand hat große Lust, etwas zu tun | *Es kitzelte ihn schon lange, einmal bei einem Autorennen mitzumachen* **3 etwas kitzelt (jemanden)** etwas juckt eine Person, weil es diese leicht berührt | *Das Haar kitzelte sie an der Nase*

Kitz·ler *der*; (-s, -); *gesprochen* ≈ *Klitoris*

kitz·lig ADJEKTIV → kitzelig

Ki·wi *die*; (-, -s) eine ovale Frucht mit weichem, grünem Fleisch und Haaren auf der Haut

Klacks *der*; (-es, -e); *gesprochen* **ein Klacks** (+*Substantiv*) eine kleine Menge einer weichen Substanz, die irgendwohin fällt, gegeben wird o. Ä. ⟨ein Klacks Butter, Senf, Schlagsahne, Soße⟩ ▪ ID **etwas ist (für jemanden) ein Klacks** etwas ist (für jemanden) eine sehr leichte Aufgabe

Klad·de *die*; (-, -n); *norddeutsch* ein Heft für Notizen

klaf·fen VERB (klaffte, hat geklafft) **etwas klafft** etwas bildet eine tiefe, weite Spalte ⟨eine klaffende Wunde⟩ | *Ein Riss klafft in der Wand*

kläf·fen VERB (kläffte, hat gekläfft) **ein Hund kläfft** *abwertend* ein Hund bellt laut und mit unangenehm hoher Stimme ● hierzu **Kläf·fer** *der*

★ **Kla·ge** *die*; (-, -n); *geschrieben* **1** laute Worte, mit denen man zu erkennen gibt, dass man Kummer oder Schmerzen hat | *in laute Klagen ausbrechen* **2 Klage (über jemanden/etwas)** Worte, mit denen man zu erkennen gibt, dass man unzufrieden oder ängstlich ist ⟨Klagen werden laut, sind zu hören, kommen jemandem zu Ohren⟩ ≈ *Beschwerde* | *Das Betragen Ihres Sohnes gibt keinen Anlass zur Klage* **3 Klage (auf etwas** (*Akkusativ*)**); Klage (gegen jemanden/etwas)** die Einleitung eines Zivilprozesses vor Gericht ⟨jemand erhebt Klage; das Gericht prüft eine Klage, weist eine Klage ab⟩ | *Seine Klage auf Schmerzensgeld gegen den Hersteller des Medikaments hatte Erfolg* K Klageschrift; Räumungsklage, Scheidungsklage H Bei Strafprozessen heißt dies *Anklage*

★ **kla·gen** VERB (klagte, hat geklagt) **1 über jemanden/etwas klagen** einer Person sagen, dass man Kummer, Sorgen oder Schmerzen hat oder dass man mit etwas nicht zufrieden ist | *Sie klagte beim Arzt über starke Schmerzen* **2 (gegen jemanden/etwas) (auf etwas** (*Akkusativ*)**) klagen** versuchen, das eigene Recht in einem Prozess bei Gericht durchzusetzen ⟨vor Gericht klagen; auf Schmerzensgeld, Schadenersatz, Unterlassung, Wiedergutmachung klagen⟩ | *Mein Rechtsanwalt riet mir, gegen den Nachbarn zu klagen* **3 (etwas) klagen** *geschrieben* mit Lauten oder Worten zeigen, dass man Kummer oder Schmerzen hat ⟨laut, heftig klagen⟩ ≈ *jammern* | *mit klagender Stimme* | *„Es tut so weh!", klagte er* K Klagelaut, Klagelied H Das Objekt ist meist ein Satz **4 jemandem sein Leid/seine Not klagen** jemandem sagen, dass man Kummer oder Schmerzen hat ● zu (2) **Klä·ger** *der*; zu (2) **Klä·ge·rin** *die*

kläg·lich ADJEKTIV **1** so, dass damit Schmerz oder Angst ausgedrückt wird ⟨ein Stöhnen; kläglich weinen; ein klägliches Gesicht machen⟩ **2** so, dass man Mitleid bekommt ⟨ein Anblick⟩ **3** so klein, dass man ganz enttäuscht ist ⟨eine Ausbeute, ein Rest⟩ **4** sehr schlecht ⟨eine Leistung, ein Ergebnis⟩ **5 kläglich scheitern, versagen** so scheitern, versagen, dass es einen sehr schlechten Eindruck macht

klag·los ADJEKTIV *meist adverbiell* ohne zu jammern und zu klagen ⟨etwas klaglos ertragen, hinnehmen⟩

Kla·mauk *der*; (-s) Komik, Scherz auf niedrigem Niveau | *ein Film mit viel Klamauk*

klamm ADJEKTIV (klammer, klammst-) **1** etwas feucht und deshalb unangenehm kühl ⟨Bettzeug, Wäsche⟩ **2** vor Kälte steif und unbeweglich ⟨Finger⟩

Klamm *die*; (-, -en) ein tiefes, enges Tal (mit einem Bach)

★ **Klam·mer** *die*; (-, -n) **1** ein kleiner Gegenstand, mit dem man zwei Dinge so aneinanderpresst, dass sie zusammenbleiben | *Wäsche mit Klammern an der Leine befestigen* | *zwei Blätter mit Klammern aneinanderheften* K Büroklammer, Wäscheklammer, Wundklammer **2** eines von zwei Zeichen, mit denen man ein Wort oder einen Satz (zur Erklärung) einfügt ⟨eckige, runde, geschweifte, spitze Klammern; etwas in Klammern setzen⟩ H Die Zeichen sind [eckige], (runde), {geschweifte} und ⟨spitze⟩ Klammern.

KLAMMER

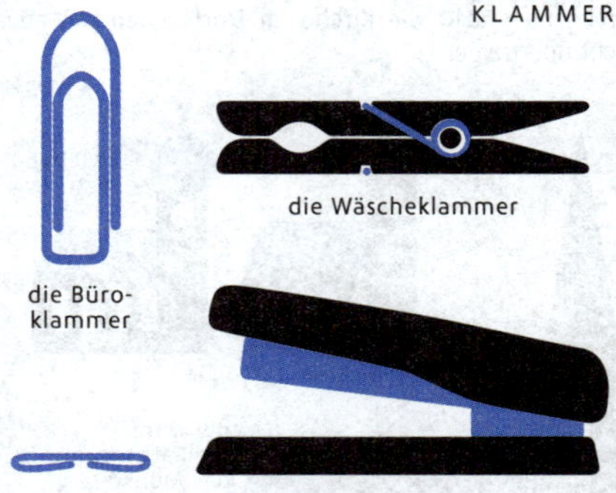

Klam·mer·af·fe *der*; *gesprochen* **1** eine Person, die sehr von anderen Personen abhängig ist und nichts selbstständig tun kann (vor allem ein Kind) **2** das Zeichen @ in E-Mail-Adressen

klam·mern VERB (klammerte, hat geklammert) **1 etwas an etwas** (*Akkusativ*) **klammern** etwas mit Klammern an etwas befestigen | *Wäsche an die Leine klammern* | *eine Notiz an eine Mappe klammern* **2 etwas klammern** etwas mit Klammern schließen ⟨eine Wunde klammern⟩ **3 etwas klammern** ≈ *einklammern* **4 sich an jemanden/etwas klammern** sich an jemandem/etwas so kräftig festhalten, wie man kann | *Das Äffchen klammerte sich an seine Mutter* K Klammergriff **5 sich an etwas** (*Akkusativ*) **klammern** etwas nicht aufgeben wollen ⟨sich an eine Hoffnung, eine Vorstellung klammern⟩

klamm·heim·lich ADJEKTIV *meist adverbiell*; *gesprochen* ganz heimlich ⟨klammheimlich abhauen, verschwinden⟩

Kla·mot·te *die*; (-, -n); *gesprochen* **1** *nur Plural* irgendein Teil der Kleidung | *sich neue Klamotten kaufen* **2** *meist abwertend* ein lustiges Theaterstück oder ein Film mit niedrigem Niveau

Kla·mot·ten·kis·te *die* ■ **ID aus der Klamottenkiste** *gesprochen, abwertend* ziemlich alt, überholt und nicht mehr interessant ⟨ein Film, ein Witz⟩

Klamp·fe *die;* (-, -n); *veraltend* ≈ *Gitarre*

Klan *der* → Clan

klang *Präteritum, 1. und 3. Person Singular* → klingen

★ **Klang** *der;* (-(e)s, Klän·ge) **1** ein meist angenehmer Ton ⟨ein heller, hoher, lieblicher, metallischer, reiner, süßer, tiefer, voller, warmer, weicher Klang⟩ **2** ein Unterton oder eine Assoziation | *Dieses Wort hat für mich einen angenehmen Klang – Es weckt in mir schöne Erinnerungen* **3** *nur Plural* die Musik(stücke) oder Melodien, die man hört ⟨aufregende, moderne, romantische Klänge ertönen, hören (können), spielen⟩ • zu (1) **klang·lich** ADJEKTIV

klän·ge *Konjunktiv II, 1. und 3. Person Singular* → klingen

Klang·far·be *die; nur Singular* die Art, wie etwas klingt

klang·voll ADJEKTIV **1** mit einem angenehmen, vollen Klang **2** **einen klangvollen Namen haben** *geschrieben* berühmt sein

Klapp- *im Substantiv, betont, begrenzt produktiv* **das Klappbett, das Klappmesser, das Klapprad, der Klappsitz, der Klappstuhl, der Klapptisch** *und andere* zum Zusammenklappen, so dass die genannte Sache nur wenig Platz braucht

Klap·pe *die;* (-, -n) **1** ein Deckel, der an einer Seite befestigt ist und den man zum Öffnen nach oben klappt | *die Klappe am Briefkasten öffnen* **2** *gesprochen, abwertend* ≈ *Mund* **3** *gesprochen* ≈ *Bett* ■ **ID jemand hat eine große Klappe, jemand reißt die/seine Klappe auf** *gesprochen* jemand redet frech und arrogant; **Halt die Klappe!** *gesprochen, abwertend* Sei still!; **Klappe zu, Affe tot!** *gesprochen, humorvoll* drückt aus, dass etwas erledigt und beendet ist

★ **klap·pen** VERB (klappte, hat/ist geklappt) **1** **etwas klappt** *gesprochen (hat)* etwas gelingt so, wie man es geplant und sich gewünscht hat ≈ *funktionieren* | *Hoffentlich klappt unser Plan!* | *Hat bei der Prüfung alles geklappt?* **2** **etwas klappt irgendwohin** *(ist)* etwas bewegt sich (als Klappe) von selbst in die genannte Richtung | *Der Kinositz klappte plötzlich nach hinten* **3** **etwas klappt** *(hat)* etwas schließt sich (als Klappe) schnell und macht dabei ein dumpfes Geräusch | *Ich hörte eine Tür klappen* **4** **etwas irgendwohin klappen** *(hat)* etwas Festes, Steifes (das mit etwas auf einer Seite verbunden ist) in eine andere Richtung drehen, wenden | *den Mantelkragen nach oben klappen* | *Den Deckel der Kiste hatte sie nach hinten geklappt*

Klap·per *die;* (-, -n) ein Spielzeug für ganz kleine Kinder, das klappert, wenn man es schüttelt

klap·per·dürr ADJEKTIV; *gesprochen* sehr mager oder dünn ⟨ein Mädchen⟩

Klap·per·ge·stell *das; gesprochen* eine Person, die sehr mager ist

klap·pe·rig ADJEKTIV → klapprig

Klap·per·kas·ten *der; gesprochen* ein altes Auto

Klap·per·kis·te *die; gesprochen* ≈ *Klapperkasten*

klap·pern VERB (klapperte, hat geklappert) **1** **etwas klappert** etwas macht kurz hintereinander Geräusche, die hell und hart klingen | *Die Gartentür war nicht richtig geschlossen und klapperte im Wind* **2** **jemand klappert mit etwas** jemand bewegt etwas so, dass es kurz hintereinander Geräusche macht, die hell und hart klingen etwas klappern **3** **mit den Zähnen klappern** so stark frieren, dass die Zähne immer wieder aufeinanderstoßen

Klap·per·schlan·ge *die* eine Giftschlange, die mit ihrem Schwanz ein klapperndes Geräusch machen kann

Klap·per·storch *der* ■ **ID (noch) an den Klapperstorch glauben** *gesprochen* sehr naiv, kindlich sein

klapp·rig ADJEKTIV; *gesprochen* **1** so alt und abgenutzt, dass einige Teile locker geworden sind (und klappern) ⟨ein Auto, ein Fahrrad⟩ **2** alt und schwach (oder dünn) ⟨ein Pferd⟩

Klaps *der;* (-es, Klap·se); *gesprochen* ein leichter Schlag mit der Hand ⟨jemandem einen freundlichen, leichten, kameradschaftlichen Klaps geben⟩

Klaps·müh·le *die; gesprochen, abwertend* ≈ *Nervenklinik* | *Ich bin reif für die Klapsmühle!* (Ich bin mit meinen Nerven am Ende)

★ **klar** ADJEKTIV (klarer, klarst-) **1** so sauber, dass man gut hindurchsehen kann ⟨Wasser, ein See, eine Fensterscheibe⟩ ↔ *trübe* **K** **kristallklar** **2** ohne Wolken, Nebel o. Ä. ⟨ein Himmel, eine Nacht, Sicht Wetter⟩ ↔ *bedeckt* **3** wach und intelligent ⟨Augen, ein Blick; klar denken können⟩ **4** so, dass man genau versteht, was gemeint ist ⟨eine Antwort; sich klar ausdrücken; etwas wird (jemandem) klar⟩ ≈ *verständlich* | *Er hat mir ganz klar (und deutlich) gesagt, was er will* | *Ihm ist klar geworden, dass er sich ändern muss* **5** gut und deutlich zu hören ⟨eine Aussprache, ein Ton⟩ | *klar und akzentuiert sprechen* **6** ⟨Umrisse⟩ so (deutlich), dass man sie genau sehen, gut unterscheiden kann ≈ *scharf* ↔ *verschwommen* **7** so, dass der Unterschied (Abstand) zu anderen Personen deutlich ist ⟨ein Vorsprung; jemanden klar besiegen⟩ ≈ *eindeutig* | *Er hat das Rennen klar gewonnen* **8** *meist attributiv* ohne Mehl gekocht ⟨eine Brühe, eine Suppe⟩ **9** **klar denkend** sachlich und nüchtern (im Denken) ≈ *vernünftig* | *Jeder klar denkende Mensch weiß, dass Umweltschutz wichtig ist* **10** **einen klaren Verstand haben** logisch denken und objektiv urteilen können **11** **bei klarem Verstand sein** (nicht verwirrt und deshalb) in der Lage sein, normal zu denken **12** **sich** *(Dativ)* **über etwas klar/im Klaren sein** etwas genau wissen und deshalb sicher darüber urteilen können **13** **sich** *(Dativ)* **(über jemanden/etwas) klar werden** sich über jemanden/etwas eine Meinung bilden, etwas erkennen oder entscheiden | *Bist du dir darüber klar geworden, was du im Urlaub tun willst?* | *Du musst dir darüber klar werden, dass das nicht geht*

■ **ID (Na) klar!** *gesprochen* drückt deutliche Zustimmung und Bereitschaft aus | *„Hilfst du mir?" – „Na klar!"*

Klär·an·la·ge *die* ein technisches System (mit Becken und Röhren), in dem schmutziges Wasser (Abwasser) gereinigt wird

klar·den·ken·d ADJEKTIV ≈ *klar denkend*

Kla·re *der;* (-n, -n); *gesprochen* ein heller, farbloser Schnaps, meist Korn | *zwei Klare bestellen* **K** *ein Klarer; der Klare; den, dem, des Klaren*

★ **klä·ren** VERB (klärte, hat geklärt) **1** **etwas klären** ein Problem o. Ä. untersuchen oder analysieren und dabei zu einer Antwort kommen ⟨eine Frage, ein Problem, einen Mordfall klären⟩ | *Er muss noch klären, ob der Raum für die Sitzung frei ist* **2** **etwas klären** eine Flüssigkeit von Schmutz befreien ⟨Abwässer, Wasser klären⟩ **3** **etwas klärt sich** etwas wird so, dass man gut hindurchsehen kann ⟨das Wasser⟩ **4** **etwas klärt sich** etwas wird so deutlich, dass man es erkennen/verstehen kann ⟨eine Frage, ein Problem, ein Missverständnis⟩ | *Es hat sich geklärt, wer es getan hat* • hierzu **Klä·rung** *die*

klar·ge·hen VERB (ging klar, ist klargegangen) **etwas geht klar** *gesprochen* etwas geschieht so, wie man es gewünscht, geplant hat | *Mit dem Besuch geht alles klar*

★ **Klar·heit** *die; meist Singular* **1** der Zustand oder die Eigenschaft, klar und durchsichtig zu sein | *die Klarheit des Wassers* **2** der Zustand oder die Eigenschaft, verständlich zu sein | *die Klarheit seiner Ausführungen* **3** **über etwas** *(Akkusativ)* **Klarheit gewinnen** eine Sache immer besser verstehen, sodass am Ende keine Zweifel mehr existieren **4** **sich** (*Dativ*) **über etwas** (*Akkusativ*) **Klarheit verschaffen** sich über etwas genau informieren

Kla·ri·net·te *die;* (-, -n) ein Musikinstrument aus Holz, mit Klappen aus Metall

KLARINETTE

klar·kom·men VERB (kam klar, ist klargekommen) **(mit jemandem/etwas) klarkommen** *gesprochen* mit jemandem/etwas keine Probleme haben, etwas gut bewältigen können ⟨mit einer Arbeit, einer Aufgabe, einem Problem klarkommen⟩

klar·krie·gen VERB (kriegte klar, hat klargekriegt) ■ **ID Das werden wir schon klarkriegen!** *gesprochen* das werden wir in Ordnung bringen

klar·le·gen VERB (legte klar, hat klargelegt) **(jemandem) etwas klarlegen** ⟨ein Problem, eine Sache klarlegen⟩ ≈ *erklären*

klar·ma·chen VERB (machte klar, hat klargemacht) **1** **(jemandem) etwas klarmachen** einer Person etwas so genau erklären, dass sie es versteht, lernt oder einsieht | *Er machte allen klar, dass es so nicht weitergehen könne* **2** **sich** (*Dativ*) **etwas klarmachen** intensiv über etwas nachdenken, bis man es versteht

Klär·schlamm *der* die Reste (und der Schmutz), die (in Kläranlagen) nach der Reinigung des Wassers zurückbleiben

klar·se·hen VERB (sieht klar, sah klar, hat klargesehen); *gesprochen* ≈ *verstehen* | *Ich habe das lange nicht erkannt, aber jetzt sehe ich klar!*

Klar·sicht- *im Substantiv, betont, nicht produktiv* **die Klarsichtfolie, die Klarsichthülle, die Klarsichtpackung** *und andere* durchsichtig, transparent

klar·stel·len VERB (stellte klar, hat klargestellt) **etwas klarstellen** etwas so deutlich sagen, dass andere Leute es richtig verstehen (und erkennen) | *Ich möchte ein für alle Mal klarstellen, dass ich mir das nicht gefallen lasse!* ● hierzu **Klar·stel·lung** *die*

Klar·text *der* **im Klartext** ehrlich, klar und deutlich ⟨etwas bedeutet, heißt im Klartext, dass ...⟩

klar·wer·den VERB ≈ *klar werden*

★ **klas·se** ADJEKTIV *nur in dieser Form; gesprochen* so gut, dass es (die Leute) begeistern kann ≈ *toll* | *eine klasse Frau* | *ein klasse Buch* | *Das Essen war einfach klasse! Er spielt klasse Tennis*

★ **Klas·se** *die;* (-, -n)

▸in der Schule: **1** eine Gruppe von Kindern, die ungefähr gleich alt sind und deshalb in der Schule gemeinsam unterrichtet werden ⟨eine Klasse übernehmen⟩ | *Er unterrichtet die Klasse in Englisch* | *die Klasse 5a* K Schulklasse, Grundschulklasse, Gymnasialklasse, Hauptschulklasse, Realschulklasse **2** jedes Jahr kommen die Schüler in die nächste Klasse, wo sie neue Dinge lernen ⟨eine Klasse wiederholen, überspringen⟩ | *Sie kommt im Herbst in die erste Klasse* | *Er geht in die fünfte Klasse (Gymnasium)* | *Er ging nach der zehnten Klasse von der Schule ab* **3** der Raum, in dem eine Klasse unterrichtet wird ⟨die Klasse betreten, verlassen⟩ K Klassenzimmer

▸in einer Hierarchie: **4** **die Klasse** (+*Genitiv Plural*) eine soziale Schicht ⟨die arbeitende, herrschende Klasse; die Klasse der Arbeiter, der Bauern⟩ K Klassengesellschaft, Klassenhass, Klassenjustiz, Klassenstaat, Klassenunterschied; Arbeiterklasse **5** **die Klasse (von Dingen)** eine Kategorie innerhalb einer Einteilung nach der Qualität ⟨ein Abteil erster, zweiter Klasse; erster, zweiter Klasse fahren, fliegen⟩ | *Obst der Klasse I* | *Die Fußballmannschaft steigt in die nächste Klasse auf* K Gewichtsklasse, Güteklasse, Handelsklasse, Preisklasse **6** eine Kategorie im System der Lebewesen | *Im Stamm „Wirbeltiere" gibt es eine Klasse „Säugetiere", zu der die Ordnung „Raubtiere" gehört*

▸sonstige Kategorie: **7** **die Klasse** (+*Genitiv Plural*) eine Gruppe von Personen/Dingen, die gemeinsame Merkmale oder Interessen haben ⟨etwas einer Klasse zuordnen⟩ | *Er startet in der Klasse der Junioren* K Altersklasse **8** **der Führerschein Klasse A, B, C** *usw.* Ⓓ Ⓐ das Zeugnis, mit dem man unterschiedliche Arten von Fahrzeugen (Motorräder, Autos, Lkws usw.) lenken darf | *Mit dem Führerschein Klasse L darf man langsame landwirtschaftliche Zugmaschinen fahren* ● zu (1) **klas·sen·wei·se** ADJEKTIV; zu (4) **klas·sen·be·wusst** ADJEKTIV; zu (4) **klas·sen·los** ADJEKTIV

Klas·se- *im Substantiv, betont, sehr produktiv; gesprochen* **das Klasseauto, der Klassefahrer, die Klassefrau, die Klasseleistung** *und andere* verwendet, um großes Lob oder Zustimmung auszusprechen

Klas·se·ment [klas'mã:] *das;* (-s, -s) die Reihenfolge der Positionen (in einem Wettbewerb)

★ **Klas·sen·ar·beit** *die* ein schriftlicher Test für Schüler ⟨eine Klassenarbeit haben, schreiben⟩

Klas·sen·bes·te *der/die* der Schüler (bzw. die Schülerin), der (die) in einer Klasse die besten Noten hat | *Er ist zurzeit Klassenbester*

Klas·sen·buch *das* ein Heft mit Notizen des Lehrers über den Inhalt des Unterrichts und die Leistungen der Schüler

Klas·sen·feind *der; meist Singular* (in der marxistischen Lehre) die (herrschende) Schicht der Gesellschaft, von der vor allem die Arbeiter unterdrückt werden

Klas·sen·ka·me·rad *der* ein anderer Schüler, der in dieselbe Schulklasse geht ≈ *Mitschüler* | *Robert ist ein Klassenkamerad von mir* ● hierzu **Klas·sen·ka·me·ra·din** *die*

Klas·sen·kampf *der* (in der marxistischen Lehre) der (politische, ökonomische) Kampf um die Macht zwischen der herrschenden (besitzenden) Klasse (z. B. den Kapitalisten) und den unterdrückten Klassen (z. B. den Arbeitern)

Klas·sen·leh·rer *der* der Lehrer, der für eine Schulklasse verantwortlich ist ● hierzu **Klas·sen·leh·re·rin** *die*

Klas·sen·lei·ter *der* ≈ *Klassenlehrer* ● hierzu **Klas·sen·lei·te·rin** *die*

Klas·sen·spre·cher *der* ein Schüler, der von den anderen Schülern der Klasse gewählt wird, damit er ihre Interessen (gegenüber den Lehrern) vertritt ● hierzu **Klas·sen·spre·che·rin** *die*

Klas·sen·stär·ke *die* die Zahl der Schüler, die in einer Klasse sind

Klas·sen·tref·fen *das* ein Treffen von Personen, die früher einmal Schüler derselben Klasse waren

Klas·sen·ziel *das* ■ **ID das Klassenziel (nicht) erreichen** *admin* **a** am Ende des Schuljahrs (nicht) gut genug sein, um in die nächste Schulklasse zu kommen **b** den gewünschten Erfolg (nicht) haben

klas·si·fi·zie·ren VERB (klassifizierte, hat klassifiziert) **Personen/Dinge (nach etwas) klassifizieren** Personen oder Dinge nach ihren Merkmalen in Gruppen einteilen ● hierzu **Klas·si·fi·zie·rung** *die;* **Klas·si·fi·ka·ti·on** *die*

Klas·sik *die;* (-) **1** eine Epoche, in welcher die Kunst, die Literatur usw. eines Volkes ihren Höhepunkt erreicht hat ⟨die deutsche, französische Klassik⟩ | *Die bedeutendsten Vertreter der deutschen Klassik sind Goethe und Schiller* **2** die griechische und römische Antike **3** der Zeitraum, in der Musiker wie Haydn, Mozart und Beethoven komponierten **4** Musik (wie) aus der Zeit der Klassik ⟨Klassik hören⟩

Klas·si·ker *der;* (-s, -) **1** ein Künstler (vor allem Dichter) der

Klassik | *die Klassiker lesen* **2** ein Künstler, Philosoph, Wissenschaftler o. Ä., dessen Werk lange (und bis heute) als Vorbild wirkt **3** ein Buch eines (wichtigen) Autors, das auch nach langer Zeit noch viel gelesen wird | *„Alice im Wunderland" ist ein Klassiker der Kinderliteratur*

★ **klas·sisch** ADJEKTIV **1** in/aus der Zeit der griechischen und römischen Antike ⟨das Altertum, die Sprachen; klassische Philologie unterrichten⟩ **2** zu der besten Kunst oder Literatur in einem Land gehörig ⟨die Dichter; ein Drama⟩ **3** zu derjenigen Art von Musik gehörig, die von wichtigen Komponisten früherer Zeiten (vor allem der Klassik im 18. und 19. Jahrhundert) geschaffen wurde ⟨Musik, ein Musikstück, ein Konzert⟩ **4** nicht von der Mode abhängig (und so, dass es lange Zeit als schön empfunden wird) ≈ *zeitlos* | *ein klassisches Kostüm* **5** so, wie etwas in den meisten Fällen ist oder vorkommt ⟨ein Beispiel, ein Beweis, ein Fehler⟩ ≈ *typisch* | *Der Professor demonstrierte den Studenten den klassischen Fall einer Malariaerkrankung*

Klas·si·zis·mus *der*; (-) ein Kunststil (des 19. Jahrhunderts), welcher die Kunst der griechischen und römischen Antike zum Vorbild hatte • hierzu **klas·si·zis·tisch** ADJEKTIV

Klatsch *der*; (-(e)s); *abwertend* das (vor allem Negative), was manche Leute über andere Leute erzählen | *In Boulevardzeitungen steht viel Klatsch über prominente Leute* K Klatschkolumnist, Klatschzeitung

Klatsch·ba·se *die*; *gesprochen, abwertend* eine Frau, die oft und gern über andere Leute redet

Klat·sche *die*; *gesprochen* eine deutliche Niederlage ⟨eine deftige, derbe, herbe Klatsche einstecken/hinnehmen müssen, kassieren⟩ ■ **ID** **einen an der Klatsche haben** *abwertend* verrückt sein

★ **klat·schen** VERB (klatschte, hat geklatscht) **1** **etwas klatscht (irgendwohin)** Wasser trifft etwas mit Schwung und einem lauten Geräusch | *Die Wellen klatschten gegen den Bug des Schiffes* **2** **(in die Hände) klatschen** die Handflächen laut (mehrmals) gegeneinanderschlagen | *Der Trainer klatschte (in die Hände), um seine Mannschaft anzufeuern* **3** **(über jemanden) klatschen** *abwertend* viel (meist Negatives) über andere Leute reden | *über seine Nachbarn klatschen* **4** **(Beifall) klatschen** vor allem im Theater oder Konzert zeigen, dass man etwas gut findet, indem man in die Hände klatscht ⟨begeistert, stürmisch (Beifall) klatschen⟩ **5** **etwas irgendwohin klatschen** *gesprochen* eine feuchte, weiche Masse so an/gegen etwas werfen, dass sie dort hängen bleibt | *Teig an die Wand klatschen*

Klatsch·mohn *der*; *nur Singular* Mohn mit großen roten Blüten, der (in Europa) auf Feldern wächst

klatsch·nass, **klatsch·nass** ADJEKTIV; *gesprochen* völlig nass

Klatsch·spal·te *die*; *abwertend* der Teil einer Zeitung, in dem viel Klatsch über prominente Leute steht

Klatsch·weib *das*; *gesprochen, abwertend* ≈ *Klatschbase*

klau·ben VERB (klaubte, hat geklaubt) **etwas klauben** *süddeutsch* Ⓐ, *gesprochen* ⟨Kartoffeln klauben⟩ ≈ *pflücken, ernten*

Klaue *die*; (-, -n) **1** *meist Plural* die Füße und langen Krallen von Bären, Löwen, Adlern usw. | *Der Habicht packte die Maus mit seinen Klauen* | *die scharfen Klauen des Löwen* **2** *meist Plural* die Hufe, vor allem bei Kühen, Ziegen, Schafen **3** *gesprochen, abwertend nur Singular* eine Art, mit der Hand zu schreiben, die schlecht zu lesen ist | *Seine Klaue kann kein Mensch lesen*

klau·en VERB (klaute, hat geklaut); *gesprochen, oft humorvoll* **(jemandem) etwas) klauen** etwas ohne Erlaubnis nehmen oder benutzen, das einer anderen Person gehört | *Wer hat meine Brille geklaut, die war doch gerade noch hier?*

Klau·se *die*; (-, -n) **1** eine Hütte oder ein Raum, wo jemand ganz allein lebt **2** eine sehr enge Stelle in einem Bergtal

Klau·sel *die*; (-, -n) eine (oft zusätzliche) Regel, Bestimmung in einem Vertrag, in einer Vereinbarung ⟨eine aufhebende, einschränkende Klausel; eine Klausel in einen Vertrag setzen⟩ K Zusatzklausel

Klaus·tro·pho·bie [-fo'biː] *die*; *meist Singular* die (krankhafte) Angst davor, in geschlossenen Räumen zu sein

Klau·sur *die*; (-, -en) **1** eine schriftliche Prüfung vor allem an der Universität ⟨eine Klausur schreiben, ablegen⟩ K Klausurarbeit, Klausurnote **2** die (inneren) Räume eines Klosters, die Fremde nicht betreten dürfen **3** **in Klausur gehen** sich in die Einsamkeit zurückziehen **4** **Personen tagen in Klausur** eine Gruppe hat eine Sitzung o. Ä., von welcher die Öffentlichkeit ausgeschlossen ist K Klausursitzung, Klausurtagung

Kla·vi·a·tur [-v-] *die*; (-, -en) alle Tasten an einem Klavier, Akkordeon o. Ä.

★ **Kla·vier** [-v-] *das*; (-s, -e) ein großes Musikinstrument mit weißen und schwarzen Tasten ⟨Klavier spielen; jemanden auf dem/am Klavier begleiten; ein Klavier stimmen⟩ ≈ *Piano* K Klavierbegleitung, Klavierkonzert, Klavierlehrer, Klaviermusik, Klaviersonate, Klavierspiel, Klavierspieler, Klavierstimmer, Klavierstuhl, Klavierunterricht ℹ → auch **Flügel**

Kla·vier·stun·de [-v-] *die* eine Stunde Unterricht im Klavierspielen ⟨Klavierstunde haben; Klavierstunden nehmen, geben⟩

Kle·be·band *das* ein Band aus Plastik mit einer Schicht Klebstoff | *ein Paket mit Klebeband verschließen*

★ **kle·ben** VERB (klebte, hat geklebt) **1** **etwas kleben** etwas, das zerbrochen oder gerissen ist, mit Klebstoff verbinden (und so reparieren) | *eine zerbrochene Vase kleben* | *einen Riss im Reifen kleben* **2** **etwas (irgendwohin) kleben** etwas (mit Klebstoff) irgendwo befestigen | *Plakate an die Wand kleben* | *Fotos in ein Album kleben* **3** **jemandem eine kleben** *gesprochen* jemandem eine Ohrfeige geben **4** **etwas klebt** etwas ist klebrig **5** **etwas klebt irgendwo** etwas löst sich nicht von einer Stelle, weil es selbst oder die Stelle klebrig ist | *An der Tischplatte klebt ein Kaugummi* | *Der Zettel blieb am nassen Fenster kleben* **6** **etwas klebt (irgendwie)** etwas hat die Eigenschaft, (durch die Wirkung von Klebstoff) an einer Fläche fest (haften) zu bleiben | *Die Briefmarke klebt nicht mehr* | *Dieser Leim klebt hervorragend* (ist ein sehr guter Klebstoff) **7** **an jemandem kleben** *gesprochen* immer bei einer Person sein wollen | *Die kleine Maria klebt immer an ihrer Mutter* **8** **an etwas** *(Dativ)* **kleben** *gesprochen* eine Aufgabe, einen Posten nicht verlieren wollen | *Der Minister klebt an seinem Posten/Sessel*

kle·ben blei·ben, **kle·ben·blei·ben** VERB (blieb kleben, ist kleben geblieben/klebengeblieben) **jemand bleibt kleben** *gesprochen* ein Schüler muss eine Klasse wegen schlechter Leistungen wiederholen

Kle·ber *der*; (-s, -); *gesprochen* ≈ *Klebstoff*

Kle·be·stift *der* (fester) Klebstoff in einer Hülse

★ **kleb·rig** ADJEKTIV ⟨Bonbons, Finger, Hände⟩ an der Oberfläche so, dass sie kleben • hierzu **Kleb·rig·keit** *die*

★ **Kleb·stoff** *der* eine Flüssigkeit oder eine Masse, mit der man Gegenstände fest miteinander verbinden kann ⟨Klebstoff auftragen; etwas mit Klebstoff bestreichen⟩

kle·ckern VERB (kleckerte, hat/ist gekleckert); *gesprochen* **1** **(etwas) (irgendwohin) kleckern** *(hat)* eine dicke Flüssigkeit oder weiche Masse (ohne Absicht) irgendwohin fallen oder tropfen lassen (und so Flecken machen) | *Er hat Soße auf seine Hose gekleckert* | *Pass auf und kleckere nicht!* **2** **etwas kleckert irgendwohin** *(ist)* eine dicke Flüssigkeit oder weiche Masse tropft oder fällt in kleinen Mengen irgendwohin (und macht so Flecken) ■ **ID** **nicht kleckern, sondern klotzen** etwas mit viel Energie, Geld o. Ä. tun, um

K

dadurch zu imponieren

Klecks *der*; (-es, -e) 1 ein Fleck, der von einer farbigen Flüssigkeit (z. B. Tinte) kommt | *beim Malen Kleckse auf den Fußboden machen* K Farbklecks, Tintenklecks 2 eine kleine Menge einer dicken Flüssigkeit oder weichen Masse | *Würstchen mit einem Klecks Senf*

kleck·sen VERB (kleckste, hat gekleckst) 1 **irgendwohin klecksen** eine Flüssigkeit in Tropfen fallen lassen (und so Flecken machen) | *beim Fensterstreichen Farbe auf die Scheibe klecksen* | *Er hat beim Schreiben (ins Heft) gekleckst* 2 **etwas kleckst** etwas funktioniert nicht richtig und macht deshalb Kleckse ⟨der Füller, der Kugelschreiber⟩ 3 **etwas irgendwohin klecksen** eine Flüssigkeit in Tropfen fallen lassen (und so Flecken machen) • hierzu **Kleck·se·rei** *die*

Klee *der*; (-s) eine kleine Pflanze mit drei (selten auch vier) runden Blättern, die meist von Kühen gefressen wird K Kleeernte, Kleefeld ■ ID **jemanden/etwas über den grünen Klee loben** jemanden/etwas übertrieben loben

Klee·blatt *das* 1 ein Blatt des Klees ⟨ein dreiblättriges, vierblättriges Kleeblatt⟩ | *Ein vierblättriges Kleeblatt bringt angeblich Glück* 2 eine Straßenanlage aus vier großen Schleifen, die verhindert, dass dort, wo zwei große Straßen aufeinandertreffen, eine direkte Kreuzung nötig ist

★ **Kleid** *das*; (-(e)s, -er) 1 ein Kleidungsstück für Frauen, das vom Hals bis zu den Beinen reicht und unten offen ist ⟨ein langärmliges, kurzärmliges, ärmelloses, hochgeschlossenes, tief ausgeschnittenes, schulterfreies Kleid; ein Kleid anziehen, tragen, anhaben, ausziehen⟩ K Sommerkleid, Winterkleid, Abendkleid, Cocktailkleid, Baumwollkleid, Wollkleid, Leinenkleid, Seidenkleid H → Abb. unter **Bekleidung** 2 *nur Plural* ⟨seine Kleider anziehen/anlegen, ausziehen/ablegen, wechseln⟩ ≈ *Kleidung* K Kleiderbürste, Kleiderschrank, Kleiderständer, Kleiderstoff ■ ID **Kleider machen Leute** wenn man sich teuer anzieht, wird man von anderen Menschen mit mehr Respekt und Höflichkeit behandelt

K

klei·den VERB (kleidete, hat gekleidet) 1 **jemanden irgendwie kleiden** jemandem oder sich selbst die genannte Art von Kleidung anziehen ⟨sich elegant, sportlich, modisch, nach der neuesten Mode, altmodisch, schick kleiden⟩ | *Sie kleidet ihre Kinder immer hübsch und trotzdem praktisch* 2 **etwas kleidet jemanden (irgendwie)** etwas lässt jemanden gut aussehen | *Der Hut kleidet sie (gut)* | *Der karierte Stoff kleidet dich nicht* H kein Passiv 3 **etwas in Worte kleiden** *geschrieben* passende Worte verwenden, um die eigenen Gedanken oder Gefühle auszudrücken

Klei·der·bü·gel *der* ein Gegenstand (meist aus Holz oder Plastik) in Form eines Bogens, über den man Kleider, Hosen und Hemden hängt

Klei·der·ha·ken *der* ein schmaler, kleiner Bogen meist aus Eisen (z. B. an der Wand), an dem man Kleidungsstücke aufhängen kann

Klei·der·schrank *der* ein hoher Schrank, in den man Kleidung hängt oder legt

kleid·sam ADJEKTIV so, dass eine Person gut aussieht, wenn sie es am Körper trägt ⟨ein Mantel, ein Hut, ein Stoff, eine Farbe, ein Muster⟩

★ **Klei·dung** *die*; (-) alles, was man (als Kleid, Rock, Mantel, Hut, Schuhe usw.) am Körper trägt, um ihn zu bedecken K Sommerkleidung, Winterkleidung; Berufskleidung, Sportkleidung, Wanderkleidung

Klei·dungs·stück *das* ein einzelnes Teil der Kleidung, z. B. ein Hemd, ein Rock

Kleie *die*; (-) der Rest (an Schalen und Hülsen), der beim Mahlen des Korns zu Mehl übrig bleibt K Weizenkleie

★ **klein** ADJEKTIV (kleiner, kleinst-)
▸Maße: 1 so, dass die Länge, die Höhe, die Größe, der Umfang, das Volumen o. Ä. relativ gering ist ⟨klein gedruckt, gemustert, gewachsen, kariert⟩ ↔ *groß* | *Er hat nur eine kleine Wohnung* | *Unser Sohn ist so gewachsen, dass ihm alle seine Schuhe zu klein geworden sind* | *Wölfe fressen auch Mäuse und andere kleine Tiere* | *Schreib doch nicht immer so klein, das kann man ja kaum lesen!* K Kleinformat, Kleinstaat H Die hier genannten Adjektive können auch mit *klein* zusammengeschrieben werden: *kleingedruckt* usw. 2 mit Verb verwendet, um zu sagen, dass etwas kleiner wird und kleine Stücke entstehen ⟨Holz klein hacken, machen; etwas klein mahlen, schneiden⟩ H Diese Verben können auch mit *klein* zusammengeschrieben werden: *etwas kleinschneiden*.
▸Menge, Dauer, Umfang: 3 mit relativ wenigen Personen, Tieren oder Dingen ⟨eine Familie, eine Gruppe, eine Herde, ein Verein⟩ ↔ *groß* | *Wir treffen uns regelmäßig im kleinen Kreis* | *ein kleines Angebot an Fachbüchern* 4 in der Menge oder im Wert gering ⟨ein Betrag, ein Gewinn, eine Summe, ein Verlust, ein Geldschein⟩ ↔ *groß* 5 *meist attributiv* nicht sehr lange Zeit dauernd ⟨eine Pause, eine Weile, ein Zeitraum⟩ ≈ *kurz* ↔ *lang* | *Warten Sie bitte einen kleinen Moment* 6 *meist attributiv* mit wenig Aufwand, Kosten usw. verbunden ⟨eine Feier, ein Fest, ein Imbiss⟩ ↔ *groß*
▸Bedeutung: 7 von geringer Bedeutung, nicht wichtig ⟨ein Fehler, ein Irrtum, ein Missgeschick, ein Unterschied⟩ ↔ *groß* 8 *meist attributiv* in einer niedrigen beruflichen oder gesellschaftlichen Position ⟨ein Angestellter, ein Handwerker; der kleine Mann (von der Straße); die kleinen Leute⟩
▸Alter: 9 *gesprochen nur attributiv* jünger als die Person, über die gesprochen wird ⟨ein Bruder, eine Schwester⟩ ↔ *älter, groß* | *Ist das deine kleine Schwester?* 10 *gesprochen* relativ jung, noch (lange) nicht erwachsen ⟨ein Kind, ein Junge, ein Mädchen⟩ ≈ *jung* ↔ *erwachsen, groß* | *Als ich klein war, wollte ich Ärztin werden* | *Das schmeckt den Kleinen und den Großen*
▸andere Verwendungen: 11 in der Form, die man z. B. innerhalb eines Wortes verwendet (*a, b, c* usw. im Unterschied zu *A, B, C* usw.) ⟨Buchstaben⟩ ↔ *groß* | *In dem Satz „Ich gehe heim" schreibt man „heim" mit einem kleinen h* K Kleinbuchstabe H → auch **kleinschreiben** 12 **etwas (auf) klein schalten/stellen/drehen** mit einem Schalter die Leistung eines Geräts auf eine niedrige Stufe stellen ↔ *groß* | *Sie drehte das Gas/den Herd auf klein* | *Stell bitte die Heizung kleiner, mir ist heiß*
■ ID ▸mit einem Verb: **Er/Sie hat klein angefangen** Er/Sie hat als junger Mensch wenig Geld gehabt oder verdient; **klein beigeben** (meist aus Angst) nachgeben; **es klein haben** *gesprochen* das passende Kleingeld haben; **klein machen/müssen** *Kindersprache* die Blase entleeren (müssen); **klein und hässlich werden** *gesprochen* erkennen, dass man in einer Sache nicht recht hat und daher ruhig werden und nicht aggressiv sein;
▸andere Verwendungen: **ein klein wenig/bisschen** *gesprochen* ein wenig/ein bisschen; **von klein an/auf** seit der Kindheit; **bis ins Kleinste** mit allen Details

GROSS
KLEIN

groß klein

Klein·ar·beit *die; nur Singular* ■ ID **in mühevoller Kleinarbeit** unter großer Mühe und mit viel Arbeit im Detail
Klein·be·trieb *der* eine kleine Firma mit wenigen Angestellten
Klein·bür·ger *der* 1 *abwertend* ≈ *Spießbürger* 2 eine Person, die zu den unteren Schichten des Bürgertums gehört ● hierzu **Klein·bür·ge·rin** *die*; **Klein·bür·ger·tum** *das*; **klein·bür·ger·lich** ADJEKTIV
Klei·ne *der/die*; (-n, -n) ein kleiner Junge/ein kleines Mädchen | *Unsere Kleine kann schon sprechen* H a) *mein Kleiner; der Kleine; den, dem, des Kleinen*; b) Bei Babys sagt man auch *das Kleine*.
Klein·fa·mi·lie *die* eine Familie, in der nur die Eltern mit ihren Kindern zusammenleben (also ohne Großeltern, Tanten, Onkel usw.)
Klein·gar·ten *der* einer von vielen kleinen Gärten auf einem größeren Gebiet, die man pachten kann K Kleingartenanlage ● hierzu **Klein·gärt·ner** *der*
Klein·ge·bäck *das* Kekse, Waffeln usw.
Klein·ge·druck·te *das*; (-n) die Bestimmungen und Bedingungen meist auf der Rückseite von Verträgen (die klein gedruckt, aber trotzdem wichtig sind) | *auch das Kleingedruckte lesen* H *Kleingedrucktes; das Kleingedruckte; dem, des Kleingedruckten*
★ **Klein·geld** *das; nur Singular* Geld in Form von (kleinen) Münzen | *dem Straßenmusikanten etwas Kleingeld in den Hut werfen*
klein·gläu·big ADJEKTIV; *geschrieben, abwertend* ängstlich, voller Zweifel und ohne Vertrauen ⟨ein Mensch⟩
klein·ha·cken VERB ≈ *klein hacken*
Klein·holz *das; nur Singular* Holz, das in kleine Stücke gehackt ist ⟨Kleinholz machen⟩ ■ ID **aus etwas Kleinholz machen, etwas zu Kleinholz machen** *gesprochen* etwas (vor allem Möbel) in Stücke schlagen
★ **Klei·nig·keit** *die*; (-, -en) 1 etwas, das nicht sehr teuer ist | *der Nachbarin eine Kleinigkeit zum Geburtstag schenken* | *Ich muss noch ein paar Kleinigkeiten in der Stadt besorgen* 2 *meist Plural* unwichtige Details | *sich über jede Kleinigkeit aufregen* 3 **eine Kleinigkeit essen** etwas (z. B. ein Brot, eine Suppe o. Ä.) essen 4 **etwas ist für jemanden eine/keine Kleinigkeit** etwas ist für jemanden ganz einfach/sehr schwer
Klein·ka·li·ber|ge·wehr *das* ein Gewehr mit einem Rohr, das einen sehr kleinen Durchmesser hat
klein·ka·riert ADJEKTIV; *abwertend* mit Vorurteilen und sehr traditionellen Ansichten ⟨kleinkariert denken⟩ H in dieser Bedeutung immer zusammengeschrieben, aber: *ein klein karierter/kleinkarierter Stoff* ● hierzu **Klein·ka·riert·heit** *die*
Klein·kind *das* ein Kind, das etwa zwischen 18 Monaten und 4 Jahren alt ist
Klein·kram *der; oft abwertend* 1 kleine Dinge mit wenig Wert | *eine Schublade voller Kleinkram* 2 Aufgaben oder Angelegenheiten, die nicht wichtig sind | *Ich kann mich doch nicht um solchen Kleinkram kümmern!*
Klein·krieg *der; nur Singular* **Kleinkrieg (mit jemandem)** ein Streit über unwichtige Dinge, den man lange (oder dauernd) führt ⟨einen ständigen Kleinkrieg führen⟩ | *Ihre Ehe war ein dauernder Kleinkrieg*
klein·krie·gen VERB (kriegte klein, hat kleingekriegt); *gesprochen* 1 **jemanden kleinkriegen** bewirken, dass jemand den Mut oder das Selbstvertrauen verliert | *Wir werden dich schon noch kleinkriegen!* | *Er lässt sich durch nichts kleinkriegen* 2 **etwas kleinkriegen** etwas in sehr kleine Teile teilen | *Das Messer ist so stumpf, dass ich damit das Fleisch nicht kleinkriegen kann* 3 **etwas ist nicht kleinzukriegen** etwas ist von so guter Qualität, dass es sich nicht abnützt, nicht kaputtgeht
Klein·kunst *die; nur Singular* Kabarett, Sketche usw. K Kleinkunstbühne
klein·laut ADJEKTIV plötzlich still oder im Verhalten bescheiden (nachdem man vorher sehr selbstbewusst, frech o. Ä. war) ⟨kleinlaut sein, werden⟩
klein·lich ADJEKTIV; *abwertend* 1 nicht großzügig oder tolerant und davon überzeugt, dass jede Kleinigkeit äußerst wichtig ist ⟨Bestimmungen, ein Mensch, Überlegungen⟩ 2 ≈ *geizig* ● hierzu **Klein·lich·keit** *die*
klein·ma·chen VERB (machte klein, hat kleingemacht); *gesprochen* 1 **(jemandem) etwas kleinmachen** jemandem einen Geldschein gegen kleinere Scheine oder Münzen tauschen ≈ *wechseln* | *jemandem einen Hunderteuroschein kleinmachen* 2 **etwas kleinmachen** in kleine Teile schneiden, hacken o. Ä. ≈ *zerkleinern*
klein·mü·tig ADJEKTIV; *geschrieben* ohne Mut und Selbstvertrauen ● hierzu **Klein·mut** *der*
Klein·od *das*; (-(e)s, -e/-ien [-'oːdiən]); *geschrieben* etwas (meist ein Schmuckstück), das sehr kostbar ist
klein·schnei·den VERB ≈ *klein schneiden*
klein·schrei·ben VERB (schrieb klein, hat kleingeschrieben) 1 **etwas kleinschreiben** ein Wort mit einem kleinen Buchstaben beginnen 2 **etwas kleinschreiben** etwas als unwichtig behandeln ● zu (1) **Klein·schrei·bung** *die*
Klein·stadt *die* eine Stadt, die weniger als etwa 20 000 Einwohner hat ● hierzu **Klein·städ·ter** *der*; **Klein·städ·te·rin** *die*; **klein·städ·tisch** ADJEKTIV
Klein·tier *das; meist Plural* verwendet als Bezeichnung für ein kleines Haustier (wie z. B. Katze, Hund, Vogel) K Kleintierhalter, Kleintierpraxis, Kleintierzucht
Klein·vieh *das* die kleinen Tiere auf einem Bauernhof ■ ID **Kleinvieh macht auch Mist** *gesprochen* auch aus kleinen Geldsummen werden große Geldsummen, wenn man spart
Klein·wa·gen *der* ein kleines Auto (mit einem schwachen Motor)
klein·wüch·sig ADJEKTIV deutlich kleiner als die meisten Personen
Klein·zeug *das; gesprochen, abwertend* ≈ *Kleinkram*
Kleis·ter *der*; (-s, -) ein einfaches Mittel, mit dem man Papier, Holz o. Ä. kleben kann (und das man aus Stärke oder Mehl und Wasser macht) ⟨Kleister anrühren⟩ | *die Tapeten mit Kleister einstreichen* K Tapetenkleister
kleis·tern VERB (kleisterte, hat gekleistert) **etwas irgendwohin kleistern** *gesprochen* etwas (mit Kleister) irgendwohin kleben | *die Tapeten an die Wand kleistern*
Kle·men·ti·ne *die*; (-, -n) eine süße Mandarine
Klem·me *die*; (-, -n) 1 ein kleiner Gegenstand (meist mit einer elastischen Feder), mit dem man kleine Dinge aneinanderpresst oder irgendwo befestigt | *Notizzettel mit einer Klemme zusammenhalten* | *Haare mit einer Klemme befestigen* 2 ein kleiner Gegenstand aus Plastik (mit Schrauben darin), mit dem man elektrische Kontakte herstellt (z. B. wenn man eine Lampe anschließt) 3 ≈ *Klammer* 4 *gesprochen* eine schwierige Lage, Situation ⟨in der Klemme sitzen, stecken; sich aus der Klemme ziehen können⟩
klem·men VERB (klemmte, hat geklemmt) 1 **etwas irgendwohin klemmen** etwas so zwischen zwei Dinge schieben oder drücken, dass es dort bleibt | *Sie klemmte sich die Zeitung unter den Arm und trug das Tablett zum Tisch* 2 **sich** (*Dativ*) **etwas (in etwas** (*Dativ*)**) klemmen** mit dem Finger o. Ä. so zwischen zwei Dinge geraten, dass man sich dabei verletzt ⟨sich (*Dativ*) den Finger in der Tür, in der Schublade klemmen⟩ 3 **etwas klemmt** etwas lässt sich nicht mehr

K

(oder nur sehr schwer) bewegen ‹eine Tür, ein Fenster, eine Schublade, ein Schloss› ■ ID **sich hinter etwas** (*Akkusativ*) **klemmen** *gesprochen* ein Ziel mit Ernst und viel Energie verfolgen

Klemp·ner *der*; (-s, -) ein Handwerker, der Rohrleitungen aus Metall herstellt oder zusammenbaut und die Wasserversorgung in Häusern installiert K Klempnerhandwerk, Klempnermeister, Klempnerwerkstatt

Klep·per *der*; (-s, -); *abwertend* ein altes, mageres, schwaches Pferd ‹ein alter Klepper›

Klep·to·ma·nie *die*; *nur Singular* der (krankhafte) Zwang zu stehlen ‹an Kleptomanie leiden› • hierzu **Klep·to·ma·ne** *der*; **Klep·to·ma·nin** *die*; **klep·to·ma·nisch** ADJEKTIV

kle·ri·kal ADJEKTIV *meist attributiv*; *geschrieben* **1** vom Klerus, in Bezug auf den Klerus **2** so, wie man es vom Klerus erwartet | *eine klerikale Haltung annehmen*

Kle·ri·ker *der*; (-s, -); *geschrieben* ein (christlicher) Geistlicher

Kle·rus *der*; (-); *geschrieben* alle (christlichen) Geistlichen

Klet·te *die*; (-, -n) **1** eine Pflanze mit kugelförmigen, stacheligen Früchten, die leicht an den Kleidern hängen bleiben **2** die Frucht einer Klette ■ ID **wie eine Klette an jemandem hängen** *gesprochen* sich so oft in die Nähe von einer Person drängen, dass diese es als lästig (und aufdringlich) empfindet; **Personen hängen wie die Kletten zusammen/aneinander** zwei oder mehrere Personen sind ständig zusammen oder halten fest zusammen

Klet·ter·ge·rüst *das* eine Konstruktion meist aus mehreren miteinander verbundenen Stangen, an denen Kinder (z. B. auf dem Spielplatz) klettern können

★ **klet·tern** VERB (kletterte, ist geklettert) **1** **(irgendwohin) klettern** nach oben (bzw. unten), über ein Hindernis gelangen, indem man Füße und Hände benutzt ‹auf einen Baum, auf einen Berg, über eine Mauer, über einen Zaun, nach oben klettern› ≈ *steigen* K Klettergerüst, Kletterwand **2** **ein Tier klettert** ein Tier kann sich auf steilem oder steinigem Boden gut und schnell bewegen **3** **etwas klettert (irgendwohin)** *gesprochen* etwas wird mehr oder größer ‹die Preise, die Löhne› ≈ *steigen* ↔ *sinken* | *Das Thermometer kletterte auf 33 Grad* (Das Thermometer zeigte eine immer höhere Temperatur an, bis 33 Grad erreicht waren) **4** **eine Pflanze klettert irgendwohin** eine Pflanze wächst an einer anderen Pflanze, an einer Wand oder Stange nach oben K Kletterpflanze • zu (1,2) **Klet·te·rer** *der*

Klet·ter·par·tie *die* eine Wanderung in den Bergen, bei der man auch auf Felsen steigt

Klet·ter·pflan·ze *die* eine Pflanze, die z. B. an einer Mauer oder einer Stange in die Höhe wächst

Klet·ter·stan·ge *die* eine Stange (für Kinder) zum Klettern und Turnen

Klet·ter·wand *die* eine Wand (oft in einer Halle), an der man das Klettern üben kann

Klett·ver·schluss® *der* ein Verschluss an Kleidern oder Schuhen aus zwei Bändern, die aneinander haften

klick! verwendet für das Geräusch, wenn man auf eine Taste der Maus oder den Auslöser einer Kamera drückt ‹etwas macht klick›

Klick *der*; (-s, -s) **1** **ein Klick (auf etwas** (*Akkusativ*)**)** das Drücken einer Taste der Computermaus, um eine Aktion auszuführen oder ein Objekt auszuwählen | *Das Spiel wird durch einen Klick auf das Logo gestartet* K Linksklick, Rechtsklick, Doppelklick **2** das Öffnen einer Internetseite (durch Klicken auf einen Link) K Klickrate, Klickzahl

★ **kli·cken** VERB (klickte, hat geklickt) **1** **etwas klickt** etwas klingt wie der kurze, metallische Ton, den man hört, wenn ein Foto gemacht wird ‹die Fotoapparate, die Kameras› **2** **auf etwas** (*Akkusativ*) **klicken** ein Objekt auf dem Monitor auswählen, indem man auf eine Taste der Maus drückt ■ ID **bei jemandem klickt es (endlich)** *gesprochen* jemand begreift (endlich) etwas

Kli·ent [kli'ɛnt] *der*; (-en, -en) der Kunde eines Rechtsanwalts, Psychologen usw. H *der Klient; den, dem, des Klienten* • hierzu **Kli·en·tin** *die*

Kli·en·tel [kliɛn'te:l] *die*; (-, -en) alle Klienten eines Anwalts usw.

Kliff *das*; (-(e)s, -e) eine steile Wand aus Felsen an einer Küste

★ **Kli·ma** *das*; (-s, -ta/*fachsprachlich* Kli·ma·te) **1** die Arten von Wetter in einer Region über eine längere Zeit ‹ein mildes, warmes, kaltes, feuchtes, trockenes, tropisches Klima› K Klimaänderung, Klimaschwankung, Klimawandel, Klimazone; Reizklima, Seeklima, Tropenklima, Wüstenklima **2** *nur Singular* die Art und Weise, wie Menschen in einer Gruppe miteinander umgehen ‹irgendwo herrscht ein gutes, herzliches, schlechtes, frostiges, unfreundliches Klima› ≈ *Atmosphäre* | *Bei den Gesprächen der beiden Delegationen herrschte ein freundliches Klima*

★ **Kli·ma·an·la·ge** *die* ein Apparat, der die Temperatur und die Feuchtigkeit der Luft in einem Raum regelt

Kli·mak·te·ri·um *das*; (-s) ≈ *Wechseljahre*

kli·ma·neut·ral ADJEKTIV ohne negative Folgen für das Klima

Kli·ma·schutz *der* alle Maßnahmen, welche die weitere Erwärmung der Erdatmosphäre verhindern sollen

kli·ma·tisch ADJEKTIV durch das Klima bestimmt ‹die Verhältnisse, (die) Einflüsse›

kli·ma·ti·sie·ren VERB (klimatisierte, hat klimatisiert) **etwas ist klimatisiert** die Temperatur und die Feuchtigkeit der Luft in einem Haus, Raum o. Ä. ist (durch eine Klimaanlage) reguliert • hierzu **Kli·ma·ti·sie·rung** *die*

Kli·ma·wan·del *der* eine Veränderung des Klimas, vor allem die aktuelle, von Menschen verursachte, globale Erwärmung

Kli·max *die*; (-); *geschrieben* ≈ *Höhepunkt*

Klim·bim *der*/*das*; (-s) ■ ID **viel Klimbim um etwas machen** *gesprochen* etwas viel wichtiger nehmen, als es eigentlich ist

Klimm·zug *der* eine Turnübung, bei der man sich mit beiden Händen an einer waagrechten Stange festhält und den Körper langsam hochzieht ‹Klimmzüge machen›

klim·pern VERB (klimperte, hat geklimpert) **1** **Dinge klimpern** kleine Dinge aus Metall wie Münzen oder Schlüssel stoßen aneinander und erzeugen helle Töne **2** **mit etwas klimpern** Gegenstände aus Metall so bewegen, dass sie sich berühren und man helle Töne hört ‹mit Geldstücken, mit Schlüsseln klimpern› **3** **(auf etwas** (*Dativ*)**) klimpern** *gesprochen* meist auf der Gitarre oder dem Klavier einige Töne spielen **4** **mit den Wimpern klimpern** *gesprochen* (meist als Frau) mehrmals hintereinander die Augen kurz schließen (um interessiert zu wirken o. Ä.)

Klin·ge *die*; (-, -n) **1** der Teil eines Messers, einer Schere oder einer Stichwaffe, mit dem man schneidet bzw. sticht ‹eine scharfe, stumpfe, rostige Klinge; die Klinge eines Dolches, eines Degens› **2** Kurzwort für *Rasierklinge* ‹die Klinge wechseln; eine neue Klinge einlegen› ■ ID **jemanden über die Klinge springen lassen** *gesprochen* **a** jemanden ermorden (lassen) **b** jemanden beruflich ruinieren, entlassen o. Ä.

★ **Klin·gel** *die*; (-, -n) vor allem Türen und Fahrräder haben eine Klingel, mit der man ein akustisches Signal geben kann | *Er drückte so lange auf die Klingel, bis sie ihm die Tür öffnete* | *Ich erschrak, als ich die Klingel eines Fahrrads hinter mir hörte* K Fahrradklingel, Türklingel, Wohnungsklingel, Schulklingel

K

Klin·gel·knopf *der* ein Knopf (an einer Wohnungstür), auf den man drückt, damit geöffnet wird

★ **klin·geln** VERB (klingelte, hat geklingelt) **1** eine Klingel ertönen lassen ⟨(an der Haustür) klingeln; bei jemandem klingeln⟩ ≈ *läuten* **2** **etwas klingelt** etwas gibt helle (metallische) Töne von sich ⟨der Wecker, das Telefon⟩ **3** **es klingelt** eine Klingel ist zu hören | *Hat es nicht gerade geklingelt? Schaust du bitte mal, ob wer vor der Tür steht?* ■ **ID** **bei jemandem klingelt es (endlich)** *gesprochen* jemand begreift etwas endlich

Klin·gel·ton *der* der Ton oder die Tonfolge, mit der ein Telefon klingelt | *sich neue Klingeltöne fürs Handy herunterladen*

Klin·gel·zei·chen *das* ein akustisches Warnsignal, das durch eine Klingel erzeugt wird ⟨ein Klingelzeichen geben⟩

★ **klin·gen** VERB (klang, hat geklungen) **1** **etwas klingt** etwas gibt helle, schöne Töne von sich ⟨die Glocken, die Gläser⟩ **2** **etwas klingt irgendwie** etwas wirkt durch den Klang in der genannten Weise ⟨ein Lied, eine Melodie klingt lustig, traurig; jemandes Stimme klingt sanft, zärtlich, abweisend⟩ **3** **jemand/etwas klingt irgendwie** die Aussagen einer Person erwecken den genannten Eindruck | *Du klingst müde | jemandes Behauptungen klingen unglaubwürdig* ■ **ID** **die Gläser klingen lassen** mit den Gläsern anstoßen und „Prost!" o. Ä. sagen

★ **Kli·nik** *die*; (-, -en) ein Krankenhaus (das auf die Behandlung von wenigen Krankheiten spezialisiert ist) | *Er wurde mit dem Krankenwagen in die Klinik gebracht* **K** Klinikaufenthalt; Frauenklinik, Kinderklinik; Herzklinik, Hautklinik, Nervenklinik; Privatklinik, Universitätsklinik

Kli·ni·kum *das*; (-s, Kli·ni·ken) **1** ein sehr großes Krankenhaus **2** *meist Singular* ein Teil der praktischen Ausbildung von Medizinstudenten in einem Krankenhaus

kli·nisch ADJEKTIV *meist attributiv* **1** in einer Klinik ⟨eine Behandlung; eine Ausbildung⟩ **2** **klinisch tot** so, dass Lunge und Herz nicht mehr funktionieren

Klin·ke *die*; (-, -n) Kurzwort für *Türklinke* **H** → Abb. unter **Griff** ■ **ID** **Personen geben sich die Klinke in die Hand** *gesprochen* Personen kommen nacheinander in großer Zahl zu derselben Person/Stelle; **Klinken putzen** *gesprochen, abwertend* von Haus zu Haus gehen und versuchen, etwas zu verkaufen, für etwas zu werben o. Ä.

Klin·ker *der*; (-s, -) ein kleiner, sehr hart gebrannter Ziegelstein

klipp ■ **ID** **klipp und klar** *gesprochen* ≈ *deutlich, unmissverständlich | jemandem klipp und klar die Meinung sagen*

Klipp *der* → Clip

Klip·pe *die*; (-, -n) **1** ein großer Felsen im Meer (vor der Küste) oder am Meer **2** eine Schwierigkeit, eine heikle Situation | *Es gelang ihm, bei der Prüfung alle Klippen zu überwinden*

klir·ren VERB (klirrte, hat geklirrt) **etwas klirrt** etwas gibt ein helles, vibrierendes Geräusch von sich ⟨die Ketten, die Gläser⟩ | *Bei dem leichten Erdbeben klirrten die Fenster*

klir·rend ■ PARTIZIP PRÄSENS **1** → klirren ■ ADJEKTIV **2** *meist attributiv* sehr stark, sehr intensiv ⟨Frost, Kälte⟩

Kli·schee *das*; (-s, -s); *geschrieben, abwertend* **1** eine feste Vorstellung, die nicht (mehr) der Realität entspricht ⟨in Klischees denken⟩ | *das Klischee, dass Frauen nicht einparken können* **K** Klischeevorstellung; Rollenklischee **2** ein Ausdruck, der schon lange und zu oft verwendet wird und daher nicht mehr viel aussagt ⟨in Klischees reden⟩ ● hierzu **kli·schee·haft** ADJEKTIV

Klis·tier *das*; (-s, -e) ≈ *Einlauf*

Kli·to·ris *die*; (-, -) ein Teil des weiblichen Geschlechtsorgans in der Form eines kleinen Knotens am oberen Ende der (kleinen) Schamlippen

klit·schig ADJEKTIV; *gesprochen, abwertend* ⟨Kuchen, Brot⟩ (noch) feucht, weil sie nicht lange genug gebacken wurden

klitsch·nass ADJEKTIV; *gesprochen* ganz nass

klit·ze·klein ADJEKTIV; *gesprochen, humorvoll* sehr klein

★ **Klo** *das*; (-s, -s); *gesprochen* ≈ *Toilette, WC* **K** Klobürste, Klodeckel, Klofenster, Klopapier, Klotür **H** zu *Klobürste* → Abb. unter **Bürste**

Klo·a·ke *die*; (-, -n) ein meist unterirdischer Kanal, in dem das schmutzige Wasser (Abwasser) unter der Erde abfließt

klo·big ADJEKTIV sehr groß, schwer und grob (gebaut) ⟨ein Tisch, ein Schrank, Hände, eine Gestalt⟩

Klo·bril·le *die*; *gesprochen* ein Sitz (aus Kunststoff oder Holz) für das Klosett, der wie ein flacher Ring aussieht

Klon *der*; (-s, -e) eine/eines von zwei oder mehreren genetisch identischen Pflanzen/Tieren, die/das künstlich im Labor entstanden ist ● hierzu **klo·nen** VERB (*hat*)

klö·nen VERB (klönte, hat geklönt) **(mit jemandem) klönen** *norddeutsch* ≈ *plaudern*

★ **klop·fen** VERB (klopfte, hat geklopft) **1** **(an etwas** (*Dativ/Akkusativ*) **klopfen** (mit dem gekrümmten Finger) mehrere Male leicht meist an eine Tür schlagen, wenn man ein Zimmer betreten will ⟨an der/an die Tür, ans Fenster klopfen⟩ | *Ich habe dreimal geklopft, aber niemand hat mir geöffnet* **2** **an/auf etwas** (*Akkusativ*)**/gegen etwas klopfen** mehrere Male leicht an/auf/gegen etwas schlagen ⟨jemandem freundschaftlich auf die Schulter klopfen⟩ **3** **das Herz klopft** das Herz schlägt deutlich spürbar (weil man Angst hat, aufgeregt oder verliebt ist) | *Sie öffnete mit klopfendem Herzen die Tür* **4** **etwas klopfen** etwas schütteln und fest darauf schlagen, um so Staub o. Ä. zu entfernen ⟨Teppiche klopfen⟩ | *den Sand aus den Socken klopfen* **5** **etwas klopfen** fest auf etwas schlagen, um es so weich zu machen | *die Steaks klopfen, bevor man sie brät* **6** **etwas in etwas** (*Akkusativ*) **klopfen** etwas mit einem Hammer o. Ä. in etwas schlagen | *einen Nagel ins Brett klopfen* **7** **es klopft** eine Person klopft mit der Hand an die Tür, weil sie in das Zimmer oder Haus kommen will | *„Es hat geklopft." – „Sieh bitte nach, wer da ist."*

Klopf·zei·chen *das* **Klopfzeichen geben** klopfen und dadurch ein Signal geben

Klöp·pel *der*; (-s, -) **1** der Teil in einer Glocke, der sich bewegt, gegen die Wand der Glocke schlägt und so den Ton erzeugt **2** ein Stock mit dickem Ende, mit dem man z. B. ein Xylophon zum Klingen bringt

Klops *der*; (-es, -e); *norddeutsch* ein Kloß aus Hackfleisch | *Königsberger Klopse*

Klo·sett *das*; (-(e)s, -e/-s) ≈ *Toilette*

★ **Kloß** *der*; (-es, Klö·ße) eine Speise in Form einer Kugel, die aus einem Teig (von Kartoffeln, Grieß, Brot oder Fleisch) gemacht ist ≈ *Knödel* **K** Fleischkloß, Grießkloß, Kartoffelkloß **H** → Infos unter **Knödel** ■ **ID** **einen Kloß im Hals haben** *gesprochen* (vor Aufregung o. Ä.) kaum sprechen können

Kloß·brü·he *die* ■ **ID** **klar wie Kloßbrühe** *gesprochen* eindeutig (zu verstehen), ganz klar

★ **Klos·ter** *das*; (-s, Klös·ter) **1** mehrere Gebäude mit einer Kirche, die zusammengehören und in denen Mönche oder Nonnen leben **K** Klosterbibliothek, Klostergarten, Klosterkirche, Klostermauer, Klosterpforte **2** **ins Kloster gehen** Mönch bzw. Nonne werden ● zu (1) **klös·ter·lich** ADJEKTIV

Klos·ter·schu·le *die* eine Schule, die zu einem Kloster gehört

Klotz *der*; (-es, Klöt·ze) **1** ein großes, dickes Stück Holz o. Ä., meist ein Stück von einem Baum(stamm) ⟨Klötze spalten⟩ **K** Bauklotz, Hackklotz **2** ≈ *Block* **K** Betonklotz **3** **ein unge-**

K

hobelter Klotz *gesprochen, abwertend* eine Person, die grob und unhöflich ist ■ ID **jemandem ein Klotz am Bein sein** jemanden (oft ohne Absicht) in der Freiheit einschränken *≈ lästig*

klọt·zen ■ ID → kleckern

klọt·zig ADJEKTIV; *gesprochen* 1 *meist abwertend ≈ wuchtig, plump* | *ein klotziger Schreibtisch* 2 **klotzig verdienen** viel Geld verdienen

★ **Klụb** *der*; (-s, -s) 1 eine Gruppe von Menschen, die gleiche (gemeinsame) Interessen haben (z. B. im Sport) ⟨einen Klub gründen; einem Klub beitreten; aus einem Klub austreten⟩ *≈ Verein* K Klubhaus, Klubmitglied; Fußballklub, Golfklub, Schachklub, Sportklub, Tennisklub, Jugendklub 2 das Haus (oder der Raum), in dem sich die Mitglieder eines Klubs treffen 3 Ⓐ *≈ Fraktion*

Klụft[1] *die*; (-, Klüf·te) 1 eine tiefe, große Spalte in einem Berg oder Felsen 2 ein tiefer Gegensatz zwischen zwei Personen, ihren Meinungen und Haltungen | *Zwischen ihnen bestand eine tiefe Kluft* | *Eine unüberbrückbare Kluft trennte die beiden Familien*

Klụft[2] *die*; (-, -en); *meist Singular*; *gesprochen* die Kleidung, die man bei der Arbeit, auf einer Veranstaltung oder beim Sport trägt | *Ich muss mir eine neue Kluft für die Arbeit besorgen* | *Das ist ihre alte Kluft fürs Skifahren* K Arbeitskluft, Klempnerkluft, Partykluft, Segelkluft

★ **klug** ADJEKTIV (klüger, klügst-) 1 mit viel Wissen und der Fähigkeit, den Verstand gut zu nutzen ⟨ein Mensch; ein kluger Kopf sein⟩ *≈ intelligent* | *In der Schule war sie die Klügste ihrer Klasse* 2 von der Vernunft und Logik bestimmt ⟨eine Entscheidung; jemandes Verhalten; jemandem einen klugen Rat geben⟩ | *Er war klug genug zu wissen, wann er schweigen musste* ■ ID **aus etwas nicht klug werden** etwas nicht verstehen; **aus jemandem nicht klug werden** nicht erkennen können, aus welchen Motiven jemand handelt; **so klug wie 'vorher/zuvor sein** (trotz Bemühungen) nichts Weiteres über etwas herausgefunden haben; **Der Klügere gibt nach** drückt den Rat oder den Entschluss aus, in einem unwichtigen Streit nachzugeben ● hierzu **Klug·heit** *die*; zu (2) **klu·ger·wei·se** ADVERB

Klug·schei·ßer *der*; (-s, -); *gesprochen, abwertend* eine Person, die immer zeigen will, wie intelligent sie ist (und deshalb andere Leute gern belehrt)

klụm·pen VERB (klumpte, hat geklumpt) **etwas klumpt** etwas bildet Klumpen ⟨das Mehl⟩

Klụm·pen *der*; (-s, -) eine kleine Masse ohne eine spezielle Form ⟨ein Klumpen Erde, Ton, Teig; ein Klumpen Blei, Gold⟩ K Erdklumpen, Goldklumpen, Lehmklumpen, Schneeklumpen, Teigklumpen, Tonklumpen ● hierzu **klụm·pig** ADJEKTIV

Klün·gel *der*; (-s, -); *abwertend* eine Gruppe von Personen, die sich gegenseitig dabei helfen, gute Positionen zu bekommen und Geschäfte zu machen

Klun·ker *die*; (-, -n); *meist Plural*; *gesprochen, abwertend* große, meist teure Edelsteine, die man als Schmuck trägt

km/h [kaːlɛmˈhaː] Abkürzung für *Stundenkilometer*

knab·bern VERB (knabberte, hat geknabbert) 1 **(etwas) knabbern** kleine Stücke einer Sache (z. B. Schokolade, Nüssen) essen | *Vor dem Fernseher knabbert er gern (Salzstangen)* 2 **an etwas** (*Dativ*) **knabbern** kleine Stücke von etwas Hartem (ab)beißen | *an einem Keks knabbern* | *Der Hase knabbert an der Mohrrübe* ■ ID **an etwas** (*Dativ*) **zu knabbern haben** a lange brauchen, bis man mit etwas (meist einem Problem) seelisch fertig wird b sich mit etwas (lange) abmühen müssen

Kna·be *der*; (-n, -n) 1 *admin veraltend ≈ Junge* | *Knaben und Mädchen* K Knabenalter, Knabenchor 2 **alter Knabe** *gesprochen, humorvoll* meist als Anrede verwendet für einen Mann, den man gut kennt | *Na, alter Knabe, wie gehts?* ℹ *der Knabe; den, dem, des Knaben*

kna·ben·haft ADJEKTIV mit einer Figur, die für Jungen typisch ist ⟨ein Mädchen, eine junge Frau⟩ | *Ihre Figur wirkt knabenhaft*

Knä·cke·brot *das*; *meist Singular* ein Vollkornbrot, das in dünnen, knusprigen Scheiben gebacken ist

kna·cken VERB (knackte, hat geknackt) 1 **etwas knacken** eine Frucht öffnen, die mit einer harten Schale umgeben ist ⟨Nüsse, Mandeln knacken⟩ 2 **etwas knacken** *gesprochen* etwas mit Gewalt öffnen ⟨ein Schloss, einen Geldschrank, einen Safe, ein Auto knacken⟩ 3 **etwas knackt** etwas macht einen Ton, ein Geräusch wie trockenes Holz, das zerbrochen wird ⟨das Bett, die Holztreppe, die Dielen, das Gebälk, die dürren Äste, die trockenen Zweige⟩ 4 **irgendwo knackt es** etwas gibt einen knackenden Ton von sich | *Es knackt im Radio/im Telefon*

Kna·cker *der*; (-s, -) 1 **ein alter Knacker** *gesprochen, abwertend* ein nicht mehr junger Mann 2 *≈ Knackwurst*

kna·ckig ADJEKTIV; *gesprochen* 1 so frisch und fest, dass es knackt, wenn man hineinbeißt ⟨Karotten, Salat(blätter), Äpfel, Birnen⟩ 2 fest (straff) und elastisch, meist von sexuell anregend ⟨ein Körper, ein Po⟩

Knack·punkt *der* der entscheidende Punkt, von dem etwas abhängt

Knacks *der*; (-es, -e); *gesprochen* 1 ein knackender Ton | *Plötzlich gab es einen Knacks, und der Ast brach ab* 2 ein Riss in einem Gegenstand aus Porzellan oder Glas *≈ Sprung* | *Das Glas hat einen Knacks* 3 ⟨ein körperlicher, seelischer Knacks; einen Knacks haben, abbekommen⟩ *≈ Schaden, Defekt*

knack·sen VERB (knackste, hat geknackst) **etwas knackst** *≈ knacken*

Knack·wurst *die* eine kleine Wurst, die man meist heiß isst

★ **Knall** *der*; (-(e)s, -e); *meist Singular* ein kurzes lautes Geräusch, wie es z. B. von einem Schuss oder einer Explosion kommt ⟨ein lauter, ohrenbetäubender Knall⟩ ■ ID **Knall auf Fall**, **auf Knall und Fall** sehr plötzlich und unerwartet; **jemand hat einen Knall** *gesprochen* jemand spinnt, ist verrückt

knall- *im Adjektiv, betont, nicht produktiv*; *gesprochen* **knallgelb, knallgrün, knallorange, knallrosa, knallrot, knallbunt** *und andere* drückt aus, dass Farben grell sind, intensiv leuchten

Knall·ef·fekt *der* ein überraschender Höhepunkt, der ganz plötzlich kommt

★ **knal·len** VERB (knallte, hat/ist geknallt) 1 **etwas knallt** (*hat*) etwas gibt einen Knall von sich ⟨ein Schuss, ein Sektkorken, die Peitsche⟩ 2 **mit etwas knallen** (*hat*) mit etwas das Geräusch eines Knalls erzeugen ⟨mit der Peitsche knallen⟩ 3 **die Sonne knallt (irgendwohin)** *gesprochen* (*hat*) die Sonne strahlt sehr heiß 4 **irgendwohin knallen** *gesprochen* (*ist*) aus einer schnellen Bewegung heraus plötzlich gegen etwas stoßen oder auf etwas fallen | *Der Ball knallte an den Pfosten* | *Er knallte mit dem Auto gegen einen Baum* 5 **etwas irgendwohin knallen** *gesprochen* (*hat*) etwas schnell (und heftig) irgendwohin werfen oder gegen etwas schlagen ⟨eine Tür ins Schloss knallen⟩ | *die Schultasche in die Ecke knallen* 6 **jemandem eine knallen** *gesprochen* (*hat*) jemandem mit der Hand ins Gesicht schlagen

Knal·ler *der*; (-s, -); *gesprochen* 1 Knaller explodieren laut; man benutzt sie vor allem bei Feuerwerken *≈ Böller, Kracher* 2 eine sensationell gute Sache oder Person *≈ Knüller* | *Die Party war ein echter Knaller* | *Der neue Torwart ist der absolute Knaller!*

Knall·frosch *der* ein kleiner Sprengkörper, der in verschiedene Richtungen umherspringt, wenn er explodiert

knall·hart ADJEKTIV; *gesprochen* **1** ≈ *brutal* | *In dem Film spielt er einen knallharten Gangster* **2** *meist adverbiell* ohne Rücksicht auf jemandes Gefühle | *Ich habe ihm knallhart meine Meinung gesagt!*

knal·lig ADJEKTIV; *gesprochen* (von Farben) grell (leuchtend) ⟨ein Gelb, ein Rot⟩

Knall·kopf *der; gesprochen, abwertend* verwendet als Schimpfwort für eine Person, die etwas Dummes (oder Verrücktes) tut oder sagt ≈ *Dummkopf*

★ **knapp** ADJEKTIV (knapper, knappst-) **1** so, dass von der genannten Sache weniger da ist, als man für die Zukunft braucht ⟨Vorräte, Reserven, ein Warenangebot; jemandes Lohn, jemandes Rente⟩ ≈ *gering* | *Erdöl ist knapp und teuer geworden* **2** so, dass das Ergebnis gerade noch erreicht wird ⟨ein Sieg, eine Niederlage; knapp gewinnen, verlieren; eine Entscheidung fällt knapp aus⟩ ↔ *eindeutig* | *Der Vorsitzende wurde nur mit knapper Mehrheit wiedergewählt* **3** **knapp** *+Mengen-/Zeitangabe* etwas weniger (als die genannte Zahl), nicht ganz | *Es waren knapp/knappe zwanzig Personen in dem Zimmer* | *Er ist knapp fünf Jahre alt* **4** *nur adverbiell* sehr nahe, dicht bei jemandem/etwas | *Der Schuss ging knapp am Ziel vorbei* | *Knapp hinter dem Haus endet der Weg* **5** ⟨Kleider⟩ so eng (oder klein), dass sie nicht (mehr) richtig passen | *Die Hose sitzt sehr knapp* **6** so kurz, dass nur das Wichtigste gesagt wird ⟨ein Überblick, eine Schilderung; etwas knapp zusammenfassen⟩ ● zu (1,2,6) **Knapp·heit** *die*

Knap·pe *der;* (-n, -n) *historisch* ein junger Mann, der einem Ritter diente **H** *der Knappe; den, dem, des Knappen*

knapp·hal·ten VERB (hält knapp, hielt knapp, hat knappgehalten) **jemanden knapphalten** einer Person nur das (an Essen, Geld) geben, was sie zum Leben braucht

knap·sen VERB (knapste, hat geknapst) **(mit etwas) knapsen (müssen)** *gesprochen* sparen (müssen) oder so wenig Geld haben, um das Wichtigste zu kaufen

Knar·re *die;* (-, -n); *gesprochen* ein Gewehr oder eine Pistole

knar·ren VERB (knarrte, hat geknarrt) **etwas knarrt** etwas macht ein Geräusch, wie es entsteht, wenn jemand über alte Bretter geht ⟨ein Bett, eine Treppe, eine Tür, die Dielen⟩

Knast *der;* (-(e)s); *gesprochen* **1** ⟨im Knast sitzen; in den Knast wandern⟩ ≈ *Gefängnis* **2** die Zeit, die jemand im Gefängnis sitzen muss | *zwei Jahre Knast*

Knast·bru·der *der; gesprochen* eine Person, die (oft) im Gefängnis ist

Knatsch *der;* (-es); *gesprochen* Ärger oder Streit ⟨Knatsch miteinander haben; es gibt Knatsch⟩

knat·tern VERB (knatterte, hat geknattert) **etwas knattert** wenn etwas knattert, knallt es immer wieder kurz und laut ⟨ein Motorrad⟩

Knäu·el *das/der;* (-s, -) die Form, die entsteht, wenn man einen langen Faden um sich selbst wickelt ⟨ein Knäuel Garn, Wolle⟩

KNÄUEL

Knauf *der;* (-(e)s, Knäu·fe) ein runder Griff, z. B. an einer Tür oder an einem Spazierstock **K** Türknauf **H** → Abb. unter **Griff**

knau·se·rig ADJEKTIV; *gesprochen* ≈ *geizig* ● hierzu **Knau·se·rig·keit**, **Knaus·rig·keit** *die*

knau·sern VERB (knauserte, hat geknausert) **(mit etwas) knausern** *gesprochen* (mit etwas) sehr/zu sparsam umgehen ⟨mit seinem Geld, mit Material knausern⟩

knaus·rig ADJEKTIV → knauserig

knaut·schen VERB (knautschte, hat geknautscht); *gesprochen* **1** **etwas knautschen** etwas ohne Absicht so zusammendrücken, dass es Falten bildet ⟨die Zeitung, eine Tischdecke, einen Rock knautschen⟩ **2** **etwas knautscht** etwas bekommt Falten | *Mein neuer Rock knautscht leicht* **K** Knautschfalte

Knautsch·zo·ne *die* der Teil vorn oder hinten am Auto, der sich bei einem Unfall zuerst verbiegt und so die Folgen eines Zusammenstoßes weniger gefährlich macht | *Radfahrer haben keine Knautschzone!*

Kne·bel *der;* (-s, -) ein Knebel im Mund hindert eine gefangene Person daran, um Hilfe zu rufen

kne·beln VERB (knebelte, hat geknebelt) **jemanden knebeln** jemandem einen Knebel in den Mund stecken oder den Mund zukleben | *die Gefangenen fesseln und knebeln* ● hierzu **Kne·be·lung** *die*

Knecht *der;* (-(e)s, -e) **1** *veraltend* ein Arbeiter, der bei einem Bauern angestellt ist **K** Hofknecht, Pferdeknecht, Stallknecht **2** eine Person, die ganz von anderen Leuten abhängig ist | *Herren und Knechte*

knech·ten VERB (knechtete, hat geknechtet) **ein Volk knechten** *geschrieben* ein Volk unterdrücken, wie Sklaven behandeln ● hierzu **Knech·tung** *die*

Knecht·schaft *die;* (-); *geschrieben* ⟨ein Diktator führt ein Volk in (die) Knechtschaft, hält es in Knechtschaft; die Revolutionäre befreien das Volk aus der Knechtschaft⟩ ≈ *Unterdrückung, Unfreiheit*

knei·fen VERB (kniff, hat gekniffen) **1** **jemanden (in etwas** *(Akkusativ)***) kneifen** jemandes Haut an einer Stelle so mit den Fingern zusammendrücken, dass es wehtut ⟨jemanden in den Arm, in den Hintern kneifen⟩ ≈ *zwicken* **2** **etwas kneift (jemanden)** etwas drückt sich in die Haut oder das Fleisch einer Person und tut ihr deshalb weh ⟨ein Gummiband⟩ | *Die Hose kneift (mich) am Bauch* **3** **(vor etwas** *(Dativ)***) kneifen** *gesprochen* etwas nicht tun, weil man Angst hat oder faul ist

Kneif·zan·ge *die* eine Zange, mit der man Nägel aus dem Holz zieht

★ **Knei·pe** *die;* (-, -n); *gesprochen* ein einfaches Lokal, in das man geht, um etwas (vor allem alkoholische Getränke) zu trinken ⟨in die Kneipe gehen; in der Kneipe sitzen⟩ **K** Kneipenwirt; Studentenkneipe

Kneipp·kur *die* eine Kur zur Stärkung der Gesundheit, bei der einzelne Körperteile mit kaltem Wasser abgeduscht werden ● hierzu **kneip·pen** VERB *(hat)*

Kne·te *die;* (-) **1** eine bunte weiche Masse, aus der Kinder Figuren formen **2** *gesprochen* ≈ *Geld*

kne·ten VERB (knetete, hat geknetet) **1** **(etwas) kneten** einen Teig so lange fest mit den Händen drücken, bis er richtig ist **2** **etwas (aus etwas) kneten** etwas aus einer weichen Masse mit den Händen formen | *Figuren aus Ton kneten*

Knet·mas·se *die; meist Singular* ein weiches Material (in verschiedenen Farben), aus dem Kinder Figuren formen

Knick *der;* (-(e)s, -e) **1** eine Stelle, an der etwas, das vorher gerade war, eine scharfe Kurve macht | *Das Rohr hat einen Knick* | *Die Straße macht hier einen scharfen Knick* **2** eine Stelle auf einem Blatt Papier o. Ä., an der es (scharf) gefaltet ist und eine Linie bildet ■ ID **einen Knick in der Optik/Pupille haben** *gesprochen, humorvoll* etwas nicht richtig sehen (und deshalb übersehen)

kni·cken VERB (knickte, hat/ist geknickt) **1** **etwas knicken** *(hat)* etwas an einer Stelle so biegen, dass eine Kante entsteht | *Der Wind hat die Blumen geknickt* | *„Bitte nicht knicken!"* (Aufschrift auf Briefen) **2** **etwas knickt** *(ist)* etwas biegt sich so stark, dass eine Kante entsteht | *Die Bäume knickten bei dem starken Sturm* ■ ID **Das kannst du knicken!** *ge-*

sprochen das wird nicht wahr werden, funktionieren o. Ä.

kni·cke·rig, **knick·rig** ADJEKTIV ≈ *geizig*

Knicks *der*; (-es, -e) eine Bewegung, die kleine Mädchen früher gemacht haben, wenn sie jemanden höflich begrüßen wollten o. Ä. Dabei beugte das Kind ein oder beide Knie und setzte einen Fuß zurück 〈(vor jemandem) einen (tiefen) Knicks machen〉

knick·sen VERB (knickste, hat geknickst) einen Knicks machen | *Sie knickste tief vor der alten Dame*

★ **Knie** *das*; (-s, - ['kniː(ə)]) [1] das Gelenk in der Mitte des Beines, mit dem man das Bein abbiegt 〈ein eckiges, spitzes Knie; die Knie anziehen, beugen, durchdrücken; sich vor jemandem auf die Knie werfen; jemandem schlottern, zittern die Knie〉 | *Ihr Rock reicht gerade bis zum Knie* | *sich bei einem Sturz die Knie aufschlagen* [K] Kniegelenk [→] → Abb. unter **Mensch** [2] die Stelle einer Hose, die das Knie bedeckt 〈ausgebeulte, durchgescheuerte, geflickte Knie〉 [3] die Stelle, an der ein Fluss oder ein Rohr eine scharfe Kurve macht ■ ID ▸Präposition plus Knie: **in die Knie gehen** [a] aus dem Stand die Knie beugen, bis sie den Boden berühren [b] den Widerstand aufgeben, weil man keine Kraft mehr hat; **etwas übers Knie brechen** etwas (aus Ungeduld) zu schnell entscheiden oder machen (ohne es richtig zu planen); **jemanden übers Knie legen** *gesprochen* jemanden verprügeln; **jemanden in die Knie zwingen** jemandem die Kraft nehmen, sich weiter zu wehren; ▸andere Verwendung: **weiche Knie haben** *gesprochen* sich aus Angst oder Erleichterung schwach fühlen

Knie·beu·ge *die*; (-, -n) eine Gymnastikübung, bei der man erst mit geradem Oberkörper steht und dann in die Hocke geht, indem man die Knie beugt und beide Arme nach vorne ausstreckt

Knie·fall *der* [1] *historisch* das Beugen der Knie, bis sie den Boden berühren (was man meist als Geste der Unterwerfung oder aus Ehrerbietung tat) [2] **einen Kniefall vor jemandem machen** *meist abwertend* sich jemandem unterwerfen (um Vorteile für sich selbst zu erlangen) ● zu (2) **knie·fäl·lig** ADJEKTIV

knie·frei ADJEKTIV so (kurz), dass die Knie nicht bedeckt sind 〈ein Kleid, ein Rock〉

knie·hoch ADJEKTIV drückt aus, dass etwas vom Boden bis zu den Knien reicht 〈Gras, Schnee〉 [→] *kniehoch* → *kniehohes Gras*

Knie·keh·le *die* die Rückseite des Knies [→] → Abb. unter **Mensch**

knie·lang ADJEKTIV von einer Länge, die von oben hinab bis zu den Knien reicht 〈ein Kleid, ein Rock〉

kni·en VERB ['kniː(ə)n] (kniete, hat/ist gekniet) [1] **(irgendwo) knien** eine Haltung einnehmen, bei welcher der Körper aufrecht ist und meist beide Knie am Boden sind | *auf dem Boden knien* | *Er kniete vor dem Altar und betete* [2] **sich irgendwohin knien** die Beine beugen, bis man irgendwo kniet | *Er kniete sich vor den Altar* [3] **sich in etwas** (*Akkusativ*) **knien** *gesprochen* (*hat*)etwas intensiv und mit voller Energie tun | *sich in die Arbeit knien*

Knie·schei·be *die* der flache, fast runde Knochen vorn am Knie

Knie·schüt·zer *der*; (-s, -) ein kleines Polster, das z. B. Sportler vorne an den Knien tragen, damit sie nicht verletzt werden

Knie·strumpf *der* ein Strumpf, der bis zum Knie reicht

knie·tief ADJEKTIV vom Boden bis zu den Knien | *knietief im Schnee stehen*

kniff *Präteritum, 1. und 3. Person Singular* → kneifen

Kniff *der*; (-(e)s, -e) [1] das Kneifen | *ein Kniff in den Arm* [2] eine Methode oder Idee, die eine Arbeit viel leichter macht [3] eine Methode, andere Leute zu täuschen, um selbst einen Vorteil zu haben ≈ *List, Trick* [4] eine Stelle auf einem Blatt Papier o. Ä., die entsteht, wenn man es knickt und die wie eine Linie aussieht ≈ *Knick*

kniff·lig ADJEKTIV; *gesprochen* sehr kompliziert 〈eine Angelegenheit, eine Aufgabe, eine Bastelarbeit〉

Knilch *der*; (-(e)s, -e); *gesprochen, abwertend* verwendet als Schimpfwort für einen Mann, den man unangenehm findet

knip·sen VERB (knipste, hat geknipst); *gesprochen* [1] **(jemanden/etwas) knipsen** ≈ *fotografieren* [2] **etwas knipsen** (mit einer Zange) ein Loch in etwas machen ≈ *lochen* | *eine Fahrkarte knipsen*

Knirps *der*; (-es, -e); *gesprochen* ein kleiner Junge

knir·schen VERB (knirschte, hat geknirscht) [1] **etwas knirscht** etwas macht das Geräusch, das man hört, wenn z. B. jemand über Kies geht [2] **mit den Zähnen knirschen** die Zähne so aufeinanderbeißen und hin- und herbewegen, dass ein knirschendes Geräusch entsteht → zähneknirschend

knis·tern VERB (knisterte, hat geknistert) [1] **etwas knistert** etwas macht das (leichte) Geräusch, das entsteht, wenn z. B. Holz brennt 〈Papier, Seide〉 | *das Feuer knistert im Ofen* [2] **mit etwas knistern** mit etwas ein knisterndes Geräusch machen | *mit dem Bonbonpapier knistern*

knis·ternd ■ PARTIZIP PRÄSENS [1] → knistern ■ ADJEKTIV [2] *meist attributiv* 〈eine Atmosphäre, eine Spannung〉 so, dass die Erregung der Betroffenen sehr deutlich zu spüren ist

knit·ter·frei ADJEKTIV 〈ein Hemd, ein Stoff〉 so (weich), dass sie nicht knittern | *ein Hemd aus knitterfreiem Material*

knit·te·rig ADJEKTIV → knittrig

knit·tern VERB (knitterte, hat geknittert) [1] **etwas knittern** Falten in Stoff oder Papier machen [2] **etwas knittert** etwas bekommt Falten | *Dieser Stoff knittert leicht*

knitt·rig ADJEKTIV mit vielen kleinen und großen Falten

kno·beln VERB (knobelte, hat geknobelt) [1] mit Würfeln spielen [2] **(um etwas) knobeln** mit Würfeln o. Ä. spielen, um so zu entscheiden, wer (als Verlierer) etwas tun muss oder (als Gewinner) etwas tun darf | *Wir knobelten darum, wer abspülen muss* [3] **an/über etwas** (*Dativ*) **knobeln** lange und intensiv über die Lösung einer Aufgabe oder eines Problems nachdenken | *an einem Rätsel knobeln*

★ **Knob·lauch** *der*; (-(e)s) eine Pflanze mit einer Art Zwiebel, die intensiv riecht und als Gewürz dient | *eine Soße mit viel Knoblauch* [K] Knoblauchbrot, Knoblauchbutter

Knob·lauch·ze·he *die* ein Teil der Zwiebel des Knoblauchs

★ **Knö·chel** *der*; (-s, -) [1] einer von zwei Knochen, die man am Fuß rechts und links vom Gelenk sieht 〈sich (*Dativ*) den Knöchel umbiegen, verstauchen〉 | *ein Nachthemd, das bis zu den Knöcheln reicht* [K] Fußknöchel [→] → Abb. unter **Fuß** und **Mensch** [2] eines der Gelenke in am Beginn und in der Mitte des Fingers [K] Fingerknöchel

knö·chel·lang ADJEKTIV 〈ein Kleid, ein Nachthemd, ein Rock〉 so lang, dass sie bis zu den Fußknöcheln reichen

knö·chel·tief ADJEKTIV vom Boden bis zu den Fußknöcheln | *knöcheltief im Morast stecken*

★ **Kno·chen** *der*; (-s, -) [1] einer der vielen festen, vor allem harten Teile des Körpers (von Mensch und Wirbeltieren), aus denen das Skelett besteht | *Knochen bestehen hauptsächlich aus Kalk* [K] Knochenbruch, Knochengewebe, Knochenkrebs; Handwurzelknochen, Kieferknochen, Oberarmknochen, Oberschenkelknochen, Schädelknochen, Schienbeinknochen [2] *gesprochen nur Plural* alle Glieder des Menschen, meist die Arme oder Beine 〈sich (*Dativ*) die Knochen brechen; jemandem tun sämtliche Knochen weh〉 ■ ID **bis**

auf die Knochen nass sein *gesprochen* ganz nass sein; **sich bis auf die Knochen blamieren** *gesprochen* sich sehr blamieren; **der Schreck/die Angst sitzt jemandem (noch) in den Knochen** jemand spürt den Schrecken, die Angst noch immer

Knọ·chen·ar·beit *die; meist Singular* eine Arbeit, welche den Körper sehr anstrengt

Knọ·chen·bau *der; nur Singular* die Art, wie die Knochen in jemandes Körper gebildet sind ⟨einen kräftigen, schweren, zarten, zierlichen Knochenbau haben⟩

knọ·chen·dụ̈rr ADJEKTIV; *gesprochen* sehr dürr, mager

Knọ·chen·ge·rüst *das; nur Singular* alle Knochen eines Körpers ≈ *Skelett*

knọ·chen·hạrt ADJEKTIV; *gesprochen* sehr hart | *knochenhart gefrorener Boden* | *ein knochenharter Job*

Knọ·chen·haut *die; nur Singular* die dünne Haut um die Knochen herum K Knochenhautentzündung

Knọ·chen·mark *das* eine weiche Substanz, die im Innern mancher Knochen (der Röhrenknochen) ist

knọ·chen·trọ·cken ADJEKTIV; *gesprochen* **1** sehr trocken | *Hoffentlich regnet es bald, der Boden ist knochentrocken* **2** ⟨ein Buch, ein Thema⟩ ≈ *langweilig*

knö·chern ADJEKTIV **1** *meist attributiv* aus Knochen (gebildet) | *der knöcherne Teil des Fußgelenks* **2** ≈ *knochig*

knọ·chig ADJEKTIV so, dass die Knochen deutlich zu sehen sind ⟨ein Gesicht, eine Hand⟩

★ **Knö·del** *der;* (-s, -) eine Speise in Form einer Kugel, die meist aus Hefeteig, Grieß, Kartoffeln oder Brot gemacht wird ≈ *Kloß* K Germknödel, Grießknödel, Kartoffelknödel, Marillenknödel, Semmelknödel

LANDESKUNDE

▶ Knödel

Knödel oder **Klöße** sind ein typisch deutsches Gericht. Es handelt sich dabei um Kugeln, oft so groß wie Tennisbälle. Sie werden meist aus einem Teig geformt, der aus Kartoffeln (**Kartoffelknödel** oder **Kartoffelklöße**) oder Weißbrot (**Semmelknödel**) besteht. Man isst sie gern als Beilage zu gebratenem Fleisch, wie zum Beispiel zu **Schweinebraten** oder **Gänsebraten**. Es gibt auch große Knödel aus Hefeteig und kleinere Knödel aus anderen Zutaten, die in Suppen gegessen werden; auch süße, oft mit Marmelade, Pflaumen oder Aprikosen gefüllte Knödel sind als Hauptgericht oder Nachspeise beliebt.

Knọl·le *die;* (-, -n) ein runder, dicker Teil einer Pflanze, der an den Wurzeln wächst und die Nährstoffe speichert K Kartoffelknolle, Wurzelknolle

Knọl·len|blät·ter·pilz *der* ein sehr giftiger Pilz, der wie ein Champignon aussieht

Knọl·len·na·se *die* eine Nase, die sehr dick und rund ist

knọl·lig ADJEKTIV in der Form einer Knolle ⟨eine Nase⟩

★ **Knọpf** *der;* (-(e)s, Knöp·fe) **1** ein kleiner, meist runder Gegenstand an Kleidern, mit dem man diese öffnet und schließt ⟨einen Knopf aufmachen, zumachen, annähen, verlieren⟩ | *Ich habe an der Jacke einen Knopf verloren* | *An deinem Hemd ist ein Knopf offen* K Hemdenknopf, Hosenknopf, Jackenknopf, Mantelknopf, Kragenknopf, Manschettenknopf, Metallknopf, Perlmuttknopf, Plastikknopf **2** ein kleines, meist rundes Teil an einer Maschine oder einem Gerät, auf das man drückt oder an dem man dreht, um sie/es in Funktion zu setzen ⟨(auf) einen Knopf drücken; einen/an einem Knopf drehen⟩ | *den Knopf am Radio drehen und den richtigen Sender suchen* K Knopfdruck

knöp·fen VERB (knöpfte, hat geknöpft) **etwas knöpfen** etwas mit oder an den Knöpfen öffnen oder schließen | *eine Hose zum Knöpfen* | *Diese Bluse wird hinten geknöpft*

★ **Knọpf·loch** *das* ein kleines Loch (ein Schlitz) in der Kleidung o. Ä., durch das man einen Knopf steckt

Knọr·pel *der;* (-s, -) eine feste, aber elastische Substanz, die einzelne Knochen und Gelenke miteinander verbindet ● hierzu **knọr·pe·lig, knọrp·lig** ADJEKTIV

knọr·rig ADJEKTIV ⟨ein (alter) Baum⟩ krumm (gewachsen) und mit vielen dicken Stellen an den Ästen

Knọs·pe *die;* (-, -n) der Teil einer Pflanze, aus dem sich die Blüten oder Blätter entwickeln ⟨die Knospen sprießen, brechen auf, entfalten sich⟩ K Blattknospe, Blütenknospe, Rosenknospe

knọs·pen VERB (hat geknospt) **1** **eine Pflanze knospt** eine Pflanze entwickelt Knospen | *Die Bäume knospen schon* | *Die Rosen beginnen zu knospen* **2** **etwas knospt** etwas beginnt zu wachsen, sich zu entwickeln ⟨knospende Brüste, Gefühle⟩ H meist im Infinitiv oder Partizip Präsens, kein Präteritum

knọ·ten VERB (knotete, hat geknotet) **1** **(sich** (*Dativ*)**) Dinge knoten** Fäden, Bänder o. Ä. (durch einen Knoten) aneinanderbinden | *(sich) die Schnürsenkel knoten* **2** **(sich** (*Dativ*)**) etwas um/an etwas** (*Akkusativ*) **knoten** etwas mit einem Knoten binden und so irgendwo befestigen | *sich ein Tuch um den Hals knoten*

★ **Knọ·ten** *der;* (-s, -) **1** ein Knoten entsteht, wenn man zwei Fäden o. Ä. zusammenbindet ⟨einen Knoten knüpfen, schlingen, lösen, aufmachen; einen Knoten in etwas (*Akkusativ*) machen; einen Knoten nicht (mehr) aufbekommen⟩ **2** eine Frisur für Frauen, bei der das lange Haar hinten am Kopf zu einer Kugel gedreht wird ⟨einen Knoten tragen⟩ K Haarknoten **3** Knoten unter der Haut sind hart und rund und könnten Krebs sein ≈ *Geschwulst* | *einen Knoten in der Brust haben* **4** die Geschwindigkeit von Schiffen und Wind wird in Knoten gemessen (1 Knoten oder 1 Seemeile pro Stunde entspricht ca. 1,8 km/h) | *Das Schiff fährt mit/macht 20 Knoten* H Abkürzung: *kn* ■ **ID** **bei jemandem ist der Knoten geplatzt** jemand hat etwas endlich verstanden; **den gordischen Knoten durchschlagen/zerschlagen** ein schwieriges Problem auf ganz einfache und energische Weise lösen

Knọ·ten·punkt *der* ein Ort, an dem sich verschiedene Straßen, Eisenbahnlinien o. Ä. treffen K Verkehrsknotenpunkt

knọ·tig ADJEKTIV mit (vielen) dicken Stellen, Knoten ⟨Äste, ein Gewebe⟩

Know-how, Know·how [nou'hau] *das;* (-(s)) das Wissen (darum), wie man etwas praktisch (technisch) macht, damit es funktioniert ⟨das technische Know-how⟩

Knụb·bel *der;* (-s, -); *gesprochen* eine harte oder geschwollene Stelle auf oder unter der Haut

Knụff *der;* (-(e)s, Knüf·fe); *gesprochen* ein leichter Stoß mit der Faust oder dem Arm (vor allem dem Ellbogen) ⟨jemandem einen Knuff geben⟩

knụf·fen VERB (knuffte, hat geknufft) **jemanden knuffen** jemandem (vor allem mit der Hand) einen kleinen Stoß geben

KNOPF

der Knopf (1)

der Knopf (2)

K

knuf·fig ADJEKTIV; *gesprochen* ≈ *niedlich*

knül·len VERB (knüllte, hat geknüllt) **1** **etwas knüllen** Papier oder Stoff (mit der Hand) zusammendrücken **2** **etwas knüllt** etwas bildet leicht Falten | *der Stoff knüllt*

Knül·ler *der*; (-s, -); *gesprochen* etwas (Besonderes), das großes Aufsehen erregt und viele Leute anzieht oder begeistert ≈ *Sensation* | *Der Film ist ein echter Knüller!*

knüp·fen VERB (knüpfte, hat geknüpft) **1** **etwas an etwas** (*Akkusativ*) **knüpfen** etwas durch einen Knoten an etwas festmachen | *die Wäscheleine an den Haken in der Wand knüpfen* **2** **etwas an etwas** (*Akkusativ*) **knüpfen** etwas mit etwas verbinden, in Zusammenhang bringen ⟨Hoffnungen, Erwartungen an etwas knüpfen⟩ | *Bedingungen an die Erlaubnis knüpfen* **3** **Kontakte (zu jemandem) knüpfen** Kontakt mit jemandem aufnehmen (meist um etwas zu erreichen) **4** **ein Netz/einen Teppich knüpfen** Fäden oder Schnüre durch Knoten so verbinden, dass ein Netz/Teppich entsteht

Knüp·pel *der*; (-s, -) ein kurzer, dicker Stock | *jemanden mit einem Knüppel schlagen* K Gummiknüppel, Holzknüppel ■ ID **jemandem einen Knüppel zwischen die Beine werfen** *gesprochen* jemandem eine Sache schwer machen

knüp·pel·dick ADJEKTIV ■ ID **es kommt (mal wieder) knüppeldick** *gesprochen* viele unangenehme Dinge passieren zur gleichen Zeit

knur·ren VERB (knurrte, hat geknurrt) **1** **ein Hund knurrt** ein Hund gibt aus der Kehle drohende Laute von sich **2** **jemandem knurrt der Magen (vor Hunger)** jemand hat großen Hunger (sodass der Magen laute Geräusche macht) **3** **(etwas) knurren**; **über etwas** (*Akkusativ*) **knurren** (meist mit rauer Stimme) etwas Negatives sagen oder Ärger über etwas ausdrücken | *„So ein Mist!", knurrte er* H Das Objekt ist oft ein Satz.

knur·rig ADJEKTIV ⟨eine Antwort, ein Ton⟩ so (gereizt), dass sie zeigen, dass jemand schlechte Laune hat

Knus·per·häus·chen *das* ein kleines Haus aus Lebkuchen, das an Weihnachten gebacken wird. Es erinnert an das Haus der Hexe aus dem Märchen *Hänsel und Gretel*

knus·pe·rig, knusp·rig ADJEKTIV **1** frisch gebraten oder gebacken, mit einer harten Oberfläche ⟨ein Brötchen, eine Kruste; etwas knusperig braten⟩ **2** *gesprochen, humorvoll* jung und attraktiv ⟨ein Mädchen; jung und knusprig sein⟩ ■ ID **Du bist (doch) nicht mehr ganz knusprig**, **Der/Die/Er/Sie ist (doch) nicht mehr ganz knusprig** *gesprochen* verwendet, um zu sagen, dass die genannten Personen verrückt sind, weil sie etwas Dummes gesagt haben | *„Dafür will er aber 500 Euro haben!" – „Der ist doch nicht mehr ganz knusprig!"*

Knu·te *die*; (-, -n) **1** ⟨jemanden mit der Knute schlagen⟩ ≈ *Peitsche* **2** **unter der Knute sein/leben** wie ein Sklave sein oder leben **3** **jemanden unter die Knute bringen/zwingen** jemanden zum Sklaven machen

knut·schen VERB (knutschte, hat geknutscht); *gesprochen* **eine Person knutscht jemanden/mit jemandem**; **Personen knutschen (miteinander)** ein verliebtes Paar küsst sich

Knutsch·fleck *der*; *gesprochen* ein dunkler Fleck, der auf der Haut entsteht, wenn man daran saugt

k.o. [ka:ˈ|o:] ADJEKTIV *meist prädikativ* **1** durch einen Schlag des Gegners beim Boxen nicht mehr fähig, aufzustehen und weiterzukämpfen ⟨k.o. gehen, sein; jemanden k.o. schlagen⟩ **2** *gesprochen* ganz müde und erschöpft

K.o. [ka:ˈ|o:] *der*; (-, -) **1** ein Schlag (beim Boxen), nach dem jemand nicht mehr kämpfen kann ⟨durch K.o. gewinnen, verlieren⟩ K K.o.-Schlag, K.o.-Sieg, K.o.-Sieger **2** **technischer K.o.** eine Situation beim Boxen, in der ein Kampf abgebrochen wird, weil ein Gegner verletzt ist oder zu viel leidet (ohne k.o. zu gehen)

ko·a·lie·ren VERB (koalierte, hat koaliert) **eine Partei koaliert mit einer Partei**; **Parteien koalieren** zwei oder mehrere Parteien verbünden sich zu einer Koalition

★ **Ko·a·li·ti·on** [-ˈtsi̯o:n] *die*; (-, -en) **1** **eine Koalition (mit einer Partei/zwischen Parteien** ein Bündnis zwischen Parteien, die zusammen eine Regierung bilden (wollen) ⟨Parteien gehen eine Koalition ein⟩ | *eine Koalition zwischen CDU, CSU und FDP* K Koalitionspartner, Koalitionsregierung, Koalitionsverhandlungen **2** **eine große Koalition** eine Koalition zwischen den Parteien, die am meisten Sitze in einem Parlament haben (sodass nur eine sehr schwache Opposition übrig bleibt)

Ko·balt *das*; (-(e)s) ein hartes, glänzendes Metall, das magnetisch ist K kobaltblau H chemisches Zeichen: *Co*

Ko·bold *der*; (-(e)s, -e) eine kleine Gestalt (in Märchen), von der man sagt, dass sie den Menschen gern Streiche spielt

Kob·ra *die*; (-, -s) eine sehr giftige Schlange, die in Asien und Afrika lebt

★ **Koch** *der*; (-(e)s, Kö·che) eine Person, die (beruflich) in einem Hotel oder Restaurant die Speisen macht, kocht K Kochmütze; Chefkoch, Meisterkoch, Schiffskoch H zu *Köchin* → Info im Eintrag **-in** ■ ID **Viele Köche verderben den Brei** wenn zu viele Personen an einer Sache arbeiten, wird nichts Gutes daraus • hierzu **Kö·chin** *die*

koch·echt ADJEKTIV ⟨eine Farbe, ein Stoff, Wäsche⟩ so, dass sie beim Waschen in sehr heißem Wasser nicht beschädigt oder verändert werden

★ **ko·chen** VERB (kochte, hat gekocht) **1** **(etwas) kochen** Nahrung zum Essen vorbereiten, indem man sie heiß macht | *das Mittagessen kochen* | *Morgen koche ich Schweinebraten mit Knödeln und Salat* | *Kochst du gerne?* | *Bohnen sollte man nie roh, sondern nur gekocht essen* K Kochbuch, Kochgeschirr, Kochherd, Kochkenntnisse, Kochkunst, Kochkurs, Kochplatte, Kochrezept, Kochschürze, Kochstelle, Kochtopf **2** **Kaffee/Tee kochen** Kaffee/Tee zubereiten **3** **etwas kochen** Essen in heißem Wasser kochen | *Die Kartoffeln auf kleiner Flamme weich kochen* | *Soll ich die Eier braten oder kochen?* **4** **etwas kochen** Wäsche in ungefähr 90 °C heißem Wasser waschen K Kochwäsche, Kochwaschgang **5** **etwas kocht** etwas hat/erreicht die Temperatur (ungefähr 100 °C), bei der Wasser Blasen macht und zu Dampf wird ⟨etwas zum Kochen bringen⟩ ≈ *sieden* | *kochend heißer Kaffee* | *die kochende Milch vom Feuer nehmen* | *Die Suppe fünf Minuten kochen lassen* **6** **(vor Wut) kochen** *gesprochen* sehr wütend sein **7** **in jemandem kocht es** *gesprochen* jemand ist sehr wütend **8** **irgendwo kocht es vor Hitze** *gesprochen* irgendwo ist es sehr heiß

Ko·cher *der*; (-s, -) ein kleines Gerät, auf dem man (warmes Essen) kochen kann K Campingkocher, Gaskocher, Spirituskocher

Kö·cher *der*; (-s, -) ein Behälter für Pfeile, die man mit dem Bogen abschießt

koch·fest ADJEKTIV ⟨Textilien⟩ ≈ *kochecht*

★ **Koch·löf·fel** *der* ein großer Löffel aus Holz, mit dem man das Essen beim Kochen umrührt ■ ID **den Kochlöffel schwingen** *humorvoll* Speisen zubereiten ≈ *kochen*

Koch·ni·sche *die* eine kleine Küche als Teil eines Zimmers in einer kleinen Wohnung

Koch·salz *das* Salz, das man essen kann ≈ *Natriumchlorid* K Kochsalzlösung H chemisches Zeichen: *NaCl*

Koch·wurst *die* eine Wurst, die man warm isst (nachdem sie im Wasser gekocht worden ist)

Kode [ko:t, koud], **ko·die·ren** *usw.* → Code

Kö·der *der*; (-s, -) ein Stück Nahrung, das man irgendwohin legt oder irgendwo befestigt, um ein Tier anzulocken und zu fangen ⟨einen Köder auslegen⟩ | *der Köder an einer Angel* [K] Köderfisch, Köderwurm; Angelköder

kö·dern VERB (köderte, hat geködert) [1] **ein Tier ködern** versuchen, ein Tier (mit einem Köder) anzulocken und zu fangen [2] **jemanden ködern** etwas so beschreiben, dass eine andere Person es gerne haben möchte oder dabei sein möchte

Ko·edu·ka·ti·on ['ko:|edukatsjo:n] *die*; (-) (in der Schule) das gemeinsame Unterrichten von Jungen und Mädchen in denselben Klassen • hierzu **ko·edu·ka·tiv** ADJEKTIV

Ko·ef·fi·zi·ent [ko|ɛfi'tsjɛnt] *der*; (-en, -en) [1] die Zahl, mit der man eine (veränderliche) Größe multipliziert [2] eine Zahl, mit der man Eigenschaften von Stoffen misst [K] Brechungskoeffizient, Reibungskoeffizient [H] *der Koeffizient; den, dem, des Koeffizienten*

Ko·exis·tenz, **Ko·exis·tenz** *die*; (-) das Miteinander verschiedener Systeme, Ideologien o. Ä. zur gleichen Zeit | *die friedliche Koexistenz zweier Staaten* • hierzu **ko·exis·tie·ren** VERB (*hat*)

Kof·fe·in *das*; (-s) eine Substanz, die im Kaffee und Tee vorkommt und bewirkt, dass man sich wach und aktiv fühlt • hierzu **kof·fe·in·frei** ADJEKTIV; **kof·fe·in·hal·tig** ADJEKTIV

★ **Kof·fer** *der*; (-s, -) Koffer benutzt man zum Transport auf Reisen ⟨einen Koffer packen, auspacken⟩ | *seinen Koffer am Schalter aufgeben* [K] Kofferanhänger, Kofferschlüssel, Kofferträger ■ ID **aus dem Koffer leben** (beruflich) viel reisen müssen und deshalb oft in Hotels wohnen; **die Koffer packen** seinen Partner oder einen Ort voller Ärger verlassen; **die Koffer packen müssen/können/dürfen** entlassen werden

KOFFER

Kof·fer·ku·li *der* ein kleiner Wagen, der auf einem Bahnhof, an einem Flughafen o. Ä. bereitsteht, damit man damit das Gepäck transportieren kann

Kof·fer·ra·dio *das*; *historisch* ein in den 1950er Jahren beliebtes Radio mit einem Griff zum Tragen

★ **Kof·fer·raum** *der* der Raum hinten im Auto, in den man das Gepäck legt [K] Kofferraumdeckel [H] → Abb. unter **Auto**

Kog·nak ['kɔnjak] *der*; (-s, -s); *gesprochen* ≈ *Weinbrand* [K] Kognakglas

★ **Kohl** *der*; (-(e)s) Kohl ist ein Gemüse mit dicken, festen Blättern, die bei mehreren Arten eine Kugel bilden (den Kohlkopf) [K] Kohlkopf, Kohlroulade, Kohlsuppe; Grünkohl, Rotkohl, Weißkohl ■ ID **Kohl reden** *gesprochen, abwertend* Unsinn reden; **Das macht den Kohl 'auch nicht fett** *gesprochen* Das hilft nicht viel weiter

KOHL

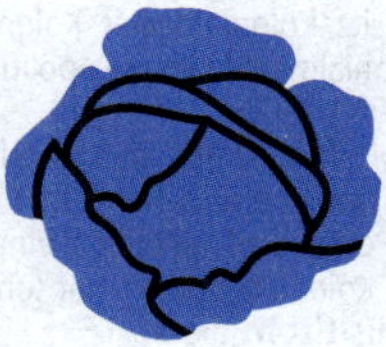

KOHLRABI

Kohl·dampf *der*; *nur Singular*; *gesprochen* ≈ *Hunger* | *Ich schiebe schon mächtig Kohldampf* (Ich bin sehr hungrig)

★ **Koh·le** *die*; (-, -n) [1] *nur Singular* eine harte, braune oder schwarze Substanz (aus der Erde), die man vor allem zum Heizen verwendet ⟨Kohle abbauen, fördern⟩ [K] Kohleabbau, Kohlebergbau, Kohlebergwerk, Kohlekraftwerk, Kohlelager, Kohlevorkommen [2] *meist Plural* eine meist kleine Menge Kohle | *einen Eimer Kohlen aus dem Keller holen* [K] Kohleherd, Kohleneimer, Kohlenhändler, Kohlenheizung, Kohlenkeller, Kohlenofen, Kohlensack, Kohlenschaufel [3] *gesprochen* ≈ *Geld* | *Er hat viel Kohle mit dem Geschäft verdient* | *Gib die Kohlen her!* | *Ich nehme den Job, wenn die Kohle stimmt/die Kohlen stimmen!* [4] *nur Singular* ein Stift aus Holzkohle, mit dem man zeichnet ⟨mit Kohle zeichnen⟩ [K] Kohleskizze, Kohlestift, Kohlestudie, Kohlezeichnung; Zeichenkohle ■ ID **(wie) auf (glühenden) Kohlen sitzen** nervös auf jemanden/etwas warten • zu (1) **koh·le·hal·tig** ADJEKTIV

Koh·le·hyd·rat *das* → Kohlenhydrat

Koh·len·di·oxid *das*; (-(e)s) ein Gas, das aus Kohlenstoff und Sauerstoff besteht. Menschen und Tiere produzieren Kohlendioxid, wenn sie ausatmen, und Pflanzen produzieren aus Kohlendioxid Sauerstoff [H] chemische Formel: CO_2

Koh·len·hyd·rat *das*; (-(e)s, -e) eine Substanz wie z. B. Zucker, welche den Körper mit Energie versorgt | *Getreide und Kartoffeln sind reich an Kohlenhydraten*

Koh·len·mon·oxid *das*; (-(e)s) ein giftiges Gas, das entsteht, wenn Brennstoffe verbrannt werden, die Kohlenstoff enthalten | *In den Abgasen der Autos ist noch immer viel Kohlenmonoxid* [H] chemische Formel: *CO*

Koh·len·säu·re *die*; *nur Singular* die Säure, die z. B. die Bläschen in der Limonade entstehen lässt [H] chemische Formel: H_2CO_3 • hierzu **koh·len·säu·re·hal·tig** ADJEKTIV

Koh·len·stoff *der*; *nur Singular* ein sehr häufiges chemisches Element, aus dem z. B. Diamanten bestehen [H] chemisches Zeichen: *C*

Koh·le·pa·pier *das*; *meist Singular* ein Papier mit einer Schicht blauer oder schwarzer Farbe. Kohlepapier legt man zwischen zwei Blätter, um beim Schreiben eine Kopie herzustellen

Köh·ler *der*; (-s, -) eine Person, die beruflich aus dem Holz der Bäume Holzkohle herstellt

Köh·le·rei *die*; (-, -en) der Betrieb, in dem ein Köhler arbeitet

Kohl·mei·se *die* eine Meise mit schwarzem Kopf und schwarzer Kehle

kohl·ra·ben|schwarz ADJEKTIV; *gesprochen* [1] ganz schwarz ⟨Augen, Haare⟩ [2] sehr schmutzig ⟨Hände⟩

Kohl·ra·bi *der*; (-(s), -(s)) ein Kohl, dessen Knolle man roh oder gekocht als Gemüse isst

Kohl·weiß·ling *der*; (-s, -e) ein weißer Schmetterling, dessen Raupen Kohl fressen

Ko·i·tus *der*; (-, - [-tu:s], /-se); *geschrieben* ⟨ein Mann und eine Frau vollziehen den Koitus⟩ ≈ *Sex*

Ko·je *die*; (-, -n) [1] ein schmales Bett in einem Schiff [2] *gesprochen* ≈ *Bett* | *Liegst du immer noch in der Koje?*

Ko·jo·te *der*; (-n, -n) eine Art wilder Hund, der in der Prärie frei lebt [H] *der Kojote; den, dem, des Kojoten*

Ko·ka *die*; (-) ein Strauch, aus dem Kokain gewonnen wird [K] Kokablätter, Kokastrauch

Ko·ka·in *das*; (-s) eine Substanz, die man früher als Mittel gegen starke Schmerzen verwendet hat und die heute verboten ist, weil sie süchtig macht ⟨Kokain schnupfen⟩

ko·kett ADJEKTIV (von Frauen) mit einem Verhalten, das auf spielerische Weise zum Ziel hat, auf einen Mann attraktiv zu wirken | *die Augen kokett niederschlagen*

ko·ket·tie·ren VERB (kokettierte, hat kokettiert) [1] **mit etwas**

kokettieren auf eine der eigenen Eigenschaften o. Ä. hinweisen, um dadurch interessant zu wirken oder andere Leute zum Widerspruch zu reizen ⟨mit seinem Alter kokettieren⟩ [2] **mit jemandem kokettieren** *veraltend ≈ flirten* i meist in Bezug auf Frauen verwendet [3] **mit etwas kokettieren** mit einem Gedanken spielen | *mit der Idee kokettieren, eine eigene Firma zu gründen* • zu (1,2) **Ko·ket·te·rie** *die*

Ko·ko·lo·res *der*; (-); *gesprochen ≈ Unsinn*

Ko·kon [ko'kõ:] *der*; (-s, -s) die Hülle aus feinen Fäden, mit der sich Raupen umgeben, wenn sie zur Puppe werden (oder eine Hülle, in die manche Insekten ihre Eier legen)

Ko·kos- *im Substantiv, betont, begrenzt produktiv* [1] **das Kokosfett, die Kokosflocken, die Kokosmakrone, die Kokosraspeln** *und andere* aus Kokosnüssen gemacht [2] **die Kokosfaser, die Kokosmatte** *und andere* aus (den Fasern) der Schale der Kokosnuss

Ko·kos·milch *die* die Flüssigkeit im Innern der Kokosnuss

Ko·kos·nuss *die* Kokosnüsse wachsen an Palmen; sie haben eine sehr harte Schale und sind groß und innen weiß

Ko·kos·pal·me *die* eine tropische Palme mit großen ovalen Früchten in harter brauner Schale

Koks *der*; (-es) [1] eine Kohle, die hart wie Stein ist und sehr viel Hitze erzeugt [2] *gesprochen ≈ Kokain*

kok·sen VERB (kokste, hat gekokst); *gesprochen* Kokain (als Rauschgift) nehmen

Ko·la *die* → Cola

Kol·ben *der*; (-s, -) [1] ein Metallstab (in einem Motor oder einer Dampfmaschine), der in einer engen Röhre (dem Zylinder) auf- und abbewegt wird und so die Energie weitergibt K Kolbenantrieb, Kolbenring, Kolbenstange [2] der breite Teil (Schaft) eines Gewehres, den man beim Schießen fest an den Körper drückt K Kolbenhieb, Kolbenschlag; Gewehrkolben [3] eine Frucht in Form eines Stabes, die aus den Blüten mancher Pflanzen entsteht K Kolbenhirse; Maiskolben [4] ein kleines Gefäß (aus Glas und unten mit einem runden Bauch), in dem Chemiker Flüssigkeiten erhitzen usw. K Glaskolben

Kol·ben·fres·ser *der*; (-s, -); *gesprochen* ein Motorschaden beim Auto, bei dem sich der Kolben nicht mehr bewegt

Kol·cho·se *die*; (-, -n); *historisch* ein sehr großer landwirtschaftlicher Betrieb in der Sowjetunion, welcher dem Staat gehörte und kollektiv geleitet wurde

Ko·li·bak·te·rie [-i̯ə] *die; meist Plural* Kolibakterien leben im Darm. Wenn man zu viele davon hat, wird man krank

Ko·lib·ri *der*; (-s, -s) ein sehr kleiner, bunter tropischer Vogel, welcher die Flügel so schnell bewegen kann, dass er die Nahrung im Flug aus Blüten saugen kann

Ko·lik *die*; (-, -en) ein starker Schmerz im Bauch, der ganz plötzlich kommt (und wie ein Krampf wirkt) K Gallenkolik, Nierenkolik

kol·la·bie·ren VERB (kollabierte, ist kollabiert) einen Kollaps erleiden

kol·la·bo·rie·ren VERB (kollaborierte, hat kollaboriert) **mit jemandem kollaborieren** mit dem (militärischen) Feind zusammenarbeiten (und so gegen den eigenen Staat usw. arbeiten) • hierzu **Kol·la·bo·ra·ti·on** *die*; **Kol·la·bo·ra·teur** [-'tø:ɐ̯] *der*

Kol·laps *der*; (-es, -e) ein plötzlicher Anfall von Schwäche, weil nicht mehr genug Blut ins Gehirn kommt ⟨einen Kollaps erleiden⟩ K Kreislaufkollaps

Kol·la·te·ral·scha·den *der* ein Schaden, den man nicht gewollt oder geplant hat, der aber dennoch entstanden ist | *Der Politiker nannte die zivilen Opfer der Aktion zynisch „bedauerliche Kollateralschäden, die wir in Kauf nehmen müssen"*

Kol·leg *das*; (-s, -s) [1] eine Schule, in der sich Erwachsene auf das Abitur oder eine ähnliche Prüfung vorbereiten [2] *veraltet* eine Vorlesung an einer Universität

★ **Kol·le·ge** *der*; (-n, -n) ein Kollege arbeitet im gleichen Beruf oder am gleichen Arbeitsplatz auf ungefähr der gleichen Stufe der Hierarchie | *mit den Kollegen gut auskommen* i a) *der Kollege; den, dem, des Kollegen*; b) auch als Anrede verwendet: *Herr Kollege/Frau Kollegin*; c) zu *Kollegin* → Info im Eintrag **-in** • hierzu **Kol·le·gin** *die*

kol·le·gi·al ADJEKTIV freundlich und gleich bereit zu helfen (wie ein guter Kollege) ⟨ein Verhalten; kollegial denken, handeln⟩ • hierzu **Kol·le·gi·a·li·tät** *die*

Kol·le·gi·at *der*; (-en, -en) ein Schüler eines Kollegs • hierzu **Kol·le·gi·a·tin** *die*

Kol·le·gi·um *das*; (-s, Kol·le·gi·en) alle Lehrer einer Schule

Kol·lek·te *die*; (-, -n) [1] das Sammeln von Geld in der Kirche (meist während eines Gottesdienstes) [2] das Geld, das durch eine Kollekte gesammelt wird

Kol·lek·ti·on [-'tsi̯o:n] *die*; (-, -en) [1] die neue Mode, die es jetzt oder bald in den Geschäften gibt ⟨eine Kollektion (von) Krawatten, Hemden⟩ K Frühjahrskollektion, Herbstkollektion, Sommerkollektion, Winterkollektion [2] *≈ Sammlung* | *Um an Geld zu kommen, musste er die besten Stücke seiner Kollektion verkaufen*

kol·lek·tiv [-f] ADJEKTIV so, dass alle Personen einer Gruppe betroffen oder beteiligt sind ⟨eine Arbeit, eine Schuld; Personen handeln kollektiv⟩ K Kollektivarbeit, Kollektivbewusstsein, Kollektiveigentum, Kollektivschuld

Kol·lek·tiv [-f] *das*; (-s, -s/-e) Menschen, die ihre Arbeit gemeinsam machen (vor allem früher in der DDR) K Arbeitskollektiv, Architektenkollektiv, Jugendkollektiv, Lehrerkollektiv, Redaktionskollektiv

Kol·ler *der*; (-s, -); *gesprochen* ⟨einen Koller kriegen, haben⟩ *≈ Wutanfall*

kol·lern VERB (kollerte, hat gekollert) [1] **ein Truthahn kollert** ein Truthahn gibt die Laute von sich, die für seine Art typisch sind [2] *gesprochen* wütend sein und schimpfen

kol·li·die·ren VERB (kollidierte, hat/ist kollidiert) [1] **etwas kollidiert mit etwas**; **Dinge kollidieren** ein Fahrzeug, ein Schiff, ein Flugzeug o. Ä. stößt gegen ein anderes Fahrzeug/Schiff/Flugzeug oder gegen ein Hindernis | *Die Titanic kollidierte mit einem Eisberg* [2] **etwas kollidiert mit etwas**; **Dinge kollidieren** Dinge sind nicht miteinander vereinbar ⟨Termine, Pläne, Standpunkte⟩ | *Der Termin kollidiert mit meiner Reise nach Bonn, wir müssen die Besprechung deshalb verlegen* | *Unsere Absichten kollidierten (miteinander)* • hierzu **Kol·li·si·on** *die*

Kol·lo·qui·um, Kol·lo·qui·um *das*; (-s, Kol·lo·qui·en) eine Diskussion unter Fachleuten (vor allem Wissenschaftlern) ⟨ein Kolloquium abhalten⟩

Köl·nisch·was·ser, köl·nisch Was·ser *das; nur Singular* ein leichtes, erfrischendes Parfüm

ko·lo·ni·al ADJEKTIV *meist attributiv* in Bezug auf eine oder mehrere Kolonien K Kolonialbesitz, Kolonialgebiet, Kolonialherrschaft, Kolonialkrieg, Kolonialmacht, Kolonialpolitik, Kolonialreich

Ko·lo·ni·al·herr *der; meist Plural* ein Vertreter der Schicht (eines fremden Staates), die in einer Kolonie herrscht

Ko·lo·ni·a·lis·mus *der*; (-) die Politik und Ideologie eines Staates, der andere Länder als Kolonien besetzt hat (und ausbeutet) • hierzu **ko·lo·ni·a·lis·tisch** ADJEKTIV

Ko·lo·ni·al·wa·ren *die; Plural; veraltend* Lebensmittel, die aus fremden Ländern importiert wurden K Kolonialwarengeschäft, Kolonialwarenhandel, Kolonialwarenladen

★ **Ko·lo·nie** *die*; (-, -n [-'ni:ən]) [1] Kolonien waren früher Gebiete, die europäische Staaten in anderen Erdteilen in Besitz genommen und regiert haben ⟨eine Kolonie in Übersee⟩ | *die ehemaligen britischen Kolonien* [K] Kronkolonie **2** eine Siedlung, die von Auswanderern gegründet wird **3** eine Gruppe von Menschen mit gleicher Herkunft, gleichem Beruf, gleicher Religion o. Ä., die an demselben Ort leben | *die Kolonien der Emigranten in New York* | *eine Kolonie von Künstlern* [K] Künstlerkolonie **4** Tiere, Bakterien o. Ä., die in einer großen Gruppe auf kleinem Raum leben oder wachsen ⟨Vögel brüten, leben in Kolonien⟩ [K] Bakterienkolonie, Vogelkolonie

ko·lo·ni·sie·ren VERB (kolonisierte, hat kolonisiert) **1 ein Land kolonisiert etwas** ein Land macht ein anderes Land, ein Gebiet zu einer Kolonie **2 Personen kolonisieren etwas** Siedler machen ein Gebiet bewohnbar und nutzen es wirtschaftlich • hierzu **Ko·lo·ni·sa·ti·on** *die*; **Ko·lo·ni·sie·rung** *die*

Ko·lon·na·de *die*; (-, -n) ein Gang mit mit Säulen an der Seite und einer flachen Decke darüber | *die Kolonnaden auf dem Petersplatz in Rom*

Ko·lon·ne *die*; (-, -n) **1** eine lange Reihe von Autos, die hintereinanderfahren ⟨Autos bilden eine Kolonne; sich in eine Kolonne einreihen; (in einer) Kolonne fahren⟩ [K] Kolonnenfahren; Autokolonne, Wagenkolonne **2** eine große Gruppe von Personen (vor allem Soldaten oder Gefangenen), die miteinander zu ihrem Ziel ziehen ⟨Personen marschieren in Kolonnen; aus der Kolonne treten⟩ | *Endlose Kolonnen von Flüchtlingen waren unterwegs* [K] Marschkolonne **3** eine Reihe von Ziffern oder Zahlen, die untereinanderstehen ⟨Kolonnen addieren⟩ **4** eine Gruppe von Menschen, die gemeinsam dieselbe Arbeit zu tun haben [K] Arbeitskolonne, Baukolonne, Putzkolonne, Sanitätskolonne

Ko·lon·nen·sprin·ger *der* ein Autofahrer, der bei dichtem Verkehr nicht in der Kolonne bleibt, sondern ein Fahrzeug nach dem anderen überholt

ko·lo·rie·ren VERB (kolorierte, hat koloriert) **etwas kolorieren** weiße Flächen einer Zeichnung o. Ä. mit Farben ausmalen ⟨eine Grafik, eine Radierung, eine Zeichnung kolorieren⟩ • hierzu **Ko·lo·rie·rung** *die*

Ko·lo·rit *das*; (-(e)s, -e) die besondere Stimmung (und Ausstrahlung) eines Ortes, Bildes | *Die engen Gassen der Altstadt haben noch ein mittelalterliches Kolorit* [K] Lokalkolorit

Ko·loss *der*; (-es, -e) **1** eine Person, die sehr groß und schwer ist ≈ *Riese* | *ein Koloss von einem Mann* **2** ein sehr großes Gebäude, Werk oder Fahrzeug (vor allem ein Flugzeug oder Panzer) [K] Stahlkoloss

ko·los·sal ADJEKTIV **1** sehr groß oder schwer und beeindruckend ⟨Ausmaße, Bauten⟩ **2** in positiver Weise das normale Maß überschreitend ⟨eine Dummheit, ein Spaß⟩ | *Er hatte kolossales Glück* | *sich kolossal freuen* | *etwas interessiert jemanden kolossal*

Kol·por·ta·ge [-'taːʒə] *die*; (-, -n); *meist Singular* **1** ein Bericht über Dinge, von denen man gehört hat, aber nicht weiß, ob sie wahr sind | *Die Kolportage dieses Gerüchts hat viel Schaden angerichtet* **2** ein spannender Roman zur Unterhaltung [K] Kolportageroman

Kölsch *das*; (-(s)) **1** der Dialekt, den die Kölner sprechen **2** ein helles Bier, das vor allem in Köln getrunken wird

KÖLSCH

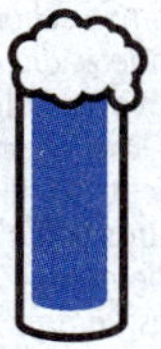

Ko·lum·ne *die*; (-, -n) **1** ein relativ kurzer Text, der in einer Zeitung regelmäßig an derselben Stelle steht. Der Text wird meist von demselben Autor geschrieben [K] Klatschkolumne, Zeitungskolumne **2** *geschrieben* eine Reihe von Zeilen in einer Zeitung oder eine Reihe von Zahlen, die (in einer Spalte) untereinanderstehen • zu (1) **Ko·lum·nist** *der*

Ko·ma *das*; (-s, -s/-ta); *meist Singular* der Zustand, in dem sich ein Mensch befindet, wenn er (vor allem mit schweren Verletzungen) sehr lange ohne Bewusstsein ist ⟨im Koma liegen; wieder aus dem Koma erwachen⟩

Ko·ma·sau·fen *das*; *gesprochen* eine unter Jugendlichen verbreitete Mode, in kurzer Zeit so viel Alkohol zu trinken wie möglich, bevor man zusammenbricht oder bewusstlos wird

Kom·bi *der*; (-s, -s) ein Auto mit einem relativ hohen und langen Gepäckraum, das von hinten beladen wird [K] Kombiwagen

Kom·bi- *im Substantiv, betont, nicht produktiv* **das Kombimodell, die Kombimöbel, der Kombischrank, die Kombizange** *und andere* für verschiedene Zwecke verwendbar

Kom·bi·lohn *der* eine Person erhält Kombilohn, wenn sie von Sozialhilfe lebt und eine Arbeit findet, für welche der Lohn niedriger ist als die Sozialhilfe. Dabei bezahlt der Staat den Unterschied zwischen dem Lohn und der Sozialhilfe

Kom·bi·nat *das*; (-(e)s, -e) (in sozialistischen Ländern) eine Einheit aus mehreren Betrieben (in Industrie oder Landwirtschaft), die ihre Waren gemeinsam produzierten [K] Industriekombinat, Textilkombinat

★ **Kom·bi·na·ti·on** [-'tsioːn] *die*; (-, -en) **1** eine geistige Leistung, durch die Fakten, Wissen und Beobachtungen logisch und sinnvoll miteinander verbunden werden ⟨eine brillante, scharfsinnige Kombination⟩ | *Der Detektiv löste seine Fälle oft durch verblüffende Kombinationen* [K] Kombinationsgabe, Kombinationsvermögen **2** die Zusammenstellung verschiedener Dinge zu einer Einheit | *eine geschmackvolle Kombination von Farben* [K] Kombinationsmöglichkeit, Kombinationspräparat; Farbkombination **3** eine feste Reihenfolge von Zahlen, die man auf einem Schloss einstellen muss, um z. B. einen Safe zu öffnen | *die Kombination für einen Safe verraten* [K] Kombinationsschloss; Zahlenkombination **4** ein Kleidungsstück für Ober- und Unterkörper aus einem Stück [K] Fliegerkombination, Gymnastikkombination **5** eine Jacke und eine Hose/ein Rock, die gut zusammenpassen und zusammen getragen werden sollen **6** eine Folge von Aktionen bei manchen Spielen (z. B. beim Fußball, Schach), die ein gemeinsames Ziel verfolgen

kom·bi·nie·ren VERB (kombinierte, hat kombiniert) **1 (etwas) kombinieren** aus vorhandenen Anzeichen einen logischen Schluss ziehen | *Sherlock Holmes hatte wieder einmal richtig kombiniert* | *Er kombinierte sofort,* dass *hier etwas nicht stimmte* **2 etwas mit etwas kombinieren** verschiedene Dinge zu einem (harmonischen) Ganzen verbinden | *ein grünes Kleid mit einer gelben Jacke kombinieren* | *eine kombinierte Bahn-Schiffs-Reise* • zu (2) **kom·bi·nier·bar** ADJEKTIV

Kom·bü·se *die*; (-, -n) die Küche auf einem Schiff

Ko·met *der*; (-en, -en) ein Himmelskörper, der sich in einer sehr langen, elliptischen Bahn um die Sonne bewegt und der am Himmel wie ein Stern mit leuchtendem Schwanz zu sehen ist [K] Kometenbahn, Kometenschweif [i] *der Komet; den, dem, des Kometen*

ko·me·ten·haft ADJEKTIV sehr schnell (und spektakulär) ⟨ein Aufstieg (als Künstler)⟩

★ **Kom·fort** [-'foːɐ̯] *der*; (-s) Geräte, Maschinen, Einrichtungen, Möbel o. Ä., die das Leben angenehm und bequem machen | *eine Wohnung, ein Auto mit allem/jedem Komfort*

kom·for·ta·bel ADJEKTIV mit viel Komfort [i] *komfortabel → eine komfortable Wohnung*

Kom·fort·zo·ne [-'fo:ɐ̯] *die* diejenigen Bedingungen, an welche man sich gewöhnt hat und die man auch gerne hat ⟨die Komfortzone verlassen⟩

Ko·mik *die*; (-) das, was man an einer Situation, einem Witz o. Ä. lustig findet, was einen zum Lachen bringt ⟨die unfreiwillige Komik einer Situation⟩ | *Die Situation entbehrt nicht der Komik* (Die Situation ist eigentlich auch komisch) K Situationskomik

Ko·mi·ker *der*; (-s, -) ein Künstler (vor allem ein Schauspieler), welcher andere Leute zum Lachen bringt • hierzu **Ko·mi·ke·rin** *die*

★ **ko·misch** ADJEKTIV **1** so, dass sie zum Lachen anregen ⟨eine Situation, eine Geschichte, ein Film, ein Clown⟩ ≈ *witzig* **2** ungewöhnlich und daher so, dass man Misstrauen, Ablehnung oder Zweifel empfindet ⟨ein Mensch, ein Verhalten, eine Art, ein Gefühl⟩ ≈ *seltsam* | *Er gefällt mir nicht. Er hat so eine komische Art zu reden* | *Ich hab so ein komisches Gefühl, als ob heute noch was Schlimmes passieren würde* • zu (2) **ko·mi·scher·wei·se** ADVERB; *gesprochen*

Ko·mi·tee *das*; (-s, -s) eine Gruppe von Personen, die an einer gemeinsamen Aufgabe arbeiten und Entscheidungen treffen ⟨einem Komitee angehören; das Komitee tagt, tritt zusammen⟩ | *das Internationale Olympische Komitee* K Festkomitee, Friedenskomitee, Jugendkomitee, Streikkomitee, Wahlkomitee

★ **Kom·ma** *das*; (-s, -s/-ta) **1** das Zeichen , trennt in Texten Satzteile voneinander ⟨ein Komma setzen⟩ | *Einschübe kann man zwischen zwei Kommas oder Gedankenstriche setzen* K Kommafehler **2** das Zeichen , trennt in einer Reihenfolge von Zahlen die ganze Zahl von den Dezimalstellen | *1,25* (eins Komma zwei fünf) | *eine Zahl bis auf zwei Stellen hinter/nach dem Komma ausrechnen*

Kom·man·dant *der*; (-en, -en) eine Person, die eine Gruppe von anderen Personen leitet (vor allem beim Militär, bei der Feuerwehr oder in einem Flugzeug) K Feuerwehrkommandant, Raumschiffkommandant H *der Kommandant; den, dem, des Kommandanten* • hierzu **Kom·man·dan·tin** *die*

Kom·man·dan·tur *die*; (-, -en) die Behörde oder das Büro des Kommandanten

Kom·man·deur [-'dø:ɐ̯] *der*; (-s, -e) der Leiter einer großen militärischen Truppe • hierzu **Kom·man·deu·rin** [-'dø:rɪn] *die*

kom·man·die·ren VERB (kommandierte, hat kommandiert) **1** **etwas kommandieren** einen Befehl, ein Kommando geben | *„Halt!", kommandierte er* H Das Objekt ist meist ein Satz. **2** **jemanden irgendwohin kommandieren** jemandem befehlen, irgendwohin zu gehen (um dort eine Aufgabe zu erfüllen) | *Wir wurden zum Abspülen in die Küche kommandiert* **3** **(Soldaten) kommandieren** als Offizier eine Gruppe von Soldaten leiten **4** **(jemanden) kommandieren** *abwertend* jemandem Befehle geben (ohne das Recht dazu zu haben) | *Sie kommandiert gern*

Kom·man·dit·ge·sell·schaft *die* eine Handelsgesellschaft, bei der mindestens einer der Teilhaber mit dem ganzen Vermögen und mindestens eine andere Person in Höhe ihrer Beteiligung an der Firma haftet H Abkürzung: *KG* • hierzu **Kom·man·di·tist** *der*

★ **Kom·man·do** *das*; (-s, -s) **1** ein kurzer Befehl ⟨ein Kommando geben, erteilen⟩ | *Auf das Kommando „los!" beginnt das Rennen* K Kommandoruf, Kommandostimme, Kommandoton **2** die Macht, in einer Gruppe von Soldaten die Befehle geben zu können ⟨das Kommando haben/führen, unter jemandes Kommando stehen, einem Kommando folgen⟩ K Kommandogewalt **3** eine Gruppe von Personen, die meist nach militärischem Vorbild organisiert ist und eine Aufgabe erfüllen soll K Einsatzkommando, Geheimkommando, Polizeikommando, Sonderkommando, Überfallkommando **4** eine leitende Behörde beim Militär

Kom·man·do·brü·cke *die* der erhöhte Raum oben auf einem Schiff (in dem der Kapitän und der Steuermann arbeiten)

Kom·ma·stel·le *die* eine Ziffer, die rechts vom Komma steht ≈ *Dezimalstelle* | *eine Zahl mit vier Kommastellen, z. B. 3,1416*

★ **kom·men** VERB (kam, ist gekommen)

▸Ziel: **1** Wenn eine Person oder Sache (zu mir) kommt, bewegt sie sich zu dem Ort, an dem ich selbst bin. | *Kommst du oft hierher?* | *Meine Tante kommt morgen zu uns* | *Kommst du jetzt endlich?* (Beeil dich, ich will nicht länger warten!) | *„Ich komme ja schon!"* **2** Wenn eine Person oder Sache irgendwohin kommt, erreicht sie ihr Ziel. | *Um wie viel Uhr kommt sie aus der Arbeit/nach Hause?* | *Ist mein Paket schon gekommen?* | *Er hat uns gebeten, pünktlich zu kommen* | *Wie kommt man von hier zum Flughafen?* **3** wenn eine Person mit mir kommt, bewegt sie sich zum gleichen Ziel | *Kommst du mit mir ins Kino?* | *Kommst du auch oder bleibst du hier?* **4** **(einer Person) jemanden/etwas kommen lassen** veranlassen, dass jemand/etwas (zu einer Person) kommt oder gebracht wird | *Ich lass dir gleich ein Taxi kommen* | *Ich ließ mir ein Frühstück aufs Zimmer kommen* **5** **etwas kommt irgendwohin** etwas gehört an den genannten Ort, soll dorthin gebracht werden | *Das Geschirr kommt in die Spülmaschine* | *Der Salat kommt in den Kühlschrank*

▸Weg: **6** **durch etwas kommen** auf dem Weg zu einem Ziel durch etwas gehen, fahren o. Ä. | *Wir kamen dann durch ein wunderschönes Tal*

▸Ausgangspunkt, Herkunft: **7** **irgendwoher kommen** sich vom genannten Ort zum Sprecher oder Ziel bewegen | *Der Zug kommt aus Kempten und fährt weiter nach München* | *Der Wind kam aus Westen* | *Ich komme gerade aus der Sauna* **8** **irgendwoher kommen** aus dem genannten Land, der genannten Stadt o. Ä. stammen | *Ich komme aus Schottland*

▸Institution: **9** drückt aus, dass jemand eine Ausbildung, eine Arbeit oder einen Aufenthalt in einer Institution beginnt bzw. wieder beendet | *Mein Sohn kommt bald in die Schule/aufs Gymnasium/an die Uni* | *Verbrecher kommen ins Gefängnis* | *Die Partei kam erstmals in den Bundestag* | *Wann kommt er wieder aus dem Krankenhaus?*

▸Reihenfolge: **10** **an die Reihe kommen** der Nächste sein (der bedient, behandelt o. Ä. wird) **11** **etwas kommt irgendwo/irgendwann** etwas befindet sich in einer Reihenfolge an der genannten Position | *Nach dem Bahnhof kommt gleich rechts ein großes Krankenhaus* | *Die Auflösung des Rätsels kommt im nächsten Heft* | *Nach dem nächsten Lied kommt eine kurze Pause*

▸geschehen: **12** **etwas kommt** etwas geschieht, erscheint, entsteht oder wird sichtbar | *Es wird die Zeit kommen, dass du mir dafür dankbar bist* | *Er hielt die Zeit für einen Neuanfang für gekommen* | *Die Kleine kann noch nicht sprechen, aber das kommt schon noch* | *Die ersten Blätter kommen schon, es wird Frühling* | *Bei unserem Baby kommen jetzt die ersten Zähne* **13** **etwas kommen sehen** etwas voraussehen oder ahnen

▸Art und Weise: **14** **etwas kommt irgendwie** etwas geschieht auf die genannte Art und Weise | *Sein Tod kam für uns völlig überraschend* | *Es kam alles so, wie ich es vorhergesagt habe* | *Ihre Antwort kam nur zögernd* | *Das kommt mir gerade gelegen/recht* (das geschieht zu einem für mich günstigen Zeitpunkt) **15** **jemandem ir-**

gendwie kommen *gesprochen* sich jemandem gegenüber schlecht benehmen ⟨jemandem grob, frech kommen⟩ | *Jetzt komm mir bloß nicht dumm!* (Sei nicht unverschämt) | *Wenn du mir so kommst, erreicht du bei mir gar nichts!* ▸Gedanke: **16** **jemandem kommt etwas** ein Gedanke entsteht in jemandes Kopf | *Ihr kam plötzlich die Idee, selbst hinzufahren* | *Mir kommen langsam Zweifel* | *Jetzt kommt mir erst, was sie damit gemeint hat* ▸Ursache: **17** **etwas kommt daher, dass ...** etwas hat den genannten Grund oder die genannte Erklärung | *„Ich kann nicht mehr laufen" – „Das kommt daher, dass du so viel rauchst"* **!** In Fragen sagt man *woher* oder *wie*: *Woher/Wie kommt es, dass wir uns so selten sehen?* ▸sexuell: **18** *gesprochen* **⚠** einen Orgasmus haben ▸Aufforderung: **19** *gesprochen* im Imperativ verwendet, um eine Aufforderung zu verstärken | *Ach, komm, lass das!* | *Komm, sei doch nicht so traurig!* ▸Kosten: **20** **etwas kommt (jemanden) irgendwie** *gesprochen* etwas kostet (jemanden) den genannten Preis | *Der Unfall kommt (mich) teurer, als ich dachte* ▸mit Präposition: **21** **an etwas** (*Akkusativ*) **kommen** etwas Gewünschtes bekommen, erreichen ⟨an die Macht, an die Regierung kommen⟩ | *Ich kann günstig an Karten für das Konzert kommen* **22** **auf etwas** (*Akkusativ*) **kommen** sich an etwas erinnern | *Ich komme einfach nicht mehr auf seinen Namen* **23** **auf jemanden/etwas kommen** die Idee haben, dass es gut wäre, die genannte Person oder Sache zu haben, mit ihr zu arbeiten o. Ä. | *Der Job interessiert mich schon, aber wie sind Sie ausgerechnet auf mich gekommen?* **24** **auf etwas** (*Akkusativ*) **kommen** die richtige Antwort oder Lösung finden **25** **Personen/Sachen kommt auf eine Person/Sache** verwendet, um ein Zahlenverhältnis zu nennen | *Im Lotto kommen auf jeden Gewinner mindestens tausend Verlierer* **26** **hinter etwas** (*Akkusativ*) **kommen** *gesprochen* etwas, das man wissen will, herausfinden ⟨hinter ein Geheimnis kommen⟩ **27** **jemand/etwas kommt in etwas** (*Akkusativ*) drückt aus, dass ein Vorgang beginnt | *etwas kommt in Gang* (etwas fängt an zu geschehen, abzulaufen) | *ins Rutschen kommen* (anfangen zu rutschen) | *ins Stocken kommen* (anfangen zu stocken) **28** **(jemandem) mit etwas kommen** *gesprochen* jemanden mit etwas belästigen | *Jetzt kommt er (uns) schon wieder mit diesem Unsinn* **29** **nach jemandem kommen** einer anderen Person ähnlich sein oder sich ähnlich wie eine andere Person entwickeln | *Er kommt ganz nach seinem Vater* **30** **etwas kommt über jemanden** jemand wird von einem (meist negativen) Gefühl ergriffen | *Ein Gefühl der Verzweiflung/Ohnmacht/Hilflosigkeit kam über sie* **31** **um etwas kommen** etwas Positives verlieren oder nicht bekommen ⟨um das eigene Geld kommen; um eine Chance, um eine Gelegenheit kommen⟩ | *Der Fahrer ist ums Leben gekommen* (der Fahrer ist gestorben) **32** **zu etwas kommen** etwas (meist Positives) bekommen, ein Ziel erreichen | *Wie ist er plötzlich zu so viel Geld gekommen?* | *Wie komme ich zu einem neuen Job?* | *Wir kamen bei den Verhandlungen zu keinem vernünftigen Ergebnis* **33** **zu etwas kommen** die Zeit oder Gelegenheit finden, etwas zu tun | *Ich komme einfach zu nichts!* (Ich habe für viele Dinge keine Zeit) | *Bist du dazu gekommen, ihr zu schreiben?* **34** **zu etwas kommen** in einer Reihenfolge eine Sache erreichen | *Wir kommen nun zum letzten Punkt auf der Tagesordnung/zum nächsten Thema* **35** **zu etwas kommen** verwendet, um ein Verb zu umschreiben | *etwas kommt zum Ausbruch* (etwas bricht aus) | *Personen kommen zur Einigung* (Personen einigen sich) | *zu einem Entschluss kommen* (sich entschließen) | *zu einer Erkenntnis kommen* (etwas erkennen) | *zu Fall kommen* (fallen, stürzen) | *jemandem zu Hilfe kommen* (jemandem helfen) **36** **jemand/etwas kommt zu etwas** verwendet anstelle einer Passivkonstruktion | *etwas kommt zur Anwendung* (etwas wird angewendet) | *etwas kommt zum Ausdruck* (etwas wird ausgedrückt) | *jemand/etwas kommt zum Einsatz* (jemand/etwas wird eingesetzt) | *etwas kommt zur Sprache* (etwas wird ausgesprochen) **37** **es kommt zu etwas** etwas Unangenehmes geschieht | *Es kam zu schweren Unruhen* *Wie konnte es nur dazu kommen, dass wir nicht mehr miteinander reden?*

■ ID ▸kommen im Infinitiv: **auf jemanden/etwas nichts kommen lassen** nicht akzeptieren, dass etwas Negatives über jemanden/etwas gesagt wird; **etwas ist im Kommen** etwas wird (gerade) modern oder beliebt; **irgendwo herrscht ein reges/ständiges Kommen und Gehen** viele Leute gehen irgendwo ein und aus (und bleiben nur kurze Zeit); ▸kommen mit einem Substantiv: **(wieder) zu Kräften kommen** nach einer Erkrankung wieder völlig gesund werden; **die Zeit für gekommen halten zu** *+Infinitiv geschrieben* glauben, dass es der richtige Zeitpunkt für etwas ist; ▸andere Verwendungen: **(wieder) zu sich** (*Dativ*) **kommen** **a** das Bewusstsein wiedererlangen **b** wieder normal und vernünftig reagieren; **Jetzt kommt's mir (wieder)** *gesprochen* Jetzt fällt es mir wieder ein; **So weit kommt's noch!** *gesprochen* Das darf auf keinen Fall geschehen; **Komme, was will/was (da) wolle ...** Nichts wird etwas daran ändern; **Das kommt davon** Das ist die negative Folge, die zu erwarten war; **So kommst du nie zu etwas** Wenn du dein Leben nicht änderst, wirst du nie Erfolg und Geld haben; **Wer zuerst kommt, mahlt zuerst** Wer zuerst ankommt, der kommt als Erster an die Reihe, kann zuerst wählen

★ **Kom·men·tar** *der*; (-s, -e) **1** **ein Kommentar (zu etwas)** ein Text bzw. eine kurze Rede, in denen Journalisten in der Zeitung, im Fernsehen o. Ä. ihre Meinung zu einem Ereignis sagen **K** Fernsehkommentar, Zeitungskommentar **2** die mündliche Beschreibung eines Ereignisses für ein Publikum (z. B. eines Fußballspiels im Radio) **3** **ein Kommentar (zu etwas)** eine schriftliche und wissenschaftlich begründete Erklärung oder Auslegung einer Sache ⟨ein Kommentar zu einem Gesetz⟩ **K** Gesetzeskommentar **4** **ein Kommentar (zu etwas)** *oft abwertend* eine persönliche Meinung, Bemerkung | *Auf deine Kommentare können wir verzichten* | *Er muss zu allem seinen Kommentar abgeben* ■ ID **„Kein Kommentar!"** dazu sage ich nichts ● zu (1 – 3) **Kom·men·ta·tor** *der*; (-s, Kom·men·ta·to·ren); zu (1 – 3) **Kom·men·ta·to·rin** *die*; zu (3,4) **kom·men·tar·los** ADJEKTIV

★ **kom·men·tie·ren** VERB (kommentierte, hat kommentiert) **1** **(etwas) kommentieren** einen Kommentar schreiben oder sprechen | *ein Gesetz kommentieren* | *Wer kommentiert (das Spiel)?* **2** **etwas kommentieren** die eigene Meinung zu etwas sagen

Kom·merz *der*; (-es); *veraltend*; *heute meist abwertend* Handel und Wirtschaft mit ihrem Streben nach Profit

★ **kom·mer·zi·ell** ADJEKTIV auf Gewinn, Profit gerichtet ⟨Interessen; ein Unternehmen⟩

Kom·mi·li·to·ne *der*; (-n, -n) eine Person, mit der man zusammen an der Universität oder Hochschule studiert (hat) **!** *der Kommilitone; den, dem, des Kommilitonen* ● hierzu **Kom·mi·li·to·nin** *die*

Kom·miss *der*; (-es); *veraltend* ≈ *Militär(dienst)*

Kom·mis·sar *der*; (-s, -e) **1** ein Dienstgrad bei der Kriminalpolizei | *Der Kommissar ist dem Mörder auf der Spur* **K** Hauptkommissar, Oberkommissar, Kriminalkommissar **2** eine Person, die vom Staat für eine Aufgabe besondere Rechte (Vollmachten) erhalten hat ≈ *Bevollmächtigte(r)*

● hierzu **Kom·mis·sa·rin** *die*

Kom·mis·sär *der*; (-s, -e); Ⓐ Ⓒⓗ **1** ≈ *Bevollmächtigte(r)* **2** ≈ *Kommissar* ● hierzu **Kom·mis·sä·rin** *die*

Kom·mis·sa·ri·at *das*; (-(e)s, -e) **1** das Büro eines Kommissars bei der Polizei **2** *süddeutsch* Ⓐ ≈ *Polizeirevier*

kom·mis·sa·risch ADJEKTIV *meist attributiv* nur für kurze Zeit als Vertretung für eine andere Person ⟨der Direktor, der Geschäftsführer, der Leiter, eine Leitung, ein Vorsitz; etwas kommissarisch leiten⟩

★ **Kom·mis·si·on** *die*; (-, -en) **1** eine Gruppe von Personen (innerhalb einer größeren Organisation), die offiziell den Auftrag hat, gemeinsam eine Aufgabe oder ein Problem zu lösen ⟨Personen bilden eine Kommission⟩ | *Die Kommission ist damit beauftragt, die Ursachen für die Katastrophe herauszufinden* K Kommissionsmitglied; Kontrollkommission, Musterungskommission, Prüfungskommission, Untersuchungskommission, Regierungskommission **2** **in Kommission** so, dass ein Geschäft etwas gegen eine Gebühr für den Besitzer verkauft ⟨etwas in Kommission nehmen, verkaufen, haben⟩ K Kommissionsgeschäft, Kommissionshandel, Kommissionsware **3** **die Europäische Kommission** die Regierung und öffentliche Verwaltung der Europäischen Union ● zu (2) **Kom·mis·si·o·när** *der*

kom·mod ADJEKTIV; Ⓐ *gesprochen* ≈ *bequem*

★ **Kom·mo·de** *die*; (-, -n) ein niedriger Schrank (mit Schubladen), meist für Wäsche

★ **kom·mu·nal** ADJEKTIV in Bezug auf die Gemeinde, Kommune K Kommunalabgaben, Kommunalpolitik, Kommunalpolitiker, Kommunalverwaltung, Kommunalwahlen

★ **Kom·mu·ne** *die*; (-, -n) **1** eine Stadt, ein Dorf o. Ä. als Gebiet mit eigener Verwaltung ≈ *Gemeinde* | *Bund, Länder und Kommunen* | *die finanziellen Probleme der Kommunen* **2** eine Gruppe von Personen (oft Studenten), die zusammen wohnen und ihr Leben gemeinsam finanzieren, obwohl sie keine Familie sind ⟨in einer Kommune leben, wohnen⟩

★ **Kom·mu·ni·ka·ti·on** [-ˈtsi̯oːn] *die*; (-, -en); *meist Singular* **die Kommunikation** (+*Genitiv*/**von etwas**); **die Kommunikation (mit jemandem/zwischen Personen** (*Dativ*) das Austauschen und Weitergeben von Informationen durch Sprache, Zeichen, Gesten usw. ⟨etwas erleichtert, erschwert, stört, verbessert die Kommunikation⟩ ≈ *Verständigung* | *Der Vorstand hatte Mühe mit der Kommunikation seiner Ziele* | *Die Kommunikation mit ihr war mühsam* | *Während des Sturmes brach die Kommunikation zwischen Festland und Insel zusammen* K Kommunikationsbarriere, Kommunikationsbereitschaft, Kommunikationsmittel, Kommunikationsproblem ● hierzu **kom·mu·ni·ka·ti·ons·fä·hig** ADJEKTIV; **Kom·mu·ni·ka·ti·ons·fä·hig·keit** *die*

Kom·mu·ni·ka·ti·ons·sys·tem [-ˈtsi̯oːns-] *das* **1** ein System aus Zeichen, Lauten o. Ä., mit dem man kommuniziert (wie z. B. Sprache, Schrift) **2** ein System aus Geräten, Einrichtungen o. Ä., mit dem man kommuniziert (wie z. B. Telefon, Internet)

kom·mu·ni·ka·tiv [-f] ADJEKTIV **1** bereit, über etwas zu sprechen oder sich zu unterhalten | *Du bist heute nicht sehr kommunikativ, ist etwas nicht in Ordnung?* **2** in Bezug auf die Kommunikation ⟨eine Fähigkeit, ein Prozess⟩

Kom·mu·ni·on *die*; (-, -en) **1** das Empfangen und Essen der Hostie in der Messe ⟨die Kommunion empfangen; zur Kommunion gehen⟩ **2** das erste Mal, wenn ein katholisches Kind zur Kommunion geht ≈ *Erstkommunion* K Kommunionkind, Kommunionkleid, Kommunionunterricht

Kom·mu·ni·qué [kɔmuniˈkeː, kɔmy-] *das*; (-s, -s) ein offizieller Text, in dem das Ergebnis von Verhandlungen o. Ä. (vor allem an die Presse) mitgeteilt wird K Pressekommuniqué, Schlusskommuniqué

★ **Kom·mu·nis·mus** *der*; (-) **1** eine politische Bewegung und Ideologie, die sich gegen den Kapitalismus richtet und vor allem von den Regierungen Osteuropas vertreten wurde **2** eine Gesellschaftsform, die versucht, die Lehre von Marx und Engels zu verwirklichen ● hierzu **Kom·mu·nist** *der*; **Kom·mu·nis·tin** *die*

kom·mu·nis·tisch ADJEKTIV in Bezug auf den Kommunismus ⟨die Ideologie; kommunistische Ideale, Überzeugungen; kommunistisches Gedankengut⟩

★ **kom·mu·ni·zie·ren** VERB (kommunizierte, hat kommuniziert) **1** **jemand kommuniziert mit einer Person**; **Personen kommunizieren (miteinander)** *geschrieben* zwei oder mehrere Personen teilen sich ihre Gefühle und Gedanken mit oder tauschen Informationen aus (durch Sprache, Schrift, Gesichtsausdrücke, Gesten usw.) | *Durch das Telefon wurde es möglich, mit weit entfernten Personen ohne Zeitverzögerung zu kommunizieren* **2** (in der katholischen Kirche) zur Kommunion gehen

Ko·mö·di·ant *der*; (-en, -en) **1** ein Schauspieler, der lustige Rollen in Komödien spielt H *der Komödiant; den, dem, des Komödianten* **2** eine lustige Person, die andere Leute gern zum Lachen bringt **3** *abwertend* eine Person, die anderen Leuten Gefühle zeigt, die er in Wirklichkeit nicht hat ● hierzu **ko·mö·di·an·ten·haft** ADJEKTIV; **Ko·mö·di·an·tin** *die*; **ko·mö·di·an·tisch** ADJEKTIV

★ **Ko·mö·die** [-di̯ə] *die*; (-, -n) **1** ein lustiges Theaterstück oder ein lustiger Film, meist mit einem glücklichen Ende ↔ *Tragödie* | *die Komödien Molières* K Komödienschreiber, Komödienstoff **2** ein kleines Theater, in dem regelmäßig Komödien aufgeführt werden **3** *abwertend* der Versuch, jemanden zu täuschen, indem man wie ein Schauspieler Gefühle, Situationen o. Ä. darstellt, die nicht echt sind | *Ich glaube, sie spielt nur Komödie und ihre Begeisterung ist nicht echt* | *Seine Tränen sind nur Komödie*

Kom·pag·non [kɔmpanˈjõː, ˈkɔmpanjõ] *der*; (-s, -s) eine Person, die eine Firma oder Gesellschaft mit anderen Leuten zusammen besitzt

kom·pakt ADJEKTIV **1** fest und dicht, mit wenig Zwischenräumen ⟨eine Masse⟩ ↔ *lose* **2** klein, aber sehr praktisch, mit vielen Funktionen K Kompaktanlage, Kompaktauto, Kompaktbauweise, Kompaktkamera **3** *gesprochen* stark und kräftig, aber nicht groß ⟨eine Statur; kompakt gebaut sein⟩ ≈ *gedrungen*

Kom·pa·nie *die*; (-, -n [-ˈniːən]) **1** eine kleine militärische Einheit (mit meist 100–250 Soldaten) K Kompaniechef, Kompaniefeldwebel, Kompanieführer **2** *veraltend* ≈ *Handelsgesellschaft* H Abkürzungen (nur in Firmennamen): *Co.* und *Cie*: *Firma Meyer & Co.; Firma Müller & Cie*

★ **Kom·pa·ra·tiv** [-f] *der*; (-s, -e) eine Form des Adjektivs oder Adverbs, die eine Steigerung ausdrückt. Der Komparativ zu *schön* ist *schöner*, der zu *gut* ist *besser* H vergleiche **Superlativ**

Kom·par·se *der*; (-n, -n) eine Person, die in einem Film oder Theaterstück zusammen mit vielen anderen Leuten eine ganz kleine Nebenrolle spielt H *der Komparse; den, dem, des Komparsen* ● hierzu **Kom·par·sin** *die*

Kom·pass *der*; (-es, -e) ein kleines Gerät mit einer magnetischen Nadel, die immer nach Norden zeigt K Kompassnadel

kom·pa·ti·bel ADJEKTIV **1** so, dass elektronische Geräte wie Computer usw. zusammen mit einer Software oder anderen Geräten benutzt werden können ⟨Computer, Endgeräte, Handys, Programme, Systeme⟩ | *Die beiden Geräte sind nicht kompatibel* **2** *geschrieben* so, dass sie für die genannten Zwecke zueinander passen ⟨Konzepte, Positionen, Vorstellungen⟩ | *international kompatible Bildungsabschlüsse | Die Blutgruppe des Babys war nicht mit der seiner Mutter kompatibel* H *kompatibel → kompatible Geräte* • hierzu **Kom·pa·ti·bi·li·tät** *die*

Kom·pen·di·um *das;* (-s, -ien [-djən]) ein kurzes Lehrbuch

Kom·pen·sa·ti·on [-'tsjo:n] *die;* (-, -en) **1** das Kompensieren K Überkompensation **2** eine finanzielle Entschädigung | *jemandem als Kompensation für einen Verlust Geld zahlen*

kom·pen·sie·ren VERB (kompensierte, hat kompensiert) **etwas (durch etwas) kompensieren** *geschrieben* etwas Negatives (z. B. einen Fehler, eine Schwäche) durch etwas Positives ausgleichen | *Er versuchte, seine Aufregung durch lautes Sprechen zu kompensieren*

kom·pe·tent ADJEKTIV mit dem Wissen und der Fähigkeit dazu, das Richtige/Notwendige zu tun | *Sie fühlte sich nicht kompetent genug, um die Frage beantworten zu können*

★ **Kom·pe·tenz** *die;* (-, -en) **1** das Wissen oder das fachliche Können auf einem Gebiet **2** das Recht, Entscheidungen oder Anordnungen zu treffen und Befehle zu erteilen K Kompetenzbereich, Kompetenzkonflikt, Kompetenzstreitigkeit

kom·pi·lie·ren VERB (kompilierte, hat kompiliert) **etwas kompilieren** *geschrieben* Fakten und Informationen so zusammenstellen, dass z. B. ein Bericht oder Buch entsteht ⟨Fakten, Informationen kompilieren; einen Bericht, ein Wörterbuch kompilieren⟩ • hierzu **Kom·pi·la·ti·on** *die*

kom·ple·men·tär ADJEKTIV **1** *geschrieben* eine andere Sache/einander ergänzend ⟨Elemente, Methoden⟩ **2** wenn man komplementäre Farben miteinander mischt, bekommt man grau oder schwarz

★ **kom·plett** ADJEKTIV **1** mit allen Teilen, die dazugehören ≈ *vollständig | ein komplettes Kaffeeservice für sechs Personen | Eine Münze fehlt mir noch, dann ist meine Sammlung komplett* **2** *meist prädikativ* so, dass niemand fehlt | *Der Letzte ist eben eingetroffen. – Jetzt sind wir komplett und können abfahren* **3** *gesprochen meist attributiv* im höchsten Maße ⟨Unsinn, Blödsinn, Wahnsinn⟩ ≈ *völlig | Der redet, als wäre er komplett verrückt*

kom·plet·tie·ren VERB (komplettierte, hat komplettiert) **1 jemand/etwas komplettiert etwas** durch eine Person oder Sache wird etwas komplett | *Ein neuer Mitarbeiter komplettiert ab heute unser Team | Das Angebot wird durch neue Inhalte komplettiert* **2 jemand komplettiert etwas** jemand sorgt dafür, dass etwas komplett wird | *Mit der Weltmeisterschaft hat sie ihre Titelsammlung komplettiert*

★ **kom·plex** ADJEKTIV mit vielen Faktoren, Aspekten usw., die beachtet werden müssen ⟨ein Problem, Zusammenhänge⟩ ≈ *kompliziert | „Demokratie" ist ein sehr komplexer und vieldeutiger Begriff* • hierzu **Kom·ple·xi·tät** *die*

Kom·plex *der;* (-es, -e) **1** eine Verbindung aus mehreren Dingen, die eng zusammenhängen (und eine Einheit bilden) ⟨ein Komplex von Fragen, Maßnahmen, Problemen⟩ K Fragenkomplex, Maßnahmenkomplex, Problemkomplex **2** eine Gruppe von Gebäuden, die miteinander verbunden sind | *Hier entsteht ein neuer Komplex von Wohnhäusern | Das neue Krankenhaus ist ein riesiger Komplex* K Fabrikkomplex, Gebäudekomplex, Wohnkomplex **3** Vorstellungen, Erinnerungen oder Gefühle, die oft negativ auf eine Person wirken ⟨einen Komplex haben, kriegen, bekommen; an einem Komplex leiden; ein starker, verdrängter Komplex⟩ | *Er hat Komplexe wegen seiner vielen Pickel* K Minderwertigkeitskomplex, Ödipuskomplex

Kom·pli·ka·ti·on [-'tsjo:n] *die;* (-, -en); *meist Plural* etwas, das einen Prozess (eine Entwicklung) schwieriger macht und stört ≈ *Problem | Beim Bau des Tunnels ergaben sich unvorhergesehene Komplikationen | Die Operation verlief ohne Komplikationen* • hierzu **kom·pli·ka·ti·ons·los** ADJEKTIV

Kom·pli·ment *das;* (-(e)s, -e) **1 ein Kompliment (über etwas** *(Akkusativ)*) freundliche Worte, mit denen man (oft nur aus Höflichkeit) einer Person eine Freude machen oder ihr Bewunderung zeigen will ⟨jemandem ein Kompliment machen⟩ | *Er machte ihr ein Kompliment über das neue Kleid* **2 (mein) Kompliment!** verwendet, um jemanden/etwas zu loben | *Kompliment. Das hast du gut gemacht*

kom·pli·men·tie·ren VERB (komplimentierte, hat komplimentiert) **jemanden irgendwohin komplimentieren** eine Person (durch freundliches, höfliches Verhalten) dazu bringen, dass sie irgendwohin geht | *Der unerwünschte Gast wurde höflich zum Ausgang komplimentiert*

Kom·pli·ze *der;* (-n, -n) eine Person, die jemandem bei einem Verbrechen hilft | *Der Dieb verriet die Namen seiner Komplizen* H *der Komplize; den, dem, des Komplizen* • hierzu **Kom·pli·zin** *die;* **Kom·pli·zen·schaft** *die*

kom·pli·zie·ren VERB (komplizierte, hat kompliziert) **etwas komplizieren** etwas schwieriger, komplizierter machen (als es nötig wäre) | *ein Problem nur noch mehr komplizieren* • hierzu **Kom·pli·zie·rung** *die*

★ **kom·pli·ziert** ▪ PARTIZIP PERFEKT **1** → komplizieren ▪ ADJEKTIV **2** mit vielen Aspekten und schwer zu verstehen, zu lösen oder damit umzugehen ⟨eine Angelegenheit, ein Problem, eine Situation, ein Vorgang, Zusammenhänge⟩ ≈ *schwierig | Laien komplizierte Sachverhalte/eine komplizierte Materie verständlich erklären | ein langwieriges und kompliziertes Verfahren* **3** im Umgang mit komplizierten Personen kann man viel falsch machen und kann sich daher nicht entspannen **4** mit vielen technischen Details und daher schwer zu bedienen ⟨ein Gerät, eine Maschine, Technik⟩ **5** so, dass die medizinische Behandlung schwierig ist ⟨ein Knochenbruch, eine Operation⟩ • zu (2 – 5) **Kom·pli·ziert·heit** *die*

Kom·plott *das;* (-(e)s, -e); *abwertend* **ein Komplott (gegen jemanden)** ein geheimer Plan, gemeinsam etwas zu tun, das jemandem (vor allem einer Regierung) schadet ⟨ein Komplott anzetteln, schmieden, aufdecken⟩

Kom·po·nen·te *die;* (-, -n) **1** *geschrieben* einer von mehreren (zusammengehörenden) Teilen, die eine Wirkung, einen Einfluss auf das Ganze haben | *Die soziale Komponente gewinnt in seiner Politik eine immer größere Bedeutung* **2** ein Bestandteil einer Substanz

kom·po·nie·ren VERB (komponierte, hat komponiert) **1 (etwas) komponieren** ein Musikstück schreiben | *eine Oper komponieren* **2 etwas komponieren** *geschrieben* etwas aus verschiedenen Dingen (harmonisch) entstehen lassen ⟨ein Menü, ein Getränk, eine Soße⟩ | *Dieses Bild stellt eine wundervoll komponierte Fantasielandschaft dar*

Kom·po·nist *der;* (-en, -en) eine Person, die (beruflich) Musikstücke schreibt H *der Komponist; den, dem, des Komponisten* • hierzu **Kom·po·nis·tin** *die*

★ **Kom·po·si·ti·on** [-'tsjo:n] *die;* (-, -en) **1** *nur Singular* das Komponieren | *die Komposition einer Sinfonie* **2** etwas, das jemand komponiert hat ≈ *Musikstück | Die „Brandenburgischen Konzerte" gehören zu Bachs bekanntesten Kompositionen* **3** die Art der Zusammenstellung | *Die Komposition des Diners überlasse ich meiner Frau*

Kom·po·si·tum *das;* (-s, Kom·po·si·ta) ein Wort, das aus zwei (oder mehreren) selbstständigen Wörtern besteht | *„Milchkanne" ist ein Kompositum aus den Substantiven „Milch" und „Kanne"*

★ **Kom·post** *der;* (-(e)s, -e); *meist Singular* **1** sehr fruchtbare Erde, die aus den Resten von Pflanzen entsteht, wenn man sie mehrere Monate auf einem Haufen im Freien gelagert hat K Komposterde **2** ein kleiner Hügel aus Resten von

Pflanzen, den man im Garten hat, um daraus Erde zu machen | *Eierschalen auf den Kompost tun* [K] Komposthaufen • zu (1) **kom·pos·tie·ren** VERB (*hat*); zu (1) **Kom·pos·tie·rung** *die*

Kom·pott *das*; (-(e)s, -e) Obst, das mit Zucker und Wasser gekocht wurde und das man dann meist als Nachspeise isst [K] Kompottschale, Kompottschüssel, Kompottteller; Erdbeerkompott, Kirschkompott, Rhabarberkompott

Kom·pres·se *die*; (-, -n) ein Stück Stoff, das (oft feucht) zum Heilen von Krankheiten oder Verletzungen verwendet wird. Der Stoff wird um die Brust, um die Beine o. Ä. gewickelt ⟨Kompressen auflegen, machen⟩ [K] Fieberkompresse

Kom·pres·sor *der*; (-s, Kom·pres·so·ren) ein Gerät, das als Teil einer größeren Maschine (z. B. eines Kühlschrankes) Gase oder Luft so zusammendrückt, dass das Volumen kleiner wird

kom·pri·mie·ren VERB (komprimierte, hat komprimiert); *geschrieben* [1] **etwas komprimieren** eine Substanz so zusammendrücken, dass sie weniger Platz benötigt, ihr Volumen kleiner wird [2] **etwas komprimieren** etwas in wenigen Worten auf das Wichtigste zusammenfassen ⟨Ideen, Gedanken, einen Text komprimieren⟩ • hierzu **Kom·pri·mie·rung** *die*; zu (1) **Kom·pres·si·on** *die*

★ **Kom·pro·miss** *der*; (-es, -e) **ein Kompromiss (mit jemandem) (über etwas** (*Akkusativ*)**)** eine Einigung bei Verhandlungen oder bei einem Streit; jede Person akzeptiert dabei einen Teil der Forderungen der anderen Personen ⟨ein fairer Kompromiss; einen Kompromiss schließen, eingehen, aushandeln; Personen einigen sich auf einen Kompromiss⟩ | *ein fauler Kompromiss* (ein ungerechter Kompromiss) | *Wer in der Politik Erfolg haben will, der muss auch bereit sein, Kompromisse einzugehen* [K] Kompromissbereitschaft, Kompromisslösung, Kompromissvorschlag; kompromissbereit

kom·pro·miss·los ADJEKTIV ⟨ein Gegner, eine Haltung, ein Vorgehen⟩ ≈ *unnachgiebig* • hierzu **Kom·pro·miss·lo·sig·keit** *die*

kom·pro·mit·tie·ren VERB (kompromittierte, hat kompromittiert) **jemanden kompromittieren** so handeln, dass man damit dem eigenen Ansehen oder dem Ansehen einer anderen Person schadet • hierzu **Kom·pro·mit·tie·rung** *die*

kon·den·sie·ren VERB (kondensierte, hat/ist kondensiert) [1] **etwas kondensiert (irgendwo)** (*hat/ist*) etwas geht vom gasförmigen in den flüssigen Zustand über | *An den kalten Fensterscheiben kondensiert das Wasser aus der feuchten Luft im Badezimmer* [2] **etwas wird kondensiert** (*hat*) eine Flüssigkeit wird durch Verdampfen dicker gemacht ⟨kondensierte Milch⟩ • hierzu **Kon·den·sa·ti·on** *die*; **Kon·den·sie·rung** *die*

Kon·dens·milch *die* dickflüssige, haltbare Milch in Dosen oder Tüten, die für den Kaffee benutzt wird ≈ *Dosenmilch*

Kon·dens·strei·fen *der* ein weißer Streifen am Himmel, der hinter Düsenflugzeugen entsteht

Kon·dens·was·ser *das* Wasser, das irgendwo kondensiert

Kon·di·ti·on [-'tsjo:n] *die*; (-, -en) [1] *nur Singular* die Fähigkeit des Körpers, etwas zu leisten ≈ *Form, Verfassung* | *Er treibt regelmäßig Sport und hat deswegen (viel/eine gute) Kondition* [K] Konditionsmängel, Konditionsschwäche, Konditionstraining [2] *meist Plural* eine der Bedingungen für die Lieferung oder den Verkauf einer Ware [K] Sonderkonditionen • zu (1) **kon·di·ti·o·nell** ADJEKTIV

kon·di·ti·o·nal [-tsjo-] ADJEKTIV so, dass eine Bedingung genannt wird ⟨eine Konjunktion, ein Nebensatz⟩

Kon·di·tor *der*; (-s, Kon·di·to·ren) eine Person, die beruflich Torten, Kuchen usw. backt und verkauft • hierzu **Kon·di·to·rin** *die*

Kon·di·to·rei *die*; (-, -en) ein Geschäft, in dem man Torten, Kuchen usw. kaufen kann

Kon·do·lenz- *im Substantiv, betont, nicht produktiv* **der Kondolenzbesuch, der Kondolenzbrief, die Kondolenzkarte, das Kondolenzschreiben** *und andere* so, dass man damit jemandem (bei einem Todesfall) Trauer und Mitgefühl ausdrückt

kon·do·lie·ren VERB (kondolierte, hat kondoliert) **jemandem kondolieren** einer Person bei einem Todesfall in deren Familie o. Ä. sagen, dass man mit ihr trauert

★ **Kon·dom** *das*; (-s, -e) eine Hülle aus Gummi, die ein Mann vor dem Sex als Schutz vor einer Infektion oder zur Verhütung einer Schwangerschaft über den Penis zieht

Kon·duk·teur [-'tø:ɐ̯] *der*; (-s, -e); Ⓐ Ⓒⓗ ≈ *Schaffner* • hierzu **Kon·duk·teu·rin** [-'tø:rɪn] *die*

Kon·fekt *das*; (-(e)s) Pralinen o. Ä.

Kon·fek·ti·on [-'tsjo:n] *die*; (-) [1] Kleidung, die in großer Zahl in einer Fabrik hergestellt wird [K] Konfektionsanzug, Konfektionsgröße, Konfektionsware; Damenkonfektion, Herrenkonfektion [2] das Herstellen von Kleidung in Serien in einer Fabrik

★ **Kon·fe·renz** *die*; (-, -en) **eine Konferenz (über etwas** (*Akkusativ*)**)** ein Treffen, bei dem mehrere oder viele Personen über verschiedene Themen reden und diskutieren [K] Konferenzbeschluss, Konferenzdolmetscher, Konferenzraum, Konferenzteilnehmer, Konferenztisch • hierzu **kon·fe·rie·ren** VERB (*hat*)

★ **Kon·fes·si·on** *die*; (-, -en) [1] eine religiöse Gruppe innerhalb des Christentums, z. B. die Katholiken oder die Protestanten [2] die Religionsgemeinschaft, der man offiziell angehört ≈ *Bekenntnis* [K] Konfessionsschule, Konfessionswechsel • zu (2) **kon·fes·si·ons·los** ADJEKTIV

Kon·fet·ti *das*; (-(s)) viele kleine Stücke buntes Papier, die man vor allem im Karneval in die Luft wirft

Kon·fi·gu·ra·ti·on [-'tsjo:n] *die*; (-, -en) [1] die Auswahl von passenden Komponenten für einen Computer oder von Einstellungen für eine Software [2] die räumliche Anordnung von Atomen eines Moleküls, Sternen o. Ä. | *die Konfiguration der Elektronen im Atom* • zu (1) **kon·fi·gu·rie·ren** VERB

Kon·fir·mand *der*; (-en, -en) ein Jugendlicher, der sich gerade auf die Konfirmation vorbereitet oder gerade konfirmiert wurde [K] Konfirmandenunterricht [H] *der Konfirmand; den, dem, des Konfirmanden* • hierzu **Kon·fir·man·din** *die*

Kon·fir·ma·ti·on [-'tsjo:n] *die*; (-, -en) eine Feier (mit dem ersten Abendmahl) in der evangelischen Kirche, durch die Jugendliche als erwachsene Mitglieder in die kirchliche Gemeinde aufgenommen werden • hierzu **kon·fir·miert** ADJEKTIV

Kon·fi·se·rie [kɔnfizə'ri:, kõfizə'ri:] *die*; (-, -n [-'ri:ən]); Ⓒⓗ → Confiserie

kon·fis·zie·ren VERB (konfiszierte, hat konfisziert); *geschrieben* **etwas konfiszieren** (als Beamter o. Ä.) jemandem etwas aufgrund von meist staatlichen Vorschriften wegnehmen | *Unrechtmäßig importierte Waren werden bei der Zollkontrolle konfisziert* | *Der Lehrer konfiszierte ihr Handy* • hierzu **Kon·fis·zie·rung** *die*

★ **Kon·fi·tü·re** *die*; (-, -n) eine Marmelade, in der manche Früchte noch ganz sind [K] Erdbeerkonfitüre

★ **Kon·flikt** *der*; (-(e)s, -e) [1] **ein Konflikt mit jemandem/zwischen Personen** (*Dativ*) eine schwierige Situation, die dadurch entsteht, dass Personen oder Gruppen verschiedene Wünsche, Bedürfnisse usw. haben ⟨ein offener, schwelender Konflikt; Personen tragen einen Konflikt aus; ein Konflikt

K

eskaliert, spitzt sich zu; einen Konflikt entschärfen, beilegen, lösen, schlichten⟩ | *Hätte sich dieser Konflikt zwischen Eltern und Schule vermeiden lassen?* | *Bei solchen Maßnahmen sind Konflikte doch vorprogrammiert!* K Konfliktherd, Konfliktsituation **2** *meist Plural* die Kämpfe während eines Konflikts ⟨bewaffnete, blutige, ethnische, militärische Konflikte⟩ **3** eine (psychisch) schwierige Situation, in der sich jemand nicht entscheiden kann ⟨ein innerer, seelischer, schwerer Konflikt⟩ ≈ *Zwiespalt* | *der Konflikt zwischen Vernunft und Gefühl* ● zu (1) **kon·flikt·frei** ADJEKTIV; zu (1) **kon·flikt·ge·la·den** ADJEKTIV

kon·flikt·scheu ADJEKTIV so, dass jemand versucht, Konflikte unter allen Umständen zu vermeiden

Kon·fö·de·ra·ti·on [-'tsjo:n] *die*; (-, -en) ≈ *Staatenbund* | *die Konföderation der Südstaaten im amerikanischen Bürgerkrieg* ● hierzu **kon·fö·de·riert** ADJEKTIV

kon·form ADJEKTIV **1** ⟨Ansichten, Auffassungen⟩ so, dass sie gleich sind, nicht verschieden | *In diesem Punkt sind unsere Standpunkte konform* **2** **mit jemandem/etwas konform sein** mit jemandem/etwas gleicher Meinung sein **3** **mit jemandem/etwas konform gehen** mit jemandem/etwas übereinstimmen, gleicher Meinung sein | *Hier gehe ich mit Ihrer Auffassung/Ihnen konform*

kon·form·ge·hen VERB ≈ *konform gehen*

Kon·for·mis·mus *der*; (-); *geschrieben* die ständige Anpassung der eigenen Meinung und des Verhaltens an andere Leute, um einen Nutzen davon zu haben ● hierzu **kon·for·mis·tisch** ADJEKTIV

Kon·fron·ta·ti·ons·kurs [-'tsjo:ns-] *der*; *meist Singular* **auf Konfrontationskurs gehen** trotz einer problematischen Situation weiter eine andere Meinung als andere haben und dadurch einen Streit oder Kampf riskieren

kon·fron·tie·ren VERB (konfrontierte, hat konfrontiert) **1** **eine Person mit jemandem/etwas konfrontieren** eine Person in eine Situation bringen, in der sie sich mit jemandem oder etwas beschäftigen muss (meist obwohl es ihr unangenehm ist) | *Sie konfrontierte ihren Vater damit, dass sie Schauspielerin werden wollte* **2** **jemanden mit einer Person konfrontieren** jemanden einer Person gegenüberstellen ● hierzu **Kon·fron·ta·ti·on** *die*

kon·fus ADJEKTIV (konfuser, konfusest-) **1** ⟨Äußerungen, Worte⟩ schwer zu verstehen, weil jemand nicht gut nachgedacht hat **2** verwirrt, durcheinander ⟨konfus reden⟩ | *Sein Gerede macht mich ganz konfus*

Kon·glo·me·rat *das*; (-(e)s, -e) **1** *geschrieben* eine Mischung aus sehr verschiedenen Dingen | *Sein neues Musical ist ein Konglomerat aus Musikstücken der unterschiedlichsten Stilrichtungen* **2** ein Gestein, das aus vielen kleinen Steinen besteht, die fest miteinander verbunden sind

Kon·gress *der*; (-es, -e) **1** ein offizielles Treffen, bei dem Fachleute ihre Meinung sagen, Informationen geben und diskutieren ⟨ein medizinischer, wissenschaftlicher, internationaler Kongress; auf einem Kongress sprechen⟩ ≈ *Tagung* K Kongresshalle, Kongressteilnehmer **2** das Parlament in den USA (das aus Senat und Repräsentantenhaus besteht)

kon·gru·ent ADJEKTIV ⟨Begriffe, Figuren, Flächen, Zahlen⟩ ≈ *übereinstimmend* ↔ *inkongruent* ● hierzu **Kon·gru·enz** *die*

Ko·ni·fe·re *die*; (-, -n) ein Baum oder Busch, der Zapfen trägt. Die meisten Koniferen haben Nadeln (z. B. Fichte, Tanne)

★ **Kö·nig** *der*; (-s, -e) **1** der männliche Herrscher eines Landes mit einer Monarchie | *der König von Spanien* | *der belgische König* K Königshof, Königskind, Königskrone, Königspalast, Königsschloss, Königssohn, Königsthron, Königstochter, königstreu **H** auch als Titel verwendet: *König Ludwig II. ließ Schloss Neuschwanstein erbauen* **2** **der (ungekrönte) König** +*Genitiv* eine Person oder Sache, die in einem Bereich sehr wichtig oder sehr gut ist | *Elvis Presley, der ungekrönte König des Rock 'n' Roll* | *Dieser Wein ist der König der Weine* | *Hier ist der Kunde König* **3** die wichtigste Figur im Schachspiel ⟨Schach dem König!; der König steht im Schach; den König schachmatt setzen⟩ **H** vergleiche **Dame** **4** eine Spielkarte, auf der ein König abgebildet ist | *Ass, König, Dame, Bube* **5** **der König der Tiere** der Löwe

★ **Kö·ni·gin** *die*; (-, -nen) **1** eine Frau als Herrscherin eines Landes mit einer Monarchie | *Nach mehr als drei Jahrzehnten auf dem Thron dankte die niederländische Königin Beatrix ab* **H** auch als Titel verwendet: *Königin Elisabeth II. von Großbritannien* **2** die Ehefrau eines Königs **3** **die Königin** +*Genitiv* eine Frau oder eine Sache, die auf einem Gebiet sehr wichtig oder sehr gut sind | *die Rose, die Königin der Blumen* **4** das weibliche Tier, das in einem Insektenvolk die Eier legt K Ameisenkönigin, Bienenkönigin

kö·nig·lich ADJEKTIV **1** *meist attributiv* von einem König, einer Königin ⟨ein Erlass, die Familie, das Schloss⟩ **2** sehr großzügig, freigebig ⟨ein Geschenk; jemanden königlich entlohnen, bewirten⟩ **3** auf positive Weise das normale Maß weit übersteigend ⟨ein Spaß, ein Vergnügen; sich königlich amüsieren⟩

Kö·nig·reich *das* **1** ein Reich, das von einem König/einer Königin regiert wird **2** ein Staat, an dessen Spitze ein König/eine Königin steht (z. B. Großbritannien)

Kö·nig·tum *das*; (-, Kö·nig·tü·mer); *meist Singular* ein Staat, der von einem König oder einer Königin regiert wird

ko·nisch ADJEKTIV ≈ *kegelförmig*

kon·ju·gie·ren VERB (konjugierte, hat konjugiert) **etwas konjugieren** die Formen eines Verbs bilden, die z. B. von den Kategorien wie Zahl, Tempus, Person usw. verlangt werden ⟨ein Verb konjugieren⟩ ≈ *beugen* **H** Substantive und Adjektive werden *dekliniert* ● hierzu **Kon·ju·ga·ti·on** [-'tsjo:n] *die*

Kon·junk·ti·on [-'tsjo:n] *die*; (-, -en) **1** ein Wort wie *und, oder, aber, weil*, das Teile von Sätzen miteinander verbindet ≈ *Bindewort* **2** in der Astronomie eine Situation, in der Sterne eine Linie mit der Erde bilden **3** in der Astrologie eine Situation, in der verschiedene Planeten in einem Sternbild zusammenkommen

Kon·junk·tiv [-f] *der*; (-s, -e) eine grammatische Kategorie des Verbs im Deutschen | *„ich sei" und „ich wäre" sind die Formen Konjunktiv I und II der ersten Person Singular von „sein"* K Konjunktivform, Konjunktivsatz ● hierzu **kon·junk·ti·visch**, **kon·junk·ti·visch** ADJEKTIV

Kon·junk·tur *die*; (-, -en) die allgemeine wirtschaftliche Situation und Entwicklung eines Landes ⟨etwas belebt, steigert die Konjunktur; eine stabile, steigende, fallende, rückläufige Konjunktur⟩ K Konjunkturaufschwung, Konjunkturlage, Konjunkturpolitik, Konjunkturschwankung, Konjunkturzyklus; Hochkonjunktur ● hierzu **kon·junk·tu·rell** ADJEKTIV

Kon·junk·tur·pa·ket *das* politische und finanzielle Maßnahmen des Staates, welche die wirtschaftliche Situation verbessern sollen

Kon·junk·tur·sprit·ze *die* eine finanzielle Maßnahme des Staates, welche die wirtschaftliche Situation verbessern soll

kon·kav [-f] ADJEKTIV nach innen gewölbt ⟨eine Linse, ein Spiegel⟩ ↔ *konvex*

Kon·kla·ve [-və] *das*; (-s, -n) die Versammlung der Kardinäle, bei der sie einen neuen Papst wählen

Kon·kor·danz *die*; (-, -en) eine alphabetische Liste aller Wörter, die ein Autor (in einem Buch) verwendet K Bibelkonkordanz

Kon·kor·dat *das*; (-(e)s, -e) ein Vertrag zwischen dem Vatikan und der Regierung eines Staates

★ **kon·kret** ADJEKTIV (konkreter, konkretest-) **1** bis ins Detail genau ⟨ein Beispiel, eine Vorstellung, ein Vorschlag, eine Meinung; etwas konkret formulieren⟩ ≈ *präzise* | *Hast du schon konkrete Pläne?* | *Kannst du mir das mit einem konkreten Beispiel erklären?* | *Drück dich bitte etwas konkreter aus!* **2** ⟨die Welt, die Wirklichkeit⟩ so, dass man sie mit den Sinnen erfassen kann ↔ *abstrakt*

kon·kre·ti·sie·ren VERB (konkretisierte, hat konkretisiert) **1** **etwas konkretisieren** etwas deutlich beschreiben, formulieren | *Könnten Sie Ihre Vorstellungen/Pläne bitte konkretisieren?* **2** **etwas konkretisiert sich** etwas wird im Lauf einer Entwicklung deutlich, sichtbar

Kon·ku·bi·nat *das;* (-(e)s, -e); *veraltend* das Zusammenleben eines Mannes und einer Frau wie in einer Ehe (ohne dass sie verheiratet sind)

Kon·ku·bi·ne *die;* (-, -n); *veraltend, abwertend* ≈ *Geliebte*

Kon·kur·rent *der;* (-en, -en) eine Person, welche die gleichen Waren oder Leistungen anbietet oder das gleiche Ziel erreichen will wie eine andere Person (und diese deshalb für einen Gegner hält) ⟨ein gefährlicher Konkurrent⟩ ≈ *Rivale* H *der Konkurrent; den, dem, des Konkurrenten* ● hierzu **Kon·kur·ren·tin** *die*

★ **Kon·kur·renz** *die;* (-, -en) **1** **die Konkurrenz (mit jemandem/um jemanden/etwas)** *nur Singular* die Situation, die entsteht, wenn mehrere Personen das gleiche Ziel erreichen wollen oder mehrere Hersteller, Händler o. Ä. die gleichen Leistungen oder Waren verkaufen wollen ⟨ernst zu nehmende, scharfe Konkurrenz; jemandem Konkurrenz machen; mit jemandem in Konkurrenz treten⟩ | *Die zunehmende Konkurrenz im Computerbereich drückt auf die Preise* K Konkurrenzkampf **2** *nur Singular* alle Hersteller, Händler o. Ä., welche die gleichen oder ähnliche Waren oder Leistungen anbieten ⟨zur Konkurrenz gehen; bei der Konkurrenz kaufen; starke Konkurrenz haben; die Konkurrenz ausschalten⟩ | *Für dieses Auto zahlen Sie bei der Konkurrenz 1.000 Euro mehr* K Konkurrenzunternehmen **3** ein meist sportlicher Wettkampf, Wettbewerb | *Als vielseitiger Läufer nimmt er an mehreren Konkurrenzen teil* **4** *nur Singular* alle anderen Personen, die (z. B. in einem Wettkampf, bei einer Bewerbung) das gleiche Ziel erreichen wollen wie man selbst ⟨gegen starke, große Konkurrenz antreten, bestehen; die Konkurrenz aus dem Feld schlagen⟩ | *Der Weltrekordler musste seinen Titel gegen stärkste Konkurrenz verteidigen* **5** **außer Konkurrenz** so, dass eine Person an einem Wettbewerb teilnimmt, ihre Leistung aber nicht offiziell bewertet wird ⟨außer Konkurrenz starten, teilnehmen, antreten⟩ ■ ID **jemand/etwas ist ohne Konkurrenz** jemand/etwas ist viel besser als eine andere Person oder Sache; **jemand/etwas ist keine Konkurrenz für jemanden/etwas** eine Person oder Sache ist als Konkurrenz zu schwach und kann sich mit einer anderen Person oder Sache nicht vergleichen ● zu (1 – 4) **kon·kur·renz·los** ADJEKTIV

kon·kur·rie·ren VERB (konkurrierte, hat konkurriert) **1** **eine Person/Sache konkurriert mit jemandem/etwas (um jemanden/etwas); Personen/Firmen** *o. Ä.* **konkurrieren (um jemanden/etwas)** verschiedene Personen, Firmen o. Ä. versuchen im Wettbewerb, jemanden oder etwas für sich zu gewinnen | *um den Pokal konkurrierende Vereine* H vergleiche **rivalisieren** **2** **(mit jemandem/etwas) konkurrieren können** gegen jemanden/etwas in einem Wettbewerb oder (wirtschaftlichen) Wettstreit bestehen können | *Mit dem Supermarkt und seinen Sonderangeboten kann unser kleines Geschäft nicht konkurrieren* H meist verneint

Kon·kurs *der;* (-es, -e) **1** die Unfähigkeit einer Firma, Waren, Leistungen oder Schulden zu bezahlen ⟨jemand/eine Firma geht in Konkurs, meldet den Konkurs an, erklärt den Konkurs, steht (kurz) vor dem Konkurs⟩ H → auch **Bankrott** **2** ein gerichtliches Verfahren wegen eines Konkurses ⟨den Konkurs eröffnen⟩ K Konkurseröffnung, Konkursverfahren, Konkursverwalter

Kon·kurs·mas·se *die* das Vermögen einer Firma, das noch vorhanden ist, wenn das Konkursverfahren beginnt

★ **kön·nen**[1] MODALVERB (kann, konnte, hat können) **1** *Infinitiv* + **können** die Fähigkeit haben, etwas zu tun | *Sie kann sehr gut Gitarre spielen* | *Sein Sohn konnte schon mit 15 Monaten sprechen* | *Pinguine können nicht fliegen* | *Wie schnell kann das Auto fahren?* H → Infos unter **Modalverb** **2** *Infinitiv* + **können** die Möglichkeit haben, etwas zu tun | *Ich habe nicht kommen können, weil meine Frau krank ist* | *Am Sonntag können wir mal ausschlafen* **3** *Infinitiv* + **können** die Erlaubnis haben, etwas zu tun | *Kann ich noch ein Stück Kuchen haben?* | *Ihr könnt mit meinem Auto fahren* **4** *Infinitiv* + **können** *gesprochen* verpflichtet oder gezwungen sein, etwas zu tun ≈ *müssen* | *Der Kuchen ist verbrannt. – Jetzt kann ich einen neuen backen* **5** **etwas kann** +*Infinitiv* etwas ist als Möglichkeit vorhanden oder denkbar | *Es kann sein, dass sie schon morgen kommt* | *Das hätte leicht schiefgehen können* | *Bei dem Wetter könnte der Zug Verspätung haben* **6** *Infinitiv* + **können** es gibt gute Gründe dafür, etwas zu tun | *Sie können sich schon mal innerlich auf Ihre Kündigung einstellen* | *Ich konnte ihm nur zustimmen* | *Sie kann einem leidtun* ■ ID **Man kann nie wissen** *gesprochen* man weiß nicht, ob sich etwas nicht als gut, richtig oder nötig erweisen wird | *Ich nehme die Spielkarten auf alle Fälle mit. Man kann ja nie wissen*

★ **kön·nen**[2] VERB (kann, konnte, hat gekonnt) **1** **(etwas) können** *gesprochen* das Wissen, die Übung oder die nötigen Eigenschaften für etwas haben | *Sie kann gut Englisch, aber wenig Französisch* | *Eine Strophe des Gedichtes kann ich schon (auswendig)* | *Sie rief so laut (wie) sie konnte* **2** **(etwas) können** *gesprochen* die Möglichkeit oder Gelegenheit für etwas haben | *Wir treffen uns morgen, Mittwoch kann ich nicht* | *Ich komme gern mit, wenn ich mal kann* **3** **nicht(s) für etwas können** *gesprochen* an etwas nicht schuld sein | *Ich kann nichts dafür, dass du dein Geld verloren hast* **4** **(es) mit jemandem gut/nicht können** *gesprochen* sich mit jemandem gut/nicht verstehen **5** **irgendwohin können** *gesprochen* die Erlaubnis oder die Möglichkeit haben, irgendwohin zu gehen oder fahren | *Kann ich heute ins Kino?* | *Ich bin fertig. Du kannst jetzt ins Bad* **6** **etwas kann irgendwohin** etwas darf oder soll irgendwohin gebracht werden | *Kann die Wurst wieder in den Kühlschrank, oder brauchst du sie noch?* | *Kann die Zeitung in den Papierkorb?* **7** noch die Energie für etwas haben | *Kannst du noch oder sollen wir eine Pause machen?* | *Ich kann nicht mehr* H Die Perfektform ist *gekonnt*, wenn *können* allein steht. Nach einem anderen Verb steht *können*: *Das hätte ich nicht gekonnt/nicht tun können.* ■ ID **Können wir?** Können wir anfangen/gehen?; **Du kannst mich mal!** *gesprochen!* drückt Ärger über jemanden aus (und dass man etwas nicht tun will); **Wie konntest du nur?** drückt Entsetzen darüber aus, was jemand getan hat

Kön·nen *das;* (-s) die besonderen Fähigkeiten auf einem technischen oder wissenschaftlichen Gebiet | *Das ist meine Chance, mein Können zu zeigen*

Kön·ner *der;* (-s, -) eine Person, die auf einem technischen oder wissenschaftlichen Fachgebiet sehr gute Kenntnisse oder Fähigkeiten hat ⟨ein echter, wahrer, wirklicher Könner sein⟩ ● hierzu **Kön·ne·rin** *die*

Kon·no·ta·ti·on [-ˈtsi̯oːn] *die;* (-, -en) Einstellungen, Gefühle usw., die häufig mit der Verwendung eines Wortes verbunden sind ⟨negative, positive Konnotationen⟩

konn·te *Präteritum, 1. und 3. Person Singular* → können[1]

könn·te *Konjunktiv II, 1. und 3. Person Singular* → können[1]

Kon·rek·tor *der* der Stellvertreter des Rektors an einer Schule

Kon·se·ku·tiv·satz *der* ein Nebensatz, welcher die Folge von dem nennt, was im übergeordneten Satz steht

Kon·sens *der;* (-es, -e); *geschrieben* **1** eine Übereinstimmung der Meinungen ⟨Personen finden einen Konsens, streben einen Konsens an; über etwas (*Dativ*) besteht (kein) Konsens⟩ **2** *veraltend* ⟨seinen Konsens zu etwas geben; etwas mit jemandes Konsens tun⟩ ≈ *Einwilligung, Zustimmung*

★ **kon·se·quent** ADJEKTIV **1** ohne Widersprüche ⟨konsequent denken, handeln⟩ **2** *meist adverbiell* so, dass man sich von etwas nicht abbringen lässt ⟨einen Plan, ein Ziel konsequent verfolgen⟩ ● hierzu **kon·se·quen·ter·wei·se** ADVERB

★ **Kon·se·quenz** *die;* (-, -en) **1** *meist Plural* etwas meist Unangenehmes, das auf eine andere Handlung logisch folgt ≈ *Folge* | *Der Unfall wird rechtliche Konsequenzen haben* **2** eine Handlung, die sich (meist notwendig) aus einem Zustand ergibt **3** *nur Singular* ein konsequentes Verhalten ⟨etwas mit (aller) Konsequenz verfolgen⟩ ■ ID **(aus etwas) die Konsequenzen ziehen** aus einem Vorfall o. Ä. Folgerungen ziehen und sich danach richten | *Er zog die Konsequenzen und trat zurück*

★ **kon·ser·va·tiv** [-vaˈtiːf], **kon·ser·va·tiv** ADJEKTIV **1** so, dass man die gesellschaftliche Ordnung und die Verhältnisse weiter so haben und nicht ändern will ⟨Haltungen, Vorstellungen, eine Partei, ein Politiker⟩ ↔ *progressiv* **2** nicht modern ⟨ein Anzug, eine Kleidung⟩ **3** ohne Operation ⟨eine Behandlung, eine Methode⟩ ● zu (1) **Kon·ser·va·ti·ve** *der/die;* zu (1) **Kon·ser·va·ti·vis·mus** *der;* zu (1) **Kon·ser·va·ti·vi·tät** *die*

Kon·ser·va·tor [-v-] *der;* (-s, Kon·ser·va·to·ren) eine Person, die beruflich (meist im Museum) Kunstwerke pflegt usw., damit sie in gutem Zustand bleiben ● hierzu **Kon·ser·va·to·rin** *die*

Kon·ser·va·to·ri·um [-v-] *das;* (-s, Kon·ser·va·to·ri·en [-i̯ən]) eine Hochschule für Musik

Kon·ser·ve [-və] *die;* (-, -n) **1** eine Dose oder ein Glas mit haltbar gemachten Lebensmitteln ⟨eine Konserve öffnen⟩ | *Erbsen aus der Konserve essen* **K** Konservenbüchse, Konservendose, Konservenfabrik, Konservenöffner; Fischkonserve, Fleischkonserve, Gemüsekonserve, Obstkonserve **2** Lebensmittel aus der Konserve | *sich von Konserven ernähren* ■ ID **Musik aus der Konserve** *gesprochen* Musik von CDs, aus dem Computer o. Ä. ↔ *Livemusik*

kon·ser·vie·ren [-v-] VERB (konservierte, hat konserviert) **1** **etwas konservieren** Lebensmittel dadurch haltbar machen, dass man sie z. B. trocknet, gefriert oder erhitzt und luftdicht verpackt **2** **etwas konservieren** durch eine spezielle Behandlung verhindern, dass vor allem alte Kunstgegenstände zerfallen, zerstört werden

Kon·ser·vie·rung [-v-] *die; nur Singular* das Konservieren (vor allem von Lebensmitteln) **K** Konservierungsmittel, Konservierungsstoff

Kon·sis·tenz *die;* (-, -en); *meist Singular* der feste, flüssige, weiche, harte usw. Zustand eines Materials | *ein Kunststoff von brüchiger/spröder Konsistenz*

Kon·so·le *die;* (-, -n) **1** ein Brett oder ein Vorsprung an der Wand, auf das/den man etwas stellen kann **2** ein kleines elektrisches Gerät mit Computerspielen **K** Spiel(e)konsole

kon·so·li·die·ren VERB (konsolidierte, hat konsolidiert); *geschrieben* **1** **etwas konsolidieren** etwas (das schon da ist) festigen ⟨seine Machtposition, die Finanzlage konsolidieren⟩ **2** **etwas konsolidiert sich** etwas wird fest, stabil ⟨die Lage, Situation, die Verhältnisse⟩ ● hierzu **Kon·so·li·die·rung** *die*

Kon·so·nant *der;* (-en, -en) einer der Laute aus der großen Gruppe von Lauten in der Sprache, die nicht zu den Vokalen gehören (z. B. *b, k, s, v, z*) ⟨ein stimmhafter, stimmloser Konsonant⟩ ≈ *Mitlaut* **H** *der Konsonant; den, dem, des Konsonanten*

Kon·sor·ten *die; Plural* ■ ID *Name* + **und Konsorten** *gesprochen, abwertend* die genannte Person und andere Menschen, die ähnlich unmoralische Dinge tun o. Ä.

Kon·sor·ti·um [-tsi̯ʊm] *das;* (-s, Kon·sor·ti·en [-tsi̯ən]) ein vorübergehender Zusammenschluss von Firmen oder Banken mit dem Zweck, zusammen ein Geschäft abzuschließen, bei dem sehr viel Geld nötig ist **K** Bankenkonsortium

Kon·spi·ra·ti·on [-ˈtsi̯oːn] *die;* (-, -en); *geschrieben* ein geheimer Plan, mit dem mehrere Personen einem politischen Gegner schaden wollen ⟨eine Konspiration aufdecken⟩

kon·spi·ra·tiv [-f] ADJEKTIV **1** in Bezug auf eine Konspiration ⟨eine Absicht, eine Tätigkeit⟩ **2** von Personen, die eine Konspiration planen oder durchgeführt haben ⟨eine Gruppe, eine Vereinigung, eine Wohnung⟩

kon·spi·rie·ren VERB (konspirierte, hat konspiriert) **eine Person konspiriert mit jemandem (gegen jemanden/etwas); Personen konspirieren (gegen jemanden/etwas)** *geschrieben* mehrere Personen machen eine Konspiration | *mit dem Feind gegen die Regierung konspirieren*

★ **kon·stant** ADJEKTIV **1** so, dass sich etwas nicht ändert ⟨eine Geschwindigkeit, eine Leistung, eine Temperatur⟩ | *Der Umsatz blieb über Jahre hinweg konstant* **2** die ganze Zeit über, ohne Unterbrechung ≈ *ständig* | *Die Sonne hat konstant geschienen* | *seine konstante Weigerung, sich anzupassen* ● hierzu **Kon·stanz** *die*

Kon·stan·te *die;* (-, -n) eine Größe, die sich nicht ändert, die gleich bleibt ↔ *Variable*

kon·sta·tie·ren VERB (konstatierte, hat konstatiert) **etwas konstatieren** *geschrieben* ⟨etwas lakonisch konstatieren; einen Fehler konstatieren⟩ ≈ *feststellen, bemerken*

Kons·tel·la·ti·on [-ˈtsi̯oːn] *die;* (-, -en) **1** *geschrieben* eine Situation, in der verschiedene Faktoren zusammentreffen ⟨eine (un)günstige Konstellation⟩ **2** die Stellung der Planeten und des Mondes zur Sonne und zueinander, wie man sie von der Erde aus sieht ≈ *Lage* **K** Sternenkonstellation

kons·ter·nie·ren VERB (konsternierte, hat konsterniert) **etwas konsterniert jemanden** *geschrieben* ≈ *bestürzen* | *konsterniert dreinschauen* **H** meist im Passiv mit dem Hilfsverb *sein*

kon·sti·tu·ie·ren VERB (konstituierte, hat konstituiert); *geschrieben* **1** **etwas konstituieren** eine Institution gründen ⟨einen Verein, eine Organisation, ein Komitee konstituieren⟩ | *die konstituierende Sitzung des Verbands* **2** **etwas konstituiert etwas** etwas ist ein wichtiger Teil von etwas | *Subjekt und Prädikat sind konstituierende Elemente des Satzes* **3** **etwas konstituiert sich** etwas wird gegründet, entsteht | *Die Bürgerinitiative konstituierte sich vor einem Jahr*

Kon·sti·tu·ti·on [-ˈtsi̯oːn] *die;* (-, -en) **1** *meist Singular* der allgemeine, vor allem körperliche Zustand einer Person ⟨die körperliche, psychische, seelische Konstitution; eine kräftige, schwache Konstitution haben⟩ **2** ≈ *Verfassung* ● zu (2) **kon·sti·tu·ti·o·nell** ADJEKTIV

★ **kon·stru·ie·ren** VERB (konstruierte, hat konstruiert) **1** **etwas konstruieren** etwas planen und (nach diesem Plan) bauen ⟨ein Flugzeug, ein Auto, eine Rakete, ein Schiff, eine Brücke, ein Hochhaus konstruieren⟩ **2** **etwas konstruieren** *geschrieben, abwertend* etwas auf wenig überzeugende Weise

K

künstlich schaffen ⟨einen Gegensatz, einen Zusammenhang konstruieren; etwas klingt konstruiert⟩ | *Die konstruierte Beweisführung des Staatsanwaltes konnte die Richter nicht überzeugen* **3** **etwas konstruieren** (mit Lineal und Zirkel o. Ä.) eine geometrische Figur zeichnen ⟨ein Dreieck, ein Trapez, einen Kegel konstruieren⟩ **4** **etwas konstruieren** (nach den Regeln der jeweiligen Sprache) etwas aus Wörtern bilden ⟨einen Satz, eine Phrase konstruieren⟩ • zu (1) **Kon·struk·teur** [-'tø:ɐ̯] *der*

★ **Kon·struk·ti·on** [-'tsi̯o:n] *die;* (-, -en) **1** das Konstruieren | *Die Konstruktion eines so großen Gebäudekomplexes dauert sicher einige Jahre* K Konstruktionsfehler, Konstruktionsskizze, Konstruktionszeichnung **2** das Zeichnen und Konstruieren geometrischer Figuren **3** das Zusammenfügen von Wörtern zu einem Satz | *die Konstruktion komplizierter Sätze* K Aktivkonstruktion, Passivkonstruktion, Satzkonstruktion

kon·struk·tiv, **kọn·struk·tiv** [-f] ADJEKTIV; *geschrieben* mit dem Ziel, dass etwas entwickelt oder verbessert wird ⟨ein Vorschlag, Kritik⟩ ↔ *destruktiv*

Kọn·sul *der;* (-s, -n) **1** eine Person, die beruflich im Ausland die wirtschaftlichen Interessen ihres Heimatlandes vertritt und z. B. Visa erteilt **2** *historisch* ein Mann, der in der antiken römischen Republik das höchste Staatsamt hatte • zu (1) **Kọn·su·lin** *die*

★ **Kon·su·lat** *das;* (-(e)s, -e) die Behörde eines Konsuls oder das Gebäude, in dem diese Behörde ist K Konsulatsgebäude

kon·sul·tie·ren VERB (konsultierte, hat konsultiert); *geschrieben* **1** **jemanden konsultieren** zu jemandem gehen, um Informationen, einen Rat, oder eine Meinung zu hören ⟨einen Arzt konsultieren⟩ **2** **etwas konsultieren** etwas benutzen, um eine Information zu bekommen ⟨ein Buch, ein Lexikon konsultieren⟩ • hierzu **Kon·sul·ta·ti·on** *die*

★ **Kon·sum** *der;* (-s); *geschrieben* **der Konsum (von/an etwas** (*Dativ*)) das Verbrauchen (Konsumieren) von Waren (vor allem durch Essen und Trinken) | *einen hohen Konsum an Zucker haben* | *Der Konsum von exotischen Früchten ist stark gestiegen* | *Nach dem Reaktorunfall wurde vom Konsum frischer Milch abgeraten* K Konsumartikel, Konsumgewohnheiten, Konsumgüter, Konsumverhalten, Konsumverzicht; Alkoholkonsum, Bierkonsum, Fleischkonsum, Tabakkonsum, Tablettenkonsum, Zigarettenkonsum

Kon·sum·den·ken *das; oft abwertend* die Einstellung, nach der man es dann am besten hat, wenn man so viele Dinge wie möglich kaufen und verbrauchen kann

Kon·su·mẹnt *der;* (-en, -en) ≈ *Verbraucher* H *der Konsument; den, dem, des Konsumenten* • hierzu **Kon·su·mẹn·tin** *die*

Kon·sum·ge·sell·schaft *die; oft abwertend* eine Gesellschaft, deren Art zu leben maßgeblich dadurch bestimmt ist, dass sehr viel gekauft und verbraucht wird

Kon·sum·gü·ter *die; Plural* Waren (wie Nahrung, Kleider, Möbel usw.), die man (im Alltag) für das Leben und die Wohnung braucht K Konsumgüterindustrie, Konsumgüterproduktion

kon·su·mie·ren VERB (konsumierte, hat konsumiert) **etwas konsumieren** *geschrieben* etwas essen, trinken oder verbrauchen ⟨Bier, Alkohol, Tabak, Tabletten konsumieren; Lebensmittel konsumieren⟩

Kon·sum·ter·ror *der; abwertend* der Druck, den Firmen und Geschäfte durch intensive Werbung bewirken, damit die Verbraucher mehr Waren kaufen, als nötig ist

★ **Kon·tạkt** *der;* (-(e)s, -e) **1** **Kontakt (mit/zu jemandem/etwas)** die Beziehung, die man zu Personen hat, die man kennt, und die man durch Treffen, Gespräche usw. pflegt ⟨zwischenmenschliche, gesellschaftliche, soziale Kontakte; mit/zu jemandem Kontakt aufnehmen, bekommen, haben; den Kontakt pflegen, abbrechen, aufgeben, verlieren; Kontakte anbahnen⟩ | *nach dem Umzug neue Kontakte knüpfen* | *Hatten Sie intimen/sexuellen Kontakt zu ihr?* | *Lass uns bitte in Kontakt bleiben* K Kontaktanzeige, Kontaktmangel, Kontaktscheu, Kontaktschwierigkeit, Kontaktstörung, Kontaktsuche **2** das Geben und Erhalten von Informationen o. Ä. ⟨brieflicher, persönlicher, telefonischer Kontakt; (den) Kontakt aufnehmen, herstellen, aufrechterhalten; den Kontakt stören, abbrechen; (mit jemandem) in Kontakt kommen; mit jemandem in Kontakt stehen, bleiben⟩ | *Die beiden Behörden stehen in engem Kontakt* (tauschen oft Informationen aus) | *Die Regierung sucht den direkten Kontakt zu den Bürgern* K Kontaktaufnahme **3** *geschrieben* die Berührung eines Körpers mit einer Sache | *Vermeiden Sie jeden Kontakt mit dem giftigen Stoff!* K Kontaktgift, Kontaktinfektion, Kontaktinsektizid; Hautkontakt, Körperkontakt **4** **mit etwas in Kontakt kommen** das Kennenlernen von jemandem/etwas | *Unsere Jugendlichen sind zum Teil mit revolutionären Ideen in Kontakt gekommen* | *Vor Jahren ist sie mit der alternativen Szene in Kontakt gekommen* **5** ein elektrisches Teil, das man so bewegen kann, dass der Strom fließt bzw. unterbrochen wird ⟨einen Kontakt reinigen, erneuern, auswechseln⟩ K Zündkontakt • zu (1) **kon·tạkt·scheu** ADJEKTIV

kon·tạkt·arm ADJEKTIV ⟨Menschen⟩ so, dass sie nur schwer Verbindungen, Kontakte zu anderen Menschen aufbauen können • hierzu **Kon·tạkt·ar·mut** *die*

Kon·tạkt·bör·se *die* wenn Leute sich mit anderen treffen wollen, welche die gleichen Ziele oder Interessen haben, dann können sie über eine Kontaktbörse voneinander erfahren und sich treffen (besonders, wenn sie Freunde, Freundinnen, Ehepartner suchen)

kon·tạkt·freu·dig ADJEKTIV ⟨Menschen⟩ so, dass sie viele Kontakte suchen und finden und dadurch viele Freunde haben • hierzu **Kon·tạkt·freu·dig·keit** *die*

Kon·tạkt·lin·se *die; meist Plural* eine kleine Scheibe aus Glas oder Kunststoff, die direkt auf dem Auge liegt und wie eine Brille funktioniert

Kon·tạkt·mann *der;* (-, Kon·takt·män·ner/Kon·takt·leu·te) eine Person, die in jemandes Auftrag Kontakte zu anderen Personen sucht (und herstellt), um Informationen zu bekommen • hierzu **Kon·tạkt·frau** *die*

Kon·tạkt·per·son *die* ≈ *Kontaktmann*

Kon·temp·la·ti·on [-'tsi̯o:n] *die;* (-, -en); *meist Singular; geschrieben* konzentriertes Nachdenken • hierzu **kon·temp·la·tiv** ADJEKTIV

Kọn·ten *Plural* → Konto

Kọn·ter- *im Substantiv, betont, nicht produktiv; geschrieben* **der Konterangriff, die Konterattacke, die Konterrevolution, der Konterschlag** ≈ *Gegen-*

Kọn·ter·fei *das;* (-s, -s/-e); *humorvoll* ≈ *Bild, Fotografie* | *Überall hängen wieder die Wahlplakate mit den Konterfeis der Kandidaten*

kọn·tern VERB (konterte, hat gekontert) **1** **jemandem (etwas) kontern** spontan und direkt auf etwas, das eine andere Person gesagt hat, reagieren und ihr sehr deutlich und geschickt widersprechen | *„Sie sind nicht besonders schnell.", sagte er. „Nicht langsamer als Sie!", konterte sie* | *Er konterte mit der Bemerkung, dass …* H Das Objekt ist meist ein Satz. **2** beim Sport auf einen Angriff des Gegners mit einem eigenen Angriff reagieren

Kọn·text *der;* (-(e)s, -e); *geschrieben* ≈ *Zusammenhang* K kontextabhängig, kontextfrei

★ **Kon·ti·nẹnt**, **Kọn·ti·nent** *der;* (-(e)s, -e) **1** eine der großen Landflächen der Erde ≈ *Erdteil* | *Die sechs Kontinente sind Afrika, Amerika, Asien, Australien, Europa und die Antark-*

tis **2** *nur Singular, nur mit bestimmtem Artikel* das europäische Festland | *Viele Engländer machen Urlaub auf dem Kontinent* • hierzu **kon·ti·nen·tal** ADJEKTIV

Kon·ti·nen·tal·ver·schie·bung *die* die langsame Bewegung der Kontinente

Kon·tin·gent *das;* (-(e)s, -e) **das Kontingent (an etwas** (*Dativ*)**)** die (proportionale) Menge, Zahl oder Leistung, die man bei etwas bekommt bzw. erbringen muss ⟨ein Kontingent festsetzen; sein Kontingent erfüllen, ausschöpfen, überschreiten⟩ | *das österreichische Kontingent an UNO-Truppen* | *Während der Dürre wurde jedem Haushalt ein bestimmtes Kontingent an Trinkwasser zugeteilt* K Truppenkontingent

Kon·ti·nua, **Kon·ti·nu·en** *Plural* → Kontinuum

kon·ti·nu·ier·lich ADJEKTIV; *geschrieben* ohne Unterbrechung | *Der Profit der Firma steigt kontinuierlich an* • hierzu **Kon·ti·nu·i·tät** *die*

Kon·ti·nu·um *das;* (-s, Kon·ti·nua/Kon·ti·nu·en) etwas, das von Anfang bis zum Ende nicht unterbrochen wird ⟨ein räumliches, zeitliches Kontinuum⟩ | *das Kontinuum der Zeit*

★ **Kon·to** *das;* (-s, -s/Kon·ten) wenn ich ein Konto bei einer Bank habe, dann verwaltet diese mein Geld ⟨ein Konto eröffnen, sperren lassen, überziehen, ausgleichen, auflösen; die Bank richtet ein Konto für jemanden ein, führt ein Konto für jemanden; etwas von einem Konto abheben, abbuchen, abziehen; etwas auf ein Konto einzahlen, überweisen; etwas einem Konto gutschreiben; ein Konto mit etwas belasten⟩ | *fünftausend Euro auf dem Konto haben* | *Ich habe mein Konto um hundert Euro überzogen* (Ich habe hundert Euro Schulden) | *Ist das Gehalt schon auf mein(em) Konto eingegangen?* K Kontoinhaber, Kontonummer, Kontostand; Bankkonto, Sparkassenkonto; Geschäftskonto, Privatkonto; Girokonto, Sparkonto ■ ID **etwas geht auf sein/ihr/... Konto** jemand ist die Ursache für etwas, ist schuld an etwas

Kon·to·aus·zug *der* auf dem Kontoauszug steht, wie viel Geld man gerade (auf dem Konto) hat K Kontoauszugsdrucker

Kon·to·be·we·gung *die* eine Änderung auf einem Konto, die entsteht, wenn Geld hinzukommt oder abgehoben, abgebucht wird

Kon·to·füh·rung *die* das Verwalten eines Kontos durch eine Bank K Kontoführungsgebühren

Kon·tor *das;* (-s, -e) ein Geschäft, das von einer großen Firma (als Filiale) im Ausland betrieben wird ■ ID **ein Schlag ins Kontor** ein sehr unangenehmes Ereignis, ein schwerer Rückschlag

KONTRABASS

Kon·to·rist *der;* (-en, -en) eine Person, die einfache Arbeiten in der Verwaltung eines Betriebes macht H *der Kontorist; den, dem, des Kontoristen* • hierzu **Kon·to·ris·tin** *die*

kon·tra PRÄPOSITION *+Akkusativ* ≈ *gegen* ↔ *pro* | *der Prozess Schmidt kontra Müller*

Kon·tra *das;* (-s, -s) **1** **das Pro und Kontra** *+Genitiv* → Pro **2** **jemandem Kontra geben** jemandem (mit scharfen Worten) widersprechen

Kon·tra·bass *der* das größte Streichinstrument (mit den tiefsten Tönen) ≈ *Bassgeige*

Kon·tra·hent *der;* (-en, -en) **1** *geschrieben* ein Gegner in einem politischen oder sportlichen Kampf H *der Kontrahent; den, dem, des Kontrahenten* **2** einer der Partner bei einem Vertrag • hierzu **Kon·tra·hen·tin** *die*

Kon·tra·in·di·ka·ti·on [-tsi̯o:n] *die* ein Umstand, unter dem ein Medikament nicht gegeben oder eine Behandlung nicht durchgeführt werden darf (z. B. während der Schwangerschaft oder bei zusätzlichen Krankheiten) ≈ *Gegenanzeige* • hierzu **kon·tra·in·di·ziert** ADJEKTIV

Kon·trakt *der;* (-(e)s, -e); *geschrieben* ⟨einen Kontrakt schließen, unterzeichnen, brechen⟩ ≈ *Vertrag* K Kontraktbruch

Kon·trak·ti·on [-'tsi̯o:n] *die;* (-, -en) das Anspannen von Muskeln | *die Kontraktionen des Herzmuskels* • hierzu **kon·tra·hie·ren** VERB (*hat*)

Kon·tra·punkt *der* **1** eine Technik beim Komponieren, bei der zwei oder mehr Stimmen oder Melodien gleichzeitig so erklingen, dass sie harmonisch wirken **2** *geschrieben* ⟨etwas bildet einen Kontrapunkt (zu etwas); jemand setzt einen Kontrapunkt (zu etwas)⟩ ≈ *Gegensatz*

kon·trär ADJEKTIV; *geschrieben* ⟨Ziele, Charaktere, Meinungen⟩ ≈ *gegensätzlich*

★ **Kon·trast** *der;* (-(e)s, -e) **1** ein starker, auffälliger Unterschied, Gegensatz ⟨ein farblicher, scharfer, starker Kontrast⟩ | *der Kontrast zwischen seinen Worten und seinen Taten* K Kontrastfarbe; Farbkontrast **2** der Unterschied zwischen den hellen und dunklen Teilen eines Fotos, Fernsehbildes o. Ä. ⟨den Kontrast einstellen, regulieren⟩ K Helligkeitskontrast • hierzu **kon·trast·reich** ADJEKTIV

kon·tras·tie·ren VERB (kontrastierte, hat kontrastiert); *geschrieben* **1** **etwas kontrastiert mit etwas; Dinge kontrastieren miteinander** Dinge bilden einen Kontrast | *Das Blau kontrastierte effektvoll mit dem Weiß* **2** **etwas mit etwas kontrastieren; Dinge (miteinander) kontrastieren** Dinge so miteinander vergleichen, dass sie einen Gegensatz bilden oder dass ihre Unterschiede auffallen | *In dem Film werden idyllische Szenen mit schockierenden Bildern kontrastiert*

kon·tras·tiv [-f] ADJEKTIV ⟨Linguistik, Grammatik⟩ vergleichend, gegenüberstellend

Kon·trast·mit·tel *das* ein Mittel, das (vor einer Röntgenaufnahme) in den Körper kommt, damit man etwas besser erkennen kann ⟨ein Kontrastmittel injizieren, verabreichen⟩

Kon·troll·ab·schnitt *der* der Teil einer Eintrittskarte, der entfernt wird, wenn man durch den Eingang kommt

★ **Kon·trol·le** *die;* (-, -n) **1** die Handlungen, mit denen man jemanden/etwas (regelmäßig) prüft, um festzustellen, ob alles in Ordnung ist ⟨eine strenge, gründliche Kontrolle; Kontrollen durchführen, verschärfen; die Kontrollen abschaffen⟩ ≈ *Überprüfung* | *die Kontrolle des Gepäcks beim Zoll* | *die Kontrolle der Eintrittskarten am Eingang* K Kontrollgang, Kontrollrunde, Kontrollstempel; Führerscheinkontrolle, Passkontrolle **2** **die Kontrolle (über jemanden/etwas)** die Aufsicht über jemanden/etwas bzw. die Beherrschung einer Situation ⟨die Kontrolle über jemanden/etwas haben, ausüben, verlieren; unter jemandes Kontrolle stehen⟩ | *Er verlor die Kontrolle (über sich)* (die Selbstbeherrschung) | *die Kontrolle der Regierung durch das Parlament* | *Wir haben die Epidemie unter Kontrolle* (im Griff) **3** **die Kontrolle (über jemanden/etwas)** die Macht über jemanden/etwas ⟨die Kontrolle über jemanden/etwas verlieren⟩ | *Sie hat die Kontrolle über das ganze Firmenimperium*

Kon·trol·leur [-'lø:ɐ̯] *der;* (-s, -e) eine Person, die etwas kontrolliert und prüft K Fahrkartenkontrolleur, Lebensmittelkontrolleur • hierzu **Kon·trol·leu·rin** *die*

★ **kon·trol·lie·ren** VERB (kontrollierte, hat kontrolliert) **1** **(jemanden/etwas) kontrollieren** prüfen, ob alles in Ordnung ist und richtig gemacht wird | *An der Grenze wurden* *unsere Pässe kontrolliert* **2** **etwas kontrollieren** sehr großen Einfluss auf etwas haben ≈ *beherrschen* | *Der Firmenkonzern kontrolliert den gesamten Markt*

Kon·troll·lam·pe *die* eine kleine (oft grüne oder rote) Lampe, die dazu dient, die Funktion eines Gerätes o. Ä. zu überwachen. Sie leuchtet (z. B. grün), solange etwas funktioniert oder nicht (bzw. rot), wenn etwas nicht in Ordnung ist

Kon·troll·turm *der* ein Turm (auf einem Flughafen), von dem aus die Flugzeuge bei Start und Landung geleitet werden ≈ *Tower*

kon·tro·vers [-v-] ADJEKTIV; *geschrieben* **1** gegensätzlich, einander widersprechend ⟨Meinungen, Standpunkte; kontrovers diskutieren⟩ **2** ⟨eine These⟩ ≈ *umstritten*

Kon·tro·ver·se [-v-] *die*; (-, -n); *geschrieben* **eine Kontroverse (mit jemandem/zwischen Personen** (*Dativ*)**) (über etwas** (*Akkusativ*)**)** ≈ *Auseinandersetzung* | *Zwischen den Interessengruppen gab es eine heftige Kontroverse über den Bau des Kraftwerks*

Kon·tur *die*; (-, -en); *meist Plural* eine Linie, welche die Grenzen von Personen oder Dingen zeigt ≈ *Umriss* | *In der Dämmerung waren die Konturen der Häuser kaum noch zu sehen*

Ko·nus *der*; (-, -se) eine (geometrische) Figur von der Form eines Kegels (oder Kegelstumpfes)

Kon·vent [-v-] *der*; (-(e)s, -e) die Versammlung der (stimmberechtigten) Mitglieder eines Klosters oder eine Zusammenkunft von Pfarrern

★ **Kon·ven·ti·on** [-vɛnˈtsjo:n] *die*; (-, -en) **1** *geschrieben* eine traditionell anerkannte Regel des sozialen Verhaltens, die in einer Gesellschaft als Norm gilt ⟨gegen Konventionen verstoßen⟩ **2** ein Vertrag zwischen mehreren Staaten ≈ *Abkommen* | *die Genfer Konvention zum Schutz der Menschenrechte*

Kon·ven·ti·o·nal·stra·fe [-vɛnˈtsjo-] *die* eine Geldstrafe, die eine Person bezahlen muss, wenn sie gegen die Bestimmungen eines Vertrags verstoßen hat | *Der Verlag verlangt von den Autoren pro Tag 10 Euro Konventionalstrafe für jeden Tag Verspätung*

kon·ven·ti·o·nell [-vɛnˈtsjo-] ADJEKTIV; *geschrieben* **1** wie es den gesellschaftlichen Konventionen entspricht ⟨Ansichten, Kleidung⟩ ≈ *herkömmlich* | *Ist biologisch angebautes Gemüse wirklich gesünder als konventionell angebautes?* **2** ⟨Waffen, Kriege⟩ in der Art, wie sie vor der Erfindung von Atomwaffen üblich waren

kon·ver·gent [-v-] ADJEKTIV **1** ⟨Linien, Reihen⟩ so, dass sie sich dem gleichen Punkt, Wert nähern ↔ *divergent* **2** *geschrieben* ⟨Meinungen, Ziele⟩ so, dass sie ähnlich werden oder sind ● hierzu **Kon·ver·genz** *die*; **kon·ver·gie·ren** VERB (*hat*)

Kon·ver·sa·ti·on [kɔnvɛrzaˈtsjo:n] *die*; (-, -en) **eine Konversation (mit einer Person) (über jemanden/etwas)** *geschrieben* ein höfliches Gespräch vor allem bei einem Besuch, auf einer Feier o. Ä. ⟨eine geistreiche, höfliche, gepflegte Konversation; Konversation machen; eine Konversation führen⟩ | *Er fühlte sich verpflichtet, beim Essen mit den Tischnachbarn Konversation zu machen*

Kon·ver·sa·ti·ons·le·xi·kon [kɔnvɛrzaˈtsjo:ns-] *das* ein Lexikon, das über alles Wichtige und Interessante der verschiedenen Wissensbereiche informiert ≈ *Enzyklopädie*

kon·ver·tie·ren VERB [-v-] (konvertierte, hat/ist konvertiert) **1** **(zu etwas) konvertieren** *geschrieben* (*hat/ist*) die bisherige Religion aufgeben und einer anderen folgen | *vom Christentum zum Islam konvertieren* **2** **(etwas) konvertieren** (*hat*) Daten so verändern, dass man sie mit einem anderen Computerprogramm verwenden kann **3** **etwas (in etwas** (*Akkusativ*)**) konvertieren** (*hat*) Geld (in eine andere Währung) umtauschen | *Schweizer Franken in US-Dollars konvertieren* ● zu (2,3) **kon·ver·tier·bar** ADJEKTIV; zu (1) **Kon·ver·si·on** *die*; zu (2) **Kon·ver·tie·rung** *die*

kon·vex [-v-] ADJEKTIV nach außen gewölbt ⟨eine Linse, ein Spiegel⟩ ↔ *konkav*

Kon·voi, **Kon·voi** [-v-] *der*; (-s, -s) mehrere Fahrzeuge (vor allem Autos oder LKWs), die zusammengehören und hintereinanderfahren ⟨im Konvoi fahren⟩ **K** Hilfskonvoi

kon·vul·si·visch [-vʊlˈzi:vɪʃ] ADJEKTIV; *geschrieben* wie im Krampf ⟨Zuckungen⟩ ● hierzu **Kon·vul·si·on** *die*

Kon·zent·rat *das*; (-(e)s, -e) **ein Konzentrat (aus etwas)** eine Flüssigkeit, bei der viel Wasser zu Dampf wird, aber die anderen Substanzen bleiben darin | *Orangensaft aus Konzentrat, Zucker und Wasser herstellen* **K** Fruchtsaftkonzentrat

★ **Kon·zent·ra·ti·on** [-ˈtsjo:n] *die*; (-, -en) **1** **die Konzentration (auf jemanden/etwas)** *nur Singular* der Zustand, in dem man sehr aufmerksam und konzentriert ist ⟨hohe, große Konzentration⟩ | *Sein Beruf als Fluglotse erfordert enorme Konzentration und ständige geistige Anspannung* **K** Konzentrationsfähigkeit, Konzentrationsmangel, Konzentrationsschwäche **2** *nur Singular* die Fähigkeit, sich konzentrieren zu können und sich beim Denken nicht stören zu lassen | *Die Konzentration der Schüler lässt vor den Ferien erfahrungsgemäß stark nach* **3** **die Konzentration auf etwas** das Sammeln, Konzentrieren von Gedanken oder Kräften auf eine Sache, ein Ziel | *die Konzentration darauf, ein Ziel zu erreichen* | *Jetzt ist die Konzentration aller Kräfte auf unsere Aufgabe nötig* **4** **die Konzentration** +*Genitiv*; **die Konzentration von Personen/Dingen** das Zusammenbringen von vielen Personen oder Dingen an derselben Stelle | *eine starke Konzentration von Truppen im Grenzgebiet* **K** Truppenkonzentration **5** die Menge der wirksamen Substanz(en) in einer Lösung oder einem Gemisch ⟨eine hohe, geringe, niedrige Konzentration⟩ | *Der Arzt hat mir dieses Medikament in einer hohen Konzentration verordnet*

Kon·zent·ra·ti·ons·la·ger [-ˈtsjo:ns-] *das* **1** *historisch* ein Lager, in dem die Nationalsozialisten (in Deutschland und in Gebieten, die im Krieg erobert wurden) sehr viele Menschen (aus rassistischen und politischen Gründen) gefangen hielten, folterten und ermordeten **i** Abkürzung: *KZ* **2** ein Lager, in dem politische Gefangene unter sehr schlechten Bedingungen leben ≈ *Internierungslager*

★ **kon·zent·rie·ren** VERB (konzentrierte, hat konzentriert) **1** **sich (auf jemanden/etwas) konzentrieren** für (kurze) Zeit intensiv über jemanden/etwas nachdenken ⟨sich sehr, stark konzentrieren⟩ | *Bei diesem Lärm kann ich mich nicht (auf meine Aufgabe) konzentrieren* **2** **etwas konzentriert sich auf jemanden/etwas** etwas richtet sich ganz auf eine Person oder Sache ⟨jemandes Aufmerksamkeit, jemandes Bemühungen⟩ **3** **etwas/sich (auf jemanden/etwas) konzentrieren** die ganze Energie und alle Kräfte für lange Zeit auf eine Person oder Sache richten ⟨sich ganz, völlig auf jemanden/etwas konzentrieren⟩ | *Sie hat ihren Beruf aufgegeben und konzentriert sich jetzt ganz auf ihr Baby* | *Wir müssen unsere Anstrengungen darauf konzentrieren, die Produktivität zu steigern* **4** **Personen/Dinge (irgendwo) konzentrieren** eine große Zahl von Personen, Fahrzeugen o. Ä. auf relativ kleinem Raum sammeln, zusammenziehen ⟨Truppen, Streitkräfte, Panzer, Schiffe konzentrieren⟩ **5** **etwas konzentrieren** die Konzentration einer chemischen Lösung erhöhen ⟨eine Säure konzentrieren⟩ ↔ *verdünnen*

kon·zent·riert ■ PARTIZIP PERFEKT **1** → konzentrieren ■ ADJEKTIV **2** so, dass man die Aufmerksamkeit und seine Gedanken stark auf eine Person oder Sache lenkt ⟨konzentriert nachdenken, zuhören, arbeiten⟩ | *Er wirkt/ist sehr kon-*

zentriert bei seiner Arbeit **3** so, dass eine große Zahl, Menge oder hohe Intensität gleichzeitig irgendwo vorhanden ist | *ein konzentriertes Eingreifen der Polizei* **4** mit einer hohen Konzentration ⟨eine Säure⟩

kon·zent·risch ADJEKTIV ⟨Kreise, Kugeln⟩ so (angeordnet), dass sie denselben Mittelpunkt haben • hierzu **Kon·zent·ri·zi·tät** *die*

★ **Kon·zept** *das;* (-(e)s, -e); *geschrieben* **1 ein Konzept (für etwas)** ein schriftlicher Plan für einen Text ⟨ein Konzept ausarbeiten, entwerfen⟩ ≈ *Entwurf* | *ein Konzept für eine Doktorarbeit vorlegen* | *Mein Aufsatz liegt bislang nur im Konzept vor* **2 ein Konzept (für etwas)** ein Plan für ein (meist größeres und langfristiges) Ziel ⟨ein Konzept ausarbeiten, entwickeln, überdenken, verwerfen⟩ | *ein Konzept für den Abbau der Arbeitslosigkeit* ■ ID **jemanden aus dem Konzept bringen** jemanden (z. B. während einer Rede) vom Thema ablenken oder verwirren | *Bei seinem Vortrag ließ er sich von Zwischenrufen aus dem Konzept bringen;* **aus dem Konzept kommen** (z. B. während einer Rede) vergessen, was man eigentlich sagen wollte; **etwas passt jemandem nicht ins Konzept** etwas gefällt jemandem nicht, weil es nicht den eigenen Plänen entspricht; **jemandem das Konzept verderben** etwas tun, das einem Plan den Erfolg nimmt

Kon·zep·ti·on [-'tsio:n] *die;* (-, -en); *geschrieben* ≈ *Konzept*

Kon·zept·pa·pier *das* ein Text mit einem Vorschlag für ein Projekt o. Ä. ⟨ein Konzeptpapier erstellen⟩

★ **Kon·zern** *der;* (-s, -e) mehrere große Firmen, die sich zu einer größeren Einheit zusammengeschlossen haben und zentral geleitet werden, aber rechtlich selbstständig sind ⟨ein multinationaler Konzern⟩ **K** Industriekonzern, Medienkonzern, Rüstungskonzern

★ **Kon·zert** *das;* (-(e)s, -e) **1** eine Veranstaltung, auf der Künstler Musik spielen oder singen ⟨in ein/zu einem Konzert gehen; auf einem Konzert spielen; ein Konzert geben⟩ **K** Konzertabend, Konzertabonnement, Konzertagentur, Konzertbesuch, Konzerthalle, Konzertmusik, Konzertpianist, Konzertpublikum, Konzertreise, Konzertsaal; Jazzkonzert, Popkonzert, Rockkonzert, Sinfoniekonzert, Galakonzert, Wohltätigkeitskonzert, Wunschkonzert **2** Musik, die für ein Orchester und meist ein Soloinstrument komponiert ist | *ein Konzert für Violine und Orchester* **K** Gitarrenkonzert, Klavierkonzert, Violinkonzert

kon·zer·tant ADJEKTIV in der Art und Weise eines Konzerts | *die konzertante Aufführung einer Oper* (ohne Kulissen usw.)

kon·zer·tiert ADJEKTIV **eine konzertierte Aktion** eine Aktion, ein Unternehmen o. Ä., bei denen alle Partner (z. B. Staat, Unternehmer und Gewerkschaften) gemeinsam vorgehen

Kon·zert·meis·ter *der* der erste Geiger eines Orchesters

Kon·zes·si·on *die;* (-, -en) **1** *admin* die (schriftliche) Erlaubnis von einer Behörde, ein Gasthaus, ein Geschäft o. Ä. führen zu dürfen ⟨eine Behörde erteilt, entzieht jemandem eine Konzession⟩ ≈ *Lizenz* **K** Konzessionsinhaber; Schankkonzession **2** *geschrieben meist Plural* ⟨jemandem Konzessionen machen; zu keinen Konzessionen bereit sein⟩ ≈ *Zugeständnis*

Kon·zil *das;* (-s, -e/-ien [-iən]) eine Versammlung von (katholischen) Bischöfen und meist dem Papst, auf der Fragen der Kirche diskutiert und entschieden werden ⟨der Papst beruft ein Konzil ein⟩

kon·zi·li·ant ADJEKTIV; *geschrieben* freundlich und höflich (zu anderen Menschen) ⟨ein Mensch, ein Verhalten, ein Wesen⟩ ≈ *umgänglich*

kon·zi·pie·ren VERB (konzipierte, hat konzipiert) **etwas konzipieren** *geschrieben* ein Konzept, einen Plan für etwas machen | *einen Text konzipieren* | *Die Schule ist für dreihundert Schüler konzipiert*

Ko·ope·ra·ti·on [ko|opera'tsio:n] *die;* (-, -en); *geschrieben* **Kooperation (mit jemandem/etwas)** gemeinsames Handeln, um ein Ziel zu erreichen ⟨zur Kooperation bereit sein⟩ ≈ *Zusammenarbeit* **K** Kooperationsbereitschaft

ko·ope·rie·ren [ko|o-] VERB (kooperierte, hat kooperiert) **eine Person/eine Gruppe kooperiert mit jemandem/einer Gruppe; Personen/Gruppen kooperieren (miteinander)** *geschrieben* zwei oder mehrere Personen, Firmen, Institutionen o. Ä. arbeiten (vor allem politisch oder wirtschaftlich) zusammen • hierzu **ko·ope·ra·tiv** ADJEKTIV

Ko·or·di·na·te [ko|ɔr-] *die;* (-, -n) **1** eine der Zahlen, mit denen man die Lage eines Punktes in einer Ebene oder in einem Raum angibt **K** Koordinatenkreuz **2** eine der Zahlen (Längengrad und Breitengrad), mit denen man die Lage eines Ortes auf der Erde angibt

Ko·or·di·na·ten·ach·se [ko|ɔr-] *die* eine der Geraden, welche das Koordinatensystem bilden (die x-Achse bzw. Abszisse oder die y-Achse bzw. Ordinate)

Ko·or·di·na·ten·sys·tem [ko|ɔr-] *das* ein System aus zwei oder drei geraden Linien, die im rechten Winkel zueinander stehen und sich in einem Punkt schneiden, und mit deren Hilfe man Koordinaten berechnet o. Ä.

ko·or·di·nie·ren [ko|ɔr-] VERB (koordinierte, hat koordiniert) **etwas (mit etwas) koordinieren** *geschrieben* verschiedene Abläufe, Termine o. Ä. aufeinander abstimmen, damit alles gut funktioniert | *Er koordiniert das Projekt* • hierzu **Ko·or·di·na·ti·on** *die;* **Ko·or·di·nie·rung** *die*

★ **Kopf** *der;* (-(e)s, Köp·fe) **1** der Teil des Körpers von Menschen und Tieren, in dem Gehirn, Augen, Ohren, Mund und Nase sind ⟨mit dem Kopf nicken; den Kopf neigen, drehen, einziehen, heben; mit erhobenem, gesenktem Kopf⟩ **K** Kopfbewegung, Kopfform, Kopfhaar, Kopfhaut, Kopfmassage, Kopfnicken, Kopfschuss, Kopfstütze, Kopfverletzung, Kopfwunde **B** → Abb. nächste Seite **2 ein kluger/schlauer/... Kopf** ein Mensch mit guten geistigen Fähigkeiten **3 der Kopf** *+Genitiv* eine Person oder Gruppe, die etwas leiten ⟨der Kopf eines Unternehmens, einer Organisation, einer Firma⟩ | *Wer ist der Kopf der Bande?* **4** anstelle von *Person* verwendet, wenn man Zahlen oder Mengen nennt | *Seine Familie zählt acht Köpfe* | *Wir haben pro Kopf 15 Euro Eintritt gezahlt* (für jeden von uns) **K** Kopfzahl **5** der obere runde Teil mancher Pflanzen, den man essen kann ⟨ein Kopf Kohl, Salat⟩ **K** Kopfsalat; Kohlkopf, Salatkopf **6** der vordere oder obere, meist runde Teil von etwas ⟨der Kopf eines Nagels, einer Pfeife, einer Stecknadel, eines Streichholzes⟩ **K** Pfeifenkopf, Stecknadelkopf **7** der oberste Teil eines Textes, z. B. Titel und Datum einer Zeitung, die Adresse am Anfang eines Briefes o. Ä. **K** Kopfleiste, Kopfzeile; Briefkopf **8** der vorderste Teil (einer Gruppe), zu dem die wichtigsten Leute gehören ⟨am Kopf einer Tafel sitzen; am Kopf eines Demonstrationszuges gehen⟩ **9 den Kopf schütteln** den Kopf hin und her bewegen und dadurch ausdrücken, dass man etwas verneint, ablehnt, nicht versteht o. Ä. **K** Kopfschütteln, kopfschüttelnd **10 Kopf an Kopf** eng, dicht zusammen, (in einem Rennen, Wettbewerb o. Ä.) dicht beieinander | *Sie standen Kopf an Kopf (gedrängt)* | *Sie gingen Kopf an Kopf durchs Ziel* **K** Kopf-an-Kopf-Rennen **11 von Kopf bis Fuß** völlig ⟨sich von Kopf bis Fuß neu einkleiden; ein Gentleman von Kopf bis Fuß⟩

■ ID ▸Präposition plus Kopf: an – durch: **sich** (*Dativ*) **an den Kopf fassen/greifen** *gesprochen* für etwas Unsinniges kein Verständnis haben | *„So eine Dummheit. – Da muss man sich ja an den Kopf fassen!";* **einer Person etwas an den Kopf werfen** *gesprochen* etwas Schlimmes (Beleidigendes) zu jemandem sagen ⟨jemandem Flüche, Beleidigungen, Schimpfwörter an den Kopf werfen⟩; **einer Person etwas auf den Kopf zusagen** einer Person etwas (Negatives, Persönliches) ganz direkt sagen | *Sie sagte ihm auf den Kopf zu, dass er ein Betrüger sei*; **einer Person auf dem Kopf herumtanzen/herumtrampeln** *gesprochen* eine Person ohne Respekt und Rücksicht behandeln; **nicht auf den Kopf gefallen sein** ziemlich schlau, nicht dumm sein; **... und wenn du dich auf den Kopf stellst!** *gesprochen* das mache ich so, wie ich will, und nicht anders; **auf jemandes Kopf steht eine Belohnung**, **auf jemandes Kopf ist eine Belohnung ausgesetzt** wer den Genannten fängt oder verrät, der erhält eine Belohnung; **etwas auf den Kopf hauen** *gesprochen* Geld schnell (und großzügig) für ein Vergnügen ausgeben | *„Unseren Gewinn hauen wir heute Abend auf den Kopf – Erst gehen wir ins Kino und dann ganz groß essen"*; **etwas steht auf dem Kopf** etwas hängt oder steht so, dass die obere Seite unten ist ⟨ein Bild⟩; **etwas auf den Kopf stellen** a die obere Seite einer Sache nach unten drehen ⟨ein Bild⟩ b *gesprochen* etwas gründlich durchsuchen oder durcheinanderbringen ⟨ein Haus, Zimmer⟩ | *Ich habe das ganze Haus auf den Kopf gestellt, aber die Schlüssel habe ich nicht gefunden* | *Die Kinder stellen immer die ganze Wohnung auf den Kopf* c *gesprochen* etwas so (falsch) darstellen, dass es so wirkt, als ob das Gegenteil richtig wäre ⟨die Tatsachen, die Wahrheit auf den Kopf stellen⟩; **aus dem Kopf** auswendig ⟨etwas aus dem Kopf aufsagen, können, wissen⟩; **sich** *(Dativ)* **etwas aus dem Kopf schlagen** einen Plan, ein Ziel aufgeben, weil man sie nicht erreichen kann; **etwas geht/fährt/schießt jemandem durch den Kopf** etwas fällt jemandem plötzlich ein; **sich** *(Dativ)* **etwas durch den Kopf gehen lassen** längere Zeit über eine Idee, einen Vorschlag o. Ä. nachdenken, um sie zu prüfen;

▸Präposition plus Kopf: im – vor: **nicht (ganz) richtig im Kopf sein** *gesprochen* verrückt sein, verrückte Ideen haben; **etwas im Kopf behalten/haben** sich etwas merken und nicht vergessen | *Kannst du die Einkaufsliste im Kopf behalten?* | *Ich habe die Telefonnummer leider nicht im Kopf*; **nichts (anderes) als jemanden/etwas im Kopf haben** zu sehr an nur eine Person oder Sache denken | *Die Kinder haben nichts als Unsinn im Kopf* | *Du hast ja nur Mädchen im Kopf!*; **etwas im Kopf rechnen** etwas ohne Hilfsmittel, ohne es aufzuschreiben, rechnen; **etwas steigt jemandem in den Kopf** etwas macht jemanden schwindelig ⟨Alkohol, Düfte⟩; **etwas steigt jemandem in den Kopf/zu Kopf(e)** etwas macht jemanden übermütig oder eingebildet ⟨ein Erfolg, ein Lob⟩; **sich** *(Dativ)* **etwas in den Kopf setzen** etwas unbedingt erreichen, durchsetzen, haben wollen; **mit dem Kopf durch die Wand wollen** etwas tun (durchsetzen) wollen, was unmöglich ist; **mit dem Kopf gegen die Wand rennen** etwas trotz aller Anstrengung nicht erreichen können (weil der Widerstand zu groß ist); **etwas wächst jemandem über den Kopf** etwas wird zu viel für jemanden ⟨die Arbeit⟩; **bis über den Kopf in Arbeit/Schulden/Schwierigkeiten/... stecken** viel zu viel Arbeit, Schulden usw. haben; **etwas über jemandes Kopf hinweg entscheiden** etwas entscheiden, ohne jemanden zu fragen oder zu informieren; **etwas geht über jemandes Kopf hinweg** etwas ist so schwierig, dass es jemand nicht versteht ⟨eine Erklärung, ein Vortrag⟩; **über jemandes Kopf hinwegreden** so über ein Thema reden, dass jemand nichts davon versteht; **Es geht um Kopf und Kragen** jemandes Leben oder Existenz ist in Gefahr; **jemanden (um) einen Kopf kleiner/kürzer machen** *gesprochen* jemanden töten; **jemanden vor den Kopf stoßen** jemanden kränken; **wie vor den Kopf geschlagen sein** so überrascht oder entsetzt sein, dass man nicht reagieren kann;

▸Kopf als Objekt: **Er/Sie wird dir schon nicht den Kopf abreißen** *gesprochen* Er/Sie wird nicht so böse reagieren, wie du (be)fürchtest; **seinen Kopf anstrengen** intensiv nachdenken, um eine Lösung für ein Problem zu finden; **den Kopf oben behalten** den Mut nicht verlieren; **einen klaren/kühlen Kopf behalten/bewahren** ruhig bleiben, nicht nervös werden; **jemandem brummt/raucht/schwirrt der Kopf** *gesprochen* jemand ist vom Lernen oder Nachdenken ganz erschöpft; **seinen Kopf durchsetzen wollen** gegen Widerstände versuchen, die eigenen Wünsche oder Ziele zu erreichen; **den Kopf einziehen** den Mut verlieren (und sich einschüchtern lassen); **einen schweren Kopf haben** (vor allem vom Alkohol) Kopfweh haben; **den Kopf voll (mit etwas) haben** viel (über etwas) nachdenken müssen; **einen Kopf für sich/einen eigenen Kopf haben** einen eigenen starken Willen haben; **den Kopf hängen lassen** resigniert, mutlos o. Ä. sein; **den/seinen Kopf für jemanden/etwas hinhalten (müssen)** die negativen Folgen von etwas tragen (müssen), das man nicht verschuldet hat; **etwas kostet jemandem/jemanden den Kopf** etwas führt dazu, dass jemand die Arbeitsstelle verliert; **Personen reden sich** *(Dativ)* **die Köpfe heiß** Personen diskutieren sehr heftig; **Kopf und Kragen/seinen Kopf riskieren** das Leben oder die (berufliche, finanzielle) Existenz riskieren; **Personen schlagen sich** *(Dativ)* **(gegenseitig) die Köpfe ein** *gesprochen* sich heftig streiten (und prügeln); **den Kopf in den Sand stecken** von einem Problem, einer Gefahr nichts wissen wollen; **den Kopf hoch tragen** stolz sein; **jemandem den Kopf verdrehen** erreichen, dass sich jemand in einen verliebt; **den Kopf verlieren** in Panik geraten; **jemandem den Kopf waschen** jemanden scharf kritisieren; **sich** *(Dativ)* **den Kopf (über jemanden/etwas) zerbrechen/zermartern** intensiv über jemanden/etwas nachdenken; **den/seinen Kopf aus der Schlinge ziehen** so geschickt reagieren, dass man einer Strafe o. Ä. gerade noch entgehen kann; **jemandem den Kopf zurechtrücken/zurechtsetzen** jemanden kritisieren;

▸andere Verwendungen: **Kopf hoch!** verwendet, um jemandem Mut zu machen oder jemanden zu trösten; **nicht wissen, wo einem der Kopf steht** so viel Arbeit haben, dass man nicht weiß, wo man anfangen soll

KOPF

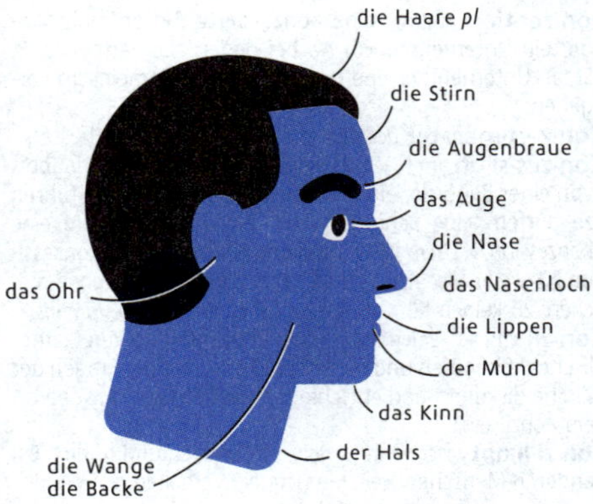

Kọpf·bahn·hof *der* ≈ *Sackbahnhof*

Kọpf·ball *der* ein Stoß des Balles mit dem Kopf

Kọpf·be·de·ckung *die* ein Hut, eine Mütze oder ein Tuch für den Kopf

Köpf·chen *das*; (-s, -) **1** ein kleiner Kopf **2** *gesprochen* die Fähigkeit, gute Ideen zu haben ⟨Köpfchen haben; mit Köpfchen vorgehen⟩ ≈ *Verstand* | *eine Aufgabe mit Köpfchen lösen* | *Köpfchen muss man haben, dann ist das kein Problem!*

köp·fen VERB (köpfte, hat geköpft) **1** **jemanden köpfen** einem Menschen den Kopf mit einem Beil, einem Schwert o. Ä. abschlagen und diesen so töten **2** **etwas köpfen** den oberen Teil von etwas abschlagen oder abschneiden ⟨die Blumen, ein Ei köpfen⟩ **3** **eine Flasche köpfen** *gesprochen* eine Flasche Wein o. Ä. öffnen (und den Inhalt trinken) **4** **(etwas) köpfen** einen Ball mit dem Kopf irgendwohin stoßen | *den Ball ins Tor köpfen*

Kọpf·en·de *das* die Seite des Bettes, auf die man den Kopf legt

★ **Kọpf·hö·rer** *der* Kopfhörer steckt man in die Ohren oder setzt man auf den Kopf, um vor allem Musik zu hören, ohne andere Personen zu stören ⟨den/die Kopfhörer aufsetzen, abnehmen⟩

-köp·fig *im Adjektiv, unbetont, begrenzt produktiv* **1** **zweiköpfig, dreiköpfig, vielköpfig** *und andere* mit der genannten Zahl von Personen, Mitgliedern | *eine fünfköpfige Familie* **2** **zweiköpfig, dreiköpfig, großköpfig, rundköpfig** *und andere* mit der genannten Zahl oder Art von Köpfen | *ein drachenköpfiges Reptil* **3** **glatzköpfig, kahlköpfig, krausköpfig, lockenköpfig** *und andere* mit der genannten Art von Haarwuchs am Kopf

Kọpf·kis·sen *das* ein weiches Kissen für den Schlaf **K** Kopfkissenbezug, Kopfkissenhülle

kọpf·las·tig ADJEKTIV **1** im vorderen Teil zu schwer ⟨ein Flugzeug, Schiff⟩ **2** so, dass zu viele Personen in leitenden Positionen sind ⟨ein Betrieb, eine Verwaltung⟩ **3** zu intellektuell ⟨ein Buch, ein Film; ein Autor⟩ • hierzu **Kọpf·las·tig·keit** *die*

kọpf·los ADJEKTIV **1** ohne Kopf **2** nicht mehr fähig, klar zu denken (sondern verwirrt) | *kopflos hin und her laufen* • zu (2) **Kọpf·lo·sig·keit** *die*

Kọpf·nuss *die*; *gesprochen* **1** ein leichter Schlag mit den Fingern (Fingerknöcheln) auf den Kopf ⟨jemandem eine Kopfnuss geben⟩ **2** ein Problem oder eine schwierige Aufgabe, die man nicht schnell lösen kann

Kọpf·pau·scha·le *die* ein Geldbetrag, der für alle gleich hoch ist, egal, wie viel sie verdienen oder verbrauchen | *Nach der Reform soll jeder Versicherte eine Kopfpauschale zahlen*

Kọpf·rech·nen *das*; *nur Singular* das Rechnen im Kopf (ohne Hilfsmittel zu benutzen oder etwas aufzuschreiben)

Kọpf·sa·lat *der* eine Pflanze, deren hellgrüne Blätter man als Salat isst

kọpf·scheu ADJEKTIV **1** **jemand/etwas macht eine Person kopfscheu** jemand oder etwas verwirrt eine Person und macht ihr so Angst **2** **kopfscheu werden** unsicher und ängstlich werden

Kọpf·schmerz *der*; *meist Plural* ein Schmerz in dem Teil des Kopfes, in dem das Gehirn ist ⟨Kopfschmerzen haben⟩ ≈ *Kopfweh* **K** Kopfschmerzmittel, Kopfschmerztablette ■ ID **eine Person/Sache bereitet/macht jemandem Kopfschmerzen** eine Person oder Sache macht jemandem Sorgen; **sich** (*Dativ*) **über etwas** (*Akkusativ*) **keine Kopfschmerzen machen**, **sich** (*Dativ*) **wegen jemandem/etwas keine Kopfschmerzen machen** *gesprochen* sich keine Sorgen machen

Kọpf·schmuck *der* etwas (z. B. eine Haube, Bänder), das man als Schmuck auf den Kopf setzt | *der Kopfschmuck aus Federn, wie ihn die Indianer getragen haben*

Kọpf·sprung *der* ein Sprung ins Wasser mit dem Kopf bzw. den Händen voran ⟨einen Kopfsprung machen⟩

Kọpf·stand *der* eine Turnübung, bei der man auf dem Kopf steht und sich mit den Händen abstützt ⟨einen Kopfstand machen⟩

kọpf·ste·hen VERB (stand kopf, hat/ist kopfgestanden) **etwas steht kopf** es herrscht große Aufregung und Durcheinander | *Das ganze Dorf stand kopf, als die Olympiasiegerin heimkehrte*

Kọpf·stein·pflas·ter *das* ein Straßenbelag aus kleinen (runden oder viereckigen) Steinen

Kọpf·stim·me *die*; *meist Singular* eine besondere Art des Singens von sehr hohen Tönen (bei welcher der Brustraum nicht mitschwingt)

Kọpf·tuch *das* ein Tuch, mit dem (besonders moslemische) Frauen ihre Haare bedecken

kopf·ü̲ber ADVERB mit dem Kopf voran ⟨kopfüber ins Wasser springen, die Treppe herunterfallen⟩

kopf·ụn·ter ADVERB mit dem Kopf nach unten ⟨kopfunter am Reck hängen⟩

Kọpf·weh *das*; *nur Singular*; *gesprochen* Schmerzen im Kopf, dort, wo das Gehirn ist ⟨Kopfweh haben⟩ ≈ *Kopfschmerzen*

Kọpf·zer·bre·chen *das*; (-s) die intensive (und angestrengte) Überlegung, durch die man ein schwieriges Problem zu lösen sucht ⟨jemand/etwas bereitet jemandem Kopfzerbrechen; sich (*Dativ*) über etwas (*Akkusativ*) (*kein*) *Kopfzerbrechen machen*⟩

★ **Ko·pi̲e** *die*; (-, -n [-ˈpiː(ə)n]) **1** ein weiteres Exemplar eines Textes o. Ä., das eine Art Foto auf normalem Papier ist ⟨eine beglaubigte Kopie⟩ | *Bitte machen Sie vom Vertrag drei Kopien!* **K** Farbkopie **2** die genaue Nachahmung eines Gegenstands (oft eines Kunstwerks) ⟨die Kopie eines Gemäldes, einer Statue, eines Schlüssels; eine Kopie anfertigen, machen⟩ ↔ *Original* **3** eine zweite Datei mit demselben Inhalt wie eine andere, die man zur Sicherheit an einem anderen Ort speichert ⟨eine Kopie machen, ziehen⟩ **K** Sicherheitskopie, Sicherungskopie

★ **ko·pi̲e·ren** VERB (kopierte, hat kopiert) **1** **(etwas) kopieren** eine Kopie von etwas machen (anfertigen) **2** **jemanden/etwas kopieren** jemanden/etwas als Muster oder Vorbild nehmen und sie nachahmen ≈ *imitieren* | *Sie versucht ständig, ihre Schwester zu kopieren – Jetzt kleidet sie sich sogar schon wie sie*

★ **Ko·pi̲e·rer** *der*; (-s, -) Kurzwort für *Kopiergerät* **K** Fotokopierer

Ko·pi̲er·ge·rät *das* ein Gerät, das Fotokopien von Texten oder Bildern herstellt **K** Fotokopiergerät

Ko·pi̲er·schutz *der* ein Kopierschutz verhindert, dass Software, CDs, DVDs usw. kopiert (und so anderen Personen gegeben) werden können

Ko̲·pi·lot *der* der zweite Pilot eines Flugzeugs • hierzu **Ko̲·pi·lo·tin** *die*

Kọp·pel[1] *die*; (-, -n) eine Weide mit einem Zaun | *Pferde auf die Koppel führen* **K** Pferdekoppel

Kọp·pel[2] *das*; (-s, -) ein (breiter) Gürtel, meist als Teil einer Uniform ⟨das Koppel umschnallen⟩ **K** Koppelschloss

kọp·peln VERB (koppelte, hat gekoppelt) **1** **etwas an/mit etwas koppeln** ein Gerät oder Fahrzeug an ein anderes hängen und so verbinden | *den Wohnwagen ans Auto koppeln* **2** **etwas an/mit etwas koppeln** *geschrieben* etwas an eine Voraussetzung binden, von ihr abhängig machen | *ein Angebot an bestimmte Voraussetzungen koppeln* • zu (2) **Kọp·pe·lung**, **Kọpp·lung** *die*

Ko̲·pro·duk·ti·on [-tsi̯oːn] *die* **■** die gemeinsame Arbeit

K

(von Gruppen aus verschiedenen Ländern) an einem Film oder einer Fernsehsendung | *einen Film in Koproduktion drehen* **2** ein Film, der von verschiedenen Produzenten gemeinsam gemacht wird | *eine französisch-italienische Koproduktion*

ko·pu·lie·ren VERB (kopulierte, hat kopuliert) **eine Person kopuliert mit jemandem; Personen/Tiere kopulieren** *geschrieben* zwei Personen oder zwei Tiere haben Sex • hierzu **Ko·pu·la·ti·on** *die*

Ko·ral·le *die;* (-, -n); *meist Plural* **1** eines von vielen kleinen Tieren, die an einer Stelle im Meer mit warmem Wasser in großer Zahl leben K Korallenkolonie **2** eine Art von hellem oder rötlichem Fels unter Wasser, der aus toten Korallen entstanden ist K Korallenbank, Koralleninsel, Korallenriff **3** ein kleines Stück Koralle, das man als Schmuck trägt | *ein Armband aus rosa Korallen* K Korallenarmband, Korallenkette, Korallenschmuck, korallenrot

Ko·ran *der;* (-s) das heilige Buch des Islam K Koranschule

★ **Korb** *der;* (-(e)s, Kör·be) **1** ein leichter Behälter, der aus gebogenen Stäben, geflochtenen Streifen o. Ä. gemacht ist ⟨ein Korb aus Weide(nruten), aus Draht; einen Korb flechten⟩ | *Brötchen in einem Korb auf den Tisch stellen* | *einen Korb mit Wäsche in den Garten tragen* | *Unser Hund schläft in seinem Korb* K Korbflechter, Korbmacher; Bastkorb, Drahtkorb, Weidenkorb; Brotkorb, Geschenkkorb, Obstkorb, Papierkorb, Wäschekorb; Einkaufskorb, Nähkorb, Schlafkorb; Hundekorb, Katzenkorb **2** **ein Korb Äpfel/Eier/Fische/Brennholz/...** die Menge einer Sache, die in einem Korb Platz hat **3** *nur Singular* ein geflochtenes Material aus Weidenzweigen o. Ä., aus dem man Körbe und Möbel herstellt | *ein Stuhl aus Korb* K Korbgeflecht, Korbsessel, Korbstuhl, Korb(kinder)wagen, Korbwaren **4** große Ballone, mit denen man durch die Luft fliegen kann, haben unten einen Korb hängen, in dem die Passagiere sind **5** ein Ring aus Metall mit einem Netz, in den man beim Basketball o. Ä. den Ball wirft, um Punkte zu bekommen ⟨den Korb verfehlen⟩ **6** der gelungene Versuch, den Ball durch den Korb zu werfen ⟨einen Korb erzielen, werfen⟩ ■ **ID jemandem einen Korb geben** ein Angebot (vor allem einen Heiratsantrag oder eine Aufforderung zum Tanz) ablehnen; **jemand holt sich** (*Dativ*) **einen Korb, jemand bekommt einen Korb** jemand wird abgelehnt

KORB

kör·be·wei·se ADVERB; *gesprochen* in großer Menge | *körbeweise Pilze sammeln*

Kord → Cord

Kor·del *die;* (-, -n) eine dicke Schnur zum Binden und Schmücken

Kor·don [kɔr'dõː] *der;* (-s, -s); *geschrieben* eine Reihe aus Polizisten oder Soldaten, die so eine Zone sperren o. Ä. | *Die Polizisten bildeten einen Kordon* K Polizeikordon

Ko·ri·an·der *der;* (-s) eine Pflanze, deren Samen oder Blätter man als Gewürz verwendet

Ko·rin·the *die;* (-, -n) eine kleine, dunkle Rosine ohne Kerne K Korinthenbrot

Ko·rin·then·ka·cker *der;* (-s, -); *gesprochen* ⚠ ≈ *Pedant*

Kork *der;* (-(e)s, -e) **1** ein leichtes, braunes Material aus Baumrinde, aus dem man vor allem Korken und Isoliermaterial macht K Korkeiche, Korkplatte, Korktapete **2** *süddeutsch* Ⓐ ≈ *Korken*

Kor·ken *der;* (-s, -) ein kleines, rundes Stück Kork oder Plastik, mit dem man Flaschen verschließt ⟨den Korken herausziehen⟩ K Flaschenkorken, Sektkorken

Kor·ken·zie·her *der;* (-s, -) ein Gerät mit einem Griff und einer festen Spirale aus Metall, mit dem man den Korken aus der Flasche zieht

KORKENZIEHER

Kor·mo·ran *der;* (-s, -e) ein großer, meist schwarzer Vogel, der am Wasser lebt und Fische fängt

★ **Korn**[1] *das;* (-(e)s, Kör·ner) **1** der feste Samen, aus dem die Pflanze (vor allem Getreide) wächst ⟨Vögel picken Körner (auf), fressen Körner⟩ | *Hühner mit Körnern füttern* K Körnerfutter; Saatkorn, Samenkorn, Gerstenkorn, Haferkorn, Hirsekorn, Maiskorn, Reiskorn, Roggenkorn, Weizenkorn **2** etwas von der Form eines Korns ⟨ein paar Körner Salz, Sand⟩ K Goldkorn, Hagelkorn, Sandkorn, Staubkorn **3** *nur Singular* Getreide, aus dem man Brot macht ⟨Korn anbauen, ernten, dreschen⟩ K Kornähre, Kornernte, Kornfeld, Kornspeicher **4** die kleine Spitze auf dem Lauf eines Gewehrs, die hilft, es genau auf ein Ziel zu richten ⟨über Kimme und Korn sehen⟩ **5** *nur Singular* die Beschaffenheit eines Materials oder dessen Oberfläche ⟨ein Film, Holz, Papier, Stein mit feinem, grobem Korn⟩ | *Je feiner das Korn eines Fernsehbildes ist, umso klarer wirkt es* ■ **ID jemanden/etwas aufs Korn nehmen** **a** mit dem Gewehr auf jemanden/etwas zielen **b** jemanden/etwas genau beobachten und mit Spott und Witz heftig kritisieren

Korn[2] *der;* (-s); *gesprochen* ein stark alkoholisches Getränk, das aus Getreide hergestellt wird

Korn·blu·me *die* eine leuchtend blaue Blume, die vor allem auf den Feldern im Getreide wächst K kornblumenblau

Kör·ner·fres·ser *der;* (-s, -) **1** ein Vogel, der von Körnern lebt **2** *gesprochen, abwertend oder humorvoll* eine Person, die viel Getreide (z. B. Müsli) und wenig Fleisch isst

kör·nig ADJEKTIV ⟨Sand, Schnee, Reis⟩ so, dass die einzelnen Körner nicht zusammenkleben K feinkörnig, grobkörnig

Ko·ro·na *die;* (-, Ko·ro·nen); *meist Singular* **1** der helle Ring aus Licht, welcher die Sonne umgibt **2** *gesprochen, humorvoll* eine lockere Gruppe von Menschen, die etwas gemeinsam unternehmen

★ **Kör·per** *der;* (-s, -) **1** die Haut, die Muskeln, die Knochen usw., aus denen ein Mensch oder Tier besteht ⟨der männliche, weibliche, menschliche, tierische Körper; ein gut gebauter, athletischer, durchtrainierter, muskulöser, zarter, schwacher, gebrechlicher, verbrauchter Körper; am ganzen Körper zittern⟩ | *Er rieb sich am ganzen Körper mit Sonnenöl ein* K Körperbau, Körperbeherrschung, Körpergeruch, Körpergröße, Körperhaltung, Körperkontakt, Körperkraft, Körperöffnung, Körperorgan, Körperpflege, Körperstelle, Körperteil, Körpertemperatur, Körperwärme **2** der Körper ohne Arme, Beine, Hals und Kopf ≈ *Rumpf, Leib* | *Beim Boxen sind Schläge auf den Körper unterhalb der Gürtellinie verboten* K Oberkörper, Unterkörper **3** eine (dreidimensionale) Figur ↔ *Fläche* | *Eine Kugel ist ein runder Körper* K Hohlkörper **4** ein Gegenstand, ein Stück Materie ⟨ein fester, flüssiger, gasförmiger Körper⟩ K Flugkörper, Himmelskörper

kör·per·be·hin·dert ADJEKTIV so, dass bei einer Person ein Teil des Körpers fehlt oder nicht so funktioniert wie bei den meisten Menschen • hierzu **Kör·per·be·hin·der·te** *der/die*; **Kör·per·be·hin·de·rung** *die*

★ **kör·per·lich** ADJEKTIV *meist attributiv* in Bezug auf den Körper ⟨Arbeit, Anstrengung, Liebe; körperlich behindert sein⟩ ≈ *physisch* | *in guter körperlicher Verfassung sein* | *Er war zwar körperlich anwesend, aber mit seinen Gedanken weit weg*

Kör·per·schaft *die*; (-, -en) eine Organisation, ein Betrieb o. Ä. mit speziellen Rechten und Pflichten | *Rundfunkanstalten sind Körperschaften des öffentlichen Rechts* K Körperschaftssteuer

Kör·per·spra·che *die* die Haltung und die Bewegungen des Körpers, Mimik und Gestik (die etwas über die Stimmung des Menschen mitteilen)

★ **Kör·per·teil** *der* Arme, Beine, Hände, Füße, Kopf, Bauch, Brust und Rücken sind die wichtigsten Körperteile

Kor·po·ra·ti·on [-'tsjo:n] *die*; (-, -en); *geschrieben* ≈ *Körperschaft*

Korps [ko:ɐ̯] *das*; (-, - [ko:ɐ̯s]) **1** ein großer Truppenverband (aus mehreren Divisionen) K Armeekorps **2** **das diplomatische Korps** alle Botschafter, die ihr Heimatland im Ausland (politisch) vertreten **3** eine besondere Art von studentischer Verbindung K Korpsgeist, Korpsstudent

kor·pu·lent ADJEKTIV ziemlich dick ⟨Menschen⟩ • hierzu **Kor·pu·lenz** *die*

Kor·pus *der*; (-, -se) **1** der Kasten, welcher der wichtigste Teil von Möbeln ist (ohne Schubladen, Türen, Füße usw.) **2** *gesprochen, humorvoll* der menschliche Körper

★ **kor·rekt** ADJEKTIV **1** genau so, wie es den gesellschaftlichen Normen entspricht ⟨ein Handeln, ein Benehmen; sich korrekt benehmen, verhalten, kleiden⟩ **2** ohne Fehler ⟨ein Ergebnis; etwas korrekt aussprechen⟩ **3** *gesprochen!* verwendet, um Anerkennung auszudrücken • zu (1,2) **Kor·rekt·heit** *die*; zu (1,2) **kor·rek·ter·wei·se** ADVERB

Kor·rek·tiv [-f] *das*; (-s, -e [-və]); *geschrieben* mit einem Korrektiv kann man Unterschiede geringer machen oder auf eine Entwicklung Einfluss nehmen

Kor·rek·tor *der*; (-s, Kor·rek·to·ren); *geschrieben* eine Person, die vor allem beim Druck eines Buches oder einer Zeitung die Fehler berichtigt

Kor·rek·tur *die*; (-, -en) **1** die Verbesserung eines Textes, der Fehler hat ⟨Korrekturen anbringen, vornehmen⟩ | *Lehrer machen ihre Korrekturen meist mit roter Farbe* K Korrekturabzug, Korrekturfahne, Korrekturtaste, Korrekturzeichen **2** *geschrieben* das Ändern einer Sache, die nicht (mehr) richtig ist | *die Korrektur des Kurses eines Schiffes* K Kurskorrektur

Kor·re·la·ti·on [-'tsjo:n] *die*; (-, -en) **eine Korrelation (mit/zu etwas)**; **eine Korrelation zwischen Dingen** *geschrieben* der Zusammenhang und die Beziehung zwischen mehreren Faktoren, vor allem zwischen Ursache und Wirkung | *Diese Faktoren stehen in Korrelation* | *Dass eine Korrelation zwischen Rauchen und Magenkrebs besteht, ist bewiesen* • hierzu **kor·re·lie·ren** VERB *(hat)*

Kor·res·pon·dent *der*; (-en, -en) ein Journalist, der für die Presse, den Rundfunk oder das Fernsehen (regelmäßig aus einem Land oder einer Stadt) berichtet | *Wir schalten um zu unserem Korrespondenten nach Moskau* K Korrespondentenbericht; Auslandskorrespondent G *der Korrespondent; den, dem, des Korrespondenten* • hierzu **Kor·res·pon·den·tin** *die*

Kor·res·pon·denz *die*; (-, -en); *geschrieben* **1** *nur Singular* das Schreiben und der Austausch von Briefen ⟨mit jemandem eine rege, lebhafte Korrespondenz führen, haben, unterhalten; die Korrespondenz erledigen; mit jemandem in Korrespondenz stehen; die Korrespondenz abbrechen⟩ ≈ *Briefwechsel* **2** die Briefe, die jemand geschrieben und bekommen hat | *Die Kopien der gesamten Korrespondenz wurden in einem speziellen Ordner gesammelt* K Geheimkorrespondenz, Geschäftskorrespondenz, Handelskorrespondenz, Privatkorrespondenz

kor·res·pon·die·ren VERB (korrespondierte, hat korrespondiert); *geschrieben* **1** **mit jemandem korrespondieren**; **Personen korrespondieren (miteinander)** einer Person regelmäßig Briefe schreiben und von ihr welche bekommen **2** **etwas korrespondiert mit etwas**; **Dinge korrespondieren (miteinander)** etwas steht in einem Zusammenhang mit etwas, passt zu etwas | *Körperliche und psychische Spannungen korrespondieren miteinander*

Kor·ri·dor *der*; (-s, -e) **1** ein Gang in einem Haus, einer Wohnung ≈ *Flur* **2** ein schmaler Streifen Land, der einen Staat durch ein anderes Land hindurch mit dem Meer oder einem anderen Teil des Staates verbindet

★ **kor·ri·gie·ren** VERB (korrigierte, hat korrigiert) **1** **(etwas) korrigieren** einen Text lesen und dabei die Fehler feststellen und markieren | *Die Lehrerin korrigiert die Aufsätze* **2** **jemanden/etwas korrigieren** einen Fehler bemerken und beseitigen oder darauf hinweisen ⟨jemandes Aussprache, einen Fehler korrigieren⟩ **3** **etwas korrigieren** etwas so ändern, so dass es nach Meinung der meisten Menschen richtig ist ⟨seine Meinung, Ansichten korrigieren⟩

Kor·ro·si·on *die*; (-); *geschrieben* die Zerstörung von Metallen durch Rost ⟨etwas gegen/vor Korrosion schützen; etwas geht in Korrosion über⟩ K Korrosionsschutz, korrosionsbeständig • hierzu **kor·ro·die·ren** VERB *(hat)*

kor·rum·pie·ren VERB (korrumpierte, hat korrumpiert) **jemanden korrumpieren** *geschrieben, abwertend* jemanden durch Geld o. Ä. zu Handlungen bewegen, die moralisch schlecht sind ⟨einen Politiker korrumpieren; eine korrumpierte Gesellschaft⟩ • hierzu **Kor·rum·pie·rung** *die*

kor·rupt ADJEKTIV (korrupter, korruptest-); *abwertend* ≈ *bestechlich* | *ein korrupter Beamter* • hierzu **Kor·rupt·heit** *die*

Kor·rup·ti·on [-'tsjo:n] *die*; (-, -en); *abwertend* **1** Vorgänge, bei denen sich Beamte, Politiker usw. bestechen lassen ⟨Fälle von Korruption aufdecken⟩ ≈ *Bestechung* K Korruptionsaffäre, Korruptionsskandal **2** *meist Singular* das Verhalten, wenn sich jemand bestechen lässt ≈ *Bestechlichkeit* | *die Korruption in der Regierung bekämpfen*

Kor·sar *der*; (-en, -en); *historisch* ≈ *Pirat, Seeräuber* G *der Korsar; den, dem, des Korsaren*

Kor·sett *das*; (-s, -s/-e) **1** ein fester Gipsverband um den Körper (vor allem bei Verletzungen des Rückens) **2** ein sehr enges Kleidungsstück mit festen Stäben, das Frauen vor allem früher unter den Kleidern trugen, um schlank auszusehen ⟨ein Korsett tragen; das Korsett schnüren⟩

Kor·so *der*; (-s, -s) eine (festliche) Fahrt von vielen (meist geschmückten) Wagen in einer Reihe ≈ *Umzug* K Blumenkorso

Kor·ti·son *das*; (-s) ein starkes Medikament (gegen Entzündungen o. Ä.), das aus einem Hormon hergestellt wird ⟨Kortison spritzen⟩ | *Rheuma mit Kortison behandeln*

Ko·ry·phäe [kory'fɛ:ə] *die*; (-, -n); *geschrieben* ein sehr guter Fachmann, Wissenschaftler ⟨eine anerkannte Koryphäe⟩ ≈ *Experte* | *Er ist/gilt als eine Koryphäe auf dem Gebiet der Gefäßchirurgie*

Ko·sak *der*; (-en, -en); *historisch* ein Soldat im zaristischen Russland, der vom Pferd aus kämpfte K Kosakenchor, Kosakenmütze G *der Kosak; den, dem, des Kosaken*

ko·scher ADJEKTIV **1** so, wie es die Religion den Juden vorschreibt ⟨Fleisch, Speisen, koscher essen, kochen⟩ **2** **eine**

Person/etwas ist (jemandem) nicht ganz koscher *abwertend* ⟨Personen, Geschäfte, Vorgänge⟩ so, dass man ihnen nicht (ganz) vertrauen kann

Ko·se·form *die* eine Kurzform des Namens, die man unter Freunden, in der Familie o. Ä. verwendet | *„Gabi" ist die Koseform von „Gabriele"*

ko·sen VERB (koste, hat gekost) **(jemanden) kosen**; **mit jemandem kosen** liebevoll und zärtlich zu jemandem sein oder jemanden streicheln K Kosename, Kosewort

Ko·si·nus *der*; (-, -/-se); *meist Singular* **der Kosinus (eines Winkels)** ein mathematischer Bruch, der (beim rechtwinkligen Dreieck) das Verhältnis von Ankathete zu Hypotenuse ausdrückt ↔ *Sinus* H Abkürzung: *cos*

★ **Kos·me·tik** *die*; (-) **1** die Anwendung von Cremes, Lippenstift, Puder usw., um den Körper, vor allem das Gesicht zu pflegen und schöner zu machen K Kosmetikabteilung, Kosmetikindustrie, Kosmetikkoffer, Kosmetiktasche **2** nur oberflächliche Änderungen oder Korrekturen

Kos·me·ti·ke·rin *die*; (-, -nen) eine Frau, die beruflich andere Menschen kosmetisch pflegt

kos·me·tisch ADJEKTIV **1** dafür bestimmt oder geeignet, den Körper und das Gesicht zu pflegen oder das Aussehen zu verbessern ⟨eine Creme, eine Operation⟩ | *Cremes und andere kosmetische Produkte* | *kosmetische Eingriffe wie Fettabsaugung und Faltenstraffung* **2** das Aussehen betreffend | *eine Operation aus kosmetischen Gründen* | *Krampfadern sind kein kosmetisches, sondern ein gesundheitliches Problem* **3** nur oberflächlich und nicht nötig, wichtig oder wirkungsvoll ⟨eine Änderung, eine Korrektur, eine Maßnahme, eine Verbesserung⟩ | *Die Steuerreform war lediglich eine kosmetische Korrektur, eine gerechtere Aufteilung der Lasten hat sie nicht gebracht*

kos·misch ADJEKTIV **1** im oder aus dem Kosmos, dem Weltraum ⟨Energie, Staub, Strahlung⟩ **2** *geschrieben* riesig (im Ausmaß) | *ein Skandal kosmischen Ausmaßes*

Kos·mo·naut *der*; (-en, -en) ein Astronaut aus Russland oder der früheren Sowjetunion H *der Kosmonaut; den, dem, des Kosmonauten* ● hierzu **Kos·mo·nau·tin** *die*; **kos·mo·nau·tisch** ADJEKTIV

Kos·mos *der*; (-); *geschrieben* das ganze Weltall ≈ *Universum*

Kost *die*; (-) **1** das, womit sich jemand ernährt ⟨einfache, leichte, bekömmliche, fleischlose, salzarme, vegetarische Kost⟩ ≈ *Nahrung, Essen* K Gefängniskost, Kranken(haus)kost, Rohkost, Schonkost, Tiefkühlkost **2** **(freie) Kost und Logis** Unterkunft und Essen, für die man (nichts) zahlen muss **3** **jemanden in Kost nehmen** *veraltend* für jemanden (gegen Bezahlung) regelmäßig das Essen machen K Kostgeld

★ **kost·bar** ADJEKTIV **1** von sehr hoher Qualität oder selten und deshalb sehr teuer | *ein kostbarer Teppich* **2** sehr wichtig für jemanden, sodass man sorgfältig damit umgeht | *Meine Zeit ist mir zu kostbar, um sie mit solchem Unsinn zu verbringen*

Kost·bar·keit *die*; (-, -en) **1** ein seltener, teurer und kostbarer Gegenstand | *In der königlichen Schatzkammer lagern viele erlesene Kostbarkeiten* **2** *nur Singular* ein sehr hoher Wert | *Der Ring ist von großer Kostbarkeit*

★ **kos·ten** VERB (kostete, hat gekostet) **1** **etwas kostet etwas** etwas hat den genannten Preis | *Die Eier kosten zwanzig Cent pro/das Stück* | *Der Eintritt kostet für Kinder unter zehn Jahren nur die Hälfte* | *Wie viel/Was kostet eine Fahrt nach Hamburg?* H kein Passiv **2** **etwas kostet jemanden etwas** (*Akkusativ*) für etwas muss jemand etwas aufwenden, tun oder ertragen ⟨etwas kostet jemanden nur einen Anruf, viel/wenig Mühe, schlaflose Nächte, viel Schweiß⟩ | *Dieser Aufsatz hat mich viele Stunden harte(r) Arbeit gekostet* | *Es hat ihn viel Überwindung gekostet, sich bei ihr zu entschuldigen* H kein Passiv **3** **etwas kostet jemanden etwas** (*Akkusativ*) etwas ist die Ursache, der Grund dafür, dass jemand etwas verliert ⟨etwas kostet jemanden Haus und Hof, viel Kraft und Nerven, die Stellung⟩ | *Seine Unachtsamkeit im Straßenverkehr kostete ihn das Leben* H kein Passiv **4** **sich** (*Dativ*) **eine Sache (et)was kosten lassen** zu einem besonderen Anlass (viel) Geld für jemanden ausgeben | *Er ließ sich seine Beförderung etwas kosten und spendierte seinen Kollegen Sekt* H kein Passiv **5** **(etwas) kosten**; **von etwas kosten** eine kleine Menge von etwas essen oder trinken, um zu prüfen, wie etwas schmeckt ≈ *probieren* | *einen Löffel Suppe kosten* ■ ID **koste es, was es wolle** auf jeden Fall, unter allen Umständen ≈ *unbedingt*

★ **Kos·ten** *die*; *Plural* **die Kosten (für etwas)** das Geld, das man ausgibt oder ausgeben muss ⟨erhebliche, gestiegene, hohe, geringe, niedrige Kosten; die anfallenden, entstehenden, laufenden Kosten; Kosten sparen; etwas verursacht Kosten; keine Kosten scheuen; für alle Kosten aufkommen; (jemandem) die Kosten (für etwas) ersetzen, erstatten⟩ | *die Kosten für Miete und Heizung* | *Durch den Kauf moderner Maschinen sanken die Kosten der Produktion* K Kostenentwicklung, Kostenerstattung, Kostenexplosion, Kostensenkung, Kostensteigerung; kostendeckend, kostensparend; Behandlungskosten, Benzinkosten, Betriebskosten, Gerichtskosten, Herstellungskosten, Lohnkosten, Personalkosten, Reparaturkosten, Verwaltungskosten ■ ID **auf eigene/jemandes Kosten** **a** so, dass man selbst/jemand dafür bezahlt ⟨auf jemandes Kosten leben, wohnen⟩ | *Wer ohne Fahrkarte mit dem Zug fährt, fährt auf Kosten der anderen* | *Die Mieter haben das Bad auf eigene Kosten renoviert* **b** so, dass jemand das Opfer, Ziel eines Witzes o. Ä. ist ⟨auf jemandes Kosten einen Spaß, einen Witz machen; sich auf jemandes Kosten amüsieren⟩; **etwas geht auf Kosten** *+Genitiv*/**auf Kosten von jemandem/etwas** etwas schadet jemandem/etwas | *Das Rauchen geht auf Kosten deiner Gesundheit*; **auf seine Kosten kommen** das bekommen oder erleben, was man sich gewünscht hat ⟨auf einem Fest, im Urlaub (voll) auf seine Kosten kommen⟩

kos·ten·de·ckend, **Kos·ten de·ckend** ADJEKTIV so, dass kein (finanzieller) Verlust entsteht ⟨Preise; kostendeckend produzieren⟩

kos·ten·güns·tig ADJEKTIV mit niedrigen Kosten ⟨eine Produktion⟩

kos·ten·in·ten·siv ADJEKTIV mit hohen Kosten ⟨eine Produktion⟩

★ **kos·ten·los** ADJEKTIV so, dass man nichts dafür zahlen muss ≈ *gratis* | *Der Eintritt für Kinder unter sechs Jahren ist kostenlos*

kos·ten·pflich·tig ADJEKTIV ⟨eine Verwarnung, eine Mahnung⟩ so, dass man dafür etwas (eine Gebühr) bezahlen muss

Kos·ten·punkt (*der*); *gesprochen* der Preis, die Höhe der Kosten für eine Anschaffung, einen Auftrag o. Ä. | *„Ich verkaufe dir das Auto" – „Kostenpunkt?"*

kos·ten·spa·rend, **Kos·ten spa·rend** ADJEKTIV so, dass wenig(er) Kosten entstehen | *ein neues, kostensparendes Verfahren*

Kos·ten|vor·an·schlag *der* **ein Kostenvoranschlag (für etwas)** die ungefähre Angabe des Preises, den eine Arbeit oder Leistung wahrscheinlich kosten wird (auf der Grundlage von Berechnungen) ⟨einen Kostenvoranschlag machen, aufstellen, erstellen⟩

Kost·gän·ger *der*; (-s, -); *veraltend* eine Person, die (meist bei einer anderen Person wohnt und) gegen Bezahlung bei ihr isst

köst·lich ADJEKTIV **1** so, dass es sehr gut schmeckt (und riecht) **2** sehr witzig und amüsant ⟨eine Idee, ein Einfall, ein Witz⟩ | *Ihre Art, die Politiker nachzumachen, war köstlich* **3** **sich köstlich amüsieren** sich sehr gut amüsieren • zu (1,2) **Köst·lich·keit** *die*

Kost·pro·be *die* **1** eine kleine Menge, die man isst oder trinkt, um den Geschmack einer Speise oder eines Getränks zu prüfen ⟨eine Kostprobe von etwas nehmen⟩ | *„Das ist ein ausgezeichneter Wein. Möchten Sie eine Kostprobe?"* **2** ein kleines Beispiel einer Sache, mit dem eine Person beweist, dass sie etwas kann ⟨eine Kostprobe seines Könnens geben⟩

kost·spie·lig ADJEKTIV sehr teuer | *Eine Weltreise ist eine kostspielige Angelegenheit* • hierzu **Kost·spie·lig·keit** *die*

★ **Kos·tüm** *das;* (-s, -e) **1** ein Kostüm für Frauen besteht aus einem Rock und einer Jacke aus demselben Stoff | *Wenn sie ins Büro muss, zieht sie gern ein klassisches Kostüm an* K Kostümjacke, Kostümrock, Kostümstoff **2** vor allem im Fasching oder als Schauspieler im Theater zieht man ein Kostüm an, um wie eine andere Person auszusehen | *In der letzten Probe vor der Aufführung wird im Kostüm geprobt* | *Ich habe verschiedene Kostüme für dich zur Auswahl: Willst du als Cowboy, als Indianer oder vielleicht als Ritter gehen?* K Kostümball, Kostümfest, Kostümverleih; Faschingskostüm

kos·tü·mie·ren VERB (kostümierte, hat kostümiert) **jemanden (als etwas) kostümieren** jemandem oder sich selbst ein Kostüm anziehen, um eine Rolle zu spielen ≈ *verkleiden* | *Kleine Mädchen kostümieren sich gern als Prinzessinnen* • hierzu **Kos·tü·mie·rung** *die*

Kost·ver·äch·ter *der* ID **kein Kostverächter sein** *humorvoll* viel Freude an Genüssen haben • hierzu **Kost·ver·äch·te·rin** *die*

K.-o.-Sys·tem [kaː'|oː-] *das* ein System bei Spielen oder sportlichen Kämpfen, bei dem immer nur die Sieger im Wettbewerb bleiben (und die Verlierer ausscheiden)

★ **Kot** *der;* (-(e)s) ein Produkt der Verdauung bei Mensch und Tier, das den Darm (in fester Form) verlässt K Fliegenkot, Hühnerkot, Hundekot, Tierkot, Vogelkot

Ko·tan·gens *der;* (-, -); *meist Singular* ein mathematischer Bruch, der (beim rechtwinkligen Dreieck) das Verhältnis von Ankathete zu Gegenkathete ausdrückt ↔ *Tangens* H Abkürzung: *cot*

★ **Ko·te·lett** [kɔ'tlɛt, 'kɔtlɛt] *das;* (-s, -s) ein Stück Fleisch mit einem Rippenknochen vom Schwein, Kalb oder Lamm, das man brät oder grillt K Kalbskotelett, Lammkotelett, Schweinekotelett

Ko·te·let·ten *die; Plural* zwei schmale Streifen kurzer Haare vor den Ohren

Kö·ter *der;* (-s, -); *abwertend* ≈ *Hund*

Kot·flü·gel *der* das Blech seitlich am Auto, das die Räder schützt H → Abb. unter **Auto**

Kot·ze *die;* (-); *gesprochen* ⚠ ≈ *Erbrochenes*

kot·zen VERB (kotzte, hat gekotzt); *gesprochen* ⚠ ≈ *erbrechen* K kotzelend, kotzübel ID **zum Kotzen** *gesprochen* ⚠ sehr unangenehm, abscheulich | *jemanden zum Kotzen finden* | *Das Wetter ist zum Kotzen!*; **das (große) Kotzen kriegen/bekommen** *gesprochen* ⚠ jemanden/etwas sehr unangenehm, abscheulich finden

Krab·be *die;* (-, -n) ein Tier (eine Art Krebs) mit rundem Körper und zehn Beinen, das im Meer lebt K Krabbenfang, Krabbenfischer, Krabbenfischerei

krab·beln VERB (krabbelte, hat/ist gekrabbelt) **1** (*ist*) (vor allem als kleines Kind) sich auf Händen und Knien vorwärtsbewegen | *Das Baby krabbelte zum Tisch und zog sich daran hoch* K Krabbelalter, Krabbelkind H vergleiche **kriechen** **2** **ein Tier krabbelt (irgendwo)** (*ist*) ein Insekt, eine Spinne oder ein Krebs bewegt sich auf vielen Beinen am Boden fort **3** **jemanden krabbeln** *humorvoll oder ironisch* (*hat*) ≈ *kitzeln*

krach! verwendet, um das kurze, laute Geräusch zu imitieren, mit dem z. B. etwas zu Boden fällt

★ **Krach** *der;* (-(e)s, Krä·che) **1** *abwertend nur Singular* unangenehm laute Geräusche ≈ *Lärm* | *Müsst ihr denn solchen Krach machen?* | *Was ist denn das für ein schrecklicher Krach?* **2** *meist Singular* das Geräusch, das entsteht, wenn zwei harte Dinge zusammenstoßen ≈ *Knall* | *Es gab einen lauten Krach, als die Tür zuschlug* **3** **Krach (mit jemandem)** *gesprochen* ≈ *Streit, Ärger* | *Sie kriegt Krach mit ihren Eltern, wenn sie zu spät nach Hause kommt* K Ehekrach, Familienkrach ID **Krach machen/schlagen** *gesprochen* laut gegen etwas protestieren, die eigene Meinung sagen

★ **kra·chen** VERB (krachte, hat/ist gekracht) **1** **etwas kracht** (*hat*) etwas macht ein kurzes lautes Geräusch, wie zwei harte Gegenstände, die heftig zusammenstoßen ⟨ein Donner, eine Explosion, ein Gewehr, ein Schuss⟩ | *Das Auto stieß laut krachend gegen den Zaun* **2** **etwas kracht** (*hat*) etwas reißt oder bricht mit einem relativ lauten Geräusch in Stücke ⟨die Naht, der Balken, das Eis⟩ **3** **irgendwohin krachen** (*ist*) mit einem lauten Geräusch gegen etwas stoßen oder irgendwohin fallen ⟨auf den/zu Boden krachen⟩ | *Das Auto krachte in/gegen die Mauer* **4** **es kracht (irgendwo)** (*hat*) es gibt irgendwo ein krachendes Geräusch | *Es krachte laut, als das Haus einstürzte* **5** **es kracht (irgendwo)** *gesprochen* (*hat*) irgendwo gibt es einen Autounfall | *An dieser Kreuzung hat es schon oft gekracht* **6** **es kracht (irgendwo)** *gesprochen* (*hat*) irgendwo gibt es Streit ID **bald/gleich/dann/sonst krachts** *gesprochen* verwendet, um jemandem mit Strafe oder Schlägen zu drohen | *Wenn du nicht bald brav bist, krachts!*; **... dass es nur so kracht** *gesprochen* sehr (intensiv) | *Er ist dumm, dass es nur so kracht*

Kra·cher *der;* (-s, -); *gesprochen* ≈ *Knaller*

kräch·zen VERB (krächzte, hat gekrächzt) **1** **ein Vogel krächzt** ein Vogel produziert raue Laute ⟨eine Krähe, ein Papagei, ein Rabe⟩ **2** **(etwas) krächzen** etwas mit leiser und rauer Stimme sagen bzw. so reden (z. B. wenn man erkältet ist) H Das Objekt ist oft ein Satz. • zu (2) **Kräch·zer** *der*

Krad *das;* (-(e)s, Krä·der) Kurzwort für *Kraftrad* K Kradfahrer

★ **kraft** PRÄPOSITION *mit Genitiv; admin geschrieben* wegen etwas ≈ *aufgrund* | *etwas kraft seines Amtes entscheiden*

★ **Kraft** *die;* (-, Kräf·te) **1** die Fähigkeit, etwas Schweres (vor allem mit Hilfe der Muskeln) zu heben oder tragen bzw. etwas Anstrengendes zu leisten ⟨körperliche Kraft; (viel, wenig) Kraft haben; alle Kräfte/seine ganze Kraft (für etwas) aufbieten; seine Kraft/Kräfte überschätzen; jemandem fehlt die Kraft zu etwas; etwas kostet jemanden Kraft; jemandes Kraft lässt nach; jemandes Kräfte versagen, erlahmen; mit den Kräften Haus halten; vor/von Kraft strotzen⟩ ≈ *Stärke* | *Mit letzter Kraft schleppte er sich durchs Ziel und brach zusammen* | *Nach der Pause gingen sie mit frischer Kraft an die Arbeit* K Kraftanspannung, Kraftanstrengung, Kraftaufwand; Muskelkraft, Spannkraft **2** die Fähigkeit, etwas mit Hilfe des Verstands zu tun, zu bewirken ⟨geistige, schöpferische Kraft; geheimnisvolle, telepathische Kräfte haben; tun, was in den eigenen Kräften steht⟩ | *jemanden nach besten Kräften beraten* | *ein Problem unter Aufbietung aller Kräfte lösen* K Geisteskraft, Schöpferkraft, Überzeugungskraft, Urteilskraft, Vorstellungskraft **3** die seelische, emotionale Fähigkeit, eine unangenehme schwierige Situation zu bewältigen, zu ertragen o. Ä. ⟨moralische, seelische, sittliche Kraft; etwas geht über jemandes Kräfte, übersteigt jemandes Kräfte; seine Kraft/Kräfte überschätzen⟩ | *die Kraft haben, einer Versuchung zu widerstehen* | *Ihm fehlte*

K

die Kraft, ihr die Wahrheit zu sagen K Glaubenskraft, Widerstandskraft, Willenskraft **4** die Fähigkeit einer Sache, etwas zu bewirken ‹eine belebende, heilsame, wärmende Kraft› | *Im Winter hat die Sonne nur wenig Kraft* K Heilkraft, Wirkungskraft, Zauberkraft **5** in der Physik sind Kräfte die Ursache für Bewegungen oder für Veränderungen der Form ‹eine elektrische, elektromagnetische, magnetische, anziehende, abstoßende Kraft› | *Kraft ist Masse mal Beschleunigung* K Krafteinwirkung, Kraftfeld, Kraftübertragung; Bremskraft, Fliehkraft, Reibungskraft, Schwerkraft, Trägheitskraft **6** eine Person, die für eine andere Person arbeitet (vor allem in einem Betrieb oder Haushalt) ‹eine tüchtige, zuverlässige Kraft brauchen› K Arbeitskraft, Fachkraft, Hilfskraft, Schreibkraft **7** *meist Plural* eine Gruppe von Menschen, die großen Einfluss auf die Gesellschaft hat ‹fortschrittliche, liberale, revolutionäre Kräfte› | *In dieser Partei sind reaktionäre Kräfte am Werk* **8** die Leistung, mit der ein Motor eines Schiffes arbeitet ‹mit gedrosselter, halber, voller Kraft fahren› | *Volle Kraft voraus/zurück!* **9** **wieder zu Kräften kommen/bei Kräften sein** (vor allem nach einer Krankheit) gesund und stark werden/sein **10** **aus eigener Kraft** ohne fremde Hilfe ‹etwas aus eigener Kraft erreichen, schaffen, tun› **11** **mit vereinten Kräften** gemeinsam ‹etwas mit vereinten Kräften bewerkstelligen, tun› **12** **in/außer Kraft** gültig und wirksam/nicht mehr gültig, nicht mehr wirksam ‹ein Gesetz, eine Regelung, ein Vertrag tritt, ist in/außer Kraft; etwas in/außer Kraft setzen›

■ ID **die treibende Kraft sein** derjenige sein, der etwas bewirkt/möglich macht, weil man sich dafür einsetzt; **Spar dir die/deine Kraft!** Es ist sinnlos, das zu versuchen • zu (1,3) **Kraft·lo·sig·keit** *die*

Kraft·aus·druck *der* ein vulgärer Ausdruck ‹mit Kraftausdrücken um sich werfen›

Kraft·brü·he *die* eine starke (kräftige) Fleischbrühe

Kraft·fah·rer *der; admin* **1** eine Person, die beruflich Lastwagen oder Busse fährt K Berufskraftfahrer **2** eine Person, die ein Auto fährt • hierzu **Kraft·fah·re·rin** *die*

Kraft|fahr·zeug *das; admin* ein Fahrzeug mit einem Motor, das auf Straßen (nicht auf Schienen) fährt (ein Auto oder Motorrad) K Kraftfahrzeughalter, Kraftfahrzeugmechaniker, Kraftfahrzeugpapiere, Kraftfahrzeugreparaturwerkstatt, Kraftfahrzeugsteuer, Kraftfahrzeugversicherung **!** Abkürzung: *Kfz*

★ **kräf·tig** ADJEKTIV **1** gesund und stark ‹ein Kind, ein Mensch, ein Tier, eine Pflanze› | *Sie hat ein kräftiges Kind geboren* | *Er ist nach langer Krankheit noch nicht kräftig genug, anstrengende Arbeit zu verrichten* **2** mit relativ viel körperlicher Kraft ‹ein Händedruck, ein Hieb, ein Schlag› ≈ *stark* | *die Flasche vor Gebrauch kräftig schütteln* **3** von intensiver Wirkung ‹eine Farbe, eine Fleischbrühe, ein Geschmack; ein Hoch, ein Licht, ein Tief, ein Wind› ≈ *stark*

-kräf·tig *im Adjektiv, unbetont, begrenzt produktiv* **1** **aussagekräftig, beweiskräftig, farbkräftig, finanzkräftig, kapitalkräftig** *und andere* so, dass das Genannte in großer Menge oder mit großer Wirkung vorhanden ist **2** (in hohem Maße) fähig zu etwas | *heilkräftige Pflanzen* | *kaufkräftige/zahlungskräftige Kunden*

kräf·ti·gen VERB (kräftigte, hat gekräftigt) **1** **etwas kräftigt jemanden/etwas** etwas bewirkt, dass jemand oder ein Teil des Körpers stärker wird | *Training kräftigt die Muskeln* **2** **sich kräftigen** sich nach einer Krankheit o. Ä. erholen

kraft·los ADJEKTIV ohne Kraft ‹ein Mensch, ein Händedruck› ≈ *schwach*

Kraft·ma·schi·ne *die* eine Maschine, die mechanische Energie erzeugt (z. B. eine Dampfmaschine, eine Turbine)

Kraft·mensch *der; gesprochen* eine Person, die sehr stark ist

Kraft·pro·be *die* eine Handlung, mit der zwei oder mehrere Personen prüfen (und entscheiden) wollen, wer der Stärkere ist ‹es auf eine Kraftprobe ankommen lassen; jemanden zu einer Kraftprobe herausfordern›

Kraft·protz *der; abwertend* ein Mann, der sehr stark ist (und damit prahlt)

Kraft·rad *das; admin* ein Fahrzeug mit zwei Rädern und einem Motor (z. B. ein Motorrad)

Kraft·sport *der* ≈ *Schwerathletik*

Kraft·stoff *der* ≈ *Treibstoff* K Kraftstoffpumpe, Kraftstoffverbrauch

kraft·strot·zend ADJEKTIV so, dass man deutlich sieht, wie stark eine Person ist

kraft·voll ADJEKTIV mit viel Kraft oder Energie | *ein kraftvoller Stoß* | *kraftvoll abspringen*

Kraft·wa·gen *der; admin* ≈ *Auto* K Personenkraftwagen, Lastkraftwagen

★ **Kraft·werk** *das* ein technischer Betrieb, in dem elektrische Energie erzeugt wird K Atomkraftwerk, Gezeitenkraftwerk, Kernkraftwerk, Kohlekraftwerk, Wasserkraftwerk

★ **Kra·gen** *der;* (-s, -/*süddeutsch* Krä·gen) der (feste) Teil eines Hemds, einer Bluse o. Ä., der um den Hals geht ‹ein enger, weiter, steifer, mit Pelz besetzter Kragen› | *den obersten Knopf des Hemdes am Kragen offen lassen* | *Als Schutz gegen den kalten Wind schlug er den Kragen seines Mantels hoch* K Kragenknopf; Rollkragen, Stehkragen; Hemdenkragen, Jackenkragen, Mantelkragen; Papierkragen, Pelzkragen ■ ID **jemanden am Kragen kriegen/packen**, **jemandem geht es an den Kragen** *gesprochen* jemand gerät in Gefahr oder wird zur Verantwortung gezogen; **jemandem an den Kragen wollen** *gesprochen* jemandem etwas Böses antun (oder nachweisen) wollen; **jemanden beim Kragen packen/nehmen** *gesprochen* jemanden (greifen und) zur Rede stellen; **etwas kostet jemandem/jemanden den Kragen** etwas kostet jemanden die Arbeitsstelle; **jemandem platzt der Kragen** jemand verliert die Geduld; **jemandem den Kragen umdrehen** *gesprochen!* einen Menschen oder ein Tier töten

Kra·gen·wei·te *die* eine Zahl, die angibt, wie weit ein Kragen ist (und die ein Maß für die Größe von Männerhemden ist) | *ein Hemd mit Kragenweite 44* ■ ID **eine Person/Sache ist (nicht) jemandes Kragenweite** *gesprochen* eine Person oder Sache ist (nicht) so, wie es jemand mag

Krä·he ['krɛːə] *die;* (-, -n) ein schwarzer, relativ großer Vogel (der mit den Raben verwandt ist)

krä·hen ['krɛːən] VERB (krähte, hat gekräht) **1** **ein Hahn kräht** ein Hahn gibt die Laute von sich, die für seine Art typisch sind **2** (vor allem als Baby) mit hoher, heller Stimme rufen oder Töne von sich geben, die Vergnügen und Zufriedenheit ausdrücken ‹vergnügt, vor Vergnügen krähen›

Krä·hen·fü·ße *die; Plural* kleine Falten an den Augen (in den äußeren Augenwinkeln)

Kra·ke *der;* (-n, -n) ein Tier mit acht langen Fangarmen, das im Meer lebt (und bei Gefahr eine dunkle Flüssigkeit ausstößt) **!** *der Krake; den, dem, des Kraken*

kra·kee·len VERB (krakeelte, hat krakeelt); *gesprochen, abwertend* laut schreien, schimpfen oder streiten • hierzu **Kra·kee·ler** *der*

Kra·ke·lei *die;* (-, -en); *gesprochen, abwertend* eine Schrift, die man schlecht lesen kann (z. B. weil jemand beim Schreiben gezittert hat oder nicht gut schreiben kann) • hierzu **kra·ke·lig**, **krak·lig** ADJEKTIV; **kra·keln** VERB *(hat)*

★ **Kral·le** *die;* (-, -n) der scharfe, spitze und meist gebogene Nagel an den Füßen mancher Tiere, z. B. bei Katzen und Vö-

K

geln ‹scharfe, spitze, stumpfe Krallen› ■ ID **jemandem die Krallen zeigen** *gesprochen* sehr deutlich zeigen, dass man sich (gegen etwas) wehren will; **jemand bekommt/kriegt etwas in die Krallen** *gesprochen, abwertend* a jemand bekommt Macht über Personen oder Dinge b etwas kommt in jemandes Besitz

kral·len VERB (krallte, hat gekrallt) **etwas/sich an/in etwas** *(Akkusativ)* **krallen** (mit den Fingern oder Zehen wie) mit Krallen nach etwas greifen und sich irgendwo festhalten | *seine Finger in die Erde krallen* | *Als er die Katze aus dem Korb nehmen wollte, krallte sie sich ängstlich an das Kissen* ■ ID **sich** *(Dativ)* **etwas krallen** *gesprochen, abwertend* etwas rücksichtslos oder egoistisch für sich nehmen; **sich** *(Dativ)* **jemanden krallen** *gesprochen, oft abwertend* a jemanden am Arm fassen und festhalten (und oft ermahnen oder kritisieren) b dafür sorgen, dass man selbst jemandes Hilfe, Aufmerksamkeit oder Liebe bekommt und niemand sonst

Kram *der*; (-s); *gesprochen, abwertend* **1** (alte) Sachen ohne Wert, die man nicht mehr braucht | *Der ganze Dachboden ist voll von altem Kram* **2** etwas (vor allem eine Arbeit), für das man kein Interesse hat | *Ich muss den Kram da noch schnell fertig machen, dann können wir gehen* ■ ID **den (ganzen) Kram hinschmeißen** etwas nicht mehr weitermachen (weil man keine Lust mehr hat); **etwas passt ihm/ihr** *usw.* **(nicht) in den Kram**, **etwas passt ihm/ihr** *usw.* **(nicht) in seinen/ihren** *usw.* **Kram** etwas ist (nicht) so, wie er usw. es erwartet oder sich vorstellt

kra·men VERB (kramte, hat gekramt); *gesprochen* **1** **irgendwo (nach etwas) kramen** mit den Händen in einem Haufen ungeordneter Dinge nach etwas suchen | *in alten Fotos kramen* | *in der Handtasche nach dem Schlüssel kramen* **2** **etwas aus etwas kramen** in etwas suchen und etwas daraus hervorholen | *das Handy aus der Handtasche kramen*

Krä·mer *der*; (-s, -); *historisch* eine Person, die ein kleines Lebensmittelgeschäft besaß ≈ *Kaufmann* ● hierzu **Krä·me·rin** *die*

Kram·la·den *der*; *gesprochen* ein kleines Geschäft (für Lebensmittel und billige Waren)

Kram·pe *die*; (-, -n) ein Haken (in der Form eines U) aus Eisen mit zwei spitzen Enden | *einen Draht mit Krampen an der Wand festmachen*

Krampf *der*; (-(e)s, Krämp·fe) **1** der Zustand, in dem sich Muskeln (vor allem als Reaktion auf Überanstrengung) zusammenziehen und hart werden (so, dass es wehtut) | *einen Krampf in den Waden haben* K Muskelkrampf, Magenkrampf, Wadenkrampf, Lachkrampf **2** *gesprochen, abwertend nur Singular* ≈ *Unsinn* | *Das Theaterstück war (ein einziger) Krampf* | *So ein Krampf!* ● zu (1) **krampf·ar·tig** ADJEKTIV; zu (1) **krampf·lö·send** ADJEKTIV

Krampf·ader *die* eine kranke, erweiterte Vene, die vor allem an den Beinen sichtbar ist und wie eine dicke blaue Schnur aussieht ‹Krampfadern bekommen, haben; ein Arzt verödet Krampfadern›

kramp·fen VERB (krampfte, hat gekrampft) **1** **die Finger/die Hände in/um etwas** *(Akkusativ)* **krampfen** etwas mit aller Kraft (vor allem in einer verzweifelten Lage) festhalten **2** **jemandes Finger/Hände krampfen sich um/in etwas** *(Akkusativ)* jemandes Finger oder Hände halten sich mit aller Kraft irgendwo fest

krampf·haft ADJEKTIV **1** so starr oder mit (unkontrollierten) Bewegungen wie im Krampf ‹Zuckungen, ein Schluchzen, ein Weinen› **2** sehr angestrengt und mit sehr starkem Willen | *krampfhaft (über etwas) nachdenken* | *sich krampfhaft an etwas festhalten* | *krampfhaft versuchen, sich an etwas zu erinnern* **3** nicht echt, nicht mit dem normalen positiven Gefühl verbunden ‹ein Lachen, eine Heiterkeit›

Kram·pus *der*; (-ses, -se); *süddeutsch* Ⓐ eine (erdachte) Figur, von der man sagt, dass sie den Nikolaus begleite und böse Kinder bestrafe **I** → Infos unter **Nikolaus**

Kran *der*; (-(e)s, Krä·ne) Kräne sind sehr hohe Maschinen, die vor allem auf Baustellen große und schwere Dinge heben und bewegen K Kranführer

Kra·nich *der*; (-s, -e) ein großer grauer Vogel mit langen Beinen und langem Hals, der meist in Sümpfen Nahrung sucht

★ **krank** ADJEKTIV (kränker, kränkst-) **1** in dem Zustand, in dem sich ein Mensch oder ein Tier nicht wohlfühlt, schwach ist oder Schmerzen, Fieber o. Ä. hat ‹geistig, körperlich, schwer, unheilbar krank sein; krank im Bett liegen; sich krank fühlen› | *Er stellte sich krank, um zu Hause bleiben zu dürfen* (Er tat so, als wäre er krank) | *Dieses Wetter macht mich krank, da bekomme ich Kopfweh* | *Geh doch zum Arzt, wenn du krank bist!* | *„Ich habe gehört, du bist krank, was hast du denn?" – „Grippe!"* K alkoholkrank, grippekrank, krebskrank, suchtkrank; herzkrank, magenkrank, nierenkrank; sterbenskrank, todkrank **2** ‹Pflanzen› so, dass sie Parasiten haben, nicht gut wachsen, die Blätter verlieren o. Ä. | *Der Baum ist an der Wurzel krank* | *kranke Zweige entfernen* **3** psychisch schwach und leidend ‹vor Eifersucht, Einsamkeit, Heimweh, Liebe krank sein› | *Ich war ganz krank vor Sehnsucht nach dir!* (Ich habe unter der Sehnsucht nach dir gelitten) K gemütskrank, liebeskrank **4** **sich krank ärgern** *gesprochen* sich lange Zeit sehr ärgern **5** **krank spielen** *gesprochen, abwertend* wegen einer leichten Krankheit nicht arbeiten, zu Hause oder im Bett bleiben ■ ID **Das macht mich (ganz) krank** Das geht mir auf die Nerven, ärgert mich sehr

★ **Kran·ke** *der/die*; (-n, -n) eine Person, die krank ist | *einen Kranken pflegen* K Krankenbesuch, Krankenbett, Krankengeschichte, Krankengymnastik, Krankenkost, Krankenpflege, Krankentransport, Krankenzimmer **I** *ein Kranker; der Kranke; den, dem, des Kranken*

krän·keln VERB (kränkelte, hat gekränkelt) (häufig oder immer) ein bisschen krank sein

kran·ken VERB (krankte, hat gekrankt) **etwas krankt an etwas** *(Dativ)* es gibt einen erkennbaren Grund dafür, dass etwas nicht oder nicht richtig funktioniert | *Die Sache krankt daran, dass sich niemand verantwortlich fühlt*

krän·ken VERB (kränkte, hat gekränkt) **jemanden kränken** etwas tun oder sagen, was die Gefühle eines anderen verletzt ‹gekränkt sein; sich (in seiner Ehre, Eitelkeit, in seinem Stolz) gekränkt fühlen› | *Seine böse Bemerkung hat mich zutiefst gekränkt* ● hierzu **Krän·kung** *die*

Kran·ken·geld *das* wenn man seit mehr als sechs Wochen krank ist und nicht arbeiten kann, bekommt man statt Lohn von der Krankenversicherung Krankengeld

Kran·ken·gym·nas·tik *die* Übungen, die nach einer Krankheit oder Verletzung dazu führen sollen, dass man sich wieder normal bewegen kann

★ **Kran·ken·haus** *das* ein Gebäude, in dem Kranke liegen (die längere Zeit gepflegt und behandelt werden) ‹im Krankenhaus liegen; ins Krankenhaus müssen, kommen; jemanden ins Krankenhaus bringen› ≈ *Klinik* K Krankenhausaufenthalt, Krankenhauskosten, Krankenhauspersonal

kran·ken·haus|reif ADJEKTIV; *gesprochen* **jemanden krankenhausreif schlagen** eine Person so schwer verletzen, dass sie im Krankenhaus behandelt werden muss

★ **Kran·ken·kas·se** *die* ein Unternehmen der gesetzlichen Krankenversicherung | *Zahlt die Krankenkasse für diese Be-*

K

handlung? **H** → Infos unter **Krankenversicherung**

Kran·ken·kas·sen·bei·trag *der* das Geld, das man jeden Monat an die Krankenkasse zahlt. Wenn man arbeitet, wird der Krankenkassenbeitrag vom Lohn oder Gehalt abgezogen

Kran·ken·pfle·ger *der* ein Mann, der beruflich kranke Menschen pflegt **H** vergleiche **Krankenschwester** • hierzu **Kran·ken·pfle·ge·rin** *die*

Kran·ken·schein *der* **1** *historisch* ein Formular, das man dem Arzt gibt, damit er einen (auf Kosten der Krankenversicherung) behandelt, ohne dass man bezahlen muss **H** Heute gibt es stattdessen die Versichertenkarte **2** *gesprochen* eine Bescheinigung eines Arztes für den Arbeitgeber oder die Schule, dass man krank ist

★ **Kran·ken·schwes·ter** *die* eine Frau, die (meist im Krankenhaus) beruflich kranke Menschen pflegt **H** vergleiche **Krankenpfleger**

Kran·ken·stand *der* **im Krankenstand sein** wegen einer Krankheit nicht arbeiten (können)

Kran·ken·ver·si·che·rung *die* **1** eine Institution, an die man jeden Monat eine feste Summe bezahlt. Sie bezahlt dafür die medizinischen Kosten, die bei einer Krankheit entstehen, und Krankengeld ⟨die gesetzliche, eine private Krankenversicherung⟩ **2** der Vertrag, den man mit einer Krankenversicherung schließt | *Sie konnte sich die teure Krankenversicherung nicht mehr leisten* **K** Auslandskrankenversicherung, Reisekrankenversicherung, Zusatzkrankenversicherung • zu (2) **kran·ken·ver·si·che·rungs·pflich·tig** ADJEKTIV

Kran·ken·wa·gen *der* ein besonders ausgerüstetes Auto mit Sanitätern (und Notarzt), das Kranke oder Verletzte ins Krankenhaus bringt ≈ *Ambulanz, Rettung(swagen)*

krank·fei·ern VERB (feierte krank, hat krankgefeiert); *gesprochen, humorvoll* behaupten, dass man krank sei und (deshalb) nicht zur Arbeit gehen

krank·haft ADJEKTIV **1** zu einer Krankheit gehörig oder durch sie bewirkt ⟨ein Prozess, eine Wucherung, ein Zustand⟩ | *eine krankhafte Vergrößerung* **2** so, dass eine Person nicht mehr normal handelt und reagiert, sondern sehr heftig und übertrieben ⟨Ehrgeiz, Eifersucht⟩ | *Er ist krankhaft eifersüchtig und lässt seine Frau keinen Augenblick aus den Augen* • zu (2) **Krank·haf·tig·keit** *die*

★ **Krank·heit** *die*; (-, -en) **1** wenn Menschen, Tiere oder Pflanzen eine Krankheit bekommen, geht es ihnen nicht gut ⟨eine leichte, schwere, akute, chronische Krankheit; eine Krankheit verhüten, bekommen, haben, bekämpfen, heilen, (aus)kurieren, loswerden; eine Krankheit bricht aus; sich von einer Krankheit erholen⟩ | *Kinder gegen Krankheiten wie Tetanus, Masern, Mumps und Röteln impfen* | *Aids ist eine Krankheit, die durch Viren hervorgerufen wird* **K** Krankheitserreger, Krankheitssymptom, Krankheitsüberträger, Krankheitsursache, Krankheitsverlauf; Drüsenkrankheit, Geisteskrankheit, Geschlechtskrankheit, Hautkrankheit, Nervenkrankheit; Erkältungskrankheit, Infektionskrankheit, Mangelkrankheit; Frauenkrankheit, Kinderkrankheit **H** vergleiche **Leiden** und **Beschwerde(n)** **2** die Zeit, in der ein Mensch oder Tier an einer Krankheit leidet | *Während seiner zweiwöchigen Krankheit konnte er nicht arbeiten* **K** Krankheitsdauer

Krank·heits·bild *das* die Symptome, die bei einer Krankheit auftreten ≈ *Syndrom*

krank·heits·hal·ber ADVERB weil jemand krank ist | *krankheitshalber verhindert sein*

Krank·heits·herd *der* eine Stelle des Körpers, von der eine Krankheit ausgeht

krank·la·chen VERB (lachte sich krank, hat sich krankgelacht) **sich (über jemanden/etwas) kranklachen** *gesprochen* sehr lange lachen | *sich über einen Witz kranklachen*

kränk·lich ADJEKTIV schwach und (oft) leicht krank, nicht ganz gesund | *ein kränkliches Kind* • hierzu **Kränk·lich·keit** *die*

krank·ma·chen VERB (machte krank, hat krankgemacht); *gesprochen* **1** ≈ *krankfeiern* **2** **etwas macht (jemanden) krank** → krank

krank·mel·den VERB (meldete krank, hat krankgemeldet) **jemanden krankmelden** der Schule, dem Arbeitgeber o. Ä. mitteilen, dass jemand oder man selbst krank ist und zu Hause bleiben muss

krank·schrei·ben VERB (schrieb krank, hat krankgeschrieben) **jemanden krankschreiben** (als Arzt) schriftlich bestätigen, dass jemand krank ist und deshalb nicht arbeiten oder zur Schule gehen kann ⟨sich krankschreiben lassen⟩ | *für eine Woche krankgeschrieben sein*

Kranz *der*; (-es, Krän·ze) **1** Kränze sind Ringe, die aus Blumen,

K

LANDESKUNDE

▶ Die Krankenversicherung

In Deutschland besteht eine allgemeine Krankenversicherungspflicht ohne Ausnahme. Es gibt es zwei Arten der Krankenversicherung. Die meisten Arbeiter und Angestellten und ihre Familienangehörigen sind bei einer **gesetzlichen Krankenkasse** versichert. Die Beiträge hierfür werden in der Regel je zur Hälfte vom Versicherten und von dessen Arbeitgeber bezahlt. Personen, deren Einkommen eine bestimmte Grenze überschreitet, Selbstständige und Beamte können sich statt bei einer gesetzlichen auch bei einer **privaten Krankenkasse** versichern.

Die Krankenversicherung übernimmt einen Großteil der Kosten für die Behandlung beim Arzt oder Zahnarzt und im Krankenhaus, für Medikamente, für Psycho- und Physiotherapie, für die medizinische Vorsorge und für viele Hilfsmittel für Behinderte oder alte Menschen. Bei vielen Leistungen wie z. B. Krankenhausaufenthalten und Medikamenten müssen die Patienten einen geringen Teil der Kosten zuzahlen. Bei Zahnersatz wird nur ein Teil der Kosten übernommen. Bestimmte Behandlungen, Hilfsmittel und Vorsorgeuntersuchungen muss der Patient selbst zahlen.

Wenn man ärztliche Hilfe braucht, geht man zur Sprechstunde in die Praxis eines Arztes, den man frei wählen kann. Meist macht man dazu vorher einen Termin aus. Bei jedem Arztbesuch ist die **Versichertenkarte** vorzulegen.

Die meisten Medikamente bekommt man ausschließlich in **Apotheken**. Manche sind verschreibungspflichtig, man erhält sie nur gegen Vorlage eines ärztlichen Rezepts. Ungefährliche Heilmittel (Vitamine, Salben, Kräutertees, Pflaster, Verbände usw.) bekommt man auch in Drogerien und Supermärkten.

Viele Patienten suchen auch Hilfe bei alternativen Methoden der Medizin, wie zum Beispiel bei **Akupunktur**, **Homöopathie** oder bei verschiedenen Formen der **Naturheilkunde**. Viele Krankenkassen bezahlen auch einige dieser Behandlungen.

Zweigen usw. gebunden oder geflochten werden ⟨einen Kranz winden, binden, flechten; einen Kranz im Haar tragen; einen Kranz auf ein Grab legen; einen Kranz an einem Denkmal niederlegen⟩ | *Im Advent haben wir immer einen Kranz aus Tannenzweigen mit vier Kerzen* K Blumenkranz, Lorbeerkranz, Myrtenkranz, Brautkranz, Siegerkranz, Trauerkranz **2** etwas mit der Form eines Ringes | *eine Torte mit einem Kranz aus Erdbeeren*

Kränz·chen *das;* (-s, -) **1** ein kleiner Kranz **2** ein regelmäßiges Treffen meist von Frauen, um gemeinsam Kaffee zu trinken und zu plaudern K Kaffeekränzchen

Krap·fen *der;* (-s, -) ein rundes Gebäck aus Hefeteig, das in heißem Fett gebacken wird ≈ *Berliner*

krass ADJEKTIV (krasser, krassest-); *abwertend* **1** auffällig und extrem ⟨ein Beispiel, ein Gegensatz, ein Unterschied, ein Widerspruch; sich/etwas krass ausdrücken⟩ | *Das Rennen hat ein krasser Außenseiter gewonnen* (ein Teilnehmer, mit dem niemand gerechnet hatte) **2** *gesprochen* verwendet, um Erstaunen und ein positives oder negatives Urteil auszudrücken | *Er hat tausend Euro gewonnen, echt krass!*

Kra·ter *der;* (-s, -) ein tiefes Loch in der Erde, das durch eine Explosion, eine Bombe o. Ä. entstanden ist K Kraterlandschaft, Kratersee

kratz·bürs·tig ADJEKTIV; *gesprochen, humorvoll* (als Frau) unfreundlich und schnell gereizt

Krät·ze *die;* (-) eine Krankheit, bei welcher die Haut rotbraune, juckende Flecken bekommt ⟨die Krätze haben⟩ **i** medizinischer Fachausdruck: *Skabies*

★ **krat·zen** VERB (kratzte, hat gekratzt) **1** **jemanden (irgendwo) kratzen; jemandem etwas kratzen** die Fingernägel, Krallen o. Ä. mit leichtem Druck auf der Haut hin und her bewegen (vor allem weil sie gereizt ist und juckt) ⟨sich blutig, wund kratzen⟩ | *Die Katze kratzte sich am/hinterm Ohr* | *Kannst du mich mal am Rücken kratzen?* **2** **jemanden kratzen** die Haut (an einer Stelle) mit einem spitzen oder scharfen Gegenstand verletzen | *Die Katze hat mich gekratzt* | *Ich habe mich am Stacheldraht gekratzt* K Kratzwunde **3** **etwas aus/von etwas kratzen; etwas in etwas** (*Akkusativ*) **kratzen** einen Gegenstand so über eine Oberfläche bewegen, dass etwas entfernt wird oder Schäden entstehen | *einen Topf leer kratzen* | *die letzte Butter aus der Dose kratzen* | *mit einem Nagel ein Muster ins Holz kratzen* | *Farbe von der Wand kratzen* **4** **etwas kratzt (jemanden)** etwas reizt die Haut o. Ä. und ist deshalb unangenehm ⟨etwas kratzt jemanden auf der Haut, im Hals⟩ | *Der neue Pullover kratzt (mich)* | *Sein Bart kratzt beim Küssen* | *Hustenbonbons lutschen, weil man ein Kratzen im Hals verspürt* **5** **etwas kratzt (jemanden) nicht** *gesprochen* etwas stört, interessiert oder ärgert (jemanden) nicht **6** **ein Tier kratzt irgendwo** ein Tier reibt die Krallen o. Ä. an einem Gegenstand | *Der Hund kratzte an der Tür* **7** **etwas kratzt** etwas macht ein unangenehmes, kratzendes Geräusch | *Die Schreibfeder/Die Schallplatte kratzt* **8** **an etwas** (*Dativ*) **kratzen** *gesprochen* etwas schon fast erreicht haben ⟨an der Million, an der Millionengrenze kratzen⟩

Krat·zer *der;* (-s, -) **1** eine kleine Wunde oder kaputte Stelle, die durch Kratzen entstanden sind | *ein Kratzer im Lack* | *Sie hat bei dem Unfall nur ein paar Kratzer abbekommen* K Hautkratzer, Lackkratzer **2** ein kleines Gerät zum Kratzen K Topfkratzer

Kraul *ohne Artikel, nur Singular* der Schwimmstil, wenn man krault | *die Bestzeit über 400 Meter Kraul*

krau·len VERB (kraulte, hat/ist gekrault) **1** **jemanden (irgendwo) kraulen; jemandem etwas kraulen** (*hat*) eine Person, sich selbst oder ein Tier (liebevoll) streicheln, indem man die Fingerspitzen fest über die Haut bewegt ⟨jemanden am Kinn kraulen; jemandem den Bart, das Kinn kraulen; ein Tier am/den Bauch, am/den Kopf, hinter den Ohren kraulen; dem Hund das Fell kraulen⟩ **2** **kraulen; irgendwohin kraulen** (*ist*) mit dem Bauch nach unten schwimmen und dabei die Arme abwechselnd in einem Bogen durch die Luft nach vorn und anschließend durchs Wasser nach hinten bewegen K Kraulschwimmen, Kraulstaffel, Kraulstil **i** vergleiche **Brustschwimmen** • zu (2) **Krau·ler** *der*

kraus ADJEKTIV (krauser, krausest-) **1** krause Haare haben viele kleine Locken K Kraushaar, Krauskopf **2** konfus und seltsam ⟨Gedanken⟩ | *krauses Zeug reden* **3** **die Stirn kraus ziehen** die Stirn runzeln • zu (1) **kraus·haa·rig** ADJEKTIV

Krau·se *die;* (-, -n) **1** ein Streifen Stoff, der so genäht ist, dass er dichte Falten hat (und der z. B. am Hals als dekorativer Kragen dient) K Halskrause **2** *nur Singular* eine Frisur, die aus vielen kleinen dichten Locken besteht

kräu·seln VERB (kräuselte, hat gekräuselt) **1** **etwas kräuseln** kleine Falten, Locken, Wellen in etwas machen ⟨die Lippen, die Stirn kräuseln⟩ | *Der leichte Wind kräuselte die Oberfläche des Sees* **2** **etwas kräuselt sich** etwas bildet kleine Falten, Wellen, Locken o. Ä. | *Meine Haare kräuseln sich, wenn sie nass werden* • zu (2) **Kräu·se·lung** *die*

krau·sen VERB (krauste, hat gekraust) **1** **etwas krausen** ≈ *kräuseln* **2** **etwas kraust sich** ≈ *kräuseln*

Kraut *das;* (-(e)s, Kräu·ter) **1** *meist Plural* kleine Pflanzen, deren Blätter (und manchmal auch Blüten) man als Medizin oder Gewürz verwendet ⟨Kräuter anbauen, sammeln, trocknen; eine Arznei, ein Tee aus Kräutern; etwas mit Kräutern würzen⟩ | *Für diese Soße braucht man Petersilie, Dill, Basilikum und andere Kräuter* K Kräuterbad, Kräuteressig, Kräuterlikör, Kräuterquark, Kräutersoße, Kräutertee; Gewürzkräuter, Heilkräuter, Küchenkräuter **2** *nur Singular* die Blätter und Stiele einer (essbaren) Pflanze, die nicht gegessen werden | *das Kraut der Bohnen nach der Ernte stehen lassen* | *das Kraut von den Radieschen abmachen* **3** *nur Singular* verwendet als Bezeichnung für manche Arten von Kohl (Rotkohl, Weißkohl Sauerkohl) | *Würstchen mit Kraut* K Krautkopf, Krautsalat; Blaukraut, Rotkraut, Sauerkraut, Weißkraut **4** *gesprochen* ≈ *Tabak* | *ein fürchterliches Kraut rauchen* ■ ID **etwas schießt ins Kraut** **a** eine Pflanze wächst zu schnell, hat zu viele Blätter und deshalb wenig Blüten **b** eine Sache verbreitet sich zu stark, wird zu umfangreich; **Dagegen ist kein Kraut gewachsen** *gesprochen* Dagegen kann man nichts machen; **wie Kraut und Rüben** ohne Ordnung ≈ *durcheinander* | *In seinem Zimmer sieht es aus wie Kraut und Rüben/liegt alles wie Kraut und Rüben herum*

Kra·wall *der;* (-s, -e) **1** *meist Plural* laute Aktivitäten aus politischen Gründen, bei denen auch Gewalt angewendet wird ≈ *Aufruhr* | *Bei der Demonstration kam es zu blutigen Krawallen* **2** *gesprochen nur Singular* großer Lärm ⟨Krawall machen⟩ ≈ *Krach* ■ ID **auf Krawall gebürstet sein** *gesprochen* aggressiv sein, Streit suchen

Kra·wall·ma·cher *der;* (-s, -); *gesprochen, abwertend* eine Person, die Lärm oder Krawall macht

★ **Kra·wat·te** *die;* (-, -n) ein langer, schmaler Streifen Stoff, den man unter dem Hemdkragen um den Hals legt und vorne zu einem Knoten bindet (und den Männer zu Anzügen tragen) ⟨eine Krawatte tragen, umhaben; die Krawatte binden, lockern; sich (*Dativ*) eine Krawatte umbinden⟩ K Krawattenknoten, Krawattennadel, Krawattenzwang

Kra·xe *die;* (-, -n); *süddeutsch* Ⓐ, *gesprochen* mit einer Kraxe kann man (beim Wandern) Babys oder Lasten auf dem Rücken tragen

kra·xeln VERB (kraxelte, ist gekraxelt) **(irgendwohin) kraxeln**

K

besonders süddeutsch Ⓐ, *gesprochen* ≈ *klettern*

Kre·a·ti·on [-'tsi̯o:n] *die;* (-, -en) etwas Neues, das vor allem für die Mode erdacht und gemacht wird | *die neuesten Kreationen vorführen*

kre·a·tiv [-f] ADJEKTIV mit neuen und originellen Ideen (die auch realisiert werden) ⟨Fähigkeiten, Ideen, Lösungen; etwas kreativ gestalten⟩ | *der kreative Umgang mit Farben* ● hierzu **Kre·a·ti·vi·tät** *die*

Kre·a·tur *die;* (-, -en) **1** *geschrieben* ≈ *Lebewesen, Geschöpf* **2** *abwertend* ein Mensch, den man verachtet ⟨eine gemeine, widerliche Kreatur⟩

★ **Krebs** *der;* (-es, -e) **1** *nur Singular* eine gefährliche Krankheit, bei der die Zellen mancher Organe im Körper stark wachsen und die Organe zerstören ⟨Krebs im Früh-, Spät-, Endstadium⟩ | *Wenn Krebs früh genug erkannt wird, kann er oft noch geheilt werden* **K** Krebsforschung, Krebsfrüherkennung, Krebsgeschwulst, Krebsgeschwür, Krebskranke(r), Krebsvorsorge, Krebsvorsorgeuntersuchung, Krebstod, krebskrank; Brustkrebs, Darmkrebs, Gebärmutterkrebs, Hautkrebs, Kehlkopfkrebs, Knochenkrebs, Lungenkrebs, Magenkrebs, Unterleibskrebs **2** ein Tier mit acht Beinen und einer harten Schale (dem Panzer), das im Wasser lebt. Die zwei vorderen Beine sehen wie Zangen aus und werden auch Scheren genannt | *Krebse werden leuchtend rot, wenn sie gekocht werden* **K** krebsrot **3** *nur Singular* das Sternzeichen für die Zeit vom 22. Juni bis 22. Juli **H** → Abb. unter **Sternzeichen** **4** eine Person, die in der Zeit vom 22. Juni bis 22. Juli geboren ist | *Sie ist (ein) Krebs* ● zu (1) **krebs·er·re·gend** ADJEKTIV

kreb·sen VERB (krebste, hat gekrebst); *gesprochen* **jemand hat zu krebsen** jemand arbeitet viel, hat aber nur wenig Erfolg

kre·den·zen VERB (kredenzte, hat kredenzt) **(jemandem) etwas kredenzen** *geschrieben* jemandem (vor allem dem Gast) etwas zu Trinken geben

★ **Kre·dit**, **Kre·dit** *der;* (-(e)s, -e) **1** Geld, das man von einer Bank leiht und für das man Zinsen zahlt ⟨einen Kredit aufnehmen, zurückzahlen; eine Bank räumt jemandem einen Kredit ein, gewährt jemandem einen Kredit⟩ ≈ *Darlehen* **K** Kreditanstalt, Kreditantrag, Kreditbrief, Kreditgeber, Kreditgeschäft, Kreditinstitut, Kreditnehmer **2** *nur Singular* die Möglichkeit, für eine Ware oder Leistung später zu zahlen ⟨etwas auf Kredit kaufen; jemandem Kredit geben, gewähren; bei jemandem Kredit haben⟩ | *Beim Bäcker um die Ecke habe ich immer Kredit* **3** *nur Singular* das Vertrauen in die Ehrlichkeit einer Person ⟨bei jemandem großen Kredit haben, Kredit genießen; seinen Kredit bei jemandem verspielen⟩

Kre·dit·hai, **Kre·dit·hai** *der; abwertend* eine Person, die viel zu hohe Zinsen für Kredite verlangt

★ **Kre·dit·kar·te**, **Kre·dit·kar·te** *die* mit einer Kreditkarte kann man z. B. beim Einkaufen, im Hotel oder Restaurant ohne Bargeld bezahlen

kre·dit·wür·dig, **kre·dit·wür·dig** ADJEKTIV in einer so guten (finanziellen) Situation, dass man Kredite (vor allem von den Banken) bekommt ● hierzu **Kre·dit·wür·dig·keit**, **Kre·dit·wür·dig·keit** *die*

Kre·do *das;* (-s, -s) → Credo

kre·gel ADJEKTIV; *norddeutsch* munter und fröhlich, fit **H** *kregel* → *kregle Kinder*

★ **Krei·de** *die;* (-, -n) **1** *nur Singular* eine Substanz aus weichem, weißem Kalkstein **K** Kreidefelsen **2** ein Stück Kreide, das man zum Schreiben oder Zeichnen verwendet ⟨weiße, bunte, farbige Kreide; ein Stück Kreide⟩ | *etwas mit Kreide an die Tafel schreiben* **K** Kreidestrich, Kreidezeichnung **3** **bleich/weiß wie Kreide werden** vor allem vor Schreck (oder Übelkeit) blass werden **K** kreidebleich, kreideweiß

■ **ID** **(bei jemandem) (tief) in der Kreide stehen/sein** jemandem (viel) Geld schulden

krei·dig ADJEKTIV weiß, schmutzig (oder staubig) von Kreide ⟨Hände⟩

kre|ie·ren [kre'i:rən] VERB (kreierte, hat kreiert) **etwas kreieren** (vor allem in der Mode) ein neues Muster oder Modell machen | *eine neue Kollektion kreieren*

★ **Kreis** *der;* (-es, -e) **1** eine völlig runde Linie um einen Punkt in der Mitte herum oder die Fläche, die innerhalb dieser Linie liegt ⟨einen Kreis (mit einem Zirkel) zeichnen; der Durchmesser, die Fläche, der Radius, der Umfang eines Kreises⟩ **K** Kreisbahn, Kreisbewegung, Kreisdurchmesser, Kreisfläche, Kreisinhalt, Kreislinie, Kreissegment, Kreisumfang; kreisrund **2** etwas, das ungefähr die Form eines Kreises hat ⟨Personen bilden, schließen einen Kreis⟩ | *Der Wagen beschrieb einen Kreis* (drehte sich im Kreis) | *Der Adler zog seine Kreise am Himmel* (flog im Kreis) **3** **in einem/im Kreis** so, dass dabei eine Art Kreis entsteht ⟨sich im Kreis aufstellen; sich im Kreis bewegen, drehen, umsehen; in einem/im Kreis (um jemanden/etwas herum) gehen, laufen; Personen sitzen, stehen im Kreis (um jemanden/etwas herum)⟩ **4** mehrere Personen, die (oft) zusammen sind, um gemeinsam etwas zu tun ⟨ein geselliger Kreis; in familiärem, eng(st)em, kleinem Kreise; im Kreise der Familie feiern⟩ ≈ *Runde* | *Er verbrachte Weihnachten im Kreis seiner Freunde* **K** Arbeitskreis, Familienkreis **5** mehrere Personen (oder auch Dinge), die ein gemeinsames Merkmal haben ⟨der Kreis der Interessenten, Kunden, Leser, Verdächtigen; ein Kreis von Problemen, Themen⟩ | *Ist im Kreis der Nachbarn keiner, der da helfen könnte?* **K** Kundenkreis, Teilnehmerkreis; Problemkreis, Themenkreis **6** *nur Plural* manche Teile der Gesellschaft (Bevölkerung) ⟨einflussreiche, gut unterrichtete, die besseren Kreise⟩ **K** Bevölkerungskreise, Fachkreise, Geschäftskreise, Gesellschaftskreise **7** Kurzwort für *Landkreis* **K** Kreisgericht, Kreiskrankenhaus, Kreismeister, Kreismeisterschaft, Kreissparkasse, Kreisverwaltung **8** Kurzwort für *Stromkreis, Schaltkreis* ⟨einen Kreis schließen, kurzschließen⟩ **9** (beim Handball) der Raum vor dem Tor, in dem nur der Torwart sein darf ⟨in den Kreis treten⟩ **K** Wurfkreis

■ **ID** **der Kreis schließt sich** die Beweise, Indizien o. Ä. ergeben zusammen ein (sinnvolles) Bild; **jemandem dreht sich alles im Kreis(e)** jemandem ist schwindlig; **sich (ständig) im Kreis bewegen/drehen** immer wieder dasselbe denken, sagen oder tun und deswegen zu keinem Ergebnis kommen; **etwas zieht (weite) Kreise** etwas hat (starke) Wirkungen und Folgen ● zu (1) **kreis·för·mig** ADJEKTIV

krei·schen VERB (kreischte, hat gekreischt) **1** **(etwas) kreischen** (etwas) mit lauter und hoher Stimme schreien ⟨vor Schreck, vor Vergnügen kreischen; schrill kreischen⟩ | *„Achtung!", kreischte sie* **H** Das Objekt ist meist ein Satz **2** **etwas kreischt** etwas klingt laut und sehr hoch ⟨die Säge kreischt⟩

Krei·sel *der;* (-s, -) **1** ein kleines Spielzeug für Kinder, das sich auf einer Spitze im Kreis dreht, wenn man ihm Schwung gibt ⟨den Kreisel aufziehen, tanzen lassen; etwas dreht sich wie ein Kreisel⟩ **2** *gesprochen* ≈ *Kreisverkehr* **K** Verkehrskreisel

krei·seln VERB (kreiselte, hat/ist gekreiselt) **(irgendwo) kreiseln** (*hat*); **irgendwohin kreiseln** (*ist*) sich im Kreis drehen, in Kreisen irgendwohin bewegen | *Die Feder schwebte kreiselnd zu Boden* | *Zahllose Insekten kreiselten um die Laterne*

krei·sen VERB (kreiste, hat/ist gekreist) **1** (*hat/ist*) sich so fortbewegen, dass ein Kreis oder Bogen entsteht | *Der Adler kreiste am Himmel* | *Die Erde kreist um die Sonne* **H** Wenn sich etwas auf der gleichen Stelle im Kreis bewegt, dann *dreht* es sich oder es *rotiert.* **2** **etwas kreisen lassen** (*hat*) etwas (in einer Runde) von einer Person zur anderen gehen lassen ⟨eine Flasche kreisen lassen⟩ **3** **mit etwas kreisen** (*hat*) etwas so bewegen, dass ein Kreis oder Bogen entsteht ⟨mit den Armen, den Beinen, dem Kopf kreisen⟩ **4** **etwas kreist um etwas** (*hat/ist*) etwas kommt immer wieder auf dasselbe Thema (zurück) ⟨jemandes Gedanken, ein Gespräch⟩

kreis·frei ADJEKTIV *meist attributiv;* Ⓓ *admin* ⟨eine Stadt⟩ so, dass sie zu keinem Landkreis gehört (sondern selbstständig ist)

Kreis·lauf *der* **1** die Art der Bewegung, bei der etwas immer wieder zum Ausgangspunkt zurückkehrt, sich ständig wiederholt, ein (geschlossenes) System bildet **K** Geldkreislauf, Stromkreislauf, Wasserkreislauf **2** *meist Singular* die Bewegung des Blutes im Körper ⟨der Kreislauf versagt; einen schwachen Kreislauf haben; etwas regt den Kreislauf an; belastet den Kreislauf⟩ ≈ *Zirkulation* **K** Kreislaufkollaps, Kreislaufschwäche, Kreislaufstörung, Kreislaufversagen; Blutkreislauf **3** *nur Singular* ein (kontinuierlicher) Ablauf, bei dem (in regelmäßigen Abständen) immer wieder dasselbe geschieht | *der Kreislauf der Natur/des Lebens*

Kreis·sä·ge *die* eine Maschine mit einer runden Säge

Kreiß·saal *der* der Raum in einem Krankenhaus, in dem Frauen Kinder bekommen (gebären) | *die Entbindung im Kreißsaal*

Kreis·stadt *die* die Stadt, in der sich die Behörden eines Landkreises befinden

Kreis·tag *der;* Ⓓ die gewählten politischen Vertreter (Abgeordneten), die einem Landkreis angehören ⟨in den Kreistag gewählt werden, kommen⟩

Kreis·ver·kehr *der* manchmal enden zwei oder mehr Straßen in einem großen Kreis. Vorfahrt haben dort die Fahrzeuge, die im Kreis sind, und wenn diese Fahrzeuge den Kreis verlassen haben, können die nächsten in den Kreis hineinfahren

Kre·ma·to·ri·um *das;* (-s, Kre·ma·to·ri·en [-jən]) ein Gebäude mit einer Anlage zur Verbrennung von Toten

Kreml, Kreml *der;* (-(s)) **1** die Regierung von Russland **2** *historisch* die Regierung der Sowjetunion **3** die Gebäude der Regierung in Moskau

Krem·pe *die;* (-, -n) der untere (oft breite) Rand eines Hutes (der dem Gesicht Schatten gibt)

Krem·pel *der;* (-s); *gesprochen, abwertend* (oft alte) Dinge, die nicht viel wert sind

krem·peln VERB (krempelte, hat gekrempelt) **etwas irgendwohin krempeln** etwas in eine andere Richtung umlegen oder falten | *die Ärmel nach oben krempeln* | *die Hosentaschen nach außen krempeln*

Kren *der;* (-(e)s); *süddeutsch* Ⓐ ≈ *Meerrettich*

kre·pie·ren VERB (krepierte, ist krepiert) **jemand krepiert** *gesprochen* ⚠ ein Mensch oder ein Tier stirbt

Krepp·pa·pier *das; meist Singular* ein raues (elastisches) Papier mit vielen kleinen Falten, das man (z. B. im Fasching) für Dekorationen braucht

Krepp·soh·le *die* eine Schuhsohle aus rauem Gummi

Kres·se *die;* (-, -n); *meist Singular* eine kleine Pflanze, deren Blätter ziemlich scharf schmecken und als Salat gegessen werden oder als Gewürz dienen

Kre·thi ■ ID **Krethi und Plethi** viele verschiedene Menschen, auch die einfachen Leute

kreucht ■ ID **alles, was da kreucht und fleucht** *humorvoll* alle Tiere und Insekten

kreuz ■ ID **kreuz und quer** ohne Plan, Ordnung oder System | *mit dem Auto kreuz und quer durch die Stadt fahren* | *Die Stifte liegen kreuz und quer in der Schachtel*

★ **Kreuz** *das;* (-es, -e) **1** die Zeichen x oder +, die man z. B. schreibt, um eine Stelle auf einem Plan, einer Karte o. Ä. genau zu markieren oder um eine von mehreren Möglichkeiten auf einem Formular zu wählen ⟨ein Kreuz machen; etwas mit einem Kreuz versehen⟩ **2** eine Sache mit der Form eines Kreuzes ⟨etwas bildet ein Kreuz⟩ | *Das Kreuz am Eingang zum Supermarkt dreht sich nur in eine Richtung, so dass man dort nicht hinausgehen kann* **K** Achsenkreuz, Balkenkreuz, Drehkreuz, Fadenkreuz, Fensterkreuz, Koordinatenkreuz **3** ein Kreuz, das als Symbol verwendet wird (z. B. in der christlichen Religion oder in Verbindung mit dem Namen eines Toten, dem Datum des Todes) | *Die Schweizer Flagge zeigt ein weißes Kreuz auf rotem Grund* **K** Altarkreuz, Grabkreuz, Holzkreuz, Ehrenkreuz, Ritterkreuz, Verdienstkreuz, Hakenkreuz, Warnkreuz **4** *historisch* ein Gerüst mit einem langen senkrechten und einem kurzen waagrechten Balken, an dem früher Menschen aufgehängt und getötet wurden ⟨jemanden ans Kreuz schlagen, vom Kreuz abnehmen; am Kreuz hängen, sterben⟩ | *Jesus Christus starb am Kreuz* **K** Kreuzestod **5** der untere Teil des Rückens ⟨ein krummes, schiefes, hohles, steifes Kreuz haben; jemandem tut das Kreuz weh; aufs Kreuz fallen; es im Kreuz haben⟩ **K** Kreuzschmerzen, Kreuzweh **B** → Abb. unter **Mensch** **6** *nur Singular* viel Leid ⟨ein Kreuz auf sich nehmen; ein schweres Kreuz zu tragen haben⟩ **7** eine Spielfarbe im internationalen Kartenspiel oder eine Karte dieser Farbe **B** → Beispiele unter **Herz** **8** das Zeichen ♯, durch das eine Note um einen halben Ton erhöht wird | *Die Tonart G-Dur hat ein Kreuz* **9** eine Stelle, an der zwei Autobahnen aufeinandertreffen und man von der einen Autobahn auf die andere wechseln kann | *das Stuttgarter Kreuz* **K** Autobahnkreuz **10** **das Kreuz des Südens** ein Gebilde aus mehreren Sternen, die zusammen wie ein Kreuz aussehen und nur in südlichen Ländern am Himmel zu sehen sind **11** **das Rote Kreuz** eine Organisation, die vor allem bei Unfällen, Katastrophen, im Krieg o. Ä. Kranke, Verwundete und Menschen in Not betreut. Das Zeichen ist ein rotes Kreuz auf weißem Grund ⟨das Internationale, Deutsche, Österreichische Rote Kreuz⟩ **K** Rotkreuzhelfer, Rotkreuzschwester **12** **über Kreuz** so, dass dabei eine Art Kreuz entsteht ⟨Dinge liegen über Kreuz⟩ | *Er legte Messer und Gabel über Kreuz auf seinen Teller*

■ ID **jemanden aufs Kreuz legen** *gesprochen* jemanden betrügen; **(mit etwas) aufs Kreuz fallen** *gesprochen* einen Misserfolg haben; **zu Kreuze kriechen** die eigene Niederlage zeigen und nachgeben; **ein breites Kreuz haben** viel (Unangenehmes) geduldig ertragen; **mit jemandem/etwas ist es ein (großes) Kreuz** *gesprochen* jemand/etwas macht viel Ärger; **mit jemandem/etwas sein Kreuz haben** *gesprochen* durch jemanden/etwas viel Mühe oder Ärger haben; **ein/das Kreuz schlagen** eine (rituelle) Geste machen, durch die man sich (in der katholischen Religion) unter den Schutz Gottes stellt; **ein Kreuz/drei Kreuze hinter jemandem/etwas machen, drei Kreuze machen, wenn ...** *gesprochen* sehr froh sein, wenn man mit jemandem nichts mehr zu tun hat oder wenn etwas vorbei ist | *Wenn diese Woche vorbei ist, dann mache ich drei Kreuze* ● zu (1) **kreuz·för·mig** ADJEKTIV

Kreuz·bein *das* ein flacher, breiter Knochen am unteren Ende des Rückens

★ **kreu·zen** VERB (kreuzte, hat/ist gekreuzt) **1** **etwas kreuzt etwas** (*hat*) zwei Linien, Wege o. Ä. treffen sich an einem Punkt, sodass sie ein Kreuz bilden **2** **die Arme/Beine kreuzen** (*hat*) die Arme oder die Beine so übereinanderlegen, dass eine Art Kreuz entsteht **3** **Dinge kreuzen** (*hat*) Dinge so

K

zusammenlegen o. Ä., dass eine Art Kreuz entsteht ⟨die Schwerter kreuzen⟩ **4** **ein Tier/eine Pflanze mit einem Tier/einer Pflanze kreuzen**; **Tiere/Pflanzen (miteinander) kreuzen** *(hat)* bewirken, dass Tiere oder Pflanzen verschiedener Arten miteinander Nachkommen bekommen, sodass eine neue Art entsteht | *Wenn man Pferde und Esel (miteinander) kreuzt, erhält man Maultiere und Maulesel* **5** **etwas kreuzt irgendwo** *(hat/ist)* ein Schiff fährt hin und her, nicht direkt zu einem Ziel hin | *Vor der Küste kreuzt eine große Jacht* **6** **etwas kreuzt sich mit etwas**; **Dinge kreuzen sich** *(hat)* zwei oder mehrere Straßen, Bahnlinien o. Ä. treffen sich an einem Punkt, sodass sie ein Kreuz bilden **7** **Blicke kreuzen sich** *(hat)* Blicke treffen sich **8** **etwas kreuzt sich mit etwas**; **Dinge kreuzen sich** Pläne, Argumente o. Ä. passen nicht zusammen, widersprechen einander

▪ ID **Die Briefe haben sich gekreuzt** Ein Brief des Absenders war noch unterwegs an den Empfänger, als der Empfänger einen Brief an den Absender schickte; **Unsere Wege haben sich gekreuzt** Wir sind uns im Leben begegnet, hatten miteinander zu tun

Kreu·zer *der*; (-s, -) **1** ein großes, schnelles Kriegsschiff **2** ein Segel- oder Motorschiff, mit dem man relativ lange Reisen machen kann **3** *historisch* eine kleine Münze, die früher (in Österreich, Süddeutschland und der Schweiz) gebräuchlich war

Kreuz·fah·rer *der* **1** *historisch* ein Ritter oder Pilger, der auf einem Kreuzzug war **2** eine Person, die als Tourist eine Kreuzfahrt macht

Kreuz·fahrt *die* eine Urlaubsreise auf einem großen, schönen Schiff, bei der man in verschiedenen Häfen an Land geht und kleine Ausflüge macht

Kreuz·feu·er *das* ▪ ID **im Kreuzfeuer (der Kritik) stehen, ins Kreuzfeuer (der Kritik) geraten** von verschiedenen Seiten (öffentlich) scharf kritisiert werden

Kreuz·gang *der* ein offener Gang, der um alle vier Seiten des Hofes eines Klosters o. Ä. führt

kreu·zi·gen VERB (kreuzigte, hat gekreuzigt) **jemanden kreuzigen** *historisch* eine Person zur Strafe an ein großes Kreuz hängen und sie so töten | *Jesus wurde gekreuzigt* • hierzu **Kreu·zi·gung** *die*

kreuz·lahm ADJEKTIV; *gesprochen* mit (ständigen) Schmerzen im unteren Teil des Rückens

Kreuz·ot·ter *die*; (-, -n) eine giftige Schlange mit einem regelmäßigen Zickzackmuster auf dem Rücken

Kreuz·rit·ter *der*; *historisch* ein Ritter, der (im Mittelalter) an einem Kreuzzug teilnahm

Kreuz·schlüs·sel *der* ein relativ großes Werkzeug in der Form eines Kreuzes, mit dem man vor allem die Schrauben an Autorädern lockert bzw. festmacht

Kreuz·spin·ne *die* eine große Spinne, deren Rücken als Muster ein Kreuz zeigt

★ **Kreu·zung** *die*; (-, -en) **1** eine Stelle, an der sich zwei (oder mehrere) Straßen schneiden und an der man von einer Straße auf die andere wechseln kann ⟨an der Kreuzung stehen bleiben, halten, abbiegen; eine Kreuzung überqueren; über die Kreuzung fahren, gehen⟩ **2** das Züchten von Tieren oder Pflanzen (durch eine Mischung der Arten) **3** ein Tier oder eine Pflanze, die durch Kreuzen entstanden sind | *Die Nektarine ist eine Kreuzung aus Pfirsich und Pflaume* • zu (1) **kreu·zungs·frei** ADJEKTIV

kreuz|un·glück·lich ADJEKTIV; *gesprochen* sehr unglücklich

Kreuz·ver·hör *das* eine Form des Verhörs, bei der Zeugen vor Gericht durch den Staatsanwalt und den Verteidiger intensiv befragt werden, um möglichst viele Informationen zu bekommen ⟨jemanden ins Kreuzverhör nehmen; jemand einem Kreuzverhör unterziehen⟩

Kreuz·weg *der* **1** eine Stelle, an der sich zwei Wege treffen (kreuzen) **2** eine Folge von (meist 14) Bildern, auf denen die Kreuzigung und der Tod von Jesus Christus dargestellt sind ▪ ID **an einem Kreuzweg stehen/angekommen sein** *geschrieben* in einer Situation sein, in der man für die Zukunft eine wichtige Entscheidung treffen muss

kreuz·wei·se ADVERB so, dass ein Muster mit der Form eines Kreuzes entsteht ⟨Dinge kreuzweise übereinanderlegen, einkerben, einschneiden; Dinge liegen kreuzweise übereinander⟩ ▪ ID **Du kannst mich (mal) kreuzweise!** *gesprochen, abwertend* verwendet, um voll Ärger eine Aufforderung, Kritik o. Ä. zurückzuweisen

Kreuz·wort|rät·sel *das* ein gedrucktes Rätselspiel, bei dem man (oft in Zeitungen und Zeitschriften) Wörter erraten muss, die man in ein Muster von Kästchen einträgt. Manche Wörter muss man von links nach rechts und andere von oben nach unten einsetzen ⟨ein Kreuzworträtsel machen, lösen, ausfüllen⟩

Kreuz·zei·chen *das* das Zeichen eines Kreuzes, das Katholiken machen, indem sie die rechte Hand zur Stirn hin, dann anschließend zur Brust und zur linken und rechten Schulter bewegen ⟨das/ein Kreuzzeichen machen⟩

Kreuz·zug *der* **1** *historisch* eine lange Reise von christlichen Rittern und Pilgern als Teil eines religiösen Krieges (im Mittelalter) gegen islamische Völker am Mittelmeer **K** Kinderkreuzzug **2** **ein Kreuzzug (für/gegen etwas)** eine große, leidenschaftliche Kampagne für oder gegen etwas | *einen Kreuzzug gegen die Pornografie/den Drogenhandel führen*

krib·be·lig ADJEKTIV; *gesprochen* ≈ *nervös* | *Das ewige Warten macht mich ganz kribbelig*

krib·beln VERB (kribbelte, hat gekribbelt); *gesprochen* **1** **etwas kribbelt** etwas juckt oder kitzelt | *Meine Haut kribbelt am Rücken* **2** **Mich/Mir kribbelts** meine Haut juckt **3** **es kribbelt jemandem/jemanden irgendwo** es juckt jemandem/jemanden in der Nase, auf der Haut, auf dem Rücken o. Ä. **4** **irgendwo kribbelt und krabbelt es** irgendwo läuft eine große Anzahl von Insekten herum **5** **jemandem/jemanden kribbelt es in den Fingern (zu** *+Infinitiv***)** jemand hat große Lust, etwas zu tun

kribb·lig ADJEKTIV → kribbelig

★ **krie·chen** VERB (kroch, ist gekrochen) **1** sich auf Händen und Knien fortbewegen ⟨durch ein Loch, ins Zelt, auf allen vieren kriechen⟩ **!!** vergleiche **krabbeln** **2** sich so fortbewegen, dass der Bauch den Boden berührt | *Der Hund kroch winselnd näher zu uns* | *Eine Schnecke kroch über den Salat* **!!** vergleiche **robben** **3** **irgendwohin kriechen** an einen Ort gehen, wo sehr wenig Platz ist oder wo der Körper geschützt ist ⟨unter die Decke, ins Bett, hinter den Ofen/Schrank kriechen⟩ **4** **der Verkehr kriecht** die Autos usw. bewegen sich sehr langsam vorwärts **K** Kriechgang, Kriechtempo **5** **(vor jemandem) kriechen** *abwertend* deutlich zeigen, dass man immer alles tun will, was eine andere Person verlangt ⟨vor Vorgesetzten, dem Chef, dem König kriechen⟩ **6** **eine kriechende Pflanze** eine Pflanze, die am Boden entlangwächst • zu (5) **Krie·cher** *der*; zu (5) **krie·che·risch** ADJEKTIV

Kriech·spur *die* **1** eine Spur, die entsteht, wenn ein Mensch oder ein Tier auf dem Boden kriecht **2** die Spur ganz rechts auf einer Autobahn, die an langen Bergstrecken für langsame Fahrzeuge reserviert ist

Kriech·tier *das* ≈ *Reptil*

★ **Krieg** *der*; (-(e)s, -e) **1** **ein Krieg (gegen jemanden/mit jemandem)**; **ein Krieg (zwischen Ländern/Völkern/...)** eine Situation, bei der verschiedene Länder oder Teile eines Volkes mit Waffen gegeneinander kämpfen ⟨ein blutiger, grausamer, unerklärter, offener, verlorener/aussichtsloser Krieg; ein Land rüstet zum/für den Krieg, bereitet einen Krieg vor, fängt einen Krieg an, erklärt einem Land den Krieg, befindet sich mit einem Land im Krieg; ein Land führt, beendet, gewinnt, verliert einen Krieg; irgendwo ist/herrscht Krieg; in den Krieg ziehen; aus dem Krieg heimkehren⟩ ↔ *Frieden* | *einen Krieg durch einen Friedensschluss beenden* | *Viele Soldaten fallen im Krieg, und viele Zivilisten kommen im Krieg um* [K] Kriegsausbruch, Kriegsbeginn, Kriegsende, Kriegserklärung, Kriegsfilm, Kriegsflotte, Kriegsgefangene, Kriegsgefangenschaft, Kriegsgericht, Kriegsgrab, Kriegsmarine, Kriegsopfer, Kriegsschauplatz, Kriegsschiff, Kriegstote, Kriegsverbrechen, Kriegsverbrecher, Kriegsverletzung, Kriegszustand; kriegsbedingt, kriegsgeschädigt; Angriffskrieg, Stellungskrieg, Vernichtungskrieg, Weltkrieg [2] ein politischer oder persönlicher Kampf mit harten Worten und bösen Taten | *mit den Nachbarn im Krieg liegen* [K] Nervenkrieg, Privatkrieg [3] **der Kalte Krieg** *historisch* die Situation nach 1947, als es starke Konflikte zwischen NATO und Sowjetunion gab und die Gefahr eines Krieges groß war [4] **ein Heiliger/heiliger Krieg** ein Krieg, der mit religiösen Ideen begründet wird ■ ID **in ständigem/im Krieg mit jemandem leben** ständig Streit mit jemandem haben; **jemandem/etwas den Krieg erklären** beginnen, jemanden/etwas offen zu bekämpfen

★ **krie·gen** VERB (kriegte, hat gekriegt); *gesprochen* **etwas kriegen** ≈ *bekommen* | *Hat die Polizei den Einbrecher (zu fassen) gekriegt?* | *Ich kriege noch dreißig Euro von dir* | *Wenn er so weitermacht, kriegt er noch Ärger* ■ kein Passiv ■ ID **sich nicht mehr kriegen vor Lachen/Staunen** laut und lange lachen, sehr staunen (müssen); **zu viel kriegen** sich ärgern, aufregen (müssen); **Das kriegen wir schon wieder (hin)** ich werde etwas (Störendes, Kaputtes o. Ä.) wieder in Ordnung bringen

Krie·ger *der;* (-s, -) [1] *historisch* ein Mann, der als Mitglied des Volkes (z. B. bei den Germanen oder Kelten) Waffen trug [2] *veraltend* ein Kämpfer im Krieg ≈ *Soldat* [K] Kriegerdenkmal, Kriegergrab, Kriegerwitwe [3] **ein müder Krieger** *gesprochen, humorvoll* ein Junge oder ein Mann, der schon nach kurzer Zeit (beim Spiel oder Sport) matt und erschöpft ist • zu (1,2) **Krie·ge·rin** *die*

krie·ge·risch ADJEKTIV [1] ⟨ein Volk⟩ so (aggressiv), dass es oft und gern kämpft [2] in der Form eines Krieges ⟨Aktionen, Auseinandersetzungen, Konflikte⟩

Krieg·füh·rung *die* [1] die Methode, nach der ein Krieg organisiert wird ⟨die Strategie der Kriegführung; die moderne Kriegführung⟩ [2] **psychologische Kriegführung** das Beeinflussen anderer Menschen mit (aggressiven) psychologischen Mitteln (in Zeiten eines Krieges), um so ein Ziel zu erreichen

Kriegs·beil *das; historisch* ein Beil, das Indianer zum Kämpfen benutzten ≈ *Tomahawk* ■ ID **das Kriegsbeil ausgraben/begraben** *gesprochen, humorvoll* einen Streit beginnen/beenden

Kriegs·be·ma·lung *die; historisch* Muster und Farben, die sich vor allem die Ureinwohner Nordamerikas vor einem Kampf auf das Gesicht und den Körper malten ⟨die Kriegsbemalung anlegen; Kriegsbemalung tragen⟩ ■ ID **in (voller) Kriegsbemalung** *gesprochen, humorvoll* (stark) geschminkt

Kriegs|be·richt·er·stat·ter *der* ein Reporter, der sich dort aufhält, wo in einem Krieg gekämpft wird, und der von dort berichtet • hierzu **Kriegs|be·richt·er·stat·te·rin** *die*

kriegs·be·schä·digt ADJEKTIV mit einem gesundheitlichen Schaden (z. B. einer Krankheit, einer Amputation), den der Betroffene im Krieg erlitten hat und der nie vollständig behoben werden konnte • hierzu **Kriegs·be·schä·dig·te** *der/die*

Kriegs·dienst *der* [1] die Aufgaben eines Soldaten im Krieg [2] *gesprochen* ≈ *Militärdienst* [K] Kriegsdienstverweigerer, Kriegsdienstverweigerung

Kriegs·fuß *der* ■ ID **mit jemandem auf (dem) Kriegsfuß stehen/leben** *humorvoll* mit jemandem einen (lange dauernden) Streit, Konflikt haben; **mit etwas auf (dem) Kriegsfuß stehen** *humorvoll* immer wieder Fehler im Umgang mit etwas machen | *mit den Kommaregeln auf Kriegsfuß stehen*

Kriegs·ge·winn·ler *der;* (-s, -); *abwertend* eine Person, die (z. B. durch den Verkauf von Waffen) an einem Krieg Geld verdient • hierzu **Kriegs·ge·winn·le·rin** *die*

Kriegs·grä·ber|für·sor·ge *die* das Bemühen (vor allem von privaten Organisationen), die Gräber von Soldaten zu finden und zu pflegen

Kriegs·list *die* ein Trick im Krieg oder Streit, mit dem man den Gegner täuscht

Kriegs·pfad *der* ■ ID **auf dem Kriegspfad gehen, auf dem Kriegspfad sein** *humorvoll* Aktionen gegen jemanden/etwas planen

Kriegs·rat *der* ■ ID **Personen halten (einen) Kriegsrat (ab)** *humorvoll* mehrere Personen beraten, wie sie in Zukunft handeln wollen

Kriegs·recht *das; nur Singular* [1] allgemein anerkannte Normen (wie z. B. bei der Behandlung von Gefangenen), die im Krieg gelten ⟨ein Verstoß gegen das Kriegsrecht; eine Verletzung des Kriegsrechts⟩ [2] eine Änderung der Gesetze innerhalb eines Staates, die bei Gefahr (z. B. während eines Bürgerkrieges) beschlossen wird ⟨die Regierung verhängt das Kriegsrecht (über ein Land)⟩

Kriegs|spiel·zeug *das; oft abwertend* Imitationen von Waffen, Soldaten, Panzern o. Ä., die manche Kinder als Spielzeug bekommen

Kriegs·ver·bre·cher *der* eine Person, die gegen das Kriegsrecht verstößt • hierzu **Kriegs·ver·bre·che·rin** *die*

kriegs·ver·sehrt ADJEKTIV ≈ *kriegsbeschädigt* • hierzu **Kriegs·ver·sehr·te** *der/die*

★ **Kri·mi** *der;* (-s, -s); *gesprochen* Kurzwort für *Kriminalroman, Kriminalfilm* oder *Kriminalgeschichte* ⟨einen Krimi lesen, anschauen, ansehen⟩

Kri·mi·nal- *im Substantiv, betont, begrenzt produktiv* **der Kriminalfilm, der Kriminalroman, der Kriminalprozess, die Kriminalstatistik** *und andere* mit Kriminalität, Verbrechen als Thema

Kri·mi·nal·be·am·te *der* ein Beamter (bei) der Kriminalpolizei • hierzu **Kri·mi·nal·be·am·tin** *die*

Kri·mi·na·ler *der;* (-s, -); *gesprochen* ≈ *Kriminalbeamte(r)*

kri·mi·na·li·sie·ren VERB (kriminalisierte, hat kriminalisiert); *geschrieben* [1] **etwas kriminalisiert jemanden** etwas bewirkt, dass jemand kriminell wird und Verbrechen begeht | *Durch das Leben in Slums werden Jugendliche kriminalisiert* ■ meist im Passiv [2] **etwas kriminalisieren** etwas so beschreiben, als wäre es ein Verbrechen o. Ä. | *die Abtreibung kriminalisieren* • hierzu **Kri·mi·na·li·sie·rung** *die*

Kri·mi·na·list *der;* (-en, -en) [1] ein Polizist bei der Kriminalpolizei [2] ein Wissenschaftler oder Jurist, der sich mit dem Strafrecht beschäftigt ■ *der Kriminalist; den, dem, des Kriminalisten* • hierzu **Kri·mi·na·lis·tin** *die*

Kri·mi·na·lis·tik *die;* (-) die Wissenschaft, die sich damit beschäftigt, wie man Verbrechen aufklären und verhindern kann usw. • hierzu **kri·mi·na·lis·tisch** ADJEKTIV

★ **Kri·mi·na·li·tät** *die;* (-) [1] alle Taten, die verboten sind und bestraft werden ⟨zur Kriminalität neigen; in die Kriminalität absinken⟩ [2] alle Verbrechen, die (z. B. in einem Land pro Jahr) passieren ⟨eine Stadt o. Ä. hat eine hohe, steigende

Kriminalität; die Kriminalität bekämpfen⟩

Kri·mi·nal·kom·mis·sar *der* ein Beamter der Polizei, der Verbrechen untersucht ● hierzu **Kri·mi·nal·kom·mis·sa·rin** *die*

Kri·mi·nal·po·li·zei *die* der Teil der Polizei, welcher die Aufgabe hat, Verbrechen zu untersuchen

★ **kri·mi·nell** ADJEKTIV **1** die eigenen Ziele mit Verbrechen verfolgen ⟨Menschen, Organisationen⟩ ≈ *verbrecherisch* **2** ⟨Handlungen⟩ so, dass sie ein Verbrechen sind ≈ *strafbar* **3** **kriminell werden** (zum ersten Mal) etwas tun, das als Verbrechen bestraft wird **4** *gesprochen* ⟨ein Leichtsinn, eine Rücksichtslosigkeit⟩ so, dass sie zu einem Unglück führen könnten ≈ *unverantwortlich* | *Wie er Auto fährt, das ist ja kriminell!* ● zu (1) **Kri·mi·nel·le** *der/die*

Kri·mi·no·lo·gie *die*; (-) die Wissenschaft, die sich mit Verbrechen, ihren Ursachen und ihrer Bekämpfung beschäftigt ● hierzu **Kri·mi·no·lo·ge** *der*; **Kri·mi·no·lo·gin** *die*

Krims·krams *der*; (-(es)); *gesprochen* eine Menge von verschiedenen (kleinen) Dingen, die wenig Wert haben

Krin·gel *der*; (-s, -) **1** ein kleiner, nicht exakt gezeichneter Kreis | *aus Langeweile Kringel an den Heftrand malen* **2** ein Gebäck oder Keks mit der Form eines Kreises **K** Schokoladekringel, Zuckerkringel

krin·geln VERB (kringelte, hat gekringelt) **1** **etwas kringeln** etwas nach Art einer Spirale formen | *eine Haarsträhne um den Finger kringeln* **2** **etwas kringelt sich** etwas hat/bekommt die Form von Kringeln ⟨jemandes Haare⟩ | *Die Schwänze von Schweinen kringeln sich* **3** **sich kringeln (vor Lachen)** *gesprochen* herzhaft, intensiv lachen

Kri·po *die*; (-); *gesprochen* Kurzwort für *Kriminalpolizei*

Krip·pe *die*; (-, -n) **1** ein Gestell, in das man das Futter für Hirsche, Rehe, Pferde usw. legt | *eine Krippe mit Heu* **K** Futterkrippe **2** ein Modell mit Figuren, einem Stall und einer Krippe, welches die Geburt von Jesus Christus zeigt | *unter dem Christbaum eine Krippe aufstellen* **K** Krippenfigur; Weihnachtskrippe **3** *gesprochen* Kurzwort für *Kinderkrippe*

Krip·pen·spiel *das* ein Theaterstück, in dem die Geschichte der Geburt von Jesus Christus dargestellt wird

★ **Kri·se** *die*; (-, -n) **1** eine schwierige, unsichere oder gefährliche Situation oder Zeit (in der sich vieles ändern kann) ⟨eine finanzielle, politische, wirtschaftliche, seelische Krise; in einer Krise sein, stecken; eine Krise durchmachen, überwinden⟩ | *Die enorme Steigerung der Ölpreise führte zu einer wirtschaftlichen Krise* **K** Ehekrise, Identitätskrise, Bankenkrise, Energiekrise, Finanzkrise, Führungskrise, Regierungskrise, Wirtschaftskrise **2** der Höhepunkt bei einer schweren Krankheit ≈ *Krisis* ● hierzu **kri·sen·an·fäl·lig** ADJEKTIV; **kri·sen·fest** ADJEKTIV; **kri·sen·si·cher** ADJEKTIV

kri·seln VERB (kriselte, hat gekriselt) **irgendwo kriselt es** irgendwo gibt es Spannungen, eine Krise | *In ihrer Ehe kriselt es schon lange, sie werden sich sicher bald trennen*

Kri·sen·ge·biet *das* eine Region, in der es politische Konflikte gibt und in der es zu Kämpfen kommen kann

Kri·sen·herd *der* ≈ *Krisengebiet*

Kri·sen·stab *der* eine Gruppe von Personen (meist Experten), die zusammen eine Lösung für eine (politische, wirtschaftliche) Krise finden sollen | *Der Kanzler bildete einen Krisenstab* (setzte einen Krisenstab zusammen)

Kris·tall[1] *der*; (-s, -e) Kristalle bestehen aus vielen kleinen Teilchen. Die Teilchen sind ähnlich wie Glas und sind in einer regelmäßigen Form geordnet | *kleine durchsichtige Kristalle aus Eis* **K** Eiskristall, Schneekristall, Salzkristall, Zuckerkristall ● hierzu **kris·tal·lin**, **kris·tal·lisch** ADJEKTIV

Kris·tall[2] *das*; (-s) **1** farbloses, meist geschliffenes Glas von hoher Qualität **K** Kristallglas, Kristallkugel, Kristalllüster, Kristallschale, Kristallvase **2** Gefäße, Leuchter usw. aus Kristall | *das Kristall herausholen* ● zu (2) **kris·tal·len** ADJEKTIV

kris·tal·li·sie·ren VERB (kristallisierte, hat kristallisiert) **etwas kristallisiert** eine Substanz bildet Kristalle | *Diese Flüssigkeit lässt sich auf niedrige Temperaturen kühlen, ohne zu kristallisieren* ● hierzu **Kris·tal·li·sa·ti·on** *die*

kris·tall·klar ADJEKTIV sehr klar und sauber ⟨ein See, Wasser⟩

Kris·tall·nacht *die*; *historisch* die Nacht vom 9. zum 10. November 1938, in der es in Deutschland massive Angriffe auf Synagogen und Geschäfte von Juden gab und viele Juden ermordet wurden

★ **Kri·te·ri·um** *das*; (-s, Kri·te·ri·en [-rjən]) **ein Kriterium (für etwas)** ein Merkmal, nach dem man eine Frage entscheidet oder etwas bewertet ⟨Kriterien aufstellen⟩ | *Nach welchen Kriterien entscheidet die Jury?*

★ **Kri·tik** *die*; (-, -en) **1** **Kritik (an jemandem/etwas)** *nur Singular* die Beurteilung und Bewertung einer Person/Sache nach Kriterien bzw. die Worte, mit denen diese Beurteilung ausgedrückt wird ⟨harte, konstruktive, negative, sachliche, schonungslose Kritik; Kritik äußern, üben, vorbringen; keine Kritik vertragen⟩ | *Der Reporter übte Kritik an dem Einsatz der Polizei* **K** Gesellschaftskritik, Regimekritik, Selbstkritik, Textkritik, Zeitkritik **2** **eine Kritik (von jemandem/etwas) (über eine Person/Sache)** ein Bericht in einer Zeitung, im Radio usw. über ein Buch, einen Film o. Ä. ⟨eine gute, schlechte, vernichtende Kritik; eine Kritik schreiben, verfassen⟩ | *Über seinen neuen Film konnte man in den Zeitungen nur gute Kritiken lesen* **K** Buchkritik, Filmkritik, Kunstkritik, Literaturkritik, Musikkritik, Theaterkritik, Zeitungskritik **3** *nur Singular* Personen, die Kritiken über Bücher, Filme usw. verfassen ⟨bei der Kritik (nicht) ankommen; von der Kritik gelobt, verrissen werden⟩ ≈ *Kritiker* ■ **ID unter aller/jeder Kritik** sehr schlecht (in Bezug auf die Leistung) ● hierzu **Kri·ti·ker** *der*; **Kri·ti·ke·rin** *die*

Kri·ti·kas·ter *der*; (-s, -); *geschrieben, abwertend* eine Person, die gern (und oft in kleinlicher Weise) Kritik übt

kri·tik·los ADJEKTIV; *oft abwertend* so, dass eine Person die eigene Meinung nicht ausdrückt, keine Kritik äußert ⟨etwas kritiklos akzeptieren, hinnehmen⟩

kri·tik·wür·dig ADJEKTIV ⟨ein Verhalten⟩ so, dass es Grund zur Kritik anbietet

★ **kri·tisch** ADJEKTIV **1** ⟨ein Beobachter, eine Einschätzung, ein Kommentar, ein Leser⟩ so, dass sie jemanden/etwas genau prüfen und streng beurteilen | *jemanden/etwas kritisch prüfen* | *sich kritisch mit etwas auseinandersetzen* **2** so, dass eine Person oder Sache negativ beurteilt und bewertet wird ⟨eine Äußerung, eine Bemerkung; jemandem kritisch gegenübertreten⟩ | *Er äußerte sich kritisch zu den neuen Beschlüssen der Regierung* **3** so, dass die Gefahr besteht, dass sich etwas negativ entwickelt oder ein schlechtes Ende hat ⟨eine Lage, eine Situation, ein Stadium, ein Zeitpunkt; an einem kritischen Punkt anlangen, ankommen⟩ ≈ *gefährlich* | *Der Kranke befindet sich in einem äußerst kritischen Zustand, es ist fraglich, ob er die Nacht überlebt*

★ **kri·ti·sie·ren** VERB (kritisierte, hat kritisiert) **1** **jemanden/etwas kritisieren** negative Kritik an jemandem/etwas äußern | *Sein Verhalten wurde von der Geschäftsleitung scharf/hart kritisiert* **2** **jemanden/etwas kritisieren** eine Kritik verfassen | *ein Buch kritisieren*

krit·teln VERB (krittelte, hat gekrittelt); *abwertend* jemanden/etwas auf kleinliche Weise kritisieren

Krit·ze·lei *die*; (-, -en) **1** *nur Singular* das Kritzeln **2** etwas Gekritzeltes, das man nur schwer lesen kann

krit·zeln VERB (kritzelte, hat gekritzelt) **1** **(etwas) (irgend-**

wohin) kritzeln etwas so hastig oder mit kleinen Buchstaben schreiben, dass es schwer zu lesen ist | *Schnell kritzelte sie noch eine Nachricht für ihn auf einen Zettel* **2** **(etwas) irgendwohin kritzeln** etwas z. B. aus Langeweile oder Nervosität auf einen Zettel o. Ä. zeichnen | *beim Telefonieren Schnörkel und Männchen auf ein Papier kritzeln* ● hierzu **krit·ze·lig**, **kritz·lig** ADJEKTIV

kroch *Präteritum, 1. und 3. Person Singular* → kriechen

Kro·kant *der;* (-(e)s) eine harte braune Substanz aus Zucker und Mandeln oder Nüssen **K** Krokantpraline, Krokantschokolade

Kro·ket·te *die;* (-, -n); *meist Plural* eine kleine Rolle aus paniertem Kartoffelbrei, die in Fett gebacken wurde

Kro·ko·dil *das;* (-s, -e) ein großes Tier (Reptil), das in manchen warmen Ländern im und am Wasser lebt. Krokodile haben scharfe Zähne und eine sehr harte Haut **K** Krokodilleder

Kro·ko·dils·trä·nen *die; Plural* Tränen, die Mitgefühl oder Rührung zeigen sollen, obwohl man diese Gefühle gar nicht hat ⟨Krokodilstränen vergießen, weinen⟩

Kro·kus *der;* (-, -se) eine kleine, meist weiße, gelbe oder violette Blume, die im Frühling blüht

★ **Kro·ne** *die;* (-, -n) **1** ein Schmuck aus Gold und Edelsteinen, den ein König, eine Königin usw. (als Zeichen ihres Amtes) zu besonderen Anlässen auf dem Kopf tragen **K** Kaiserkrone, Königskrone **2** *nur Singular* das Amt und die Macht, die ein König bzw. eine Königin hat ⟨jemandem wird die Krone aufgesetzt⟩ | *Der König legte die Krone nieder* (dankte ab, trat zurück) **3** die Familie eines Königs, Kaisers o. Ä. | *Der englischen Krone gehören große Reichtümer* **K** Kronjuwelen **4** Kurzwort für *Baumkrone* **5** eine feste Schicht (meist aus Kunststoff oder Edelmetall), die vom Zahnarzt auf den Rest eines kaputten Zahnes gesetzt wird **K** Goldkrone, Porzellankrone, Zahnkrone **6** *nur Singular* eine Person oder Sache, die perfekt ist | *Manche bezeichnen den Menschen als „Krone der Schöpfung"* **7** die Währung in manchen Ländern wie z. B. Dänemark und Schweden ■ **ID** **einer Sache** (*Dativ*) **die Krone aufsetzen** etwas sehr Ärgerliches noch übertreffen; **einen in der Krone haben** *gesprochen* betrunken sein

krö·nen VERB (krönte, hat gekrönt) **1** **jemanden (zu etwas) krönen** eine Person zum König o. Ä. machen und ihr dabei die Krone aufsetzen | *Karl der Große wurde im Jahre 800 zum Kaiser gekrönt* **H** meist im Passiv **2** **etwas krönt etwas** etwas ist der Höhepunkt einer Sache ⟨der krönende Abschluss einer Arbeit, eines Festes⟩ **3** **etwas mit etwas krönen** eine gute Leistung (durch eine sehr gute Leistung) noch besser machen | *die berufliche Laufbahn durch einen großen Erfolg krönen* ■ **ID** **etwas ist von Erfolg gekrönt** etwas hat großen Erfolg ⟨jemandes Bemühungen, ein Plan⟩ ● hierzu **Krö·nung** *die*

Kro·nen·kor·ken, **Kron·kor·ken** *der* ein kleiner Deckel (mit Zacken) aus Metall, mit dem vor allem Bierflaschen verschlossen werden

Kron·leuch·ter *der* ein großer Leuchter mit mehreren Lampen, der an der Decke eines Zimmers frei herabhängt und oft reich verziert ist

Kron·prinz *der* **1** der Sohn oder Enkel eines Kaisers, Königs o. Ä., welcher der nächste Kaiser oder König werden soll **2** der wahrscheinliche Nachfolger in einem leitenden Amt | *Er gilt als Kronprinz des Parteivorsitzenden* ● hierzu **Kron·prin·zes·sin** *die*

Kron·zeu·ge *der* eine Person, die für ein Verbrechen, an dem sie selbst beteiligt war, nicht oder nur wenig bestraft wird, weil durch ihre Aussage in einem Prozess andere Verbrecher verurteilt werden können **K** Kronzeugenregelung ● hierzu **Kron·zeu·gin** *die*

Kropf *der;* (-(e)s, Kröp·fe) **1** eine dicke Stelle am Hals, die jemand bekommt, wenn die Schilddrüse zu groß wird ⟨einen Kropf bekommen, haben, operieren lassen⟩ **2** eine Art Beutel in der Speiseröhre, in dem viele Vögel das Futter aufnehmen, um später ihre Jungen damit zu füttern ■ **ID** **überflüssig/unnötig wie ein Kropf** *gesprochen* vollkommen überflüssig

Kropp·zeug *das; nur Singular; gesprochen, abwertend* **1** ≈ *Gesindel* **2** ≈ *Kram, Plunder*

kross ADJEKTIV (krosser, krossest-); *norddeutsch* ≈ *knusprig*

Krö·sus *der;* (-ses, -se); *humorvoll* eine Person, die sehr reich ist ⟨kein Krösus sein⟩

Krö·te *die;* (-, -n) **1** ein Tier, das wie ein Frosch mit Warzen aussieht **2** *gesprochen (nur Plural)* eine kleine Menge Geld ⟨ein paar, die letzten Kröten⟩ **3** *gesprochen, humorvoll* als liebevolle Bezeichnung für ein kleines Kind verwendet

Krü·cke *die;* (-, -n) **1** ein Stock mit einem Griff (für die Hand) und einem Teil, der unter den Arm passt, für eine Person, die am Fuß oder Bein verletzt ist und schlecht gehen kann ⟨an Krücken gehen; eine Krücke brauchen⟩ **2** der gebogene Griff an einem einfachen Stock oder Schirm **K** Krückstock

krud, **kru·de** ADJEKTIV (kruder, krudest-); *geschrieben* grob und unhöflich oder ungebildet ⟨eine Ausdrucksweise, ein Benehmen⟩

Krug *der;* (-(e)s, Krü·ge) **1** ein Gefäß aus Glas, Porzellan o. Ä. für Flüssigkeiten mit einem oder zwei Henkeln ⟨ein irdener, gläserner Krug⟩ | *Bier aus einem Krug trinken* **K** Bierkrug, Weinkrug, Glaskrug, Tonkrug, Zinnkrug, Maßkrug **2** die Menge Flüssigkeit, die in einen Krug passt | *einen Krug Wein bestellen* **3** *besonders norddeutsch, veraltend* ≈ *Gaststätte, Schenke* **K** Dorfkrug

Kru·me *die;* (-, -n) **1** *meist Singular* die oberste Schicht Erde **K** Ackerkrume, Bodenkrume **2** *geschrieben meist Plural* ≈ *Krümel* **K** Brotkrume

Krü·mel *der;* (-s, -) ein sehr kleines Stück (vor allem vom Brot, vom Kuchen, vom Tabak) **K** Brotkrümel, Kuchenkrümel, Tabakkrümel **H** → Abb. unter **Stück**

krü·me·lig ADJEKTIV ⟨die Erde, das Brot, der Kuchen⟩ so, dass sie leicht zu Krümeln werden

krü·meln VERB (krümelte, hat gekrümelt) **1** **etwas krümelt** etwas ist krümelig | *Der Kuchen krümelt* **2** so essen, dass dabei viele Krümel herunterfallen

krüm·lig ADJEKTIV → krümelig

★ **krumm** ADJEKTIV (krummer/krümmer, krummst-/krümmst-) **1** (in Bezug auf etwas mit länglicher Form) so, dass es nicht ganz gerade ist, sondern einen Bogen hat ⟨schief und krumm; krumm und bucklig; krumm sitzen⟩ ↔ *gerade* | *krumme Beine haben* | *Die Katze macht einen krummen Buckel* | *Ohne Lineal wird die Linie krumm* **K** Krummbein, Krummsäbel, Krummschwert **2** *gesprochen meist attributiv* nicht ehrlich ⟨ein Geschäft; ein krummes Ding drehen; auf die krumme Tour⟩ ≈ *betrügerisch* ● zu (1) **krumm·bei·nig** ADJEKTIV

KRUMM
GERADE

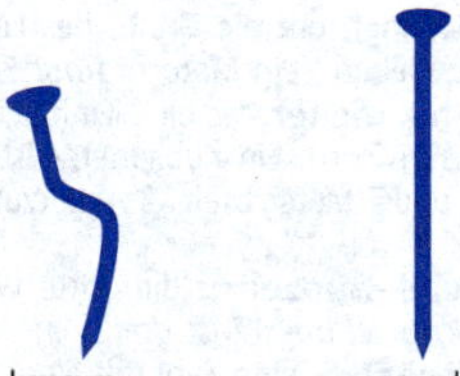

★ **krüm·men** VERB (krümmte, hat gekrümmt) **1** **etwas krümmen** etwas Gerades krumm machen ≈ *biegen* | *den Finger um*

den Abzug krümmen | den Rücken krümmen **2** **etwas krümmt sich** etwas ist/wird krumm ‹eine Linie, eine Fläche› | *etwas hat eine gekrümmte Oberfläche* **3** **sich (vor etwas** *(Dativ)*) **krümmen** den Rücken krumm machen ‹sich vor Schmerzen krümmen› **4** **sich vor Lachen krümmen** so heftig lachen, dass man nicht mehr gerade sitzen oder stehen kann **5** **etwas krümmt sich** etwas hat (viele) Kurven ‹ein Fluss, eine Straße› **6** **ein Tier krümmt sich** ein Tier windet sich ‹eine Schlange, ein Wurm›

krụmm·la·chen VERB (lachte sich krumm, hat sich krummgelacht) **sich krummlachen** *gesprochen* sehr heftig lachen ‹sich krumm- und schieflachen›

krụmm·le·gen VERB (legte sich krumm, hat sich krummgelegt) **sich (für jemanden/etwas) krummlegen** *gesprochen* (eine Zeit lang) sehr sparsam sein, sich sehr einschränken, um etwas finanzieren zu können | *Sie mussten sich krummlegen, um allen Kindern ein Studium zu ermöglichen*

krụmm·neh·men VERB (nimmt krumm, nahm krumm, hat krummgenommen) **(jemandem) etwas krummnehmen** *gesprochen* sich über jemandes Verhalten ärgern

Krụ̈m·mung *die;* (-, -en) eine Stelle, an welcher etwas nicht gerade, sondern gebogen ist ‹etwas hat eine Krümmung› | *die natürliche Krümmung des Rückens | die Krümmung der Erdoberfläche*

Krụp·pe *die;* (-, -n) der hintere Teil des Rückens eines Pferdes

Krụ̈p·pel *der;* (-s, -) **1** *meist abwertend* ein Mensch, dessen Körper nicht wie üblich gewachsen ist, der Missbildungen o. Ä. hat **2** ≈ *Invalide*

krụ̈p·pe·lig, krụ̈pp·lig ADJEKTIV schief und krumm gewachsen ‹ein Strauch, ein Baum›

Krụs·te *die;* (-, -n) eine harte Schicht auf etwas Weichem ‹eine harte, knusprige, zähe Kruste; die Kruste eines Bratens, eines Brotes› | *Auf der Wunde hat sich eine Kruste aus geronnenem Blut gebildet* K Blutkruste, Brotkruste, Hautkruste

Krụs·ten·tier *das* ein Tier mit einer harten Schale, wie z. B. ein Krebs

Kru̱·zi·fix, Kru·zi·fịx *das;* (-es, -e) eine Darstellung des Kreuzes, an dem Jesus Christus gestorben ist ■ **ID Kruzifix!** *gesprochen* ⚠ als Fluch verwendet

Kryp·ta ['krypta] *die;* (-, Kryp·ten) ein Keller in einer alten Kirche, in dem meist die Särge wichtiger Personen stehen

kryp·tisch ['kryp-] ADJEKTIV; *geschrieben* so, dass die Bedeutung oder der Bezug nicht deutlich wird und schwierig zu deuten ist ‹eine Andeutung, eine Bemerkung, eine Botschaft, ein Titel›

Kto. Abkürzung für *Konto*

Kü̱·bel *der;* (-s, -) **1** ein (größeres) rundes, weites Gefäß (oft mit einem oder zwei Henkeln) K Kübelpflanze; Blumenkübel, Sektkübel **2** ≈ *Eimer*

kü̱·beln VERB (kübelte, hat gekübelt); *gesprochen* **es kübelt (wie aus Eimern)** es regnet sehr stark

Ku·bi̱k, Ku·bịk *ohne Artikel, Plural; gesprochen* (Kurzwort für *Kubikzentimeter*) verwendet, um die Größe des Hubraums eines Fahrzeugs anzugeben | *ein Motorrad mit 500 Kubik*

★ **Ku·bi̱k·me·ter, Ku·bịk·me·ter** *der* eine Einheit, mit der das Volumen gemessen wird. Ein Kubikmeter ist 1 Meter hoch, 1 Meter lang und 1 Meter breit H Abkürzung (nach Zahlen): *m³*

Ku·bi̱k·wur·zel, Ku·bịk·wur·zel *die* die dritte Wurzel einer Zahl | *Die Kubikwurzel aus 27 ist drei*

Ku·bi̱k·zahl, Ku·bịk·zahl *die* eine Zahl mit einer hochgestellten 3 | *Die Zahl 8 lässt sich als Kubikzahl von 2 darstellen* ($8 = 2^3$ (gesprochen: 2 hoch 3)

Ku·bi̱k·zen·ti·me·ter, Ku·bịk·zen·ti·me·ter *der* eine Einheit, mit welcher das Volumen gemessen wird. Ein Kubikzentimeter ist 1 Zentimeter hoch, 1 Zentimeter lang und 1 Zentimeter breit H Abkürzung nach Zahlen: *cm³*

ku̱·bisch ADJEKTIV **1** ‹ein Körper› ≈ *würfelförmig* **2** ‹ein Ausdruck, eine Gleichung› so, dass dabei eine Zahl Kubikzahl ist

Ku·bịs·mus *der;* (-) ein Stil der modernen Kunst, bei dem natürliche Dinge in geometrischen Formen dargestellt werden • hierzu **ku·bịs·tisch** ADJEKTIV

Ku̱·bus *der;* (-, Ku·ben) ≈ *Würfel*

★ **Kụ̈·che** *die;* (-, -n) **1** ein Raum, der so eingerichtet ist (mit Herd, Kühlschrank usw.), dass man dort Speisen zubereiten kann | *eine Wohnung mit Küche und Bad | eine große Küche mit Essecke* K Küchenbuffet, Kücheneinrichtung, Küchenfenster, Küchengerät, Küchenhandtuch, Küchenschrank, Küchenschürze, Küchenstuhl, Küchentisch, Küchenwaage; Großküche, Hotelküche, Kantinenküche, Wohnküche **2** die Möbel, mit denen eine Küche eingerichtet ist | *eine neue Küche kaufen* K Bauernküche, Einbauküche **3** eine Art, das Essen zu kochen ‹die französische, gutbürgerliche, italienische Küche; eine gute/vorzügliche, eine schlechte/miserable Küche› **4** *nur Singular* die Personen, die in der Küche eines Hotels, Restaurants o. Ä. arbeiten K Küchenhilfe, Küchenpersonal **5** **kalte/warme Küche** kaltes/warmes Essen | *ein Lokal mit durchgehend warmer Küche*

★ **Ku̱·chen** *der;* (-s, -) ein relativ großes, süßes Gebäck ‹einen Kuchen backen, machen, anschneiden; ein Stück Kuchen abschneiden, essen; jemanden zu Kaffee und Kuchen einladen› | *Zum Geburtstag gibt es einen verzierten Kuchen mit Kerzen* K Kuchenblech, Kuchenform, Kuchengabel, Kuchenkrümel, Kuchenteig, Kuchenteller; Apfelkuchen, Erdbeerkuchen, Mohnkuchen, Nusskuchen, Obstkuchen, Rhabarberkuchen, Rosinenkuchen, Schokoladenkuchen *usw.*; Biskuitkuchen, Hefekuchen, Mürbeteigkuchen, Rührkuchen ■ **ID Kuchen backen** beim Spielen feuchten Sand in kleine Becher aus Plastik pressen, sodass der Sand geformt wird

KUCHEN

Kụ̈·chen·be·nut·zung *die* **ein Zimmer mit Küchenbenutzung** ein Zimmer, zu dem eine Küche gehört, die man mit anderen Personen teilt

Kụ̈·chen·chef *der* der Koch, welcher die Arbeit in der Küche eines Restaurants leitet • hierzu **Kụ̈·chen·che·fin** *die*

Kụ̈·chen·fee *die; gesprochen, humorvoll* ≈ *Köchin*

Kụ̈·chen·kraut *das* eine Pflanze, mit der man Essen würzt

Kụ̈·chen·ma·schi·ne *die* ein elektrisches Gerät (mit einem Behälter), das Teig rühren, Gemüse o. Ä. zerkleinern, Sahne (steif) schlagen usw. kann

Kụ̈·chen·pa·pier *das* weiches Papier, das man in der Küche zum Aufwischen o. Ä. benutzt

Kụ̈·chen·rol·le *die* eine Rolle Küchenpapier

Kụ̈·chen·scha·be *die* ≈ *Kakerlak*

Kụ̈·chen·zei·le *die* Schränke und Geräte, die in der Küche nebeneinander an einer Wand stehen

Kụ̈·chen·zet·tel *der* ‹etwas steht auf dem Küchenzettel› ≈ *Speiseplan*

Kụ·ckuck *der;* (-s, -e) **1** ein Vogel, der Eier in fremde Nester legt und von anderen Vögeln brüten lässt ‹der Kuckuck ruft› K Kuckucksruf **2** *humorvoll* ein Zeichen, das (vom Gerichtsvollzieher) auf gepfändete Gegenstände geklebt wird ‹da klebt der Kuckuck drauf› ■ **ID Weiß der Kuckuck!** *ge-*

sprochen Das weiß niemand; **Zum Kuckuck (nochmal)!**, **Hol's/Hol dich der Kuckuck!**, **Der Kuckuck soll dich holen!** *gesprochen* als Fluch verwendet; **jemanden zum Kuckuck wünschen** jemanden verfluchen

Ku·ckucks·ei *das* ■ ID **jemandem ein Kuckucksei ins Nest legen** etwas tun, das einer Person schadet (ohne dass diese es gleich merkt)

Ku·ckucks·uhr *die* eine Uhr, bei der ein kleiner Vogel (aus Holz) jede halbe und/oder volle Stunde erscheint und die Zeit so angibt, dass der Ruf des Kuckucks imitiert wird

Kud·del·mud·del *der/das*; (-s); *gesprochen* ≈ *Durcheinander*

Ku·fe *die*; (-, -n) der schmale, lange Teil, auf dem Schlitten oder Schlittschuhe über Schnee oder Eis gleiten | *Sie hat die Kufen frisch gewachst*

★ **Ku·gel** *die*; (-, -n) 1 ein runder, meist relativ kleiner Körper, der leicht rollt (und im Gegensatz zu einem Ball nicht elastisch ist) ⟨eine Kugel rollt⟩ | *Murmeln sind kleine bunte Kugeln aus Glas, mit denen Kinder spielen* K kugelrund; Eisenkugel, Glaskugel, Holzkugel, Plastikkugel, Stahlkugel 2 eine schwere Kugel aus Metall, die man im Sport (beim Kugelstoßen) von sich stößt oder beim Kegeln rollt ⟨die Kugel schieben⟩ 3 ein kleiner Gegenstand aus Metall, den man mit einem Gewehr, einer Pistole o. Ä. (ab)schießt ⟨von einer Kugel getroffen, durchbohrt, gestreift, verfehlt werden; jemandem eine Kugel in/durch den Kopf schießen, jagen⟩ K Kugelhagel; Gewehrkugel, Pistolenkugel, Schrotkugel ■ ID **eine ruhige Kugel schieben** sich bei der Arbeit nicht anstrengen (müssen) • zu (1) **ku·gel·för·mig** ADJEKTIV; zu (1) **ku·ge·lig** ADJEKTIV

ku·gel·fest ADJEKTIV so, dass niemand hindurchschießen kann ⟨Glas, eine Weste⟩ ≈ *kugelsicher*

Ku·gel·la·ger *das* der Teil in einer Maschine, einem Fahrzeug o. Ä., in dem kleine Stahlkugeln die Reibung verringern

ku·geln VERB (kugelte, hat/ist gekugelt) 1 **etwas irgendwohin kugeln** (*hat*) einen Ball, Murmeln o. Ä. in eine Richtung rollen lassen 2 **etwas kugelt irgendwohin** (*ist*) etwas Rundes bewegt sich wie eine Kugel auf dem Boden ≈ *rollen* | *Der Ball kugelte auf die Straße* 3 **sich kugeln** (*hat*) hinfallen und sich hin und her bewegen | *Die Kinder rauften und kugelten sich am Boden* 4 **sich kugeln vor Lachen** (*hat*) heftig lachen

★ **Ku·gel·schrei·ber** *der* ein Stift zum Schreiben mit einer Mine, die Farbe enthält ≈ *Kuli*

ku·gel·si·cher ADJEKTIV ≈ *kugelfest*

Ku·gel·sto·ßen *das*; (-s) eine Sportart (der Leichtathletik), bei der man eine schwere Kugel möglichst weit wirft (stößt) • hierzu **Ku·gel·sto·ßer** *der*; **Ku·gel·sto·ße·rin** *die*; **ku·gel·sto·ßen** VERB

★ **Kuh** *die*; (-, Kü·he ['ky:ə]) 1 ein Rind ⟨die Kuh muht, käut wieder; Kühe halten⟩ K Kuhglocke, Kuhhirt, Kuhmist, Kuhstall 2 ein weibliches Rind ⟨die Kuh gibt Milch; eine Kuh melken⟩ K Kuheuter, Kuhmilch; Milchkuh 3 das weibliche Tier bei manchen Tierarten K Elefantenkuh, Hirschkuh 4 *gesprochen, abwertend* verwendet als Schimpfwort für eine Frau, über die man sich ärgert ⟨blöde Kuh⟩ 5 **eine heilige Kuh** etwas, das nicht kritisiert oder verändert werden darf ■ ID **die Kuh vom Eis holen** ein Problem lösen

KUH

Kuh·dorf *das*; *gesprochen, abwertend* ein kleines (langweiliges) Dorf

Kuh·haut *die* ■ ID **Das geht auf keine Kuhhaut!** Das geht zu weit, das ist unerträglich!

★ **kühl** ADJEKTIV 1 mit/von relativ niedriger Temperatur, aber nicht richtig kalt ↔ *warm* | *Im September sind die Nächte oft schon kühl* | *Das Wasser ist angenehm kühl* 2 höflich, aber nicht freundlich ⟨ein Empfang; jemanden kühl ansehen, behandeln, grüßen⟩ 3 so, dass jemand ohne Gefühle, Emotionen und nur mit dem Verstand urteilt und entscheidet ⟨kühl und sachlich; nüchtern und kühl⟩ 4 **jemandem ist kühl** jemand friert ein bisschen ■ ID **einen kühlen Kopf bewahren** in einer schwierigen Situation sachlich bleiben

Kühl·box *die* ein Behälter, in dem Getränke und Speisen kühl bleiben

Kuh·le *die*; (-, -n); *besonders norddeutsch* eine (nicht sehr tiefe) Vertiefung im Boden o. Ä. wie eine Mulde)

Küh·le *die*; (-) 1 eine kühle Temperatur ≈ *Frische* | *abendliche/herbstliche Kühle* | *Der Ventilator sorgt im Sommer für angenehme Kühle* 2 eine wenig freundliche Art | *die Kühle eines unfreundlichen Empfangs* 3 ≈ *Sachlichkeit* | *die Kühle des Verstandes*

Kühl·ele·ment *das* ein flacher Gegenstand aus Plastik, der mit einer Flüssigkeit gefüllt ist. Das Kühlelement wird eingefroren und dann in eine Kühlbox oder -tasche gelegt, um die Lebensmittel darin kühl zu halten

★ **küh·len** VERB (kühlte, hat gekühlt) 1 **etwas kühlt etwas** etwas senkt die Temperatur einer Sache, macht etwas kühl ⟨ein Motor wird mit Wasser, mit Luft gekühlt⟩ K Kühlflüssigkeit, Kühlwasser 2 **etwas kühlt (etwas)** etwas macht etwas kühl | *Die Salbe kühlt* 3 **(etwas) kühlen** etwas kühl machen | *Getränke im Kühlschrank/in einem Eimer mit Eiswasser kühlen* | *Bei Fieber bitte (die Stirn) regelmäßig kühlen!*

Küh·ler *der*; (-s, -) 1 der Teil eines Motors, der dazu dient, die Temperatur des Motors niedrig zu halten 2 **der Kühler kocht** *gesprochen* das Wasser im Kühler eines Autos ist so heiß, dass es verdampft

Küh·ler·grill *der* ein Gitter vorn am Auto (vor dem Motor)

Küh·ler·hau·be *die* ≈ *Motorhaube*

Kühl·haus *das* ein Gebäude, in dem Lebensmittel (Fleisch, Gemüse o. Ä.) gekühlt und frisch gehalten werden

★ **Kühl·schrank** *der* ein Gerät, in dem man Lebensmittel kühlt und sie frisch hält ⟨an den Kühlschrank gehen⟩

Kühl·ta·sche *die* ein Behälter, in dem Lebensmittel (auf einer Reise o. Ä.) kühl bleiben

Kühl·tru·he *die* ≈ *Gefriertruhe*

Küh·lung *die*; (-, -en) 1 *nur Singular* das Kühlen | *die Kühlung von Getränken* 2 *nur Singular* die angenehme Frische von etwas, das kühlt | *Der Regen brachte kaum Kühlung* 3 ein Gerät (Aggregat) o. Ä., mit dem man etwas kühlt ⟨die Kühlung versagt, fällt aus⟩

kühn ADJEKTIV 1 so, dass jemand trotz einer Gefahr keine Furcht zeigt, sondern handelt ⟨ein Held, eine Tat⟩ ≈ *mutig* 2 ganz neu, ungewöhnlich oder alles andere übertreffend ⟨ein Gedanke, eine Idee, ein Plan; jemandes kühnste Träume⟩ 3 ⟨eine Behauptung, eine Frage, eine Antwort⟩ so (ungewöhnlich), dass sie andere Leute in Staunen versetzen oder diese provozieren • hierzu **Kühn·heit** *die*

Kü·ken *das*; (-s, -) 1 ein junges Huhn 2 ein junger Vogel ≈ *Junges* K Entenküken, Gänseküken 3 *gesprochen* ein Kind oder ein junges Mädchen

Ku·ku·ruz *der*; (-(es)); Ⓐ ≈ *Mais*

ku·lant ADJEKTIV (kulanter, kulantest-) einem Kunden gegenüber großzügig ⟨ein Kaufmann; Preise⟩ | *Der Händler war kulant und hat die Reparatur umsonst ausgeführt* • hierzu **Ku·lanz** *die*

Ku·li[1] *der*; (-s, -s); *historisch* ein Arbeiter, der in Asien für wenig Geld arbeitete ■ ID **Ich bin doch nicht dein Kuli!** *ge-*

sprochen Ich lasse mich von dir nicht zum Arbeiten ausnutzen

Ku·li², **Ku·li** *der*; (-s, -s); *gesprochen* ≈ *Kugelschreiber*

ku·li·na·risch ADJEKTIV *meist attributiv* in Bezug auf gutes Essen ⟨Genüsse⟩

★ **Ku·lis·se** *die*; (-, -n) **1** die Gegenstände auf einer Bühne, die zeigen sollen, an welchem Ort die Handlung z. B. eines Theaterstücks spielt ⟨eine Kulisse aufbauen, abbauen⟩ ≈ *Bühnenbild* **2** die Umgebung, der Hintergrund | *Die Alpen bildeten eine malerische Kulisse für den neuen Film* ■ ID **etwas ist nur Kulisse** etwas ist nicht echt, aber so gemacht, dass es echt aussieht; **hinter den Kulissen** im Verborgenen, der Öffentlichkeit nicht bekannt

Kul·ler·au·gen *die*; *Plural*; *gesprochen* große, runde Augen ■ ID **Kulleraugen machen** erstaunt oder unschuldig schauen, große Augen machen

kul·lern VERB (kullerte, hat/ist gekullert) **1** **etwas kullert irgendwohin** (*ist*) etwas bewegt sich wie eine Kugel ⟨Tränen kullern jemandem über das Gesicht⟩ **2** **mit den Augen kullern** (*hat*) die Augen im Kreis bewegen **3** **sich kullern (vor Lachen)** (*hat*) über etwas sehr lachen (müssen)

kul·mi·nie·ren VERB (kulminierte, hat kulminiert) **etwas kulminiert in etwas** (*Dativ*) *geschrieben* eine Entwicklung o. Ä. erreicht ihren höchsten Punkt ● hierzu **Kul·mi·na·ti·on** *die*

Kult *der*; (-(e)s, -e) **1** eine einfache Religion ⟨ein heidnischer, indianischer, uralter Kult⟩ K Kulthandlung, Kultstätte **2** zu große Begeisterung für eine Sache oder Person ⟨einen Kult mit jemandem/etwas treiben; aus etwas einen Kult machen⟩ | *Das Buch ist Kult!* (das muss man gelesen haben) K Kultfilm, Kultroman; Autokult, Jugendkult, Personenkult, Schönheitskult, Starkult ● zu (2) **kul·tig** ADJEKTIV; zu (1) **kul·tisch** ADJEKTIV

kul·ti·vie·ren VERB (kultivierte, hat kultiviert); *geschrieben* **1** **etwas kultivieren** einen Boden so bearbeiten, dass man darauf Getreide, Gemüse o. Ä. anbauen kann ⟨den Boden, Brachland, das Moor kultivieren⟩ **2** **Pflanzen kultivieren** Pflanzen züchten und anbauen **3** **etwas kultivieren** etwas sorgfältig pflegen und so behandeln, dass es auf ein hohes Niveau kommt | *seinen persönlichen Stil kultivieren* | *Ihr Benehmen ist sehr kultiviert* (vornehm und gebildet) ● zu (1,2) **Kul·ti·va·ti·on** *die*; **Kul·ti·vie·rung** *die*; zu (3) **Kul·ti·viert·heit** *die*

★ **Kul·tur** *die*; (-, -en) **1** *nur Singular* Kunst, Wissenschaft, Religion und Sprache sind wichtige Bereiche der Kultur ⟨die Entwicklung, Geschichte, Grundlagen, Zukunft der (menschlichen) Kultur⟩ K Kulturgeschichte, Kulturgut, Kulturstufe, Kulturwissenschaft H vergleiche **Zivilisation** **2** die Stufe oder die Art der Kultur, die ein Volk während einer Zeit in der Geschichte erreicht hat ⟨eine primitive, hoch entwickelte Kultur; die östliche, westliche, abendländische Kultur⟩ | *die Kultur der alten Inkas* K Kultursprache, Kulturvolk **3** die (künstlerischen und wissenschaftlichen) Aufgaben, Aktivitäten und Produkte, die zu einer Kultur gehören ⟨den Menschen die Kultur näherbringen; Kultur vermitteln; die Kultur fördern⟩ K Kulturabkommen, Kulturaustausch, Kulturpolitik, Kulturreferent, Kulturveranstaltung **4** *nur Singular* die Bildung eines Menschen, wie sie im Benehmen, Geschmack usw. zum Ausdruck kommt ⟨Kultur haben; ein Mensch von Kultur, mit wenig Kultur; etwas zeugt von Kultur⟩ **5** *nur Singular* die Arbeiten, die den Boden (für den Anbau von Pflanzen) fruchtbar machen K Kulturboden, Kulturlandschaft **6** *nur Singular* das Züchten und Anbauen von Pflanzen | *Durch Kultur und Veredelung wurde der Reis zu einem der wichtigsten Nahrungsmittel für den Menschen* K Kulturpflanze; Gemüsekultur, Getreidekultur, Kartoffelkultur, Obstkultur, Pilzkultur **7** mehrere Pflanzen, die zur gleichen Zeit gesät oder angepflanzt werden ⟨eine Kultur (von) Champignons⟩ K Pilzkultur **8** Bakterien o. Ä., die für wissenschaftliche oder medizinische Zwecke in einem kleinen Behälter gezüchtet werden ⟨eine Kultur ansetzen, beobachten⟩ ≈ *Zucht* K Bakterienkultur, Pilzkultur ● zu (4) **kul·tur·los** ADJEKTIV

★ **Kul·tur·beu·tel** *der* eine kleine Tasche, in die man Seife, Zahnbürste und ähnliche Dinge tut, wenn man verreist

Kul·tur|denk·mal *das* ein altes Gebäude o. Ä., das gepflegt und erhalten wird, weil es für eine frühere Zeit typisch ist ⟨ein Kulturdenkmal schützen⟩

★ **kul·tu·rell** ADJEKTIV *meist attributiv* **1** ⟨eine Errungenschaft, die Entwicklung, der Fortschritt⟩ so, dass sie die menschliche Kultur fördern **2** in Bezug auf die allgemeine Kultur einer Gesellschaft, vor allem der Kunst ⟨Interessen; ein Ereignis, eine Veranstaltung⟩

Kul·tus *der*; (-); *admin* der Bereich der Kultur, kulturelle Angelegenheiten ⟨das Ministerium, der Minister für Unterricht und Kultus⟩ K Kultusminister, Kultusministerium

Küm·mel *der*; (-s, -) **1** *nur Singular* eine Pflanze mit graubraunen, länglichen Samen, die als Gewürz für Brot, Käse usw. verwendet werden K Kümmelblüte, Kümmelpflanze **2** *nur Singular* der Samen des Kümmels als Gewürz ⟨Brot, Bratkartoffeln mit Kümmel⟩ K Kümmelbrot, Kümmelkäse **3** *gesprochen* ein Schnaps mit dem Geschmack von Kümmel

★ **Kum·mer** *der*; (-s) **1** **Kummer (über jemanden/etwas)** psychisches Leiden, große Sorgen (meist wegen Armut, Krankheit, Tod oder Misserfolg) ⟨Kummer empfinden, haben; jemand/etwas bereitet, macht jemandem Kummer; etwas erspart jemandem Kummer; etwas aus/vor Kummer tun⟩ ↔ *Freude* **2** **Kummer (mit jemandem/etwas)** ein Problem, das Ärger, Schwierigkeiten oder Enttäuschungen bereitet ⟨Kummer gewöhnt sein; mit einem/seinem Kummer zu jemandem gehen⟩ | *Mit seiner Tochter hat er nur Kummer* ● hierzu **kum·mer·voll** ADJEKTIV

küm·mer·lich ADJEKTIV **1** ⟨Menschen, Tiere, Pflanzen⟩ nicht so groß und kräftig wie andere | *Auf dem schlechten Boden gedeihen nur wenige kümmerliche Bäume* **2** ⟨ein Ergebnis, ein Ertrag, ein Lohn, ein Rest⟩ so, dass sie weit hinter den Erwartungen und Wünschen zurückliegen

★ **küm·mern** VERB (kümmerte, hat gekümmert) **1** **etwas kümmert jemanden** etwas macht einer Person Sorgen oder interessiert sie | *Es kümmert ihn nicht, dass er so unbeliebt ist* | *Was kümmern mich schon die Probleme anderer Leute?* H oft verneint oder in Fragen **2** **etwas kümmert (vor sich hin)** etwas wächst schlecht | *Die Pflanzen kümmern in dem dunklen Raum* **3** **sich um jemanden kümmern** auf eine Person oder ein Tier aufpassen oder pflegen, wenn sie Hilfe brauchen ⟨sich um einen Kranken, die Kinder, ein Tier kümmern⟩ **4** **sich um etwas kümmern** die notwendigen Arbeiten ausführen ⟨sich um den Haushalt kümmern⟩ | *Wer kümmert sich um Ihre Blumen, wenn Sie im Urlaub sind?* **5** **sich um etwas kümmern** sich mit etwas in Gedanken beschäftigen ⟨sich um die eigenen Angelegenheiten kümmern⟩ | *Er kümmert sich nicht darum, wie es mir geht* | *Sie kümmert sich nicht darum, was die Leute über sie sagen* H oft verneint

Küm·mer·nis *die*; (-, -se); *geschrieben* etwas, das Kummer und Sorgen macht | *die großen und kleinen Kümmernisse des Lebens*

Kum·mer·speck *der*; *nur Singular* rundliche Körperformen, die man bekommt, wenn man aus Kummer zu viel isst ⟨Kummerspeck ansetzen⟩

Kum·pan *der*; (-s, -e); *gesprochen* **1** ≈ *Kamerad, Kumpel* **2** *abwertend* ≈ *Komplize* ● hierzu **Kum·pa·nin** *die*; zu (2) **Kum-**

pa·nei *die*

Kụm·pel *der;* (-s, -/*gesprochen auch* -s) **1** ≈ *Bergmann* **2** *gesprochen* ⟨ein (alter) Kumpel von jemandem⟩ ≈ *Freund, Kamerad*

ku·mu·lie·ren VERB (kumulierte, hat kumuliert); *geschrieben* **1** **etwas kumulieren** etwas zusammenlegen oder -rechnen ≈ *(an)häufen* | *bei Wahlen Stimmen kumulieren* (einem Kandidaten mehrere Stimmen geben) **2** **Dinge kumulieren sich** Gewinne o. Ä. sammeln sich an **3** **Wolken kumulieren sich** Wolken kommen zusammen, bilden eine (dichte) Masse • hierzu **Ku·mu·la·ti·on** *die;* **ku·mu·la·tiv** ADJEKTIV

Ku·mu·lus·wol·ke *die* eine Wolke, die aus mehreren großen, runden Wolken besteht

künd·bar ADJEKTIV **1** ⟨ein Darlehen, eine Hypothek, ein Vertrag⟩ so, dass man sie kündigen kann | *Die Versicherung ist frühestens nach Ablauf eines Jahres kündbar* **2** *meist prädikativ* so, dass eine Person entlassen werden kann | *Als Beamter ist er nicht kündbar*

★ **Kụn·de**[1] *der;* (-n, -n) **1** eine Person, die in einem Geschäft etwas kauft oder Dienste in Anspruch nimmt ⟨ein alter, guter Kunde; ein Kunde einer Bank, der Bahn, der Post, eines Friseurs; einen Kunden bedienen⟩ | *Der Bäcker hat Kunden, die er regelmäßig beliefert* **K** Kundenberatung, Kundenkartei, Kundenkreis, Kundenstamm; Stammkunde, Privatkunde, Geschäftskunde, Bahnkunde, Bankkunde **!** a) *der Kunde; den, dem, des Kunden;* b) zu *Kundin* → Info im Eintrag **-in**; c) vergleiche **Klient** und **Patient** **2** **Dienst am Kunden** eine Leistung, die ein Kunde erhält, ohne dass er dafür zu zahlen braucht | *Die Lieferung der Waren gehört bei uns zum Dienst am Kunden* **3** **ein übler/schlechter Kunde** *abwertend* ein übler/schlechter Kerl ■ ID **Hier ist der Kunde König** hier wird der Kunde sehr gut und freundlich bedient • zu (1) **Kụn·din** *die*

Kụn·de[2] *die;* (-, -n); *meist Singular; literarisch* **Kunde (von jemandem/etwas)** ⟨gute, schlechte Kunde für jemanden haben; Kunde von jemandem/etwas geben, erhalten, haben⟩ ≈ *Nachricht*

-kun·de *die;* (-); *im Substantiv, unbetont, begrenzt produktiv* **Erdkunde, Heilkunde, Heimatkunde, Pflanzenkunde, Sozialkunde, Sternkunde, Vogelkunde** *und andere* verwendet, um eine Wissenschaft oder ein Schulfach zu bezeichnen • hierzu **-kund·lich** ADJEKTIV

kün·den VERB (kündete, hat gekündet) **etwas kündet (von etwas** *(Dativ)*) *geschrieben* etwas gibt einen Hinweis auf etwas

Kụn·den·dienst *der; meist Singular* **1** alle Leistungen (vor allem Lieferung und Reparatur), die eine Firma ihren Kunden anbietet | *Die kostenlose Lieferung gehört bei uns zum Kundendienst* **2** die Stelle oder die Einrichtung, die Geräte, Maschinen (einer Firma oder eines Geschäfts) pflegt und repariert ⟨den Kundendienst anrufen, holen, kommen lassen⟩ | *Autos sollten regelmäßig zum Kundendienst*

Kụn·den·kar·te *die* eine kleine Karte aus Plastik für Kunden eines Geschäfts. Mit der Kundenkarte kann man Rabatte oder Prämien bekommen

kụnd·ge·ben VERB (gab kund, hat kundgegeben) **etwas kundgeben** *geschrieben* ≈ *bekanntgeben*

Kụnd·ge·bung *die;* (-, -en) eine Veranstaltung, vor allem als Teil einer Demonstration, bei der eine (politische) Meinung öffentlich verkündet wird ⟨eine Kundgebung veranstalten; an einer Kundgebung teilnehmen⟩ | *Der Demonstrationszug endete mit einer Kundgebung am Rathausplatz* **K** Massenkundgebung

kụn·dig ADJEKTIV so, dass eine Person viel über eine Sache weiß ⟨eine Beratung, ein Führer⟩

★ **kün·di·gen** VERB (kündigte, hat gekündigt) **1** **(etwas) kündigen** einen Vertrag o. Ä. an einem Datum beenden ⟨eine Arbeit, einen Kredit, eine Wohnung kündigen; (etwas) fristgerecht, fristlos kündigen⟩ | *Hiermit kündige ich das Mietverhältnis zum 1. Oktober* | *Er hat (seine Stelle) gekündigt und sich einen neuen Job gesucht* **2** **jemandem kündigen** (als Arbeitgeber) einen Arbeitsvertrag lösen ≈ *entlassen* | *Die Firma kündigte ihm fristlos* **3** **jemandem kündigen** (als Vermieter) den Vertrag mit dem Mieter lösen

★ **Kün·di·gung** *die;* (-, -en) **1** die Lösung eines Vertrags ⟨eine fristgerechte, fristlose, ordnungsgemäße, sofortige Kündigung; jemandem die Kündigung aussprechen⟩ **K** Kündigungsfrist, Kündigungsschutz, Kündigungstermin **2** ein Brief, mit dem man etwas kündigt ⟨jemandem eine/die Kündigung schicken⟩ **K** Kündigungsschreiben **3** die Frist, bis zu der eine Kündigung wirksam wird ⟨ein Vertrag mit monatlicher, vierteljährlicher, sechsmonatiger, jährlicher Kündigung⟩

k. und k. ['ka:|ʊnt'ka:] *historisch* Abkürzung für *kaiserlich und königlich;* das Kaiser- und Königreich Österreich-Ungarn betreffend, dazu gehörig ⟨die k. und k. Monarchie; ein k. und k. Offizier⟩

Kụnd·schaft[1] *die;* (-, -en) **1** *meist Singular* die Kunden eines Geschäfts, Betriebs | *Wir haben eine große Kundschaft* **2** eine Person, die in einem Laden einkauft ≈ *Kunde* | *Es ist Kundschaft da!* | *die Kundschaft warten lassen*

Kụnd·schaft[2] *die;* (-); *veraltend* die Suche nach Informationen ⟨auf Kundschaft gehen; jemanden auf Kundschaft schicken, senden⟩ • hierzu **Kụnd·schaf·ter** *der;* **Kụnd·schaf·te·rin** *die*

kụnd·tun VERB (tat kund, hat kundgetan) **etwas kundtun** *geschrieben* ⟨seine Meinung, einen Entschluss, Missfallen kundtun⟩ ≈ *mitteilen*

künf·tig ADJEKTIV *meist attributiv* in Bezug auf die Zukunft | *die künftige Entwicklung* | *Ich will das künftig anders machen*

Kun·ge·lei *die;* (-, -en); *abwertend* bei einer Kungelei verhandeln Personen heimlich miteinander, um so Vorteile zu haben • hierzu **kụn·geln** VERB

★ **Kụnst** *die;* (-, Küns·te) **1** (eine der) Tätigkeiten von Menschen, durch die sie Werke schaffen oder Dinge tun, die einen ästhetischen Wert haben, und für die man eine besondere Begabung braucht (z. B. Malerei, Musik und Literatur) ⟨Kunst und Kultur; die Kunst fördern⟩ **K** Kunstgegenstand, Kunsthandwerk, Kunstlied, Kunstmaler, Kunstpreis, Kunstrichtung, Kunststil, Kunstverstand, Kunstverständnis, Kunstwerk; Baukunst, Dichtkunst, Malkunst, Redekunst, Schauspielkunst, Tonkunst **2** die (Tätigkeiten und) Bilder, Gemälde, Skulpturen, Statuen, Gebäude usw., die man sich ansehen kann ⟨Kunst studieren; Werke der Kunst ausstellen⟩ **K** Kunstakademie, Kunstausstellung, Kunstgeschichte, Kunsthandel, Kunsthändler, Kunsthandlung, Kunsthistoriker, Kunsthochschule, Kunstkalender, Kunstkritik, Kunstsammler, Kunststudium, Kunstwissenschaft **3** die Fähigkeit, etwas sehr gut oder etwas Schwieriges tun zu können ≈ *Geschicklichkeit* | *die Kunst des Überzeugens* | *die Kunst, mit wenig Worten viel zu sagen* **4** *ohne Artikel, nur Singular* ein Kunstwerk von hoher Qualität | *Ist das Kunst oder Kitsch?* **5** *ohne Artikel, nur Singular* etwas, das nicht von selbst (natürlich) entstanden ist, sondern vom Menschen nachgemacht wurde ↔ *Natur* **K** Kunstblume, Kunstdarm, Kunstdünger, Kunstfaser, Kunstharz, Kunsthonig, Kunstleder, Kunstsprache, Kunstwort **6** Kurzwort für *Kunsterziehung* **K** Kunstlehrer, Kunstnote, Kunststunde, Kunstunterricht **7** **bildende Kunst** die Kunst, die Bilder zum Gegenstand hat, z. B. alle Bilder, Grafiken, Statuen, Zeichnungen u. Ä. **8** **darstellende Kunst** Schauspiel und Tanz **9** **entartete Kunst** *historisch, abwertend* Kunstwerke, welche die Nationalsozialisten für schlecht hielten und daher verboten hatten **10** **die schönen Künste** Malerei, Musik und Literatur

■ ID **etwas ist eine/keine Kunst** etwas ist schwierig/einfach (zu machen); **mit seiner Kunst am Ende sein** nicht mehr weiterwissen; **eine brotlose Kunst** eine Tätigkeit, mit der man nur wenig oder gar kein Geld verdienen kann ● zu (1 – 3) **kụnst·voll** ADJEKTIV

Kụnst|denk·mal *das* ein Bauwerk o. Ä. von künstlerischem Wert

Kụnst·druck *der* ein Gemälde o. Ä., das gedruckt (und so vervielfältigt) worden ist

Kụnst|er·zie·hung *die*; ⓓ ein Fach in der Schule, in dem man vor allem das Malen und Zeichnen lernt ● hierzu **Kụnst·er·zie·her** *der*; **Kụnst·er·zie·he·rin** *die*

Kụnst·feh·ler *der* der Fehler, den ein Arzt bei einer Operation o. Ä. macht ⟨ein ärztlicher Kunstfehler⟩ | *Das Kind ist aufgrund eines Kunstfehlers seit seiner Geburt behindert*

kụnst·fer·tig ADJEKTIV mit den Händen (bei einer handwerklichen Arbeit) sehr geschickt ● hierzu **Kụnst·fer·tig·keit** *die*

kụnst·ge·recht ADJEKTIV so, dass eine Person etwas richtig, wie ein Fachmann, macht | *einen Espresso kunstgerecht zubereiten*

Kụnst·ge·wer·be *das* Gegenstände, die zum Kunstgewerbe gehören, werden von Künstlern entworfen und (in relativ großer Zahl) im Alltag verwendet | *Keramik und Glasbläserei gehören zum Kunstgewerbe*

Kụnst·griff *der* eine geschickte Methode oder Handbewegung, mit der man etwas (sofort) leichter oder besser tun kann

★ **Künst·ler** *der*; (-s, -) **1** eine Person, die Kunstwerke (z. B. Bilder, Gemälde, Statuen usw.) herstellt, Romane, Gedichte bzw. Theaterstücke schreibt oder Musik komponiert ⟨ein bildender, darstellender, freischaffender, namhafter, berühmter, unbekannter Künstler⟩ | *Goethe war ein großer Künstler* ! a) zu *Künstlerin* → Info im Eintrag **-in**; b) nicht verwechseln: *Artisten* treten im Zirkus auf **2** eine Person, die etwas sehr gut kann ⟨ein Künstler in seinem Fach, seines Faches sein⟩ ≈ *Meister* K Kochkünstler, Lebenskünstler, Unterhaltungskünstler, Verwandlungskünstler ! zu *Künstlerin* → Info im Eintrag **-in** ● hierzu **Künst·le·rin** *die*

★ **künst·le·risch** ADJEKTIV *meist attributiv* **1** in Bezug auf die Kunst | *ein Bild mit künstlerischem Wert* **2** in Bezug auf den Künstler ⟨die Aussage, der Gestaltungswille⟩

Künst·ler·na·me *der* der Name, den Künstler selbst wählen und unter dem sie bekannt sind | *Bob Dylan ist der Künstlername von Robert Zimmermann*

Künst·ler·pech *das*; *humorvoll* ■ ID **(Das ist) Künstlerpech!** verwendet, um festzustellen, dass jemandem etwas (aus Zufall) nicht gelungen ist oder dass jemand Pech gehabt hat

★ **künst·lich** ADJEKTIV **1** von Menschen als Ersatz hergestellt ⟨Blumen, ein Farbstoff, Licht, Zähne⟩ ↔ *natürlich* | *ein Pudding mit künstlichem Vanillegeschmack* **2** mit Hilfe von Geräten, Maschinen o. Ä. ⟨Beatmung, Befruchtung⟩ | *Sie wird künstlich ernährt/künstlich am Leben erhalten* **3** nicht wirklich empfunden, nicht echt | *Sie begrüßte uns mit künstlicher Fröhlichkeit* **4** **sich künstlich aufregen** *abwertend* wütend sein, aber ohne einen guten Grund ● hierzu **Künst·lich·keit** *die*

Kụnst·pau·se *die* eine Pause, die jemand beim Sprechen macht, um einen besonderen Effekt zu erzielen

Kụnst·schatz *der* ein wertvolles Kunstwerk | *die Kunstschätze eines Landes im Museum bewundern*

★ **Kụnst·stoff** *der* ein Material, das durch chemische Verfahren hergestellt wird ⟨Folien, Kleidung, Spielzeug, Tüten aus Kunststoff⟩ ≈ *Plastik* | *Teller aus Kunststoff zerbrechen nicht so leicht wie Teller aus Porzellan* | *Nylon ist ein Kunststoff*

Kụnst·stück *das* **1** eine geschickte (artistische) Leistung, die ein Akrobat, ein Zauberer, ein dressiertes Tier usw. vorführt ⟨ein Kunststück einüben, vorführen; Kunststücke machen; jemandem ein Kunststück zeigen⟩ | *Sein Hund kann viele Kunststücke, wie auf den Hinterbeinen laufen oder durch einen Reifen springen* **2** eine schwierige Handlung ⟨etwas ist (k)ein Kunststück⟩ **3** **das Kunststück fertigbringen zu** *+Infinitiv oft ironisch* etwas Schwieriges schaffen | *Er brachte das Kunststück fertig, das Tor aus zwei Meter Entfernung nicht zu treffen* ■ ID **Kunststück!** *gesprochen, ironisch* verwendet, um zu sagen, dass etwas für jemanden leicht zu erreichen war | *Sie hat die Französischprüfung bestanden. Kunststück, ihre Mutter ist schließlich Französin!*

★ **Kụnst·werk** *das* Kunstwerke sind Bilder, Gemälde, Skulpturen, Statuen, Romane, Gedichte, Theaterstücke usw. ⟨ein architektonisches, geniales, sprachliches Kunstwerk⟩ | *die berühmten Kunstwerke der Antike bewundern* | *Dieser Roman/Dieses Bild ist ein großes Kunstwerk* K Filmkunstwerk, Sprachkunstwerk

kụn·ter·bunt ADJEKTIV; *gesprochen* **1** aus ganz verschiedenen Komponenten gemischt ⟨eine Mischung, ein Programm⟩ **2** ohne jede Ordnung ⟨ein Durcheinander⟩

★ **Kụp·fer** *das*; (-s) ein relativ weiches, rötliches Metall, das Strom gut leitet ⟨ein Dach, ein Draht, ein Kessel, eine Münze aus Kupfer; eine Legierung aus Kupfer und Zinn⟩ K Kupferblech, Kupferdach, Kupferdraht, Kupfererz, Kupferkessel, Kupferlegierung, Kupfermünze, Kupferschmied ! chemisches Zeichen: *Cu* ● hierzu **kụp·fer·far·ben** ADJEKTIV

kụp·fern ADJEKTIV *meist attributiv* **1** aus Kupfer (gemacht) ⟨ein Dach, eine Münze⟩ **2** mit der Farbe von Kupfer ≈ *kupferrot*

kụp·fer·rot ADJEKTIV mit der rotbraunen Farbe von Kupfer ⟨ein Fell, Haare⟩

Ku·pon [ku'põ:] *der*; (-s, -s) → Coupon

Kụp·pe *die*; (-, -n) **1** ein relativ flacher, runder Berggipfel ⟨eine bewaldete Kuppe⟩ | *Auf der Kuppe des Berges steht eine Kirche* **2** das runde Ende eines Fingers | *Die Kuppen der Finger zeigen Linien, die bei jedem Menschen anders sind* K Fingerkuppe

Kụp·pel *die*; (-, -n) meist ein Dach mit der Form einer halben Kugel K Kuppelbau, Kuppeldach

Kup·pe·lei *die*; (-); *historisch* das verbotene Herstellen von sexuellen Kontakten zwischen Personen, die nicht miteinander verheiratet waren, wurde früher Kuppelei genannt und bestraft ⟨wegen Kuppelei angeklagt, verurteilt werden⟩ ● hierzu **Kụpp·ler** *der*; **Kụpp·le·rin** *die*

kụp·peln VERB (kuppelte, hat gekuppelt) **1** **etwas an etwas** (*Akkusativ*) **kuppeln** zwei Fahrzeuge (mit einer Kupplung) verbinden | *einen Speisewagen an einen Zug kuppeln* **2** **etwas (mit etwas) kuppeln** zwei Teile (einer Maschine) so miteinander verbinden, dass sie zusammen wirksam werden und die Verbindung wieder getrennt werden kann | *Motor und Getriebe eines Kraftfahrzeugs kuppeln* **3** die Kupplung eines Fahrzeugs benutzen | *Bevor man einen Gang einlegen kann, muss man kuppeln*

Kụpp·lung *die*; (-, -en) **1** mit der Kupplung in einem Auto o. Ä. kann die Verbindung zwischen Motor und Getriebe (vor allem zum Schalten) unterbrochen werden K Kupplungshebel, Kupplungspedal **2** ein Pedal, mit dem man die Kupplung eines Autos (beim Anlassen, Schalten o. Ä.) benutzt ⟨die Kupplung treten, loslassen⟩ | *die Kupplung langsam kommen lassen* (den Fuß langsam vom Pe-

K

dal nehmen) **3** mit der Kupplung hängt man einen Wagen an ein Fahrzeug, damit ihn das Fahrzeug zieht ⟨eine Kupplung einhängen, abhängen⟩ | *Die Waggons eines Zuges sind durch Kupplungen miteinander verbunden* **K** Anhängerkupplung, Wohnwagenkupplung

★ **Kur** *die;* (-, -en) **1** eine Heilbehandlung von Ärzten über eine Zeit von mehreren Wochen mit einer Diät, viel Sport usw., um gesund zu bleiben oder zu werden ⟨eine Kur machen⟩ **K** Kurmittel; Bäderkur, Entziehungskur, Fastenkur, Obstkur, Saftkur, Trinkkur **2** ein Aufenthalt in einem Ort mit besonderem Klima, Heilquellen o. Ä. oder in einer Klinik, bei dem man eine Kur macht ⟨(irgendwo) zur/auf Kur sein; zur/auf Kur gehen, fahren⟩ **K** Kurarzt, Kuraufenthalt, Kurgast, Kurklinik, Kurort, Kurpark

Kür *die;* (-, -en) ein Programm mit mehreren Übungen, das ein Sportler frei wählt (z. B. beim Bodenturnen, Eiskunstlauf)

Ku·ra·tor *der;* (-s, Ku·ra·to·ren) eine Person, welche für eine Stiftung o. Ä. die gespendeten Dinge oder das gespendete Geld verwaltet,

Ku·ra·to·ri·um *das;* (-s, Ku·ra·to·ri·en [-i̯ən]) eine Gruppe (z. B. von Kuratoren), die Aufsicht über die Verwendung von Steuergeldern führt ≈ *Aufsichtsbehörde*

Kur·bel *die;* (-, -n) eine kurze Stange, die man im Kreis dreht, um einen Mechanismus in Bewegung zu setzen | *Bei den ersten Autos wurde der Motor mit einer Kurbel gestartet*

kur·beln VERB (kurbelte, hat gekurbelt) **1** **etwas irgendwohin kurbeln** etwas mit einer Kurbel bewegen | *das Autofenster nach oben kurbeln* **2** eine Kurbel drehen | *Früher musste man beim Auto lange kurbeln, bis der Motor ansprang*

Kür·bis *der;* (-ses, -se) **1** eine große, runde, orange Frucht, die man als Gemüse isst; im späten Herbst schneidet man oft ein Gesicht in die Schale und stellt eine Kerze hinein ⟨Kürbis süßsauer einmachen⟩ **K** Kürbiskern **2** eine niedrige Pflanze, an der Kürbisse wachsen ⟨Kürbis anbauen, anpflanzen⟩

ku·ren VERB (kurte, hat gekurt) **(irgendwo) kuren** *gesprochen* eine Kur machen

kü·ren VERB (kürte, hat gekürt) **jemanden zu etwas küren** eine Person auswählen, die einen Ehrentitel o. Ä. bekommen soll | *Sie wurde zur Miss World gekürt*

Kur·fürst *der; historisch* einer der Fürsten, die früher den deutschen Kaiser wählten

Kur·haus *das* ein (öffentliches) Gebäude in einem Kurort, das für die Kurgäste bestimmt ist

Ku·rie [-i̯ə] *die;* (-, -n) die Behörden (und Angestellten) im Vatikan ⟨die päpstliche, römische Kurie⟩ **K** Kurienkardinal

Ku·rier *der;* (-s, -e) **1** eine Person, die eilige Briefe, Papiere usw. mit dem Auto, Fahrrad oder Flugzeug abholt und liefert | *Mit der Post kommen die Papiere nicht mehr rechtzeitig an, die müssen wir per Kurier schicken* **K** Kurierdienst **2** eine Person, die für einen Staat, das Militär o. Ä. (meist geheime) Nachrichten überbringt ⟨eine Nachricht durch einen Kurier überbringen lassen⟩ ≈ *Bote*

ku·rie·ren VERB (kurierte, hat kuriert) **1** **eine Person/Sache kuriert jemanden (von etwas)** ein Arzt o. Ä. behandelt jemanden erfolgreich oder eine Behandlung ist erfolgreich | *Die Massagen haben ihn von seinen Rückenschmerzen kuriert* **2** **jemand/etwas kuriert etwas** jemand/etwas heilt eine Krankheit, Schmerzen o. Ä. | *ein Magengeschwür durch strenge Diät kurieren* **3** **etwas kuriert jemanden (von etwas)** etwas bewirkt, dass jemand das Verhalten ändert und manche Fehler nicht mehr macht | *Seit er einmal tausend Euro verloren hat, ist er von seiner Wettleidenschaft kuriert*

ku·ri·os ADJEKTIV; *geschrieben* ⟨eine Idee, ein Vorfall⟩ ≈ *seltsam* • hierzu **Ku·ri·o·si·tät** *die*

Ku·ri·o·sum *das;* (-s, Ku·ri·o·sa); *geschrieben* etwas, das seltsam (kurios) ist ⟨ein medizinisches Kuriosum; etwas gilt als Kuriosum⟩

Kur·kon·zert *das* ein Konzert für die Gäste in einem Kurort

Kur·pa·ckung *die* eine Masse, die man auf Haare und Kopfhaut gibt und einwirken lässt, um so etwas gegen Schuppen, trockene Haare o. Ä. zu tun

Kur·pfu·scher *der;* (-s, -); *abwertend* eine Person, die kranke Menschen medizinisch falsch behandelt

★ **Kurs** *der;* (-es, -e) **1** ein Unterricht in einem speziellen Fachgebiet über mehrere Stunden, durch den man (z. B. an der Volkshochschule) Kenntnisse erwerben kann ⟨einen Kurs absolvieren, belegen, besuchen, machen, abhalten, geben⟩ | *einen Kurs in Spanisch belegen* **K** Computerkurs, Englischkurs, Skikurs, Sprachkurs, Tanzkurs **2** die Richtung, in die sich vor allem ein Schiff oder Flugzeug bewegt ⟨jemand/ein Schiff schlägt/hält einen Kurs ein, ändert den Kurs, kommt/weicht vom Kurs ab; ein Flugzeug geht, ist auf Kurs; jemand/ein Schiff nimmt Kurs auf etwas (*Akkusativ*)⟩ | *Das Schiff nahm Kurs auf den Hafen* **K** Kursabweichung, Kursänderung, Kurskorrektur, Kurswechsel; Backbordkurs, Steuerbordkurs, Heimatkurs **3** der Preis, den Aktien (Wertpapiere, Devisen usw.) haben, wenn sie (an der Börse) gehandelt werden ⟨etwas hat einen hohen, niedrigen Kurs; etwas steht hoch, niedrig im Kurs; ein Kurs fällt, bleibt gleich, steigt, zieht an⟩ | *Wenn du Geld schon vor dem Urlaub hier umtauschst, bekommst du einen besseren Kurs* **K** Kursanstieg, Kursgewinn, Kursrückgang, Kurssteigerung, Kurssturz, Kursverlust, Kurswert; Ankaufskurs, Aktienkurs, Börsenkurs, Devisenkurs, Dollarkurs, Tageskurs, Wertpapierkurs, Verkaufskurs **4** die politischen Ziele, die jemand, eine Partei o. Ä. verfolgt | *Die Regierung steuert einen neuen Kurs* **K** Kurswechsel ■ **ID außer Kurs** (als Zahlungsmittel) nicht mehr gültig ⟨etwas ist außer Kurs; etwas wird außer Kurs gesetzt⟩; **jemand/etwas steht (bei jemandem) hoch im Kurs** jemand/etwas ist beliebt

Kurs·buch *das* ein Buch, in dem die Fahrpläne aller Strecken der Eisenbahn eines Landes enthalten sind

Kur·schat·ten *der; gesprochen, humorvoll* eine Person (des anderen Geschlechts), mit der man während einer Kur engen Kontakt hat (flirtet o. Ä.)

Kürsch·ner *der;* (-s, -) eine Person, die beruflich aus Fellen Pelze macht (und sie verkauft)

kur·sie·ren VERB (kursierte, hat kursiert) **1** **etwas kursiert** etwas ist in Umlauf ⟨das Geld, ein Schreiben⟩ **2** **das Gerücht kursiert, dass ...** man erzählt sich, dass ...

kur·siv [-ˈziːf] ADJEKTIV so, dass die Buchstaben nach rechts geneigt sind ⟨eine Schrift; etwas kursiv schreiben, setzen⟩ **K** Kursivdruck, Kursivschrift

kur·so·risch ADJEKTIV wenn man etwas kursorisch liest, dann liest man den Text nur zum Teil und sehr schnell

Kur·sus *der;* (-, Kur·se) ≈ *Kurs, Lehrgang*

Kurs·wa·gen *der* ein Wagen, der nur für einen Teil der Strecke zu einem Zug gehört und dann an einen anderen (mit anderem Ziel) gehängt wird | *Der Zug nach Salzburg hat einen Kurswagen nach Wien*

Kur·ta·xe *die* eine Geldsumme, die man zahlen muss, wenn man in einem Kurort übernachtet und für die man einige Leistungen billiger oder kostenlos erhält

Kur·ti·sa·ne *die;* (-, -n); *historisch* eine Prostituierte (am Hof eines Königs o. Ä.)

★ **Kur·ve** [-və] *die;* (-, -n) **1** eine Linie in der Form eines Bogens ⟨etwas bildet eine Kurve; etwas stellt eine Kurve dar⟩ ↔ *Gerade* | *Das Flugzeug beschrieb/flog eine weite Kurve* **2** eine Stelle, an der eine Straße die Richtung nach rechts oder

K

links ändert ⟨eine Straße mit vielen, engen, scharfen, gefährlichen Kurven; eine Kurve schneiden, voll ausfahren; in die Kurve fahren⟩ | *Das Auto wurde wegen zu hoher Geschwindigkeit aus der Kurve getragen und in den Graben geschleudert* K Kurventechnik, Kurvenverhalten; Linkskurve, Rechtskurve **3** eine Kurve, die mit einer mathematischen Formel ausgedrückt werden kann ⟨eine Kurve berechnen, konstruieren, zeichnen⟩ **4** eine Linie, die in einer Grafik zeigt, wie sich etwas im Laufe der Zeit entwickelt, verändert | *eine Kurve, welche die Höhe des Umsatzes einer Firma über mehrere Jahre hinweg zeigt* K Fieberkurve, Preiskurve, Temperaturkurve **5** **etwas macht eine Kurve** die Straße, der Weg o. Ä. ändert die Richtung **6** *gesprochen, humorvoll nur Plural* die (als erotisch empfundenen) Körperformen einer Frau ■ **ID** **jemand kratzt die Kurve** *gesprochen* jemand geht weg, verschwindet; **(gerade noch) die Kurve kriegen** *gesprochen* eine Aufgabe im letzten Moment (gerade noch) bewältigen ● zu (1) **kur·ven·för·mig** ADJEKTIV; zu (2,6) **kur·ven·reich** ADJEKTIV

kur·ven [-v-] VERB (kurvte, ist gekurvt); *gesprochen* **1** **jemand/etwas kurvt irgendwohin** jemand/etwas fährt oder fliegt Kurven | *um die Ecke kurven* | *durch die Luft kurven* **2** **irgendwohin kurven** (ohne Ziel) umherfahren ⟨durch eine Stadt, durch ein Land kurven⟩

kur·vig [-v-] ADJEKTIV mit vielen Kurven ⟨eine Straße, eine Strecke⟩ ↔ *gerade*

★ **kurz** ADJEKTIV (kürzer, kürzest-) **1** so, dass die Strecke oder Länge relativ klein ist ⟨etwas kurz scheren, schneiden; kurz geschnitten, geschoren⟩ ↔ *lang* | *Je höher die Sonne steht, umso kürzer sind die Schatten* | *Er hat ganz kurze Haare* | *Der kürzeste Weg nach Hause führt durch die Stadt* K Kurzstrecke, Kurzstreckenläufer, kurzgeschnitten, kurzgeschoren **2** so, dass etwas nur wenig Zeit braucht, nicht lange dauert | *Ich kann leider nur kurz bleiben* | *Schon nach kurzer Zeit war er mit der Arbeit fertig* | *Er zögerte kurz und ging dann weiter* K Kurzurlaub, kurzfristig **3** **kurz vor/hinter oder nach etwas** (*Dativ*) (räumlich) nicht weit vor/hinter etwas ↔ *weit* | *Das Gasthaus kommt kurz hinter/nach der Kirche, das können Sie nicht verfehlen* | *Er stolperte kurz vor dem Ziel* **4** mit nur wenigen Zeilen oder Worten und wenigen Details ⟨eine Ansprache, eine Notiz, eine Übersicht, eine Zusammenfassung⟩ ≈ *knapp* ↔ *ausführlich* K Kurzfassung, Kurzform, Kurzkommentar, Kurzmeldung, Kurznachricht, Kurzreferat **5** *meist adverbiell* schnell und ohne zu zögern ⟨etwas kurz entschlossen tun; etwas kurz abtun⟩ ≈ *rasch* **6** **seit/vor Kurzem oder kurzem** seit/vor kurzer Zeit | *Sie sind seit Kurzem verheiratet* | *Sie haben vor Kurzem geheiratet*

■ **ID** ▸kurz mit einer Verbform: **kurz angebunden sein** unfreundlich, unhöflich sein; **sich kurz fassen** etwas in wenigen Worten sagen; **kurz (und gut)**, **kurz gesagt** verwendet, um etwas zusammenzufassen | *Er hatte wenig Appetit und schlief unruhig. – Kurz gesagt, es ging ihm schlecht*; **jemand/etwas kommt zu kurz** jemand/etwas wird zu wenig beachtet, wird benachteiligt; **Machs kurz!** *gesprochen* Komm gleich zur Sache (ich habe nicht viel Zeit); **alles kurz und klein schlagen** *gesprochen* (aus Wut) alles zerschlagen, kaputtmachen; **den Kürzeren ziehen** (in einem Streit oder Wettbewerb) eine Niederlage erleiden;
▸kurz plus Konjunktion: **kurz und bündig** präzise und genau | *Sie antwortete kurz und bündig*; **kurz vor knapp** *gesprochen* gerade noch rechtzeitig; **über kurz oder lang** früher oder später | *Über kurz oder lang wird sie schon noch vernünftig werden*; **kurz und schmerzlos** schnell und ohne (aus Rücksicht) zu zögern

Kurz·ar·beit *die; meist Singular* eine Arbeitszeit, die kürzer ist als normal, weil es im Betrieb gerade nicht genug Arbeit gibt ⟨Kurzarbeit haben, machen⟩ ● hierzu **Kurz·ar·bei·ter** *der;* **Kurz·ar·bei·te·rin** *die*

kurz·är·me·lig, **kurz·ärm·lig** ADJEKTIV mit kurzen Ärmeln ⟨ein Hemd, ein Pullover⟩

kurz·at·mig ADJEKTIV so, dass jemand nur mit Mühe atmen kann

Kur·ze *der;* (-n, -n); *gesprochen* **1** **ein Kurzer** ein elektrischer Kurzschluss ⟨etwas hat einen Kurzen⟩ H *ein Kurzer; der Kurze; den, dem, des Kurzen* **2** **ein Kurzer** ein kleines Glas Schnaps ⟨einen Kurzen, ein paar Kurze trinken⟩

Kür·ze *die;* (-, -n); *meist Singular* **1** die geringe Länge einer Sache | *die Kürze des Weges* | *die Kürze des Briefes* | *die Kürze ihrer Haare* **2** die geringe Dauer einer Sache | *die Kürze der Feier* **3** die geringe Entfernung oder räumliche Ausdehnung einer Sache | *die Kürze des Abstands* **4** **in Kürze** ≈ *bald* | *Sie werden in Kürze von uns hören* **5** **in aller Kürze** sehr kurz und knapp | *jemandem in aller Kürze das Nötigste erklären* ■ **ID** **In der Kürze liegt die Würze** eine kurze, knappe Darstellung ist oft interessanter und treffender als eine lange (ausführliche)

Kür·zel *das;* (-s, -) ein (vor allem stenografisches) Zeichen, das ein längeres Wort oder eine Silbe ersetzt

★ **kür·zen** VERB (kürzte, hat gekürzt) **1** **etwas kürzen** etwas kürzer machen, indem man etwas davon abschneidet ⟨Ärmel, einen Rock, einen Mantel kürzen⟩ **2** **(jemandem) etwas kürzen** einer Person von etwas, das sie regelmäßig bekommt, weniger geben ⟨(jemandem) den Etat, das Gehalt, die Rationen, die Rente kürzen⟩ ↔ *erhöhen* **3** **(etwas) kürzen** etwas kürzer machen, indem man Teile des Textes entfernt ⟨einen Aufsatz, eine Rede, einen Roman kürzen⟩ **4** **(etwas) (mit etwas) kürzen** einen Bruch vereinfachen, indem man Zähler und Nenner durch die gleiche Zahl dividiert/teilt | *Wenn man den Bruch ¾ mit 2 kürzt, erhält man ½* ● hierzu **Kür·zung** *die*

kur·zer·hand ADVERB schnell und ohne zu zögern (oder zu überlegen) | *Als es ihm langweilig wurde, verließ er kurzerhand den Saal*

kür·zer·tre·ten VERB (tritt kürzer, trat kürzer, hat/ist kürzergetreten); *gesprochen* **1** weniger Geld ausgeben **2** weniger tun | *Nach seinem Herzinfarkt muss er kürzertreten*

kurz·fas·sen VERB (fasste sich kurz, hat sich kurzgefasst) **sich kurzfassen** etwas in wenigen Worten ausdrücken | *Bitte fassen Sie sich kurz!*

kurz·fris·tig ADJEKTIV **1** so, dass es nicht vorher angekündigt wurde ⟨eine Abreise, eine Absage, eine Änderung⟩ | *ein Rennen wegen schlechten Wetters kurzfristig verschieben* **2** relativ kurze Zeit gültig ⟨ein Abkommen, ein Kredit, ein Vertrag⟩ **3** in (möglichst) kurzer Zeit, rasch | *kurzfristige Lösungen finden* | *kurzfristig eine Entscheidung treffen*

Kurz·ge·schich·te *die* eine kurze Erzählung mit einer meist alltäglichen Handlung und einem überraschenden Schluss

kurz·haa·rig ADJEKTIV mit kurzen Haaren

kurz·hal·ten VERB (hält kurz, hielt kurz, hat kurzgehalten) **jeman-**

den kurzhalten *gesprochen* einer Person nur wenig Geld oder Freiheit geben (weil man sie streng erziehen will) ⟨die Kinder kurzhalten⟩

kurz·le·big ADJEKTIV so, dass es nur kurze Zeit existiert oder funktioniert ⟨ein Gerät, eine Mode⟩

★ **kürz·lich** ADVERB vor wenigen Tagen

kurz·ma·chen VERB ≈ *kurz machen*

Kurz·park|zo·ne *die* ein Gebiet, in dem man nur kurze Zeit parken darf (z. B. an einer Parkuhr oder mit einer Parkscheibe)

kurz·sche·ren VERB ≈ *kurz scheren*

kurz·schlie·ßen VERB (schloss kurz, hat kurzgeschlossen) **1** **etwas kurzschließen** zwei Leitungen, die elektrische Spannung führen, miteinander verbinden ⟨einen Stromkreis, die Zündung eines Autos kurzschließen⟩ **2** **eine Person schließt sich mit jemandem kurz; Personen schließen sich kurz** Personen tauschen wichtige Informationen aus und besprechen oder beschließen etwas | *Wegen des Termins müssen wir uns noch kurzschließen* **1** meist im Infinitiv

Kurz·schluss *der* **1** eine (unabsichtliche) Verbindung zwischen zwei elektrischen Leitungen, die eine Störung bewirkt ⟨ein Gerät hat einen Kurzschluss⟩ | *Als sie den Staubsauger einschalten wollte, gab es einen Kurzschluss und das Licht ging aus* **2** eine unüberlegte Handlung o. Ä., bei der man aus Wut, Angst o. Ä. etwas Falsches tut | *Die Fahrerflucht nach dem Unfall war ein Kurzschluss* **K** Kurzschlusshandlung, Kurzschlussreaktion

kurz·schnei·den VERB ≈ *kurz schneiden*

Kurz·schrift *die* ≈ *Stenografie*

★ **kurz·sich·tig** ADJEKTIV **1** so, dass eine Person nur die Dinge gut sehen kann, die nahe bei ihr sind ↔ *weitsichtig* **2** so, dass dabei wichtige Konsequenzen oder Aspekte nicht beachtet werden ⟨ein Entschluss, ein Verhalten; kurzsichtig handeln⟩ ≈ *unüberlegt* ● hierzu **Kurz·sich·tig·keit** *die*

kurz·tre·ten VERB (tritt kurz, trat kurz, hat/ist kurzgetreten); *gesprochen* ≈ *kürzertreten*

kurz·um ADVERB kurz gesagt | *Er liebt Rosen, Tulpen, Nelken. Kurzum, er liebt Blumen*

Kurz·wahl·tas·te *die* eine Taste am Telefon, die man drückt, um eine oft benötigte und deswegen gespeicherte Nummer zu wählen | *Ich habe die Nummer meiner Eltern auf der Kurzwahltaste*

Kurz·wa·ren *die; Plural* kleine Dinge, die man beim Nähen und bei Handarbeiten braucht (z. B. Garn, Knöpfe, Reißverschlüsse)

kurz·wei·lig ADJEKTIV so, dass dabei die Zeit schnell vergeht ⟨ein Abend, eine Beschäftigung, eine Geschichte⟩ ≈ *unterhaltsam, interessant* ↔ *langweilig*

Kurz·wort *das* ein Wort, das aus Teilen eines oder mehrerer Wörter gebildet ist | *Uni ist ein Kurzwort für Universität, Kripo für Kriminalpolizei*

Kurz·zeit|ge·dächt·nis *das; nur Singular* die Funktion des Gehirns, Informationen für kurze Zeit zu speichern

kurz·zei·tig ADJEKTIV *meist attributiv* ≈ *kurz* | *Milch wird durch kurzzeitiges Erhitzen pasteurisiert*

kusch! verwendet, um ein Tier zu befehlen oder einem Hund zu befehlen, still zu sein (oder sich hinzulegen)

Ku·schel- *im Substantiv, betont, begrenzt produktiv* **1** **die Kuscheldecke, die Kuschelecke, das Kuschelkissen** *und andere* gut zum Kuscheln geeignet **2** **die Kuscheldiplomatie, der Kuschelkurs, die Kuschelpädagogik** *und andere abwertend* verwendet, um zu sagen, dass man ein Verhalten für zu nachgiebig hält | *Diese Kuscheljustiz ist schuld daran, dass Täter sie nicht ernst nehmen*

ku·sche·lig ADJEKTIV **1** so weich (und warm), dass man die Berührung gernhat ⟨ein Bett, ein Tier⟩ | *ein kleines Kätzchen mit kuschelig weichem Fell* **2** so (gemütlich), dass man sich sehr wohl fühlt ⟨eine Atmosphäre, eine Wohnung⟩

ku·scheln VERB (kuschelte, hat gekuschelt) **1** **sich an jemanden kuscheln; sich in etwas** (*Akkusativ*) **kuscheln** jemanden/etwas so mit dem (ganzen) Körper berühren, dass man sich geborgen fühlt und nicht friert | *Das Kind kuschelte sich in eine Decke/an seine Mutter und schlief ein* **2** **eine Person kuschelt mit jemandem; Personen kuscheln** zwei Personen berühren sich zärtlich

Ku·schel·tier *das* ein Tier zum Spielen aus weichem Stoff | *ein Kuscheltier mit ins Bett nehmen*

ku·schen VERB (kuschte, hat gekuscht) **1** **ein Hund kuscht** ein Hund (gehorcht und) hört auf zu bellen und legt sich hin | *Aus, kusch!* **2** **(vor jemandem) kuschen** *gesprochen* still und sehr gehorsam sein | *Du sollst nicht kuschen. Wehr dich lieber!*

kusch·lig ADJEKTIV → kuschelig

Ku·si·ne *die;* (-, -n) → Cousine

★ **Kuss** *der;* (-es, Küs·se) eine Berührung mit den Lippen, mit der man Freundschaft, Liebe oder Zärtlichkeit ausdrückt oder jemanden begrüßt ⟨ein flüchtiger, inniger, leidenschaftlicher, zärtlicher Kuss; jemandem einen Kuss geben; jemandes Gesicht mit Küssen bedecken⟩ | *Sie begrüßten sich mit einem Kuss auf die Wange* **K** Abschiedskuss, Gutenachtkuss; Bruderkuss, Handkuss, Zungenkuss

kuss·echt ADJEKTIV so, dass die Farbe beim Küssen auf den Lippen bleibt ⟨ein Lippenstift⟩

★ **küs·sen** VERB (küsste, hat geküsst) **jemanden (irgendwohin) küssen** jemandem einen oder mehrere Küsse geben | *Zum Abschied küsste er sie flüchtig auf die Wange* ■ **ID Küss die Hand** Ⓐ *gesprochen* (von Männern) verwendet, um eine Frau höflich zu grüßen

Kuss·hand *die* **1** **etwas mit Kusshand loswerden** *gesprochen* etwas sehr leicht verkaufen können **2** **etwas mit Kusshand nehmen** *gesprochen* etwas sehr gern annehmen, kaufen **3** **jemandem eine Kusshand zuwerfen** die Finger der eigenen Hand küssen und dann eine Bewegung machen, als wolle man den Kuss (symbolisch) zu jemandem werfen

★ **Küs·te** *die;* (-, -n) der Bereich, an dem Meer und Land sich berühren ⟨eine flache, steile, steinige, felsige Küste⟩ | *Das*

WORTSCHATZ

▶ Häufig benutzte Kurzwörter

das **Abi**	das Abitur
das **Abo**	das Abonnement
(die) **Bio**	die Biologie
die **Info**	die Information
die **Kita**	die Kindertagesstätte
der **Krimi**	der Kriminalfilm, der Kriminalroman
die **Kripo**	die Kriminalpolizei
die **Limo**	die Limonade; die Limousine
die **Lok**	die Lokomotive
(die) **Mathe**	die Mathematik
der **O-Saft**	der Orangensaft
der **Profi**	der Professionelle
der **Promi**	der Prominente
der **Rolli**	der Rollstuhl; der Rollkragenpullover
der **Schiri**	der Schiedsrichter
die **S-Bahn**	die Schnellbahn
die **U-Bahn**	die Untergrundbahn
die **Uni**	die Universität

Schiff kreuzte lange vor der Küste | Wir verbrachten unseren Urlaub an der Küste K Küstenbewohner, Küstengebiet, Küstengewässer

Küs·ten·strei·fen *der* ein schmaler Streifen Land entlang der Küste

Küs·ter *der*; (-s, -) ≈ *Kirchendiener*

Kutsch·bock *der* der Platz, auf dem der Kutscher sitzt

Kut·sche *die*; (-, -n); *besonders historisch* ein Wagen, der von Pferden gezogen wird und Fahrgäste transportiert ⟨eine Kutsche fährt vor; in eine Kutsche steigen; in einer Kutsche sitzen, fahren⟩ K Hochzeitskutsche, Postkutsche, Pferdekutsche

Kut·scher *der*; (-s, -); *besonders historisch* eine Person, die (beruflich) eine Kutsche lenkt | *Der Kutscher knallt mit der Peitsche*

kut·schie·ren VERB (kutschierte, hat/ist kutschiert); *gesprochen* **1** **jemanden/etwas irgendwohin kutschieren** (*hat*) jemanden/etwas mit einem Wagen irgendwohin bringen | *Er kutschierte uns alle in seinem alten Auto in die Stadt* **2** **irgendwohin kutschieren** (*ist*) ohne festes Ziel mit dem Auto herumfahren | *durch das Land kutschieren*

Kut·te *die*; (-, -n) ein langes, weites Kleidungsstück mit Kapuze, das z. B. Mönche tragen K Mönchskutte

Kut·tel *die*; (-, -n); *meist Plural*; *süddeutsch* Ⓐ Ⓒⓗ Magen und Darm (von Rindern), die man isst K Kuttelsuppe

Kut·ter *der*; (-s, -) ein Schiff, mit dem man in der Nähe der Küste Fische fängt K Fischkutter

★ **Ku·vert** [ku'veːɐ̯] *das*; (-s, -s) eine Hülle, in die man einen Brief steckt, bevor man ihn verschickt ⟨ein Kuvert zukleben, adressieren, frankieren, öffnen, aufreißen⟩ ≈ *Briefumschlag* K Briefkuvert

Ku·ver·tü·re [-v-] *die*; (-, -n); *geschrieben* flüssige Schokolade, die man über Kuchen, Plätzchen o. Ä. gießt ⟨etwas in Kuvertüre tauchen, mit Kuvertüre bestreichen⟩

Ky·ber·ne·tik *die*; (-) die Wissenschaft, die Abläufe in biologischen, technischen, soziologischen o. Ä. Vorgängen untersucht • hierzu **Ky·ber·ne·ti·ker** *der*; **Ky·ber·ne·ti·ke·rin** *die*; **ky·ber·ne·tisch** ADJEKTIV

ky·ril·lisch ADJEKTIV *meist attributiv* zu der Schrift gehörig, die z. B. für die russische Sprache benutzt wird ⟨ein Buchstabe, die Schrift⟩

KZ [ka'tsɛt] *das*; (-s, -s) Abkürzung für *Konzentrationslager* K KZ-Häftling, KZ-Scherge

L

L, l [ɛl] *das*; (-, -/*gesprochen auch* -s) der zwölfte Buchstabe des Alphabets ⟨ein großes L; ein kleines l⟩

la eine Silbe, mit der man die Worte eines Textes beim Singen ersetzt

la·ben VERB (labte, hat gelabt); *geschrieben* **1** **jemanden (mit etwas) laben** einer Person etwas geben, das sie erfrischt ⟨jemanden mit Speis und Trank laben⟩ **2** **sich (an/mit etwas** (*Dativ*)**) laben** etwas genießen und dadurch neue Kraft (und Freude) bekommen ⟨sich an einem Anblick laben⟩

la·bern VERB (laberte, hat gelabert); *abwertend* sehr viele, dumme oder überflüssige Dinge sagen

la·bil ADJEKTIV **1** ⟨ein Gleichgewicht, eine Lage, eine Situation⟩ so, dass sie sich leicht verändern können ↔ *stabil* **2** ⟨eine Gesundheit, ein Kreislauf⟩ so, dass die betroffene Person leicht krank werden kann **3** ⟨ein Charakter, ein Mensch⟩ so, dass man sich nicht auf sie verlassen kann • hierzu **La·bi·li·tät** *die*

La·bor *das*; (-s, -s/-e) ein Raum, in dem man vor allem technische und medizinische Versuche und Untersuchungen macht ⟨ein chemisches, medizinisches Labor⟩ K Labortisch, Laboruntersuchung, Laborversuch; Chemielabor, Versuchslabor, Zahnlabor

La·bo·rant *der*; (-en, -en) eine Person, die beruflich in einem Labor arbeitet K Chemielaborant **H** *der Laborant; den, dem, des Laboranten* • hierzu **La·bo·ran·tin** *die*

La·bo·ra·to·ri·um *das*; (-s, La·bo·ra·to·ri·en [-jən]); *geschrieben* ≈ *Labor*

Lab·sal *das*; (-(e)s, -e), **Lab·sal** *die*; (-, -e); *geschrieben* etwas, das bewirkt, dass sich eine Person erholt und erfrischt fühlt

La·by·rinth *das*; (-(e)s, -e) ein kompliziertes System von Straßen, Gängen und Wegen, in dem man nicht weiß, wohin man gehen soll

La·che[1], **La·che** *die*; (-, -n) Flüssigkeit, die sich an einer Stelle vor allem am Boden angesammelt hat K Blutlache, Öllache, Wasserlache

La·che[2] *die*; (-); *gesprochen, oft abwertend* die Art, wie jemand lacht ⟨eine unangenehme, dreckige Lache haben⟩

★ **lä·cheln** VERB (lächelte, hat gelächelt) den Mund etwas breiter machen, um zu zeigen, dass man sich freut oder dass man etwas lustig findet ⟨freudig, vergnügt lächeln; über jemanden/etwas lächeln⟩ | *Als sie ihn sah, lächelte sie und gab ihm die Hand | lächelnd zur Tür hereinkommen | Er lächelte über ihre Schüchternheit*

★ **Lä·cheln** *das*; (-s) der Vorgang, bei dem jemand lächelt ⟨ein flüchtiges, müdes, süffisantes Lächeln⟩ | *Viele Kollegen finden das freundliche Lächeln an ihr so sympathisch* ■ **ID** **für etwas nur ein müdes Lächeln (übrig)haben** kein Interesse an etwas zeigen, da man es für schlecht hält

★ **la·chen** VERB (lachte, hat gelacht) **1** **(über etwas** (*Akkusativ*)**) lachen** den Mund öffnen und dabei kurz hintereinander mehrere Laute erzeugen, um zu zeigen, dass man sich freut oder lustig ist ⟨laut, schallend, fröhlich, triumphierend, schadenfroh, dreckig lachen; über das ganze Gesicht, aus vollem Halse lachen⟩ | *Er erzählte einen Witz, und alle lachten laut* **2** **über jemanden/etwas lachen** wegen ihrer Eigenschaften oder Meinungen beleidigende Bemerkungen über eine Person machen | *Die Klassenkameraden lachten über seine Ungeschicklichkeit | Alle lachen über seinen Sprachfehler* **3** **die Sonne/der Himmel lacht** die Sonne scheint

■ **ID** ▸als Infinitiv verwendet: **Da gibt's nichts zu lachen!** *gesprochen* Das ist nicht lustig!; **bei jemandem/irgendwo nichts zu lachen haben** bei jemandem/irgendwo sehr streng behandelt werden; **Du hast/kannst gut/leicht lachen** *gesprochen* Du bist in einer besseren Situation als ich; ▸andere Verwendungen: **Dass ich nicht lache!** *gesprochen* drückt aus, dass man etwas für unmöglich, absurd oder gelogen hält; **Das wäre doch gelacht (, wenn …)** *gesprochen* der genannte Fall ist zwar möglich, jedoch sehr unwahrscheinlich | *Es wäre doch gelacht, wenn wir das nicht schaffen!*; **Wer zuletzt lacht, lacht am besten** Erst dann, wenn etwas wirklich zu Ende ist, weiß man, wer erfolgreich war

★ **La·chen** *das*; (-s) der Vorgang, bei dem jemand lacht ⟨ein fröhliches, spöttisches, hämisches Lachen; das Lachen unterdrücken; sich (*Dativ*) das Lachen verbeißen, verkneifen; jemanden (mit etwas) zum Lachen bringen⟩ | *Als er anfing zu lachen, lachten alle mit – sein Lachen ist wirklich ansteckend* ■ **ID** **jemand hat das Lachen verlernt** jemand ist sehr traurig oder melancholisch; **vor Lachen (fast) platzen** *gesprochen* sehr stark und lange lachen; **sich vor Lachen nicht mehr halten können, sich biegen/kugeln/ausschütten vor Lachen** *gesprochen* sehr laut und lange lachen; **Das ist doch zum Lachen!** *gesprochen, abwertend* verwendet, um zu sagen, dass man sich über etwas ärgert oder es lächerlich findet; **jemand geht zum Lachen in den Keller** jemand hat wenig Humor und lacht nur selten; **Dir wird das Lachen noch vergehen!** *gesprochen* du wirst auch bald Probleme haben, wenn du in eine ähnliche Situation kommst!

La·cher *der;* (-s, -) **1** eine Person, die lacht **2** *gesprochen* ein kurzes Lachen ■ **ID die Lacher auf seiner Seite haben** in einer Diskussion oder einem Streit etwas Lustiges sagen und dadurch die Leute für sich gewinnen

Lach|er·folg *der* **einen Lacherfolg haben** andere Menschen zum Lachen bringen

★ **lä·cher·lich** ADJEKTIV **1** so unpassend, dass es stört oder dass man es nicht ernst nehmen kann ⟨ein Vorhaben; jemandes Verhalten, jemandes Getue⟩ ≈ *seltsam* | *Es ist einfach lächerlich, sich über solche Kleinigkeiten aufzuregen* **2** viel zu klein oder gering ⟨ein Betrag, eine Summe, eine Ausgabe; jemandes Verdienst⟩ | *Dieses Buch habe ich mir für lächerliche fünf Euro gekauft* | *Sie verdient lächerlich wenig* **3** **etwas ins Lächerliche ziehen** etwas abwerten, indem man Witze darüber macht ● zu (1,2) **Lä·cher·lich·keit** *die*

lach·haft ADJEKTIV *meist prädikativ; abwertend* ⟨Pläne; jemandes Verhalten, jemandes Vorhaben⟩ so, dass man sie nicht ernst nehmen kann, sich aber trotzdem darüber ärgert

Lach·krampf *der* **einen Lachkrampf bekommen** nicht mehr aufhören können zu lachen

Lachs [laks] *der;* (-es, -e) **1** ein großer Fisch, der in den nördlichen Meeren lebt und der sich in Flüssen vermehrt K Lachsfang **2** das rosafarbene Fleisch des Lachses, das man essen kann ⟨geräucherter Lachs⟩ | *Brötchen mit Lachs und Kaviar* K Lachsbrötchen, Lachsersatz, lachsrot; Räucherlachs ● zu (2) **lachs·far·ben** ADJEKTIV

Lach·sal·ve *die* das gleichzeitige, laute Lachen mehrerer Personen ⟨von Lachsalven unterbrochen werden⟩

Lack *der;* (-(e)s, -e) eine Flüssigkeit, die man über Holz, Metall oder über eine Farbe streicht, damit das Material geschützt ist ⟨farbloser, matter, glänzender Lack; der Lack blättert ab; Lack auftragen, auf etwas (*Akkusativ*) spritzen⟩ K Lackfehler, Lackschaden ■ **ID Der Lack ist ab** *gesprochen* **a** etwas ist nicht mehr neu und interessant **b** jemand sieht nicht mehr jung und frisch aus

Lack·af·fe *der; gesprochen, abwertend* eine Person, die sich zu elegant kleidet und sehr eitel und arrogant ist

la·ckie·ren VERB (lackierte, hat lackiert) **1** **(etwas) lackieren** Lack auf etwas streichen oder spritzen ⟨die Fensterrahmen, die Türen neu lackieren⟩ | *Ich habe den alten Schrank neu lackiert* **2** **sich** (*Dativ*) **die Fingernägel lackieren** Nagellack auf die Fingernägel streichen ● zu (1) **La·ckie·rung** *die*

La·ckie·rer *der;* (-s, -) eine Person, die beruflich (z. B. Autos) lackiert ● hierzu **La·ckie·re·rin** *die*

Lack·schuh *der; meist Plural* Schuhe aus glänzendem Leder

La·de·ge·rät *das* ein Gerät, mit dem man Akkus wieder aufladen kann

La·de·hem·mung *die* eine Störung im Mechanismus einer Waffe, sodass man die Munition nicht hineintun kann | *Die Pistole hatte Ladehemmung* ■ **ID jemand/etwas hat Ladehemmung** *gesprochen, humorvoll* jemand versteht etwas überhaupt nicht/etwas funktioniert nicht

★ **la·den** VERB (lädt/*veraltend* ladet, lud, hat geladen)
▸zum Transport: **1** **etwas irgendwohin laden** etwas, das man transportieren will, in ein Fahrzeug bringen ≈ *aufladen, einladen* | *Getreide in einen Frachter laden* | *Säcke auf einen Karren laden* | *Die Kräne laden die Container auf die Frachtschiffe* **2** **etwas aus/von etwas laden** etwas, das transportiert wurde, aus einem Fahrzeug nehmen | *die Kisten aus dem Waggon laden* **3** **etwas (mit etwas) laden** etwas, das man transportieren will, in ein Fahrzeug bringen ≈ *beladen* | *einen Lastwagen mit Fässern laden* | *einen Waggon mit Kisten laden* K Laderampe **4** **etwas lädt etwas** etwas nimmt etwas auf, um es zu transportieren | *Die Schiffe laden Bananen und bringen sie nach Europa* | *Das Flugzeug hatte zu viel geladen* K Ladefläche, Ladegewicht, Ladekapazität, Laderaum
▸Personen: **5** **jemanden (zu etwas) laden** *geschrieben* jemanden (zu einem Fest) einladen ↔ *ausladen* | *Es tut mir leid, Zutritt nur für geladene Gäste* **6** **jemanden laden** *geschrieben* jemanden auffordern, vor Gericht zu erscheinen ⟨Zeugen, jemanden als Zeugen laden; jemanden vor Gericht, zu einer Verhandlung laden⟩ ≈ *vorladen*
▸andere Verwendungen: **7** **etwas laden** elektrischen Strom in eine Batterie schicken, damit diese wieder funktioniert ≈ *aufladen* K Ladegerät, Ladekabel, Ladestation, Ladezustand **8** **etwas laden** beginnen, am Computer eine Datei oder ein Programm zu benutzen, mit ihnen zu arbeiten ≈ *öffnen* **9** **eine Schuld/eine Verantwortung auf sich laden** *geschrieben* schuldig/für etwas verantwortlich werden **10** **(etwas) laden** Munition in eine Waffe tun | *Die Pistole war nicht geladen* **11** **etwas lädt** wenn ein Computerprogramm lädt oder wenn Daten laden, dann werden sie an eine Stelle kopiert, an der man sie benutzen kann | *Laden Filme im Internet bei dir auch so langsam?*

★ **La·den** *der;* (-s, Lä·den) **1** ein Raum oder Haus, in dem man Waren (wie z. B. Gemüse oder Bücher) kaufen kann ⟨ein teurer Laden; einen Laden aufmachen, einrichten, schließen; im Laden bedienen⟩ ≈ *Geschäft* | *Mein Vater kauft seinen Tee im Laden an der Ecke* K Ladenbesitzer, Ladenglocke, Ladenkasse, Ladenstraße, Ladentür; Buchladen, Gemüseladen, Hobbyladen, Lebensmittelladen, Schreibwarenladen, Tabakladen, Teeladen, Zeitungsladen **2** Kurzwort für *Fensterladen* und *Rollladen* ■ **ID der Laden läuft** *gesprochen* ein Geschäft oder eine Unternehmung funktioniert gut; **den Laden schmeißen** *gesprochen* durch Tüchtigkeit bewirken, dass ein Geschäft oder eine Unternehmung gut funktioniert; **den Laden hinwerfen** *gesprochen* eine Tätigkeit (oft aus Frustration oder Verärgerung) aufgeben; **So wie ich den Laden kenne** *gesprochen* So wie ich die Verhältnisse hier kenne

La·den·dieb *der* eine Person, die etwas aus einem Geschäft stiehlt, während es geöffnet ist | *Jeder Ladendieb wird angezeigt!* ● hierzu **La·den·die·bin** *die;* **La·den|dieb·stahl** *der*

La·den·hü·ter *der;* (-s, -); *abwertend* ein Gegenstand, den niemand kauft und der deshalb lange in einem Geschäft bleibt

La·den·schluss *der; meist Singular* der Zeitpunkt, ab dem in Geschäften nichts mehr verkauft werden darf | *kurz vor Ladenschluss noch zum Einkaufen gehen* K Ladenschlussgesetz

La·den·tisch *der* **1** ein Tisch in einem Geschäft, hinter dem der Verkäufer steht **2** **etwas unterm Ladentisch verkaufen** Waren verkaufen, die verboten oder knapp sind

La·de·säu·le *die* an einer Ladesäule können Elektrofahrzeuge die Batterien mit Strom laden

La·de·sta·ti·on [-tsio:n] *die* ein elektrisches Gerät, in das man ein dazu gehörendes Gerät stellt, um dessen Akku aufzuladen, z. B. für eine elektrische Zahnbürste oder ein Funktelefon

L

lä·diert ADJEKTIV; *gesprochen* mit einer Beschädigung oder Verletzung | *Mein Knie ist leicht lädiert*

Lä·die·rung *die*; (-, -en) die Stelle, an der etwas beschädigt ist

lädt *Präsens, 3. Person Singular* → laden

★ **La·dung** *die*; (-, -en) **1** die Dinge, die mit einem Fahrzeug transportiert werden ⟨eine Ladung aufnehmen⟩ ≈ *Fracht* | *die Ladung löschen* (abladen) | *eine Ladung Kohlen transportieren* K Getreideladung, Holzladung, Kohleladung **2** *gesprochen* eine relativ große Menge einer Flüssigkeit | *Ich bekam eine Ladung Wasser ab, als das Auto durch die Pfütze fuhr* **3** die Menge Munition (in einer Waffe) oder die Menge an Sprengstoff | *eine Ladung Dynamit* K Sprengstoffladung **4** die Menge elektrischen Stroms, die in etwas ist ⟨eine elektrische, positive, negative Ladung⟩ | *Elektronen haben negative Ladung* **5** eine Aufforderung, vor Gericht oder zu einer Behörde zu kommen

lag *Präteritum, 1. und 3. Person Singular* → liegen

lä·ge *Konjunktiv II, 1. und 3. Person Singular* → liegen

★ **La·ge** *die*; (-, -n) **1** die Art und Weise, in der sich jemand/etwas im Raum befindet ⟨in horizontaler, schiefer, schräger Lage⟩ ≈ *Position* | *die Lage des Kindes im Mutterleib/bei der Geburt* K Schräglage **2** *meist Singular* der Ort, an dem etwas in Bezug auf die Umgebung liegt ⟨in ruhiger, sonniger, geografisch begünstigter, verkehrsgünstiger Lage⟩ | *ein Haus in sonniger Lage am Hang* | *ein Bungalow in ruhiger Lage am Stadtrand* K Lageplan; Hanglage, Stadtrandlage **3** die äußeren Umstände, in denen sich jemand befindet ⟨in einer günstigen, beneidenswerten, herrlichen, schlechten, misslichen Lage sein⟩ ≈ *Situation* | *Er lieh seinem Freund 2.000 Euro und half ihm so aus seiner misslichen finanziellen Lage* | *Um sie zu verstehen, musst du dich einmal in ihre Lage versetzen* K Lagebericht, Lagebesprechung; Finanzlage, Rechtslage, Wirtschaftslage **4** eine Masse oder ein Material in einer sehr flachen und breiten Form ≈ *Schicht* | *Blumen zwischen zwei Lagen Papier in einem Buch pressen* | *Auf den Kuchenboden kommt erst eine Lage Quark, dann eine Lage Kirschen* **5** *gesprochen* die Getränke, die jemand (in einem Gasthaus) für die Freunde bestellt und bezahlt ⟨eine Lage (Bier) ausgeben⟩ ≈ *Runde* **6** *nur Plural* eine Disziplin beim Schwimmen, in der je ein Viertel der Strecke durch Delphin-, Rücken- und Brustschwimmen und Kraulen zurückgelegt wird | *400 m Lagen* | *4 × 100 m Lagen* K Lagenschwimmen, Lagenstaffel ■ ID **(nicht) in der Lage sein, etwas zu tun** (nicht) dazu fähig sein, etwas zu tun; **Ich bin in der glücklichen Lage, ...** Ich freue mich, ...; **die Lage peilen** *gesprochen* sehen oder beobachten, wie die momentane Situation ist

★ **La·ger** *das*; (-s, -) **1** ein Raum oder eine Halle, wo man Waren abstellt, die man im Augenblick nicht braucht ⟨etwas auf Lager haben⟩ | *Ich schau mal im Lager nach, ob wir diese Größe noch da haben* K Lagerarbeiter, Lagerhalle, Lagerhaltung, Lagerhaus, Lagerraum, Lagerschuppen, Lagerverwalter; Baustofflager, Getränkelager, Getreidelager, Warenlager **2** mehrere Zelte oder Hütten, die man aufbaut, damit Menschen dort (meist für kurze Zeit) übernachten und leben können ⟨ein Lager errichten, aufbauen, aufschlagen, abbrechen, auflösen⟩ | *Die Truppen schlugen ihr Lager am Rand des Waldes auf* | *Nach dem Erdbeben wurden Lager errichtet, um die Menschen zu versorgen* K Lagerleben, Lagerplatz; Flüchtlingslager, Gefangenenlager, Truppenlager; Ferienlager, Zeltlager **3** alle Personen oder Staaten, welche die gleiche politische oder philosophische Meinung haben ⟨das östliche, westliche Lager; das feindliche Lager⟩ | *Beim Thema „Abtreibung" ist das Parlament in zwei Lager gespalten* K Feindeslager **4** eine Schicht vor allem eines Metalls, die sich im Felsen befindet ⟨ein Lager ausfindig machen, abbauen⟩ K Erzlager, Kohlelager, Minerallager ■ ID **etwas auf Lager haben** *gesprochen* etwas sofort erzählen oder zeigen können, vor allem um andere Personen zu unterhalten | *eine Menge Witze auf Lager haben*

La·ger·feu·er *das* ein Feuer, das man im Freien macht, um sich zu wärmen oder um sich etwas zu essen zu machen | *Abends saßen wir ums Lagerfeuer und sangen Lieder* K Lagerfeuerromantik

La·ge·rist *der*; (-en, -en) eine Person, die in einem Lager mit Waren arbeitet **H** *der Lagerist; den, dem, des Lageristen* • hierzu **La·ge·ris·tin** *die*

La·ger·kol·ler *der*; *nur Singular* das unangenehme Gefühl, das man bekommt, wenn man lange an einem Ort mit anderen Menschen und wenig Platz bleiben muss

★ **la·gern** VERB (lagerte, hat gelagert) **1** **etwas lagern** etwas, das man im Augenblick nicht braucht, an eine Stelle tun, an der es bleiben kann ≈ *aufbewahren* | *Kartoffeln in einem dunklen Keller lagern* | *Holz muss trocken gelagert werden* **2** **jemanden/etwas irgendwie lagern** jemanden/etwas in die genannte Stellung bringen | *den Ohnmächtigen bequem lagern* **3** **etwas lagert irgendwo** etwas ist an der genannten Stelle, an der Waren bleiben können, bis sie verkauft oder verbraucht werden | *Der Weinbrand lagert in alten Holzfässern* **4** **irgendwo lagern** *geschrieben* an der genannten Stelle (im Freien) übernachten oder z. B. Zelte aufbauen | *Die Cowboys lagerten an einem Fluss* ■ ID **etwas ist irgendwie gelagert** ⟨ein Fall, ein Problem, eine Sache⟩ etwas ist in der genannten Situation, von der genannten Art • zu (1 – 3) **La·ge·rung** *die*

lag·gen ['lɛgn̩] VERB (laggte, hat gelaggt) **etwas laggt** ein Computer oder Programm reagiert auf Eingaben nur langsam oder verzögert

La·gu·ne *die*; (-, -n) ein Teil des Meeres, der durch Felsen oder ein Stück Land vom übrigen Meer getrennt ist | *Venedig ist auf Pfählen in einer Lagune gebaut*

lahm ADJEKTIV **1** wenn man selbst oder ein Bein lahm ist, kann man es nicht mehr (wie normal) bewegen | *Er ist (auf dem linken Bein) lahm* **2** wenn die Arme oder Beine lahm sind, ist man so müde, dass man sie nur mit Mühe bewegen kann | *Mein Arm ist ganz lahm vom Kofferschleppen* **3** *gesprochen* ohne Schwung ≈ *langweilig* | *Er ist so lahm, dass er während der Arbeit fast einschläft* | *Die Debatte war ziemlich lahm* • hierzu **Lahm·heit** *die*

lahm·ar·schig ADJEKTIV; *gesprochen* ⚠ ohne Schwung und Energie

lah·men VERB (lahmte, hat gelahmt) **ein Pferd lahmt** ein Pferd ist auf einem Fuß lahm

läh·men VERB (lähmte, hat gelähmt) **1** **etwas lähmt jemanden/etwas** etwas bewirkt, dass man einen Körperteil nicht mehr bewegen kann | *ein Gift, das Arme und Beine lähmt* | *Seit dem Unfall ist er in der linken Gesichtshälfte gelähmt* **2** **etwas lähmt jemanden/etwas** etwas bewirkt, dass jemand die Energie verliert oder dass etwas nicht mehr funktioniert | *vor Angst (wie) gelähmt sein* | *Frustration und Misserfolge wirken lähmend auf seine Leistungsfähigkeit* | *Der Bürgerkrieg lähmte die Wirtschaft des Landes*

lahm·le·gen VERB (legte lahm, hat lahmgelegt) **etwas legt etwas lahm** etwas bewirkt, dass etwas stoppt oder nicht mehr funktioniert ⟨den Verkehr, die Wirtschaft, den Handel, die Verhandlungen lahmlegen⟩ | *Durch einen Unfall war der Verkehr auf der Autobahn stundenlang lahmgelegt*

Läh·mung *die*; (-, -en) **1** der Zustand, in dem man einen Körperteil nicht mehr bewegen kann K Lähmungserscheinung **2** der Zustand, in dem ein System nicht mehr funktioniert ≈ *Stillstand* | *Der sinkende Dollarkurs führte zu einer Lähmung des internationalen Handels*

Laib *der*; (-(e)s, -e) ein rundes Stück Brot oder Käse (das noch nicht angeschnitten ist) | *ein Stück aus dem Laib Käse herausschneiden* K Brotlaib, Käselaib

Laich *der*; (-(e)s, -e) die Menge Eier, die vor allem Fische und Frösche ins Wasser legen K Laichplatz, Laichzeit; Fischlaich, Froschlaich

lai·chen VERB (laichte, hat gelaicht) ⟨ein Fisch, ein Frosch⟩ **laicht** ein Fisch oder ein Frosch legt den Laich ins Wasser

Laie *der*; (-n, -n) **1** eine Person, die auf einem speziellen Gebiet keine besonderen Kenntnisse hat ↔ *Fachmann* | *Auf dem Gebiet der Astrophysik bin ich völliger Laie* | *etwas auch für den Laien verständlich machen* H *der Laie; den, dem, des Laien* **2** ein Mitglied einer Kirche, das nicht Geistlicher ist K Laienprediger • zu (1) **lai·en·haft** ADJEKTIV

Lai·en·spiel *das* ein Theaterstück, in dem Leute spielen, die nicht von Beruf Schauspieler sind K Laienspielgruppe

La·kai *der*; (-en, en) **1** *historisch* ein Diener in Uniform **2** *abwertend* eine Person, die sich von einer anderen Person für deren Interessen benutzen lässt H *der Lakai; den, dem, des Lakaien*

La·ken *das*; (-s, -) ≈ *Betttuch* K Bettlaken

la·ko·nisch ADJEKTIV; *geschrieben* ⟨eine Antwort, eine Feststellung⟩ in wenigen Worten, kurz

Lak·rit·ze *die*; (-, -n) **1** *nur Singular* eine süße, schwarze Masse, die man isst **2** ein Stück aus Lakritze ⟨Lakritze kauen, essen⟩ K Lakritzschnecke, Lakritzstange

Lak·to·se *die*; (-) die Art von Zucker, die in der Milch von Natur aus ist K laktosefrei; Laktoseintoleranz, Laktoseunverträglichkeit

la·la ■ ID **so lala** *gesprochen* nicht gut, aber auch nicht schlecht ≈ *mittelmäßig* | *„Wie gehts dir denn?" – „Na ja, so lala"*

lal·len VERB (lallte, hat gelallt) **(etwas) lallen** Laute so aussprechen wie ein Baby oder eine betrunkene Person

La·ma *das*; (-s, -s) ein Tier, ähnlich wie ein Kamel (ohne Höcker), das in Südamerika lebt

La·mel·le *die*; (-, -n) **1** eine von vielen dünnen, aneinandergereihten Platten, z. B. an einem Heizkörper **2** eine der dünnen Häute an der Unterseite eines Pilzes

la·men·tie·ren VERB (lamentierte, hat lamentiert) **(über etwas** *(Akkusativ)***) lamentieren** *abwertend* ≈ *jammern*

La·met·ta *das*; (-s) **1** sehr dünne, schmale und lange Streifen aus Metall, mit denen man den Weihnachtsbaum schmückt ⟨den Weihnachtsbaum mit Lametta behängen⟩ **2** *abwertend oder humorvoll* alle Orden, die jemand an der Brust trägt

Lamm *das*; (-s, Läm·mer) **1** das Junge des Schafs ⟨das Lamm blökt; jemand ist brav, sanft, unschuldig wie ein Lamm⟩ **2** *nur Singular* das Fell des Lamms | *eine Jacke aus Lamm* K Lammfellsohle **3** *nur Singular* das Fleisch des Lamms K Lammbraten, Lammfleisch, Lammkeule, Lammkotelett **4** *gesprochen* eine Person, die niemandem etwas Böses tun kann und alles erduldet **5** **das Lamm Gottes** (im Neuen Testament) verwendet als Bezeichnung für Jesus Christus als Sohn Gottes ≈ *Agnus Dei*

lamm·fromm ADJEKTIV ⟨ein Mensch, ein Tier⟩ sehr geduldig und gehorsam | *ein lammfrommer Schäferhund*

★ **Lam·pe** *die*; (-, -n) **1** ein (meist elektrisches) Gerät (z. B. an der Decke oder an der Wand), das Licht erzeugt | *eine Lampe an die Decke hängen* K Schreibtischlampe, Nachttischlampe, Tischlampe, Zimmerlampe; Öllampe, Paraffinlampe **2** das Teil eines technischen Geräts, das künstliches Licht erzeugt | *Glühbirnen, Neonröhren und Scheinwerfer sind Lampen* K Lampenlicht, Lampenschein; Glühlampe H → Abb. unter **Fahrrad**

Lam·pen·fie·ber *das* die starke Nervosität kurz vor einem öffentlichen Auftritt (z. B. als Sänger, Redner) ⟨Lampenfieber haben⟩

Lam·pi·on ['lampiɔŋ] *der*; (-s, -s) eine Laterne aus buntem Papier | *ein Umzug der Kinder mit Lampions am Martinstag* | *Für das Sommerfest schmückten sie den Garten mit Lampions*

LAN [la:n] *das*; (-(s), -s) Local Area Network ein Netzwerk von Computern innerhalb einer Firma, Wohnung o. Ä. K LAN-Kabel, LAN-Party

lan·cie·ren [lã'si:rən] VERB (lancierte, hat lanciert) **etwas lancieren** *geschrieben* dafür sorgen, dass etwas öffentlich wird, in die Zeitung kommt ⟨eine Nachricht lancieren⟩ • hierzu **Lan·cie·rung** *die*

★ **Land**[1] *das*; (-(e)s) **1** der Teil der Erde, der nicht vom Wasser bedeckt ist ⟨auf dem Land, an Land⟩ ↔ *Wasser* | *Die Erdoberfläche besteht zu einem Fünftel aus Land und zu vier Fünfteln aus Wasser* | *Ein Frosch kann im Wasser, aber auch an Land leben* | *Die Fischer zogen einen großen Fisch an Land* K Landklima, Landmasse, Landgewinnung; Festland **2** ein Gebiet oder eine Fläche, auf der man Pflanzen anbaut ⟨fruchtbares, karges, sumpfiges Land; das Land bearbeiten, fruchtbar machen, bebauen⟩ ≈ *Acker* K Ackerland, Weideland **3** **das Land** das Gebiet außerhalb der großen Städte, in dem man Landwirtschaft betreibt ⟨auf dem Land leben; vom Land kommen; aufs Land ziehen⟩ ↔ *Stadt* | *Viele Menschen ziehen vom Land in die Stadt, um dort Arbeit zu suchen* K Landbevölkerung, Landarzt, Landpfarrer, Landleben, Landluft **4** **an Land gehen** ein Schiff verlassen und festen Boden betreten ■ ID **etwas an Land ziehen** *gesprochen* etwas (nach langen Verhandlungen oder mit viel Aufwand) bekommen ⟨einen Auftrag⟩; **kein Land mehr sehen** nicht mehr wissen, wie man aus einer schwierigen Situation kommt; **etwas geht/zieht ins Land** *geschrieben* etwas vergeht ⟨die Jahre⟩; **Land unter melden** melden, dass ein Gebiet vom Hochwasser überflutet ist

★ **Land**[2] *das*; (-(e)s, Län·der) **1** ein Gebiet, das eine Regierung hat und politisch selbstständig ist ⟨ein neutrales, paktfreies, unabhängiges, autonomes, demokratisches, kapitalistisches, sozialistisches Land; jemanden des Landes verweisen⟩ ≈ *Staat* | *Spanien, Schweden und Frankreich sind europäische Länder* K Ländername; Landesgrenze, Landeshauptstadt, Landesregierung, Landessprache, Landeswährung, Landeswappen; Mittelmeerland, Urlaubsland **2** Ⓓ Ⓐ ein Teil eines Landes, der eine eigene Regierung und Verfassung hat, über dem aber die Bundesregierung steht ≈ *Bundesland* | *das Land Hessen* | *das Land Vorarlberg* | *Österreich besteht aus 9 Ländern* K Landesgrenze, Landeshauptstadt, Landesparlament, Landespolitik, Landesregierung **3** **das Gelobte/Heilige Land** *geschrieben* das biblische Palästina (das ungefähr dem heutigen Israel entspricht) ■ ID **Andere Länder, andere Sitten!** als Kommentar zu einer lustigen Geschichte verwendet, die man in einem fremden Land erlebt hat; **wieder im Lande sein** wieder hier (beim Sprecher) sein, nachdem man eine Zeit lang weg was | *Sie war zum Studieren nach München gegangen, aber jetzt ist sie wieder im Lande*

Lan·de·an·flug *der* der Abschnitt eines Fluges kurz vor der Landung eines Flugzeugs | *ein Unfall beim Landeanflug auf dem Flughafen von Athen*

Lan·de·bahn *die* eine breite Bahn oder Piste, auf der Flugzeuge landen

★ **lan·den** VERB (landete, hat/ist gelandet) **1** **jemanden/etwas landen** *(hat)* jemanden/etwas aus der Luft oder aus dem Wasser an Land bringen ⟨Truppen, Fallschirmjäger, ein Flugzeug⟩ **2** **etwas landen** *gesprochen (hat)* Erfolg haben ⟨einen Sieg, einen Erfolg, einen Treffer, einen Coup⟩ **3** *(ist)* aus der Luft oder aus dem Wasser an Land kommen ⟨ein Flugzeug, ein Ballon, ein Schiff, eine Fähre, ein Fallschirmspringer, ein Drachenflieger, ein Vogel⟩ | *Wir landeten pünktlich in Amsterdam und flogen von dort weiter nach Boston* | *Der Fallschirmspringer landete in einem Getreidefeld* **K** Landeerlaubnis, Landeverbot, Landemanöver, Landeplatz **4** **irgendwo landen** *gesprochen (ist)* an die genannte Stelle kommen, ohne dass dies so geplant war | *Er fuhr mit seinem Motorrad zu schnell in die Kurve und landete in einer Wiese* | *Sein Bewerbungsschreiben landete im Papierkorb* **5** **irgendwo landen** *gesprochen (ist)* am Ziel ankommen | *Nach stundenlanger Suche sind wir endlich an der richtigen Adresse gelandet* ■ **ID** **bei jemandem nicht landen (können)** *gesprochen* bei jemandem keinen Erfolg haben

Land·en·ge *die* ein schmaler Streifen Land, der zwei Meere voneinander trennt und zwei große Landmassen miteinander verbindet ≈ *Isthmus* | *die Landenge von Korinth/Panama*

Lan·de·platz *der* eine Fläche, auf der kleine Flugzeuge und Hubschrauber landen können **K** Hubschrauberlandeplatz

Län·de·rei·en *die; Plural* große Grundstücke, die jemand besitzt

Län·der·spiel *das* ein Spiel zwischen den Nationalmannschaften von zwei verschiedenen Ländern **K** Eishockeyländerspiel, Fußballländerspiel, Handballländerspiel

Lan·des|haupt·mann *der;* Ⓐ der Chef der Regierung eines Bundeslandes | *der Landeshauptmann von Tirol* ● hierzu **Lan·deshaupt·frau** *die*

Lan·des·kun·de *die;* (-) das Wissen/die Wissenschaft von der Geschichte, der Geografie, der Politik und Kultur eines Landes oder eines Gebiets ⟨Landeskunde betreiben, unterrichten⟩ **K** Landeskundeunterricht ● hierzu **lan·des·kund·lich** ADJEKTIV

Lan·des·rat *der;* Ⓐ ein Mitglied der Regierung eines Bundeslandes ● hierzu **Lan·des·rä·tin** *die*

Land·flucht *die; nur Singular* die Situation, wenn viele Menschen vom Land in die Stadt ziehen, weil sie dort Arbeit suchen

land·fremd ADJEKTIV völlig fremd

Land·ge·richt *das* ein Gericht, das über dem Amtsgericht steht

Land·haus- *im Substantiv, betont, begrenzt produktiv* **die Landhausmode, die Landhausmöbel, der Landhausstil** *und andere* drückt aus, dass etwas so gestaltet wurde, dass es bäuerlich und praktisch, aber auch nach guter Qualität aussieht

★ **Land·kar·te** *die* eine große Karte, die eine Gegend, ein Land oder die Welt in einem Maßstab zeigt ⟨sich nach der Landkarte orientieren; etwas auf der Landkarte suchen⟩ | *Dieser Bach ist nicht auf der Landkarte eingezeichnet*

★ **Land·kreis** *der;* Ⓓ ein Bezirk, der mehrere Dörfer oder/und kleine Städte umfasst, die zusammen verwaltet werden

land·läu·fig ADJEKTIV *meist attributiv* so, wie es die Mehrzahl der Menschen denkt oder glaubt ⟨die Meinung, Vorstellungen, Ansichten⟩ ≈ *gängig, üblich* | *Im landläufigen Sinn versteht man unter „Person" etwas anderes als im juristischen Sinn*

★ **länd·lich** ADJEKTIV **1** so, dass etwas nicht in den großen Städten ist, sondern in den kleineren Orten ⟨Gemeinden, Orte⟩ ↔ *städtisch* **2** vor allem so, wie es in der Gegend ist, in der viele Bauern wohnen ⟨Sitten, Bräuche, die Tracht, die Sprache, die Atmosphäre, die Lebensweise⟩

Land·mann *der; veraltend* ≈ *Bauer*

Land·pla·ge *die* Personen, Tiere oder Dinge, die oft oder in großer Zahl/Menge vorkommen und dadurch sehr lästig sind | *Die Mücken hier am See sind eine wahre Landplage*

★ **Land·rat** *der* **1** Ⓓ der Beamte, welcher die Verwaltung eines Landkreises leitet. Der Landrat wird von der Bevölkerung gewählt. **K** Landratswahl **2** Ⓒⓗ das Parlament eines Kantons **3** Ⓒⓗ ein Mitglied des Landrats ● zu (1,3) **Land·rä·tin** *die*

Land·rats|amt *das;* Ⓓ **1** die Behörde, die einen Landkreis verwaltet **2** das Gebäude, in dem sich diese Behörde befindet

Land·rat·te *die; humorvoll* eine Person, die nicht Seemann oder Matrose ist

Land·re·gen *der* Regen, der in einem relativ großen Gebiet ziemlich lange Zeit fällt

★ **Land·schaft** *die;* (-, -en) **1** ein Teil der Oberfläche der Erde (mit Feldern, Wiesen und Wäldern usw.), so wie der Betrachter ihn sieht ⟨eine hügelige, gebirgige, karge, malerische Landschaft⟩ | *die sumpfige Landschaft der Camargue* **K** Landschaftspflege, Landschaftsschutz; Berglandschaft, Gebirgslandschaft, Hügellandschaft, Küstenlandschaft, Sumpflandschaft, Winterlandschaft **2** das gemalte Bild einer Landschaft **K** Landschaftsmaler, Landschaftsmalerei, Landschaftsbild

-land·schaft *die; im Substantiv, unbetont, begrenzt produktiv* **Medienlandschaft, Parteienlandschaft, Schullandschaft** *und andere* die Vielfalt, die es auf dem genannten Gebiet gibt

land·schaft·lich ADJEKTIV *meist attributiv* **1** auf die Landschaft bezogen ⟨Verhältnisse, Bedingungen, Eigenheiten⟩ **2** charakteristisch für die Art, in einer Gegend zu sprechen ⟨Wörter, Ausdrücke, Wendungen⟩ ≈ *regional* | *An ihrer landschaftlich gefärbten Aussprache erkennt man, dass sie aus dem Schwarzwald kommt*

Lands·mann *der;* (-(e)s, Lands·leu·te) **1** eine Person, die aus demselben Land kommt wie eine andere Person | *Auf seiner Reise durch China traf er zufällig zwei Landsleute* **2** **Was sind Sie für ein Landsmann?** *veraltend* aus welchem Land kommen Sie? ● zu (1) **Lands·män·nin** *die*

Land·stra·ße *die* eine Straße zwischen kleinen Dörfern | *Sie können die Autobahn bis Würzburg nehmen, aber die Landstraße ist schöner*

Land·strei·cher *der;* (-s, -); *oft abwertend* eine Person, die keine Wohnung hat und von einem Ort zum anderen geht ≈ *Vagabund* ● hierzu **Land·strei·che·rin** *die*

Land·strich *der* ein Teil eines Landes ≈ *Gebiet, Gegend*

★ **Land·tag** *der;* (-(e)s); Ⓓ **1** das Parlament eines Bundeslandes | *der Hessische Landtag* **K** Landtagsabgeordnete(r), Landtagsmandat, Landtagswahl **2** das Gebäude, in dem der Landtag zusammenkommt **K** Landtagsgebäude

★ **Lan·dung** *die;* (-, -en) der Vorgang, bei dem ein Flugzeug landet ⟨eine sanfte, harte, geglückte, missglückte Landung; zur Landung ansetzen; die Landung vorbereiten⟩ ↔ *Start* **K** Bauchlandung, Bruchlandung, Notlandung

Lan·dungs·brü·cke *die* ein Weg mit Geländer, über den man ein Schiff betritt oder verlässt

Lan·dungs·steg *der* ≈ *Landungsbrücke*

Land·ur·laub *der* die freie Zeit, die ein Seemann an Land verbringt

Land·weg *der* der Weg, den man auf dem Land (und nicht in der Luft oder auf dem Wasser) zurücklegt | *auf dem Landweg von Hamburg in die Türkei fahren*

Land·wein *der* ein billiger Wein ohne genaue Angabe der Herkunft

Land·wirt *der;* (-(e)s, -e) eine Person, die selbstständig auf einem Bauernhof arbeitet und diesen leitet | *Ein Landwirt kann sich auf Ackerbau oder auf Viehzucht spezialisieren*

H *Bauer* kann auch abwertend verwendet werden, *Landwirt* aber nicht. ● hierzu **Land·wir·tin** *die*

★ **Land·wirt·schaft** *die;* (-, -en) **1** *nur Singular* der Anbau von Pflanzen und die Zucht von Tieren mit dem Ziel, die Bevölkerung mit Getreide, Kartoffeln, Fleisch, Milch usw. zu versorgen ⟨die Landwirtschaft fördern, subventionieren, ankurbeln⟩ **K** Landwirtschaftsausstellung, Landwirtschaftsmaschinen, Landwirtschaftsminister **2** ein Bauernhof ⟨eine Landwirtschaft betreiben⟩

land·wirt·schaft·lich ADJEKTIV *meist attributiv* zur Landwirtschaft gehörig ⟨Produkte, Maschinen, Erzeugnisse, ein Betrieb⟩

Land·zun·ge *die* eine lange und schmale Halbinsel

★ **lang** ■ ADJEKTIV (länger, längst-) ▸Ausdehnung: **1** so, dass die Strecke vom Anfang bis zum Ende relativ groß ist ↔ *kurz* | *Ein endlos langer Weg führt hinauf zur Burg* | *Die Donau ist viel länger als der Rhein* | *Sie hat lange blonde Haare* **2** mit der genannten Strecke von einem Ende bis zum anderen (die größer ist als die Strecke in die andere Richtung) ≈ *breit* | *Das Zimmer hat eine Fläche von 20 Quadratmetern – es ist 5 Meter lang und 4 Meter breit* | *eine vier Meter lange Schlange* **3** *gesprochen* ⟨ein Mensch⟩ ≈ *groß* | *Beim Basketball braucht man lange Spieler* **4** **lang gestreckt** lang und schmal ⟨ein Gebirge, ein Gebäude⟩ ▸Zeit, Umfang: **5** so, dass Anfang und Ende einer Zeit weit voneinander entfernt sind ↔ *kurz* | *ein langes Gespräch mit jemandem führen* | *Im Frühjahr werden die Tage wieder länger und die Nächte kürzer* | *Wir haben uns seit langer Zeit nicht mehr gesehen* **K** jahrelang, tagelang, nächtelang, stundenlang **6** mit viel Text, Inhalt, Details ⟨ein Bericht, ein Brief, ein Gedicht⟩ ↔ *kurz* **7** mit der genannten Dauer oder Seitenzahl | *ein eineinhalb Stunden langer Vortrag* | *Die E-Mail war nur zwei Zeilen lang* | *Wir haben zwei Stunden lang auf dich gewartet!* **8** **lang und breit** mit vielen Details ⟨etwas lang und breit erzählen⟩ ≈ *ausführlich* **9** **seit Langem/langem** seit langer Zeit | *Wir haben uns seit Langem nicht mehr gesehen* **10** **lang gehegt** schon lange vorhanden ⟨ein Traum, ein Wunsch⟩
■ ADVERB **11** *gesprochen* in dieselbe Richtung wie etwas ≈ *entlang* | *Ich glaube, wir müssen diese Straße lang, um zum Bahnhof zu kommen* | *„Wo müssen wir hin?" – „Da lang!"*

KURZ
LANG

lang·är·me·lig, lang·ärm·lig ADJEKTIV ⟨ein Kleid, ein Pullover⟩ mit langen Ärmeln

lang·at·mig ADJEKTIV mit zu vielen unwichtigen Details ⟨langatmig reden; jemandes Ausführungen⟩

lang·bei·nig ADJEKTIV ⟨ein Fohlen, ein Mädchen⟩ mit langen Beinen

★ **lan·ge** ADVERB (länger, längst-) **1** während einer relativ langen Zeit ↔ *kurz* | *Gestern Nachmittag schwammen wir lange im See* | *Das hat ja ziemlich lange gedauert, bis du mit deiner Arbeit fertig warst!* **2** seit einem Zeitpunkt, der weit in der Vergangenheit liegt | *Ich habe schon lange darauf gewartet, dass du mich mal besuchst* | *Das weiß ich schon lange!* **H** In der gesprochenen Sprache wird statt *lange* häufig *lang* verwendet: *Ihr habt euch ganz schön lang miteinander unterhalten.*

★ **Län·ge** *die;* (-, -n) **1** die Ausdehnung von einem Ende bis zum anderen | *die Länge eines Hosenbeins messen* | *die Länge eines Zuges* | *ein Flugzeug von 50 Metern Länge* | *Die Länge des Rheins beträgt 1320 km* **2** bei Flächen die größere Ausdehnung von einer Seite zur anderen ↔ *Breite* | *ein Rechteck, dessen Länge 5 cm und dessen Breite 3 cm beträgt* **3** die zeitliche Dauer | *ein Drama von zwei Stunden Länge* | *Der Film hat eine Länge von fast drei Stunden* **K** Filmlänge **4** die Anzahl der Seiten oder Zeilen eines Schreibens ≈ *Umfang* **K** Brieflänge **5** *gesprochen* die Körpergröße eines Menschen | *Bei seiner Länge sind ihm die meisten Hosen zu kurz* **6** der Vorsprung in einem Rennen, der genau der Länge meist des Pferdes oder des Boots entspricht | *Mit drei Längen Vorsprung ritt der Jockey durch das Ziel* ■ ID **etwas hat Längen** ein Buch oder ein Film ist in manchen Teilen langweilig; **jemand/etwas schlägt eine Person/Sache um Längen, jemand/etwas ist um Längen besser als eine Person/Sache** *gesprochen* jemand/etwas ist wesentlich besser als eine andere Person/Sache; **etwas in die Länge ziehen** etwas so langsam machen, dass es sehr lange dauert ≈ *verzögern;* **etwas zieht sich in die Länge** etwas dauert sehr lange | *Das Tennismatch zog sich arg in die Länge*

lan·gen VERB (langte, hat gelangt); *gesprochen* **1** **irgendwohin langen** mit der Hand irgendwohin fassen, um etwas zu greifen | *in eine Dose langen, um ein Bonbon herauszuholen* **2** **jemand/etwas langt irgendwohin** jemand/etwas reicht bis zu dem genannten Ort | *Ihre Haare langen bis zur Schulter* **3** **etwas langt** etwas ist in genügendem Maß vorhanden ⟨Vorräte⟩ | *Das Brot dürfte noch bis Ende der Woche langen* **4** **es langt (jemandem)** *gesprochen* jemandes Geduld ist zu Ende | *Hört endlich auf mit euren dummen Witzen, mir langt's jetzt!* ■ ID **jemandem eine langen** *gesprochen* jemandem eine Ohrfeige geben

län·ger ['lɛŋɐ] ADJEKTIV **1** *Komparativ* → lang, lange **2** *meist attributiv* relativ lang/lange | *Ich habe schon längere Zeit nichts von ihr gehört* | *eine längere Strecke ohne Pause fahren* | *Wir kennen uns schon länger*

län·ger·fris·tig ADJEKTIV *meist attributiv* **1** für eine relativ lange Zeit gültig oder vorgesehen ⟨Maßnahmen, Abkommen, eine Regelung⟩ **2** **längerfristig gesehen** wenn man die Entwicklung über eine ziemlich lange Zeit betrachtet

★ **Lan·ge·wei·le** *die;* (-) das unangenehme Gefühl, das man hat, wenn man nichts oder nichts Sinnvolles zu tun hat ⟨entsetzliche, furchtbare, tödliche Langeweile haben, verspüren⟩

Lang·fin·ger *der; gesprochen, humorvoll* ≈ *Dieb*

lang·fris·tig ADJEKTIV **1** ⟨Verträge, Abkommen, Vereinbarungen, Kredite, Maßnahmen⟩ so, dass sie ziemlich lange Zeit dauern oder gültig sind **2** **langfristig gesehen** wenn man die Entwicklung über eine lange Zeit betrachtet | *Langfristig gesehen können wir uns diesen Luxus nicht leisten*

lang·ge·hegt ADJEKTIV ≈ *lang gehegt*

lang·ge·hen VERB (ging lang, ist langgegangen) **irgendwo langgehen** *gesprochen* an einer Strecke entlanggehen | *die Straße langgehen* ■ ID **wissen, wo's langgeht** *gesprochen* wissen, wie man sich in einer Situation verhalten muss | *Du brauchst mir keine Ratschläge zu geben, ich weiß schon, wo's langgeht;* **jemandem zeigen, wo's langgeht** *gesprochen* jemandem deutlich die Meinung sagen

lang·ge·streckt ADJEKTIV ≈ *lang gestreckt*

lang·haa·rig ADJEKTIV mit langen Haaren

lang·jäh·rig ADJEKTIV *meist attributiv* seit vielen Jahren dauernd oder vorhanden ⟨ein Mitarbeiter, eine Bekanntschaft,

eine Rivalität, ein Geschäftspartner⟩
Lang·lauf *der*; (-(e)s) eine Sportart, bei der man auf schmalen Skiern relativ lange Strecken läuft **K** Langlaufloipe, Langlaufski, Langlaufwettbewerb; Skilanglauf ● hierzu **lang·lau·fen** VERB *(hat)*; **Lang·läu·fer** *der*
lang·le·big ADJEKTIV ⟨Geräte, Motoren, Apparate⟩ fähig, lange Zeit voll zu funktionieren ● hierzu **Lang·le·big·keit** *die*
lang·le·gen VERB (legte sich lang, hat sich langgelegt) **sich langlegen** *gesprochen* sich ins Bett, aufs Sofa o. Ä. legen, um sich auszuruhen
★ **läng·lich** ADJEKTIV relativ lang und nicht sehr breit | *ein länglicher Streifen Land*
Lang·mut *die*; (-); *geschrieben* große Geduld ● hierzu **lang·mü·tig** ADJEKTIV
längs ■ ADVERB **1** der längeren Seite nach | *ein Schnitt längs durch den Stoff* | *Die Streifen verlaufen längs über das Hemd* **K** Längsachse, Längsrichtung, Längsschnitt, Längsstreifen
■ PRÄPOSITION *mit Genitiv* **2** ≈ *entlang* | *die Bäume längs der Straße/längs des Flusses*
★ **lang·sam** ADJEKTIV **1** mit geringer Geschwindigkeit ⟨das Tempo, die Geschwindigkeit, die Fahrt, ein Rennen, ein Prozess, ein Vorgang⟩ ↔ *schnell* | *Gegen Ende des Rennens verließen ihn die Kräfte, und er wurde immer langsamer* | *langsam und vorsichtig durch die Straßen fahren* **2** so, dass ein Mensch etwas mit geringer Geschwindigkeit tut ↔ *schnell* | *Es macht keinen Spaß, mit ihm zusammenzuarbeiten, weil er so langsam ist* **3** so, dass ein Mensch nicht schnell denkt ⟨ein Schüler⟩ **4** langsam und ohne Unterbrechung ≈ *allmählich* | *eine langsame Steigerung der Produktion* | *Es wird langsam Zeit, dass du zur Schule gehst!* | *Er hat langsam begriffen, worum es hier geht* ■ ID **langsam, aber sicher** relativ langsam, jedoch mit konstanten Fortschritten | *Langsam, aber sicher nähern wir uns dem Ziel* ● zu (1 – 3) **Lang·sam·keit** *die*
Lang·schlä·fer *der* eine Person, die morgens (oft) spät aufsteht ● hierzu **Lang·schlä·fe·rin** *die*
Lang·spiel|plat·te *die* eine Schallplatte mit mehreren Titeln auf jeder Seite **I** Abkürzung: *LP*
★ **längst** ADVERB **1** schon seit langer Zeit | *Das war für ihn nichts Neues. Er wusste es längst* **2** **längst nicht** verwendet, um die Verneinung zu verstärken | *Die Verhandlungen sind noch längst nicht erfolgreich abgeschlossen* | *Hier liegt längst nicht so viel Schnee, wie ich erwartet hatte*
längs·tens ADVERB nicht längere Zeit als ≈ *höchstens* | *Unsere Besprechung wird längstens eine Stunde dauern*
lang·stie·lig ADJEKTIV ⟨eine Axt, eine Rose⟩ mit einem langen Stiel
Lang·stre·cken|lauf *der*; *meist Singular* ein Wettlauf über eine lange Strecke (z. B. 10000 m)
Lang·stre·cken|ra·ke·te *die* eine Rakete, die Ziele in großer Entfernung treffen kann
Lan·gus·te [laŋ'gʊstə] *die*; (-, -n) ein großer, roter bis violetter Krebs (im Meer) ohne Scheren, aber mit langen Fühlern, den man als Delikatesse isst
lang·wei·len VERB (langweilte, hat gelangweilt) **1** **eine Person/Sache langweilt jemanden** eine Person oder Sache ruft bei jemandem Langeweile hervor | *Mit seinen alten Anekdoten langweilte er die anderen Gäste* **2** **sich langweilen** Langeweile haben **3** **sich zu Tode langweilen** *gesprochen* sich sehr langweilen
Lang·wei·ler *der*; (-s, -); *gesprochen, abwertend* **1** eine Person, die andere Leute langweilt **2** eine Person, die alles so langsam macht, dass sie anderen Leuten auf die Nerven geht ● hierzu **Lang·wei·le·rin** *die*
★ **lang·wei·lig** ADJEKTIV so uninteressant, dass man dabei Langeweile hat ⟨ein Gesprächspartner, ein Roman, ein Film, eine Vorlesung, ein Vortrag⟩ | *Du musst nicht bleiben, wenn dir langweilig ist!*
lang·wie·rig ADJEKTIV mit so viel Mühe und Schwierigkeiten verbunden, dass es lange Zeit dauert ⟨Verhandlungen, Beratungen, eine Krankheit, eine Verletzung⟩ ● hierzu **Lang·wie·rig·keit** *die*
Lang·zeit- *im Substantiv, betont, begrenzt produktiv* **die Langzeittherapie, der Langzeitversuch, die Langzeitwirkung** *und andere* drückt aus, dass etwas lange Zeit dauert
Lang·zeit|ge·dächt·nis *das* die Funktion des Gehirns, Informationen für lange Zeit zu speichern ↔ *Kurzzeitgedächtnis*
Lan·ze *die*; (-, -n); *historisch* eine Waffe aus einer langen Stange und einer Spitze aus Eisen, mit der man dem Gegner einen Stoß gab **K** Lanzenschaft, Lanzenspitze, Lanzenstich, Lanzenstoß ■ ID **für jemanden eine Lanze brechen** *geschrieben* jemanden unterstützen
la·pi·dar ADJEKTIV; *geschrieben* (oft überraschend) kurz und präzise formuliert ⟨eine Feststellung, eine Bewertung, eine Formulierung⟩
Lap·pa·lie [la'paːli̯ə] *die*; (-, -n) etwas, das völlig unwichtig ist ⟨sich wegen einer Lappalie aufregen⟩
Lap·pen *der*; (-s, -) **1** ein kleines Stück Stoff oder Leder, mit dem man putzt | *eine Flüssigkeit mit einem Lappen aufwischen* **K** Stofflappen, Lederlappen, Wischlappen **2** *gesprochen* ≈ *Führerschein* | *Die Polizei hat ihm den Lappen abgenommen* **3** *gesprochen* ≈ *Geldschein* | *Wie viele Lappen hast du denn für das Motorrad hingelegt?* (Wie viel hast du dafür bezahlt?) ■ ID **jemand geht einer Person durch die Lappen** einer Person gelingt es nicht, eine andere Person oder ein Tier zu fangen | *Die Gangster gingen der Polizei durch die Lappen*; **etwas geht jemandem durch die Lappen** jemandem gelingt es nicht, etwas zu bekommen | *Mir ist ein herrlicher Job durch die Lappen gegangen*
läp·pisch ADJEKTIV; *gesprochen, abwertend* **1** so einfach oder dumm, dass man sich ärgert ⟨eine Idee, ein Einfall, ein Witz, eine Geschichte, ein Spiel⟩ **2** sehr gering ⟨eine Summe, ein Geldbetrag⟩
Lap·sus *der*; (-, - ['lapsuːs]); *geschrieben* ein Fehler, den man macht, weil man leichtsinnig oder ungeschickt ist ⟨einen Lapsus begehen; jemandem unterläuft ein Lapsus⟩
Lap·top ['lɛp-] *der/das*; (-s, -s) ein kleiner Computer, den man vor allem für die Reise nutzt
Lär·che *die*; (-, -n) **1** ein hellgrüner Nadelbaum, welcher die Nadeln im Herbst verliert **2** *nur Singular* das Holz der Lärche
La·ri·fa·ri *das*; (-s); *gesprochen* ≈ *Unsinn*
★ **Lärm** *der*; (-s) laute und unangenehme Geräusche ⟨ein furchtbarer, ohrenbetäubender Lärm; Lärm machen, verursachen⟩ | *Manchmal machen die Kinder ziemlich viel Lärm* | *der Lärm der Straße* **K** Lärmbekämpfung, Lärmbelästigung, Lärmbelastung, Lärmschutz; lärmempfindlich; Motorenlärm, Verkehrslärm ■ ID **viel Lärm um nichts** *geschrieben* viel Aufregung wegen einer unwichtigen Sache
lär·men VERB (lärmte, hat gelärmt) Lärm machen ⟨Kinder, ein Radio, ein Motorrad⟩
lar·mo·yant [-mo̯a'jant] ADJEKTIV; *geschrieben* ≈ *weinerlich*
★ **Lar·ve** [-fə] *die*; (-, -n) **1** ein Tier, das wie ein Wurm aussieht und aus dem später ein Käfer, Schmetterling o. Ä. wird | *Aus dem Ei entsteht eine Larve, aus der Larve eine Puppe und aus der Puppe ein Schmetterling* **K** Insektenlarve, Käferlarve **2** eine Maske für das Gesicht **3** **eine schöne Larve** *abwertend* das schöne Gesicht eines dummen oder charakterlosen Menschen
las *Präteritum, 1. und 3. Person Singular* → lesen

L

lasch ADJEKTIV ohne Energie und Ehrgeiz ⟨eine Spielweise; jemandes Verhalten⟩ • hierzu **Lasch·heit** *die*

La·sche *die;* (-, -n) ein ovales oder längliches Stück Papier, Stoff, Leder o. Ä., mit dem man etwas verschließen kann | *die Lasche eines Halbschuhs* | *die Lasche einer Plastiktasche*

La·schi *der;* (-s, -s); *gesprochen* eine Person ohne Energie und Ehrgeiz

La·ser ['le:zɐ] *der;* (-s, -) ein Gerät, das einen sehr schmalen Lichtstrahl erzeugt, mit dem man z. B. Metalle schneidet oder Menschen operiert K Laserchirurgie, Laserdrucker, Lasermedizin, Lasershow, Laserstrahl, Lasertechnik

La·ser·poin·ter ['le:zɐpɔintɐ] *der;* (-s, -s) ein Stift, der einen leuchtenden Punkt auf eine Fläche projiziert, auf der man auf bestimmte Stellen zeigen will

★ **las·sen** VERB (lässt, ließ, hat jemanden/etwas gelassen *oder* hat jemanden/etwas +*Infinitiv* lassen)

▸erlauben, zulassen: **1** **jemanden** +*Infinitiv* **lassen** einer Person oder einem Tier erlauben oder möglich machen, das Genannte zu tun ↔ *verbieten* | *die Katze im Bett schlafen lassen* | *Er lässt seinen Bruder nie ungestört arbeiten* | *Er hat seinen Hund im Freien laufen lassen* | *Die Eltern ließen die Kinder nicht ins Kino gehen* H kein Passiv **2** **jemanden irgendwohin lassen** jemandem erlauben, irgendwohin zu gehen | *die Kinder nicht mit schmutzigen Schuhen ins Haus lassen* | *Die Besucher werden erst eine Stunde vor Beginn des Spiels ins Stadion gelassen* **3** **jemandem etwas lassen** jemandem erlauben, etwas weiter zu benutzen, noch nicht zurückzugeben | *Ich lasse dir das Fahrrad heute noch, aber morgen brauche ich es selbst* **4** **sich (von jemandem/etwas)** +*Infinitiv* **lassen** wenn ich etwas mit mir tun oder geschehen lasse, dann erlaube ich es und wehre mich nicht | *Ich lasse mich von dir nicht herumkommandieren!* | *Das Kind ließ alles mit sich geschehen, ohne zu protestieren* | *Sie ließ sich von den Zwischenrufen nicht beirren/einschüchtern und sprach weiter* **5** **einen (fahren/streichen) lassen** *gesprochen* ⚠ Luft, die im Darm entstanden ist, nicht im Körper halten H kein Passiv

▸Wirkung: **6** **etwas** +*Infinitiv* **lassen**; **etwas irgendwohin** (+*Infinitiv*) **lassen** bewirken, dass etwas irgendwohin gelangt oder dass es etwas tut | *ein Glas fallen lassen* | *einen Drachen steigen lassen* | *Wasser in die Wanne (laufen) lassen* | *die Luft aus einem Reifen lassen* **7** **eine Person/etwas lässt jemanden/etwas** +*Infinitiv* eine Person oder Sache bewirkt, dass etwas geschieht | *Er hat mich stundenlang warten lassen* | *Die Dürre hat den Teich austrocknen lassen* H kein Passiv **8** **etwas lässt (jemanden)** +*Infinitiv* etwas bietet die Voraussetzung oder den Grund dafür, dass man etwas tut | *Sein Verhalten lässt (mich) vermuten, dass er sich schämt* | *Die Grafik lässt erkennen, dass die Entwicklung positiv ist* H kein Passiv **9** **eine Person/Sache lässt jemanden/etwas irgendwie/** +*Infinitiv* eine Person oder Sache verändert einen Zustand nicht, etwas hat keine Wirkung | *Seine Kritik lässt mich kalt* (regt mich nicht auf) | *Der Text wurde unverändert gelassen* | *Lass mich in Ruhe!* | *Wir haben den Baum dann doch stehen lassen* (Wir haben ihn nicht gefällt, wie es geplant gewesen war)

▸Auftrag, Befehl, Aufforderung: **10** **jemanden etwas** +*Infinitiv* **lassen** einer Person oder einem Tier einen Auftrag oder Befehl geben | *Ich lasse meinen Sohn immer den Rasen mähen* | *Er ließ seinen Hund den Stock zurückbringen* | *Unser Lehrer ließ uns die Hausaufgabe noch einmal machen* H kein Passiv **11** **jemanden/etwas** +*Infinitiv* **lassen**; **jemandem etwas** +*Infinitiv* **lassen** dafür sorgen, dass etwas mit einer Person/Sache geschieht (weil man jemandem den Auftrag dafür gegeben hat) | *das Haus neu streichen lassen* | *Lass dich und die Kinder sicherheitshalber vor der Reise impfen* | *Ich muss mir mal wieder die Haare schneiden lassen* | *Peter lässt dich schön grüßen* (Er hat mir den Auftrag gegeben, dir Grüße von ihm zu sagen) **12** **Lass/Lasst uns** +*Infinitiv*! verwendet als freundliche Aufforderung, etwas gemeinsam zu tun | *Es ist schon spät! Lass uns doch nach Hause gehen!* | *Lasst uns morgen eine Radtour machen!* H kein Passiv

▸nicht handeln: **13** **jemanden/etwas irgendwo** (+*Infinitiv*) **lassen** jemanden/etwas nicht von einer Stelle wegbringen, entfernen | *Lass die Koffer einfach im Flur (stehen)* | *Lass bitte noch etwas Kaffee in der Kanne!* **14** **etwas (sein) lassen** *gesprochen* mit etwas aufhören oder etwas, das man tun wollte, doch nicht tun | *Mensch, lass das (bleiben/sein), du weißt, dass es mich ärgert!* | *Komm, lass jetzt die Arbeit (sein), wir gehen ins Kino!* | *Alles wurde so gelassen, wie es war* H zu 13 und 14: In diesen Verwendungen wird in der gesprochenen Sprache auch nach Infinitiv *hat gelassen* verwendet: *Sie hat alles liegen und stehen (ge)lassen, wo es war*

▸Möglichkeit: **15** **etwas/es lässt sich (irgendwie)** +*Infinitiv* eine Sache oder Situation ist so, dass etwas (auf die genannte Art) möglich ist oder geschieht | *Mit dem neuen Mittel ließen sich die Flecken entfernen* | *Das neue Computerprogramm lässt sich leicht lernen* | *Diese Szene lässt sich sehr schlecht beschreiben* | *Es lässt sich schwer sagen, was er jetzt vorhat* | *Bei dir lässt sich's (gut) leben* H Diese Konstruktion wird oft einer Passivkonstruktion mit *können* vorgezogen: *Das Fenster kann nur schwer geöffnet werden* → *Das Fenster lässt sich schwer öffnen.* **16** **etwas lässt (jemandem) etwas** etwas ist so, dass etwas (für jemanden) vorhanden ist | *Mein Beruf lässt mir nicht viel Zeit für Hobbys* | *Diese Planung lässt kaum Raum für Sonderwünsche* H Die Perfektform ist *gelassen*, wenn *lassen* allein steht. Nach einem anderen Verb steht *lassen*: *Er hat sie ins Kino gelassen/gehen lassen*

■ ID **Das muss man ihm/ihr lassen!** *gesprochen* Das muss man bei ihm/ihr anerkennen (obwohl vieles an ihm/ihr schlecht ist)

läs·sig ADJEKTIV **1** ganz entspannt, bequem oder normal und nicht förmlich ⟨Kleidung, ein Verhalten⟩ | *Er ist wegen seiner lässigen Art sehr beliebt* | *Sie ist immer sehr lässig gekleidet* **2** *gesprochen* ohne große Schwierigkeiten ⟨eine Prüfung, eine Aufgabe; etwas lässig bewältigen, bestehen⟩ | *Er bestand die Führerscheinprüfung ganz lässig* | *einen Wettbewerb ziemlich lässig gewinnen* • zu (1) **Läs·sig·keit** *die*

Las·so *das;* (-s, -s) ein langes Seil mit einer Schlinge am Ende, mit dem man vor allem Rinder und Pferde einfängt ⟨ein Lasso werfen; das Lasso schwingen⟩ K Lassowurf

lässt *Präsens, 2. und 3. Person Singular* → lassen

★ **Last** *die;* (-, -en) **1** etwas Schweres, das eine Person oder ein Tier trägt oder das ein Fahrzeug transportiert | *Ich darf keine schweren Lasten tragen* | *die Last auf dem Anhänger gleichmäßig verteilen* K Lastesel, Lasttier; Lastenaufzug **2** *meist Singular* eine Sache oder Person, die jemandem viel Arbeit, Mühe und Schwierigkeiten macht | *sich von der Last des Alltags erholen* | *Das Leben wurde mir zur Last* | *Ihr seid mir doch keine Last, ich kümmere mich gern um euch!* **3** *geschrieben* das Geld, das man jemandem schuldet oder an den Staat zahlen muss ≈ *Schulden, Steuern* K Schuldlast, Steuerlast **4** **jemandem zur Last fallen** jemandem viel Arbeit und Mühe machen (und somit auf die Nerven gehen) ≈ *belästigen* **5** **jemandem etwas zur Last legen** *geschrieben* sagen, dass eine Person für etwas Negatives verantwortlich ist ≈ *beschuldigen* **6** **zu Lasten** → zulasten

L

Last·au·to *das* ≈ *Lastwagen*

las·ten VERB (lastete, hat gelastet) **1 etwas lastet auf jemandem/etwas** etwas liegt als Last auf jemandem oder einem Tier **2 etwas lastet auf etwas** (*Dativ*) etwas ist noch nicht bezahlt | *Auf dem Grundstück lasten große Schulden* **3 etwas lastet auf etwas** (*Dativ*) etwas macht Probleme und Schwierigkeiten | *Hohe Ölpreise und Arbeitslosigkeit lasten auf der Wirtschaft des Landes* **4 etwas lastet auf jemandem** etwas (zum Beispiel ein früheres Erlebnis) macht jemandem große Probleme ⟨ein Verdacht, eine Schuld, ein Verbrechen, ein Fluch⟩

Las·ter *der;* (-s, -) **1** *gesprochen* ≈ *Lkw* **2** eine Gewohnheit, die als (moralisch) schlecht oder unangenehm empfunden wird ⟨ein Laster haben; einem Laster frönen; von Lastern beherrscht werden; ein Laster bekämpfen⟩ ≈ *Fehler* | *Er hat zwei Laster: Er raucht und trinkt zu viel* K Lasterleben • zu (2) **las·ter·haft** ADJEKTIV

Läs·ter·maul *das; gesprochen* eine Person, die gerne und oft lästert

läs·tern VERB (lästerte, hat gelästert) **(über jemanden/etwas) lästern** *abwertend* böse Bemerkungen über jemanden/etwas machen | *Sie lästerte darüber, dass er schwer wie ein Elefant sei* • hierzu **Läs·te·rer** *der;* **Läs·te·rin** *die;* **Läs·te·rung** *die*

★ **läs·tig** ADJEKTIV **(jemandem) lästig** ⟨eine Person, eine Sache⟩ so, dass sie eine Person stören und ihr auf die Nerven gehen | *Jetzt kommt dieser Typ schon wieder! Der wird mir allmählich lästig* | *Ich bin froh, wenn ich mit diesen lästigen Einkäufen fertig bin* | *Diese Mücken sind sehr lästig!* • hierzu **Läs·tig·keit** *die*

L

-las·tig *im Adjektiv, unbetont, begrenzt produktiv* **computerlastig, rechtslastig, techniklastig, theorielastig** *und andere* drückt aus, dass etwas zu stark betont wird | *ein kopflastiger Mensch* | *eine linkslastige Zeitung*

Last|kraft·wa·gen *der; admin* ≈ *Lastwagen* i Abkürzung: *Lkw*

Last-Mi·nute-Urlaub [laːstˈmɪnɪt-] *der* eine Urlaubsreise, die man kurzfristig sehr billig buchen kann, weil der Veranstalter bis dahin nicht alle Plätze verkaufen konnte

Last·schrift *die* die Abbuchung eines Betrags von jemandes Bankkonto | *Gebühren durch/per Lastschrift einziehen* K Lastschriftverfahren

★ **Last·wa·gen** *der* ≈ *Lkw* | *ein Lastwagen mit Anhänger* | *Ziegel mit dem Lastwagen zur Baustelle fahren* K Lastwagenfahrer

La·tein *das;* (-s) **1** die Sprache der alten Römer ⟨das klassische Latein⟩ **2** ein Schulfach, in dem Latein gelehrt wird K Lateinlehrer, Lateinunterricht, Lateinvokabeln ■ **ID mit seinem Latein am Ende sein** für eine schwierige Situation keine Lösung mehr wissen

La·tein·ame·ri·ka *das* die Staaten südlich der USA (in denen Spanisch und Portugiesisch gesprochen wird)

La·tei·ner *der;* (-s, -); *gesprochen* eine Person, die Latein lehrt oder studiert hat • hierzu **La·tei·ne·rin** *die*

la·tei·nisch ADJEKTIV **1** ⟨die Grammatik; ein Text⟩ in Bezug auf die Sprache des alten Rom **2** ⟨die Schrift; Buchstaben⟩ in Bezug auf die Schrift, die im antiken Rom verwendet wurde und die Grundlage der Druckschrift im Deutschen, Französischen usw. ist

la·tent ADJEKTIV; *geschrieben* ⟨eine Erkrankung, eine Gefahr, eine Krise⟩ vorhanden, aber noch nicht wirksam oder sichtbar • hierzu **La·tenz** *die*

La·ter·ne *die;* (-, -n) **1** eine Lampe, die nachts die Straße beleuchtet ≈ *Straßenlampe* K Straßenlaterne **2** Laternen sind Lichter (meist von Kerzen) in einer bunten, durchsichtigen Hülle aus Glas, Papier o. Ä. | *den Garten für ein Fest mit Laternen schmücken* K Gartenlaterne, Kürbislaterne; Laternenfest, Laternenumzug

La·ti·num *das;* (-s); Ⓓ die Kenntnisse in Latein nach mehreren Jahren Gymnasium ⟨das Latinum haben, nachholen⟩

Lat·ri·ne *die;* (-, -n) eine Toilette im Freien, bei welcher die Exkremente in eine Grube fallen

Lat·sche *die;* (-, -n) ein kleiner Baum mit Nadeln, der vor allem in den Alpen wächst

lat·schen VERB (latschte, ist gelatscht) **irgendwohin latschen** *gesprochen* so gehen, wie wenn man sehr müde ist

Lat·schen *der;* (-s, -); *meist Plural; gesprochen, oft abwertend* ein alter und wertloser Schuh ■ **ID aus den Latschen kippen** a ohnmächtig werden b sehr überrascht sein

Lat·te *die;* (-, -n) **1** ein schmales und relativ langes Stück Holz mit vier Kanten | *Die Dachplatten werden an Latten befestigt* | *die Latten eines Holzzaunes* K Lattengestell, Lattenrost, Lattenzaun; Dachlatte, Holzlatte, Zaunlatte **2** eine Stange aus Holz oder Metall, über die man beim Hoch- oder Stabhochsprung springt ⟨die Latte reißen, überqueren⟩ K Hochsprunglatte **3** die Stange, die das Tor beim Fußball usw. oben begrenzt **4 eine (ganze, lange) Latte von etwas** *gesprochen* sehr viele einzelne Dinge ⟨eine (ganze, lange) Latte von Qualifikationen, Vorstrafen haben⟩ **5 eine lange Latte** *gesprochen* ein sehr großer, schlanker Mensch (vor allem ein Mann)

Latz *der;* (-es, Lät·ze) **1** kleinen Kindern bindet man beim Essen einen Latz um den Hals, damit sie ihre Kleidung nicht schmutzig machen **2** manche Hosen, Röcke und Schürzen haben einen Latz, der die Brust bedeckt ■ **ID jemandem eins vor den Latz knallen** *gesprochen* a jemandem einen Schlag geben b jemanden scharf kritisieren

Lätz·chen *das;* (-s, -) ein kleiner Latz für Kinder

Latz·ho·se *die* eine Hose vor allem für Kinder oder Handwerker, bei welcher der Stoff bis zur Brust reicht und die mit Trägern gehalten wird

lau ADJEKTIV (in Bezug auf die Temperatur) weder warm noch kalt (aber angenehm) ⟨die Wassertemperatur, ein Lüftchen, die Luft, der Abend⟩ ≈ *mild* ■ **ID für lau** *gesprochen* ≈ *kostenlos*

Laub *das;* (-(e)s) die Blätter von Bäumen oder Sträuchern (auch wenn sie im Herbst am Boden liegen) ⟨das Laub verfärbt sich, fällt vom Baum; das Laub zusammenfegen, zusammenkehren⟩ K Laubbesen, Laubhaufen

★ **Laub·baum** *der* ein Baum, der Blätter hat (die im Herbst abfallen) | *Buche, Birke und Eiche sind Laubbäume*

LAUBBAUM

Lau·be *die;* (-, -n) ein kleines Haus (in einem Garten oder Park), das aus Holzlatten gebaut ist und über das Pflanzen wachsen ⟨eine lauschige Laube⟩ K Gartenlaube

Laub·frosch *der* ein kleiner, hellgrüner Frosch, der meistens auf Schilf oder Sträuchern lebt

Laub·sä·ge *die* eine leichte Säge, mit der man Figuren aus einem speziellen, dünnen Holz sägt

Laub·wald *der* ein Wald aus Laubbäumen

Lauch *der;* (-(e)s) eine Gemüsesorte, die einen langen, weißen Stängel und grüne Blätter hat und ähnlich wie eine Zwiebel schmeckt ≈ *Porree* K Lauchgemüse, Lauchsuppe

Lau·er [ˈlaue̯] *die* **auf der Lauer liegen/sein** sich irgendwo verstecken, um zu beobachten, was geschieht

lau·ern VERB (lauerte, hat gelauert) **1 (auf jemanden/etwas)**

lauern sich verstecken und warten, bis eine Person/Sache kommt, um sie zu fangen oder anzugreifen | *Die Katze lauert vor dem Mauseloch* **2** **auf etwas** (*Akkusativ*) **lauern** ungeduldig darauf warten, dass etwas passiert, das zum eigenen Vorteil ist | *Der Mittelstürmer lauerte auf eine gute Torchance* | *darauf lauern, dass der Konkurrent einen Fehler macht*

★ **Lauf** *der*; (-(e)s, Läu·fe) **1** *nur Singular* die Fortbewegung mit den Füßen, die schneller ist als das Gehen | *Er übersprang den Zaun in vollem Lauf* K Laufrichtung, Laufstil **2** ein Wettbewerb, bei dem man eine Strecke laufen muss | *Wegen einer Verletzung konnte er zum zweiten Lauf nicht antreten* K Laufdisziplin, Laufwettbewerb; Geländelauf, Hindernislauf, Hürdenlauf, Staffellauf; Kurzstreckenlauf, Langstreckenlauf, Marathonlauf; 100-m-Lauf, 200-m-Lauf, 1000-m-Lauf **3** *nur Singular* die Art und Weise, wie etwas geschieht, sich verändert | *der Lauf der Geschichte* | *den Lauf einer Entwicklung beeinflussen* **4** *nur Singular* die Bahn oder die Strecke, auf der sich z. B. ein Fluss, die Erde oder ein Stern bewegt | *der Lauf der Mosel bei Trier* | *den Lauf der Erde beobachten* K Flusslauf, Oberlauf, Unterlauf **5** (bei Schusswaffen) das Rohr, durch das die Kugel nach außen schießt K Gewehrlauf, Pistolenlauf **6** *meist Plural* die Beine vor allem eines Hundes, Hasen oder Rehs K Hinterlauf, Vorderlauf **7** **im Laufe** *+Genitiv* innerhalb der genannten Zeit ⟨im Laufe des Tages, der Woche, des Monats, des Jahres⟩ | *Ich werde Sie im Laufe der nächsten Woche anrufen* **8** **einen Lauf machen** *gesprochen* im Wald oder im Freien laufen, um sich fit zu halten

■ ID **jemand hat einen Lauf** *gesprochen* jemand hat mehrmals hintereinander Erfolg, besonders beim Spiel oder im Sport; **eine Sache nimmt ihren Lauf** etwas passiert, ohne dass jemand es ändern oder verhindern kann ⟨ein Geschehen, eine Entwicklung, das Schicksal⟩; **einer Sache** (*Dativ*) **freien Lauf lassen** nicht versuchen, etwas zu ändern oder zu verhindern | *Er ließ seiner Wut freien Lauf und weinte bitterlich*

Lauf·bahn *die*; (-, -en) **1** eine (meist 400 m lange, ovale) Bahn, auf der Wettbewerbe im Laufen stattfinden **2** die Entwicklung, die eine Person vor allem im Beruf macht ⟨eine berufliche, künstlerische, wissenschaftliche, handwerkliche Laufbahn; eine Laufbahn durchlaufen, einschlagen⟩ ≈ *Karriere*

Lauf·band *das* ein breites Band, das mechanisch bewegt wird. Laufbänder gibt es z. B. für die Waren an der Kasse im Supermarkt, bei der Ausgabe des Gepäcks bei der Ankunft am Flughafen oder als Sportgerät

Lauf·bur·sche *der* **1** ein (meist junger) Bote **2** *oft abwertend* eine Person, die für jemanden einfache Arbeiten wie Botengänge macht ⟨für jemanden den Laufburschen spielen⟩ | *Bring deine Briefe selbst zur Post! Ich bin nicht dein Laufbursche!*

★ **lau·fen** VERB (läuft, lief, hat/ist gelaufen)
▸Fortbewegung: Mensch, Tier: **1** (*ist*) sich mit den Beinen schnell fortbewegen (sodass beide Füße kurze Zeit in der Luft sind) ≈ *rennen* | *Er lief so schnell er konnte* | *Wenn du den Zug noch erreichen willst, musst du laufen!* | *Mit erhobenen Armen lief sie durchs Ziel* **2** **(etwas) laufen** (*hat/ist*) in einem sportlichen Wettkampf laufen | *Sie läuft die hundert Meter in zwölf Sekunden* | *Er hat/ist heute einen neuen Rekord gelaufen* K Laufschuh, Lauftraining **3** *gesprochen* (*ist*) sich mit den Beinen von einem Ort zum anderen bewegen ⟨auf und ab, hin und her, an Krücken, am Stock laufen⟩ ≈ *gehen* | *Unser Kind hat schon sehr früh laufen gelernt* | *Ich kann nicht so weit laufen* | *Hier kannst du den Hund ruhig frei laufen lassen* (ohne Leine) | *Fahren wir mit dem Bus oder wollen wir laufen?* | *„Wie weit ist es denn zum Zoo?" – „Etwa zehn Minuten zu laufen."* **4** **gegen/in etwas** (*Akkusativ*) **laufen** (*ist*) beim Gehen oder Laufen mit jemandem/etwas zusammenstoßen | *Das Kind ist mir ins Auto gelaufen* | *Er war so betrunken, dass er voll gegen/in den Zaun gelaufen ist* **5** **Rollschuh/Schlittschuh/Ski/... laufen** (*ist*) sich auf Rollschuhen/Schlittschuhen/Skiern/... bewegen | *Wir sind früher oft auf dem Teich Schlittschuh gelaufen* | *Kannst du Ski laufen?* **6** **sich** (*Dativ*) **etwas laufen** (*hat*) so lange gehen, bis die Füße oder Schuhe im genannten Zustand sind ⟨sich (*Dativ*) die Füße wund laufen; sich (*Dativ*) Blasen laufen; sich (*Dativ*) Löcher in die Schuhe laufen⟩ ■ kein Passiv **7** **sich irgendwie laufen** (*hat*) so lange laufen, bis man im genannten Zustand ist ⟨sich müde, warm, wund laufen⟩ **8** **es läuft sich irgendwie** (*hat*) man kann auf die genannte Art laufen | *In den neuen Schuhen läuft es sich gut* | *Auf Gras läuft es sich weicher als auf der Straße*
▸Fortbewegung: Sache: **9** **etwas läuft irgendwo(hin)** (*ist*) etwas bewegt sich irgendwo(hin) | *Das Seil läuft über Rollen* | *Der Wagen läuft auf Schienen* | *Ein Zittern lief durch ihren Körper* **10** **etwas läuft irgendwohin** (*ist*) eine Flüssigkeit bewegt sich irgendwohin ≈ *fließen* | *Tränen liefen ihr über die Wangen* | *Er ließ Wasser in den Eimer laufen* **11** **etwas läuft auf Grund** (*ist*) ein Schiff oder ein Boot stoppt, weil das Wasser nicht tief genug ist **12** **der Käse läuft** (*ist*) der Käse wird weich und fängt an zu fließen **13** **jemandem läuft die Nase** (*ist*) jemandes Nase tropft
▸Betrieb, Funktion: **14** **etwas läuft (irgendwie)** (*ist*) eine Maschine, ein Gerät oder ein Motor ist in Betrieb (und funktioniert auf die genannte Weise) | *Seit der Reparatur läuft der Geschirrspüler wieder einwandfrei* | *Bei laufendem Motor darf man nicht tanken* K Laufgeräusch **15** **etwas läuft irgendwann/irgendwo** (*ist*) etwas steht auf dem Programm und wird gezeigt | *Was läuft gerade im Kino?* | *Der Film lief letzte Woche schon im Fernsehen*
▸Entwicklung, Vorgang: **16** **etwas läuft irgendwie** (*ist*) etwas entwickelt sich oder geschieht auf die genannte Weise | *Die Verhandlungen sind sehr günstig für uns gelaufen* | *Wie läuft es denn so mit Gerhard und dir?* | *Du weißt ja, wie es oft läuft: Man plant etwas und dann wird doch nichts daraus* **17** **etwas läuft irgendwie** (*ist*) der Verkauf einer Ware entwickelt sich auf die genannte Weise | *Das neue Modell läuft sehr gut* | *Die Zeitschrift läuft nicht so wie erwartet* **18** **etwas läuft** (*ist*) etwas wird gerade durchgeführt oder bearbeitet und ist noch nicht abgeschlossen ⟨ein Antrag, eine Bewerbung, die Verhandlungen, Ermittlungen⟩ | *Gegen ihn läuft eine Anzeige wegen Trunkenheit am Steuer*
▸andere Verwendungen: **19** **etwas läuft** *+Zeitangabe* (*ist*) etwas ist für die genannte Zeit gültig ⟨ein Abkommen, eine Vereinbarung, ein Vertrag, eine Abmachung⟩ | *Mein Arbeitsvertrag läuft noch bis Ende des Jahres* **20** **etwas läuft auf jemandes Namen/auf jemanden** (*ist*) jemand wird in einer Liste als Besitzer genannt ⟨ein Auto, ein Konto⟩

■ ID **Na, wie läuft's?** *gesprochen* Wie geht es dir?; **etwas läuft wie geschmiert** *gesprochen* ein Plan oder ein Geschäft entwickelt sich sehr gut; **Da läuft bei mir gar nichts!** *gesprochen* dazu bin ich nicht bereit; **etwas ist gelaufen** *gesprochen* etwas ist nicht mehr zu ändern

★ **lau·fend** ■ PARTIZIP PRÄSENS **1** → laufen
■ ADJEKTIV **2** *nur attributiv* zurzeit ablaufend, stattfindend oder erscheinend ⟨das Jahr, der Monat, die Nummer einer Zeitschrift⟩ **3** *meist attributiv* so, dass es in regelmäßigen Abständen auftritt, vorkommt ⟨die Kosten, die Ausgaben⟩ ≈ *ständig* | *die laufenden Kosten so gering wie möglich hal-*

L

ten | *Die Gäste in diesem Hotel wechseln laufend* **4** *nur attributiv* von einem sehr langen Stück abgeschnitten | *Der laufende Meter dieses Stoffes kostet 30 Euro* ■ **ID auf dem Laufenden sein/bleiben** über das aktuelle Geschehen gut informiert sein/bleiben | *Man muss stets auf dem Laufenden bleiben*; **jemanden auf dem Laufenden halten** jemanden ständig über das aktuelle Geschehen informieren

lau·fen las·sen, **lau·fen·las·sen** VERB (ließ laufen, hat laufen lassen/laufenlassen) **jemanden laufen lassen** *gesprochen* einer Person oder einem Tier wieder die Freiheit geben ≈ *freilassen* | *Die Polizei ließ die vorläufig festgenommenen Fußballrowdies wieder laufen* [i] Im Perfekt gesprochen auch *laufen gelassen*

Läu·fer *der*; (-s, -) **1** ein Sportler, der an einem Wettbewerb im Laufen teilnimmt | *Die acht Läufer, die sich für den Endlauf qualifiziert haben, stehen nun am Start* [K] Marathonläufer, Staffelläufer, 100-m-Läufer, 400-m-Läufer **2** die Figur beim Schach, die man nur diagonal bewegen darf **3** ein relativ langer und schmaler Teppich ● zu (1) **Läu·fe·rin** *die*

Lau·fe·rei *die*; (-, -en); *gesprochen* die Situation, in der man viel herumlaufen muss, um Dinge zu erledigen | *Ich hatte viel Lauferei, bis ich alle Papiere zusammenhatte*

Lauf·feu·er *das* **wie ein Lauffeuer** sehr schnell | *Die Nachricht vom Flugzeugabsturz verbreitete sich wie ein Lauffeuer*

läu·fig ADJEKTIV bereit, sich mit einem männlichen Hund zu paaren ‹eine Hündin›

Lauf·kund·schaft *die*; *meist Singular* Kunden, die nicht regelmäßig in ein Geschäft kommen und dort einkaufen ↔ *Stammkundschaft*

Lauf·ma·sche *die* ein Loch vor allem in einer Strumpfhose, das immer größer wird, weil sich Maschen lösen ‹eine Laufmasche haben›

Lauf·pass *der* ■ **ID jemandem den Laufpass geben** *gesprochen* sich von dem eigenen Partner oder der eigenen Partnerin trennen | *Sie gab ihrem langjährigen Freund den Laufpass*; **den Laufpass bekommen** *gesprochen* von dem eigenen Partner oder der eigenen Partnerin gesagt bekommen, dass er bzw. sie die Beziehung beenden will

Lauf·schritt *der* **im Laufschritt** mit schnellen Schritten

Lauf·steg *der* ein schmaler, erhöhter Weg aus Brettern o. Ä., auf dem Modelle auf und ab gehen, um neue Kleidung vorzuführen

läuft *Präsens, 3. Person Singular* → laufen

Lauf·vo·gel *der* ein meist großer Vogel, der nicht fliegen kann und nur auf dem Boden läuft | *Der Strauß und der Emu sind Laufvögel*

★ **Lauf·werk** *das* ein Teil des Computers, der Daten speichern oder lesen kann | *Mein erster Computer hatte noch ein Laufwerk für Disketten* [K] Festplattenlaufwerk, DVD-Laufwerk

Lau·ge *die*; (-, -n) **1** Wasser, das mit Seife oder Waschmittel gemischt ist [K] Seifenlauge, Waschlauge **2** Wasser, in dem eine Substanz gelöst ist, die zusammen mit Säure ein Salz bildet ↔ *Säure* [K] Natronlauge

★ **Lau·ne** *die*; (-, -n) **1** die Stimmung, in der jemand zu einem Zeitpunkt ist ‹gute, schlechte Laune haben; guter, schlechter Laune sein; bei/in Laune sein; jemandem die (gute) Laune verderben› | *Wenn die Sonne scheint, habe ich gleich gute Laune* **2** *nur Plural* die schnell wechselnden Stimmungen, die jemand hat | *Ich habe unter den Launen meiner Kollegin zu leiden* **3** eine Idee, die ohne Überlegung entstanden ist | *Aus einer Laune heraus fuhren wir mitten in der Nacht zum See und badeten* **4** **jemanden bei Laune halten** versuchen, den Willen einer Person zu erfüllen, damit ihre Laune oder Stimmung gut bleibt

lau·nen·haft ADJEKTIV mit vielen verschiedenen Launen | *ein launenhafter Mensch* ● hierzu **Lau·nen·haf·tig·keit** *die*

lau·nisch ADJEKTIV **1** mit vielen verschiedenen Launen **2** schlechter Laune | *Heute war der Chef wieder mal furchtbar launisch!*

Laus *die*; (-, Läu·se) ein kleines Insekt, das vom Blut von Menschen und Tieren oder vom Saft von Pflanzen lebt ‹Läuse haben; eine Laus zerdrücken› [K] Blattlaus, Kopflaus, Schildlaus ■ **ID jemandem ist eine Laus über die Leber gelaufen** *gesprochen* jemand ärgert sich (meist wegen einer Kleinigkeit)

Laus·bub *der*; *süddeutsch, gesprochen* ein kleiner Junge, der sehr frech und munter ist [K] Lausbubenstreich ● hierzu **laus·bu·ben·haft** ADJEKTIV

Lausch·an·griff *der* das geheime Abhören von Telefongesprächen von Personen, die unter Verdacht stehen, Verbrechen zu begehen o. Ä.

lau·schen VERB (lauschte, hat gelauscht) **1** sich stark konzentrieren, damit man etwas hört ≈ *horchen* | *an der Tür lauschen* **2** **jemandem/etwas lauschen** jemandem/etwas konzentriert zuhören | *dem Gesang der Vögel lauschen* ● zu (1) **Lau·scher** *der*; zu (1) **Lau·sche·rin** *die*

lau·schig ADJEKTIV **1** *meist attributiv* sehr still und versteckt gelegen ‹ein Plätzchen, ein Winkel› **2** still und mild ‹die Nacht› | *in einer lauschigen Nacht im Mai*

Lau·se·jun·ge *der*; *norddeutsch, gesprochen* ≈ *Lausbub*

lau·se·kalt ADJEKTIV; *gesprochen* ‹ein Land, ein Wetter› unangenehm kalt

lau·sen VERB (lauste, hat gelaust) **jemanden lausen** Läuse in den Haaren suchen und entfernen | *Affen lausen einander*

Lau·ser *der*; (-s, -); *gesprochen* ≈ *Lausbub*

lau·sig ADJEKTIV; *gesprochen, abwertend* **1** sehr schlecht oder sehr unangenehm ‹das Wetter, ein Vortrag, eine Rede; lausig kalt› **2** von geringer Bedeutung | *Du wirst dich doch nicht wegen der paar lausigen Cent aufregen!*

★ **laut** ■ ADJEKTIV **1** so, dass die Klänge oder Geräusche auch von Weitem gehört werden können ‹Musik, das Radio, ein Motor, eine Maschine, Beifall, Schreie› ↔ *leise* | *Stelle bitte das Radio leiser, die Musik ist doch viel zu laut!* | *Das Kind fing laut zu schreien an* | *Könnten Sie etwas lauter sprechen? Ich verstehe Sie so schlecht!* **2** ‹eine Straße, eine Gegend, ein Viertel, die Nachbarn› so, dass es viel Lärm gibt ↔ *ruhig* **3** **laut denken** nachdenken und dabei sprechen, was man denkt | *„Hast du was gesagt?" – „Nein, ich habe nur laut gedacht."* **4** **laut und deutlich** so, dass man es deutlich hört **5** **(jemandem) laut und deutlich die Meinung sagen** (jemandem) die eigene negative Meinung über etwas klar sagen **6** **etwas wird laut** etwas wird der Öffentlichkeit bekannt ‹Klagen, Beschwerden, Wünsche› ■ PRÄPOSITION *mit Dativ/Genitiv* **7** drückt aus, dass eine Information von einer kompetenten Person oder einem offiziellen Text stammt ‹laut Gutachten, Plan, Pressebericht, Rechnung, Vertrag, Wetterbericht, Zeugenaussagen› ≈ *gemäß* | *Laut Arzt/Attest hat sie eine Virusgrippe* | *Laut Fahrplan müsste der Bus schon längst da sein* [i] → Infos unter **Präposition**

★ **Laut** *der*; (-(e)s, -e) **1** etwas, das man kurze Zeit hören kann und das mit dem Mund erzeugt worden ist ‹ein schriller, sanfter, klagender Laut; einen Laut von sich (*Dativ*) geben, erzeugen› **2** die kleinste akustische Einheit der Sprache ‹ein geschlossener, offener, kurzer, langer Laut; einen Laut artikulieren, nachahmen, nachsprechen› | *Das Wort „Buch" besteht aus vier Buchstaben, aber nur aus drei Lauten* [K] Lautsystem **3** **keinen Laut mehr von sich** (*Dativ*) **geben** nichts mehr sagen

WORTSCHATZ

▶ Laute von sich geben

ächzen	Sie schleppte ächzend die schweren Taschen ins Haus.
brüllen	Er brüllte vor Wut / vor Schmerzen.
brummen	Als Antwort brummte er nur unwillig.
flüstern	Sie flüsterte mir etwas ins Ohr.
husten	Sie verschluckte sich und musste husten.
kichern	Die Mädchen kicherten albern.
krächzen	Er hatte einen wunden Hals und konnte nur noch krächzen.
kreischen / quietschen	Die Kinder kreischten / quietschten vor Vergnügen.
johlen	Die Fußballfans johlten begeistert.
lachen	Es sah so lustig aus, dass ich laut lachen musste.
lallen	Der Betrunkene lallte unverständliche Worte.
murmeln	Sie murmelten leise ein Gebet.
niesen	Er war erkältet und musste ständig niesen.
nuscheln	Wenn du so nuschelst, kann ich nichts verstehen. Sprich bitte laut und deutlich.
pfeifen	Sie spitzte die Lippen und pfiff eine Melodie.
schluchzen	„Das tut so weh!", schluchzte das Kind.
schnarchen	Ich kann nicht schlafen, wenn er so schnarcht.
schreien	Schrei nicht so laut, ich bin doch nicht taub!
seufzen	„Ach ja!", seufzte er resigniert.
stottern	Sie stotterte vor Aufregung.

WORTSCHATZ

▶ Tierlaute

bellen	Hunde
blöken	Schafe
brüllen	Rinder, Löwen, Tiger usw.
brummen	Bären, Käfer, Fliegen, Hummeln
fauchen	Katzen (wütend oder ängstlich)
gackern	Hühner
grunzen	Schweine
heulen	Wölfe
jaulen	Hunde (vor Schmerz, Kummer)
krächzen	Krähen, Papageien
krähen	Hähne
kreischen	Affen, Möwen, Papageien
knurren	Hunde (drohend)
meckern	Ziegen
miauen	Katzen
muhen	Kühe
piepsen	Mäuse, Spatzen, junge Vögel
quaken	Enten, Frösche
schnattern	Gänse
schnauben	Pferde (indem sie laut Luft ausstoßen)
schreien	Affen, Möwen, Raubvögel usw.
schnurren	Katzen (zufrieden)
summen	Bienen, Fliegen, Mücken
wiehern	Pferde
winseln	Hunde (bettelnd)
zirpen	Grillen usw.
zischen	Schlangen; Gänse (drohend)
zwitschern	Vögel

Lau·te *die;* (-, -n) ein Musikinstrument mit 6 oder 11 Saiten, das vor allem in der Renaissance verwendet wurde K Lautenspieler

★ **lau·ten** VERB (lautete, hat gelautet) **1** **etwas lautet .../etwas lautet irgendwie** etwas besteht aus den genannten Worten, Zahlen o. Ä. oder hat den beschriebenen Inhalt | *Der Originaltext dieses Liedes lautete anders als die moderne Version* | *Die Aufschrift lautet: „Vorsicht Gift"* **2** **etwas lautet auf etwas** (*Akkusativ*) etwas hat den genannten Inhalt | *Das Urteil lautete auf Freispruch*

★ **läu·ten** VERB (läutete, hat geläutet) **1** **etwas läuten** die Töne einer Glocke klingen lassen | *Der Mesner läutet die Glocke zum Gebet* **2** **etwas läutet** eine Glocke erzeugt Töne **3** **etwas läutet** etwas klingelt ⟨der Wecker, die Türglocke, die Klingel, das Telefon⟩ **4** **irgendwo läuten** an jemandes Tür die Klingel ertönen lassen ⟨bei jemandem, an jemandes Wohnungstür läuten⟩ ≈ *klingeln* **5** **es läutet (an der Tür)** die Klingel an der Tür läutet ■ ID **von etwas läuten gehört/hören haben** etwas als Gerücht erfahren haben

★ **lau·ter¹** *nur in dieser Form; gesprochen* nichts anderes als das Genannte ≈ *nur* | *Auf der Party traf ich lauter sympathische Leute* | *Er hat lauter Unsinn im Kopf* | *Aus lauter Dankbarkeit brachte er mir ein Geschenk*

lau·ter² ADJEKTIV *meist attributiv; geschrieben* ⟨ein Charakter, ein Mensch, Absichten, Motive⟩ ≈ *ehrlich, aufrichtig* ● hierzu **Lau·ter·keit** *die*

läu·tern VERB (läuterte, hat geläutert) **etwas läutert jemanden** *geschrieben* der Charakter einer Person wird besser, weil sie eine schwere Zeit gehabt hat

laut·hals ADVERB sehr laut ⟨lauthals schreien, schimpfen, singen⟩

laut·lich ADJEKTIV *meist attributiv* in Bezug auf die Laute der Sprache ⟨Veränderungen, Gemeinsamkeiten⟩

laut·los ADJEKTIV ohne dass ein Geräusch zu hören ist | *Der Fuchs schlich sich lautlos an die Beute heran* ● hierzu **Laut·lo·sig·keit** *die*

Laut·ma·le·rei *die* das Nachahmen von Geräuschen und Klängen durch ähnliche sprachliche Laute (wie z. B. in den Wörtern *Kuckuck* und *zischen*) ● hierzu **laut·ma·lend** ADJEKTIV; **laut·ma·le·risch** ADJEKTIV

Laut·schrift *die* ein System von Zeichen, mit denen man die Laute einer Sprache notiert ⟨die internationale Lautschrift⟩

★ **Laut·spre·cher** *der;* (-s, -) ein Gerät, das Stimmen oder Musik (meist lauter) wiedergibt ⟨etwas über Lautsprecher übertragen⟩ | *die beiden Lautsprecher der Stereoanlage* | *auf dem Bahnhof die Durchsage über Lautsprecher nicht verstehen* K Lautsprecherbox, Lautsprecherkabel, Lautsprechermembran

laut·stark ADJEKTIV sehr laut und heftig ⟨Beifall, Proteste, eine Auseinandersetzung; etwas lautstark verkünden; lautstark protestieren⟩

★ **Laut·stär·ke** *die* **1** die Stärke, Intensität des Schalls ⟨die Lautstärke messen⟩ | *die hohe Lautstärke, mit der ein Flugzeug startet* | *Die Lautstärke wird in Phon oder in Dezibel gemessen* **2** die Eigenschaft, lautstark zu sein

★ **lau·warm** ADJEKTIV nicht richtig warm, aber auch nicht kalt ⟨das Wasser, ein Getränk, das Essen⟩ | *Lauwarmes Bier schmeckt nicht*

La·va [-v-] *die;* (-) die flüssige Masse, die an die Erdoberfläche kommt, wenn ein Vulkan ausbricht ⟨glühende, erkaltete Lava⟩ K Lavagestein, Lavamasse, Lavastrom

La·ven·del [-v-] *der;* (-s) **1** eine Pflanze (die vor allem im Gebiet des Mittelmeers wächst) mit schmalen Blättern, aus deren Blüten man ein gut riechendes Öl gewinnt **2** das gut riechende Öl, das aus den Blüten des Lavendels gewonnen wird K Lavendelöl

La·wi·ne *die*; (-, -n) **1** eine große Masse meist aus Schnee und Eis, die von einem Berg ins Tal rutscht und dabei immer größer wird ⟨eine Lawine geht ab, geht nieder, donnert ins Tal; eine Lawine begräbt, verschüttet jemanden/etwas; eine Lawine auslösen, sprengen⟩ | *Die Skifahrer wurden unter einer Lawine begraben* K Lawinenabgang, Lawinengefahr, Lawinenhund, Lawinenkatastrophe, Lawinenopfer, Lawinenunglück, Lawinenwarnung, lawinengefährdet, lawinensicher; Eislawine, Geröllawine, Schneelawine **2** **eine Lawine von Dingen** eine sehr große Menge von einzelnen Dingen | *Nach dem Konzert brach eine Lawine von Briefen über den Sänger herein* K Antragslawine, Kostenlawine
• zu (2) **la·wi·nen·ar·tig** ADJEKTIV

lax ADJEKTIV nicht streng in den eigenen Prinzipien ⟨eine Auffassung, eine Einstellung, eine Haltung⟩ • hierzu **Lax·heit** *die*

Lay·out, Lay·out ['le:|aut, 'lei|aut] *das*; (-s, -s) die Anordnung des Textes und der Bilder in einer Zeitung, einer Zeitschrift oder einem Buch ⟨das Layout machen, anfertigen⟩

La·za·rett [-ts-] *das*; (-s, -e) eine Art Krankenhaus für (verwundete) Soldaten K Feldlazarett

-le *süddeutsch* → -lein

Lea·der ['li:dɐ] *der*; (-s, -) **1** Kurzwort für *Bandleader* **2** Ⓐ Ⓒⓗ der Tabellenführer in der Meisterschaft einer Sportart

lea·sen ['li:zn̩] VERB (leaste, hat geleast) **etwas leasen** meist ein Auto über eine ziemlich lange Zeit mieten, wobei das Geld, das man bezahlt, vom Kaufpreis abgezogen wird, wenn man das Auto am Ende dieser Zeit kauft ⟨ein Auto leasen⟩
• hierzu **Lea·sing** *das*

★ **le·ben** VERB (lebte, hat gelebt) **1** auf der Welt sein und einen funktionierenden Organismus haben ≈ *am Leben sein* ↔ *tot sein* | *Leben deine Großeltern noch?* | *Als die Sanitäter kamen, lebte der Verunglückte noch, aber er starb auf dem Weg ins Krankenhaus* | *Wie lange leben Hunde eigentlich?* **2** **irgendwann leben** als Mensch auf der Welt sein (und in der Gesellschaft eine Funktion haben) | *Der Physiker Heinrich Hertz lebte im 19. Jahrhundert* **3** **irgendwie leben** sein Dasein auf der Welt in der genannten Weise gestalten oder in der genannten Situation verbringen ⟨allein, gefährlich, gesund leben; in Armut, in Frieden leben⟩ | *in ärmlichen Verhältnissen leben* | *Er lebt seit einem Jahr von seiner Frau getrennt* | *Wölfe leben in Rudeln, Bienen leben in Schwärmen* **4** **irgendwo leben** an einem Ort oder bei jemandem die meiste Zeit sein ⟨auf dem Land, in der Stadt leben⟩ | *Seit der Scheidung seiner Eltern lebt das Kind bei den Großeltern* | *Frösche leben auf dem Land und im Wasser* **5** **von etwas leben** etwas als Nahrung zu sich nehmen | *Während des Krieges lebten viele Leute hauptsächlich von Kartoffeln* **6** **von etwas leben** irgendwoher Geld bekommen, um sich Essen, Kleidung usw. kaufen zu können ⟨von Hartz IV, von Sozialhilfe, von seinen Ersparnissen leben⟩ | *Von seinem Gehalt kann er sehr gut leben* | *Die Menschen auf der Insel leben hauptsächlich vom Tourismus* **7** **etwas lebt von etwas** etwas hängt von etwas ab | *Der Film lebt von seiner Spannung* **8** **für jemanden/etwas leben** seine ganze Energie und Kraft in jemanden/etwas stecken | *Die Mutter lebte ausschließlich für ihre beiden Söhne* **9** **etwas leben** sein Leben gestalten | *Wir leben ein ausgefülltes Leben*

■ **ID** **leben wie Gott in Frankreich** ein schönes Leben haben, weil man gut zu essen hat; **leben und leben lassen** tolerant sein und sich nicht in die Affären von anderen Leuten einmischen; **Es lebe ...!** verwendet, um den Wunsch auszudrücken, dass die genannte Person/Sache (lange) so bleiben möchte | *Es lebe die Freiheit!*; **Leb(e) wohl/Leben Sie wohl!** *veraltend* verwendet, um sich von jemandem zu verabschieden ≈ *Auf Wiedersehen!*

★ **Le·ben** *das*; (-s, -); *meist Singular* **1** der Zustand, wenn ein Mensch, ein Tier oder einer Pflanze lebt ⟨die Entstehung des Lebens; am Leben sein/bleiben; jemandem das Leben retten; das Leben verlieren⟩ ↔ *Tod* | *Der Feuerwehrmann rettete dem Kind das Leben* K lebensfähig, Lebensfähigkeit **2** die Zeit, während der jemand lebt ⟨ein kurzes, langes Leben; das Leben (in vollen Zügen) genießen; das Leben verpfuschen⟩ | *Mit 80 Jahren stieg er zum ersten Mal in seinem Leben in ein Flugzeug* K Lebensabschnitt, Lebensdauer, Lebenserfahrung, Lebenserinnerungen, Lebensende **3** die Art und Weise zu leben ⟨ein einfaches, bewegtes, erfülltes, glückliches, schönes Leben führen/haben; jemandem das Leben angenehm, schwer, unerträglich machen⟩ K Lebensbedingungen, Lebensgewohnheiten, Lebensverhältnisse, Lebensweise; Großstadtleben, Landleben, Studentenleben **4** die täglichen Ereignisse und Einflüsse, die man erlebt ⟨das Leben meistern; mit dem Leben nicht mehr zurechtkommen⟩ K Alltagsleben, Familienleben **5** alle Handlungen und Vorgänge in einem Bereich ⟨das gesellschaftliche, öffentliche, politische, wirtschaftliche Leben⟩ | *Vor Weihnachten herrscht reges Leben in den Straßen der Stadt* | *Nach seiner Wahlniederlage zog er sich aus dem politischen Leben zurück* K Nachtleben **6** etwas, das für jemanden sehr wichtig ist/war | *Der Sport und die Musik sind sein Leben. Für sie opfert er seine ganze Freizeit* K Lebensinhalt **7** **das ewige Leben** (gemäß einiger Religionen) das Leben nach dem Tod ⟨ins ewige Leben eingehen⟩ **8** **das werdende Leben** das kleine Kind im Bauch einer schwangeren Frau ⟨das werdende Leben schützen⟩

■ **ID** ▸Präposition plus Leben: **eine Sache auf Leben und Tod** **a** ein Kampf, bei dem einer der Gegner sterben kann oder wird **b** eine Angelegenheit, bei der es um alles oder nichts geht; **etwas ist aus dem Leben gegriffen** eine Geschichte, ein Film o. Ä. ist sehr realistisch; **sich durchs Leben schlagen** *gesprochen* nur mit Mühe so viel Geld verdienen, dass man sich ernähren kann; **für mein/sein** *usw.* **Leben gern** sehr gern | *Schokolade esse ich für mein Leben gern*; **Nie im Leben!**, **Im Leben nicht!** *gesprochen* verwendet, um eine Behauptung oder einen Vorschlag abzulehnen; **etwas ins Leben rufen** eine Organisation gründen oder ein Projekt starten; **(noch einmal) mit dem Leben davonkommen** in einer Situation überleben, obwohl das Leben ernsthaft in Gefahr war; **ums Leben kommen** als Folge eines Unfalls oder eines Unglücks sterben;
▸Leben als Objekt: **seinem Leben ein Ende machen/setzen**, **sich das Leben nehmen** sich selbst töten; **jemandem das Leben zur Hölle machen** *gesprochen* jemandem viele sehr unangenehme Probleme machen; **einem Kind das Leben schenken** *geschrieben* ein Kind gebären; **Leben in die Bude bringen** *gesprochen* bewirken, dass irgendwo viel geschieht und gute Stimmung ist;
▸andere Verwendungen: **Wie das Leben so spielt!** verwendet, um (oft resignierend) ein Ereignis zu kommentieren, das typisch für das Leben ist; **wie das blühende Leben aussehen** sehr gesund und kräftig aussehen; **in jemanden kommt Leben** jemand wird aktiv | *Er saß gelangweilt in der Ecke, aber als er sie sah, kam auf einmal Leben in ihn*; **in eine Sache kommt Leben** es geschieht viel | *Mit dem Hund ist Leben ins Haus gekommen*; **seines Lebens nicht mehr froh werden** (immer wieder) große Probleme haben, sodass man nie mehr glücklich sein kann | *Er hat einen schweren Unfall verursacht und wird seither seines Lebens nicht mehr froh*; **seines Lebens nicht mehr sicher**

sein in Gefahr sein, getötet zu werden o. Ä.; **Das Leben ist kein Ponyhof** *gesprochen, humorvoll* das Leben ist oft hart, ungerecht o. Ä.

le·bend ■ PARTIZIP PRÄSENS **1** → leben
■ ADJEKTIV **2** *meist attributiv* noch heute gesprochen oder verwendet ⟨eine Sprache⟩

Le·ben·den *die; Plural* die Menschen, die jetzt leben ■ **ID Die nehmen es von den Lebenden** *gesprochen* die Preise sind hier extrem hoch

★ **le·ben·dig** ADJEKTIV **1** so, dass eine Person oder ein Tier lebt ↔ *tot* **2** voller Schwung und Temperament ⟨ein Kind⟩ ≈ *lebhaft* ↔ *ruhig* **3** interessant und lebhaft vorgetragen o. Ä. ⟨eine Schilderung, eine Erzählung⟩ **4** **etwas bleibt in jemandem lebendig** etwas wirkt bei jemandem immer noch | *Die Erinnerung an seine Kindheit ist in ihm lebendig geblieben* **5** **etwas wird wieder lebendig** etwas kommt wieder in Erinnerung ● zu (1 – 3) **Le·ben·dig·keit** *die*

Le·bens·abend *der; nur Singular* das relativ hohe Alter einer Person ⟨ein geruhsamer Lebensabend⟩

Le·bens·ab·schnitts|ge·fähr·te *der; oft ironisch* eine Person, mit der man einige Jahre zusammenlebt, bis man sich trennt und eine neue Beziehung eingeht ● hierzu **Le·bens·ab·schnitts|ge·fähr·tin** *die*

Le·bens·ab·schnitts|part·ner *der* ≈ *Lebensabschnittsgefährte* ● hierzu **Le·bens·ab·schnitts|part·ne·rin** *die*

Le·bens·al·ter *das* **1** *nur Singular* die Anzahl der Jahre, die jemand gelebt hat ⟨ein hohes Lebensalter erreichen⟩ **2** ein Abschnitt in der Entwicklung eines Menschen

le·bens·er·hal·tend ADJEKTIV ⟨Funktionen, Maßnahmen⟩ so, dass sie verhindern, dass jemand/etwas stirbt

Le·bens·er·hal·tungs|trieb *der* der starke Wunsch, am Leben zu bleiben, der einem in gefährlichen Situationen eine besondere Kraft gibt

Le·bens·er·war·tung *die; meist Singular* die Zahl der Jahre, welche die Menschen im Durchschnitt leben ⟨eine geringe, hohe Lebenserwartung haben; die Lebenserwartung steigt, sinkt⟩ | *Warum haben Frauen eine höhere Lebenserwartung als Männer?*

le·bens·feind·lich ADJEKTIV ⟨eine Kälte, eine Umgebung⟩ so, dass kaum ein Tier oder eine Pflanze darin leben kann

le·bens·froh ADJEKTIV mit Freude am Leben ≈ *lebenslustig* ● hierzu **Le·bens·freu·de** *die*

★ **Le·bens·ge·fahr** *die; nur Singular* eine große Gefahr für das Leben eines Menschen ⟨in Lebensgefahr sein, geraten, schweben; außer Lebensgefahr sein⟩ | *Der Patient ist inzwischen außer Lebensgefahr* ● hierzu **le·bens·ge·fähr·lich** ADJEKTIV

Le·bens·ge·fähr·te *der* **1** ein Mann, mit dem eine Frau zusammenlebt, ohne dass sie verheiratet sind **H** *ein Lebensgefährte; der Lebensgefährte; den, dem, des Lebensgefährten* **2** ein homosexueller Mann, der mit einem anderen Mann zusammenlebt, ohne dass in einer eingetragenen Lebenspartnerschaft sind ● hierzu **Le·bens·ge·fähr·tin** *die*

Le·bens·geis·ter *die; Plural; gesprochen* die Frische, die jemand nach großer Müdigkeit wieder fühlt | *Nach einem kühlen Glas Sekt erwachten seine Lebensgeister wieder*

Le·bens·ge·schich·te *die* **jemandes Lebensgeschichte** alles, was eine Person (in ihrem Leben) erlebt hat ⟨jemandem die eigene Lebensgeschichte erzählen⟩

Le·bens·hal·tungs|kos·ten *die; Plural* das Geld, das man für Kleidung, Nahrung, Wohnung usw. ausgeben muss ⟨die Lebenshaltungskosten steigen, sinken; die Lebenshaltungskosten sind hoch, niedrig⟩

Le·bens·in·halt *der* **eine Person/Sache ist jemandes (einziger/ganzer) Lebensinhalt** eine Person/Sache ist für jemanden das Wichtigste im Leben

★ **Le·bens·jahr** *das* ein Jahr im Leben eines Menschen ⟨ein Lebensjahr vollenden⟩ | *Kinder ab dem vollendeten vierten Lebensjahr zahlen den halben Preis*

Le·bens·künst·ler *der* eine Person, die in vielen Situationen im Leben erfolgreich ist und immer optimistisch ist ● hierzu **Le·bens·künst·le·rin** *die*

le·bens·läng·lich ADJEKTIV **1** ⟨eine Freiheitsstrafe, eine Haft⟩ so, dass sie sehr lange dauern, länger als alle anderen Strafen **2** *meist attributiv* für den Rest des Lebens, bis zum Tode ⟨eine Verbannung, ein Wohnrecht⟩ **3** **lebenslänglich bekommen** wegen eines Verbrechens für viele Jahre ins Gefängnis müssen

★ **Le·bens·lauf** *der* **1** eine Liste oder ein Text für eine Bewerbung, in denen eine Person die beruflich wichtigen Ereignisse ihres Lebens nennt ⟨ein handschriftlicher, lückenloser, tabellarischer Lebenslauf⟩ | *Zum Bewerbungsschreiben gehören auch Lebenslauf und Zeugnisse* **2** die wichtigen Ereignisse im Leben einer Person ⟨einen bewegten, geradlinigen, ungewöhnlichen Lebenslauf haben⟩ | *Bitte schildern sie uns kurz ihren Lebenslauf*

Le·bens·lust *die; nur Singular* große Freude am Leben ⟨voll Lebenslust sein⟩ ● hierzu **le·bens·lus·tig** ADJEKTIV

★ **Le·bens·mit·tel** *die; Plural* die Dinge, die man jeden Tag isst und trinkt, um sich zu ernähren, wie z. B. Brot, Gemüse und Fleisch **K** Lebensmittelchemiker, Lebensmittelgeschäft, Lebensmittelindustrie, Lebensmittelunverträglichkeit, Lebensmittelvergiftung, Lebensmittelversorgung, Lebensmittelvorrat **H** vergleiche **Nahrungsmittel**

le·bens·mü·de ADJEKTIV ohne den Willen weiterzuleben ■ **ID Du bist wohl lebensmüde!** *gesprochen, ironisch* verwendet, wenn jemand etwas Gefährliches tut, ohne die Gefahr zu erkennen

Le·bens·mut *der* das Gefühl, aus dem eigenen Leben noch etwas machen zu können ⟨den Lebensmut verlieren; neuen Lebensmut schöpfen⟩

Le·bens·part·ner *der* eine Person, mit der man eine sexuelle Beziehung hat und zusammenlebt, ohne verheiratet zu sein ● hierzu **Le·bens·part·ne·rin** *die*

Le·bens·part·ner·schaft *die* **eingetragene Lebenspartnerschaft** eine Art Ehe zwischen Personen gleichen Geschlechts

Le·bens·qua·li·tät *die; meist Singular* die Qualität des täglichen Lebens, vor allem in Bezug auf die Arbeitsbedingungen, die Gesundheit und die Freizeit ⟨die Lebensqualität verbessern⟩ | *Eine intakte Natur ist ein Stück Lebensqualität*

Le·bens·raum *der* **1** *nur Singular* der Bereich, in dem jemand frei leben und arbeiten kann ⟨jemandes Lebensraum einschränken⟩ **2** der Raum oder Ort, der dort lebenden Pflanzen oder Tieren günstige Bedingungen zum Leben bietet ≈ *Biotop*

Le·bens·ret·ter *der* eine Person, die jemandem das Leben gerettet hat ● hierzu **Le·bens·ret·te·rin** *die*

Le·bens·stan·dard *der* der Grad des Wohlstands einer Person oder einer sozialen Gruppe ⟨einen niedrigen, hohen Lebensstandard haben, genießen⟩

Le·bens·un·ter·halt *der; nur Singular* das Geld, das man braucht, um Nahrung, Kleidung und Wohnung zu bezahlen | *Manche Studenten verdienen ihren Lebensunterhalt als Taxifahrer*

Le·bens·ver·si·che·rung *die* eine Versicherung, bei der eine vorher festgelegte Geldsumme ausbezahlt wird, wenn die Versicherungszeit zu Ende ist oder wenn der Versicherte stirbt ⟨eine Lebensversicherung abschließen, ausbezahlt bekommen⟩ **K** Lebensversicherungsgesellschaft, Lebensversicherungssumme

Le·bens·wan·del *der; meist Singular* die Art und Weise, wie jemand (vor allem in Bezug auf die Moral) lebt ⟨einen anständigen o. Ä. Lebenswandel führen⟩

le·bens·wert ADJEKTIV **das Leben ist lebenswert** das Leben ist so schön, dass man gerne lebt

le·bens·wich·tig ADJEKTIV absolut notwendig, damit jemand leben kann ⟨Medikamente, Organe, Vitamine⟩

Le·bens·zei·chen *das* **1** irgendeine Nachricht oder ein Hinweis, dass eine Person noch lebt, die man lange nicht gesehen hat | *Er durchquert auf einem Motorrad die Sahara, und seine Eltern haben seit Wochen kein Lebenszeichen von ihm bekommen* **2** ein Zeichen oder Beweis, dass jemand noch lebt | *Der Verletzte gab kein Lebenszeichen mehr von sich*

Le·bens·zeit *die; nur Singular* **1** die Dauer des Lebens eines Menschen **2** **auf Lebenszeit** für den Rest des Lebens | *jemanden zum Beamten auf Lebenszeit ernennen*

★ **Le·ber** *die;* (-, -n) **1** ein großes, rotbraunes inneres Organ, welches das Blut reinigt und giftige Substanzen im Körper unschädlich macht | *Die Leber produziert Galle* | *Wenn man viel Alkohol trinkt, schadet man der Leber* K Leberentzündung, Leberleiden, Leberschaden, Leberschrumpfung, Leberzirrhose, leberkrank, lebergeschädigt; Trinkerleber **2** die Leber eines Tieres, die man isst ⟨gebratene, gegrillte Leber⟩ | *in Zwiebeln gebratene Leber mit Kartoffelpüree* K Leberpastete, Leberwurst; Geflügelleber, Kalbsleber, Rindsleber, Schweineleber ■ ID **frei von der Leber weg sprechen** *gesprochen* ohne Hemmungen sprechen und dabei das sagen, was man denkt; **sich** (*Dativ*) **etwas von der Leber reden** *gesprochen* über die eigenen Probleme reden und sich so davon befreien

Le·ber·fleck *der* ≈ *Muttermal*

Le·ber·kä·se *der; meist Singular* ein gebackener Teig aus fein gemahlenem Fleisch, den man in Scheiben kalt oder warm isst

Le·ber·knö·del *der; süddeutsch* Ⓐ eine Speise in Form einer Kugel aus zerkleinerter Leber, Zwiebeln usw., die man in einer Suppe isst K Leberknödelsuppe

Le·ber·tran *der; nur Singular* ein Öl, das man aus der Leber von Fischen gewinnt und das viele Vitamine hat

Le·ber·wurst *die* eine Wurst aus der Leber vom Kalb und vom Schwein ⟨eine grobe, feine Leberwurst⟩ K Zwiebelleberwurst ■ ID **die beleidigte Leberwurst spielen** *gesprochen, humorvoll* wegen einer Kleinigkeit beleidigt sein

★ **Le·be·we·sen** *das;* (-s, -) Menschen, Tiere, Pflanzen, Pilze, Bakterien, Viren usw. leben und sind daher Lebewesen ⟨einzellige, mehrzellige, vielzellige, pflanzliche, tierische Lebewesen⟩

Le·be·wohl *das;* (-s, -s/-e); *geschrieben* **1** ≈ *Abschied* **2** **jemandem Lebewohl sagen** sich von jemandem verabschieden

★ **leb·haft** ADJEKTIV **1** voller Schwung und Temperament ⟨ein Kind⟩ ≈ *munter* | *Ihr kleiner Sohn ist so lebhaft, dass sie kaum noch mit ihm fertig wird* **2** interessant und mit Schwung (vorgetragen) ⟨eine Diskussion, eine Unterhaltung⟩ | *Die Debatte kam lange Zeit nicht so recht in Schwung. Erst gegen Ende wurde sie etwas lebhafter* **3** *meist attributiv* sehr klar und deutlich, mit vielen Details | *Ich habe sehr lebhafte Erinnerungen an meine Kindheit* | *Ich kann mir lebhaft vorstellen, wie sie reagiert hat* **4** sehr groß und stark ⟨das Interesse, der Beifall, der Applaus⟩ | *Die Ausstellung stieß auf lebhaftes Interesse bei der Bevölkerung* ● zu (1,2) **Leb·haf·tig·keit** *die*

Leb·ku·chen *der* ein Gebäck in runder oder viereckiger Form, das süß und würzig schmeckt und zu Weihnachten gegessen wird ⟨Lebkuchen backen⟩

leb·los ADJEKTIV tot oder ohne Zeichen von Leben | *Der Motorradfahrer stürzte und blieb leblos liegen* | *die scheinbar leblose Wüste* ● hierzu **Leb·lo·sig·keit** *die*

Leb·tag *der* ■ ID **mein, dein** *usw.* **Lebtag** *veraltend* mein usw. ganzes Leben lang | *Er hat sein Lebtag hart gearbeitet*

Leb·zei·ten *die* ■ ID **zu jemandes Lebzeiten** während jemand lebt(e)

lech·zen VERB (lechzte, hat gelechzt) **nach etwas lechzen** *geschrieben* ein starkes Verlangen nach etwas haben ⟨nach Macht, Anerkennung lechzen; nach Rache, Vergeltung lechzen⟩

leck ADJEKTIV mit einem Loch oder Riss darin, sodass eine Flüssigkeit ausläuft oder eindringt ⟨ein Schiff, ein Kahn, ein Boot, ein Tank, ein Behälter⟩ ≈ *undicht* | *Große Mengen von Öl flossen aus dem lecken Tanker ins Meer*

Leck *das;* (-(e)s, -e/-s) ein kleines Loch oder ein Riss in einem Behälter oder in einem Schiff ⟨etwas bekommt ein Leck; ein Leck abdichten⟩

le·cken VERB (leckte, hat geleckt) **1** **(etwas) lecken** etwas durch die Bewegung der Zunge in den Mund bringen | *Die Katze leckte ihre Milch* **2** **ein Tier leckt etwas/sich** ein Tier bewegt die Zunge über etwas/den eigenen Körper, um es/sich sauber zu machen ≈ *ablecken* | *Der Fuchs leckte seine Wunde* | *Die Katzenmutter leckt ihre Jungen* **3** **(jemandem) etwas von etwas lecken** etwas mit der Zunge von einer Stelle entfernen ≈ *abschlecken* | *Ich musste mir das Blut vom Finger lecken* **4** **an etwas** (*Dativ*) **lecken** die Zunge über eine Stelle bewegen | *Als er die Hand ausstreckte, leckte die Kuh daran* **5** **etwas leckt** etwas hat ein Leck ⟨ein Behälter, ein Schiff⟩ ■ ID **etwas sieht wie geleckt aus, etwas ist wie geleckt** *gesprochen, humorvoll* etwas ist sehr sauber und ordentlich; → Arsch

★ **le·cker** ADJEKTIV so, dass es sehr gut aussieht oder sehr gut schmeckt ⟨etwas riecht, schmeckt lecker; etwas sieht lecker aus⟩

Le·cker·bis·sen *der;* (-s, -) **1** etwas (zu essen), das sehr gut schmeckt ≈ *Delikatesse* | *Ein Krabbencocktail ist ein Leckerbissen* **2** etwas (meist aus dem Bereich der Kunst), das jemand sehr schätzt ⟨ein musikalischer, literarischer, künstlerischer Leckerbissen⟩

Le·cke·rei *die;* (-, -en) etwas (meist Süßes), das gut schmeckt

Le·cker·maul *das; gesprochen* eine Person, die gern gute (süße) Sachen isst

★ **Le·der** *das;* (-s) **1** die Haut von Tieren, die getrocknet und so bearbeitet wurde, dass sie haltbar ist. Aus Leder macht man Schuhe, Taschen und Jacken ⟨weiches, glattes, geschmeidiges Leder; Leder gerben, verarbeiten, färben⟩ | *eine Jacke aus echtem Leder* K Lederball, Ledergürtel, Lederhandschuh, Lederhose, Lederjacke, Ledermantel, Lederrock, Lederschuh, Lederstiefel, Ledermappe, Lederriemen, Ledersessel, Ledersofa, Lederkoffer, Ledertasche, Lederwaren, lederbraun; Kunstleder, Nappaleder, Rindsleder, Schlangenleder, Wildleder, Schuhleder ▮ Als Plural wird *Ledersorten* verwendet. **2** **das Leder** *humorvoll* der Fußball **3** **zäh wie Leder** sehr zäh ⟨Fleisch, ein Steak, ein Schnitzel⟩ ■ ID **jemandem ans Leder wollen** *gesprochen* eine Person angreifen wollen (um sie zu schlagen o. Ä.); **(gegen jemanden/etwas) (ordentlich) vom Leder ziehen** *gesprochen* über jemanden/etwas schimpfen ● zu (1) **le·der·ar·tig** ADJEKTIV; zu (1) **led·rig** ADJEKTIV

le·dern ADJEKTIV **1** *meist attributiv* aus Leder hergestellt **2** so fest, dass es dem Leder ähnlich ist ⟨Haut, Gesichtshaut⟩ **3** *meist attributiv* sehr zäh ⟨Fleisch⟩

★ **le·dig** ADJEKTIV **1** nicht verheiratet | *Ist sie ledig, verheiratet oder geschieden?* **2** **einer Sache** (*Genitiv*) **ledig sein** *geschrieben* von etwas (meist Unangenehmem) befreit sein

⟨der Pflichten, der Sorgen, der Verantwortung ledig sein⟩

★ **le·dig·lich** PARTIKEL *betont und unbetont* nichts mehr als, nichts anderes als oder niemand anders als ≈ *nur* | *Die Demonstranten wollten nicht provozieren, sondern lediglich auf die Gefahren der Atomkraft aufmerksam machen* | *Lediglich Anna war gekommen, niemand sonst*

Lee *die*; (-) die Seite eines Schiffes oder einer Insel, die nicht dem Wind ausgesetzt ist ⟨etwas liegt in Lee, neigt sich nach Lee⟩ ≈ *Windschatten* K Leeseite

★ **leer** ADJEKTIV **1** ohne Inhalt ⟨ein Fass, eine Flasche, eine Kiste, ein Magen, eine Schachtel, ein Schrank, ein Tank; etwas leer machen, räumen⟩ | *Sobald sein Glas leer war, bestellte er sich ein neues* | *Mit großem Hunger kam er nach Hause, aber der Kühlschrank war leer* | *ein Glas in einem Zug leer trinken* | *den Teller leer essen* K Leergewicht, Leergut **2** ohne Möbel und Menschen, die darin wohnen oder arbeiten ⟨ein Haus, eine Wohnung, ein Zimmer⟩ ≈ *unbewohnt* | *Die Wohnung steht schon seit Monaten leer* | *eine leer stehende Fabrik* K leerstehend **3** ohne oder nur mit sehr wenigen Menschen ⟨Straßen; ein Bus, ein Saal, ein Zug⟩ | *Trotz des guten Wetters blieb das Stadion fast leer* | *Während der Sommermonate ist die Stadt fast leer* K menschenleer **4** so, dass darauf nichts geschrieben oder gedruckt ist ⟨ein Blatt (Papier)⟩ **5** *meist attributiv* wertlos und ohne Inhalt ⟨Gerede, Sprüche⟩ ≈ *sinnlos* K ausdrucksleer, inhaltsleer **6** *meist attributiv* so, dass etwas sehr wahrscheinlich nicht wahr wird ⟨Drohungen, Versprechungen⟩ **7** *meist attributiv* ohne Ausdruck oder Gefühl ⟨ein Blick; jemanden mit leeren Augen anstarren⟩ ■ ID **leer ausgehen** *gesprochen* nichts bekommen; **leer gefegt** *gesprochen* **a** ohne Menschen ⟨Straßen⟩ **b** ohne Inhalt, weil alles verkauft oder verbraucht ist ⟨Regale, ein Kühlschrank⟩

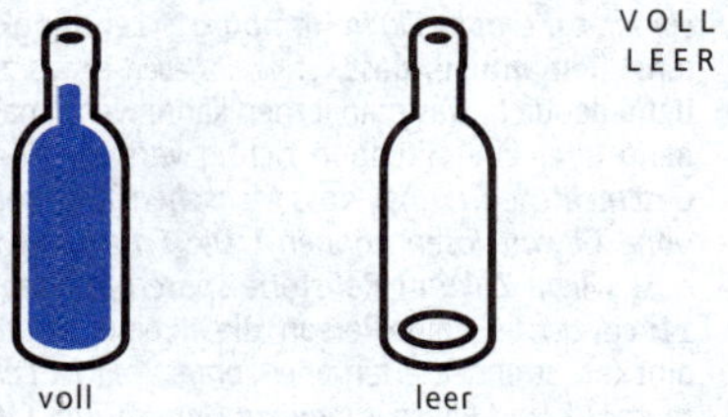

★ **Lee·re**[1] *die*; (-) **1** der Zustand, in dem nichts ist und alles leer ist | *die Leere des Weltalls* **2** **gähnende Leere** vollkommene Leere | *Es herrschte gähnende Leere*

Lee·re[2] *das* ■ ID **ins Leere greifen** irgendwohin greifen, wo nichts ist; **ins Leere starren** an etwas anderes denken und nicht registrieren, was die Augen sehen; **ein Schlag ins Leere** *gesprochen* eine erfolglose Aktion ≈ *Scheitern*

★ **lee·ren** VERB (leerte, hat geleert) **1** **etwas leeren** ein Gefäß oder einen Behälter leer machen ≈ *ausleeren* | *ein Glas in einem Zug leeren* | *Der Briefkasten wird jeden Tag zweimal geleert* **2** **etwas leert sich** so, dass immer weniger Menschen an dem genannten Ort sind | *Nach Ende des Konzerts leerte sich der Saal allmählich* | *Gegen Geschäftsschluss beginnen die Straßen sich allmählich zu leeren*

leer·es·sen VERB ≈ *leer essen*

leer·ge·fegt ADJEKTIV ≈ *leer gefegt*

Leer·gut *das* leere Verpackungen, besonders Pfandflaschen, Joghurtgläser usw., die man in Geschäften zurückgeben kann | *Wo kann man hier das Leergut abgeben?* K Leergutautomat, Leergutrücknahme

Leer·lauf *der*; (-(e)s, Leer·läu·fe) **1** das Laufen eines Motors oder einer Maschine, ohne dass ein Gang eingelegt ist ⟨im Leerlauf; in den Leerlauf schalten⟩ | *Das Auto rollte im Leerlauf langsam auf die Ampel zu* **2** eine Zeit oder Phase, in der wenig gearbeitet oder produziert wird ⟨Leerlauf haben; es herrscht Leerlauf⟩ | *In der Druckerei herrscht mangels Aufträgen gerade Leerlauf*

leer·lau·fen VERB (läuft leer, lief leer, ist leergelaufen) **etwas läuft leer** etwas wird leer, sodass keine Flüssigkeit mehr darin ist ⟨ein Fass, ein Becken⟩

leer·ma·chen VERB ≈ *leer machen*

leer·räu·men VERB ≈ *leer räumen*

Leer·stel·le *die* der kurze Abstand zwischen den einzelnen Wörtern in einem Text

Leer·tas·te *die* die breite Taste unten auf einer Computertastatur, mit der man Leerzeichen eingeben kann ⟨(auf) die Leertaste drücken⟩

leer·trin·ken VERB ≈ *leer trinken*

Lee·rung *die*; (-, -en) das Leeren ⟨eines Briefkastens⟩ | *nächste Leerung um 10:30 Uhr* K Briefkastenleerung

Leer·zei·chen *das* die Stelle zwischen Wörtern in einem Text, die frei bleibt

Lef·ze *die*; (-, -n); *meist Plural* die Lippen eines Hundes oder Raubtieres

le·gal ADJEKTIV so, dass es nicht durch ein Gesetz verboten ist ⟨etwas auf legale Weise, auf legalem Wege tun⟩ ≈ *gesetzlich* ↔ *illegal* ● hierzu **Le·ga·li·tät** *die*

le·ga·li·sie·ren VERB (legalisierte, hat legalisiert) **etwas legalisieren** etwas für legal erklären | *In manchen Ländern ist die Prostitution legalisiert worden* ● hierzu **Le·ga·li·sie·rung** *die*

Le·gas·the·nie *die*; (-) eine Störung, bei der jemand große Probleme beim Lesen und Rechtschreiben hat ● hierzu **Le·gas·the·ni·ker** *der*; **Le·gas·the·ni·ke·rin** *die*

Le·ge·bat·te·rie *die*; *meist abwertend* eine Reihe von kleinen Käfigen aus Draht, in welchen Hennen gehalten werden, zur Produktion von Eiern

★ **le·gen** VERB (legte, hat gelegt) **1** **jemanden/etwas irgendwohin legen** sich selbst, eine andere Person oder eine Sache in eine liegende Position bringen ⟨sich ins Bett legen; sich auf die Seite, auf den Bauch legen; sich in die Sonne, in den Schatten legen⟩ | *Sie legte das Baby auf den Tisch, um es zu wickeln* | *Er legte das Messer und die Gabel neben den Teller* | *Er legte ihr die Hand auf die Schulter, um sie zu trösten* | *Die Arbeiter legen Bretter über das Loch, damit niemand hineinfällt* | *Als es ihnen in der Sonne zu heiß wurde, legten sie sich in den Schatten* **2** **etwas legen** etwas an einer Stelle oder auf einer Fläche befestigen ⟨Schienen, Rohre, Kabel, Fliesen⟩ ≈ *verlegen* **3** **jemanden/sich schlafen legen** ein Kind zu Bett bringen oder selbst ins Bett gehen, um zu schlafen ■ *Legen* ist ein transitives Verb, *liegen* ist intransitiv: *Er legte sein Fahrrad/sich unter einen Baum*, aber: *Sein Fahrrad/Er lag unter einem Baum* **4** **ein Tier legt (ein Ei/Eier)** ein Tier (ein Vogel, ein Fisch, eine Schlange usw.) produziert Eier, vor allem ein Huhn K Legehenne **5** **etwas legt sich** etwas wird in der Stärke oder Intensität schwächer ⟨der Wind, der Sturm, der Zorn, die Wut, die Aufregung, die Empörung⟩ ≈ *nachlassen* | *Nachdem sich der Sturm gelegt hatte, fuhren sie auf den See hinaus*

le·gen·där ADJEKTIV **1** durch eine Legende bekannt, aber nicht immer wahr | *Romulus und Remus sind legendäre Gestalten* **2** so, dass es nur selten geschieht und erstaunlich ist | *Im Kaukasus erreichte eine Frau das legendäre Alter von 118 Jahren* **3** so eindrucksvoll, dass man noch lange Zeit später davon spricht | *der legendäre erste Auftritt der Beatles in Hamburg*

★ **Le·gen·de** *die*; (-, -n) **1** eine Geschichte vom Leben und Leiden eines Heiligen K Heiligenlegende **2** eine Geschichte,

L

die seit langer Zeit erzählt wird und an der meist einige Dinge nicht wahr sind **3** die Erklärung der Zeichen und Symbole, vor allem in einer Landkarte oder Abbildung • zu (1,2) **le·gen·den·haft** ADJEKTIV

le·ger [leˈʒɛːɐ̯] ADJEKTIV **1** so, wie man sich unter Freunden und in der Familie benimmt ⟨der Umgangston, Verhalten, Umgangsformen; jemandes Benehmen⟩ **2** nicht sehr vornehm, aber trotzdem passend ⟨jemandes Kleidung⟩ | *Ganz leger mit einem Pullover bekleidet ging er ins Theater*

Leg·gings, Leg·gins *die*; (-, -) eine eng anliegende lange Hose aus weichem Stoff für Frauen

Le·gie·rung *die*; (-, -en) eine Mischung aus zwei oder mehr Metallen | *Bronze ist eine Legierung aus Kupfer und Zinn* K Aluminiumlegierung, Goldlegierung *usw.*

Le·gi·on *die*; (-, -en) **1** **eine Legion** (+*Genitiv*); **eine Legion von etwas** (*Dativ*) eine sehr große Anzahl von Personen **2** *historisch* die größte Einheit des Heers der alten Römer

Le·gi·o·när *der*; (-s, -e) **1** *historisch* ein Soldat in einer Legion | *Asterix und die römischen Legionäre* **2** ein Sportler, der aus dem Ausland kommt und viel Geld verdient (vor allem ein Fußballspieler) **3** ein Soldat in der Fremdenlegion

Le·gis·la·ti·ve [-v-] *die*; (-, -n); *meist Singular* die Institution in einem Staat, welche die Gesetze beschließt | *In einer Demokratie ist das Parlament die Legislative*

Le·gis·la·tur·pe·ri·o·de *die* die Dauer, für die Mitglieder eines Parlaments gewählt sind

le·gi·tim ADJEKTIV **1** vom Gesetz erlaubt, so geregelt ≈ *gesetzlich, rechtmäßig* | *legitime Mittel bei etwas einsetzen* | *einen legitimen Anspruch auf staatliche Hilfe haben* **2** *geschrieben* ⟨Forderungen⟩ ≈ *berechtigt, begründet* • hierzu **Le·gi·ti·mi·tät** *die*

L

le·gi·ti·mie·ren VERB (legitimierte, hat legitimiert) **etwas legitimieren** etwas für legitim, zum Gesetz erklären ⟨ein Vorgehen, eine Gesetzesänderung legitimieren⟩ • hierzu **Le·gi·ti·ma·ti·on** *die*

Le·hen *das*; (-s, -); *historisch* früher gaben vor allem Könige den Adligen Lehen. Das konnte ein Stück Land, ein Amt oder ein Recht sein, das die Adligen zum eigenen Gewinn nutzen durften, solange sie dem König treu dienten K Lehnsherr, Lehnsmann

Lehm *der*; (-(e)s) schwere gelbbraune Erde, die kein Wasser durchlässt und aus der man vor allem Ziegelsteine herstellt | *Ziegel aus Lehm brennen* K Lehmboden, Lehmerde, Lehmklumpen • hierzu **leh·mig** ADJEKTIV

★ **Leh·ne** *die*; (-, -n) der Teil eines Stuhls oder Sessels oder einer Bank, auf den man die Arme oder den Rücken stützen kann | *ein Stuhl mit einer hohen Lehne* K Lehnsessel, Lehnstuhl; Armlehne, Rückenlehne, Stuhllehne

★ **leh·nen** VERB (lehnte, hat gelehnt) **1** **etwas/sich an/gegen etwas** (*Akkusativ*) **lehnen** eine Sache oder den eigenen Körper so stellen/halten, dass sie schräg stehen und von der genannten Sache gestützt werden | *ein Fahrrad an/gegen die Wand lehnen* | *die Leiter an den Baum lehnen* | *Er lehnte sich mit dem Rücken an eine Säule* | *den Kopf an jemandes Schulter lehnen* **2** **an etwas** (*Dativ*) **lehnen** in schräger Lage an etwas Stabilem stehen | *Die Leiter lehnt an der Wand* | *Er lehnte an der Mauer* **3** **sich irgendwohin lehnen** sich auf etwas stützen und den Oberkörper darüberbeugen | *sich aus dem Fenster lehnen und auf die Straße schauen* | *Sie lehnte sich über die Mauer und winkte uns zu*

Lehr·amt *das*; *meist Singular* die Arbeit als Lehrer an einer staatlichen Schule ⟨das Lehramt anstreben⟩ | *Er studiert Deutsch und Englisch für das Lehramt an Gymnasien* K Lehramtsanwärter, Lehramtskandidat

★ **Leh·re** *die*; (-, -n) **1** die Ausbildung zu einem Beruf als Handwerker oder Angestellter ⟨eine Lehre anfangen, machen, beenden; in die Lehre gehen⟩ | *Er macht gerade eine Lehre als Schreiner* | *Nach der Lehre wurde er als Geselle in dieselbe Firma übernommen* K Lehrjahr, Lehrjunge, Lehrvertrag, Lehrwerkstätte, Lehrzeit; Bäckerlehre, Maurerlehre, Metzgerlehre, Schreinerlehre, Tischlerlehre **2** eine Erfahrung, die man gemacht hat und aus der man etwas gelernt hat ⟨etwas ist jemandem eine Lehre; eine Lehre aus etwas ziehen; jemandem eine Lehre geben, erteilen; eine heilsame, bittere Lehre⟩ | *Dieser Vorfall wird ihm immer eine Lehre sein* **3** die Prinzipien, auf denen eine Philosophie und eine Religion basieren ⟨eine philosophische, christliche Lehre⟩ | *die Lehre des Aristoteles* | *die Lehre Platos* | *die Lehre des Islam* K Glaubenslehre **4** das Wissen und die Theorien auf einem Gebiet der Wissenschaft | *die Lehre von den Gravitationskräften* K Abstammungslehre, Farbenlehre, Lautlehre, Sprachlehre, Vererbungslehre **5** *nur Singular* das Lehren von Forschungsergebnissen vor allem an einer Universität ⟨Forschung und Lehre; Wissenschaft und Lehre⟩ K Lehranstalt, Lehrauftrag, Lehrbeauftragte(r), Lehrveranstaltung

★ **leh·ren** VERB (lehrte, hat gelehrt) **1** **(jemanden) etwas lehren**; **jemanden** +*Infinitiv* **lehren** einer Person (nach einem Plan) Informationen geben und mit ihr üben, damit sie Wissen und spezielle Fähigkeiten bekommt ⟨jemanden lesen, schreiben, rechnen, schwimmen, tauchen, segeln, Ski fahren, Rad fahren, tanzen lehren⟩ ≈ *beibringen, unterrichten* | *Der Deutschlehrer lehrt die Kinder Rechtschreibung und Grammatik* K Lehrbuch, Lehrfilm, Lehrmaterial, Lehrmethode, Lehrmittel, Lehrstoff, Lehrziel **2** **(etwas) lehren** Schülern oder Studenten Kenntnisse in einem Fach geben ⟨Deutsch, Chemie, Geschichte, Sprachen lehren; an einer Hochschule, Universität lehren⟩ ≈ *unterrichten* | *Er lehrt Mathematik und Biologie an einem Gymnasium* | *Der Professor lehrt (Kernphysik) in Hamburg* K Lehrtätigkeit **3** **etwas lehrt (jemanden), dass …** *geschrieben* etwas zeigt (jemandem) deutlich, was man lernen kann, wenn man einen Vorgang oder eine Situation richtig versteht ≈ *beweisen* | *Die Geschichte lehrt (uns), dass Menschen ihre Probleme selten ohne Gewalt lösen können* | *Die Erfahrung hat gelehrt, dass wir in Zukunft Rohstoffe sparen müssen*

★ **Leh·rer** *der*; (-s, -) eine Person, die an einer Schule Unterricht gibt ⟨ein strenger, erfahrener Lehrer⟩ | *Er ist Lehrer für Mathematik und Physik an einem Gymnasium* | *Wen habt ihr als Lehrer in Sport?* K Lehrerausbildung, Lehrerberuf, Lehrerkollegium, Lehrerkonferenz, Lehrermangel, Lehrerzimmer; Berufsschullehrer, Grundschullehrer, Gymnasiallehrer, Mittelschullehrer, Sonderschullehrer; Biologielehrer, Chemielehrer, Deutschlehrer, Englischlehrer, Mathematiklehrer, Physiklehrer, Sportlehrer H zu *Lehrerin* → Info im Eintrag **-in** • hierzu **Leh·re·rin** *die*

Leh·rer·schaft *die*; (-) alle Lehrer (an einer Schule)

Lehr·fach *das*; (-(e)s, Lehr·fä·cher) **1** ein Fach, das man an einer Schule lehrt ⟨naturwissenschaftliche, geisteswissenschaftliche, gesellschaftspolitische, künstlerische Lehrfächer⟩ **2** *nur Singular* der Beruf des Lehrers | *ins Lehrfach gehen* (Lehrer werden)

Lehr·gang *der*; (-(e)s, Lehr·gän·ge) **1** eine (berufliche) Ausbildung, in der man in relativ kurzer Zeit ein spezielles Wissen erhält ⟨auf Lehrgang gehen; einen Lehrgang machen, absolvieren; an einem Lehrgang teilnehmen; jemanden auf Lehrgang/zu einem Lehrgang schicken⟩ ≈ *Kurs* K Lehrgangsteilnehmer, Lehrgangsvoraussetzungen; Computerlehrgang, Fortbildungslehrgang, Meisterlehrgang, Weiterbildungslehrgang **2** alle Teilnehmer an einem Lehrgang

Lehr·geld *das* **Lehrgeld zahlen/geben (müssen)** Schaden erleiden, weil man keine Erfahrung hat und noch Fehler macht

Lehr·kör·per *der; meist Singular; admin* ≈ *Lehrerschaft*

Lehr·kraft *die;* (-, Lehr·kräf·te); *admin* ein Lehrer oder eine Lehrerin | *Wir brauchen mehr Lehrkräfte*

★ **Lehr·ling** *der;* (-s, -e); *gesprochen* eine Person, die eine Berufsausbildung macht **H** Man verwendet anstatt *Lehrling* meist *der/die Auszubildende* oder in gesprochener Sprache *Azubi*.

Lehr·plan *der* der Lehrplan legt fest, was an einer Schule gelehrt/gelernt werden soll ⟨einen Lehrplan erstellen; sich (streng) an den Lehrplan halten⟩

lehr·reich ADJEKTIV so, dass man daraus viel lernen kann ⟨eine Erfahrung, ein Beispiel; etwas ist sehr lehrreich für jemanden⟩

Lehr·stel·le *die* eine Arbeitsstelle als Lehrling ⟨sich um/für eine Lehrstelle bewerben⟩

Lehr·stuhl *der* **ein Lehrstuhl (für etwas)** eine Stelle eines Professors an einer Universität | *der Lehrstuhl für Theoretische Physik an der Universität Hamburg*

Lehr·werk *das;* (-(e)s, -e) ein Buch, mit welchem die Schüler im Unterricht arbeiten und lernen

-lei → -erlei

★ **Leib** *der;* (-(e)s, -er) *veraltend* der Körper eines Menschen oder Tiers (vor allem der Teil von der Schulter bis zum Becken) ⟨am ganzen Leib zittern⟩ **K** Leibesumfang, Leibschmerzen ■ **ID** **etwas am eigenen Leib erfahren** selbst eine bestimmte Erfahrung machen; **etwas ist jemandem auf den Leib geschnitten/geschrieben** *gesprochen* etwas passt so gut für jemanden, als wäre es extra für ihn gemacht/geschrieben worden | *Diese Rolle ist ihm auf den Leib geschrieben*; **jemandem auf den Leib/zu Leibe rücken** *gesprochen* immer wieder zu jemandem gehen und ihn dadurch ärgern; **bei lebendigem Leib** während jemand noch lebt, bevor er stirbt | *Sie verbrannten bei lebendigem Leib*; **mit Leib und Seele** *gesprochen* sehr gern und mit viel Energie; **jemandem eine Person vom Leib halten** *gesprochen* verhindern, dass eine Person Kontakt zu jemandem bekommt | *Haltet mir bloß die Reporter vom Leib!*; **einer Sache zu Leibe rücken** *gesprochen* anfangen, etwas zu beseitigen o. Ä. | *Sie rückten dem Schmutz mit Schrubber und Besen zu Leibe*

Leib·ei·ge·ne *der/die;* (-n, -n); *historisch* eine Person, die rechtlich und wirtschaftlich vollkommen von einer anderen Person (meist einem Fürsten o. Ä.) abhängig war **H** *ein Leibeigener; der Leibeigene; den, dem, des Leibeigenen*

Leib·ei·gen·schaft *die;* (-); *historisch* der Zustand, jemandes Leibeigene(r) zu sein

lei·ben ■ **ID** **wie er/sie leibt und lebt** *gesprochen* wie man die genannte Person kennt, mit dem für sie typischen Verhalten | *Das ist Otto, wie er leibt und lebt*

Lei·bes·kräf·te *die* **aus Leibeskräften** mit der ganzen Kraft, die jemand hat ⟨aus Leibeskräften schreien⟩

Lei·bes·vi·si·ta·ti·on [-vizitatsjo:n] *die;* (-, -en) die Handlungen, mit denen man prüft, ob jemand z. B. Waffen oder Drogen in oder unter der Kleidung am Körper versteckt hat | *eine Leibesvisitation über sich ergehen lassen müssen*

Leib·ge·richt *das* die Speise, die jemand am liebsten isst

leib·haf·tig ADJEKTIV *meist attributiv* ⟨eine Person, eine Sache⟩ so, dass man sie vor sich stehen hat oder dass man sie sich genau vorstellen kann | *Sie war völlig überrascht, als der berühmte Schauspieler plötzlich leibhaftig vor ihr stand* | *Er sah aus wie der leibhaftige Tod*

Leib·haf·ti·ge *der;* (-n); *gesprochen, veraltend* ≈ *Teufel*

leib·lich ADJEKTIV *meist attributiv* **1** verwendet, um das Verhältnis zwischen Eltern und ihren natürlichen Kindern zu beschreiben (im Unterschied zu Kindern, die man durch Adoption oder Heirat bekommt) ⟨der Vater, die Mutter, die Eltern, die Schwester, der Bruder, die Geschwister⟩ **2** **für das leibliche Wohl sorgen** *geschrieben* dafür sorgen, dass jemand gutes Essen und Trinken bekommt

Leib·spei·se *die; süddeutsch* Ⓐ Ⓒⓗ ≈ *Leibgericht*

Leib·wa·che *die* die Leibwächter einer Person

Leib·wäch·ter *der;* (-s, -) eine Person, die eine berühmte Person (vor Attentaten) schützt ● hierzu **Leib·wäch·te·rin** *die*

★ **Lei·che** *die;* (-, -n) der Körper eines toten Menschen ⟨eine Leiche entdecken, finden, bergen, identifizieren⟩ | *die Leiche eines Ertrunkenen* **K** Leichenbestattung, Leichenblässe, Leichenschändung, Leichenstarre, Leichentuch, Leichenverbrennung, Leichenwagen; leichenblass ■ **ID** **aussehen wie eine Leiche** *gesprochen* sehr blass und schlecht aussehen; **Er/Sie geht über Leichen** *abwertend* Er/Sie nimmt bei der Durchführung von Plänen keine Rücksicht auf andere Personen; **Nur über meine Leiche!** *gesprochen, humorvoll* Das erlaube ich auf keinen Fall

Lei·chen·fled·de·rei *die;* (-, -en); *meist Singular* das Stehlen von Dingen, die ein Toter bei sich hat ● hierzu **Lei·chen·fled·de·rer** *der*

Lei·chen·hal·le *die* ein Gebäude auf dem Friedhof, in welchem die Särge mit den Toten bis zur Beerdigung stehen

Lei·chen·schmaus *der; humorvoll* ein gemeinsames Essen, zu dem sich die Verwandten und Bekannten eines Toten nach dessen Beerdigung treffen

Leich·nam *der;* (-s); *geschrieben* ≈ *Leiche* | *Der Leichnam des verstorbenen Dichters wurde feierlich beigesetzt*

★ **leicht** ADJEKTIV

▸Gewicht, Dicke: **1** mit relativ wenig Gewicht ↔ *schwer* | *Er wiegt nur 52 Kilo und ist viel zu leicht für seine Körpergröße* | *auf die Reise nur leichtes Gepäck mitnehmen* | *Holz schwimmt, weil es leichter ist als Wasser* **K** Leichtgewicht, Leichtmetall; federleicht **H** → Abb. nächste Seite **2** aus dünnem Stoff und daher leicht und nicht warm ⟨ein Anzug, eine Bluse, ein Hemd⟩ **3** **leicht bekleidet** mit dünner und wenig Kleidung am Körper

▸Intensität, Wirkung: **4** von geringer Intensität ≈ *schwach* | *„Was fehlt dir denn?" – „Ach, nichts Besonderes, ich habe nur eine leichte Erkältung."* | *Bei dem Unfall wurden zwei Personen schwer und drei (Personen) leicht verletzt* | *Es regnete leicht* | *In der Nacht gab es leichte Schneefälle* | *Sie hat einen leichten Schlaf und wacht sofort auf, wenn das Baby jammert* **K** Leichtverletzte **5** so, dass vor allem Magen und Darm wenig belastet werden | *leicht verdauliche Speisen* | *Nach meiner Operation durfte ich nur leichte Kost essen*

▸Anstrengung, Belastung: **6** so, dass man nur wenig Kraft dazu braucht ⟨eine Arbeit⟩ ↔ *schwer* | *Er hat Probleme mit dem Rücken und darf nur leichte körperliche Arbeiten machen* **7** so, dass es wenig Arbeit, Mühe oder Probleme macht ≈ *einfach* ↔ *schwierig* | *eine leichte Rechnung* | *Diese Aufgabe ist so leicht für ihn, dass er sich dabei gar nicht anzustrengen braucht* | *Es ist relativ leicht, ein paar Wörter in einer fremden Sprache zu lernen, aber es ist sehr schwierig, eine Sprache gut zu beherrschen* | *Die Gebrauchsanweisung ist in leicht verständlicher Sprache geschrieben* **8** **jemand/etwas ist leicht zu** *+Infinitiv* es ist leicht, (mit jemandem/etwas) etwas zu tun | *Diese Aufgabe ist leicht zu bewältigen* | *Er ist leicht einzuschüchtern* **9** **jemandem etwas leicht machen** so leben oder handeln, dass jemand oder man selbst so wenig Schwierigkeiten hat wie möglich (oft zum Nachteil von anderen Personen) | *Dinge, die einem das Leben leichter machen* | *Du machst*

L

es dir aber leicht! Du lässt mich einfach alleine arbeiten! ▸Geschwindigkeit, Wahrscheinlichkeit: **10** *nur adverbiell* so, dass etwas relativ schnell geschieht oder aus geringem Anlass | *Leicht verderbliche Speisen müssen gekühlt und schnell verzehrt werden | Man braucht ihn nicht lange zu überreden. Er gibt leicht nach | Er wird sehr leicht wütend* **11** *nur adverbiell* mit relativ großer Wahrscheinlichkeit | *Das hätte leicht schiefgehen können | Bei Eis und Schnee passiert leicht ein Unfall*

■ **ID** **Du hast leicht reden!** *gesprochen* Du hast nicht die Probleme wie ich; **Das ist leichter gesagt als getan** *gesprochen* Das ist schwieriger zu tun, als man vielleicht meint; **etwas ist jemandem ein Leichtes** *gesprochen* jemand hat wenig Mühe, etwas zu tun | *Es war ihm ein Leichtes, sie zu überzeugen* ● zu (1 – 4) **Leicht·heit** *die*; zu (7,8) **Leich·tig·keit** *die*

SCHWER
LEICHT

schwer leicht

Leicht·ath·le·tik *die*; (-) die Sportarten Laufen, Gehen, Springen, Stoßen und Werfen ⟨Leichtathletik betreiben⟩ | *Hochspringen, Diskuswerfen, Kugelstoßen und Hürdenlauf sind Disziplinen der Leichtathletik* ● hierzu **leicht·ath·le·tisch** ADJEKTIV; **Leicht·ath·let** *der*; **Leicht·ath·le·tin** *die*

leicht·fal·len VERB (fällt leicht, fiel leicht, ist leichtgefallen) **etwas fällt jemandem leicht** etwas macht jemandem keine Mühe oder Schwierigkeiten | *Es fiel ihm nicht leicht, von zu Hause auszuziehen*

leicht·fer·tig ADJEKTIV; *abwertend* so, dass man nicht an die Konsequenzen denkt ⟨ein Plan, eine Äußerung; jemandes Verhalten⟩ ● hierzu **Leicht·fer·tig·keit** *die*

leicht·fü·ßig ADJEKTIV ⟨ein Mädchen, eine Gazelle⟩ so, dass sie leise und schnell laufen

leicht·gläu·big ADJEKTIV bereit, etwas schnell und unkritisch zu glauben ↔ *misstrauisch* | *Er ist sehr leichtgläubig. Er glaubt einfach alles, was man ihm erzählt* ● hierzu **Leicht·gläu·big·keit** *die*

leicht·hin, **leicht·hin** ADVERB ohne viel darüber nachzudenken | *etwas leichthin versprechen*

leicht·le·big ADJEKTIV ⟨ein Mensch⟩ so, dass er sich im Leben nicht viele Sorgen macht ● hierzu **Leicht·le·big·keit** *die*

leicht·ma·chen VERB ≈ *leicht machen*

leicht·neh·men VERB (nimmt leicht, nahm leicht, hat leichtgenommen) **etwas leichtnehmen** sich nicht viele Sorgen machen, wenn man etwas tut **H** aber: *alles zu leicht nehmen* (getrennt geschrieben) ■ **ID** **Nimms leicht!** *gesprochen* ärgere dich nicht darüber!

★ **Leicht·sinn** *der*; (-es) leichtsinniges Verhalten ⟨unerhörter, sträflicher Leichtsinn⟩ ↔ *Vorsicht* | *Viele Verkehrsunfälle passieren durch den Leichtsinn der Autofahrer*

leicht·sin·nig ADJEKTIV so, dass man nicht genug auf Gefahren achtet ↔ *vorsichtig* | *Beim Bergsteigen darf man nicht leichtsinnig werden | Es ist leichtsinnig, ohne Helm Fahrrad zu fahren* ● hierzu **Leicht·sin·nig·keit** *die*

Leicht·sinns|feh·ler *der* ein Fehler, den man nur macht, weil man nicht genau aufpasst | *Ihr Diktat steckt voller Leichtsinnsfehler*

leicht·tun VERB (tat sich leicht, hat sich leichtgetan) **sich** (*Dativ/ Akkusativ*) **(bei etwas) leichttun** *gesprochen* keine Schwierigkeiten bei etwas haben

leicht·ver·dau·lich ADJEKTIV ≈ *leicht verdaulich*

leicht·ver·derb·lich ADJEKTIV ≈ *leicht verderblich*

leid ADJEKTIV **1** **jemanden/etwas leid haben/sein/werden** jemanden/etwas nicht mehr mögen oder nicht mehr ertragen können | *Ich habe diese ewigen Wiederholungen im Fernsehen so leid! | Ich bin es jetzt leid, ständig von ihm geärgert zu werden | Wirst du es nicht bald leid, dass er regelmäßig zu spät kommt?* **2** Ⓒⓗ ≈ *unangenehm* | *eine leide Angelegenheit* **H** → auch **leidtun**

★ **Leid** *das*; (-(e)s) **1** sehr große seelische Schmerzen ⟨bitteres, schweres, tiefes, unsägliches Leid; jemandem Leid zufügen; Leid erfahren, erdulden⟩ ≈ *Qual* | *Trauer und Leid sind ein Teil des Lebens* **2** **jemandem sein Leid klagen** *oft humorvoll* einer anderen Person vom eigenen Kummer und von den eigenen Probleme erzählen | *Die Nachbarin kommt ständig zu uns, um uns ihr Leid zu klagen* **3** **zu Leide** → zuleide

Lei·de·form *die*; *meist Singular* ≈ *Passiv*

★ **lei·den** VERB (litt, hat gelitten) **1** **(etwas) leiden** körperliche, seelische Schmerzen oder sehr unangenehme Verhältnisse ertragen müssen ⟨Hunger, Durst, heftige Schmerzen, große Not⟩ | *Hoffentlich muss sie nicht mehr lange leiden | Er litt heftige Schmerzen | Er sah sie mit leidendem Blick an* **2** **jemanden/etwas gut/nicht leiden können** eine Person/ Sache sehr/nicht mögen | *Ich kann ihn überhaupt nicht leiden, weil er so ein Angeber ist | Sie konnte es noch nie leiden, wenn man über sie lacht* **3** **an etwas** (*Dativ*) **leiden** eine Krankheit haben ⟨an Asthma, Depressionen,Diabetes, Krebs leiden⟩ **4** **unter etwas** (*Dativ*) **leiden** große Probleme oder Kummer wegen etwas haben | *Als er im Ausland studierte, litt er sehr unter seiner Einsamkeit | Kinder leiden oft darunter, dass sich ihre Eltern ständig streiten | Viele Menschen leiden unter dem Lärm des Straßenverkehrs* **5** **etwas leidet unter etwas** (*Dativ*)**/durch etwas** etwas nimmt durch den Einfluss einer Sache Schaden | *Die Bilder haben unter der ständigen Feuchtigkeit sehr gelitten | Unsere Rosen leiden sehr unter dem strengen Frost | Sein Ruf als Politiker hat durch den Skandal ziemlich gelitten*

★ **Lei·den** *das*; (-s, -) **1** eine lange und schlimme Krankheit ⟨ein langes, schweres, unheilbares, chronisches Leiden⟩ | *Der Patient starb nach langem, schwerem Leiden* **K** Leidenszeit; Herzleiden, Rückenleiden **2** *nur Plural* das Gefühl von Schmerzen und Kummer | *die Leiden des Lebens | die Freuden und Leiden des Alltags* **K** Leidensmiene

★ **Lei·den·schaft** *die*; (-, -en) **1** ein seelischer Zustand, in dem jemand starke Gefühle (wie Liebe, Hass oder Zorn) empfindet ⟨eine heftige, wilde ungezügelte Leidenschaft⟩ | *Sie arbeiten voller Leidenschaft an der Verwirklichung ihrer Idee* **2** **jemandes Leidenschaft (zu einer Person/für eine Person)** *nur Singular* die starke Liebe, die man für eine Person empfindet ⟨eine große, stürmische Leidenschaft; eine Leidenschaft erfasst jemanden, brennt in jemandem, erlischt in jemandem⟩ ≈ *Verlangen* | *In Filmen geht es oft um Liebe und Leidenschaft* **3** **jemandes Leidenschaft (für etwas)** *nur Singular* die Liebe zu Dingen oder Tätigkeiten, die man sehr interessant findet ⟨die Leidenschaft für etwas entdecken; einer Leidenschaft verfallen, frönen; von einer Leidenschaft nicht mehr loskommen⟩ ≈ *Begeisterung* | *Er hat eine ungeheure Leidenschaft für schnelle Autos | Ihre Leidenschaft für exklusive Parfums geht so weit, dass sie ihr ganzes Geld dafür ausgibt* **K** Spielleidenschaft, Wettleidenschaft ● hierzu **lei·den·schafts·los** ADJEKTIV

lei·den·schaft·lich ADJEKTIV *meist attributiv* **1** voller Leidenschaft und starker Gefühle ⟨ein Wunsch, ein Verlangen, ein

Streit; sich jemandem leidenschaftlich widersetzen; etwas leidenschaftlich verteidigen⟩ ≈ *heftig* **2** voll starker Liebe für jemanden ⟨ein Liebhaber; jemanden leidenschaftlich umarmen, küssen⟩ **3** voller Begeisterung für etwas ≈ *begeistert* | *Sie ist eine leidenschaftliche Bergsteigerin* **4** **leidenschaftlich gern** sehr gern | *Sie geht leidenschaftlich gern ins Theater* ● zu (1 – 3) **Lei·den·schaft·lich·keit** *die*

Lei·dens·ge·fähr·te *der* ≈ *Leidensgenosse* ● hierzu **Lei·dens·ge·fähr·tin** *die*

Lei·dens·ge·nos·se *der* eine Person, welche die gleichen Probleme oder Leiden hat wie eine andere Person ● hierzu **Lei·dens·ge·nos·sin** *die*

Lei·dens·ge·schich·te *die* **1** die Geschichte der Zeit, in der jemand oder ein Volk viel Leid ertragen muss | *die Leidensgeschichte der Juden im Dritten Reich* **2** *ironisch* die Krankheiten und negativen Erlebnisse, die jemand gehabt hat | *Jetzt erzählt sie mir ihre Leidensgeschichte schon zum dritten Mal!* **3** der Teil der Bibel, der vom Leiden und Tod von Jesus Christus erzählt ≈ *Passion*

Lei·dens·weg *der* ≈ *Leidensgeschichte*

★ **lei·der** ADVERB **1** verwendet, um sagen, dass man etwas bedauert, etwas schade findet | *Leider müssen wir unseren Ausflug verschieben, da unser Sohn krank ist* | *Ich habe leider vergessen, den Brief einzuwerfen* **2** **leider (ja/nein)** verwendet als Antwort auf eine Frage, wenn man etwas bedauert | *„Hast du diesen tollen Job bekommen?" – „Leider nein."* **3** **leider Gottes** *gesprochen* als Verstärkung von *leider* verwendet

leid·ge·prüft ADJEKTIV *meist attributiv* so, dass jemand (bei einer Tätigkeit) schon viel Ärger erlebt hat ⟨ein Lehrer, eine Mutter, ein Vater⟩

lei·dig ADJEKTIV *meist attributiv* ⟨eine Angelegenheit, ein Thema⟩ ≈ *unangenehm*

leid·lich ADJEKTIV **1** *meist attributiv* weder gut noch schlecht ≈ *mittelmäßig* | *ein leidlicher Filmregisseur* | *leidliche Kenntnisse in der Grammatik haben* **2** **leidlich gut** nicht ganz schlecht | *Er spricht leidlich gut Schwedisch*

Leid·tra·gen·de *der/die*; (-n, -n) eine Person, welche die unangenehmen Folgen einer Sache ertragen muss | *Bei einer Scheidung sind die Leidtragenden meistens die Kinder* H *ein Leidtragender; der Leidtragende; den, dem, des Leidtragenden*

leid·tun VERB (tut leid, tat leid, hat leidgetan) **eine Person/Sache tut jemandem leid** eine Person, eine Situation oder ein Zustand wird von jemandem bedauert | *Die armen Leute, die bei diesem Wetter arbeiten müssen, können einem wirklich leidtun!* | *Es tut mir leid, ich wollte nicht stören* | *Es tut mir echt leid, aber ich kann heute Abend nicht kommen* | *Es tut mir so leid, dass ich das gesagt habe*

Leid·we·sen *das* ■ ID **zu jemandes Leidwesen** verwendet, um zu sagen, dass jemand etwas bedauert ⟨zu meinem Leidwesen; zum Leidwesen seiner Eltern⟩ | *Zu seinem Leidwesen war das Theater bei der Premiere fast leer*

Lei·er *die*; (-, -n); *historisch* (in der Antike) ein Musikinstrument mit Saiten ■ ID **Das ist immer die gleiche/die alte/dieselbe Leier!** *gesprochen, abwertend* jemand erzählt immer dasselbe

Lei·er·kas·ten *der*; *gesprochen* ≈ *Drehorgel* K Leierkastenmann

lei·ern VERB (leierte, hat geleiert) **(etwas) leiern** etwas schnell und ohne Betonung sagen oder singen ⟨ein Gedicht, ein Lied leiern⟩

Leih·ar·bei·ter *der* eine Person, die bei einer Firma angestellt bleibt, während sie für kurze Zeit in einer anderen Firma arbeitet ● hierzu **Leih·ar·bei·te·rin** *die*; **Leih·ar·beit** *die*

★ **lei·hen** VERB (lieh, hat geliehen) **1** **jemandem etwas leihen** einer Person eine Sache für eine Zeit geben, damit sie diese (kostenlos) benutzen kann ≈ *verleihen* ↔ *ausleihen* | *Ihr Vater lieh ihr das Auto* | *Kannst du mir bis morgen zehn Euro leihen?* K Leihbücherei, Leihgabe, Leihgebühr **2** **sich** (*Dativ*) **etwas (von jemandem) leihen** von einer Person für kurze Zeit eine Sache bekommen, damit man sie (kostenlos) benutzen kann ≈ *ausleihen* ↔ *verleihen* | *Das Motorrad gehört ihm nicht. Er hat es sich von seinem Freund geliehen* | *Für den Ball habe ich mir einen Frack geliehen*

WORTSCHATZ

▶ leihen – mieten – pachten

Wenn man etwas nicht kaufen will, kann man es **leihen**, **mieten** oder **pachten**.

Besonders Wohnungen oder Häuser **mietet** man:
Wir haben das Haus nur gemietet, nicht gekauft.

Als Bauer kann man Land **pachten**, als Gastwirt ein Lokal:
Die Kneipe hat er von einer Brauerei gepachtet.

Wenn man etwas nur kurze Zeit benutzt, **mietet** oder **leiht** man es:
im Urlaub ein Auto mieten / leihen

Wenn man (sich) etwas **leiht**, muss man nicht unbedingt Geld dafür zahlen:
Das Boot habe ich mir von einem Freund geliehen.

Leih·haus *das* ≈ *Pfandhaus*

Leih·mut·ter *die* eine Frau, die sich ein befruchtetes Ei in die Gebärmutter setzen lässt, um für eine andere Frau ein Kind auf die Welt zu bringen

Leih·wa·gen *der* ≈ *Mietwagen*

leih·wei·se ADVERB **jemandem etwas leihweise überlassen** jemandem etwas leihen

Leim *der*; (-(e)s, -e) ein Klebstoff, mit dem man Holz und Papier klebt ⟨Leim auftragen; Leim anrühren⟩ K Holzleim ■ ID **etwas geht aus dem Leim** *gesprochen* etwas fällt oder bricht auseinander | *Dieser Stuhl geht schon aus dem Leim*; **jemandem auf den Leim gehen/kriechen** *gesprochen* sich von jemandes Tricks täuschen lassen

lei·men VERB (leimte, hat geleimt) **1** **etwas leimen** Teile eines Gegenstandes aus Holz mit Leim zusammenkleben | *einen kaputten Stuhl leimen* **2** **jemanden leimen** *gesprochen* durch Tricks bewirken, dass jemand eine Wette, ein Spiel oder Geld verliert

★ **-lein** *das*; (-s, -); *im Substantiv, unbetont, sehr produktiv; oft humorvoll* **Häslein, Häuslein, Hündlein, Kätzlein, Kindlein** *und andere* verwendet, um zu sagen, dass die genannte Sache klein und niedlich ist ≈ *-chen* H a) oft mit Umlaut und manchmal mit leicht geändertem Wortende: *Blümlein, Vöglein*; b) Bei Wörtern, die auf *-l* oder *-l(e)* enden, wird meist *-chen* verwendet: *Bällchen, Kerlchen, Röllchen, Spielchen.*

Lei·ne *die*; (-, -n) **1** ein dünnes Seil, an das man vor allem die nasse Wäsche hängt, damit sie trocknet ⟨Wäsche an die Leine hängen⟩ K Wäscheleine **2** ein dünnes Band meist aus Leder, an dem man vor allem einen Hund führt ⟨den Hund an die Leine nehmen; dem Hund die Leine abmachen⟩ K Hundeleine H → Abb. unter **Schnur** ■ ID **jemanden an die Leine legen, jemanden an einer/der kurzen Leine halten** *gesprochen* jemandem (vor allem im privaten Bereich) wenig Freiheiten lassen; **Zieh Leine!** *gesprochen!* Verschwinde!

L

Lei·nen *das;* (-s) ein sehr fester und glatter Stoff (aus Flachs) | *Die Tischdecke ist aus Leinen* | *ein in Leinen gebundenes Buch* K Leineneinband, Leinengarn, Leinengewebe, Leinentuch, Leinenweber

Lein·öl *das; nur Singular* ein Öl, das aus Samen des Flachses gewonnen wird und mit dem man auch Salate anmacht

Lein·sa·men *der* der Samen des Flachses, der viel Öl enthält K Leinsamenbrot

Lein·tuch *das;* (-(e)s, Lein·tü·cher) ≈ *Betttuch, Laken*

Lein·wand *die* **1** eine große weiße Fläche, auf der man Filme und Dias zeigt ⟨die Leinwand aufstellen, abbauen⟩ K Dialeinwand, Filmleinwand, Kinoleinwand **2** ≈ *Kino* | *die Stars der Leinwand* K Leinwandstar **3** eine Fläche aus Leinen, auf die ein Maler malt | *die Ölfarben auf eine Leinwand auftragen*

★ **lei·se** ADJEKTIV **1** so, dass man es kaum hört ⟨Geräusche, Musik, eine Stimme⟩ ↔ *laut* | *Er öffnete ganz leise die Tür* | *Die Musik ist mir zu laut! Kannst du nicht das Radio etwas leiser stellen?* | *Wir müssen leiser sein, sonst wacht das Baby auf* **2** *meist attributiv* so, dass Gefühle oder Gedanken nur schwach sind und nicht deutlich ⟨eine Hoffnung, ein Verdacht, eine Vermutung⟩ | *Er hatte nicht die leiseste Ahnung von unserem Plan* (Er wusste überhaupt nichts von dem Plan) | *leise lächeln* (ein bisschen lächeln)

Leis·te *die;* (-, -n) **1** ein sehr schmales, dünnes und langes Stück aus Holz, Metall oder Kunststoff, mit dem man Ränder bedeckt K Holzleiste, Kunststoffleiste, Metallleiste, Fußbodenleiste **2** ein schmaler Streifen der Bildschirmanzeige eines Computers, auf dem Symbole angeordnet sind, auf die man klicken kann K Menüleiste, Symbolleiste **3** eine der beiden Stellen am Körper des Menschen, an denen der Rumpf in den Oberschenkel übergeht ⟨sich (*Dativ*) die Leiste zerren; an der Leiste operiert werden⟩ K Leistengegend, Leistenoperation, Leistenzerrung

★ **leis·ten** VERB (leistete, hat geleistet) **1** **etwas leisten** etwas tun oder erreichen, das Mühe kostet ⟨Amtshilfe, Beitrag, Überstunden, Überzeugungsarbeit leisten⟩ | *Wenn man ausgeruht ist, kann man bessere Arbeit leisten* | *Er hat im Leben schon ziemlich viel geleistet* **2** **etwas leistet etwas** etwas hat die genannte Stärke | *Der Elektromotor leistet 2000 Watt* | *ein Automotor, der 120 PS leistet* **3** **etwas leisten** jemandem helfen oder nützlich sein ⟨Amtshilfe, Beihilfe, Erste Hilfe leisten; etwas leistet jemandem gute Dienste⟩ **4** **etwas leisten** eine Zeit lang als Soldat oder zur Strafe o. Ä. arbeiten ⟨Kriegsdienst, Wehrdienst, Zwangsarbeit leisten⟩ **5** **etwas leisten** *geschrieben* verwendet zusammen mit einem Substantiv, um ein Verb zu umschreiben | *jemandem Ersatz leisten* (jemandem etwas ersetzen) | *einem Befehl Folge leisten* (einen Befehl befolgen) | *jemandem Gehorsam leisten* (jemandem gehorchen) | *Verzicht leisten* (verzichten) | *(keinen) Widerstand leisten* (sich (nicht) wehren) **6** **sich** (*Dativ*) **etwas leisten** etwas tun, was andere Personen stört, gegen Regeln verstößt oder Probleme macht ⟨sich (*Dativ*) eine unverschämte Bemerkung, einen üblen Scherz, einen Fehler leisten⟩ | *Du kannst es dir nicht leisten, so oft zu spät zu kommen* **7** **sich** (*Dativ*) **etwas leisten** etwas kaufen oder tun, um sich zu belohnen oder um sich eine Freude zu machen | *Können wir uns jetzt eine Pause leisten?* | *Im Urlaub leiste ich mir auch gern mal etwas Teureres* **8** **sich** (*Dativ*) **etwas leisten können** genug Geld haben, um etwas zu bezahlen | *Wie kann er sich so ein großes Haus leisten?*

Leis·ten·bruch *der* bei einem Leistenbruch drückt ein Teil des Darmes aus der Bauchhöhle (an der Stelle, wo die Leiste ist) ⟨einen Leistenbruch bekommen, haben⟩ | *wegen eines Leistenbruchs operiert werden*

★ **Leis·tung** *die;* (-, -en) **1** wenn eine Person etwas (meist Schwieriges) mit Erfolg tut, dann ist diese Handlung oder das Ergebnis eine Leistung ⟨eine Leistung bieten, (er)bringen, vollbringen, zeigen; eine Leistung anerkennen, honorieren, würdigen⟩ | *Die Mannschaft zeigte beim letzten Spiel eine schwache Leistung* | *Im nächsten Jahr erwarte ich bessere Leistungen von euch* K Leistungsanstieg, Leistungsbereitschaft, Leistungsdruck, Leistungsniveau, Leistungssteigerung, Leistungszwang; leistungsbereit, leistungsorientiert, leistungssteigernd; Arbeitsleistung **2** die physikalische Arbeit, die ein Gerät o. Ä. innerhalb einer Zeit leistet | *Das Auto bringt eine Leistung von 76 Kilowatt* K Motorenleistung **3** *nur Singular* das, was eine Person oder Sache leisten kann | *die Leistung des menschlichen Gehirns* | *ein Elektronenmikroskop mit einer enormen Leistung* K Leistungsfähigkeit, Leistungstest, Leistungsvergleich, Leistungsvermögen; leistungsfähig, leistungsfördernd, leistungsschwach, leistungsstark **4** *meist Plural* etwas, auf das man (oft aufgrund eines Vertrags) Anspruch hat, vor allem Geld oder Dienste | *staatliche Leistungen für Arbeitslose* | *vermögenswirksame Leistungen des Arbeitgebers* | *Diese Behandlung gehört nicht zu den Leistungen der Krankenkasse* (wird nicht von der Krankenkasse gezahlt) K Kassenleistung, Versicherungsleistung; Sozialleistungen

leis·tungs·be·zo·gen ADJEKTIV ⟨ein Gehalt, eine Vergütung⟩ so, dass sie direkt von den Leistungen des Betroffenen abhängen

Leis·tungs·ge·sell·schaft *die; meist Singular* eine Gesellschaft, in welcher der Einzelne oder Gruppen nur an der Leistung gemessen werden

Leis·tungs·sport *der* professionell betriebener Sport, bei dem gute Leistungen das Wichtigste sind K Hochleistungssport • hierzu **Leis·tungs·sport·ler** *der*

Leit- *im Substantiv, betont, begrenzt produktiv* **1** **das Leitbild, die Leitfigur, der Leitgedanke, der Leitsatz, der Leitspruch, der Leitzins** *und andere* drückt aus, dass sich andere Leute nach der genannten Person/Sache richten und sie als gutes Beispiel nehmen **2** **der Leithengst, der Leithirsch, der Leithund, das Leittier, der Leitwolf** *und andere* bezeichnet das Tier, das in einer Gruppe den höchsten sozialen Rang hat

Leit·ar·ti·kel *der;* (-s, -) der Artikel meist in einer Zeitung, welcher die Meinung der Redaktion o. Ä. zu einem wichtigen aktuellen Thema oder Ereignis wiedergibt

★ **lei·ten** VERB (leitete, hat geleitet) **1** **jemanden/etwas leiten** die Tätigkeit einer Gruppe von Menschen bestimmen und dafür verantwortlich sein ⟨einen Betrieb, ein Unternehmen, eine Firma, eine Versammlung, eine Sitzung, eine Diskussion, eine Debatte, ein Orchester, einen Chor leiten⟩ **2** **etwas irgendwohin leiten** bewirken, dass etwas (vor allem eine Flüssigkeit) an einen Ort kommt | *das Regenwasser in ein Becken leiten* | *den Verkehr in eine andere Richtung leiten* **3** **jemanden irgendwohin leiten** mit einer Person irgendwohin gehen, um ihr den Weg zu zeigen ≈ *führen* | *einen Gast in das Zimmer leiten* **4** **sich von etwas leiten lassen** bei einer Entscheidung einige Überlegungen als sehr wichtig sehen | *sich bei einem Entschluss von finanziellen Erwägungen leiten lassen* **5** **etwas leitet (etwas)** etwas transportiert Wärme oder elektrische oder akustische Schwingungen weiter ⟨etwas leitet die Wärme, den Strom, den Schall⟩ | *Metalle leiten den elektrischen Strom* | *Wasser leitet den Schall* | *Kupfer leitet besonders gut* K Leitfähigkeit

lei·tend ■ PARTIZIP PRÄSENS **1** → leiten
■ ADJEKTIV **2** *meist attributiv* (in einem Betrieb) verantwort-

lich für die Tätigkeit einer Gruppe von Menschen ⟨ein Angestellter, ein Ingenieur; eine leitende Stellung haben⟩ **3** so, dass etwas dabei geleitet wird ⟨leitende Metalle⟩

★ **Lei·ter**[1] *der*; (-s, -) **1** eine Person, die eine Gruppe von Menschen leitet ⟨der Leiter eines Betriebs, einer Filiale, eines Unternehmens, einer Firma, einer Sitzung, einer Diskussion, eines Chors⟩ ≈ *Chef, Vorsitzender* **K** Abteilungsleiter, Betriebsleiter, Expeditionsleiter, Filialleiter, Firmenleiter, Heimleiter, Chorleiter, Diskussionsleiter, Kursleiter, Sitzungsleiter **H** zu *Leiterin* → Info im Eintrag **-in** **2** etwas (vor allem ein Metall), das elektrischen Strom leitet | *Kupfer ist ein guter Leiter* ● zu (1) **Lei·te·rin** *die*

★ **Lei·ter**[2] *die*; (-, -n) zwei lange parallele Stangen (Holme) aus Holz oder Metall, die durch mehrere kurze Stücke (Sprossen) miteinander verbunden sind und mit deren Hilfe man irgendwo hinaufsteigen kann ⟨auf die Leiter steigen; auf der Leiter stehen⟩ **K** Leiterholm, Leitersprosse

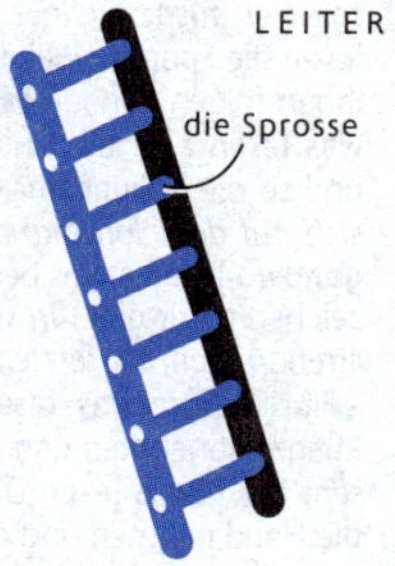

Leit·fa·den *der* ein Buch o. Ä., das ein Wissensgebiet für Laien beschreibt

Leit·ham·mel *der* **1** das männliche Schaf, welches die Herde leitet **2** *gesprochen, abwertend* eine Person, der andere Personen etwas nachmachen oder gehorchen, ohne nachzudenken

Leit·li·nie [-ni̯ə] *die* Gedanken oder Prinzipien, welche das Handeln bestimmen ≈ *Konzept* | *die Leitlinien einer Werbekampagne festlegen*

Leit·mo·tiv [-f] *das* **1** eine Melodie, die in einem musikalischen Werk (z. B. einer Oper) immer dann wiederholt wird, wenn dieselbe Person oder die gleiche Situation vorkommt **2** eine Idee, ein Ausdruck oder eine Handlung, die in einem Roman, einem Drama oder einem Gedicht immer wieder vorkommen und charakteristisch für das ganze Werk sind

Leit·plan·ke *die* ein langer Streifen aus Metall oder Beton entlang einer Straße, der Fahrzeuge aufhalten soll, die von der Fahrbahn abkommen ⟨gegen die Leitplanke prallen⟩

Leit·stel·le *die* ein Ort oder ein Teil einer Institution, von dem aus verschiedene Dinge koordiniert, gelenkt o. Ä. werden | *die Leitstelle für Rettungsrufe/für Taxis* **K** Rettungsleitstelle

★ **Lei·tung** *die*; (-, -en) **1** *nur Singular* die Funktion oder die Aufgabe, etwas zu leiten ⟨die Leitung übernehmen; jemandem die Leitung anvertrauen, übergeben; jemanden mit der Leitung beauftragen; unter (der) Leitung von jemandem⟩ | *Ab dem 1. Januar übernimmt Herr Huber die Leitung der Firma* | *Das Orchester spielte unter der Leitung von Sir Colin Davis* | *jemanden mit der Leitung der Diskussion beauftragen* **K** Diskussionsleitung **2** *nur Singular* die Personen, die eine Firma oder eine Institution leiten ≈ *Führung* **K** Betriebsleitung, Firmenleitung, Unternehmensleitung, Werksleitung **3** ein Rohr oder ein System von Röhren, das Flüssigkeiten oder Gase irgendwohin leitet ⟨eine Leitung legen, anzapfen⟩ **K** Leitungsrohr, Leitungswasser; Erdgasleitung, Erdölleitung, Gasleitung, Wasserleitung, Rohrleitung **4** Drähte oder Kabel, die elektrischen Strom leiten ⟨eine Leitung legen, ziehen; eine Leitung steht unter Strom⟩ **K** Leitungsmast, Leitungsnetz; Hochspannungsleitung, Stromleitung **5** das Kabel, das eine telefonische Verbindung herstellt ⟨die Leitung ist frei, besetzt, unterbrochen, überlastet; es knackt in der Leitung; eine Störung in der Leitung⟩ **K** Leitungsmast; Telefonleitung ■ **ID eine lange Leitung haben** *gesprochen* etwas sehr langsam begreifen; **auf der Leitung stehen** *gesprochen* etwas (in der beschriebenen Situation) nicht sofort begreifen

Lek·ti·on [-'tsi̯oːn] *die*; (-, -en) **1** einer der Abschnitte in einem Lehrbuch o. Ä. ⟨eine Lektion durchnehmen, behandeln⟩ | *Lektion 14 besteht aus einem Lesestück, aus einem Dialog und aus grammatischen Übungen* **2** etwas, durch das man lernt, sich in Zukunft anders zu verhalten (vor allem eine unangenehme Erfahrung, eine Strafe oder ein Tadel) ⟨eine bittere Lektion; jemandem eine Lektion (in Sachen ...) erteilen; eine Lektion erhalten; eine Lektion begreifen, gelernt haben⟩

Lek·tor *der*; (-s, Lek·to·ren) **1** eine Person, die für einen Verlag Texte liest, prüft und korrigiert, bevor sie gedruckt werden **2** eine Person, die (beruflich) an einer Universität Kurse in Sprachen oder Musik gibt ⟨ein Lektor für Spanisch, Russisch, Englisch⟩ **K** Englischlektor, Französischlektor, Italienischlektor, Russischlektor Spanischlektor ● hierzu **Lek·to·rin** *die*

Lek·to·rat *das*; (-(e)s, -e) der Teil (die Abteilung) eines Verlages, in welchem die Lektoren arbeiten

★ **Lek·tü·re** *die*; (-, -n); *meist Singular* **1** etwas zum Lesen ⟨eine spannende, unterhaltsame, amüsante, langweilige, humorvolle Lektüre⟩ | *sich zwei Romane als Lektüre mit in den Urlaub nehmen* **K** Urlaubslektüre **2** das Lesen im Unterricht | *mit der Lektüre von Schillers „Die Jungfrau von Orléans" beschäftigt sein*

Len·de *die*; (-, -n) **1** der Teil des Körpers zwischen der Wirbelsäule und der Hüfte **K** Lendenwirbel **2** (bei Schwein und Rind) das Fleisch aus der hinteren Gegend der Wirbelsäule **K** Lendenbraten, Lendensteak, Lendenstück; Rinderlende, Schweinelende

Len·den·schurz *der*; (-es, -e) ein Stück Fell oder Stoff, welches die Genitalien und das Gesäß bedeckt

★ **len·ken** VERB (lenkte, hat gelenkt) **1** **(etwas) lenken** die Richtung eines Fahrzeugs bestimmen ⟨ein Auto, einen Bus, ein Fahrrad, ein Fahrzeug, einen Wagen lenken⟩ ≈ *steuern* | *Unser Sohn hat schon gelernt, (das Fahrrad) mit einer Hand zu lenken* **2** **etwas lenken** die Entwicklung einer Sache bestimmen ⟨die Verhandlungen, eine Debatte, die Wirtschaft, den Staat lenken⟩ ≈ *führen* **3** **etwas auf jemanden/etwas lenken** bewirken, dass sich ein Gespräch oder jemandes Aufmerksamkeit auf eine andere Person oder ein anderes Thema konzentriert | *den Verdacht auf einen Unschuldigen lenken* | *versuchen, das Gespräch auf ein anderes Thema zu lenken* | *jemandes Aufmerksamkeit auf wichtige Details lenken* ● zu (1,2) **lenk·bar** ADJEKTIV

Len·ker *der*; (-s, -) **1** die Stange am Fahrrad oder Motorrad, mit der man das Fahrzeug lenkt **K** Fahrradlenker **H** → Abb. unter **Fahrrad** **2** Ⓐ Ⓒⓗ der Fahrer eines Autos oder Motorrads ● zu (2) **Len·ke·rin**

Lenk·rad *das* der Fahrer eines Autos dreht am Lenkrad, um das Auto zu steuern **H** → Abb. unter **Auto**

Lenk·stan·ge *die* ≈ *Lenker*

Len·kung *die*; (-, -en) **1** *nur Singular* das Bestimmen einer Entwicklung | *die Lenkung der Wirtschaft durch den Staat* **2** alle Teile, die zum Lenken eines Fahrzeugs nötig sind | *einen Schaden in der Lenkung haben* | *Die Lenkung geht schwer*

Lenz *der*; (es, -e) **1** *literarisch nur Singular* ≈ *Frühling* **2** *humorvoll nur Plural* ≈ *Lebensjahre* | *Sie ist gerade 17 Lenze jung* ■ **ID sich** (*Dativ*) **einen faulen/schönen Lenz machen** *gesprochen, abwertend* wenig arbeiten oder eine angenehme, leichte Arbeit haben

L

Le·o·pard [leo-] *der;* (-en, -en) ein großes Tier (eine Raubkatze) mit einem gelblichen Fell mit runden schwarzen Flecken (das vor allem in Asien und Afrika lebt) K Leopardenfell H *der Leopard; den, dem, des Leoparden*

Lep·ra *die;* (-) eine tropische Infektionskrankheit, bei welcher die Nerven zerstört werden, Teile des Körpers das Gefühl verlieren und weitere Infektionen entstehen K leprakrank • hierzu **lep·rös** ADJEKTIV

-ler *der;* (-s, -); *im Substantiv, unbetont, sehr produktiv* **1** **Künstler, Sportler, Völkerkundler, Wissenschaftler** *und andere* bezeichnet eine Person, welche das Genannte tut oder sich damit beschäftigt **2** **CDUler, SPDler**; **Erstklässler, Zweitklässler**; **Nordstaatler, Provinzler, Ruheständler** *und andere* bezeichnet eine Person, die zu einer Gruppe, einer Kategorie oder einem Gebiet gehört **3** **Frontantriebler, Intelligenzler, Tausendfüßler, Vierflügler** *und andere* bezeichnet Menschen, Tiere oder Sachen, die nach einem ihrer Merkmale benannt sind • hierzu **-le·rin** *die*

Ler·che *die;* (-, -n) ein kleiner bräunlicher Vogel, der steil in die Höhe fliegen kann ⟨die Lerche trillert, jubiliert⟩

lern·be·hin·dert ADJEKTIV ⟨ein Kind, ein Schüler⟩ so, dass sie große Schwierigkeiten haben, den Unterrichtsstoff der Grundschule zu lernen | *Lernbehinderte Kinder erhalten in der Sonderschule eine besondere Förderung* • hierzu **Lern·be·hin·de·rung** *die*

★ **ler·nen** VERB (lernte, hat gelernt) **1** **(von jemandem) etwas lernen** durch Erfahrung das eigene Verhalten ändern ⟨Pünktlichkeit, Verlässlichkeit, Anstand, Sauberkeit lernen⟩ | *Er hat nie gelernt, pünktlich zu sein* | *Von meinem Großvater habe ich gelernt, wie man Kartoffeln pflanzt* K Lernfähigkeit, Lernprozess; lernfähig, lernwillig **2** **einen Beruf lernen** eine Ausbildung für einen Beruf machen ⟨Bäcker, Schreiner, Maurer, Bankkaufmann lernen⟩ | *Ich glaube, Paul hat Maler gelernt* **3** **(etwas) lernen** ein besonderes Wissen erwerben, so dass man etwas beherrscht ⟨eine Fremdsprache, Vokabeln lernen; Auto fahren, Rad fahren, Ski fahren, schwimmen, tauchen, kochen lernen; ein Gedicht auswendig lernen⟩ | *Sie lernt Spanisch an der Volkshochschule* | *Er sitzt ständig im Zimmer und lernt* | *Sie lernt gerade, wie man einen Computer bedient* K Lernbegierde, Lerneifer, Lernstoff, lernbegierig, lerneifrig **4** **(etwas) aus etwas lernen** durch Erfahrungen das eigene Verhalten ändern ⟨aus der Erfahrung, aus Fehlern, aus der Geschichte lernen⟩ | *Ich habe aus dieser Geschichte gelernt, dass ich mich nicht auf mein Glück verlassen sollte* H In der gesprochenen Sprache kommt oft die Form *jemandem etwas lernen* (= jemandem etwas lehren) vor. Im geschriebenen Deutsch gilt dies als falsch. • zu (1,3) **lern·bar** ADJEKTIV; zu (3) **Ler·ner** *der*

les·bar ADJEKTIV **1** so, dass man es (gut) lesen kann ⟨eine Inschrift; jemandes Handschrift⟩ **2** in (leicht) verständlicher Sprache geschrieben | *ein gut lesbarer Aufsatz* • hierzu **Les·bar·keit** *die*

★ **les·bisch** ADJEKTIV (von Frauen) mit homosexuellen Neigungen ⟨eine Frau; Liebe⟩ • hierzu **Les·be** *die; gesprochen, abwertend;* **Les·bi·e·rin** [-bjə-] *die*

Le·se *die;* (-, -n) die Ernte der Weintrauben K Weinlese

Le·se·buch *das* ein Buch (vor allem für Schüler) mit Gedichten, Geschichten und Ausschnitten aus längeren Texten

Le·se·hil·fe *die; admin* ≈ Brille

★ **le·sen** VERB (liest, las, hat gelesen)
▸Wörter, Texte: **1** **(etwas) lesen** etwas Geschriebenes ansehen und den Inhalt erfassen ⟨ein Buch, einen Roman, eine Geschichte, die Zeitung, eine Zeitschrift lesen; einen Text, etwas genau, gründlich, flüchtig lesen⟩ | *in der Schule das Lesen und Schreiben lernen* | *jemandes Handschrift nicht lesen können* K Lesebrille, Lesegerät, Leselampe, Leselupe, Lesesaal **2** **(etwas) in etwas lesen** Teile einer Sache lesen (und so Informationen bekommen) | *Vor dem Einschlafen lese ich immer noch in einem Buch* | *„Wie kommst du denn darauf?" – „Das habe ich in der Zeitung gelesen."* **3** **(etwas) lesen** einen Text lesen und dabei laut sprechen ≈ *vorlesen* | *ein Drama mit verteilten Rollen lesen* K Leseabend, Lesestück, Leseübung **4** **etwas liest sich irgendwie** etwas ist in der genannten Weise geschrieben | *Dieser Krimi liest sich sehr spannend*
▸Zeichen: **5** **Noten lesen** Noten ansehen und daraus die Melodie erkennen | *Obwohl er keine Noten lesen kann, spielt er ausgezeichnet Trompete* **6** **Fährten** *oder* **Spuren lesen** die Spuren eines Tiers oder Menschen erkennen und ihnen folgen können **7** **jemandem (die Zukunft) aus etwas lesen** z. B. die Linien auf der Handfläche betrachten und so die Zukunft für eine Person vorhersagen | *Sie ließ sich auf dem Jahrmarkt aus der Hand lesen* **8** **etwas irgendwo lesen** etwas bemerken oder erkennen, weil es Anzeichen dafür gibt | *In seinem Gesicht konnte man die Anstrengungen der letzten Tage lesen*
▸einzeln: **9** **etwas lesen** die Früchte einzeln von einer Pflanze abnehmen und sammeln ⟨Trauben, Wein, Ähren lesen⟩ **10** **etwas lesen** Dinge (vor allem Früchte) einzeln in die Hand nehmen und die Schlechten von den Guten trennen ⟨Rosinen, Mandeln, Erbsen lesen⟩ ≈ *sortieren*
▸sonstige Verwendungen: **11** **die Messe lesen** als Priester einen katholischen Gottesdienst abhalten **12** **(über etwas** *(Akkusativ)***) lesen** als Professor Vorlesungen (über ein Thema) halten | *Er liest an der Hamburger Universität*

★ **Le·ser** *der;* (-s, -) **1** eine Person, die gerade etwas liest | *Der Leser wird in dem Zeitungsartikel mehrere Male direkt angesprochen* **2** eine Person, die etwas regelmäßig liest ⟨ein jugendlicher, erwachsener, kritischer, aufmerksamer, unbedarfter Leser⟩ | *die Leser einer Tageszeitung* K Leserumfrage, Leserwunsch, Leserzuschrift; Zeitschriftenleser, Zeitungsleser • hierzu **Le·se·rin** *die*

Le·se·rat·te *die; gesprochen, humorvoll* eine Person, die sehr gerne und sehr viel liest

Le·ser·brief *der* ein Brief eines Lesers an den Autor eines Textes oder an eine Zeitung ⟨einen Leserbrief abdrucken, veröffentlichen, einschicken⟩

le·ser·lich ADJEKTIV so deutlich, dass man es gut lesen kann ⟨jemandes Handschrift⟩ • hierzu **Le·ser·lich·keit** *die*

★ **Le·sung** *die;* (-, -en) **1** eine Veranstaltung, bei der Autoren einen Teil aus einem ihrer Werke vorlesen K Dichterlesung **2** eine Sitzung des Parlaments, auf der man über ein Gesetz diskutiert ⟨die erste, zweite Lesung eines Gesetzentwurfs⟩ **3** der Teil des christlichen Gottesdienstes, in dem ein Stück aus der Bibel vorgelesen wird

Le·thar·gie *die;* (-) ein Zustand, in dem man keine Energie hat und sich für nichts interessiert ⟨in Lethargie verfallen, versinken; nicht mehr aus seiner Lethargie herausfinden⟩ • hierzu **le·thar·gisch** ADJEKTIV

Let·ter *die;* (-, -n) ein gedruckter Buchstabe

Letzt ■ ID **zu guter Letzt** verwendet, um zu sagen, dass etwas zum Schluss doch noch positiv wird | *Zu guter Letzt habe ich den Job doch noch bekommen*

★ **letz·t-** ADJEKTIV *meist attributiv* **1** so, dass es ganz am Ende einer Reihenfolge kommt | *„Z" ist der letzte Buchstabe des deutschen Alphabets* | *Silvester ist der letzte Tag des Jahres* | *als Letzter ins Ziel kommen* | *Die letzten Tage unseres Urlaubs waren besonders schön* **2** in der Zeit direkt vor jetzt | *Letzte Woche war es sehr warm* | *Wo hast du letztes Jahr deine Ferien verbracht?* | *Wann haben wir uns das letzte/zum letzten Mal gesehen?* **3** am Ende als

Rest übrig geblieben | *Das ist der letzte Rest von unserem Kuchen* | *die letzten Kräfte mobilisieren* [4] **in letzter Zeit/in der letzten Zeit** in dem Zeitraum direkt vor dem jetzigen Zeitpunkt | *Sie hat sich in letzter Zeit sehr verändert*

★ **Lẹtz·te** *das* ■ ID **jemandem das Letzte abverlangen, das Letzte aus jemandem herausholen** die beste Leistung von jemandem verlangen; **Das ist doch das Letzte!** *gesprochen, abwertend* verwendet, um ein sehr negatives Urteil abzugeben | *Diese Fernsehsendung war doch wirklich das Letzte!*; **sein Letztes geben** die ganze Kraft und Energie in etwas stecken; **bis ins Letzte** sehr gründlich und mit vielen Einzelheiten | *Die Reise war bis ins Letzte geplant*

lẹtzt·end·lich ADVERB ≈ *letztlich*

Lẹtz·te·re *der/die*; (-n, -n) von zwei Personen oder Sachen diejenige, die man zuletzt genannt hat ↔ *Erstere* | *Verona und Florenz sind sehr schöne Städte. Letztere ist aber von Touristen sehr überlaufen* [H] *Letzterer; der Letztere; den, dem, des Letzteren*

lẹtzt·jäh·ri·g- ADJEKTIV *meist attributiv* aus dem oder vom letzten Jahr ⟨ein Modell⟩ | *die letztjährige Tour de France*

lẹtzt·lich ADVERB so, dass etwas am Ende geschieht oder irgendwie ist | *Der Plan wirkt auf den ersten Blick ganz interessant, aber letztlich halte ich ihn für undurchführbar*

lẹtzt·ma·lig ADJEKTIV *meist attributiv* zum letzten Mal

lẹtzt·mög·lich ADJEKTIV *meist attributiv* ⟨ein Termin, ein Zeitpunkt⟩ so, dass sie die letzte Möglichkeit sind | *sich zum letztmöglichen Termin eine Karte fürs Konzert kaufen*

Leuch·te *die*; (-, -n) ≈ *Lampe* | *eine Leuchte am Schreibtisch befestigen* [K] Deckenleuchte ■ ID **Er/Sie ist keine große Leuchte** *gesprochen* Er/Sie ist nicht sehr klug | *In Mathematik ist er keine große Leuchte*

★ **leuch·ten** VERB (leuchtete, hat geleuchtet) [1] **etwas leuchtet** etwas verbreitet Licht ⟨eine Lampe, eine Leuchte, eine Laterne, ein Stern, der Mond, eine Farbe⟩ ≈ *scheinen* | *Phosphor leuchtet bei Dunkelheit* | *In der Ferne sah er ein Licht leuchten* [K] Leuchtbuchstabe, Leuchtfarbe, Leuchtfeuer, Leuchtkraft, Leuchtrakete, Leuchtschrift [2] **jemandes Augen leuchten** jemandes Augen drücken Freude aus | *Ihre Augen leuchteten vor Glück* [3] **irgendwohin leuchten** den Lichtstrahl einer Lampe irgendwohin richten | *jemandem mit einer Lampe ins Gesicht leuchten*

Leuch·ter *der*; (-s, -) [1] eine Lampe mit mehreren Glühbirnen [2] ein Gerät, auf das man mehrere Kerzen stecken kann ⟨ein mehrarmiger Leuchter⟩ [K] Kerzenleuchter

Leucht·mar·ker *der*; (-s, -) ≈ *Leuchtstift*

Leucht·mit·tel *das* der Teil einer elektrischen Lampe, der leuchtet und den man auswechseln kann (z. B. Glühbirnen und Leuchtröhren)

Leucht·re·kla·me *die* eine Reklame, bei der Buchstaben und Figuren durch Neonlampen und Glühbirnen leuchten | *die Leuchtreklame am Piccadilly Circus in London*

Leucht·röh·re *die* eine Lampe in Form einer Röhre, die mit Gas gefüllt ist. Leuchtröhren verwendet man z. B. für Leuchtreklame

Leucht·stift *der* [1] ein Stift mit leuchtender Farbe, mit dem man Teile eines Textes, die man für wichtig hält, markieren kann ≈ *Textmarker* [2] ein Kugelschreiber mit einer kleinen Lampe, mit dem man im Dunkeln schreiben kann

Leucht·turm *der* ein Turm an der Küste mit Lichtsignalen, der Kapitänen auf Schiffen dabei hilft, die Position und Richtung zu bestimmen

leug·nen VERB (leugnete, hat geleugnet) [1] **(etwas) leugnen** sagen, dass ein Vorwurf oder ein Verdacht (der einen selbst betrifft) nicht richtig oder wahr ist ⟨eine Tat, ein Verbrechen leugnen; hartnäckig leugnen⟩ | *Er leugnete, dass er an dem Banküberfall beteiligt war* [2] **etwas leugnen** sagen, dass etwas nicht wahr ist | *Niemand hat je ihre Ehrlichkeit geleugnet* | *Ich kann nicht leugnen, dass ich auch Popmusik mag* [H] meist verneint

Leu·kä·mie *die*; (-, -n [-ˈmiːən]); *meist Singular* eine gefährliche Krankheit, bei der sich die weißen Blutkörperchen zu stark vermehren ⟨an Leukämie leiden, sterben⟩ ≈ *Blutkrebs*

Leu·mund *der*; (-(e)s); *veraltend* der Ruf, den jemand bei den Leuten hat (besonders in Bezug auf Ehrlichkeit, Treue o. Ä.) ⟨einen guten, schlechten Leumund haben⟩

Leu·munds·zeug·nis *das* **jemandem ein gutes/schlechtes Leumundszeugnis ausstellen** positive/negative Aussagen über jemandes Charakter machen

★ **Leu·te** *die*; *Plural* [1] eine Gruppe von Menschen | *Auf der Party waren lauter sympathische Leute* | *Auf dem Bahnsteig standen viele Leute und warteten auf den Zug* | *Die Brauerei beschäftigt mehr als 200 Leute* [H] → Infos unter **Mensch** [2] **die Leute** die Menschen in der Nachbarschaft oder Umgebung | *Die Leute werden bald über sie reden* [3] die Menschen, die für jemanden (in einem Team) arbeiten ≈ *Mitarbeiter* | *Der Trainer stellt eine neue Mannschaft aus vielen neuen Leuten zusammen* [4] *gesprochen* verwendet als Anrede für Freunde oder Bekannte | *Also Leute, gehen wir!* [5] **unter (die) Leute kommen** *gesprochen* viele Kontakte zu anderen Menschen haben [6] **vor allen Leuten** in der Öffentlichkeit ⟨jemanden vor allen Leuten blamieren, bloßstellen, beschimpfen, demütigen⟩ ■ ID **Von jetzt an sind wir geschiedene Leute!** *gesprochen* ich will nichts mehr mit dir gemeinsam tun

-leu·te *die* verwendet als Plural zu Wörtern auf *-mann*, die auch Frauen bezeichnen können [K] Bergleute, Fachleute, Geschäftsleute, Kameraleute, Kaufleute, Landsleute [H] Komposita mit *-mann-* bilden den Plural mit/auf *-männer*, da sie sich ausschließlich auf Männer beziehen: *Weihnachtsmänner, Ehemänner*

Leut·nant *der*; (-s, -s) ein Offizier mit dem niedrigsten Rang

leut·se·lig ADJEKTIV freundlich und gern mit anderen Menschen zusammen ● hierzu **Leut·se·lig·keit** *die*

Lẹ·vel [-v-] *das/der*; (-s, -s) [1] ≈ *Niveau* | *Die Mannschaft spielt auf einem deutlich höheren Level als ihre Gegner* | *Es ist fraglich, ob dieses Level an Qualität gehalten werden kann* [2] ein Spielabschnitt oder eine Schwierigkeitsstufe in einem Computerspiel | *Ich hatte schon im ersten Level Probleme* [3] eine Stufe der Entwicklung einer Figur in einem Computerspiel | *Welches Level hat/ist dein Magier?*

Le·vi·ten [-v-] *die* ■ ID **jemandem die Leviten lesen** *veraltend* jemanden tadeln, kritisieren

Lẹ·xi·kon *das*; (-s, Le·xi·ka) [1] ein Buch mit Wörtern (Stichwörtern) in alphabetischer Reihenfolge, in dem man sachliche Informationen findet ⟨ein enzyklopädisches Lexikon⟩ [K] Literaturlexikon, Musiklexikon, Tierlexikon [2] *gesprochen* ≈ *Wörterbuch* ■ ID **ein wandelndes Lexikon** *gesprochen* eine Person, die sehr viel weiß

-li (CH) → -lein

Li·ai·son [liɛˈzõː] *die*; (-, -s); *veraltend* ⟨eine Liaison mit jemandem eingehen, haben⟩ ≈ *Liebesbeziehung*

Li·a·ne *die*; (-, -n) eine Pflanze, die vor allem in den Tropen wächst und sich um Bäume wickelt

Li·bẹl·le *die*; (-, -n) ein Insekt mit einem langen, schlanken Körper mit bunten Farben und vier Flügeln, das am Wasser lebt

★ **li·be·ral** ADJEKTIV [1] so, dass sie persönliche Freiheiten der Menschen kaum einschränken ⟨ein Vorgesetzter, ein Chef, eine Gesinnung, eine Haltung, eine Einstellung⟩ [2] mit den Prinzipien des Liberalismus ⟨eine Partei, eine Fraktion, eine Politik, eine Zeitung⟩ ● hierzu **Li·be·ra·li·tät** *die*; **li·be·ra·li·sie·ren** VERB *(hat)*

Li·be·ra·lis·mus *der;* (-) **1** eine politische Anschauung, die es für gut hält, wenn sich jeder Mensch in der Politik und in der Gesellschaft frei entfalten kann ⟨wirtschaftlicher, politischer Liberalismus⟩ **2** eine liberale Einstellung

Li·be·ro *der;* (-s, -s) ein Abwehrspieler beim Fußball, der sich nicht auf einen einzelnen Gegner konzentriert, sondern je nach Verlauf des Spiels verschiedene Aufgaben übernimmt

Li·bi·do *die;* (-) *≈ Geschlechtstrieb*

Lib·ret·to *das;* (-s, -s) der Text einer Oper, Operette o. Ä. oder ein Buch mit diesem Text

★ **-lich** *im Adjektiv, unbetont, sehr produktiv* **1** **bestechlich, erträglich, verzeihlich** *und andere nach Verbstamm* drückt aus, dass etwas gemacht werden kann | *Es ist begreiflich/verständlich, dass du dich ärgerst* (Ich kann das verstehen) **2** **unbeschreiblich, unerklärlich, unvermeidlich** *und andere nach un- +Verbstamm* drückt aus, dass etwas nicht geschehen oder gemacht werden kann | *eine unauflösliche Verbindung* (eine Verbindung, die nicht gelöst werden kann) **3** **ärgerlich, bedrohlich, gefährlich** *und andere nach Verbstamm oder Substantiv* drückt aus, dass eine Person oder Sache die genannte Wirkung hat | *ein abscheulicher Anblick* (ein Anblick, der Abscheu hervorruft) **4** **beruflich, elterlich, fremdsprachlich** *und andere nach Substantiv* in Bezug auf jemanden/etwas oder so, dass es zu jemandem/etwas gehört | *ein kirchlicher Kindergarten* **5** **freundlich, herbstlich, kindlich** *und andere nach Substantiv* in der Art, wie jemand/etwas ist | *väterliche Gefühle für jemanden haben* **6** **abenteuerlich, ängstlich, leidenschaftlich** *und andere nach Substantiv* mit/voll etwas | *ein schmerzlicher Verlust* **7** **fröhlich, jungfräulich, männlich** *und andere nach Substantiv oder Adjektiv* mit der genannten Eigenschaft oder im genannten Zustand | *eine ungeheuerliche Frechheit* **8** **ältlich, gelblich, dicklich** *und andere nach Adjektiv* drückt aus, dass der genannte Zustand, die Eigenschaft nur schwach vorhanden ist | *Sie grinste ein wenig dümmlich* **9** **länglich, rundlich** *und andere nach Adjektiv* in der Form so ähnlich wie das Adjektiv, von dem es abgeleitet ist **10** **monatlich, stündlich, täglich** *und andere nach Zeitangabe* verwendet, um zu sagen, dass sich etwas im genannten Abstand wiederholt | *der vierteljährliche Bericht*

★ **licht** ADJEKTIV **1** mit relativ großen Zwischenräumen ⟨ein Wald, ein Hain; das Unterholz; jemandes Haare⟩ ↔ *dicht* **2** *meist attributiv* von einer inneren Seite zur anderen inneren Seite gemessen ⟨der Abstand: die Höhe, die Breite, die Weite⟩ | *eine Tür mit einer lichten Höhe von 2 Metern* **3** *geschrieben meist attributiv* mit viel Licht ⟨eine Wohnung⟩ *≈ hell*

★ **Licht** *das;* (-(e)s, -er) **1** *nur Singular* das, was die Umgebung oder einen Körper hell macht ⟨helles, grelles, diffuses, wärmendes, schwaches, fahles, ultraviolettes Licht; das Licht blendet jemanden, erhellt einen Raum; etwas gegen das Licht halten⟩ *≈ Helligkeit* | *Das Licht war so grell, dass sie eine Sonnenbrille aufsetzen musste* | *Geh mir bitte aus dem Licht, ich sehe nichts mehr!* | *Eine helle Wand reflektiert das Licht, eine dunkle Wand absorbiert es* K Lichtbrechung, Lichtbündel, Lichteinfall, Lichteinstrahlung, Lichteinwirkung, Lichtfilter, Lichtintensität, Lichtquelle, Lichtreiz, Lichtschein, Lichtschimmer, Lichtstärke, Lichtstrahl, Lichtverhältnisse, Lichtwelle, lichtgeschützt; Kerzenlicht, Mondlicht, Sonnenlicht **2** **(das) Licht** *nur Singular* das elektrisch erzeugte Licht ⟨das Licht anmachen, einschalten, anlassen, ausmachen, ausschalten, löschen; das Licht brennt⟩ | *Ich sah, dass sie noch auf war, weil in ihrem Zimmer Licht brannte* K Lichtschalter, Lichtstrom **3** *gesprochen ≈ Lampe* **4** *nur Plural* die Lampen und Glühbirnen, die leuchten ⟨die Lichter der Großstadt; die Lichter eines Dampfers⟩ K Lichterglanz **5** **das ewige Licht** eine Lampe (in einer katholischen Kirche), die immer rot leuchtet
■ ID ▸Präposition plus Licht: **etwas ans Licht bringen** etwas (bisher Verstecktes, Verborgenes) öffentlich bekannt machen; **etwas kommt ans Licht** etwas wird bekannt; **jemanden hinters Licht führen** jemanden täuschen; **Licht in etwas** *(Akkusativ)***/ins Dunkel bringen** etwas aufklären, bekannt werden lassen; **jemanden/etwas ins rechte Licht setzen/rücken** jemanden/etwas so darstellen, dass man die Vorteile sieht;
▸Licht als Objekt: **das Licht der Welt erblicken** *geschrieben* geboren werden; **sein Licht (nicht) unter den Scheffel stellen** *geschrieben* die positiven Seiten oder Leistungen (nicht) verbergen; **grünes Licht (für etwas)** das Signal oder die Nachricht, mit etwas anfangen zu können | *Wir haben grünes Licht für den Auftrag bekommen* | *Der Chef hat uns grünes Licht gegeben*; **etwas wirft ein positives/gutes/schlechtes Licht auf jemanden/etwas** etwas hat die genannte Wirkung auf das Ansehen, den Ruf einer Person/Sache;
▸andere Verwendungen: **jemandem geht ein Licht auf** *gesprochen* jemand versteht plötzlich etwas, das er vorher nicht verstanden hat; **nicht gerade ein großes Licht sein, kein großes Licht sein** *gesprochen* nicht sehr intelligent sein

Licht·bild *das; admin ≈ Passbild*

Licht·blick *der* etwas, das eine Person (vor allem in einer schlechten Zeit) freut und ihr Hoffnung macht | *Eine Eins in Sport war der einzige Lichtblick in seinem Zeugnis*

licht·emp·find·lich ADJEKTIV **1** so, dass eine chemische Reaktion abläuft, wenn Licht darauffällt ⟨ein Film, Filmpapier⟩ **2** so, dass es von Licht schnell beschädigt wird oder auf Licht empfindlich reagiert ⟨Stoffe, die Haut, Augen⟩ • hierzu **Licht·emp·find·lich·keit** *die*

lich·ten VERB (lichtete, hat gelichtet) **1** **den Anker lichten** den Anker hochziehen, damit das Schiff abfahren kann **2** **etwas lichtet sich** etwas wird immer weniger ⟨die Haare; der Nebel; die Reihen der Zuschauer⟩ | *Gegen Ende des Spiels lichteten sich die Reihen der Zuschauer*

Lich·ter·ket·te *die* ein Kabel, an dem viele kleine Lampen hängen | *die Terrasse/den Weihnachtsbaum mit einer Lichterkette schmücken*

Licht·ge·schwin·dig·keit *die; nur Singular* die Geschwindigkeit, mit der sich Licht (im Vakuum) ausbreitet

Licht·hu·pe *die* ein Hebel, durch den man an einem Auto die Scheinwerfer kurz aufleuchten lassen kann, um jemanden zu warnen ⟨die Lichthupe betätigen⟩

Licht·jahr *das* die Distanz, welche das Licht in einem Jahr zurücklegt | *ein Stern, der 500 Lichtjahre von unserer Erde entfernt ist*

Licht·ma·schi·ne *die* ein Gerät, das vom Motor eines Autos o. Ä. angetrieben wird und welches den Strom für die elektrischen Geräte des Autos erzeugt

licht·scheu ADJEKTIV **1** ⟨ein Mensch, ein Tier⟩ so, dass sie Angst vor dem Licht haben **2** *abwertend meist attributiv* ⟨Gesindel, Elemente⟩ so, dass sie sich verstecken, weil sie bestraft würden, wenn man sie fände

Licht·schutz|fak·tor *der* (oft mit einer Zahl) verwendet, um anzugeben, wie sehr ein Sonnenöl oder eine Sonnencreme die Haut schützt ⟨ein hoher, niedriger Lichtschutzfaktor; Lichtschutzfaktor 6⟩

Licht·spiel *das; veraltend ≈ Film* K Lichtspielhaus, Lichtspieltheater

Lich·tung *die;* (-, -en) eine Stelle im Wald, an der keine Bäume sind

Lid *das;* (-(e)s, -er) die (bewegliche) Haut, mit der man das Auge schließen kann ⟨die Lider schließen⟩ | *Am vorderen Rand des Lides befinden sich die Wimpern* K Augenlid i → Abb. unter **Auge**

Lid·schat·ten *der* Farbe für die Lider, mit denen man die Augen betonen kann ⟨Lidschatten auftragen⟩

★ **lieb** ADJEKTIV 1 **lieb (zu jemandem)** freundlich und angenehm (im Verhalten) ≈ *nett* | *Der Junge aus der Nachbarschaft ist wirklich ein lieber Kerl* | *Ich fand es ganz lieb von dir, dass du mir geholfen hast* | *Unser Nachbar ist sehr lieb zu unseren Kindern* K kinderlieb, tierlieb 2 *meist attributiv* so, dass etwas Freundlichkeit oder Liebe zeigt ⟨Worte, ein Brief⟩ ≈ *liebevoll* ↔ *böse* | *liebe Worte an jemanden richten* | *liebe Grüße an jemanden senden, ausrichten* 3 *meist attributiv* gern gesehen ⟨Gäste⟩ ≈ *willkommen* 4 *meist attributiv* verwendet, um Personen oder Dinge zu beschreiben, die man sehr schätzt oder liebt ⟨mein lieber Mann; meine liebe Frau; meine lieben Eltern; ein lieber Freund; ein liebes Andenken; der liebe Gott⟩ 5 *meist attributiv* verwendet, wenn man einer Person, die man gut kennt, einen Brief schreibt | *Lieber Franz* | *Liebe Oma* | *Mein lieber Freund* | *Liebe Eltern* | *Ihr Lieben* | *Liebe Frau Seeger* i → auch **geehrt** und **verehrt** 6 **jemanden/etwas lieb behalten** nicht aufhören, eine Person/Sache sehr zu mögen 7 **jemanden/etwas lieb gewinnen** allmählich Zuneigung zu einer Person oder Sympathie für eine Sache entwickeln 8 **eine Person hat jemanden lieb; Personen haben sich lieb** eine Person liebt jemanden oder Personen lieben sich gegenseitig | *Peter und Anna haben sich so lieb, dass keiner ohne den anderen sein kann* 9 **etwas wäre jemandem lieb** jemand hätte es gern, wenn die genannte Sache der Fall wäre | *Es wäre mir lieb, wenn du mir beim Abspülen helfen könntest*

lieb·äu·geln VERB (liebäugelte, hat geliebäugelt) **mit etwas liebäugeln** an etwas denken, weil man es gern haben oder machen möchte | *Er liebäugelte schon seit Monaten mit einem neuen Auto* | *Sie liebäugelt mit der Idee zu verreisen*

★ **Lie·be** *die;* (-) 1 **die Liebe (zu jemandem)** die starken Gefühle der Zuneigung zu einer Person, die zur eigenen Familie gehört oder die man sehr schätzt ⟨die mütterliche, väterliche, elterliche, geschwisterliche, platonische Liebe; die Liebe zu den Eltern, Kindern; die Liebe zu Gott⟩ ↔ *Hass* | *Die Kinder wuchsen mit viel mütterlicher Liebe auf* | *die Liebe der Eltern zu ihren Kindern* K Liebesbedürfnis, Liebesentzug, Liebesmangel; Elternliebe, Mutterliebe, Vaterliebe 2 **die Liebe (zu jemandem)** die intensiven Gefühle für eine Person, zu der man auch sexuellen Kontakt hat oder haben will ⟨körperliche, innige, leidenschaftliche, eine heimliche Liebe; jemandes Liebe erwidern, verschmähen⟩ ≈ *Zuneigung* | *Sie gestand ihm ihre Liebe* | *Er hat sie nicht aus Liebe, sondern ihres Geldes wegen geheiratet* K Liebesaffäre, Liebesbeweis, Liebesbeziehung, Liebeserklärung, Liebesfilm, Liebesgeschichte, Liebesleben, Liebesroman, Liebestragödie 3 **die Liebe (zu etwas)** das starke Interesse für etwas, das man mag oder gerne tut ≈ *Begeisterung* | *seine Liebe zur Malerei entdecken* K Freiheitsliebe, Heimatliebe, Vaterlandsliebe 4 eine andere Person, für die man Liebe empfindet | *Mit 16 war seine große Liebe eine Schülerin aus der Parallelklasse* 5 etwas, das man sehr gern tut ≈ *Hobby* | *Schwimmen ist seine große Liebe* 6 **Liebe machen** *gesprochen* ⚠ Sex haben ■ ID **Liebe auf den ersten Blick** zwei Personen verlieben sich sofort beim Kennenlernen; **Liebe geht durch den Magen** *gesprochen, humorvoll* jemand liebt eine andere Person umso mehr, je besser sie kochen kann; **bei aller Liebe** *gesprochen* trotz des Verständnisses, das man für jemanden/etwas hat

lie·be·be·dürf·tig ADJEKTIV ⟨eine Person⟩ so, dass sie viel Liebe braucht | *Kleine Kinder sind oft sehr liebebedürftig* ● hierzu **Lie·bes·be·dürf·nis** *das*

Lie·be·lei *die;* (-, -en); *veraltend* ≈ *Flirt*

★ **lie·ben** VERB (liebte, hat geliebt) 1 **eine Person liebt jemanden; Personen lieben sich** eine Person empfindet Liebe für eine andere Person; Personen empfinden Liebe füreinander ↔ *hassen* | *Ich liebe meine Kinder über alles* | *Sie liebten einander sehr und wollten nie voneinander getrennt sein* | *Liebst du mich denn gar nicht mehr?* 2 **etwas lieben** ein sehr intensives Verhältnis zu etwas haben, das man gern mag ⟨den Frieden, die Heimat, das Vaterland lieben⟩ 3 **etwas lieben** etwas sehr gern haben oder sehr gern tun ≈ *mögen* | *Sie liebt Sonne, Sand und Meer* | *Er liebt es, bequem am Abend zu Hause zu sitzen* 4 **eine Person liebt jemanden; Personen lieben sich** zwei Menschen haben Sex miteinander 5 **jemanden/etwas lieben lernen** allmählich beginnen, jemanden/etwas zu lieben | *ein fremdes Land und seine Kultur lieben lernen* ■ ID **Was sich liebt, das neckt sich** *gesprochen* wenn eine Person eine andere Person liebt, dann ärgert die erste Person die zweite Person manchmal auch ein bisschen

lie·bend ■ PARTIZIP PRÄSENS 1 → lieben ■ ADVERB 2 **liebend gern** sehr gern | *Er geht liebend gern im Wald spazieren* | *Ich nehme Ihr Angebot liebend gern an*

lie·bens·wert ADJEKTIV freundlich und nett ≈ *sympathisch* | *Unser Nachbar ist ein liebenswerter Mensch*

lie·bens·wür·dig ADJEKTIV freundlich, höflich (und hilfsbereit) ≈ *sympathisch* | *ein liebenswürdiger Mensch* ● hierzu **Lie·bens·wür·dig·keit** *die*

★ **lie·ber** ■ ADJEKTIV 1 *Komparativ* → lieb 2 *Komparativ* → gern 3 **eine Person/Sache ist jemandem lieber (als eine Person/Sache)** jemand zieht eine Person oder Sache einer anderen Person oder Sache vor | *Ein Auto ist ja ganz praktisch, aber in der Stadt ist mir ein Fahrrad lieber* ■ ADVERB 4 (mit einem Verb im Konjunktiv) verwendet, um sagen, dass etwas sinnvoller oder vernünftiger wäre ≈ *besser* | *Das hättest du lieber nicht sagen sollen! Jetzt ist er beleidigt* | *Lass das lieber bleiben, das gibt nur Ärger!* ■ ID **lieber heute als morgen** so bald wie möglich

Lie·bes·brief *der* ein Brief, in dem man zärtliche Dinge an eine Person schreibt, die man liebt

Lie·bes·kum·mer *der; nur Singular* der Kummer, den man hat, wenn man eine Person liebt, von der man nicht geliebt wird ⟨Liebeskummer haben⟩

Lie·bes·müh *die* ■ ID **das ist verlorene/vergebliche Liebesmüh** diese Anstrengung wird keinen Erfolg haben

Lie·bes·paar *das* ein Mann und eine Frau, die sich lieben, aber (noch) nicht verheiratet sind

Lie·bes·spiel *das* sexuelle Handlungen (Küsse, Streicheln o. Ä.) vor dem Sex

Lie·bes·tö·ter *der; gesprochen, humorvoll* eine große, bequeme Unterhose, wie sie ältere Personen tragen

★ **lie·be·voll** ADJEKTIV 1 so, dass jemand einer anderen Person hilft und sich um sie kümmert ⟨eine Betreuung, eine Pflege⟩ ≈ *fürsorglich* 2 voller Liebe und zärtlich ⟨ein Lächeln, eine Umarmung, ein Blick⟩

lieb·ge·win·nen VERB ≈ *lieb gewinnen* → gewinnen

lieb·ha·ben VERB ≈ *lieb haben* → haben[1]

Lieb·ha·ber *der;* (-s, -) 1 eine Person, die sich sehr für etwas interessiert und davon begeistert ist | *ein Liebhaber klassischer Musik* K Kunstliebhaber, Musikliebhaber, Literaturliebhaber, Theaterliebhaber, Pferdeliebhaber 2 ein Mann, der vor allem mit einer verheirateten Frau eine Liebesbeziehung hat 3 ein Mann als Sexualpartner ⟨ein guter,

L

schlechter Liebhaber sein⟩ • zu (1) **Lieb·ha·be·rin** *die*

Lieb·ha·be·rei *die*; (-, -en) etwas, das jemand regelmäßig (nicht beruflich, sondern zum eigenen Vergnügen) tut ≈ *Hobby* | *das Züchten von Rosen als Liebhaberei*

lieb·ko·sen VERB (liebkoste, hat liebkost); *veraltend* **jemanden liebkosen** jemanden streicheln und küssen ⟨ein kleines Kind liebkosen⟩ • hierzu **Lieb·ko·sung** *die*

lieb·lich ADJEKTIV **1** so, dass etwas sanft und schön wirkt ⟨ein Gesicht, ein Mädchen, ein Anblick⟩ **2** so, dass etwas angenehm riecht oder klingt ⟨ein Duft, ein Gesang, Töne⟩ **3** sehr mild und leicht süß ⟨Wein⟩ ↔ *trocken* • zu (1,2) **Lieb·lich·keit** *die*

★ **Lieb·ling** *der*; (-s, -e) **1** verwendet als Anrede für einen Menschen, den man sehr liebt (wie z. B. das eigene Kind, die eigene Ehefrau oder den eigenen Ehemann) | *Bist du bald fertig, Liebling? Das Theater fängt in einer halben Stunde an* **2** **der Liebling** *+Genitiv* eine Person, die andere Leute sehr nett finden | *Der Eiskunstläufer war der Liebling des Publikums* | *Karl ist der Liebling unserer Lehrerin* **K** Publikumsliebling

Lieb·lings- *im Substantiv, betont, sehr produktiv* **die Lieblingsbeschäftigung, der Lieblingsdichter, das Lieblingsfach, das Lieblingslied, die Lieblingsspeise, das Lieblingsthema** *und andere* drückt aus, dass man jemanden oder etwas viel lieber mag als alles andere | *Grün ist meine Lieblingsfarbe*

lieb·los ADJEKTIV **1** ohne Liebe ⟨ein Mensch, ein Blick, eine Umarmung, ein Kuss⟩ **2** so, dass man sich nicht um eine Person kümmert und sehr unfreundlich zu ihr ist ⟨jemanden lieblos behandeln⟩ **3** *nur adverbiell* ohne dass man sich Mühe gegeben hat | *ein lieblos zubereitetes Essen* • hierzu **Lieb·lo·sig·keit** *die*

Lieb·schaft *die*; (-, -en); *veraltend* eine meist oberflächliche sexuelle Beziehung zu jemandem

liebs·t- ADJEKTIV **1** *Superlativ* → lieb **2** **am liebsten** *Superlativ* → gern **3** **eine Person/Sache ist jemandem am liebsten** jemand mag eine Person oder Sache mehr als alle anderen | *Georg ist mir von allen meinen Freunden am liebsten*

LANDESKUNDE

▶ Liechtenstein

Das **Fürstentum Liechtenstein** ist einer der kleinsten Staaten der Welt, mit einer maximalen Ausdehnung von 25 km von Nord nach Süd und 10 km von Ost nach West (160 km²). Es liegt in den Alpen. Die Hauptstadt ist **Vaduz**.

Die Staatsform ist eine parlamentarische Monarchie. Die offizielle Sprache ist Deutsch. Das Land hat etwa 38 000 Einwohner. Eine besondere Anziehungskraft üben der Reichtum und die Steuervorteile des kleinen Landes aus.

★ **Lied** *das*; (-(e)s, -er) **1** eine Melodie, die man zusammen mit einem Text singt ⟨ein einstimmiges, mehrstimmiges, lustiges Lied; ein Lied singen, anstimmen, summen, trällern; die Strophen eines Liedes⟩ **K** Liedtext, Liederbuch; Kinderlied, Liebeslied, Volkslied **2** *nur Singular* das Singen (der Lerche und der Nachtigall) ≈ *Gesang* **3** *meist Singular* ein sehr langes Gedicht, das von Helden erzählt ≈ *Epos* | *das Lied der Nibelungen* **K** Heldenlied ■ **ID** **Davon kann ich ein Lied singen** *gesprochen* Ich kenne diese Probleme sehr genau; **Es ist immer dasselbe/das alte/gleiche Lied (mit jemandem/etwas)** *gesprochen* Es ist wieder das übliche Problem/die übliche Situation, es ist nichts besser geworden

lie·der·lich ADJEKTIV **1** nicht fähig, etwas in Ordnung zu halten | *Er ist so liederlich, dass er nie etwas findet, wenn er es sucht* **2** mit wenig Mühe gemacht ⟨eine Arbeit⟩ | *Sein Zimmer sieht immer sehr liederlich aus* **3** *abwertend* schlecht in Bezug auf die Sitten ⟨einen liederlichen Lebenswandel führen⟩ • hierzu **Lie·der·lich·keit** *die*

Lie·der·ma·cher *der*; (-s, -) eine Person, die Text und Musik für Lieder schreibt (und diese selbst singt) • hierzu **Lie·der·ma·che·rin** *die*

lief *Präteritum, 1. und 3. Person Singular* → laufen

Lie·fe·rant *der*; (-en, -en) **1** eine Firma, die ihre Kunden mit der genannten Ware versorgt ↔ *Abnehmer* | *Das Weingut zählt zu den bevorzugten Lieferanten unseres Restaurants* **2** eine Person, deren Aufgabe es ist, Waren zu den Geschäften oder Kunden zu bringen | *dem Lieferanten ein Trinkgeld geben* **H** *der Lieferant; den, dem, des Lieferanten* • zu (2) **Lie·fe·ran·tin** *die*

-lie·fe·rant *der; im Substantiv, unbetont, begrenzt produktiv* **Energielieferant, Ideenlieferant, Vitaminlieferant** *und andere* eine Person oder Sache, von der man etwas bekommt | *Der Stürmer war der beste Punktelieferant für seine Mannschaft* | *Fleisch ist ein wichtiger Eisenlieferant für den Körper*

★ **lie·fern** VERB (lieferte, hat geliefert) **1** **(jemandem) etwas) liefern** jemandem die bestellte oder gekaufte Ware bringen ⟨etwas sofort, pünktlich, termingemäß liefern; per Post, frei Haus liefern⟩ | *Wir können (Ihnen die Möbel) erst in sechs Wochen liefern* **K** Lieferbedingungen, Lieferfrist, Liefertermin, Lieferzeit **2** **(jemandem) etwas) liefern** Waren und Rohstoffe haben, um sie zu verkaufen | *Die arabischen Staaten liefern Erdöl* **3** **ein Tier/etwas liefert (jemandem) etwas** Menschen nutzen ein Tier oder eine Sache, um Nahrung bzw. Rohstoffe zu bekommen | *Hühner liefern (uns) Eier, Fleisch und Federn* | *Der Wald liefert Holz* **4** **jemand/etwas liefert (einer Person) etwas** jemand/etwas stellt einer Person etwas zur Verfügung oder gibt etwas her | *Der Skandal lieferte der Presse viel Gesprächsstoff* **5** zusammen mit einem Substantiv verwendet, um ein Verb zu umschreiben | *den Beweis (für etwas) liefern* (etwas beweisen) | *den Nachweis (für etwas) liefern* (etwas nachweisen) | *Sie liefern sich einen Kampf* (sie kämpfen miteinander) | *ein gutes/schlechtes Spiel liefern* (gut/schlecht spielen) ■ **ID** → geliefert • zu (1) **lie·fer·bar** ADJEKTIV

★ **Lie·fe·rung** *die*; (-, -en) **1** das Liefern einer Ware ⟨eine sofortige, termingemäße Lieferung⟩ | *Die Lieferung der Ware erfolgt in zwei Wochen* **2** die Ware, die man liefert oder die geliefert wird ⟨eine beschädigte, defekte Lieferung; die Lieferung beanstanden, zurücksenden⟩

Lie·fer·wa·gen *der* ein kleiner Lastwagen, mit dem man Waren liefert

Lie·ge *die*; (-, -n) ein einfaches Bett, das man zusammenklappen kann, wenn man es nicht braucht | *bei Bekannten auf einer Liege übernachten*

★ **lie·gen** VERB (lag, hat/ist gelegen)

▸Lage: Person, Tier: **1** mit dem ganzen Körper den Boden oder eine waagrechte Fläche berühren ⟨hart, weich, bequem, flach, ruhig liegen; auf dem Bauch, auf dem Rücken, auf der Seite liegen⟩ ↔ *sitzen, stehen* | *Die Kinder liegen in der Sonne* | *Der Spieler blieb verletzt am Boden liegen* | *Sie lag auf dem Sofa und las ein Buch*

▸Lage: Sache, Ort: **2** **etwas liegt (irgendwo)** etwas ist in horizontaler Lage irgendwo | *Das Buch lag auf seinem Schreibtisch* | *Ihre Sachen lagen im ganzen Zimmer verstreut* | *Lass ruhig alles liegen und stehen, ich räume später auf* **3** **etwas liegt irgendwo/irgendwie** etwas ist am genannten (geografischen) Ort oder in der genannten (geografischen) Lage ⟨etwas liegt zentral, verkehrsgünstig, abgelegen, einsam und verlassen, weit entfernt⟩ | *Köln liegt* *am Rhein | Hannover liegt südlich von Hamburg, 250 km von hier | Weißt du, wo Linz liegt?* **4** **etwas liegt irgendwo** etwas bildet eine Schicht auf oder über einer Fläche | *Schnee liegt auf der Wiese | Dichter Nebel lag über der Stadt | Es schneite, aber der Schnee blieb nicht liegen, sondern schmolz gleich wieder* **5** **etwas liegt nach etwas** etwas ist in der genannten Richtung | *Das Fenster liegt nach der Straße | Unser Wohnzimmer liegt nach Süden* ▸Zeit: **6** **etwas liegt irgendwo** etwas geschieht in der genannten Zeit ⟨etwas liegt in der Gegenwart, in der Vergangenheit, in der Zukunft⟩ **7** **etwas liegt irgendwo** ein Zeitraum ist Teil der Vergangenheit oder Zukunft | *Ein paar schöne Tage liegen hinter/vor uns | Zwischen den beiden Vorfällen lagen genau zwei Monate* ▸Situation: **8** **jemand/etwas liegt irgendwo** jemand/etwas ist in einer Reihenfolge an der genannten Stelle ⟨an der Spitze, in Führung liegen⟩ | *Nach der zehnten Runde lag der Favorit erst an siebter Stelle | Wer liegt denn zurzeit auf dem ersten Platz in der Bundesliga? | Kurz vor den Wahlen liegt er in den Umfragen weit vorne* **9** **etwas liegt irgendwo** etwas hat die genannte Höhe, Menge oder den genannten Umfang | *Die Wahlbeteiligung lag bei 82 %, lag höher/niedriger als erwartet | Ihre Leistungen liegen über/unter dem Durchschnitt | Die voraussichtlichen Kosten liegen bei 5.000 Euro* **10** **etwas liegt irgendwo** etwas ist irgendwo zu finden | *Die Betonung liegt bei diesem Wort auf der ersten Silbe | Der Schwerpunkt unserer Arbeit liegt auf … | Ihre Stärken liegen auf einem anderen Gebiet | Darin liegt eine große Gefahr* **11** **etwas liegt irgendwo** etwas gehört zu den Dingen, für die etwas gilt | *Es liegt auch in deinem Interesse, dass sich das ändert | Das liegt nicht in meiner Macht/Verantwortung* **12** **etwas liegt bei jemandem** etwas gehört zu den Dingen, für die jemand zuständig ist | *Die Schuld liegt nicht bei mir | Die Verantwortung für die Entscheidung liegt beim Chef* **13** **etwas liegt jemandem** jemand tut etwas gut und gern | *Die Rolle des Clowns liegt ihm sehr | Singen liegt ihm nicht so sehr, aber er spielt gut Klavier* **14** **etwas liegt an jemandem/etwas** eine Person oder Sache ist der Grund für etwas | *Ich glaube, das schlechte Bild des Fernsehers liegt am Wetter | Vielleicht liegt es ja an Eisenmangel, dass du immer so müde bist | Ihre Probleme liegen daran, dass sie zu wenig miteinander reden* **15** **jemandem liegt viel/wenig an etwas** (*Dativ*) jemand findet etwas sehr/nicht wichtig | *Den Eltern liegt viel daran, dass ihre Kinder eine gute Ausbildung bekommen*

■ ID **Das liegt ganz bei dir/Ihnen!** *gesprochen* Das hängt von dir/Ihnen ab!; **An mir/uns soll es nicht liegen!** *gesprochen* Ich werde/wir werden (bei der Durchführung eines Plans) keine Schwierigkeiten machen!; **Was liegt, (das) liegt!** beim Kartenspiel verwendet um zu sagen, dass jemand eine gespielte Karte nicht mehr zurücknehmen darf

lie·gen blei·ben, **lie·gen·blei·ben** VERB (blieb liegen, ist liegen geblieben/liegengeblieben) **1** **jemand/etwas bleibt liegen** eine Person oder ein Fahrzeug kann wegen einer Panne nicht weiterfahren | *Unser Auto blieb mitten auf der Autobahn liegen* **2** **etwas bleibt liegen** etwas wird von jemandem an einem Ort vergessen | *In der Garderobe sind Handschuhe liegen geblieben* **3** **etwas bleibt liegen** etwas wird nicht zu Ende gemacht | *Im Sommer bleibt viel Arbeit liegen, weil viele Kollegen in Urlaub sind*

lie·gen las·sen, **lie·gen·las·sen** VERB (ließ liegen, hat liegen lassen/liegenlassen) **1** **etwas liegen lassen** vergessen, etwas (wieder) mitzunehmen | *seinen Schirm im Zug liegen lassen* **2** **etwas liegen lassen** eine Arbeit nicht tun, obwohl man sie tun sollte | *Ich habe den Antrag zu lange liegen lassen, jetzt ist die Frist dafür abgelaufen* **3** **etwas rechts/links liegen lassen** links/rechts an einem Gebäude vorbeigehen oder -fahren | *Du lässt den Bahnhof rechts liegen und fährst immer geradeaus bis zum Theater* **4** **jemanden links liegen lassen** *gesprochen* jemanden absichtlich nicht beachten I Im Perfekt gesprochen auch *liegen gelassen*

Lie·gen·schaft *die*; (-, -en); *admin* ≈ *Grundstück*

Lie·ge·sitz *der* ein Sitz meist im Auto, den man so verstellen kann, dass man (fast) liegt

Lie·ge·stuhl *der* Liegestühle aus Holz und Stoff benutzt man im Freien zum bequemen Sitzen; man kann sie danach zusammenklappen | *Die Urlauber bräunten sich in ihren Liegestühlen am Strand*

LIEGESTUHL

Lie·ge·stütz *der*; (-es, -e) eine sportliche Übung, bei der man auf dem Bauch liegt und den Oberkörper mit der Kraft der Arme hebt und senkt ⟨Liegestütze machen⟩

Lie·ge·wa·gen *der* ein Wagen eines Zuges, dessen Sitze man nachts auseinanderklappen kann, um darauf zu liegen ⟨die Nacht im Liegewagen verbringen⟩ K Liegewagenkarte, Liegewagenschaffner I vergleiche **Schlafwagen**

lieh *Präteritum, 1. und 3. Person Singular* → leihen

ließ *Präteritum, 1. und 3. Person Singular* → lassen

liest *Präsens, 2. und 3. Person Singular* → lesen

★ **Lift** *der*; (-(e)s, -e) **1** eine Kabine, mit der Dinge oder Personen nach oben transportiert werden ⟨(mit dem) Lift fahren; den Lift nehmen⟩ ≈ *Aufzug* **2** ein Lift transportiert Skifahrer auf einen Berg K Schlepplift, Sessellift

lif·ten VERB (liftete, hat geliftet) **jemanden/etwas liften** durch eine Operation die Haut (meist im Gesicht) straffer und glatter machen | *Ist sein Gesicht geliftet? | Die Schauspielerin ließ sich bei einem Spezialisten liften*

Li·ga *die*; (-, Li·gen) **1** mehrere Mannschaften, die während einer Saison jeweils gegeneinander spielen, um zu sehen, welche die beste ist ⟨in eine höhere Liga aufsteigen; in eine niedrigere Liga absteigen⟩ K Ligaspiel; Bezirksliga, Kreisliga, Landesliga, Regionalliga, Bundesliga **2** eine Union, die man schließt, damit man die eigenen politischen Ziele leichter erreichen kann | *die Liga der Arabischen Staaten*

li·iert [li'iːɐ̯t] ADJEKTIV ■ ID **mit jemandem liiert sein** *geschrieben* mit jemandem eine sexuelle Beziehung haben

li·ken ['laikn̩] VERB (likte, hat gelikt); *gesprochen* **(etwas) liken** in einem sozialen Netzwerk im Internet auf ein Symbol klicken und damit sagen, dass man etwas gut findet

Li·kör *der*; (-s, -e) ein ziemlich süßes, relativ starkes alkoholisches Getränk (mit unterschiedlichen Aromen) K Likörflasche, Likörglas; Bananenlikör, Eierlikör, Himbeerlikör, Kirschlikör, Mandellikör

li·la ADJEKTIV *nur in dieser Form* ≈ *violett* | *Sie trägt ein lila Kleid* K lilafarben I In der gesprochenen Sprache wird das Adjektiv auch dekliniert: *Sie trägt ein lilanes Kleid.*

Li·lie ['liːli̯ə] *die*; (-, -n) eine Blume mit weißen Blüten, die gut riechen

Li·li·pu·ta·ner *der*; (-s, -) ein erwachsener Mensch, der viel kleiner ist als normal (wegen einer Störung des Wachstums) I Das Wort wird oft als verletzend empfunden. Man verwendet deshalb *kleinwüchsig*

Li·mit *das*; (-s, -s) **das Limit (für etwas)** die obere oder untere Grenze für eine Größe, eine Menge oder eine Leistung ⟨(jemandem) ein Limit setzen; ein Limit festsetzen, anheben, absenken〉 ≈ *Beschränkung* | *Das untere Limit für den Verkauf des Bildes beträgt 3.000 €* K Gewichtslimit, Preislimit, Teilnehmerlimit, Tempolimit

li·mi·tie·ren VERB (limitierte, hat limitiert) **etwas (auf etwas** *Akkusativ*) **limitieren** Grenzen für die Menge einer Sache festlegen 〈eine Auflage, ein Kontingent, eine Stückzahl limitieren〉 ≈ *begrenzen, beschränken* | *Es ist sinnvoll, die Kurse auf 20 Teilnehmer zu limitieren* | *Die Höchstparkzeit wurde auf zwei Stunden limitiert* ● hierzu **li·mi·tiert** ADJEKTIV

Li·mo *die*; (-, -(s)), **Li·mo** *das*; (-(s), -(s)); *gesprochen* ≈ *Limonade*

★ **Li·mo·na·de** *die*; (-, -n) ein Getränk (ohne Alkohol) aus Saft, Zucker und Wasser, das Kohlensäure enthält | *Kinder trinken gern Limonade* K Orangenlimonade, Zitronenlimonade

Li·mou·si·ne [-mu-] *die*; (-, -n) **1** ein sehr großes und luxuriöses Auto 〈in einer Limousine vorfahren〉 | *die Limousine des Staatspräsidenten* **2** ein Auto mit festem Dach und Kofferraum

Lin·de *die*; (-, -n) **1** ein Baum mit hellgrünen, herzförmigen Blättern, dessen gelbliche Blüten gut riechen K Lindenbaum, Lindenblatt, Lindenblüte **2** das Holz der Linde K Lindenholz

lin·dern VERB (linderte, hat gelindert) **etwas lindern** eine schlechte Situation oder eine Krankheit etwas angenehmer machen 〈jemandes Schmerzen, eine Krankheit lindern; das Elend, die Not lindern〉 ● hierzu **Lin·de·rung** *die*

lind·grün ADJEKTIV von heller, gelblich grüner Farbe

Lind·wurm *der*; *literarisch* ≈ *Drache*

★ **Li·ne·al** *das*; (-s, -e) ein gerades Stück Holz, Metall oder Plastik, das man verwendet, um gerade Striche zu ziehen und kurze Abstände zu messen | *mit dem Lineal ein Rechteck zeichnen* K Zeichenlineal

-ling *der*; (-s, -e); *im Substantiv, unbetont, begrenzt produktiv* **1** **Findling, Pflegling, Schützling, Sträfling** *und andere nach Verbstamm* eine Person, mit der das geschieht oder getan wird, was im ersten Wortteil genannt ist | *Er ist jetzt Lehrling in der Bäckerei* (Er macht eine Ausbildung zum Bäcker, wörtlich: Er wird das Backen gelehrt) **2** **Dichterling, Eindringling, Fremdling, Schwächling** *und andere meist abwertend* eine Person, welche das im ersten Wortteil Genannte ist oder tut | *Komm, sei kein Feigling!* **3** **Zwillinge, Drillinge, Vierlinge** *und andere meist Plural* die genannte Zahl von Geschwistern mit gleichem Alter | *Sie hat Zwillinge/Drillinge zur Welt gebracht* (zwei/drei Kinder zur gleichen Zeit)

Lin·gu·is·tik *die*; *meist Singular* ≈ *Sprachwissenschaft*

★ **Li·nie** ['li:niə] *die*; (-, -n) **1** ein relativ langer und meist gerader Strich 〈eine gepunktete, gestrichelte Linie; eine Linie zeichnen, ziehen〉 | *mit dem Lineal Linien auf ein Blatt Papier zeichnen* K Linienpapier **2** eine Linie von Personen oder Dingen ≈ *Reihe* | *Die Soldaten stehen in einer Linie/bilden eine Linie* | *Köln, Bonn und Koblenz liegen in einer Linie entlang des Rheins* **3** der Weg, den ein Bus, Zug, Schiff, Flugzeug o. Ä. regelmäßig fährt oder fliegt (oder der Bus usw. selbst, der diesen Weg fährt) 〈eine Linie einrichten, stilllegen〉 | *Die Linie 3 fährt zum Stadion* (Der Bus, die Straßenbahn usw. mit der Nummer 3 fährt zum Stadion) | *Das Schiff verkehrt auf der Linie Hamburg–Oslo* K Linienbus, Liniendampfer, Linienflugzeug, Linienschiff, Linienverkehr; Buslinie, Eisenbahnlinie, Fluglinie, Schiffslinie, Fährlinie **4** die Prinzipien, nach denen man (vor allem in der Politik) handelt 〈sich an eine klare Linie halten; eine/keine klare Linie erkennen lassen; von der festgelegten Linie abweichen〉 | *Die Regierung muss eine klare Linie im Kampf gegen die Arbeitslosigkeit verfolgen* K Leitlinie, Richtlinie **5** eine der großen langen Falten auf der inneren Fläche der Hand K Handlinie **6** jede Linie, die im Sport das Spielfeld selbst oder im Spielfeld einen Raum begrenzt | *Der Ball landete knapp hinter der Linie* K Auslinie, Grundlinie, Mittellinie, Seitenlinie **7** die Soldaten, die in einer Reihe nebeneinander am nächsten zum Feind stehen 〈die feindlichen Linien durchbrechen〉 ≈ *Front* **8** die Folge der Generationen (vor allem in einer Familie) 〈die männliche, weibliche Linie〉

■ ID **in erster Linie** hauptsächlich, vor allem; **auf ganzer Linie, auf der ganzen Linie** im höchsten möglichen Maß 〈versagen〉 ≈ *völlig*; **auf die (schlanke) Linie achten** aufpassen, dass man nicht dick wird

Li·ni·en·flug ['li:niən-] *der* der regelmäßige Flug auf einer Strecke | *einen Linienflug nach Athen buchen*

Li·ni·en·ma·schi·ne ['li:niən-] *die* ein Flugzeug, das planmäßig auf einer Linie fliegt ↔ *Chartermaschine*

Li·ni·en·rich·ter ['li:niən-] *der* eine Person, die an der seitlichen Linie des Spielfeldes bleibt und dem Schiedsrichter bei Entscheidungen hilft ● hierzu **Li·ni·en·rich·te·rin** *die*

li·niert ADJEKTIV mit Linien 〈ein Blatt Papier, ein Heft〉

link ADJEKTIV; *gesprochen, abwertend* so, dass andere Leute betrogen werden 〈eine Tour, ein Typ; linke Geschäfte machen〉

Link *der*; (-s, -s) Kurzwort für *Hyperlink*

★ **lin·k-** ADJEKTIV *meist attributiv* **1** auf der Seite, auf der das Herz ist | *sich den linken Arm brechen* | *mit der linken Hand schreiben* | *Der kleine Junge vertauschte den linken mit dem rechten Schuh* | *Er hat eine Narbe auf der linken Wange* **2** mit den Prinzipien des Kommunismus, des Sozialismus oder einer sozialdemokratischen Partei 〈eine Zeitung; ein Abgeordneter; der linke Flügel einer Partei〉

★ **Lin·ke**[1] *die*; (-n, -n) **1** *nur Singular* die linke Hand ↔ *Rechte* H im Genitiv und Dativ Singular: *der Linken* **2** ein Schlag mit der linken Hand 〈jemandem eine Linke verpassen〉 **3** alle politischen Gruppen und ihre Mitglieder, die sich für die Rechte der Arbeiter und armen Leute einsetzen ↔ *Rechte* **4** **Die Linke** eine politische Partei in Deutschland **5** **zu jemandes Linken** links von jemandem | *Zu Ihrer Linken sehen Sie das Stadttheater*

★ **Lin·ke**[2] *der/die*; (-n, -n); *gesprochen* eine Person, die einer kommunistischen, sozialistischen oder sozialdemokratischen Partei angehört oder deren Ideen gut findet H *ein Linker; der Linke; den, dem, des Linken*

lin·ken VERB (linkte, hat gelinkt) **jemanden linken** *gesprochen* jemanden betrügen

lin·kisch ADJEKTIV; *abwertend* mit wenig Geschick 〈eine Bewegung, eine Geste; jemandes Benehmen〉

★ **links** ■ ADVERB **1** **links (von jemandem/etwas)** auf der Seite, auf der das Herz ist 〈jemanden links überholen; nach links abbiegen; links von jemandem gehen; von links nach rechts; von rechts nach links〉 ↔ *rechts* | *Fahren Sie geradeaus und biegen Sie nach der Ampel links ab!* | *Links seht ihr das Rathaus und rechts die Kirche* | *Links von der Post gibt es einen Parkplatz* **2** so, dass die Prinzipien des Sozialismus, des Kommunismus oder der Sozialdemokratie anerkannt und vertreten werden 〈Parteien, Gruppen, Personen; links sein, wählen; nach links tendieren〉

■ PRÄPOSITION *mit Genitiv* **3** auf der linken Seite von etwas | *links des Rheins/der Autobahn* | *links der Mitte* (politisch eher links) H auch zusammen mit *von*: *Links von dem Fluss verläuft die alte Straße* ■ ID **etwas mit links machen** *gesprochen* etwas ohne Mühe machen H → auch **liegen**

links·bün·dig ADJEKTIV so, dass alle Zeilen eines Textes links genau an einer (gedachten) senkrechten Linie beginnen 〈linksbündig schreiben〉

links·ext·re·mis·tisch ADJEKTIV mit extrem linken (kommunistischen) Ideen und nicht demokratisch ≈ *linksradikal*

● hierzu **Links·ext·re·mist** *der*; **Links·ext·re·mis·mus** *der*

links·ge·rich·tet ADJEKTIV linke Ideen, Politik vertretend ⟨ein Politiker, eine Zeitung⟩

Links·hän·der *der*; (-s, -) eine Person, die mit der linken Hand geschickter ist als mit der rechten ↔ *Rechtshänder* ● hierzu **Links·hän·de·rin** *die*; **links·hän·dig** ADJEKTIV

links·he·rum ADVERB nach links ⟨etwas linksherum drehen⟩

Links·kur·ve *die* eine Kurve nach links | *in einer scharfen Linkskurve riskant überholen*

links·ra·di·kal ADJEKTIV ≈ *linksextremistisch* ● hierzu **Links·ra·di·ka·le** *der/die*; **Links·ra·di·ka·lis·mus** *der*

links·sei·tig ADJEKTIV auf der linken Seite | *eine linksseitige Lähmung*

Links·ver·kehr *der* das vorschriftsmäßige Fahren auf der linken Seite der Straße ↔ *Rechtsverkehr* | *In Großbritannien herrscht Linksverkehr*

Li·no·le·um [-leʊm] *das*; (-s) ein hartes und zähes Material (ein Belag), mit dem man den Fußboden bedeckt | *ein Zimmer mit Linoleum auslegen*

★ **Lin·se** *die*; (-, -n)
▸optisch: **1** eine runde, leicht gebogene Scheibe aus Glas oder Plastik, die Lichtstrahlen in eine andere Richtung lenkt ⟨eine konvexe, konkave Linse; eine Linse schleifen; die Brennweite, die Krümmung einer Linse⟩ | *Linsen verwendet man in Kameras und in Mikroskopen* | *die Linse eines Vergrößerungsglases* **2** der Teil des Auges, der die Form und Funktion einer Linse hat **K** Linsentrübung **3** *gesprochen* ein System von optischen Linsen, meist bei einer Kamera ⟨jemand/etwas läuft jemandem vor die Linse⟩ ≈ *Objektiv*
▸pflanzlich: **4** eine Pflanze, deren essbare Samen die Form einer kleinen Linse haben **5** die flachen, runden, braunen oder roten Samen der Linse, die man isst | *Heute gibt es Eintopf: Linsen mit Speck* **K** Linseneintopf, Linsengericht

lin·sen VERB (linste, hat gelinst) **irgendwohin linsen** *gesprochen* versuchen, etwas zu sehen, ohne dass andere Leute es bemerken ⟨durch das Schlüsselloch linsen; um die Ecke linsen⟩

★ **Lip·pe** *die*; (-, -n) der obere oder der untere Rand des Mundes ⟨schmale, dicke, wulstige Lippen haben; die Lippen öffnen, runden, (zum Kuss) spitzen, aufeinanderpressen⟩ | *Sie setzte das Glas an die Lippen und nahm einen Schluck* | *Er biss sich beim Essen auf/in die Lippe* **K** Oberlippe, Unterlippe **H** → Abb. unter **Kopf** ■ **ID an jemandes Lippen hängen** jemandem sehr konzentriert zuhören; **etwas nicht über die Lippen bringen** etwas nicht sagen können, weil es sehr unangenehm ist; **eine große/dicke/kesse Lippe riskieren** *gesprochen* mit übertriebenem Stolz erzählen, was man alles besitzt oder tun kann ≈ *angeben*

Lip·pen·stift *der* Lippenstift ist die rote Farbe, mit der viele Frauen ihre Lippen betonen bzw. ein Stift, der diese Farbe enthält ⟨Lippenstift auftragen⟩

LIPPENSTIFT

li·quid, **li·qui·de** ADJEKTIV **1** ⟨eine Summe, Gelder, Finanzmittel⟩ so, dass sie sofort zur Verfügung stehen **2** ⟨eine Firma, ein Unternehmen⟩ so, dass sie Rechnungen sofort zahlen können ● zu (2) **Li·qui·di·tät** *die*

li·qui·die·ren VERB (liquidierte, hat liquidiert) **1 etwas liquidieren** bewirken, dass ein Unternehmen o. Ä. nicht mehr existiert ⟨eine Firma, einen Konzern, ein Unternehmen liquidieren⟩ **2 jemanden liquidieren** jemanden aus politischen Gründen töten (lassen) ⟨einen Agenten liquidieren⟩ ● hierzu **Li·qui·die·rung** *die*; **Li·qui·da·ti·on** *die*

lis·peln VERB (lispelte, hat gelispelt) beim Sprechen eines *s* mit der Zunge die Zähne berühren, sodass man stattdessen eine Art englisches *th* spricht

★ **List** *die*; (-, -en) **1** eine Handlung, durch die man jemanden täuscht, um ein Ziel zu erreichen ⟨eine List ersinnen, anwenden; zu einer List greifen⟩ ≈ *Trick* | *Die Betrüger brachten die alte Frau mit einer List dazu, sie ins Haus zu lassen* **2** *nur Singular* ein Verhalten, bei dem man oft eine List anwendet | *seine Pläne mit List anpacken* ■ **ID mit List und Tücke** *gesprochen* indem man eine List anwendet

★ **Lis·te** *die*; (-, -n) **1** in einer Liste stehen mehrere Namen oder Dinge meist untereinander, z. B. die Teilnehmer eines Kurses oder Dinge, die man einkaufen, einpacken oder erledigen will ⟨eine Liste machen, erstellen, anlegen, führen; jemanden/etwas in eine Liste aufnehmen, auf eine Liste setzen, von einer Liste streichen; jemanden/sich in eine Liste eintragen⟩ **K** Anwesenheitsliste, Einkaufsliste, Bestellliste, Besucherliste, Gästeliste, Schülerliste **2** ein Blatt Papier, auf dem eine Liste steht | *Auf dem Tisch lag eine Liste, in die sich jeder Besucher eintragen konnte* **3** eine Liste der Kandidaten für eine Wahl ⟨jemanden auf die Liste setzen⟩ **K** Listenplatz, Listenwahl ■ **ID auf der schwarzen Liste stehen** **a** zu den Personen gehören, die z. B. von den Behörden oder einer Organisation als Gegner oder als störend angesehen werden **b** *gesprochen* bei jemandem sehr unbeliebt sein

lis·tig ADJEKTIV so, dass in jemand/etwas ein Trick oder eine List steckt ⟨ein Fuchs, ein Plan, ein Vorgehen⟩ ● hierzu **Lis·tig·keit** *die*

Li·ta·nei *die*; (-, -en) **1** ein Gebet, bei dem einmal der Priester und einmal die Leute in der Kirche sprechen ⟨eine Litanei beten⟩ **2** *abwertend* langes, monotones, meist klagendes Gerede | *Ich musste mir die ganze Litanei über seine Scheidung schon wieder anhören* **3 eine Litanei (von etwas)** *abwertend* viele meist wenig interessante Dinge, die jemand aufzählt | *Der Rechtsanwalt führte eine ganze Litanei von Gründen an*

★ **Li·ter** *der/ das*; (-s, -) die Einheit, mit der man das Volumen von Flüssigkeiten und Gasen angibt; 1 Liter = 1000 cm³ ⟨ein halber Liter; ein viertel Liter⟩ | *einen Liter Milch kaufen* | *Das Auto verbraucht sechs Liter Benzin auf 100 Kilometer* **K** Literflasche **H** Abkürzung (nach Zahlen): *l*

li·te·ra·risch ADJEKTIV zur Literatur gehörig oder in der Literatur ⟨Werke, Gattungen; jemandes Interesse⟩

Li·te·rat *der*; (-en, -en); *geschrieben* ≈ *Schriftsteller* **H** *der Literat; den, dem, des Literaten* ● hierzu **Li·te·ra·tin** *die*

★ **Li·te·ra·tur** *die*; (-, -en) **1** alle Gedichte, Dramen, Geschichten und Romane (die von relativ hoher Qualität sind) ⟨die moderne, zeitgenössische, triviale, anspruchsvolle Literatur; etwas geht in die Literatur ein; etwas zählt zur Literatur⟩ | *die deutschsprachige Literatur* | *die Literatur der Aufklärung/Romantik* **K** Literaturepoche, Literaturgattung, Literaturgeschichte, Literaturkritik, Literaturlexikon, Literaturnobelpreis, Literaturwissenschaft, Literaturzeitschrift, literaturgeschichtlich, literaturkritisch, literaturwissenschaftlich; Trivialliteratur **2 die Literatur (zu/über etwas)** *nur Singular* alles, was über ein Thema oder Fachgebiet geschrieben wurde ⟨die wirtschaftliche, juristische, psychologische, medizinische Literatur; die Literatur zu einem Thema kennen, zitieren⟩ | *bei einer wissenschaftlichen Arbeit die Literatur der Fachzeitschriften berücksichtigen* **K** Literaturangabe, Literaturhinweis, Literaturnachweis, Literaturverzeichnis; Fachliteratur, Sekundärliteratur

Li·te·ra·tur·spra·che *die* die (auch stilisierte) Sprache, die in der Literatur verwendet wird

li·ter·wei·se ADJEKTIV **1** in Mengen von einem Liter | *Wir verkaufen Milch nur literweise* **2** in großen Mengen ⟨etwas literweise kaufen, trinken⟩

Lit·faß|säu·le [-fas-] *die* eine dicke Säule (an der Straße oder auf einem Platz), an die man Plakate klebt

LITFASS-SÄULE

litt *Präteritum, 1. und 3. Person Singular* → leiden

Li·tur·gie *die*; (-, -n [-'gi:ən]) **1** die (offiziell vorgeschriebene Form der) verschiedenen Gottesdienste in der Kirche **2** der Teil des protestantischen Gottesdienstes, während dessen der Pfarrer und die Leute in der Kirche abwechselnd singen oder beten ● hierzu **li·tur·gisch** ADJEKTIV

★ **live** [laif] ADJEKTIV *nur in dieser Form* **1** **etwas live übertragen/senden** ein Ereignis im Radio oder im Fernsehen genau zu der Zeit übertragen, zu der es stattfindet | *Das Fußballspiel wird live übertragen* | *Ist das live oder eine Aufzeichnung?* K Livebericht, Livereportage, Livesendung, Liveübertragung **2** **(etwas) live singen/spielen** etwas wirklich singen/spielen, ohne Hilfe von Tonaufnahmen

Live·stream ['laifstri:m] *der*; (-s, -s) ein Radioprogramm, Film o. Ä. im Internet, die man anhört oder ansieht, ohne sie auf dem eigenen Computer zu speichern

★ **Li·zenz** *die*; (-, -en) **1** **die Lizenz (für etwas)** die offizielle Erlaubnis (vom Staat oder einer Institution), ein Geschäft zu eröffnen, ein Buch herauszugeben, ein Patent zu nutzen o. Ä. ⟨eine Lizenz beantragen, erwerben, erteilen⟩ ≈ *Genehmigung* | *die Lizenz für den Vertrieb eines Buches haben* | *ein Buch in Lizenz vertreiben* K Lizenzgebühr, Lizenzinhaber, Lizenzvergabe, Lizenzvertrag **2** die Erlaubnis, eine Sportart beruflich zu betreiben oder als Trainer oder Schiedsrichter zu arbeiten K Lizenzentzug, Lizenzspieler; Spielerlizenz, Schiedsrichterlizenz, Trainerlizenz

LKA [ɛlka'|a:] *das*; (-, -(s)); Ⓓ Ⓐ Lan·des·kri·mi·nal·amt eine Behörde der Polizei, die schwere Verbrechen untersucht

★ **Lkw, LKW** ['ɛlka:ve:] *der*; (-(s), -s) Lastkraftwagen ein großes Auto, mit dem man große und schwere Dinge transportiert ≈ *Lastwagen* K Lkw-Fahrer, Lkw-Führerschein

Lkw-Maut [ɛlka:'ve:-] *die* eine Gebühr für Lastwagen, um auf schnellen Straßen (vor allem Autobahnen) fahren zu dürfen | *die Lkw-Maut auf deutschen Autobahnen*

★ **Lob** *das*; (-(e)s) die positive Reaktion auf eine Leistung oder eine Tat, die Worte der Anerkennung ⟨ein großes, unverdientes Lob; Lob ernten; jemandem Lob zollen, ein Lob aussprechen; voll des Lobes für jemanden/etwas sein⟩ | *Sie bekam viel Lob für ihren guten Aufsatz in der Schule*

Lob·by [-bɪ] *die*; (-, -s) **1** eine Gruppe von Personen mit gleichen Interessen, die versucht, Politiker so zu informieren und zu lenken, dass sie einen Vorteil davon hat | *Kinder haben keine Lobby* **2** die Halle eines Hotels direkt nach dem Eingang, wo man sich anmeldet und die Zimmerschlüssel bekommt

★ **lo·ben** VERB (lobte, hat gelobt) **jemanden/etwas (für etwas) loben** sagen, dass jemand etwas sehr gut gemacht hat oder dass etwas sehr gut ist ⟨jemanden überschwänglich loben; sich lobend über jemanden/etwas äußern; jemanden/etwas lobend erwähnen⟩ ↔ *tadeln, kritisieren* | *Der Firmenchef lobte den Mitarbeiter für seinen Fleiß* ■ ID **Das 'lob ich mir!** *gesprochen* das gefällt mir sehr gut! ● hierzu **lo·bens·wert** ADJEKTIV

Lo·bes·hym·ne *die* **eine Lobeshymne auf jemanden/etwas singen** jemanden/etwas vor anderen Leuten auf übertriebene Art und Weise loben

Lob·hu·de·lei *die*; (-) übertriebenes Lob, mit dem man einer Person schmeicheln will

löb·lich ADJEKTIV; *meist ironisch* ⟨eine Idee, eine Tat⟩ so gut, dass man sie loben muss | *Es ist löblich, dass du ihm helfen willst*

Lob·lied *das* **ein Loblied auf jemanden/etwas singen/anstimmen** jemanden/etwas sehr loben

lob·prei·sen VERB (lobpreiste, hat gelobpreist/lobgepriesen) **jemanden/etwas lobpreisen** *geschrieben* jemanden/etwas sehr loben und empfehlen ● hierzu **Lob·prei·sung** *die*

★ **Loch** *das*; (-(e)s, Lö·cher) **1** eine Stelle, an der nichts mehr ist, an der aber vorher noch Material war ⟨ein großes, tiefes Loch; ein Loch (in etwas) reißen, graben, machen, bohren; ein Loch zumachen, zufüllen, zuschütten⟩ | *Er hat ein großes Loch im Strumpf* | *Der Zahnarzt bohrt das Loch im Zahn aus und füllt es mit einer Plombe* | *Der Dieb grub ein Loch in den Boden und versteckte darin die Beute* **2** *gesprochen, abwertend* eine kleine, meist dunkle oder schmutzige Wohnung ⟨in einem schmutzigen, feuchten Loch wohnen, hausen⟩ ■ ID **etwas reißt ein großes Loch in jemandes Geldbeutel** etwas kostet jemanden sehr viel Geld; **Löcher in die Luft starren** (lange Zeit gedankenlos) geradeaus sehen, ohne dass man etwas betrachtet; **Löcher in die Luft schießen** schießen und nicht treffen; **jemandem ein Loch/Löcher in den Bauch fragen** *gesprochen* jemandem immer wieder Fragen stellen, weil man etwas ganz genau wissen will; **aus dem letzten Loch pfeifen** *gesprochen* **a** keine Kraft mehr haben oder krank sein **b** fast kein Geld mehr haben; **saufen wie ein Loch** *gesprochen, abwertend* sehr viel Alkohol trinken

lo·chen VERB (lochte, hat gelocht) **etwas lochen** mit einem Gerät ein Loch oder Löcher in etwas machen ⟨eine Fahrkarte, ein Blatt Papier lochen⟩ ● hierzu **Lo·chung** *die*

Lo·cher *der*; (-s, -) ein Gerät, mit dem man zwei Löcher in ein Blatt Papier macht (damit man es in einen Ordner heften kann)

lö·che·rig ADJEKTIV mit mehreren Löchern ⟨Socken, Strümpfe⟩ ■ ID **löcherig wie ein Schweizer Käse** mit sehr vielen Löchern

lö·chern VERB (löcherte, hat gelöchert) **jemanden (mit etwas) löchern** *gesprochen* einer Person immer wieder Fragen stellen oder ihr sagen, was man sich wünscht | *Meine Tochter löchert mich den ganzen Tag mit Fragen*

Lo·cke *die*; (-, -n) mehrere Haare, die (zusammen) eine runde Form haben ⟨Locken haben; das Haar in Locken legen⟩ | *Unsere Tochter hat glattes Haar, aber unser Sohn hat Locken* K Lockenfrisur, Lockenkopf

★ **lo·cken** VERB (lockte, hat gelockt) **1** **jemanden (irgendwohin) locken** solche Laute machen oder etwas Angenehmes anbieten, damit eine Person oder ein Tier irgendwohin kommt | *Die Ente lockt die Küken zum Nest* | *mit Käse eine Maus in die Falle locken* | *einen Fußballer mit viel Geld ins Ausland locken* K Lockruf, Lockspeise **2** **etwas lockt jemanden irgendwohin** etwas bringt eine Person dazu, zum genannten Ort zu gehen (weil es so interessant oder angenehm ist) | *Das warme Sommerwetter lockte viele Menschen an die Seen*

Lo·cken·wick·ler *der*; (-s, -) eine kleine Rolle aus Plastik oder Metall, um die man Haare wickelt, damit Locken entstehen

★ **lo·cker** ADJEKTIV **1** nicht gut befestigt ⟨ein Zahn, eine Schraube, ein Nagel, ein Knopf⟩ ↔ *fest* | *Seit dem Sturz sind bei ihm zwei Zähne locker* **2** so, dass viele kleine Löcher (Zwischenräume) in einer Masse oder einem Material sind ⟨der Schnee, der Teig; locker stricken⟩ ↔ *fest* | *Würmer machen die Erde locker* **3** nicht kräftig gespannt oder gezogen ⟨ein Seil, ein Strick, eine Schnur, ein Knoten⟩ **4** *meist prädikativ* nicht fest und gespannt ⟨die Muskeln, die Beine, die Arme⟩

5 so, dass man viele Freiheiten hat ‹eine Beziehung, eine Vorschrift, die Disziplin› ↔ *streng* | *die Vorschriften locker handhaben* **6** *gesprochen* entspannt und freundlich ≈ *lässig* | *Man kann sich gut mit ihm unterhalten, weil er ein ziemlich lockerer Typ ist* | *Mach dich mal locker!* ● zu (5,6) **Lo·cker·heit** *die*

lo·cker·las·sen VERB (lässt locker, ließ locker, hat lockergelassen) **nicht lockerlassen** *gesprochen* etwas so lange versuchen, bis man das Ziel erreicht hat | *Jetzt hast du die Arbeit bald fertig, du darfst nur nicht lockerlassen!* **H** aber: *das Seil locker lassen* (getrennt geschrieben)

lo·cker·ma·chen VERB (machte locker, hat lockergemacht) **etwas lockermachen** *gesprochen* Geld für jemanden/etwas geben | *Mein Vater hat 1.000 Euro lockergemacht, damit ich mir ein Moped kaufen kann* **H** aber: *den Boden locker machen* (getrennt geschrieben)

lo·ckern VERB (lockerte, hat gelockert) **1** **etwas lockern** eine Masse locker machen ‹die Erde, den Humus lockern› **2** **etwas lockern** etwas, das gespannt ist, locker machen ‹ein Seil, einen Knoten lockern› **3** **etwas lockern** die Muskeln locker machen | *vor einem Sprint die Muskeln lockern* **4** **etwas lockern** etwas Strenges lockerer machen ‹die Vorschriften, die Regeln lockern› ● hierzu **Lo·cke·rung** *die*

lo·ckig ADJEKTIV mit vielen Locken ‹jemandes Haar› ↔ *glatt*

Lock·vo·gel *der; oft abwertend* jemand mit der Aufgabe, eine andere Person zu einem (meist illegalen) Verhalten zu bewegen | *Die Polizei setzte eine Polizistin als Lockvogel für den Sexualverbrecher ein*

Lo·den *der;* (-s) ein sehr dichtes Material aus Wolle, aus dem man vor allem Mäntel macht **K** Lodenmantel, Lodenstoff

lo·dern VERB (loderte, hat gelodert) **etwas lodert** etwas brennt mit großen und hohen Flammen ‹Flammen, ein Feuer›

★ **Löf·fel** *der;* (-s, -) **1** mit einem (großen) Löffel isst man z. B. Suppe, mit einem kleinen Löffel tut man Zucker in den Kaffee ‹ein silberner Löffel; den Löffel ablecken› **K** Löffelstiel; Esslöffel, Kaffeelöffel, Suppenlöffel, Teelöffel **2** die Menge von etwas, die auf einen Löffel passt ‹ein gestrichener, gehäufter Löffel Zucker› | *fünf Löffel Mehl* ■ ID **jemandem ein paar hinter die Löffel geben** *gesprochen* jemandem eine Ohrfeige geben; **ein paar hinter die Löffel bekommen** *gesprochen* eine Ohrfeige bekommen; **Schreib dir das hinter die Löffel!** *gesprochen* Merke dir das in Zukunft ganz genau!; **den Löffel abgeben/wegwerfen** *gesprochen!, euphemistisch* ≈ *sterben*

LÖFFEL

löf·feln VERB (löffelte, hat gelöffelt) **etwas löffeln** etwas mit dem Löffel essen | *Die Kinder löffelten hungrig ihre Suppe*

log *Präteritum, 1. und 3. Person Singular* → lügen

Lo·ge ['lo:ʒə] *die;* (-, -n) der Teil eines Theaters, Kinos o. Ä. mit den teuersten Plätzen, der von den anderen Plätzen abgegrenzt ist **K** Logenplatz

Log·gia ['lɔdʒa] *die;* (-, Log·gi·en ['lɔdʒiən]) ein großer Balkon oder eine Terrasse mit Dach und Säulen oder Pfeilern

lo·gie·ren VERB [-'ʒi:-, -'ʃi:-] (logierte, hat logiert) **1** **jemanden logieren** (CH) jemanden bei sich als Gast wohnen lassen **2** **irgendwo logieren** *veraltend* irgendwo für eine Zeit lang wohnen

★ **Lo·gik** *die;* (-) **1** eine Denkweise, bei der jeder Gedanke sinnvoll oder notwendigerweise zum nächsten führt ‹eine strenge, konsequente Logik› | *In dem Satz „Er aß sehr viel, weil er keinen Hunger hatte" fehlt die Logik* **2** die Wissenschaft, die sich mit den Prinzipien und Gesetzen des Denkens beschäftigt | *die mathematische Logik* ● zu (2) **Lo·gi·ker** *der;* zu (2) **Lo·gi·ke·rin** *die*

Lo·gis [lo'ʒi:] **(bei jemandem) Kost und Logis haben** bei jemandem essen und wohnen können | *Sie verbrachte vier Wochen bei ihrer Tante in Frankreich. – Da hatte sie Kost und Logis frei*

★ **lo·gisch** ADJEKTIV **1** so, dass es den Prinzipien der Logik entspricht ‹eine Schlussfolgerung, ein Zusammenhang; logisch denken, handeln› **2** *gesprochen meist prädikativ* so, dass man keinen weiteren Grund dafür nennen muss | *Es ist doch völlig logisch, dass du kein Geld hast, wenn du so teure Hobbys hast*

Lo·gis·tik *die;* (-, -en); *meist Singular* **1** zur Logistik eines Unternehmens gehört alles, was mit dem Liefern, Lagern und Transportieren zu tun hat **2** die militärische Planung, welche für den Transport von Waffen und Truppen nötig ist, und auch für die Versorgung der Truppen ● hierzu **lo·gis·tisch** ADJEKTIV; zu (1) **Lo·gis·ti·ker** *der;* zu (1) **Lo·gis·ti·ke·rin** *die*

lo·go ADJEKTIV *meist prädikativ; gesprochen* ≈ *logisch* | *Das ist logo!*

Lo·go *das;* (-s, -s) ein Symbol, das als Warenzeichen für eine Firma verwendet wird | *Trikots mit den Logos der Sponsoren*

★ **Lohn** *der;* (-(e)s, Löh·ne) **1** das Geld, das vor allem Arbeiter für ihre Arbeit (jeden Tag, jede Woche oder jeden Monat) bekommen ‹einen festen Lohn haben; die Löhne erhöhen, kürzen, auszahlen; die Löhne und Gehälter› **K** Lohnauszahlung, Lohnbuchhaltung, Lohnempfänger, Lohnerhöhung, Lohnforderung, Lohnkürzung, Lohnniveau, Lohntarif, Lohnverhandlungen; Arbeitslohn, Tariflohn, Monatslohn, Bruttolohn, Nettolohn **H** → Infos unter **Gehalt** **2** **der Lohn (für etwas)** *auch ironisch nur Singular* das, was man für die eigene Mühe oder für die eigene Leistung oder Tat bekommt ‹ein königlicher, fürstlicher, angemessener Lohn› | *Als Lohn für das gute Zeugnis bekam er ein Fahrrad* | *Ein verstauchter Fuß war der Lohn für seinen Leichtsinn*

★ **loh·nen** VERB (lohnte, hat gelohnt) **1** **jemandem etwas lohnen** *veraltet* jemandem zum Dank etwas geben ‹jemandem seine Hilfe, Treue lohnen› **2** **etwas lohnt sich** etwas bringt einen (materiellen oder anderen) Vorteil oder Gewinn ≈ *rentieren* | *Die ganze Mühe hat sich wirklich gelohnt* | *Es lohnt sich nicht mehr, den alten Fernseher reparieren zu lassen*

loh·nend ■ PARTIZIP PRÄSENS **1** → lohnen ■ ADJEKTIV **2** *meist attributiv* ‹eine Aufgabe, ein Plan, ein Unternehmen› so, dass man dabei einen Gewinn oder viel Freude daran hat

Lohn·ne·ben·kos·ten *die; Plural* die Kosten, die einem Arbeitgeber neben dem eigentlichen Lohn/Gehalt aus einer Arbeitsstelle entstehen, vor allem der Anteil an der Kranken-, Renten- und Arbeitslosenversicherung und die Kosten für Lohnfortzahlungen bei Krankheit

Lohn·steu·er *die* die Steuer, die ein Arbeiter, Angestellter oder Beamter für das Geld, das er verdient, an den Staat zahlen muss

Lohn·steu·er|jah·res·aus·gleich *der* ein System, nach dem man einen Teil der bereits bezahlten Steuer zurückbekommt, wenn man wegen des Berufs Ausgaben hatte (z. B. für Bücher, Berufskleidung, Fahrten zur Arbeit o. Ä.) ‹den Lohnsteuerjahresausgleich machen›

Lohn·steu·er|kar·te *die historisch* ein Dokument, das man früher von der Gemeindeverwaltung bekam und dem Arbeitgeber vorlegen musste, damit dieser die Lohnsteuer abrechnen konnte

Loi·pe ['lɔypə] *die;* (-, -n) die Spur, in der man beim Skilanglauf läuft ‹eine gespurte Loipe›

Lok *die;* (-, -s) Kurzwort für *Lokomotive*

★ **lo·kal** ADJEKTIV *meist attributiv; geschrieben* nur an dem genannten Ort oder der genannten Stelle ⟨die Behörden, die Medien, die Nachrichten; eine Betäubung; jemanden lokal betäuben⟩ ≈ *örtlich* **K** Lokalnachrichten, Lokalpatriotismus, Lokalzeitung, Lokalpresse

★ **Lo·kal** *das;* (-s, -e) ein Raum oder Räume, in denen man für Geld etwas essen und trinken kann ⟨in einem Lokal einkehren⟩ ≈ *Gaststätte* | *nach einer Wanderung in einem Lokal etwas essen* **K** Speiselokal, Tanzlokal

SPRACHGEBRAUCH

▶ Im Lokal

Man kann im Restaurant nach einem Kellner oder nach einer Kellnerin rufen („Entschuldigung!", „Hallo!").
Meist ist es besser, mit der Hand ein Zeichen zu geben (und direkt seinen Wunsch zu äußern).

Im Café:

A: **„Kann ich bitte bestellen?"**
B: **„Ja gern. Brauchen Sie die Karte oder wissen Sie es schon?"**
A: **„Ich hätte gern einen Kaffee."**
B: **„Eine Tasse oder ein Kännchen?"**
A: **„Ein Kännchen, bitte."**

Im Restaurant:

A: **„Kann ich bitte die Speisekarte haben?"**
B: **„Hier bitte. Ich kann heute besonders den Schweinebraten empfehlen."**
A: **„Gut, den nehme ich. Was ist denn die Tagessuppe?"**
B: **„Das ist heute Kartoffelsuppe."**
A: **„Nein, danke. Dann nehme ich nur den Braten."**
B: **„Und zu trinken?"**
A: **„Ein Bier, bitte."**

Beim Bezahlen:

A: **„Ich würde dann gerne zahlen."/ „Die Rechnung, bitte."**
B: **„Das macht dann 12 Euro 30."**
A: **„14 Euro, stimmt so."/ „Geben Sie mir bitte auf 14 Euro raus."**

lo·ka·li·sie·ren VERB (lokalisierte, hat lokalisiert) **etwas lokalisieren** *geschrieben* herausfinden oder festlegen, wo etwas ist | *die Schmerzen lokalisieren* | *die Stelle lokalisieren, an welcher das Gift in den Fluss gelangte* ● hierzu **Lo·ka·li·sie·rung** *die;* **lo·ka·li·sier·bar** ADJEKTIV

Lo·kal·sen·der *der* ein Radio- oder Fernsehsender, der nur in einem kleinen Gebiet empfangen wird

Lo·kal·teil *der* der Teil einer Zeitung mit den Nachrichten über den Ort, in welchem die Zeitung erscheint

Lo·kal·ter·min *der* das Treffen des Richters mit dem Angeklagten an dem Ort, an welchem die Tat geschah ⟨einen Lokaltermin ansetzen, anberaumen⟩

Lok·füh·rer *der* Kurzwort für *Lokomotivführer*

★ **Lo·ko·mo·ti·ve** [-və] *die;* (-, -n) eine Maschine, die auf einem Eisenbahngleis die Wagen zieht **K** Dampflokomotive

Lo·ko·mo·tiv·füh·rer [-f-] *der* eine Person, die beruflich eine Lokomotive fährt

Lo·kus *der;* (-, Lo·kus·se); *veraltend, oft humorvoll* ≈ *Toilette*

Lol·li *der;* (-s, -s); *gesprochen* ≈ *Lutscher*

Look [lʊk] *der;* (-s) der typische Stil einer Mode ⟨ein sportlicher, eleganter Look⟩ | *Kleider im Look der 80er Jahre* **K** Safarilook, Trachtenlook

Loo·ping ['lu:pɪŋ] *der;* (-s, -s) der Kreis (in vertikaler Lage), den ein Flugzeug fliegt oder den eine Achterbahn auf dem Rummelplatz fährt ⟨einen Looping drehen, fliegen⟩

Lor·beer *der;* (-s, -en) **1** die kräftigen grünen Blätter eines Baumes, der im Bereich des Mittelmeeres wächst **K** Lorbeerbaum, Lorbeerblatt, Lorbeerzweig **2** *nur Singular* ein Blatt des Lorbeers, das man als Gewürz verwendet ■ **ID sich auf seinen Lorbeeren ausruhen** *gesprochen* nachdem man Erfolg gehabt hat, sich keine große Mühe mehr geben; **(bei/mit etwas) keine Lorbeeren ernten können** *gesprochen, oft ironisch* mit einer Leistung keine Erfolge haben oder keinen Eindruck machen

Lor·beer·kranz *der; historisch* Zweige des Lorbeerbaumes, die in der Form eines Kreises miteinander verbunden sind (früher als Zeichen des Sieges und Erfolgs) | *der Lorbeerkranz Cäsars*

Lo·re *die;* (-, -n) ein kleiner Wagen, der auf Schienen vor allem Steine (in Steinbrüchen) oder Kohle (in Bergwerken) transportiert

★ **los** ■ ADJEKTIV **1** nicht mehr an etwas befestigt ⟨ein Nagel, eine Schraube, ein Brett, eine Latte, ein Knopf⟩ ≈ *ab* | *Du hast das Brett nicht fest genug angenagelt! Jetzt ist es schon wieder los!* **2 jemanden/etwas los sein** *gesprochen* von einer (unangenehmen) Person/Sache befreit sein ⟨die Erkältung, den Schnupfen, den Husten, die Schmerzen los sein⟩ | *Nach zwei Stunden war ich unseren lästigen Nachbarn endlich wieder los* **3 etwas los sein** *gesprochen* etwas nicht mehr haben, weil man es verloren oder ausgegeben hat | *Er ist schon wieder den Job los* | *Er hat den Koffer im Bus stehen lassen. Jetzt ist er ihn los* | *Jetzt bin ich schon wieder fünfzig Euro los!* **4 irgendwo/irgendwann ist viel/wenig/nichts/(et)was los** *gesprochen* irgendwo/irgendwann geschieht viel, wenig usw. meist Interessantes | *In einer Großstadt ist viel los: Da gibt es Kinos, Theater und viele Kneipen* | *In diesem kleinen Dorf ist absolut nichts los* **5 mit jemandem ist nichts los** *gesprochen* jemand ist krank, sehr beschäftigt oder langweilig | *Mit Rudi ist zurzeit nichts los, der muss den ganzen Tag arbeiten*

■ ADVERB **6** verwendet, um jemanden aufzufordern, schneller zu gehen oder etwas schneller zu machen | *Los, beeil dich endlich!* | *Los, komm jetzt!* | *Los, wir gehen jetzt!* ■ **ID Auf die Plätze/Achtung – fertig – los!** verwendet als Kommando beim Start zu einem Wettlauf; **Was ist denn mit dir los?** *gesprochen* **a** Hast du Probleme? **b** Bist du krank?; **Was ist (denn) los?** **a** Was ist passiert? **b** verwendet, um verärgert zu sagen, dass man sich gestört fühlt

★ **Los** *das;* (-es, -e) **1** ein Stück Papier mit einer Nummer, das man kauft, um (bei einer Lotterie) etwas zu gewinnen ⟨ein Los kaufen, ziehen⟩ | *Er kaufte fünf Lose, und alle waren Nieten* **K** Losnummer, Losverkäufer **2** ein Stück Papier o. Ä., das dazu verwendet wird, eine zufällige Entscheidung zu treffen ⟨ein Los ziehen; etwas durch Los ermitteln; das Los entscheidet⟩ | *Da zwei Teilnehmer dieselbe Punktzahl haben, wird durch Los ermittelt, wer in das Finale kommt* **K** Losentscheid **3** *geschrieben* die Ereignisse, die das Leben oder das Glück von einer Person bestimmen, ohne dass man daran etwas ändern kann ⟨ein schweres Los haben; ein schreckliches Los erleiden⟩ ≈ *Schicksal* **4 das große Los** der größte Gewinn in einer Lotterie ≈ *Hauptgewinn* ■ **ID mit jemandem/etwas das große Los gezogen haben** gut gewählt haben

★ **los-** (*im Verb, betont und trennbar, sehr produktiv; Diese Verben werden so gebildet:* losgehen, ging los, losgegangen) **1 losfahren, losfliegen, losrennen, losschwimmen** *und andere* drückt aus, dass eine Bewegung von einem Ort weg beginnt | *Als er an der Haltestelle ankam, fuhr der Bus gerade los* (hatte der Bus schon die Türen geschlossen und zu fahren begonnen) **2** **losschreien, losbrüllen, losschlagen** *und andere* drückt aus, dass eine Handlung plötzlich beginnt | *Als er dem Kind das Spielzeug wegnahm, schrie es los* (fing es an zu schreien) **3** **etwas losbinden, loslösen, losmachen** *und andere* drückt aus, dass eine Verbindung getrennt wird | *Er schraubte den Deckel los* (Er drehte am Deckel und öffnete so das Glas/die Flasche)

-los *im Adjektiv, unbetont, sehr produktiv* **arbeitslos, chancenlos, respektlos, sinnlos, ziellos, zwecklos** *und andere* ohne die genannte Sache **H** Mit *los-* wird oft ein als negativ empfundener Zustand beschrieben, mit *frei-* ein positiver: *fehlerfrei, schadstofffrei.*

los·bin·den VERB *(hat)* **jemanden/etwas (von etwas) losbinden** jemanden/etwas von etwas trennen, indem man einen Knoten öffnet | *ein Boot von der Stange losbinden*

los·bre·chen VERB *(ist)* **etwas bricht los** etwas fängt plötzlich und intensiv an ⟨ein Sturm, ein Gewitter, ein Schauer, das Gelächter⟩

Lösch·blatt *das* ein Blatt weiches Papier, das man benutzt, um feuchte Tinte zu trocknen

★ **lö·schen** VERB (löschte, hat gelöscht) **1** **etwas löschen** bewirken, dass etwas nicht mehr brennt ⟨ein Feuer, einen Brand, eine Kerze löschen⟩ ↔ *anzünden* | *Die Feuerwehr löschte den Brand* **K** Löscharbeiten, Löschfahrzeug, Löschleiter, Löschmannschaft, Löschtrupp, Löschwasser **2** **etwas löschen** das Genannte oder dessen Inhalt entfernen ⟨einen Eintrag, ein Konto löschen⟩ ⟨Daten löschen⟩ | *Hast du die Datei von der Festplatte gelöscht?* **K** Löschtaste **3** **etwas löschen** die Waren, die ein Schiff transportiert, an Land bringen ⟨die Fracht, die Ladung, ein Schiff löschen⟩ ≈ *entladen* **4** **das Licht löschen** alle Lampen ausschalten **5** **etwas löscht den Durst** ein Getränk bewirkt, dass man keinen Durst mehr hat | *Mineralwasser löscht den Durst* **6** **den Durst (mit etwas) löschen** etwas trinken | *Er löschte seinen Durst mit Limonade* ● zu (1 – 3) **Lö·schung** *die*

Lösch·pa·pier *das; meist Singular* ≈ *Löschblatt*

★ **lo·se** ADJEKTIV **1** nicht mehr an etwas befestigt ⟨eine Schraube, ein Nagel, ein Knopf⟩ ↔ *fest* **2** nicht aneinander befestigt ⟨Blätter⟩ ≈ *einzeln* | *Seine Hefte bestehen nur noch aus losen Blättern* **3** (noch) nicht verpackt ⟨Bonbons lose verkaufen⟩ **4** *meist attributiv* leicht provozierend ⟨lose Späße machen; lose Sprüche, Reden führen; ein loses Mundwerk haben⟩ ≈ *frech*

Lö·se·geld *das; nur Singular* die Summe Geld, die man bezahlen muss, damit ein Gefangener freigelassen wird ⟨ein Lösegeld fordern, zahlen, hinterlegen⟩ | *Die Entführer des Kindes verlangten eine halbe Million Euro Lösegeld*

los·ei·sen VERB (eiste los, hat losgeeist) **jemanden loseisen** *gesprochen* erreichen, dass jemand oder man selbst von einer Verpflichtung frei wird (und einen Ort verlassen kann) | *Ich weiß, dass du viel zu tun hast. Aber kannst du dich nicht mal für ein paar Stunden loseisen und zu mir kommen?*

lo·sen VERB (loste, hat gelost) **(um etwas) losen** etwas durch ein Los entscheiden | *Meine beiden Söhne losten (darum), wer mit meinem Auto fahren durfte*

★ **lö·sen** VERB (löste, hat gelöst) **1** **etwas (von/aus etwas) lösen** etwas von der Sache/Stelle trennen, an der es befestigt ist ≈ *entfernen* | *Sie löste die Briefmarke von der Postkarte* | *Er löst die Tapeten von der Wand* **2** **etwas lösen** etwas, das fest ist, lockerer machen (und so etwas öffnen oder entfernen) ⟨einen Knoten, eine Schraube lösen⟩ **3** **etwas lösen** durch Nachdenken und entsprechendem Handeln zu einem sinnvollen Ergebnis kommen ⟨ein Problem, ein Rätsel, einen Fall, eine mathematische Aufgabe lösen⟩ | *Dem Detektiv gelang es nicht, den Mordfall zu lösen* **4** **eine Fahrkarte lösen** eine Fahrkarte kaufen | *eine Fahrkarte für die Straßenbahn am Automaten lösen* **5** **etwas (in etwas** *(Dativ)*) **lösen** eine Substanz in eine Flüssigkeit geben, damit sich eine Mischung bildet ⟨Salz, Zucker in Wasser lösen⟩ **6** **etwas löst etwas** etwas beseitigt etwas teilweise oder ganz ⟨etwas löst Krämpfe, Schmerzen, Hemmungen, Spannungen⟩ | *eine Creme, welche die Spannungen in der Muskulatur löst* **7** **etwas löst etwas** eine chemische Substanz bildet mit etwas eine Mischung und entfernt es auf diese Weise | *Terpentin löst Farben und Öle* **8** **etwas löst sich (von etwas)** etwas trennt sich von der Sache/Stelle, an der es befestigt (fest) ist ⟨die Farbe, eine Lawine, die Tapete⟩ | *Der Anstrich löst sich vom Zaun* **9** **etwas löst sich** etwas wird immer lockerer und ist zum Schluss lose ⟨eine Schraube, ein Knoten⟩ **10** **sich von jemandem lösen** die enge Bindung an eine Person geringer werden lassen | *Wenn die Kinder älter werden, lösen sie sich von ihren Eltern* **11** **etwas löst sich** etwas wird in der Intensität geringer ⟨Schmerzen, Krämpfe, Hemmungen, Spannungen⟩ **12** **ein Schuss löst sich** ein Schuss kommt aus der Waffe, ohne dass jemand schießen wollte **13** **etwas löst sich** die Antwort auf ein Problem wird gefunden, wird klar | *Das Rätsel um das verschwundene Auto hat sich von allein gelöst* **14** **etwas löst sich** etwas bildet mit einer Flüssigkeit eine Mischung | *Salz löst sich in Wasser, Fett nicht*

Lo·ser ['lu:zɐ] *der;* (-s, -); *gesprochen, abwertend* jemand, der keinen Erfolg hat ≈ *Versager*

★ **los·fah·ren** VERB *(ist)* **(von etwas) losfahren** eine Fahrt beginnen und einen Ort verlassen ≈ *abfahren* | *Wir fuhren in Genf um drei Uhr los*

★ **los·ge·hen** VERB *(ist)* **1** einen Ort zu Fuß verlassen | *Wenn wir den Zug noch erreichen wollen, müssen wir jetzt losgehen* **2** **etwas geht los** *gesprochen* etwas beginnt ⟨das Theater, das Kino, das Konzert, eine Veranstaltung, ein Theaterstück, ein Film, ein Spiel⟩ | *Das Fest geht um 3 Uhr los* **3** **etwas geht los** jemand schießt aus Versehen mit einer Waffe oder etwas explodiert ⟨ein Schuss, eine Bombe⟩ **4** **(mit etwas) auf jemanden losgehen** *gesprochen* jemanden (mit einer Waffe o. Ä.) angreifen | *Plötzlich gingen zwei Männer mit dem Messer aufeinander los* ■ ID **Gleich geht es los!** *gesprochen* etwas (z. B. eine Veranstaltung) beginnt in kurzer Zeit; **Jetzt geht das schon 'wieder los!** *gesprochen, abwertend* etwas Unangenehmes beginnt wieder; **Auf „Los!" gehts los!** Wenn ich „Los!" rufe, fängt der Wettbewerb an

los·ha·ben VERB *(hat)* ■ ID **(et)was/viel/wenig/nichts loshaben** *gesprochen* etwas/viel/wenig/nichts wissen oder können | *In praktischen Dingen hat er viel los*

los·heu·len VERB *(hat); gesprochen* plötzlich anfangen, heftig zu weinen

los·kom·men VERB *(ist)* **1** **von jemandem/etwas loskommen** *gesprochen* sich von jemandem/etwas trennen können ⟨vom Alkohol nicht mehr loskommen⟩ | *Obwohl sie ständig Streit mit ihrem Freund hat, kommt sie nicht mehr von ihm los* **H** meist verneint **2** **(von etwas) loskommen** *gesprochen* sich von etwas befreien | *Der Hund versuchte, von der Leine loszukommen*

los·krie·gen VERB *(hat); gesprochen* **1** **etwas (von etwas) loskriegen** etwas von etwas trennen können | *Die Schraube ist verrostet, ich krieg' sie nicht los* **2** **etwas loskriegen** etwas verkaufen können | *Er kriegt sein altes Auto nicht los* **3** **jemanden loskriegen** ≈ *loswerden*

los·la·chen VERB *(hat)* plötzlich anfangen zu lachen | *Sie lachte laut los, als sie ihn im Nachthemd sah*

★ **los·las·sen** VERB *(hat)* **1** **jemanden/etwas loslassen** aufhören, eine Person/Sache mit oder in der Hand zu halten | *Du darfst die Zügel nicht loslassen!* **2** **ein Tier (auf jemanden) loslassen** ein Tier, das angreifen will, nicht mehr festhalten | *Er ließ den Hund auf den Dieb los* **3** **jemanden auf Personen loslassen** *gesprochen* eine Person mit schlechten Fähigkeiten ohne Aufsicht arbeiten lassen | *Ist es nicht schlimm, so einen unmöglichen Trainer auf die Kinder loszulassen?* **4** **etwas loslassen** *gesprochen, abwertend* etwas nicht nur denken, sondern auch sagen oder jemandem schreiben ⟨eine Beschwerde, einen Spruch, einen Fluch loslassen⟩ **5** **jemanden nicht mehr loslassen** *gesprochen* versuchen, eine Person als Partner zu behalten

los·lau·fen VERB *(ist)* plötzlich anfangen zu laufen oder zu gehen

los·le·gen VERB *(hat)* **1** **(mit etwas) loslegen** *gesprochen* etwas (mit viel Energie) beginnen | *Morgens um sieben legten die Handwerker gleich los mit der Arbeit* | *Du kannst gleich loslegen mit deiner Erzählung* **2** **(mit etwas) loslegen** *gesprochen* deutlich und wütend sagen, warum man sich ärgert | *Er legte sofort los mit seinen Beschwerden*

lös·lich ADJEKTIV **1** so, dass man es mit Wasser mischt, damit es sich auflöst ⟨Kaffee, ein Pulver, eine Tablette, Tee⟩ **2** mit einem Lösungsmittel (meist einer Flüssigkeit) eine homogene Mischung ergebend ⟨Gase, Salze⟩ | *in Wasser oder Blut leicht lösliche Substanzen* • hierzu **Lös·lich·keit** *die*

los·lö·sen VERB *(hat)* **1** **etwas (von etwas) loslösen** etwas von etwas lösen | *Briefmarken vom Kuvert loslösen* **2** **etwas löst sich (von etwas) los** etwas löst sich von etwas | *Die Tapete hat sich losgelöst*

los·ma·chen VERB *(hat)* **jemanden/etwas (von etwas) losmachen** jemanden/etwas von etwas trennen, befreien ⟨ein Boot, einen Hund (von der Leine) losmachen⟩

los·plat·zen VERB *(ist)*; *gesprochen* **1** plötzlich anfangen zu lachen **2** **(mit etwas) losplatzen** plötzlich etwas (oft sehr laut und wütend) sagen, weil man nicht mehr warten kann und es einfach sagen muss

los·rei·ßen VERB *(hat)* **1** **jemanden/etwas (von einer Person/etwas) losreißen** jemanden, sich selbst oder etwas von einer Person oder etwas trennen, indem man kräftig reißt | *einen Knopf vom Mantel losreißen* | *Er wurde festgehalten, aber es gelang ihm, sich loszureißen* **2** **sich von etwas nicht losreißen können** nicht aufhören können, etwas zu lesen oder anzusehen, weil es so interessant ist | *sich von einem spannenden Buch nicht losreißen können*

los·ren·nen VERB *(ist)* plötzlich zu rennen beginnen ≈ *wegrennen*

los·sa·gen VERB *(hat)* **sich von jemandem/etwas lossagen** sagen, dass man mit jemandem/etwas nichts mehr zu tun haben will ⟨sich von seinem Glauben, von seiner Überzeugung lossagen⟩ • hierzu **Los·sa·gung** *die*

los·schie·ßen VERB *(hat)* **1** plötzlich anfangen zu schießen **2** *gesprochen* anfangen, etwas zu erzählen | *Komm, schieß los und erzähl uns, was du gesehen hast!* **I** meist im Imperativ

los·schimp·fen VERB *(hat)* plötzlich anfangen zu schimpfen

los·schla·gen VERB *(hat)* **1** **auf jemanden losschlagen** anfangen, jemanden (meist unkontrolliert) zu schlagen | *Die beiden Boxer schlugen aufeinander los* **2** mit einem (oft militärischen) Angriff beginnen **3** **etwas (von etwas) losschlagen** etwas von etwas durch einen Schlag trennen

los·stür·zen VERB *(ist)* **1** plötzlich und sehr schnell eine Stelle (zu Fuß) verlassen **2** **auf jemanden losstürzen** jemanden angreifen | *Der Tiger stürzte auf den Dompteur los*

los·tre·ten VERB *(hat)* **etwas lostreten** etwas durch Treten von etwas lösen oder in Bewegung setzen ⟨eine Lawine lostreten⟩

Lo·sung *die*; (-, -en) **1** ein kurzer Satz, der ausdrückt, was man tun soll ⟨eine Losung ausgeben⟩ | *Der Stadtrat gab die Losung aus: „Haltet unsere Stadt sauber!"* **2** ≈ *Parole*

★ **Lö·sung** *die*; (-, -en) **1** das Lösen ⟨eines Problems, eines Falles, eines Rätsels, einer Aufgabe⟩ | *einen Detektiv mit der Lösung eines Falles beauftragen* **K** Lösungsmöglichkeit, Lösungsversuch, Lösungsvorschlag; Konfliktlösung, Problemlösung **2** das, womit ein Problem gelöst wird oder werden kann ⟨eine elegante Lösung; die Lösung finden⟩ | *vergeblich versuchen, die Lösung einer mathematischen Aufgabe zu finden* **K** Lösungswort **3** eine Flüssigkeit, die mit einer anderen Substanz eine homogene Mischung bildet ⟨eine hochprozentige Lösung; eine Lösung verdünnen⟩ | *eine Lösung aus Wasser und Säure* **K** Salzlösung, Säurelösung

los·wer·den VERB *(ist)*; *gesprochen* **1** **jemanden/etwas loswerden** sich von einer unangenehmen Person oder Sache trennen ⟨einen Besucher, einen Eindringling loswerden⟩ **2** **etwas loswerden** etwas verkaufen können | *schlecht gewordene Ware nicht mehr loswerden* **3** **jemand wird etwas los** jemand verliert etwas oder jemandem wird etwas gestohlen | *Er ist beim Einkaufen seine Brieftasche losgeworden* ■ **ID** **Ich werde das Gefühl nicht los, dass ...** Ich habe den starken Verdacht, dass ...

los·zie·hen VERB *(ist)* einen Ort meist zu Fuß verlassen

Lot *das*; (-(e)s, -e) **1** ein Stück Metall, das an einer Schnur hängt und mit dessen Hilfe man feststellen kann, ob etwas senkrecht oder wie tief es ist **2** eine Gerade, die mit einer anderen Geraden oder mit einer Ebene einen Winkel von 90° bildet ⟨das Lot fällen⟩ ■ **ID** **etwas ist im Lot** etwas ist in geordneten Verhältnissen; **etwas kommt (wieder) ins Lot** etwas kommt wieder in Ordnung; **etwas (wieder) ins (rechte) Lot bringen** wieder Ordnung in etwas bringen

lö·ten VERB (lötete, hat gelötet) **(etwas) löten** zwei Teile aus Metall durch ein anderes, flüssig gemachtes Metall verbinden ⟨einen Draht löten⟩

Lo·ti·on [lo'tsjo:n] *die*; (-, -en) eine Flüssigkeit (meist cremig und weiß), mit der man die Haut pflegt

Löt·kol·ben *der* ein elektrisches Gerät, mit dem man Metalle lötet

Lot·se *der*; (-n, -n) **1** Lotsen leiten Schiffe durch gefährliche Teile eines Meeres, Hafens, Flusses o. Ä. **2** Lotsen sagen den Piloten beim Landen und Starten, wann und wie sie fliegen sollen **K** Fluglotse **I** *der Lotse; den, dem, des Lotsen* • hierzu **Lot·sin** *die*

lot·sen VERB (lotste, hat gelotst) **1** **etwas lotsen** (als Lotse) ein Schiff durch eine gefährliche Stelle oder ein Flugzeug am oder zum Flughafen leiten | *ein Schiff durch die Felsen lotsen* | *ein Flugzeug zur Landebahn lotsen* **2** **jemanden irgendwohin lotsen** einer Person den Weg zu ihrem Ziel zeigen | *jemanden durch den Verkehr der Großstadt lotsen*

★ **Lot·te·rie** *die*; (-, -n [-'ri:ən]) **1** bei einer Lotterie werden Zahlen oder Lose gezogen und so Gewinner von Preisen ermittelt ⟨an einer Lotterie teilnehmen; in der Lotterie spielen⟩ ≈ *Verlosung* | *Lose für eine Lotterie kaufen* **K** Lotteriegewinn, Lotterielos **2** die Institution, die Lose zieht und Gewinne verteilt

Lot·ter·le·ben *das*; *abwertend oder humorvoll* ein faules, unordentliches, unmoralisches Leben ⟨ein Lotterleben führen⟩

Lot·to *das*; (-s) beim Lotto kreuzt man 6 von 49 Zahlen auf einem Blatt Papier an; man gewinnt, wenn mindestens 3 der gewählten Zahlen in der Lotterie gezogen werden ⟨Lotto spielen; drei, vier, fünf, sechs Richtige im Lotto haben⟩ **K** Lottoannahmestelle, Lottogewinn, Lottospiel, Lottozahlen; Zahlenlotto

Lot·to·schein *der* ein Blatt Papier, auf dem man Zahlen ankreuzt und für das man Geld bezahlt, um am Lotto teilzunehmen ⟨den Lottoschein ausfüllen⟩

★ **Lö·we** *der;* (-n, -n) **1** Löwen sind große Raubtiere in Afrika mit gelbbraunem Fell. Die männlichen Tiere haben eine Mähne am Kopf ⟨der Löwe brüllt; die Mähne des Löwen; der Löwe reißt seine Beute⟩ **K** Löwenjagd, Löwenkäfig, Löwenmähne, Löwenpranke **!** *der Löwe; den, dem, des Löwen* **2** *nur Singular* das Sternzeichen für die Zeit vom 23. Juli bis 23. August **!** → auch **Sternzeichen** **3** eine Person, die in der Zeit vom 23. Juli bis 23. August geboren ist | *Sie ist (ein) Löwe* ■ **ID** **kämpfen wie ein Löwe** mit viel Mut und Energie kämpfen ● zu (1) **Lö·win** *die*

Lö·wen·an·teil *der* der größte und beste Teil einer Sache ⟨den Löwenanteil bekommen; sich (*Dativ*) den Löwenanteil sichern; den Löwenanteil für sich beanspruchen⟩

Lö·wen·maul *das; meist Singular* eine Blume, die in vielen Farben in Gärten wächst

Lö·wen·zahn *der; nur Singular* eine Pflanze, die vor allem auf Wiesen wächst, eine runde Blüte aus vielen gelben, spitzen Blütenblättern hat und deren Stängel einen weißen Saft enthält

lo·yal [lo̯a'jaːl] ADJEKTIV; *geschrieben* **1** **loyal (gegenüber jemandem/etwas)** ⟨Staatsbürger, Truppen⟩ so, dass sie die Prinzipien einer Institution (vor allem des Staates) respektieren ≈ *treu* **2** **loyal (gegenüber jemandem/etwas)** ⟨ein Kollege, ein Geschäftspartner⟩ so, dass sie aufrichtig und fair sind (und sich daran halten, was besprochen wurde) | *Verträge loyal erfüllen* | *den Geschäftspartnern gegenüber loyal sein* ● hierzu **Lo·ya·li·tät** *die*

LP [ɛl'peː] *die;* (-, -s); *gesprochen* Abkürzung für *Langspielplatte*

LPS [ɛlpe'|ɛs] *die;* (-) Li·be·ra·le Par·tei der Schweiz eine politische Partei in der Schweiz

LSD [ɛlɛs'deː] *das;* (-(s)) ein Rauschgift

lt. Abkürzung für *laut* | *lt. §1 der Satzung* | *lt. Sommerflugplan*

Luchs [lʊks] *der;* (-es, -e) ein Tier (eine Raubkatze) mit gelbem Fell und schwarzen Flecken, das in Europa vorkommt ■ **ID** **aufpassen wie ein Luchs** sehr aufmerksam sein und alles genau beobachten

★ **Lü·cke** *die;* (-, -n) **1** eine Stelle, an der etwas fehlt, das dort sein sollte ⟨eine Lücke entsteht; eine Lücke lassen, schließen, füllen⟩ | *Die Kinder krochen durch eine Lücke im Zaun* | *Nachdem ihm ein Zahn gezogen worden war, hatte er eine Lücke im Gebiss* **K** Zahnlücke **2** das Fehlen einer Sache, die nützlich wäre ≈ *Mangel* | *In der Grammatik hat er große Lücken* | *Der Angeklagte konnte von einer Lücke im Gesetz profitieren und wurde freigesprochen* **K** Gesetzeslücke, Wissenslücke

Lü·cken·bü·ßer *der; meist abwertend* eine Person oder Sache, die als meist nicht vollwertiger Ersatz für jemanden/etwas dient | *Weil Florian krank wurde, musste Paul als Lückenbüßer die Arbeit machen* ● hierzu **Lü·cken·bü·ße·rin** *die*

lü·cken·haft ADJEKTIV **1** mit einer oder mehreren Lücken ⟨ein Gebiss⟩ **2** mit Lücken ⟨jemandes Wissen, jemandes Kenntnisse, jemandes Erinnerungen⟩ ≈ *unvollständig* ● hierzu **Lü·cken·haf·tig·keit** *die*

lü·cken·los ADJEKTIV **1** ohne Lücke ⟨ein Gebiss⟩ **2** ohne Lücken ⟨jemandes Wissen, jemandes Kenntnisse, jemandes Erinnerungen⟩ ≈ *umfangreich, perfekt* ● zu (2) **Lü·cken·lo·sig·keit** *die*

lud *Präteritum, 1. und 3. Person Singular* → laden

Lu·der *das;* (-s, -); *gesprochen* **1** *auch abwertend* eine Frau, die ihre körperliche Attraktivität bewusst einsetzt, um Erfolg zu haben **K** Partyluder, Promiluder **2** *abwertend* verwendet als Schimpfwort für eine Frau ⟨ein freches, unverschämtes, dummes Luder⟩

★ **Luft** *die;* (-, Lüf·te) **1** *nur Singular* die Mischung aus Gasen, welche die Erde umgibt und die Menschen und Tiere zum Atmen brauchen | *Ich muss ein bisschen nach draußen, an die frische Luft* | *Sie fächelte sich mit einer Zeitung kühle Luft zu* | *Hoch oben in den Bergen wird die Luft dünn* **K** Luftblase, Luftfeuchtigkeit, Luftreinheit, Luftverschmutzung; Frischluft, Kaltluft, Warmluft, Heißluft, Meeresluft **2** *nur Singular* der Bereich über der Oberfläche der Erde | *einen Ball in die Luft werfen* | *Ein Pfeil fliegt durch die Luft* | *Der Vogel fing eine Fliege in der Luft* **K** Luftangriff, Luftschlacht **3** *nur Singular* ein leichter Wind ⟨es geht, weht eine frische, kalte Luft⟩ **4** **die Luft anhalten** absichtlich nicht atmen **5** **keine Luft bekommen/kriegen** nicht atmen können **6** **Luft holen** tief und hörbar einatmen **7** **an die frische Luft gehen; frische Luft schnappen** nach draußen gehen, um frische Luft atmen zu können **8** **etwas fliegt in die Luft** *gesprochen* etwas wird durch eine Explosion zerstört **9** **etwas in die Luft jagen** *gesprochen* etwas mit Sprengstoff zerstören

■ **ID** ▸Präposition plus Luft: **jemanden an die frische Luft setzen** *gesprochen* jemanden zwingen, dass er einen Raum verlässt; **etwas ist aus der Luft gegriffen** etwas ist erfunden und existiert in Wirklichkeit nicht ⟨eine Behauptung⟩; **jemand geht in die Luft** *gesprochen* jemand wird sehr schnell wütend; **jemanden in der Luft hängen lassen** jemanden auf eine Entscheidung oder Hilfe warten lassen; **etwas hängt (noch) in der Luft** etwas ist noch nicht entschieden; **etwas liegt in der Luft** etwas steht (als Gefahr, Drohung) direkt bevor | *Da lag Streit in der Luft*; **jemand/etwas löst sich in Luft auf** jemand/etwas verschwindet plötzlich; **sich in die Lüfte schwingen/erheben** *geschrieben* den Boden verlassen und fliegen ⟨Vögel⟩; **jemanden in der Luft zerreißen** *gesprochen* jemanden sehr hart kritisieren; **von Luft und Liebe kann man nicht leben** man braucht auch Essen, Geld usw. zum Leben;

▸Luft als Subjekt, im Nominativ: **Die Luft ist rein!** Es ist niemand da, der einen beobachten könnte; **Es herrscht dicke Luft** *gesprochen* Es herrscht eine gespannte Atmosphäre, bald gibt es Streit oder Ärger; **Luft für jemanden sein** *gesprochen* von jemandem nicht beachtet werden; **aus etwas ist die Luft raus** *gesprochen* etwas hat nicht mehr dieselbe Wirkung oder den Schwung wie am Anfang; **jemandem bleibt die Luft weg** **a** jemand kann nicht mehr atmen **b** jemand ist sehr erschrocken oder erstaunt;

▸andere Verwendungen: **jemandem die Luft zum Atmen nehmen, jemandem die Luft abschnüren** jemanden in der Freiheit sehr einschränken; **sich/etwas** (*Dativ*) **Luft machen** laut sagen, dass man sich ärgert oder dass man Probleme hat ⟨dem Ärger, Unmut, Verdruss Luft machen⟩; **jemanden wie Luft behandeln** *gesprochen* jemanden nicht beachten; **Halt die Luft an!** *gesprochen* **a** Sei still, rede nicht so viel! **b** Übertreib nicht so!

Luft·ab·wehr *die; meist Singular* die Verteidigung gegen Flugzeuge und Raketen des Feindes in der Luft

Luft·auf·nah·me *die* ein Foto (eines Teils der Oberfläche der Erde), das von einem Flugzeug o. Ä. aus gemacht wurde

Luft·bal·lon *der* eine Hülle aus Gummi, die man mit Luft füllt und die ein Spielzeug für Kinder ist

Luft·brü·cke *die* der Transport von Lebensmitteln, Medikamenten usw. in ein Gebiet, z. B. bei Katastrophen oder im Krieg ⟨eine Luftbrücke einrichten⟩

Lüft·chen *das;* (-s) ein leichter Wind ⟨es geht ein Lüftchen; ein laues Lüftchen⟩

L

luft·dicht ADJEKTIV so, dass keine Luft hinein oder hinaus kann ⟨eine Verpackung⟩

Luft·druck *der; meist Singular* der Druck, welchen die Luft der Atmosphäre auf die Erde ausübt ⟨der Luftdruck steigt, fällt⟩ K Luftdruckmessgerät

lüf·ten VERB (lüftete, hat gelüftet) **1** **(etwas) lüften** die Fenster öffnen, damit frische Luft in das Zimmer kommt | *das/im Schlafzimmer lüften* **2** **ein Geheimnis lüften** jemandem ein Geheimnis verraten

Luft·fahrt *die* **1** das Fliegen mit Flugzeugen, Hubschraubern usw. **2** *nur Singular* der Bereich von Industrie und Wirtschaft, der mit der Fortbewegung durch die Luft zusammenhängt

Luft·fahr·zeug *das* ein Fahrzeug, mit dem man fliegen kann | *Flugzeuge, Zeppeline und Ballons sind Luftfahrzeuge*

luft·ge·trock·net ADJEKTIV an der Luft trocken geworden ⟨Fleisch, Schinken⟩

Luft·ge·wehr *das* ein Gewehr, welches die Kugeln mit Druckluft nach außen treibt K Luftgewehrschießen

luf·tig ADJEKTIV **1** aus leichtem Stoff, welcher die Luft gut durchlässt ⟨Kleidung; luftig angezogen sein⟩ **2** so, dass genügend frische Luft hineinkommt ⟨ein Raum, eine Wohnung⟩ **3** **in luftiger Höhe** so weit oben (z. B. auf einem Berg), dass man nur noch von Luft umgeben ist

Luf·ti·kus *der;* (-(ses), -se); *gesprochen, abwertend* ein Mensch, auf den man sich nicht verlassen kann, weil er nur an das eigene Vergnügen denkt

Luft·kis·sen|boot *das* ein Schiff oder Boot, das auf einer Schicht zusammengepresster Luft über das Wasser fährt ≈ *Hovercraft* | *Zwischen Dover und Calais verkehren Luftkissenboote*

Luft|kur·ort *der* ein Kurort mit sehr gesunder Luft

luft·leer ADJEKTIV völlig ohne Luft ⟨im luftleeren Raum⟩

Luft·li·nie *die; nur Singular* die kürzeste Distanz zwischen zwei Orten auf der Oberfläche der Erde | *500 Kilometer Luftlinie*

Luft·mas·se *die; meist Plural* eine große Menge Luft über einem geografischen Gebiet | *Polare Luftmassen dringen langsam nach Mitteleuropa vor*

Luft·mat·rat·ze *die* Luftmatratzen füllt man mit Luft, um z. B. im Zelt oder im Wasser darauf zu liegen ⟨eine Luftmatratze aufblasen; die Luft aus der Luftmatratze lassen⟩

Luft·pi·rat *der* eine Person, welche den Piloten eines Flugzeuges zwingt, dorthin zu fliegen, wohin sie will ≈ *Flugzeugentführer* • hierzu **Luft·pi·ra·tin** *die*

Luft·post *die; nur Singular* **1** das System, bei dem Briefe usw. mit dem Flugzeug transportiert werden ⟨etwas per Luftpost schicken⟩ **2** die Post, die mit dem Flugzeug transportiert wird K Luftpostbrief

Luft·pum·pe *die* ein Gerät, mit dem man Luft in einen Reifen o. Ä. pumpen kann

Luft·raum *der* **1** der freie Raum über einem Land ⟨in den Luftraum eines Landes eindringen⟩ **2** **den Luftraum verletzen** ohne Erlaubnis in den Luftraum eines Landes fliegen

Luft·röh·re *die* durch die Luftröhre kommt die Luft vom Mund und von der Nase in die Lunge

Luft·schlan·ge *die* ≈ *Papierschlange*

Luft·schutz|kel·ler *der* ein stabil gebauter Keller, in welchem die Menschen bei einem Bombenangriff geschützt sind

Luft·sprung *der* ein kleiner Sprung nach oben (meist aus Freude) ⟨vor Freude einen Luftsprung machen⟩

Lüf·tung *die;* (-, -en) **1** *nur Singular* das Lüften eines Raumes **2** ein System aus Rohren, durch die frische Luft in die Räume eines Gebäudes geleitet wird

Luft·waf·fe *die; meist Singular* der Teil einer Armee, der in der Luft kämpft ↔ *Heer, Marine*

Luft·weg *der* **1** *nur Singular* der Weg, auf dem jemand/etwas mit einem Flugzeug o. Ä. transportiert wird ⟨auf dem Luftweg⟩ | *Autos auf dem Luftweg nach Südamerika transportieren* **2** *nur Plural* ≈ *Atemwege, Bronchien*

Luft|wi·der·stand *der; meist Singular* der Druck, welchen die Luft auf einen Körper ausübt, der sich bewegt | *Bei zunehmender Geschwindigkeit wird der Luftwiderstand immer größer*

Luft·zug *der; meist Singular* eine Bewegung der Luft, vor allem in einem Haus, einer Höhle o. Ä. | *ein Luftzug ließ die Kerze flackern*

Lug ■ ID **Lug und Trug** *veraltend* ≈ *Betrug*

★ **Lü·ge** *die;* (-, -n) Lügen erzählt man, wenn man die Wahrheit nicht sagen will ⟨eine grobe, glatte, faustdicke Lüge; Lügen erzählen, verbreiten; sich in Lügen verstricken; jemanden der Lüge bezichtigen⟩ | *Was du da sagst, ist eine glatte Lüge!* ■ ID **jemanden Lügen strafen** beweisen, dass jemand gelogen oder etwas Falsches behauptet hat; **Lügen haben kurze Beine** Lügen werden meist sehr schnell erkannt

★ **lü·gen** VERB (log, hat gelogen) etwas sagen, das nicht wahr oder richtig ist, um jemanden zu täuschen | *Glaube kein Wort von dem, was er sagt, er lügt nämlich ständig* | *Ich müsste lügen, wenn ich sagen wollte, dass ich mit deiner Leistung zufrieden bin* ■ ID **lügen, dass sich die Balken biegen, lügen wie gedruckt** *gesprochen* viel oder auf auffällig übertriebene Weise lügen • hierzu **Lüg·ner** *der;* **Lüg·ne·rin** *die*

Lu·ke *die;* (-, -n) **1** ein kleines Fenster oder eine kleine (verschließbare) Öffnung im Keller oder auf dem Dachboden K Dachluke, Kellerluke **2** (vor allem auf Schiffen) eine Öffnung, durch die man ein- oder aussteigen kann ⟨die Luken dichtmachen⟩

luk·ra·tiv [-f] ADJEKTIV; *geschrieben* ⟨ein Angebot, ein Geschäft⟩ so, dass sie viel Geld einbringen

lu·kul·lisch ADJEKTIV; *geschrieben* in großen Mengen und von sehr guter Qualität ⟨ein Menü, ein Mahl, Speisen, Genüsse⟩

Lu·latsch *der;* (-(e)s, -e) **ein langer Lulatsch** *gesprochen* ein meist schlanker und sehr großer (junger) Mann

Lüm·mel *der;* (-s, -); *gesprochen, abwertend* ein Junge oder junger Mann, der sich schlecht benimmt

lüm·meln VERB (lümmelte sich, hat sich gelümmelt); *gesprochen, abwertend* **sich irgendwo(hin) lümmeln** so sitzen oder liegen (oder sich so hinsetzen oder hinlegen), dass es bequem, aber unhöflich ist ⟨sich in den/im Sessel lümmeln; sich auf das/auf dem Sofa lümmeln⟩

Lump *der;* (-en, -en); *abwertend* eine Person mit schlechtem Charakter, die vor allem andere Leute betrügt ⟨ein elender, niederträchtiger Lump⟩ **i** *der Lump; den, dem, des Lumpen*

lum·pen VERB ■ ID **sich nicht lumpen lassen** *gesprochen* ziemlich viel Geld für jemanden/etwas ausgeben ≈ *großzügig* | *Wenn seine Frau Geburtstag hat, lässt er sich nicht lumpen*

Lum·pen *der;* (-s, -) **1** ein altes Stück Stoff, das meist schmutzig und zerrissen ist **2** *abwertend meist Plural* ein sehr altes Kleidungsstück

lum·pig ADJEKTIV; *gesprochen* **1** mit schlechtem Charakter ↔ *anständig* **2** *meist attributiv* in kleiner Menge und von geringem Wert | *Du wirst mit ihm doch nicht wegen der paar lumpigen Cent streiten!*

★ **Lun·ge** *die;* (-, -n) **1** das Organ in der Brust des Menschen und mancher Tiere, das beim Atmen frische Luft aufnimmt und verbrauchte Luft abgibt | *In der Lunge gibt das Blut Kohlendioxid ab und nimmt frischen Sauerstoff auf* K Lungenembolie, Lungenentzündung, Lungenkrankheit, Lungenkrebs, Lungenleiden, Lungenödem, Lungentuberkulose, Lungentumor; lungenkrank; Raucherlunge **2** **die eiserne Lunge** ein Apparat, mit dem künstlich Luft in die Lunge gebracht wird **3** **es auf der Lunge haben** eine kranke Lunge haben **4** **auf Lunge rauchen** beim Rauchen den Rauch tief einatmen ■ **ID** **sich** (*Dativ*) **die Lunge aus dem Hals/Leib schreien** *gesprochen* sehr laut und mit voller Energie schreien

Lụn·gen·flü·gel *der* eine der Hälften der Lunge

Lụn·gen·zug *der* **einen Lungenzug machen** beim Rauchen den Rauch in die Lunge einatmen

Lụn·te *die;* (-, -n) ein langer Faden, der mit einer brennbaren Flüssigkeit behandelt ist und den man anzündet, damit Dynamit o. Ä. explodiert ≈ *Zündschnur* ■ **ID** **Lunte riechen** *gesprochen* eine Gefahr im voraus bemerken

Lu̱·pe *die;* (-, -n) ein rundes und gebogenes Stück Glas (eine Linse), durch das man kleine Dinge größer sieht ⟨etwas mit der Lupe lesen⟩ | *einen Käfer unter der Lupe betrachten* **K** Leselupe ■ **ID** **jemanden/etwas unter die Lupe nehmen** jemanden/etwas genau beobachten und prüfen

lu̱·pen·rein ADJEKTIV **1** absolut rein ⟨ein Diamant, ein Brillant⟩ **2** ⟨ein Alibi, eine Beweisführung⟩ so, dass keiner etwas dagegen sagen kann ≈ *perfekt*

Lurch [lʊrç] *der;* (-(e)s, -e) jedes Tier, das zuerst im Wasser lebt und mit Kiemen atmet, später an Land lebt und mit der Lunge atmet ≈ *Amphibie*

★ **Lụst** *die;* (-, Lüs·te) **1** **Lust (auf etwas** (*Akkusativ*)**)** *nur Singular* der (meist momentane) Wunsch, etwas zu haben ⟨große, keine Lust auf etwas haben⟩ | *Ich hätte jetzt Lust auf ein Stück Kuchen mit Schlagsahne* **2** **Lust (zu etwas)** *nur Singular* der (meist momentane) Wunsch, etwas zu tun ⟨Lust zu etwas bekommen, haben, verspüren; keine Lust mehr haben⟩ | *Ich habe nicht die geringste Lust zu einer Wanderung!* | *„Hast du Lust, mit uns schwimmen zu gehen?" – „Nein, ich hab heute keine Lust."* **3** **die Lust (an etwas** (*Dativ*)**)** *nur Singular* die Freude und Zufriedenheit, die man bei einer Tätigkeit bekommt ⟨Lust an etwas haben, gewinnen; die Lust an etwas verlieren; etwas aus purer Lust tun; jemandem vergeht die Lust an etwas⟩ ≈ *Vergnügen* | *Schon nach kurzer Zeit hatte sie die Lust an ihrem neuen Job verloren* | *Bei diesem schlechten Wetter könnte einem die Lust am Reisen vergehen!* **K** Lustgefühl, Lustgewinn **4** **die Lust (auf jemanden/etwas)** der starke Wunsch nach Sex ⟨die Lust/Lüste befriedigen, stillen; den Lüsten nachgeben, frönen⟩ **K** Lustempfinden, Lustgefühl, Lustgewinn; Liebeslust ■ **ID** **nach Lust und Laune** so, wie man es im Moment schön oder gut findet

lụst·be·tont ADJEKTIV ⟨eine Tätigkeit⟩ mit Lust und Freude verbunden

Lü̱s·ter *der;* (-s, -) eine große Lampe, die kunstvoll verziert ist, von der Decke herunterhängt und viele Kerzen oder Glühlampen hat ≈ *Kronleuchter*

Lü̱s·ter·klem·me *die;* (-, -n) ein kleines Teil aus Plastik, mit dem man die Drähte einer Lampe mit der Leitung verbindet

lụ̈s·tern ADJEKTIV voller Verlangen nach Sex ⟨ein Kerl, eine Frau, Blicke, Gedanken⟩ • hierzu **Lụ̈s·tern·heit** *die*

-lüs·tern *im Adjektiv, unbetont, nicht produktiv; meist abwertend* **kriegslüstern, machtlüstern, mordlüstern, rachelüstern, sensationslüstern** *und andere* mit starkem Verlangen nach der genannten Sache

★ **lụs·tig** ADJEKTIV **1** so, dass es jemanden heiter macht oder zum Lachen bringt ⟨ein Witz, eine Geschichte, ein Erlebnis, eine Begebenheit⟩ ≈ *witzig* | *Auf der Feier ging es sehr lustig zu* | *Es war sehr lustig, seinen Witzen zuzuhören* **2** so, dass ein Mensch gute Laune hat und Freude verbreitet ≈ *fröhlich* | *Auf dem Betriebsfest waren alle recht lustig* **3** so, dass etwas den Betrachter fröhlich stimmt ⟨jemandes Augen, ein Lachen, Farben⟩ **4** **sich über jemanden/etwas lustig machen** über jemanden/etwas Späße machen | *Die Leute machen sich darüber lustig, dass er so viele Sommersprossen hat* ■ **ID** **Das ist ja lustig!** *gesprochen, ironisch* Das ist sehr unangenehm; **Das kann ja (noch) lustig werden!** *gesprochen, ironisch* Das gibt noch viele Probleme • zu (1,2) **Lụs·tig·keit** *die*

-lus·tig *im Adjektiv, unbetont, begrenzt produktiv* **angriffslustig, kampf(es)lustig, kauflustig, lebenslustig, reiselustig, schaulustig, streitlustig, unternehmungslustig** *und andere* so, dass jemand das Genannte gern tut oder (gerade) gern täte | *Das abenteuerlustige Pärchen fährt auf Safari nach Afrika*

Lü̱st·ling *der;* (-s, -e); *abwertend* ein Mann, der sehr oft an sexuelle Dinge denkt

lụst·los ADJEKTIV ohne Lust | *einen lustlosen Eindruck machen* | *Sie stocherte lustlos in ihrem Essen herum* • hierzu **Lụst·lo·sig·keit** *die*

Lụst·molch *der;* (-(e)s, -e); *gesprochen, abwertend* ≈ *Lüstling*

Lụst·ob·jekt *das* eine Person, an der jemand ausschließlich sexuelles Interesse hat

Lụst·spiel *das* ein lustiges Theaterstück oder ein lustiger Film, meist mit einem glücklichen Ende ≈ *Komödie* ↔ *Tragödie* **K** Lustspieldichter

lụst·wan·deln VERB (lustwandelte, ist lustgewandelt); *humorvoll* spazieren gehen

lụt·schen VERB (lutschte, hat gelutscht) **1** **etwas lutschen** etwas Essbares im Mund langsam auflösen lassen ⟨ein Bonbon, ein Eis lutschen⟩ **2** **an etwas** (*Dativ*) **lutschen** etwas in den Mund nehmen und daran saugen ⟨an einem Schnuller, Lutscher lutschen; am Daumen lutschen⟩

Lụt·scher *der;* (-s, -) ein großes Bonbon an einem Stiel, das man lutscht oder an dem man leckt

Lu̱v [-f] *das;* (-s) die Seite eines Schiffes oder einer Insel, auf welcher der Wind bläst | *Die Insel liegt im Luv eines Gebirges* **K** Luvseite

lu·xu·ri·ö̱s ADJEKTIV mit viel Luxus ⟨ein Auto, eine Wohnung, ein Hotel, ein Lebensstil; ein luxuriöses Leben führen⟩

★ **Lụ·xus** *der;* (-) **1** alle Dinge, die gut und teuer sind und die man nicht wirklich zum Leben braucht ⟨im Luxus leben; etwas ist reiner Luxus; den Luxus lieben⟩ **K** Luxusartikel, Luxusgegenstand **2** **großen Luxus treiben** viel Geld für Dinge ausgeben, die Luxus sind ■ **ID** **etwas ist für jemanden (der reinste) Luxus** jemand kann sich etwas (Alltägliches) nur selten leisten

Lụ·xus- *im Substantiv, betont, begrenzt produktiv* **das Luxusauto, der Luxusdampfer, das Luxushotel, die Luxuslimousine, die Luxuswohnung** *und andere* drückt aus, dass etwas von sehr guter Qualität und sehr teuer ist | *Sie verdienen so viel Geld, dass sie sich eine Luxusvilla leisten können*

lyn·chen ['lʏnçn̩] VERB (lynchte, hat gelyncht) **Personen lynchen jemanden** eine wütende Menge tötet eine Person, weil sie glaubt, dass diese den Tod verdient

Lynch·jus·tiz ['lʏnç-] *die* das Lynchen ⟨Lynchjustiz an jemandem üben⟩

Ly·rik ['ly:-] *die;* (-) eine Form der Dichtung in Versen, meist mit einem Reim oder Rhythmus | *die romantische Lyrik* | *die Lyrik des Expressionismus* **K** Liebeslyrik • hierzu **Ly·ri·ker** ['ly:-] *der;* **Ly·ri·ke·rin** ['ly:-] *die;* **ly·risch** ['ly:-] ADJEKTIV

M

M, m [ɛm] *das;* (-, -/*gesprochen auch* -s) der dreizehnte Buchstabe des Alphabets ⟨ein großes M; ein kleines m⟩

Mä·ạn·der *der;* (-s, -) eine von vielen engen Biegungen eines Flusses • hierzu **mä·ạn·dern** VERB *(hat)*

Maat *der;* (-(e)s, -e(n)) ein Unteroffizier in der Marine

Mạch·art *die* die Art, wie etwas gemacht ist | *Das Kleid wirkt elegant, obwohl es von einfacher Machart ist*

mạch·bar ADJEKTIV **etwas ist (nicht) machbar** etwas kann (nicht) erreicht, gemacht werden

Ma̱·che *die;* (-) **1** *gesprochen, abwertend* ein Verhalten, das man als künstlich empfindet | *Ihre Freundlichkeit ist doch reine Mache, in Wirklichkeit kann sie mich nicht ausstehen* **2** **etwas ist in der Mache; jemand hat etwas in der Mache** *gesprochen* etwas wird gerade (von jemandem) gemacht, produziert

-ma·che *die; im Substantiv, unbetont, begrenzt produktiv* **Meinungsmache, Panikmache, Sensationsmache** *und andere* der Versuch, die öffentliche Meinung oder Stimmung in die gewollte Richtung zu lenken | *die Stimmungsmache der Boulevardpresse*

★ **ma̱·chen** VERB (machte, hat gemacht)

▸entstehen lassen: **1** **etwas machen** durch Arbeit und aus verschiedenen Materialien etwas Neues entstehen lassen | *Tee, Kaffee, das Essen machen* | *aus Brettern eine Kiste machen* | *aus Orangensaft, Gin und Rum einen Cocktail machen* | *Er ließ sich vom Schneider einen Anzug machen* | *„Was machst du da?" – „Ich male ein Bild für Mama."* | *Soll ich euch was zu trinken machen?* ℹ *Machen* steht oft anstelle eines anderen Verbs, welches die Tätigkeit genauer bezeichnen würde. **2** **etwas machen** bewirken, dass etwas entsteht ⟨Feuer, Lärm, Musik, Dummheiten, Blödsinn, Späße, Witze⟩ | *In seinem Diktat machte er zehn Fehler* **3** **jemandem etwas machen** bewirken, dass jemand die genannte Sache hat ⟨jemandem (kaum, wenig, viel) Arbeit, Freude, Kummer, Mühe, Mut, Sorgen machen⟩ ≈*verursachen* | *Die Kinder machen ihr viel Freude*

▸tun, handeln: **4** **etwas machen** eine Tätigkeit, Handlung ausführen ⟨die Arbeit, die Hausaufgaben, ein Experiment, einen Versuch machen⟩ ≈*tun* | *Er macht nur (das), was ihm gefällt* | *Was machst du morgen Nachmittag?* | *Ich bin ratlos, jetzt weiß ich nicht mehr, was ich machen soll!* **5** **etwas irgendwie machen** in der genannten Art und Weise handeln ⟨etwas gut, schlecht, richtig, falsch, sorgfältig, schlampig, verkehrt machen⟩ | *Bravo, das hast du prima gemacht!* **6** **etwas machen** zusammen mit einem Substantiv verwendet, um ein Verb zu umschreiben | *eine Bemerkung machen* (etwas sagen) | *Besorgungen machen* (etwas besorgen) | *einen Besuch (bei jemandem) machen* (jemanden besuchen) | *Einkäufe machen* (einkaufen) | *eine Fahrt irgendwohin machen* (irgendwohin fahren) | *ein Foto (von jemandem/etwas) machen* (jemanden/etwas) fotografieren) | *jemandem ein Geschenk machen* (jemandem etwas schenken) | *jemandem ein Geständnis machen* (jemandem etwas gestehen) | *ein Interview (mit jemandem) machen* (jemanden interviewen) | *eine Reise machen* (verreisen) | *einen Spaziergang machen* (spazieren gehen) | *ein Spiel machen* (spielen) | *den Versuch machen, etwas zu tun* (etwas zu tun versuchen) | *(jemandem) einen Vorschlag machen* (jemandem) etwas vorschlagen)

▸verändern: **7** **eine Person/Sache macht jemanden/etwas** +*Adjektiv* eine Person oder Sache bewirkt, dass jemand/etwas in den genannten Zustand kommt | *jemanden nass machen* | *ein Brett kürzer machen* | *Dieser Lärm macht mich ganz krank* | *Diese große Hitze macht mich durstig* | *Es macht mich ganz unruhig, wenn ich an die Prüfung denke* | *Macht es dich nicht traurig, allein zu sein?* ℹ oft auch Zusammenschreibung möglich: *jemanden krankmachen, nassmachen; etwas ganzmachen, kaputtmachen* **8** **jemand/etwas macht eine Person/Sache zu jemandem/etwas** jemand/etwas bewirkt, dass eine Person oder Sache sich irgendwie verändert | *Der Kummer machte ihn zu einem kranken Mann* | *den Garten zum Spielplatz machen* **9** **jemanden zu etwas machen** jemandem die genannte Funktion geben ⟨jemanden zum Direktor, Vorsitzenden, Leiter machen⟩ ≈*ernennen* **10** **jemand/etwas macht einer Person etwas irgendwie/zu etwas** jemand/etwas bewirkt, dass eine Person in die genannte Situation kommt | *jemandem das Leben schwer/zur Hölle machen* | *Deine Sturheit macht es mir schwer, mit dir auszukommen*

▸Prüfung: **11** **etwas machen** in eine Prüfung gehen, um das eigene Wissen oder Können zu zeigen und ein Zeugnis zu bekommen ⟨eine Prüfung, das Abitur, die mittlere Reife, das Examen machen⟩

▸Ergebnis, Summe: **12** **etwas macht etwas** *gesprochen* eine Rechnung ergibt die genannte Zahl oder Summe | *Die Reparatur macht 60 Euro* | *Fünf mal sieben macht fünfunddreißig* (5 × 7 = 35) ℹ kein Passiv

▸in festen Wendungen: **13** **das Bett/die Betten machen** die Kissen und die Bettdecken schütteln und das Bett/die Betten wieder in einen ordentlichen Zustand bringen **14** **jemandem die Haare machen** den Haaren die gewünschte Frisur geben ≈*frisieren* **15** **sich** *(Dativ)* **die Mühe machen** (**zu** +*Infinitiv*) etwas tun, womit man viel Mühe oder Arbeit hat | *Sie machte sich die Mühe, alle Papiere persönlich zu überprüfen* | *Er machte sich nicht mal die Mühe, uns zu grüßen* **16** **(eine) Pause machen** die Arbeit für kurze Zeit unterbrechen (um sich zu erholen) | *Wann machen wir endlich Pause?* **17** **(jemandem) Platz machen** aufstehen oder zur Seite gehen/rücken, damit sich jemand hinsetzen oder vorbeigehen kann **18** **jemand macht (nur) Spaß** eine Person tut oder sagt etwas, das sie nicht ernst meint | *Ärgere dich nicht, er macht doch nur Spaß* **19** **etwas macht (jemandem) Spaß** etwas gibt jemandem Freude und Vergnügen | *Rad fahren macht (ihm) großen Spaß* ℹ kein Passiv **20** **sich** *(Dativ)* **Sorgen machen** voll Angst und Sorge sein **21** **jemand/etwas macht einer Person zu schaffen** jemand/etwas ist für eine Person anstrengend, belastend oder unverständlich | *Das schwüle Wetter macht mir sehr zu schaffen* | *Es macht mir immer noch zu schaffen, wie unfair er dich behandelt hat*

▸mit es: **22** **es (mit jemandem) machen** *gesprochen* ⚠ Sex mit jemandem haben **23** **es jemandem machen** *gesprochen* ⚠ jemanden sexuell befriedigen

▸Kot, Urin: **24** **etwas/irgendwohin machen** *gesprochen* Darm oder Blase entleeren (sodass etwas schmutzig wird) | *Das Kind hat in die Hose/ins Bett gemacht* | *Es ist eklig, wenn Hunde ihre Häufchen in den Sandkasten machen*

▸anfangen: **25** **sich an etwas** *(Akkusativ)* **machen** mit einer Tätigkeit (vor allem mit einer Arbeit) anfangen | *Jetzt muss ich mich endlich an meine Hausaufgaben machen* | *sich daran machen, ein Problem zu lösen* **26** **sich auf die Reise/den Weg machen** eine Reise beginnen oder einen Ort verlassen | *Es ist schon spät. Ich mache mich jetzt auf den Weg nach Hause!*

▸Eindruck: **27** **jemand/etwas macht sich irgendwie** jemand/etwas hinterlässt den genannten Eindruck, sieht irgendwie aus | *Er macht sich sehr elegant in dem Anzug | Sie macht sich sehr gut in ihrem neuen Job | Wie macht sich das Bild über dem Sofa?*

▸sich entwickeln: **28** **jemand/etwas macht sich** *gesprochen* jemand/etwas entwickelt sich allmählich positiv | *Ich glaube, das Wetter macht sich heute noch | Früher war er nicht sehr fleißig, aber jetzt macht er sich*

▸Einstellung: **29** **sich** (*Dativ*) **nichts/nicht viel aus jemandem/etwas machen** sich nicht (sehr) für jemanden/etwas interessieren | *Sie macht sich nichts aus eleganten Kleidern*

■ **ID** **Was macht die Arbeit/die Gesundheit/das Leben?** *gesprochen* verwendet, um höflich zu fragen, wie es jemandem geht; **(Das) macht nichts!** Das ist nicht schlimm!; **'Mach dir nichts draus!** *gesprochen* Ärgere dich nicht darüber!; **Nun 'mach schon!, Mach doch mal!** *gesprochen* Beeile dich!; **Machs 'gut!** *gesprochen* verwendet, um sich von einer Person zu verabschieden (und um ihr Glück zu wünschen)

Ma·chen·schaf·ten *die; Plural; abwertend* (meist geheime) Pläne und Handlungen, mit denen man jemandem etwas Böses tut und dadurch für sich selbst Vorteile bekommt ⟨dunkle, üble, verbrecherische Machenschaften; Machenschaften gegen jemanden aufdecken⟩

Ma·cher *der;* (-s, -) eine Person, die sehr aktiv ist, die Initiative ergreift und gute Ideen selbst oder zusammen mit anderen Leuten in die Tat umsetzt ● hierzu **Ma·che·rin** *die*

-ma·cher *der; im Substantiv, unbetont, sehr produktiv* **1** **Filmemacher, Korbmacher, Hutmacher, Uhrmacher, Werkzeugmacher** *und andere* verwendet, um eine Person danach zu bezeichnen, was sie in ihrem Beruf produziert | *sein großer Auftritt als Liedermacher* **2** **Angstmacher, Meinungsmacher, Panikmacher, Stimmungsmacher** *und andere* verwendet, um eine Person nach der Wirkung zu bezeichnen, die ihr Verhalten (auf andere Leute) hat | *Der alte Miesmacher verdirbt jedes Mal die gute Stimmung* **3** **Faxenmacher, Krachmacher, Krawallmacher, Radaumacher, Spaßmacher** *und andere* verwendet, um eine Person nach etwas zu bezeichnen, das sie (gern und) oft tut | *Ihr Mann ist ein großer Sprüchemacher* **4** **Geschäftemacher, Karrieremacher, Profitmacher** *und andere oft abwertend* verwendet, um eine Person nach dem Ziel zu bezeichnen, das sie anstrebt oder erreicht hat **5** **Muntermacher, Weichmacher, Weißmacher** *und andere* verwendet, um etwas nach der Wirkung zu bezeichnen, die es hat | *Torten sind ein echter Dickmacher* ● hierzu **-ma·che·rin** *die*

Ma·cho ['matʃo] *der;* (-s, -s); *meist abwertend* ein Mann, der glaubt, dass Männer stark und hart sein müssten, keine Gefühle zeigen dürften und den Frauen überlegen seien

★ **Macht** *die;* (-, Mäch·te) **1** **Macht (über jemanden/etwas)** *nur Singular* die Möglichkeit oder Fähigkeit, über Personen oder Dinge zu bestimmen oder sie zu beeinflussen ⟨(große) Macht über jemanden/etwas haben, ausüben; jemanden in seiner Macht haben; die eigene Macht gebrauchen, missbrauchen, ausspielen, ausbauen⟩ | *Ich werde alles tun, was in meiner Macht steht, um Ihnen zu helfen* K Machtgier, Machtmissbrauch, Machtstreben; Führungsmacht **2** *nur Singular* die Kontrolle über ein Land, vor allem als Regierung ⟨an der Macht sein; an die/zur Macht kommen, gelangen; die Macht übernehmen, an sich reißen, ergreifen; jemanden an die Macht bringen; die Macht der Kirche, des Staates, des Volkes⟩ K Machtantritt, Machtergreifung, Machtübernahme; Staatsmacht, Volksmacht **3** *nur Singular* eine große physische oder psychische Kraft, mit der etwas auf jemanden/etwas wirkt ⟨sich mit (aller) Macht gegen etwas stemmen/wehren, für etwas einsetzen; die Macht der Liebe, der Gewohnheit, des Geldes⟩ **4** ein Staat, der meist politisch oder wirtschaftlich sehr stark ist ⟨eine ausländische, feindliche, verbündete Macht⟩ K Atommacht, Nuklearmacht, Großmacht, Kolonialmacht, Industriemacht, Kriegsmacht, Militärmacht, Seemacht **5** eine Gruppe von Menschen, die (in einem Land) großen Einfluss hat ⟨die kirchliche, weltliche Macht⟩ **6** *meist Plural* ein Wesen, von dem man glaubt, dass es besondere (meist geheimnisvolle) Kräfte oder Fähigkeiten hat ⟨die Mächte der Finsternis, des Bösen; dunkle, geheimnisvolle Mächte; an überirdische Mächte glauben⟩

Macht·ha·ber *der;* (-s, -); *meist Plural; abwertend* einer der Menschen, die in einem Staat viel Macht haben und diese missbrauchen | *Die Machthaber ließen den Führer der Opposition ohne Grund verhaften* ● hierzu **Macht·ha·be·rin** *die*

★ **mäch·tig** ADJEKTIV **1** mit viel Einfluss und Macht ⟨ein Herrscher, ein Land, ein Feind⟩ | *Im Mittelalter war die Kirche eine mächtige Institution* **2** sehr groß oder stark ⟨ein Baum, ein Berg, Schultern; mächtiges Glück haben⟩ **3** **einer Sache** (*Genitiv*) **mächtig sein** *geschrieben* etwas beherrschen oder es unter Kontrolle haben ⟨einer Sprache mächtig sein; der Sinne, seiner (selbst) kaum noch mächtig sein⟩ | *Vor Angst war er seiner Stimme nicht mehr mächtig* **4** *gesprochen* verwendet, um ein Verb oder Adjektiv zu verstärken ⟨mächtig frieren, schwitzen; sich mächtig freuen⟩ ≈ *sehr* | *Der Junge ist mächtig stolz auf sein neues Fahrrad*

Macht·kampf *der* ein Streit, bei dem man versucht, einem Gegner die eigene Stärke oder Macht zu zeigen (und über ihn zu triumphieren) | *Die Diskussion um höhere Löhne ist zu einem Machtkampf zwischen Regierung und Gewerkschaft geworden*

macht·los ADJEKTIV nicht fähig, an einer Sache etwas zu ändern oder sich gegen jemanden/etwas zu wehren ⟨gegen jemanden/etwas, gegenüber jemandem/etwas machtlos sein; jemandem/etwas machtlos gegenüberstehen⟩ | *machtlos gegen die Intrigen der Gegner sein | So sind die Gesetze nun mal, da bin ich machtlos* ● hierzu **Macht·lo·sig·keit** *die*

Macht·mit·tel *das* ein Mittel, das man anwendet, um jemandem die eigene Stärke oder Macht zu zeigen

Macht·po·li·tik *die* eine Politik, die nur das Ziel hat, die eigene Stärke oder Macht zu zeigen und zu festigen

Macht·po·si·ti·on [-tsio:n] *die* (vor allem in einem politischen oder wirtschaftlichen System) eine Position, in der jemand viel Macht hat ⟨eine Machtposition innehaben; seine Machtposition missbrauchen, verteidigen; sich (*Dativ*) eine Machtposition schaffen⟩

Macht·pro·be *die* ≈ *Kraftprobe*

Macht·stel·lung *die* ≈ *Machtposition*

Macht·ver·hält·nis·se *die; Plural* die Art, wie die politische Macht in einem Land o. Ä. verteilt ist | *Nach den Wahlen kam es zu einer Verschiebung der Machtverhältnisse*

macht·voll ADJEKTIV mit großer Wirkung | *eine machtvolle Demonstration von Stärke*

Macht·wech·sel *der* die Übernahme der (politischen) Macht durch eine andere Partei, Person oder Gruppe

Macht·wort *das* **ein Machtwort sprechen** etwas endgültig, definitiv entscheiden, weil man die nötige Autorität oder Macht dazu hat

Mach·werk *das* **ein übles Machwerk** etwas, das nach Meinung des Sprechers schlecht gemacht ist und keinen Wert hat | *Dieser Film ist ein übles Machwerk*

Ma·cke *die;* (-, -n); *gesprochen* **1** eine Besonderheit im Verhalten eines Menschen, die ein bisschen verrückt erscheint ⟨eine Macke haben; etwas ist bei jemandem (schon) zur Macke geworden⟩ **2** etwas, das nicht ganz in Ordnung ist ≈*Fehler, Schaden*

Ma·cker *der;* (-s, -); *gesprochen abwertend* **1** **jemandes Macker** der Freund eines Mädchens oder einer Frau **2** ein Mann (mit großem Selbstbewusstsein)

★ **Mäd·chen** *das;* (-s, -) **1** ein Kind weiblichen Geschlechts oder eine Jugendliche ⟨ein kleines, liebes, hübsches Mädchen⟩ ↔*Junge* **K** Mädchenklasse, Mädchenpensionat, Mädchenschule, Mädchenstimme; Schulmädchen **i** Als Pronomen verwendet man auch *sie* (anstatt *es*). **2** eine Tochter, vor allem wenn sie noch sehr jung ist ⟨ein Mädchen bekommen, auf die Welt bringen⟩ **3** *gesprochen* eine junge Frau ⟨ein Mädchen kennenlernen; sich in ein Mädchen verlieben⟩ | *Hoffentlich sind genug Mädchen auf der Party* **4** *veraltend* die Freundin eines Mannes | *Er ist mit seinem neuen Mädchen ins Kino gegangen* **5** *veraltend* eine Frau, die in einem fremden Haushalt oder in einem Hotel arbeitet ≈*Hausangestellte* **K** Dienstmädchen, Hausmädchen, Kindermädchen, Stubenmädchen, Zimmermädchen **6** **ein leichtes Mädchen** *veraltend* ≈*Prostituierte* ■ **ID** **Mädchen für alles** *gesprochen* eine Person, welche die verschiedensten Arbeiten macht | *Eigentlich ist er als Chauffeur angestellt, aber in Wirklichkeit ist er Mädchen für alles* ● zu (1) **mäd·chen·haft** ADJEKTIV

Mäd·chen·han·del *der* ein Verbrechen, bei dem Mädchen in fremde Länder gebracht und dort gezwungen werden, als Prostituierte zu arbeiten ● hierzu **Mäd·chen·händ·ler** *der*

★ **Mäd·chen·na·me** *der* **1** ein Vorname, den man einem Mädchen gibt | *Anna ist ein Mädchenname* **2** *gesprochen* der Familienname, den Mädchen bei der Geburt hat | *Ihr Mädchenname ist Pütz*

Ma·de *die;* (-, -n) eine Larve, die wie ein Wurm aussieht und z. B. in Käse oder in Äpfeln vorkommt **K** Fliegenmade ■ **ID** **wie die Made im Speck (leben)** *gesprochen* in Reichtum und Überfluss (leben)

Mä·del *das;* (-s, -/*norddeutsch* -s); *gesprochen* ≈*Mädchen*

ma·dig ADJEKTIV mit Maden darin ⟨Früchte, Käse, Fleisch⟩

ma·dig·ma·chen VERB (machte madig, hat madiggemacht); *gesprochen* **jemandem etwas madigmachen** jemandem den Spaß an etwas nehmen

Ma·don·na *die;* (-, Ma·don·nen) ein Bild oder eine Statue der Mutter von Jesus Christus | *die Madonna mit dem Kinde* **K** Madonnenbild, Madonnengesicht ● hierzu **ma·don·nen·haft** ADJEKTIV

Ma·fia *die;* (-, -s); *meist Singular* eine kriminelle Organisation, die seit langer Zeit vor allem in Italien und in den USA Verbrechen begeht

-ma·fia *die;* (-, -s); *im Substantiv, unbetont, begrenzt produktiv; abwertend* **Atommafia, Drogenmafia, Kunstmafia, Pornomafia, Wettmafia** *und andere* verwendet, um eine einflussreiche Gruppe von Menschen zu bezeichnen, deren Aktivitäten kriminell oder unmoralisch sind | *Der Kampf gegen die Opiummafia ist aussichtslos*

mag *Präsens, 1. und 3. Person Singular* → mögen[1]

Ma·ga·zin *das;* (-s, -e) **1** eine Zeitschrift, die mit aktuellen Berichten und Fotos vor allem der Information dient ≈*Journal* **K** Automagazin, Filmmagazin, Modemagazin, Nachrichtenmagazin **2** eine Sendung im Radio oder Fernsehen, die über aktuelle Ereignisse und Probleme berichtet **3** (vor allem in Geschäften, Bibliotheken und Museen) ein großer Raum, in welchem die Dinge gelagert werden, die man im Moment nicht braucht oder zeigt ≈*Lager* **K** Magazinarbeiter, Magazinverwalter; Büchermagazin **4** der Behälter bei Schusswaffen, in welchem die Patronen sind **K** Gewehrmagazin

Magd [ma:kt] *die;* (-, Mäg·de); *veraltend* **1** eine Frau, die als Arbeiterin auf einem Bauernhof angestellt ist | *als Magd dienen* **2** eine Frau, die im (fremden) Haushalt Arbeiten wie Putzen, Waschen und Einkaufen macht **K** Dienstmagd, Küchenmagd

★ **Ma·gen** *der;* (-s, Mä·gen) das Organ, in dem die Nahrung nach dem Essen bleibt, bis sie in den Darm kommt ⟨einen leeren, knurrenden, vollen, empfindlichen Magen haben; jemandem den Magen auspumpen; sich (*Dativ*) den Magen verderben; jemandem tut der Magen weh⟩ | *Schlag dir den Magen nicht so voll* (Iss nicht so viel) **K** Magenbeschwerden, Magengeschwür, Magenkrämpfe, Magenkrankheit, Magenkrebs, Magenleiden, Magenoperation, Magensäure, Magenschleimhaut, Magenschmerzen; magenkrank; Hühnermagen, Rindermagen ■ **ID** **jemandem knurrt der Magen** jemand hat Hunger; **etwas liegt jemandem (schwer) im Magen** *gesprochen* etwas macht einer Person Sorgen; **etwas schlägt jemandem auf den Magen** *gesprochen* etwas macht einer Person solche Sorgen o. Ä., dass sie ein unangenehmes Gefühl im Magen hat; **jemandem dreht sich der Magen um** eine Person findet etwas so unangenehm, dass ihr fast schlecht wird

Ma·gen·bit·ter *der;* (-s, -) ein bitteres Getränk mit viel Alkohol, das man vor allem dann trinkt, wenn man zu viel gegessen hat

Ma·gen-Darm-Grip·pe *die* eine Infektion mit Durchfall und Erbrechen

Ma·gen·saft *der* die Flüssigkeit im Magen, die hilft, die Nahrung zu verdauen

Ma·gen·ver·stim·mung *die* eine leichte Störung der Verdauung ⟨eine Magenverstimmung haben⟩

★ **ma·ger** ADJEKTIV **1** (von Tieren und Menschen) mit wenig Muskeln und wenig Fett ≈*dünn* ↔*dick* | *Durch die lange Krankheit ist sie sehr mager geworden* **2** mit wenig oder gar keinem Fett ⟨Fleisch, Schinken, Käse⟩ ≈*fettarm* ↔*fett* **K** Magermilch, Magerquark **3** nicht so, wie man es erwartet oder gehofft hat ⟨die Ernte, der Lohn, das Ergebnis, die Ausbeute⟩ ≈*dürftig* | *Das Angebot an frischem Obst war früher im Winter sehr mager*

Ma·ger·sucht *die; nur Singular* eine Krankheit, bei der meist Jugendliche (aus psychischen Gründen) nicht (genug) essen und sehr mager werden **i** medizinischer Fachbegriff: *Anorexie* ● hierzu **ma·ger·süch·tig** ADJEKTIV

Ma·gie *die; nur Singular* **1** (nach der Meinung mancher Leute) der Versuch, mit geheimen und übernatürlichen Kräften einen Einfluss auf Menschen und Ereignisse zu bekommen ⟨Magie betreiben, ausüben⟩ **2** **schwarze Magie** eine Magie, die für böse Zwecke verwendet wird **3** die Kunst, durch Tricks überraschende Effekte zu produzieren (z. B. im Zirkus) | *ein Meister der Magie*

Ma·gier [-gie] *der;* (-s, -) **1** ein Mann mit der übernatürlichen Fähigkeit, Magie zu betreiben ≈*Zauberer* **2** eine Person, die im Zirkus Zaubertricks vorführt ≈*Zauberkünstler* ● hierzu **Ma·gi·e·rin** *die*

ma·gisch ADJEKTIV **1** *ohne Steigerung* in der Magie verwendet ⟨eine Formel, eine Handlung, ein Zeichen⟩ **2** mit einer starken Wirkung, die man kaum erklären kann ⟨Licht, eine Wirkung, eine Anziehungskraft; von etwas magisch angezogen werden⟩

Ma·gis·ter *der;* (-s, -) *historisch* ein Titel, den man früher an einer Universität erwerben konnte bzw. eine Person mit diesem Titel **i** Abkürzung: *M. A.* (= Magister Artium); → Infos unter **Hochschule**

Ma·gist·rat *der;* (-(e)s, -e) die Behörde, die eine Stadt oder eine Gemeinde verwaltet **K** Magistratsbeamte(r), Magistratsbeschluss

Mag·ne·si·um *das;* (-s) ein silberweißes Metall, das mit grellem weißem Licht verbrennt K Magnesiumlampe, Magnesiumlicht H chemisches Zeichen: *Mg*

Mag·net *der;* (-s/-en, -e(n)) **1** ein Stück Metall (vor allem Eisen), das andere Eisenstücke anzieht oder abstößt ⟨jemanden/etwas wie ein Magnet anziehen⟩ | *Sie sammelte die Stecknadeln mit einem Magneten vom Boden auf* H *der Magnet; den, dem Magnet/Magneten, des Magnets/Magneten* **2 ein Magnet (für jemanden/etwas)** eine Person oder Sache, die für viele Menschen eine Attraktion darstellt | *Der Stephansdom ist ein Magnet für Touristen aus aller Welt* K Publikumsmagnet

Mag·net·bahn *die* ein Zug ohne Räder, der (wegen magnetischer Abstoßung) bei der Fahrt den Boden nicht berührt

Mag·net·feld *das* der Raum, in welchem die Kraft des Magneten wirkt ⟨ein schwaches, starkes Magnetfeld⟩ | *das Magnetfeld der Erde*

★ **mag·ne·tisch** ADJEKTIV **1** mit der Wirkung, Metalle anzuziehen ⟨Eisen, ein Stab, eine Nadel; das magnetische Feld einer Spule⟩ K elektromagnetisch, erdmagnetisch **2** von besonderer persönlicher Wirkung ⟨eine Anziehungskraft⟩ | *Sie zog alle Blicke magnetisch auf sich*

mag·ne·ti·sie·ren VERB (magnetisierte, hat magnetisiert) **1 etwas magnetisieren** etwas magnetisch machen ⟨eine Nadel magnetisieren⟩ **2 jemanden magnetisieren** einen starken Eindruck auf jemanden machen oder eine große Attraktion auf jemanden ausüben | *das Publikum magnetisieren* • zu (1) **Mag·ne·ti·sie·rung** *die*

Mag·ne·tis·mus *der;* (-) die Eigenschaft von manchen Materialien, eine magnetische Wirkung zu haben K Elektromagnetismus, Erdmagnetismus

Mag·net·strei·fen *der* ein Metallstreifen auf einer Scheckkarte oder Kreditkarte, auf dem Daten wie Name, Kontonummer o. Ä. gespeichert sind

Mag·no·lie [-liə] *die;* (-, -n) ein Baum, der sehr früh im Jahr blüht und große, weißrosa Blüten hat, die wie Tulpen aussehen K Magnolienbaum

magst *Präsens, 2. Person Singular* → mögen[1]

Ma·ha·go·ni [maha-] *das;* (-s) ein sehr hartes Holz von rötlicher Farbe, aus dem man Möbel macht K Mahagonibaum, Mahagonibett, Mahagoniholz, Mahagonikasten, Mahagonimöbel, Mahagonischrank, Mahagonitisch

Mäh·dre·scher *der;* (-s, -) eine große Maschine, die dazu dient, Getreide zu mähen und zu dreschen

mä·hen VERB ['mɛːən] (mähte, hat gemäht) **1 etwas (mit etwas) mähen** Pflanzen mit einer Maschine, Sense o. Ä. abschneiden ⟨Getreide mit der Sichel mähen; Gras mit der Sense mähen⟩ **2** alle Pflanzen eines Feldes oder einer Fläche abschneiden ⟨eine Wiese, ein Feld mähen; den Rasen mähen⟩ K Mähmaschine **3 ein Schaf mäht** ein Schaf gibt die typischen Laute seiner Art von sich ≈ *blöken* • zu (3) **mäh!**

Mahl *das;* (-(e)s, Mäh·ler/Mah·le); *meist Singular; geschrieben* **1** ein Essen (zu der üblichen Tageszeit) ⟨ein bescheidenes, üppiges, opulentes Mahl zu sich (*Dativ*) nehmen⟩ K Mittagsmahl, Nachtmahl H Als Plural wird meist *Mahlzeiten* verwendet. **2** eine festliche Gelegenheit, bei der sich Leute treffen und miteinander essen ⟨sich zu einem festlichen Mahl versammeln; zu einem Mahl laden⟩ K Festmahl, Freudenmahl, Hochzeitsmahl

★ **mah·len** VERB (mahlte, hat gemahlen) **1 etwas mahlen** Körner zu Pulver machen ⟨Getreide zu Mehl mahlen; Kaffee grob, fein mahlen: Pfeffer mahlen⟩ **2 etwas mahlen** durch Mahlen herstellen ⟨Mehl mahlen⟩ **3 etwas mahlt** etwas dreht sich (im Schnee, Sand, Schlamm), ohne von der Stelle zu kommen ⟨die Räder des Autos mahlen im Sand⟩

★ **Mahl·zeit** *die* **1** die Nahrung, die man (regelmäßig) zu einer Tageszeit isst (und die oft aus mehreren Gängen besteht) ⟨eine warme Mahlzeit zubereiten, essen, verzehren, einnehmen, zu sich (*Dativ*) nehmen⟩ K Abendmahlzeit, Hauptmahlzeit, Mittagsmahlzeit, Zwischenmahlzeit **2 (Gesegnete) Mahlzeit!** *gesprochen* verwendet, um jemandem vor dem Essen einen guten Appetit zu wünschen **3 Mahlzeit!** *gesprochen* in der Mittagszeit verwendet, um jemanden (vor allem Arbeitskollegen) zu grüßen ■ ID **Na Mahlzeit!** *gesprochen* verwendet, um negative Überraschung auszudrücken

Mäh·ne *die;* (-, -n) **1** die langen (und meist dichten) Haare am Kopf oder Hals mancher Tiere, vor allem bei Löwen und Pferden K Löwenmähne, Pferdemähne H → Abb. unter **Pferd** **2** *gesprochen, humorvoll* die langen und dichten Haare am Kopf eines Menschen, vor allem wenn sie unordentlich aussehen ⟨eine blonde, lockige Mähne⟩ K Künstlermähne

★ **mah·nen** VERB (mahnte, hat gemahnt) **1 jemanden (wegen etwas) mahnen** eine Person daran erinnern, dass sie noch Geld zahlen oder etwas tun muss | *Der Händler mahnte ihn wegen der noch nicht bezahlten Rechnung* K Mahnbescheid, Mahnbrief, Mahnschreiben **2 (jemanden) zu etwas mahnen** jemanden auffordern, sich in der genannten Weise zu verhalten ⟨(jemanden) zur Ruhe, Geduld mahnen⟩ | *Er mahnte uns, leise zu sein*

Mahn·ge·bühr *die* eine Summe Geld, die man als Strafe zahlen muss, wenn man eine Mahnung bekommen hat

Mahn·mal *das;* (-s, -e) eine Statue, Inschrift o. Ä., die dazu dient, die Menschen an etwas Schlimmes zu erinnern, von dem man möchte, dass es nicht wieder geschieht | *Für die Opfer des Konzentrationslagers wurde ein Mahnmal errichtet*

★ **Mah·nung** *die;* (-, -en) **1** ein Brief, den man bekommt, wenn man eine Rechnung, die Steuern o. Ä. nicht rechtzeitig bezahlt ⟨die erste, letzte Mahnung; eine Mahnung bekommen, erhalten; jemandem eine Mahnung schicken⟩ K Mahnbescheid, Mahnbrief, Mahnschreiben **2 eine Mahnung (zu etwas)** eine Äußerung, mit welcher eine Person aufgefordert oder daran erinnert wird, ihre Pflicht zu erfüllen ⟨eine ernste Mahnung; eine Mahnung befolgen, beherzigen, überhören⟩ | *eine Mahnung zur Vorsicht* (die Mahnung, vorsichtig zu sein) **3 eine Mahnung (zu etwas)** eine Sache, die einen daran erinnert, dass ein Verhalten wichtig ist | *Die Ruine wurde nicht abgerissen und ist jetzt eine stille Mahnung zum Frieden*

Mahn·wa·che *die* bei einer Mahnwache stehen Personen schweigend an einem öffentlichen Ort und erinnern so an ein schlimmes Ereignis oder drücken Protest aus

★ **Mai** *der;* (-s, -e); *meist Singular* **1** der fünfte Monat des Jahres ⟨im Mai; Anfang, Mitte, Ende Mai; am 1., 2., 3. Mai⟩ | *Am siebten Mai hat Gabi Geburtstag* **2 der Erste Mai** ein Feiertag, an dem sich die Arbeiter in vielen Ländern versammeln, um gemeinsam zu demonstrieren ≈ *Maifeiertag* K Maikundgebung H im sozialdemokratischen Sprachgebrauch auch als *Tag der Arbeit* bezeichnet.

Mai·baum *der* der Stamm eines Baumes, der bunt bemalt und mit Bändern geschmückt ist. Der Maibaum wird im Mai in Dörfern aufgestellt

MAIBAUM

M

Mai·glöck·chen *das* eine kleine Blume mit mehreren weißen Blüten, die wie kleine Glocken an einem Stiel hängen und angenehm riechen

Mai·kä·fer *der* ein Käfer mit braunen Flügeln, der Blätter von Bäumen frisst und vor allem im Mai fliegt

Mail [meil] *die;* (-, -s); *gesprochen* ⟨eine Mail senden, bekommen⟩ ≈ *E-Mail*

Mail·box ['meil-] *die;* (-, -en) **1** in der Mailbox werden die E-Mails gespeichert, die man bekommt oder schreibt **2** auf die Mailbox eines Handys oder Telefons kann man Nachrichten sprechen, wenn man jemanden nicht erreicht

mai·len ['mei-] VERB (mailte, hat gemailt); *gesprochen* **(jemandem) mailen; (jemandem) etwas mailen** jemandem eine E-Mail schreiben, jemandem Informationen oder Daten per E-Mail schicken | *Ich hab dir den Terminplan gemailt*

Mai·ling ['meilɪŋ] *das;* (-(s)) die Methode, Werbung mit der Post an viele Personen oder Firmen zu verschicken

Mais *der;* (-es) **1** eine hohe Pflanze mit großen gelben Körnern und großen Blättern, die auf Feldern angebaut wird ⟨Mais anbauen, ernten⟩ **K** Maisfeld, Maiskolben, Maisstroh; maisgelb **2** die Körner dieser Pflanze, die man als Getreide oder Gemüse verwendet **K** Maisfladen, Maisgrieß, Maiskörner, Maismehl

Ma·jes·tät *die;* (-, -en) **1** *besonders historisch* der Titel und die Anrede für Kaiser und Könige | *Ihre Majestät die Königin betritt den Saal* **2** *geschrieben nur Singular* die Eigenschaften, wegen derer jemand/etwas bewundert wird | *Die Alpen lagen in ihrer ganzen Majestät vor uns*

ma·jes·tä·tisch ADJEKTIV; *geschrieben* mit Würde | *der majestätische Flug des Adlers* | *majestätisch einherschreiten*

Ma·jor *der;* (-s, -e) ein Offizier, dessen Position über der eines Hauptmanns ist

Ma·jo·ran *der;* (-s, -e); *meist Singular* eine Pflanze, die getrocknet und zerkleinert als Gewürz verwendet wird

Ma·jo·ri·tät *die;* (-, -en); *meist Singular; geschrieben* ⟨die Majorität erlangen; in der Majorität sein; die Majorität haben⟩ ≈ *Mehrheit* | *Die Majorität der Befragten sprach sich gegen den Plan aus* **K** Majoritätsbeschluss, Majoritätsprinzip

ma·ka·ber ADJEKTIV so, dass man etwas trotz des Zusammenhangs mit dem Tod lustig findet ⟨ein Humor, ein Scherz, ein Witz; etwas wirkt makaber⟩ | *Ein Aschenbecher in Form eines Totenkopfes ist makaber*

Ma·kel *der;* (-s, -); *geschrieben* ein Fehler, den eine Person/Sache hat, durch den sie weniger wert ist ⟨etwas weist einen Makel auf; ohne Makel sein; etwas als Makel empfinden⟩ | *Sie empfindet es als Makel, keine Fremdsprache zu können* • hierzu **ma·kel·los** ADJEKTIV; **Ma·kel·lo·sig·keit** *die*

mä·keln VERB (mäkelte, hat gemäkelt) **(an jemandem/etwas) mäkeln** (mit jemandem/etwas) unzufrieden sein und es deutlich sagen | *Sie mäkelt ständig am Essen* • hierzu **mä·ke·lig** ADJEKTIV

★ **Make-up** [meːk'|ap] *das;* (-s, -s) **1** kosmetische Produkte, die vor allem Frauen verwenden, um das Gesicht schöner zu machen ⟨ein dezentes, gekonntes, kein Make-up (tragen)⟩ ≈ *Schminke* **2** getönte (flüssige) Creme

Mak·ka·ro·ni *die; Plural* lange Nudeln in der Form von dünnen Röhren

★ **Mak·ler** *der;* (-s, -) eine Person, die im Auftrag anderer Personen Geschäfte macht oder Käufer oder Mieter für Häuser, Wohnungen o. Ä. sucht und dafür bezahlt wird ⟨einen Makler aufsuchen, einschalten⟩ **K** Maklergebühren; Immobilienmakler, Börsenmakler, Grundstücksmakler • hierzu **Mak·le·rin** *die*

Mak·re·le *die;* (-, -n) ein essbarer Meeresfisch mit blaugrünen Streifen am Rücken ⟨eine geräucherte Makrele⟩

Mak·ro *der/das;* (-s, -s) eine häufig wiederkehrende Folge von Befehlen im Computer, die man durch eine einzige Anweisung ablaufen lassen kann

Mak·ro-, mak·ro- *im Substantiv und Adjektiv, betont, begrenzt produktiv; besonders in Fachtexten* **1** **Makroklima, Makrokosmos, Makroökonomie; makrokosmisch, makroökonomisch** *und andere* auf ein großes Gebiet, einen großen Raum bezogen ↔ *Mikro-/mikro-* | *die Makrostruktur des Wörterbuchs* **2** **Makrofotografie, Makromolekül; makromolekular** *und andere* sehr groß, größer als normal ↔ *Mikro-/mikro-* | *die Makroaufnahme einer Ameise*

Ma·ku·la·tur *die;* (-, -en) bedrucktes Papier, das man nicht mehr brauchen kann, weil es alt oder falsch bedruckt ist ⟨etwas als Makulatur einstampfen⟩ ■ **ID etwas ist (reine) Makulatur** *abwertend* Pläne o. Ä., die nicht mehr Wirklichkeit werden können | *Unsere Urlaubspläne sind jetzt reine Makulatur*

★ **mal** ■ ADVERB **1** *gesprochen* irgendwann in der Vergangenheit oder Zukunft ≈ *einmal* | *Er war mal ein guter Sportler* | *Was willst du denn mal werden?* | *Ich glaube, ich muss mal Urlaub machen*

■ PARTIKEL **2** *gesprochen* verwendet, um jemanden freundlich oder höflich zu etwas aufzufordern, auch in Form einer Frage | *Schau mal, da drüben sind Rehe!* | *Hier, probier mal meinen Stift* | *Komm (doch) mal her, bitte!* | *Gibst du mir bitte mal das Salz?* **3** **nun mal** *gesprochen* verwendet, um zu sagen, dass man eine Tatsache nicht ändern kann | *Gegen ihn hast du keine Chance! Er ist nun mal stärker als du!* | *Da kann man nichts machen, das ist nun mal so*

■ BINDEWORT **4** multipliziert mit | *vier mal vier ist sechzehn* (4 × 4 = 16)

★ **Mal**[1] *das;* (-(e)s, -e) die Gelegenheit, bei der man etwas tut oder bei der etwas geschieht ⟨jedes, manches Mal; das erste, zweite, dritte, letzte, nächste, x-te Mal; beim/zum ersten, zweiten, dritten, letzten, nächsten, x-ten Mal⟩ | *Beim nächsten Mal/Nächstes Mal/Das nächste Mal komme ich nicht mehr zu spät* | *Wir sprechen ein anderes Mal weiter* | *Sie fliegt zum dritten Mal nach Amerika* | *Wir sind schon einige/mehrere Male mit dem Schiff gefahren* ■ **ID von Mal zu Mal** **a** jedes Mal aufs Neue (wie es die Situation erfordert) ⟨etwas von Mal zu Mal entscheiden, bestellen⟩ **b** bei jedem Mal ⟨etwas ändert sich von Mal zu Mal⟩; **von Mal zu Mal** +*Komparativ* bei jedem Mal mehr als zuvor | *Die Stadt wird von Mal zu Mal lauter*; **mit 'einem Mal** ≈ *plötzlich* | *Beim Essen sprang sie mit einem Mal auf und rannte hinaus*; **ein ums/übers andere Mal** immer wieder | *Ich habe versucht, mir diesen Fehler abzugewöhnen, aber ein ums andere Mal mache ich ihn wieder*; **das eine oder andere Mal** nicht oft | *„Ist er oft zu spät gekommen?" – „Nein, nur das eine oder andere Mal."*; **ein für alle Mal** *gesprochen* etwas ist ab jetzt für immer gültig ⟨jemandem etwas ein für alle Mal sagen; etwas gilt ein für alle Mal⟩

★ **Mal**[2] *das;* (-(e)s, Ma·le/Mä·ler) ein Fleck auf der Haut **K** Brandmal, Wundmal

-mal *im Adverb, betont, begrenzt produktiv* **einmal, eineinhalbmal/anderthalbmal, zweimal, dreimal; keinmal, manchmal, vielmal, x-mal, zigmal** *und andere* die genannte Zahl oder Menge von Wiederholungen | *Er hat mich viermal besucht*

Ma·la·ria *die;* (-) eine gefährliche tropische Krankheit, bei der man immer wieder hohes Fieber hat. Sie wird durch Mücken übertragen **K** Malariaerreger, malariakrank

★ **ma·len** VERB (malte, hat gemalt) **1** **(etwas) malen** mit Farbe ein Bild herstellen ⟨ein Aquarell, ein Bild, ein Porträt malen; in Öl, mit Wasserfarben, mit Wachskreiden malen⟩ **K** Malfarbe, Malkreide, Malkunst, Malkurs, Malstift, Maltechnik **2**

(etwas) malen flüssige Farbe auf einer Fläche verteilen ‹Türen, Wände, die Wohnung malen (lassen)› ≈ *streichen* **3** **jemanden/etwas malen** mit Farbe von jemandem/etwas ein Bild machen | *Sie malte kleine Herzen an den Rand des Blattes* | *Der Präsident ließ sich von einem bekannten Künstler malen* **4** **etwas malen** etwas sehr langsam und konzentriert schreiben oder zeichnen ‹Buchstaben, Zahlen, Schnörkel malen› **5** **an etwas** (*Dativ*) **malen** gerade an einem Bild arbeiten, es noch nicht fertig gemalt haben

★ **Ma·ler** *der;* (-s, -) **1** eine Person, die (als Künstler) Bilder malt | *Vincent van Gogh ist ein berühmter Maler* K Malerleinwand; Aquarellmaler, Freskenmaler, Landschaftsmaler, Porträtmaler, Kunstmaler, Pflastermaler, Straßenmaler H zu *Malerin* → Info im Eintrag **-in** **2** eine Person, die (als Handwerker) Wände, Fenster usw. streicht ‹den Maler bestellen, kommen lassen› K Malerfarbe, Malergehilfe, Malermeister, Malerpinsel H zu *Malerin* → Info im Eintrag **-in** • hierzu **Ma·le·rin** *die*

★ **Ma·le·rei** *die;* (-, -en) **1** *nur Singular* die Kunst, Bilder zu malen ‹die abstrakte, gegenständliche, realistische, moderne, zeitgenössische Malerei› | *die Malerei des Impressionismus, der Gotik* **2** ein gemaltes Bild | *Die Ausstellung zeigt Malereien von Magritte* K Landschaftsmalerei, Porträtmalerei, Aquarellmalerei, Ölmalerei, Freskomalerei, Hinterglasmalerei, Ikonenmalerei, Höhlenmalerei, Wandmalerei, Barockmalerei

ma·le·risch ADJEKTIV **1** *meist attributiv, ohne Steigerung* in Bezug auf die Malerei | *Sie zeigte schon als Kind großes malerisches Talent* **2** hübsch und idyllisch ‹eine Landschaft, ein Häuschen, ein Anblick, ein Platz› | *Das Dorf ist malerisch gelegen*

Mal·heur [ma'løːɐ̯] *das;* (-s, -e/-s); *gesprochen* ein kleiner unangenehmer Vorfall | *Mir ist da ein kleines Malheur passiert: Ich habe den Kaffee verschüttet* ■ **ID** **Das ist doch kein Malheur!** Das ist doch nicht so schlimm

-ma·lig *im Adjektiv, unbetont, begrenzt produktiv* **1** **einmalig, zweimalig, dreimalig, mehrmalig, oftmalig** *und andere meist attributiv* so, dass etwas die genannte Zahl von Malen geschieht | *eine viermalige Wiederholung* **2** **erstmalig, diesmalig, nochmalig, letztmalig** *und andere meist attributiv* so, dass etwas beim/zum genannten Mal geschieht | *Der diesmalige Sieger kommt aus Leipzig*

Mal·kas·ten *der* eine flache Schachtel aus Metall, in der Farben sind, mit denen man Bilder malt

mal·neh·men VERB (nahm mal, hat malgenommen) **(etwas) mit etwas) malnehmen** ≈ *multiplizieren*

Ma·lo·che *die;* (-); *besonders norddeutsch, gesprochen* die Arbeit im Beruf ‹in die/zur Maloche gehen›

ma·lo·chen VERB (malochte, hat malocht); *besonders norddeutsch, gesprochen* sehr viel und körperlich anstrengend arbeiten

-mals *im Adverb, unbetont, nicht produktiv* **1** **mehrmals, oftmals** *und andere* verwendet, um eine unbestimmte Menge von Wiederholungen oder Fällen zu nennen | *Ich danke Ihnen vielmals* **2** **abermals, erstmals, letztmals** *und andere* zum genannten Mal (in einer Reihenfolge) | *Ich will es nochmals versuchen*

malt·rä·tie·ren VERB (malträtierte, hat malträtiert) **1** **jemanden malträtieren** eine Person so behandeln, dass man ihr körperlich oder psychisch weh tut | *jemanden mit Fäusten malträtieren* **2** **etwas malträtieren** eine Sache auf eine Weise benutzen, die nicht gut für sie ist | *Sie hat erst seit ein paar Wochen Unterricht. Ich kann kaum zuhören, wie sie die Geige malträtiert*

Mal·ve [-v-] *die;* (-, -n) eine hohe Pflanze mit rosa oder lila Blüten, die meist in Gärten wächst. Aus den Blüten macht man Tee K Malventee

Malz *das;* (-es) Getreide (meist Gerste), nachdem es im Wasser gelegen hat und anschließend getrocknet und geröstet worden ist K Malzbonbon, Malzzucker

Malz·bier *das* ein dunkles Bier, das sehr viel Malz und wenig Alkohol enthält

Mal·zei·chen *das* die Zeichen · oder *x*, die man in Multiplikationen verwendet

Malz·kaf·fee *der* ein Getränk, das aus gerösteter und gemahlener Gerste gemacht wird und als Ersatz für Kaffee dient

★ **Ma·ma** *die;* (-, -s); *Kindersprache* verwendet als Anrede oder Bezeichnung für die Mutter H → Abb. unter **Familie**

Ma·mi *die;* (-, -s); *Kindersprache* ≈ *Mama*

Mam·mon *der;* (-s); *abwertend* Geld (vor allem wenn es für jemanden das Wichtigste im Leben ist) ‹der schnöde Mammon›

Mam·mut *das;* (-s, -s/-e) *historisch* eine Art Elefant mit einem Fell aus langen Haaren, die vor langer Zeit gelebt hat und jetzt ausgestorben ist K Mammutknochen, Mammutskelett

Mam·mut- *im Substantiv, betont, begrenzt produktiv* **der Mammutauftrag, der Mammutkonzern, das Mammutkonzert, das Mammutprogramm** *und andere* verwendet, um zu sagen, dass etwas sehr groß ist ↔ *Mini-* | *das Mammutaufgebot an Künstlern bei einem Festival*

mamp·fen VERB (mampfte, hat gemampft) **(etwas) mampfen** *gesprochen* etwas essen (und dabei mit vollen Backen kauen)

★ **man**[1] PRONOMEN **1** verwendet, um eine Person oder eine Gruppe von Personen zu bezeichnen, die man nicht genauer nennen kann oder will | *Man hat mir das Fahrrad gestohlen* | *Weiß man schon, wie die Wahlen ausgegangen sind?* H *Man* wird oft anstelle einer Passivkonstruktion verwendet, wie z. B. in *Ich wurde beleidigt.* → *Man hat mich beleidigt.*; → auch **frau**. **2** verwendet, um sich selbst zu bezeichnen (und um zu sagen, dass eine Aussage auch für andere Leute gilt) | *Von meinem Platz aus konnte man nichts sehen* | *Man wird sehen, was daraus wird* | *Man kann nie wissen, wozu das gut ist* | *„Kannst du nicht schneller laufen?" – „Nein, man ist ja schließlich nicht mehr der Jüngste."* **3** verwendet, um die Mehrheit der Bevölkerung, die Öffentlichkeit, die Gesellschaft oder die Behörden, Polizei usw. zu bezeichnen | *In diesem Sommer trägt man Miniröcke* | *Man hat ihn zu einer Geldstrafe verurteilt* **4** verwendet, um einer Person zu sagen, was sie tun muss (z. B. in Rezepten oder Gebrauchsanweisungen) | *Man nehme vier Eier und vermenge sie mit 300 g Mehl* H *Man* wird nur im Nominativ verwendet. Im Akkusativ wird *einen*, im Dativ *einem* verwendet: *Man lernt gerne, wenn es einen interessiert; Man weiß nie, was einem noch geschieht.* Es gibt keine Genitivform.

man[2] PARTIKEL *unbetont; norddeutsch, gesprochen* verwendet, um eine Aussage zu verstärken ≈ *mal* | *Lass man gut sein, ist nicht so schlimm!* | *Nun reg dich man nicht auf!*

Ma·nage·ment ['mɛnɛdʒmənt] *das;* (-s, -s) **1** die Personen, die ein großes (industrielles) Unternehmen leiten ‹dem Management angehören› **2** das Führen, Leiten eines großen Unternehmens o. Ä. | *jemanden mit dem Management einer Firma betrauen*

★ **ma·na·gen** ['mɛnɪdʒn̩] VERB (managte, hat gemanagt) **1** **jemanden managen** dafür sorgen, dass meist ein Künstler oder Sportler immer wieder neue Verträge bekommt und gut bezahlt wird **2** **etwas managen** *gesprochen* (durch geschicktes Handeln) bewirken, dass etwas zustande kommt ≈ *organisieren* | *„Ich kann jetzt doch auf das Fest gehen." – „Wie hast du denn das gemanagt?"*

★ **Ma·na·ger** ['mɛnɛdʒɐ] *der;* (-s, -) **1** eine von meist mehreren Personen, die ein großes (industrielles) Unternehmen leiten **H** zu *Managerin* → Info im Eintrag **-in** **2** eine Person, die dafür sorgt, dass ein Künstler oder Sportler neue Verträge bekommt und gut bezahlt wird **H** zu *Managerin* → Info im Eintrag **-in** ● hierzu **Ma·na·ge·rin** *die*

★ **manch** ■ ARTIKEL **1** verwendet, um über eine oder mehrere einzelne Personen oder Sachen zu sprechen. Deren Anzahl ist unbestimmt, aber meist nicht sehr groß ≈ *einige* | *Manche Menschen sind recht seltsam* | *Er erzählt viel, aber manchen Geschichten kann man wirklich nicht glauben* | *Manche von Renates Freunden halten sie für depressiv* | *Manche seiner Kollegen halten Markus für schlampig* | *Ein Lehrer muss sich so manche Ausrede anhören* **H** a) flektiert wie *dieser,* → Tabelle unter **dieser** b) Es gibt einen meist formellen oder literarischen Gebrauch von *manch* (ohne Flexion), z. B. *manch fröhlicher Abend, manch ein Dichter, das Schöne an manch kleinen Ideen.*
■ PRONOMEN **2** eine einzelne oder mehrere einzelne Personen oder Sachen, die aus dem Zusammenhang bekannt sind | *Manche haben einen sauren Geschmack* (manche Früchte) | *Manche sind ganz anderer Meinung* | *Er hat auf seiner Reise manches erlebt* | *Mancher ging nach dem Spiel enttäuscht nach Hause*

man·cher·lei ADJEKTIV/PRONOMEN *nur in dieser Form* einige oder mehrere verschiedene (einzelne) Dinge oder Arten einer Sache | *Auf seiner Reise hat er mancherlei Abenteuer erlebt* | *Es gibt mancherlei zu erzählen*

★ **manch·mal** ADVERB von Zeit zu Zeit, in manchen Fällen | *Manchmal besuche ich meine Großmutter* | *Manchmal fährt er mit dem Auto*

Man·dant *der;* (-en, -en) eine Person, die einem Rechtsanwalt den Auftrag gegeben hat, sie (vor Gericht) zu vertreten ≈ *Klient* | *Der Verteidiger beantragt Freispruch für seinen Mandanten* **H** *der Mandant; den, dem, des Mandanten* ● hierzu **Man·dan·tin** *die*

Man·da·ri·ne *die;* (-, -n) eine Frucht, die wie eine Orange aussieht, aber kleiner und süßer ist **K** Mandarinenbaum, Mandarinenkern, Mandarinenschale

★ **Man·dat** *das;* (-(e)s, -e) **1** *geschrieben* der Auftrag von einer Person an einen Rechtsanwalt, diese juristisch zu beraten oder (vor Gericht) zu vertreten ⟨jemandem ein Mandat erteilen⟩ | *Der Anwalt übernahm das Mandat* **2** das Amt eines Abgeordneten im Parlament ⟨das Mandat niederlegen⟩ ≈ *Sitz* | *Die Partei hat 40 Mandate verloren* **K** Mandatsgewinn, Mandatsträger, Mandatsverlust, Mandatsverteilung **3** **jemandem das Mandat erteilen** *admin* einem Abgeordneten den Auftrag geben, die Interessen der Wähler im Parlament zu vertreten

Man·del *die;* (-, -n) **1** ein ziemlich langer, flacher und essbarer Kern in einer harten Schale, aus dem man z. B. Marzipan herstellt ⟨bittere, süße, gesalzene Mandeln⟩ **K** Mandelbaum; Röstmandel, Salzmandel **2** **gebrannte Mandeln** eine Süßigkeit aus Mandeln, die mit gebranntem Zucker überzogen sind **3** eines von zwei Organen im oberen hinteren Teil des Halses (des Rachens), die Infektionen abwehren ⟨eitrige, entzündete, gerötete, geschwollene Mandeln; sich (*Dativ*) die Mandeln herausnehmen lassen⟩ **K** Mandelentzündung, Mandeloperation, Mandelvereiterung; Rachenmandel ● zu (1) **man·del·för·mig** ADJEKTIV

Man·do·li·ne *die;* (-, -n) ein gitarrenähnliches, ovales Musikinstrument mit vier doppelten Saiten

Ma·ne·ge [-ʒə] *die;* (-, -n) ein meist runder Platz im Zirkus(zelt), auf welchem die Artisten auftreten | *Der Clown stolperte in die Manege* **K** Zirkusmanege

★ **Man·gel**[1] *der;* (-s, Män·gel) **1** **ein Mangel (an jemandem/etwas)** *nur Singular* der Zustand, in dem etwas Wichtiges nicht ausreichend vorhanden ist | *ein Mangel an Lebensmitteln* | *Trotz Arbeitslosigkeit herrscht in manchen Wirtschaftszweigen immer noch ein Mangel an Arbeitskräften* | *Sein Mangel an Selbstvertrauen macht ihn schüchtern* **K** Arbeitskräftemangel, Ärztemangel, Geldmangel, Lehrermangel, Lehrstellenmangel, Platzmangel, Sauerstoffmangel **2** *meist Plural* ein Materialfehler an einer Ware ⟨leichte, schwere Mängel; Mängel feststellen, beanstanden, beheben, beseitigen⟩ | *Ein gebrauchtes Auto weist oft Mängel auf* **K** Mängelhaftung, Mängelrüge **3** ein charakterlicher Fehler einer Person (der anderen Personen auffällt und diese stört) | *Sein größter Mangel ist seine Unehrlichkeit*

Man·gel[2] *die;* (-, -n) **1** ein Gerät, bei dem Wäsche zwischen zwei Walzen gepresst und glatt gemacht wird **K** Heißmangel, Wäschemangel **2** ein Betrieb, in dem Wäsche mit der Mangel gepresst wird ■ ID **jemanden in die Mangel nehmen, jemanden durch die Mangel drehen** *gesprochen* jemanden hart, streng behandeln oder quälen und verletzen

Man·gel·be·ruf *der* ein Beruf, in dem es nicht genug Arbeitskräfte gibt

Man·gel·er·schei·nung *die* ein Symptom, das darauf hinweist, dass dem Körper wichtige Stoffe wie Vitamine oder Mineralien fehlen

man·gel·haft ADJEKTIV **1** nicht gut genug, mit vielen Mängeln ⟨eine Ware, ein Wissen, eine Ausbildung, Kenntnisse, Leistungen⟩ | *Die Idee war gut, die Ausführung aber mangelhaft* **2** ⓓ verwendet als Bezeichnung für die schlechte Schulnote 5 (auf der Skala von 1 – 6 bzw. von sehr gut bis ungenügend) **H** Mit dieser Note hat man die Prüfung o. Ä. nicht bestanden. ● zu (1) **Man·gel·haf·tig·keit** *die*

man·geln VERB (mangelte, hat gemangelt) **1** **etwas mangelt jemandem** *geschrieben* etwas ist bei jemandem nicht vorhanden | *Ihm mangelt der Mut zum Risiko* **2** **es mangelt jemandem an Personen/etwas** eine Person hat nicht die Personen oder Dinge, welche sie braucht | *Es mangelt ihm am nötigen Humor*

man·gels PRÄPOSITION; *admin* **1** *mit Genitiv* weil etwas nicht vorhanden ist | *Mangels finanzieller Unterstützung konnte die Expedition nicht durchgeführt werden* **H** → Infos unter **Präposition** **2** **jemanden mangels Beweisen freisprechen** (als Richter) jemanden nicht verurteilen, weil die Beweise dazu nicht ausreichen

Man·gel·wa·re *die; meist Singular* **1** eine Ware, die viele Leute haben möchten, die es aber nur in geringer Menge gibt **2** **etwas ist Mangelware** von etwas gibt es sehr wenig | *Im letzten Winter war Schnee Mangelware*

Man·go ['maŋgo] *die;* (-, -s) eine süße, saftige tropische Frucht mit gelbem Fleisch und einem großen Kern **K** Mangobaum

Mang·ro·ve [-və] *die;* (-, -n) ein Baum an tropischen Küsten, dessen Wurzeln weit aus dem Boden ragen

Ma·nie *die;* (-, -n [-'niːən]); *meist Singular; geschrieben* **1** der psychische Zwang, manche Dinge immer wieder zu tun (auch wenn man es gar nicht will) ⟨eine Manie entwickeln; etwas wird bei jemandem zur Manie⟩ | *Da wäscht sie sich schon wieder die Hände! Das ist so eine richtige Manie von ihr* **2** eine Phase einer psychischen Krankheit, in welcher der Kranke sehr selbstbewusst und aktiv (und nicht depressiv) ist ● hierzu **ma·nisch** ADJEKTIV

Ma·nier *die;* (-, -en); *meist Singular* **1** die Art und Weise, wie man etwas tut ⟨etwas in bewährter Manier tun⟩ | *Er argumentierte in überzeugender Manier* **2** **in jemandes Manier** im charakteristischen Stil von jemandem (z. B. eines Künstlers) | *eine Suite in typisch barocker Manier*

Ma·nie·ren *die; Plural* die Art und Weise, wie man sich benimmt ⟨gute, schlechte, feine, keine Manieren haben; jemandem Manieren beibringen⟩ ≈ *Benehmen* K Tischmanieren

ma·nier·lich ADJEKTIV; *veraltend* **1** so, wie es den guten Manieren entspricht ⟨manierlich essen⟩ **2** relativ gut, aber noch nicht sehr gut | *Ihre Leistungen sind mittlerweile ganz manierlich*

ma·ni·fest ADJEKTIV **etwas ist/wird manifest** *geschrieben* etwas ist/wird eindeutig als etwas Bestimmtes zu erkennen

Ma·ni·fest *das*; (-(e)s, -e) eine schriftliche Erklärung, welche die Prinzipien und Ziele einer Gruppe (z. B. einer politischen Partei) enthält ⟨ein Manifest verfassen, herausgeben⟩ K Friedensmanifest

ma·ni·fes·tie·ren VERB (manifestierte sich, hat sich manifestiert) **etwas manifestiert sich** *geschrieben* etwas ist (plötzlich) an äußeren Erscheinungen zu erkennen, wird deutlich oder sichtbar | *Bei der Demonstration manifestierte sich der Protest gegen die Politik der Regierung* • hierzu **Ma·ni·fes·ta·ti·on** *die*

Ma·ni·kü·re *die*; (-, -n); *meist Singular* die Pflege der Hände (vor allem der Fingernägel) ⟨Maniküre machen⟩

ma·ni·pu·lie·ren VERB (manipulierte, hat manipuliert) **1** **jemanden manipulieren** wenn man eine Person manipuliert, dann informiert und lenkt man sie absichtlich, damit sie so denkt und handelt, wie man es sich selbst wünscht | *Durch die Werbung wird der Käufer oft manipuliert* **2** **etwas manipulieren** etwas in betrügerischer Weise (leicht) verändern, um dadurch einen Vorteil zu haben ⟨Rechnungen, Stimmzettel manipulieren⟩ **3** **etwas manipulieren** ein Gerät oder einen Motor so verändern, dass es gegen eine Norm oder gegen ein Gesetz verstößt ⟨den Tachometer, den Kilometerzähler manipulieren⟩ **4** **etwas manipulieren** vor allem an einem Gerät oder Fahrzeug etwas so verändern, dass ein Schaden entsteht oder dass ein Unfall passiert ≈ *sabotieren* • hierzu **Ma·ni·pu·la·ti·on** *die*; **ma·ni·pu·lier·bar** ADJEKTIV

Man·ko *das*; (-s, -s) **1** ein Nachteil (der verhindert, dass etwas völlig positiv ist) | *Das neue Auto hat nur ein Manko: Es ist ein bisschen teuer* | *Das Manko bei der Sache ist, dass …* **2** die Summe Geld, die (bei der Abrechnung) in der Kasse fehlt

★ **Mann** *der*; (-(e)s, Män·ner/Mann) **1** (*Plural: Männer*) eine erwachsene männliche Person ⟨ein alleinstehender, geschiedener, verheirateter Mann⟩ ↔ *Frau* K Männerchor, Männergesangsverein, Männerstimme **2** (*Plural: Männer*) Kurzwort für *Ehemann* ⟨ihr ehemaliger, zukünftiger, geschiedener, verstorbener Mann⟩ | *Kann ich mal Ihren Mann sprechen?* H → Abb. unter **Familie** **3** *meist Plural*, (*Plural: Mann*) die (männlichen) Personen einer Gruppe oder auf einem Schiff | *ein Schiff mit hundert Mann Besatzung* | *Alle Mann an Deck!* H oft zusammen mit Zahlen **4** **alle Mann** *gesprochen* alle Personen zusammen | *Alle Mann mal herhören!* **5** *Zahl* + **Mann hoch** *gesprochen* mit der genannten Zahl von Personen | *Wir sind fünf Mann hoch ins Kino gegangen*

■ ID ▸Präposition plus Mann: **etwas an den Mann bringen** *gesprochen* **a** etwas verkaufen **b** etwas sagen können, was man schon lange mal sagen wollte | *Na, hast du den Klatsch endlich an den Mann gebracht?*; **pro Mann (und Nase)** *gesprochen* pro Person | *Das kostet pro Mann (und Nase) fünf Euro*; ⟨ein Gespräch⟩ **von Mann zu Mann** offen und ehrlich (und ohne andere Personen dabei);

▸Mann als Objekt: **den starken Mann markieren/mimen** *gesprochen* so tun, als ob man keine Gefahr oder keinen Schaden fürchten muss; **den wilden Mann spielen** *gesprochen* vor Wut schreien und schimpfen; **seinen Mann stehen** die eigenen Aufgaben und Pflichten gut erfüllen ≈ *sich bewähren*;

▸Mann als Subjekt, im Nominativ: **(Mein lieber) Mann!** *gesprochen* verwendet als Ausdruck der Überraschung oder des Ärgers | *Mann, Mann, Mann, was ist das für ein Blödsinn!*; **ein gemachter Mann sein** *gesprochen* (als Mann) reich sein und gut leben können; **Selbst ist der Mann!** man muss sich selbst helfen können;

▸andere Verwendungen: **ein Mann der Tat** ein Mann, der nicht zögert, wenn er handeln muss; **der kleine Mann, der Mann auf der Straße** der einfache Bürger; **ein Mann von Welt** ein Mann, der elegant und selbstsicher ist (vor allem im gesellschaftlichen Umgang); **Manns genug sein zu** +*Infinitiv* genug Mut haben und stark genug sein, etwas (Unangenehmes) zu tun

Männ·chen *das*; (-s, -) **1** ein männliches Tier ↔ *Weibchen* H vor allem dann verwendet, wenn es keine eigene Bezeichnung für das männliche Tier gibt **2** **Männchen malen, zeichnen** kleine Figuren (in abstrahierter Form) zeichnen ■ ID **ein Tier macht Männchen** ein Tier sitzt auf den hinteren Pfoten und hält den Körper aufrecht | *Der Hund macht Männchen*

Man·ne·quin [-kɛ̃] *das*; (-s, -s); *veraltend* eine Frau, die vor allem bei einer Modenschau die neueste Kleidung trägt und zeigt

Män·ner·sa·che *die*; *gesprochen* **etwas ist Männersache** etwas wird meist von Männern getan oder entschieden | *Holz hacken ist Männersache*

Män·ner·welt *die*; *nur Singular* **1** eine Gesellschaft, in der Männer die wichtigen Positionen (vor allem der Politik und Wirtschaft) haben | *In einer Männerwelt haben Frauen es schwer, nach oben zu kommen* **2** *humorvoll* alle Männer, die irgendwo (versammelt) sind

Man·nes·al·ter *das* **im besten Mannesalter (sein)** *humorvoll* als Mann zwischen etwa 40 und 55 Jahren alt (sein)

Man·nes·kraft *die*; *nur Singular*; *veraltend* die Fähigkeit zum Sex (und zum Zeugen von Kindern) ↔ *Impotenz*

mann·haft ADJEKTIV; *veraltend* ≈ *tapfer* • hierzu **Mann·haf·tig·keit** *die*

man·nig·fach ADJEKTIV *meist attributiv* zahlreich und verschieden ⟨Ursachen, Wirkungen⟩

man·nig·fal·tig ADJEKTIV; *geschrieben* **1** zahlreich und verschieden ⟨Einflüsse, Erfahrungen, Konsequenzen⟩ | *In seinem neuen Beruf hat er mannigfaltige Aufgaben zu erfüllen* **2** mit vielen unterschiedlichen Arten von Pflanzen und Tieren | *die mannigfaltige Flora der Tropen* • hierzu **Man·nig·fal·tig·keit** *die*

Männ·lein *das*; (-s, -) **Männlein und Weiblein** *gesprochen, humorvoll* alle (anwesenden) Männer und Frauen

★ **männ·lich** ADJEKTIV **1** *ohne Steigerung* Männer und Jungen sind männlich, sie gehören zum männlichen Geschlecht ↔ *weiblich* **2** *ohne Steigerung* (bei Tieren) von dem Geschlecht, das keine Junge bekommen bzw. keine Eier legen kann **3** (bei Pflanzen) von der Sorte, die keine Früchte bildet **4** zu Männern oder Jungen gehörend ⟨Sexualhormone; eine Stimme, ein Vorname⟩ **5** mit Eigenschaften, die als typisch für Männer gelten ↔ *feminin* | *Sie findet Männer mit Bart sehr männlich* | *Mit ihrer neuen Frisur wirkt sie eher männlich* **6** *ohne Steigerung* in der Grammatik mit dem Artikel *der* verwendet ≈ *maskulin* H → Infos unter **Geschlecht**

Männ·lich·keit *die*; (-) Verhalten, Aussehen oder Eigenschaften, die traditionell von Männern erwartet werden K Männlichkeitswahn

Manns·bild *das*; *besonders süddeutsch* Ⓐ, *gesprochen* **1** ≈ *Mann* **2** **ein gestandenes Mannsbild** ein starker, männlicher Mann

★ **Mann·schaft** *die;* (-, -en) **1** die Sportler, die (in einem Wettkampf) zusammengehören ‹eine Mannschaft aufstellen, bilden› ≈ *Team* **K** Mannschaftsaufstellung, Mannschaftskampf, Mannschaftsspiel, Mannschaftssport(art), Mannschaftswettbewerb; Damenmannschaft, Herrenmannschaft, Jugendmannschaft, Nationalmannschaft, Fußballmannschaft, Handballmannschaft, Skimannschaft, Turnermannschaft, Volleyballmannschaft **2** alle Menschen, die während der Fahrt auf einem Schiff oder während des Fluges in einem Flugzeug arbeiten ≈ *Besatzung, Crew* **3** eine Gruppe von Leuten, die in einer Abteilung oder in einem Bereich eng zusammenarbeiten ‹eine dynamische, junge Mannschaft› ≈ *Team* **K** Regierungsmannschaft, Rettungsmannschaft **4** alle Soldaten einer militärischen Einheit **K** Ersatzmannschaft, Wachmannschaft **5** *nur Plural* die einfachen Soldaten **K** Mannschaftsdienstgrad, Mannschaftskantine, Mannschaftsverpflegung ■ **ID vor versammelter Mannschaft** *gesprochen* vor allen (anwesenden) Personen | *Sie hat mich vor versammelter Mannschaft beschimpft* ● zu (1) **mann·schaft·lich** ADJEKTIV

Mann·schafts·ka·pi·tän *der* der Spieler, den eine Mannschaft zu ihrem Chef wählt

Mann·schafts·wer·tung *die* (bei einem Wettkampf) die Platzierung der ganzen Mannschaft (und nicht des einzelnen Sportlers)

manns·hoch ADJEKTIV ungefähr so hoch wie ein erwachsener Mann | *eine mannshohe Mauer*

manns·toll ADJEKTIV; *gesprochen abwertend, veraltend* ≈ *nymphoman*

Ma·no·me·ter *das;* (-s, -) ein technisches Gerät, mit dem man den Druck von Flüssigkeiten oder Gasen messen kann ■ **ID Manometer!** *gesprochen* verwendet, um zu sagen, dass man erstaunt ist

Ma·nö·ver [-v-] *das;* (-s, -) **1** eine militärische Übung (in der Landschaft), bei der Angriff und Verteidigung geübt werden ‹ein Manöver abhalten, durchführen; ins Manöver ziehen› **K** Flottenmanöver, Heeresmanöver, Herbstmanöver **2** *abwertend* eine Aktion, mit der man eine Situation geschickt für sich ausnutzt ‹ein geschicktes, plumpes Manöver› | *Durch ein raffiniertes Manöver lenkte er die Aufmerksamkeit der Medien auf sich* **K** Ablenkungsmanöver, Täuschungsmanöver **3** eine geschickte und schnelle Bewegung (mit der man die Richtung eines Fahrzeugs ändert) **K** Ausweichmanöver, Wendemanöver

ma·növ·rie·ren VERB [-v-] (manövrierte, hat manövriert) **1 etwas irgendwohin manövrieren** meist ein Fahrzeug geschickt an eine Stelle lenken | *das Auto in eine Parklücke manövrieren* **2 jemanden irgendwohin manövrieren** *abwertend* jemanden oft durch Tricks in eine (meist berufliche) Position bringen | *Er hat sie in eine leitende Stellung manövriert* **3 irgendwie manövrieren** *abwertend* (in einer meist unangenehmen, ungünstigen Situation) geschickt und vorsichtig handeln ‹geschickt, taktisch klug manövrieren›

ma·növ·rier·fä·hig [-v-] ADJEKTIV ‹ein Auto, ein Flugzeug, ein Panzer, ein Schiff› so, dass man es noch lenken kann ● hierzu **Ma·növ·rier·fä·hig·keit** *die*

Man·sar·de *die;* (-, -n) ein Zimmer oder eine Wohnung unter dem Dach mit meist schrägen Wänden **K** Mansardenwohnung, Mansardenzimmer

Mansch *der;* (-(e)s); *gesprochen, abwertend* eine Masse von zerkleinertem, zerdrücktem Essen | *ein Mansch aus Kartoffeln und Gemüse* ● hierzu **man·schig** ADJEKTIV

man·schen VERB (manschte, hat gemanscht); *gesprochen, abwertend* im Mansch herumrühren

Man·schet·te *die;* (-, -n) **1** das steife Stück Stoff am (langen) Ärmel meist eines Hemdes oder einer Bluse (das man zuknöpfen kann) **K** Manschettenknopf **2** eine Hülle aus Papier um einen Blumentopf **K** Papiermanschette **3** Manschetten aus Gummi, Metall usw. dienen dazu, Verbindungen von Rohren usw. fest oder dicht zu machen **K** Manschettendichtung ■ **ID (vor jemandem/etwas) Manschetten haben** *gesprochen* (vor jemandem/etwas) Angst haben

★ **Man·tel** *der;* (-s, Män·tel) **1** Mäntel trägt man über der anderen Kleidung, wenn es kalt ist; sie reichen bis zu den Oberschenkeln, den Knien oder den Knöcheln ‹jemandem aus dem, in den Mantel helfen; den Mantel ablegen› **K** Mantelfutter, Manteltasche; Ledermantel, Pelzmantel, Wollmantel, Regenmantel, Sommermantel, Wintermantel **i** → Abb. unter **Bekleidung** **2** die äußere Hülle aus dickem Gummi, die den Schlauch eines Reifens umgibt | *der Mantel eines Fahrradreifens* **K** Gummimantel **3** die äußere Hülle, die etwas (als Schutz) umgibt ‹der Mantel eines Kabels, einer Röhre, eines Geschosses›

Män·tel·chen *das;* (-s, -) **sein Mäntelchen nach dem Wind drehen/hängen** *abwertend* die eigene Meinung immer wieder ändern, um einen Vorteil davon zu haben

Man·tel·ta·rif *der* die Bestimmungen, die für mehrere Jahre Dinge regeln wie die Länge der Arbeitszeit oder die Zahl der Urlaubstage **K** Manteltarifvertrag

Mantsch *der* → Mansch

mant·schen → manschen

ma·nu·ell ADJEKTIV; *geschrieben* **1** mit den Händen (gemacht) ‹Arbeit; etwas manuell herstellen, verpacken› ↔ *maschinell* **2** in Bezug auf die Hände ‹Fertigkeiten, ein Geschick›

Ma·nu·fak·tur *die;* (-, -en); *historisch* ein Betrieb, in welchem die Produkte in großer Anzahl mit der Hand und nicht mit Maschinen hergestellt wurden **K** Porzellanmanufaktur, Teppichmanufaktur, Textilmanufaktur

Ma·nu·skript *das;* (-(e)s, -e) ein Text, der mit der Hand oder mit dem Computer geschrieben ist und gedruckt werden soll ‹ein druckfertiges Manuskript; ein Manuskript redigieren, überarbeiten, vorlegen› | *ein Manuskript an einen Verlag schicken* **K** Manuskriptblatt, Manuskriptseite; Originalmanuskript

MAPPE

★ **Map·pe** *die;* (-, -n) **1** ein Stück Karton oder Plastik, das so gefaltet ist, dass man z. B. Dokumente, Briefe oder Zeichnungen hineinlegen kann ‹eine Mappe anlegen, aufschlagen› **K** Arbeitsmappe, Zeichenmappe **2** eine flache Tasche (aus Leder), in der meist Dokumente, Bücher oder Hefte getragen werden **K** Aktenmappe, Ledermappe, Schulmappe

Mär *die;* (-, -en); *veraltend* eine seltsame Geschichte oder Sage ‹eine alte, wunderbare Mär›

Ma·ra·thon *der;* (-s, -s) ein Wettlauf über 42 Kilometer **K** Marathonlauf, Marathonläufer, Marathonstrecke

Ma·ra·thon- *im Substantiv, betont, begrenzt produktiv; gesprochen, abwertend* **die Marathonrede, die Marathonsitzung, die Marathonveranstaltung** *und andere* von sehr langer Dauer | *die Marathonverhandlung des Gerichts*

★ **Mär·chen** *das;* (-s, -) **1** eine (im Volk überlieferte) Erzählung, in der Personen wie z. B. Hexen, Riesen oder Zwerge und unwirkliche Ereignisse vorkommen ‹(jemandem) Märchen erzählen, vorlesen› | *das Märchen von Rotkäppchen und* *dem bösen Wolf* | *die Märchen der Brüder Grimm* K Märchenbuch, Märchenerzähler, Märchengestalt, Märchenprinz, Märchensammlung; Erwachsenenmärchen, Kindermärchen, Volksmärchen, Weihnachtsmärchen **2** eine Geschichte, die sich jemand (meist als Ausrede) ausgedacht hat und die nicht wahr ist ≈ *Lüge* | *Erzähl mir doch keine Märchen!* ■ ID **jemandem ein Märchen auftischen** einer Person eine Lüge erzählen, um sie zu täuschen

mär·chen·haft ADJEKTIV **1** (ähnlich) wie in einem Märchen ⟨eine Erzählung; eine Gestalt⟩ | *Diese Oper hat märchenhafte Züge* **2** sehr schön ⟨eine Landschaft; ein Anblick⟩ **3** so (ungewöhnlich), dass man es sich kaum vorstellen kann ⟨Glück, Reichtum, eine Karriere⟩ | *märchenhaft niedrige Preise*

Mar·der *der;* (-s, -) ein kleines Tier, das klettern kann und das man wegen des Pelzes züchtet

★ **Mar·ga·ri·ne** *die;* (-) ein Fett (ähnlich wie Butter), das aus dem Öl von Pflanzen gemacht wird K Backmargarine, Diätmargarine H Als Plural wird *Margarinesorten* verwendet.

Mar·ge·ri·te *die;* (-, -n) eine hohe Blume mit einer Blüte, die aus einem gelben Zentrum und länglichen weißen Blütenblättern besteht K Margeritenstrauß

mar·gi·nal ADJEKTIV; *geschrieben* ohne (große) Bedeutung ⟨ein Thema; von marginaler Bedeutung⟩ ≈ *nebensächlich, zweitrangig* ↔ *zentral*

Mar·gi·na·lie [-li̯ə] *die;* (-, -n); *meist Plural* eine nicht sehr wichtige Bemerkung zu einer Sache

Ma·ri·en·kä·fer [ma'riːən-] *der* ein kleiner, rundlicher Käfer mit roten Flügeln und schwarzen Punkten

Ma·ri·hu·a·na [-hu-] *das;* (-s) ein Rauschgift, das (meist in einer Pfeife) geraucht wird ≈ *Haschisch*

Ma·ril·le *die;* (-, -n); Ⓐ ≈ *Aprikose* K Marillenknödel, Marillenmarmelade, Marillenschnaps

Ma·ri·na·de *die;* (-, -n) eine Soße aus Essig, Öl und Gewürzen, mit der man meist Fleisch oder Fisch würzt oder haltbar macht oder Salat anmacht | *Heringe in (eine) Marinade einlegen* ● hierzu **ma·ri·nie·ren** VERB *(hat)*

Ma·ri·ne *die;* (-, -n); *meist Singular* **1** der Teil der Armee, der im Krieg auf dem Meer kämpft ⟨zur Marine gehen; bei der Marine dienen, sein⟩ K Marineoffizier, Marinesoldat, Marineuniform **2** alle militärischen Schiffe eines Staates | *Die Marine läuft aus* K Marinestützpunkt; Kriegsmarine **3** alle zivilen Handelsschiffe eines Staates K Handelsmarine

Ma·ri·o·net·te *die;* (-, -n) **1** eine Puppe, deren Körperteile man an Fäden oder Drähten bewegen kann ⟨mit Marionetten spielen⟩ K Marionettenbühne, Marionettenfigur, Marionettenspiel, Marionettenspieler, Marionettentheater **2** *abwertend* eine Person, die (willenlos) alles tut, was andere Leute fordern

ma·ri·tim ADJEKTIV; *geschrieben* **1** in Bezug auf das Meer ⟨Forschungen, Untersuchungen⟩ **2** vom Meer beeinflusst ⟨ein Klima, eine Fauna, eine Flora⟩ ↔ *kontinental*

★ **Mark**[1] *die;* (-, -); *historisch* die frühere Währung Deutschlands vor Euro und Cent K D-Mark H Abkürzung: *DM*

★ **Mark**[2] *das;* (-s) **1** die weiche Masse in den Knochen und in der Wirbelsäule K Knochenmark, Rückenmark **2** die weiche Masse in den Stängeln oder Sprossen mancher Pflanzen K Holundermark, Palmmark **3** ein Brei aus weichen Früchten und Gemüsearten K Erdbeermark, Himbeermark, Tomatenmark ■ ID **jemanden bis ins Mark erschüttern, treffen** jemanden sehr schockieren oder beleidigen; **kein Mark in den Knochen haben** *gesprochen, abwertend* ängstlich sein oder keine Energie haben; **jemandem das Mark aus den Knochen saugen** *gesprochen, abwertend* von jemandem sehr viele Leistungen verlangen, damit man selbst davon profitiert; **etwas geht jemandem durch Mark und Bein** ⟨ein Schmerz, ein Schrei⟩ ist so intensiv, dass er sehr unangenehm für jemanden ist

Mark[3] *die;* (-, -en); *historisch* (im mittelalterlichen Deutschen Reich) ein Gebiet an der Grenze, das ein Graf verwaltete K Markgraf, Markgrafschaft H heute noch in geografischen Ausdrücken verwendet: *die Mark Brandenburg*

mar·kant ADJEKTIV (markanter, markantest-) (im positiven Sinn) auffallend ⟨Gesichtszüge, eine Erscheinung, eine Persönlichkeit⟩

★ **Mar·ke** *die;* (-, -n) **1** ein Stück Papier oder Blech, mit dem etwas bestätigt wird oder das zeigt, das man ein Recht auf etwas hat K Briefmarke, Essensmarke, Hundemarke, Lebensmittelmarke, Pfandmarke, Steuermarke **2** ein Zeichen, das einen gemessenen Wert zeigt oder eine Stelle bezeichnet ≈ *Markierung* | *Das Hochwasser stieg über die Marke des Vorjahres* K Bestmarke, Richtmarke **3** eine Sorte einer Ware mit einem Namen ⟨eine bekannte, führende, eingetragene, gesetzlich geschützte Marke⟩ K Markenartikel, Markenfabrikat, Markenname, Markenware; Automarke, Whiskymarke, Zigarettenmarke ■ ID **'Du bist (mir) vielleicht 'ne Marke!** *gesprochen* Du hast seltsame Ansichten/ein seltsames Benehmen

Mar·ken·but·ter *die* Butter von bester Qualität. Die Bezeichnung ist gesetzlich festgelegt H vergleiche **Molkereibutter**

Mar·ken·zei·chen *das* **1** ein Symbol für die Waren einer Marke, das offiziell registriert ist und das andere Hersteller nicht verwenden dürfen ⟨ein bekanntes, eingetragenes, geschütztes Markenzeichen⟩ ≈ *Warenzeichen* **2** ein typisches Merkmal, eine typische Eigenschaft ⟨ein unverkennbares, unverwechselbares Markenzeichen⟩ | *Eigenwilligkeit ist sein persönliches Markenzeichen*

mark·er·schüt·ternd ADJEKTIV sehr laut (und von Angst erfüllt) ⟨ein Schrei, (ein) Geschrei; markerschütternd schreien⟩

Mar·ke·ting *das;* (-(s)) alles, was eine Firma tut, um die eigenen Produkte gut zu verkaufen

★ **mar·kie·ren** VERB (markierte, hat markiert) **1** **etwas (mit/durch etwas) markieren** ein Zeichen oder Symbol auf etwas machen, damit man es schnell und deutlich erkennen kann | *eine Textstelle mit einem roten Stift markieren* | *Nimm den Weg, der auf der Karte mit blauen Punkten markiert ist* **2** **etwas markieren** durch Zeichen oder Symbole etwas deutlich machen | *Weiße Linien markieren das Spielfeld* **3** **(etwas) markieren** *gesprochen, abwertend* so tun, als ob etwas der Fall wäre ≈ *vortäuschen* | *einen Herzanfall markieren* | *Er ist nicht krank, er markiert nur* | *Versuch nicht, den Helden zu markieren! Ich weiß, dass du Angst hast!*

Mar·kie·rung *die;* (-, -en) **1** ein Zeichen oder ein Symbol, mit dem man etwas deutlich macht ⟨eine farbige, gut sichtbare Markierung⟩ | *die Markierungen entlang eines Wanderweges* K Markierungslinie, Markierungspunkt; Spielfeldmarkierung, Wegmarkierung **2** der Vorgang, bei dem ein Zeichen oder Symbol gesetzt wird

mar·kig ADJEKTIV mit kräftigen Worten formuliert und nicht gut überlegt ⟨Worte, Sprüche⟩ | *Abends in der Kneipe werden oft markige Sprüche gemacht*

Mar·ki·se *die;* (-, -n) ein Tuch, das (über ein Gestell gespannt) dazu dient, Fenster oder Balkone vor der Sonne zu schützen ⟨die Markise einholen, herunterlassen⟩ ≈ *Sonnendach*

Mark·stein *der* ein wichtiges Ereignis in einer Entwicklung ≈ *Meilenstein* | *Die Erfindung des Rades war ein Markstein in der Geschichte der Menschheit*

★ **Markt** *der;* (-(e)s, Märk·te) **1** wenn Markt ist, bauen die Händler Stände auf einem Platz in der Stadt auf und verkaufen dort ihre Waren ⟨auf den/zum Markt gehen⟩ | *Freitags ist*

Markt | Der Markt wird auf der Wiese neben dem Bahnhof abgehalten K Markthändler, Marktstand, Markttag; Fischmarkt, Gemüsemarkt, Obstmarkt, Weihnachtsmarkt, Wochenmarkt **2** der Platz (in einer Stadt), auf dem der Markt stattfindet | *Am Markt steht ein Brunnen* K Marktplatz **3** ein Gebiet oder Land, in dem Leute etwas kaufen wollen, oder eine Gruppe von Leuten, die etwas kaufen wollen ⟨der ausländische, inländische, internationale Markt; neue Märkte erschließen⟩ K Marktanteil; Absatzmarkt, Binnenmarkt, Weltmarkt **4** **der Markt (für etwas)** das Interesse an einer Ware und der Wunsch, sie zu kaufen ≈ *Nachfrage | Der Markt für Smartphones ist im Moment sehr groß | Der Markt für Waren dieser Art ist zurzeit gesättigt* **5** die Bedingungen, die für den Kauf, den Verkauf und den Preis von Waren wichtig sind K Marktanalyse, Marktforschung, Marktlage, Marktstudie **6** **der schwarze Markt** der Handel mit Waren, die (gesetzlich) verboten oder rationiert sind | *der schwarze Markt für pornografische Videos* K Schwarzmarkt **7** **der graue Markt** der Handel mit Waren am Rande der Legalität | *der graue Markt für billige Linienflüge* **8** **etwas auf den Markt bringen/werfen** etwas (vor allem in großer Menge) herstellen und zum Kauf anbieten

Markt·frau *die* eine Frau, die Waren auf dem Markt verkauft

Markt·hal·le *die* ein großes Gebäude auf dem Markt, in dem Händler ihre Waren verkaufen

Markt·lü·cke *die* ein Bereich, in dem es bisher noch keine geeigneten Waren gab ⟨eine Marktlücke suchen, finden, entdecken; in eine Marktlücke stoßen⟩

markt·schrei·e·risch ADJEKTIV; *abwertend* ⟨eine Reklame⟩ so, dass sie in einer lauten und auffälligen Weise für Dinge wirbt, oft nicht ganz ehrlich

Markt·wert *der; nur Singular* der momentane (durchschnittliche) Wert eines Menschen oder einer Ware auf dem Markt | *der Marktwert eines Spitzensportlers*

Markt·wirt·schaft *die* **1** **die (freie) Marktwirtschaft** ein Wirtschaftssystem, in welchem die Produktion und der Preis von Waren von Angebot und Nachfrage bestimmt werden ↔ *Planwirtschaft* **2** **die soziale Marktwirtschaft** ein ziemlich freies Wirtschaftssystem, in welches der Staat aber auch dafür sorgt, dass soziale Missstände nicht entstehen • zu (1) **markt·wirt·schaft·lich** ADJEKTIV

★ **Mar·me·la·de** *die;* (-, -n) eine süße Masse aus gekochtem Obst, die man auf das Brot streicht ⟨Marmelade kochen; ein Glas Marmelade⟩ | *In der Marmelade sind im Gegensatz zur Konfitüre keine ganzen Früchte* K Marmeladenbrot, Marmeladenglas; Aprikosenmarmelade

MARMELADE

Mar·mor *der;* (-s, -e); *meist Singular* ein relativ teurer Stein, aus dem man vor allem Treppen und Statuen macht ⟨weißer, schwarzer Marmor⟩ K Marmorbüste, Marmorplatte, Marmorsäule, Marmortreppe

Mar·mor·ku·chen *der* ein Kuchen, bei dem ein dunkler Teig so in einen hellen Teig gerührt wird, dass ein Muster entsteht

ma·ro·de ADJEKTIV **1** moralisch schlecht und deshalb dem Ruin nahe ⟨eine Gesellschaft, eine Welt⟩ | *eine marode und degenerierte Wohlstandsgesellschaft* **2** *veraltend* leicht krank oder sehr müde

Ma·ro·ne *die;* (-, -n) **1** eine essbare Kastanie | *geröstete Maronen* **2** ein essbarer Pilz mit einer braunen Kappe

Ma·rot·te *die;* (-, -n) eine seltsame Gewohnheit ≈ *Spleen | Es ist so eine Marotte von ihr, dass sie das Ei immer in der Mitte durchschlägt*

Mars *der;* (-) der vierte Planet des Sonnensystems (zwischen Erde und Jupiter) K Marssonde

marsch verwendet, um jemanden aufzufordern zu gehen oder etwas schnell zu tun | *Marsch, ins Bett! | Marsch, an die Arbeit!*

Marsch[1] *der;* (-es, Mär·sche) **1** das Gehen mit kurzen und schnellen Schritten in einer Gruppe (von Soldaten) ⟨jemanden in Marsch setzen⟩ | *Nach einem anstrengenden Marsch erreichten die Soldaten wieder die Kaserne* K Marschgepäck, Marschkolonne, Marschkompass, Marschlied, Marschordnung, Marschroute, Marschverpflegung, marschbereit; Nachtmarsch **2** eine Wanderung, bei der man eine ziemlich lange Strecke geht ⟨einen ausgedehnten Marsch machen⟩ | *Nach dem kilometerlangen Marsch waren wir ziemlich kaputt* K Fußmarsch **3** ein Musikstück im Rhythmus eines Marsches ⟨einen Marsch spielen, blasen⟩ K Marschrhythmus, Marschtakt ■ ID **jemandem den Marsch blasen** *gesprochen* einer Person sehr deutlich und laut sagen, was sie falsch gemacht hat

Marsch[2] *die;* (-, -en) ein sehr fruchtbares Gebiet an der Küste (der Nordsee), das durch Deiche geschützt ist

Mar·schall *der;* (-s, Mar·schäl·le) (in einigen Ländern) der höchste Offizier der Armee

Marsch|flug·kör·per *der* eine Rakete, die so niedrig fliegen kann, dass sie mit Radar nicht entdeckt wird

mar·schie·ren VERB (marschierte, ist marschiert) **1** *gesprochen* eine lange Strecke ziemlich schnell zu Fuß gehen | *Wir waren lange durch hügeliges Gelände marschiert, bevor wir an einen See kamen* **2** wenn Soldaten marschieren, machen sie alle gleichzeitig die gleichen Schritte

Mar·ter *die;* (-, -n); *geschrieben* eine körperliche oder seelische Qual ⟨Martern erdulden, erleiden, ertragen⟩ ≈ *Folter* K Marterinstrument • hierzu **mar·tern** VERB *(hat)*

mar·ti·a·lisch [-'tsia:-] ADJEKTIV; *geschrieben* so, dass es Angst macht ⟨eine Erscheinung, ein Gebaren; jemandes Aussehen⟩

Mar·tins·horn *das* ein akustisches Warnsignal an den Autos der Polizei, der Feuerwehr o. Ä.

Mär·ty·rer *der;* (-s, -) eine Person, die wegen ihrer (meist politischen oder religiösen) Überzeugungen verfolgt und getötet wird ⟨jemanden zum Märtyrer machen⟩ K Märtyrertod • hierzu **Mär·ty·re·rin** *die*

Mar·ty·ri·um [-'ty:-] *das;* (-s, Mar·ty·ri·en [-jən]) **1** ein schweres Leiden, das eine Person für ihren Glauben oder ihre Überzeugungen erduldet und das meist erst mit dem Tod endet ⟨ein grausames, hartes Martyrium; ein Martyrium auf sich nehmen, erleiden⟩ | *das Martyrium des heiligen Petrus* **2** eine Sache, die jemandem über längere Zeit viel Leid bringt ⟨ein einziges, wahres Martyrium⟩ | *Seine Tätigkeit als Lehrer war für ihn ein einziges Martyrium*

Mar·xis·mus *der;* (-) eine (von Karl Marx und Friedrich Engels begründete) Lehre, die durch Revolution eine klassenlose Gesellschaft schaffen will • hierzu **mar·xis·tisch** ADJEKTIV

Mar·xist *der;* (-en, -en) ein Anhänger des Marxismus H *der Marxist; den, dem, des Marxisten* • hierzu **Mar·xis·tin** *die*

★ **März** *der;* (-(es), -e); *meist Singular* der dritte Monat des Jahres ⟨im März; Anfang, Mitte, Ende März; am 1., 2., 3. März⟩ | *Ostern ist dieses Jahr im März*

Mar·zi·pan *das/der;* (-s, -e); *meist Singular* eine weiche Masse aus Mandeln und Puderzucker, aus der man Süßigkeiten macht K Marzipanbrot, Marzipankartoffel, Marzipanschweinchen

Ma·sche *die;* (-, -n) **1** eine der Schlingen, aus denen ein (gestricktes oder gehäkeltes) Kleidungsstück besteht ⟨eine lose, feste Masche; eine Masche stricken, häkeln; Maschen aufnehmen, zunehmen, abnehmen; eine Masche fallen lassen〉 K Randmasche **2** *nur Plural* die Schlingen eines Netzes | *Als sie die Netze einholten, zappelten viele Fische in den Maschen* **3** **eine rechte/linke Masche** eine Masche, bei welcher der Faden beim Stricken hinter bzw. vor der Nadel liegt **4** *gesprochen meist Singular* eine besondere, geschickte Art, etwas zu tun 〈eine raffinierte Masche〉 ≈ *Trick* | *Er versucht es immer wieder mit derselben alten Masche, aber darauf fällt keiner mehr rein!* ■ **ID** **jemandem durch die Maschen gehen** ≈ *entkommen* | *Der Bankräuber war der Polizei durch die Maschen gegangen*; **durch die Maschen des Gesetzes schlüpfen** wegen einer Lücke im Gesetz nicht bestraft werden können

MASCHE

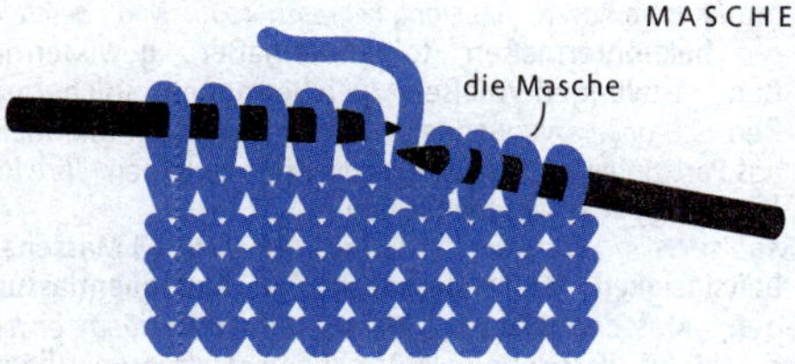

★ **Ma·schi·ne** *die*; (-, -n) **1** ein (mechanisches) Gerät, das Energie umformt und so die Arbeit für den Menschen leichter macht 〈eine Maschine bauen, konstruieren, reparieren; eine Maschine in Betrieb nehmen, anschalten, bedienen, ausschalten, warten〉 | *die Massenproduktion von Gütern mithilfe von Maschinen* K Maschinenantrieb, Maschinenfabrik, Maschinenöl, Maschinenschlosser; Bohrmaschine, Kaffeemaschine, Spülmaschine ■ → auch **Apparat** **2** verwendet anstelle der genauen Bezeichnung für diejenige Maschine, die aus dem Zusammenhang bekannt ist | *Das Kleid habe ich mit der Maschine genäht* (≈ *Nähmaschine*) | *Der Pullover ist mit der Maschine gestrickt* (≈ *Strickmaschine*) | *Die (schmutzigen) Hosen kommen in die Maschine* (≈ *Waschmaschine*) K maschinengestrickt **3** *gesprochen* der Motor eines Autos 〈eine starke Maschine〉 | *eine Maschine mit 50 PS* **4** ≈ *Flugzeug* | *Die Maschine aus New York hat heute Verspätung* **5** *gesprochen* ≈ *Motorrad* | *eine schwere Maschine*

ma·schi·nell ADJEKTIV mit Maschinen 〈etwas maschinell fertigen, herstellen, produzieren〉

Ma·schi·nen·bau *der*; *nur Singular* **1** die Herstellung von Maschinen **2** die Wissenschaft vom Maschinenbau 〈Maschinenbau studieren〉 K Maschinenbauingenieur ● zu (1) **Ma·schi·nen·bau·er** *der*

Ma·schi·nen·ge·wehr *das* ein Gewehr, mit dem man ohne Unterbrechung sehr schnell und oft schießen kann ■ Abkürzung: *MG*

ma·schi·nen·les·bar ADJEKTIV so, dass es ein Computer lesen kann 〈ein Antrag, ein Ausweis, ein Formular, ein Vordruck〉 | *Bitte knicken Sie den Vordruck nicht! Er ist sonst nicht mehr maschinenlesbar*

Ma·schi·nen·pis·to·le *die* eine automatische Pistole, mit der man ohne Unterbrechung sehr schnell und oft schießen kann ■ Abkürzung: *MP* oder *MPi*

Ma·schi·nen·raum *der* (vor allem auf Schiffen) der Raum mit den Motoren

Ma·schi·nen·scha·den *der* ein Schaden am Motor oder Getriebe vor allem eines Schiffes

Ma·schi·nen·schlos·ser *der* eine Person, die beruflich Maschinen baut oder zusammensetzt

Ma·schi·ne·rie *die*; (-, -n [-'riːən]) **1** ein System aus mehreren Maschinen (z. B. in einer Fabrik) 〈eine komplizierte Maschinerie〉 **2** die technischen Einrichtungen einer Bühne | *die umfangreiche Maschinerie eines modernen Theaters* **3** *geschrieben, abwertend* ein sehr kompliziertes System mit Vorgängen, die man nicht genau kontrollieren kann | *Sein Antrag war in der Maschinerie des bürokratischen Apparates verloren gegangen*

Ma·schi·nist *der*; (-en, -en) eine Person, die beruflich Maschinen bedient und überwacht ■ *der Maschinist; den, dem, des Maschinisten* ● hierzu **Ma·schi·nis·tin** *die*

Ma·sern *die*; (-); *Plural* eine ansteckende Krankheit (vor allem bei Kindern), bei der man hohes Fieber hat und sich rote Flecken auf der Haut bilden 〈Masern haben〉

Ma·se·rung *die*; (-, -en) ein unregelmäßiges Muster im Holz

★ **Mas·ke** *die*; (-, -n) **1** mit einer Maske bedeckt man in Theaterstücken oder bei manchen Festen das Gesicht 〈eine bunte, tragische, komische Maske; eine Maske aufsetzen, tragen, abnehmen〉 | *Auf der Karnevalsfeier trugen viele Leute Masken* **2** eine Maske trägt man zum Schutz vor Rauch oder giftigen Gasen vor dem Gesicht 〈eine Maske aufsetzen, tragen, abnehmen〉 | *Der Qualm war so dicht, dass der Feuerwehrmann seine Maske aufsetzen musste* K Atemmaske, Gasmaske, Schutzmaske **3** eine Abbildung eines Gesichts, die durch einen Abdruck aus Gips hergestellt wird K Gipsmaske, Totenmaske **4** die Vorbereitung vor allem von Gesicht und Haaren eines Schauspielers für den Auftritt 〈Maske machen; in der Maske sein〉 | *Vor dem Auftritt machen die Schauspieler Maske* **5** eine Schicht aus Creme und Kräutern o. Ä., die man auf das Gesicht streicht | *eine Maske, welche die Haut glatt und schön macht* K Gesichtsmaske ■ **ID** **hinter der Maske** +*Genitiv* so, dass eine Person nicht zeigt, wie sie wirklich ist | *Er verbarg seine rohe Natur hinter der Maske eines Gentlemans*; **ein Gesicht wird/erstarrt zur Maske** das Gesicht zeigt keine Gefühle mehr; **die Maske fallen lassen** (negative) Absichten, Gefühle und Gedanken nicht mehr verbergen

Mas·ken·ball *der* ein Fest, auf welchem die Menschen tanzen und Kostüme oder Masken tragen 〈auf einen Maskenball gehen〉

Mas·ken·bild·ner *der*; (-s, -) eine Person, die beruflich Schauspieler schminkt und frisiert ● hierzu **Mas·ken·bild·ne·rin** *die*

mas·ken·haft ADJEKTIV starr wie eine Maske 〈ein Gesicht, ein Gesichtsausdruck, ein Lächeln〉

Mas·ke·ra·de *die*; (-, -n) **1** die Kleider (und Masken), mit denen man sich für einen Maskenball verkleidet **2** **etwas ist Maskerade** etwas ist nicht echt, aber so gemacht, dass es echt aussieht 〈jemandes Freundlichkeit〉

mas·kie·ren VERB (maskierte, hat maskiert) **1** **jemanden maskieren** jemandem oder sich selbst selbst eine Maske aufsetzen oder ein Kostüm anziehen ≈ *verkleiden* | *sich als Clown maskieren* **2** **etwas maskieren** versuchen, etwas zu verbergen 〈die Unsicherheit, die Schwächen, die Angst maskieren〉 | *Sie maskierte ihre Unsicherheit mit lautem Reden* **3** **sich maskieren** das Gesicht so verdecken oder verändern, dass man nicht erkannt werden kann | *Die Bankräuber hatten sich gut maskiert* ● hierzu **Mas·kie·rung** *die*

Mas·kott·chen *das*; (-s, -) etwas, das einer Person Glück bringen soll (und das sie deshalb oft bei sich hat) ≈ *Talisman*

mas·ku·lin, mas·ku·lin ADJEKTIV **1** 〈ein Mann〉 mit Eigenschaften, die als typisch für Männer gelten ≈ *männlich* | *Er hat eine sehr maskuline Figur* **2** 〈eine Frau〉 mit Eigenschaften, die als typisch für Männer gelten | *Sie hat einen maskulinen Körperbau* **3** *ohne Steigerung* in der Grammatik mit dem Artikel *der* verwendet *Das Substantiv „Baum" ist im Deutschen maskulin*

Ma·so·chist *der*; (-en, -en) **1** eine Person, die (zur sexuellen

M

Befriedigung) gern Schmerzen und Strafen erleidet **2** *meist ironisch* eine Person, die (scheinbar) gern leidet | *Bei dem Wetter willst du Fußball spielen? Du bist ein richtiger Masochist!* **H** *der Masochist; den, dem, des Masochisten* • hierzu **Ma·so·chis·tin** *die;* **Ma·so·chis·mus** *der;* (-, Ma·so·chis·men); **ma·so·chis·tisch** ADJEKTIV

maß *1. und 3. Person Singular* → messen[1]

★ **Maß[1]** *das;* (-es, -e) **1** eine Einheit, mit der man Größen, Gewichte und Mengen messen kann ⟨ein geeichtes Maß⟩ | *Das Maß für die Bestimmung der Länge ist der Meter* **K** Raummaß, Flächenmaß, Längenmaß **2** ein Gegenstand (der z. B. einen Meter Länge, ein Liter Volumen oder ein Kilo Gewicht hat), mit dem man die Länge, das Volumen oder das Gewicht von Dingen und Substanzen bestimmen kann ⟨ein Maß eichen⟩ **K** Maßband; Metermaß **3** eine Zahl, die man durch Messen erhält | *die Maße eines Schrankes abmessen* | *beim Schneider einen Anzug nach Maß machen lassen* **4** *Adjektiv +* **Maß** die genannte Menge oder Intensität ⟨ein erträgliches, hohes Maß; das übliche Maß; in geringem, hohem, beträchtlichem Maße⟩ | *Seine Arbeit fordert ihn in hohem Maße* | *Die Überstunden müssen auf ein vertretbares Maß reduziert werden* **5** **in/mit Maßen** in einem vernünftigen Maß, nicht zu viel ⟨in/mit Maßen trinken, rauchen, essen⟩ **6** **über alle Maßen** viel mehr oder besser/schlimmer als normal ≈ *extrem* | *jemanden über alle Maßen loben* | *Er ist über alle Maßen frech* ■ ID **ohne Maß und Ziel** ohne vernünftige Grenzen ≈ *maßlos;* **ein gerüttelt Maß** *geschrieben* sehr viel | *Er trägt ein gerüttelt Maß (an) Mitschuld;* **mit zweierlei Maß messen** zwei Personen oder Dinge mit verschiedenen Kriterien (und deshalb ungerecht) beurteilen; **Jetzt ist das Maß aber voll!** *gesprochen* Meine Geduld ist jetzt zu Ende!

Maß[2], **Mass** *die;* (-, -) ein Liter Bier, vor allem in Bayern und Österreich **K** Maßkrug

MAß

★ **Mas·sa·ge** [maˈsaːʒə] *die;* (-, -n) eine Behandlung, bei der die Muskeln mit den Händen geknetet und geklopft werden ⟨jemandem Massagen verschreiben, eine Massage verabreichen⟩ | *Eine Massage lockert die Muskeln* **K** Massagepraxis; Fußmassage, Ganzkörpermassage, Gesichtsmassage, Kopfmassage, Rückenmassage

Mas·sa·ker *das;* (-s, -) **ein Massaker (an jemandem)** das Töten vieler (meist wehrloser) Menschen ⟨ein Massaker anrichten, verüben⟩ | *ein Massaker unter der Bevölkerung anrichten*

mas·sak·rie·ren VERB (massakrierte, hat massakriert) **Personen massakrieren** eine große Anzahl von Personen grausam töten

Maß·ar·beit *die* **1** *meist Singular* eine sehr genau gemachte Arbeit **2** die Herstellung von Kleidungsstücken nach den Maßen einer Person

★ **Mas·se** *die;* (-, -n) **1** eine (meist zähe oder breiige) Menge eines Materials ohne feste Form ⟨eine zähe, weiche, knetbare Masse⟩ | *die glühende Masse des Lavastroms* **K** Knetmasse, Lavamasse, Teigmasse **2** *oft abwertend* eine große Zahl von Menschen als Gruppe ⟨die breite, namenlose Masse; in der Masse untergehen⟩ ≈ *Volk* | *Die Rufe des Verletzten gingen in der Masse unter* | *Die Schaulustigen standen in Massen an der Unfallstelle* **K** Menschenmasse **3** *oft abwertend* eine große Anzahl oder Menge einer Sache | *Dieses Jahr treten die Mücken in Massen auf* **4** *nur Plural* der größte Teil der Bevölkerung | *Es gelang ihm, die Massen für den Aufstand zu mobilisieren* **5** **eine Masse** (*+Substantiv*) *gesprochen* sehr viel(e) ≈ *eine Menge* | *Zu Hause gibt es eine Masse Arbeit für dich* | *Er hat eine ganze Masse DVDs* **6** die Eigenschaft der Materie, ein Gewicht zu haben und andere Körper anzuziehen | *Je geringer die Masse eines Planeten ist, desto geringer ist die Anziehungskraft*

★ **Maß·ein·heit** *die* eine Einheit, mit der man Größen, Mengen und Gewichte messen kann | *Meter, Kilogramm und Ampere sind Maßeinheiten*

Mas·sel *der/süddeutsch* Ⓐ *das;* (-s); *gesprochen* Glück, das man nicht verdient oder erwartet hat ⟨Massel haben⟩ | *Da hast du noch einmal Massel gehabt. Das wäre beinahe schiefgegangen*

-ma·ßen *im Adverb, unbetont, begrenzt produktiv; oft geschrieben* **bekanntermaßen, folgendermaßen, gewissermaßen, gezwungenermaßen, gleichermaßen, solchermaßen** *und andere* verwendet, um aus Adjektiven (die meist aus Partizipien gebildet sind) Adverbien zu bilden | *Ihre Behauptung ist erwiesenermaßen falsch*

Mas·sen- *im Substantiv, betont, sehr produktiv* **1** **Massenarbeitslosigkeit, Massendemonstration, Massenentlassungen, Massenpublikum, Massentourismus** *und andere* drückt aus, dass sehr viele Personen betroffen oder beteiligt sind **2** **Massenartikel, Massenherstellung, Massenprodukt, Massenware; Massengeschäft, Massenmarkt** *und andere* drückt aus, dass eine Ware in sehr großen Mengen an sehr viele Kunden verkauft wird und von nicht sehr guter Qualität ist

Mas·sen·ab·fer·ti·gung *die; meist Singular; meist abwertend* das Erledigen einer Arbeit für viele Menschen, ohne an deren persönliche Wünsche zu denken

mas·sen·haft ADJEKTIV *meist attributiv; gesprochen* in großer Menge oder Zahl | *das massenhafte Auftreten von Mücken in Sumpfgebieten* | *Jedes Jahr kommen massenhaft Touristen nach Pompeji*

Mas·sen·me·di·um *das;* (-s, -me·di·en [-i̯ən]); *meist Plural* ein Kommunikationsmittel, das vielen Menschen Information und Unterhaltung bringt | *die Massenmedien Fernsehen, Rundfunk und Presse*

Mas·sen·mord *der* der (gleichzeitige) Mord an mehreren oder vielen Menschen • hierzu **Mas·sen·mör·der** *der*

Mas·sen·ster·ben *das* das Sterben vieler Menschen oder Tiere oder das Verschwinden einer großen Zahl von Pflanzen, Geschäften o. Ä. innerhalb kurzer Zeit | *das Massensterben von Kinos in den siebziger Jahren* | *das Massensterben der Robben in der Nordsee*

Mas·sen·tier·hal·tung *die; meist Singular* das Halten einer sehr großen Zahl von Tieren (vor allem von Hühnern, Rindern, Schweinen) in einem einzigen Betrieb, meist unter Bedingungen, welche für die Tiere schlecht sind

Mas·sen·ver·nich·tungs·waf·fen *die; Plural* moderne (atomare, biologische, chemische) Waffen, mit denen man in kurzer Zeit sehr viele Menschen töten kann

mas·sen·wei·se ADVERB; *gesprochen* in großer Menge oder Zahl | *Tiere massenweise abschießen*

Mas·seur [maˈsøːɐ̯] *der;* (-s, -e) eine Person, die beruflich andere Personen massiert • hierzu **Mas·seu·rin** *die*

maß·ge·bend ADJEKTIV von großer Bedeutung ⟨ein maßgebender Anteil an etwas (*Dativ*); eine maßgebende Rolle spielen⟩ | *Deine Meinung ist hier leider nicht maßgebend*

maß·geb·lich ADJEKTIV wichtig und mit großem Einfluss ⟨maßgeblich an etwas (*Dativ*) beteiligt sein⟩

maß·hal·ten, **Maß hal·ten** VERB (hält maß/Maß, hielt maß/Maß, hat maßgehalten/Maß gehalten) **1** **(bei etwas) maßhalten** etwas nur bis zu einem (noch akzeptablen) Maß tun ⟨beim Trinken, Rauchen, Essen, Fernsehen maßhalten⟩

| Wenn er nicht anfängt, beim Whisky maßzuhalten, wird er noch zum Alkoholiker **2** **(mit etwas) maßhalten** sich etwas so einteilen, dass man es lange hat ⟨mit seinen Kräften maßhalten⟩

mas·sie·ren VERB (massierte, hat massiert) **(jemanden) massieren** jemandem eine Massage geben | *Nach dem Sport lässt er sich regelmäßig massieren*

mas·siert ■ PARTIZIP PERFEKT **1** → massieren
■ ADJEKTIV **2** in großer Zahl und Dichte ↔ *vereinzelt* | *das massierte Vorkommen von Schädlingen* | *In dieser Gegend treten massiert Regenwürmer auf* **3** sehr stark und intensiv ⟨Forderungen, Vorwürfe⟩ | *Unsere Mannschaft musste gegen die massierte Abwehr des Gegners hart kämpfen*

mas·sig ■ ADJEKTIV **1** groß und von kräftiger Erscheinung | *der massige Körper eines Athleten*
■ ADVERB **2** *gesprochen* in großer Menge | *Schau, hier gibt es massig Erdbeeren!*

mä·ßig ADJEKTIV **1** ganz bewusst nicht zu viel ⟨mäßig essen, trinken, rauchen⟩ **2** auf ein relativ geringes Maß beschränkt | *mäßige Einkünfte erzielen* | *Die Weinernte war dieses Jahr nur mäßig* **3** nicht sehr gut ⟨eine Leistung, eine Vorstellung, ein Zeugnis⟩ | *Die Vorspeise war gut, die Hauptspeise mäßig*

-mä·ßig *im Adjektiv, unbetont, sehr produktiv* **1** **rechtmäßig, vorschriftsmäßig** *und andere* so, dass es wie die Sache ist, die im ersten Wortteil genannt wird | *Der Zug verkehrt ab heute wieder planmäßig* **2** **bedeutungsmäßig, größenmäßig, mengenmäßig** *und andere* in Bezug auf die genannte Sache | *Der Gegner ist uns zahlenmäßig überlegen* **3** **bärenmäßig, lehrbuchmäßig** *und andere* so wie die genannte Person/Sache **4** **kinomäßig, partymäßig, schulmäßig** *und andere gesprochen* was die im ersten Wortteil genannte Sache betrifft | *Wir sind arbeitsmäßig überlastet*

mä·ßi·gen VERB (mäßigte, hat gemäßigt) **1** **etwas mäßigen** bewirken, dass etwas weniger intensiv ist als vorher ⟨den Zorn, das Temperament, die Begierde, die Worte, den Ton⟩ **2** **sich (bei/in etwas** (*Dativ*)**) mäßigen** etwas weniger oft und weniger intensiv tun ⟨sich beim Essen, Trinken, Rauchen mäßigen⟩ • hierzu **Mä·ßi·gung** *die*

★ **mas·siv** [ma'si:f] ADJEKTIV **1** stabil und kräftig (gebaut) ⟨ein Baum, ein Haus, Mauern⟩ **2** sehr stark und heftig ⟨Vorwürfe, Angriffe, Drohungen, Forderungen⟩ | *Bevor er nachgab, musste massiver Druck auf ihn ausgeübt werden* **3** nur aus einem einzigen Material | *die kleine Statue aus massivem Gold* **I** Wenn man von Möbeln spricht, sagt man: *Dieser Schrank ist massive Kiefer* oder *Dieser Schrank ist Kiefer massiv.* **4** nicht hohl ⟨eine Figur, eine Statue⟩ • zu (1,2) **Mas·si·vi·tät** *die*

Mas·siv [-f] *das*; (-s, -e) der gesamte Komplex eines Gebirges | *das Massiv des Himalaja* **K** Gebirgsmassiv

maß·los ADJEKTIV über das normale Maß weit hinausgehend ⟨Enttäuschung, Überschätzung, Übertreibung; maßlos übertreiben; maßlos enttäuscht sein⟩ ↔ *mäßig, maßvoll* | *maßlos überzogene Erwartungen* | *Sie ärgerte sich maßlos über seine Arroganz*

★ **Maß·nah·me** *die*; (-, -n) **eine Maßnahme (zu, gegen etwas)** eine Handlung, die man ausführt, um ein Ziel zu erreichen ⟨gezielte Maßnahmen treffen, ergreifen, einleiten, durchführen⟩ | *Die Regierung leitete Maßnahmen zum Abbau der Arbeitslosigkeit ein* **K** Gegenmaßnahme, Vergeltungsmaßnahme, Vorsichtsmaßnahme

Maß·re·gel *die* eine Vorschrift, mit welcher das Handeln gesteuert werden soll ⟨dienstliche, strenge Maßregeln treffen, ergreifen⟩

maß·re·geln VERB (maßregelte, hat gemaßregelt) **jemanden maßregeln** meist einen Mitarbeiter streng tadeln, kritisieren und bestrafen | *Der Beamte wurde für sein Vorgehen gemaßregelt* • hierzu **Maß·re·ge·lung** *die*

★ **Maß·stab** *der* **1** das Verhältnis der Größen auf Landkarten oder bei Modellen zu den Größen in der Realität ⟨etwas in verkleinertem, vergrößertem Maßstab darstellen, zeichnen⟩ | *Das Modell hat den Maßstab eins zu hundert (1 : 100)* | *ein Stadtplan im Maßstab (von) 1 : 50000* **2** eine Norm, nach der jemand/etwas beurteilt, bewertet wird ⟨strenge, neue Maßstäbe anlegen, setzen; etwas dient als Maßstab⟩ ≈ *Kriterium* | *Selbst wenn man hohe Maßstäbe anlegt, war das eine tolle Leistung* **3** ein Stab aus Holz mit Strichen für Millimeter und Zentimeter, mit dem man die Länge von Dingen misst ≈ *Meterstab, Zollstock* • zu (1) **maß·stab(s)|ge·recht** ADJEKTIV; zu (1) **maß·stab(s)|ge·treu** ADJEKTIV

maß·voll ADJEKTIV so, dass dabei ein (vernünftiges) Maß eingehalten wird ⟨maßvoll trinken, essen; maßvollen Gebrauch von etwas machen⟩ ↔ *maßlos*

Mast[1] *der*; (-(e)s, -e/-en) **1** eine hohe senkrechte Stange (aus Holz oder Metall) auf einem Schiff, an welcher die Segel festgemacht werden ⟨einen Mast aufrichten, kappen, umlegen⟩ **K** Hauptmast **I** → Abb. unter **Segelboot** **2** eine hohe Stange, die vor allem Fahnen, Antennen oder elektrische Leitungen trägt ⟨Masten aufstellen⟩ **K** Fahnenmast, Laternenmast, Hochspannungsmast, Leitungsmast, Telegrafenmast

Mast[2] *die*; (-, -en); *meist Singular* das Füttern von Tieren, die fett werden sollen ⟨die Mast von Schweinen, Gänsen⟩ **K** Mastfutter, Mastgans, Mastochse, Mastschwein; Gänsemast, Hühnermast, Schweinemast

Mast·darm *der* der letzte Teil des Darms (der am After endet) ≈ *Rectum*

mäs·ten VERB (mästete, hat gemästet) **1** **ein Tier mästen** einem Tier viel Futter geben, damit es fett wird, bevor es geschlachtet wird ⟨Schweine, Hühner, Gänse, Rinder mästen; gemästete Hühner⟩ **2** **jemanden mästen** *gesprochen* jemandem zu viel zu essen geben

Mas·ter *der*; (-s, -s) ein höherer Abschluss, den man an einer europäischen Hochschule machen kann (wenn man schon einen Bachelor hat) **K** Masterstudiengang, Masterstudium **I** → Infos unter **Hochschule**

Mas·ter|plan *der* in einem Masterplan stehen die Ziele eines größeren (oft technischen) Projekts und die notwendigen Arbeiten mit ihrem Ablauf | *ein Masterplan für die Verkehrsentwicklung*

mas·tur·bie·ren VERB (masturbierte, hat masturbiert); *geschrieben* **(jemanden) masturbieren** (jemanden oder) sich selbst sexuell befriedigen, indem man mit der Hand die Genitalien reizt ≈ *onanieren* • hierzu **Mas·tur·ba·ti·on** *die*

Match [mɛtʃ] *das*; (-(e)s, -s/-e [mɛtʃs/'mɛtʃə]) ein (sportliches) Spiel zwischen zwei Personen oder Mannschaften ⟨ein Match machen, austragen; das Match gewinnen, verlieren⟩ | *Das Match endete unentschieden* **K** Tennismatch, Fußballmatch

Match·ball [mɛtʃ-] *der* die Situation im Spiel, in der ein Spieler(paar) nur noch einen Punkt braucht, um das Match zu gewinnen, z. B. beim Tennis oder Badminton

★ **Ma·te·ri·al** *das*; (-s, -ien [-iən]) **1** die Substanz, aus der etwas hergestellt ist oder wird ⟨hochwertiges, minderwertiges Material; kostbare, teure, billige Materialien⟩ | *Bei uns werden nur hochwertige Materialien verarbeitet* | *Plastik ist ein billigeres Material als Leder* **K** Materialbedarf, Materialeinsparung, Materialfehler, Materialprüfung, Materialverbrauch, Materialverschleiß; Baumaterial, Druckmaterial, Heizmaterial, Verpackungsmaterial **2** *nur Singular* Gegenstände, die für militärische Zwecke verwendet werden | *Die Armee hatte hohe Verluste an Menschen und Mate-*

M

rial **K** Materialschlacht; Kriegsmaterial **3** *meist Singular* etwas Schriftliches, das meist zu einem Zweck gesammelt wird (wie z. B. Notizen, Dokumente) ⟨statistisches, biografisches, wissenschaftliches Material zusammentragen, ordnen, sichten⟩ | *Ich habe für meinen Aufsatz noch nicht genügend Material beisammen* | *dem Staatsanwalt entlastendes Material übergeben* **K** Materialsammlung; Belastungsmaterial, Entlastungsmaterial

-ma·te·ri·al *das; im Substantiv, unbetont, begrenzt produktiv* **1** **Beweismaterial, Bildmaterial, Zahlenmaterial** *und andere* nennt eine Menge von Dingen, die zum selben Bereich gehören | *das umfangreiche Datenmaterial* **2** **Menschenmaterial, Schülermaterial, Spielermaterial** *und andere* nennt eine Gruppe von Menschen, die zur Verfügung stehen **H** Viele Leute halten die Bezeichnung von Menschen mit *-material* für unangemessen. **3** **Arbeitsmaterial, Betriebsmaterial, Rollmaterial** *und andere* nennt eine Menge von Dingen, die zur Verfügung stehen | *Büromaterial beschaffen*

Ma·te·ri·al·er·mü·dung *die* der Zustand, in dem ein Material wegen langer Belastung leicht zerbricht o. Ä. | *Als Ursache für den Flugzeugabsturz wurde Materialermüdung genannt*

Ma·te·ri·a·lis·mus *der;* (-) **1** eine Einstellung zum Leben, welche die materiellen Werte für sehr wichtig hält **2** eine philosophische Lehre, welche die Welt aus der Realität der Umgebung des Menschen erklärt ⟨der englische, französische Materialismus⟩ | *der historische Materialismus von Marx und Engels* • hierzu **ma·te·ri·a·lis·tisch** ADJEKTIV; **Ma·te·ri·a·list** *der;* **Ma·te·ri·a·lis·tin** *die*

Ma·te·rie [-jə] *die;* (-, -n) **1** *nur Singular* etwas, das als Masse vorhanden ist (im Gegensatz zu Vakuum und Energie) ⟨lebende, tote Materie⟩ | *In der Physik unterscheidet man zwischen fester, flüssiger und gasförmiger Materie* **2** *meist Singular* ein thematischer Bereich (z. B. einer Diskussion, eines Fachgebietes, einer Untersuchung) ⟨eine komplizierte, schwierige Materie; eine Materie beherrschen⟩ | *Ich habe meinen Arbeitsplatz gewechselt und muss mich mit der neuen Materie erst vertraut machen*

ma·te·ri·ell ADJEKTIV **1** materielle Dinge sind solche Dinge, die man zum Leben braucht oder haben möchte, vor allem solche, die man kaufen kann oder muss ⟨Bedürfnisse, Hilfe, Not⟩ ↔ *ideell* | *Viele Menschen denken nur an materielle Dinge wie Geld und Autos* **2** in Bezug auf den Geldwert einer Sache ⟨der Schaden, der Wert⟩ | *Das Lager ist abgebrannt. Verletzt wurde niemand, aber der materielle Verlust geht in die Millionen* **3** ⟨in materiellen Schwierigkeiten sein; materiell abgesichert sein; jemanden materiell unterstützen⟩ ≈ *finanziell* **4** in Bezug auf die Materie | *Jeder materielle Körper im Universum ist an Raum und an Zeit gebunden* **5** sehr an materiellen Werten interessiert | *Seine Lebenseinstellung ist sehr materiell*

Ma·the *(die);* (-); *gesprochen* vor allem von Schülern verwendet für das Schulfach Mathematik **K** Mathearbeit, Mathebuch, Mathelehrer, Mathenote, Mathestunde

★ **Ma·the·ma·tik, Ma·the·ma·tik** *die;* (-) die Wissenschaft, die sich mit den Zahlen, Mengen und dem Berechnen von Formeln beschäftigt ⟨Mathematik studieren⟩ | *Algebra und Geometrie sind Gebiete der Mathematik* **K** Mathematiklehrer, Mathematikstudium, Mathematikunterricht **H** als Schul- oder Studienfach oft abgekürzt zu *Mathe* ■ **ID** **Das ist höhere Mathematik** das ist sehr schwer zu verstehen • hierzu **ma·the·ma·tisch** ADJEKTIV

Ma·the·ma·ti·ker *der;* (-s, -) eine Person, die auf einer Hochschule Mathematik studiert (hat) oder im Beruf mit Mathematik zu tun hat • hierzu **Ma·the·ma·ti·ke·rin** *die*

Ma·ti·nee *die;* (-, -n [-'neːən]) eine künstlerische Veranstaltung (z. B. ein Film, eine Theateraufführung), die am Vormittag stattfindet ⟨eine Matinee veranstalten; an einer Matinee teilnehmen⟩

Ma·tjes·he·ring *der* ein gesalzener Hering

Mat·rat·ze *die;* (-, -n) **1** der Teil eines Bettes, der mit weichem Material gefüllt ist und auf dem man liegt ⟨eine Matratze klopfen, lüften⟩ **K** Rosshaarmatratze, Schaumstoffmatratze **2** Kurzwort für *Luftmatratze*

Mät·res·se *die;* (-, -n); *historisch* die (offizielle) Geliebte einer hohen Persönlichkeit (z. B. eines Fürsten, eines Königs)

Mat·ri·ar·chat *das;* (-(e)s, -e); *meist Singular* ein gesellschaftliches System, in welchem die Frau im öffentlichen Leben und in der Familie eine beherrschende Stellung hat ↔ *Patriarchat* • hierzu **mat·ri·ar·cha·lisch** ADJEKTIV

Mat·rix *die;* (-, Matrizes/Matrizen) eine Anordnung von Zahlen oder Symbolen in waagrechten und senkrechten Reihen. Man verwendet sie z. B., um Gleichungen mit mehreren Unbekannten zu lösen **K** Matrizenrechnung

Mat·ri·ze *die;* (-, -n) eine Form (meist aus Metall, Wachs oder Pappe), die z. B. beim Drucken oder zur Herstellung von Plastikteilen verwendet wird

Mat·ro·ne *die;* (-, -n); *oft abwertend* eine ältere, kräftige, ernste Frau • hierzu **mat·ro·nen·haft** ADJEKTIV; *oft abwertend*

★ **Mat·ro·se** *der;* (-n, -n) **1** eine Person, die beruflich als Seemann auf einem Schiff arbeitet ⟨als Matrose anheuern⟩ **2** der unterste Dienstgrad bei der Marine **K** Matrosenmütze, Matrosenuniform **H** *der Matrose; den, dem, des Matrosen*

Matsch *der;* (-es, -e); *meist Singular; gesprochen* **1** eine Mischung aus Wasser, Schmutz und Schnee oder Erde ⟨in den Matsch fallen, im Matsch versinken⟩ **K** Schneematsch **2** eine feuchte Masse (aus Früchten) ≈ *Brei* | *Die Äpfel sind nur noch Matsch* • hierzu **mat·schig** ADJEKTIV

★ **matt** ADJEKTIV (matter, mattest-) **1** (meist körperlich) erschöpft und schwach | *Nach dem Jogging war er matt und ausgelaugt* **2** von geringer Intensität ⟨eine Stimme, ein Lächeln⟩ | *Als ihn der Chef tadelte, grinste er nur matt* **3** ohne Glanz ⟨Gold, Silber; ein Foto, eine Oberfläche, eine Politur⟩ | *Seine Augen sehen so matt aus. Er scheint krank zu sein* | *Wie möchten Sie Ihre Fotos – matt oder glänzend?* **K** Mattgold **4** ⟨Glas⟩ so, dass man nicht hindurchsehen kann **K** Mattglas **5** so, dass es nur schwach leuchtet oder reflektiert ⟨Licht, Farben⟩ | *In seinen Bildern wechseln matte und leuchtende Farbtöne ab* **6** ohne innere Überzeugung und daher ohne Wirkung ⟨eine Entschuldigung, eine Rede, ein Vortrag, ein Protest, ein Widerspruch⟩ **7** *meist prädikativ* (im Schach) besiegt, weil man mit dem König nicht mehr ziehen kann ⟨matt sein; jemanden matt setzen⟩ ≈ *schachmatt* | *Nach dem 20. Zug war er matt* • zu (1) **Matt·heit** *die;* zu (1) **Mat·tig·keit** *die*

Mat·te *die;* (-, -n) **1** eine Unterlage für den Fußboden, die meist aus grobem Material geflochten oder gewebt ist | *Die Hütte war mit Matten aus Bast ausgelegt* **2** ≈ *Fußmatte* | *sich die Schuhe auf der Matte abtreten* **3** ≈ *Hängematte* **4** eine weiche Unterlage, die z. B. beim Turnen oder auf den Boden gelegt wird **5** *besonders* Ⓒⓗ ≈ *Bergwiese* ■ **ID** **auf der Matte stehen** *gesprochen* (meist am Morgen) bereit sein, etwas zu tun | *Er steht jeden Morgen um 5 Uhr auf der Matte;* **jemanden auf die Matte legen** *gesprochen* jemanden besiegen

Matt·schei·be *die* **vor der Mattscheibe sitzen** *gesprochen, abwertend* ≈ *fernsehen* ■ **ID** **(eine) Mattscheibe haben** *gesprochen* etwas nicht verstehen, obwohl es oft erklärt wird

Ma·tu·ra *die;* (-, -en); Ⓐ Ⓒⓗ ≈ *Abitur* • hierzu **Ma·tu·rant** *der;* **Ma·tu·ran·tin** *die*

Mätz·chen *die; Plural* eine (ungeschickte) Handlung oder

▶ Mathematische Zeichen

+	und / plus	≥	größer gleich
−	weniger / minus	≤	kleiner gleich
× *oder* ·	mal / multipliziert mit	2^3	zwei hoch drei (dritte Potenz von zwei)
:	geteilt durch / dividiert durch	∞	unendlich
=	(ist) gleich / ist / macht	$\sqrt{4}$, $\sqrt[2]{4}$	(zweite) Wurzel / Quadratwurzel aus vier
≠	(ist) ungleich	$\sqrt[3]{4}$	dritte Wurzel / Kubikwurzel aus vier
>	größer als	%	Prozent
<	kleiner als	‰	Promille

Mengen	$a \in A$	a ist ein Element von A
Brüche	½, ⅔, ¼	ein halb, zwei Drittel, ein Viertel
Gleichung	$a^2 + b^2 = c^2$	a Quadrat plus b Quadrat gleich c Quadrat
Addition addieren/ zusammenzählen:	3 + 2 = 5 ↑ Summe	drei und / plus zwei (ist) gleich / ist / macht fünf
Subtraktion subtrahieren/ abziehen:	3 − 2 = 1 ↑ Differenz	drei weniger / minus zwei (ist) gleich / ist / macht eins
Multiplikation multiplizieren/ malnehmen:	3 · 2 = 6 ↑ Produkt	drei mal zwei (ist) gleich / ist / macht sechs
Division dividieren/teilen:	6 : 2 = 3 ↑ Quotient	sechs (geteilt) durch zwei (ist) gleich / ist / macht drei
Wurzelgleichung die Wurzel ziehen:	$\sqrt[2]{9} = 3$	die (zweite) Wurzel aus neun ist drei

Äußerung, durch die jemand meist ohne Erfolg versucht, etwas zu erreichen ⟨Mätzchen machen⟩ | *Diese Mätzchen nimmt dir hier keiner ab* | *Mach bloß keine Mätzchen!*

mau ADJEKTIV; *gesprochen* **1** **jemand fühlt sich mau** jemand fühlt sich nicht gut | *Ich fühle mich ganz mau. Ich glaube, ich werde krank* **2** *meist prädikativ ≈ schlecht* | *Der Export geht mau* | *Mit unserer Zukunft als Lehrer sieht es mau aus*

★ **Mau·er** *die*; (-, -n) **1** Mauern sind aus Steinen oder Beton; sie bilden die Grenze von Grundstücken usw. ⟨eine hohe, niedrige Mauer; eine Mauer bauen, errichten, einreißen, niederreißen⟩ | *Er hat sich um das Grundstück eine zwei Meter hohe Mauer ziehen lassen* K Mauerloch, Mauernische; Gartenmauer, Hausmauer, Betonmauer, Steinmauer, Ziegelmauer **2** eine Mauer als Teil eines Hauses ≈ *Wand* | *Unsere Altbauwohnung hat dicke/solide Mauern. Da hören wir von unseren Nachbarn nichts* **i** Von außen spricht man meist von *Mauern* (*ein Fahrrad an die Mauer lehnen*), von innen spricht man meist von *Wänden* (*ein Bild an die Wand hängen*). **3** **die/eine Mauer** *+Genitiv*/**von etwas** feindliche oder negative Gefühle mehrerer Menschen | *gegen eine Mauer von Hass anrennen* | *die Mauer des Misstrauens durchbrechen* **4** (beim Fußball oder Handball) mehrere Spieler, die sich bei einem Freistoß/Freiwurf zwischen das eigene Tor und den gegnerischen Spieler stellen ⟨eine Mauer bilden⟩ **5** **die (Berliner) Mauer** eine Mauer, die von 1961 bis 1989 den östlichen Teil Berlins vom westlichen trennte K Mauerbau, Maueröffnung

Mau·er·blüm·chen *das*; (-s, -); *gesprochen* **1** eine schüchterne junge Frau, die von Männern kaum beachtet wird **2** eine Person oder Sache, die (zu) wenig beachtet wird | *das einstige Mauerblümchen Frauenfußball* K Mauerblümchendasein

mau·ern VERB (mauerte, hat gemauert) **1** **(etwas) mauern** etwas mit Steinen und Mörtel bauen | *eine Wand, eine Treppe mauern* **2** *gesprochen* (vor allem beim Fußball) mit vielen Spielern das eigene Tor verteidigen **3** *gesprochen* mit aller Kraft dafür sorgen, dass etwas geheim gehalten wird

Mau·er·werk *das*; (-(e)s, -e); *meist Singular* das Material (vor allem die Steine und der Mörtel), aus dem Mauern gebaut

M

sind ⟨altes, verfallenes, lockeres Mauerwerk⟩

★ **Maul** *das*; (-(e)s, Mäu·ler) **1** der Teil des Kopfes von Tieren, mit dem sie die Nahrung aufnehmen ⟨das Maul eines Fisches, eines Hundes, eines Löwen⟩ **2** *gesprochen* ⚠ ≈ *Mund* **3** *gesprochen nur Plural* Kinder (oder andere abhängige Personen), die versorgt werden müssen | *Er muss fünf hungrige Mäuler ernähren* ■ ID **das Maul halten** *gesprochen* ⚠ nicht reden | *Halts Maul!* (Sei still!); **jemandem das Maul stopfen** *gesprochen* ⚠ jemanden (mit Gewalt) daran hindern zu reden; **sich** (*Dativ*) **über jemanden/etwas das Maul zerreißen** *gesprochen* Schlechtes über jemanden/etwas erzählen; **das/sein Maul aufreißen** *gesprochen, abwertend* ≈ *angeben*; **ein großes Maul haben** *gesprochen, abwertend* ein Angeber sein

Maul·af·fen ■ ID **Maulaffen feilhalten** *gesprochen, abwertend* neugierig zusehen, ohne etwas zu tun H Viele der Idiome, die unter **Mund** aufgeführt sind, hört man auch mit *Maul*

mau·len VERB (maulte, hat gemault) **(über etwas** (*Akkusativ*)**) maulen** *gesprochen, abwertend* ≈ *schimpfen*

Maul·esel *der* ein Tier, das aus einem männlichen Pferd und einem weiblichen Esel entstanden ist

Maul·korb *der* mit einem Maulkorb sorgt man dafür, dass ein Hund niemanden beißen kann ■ ID **jemandem einen Maulkorb anlegen/verpassen** jemandem verbieten, über ein Thema zu sprechen

Maul·schel·le *die*; (-, -n); *gesprochen* ≈ *Ohrfeige*

Maul·tier *das* ein Tier, das aus einem männlichen Esel und einem weiblichen Pferd entstanden ist

Maul- und Klau·en·seu·che *die* eine ansteckende, sehr gefürchtete Krankheit (vor allem bei Kühen und Schweinen), bei der sich am Maul, an den Klauen und am Euter kleine Blasen bilden

Maul·wurf *der*; (-(e)s, Maul·wür·fe) ein Tier mit einem kurzen schwarzen Pelz und kräftigen Vorderbeinen, das Gänge unter der Erde gräbt K Maulwurfshügel ■ ID **blind wie ein Maulwurf** sehr kurzsichtig

Mau·rer *der*; (-s, -) eine Person, die beruflich auf einer Baustelle die Mauern baut K Maurerhandwerk, Maurermeister, Maurerzunft • hierzu **Mau·re·rin** *die*

MAUS

★ **Maus** *die*; (-, Mäu·se) **1** ein kleines Nagetier mit langem Schwanz ⟨eine weiße, braune Maus; die Maus piepst⟩ | *Die Maus ging in die Falle* | *Unsere Katze hat gerade eine Maus gefangen* | *Die Maus knabbert/nagt am Käse* K Mäusegift, Mäusejagd, Mausefalle, Mauseloch; Feldmaus, Spitzmaus, Wühlmaus **2** ein kleines technisches Gerät, mit dem man einen Pfeil auf dem Bildschirm eines Computers steuern kann K Maustaste **3** *gesprochen* vor allem von Männern verwendet als Bezeichnung für ein kleines Mädchen oder für eine junge Frau ⟨eine süße Maus⟩ H auch als zärtliche Anrede verwendet: *Guten Morgen, Mausi/Mäuschen/meine Maus!* **4** *gesprochen nur Plural* ≈ *Geld* **5** **weiße Mäuse** *gesprochen, humorvoll* Polizisten auf Motorrädern, die meist hohe Staatsgäste begleiten **6** **eine graue Maus** *gesprochen, abwertend* eine Frau, die unauffällig und meist nicht sehr attraktiv ist ■ ID **weiße Mäuse sehen** im Rausch etwas sehen, was nicht da ist; **Da beißt die Maus keinen Faden ab** *gesprochen* Da kann man nichts ändern; **Da möchte man Mäuschen sein/spielen** Da würde man gern unbemerkt zuhören und zusehen; **Aus die Maus!** *gesprochen, humorvoll* drückt aus, dass etwas zu Ende ist oder man mit etwas fertig ist

mäus·chen·still ADJEKTIV *meist prädikativ; gesprochen* sehr still | *Als er aufstand, um seine Rede zu halten, wurde es mäuschenstill im Saal*

Mäu·se·mel·ken *das* ■ ID **etwas ist zum Mäusemelken** *gesprochen* etwas ist so schlimm, dass man sich sehr aufregen muss

mau·sen VERB (mauste, hat gemaust) **etwas mausen** *gesprochen veraltend* ≈ *stehlen*

Mau·ser *die*; (-) der jährliche Wechsel der Federn bei Vögeln ⟨ein Vogel ist in der Mauser⟩

mau·sern VERB (mauserte, hat gemausert) **1** **ein Tier mausert** ein Tier wechselt die Federn ⟨Vögel, Hühner⟩ | *Die Hühner mausern im Herbst* **2** **ein Tier mausert sich** ein Tier mausert **3** **sich (zu etwas) mausern** *gesprochen* sich zum eigenen Vorteil verändern, entwickeln | *Er hat sich in der letzten Zeit zu einem sehr fähigen Mitarbeiter gemausert*

mau·se·tot ADJEKTIV *meist prädikativ; gesprochen* ≈ *tot*

Maus·klick *der*; (-s, -s) das Drücken einer Taste der Maus ⟨etwas per Mausklick anwählen, auswählen⟩

Mau·so·le·um *das*; (-s, Mau·so·le·en) ein Bauwerk, das über einem Grab (meist einer berühmten Person) steht

Maus·pad [-pɛt] *das*; (-s, -s) eine Unterlage für die Computermaus

Maus·zei·ger *der* ein Zeichen auf dem Bildschirm eines Computers, meist in der Form eines Pfeils. Das Zeichen wird mit der Maus bewegt

Maut *die*; (-, -en) das Geld, das man bezahlen muss, wenn man auf manchen Straßen fährt ⟨Maut bezahlen⟩ K Mautgebühr, Mautstelle

Max *der* **den großen/starken Max spielen/markieren** *gesprochen* den anderen Leuten immer zeigen, wie wichtig man ist

★ **ma·xi·mal** ADJEKTIV verwendet, um die oberste Grenze (das Maximum) anzugeben ≈ *höchstens* | *die maximal erlaubte Geschwindigkeit* | *das maximal zulässige Gewicht* | *Im Lift haben maximal fünf Personen Platz* K Maximalgeschwindigkeit, Maximalgewicht, Maximalpreis, Maximalprofit

Ma·xi·me *die*; (-, -n) eine Regel, nach der man lebt und die man kurz (z. B. in einem Satz) zusammenfassen kann ≈ *Grundsatz*

ma·xi·mie·ren VERB (maximierte, hat maximiert) **etwas maximieren** versuchen, so viel wie möglich oder das Beste von etwas zu erreichen | *den Gewinn/die Ernte maximieren* • hierzu **Ma·xi·mie·rung** *die*

Ma·xi·mum *das*; (-s, Ma·xi·ma) die größte Anzahl oder Menge einer Sache ↔ *Minimum* | *Das Auto bietet ein Maximum an Komfort*

Ma·yo ['maːjɔ] *die*; (-, -s); *gesprochen* Kurzwort für *Mayonnaise*

Ma·yon·nai·se [majɔ'neːzə] *die*; (-, -n) eine dicke gelbliche Soße aus Eiern, Öl und Gewürzen | *den Salat mit Mayonnaise anmachen*

Mä·zen *der*; (-s, -e) eine Person, die einem Künstler oder Sportler Geld gibt ≈ *Sponsor*

MB [ɛm'beː] Abkürzung für *Megabyte* → Mega-

m. E. Abkürzung für *meines Erachtens* → Erachten

Me·cha·nik *die*; (-, -en); *meist Singular* **1** die Wissenschaft davon, wie äußere Kräfte auf Körper und Systeme wirken ⟨die Gesetze der Mechanik⟩ **2** die Art und Weise, wie die verschiedenen Teile einer Maschine zusammen funktionieren | *die komplizierte Mechanik einer Uhr*

★ **Me·cha·ni·ker** *der*; (-s, -) eine Person, die beruflich Maschinen repariert, zusammenbaut und überprüft K Automechaniker, Kfz-Mechaniker

★ **me·cha·nisch** ADJEKTIV **1** *meist attributiv* in Bezug auf die Mechanik ⟨Vorgänge, Energie, Kräfte⟩ **2** mit Maschinen ⟨ein Verfahren⟩ ≈ *maschinell* **3** ⟨eine Bewegung; etwas geht mechanisch; etwas läuft mechanisch ab⟩ so, dass man dabei nicht denken muss ≈ *automatisch* | *Ganz mechanisch sortieren die Frauen die Früchte nach der Größe*

me·cha·ni·sie·ren VERB (mechanisierte, hat mechanisiert) **etwas mechanisieren** bei der Produktion die menschliche Arbeit ganz oder teilweise durch Maschinen ersetzen ⟨einen Betrieb, die Landwirtschaft mechanisieren⟩ • hierzu **Me·cha·ni·sie·rung** *die*

★ **Me·cha·nis·mus** *der;* (-, Me·cha·nis·men) **1** die verschiedenen Teile einer technischen Konstruktion, die so zusammenwirken, dass die Maschine funktioniert | *Der Mechanismus der Uhr muss repariert werden* **2** die Art und Weise, wie die Teile eines Ganzen zusammen funktionieren ⟨ein biologischer, ein psychischer Mechanismus⟩ ≈ *Ablauf* K Bewegungsmechanismus **3** das Funktionieren einer Institution, bei der (meist durch ständige Wiederholung) die einzelnen Handlungen immer gleich sind | *der Mechanismus in der Bürokratie*

Me·cha·tro·ni·ker *der;* (-s, -) ein Handwerker, der Maschinen und elektrische und elektronische Anlagen baut, repariert und kontrolliert K Kfz-Mechatroniker • hierzu **Mecha·tro·nik** *die;* **Me·cha·tro·ni·ke·rin** *die*

Me·cker·frit·ze *der;* (-s, -n); *gesprochen, abwertend* eine Person, die oft meckert

me·ckern VERB (meckerte, hat gemeckert) **1** **(über jemanden/ etwas) meckern** *gesprochen, abwertend* ≈ *schimpfen* | *Er meckert ständig über das Essen* **2** **ein Tier meckert** eine Ziege macht die Laute, die für ihre Art typisch sind • zu (1) **Me·cke·rer** *der*

LANDESKUNDE

▶ Mecklenburg-Vorpommern

Mecklenburg-Vorpommern ist ein Bundesland im Nordosten Deutschlands. Es liegt an der **Ostsee** und ist relativ dünn besiedelt. Die Hauptstadt heißt **Schwerin**, größte Stadt ist aber die Hansestadt **Rostock**. Berühmt ist die Insel **Rügen** mit ihren weißen Kreidefelsen.

Meck-Pomm *ohne Artikel; gesprochen* Kurzwort für *Mecklenburg-Vorpommern*

★ **Me·dail·le** [me'daljə] *die;* (-, -n) ein rundes Stück Metall, das jemand für besondere Leistungen (vor allem im Sport) bekommt K Medaillengewinner; Goldmedaille, Silbermedaille, Bronzemedaille; Rettungsmedaille, Tapferkeitsmedaille, Verdienstmedaille

Me·dail·lon [medal'jõ:] *das;* (-s, -s) **1** ein kleiner, flacher Gegenstand, der an einer Kette hängt und in dem ein Bild oder Andenken ist **2** eine relativ kleine, runde oder ovale Scheibe Fleisch oder Fisch K Kalbsmedaillon

Me·dia·thek *die;* (-, -en) der Teil einer Website eines Unternehmens (meist eines TV-Senders), wo man Sendungen aus Fernsehen und Radio ansehen bzw. anhören kann | *Der Film ist noch sieben Tage lang in der Mediathek verfügbar*

★ **Me·di·en** [-diən] *die; Plural* → Medium

me·di·en·ge·recht ADJEKTIV so, dass es in einem Massenmedium eine gute Wirkung erzielt | *Der Text ist in der jetzigen Form nicht mediengerecht*

me·di·en·wirk·sam ADJEKTIV so, dass es von den Medien beachtet wird

★ **Me·di·ka·ment** *das;* (-(e)s, -e) ein Mittel (z. B. Tropfen, Tabletten), das ein Arzt einem kranken Patienten gibt, damit dieser wieder gesund wird ⟨ein starkes, rezeptfreies, rezeptpflichtiges Medikament; ein Medikament einnehmen; jemandem ein Medikament verschreiben, verabreichen; Nebenwirkungen von Medikamenten⟩ ≈ *Arznei* K Medikamentendosis, Medikamentenmissbrauch; medikamentenabhängig

me·di·ka·men·tös ADJEKTIV mit Medikamenten ⟨eine Behandlung; jemanden medikamentös behandeln⟩

me·di·ter·ran ADJEKTIV; *geschrieben* typisch für das Gebiet des Mittelmeers ⟨das Klima, die Vegetation⟩

me·di·tie·ren VERB (meditierte, hat meditiert) **1** **(über etwas (*Akkusativ*)) meditieren** intensiv über etwas nachdenken **2** **(über etwas (*Akkusativ*)) meditieren** sich (aus religiösen Gründen) stark konzentrieren, um Ruhe zu finden • zu (2) **Me·di·ta·ti·on** *die;* zu (2) **me·di·ta·tiv** ADJEKTIV

me·di·um ['mi:diəm] ADJEKTIV *meist prädikativ* ⟨ein Filet, ein Steak⟩ so, dass es nicht ganz gar gebraten, sondern innen noch rosa ist

★ **Me·di·um** *das;* (-s, Me·di·en [-diən]) **1** ein Mittel, mit dem man Informationen weitergeben kann | *das Medium Sprache* | *die digitalen Medien Internet, Telefon und Fernsehen* K Medienfachmann, Medienforschung, Medienlandschaft; Massenmedium **2** eine Substanz (z. B. Luft oder Wasser), in der ein physikalischer Vorgang abläuft **3** eine Person, von der man glaubt, sie könne z. B. Kontakte zu toten Personen herstellen **4** **soziale Medien** Angebote (z. B. im Internet), bei denen die Benutzer Informationen austauschen und veröffentlichen können

★ **Me·di·zin** *die;* (-, -en) **1** *nur Singular* die Wissenschaft, die sich damit beschäftigt, wie der Körper des Menschen funktioniert, wie man Krankheiten erkennt und behandelt ⟨Medizin studieren⟩ K Sportmedizin, Tiermedizin, Zahnmedizin **2** ⟨eine Medizin einnehmen; jemandem eine Medizin verordnen, verschreiben⟩ ≈ *Medikament* **3** **eine bittere Medizin** eine negative Erfahrung, aus der man etwas lernt • zu (1) **me·di·zi·nisch** ADJEKTIV

Me·di·zin·ball *der* ein großer und schwerer Ball, den man meist bei gymnastischen Übungen verwendet

Me·di·zi·ner *der;* (-s, -) eine Person, die Medizin studiert (hat) oder die Arzt ist ! keine Berufsbezeichnung • hierzu **Me·di·zi·ne·rin** *die*

Me·di·zin·mann *der* (in manchen Kulturen) ein Mann, von dem man glaubt, er habe magische Kräfte, mit denen er z. B. Kranke gesund machen könne

★ **Meer** *das;* (-(e)s, -e) **1** eine große Menge von salzigem Wasser, die einen Teil der Erde bedeckt ⟨das weite, glatte, raue, offene Meer; auf das Meer hinausfahren; über das Meer fahren; ans Meer fahren; am Meer sein; im Meer baden⟩ | *das Schwarze Meer* K Meerwasser, Meeresbiologie, Meeresboden, Meeresbucht, Meeresfisch, Meeresgrund, Meeresluft, meerblau; Binnenmeer **2** **ein Meer von etwas** eine sehr große Menge der genannten Sache | *ein Meer von Blumen/Fahnen* K Blumenmeer, Häusermeer, Lichtermeer **3** **über dem Meer** verwendet zur Angabe der Höhe über dem Meeresspiegel | *600 Meter über dem Meer*

Meer·bu·sen *der* eine große Bucht im Meer

Meer·en·ge *die* eine Stelle, an welcher das Meer sehr schmal ist | *Die Beringstraße ist eine Meerenge*

Mee·res·arm *der* eine schmale Bucht, die weit ins Festland hineinführt

Mee·res·früch·te *die; Plural* kleine Meerestiere, z. B. Muscheln, Tintenfische, Krebse, die man isst

Mee·res·spie·gel *der; meist Singular* die durchschnittliche Höhe des Meeres, die man als Grundlage für die Messung von Höhen auf dem Land benutzt | *München liegt 518, Hamburg nur 6 Meter über dem Meeresspiegel*

Meer|jung·frau *die* ≈ *Nixe*

Meer·ret·tich *der;* (-s, -e) eine Pflanze, deren Wurzeln man als scharfes Gewürz verwendet K Meerrettichsoße

Meer·salz *das* Salz, das aus Meerwasser gewonnen wird

M

Meer·schaum *der; meist Singular* harter weißer oder grauer Ton, aus dem man Tabakspfeifen macht K Meerschaumpfeife, Meerschaumspitze

Meer·schwein·chen *das* ein kleines Nagetier ohne Schwanz, das bei Kindern ein sehr beliebtes Haustier ist

Mee·ting ['miːtɪŋ] *das;* (-s, -s) **1** *gesprochen* ≈ *Zusammenkunft* **2** eine Veranstaltung für Sportler aus derselben Sportart ≈ *Sportfest* K Leichtathletikmeeting

Me·ga-, me·ga- *im Substantiv und Adjektiv, betont, begrenzt produktiv* **1** **das Megabyte, das Megahertz, das Megaohm, die Megatonne, das Megavolt** *und andere* eine Million der genannten Einheit | *Der Stromverbrauch liegt bei zehn Megawatt* **2** *gesprochen* **der Megahit, das Megaprojekt, der Megastar, megaerfolgreich, megawichtig** *und andere* meist auf positive Weise ein sehr großes Maß überschreitend | *Dieser Stil ist jetzt wieder mega-in!*

Me·ga·fon, Me·ga·phon [-f-] *das;* (-s, -e) eine Art Röhre, die an einem Ende weiter wird und welche die Stimme lauter macht, wenn man hineinspricht

★ **Mehl** *das;* (-(e)s) **1** gemahlenes Getreide, aus dem man Brot, Kuchen usw. herstellt ⟨weißes, dunkles, grobes Mehl⟩ K Mehlbrei, Mehlsack, Mehlsieb, Mehlsorte; Gerstenmehl, Maismehl, Roggenmehl, Sojamehl, Vollkornmehl, Weizenmehl H Als Plural wird *Mehlsorten* verwendet. **2** ein Pulver, das entsteht, wenn man Holz sägt oder Knochen mahlt K Sägemehl, Holzmehl, Knochenmehl

meh·lig ADJEKTIV **1** mit Mehl bedeckt | *Sie hatte mehlige Hände vom Backen* **2** so fein wie Mehl ⟨Sand, Staub⟩ **3** trocken und nicht saftig und fest ⟨Obst, Kartoffeln⟩

Mehl·schwit·ze *die;* (-, -n) Mehl, das in heiße Butter gerührt und dann mit Wasser oder Brühe gemischt wird (als Grundlage für eine Soße)

Mehl·spei·se *die* eine Speise aus Mehl (Eiern und Milch) | *Strudel, Nudeln und Knödel sind Mehlspeisen*

Mehl·tau *der* eine Krankheit an Pflanzen, bei der auf den Blättern usw. weißer Staub liegt

★ **mehr** ■ ADJEKTIV/PRONOMEN *nur in dieser Form* **1** verwendet als Komparativ von *viel* und *viele* | *Bernd verdient als Arzt viel mehr als wir* | *Die Reise hat mehr (Geld) gekostet als geplant* | *Heute waren mehr Zuschauer im Stadion als gestern* | *Das verlangt mehr an finanziellen Mitteln als wir haben* **2** verwendet, um eine Menge zu bezeichnen, die größer ist als eine gedachte Menge | *Er hätte gern noch mehr Freizeit* | *Möchtest du mehr Milch im Kaffee?* K Mehreinnahmen, Mehrkosten, Mehrverbrauch H oft mit einem Substantiv verwendet

■ ADVERB **3** verwendet mit Verben, um eine höhere Intensität auszudrücken | *Du solltest dich mehr schonen!* | *Ich ärgere mich über sein rücksichtsloses Verhalten mehr als je zuvor* **4** **mehr als** +*Adjektiv* ≈ *sehr, äußerst* | *Es war mehr als dumm von ihm, so viele Schulden zu machen* **5** **mehr** +*Substantiv* **als** +*Substantiv;* **mehr** +*Adjektiv* **als** +*Adjektiv* die genannte Person oder Sache ist eher das eine als das andere | *Er ist mehr Künstler als Architekt* | *Mehr erschöpft als erholt kamen sie aus dem Urlaub zurück* **6** drückt zusammen mit einem verneinenden Ausdruck aus, dass etwas, das bisher vorhanden war, nun nicht da ist | *Wir haben nichts mehr zu trinken* | *Seit er einen neuen Beruf hat, hat er keine Zeit mehr für seine Freunde* | *Als ich ankam, war niemand mehr da* **7** **mehr und mehr** so, dass etwas immer stärker oder intensiver wird | *Sie wird mir mehr und mehr sympathisch* | *Er interessiert sich mehr und mehr für Musik* **8** **mehr oder minder/weniger** wenn man das Ganze betrachtet | *Die Expedition war mehr oder weniger sinnlos* **9** **umso mehr, als ...** vor allem aus dem genannten Grund | *Er freute sich umso mehr über das Geschenk, als er davon nichts gewusst hatte*

■ ID **nicht 'mehr und nicht 'weniger** genau das, was genannt wird, und nichts anderes | *Die Reparatur kostete mich 500 Euro, nicht mehr und nicht weniger*

mehr- *im Adjektiv, betont, begrenzt produktiv* **1** **mehrdimensional, mehrfarbig, mehrsprachig, mehrteilig** *und andere* mit mehreren der genannten Dinge | *ein mehrbändiger Roman* | *eine mehrstellige Zahl* **2** **mehrstündig, mehrtägig, mehrwöchig** *und andere* mehr als zwei der genannten Zeitabschnitte dauernd

Mehr *das* ■ ID **ein Mehr (an etwas** (*Dativ*)**)** eine größere Menge einer Sache (gegenüber vorher oder anderen Fällen) | *Dieses Hotel bietet ein Mehr an Komfort* | *Anlagen für ein Mehr an Sicherheit regelmäßig prüfen*

Mehr·bett·zim·mer *das* ein Zimmer in einem Hotel, Krankenhaus usw., in dem mehrere Betten stehen (und mehr als zwei Personen schlafen)

mehr·deu·tig ADJEKTIV so, dass man es in mehr als einer Art und Weise verstehen kann ⟨eine Bemerkung⟩ | *Der Titel des Romans ist mehrdeutig*

meh·ren VERB (mehrte, hat gemehrt) **etwas mehren** *veraltend* ⟨das Vermögen, den Einfluss mehren⟩ ≈ *vergrößern* • hierzu **Meh·rung** *die*

★ **meh·re·r-** ■ ARTIKEL **1** mehr als zwei der genannten Dinge oder Personen | *Sie probierte mehrere Hosen an, bevor sie eine kaufte* | *Ich musste mehrere Stunden warten*

■ PRONOMEN **2** mehr als zwei Personen oder Dinge | *Ich kenne mehrere, die dort arbeiten* | *Ich habe von allem gern immer mehreres auf Vorrat*

meh·rer·lei ADJEKTIV/PRONOMEN *nur in dieser Form* mehr als zwei von verschiedener Art | *Es gab mehrerlei Kuchen* | *Ich hatte mehrerlei Gründe für diese Entscheidung* | *Ich würde gern mehrerlei dazu anmerken*

★ **mehr·fach** ADJEKTIV *meist attributiv* mehr als einmal oder zweimal | *der mehrfache deutsche Meister im Boxen* | *Er ist bereits mehrfach vorbestraft* | *Wie schon mehrfach berichtet, ...*

Mehr·fa·mi·li·en|haus *das* ein Haus mit mehreren getrennten Wohnungen

Mehr·ge·ne·ra·ti·o·nen|haus *das* ein Haus oder ein Gebäude, in welchem Leute aus allen Altersgruppen wohnen oder sich treffen (damit jede Gruppe einer anderen helfen kann und mit ihr Kontakt hat)

★ **Mehr·heit** *die;* (-, -en) **1** der größere Teil einer Gruppe, die größere Zahl in einer Gruppe (vor allem von Menschen) ⟨in der Mehrheit sein⟩ ↔ *Minderheit* | *Die Mehrheit der Deutschen fährt mindestens einmal im Jahr in Urlaub* | *Er besitzt die Mehrheit der Aktien* K Mehrheitsaktionär, Mehrheitsbeteiligung; Aktienmehrheit **2** **eine Mehrheit (von etwas)** *meist Singular* der Unterschied in der Zahl zwischen einer größeren und einer kleineren Gruppe, vor allem von Stimmen oder Mandaten ⟨die Mehrheit haben, bekommen⟩ | *Er wurde mit einer knappen Mehrheit von nur zwei Stimmen gewählt* | *Sie gewann die Wahl mit einer Mehrheit von 13 zu 12 Stimmen* K Mehrheitsbeschluss, Mehrheitsprinzip, Mehrheitsverhältnisse; Dreiviertelmehrheit, Stimmenmehrheit **3** **die absolute Mehrheit** mehr als 50 % der Stimmen oder Mandate und deshalb mehr als alle anderen Kandidaten zusammen **4** **die einfache/relative Mehrheit** weniger als 50 % der Stimmen oder Mandate, aber mehr als jede andere Partei oder Gruppe • zu (1) **mehr·heit·lich** ADJEKTIV

mehr·heits·fä·hig ADJEKTIV so, dass sich wahrscheinlich die Mehrheit der Stimmen dafür entscheidet ⟨ein Beschluss, ein Konzept⟩

Mehr·heits|wahl·recht *das* das Wahlrecht, bei dem derjenige Kandidat gewinnt, welcher die meisten Stimmen hat

mehr·jäh·rig ADJEKTIV **1** mehrere Jahre dauernd oder über mehrere Jahre hinweg | *mehrjährige Erfahrung in einem Beruf haben* **2** so, dass eine Pflanze im Herbst nicht abstirbt, sondern im nächsten Jahr frische Blätter bekommt ⟨Kräuter, Stauden⟩ ↔ *einjährig*

★ **mehr·mals** ADVERB mehr als zweimal | *Ich habe mehrmals bei euch angerufen*

★ **mehr·spra·chig** ADJEKTIV so, dass zwei oder mehr Sprachen verwendet werden ⟨ein Text, Kommunikation; mehrsprachig aufwachsen⟩ ● hierzu **Mehr·spra·chig·keit** *die*

Mehr·weg- *im Substantiv, betont, nicht produktiv* **der Mehrwegbehälter, das Mehrwegsystem, die Mehrwegverpackung** *und andere* verwendet für Verpackungen für Waren, die mehrmals gereinigt und wieder benutzt werden | *Das Pfand für die Mehrwegflaschen wird bei der Rückgabe ausbezahlt*

★ **Mehr·wert|steu·er** *die; nur Singular* das Geld, das der Käufer zusätzlich zum Preis für die Produkte oder Dienstleistungen zahlen muss und das der Verkäufer an den Staat als Steuer abgeben muss | *Die Preise sind inklusive Mehrwertsteuer* **K** Mehrwertsteuergesetz **H** Abkürzung: *MwSt.* oder *MWSt.*

Mehr·zahl *die* **1** ≈ *Plural* ↔ *Einzahl* **2** *nur Singular* ≈ *Mehrheit* | *Die Mehrzahl der Demonstranten war friedlich*

Mehr·zweck- *im Substantiv, betont, begrenzt produktiv* **die Mehrzweckmöbel, der Mehrzweckraum** *und andere* drückt aus, dass man die genannte Sache für verschiedene Zwecke benutzen kann | *Am Freitag ist Disco in der Mehrzweckhalle*

mei·den VERB (mied, hat gemieden) **1 jemanden/etwas meiden** mit jemandem/etwas keinen Kontakt haben wollen, also z. B. jemanden nicht sehen oder treffen wollen | *Seit ihrem Streit meiden Peter und Hans einander* | *Er mied die Straße, in der er den Unfall hatte* **2 etwas meiden** absichtlich etwas nicht essen oder trinken ⟨eine Speise, Alkohol meiden⟩

Mei·le *die;* (-, -n) die Einheit, mit der in manchen Ländern große Entfernungen gemessen werden | *Eine Meile entspricht 1609 Metern*

-mei·le *die; im Substantiv, unbetont, begrenzt produktiv* **Einkaufsmeile, Kneipenmeile, Partymeile** *und andere* eine Straße in der Stadt, in der viele Personen für bestimmte Aktivitäten zusammenkommen | *Tausende von Zuschauern verfolgten die Spiele der Fußballweltmeisterschaft auf der Berliner Fanmeile am Brandenburger Tor*

Mei·len·stein *der; geschrieben* etwas, das für eine Entwicklung sehr wichtig ist | *Seine Erfindung ist ein Meilenstein für den technischen Fortschritt*

mei·len·weit ADJEKTIV *meist attributiv* sehr weit | *Die Fans fahren oft meilenweit, um ihren Star zu sehen*

★ **mein** ■ ARTIKEL **1** *zur 1. Person Singular (ich)* mit *mein* werden solche Dinge, Zustände, Vorgänge, Handlungen oder Personen näher bezeichnet, welche mit dem Sprecher oder der Sprecherin selbst in Zusammenhang sind | *Ich habe meine Hand verletzt* | *Meiner Mutter habe ich ein Parfüm geschenkt* | *Der Tag im Zoo hat meinen Kindern gut gefallen* | *Ich brauche ein neues Regal für meine Bücher* | *In meinem Hotel gibt es eine Sauna und ein Schwimmbad* (das Hotel, in dem ich übernachte) | *Nach meiner Ankunft fuhr ich zuerst ins Hotel* **H** → Tabelle nächste Seite

■ PRONOMEN **2** *1. Person Singular (ich)* verwendet, um sich auf eine (oft bereits erwähnte) Sache oder Person zu beziehen, die zu dem Sprecher gehört | *Ist das dein Bleistift oder meiner?* | *Das rote Auto dort ist mein(e)s* | *Ich glaube, dieser Bleistift ist der meine* | *Ich habe das meine/Meine getan, jetzt sind andere an der Reihe* (Ich habe meinen Teil geleistet) | *Sie waren immer freundlich zu mir und den meinen/Meinen* (meiner Familie) **H** Die Formen des Pronomens ohne Artikel werden wie das Adjektiv des Typs A gebildet, die Formen mit Artikel wie Typ B; → Tabelle unter **Adjektiv**. Die Formen der übrigen Personen werden nach demselben Muster gebildet. Der Gebrauch wie in *Dieses Buch ist mein* ist veraltet. **3** *1. Person Singular (ich), Genitiv* | *Wer erinnert sich meiner?* **H** → Tabelle unter **ich** **H** → Info-Fenster nächste Seite

Mein·eid *der* eine Lüge, die man (meist in einer Gerichtsverhandlung) verwendet, obwohl man geschworen hat, die Wahrheit zu sagen ⟨einen Meineid leisten, schwören; jemanden wegen Meineides verurteilen⟩

mein·ei·dig ADJEKTIV ⟨ein Zeuge⟩ so, dass er einen Meineid geschworen hat

★ **mei·nen** VERB (meinte, hat gemeint) **1 (etwas) (zu etwas) meinen** eine Meinung zu etwas haben | *Was meinen Sie dazu?* | *„Kommt er bald?" – „Ich meine schon."* | *Ich meine, dass wir jetzt gehen sollten* | *Er meinte, im Recht zu sein* **H** → Infos unter **annehmen** **2 etwas meinen** etwas ausdrücken wollen | *Was meinst du mit deiner Anspielung?* | *Du verstehst mich falsch, ich meine das ganz anders* **3 jemanden/etwas meinen** sich auf die genannte Person oder Sache beziehen | *Er meinte nicht Markus, sondern Bernd* **4 (zu jemandem) etwas meinen** zu jemandem etwas sagen | *„Besuch mich doch mal wieder!", meinte er freundlich zu mir*

■ ID ▸meinen plus gut / böse / so: **Ich meine ja nur (so)** Das ist nur ein Vorschlag oder eine Idee (die man nicht akzeptieren muss); **etwas gut/ böse meinen** eine gute/böse Absicht bei etwas haben; **Das war nicht so gemeint** Es war keine böse Absicht dabei; **es 'gut mit jemandem meinen** wollen, dass es einer Person gut geht (und ihr deshalb helfen); **es zu 'gut mit etwas meinen** zu viel von etwas geben | *Sie hat es mit dem Pfeffer zu gut gemeint, das Essen ist viel zu scharf!*;

▸meinen im Infinitiv: **Das will ich 'meinen!** verwendet, um zu betonen, dass man von etwas überzeugt ist; **Man könnte meinen, ...** Daraus entsteht der Eindruck, dass ... | *Man könnte meinen, du freust dich überhaupt nicht über das Geschenk*;

▸andere Verwendungen: **Wenn Sie 'meinen, ...** Wenn Sie das unbedingt wollen, ...; **Er meint, 'Wunder was/wer er ist** *gesprochen, abwertend* Er glaubt, dass er besser sei als die anderen Leute, obwohl das nicht stimmt; **Was meinen Sie damit?** Was wollen Sie damit sagen?

mei·ner·seits ADVERB **1** was mich betrifft | *Ich meinerseits habe nichts dagegen* **2 Ganz meinerseits!** verwendet als Reaktion auf die Sätze „Ich freue mich, Sie kennenzulernen!" oder „War nett/Hat mich gefreut, Sie kennengelernt zu haben!"

mei·nes·glei·chen PRONOMEN *nur in dieser Form* Leute wie ich | *Er hat für meinesgleichen wenig Verständnis*

★ **mei·net·we·gen** ADVERB **1** so, dass die Person, die gerade spricht, mit dem Genannten einverstanden ist oder dass es ihr egal ist | *„Kann ich morgen dein Auto haben?" – „Meinetwegen!"* | *Meinetwegen kann er machen, was er will* **2** so, dass der Sprecher für etwas verantwortlich ist oder der Grund für etwas ist | *Das ist meinetwegen passiert, ich habe nicht aufgepasst* | *Ihr braucht meinetwegen kein großes Fest zu machen*

mei·net·wil·len ADVERB; *veraltend* ■ ID **um meinetwillen** ≈ *meinetwegen*

mei·ni·g-, Mei·ni·g- *veraltend* der / die / das meine / Meine **H** → Beispiele unter **mein** und Tabelle oben

M

GRAMMATIK

▶ [1]mein, dein, sein ...

Person im Singular

ich	Singular	männlich	mein	junger	Hund
		weiblich	meine	junge	Katze
		sächlich	mein	junges	Pferd
	Plural		meine	jungen	Tiere
du	Singular	männlich	dein	junger	Hund
		weiblich	deine	junge	Katze
		sächlich	dein	junges	Pferd
	Plural		deine	jungen	Tiere
er/es	Singular	männlich	sein	junger	Hund
		weiblich	seine	junge	Katze
		sächlich	sein	junges	Pferd
	Plural		seine	jungen	Tiere
sie	Singular	männlich	ihr	junger	Hund
		weiblich	ihre	junge	Katze
		sächlich	ihr	junges	Pferd
	Plural		ihre	jungen	Tiere

Personen im Plural

wir	Singular	männlich	unser	junger	Hund
		weiblich	unsere	junge	Katze
		sächlich	unser	junges	Pferd
	Plural		unsere	jungen	Tiere
ihr	Singular	männlich	euer	junger	Hund
		weiblich	eure	junge	Katze
		sächlich	euer	junges	Pferd
	Plural		eure	jungen	Tiere
sie	Singular	männlich	ihr	junger	Hund
		weiblich	ihre	junge	Katze
		sächlich	ihr	junges	Pferd
	Plural		ihre	jungen	Tiere

Höflichkeitsform

Sie	Singular	männlich	Ihr	junger	Hund
		weiblich	Ihre	junge	Katze
		sächlich	Ihr	junges	Pferd
	Plural		Ihre	jungen	Tiere
Sie	Singular	männlich	Ihr	junger	Hund
		weiblich	Ihre	junge	Katze
		sächlich	Ihr	junges	Pferd
	Plural		Ihre	jungen	Tiere

M

★ **Mei·nung** *die*; (-, -en) **1** **jemandes Meinung (zu etwas)**; **jemandes Meinung (über eine Person/Sache)** das, was jemand über eine Person oder Sache denkt ⟨eine bestimmte, eigene Meinung haben; jemanden nach der Meinung fragen; zu einer Meinung kommen; sich (*Dativ*) eine Meinung bilden; der Meinung sein, dass ...; die eigene Meinung äußern⟩ ≈ *Auffassung, Ansicht* | *Wir sind oft derselben Meinung* | *Bist du auch der Meinung, dass Christine übertreibt?* | *Was/Wie ist ihre Meinung zum Ausgang der Wahlen?* K Meinungsbildung **2** **zu etwas keine Meinung haben** zu etwas nichts sagen (wollen), weil man glaubt, dass man nicht genug darüber weiß **3** **jemandes Meinung nach** so wie jemand die Situation sieht, einschätzt | *Meiner Meinung nach war seine Entscheidung ungerecht* **4** **eine schlechte, gute/hohe Meinung von jemandem haben** glauben, dass jemand schlecht bzw. gut ist **5** **Ganz meine Meinung!** verwendet, um einer Person deutlich zu sagen, dass man genauso denkt wie sie **6** **[1]einer Meinung sein** dieselbe Meinung wie andere Personen haben | *Ich bin mit ihr nicht oft einer Meinung* **7** **die öffentliche Meinung** das, was die meisten Leute denken ■ **ID** **jemandem (gehörig) die Meinung sagen** einer Person deutlich sagen, was man von ihr oder ihren Aktionen hält; **mit seiner Meinung nicht hinter dem Berg halten** die eigene Meinung ehrlich und deutlich sagen

Mei·nungs·äu·ße·rung *die* eine Äußerung, mit der man sagt, was man denkt | *das Recht auf freie Meinungsäußerung*

Mei·nungs·aus·tausch *der* Gespräche oder Diskussionen, bei denen man sich gegenseitig sagt, was man über ein Thema denkt ⟨ein offener Meinungsaustausch⟩

mei·nungs·bil·dend ADJEKTIV so, dass etwas einen starken Einfluss auf die Meinung anderer Leute hat ⟨Zeitschriften, Maßnahmen⟩

Mei·nungs·for·schung *die* Untersuchungen darüber, was die Leute über ein Problem oder Thema denken ≈ *Demoskopie* K Meinungsforschungsinstitut ● hierzu **Mei·nungs·for·scher** *der*; **Mei·nungs·for·sche·rin** *die*

Mei·nungs·frei·heit *die*; *nur Singular* das Recht, frei und öffentlich zu sagen, welche Meinung man hat

Mei·nungs·ma·che *die*; *abwertend* der Versuch, Einfluss auf die Meinung anderer Leute zu haben und diese so zu ändern, wie man es selbst möchte (meist mit Argumenten, die nicht sachlich sind) ≈ *Propaganda* ● hierzu **Mei·nungs·ma·cher** *der*

Mei·nungs·streit *der* eine Diskussion, bei welcher die Beteiligten ganz unterschiedliche Meinungen äußern

Mei·nungs·um·fra·ge *die* die Befragung einer repräsentativen Gruppe in der Bevölkerung zu einem Thema (um herauszufinden, welche Meinung die Bevölkerung hat) ⟨eine Meinungsumfrage machen, veranstalten⟩

Mei·nungs·ver·schie·den·heit *die*; (-, -en); *meist Plural* **1** **Meinungsverschiedenheiten (über etwas** (*Akkusativ*)**)** unterschiedliche Meinungen zu einem Thema **2** ein kleiner Streit, der entsteht, wenn es zu einer Sache verschiedene Meinungen gibt ⟨eine Meinungsverschiedenheit haben; die Meinungsverschiedenheiten beilegen⟩

Mei·se *die*; (-, -n) ein kleiner, bunter Singvogel ■ **ID** **eine Meise haben** *gesprochen* verrückt, nicht normal sein | *Du hast wohl eine Meise!*

Mei·ßel *der*; (-s, -) eine kurze Stange aus Metall mit einem scharfen Ende, mit der man (mit einem Hammer) z. B. Steine spalten oder formen kann

mei·ßeln VERB (meißelte, hat gemeißelt) **(etwas) meißeln** so mit dem Meißel arbeiten, dass eine Form entsteht

★ **meist** ■ ADVERB [1] in den meisten Fällen, die meiste Zeit | *Anette ist meist in Brüssel unterwegs*
■ ADJEKTIV [2] die größte Anzahl, Menge einer Sache | *Sie hat immer das meiste Glück von allen* | *Er verdient am meisten von uns* [K] meistdiskutiert, meistgebraucht, meistgefragt, meistgenannt, meistverkauft [H] → auch **viel** [3] *meist attributiv* der größte Teil von einzelnen Dingen | *Die meisten Artikel in diesem Geschäft sind sehr teuer*

★ **meis·tens** ADVERB in den meisten Fällen, fast immer | *Er steht meistens um 7 Uhr auf*

★ **Meis·ter** *der*; (-s, -) [1] eine Person, die in einem Handwerk junge Menschen ausbilden und selbst ein Geschäft führen darf [K] Meisterprüfung, Meistertitel; Bäckermeister, Friseurmeister, Metzgermeister, Schneidermeister, Schreinermeister [H] zu *Meisterin* → Info im Eintrag **-in** [2] **den Meister machen** die Prüfung machen, durch die man Meister in einem Handwerk wird [3] eine Person, die etwas sehr gut kann ≈ *Fachmann* | *Er ist ein Meister auf seinem Gebiet* | *Louis Armstrong war ein Meister des Jazz* [H] zu *Meisterin* → Info im Eintrag **-in** [4] ein Sportler oder eine Mannschaft, die einen offiziellen Wettkampf gewonnen haben | *Er wurde deutscher Meister im Marathonlauf* [K] Meistertitel; Europameister, Juniorenmeister, Landesmeister, Weltmeister [H] zu *Meisterin* → Info im Eintrag **-in** [5] **Meister Lampe** verwendet in Fabeln und Märchen als Name für den Hasen [6] **Meister Petz** verwendet in Fabeln und Märchen als Name für den Bären ■ **ID eine Person hat (in jemandem) seinen Meister gefunden** eine Person ist auf eine andere Person getroffen, die ihr überlegen ist ● zu (1,3,4) **Meis·te·rin** *die*

Meis·ter- *im Substantiv, betont, begrenzt produktiv* [1] **der Meisterkoch, der Meisterdetektiv, der Meisterschütze** *und andere* verwendet, um Personen zu bezeichnen, die ihre Sache sehr gut beherrschen | *Der Meisterdieb hat schon wieder viele ältere Menschen bestohlen* [2] **der Meisterschuss, das Meisterwerk** *und andere* verwendet, um zu sagen, dass eine Leistung sehr gut ist oder war | *Die Rettungsaktion ist eine wahre Meisterleistung*

Meis·ter·brief *der* eine Urkunde, die bestätigt, dass jemand in einem Handwerk Meister ist

meis·ter·haft ADJEKTIV von einer Qualität, die weit besser ist als der Durchschnitt ≈ *hervorragend* | *Er ist ein meisterhafter Koch* | *Sie spielt meisterhaft Klavier* ● hierzu **Meis·ter·haf·tig·keit** *die*

Meis·ter·hand *die* ■ **ID von Meisterhand** von einem echten Meister | *Das Bild ist von Meisterhand gemalt*

meis·ter·lich ADJEKTIV ≈ *meisterhaft*

meis·tern VERB (meisterte, hat gemeistert) **etwas meistern** ein meist schwieriges Problem lösen | *Er hat die schwierige Situation sehr gut gemeistert*

★ **Meis·ter·schaft** *die*; (-, -en) [1] *oft Plural* ein Wettkampf, bei dem die Sportler einen Titel gewinnen können | *Dieses Jahr finden die deutschen Meisterschaften im Schwimmen in Hamburg statt* [K] Boxmeisterschaft, Fußballmeisterschaft, Handballmeisterschaft, Leichtathletikmeisterschaft, Schwimmmeisterschaft, Skimeisterschaft, Juniorenmeisterschaft, Europameisterschaft, Weltmeisterschaft [2] eine Fähigkeit, die weit über dem Durchschnitt liegt | *es in einer Kunst zur Meisterschaft bringen*

Meis·ter·stück *das* [1] eine sehr gute Leistung ⟨ein Meisterstück vollbringen⟩ ≈ *Meisterleistung* [2] etwas, das eine Person macht, damit sie den Titel des Meisters in einem Handwerk bekommt

Meis·ter·werk *das* etwas, das an Qualität sehr viel besser ist als vergleichbare Objekte | *Die Golden Gate Bridge ist ein Meisterwerk der Architektur*

Mek·ka *das*; (-s, -s); *meist Singular* ein sehr wichtiger Ort für Personen, die dasselbe Interesse haben | *Cannes ist ein Mekka des Films*

Me·lan·cho·lie [-ko-] *die*; (-, -n); *meist Singular* ein Zustand, in dem jemand sehr traurig ist ⟨in Melancholie versinken, verfallen⟩ ↔ *Euphorie* ● hierzu **Me·lan·cho·li·ker** *der*; **Me·lan·cho·li·ke·rin** *die*; **me·lan·cho·lisch** ADJEKTIV

Me·lan·ge [meˈlãːʒ] *die*; (-, -n); Ⓐ ein Getränk, das zur Hälfte aus Kaffee und zur Hälfte aus Milch besteht

Me·las·se *die*; (-, -n) das, was als Rest bleibt, wenn man Zucker herstellt

Mel·de·amt *das* Kurzwort für *Einwohnermeldeamt*

Mel·de·frist *die* [1] die Frist, innerhalb welcher man bei einer Behörde melden muss, dass man umgezogen ist [2] die Frist, innerhalb welcher man sich für einen Wettbewerb anmelden kann

★ **mel·den** VERB (meldete, hat gemeldet) [1] **etwas melden** eine Nachricht (im Fernsehen, im Radio oder in der Zeitung) mitteilen | *Der Korrespondent meldet neue Unruhen aus Südamerika* [2] **eine Person/Sache (jemandem/bei jemandem) melden** einer zuständigen Person oder Institution Informationen über jemanden/etwas geben ⟨einen Unfall bei der Polizei melden; einen Schaden bei der Versicherung melden⟩ [3] **jemanden zu/für etwas melden** der zuständigen Stelle mitteilen, dass jemand an etwas teilnehmen will ≈ *anmelden* | *einen Sportler für einen Wettkampf melden* [4] **sich melden** einer anderen Person mitteilen, dass man etwas möchte | *Bitte melden Sie sich, wenn Sie nichts mehr zu trinken haben* [5] **sich melden** in der Schule dem Lehrer zeigen, dass man etwas sagen möchte, indem man die Hand hebt [6] **sich (bei jemandem) melden** (wieder) Kontakt mit jemandem aufnehmen | *Ich melde mich nach dem Urlaub bei dir* [7] **sich (bei etwas) melden** (dem Einwohnermeldeamt) einer Gemeinde mitteilen, dass man in eine andere Wohnung gezogen ist [K] Meldebehörde, Meldebestätigung, Melderegister [8] **sich (bei etwas) melden** zu einer Firma o. Ä. gehen, bei der man sich um eine Stelle bewirbt, um sich persönlich bekannt zu machen | *Du sollst dich bei der Firma Müller melden* [9] **sich (zu/für etwas) melden** sagen, dass man (freiwillig) bei etwas mitarbeiten oder mitmachen will | *Wer meldet sich freiwillig zum Geschirrspülen?*
■ **ID (bei jemandem) nichts zu melden haben** *gesprochen* keinen Einfluss mehr haben, wenn die genannte Person da ist

Mel·de·pflicht *die* die Pflicht, etwas offiziell bei einer Behörde zu melden | *Bei manchen Krankheiten besteht Meldepflicht* [H] → Infos unter **anmelden** ● hierzu **mel·de·pflich·tig** ADJEKTIV

Mel·de·schluss *der* ein fester Zeitpunkt, bis zu dem man sich oder andere Leute für etwas angemeldet haben muss

★ **Mel·dung** *die*; (-, -en) [1] etwas, das im Fernsehen, Radio oder in der Zeitung gemeldet oder mitgeteilt wird ⟨eine amtliche Meldung⟩ ≈ *Nachricht* | *„Und nun die letzten Meldungen des Tages"* [K] Falschmeldung, Schreckensmeldung, Suchmeldung, Vermisstenmeldung [2] die Informationen, die man einer Institution über jemanden/etwas gibt ⟨eine Meldung übermitteln, bekommen/erhalten, entgegennehmen, weiterleiten; eine Meldung geht/trifft (irgendwo) ein; (jemandem) Meldung machen, erstatten⟩ | *Der Polizei liegt noch keine Meldung über den Unfall vor* [K] Feuermeldung, Fundmeldung, Krankmeldung, Suchmeldung, Verlustmeldung, Vermisstenmeldung, Vollzugsmeldung, Lagemel-

M

dung, Positionsmeldung **3** **eine Meldung (für/zu etwas)** die (oft schriftliche) Erklärung, dass man bei etwas mitmachen will | *die Meldung für einen Wettkampf zurückziehen* | *Wir bitten um freiwillige Meldungen* **4** eine Feststellung oder Frage, die auf dem Bildschirm eines Computers, Handys usw. erscheint **K** Fehlermeldung **5** *nur Singular* das Melden

me·liert ADJEKTIV **1** mit Fäden oder Fasern in verschiedenen Farben | *Der Pullover ist grau und grün meliert* **2** mit Haaren, die zum Teil grau geworden sind ⟨Haare⟩ **K** grau meliert

Me·lis·se *die*; (-, -n) eine Pflanze, die nach Zitrone riecht und aus der man Tee macht **K** Melissentee; Zitronenmelisse

mel·ken VERB (melkt, melkte, hat gemelkt/*veraltend* milkt, molk, hat gemolken) **1** **(ein Tier) melken** Milch von einem weiblichen Tier nehmen ⟨Kühe, Ziegen melken⟩ **K** Melkmaschine **2** **jemanden melken** *gesprochen* von jemandem immer wieder Geld fordern und auch bekommen

★ **Me·lo·die** *die*; (-, -n [-ˈdiːən]) **1** eine Folge von musikalischen Tönen, die ein Ganzes bilden ⟨eine Melodie spielen, singen; eine schöne Melodie hören⟩ | *Wer hat den Text zu dieser Melodie geschrieben?* **2** *oft Plural* ein Teil aus einer größeren musikalischen Komposition | *Melodien aus dem Musical „West Side Story"*

Me·lo·dik *die*; (-) **1** die Lehre von der Melodie **2** etwas, das für ein Musikstück in der Melodie typisch ist

me·lo·disch ADJEKTIV **1** so, dass der Klang angenehm für den Zuhörer ist ⟨eine Stimme; etwas klingt melodisch⟩ **2** in Bezug auf die Melodie

Me·lo·dra·ma *das* **1** *meist abwertend* ein Film, ein Theaterstück oder eine Handlung, bei denen Emotionen und traurige Ereignisse übertrieben dargestellt werden | *das Melodrama „Vom Winde verweht"* | *Jedes Mal, wenn er verreisen muss, spielt sich bei ihm zu Hause ein Melodrama ab* **2** gesprochene Dichtung, die von Musik begleitet wird ● zu (1) **me·lo·dra·ma·tisch** ADJEKTIV

Me·lo·ne *die*; (-, -n) **1** eine große runde Frucht mit sehr saftigem Fleisch **K** Honigmelone, Wassermelone, Zuckermelone **2** ein runder schwarzer Hut für Männer

Memb·ran *die*; (-, -en) → Membrane

Memb·ra·ne *die*; (-, -n) eine sehr dünne Schicht aus Metall, Papier, Gummi oder Haut, die Schwingungen übertragen kann **K** Lautsprechermembrane

Mem·me *die*; (-, -n); *veraltend* eine Person, die sehr feige ist ≈ *Feigling* ● hierzu **mem·men·haft** ADJEKTIV

Me·moi·ren [meˈmoaːrən] *die*; *nur Plural* ein Bericht über die Erlebnisse und Ereignisse des eigenen Lebens, die eine Person schreibt, wenn sie alt ist ⟨seine Memoiren schreiben, veröffentlichen⟩ **K** Memoirenschreiber

Me·mo·ran·dum *das*; (-s, Me·mo·ran·den/Me·mo·ran·da); *geschrieben* eine kurze Zusammenfassung wichtiger Punkte ⟨ein Memorandum verfassen⟩

me·mo·rie·ren VERB (memorierte, hat memoriert) **etwas memorieren** *geschrieben* etwas auswendig lernen

★ **Men·ge** *die*; (-, -n) **1** ein Teil einer Sache, die man nicht zählen kann, oder mehrere Personen bzw. Dinge, die als Einheit angesehen werden | *Eine kleine Menge dieses Medikaments genügt* **2** eine große Anzahl (von Personen/Dingen) ≈ *viele* | *eine Menge Fehler machen* | *eine Menge Bücher besitzen* **3** eine große Zahl von Menschen an einem Ort ⟨durch die Menge gehen; in der Menge verschwinden; aus der Menge treten; sich unter die Menge mischen⟩ **K** Menschenmenge, Volksmenge, Zuschauermenge **4** mehrere Dinge, die (in der Mathematik) zusammen als Einheit gesehen werden ⟨eine endliche, unendliche Menge⟩ | *die Menge der positiven Zahlen* **K** Nullmenge, Schnittmenge, Teilmenge, Vereinigungsmenge **5** **eine/jede Menge** *gesprochen* sehr viel | *eine Menge Geld haben* | *noch eine Menge lernen müssen* | *Kinder machen jede Menge Arbeit* **6** **in rauen Mengen** *gesprochen* sehr viel | *Er hat Zeit in rauen Mengen* **7** **eine ganze Menge** *gesprochen* relativ viel(e) | *eine ganze Menge Geld/Leute*

men·gen VERB (mengte, hat gemengt) **1** **etwas mengen** verschiedene Stoffe (z. B. beim Backen) zusammenbringen und mischen | *Wasser mit/und Mehl (zu einem Teig) mengen* **2** **sich unter die Zuschauer/das Volk mengen** sich unter die Zuschauer/das Volk mischen **3** **sich in etwas** (*Akkusativ*) **mengen** sich in etwas einmischen

Men·gen·leh·re *die*; *nur Singular* ein Bereich der Mathematik, in dem man mit abstrakten Mengen anstatt mit einzelnen Zahlen rechnet

Men·gen·ra·batt *der* ein Rabatt, den man bekommt, wenn man eine große Menge einer Ware kauft ⟨Mengenrabatt bekommen; jemandem Mengenrabatt einräumen, gewähren⟩

Me·nis·kus *der*; (-, Me·nis·ken) eine Scheibe (aus Knorpel) im Knie ⟨sich (*Dativ*) den Meniskus verletzen⟩ **K** Meniskusoperation, Meniskusriss, Meniskusverletzung

★ **Men·sa** *die*; (-, Men·sen) in der Mensa an einer Schule bzw. Hochschule können die Schüler oder Studenten für wenig Geld essen

★ **Mensch** *der*; (-en, -en) **1** *nur Singular* das Lebewesen, das sprechen und denken kann | *Biologisch gesehen gehört der Mensch zu den Säugetieren* **K** Steinzeitmensch, Urmensch **i** *der Mensch; den, dem, des Menschen* **2** ein Mann, eine Frau oder ein Kind als Individuum ≈ *Person* | *Auf der Erde gibt es ungefähr 6 Milliarden Menschen* | *Er ist ein guter und ehrlicher Mensch* **K** Menschenansammlung, Menschenauflauf, Menschenmasse, Menschenmenge **3** **kein Mensch** *gesprochen* ≈ *niemand* | *Ich habe keinem Menschen davon erzählt*

■ **ID** ▸Mensch als Subjekt, im Nominativ: **sich wie der erste Mensch benehmen** *gesprochen, humorvoll* sehr ungeschickt sein; **sich wie der letzte Mensch benehmen** *gesprochen* ein schlechtes Benehmen haben, unangenehm auffallen; **('auch) nur ein Mensch sein** ebenso wie alle anderen Menschen Fehler haben oder Fehler machen; **kein Mensch mehr sein, nur noch ein halber Mensch sein** *gesprochen* sehr erschöpft sein; **ein anderer Mensch werden** sich vollständig ändern;

▸andere Verwendungen: **Mensch (Meier)!** *gesprochen* verwendet, um Verärgerung, Freude oder Überraschung auszudrücken | *Mensch, hör endlich auf damit!* | *Mensch (Meier), da hast du aber Glück gehabt!* | *Mensch, toll!*; **von Mensch zu Mensch** privat und voller Vertrauen; **unter Menschen gehen** irgendwohin gehen, wo man (vielen) anderen Leuten begegnet

Mensch är·ge·re dich nicht *das*; (-(s)) ein Brettspiel mit Würfeln und Figuren

Men·schen·af·fe *der* ein relativ großer Affe ohne Schwanz, der Menschen ähnlich sieht | *Der Schimpanse ist ein Menschenaffe*

Men·schen·al·ter *das* die Zeit, die ein Mensch durchschnittlich lebt

Men·schen·bild *das*; *geschrieben* die Vorstellung, die jemand oder eine Gruppe von den Menschen hat | *das humanistische Menschenbild* | *das Menschenbild im Barock*

men·schen·feind·lich ADJEKTIV **1** schlecht für die Menschen | *menschenfeindliche Häuser aus Beton* | *eine menschenfeindliche Politik* **2** ⟨eine Person⟩ so, dass sie die Menschen hasst und keinen Kontakt mit ihnen haben will ● hierzu **Men·schen·feind·lich·keit** *die*; zu (2) **Men·schen·feind** *der*

DER MENSCH

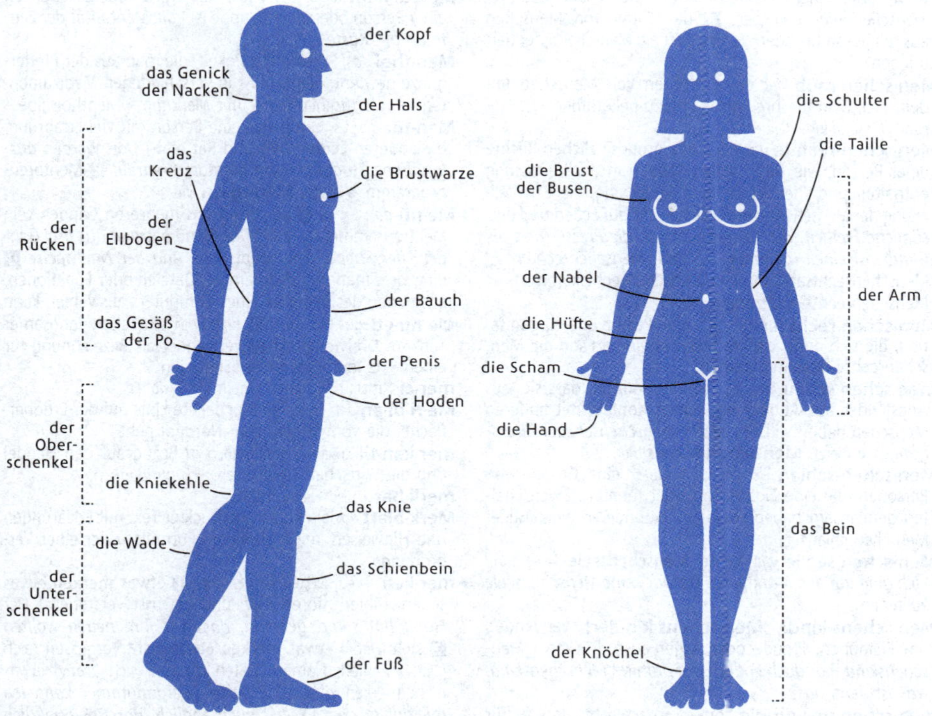

Mẹn·schen·fres·ser *der*; (-s, -) ein Mensch, welcher das Fleisch von anderen Menschen isst ≈ *Kannibale*

mẹn·schen·freund·lich ADJEKTIV **1** gut für die Menschen ↔ *menschenfeindlich* **2** ⟨eine Person⟩ so, dass sie die Menschen liebt und will, dass es ihnen gut geht ↔ *menschenfeindlich* | *Der König war sehr menschenfreundlich* • hierzu **Mẹn·schen·freund·lich·keit** *die*; **Mẹn·schen·freund** *der*

Mẹn·schen·füh·rung *die*; *nur Singular* die Fähigkeit eines Chefs, Lehrers oder Offiziers, die Angestellten, Schüler oder Soldaten so zu behandeln, dass diese gut arbeiten | *Ein Manager muss über gute Menschenführung verfügen*

Mẹn·schen·ge·den·ken *das* ■ **ID seit Menschengedenken** schon sehr lange, schon seit sehr langer Zeit

Mẹn·schen·ge·schlecht *das*; *nur Singular*; *geschrieben* die Menschen

Mẹn·schen·ge·stalt *die* ■ **ID in Menschengestalt** mit dem Aussehen eines Menschen ⟨ein Gott, ein Teufel in Menschengestalt⟩

Mẹn·schen·hand *die* ■ **ID durch/von Menschenhand** *geschrieben* von Menschen gemacht ⟨ein Werk von Menschenhand⟩

Mẹn·schen·han·del *der* das Verbrechen, Menschen wie eine Ware zu kaufen und zu verkaufen (vor allem für die Prostitution) ⟨Menschenhandel betreiben⟩ • hierzu **Mẹn·schen·händ·ler** *der*

Mẹn·schen·ket·te *die* eine Reihe, die aus vielen Menschen besteht (die sich an den Händen halten) ⟨eine Menschenkette bilden⟩

Mẹn·schen·kind *das* ≈ *Mensch* | *Sie ist ein ganz fröhliches Menschenkind*

Mẹn·schen·le·ben *das* **1** *geschrieben* das Leben eines Menschen | *Das Unglück kostete drei Menschenleben* **2** die Zeit, die ein Mensch lebt ⟨ein Menschenleben lang⟩

mẹn·schen·leer ADJEKTIV ohne Menschen ⟨ein Haus, ein Ort, ein Platz⟩ ≈ *verlassen*

mẹn·schen·mög·lich ADJEKTIV **das/alles Menschenmögliche** ⟨tun, versuchen⟩ alles tun/versuchen, was ein Mensch tun kann | *Der Arzt hat alles Menschenmögliche getan, um sie zu retten*

WORTSCHATZ

▶ Menschen – Leute – Personen

Menschen …

… verwendet man, wenn man betonen will, dass es sich nicht um Tiere oder Dinge handelt:

Bei dem Brand kamen zehn Pferde ums Leben, Menschen kamen nicht zu Schaden.

Leute …

… verwendet man, wenn man über eine Gruppe spricht, die man als Einheit (und oft sich selbst gegenübergestellt) sieht:

Ich lasse mir jetzt die Haare rot färben – mir ist egal, was die Leute dazu sagen.

Personen …

… verwendet man als neutrale Bezeichnung, wenn es sich um eine bestimmte Anzahl von Individuen handelt:

Hier ist Platz für 20 Personen.

M

Men·schen·op·fer *das* **1** eine Person, die (z. B. bei einem Unfall oder einem Attentat) stirbt | *Der Unfall hat drei Menschenopfer gefordert* **2** das Töten von Menschen aus religiösen Gründen ⟨einem Gott ein Menschenopfer darbringen⟩

Men·schen·raub *der* das Entführen von Menschen mit dem Ziel, Geld für ihre Freilassung zu bekommen ≈ *Entführung, Kidnapping*

★ **Men·schen·rech·te** *die; Plural* die grundsätzlichen Rechte einer Person, wie sie in vielen Staaten in der Verfassung enthalten sind ⟨der Schutz, eine Verletzung, die Verwirklichung der Menschenrechte⟩ | *Das Recht auf Leben und persönliche Freiheit, die Versammlungs-, die Presse- und die Glaubensfreiheit gehören zu den Menschenrechten* K Menschenrechtsabkommen, Menschenrechtskommission, Menschenrechtsverletzung

Men·schen·recht·ler *der;* (-s, -) eine Person oder Organisation, die sich dafür einsetzt, dass in einem Land die Menschenrechte beachtet werden

men·schen·scheu ADJEKTIV ⟨eine Person⟩ so, dass sie (aus Angst oder aus Abneigung) keinen Kontakt mit anderen Menschen haben will | *Er ist ein menschenscheuer Einzelgänger* • hierzu **Men·schen·scheu** *die*

Men·schen·schlag *der; meist Singular* eine Gruppe von Personen, die eine Eigenschaft oder mehrere Eigenschaften gemeinsam haben ⟨ein ganz besonderer, eigenartiger Menschenschlag⟩

Men·schen·see·le *die* **keine Menschenseele** ≈ *niemand* | *Ich ging auf den Marktplatz. Da war keine Menschenseele zu sehen*

Men·schens·kind!, **Men·schens·kin·der!** verwendet, um Erstaunen, Freude oder Ärger auszudrücken | *Menschenskind, hör doch endlich auf damit!* | *Menschenskind, was ist denn das?*

men·schen·un·wür·dig ADJEKTIV so schlecht, dass es für einen Menschen nicht angemessen ist ⟨Verhältnisse, Lebensbedingungen, eine Behandlung⟩

men·schen·ver·ach·tend, **Men·schen ver·ach·tend** ADJEKTIV ohne die Würde, die Rechte oder die Bedürfnisse von Menschen zu achten ⟨eine Einstellung, eine Politik, ein Regime⟩

Men·schen·ver·stand *der* **der gesunde Menschenverstand** die natürliche Fähigkeit, Dinge zu verstehen und vernünftig zu beurteilen

Men·schen·wür·de *die* das Recht, das jeder Mensch hat, als Person respektiert und behandelt zu werden ⟨die Menschenwürde achten, verletzen; gegen die Menschenwürde verstoßen⟩ • hierzu **men·schen·wür·dig** ADJEKTIV

★ **Mensch·heit** *die;* (-) alle Menschen zusammen | *Das Auto ist eine große Erfindung der Menschheit* K Menschheitsentwicklung, Menschheitsgeschichte, Menschheitsideal, Menschheitstraum

★ **mensch·lich** ADJEKTIV **1** in Bezug auf den Menschen ⟨die Sprache⟩ ↔ *tierisch* **2** so, dass eine Person auf andere Menschen Rücksicht nimmt und die Probleme anderer Menschen verstehen kann ⟨eine Person; menschlich sein, handeln, denken⟩ ≈ *human* ↔ *unmenschlich* | *Der neue Chef ist sehr menschlich* **3** so, dass jeder Mensch diese Eigenschaft hat und man sie deshalb akzeptieren muss ⟨eine menschliche Schwäche; Irren ist menschlich⟩ • zu (2) **Mensch·lich·keit** *die*

Menst·ru·a·ti·on [-'tsi̯oːn] *die;* (-, -en) die Blutung aus der Gebärmutter, die eine Frau etwa alle vier Wochen hat, wenn sie nicht schwanger ist ≈ *Monatsblutung, Periode* K Menstruationsbeschwerden

men·tal ADJEKTIV; *geschrieben* in Bezug auf den Verstand, das Denken ⟨Fähigkeiten⟩ ≈ *geistig*

Men·ta·li·tät *die;* (-, -en) das, was typisch für das Denken einer Person oder einer Gruppe ist | *die Mentalität der Leute an der Küste*

Men·thol *das;* (-s) eine Flüssigkeit, die man aus der Pfefferminze gewinnt. Menthol ist in verschiedenen Medikamenten | *Papiertaschentücher mit Menthol* K Mentholsalbe

Men·tor *der;* (-s, Men·to·ren) eine Person mit viel Erfahrung, die anderen Leuten hilft und Rat gibt | *Dort werden ausländische Studenten von Mentoren betreut* K Mentorenprogramm • hierzu **Men·to·rin** *die*

★ **Me·nü** *das;* (-s, -s) **1** ein Essen aus mehreren Gängen ⟨ein Menü zusammenstellen⟩ | *Das Menü bestand aus drei Gängen: der Suppe, der Hauptspeise und der Nachspeise* **2** eine Liste mehrerer Programme, Dateien oder Funktionen, aus denen der Benutzer eines Computers auswählen kann

Me·nu·ett *das;* (-s, -e/-s) **1** *historisch* ein relativ langsamer Tanz im Dreivierteltakt **2** verwendet als Bezeichnung für einen Satz in Sonaten oder Sinfonien

mer·ci ['mɛrsi] (CH) ⟨merci vielmals⟩ ≈ *danke*

Me·ri·di·an *der;* (-s, -e) eine gedachte Linie auf der Erdoberfläche, die vom Südpol zum Nordpol geht

mer·kan·til ADJEKTIV; *geschrieben* in Bezug auf den Handel und die Wirtschaft ⟨Interessen⟩ ≈ *kaufmännisch*

merk·bar ADJEKTIV ≈ *merklich*

Merk·blatt *das* ein kurzer, gedruckter Text mit Erklärungen und Hinweisen, meist zu einem Formular oder einer Verordnung

★ **mer·ken** VERB (merkte, hat gemerkt) **1** **etwas merken** etwas sehen, fühlen, hören usw. und bewusst verstehen | *Der Hund hat sofort gemerkt, dass wir ihm helfen wollten* **2** **sich** (*Dativ*) **etwas merken** etwas nicht vergessen ⟨sich (*Dativ*) Zahlen, Namen, Daten merken; sich (*Dativ*) etwas nicht merken können⟩ | *Deine Telefonnummer kann ich mir gut merken* | *Merkt euch endlich, dass ihr pünktlich sein müsst!* ■ ID **Du merkst aber auch alles!** *gesprochen, ironisch* Gut, dass du das endlich auch verstanden hast!

merk·lich ADJEKTIV deutlich wahrnehmbar ⟨Veränderungen, eine Besserung; merklich erholt, erschöpft sein⟩ | *Es ist merklich kühler geworden*

★ **Merk·mal** *das;* (-(e)s, -e) eine besondere Eigenschaft einer Person oder Sache, mit der man sie leicht von anderen Personen oder Sachen unterscheiden kann ⟨ein charakteristisches, typisches, wesentliches Merkmal; keine besonderen Merkmale haben, aufweisen⟩ ≈ *Kennzeichen* K Geschlechtsmerkmal, Hauptmerkmal, Unterscheidungsmerkmal

Mer·kur *der;* (-) der Planet, welcher der Sonne am nächsten ist

★ **merk·wür·dig** ADJEKTIV anders als das Normale und so, dass es Aufmerksamkeit oder Misstrauen weckt ≈ *seltsam, eigenartig* | *Heute Morgen sind die Straßen so merkwürdig ruhig* • hierzu **merk·wür·di·ger·wei·se** ADVERB; **Merk·wür·dig·keit** *die*

me·schug·ge ADJEKTIV *meist prädikativ; gesprochen* ≈ *verrückt*

Mes·mer *der;* (-s, -); (CH) ≈ *Messner*

Mes·ner, **Mes·ner** *der* → Messner

Mes·sage ['mɛsɪdʒ] *die;* (-, -s); *meist Singular; gesprochen* das, was ein Künstler, ein Sänger usw. mit einem Werk ausdrücken will ≈ *Aussage*

MESSBECHER

mess·bar ADJEKTIV so, dass man es messen kann ⟨ein Unterschied⟩

Mess·be·cher *der* ein Becher, in den eine begrenzte Menge einer Sache passt | *einen halben Messbecher Waschpulver in die Waschmaschine geben*

Mẹs·die·ner *der* ≈ *Ministrant* ● hierzu **Mẹs·die·ne·rin** *die*

★ **Mẹs·se** *die*; (-, -n) **1** eine religiöse Feier der Katholiken, bei der sie Brot und Wein als Körper und Blut von Jesus Christus verehren ⟨zur Messe gehen, die Messe halten⟩ K Messwein; Frühmesse, Spätmesse, Vorabendmesse **2** ein relativ langes Musikstück, das einzelne Teile der Messe musikalisch darstellt | *die Messe in h-Moll von Bach* **3** **eine schwarze Messe** eine religiöse Feier, bei der man den Teufel verehrt **4** eine Ausstellung, auf der neue Artikel vorgestellt werden K Messeausweis, Messebesucher, Messegelände, Messehalle, Messeplatz, Messestand; Buchmesse, Computermesse, Handwerksmesse, Tourismusmesse **5** der Raum auf einem Schiff, in dem man isst K Offiziersmesse

★ **mẹs·sen** VERB (misst, maß, hat gemessen) **1** **etwas messen** die Größe oder Menge einer Sache feststellen | *Ich muss erst messen, wie hoch und wie breit das Fenster ist* | *Der Arzt misst die Temperatur des Patienten* K Messapparat, Messergebnis, Messfehler, Messgerät, Messinstrument, Messwert **2** **eine Person/Sache an jemandem/etwas messen** eine Person oder Sache bewerten, indem man sie mit einer anderen Person oder Sache vergleicht | *Du solltest deinen Sohn nicht immer an deiner Tochter messen* **3** **etwas messen** eine genannte Größe, Länge, Höhe o. Ä. haben | *Das Zimmer misst 15 m^2* **4** **eine Person misst sich mit jemandem; Personen messen sich** Personen stellen durch einen Wettkampf fest, wer besser ist **5** **sich mit jemandem messen/nicht messen können** auf einem Gebiet gleich gute/deutlich schlechtere Leistungen bringen als eine andere Person | *Glaubst du, du kannst dich im Kopfrechnen mit mir messen?*

Mẹs·se·neu·heit *die* ein neues Produkt, das auf einer Messe vorgestellt wird

★ **Mẹs·ser** *das*; (-s, -) Messer haben einen Griff und einen flachen Teil aus Metall (die *Klinge*). Man benutzt sie zum Schneiden oder als Waffe ⟨ein scharfes, stumpfes, spitzes Messer; mit Messer und Gabel essen; etwas mit dem Messer abschneiden, (zer)schneiden⟩ | *Die scharfe Seite des Messers heißt Schneide, die stumpfe Messerrücken* K Messerschnitt, Messerstich; Brotmesser, Küchenmesser ■ ID **jemanden unter dem Messer haben** *gesprochen* jemanden operieren; **jemandem das Messer an die Kehle setzen** *gesprochen* jemanden (durch Drohungen) zu etwas zwingen; **jemandem geht das Messer in der Hose/Tasche auf** *gesprochen* jemand wird sehr wütend; **(jemandem) ins offene Messer laufen** *gesprochen* genau das tun, was eine andere Person gehofft oder geplant hat, und sich so in eine unangenehme Situation bringen; **etwas steht auf des Messers Schneide** etwas ist unsicher oder in Gefahr und kann ein positives oder negatives Ergebnis haben | *Das Leben des Patienten stand lange auf des Messers Schneide*; **jemanden ans Messer liefern** *gesprochen* eine Person in eine unangenehme Situation bringen, indem man ihre Pläne verrät

Mẹs·ser·rü·cken *der* die Seite an der Klinge eines Messers, mit der man nicht schneidet

mẹs·ser·scharf ADJEKTIV **1** so scharf wie ein Messer **2** sehr schnell und intelligent ⟨jemandes Verstand; messerscharf kombinieren⟩

Mẹs·ser·spit·ze *die* **1** die Spitze eines Messers **2** so viel, wie auf die Spitze eines Messers passt | *eine Messerspitze Salz*

Mẹs·se·stadt *die* eine Stadt, in der oft Messen stattfinden

Mẹss·grö·ße *die* eine Einheit, in der man etwas misst

Mes·si·as *der*; (-) **1** von Christen als Bezeichnung für Jesus Christus verwendet **2** eine Person, die Gott nach jüdischem Glauben schicken wird, um die Menschen von der Sünde zu erlösen

Mẹs·sie *der*; (-s, -s) **1** eine Person, welche eine psychische Störung hat und daher sehr viele Dinge sammelt und kauft und in großer Unordnung lebt **2** *gesprochen* eine Person, die sehr unordentlich ist

Mẹs·sing *das*; (-s) ein Metall, das aus Kupfer und Zink besteht | *ein Türschild aus Messing* K Messingbeschlag, Messingbett, Messinggießerei, Messinggriff, Messingguss, Messingleuchter, Messingschild

Mẹss·lat·te *die* ein langer Stab aus Holz oder Metall, mit dem man etwas messen kann

Mẹss·ner *der*; (-s, -); *süddeutsch* Ⓐ ≈ *Kirchendiener*

Mẹs·sung *die*; (-, -en) **1** das Messen ⟨Messungen vornehmen⟩ **2** der Wert, den man beim Messen feststellt

Met *der*; (-(e)s) ein alkoholisches Getränk, das aus Honig gemacht wird ≈ *Honigwein*

★ **Me·tạll** *das*; (-s, -e) Metalle wie Eisen, Gold und Silber sind hart; man macht sie sehr heiß und flüssig, um sie zu formen ⟨Metalle bearbeiten, gießen, härten, schweißen⟩ K Metallbearbeitung, Metallguss, Metallindustrie, Metalllegierung, Metallplatte, Metallüberzug, Metallverarbeitung; Edelmetall, Leichtmetall, Schwermetall

Me·tạll·ar·bei·ter *der* ein Arbeiter in der Metallindustrie ● hierzu **Me·tạll·ar·bei·te·rin** *die*

me·tạl·len ADJEKTIV **1** *meist attributiv* aus Metall | *ein metallener Topf* **2** ≈ *metallisch*

Me·tạl·ler *der*; (-s, -); *gesprochen* ≈ *Metallarbeiter* | *Die Metaller streiken*

me·tạll·hal·tig ADJEKTIV mit Metall ⟨ein Gestein⟩

me·tạl·lic ADJEKTIV *nur in dieser Form* (von Lack oder Farbe) so, dass sie wie Metall glänzen | *Das Auto gibt es in metallic rot oder in metallic grün*

me·tạl·lisch ADJEKTIV **1** aus Metall ⟨Rohstoffe, ein Stromleiter, ein Überzug⟩ **2** in irgendeiner Eigenschaft einem Metall ähnlich ⟨ein Glanz, eine Stimme, ein Klang; etwas glänzt, klingt, schimmert metallisch⟩ | *ein Mineral von metallischer Härte*

Me·tal·lur·gie *die*; (-) die Wissenschaft von den Methoden, die beim Gewinnen und Verarbeiten von Metallen angewendet werden

Me·ta·mor·pho·se [-f-] *die*; (-, -n); *geschrieben* die Verwandlung in eine andere Gestalt oder in einen anderen Zustand | *Durch eine Metamorphose entwickelt sich aus einer Raupe ein Schmetterling*

Me·ta·pher [me'tafe] *die*; (-, -n) mit einer Metapher vergleicht man Dinge miteinander, ohne den Vergleich deutlich auszudrücken. Wenn man z. B. sagt, „Peter ist ein Fisch", meint man: „Peter ist gerne im Wasser und schwimmt schnell" | *„Die zarte Knospe ihrer jungen Liebe" ist eine Metapher* ● hierzu **Me·ta·pho·rik** *die*; **me·ta·pho·risch** ADJEKTIV

Me·ta·phy·sik *die*; (-, -en); *meist Singular* eine Disziplin der Philosophie, in der man über die Voraussetzungen des Lebens und über die Grundlagen der Welt nachdenkt ● hierzu **Me·ta·phy·si·ker** [-'fy:-] *der*; **me·ta·phy·sisch** [-'fy:-] ADJEKTIV

Me·ta·sta·se *die*; (-, -n) ein Tumor, der sich aus einem anderen Tumor gebildet hat und an einer anderen Körperstelle erscheint

Me·te·or *der;* (-s, -e) Meteore geraten aus dem Weltraum in die Atmosphäre der Erde verbrennen dabei

Me·te·o·rit *der;* (-en/-s, -en/-e) ein kleiner Meteor **H** *der Meteorit; den, dem Meteorit/Meteoriten, des Meteorits/Meteoriten*

Me·te·o·ro·lo·gie *die;* (-) die Wissenschaft, die sich mit dem Wetter und dessen Voraussetzungen beschäftigt ● hierzu **Me·te·o·ro·lo·ge** *der;* **Me·te·o·ro·lo·gin** *die;* **me·te·o·ro·lo·gisch** ADJEKTIV

★ **Me·ter** *der;* (-s, -) eine Einheit, mit der man messen kann, wie lang, breit, hoch etwas ist | *Es gibt selten Menschen, die über 2 Meter groß sind* | *Ein Meter hat hundert Zentimeter, ein Kilometer hat tausend Meter* **K** Metermaß; meterdick, meterhoch, meterlang, metertief, meterweit; Kilometer, Kubikmeter, Quadratmeter **H** Abkürzung: m; fachsprachlich veraltet auch: *das Meter*

me·ter·hoch ADJEKTIV ungefähr einen oder mehrere Meter hoch ⟨Wellen⟩ | *durch meterhohen Schnee stapfen* | *eine meterhohe Mauer*

Me·ter·stab *der* eine zwei Meter lange Stange aus Holz, die zusammengeklappt werden kann und mit der man Längen misst

Me·ter·wa·re *die* ein Stoff, Vorhang o. Ä., dessen Preis pro Meter angegeben wird und der so verkauft wird

me·ter·wei·se ADVERB in Mengen von einem oder mehreren Metern | *Dieser Stoff wird nur meterweise verkauft*

Me·tha·don *das;* (-s) ein Medikament, das an Süchtige verteilt wird, um ihnen zu helfen, ohne Heroin zu leben

Me·than *das;* (-s) ein natürliches Gas, ohne Farbe und Geruch, das sehr leicht brennt **H** chemische Formel: CH_4

Me·tha·nol *das;* (-s) ein giftiger Alkohol **H** chemische Formel: CH_3OH

★ **Me·tho·de** *die;* (-, -n) **1** die Art und Weise, in der man etwas tut, um ein Ziel zu erreichen ⟨eine moderne, wissenschaftliche Methode; eine Methode entwickeln, einführen; nach einer bestimmten Methode verfahren⟩ ≈ *Verfahren* **K** Behandlungsmethode, Denkmethode, Erziehungsmethode **2** **etwas hat Methode** etwas ist gut überlegt und geplant | *Seine Arbeit hat Methode*

Me·tho·dik *die;* (-, -en) die Wissenschaft von den Methoden, die in einem Bereich angewandt werden | *die Methodik des Unterrichts* **K** Unterrichtsmethodik

me·tho·disch ADJEKTIV **1** *meist attributiv* in Bezug auf die angewandte Methode ⟨ein Fehler⟩ **2** exakt und nach logischen Prinzipien ⟨ein Vorgehen, Untersuchungen⟩

Me·tier [me'tie:] *das;* (-s, -s) **1** ≈ *Beruf, Branche* | *In welchem Metier arbeitet er?* **2** ein Gebiet, in der man sehr gut oder erfahren ist | *Das ist nicht mein Metier*

Met·rik *die;* (-, -en); *meist Singular* **1** die Lehre vom Rhythmus und von der Struktur der Verse in einem Gedicht **2** die Lehre vom Takt in der Musik

met·risch ADJEKTIV *meist attributiv* **1** in Bezug auf die Metrik **2** in Bezug auf das System, in dem man in Metern und Kilogramm misst ⟨ein Maß, das System⟩

Met·ro *die;* (-, -s) die Untergrundbahn in manchen Städten | *die Metro in Paris*

Met·ro·po·le *die;* (-, -n) **1** *geschrieben* ≈ *Hauptstadt* **2** **die Metropole** +*Genitiv* eine Stadt, die ein wichtiges Zentrum für etwas ist | *Mailand ist die Metropole der italienischen Mode*

Met·rum *das;* (-s, Met·ren) **1** der Rhythmus, dem Wörter in Gedichten folgen ≈ *Versmaß* **2** der Rhythmus der Noten in einem Musikstück

★ **Metz·ger** *der;* (-s, -) ein Mann, der beruflich Tiere schlachtet, Fleisch und Wurst verkauft ≈ *Fleischer* **H** zu *Metzgerin* → Info im Eintrag **-in** ● hierzu **Metz·ge·rin** *die*

★ **Metz·ge·rei** *die;* (-, -en) ein Geschäft, in dem man Fleisch und Wurst kaufen kann ≈ *Fleischerei*

★ **meu·cheln** VERB *(hat); historisch* **jemanden meucheln** eine Person ermorden (oft als Verrat und mit Gift) **K** Meuchelmord, Meuchelmörder ● hierzu **Meuch·ler** *der;* **meuch·le·risch** ADJEKTIV

Meu·te *die;* (-, -n) **1** *abwertend* eine aggressive Gruppe von Menschen, die sich spontan bildet **2** eine Gruppe von Hunden, die man mit auf die Jagd nimmt ⟨eine Meute Jagdhunde; die Meute (auf das Wild) loslassen⟩

Meu·te·rei *die;* (-, -en) bei einer Meuterei weigern sich Matrosen oder Gefangene, weiter zu gehorchen ⟨eine Meuterei bricht aus; eine Meuterei niederschlagen; sich an einer Meuterei beteiligen⟩ | *eine Meuterei gegen den Kapitän*

meu·tern VERB (meuterte, hat gemeutert) **1** **(gegen jemanden) meutern** an einer Meuterei teilnehmen **2** *gesprochen* meist in lauten Worten sagen, dass man sehr unzufrieden ist | *Die Gäste meuterten, als sie nach einer Stunde immer noch kein Essen bekommen hatten* ● zu (1) **Meu·te·rer** *der*

MEZ [ɛme:'tsɛt] *nach Uhrzeiten* Mitteleuropäische Zeit die Uhrzeit, die in Mitteleuropa gilt

Mez·zo·sop·ran ['mɛtso-] *der* **1** *nur Singular* eine Stimmlage (der Frauen) zwischen Sopran und Alt **2** eine Sängerin mit einer solchen Stimmlage

Mi Abkürzung für *Mittwoch*

mi·au·en VERB (miaute, hat miaut) **eine Katze miaut** eine Katze macht die für ihre Art typischen Laute ● hierzu **mi·au!**

★ **mich** PRONOMEN *1. Person Singular (ich), Akkusativ* | *Könntest du mich zum Bahnhof bringen?* | *Ich würde mich freuen, wenn du kommst* **H** → Tabellen unter **ich** und **sich**

mi·cke·rig, mick·rig ADJEKTIV; *gesprochen, abwertend* (im Vergleich mit jemandem/etwas) sehr klein, schwach oder unwichtig | *ein mickriger Kerl* | *eine mickrige Summe Geld* ● hierzu **Mick·rig·keit** *die*

Mid·life-Cri·sis, Mid·life|cri·sis ['mɪdlaif'kraisɪs] *die;* (-); *geschrieben* eine Krise mit Zweifeln über das bisher gelebte Leben, die viele Leute (vor allem Männer) haben, wenn sie zwischen 40 und 50 Jahre alt sind

mied *Präteritum, 1. und 3. Person Singular* → meiden

Mie·der *das;* (-s, -) ein enges Kleidungsstück aus einem elastischen, festen Stoff, das Frauen unter der Kleidung tragen, um den Körper schlanker erscheinen zu lassen ≈ *Korsett*

Mief *der;* (-(e)s); *gesprochen, abwertend* **1** der schlechte Geruch alter und meist warmer Luft | *Mach bitte das Fenster auf, hier ist ein schrecklicher Mief!* **2** eine Atmosphäre, in der man sich nicht wohlfühlt ⟨kleinbürgerlicher, spießiger Mief⟩ ● zu (1) **mie·fen** VERB *(hat)*

Mie·ne *die;* (-, -n) ein Ausdruck im Gesicht, der anderen Leuten zeigt, wie man sich gerade fühlt ⟨eine heitere, fröhliche, feierliche Miene aufsetzen⟩ **K** Leidensmiene, Unschuldsmiene ■ **ID** **keine Miene verziehen** nicht zeigen, was man gerade fühlt oder denkt; **gute Miene zum bösen Spiel machen** obwohl man gegen etwas ist, nichts dagegen tun

Mie·nen·spiel *das* das Wechseln der Miene, des Gesichtsausdrucks ≈ *Mimik* | *Ich konnte an seinem Mienenspiel erkennen, wie wütend er war*

mies ADJEKTIV (mieser, miesest-); *gesprochen* **1** *abwertend* so schlecht, dass man sich ärgert | *Das Wetter war echt mies* | *sich mies gegenüber jemandem verhalten* **2** in einem schlechten Zustand ⟨sich mies fühlen⟩ ≈ *krank*

Mie·se *die; Plural; gesprochen* **1** die Schulden, die eine Person auf ihrem Bankkonto hat ⟨in die Miesen kommen; in den Miesen sein⟩ **2** die Minuspunkte bei einem Spiel

Mie·se·pe·ter *der;* (-s, -); *gesprochen, abwertend* eine Person, die immer nur Negatives sagt oder denkt ● hierzu **mie·se·pet·rig** ADJEKTIV

mies·ma·chen VERB (machte mies, hat miesgemacht) **1** **jemanden/etwas miesmachen** *abwertend* über eine Person/Sache nur negativ sprechen und damit bewirken (wollen), dass andere Leute auch so denken | *Er muss immer alles miesmachen* **2** **jemandem etwas miesmachen** etwas so sehr kritisieren, dass jemand keine Freude mehr daran hat | *Von dir lass ich mir das Auto nicht miesmachen!* • hierzu **Mies·ma·cher** *der*

Mies·mu·schel *die* eine essbare Muschel mit einer schwarzen Schale

★ **Mie·te** *die;* (-, -n) **1** das Geld, das man jeden Monat (an den Eigentümer) zahlt, um in einer Wohnung oder in einem Haus wohnen zu können ⟨die Miete (be)zahlen, überweisen, erhöhen, kassieren; in/zur Miete wohnen⟩ | *Er bezahlt monatlich 650 Euro Miete für die Wohnung* K Mieteinnahme, Mietpreis, Mietvertrag, Mietwucher, Mietzins; Hausmiete, Jahresmiete, Monatsmiete, Wohnungsmiete H Für eine Fläche Land zahlt man *Pacht.* **2** das Geld, das man zahlt, wenn man sich ein Auto, ein Boot o. Ä. leiht ≈ *Leihgebühr* K Mietauto, Mietgebühr, Mietwagen; Platzmiete, Saalmiete ■ ID **Das ist schon die halbe Miete** *gesprochen* das ist der wichtigste Teil auf dem Weg zum Erfolg

★ **mie·ten** VERB (mietete, hat gemietet) **1** **etwas mieten** gegen Bezahlung in einer Wohnung oder einem Haus wohnen dürfen, ein Büro o. Ä. bewohnen und benutzen dürfen ⟨eine Wohnung, ein Zimmer mieten⟩ **2** **etwas mieten** etwas gegen Bezahlung benutzen dürfen ⟨ein Auto, ein Büro, einen Laden, einen Saal, mieten⟩ H → auch **leasen** und Infos unter **leihen** • hierzu **Mie·ter** *der;* **Mie·te·rin** *die*

Mie·ter·schutz *der; nur Singular* Gesetze, welche den Mieter einer Wohnung z. B. davor schützen, dass der Vermieter ohne wichtigen Grund die Miete erhöht oder die Wohnung kündigt K Mieterschutzgesetz

Miet·recht *das; nur Singular* alle Gesetze, welche die Rechte und Pflichten von Mietern und Vermietern (von Wohnungen und Häusern) regeln

★ **Miets·haus** *das* ein relativ großes Haus mit vielen Wohnungen, die man mieten kann

Miets·ka·ser·ne *die; gesprochen, abwertend* ein großes, meist hässliches Mietshaus

Miets·leu·te *die; Plural* die Leute, die eine Wohnung oder ein Haus gemietet haben ≈ *Mieter*

Miet·woh·nung *die* eine Wohnung, für die man Miete zahlt

Miet·zins *der;* (-es, -e); *süddeutsch* Ⓐ Ⓒⓗ ≈ *Miete*

Mie·ze *die;* (-, -n) **1** *gesprochen* ≈ *Katze* K Miezekatze **2** *gesprochen, abwertend* ein junges Mädchen oder eine junge Frau ⟨eine flotte Mieze⟩

Mig·rä·ne *die;* (-, -n) sehr starke Kopfschmerzen, die oft sehr lange dauern ⟨an Migräne leiden; Migräne haben⟩ K Migräneanfall

Mig·rant *der;* (-en, -en) eine Person, die (aus ihrer Heimat) in ein anderes Land auswandert oder flieht H *der Migrant; den, dem, des Migranten* • hierzu **Mig·ran·tin** *die*

Mig·ra·ti·on [-'tsjo:n] *die;* (-, -en) der Vorgang, (aus der Heimat) in ein anderes Land auszuwandern oder zu fliehen

Mig·ra·ti·ons·hin·ter·grund [-'tsjo:ns-] *der* Menschen, die eingewandert sind, und ihre Kinder haben einen Migrationshintergrund ⟨Personen mit Migrationshintergrund⟩

Mik·ro *das;* (-s, -s); *gesprochen* ≈ *Mikrofon*

Mik·ro- *im Substantiv, betont, begrenzt produktiv* **der Mikrocomputer, der Mikrokosmos, der Mikroprozessor** *und andere* sehr klein (oder kleiner als normal) ↔ *Makro-* | *mit Mikrowellen das Essen erhitzen* | *Zahnpasta und Duschgels wird oft Mikroplastik zugesetzt*

Mik·ro·be *die;* (-, -n) ein Lebewesen, das nur aus einer Zelle besteht ≈ *Einzeller*

Mik·ro·bio·lo·gie *die; nur Singular* die Wissenschaft, die sich mit sehr kleinen Lebewesen (z. B. mit Bakterien) beschäftigt • hierzu **Mik·ro·bio·lo·ge** *der;* **Mik·ro·bio·lo·gin** *die*

Mik·ro·fa·ser *die* eine sehr dünne, weiche Faser, aus der z. B. Putztücher, Sport- und Regenkleidung hergestellt werden

Mik·ro·film *der* ein langer Streifen Film mit Aufnahmen in sehr kleiner Form, meist von Dokumenten

★ **Mik·ro·fon** [-f-] *das;* (-s, -e) z. B. im Radio und Fernsehen benutzt man Mikrofone, damit Stimmen lauter zu hören sind und aufgenommen werden können ⟨ins Mikrofon sprechen, singen⟩

Mik·ro·or·ga·nis·mus *der; meist Plural* ein sehr kleines Lebewesen, das man nur mit dem Mikroskop sehen kann | *Bakterien und Viren sind Mikroorganismen*

Mik·ro·phon [-f-] *das* → Mikrofon

Mik·ro·skop *das;* (-s, -e) ein Gerät, das kleine Dinge optisch größer macht, damit man sie untersuchen kann ⟨ins Mikroskop schauen; etwas unter dem Mikroskop untersuchen⟩ K Elektronenmikroskop

mik·ro·sko·pisch ADJEKTIV *meist attributiv* **1** mit einem Mikroskop ⟨eine Analyse; etwas mikroskopisch untersuchen⟩ **2** so klein, dass man es nur mit einem Mikroskop sehen kann ⟨Lebewesen, Partikel; mikroskopisch klein⟩

Mik·ro·wel·len|herd *der* ein Gerät, mit dem man das Essen sehr schnell heiß (und gar) machen kann

Mil·be *die;* (-, -n) Milben sind eine Art sehr kleiner Spinnen. Manche Menschen haben eine Allergie gegen Milben K Hausstaubmilbe

★ **Milch** *die;* (-) **1** die weiße Flüssigkeit, die Babys und sehr junge Tiere bei ihrer Mutter trinken ⟨Milch haben, saugen, trinken⟩ K Muttermilch **2** die Milch von Kühen, Ziegen und Schafen, die man trinkt und aus der man Butter, Käse o. Ä. macht ⟨frische, warme, saure, kondensierte, entrahmte, pasteurisierte, homogenisierte, entfettete, fettarme Milch; Milch geben⟩ K Milchkuh, Milchflasche, Milchkanne, Milchkännchen, Milchbrei, Milchmixgetränk, Milchreis, Milchshake; Kuhmilch, Frischmilch, Vollmilch, Magermilch, Buttermilch H zu *Milchkännchen* → Abb. unter **Frühstück** **3** eine weiße Flüssigkeit von manchen Pflanzen (z. B. bei der Kokosnuss und beim Löwenzahn) K Kokosmilch **4** eine weiße, flüssige Creme, die man auf die Haut tut K Gesichtsmilch, Hautmilch, Reinigungsmilch, Sonnenmilch

Milch·bar *die* ein Lokal, in dem man vor allem Eis und Getränke aus Milch bekommt

Milch·drü·se *die* die Drüse in der Brust einer Frau oder eines weiblichen Säugetiers, die Milch produziert

Milch·fla·sche *die* **1** die Flasche, in der man Milch verkauft **2** eine Flasche, mit der man einem Baby Milch gibt

Milch·ge·sicht *das; meist abwertend* **1** ein sehr blasses (kindliches) Gesicht **2** ein blasser schwacher junger Mann

Milch·glas *das* **1** ein Glas, aus dem man Milch trinkt **2** ein trübes Fensterglas, durch das man nichts Genaues erkennen kann K Milchglasscheibe

mil·chig ADJEKTIV weiß und trüb wie Milch ⟨eine Flüssigkeit, ein Glas⟩

Milch·kaf·fee *der* ein Kaffee, der mit viel Milch gemischt ist

Milch·mäd·chen|rech·nung *die; meist Singular; gesprochen* eine Annahme oder Erwartung, die sehr unrealistisch ist (weil sie von falschen und naiven Voraussetzungen ausgeht)

Milch·pro·duk·te *die; Plural* alles, was aus Milch gemacht ist, z. B. Butter, Käse, Joghurt

Milch·pul·ver *das* ≈ *Trockenmilch*

Milch·säu·re *die; meist Singular* eine Säure, die man in saurer Milch findet K Milchsäurebakterien

Milch·scho·ko·la·de *die* eine hellbraune Schokolade, die mit viel Milch gemacht wird

Milch·stra·ße *die; meist Singular* ein breiter heller Streifen aus Sternen, den man in der Nacht am Himmel sieht ≈ *Galaxie*

Milch·zahn *der* einer der ersten Zähne, die Kinder haben und die sie verlieren, wenn sie etwa sechs Jahre alt sind

★ **mild, mil·de** ADJEKTIV **1** (freundlich und) voller Verständnis für andere Menschen ⟨ein Urteil, eine Strafe, ein Richter; mild urteilen, jemanden mild behandeln⟩ ≈ *gütig* ↔ *streng* **2** weder sehr kalt, noch sehr heiß ⟨das Klima, das Wetter, ein Abend⟩ ↔ *rau* **3** nicht sehr intensiv und deshalb angenehm ⟨ein Licht⟩ ≈ *gedämpft* ↔ *grell* **4** nicht sehr intensiv im Geschmack ⟨ein Käse, eine Zigarre; etwas mild würzen⟩ ↔ *scharf* **5** so, dass es der Haut nicht schadet ⟨eine Seife, eine Creme⟩ • zu (1) **Mil·de** *die*

mil·dern VERB (milderte, hat gemildert) **1** **etwas mildern** etwas so verändern, dass es weniger schlimm und deshalb leichter zu ertragen ist ⟨jemandes Leid, jemandes Not, jemandes Schmerzen, eine Strafe, ein Urteil mildern⟩ **2** **etwas mildert sich** etwas wird schwächer ⟨Zorn, Wut, Schmerzen⟩ • hierzu **Mil·de·rung** *die*

mild·tä·tig ADJEKTIV; *geschrieben* gut und großzügig zu Menschen, die Hilfe brauchen • hierzu **Mild·tä·tig·keit** *die*

★ **Mi·li·eu** [mi'li̯øː] *das;* (-s, -s) **1** alles, was für die Entwicklung eines Menschen wichtig ist, vor allem die Familie, Freunde, Arbeitskollegen und die gesellschaftliche Umgebung ⟨das soziale, häusliche Milieu; in einem schlechten Milieu aufwachsen; aus einem ärmlichen Milieu stammen⟩ ≈ *Umwelt* K Milieuwechsel, milieugeschädigt; Arbeitermilieu, Hafenmilieu **2** die Umgebung, in der ein Tier oder eine Pflanze lebt ⟨ein saures, alkalisches Milieu⟩ **3** *besonders* CH das Milieu in Stadtteilen, in denen es relativ viel Prostitution gibt

mi·li·tant ADJEKTIV (militanter, militantest-) entschlossen und bereit, für ein (meist politisches) Ziel zu kämpfen (indem man z. B. demonstriert und dabei auch Gewalt anwendet) ⟨eine Organisation, Anhänger, Gegner⟩ | *Militante Oppositionelle besetzten das Rathaus*

★ **Mi·li·tär**[1] *das;* (-s) **1** alle Soldaten eines Landes ⟨beim Militär sein; das Militär einsetzen⟩ ≈ *Armee* K Militärakademie, Militärarzt, Militärbündnis, Militärdiktatur, Militärflugzeug, Militärjunta, Militärmusik, Militärpolizei, Militärputsch, Militärstützpunkt **2** **zum Militär gehen** für eine bestimmte Zeit Soldat sein K Militärdienst, Militärzeit

Mi·li·tär[2] *der;* (-s, -s) eine Person, die beim Militär einen hohen Rang hat

★ **mi·li·tä·risch** ADJEKTIV **1** in Bezug auf das Militär ⟨Einrichtungen, Stützpunkte, eine Intervention⟩ ↔ *zivil* **2** ⟨die Disziplin, die Ordnung⟩ so, dass sie den Prinzipien folgen, die im Militär gelten | *In diesem Internat herrscht militärische Disziplin*

Mi·li·ta·ris·mus *der;* (-) die Einstellung, dass ein Land die eigenen Ziele nur mit einer starken Armee erreichen könne, und die Konsequenzen dieser Einstellung • hierzu **Mi·li·ta·rist** *der;* **mi·li·ta·ris·tisch** ADJEKTIV

Mi·liz *die;* (-, -en) **1** eine Polizei, die nach militärischen Prinzipien organisiert ist K Volksmiliz **2** eine Armee nicht aus Soldaten, sondern aus normalen Bürgern mit Waffen | *die Schweizer Miliz* K Milizheer, Milizsoldat

milkt *Präsens, 3. Person Singular; veraltend* → melken

Mill. **1** Abkürzung für *Million* **2** Abkürzung für *Millionen*

Mil·le *das;* (-, -); *historisch, gesprochen* tausend (Euro) | *Gib mir 5 Mille, dann gehört das Boot dir*

Mil·li- *im Substantiv vor Maßeinheiten, betont, nicht produktiv* **das Millibar, das Milligramm, der Milliliter** *und andere* der tausendste Teil der genannten Einheit (1/1000) | *fünf Millimeter abmessen*

Mil·li·ar·där *der;* (-s, -e) eine Person, die Dinge und Geld im Wert von mindestens einer Milliarde hat

★ **Mil·li·ar·de** *die;* (-, -n) tausend Millionen (1 000 000 000) ▪ Abkürzung: *Md.* oder *Mrd.*

Mil·li·ar·den- *im Substantiv, betont, begrenzt produktiv* **der Milliardenbetrag, das Milliardengeschäft, der Milliardenschaden, der Milliardenumsatz** *und andere* mindestens eine Milliarde groß | *Der Konzern hat ein Milliardendefizit eingefahren*

Mil·li·ar·den·hö·he *die* ■ ID **in Milliardenhöhe** von (mehr als) einer Milliarde Euro, Franken o. Ä. | *Das Feuer verursachte einen Schaden in Milliardenhöhe*

Mil·li·me·ter, Mil·li·me·ter *der* die kleinste Maßeinheit, die auf einem Lineal, Maßband o. Ä. angegeben ist. Ein Meter hat tausend Millimeter ▪ Abkürzung: *mm*

mil·li·me·ter·ge·nau ADJEKTIV ganz genau | *die millimetergenaue Zeichnung eines Grundrisses*

★ **Mil·li·on** *die;* (-, -en) **1** tausend mal tausend (1 000 000) | *Österreich hat über 7 Millionen Einwohner* ▪ Abkürzung: *Mill.* oder *Mio.* **2** **Millionen** +*Genitiv;* **Millionen von Personen/Dingen** eine riesige Anzahl oder Summe von Personen/Dingen ⟨Millionen von Menschen, Autos; Millionen toter Fische⟩ **3** **etwas geht in die Millionen** etwas ist größer als eine Million | *Der Schaden geht in die Millionen*

Mil·li·o·när *der;* (-s, -e) eine Person, die Dinge und Geld im Wert von mindestens einer Million hat

Mil·li·o·nen- *im Substantiv, betont, begrenzt produktiv* **der Millionenbetrag, das Millionendefizit, das Millionengeschäft, die Millionenstadt** *und andere* mindestens eine Million groß | *Der Brand hat einen Millionenschaden verursacht*

Mil·li·o·nen·ding *das; gesprochen* eine Aktion (ein Geschäft, Betrug o. Ä.), bei der es um mehr als eine Million Euro o. Ä. geht

Mil·li·o·nen·hö·he *die* ■ ID **in Millionenhöhe** von (mehr als) einer Million Euro, Franken o. Ä. | *Das Feuer verursachte einen Schaden in Millionenhöhe*

mil·li·o·nen·schwer ADJEKTIV; *gesprochen* mit Geld oder Besitz im Wert von (mehr als) einer Million | *ein millionenschwerer Industrieller*

mil·li·ons·t- ADJEKTIV **1** in einer Reihenfolge an der Stelle 1 000 000 ≈ *1 000 000.* **2** **der millionste Teil (von etwas)** ≈ 1/1000000

mil·li·ons·tel ADJEKTIV *meist attributiv; nur in dieser Form* 1/1000000

Mil·li·ons·tel *das;* (-s, -) 1/1000000

Milz *die;* (-, -en) ein Organ in der Nähe des Magens (das weiße Blutkörperchen produziert)

Mi·me *der;* (-n, -n); *geschrieben* ≈ *Schauspieler* ▪ *der Mime; den, dem, des Mimen*

mi·men VERB (mimte, hat gemimt) **1** **etwas mimen** *abwertend* so tun, als ob man ein Gefühl oder eine Eigenschaft hätte ⟨Herzlichkeit, Zuverlässigkeit mimen⟩ ≈ *vortäuschen* **2** **jemanden/etwas mimen** als (oder wie ein) Schauspieler eine Rolle spielen

Mi·mik *die;* (-) die Bewegungen im Gesicht einer Person, wenn diese spricht, lacht, traurig ist usw. ⟨eine lebhafte, feine, sprechende Mimik haben⟩ • hierzu **mi·misch** ADJEKTIV

Mi·mo·se *die;* (-, -n) **1** ein tropischer Baum oder Strauch mit kleinen, runden, gelben Blüten. Manche Mimosen ziehen ihre Blätter zusammen, wenn man sie berührt **2** *abwertend* eine Person, deren Gefühle man leicht verletzen kann • zu (2) **mi·mo·sen·haft** ADJEKTIV; zu

(2) **Mi·mo·sen·haf·tig·keit** *die*

min·der ■ ADJEKTIV *meist attributiv* **1** relativ schlecht ⟨von minderer Qualität⟩ **2** nicht sehr groß oder wichtig ⟨von minderer Bedeutung⟩
■ ADVERB **3** ≈ *weniger* | *Das ist nicht minder wichtig als anderes* K minderbegabt **4** **mehr oder minder** → mehr

min·der·be·mit·telt ADJEKTIV **1** **(geistig) minderbemittelt** *gesprochen, abwertend* nicht sehr intelligent ≈ *dumm* **2** arm

★ **Min·der·heit** *die*; (-, -en) **1** *nur Singular* der kleinere Teil einer Gruppe ⟨in der Minderheit sein⟩ ↔ *Mehrheit* **2** eine kleine Gruppe von Menschen in einem Staat, die sich von den meisten Menschen (in ihrer Hautfarbe, Kultur, Religion o. Ä.) unterscheidet ⟨eine soziale, religiöse, sprachliche Minderheit⟩ K Minderheitenrecht

Min·der·heits·re·gie·rung *die* eine Regierung, die im Parlament keine Mehrheit hat (und daher die Unterstützung der Opposition braucht)

min·der·jäh·rig ADJEKTIV wer minderjährig ist, ist noch nicht alt genug, um vor dem Gesetz als Erwachsener zu gelten ↔ *volljährig* • hierzu **Min·der·jäh·rig·keit** *die*; **Min·der·jäh·ri·ge** *der/die*

min·dern VERB (minderte, hat gemindert) **1** **etwas mindern** bewirken, dass etwas geringer, kleiner, weniger wird ⟨die Lautstärke, das Tempo mindern; den Wert einer Sache mindern; sein Ansehen mindern⟩ ≈ *reduzieren* **2** **etwas mindert sich** etwas wird geringer, kleiner, weniger • hierzu **Min·de·rung** *die*

min·der·wer·tig ADJEKTIV **1** von schlechter Qualität ⟨Obst, Fleisch, Papier⟩ ↔ *hochwertig* **2** **sich minderwertig fühlen** das Gefühl haben, nicht so gut zu sein wie andere Leute • zu (1) **Min·der·wer·tig·keit** *die*; zu (2) **Min·der·wer·tig·keits|ge·fühl** *das*

Min·der·wer·tig·keits|kom·plex *der* das Gefühl, weniger intelligent, weniger hübsch, weniger gut usw. als andere Leute zu sein ⟨einen Minderwertigkeitskomplex haben; an einem Minderwertigkeitskomplex leiden⟩

Min·der·zahl *die*; *meist Singular* **Personen sind in der Minderzahl** eine Gruppe von Personen ist kleiner als eine andere Gruppe

min·des·t- ADJEKTIV **1** *nur attributiv* verwendet, um zu sagen, dass von etwas nur ganz wenig da ist | *Er war wütend ohne den mindesten Grund* | *Ich habe nicht die mindeste Ahnung von Mathematik* H meist verneint **2** **das Mindeste/mindeste** das wenigste | *Das ist doch das Mindeste, was man von dir erwarten kann!* **3** **nicht das Mindeste/mindeste** überhaupt nichts | *Davon verstehe ich nicht das Mindeste* **4** **nicht im Mindesten/mindesten** überhaupt nicht | *Ich habe nicht im Mindesten daran gedacht, ihn einzuladen* **5** **zum Mindesten/mindesten** ≈ *wenigstens, mindestens*

Min·dest- *im Substantiv, betont, begrenzt produktiv* **das Mindestalter, der Mindestbeitrag, der Mindestlohn, das Mindestmaß** *und andere* die Anzahl oder die Menge, die etwas mindestens haben muss ↔ *Höchst-* | *die Mindeststrafe für Betrug*

★ **min·des·tens** PARTIKEL *betont und unbetont* **1** *vor einer Zahl* nicht weniger, sondern mehr als (die Zahl angibt) | *Er ist mindestens 1,85 Meter groß und wiegt mindestens 100 kg* | *Mindestens 60.000 Zuschauer waren im Stadion* **2** verwendet, um zu sagen, dass etwas das Minimum ist, was man erwarten kann | *Du hättest mindestens anrufen müssen, wenn du schon nicht kommen konntest*

Min·dest·halt·bar·keits|da·tum *das* das Datum, bis zu dem Lebensmittel o. Ä. mindestens haltbar sind

Mi·ne *die*; (-, -n)
▸unter der Erde: **1** eine Anlage unter der Erde, in der man Stoffe wie z. B. Gold, Diamanten, Kupfer gewinnt ⟨in einer Mine arbeiten; eine Mine stilllegen, schließen⟩ ≈ *Bergwerk* **2** einer der Gänge unter der Erde in einer Mine ⟨eine Mine stürzt ein, eine Mine graben⟩ ≈ *Stollen* K Minenarbeiter; Goldmine, Kupfermine, Silbermine H Wird Kohle gewonnen, spricht man meist von *Zeche* oder *Grube*, wird Gold oder Silber gewonnen, spricht man von *Mine*, bei Salz und Eisenerz spricht man von *Bergwerk*.
▸zum Schreiben: **3** ein dünner Stab in einem Bleistift oder Kugelschreiber, aus welchem die Farbe kommt ⟨eine neue, rote, blaue Mine einsetzen; die Mine abbrechen, auswechseln⟩ K Bleistiftmine, Kugelschreibermine
▸als Waffe: **4** eine Bombe, die man in den Boden oder unter Wasser legt, wo sie explodiert, wenn sie berührt wird ⟨eine Mine detoniert, explodiert; Minen legen, suchen, entschärfen; auf eine Mine treten, fahren⟩ K Minenfeld, Minensuchboot; Landmine, Seemine

★ **Mi·ne·ral** *das*; (-s, -e/Mi·ne·ra·li·en [-i̯ən]) **1** ein fester Stoff (wie z. B. Salz oder Diamanten), der in der Erde gebildet wurde **2** *nur Plural* Salze (meist in Wasser gelöst), von denen ein Bestandteil ein Mineral ist (wie z. B. Natrium oder Kalium) | *Dieses Getränk enthält sieben wichtige Mineralien* K Mineralmangel, Mineralsalze, Mineralstoffe • hierzu **mi·ne·ral·hal·tig** ADJEKTIV

mi·ne·ra·lisch ADJEKTIV aus oder mit Mineralien ⟨Substanzen, Stoffe⟩

Mi·ne·ral·öl *das* Öl, das aus der Erde gewonnen wird ≈ *Erdöl*

★ **Mi·ne·ral·was·ser** *das* Wasser aus einer Quelle, das viele Mineralien enthält ⟨ein Mineralwasser bestellen⟩

Mi·ni *der*; (-s, -s); *gesprochen* ≈ *Minirock*

Mi·ni- *im Substantiv, betont, begrenzt produktiv* **1** **die Minieisenbahn, das Miniformat, der Minipreis, der Ministaat** *und andere* im Vergleich zu etwas anderem (von derselben Art) sehr klein | *mit einer Minikamera fotografieren* **2** **das Minikleid, die Minimode** *und andere* so kurz, dass nur ein kleiner Teil der Oberschenkel bedeckt ist ↔ *Maxi-* | *Sie trägt einen superengen Minirock*

Mi·ni·a·tur *die*; (-, -en) **1** ein (verziertes) Bild oder eine Zeichnung in einem alten Text **2** ein Bild, meist ein Porträt, in sehr kleinem Format K Miniaturmalerei

Mi·ni·a·tur- *im Substantiv, betont, begrenzt produktiv* **das Miniaturbild, die Miniatureisenbahn** *und andere* in sehr kleinem Format | *die Miniaturausgabe des Buches*

Mi·ni·car [-kaːɐ̯] *der*; (-s, -s) eine Art Taxi, das nicht an Taxiständen steht, sondern telefonisch bestellt werden muss

Mi·ni·golf *das* ein Spiel mit Bahnen aus Beton mit verschiedenen Hindernissen; man versucht, mit einem Schläger einen kleinen Ball in ein Loch zu treffen K Minigolfplatz, Minigolfschläger

Mi·ni·job *der* eine Arbeit, die man nur wenige Stunden im Monat ausübt und bei der man höchstens eine vorgeschriebene Summe verdienen darf

★ **mi·ni·mal** ADJEKTIV **1** so klein, dass es nicht wichtig ist oder dass man es kaum erkennen kann ⟨ein Vorsprung, Unterschiede, Temperaturschwankungen⟩ **2** so, dass es nicht mehr kleiner oder weniger sein könnte ⟨ein Aufwand, Kosten⟩ ↔ *maximal* | *die Verschmutzung der Luft minimal halten* K Minimalforderung, Minimalprogramm

mi·ni·mal·in·va·siv ADJEKTIV so, dass bei einer Operation nur ein sehr kleiner Schnitt gemacht wird ⟨ein Eingriff, eine Operation, ein Verfahren⟩

Mi·ni·ma·list *der*; (-en, -en) eine Person, die nur das macht, was absolut notwendig ist H *der Minimalist; den, dem, des Minimalisten*

★ **Mi·ni·mum** *das*; (-s, Mi·ni·ma) **ein Minimum (an etwas** (*Dativ*)) die kleinste Anzahl oder Menge einer Sache, die mög-

M

lich oder notwendig ist oder die akzeptiert werden kann ⟨etwas auf ein Minimum reduzieren; ein Minimum an Leistung, Aufwand⟩ ≈ *Mindestmaß* ↔ *Maximum*

Mi·ni·rock *der* ein sehr kurzer Rock

★ **Mi·nis·ter** *der*; (-s, -) eine Person, die als Mitglied der Regierung ein Ministerium leitet ⟨jemanden zum Minister ernennen; einen Minister entlassen⟩ **K** Außenminister, Finanzminister, Innenminister, Justizminister, Verteidigungsminister, Wirtschaftsminister **i** zu *Ministerin* → Info im Eintrag **-in** ● hierzu **Mi·nis·te·rin** *die*

★ **Mi·nis·te·ri·um** *das*; (-s, Mi·nis·te·ri·en [-i̯ən]) eine der höchsten Behörden in einem Staat, die für einen Bereich der Verwaltung verantwortlich ist | *das Ministerium für Wissenschaft und Forschung* | *ein Sprecher des Ministeriums* **K** Außenministerium, Finanzministerium, Innenministerium, Justizministerium, Verteidigungsministerium, Wirtschaftsministerium

★ **Mi·nis·ter·prä·si·dent** *der* **1** der Chef der Regierung in vielen Bundesländern Deutschlands **2** Ⓓ verwendet als Bezeichnung für den Chef der Regierung in manchen Staaten (auch wenn er offiziell anders heißt)

Mi·nist·rant *der*; (-en, -en) ein Kind, welches dem Priester bei der Messe hilft **i** *der Ministrant; den, dem, des Ministranten* ● hierzu **Mi·nist·ran·tin** *die*

Min·na *die*; (-, -s); *gesprochen veraltet* ≈ *Dienstmädchen* ■ **ID** **jemanden zur Minna machen** *gesprochen* jemanden sehr streng kritisieren

Min·ne·sang *der*; (-s); *historisch* die Liebeslieder, die im Mittelalter an den Höfen der Fürsten und Könige gesungen wurden ● hierzu **Min·ne·sän·ger** *der*

★ **mi·nus** ■ BINDEWORT **1** das Zeichen –, das eine Subtraktion anzeigt ↔ *plus* | *drei minus zwei ist (gleich) eins* (3 – 2 = 1) **K** Minuszeichen

■ PRÄPOSITION (*mit Genitiv*) **2** drückt aus, dass der Betrag der genannten Sache abgezogen wird | *Die Rechnung beträgt 700 Euro minus (der) Steuern* **i** meist ohne Artikel und ohne Genitivendung verwendet: *minus Trinkgeld*

■ ADVERB **3** verwendet, um Temperaturen unter null Grad zu bezeichnen | *In der Nacht hatte es fünf Grad minus* **4** so, dass die genannte Note gerade noch erreicht wurde | *Sie hat in der Prüfung die Note „zwei minus" bekommen* **5** verwendet für Zahlen, die kleiner als null sind | *10 weniger 13 ist minus 3* (10 – 13 = –3)

Mi·nus *das*; (-) **1** ein Geldbetrag, der auf einem Konto, bei einer Abrechnung o. Ä. fehlt | *ein Minus von zehn Euro* **2** **im Minus sein** Schulden haben **3** **ein Minus machen** weniger Geld einnehmen, als man ausgegeben hat ≈ *Verlust* | *Bei dem Konzert machte der Veranstalter ein ziemliches Minus*

Mi·nus·pol *der* der Pol (z. B. einer Batterie) mit negativer elektrischer Ladung ↔ *Pluspol*

Mi·nus·punkt *der* **1** ein Punkt, der bei der Bewertung einer Leistung (z. B. bei Prüfungen, beim Turnen) von der Höchstzahl der Punkte abgezogen wird ↔ *Pluspunkt* **2** *meist Plural* die Punkte, mit denen ein verlorenes Fußballspiel bewertet wird

★ **Mi·nu·te** *die*; (-, -n) **1** einer der 60 Teile einer Stunde; ⟨eine halbe, ganze, knappe, volle Minute⟩ | *Es ist fünf Minuten vor/nach elf (Uhr)* | *zehn Minuten zu spät kommen* **K** Minutenzeiger, minutenlang; Gedenkminute, Schweigeminute, Spielminute **i** Abkürzung: *Min.* oder *min.* **2** eine kurze Zeit ⟨eine Minute Zeit haben; keine ruhige Minute haben; jede freie Minute zu etwas nutzen⟩ ≈ *Moment* | *Warte noch eine Minute, dann können wir gehen* | *Hätten Sie eine Minute Zeit für mich? Ich würde Sie gern sprechen* **3** **in letzter Minute**; **in der letzten Minute** so kurz vor einem festgesetzten Zeitpunkt, dass es fast schon zu spät ist | *Er liefert seine Arbeiten immer in letzter Minute ab* **4** **bis zur letzten Minute** bis zum letztmöglichen Zeitpunkt | *Sie wartet mit dem Kofferpacken immer bis zur letzten Minute* **5** einer der 60 Teile des Grades in einem Winkel | *ein Winkel von 41 Grad 12 Minuten* **K** Winkelminute **6** **auf die Minute (genau)** *gesprochen* zu der beschlossenen oder verabredeten Zeit ≈ *pünktlich* ■ **ID** **Es ist fünf Minuten vor zwölf** Wenn man jetzt nichts tut, wird es zu spät sein

-mi·nü·tig *im Adjektiv nach einer Zahl, unbetont, begrenzt produktiv* **zweiminütig, achtmenütig, mehrminütig** *und andere* so viele Minuten dauernd, wie die Zahl angibt | *ein zehnminütiges Gespräch*

mi·nüt·lich ADJEKTIV *meist attributiv* so, dass es jede Minute einmal passiert

mi·nu·zi·ös ADJEKTIV (minuziöser, minuziösest-); *geschrieben* so genau, dass jedes Detail beachtet wird ⟨eine Arbeit; etwas minuziös analysieren⟩

Min·ze *die*; (-, -n) eine kleine Pflanze, deren Blätter ein starkes Aroma haben ≈ *Pfefferminze*

Mio. **1** Abkürzung für *Million* **2** Abkürzung für *Millionen*

★ **mir** PRONOMEN *1. Person Singular (ich), Dativ* | *Bitte gib mir noch ein wenig Zeit* | *So eine schöne Überraschung lasse ich mir gefallen* **i** → Tabellen unter **ich** und **sich**

Mi·ra·bel·le *die*; (-, -n) eine kleine gelbe Frucht, die süß schmeckt und einer Pflaume ähnlich ist

Misch·bat·te·rie *die* ein Wasserhahn, den man so einstellen kann, dass das Wasser mit der gewünschten Temperatur herauskommt

Misch·brot *das* ein Brot, das aus einer Mischung von Roggen- und Weizenmehl gebacken wird

Misch·ehe *die veraltend* eine Ehe, in welcher die beiden Partner verschiedene Religionen, Nationalitäten oder Hautfarbe haben

★ **mi·schen** VERB (mischte, hat gemischt) **1** **etwas (mit etwas) mischen** wenn man Dinge mischt, bringt man sie ohne Ordnung zusammen und kann sie nicht mehr leicht trennen ⟨Farben, den Salat, Wasser mit Wein mischen⟩ **K** Mischfutter, Mischkost **2** **etwas mischen** etwas durch mischen herstellen ⟨eine Arznei, einen Cocktail, Gift mischen⟩ **K** Mischgetränk **3** **etwas in/unter etwas** (*Akkusativ*) **mischen** eine kleine Menge einer Sache zu etwas anderem geben | *Salz in/unter den Teig mischen* **4** **(etwas) mischen** eine Reihenfolge so verändern, dass keine Ordnung besteht ⟨Karten, Lose⟩ **5** **etwas mischt sich mit etwas** etwas kommt so mit etwas zusammen, dass man die einzelnen Teile nicht mehr leicht trennen kann | *Wasser und Wein mischen sich gut, Wasser und Öl dagegen überhaupt nicht* | *In ihrer Erinnerung mischten sich Wirklichkeit und Traum* **6** **sich unter die Menge/das Volk/die Zuschauer mischen** in eine Menschenmenge gehen (meist um unauffällig zu sein) **7** **sich in etwas** (*Akkusativ*) **mischen** sich an etwas beteiligen, obwohl man selbst nicht betroffen ist ⟨sich in eine Diskussion, in einen Streit mischen⟩ ≈ *einmischen*

Misch·ling *der*; (-s, -e) **1** eine Person, deren Eltern verschiedene Hautfarbe haben **i** von vielen als rassistischer Ausdruck empfunden **2** ein Tier (vor allem ein Hund), dessen Elterntiere zu verschiedenen Rassen gehören

Misch·masch *der*; (-(e)s, -e); *meist Singular; gesprochen, oft abwertend* etwas, das aus verschiedenen Dingen besteht, die nicht zueinanderpassen | *Seit er in Amerika lebt, spricht er einen Mischmasch aus Deutsch und Englisch*

Misch·ma·schi·ne *die* eine Maschine, die man auf Baustellen verwendet, um Sand, Zement, Wasser o. Ä. zu mischen **K** Betonmischmaschine

Misch·pult *das* ein Gerät, mit dem man z. B. bei einem

Konzert den Klang und die Lautstärke der verschiedenen Stimmen und Instrumente regelt

★ **Mi·schung** *die*; (-, -en) **1** **eine Mischung (aus/von etwas)** etwas, in dem verschiedene Dinge vorkommen ⟨eine gelungene, bunte Mischung; eine Mischung aus verschiedenen Bonbons, Kaffees; eine Mischung von alten Schlagern, von Gefühlen; eine Mischung aus Wut und Trauer⟩ K Gewürzmischung, Kaffeemischung **2** **eine Mischung (aus etwas)** etwas, das zwei verschiedenen Dingen ähnlich, aber weder genau das eine noch genau das andere ist | *Seine Musik ist eine Mischung aus Rock und Jazz* **3** *selten meist Singular* das Mischen von verschiedenen Dingen

Misch·wald *der* ein Wald mit Nadel- und Laubbäumen

mi·se·ra·bel ADJEKTIV (miserabler, miserabelst-) **1** *abwertend* so schlecht, dass man sich darüber ärgert ⟨ein Vortrag, eine Leistung, ein Wein, ein Wetter⟩ | *Das war ein miserabler Film!* | *Es gab ein äußerst miserables Essen* ℹ *miserabel → miserables Wetter* **2** sehr schlecht oder krank ⟨sich miserabel fühlen; jemandem ist miserabel zumute; es geht jemandem (gesundheitlich/wirtschaftlich) miserabel⟩ ≈ *elend* **3** *abwertend* moralisch schlecht, z. B. faul, gemein, rücksichtslos o. Ä. ⟨ein Charakter, ein Benehmen⟩

Mi·se·re *die*; (-, -n) eine sehr schwierige Situation ⟨eine wirtschaftliche, finanzielle Misere; eine Misere überwinden⟩ ≈ *Notlage*

Miss *die*; (-, Mis·ses) der Titel für eine Frau, die aus einer Gruppe als Schönste (ihres Landes) gewählt wurde | *die neue Miss Germany* | *Miss World* K Misswahl

miss-[1] *im Adjektiv, betont, nicht produktiv* **missgelaunt, missgestimmt, misstönend, missverständlich** *und andere* schlecht oder mit Fehlern | *ein missgebildetes/missgestaltetes Kalb* (ein Kalb mit Missbildungen)

miss-[2] *(im Verb, unbetont, nicht trennbar, nicht produktiv; Diese Verben werden so gebildet:* missachten, missachtete, missachtet) **1** **etwas missbilligen; etwas missglückt (jemandem); jemandem etwas missgönnen** *und andere* bezeichnet das Gegenteil der genannten Handlung, des genannten Vorgangs | *Sie misstraute seinen freundlichen Worten* (Sie glaubte nicht, dass seine Freundlichkeit ehrlich war) ℹ Die Vorsilben *be-* und *ge-* des Verbs fallen dabei weg: *ein Kind misshandeln* (= schlecht behandeln, quälen), *ein Kuchen misslingt/missrät* (= er gelingt nicht, gerät nicht gut). **2** **etwas missdeuten; jemanden/etwas missverstehen** *und andere* drückt aus, dass eine Handlung nicht so ist, wie sie sein soll | *Er missbrauchte ihr Vertrauen und betrog sie* (Er benutzte ihr Vertrauen zu ihm dazu, sie zu betrügen)

Miss- *im Substantiv, betont, begrenzt produktiv* **1** **der Misserfolg, die Missgunst, das Missvergnügen** *und andere* verwendet, um das Gegenteil einer Sache zu bezeichnen | *die Missachtung der Vorfahrt* **2** **die Missernte, der Missklang, die Missstimmung, die Misswirtschaft** *und andere* drückt aus, dass eine Sache nicht so ist, wie sie sein sollte | *das Missverhältnis zwischen Angebot und Nachfrage*

★ **miss·ach·ten** VERB (missachtete, hat missachtet) **1** **etwas missachten** (mit Absicht) anders handeln, als es durch Regeln bestimmt ist ⟨ein Gesetz, eine Verkehrsregel missachten; die Vorfahrt missachten⟩ **2** **jemanden/etwas missachten** eine Person oder Sache nicht achten oder ihr nicht genügend Aufmerksamkeit geben • hierzu **Miss·ach·tung** *die*

Miss·bil·dung *die* ein Körperteil, der nicht die normale, gesunde Gestalt hat

miss·bil·li·gen VERB (missbilligte, hat missbilligt) **etwas missbilligen** etwas nicht gut finden und es auch sagen | *Sie sah ihn missbilligend an* • hierzu **Miss·bil·li·gung** *die*

★ **Miss·brauch** *der*; *meist Singular* **1** der falsche oder nicht erlaubte Gebrauch ⟨der Missbrauch von Medikamenten, eines Amtes, der Macht⟩ K Medikamentenmissbrauch, Amtsmissbrauch, Machtmissbrauch **2** **sexueller Missbrauch** ein Verbrechen, bei der ein Erwachsener ein Kind oder ein Mann eine Frau zum Sex zwingt

miss·brau·chen VERB (missbrauchte, hat missbraucht) **1** **etwas missbrauchen** etwas nicht für den eigentlichen Zweck verwenden, sondern so, dass die Folgen schlecht oder schädlich sind ⟨Rechte missbrauchen; Alkohol, Tabletten missbrauchen⟩ | *Er hat sein Amt missbraucht, um sich zu bereichern* **2** **jemanden missbrauchen** jemanden zum Sex zwingen ⟨ein Kind, eine Frau (sexuell) missbrauchen⟩

miss·bräuch·lich ADJEKTIV *meist attributiv* nicht so wie vorgesehen, vorgeschrieben oder erwartet | *die missbräuchliche Verwendung von Medikamenten*

miss·deu·ten VERB (missdeutete, hat missdeutet) **etwas missdeuten** etwas falsch verstehen | *Seine Absichten wurden missdeutet* • hierzu **Miss·deu·tung** *die*

mis·sen VERB ■ ID **jemanden/etwas nicht missen wollen/können/mögen** ohne jemanden/etwas nicht sein wollen/können/mögen | *Obwohl ich mich oft einsam fühlte, möchte ich die Erfahrungen nicht missen, die ich während meines Aufenthaltes im Ausland machte*

★ **Miss·er·folg** *der* ein schlechtes Ergebnis für jemanden ⟨einen Misserfolg haben, erleben, wettmachen; etwas ist ein Misserfolg⟩ ↔ *Erfolg*

Mis·se·tat *die*; *veraltend* eine sehr schlechte oder illegale Tat • hierzu **Mis·se·tä·ter** *der*

miss·fal·len VERB (missfällt, missfiel, hat missfallen) **jemandem missfallen** *geschrieben* jemandem nicht gefallen • hierzu **Miss·fal·len** *das*

miss·fäl·lig ADJEKTIV *meist attributiv; geschrieben* ⟨eine Äußerung⟩ so, dass sie zeigt, dass der Sprecher etwas nicht mag | *sich über jemanden/etwas missfällig äußern*

Miss·ge·burt *die* ein neugeborenes Kind oder Tier, das schwere Schäden (Missbildungen) hat

Miss·ge·schick *das* ein Ereignis, das peinlich oder ärgerlich ist und an dem man selbst schuld ist ⟨jemandem passiert, widerfährt ein Missgeschick⟩

miss·glü·cken VERB (missglückte, ist missglückt) **etwas missglückt (jemandem)** jemand hat bei etwas keinen Erfolg ⟨ein Plan, eine Arbeit⟩

miss·gön·nen VERB (missgönnte, hat missgönnt) **jemandem etwas missgönnen** nicht wollen, dass jemand etwas hat | *Er missgönnt ihr ihren Erfolg*

Miss·griff *der* eine Handlung oder Entscheidung, die falsch war ⟨einen Missgriff tun, machen⟩ ≈ *Fehler* | *Es war ein Missgriff, diesen tüchtigen Mann zu entlassen*

Miss·gunst *die*; *nur Singular* das Gefühl, dass man nicht will, dass es einer anderen Person besser geht als einem selbst ≈ *Neid* • hierzu **miss·güns·tig** ADJEKTIV

miss·han·deln VERB (misshandelte, hat misshandelt) **jemanden misshandeln** einen Menschen oder ein Tier grausam und brutal behandeln ⟨ein Kind, einen Gefangenen, einen Hund misshandeln⟩ • hierzu **Miss·hand·lung** *die*

Miss·hel·lig·kei·ten *die*; *Plural*; *geschrieben* ≈ *Unstimmigkeiten, Streit*

★ **Mis·si·on** *die*; (-, en) **1** *geschrieben* ein sehr wichtiger und ernster Auftrag ⟨eine historische, politische Mission; eine geschichtliche Mission haben, erfüllen; in geheimer Mission⟩ K Handelsmission, Militärmission **2** *geschrieben* eine Gruppe von Personen, die im Auftrag einer Firma oder einer Organisation deren politische oder wirtschaftliche Interessen vertritt ≈ *Delegation* K Missionschef **3** *nur Singular* die Verbreitung eines religiösen Glaubens (vor allem des christlichen Glaubens) in einem Land, in dem ein anderer Glaube

M

herrscht K Missionsschule, Missionsschwester, Missionsstation

Mis·si·o·nar *der;* (-s, -e) eine Person (vor allem ein Pfarrer oder Priester), welche ihren eigenen Glauben in einem Land verbreitet, in welchem die meisten Leute einen anderen Glauben haben ● hierzu **Mis·si·o·na·rin** *die*

mis·si·o·na·risch ADJEKTIV *meist attributiv* **1** in Bezug auf die Mission ⟨missionarisch tätig sein⟩ **2** → Eifer

Miss·kre·dit *der* ■ ID **jemanden/etwas in Misskredit bringen** bewirken, dass jemand/etwas den guten Ruf verliert; **in Misskredit geraten/kommen** den guten Ruf verlieren | *Durch den Skandal ist die Firma in Misskredit geraten*

miss·lang *Präteritum, 3. Person Singular* → misslingen

miss·lich ADJEKTIV nicht sehr angenehm oder erfreulich ⟨eine Lage, eine Situation, Verhältnisse⟩ ● hierzu **Miss·lich·keit** *die*

miss·lin·gen VERB (misslang, ist misslungen) **etwas misslingt (jemandem)** etwas wird nicht so, wie es jemand gewünscht oder geplant hat | *Der Versuch, ihr eine Freude zu machen, ist ihm völlig misslungen* ● hierzu **Miss·lin·gen** *das*

miss·lun·gen PARTIZIP PERFEKT → misslingen

miss·mu·tig ADJEKTIV so, dass man dabei merkt, dass sich jemand ärgert ⟨ein missmutiges Gesicht machen; missmutig aussehen⟩ ↔ *fröhlich*

miss·ra·ten[1] VERB (missrät, missriet, ist missraten) **etwas missrät (jemandem)** ≈ *misslingen* | *Der Kuchen ist mir missraten*

miss·ra·ten[2] ■ PARTIZIP PERFEKT **1** → missraten[1]
■ ADJEKTIV **2** *meist attributiv* mit einem schlechten Charakter, schlecht erzogen ⟨ein Kind⟩

Miss·stand *der;* (-(e)s, Miss·stän·de); *meist Plural* ein Zustand, in dem vieles falsch, schlecht und oft auch illegal ist ⟨auf soziale Missstände hinweisen; Missstände (in der Wirtschaft) aufdecken, beseitigen⟩

M

misst *Präsens, 3. Person Singular* → messen[1]

miss·trau·en VERB (misstraute, hat misstraut) **jemandem/etwas misstrauen** kein Vertrauen zu jemandem/in etwas haben ⟨Fremden misstrauen⟩

★ **Miss·trau·en** *das;* (-s) **Misstrauen (gegen jemanden/etwas)** der Zweifel daran, ob man jemandem/etwas vertrauen kann ⟨tiefes Misstrauen; jemandem/etwas mit Misstrauen begegnen; Misstrauen hegen, einer Person/Sache entgegenbringen⟩ ↔ *Vertrauen*

Miss·trau·ens·an·trag *der* **ein Misstrauensantrag (gegen jemanden/etwas)** ein Antrag im Parlament, mit dem jemand beweisen will, dass die Mehrheit der Abgeordneten die Regierung oder einen Minister nicht mehr unterstützt ⟨einen Misstrauensantrag einbringen⟩

Miss·trau·ens·vo·tum [-v-] *das* **1** ein Antrag, in welchem die Mitglieder des Parlaments fordern, dass die Regierung ausgewechselt wird ⟨ein Misstrauensvotum einreichen, herbeiführen⟩ **2** **ein konstruktives Misstrauensvotum** Ⓓ eine Aktion der Mehrheit der Abgeordneten im Bundestag, bei der sie sich weigern, den Bundeskanzler zu unterstützen, und bei der sie zugleich einen neuen Kandidaten für das Amt vorschlagen

★ **miss·trau·isch** ADJEKTIV **misstrauisch (gegen jemanden/etwas)** voll von Misstrauen ⟨misstrauisch sein, werden; etwas macht jemanden misstrauisch; jemanden/etwas misstrauisch beäugen⟩

Miss·ver·hält·nis *das* ein Verhältnis, das falsch ist oder als falsch angesehen wird ⟨ein krasses Missverhältnis⟩ ≈ *Diskrepanz* | *das Missverhältnis zwischen der Zahl der Männer und Frauen in der Politik*

★ **Miss·ver·ständ·nis** *das* **1** eine falsche Interpretation (die aber nicht absichtlich ist) ⟨ein Missverständnis aufklären, beseitigen; etwas führt zu Missverständnissen⟩ | *Hier liegt (wohl) ein Missverständnis vor* **2** *meist Plural* ein kleiner, nicht sehr schlimmer Streit | *Missverständnisse kommen hier immer wieder vor*

★ **miss·ver·ste·hen** VERB (missverstand, hat missverstanden) **1** **jemanden/etwas missverstehen** eine Äußerung oder eine Handlung von einer Person anders verstehen, als diese es wollte **2** **jemanden/etwas missverstehen** nicht richtig hören, was jemand gesagt hat

Mist *der;* (-(e)s) **1** eine Mischung aus Kot, Urin und Stroh, die man als Dünger verwendet K Mistgabel, Misthaufen **2** *gesprochen, abwertend* etwas, das sehr schlecht, dumm oder wertlos ist ⟨Mist machen, erzählen, reden⟩ | *So ein Mist!* | *Diese Sendung im Fernsehen war der reinste Mist* ■ ID **Verdammter Mist!** *gesprochen* ⚠ verwendet, um Wut auszudrücken; **Mist bauen** *gesprochen* (einen) Fehler machen; **Mist verzapfen** *gesprochen, abwertend* etwas Schlechtes oder Dummes erzählen; **Das ist nicht auf meinem/deinem/ihrem/seinem Mist gewachsen** *gesprochen* Das ist nicht meine/deine/ihre/seine eigene Idee gewesen

Mis·tel *die;* (-, -n) eine Pflanze, die auf Bäumen wächst, ihre Blätter auch im Winter nicht verliert und runde, weiße Früchte hat

mis·tig ADJEKTIV **1** schmutzig von Mist **2** *gesprochen, abwertend* sehr schlecht ⟨ein Wetter⟩

Mist·kä·fer *der* ein kleiner Käfer, der bunt glänzt und von Mist lebt

Mist·kerl *der; gesprochen, abwertend* verwendet als Schimpfwort für eine Person, auf die man wütend ist

Mist·kü·bel *der;* Ⓐ ≈ *Abfalleimer*

Mist·stück *das; gesprochen, abwertend* verwendet als Schimpfwort für eine Frau, auf die man wütend ist

Mist·vieh [-f-] *das; gesprochen, abwertend* verwendet als Schimpfwort für Tiere oder Leute, von denen man geärgert wird

Mist·wet·ter *das; gesprochen, abwertend* sehr schlechtes Wetter

★ **mit** ■ PRÄPOSITION *mit Dativ*

▸Mittel: **1** verwendet, um das Mittel, Werkzeug, Fahrzeug usw. zu bezeichnen, das man benutzt | *mit Messer und Gabel essen* | *einen Nagel mit dem Hammer in die Wand schlagen* | *mit einem neuen Programm arbeiten* | *Er fährt jeden Tag mit dem Fahrrad zur Schule*

▸zusammen: **2** Personen sind zusammen und tun dasselbe oder begleiten einander ↔ *ohne* | *Sie fuhr mit ein paar Freundinnen nach Rom* | *Hast du Lust, mit uns in die Stadt zu gehen?* **3** Personen oder Dinge gehören zusammen ↔ *ohne* | *Würstchen mit Kartoffelsalat* | *eine Dose mit Bonbons* | *Die Übernachtung mit Frühstück kostet 40 Euro*

▸Art und Weise: **4** leitet eine Beschreibung ein, wie etwas geschieht oder getan wird | *eine Feier mit großer Sorgfalt organisieren* | *seine Arbeit mit Freude machen* | *Mit großen Schritten verließ er den Raum* | *Ich hoffe, du hast das nicht mit Absicht getan!*

▸Zeit: **5** zu dem genannten Zeitpunkt | *Mit 19 Jahren machte sie das Abitur* | *Mit dem Gongschlag war es 9 Uhr* **6** *Tag/Monat* **mit** *Tag/Monat* von dem einen genannten Tag oder Monat bis zu dem anderen | *Wir haben Montag mit Freitag von acht bis eins geöffnet*

▸Richtung: **7** drückt aus, dass die Richtung bei beiden gleich ist ⟨mit der Strömung schwimmen; mit dem Wind fahren⟩ ↔ *gegen*

▸als Ergänzung: **8** verwendet, um Ergänzungen anzuschließen | *mit dem Gegner kämpfen* | *Er beschäftigt sich gern mit Philosophie* | *Die Opposition findet sich nicht mit den Plänen der Regierung ab* | *Bist du mit diesem Vorschlag* *einverstanden?* | *Wir sind mit seiner Arbeit nicht zufrieden* ■ ADVERB **9** *gesprochen* so, dass eine Personen oder Sache bei anderen ist, zu anderen gehört ≈ *auch* | *Warst du mit dabei, als der Unfall passierte?* | *Es gehört mit zu deinen Pflichten, pünktlich zu sein* **H** *mit* kann hier auch weggelassen werden **10** **jemand/etwas ist mit der/die/das ältes-te/größte/schönste/...** *gesprochen* jemand/etwas gehört zur Gruppe der Personen/Sachen, welche der Superlativ beschreibt | *Er war mit der beste Spieler auf dem Platz* | *Der Schutz der Umwelt ist mit die wichtigste Aufgabe für die Zukunft*

★ **mit-** (*im Verb, betont und trennbar, sehr produktiv; Diese Verben werden so gebildet:* mitgehen, ging mit, mitgegangen) **1** **(bei jemandem) mitessen, mitfahren, mitlachen, mitregieren, mitreisen** *und andere* drückt aus, dass jemand etwas (gleichzeitig) mit einer oder mehreren Personen zusammen tut | *Sie ließen den Jungen nicht (mit ihnen) mitspielen* (Sie wollten ohne ihn spielen) **2** **jemanden/etwas mitschleifen, mitschleppen, mittragen, mitziehen** *und andere* drückt aus, dass man eine Person oder Sache auf einem Weg bei sich hat | *Auf die Wanderung nahmen wir alle einen Rucksack mit* (Alle hatten auf der Wanderung einen Rucksack dabei)

Mit- *im Substantiv, betont, sehr produktiv* **der Mitarbeiter, der Mitbewohner, der Mitbürger, der Mitspieler, die Mitwirkenden** *und andere* bezeichnet eine Person, die zusammen mit anderen Leuten etwas tut oder ist | *Der Betrüger und mehrere Mittäter wurden gefasst*

★ **mit·ar·bei·ten** VERB (*hat*) **1** **(irgendwo) mitarbeiten** einen Teil einer Arbeit machen ⟨an/bei einem Projekt mitarbeiten⟩ **2** im Unterricht zuhören, Fragen stellen und freiwillig Fragen beantworten ≈ *mitmachen* ● hierzu **Mit·ar·beit** *die*

★ **Mit·ar·bei·ter** *der* **1** eine Person, die in einem Betrieb angestellt ist ⟨einen neuen Mitarbeiter suchen, ausbilden; ein Unternehmen mit 50 Mitarbeitern⟩ **H** a) zu *Mitarbeiterin* → Info im Eintrag **-in**; b) der Chef sagt *meine Mitarbeiter*, die Angestellten sprechen von ihren *Kollegen* **2** eine Person, die an einer Zeitung, einem Projekt o. Ä. mitarbeitet, ohne fest angestellt zu sein ⟨ein freier, ständiger Mitarbeiter beim Rundfunk⟩ **H** zu *Mitarbeiterin* → Info im Eintrag **-in** ● hierzu **Mit·ar·bei·te·rin** *die*

mit·be·kom·men VERB (bekam mit, hat mitbekommen) **1** **etwas (von etwas) mitbekommen** *gesprochen* etwas hören, sehen, verstehen o. Ä. | *Sie war so müde, dass sie von dem Film kaum etwas mitbekommen hat* | *Hast du überhaupt mitbekommen, was ich gesagt habe?* **2** **etwas (von etwas) mitbekommen** *gesprochen* ≈ *erfahren* | *Hast du mitbekommen, dass er ein Fest machen will?* **3** **etwas (von jemandem) mitbekommen** etwas von jemandem bekommen, das man auch mitnimmt | *Er hat von seiner Mutter ein bisschen Geld für den Ausflug mitbekommen*

mit·be·stim·men VERB (bestimmte mit, hat mitbestimmt) **(über etwas** (*Akkusativ*)**) mitbestimmen** etwas zusammen mit anderen Leuten entscheiden ⟨mitbestimmen dürfen⟩

★ **Mit·be·stim·mung** *die; nur Singular* **die Mitbestimmung (über etwas** (*Akkusativ*)**)** das Recht der Mitarbeiter in einem Betrieb, zusammen mit der Leitung des Unternehmens über Dinge zu entscheiden, die den Betrieb betreffen ⟨die betriebliche Mitbestimmung⟩ | *Die Gewerkschaften kämpfen um mehr Mitbestimmung* **K** Mitbestimmungsgesetz, Mitbestimmungsrecht

mit·brin·gen VERB (*hat*) **1** **jemanden/etwas mitbringen** jemanden/etwas bei sich haben, wenn man irgendwohin kommt | *einen Freund nach Hause mitbringen* **2** **(jemandem) etwas mitbringen** etwas (als Geschenk) bei sich haben, wenn man jemanden besucht | *einer Freundin Blumen mitbringen* **3** **etwas (für etwas) mitbringen** eine Fähigkeit haben, die für etwas nützlich ist | *das nötige Fachwissen für einen Job mitbringen*

Mit·bring·sel *das;* (-s, -); *gesprochen* ein kleines Geschenk, das man jemandem von einer Reise mitbringt

mit·den·ken VERB (*hat*) **1** konzentriert zuhören und versuchen, die einzelnen Gedanken des Sprechers zu verstehen **2** so arbeiten, dass man sich genau überlegt, was zu tun ist | *Für diese Arbeit brauchen wir jemanden, der mitdenken kann*

★ **mit·ei·nan·der** ADVERB eine Person/Sache mit der anderen ≈ *gemeinsam* | *Die Kinder spielen/streiten miteinander* | *Waren wir nicht miteinander verabredet?*

mit·er·le·ben VERB (erlebte mit, hat miterlebt) **etwas miterleben** dabei sein, wenn etwas geschieht | *Er hat den Krieg noch miterlebt* | *Hast du schon einmal miterlebt, wie ein Unfall passiert ist?*

Mit·es·ser *der;* (-s, -) ein kleiner weißer oder schwarzer Punkt auf der Haut, wo eine Pore verstopft ist ⟨einen Mitesser haben, ausdrücken⟩ **H** Mitesser sind kleiner als *Pickel*

★ **mit·fah·ren** VERB (*ist*) dabei sein, wenn jemand/etwas irgendwohin fährt | *nach Kanada, mit den Eltern, in den Urlaub mitfahren* ● hierzu **Mit·fah·rer** *der;* **Mit·fah·re·rin** *die*

Mit·fahr|ge·le·gen·heit *die* die Möglichkeit, für wenig Geld in jemandes Auto mitzufahren; ⟨eine Mitfahrgelegenheit anbieten, vermitteln, suchen⟩ **H** Abkürzung: *MFG*

Mit·fahr|zent·ra·le *die* ein Büro, das Autofahrer und Mitfahrer zusammenbringt, die zum selben Ort fahren wollen und sich die Kosten dafür teilen

mit·füh·len VERB (*hat*) **(mit jemandem) mitfühlen** Mitgefühl haben | *mitfühlende Worte sprechen*

mit·füh·ren VERB (*hat*) **1** **etwas mitführen** etwas bei sich haben | *viel Gepäck mitführen* **2** **etwas führt etwas mit** ein Bach, Fluss o. Ä. schwemmt (= transportiert) Sand, Steine o. Ä. an eine andere Stelle | *Dieser Fluss führt nach jedem Gewitter viel Holz mit*

mit·ge·ben VERB (*hat*) **1** **jemandem etwas mitgeben** einer Person, die weggeht, etwas geben, was diese dann mit sich nimmt | *den Kindern Brot (in die Schule) mitgeben* **2** **jemandem eine Person mitgeben** jemandem einen Begleiter geben | *den Touristen einen Ortskundigen als Bergführer mitgeben*

mit·ge·fan·gen **mitgefangen, mitgehangen** → mitgehen

Mit·ge·fühl *das* das traurige Gefühl, das man spürt, wenn andere Leute Schmerzen, Trauer o. Ä. haben ⟨Mitgefühl haben, zeigen; sein Mitgefühl äußern⟩

mit·ge·han·gen **mitgegangen, mitgehangen** → mitgehen

mit·ge·hen VERB (*ist*) **1** mit jemandem irgendwohin gehen | *Willst du nicht zur Party mitgehen?* **2** die eigene Stimmung von etwas anregen lassen ⟨bei einem Konzert, mit der Musik mitgehen⟩ ■ **ID** **etwas mitgehen lassen** *gesprochen* etwas stehlen; **(mitgegangen,) mitgefangen, mitgehangen** man ist auch dann für etwas verantwortlich, wenn man nur passiv daran beteiligt war

Mit·gift *die;* (-, -en); *meist Singular* das Vermögen, das Eltern ihrer Tochter in die Ehe mitgeben **K** Mitgiftjäger

★ **Mit·glied** *das* eine Person, die zu einer Gruppe, z. B. zu einem Verein oder zu einer Partei, gehört ⟨ein aktives, passives, zahlendes, langjähriges Mitglied; irgendwo Mitglied sein, werden; Mitglieder werben; jemanden als Mitglied aufnehmen⟩ **K** Mitgliedsausweis, Mitgliedsbeitrag, Mitgliedskarte; Familienmitglied, Gewerkschaftsmitglied, Parteimitglied, Vereinsmitglied

mit·ha·ben VERB (*hat*) **etwas mithaben** *gesprochen* etwas bei sich haben ≈ *dabeihaben* | *Hast du deinen Ausweis mit?*

mit·hal·ten VERB *(hat)* **(mit jemandem) mithalten** genauso gut wie eine andere Person (bei einer Tätigkeit) sein | *Nach einer Stunde Rudern konnte er (mit den anderen) nicht mehr mithalten* | *beim Bergsteigen nicht mehr mithalten können*

★ **mit·hel·fen** VERB *(hat)* jemandem helfen, etwas zu tun | *Ihre Kinder müssen zu Hause viel mithelfen* ● hierzu **Mit·hil·fe** *die*

mit·hil·fe, mit Hil·fe PRÄPOSITION *mit Genitiv* **1** mit jemandes Unterstützung | *Der Umzug gelang problemlos mithilfe einiger Freunde* **2** so, dass man etwas dafür benutzt | *mithilfe des neuen Computers die Aufgaben schneller lösen* | *den Text mithilfe des Wörterbuches übersetzen* **H** auch zusammen mit *von*: *mithilfe von Alkohol desinfizieren*

mit·hin ADVERB ≈ *folglich*

mit·hö·ren VERB *(hat)* **1** **(etwas) mithören** zufällig ein Gespräch o. Ä. hören, das man nicht hören soll | *Die Wände sind so dünn, dass die Nachbarn jeden Streit mithören* **2** **(etwas) mithören** eine Person überwachen, indem man heimlich ihren Gesprächen zuhört

mit·kom·men VERB *(ist)* **1** **(mit jemandem) mitkommen** mit jemandem zusammen irgendwohin gehen oder kommen | *Will er mit uns auf die Party mitkommen?* **2** **(mit jemandem) mitkommen** *gesprochen* das machen können, was verlangt wird ⟨in der Schule, im Unterricht gut, schlecht, nicht mitkommen⟩ **3** **(mit jemandem) mitkommen** *gesprochen* genauso schnell etwas machen können wie eine andere Person | *Geh nicht so schnell, ich komme nicht mehr mit* **4** **nicht (mehr) mitkommen** *gesprochen* etwas nicht (mehr) verstehen können | *Er wollte das Klavier unbedingt haben, und jetzt verkauft er es schon wieder; ich komme da einfach nicht mit!*

mit·kön·nen VERB *(hat)*; *gesprochen* **1** **(mit jemandem) mitkönnen** die Möglichkeit haben, jemanden zu begleiten | *Ich habe keine Zeit, ich kann nicht mit* **2** **(mit jemandem) mitkönnen** mitkommen dürfen | *Kann ich mit, wenn ihr ins Kino geht?* **3** **(nicht mehr) mitkönnen** eine geplante Handlung (nicht) tun können oder wollen

mit·krie·gen VERB *(hat)* **etwas mitkriegen** *gesprochen* ≈ *mitbekommen*

mit·lau·fen VERB *(ist)* **1** **(mit jemandem) mitlaufen** mit jemandem zusammen irgendwohin laufen **2** **etwas läuft (nebenher) mit** *gesprochen* jemand tut etwas gleichzeitig mit einer anderen, wichtigeren Arbeit

Mit·läu·fer *der*; *abwertend* eine Person, die eine (meist negativ beurteilte) politische Bewegung oder Organisation unterstützt, ohne selbst aktiv zu sein

Mit·laut *der* ≈ *Konsonant* ↔ *Selbstlaut*

★ **Mit·leid** *das* das Gefühl, dass man einer Person helfen oder sie trösten möchte, wenn man sieht, dass sie traurig oder in Not ist ⟨Mitleid mit jemandem haben; Mitleid empfinden; jemandes Mitleid erregen, wecken⟩ ● hierzu **mit·leid·er·re·gend** ADJEKTIV; **mit·lei·dig** ADJEKTIV; **mit·leid(s)·voll** ADJEKTIV

Mit·lei·den·schaft *die* **jemand/etwas wird in Mitleidenschaft gezogen** jemandem/etwas wird Schaden zugefügt (meist als Nebenwirkung eines unangenehmen Zwischenfalls) | *Durch die Explosion in der Fabrik wurden auch die benachbarten Häuser in Mitleidenschaft gezogen*

mit·le·sen VERB *(hat)* **(etwas) mitlesen** gleichzeitig lesen, was jemand spricht oder auch liest | *den Text mitlesen, während jemand Theater spielt* | *jemandem über die Schulter blicken und mitlesen*

★ **mit·ma·chen** VERB *(hat)*; *gesprochen* **1** **etwas mitmachen** an etwas teilnehmen | *einen Wettbewerb mitmachen* **2** **etwas mitmachen** eine Arbeit o. Ä. zusätzlich (zur eigenen) machen | *Als sie krank war, machten die Kollegen ihre Arbeit mit* **3** **etwas mitmachen** schwierige oder harte Zeiten erleben ≈ *erdulden* | *Seit ihr Mann trinkt, macht sie eine Menge mit* **4** **(bei etwas/an etwas** *(Dativ)***) mitmachen** an etwas teilnehmen **5** **etwas macht (nicht mehr) mit** etwas (vor allem Körperorgane oder Maschinen) funktionieren oder sind (nicht mehr) so, wie man es erwartet | *Er musste kurz vor dem Gipfel umkehren, weil sein Herz nicht mehr mitmachte* ■ ID **Da machst du was mit!**, **Da macht man was mit!** *gesprochen* man muss viel Leid oder Unangenehmes ertragen

Mit·mensch *der*; (-en, -en); *meist Plural* die Menschen, mit denen man zusammen in der Gesellschaft lebt

mit·mi·schen VERB *(hat)* **irgendwo mitmischen** *gesprochen, oft abwertend* Einfluss in einer Angelegenheit ausüben | *Er will überall mitmischen*

★ **mit·neh·men** VERB *(hat)* **1** **jemanden/etwas (irgendwohin) mitnehmen** jemanden/etwas bei sich haben, wenn man irgendwohin geht, fährt o. Ä. | *Nimm bitte den Brief mit, wenn du in die Stadt gehst* **2** **etwas nimmt jemanden/etwas mit** etwas belastet jemanden/etwas so stark, dass es negative Folgen hat ⟨arg mitgenommen aussehen⟩ | *Die Ereignisse der letzten Woche haben sie arg mitgenommen* **3** **etwas mitnehmen** *gesprochen* eine Gelegenheit nutzen, um etwas Angenehmes zu erleben | *alles mitnehmen, was einem im Urlaub angeboten wird* **4** **etwas mitnehmen** *gesprochen* etwas so berühren, dass sich ein Teil davon löst | *Er fuhr so scharf in die Kurve, dass er einen Teil der Mauer mitnahm*

mit·nich·ten ADVERB; *veraltend oder humorvoll* auf keinen Fall

mit·rau·chen den Rauch einatmen müssen, den ein Raucher produziert ● hierzu **Mit·rau·cher** *der*

mit·rech·nen VERB *(hat)* **etwas mitrechnen** etwas zum Teil einer Rechnung machen | *die Nebenkosten mitrechnen*

mit·re·den VERB *(hat)* **1** **(bei etwas) mitreden können** in einem Gespräch etwas Sinnvolles sagen können, weil man vom Thema etwas weiß | *Bei diesem Thema kann ich leider nicht mitreden, ich verstehe nichts davon* **2** **(bei etwas) mitreden** (etwas) mitbestimmen

mit·rei·ßen VERB *(hat)* **1** **jemanden/etwas mitreißen** eine Person oder Sache zieht so stark an einer anderen Person oder Sache, dass diese sich in die gleiche Richtung bewegt, ohne dass diese das will | *Die Wassermassen rissen den Damm mit* **2** **jemanden mitreißen** bewirken, dass eine andere Person dieselbe Begeisterung, Freude o. Ä. verspürt, die man selbst hat ⟨eine mitreißende Rede, Musik⟩ ≈ *begeistern* | *Das temperamentvolle Spiel der beiden Teams riss das gesamte Publikum mit*

mit·sam·men ADVERB; *süddeutsch* Ⓐ ≈ *miteinander*

mit·samt PRÄPOSITION *mit Dativ* gemeinsam, zusammen mit ≈ *mit* | *Er kam mitsamt der ganzen Familie* | *Sie verkaufte die Wohnung mitsamt den Möbeln*

mit·schnei·den VERB *(hat)* **etwas mitschneiden** etwas auf einen Film oder einen Datenträger aufnehmen ⟨einen Film, ein Gespräch mitschneiden⟩ | *ein Gespräch mitschneiden* ● hierzu **Mit·schnitt** *der*

★ **mit·schrei·ben** VERB *(hat)* **1** **(etwas) mitschreiben** etwas schreiben, während es jemand spricht | *mitschreiben, was jemand diktiert* | *einen Vortrag mitschreiben* **2** **(etwas) mitschreiben** an einer schriftlichen Prüfung teilnehmen ⟨die Klausur mitschreiben⟩

mit·schul·dig ADJEKTIV **(an etwas** *(Dativ)***) mitschuldig** ⟨eine Person⟩ so, dass sie einen Teil der Schuld hat | *Er war an dem Unfall mitschuldig* ● hierzu **Mit·schuld** *die*

Mit·schü·ler *der* ein Kind, das zusammen mit anderen Kindern in dieselbe Klasse oder auf dieselbe Schule geht ⟨meine, deine Mitschüler; ein Mitschüler von jemandem/ +*Genitiv*⟩ | *Ich habe heute zufällig einen ehemaligen Mitschüler (von mir) wiedergetroffen* ● hierzu **Mit·schü·le·rin** *die*

mit·spie·len VERB *(hat)* **1** mit anderen Leuten zusammen spielen | *in einer Band mitspielen* | *Wir spielen Karten! Spielst du mit?* **2** **etwas spielt (bei jemandem/etwas) mit** etwas ist ein wichtiger Teil eines Vorgangs, einer Entwicklung oder Entscheidung | *Bei ihrem Entschluss spielte mit, dass sie im Ausland bleiben wollte* **3** **jemandem übel/hart/schlimm/grausam mitspielen** einer Person das Leben oder eine Situation schwer machen und ihr schaden | *Diese schreckliche Krankheit spielt ihm übel mit* **4** **(bei etwas) mitspielen** nichts gegen jemanden/etwas tun, etwas nicht verhindern | *Wenn das Wetter mitspielt, gehe ich morgen baden* | *Ich würde gerne allein in Urlaub fahren, aber da spielen meine Eltern nicht mit* ● zu (1) **Mit·spie·ler** *der*; zu (1) **Mit·spie·le·rin** *die*

Mit·spra·che·recht *das* das Recht, bei einer Entscheidung mitbestimmen zu dürfen ⟨jemandem ein Mitspracherecht einräumen, zugestehen⟩

Mit·strei·ter *der* eine Person, die gemeinsam mit anderen Personen für oder gegen etwas kämpft

★ **Mit·tag** *der*; (-s, -e) **1** *nur Singular* zwölf Uhr am Tag ⟨vor, gegen, nach Mittag; jeden Mittag; an einem Mittag; eines Mittags⟩ | *Es ist Mittag, die Kirchturmuhr schlägt gerade zwölf* **!** → Abb. unter **Uhrzeit** **2** **(am) Mittag** die Tageszeit zwischen ungefähr 11 und 13 oder 12 und 14 Uhr ⟨gestern, heute, morgen Mittag⟩ ≈ *mittags, Mittagszeit* | *Viele Geschäfte schließen über Mittag* (während der Mittagszeit) K Mittagessen, Mittagshitze, Mittagspause, Mittagsruhe, Mittagsschlaf, Mittagssonne; Sonntagmittag, Montagmittag **!** mit Namen von Wochentagen zusammengeschrieben: *Er kam Freitagmittag* **3** *nur Singular* eine Arbeitspause während der Mittagszeit ⟨Mittag machen⟩ ≈ *Mittagspause* | *Wir haben jetzt Mittag, kommen Sie um halb drei wieder* **4** **(zu) Mittag essen** eine Mahlzeit in der Mittagszeit essen ● zu (2,3) **mit·täg·lich** ADJEKTIV

★ **mit·tags** ADVERB ungefähr zwischen 11 und 13 Uhr

Mit·tags·tisch *der* **1** ein Tisch, auf dem das Mittagessen steht ⟨am Mittagstisch sitzen⟩ **2** das Angebot einer warmen Mahlzeit am Mittag | *ein Café mit täglich wechselndem Mittagstisch* | *eine Hausaufgabenbetreuung mit Mittagstisch*

★ **Mit·te** *die*; (-, -n); *meist Singular* **1** der Teil, der z. B. bei einem Kreis von allen Teilen des Randes gleich weit entfernt ist ⟨die Mitte einer Fläche, eines Gebiets, einer Gruppe, eines Körpers, eines Raums, einer Strecke, eines Zeitraums; in die Mitte gehen; in der Mitte sein, stehen, liegen⟩ ≈ *Mittelpunkt* | *In der Mitte des Saales hing eine große Lampe von der Decke* | *Kirschen haben in der Mitte einen harten Kern* | *Zur/Gegen Mitte des Monats wurde das Wetter besser* K Mittsommer, Mittsommernacht; Kreismitte, Lebensmitte, Monatsmitte, Ortsmitte, Stadtmitte, Wochenmitte **2** **Mitte** +*Zeitangabe* in der Mitte des genannten Zeitraumes | *Der Vertrag gilt bis Mitte April* | *Mitte 2015* | *Mitte des nächsten Jahres* | *Er kommt Mitte nächster Woche* **3** **Mitte** +*Zahl* ungefähr so alt wie die genannte Zahl plus etwa 4 bis 6 Jahre ⟨Mitte zwanzig, dreißig, vierzig sein⟩ K Mittzwanziger(in), Mittdreißiger(in), Mittvierziger(in) **4** eine Gruppe von Leuten, die keine extremen politischen Meinungen haben ⟨eine Koalition, eine Partei, ein Politiker der Mitte⟩ **5** **die goldene Mitte** ein Kompromiss, ein Standpunkt o. Ä. zwischen zwei Extremen **6** **in/aus jemandes Mitte** in/aus einer Gruppe von Personen, die zusammen sind | *In unserer Mitte befindet sich ein Verräter* | *Er wurde aus der Mitte seiner Familie gerissen* | *Der Vorschlag stammt aus eurer Mitte* **7** **jemanden in die Mitte nehmen** so gehen, sitzen, stehen o. Ä., dass jemand zwischen anderen Personen ist ■ ID **Ab durch die Mitte!** *gesprochen* verwendet, um jemanden aufzufordern, (schnell) wegzugehen; **Er/Sie wurde aus unserer Mitte gerissen** *geschrieben* Er/Sie ist tot

★ **mit·tei·len** VERB *(hat)* **1** **jemandem etwas mitteilen** etwas sagen, schreiben o. Ä., damit eine andere Person es erfährt ⟨jemandem etwas brieflich, schriftlich, mündlich, telefonisch, offiziell, vertraulich mitteilen⟩ | *Er teilte uns mit, dass er verreisen würde* | *Es wurde mir nicht mitgeteilt, wann er fährt* | *Sie hat uns ihre neue Adresse noch nicht mitgeteilt* **2** **sich jemandem mitteilen** mit jemandem über die eigenen Gefühle, Gedanken sprechen

mit·teil·sam ADJEKTIV ⟨eine Person⟩ so, dass sie gern über ihre Gedanken oder Gefühle spricht ≈ *gesprächig*

★ **Mit·tei·lung** *die*; (-, -en) etwas, das man jemandem sagt ⟨eine vertrauliche Mitteilung; (jemandem) eine Mitteilung machen⟩ ≈ *Nachricht* K Mitteilungsbedürfnis, Mitteilungsdrang

★ **Mit·tel** *das*; (-s, -) **1** **ein Mittel (zu etwas)** etwas, mit dessen Hilfe man etwas tun oder erreichen kann ⟨ein einfaches, sicheres, wirksames, untaugliches, unfaires Mittel; politische, rechtliche, unlautere, Mittel; ein Mittel anwenden, einsetzen, benutzen; zu einem Mittel greifen; kein Mittel unversucht lassen; etwas mit allen Mitteln tun, versuchen; jemandem ist jedes Mittel recht⟩ | *Schweigen ist ein gutes Mittel, um sie zu ärgern/wenn man sie ärgern will/mit dem man sie ärgern kann* K Abschreckungsmittel, Arbeitsmittel, Beweismittel, Druckmittel, Kampfmittel, Nahrungsmittel, Transportmittel, Unterrichtsmittel, Verkehrsmittel, Hilfsmittel **2** **ein Mittel (für/zu etwas)** eine (chemische) Substanz als Mittel | *In der Flasche ist ein Mittel zum/für das Reinigen von Pinseln* K Bleichmittel, Desinfektionsmittel, Düngemittel, Frostschutzmittel, Lösungsmittel, Reinigungsmittel, Rostschutzmittel, Waschmittel **3** **ein Mittel (für/gegen etwas)/(zu etwas)** ⟨ein Mittel für/gegen Kopfschmerzen, Grippe (ein)nehmen, schlucken⟩ ≈ *Medikament* | *eine Wunde mit einem blutstillenden Mittel behandeln* | *Der Arzt verschrieb ihr ein Mittel zum Einreiben* K Abführmittel, Arzneimittel, Brechmittel, Gegenmittel, Hustenmittel, Schlafmittel, Stärkungsmittel, Verhütungsmittel **4** *nur Plural* das Geld, das jemand für einen Zweck hat ⟨knappe, flüssige, finanzielle, private, staatliche Mittel⟩ ≈ *Kapital* | *Der Kindergarten wird aus/mit öffentlichen Mitteln finanziert* | *Er verfügt über ausreichende Mittel, sich ein Haus zu kaufen* **5** **das (arithmetische) Mittel (aus etwas)** die Zahl, die man erhält, wenn man mehrere Zahlen zusammenzählt und danach durch ihre Anzahl teilt ⟨etwas liegt im, über, unter dem Mittel; das Mittel errechnen, bilden⟩ ≈ *Durchschnitt* | *Das Mittel aus den Zahlen zwei, sechs und sieben ist fünf* | *Die Zahl der Toten bei Verkehrsunfällen lag letztes Jahr über dem langjährigen Mittel* K Jahresmittel, Monatsmittel ■ ID **Mittel und Wege finden** Möglichkeiten finden, etwas zu tun; **ein (bloßes) Mittel zum Zweck** eine Person/Sache, die nur für einen speziellen Zweck wichtig ist

★ **mit·tel-** *im Adjektiv, betont, begrenzt produktiv* **mitteldick, mittelfein, mittelgroß, mittellang** *und andere* von durchschnittlichem Umfang oder Format

★ **Mit·tel-** *im Substantiv, betont, sehr produktiv* **1** **Mitteleuropa, der Mittelfinger, die Mittellinie, das Mittelstück, der Mittelteil** *und andere* in der Mitte, im Zentrum (befindlich) | *das Mitteldeck eines Schiffs* *der Mittelstreifen zwischen zwei Fahrbahnen* **2** **die Mittelgröße, die Mittelstrecke, der Mittelwert** *und andere* von mittlerer, durchschnittlicher Größe, Höhe o. Ä.

★ **Mit·tel·al·ter** *das;* (-s) **1** die Zeit der europäischen Geschichte (zwischen Antike und Renaissance) ungefähr vom 6. bis zum 15. Jahrhundert ⟨das frühe, hohe, späte Mittelalter⟩ I Abkürzung: *MA* **2** **wie im finster(st)en Mittelalter** wie im Mittelalter, in dem die Menschen vieles noch nicht wussten und oft Grausames geschah ● zu (1) **mit·tel·al·ter·lich** ADJEKTIV

mit·tel·bar ADJEKTIV; *geschrieben* nicht direkt

Mit·tel·ding *das; meist Singular; gesprochen* etwas, das Merkmale von zwei unterschiedlichen Dingen oder Begriffen gleichzeitig hat | *Diese Musik ist ein Mittelding zwischen Jazz und Rock*

Mit·tel·feld *das* **1** der Teil des Spielfelds in der Mitte K Mittelfeldspieler **2** die Läufer, Fahrer usw., die bei einem Rennen nach den schnellsten Teilnehmern kommen **3** der Bereich durchschnittlicher Qualität oder Leistungen

mit·tel·fris·tig ADJEKTIV gültig oder vorgesehen für einen Zeitraum, der weder kurz noch lang ist ⟨eine Lösung, eine Maßnahme, eine Regelung⟩

Mit·tel·ge·bir·ge *das* ein Gebirge, dessen Gipfel selten höher als 1000 m sind | *Der Taunus und die Rhön sind deutsche Mittelgebirge*

Mit·tel|hoch·deutsch *das; nur Singular; historisch* die Sprache der deutschen Literatur vom 11. bis zum 14. Jahrhundert ● hierzu **mit·tel|hoch·deutsch** ADJEKTIV

Mit·tel·klas·se *die* **1** *meist Singular* verwendet als Bezeichnung für eine Ware (vor allem ein Auto) mit mittlerem Preis und mittlerer Qualität ⟨ein Wagen der unteren, oberen Mittelklasse⟩ K Mittelklassewagen **2** *meist abwertend nur Singular* ⟨nur noch Mittelklasse sein⟩ ≈ *Mittelmaß, Durchschnitt*

mit·tel·los ADJEKTIV ohne Geld, Vermögen und Besitz ≈ *arm* ● hierzu **Mit·tel·lo·sig·keit** *die*

Mit·tel·maß *das; oft abwertend* ein Maß oder eine Leistung, die nicht richtig gut sind ≈ *Durchschnitt* ● hierzu **mit·tel·mä·ßig** ADJEKTIV; **Mit·tel·mä·ßig·keit** *die*

Mit·tel·meer *das; nur Singular* das Meer, das zwischen Europa und Afrika liegt K Mittelmeerklima, Mittelmeerländer, Mittelmeerraum

mit·tel·präch·tig ADJEKTIV; *gesprochen, humorvoll* weder gut noch schlecht ⟨jemand fühlt sich, jemandem geht es mittelprächtig⟩ | *Das Wetter ist heute mittelprächtig*

★ **Mit·tel·punkt** *der* **1** (in einem Kreis oder in einer Kugel) der Punkt, der von allen Punkten des Kreises oder von der Oberfläche einer Kugel gleich weit entfernt ist ≈ *Zentrum* **2** eine Person oder Sache, die von allen beachtet wird ⟨ein geistiger, kultureller Mittelpunkt; der Mittelpunkt eines Festes sein⟩ **3** **im Mittelpunkt (der Aufmerksamkeit) stehen** von allen beachtet werden

mit·tels PRÄPOSITION *mit Genitiv; geschrieben* ≈ *mit, mithilfe* | *mittels eines engmaschigen Drahtes* I → Infos unter **Präposition**

Mit·tel·schicht *die; meist Singular* der Teil der Bevölkerung, der relativ gebildet ist und dem es finanziell gut geht ⟨zur Mittelschicht gehören⟩

Mit·tel·schu·le *die* **1** *veraltet* ≈ *Realschule* **2** ⓓ eine Hauptschule mit der Möglichkeit, die 10. Klasse zu besuchen und einen Realschulabschluss zu machen I → Infos unter **Schule** **3** ⓒⓗ ≈ *Gymnasium*

Mit·tels·mann *der;* (-(e)s, Mit·tels·män·ner) eine Person, welche die Kommunikation zwischen zwei Gegnern, Partnern oder Parteien herstellt, wenn diese nicht direkt miteinander Kontakt haben wollen oder können | *über Mittelsmänner mit den Terroristen in Kontakt treten* ● hierzu **Mit·tels·frau** *die*

Mit·tel·stand *der; nur Singular* **1** der Bereich der Wirtschaft, der mittelgroße Betriebe (mit ungefähr 50 bis 500 Angestellten) umfasst **2** ≈ *Mittelschicht* ● zu (1) **mit·tel·stän·disch** ADJEKTIV

Mit·tel·stu·fe *die* die achte bis zehnte Klasse an Schulen

Mit·tel·weg *der; meist Singular* **1** ⟨einen Mittelweg suchen, finden, gehen⟩ ≈ *Kompromiss* **2** **der goldene Mittelweg** eine Lösung, die alle Leute akzeptieren können

Mit·tel·wel·le *die; meist Singular* der Bereich der Wellen, den Radiosender benutzen, die auch in anderen Ländern gehört werden wollen K Mittelwellensender

★ **mit·ten** ADVERB **1** in der oder in die Mitte hinein ⟨mitten darin, darunter/dazwischen, hindurch, hinein; mitten auf, in etwas (*Dativ/Akkusativ*)⟩ | *Das Brett brach mitten durch* | *Der Schuss traf mitten ins Schwarze/traf ihn mitten in den Bauch* **2** **mitten in etwas** (*Dativ*) während der genannten Tätigkeit, die meist unterbrochen wird ≈ *während* | *Er hat sie mitten im Satz unterbrochen* (während sie etwas sagte) | *Er schlief mitten im Film ein* (während er den Film sah)

mit·ten·drin ADVERB; *gesprochen* **1** (in der Mitte) zwischen anderen Personen oder Dingen | *In dem Fach lag allerlei Zeug und der gesuchte Schlüssel mittendrin* **2** mitten in einer Tätigkeit | *Er sagte ein Gedicht auf und blieb mittendrin stecken*

mit·ten·durch ADVERB in der Mitte durch ⟨mittendurch brechen, fahren, fliegen, führen⟩

mit·ten·mang ADVERB; *norddeutsch, gesprochen* ≈ *dazwischen*

★ **Mit·ter·nacht** (*die*); (-) der Zeitpunkt in der Nacht, an dem ein neuer Kalendertag beginnt; 0 Uhr bzw. 24 Uhr ⟨vor, gegen, um, nach Mitternacht⟩ | (*Um*) *Mitternacht fährt die letzte U-Bahn* K Mitternachtsgottesdienst, Mitternachtsmesse, Mitternachtsshow, Mitternachtsstunde I → Abb. unter **Uhrzeit** ● hierzu **mit·ter·nächt·lich** ADJEKTIV

mit·ter·nachts ADVERB um Mitternacht (herum) | *von morgens bis mitternachts*

Mit·ter·nachts|son·ne *die* die Sonne, wenn sie in der Nähe des Nordpols oder Südpols im Sommer nachts nicht untergeht

mit·tig ADJEKTIV in der Mitte | *ein mittiger Sitzplatz in der ersten Reihe* | *mittig gescheitelte Haare*

★ **mitt·le·r-** ADJEKTIV *meist attributiv* **1** innen, in der Mitte | *Der mittlere Teil des Bratens ist noch nicht ganz gar* **2** weder alt noch jung ⟨eine Frau/ein Mann mittleren Alters; in mittleren Jahren⟩ **3** weder sehr gut noch sehr schlecht ≈ *durchschnittlich* | *ein mittleres Einkommen haben* | *mittlere Leistungen bringen* **4** dem mathematischen Durchschnitt entsprechend ≈ *durchschnittlich* | *Die mittlere Jahrestemperatur ist in den letzten Jahren gestiegen*

★ **mitt·ler·wei·le** ADVERB in der Zwischenzeit

mitt·schiffs ADVERB in der Mitte des Schiffes

mit·tun VERB (*hat*); *süddeutsch* ⓐ ≈ *mitmachen*

★ **Mitt·woch** *der;* (-s, -e) der dritte Arbeitstag der Woche ⟨letzten, diesen, nächsten Mittwoch; Mittwoch früh⟩ K Mittwochabend, Mittwochmorgen, Mittwochnacht; mittwochabends; Aschermittwoch I Abkürzung: *Mi*

★ **mitt·wochs** ADVERB jeden Mittwoch | *Sie gehen mittwochs immer kegeln*

mit·un·ter ADVERB; *geschrieben* ≈ *manchmal* | *Mitunter raucht er nach dem Essen eine Zigarre*

Mit·ver·ant·wor·tung *die; nur Singular* die Verantwortung, die man zusammen mit anderen Leuten hat ⟨Mitverantwortung tragen für etwas⟩ ● hierzu **mit·ver·ant·wort·lich** ADJEKTIV

mit·wir·ken VERB (*hat*) **1** **bei/an etwas** (*Dativ*) **mitwirken** helfen, damit etwas getan werden kann **2** **in etwas** (*Dativ*) **mitwirken** (als Schauspieler) bei etwas mitspielen ⟨in einem Film, Theaterstück mitwirken⟩ **3** **etwas wirkt bei etwas mit** etwas ist bei etwas wichtig, von Bedeutung | *Bei dieser Entscheidung wirkten verschiedene Faktoren mit* • zu (1,2) **Mịt·wir·kung** *die*; zu (1,2) **Mịt·wir·ken·de** *der/die*

Mịt·wis·ser *der*; (-s, -) eine Person, die etwas über ein Verbrechen weiß, es aber nicht der Polizei sagt • hierzu **Mịt·wis·se·rin** *die*

★ **mit·zäh·len** VERB *(hat)* **1** **jemanden/etwas mitzählen** beim Zählen von Personen oder Sachen die genannten Personen oder Sachen nicht weglassen | *Es kommen zwanzig Gäste, Kinder nicht mitgezählt* **2** **etwas zählt mit** etwas ist in einer Zahl enthalten | *Bei der Berechnung des Urlaubes zählen die Feiertage nicht mit*

mit·zie·hen VERB *(hat/ist)* **1** *(hat)* sich einer Aktion anschließen, die eine andere Person gestartet hat **2** *(ist)* bei einem Lauf, Rennen o. Ä. das Tempo ebenfalls steigern, weil eine andere Person es kurz zuvor getan hat **3** **jemanden/etwas mitziehen** *(hat)* einer Person helfen, die nicht so viel leisten kann, damit sie in der Gruppe bleiben kann [I] weitere Verwendungen → **mit-**

Mịx *der*; (-, -e); *gesprochen* ≈ *Mischung* [K] Materialmix

Mị·xer *der*; (-s, -) **1** ein elektrisches Gerät, mit dem man Nahrungsmittel kleiner machen oder mischen kann | *mit dem Mixer Eiweiß zu Schnee schlagen* | *Bananen, Milch und Zucker mit dem Mixer verrühren* [K] Handmixer **2** eine Person, die alkoholische Getränke mischt • hierzu **mị·xen** VERB *(hat)*

Mịx·ge·tränk *das* ≈ *Cocktail*

Mix·tur *die*; (-, -en); *gesprochen* eine Mischung (vor allem ein Medikament)

Mo Abkürzung für *Montag*

Mọb *der*; (-s); *abwertend* eine wütende Menschenmenge, die meist Gewalt ausübt ≈ *Pöbel*

Mọb·bing *das*; (-s) bei Mobbing werden einzelne Kollegen, Mitarbeiter, Mitschüler o. Ä. längere Zeit so ungerecht behandelt, dass sie sehr darunter leiden (und krank werden) • hierzu **mọb·ben** VERB *(hat)*

★ **Mö·bel** *das*; (-s, -); *meist Plural* Dinge wie Schränke, Stühle, Tische usw., die man in einer Wohnung, einem Büro o. Ä. benutzt ⟨die Möbel umstellen⟩ | *Das Haus war mit schönen alten Möbeln eingerichtet/ausgestattet* [K] Möbelfabrik, Möbelgeschäft, Möbelpolitur, Möbelschreiner, Möbelunternehmen; Büromöbel, Gartenmöbel, Küchenmöbel; Gebrauchtmöbel, Polstermöbel, Sitzmöbel, Stilmöbel

Mö·bel·pa·cker *der*; (-s, -) eine Person, die beruflich bei einem Umzug die Möbel verpackt und transportiert

★ **Mö·bel·stück** *das* ein einzelnes Möbel ⟨ein neues, praktisches Möbelstück⟩ [I] *Möbelstück* wird oft als Singularform zu dem Plural *die Möbel* verwendet.

★ **mo·bil** ADJEKTIV **1** nicht an einen festen Ort gebunden ⟨eine Bücherei, jemandes Besitz, jemandes Kapital⟩ ≈ *beweglich* **2** bereit für den Einsatz (vor allem Militär und Polizei) ⟨Truppen, Verbände⟩ **3** **(jemanden/etwas) mobil machen** ≈ *mobilisieren* • zu (1) **Mo·bi·li·tät** *die*

Mo·bil·funk *der*; (-s) ein Telefonnetz, das über Funksignale funktioniert, und über das man mit Handys und Smartphones telefonieren kann [K] Mobilfunknetz, Mobilfunkmast

mo·bi·li·sie·ren VERB (mobilisierte, hat mobilisiert) **1** **jemanden mobilisieren** jemanden dazu bringen, für einen Zweck aktiv zu werden | *Um den Brand zu löschen, wurden alle Feuerwehrleute aus der Umgebung mobilisiert* **2** **etwas mobilisieren** bewirken, dass etwas (für einen Zweck) zur Verfügung steht ⟨alle Kräfte mobilisieren⟩ **3** **(etwas) mobilisieren** in der Armee solche Vorbereitungen machen, dass bald ein Krieg geführt werden kann ⟨die Streitkräfte, die Truppen mobilisieren⟩ • hierzu **Mo·bi·li·sie·rung** *die*

Mo·bil·ma·chung *die*; *meist Singular* die Vorbereitungen der Armee kurz vor dem Krieg ⟨die Mobilmachung anordnen⟩

★ **Mo·bil·te·le·fon** *das*; *geschrieben* ≈ *Handy* [I] → Infos unter **Telefon**

möb·lie·ren VERB (möblierte, hat möbliert) **etwas möblieren** Möbel in einen Raum stellen, damit man darin wohnen kann ⟨eine Wohnung neu, modern möblieren; ein dürftig, altmodisch möbliertes Zimmer⟩ ≈ *einrichten*

★ **möb·liert** ■ PARTIZIP PERFEKT **1** → möblieren ■ ADJEKTIV **2** **ein möbliertes Zimmer** ein Zimmer, das der Besitzer mit den Möbeln darin vermietet

moch·te *Präteritum, 1. und 3. Person Singular* → mögen[1]

möch·te *Konjunktiv II, 1. und 3. Person Singular* → mögen[1]

Möch·te·gern- *im Substantiv, betont, begrenzt produktiv; gesprochen, abwertend* **der Möchtegerndichter, der Möchtegernkomponist, der Möchtegernkünstler, der Möchtegernstar** *und andere* bezeichnet eine Person, die etwas zu sein versucht, was ihr nicht gelingt

Mo·dal·verb *das* ein Verb, das man mit einem anderen Verb *(im Infinitiv ohne zu)* verbindet, um einen Willen, eine Erlaubnis, eine Fähigkeit oder eine Wahrscheinlichkeit auszudrücken, z. B. *können, sollen, müssen* [I] → Info-Fenster nächste Seite

★ **Mo·de** *die*; (-, -n) **1** Kleidung, Frisuren und Schmuck, wie sie nur für relativ kurze Zeit üblich und beliebt sind ⟨eine kleidsame, praktische, verrückte Mode; die neuesten Pariser Moden vorführen, tragen⟩ [K] Modebranche, Modefimmel, Modegeschäft, Modeschöpfer, Modewelt, Modezeitschrift, Modenschau; Damenmode, Herrenmode, Kindermode, Haarmode, Hutmode, Frühjahrsmode, Sommermode **2** die Situation, dass eine Sache eine Zeit lang vielen Leuten gut gefällt oder von vielen Leuten getan wird ⟨etwas kommt, gerät, ist in Mode/aus der Mode; etwas ist, wird (große) Mode⟩ | *Auch Sportarten sind der Mode unterworfen* (Sie sind mal mehr, mal weniger beliebt) | *Das Grillen ist schon längere Zeit groß in Mode* [K] Modeartikel, Modeausdruck, Modeberuf, Modefarbe, Modetanz, Modewort ■ ID **Das sind ja ganz neue Moden/Was sind denn das für (neue) Moden?** verwendet, um zu sagen, dass einen ein neues Verhalten stört

mo·de·be·wusst ADJEKTIV modebewusste Menschen richten sich nach der Mode | *Sie kleidet sich/ist modebewusst*

Mọ·del *das*; (-s, -s) eine Person, die als Modell arbeitet

★ **Mo·dẹll** *das*; (-s, -e) **1** ein Ding (oder ein Teil von etwas), das kleiner oder größer als in Wirklichkeit ist | *Ein Modell des Kölner Domes im Maßstab eins zu tausend* | *das Modell eines neuen Flugzeugs* [K] Modellauto, Modelleisenbahn, Modellflugzeug; Flugzeugmodell, Schiffsmodell, Pappmodell **2** eine Person oder Sache, die so gut oder perfekt ist, dass sie ein Vorbild ist ≈ *Muster* [K] Modellathlet, Modellcharakter, Modellfall, Modellprojekt **3** das erste Exemplar einer Ware, die später in großer Menge hergestellt werden soll ⟨ein Modell vorführen⟩ **4** eine der Arten eines technischen Geräts ≈ *Typ* | *Sein Auto ist das neueste Modell* | *Bei dieser Uhr handelt es sich um ein älteres Modell, das nicht mehr hergestellt wird* [K] Ausstellungsmodell, Automodell, Fahrzeugmodell, Staubsaugermodell **5** eine Person/Sache, die von einem Künstler fotografiert, gemalt usw. wird ⟨jemandem als Modell dienen; etwas hat jemanden/etwas zum Modell; etwas nach einem Modell gestalten⟩ ≈ *Vorlage* **6** eine Person, deren Beruf es ist, sich fotografieren, malen oder zeichnen zu lassen ⟨als Modell arbeiten⟩ [K] Aktmodell,

GRAMMATIK

▶ Die Modalverben

Die Modalverben werden zusammen mit infiniten Formen eines anderen Verbs verwendet. So drückt man zum Beispiel eine Möglichkeit, eine Notwendigkeit, eine Erlaubnis oder eine Vermutung aus.

Folgende Modalverben gibt es:

dürfen
- Erlaubnis: **Darf ich in den Garten zum Spielen?**
- Verbot (verneint): **Hier darf nicht geraucht werden.**
- Aufforderung, Mahnung: **Das dürfen wir nicht vergessen.**
- Vermutung: **Sie dürfte bereits angekommen sein.**

können
- Fähigkeit: **Martina kann sehr gut Klavier spielen. Ich kann ihm das nicht antun!**
- Möglichkeit: **Ich konnte dich gestern nicht anrufen.**
- Erlaubnis: **Du kannst dir noch ein Eis kaufen.**
- Vermutung: **Ich kann mich auch getäuscht haben.**

mögen
- Wunsch, Lust: **Ich möchte diesen Pulli anprobieren.**
- Vermutung: **Mag sein, dass seine Geschichte wahr ist.**

müssen
- Notwendigkeit: **Ich muss unbedingt meine Mutter anrufen!**
- Pflicht, Befehl: **Ich muss erst aufräumen, vorher darf ich nicht fernsehen.**
- Aufforderung: **Das musst du einfach probieren!**
- sichere Vermutung: **Er muss wohl krank sein. Das müsste eigentlich funktionieren.**

sollen
- Auftrag, Pflicht: **Peter soll endlich den Rasen mähen!**
- Behauptung, Gerücht: **Sie soll ja sehr reich sein.**
- Empfehlung: **Du solltest mehr Sport treiben.**
- Konditionalsatz: **Solltest du ihn treffen, frage ihn bitte nach dem Buch.**

wollen
- Wille, Absicht: **Martin will nächstes Jahr nach Island fliegen.**
- Aufforderung: **Wollen wir anfangen?**
- Notwendigkeit (mit Passiv): **Das will genau überlegt sein.**

Fotomodell **7** ein Kleidungsstück, das nur einmal hergestellt wurde und sehr teuer ist | *Der Mantel ist ein Modell von einem italienischen Modeschöpfer* K Modellkleid **8** eine Darstellung, mit der ein komplizierter Vorgang oder Zusammenhang erklärt werden soll | *ein Modell des Atomkerns* K Atommodell, Denkmodell **9** ein Text mit den wichtigsten Inhalten, der noch nicht ganz fertig ist ⟨das Modell eines Gesetzes, einer Verfassung⟩ ≈ *Entwurf* **10** *auch ironisch* eine Prostituierte, die man anrufen und in ihrer Wohnung besuchen kann ≈ *Callgirl*

■ ID **jemandem Modell stehen/sitzen** vor einem Maler, Bildhauer o. Ä. stehen/sitzen, damit er ein Portrait oder eine Skulptur machen kann

mo·del·lie·ren VERB (modellierte, hat modelliert) **(etwas) modellieren** aus einer weichen Substanz mit der Hand Gegenstände formen ⟨eine Figur, ein Gesicht, ein Tier, eine Vase (in/aus Ton, Wachs) modellieren⟩

★ **Mo·dem** *das;* (-s, -s) ein Gerät, mit dessen Hilfe ein Computer zur Übermittlung von Daten an das Telefonnetz angeschlossen werden kann K DSL-Modem, Kabelmodem

Mo·de·pup·pe *die; abwertend* eine Frau, die immer nach der neuesten Mode gekleidet ist

Mo·der *der;* (-s) wenn Bakterien etwas auflösen, kann Moder entstehen ⟨nach Moder riechen; ein Geruch von Moder⟩ K Modergeruch

Mo·de·ra·tor *der;* (-s, Mo·de·ra·to·ren) eine Person, die im Rundfunk oder Fernsehen Sendungen gestaltet, indem sie informiert, unterhält und Kommentare gibt ● hierzu **Mo·de·ra·to·rin** *die*

mo·de·rie·ren VERB (moderierte, hat moderiert) **(etwas) moderieren** im Rundfunk oder Fernsehen als Moderator arbeiten ⟨eine Sendung moderieren⟩ ● hierzu **Mo·de·ra·ti·on** *die*

mo·de·rig ADJEKTIV → modrig

★ **mo·dern**[1] ADJEKTIV **1** so, wie es im Augenblick zur Kultur und Technik passt ≈ *zeitgemäß* ↔ *veraltet* | *nach modernen Methoden arbeiten* | *moderne Ansichten haben* **2** zur jetzigen Zeit gehörig ⟨Kunst, ein Stil⟩ ≈ *aktuell* | *Die moderne Staatsform ist die Demokratie, die Monarchie gehört der Vergangenheit an* **3** so, wie es gerade Mode ist ⟨eine Frisur, ein Haus, ein Kleid⟩ | *Es ist gerade modern, im Dirndl aufs Oktoberfest zu gehen* ● zu (1,2) **Mo·der·ni·tät** *die*

★ **mo·dern**[2] VERB (moderte, hat/ist gemodert) **etwas modert** etwas wird von Bakterien o. Ä. aufgelöst und riecht deshalb unangenehm ⟨das Holz, das Laub⟩ ≈ *faulen*

mo·der·ni·sie·ren VERB (modernisierte, hat modernisiert) **1** **(etwas) modernisieren** etwas auf den neuesten Stand der Technik bringen ⟨einen Betrieb, eine Fabrik, ein altes Haus modernisieren⟩ **2** **etwas modernisieren** etwas vor allem in Musik und Literatur so verändern, dass es dem Geschmack und dem Stil von heute entspricht ⟨ein klassisches Stück, eine Oper modernisieren⟩ | *ein antikes Schauspiel in modernisierter Fassung aufführen* ● hierzu **Mo·der·ni·sie·rung** *die*

mo·di·fi·zie·ren VERB (modifizierte, hat modifiziert) **etwas modifizieren** *geschrieben* etwas (leicht) verändern (um es den neuen Kenntnissen und Bedingungen anzupassen) ⟨eine Theorie, ein Programm modifizieren; die Methoden modifizieren⟩ ● hierzu **mo·di·fi·zier·bar** ADJEKTIV; **Mo·di·fi·ka·ti·on** *die*

★ **mo·disch** ADJEKTIV so, wie es gerade Mode ist ⟨eine Frisur, ein Kleid; sich modisch kleiden⟩ ↔ *altmodisch*

mod·rig ADJEKTIV mit dem Geruch von faulendem Holz ⟨ein Keller, die Luft⟩

Mo·dul *das;* (-s, -e) **1** ein Teil eines elektrischen Gerätes mit einer Funktion, das man mit anderen Teilen kombinieren und leicht wechseln kann | *die Module in einem Computer auswechseln* **2** ein Teil eines Studiengangs an einer Universität oder Fachhochschule

Mo·dus, Mo·dus *der;* (-, Mo·di) **1** *geschrieben* die Art und Weise, wie man handelt und wie man etwas durchführt ⟨einen Modus finden; einen neuen Modus suchen; den Modus der Verhandlung bestimmen⟩ | *Nach einer langen Krise haben sie einen Modus gefunden, der beiden ein unabhängiges Leben ermöglicht* **2** die grammatische Kategorie des Verbs, mit der man den Willen oder die Wahrscheinlichkeit ausdrücken kann | *Indikativ, Konjunktiv und Imperativ sind die Modi des Deutschen*

Mo·fa *das;* (-s, -s) ein Fahrrad mit Motor, das höchstens 25 Kilometer pro Stunde fahren darf ⟨(ein) Mofa fahren⟩

mo·geln VERB (mogelte, hat gemogelt) **(bei etwas) mogeln** *gesprochen* kleine Tricks anwenden, die gegen die Regeln verstoßen ⟨beim Spielen, bei einem Test mogeln⟩ | *Wer mo-*

gelt, darf nicht mehr mitspielen!

Mo·gel·pa·ckung *die; gesprochen* die große, auffällige Verpackung einer Ware, welche den Eindruck erweckt, dass sie mehr enthält, als tatsächlich der Fall ist

★ **mö·gen**[1] MODALVERB (mag, mochte, hat mögen) **1** *Infinitiv* + **mögen** den Wunsch haben, etwas zu tun ≈ *wollen* | *Sie möchte nach dem Abitur studieren* | *Möchtest du mit uns wandern?* | *Er mag nicht mit dem Rauchen aufhören* | *Ich hätte sehen mögen, wie er ins Wasser fiel!* **i** Der Konjunktiv II (die Formen mit *möcht-*) wird oft anstelle des Präsens verwendet. Für die Vergangenheit verwendet man dann *wollen*: *Gestern wollte ich ins Kino gehen, heute möchte ich lieber zu Hause bleiben* **2** *Infinitiv* + **mögen** verwendet, um zu sagen, dass etwas möglich oder wahrscheinlich ist ≈ *können* | *Er mag mit seiner Behauptung durchaus recht haben* | *Es mag schon sein, dass der Angeklagte unschuldig ist* **3** *Fragewort* + **mag jemand/etwas** +*Partizip Perfekt* **sein/haben** verwendet, wenn man sich Gedanken über etwas macht | *Wie mag das Schiff nur so schnell gesunken sein?* | *Warum mag er wohl ausgewandert sein?* **4** **jemand möge/möchte** +*Infinitiv* in der indirekten Rede verwendet, um eine Bitte oder Aufforderung auszudrücken | *Sie bat ihn, er möge/er möchte in ihrer Wohnung nicht rauchen* **5** **etwas mag/möge genügen** *geschrieben* etwas genügt (nach der Meinung des Sprechers) | *Eine Anzahlung in Höhe von 100 € mag/möge genügen*

★ **mö·gen**[2] VERB (mag, mochte, hat gemocht) **1** **jemanden mögen** jemanden nett und sympathisch finden | *Die Schüler mögen ihre neue Lehrerin sehr* **2** **etwas mögen** etwas gut oder angenehm finden | *Kinder mögen gerne Süßigkeiten* | *Magst du die Musik von Beethoven?* **3** **etwas mögen** im Indikativ oder im Konjunktiv II verwendet, um zu sagen, dass jemand etwas haben will | *Mein Sohn möchte zu Weihnachten ein Fahrrad* | *Ich möchte nicht, dass ihr euch die Kleidung schmutzig macht!* **4** **irgendwohin mögen** den Wunsch haben, irgendwohin zu gehen, zu fahren o. Ä. | *Ich mag/möchte jetzt nach Hause!* **5** Lust haben, etwas zu tun | *Morgen gehen wir in den Zoo. Magst du?* | *„Geh jetzt ins Bett!" – „Ich mag aber nicht!"* | *„Schmeckt gut, die Marmelade. Möchtest du auch mal?"* **i** Die Perfektform ist *gemocht*, wenn *mögen* allein steht. Nach einem anderen Verb steht *mögen*: *Die Kinder haben noch nicht ins Bett gemocht/ins Bett gehen mögen.*

★ **mög·lich** ADJEKTIV **1** so, dass es getan werden kann ⟨so bald, gut, schnell wie/als möglich; jemandem etwas möglich machen⟩ | *Er wollte alles tun, was ihm möglich war, um ihr zu helfen* | *Wäre es möglich, dass du mir dein Auto leihst?* | *Der Arzt hat alles Mögliche versucht, um ihr Leben zu retten* **2** so, dass es vielleicht getan wird, geschieht oder existiert ⟨etwas liegt im Bereich, im Rahmen des Möglichen⟩ ≈ *vorstellbar* | *„Er ist sicher schon da." – „Schon möglich!"* | *Ob es wohl möglich ist, dass sie sich getrennt haben? Man sieht sie nie mehr zusammen* **3** so, dass etwas richtig ist oder akzeptiert werden kann ⟨eine Antwort, eine Lösung⟩ | *Auf diese Frage gibt es mehrere mögliche Antworten* **4** **alle möglichen Personen/Dinge**; **alles Mögliche** *gesprochen* viele verschiedene Personen oder Dinge | *Sie kennt alle möglichen Leute* | *Sie waren auf alle möglichen Schwierigkeiten/alles Mögliche vorbereitet, aber darauf nicht* **5** **sein Möglichstes tun** alles tun, was man tun kann ■ **ID** **Man sollte es nicht für möglich halten!** verwendet, um zu sagen, dass man sehr überrascht (und oft verärgert) ist

★ **mög·li·cher·wei·se** ADVERB ≈ *vielleicht*

★ **Mög·lich·keit** *die;* (-, -en) **1** etwas, das (theoretisch) sein oder geschehen kann (aber nicht muss) ⟨es besteht die Möglichkeit, dass …; mit einer Möglichkeit rechnen; an einer Möglichkeit zweifeln⟩ ↔ *Notwendigkeit* | *Es besteht die Möglichkeit, dass auf anderen Planeten auch Menschen leben* | *Die Möglichkeit ist vorhanden, aber die Wahrscheinlichkeit ist nicht groß* **2** **die Möglichkeit** (**zu** +*Infinitiv*) eine (günstige) Situation, in der etwas möglich ist ⟨die, kaum, wenig, keine Möglichkeit haben; eine Möglichkeit ergreifen; von einer Möglichkeit Gebrauch machen⟩ ≈ *Gelegenheit* | *Hast du die Möglichkeit, mich vom Büro aus anzurufen?* | *Es gibt keine Möglichkeit, sein Leben zu retten* | *Er gab ihr die Möglichkeit, sich bei ihm zu entschuldigen* | *Ich hatte leider keine Möglichkeit, dir zu schreiben, ich war zu beschäftigt* **K** Aufstiegsmöglichkeiten, Erholungsmöglichkeiten, Verdienstmöglichkeiten **3** eine Art, wie man etwas tun kann ≈ *Alternative* | *Es gibt mehrere Möglichkeiten, eine Bitte zu formulieren* | *Er probierte verschiedene Möglichkeiten, bevor er die richtige Lösung fand* **4** *nur Plural* die Fähigkeit, etwas zu tun ⟨die finanziellen, intellektuellen Möglichkeiten⟩ **5** **nach Möglichkeit** wenn es möglich ist | *Könntest du heute nach Möglichkeit länger bleiben?*

★ **mög·lichst** ADVERB **1** **möglichst** +*Adjektiv/Adverb* in dem Maße, wie es unter den jeweiligen Umständen maximal möglich ist | *Er versuchte, die Fragen möglichst schnell zu beantworten* (Er versuchte, die Fragen so schnell wie möglich zu beantworten) **2** wenn es möglich ist | *Versuche doch möglichst, heute pünktlich zu kommen*

Mohn *der;* (-s) **1** eine Blume mit meist großen roten Blüten. Aus manchen Arten von Mohn kann man Opium gewinnen **K** Mohnblume **i** Die Blume, die in Europa als Unkraut wächst, ist *Klatschmohn*; Opium wird aus *Schlafmohn* gewonnen **2** die Samenkörner des Mohns ⟨Mohn mahlen⟩ | *ein Brötchen mit Mohn bestreuen* **K** Mohnbrötchen, Mohnkuchen

Mohr *der;* (-en, -en); *veraltet* ein Mensch mit dunkler Hautfarbe (aus Afrika) **i** *der Mohr; den, dem, des Mohren* ■ **ID** **Der Mohr hat seine Schuldigkeit getan, der Mohr kann gehen** verwendet, um zu sagen, dass man sich ungerecht behandelt fühlt, weil man nicht mehr erwünscht ist, sobald man nicht mehr gebraucht wird

Möh·re *die;* (-, -n) ≈ *Karotte* **i** → Abb. unter **Gemüse** und **Karotte**

Mohr·rü·be *die; norddeutsch* ≈ *Karotte*

moin!, **Moin!** *meist norddeutsch* **moin(, moin)!**; **Moin(, Moin)!** als lockere Form der Begrüßung verwendet ≈ *hallo, hi*

mo·kie·ren VERB (mokierte sich, hat sich mokiert) **sich (über jemanden/etwas) mokieren** *geschrieben* (mit leichter Arroganz) über jemanden/etwas spotten | *Sie mokiert sich darüber, dass er immer so altmodische Hosen trägt*

Mok·ka *der;* (-s, -s) **1** *nur Singular* ein sehr starker Kaffee, den man meist aus kleinen Tassen trinkt | *nach dem Essen einen Mokka trinken* **K** Mokkalöffel, Mokkatasse **2** die Kaffeesorte, aus der man Mokka macht

Molch *der;* (-(e)s, -e) ein Tier (eine Amphibie), das ein Teil des Jahres im Wasser lebt und das wie eine Eidechse aussieht

Mo·le *die;* (-, -n) eine Mauer, welche den Hafen vor den Wellen schützt **K** Hafenmole

Mo·le·kül *das;* (-s, -e) eines der Teilchen, in die man eine Substanz zerlegen kann, ohne dass sie ihre chemischen Eigenschaften verliert, und das aus zwei oder mehr Atomen besteht | *Ein Molekül des Wassers besteht aus zwei Wasserstoffatomen und einem Sauerstoffatom* **K** Wassermolekül, Zuckermolekül

molk *Präteritum, 1. und 3. Person Singular; veraltend* → melken

Mol·ke *die;* (-) die weißgelbe Flüssigkeit, die von der Milch zurückbleibt, wenn man Käse oder Quark herstellt K Molkepulver

Mol·ke·rei *die;* (-, -en) ein Betrieb, der Butter, Käse, Joghurt usw. aus Milch herstellt K Molkereiprodukt

Moll *das;* (-) Tonarten, die vom zweiten zum dritten Ton Halbtöne haben ↔ *Dur* K Molltonart, Molltonleiter; b-Moll, c-Moll

mol·lig ADJEKTIV; *gesprochen* **1** angenehm dick ≈ *rundlich* | *Im Barock galten mollige Frauen als besonders schön* **2** weich und warm ⟨ein Pullover⟩ **3** angenehm warm | *Hier am Ofen ist es mollig warm*

Mo·loch, **Mo·loch** *der;* (-s, -e); *geschrieben* eine große, bedrohliche Sache, die ständig Opfer fordert und gegen die man sich nicht wehren kann ⟨ein gefräßiger, unersättlicher, wuchernder Moloch⟩ | *Die Stadt ist ein alles verschlingender Moloch, der unaufhaltsam wächst*

Mo·lo·tow·cock·tail [-tɔf-] *der* eine Flasche, die mit Benzin usw. gefüllt ist und wie eine kleine Bombe wirkt | *Die Demonstranten warfen mit Molotowcocktails*

★ **Mo·ment**[1] *der;* (-(e)s, -e) **1** ein Zeitpunkt oder eine sehr kurze Zeit ⟨der entscheidende, richtige Moment; einen Moment warten, zögern, Zeit haben; im letzten Moment⟩ ≈ *Augenblick* **2** **im Moment** ≈ *jetzt* ■ ID **Moment (mal)!** a *gesprochen* verwendet, um eine plötzliche Idee einzuleiten | *Moment (mal), da fällt mir etwas ein!* b *gesprochen* verwendet, um jemandem zu sagen, dass er etwas nicht tun darf | *He! Moment mal, wo wollen Sie denn hin?*; **einen lichten Moment haben** *gesprochen, humorvoll* ausnahmsweise einmal etwas verstehen

★ **Mo·ment**[2] *das;* (-(e)s, -e) etwas, das für ein Geschehen sehr wichtig ist ⟨das auslösende, entscheidende, treibende Moment⟩ ≈ *Faktor* | *Seine Entschuldigung brachte ein versöhnliches Moment in die Diskussion* | *Sie machte sich das Moment der Überraschung zunutze* K Gefahrenmoment, Überraschungsmoment, Verdachtsmoment

★ **mo·men·tan** ADJEKTIV *meist attributiv* in der Gegenwart | *Sein momentaner Zustand/Die momentane Lage ist beunruhigend* | *Ich kann mich momentan nicht erinnern*

Mo·narch *der;* (-en, -en) eine Person, die allein über ein Reich herrscht und als Zeichen ihrer Rechte eine Krone trägt | *Ein König und ein Kaiser sind Monarchen* H *der Monarch; den, dem, des Monarchen* ● hierzu **Mo·nar·chin** *die;* **mo·nar·chisch** ADJEKTIV

Mo·nar·chie *die;* (-, -n [-iːən]) **1** eine Staatsform, in der ein König oder Kaiser herrscht **2** **eine konstitutionelle Monarchie** eine Monarchie, in welcher der Monarch (mit wenig Macht) den Staat repräsentiert und die politischen Entscheidungen von Parlament und Regierung getroffen werden **3** **eine absolute Monarchie** eine Monarchie, in welcher der Monarch allein regiert

Mo·nar·chist *der;* (-en, -en) eine Person, welche die Staatsform der Monarchie für sehr gut hält H *der Monarchist; den, dem, des Monarchisten* ● hierzu **mo·nar·chis·tisch** ADJEKTIV

★ **Mo·nat** *der;* (-s, -e) **1** einer der zwölf Teile eines Jahres ⟨der heißeste, schönste, kürzeste Monat im Jahr; die kältesten Monate des Jahres; jeden Monat; im nächsten, letzten, kommenden Monat⟩ | *Die Miete muss bis zum 3. des Monats gezahlt werden* K Monatsanfang, Monatsende, Monatslohn, Monatsmitte; monatelang; Kalendermonat, Sommermonat, Herbstmonat, Wintermonat H die Monate sind *Januar, Februar, März, April, Mai, Juni, Juli, August, September, Oktober, November, Dezember* **2** die Zeit von (ungefähr) vier Wochen ⟨in vor, einem Monat; nach zwei Monaten; für mehrere Monate⟩ | *Seine Tochter ist jetzt drei Monate alt* ■ ID **im dritten/vierten** *usw.* **Monat sein** *gesprochen* seit drei/vier usw. Monaten schwanger sein; **zwei/drei** *usw.* **Monate/Jahre bekommen** *gesprochen* zu zwei/drei usw. Monaten/Jahren Gefängnis verurteilt werden

-mo·na·tig *im Adjektiv, unbetont, begrenzt produktiv, meist attributiv* **einmonatig, zweimonatig, dreimonatig** *und andere* die genannte Zahl von Monaten dauernd ⟨ein Aufenthalt⟩

★ **mo·nat·lich** ADJEKTIV *meist attributiv* **1** jeden Monat stattfindend, pro Monat | *Sie kommt monatlich zweimal/zweimal monatlich zu Besuch* | *Sein monatliches Einkommen beträgt dreitausend Euro* **2** so, dass es einen Monat dauert | *eine monatliche Kündigungsfrist haben* | *etwas geschieht in monatlichen Abständen*

-mo·nat·lich *im Adjektiv, unbetont, begrenzt produktiv, meist attributiv* **zweimonatlich, dreimonatlich** *und andere* in Abständen, die jeweils die genannte Zahl von Monaten dauern | *in viermonatlichen Abständen*

Mönch *der;* (-s, -e) **1** ein Mann, welcher der Religion in besonderer Weise das ganze Leben lang dient (z. B. nicht heiratet und in einem Kloster lebt) ⟨buddhistische, christliche Mönche⟩ K Mönchsgewand, Mönchskloster, Mönchskutte; Benediktinermönch, Bettelmönch, Wandermönch **2** **wie ein Mönch leben** ein Leben ohne Luxus und ohne sexuelle Kontakte führen

★ **Mond** *der;* (-(e)s, -e) **1** *nur Singular* der große, runde Körper, der sich in 28 Tagen um die Erde dreht und in der Nacht am Himmel zu sehen ist ⟨zum Mond fliegen; der erste Mensch auf dem Mond⟩ K Mondfähre, Mondflug, Mondlandung, Mondoberfläche, Mondrakete, Mondsonde, Mondumlaufbahn **2** der Mond, wie man ihn zu manchen Zeiten sehen kann ⟨abnehmender, zunehmender Mond; der Mond geht auf/unter, steht am Himmel; die Scheibe, Sichel des Mondes⟩ K Mondaufgang, Mondnacht, Mondsichel, Monduntergang; Halbmond, Neumond, Vollmond, Tagmond **3** ein Körper, der um einen Planeten kreist ≈ *Trabant* | *Der Planet Mars hat zwei Monde* K Erdmond, Marsmond, Saturnmond **4** etwas, das die Form eines Halbkreises hat | *Monde ausstechen und backen* | *Seine Fingernägel haben große Monde* ■ ID **auf/hinter dem Mond leben** *gesprochen* hinter der Zeit zurück sein; **jemand könnte/möchte eine Person auf den/zum Mond schießen** *gesprochen* jemand ärgert sich sehr über eine Person und will sie loswerden; **Das kannst du (dir) in den Mond schreiben** *gesprochen* das musst du als verloren aufgeben

mon·dän ADJEKTIV so, dass eine Person oder Sache ihre Eleganz deutlich zeigt ⟨ein Badeort, eine Frau, Kleidung, ein Lokal⟩ ≈ *vornehm* | *Cannes ist ein mondäner Badeort*

Mond·fins·ter·nis *die* der Vorgang, bei welchem der volle Mond in den Schatten der Erde tritt ⟨eine partielle, totale Mondfinsternis⟩

Mond·schein *der* das Licht des Mondes ■ ID **Du kannst mir (mal) im Mondschein begegnen!** *gesprochen* lass mich in Ruhe, ich werde deine Wünsche nicht erfüllen

mond·süch·tig ADJEKTIV ⟨ein Mensch⟩ so, dass er nachts aufsteht und schlafend umhergeht ● hierzu **Mond·süch·tig·keit** *die*

mo·ne·tär ADJEKTIV *meist attributiv* in Bezug auf das Geld oder die Währung ⟨Schwierigkeiten, die Situation⟩

Mo·ne·ten *die; Plural; gesprochen* ≈ *Geld*

mo·nie·ren VERB (monierte, hat moniert) **etwas (an etwas** *(Dativ)***) monieren** *geschrieben* Fehler an etwas bemerken und dies tadeln oder kritisieren ⟨eine Rechnung monieren; Mängel monieren⟩

★ **Mo·ni·tor**, **Mo·ni·tor** *der;* (-s, -e/auch Mo·ni·to·ren) **1** ein Bildschirm, auf dem man beobachten kann, was eine Kamera filmt | *Die Polizei beobachtet den Verkehr am Monitor* K Monitorüberwachung [2] der Bildschirm eines Computers

mo·no ADJEKTIV *meist prädikativ* nur auf einem Kanal aufgenommen oder zu hören ⟨eine Radiosendung mono hören⟩ ↔ *stereo* K Monosendung

mo·no-, **Mo·no-** *im Adjektiv und Substantiv, betont, nicht produktiv; geschrieben* so, dass nur eine Sache vorhanden oder betroffen ist ↔ *poly-, Poly-* | *monochrom* (nur mit einer Farbe ⟨eine Aufnahme, ein Bildschirm⟩) | *monolithisch* (aus einem Stück ⟨ein Felsblock⟩) | *monotheistisch* (mit einem Gott ⟨eine Religion⟩)

Mo·no·ga·mie *die*; (-) in einer Monogamie hat der Mann eine einzige Frau als Ehepartnerin bzw. die Frau einen einzigen Mann als Ehepartner

Mo·no·gramm *das*; (-s, -e) jeweils der erste Buchstabe des Vor- und Familiennamens | *ein Tuch mit dem Monogramm IG*

Mo·no·kul·tur, **Mo·no·kul·tur** *die* [1] *nur Singular* der (ständige) Anbau einer einzigen Pflanzenart auf einer Fläche [2] eine Ackerfläche, auf der etwas in Monokultur wächst

Mo·no·log *der*; (-s, -e) eine (lange) Rede einer einzelnen Person ohne Partner (vor allem in Theaterstücken oder Filmen) ⟨einen Monolog halten⟩

Mo·no·pol *das*; (-s, -e) **das Monopol (auf etwas** (*Akkusativ*)**)** Firmen oder Institutionen haben ein Monopol, wenn nur sie eine Ware oder Dienstleistung anbieten (dürfen) ⟨ein Monopol ausüben, haben; etwas ist jemandes Monopol⟩ | *Die Herstellung und der Verkauf von Zündhölzern war lange Zeit ein staatliches Monopol* K Monopolinhaber, Monopolstellung; Bildungsmonopol, Handelsmonopol, Informationsmonopol, Steuermonopol; Staatsmonopol • hierzu **mo·no·po·lis·tisch** ADJEKTIV

mo·no·ton ADJEKTIV so, dass dasselbe ständig wiederholt wird und somit langweilig ist ⟨Arbeit, Musik⟩ ≈ *eintönig* | *die monotone Arbeit am Fließband* • hierzu **Mo·no·to·nie** *die*

Mons·ter *das*; (-s, -) ein Wesen, das jemandem Angst macht (weil es so groß, hässlich oder böse ist) ≈ *Ungeheuer* K Monsterfilm • hierzu **mons·ter·haft** ADJEKTIV

Mons·ter- *im Substantiv, betont, begrenzt produktiv; gesprochen, abwertend* **die Monsteranlage, das Monsterexemplar, der Monsterkonzern, das Monsterprogramm** *und andere* viel zu groß | *der Monsterprozess gegen die Terroristen*

monst·rös ADJEKTIV (monströser, monströsest-) [1] *geschrieben* mit Eigenschaften eines Monsters [2] viel zu groß und meist auch hässlich | *ein monströses Bauwerk* • hierzu **Monst·ro·si·tät** *die*

Monst·rum *das*; (-s, Monst·ren) [1] ≈ *Monster* [2] ein Mensch, der zu sehr grausamen Taten fähig ist | *Um jemanden so zu quälen, muss man ein wahres Monstrum sein* [3] **ein Monstrum (von etwas)** *gesprochen* etwas, das viel zu groß und meist auch hässlich ist ⟨ein Monstrum von einem Koffer, Kasten, Kürbis⟩ | *Der Schrank war ein solches Monstrum, dass wir ihn nicht durch die Tür brachten*

Mon·sun *der*; (-s, -e) ein Wind in Süd- und Ost-Asien, der alle sechs Monate die Richtung wechselt und im Sommer starken Regen bringt K Monsunregen, Monsunzeit

★ **Mon·tag** *der*; (-s, -e) der erste Arbeitstag der Woche ⟨am Montag; letzten, diesen, nächsten Montag; Montag früh⟩ K Montagabend, Montagmorgen, Montagnacht; montagabends, montagmittags; Ostermontag, Pfingstmontag ▮ Abkürzung: *Mo*

Mon·ta·ge [-'ta:ʒə] *die*; (-, -n) [1] das Montieren | *Bei der Montage der Waschmaschine fehlte ein Schlauch* K Montageabteilung, Montageanleitung, Montagehalle, Montagesatz, Montageteil [2] ein Bild o. Ä., das aus verschiedenen Teilen zusammengesetzt wird ⟨Fotos, Zeitungsausschnitte zu einer Montage zusammenfügen, kleben⟩ K Bildmontage, Fotomontage [3] das Herstellen eines Films aus verschiedenen Teilen, die zusammengestellt und zu einem Filmband geklebt werden K Filmmontage [4] **auf Montage** *gesprochen* längere Zeit von zu Hause weg, um mit der Montage auf einer Baustelle Geld zu verdienen ⟨auf Montage gehen, sein⟩

★ **mon·tags** ADVERB jeden Montag | *Das Restaurant hat montags Ruhetag*

Mon·teur [-'tøːɐ̯] *der*; (-s, -e) eine Person, die beruflich etwas montiert • hierzu **Mon·teu·rin** [-'tøːrɪn] *die*

mon·tie·ren VERB (montierte, hat montiert) [1] **etwas montieren** mehrere Teile fest miteinander verbinden, sodass ein fertiges Gerät oder eine Konstruktion entsteht | *aus Stahlträgern eine Brücke montieren* | *am Fließband Autos montieren* [2] **etwas montieren** etwas meist mit Schrauben an einem Ort befestigen ↔ *abmontieren* | *einen Gepäckträger (auf das/dem Autodach) montieren* | *Wenn die Lampen montiert sind, sind wir fertig*

Mo·nu·ment *das*; (-s, -e) **ein Monument (für jemanden/etwas)** ≈ *Denkmal, Mahnmal* | *ein Monument für die Opfer des Zweiten Weltkriegs errichten*

mo·nu·men·tal ADJEKTIV sehr groß und deshalb beeindruckend ⟨ein Gemälde, eine Plastik, ein Gebäude; etwas wirkt monumental; etwas monumental gestalten⟩ | *Den Mount Everest zu bezwingen, war damals eine monumentale Leistung* K Monumentalbau, Monumentalfilm, Monumentalgemälde, Monumentalwerk • hierzu **Mo·nu·men·ta·li·tät** *die*

Moor *das*; (-s, -e) ein Gebiet mit einem sehr nassen und weichen Boden, auf dem vor allem Gras und Moos wachsen ⟨im Moor versinken, Torf stechen; ein Moor trockenlegen⟩ K Moorboden, Moorerde, Moorpflanze • hierzu **moo·rig** ADJEKTIV

Moos *das*; (-es, -e) [1] eine Pflanze, die auf feuchtem Boden oder auf Bäumen wächst und dort kleine, grüne Polster bildet | *Der Baumstumpf war von Moos überwachsen* K Moospflanze, Moospolster, moosgrün, moosbedeckt [2] *nur Singular* ein Polster aus Moos [3] *süddeutsch* Ⓐ Ⓒⓗ ≈ *Moor* [4] *gesprochen nur Singular* ≈ *Geld*

★ **Mo·ped** *das*; (-s, -s) ein Fahrzeug mit zwei Rädern und einem Motor, das höchstens 40 Kilometer pro Stunde fahren darf ⟨(ein) Moped fahren⟩ K Mopedfahrer, Mopedführerschein

Mops *der*; (-es, Möp·se) [1] ein kleiner Hund mit kurzen Haaren und Beinen, einem dicken Körper und einer breiten, flachen Schnauze [2] *gesprochen* ▲ *nur Plural* verwendet, um große Brüste zu beschreiben [3] *gesprochen, humorvoll nur Plural* ≈ *Geld*

mop·sen VERB (mopste, hat gemopst) **(jemandem) etwas mopsen** *gesprochen* etwas wenig Wertvolles nehmen, was einem nicht gehört | *Wer hat mir meinen Bleistift gemopst?*

★ **Mo·ral** *die*; (-) [1] die Regeln, die in einer Gesellschaft bestimmen, welches Verhalten eines Menschen als gut und welches als schlecht gilt ⟨die bürgerliche, christliche, sozialistische Moral; gegen die Moral verstoßen; die Moral verletzen⟩ ≈ *Ethik* K Moralbegriff, Morallehre, Moralvorstellungen, Moraltheologie [2] die Art, wie sich jemand nach den Regeln der Moral richtet ⟨eine lockere, strenge Moral haben⟩ | *Er hat eine doppelte Moral: Die Ansprüche, die er an andere stellt, gelten nicht für ihn selbst* [3] das Vertrauen in die eigenen Fähigkeiten ⟨jemandes Moral ist gut, schlecht, ungebrochen; jemandes Moral stärken, schwächen⟩ ≈ *Selbstvertrauen* | *Nach der Niederlage sank die Moral der Mann-*

schaft **4** etwas, das man aus einer Geschichte lernen kann (und das in Fabeln am Schluss steht)

Mo·ral·apos·tel *der; abwertend* ≈ *Moralist*

★ **mo·ra·lisch** ADJEKTIV **1** *meist attributiv* in Bezug auf die Moral ⟨Druck, Zwang, Bedenken, Skrupel⟩ ≈ *sittlich* | *Er fühlte sich moralisch dazu verpflichtet, ihr zu helfen* **2** so, dass man sich an die Regeln der Moral hält ⟨ein Lebenswandel, ein Verhalten⟩ ■ ID **einen/den Moralischen haben** *gesprochen* **a** ein schlechtes Gewissen haben **b** deprimiert sein

Mo·ra·list *der;* (-en, -en); *oft abwertend* eine Person, die sich streng an die Regeln der Moral hält und andere Leute kritisiert, wenn diese nicht danach handeln **H** *der Moralist; den, dem, des Moralisten* • hierzu **Mo·ra·lis·tin** *die*

Mo·ral·pre·digt *die* **jemandem eine Moralpredigt halten** *oft abwertend* eine Person kritisieren und ihr sagen, wie sie sich verhalten muss (um nicht gegen die Moral zu verstoßen)

Mo·rast *der;* (-(e)s, -e/Mo·räs·te); *meist Singular* **1** ein Boden, der (meist nach einem starken Regen) sehr nass und weich ist ⟨im Morast stecken bleiben, versinken; etwas verwandelt sich in einen Morast⟩ ≈ *Schlamm* **2** **ein Morast an etwas** (*Dativ*) ein Bereich des moralischen Verfalls | *ein Morast an Korruption* • zu (1) **mo·ras·tig** ADJEKTIV

mor·bid, mor·bi·de ADJEKTIV; *geschrieben* **1** so, dass etwas krank und kraftlos aussieht ⟨eine Blässe⟩ **2** in einem Zustand, in dem es relativ wenig Ordnung, aber schlechte Sitten gibt ⟨eine Gesellschaft, die gesellschaftlichen Verhältnisse⟩ ≈ *dekadent* • hierzu **Mor·bi·di·tät** *die*

★ **Mord** *der;* (-es, -e) **der Mord (an jemandem)** nach deutschem Recht ist es Mord, wenn man jemanden aus Hass, Eifersucht, Habgier, Grausamkeit oder zur sexuellen Befriedigung absichtlich tötet ⟨einen Mord begehen, verüben, aufklären; jemanden des Mordes verdächtigen; jemanden wegen Mord(es) anklagen, verurteilen⟩ **K** Mordanklage, Mordanschlag, Morddrohung, Mordverdacht, Mordversuch, Mordwaffe; Massenmord, Raubmord, Sexualmord, Völkermord ■ ID **Mord und Totschlag** *gesprochen* ein schlimmer, gefährlicher Streit; **Das ist (der reine, reinste, glatte) Mord!** *gesprochen* Das ist sehr anstrengend oder gefährlich

mor·den VERB (mordete, hat gemordet) **(jemanden) morden** einen oder meist mehrere Morde begehen

★ **Mör·der** *der;* (-s, -) eine Person, die einen Mord begangen hat ⟨der mutmaßliche Mörder⟩ **K** Massenmörder, Raubmörder • hierzu **Mör·de·rin** *die*

Mör·der·gru·be *die* ■ ID → Herz

mör·de·risch ADJEKTIV **1** so, dass jemand dabei getötet wird/werden soll ⟨ein Kampf, ein Treiben; in mörderischer Absicht (auf jemanden losgehen)⟩ **2** in negativer Weise das normale Maß überschreitend ⟨Gedränge, Geschrei, Hitze, Kälte, Tempo⟩ ≈ *schrecklich* | *Es war mörderisch heiß* | *Das tut mörderisch weh*

Mord·kom·mis·si·on *die* eine Abteilung der Kriminalpolizei, die sich mit der Aufklärung von Morden beschäftigt

Mords- *im Substantiv, betont, sehr produktiv; gesprochen* **der Mordsdurst, das Mordsglück, der Mordskrach, der Mordsspaß, das Mordsspektakel, die Mordswut** *und andere* drückt aus, dass etwas sehr groß, sehr stark oder sehr intensiv ist | *Die Kinder haben einen Mordshunger*

Mords·kerl *der; gesprochen* verwendet, um zu sagen, dass ein Mann sehr groß und stark oder sehr kameradschaftlich und anständig ist

mords·mä·ßig ADJEKTIV; *gesprochen* **1** *meist attributiv* sehr stark, groß oder intensiv | *eine mordsmäßige Wut haben* **2** verwendet, um Adjektive oder Verben zu verstärken ≈ *sehr* | *Ich habe ihn mordsmäßig gern*

Mo·res *die; Plural* ■ ID **Ich werde/Das wird dich Mores lehren!** *gesprochen* verwendet, um zu sagen, dass man jemanden für sehr schlechtes Benehmen bestrafen will oder dass etwas eine gerechte Strafe dafür ist

★ **mor·gen** ADVERB **1** an dem Tag, der auf heute folgt ⟨morgen Abend, früh, Mittag, Nachmittag; bis, für morgen⟩ | *Sie hat morgen Geburtstag* | *Warte damit bis morgen* | *Er hat mich für morgen Abend eingeladen* **2** die/in der Zukunft | *die Gesellschaft, die Technik von morgen* **3** **morgen (in einer Woche, in einem Jahr** *usw.*) am gleichen Tag der Woche/des Monats wie am folgenden Tag, nur eine Woche, ein Jahr usw. später | *Er hat morgen in einem Monat Geburtstag* | *Morgen in einem Jahr feiern sie ein Jubiläum* ■ ID **Morgen ist auch noch ein Tag** Das muss nicht heute noch erledigt werden

★ **Mor·gen**[1] *der;* (-s, -) **1** die Tageszeit vom Aufgehen der Sonne bis ungefähr 11 Uhr ⟨ein kühler, strahlender, trüber Morgen; der Morgen bricht an, graut; am (frühen/späten) Morgen; früh/spät am Morgen⟩ ↔ *Abend* **K** Morgenandacht, Morgendämmerung, Morgengebet, Morgensonne, Morgenspaziergang, Morgenstunde; Sonntagmorgen, Wintermorgen **2** am Morgen ⟨gestern, heute Morgen⟩ **H** mit Namen von Wochentagen zusammengeschrieben: *Sie kam Montagmorgen* **3** *veraltet nur Singular* die Richtung, in der man morgens die Sonne sieht ⟨gegen/gen Morgen⟩ ≈ *Osten* **4** *historisch* früher als Maß für die Größe eines Feldes oder Gebietes verwendet. Ein Morgen hat etwa 3000 m^2 ⟨ein Morgen Acker, Land⟩ **5** **eines (schönen) Morgens** an einem Morgen **6** **des Morgens** *geschrieben* am Morgen **7** **Guten Morgen!** verwendet als Gruß am Morgen ⟨jemandem einen Guten/guten Morgen wünschen⟩ ■ ID **frisch/schön wie der junge Morgen** jung und schön • zu (1) **mor·gend·lich** ADJEKTIV

★ **Mor·gen**[2] *das;* (-s) ≈ *Zukunft* | *Sie glaubte, es gäbe kein Morgen für sie*

Mor·gen·grau·en *das;* (-s) die Zeit kurz vor dem Aufgang der Sonne ⟨im Morgengrauen aufstehen⟩ ≈ *Morgendämmerung*

Mor·gen·luft *die; nur Singular* die kühle und frische Luft am Morgen ■ ID **Morgenluft wittern** *oft humorvoll* eine gute Chance auf Erfolg sehen (und deshalb aktiv werden)

Mor·gen·muf·fel *der; gesprochen, oft humorvoll* eine Person, die morgens nach dem Aufstehen oft schlechte Laune hat und wenig spricht

★ **mor·gens** ADVERB am Morgen ↔ *abends*

★ **mor·gi·g-** ADJEKTIV *meist attributiv* an dem Tag, der auf heute folgt | *Er hat Angst vor dem morgigen Tag*

Mor·phi·um [-f-] *das;* (-s) ein Schmerzmittel, das aus Opium hergestellt wird und süchtig machen kann ≈ *Morphin* **K** Morphiumspritze, Morphiumsucht; morphiumsüchtig

morsch ADJEKTIV (morscher, morschest-) durch Feuchtigkeit oder hohes Alter weich und brüchig geworden ⟨Holz, ein Balken, ein Brett, eine Treppe⟩

Mor·se·al·pha·bet *das; nur Singular* ein Alphabet, dessen Buchstaben aus Punkten und Strichen bestehen, die kurzen und langen elektrischen Impulsen entsprechen, mit denen man Nachrichten sendet

mor·sen VERB (morste, hat gemorst) **(etwas) morsen** eine Nachricht mit dem Morsealphabet senden ⟨SOS morsen⟩ **K** Morseapparat

Mör·ser *der;* (-s, -) eine kleine Schüssel meist aus Porzellan oder Messing, in der man etwas mit einer Art kleiner Keule (dem Stößel) zu Pulver macht | *Körner im Mörser zerreiben/zerstoßen*

Mor·se·zei·chen *das* ein Symbol aus dem Morsealphabet

Mör·tel *der;* (-s) eine Mischung aus Sand, Zement und Wasser, die beim Bauen die Steine zusammenhält ⟨den Mörtel anrühren⟩

Mo·sa·ik *das*; (-s, -e/-en) ein Bild oder Muster aus bunten Glasstücken oder kleinen Steinen ⟨etwas mit einem Mosaik auslegen⟩ K Mosaikbild, Mosaikfußboden; Glasmosaik, Steinmosaik, Wandmosaik • hierzu **mo·sa·ik·ar·tig** ADJEKTIV

Mo·schee *die*; (-, -n [-'ʃeːən]) ein Gebäude, in welchem Muslime Gott verehren

MOSCHEE

Mö·se *die*; (-, -n); *gesprochen* ⚠ die Genitalien der Frau

mo·sern VERB (moserte, hat gemosert) **(über jemanden/etwas) mosern** *gesprochen* (über jemanden/etwas) nörgeln, meckern

Mos·ki·to *der*; (-s, -s) eine Mücke, die in den Tropen vorkommt und durch ihre Stiche Krankheiten (z. B. Malaria) auf den Menschen überträgt

Mos·ki·to·netz *das* ein Netz, mit dem man sich vor Moskitos schützt

Mos·lem *der*; (-s, -s) eine Person, deren Religion dem Koran des Propheten Mohammed folgt ≈ *Muslim* • hierzu **Mos·le·min** *die*; **mos·le·misch** ADJEKTIV

Most *der*; (-(e)s, -e); *meist Singular* **1** ein Saft aus Obst, vor allem aus Trauben K Apfelmost, Birnenmost **2** *süddeutsch* Ⓐ Ⓒⓗ ein Most, in dem sich schon etwas Alkohol gebildet hat

mos·ten VERB (mostete, hat gemostet) **(etwas) mosten** Most aus etwas herstellen | *Er mostet die Äpfel*

Most·rich *der*; (-(e)s); *norddeutsch* ≈ *Senf*

Mo·tel, **Mo·tel** *das*; (-s, -s) ein Hotel direkt an der Autobahn oder an einer wichtigen Straße

★ **Mo·tiv** [-f] *das*; (-(e)s, -e) **1 ein Motiv (für etwas)** ein Grund oder eine Ursache dafür, dass jemand etwas tut ⟨ein persönliches, politisches, religiöses Motiv⟩ | *Welches Motiv hatte er für den Mord?* | *Sein Motiv war Eifersucht* K Mordmotiv, Tatmotiv **2** etwas, das ein Maler, Fotograf, Bildhauer usw. künstlerisch macht ⟨ein schönes, reizvolles Motiv abgeben; auf der Jagd, Suche nach Motiven sein⟩ | *Stillleben sind ein beliebtes Motiv der Malerei* **3** ein Thema, das in der Literatur oft vorkommt ⟨ein Motiv aufgreifen, verwenden⟩ | *ein Motiv aus der Sage* | *Das Motiv der bösen Stiefmutter kommt im Märchen häufig vor* **4** eine Folge von Tönen in einem Musikstück, die im Laufe des Stücks wiederholt wird ⟨ein Motiv wiederholen⟩

Mo·ti·va·tions·schrei·ben *das* in einem Motivationsschreiben erklärt man bei einer Bewerbung ausführlich, warum man eine Arbeitsstelle haben möchte

mo·ti·vie·ren VERB [-v-] (motivierte, hat motiviert) **1 (jemanden) (zu etwas) motivieren** jemanden oder sich selbst zu etwas anregen oder Motive geben, etwas zu tun | *einem Kind eine Belohnung versprechen, um es zum Lernen zu motivieren* | *Ich bekomme keine Gehaltserhöhung! So etwas motiviert (mich) nicht gerade* **2 etwas motiviert etwas** etwas ist ein Grund, ein Motiv für eine Tat | *Sein schlechtes Benehmen ist durch nichts motiviert* **!** meist im Passiv mit dem Hilfsverb *sein* **3 etwas (mit etwas) motivieren** *geschrieben* die Gründe, Motive für eine Tat nennen ⟨einen Antrag, eine Handlungsweise⟩ • hierzu **Mo·ti·va·ti·on** *die*

★ **Mo·tor**, **Mo·tor** *der*; (-s, Mo·to·ren) **1** eine Maschine, die ein Fahrzeug oder ein Gerät antreibt, in Bewegung setzt ⟨der Motor springt an, läuft, heult (auf), dröhnt, setzt aus, streikt, stirbt ab; einen Motor anlassen/anwerfen/starten, warm werden lassen, laufen lassen, drosseln, abwürgen, ausstellen/abstellen/ausschalten; ein Motor mit Luftkühlung, mit Wasserkühlung, mit vier Zylindern⟩ | *ein Motor mit 60 PS* | *Das Taxi wartet mit laufendem Motor vor der Tür* K Motorblock, Motorboot, Motorleistung, Motoröl, Motorsäge, Motorschaden, Motorschlitten, Motorenbau, Motorengeräusch, Motorenkraft, Motorenlärm; Automotor, Bootsmotor, Flugzeugmotor, Benzinmotor, Dieselmotor, Elektromotor **2** eine Person, die dafür sorgt, dass etwas funktioniert | *jemand ist der Motor einer Firma*

Mo·tor·hau·be *die* eine Klappe an einem Auto über dem Motor, die man öffnen kann ⟨die Motorhaube öffnen, hochklappen, schließen; unter der Motorhaube nachsehen⟩ **!** → Abb. unter **Auto**

-mo·to·rig *im Adjektiv, unbetont, nicht produktiv* **einmotorig, zweimotorig, dreimotorig, viermotorig** *und andere* mit der genannten Zahl von Motoren ⟨ein Flugzeug⟩

Mo·to·rik *die*; (-) die Bewegung eines Menschen oder Tieres, welche vom Gehirn gesteuert wird | *Die Motorik eines Säuglings ist noch ziemlich unkoordiniert*

mo·to·risch ADJEKTIV **1** in Bezug auf die Motorik | *Ein Reflex ist eine motorische Reaktion des Körpers* **2** in Bezug auf den Motor | *die motorische Leistung eines Fahrzeuges*

mo·to·ri·sie·ren VERB (motorisierte, hat motorisiert) **jemanden motorisieren** jemandem ein Auto, Motorrad o. Ä. geben

mo·to·ri·siert ■ PARTIZIP PERFEKT **1** → motorisieren ■ ADJEKTIV **2** mit einem Auto, Motorrad o. Ä., das man benutzt ⟨ein Verkehrsteilnehmer⟩ | *Sind Sie motorisiert?* (Haben Sie Ihr Auto dabei oder soll ich Sie mitnehmen?)

★ **Mo·tor·rad**, **Mo·tor·rad** *das* ein Fahrzeug mit zwei Rädern und einem Motor, das sehr schnell fahren kann ⟨ein schweres Motorrad; Motorrad fahren⟩ K Motorradfahren, Motorradfahrer, Motorradführerschein, Motorradhelm, Motorradrennen

MOTORRAD

das Motorrad

der (Motor)Roller

Mo·tor·rol·ler *der* ein Fahrzeug mit zwei (kleinen) Rädern und einem Motor ⟨(einen) Motorroller fahren⟩ | *ein flotter italienischer Motorroller* **!** → Abb. unter **Motorrad**

Mo·tor·sport *der*; *nur Singular* alle Sportarten, zu denen man ein Fahrzeug mit Motor braucht (z. B. Autorennen)

Mot·te *die*; (-, -n) ein kleiner Nachtschmetterling, dessen Raupen oft Stoffe, Wolle usw. fressen ⟨etwas ist von Motten zerfressen⟩ K Mottengift, mottenzerfressen ■ **ID von jemandem/etwas angezogen werden wie Motten vom**

Licht so fasziniert von einer Person oder Sache sein, dass man immer wieder zu ihr geht; **Da kriegt man ja die 'Motten!**, **Du kriegst die 'Motten!** *gesprochen* verwendet, um zu sagen, dass man sehr erstaunt oder verärgert ist

Mọt·ten·kis·te *die* **etwas kommt/stammt aus der Mottenkiste**; **etwas gehört in die Mottenkiste** *gesprochen, abwertend* etwas ist sehr alt ⟨ein Witz, ein Trick⟩

Mọt·ten·ku·gel *die* eine kleine Kugel, die man zwischen die Kleider legt, damit keine Motten hineinkommen

Mọt·to *das*; (-s, -s) ein Gedanke, der meist in einem kurzen Satz formuliert ist, an den man sich hält ⟨sich (*Dativ*) etwas als Motto wählen; etwas unter ein bestimmtes Motto stellen⟩ | *Sie handelt immer nach dem Motto „leben und leben lassen"* | *Das Seminar steht unter dem Motto „Alternative Energiequellen"*

mọt·zen VERB (motzte, hat gemotzt) **(über etwas** (*Akkusativ*)**) motzen** *gesprochen, abwertend* ≈ *schimpfen*

Moun·tain·bike ['mauntn̩baik] *das*; (-s, -s) ein stabiles Fahrrad mit breiten Reifen und vielen Gängen

Mouse·pad ['mauspɛt] → Mauspad

Mö̱·we *die*; (-, -n) ein Vogel mit meist heller Farbe, der am Meer lebt und Fische oder Abfälle frisst ⟨eine Möwe kreischt, schreit, umkreist ein Schiff⟩

MP3-Play·er [ɛmpeː'draipleːjɐ] *der*; (-s, -) ein kleines elektronisches Gerät, mit dem man unterwegs Musikdateien abspielen kann

Mrd. **1** Abkürzung für *Milliarde* **2** Abkürzung für *Milliarden*

★ **Mụ̈·cke** *die*; (-, -n) ein kleines Insekt mit Flügeln, das am Wasser lebt. Manche Mücken saugen Blut ⟨von einer Mücke gebissen, gestochen werden⟩ | *In der Dämmerung tanzen die Mücken* K Mückenplage, Mückenschwarm, Mückenstich; Malariamücke, Stechmücke ■ ID **aus einer Mücke einen Elefanten machen** stark übertreiben oder etwas viel zu wichtig nehmen

Mụ·cken *die*; *Plural*; *gesprochen* ■ ID **(seine) Mucken haben** Eigenschaften haben, die andere Leute stören | *Er ist sehr freundlich, aber er hat auch seine Mucken* | *Das Auto hat so seine Mucken, z. B. funktioniert die Heizung nicht immer*

Mụ·cki·bu·de *die*; *gesprochen, humorvoll* ≈ *Fitnessstudio*

Mụ·ckis *die*; *Plural*; *gesprochen* ≈ *Muskeln*

Mụcks *der*; (-es, -e); *meist Singular* **keinen Mucks machen/sagen** *gesprochen* kein Wort sagen und kein Geräusch machen

mụck·sen VERB (muckste, hat gemuckst) **1** **ohne zu mucksen** *gesprochen* ohne zu widersprechen oder sich gegen etwas zu wehren | *Das Kind ging brav zu Bett, ohne zu mucksen* **2** **sich nicht mucksen** *gesprochen* sich durch keinen Laut und keine Bewegung bemerkbar machen | *Er saß in seinem Versteck und muckste sich nicht*

Mụck·ser *der*; (-s, -); *meist Singular* ≈ *Mucks*

mụcks·mäus·chen|stịll ADJEKTIV *meist prädikativ*; *gesprochen* so leise, dass niemand etwas hört ⟨jemand ist, irgendwo ist es mucksmäuschenstill⟩

★ **mü̱·de** ADJEKTIV **1** **müde (von etwas)** so, dass eine Person oder ein Tier schlafen will ⟨zum Umfallen müde sein⟩ ↔ *wach* | *Er war so müde, dass er früh ins Bett ging* **2** so, dass sie nach einer Anstrengung keine Kraft, keine Energie mehr haben ⟨ein Mensch, ein Tier⟩ ≈ *erschöpft* | *Nach der langen Sitzung klang seine Stimme sehr müde* **3** **jemandes/etwas müde werden** *geschrieben* jemanden/etwas (allmählich) nicht mehr mögen | *Sie wurde seiner dummen Bemerkungen müde und verließ ihn* K arbeitsmüde, lebensmüde **4** **nicht müde werden zu** +*Infinitiv* etwas immer wieder tun | *Er wurde nicht müde, die Vorzüge des neuen Modells anzupreisen* **5** **ein müdes Lächeln** ein schwaches, oft gequältes Lächeln

★ **Mü̱·dig·keit** *die*; (-) der Zustand, in dem man am liebsten schlafen möchte ⟨bleierne, chronische, große, ständige, wohlige Müdigkeit; jemand wird von Müdigkeit übermannt; Müdigkeit verspüren; vor Müdigkeit einschlafen; jemandem fallen vor Müdigkeit die Augen zu⟩ ■ ID **Nur keine Müdigkeit vorschützen!** verwendet, um jemanden aufzufordern, sich weiterhin anzustrengen

Mụff *der*; (-(e)s) ein muffiger Geruch

Mụf·fe *die* **jemandem geht die Muffe**; **jemand hat Muffe (vor einer Person/Sache)** *gesprochen* jemand hat Angst

Mụf·fel *der*; (-s, -); *gesprochen, abwertend* eine Person, die unfreundlich ist und oft schlechte Laune hat K Morgenmuffel ● hierzu **mụf·fe·lig**, **mụff·lig** ADJEKTIV

-muf·fel *der*; (-s); *im Substantiv, unbetont, begrenzt produktiv* **Automuffel, Bademuffel, Fußballmuffel, Krawattenmuffel, Modemuffel** *und andere* eine Person, welche das, was im Substantiv erwähnt wird, nicht (tun) mag oder ablehnt | *Karl ist ein echter Tanzmuffel*

mụf·feln VERB (muffelte, hat gemuffelt) **1** unfreundlich sein und oft schlechte Laune haben | *Hör schon auf zu muffeln und spiel wieder mit!* **2** *süddeutsch* Ⓐ muffig riechen

Mụf·fen·sau·sen *das* ■ ID **Muffensausen haben** *gesprochen* Angst haben

mụf·fig ADJEKTIV **1** ⟨Luft, ein Keller, Kleidung⟩ so, dass sie schlecht riechen, weil sie z. B. lange nicht gewaschen oder sauber gemacht worden sind oder mit frischer Luft in Berührung gekommen sind **2** *gesprochen, abwertend* so, dass jemand schlechte Laune hat, unfreundlich ist und nur wenig sagt

Müh ■ ID **mit Müh und Not** gerade noch ≈ *knapp* | *mit Müh und Not den Zug noch erreichen*

★ **Mü·he** ['myːə] *die*; (-, -n); *meist Singular* eine große geistige oder körperliche Anstrengung ⟨etwas bereitet/macht jemandem, kostet jemanden viel, wenig Mühe; keine Mühe scheuen; etwas ist der Mühe wert, lohnt die Mühe; sich (*Dativ*) große Mühe geben; sich (*Dativ*) die Mühe machen, etwas zu tun⟩ | *Ich konnte die Schrift nur mit Mühe lesen* | *Sie hatte Mühe, nicht einzuschlafen* ■ ID **Gib dir keine Mühe**, **Spar dir die Mühe**, **Die Mühe kannst du dir sparen** Das führt zu nichts, ist zwecklos; **Mach dir/Machen Sie sich keine Mühe** verwendet, um jemanden zu bitten, sich nicht viel Arbeit zu machen; **seine liebe Mühe mit jemandem/etwas haben** Probleme oder Schwierigkeiten mit jemandem/etwas haben ● hierzu **mü̱·he·los** ADJEKTIV; **Mü̱·he·lo·sig·keit** *die*; **mü̱·he·voll** ADJEKTIV

mu·hen ['muːən] VERB (muhte, hat gemuht) **eine Kuh muht** eine Kuh gibt die Laute von sich, die für ihre Art typisch sind ● hierzu **mu̱h!**

mü·hen ['myːən] VERB (mühte sich, hat sich gemüht) **sich mühen** *geschrieben* etwas mit allen Kräften tun oder versuchen ⟨sich redlich, vergeblich mühen⟩

Müh·le *die*; (-, -n) **1** ein Gerät, mit dem man Getreide, Kaffeebohnen o. Ä. sehr klein machen kann ⟨eine Mühle mit Handbetrieb; etwas durch die Mühle drehen⟩ | *Kaffee mit der Mühle mahlen* K Elektromühle, Handmühle, Getreidemühle, Kaffeemühle, Pfeffermühle **2** ein Gebäude, in dem man Mehl macht ⟨die Mühle geht, klappert, steht⟩ | *Getreide zum Mahlen in die Mühle bringen* K Mühlbach; Kornmühle, Wassermühle, Windmühle **3** *gesprochen, abwertend* ein (altes) Fahrzeug **4** eine monotone Tätigkeit, die schnell müde macht ■ ID **in die Mühlen der Justiz/Verwaltung geraten** in ein Verfahren verwickelt werden, das sehr lange dauert

Mü̱hl·rad *das* ein Rad, das von fließendem Wasser angetrieben wird und so eine Mühle in Bewegung setzt

Mühl·stein *der* ein großer, runder Stein, mit dem Getreide gemahlen wird

Müh·sal *die*; (-, -e); *geschrieben* ein Zustand lang anhaltender großer Mühe | *Das Leben hielt für ihn nichts als Mühsal und Verdruss bereit*

★ **müh·sam** ADJEKTIV mit viel Mühe oder großer Anstrengung verbunden ⟨etwas in mühsamer Kleinarbeit tun; sich mühsam beherrschen⟩ | *Es ist eine mühsame Arbeit, all die Scherben zu einer Vase zusammenzusetzen*

müh·se·lig ADJEKTIV; *geschrieben* sehr mühsam ⟨eine Arbeit, ein Leben⟩ ● hierzu **Müh·se·lig·keit** *die*

Mul·de *die*; (-, -n) eine Mulde ist eine tiefere Stelle in einer Fläche ⟨eine flache, kleine Mulde im Boden, im Gelände; in einer Mulde liegen⟩ | *Das Mehl in eine Schüssel schütten und in die Mitte eine Mulde drücken*

Mu·li *das*; (-s, -s); *süddeutsch* Ⓐ ≈ *Maultier*

Mull *der*; (-s) **1** ein dünner, leichter und weicher Stoff aus Baumwolle, der wie ein Netz aussieht K Mullgardine, Mullvorhang, Mullwindel **2** ein Stück Stoff, das man zwischen eine Wunde und den Verband legt K Mullbinde; Verbandsmull

★ **Müll** *der*; (-s) **1** alle festen Stoffe, die ein Haushalt, ein Betrieb usw. nicht mehr braucht und wegwirft ⟨Müll fällt an, wird abgeholt, wird beseitigt⟩ ≈ *Abfall* | *Für die Entsorgung von Müll und Abwässern ist die Stadt zuständig* K Müllabladeplatz, Müllbeseitigung, Müllbeutel, Müllcontainer, Mülldeponie, Mülleimer, Müllentsorgung, Müllgrube, Müllhalde, Müllsack, Müllverbrennung; Atommüll, Giftmüll, Hausmüll, Industriemüll, Verpackungsmüll **2** *gesprochen, abwertend* Müll ist alles, was man schlecht, dumm oder störend findet, was man nicht haben will | *Red nicht solchen Müll!* | *Was willst du noch mit diesem Müll? Schmeiß das doch weg* **3** **etwas in den Müll tun/werfen** etwas in einen Mülleimer oder eine Mülltonne tun

Müll·ab·fuhr *die*; (-) **1** das Abholen von Müll **2** die kommunale Einrichtung, welche den Müll abholt ⟨bei der Müllabfuhr arbeiten, sein⟩

Müll·berg *der* **1** eine (zu) große Menge Müll, von der man nicht weiß, was man damit machen soll **2** ein Hügel aus Müll (der mit Erde zugedeckt wurde, damit Gras und Bäume darauf wachsen)

Mül·ler *der*; (-s, -) eine Person, die beruflich in einer Mühle Getreide mahlt ● hierzu **Mül·le·rin** *die*

Müll·kip·pe *die* ein Platz, zu dem man den Müll bringen darf ⟨etwas auf die Müllkippe bringen⟩ ≈ *Müllhalde*

Müll·mann *der*; (-(e)s, Müll·män·ner) eine Person, die beruflich den Müll abholt

Müll·ton·ne *die* ein großer Behälter für Abfälle

Müll·tren·nung *die*; *nur Singular* das Sortieren von Müll nach verschiedenen Stoffen (z. B. Glas, Plastik), um so diese Stoffe wieder neu verwerten zu können

Müll·ver·mei·dung *die*; *nur Singular* alle Maßnahmen, die bewirken sollen, dass so wenig Müll wie möglich entsteht

mul·mig ADJEKTIV; *gesprochen* **1** von (leichter) Angst erfüllt ⟨jemandem ist/wird mulmig (zumute); ein mulmiges Gefühl im Bauch haben⟩ | *Als er tiefer in die finstere Höhle kam, wurde ihm mulmig* **2** ⟨eine Situation⟩ so, dass sie Angst macht ≈ *bedrohlich*

Mul·ti *der*; (-s, -s); *gesprochen* ein Konzern, der Betriebe in mehreren Ländern hat K Medienmulti, Ölmulti, Pharmamulti

mul·ti·funk·ti·o·nal [-tsjo-] ADJEKTIV für mehrere verschiedene Zwecke gedacht ⟨ein Gerät, eine Halle, ein Stadion⟩

Mul·ti·kul·ti *das*; (-s); *gesprochen* durch Einwanderung entstehende kulturelle Vielfalt in einem Land ⟨Multikulti als gescheitert ansehen⟩ H Dieses Wort wurde zuerst von Personen verwendet, die neue kulturelle Einflüsse begrüßen; das Wort wird aber auch abwertend gebraucht. ● hierzu **mul·ti·kul·ti** ADJEKTIV

mul·ti·kul·tu·rell ADJEKTIV ⟨eine Gesellschaft⟩ mit Angehörigen mehrerer Kulturen

mul·ti·la·te·ral ADJEKTIV mit mehr als zwei Partnern ⟨ein Abkommen, Verhandlungen⟩

Mul·ti·me·dia (*das*); (-(s)) das gleichzeitige Verwenden und Zusammenwirken mehrerer Medien in einer Veranstaltung oder in einem Computer (z. B. Musik, Grafiken, Filme) K Multimediaprodukt, Multimediashow, Multimediaveranstaltung, Multimediazeitalter

mul·ti·me·di·al ADJEKTIV **1** so, dass viele Medien beteiligt sind ⟨eine Ausstellung, eine Show⟩ **2** für viele Medien geeignet, eingerichtet ⟨ein Computer⟩

Mul·ti·me·dia|show [-ʃoː] *die* eine Veranstaltung, bei der Elemente der Musik, der Malerei, des Tanzes usw. miteinander kombiniert werden

Mul·ti·mil·li·o·när *der* eine Person, die Dinge und Geld im Wert von vielen Millionen hat

mul·ti·na·ti·o·nal ADJEKTIV mit Betrieben in mehreren Ländern ⟨ein Konzern⟩

Mul·ti·pli·ka·tor *der*; (-s, Mul·ti·pli·ka·to·ren) **1** eine Zahl, mit der eine andere multipliziert wird **2** *geschrieben* eine Person, die Informationen weitergibt und verbreitet

★ **mul·ti·pli·zie·ren** VERB (multiplizierte, hat multipliziert) **(etwas mit etwas) multiplizieren** eine Zahl um eine andere vervielfachen ≈ *malnehmen* ↔ *dividieren* | *fünf multipliziert mit acht ist (gleich)/macht vierzig* (5 × 8 = 40) ● hierzu **Mul·ti·pli·ka·ti·on** *die*

Mul·ti·vi·ta·min·saft [-v-] *der* ein Saft aus mehreren verschiedenen Obst- oder Gemüsesorten

Mu·mie [-iə] *die*; (-, -n) der Körper eines Toten, der durch besondere Methoden vor dem Verfall geschützt worden ist ⟨eine ägyptische, vertrocknete Mumie⟩ ● hierzu **mu·mi·en·haft** ADJEKTIV

mu·mi·fi·zie·ren VERB (mumifizierte, hat mumifiziert) **jemanden/etwas mumifizieren** einen toten Körper zu einer Mumie machen

Mumm *der*; (-s); *gesprochen* ⟨Mumm (in den Knochen) haben; jemandem fehlt der Mumm zu etwas⟩ ≈ *Mut*

Müm·mel·mann *der*; *gesprochen, humorvoll* ≈ *Hase*

müm·meln VERB (mümmelte, hat gemümmelt) **(etwas) mümmeln** *norddeutsch, gesprochen* ≈ *kauen*

Mum·men·schanz *der*; (-es) **1** *oft abwertend* ≈ *Verkleidung* | *Ist dieser Mummenschanz mit Kittel, Mundschutz und Haube denn wirklich nötig?* **2** *veraltend* ≈ *Kostümfest*

Mum·pitz *der*; (-es); *gesprochen abwertend* ≈ *Unsinn*

Mumps *der*; (-) eine ansteckende Krankheit, bei welcher die Drüsen am Hals sehr dick werden ⟨Mumps haben⟩

★ **Mund** *der*; (-(e)s, Mün·der) **1** mit dem Mund essen, sprechen und küssen wir ⟨ein breiter, großer, lächelnder, sinnlicher, voller, zahnloser Mund; den Mund öffnen/aufmachen, schließen/zumachen, spitzen, verziehen; sich (*Dativ*) den Mund abwischen; aus dem Mund riechen; jemanden auf den Mund küssen; jemanden (von) Mund zu Mund beatmen; etwas zum Mund führen; etwas in den Mund nehmen, schieben, stecken⟩ K Mundgeruch, Mundschleimhaut H → Abb. unter **Kopf**; Tiere haben ein *Maul*, Vögel einen *Schnabel*. **2** *geschrieben* eine große, dunkle Öffnung, die oft Angst macht ⟨der Mund eines Kraters, eines Schachts, eines Stollens⟩

■ ID ▸Mund als Objekt: **Mund und Augen aufsperren/aufreißen** *gesprochen* sehr erstaunt sein; **einen großen Mund haben** *abwertend* eingebildet sein, ein Angeber sein; **einen losen Mund haben**, **sich** (*Dativ*) **den Mund über jeman-**

den/etwas zerreißen *abwertend* (schlecht) über andere Leuten reden; **den Mund halten** *gesprochen* (über ein Geheimnis) nicht reden, still sein | *Halt doch endlich mal den Mund!*; **eine Person macht jemandem den Mund wässrig** eine Person redet so über etwas, dass eine andere Person Lust oder Appetit darauf bekommt; **jemandem den Mund öffnen/stopfen** jemanden (mit Gewalt) zum Reden/Schweigen bringen; **sich** (*Dativ*) **den Mund fransig/fusselig reden** *gesprochen* sehr viel reden, meist um jemanden von etwas zu überzeugen; **hungrige Münder zu stopfen haben** kleine Kinder versorgen müssen; **jemandem den Mund verbieten wollen** versuchen, eine Person daran zu hindern, dass sie die eigene Meinung sagt; **sich** (*Dativ*) **den Mund nicht verbieten lassen** die eigene Meinung sagen und deshalb vielleicht Nachteile haben; **sich** (*Dativ*) **den Mund verbrennen** etwas sagen und deshalb Nachteile haben; **den Mund vollnehmen** *abwertend* eingebildet sein und angeben;

▸Präposition plus Mund: **nicht auf den Mund gefallen sein** in jeder Situation eine passende Antwort haben; **etwas aus jemandes (eigenem) Mund hören** etwas von jemandem persönlich gesagt bekommen; **jemandem etwas in den Mund legen** a zu Unrecht behaupten, dass jemand etwas gesagt hat b eine andere Person dazu bringen, das zu sagen, was man selbst denkt; **etwas in den Mund nehmen** etwas sagen ⟨schmutzige, ordinäre Wörter⟩; **jemand/etwas ist in aller Munde** eine Person oder Sache ist so bekannt, dass man oft über sie spricht; **immer mit dem Mund vorneweg sein** *gesprochen* viel reden und vorlaut sein; **mit offenem Mund** staunend ⟨dastehen, zuhören⟩; **jemandem nach dem Mund reden** solche Dinge sagen, die jemand gern hören will; **jemandem über den Mund fahren** jemanden aggressiv beim Reden unterbrechen; **sich** (*Dativ*) **etwas vom Mund absparen** von dem wenigen Geld oder Essen, das man hat, jemandem etwas geben oder sparen; **etwas geht von Mund zu Mund** etwas wird schnell bekannt, weil es jeder einer anderen Person erzählt;

▸andere Verwendungen: **jemandem steht der Mund nie still** jemand redet sehr viel

Mund·art *die* eine Variante einer Sprache, die nur in einer begrenzten Region gesprochen wird ⟨Mundart sprechen⟩ ≈ *Dialekt* K Mundartdichter, Mundartdichtung, Mundartforschung, Mundartsprecher • hierzu **mund·art·lich** ADJEKTIV

Mund·du·sche *die* ein Gerät, mit dem man Wasser in den Mund spritzt, um die Zähne zu reinigen

Mün·del *das*; (-s, -) ein Kind, für das ein Vormund anstelle der Eltern die wichtigen Entscheidungen trifft

mun·den VERB (mundete, hat gemundet); *geschrieben, veraltend* **etwas mundet (jemandem) (irgendwie)** etwas schmeckt (jemandem) gut/irgendwie

mün·den VERB (mündete, hat/ist gemündet) **etwas mündet in etwas** (*Akkusativ*) etwas geht in etwas anderes über | *Der Rhein mündet in die Nordsee*

mund·faul ADJEKTIV; *abwertend* nicht bereit, viel zu sagen • hierzu **Mund·faul·heit** *die*

Mund·fäu·le *die* eine Entzündung im Mund, verursacht durch einen Virus ≈ *Stomatitis*

Mund·har·mo·ni·ka *die* ein kleines Musikinstrument, in das man bläst und das man dabei vor dem Mund hin- und herbewegt ⟨Mundharmonika spielen⟩

Mund·höh·le *die* der Raum im Mund, in welchem die Zunge und die Zähne sind

mün·dig ADJEKTIV **1** *meist prädikativ* ⟨ein junger Mann, eine junge Frau⟩ so alt, dass sie vor dem Gesetz als Erwachsene gelten | *In der Bundesrepublik Deutschland wird man mit achtzehn Jahren mündig* **2** fähig, selbstständig vernünftige Entscheidungen zu treffen ⟨ein Bürger⟩ ↔ *unmündig* | *Als mündiger Mensch lässt man sich nicht manipulieren* • zu (2) **Mün·dig·keit** *die*

★ **münd·lich** ADJEKTIV gesprochen und nicht geschrieben ⟨eine Prüfung; etwas mündlich vereinbaren⟩

Mund·schutz *der* manche Leute verwenden einen Mundschutz, damit Krankheiten (mit welchen man sich über die Atemluft infiziert) nicht so leicht übertragen werden können

Mund·stück *das* der Teil eines Blasinstruments, einer Pfeife usw., den man an den Mund hält oder in den Mund nimmt | *das Mundstück einer Flöte reinigen* H → Abb. unter **Pfeife**

mund·tot ADJEKTIV ■ ID **jemanden mundtot machen** einer Person die Möglichkeit nehmen, ihre Meinung zu sagen ⟨einen politischen Gegner mundtot machen⟩

Mün·dung *die*; (-, -en) **1** die Stelle, an der ein Fluss o. Ä. in ein anderes Gewässer fließt | *An der Mündung teilt sich der Fluss in ein Delta* K Flussmündung, Donaumündung, Rheinmündung **2** die vordere Öffnung an einer Schusswaffe

Mund·voll, **Mund voll** *der*; (-, -) **ein Mundvoll** die Menge, die in den Mund passt | *Komm, iss doch auf! Es sind nur noch ein paar Mundvoll.*

Mund·vor·rat *der*; *geschrieben* ≈ *Proviant*

Mund·was·ser *das* ein Mittel (gegen Mundgeruch oder Infektionen im Mund), mit dem man den Mund ausspült

Mund·werk *das*; *nur Singular*; *gesprochen* ■ ID **ein freches/loses Mundwerk haben** viele freche Dinge sagen; **ein flinkes Mundwerk haben** in allen Situationen eine schnelle Antwort wissen

Mund·win·kel *der* eine der zwei Stellen, an denen die obere und die untere Lippe zusammenkommen ⟨hängende Mundwinkel haben; jemandes Mundwinkel zucken⟩

Mund-zu-Mund-Be·at·mung *die* Hilfe, die man einer bewusstlosen Person gibt; man bläst ihr dabei mit dem eigenen Mund Luft in ihren Mund

★ **Mu·ni·ti·on** [-ˈtsio:n] *die*; (-, -en); *meist Singular* **1** Sprengstoffe (vor allem Bomben und Minen) und Kugeln, Patronen o. Ä. für Waffen ⟨die Munition verschießen; die Munition geht aus⟩ K Munitionsdepot, Munitionslager; Übungsmunition **2** **scharfe Munition** Munition, die nicht für das Üben, sondern für das Kämpfen bestimmt ist

mun·keln VERB (munkelte, hat gemunkelt) **(etwas) (über jemanden) munkeln** Dinge über andere Leute erzählen, die man oft nicht sicher weiß | *Im Dorf wird schon lange über ihn und seine Freundinnen gemunkelt* H Als Objekt steht entweder ein *dass*-Satz oder ein Pronomen wie *viel*, *allerhand*, *einiges*.

Müns·ter *das*; (-s, -) verwendet als Bezeichnung für einige der großen Kirchen | *das Ulmer Münster* | *das Münster zu Straßburg*

★ **mun·ter** ADJEKTIV **1** lebhaft und voll Energie ⟨ein Baby, ein Kind, ein Tier⟩ **2** fröhlich, heiter ⟨ein Augenzwinkern, ein Lied, ein Mensch⟩ | *munter singen* **3** *meist prädikativ* wach, nicht schläfrig ⟨munter werden, sein, bleiben; jemanden munter machen, halten⟩ ↔ *müde* | *Nach der langen Fahrt machte ihn der Kaffee wieder munter* K Muntermacher **4** *meist prädikativ* in guter körperlicher Verfassung ⟨gesund und munter sein; wieder munter sein⟩ ↔ *krank* **5** *geschrieben* schnell fließend, plätschernd ⟨ein Bach⟩ **6** *meist adverbiell* ohne über mögliche Gefahren oder negative Folgen nachzudenken | *Ich versuche zu sparen, und er gibt das Geld munter aus* • zu (1 – 3) **Mun·ter·keit** *die*

mun·ter·ma·chen VERB ≈ *munter machen*

★ **Mün·ze** *die*; (-, -n) **1** Münzen aus Metall sind flach, meist rund und werden als Geld benutzt ⟨eine antike, ausländische Münze; Münzen prägen, in Umlauf bringen, sammeln⟩ ≈ *Geldstück* ↔ *Banknote* | *Der Bettler hatte ein paar Münzen im Hut* **K** Münztelefon, Münzensammlung; Goldmünze, Kupfermünze, Silbermünze **2** **klingende Münze** bares Geld ⟨mit klingender Münze zahlen; etwas in klingende Münze umsetzen⟩ **3** **eine Münze werfen** eine Geldmünze in die Höhe werfen und dann etwas danach entscheiden, welche Seite der Münze oben liegt | *Lass uns eine Münze werfen: Kopf – wir gehen ins Kino, Zahl – wir bleiben zu Hause* ■ **ID** **etwas für bare Münze nehmen** etwas glauben, was nicht wahr ist; **jemandem etwas in/mit gleicher Münze heimzahlen/zurückzahlen** eine andere Person so schlecht behandeln, wie man von ihr behandelt wurde

mün·zen VERB (münzte, hat gemünzt) **etwas münzen** aus Metall Münzen herstellen ⟨Geld, Gold, Silber münzen⟩ **K** Münzanstalt ■ **ID** **etwas ist auf jemanden gemünzt** *gesprochen* mit einer Bemerkung ist eine Person gemeint, die nicht genannt wird

mürb *besonders süddeutsch* Ⓐ → mürbe

mür·be ADJEKTIV **1** so, dass es leicht in mehrere Teile zerfällt, weil es sehr alt ist ⟨Holz, Leder, ein Stoff⟩ **2** leicht zu kauen ⟨ein Braten, das Fleisch, ein Steak; etwas mürbe klopfen⟩ ≈ *zart* ↔ *zäh* **3** *meist prädikativ* nach ziemlich langem Widerstand bereit nachzugeben oder aufzugeben | *Er bettelte so lange, bis ich ganz mürbe war*

mür·be·ma·chen VERB (machte mürbe, hat mürbegemacht) **jemanden mürbemachen** so lange auf eine Person wirken, bis sie bereit ist, den Widerstand aufzugeben | *Das Weinen des Kindes machte ihn schließlich so mürbe, dass er das Spielzeug doch noch kaufte*

Mür·be·teig, **Mürb·teig** *der* ein Kuchenteig, der nach dem Backen relativ hart ist und leicht in kleine Stücke bricht ⟨Kekse, ein Tortenboden aus Mürbeteig⟩

Mu·re *die*; (-, -n); *süddeutsch* Ⓐ eine Masse von Steinen, Erde und Schlamm, die z. B. nach einem Gewitter von einem Berg ins Tal rutscht

Murks *der*; (-es); *gesprochen, abwertend* eine schlechte Arbeit, Ware o. Ä., bei der Fehler gemacht wurden ⟨etwas ist Murks; Murks bauen/machen/produzieren⟩ • hierzu **murk·sen** VERB (*hat*)

Mur·mel *die*; (-, -n) eine kleine, bunte Kugel meist aus Glas, mit der Kinder spielen

mur·meln VERB (murmelte, hat gemurmelt) **1** **(etwas) murmeln** etwas sehr leise sagen und nicht deutlich sprechen ⟨eine Entschuldigung, ein Gebet, einen Gruß murmeln⟩ | *leise vor sich hin murmeln* **2** **etwas murmelt** ⟨ein Bach⟩ ≈ *plätschern*

Mur·mel·tier *das* ein kleines Nagetier, das in Gruppen im Gebirge lebt ■ **ID** **schlafen wie ein Murmeltier** fest schlafen

mur·ren VERB (murrte, hat gemurrt) **(über etwas** (*Akkusativ*)**) murren** über etwas schimpfen oder mit etwas nicht einverstanden sein | *über eine Strafe murren* | *etwas ohne Murren akzeptieren/ertragen*

mür·risch ADJEKTIV mit schlechter Laune, unfreundlich und abweisend ⟨mürrisch dreinblicken; ein mürrisches Gesicht machen⟩

Mus *das*; (-es, -e); *meist Singular* eine weiche Masse meist aus gekochtem (oder zerdrücktem) Obst | *Bananen zu Mus zerdrücken* **K** Apfelmus, Pflaumenmus ■ **ID** **jemanden zu Mus machen** *gesprochen* jemanden brutal schlagen

★ **Mu·schel** *die*; (-, -n) **1** ein Weichtier, das im Wasser lebt und durch eine harte Schale geschützt ist ⟨nach Muscheln tauchen; Muscheln essen⟩ | *Die Auster ist eine Muschel, in der man manchmal Perlen findet* **K** Muschelschale; Flussmuschel, Meeresmuschel **2** die Schale einer Muschel ⟨Muscheln sammeln, suchen⟩ **K** Muschelsammlung **3** jeder der beiden dicken Teile des Telefonhörers eines älteren Telefons **K** Hörmuschel, Sprechmuschel

Mu·schi *die*; (-, -s) **1** verwendet als liebevolle Bezeichnung für eine Katze **2** *gesprochen* ⚠ die äußeren Genitalien der Frau

Mu·se *die*; (-, -n) **1** eine der neun griechischen Göttinnen, von denen jede in der Antike eine Kunst oder Wissenschaft repräsentierte **2** **die leichte Muse** die Kunst (vor allem der Musik und des Theaters), welche der heiteren Unterhaltung dient ■ **ID** **von der Muse geküsst werden** *humorvoll* eine gute künstlerische Idee haben

Mu·sel·man *der*; (-en, -en [-ma:nən]); *veraltet* ≈ *Moslem* **H** *der Muselman; den, dem, des Muselmanen*

★ **Mu·se·um** *das*; (-s, Mu·se·en [-'ze:(ə)n]) im Museum werden interessante Objekte gesammelt und den Besuchern gezeigt ⟨ein naturkundliches, technisches Museum; ins Museum gehen⟩ | *Im Museum für moderne Kunst ist zurzeit eine Ausstellung über experimentelle Fotografie zu sehen* **K** Museumsaufseher, Museumsbesuch, Museumsführer, Museumskatalog, Museumswärter; Heimatmuseum, Naturkundemuseum

mu·se·ums·reif ADJEKTIV; *gesprochen, humorvoll* sehr alt (und nicht mehr modern) ⟨Witze⟩ | *Wie lange hast du denn den Anzug schon? Der ist ja museumsreif!*

Mu·se·ums·stück *das* etwas, das im Museum ausgestellt wird

Mu·si·cal ['mju:zikl̩] *das*; (-s, -s) ein Unterhaltungsstück mit moderner Musik, das mit Tanz und Gesang im Theater aufgeführt wird ⟨ein Musical ansehen⟩ | *Heute gehen wir ins/zum Musical „West Side Story"*

★ **Mu·sik** *die*; (-, -en) **1** *meist Singular* Töne, die rhythmisch zu Melodien angeordnet sind ⟨leise, gedämpfte, untermalende, elektronische, instrumentale, ernste, geistliche, klassische, moderne Musik; Musik machen, spielen, hören⟩ | *Das Orchester spielt Musik von Mozart* **K** Musikinstrument, Musikkapelle, Musikstück, Musiktheater; Blasmusik, Gitarrenmusik, Kammermusik, Jazzmusik, Popmusik, Rockmusik, Schlagermusik, Volksmusik, Marschmusik, Tanzmusik, Unterhaltungsmusik, Filmmusik, Kirchenmusik, Begleitmusik, Instrumentalmusik **2** *nur Singular* die Kunst, Töne zu Musik anzuordnen ≈ *Tonkunst* | *Er studiert Musik am Konservatorium und lernt dort Dirigieren und Komponieren* **K** Musikakademie, Musikgeschichte, Musikhochschule, Musikkritik, Musiklehre, Musiktheorie **3** *ohne Artikel, nur in dieser Form* ein Fach in der Schule, in dem Musik unterrichtet wird **K** Musikbuch, Musiklehrer, Musiknote, Musiksaal, Musikstunde **4** *gesprochen nur Singular* eine kleine Gruppe von Personen, die meist zur Unterhaltung oder zum Tanz Musik spielt ≈ *Musikkapelle, Band* | *eine Runde Bier für die Musik spendieren* **5** **die Musik** +*Genitiv nur Singular* ein angenehmer Klang, eine Harmonie | *Er lauschte der Musik ihrer Stimme* ■ **ID** **Das ist Musik in meinen/für meine Ohren** Das höre ich gern; **Da ist Musik drin** Das ist schön und hat Schwung

Mu·si·ka·li·en [-i̯ən] *die*; *Plural* gedruckte Noten und Texte als Vorlage zum Musizieren **K** Musikalienhandlung

★ **mu·si·ka·lisch** ADJEKTIV **1** mit einer Begabung für Musik ⟨ein Kind, ein Mensch⟩ **2** mit angenehmem Klang ⟨eine Sprache, eine Stimme⟩ **3** *meist attributiv* in Bezug auf Musik ⟨ein Genie, ein Genuss, ein Talent⟩ • zu (1) **Mu·si·ka·li·tät** *die*

Mu·si·kant *der*; (-en, -en) ein Musiker, der Tanz- oder Volksmusik spielt **K** Straßenmusikant **H** *der Musikant; den, dem, des Musikanten* • hierzu **Mu·si·kan·tin** *die*

Mu·sik·box *die historisch* ein Automat, der früher in vielen Gaststätten stand und der eine Schallplatte spielte, wenn man Geld hineinwarf

★ **Mu·si·ker** *der*; (-s, -) eine Person, die (meist beruflich) ein Instrument spielt | *Die Musiker setzten sich auf ihre Plätze und begannen zu spielen* K Berufsmusiker, Hobbymusiker H zu *Musikerin* → Info im Eintrag **-in** ● hierzu **Mu·si·ke·rin** *die*

mu·sisch ADJEKTIV *meist attributiv* **1** in Bezug auf die Kunst ⟨eine Begabung, die Erziehung⟩ **2** mit einer Begabung für Kunst ⟨ein Mensch⟩

★ **mu·si·zie·ren** VERB (musizierte, hat musiziert) auf einem Instrument Musik machen, spielen ⟨im Familienkreis, miteinander musizieren⟩

Mus·kat·nuss, **Mus·kat·nuss** *die* ein Samen in der Form einer Nuss, den man gerieben als Gewürz verwendet | *Rosenkohl mit Muskatnuss*

★ **Mus·kel** *der*; (-s, -n); *meist Plural* **1** einer der elastischen Teile des Körpers bei Mensch und Tier, der sich zusammenziehen kann, um einen Teil des Körpers oder ein Organ zu bewegen ⟨kräftige, starke, schlaffe Muskeln; einen Muskel anspannen; sich (*Dativ*) einen Muskel zerren⟩ K Muskelkraft, Muskelkrampf, Muskelriss, Muskelschmerz, Muskelschwund, Muskelstarre, Muskelzerrung; Armmuskel, Beinmuskel, Gesäßmuskel, Herzmuskel, Rückenmuskel **2** **Muskeln haben** vor allem in den Armen viel Kraft haben ■ **ID die Muskeln spielen lassen** zeigen, wer (hier) die Macht hat

Mus·kel·ka·ter *der*; (-s) der Schmerz, den man spürt, wenn man Muskeln bewegt, die man (meist am Tag zuvor) zu stark belastet hat ⟨(einen) Muskelkater haben⟩ | *Von der Bergtour hat er (einen) Muskelkater in den Beinen* | *Nach dem Schwimmen hatte ich Muskelkater*

Mus·kel·protz *der*; *abwertend* ein Mann, der stolz auf seine kräftigen Muskeln ist

Mus·ku·la·tur *die*; (-, -en) die Muskeln eines Körpers oder eines Körperteils ⟨eine kräftige Muskulatur haben⟩ K Bauchmuskulatur, Beinmuskulatur, Nackenmuskulatur, Rückenmuskulatur

mus·ku·lös ADJEKTIV (muskulöser, muskulösest-) mit kräftigen Muskeln ⟨Arme, Beine, ein Mensch, eine Statur⟩

Müs·li *das*; (-s, -s) eine Mischung aus Haferflocken, Rosinen, gemahlenen Nüssen usw., die man mit Obst und Milch o. Ä. zum Frühstück isst

Mus·lim *der*; (-s, -s/Mus·li·me) ≈ *Moslem* ● hierzu **Mus·li·ma** *die*, **Mus·li·min** *die*; **mus·li·misch** ADJEKTIV

muss *Präsens, 1. und 3. Person Singular* → müssen[1]

Muss *das*; *nur in dieser Form* **etwas ist ein (absolutes) Muss** etwas, das man wirklich tun, erleben oder haben sollte | *Diese Ausstellung ist ein Muss für alle Freunde moderner Malerei* | *In Köln ist eine Besichtigung des Doms ein Muss* | *Jeans waren für uns früher ein Muss*

Mu·ße *die*; (-) **die Muße (für/zu etwas)** die Zeit und Ruhe, die nötig ist, um sich ohne Hast mit etwas zu beschäftigen oder das zu tun, für was man sich interessiert ⟨genügend, keine Muße haben; jemandem fehlt die Muße⟩ | *Er findet nie Zeit und Muße, in ein Konzert zu gehen* | *Zum Lesen fehlt ihm die Muße* K Mußestunde

Muss·ehe *die*; *gesprochen, veraltend* eine Ehe, die geschlossen wird, weil die Frau schwanger ist

★ **müs·sen**[1] MODALVERB (musste, hat müssen) **1** *Infinitiv* + **müssen** jemand hat den Auftrag, Befehl oder die Pflicht, etwas zu tun | *Meine Mutter sagt, ich muss zuerst mein Zimmer aufräumen, bevor ich mit dir spielen darf* | *Ich muss die Steuererklärung morgen fertig haben* | *Du musst nicht mitkommen, wenn du nicht magst* H → Infos unter **Modalverb** **2** *Infinitiv* + **müssen** etwas ist notwendig | *Er muss um 11 Uhr gehen, sonst verpasst er den Zug* | *Ich muss jeden Tag 80 Kilometer zur Arbeit fahren* **3** *Infinitiv* + **müssen** man hält etwas für angebracht oder wünschenswert | *Ich müsste dringend abnehmen* | *Ich muss mich bei dir entschuldigen* | *So einen schönen Tag muss man einfach genießen!* **4** *Infinitiv* + **müssen** jemand kann nicht anders handeln | *Als sie ihn sah, musste sie einfach lachen* | *Ich muss immer niesen, wenn ich in die Sonne sehe* **5** *Infinitiv* + **müssen** jemand ist zu etwas gezwungen | *Ich musste die ganze Zeit draußen warten* | *Er musste eine Haftstrafe von 5 Jahren verbüßen* **6** *Infinitiv* + **müssen** drückt eine Vermutung aus | *Sie müssen sehr stolz auf Ihre Tochter sein* | *Er muss weit über 80 sein* | *Der Bus hat schon zwei Stunden Verspätung, da muss etwas passiert sein* H Mit dem Konjunktiv II drückt man aus, dass man sich ziemlich sicher ist, recht zu haben: *Wenn ich richtig gerechnet habe, müssten wir noch 250 Euro haben* **7** *Infinitiv* + **müsste(n)** verwendet, um zu sagen, dass ein Wunsch nicht erfüllt werden kann | *Ist das schön heute! So müsste es immer sein!* | *Man müsste einfach mehr Geld haben, dann wäre vieles leichter* **8** *Infinitiv* + **müssen** verwendet, um Ärger auszudrücken | *Muss es denn ausgerechnet jetzt regnen?* | *Du musstest ja wieder mal zu spät kommen!* | *'Muss das denn sein?*/ *Das 'muss doch nicht sein!* (Hör auf/Lass das, das stört mich) **9** *Infinitiv* + **müssen** verwendet in verneinter Form, um jemanden aufzufordern, etwas nicht zu tun | *Das musst du ihm nicht glauben*

★ **müs·sen**[2] VERB (musste, hat gemusst) **1** **(etwas) müssen**; **mal müssen** *Kindersprache* das Bedürfnis haben, den Darm oder die Blase zu leeren ⟨Aa, Pipi, groß, klein müssen⟩ **2** *gesprochen* gezwungen sein oder sich gezwungen fühlen, etwas zu tun | *„Warum gehst du denn schon, wenn du nicht willst?" – „Ich muss, ich habe noch zu arbeiten."* **3** **jemand muss irgendwohin** irgendwohin gehen, fahren o. Ä. müssen | *Musst du heute ins Büro?* **4** **etwas muss irgendwohin** etwas muss an einen Ort gebracht werden | *Der Brief muss zur Post* H Als allein verwendetes Verb ist die Form im Perfekt *gemusst*; als Modalverb zusammen mit einem Infinitiv ist es *müssen*: *Sie hat dringend nach Hause gemusst/nach Hause fahren müssen*

mü·ßig ADJEKTIV; *geschrieben* **1** ohne (sinnvolle) Tätigkeit ⟨müßig dastehen, herumsitzen⟩ ≈ *faul* | *anderen Leuten müßig bei der Arbeit zusehen* **2** ohne Nutzen und Sinn ⟨eine Frage, ein Gedanke⟩ | *Da sie ja doch tut, was sie will, ist es müßig, ihr Ratschläge zu geben* **3** ⟨Stunden, Tage⟩ so, dass sie innere Ruhe und Entspannung bringen ● zu (1,2) **Mü·ßig·keit** *die*

Mü·ßig·gang *der*; *nur Singular* das Nichtstun ≈ *Faulheit* ■ **ID Müßiggang ist aller Laster Anfang** Wer nichts tut, wird leicht zum Laster verleitet

muss·te *Präteritum, 1. und 3. Person Singular* → müssen[1]

müss·te *Konjunktiv II, 1. und 3. Person Singular* → müssen[1]

★ **Mus·ter** *das*; (-s, -) **1** eine Kombination oder Reihenfolge von Farben, Zeichen usw., die sich wiederholt (meist als Verzierung einer Oberfläche) ⟨ein auffälliges, buntes, (un)regelmäßiges Muster; ein Muster aus Farben, Karos, Streifen; das Muster eines Kleides, eines Stoffes; ein Muster entwerfen⟩ | *Der Teppich hat ein Muster aus orientalischen Ornamenten* K Blumenmuster, Streifenmuster, Zopfmuster, Druckmuster, Häkelmuster, Stoffmuster, Tapetenmuster **2** **ein Muster** (+*Genitiv*/**von etwas**) eine kleine Menge eines Materials oder ein Exemplar einer Sache, die dazu dienen zu zeigen, wie das Material/etwas ist ⟨ein Muster anfordern; sich (*Dativ*) (ein) Muster zeigen lassen⟩ ≈ *Warenprobe* | *In diesem Katalog finden Sie Muster der Möbelstoffe, in denen das Sofa lieferbar ist* | *Vor dem Wahllokal hängen Muster* *der Stimmzettel aus* K Musterbuch, Musterkoffer, Musterstück; Stoffmuster, Warenmuster **3** die Art, wie etwas (immer wieder) geschieht, abläuft ⟨etwas läuft nach einem (bestimmten, festen) Muster ab; einem Muster folgen⟩ ≈ *Schema* K Handlungsmuster, Verhaltensmuster **4** **ein Muster (für etwas)** etwas, das so gestaltet ist, dass es (gut und richtig ist und) nachgeahmt werden kann ⟨etwas dient jemandem als Muster; etwas als Muster nehmen⟩ ≈ *Vorlage* | *Das Urteil in diesem Prozess diente vielen Richtern als Muster für ihre eigenen Entscheidungen* | *Hier hast du ein Muster, nach dem du deine Geschäftsbriefe verfassen kannst* K Musterbrief, Musterprozess, Musterzeichnung; Handlungsmuster **5** eine schriftliche Anleitung, nach der man etwas nähen, stricken usw. kann | *Ich habe diesen Pullover nach einem Muster aus einer Zeitschrift gestrickt* K Häkelmuster, Schnittmuster, Strickmuster

Mus·ter- *im Substantiv, betont, begrenzt produktiv* **der Mustergatte, der Musterschüler** *und andere* verwendet, um zu sagen, dass jemand/etwas als Vorbild dienen kann | *eine Musterehe führen*

Mus·ter·bei·spiel *das* **ein Musterbeispiel** (+*Genitiv*/**von etwas**) ein sehr gutes Beispiel für etwas | *Er ist ein Musterbeispiel eines fleißigen Mannes*

Mus·ter·ex·emp·lar *das* **ein Musterexemplar** (+*Genitiv*/**von etwas**) ein sehr gutes, schönes Exemplar | *Dieser große bunte Schmetterling ist ein wahres Musterexemplar seiner Art*

mus·ter·gül·tig ADJEKTIV so korrekt und ohne Fehler, dass jemand/etwas ein Vorbild ist ⟨ein Schüler, ein Benehmen, eine Ordnung⟩ • hierzu **Mus·ter·gül·tig·keit** *die*

mus·ter·haft ADJEKTIV ≈ *mustergültig*

Mus·ter·kna·be *der; ironisch* eine Person, die sich immer so verhält, wie es Eltern, Lehrer, Vorgesetzte usw. wollen

mus·tern VERB (musterte, hat gemustert) **1** **jemanden/etwas mustern** eine Person oder Sache aufmerksam betrachten, um sie richtig verstehen, beurteilen zu können ⟨jemanden/etwas kritisch, misstrauisch, neugierig, verstohlen mustern⟩ | *Er musterte sie mit einem abschätzigen Blick* **2** **jemanden mustern** untersuchen, ob jemand für den Dienst in der Armee geeignet ist • zu (2) **Mus·te·rung** *die*

Mus·ter·schü·ler *der; meist abwertend* ein Schüler, der sehr fleißig, brav und vorbildlich ist • hierzu **Mus·ter·schü·le·rin** *die*

★ **Mut** *der;* (-(e)s) **1** **der Mut (für/zu etwas)** die Eigenschaft oder Bereitschaft, etwas zu tun, das gefährlich ist oder sein kann ⟨jemandem Mut einflößen; (den) Mut haben, etwas zu tun; Mut beweisen; viel Mut zeigen; all seinen Mut zusammennehmen; jemandem den Mut nehmen; den Mut verlieren⟩ | *Es gehört Mut dazu, Löwen zu dressieren* | *Er hatte nicht den Mut, ihr die Wahrheit zu sagen* K Heldenmut **2** Optimismus und das Vertrauen darauf, dass etwas gut oder wieder besser wird ⟨(neuen) Mut fassen; jemandem Mut geben, machen; den Mut sinken lassen⟩ ≈ *Zuversicht* | *Als sie vor Trauer fast verzweifelte, sprach er ihr Mut zu* | *Er ging mit frischem Mut an die Arbeit* K Lebensmut **3** **der Mut der Verzweiflung** der Mut, den man in einer schlimmen Situation bekommt **4** **frohen/guten Mutes sein** *geschrieben* in guter, zuversichtlicher Stimmung sein **5** **zu Mute** → zumute • zu (2) **mut·los** ADJEKTIV; zu (2) **Mut·lo·sig·keit** *die*

Mu·ta·ti·on [-ˈtsjoːn] *die;* (-, -en) eine plötzliche Veränderung der Gene eines Lebewesens | *Durch Einwirkung von radioaktiver Strahlung können Mutationen auftreten* • hierzu **mu·tie·ren** VERB (*hat*)

★ **mu·tig** ADJEKTIV mit viel Mut und ohne Angst ⟨ein Mensch, eine Tat, ein Wort; mutig für jemanden/etwas eintreten⟩ | *Es war sehr mutig von ihm, diese unpopuläre Entscheidung zu treffen*

mut·ma·ßen VERB (mutmaßte, hat gemutmaßt) **mutmaßen, dass ...** *veraltend* ≈ *vermuten*

mut·maß·lich ADJEKTIV *meist attributiv; geschrieben* ⟨der Mörder, der Täter, der Terrorist⟩ ≈ *wahrscheinlich* | *den mutmaßlichen Tathergang beschreiben*

Mut·pro·be *die* eine Handlung, mit der eine Person beweisen soll, dass sie Mut hat ⟨eine Mutprobe ablegen, bestehen, machen⟩

★ **Mut·ter**[1] *die;* (-, Müt·ter) **1** eine Frau, die ein Kind geboren hat ⟨eine gute, schlechte, ledige, liebevolle, strenge Mutter; jemandes leibliche Mutter; wie eine Mutter zu jemandem sein⟩ | *Sie ist Mutter von zwei Kindern* K Mutterliebe, Mutterpflichten, Mutterrolle, Müttergenesungsheim, Mütterhilfswerk H → Abb. unter **Familie** **2** eine Frau, die Kinder so versorgt, als wäre sie ihre Mutter | *Er bekam eine neue Mutter, als sein Vater wieder heiratete* K Heimmutter, Pflegemutter, Stiefmutter, Tagesmutter **3** ein weibliches Tier, das Junge hat | *Katzen sind gute Mütter* K Mutterschaf, Muttersau, Muttertier; Hundemutter, Katzenmutter, Tiermutter, Vogelmutter **4** **eine werdende Mutter** eine schwangere Frau **5** **die Mutter Gottes** (in der christlichen Religion) Maria, die Mutter von Jesus Christus oder ein Abbild von ihr K Muttergottes **6** **die Mutter Erde/Natur** *oft humorvoll* die Erde/Natur als Ursprung des Lebens ■ ID **etwas schmeckt/jemand fühlt sich wie bei Muttern** *gesprochen* etwas schmeckt so gut/etwas ist für jemand so angenehm wie zu Hause

★ **Mut·ter**[2] *die;* (-, -n) ein kleines Stück Metall mit sechs Ecken und einem runden Loch (mit Gewinde), das auf eine Schraube geschraubt wird, um diese zu befestigen ⟨eine Mutter festschrauben, lösen, abschrauben⟩ K Schraubenmutter

Mut·ter- *im Substantiv, betont, nicht produktiv* **1** **das Muttergestein, die Mutterpflanze** *und andere* die Sache, aus der sich etwas (anderes) entwickelt ≈ *Ausgangs-* | *die Muttergeschwulst des Tumors entfernen* **2** **die Muttergesellschaft, das Mutterhaus, das Mutterland** *und andere* die Zentrale, von der andere Teile einer Organisation (gegründet werden und daher) abhängig sind | *die Mutterkirche der Katholiken*

Mut·ter·bo·den *der* die oberste Schicht des Erdbodens, in der Pflanzen wachsen ≈ *Humus*

Mut·ter·kom·plex *der* **1** eine zu starke emotionale Bindung an die Mutter **2** *abwertend* wenn eine Frau einen Mutterkomplex hat, will sie wie eine Mutter für andere Personen sorgen

Mut·ter·ku·chen *der* ein Organ, das während der Schwangerschaft in der Gebärmutter entsteht und welches dem Embryo Nahrung gibt ≈ *Plazenta*

Mut·ter·leib *der* **im Mutterleib** (als Embryo) im Körper der Mutter ⟨die Entwicklung, die Zeit im Mutterleib⟩

müt·ter·lich ADJEKTIV **1** *meist attributiv* zu einer Mutter gehörig ⟨die Erziehung, die Liebe, die Pflichten⟩ **2** wie eine Mutter ⟨eine Frau, ein Wesen; mütterlich aussehen, wirken, für jemanden sorgen⟩ • zu (2) **Müt·ter·lich·keit** *die*

müt·ter·li·cher·seits ADVERB (nach einer Verwandtschaftsbezeichnung verwendet) aus der Familie der Mutter ↔ *väterlicherseits* | *meine Großmutter mütterlicherseits* | *ein Onkel mütterlicherseits*

Mut·ter·mal *das* ein brauner Fleck auf der Haut, den man meist von Geburt an hat

Mut·ter·milch *die* die Milch, die nach der Geburt eines Kindes in der Brust einer Frau entsteht ■ ID **etwas mit der Muttermilch einsaugen** *gesprochen* etwas schon als Kind lernen

Mut·ter·mund *der; nur Singular* die Öffnung der Gebärmutter

Mut·ter·schaft *die;* (-, -en); *meist Singular* der Zustand, Mutter zu sein

Mut·ter·schafts·ur·laub *der;* Ⓓ ≈ *Mutterschutz*

Mut·ter·schafts·ver·tre·tung *die* **1** die Arbeit, die man an Stelle einer Frau macht, während sie wegen einer Schwangerschaft ihren Beruf nicht ausübt **2** eine Person, die eine Mutterschaftsvertretung macht

Mut·ter·schutz *der* **1** alle Gesetze, mit denen Frauen, die im Beruf sind, vor und nach der Geburt ihres Babys vor Nachteilen geschützt werden sollen **2** eine Zeit, in der eine Frau vor und nach der Geburt ihres Babys nicht in ihrem Beruf arbeitet, aber weiter ihren Lohn o. Ä. bekommt

mut·ter·see·len|al·lein ADJEKTIV *meist prädikativ; gesprochen* ganz allein

Mut·ter·söhn·chen *das; gesprochen, abwertend* **1** ein Junge oder Mann, der von der Mutter sehr verwöhnt worden ist oder wird **2** ein Mann, der zu weich ist

Mut·ter·spra·che *die* die Sprache, die ein Kind lernt, wenn es zu sprechen beginnt | *Die meisten Österreicher haben Deutsch als Muttersprache* ● hierzu **mut·ter·sprach·lich** ADJEKTIV

Mut·ter·sprach·ler *der;* (-s, -) eine Person, die eine Sprache als Muttersprache spricht | *Wir brauchen unbedingt noch einen Muttersprachler als Lehrer für Englisch* ● hierzu **Mut·ter·sprach·le·rin** *die*

Mut·ter·tag *der* der zweite Sonntag im Mai, an dem viele Kinder ihrer Mutter Karten mit Gedichten schenken, die sie im Kindergarten oder in der Schule gebastelt haben, und im Haushalt helfen

Mut·ti *die;* (-, -s); *gesprochen Kindersprache* eine liebevolle Bezeichnung oder Anrede für die Mutter | *Hallo Mutti!*

mut·wil·lig ADJEKTIV bewusst und mit (böser) Absicht ⟨eine Beschädigung; jemandem mutwillig schaden, wehtun⟩ ● hierzu **Mut·wil·le** *der;* **Mut·wil·lig·keit** *die*

★ **Müt·ze** *die;* (-, -n) Mützen sind aus Wolle oder Stoff; man trägt sie auf dem Kopf, besonders als Schutz vor Kälte ⟨eine warme Mütze; eine Mütze aufsetzen, abnehmen, vom Kopf ziehen; eine Mütze stricken⟩ | *Weil der Wind so stark wehte, zog er sich die Mütze tief in die Stirn* **K** Fellmütze, Pelzmütze, Wollmütze; Schirmmütze, Zipfelmütze

MwSt., Mw.-St. Abkürzung für *Mehrwertsteuer*

My·ri·a·de *die;* (-, -n); *meist Plural* **Myriaden (von etwas)** *geschrieben* eine sehr große Anzahl (von Dingen/Tieren) ⟨Myriaden von Mücken, Sternen⟩

Myr·re, Myr·rhe ['mʏrə] *die;* (-, -n); *meist Singular* eine Substanz, die aus einem tropischen Baum gewonnen und als Parfüm oder für Medikamente o. Ä. verwendet wird | *Gold, Weihrauch und Myrrhe waren die Geschenke der Heiligen Drei Könige*

mys·te·ri·ös ADJEKTIV (mysteriöser, mysteriösest-) ⟨ein Blick, ein Mensch, ein Vorfall⟩ so, dass man sie sich nicht erklären kann | *Sie ist unter mysteriösen Umständen umgekommen*

Mys·te·ri·um *das;* (-s, Mys·te·ri·en [-i̯ən]); *geschrieben* etwas, das mit dem Verstand nur schwer zu begreifen ist | *das Mysterium des Lebens*

Mys·tik ['mʏ-] *die;* (-) **1** die Art, eine Religion intensiv und direkt zu erfahren und so auszuüben, dass man meint, die Trennung von Gott und Mensch überwunden zu haben **2** *oft abwertend* etwas, das man nicht versteht, das voller Geheimnisse ist ● hierzu **mys·tisch** ['my:-, 'mʏ-] ADJEKTIV

My·then ['my:-] *Plural* → Mythos

My·tho·lo·gie *die;* (-, -n [-'gi:ən]); *geschrieben* alle Mythen (eines Volkes) ⟨die antike, griechische Mythologie⟩ ≈ *Sage* ● hierzu **my·tho·lo·gisch** ADJEKTIV

My·thos ['my:tɔs] *der;* (-, My·then) **1** eine sehr alte Geschichte, die meist religiöse oder magische Vorstellungen enthält ≈ *Sage* | *der Mythos von der Erschaffung der Welt* **2** eine Vorstellung (von einer Person, Sache oder Situation), die meist sehr positiv ist, aber oft nicht zutrifft ⟨(zu seinen Lebzeiten) zum Mythos werden; ein unausrottbarer Mythos⟩ ≈ *Legende* | *der Mythos von der Tüchtigkeit der Deutschen* ● hierzu **my·thisch** ['my:-] ADJEKTIV

N

N, n [ɛn] *das;* (-, -/*gesprochen auch* -s) der vierzehnte Buchstabe des Alphabets ⟨ein großes N; ein kleines n⟩

★ **na!** **1** verwendet, um eine Frage auszudrücken oder einzuleiten | *Na (wie gehts)?* | *Na, bist du bald fertig?* | *Na, wie hat dir der Film gefallen?* **2** verwendet, um eine Aufforderung oder Feststellung einzuleiten und Ärger oder Ungeduld auszudrücken | *Na endlich!* | *Na, dann eben nicht!* | *Na, das wurde aber auch Zeit!* **3** allein, ohne einen Satz, verwendet, um die eigene Meinung zu einer Situation auszudrücken **H** Ob *na* Zustimmung oder Ablehnung ausdrückt, ergibt sich aus der Intonation und der Situation **4** **Na, na(, na)!** verwendet, um jemandes Handlung oder Worte (auch im Scherz) zu kritisieren | *Na, na, na, das tut man aber nicht!* **5** **Na 'also!**; **Na 'bitte!** verwendet, um zu sagen, dass man schon längere Zeit darauf gewartet hat, dass jemand etwas tut, einsieht o. Ä. | *Na bitte, da ist ja der Schlüssel! Genau da, wo ich es dir gesagt habe!* | *Na also, warum nicht gleich so!* **6** **na 'gut**; **na 'ja**; **na 'schön** verwendet, um zu sagen, dass man etwas akzeptiert, obwohl man etwas anderes lieber getan oder gehabt hätte | *Na gut, dann bleibe ich eben hier* | *Na ja, der Mantel ist zwar nicht schön, aber warm* **7** **na 'ja** *gesprochen* verwendet am Anfang des Satzes, drückt Zögern oder Skepsis aus | *Na ja, ich weiß nicht so recht …* **8** **Na 'so was!** verwendet, um Erstaunen auszudrücken **9** **Na 'und?** verwendet, um auf unhöfliche Weise zu sagen, dass einen etwas nicht interessiert **10** **Na, 'warte!** verwendet, um jemandem zu drohen | *Na, warte, das wirst du noch bereuen!*

Na·be *die;* (-, -n) das kurze Rohr in der Mitte eines Rades, durch welches die Achse geht **K** Radnabe

Na·bel *der;* (-s, -) die kleine runde und meist vertiefte Stelle am Bauch des Menschen **K** Bauchnabel **H** → Abb. unter **Mensch** ■ **ID der Nabel der Welt** *oft humorvoll* das Zentrum des Geschehens, das Bedeutendste

Na·bel·schnur *die* über die Nabelschnur bekommt der Embryo im Bauch der Mutter die Nahrung ⟨die Nabelschnur durchtrennen⟩

★ **nach** PRÄPOSITION *mit Dativ*
▸**Zeit:** **1** später als der genannte Zeitpunkt oder Vorgang ↔ *vor* | *Schon wenige Minuten nach dem Unfall war die Polizei da* | *Nach dem Film gehen wir noch ein Bier trinken* | *Nach unserem Streit haben wir uns bald wieder versöhnt* **2** *gesprochen* nennt die Zahl der Minuten, die zur genannten Uhrzeit noch hinzukommen ↔ *vor* | *(Um) zehn nach vier geht mein Zug* | *Gut, dann treffen wir uns (um) Viertel nach acht am Brunnen* | *„Wie viel Uhr ist es jetzt?" – „Gleich fünf nach halb drei."* (14:35 Uhr) **H** nur mit Anga-

ben zur vollen oder halben Stunde verwendet
▸Richtung: **3** in die genannte Richtung ↔ *von* | *von Osten nach Westen reisen* | *den Kopf nach links drehen* | *nach einer Fliege schlagen* | *ein Fenster nach Osten* **!** Ist das Ziel eine Person, wird *zu* verwendet: *zu Peter, zu den Großeltern fahren*; ist das Ziel ein Land oder eine Gegend (mit Artikel), wird *in* verwendet: *in den Iran fliegen; in die Bretagne, in die Toskana fahren*; ist das Ziel eine Insel mit Artikel, verwendet man *auf* (+*Akkusativ*): *auf die Kanarischen Inseln fliegen*; ist das Ziel ein Fluss, See oder Meer, verwendet man *an* (+*Akkusativ*) oder *zu*: *an die/zur Nordsee fahren*
▸Reihenfolge: **4** eine Person oder Sache ist in einer Reihenfolge der/die/das Nächste ↔ *vor* | *Nach dem fünften Haus kommt eine große Eiche. Bei der biegen Sie rechts ab!* | *Nach dem Mont Blanc ist der Monte Rosa der höchste Berg Europas* | *Ich war der Letzte in der Schlange. Nach mir kam niemand mehr*
▸Ziel: **5** nennt das Ziel einer Handlung oder eines Gefühls | *das Streben nach Macht und Reichtum* | *die Suche nach Erdöl* | *ganz gierig nach Süßigkeiten sein* | *sich nach jemandem sehnen*
▸Zuordnung, Grund: **6** drückt aus, dass jemand etwas gesagt oder geschrieben hat | *Nach Ptolemäus ist die Erde eine Scheibe* | *einen Vers frei nach Goethe zitieren* **7** so zubereitet, wie es irgendwo oder bei jemandem üblich ist | *Fischfilet nach Marseiller Art* **8** was man sieht, hört usw. ist der Grund für eine Vermutung oder erinnert an etwas | *Die Wolken sehen ganz nach einem Gewitter aus* (Es wird wohl ein Gewitter geben) | *Das schmeckt aber sehr nach Knoblauch* (Da ist wahrscheinlich viel Knoblauch dabei) | *Die Seife riecht nach Flieder* (so ähnlich wie Flieder) **9** **nach etwas**; **etwas nach** wie es der genannten Sache entspricht | *sich der Größe nach aufstellen* | *Das wird aller Wahrscheinlichkeit nach nicht geschehen* | *Meiner Ansicht nach/Nach meiner Ansicht müssen wir das Problem anders lösen* **10** **etwas nach** wie man aus der genannten Sache schließen kann | *Seinem Verhalten nach ist er sehr streng erzogen worden* | *Ihrem Akzent nach stammt sie wohl aus Österreich* | *Dem Aussehen nach würde man sie für eine Südamerikanerin halten* **11** **nach etwas** wenn man etwas in den genannten Einheiten rechnet, misst | *86 Grad Fahrenheit sind nach der Celsiusskala 30 Grad* | *Nach unserem Geld kostet die Tafel Schokolade hier zwei Euro*
■ ID **nach und nach** im Laufe der Zeit, allmählich | *die Schulden nach und nach abbezahlen*; **nach wie vor** noch immer; **(Bitte) nach Ihnen!** verwendet, um jemandem höflich zu sagen, dass er etwas als Erster tun kann

★ **nach-** (*im Verb, betont und trennbar, sehr produktiv; Diese Verben werden so gebildet:* nachgehen, ging nach, nachgegangen) **1** **jemandem/etwas nachfahren, nachlaufen**; **jemandem etwas nachrufen, nachwerfen** *und andere* drückt aus, dass das Ziel einer Handlung sich räumlich oder zeitlich schon vom Handelnden entfernt hat | *Die Kinder rannten der Katze nach* (Die Katze rannte weg und die Kinder rannten hinterher) **2** **etwas nachspülen, nachrechnen**; **jemanden nachbehandeln, nachuntersuchen** *und andere* drückt aus, dass etwas ein zweites Mal geschieht, oft um das Ergebnis zu prüfen oder zu verbessern | *Bevor er die Rechnung abschickte, rechnete er das Ergebnis nach* (Er rechnete noch einmal, um zu prüfen, ob das Ergebnis richtig war) **3** **etwas nachbauen, nacherzählen, nachmalen, nachsprechen** *und andere* drückt aus, dass sich eine Person nach einem Vorbild oder Original richtet, das sie imitieren will | *Der Lehrer sagte einen Satz, und die Schüler sprachen ihn nach* (Die Schüler wiederholten den Satz so, wie der Lehrer ihn gesagt hatte) **4** **etwas nachbereiten, nachholen**; **(etwas) nachfeiern, nachlernen** *und andere* drückt aus, dass man etwas später (als erwartet oder üblich) tut | *Sie löste die Fahrkarte im Zug nach* (Sie kaufte die Fahrkarte erst im Zug) **5** **etwas wirkt/hallt/klingt nach** drückt aus, dass etwas nach dem eigentlichen oder geplanten Ende noch weitergeht | *Die Narkose wirkte noch nach und er fühlte sich ziemlich benommen* **6** **nachdenken, nachforschen, nachfragen**; **etwas nachlesen** *und andere* drückt aus, dass man etwas intensiv und gründlich tut

Nach- *im Substantiv, betont, begrenzt produktiv* **die Nachfeier, die Nachernte, der Nachhall, der Nachklang** *und andere* verwendet, um zu sagen, dass etwas zeitlich auf die genannte Sache oder Handlung folgt | *Das Hotel hat erst in der Nachsaison wieder Zimmer frei*

nach·äf·fen VERB (äffte nach, hat nachgeäfft) **jemanden/etwas nachäffen** *abwertend* Gesten und Worte einer anderen Person so imitieren, dass es lächerlich wirkt | *Sie äfft gern ihre alte Tante nach*

★ **nach·ah·men** VERB (ahmte nach, hat nachgeahmt) **jemanden/etwas nachahmen** sich mit Absicht so verhalten, dass es einer Person oder einer Sache (ganz oder zum Teil) sehr ähnlich ist ≈ *imitieren* | *einen Politiker/das Bellen eines Hundes nachahmen* ● hierzu **Nach·ah·mung** *die*; **Nach·ah·mer** *der*

nach·ah·mens·wert ADJEKTIV so gut oder richtig, dass es sich lohnt, es ebenso zu machen ⟨ein Beispiel, eine Leistung, ein Verhalten, ein Versuch⟩

nach·ar·bei·ten VERB (*hat*) **1** **(etwas) nacharbeiten** länger arbeiten, damit man das tut, was man schon vorher hätte tun sollen | *Er muss diese Woche noch vier Stunden nacharbeiten* **2** **etwas nacharbeiten** etwas, das bereits bearbeitet wurde, noch einmal bearbeiten, um es zu verbessern oder zu ergänzen | *Der Schreiner arbeitete den Schrank nach*

★ **Nach·bar** *der*; (-n/-s, -n) **1** eine Person, die direkt neben einer anderen Person oder in deren Nähe wohnt ⟨einen neuen Nachbarn bekommen; die Nachbarn von nebenan; jemandes Nachbar werden⟩ **K** Zimmernachbar **!** zu *Nachbarin* → Info im Eintrag **-in** **2** eine Person, neben der man z. B. im Konzert, im Kino oder in der Schule sitzt oder steht **K** Banknachbar, Tischnachbar **!** zu *Nachbarin* → Info im Eintrag **-in** **3** **gute Nachbarn sein** als Nachbarn zueinander freundlich sein und sich gegenseitig helfen ● zu (1,2) **Nach·ba·rin** *die*

Nach·bar(s)- *im Substantiv, betont, begrenzt produktiv* **1** **der Nachbargarten, das Nachbarhaus, die Nachbarsfrau, die Nachbarsfamilie** *und andere* zum Nachbarn gehörig | *Unsere Tochter spielt immer mit dem Nachbarskind* **2** **das Nachbardorf, der Nachbarort, das Nachbarland, der Nachbarstaat, das Nachbarzimmer** *und andere* ganz in der Nähe gelegen | *das Pärchen am Nachbartisch*

nach·bar·lich ADJEKTIV *nur attributiv* **1** im Bereich oder Besitz des Nachbarn | *der nachbarliche Garten* **2** wie es unter (meist guten) Nachbarn üblich ist ⟨Hilfe, Kontakte, Streitereien⟩ **K** gutnachbarlich

★ **Nach·bar·schaft** *die*; (-) **1** alle Personen, die direkt neben einer anderen Person oder in deren Nähe wohnen ⟨etwas in der Nachbarschaft herumerzählen⟩ | *Die ganze Nachbarschaft spricht schon von dem Unfall* **2** das Gebiet in der (näheren) Umgebung von jemandem/etwas ≈ *Nähe* | *In unserer Nachbarschaft gibt es eine Schule und ein Krankenhaus* **3** die Beziehungen zwischen den Nachbarn ⟨gute Nachbarschaft halten⟩ **K** Nachbarschaftshilfe ● zu (3) **nach·bar·schaft·lich** ADJEKTIV

Nach·be·ben *das* ein schwaches Erdbeben nach einem

N

stärkeren

nach·be·han·deln VERB (behandelte nach, hat nachbehandelt) **jemanden/etwas nachbehandeln** jemanden/etwas (nach einer medizinischen Behandlung) noch einmal behandeln | *jemanden nach einer schweren Lungenoperation nachbehandeln* • hierzu **Nach·be·hand·lung** *die*

nach·be·kom·men VERB (bekam nach, hat nachbekommen) **1** **etwas nachbekommen** eine Ware später oder zusätzlich bekommen | *keine Ersatzteile mehr nachbekommen* **2** **etwas nachbekommen** *gesprochen* zusätzlich zu einer Portion, die man schon gegessen hat, noch mehr zu essen bekommen | *Kann ich noch Erdbeeren nachbekommen?*

nach·bes·sern VERB (*hat*) **etwas nachbessern** etwas (noch einmal) bearbeiten, um es besser zu machen ≈ *korrigieren* • hierzu **Nach·bes·se·rung** *die*

nach·be·stel·len VERB (bestellte nach, hat nachbestellt) **(etwas) nachbestellen** eine Ware (bei Bedarf) noch einmal bestellen | *Für dieses Service können Sie auch einzelne Teile nachbestellen*

nach·be·ten VERB (*hat*) **etwas nachbeten** *abwertend* Worte und Ideen einer anderen Person (oft kritiklos) übernehmen und wiedergeben | *Er hat keine eigene Meinung. Er betet nur das nach, was sein Vater sagt*

nach·bil·den VERB (*hat*) **etwas nachbilden** etwas so bilden oder herstellen, dass es dem Original ähnlich ist | *eine römische Vase nachbilden*

Nach·bil·dung *die*; (-, -en) **1** *nur Singular* das Nachbilden **2** ein Gegenstand, der nachgebildet wurde ≈ *Imitation* | *Diese Statue ist nur eine Nachbildung, das Original steht im Louvre*

nach·blu·ten VERB (*hat*) **etwas blutet nach** etwas fängt wieder an zu bluten ⟨eine Wunde⟩ • hierzu **Nach·blu·tung** *die*

nach·boh·ren VERB (*hat*) durch wiederholtes Fragen versuchen, von jemandem eine Antwort zu bekommen | *Er will mir nicht die Wahrheit sagen. Da muss ich noch nachbohren!*

★ **nach·dem** BINDEWORT **1** (*meist mit einem Verb im Plusquamperfekt*) so, dass die Handlung des Nebensatzes schon beendet ist, wenn die Handlung des Hauptsatzes beginnt | *Nachdem er gegessen hatte, schaute er noch ein wenig fern* | *Nachdem der Zahn gezogen war, begann die Wunde stark zu bluten* **2** *gesprochen* verwendet, um den Grund für etwas zu nennen ≈ *weil* | *Nachdem ich nicht da war, kann ich nichts dazu sagen*

★ **nach·den·ken** VERB (*hat*) **(über jemanden/etwas) nachdenken** sich eine Situation vorstellen und dabei an wichtige Einzelheiten oder Probleme denken ⟨angestrengt, scharf nachdenken⟩ | *Ich muss erst mal darüber nachdenken!*

nach·denk·lich ADJEKTIV **1** ⟨ein Mensch⟩ oft in Gedanken vertieft **2** so, dass sich zeigt, dass die betroffene Person gerade über etwas nachdenkt | *ein nachdenkliches Gesicht machen* | *nachdenklich aussehen* | *die Stirn nachdenklich runzeln* **3** **nachdenklich werden** sich von etwas betroffen fühlen und beginnen, darüber nachzudenken • hierzu **Nach·denk·lich·keit** *die*

★ **Nach·druck**[1] *der*; (-(e)s, -e) **1** die unveränderte (zweite usw.) Ausgabe eines Buches o. Ä. **2** *meist Singular* das (meist illegale) Nachdrucken eines Buches o. Ä. | *Nachdruck verboten!* | *Nachdruck nur mit Erlaubnis des Verlags* • hierzu **nach·dru·cken** VERB (*hat*)

★ **Nach·druck**[2] *der*; (-(e)s) die Mittel (sprachliche oder andere), mit denen man deutlich macht, dass man etwas für sehr wichtig hält ⟨etwas mit Nachdruck verlangen, fordern, sagen, erklären; den Worten (mit Gesten) Nachdruck verleihen; mit Nachdruck auf etwas hinweisen⟩ | *Ich spreche mich mit allem Nachdruck für ein Verbot von Atomwaffen aus*

nach·drück·lich ADJEKTIV mit Nachdruck ⟨eine Forderung, eine Drohung; jemanden nachdrücklich warnen; (jemanden) nachdrücklich auf etwas (*Akkusativ*) hinweisen⟩

nach·dun·keln VERB (*ist*) **etwas dunkelt nach** etwas bekommt allmählich eine dunkle(re) Farbe ⟨Fotos, Holz, Haare⟩

nach·ei·fern VERB (eiferte nach, hat nachgeeifert) **jemandem (in etwas** (*Dativ*)**) nacheifern** versuchen, etwas genauso zu machen oder so zu werden wie eine Person, die man als Vorbild hat | *dem großen Bruder nacheifern*

★ **nach·ei·nan·der, nach·ei·n̲an·der** ADVERB eine Person/Sache nach der anderen, in kurzen (zeitlichen oder räumlichen) Abständen ↔ *gleichzeitig* | *Kurz nacheinander landeten vier Flugzeuge*

nach|emp·fin·den VERB (empfand nach, hat nachempfunden) **(jemandem) etwas nachempfinden** die Gefühle eines Menschen so gut verstehen, als ob man sie selbst hätte ⟨jemandes Zorn, Schmerz, Freude nachempfinden⟩ | *Ich kann dir nachempfinden, dass dich das ärgert*

nach|er·zäh·len VERB (erzählte nach, hat nacherzählt) **(jemandem) etwas nacherzählen** den Inhalt einer Geschichte mit eigenen Worten (genau) erzählen ⟨(jemandem) eine Kurzgeschichte, einen Roman, einen Film nacherzählen⟩

Nach|er·zäh·lung *die* ein Text, in welchem der Inhalt einer Geschichte noch einmal erzählt wird (meist als sprachliche Übung in der Schule) ⟨eine Nacherzählung machen, schreiben⟩

nach·fas·sen VERB (*hat*) **1** **(etwas) nachfassen** sich beim Essen eine zweite/dritte usw. Portion holen/nehmen | *noch etwas Gemüse nachfassen* **2** ein zweites Mal zupacken, weil man etwas beim ersten Mal nicht richtig fassen konnte

Nach·fol·ge *die*; *nur Singular* das Übernehmen der Arbeit oder der Funktion einer anderen Person ⟨die Nachfolge regeln; jemandes Nachfolge antreten⟩ | *Nach dem plötzlichen Tod des Präsidenten gab es Streit um dessen Nachfolge* **K** Nachfolgeorganisation, Nachfolgeregelung • hierzu **Nach·fol·ger** *der*; **Nach·fol·ge·rin** *die*

nach·fol·gen VERB (*ist*) **1** **jemandem nachfolgen** einer Person folgen, um sie einzuholen oder (später) an denselben Ort zu kommen | *Er fliegt schon morgen, und die Familie folgt ihm dann später nach* **2** **jemandem nachfolgen** die Arbeit und Funktion einer anderen Person übernehmen ⟨jemandem im Amt nachfolgen⟩

nach·fol·gend ADJEKTIV *meist attributiv* zeitlich oder räumlich folgend | *Die nachfolgenden Sendungen verschieben sich um ca. 15 Minuten* (Die nächsten Sendungen werden später als geplant ausgestrahlt)

nach·for·dern VERB (*hat*) **etwas nachfordern** mehr Geld oder Ware fordern oder verlangen als vorher (weil man mehr davon braucht oder ein Recht auf mehr hat) | *Geld nachfordern* • hierzu **Nach·for·de·rung** *die*

nach·for·schen VERB (*hat*) intensiv versuchen, zu Informationen oder Kenntnissen über jemanden/etwas zu kommen ≈ *ermitteln* | *Es wurde lange nachgeforscht, bis man wusste, wie sich das Schiffsunglück ereignet hatte* • hierzu **Nach·for·schung** *die*

★ **Nach·fra·ge** *die*; *nur Singular* **die Nachfrage (nach etwas)** der Wunsch oder das Bedürfnis (der Konsumenten), Produkte zu kaufen ⟨es herrscht, besteht enorme, große, rege, lebhafte, geringe Nachfrage nach etwas; die Nachfrage sinkt, steigt⟩ | *Die Nachfrage nach Konzertkarten übersteigt das Angebot* ■ ID **Danke der/für die Nachfrage!** *veraltend* Danke, dass du mich danach gefragt hast, wie es mir geht!

nach·fra·gen VERB (*hat*) **1** **(bei jemandem) nachfragen** eine Person (meist bei einer Institution) fragen, welche die gewünschte Information geben kann | *beim Finanzamt wegen der Steuer nachfragen* **2** noch eine oder mehrere Fragen stellen, bis man eine Antwort bekommt | *Der Journalist musste immer wieder nachfragen, um die nötigen Informationen zu bekommen*

nach·füh·len VERB (*hat*) **(jemandem) etwas nachfühlen** (jemandem) etwas nachempfinden

★ **nach·fül·len** VERB (*hat*) **1** **(etwas) nachfüllen** etwas in einen Behälter füllen, der (teilweise) leer geworden ist | *Die Kiste ist fast leer. Wir müssen wieder (Kartoffeln) nachfüllen* **2** **(jemandem) (etwas) nachfüllen** ein Trinkglas, das (teilweise) leer geworden ist, wieder füllen

Nach·füll|pack *der*; (-s, -e) ein Behälter oder eine Packung vor allem mit Wasch- oder Putzmittel, das in den eigentlichen Behälter nachgefüllt wird

★ **nach·ge·ben** VERB (*hat*) **1** **(jemandem/etwas) nachgeben** auf Bitten oder Drängen anderer Leute etwas erlauben oder tun, zu dem man vorher nicht bereit war ‹dem Drängen, Betteln der Kinder nachgeben; der Versuchung nachgeben› | *Nach langer Diskussion gab ich schließlich nach und ließ meine Tochter nach Kanada fliegen* **2** **etwas gibt nach** etwas biegt sich, zerbricht oder zerreißt bei zu starker Belastung | *Das Brett hielt dem Gewicht der Maschine nicht mehr stand und gab nach*

Nach·ge·bühr *die*; *meist Singular* die Summe Geld, welche der Empfänger eines Briefes, einer Postkarte o. Ä. der Post zahlen muss, wenn zu wenig Briefmarken darauf waren ‹(eine) Nachgebühr zahlen müssen› ≈ *Nachporto*

Nach·ge·burt *die*; *meist Singular* das Gewebe (die Plazenta), das nach der Geburt aus dem Bauch der Mutter kommt

★ **nach·ge·hen** VERB (*ist*) **1** **jemandem nachgehen** einer Person folgen, um sie einzuholen oder um in dieselbe Richtung zu gehen **2** **einer Sache** (*Dativ*) **nachgehen** etwas, das nicht klar ist, prüfen und versuchen, es aufzuklären | *Die Polizei ging der Sache mit den aufgebrochenen Autos nach* **3** **einer Sache** (*Dativ*) **nachgehen** eine Arbeit, Tätigkeit o. Ä. regelmäßig machen, ausüben ‹seinen Geschäften, Hobbys, einem illegalen Gewerbe, einer geregelten Arbeit nachgehen› **4** **eine Uhr geht nach** eine Uhr zeigt eine spätere Zeit an, als es tatsächlich ist | *Meine Uhr geht schon wieder zehn Minuten nach* **5** **etwas geht jemandem nach** etwas (oft Negatives) ist für eine Person so eindrucksvoll, dass sie immer wieder daran denkt ‹Ereignisse, Erlebnisse, Vorfälle› | *Das Bild von dem kranken Kind geht mir immer noch nach*

Nach·ge·schmack *der*; *nur Singular* **1** der Geschmack, den man noch im Mund hat, nachdem man etwas gegessen oder getrunken hat | *Zwiebeln hinterlassen einen beißenden Nachgeschmack* **2** eine unangenehme Erinnerung an etwas ‹ein bitterer, übler, schlechter Nachgeschmack› | *Der Streit hat bei ihm einen bitteren Nachgeschmack hinterlassen*

nach·ge·stellt ■ PARTIZIP PERFEKT **1** → nachstellen ■ ADJEKTIV **2** ‹Attribute, Präpositionen› so, dass sie im Satz auf das Wort oder den Teil des Satzes folgen, auf die sie sich beziehen ↔ *vorgestellt*

nach·gie·big ADJEKTIV **(jemandem gegenüber) nachgiebig** schnell bereit nachzugeben (vor allem um Konflikte zu vermeiden) | *Wenn du nur ein bisschen nachgiebiger wärst, hätten wir nicht so oft Streit!* ● hierzu **Nach·gie·big·keit** *die*

nach·gie·ßen VERB (*hat*) **(jemandem) (etwas) nachgießen** (jemandem) (etwas) nachschenken | *Darf ich Ihnen Kaffee nachgießen?*

nach·ha·ken VERB (*hat*) mehrmals Fragen zu einem Problem stellen, weil jemand dazu nicht alles sagen will | *Der Richter musste bei der Vernehmung des Zeugen immer wieder nachhaken*

Nach·hall *der* das Geräusch, das man in einem großen, leeren Raum nach dem eigentlichen Ton noch hört ● hierzu **nach·hal·len** VERB (*hat/ist*)

nach·hal·tig ADJEKTIV **1** von starker und langer Wirkung ‹ein Erfolg, ein Erlebnis; auf jemanden einen nachhaltigen Eindruck machen; jemanden nachhaltig beeinflussen› **2** das, was vorhanden ist, so sparsam verbrauchen, dass immer genug Neues hinzukommt oder nachwächst ● hierzu **Nach·hal·tig·keit** *die*

nach·hän·gen VERB (hing nach, hat nachgehangen) **1** **jemandem/etwas nachhängen** sich voller Sehnsucht an jemanden/etwas erinnern | *den Erinnerungen an den letzten Urlaub nachhängen* **2** **in etwas** (*Dativ*) **nachhängen** in einem Plan, in einem Fach, auf einem Gebiet o. Ä. noch nicht so weit sein, wie man sein sollte ‹in Biologie, in Französisch nachhängen; im Lehrplan, im Terminplan nachhängen› ≈ *zurückliegen*

nach·hau·se ADVERB nach Hause **K** Nachhauseweg

nach·hel·fen VERB (*hat*) **1** **(jemandem/etwas) nachhelfen** durch Hilfe bewirken, dass etwas besser funktioniert | *Der Meister hilft (dem Lehrling) etwas nach, damit die Arbeit schneller vorangeht* **2** **(bei jemandem) nachhelfen müssen** ein Mittel anwenden, um eine andere Person dazu zu bringen, etwas zu tun | *Ich musste etwas nachhelfen, bis er sich zum ersten Mal mit mir verabredete* **3** **dem Glück ein wenig/ein bisschen nachhelfen** etwas (meist nicht ganz Korrektes) tun, damit etwas so geht, wie man es sich wünscht

★ **nach·her**, **nach·her** ADVERB **1** so, dass die eine Handlung etwas später als die andere Handlung eintreten wird oder eintrat ≈ *später* ↔ *vorher* | *„Ich muss jetzt Geld von der Bank holen." – „Das kannst du doch noch nachher machen."* **2** **Bis nachher!** verwendet, um sich von einer Person zu verabschieden, die man wahrscheinlich sehr bald wiedersieht

N

Nach·hil·fe *die*; *nur Singular* **Nachhilfe (in etwas** (*Dativ*)**)** zusätzlicher Unterricht, den ein Schüler (gegen Geld) von einem anderen Schüler, einem Studenten oder einem Lehrer bekommt ‹Nachhilfe bekommen; (jemandem) Nachhilfe geben, erteilen› **K** Nachhilfelehrer, Nachhilfeschüler, Nachhilfestunde, Nachhilfeunterricht

Nach·hi·nein ■ ID **im Nachhinein** nach einem Zeitpunkt oder Zeitraum, oder nachdem eine Handlung schon vorbei ist ↔ *im Voraus* | *Im Nachhinein hat sich dann doch gezeigt, dass er gelogen hatte*

Nach·hol|be·darf *der* **Nachholbedarf (an etwas** (*Dativ*)**)** das Verlangen oder Bedürfnis, von einer Sache sehr viel zu bekommen, auf die man lange Zeit verzichten musste | *Die ganze Woche über bin ich spät ins Bett gegangen, jetzt habe ich einen riesigen Nachholbedarf an Schlaf*

nach·ho·len VERB (*hat*) **etwas nachholen** etwas, das man noch nicht getan hat oder das nicht stattgefunden hat, später noch tun oder stattfinden lassen ‹eine Prüfung, Versäumtes nachholen› | *Das Match, das abgesagt werden musste, wird nächsten Samstag nachgeholt* **K** Nachholspiel

nach·ja·gen VERB (*ist*) **jemandem/etwas nachjagen** sich bemühen, jemanden/etwas einzuholen und zu fangen oder etwas zu bekommen, erreichen ‹dem Ball, dem Puck, einem Dieb, dem Erfolg, dem Glück, einem Hirngespinst nachjagen›

Nach·kom·me *der*; (-n, -n) jedes der Kinder, Enkel, Urenkel usw. einer Person ‹keine Nachkommen haben; ohne Nachkommen sterben› ↔ *Vorfahr* **!** *der Nachkomme; den, dem,*

des Nachkommen
nach·kom·men VERB *(ist)* **1** etwas später als die anderen Leute kommen | *Geht schon mal voraus. Ich komme gleich nach!* **2** **jemandem nachkommen; (bei/mit etwas) nachkommen** in dem gleichen Tempo wie die anderen Leute mitmachen können ⟨beim Diktat, mit der Produktion gut, nicht nachkommen⟩ | *Kannst du nicht ein bisschen langsamer gehen, ich komme (dir) nicht nach!* **3** **einer Sache** (Dativ) **nachkommen** *geschrieben* das tun, was jemand von einem wünscht ⟨einer Verpflichtung, Anordnung, einem Befehl nachkommen⟩
Nach·kom·men·schaft *die;* (-) alle Nachkommen einer Person
Nach·kriegs- *im Substantiv, betont, begrenzt produktiv* **die Nachkriegsgeneration, die Nachkriegsliteratur, die Nachkriegszeit** *und andere* nach dem Ende eines Krieges, vor allem des zweiten Weltkrieges
Nach·lass *der;* (-es, Nach·läs·se) **1** alle Dinge, die von jemandem nach dem Tod zurückbleiben ⟨jemandes Nachlass ordnen, verwalten⟩ ≈ *Erbe* | *ein Werk aus dem (literarischen) Nachlass eines Dichters* | *Ihr Nachlass bestand zum größten Teil aus Grundstücken* **K** Nachlassverwalter **2** die Summe, um welche der Preis einer Ware (für einen einzelnen Kunden) reduziert wird ⟨einen Nachlass gewähren, bekommen⟩ ≈ *Rabatt* | *bei Barzahlung einen Nachlass von 3 % bekommen* **K** Preisnachlass
nach·las·sen VERB *(hat)* **1** **etwas lässt nach** etwas wird weniger intensiv ⟨Schmerzen, das Fieber, eine Spannung, der Druck, der Wind, der Sturm, der Regen⟩ | *Wenn der Regen nicht bald nachlässt, müssen wir uns irgendwo unterstellen* **2** in der eigenen Leistung oder Qualität schlechter werden ⟨die Sehkraft, das Gehör, das Gedächtnis, die Augen; jemandes Fleiß, jemandes Leistungsvermögen⟩ | *Du lässt nach: Früher hast du viel schneller reagiert!* **3** **(jemandem) etwas nachlassen** den Preis einer Sache reduzieren | *Da das Gerät einen Kratzer hatte, ließ der Händler mir 5 % vom Preis nach*
nach·läs·sig ADJEKTIV ohne Interesse oder Sorgfalt ⟨nachlässig arbeiten, gekleidet sein; mit etwas nachlässig umgehen⟩ | *Fehlende oder nachlässige Kontrollen stellen ein hohes Risiko dar* • hierzu **Nach·läs·sig·keit** *die*
nach·lau·fen VERB *(ist)* **1** **jemandem nachlaufen** einer Person zu Fuß folgen, um sie zu fassen oder einzuholen **2** **jemandem/etwas nachlaufen** sich sehr bemühen müssen, um ein Ziel zu erreichen | *einer Genehmigung nachlaufen* **3** **jemandem/etwas nachlaufen** sich ständig und zu eifrig bemühen, einen Zustand zu erreichen oder eine Person für sich zu gewinnen ⟨einem Mann, einer Frau nachlaufen; dem Glück, dem Geld nachlaufen⟩
nach·le·gen VERB *(hat)* **(etwas) nachlegen** ein weiteres Stück Holz oder Kohle in den Ofen geben, damit das Feuer länger brennt | *ein Scheit Holz nachlegen*
Nach·le·se *die* **1** *meist Singular* das Ernten der Trauben, die (nach der eigentlichen Lese) übrig geblieben sind ⟨eine erfolgreiche Nachlese⟩ **2** **eine Nachlese (aus etwas)** *geschrieben* eine Zusammenstellung von einzelnen Teilen aus früheren Sendungen (im Radio oder Fernsehen) | *eine Nachlese aus den musikalischen Höhepunkten des vergangenen Jahres*
nach·le·sen VERB *(hat)* **etwas nachlesen** etwas (das man schon besprochen oder gehört hat, noch einmal) in einem Buch nachschlagen und lesen | *den Text eines Vortrages nachlesen*
nach·lie·fern VERB *(hat)* **(etwas) nachliefern** einen Teil einer (bestellten) Ware später liefern | *Der Draht wird binnen 14 Tagen nachgeliefert* • hierzu **Nach·lie·fe·rung** *die*
nach·lö·sen VERB *(hat)* **(etwas) nachlösen** eine Fahrkarte erst im Zug kaufen ⟨eine Fahrkarte, einen Zuschlag nachlösen⟩
nach·ma·chen VERB *(hat)* **1** **(jemandem) etwas nachmachen** genau das tun oder machen, was eine andere Person tut oder macht | *Kleine Kinder machen den Eltern alles nach* **2** **jemanden/etwas nachmachen** mit Absicht so handeln oder sich so verhalten, dass man typische Eigenschaften einer anderen Person zeigt | *Er kann gut einen Schimpansen nachmachen* | *Er machte nach, wie seine Lehrerin immer schimpft* **3** **etwas nachmachen** etwas so herstellen, dass es wie das Original aussieht ≈ *kopieren* | *Diese Münzen sind nicht aus römischer Zeit. Sie sind nur nachgemacht* | *die Unterschrift seines Vaters nachmachen* **4** **etwas nachmachen** *gesprochen* länger arbeiten, damit man das tut, was man schon vorher hätte tun sollen | *das Register für das Buch bis Ende der Woche nachmachen*
nach·mes·sen VERB *(hat)* **(etwas) nachmessen** etwas messen, um herauszufinden, welche Größe etwas hat, ob es die richtige Größe hat oder ob eine frühere Messung richtig war | *Miss doch einmal nach, ob der Schrank dort in die Ecke passt* | *Er maß nach, wie weit es von der Tür bis zum Fenster war* | *Ich muss das noch einmal nachmessen. Ich glaube, da stimmt etwas nicht*
Nach·mie·ter *der* eine Person, die direkt nach einer anderen Person eine Wohnung, ein Haus o. Ä. mietet ⟨einen Nachmieter suchen⟩ • hierzu **Nach·mie·te·rin** *die*
★ **Nach·mit·tag** *der* **1** die Zeit zwischen Mittag und Abend (von ca. 13–17 Uhr) ⟨am frühen, späten Nachmittag⟩ | *Er verbrachte den ganzen Nachmittag am See* | *Habt ihr auch am Nachmittag Schule oder nur am Vormittag?* **K** Nachmittagsprogramm, Nachmittagsunterricht, Nachmittagsvorstellung; Sommernachmittag, Winternachmittag, Sonntagnachmittag, Montagnachmittag, Spätnachmittag **2** am Nachmittag ⟨gestern, heute, morgen Nachmittag⟩ ↔ *Vormittag* **H** mit den Namen von Wochentagen zusammengeschrieben: *Sie kam Mittwochnachmittag* **3** **ein bunter Nachmittag** eine Veranstaltung (mit Spielen, Sketchen oder mit Kaffee und Kuchen) am Nachmittag
★ **nach·mit·tags** ADVERB am Nachmittag oder während des Nachmittags ↔ *vormittags* | *Die Post ist nachmittags erst ab drei Uhr wieder geöffnet*
Nach·nah·me *die;* (-) **1** **per/gegen Nachnahme** gegen Bezahlung (der Ware) bei der Lieferung | *ein Buch per Nachnahme schicken* **K** Nachnahmegebühr, Nachnahmesendung **2** eine Sendung, eine Ware dieser Art ⟨eine Nachnahme bekommen⟩ **H** Als Plural wird meist *Nachnahmesendungen* verwendet
★ **Nach·na·me** *der* ≈ *Familienname*
nach·neh·men VERB *(hat)* **(sich** (Dativ)**) (etwas) nachnehmen** noch einmal etwas von dem Essen auf den eigenen Teller tun | *Nimm dir doch noch etwas Reis nach!* | *Wollen Sie nicht nachnehmen?*
nach·plap·pern VERB *(hat)* **(jemandem) (etwas) nachplappern** *gesprochen, abwertend* etwas, das jemand gesagt hat, (kritiklos) wiederholen, ohne es richtig verstanden zu haben | *Die Kleine plappert ihren Brüdern alles nach*
nach·prü·fen VERB *(hat)* **etwas nachprüfen** (noch einmal) kontrollieren, um zu sehen, ob etwas vorhanden, richtig, wahr o. Ä. ist | *Vor jeder längeren Fahrt solltest du nachprüfen, ob der Wagen noch genug Öl hat* | *die Aussagen eines Zeugen nachprüfen* | *eine Messung nachprüfen*
nach·rech·nen VERB *(hat)* **(etwas) nachrechnen** rechnen, um etwas zu erfahren oder um zu prüfen, ob die erste Rechnung richtig war | *Rechne (das) mal nach! Da ist ir-*

gendwo ein Fehler | Ich muss erst einmal nachrechnen, ob ich mir so einen teuren Urlaub auch leisten kann

Nach·re·de *die* **etwas ist üble Nachrede** etwas, was jemand über eine andere Person sagt, schadet dieser und ist nicht wahr ⟨jemanden wegen übler Nachrede verklagen⟩

nach·rei·chen VERB *(hat)* **(jemandem) etwas nachreichen** etwas später (nach dem gesetzten Termin) abgeben, einreichen ⟨Dokumente, Unterlagen, Zeugnisse o. Ä. nachreichen⟩

★ **Nach·richt** *die;* (-, -en) **1** **eine Nachricht (von einer Person/Sache) (über jemanden/etwas); eine Nachricht (von einer Person) (an/für jemanden)** eine meist kurze Information über ein aktuelles Ereignis, das jemanden interessiert ⟨eine eilige, aktuelle Nachricht; eine Nachricht überbringen, übermitteln, weiterleiten, verbreiten, bringen; jemandem eine Nachricht hinterlassen; (eine) Nachricht erhalten⟩ | *eine brandheiße Nachricht* (sehr aktuelle Nachricht) | *Die Nachricht vom Ausmaß der Katastrophe hat alle zutiefst erschüttert | Neben dem Telefon liegt eine Nachricht von Klaus an Renate | Wir haben noch keine Nachricht über ihn erhalten | Die Nachricht, dass unser alter Nachbar geheiratet hat, traf bei uns verspätet ein* **K** Todesnachricht, Unglücksnachricht **2** *nur Plural* eine Sendung im Radio oder Fernsehen, die über die wichtigsten (meist politischen) Ereignisse informiert ⟨(sich (*Dativ*)) die Nachrichten ansehen; etwas kommt in den Nachrichten⟩ | *die Nachrichten des Norddeutschen Rundfunks | In den Nachrichten habe ich gehört, wer die Wahl gewonnen hat* **K** Nachrichtenbüro, Nachrichtensatellit, Nachrichtensendung, Nachrichtensprecher; Abendnachrichten, Spätnachrichten, Kurznachricht, Lokalnachrichten, Weltnachrichten

Nach·rich·ten·agen·tur *die* ein Unternehmen, das Nachrichten aus aller Welt sammelt und an Presse, Rundfunk und Fernsehen weitergibt

Nach·rich·ten·dienst *der; geschrieben* **1** ein staatlicher Geheimdienst **K** Bundesnachrichtendienst **2** ≈ *Nachrichtenagentur* ● zu (1) **nach·rich·ten·dienst·lich** ADJEKTIV

Nach·rich·ten·ma·ga·zin *das* eine Zeitschrift mit den wichtigsten Nachrichten und aktuellen Themen (die meist einmal in der Woche erscheint) | *Der „Spiegel" ist ein Nachrichtenmagazin*

Nach·rich·ten·sper·re *die* das Verbot, die Öffentlichkeit oder die Presse usw. über ein Ereignis zu informieren ⟨eine Nachrichtensperre verhängen, aufheben⟩

Nach·rich·ten·tech·nik *die* das Gebiet der Technik, das sich damit beschäftigt, wie man Informationen mithilfe der Technik (z. B. Radio, Fernsehen, Telefon, Internet, Mobilfunk) übertragen kann

nach·rü·cken VERB *(ist)* **(irgendwohin) nachrücken** jemandes Amt o. Ä. übernehmen | *in den Bundestag nachrücken | Weil ein Mitglied des Parlaments ausschied, rückte sie nach*

Nach·ruf *der;* (-(e)s, -e) **ein Nachruf (auf jemanden)** ein Text über das Leben und die Leistungen einer (meist bekannten oder wichtigen) Person, die gerade gestorben ist ⟨einen Nachruf auf jemanden schreiben; einen Nachruf in die Zeitung setzen⟩

nach·ru·fen VERB *(hat)* **jemandem (etwas) nachrufen** einer Person, die gerade weggegangen ist, mit lauter Stimme etwas sagen | *Als ich gerade wegfahren wollte, rief mir meine Mutter nach, dass ich auf sie warten solle*

nach·rüs·ten VERB *(hat)* **1** weitere Waffen produzieren oder kaufen, damit man den gleichen Stand erreicht wie ein möglicher Feind **2** **etwas (mit etwas) nachrüsten** ein Gerät, eine Maschine usw. technisch ändern, um es zu verbessern | *das Auto mit einem Katalysator nachrüsten | den Computer mit einer besseren Grafikkarte nachrüsten* ● hierzu **Nach·rüs·tung** *die*

nach·sa·gen VERB *(hat)* **1** **(jemandem) etwas nachsagen** etwas wiederholen, was eine andere Person gesagt hat | *Der Lehrer hat das Wort vorgesagt, und die Schüler mussten es nachsagen* **2** **jemandem etwas nachsagen** etwas von einer Person behaupten (das oft nicht wahr ist) | *Dem neuen Chef werden große großartige Fähigkeiten nachgesagt | Ihm wird nachgesagt, er sei ein Lügner | Man sagt ihr nach, dass sie telepathische Kräfte habe* **3** **jemandem nichts nachsagen können** über jemanden nichts Schlechtes sagen können

Nach·sai·son *die* die Zeit direkt nach der Hauptsaison | *In der Nachsaison kommen weniger Touristen, und die Preise sinken*

nach·sal·zen VERB *(hat)* **(etwas) nachsalzen** zu etwas, in oder auf dem schon Salz ist, noch mehr (Salz) dazutun

nach·schau·en VERB *(hat); süddeutsch* Ⓐ **1** **jemandem/etwas nachschauen** jemandem/etwas nachsehen **2** **(etwas) nachschauen** ≈ *nachsehen*

★ **nach·schen·ken** VERB *(hat)* **(jemandem) (etwas) nachschenken** einer Person wieder etwas zu trinken geben, wenn ihre Tasse oder ihr Glas (fast) leer ist | *Darf ich dir noch (einen Schluck) nachschenken?*

nach·schi·cken VERB *(hat)* **(jemandem) etwas nachschicken** etwas an eine Person schicken, die inzwischen an einem anderen Ort ist | *jemandem die Post an die neue Adresse nachschicken*

Nach·schlag *der; nur Singular* eine zusätzliche Portion Essen (vor allem in einer Kantine oder beim Militär) ⟨(einen) Nachschlag bekommen⟩

★ **nach·schla·gen** VERB **1** **(etwas) nachschlagen** *(hat)* ein Wort oder einen Text in einem Buch suchen, um sich über etwas zu informieren ≈ *nachlesen | ein unbekanntes Wort im Wörterbuch nachschlagen | unter dem Stichwort „Pyramide" in einer Enzyklopädie nachschlagen* **2** **jemandem nachschlagen** *(ist)* in Aussehen oder Charakter einer anderen Person ähnlich sein, mit der man verwandt ist | *Die Tochter schlägt mit ihrer Liebe zur Musik ganz dem Vater nach*

Nach·schla·ge|werk *das* ein Buch, das (z. B. durch alphabetische Ordnung von Stichwörtern) so aufgebaut ist, dass man darin etwas nachschlagen kann | *Wörterbücher, Lexika und Enzyklopädien sind Nachschlagewerke*

nach·schnei·den VERB *(hat)* **(etwas) nachschneiden** etwas noch einmal schneiden, um es in die gewünschte Form zu bringen ⟨(jemandem) die Haare nachschneiden; einen Stoff nachschneiden⟩

nach·schrei·ben VERB *(hat)* **etwas nachschreiben** eine Prüfung o. Ä. erst nach dem dafür festgelegten Termin schreiben | *Da er bei der Klassenarbeit krank war, musste er sie eine Woche später nachschreiben*

Nach·schub *der* **1** **der Nachschub (an etwas** *(Dativ)***)** das Essen, die Kleidung und die Munition, mit denen die Truppen (im Krieg) versorgt werden ⟨Nachschub (an Material) anfordern; für den Nachschub verantwortlich sein; den Nachschub organisieren⟩ **K** Nachschubtruppe, Nachschubweg; Essensnachschub, Materialnachschub, Munitionsnachschub, Truppennachschub **2** neues, zusätzliches Material **3** *humorvoll* zusätzliches Essen oder Getränke, wenn man (z. B. auf einem Fest) (fast) alles verbraucht hat ⟨für Nachschub sorgen⟩

nach·se·hen VERB *(hat)* **1** **jemandem/etwas nachsehen** den Blick auf eine Person oder Sache richten, die sich immer weiter wegbewegt | *einem Zug nachsehen, der aus dem Bahnhof fährt* **2** **(etwas) nachsehen** etwas betrach-

N

ten, um es zu prüfen, um Fehler zu finden oder um Informationen zu bekommen | *die Hausaufgaben der Kinder nachsehen* | *nachsehen, ob Post im Briefkasten ist* | *nachsehen, warum das Rücklicht nicht mehr geht* | *im Fahrplan nachsehen, wann der Zug nach Köln fährt* | *im Wörterbuch nachsehen, wie man „Chanson" ausspricht* **3** **jemandem etwas nachsehen** jemandes Fehler oder Schwäche(n) ohne Kritik akzeptieren | *Warum siehst du ihm immer seine Fehler nach?* | *Er sah seinen Enkeln nicht nach, dass sie seinen Geburtstag vergessen hatten*

Nach·se·hen *das* ■ **ID das Nachsehen haben** nicht das bekommen oder erreichen, was man will | *Am Ende des Rennens hatte der Favorit das Nachsehen und musste sich mit dem fünften Platz begnügen*; **jemandem bleibt das Nachsehen** eine Person bekommt oder erreicht nicht das, was sie wollte

nach·sen·den VERB (sandte/sendete nach, hat nachgesandt/nachgesendet) **(jemandem) etwas nachsenden** etwas an eine Person senden, die inzwischen an einem anderen Ort ist | *jemandem die Post an den Urlaubsort nachsenden* ● hierzu **Nach·sen·dung** *die*

nach·set·zen VERB *(hat)* **jemandem/etwas nachsetzen** einer Person oder Sache schnell folgen, um sie einzuholen oder zu ergreifen ⟨einem Ausbrecher, einem Dieb nachsetzen; dem Ball nachsetzen⟩

Nach·sicht *die* Geduld und Verständnis für eine Person, die sich nicht so verhält, wie man es wünscht, oder nicht das leistet, was man erwartet ⟨mit jemandem Nachsicht haben; Nachsicht üben; Nachsicht walten lassen; um Nachsicht bitten⟩ ≈ *Toleranz* | *Mit Drogenhändlern kennt das Gesetz keine Nachsicht* ● hierzu **nach·sich·tig** ADJEKTIV

Nach·sil·be *die* ≈ *Suffix* ↔ *Vorsilbe, Präfix*

nach·sin·gen VERB *(hat)* **(jemandem) (etwas) nachsingen** genau das singen, was eine andere Person gesungen oder gespielt hat | *eine Melodie, die man im Radio hört, nachsingen*

nach·sin·nen VERB *(hat)* **(über etwas** (*Akkusativ*)**) nachsinnen** *geschrieben* ≈ *nachdenken*

nach·sit·zen VERB *(hat)* (zur Strafe) länger als die anderen Schüler in der Schule bleiben (müssen) ⟨nachsitzen müssen; jemanden nachsitzen lassen⟩ | *Die Lehrerin ließ ihn nachsitzen, weil er seine Hausaufgaben nicht gemacht hatte*

★ **Nach·spei·se** *die* eine meist süße Speise, die man nach dem Essen (der Hauptmahlzeit) bekommt ≈ *Dessert* | *Wollt ihr Pudding oder ein Eis als Nachspeise?*

Nach·spiel *das; meist Singular* die (meist unangenehmen) Folgen einer Handlung oder eines Vorfalls ⟨etwas hat ein gerichtliches Nachspiel⟩ ≈ *Konsequenzen, Folgen* | *Das wird noch ein Nachspiel haben!*

nach·spie·len VERB *(hat)* **1** **(etwas) nachspielen** ein Lied oder eine Melodie spielen, die man gehört hat **2** **etwas nachspielen** ein Theaterstück aufführen, das (so) schon anderswo gespielt wurde | *Die Komödie wurde von mehreren Bühnen im Ausland nachgespielt* **3** **nachspielen lassen** ein Spiel (vor allem beim Fußball oder Handball) länger (als die festgesetzte Zeit) dauern lassen | *Wegen der vielen Unterbrechungen ließ der Schiedsrichter fünf Minuten nachspielen* K Nachspielzeit

nach·spi·o·nie·ren VERB (spionierte nach, hat nachspioniert) **jemandem nachspionieren** heimlich überprüfen, was jemand tut

nach·spre·chen VERB *(hat)* **(jemandem) (etwas) nachsprechen** die Worte, die jemand gesagt hat, genau wiederholen ⟨eine Eidesformel nachsprechen⟩

nach·spü·len VERB *(hat)* **1** **(etwas) nachspülen** etwas noch einmal (ab)spülen ⟨die Gläser, Teller nachspülen⟩ **2** **(mit etwas) nachspülen** *gesprochen* etwas (meist schnell) trinken, kurz nachdem man etwas anderes getrunken oder gegessen hat

nach·spü·ren VERB *(hat)* **jemandem/etwas nachspüren** (durch Forschen und Beobachten) versuchen, das herauszufinden, was an einer Person/Sache unbekannt ist ⟨einem Geheimnis, einem Verbrechen, einem Verbrecher, einer Gangsterbande nachspüren⟩

nächst PRÄPOSITION *mit Dativ; geschrieben* in der Wichtigkeit o. Ä. unmittelbar jemandem/etwas folgend | *Nächst der Umweltverschmutzung ist die Überbevölkerung das größte Problem*

★ **näch·s·t-** ADJEKTIV **1** *Superlativ* → nahe **2** *meist attributiv* so, dass etwas in einer Reihe als Erstes folgt | *In der nächsten Lektion wird das Passiv behandelt* | *Biegen Sie nach der nächsten Ampel rechts ab!* | *Wer kommt als Nächster dran?* **3** *meist attributiv* zeitlich direkt folgend | *Wir haben vor, nächstes Jahr nach Kanada zu fliegen* | *Nächsten Samstag/Am nächsten Samstag beginnt das Oktoberfest* **4** **Der Nächste, bitte!** verwendet, um jemandem zu sagen, dass er an die Reihe kommt

nächst·bes·t- ADJEKTIV *meist attributiv; nur mit dem bestimmten Artikel* **1** das Erste, welches den genannten Zweck erfüllt | *Sie waren todmüde und gingen deshalb in das nächstbeste Hotel* **2** **die nächstbeste Gelegenheit** die erste Gelegenheit, die sich bietet (auch wenn sie nicht sehr günstig ist)

Nächs·te *der/die;* (-n, -n); *geschrieben* ≈ *Mitmensch* | *Im Neuen Testament heißt es: „Du sollst deinen Nächsten lieben wie dich selbst."* **1** *mein Nächster; der Nächste; den, dem, des Nächsten*

nach·ste·hen VERB *(hat/ist)* **jemandem/etwas (an/in etwas** (*Dativ*)**) nachstehen** im Vergleich mit jemandem/etwas auf einem Gebiet schlechter oder schwächer sein ⟨jemandem/etwas in keinster Weise, in nichts nachstehen⟩ | *Er steht seinem älteren Bruder (an Mut und Fleiß) nicht nach* **1** meist verneint

nach·ste·hend ■ PARTIZIP PRÄSENS **1** → nachstehen ■ ADJEKTIV **2** *meist attributiv* (in einem Text) direkt nach einer genannten Stelle | *Vergleiche nachstehende Tabelle!*

nach·stei·gen VERB *(ist)* **jemandem nachsteigen** *gesprochen* vor allem einem Mädchen oder einer Frau folgen und versuchen, mit ihr in Kontakt zu kommen | *Seit Wochen steigt er schon einem hübschen jungen Mädchen aus der Nachbarschaft nach*

nach·stel·len VERB *(hat)* **1** **etwas nachstellen** ein Gerät wieder richtig einstellen ⟨die Bremsen, die Uhr nachstellen⟩ **2** **etwas nachstellen** eine Szene oder Situation so darstellen wie im Original oder wie sie geschehen ist | *Der Vorfall wurde für den Bericht von Schauspielern nachgestellt* **3** **jemandem/einem Tier nachstellen** einer Person oder einem Tier heimlich folgen | *Siehst du den Mann dort? Ich glaube, er stellt mir nach*

Nächs·ten·lie·be *die* die Liebe, Rücksicht und Achtung, mit der man sich (nach der christlichen Lehre) um die Mitmenschen kümmern soll ⟨sich in Nächstenliebe üben; etwas aus reiner, christlicher Nächstenliebe tun⟩

nächs·tens in naher Zukunft ≈ *bald*

nächst·ge·le·gen ADJEKTIV *meist attributiv* am wenigsten weit entfernt | *die nächstgelegene Haltestelle*

nächst·hö·her ADJEKTIV *meist attributiv* um eine Stufe/einen Rang höher (z. B. in einer Hierarchie) | *der nächsthöhere Turm* | *der nächsthöhere Dienstgrad*

nächst·mög·lich ADJEKTIV *meist attributiv* von einem Zeitpunkt an als Nächstes möglich | *einen Mitarbeiter zum nächstmöglichen Termin einstellen*

nach·su·chen VERB *(hat)* **1** **(irgendwo) nachsuchen** intensiv (noch einmal) nach jemandem/etwas suchen | *Ich habe überall nachgesucht, aber ich kann den Schlüssel nicht finden | Hast du schon in der Küche nachgesucht?* **2** **(bei jemandem) um etwas nachsuchen** *geschrieben* offiziell und förmlich um etwas bitten ⟨um seine Entlassung, Versetzung nachsuchen⟩

★ **Nacht** *die;* (-, Näch·te) **1** der Teil eines Tages, während dessen es völlig dunkel ist ⟨letzte Nacht; eine finstere, klare, sternenklare, mondhelle, laue Nacht; bei Nacht; in der Nacht; die Nacht bricht herein; es wird Nacht; eine Nacht durchtanzen, durchzechen, durchmachen; eine unruhige, schlaflose Nacht haben, verbringen⟩ ↔ *Tag* | *die Nacht vom Montag auf Dienstag | in der Nacht zum Dienstag | bis spät in die Nacht arbeiten | bis in die späte Nacht arbeiten | Die Kinder verbrachten die gestrige Nacht im Zelt | Ab (dem) 21. Juni werden die Nächte wieder länger* K Nachtarbeit, Nachtflugverbot, Nachtfrost, Nachthimmel, Nachtwanderung, Nachtzeit; Sommernacht, Sonntagnacht, Montagnacht *usw.* **2** in der Nacht ⟨gestern, heute, morgen Nacht⟩ | *Heute Nacht war es so kalt, dass der See zugefroren ist* H mit den Namen von Wochentagen zusammengeschrieben: *Montagnacht* **3** **die Heilige Nacht** die Nacht vor dem 25. Dezember H → Infos unter **Weihnachten** **4** **Gute Nacht!** als Gruß verwendet, wenn jemand ins Bett geht, um zu schlafen ⟨jemandem (eine) Gute/gute Nacht wünschen⟩ | *Gute Nacht, schlaf jetzt und träum was Süßes!* **5** **zur Nacht** *geschrieben* zu der Tageszeit, zu der es dunkel ist ≈ *nachts*

■ ID ▸Nacht als Objekt: **eine Person/Sache bereitet jemandem schlaflose Nächte** ein Problem oder eine Person macht jemandem große Sorgen (sodass man nicht schlafen kann); **sich** *(Dativ)* **die Nacht um die Ohren schlagen, die Nacht zum Tag machen** *gesprochen* die ganze Nacht wach bleiben und nicht zu Bett gehen; **(Na) dann, gute Nacht!** *gesprochen* man befürchtet in der genannten Situation das Schlimmste | *Wenn mein Freund herausfindet, dass ich ihn belogen habe, dann gute Nacht!*; ▸andere Verwendungen: **bei Nacht und Nebel** *gesprochen* ganz heimlich (und oft bei Nacht) | *Sie brachen bei Nacht und Nebel aus dem Gefängnis aus;* **über Nacht** a die ganze Nacht lang | *Kann ich über Nacht bei euch bleiben?* b innerhalb sehr kurzer Zeit | *Der unbekannte junge Sänger wurde über Nacht zum Superstar;* **hässlich/dumm wie die Nacht** *gesprochen* sehr hässlich, dumm

Nacht·dienst *der; meist Singular* der Dienst, den man in der Nacht hat (vor allem im Krankenhaus) ⟨Nachtdienst haben⟩

★ **Nach·teil** *der;* (-s, -e) **1** die ungünstigen negativen Folgen und Auswirkungen, die eine Sache hat oder haben könnte ⟨etwas ist für jemanden/etwas von Nachteil; jemandem erwachsen, entstehen (aus etwas) Nachteile⟩ ↔ *Vorteil* | *Dieses Haus hat den Nachteil, dass es zu klein ist | Oft ist es ein Nachteil, gutmütig zu sein | Der Nachteil dieses Gerätes ist der hohe Preis* **2** **(jemandem gegenüber) im Nachteil sein** in einer schlechteren oder ungünstigeren Situation sein als eine andere Person **3** **etwas gereicht jemandem zum Nachteil** *geschrieben* etwas hat für jemanden negative Folgen

nach·tei·lig ADJEKTIV mit Nachteilen verbunden ⟨Folgen, der Einfluss; etwas wirkt sich nachteilig aus⟩ ≈ *negativ* ↔ *vorteilhaft*

Nacht·es·sen *das; süddeutsch* CH ≈ *Abendessen*

Nacht·eu·le *die; gesprochen, humorvoll* eine Person, die oft und gern abends lange aufbleibt

★ **Nacht·hemd** *das* ein Kleidungsstück, das wie ein sehr langes Hemd aussieht und das vor allem Frauen nachts im Bett tragen ⟨ein seidenes Nachthemd⟩

Nach·ti·gall *die;* (-, -en) ein kleiner Vogel, der nachts singt und wegen seines schönen Gesangs bekannt ist | *die Nachtigall schlägt* (singt)

näch·ti·gen VERB (nächtigte, hat genächtigt) **irgendwo nächtigen** A ≈ *übernachten* ● hierzu **Näch·ti·gung** *die*

★ **Nach·tisch** *der; nur Singular* eine meist süße Speise, die man nach der Hauptmahlzeit isst ≈ *Dessert* | *Es gibt Eis zum Nachtisch*

★ **Nacht·klub** *der* ein Lokal, das nachts sehr lange geöffnet hat (und auch erotische Unterhaltung bietet) K Nachtklubbesitzer

Nacht·le·ben *das* (vor allem in einer Großstadt) die verschiedenen Möglichkeiten, am Abend auszugehen und sich zu amüsieren | *Das Wiener Nachtleben hat neben vielem anderen auch erstklassigen Jazz zu bieten*

nächt·lich ADJEKTIV *meist attributiv* in der Nacht (stattfindend), zur Nacht gehörend ⟨die Kühle, die Ruhe, die Stille⟩ | *das nächtliche Treiben in einer Großstadt*

Nacht·lo·kal *das* ein Lokal, in dem man spät in der Nacht, wenn andere Lokale schließen, noch Alkohol trinken und oft auch tanzen kann

Nacht·mahl *das; besonders* A ≈ *Abendessen*

Nach·trag *der;* (-(e)s, Nach·trä·ge) **ein Nachtrag (zu etwas)** ein Text, den man später zu einem schon vorhandenen Text hinzufügt

nach·tra·gen VERB *(hat)* **1** **(jemandem) etwas nachtragen** etwas zu einer Person tragen, die schon weggegangen ist | *Muss ich dir denn alles nachtragen? Wo hast du deine Gedanken?* **2** **etwas nachtragen** etwas, das man an der richtigen Stelle vergessen hat, später dazuschreiben oder -sagen ≈ *ergänzen, hinzufügen* | *in einem Aufsatz ein paar Bemerkungen nachtragen* **3** **jemandem etwas nachtragen** etwas Schlechtes, das jemand getan hat, nicht vergessen und nicht verzeihen | *Sie trägt ihm heute noch nach, dass er sie damals betrogen hat*

nach·tra·gend ■ PARTIZIP PRÄSENS **1** → nachtragen ■ ADJEKTIV **2** so, dass man sich über jemanden ärgert und dann lange ärgerlich ist | *Seine Mutter ist sehr nachtragend. Sie verzeiht ihm nicht den kleinsten Fehler*

nach·träg·lich ADJEKTIV *meist attributiv* nach dem (eigentlichen) Zeitpunkt (stattfindend) ⟨Glückwünsche, eine Bemerkung; etwas nachträglich einreichen⟩ | *Dein Geburtstag liegt zwar etwas länger zurück, aber ich wünsche dir nachträglich noch alles Gute*

nach·trau·ern VERB *(hat)* **jemandem/etwas nachtrauern** sehr bedauern oder traurig sein, dass jemand/etwas nicht mehr da ist | *einer verpassten Gelegenheit nachtrauern*

Nacht·ru·he *die* **1** *geschrieben* der Schlaf während der Nacht | *Flugzeuglärm störte ihn in seiner Nachtruhe* **2** die Zeit zwischen 22 und 6 Uhr, während der man leise sein soll, damit die anderen Leute schlafen können ⟨die Nachtruhe einhalten, stören⟩

★ **nachts** ADVERB in oder während der Nacht | *Wenn ich abends Kaffee trinke, kann ich nachts nicht einschlafen | Ich bin erst um drei Uhr nachts nach Hause gekommen*

Nachts *geschrieben* ■ ID **eines Nachts** in einer bestimmten, nicht näher bezeichneten Nacht | *Eines Nachts hatte ich einen Traum;* **des Nachts** in der Nacht, bei Nacht

Nacht·schicht *die* die Schichtarbeit während der Nacht ⟨Nachtschicht haben⟩

nacht·schla·fen·d ADJEKTIV ■ ID **zu nachtschlafender Zeit** *gesprochen, humorvoll* nachts, wenn die Leute schlafen

Nacht·schränk·chen *das* (-s, -) ≈ *Nachttisch*

Nacht·schwär·mer *der; gesprochen, humorvoll* ≈ *Nachteule*

Nacht·tisch *der* ein kleiner Tisch oder Schrank neben dem

N

Bett, auf den man z. B. den Wecker stellt

Nacht·topf *der historisch* ein Topf beim Bett, den man früher benutzte, wenn man nachts die Blase entleeren musste

Nacht-und-Ne·bel-Ak·ti·on *die; oft abwertend* eine überraschende Aktion, welche vor allem die Polizei heimlich plant und bei Nacht durchführt

Nacht·wäch·ter *der* **1** eine Person, die in der Nacht ein Gebäude bewacht ≈ *Wachmann* **2** *historisch* ein Mann, der nachts die Uhrzeit ausrief und für Ruhe und Ordnung sorgte **3** *gesprochen, abwertend* eine Person, die nie aufpasst und meist sehr lange braucht, um etwas zu verstehen • zu (1) **Nacht·wäch·te·rin** *die*

nach|voll·zie·hen VERB (vollzog nach, hat nachvollzogen) **etwas nachvollziehen** sich denken oder vorstellen (können), wie etwas gewesen ist ⟨jemandes Gedanken, Handlungsweise nachvollziehen⟩ • hierzu **nach|voll·zieh·bar** ADJEKTIV

nach·wach·sen VERB *(ist)* **etwas wächst nach** etwas wächst weiter, nachdem ein Teil davon abgeschnitten wurde, etwas Neues wächst da, wo etwas entfernt wurde | *Das Unkraut wächst sehr schnell nach* | *Der Friseur hat die Haare zu kurz geschnitten, aber sie wachsen ja wieder nach*

Nach·wahl *die* eine Wahl, die zu einem späteren Zeitpunkt (nach einer bereits stattgefundenen Wahl) durchgeführt wird

nach·wei·nen VERB *(hat)* **jemandem/etwas keine Träne/nicht nachweinen** froh sein, dass jemand weggegangen ist oder dass man etwas (scheinbar) nicht mehr hat

Nach·weis *der;* (-es, -e) **1** eine Handlung, ein Argument oder eine Tatsache, die zeigen, dass etwas richtig war/ist | *den Nachweis für eine Theorie führen/liefern* | *Der wissenschaftliche Nachweis, dass es Leben auf anderen Planeten gibt, ist noch nicht gelungen* **2** die Dokumente, mit denen man etwas nachweisen kann | *den Nachweis seiner/für seine Arbeitsunfähigkeit erbringen* K Befähigungsnachweis, Identitätsnachweis, Literaturnachweis, Quellennachweis

N

★ **nach·wei·sen** VERB *(hat)* **1** **etwas nachweisen** (mit Dokumenten) zeigen, dass man etwas hat ⟨ein festes Einkommen, einen festen Wohnsitz nachweisen⟩ **2** **etwas nachweisen** mit Argumenten oder Dokumenten zeigen, dass das, was man behauptet, wahr ist | *die Existenz von etwas nachweisen* | *Zusammenhänge nachweisen* **3** **jemandem etwas nachweisen** beweisen, dass jemand etwas getan hat ⟨jemandem einen Mord, einen Diebstahl nachweisen⟩ • hierzu **nach·weis·bar** ADJEKTIV

nach·weis·lich ADJEKTIV *meist attributiv* so, dass es bewiesen ist | *Das ist nachweislich ein Irrtum/nachweislich falsch*

Nach·welt *die; nur Singular* alle Menschen (von einer Generation aus gesehen), die später leben ⟨etwas der Nachwelt überliefern, hinterlassen⟩

nach·wer·fen VERB *(hat)* **jemandem etwas nachwerfen** es jemandem sehr leicht machen, etwas zu kaufen oder ein Ziel zu erreichen ⟨jemandem die Angebote, gute Noten nachwerfen⟩ | *Tomaten sind im Moment sehr billig, sie werden einem fast nachgeworfen* H weitere Verwendungen → **nach-**

nach·wie·gen VERB *(hat)* **(etwas) nachwiegen** etwas wiegen, um festzustellen, wie schwer es ist, ob das (angegebene) Gewicht richtig ist o. Ä. | *Sind das wirklich zweihundert Gramm Nüsse? Wieg (sie) doch mal nach!*

nach·win·ken VERB *(hat)* **jemandem/etwas nachwinken** einer Person winken, die weggeht oder wegfährt

nach·wir·ken VERB *(hat)* **etwas wirkt nach** etwas hat auch später noch eine Wirkung | *Die Krankheit wirkt immer noch nach* • hierzu **Nach·wir·kung** *die*

Nach·wort *das;* (-(e)s, -e) ein kurzer Text am Ende eines Buches, der Informationen über das Buch, den Autor o. Ä. enthält ≈ *Schlusswort* ↔ *Vorwort*

★ **Nach·wuchs** *der;* (-es) **1** das Kind oder die Kinder (in einer Familie) ⟨ohne Nachwuchs bleiben; (keinen) Nachwuchs bekommen, haben⟩ | *Unser Nachwuchs kommt bald in die Schule* **2** neugeborene Tiere | *Die Eisbären haben bald Nachwuchs* **3** junge Menschen, die schon ausgebildet sind, aber noch nicht lange arbeiten und deshalb keine Erfahrung haben ⟨der akademische, wissenschaftliche Nachwuchs; den Nachwuchs fördern⟩ | *Unserem Verein fehlt es an Nachwuchs* K Nachwuchsautor, Nachwuchsförderung, Nachwuchskraft, Nachwuchskünstler, Nachwuchsmangel, Nachwuchsorganisation, Nachwuchssänger, Nachwuchsschauspieler, Nachwuchsschwimmer, Nachwuchsspieler, Nachwuchstalent; Filmnachwuchs

nach·wür·zen VERB *(hat)* **(etwas) nachwürzen** etwas, das schon gewürzt ist, noch mehr würzen | *den Salat nachwürzen*

nach·zah·len VERB *(hat)* **(etwas) nachzahlen** eine Summe (die man schon hätte zahlen müssen) später zahlen | *Ich musste fast tausend Euro an das Finanzamt nachzahlen* • hierzu **Nach·zah·lung** *die*

nach·zäh·len VERB *(hat)* **1** **(etwas) nachzählen** ≈ *zählen* **2** **(etwas) nachzählen** etwas noch einmal zählen, um zu kontrollieren, ob das erste Ergebnis richtig war ⟨das Geld nachzählen⟩ • zu (2) **Nach·zäh·lung** *die*

nach·zeich·nen VERB *(hat)* **1** **(etwas) nachzeichnen** eine Zeichnung machen, die einer vorhandenen (Zeichnung) sehr ähnlich ist **2** **(etwas) nachzeichnen** die Linien einer vorhandenen Zeichnung mit Hilfe eines besonderen Papiers auf ein Blatt übertragen **3** **etwas nachzeichnen** ≈ *nachziehen*

nach·zie·hen VERB *(hat)* **1** **ein Bein nachziehen** ein Bein langsamer als das andere bewegen und deshalb hinken | *Er hat ein steifes Bein, das er beim Gehen immer nachzieht* **2** **etwas nachziehen** mit einem Stift eine Linie (noch einmal) zeichnen und so kräftiger machen ⟨eine Linie, einen Strich, die Lippen, die Augenbrauen (beim Schminken) nachziehen⟩ **3** **etwas nachziehen** an etwas (mit einem Schraubenzieher) noch einmal drehen, um es fester zu machen ⟨eine Schraube, eine Mutter nachziehen⟩ **4** (z. B. in einer Geschäftsbranche) dem Beispiel einer anderen Person oder Firma folgen | *Wenn der eine Laden die Preise erhöht, ziehen die anderen Läden bald nach*

Nach·züg·ler *der;* (-s, -) **1** eine Person, die später als die anderen Leute an einen Ort kommt ⟨auf einen Nachzügler warten⟩ **2** *humorvoll* eine Person, die viel jünger als ihre Geschwister ist • hierzu **Nach·züg·le·rin** *die*

Na·cke·dei *der;* (-s, -s); *gesprochen, humorvoll* eine Person, die nackt ist, vor allem ein Kind

★ **Na·cken** *der;* (-s, -) der hintere Teil des Halses ⟨einen steifen Nacken haben; den Kopf in den Nacken legen, werfen; jemandem den Nacken massieren; den Hut in den Nacken schieben⟩ K Nackenhaare, Nackenschmerzen, Nackenwirbel H → Abb. unter **Mensch** ■ **ID jemandem im Nacken sitzen** a jemandem Angst oder Sorgen machen ⟨die Gläubiger, ein Termin⟩ b eine Person verfolgen und ihr schon ganz nahe sein ⟨der Feind, die Verfolger⟩

★ **nackt** ADJEKTIV **1** ohne Kleidung am Körper ⟨nackt baden, daliegen; sich nackt ausziehen⟩ | *Er arbeitete mit nacktem Oberkörper* | *Die Kinder liefen nackt am Strand herum* K Nacktbaden, Nacktfoto, Nacktmodell **2** ohne schützende Hülle/Decke oder Schmuck | *ein nackter Vogel* (ein Vogel ohne Federn) | *ein nackter Baum* (ein Baum ohne Blätter) | *ein nackter Raum* (ein Zimmer ohne Möbel) | *auf dem nackten Boden sitzen* (ohne Decke/ohne Kissen auf dem Boden sitzen) K Nacktschnecke **3** *meist attributiv* sehr groß, sehr schlimm ⟨die Angst, das Elend, die Verzweiflung⟩ | *Die nackte Wut war deutlich auf seinem Gesicht zu sehen* ■ **ID** **nur das nackte Leben retten können** nur das Leben retten (können), aber nicht den Besitz o. Ä.; **die nackten Tatsachen** nur die reinen Fakten • zu (1,2) **Nackt·heit** *die*

★ **Na·del** *die*; (-, -n) **1** ein dünner, spitzer Gegenstand, mit dem man näht ⟨eine Nadel einfädeln; einen Faden in die Nadel einfädeln/auf die Nadel fädeln; sich mit/an einer Nadel stechen⟩ **K** Nadelöhr, Nadelspitze, Nadelstich; Häkelnadel, Nähnadel, Nähmaschinennadel, Stopfnadel, Stricknadel **2** ein kleiner Gegenstand mit einer Nadel, den man irgendwo (z. B. als Schmuck) befestigt ⟨sich (*Dativ*) die Haare mit Nadeln aufstecken; eine silberne Nadel am Anzug tragen⟩ **K** Anstecknadel, Haarnadel, Krawattennadel, Pinnwandnadel **3** der Teil einer Spritze, mit dem man jemandem in die Haut sticht ⟨die Nadel sterilisieren⟩ **K** Injektionsnadel **4** ein kleiner, dünner Zeiger bei einem Gerät ⟨die Nadel schlägt aus, pendelt, steht still, zittert⟩ | *Die Nadel des Kompasses zeigt nach Norden* **K** Benzinnadel, Kompassnadel, Magnetnadel, Tachonadel **5** die feine Spitze am Tonarm eines Plattenspielers, die beim Spielen die Schallplatte berührt ⟨die Nadel kratzt, ist abgenutzt; die Nadel aufsetzen, abnehmen⟩ **K** Diamantnadel, Saphirnadel **6** *meist Plural* die schmalen grünen Teile etwa in der Form einer Nadel an manchen Arten von Bäumen ⟨ein Baum verliert die Nadeln⟩ | *Tannen, Fichten und Kiefern haben Nadeln* **K** Fichtennadel, Kiefernnadel, Tannennadel ■ **ID** **(wie) auf Nadeln sitzen** *gesprochen* nervös sein; **an der Nadel hängen** *gesprochen* rauschgiftsüchtig sein und sich regelmäßig vor allem Heroin spritzen; **von der Nadel (nicht) loskommen/wegkommen** *gesprochen* es (nicht) schaffen, ohne Rauschgift zu leben • zu (1) **na·del·för·mig** ADJEKTIV

NADEL

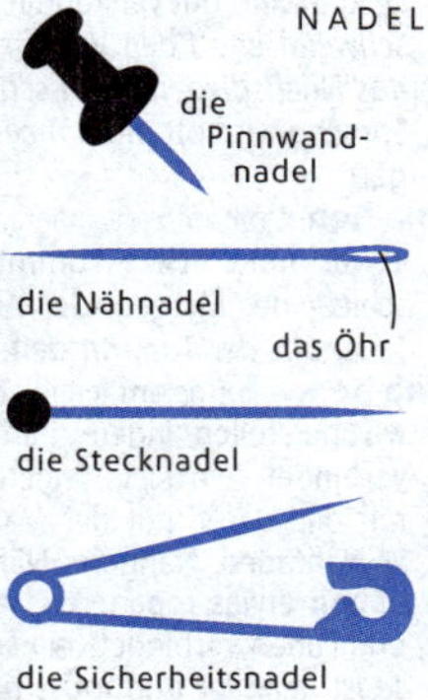

Na·del·baum *der* ein Baum, dessen Blätter wie dünne Nadeln aussehen und die meist auch im Winter grün sind ↔ *Laubbaum* | *Fichten, Tannen, Kiefern und Pinien sind Nadelbäume*

NADELBAUM

Na·del·kis·sen *das* ein kleines Kissen, in das man Näh- und Stecknadeln steckt, damit man sie nicht verliert

na·deln VERB (nadelte, hat genadelt) **etwas nadelt** ein Nadelbaum verliert die Nadeln

Na·del·strei·fen *der*; (-s, -); *meist Plural* die vielen dünnen, senkrechten, weißen Linien auf einem dunklen Stoff für Anzüge o. Ä. **K** Nadelstreifenanzug

Na·del·wald *der* ein Wald aus Nadelbäumen

★ **Na·gel** *der*; (-s, Nä·gel) **1** ein kleiner spitzer Stab aus Metall mit einem flachen Kopf. Man schlägt Nägel mit dem Hammer z. B. in Holz oder in eine Wand, um etwas daran festzumachen | *einen Nagel in die Wand schlagen und ein Bild daran aufhängen* **K** Eisennagel, Stahlnagel **2** der harte, flache Teil am Ende von Fingern und Zehen ⟨(jemandem/sich) die Nägel schneiden, feilen, polieren, lackieren; an den Nägeln kauen; kurze, lange, (un)gepflegte Nägel⟩ **K** Nagelbürste, Nagelfeile, Nagellack, Nagelschere; Daumennagel, Fingernagel, Fußnagel, Zehernagel **!** Hunde, Katzen, Vögel usw. haben *Krallen*. ■ **ID** **etwas brennt jemandem auf/unter den Nägeln** *gesprochen* etwas muss dringend getan werden, damit man beruhigt ist; **den Nagel auf den Kopf treffen** *gesprochen* das Wesentliche einer Sache erkennen und sagen; **etwas an den Nagel hängen** *gesprochen* etwas nicht mehr weitermachen ⟨den Beruf an den Nagel hängen⟩ ≈ *aufgeben*; **Nägel mit Köpfen machen** eine Aufgabe o. Ä. konsequent durchführen; **sich** (*Dativ*) **etwas unter den Nagel reißen** *gesprochen* etwas nehmen, was einer anderen Person gehört

NAGEL

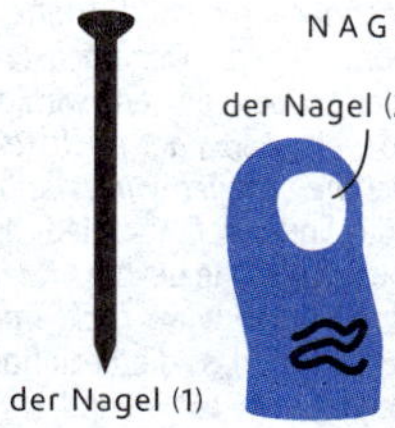

na·gel·fest → niet- und nagelfest

Na·gel·haut *die* die Haut, welche den Nagel an der Stelle bedeckt, an welcher dieser aus dem Finger/Zeh wächst ⟨die Nagelhaut zurückschieben; die Nagelhaut ist eingerissen⟩

na·geln VERB (nagelte, hat genagelt) **1** **etwas irgendwohin nageln** etwas mit Nägeln befestigen oder zusammenbauen bzw. Nägel in etwas schlagen ⟨eine Kiste, einen Sarg aus Brettern nageln; einen Knochen(bruch), ein Bein nageln; genagelte Schuhe, Schuhsohlen⟩ | *ein Brett vor ein Fenster nageln* **2** **jemanden nageln** *gesprochen* **⚠** als Mann Sex mit jemandem haben

na·gel·neu ADJEKTIV; *gesprochen* ganz neu | *ein nagelneuer Anzug*

Na·gel·stu·dio *das* ein Geschäft, in dem Fingernägel kosmetisch behandelt werden

na·gen VERB (nagte, hat genagt) **1** **an etwas** (*Dativ*) **nagen** mit den Zähnen sehr kleine Stücke von etwas Hartem entfernen | *Der Hund nagte an einem Knochen* | *Die Maus nagt an einem Stück Käse* **2** **etwas nagt an jemandem** etwas quält jemanden ⟨Zweifel, Kummer; ein nagendes Hungergefühl⟩ **3** **ein Tier nagt etwas (in etwas** (*Akkusativ*)**)** ein Nagetier macht durch Nagen ein Loch in etwas **4** **ein Tier nagt etwas (von etwas)** ein Nagetier entfernt etwas durch Nagen

Na·ge·tier *das* ein kleines Säugetier, das Pflanzen frisst und sehr scharfe, lange Vorderzähne hat | *Mäuse, Biber und Hasen sind Nagetiere*

nah → nahe

-nah [-na:] *im Adjektiv nach Substantiv, unbetont, begrenzt produktiv* **1** **lebensnah, praxisnah, realitätsnah** *und andere* so, dass man Werte hat, welche den genannten Sachen ähnlich sind ↔ *-fern* | *ein wirklichkeitsnaher Film* **2** **bürgernah, parteinah, SPD-nah, CDU-nah** *und andere* mit ähnlichen Ideen und Zielen wie die genannten Sache oder Personen | *ein gewerkschaftsnaher Verein* **3** **grenznah, gebirgsnah** *und andere* räumlich nicht weit von der genannten Sache entfernt | *ein küstennahes Gewässer*

Nah|auf·nah·me *die* ein Foto, das jemanden/etwas aus sehr geringer Entfernung zeigt

★ **na·he** ['na:ə] ■ PRÄPOSITION *mit Dativ* **1** *geschrieben* nicht weit entfernt von ↔ *fern* | *nahe der Universität/nahe dem Bahnhof wohnen*

■ ADJEKTIV (näher, nächst-) **2** **nahe (bei/an jemandem/etwas)** (räumlich) nicht weit entfernt (von einer Person oder

Sache) ↔ *fern* | *in die nahe Stadt gehen* | *nahe beim Bahnhof wohnen* | *Der nächste Friseur ist gleich um die Ecke* (der Friseur, der am wenigsten weit entfernt ist) **3** nicht so weit ≈ *kurz* | *der nächste Weg* | *Wenn wir die Abkürzung nehmen, haben wir es näher* **4** nicht weit in der Zukunft ⟨das Ende, der Abschied, die Abreise; in naher Zukunft; etwas steht nahe bevor⟩ ≈ *fern* | *Der Tag, an dem die Entscheidung fallen wird, rückt immer näher* **5** *attributiv oder adverbiell* so, dass die Beziehung eng ist ⟨ein Angehöriger, ein Verwandter, ein Freund⟩ | *mit jemandem nahe verwandt/befreundet sein* | *mit jemandem näher bekannt sein* **6** **aus/von nah und fern** von überall her **7** **nahe d(a)ran sein zu** *+Infinitiv* bereit sein, etwas zu tun; etwas fast schon tun | *Er war nahe daran, aus dem Verein auszutreten* **8** **einer Sache** (*Dativ*) **nahe sein** kurz davor sein, etwas zu erleben, das gefährlich oder unangenehm ist ⟨dem Tod, den Tränen, der Verzweiflung, dem Ruin, dem Untergang⟩ **9** **jemandem/etwas nahe kommen** nahe zu einer Person oder Sache hin kommen | *Komm mir nicht zu nahe, ich bin erkältet*

■ ID **von Nahem/nahem** a aus geringer Entfernung | *Von Nahem kann man die Kratzer im Lack sehen* b genau, im Detail | *Von Nahem betrachtet ist der Vorschlag doch nicht so gut*; **jemandem zu nahe treten** etwas sagen oder tun, das jemandes Gefühle verletzt

★ **Nä·he** ['nɛːə] *die*; (-) **1** eine kleine räumliche Entfernung, von einem Punkt aus gesehen ⟨etwas aus der Nähe betrachten, (an)sehen; in der Nähe von jemandem/etwas wohnen; in jemandes Nähe bleiben; in nächster, unmittelbarer, greifbarer Nähe⟩ | *Ganz in unserer Nähe gibt es einen See* K Bodennähe, Erdnähe, Grenznähe, Körpernähe, Stadtnähe **2** eine Zeit, die (von einem Zeitpunkt aus gesehen) nicht weit in der Zukunft liegt ⟨etwas liegt, ist in unmittelbarer Nähe; etwas rückt in greifbare Nähe⟩ | *Unser Urlaub ist inzwischen in greifbare Nähe gerückt* **3** eine enge Beziehung zu einer Person ⟨jemandes Nähe suchen; Angst vor Nähe haben⟩ **4** **aus der Nähe betrachtet** bei kritischer Betrachtung oder Überprüfung | *Aus der Nähe betrachtet ist sein Vorschlag unbrauchbar*

na·he·bei ADVERB nicht weit von hier | *Sie wohnt nahebei* H aber: *Sie wohnt nahe bei der Grenze*

na·he·brin·gen VERB (brachte nahe, hat nahegebracht) **1** **jemandem etwas nahebringen** bewirken, dass sich jemand für etwas interessiert und es versteht | *Die Ausstellung versucht, den Besuchern die Kunst des Fernen Ostens nahezubringen* **2** **jemanden einer Person nahebringen** bewirken, dass zwischen (zwei) Menschen eine Beziehung entsteht oder intensiver wird

na·he·ge·hen VERB (ging nahe, ist nahegegangen) **etwas geht jemandem nahe** etwas bewirkt bei jemandem Trauer oder Mitleid | *Ihr tragisches Schicksal ging ihm nahe* H aber: *jemandem sehr nahe gehen* (getrennt geschrieben)

na·he·kom·men VERB (kam nahe, ist nahegekommen) **1** **Personen kommen sich** (*Dativ*) **nahe** zwei Personen beginnen, einander zu verstehen | *Über ihre Liebe zur Musik sind sich die beiden nahegekommen* **2** **etwas kommt einer Sache** (*Dativ*) **nahe** etwas ist fast so wie etwas anderes ⟨etwas kommt der Wahrheit nahe⟩ | *Seine Beschreibung kommt einer Beleidigung nahe* H aber: *jemandem/etwas sehr nahe kommen*

na·he·le·gen VERB (legte nahe, hat nahegelegt) **1** **jemandem etwas nahelegen** jemanden höflich, aber bestimmt auffordern, etwas zu tun | *Einige Mitglieder legten dem Vorstand den Rücktritt nahe* | *jemandem nahelegen, zurückzutreten* **2** **etwas legt etwas nahe** etwas lässt etwas als wahrscheinlich erscheinen | *Sein Verhalten legt den Verdacht nahe, dass er mehr darüber weiß, als er zugibt*

na·he·lie·gen VERB (lag nahe, hat/ist nahegelegen) **etwas liegt nahe** etwas ist mit großer Wahrscheinlichkeit so | *Der Verdacht liegt nahe, dass er betrunken war*

na·he·lie·gend ADJEKTIV (näherliegend, nächstliegend-/naheliegendst-) sehr gut verständlich | *Aus naheliegenden Gründen schweigt er zu den Vorwürfen* | *In seiner Situation war es das Nächstliegende, zu schweigen* H In der gesprochenen Sprache wird oft mit *naheliegender, naheliegendst-* gesteigert.

na·hen ['naːən] VERB (nahte, hat/ist genaht); (*ist*); *geschrieben* **etwas naht** etwas kommt näher, nähert sich ⟨der Abschied, der Morgen, der Abend, ein Gewitter, ein Sturm⟩ | *Es naht der Tag, an dem …*

★ **nä·hen** VERB ['nɛːən] (nähte, hat genäht) **1** **(etwas) nähen** etwas herstellen, indem man Stoffteile mit Nadel und Faden verbindet ⟨ein Kleid, einen Rock, einen Bettbezug nähen; mit der Hand, mit der Maschine nähen⟩ | *Sie näht gern* K Nähfaden, Nähgarn, Nähmaschine, Nähnadel **2** **etwas nähen** etwas reparieren, indem man die Teile mit Nadel und Faden verbindet ⟨ein Loch, einen Riss nähen⟩ | *Die Hose ist geplatzt und muss genäht werden* **3** **etwas an/auf etwas** (*Akkusativ*) **nähen** etwas mit Nadel und Faden irgendwo befestigen | *einen Knopf an/auf den Mantel nähen* **4** **etwas/jemanden nähen** eine Wunde mit einem Faden schließen | *Der Riss über dem Auge muss genäht werden* | *Er hatte sich so stark verletzt, dass ihn der Arzt nähen musste* **5** **an etwas** (*Dativ*) **nähen** gerade daran arbeiten, etwas aus Stoffteilen zu nähen

nä·her ['nɛːɐ] **1** *Komparativ* → nahe **2** (mit mehr Details und deshalb) genauer ⟨nähere Einzelheiten erfahren; die näheren Umstände in Betracht ziehen; bei näherer Betrachtung; (nichts) Näheres über jemanden/etwas wissen; jemanden näher kennen; auf etwas (nicht) näher eingehen⟩

Nä·her ['nɛːɐ] *der*; (-s, -) eine Person, deren Beruf es ist, Kleider usw. zu nähen ≈ *Schneider* ● hierzu **Nä·he·rin** *die*

nä·her·brin·gen VERB (brachte näher, hat nähergebracht) **1** **jemandem etwas näherbringen** jemanden mit etwas vertraut machen **2** **etwas bringt eine Person jemandem näher** etwas bewirkt, dass die Beziehung zwischen (zwei) Menschen besser und intensiver wird | *Die Sorge um das kranke Kind hat sie einander wieder nähergebracht*

Nah|er·ho·lung *die* die Möglichkeit, sich in der Nähe (einer Stadt in einem Park, Wald o. Ä.) auszuruhen und zu erholen K Naherholungsgebiet, Naherholungszentrum

nä·her·kom·men VERB (kam näher, ist nähergekommen) **1** **jemandem näherkommen** jemanden besser kennenlernen und sich gut mit ihm verstehen | *Auf dem Ausflug kamen sich die beiden näher* **2** **jemand kommt einer Sache** (*Dativ*) **näher** jemand findet allmählich die Wahrheit, die Ursache oder den Grund für eine Sache heraus **3** **etwas kommt einer Sache** (*Dativ*) **näher** etwas entspricht einer Sache mehr als etwas anderes, ist wahrscheinlicher, glaubwürdiger o. Ä. | *Das kommt der Sache/den Tatsachen/der Wahrheit schon näher* H aber: *die Zuschauer auffordern, näher zu kommen* (getrennt geschrieben)

nä·her·lie·gen VERB (lag näher, hat/ist nähergelegen) **etwas liegt näher als etwas** etwas ist sinnvoller, geeigneter, wahrscheinlicher o. Ä. als etwas anderes | *Bei diesem Regen liegt es näher, zu Hause zu bleiben als spazieren zu gehen*

★ **nä·hern** ['nɛːɐn] VERB (näherte sich, hat sich genähert) **1** **sich (jemandem/etwas) nähern** räumlich näher zu einer Person oder Sache kommen | *Wir nähern uns den Alpen* | *Der Hund näherte sich, blieb aber drei Meter vor uns stehen* **2** **etwas nähert sich** etwas kommt zeitlich näher

N

| Jetzt haben wir schon Mai! Der Sommer nähert sich **3** **jemand/etwas nähert sich einer Sache** (*Dativ*) jemand/etwas hat etwas bald erreicht | *etwas nähert sich dem Ende* | *Ich nähere mich der Lösung* **4** **sich einer Sache** (*Dativ*) **nähern** sich mit etwas Schwierigem beschäftigen ⟨sich einem Problem nähern⟩ **5** **sich jemandem nähern** vor allem als Mann versuchen, mit einer Frau in Kontakt zu kommen, weil man sie attraktiv findet ⟨sich einer Frau nähern⟩ **6** **etwas nähert sich einer Sache** (*Dativ*) etwas wird einer anderen Sache ähnlich | *Seine Begeisterung für den Sport nähert sich schon dem Fanatismus*

nä·her·ste·hen VERB (stand näher, hat/ist nähergestanden) **jemandem/etwas näherstehen** eine engere Beziehung zu jemandem/etwas haben (als eine andere Person, als früher o. Ä.) | *Ich stehe Daniela viel näher als Ursula* | *Seit unserem gemeinsamen Projekt stehen wir uns viel näher*

na·he·ste·hen VERB (stand nahe, hat/ist nahegestanden) **1** **jemandem nahestehen** eine tiefe persönliche Beziehung zu jemandem haben | *Sie steht ihrem Bruder immer noch nahe, obwohl sie sich selten sehen* **2** **jemandem/etwas nahestehen** ähnliche Ideen und Ziele haben wie jemand/etwas | *Diese Zeitung steht der CDU nahe* **H** aber: *jemandem/etwas sehr nahe stehen* (getrennt geschrieben)

na·he·zu PARTIKEL *betont und unbetont* ≈ *fast, beinahe* | *Es ist nahezu unmöglich, alles richtig zu machen*

Nah·kampf *der* **1** ein Kampf, bei dem sich die Gegner sichtbar und nahe gegenüberstehen **K** Nahkampfmittel, Nahkampfwaffe **2** ein Kampf (z. B. beim Boxen oder Ringen), bei dem sich die Gegner in geringer Entfernung gegenüberstehen und durch Schläge o. Ä. Punkte sammeln

nahm *Präteritum, 1. und 3. Person Singular* → nehmen

Näh·ma·schi·ne *die* eine Maschine, mit der Kleidungsstücke o. Ä. genäht werden

näh·me *Konjunktiv II, 1. und 3. Person Singular* → nehmen

Nah·ost *ohne Artikel; nur in dieser Form* der Nahe Osten | *Unruhen in Nahost* → Osten

Nähr·bo·den *der* **1** **ein Nährboden (für etwas)** eine Substanz, in der man Pilze, Bakterien o. Ä. züchtet **2** die Grundlage für (meist negative) Entwicklungen | *ein Nährboden für eine Diktatur, für eine blutige Revolution* | *Die Slums sind ein Nährboden für Verbrechen*

näh·ren VERB (nährte, hat genährt); *geschrieben* **1** **jemanden nähren** *veraltend* ≈ *ernähren* **2** **etwas nähren** etwas verstärken ⟨eine Hoffnung, einen Verdacht, eine Befürchtung nähren⟩ | *Seine Reaktion nährte den Verdacht, dass er der Täter war* **3** **sich (von etwas) nähren** *veraltend* einem Menschen oder einem Tier für längere Zeit Nahrung geben

★ **nahr·haft** ADJEKTIV mit vielen Nährstoffen, die man braucht, um gesund und kräftig zu sein | *Reis und Brot sind sehr nahrhaft*

Nähr·stoff *der*; (-(e)s, -e); *meist Plural* die vielen Substanzen, die Lebewesen brauchen, um zu leben und zu wachsen • hierzu **nähr·stoff·arm** ADJEKTIV; **nähr·stoff·reich** ADJEKTIV

★ **Nah·rung** *die*; (-) alles, was Menschen oder Tiere essen und trinken (müssen), um zu leben (und zu wachsen) ⟨Nahrung zu sich (*Dativ*) nehmen; Nahrung suchen; etwas dient jemandem/einem Tier als/zur Nahrung⟩ **K** Nahrungsaufnahme, Nahrungssuche; Babynahrung, Kindernahrung, Tiernahrung ■ **ID** **einer Sache** (*Dativ*) **Nahrung geben** bewirken, dass etwas intensiver wird ⟨einem Gerücht, einem Vorurteil Nahrung geben⟩ ≈ *verstärken*; **etwas erhält/findet (durch etwas) Nahrung** etwas wird durch etwas intensiver ⟨Gerüchte, Vorurteile⟩

Nah·rungs·er·gän·zungs|mit·tel *das* in der normalen Nahrung sind viele Mineralien und Vitamine enthalten. Solche Stoffe kann man auch in reiner oder konzentrierter Form essen (z. B. Vitamintabletten)

Nah·rungs·ket·te *die*; *nur Singular* eine Hierarchie von Lebewesen, bei denen jedes dem nächsten als Nahrung dient | *die Nahrungskette Gras-Rind-Mensch*

★ **Nah·rungs·mit·tel** *das* etwas, was man als Mensch isst oder trinkt, um zu leben ≈ *Lebensmittel* **K** Nahrungsmittelindustrie, Nahrungsmittelvergiftung

Nähr·wert *der* der Wert (in Bezug auf Vitamine, Mineralien, Kalorien usw.) eines Nahrungsmittels für den Körper ⟨etwas hat einen hohen, niedrigen Nährwert⟩ | *Milch hat einen hohen Nährwert*

Näh·sei·de *die* ein dünner Faden, den man zum Nähen verwendet

Naht *die*; (-, Näh·te) **1** die Linie, die entsteht, wenn man zwei Stücke Stoff o. Ä. mit einem Faden verbindet ⟨eine Naht machen, nähen, steppen, auftrennen; eine einfache, doppelte Naht⟩ | *Die Jeans sind schon so alt, dass die Nähte aufgehen/aufplatzen* **K** Doppelnaht, Hosennaht, Ziernaht **2** die Stelle, an der eine Wunde genäht worden ist | *Die Naht ist gut verheilt* **3** die Linie, die entsteht, wenn man beim Schweißen, Löten o. Ä. zwei Stücke Metall o. Ä. miteinander verbindet ⟨eine Naht schweißen⟩ ■ **ID** **jemand platzt aus allen Nähten** *gesprochen, humorvoll* jemand ist sehr dick; **etwas platzt aus allen Nähten** *gesprochen* etwas braucht so viel Platz, dass der vorhandene Raum zu eng wird | *Die Bibliothek platzt allmählich aus allen Nähten*

naht·los ADJEKTIV **1** ohne (Naht oder) sichtbare Verbindung ⟨Strümpfe, Rohre⟩ **2** ohne weiße Stellen (die ein Bikini o. Ä. zurücklässt), wenn man sich in der Sonne bräunt ⟨eine Bräune; nahtlos braun sein⟩ **3** ⟨ein Übergang⟩ so, dass es ohne Probleme geschieht oder kaum sichtbar ist | *Die beiden Kurse gehen nahtlos ineinander über*

Nah·ver·kehr *der* **1** der Verkehr von Zügen und Autos auf kurzen Strecken, vor allem in der Nähe einer großen Stadt **K** Nahverkehrszug **2** **der öffentliche Nahverkehr** der Nahverkehr mit Bussen, Straßenbahnen usw.

Näh·zeug *das*; (-s) alles, was man zum Nähen braucht (z. B. Nadel, Schere und Faden)

na·iv [na'i:f] ADJEKTIV **1** voller Vertrauen und ohne Gedanken an etwas Böses ⟨ein Mensch; naiv wie ein Kind sein⟩ **2** *meist abwertend* nicht fähig, Situationen richtig zu erkennen und sich ihnen gegenüber entsprechend zu verhalten | *Es war ziemlich naiv von ihm zu glauben, er würde auf diese Weise reich werden* **3** **naive Kunst**; **naive Malerei** eine Form der Malerei, die Menschen, Tiere usw. sehr einfach darstellt und die meist von Laien gemacht wird • zu (1,2) **Na·i·vi·tät** [-v-] *die*

★ **Na·me** *der*; (-ns, -n) **1** das Wort (oder die Wörter), unter dem man eine Person oder Sache kennt und durch das man sie identifizieren kann ⟨jemandem/etwas einen Namen geben; einen Namen für jemanden/etwas suchen, aussuchen, finden; jemandes Namen tragen; sich (*Dativ*) einen anderen Namen beilegen, zulegen; den Namen nennen, sagen, angeben, verschweigen⟩ | *Jeder nennt sie Biggi, aber ihr richtiger Name ist Birgit* | *Sein Name ist Meier* **K** Namen(s)änderung, Namen(s)verzeichnis, Namen(s)wechsel; Familienname, Firmenname, Frauenname, Jungenname, Künstlername, Ländername, Mädchenname, Männername, Ortsname, Vorname **H** *der Name; des Namens; den, dem Namen* **2** das Wort (oder die Wörter), unter dem man eine Gruppe von gleichen Objekten kennt und mit dem man diese Gruppe oder ein Exemplar davon nennt | *Tannen, Fichten und Föhren fasst man unter dem Namen „Nadelbäume" zusammen* **K** Artname, Gattungsname **3** die (gute) Meinung, die andere Leute von einer Person haben ⟨ei-

N

nen (guten, schlechten) Namen haben; sich (*Dativ*) (als jemand/mit etwas) einen Namen machen⟩ ≈ *Ruf* **4** **im Namen** *+Genitiv*; **in jemandes Namen** wegen der Autorität einer Institution oder Personengruppe ⟨im Namen des Gesetzes, des Volkes, der Regierung, seiner Eltern; im eigenen Namen⟩ | *Im Namen des Gesetzes: Sie sind verhaftet!* | *Im Namen des Volkes ergeht folgendes Urteil: ...* ■ ID **etwas beim Namen nennen** etwas (ein Tabu) deutlich sagen; **jemanden nur dem Namen nach kennen** eine Person nicht persönlich kennen, aber schon von ihr gehört haben; **seinen Namen für etwas hergeben** etwas offiziell leiten, unterstützen, ohne dabei aktiv zu sein; **Mein Name ist Hase** *gesprochen* Davon weiß ich nichts (und will ich auch gar nichts wissen)

na·men·los ADJEKTIV so, dass der Name der betroffenen Person(en) nicht bekannt ist ⟨ein Spender, die Toten⟩ • hierzu **Na·men·lo·sig·keit** *die*

na·mens ■ ADVERB **1** *geschrieben* mit dem Namen | *in einer kleinen bayerischen Stadt namens Burghausen*
■ PRÄPOSITION *mit Genitiv* **2** *admin* im Auftrag von | *Die Delegation verhandelte namens der Betroffenen mit der zuständigen Behörde*

Na·mens·schild *das* ein kleines Schild (z. B. an einer Tür), auf welchem jemandes Name steht

Na·mens·tag *der* manche Katholiken feiern den Namenstag. Das ist der Tag im Jahr, an welchem an den Heiligen gedacht wird, dessen Namen sie haben ⟨Namenstag haben⟩ | *Andreas hat am 30. November Namenstag*

Na·mens·vet·ter *der* eine Person, welche den gleichen Vornamen oder Familiennamen hat wie eine andere Person, ohne dass die beiden verwandt sind

na·ment·lich ■ ADJEKTIV **1** so, dass dabei jede Person oder Sache mit ihrem Namen genannt wird ⟨eine Abstimmung; jemanden namentlich nennen, erwähnen⟩
■ ADVERB **2** *geschrieben* vor allem | *Von den Einsparungen sind alle betroffen, namentlich aber die Rentner*

nam·haft ADJEKTIV **1** *meist attributiv* berühmt oder bekannt, bedeutend ⟨ein Wissenschaftler, ein Gelehrter, ein Fotograf⟩ **2** *meist attributiv* ziemlich groß ⟨eine Summe, eine Spende, ein Betrag⟩ **3** **jemanden namhaft machen** *geschrieben* feststellen, wer etwas getan hat ⟨den Täter namhaft machen⟩

★ **näm·lich** ADVERB **1** verwendet, um eine Aussage noch genauer oder konkreter zu formulieren | *Nächstes Jahr, nämlich im Mai, fliegen wir in die USA* **2** verwendet, um etwas zu begründen, was man vorher gesagt hat | *Er ist gut gelaunt! Er hat nämlich seine Prüfung bestanden*

nann·te *Präteritum, 1. und 3. Person Singular* → nennen

Na·no- *im Substantiv, betont, begrenzt produktiv* **1** **der Nanoautolack, der Nanoeffekt, die Nanoversiegelung** *und andere* drückt aus, dass Wasser von einer Oberfläche wegfließt und daher keine Flecken zurückbleiben, wenn es trocknet **2** **der/das Nanometer, die Nanosekunde** *und andere* drückt zusammen mit Maßeinheiten den milliardsten Teil (10^{-9}) aus | *Unterschiede im Nanobereich* **3** **der Nanochip, das Nanoformat, das Nanoteilchen** *und andere* winzig klein **4** **die Nanoelektronik, die Nanomedizin, die Nanotechnologie** *und andere* chemische Verbindungen erforschend oder einsetzend, die sehr kleine Moleküle haben

na·nu! verwendet, um Überraschung oder Verwunderung auszudrücken | *Nanu, wer kommt denn da? Dich habe ich ja noch gar nicht erwartet!*

Na·palm *das*; (-s) eine Substanz in Bomben, mit der große Flächen in Brand gesetzt werden **K** Napalmbombe, Napalmopfer

Napf *der*; (-(e)s, Näp·fe) eine kleine, meist flache Schüssel, in der man z. B. Hunden und Katzen das Futter gibt | *der Katze einen Napf mit Milch hinstellen* **K** Blechnapf, Essnapf, Spucknapf, Fressnapf, Futternapf, Milchnapf, Trinknapf

Nar·be *die*; (-, -n) eine Stelle auf der Haut, an der man sieht, dass dort einmal eine Wunde war ⟨etwas hinterlässt eine Narbe, verheilt ohne Narbe⟩ | *Von dem Unfall ist eine Narbe an der Stirn zurückgeblieben* **K** Brandnarbe, Operationsnarbe, Pockennarbe

nar·big ADJEKTIV mit (vielen) Narben ⟨ein Gesicht, eine Haut⟩

Nar·ko·se *die*; (-, -n); *meist Singular* der Zustand, in den man eine Person bringt, damit sie keine Schmerzen hat und sich nicht bewegt, wenn ein Arzt sie operiert ⟨in (der) Narkose liegen; die Narkose einleiten; aus der Narkose erwachen; jemandem eine Narkose geben⟩ ≈ *Anästhesie* **K** Narkoseapparat, Narkosearzt, Narkosemittel, Narkoseschwester; Teilnarkose, Vollnarkose • hierzu **nar·ko·ti·sie·ren** VERB *(hat)*

Narr *der*; (-en, -en) **1** eine Person, die nicht richtig nachdenkt und sich ganz falsch und unvernünftig verhält | *Er war ein Narr, ihren Lügen zu glauben* **!** *der Narr; den, dem, des Narren* **2** eine Person, die sich bunte lustige Kleidung anzieht und so Karneval feiert **3** *historisch* eine Person, die am Hof eines Königs oder Fürsten die Aufgabe hatte, die Menschen zum Lachen zu bringen **K** Hofnarr
■ ID **jemanden zum Narren halten** versuchen, jemanden zu täuschen oder einen Scherz mit jemandem zu machen | *Dieses teure Auto soll dir gehören? Du willst mich wohl zum Narren halten!*; **an jemandem/etwas einen Narren gefressen haben** *gesprochen* jemanden/etwas sehr gern mögen • zu (1,2) **När·rin** *die*

-narr *der*; *im Substantiv, unbetont, begrenzt produktiv* **Büchernarr, Computernarr, Hundenarr, Pferdenarr, Waffennarr** *und andere* eine Person, welche das Genannte so gern mag, dass sie sich fast die ganze Zeit damit beschäftigt ≈ *-freak*

Nar·ren·frei·heit *die*; *nur Singular* die Freiheit, Dinge zu sagen oder zu tun, die andere Leute nicht sagen oder tun dürfen ⟨(bei jemandem) Narrenfreiheit haben, genießen; jemandem Narrenfreiheit gewähren⟩

Nar·ren·haus *das*; *gesprochen, abwertend* ≈ *Irrenhaus*

nar·ren·si·cher ADJEKTIV; *gesprochen* so einfach, dass man nichts falsch machen kann

när·risch ADJEKTIV **1** nicht sehr vernünftig ⟨eine Idee, ein Einfall; närrisches Zeug reden; sich närrisch benehmen⟩ **2** sehr intensiv ⟨eine närrische Freude zeigen; sich närrisch freuen⟩ **3** *meist attributiv* für Karneval oder Fasching typisch | *Am Faschingsdienstag herrscht auf allen Straßen närrisches Treiben*

Nar·zis·se *die*; (-, -n) eine Blume mit langen, schmalen Blättern und weißen oder gelben Blüten, die im Frühling blüht

Nar·ziss·mus *der*; (-); *geschrieben* die übertriebene Form der Liebe zur eigenen Person • hierzu **nar·ziss·tisch** ADJEKTIV

Na·sal *der*; (-s, -e) ein Laut, bei dem ein Teil der Luft durch die Nase herauskommt | *Die Laute „m" und „n" sind Nasale* **K** Nasallaut • hierzu **na·sal** ADJEKTIV; **na·sa·lie·ren** VERB *(hat)*

na·schen VERB (naschte, hat genascht) **1** **(etwas) naschen** von etwas, das man sehr gern mag (vor allem Süßigkeiten), eine kleine Menge essen ⟨Schokolade, Kekse, Bonbons naschen⟩ | *Ich nasche unheimlich gern* **2** **(von etwas) naschen** (meist heimlich) eine kleine Menge von etwas nehmen und essen

Na·sche·rei *die*; (-, -en/n) **1** *meist Singular* das Naschen **2** *meist Plural* ≈ *Süßigkeiten*

nasch·haft ADJEKTIV ⟨ein Kind⟩ so, dass es gern und oft Süßigkeiten isst • hierzu **Nasch·haf·tig·keit** *die*

Nasch·kat·ze *die*; *gesprochen* eine Person, die viel nascht

★ **Na·se** *die*; (-, -n) **1** der Teil des Gesichts, mit dem man riecht (und atmet) ⟨durch die Nase atmen; sich (*Dativ*) die Nase putzen, zuhalten; jemandem läuft, rinnt, blutet die Nase; eine verstopfte Nase haben; in der Nase bohren; die Nase rümpfen⟩ K Nasenbluten, Nasenring, Naserümpfen, naserümpfend; Hakennase, Knollennase H → Abb. unter **Gesicht** **2** die Fähigkeit, etwas zu riechen ⟨eine gute, feine Nase haben⟩ ≈ *Geruchssinn* **3** **eine Nase für etwas** die Fähigkeit zu wissen, was man tun muss, um Erfolg zu haben ⟨eine gute, die richtige Nase für etwas haben⟩ ≈ *Gespür* | *Seit sie das Geschäft leitet, geht es viel besser als vorher. Sie hat einfach die richtige Nase dafür* **4** **pro Nase** *gesprochen* für jede einzelne Person | *Das Essen kostet 20 Euro pro Nase*

■ ID ▸Präposition plus Nase: **jemandem etwas an der Nase ansehen** *gesprochen* an jemandes Gesicht sehen, was los ist oder in welcher Stimmung er ist; **Fass dich doch an die eigene Nase!** *gesprochen* Prüfe dein eigenes Verhalten, bevor du andere Leute kritisierst!; **jemanden an der Nase herumführen** *gesprochen* jemanden mit Absicht täuschen; **Das werde ich ihm/ihr nicht auf die Nase binden!** *gesprochen* Das werde ich ihm/ ihr nicht sagen; **auf die Nase fallen** *gesprochen* mit etwas keinen Erfolg haben ≈ *scheitern*; **jemandem auf der Nase herumtanzen** *gesprochen* mit jemandem tun, was man will; **jemanden mit der Nase auf etwas** (*Akkusativ*) **stoßen** *gesprochen* auf sehr direkte Art jemanden auf etwas aufmerksam machen; **jemandem etwas aus der Nase ziehen** *gesprochen* jemandem so oft Fragen stellen, bis er etwas sagt (was er vorher nicht sagen wollte); **jemandem etwas unter die Nase reiben** *gesprochen* eine Person meist auf unangenehme Weise auf ihre Fehler o. Ä. aufmerksam machen; **jemandem etwas unter die Nase halten** *gesprochen* jemandem etwas ganz nahe vor die Augen halten; **etwas liegt/steht vor jemandes Nase** *gesprochen* etwas liegt/steht direkt vor jemandem | *Was suchst du denn den Zucker, er steht ja vor deiner Nase!*; **einer Person jemanden vor die Nase setzen** *gesprochen, oft abwertend* jemanden zum Chef von einer anderen Person machen, die selbst mit diesem Posten gerechnet hat; **etwas fährt jemandem vor der Nase weg/davon** *gesprochen* ⟨der Zug, der Bus, die Straßenbahn⟩ fährt weg, kurz bevor jemand hinkommt (und einsteigen kann); **jemandem etwas vor der Nase wegschnappen** *gesprochen* etwas, das eine andere Person auch gern hätte, schnell vor ihr kaufen oder nehmen;

▸Nase als Objekt: **jemand/etwas beleidigt die/jemandes Nase** *gesprochen* jemand/etwas riecht sehr unangenehm; **jemandem eine (lange) Nase drehen/machen** *gesprochen* jemanden verspotten oder über jemanden triumphieren; **einer Person gefällt/passt jemandes Nase nicht** *gesprochen* eine Person mag die andere Person nicht, ohne dass es einen besonderen Grund dafür gibt; **von jemandem/etwas die Nase (gestrichen) voll haben** *gesprochen* keine Lust mehr haben, eine Person zu sehen oder etwas zu tun, weil man sich schon lange ärgert; **die Nase vorn haben** *gesprochen* gegenüber anderen (Konkurrenten) erfolgreich sein | *Was immer er tut, er hat die Nase vorn*; **(über jemanden/etwas) die Nase rümpfen** jemanden/etwas schlecht finden (und verachten); **die/seine Nase zu tief ins Glas stecken** *gesprochen* zu viel Alkohol trinken; **die/seine Nase ins Buch stecken** *gesprochen* etwas lesen und dabei lernen; **seine Nase in etwas** (*Akkusativ*) **stecken** *gesprochen* etwas bei Dingen sagen oder tun, von denen man nicht betroffen ist | *Er steckt seine Nase immer in fremde Angelegenheiten*; **die Nase hoch tragen** arrogant oder eingebildet sein; **sich** (*Dativ*) **eine goldene Nase verdienen** *gesprochen* (bei einem Geschäft) sehr viel Geld verdienen;

▸andere Verwendungen: **jemand sieht nicht weiter als seine Nase (reicht)** *gesprochen* jemand hat keinen Blick für größere Zusammenhänge; **immer der Nase nach** *gesprochen* geradeaus ⟨immer der Nase nach gehen⟩

na·se·lang ■ ID **alle naselang** *gesprochen* sehr oft

nä·seln VERB (näselte, hat genäselt) durch die Nase sprechen ⟨eine näselnde Stimme, Sprechweise⟩ | *Er näselt, weil er starken Schnupfen hat*

Na·sen·flü·gel *der*; *meist Plural* die zwei weichen Teile an den Seiten der Nase ⟨jemandes Nasenflügel beben, zittern, blähen sich⟩

Na·sen·län·ge *die*; *meist Singular* ■ ID **jemandem um eine Nasenlänge voraus sein** ein bisschen besser sein als eine andere Person; **jemanden um eine Nasenlänge schlagen** knapp vor jemandem gewinnen

Na·sen·loch *das*; (-s, Na·sen·lö·cher); *meist Plural* die zwei Öffnungen der Nase H → Abb. unter **Kopf**

Na·sen·rü·cken *der* der schmale obere Teil der Nase

Na·sen·spit·ze *die*; *meist Singular* der weiche Teil am vorderen Ende der Nase ■ ID **jemandem etwas an der Nasenspitze ansehen** *gesprochen* die Stimmung o. Ä. einer Person an ihrem Gesicht erkennen

Na·sen·stü·ber *der*; (-s, -); *gesprochen* eine Äußerung, mit der man jemanden auf sanfte Art tadelt ⟨jemandem einen Nasenstüber versetzen, verabreichen⟩

na·se·weis ADJEKTIV ≈ *vorlaut* • hierzu **Na·se·weis** *der*

Nas·horn *das* ein großes, schweres Tier, das eine dicke graue Haut und ein oder zwei Hörner auf der Nase hat ≈ *Rhinozeros*

-na·sig *im Adjektiv, unbetont, nicht produktiv* **hakennasig, knollennasig, krummnasig, langnasig, plattnasig, spitznasig** *und andere* mit einer Nase, welche die genannte Form hat

★ **nass** ADJEKTIV (nasser/nässer, nassest-/nässest-) **1** voll oder bedeckt mit Wasser (oder einer anderen Flüssigkeit) | *die nassen Haare mit einem Föhn trocknen* | *Die Straßen sind nass vom Regen* | *Mach dein Hemd nicht nass!* H Im Unterschied zu *nass* bezieht sich *feucht* auf eine kleinere Menge an Flüssigkeit, z. B. ist Gras nach einem Regen nass, ein paar Stunden später nur noch feucht. **2** mit viel Regen ⟨das Wetter, ein Sommer⟩ **3** *meist prädikativ* noch nicht ganz trocken ⟨die Farbe, die Tinte⟩ ≈ *frisch* **4** schon fast geschmolzen und deshalb schwer ⟨Schnee⟩ **5** **sich nass machen** (vor allem als kleines Kind) Urin in die Hose oder ins Bett fließen lassen ■ ID **Mach dich nicht nass!** *gesprochen* Reg dich nicht auf, beruhige dich!

Nass *das*; (-es); *geschrieben* Wasser (vor allem zum Trinken oder zum Baden) ⟨das kostbare, kühle Nass⟩ | *Er erfrischte sich durch einen Sprung ins kühle Nass*

Näs·se *die*; (-) **1** der Zustand oder die Eigenschaft, nass zu sein ⟨vor Nässe triefen; etwas vor Nässe schützen⟩ K Straßennässe **2** **überfrierende Nässe** Glatteis, das auf nassen Straßen entsteht, wenn es kälter wird

näs·sen VERB (nässte, hat genässt) **etwas nässt** meist ⟨eine Wunde⟩ gibt eine Flüssigkeit (nicht Blut!) von sich

nass·forsch ADJEKTIV; *abwertend* unangenehm energisch und nicht rücksichtsvoll oder einfühlsam

nass·kalt ADJEKTIV kalt und mit viel Regen ⟨ein Monat, Wetter⟩ | *ein nasskalter Herbst*

nass·ma·chen VERB ≈ *nass machen*

Nass·ra·sur *die* das Rasieren mit Wasser und Seife ↔ *Trockenrasur* • hierzu **Nass·ra·sie·rer** *der*

★ **Na·ti·on** [-'tsio:n] *die*; (-, -en) **1** alle Menschen, die Gemeinsamkeiten in Sprache und Kultur haben und innerhalb gemeinsamer politischer Grenzen leben ⟨die deutsche, italie-

N

nische, französische Nation⟩ ≈ *Volk* **2** ≈ *Staat* | *An den Olympischen Spielen nehmen Sportler der verschiedensten Nationen teil* **K** Industrienation **3** **die Vereinten Nationen** eine internationale Organisation, die für den Frieden auf der Welt arbeitet; **i** Abkürzung: *UNO* oder *UN*

★ **na·ti·o·nal** [-tsi̯o-] ADJEKTIV **1** *meist attributiv* in Bezug auf eine Nation ⟨die Selbstbestimmung, die Souveränität, die Interessen⟩ **K** Nationalmuseum **2** *meist attributiv* innerhalb eines Staates oder im ganzen Staat ⟨auf nationaler Ebene; den nationalen Notstand ausrufen⟩ **3** **eine nationale Minderheit** eine kleine Gruppe von Menschen, die sich von den anderen im Staat durch ihre Sprache und Kultur unterscheidet

na·ti·o·nal·be·wusst ADJEKTIV so, dass man in der Meinung und im Handeln immer bewusst an den Vorteil des eigenen Landes denkt • hierzu **Na·ti·o·nal·be·wusst·sein** *das*

Na·ti·o·nal|fei·er·tag *der* ein Feiertag, der an ein Ereignis erinnert, das für ein Volk oder einen Staat sehr wichtig war

Na·ti·o·nal·ge·richt *das* eine Speise, die für ein Land typisch ist (und dort gern gegessen wird)

Na·ti·o·nal·hym·ne *die* das offizielle Lied eines Landes, das zu feierlichen Anlässen gespielt wird | *Unter den Klängen der Nationalhymne nahm der Sportler die Medaille entgegen*

Na·ti·o·na·lis·mus [-tsi̯o-] *der;* (-) **1** *meist abwertend* eine Denkweise, welche die Interessen der eigenen Nation für wesentlich wichtiger hält als die anderer Völker oder Staaten **2** das starke Bewusstsein, Teil einer Nation zu sein, vor allem, wenn damit das Ziel verbunden ist, einen eigenen Staat zu gründen • zu (1) **Na·ti·o·na·list** *der*

na·ti·o·na·lis·tisch [-tsi̯o-] ADJEKTIV; *meist abwertend* davon überzeugt, dass das eigene Heimatland viel besser usw. ist als andere Länder

★ **Na·ti·o·na·li·tät** [-tsi̯o-] *die;* (-, -en) **1** die Zugehörigkeit (eines Bürgers) zu einem Staat ≈ *Staatsangehörigkeit* **2** eine Gruppe von Menschen, die zusammen dieselbe Sprache und Kultur haben, aber mit anderen solchen Gruppen gemeinsam in einem einzigen Staat leben | *In der Schweiz gibt es viele verschiedene Nationalitäten*

Na·ti·o·nal·mann·schaft *die* eine Mannschaft mit Spielern von verschiedenen Vereinen, die bei internationalen Wettkämpfen ein Land vertritt **K** Fußballnationalmannschaft

Na·ti·o·nal·rat *der* **1** *nur Singular* das direkt gewählte Parlament in Österreich und der Schweiz **2** ein Mitglied des Nationalrates • zu (2) **Na·ti·o·nal·rä·tin** *die*

★ **Na·ti·o·nal·so·zi·a·lis·mus** *der;* (-) **1** die politische Bewegung, die nach dem 1. Weltkrieg in Deutschland entstand und mit der Hitler an die Macht kam **2** die Diktatur Hitlers in Deutschland von 1933 – 1945 • hierzu **Na·ti·o·nal·so·zi·a·list** *der;* **na·ti·o·nal·so·zi·a·lis·tisch** ADJEKTIV

NATO ['na:to], **Na·to** *die;* (-) ein militärisches Bündnis zwischen den USA, Kanada und mehreren europäischen Staaten **K** Natogeneral, Natomanöver

Nat·ri·um *das;* (-s) ein sehr weiches Metall, das fast nur in Verbindung mit anderen Substanzen vorkommt | *Speisesalz ist eine Verbindung aus Natrium und Chlor* **K** Natriumchlorid **i** chemisches Zeichen: *Na*

Nat·ron *das;* (-) ein weißes Pulver, das vor allem im Backpulver ist

Nat·ter *die;* (-, -n) eine Schlange, die meist nicht giftig ist, mit einer deutlichen Grenze zwischen Kopf und Körper ■ ID **eine Natter am Busen nähren** *geschrieben* eine negative Erfahrung machen mit einer Person, die man selbst unterstützt hat

★ **Na·tur** *die;* (-, -en) **1** *nur Singular* alles was es gibt, das der Mensch nicht geschaffen hat (z. B. die Erde, die Pflanzen und Tiere, das Wetter usw.) ⟨die belebte, unbelebte Natur; Mutter Natur; die Gesetze, Wunder der Natur⟩ | *Die Niagarafälle sind ein Wunderwerk der Natur* **K** Naturgesetz, Naturkatastrophe, Naturprodukt, Naturwunder **2** *nur Singular* Wälder, Wiesen o. Ä., die nur wenig oder nicht vom Menschen verändert worden sind (oft im Gegensatz zur Stadt) ⟨die freie, unberührte Natur⟩ | *mit der Natur im Einklang leben* | *Viele Tiere kann man nur noch im Zoo besichtigen, weil sie in freier/in der Natur kaum noch vorkommen* **K** Naturforscher, Naturfreund, Naturgeschichte **3** *nur Singular* ein Material, das vom Menschen in dem natürlichen Zustand belassen wurde | *Ihre Haare sind nicht gefärbt, das ist Natur* **K** Naturfaser, Naturfarbe, Naturhaar, Naturlocken, Naturperle, Naturseide, naturblond **4** die Eigenschaften, die jemanden von anderen Menschen unterscheiden ≈ *Wesen* | *Es liegt nicht in ihrer Natur, unehrlich zu sein* | *Sie ist von Natur (aus) sehr aufgeschlossen* **5** *nur Singular* die Art, wie etwas ist ⟨Fragen, Probleme allgemeiner, grundsätzlicher Natur; ein Fehler, eine Verletzung leichter, schwerer Natur⟩ ■ ID **Das liegt in der Natur der Sache/der Dinge** das ist eben so, man kann es nicht anders erwarten; **Das ist gegen/wider die Natur** das ist nicht gut oder richtig, weil es gegen die Moral o. Ä. verstößt; **etwas geht jemandem gegen/wider die Natur** etwas ist so, dass es eine Person sehr ungern tut, weil sie nicht einverstanden ist

Na·tu·ra·li·en [-li̯ən] *die; Plural* Produkte (vor allem Lebensmittel), mit denen man (statt mit Geld) für etwas bezahlt ⟨in Naturalien bezahlen⟩

Na·tu·ra·lis·mus *der;* (-) ein Stil der Kunst und der Literatur vor allem am Ende des 19. Jahrhunderts, bei dem alles (auch das Hässliche) möglichst genau dargestellt wird | *ein Vertreter des Naturalismus in der deutschen Literatur* • hierzu **Na·tu·ra·list** *der;* **Na·tu·ra·lis·tin** *die;* **na·tu·ra·lis·tisch** ADJEKTIV

na·tur·be·las·sen ADJEKTIV nicht vom Menschen verändert ⟨eine Landschaft, Milch⟩

Na·tur·bur·sche *der; gesprochen* ein kräftiger, natürlicher und unkomplizierter junger Mann

Na·tur·denk·mal *das* etwas in der Natur (ein Baum, ein Felsen, ein Wasserfall o. Ä.), das nicht verändert oder zerstört werden darf

Na·tu·rell *das;* (-s, -e) der Charakter und das Wesen eines Menschen | *ein ausgeglichenes Naturell*

Na·tur·er·eig·nis *das* ein ungewöhnliches Ereignis in der Natur, worauf die Menschen keinen Einfluss haben | *Die letzte Sturmflut war ein schreckliches Naturereignis*

na·tur·far·ben ADJEKTIV so, dass die (ursprüngliche) Farbe nicht verändert worden ist ⟨Holz, Wolle⟩

na·tur·ge·ge·ben ADJEKTIV so, dass der Mensch keinen Einfluss darauf hat | *So eine Begabung kann nur naturgegeben sein*

na·tur·ge·mäß ADJEKTIV **1** so, wie es einer Sache oder Situation entspricht und daher zu erwarten war | *Die Opposition sieht dies naturgemäß anders* **2** so, dass man auf industrielle Verfahren verzichtet (vor allem für Gesundheit und Ernährung) ⟨eine Ernährung, eine Lebensweise, eine Landwirtschaft, eine Forstwirtschaft⟩

na·tur·ge·treu ADJEKTIV wie in der Natur, wie in Wirklichkeit ⟨ein Bild, ein Foto, eine Darstellung, eine Schilderung, eine Zeichnung⟩

Na·tur·ge·wal·ten *die; Plural* die starken Kräfte wie Wind, Sturm usw., die in der Natur wirken | *Bei Sturm und eisiger Kälte kämpften sie gegen die Naturgewalten*

Na·tur|heil·kun·de *die; nur Singular* eine Art der Medizin, bei welcher die Kranken (ohne chemische Medikamente) mit natürlichen Methoden behandelt werden

Na·tur·kost *die* Lebensmittel, die ohne Dünger, Gifte, Hormone o. Ä. hergestellt und möglichst wenig bearbeitet worden sind, und die deshalb gesund sind [K] Naturkostladen

Na·tur·kun·de *die; nur Singular; veraltend* ein Fach in der Schule, das sich mit der Kenntnis der Natur beschäftigt • hierzu **na·tur·kund·lich** ADJEKTIV

★ **na·tür·lich** ■ ADJEKTIV **1** so, wie es normal in der Welt vorkommt, ohne dass der Mensch es geändert hat ↔ *künstlich* | *Die Stadt hat einen natürlichen Hafen* | *Mäuse haben viele natürliche Feinde, z. B. Katzen und Füchse* **2** so, dass es von Geburt an vorhanden ist ⟨eine Begabung, ein Charme, Locken⟩ ↔ *erlernt* | *Tiere haben eine natürliche Scheu vor Feuer* **3** so, dass eine Person entspannt ist und so aussieht, spricht und handelt, wie es ihrem Wesen entspricht ↔ *gekünstelt* | *eine natürliche junge Frau* **4** so, wie man vermutet, dass es der Natur entspricht und der Umwelt oder Gesundheit nicht schadet ⟨eine Ernährung, eine Lebensweise⟩ **5** so, wie es von der Erfahrung her erwartet wird ≈ *normal* ↔ *unnatürlich* | *Es ist ganz natürlich, sich vor dem Zahnarzt zu fürchten* | *Es ist doch nur natürlich, dass/wenn das Kind vor dem großen Hund Angst hat* **6** den Gesetzen der Physik, Chemie usw. entsprechend ↔ *übernatürlich* | *Es muss eine natürliche Erklärung für dieses Ereignis geben* **7** **eine natürliche Zahl** eine positive ganze Zahl (1, 2, 3 usw.) **8** **eine natürliche Person** *admin* ein Mensch mit allen Rechten, die er hat (im Gegensatz zu einer Firma, einem Verein o. Ä.) **9** **ein natürlicher Tod** ein Tod, den kein Mensch oder Unglück bewirkt hat ⟨eines natürlichen Todes sterben⟩
■ ADVERB **10** verwendet, um zu sagen, dass der Sprecher etwas für ganz klar und logisch hält ≈ *selbstverständlich* | *Natürlich habe ich ihm vertraut, sonst hätte ich den Vertrag ja nicht unterschrieben* **11** so, wie man es erwartet (geahnt oder befürchtet) hat | *Wir hatten uns sehr auf den Ausflug gefreut. Natürlich hat es dann geregnet* **12** verwendet, um etwas, das klar und selbstverständlich ist, einzuschränken | *Natürlich hast du recht, aber man muss auch seine Position verstehen* [!] oft in Verbindung mit *aber*) • zu (1–4) **Na·tür·lich·keit** *die*; zu (10,11,12) **na·tür·li·cher·wei·se** ADVERB

na·tur·nah ADJEKTIV so, dass es der Natur entspricht ⟨eine Ernährung, eine Lebensweise⟩ • hierzu **Na·tur·nä·he** *die*

Na·tur·park *der* ein Teil der Landschaft, für den es einige Vorschriften gibt, welche die Tiere und Pflanzen schützen

na·tur·rein ADJEKTIV ohne chemische Zusätze ⟨ein Saft, ein Wein⟩

Na·tur·schutz *der; nur Singular* die Maßnahmen und Gesetze, durch die man seltene Tiere und Pflanzen erhalten will | *Das Edelweiß steht unter Naturschutz und darf nicht gepflückt werden* [K] Naturschutzgebiet, Naturschutzgesetz • hierzu **Na·tur·schüt·zer** *der*

Na·tur·ta·lent *das* eine Person, die etwas sehr schnell erlernen kann (und eine sehr große Begabung dafür hat) ⟨ein Naturtalent sein⟩

na·tur·trüb ADJEKTIV nicht gefiltert und daher nicht klar ⟨Apfelsaft, Bier⟩

na·tur·ver·bun·den ADJEKTIV ⟨ein Mensch⟩ so, dass er ein sehr enges Verhältnis zur Natur hat • hierzu **Na·tur·ver·bun·den·heit** *die*

Na·tur·volk *das* eine oft rassistische Bezeichnung für ein Volk, das (angeblich und aus Sicht mancher Europäer) auf einer einfachen Stufe der Zivilisation lebt

Na·tur·wis·sen·schaft *die* die Wissenschaften (wie z. B. Physik, Chemie, Biologie), die sich mit den Erscheinungen in der Natur befassen • hierzu **Na·tur·wis·sen·schaft·ler** *der*; **Na·tur·wis·sen·schaft·le·rin** *die*; **na·tur·wis·sen·schaft·lich** ADJEKTIV

Na·tur·zu·stand *der* der Zustand, in dem etwas ist, was der Mensch (noch) nicht verändert hat

Na·vi [-v-] *der/das*; (-s, -s); *gesprochen* Kurzwort für *Navigationsgerät*

Na·vi·ga·ti·on [naviga'tsio:n] *die*; (-) das Berechnen und Bestimmen des Kurses von Schiffen, Flugzeugen o. Ä. • hierzu **na·vi·gie·ren** VERB *(hat)*

Na·vi·ga·ti·ons·ge·rät *das* ein Gerät, in das man eine Adresse eingeben kann, damit es anzeigt, wie man dorthin kommt

★ **Na·zi** *der*; (-s, -s); *gesprochen, abwertend* eine Person, welche der rechtsradikalen und rassistischen Ideologie des Nationalsozialismus folgt ≈ *Nationalsozialist* [K] Naziherrschaft, Naziregime, Naziverbrechen, Nazizeit

Na·zis·mus *der*; (-); *abwertend* ≈ *Nationalsozialismus*

na·zis·tisch ADJEKTIV; *abwertend* ≈ *nationalsozialistisch*

NC [ɛn'tse:] *der*; (-s, -s); *gesprochen* Abkürzung für *Numerus clausus*

n. Chr. Abkürzung für *nach Christus* → Christus

ne![1], **nee!** [ne:] PARTIKEL; *gesprochen* ≈ *nein*

ne[2] [nə] PARTIKEL *betont; gesprochen* drückt am Ende eines Satzes aus, dass man Zustimmung oder Einverständnis erwartet ≈ *nicht wahr?* | *Die Stimmung ist gut hier, ne?*

Ne·an·der·ta·ler *der*; (-s, -) verwendet als Bezeichnung für eine Menschenart, die vor sehr langer Zeit gelebt hat

★ **Ne·bel** *der*; (-s, -) **1** die Wolken (aus Dunst), die sich über dem Boden bilden und durch die man nicht (weit) sehen kann ⟨dichter, feuchter, undurchdringlicher Nebel; etwas ist in Nebel gehüllt; im Nebel verborgen; der Nebel fällt, senkt sich auf etwas (*Akkusativ*), steigt, verzieht sich⟩ | *Es herrschte Nebel mit Sichtweiten um fünfzig Meter/unter fünfzig Metern* | *Bei Nebel muss man langsam fahren* | *bei einem Konzert künstlichen Nebel auf der Bühne produzieren* [K] Nebelscheinwerfer, Nebelschleier, Nebelschwaden, Nebelwand; Bodennebel, Hochnebel, Frühnebel, Morgennebel, Herbstnebel **2** eine Gruppe von (sehr weit entfernten) Sternen, die zusammen wie ein heller Fleck am Himmel aussehen [K] Andromedanebel

Ne·bel·bank *die*; (-, Ne·bel·bän·ke) der dichte Nebel über einem begrenzten Gebiet, welcher die Sicht behindert oder erschwert

ne·bel·haft ADJEKTIV nicht deutlich ⟨eine Vorstellung; jemandes Erinnerung⟩

Ne·bel·horn *das* ein akustisches Signal, mit dem ein Schiff andere Schiffe warnt, wenn Nebel ist

ne·be·lig ADJEKTIV → neblig

★ **ne·ben** PRÄPOSITION **1** *mit Dativ* an einer Seite der genannten Person/Sache | *die Klingel neben der Haustür* | *Monika steht neben ihrem Freund* | *Sie saß auf dem Rad und der Hund lief neben ihr her* [!] → Infos unter **Präposition** **2** *mit Akkusativ* zur Seite der genannten Person/Sache hin | *Der Bräutigam stellte sich neben die Braut* [!] → Infos unter **Präposition** **3** *mit Dativ* zusätzlich zu jemandem/etwas ≈ *außer* | *Im Supermarkt gibt es neben Lebensmitteln auch Gegenstände des täglichen Bedarfs zu kaufen* | *Neben Popmusik hört sie auch ganz gern Volksmusik* **4** *mit Dativ* verglichen mit der genannten Person/Sache | *Neben dir sehe ich ja schon alt aus*

★ **Ne·ben-** *im Substantiv, betont, begrenzt produktiv* **1** **der Nebeneffekt, der Nebeneingang, der Nebenjob** *und andere* drückt aus, dass das, was im Substantiv erwähnt wird, zusätzlich zu etwas anderem existiert, das wichtiger ist | *das*

N

Nebenfach in der Schule/im Studium | die Nebenfiguren im Film | der Nebenraum einer Gaststätte | die Nebenstrecke der Bahn | der Nebenverdienst eines Beamten **2** **die Nebenfrau, die Nebenleute, der Nebenmann** drückt aus, dass die genannte Person räumlich neben einer anderen Person ist | *Er flüsterte seinem Nebenmann etwas zu*

ne·ben·amt·lich ADJEKTIV verwendet, um zu sagen, dass eine Funktion, eine Tätigkeit zusätzlich zur Hauptfunktion ausgeübt wird oder wurde

★ **ne·ben·an** ADVERB im Nachbarhaus, Nachbarzimmer oder in der Nachbarwohnung | *nach nebenan gehen | sich nebenan aufhalten | Er wohnt im Haus nebenan | Er wohnt bei uns nebenan | die Kinder von nebenan*

★ **ne·ben·bei** ADVERB **1** zusätzlich zu einer anderen, wichtigeren Tätigkeit ≈ *außerdem* | *Er ist Lehrer und verdient sich nebenbei ein paar Euro mit Nachhilfestunden* **2** verwendet, um eine Einschränkung oder Ergänzung zu machen ⟨etwas nebenbei bemerken⟩ | *Sie haben geheiratet. Nebenbei gesagt, hat mich das nicht überrascht | ..., aber das nur nebenbei (gesagt)*

Ne·ben·be·ruf *der* ein Beruf, den man zusätzlich zu einem anderen Beruf ausübt ↔ *Hauptberuf* | *Er ist im Nebenberuf Schauspieler* ● hierzu **ne·ben·be·ruf·lich** ADJEKTIV

Ne·ben·be·schäf·ti·gung *die* eine Arbeit, die man zusätzlich (zum eigentlichen Beruf) macht

Ne·ben·buh·ler *der;* (-s, -) ein Mann, der sich meist neben einem anderen Mann um die Zuneigung einer Frau bemüht ≈ *Rivale* ● hierzu **Ne·ben·buh·le·rin** *die*

★ **ne·ben·ei·nan·der** ADVERB **1** eine Person/Sache neben die andere oder neben der anderen | *Die Schüler stellen sich der Größe nach nebeneinander auf | die Gewürze im Regal nebeneinander anordnen* **2** gleichzeitig oder zusammen mit einer anderen Person oder Sache ⟨friedlich nebeneinander bestehen, existieren, herleben⟩ ≈ *miteinander*

ne·ben·ei·nan·der- (*im Verb, betont und trennbar, wenig produktiv; Diese Verben werden so gebildet:* nebeneinanderliegen, lagen nebeneinander, nebeneinandergelegen) **1** **Personen/Dinge stehen/liegen nebeneinander; Personen sitzen nebeneinander** *und andere* drückt aus, dass eine Person/Sache neben einer oder mehreren anderen ist | *Die Bücher stehen im Regal nebeneinander* (Ein Buch steht im Regal, und daneben stehen noch andere Bücher) **2** **Dinge nebeneinanderhalten, nebeneinanderlegen, nebeneinanderstellen** *und andere* drückt aus, dass durch eine Bewegung oder einen Vorgang eine Person/Sache neben eine andere kommt | *Lisa und Susi setzten sich nebeneinander* (Sie setzten sich so, dass Lisa neben Susi saß (und Susi also auch neben Lisa)

ne·ben·ei·nan·der|her ADVERB so, dass sich zwei oder mehrere Personen/Dinge nebeneinander in die gleiche Richtung bewegen | *Die Gleise verlaufen nebeneinanderher*

Ne·ben·ein·künf·te *die; Plural* ≈ *Nebenverdienst*

Ne·ben·er·werb *der* eine bezahlte Tätigkeit, die man zusätzlich (zum eigentlichen Beruf) ausübt | *Er betreibt seinen Bauernhof nur als Nebenerwerb* **K** Nebenerwerbsbauer, Nebenerwerbsbetrieb, Nebenerwerbstätigkeit

Ne·ben·fluss *der* ein Fluss, der in einen größeren Fluss fließt | *Der Inn ist ein Nebenfluss der Donau*

Ne·ben·ge·bäu·de *das* ein kleines Gebäude, das zu einem größeren (bei einer Firma oder einem Bauernhof) gehört

Ne·ben·ge·dan·ke *der* eine Absicht oder eine Idee, die man zusätzlich zu einer anderen hat ⟨einen Nebengedanken verfolgen⟩

Ne·ben·ge·räusch *das* ein störendes Geräusch, das man bei einer Maschine hört, wenn sie läuft

ne·ben·her- (*im Verb, betont und trennbar, wenig produktiv; Diese Verben werden so gebildet:* nebenhergehen, ging nebenher, nebenhergegangen) **1** **nebenherfahren, nebenhergehen, nebenherlaufen, nebenherrennen** *und andere* drückt aus, dass sich Personen/Dinge nebeneinander gleichzeitig in die gleiche Richtung bewegen | *Seine Mutter ging zu Fuß, und er fuhr mit dem Fahrrad nebenher* (Er fuhr neben seiner Mutter in die Richtung, in die sie ging) **2** **etwas läuft/geht nebenher; etwas nebenhermachen** drückt aus, dass etwas gleichzeitig mit etwas anderem, das wichtiger ist, getan wird | *Sie arbeitet im Büro, der Haushalt läuft so nebenher* (Sie arbeitet im Büro und auch im Haushalt, aber die Arbeit im Büro ist wichtiger für sie)

ne·ben·her|ge·hen VERB (*ist*) **etwas geht nebenher** etwas wird gleichzeitig mit etwas getan, das wichtiger ist | *Er arbeitet in einer Computerfirma, die Betreuung der Fußballmannschaft geht bei ihm nebenher* **H** weitere Verwendungen → **nebenher-**

ne·ben·her|lau·fen VERB (*ist*) **etwas läuft nebenher** etwas passiert gleichzeitig **H** weitere Verwendungen → **nebenher-**

Ne·ben·höh·len *die; Plural* die zwei hohlen Räume unter den Augen auf beiden Seiten der Nase ⟨verstopfte Nebenhöhlen haben⟩ **K** Nebenhöhlenentzündung, Nebenhöhlenvereiterung; Nasennebenhöhlen

Ne·ben·job [-dʒɔp] *der* eine Arbeit für wenige Stunden in der Woche oder nur für eine kurze Zeit im Jahr, mit der man zusätzliches Geld verdient ⟨Nebenjobs für Schüler, Studenten, Hausfrauen, Rentner⟩

Ne·ben·klä·ger *der* als Opfer eines Verbrechens kann man in einem Prozess Nebenkläger (neben dem Staatsanwalt) sein

★ **Ne·ben·kos·ten** *die; Plural* die Kosten, die zusätzlich zu etwas entstehen | *Zur Miete kommen noch die Nebenkosten für Heizung und Wasser hinzu*

Ne·ben·pro·dukt *das* etwas, das bei der Produktion einer Sache (ohne Absicht oder ohne viel Arbeit) zusätzlich entsteht | *Bei der Erzeugung von Strom entsteht Wärme als Nebenprodukt*

Ne·ben·rol·le *die* eine kleine Rolle in einem Theaterstück, Film o. Ä. ■ ID **jemand/etwas spielt nur eine Nebenrolle** eine Person oder Sache ist für jemanden unwichtig

Ne·ben·sa·che *die* **1** etwas, das nicht sehr wichtig ist ⟨etwas ist Nebensache⟩ | *Wie das Gerät aussieht, ist Nebensache, Hauptsache es funktioniert!* **2** **die schönste Nebensache der Welt** *humorvoll* etwas, das man als sehr schöne Beschäftigung empfindet ● zu (1) **ne·ben·säch·lich** ADJEKTIV; zu (1) **Ne·ben·säch·lich·keit** *die*

Ne·ben·sai·son *die* die Zeit vor oder nach der Hauptsaison

Ne·ben·satz *der* ein Satzteil, der zwar ein Subjekt und Verb enthält, aber nicht allein stehen kann und von einem anderen Satzteil abhängig ist ↔ *Hauptsatz* | *In dem Satz „Ich ging zu Bett, weil ich müde war" ist „weil ich müde war" der Nebensatz*

★ **Ne·ben·stra·ße** *die* eine kleine, nicht sehr wichtige Straße (mit wenig Verkehr) ≈ *Seitenstraße* ↔ *Hauptstraße*

Ne·ben·ver·dienst *der* Verdienst aus einem Nebenerwerb

Ne·ben·wir·kung *die* eine (meist schwächere) Wirkung, die zusammen mit einer anderen auftritt und nicht erwartet, gewollt oder erwünscht ist | *Diese Tabletten können auch unangenehme Nebenwirkungen haben*

★ **neb·lig** ADJEKTIV mit Nebel, von Nebel umgeben ⟨Wetter⟩

nebst PRÄPOSITION *mit Dativ; geschrieben* zusammen mit | *Der Kommission gehören nebst Vertretern der Parteien auch Mitglieder der Verwaltung an*

ne·bu·los, ne·bu·lös ADJEKTIV; *geschrieben* nicht klar und deutlich ⟨eine Erinnerung, eine Vorstellung⟩ ≈ *verschwommen*

ne·cken VERB (neckte, hat geneckt) **jemanden necken** Personen oder Tiere aus Spaß ein bisschen ärgern, ohne dass sie wütend werden

ne·ckisch ADJEKTIV **1** auffällig und oft etwas gewagt | *Susanne trug ein neckisches Nachthemd* **2** ≈ *schelmisch* | *jemandem neckisch zublinzeln*

nee! → ne![1]

★ **Nef·fe** *der;* (-n, -n) der Sohn des Bruders oder der Schwester (oder des Bruders oder der Schwester des Ehepartners) **■** *der Neffe; den, dem, des Neffen*

Ne·ga·ti·on [-'tsjo:n] *die;* (-, -en) **1** *geschrieben* der Vorgang, bei dem man ein Prinzip, eine Regel o. Ä. nicht anerkennt ≈ *Ablehnung* | *die Negation alter Werte* **2** *nur Singular* ⟨die Negation eines Satzes⟩ ≈ *Verneinung* **K** Negationspartikel; Satznegation, Wortnegation

★ **ne·ga·tiv, ne·ga·tiv** [-f] ADJEKTIV **1** so, dass jemand Nein sagt, etwas ablehnt ⟨eine Antwort, ein Bescheid⟩ ↔ *positiv* **2** so, dass eine Person etwas nicht gut findet, nicht haben oder tun will ⟨eine Haltung, eine Einstellung⟩ ↔ *positiv* | *Er hat eine negative Einstellung zur Arbeit. Am liebsten würde er gar nichts tun* **3** nicht so, wie es sein sollte ⟨ein Einfluss, ein Ergebnis; die negative Seite einer Sache; etwas wirkt sich negativ aus⟩ ≈ *ungünstig* | *Er zeichnete ein negatives Bild ihres Charakters. Sie sei ganz faul und streitsüchtig* **K** Negativbeispiel **4** mit mehr Elektronen als Protonen ⟨eine elektrische Ladung, ein Pol⟩ ↔ *positiv* **5** ⟨ein Befund⟩ so, dass eine (vermutete) Krankheit oder ein vermuteter Zustand nicht bestätigt wird ↔ *positiv* | *Der AIDS-Test fiel bei ihm negativ aus* **6** **eine negative Zahl** eine Zahl, die kleiner als null ist und mit einem Minuszeichen bezeichnet wird | *Minus fünf (–5) ist eine negative Zahl*

Ne·ga·tiv, Ne·ga·tiv [-f] *das;* (-s, -e) ein Bild auf dem Plastikstreifen eines Films, bei dem das, was in Wirklichkeit hell ist, dunkel erscheint und umgekehrt

Ne·ger *der;* (-s, -); *gesprochen* ⚠ ein rassistisches Wort für Menschen afrikanischer Abstammung und dunkler Hautfarbe ≈ *Schwarze* ● hierzu **Ne·ge·rin** *die*

ne·gie·ren VERB (negierte, hat negiert) **etwas negieren** *geschrieben* ⟨eine Ansicht, eine Vorstellung negieren⟩ ≈ *ablehnen* ● hierzu **Ne·gie·rung** *die*

Neg·li·gee, Neg·li·gé [negli'ʒe:] *das;* (-s, -s) dünne, oft durchsichtige Kleidung für Frauen für die Nacht

★ **neh·men** VERB (nimmt, nahm, hat genommen)

▸mit der Hand: **1** **etwas nehmen** etwas mit der Hand greifen und es festhalten, von irgendwo entfernen oder zu sich holen | *eine Tasse aus dem Schrank nehmen* | *eine Katze auf den Schoß nehmen* | *ein Glas in die Hand nehmen* | *ein Stück Kuchen vom Teller nehmen*

▸für sich: **2** **(sich (***Dativ***)) etwas nehmen** etwas mit der Hand greifen, um es zu haben | *Hast du dir das letzte Stück Kuchen genommen?* | *Nimm doch noch ein Glas Wein, bevor du gehst* | *Sie nahm sich heimlich Geld aus der Kasse* | *Nehmt (euch) ruhig, so viel ihr wollt* **3** **(sich (***Dativ***)) etwas nehmen** eine Sache verwenden, auf die man Anspruch hat oder die vorhanden ist | *Sie nahm (sich) ein paar Tage Urlaub* | *Er nahm sich das Recht/die Freiheit, seinen Chef zu kritisieren* | *Heute nehme ich mir mal die Zeit, mit meinem Sohn einen Ausflug zu machen* **4** **etwas nehmen** ⟨eine Festung, eine Stadt⟩ ≈ *erobern*

▸wählen: **5** **jemanden/etwas nehmen** eine von mehreren Möglichkeiten wählen, sich für jemanden/etwas entscheiden | *Weil das Auto kaputt war, nahm er den Zug in die Stadt* | *Sie nahm den kürzesten Weg nach Hause* | *Er nahm den größten Topf für die Suppe* | *Der grüne Pullover gefällt mir am besten, den nehme ich* | *Er nahm die Wohnung, obwohl sie teuer war* (Er entschied sich dafür, die Wohnung zu mieten/kaufen) **6** **(sich (***Dativ***)) jemanden nehmen** einer Person eine Aufgabe geben und sie dafür bezahlen ⟨(sich (*Dativ*)) einen Anwalt, eine Haushaltshilfe nehmen⟩ **7** **jemanden zur Frau/zum Mann nehmen** jemanden heiraten

▸als Bezahlung: **8** **etwas (für etwas) nehmen** etwas als Bezahlung fordern und bekommen | *Er nimmt zwei Euro für ein Pfund Tomaten* | *Sie nimmt nichts für ihre Hilfe, sie tut es aus Freundschaft*

▸essen, trinken, schlucken: **9** **etwas nehmen** eine Medizin o. Ä. schlucken ⟨Drogen, Gift, Hustensaft, die Pille, Tabletten nehmen⟩ | *Er nahm einen großen Schluck aus der Flasche* **10** **etwas zu sich (***Dativ***) nehmen** *geschrieben* etwas essen oder trinken | *einen kleinen Imbiss zu sich nehmen*

▸wegnehmen: **11** **einer Person jemanden/etwas nehmen** *geschrieben* bewirken, dass eine Person eine andere Person oder eine Sache nicht mehr hat ≈ *wegnehmen* | *Robin Hood nahm von den Reichen und gab es den Armen* | *Der Tod hat mir mein Kind/das Liebste genommen* **12** **jemandem/etwas etwas nehmen** verhindern, dass eine Person oder Sache etwas hat | *einem anderen Auto die Vorfahrt nehmen* | *Das nimmt der ganzen Sache den Reiz/den Spaß/die Spannung* | *Die Terminverlängerung nahm mir ein bisschen den Zeitdruck* **13** **etwas von jemandem nehmen** jemanden von etwas Unangenehmem befreien ⟨die Angst, die Last, die Sorge von jemandem nehmen⟩ **14** **etwas aus/von etwas nehmen** etwas von irgendwo entfernen, wegnehmen | *eine Sendung aus dem Programm nehmen* | *die Suppe vom Herd nehmen* | *die Mütze vom Kopf nehmen* | *eine Ware vom Markt nehmen* **15** **sich (***Dativ***) etwas nicht nehmen lassen** darauf bestehen, etwas zu tun | *Er ließ (es) sich nicht nehmen, die Gäste selbst zu begrüßen* **16** **sich (***Dativ***) das Leben nehmen** Selbstmord begehen

▸bewältigen: **17** **jemand/etwas nimmt etwas** eine Person, ein Tier oder Fahrzeug bewältigt ein Hindernis oder eine schwierige Stelle | *Das Pferd nahm die Hürden mit Leichtigkeit* | *Das Auto nahm die Kurve sehr schnell*

▸als Beispiel: **18** **etwas nehmen** sich etwas als Beispiel vorstellen ⟨das Beispiel, den Fall nehmen, dass …⟩ | *Nicht alle Vögel können fliegen. Nimm z. B. den Pinguin, der hat nicht einmal richtige Flügel*

▸verstehen, behandeln: **19** **jemanden/etwas irgendwie nehmen** jemanden/etwas in der beschriebenen Weise verstehen und behandeln ⟨etwas als Drohung, Kompliment, Lob, Warnung nehmen; (sich (*Dativ*)) jemanden/etwas als/zum Vorbild nehmen⟩ | *eine Bemerkung wörtlich nehmen* | *jemanden ernst nehmen* | *Das solltest du nicht so wichtig/tragisch nehmen* **20** **jemanden zu nehmen wissen** verstehen, wie man jemanden richtig behandelt | *Er weiß seine Angestellten zu nehmen*

▸mit Präposition: **21** **etwas an sich nehmen** etwas nicht an einem Platz lassen, sondern nehmen und behalten | *Ich habe die Dokumente an mich genommen* **22** **etwas auf sich nehmen** etwas Unangenehmes freiwillig ertragen ⟨viel Mühe, die Schuld, eine Verantwortung auf sich nehmen⟩ | *Er nahm einen weiten Weg auf sich, um sie zu besuchen* **23** **etwas in etwas (***Akkusativ***) nehmen** mit etwas anfangen | *eine Arbeit in Angriff nehmen* (mit einer Arbeit anfangen) | *eine Anlage in Betrieb nehmen* (eine Anlage einschalten oder zum ersten Mal benutzen) | *etwas in Produktion nehmen* (anfangen, etwas zu produzieren) **24** **jemanden/etwas mit sich (***Dativ***) nehmen** jemanden/etwas bei sich haben, wenn man irgendwohin geht oder fährt | *Sie nahm ihren Hund mit sich in Urlaub* **25** **jemanden**

N

zu sich (*Dativ*) **nehmen** jemanden bei sich wohnen lassen | *Sie nahmen ein Kind aus dem Waisenhaus zu sich* ▸zur Umschreibung: **26** **etwas nehmen** verwendet, um ein Verb zu umschreiben | *Abschied (von jemandem) nehmen* (sich (von jemandem) verabschieden) | *etwas nimmt seinen Anfang* (etwas fängt an) | *etwas in Anspruch nehmen* (z. B. ein Recht, eine Leistung beanspruchen) | *ein Bad nehmen* (baden) | *Einfluss auf jemanden/etwas nehmen* (jemanden/etwas beeinflussen) | *jemanden/etwas in Empfang nehmen* (jemanden/etwas empfangen) | *etwas nimmt kein Ende* (etwas endet nicht) | *etwas nimmt ein gutes Ende* (etwas endet gut) | *Rache (an jemandem) nehmen* (sich (an jemandem) rächen)

■ ID **hart im Nehmen sein** Belastungen, Ärger, Kummer o. Ä. gut ertragen; **es mit etwas genau nehmen** viel Wert auf Sorgfalt, Pünktlichkeit, Ehrlichkeit o. Ä. legen | *Mit der Ordnung nimmt sie es nicht so genau* (Sie ist nicht sehr ordentlich/Es stört sie nicht, wenn andere nicht ordentlich sind); **Man nehme ...** *veraltend* verwendet, um Kochrezepte einzuleiten; **Wie man's nimmt** *gesprochen* drückt aus, dass eine Vermutung oder Beurteilung nicht ganz zutrifft | *„Er ist wohl sehr fleißig?" – „Na ja, wie mans nimmt"*; **Woher nehmen und nicht stehlen?** *gesprochen* drückt aus, dass man etwas nicht hat und dass es schwer zu bekommen ist

★ **Neid** *der;* (-(e)s) **1** das Gefühl der Unzufriedenheit darüber, dass andere Leute etwas haben, das man selbst nicht hat, aber gern hätte ⟨der pure Neid; etwas aus Neid tun; Neid empfinden⟩ | *Er platzte fast vor Neid, als sie mit dem neuen Auto vorfuhr* **2** **vor Neid grün werden/erblassen** plötzlich starken Neid spüren ■ ID **Das muss ihm/ihr der Neid lassen** *gesprochen* Das muss man anerkennen, auch wenn man sonst Zweifel hat; **(Das ist nur) der Neid der Besitzlosen** *gesprochen, oft humorvoll* verwendet als Antwort, wenn jemand sagt, dass eine andere Person zu viel (von etwas) hat | *„Sie hat über deinen dicken Bauch gelacht." – „Na und? Da ist ja nur der Neid der Besitzlosen!"* ● zu (1) **neid·los** ADJEKTIV; zu (1) **neid·voll** ADJEKTIV

nei·den VERB (neidete, hat geneidet) **jemandem etwas neiden** ein Gefühl der Unzufriedenheit haben, weil jemand etwas hat, das man selbst gern hätte | *jemandem den Erfolg neiden* ● hierzu **Nei·der** *der*

Neid·ham·mel *der; gesprochen, abwertend* eine Person, die voller Neid ist

nei·disch ADJEKTIV **neidisch (auf jemanden/etwas) sein** Unzufriedenheit darüber empfinden, dass eine andere Person etwas hat, das man selbst nicht hat, aber gern hätte

Nei·ge *die;* (-); *geschrieben* ■ ID **etwas geht zur Neige** etwas ist bald fertig (aufgebraucht) oder zu Ende ⟨das Geld, ein Vorrat, das Wasser, der Urlaub, die Ferien⟩; **etwas bis auf die/zur Neige leeren** etwas völlig austrinken ⟨ein Glas bis zur Neige leeren⟩

nei·gen VERB (neigte, hat geneigt) **1** **zu etwas neigen** so sein, dass der genannte Zustand leicht eintreten kann oder dass man das Genannte oft tut ⟨zu Depressionen, Erkältungen, Übertreibungen, Übergewicht neigen⟩ | *Eisen neigt dazu, schnell zu rosten* **2** **zu etwas neigen** die genannte Meinung oder Möglichkeit besser finden als eine andere | *Ich neige zu der Ansicht/Auffassung, dass er recht hat* | *Er neigt dazu, das Projekt aufzugeben* **i** → auch **geneigt** **3** **etwas neigen** etwas aus einer senkrechten Lage in eine schräge (Lage) bringen ⟨den Kopf zur Seite, den Oberkörper nach vorn neigen⟩ **4** **sich irgendwohin neigen** den Oberkörper aus der senkrechten Lage in eine schräge (Lage) bringen ↔ *sich aufrichten* | *Er neigte sich über das Buch* | *Sie neigte sich aus dem Fenster* **5** **etwas neigt sich (irgendwohin)** etwas ändert die senkrechte oder waagrechte Lage oder Richtung nach unten | *Unter der Last des Schnees neigten sich die Bäume* | *Das Segelboot neigte sich zur Seite, als es vom Wind erfasst wurde*

★ **Nei·gung** *die;* (-, -en) **1** *meist Singular* der Grad, in dem sich eine Linie/Fläche senkt ⟨etwas hat eine leichte, starke Neigung⟩ ≈ *Gefälle* | *die sanfte Neigung eines Hügels* | *Die Neigung der Straße beträgt zehn Grad* **K** Neigungswinkel **2** **eine Neigung (für etwas)** ein starkes Interesse (für etwas) ≈ *Vorliebe* | *die intellektuellen Neigungen der Kinder fördern* | *Er hat eine Neigung für moderne Kunst* **3** **die Neigung (zu etwas)** verwendet, um zu sagen, dass Personen oder Umstände sich wie genannt entwickeln können ⟨eine krankhafte Neigung⟩ **4** **eine (keine) Neigung haben/zeigen zu** +*Infinitiv* (nicht) den Willen haben oder zeigen, etwas zu tun | *Er zeigte keine Neigung, sich bei der Arbeit anzustrengen*

★ **nein** PARTIKEL **1** *meist betont* als Antwort verwendet, um zu sagen, dass man eine Bitte, Aufforderung o. Ä. ablehnt oder dass man einer Aussage nicht zustimmt ↔ *ja* | *„Willst du noch ein Stück Kuchen?" – „Nein danke!"* | *„Bist du fertig?" – „Nein, noch nicht."* | *„Ich glaube, es regnet." – „Nein, da irrst du dich."* **2** *betont und unbetont* verwendet, um einen Ausruf des Erstaunens einzuleiten | *Nein, dass es so etwas gibt!* | *Nein, wie schön!* | *O nein, wie schrecklich!* **3** *betont und unbetont* verwendet, um eine Aussage zu korrigieren oder genauer zu formulieren ≈ *ja* | *Das Wasser war angenehm warm, nein, geradezu heiß* | *Das gefällt mir hundert-, nein, tausendmal besser* **4** **..., nein?** *betont* verwendet am Ende von verneinten (rhetorischen) Fragesätzen, wenn der Sprecher Zustimmung oder Einverständnis | *Du bist mir doch nicht mehr böse, nein?*

★ **Nein** *das;* (-(s)) **1** das Wort *nein* als Antwort oder eine Ablehnung ⟨ein eindeutiges, klares Nein; mit Nein stimmen; beim Nein bleiben⟩ **2** **(zu etwas) Nein/nein sagen** sagen, dass man etwas nicht will, etwas nicht akzeptiert | *Er hat ihr einen Vorschlag gemacht, aber sie hat Nein dazu gesagt* | *Wenn du mich so ansiehst, kann ich einfach nicht Nein sagen* ■ ID → Ja

Nein·sa·ger *der;* (-s, -); *abwertend* eine Person, die Vorschläge immer oder immer wieder ablehnt ↔ *Jasager* ● hierzu **Nein·sa·ge·rin** *die*

Nein·stim·me *die* die Entscheidung gegen eine Person oder Sache, die jemand bei einer Wahl oder Abstimmung trifft | *Der Antrag wurde mit zwanzig Neinstimmen bei drei Jastimmen und einer Enthaltung abgelehnt*

Nek·tar *der;* (-s) **1** eine süße Flüssigkeit, die in den Blüten einer Pflanze produziert wird | *Viele Insekten saugen Nektar aus den Blüten* **2** ein Getränk aus Fruchtsaft und Wasser **K** Fruchtnektar, Orangennektar, Pfirsichnektar

Nek·ta·ri·ne *die;* (-, -n) eine süße Frucht, die aussieht wie ein Pfirsich mit glatter Haut

Nel·ke *die;* (-, -n) **1** eine Blume, die meist sehr stark riecht und weiße, rosa oder rote Blüten hat ⟨eine Nelke im Knopfloch tragen⟩ **K** Nelkenstrauß **2** die getrocknete Blüte eines tropischen Baumes, die man als Gewürz verwendet | *einen Schweinebraten mit Nelken spicken* **K** Gewürznelke

★ **nen·nen** VERB (nannte, hat genannt) **1** **jemanden/etwas** +*Name* **nennen** einer Person oder Sache einen Namen geben | *Sie nannten ihre Tochter Christa* | *Er nennt seinen Hund Schnuffi* **2** **jemanden** +*Name* **nennen** eine Person mit ihrem Namen ansprechen ⟨jemanden bei/mit dem Vornamen/Nachnamen nennen⟩ | *Du kannst mich ruhig Robbi nennen, wie alle meine Freunde* **3** **jemanden/etwas** +*Adjektiv/Substantiv* **nennen** sagen, dass eine Person oder Sache die genannte Eigenschaft hat oder dass sie etwas ist | *Sie nannten ihn einen Dummkopf* | *Das nenne ich ein*

N

schönes Fest | *Fleißig kann man ihn nicht gerade nennen* (Er ist ein bisschen faul) **4** **(jemandem) etwas nennen** (jemandem) etwas sagen | *Kannst du mir einen Vogel mit sechs Buchstaben nennen?* | *Er wollte die Gründe für seine Entscheidung nicht nennen* | *Kommen wir auf das vorher genannte Problem zu sprechen* **5** **sich** +*Name* **nennen** den genannten Namen haben | *Und wie nennt sich eure Band?* **6** **jemand/etwas nennt sich etwas** eine Person oder Sache hat einen Namen, den sie nicht verdient | *Jeden Tag Regen! Das nennt sich nun Sommer!* | *Und so einer nennt sich Künstler! Warum, ist mir unverständlich* **H** Das Substantiv steht meist im Nominativ: *Und so was nennt sich mein Freund!*

nen·nens·wert ADJEKTIV so interessant oder wichtig, dass es sich lohnt, darüber zu sprechen | *Es gab keine nennenswerten Schwierigkeiten* **H** meist verneint

Nen·ner *der*; (-s, -) in der Mathematik die Zahl, die bei einem Bruch unter dem Strich steht ↔ *Zähler* | *Der Nenner von ⅓ ist 5* ■ **ID** **einen gemeinsamen Nenner finden** eine Grundlage für ein Vorgehen o. Ä. finden, die für alle akzeptabel ist; **etwas auf einen (gemeinsamen) Nenner bringen** unterschiedliche Meinungen, Interessen o. Ä. einander näherbringen

Nenn·wert *der* der (finanzielle) Wert, der auf Münzen, Geldscheinen oder Wertpapieren genannt ist. Dieser Wert kann höher oder niedriger sein als der aktuelle Preis oder Wert | *Bei der Auktion wurde eine Briefmarke mit einem Nennwert von 30 Pfennig für 5.000 Euro versteigert*

Neo·fa·schis·mus *der* eine (politische) Bewegung (nach dem 2. Weltkrieg) mit den Ideen des Faschismus • hierzu **Neo·fa·schist** *der*; **neo·fa·schis·tisch** ADJEKTIV

Neo·klas·si·zis·mus *der* ein Baustil des 20. Jahrhunderts, bei dem antike griechische und römische Elemente (z. B. Säulen) als Vorbild dienen • hierzu **neo·klas·si·zis·tisch** ADJEKTIV

Neo·lo·gis·mus *der*; (-, Neo·lo·gis·men) ein neues Wort (oder ein Wort mit einer neuen Bedeutung)

Ne·on *das*; (-s) ein Gas, mit dem man Leuchtröhren füllt und Licht erzeugt **K** Neonlampe, Neonlicht, Neonreklame, Neonröhre **H** chemisches Zeichen: *Ne*

Neo·na·zis·mus *der* eine (politische) Bewegung nach dem 2. Weltkrieg mit den Ideen des Nationalsozialismus • hierzu **Neo·na·zi** *der*; **neo·na·zis·tisch** ADJEKTIV

Ne·on·far·be *die*; (-, -n); *meist Plural* sehr bunte Farben, die auffällig stark leuchten | *modische Kleidung in Neonfarben*

nep·pen VERB (neppte, hat geneppt) **jemanden neppen** *gesprochen, abwertend* zu viel Geld von jemandem für eine Ware oder eine Leistung verlangen • hierzu **Nepp** *der*

★ **Nerv** [-f] *der*; (-s, -en [-f-]) **1** Nerven leiten die Informationen zwischen dem Gehirn und den einzelnen Teilen des Körpers weiter ⟨den Nerv eines Zahnes abtöten, betäuben, ziehen⟩ **K** Nervenentzündung, Nervengift, Nervenschmerz, Nervenstrang, Nervensystem, Nervenzelle; Geruchsnerv, Geschmacksnerv, Hörnerv, Sehnerv, Zahnnerv **2** *nur Plural* die psychische Verfassung ⟨gute, schlechte, schwache Nerven haben; jemandes Nerven sind zum Zerreißen gespannt, halten etwas nicht aus, versagen; die Nerven behalten, verlieren; mit den Nerven herunter, am Ende, fertig sein⟩ | *Nerven aus Stahl/wie Drahtseile haben* (psychisch sehr belastbar sein) | *Als Dompteur im Zirkus braucht man starke Nerven* **K** Nervenbelastung, Nervenkraft, Nervenprobe, Nervenzusammenbruch, nervenberuhigend, nervenschwach, nervenstark ■ **ID** **jemandem auf die Nerven gehen/fallen, jemandem den (letzten) Nerv töten** *gesprochen* jemanden sehr stören oder lästig sein; **einen empfindlichen Nerv (bei jemandem) treffen** etwas tun oder sagen, was eine andere Person als schlimm empfindet; **den Nerv haben zu** +*Infinitiv gesprochen* so mutig/frech sein, etwas zu tun; **Du hast (vielleicht) Nerven!** *gesprochen* Ich halte das, was du tust/sagst, für frech oder unverschämt; **Nerven zeigen** die Konzentration oder die Kontrolle über sich selbst (allmählich) verlieren; **jemandem gehen die Nerven durch** jemand tut oder sagt etwas, das unvernünftig oder aggressiv ist

ner·ven VERB [-f-] (nervte, hat genervt); *gesprochen* **1** **jemand/etwas nervt (jemanden)** eine Person oder Sache stört jemanden sehr | *Die Musik nervt mich, mach sie bitte aus* **2** **jemanden (mit etwas) nerven** eine Person so lange fragen oder um etwas bitten, bis sie ärgerlich wird | *Allmählich nervt er mich mit seinen vielen Fragen*

Ner·ven·arzt [-f-] *der* **1** ein Arzt mit einer speziellen Ausbildung für Krankheiten der Nerven ≈ *Neurologe* **2** *gesprochen* ein Arzt mit einer speziellen Ausbildung für psychische Krankheiten ≈ *Psychiater* • hierzu **Ner·ven·ärz·tin** *die*

ner·ven·auf·rei·bend [-f-] ADJEKTIV psychisch anstrengend ⟨ein Job⟩

Ner·ven·bün·del *das*; *gesprochen* eine Person, die sehr nervös ist ⟨das reinste Nervenbündel; nur noch ein Nervenbündel sein⟩

Ner·ven·heil·an·stalt [-f-] *die*; *geschrieben* ≈ *Nervenklinik*

Ner·ven·kit·zel [-f-] *der*; *gesprochen* das (für manche Menschen) angenehme Gefühl in einer gefährlichen oder spannenden Situation | *Er sucht die Gefahr. Offensichtlich reizt ihn der Nervenkitzel dabei*

Ner·ven·kli·nik [-f-] *die* eine Klinik für psychische Krankheiten

Ner·ven·kos·tüm *das*; *gesprochen, humorvoll* der psychische Zustand einer Person in Bezug darauf, wie viel Ärger und Aufregungen sie ertragen kann ⟨ein dünnes, schwaches, starkes Nervenkostüm haben⟩ | *Andreas hat ein schwaches Nervenkostüm. Er regt sich immer so schnell auf*

ner·ven·krank [-f-] ADJEKTIV **1** an den Nerven krank (geworden) **2** *gesprochen* psychisch krank • hierzu **Ner·ven·krank·heit** *die*

Ner·ven·krieg [-f-] *der* eine Situation, in der beide Gegner psychologische Druckmittel benutzen, um den anderen unsicher zu machen | *Die Scheidung war der reinste Nervenkrieg*

Ner·ven·lei·den [-f-] *das* ≈ *Nervenkrankheit*

Ner·ven·sä·ge [-f-] *die*; *gesprochen, abwertend* eine Person, die durch ihr Verhalten andere Leute immer wieder stört

nerv·lich [-f-] ADJEKTIV *meist attributiv* in Bezug auf die Nerven ⟨eine Anstrengung, eine Belastung; etwas ist nervlich bedingt⟩

★ **ner·vös** [-v-] ADJEKTIV **1** (wegen einer starken psychischen Belastung) voller innerer Unruhe oder Anspannung ⟨eine Gereiztheit; etwas macht jemanden nervös⟩ | *nervös mit dem Schlüsselbund spielen* | *In der Prüfung machte er einen nervösen Eindruck* **2** in Bezug auf die Nerven ⟨eine Störung, Zuckungen⟩ • zu (1) **Ner·vo·si·tät** *die*

nerv·tö·tend [-f-] ADJEKTIV; *gesprochen* ⟨Lärm, Geschrei, Geschwätz⟩ so, dass sie jemanden sehr belästigen oder sehr nervös machen | *Dieser Mensch ist einfach nervtötend*

Nerz *der*; (-es, -e) **1** ein kleines Tier (ähnlich einem Marder) mit meist braunem, wertvollem Fell **2** das Fell des Nerzes **3** ein Mantel o. Ä. aus dem Fell des Nerzes ⟨einen Nerz tragen⟩ **K** Nerzjacke, Nerzkragen, Nerzmantel

Nes·ca·fé® [-kafe:] *der*; (-s, -s) ein löslicher Kaffee ≈ *Instantkaffee* **H** Als Plural wird meist *zwei, drei* usw. (*Tassen*) *Nescafé* verwendet.

Nes·sel *die*; (-, -n) Kurzwort für *Brennnessel* ■ **ID** **sich (mit et-**

was) in die Nesseln setzen *gesprochen* durch eine Tat oder eine Äußerung in eine unangenehme Situation kommen

Nes·sel·fie·ber *das* eine allergische Reaktion, bei der man Fieber hat, rote Flecken bekommt und die Haut juckt

★ **Nest** *das;* (-(e)s, -er) **1** Vögel bauen Nester für ihre Eier und ihre Jungen ⟨ein Vogel sitzt in/auf dem Nest, verlässt das Nest; ein Nest ausnehmen, ausräubern⟩ | *Die Schwalbe baut ihr Nest aus Lehm* | *Der Spatz hat sein Nest in der Hecke* **K** Vogelnest, Amselnest, Schwalbennest, Storchennest **2** viele kleine Tiere wie Insekten, Mäuse usw. bauen oder graben Nester, um dort zu leben **K** Eichhörnchennest, Mäusenest, Schlangennest, Wespennest **3** *gesprochen, abwertend* ein (kleiner) Ort, in dem es langweilig ist **K** Dreck(s)nest, Provinznest **4** der Ort, an dem sich vor allem Verbrecher verstecken | *ein Nest von Schmugglern ausheben* (die Schmuggler entdecken und verhaften) **K** Agentennest, Diebesnest ■ **ID sich ins warme/gemachte Nest setzen** ohne große Anstrengung (z. B. durch Heirat) in eine finanziell günstige Situation kommen oder Erfolg haben; **das eigene Nest beschmutzen** schlecht über die eigene Familie, das eigene Land o. Ä. reden

Nest·be·schmut·zer *der;* (-s, -); *abwertend* eine Person, die schlecht über das eigene Land o. Ä. spricht • hierzu **Nest·be·schmut·ze·rin** *die*

nes·teln VERB (nestelte, hat genestelt) **an etwas** (*Dativ*) **nesteln** (ungeschickt) mit den Fingern versuchen, etwas zu öffnen oder zu lösen ⟨an der Krawatte, an den Knöpfen, am Reißverschluss nesteln⟩

Nest·häk·chen *das;* (-s, -) das (meist verwöhnte) jüngste Kind in einer Familie

Nest·wär·me *die* das angenehme Gefühl, das ein Kind hat, wenn die Eltern es lieben und für es sorgen | *Kinder brauchen Nestwärme*

★ **nett** ADJEKTIV (netter, nettest-) **1** im Verhalten freundlich und angenehm ⟨ein Mensch, ein Junge, ein Mädchen; nett zu jemandem sein; etwas Nettes sagen⟩ ≈ *sympathisch* | *Es war nett von dir, mich zu besuchen/dass du mich besucht hast* | *Würden Sie so nett sein und das Fenster schließen?* **2** so, dass es angenehm wirkt ⟨nett aussehen; sich nett anziehen; etwas nett herrichten⟩ ≈ *hübsch* | *Durch die hellen Möbel und die Blumen ist das Zimmer ganz nett geworden* **!** *Nett* wird oft auch ironisch mit negativer Bedeutung verwendet: *„Er hat dir 100 Euro geklaut? Das ist ja ein netter Freund!"* **3** **ganz nett** *gesprochen* ≈ *ziemlich* | *Bei der Kälte haben wir ganz nett gefroren* | *Wir mussten uns ganz nett anstrengen*

net·ter·wei·se ADVERB aus Freundlichkeit | *Er hat mir netterweise sein Auto geliehen*

Net·tig·keit *die;* (-, -en); *meist Plural* höfliche oder freundliche Worte ⟨jemandem ein paar Nettigkeiten sagen⟩

★ **net·to** ADVERB **1** ohne die Verpackung | *Der Inhalt dieser Dose wiegt 250 g netto/netto 250 g* **K** Nettogewicht **2** (von Löhnen, Gehältern o. Ä.) nachdem Steuern oder andere Kosten abgezogen sind | *Er verdient 1.600 Euro netto im Monat/Er verdient netto 1.600 Euro* **K** Nettobetrag, Nettoeinkommen, Nettoeinkünfte, Nettoeinnahmen, Nettoertrag, Nettogehalt, Nettogewinn, Nettolohn, Nettopreis, Nettoverdienst

★ **Netz** *das;* (-es, -e)

▸aus Fäden: **1** ein elastisches Material aus Fäden, Seilen, Drähten o. Ä., die miteinander verknüpft sind ⟨ein feines, weitmaschiges, grobmaschiges Netz; ein Netz knüpfen, flicken, ausbessern⟩ | *Die Artisten arbeiten mit/ohne Netz* | *ein Netz über das Bett spannen, um die Moskitos fernzuhalten* **K** Fliegennetz, Moskitonetz, Vogelnetz **2** ein Netz, mit dem man Fische fängt ⟨die Netze auswerfen, einholen; ein Fisch geht jemandem ins Netz⟩ **K** Fisch(er)netz **3** ein Netz, das (z. B. im Tennis) das Spielfeld in zwei Teile trennt oder (z. B. beim Fußball) einen Teil des Tors bildet ⟨das Netz spannen; den Ball über das Netz/ins Netz schlagen, ins Netz schießen⟩ **K** Tennisnetz, Tornetz, Volleyballnetz **4** ein Netz, in das man Dinge legt, um sie zu transportieren | *die Einkäufe ins Netz packen* **K** Einkaufsnetz **5** ein Netz, das eine Spinne macht, um kleine Tiere zu fangen ⟨die Spinne macht, spinnt ein Netz; die Spinne sitzt im Netz⟩ **K** Spinnennetz

▸aus Verbindungen: **6** ein System (vor allem von Straßen, Schienen, Kanälen o. Ä.), durch das Menschen und Waren (einfach und schnell) in viele Richtungen und an viele Orte kommen können | *Deutschland hat ein gut ausgebautes Netz von Autobahnen* **K** Eisenbahnnetz, Flugnetz, Kanalnetz, Liniennetz, Omnibusnetz, Schienennetz, Straßennetz, Transportnetz, Verkehrsnetz; Netzplan **7** ein System (von Apparaten und Leitungen), mit dem man Gas, elektrischen Strom, Nachrichten o. Ä. verteilt und transportiert ⟨ein Haus, ein Gerät an das (öffentliche) Netz anschließen; das Netz überlasten, stark belasten⟩ | *ein Kraftwerk vom Netz nehmen* (es abschalten, vom Stromnetz trennen) | *Fotos ins Netz stellen* (im Internet veröffentlichen) **K** Computernetz, Fernsehnetz, Funknetz, Kabelnetz, Nachrichtennetz, Rundfunknetz, Stromnetz, Telekommunikationsnetz **8** eine Gruppe von Personen oder Institutionen, die an verschiedenen Orten arbeiten, aber miteinander durch eine Organisation verbunden sind **K** Handelsnetz, Spionagenetz, Tankstellennetz, Verkaufsnetz **9** **das soziale Netz** ein System von sozialen Hilfen, das die Bürger eines Landes bei Krankheit, Arbeitslosigkeit usw. unterstützt **10** **ein Netz von Dingen** Dinge, die miteinander zusammenhängen | *sich in einem/ein Netz von Lügen/Widersprüchen verstricken*

■ **ID jemandem ins Netz gehen, in jemandes Netz gehen** *gesprochen* von jemandem gefangen werden; **kein Netz haben** an einem Ort mit dem Handy keine Signale empfangen

Netz·an·schluss *der* **1** über den Netzanschluss erfolgt der Anschluss ans Stromnetz **2** die Möglichkeit, ein elektrisches Gerät (durch eine Leitung) mit Strom zu versorgen

Netz·ge·rät *das* ≈ *Netzteil*

Netz·haut *die* die Schicht des Auges, die für das Licht empfindlich ist (bei Menschen und vielen Tieren) **K** Netzhautablösung, Netzhautentzündung

Netz·kar·te *die* eine Fahrkarte für Zug, Bus und Straßenbahn, mit der man in einem begrenzten Gebiet so oft fahren kann, wie man will

Netz·neut·ra·li·tät *die; nur Singular* die Gleichbehandlung der Daten im Internet, unabhängig von Absender, Empfänger und Inhalten, von verwendeten Geräten, Programmen und Diensten

Netz·teil *das* ein kleines Gerät, das den Strom aus der Steckdose für ein elektrisches Gerät so ändert, dass man es damit benutzen kann

Netz·werk *das* ein Netz aus Verbindungen, Leitungen, Kontakten o. Ä. | *ein Netzwerk von Wasserstraßen und Schleusen* **K** Netzwerkcomputer, Netzwerkzugang; Computernetzwerk, Servicenetzwerk

★ **neu** ADJEKTIV **1** erst seit kurzer Zeit (für jemanden) vorhanden oder vor kurzer Zeit hergestellt ⟨neu erbaut, gebaut, eröffnet, geschaffen⟩ ↔ *alt* | *eine neue Methode ausprobieren* | *eine neue Straße bauen* | *Die Disco wurde gerade erst neu eröffnet* | *Dieses Haus ist neu, letztes Jahr war es noch nicht da* **K** Neuanfertigung, Neuanschaffung, Neuerwerb, Neueröffnung, Neugründung, neuerbaut, neueröffnet,

N

neugebaut, neugeschaffen **2** so, dass es noch kein anderer vorher benutzt oder in Besitz gehabt hat ⟨etwas ist so gut wie neu; etwas sieht neu aus⟩ ↔ *gebraucht* | *Die Autos, die ich bis jetzt hatte, waren nie neu, sondern immer gebraucht* **K** Neuwagen **3** so, dass etwas zwar schon benutzt wurde, jetzt aber wieder sauber, gewaschen ist ≈ *sauber, frisch* | *eine neue Tischdecke aus dem Schrank holen* | *nach dem Duschen ein neues Hemd anziehen* **4** (aktuell und) vorher nicht bekannt ⟨eine Entdeckung, eine Erfindung, Erkenntnisse⟩ | *einen neuen Stern entdecken* **K** Neuentdeckung **5** **etwas ist jemandem neu** jemand hat von etwas noch nichts gewusst | *Dass wir kein Geld mehr auf dem Konto haben, ist mir neu* **6** nicht lange zurückliegend, in letzter Zeit geschehen und noch aktuell ⟨in neuerer, neuester Zeit; etwas ist neueren Datums; die neuesten Nachrichten, Ereignisse, Meldungen; die neuere Literatur; etwas, nichts Neues wissen, hören, erfahren⟩ | *Was gibt es Neues?* | *Weißt du schon das Neueste? Gabi hat gestern ein Baby bekommen!* **7** aus der Ernte dieses Jahres ⟨Kartoffeln⟩ **8** erst seit kurzer Zeit bekannt bzw. an einem Ort oder in einer Position ⟨die Freundin, Bekannte; neu in einem Betrieb, in einer Stadt sein⟩ | *Der Neue macht seine Arbeit gut, obwohl er erst seit zwei Wochen bei uns arbeitet* **K** Neuankömmling **9** *nur adverbiell* noch einmal und dabei anders als vorher ⟨etwas neu überarbeiten, formulieren, schreiben⟩ | *den Park neu gestalten* **K** Neubearbeitung, Neugestaltung, Neuordnung **10** **seit Neuestem/neuestem** seit sehr kurzer Zeit **11** **von Neuem/neuem** wieder, noch einmal | *Er hat es noch nie geschafft, aber er versucht es jeden Tag von Neuem*

neu·ar·tig ADJEKTIV erst in der letzten Zeit erfunden oder bekannt geworden (und deshalb bemerkenswert) ⟨eine Methode, ein Mittel, ein Verfahren⟩ • hierzu **Neu·ar·tig·keit** *die*

Neu|auf·la·ge *die* **1** der neue (meist etwas veränderte) Druck eines Buchs ⟨eine Neuauflage herausbringen; etwas erscheint in einer Neuauflage⟩ **2** etwas, das neu sein soll, aber eigentlich nur eine Wiederholung einer Sache ist, die vorher bereits da war | *Seine Ideen sind nur eine Neuauflage von dem, was schon Freud gesagt hat*

Neu·bau *der*; (-s, -ten) **1** *meist Singular* das Bauen eines Hauses, vor allem, wenn es ein altes ersetzt | *In der Gemeinde wird über den Neubau des Krankenhauses diskutiert* **2** ein Haus, das erst vor Kurzem gebaut worden ist ⟨in einem Neubau wohnen⟩ **K** Neubauwohnung

Neu·bil·dung *die* **1** ein Vorgang, bei dem etwas Neues entsteht oder anders zusammengesetzt ist als vorher ⟨die Neubildung von Gewebe, Zellen, Wörtern; die Neubildung der Regierung⟩ **2** das Resultat eines solchen Vorgangs

neu·er·dings ADJEKTIV seit kurzer Zeit, in letzter Zeit | *Kurt ist neuerdings Vegetarier*

Neu·e·rer *der*; (-s, -) eine Person, die versucht, Dinge moderner zu machen • hierzu **Neu·e·rin** *die*

neu·er·lich ADJEKTIV *meist attributiv* (nach einer Pause oder Unterbrechung) erneut ⟨einen neuerlichen Anlauf nehmen (etwas zu tun); etwas neuerlich versuchen⟩

Neu|er·schei·nung *die* etwas (meist ein Buch oder eine Schallplatte), das vor Kurzem auf den Markt gekommen ist oder bald kommen wird ⟨eine Neuerscheinung ankündigen⟩ | *ein Buchprospekt mit allen Neuerscheinungen der letzten drei Monate*

Neu·e·rung *die*; (-, -en) eine Veränderung, die etwas Neues an die Stelle von einer Sache bringt, die es vorher gegeben hat | *In diesem Jahr wurden in unserem Betrieb verschiedene Neuerungen eingeführt*

neu·ge·bo·ren ADJEKTIV *meist attributiv* **1** vor Kurzem auf die Welt gekommen ⟨ein Kind⟩ **2** **wie neugeboren** frisch und voller Energie | *Nach der Sauna fühle ich mich immer wie neugeboren*

Neu·gier, **Neu·gier·de** *die*; (-) **die Neugier (auf jemanden/etwas)** der Wunsch, etwas Bestimmtes zu wissen, kennenzulernen oder zu erfahren ⟨kindliche, wissenschaftliche Neugier; vor Neugier brennen; etwas aus reiner, purer Neugier tun; etwas weckt, erregt, befriedigt jemandes Neugier; von Neugier gepackt werden⟩

★ **neu·gie·rig** ADJEKTIV **neugierig (auf jemanden/etwas)** voller Neugier | *ein neugieriges Kind* | *Jetzt bin ich aber neugierig, wie du das Problem lösen willst* | *Ich bin neugierig darauf, was er sagen wird*

Neu·heit *die*; (-, -en) **1** ein Produkt, das erst seit Kurzem auf dem Markt ist | *Auf der Messe gibt es wieder einige interessante Neuheiten zu sehen* **K** Weltneuheit **2** *nur Singular* der Zustand, wenn etwas neu ist | *der Reiz der Neuheit*

neu|hoch·deutsch ADJEKTIV deutsch, wie es seit etwa dem 17. Jahrhundert gesprochen und geschrieben wird • hierzu **Neu|hoch·deutsch** *das*; **Neu|hoch·deut·sche** *das*

★ **Neu·ig·keit** *die*; (-, -en) eine Information oder Nachricht, die neu ist (und von der nur wenige Menschen etwas wissen) ⟨(interessante) Neuigkeiten haben, erzählen, wissen, erfahren, verbreiten⟩

★ **Neu·jahr**, **Neu·jahr** *das*; *nur Singular* der erste Tag des neuen Jahres (der in vielen Ländern ein Feiertag ist) ⟨Neujahr feiern; jemandem zu Neujahr Glück wünschen⟩ **K** Neujahrsempfang, Neujahrsfest, Neujahrsgrüße, Neujahrsmorgen, Neujahrstag ■ **ID** **Prost Neujahr!** verwendet, um jemandem bei einem Glas Sekt, Wein o. Ä. zu Beginn des neuen Jahres alles Gute zu wünschen

Neu·land *das*; *nur Singular* **1** ein Gebiet (vor allem in der Forschung), über das man noch nichts weiß ⟨Neuland entdecken, erforschen, betreten; etwas ist Neuland für jemanden⟩ **2** ein Stück Land, auf dem es erst seit Kurzem möglich ist, zu wohnen oder etwas anzubauen ⟨Neuland gewinnen⟩ **K** Neulandgewinnung

★ **neu·lich** ADVERB zu einem Zeitpunkt, der noch nicht weit in der Vergangenheit liegt | *Ich habe ihn neulich gesehen*

Neu·ling *der*; (-s, -e) eine Person, die erst seit kurzer Zeit in einer Gruppe ist oder erst beginnt, sich mit etwas zu beschäftigen ≈ *Anfänger* | *einen Neuling im Betrieb haben*

neu·mo·disch ADJEKTIV; *gesprochen, abwertend* modern, aber nicht nach dem Geschmack des Sprechers | *Dieses neumodische Plastikzeug taugt nichts*

Neu·mond *der*; *nur Singular* die Zeit, in der man den Mond nicht sehen kann, weil er zwischen Sonne und Erde steht

★ **neun** ZAHLWORT (als Zahl, Ziffer) 9 **1** → Anhang **Zahlen** und Beispiele unter **vier** ■ **ID** **Alle neune!** verwendet, wenn beim Kegeln alle 9 Kegel auf einmal fallen; **Ach, du 'grüne Neune!** *gesprochen* verwendet, um Überraschung oder Erschrecken auszudrücken

Neun *die*; (-, -en) **1** die Zahl 9 **2** jemand/etwas mit der Nummer 9

Neu·ner *der*; (-s, -); *gesprochen* **1** die Ziffer 9 **2** etwas, das mit der Zahl 9 bezeichnet wird, meist ein Bus

neun·hun·dert ZAHLWORT (als Zahl) 900

neun·mal|klug ADJEKTIV; *abwertend* **1** ⟨ein Kind, ein Kerl⟩ so, dass sie glauben, alles besser zu wissen als andere Leute **2** **neunmalkluges Gerede** Äußerungen von einer Person, die glaubt, alles besser zu wissen

neunt ADJEKTIV **1** in einer Reihenfolge an der Stelle neun ≈ *9.* **1** → Beispiele unter **viert-** **2** **der neunte Teil (von etwas)** ≈ ⅑ **3** **zu neunt** (mit) insgesamt 9 Personen | *zu neunt in Urlaub fahren* | *Wir waren zu neunt*

neun·tau·send ZAHLWORT (als Zahl) 9000

neun·tel ADJEKTIV *meist attributiv; nur in dieser Form* den 9. Teil einer Menge bildend ≈ ⅑

Neun·tel *das;* (-s, -) der 9. Teil (⅑) einer Menge

neun·tens ADVERB verwendet bei einer Aufzählung, um anzuzeigen, dass etwas an 9. Stelle kommt

★ **neun·zehn** ZAHLWORT (als Zahl) 19 **i** → Anhang **Zahlen** und Beispiele unter **vier**

★ **neun·zig** ZAHLWORT **1** (als Zahl) 90 **i** → Anhang **Zahlen** und Beispiele unter **vier** **2** **Anfang/Mitte/Ende neunzig sein** ungefähr 90 bis 93/94 bis 96/97 bis 99 Jahre alt sein

Neun·zig *die;* (-, -en); *meist Singular* **1** die Zahl 90 **2** jemand/etwas mit der Zahl/Nummer 90

neun·zi·ger ADJEKTIV *meist attributiv; nur in dieser Form* die zehn Jahre (eines Jahrhunderts oder Menschenlebens) von 90 bis 99 | *eine Frau in den/ihren Neunzigern* | *in den neunziger Jahren des vorigen Jahrhunderts* **K** Neunzigerjahre

Neu·ral·gie *die;* (-, -n [-'giːən]) starke Schmerzen in den Nerven, die plötzlich und oft unerwartet kommen

neu·ral·gisch ADJEKTIV **1** durch eine Neuralgie entstanden oder für diese typisch ⟨Schmerzen⟩ **2** **der neuralgische Punkt** ein Punkt (z. B. im Verkehrsnetz), bei dem oft Störungen vorkommen, oder ein Thema o. Ä., bei dem jemand empfindlich reagiert | *Mach dich nicht über seine politischen Ansichten lustig, das ist sein neuralgischer Punkt*

neu·reich ADJEKTIV; *abwertend* in kurzer Zeit reich geworden und bestrebt, den Reichtum (auf unangenehme Art) zu zeigen ⟨Leute⟩ ● hierzu **Neu·rei·che** *der/die*

Neu·ro·lo·gie *die;* (-) das Gebiet der Medizin, das sich mit dem Nervensystem und dessen Krankheiten beschäftigt ● hierzu **Neu·ro·lo·ge** *der;* **Neu·ro·lo·gin** *die;* **neu·ro·lo·gisch** ADJEKTIV

Neu·ro·se *die;* (-, -n) als Neurose bezeichnet man ein Verhalten, das als nicht normal gilt und von einer psychischen Störung kommt

Neu·ro·ti·ker *der;* (-s, -) eine Person, die nicht normal reagiert oder seltsame Dinge tut, weil sie eine Neurose hat | *Er ist ein richtiger Neurotiker. Er wäscht sich dauernd die Hände, weil er Angst hat, sich anzustecken*

neu·ro·tisch ADJEKTIV (wegen einer Neurose) nicht normal | *Er hat einen neurotischen Drang zur Sauberkeit*

Neu·schnee *der* der Schnee, der frisch gefallen ist | *In den Bergen gibt es fast 30 cm Neuschnee*

★ **neut·ral** ADJEKTIV **1** weder für noch gegen einen der Gegner in einem Streit ⟨ein Beobachter, ein Bericht; neutral bleiben; sich neutral verhalten⟩ ≈ *unparteiisch* **2** ⟨ein Land, ein Staat⟩ so, dass sie, wenn andere Krieg führen, keiner Seite helfen | *die neutrale Schweiz* **3** ⟨ein Ort, ein Gebiet, ein Gewässer⟩ so, dass sie keinem der Gegner in einem Streit gehören **4** so, dass dabei keine starken Emotionen entstehen ⟨ein Gespräch in neutrale Bahnen, auf ein neutrales Thema lenken⟩ **5** ohne besondere (auffällige) Eigenschaften (sodass es mit vielen Dingen kombiniert werden kann) ⟨eine Farbe; geschmacklich/im Geschmack neutral⟩ **6** **ein neutrales Blatt Papier** ein weißes Blatt Papier ohne Zeilen oder Kästchen und ohne Beschriftung

-neut·ral *im Adjektiv, unbetont, nicht produktiv* **1** **geschlechtsneutral** *und andere* von der genannten Sache nicht abhängig oder bedingt ↔ *-orientiert, -spezifisch* | *ein leistungsneutrales Einkommen* **2** **geruchsneutral, geschmacksneutral** *und andere* ohne die genannte Sache (in hohem Maße) zu haben ↔ *-intensiv* | *eine kostenneutrale Neuerung*

neut·ra·li·sie·ren VERB (neutralisierte, hat neutralisiert) **etwas (durch/mit etwas) neutralisieren** einer Sache die (oft negative) Wirkung nehmen | *ein Gift mit einem Gegengift neutralisieren* ● hierzu **Neut·ra·li·sie·rung** *die;* **Neut·ra·li·sa·ti·on** *die*

Neut·ra·li·tät *die;* (-) **1** der Status eines Landes, das neutral ist ⟨die Neutralität eines Landes garantieren, respektieren, verletzen; ein Land wahrt, erklärt seine Neutralität⟩ | *Österreich hat sich zur ständigen Neutralität verpflichtet* **K** Neutralitätsbruch, Neutralitätserklärung, Neutralitätspolitik, Neutralitätsverletzung **2** **Neutralität (gegenüber etwas)** ein Verhalten oder eine Einstellung, bei der man versucht, objektiv zu bleiben

Neu·wert *der* der Wert, den ein Gegenstand hat, bevor er das erste Mal gebraucht wird ⟨der Neuwert eines Autos⟩

neu·wer·tig ADJEKTIV gebraucht, aber noch fast neu ⟨ein Auto, ein Fahrrad⟩

Neu·zeit *die; nur Singular* die Epoche in der Geschichte, die im 16. Jahrhundert beginnt und in der wir jetzt leben ↔ *Mittelalter, Altertum* ● hierzu **neu·zeit·lich** ADJEKTIV

Neu·zu·las·sung *die* **1** die erste Anmeldung eines neuen Autos bei einer Behörde **2** ein neues Auto, das zum ersten Mal angemeldet wird oder worden ist | *In diesem Jahr gibt es mehr Neuzulassungen als im Vorjahr*

★ **nicht** ■ PARTIKEL

▸zur Verneinung: **1** verwendet, um eine verneinte Aussage zu machen ⟨absolut, bestimmt, durchaus, gar, wirklich nicht⟩ | *Schnee ist nicht schwarz, sondern weiß* | *Er kommt nicht mit, er bleibt lieber zu Hause* | *Warum hast du nicht gesagt, dass du keine Pilze magst?* **2** **nicht** *+Adjektiv/Partizip Perfekt* verwendet, um die genannte Eigenschaft zu verneinen | *eine nicht amtliche Stellungnahme* | *eine nicht berufstätige Hausfrau* | *ein nicht eheliches Kind* | *ein nicht leitendes Metall* | *die Sitzung ist nicht öffentlich* | *die Arbeiter sind nicht organisiert* **i** *Un-* drückt oft eine Wertung aus, *nicht* bezeichnet nur das Fehlen der genannten Eigenschaft: *nicht selbstständig* und *unselbstständig, nicht organisiert* und *unorganisiert;* viele dieser Verbindungen werden vor allem in Fachsprachen auch zusammengeschrieben: *nichtamtlich, nichtehelich.* **3** verwendet zur Verneinung anstelle eines ganzen Ausdrucks | *„Meinst du, dass sie noch kommen werden?" – „Ich glaube nicht!"* | *Schau, ob du Blumen bekommen kannst. Wenn nicht, dann kaufst du eine Flasche Wein* | *Fährst du jetzt mit oder nicht?* | *„Wer mag ein Stück Kuchen?" – „Ich nicht!"* **4** verwendet vor Wörtern mit negativer Bedeutung (vor allem vor Adjektiven mit *un-*), um etwas vorsichtig auszudrücken | *Die Bedienung war nicht unfreundlich* (Die Bedienung war freundlich, aber nicht sehr) | *Der Aufsatz ist nicht schlecht, aber er könnte besser sein* | *Die Organisation lief nicht ohne Pannen ab* **5** **nicht ein** keine einzelne Person oder keine einzelne Sache ≈ *kein* | *Nicht einer hatte den Mut, Nein zu sagen* | *Nicht eine Flasche von diesem Wein war gut* **6** **nicht eben/gerade/so** nicht wirklich, eigentlich nicht | *Das war nicht gerade geschickt von dir* | *Der Ring war nicht eben billig* | *Das kann ich nicht so ganz/recht glauben* | *Das ist nicht so wichtig*

▸zur Abtönung: **7** *unbetont* in Fragen verwendet, wenn man eine positive Antwort erwartet | *Ist diese Aussicht nicht wunderbar?* | *Hast du nicht auch Lust, baden zu gehen?* **8** **..., nicht (wahr)?** *betont und unbetont* am Ende des Satzes verwendet, wenn man möchte, dass andere Leute zustimmen und einverstanden sind | *Diese Aussicht ist wunderbar, nicht?* | *Du bleibst doch noch, nicht wahr?* **9** *unbetont* verwendet, wenn man betonen will, dass etwas oft geschehen ist, in hohem Maße zutrifft o. Ä. | *Wie oft habe ich nicht schon hier gesessen und an dich gedacht* (Ich habe das sehr oft getan) | *Was haben wir nicht schon alles* *zusammen erlebt!* (Wir haben sehr viel zusammen erlebt) **10** *unbetont* in Ausrufen verwendet, um (auch ironisch) zu betonen, dass man überrascht ist | *Was es nicht alles gibt!* (Das ist erstaunlich!/*oder ironisch*: Ich hatte nichts anderes erwartet) | *Was du nicht alles weißt!* (Du meinst, du weißt sehr viel, aber da irrst du dich) | *Was du nicht sagst!* (Was du da sagst, weiß ich schon längst) **11** **nicht doch** → doch **12** **nicht einmal** → einmal

■ BINDEWORT **13** **nicht, dass ...** *meist ironisch* kurz für „es ist nicht so, dass ..." | *Nicht, dass ich etwa neugierig bin, aber ich würde gern wissen, was er macht* | *Nicht, dass es wichtig wäre, aber mich würde schon interessieren, wo du gestern warst* **14** **nicht ... noch ...** *geschrieben* das eine ist nicht der Fall und alle folgenden Dinge auch nicht **ᴉ** zu *weder ... noch ...* → **weder** **15** **nicht nur ..., sondern auch ...** → nur

Nicht- *im Substantiv, betont, sehr produktiv; besonders in Fachtexten* **1** **die Nichtanerkennung, die Nichtbefolgung, die Nichteinmischung, die Nichterfüllung, das Nichterscheinen** *und andere* drückt aus, dass die genannte Handlung nicht geschieht | *Bei Nichtgefallen bekommen Sie Ihr Geld zurück* | *Die Nichtbeachtung dieser Vorschriften kann mit einem Bußgeld geahndet werden* **2** **der Nichtchrist, der Nichtfachmann, das Nichtmetall, der Nichtschwimmer, der Nichttänzer** *und andere* drückt aus, dass jemand/etwas nicht das ist, was der zweite Teil des Wortes bezeichnet | *Nichtmitglieder müssen höhere Eintrittspreise bezahlen*

Nicht·ach·tung *die; nur Singular* **1** ein Mangel an Respekt vor jemandem/etwas ⟨jemandem mit Nichtachtung begegnen⟩ ≈ *Missachtung* **2** **jemanden mit Nichtachtung strafen** eine Person für etwas bestrafen, indem man so tut, als würde man sie nicht sehen

Nicht·an·griffs|pakt *der* ein Vertrag zwischen Staaten, in dem sie versprechen, nicht gegeneinander zu kämpfen

★ **Nich·te** *die;* (-, -n) die Tochter des Bruders oder der Schwester (oder des Bruders oder der Schwester des Ehepartners)

nich·tig ADJEKTIV **1** *geschrieben* ⟨ein Vorwand, ein Anlass, Dinge, Gründe⟩ ≈ *unwichtig, bedeutungslos* **2** *geschrieben admin* nicht gültig ⟨ein Beschluss, ein Vertrag; etwas für nichtig erklären⟩ • hierzu **Nich·tig·keit** *die*

★ **Nicht·rau·cher** *der* **1** eine Person, die nicht die Gewohnheit hat, zu rauchen ↔ *Raucher* **K** Nichtraucherbereich, Nichtraucherschutz **2** *historisch* ein Abteil in einem Zug, ein Bereich in einem Flugzeug o. Ä., in dem man nicht rauchen durfte • zu (1) **Nicht·rau·che·rin** *die*

★ **nichts** PRONOMEN *nur in dieser Form* **1** keine Sache oder keine Menge von irgendetwas | *Kannst du bitte das Licht einschalten? Ich sehe nichts* | *Er hat überhaupt nichts zu tun* | *Wir müssen Wasser trinken, es gibt sonst nichts* | *Er ist mit gar nichts zufrieden* **2** *gesprochen* überhaupt nicht ⟨etwas hilft, nutzt, schadet nichts; um nichts besser (als jemand/etwas) sein; es zu nichts bringen⟩ **3** **für nichts** *gesprochen* ohne das erwartete Ergebnis oder die erhoffte Wirkung ≈ *vergeblich* | *Der Kuchen ist verbrannt, die ganze Arbeit war also für nichts* **4** zusammen mit Pronomen oder als Substantiv verwendeten Adjektiven drückt *nichts* aus, dass die genannte Sache oder Eigenschaft fehlt, abwesend ist | *Heute haben wir nichts Neues gelernt* | *Er sprach von nichts anderem als von ihr* **5** **wie nichts** *gesprochen* sehr schnell und ohne Mühe | *Mit einem guten Auto bist du dort wie nichts* ■ ID **nichts als ..., nichts wie ...** *gesprochen* nur das Genannte und nichts anderes ≈ *nur* | *Mit ihm hat man nichts als Ärger;* **Nichts da!** *gesprochen* Das tun wir/tust du/... nicht!; **Nichts wie weg/raus!** *gesprochen* Lass uns (von hier) verschwinden! | *Es brennt! Nichts wie raus!;* **mir nichts, dir nichts** *gesprochen* **a** schnell entschlossen und ohne Ankündigung, Erlaubnis oder vorherige Diskussion | *Du kannst doch nicht einfach mir nichts, dir nichts für uns einen Urlaub buchen!* **b** überraschend und plötzlich | *Sie hat zum ersten Mal am Wettbewerb teilgenommen und gleich mir nichts, dir nichts gewonnen;* **für nichts und 'wieder nichts** *gesprochen* völlig umsonst | *Du meinst, dass ich die ganze Arbeit für nichts und wieder nichts gemacht habe?*

Nichts *das;* (-) **1** das völlige Fehlen von allem ⟨die Welt aus dem Nichts erschaffen; ins Nichts greifen⟩ **2** **ein Nichts** eine Person oder Sache, die überhaupt nicht wichtig ist | *Früher hatte er viel Macht, aber jetzt ist er ein Nichts* | *sich um ein Nichts streiten* **3** **vor dem Nichts stehen** alles verloren haben, was man zum Leben braucht

nichts·ah·nend ADJEKTIV ≈ *nichts ahnend* → ahnen

nichts|des·to·trotz ADVERB *gesprochen, humorvoll* ≈ *dennoch, trotzdem*

nichts|des·to·we·ni·ger ADVERB ≈ *dennoch, trotzdem*

Nichts·nutz *der;* (-es, -e) eine Person, die nur sinnlose oder unwichtige Dinge tut und für ernste Arbeit nicht zu gebrauchen ist • hierzu **nichts·nut·zig** ADJEKTIV; **Nichts·nut·zig·keit** *die*

nichts·sa·gend, nichts sa·gend ADJEKTIV ohne besonderen Inhalt und deshalb langweilig ⟨eine Äußerung, ein Gespräch, eine Antwort, ein Gesicht⟩ | *Der Politiker gab ein nichtssagendes Interview*

Nichts·tu·er *der;* (-s, -); *abwertend* eine Person, die faul ist und nicht arbeitet • hierzu **Nichts·tu·e·rin** *die;* **nichts·tu·e·risch** ADJEKTIV

nichts·wür·dig ADJEKTIV; *geschrieben, abwertend* mit einem schlechten Charakter und deshalb wert, verachtet zu werden ⟨ein Mensch, ein Kerl, ein Verräter, Gedanken⟩ • hierzu **Nichts·wür·dig·keit** *die*

Nicht|zu·tref·fen·de *das* **Nichtzutreffendes streichen** auf Formularen verwendet, um zu sagen, dass man durchstreichen soll, was nicht zutrifft

Ni·ckel *das;* (-s) ein schweres Metall, das weiß wie Silber glänzt **ᴉ** chemisches Zeichen: *Ni*

ni·cke·lig, nick·lig ADJEKTIV; *gesprochen* boshaft, rachsüchtig oder unfair | *eine nickelige Spielweise* | *nickelige Auseinandersetzungen* • hierzu **Nick·(e·)lig·kei·ten** *die; Plural*

★ **ni·cken** VERB (nickte, hat genickt) den Kopf (mehrere Male) kurz nach vorn beugen, um *ja* auszudrücken oder um zu zeigen, dass man mit etwas einverstanden ist ⟨beifällig, zustimmend, freudig, anerkennend, zufrieden (mit dem Kopf) nicken; jemanden mit einem (kurzen) Nicken grüßen⟩ | *Ich fragte sie, ob sie mitkommen wolle, und sie nickte* | *Immer wenn der Redner etwas sagte, was ihr gefiel, nickte sie mit dem Kopf*

Ni·cker·chen *das;* (-s, -) ein kurzer Schlaf während des Tages ⟨ein Nickerchen machen, halten⟩

★ **nie** ADVERB **1** zu keiner Zeit ⟨nie lügen, Zeit haben; etwas nie ganz verstehen⟩ ↔ *immer* | *Ich werde nie vergessen, wie schön der Urlaub war* **2** kein einziges Mal | *Er war noch nie in London* | *Er hat mich noch nie betrogen* | *Sie ist verliebt wie nie zuvor* | *Wenn ich anrufe, ist sie nie da* **3** auf keinen Fall, unter keinen Umständen | *Diesen Mann wirst du nie dazu bringen, Geschirr zu spülen* **4** **nie wieder/nie mehr** (in Zukunft) nicht noch einmal | *Ich hoffe, dieser Fehler wird mir nie mehr passieren* | *Du wirst nie wieder so viel Glück haben!* **5** **Nie wieder (...)!** verwendet, um zu sagen, dass das genannte Ereignis nicht mehr vorkommen soll | *Nie wieder Krieg!* **6** **Nie und nimmer!** *gesprochen* auf keinen Fall | *Das ist so viel Arbeit, das schaffe ich nie und nimmer!*

nie·der[1] **1** **Nieder (mit jemandem/etwas)!** meist bei De-

N

monstrationen o. Ä. verwendet als Ausdruck der Opposition gegen die genannte Person/Sache | *Nieder mit dem Faschismus!* 2 **auf und nieder** → auf[2]

nie·der[2] ADJEKTIV *meist attributiv* 1 auf einer der unteren Stufen einer Hierarchie ⟨der Adel, ein Beamter⟩ 2 geistig oder moralisch auf niedrigem Niveau ⟨Motive, Triebe⟩ ≈ *primitiv* 3 *gesprochen* ⟨ein Raum, eine Tür⟩ ≈ *niedrig* ↔ *hoch*

nie·der- (*im Verb, betont und trennbar, begrenzt produktiv; Diese Verben werden so gebildet:* niederschreiben, schrieb nieder, niedergeschrieben) 1 **etwas niederlegen, niederstellen, niederdrücken; sich niedersetzen, niederknien** *und andere nieder-* bezeichnet eine Richtung von oben nach unten zum Boden | *Türen öffnet man, indem man die Türklinke niederdrückt* 2 **etwas niederbrennen; jemanden/etwas niederschlagen, niedertrampeln; jemanden niederknüppeln, niederprügeln** *und andere nieder-* drückt aus, dass eine Person oder Sache (durch die im Verb genannte Tätigkeit) so getroffen, zerstört o. Ä. wird, dass sie zum Schluss am Boden liegt | *Er hat den Einbrecher einfach niedergeknallt/niedergeschossen* (Er hat auf den Einbrecher geschossen und so getroffen, dass er zu Boden fiel)

Nie·der- *im Substantiv, betont, nicht produktiv* **Niederbayern, die Niederlande, Niederösterreich, Niedersachsen** *und andere* bezeichnet den tiefer gelegenen Teil eines Gebietes, Landes oder Flusses | *eine Kreuzfahrt auf dem Niederrhein*

nie·der·bren·nen VERB (*hat*) 1 **etwas niederbrennen** etwas durch Feuer völlig zerstören ⟨ein Dorf, ein Haus, eine Kirche niederbrennen⟩ | *Die Soldaten brannten die Kirche nieder* 2 **etwas brennt nieder** (*ist*) etwas wird durch Feuer völlig zerstört ⟨ein Haus, eine Stadt⟩ | *Das Haus brannte bis auf die Grundmauern nieder* 3 **etwas brennt nieder** (*ist*) etwas wird beim Brennen immer kleiner (und geht schließlich aus) ⟨ein Feuer, eine Kerze⟩ 4 **etwas brennt (auf jemanden/etwas) nieder** (*hat*) etwas (meist die Sonne) leuchtet sehr stark und verursacht große Hitze

nie·der·brül·len VERB (*hat*); *gesprochen* **einen Redner niederbrüllen** (als Gruppe) so laut schreien, dass ein Redner nicht mehr verstanden werden kann | *Das empörte Publikum brüllte den Redner nieder*

nie·der·deutsch ADJEKTIV für die Dialekte im Norden Deutschlands typisch • hierzu **Nie·der·deut·sche** *das*

nie·der·fal·len VERB (*ist*) 1 **etwas fällt nieder** *geschrieben* etwas fällt nach unten ⟨die Blätter, der Schnee⟩ 2 **(vor jemandem/etwas) niederfallen** sich schnell auf die Knie werfen (meist um Respekt vor jemandem/etwas zu zeigen)

Nie·der·gang *der; nur Singular; geschrieben* der Prozess, bei dem etwas ganz an Bedeutung verliert (und schließlich zugrunde geht) | *der Niedergang des Inkareiches*

nie·der·ge·hen VERB (*ist*) 1 **etwas geht nieder** etwas fällt auf die Erde oder rollt (heftig) ins Tal ⟨ein Platzregen, ein Hagelschauer, ein Gewitter, eine Lawine⟩ 2 **etwas geht nieder** etwas senkt sich ⟨der Vorhang (im Theater)⟩ 3 **etwas geht nieder** etwas nähert sich langsam dem Boden ⟨ein Flugzeug⟩

nie·der·ge·schla·gen ■ PARTIZIP PERFEKT 1 → niederschlagen
■ ADJEKTIV 2 sehr traurig und ohne Energie ⟨einen niedergeschlagenen Eindruck machen; niedergeschlagen wirken⟩ ≈ *deprimiert* | *Sie ist so niedergeschlagen, weil ihre Katze gestorben ist* • zu (2) **Nie·der·ge·schla·gen·heit** *die*

nie·der·hal·ten VERB (*hat*) 1 **etwas niederhalten** etwas so festhalten, dass es unten (am Boden) bleibt | *Halt bitte den Draht nieder, bis ich darübersteige!* 2 **Personen niederhalten** Menschen daran hindern, frei zu werden und die gleichen Rechte zu bekommen ⟨ein Volk, die Untertanen niederhalten⟩ ≈ *unterdrücken*

nie·der·kämp·fen VERB (*hat*) 1 **etwas niederkämpfen** ein Gefühl durch festen Willen unter Kontrolle bekommen ⟨den Zorn, die Eifersucht, die Müdigkeit niederkämpfen⟩ 2 **jemanden niederkämpfen** gegen eine Person kämpfen und sie besiegen 3 **jemanden niederkämpfen** den Gegner im sportlichen Wettkampf

nie·der·knien VERB **niederknien** (*ist*); **sich niederknien** (*hat*) die Beine beugen, bis ein oder beide Knie den Boden berühren | *Sie knieten vor dem Grabmal nieder* ■ ID **zum Niederknien** so, dass man große Bewunderung empfindet ⟨etwas ist zum Niederknien schön; ein Anblick zum Niederknien⟩

★ **Nie·der·la·ge** *die* die Situation, wenn man einen Wettkampf, Streit o. Ä. verliert ⟨eine schwere, militärische, vernichtende, knappe, klare Niederlage; eine Niederlage hinnehmen, einstecken, erleiden (müssen); jemandem eine Niederlage beibringen, bereiten⟩ ↔ *Sieg* | *Nach der klaren Niederlage mit 0 : 3 hat unsere Mannschaft keine Chance mehr auf den Titel*

nie·der·las·sen VERB (*hat*) 1 **sich irgendwo(hin)** (*Dativ/Akkusativ*) **niederlassen** sich auf etwas setzen, wenn man es sich bequem machen möchte | *sich auf einem Sofa/auf das Sofa niederlassen* | *sich im/ins Gras niederlassen* 2 **sich irgendwo niederlassen** an einen Ort ziehen, um dort zu wohnen oder zu arbeiten | *sich auf dem Land niederlassen* 3 **sich als etwas niederlassen** als Arzt, Anwalt o. Ä. eine Praxis eröffnen | *sich als Tierarzt niederlassen*

Nie·der·las·sung *die*; (-, -en) der Teil einer Firma, der an einem anderen Ort ist als die Zentrale ≈ *Filiale* | *Unsere Firma hat Niederlassungen im ganzen Land*

★ **nie·der·le·gen** VERB 1 **jemanden/etwas (irgendwohin) niederlegen** jemanden/etwas (hinunter) auf etwas legen | *den Verletzten ins Gras niederlegen* | *das Buch auf den Tisch niederlegen* 2 **etwas niederlegen** etwas nicht mehr tun oder ausüben ⟨ein Amt, ein Mandat niederlegen⟩ 3 **die Arbeit niederlegen** für kurze Zeit nicht arbeiten, weil man mehr Geld, mehr Urlaub o. Ä. will ≈ *streiken* 4 **die Waffen niederlegen** nicht mehr kämpfen 5 **etwas (schriftlich) niederlegen** *geschrieben* etwas aufschreiben, meist um es beweisen zu können | *Die Vereinbarungen über den Verkauf wurden schriftlich niedergelegt*

nie·der·ma·chen VERB (*hat*); *gesprochen* 1 **Personen niedermachen** meist mehrere Personen im Kampf erschießen o. Ä. 2 **jemanden niedermachen** *abwertend* jemanden scharf kritisieren

LANDESKUNDE

▶ Niedersachsen

Niedersachsen im Nordwesten ist das zweitgrößte Bundesland Deutschlands. Die Hauptstadt **Hannover** ist eine wichtige Messestadt. Zu Niedersachsen gehören die **Ostfriesischen Inseln** in der **Nordsee**. Sehr bekannt ist auch das Naturschutzgebiet **Lüneburger Heide**.

nie·der·pras·seln VERB (*ist*) 1 **etwas prasselt nieder** etwas fällt schnell und heftig auf die Erde ⟨der Regen, der Hagel⟩ 2 **etwas prasselt (auf jemanden) nieder** jemand bekommt etwas in großer Menge ⟨Hiebe, Schläge, Fragen, Vorwürfe⟩ | *Nach seiner Rede prasselten die Vorwürfe auf ihn nieder*

nie·der·rei·ßen VERB (*hat*) 1 **etwas niederreißen** etwas zum Einsturz bringen ⟨ein Haus, eine Mauer niederreißen⟩ 2 **jemanden niederreißen** eine Person so stoßen oder ziehen, dass sie auf den Boden fällt | *Er wurde von der Druckwelle der Explosion niedergerissen*

Nie·der·schlag *der* **1** *meist Plural* (die Menge an) Regen, Schnee usw., (die) der auf die Erde fällt ⟨geringe, leichte, starke, einzelne Niederschläge⟩ | *Am späten Nachmittag kann es zu Niederschlägen kommen* **K** Niederschlagsgebiet, Niederschlagsmenge **2** (in der Chemie) die festen Bestandteile einer Flüssigkeit, die zu Boden sinken ≈ *Ausfällung* **3** **etwas findet seinen Niederschlag in etwas** (*Dativ*) etwas kommt in etwas zum Ausdruck | *Die liberale Politik der neuen Regierung fand ihren Niederschlag in zahlreichen neuen Gesetzen* • zu (1) **nie·der·schlags|arm** ADJEKTIV; zu (1) **nie·der·schlags|frei** ADJEKTIV; zu (1) **nie·der·schlags|reich** ADJEKTIV

★ **nie·der·schla·gen** VERB (*hat*) **1** **jemanden niederschlagen** eine Person mit so viel Kraft schlagen, dass sie zu Boden fällt | *jemanden mit einem Stock niederschlagen* **2** **etwas niederschlagen** einen Aufstand, eine Revolte mit Gewalt beenden | *Der Putschversuch wurde blutig niedergeschlagen* **3** **etwas niederschlagen** beweisen, dass es für etwas keine Gründe oder Beweise gibt ⟨Argumente, Gerüchte, Einwände, Zweifel niederschlagen⟩ **4** **ein Verfahren niederschlagen** (als Richter) einen Prozess vor Gericht einstellen **5** **etwas schlägt sich irgendwo nieder** eine dünne Schicht (von Dampf) bildet sich (z. B. auf einem Fenster) | *Wenn es im Raum wärmer ist als draußen, schlägt sich Wasserdampf innen an den Fenstern nieder* **6** **etwas schlägt sich nieder** etwas bildet einen Niederschlag **7** **etwas schlägt sich in etwas** (*Dativ*) **nieder** etwas kommt in etwas zum Ausdruck | *Diese frühen Erfahrungen haben sich in all ihren Schriften niedergeschlagen* • zu (2 – 4) **Nie·der·schla·gung** *die*

nie·der·schmet·tern VERB (*hat*) **etwas schmettert jemanden nieder** etwas nimmt jemandem den ganzen Mut und die Freude ⟨eine niederschmetternde Nachricht, Kritik, Erfahrung; ein niederschmetterndes Ergebnis, Resultat⟩ | *Die Nachricht vom Tod seines Freundes hat ihn völlig niedergeschmettert*

nie·der·schrei·ben VERB (*hat*) **etwas niederschreiben** ⟨seine Gedanken, Erinnerungen niederschreiben⟩ ≈ *aufschreiben*

Nie·der·schrift *die* **1** **die Niederschrift** (+*Genitiv*/**von etwas**) *meist Singular* die Tätigkeit, etwas aufzuschreiben | *Die Niederschrift seiner Erlebnisse kostet ihn seine ganze Freizeit* **2** **die Niederschrift** (+*Genitiv*/**von etwas**) der Text, den man geschrieben hat ⟨eine Niederschrift von etwas anfertigen⟩ ≈ *Aufzeichnung*

nie·der·set·zen VERB (*hat*) **sich (irgendwo(hin)** (*Dativ/Akkusativ*)) **niedersetzen** sich hinsetzen ⟨sich auf einem Stuhl/auf einen Stuhl, auf dem Boden/auf den Boden niedersetzen⟩ | *Setz dich erst mal nieder und ruh dich aus!*

nie·der·stre·cken VERB (*hat*) **jemanden niederstrecken** eine Person schlagen, durch einen Schuss o. Ä. verletzen, sodass sie zu Boden fällt

nie·der·tou·rig [-tu-] ADJEKTIV mit relativ wenigen Umdrehungen des Motors | *ein Auto niedertourig fahren*

Nie·der·tracht *die*; (-); *geschrieben* **1** eine Art zu denken und zu handeln, die (bewusst) böse ist ⟨etwas aus Niedertracht tun, sagen; jemand ist voller Niedertracht⟩ | *Er hat das Spielzeug aus purer Niedertracht kaputt gemacht* **2** eine absichtliche böse Handlung ⟨eine Niedertracht begehen; sich (*Dativ*) eine Niedertracht ausdenken⟩ • zu (1) **nie·der·träch·tig** ADJEKTIV

Nie·de·rung *die*; (-, -en) ein flaches Stück Land (vor allem an Flüssen, Seen), das tiefer als die Umgebung liegt ⟨eine sumpfige Niederung⟩ | *In den Niederungen ist es sehr oft neblig* **K** Flussniederung, Sumpfniederung

nie·der·wer·fen VERB (*hat*) **1** **jemanden niederwerfen** eine Person auf den Boden werfen oder sich selbst auf den Boden fallen lassen (oft um zu knien) | *Er warf seinen Gegner mit einem geschickten Judogriff nieder* | *Die Leute warfen sich vor dem König nieder, um ihm ihren Respekt zu zeigen* **2** **etwas niederwerfen** etwas mit Gewalt beenden ⟨einen Aufstand, eine Revolte, eine Rebellion niederwerfen⟩ • zu (2) **Nie·der·wer·fung** *die*

nied·lich ADJEKTIV ein kleines Kind, ein kleines Tier oder ein Verhalten ist so nett und sympathisch, dass man sich darüber freut

★ **nied·rig** ADJEKTIV **1** nicht sehr hoch (im Vergleich zu anderen Dingen) ⟨eine Mauer, ein Berg, ein Haus, eine Zimmerdecke, eine Brücke⟩ ↔ *hoch* | *Der Schreibtisch ist zu niedrig für mich* **K** Niedrigwasser **2** nicht weit über dem Boden ⟨etwas fliegt, hängt niedrig⟩ ≈ *tief* ↔ *hoch* | *Die Zweige sind so niedrig, dass man die Äpfel mit der Hand pflücken kann* **3** im Ausmaß, Umfang, Wert oder Grad relativ gering ⟨Preise, Löhne, Temperaturen; ein Einkommen, eine Geschwindigkeit, eine Miete, eine Zahl; die Kosten, die Ausgaben niedrig halten, zu niedrig ansetzen⟩ ↔ *hoch* | *einen niedrigen Blutdruck haben* | *ein Bier mit einem sehr niedrigen Alkoholgehalt* | *einen niedrigen Gang einlegen, um die Geschwindigkeit zu verringern* **4** *veraltend* in einer (gesellschaftlichen) Rangordnung relativ weit unten (stehend) ⟨von niedriger Herkunft, Geburt; von niedrigem Rang (sein)⟩ **5** moralisch von sehr geringem Wert ⟨Beweggründe, Instinkte, Motive, Triebe; eine Gesinnung⟩ ↔ *edel* **6** **niedrig von jemandem denken** eine schlechte Meinung von jemandem haben

★ **nie·mals** ADVERB kein einziges Mal, zu keiner Zeit ≈ *nie* | *Ich hatte noch niemals solche Angst wie gestern* | *Das werde ich niemals tun* **H** *Niemals* ist eine Verstärkung von *nie*.

★ **nie·mand** PRONOMEN kein (einziger) Mensch ≈ *keiner* | *„Hat heute jemand angerufen?" – „Nein, niemand."* | *Ich habe an der Tür geklingelt, aber es hat niemand geöffnet* | *Er wollte mit niemandem von uns sprechen* | *Ich habe niemanden gesehen* | *Sie möchte niemand anderen sehen als dich* **H** nur allein verwendet; → Tabelle unter **ein**; in der gesprochenen Sprache verwendet man oft *niemand* anstelle von *niemanden* und *niemandem*: *Ich habe niemand gesehen*

Nie·mand *der*; (-s) **ein Niemand** eine Person, die nicht wichtig ist

Nie·mands·land *das*; *nur Singular* **1** der Streifen Land zwischen den Grenzen von zwei Staaten **2** ein Gebiet, in dem niemand wohnt **3** ein Thema, ein Fach o. Ä., mit dem man sich noch nicht beschäftigt hat | *Vor 50 Jahren war Umweltpolitik noch politisches Niemandsland*

Nie·re *die*; (-, -n) **1** Nieren sind die Organe, in denen das Blut gereinigt wird und der Urin entsteht **K** Nierenentzündung, Nierenkolik, Nierenstein, Nierentransplantation, nierenkrank **2** *meist Plural* die Niere von Tieren, die man essen kann ⟨saure, geschmorte Nieren⟩ **K** Nierenrollbraten **3** **etwas geht jemandem an die Nieren** *gesprochen* etwas belastet jemanden psychisch • zu (1) **nie·ren·för·mig** ADJEKTIV

nie·seln VERB (nieselte, hat genieselt) **es nieselt** es regnet (oft stundenlang) leicht und mit feinen Tropfen **K** Nieselregen

★ **nie·sen** VERB (nieste, hat geniest) die Luft plötzlich und laut (nach einer Reizung) aus der Nase stoßen (vor allem wenn man Schnupfen hat) ⟨laut, heftig niesen (müssen)⟩ | *Wenn jemand niest, sagt man meist „Gesundheit"*

Nies·reiz *der* das Gefühl in der Nase, bevor man niesen muss ⟨einen Niesreiz verspüren⟩

Nie·te *die*; (-, -n) **1** ein Los, mit dem man nichts gewinnt ⟨eine Niete ziehen⟩ **2** eine Art Nagel, mit dem man zwei Teile (z. B. aus Metall) verbindet. Wenn sie befestigt ist, hat die Niete zwei dicke flache Enden | *Jeans haben oft Nieten an den Ecken der Taschen* K Nietnagel **3** *gesprochen, abwertend* eine Person, von der man glaubt, dass sie nichts kann und zu nichts fähig ist | *Er ist eine totale Niete, er kann nicht einmal einen Nagel in die Wand schlagen*

niet- und na·gel·fest ADJEKTIV ■ ID **alles, was nicht niet- und nagelfest ist** *gesprochen* alles, was man wegtragen kann, weil es nicht befestigt ist | *Die Diebe nahmen alles mit, was in dem Haus nicht niet- und nagelfest war*

ni·gel|na·gel·neu ADJEKTIV; *gesprochen, humorvoll* ganz neu

Ni·hi·lis·mus *der;* (-) eine Art zu denken, für die nichts, was es gibt, eine Bedeutung oder einen Wert hat ● hierzu **Ni·hi·list** *der;* **ni·hi·lis·tisch** ADJEKTIV

Ni·ko·laus *der;* (-, -e/*gesprochen* Ni·ko·läu·se) **1** am 6. Dezember bringt der Nikolaus den Kindern kleine Geschenke. Er hat einen langen weißen Bart und einen langen roten Mantel. ⟨der Nikolaus kommt⟩ **2** *ohne Artikel* der 6. Dezember | *Heute ist Nikolaus* K Nikolausabend, Nikolaustag

LANDESKUNDE

▶ Der Nikolaus

Am 6. Dezember ist **Nikolaustag**.

Die Kinder stellen je nach Region am Abend des fünften oder sechsten Dezember Stiefel vor die Tür und warten darauf, dass der Nikolaus über Nacht kleine Geschenke hineinsteckt. Manchmal kommt auch eine als Nikolaus verkleidete Person zu den Familien oder in den Kindergarten und bringt einen Sack voller Plätzchen, Süßigkeiten und Mandarinen mit.

Ein typischer Nikolaus hat einen langen weißen Bart, einen Bischofsmantel an, eine Bischofsmütze auf dem Kopf und einen langen Bischofsstab in der Hand. Manchmal sieht der Nikolaus auch wie ein amerikanischer Weihnachtsmann mit rotem Mantel und Zipfelmütze aus.

Meist wird der Nikolaus von einem finster aussehenden Diener (dem **Knecht Rupprecht** oder *süddeutsch* **Krampus**) begleitet, der den Kindern scherzhaft mit einer Rute aus dünnen Zweigen droht.

Der Nikolaus liest oft eine Liste vor, die das Verhalten der einzelnen Kinder im vergangenen Jahr beschreibt. Er endet dann mit der Ermahnung, in Zukunft brav zu sein.

Ni·ko·tin *das;* (-s) eine schädliche Substanz im Tabak, die eine stimulierende Wirkung auf die Nerven hat | *Nikotin macht süchtig* K Nikotingehalt ● hierzu **ni·ko·tin·arm** ADJEKTIV; **ni·ko·tin·frei** ADJEKTIV; **ni·ko·tin·hal·tig** ADJEKTIV

Nil·pferd *das* ≈ *Flusspferd*

Nim·bus *der;* (-); *geschrieben* eine sehr positive Meinung, die viele Leute von einer Person oder Sache haben und die zu einem hohen Ansehen führt | *Er hat den Nimbus der Unbestechlichkeit*

nim·mer ADVERB **1** *süddeutsch* Ⓐ nicht mehr, nie mehr **2** **nie und nimmer** → nie

nim·mer·mehr ADVERB; *süddeutsch* Ⓐ nie mehr

Nim·mer·satt *der;* (-s, -e); *gesprochen* eine Person, die von einer Sache nie genug bekommen kann

Nim·mer|wie·der·se·hen *gesprochen* ■ ID **auf Nimmerwiedersehen** für immer ⟨auf Nimmerwiedersehen verschwinden⟩

nimmt *Präsens, 3. Person Singular* → nehmen

nip·pen VERB (nippte, hat genippt) **(an etwas** (*Dativ*)**) nippen** eine sehr kleine Menge von etwas trinken (meist um den Geschmack zu prüfen) | *an einer Tasse Tee nippen*

Nip·pes *die; Plural; gesprochen* kleine Gegenstände und Figuren (vor allem aus Porzellan), die man im Zimmer aufstellt ⟨Kitsch und Nippes⟩ K Nippfiguren, Nippsachen

nir·gend·her ADVERB **von nirgendher** ≈ *nirgendwoher*

nir·gend·hin ADVERB ≈ *nirgendwohin*

★ **nir·gends** ADVERB an keinem Ort, an keiner Stelle ↔ *überall* | *Ich kann den Schlüssel nirgends finden* | *Er war nirgends so gern wie zu Hause*

★ **nir·gend·wo** ADVERB an keinem Ort, an keiner Stelle

nir·gend|wo·her ADVERB von keinem Ort, von keiner Stelle, von keiner Person, von keiner Ursache o. Ä. | *„Woher hast du das?" – „Nirgendwoher, das habe ich selbst gemacht."*

nir·gend|wo·hin ADVERB an keinen Ort, an keine Stelle | *„Wo soll ich das hinstellen?" – „Nirgendwohin, das kommt in den Müll."*

Nir·wa·na *das;* (-(s)) (im Buddhismus) der ideale Zustand nach dem Tod (wenn man nicht noch einmal geboren wird)

-nis *im Substantiv, unbetont, nicht produktiv* **1** **das Ärgernis, das Hindernis, die Vorkommnisse** *und andere* verwendet, um aus einem Verb oder Adjektiv ein Substantiv zu machen | *die Schrecknisse des Krieges* **2** **das Begräbnis, die Fäulnis, die Finsternis** *und andere* drückt die Vorgänge, Zustände o. Ä. aus, welche das Verb oder Adjektiv beschreiben | *Die Erlaubnis wurde verweigert* **3** **die Erkenntnis, das Ereignis, das Vermächtnis** *und andere* drückt das Resultat der genannten Handlung aus | *die Ersparnisse verjubeln*

Ni·sche *die;* (-, -n) **1** ein kleiner freier Raum oder eine freie Ecke in der Mauer oder Wand | *einen Schrank in eine Nische stellen* **2** ein meist kleines Gebiet, in dem seltene Tiere oder Pflanzen leben können ⟨eine ökologische Nische⟩

nis·ten VERB (nistete, hat genistet) **ein Tier nistet (irgendwo)** ein Tier hat irgendwo ein Nest | *Die Möwen nisten auf dem Felsen* | *In dem Baum nistet ein Eichhörnchen* K Nistplatz

Nist·kas·ten *der* ein Kasten, der in einem Baum aufgehängt wird, damit Vögel darin ihr Nest bauen können

Nit·rat *das;* (-s, -e) eine Substanz, die Stickstoff enthält und vor allem im Dünger vorkommt K Nitratbelastung

Nit·ro·gly·ze·rin *das* eine Flüssigkeit, die sehr leicht explodiert | *Zur Herstellung von Dynamit verwendet man Nitroglyzerin*

★ **Ni·veau** [ni'vo:] *das;* (-s, -s); *meist Singular* **1** eine Stufe auf einer (gedachten) Skala, mit der etwas bewertet oder gemessen wird ⟨das geistige, künstlerische Niveau; das Niveau halten, steigern⟩ | *Dieser Roman hat ein niedriges Niveau* | *Die Preise haben jetzt ihr höchstes Niveau seit Langem erreicht* K Niveauunterschied, Niveauverlust; Preisniveau **2** **jemand/etwas hat Niveau** eine Person ist sehr intelligent und gebildet bzw. eine Sache ist geistig anspruchsvoll **3** eine (gedachte) Linie oder Fläche parallel zur (Oberfläche der) Erde ≈ *Höhe* | *Die Brücke hat das gleiche Niveau wie/ein höheres Niveau als die Straße*

ni·veau·los [ni'vo:-] ADJEKTIV von schlechter Qualität ⟨ein Buch, ein Film, ein Vortrag⟩

ni·vel·lie·ren [-v-] VERB (nivellierte, hat nivelliert) **etwas nivellieren** *geschrieben* Unterschiede aufheben (beseitigen), die zwischen verschiedenen Niveaus existieren ⟨kulturelle, soziale Unterschiede nivellieren⟩ ≈ *ausgleichen* ● hierzu **Ni·vel·lie·rung** *die*

nix *gesprochen* ≈ *nichts*

Ni·xe *die;* (-, -n) ein (fiktives) Wesen mit dem Körper einer Frau und dem Schwanz eines Fisches, das im Wasser lebt ≈ *Meerjungfrau*

N

njạm! **njam (njam)!** verwendet, um zu sagen, dass etwas sehr gut schmeckt

nö PARTIKEL; *gesprochen* ≈ *nein*

no·bel ADJEKTIV **1** *geschrieben* großzügig und tolerant ⟨ein Charakter, eine Geste, eine Haltung⟩ | *Dass er den Flüchtlingen hilft, ist schon ein nobler Zug* **H** *nobel* → *eine noble Tat* **2** *meist humorvoll* sehr vornehm und für die meisten Leute zu teuer ⟨ein Hotel, Kleidung, ein Lokal⟩ **K** Nobelherberge, Nobelrestaurant, Nobelschuppen **3** ziemlich groß oder wertvoll ⟨ein Geschenk, ein Trinkgeld⟩ | *ein nobles Geschenk*

No·bẹl·preis *der* ein Preis, der jedes Jahr für die besten wissenschaftlichen und kulturellen Leistungen vergeben wird ⟨den Nobelpreis bekommen⟩ | *der Nobelpreis für Literatur/für Physik* **K** Nobelpreisträger; Friedensnobelpreis

No·bo·dy ['no:bɔdi] *der*; (-(s), -s); *meist Singular* eine Person, die (noch) nicht bekannt, berühmt oder bedeutend ist und daher keinen (großen) Einfluss hat

★ **nọch** ■ PARTIKEL

▸Zeit: **1** *betont und unbetont* drückt aus, dass ein Zustand zum genannten Zeitpunkt andauert, aber bald zu Ende sein kann ⟨immer noch; noch immer⟩ | *Hast du dein altes Fahrrad noch?* | *Wir haben noch etwas Zeit, bevor der Zug fährt* | *Noch können wir etwas gegen die Zerstörung der Umwelt tun. Bald ist es vielleicht zu spät* | *Ich habe heute noch gar nichts gegessen* **2** *unbetont* bevor etwas geschieht, vor einem Zeitpunkt | *Können Sie das noch vor Montag erledigen?* | *Ich muss erst noch abwaschen, dann können wir gehen* | *Schafft ihr das noch bis Ostern?* | *Vor Galileo Galilei glaubte man noch, dass die Sonne um die Erde kreise* **3** *unbetont* drückt aus, dass etwas geplant ist oder wahrscheinlich geschehen wird | *Ich komme noch darauf zurück* | *Isst du die Wurst noch oder soll ich sie in den Kühlschrank tun?* | *Sie kommt bestimmt noch!* **4** *unbetont* drückt aus, dass etwas vor kurzer Zeit der Fall war | *Gestern war er noch gesund, aber heute liegt er im Krankenhaus* **5** *unbetont* drückt aus, dass etwas sehr schnell geschehen ist | *Sie haben noch am selben Tag geheiratet* | *Sie starb noch am Unfallort* **6** *unbetont* verwendet, um vor möglichen Folgen zu warnen, um zu drohen oder zu mahnen | *Wenn du so weitermachst, wirst du noch krank!* | *Du kommst noch zu spät!* | *Das wird er noch bereuen!* | *Wir werden schon noch sehen, wer hier recht hat!*

▸Menge: **7** *unbetont* drückt aus, dass eine Menge gering ist, nur ein Rest von etwas ist | *Ich habe (nur) noch zwanzig Euro* | *Hast du noch fünf Minuten Zeit?* **8** *betont und unbetont* drückt aus, dass jemand/etwas zu einer Menge hinzukommt | *Noch ein Bier, bitte!* | *Und was hat sie noch gesagt?* | *Passt das noch in den Koffer?*

▸Wertung: **9** *unbetont* drückt aus, dass etwas im Vergleich mit etwas anderem relativ positiv ist | *Da hast du noch Glück gehabt! Der Unfall hätte viel schlimmer ausgehen können* | *Hier ist's ja noch ordentlich. Du solltest mal 'mein Zimmer sehen!* **10** *unbetont* verstärkt eine positive Aussage, die im Gegensatz zu etwas anderem steht | *Diese Äpfel sind zwar klein, aber dafür haben sie noch Geschmack!* (im Gegensatz zu den meisten Äpfeln, die man heute bekommt) | *Das waren noch Zeiten!* (So ist es heute nicht mehr) **11** *unbetont* drückt aus, dass man nur geringe Ansprüche stellt und sich ärgert, wenn diese nicht erfüllt werden | *Das wirst du ja noch für mich tun können!* | *Das wird man ja wohl noch sagen dürfen!*

▸in Kombination: **12** **noch (viel)** +*Komparativ betont und unbetont* verwendet, um eine Steigerung zu verstärken | *Die alte Wohnung war schon sehr schön, aber diese hier ist noch schöner* | *Er spielt recht gut Klavier, aber sie spielt noch viel besser* **13** **noch (ein)mal** *betont und unbetont* ein weiteres Mal | *Könnten Sie das noch einmal wiederholen?* **14** **noch (gleich/mal)** *unbetont* verwendet, wenn man sich im Moment nicht erinnern kann oder etwas nicht verstanden hat | *Wie hieß noch (gleich) die Kathedrale in Wien?* | *Wie heißt er noch (mal)?* **15** **noch nie** *unbetont* bis jetzt nicht | *Ich war noch nie in Amerika* **16** **'noch so** *betont* drückt aus, dass etwas unter keinen Umständen geschehen wird | *Da kannst du noch so viel trainieren: Gegen ihn hast du keine Chance!* | *Und wenn der Film noch so interessant ist: Ich sehe ihn trotzdem nicht an!*

■ BINDEWORT **17** → weder

■ ID **Auch 'das noch!** verwendet, wenn in einer unangenehmen Situation zusätzlich etwas Unangenehmes geschieht; **'noch und 'noch**, **'noch und 'nöcher** *gesprochen, humorvoll* sehr viel(e) oder sehr oft | *Er hat Briefmarken noch und noch*

nọch·mal ADVERB; *gesprochen* noch einmal, ein weiteres Mal

nọch·ma·li·g- ADJEKTIV *meist attributiv* ⟨eine Aufforderung, eine Überprüfung⟩ so, dass sie noch einmal geschehen | *Eine nochmalige Wiederholung ist unnötig*

★ **nọch·mals** ADVERB noch einmal | *Er versuchte nochmals, sie anzurufen*

nö·len VERB (nölte, hat genölt); *gesprochen, abwertend* auf lästige Weise Kummer, Wünsche oder Kritik äußern ≈ *jammern, meckern*

No·ma·de *der*; (-n, -n) eine Person, die nicht ständig am gleichen Ort lebt, sondern z. B. mit dem Vieh herumzieht **K** Nomadenleben, Nomadenvolk; Wüstennomade **H** *der Nomade; den, dem, des Nomaden* ● hierzu **no·ma·disch** ADJEKTIV

No·men *das*; (-s, -/No·mi·na) **1** ≈ *Substantiv* **2** ein Substantiv oder Adjektiv

No·men·kla·tur *die*; (-, -en); *geschrieben* **1** die (genau definierten) Wörter und Ausdrücke, die Wissenschaftler auf einem Gebiet verwenden ≈ *Terminologie* **2** eine Liste der Termini eines Faches

no·mi·nal ADJEKTIV **1** wie ein Nomen gebraucht ⟨eine Konstruktion⟩ ≈ *substantivisch* **2** dem Nennwert nach | *Die Renten sind nominal gestiegen, real aber gesunken* **K** Nominaleinkommen

No·mi·nal·stil *der*; *nur Singular* eine Art sich auszudrücken, bei der man sehr viele Substantive verwendet

No·mi·nal·wert *der* ≈ *Nennwert*

No·mi·na·tiv [-f] *der*; (-s, -e) der Kasus, in welchem das Subjekt des Satzes steht ⟨ein Wort steht im Nominativ⟩ | *In dem Satz „Der Ball flog durch das Fenster" steht „der Ball" im Nominativ* **H** → Infos unter **Deklination**

no·mi·nell ADJEKTIV *meist attributiv* **1** *geschrieben* nur dem Namen nach, aber nicht in Wirklichkeit ⟨ein Mitglied⟩ ↔ *tatsächlich* **2** so, dass dabei nur die Zahlen berücksichtigt werden, aber nicht der wirkliche Wert ↔ *real* | *Die nominelle Gehaltserhöhung von 3 % wird durch die Inflation ausgeglichen*

no·mi·nie·ren VERB (nominierte, hat nominiert) **1** **jemanden (für etwas) nominieren** jemanden zum Kandidaten für eine Wahl bestimmen **2** **jemanden (für etwas) nominieren** jemanden (als Teilnehmer) für einen sportlichen Wettbewerb melden ● hierzu **No·mi·nie·rung** *die*

Non·cha·lance [nõʃa'lã:s] *die* (-); *geschrieben* ein gelassenes, entspanntes Verhalten, das angenehm wirkt

non·cha·lant [nõʃa'lã:] ADJEKTIV; *geschrieben* mit Nonchalance

Non·kon·for·mis·mus *der*; (-); *geschrieben* die Überzeugung, dass man unabhängig von der Meinung der Mehrheit sein kann ● hierzu **Non·kon·for·mist** *der*; **non·kon-**

N

for·mis·tisch ADJEKTIV

Non·ne *die;* (-, -n) eine Frau, welche der Religion in besonderer Weise das ganze Leben lang dient (z. B. nicht heiratet und in einem Kloster lebt) ≈ *Klosterfrau*

Non·sens *der;* (-/-es); *gesprochen, abwertend* ≈ *Unsinn*

non·stop [nɔn'stɔp] ADVERB ohne eine Pause ⟨nonstop fliegen; Filme nonstop vorführen⟩ | *von München nonstop bis Hamburg fahren* K Nonstop-Flug, Nonstopflug

Nop·pe *die;* (-, -n) **1** eine von vielen kleinen, dicken (biegsamen) Stellen auf einer Oberfläche, die verhindern, dass etwas darauf rutscht | *Die Seife liegt auf einem Stück Gummi mit Noppen* **2** ein schmückender Knoten in dicken Stoffen oder Garn | *ein Pullover mit Noppen* K Noppengarn, Noppenstoff

★ **Nord**[1] *ohne Artikel; nur in dieser Form* die Richtung, die auf der Landkarte oben ist ⟨Wind aus, von Nord; ein Kurs nach Nord⟩ ↔ *Süd* | *Die Position des Schiffes ist 56 Grad Nord und ein Grad West*

Nord[2] *der;* (-(e)s) ≈ *Nordwind*

Nord·at·lan·tik|pakt *der; nur Singular; geschrieben* ≈ *Nato*

nord·deutsch ADJEKTIV **1** in Bezug auf den nördlichen Teil Deutschlands **2** in Bezug auf die Sprache dieses Gebietes ⟨ein Ausdruck, ein Wort⟩ • zu (1) **Nord·deut·sche** *der/die;* zu (1) **Nord·deutsch·land** *(das);* zu (2) **Nord·deut·sche** *das*

★ **Nor·den** *der;* (-s) **1** die Richtung, die auf der Landkarte oben ist ⟨der Wind weht aus/von Norden, aus, in Richtung Norden⟩ ↔ *Süden* | *Der Polarstern steht im Norden* | *Die Nadel im Kompass zeigt nach Norden* K Nordfenster, Nordhang, Nordküste, Nordseite, Nordteil **2** der Teil eines Gebietes, der im Norden ist | *Er wohnt im Norden des Landes* K Nordafrika, Nordamerika, Nordeuropa **3** **der (hohe) Norden** der Teil der Erde, der sehr weit im Norden, in der Nähe des Nordpols ist | *Im hohen Norden Sibiriens gibt es ewiges Eis*

N

nor·disch ADJEKTIV *meist attributiv* in Bezug auf die nordeuropäischen Länder, vor allem Norwegen, Schweden, Dänemark, Finnland und Island ⟨die Länder, die Sagen, die Sprachen⟩

★ **nörd·lich** ■ ADJEKTIV *meist attributiv* **1** nach Norden (gerichtet) ⟨ein Kurs; in nördliche Richtung fahren⟩ **2** von Norden nach Süden ⟨ein Wind; der Wind kommt, weht aus nördlicher Richtung⟩ **3** im Norden ⟨die Erdhalbkugel, ein Land, die Seite, der Teil⟩ | *Im nördlichen Kanada ist es jetzt schon sehr kalt*

■ PRÄPOSITION *mit Genitiv* **4** (in der genannten Entfernung) weiter im Norden als etwas ↔ *südlich* | *Die Stadt liegt fünf Kilometer nördlich der Grenze* | *Die Straße nördlich unseres Hauses ist gesperrt* H Folgt ein Wort ohne Artikel, verwendet man *nördlich von*: *nördlich von Italien.*

Nord·licht *das* **1** Flecken oder Streifen aus buntem Licht am Himmel, die man in der Nähe des Nordpols nachts oft sehen kann **2** *gesprochen, humorvoll* eine Person aus dem Norden Deutschlands

Nord·ost *ohne Artikel; nur in dieser Form* ≈ *Nordosten* H Abkürzung: *NO*

Nord·os·ten *der* **1** die Richtung zwischen Norden und Osten ⟨der Wind weht aus/von Nordosten⟩ H Abkürzung: *NO* **2** **der Nordosten** der Teil eines Gebietes, der im Nordosten ist ≈ *Nordostteil* | *der Nordosten eines Landes*

nord·öst·lich ■ ADJEKTIV *meist attributiv* **1** nach Nordosten (gerichtet) oder von Nordosten (kommend) ⟨in nordöstliche Richtung; aus nordöstlicher Richtung⟩ **2** im Nordosten ⟨die Seite, der Teil⟩

■ PRÄPOSITION *mit Genitiv* **3** (in der genannten Entfernung) weiter im Nordosten als etwas | *ein Berg (fünf Kilometer) nordöstlich der Stadt* H Folgt ein Wort ohne Artikel, verwendet man *nordöstlich von*: *nordöstlich von Spanien.*

Nord·pol *der; nur Singular* der nördlichste Punkt auf der Erde ↔ *Südpol*

LANDESKUNDE

▶ Nordrhein-Westfalen

Nordrhein-Westfalen im Westen Deutschlands ist das Bundesland mit der höchsten Einwohnerzahl. Besonders dicht besiedelt ist das **Ruhrgebiet**. In Nordrhein-Westfalen gibt es 30 Großstädte, am bekanntesten sind **Dortmund**, **Essen**, die Hauptstadt **Düsseldorf**, die ehemalige Bundeshauptstadt **Bonn** und **Aachen**, in dessen Dom viele deutsche Könige gekrönt wurden.

In der gesprochenen Sprache wird **Nordrhein-Westfalen** meist zu **NRW** [ɛnɛr'we:] abgekürzt.

Nord·see *die;* (-) der Teil des Ozeans zwischen Großbritannien, Norwegen und Dänemark

Nord-Süd-Ge·fäl·le *das; nur Singular* der Unterschied zwischen den reichen Ländern im Norden und den armen Ländern im Süden

nord·süd·lich ADJEKTIV von Norden nach Süden

Nord·west *ohne Artikel; nur in dieser Form* ≈ *Nordwesten* H Abkürzung: *NW*

Nord·wes·ten *der* **1** die Richtung zwischen Norden und Westen ⟨der Wind weht aus/von Nordwesten⟩ H Abkürzung: *NW* **2** der Teil eines Gebietes, der im Nordwesten ist | *der Nordwesten eines Landes*

nord·west·lich ■ ADJEKTIV *meist attributiv* **1** nach Nordwesten (gerichtet) oder von Nordwesten (kommend) ⟨in nordwestlicher Richtung; aus nordwestlicher Richtung⟩ **2** im Nordwesten ⟨die Seite, der Teil⟩

■ PRÄPOSITION *mit Genitiv* **3** (in der genannten Entfernung) weiter im Nordwesten als etwas | *ein Kloster (zehn Kilometer) nordwestlich des Dorfes* H Folgt ein Wort ohne Artikel, verwendet man *nordwestlich von*: *nordwestlich von Dänemark.*

Nord·wind *der* ein Wind, der von Norden kommt

nör·geln VERB (nörgelte, hat genörgelt) **(über jemanden/etwas) nörgeln** *abwertend* jemanden/etwas wegen kleiner Dinge immer wieder kritisieren • hierzu **Nörg·ler** *der;* **nörg·le·risch** ADJEKTIV; **nör·ge·lig** ADJEKTIV

★ **Norm** *die;* (-, -en) **1** *meist Plural* eine allgemein anerkannte Regel, wie man sich verhalten soll ⟨ethische, gesellschaftliche, moralische Normen; Normen festsetzen; sich an Normen halten⟩ **2** das, was als normal oder üblich empfunden wird ⟨jemand/etwas entspricht der Norm, weicht von der Norm ab⟩ **3** eine Regel, wie etwas hergestellt, getan werden soll oder aussehen soll ⟨technische Normen⟩ K Industrienorm, Rechtsnorm, DIN-Norm **4** die Arbeit, die jemand innerhalb einer Zeit tun soll ⟨eine Norm aufstellen, festlegen, erhöhen, senken; die Norm erfüllen, übererfüllen⟩ K Normerfüllung; Arbeitsnorm **5** die Leistung, welche ein Sportler erreichen muss, damit er an einem Wettkampf teilnehmen darf

★ **nor·mal** ADJEKTIV **1** so, wie es die allgemeine Meinung für üblich oder gewöhnlich hält ↔ *unnormal* | *Ist es normal, dass ein Kind mit 14 Jahren schon arbeiten muss?* | *Unter normalen Umständen wäre sie jetzt schon hier, aber bei dem starken Schneefall wird sie sich verspäten* K Normalbürger, Normalfall, Normalgewicht, Normaltemperatur, Normalverbraucher, Normalzeit, Normalzustand **2** geistig und körperlich gesund ↔ *anormal* | *Ihre Angst vor Fremden* *ist doch nicht mehr normal!* ■ ID **Bist du (eigentlich) noch normal?** *gesprochen* verwendet, um Ärger und Erstaunen über jemandes Verhalten auszudrücken

Nor·mal *das;* (-s) *historisch* das einfache Benzin, mit dem früher die meisten Autos fuhren K Normalbenzin H → auch **Super, Diesel**

★ **nor·ma·ler·wei·se** ADVERB so wie es sonst (üblich) ist oder sein sollte | *Normalerweise müsste ich jetzt zur Arbeit gehen, aber heute habe ich frei*

nor·ma·li·sie·ren VERB (normalisierte, hat normalisiert) **1** **etwas normalisieren** bewirken, dass etwas normal wird | *Das Gespräch hat ihr gespanntes Verhältnis zueinander normalisiert* **2** **etwas normalisiert sich** etwas wird normal | *Sie war sehr krank, aber inzwischen hat sich ihr Zustand wieder normalisiert* • hierzu **Nor·ma·li·sie·rung** *die*

Nor·ma·li·tät *die;* (-, -en) der Zustand, der normal ist | *Nach der ganzen Aufregung ist jetzt wieder Normalität eingekehrt*

Nor·mal·null *das;* (-(e)s) die Höhe auf der Erdoberfläche, die mit null festgelegt wurde (und welche die Höhe der Meeresoberfläche ist) und auf die sich die Angaben über die Höhe von Orten, Bergen usw. beziehen | *Hamburg liegt 6 m über Normalnull* H Abkürzung: *NN*

Nor·mal·ver·brau·cher *der* **(Otto) Normalverbraucher** der durchschnittliche, normale Bürger | *Solch ein Luxusauto kann sich Otto Normalverbraucher nicht leisten* • hierzu **Nor·mal·ver·brau·che·rin** *die*

nor·ma·tiv [-'ti:f] ADJEKTIV als Norm bindend ⟨eine Bestimmung, eine Regel⟩ | *eine Grammatik mit normativem Anspruch*

nor·men VERB (normte, hat genormt) **1** **etwas normen** eine Norm aufstellen, die sagt, welche Größe/Form, welches Gewicht usw. die Produkte haben sollen ≈ *vereinheitlichen* | *Die Papierformate sind genormt* **2** **etwas normen** etwas so gestalten, dass es einer Vorschrift oder Norm entspricht ⟨Gewichte, Waagen normen⟩ • hierzu **Nor·mung** *die*

Nor·men·kon·trol·le *die* die Prüfung durch ein Gericht, ob ein Gesetz gegen die Verfassung verstößt K Normenkontrollverfahren

nor·mie·ren VERB (normierte, hat normiert) **etwas normieren** ≈ *normen* • hierzu **Nor·mie·rung** *die*

Nos·tal·gie *die;* (-) eine Stimmung, in der man sich nach früheren Zeiten und deren Kultur, Kunst oder Lebensart sehnt K Nostalgiegefühl • hierzu **nos·tal·gisch** ADJEKTIV

★ **Not** *die;* (-, Nö·te) **1** *nur Singular* der Zustand, in dem jemand sehr arm ist und nicht genug Geld und Essen zum Leben hat ⟨große, schlimme Not; in Not geraten, sein; Not leidende Menschen; jemandes Not lindern⟩ ≈ *Armut* ↔ *Reichtum* | *Weil es seit Jahren nicht mehr geregnet hat, herrscht hier große Not* K notleidend; Hungersnot **2** *meist Singular* eine (schlimme) Situation, in der man Hilfe braucht ⟨Rettung aus/in höchster Not; jemandem in der Stunde der Not beistehen⟩ | *Die Not der Opfer des Erdbebens ist unbeschreiblich* K Notsignal, Notsituation **3** der Zustand, in dem jemand seelisch leidet oder verzweifelt ist ⟨innere, seelische Not; jemandem seine Not/Nöte klagen; in Not sein⟩ ≈ *Verzweiflung* | *Er wusste sich in seiner Not nicht mehr zu helfen* **4** **ohne Not** ohne wichtigen Grund ≈ *unnötig* | *jemandem ohne Not wehtun* **5** **zur Not** wenn es nicht anders geht ≈ *notfalls* | *Zur Not kann ich noch was kochen, aber ich würde lieber im Restaurant essen* **6** **mit knapper Not**; **mit Mühe und Not** gerade noch | *den Zug mit knapper Not erreichen*

■ ID ▸Präposition plus Not: **aus der Not eine Tugend machen** aus einer unangenehmen Situation noch einen Vorteil gewinnen; **In der Not frisst der Teufel Fliegen** *gesprochen* wenn es sein muss, ist man auch mit etwas zufrieden, das man sonst nicht nehmen würde;

▸andere Verwendungen: **seine (liebe) Not mit jemandem/etwas haben** (große) Schwierigkeiten mit einer Person oder Sache haben; **helfen, wenn/wo Not am Mann ist** helfen, wo jemand/etwas gebraucht wird; **Not macht erfinderisch** wenn etwas Notwendiges fehlt, lernt man oft, sich zu helfen

No·tar *der;* (-s, -e) ein Jurist, der beruflich bestätigt (beglaubigt), dass Dokumente echt sind, der Testamente ausarbeitet usw. • hierzu **No·ta·rin** *die*

No·ta·ri·at *das;* (-(e)s, -e) das Büro eines Notars

no·ta·ri·ell ADJEKTIV *meist attributiv* von einem Notar (gemacht) ⟨eine Bestätigung; etwas notariell beglaubigen, beurkunden lassen⟩

Not·arzt *der* ein Arzt, der in einem Notfall (mit dem Krankenwagen) zu einem Unfall kommt oder den man rufen kann, wenn andere Ärzte keinen Dienst haben (z. B. am Wochenende) K Notarztdienst, Notarztwagen • hierzu **Not·ärz·tin** *die*

Not|auf·nah·me *die* eine Abteilung eines Krankenhauses, in der Patienten behandelt werden, die einen Unfall hatten oder plötzlich Hilfe brauchen

★ **Not|aus·gang** *der* ein Ausgang, durch den man schnell nach draußen kommt, wenn z. B. ein Feuer ausbricht

Not·be·helf *der* etwas, das man nur benutzt, wenn man etwas Besseres nicht hat ⟨etwas ist ein Notbehelf; etwas dient als Notbehelf⟩

Not·be·leuch·tung *die* ein meist schwaches Licht, das man benutzen kann, wenn plötzlich kein Strom mehr da ist

Not·brem·se *die* **1** ein Hebel, Knopf o. Ä. in einem Zug, den ein Passagier bei einem Notfall ziehen, drücken usw. kann, damit der Zug sofort anhält ⟨die Notbremse betätigen, ziehen⟩ **2** ein grobes Foul im Fußball, um ein Tor zu verhindern • hierzu **Not·brem·sung** *die*

Not·dienst *der* der Dienst (als Arzt, Apotheker o. Ä.) außerhalb der normalen Arbeitszeit (vor allem für Notfälle) ≈ *Bereitschaftsdienst*

Not·durft *die;* (-) **die/seine Notdurft verrichten** *geschrieben* Blase und/oder Darm entleeren

not·dürf·tig ADJEKTIV nicht richtig, sondern nur so, dass es gerade noch hält oder funktioniert ⟨etwas notdürftig flicken, reparieren⟩

★ **No·te** *die;* (-, -n)

▸für Musik: **1** ein geschriebenes Zeichen für einen Ton in einem Musikstück ⟨eine punktierte Note; Noten lesen können; nach Noten singen, spielen⟩ K Viertelnote, Achtelnote **2** *nur Plural* ein Blatt oder Heft mit Noten für Musikstücke ⟨Noten kaufen; die Noten vor sich (*Dativ*) liegen haben⟩ K Notenheft, Notenpapier, Notenständer **3** **eine ganze/halbe Note** eine Note, die eine Dauer von vier/zwei Taktschlägen hat

▸für Bewertungen: **4** eine Zahl oder eine Bezeichnung, mit der die Leistung eines Schülers, Studenten usw. (in einer Skala) bewertet wird ⟨eine gute, schlechte Note in etwas (*Dativ*); eine Note bekommen; jemandem eine Note geben; Noten austeilen, verteilen⟩ | *Sie hat eine sehr gute Note bekommen* | *Der Aufsatz wurde mit der Note 3/„befriedigend" bewertet* K Notendurchschnitt, Notengebung, Notensystem, Notenvergabe; Prüfungsnote, Schulnote, Deutschnote, Physiknote, Sportnote H → Info-Fenster nächste Seite **5** eine Zahl, mit der die Leistung eines Sportlers, (z. B. beim Turnen oder Tanzen) bewertet wird ⟨eine hohe, niedrige Note⟩

▸Mitteilung: **6** eine offizielle, schriftliche Mitteilung, die eine Regierung von einem Diplomaten bekommt ⟨eine diplomatische Note⟩

▸Eigenschaft: **7** **eine** +*Adjektiv* **Note** *nur Singular* der gute Eindruck, die (besondere) Qualität, die etwas hat ⟨einer Sache eine besondere, festliche Note geben, verleihen⟩ | *Ein selbst verfasstes Gedicht ist ein Geschenk mit einer persönlichen Note*

LANDESKUNDE

▶ Die Noten

In vielen Kantonen der Schweiz ist 6 die beste Schulnote und 1 die schlechteste, in Deutschland und Österreich ist es gerade umgekehrt; in Österreich gibt es nur fünf Noten:

1	Ⓓ Ⓐ sehr gut; ⒸⒽ schlecht
2	Ⓓ Ⓐ gut; ⒸⒽ schwach
3	Ⓓ Ⓐ befriedigend; ⒸⒽ ungenügend
4	Ⓓ ausreichend; Ⓐ ⒸⒽ genügend
5	Ⓓ mangelhaft; Ⓐ nicht genügend; ⒸⒽ gut
6	Ⓓ ungenügend; ⒸⒽ sehr gut

Note·book ['noutbʊk] *das*; (-s, -s) ein kleiner, tragbarer PC

No·ten·blatt *das* **1** ein Blatt, auf dem Musiknoten stehen **2** ein Blatt, das mit Linien für Musiknoten bedruckt ist

No·ten·li·nie *die* eine von fünf Linien, in die man Noten schreibt

No·ten·schlüs·sel *der* ein Zeichen, das am Beginn einer Zeile mit Notenlinien steht und den Bereich der Töne bezeichnet, in welchem die Noten stehen [H] Die beiden Notenschlüssel heißen *Bassschlüssel* und *Violinschlüssel*

★ **Not·fall** *der* **1** eine (unerwartete) Situation, in der man (schnell) Hilfe braucht (oft von einem Arzt oder der Polizei o. Ä.) ⟨jemandem in einem Notfall Hilfe leisten; Geld für den Notfall zurücklegen⟩ **2** **im Notfall** wenn es sein muss, wenn die Situation es erfordert | *Bremse nur im Notfall ziehen!*

not·falls ADVERB wenn es wirklich notwendig sein sollte | *Wenn der letzte Zug schon weg ist, kann ich notfalls auch mit dem Taxi nach Hause kommen*

not·ge·drun·gen ADVERB weil die Situation es notwendig macht(e) | *Da das Hotel geschlossen hatte, mussten wir notgedrungen im Auto übernachten*

Not·gro·schen *der* Geld, das jemand für eine Zeit der Not spart

★ **no·tie·ren** VERB (notierte, hat notiert) **1** **(sich** (*Dativ*)**) etwas notieren** etwas auf einen Zettel schreiben, damit man es nicht vergisst ⟨eine Adresse, eine Telefonnummer⟩ **2** **etwas (mit etwas) notieren** den genannten Kurs oder Preis für etwas an der Börse ermitteln und festsetzen | *eine Aktie mit zweihundert Euro notieren* **3** **etwas notiert irgendwie** etwas hat den genannten Preis oder Kurs an der Börse | *Der Dollar notiert heute höher als gestern, über dem Kurs des Vortages* ● zu (2,3) **No·tie·rung** *die*

★ **nö·tig** ADJEKTIV **1** **nötig für jemanden/etwas**; **nötig zu etwas** so, dass es gebraucht wird oder getan werden muss ⟨etwas macht etwas nötig; etwas ist nötig; etwas für nötig halten; das Nötige veranlassen; alles Nötige tun⟩ | *mit der nötigen Vorsicht vorgehen* | *Der Trainer fand es nötig, dass seine Spieler öfter trainieren* | *Bei diesem Wetter ist es nötig, sich warm anzuziehen* | *Wenn nötig, bleibe ich noch ein bisschen und helfe dir* **2** *gesprochen* so, dass etwas bald geschehen, getan werden muss ⟨nötig (auf die Toilette) müssen; etwas nötig brauchen⟩ ≈*dringend* ■ **ID** **falls nötig** für den Fall, dass es nötig ist; **Er/Sie hat es nötig** [a] Er/Sie muss etwas tun, kann etwas gebrauchen | *„Er macht eine Diät." – „Er hats auch nötig!"* [b] *ironisch* Er/Sie sollte anderen nicht kritisieren, weil er/sie selbst nicht besser ist | *„Sie hat über das schlechte Essen geschimpft." – „Die hat's nötig, die kann doch selbst nicht kochen!"*; **etwas nicht nötig haben** etwas nicht tun müssen (und stolz darauf sein, es nicht tun zu müssen) | *Ich habe es nicht nötig, ihn um Verzeihung zu bitten*; **es nicht für nötig halten, etwas zu tun** etwas nicht tun und dadurch auf andere Leute unhöflich, unfreundlich o. Ä. wirken; **Das ist doch nicht nötig!**, **Das wäre doch nicht nötig gewesen!** verwendet, um sich höflich zu bedanken

nö·ti·gen VERB (nötigte, hat genötigt) **1** **jemanden (zu etwas) nötigen** eine Person so bitten, etwas zu tun, dass sie es nicht ablehnen kann ⟨jemanden zum Bleiben, Essen nötigen⟩ | *Er nötigte sie, noch ein Glas Wein zu trinken* **2** **jemanden (zu etwas) nötigen** jemanden durch Drohung oder Gewalt dazu bringen, etwas zu tun (und sich dadurch auch strafbar machen) **3** **etwas nötigt jemanden zu etwas** etwas ist so, dass jemand gezwungen ist, etwas zu tun | *Das schlechte Wetter nötigte sie, nach Hause zu gehen* ● zu (2) **Nö·ti·gung** *die*

nö·ti·gen·falls ADVERB wenn es sein muss ≈*notfalls* | *Das Kleid wird ihr schon passen, nötigenfalls kann man es auch umtauschen*

★ **No·tiz** *die*; (-, -en) **1** etwas, das man aufgeschrieben hat ⟨Notizen machen⟩ | *Das geht aus einer Notiz im Tagebuch hervor* [K] Notizblock, Notizbuch; Aktennotiz, Randnotiz, Tagebuchnotiz **2** eine kurze Meldung in der Zeitung [K] Zeitungsnotiz ■ **ID** **(keine) Notiz von jemandem/etwas nehmen** jemanden/etwas (nicht) beachten

Not·la·ge *die* eine schlimme Situation ⟨eine wirtschaftliche, finanzielle Notlage⟩

not·lan·den VERB (notlandete, hat/ist notgelandet) **1** (*ist*) mit einem Flugzeug in einer gefährlichen Situation irgendwo landen | *Als das Triebwerk ausfiel, musste das Flugzeug/der Pilot auf der Straße notlanden* [H] meist im Infinitiv oder Perfekt verwendet **2** **etwas notlanden** (*hat*) ein Flugzeug in einer gefährlichen Situation sicher zu Boden bringen ● hierzu **Not·lan·dung** *die*

Not·lö·sung *die* eine Lösung, die man in einer schlechten Situation nur deshalb wählt, weil man keine bessere (Lösung) findet

Not·lü·ge *die* eine Lüge, mit der man etwas Schlimmes verhindern will ⟨zu einer Notlüge greifen; eine Notlüge erfinden⟩

no·to·risch ADJEKTIV ⟨ein Lügner, ein Säufer⟩ bekannt dafür, dass sie sehr oft etwas Schlechtes tun

★ **Not·ruf** *der* **1** ein Telefonanruf o. Ä., mit dem man die Polizei, die Feuerwehr oder einen Arzt um Hilfe in einem Notfall bittet ⟨einen Notruf empfangen, entgegennehmen⟩ **2** eine Telefonnummer für Notrufe

LANDESKUNDE

▶ Der Notruf

Die einheitliche Telefonnummer für Notrufe bei Polizei, Feuerwehr und Rettungsdienst ist **112**. In vielen Bundesländern erreicht man die Polizei auch über **110**.
Diese Nummer kann man von jedem Telefon aus kostenlos anrufen. Besonders an Autobahnen gibt es auch eigene **Notrufsäulen** in auffälligen Farben.

Bei Notrufen sind folgende Informationen wichtig:

- **Wo** ist etwas geschehen?
- **Was** ist geschehen?
- **Wie viele** Personen sind betroffen?
- **Welche Art** der Erkrankung oder Verletzung liegt vor?

Man sollte außerdem immer auf Rückfragen warten und nie sofort auflegen!

Not·ruf|num·mer *die* eine Telefonnummer, unter der man im Notfall die Polizei, Feuerwehr oder einen Notarzt erreicht | *Die einheitliche Notrufnummer in Deutschland ist 112*

Not·ruf|säu·le *die* eine Säule mit einem Telefon an der Autobahn o. Ä., von der aus man bei einem Unfall oder einer Panne die Polizei anrufen kann

not·schlach·ten VERB (notschlachtete, hat notgeschlachtet) **ein Tier notschlachten** ein Tier schlachten, weil es krank oder verletzt ist ● hierzu **Not·schlach·tung** *die*

Not·stand *der; meist Singular* **1** eine Situation, in der ein Staat oder Menschen in Gefahr sind und in der deswegen besondere Gesetze gelten ⟨den Notstand ausrufen, erklären⟩ **K** Notstandsgebiet, Notstandsgesetz **2** eine Situation, in der man bestimmte Gesetze brechen darf, um sich oder jemanden vor einer Gefahr zu schützen

not·tun VERB (tut not, tat not, hat notgetan) **etwas tut not** *geschrieben* etwas ist nötig

Not|un·ter·kunft *die* ein einfaches Haus, ein Zelt, eine Turnhalle o. Ä., in denen man lebt, z. B. weil die eigene Wohnung zerstört ist oder weil man fliehen musste ⟨Notunterkünfte bereitstellen, einrichten, schaffen⟩

Not·wehr *die;* (-) die Anwendung von Gewalt, die nicht bestraft wird, wenn damit ein Angriff abgewehrt wird ⟨in/aus Notwehr handeln; Notwehr geltend machen⟩

★ **not·wen·dig** ADJEKTIV **1** so, dass es dringend gebraucht wird oder dringend gemacht werden muss ≈ *nötig* | *eine notwendige Reparatur vornehmen* | *Er hielt es für notwendig, sie über die neue Entwicklung zu informieren* | *Es ist nicht notwendig, dass du hierbleibst* **2** *meist attributiv* so, dass etwas nicht verhindert werden kann ⟨eine Konsequenz, eine Reaktion⟩ | *Das Waldsterben ist eine notwendige Folge der Umweltverschmutzung* **!** Viele Wendungen mit *nötig* hört man auch mit *notwendig*. ● zu (1) **Not·wen·dig·keit** *die*

not·wen·di·ger|wei·se ADVERB so (zwingend), dass es nicht verhindert werden kann ⟨etwas führt notwendigerweise zu etwas⟩

Not·zucht *die;* (-); *veraltend* sexuelle Gewalt ≈ *Vergewaltigung*

Nou·gat ['nu:-] *der/das* → Nugat

No·vel·le [-v-] *die;* (-, -n) **1** eine Erzählung (länger als eine Kurzgeschichte, aber kürzer als ein Roman) über ein ungewöhnliches Ereignis | *die Novellen von Gottfried Keller* **K** Novellensammlung **2** eine Änderung eines Gesetzes ⟨eine Novelle einbringen, verabschieden⟩ | *eine Novelle zum Umweltschutzgesetz* **K** Gesetzesnovelle ● zu (1) **No·vel·list** *der;* zu (1) **no·vel·lis·tisch** ADJEKTIV

no·vel·lie·ren [-v-] VERB (novellierte, hat novelliert) **das Parlament novelliert ein Gesetz** *geschrieben* das Parlament ändert ein Gesetz ● hierzu **No·vel·lie·rung** *die*

★ **No·vem·ber** [-v-] *der;* (-s, -); *meist Singular* der elfte Monat des Jahres ⟨im November; Anfang, Mitte, Ende November; am 1., 2., 3. November; ein nebliger, kalter, stürmischer November⟩ | *Am ersten November ist Allerheiligen* **K** Novemberabend, Novembernacht, Novembertag **!** Abkürzung: *Nov.*

No·vi·ze [-v-] *der;* (-n, -n) ein Mann, der sich in einem Kloster darauf vorbereitet, ein Mönch zu werden **!** *der Novize; den, dem, des Novizen* ● hierzu **No·vi·zin** *die*

NPD [ɛnpe'de:] *die;* (-) Na·ti·o·nal·de·mok·ra·ti·sche Par·tei Deutsch·lands eine nationalistische Partei in Deutschland

Nr. Abkürzung für *Nummer*

NS- [ɛn'|ɛs-] *im Substantiv, betont, begrenzt produktiv* **die NS-Organisation, das NS-Regime, der NS-Staat, das NS-Verbrechen** *und andere* des Nationalsozialismus ≈ *Nazi-*

NSDAP [ɛn|ɛsde:|a:'pe:] *die;* (-); *historisch* Nationalsozialistische Deutsche Arbeiterpartei die Partei Adolf Hitlers

nu ADVERB; *norddeutsch, gesprochen* ≈ *nun*

Nu ■ **ID im Nu** *gesprochen* in sehr kurzer Zeit | *Er drehte sich um und war im Nu verschwunden* | *Ich bin im Nu wieder da*

Nu·an·ce ['nyã:sə] *die;* (-, -n) **1** ein sehr kleiner Unterschied in Farbe, Helligkeit, Bedeutung o. Ä. ⟨stilistische, sprachliche, farbliche Nuancen⟩ ≈ *Abstufung* | *Rot gibt es in vielen Nuancen* **K** Farbnuance, Bedeutungsnuance **2** **eine Nuance (von etwas)** ein kleines bisschen | *Sie sprach um eine Nuance zu laut* | *Dieses Blau ist eine Nuance heller als das andere* ● zu (1) **nu·an·cen·reich** ADJEKTIV

nu·an·ciert [nyã'si:ɐ̯t] ADJEKTIV; *geschrieben* mit vielen Details und feinen Unterscheidungen ⟨eine Ausdrucksweise, ein Klavierspiel; sich nuanciert ausdrücken; etwas nuanciert darstellen, beschreiben, zeichnen⟩ | *Seine Erzählung gab ein sehr nuanciertes Bild des 19. Jahrhunderts*

nüch·tern ADJEKTIV **1** mit leerem Magen, weil man vorher nichts gegessen oder getrunken hat | *Ich kann auf nüchternen Magen keinen Alkohol trinken* | *Bitte kommen Sie zur Blutabnahme nüchtern* **2** so, dass man kein alkoholisches Getränk getrunken hat ⟨nicht mehr ganz nüchtern; völlig, vollkommen nüchtern sein⟩ | *Nach zwei Gläsern Wein war er nicht mehr ganz nüchtern* **3** von sachlichen Überlegungen und nicht vom Gefühl geleitet ⟨eine Überlegung, Feststellungen; die Sache nüchtern betrachten, beurteilen; ein nüchterner, nüchtern denkender Mensch⟩ ≈ *sachlich* **4** so, dass nur Zweck und Funktion das Aussehen bestimmen ⟨ein Raum, ein Betonbau, ein Stil⟩ | *Ohne Pflanzen und Bilder wirkt das Büro schrecklich nüchtern* ● hierzu **Nüch·tern·heit** *die*

nu·ckeln VERB (nuckelte, hat genuckelt) **(an etwas** *(Dativ)***) nuckeln** *gesprochen* an etwas saugen | *Das Baby nuckelte zufrieden an der Brust seiner Mutter*

★ **Nu·del** *die;* (-, -n); *meist Plural* **1** ein Nahrungsmittel aus Mehl und Wasser (und Eiern), das man in Wasser kocht und mit einer Soße, in Suppen oder mit Fleisch isst | *Lange dünne Nudeln nennt man Spaghetti* | *Hühnersuppe mit Nudeln* **K** Nudelsalat, Nudelsuppe, Nudelteig; Bandnudel, Fadennudel, Suppennudel **2** **eine dicke, dumme, freche Nudel** *gesprochen, abwertend* eine dicke, dumme oder freche (junge) Frau

-nu·del *die;* (-, -n); *im Substantiv, unbetont, nicht produktiv; oft abwertend* **Skandalnudel, Ulknudel** *und andere* eine Person (meist eine Frau), die mit der genannten Sache oft in Verbindung gebracht wird | *Betriebsnudel* (eine sehr gesellige Person) | *Giftnudel* (eine bösartige Person)

Nu·del·holz *das;* (-es, Nu·del·höl·zer) eine Walze mit Griffen links und rechts, mit der man Teig flach und dünn macht

Nu·gat *der/das;* (-s) eine weiche, braune Masse aus gemahlenen Nüssen, Zucker und Kakao, mit der viele Pralinen gefüllt sind **K** Nugatfüllung, Nugatmasse, Nugatschokolade; Nussnugat

nuk·le·ar ADJEKTIV *meist attributiv* **1** so, dass dabei Atomenergie verwendet wird ⟨Energie, Waffen, ein Krieg, eine Explosion⟩ **K** Nuklearmacht, Nuklearwaffen **2** ⟨Kräfte, Streitkräfte⟩ mit Atomwaffen **3** Atomwaffen betreffend ⟨die Abrüstung⟩

★ **null** ■ ZAHLWORT **1** (als Ziffer) 0 **2** beim Sport verwendet, um zu sagen, dass keine Punkte oder Tore erzielt wurden | *ein Match mit eins zu null (1 : 0) gewinnen* | *Das Spiel endete null zu null (0 : 0) unentschieden* **3** verwendet, um zu sagen, dass in einem Test keine Punkte erreicht oder keine Fehler gemacht wurden oder werden | *im Diktat null Fehler haben* | *in einem Test null Punkte bekommen* **4** **null (Grad (Celsius)** die Temperatur (auf der Celsiusskala),

N

bei der Wasser beginnt, zu Eis zu werden ⟨Temperaturen über, unter null; die Temperatur sinkt (auf 10 Grad) unter null, steigt auf 10 Grad über null⟩ ≈ *0 °C* **5** *nur Singular* die Stellung eines Schalters oder Zeigers, die zeigt, dass ein Gerät nicht eingeschaltet ist ⟨etwas steht auf null, zeigt auf null; etwas auf null stellen, drehen, schalten⟩ | *„Ist die Heizung an?" – „Nein, der Schalter steht auf null."* **6** **null Uhr** *geschrieben* der Zeitpunkt in der Nacht, zu dem ein neuer Kalendertag beginnt ≈ *Mitternacht* | *Der Zug kommt um null Uhr zweiundzwanzig (00:22 Uhr) an* **H** Man sagt auch *24 Uhr* oder *12 Uhr nachts*. Für die Angabe der Uhrzeit zwischen Mitternacht und ein Uhr verwendet man immer *null Uhr*: *null Uhr 16* (= 00:16 Uhr).

■ ADJEKTIV *nur in dieser Form* **7** *gesprochen* ⟨null Ahnung, Erfolg, Interesse, Lust haben⟩ ≈ *kein* | *„Kommst du mit?" – „Nee, null Bock!"* (keine Lust) | *Von Mathe hast du wohl null Ahnung, was?* | *Mach ich gern, null Problemo!* (kein Problem) ■ ID **null und nichtig** nicht gültig ⟨einen Vertrag für null und nichtig erklären⟩; **etwas ist gleich null** **a** das Ergebnis, der Erfolg, das Resultat o. Ä. ist ohne Bedeutung und Wert **b** jemandes Interesse, Reaktion o. Ä. ist nicht vorhanden; **in null Komma nichts** *gesprochen, humorvoll* in sehr kurzer Zeit

★ **Null** *die*; (-, -en) **1** die Ziffer 0 | *Die Zahl 100 hat zwei Nullen* **2** *gesprochen, abwertend meist Singular* eine Person, die nichts kann und nichts erreicht hat ≈ *Versager*

Null·acht|fünf·zehn- *im Substantiv, betont, begrenzt produktiv* **der Nullachtfünfzehn-Film, die Nullachtfünfzehn-Frisur** von durchschnittlicher Qualität, wie man es schon oft gesehen hat | *Das war eine Nullachtfünfzehn-Aufführung dieses oft gespielten Theaterstücks*

Null·di·ät *die*; *nur Singular* eine Diät, bei der man außer Wasser, Vitaminen und Mineralien nichts isst oder trinkt | *unter ärztlicher Aufsicht eine Nulldiät machen*

N

Null·punkt *der* **1** der Punkt auf einer Skala, an dem auf der einen Seite die negativen und auf der anderen Seite die positiven Werte beginnen **2** (auf der Celsius-Skala) die Temperatur, bei der Wasser zu Eis wird **3** ein Punkt, wo alles sehr schwierig und hoffnungslos ist oder aussieht ⟨auf dem Nullpunkt (angelangt) sein; etwas sinkt auf den Nullpunkt⟩ ≈ *Tiefpunkt* | *Meine Konzentration hat heute ihren völligen Nullpunkt erreicht, ich kann keinen klaren Gedanken fassen* **4** **der absolute Nullpunkt** die tiefste Temperatur, die man messen kann | *Der absolute Nullpunkt liegt bei −273 °C*

Null·run·de *die* eine Tarifrunde, bei der keine Lohnerhöhungen erzielt werden ⟨eine Nullrunde vereinbaren⟩

Null·ta·rif *der* **zum Nulltarif** ohne, dass man etwas bezahlen muss | *Solche Verbesserungen gibt es nicht zum Nulltarif*

Null·wachs·tum *das* das Ausbleiben einer Erhöhung der Produktion (z. B. eines Betriebs), des Bruttosozialprodukts eines Landes o. Ä.

Nu·me·ri *Plural* → Numerus

nu·me·risch ADJEKTIV **1** *meist attributiv* in Bezug auf die Anzahl ⟨eine numerisch starke, schwache Gruppe; eine numerische Überlegenheit; eine Gruppe o. Ä. ist numerisch überlegen⟩ **2** nur aus Ziffern gebildet, ohne Buchstaben ⟨ein Kode, ein System⟩ **3** mit konkreten, bestimmten Zahlen (statt nur mit Buchstaben) ⟨das Rechnen, eine Gleichung⟩

Nu·me·rus *der*; (-, Numeri) die grammatische Kategorie, die beim Substantiv und Verb zeigt, ob ein oder mehrere Personen oder Dinge gemeint sind | *Die deutsche Sprache hat zwei Numeri: Singular und Plural*

Nu·me·rus clau·sus *der*; (-) eine Regelung, die nur einer begrenzten Anzahl von Personen erlaubt, ein bestimmtes Fach an einer Universität o. Ä. zu studieren **H** Abkürzung: *NC*; → Infos unter Hochschule

★ **Num·mer** *die*; (-, -n) **1** eine Zahl, die den Platz einer Person/Sache in einer Reihe oder Liste nennt ⟨eine hohe, niedrige Nummer⟩ | *Karten für die Sitze Nummer 11 und Nummer 12* | *das Los mit der Nummer 13* | *Ich wohne in der Hauptstraße Nummer 41* **K** Bestellnummer, Garderobennummer, Hausnummer, Katalognummer, Kontonummer, Losnummer, Steuernummer, Zimmernummer **H** Abkürzung: *Nr.* **2** eine Person oder Sache mit der genannten Nummer | *Bis auf Nummer 3 sind alle Zimmer besetzt* | *Die Nummer 666 gewinnt eine Reise nach Kalifornien* **3** die Reihe von Ziffern, die man wählt, um zu telefonieren ⟨jemandem seine Nummer geben; jemandes Nummer haben; jemandes Nummer wählen⟩ | *Ich bin unter der Nummer 2859 erreichbar* **K** Telefonnummer, Privatnummer, Handynummer **4** die Ziffern und Buchstaben auf einem Schild, das Autos, Motorräder usw. haben müssen ≈ *Kennzeichen* **K** Nummernschild, Nummerntafel; Autonummer, Fahrzeugnummer, Wagennummer **5** die Zahl, mit der man die Größe von Kleidern, Schuhen usw. nennt ⟨große, kleine Nummern⟩ ≈ *Größe* | *Damenschuhe Nummer 38* | *Haben Sie dieses Kleid eine (halbe) Nummer größer?* **K** Kleidernummer, Schuhnummer **6** ein Heft einer Zeitschrift oder Zeitung ≈ *Ausgabe* | *In der Nummer von der letzten Woche war ein interessanter Artikel* | *eine alte Nummer des „Spiegel"* **K** Doppelnummer, Einzelnummer, Probenummer, Sondernummer **7** ein einzelnes Stück in einem Programm ⟨eine Nummer vorführen⟩ | *Wir spielen jetzt eine Nummer aus unserer letzten CD* | *Unsere nächste Nummer: Gino und Gina auf dem Trapez!* **K** Dressurnummer, Kabarettnummer, Solonummer, Varieténummer, Zirkusnummer **8** *gesprochen* eine Person, die auf irgendeine Art ungewöhnlich ist ⟨eine komische, ulkige, witzige Nummer; jemand ist eine Nummer für sich⟩ **9** *gesprochen* ⚠ ein sexueller Akt ⟨eine Nummer machen, schieben⟩

■ ID **(das) Thema Nummer eins** das, worüber am meisten gedacht oder gesprochen wird | *Fußball ist bei vielen Männern (das) Thema Nummer eins*; **jemand ist die Nummer eins** eine Person ist auf einem Gebiet die beste; **Dort ist man nur/bloß eine Nummer** dort ist man nur eine Person von vielen und wird deshalb nicht beachtet | *In so einer Klinik bist du doch nur eine Nummer*; **aus der Nummer kommt er/sie** *usw.* **nicht mehr heraus** *gesprochen* jemand kann an einer Situation nichts ändern und muss mit etwas weitermachen; **auf Nummer Sicher/sicher gehen** *gesprochen* kein Risiko eingehen | *Sie ging auf Nummer Sicher und machte eine Fotokopie*; **etwas ist eine Nummer/ein paar Nummern zu groß (für jemanden)** *gesprochen* etwas ist zu schwierig für jemanden

LANDESKUNDE

▶ Der Numerus clausus

Der **Numerus clausus** (kurz: **NC**) ist in Deutschland eine Zulassungsbeschränkung für sehr beliebte Studiengänge. Über die Auswahl zum Studium entscheidet dabei vor allem die Durchschnittsnote des Abiturs, daneben auch die Wartezeit zwischen Schulabschluss und Bewerbung.

In vielen zulassungsbeschränkten Studienfächern werden die Studienplätze zentral durch die **Stiftung für Hochschulzulassung** (www.hochschulstart.de) vergeben.
Die einzelnen Hochschulen machen aber auch oft von der Möglichkeit Gebrauch, zusätzliche Kriterien für die Vergabe anzuwenden wie Auswahlgespräche, Eignungstests, Berufserfahrung und Praktika.

num·me·rie·ren VERB (nummerierte, hat nummeriert) **etwas nummerieren** Dingen Nummern geben und sie so in eine Reihenfolge bringen ⟨Seiten nummerieren; die Plätze im Kino, Theater sind nummeriert⟩ • hierzu **Num·me·rie·rung** *die*

Num·mern·schild *das* das Schild aus Metall bei Autos, Motorrädern usw., auf dem meist Zahlen und Buchstaben als Kennzeichen stehen H → Abb. unter **Auto**

★ **nun** ■ ADVERB 1 in dem Moment, in dem der Sprecher etwas sagt ⟨von nun ab/an⟩ ≈ *jetzt* | *Nun bist 'du an der Reihe* | *Kommen wir nun zum Programm der nächsten Woche* 2 in der Gegenwart ≈ *heutzutage* | *Früher war an dieser Stelle eine schöne Wiese, nun stehen hier Hochhäuser* 3 von einem Zeitpunkt in der Vergangenheit bis jetzt ≈ *inzwischen* | *Nun sind es fünf Jahre, dass ich in dieser Stadt lebe* 4 **Was nun?** verwendet, um zu sagen, dass man nicht weiß, was gerade geschieht oder was getan werden soll ■ PARTIKEL *unbetont* 5 in Fragen verwendet, um zu sagen, dass man ungeduldig auf eine Information wartet | *Hat sie den Job nun bekommen oder nicht?* | *Glaubst du mir nun endlich?* | *Kommt er nun, oder kommt er nicht?* | *War das nun so richtig, oder müssen wir noch etwas ändern?* 6 **nun (ein)mal** drückt aus, dass man an einer Sache nichts ändern kann | *Du kannst nun mal nicht alles haben!* | *Das ist nun mal so entschieden worden. Da kann man nichts machen!* 7 leitet einen Satz ein, mit dem man ein neues Thema anfängt | *Nun, habt ihr euch schon überlegt, wohin ihr in Urlaub fahrt?* 8 leitet einen Satz ein, mit dem man auf eine Bitte oder Frage reagiert | *Nun, das kann ich nicht sofort entscheiden* 9 **nun gut/ja** drückt aus, dass man jemandem zwar zustimmt, aber Bedenken oder Einwände hat | *Nun gut, wenn es sein muss, bezahle ich dir die Eintrittskarte* | *„Das hat sicher Spaß gemacht." – „Nun ja, das schon, aber jetzt muss ich die ganze Arbeit nachholen."*

nun·mehr ADVERB; *geschrieben* 1 von jetzt an, in der Zukunft | *Wir werden das nunmehr anders machen* 2 von einem Zeitpunkt in der Vergangenheit bis jetzt | *Nunmehr sind es fünf Jahre, dass ich in dieser Stadt lebe*

★ **nur** ■ ADVERB 1 verwendet, um zu betonen, dass eine Aussage genau auf die genannte Sache/Person o. Ä. zutrifft und auf nichts/niemand anderes (und dass das wenig ist). *Nur* bezieht sich auf den Teil des Satzes, der direkt folgt ≈ *bloß* | *Nur Hans hat Kuchen gekauft* (und sonst niemand) | *Hans hat nur den Kuchen gekauft* (und nichts anderes) | *Hans hat den Kuchen nur gekauft* (und nicht gegessen) | *Ihre neuen Schuhe kosteten nur 40 Euro* | *Ich habe ihn nur kurze Zeit gesehen* H vergleiche **erst** 2 verwendet, um eine Aussage durch einen Gegensatz, Widerspruch oder eine Einschränkung zu ergänzen ≈ *aber* | *Das Konzert war toll, nur war die Musik ein bisschen zu laut* | *Das habe ich ja gleich gesagt, du hast es mir nur nicht geglaubt* | *Ich habe das auch gehört. Ich frage mich nur, stimmt das auch?* 3 **nur noch** +*Adjektiv unbetont* verwendet, um zu sagen, dass etwas eine negative Wirkung haben könnte | *Bleib im Bett, sonst wirst du nur noch krank* | *Sag lieber nichts, sonst wird er nur noch wütender* | *Wenn du an dem Mückenstich kratzt, juckt er nur noch mehr* 4 **nur 'so** *gesprochen* ohne wirklichen Grund ⟨etwas nur so sagen, tun⟩ | *„Warum hast du das denn getan?" – „Ach, nur so, ich weiß nicht."* 5 **nur 'so** +*Verb* sehr, in hohem Maße | *Sie zitterte nur so vor Angst* 6 **nicht nur …, sondern auch …** verwendet, um zu sagen, dass zu der einen Sache noch etwas anderes hinzukommt | *Er ist nicht nur ein guter Schauspieler, sondern auch ein guter Sänger* 7 **nur dass** verwendet, um etwas, das man vorher gesagt hat, einzuschränken | *Der Film hat mir gut gefallen, nur dass er ein bisschen lang war* ■ PARTIKEL 8 *betont und unbetont* in Fragen verwendet, um zu sagen, dass man nicht weiß, was (jetzt) zu tun ist | *Wo ist denn nur mein 'Schlüssel?* | *Was kann da nur 'passiert sein?* | *Wie funktioniert das denn 'nur?* 9 *unbetont* verwendet, um eine Aussage zu betonen | *Sie geht spazieren, so oft sie nur kann* | *Komm, wann immer du nur willst* | *Ich tue alles, was du nur willst* 10 *unbetont* in Ausrufesätzen und rhetorischen Fragen verwendet, um Bewunderung, Kritik o. Ä. auszudrücken | *Was hast du da nur wieder angestellt!* | *Warum hast du das nur nicht schon früher gesagt?* 11 *unbetont* verwendet, um eine Person zu beruhigen, zu trösten oder ihr Mut zu machen | *Nur mit der Ruhe, wir haben Zeit genug!* | *Nur nichts überstürzen!* | *Nur Mut, das schaffst du schon* | *Nur keine Angst!* 12 *betont* verwendet, um aus einer Aufforderung eine Drohung oder Warnung zu machen | *Sei nur nicht so frech!* | *Glaub nur nicht, dass ich mir das gefallen lasse!* | *„Soll ich ihn mal fragen?" – „Nur nicht! Da wird er bloß wütend!"* 13 *betont* verwendet, um zu sagen, dass man etwas dringend wünscht | *Wenn es doch nur schon Abend wäre!* | *Hätte ich das doch nur nicht gesagt!* | *Wäre ich nur zu Hause geblieben, dann hätte das nicht passieren können!* H Statt *nur* kann man fast immer auch *bloß* verwenden, aber *nur* ist viel häufiger.

nu·scheln VERB (nuschelte, hat genuschelt); *gesprochen* **(etwas) nuscheln** so reden, dass man den Mund kaum bewegt und deshalb schwer zu verstehen ist | *Was nuschelst du da? Ich verstehe kein Wort!* ■ ID **(etwas) in den Bart nuscheln** meist mit Absicht so leise reden, dass man nicht verstanden wird

★ **Nuss** *die*; (-, Nüs·se) 1 eine trockene Frucht mit einem Kern, der in einer harten Schale steckt ⟨Nüsse knacken⟩ | *Das Eichhörnchen sammelt Nüsse für den Winter* K Nussbaum, Nussschale; nussbraun 2 der Kern der Nuss, den man meist essen kann K Nusseis, Nusskuchen, Nussschokolade, Nusstorte 3 **eine harte Nuss** ein schwieriges Problem ⟨jemandem eine harte Nuss zu knacken/beißen (= lösen) geben; eine harte Nuss zu knacken/beißen haben, bekommen⟩ 4 **eine taube Nuss** eine Nussschale ohne Kern bzw. eine Sache, die einen guten Eindruck macht, aber keinen Wert hat 5 **eine dumme/blöde/taube Nuss** *gesprochen, abwertend* verwendet als Schimpfwort für eine Person, über die man sich ärgert oder die man für dumm hält

NUSS

die Walnuss die Haselnuss die Erdnuss

Nuss·kna·cker *der*; (-s, -) ein Gerät, mit dem man die Schale einer Nuss öffnet

Nüs·tern, **Nüs·tern** *die*; *Plural* die Nasenlöcher des Pferdes ⟨geblähte Nüstern⟩

Nut·te *die*; (-, -n); *gesprochen, abwertend* ≈ *Prostituierte* • hierzu **nut·tig** ADJEKTIV; *abwertend*

nutz → nütze

nutz·bar ADJEKTIV 1 so, dass man es verwenden kann ⟨eine Energie, Rohstoffe, eine Idee⟩ 2 **etwas (für jemanden) nutzbar machen** etwas so machen, dass es genutzt werden kann ⟨die Wasserkraft nutzbar machen; eine Erfindung

N

für die Menschen nutzbar machen⟩ ● zu (1) **Nụtz·bar·keit** *die;* zu (2) **Nụtz·bar·ma·chung** *die*

nụtz·brin·gend ADJEKTIV so, dass jemand einen Nutzen davon hat ⟨die Zeit, das Geld nutzbringend verwenden, anlegen, investieren⟩ ≈ *nützlich*

nụ̈t·ze **jemand/etwas ist zu nichts nütze** jemand ist keine Hilfe oder etwas ist so, dass man nichts Sinnvolles damit tun kann | *Viele Produkte, die die Industrie auf den Markt bringt, sind doch zu gar nichts nütze!*

★ **nụt·zen** VERB (nutzte, hat genutzt) **1** **etwas (zu etwas) nutzen** etwas (für den genannten Zweck) sinnvoll verwenden ⟨eine Gelegenheit, eine Chance, die Freiheit nutzen⟩ | *jede freie Minute zur Weiterbildung nutzen | die Wasserkraft zur Erzeugung von Strom nutzen | das schöne Wetter zum Wandern nutzen | den Keller für sein Hobby nutzen | eine fruchtbare Gegend landwirtschaftlich nutzen | Er nutzte die Zeit (dazu), sich auszuruhen* **2** **etwas nutzt (jemandem/etwas) (etwas/viel)** etwas bringt einer Person oder Sache einen Vorteil oder hilft irgendwie | *Ein günstiger Kredit würde der Firma viel nutzen* **3** **etwas nutzt (jemandem/etwas) wenig/nichts** etwas bringt einer Person oder Sache keinen Vorteil oder hilft nicht | *Seine Ratschläge nutzen uns wenig | Es nutzt nichts, hier herumzustehen, wir müssen was tun!*

★ **nụ̈t·zen** (nützte, hat genützt) → nutzen

★ **Nụt·zen** *der;* (-s) **1** ein Vorteil oder Gewinn, den jemand von einer Sache oder Tätigkeit hat ⟨der praktische, unmittelbare, gesellschaftliche, wirtschaftliche Nutzen; einen (großen) Nutzen aus etwas ziehen; einen, keinen Nutzen von etwas haben; sich (*Dativ*) von etwas einen Nutzen versprechen; etwas bringt (jemandem/etwas) (einen) Nutzen; etwas mit Nutzen anwenden⟩ | *Der praktische Nutzen dieser Erfindung wird enorm sein* **2** **etwas ist (jemandem/etwas) von Nutzen** etwas ist für jemanden/etwas ein Vorteil | *Bei der Bewerbung um den Job werden dir deine Erfahrungen auf diesem Gebiet von Nutzen sein | Es wird dir von Nutzen sein, dass du Erfahrungen auf diesem Gebiet hast*

Nụt·zer *der;* (-s, -) eine Person, die ein Gerät oder Programm benutzt oder einen Dienst in Anspruch nimmt | *Das Onlinespiel hat mehrere Millionen registrierte Nutzer* **K** Computernutzer, Internetnutzer, Mobilfunknutzer ● hierzu **Nụt·ze·rin** *die*

Nụtz·flä·che *die* die Fläche des Erdbodens, auf der man etwas (an)bauen kann, oder der Teil eines Gebäudes, den man zu etwas nutzen kann

Nụtz·holz *das* das Holz, aus dem man Möbel macht

Nụtz·last *die* das Gewicht, das ein Auto, Schiff, Flugzeug o. Ä. tragen kann

★ **nụ̈tz·lich** ADJEKTIV **1** so, dass das Genannte einen Vorteil für eine Person oder eine Situation hat ⟨ein Hinweis, eine Beschäftigung, ein Geschenk, Pflanzen, Tiere; (allerlei) Dinge; jemand/etwas erweist sich als nützlich⟩ | *Gummistiefel werden uns bei diesem Regen sehr nützlich sein | Es war für die Natur sehr nützlich, dass es endlich wieder geregnet hat* **2** **jemandem (bei etwas) nützlich sein**; **sich (bei jemandem/etwas) nützlich machen** jemandem helfen | *Er war seinem Freund beim Reparieren des Autos nützlich | Er hat sich bei der Gartenarbeit nützlich gemacht* ● zu (1) **Nụ̈tz·lich·keit** *die*

nụtz·los ADJEKTIV ohne Nutzen ⟨Bemühungen, eine Anstrengung; etwas nutzlos vergeuden⟩ | *Es ist völlig nutzlos, ihr Ratschläge zu geben, sie ignoriert sie einfach* ● hierzu **Nụtz·lo·sig·keit** *die*

Nụtz·nie·ßer *der;* (-s, -) eine Person, die einen Vorteil oder Gewinn von etwas hat, ohne dass sie viel dafür getan hat ● hierzu **Nụtz·nie·ße·rin** *die*

Nụtz·pflan·ze *die* eine Pflanze, die man anbaut, vor allem um sie zu essen

Nụtz·tier *das* ein Tier, das man wirtschaftlich nutzt. Man hält Nutztiere, damit sie für einen arbeiten oder weil sie Fleisch, Milch, Eier o. Ä. liefern

Nụt·zung *die;* (-) das Verwenden einer Sache zu einem Zweck | *die friedliche Nutzung der Kernenergie | die landwirtschaftliche Nutzung des Bodens | die industrielle Nutzung der Rohstoffe* **K** Nutzungsrecht

Ny·lon® ['nailɔn] *das;* (-s) ein künstlich hergestelltes Material, aus dem man vor allem Kleidungsstücke macht | *eine Strumpfhose aus Nylon* **K** Nylonstrümpfe, Nylonstrumpfhose

Nym·phe ['nʏmfə] *die;* (-, -n) (in der griechischen und römischen Mythologie) eine der jungen Göttinnen, die in Bäumen, Flüssen, Bergen o. Ä. wohnen ● hierzu **nym·phen·haft** ['nʏm-] ADJEKTIV

nym·pho·man [nʏmfo-] ADJEKTIV; *geschrieben* (von Frauen) mit einem krankhaft starken sexuellen Trieb ● hierzu **Nym·pho·ma·nie** *die;* **Nym·pho·ma·nin** *die*

O

O, o [oː] *das;* (-, -/*gesprochen auch* -s) der fünfzehnte Buchstabe des Alphabets ⟨ein großes O; ein kleines o⟩ ● hierzu **o-för·mig**, **O-för·mig** ADJEKTIV

Ö, ö [øː] *das;* (-, -/*gesprochen auch* -s) der Umlaut des o ⟨ein großes Ö; ein kleines ö⟩

o! verwendet mit einem anderen Wort, um Erschrecken oder Bedauern auszudrücken ⟨O ja!, O weh!, O Gott!, O doch!, O nein!⟩ **H** → auch **oh**

Oa·se *die;* (-, -n) **1** eine Stelle in der Wüste, an der es Wasser und deshalb auch Bäume und andere Pflanzen gibt | *Viele Karawanen rasten in der Oase* **2** **eine Oase** +*Genitiv* ein Ort, an dem man etwas Angenehmes empfindet oder Vorteile hat, die es sonst nur selten gibt ⟨eine Oase des Friedens, der Ruhe, der Stille⟩ **K** Steueroase

★ **ob** ■ BINDEWORT **1** verwendet, um einen Nebensatz einzuleiten, der Zweifel oder eine Frage ausdrückt | *Wissen Sie, ob heute noch ein Zug nach Berlin fährt? | Sie konnte sich nicht entscheiden, ob sie ihn anrufen sollte oder nicht* **2** **(egal) ob … oder nicht** etwas geschieht auf jeden Fall oder muss geschehen | *Täglich macht er einen Spaziergang, (egal) ob es draußen warm ist oder nicht | Ob er will oder nicht, er muss den Schaden ersetzen* **3** **ob … ob (… ob)** etwas gilt für alle genannten Personen oder Dinge | *Ob Alt, ob Jung, ob Arm, ob Reich: Alle sind willkommen | Ob Frau, ob Mann, ob Kind, jeder war eingeladen* **4** **als ob** → als ■ PRÄPOSITION *mit Genitiv* **5** *geschrieben, veraltend oder humorvoll* gibt den Grund für etwas an ≈ *wegen* | *Sie zeigte sich geschmeichelt ob der vielen Komplimente* **6** *veraltet* etwas ist weiter oben als etwas anderes | *Rothenburg ob der Tauber* ■ **ID** **Und 'ob!** *gesprochen* verwendet, um eine positive Antwort zu verstärken | *„Kannst du Tischtennis spielen?" – „Und ob (ich das kann)!"*

Ob·acht *die;* (-); *süddeutsch* Ⓐ **1** **Obacht!** ≈ *Vorsicht!* **2** **(auf jemanden/etwas) Obacht geben** (auf jemanden/etwas) achtgeben, aufpassen | *Gib Obacht! | Er muss Obacht geben, dass er keinen Fehler macht*

Ob·dach *das;* (-(e)s); *geschrieben* eine Unterkunft, in der man

O

wohnen kann, wenn man (vor allem nach einer Katastrophe) keine Wohnung hat ⟨jemandem Obdach gewähren; (ein) Obdach finden⟩

Ob·dach·lo·se *der/die*; (-n, -n) eine Person, die (aus Not oder nach einer Katastrophe) keine Wohnung hat | *Das Rote Kreuz stellt den Obdachlosen Zelte zur Verfügung* **K** Obdachlosenasyl, Obdachlosenfürsorge, Obdachlosenheim **H** *ein Obdachloser; der Obdachlose; den, dem, des Obdachlosen* ● hierzu **ob·dach·los** ADJEKTIV; **Ob·dach·lo·sig·keit** *die*

Ob·duk·ti·on [-ˈtsjoːn] *die*; (-, -en) der Vorgang, bei dem ein Arzt den Körper eines Toten aufschneidet, um zu prüfen, wann und warum dieser gestorben ist ⟨eine Obduktion anordnen⟩ ≈ *Autopsie* **K** Obduktionsbefund ● hierzu **ob·du·zie·ren** VERB *(hat)*

O-Bei·ne *die*; *Plural* krumme, nach außen gebogene Beine ⟨O-Beine haben⟩ ● hierzu **o-bei·nig**, **O-bei·nig** ADJEKTIV

Obe·lisk *der*; (-en, -en) ein schmaler, hoher Stein als Denkmal, der unten quadratisch ist und oben eine Spitze hat | *der Obelisk auf dem Petersplatz in Rom* **H** *der Obelisk; den, dem, des Obelisken*

★ **oben** ADVERB **1** an einer hohen oder höheren Stelle ⟨ganz, hoch, weit oben; oben auf dem Berg, am Gipfel⟩ | *Das Haus hat oben vier Zimmer und unten drei* | *Das Buch steht im Regal rechts oben* | *Von hier oben sieht alles so klein aus* | *Was fliegt da oben am Himmel?* **2** auf der höher gelegenen Seite oder an der Oberfläche | *den Sack oben zubinden* | *Kork schwimmt im Wasser oben* **3** am Anfang der Seite | *der erste Absatz auf Seite fünf oben* | *Das Datum steht rechts oben* **4** weiter vorn im Text ⟨der oben erwähnte, genannte, stehende, zitierte Text⟩ | *Die Werte haben sich, wie oben angegeben, verschlechtert* **K** obengenannt, obenstehend **5** auf der kurzen Seite eines langen Tisches, an der die wichtigste Person sitzt | *Das Brautpaar hat seinen Platz oben an der Tafel* **6** *gesprochen* weiter im Norden (gelegen) | *ganz oben, an der Nordsee* | *hoch oben im Norden* **7** *gesprochen* von höherem Status oder in höherer dienstlicher Position | *die (Leute) da oben* | *Die Anweisung kommt von oben* **8** **oben ohne** *gesprochen, humorvoll* (als Frau) mit nacktem Oberkörper ⟨oben ohne baden; sich oben ohne sonnen⟩ **K** Oben-ohne-Bedienung
■ **ID von oben herab** auf arrogante Art ⟨jemanden von oben herab ansehen; mit jemandem von oben herab sprechen⟩; **von oben bis unten** **a** ≈ *überall* | *von oben bis unten schmutzig sein* **b** ≈ *gründlich* | *ein Haus von oben bis unten durchsuchen*

oben·an, **oben·an** ADVERB als Wichtigstes an erster Stelle | *Auf seiner Wunschliste steht obenan ein neues Fahrrad*

oben·auf ADVERB; *geschrieben* **1** auf allen anderen Dingen ⟨etwas liegt, sitzt, steht obenauf⟩ **2** **wieder obenauf sein** wieder gesund sein oder Selbstvertrauen haben | *Er hat das berufliche Tief überwunden und ist wieder obenauf*

oben·drauf ADVERB; *gesprochen* ≈ *obenauf*

oben·drein ADVERB ≈ *zusätzlich, außerdem* | *Sie war laut und obendrein auch noch frech*

oben·drü·ber ADVERB; *gesprochen* über jemanden/jemandem/etwas | *ein Wort durchstreichen und ein anderes obendrüber schreiben*

oben·he·rum ADVERB; *gesprochen* am/im oberen Teil (des Körpers) | *sich obenherum waschen*

oben·rum ADVERB; *gesprochen* ≈ *obenherum*

★ **Ober** *der*; (-s, -) **1** ein Mann, der in einem Restaurant das Essen und die Getränke an den Tisch bringt ≈ *Kellner* **2** **(Herr) Ober!** verwendet als höfliche Anrede für den Kellner (in einem Restaurant) **3** die Karte zwischen König und Unter im deutschen Kartenspiel

★ **obe·r-**[1] ADJEKTIV *meist attributiv, kein Komparativ* **1** über etwas anderem oder höher als eine andere Sache (gelegen, befindlich) ↔ *unter-* | *Die oberen Stockwerke sind per Aufzug zu erreichen* | *Das Buch steht im obersten Fach des Regals* | *Ich esse lieber die obere Hälfte des Brötchens* **2** in einer Hierarchie höher als die anderen ↔ *unter-* | *die Schüler der oberen Klassen* | *die oberste Behörde* | *der oberste Gerichtshof* **3** *nur Superlativ* sehr wichtig und deshalb in einer Hierarchie an der höchsten Stelle ⟨das oberste Gebot; der oberste Grundsatz; das oberste Prinzip⟩ **4** (bei Flüssen) näher zur Quelle gelegen ↔ *unter-* | *die obere Donau* **K** Oberrhein

ober-[2] *im Adjektiv, betont, begrenzt produktiv; gesprochen* **oberblöd, oberfad, obermies** *und andere* verwendet, um (vor allem negative) Adjektive zu verstärken | *An der Sache ist doch etwas oberfaul!*

★ **Ober-** *im Substantiv, betont, sehr produktiv* **1** **der Oberarm, der Oberkiefer, die Oberlippe, der Oberschenkel** *und andere* bezeichnet den oberen Teil eines Körperteils | *den Oberkörper vorbeugen* | *Schmerzen im Oberbauch haben* **2** **die Ober(be)kleidung, das Obergewand, das Oberhemd** *und andere* bezeichnet etwas, das sich auf oder über ähnlichen Dingen befindet | *sich auf dem Oberdeck sonnen* **3** **der Oberbürgermeister, der Oberförster, der Oberleutnant, der Oberstaatsanwalt** *und andere* bezeichnet einen höheren Rang als das Grundwort | *vor dem Oberlandesgericht klagen* **4** **die Oberaufsicht, die Oberherrschaft, die Oberhoheit** *und andere* bezeichnet ein Amt oder eine Position in der Hierarchie auf höchster Ebene | *den Oberbefehl/das Oberkommando über ein Heer haben* **5** **Oberbayern, Oberfranken, Oberösterreich, die Oberpfalz, Oberschlesien** *und andere* bezeichnet den höher gelegenen Teil eines Gebietes, Landes oder Flusses | *Basel liegt am Oberrhein* **6** **der Oberangeber, der Obergauner, der Oberspinner** *gesprochen, abwertend* verstärkt abwertende Bezeichnungen oder Schimpfwörter | *Du bist doch wohl der Oberdepp!* | *So ein Obermist!*

Ober·arm *der* der Teil des Armes vom Ellbogen bis zur Schulter

Ober·be·fehls·ha·ber *der* eine Person, welche den höchsten Rang in allen militärischen Truppen eines Landes hat ⟨der Oberbefehlshaber des Heeres, der Streitkräfte⟩ ● hierzu **Ober·be·fehls·ha·be·rin** *die*

Ober·be·griff *der* ein Begriff, unter dem man viele andere zusammenfassen kann | *„Obst" ist der Oberbegriff für süße Früchte wie Äpfel, Pflaumen und Beeren*

Obe·ren *die*; *Plural* die Personen mit dem höchsten Rang | *den Anweisungen der Oberen folgen* **K** Ordensoberen, Parteioberen

★ **Ober·flä·che** *die*; (-, -n) **1** die Seite eines Materials oder eines Körpers, die man (von außen) sieht | *Porzellan hat eine glatte Oberfläche* | *Der Leim zieht gut in die poröse Oberfläche des Holzes ein* **K** Oberflächenbearbeitung, Oberflächenstruktur **2** die oberste Schicht einer Flüssigkeit oder Masse | *Der Wind kräuselt die Oberfläche des Sees* | *Auf der Oberfläche des Wassers schwamm Öl* **K** Wasseroberfläche **3** die Größe oder Summe aller Flächen, die einen geometrischen Körper umgeben | *die Oberfläche eines Würfels berechnen*

★ **ober·fläch·lich** ADJEKTIV **1** nur an der Oberfläche ⟨eine Verletzung, eine Wunde⟩ **2** nicht gründlich und detailliert ⟨Kenntnisse; eine Darstellung; etwas nur oberflächlich behandeln, betrachten⟩ **3** kurz, flüchtig und nicht intensiv ⟨eine Bekanntschaft; etwas nur oberflächlich kennen⟩ **4** *abwertend* ohne Interesse an geistigen Werten ⟨ein Charakter, ein Mensch⟩ ● hierzu **Ober·fläch·lich·keit** *die*

O

Ober·ge·schoss *das*, **Ober·ge·schoß** *süddeutsch* Ⓐ ein Stockwerk, das über dem Erdgeschoss liegt ⟨das erste, zweite, dritte Obergeschoss⟩

Ober·gren·ze *die* der höchste Wert, der nicht überschritten werden darf oder kann

★ **ober·halb** PRÄPOSITION *mit Genitiv* weiter oben als die genannte Höhe, Sache ≈ *über* | *Oberhalb 2000 Meter geht der Regen in Schnee über* | *Oberhalb dieser Preisgrenze ist das Angebot nicht mehr interessant* **H** auch zusammen mit *von*: *oberhalb von 3000 Metern*

Ober·hand *die*; *geschrieben* ■ ID **die Oberhand gewinnen/bekommen** stärker (als andere Leute) werden oder sich (gegen andere Leute) durchsetzen ≈ *siegen*; **die Oberhand haben/behalten** mehr Macht oder Einfluss als andere Leute haben | *Die konservativen Parteien behielten viele Jahre die Oberhand*

Ober·haupt *das*; *geschrieben* eine Person, die in einer Gruppe den höchsten Rang hat ⟨das geistliche, politische, weltliche Oberhaupt; das Oberhaupt der Familie⟩ | *Der Papst ist das Oberhaupt der katholischen Kirche* **K** Familienoberhaupt, Kirchenoberhaupt

Ober·hemd *das* ein Hemd, das Männer (über einem Unterhemd) tragen **K** Herrenoberhemd

Ober·hir·te *der*; *geschrieben* das Oberhaupt einer Kirche **H** *der Oberhirte; den, dem, des Oberhirten*

Obe·rin *die*; (-, -nen) **1** eine Nonne, die ein Kloster oder ein kirchliches Heim leitet **2** eine Krankenschwester, welcher die Schwestern eines Krankenhauses unterstehen

ober·ir·disch ADJEKTIV auf oder über der Oberfläche der Erde ⟨Atomtests, Parkplätze, Pflanzenteile⟩ | *Das schmutzige Wasser wird durch oberirdische Rohre in ein Becken geleitet*

Ober·kie·fer *der* der obere Teil des Kiefers

Ober·kör·per *der* der obere Teil des menschlichen Körpers (vom Bauch bis zum Hals)

Ober·lauf *der* der Teil eines Flusses, der näher zur Quelle liegt

Ober·lei·tung *die* ein Draht, der über Masten gespannt ist und aus dem Straßenbahnen und elektronische Lokomotiven den elektrischen Strom nehmen

Ober·licht *das* ein Fenster in der Decke eines Raumes

Ober·lip·pe *die* die obere Lippe **K** Oberlippenbart

Ober|re·al·schu·le *die*; *historisch* eine Art naturwissenschaftliches Gymnasium

Obers *das*; (-); Ⓐ (süße) Sahne **K** Schlagobers

Ober·schen·kel *der* der Teil des Beins zwischen Knie und Hüfte ↔ *Unterschenkel, Wade* **K** Oberschenkelknochen **H** → Abb. unter **Mensch**

Ober·schicht *die*; *nur Singular* der Teil der Bevölkerung mit der höchsten sozialen Stellung | *Das Land wurde von einer dünnen Oberschicht beherrscht*

ober·schlau ADJEKTIV; *gesprochen, ironisch* so, dass sich jemand für sehr schlau hält ⟨ein Mensch; oberschlau daherreden⟩

Ober·schu·le *die gesprochen* eine höhere Schule, vor allem ein Gymnasium • hierzu **Ober·schü·ler** *der*

Ober·schwes·ter *die* eine Krankenschwester, die in einer Klinik eine Abteilung leitet

Ober·sei·te *die* die obere Seite, die man sieht

Oberst *der*; (-en/-s, -en/-e) ein hoher Offizier des Heeres oder der Luftwaffe (in Deutschland ein Rang unter dem General) **H** *der Oberst; den, dem Oberst/Obersten, des Obersts/Obersten*

Ober·stüb·chen *das* ■ ID **jemand ist nicht ganz richtig im Oberstübchen** *gesprochen* jemand ist ein bisschen verrückt

Ober·stu·fe *die* die zwei höchsten Klassen eines Gymnasiums **K** Oberstufenlehrer

Ober·teil *das/der* das/der obere Teil **H** *Das Oberteil* ist häufiger als *der Oberteil*, vor allem wenn es sich um ein Einzelstück handelt: *das Oberteil eines Bikinis.*

Ober·was·ser *das* ■ ID **Oberwasser bekommen/haben** *gesprochen* einen Vorteil erlangen/im Vorteil sein

Ober·wei·te *die* der Umfang des Oberkörpers (von Frauen), wie er in Höhe der Brust gemessen wird

ob·gleich BINDEWORT; *geschrieben* ≈ *obwohl*

Ob·hut *die*; (-); *geschrieben* Schutz und Pflege (für Menschen oder Tiere) ⟨in guter Obhut sein; unter jemandes Obhut stehen; sich in jemandes Obhut befinden; jemanden in/unter seine Obhut nehmen⟩ | *die Kinder unter der Obhut der Lehrerin*

obig ADJEKTIV *meist attributiv*; *geschrieben* weiter vorn im Text schon genannt (z. B. in einem Brief) | *obig genannte Personen* | *Bitte senden Sie Ihre Antwort an obige Adresse*

★ **Ob·jekt** *das*; (-(e)s, -e) **1** Objekte kann man sehen und anfassen oder damit etwas tun ≈ *Ding* | *unbekannte fliegende Objekte oder kurz Ufos* | *verschiedene Objekte auf dem Bildschirm anklicken* **K** Flugobjekt, Sammlerobjekt, Tauschobjekt **2** Objekte sind Gebiete oder Themen, über die man spricht oder nachdenkt ⟨ein lohnendes Objekt; ein Objekt der Forschung⟩ ≈ *Gegenstand* | *Als Olympiasieger ist er ein Objekt allgemeiner Neugier* (... wollen alle Leute mehr über ihn wissen) **K** Forschungsobjekt, Streitobjekt, Studienobjekt, Versuchsobjekt **3** ein Gebäude oder Grundstück, das man kaufen oder verkaufen will ≈ *Immobilie* | *Der Makler bietet mehrere interessante Objekte an* **K** Objektschutz; Kaufobjekt, Wertobjekt **4** Objekte sind Ergänzungen des Verbs, meist im Dativ oder im Akkusativ ⟨das direkte, indirekte Objekt⟩ | *In dem Satz „Er las das Buch mit Interesse" ist „das Buch" das direkte Objekt* **K** Objektsatz; Akkusativobjekt, Dativobjekt, Präpositionalobjekt **H** → Infos unter **Deklination** **5** Objekte sind Gegenstände aus verschiedenen Materialien als Kunstwerke **K** Objektkunst

★ **ob·jek·tiv**, **ob·jek·tiv** [-f] ADJEKTIV **1** von Fakten und nicht von persönlichen Gefühlen oder Wünschen bestimmt ⟨ein Grund, eine Meinung, ein Urteil; etwas objektiv berichten, darstellen, schildern⟩ ≈ *sachlich* **2** so, dass sie tatsächlich existieren und nicht nur in der Vorstellung ⟨Tatsachen⟩ • zu (1) **Ob·jek·ti·vi·tät** *die*

Ob·jek·tiv [-f] *das*; (-(e)s, -e) ein System von Linsen bei optischen Geräten (z. B. einer Kamera) | *das Objektiv wechseln*

ob·jek·ti·vie·ren VERB (objektivierte, hat objektiviert); *geschrieben* **1** **etwas objektivieren** dafür sorgen, dass etwas objektiver wird, persönliche und emotionale Einflüsse geringer werden | *subjektive Ängste objektivieren* | *Durch ein anonymisiertes Verfahren wird der erste Auswahlschritt objektiviert* **2** **jemanden/etwas objektivieren** eine Person nicht als Mensch mit Gefühlen usw. behandeln, sondern als Objekt | *Frauen werden in pornografischen Darstellungen objektiviert* **3** **etwas objektivieren** etwas so darstellen, wie es ist | *Uhren objektivieren die Zeit, die für uns so unterschiedlich schnell oder langsam verstreicht* • hierzu **Ob·jek·ti·vie·rung** *die*

Ob·la·te *die*; (-, -n) eine dünne, runde Scheibe aus Mehl und Wasser, die wie eine Waffel meist mit einer Füllung gegessen wird oder als Boden für ein kleines Gebäck bzw. als Hostie in einem christlichen Gottesdienst dient **K** Oblatenlebkuchen

ob·lie·gen VERB (oblag, hat oblegen) **etwas obliegt jemandem** *geschrieben* etwas ist jemandes Aufgabe oder Pflicht | *Die Entscheidung obliegt der Behörde* | *Es obliegt dem*

Gericht, den Beweis zu erbringen • hierzu **Ob·lie·gen·heit** *die*

ob·li·gat ADJEKTIV *meist attributiv; oft ironisch* so, dass es immer wieder vorkommt oder geschieht | *Nach dem schönen Wetter kommt jetzt das obligate Gewitter*

Ob·li·ga·ti·on [-ˈtsi̯oːn] *die*; (-, -en) ein Wertpapier mit Zinsen, die unverändert bleiben K Bundesobligation

ob·li·ga·to·risch ADJEKTIV **1** von einer Autorität vorgeschrieben ↔ *fakultativ* | *Die Teilnahme an diesem Kurs ist obligatorisch* **2** *meist ironisch meist attributiv* so, dass es in manchen Situationen immer wieder vorkommt

Ob·mann *der*; (-(e)s, Ob·män·ner/Ob·leu·te) eine Person, die eine Gruppe von Personen vertritt, z. B. die Angestellten gegenüber der Leitung einer Firma | *der Obmann der Gewerkschaft* K Betriebsobmann • hierzu **Ob·frau** *die*; **Ob·män·nin** *die*

Oboe *die*; (-, -n) ein Blasinstrument aus Holz mit hohem Klang, in das man durch ein dünnes Rohr hineinbläst ⟨(die) Oboe spielen⟩ • hierzu **Obo·ist** *der*; **Obo·is·tin** *die*

OBOE

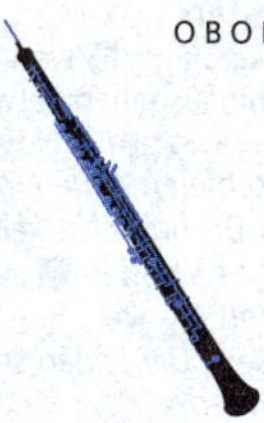

Obo·lus *der*; (-, -se); *geschrieben, humorvoll* eine meist kleine Summe Geld, die man für etwas gibt, vor allem eine Spende ⟨seinen Obolus entrichten⟩

Ob·rig·keit *die*; (-, -en); *veraltend* die Personen oder die Institution, welche die Macht haben ⟨die geistliche, kirchliche, weltliche Obrigkeit⟩

Ob·rig·keits·den·ken *das*; *nur Singular*; *abwertend* die Überzeugung, dass man den Mächtigen (der Regierung, Kirche usw.) in allen Dingen (kritiklos) gehorchen soll

Ob·rig·keits·staat *der*; *abwertend* ein autoritärer Staat ohne demokratische Rechte für die Bürger

ob·schon BINDEWORT; *geschrieben* ≈ *obwohl*

Ob·ser·va·to·ri·um [-v-] *das*; (-s, Ob·ser·va·to·ri·en [-ri̯ən]) ein Gebäude, von dem aus Wissenschaftler vor allem die Sterne oder das Wetter beobachten

ob·ser·vie·ren [-v-] VERB (observierte, hat observiert) **jemanden/etwas observieren** *admin* verdächtige Personen oder Orte, an denen ein Verbrechen geschehen könnte, (polizeilich) beobachten • hierzu **Ob·ser·va·ti·on** *die*; **Ob·ser·vie·rung** *die*

ob·sie·gen VERB (obsiegte, hat obsiegt) **etwas obsiegt** *geschrieben* etwas siegt ⟨das Böse, das Gute⟩

obs·kur ADJEKTIV **1** *geschrieben, abwertend* unbekannt und daher verdächtig ⟨ein Lokal, eine Tätigkeit⟩ | *obskure Geschäfte machen* **2** unlogisch und nicht richtig ⟨Gedanken, Äußerungen, Argumente⟩

★ **Obst** *das*; (-(e)s) die meist süßen und saftigen Früchte (von Bäumen und Sträuchern), die man (roh) essen kann, wie z. B. Äpfel, Bananen oder Pfirsiche ⟨frisches, eingemachtes, gedörrtes Obst; Obst einkochen⟩ K Obstbaum, Obstblüte, Obsternte, Obstgarten, Obstkorb, Obstkuchen, Obstmesser, Obstplantage, Obstsaft, Obstsalat, Obstteller, Obsttorte; Beerenobst, Kernobst, Steinobst; Dosenobst, Frischobst, Trockenobst

Obst·ler *der*; (-s, -); *süddeutsch* Ⓐ ein Schnaps aus Obst

Obst·scha·le *die* **1** eine flache Schüssel, in die man Obst legt **2** die äußere Schicht z. B. von Äpfeln, Bananen, Orangen und anderen **!** Bei Pfirsichen und vielen Beeren sagt man *Haut*.

obs·zön ADJEKTIV so, dass im sexuellen Bereich die guten Sitten verletzt werden ⟨eine Anspielung, ein Bild, ein Witz, Verhalten⟩

Obs·zö·ni·tät *die*; (-, -en) **1** *nur Singular* die Eigenschaft, obszön zu sein **2** ein Bild oder Text mit obszönem Inhalt | *Der Film wurde wegen seiner Obszönitäten heftig kritisiert*

OBST

★ **ob·wohl** BINDEWORT der Nebensatz mit *obwohl* beschreibt eine Situation, die normalerweise nicht zu den Umständen passt, die im Hauptsatz genannt werden | *Er ist überhaupt nicht müde, obwohl er die ganze Nacht nicht geschlafen hat* | *Obwohl es schon Herbst ist, kann man noch im Freien*

O

sitzen **H** Der Nebensatz kann auch verkürzt werden: *Er hat, obwohl widerwillig, am Ende dann doch nachgegeben.*

ob·zwar BINDEWORT; *geschrieben* ≈ *obwohl*

Ochs [ɔks] *der;* (-en, -en); *gesprochen besonders süddeutsch* Ⓐ㊉ ≈ *Ochse* **H** *der Ochs; den, dem, des Ochsen* ▪ **ID dastehen wie der Ochs vorm Berg/Scheunentor** *gesprochen* nicht mehr wissen, was man tun soll

Och·se ['ɔksə] *der;* (-n, -n) **1** ein kastriertes männliches Rind | *Ochsen vor den Pflug spannen* **K** Ochsenfleisch, Ochsengespann, Ochsenkarren, Ochsenzunge **H** *der Ochse; den, dem, des Ochsen* **2** *gesprochen* verwendet als Schimpfwort für eine Person, die man für dumm hält

och·sen ['ɔksn̩] VERB (ochste, hat geochst) **(für/auf etwas** (*Akkusativ*)**) ochsen** *gesprochen* sehr viel arbeiten ⟨auf/für eine Prüfung ochsen⟩

Och·sen·schwanz|sup·pe ['ɔksn̩-] *die* eine Suppe aus dem Fleisch vom Schwanz eines Ochsen

Och·sen·tour ['ɔksn̩tuːɐ̯] *die; gesprochen, humorvoll* eine Arbeit oder eine berufliche Karriere, die viel Zeit und Mühe kostet

Ocker *der/das;* (-s) **1** ein natürlicher Farbstoff aus gelblich braunen Mineralien **2** ein Farbton zwischen gelb und braun **K** ockerbraun, ockerfarbig, ockergelb • hierzu **ocker** ADJEKTIV

öde ADJEKTIV **1** ⟨eine Gegend, eine Landschaft⟩ so, dass dort keine oder nur wenige Bäume und Sträucher wachsen können ≈ *kahl* **2** fast ohne Kontakt zu anderen Menschen und wenig Hoffnung | *Nach dem Tod seines Freundes schien ihm die Welt öde und leer* **3** ⟨ein Dasein, ein Gespräch, ein Leben, ein Tag⟩ ≈ *langweilig* • zu (1,2) **Öde** *die*

Ode *die;* (-, -n) ein meist feierliches Gedicht oft ohne Reime, aber mit besonderen Strophen | *eine Ode von Hölderlin*

Odem *der;* (-s); *literarisch* ≈ *Atem*

Ödem *das;* (-s, -e) eine Stelle am Körper, die dick wird, weil sich dort Blut oder Wasser sammelt. Ödeme bilden sich vor allem an den Beinen, wenn diese nicht gut mit Blut versorgt werden

★ **oder** BINDEWORT **1** verwendet, um zu sagen, dass es mehrere Möglichkeiten gibt | *In diesem See kann man schwimmen, surfen oder segeln* | *Vielleicht hatte er keine Zeit, oder sein Auto hatte eine Panne* **H** Abkürzung: *od.* **2** verwendet, wenn nur eines von zwei Dingen möglich ist oder gewählt werden kann | *Er kommt heute oder morgen* | *Ja oder nein?* | *Du hast die Wahl: Komm mit oder bleib hier* **H** → auch **entweder** **3** drückt aus, dass jemand/etwas auch anders genannt, bezeichnet werden kann | *elektronische Datenverarbeitung oder kurz EDV* | *Karl der Große oder Charlemagne, wie ihn die Franzosen nennen* **4** nennt die unangenehmen Folgen, die es haben würde, wenn jemand etwas nicht tut | *Ihr benehmt euch sofort anständig, oder ihr fliegt raus!* | *Entweder hält er sich an die Spielregeln, oder er spielt nicht mit* **5** **…, oder?** *gesprochen* verwendet am Ende eines Satzes, wenn der Sprecher hofft, dass die andere Person zustimmt oder einverstanden ist | *Wir machen jetzt eine Kaffeepause, oder?* | *Das kann doch wohl nicht wahr sein, oder?* **6** **oder so (was/ähnlich)** *gesprochen* verwendet, um zu sagen, dass man etwas nicht genau weiß | *Er studiert Sinologie oder so was* | *Er heißt Michalski oder so ähnlich*

Öd·land *das* Land, das weder bebaut ist noch landwirtschaftlich o. Ä. genutzt wird

Odys·see *die;* (-, -n [-seːən]); *geschrieben* eine lange Reise mit vielen Abenteuern und Schwierigkeiten

Oeuv·re ['øːvrə] *das;* (-, -s); *geschrieben* das gesamte Werk eines Autors oder Künstlers ≈ *Lebenswerk*

★ **Ofen** *der;* (-s, Öfen) **1** ein Gerät, in dem man (z. B. mit Holz) Feuer macht, um ein Zimmer zu heizen ⟨den Ofen anheizen, schüren, ausgehen lassen; der Ofen zieht nicht; der Ofen raucht, glüht⟩ **K** Ofenbank, Ofenheizung, Ofenkachel, Ofenrohr, Ofentür; Gasofen, Kohleofen, Ölofen, Kachelofen **2** ein Gerät (meist ein Teil des Herds), in dem man Kuchen backt oder einen Braten zubereitet | *ein Hähnchen im Ofen braten* **K** Backofen, Gasofen, Elektroofen **3** **ein heißer Ofen** *gesprochen* ein Auto oder ein Motorrad mit starkem Motor ▪ **ID Jetzt ist der Ofen aus!** *gesprochen* Da kann man nichts mehr ändern; **hinter dem Ofen hocken, sich hinter dem Ofen verkriechen** *gesprochen* immer im Haus bleiben und nicht nach draußen gehen

ofen·frisch ADJEKTIV gerade aus dem Backofen geholt ⟨Brot, Brötchen⟩

off *Adjektiv; gesprochen* ≈ *offline* | *Ich bin dann mal kurz off, was essen*

★ **of·fen** ADJEKTIV

▸geöffnet: **1** wenn etwas offen ist, kann man hinein- oder hinausgehen, etwas hineintun oder herausnehmen usw. ⟨etwas ist/steht weit offen⟩ ↔ *zu* | *bei offenem Fenster schlafen* | *den obersten Knopf am Hemd offen lassen* | *Du brauchst keinen Schlüssel, die Tür/das Auto ist offen* **K** halboffen **2** so, dass Kunden oder Besucher hineindürfen ⟨Banken, Behörden, Geschäfte, Parks, Zoos⟩ ↔ *geschlossen* | *Die Läden sind bis 20 Uhr offen* | *Hat die Bank schon offen?*

▸frei: **3** so, dass man ohne Hindernis weiterfahren kann ⟨die Straße, der Pass, der Grenzübergang, die Grenze⟩ ↔ *gesperrt* | *Die Zufahrt zum Gletscher ist nur im Sommer offen* **4** so, dass viel Raum ist und man weit sehen kann ⟨ein Feld, ein Gelände; das Meer⟩ | *aus dem Hafen aufs offene Meer hinausfahren* **5** noch nicht an andere vergeben ⟨ein Angebot, ein Arbeitsplatz, eine Stellung⟩ ↔ *besetzt*

▸nicht verpackt, bedeckt, geschlossen usw.: **6** nicht vom Hersteller (in genormten Mengen) verpackt ⟨etwas offen kaufen, verkaufen⟩ | *Beim Bauern bekommt man die Milch offen* (man bringt eine Milchkanne mit, die der Bauer füllt) **7** nicht zusammengebunden ⟨die Haare offen tragen; mit offenen Haaren⟩ ≈ *lose* **8** so, dass man die Flammen berühren könnte ⟨ein Feuer, ein Kamin⟩ | *den Kindern frühzeitig den richtigen Umgang mit offenem Feuer beibringen* **9** so, dass die Haut nicht heil, sondern wund ist ⟨eine Wunde; offene Beine, Hände haben⟩ **10** so, dass auch Unbeteiligte etwas sehen oder lesen können ⟨ein Brief; auf offener Bühne, Straße⟩

▸nicht erledigt: **11** noch nicht erledigt, geklärt oder entschieden ⟨eine Entscheidung, eine Frage, ein Konflikt, ein Problem⟩ | *Es ist noch offen, wohin wir in Urlaub fahren* | *Es ist noch offen, ob sie an der Tagung teilnehmen wird* **12** noch nicht bezahlt ⟨eine Rechnung, ein Betrag⟩

▸ehrlich, deutlich: **13** so, dass man ehrlich ist und seine Gefühle zeigt ⟨ein Blick, ein Mensch; eine offene Art, ein offenes Wesen haben; etwas offen bekennen, gestehen, sagen, zeigen, zugeben; ein offenes Wort mit jemandem reden⟩ | *Offen gesagt mag ich ihn nicht* | *Sie sagte ihm offen ihre Meinung* **14** für jeden deutlich erkennbar und sichtbar ⟨Feindschaft, Hass, Protest, Widerstand; etwas tritt offen zutage⟩

▸zugänglich: **15** so, dass jeder teilnehmen oder mitmachen kann ⟨ein Wettbewerb, ein Rennen⟩ | *Die Meisterschaft ist für alle Altersgruppen offen* **16** **offen für jemanden/etwas; gegenüber jemandem/etwas offen** bereit, etwas Neues zu akzeptieren und sich damit zu beschäftigen | *offen für alles Neue sein* | *den Problemen des anderen gegenüber offen sein* | *mit offenen Sinnen durch die Welt gehen* **K** weltoffen

★ **of·fen·bar¹** ADJEKTIV; *geschrieben* ⟨eine Absicht, eine Lüge⟩ so, dass sie jeder deutlich sehen und leicht verstehen kann ≈ *klar* | *Etwas ist/wird jemandem offenbar*

★ **of·fen·bar²** ADVERB wie es den Eindruck macht, wie es scheint ≈ *anscheinend* | *Er sitzt den ganzen Tag in der Kneipe herum. Offenbar hat er nichts zu tun*

of·fen·ba·ren VERB (offenbarte, hat offenbart) **1** **(jemandem) etwas offenbaren** *geschrieben* (jemandem) etwas sagen, das vorher geheim war ⟨ein Geheimnis, die Wahrheit offenbaren⟩ | *Er hat ihr seine Liebe offenbart* **2** **sich (jemandem) offenbaren** *geschrieben* (mit jemandem) offen über etwas Persönliches sprechen ⟨sich einem Freund offenbaren⟩ **3** **sich (jemandem) (als etwas** (*Nominativ*)**) offenbaren** zeigen, was oder wie man/es wirklich ist | *Seine Freundlichkeit offenbarte sich als purer Schwindel*

Of·fen·ba·rung *die*; (-, -en) **1** *geschrieben* die Handlung, mit der jemand einer anderen Person etwas offenbart ⟨die Offenbarung einer Schuld⟩ **2** *geschrieben* etwas, das jemanden (plötzlich) viele Dinge erkennen und verstehen lässt | *Die Lektüre des Buchs war eine Offenbarung für sie* **3** das Mitteilen einer religiösen Wahrheit in einer religiösen Erfahrung | *die Offenbarung des Johannes*

Of·fen·ba·rungs·eid *der* ein Eid, mit dem man erklärt, dass man (als Schuldner) den eigenen Besitz vollständig genannt hat und die Schulden nicht zahlen kann ⟨den Offenbarungseid ablegen, leisten⟩

of·fen·blei·ben VERB (blieb offen, ist offengeblieben) **etwas bleibt offen** etwas kann nicht entschieden oder gelöst werden | *Da man sich nicht einigen konnte, musste die Frage offenbleiben* [!] aber: *Die Tür soll offen bleiben* (getrennt geschrieben)

of·fen·hal·ten VERB (hält offen, hielt offen, hat offengehalten) **1** **jemandem etwas offenhalten** etwas so regeln, dass man es später noch tun kann | *sich einen Ausweg offenhalten* **2** **die Augen offenhalten** ≈ *aufpassen, achtgeben* **3** **die Ohren offenhalten** versuchen, aus Gesprächen Informationen zu bekommen | *Halt doch mal die Ohren offen, ob jemand eine Wohnung zu vermieten hat* [!] aber: *eine Tür, ein Geschäft offen halten* (getrennt geschrieben)

Of·fen·heit *die*; (-, -en); *meist Singular* **1** das Verhalten, seine Gefühle und Einstellungen offen und ehrlich zu zeigen | *Probleme in schonungsloser Offenheit darlegen* **2** die Bereitschaft, Neues zu akzeptieren und sich damit zu beschäftigen | *viel Wert auf Offenheit und Toleranz legen*

of·fen·her·zig ADJEKTIV **1** so, dass eine Person über persönliche Dinge offen und ehrlich spricht **2** *humorvoll* mit einem tiefen Ausschnitt ⟨ein Kleid⟩ • hierzu **Of·fen·her·zig·keit** *die*

of·fen·kun·dig, **of·fen·kun·dig** ADJEKTIV **1** so, dass es jeder deutlich erkennen kann | *ein offenkundiger Fall von Korruption* **2** so, dass es jeder weiß ⟨etwas wird offenkundig; etwas offenkundig machen⟩ ≈ *bekannt* | *Seit es in der Zeitung stand, ist es offenkundig, dass die Firma in Schwierigkeiten ist* • hierzu **Of·fen·kun·dig·keit** *die*

of·fen·las·sen VERB (lässt offen, ließ offen, hat offengelassen) **1** **etwas offenlassen** etwas frei lassen ⟨einen Platz, eine Stelle in einer Liste offenlassen⟩ [!] aber: *ein Fenster, ein Geschäft offen lassen* (getrennt geschrieben) **2** **etwas offenlassen** etwas ohne Antwort oder Lösung lassen ⟨eine Frage offenlassen⟩ | *Er hat (es) noch offengelassen, ob er morgen mitfährt* **3** **Wünsche offenlassen** *geschrieben* Wünsche nicht erfüllen

of·fen·le·gen VERB (legte offen, hat offengelegt) **etwas offenlegen** *geschrieben* etwas so zeigen, dass es eine andere Person prüfen kann ⟨seine Absichten, die Abrechnung, die Kontobücher offenlegen⟩ • hierzu **Of·fen·le·gung** *die*

★ **of·fen·sicht·lich**, **of·fen·sicht·lich** ADJEKTIV so, dass es jeder sehen und erkennen kann | *Seine Angst war offensichtlich, er zitterte am ganzen Körper*

of·fen·siv [-f] ADJEKTIV **1** mit der Absicht, anzugreifen (statt sich nur zu verteidigen) ⟨eine Kriegsführung, eine Taktik, eine Strategie⟩ ↔ *defensiv* [K] Offensivkrieg, Offensivtaktik, Offensivwaffen **2** so, dass man dabei aktiv ein Ziel verfolgt, angreift oder provoziert ⟨offensiv spielen, diskutieren⟩ ↔ *defensiv* | *In der zweiten Halbzeit ging die Mannschaft zu einem offensiveren Spiel über und schoss noch zwei Tore* [K] Offensivspiel, Offensivverteidiger

Of·fen·si·ve [-və] *die*; (-, -n) **1** ⟨eine Offensive planen, einleiten, eröffnen; aus der Defensive in die/zur Offensive übergehen⟩ ≈ *Angriff* ↔ *Defensive* [K] Gegenoffensive, Großoffensive **2** Maßnahmen, die schnell zu einem Ziel führen sollen ⟨eine Offensive ergreifen⟩ | *eine Offensive gegen Drogenmissbrauch* [K] Friedensoffensive, Wirtschaftsoffensive **3** *nur Singular* (eine aggressive Spielweise oder eine aggressive Art zu diskutieren ⟨zur Offensive übergehen⟩ ≈ *Angriff* ↔ *Defensive*

of·fen·ste·hen VERB (stand offen, hat/ist offengestanden) **etwas steht jemandem offen** jemand hat die Möglichkeit, etwas zu tun | *Ihm stehen noch alle Möglichkeiten/alle Türen offen* | *Es steht dir offen, ob du mit uns fahren möchtest* | *Es steht dir offen, hierzubleiben* [!] aber: *eine Tür, den Hemdkragen offen stehen lassen* (getrennt geschrieben)

★ **öf·fent·lich** ADJEKTIV **1** so, dass alle Personen daran teilnehmen, zuhören und ihre Meinung sagen dürfen ⟨ein Vortrag, Wahlen, ein Auftritt; öffentlich auftreten, öffentlich abstimmen; etwas öffentlich bekannt geben, erklären⟩ **2** so, dass es jeder benutzen darf ⟨Anlagen, ein Park, Toiletten, die Verkehrsmittel; etwas ist öffentlich zugänglich⟩ ↔ *privat* **3** *meist attributiv* von allen oder für alle ⟨ein Ärgernis, die Meinung, die Sicherheit, das Wohl; im öffentlichen Interesse handeln; etwas liegt im öffentlichen Interesse⟩ **4** so, dass es jeder weiß ≈ *bekannt* | *Missstände öffentlich machen* **5** *meist attributiv* mit der Regierung oder ihren Leistungen für die Menschen verbunden ⟨die Gelder, die Gebäude, die Ordnung, eine Schule⟩ ≈ *staatlich* **6** **der öffentliche Dienst** → Dienst

★ **Öf·fent·lich·keit** *die*; (-) **1** alle Leute, die in einer Stadt, einem Land o. Ä. wohnen ⟨die Öffentlichkeit alarmieren, informieren; etwas dringt an die Öffentlichkeit; sich an die Öffentlichkeit wenden; vor die Öffentlichkeit treten; von der Öffentlichkeit unbemerkt⟩ | *Diese Bilder sollten der Öffentlichkeit zugänglich sein* | *Die Zeitung brachte die Nachricht an die Öffentlichkeit* | *die Öffentlichkeit von einer Sitzung ausschließen* | *Die Gerichtsverhandlung fand unter Ausschluss der Öffentlichkeit statt* [K] öffentlichkeitsscheu; Weltöffentlichkeit **2** der Zustand, wenn etwas öffentlich ist | *die Öffentlichkeit der Rechtssprechung* **3** **in der/aller Öffentlichkeit** da, wo man von vielen gehört und gesehen wird | *Er hat sie in aller Öffentlichkeit beleidigt*

Öf·fent·lich·keits·ar·beit *die*; *nur Singular* die Maßnahmen, mit denen eine Organisation oder Institution versucht, in der Öffentlichkeit für sich zu werben [!] Abkürzung: *PR*

Of·fert *das*; (-(e)s, -e); Ⓐ ≈ *Offerte*

Of·fer·te *die*; (-, -n) ein schriftliches Angebot für Waren oder Dienstleistungen ⟨jemandem eine Offerte machen⟩ • hierzu **of·fe·rie·ren** VERB (*hat*)

★ **of·fi·zi·ell** ADJEKTIV **1** im Auftrag der Regierung oder eines Amtes (gemacht) ⟨eine Bekanntmachung, eine Mitteilung, die Linie, der Kurs; etwas offiziell bestätigen⟩ ≈ *amtlich* ↔ *inoffiziell* | *ein Land offiziell anerkennen* | *jemandem einen offiziellen Besuch abstatten* | *Von offizieller Seite ist der*

Rücktritt des Ministers noch nicht bestätigt worden **K** halboffiziell, hochoffiziell **2** öffentlich und feierlich ≈ *förmlich* | *Der Empfang hatte einen sehr offiziellen Charakter* | *Er trägt nur bei offiziellen Anlässen eine Krawatte* **3** so, wie es öffentlich gesagt wird (aber nicht wahr sein muss) ↔ *inoffiziell* | *Offiziell ist er krank, aber in Wirklichkeit ist er beim Skifahren*

★ **Of·fi·zier** *der*; (-s, -e) eine Person, die beim Militär einen hohen Rang hat und Befehle erteilen kann ⟨ein hoher, verdienter Offizier; ein Offizier der Luftwaffe⟩ **K** Offizierskasino, Offizierskorps, Offizierslaufbahn, Offiziersrang, Offiziersuniform; Marineoffizier, Reserveoffizier **i** zu *Offizierin* → Info im Eintrag **-in** ● hierzu **Of·fi·zie·rin** *die*

of·fi·zi·ös ADJEKTIV; *gesprochen* von offizieller Seite unterstützt, aber nicht ganz offiziell ⟨eine Nachricht, eine Zeitung⟩

off·line ['ɔflain] ADJEKTIV *meist prädikativ* nicht im Internet unterwegs, verfügbar o. Ä. ⟨jemand, ein Computer, ein Angebot ist offline⟩ **K** Offlinebetrieb

★ **öff·nen** VERB (öffnete, hat geöffnet) **1** **etwas (mit etwas) öffnen** wenn man etwas öffnet, ist es danach offen ≈ *aufmachen* ↔ *schließen* | *jemandem höflich die Tür öffnen* | *das Fenster öffnen, damit frische Luft hereinkommt* | *einen Brief mit einem Messer öffnen* | *Er öffnete den Mund, als wollte er etwas sagen* **2** **etwas öffnen** wenn eine Grenze oder Straße geöffnet wird, kann/darf man sie wieder benutzen ↔ *sperren* | *Wenn der Schnee geräumt ist, wird die Passstraße wieder geöffnet* **3** **etwas öffnen** wenn man einen Fallschirm, Regenschirm o. Ä. öffnet, kann man ihn benutzen **4** **jemand/etwas öffnet (etwas)** wenn ein Geschäft, ein Museum, eine Behörde usw. öffnet oder geöffnet wird, dürfen Besucher oder Kunden hinein ≈ *aufmachen* ↔ *schließen* | *Die Bank öffnet ihre Schalter um 8 Uhr* | *Der Zoo hat/ist täglich von acht bis achtzehn Uhr geöffnet* **5** **etwas öffnet sich** wenn sich etwas öffnet, ist es danach offen ↔ *schließen* | *Das Tor öffnet sich automatisch/von selbst, wenn man auf diesen Knopf drückt* | *Die Tür öffnete sich, und der Arzt kam herein* **6** **sich einer Sache** (*Dativ*) **öffnen** beginnen, sich für etwas zu interessieren und sich damit zu beschäftigen ⟨sich dem Neuen, einer Idee öffnen⟩ **7** **sich jemandem öffnen** *geschrieben* jemandem ehrlich sagen oder zeigen, was man fühlt

Öff·ner *der*; (-s, -) ein kleines Gerät, mit dem man z. B. Dosen oder Flaschen öffnen kann | *ein Öffner für Bierflaschen* **K** Dosenöffner, Flaschenöffner

★ **Öff·nung** *die*; (-, -en) **1** eine Stelle, an der etwas offen ist oder die nach innen führt ≈ *Loch* | *Durch eine kleine Öffnung in der Wand fällt Licht in den Keller* | *Er kroch durch eine kleine Öffnung im Zaun in den Garten* **K** Fensteröffnung, Maueröffnung, Türöffnung, Afteröffnung, Mundöffnung, Körperöffnung **2** *nur Singular* der Vorgang, bei dem etwas (vor allem offiziell) geöffnet wird oder sich öffnet | *die Öffnung der Universitäten für die Arbeiterklasse* | *Seit der Öffnung der Grenzen sind Reisen ins Ausland wieder möglich*

★ **Öff·nungs·zeit** *die*; (-, -en); *meist Plural* die Zeit, in der ein Geschäft, ein Museum o. Ä. offen hat

★ **oft** ADVERB (öfter, öftest-) **1** viele Male, immer wieder ≈ *häufig* ↔ *selten* | *Das ist mir schon oft passiert* | *Ich bin oft nicht zu Hause* **2** in vielen Fällen ≈ *häufig* ↔ *selten* | *Schweden sind oft blond* | *Es ist oft schwer, seinen Akzent zu verstehen* **3** in (regelmäßigen) kurzen Abständen | *Die U-Bahnen verkehren recht oft* **4** verwendet, um zu fragen oder anzugeben, in welchen Abständen oder wie viele Male etwas geschieht ⟨so oft; wie oft⟩ | *„Wie oft hast du schon angerufen?" – „Zweimal."* | *„Wie oft fahren die Busse von hier zum Bahnhof?" – „Alle zehn Minuten."* | *Sie putzen die Fenster nur so oft, wie es unbedingt nötig ist* **5** **(schon) des Öfteren** einige Male, wiederholt | *Dieser Fehler ist des Öfteren vorgekommen*

★ **öf·ter** ADVERB **1** *Komparativ* → oft **2** mehrere oder einige Male | *Ich habe diesen Film schon öfter gesehen* | *Es ist öfter vorgekommen, dass …*

★ **öf·ters** ADVERB sehr viele Male, immer wieder

oft·ma·lig ADJEKTIV *meist attributiv; geschrieben* so, dass es oft vorkommt ≈ *häufig*

oft·mals ADVERB; *geschrieben* ≈ *oft, häufig*

oh! **1** verwendet, um Freude, Überraschung, Entsetzen o. Ä. auszudrücken | *Oh, das ist aber lieb von dir!* | *Oh, so spät ist es schon!* **i** aber: *o Gott!, o ja!, o weh!* **2** **Oh, là, là!** verwendet, um Anerkennung über etwas über Ungewöhnliches auszudrücken (vor allem, wenn Männern eine Frau sehr gut gefällt)

Oheim *der*; (-(e)s, -e); *veraltet* ≈ *Onkel*

Ohm *das*; (-s) die Einheit, in der man den elektrischen Widerstand misst **i** Abkürzung nach Zahlen: Ω

★ **oh·ne** ■ PRÄPOSITION +*Akkusativ* **1** verwendet, um zu sagen, dass die genannte Person/Sache nicht vorhanden, nicht dabei ist, nicht benutzt wird o. Ä. ↔ *mit* | *ein Zimmer ohne Fenster* | *Bier ohne Alkohol* | *ohne Besteck, nur mit den Fingern essen* | *Er ist ohne seine Frau in Urlaub gefahren* | *Ohne Strom und Heizung zahlt er für die Wohnung 600 Euro* **2** **ohne Weiteres/weiteres** so, dass es keine Probleme gibt, keine Mühe nötig ist oder man keine Erlaubnis braucht | *Eine Ameise kann ohne Weiteres Dinge tragen, die schwerer sind als sie selbst* | *Du kannst doch nicht einfach ohne Weiteres hineingehen!* **3** **ohne viel** +*Substantiv* *gesprochen* mit wenig | *Sie hat ohne viel Interesse zugehört* **4** **ohne mich** *gesprochen* ich will nicht mitmachen, mitgehen o. Ä. | *„Bei dem Wetter wollt ihr schwimmen gehen? Ohne mich!"* **5** **jemand/etwas ist gar nicht (so) ohne** *gesprochen* die genannte Person/Sache ist anders, als man vielleicht glaubt (z. B. besser, schöner, gefährlicher) | *Dieser Wein ist nicht ohne! Trink nicht so viel davon, du musst noch fahren!*

■ BINDEWORT **6** **ohne zu** +*Infinitiv*; **ohne dass** das Genannte ist nicht der Fall oder nicht geschehen | *Sie ging, ohne sich zu verabschieden* | *Sie hat uns geholfen, ohne es zu wissen/ohne dass sie es wusste* | *Ohne dass ich was gesagt hätte, fing sie an zu weinen*

oh·ne·dies PARTIKEL ≈ *ohnehin*

oh·ne·glei·chen ADJEKTIV verwendet, um zu sagen, dass es (meist zu etwas Negativem) nichts Ähnliches gibt ⟨ein Wahnsinn ohnegleichen; mit einer Frechheit, Unverschämtheit ohnegleichen⟩ **i** *Ohnegleichen* steht immer nach dem Substantiv.

★ **oh·ne·hin** PARTIKEL *betont und unbetont* völlig unabhängig von allem | *Es macht nichts, wenn es keine Karten für die Vorstellung gibt. Ich habe ohnehin keine Zeit*

oh·ne·wei·ters ADVERB; Ⓐ ohne Weiteres **i** → auch **ohne**

Ohn·macht *die*; (-, -en) **1** ein Zustand, in dem jemand (meist für kurze Zeit) ohne Bewusstsein ist ⟨eine lange, tiefe, plötzliche Ohnmacht; einer Ohnmacht nahe sein; aus der Ohnmacht erwachen⟩ ≈ *Bewusstlosigkeit* **K** Ohnmachtsanfall **2** **in Ohnmacht fallen** das Bewusstsein verlieren **3** **Ohnmacht (gegenüber jemandem/etwas)** *nur Singular* ein Zustand, in dem man etwas nicht tun oder ändern kann ⟨zur Ohnmacht verurteilt sein; Ohnmacht empfinden⟩ | *die politische Ohnmacht einer kleinen Partei gegenüber den großen Parteien* ■ ID **von einer Ohnmacht in die andere fallen** *gesprochen, humorvoll* sehr (oder oft) erstaunt oder entsetzt sein

ohn·mäch·tig ADJEKTIV **1** (für eine kurze Zeit) ohne Bewusstsein ⟨ohnmächtig werden⟩ ≈ *bewusstlos* | *Sanitäter trugen das ohnmächtige Mädchen an die frische Luft* **2** so, dass die betroffene Person dabei nichts tun oder ändern kann | *Sie musste ohnmächtig zusehen, wie ihr Haus abbrannte*

oho! verwendet, um zu sagen, dass man erstaunt ist (und sich oft ein bisschen ärgert) | *Oho! Sag das noch mal und du kannst was erleben!* ■ ID *Adjektiv* + **aber oho!** klein, alt, jung o. Ä., aber nicht zu unterschätzen | *Klein, aber oho!*

★ **Ohr** *das*; (-(e)s, -en) **1** mit den Ohren hören Menschen und Tiere ⟨das linke, das rechte Ohr; abstehende, spitze Ohren; sich (*Dativ*) die Ohren zuhalten; ein Tier hinter den Ohren kraulen; jemandem etwas ins Ohr flüstern, sagen; auf einem Ohr, auf beiden Ohren taub sein⟩ K Ohrclip, Ohrschmuck, Ohrenarzt, Ohrenentzündung, Ohrenheilkunde, Ohrenleiden, Ohrenschmerzen; Elefantenohren, Hängeohren, Schlappohren **!** → Abb. unter **Kopf** **2** die Fähigkeit, zu hören und mit den Ohren Dinge wahrzunehmen ⟨gute, feine, scharfe, schlechte Ohren haben⟩ ≈ *Gehör* | *ein feines Ohr für kleine Unterschiede haben* | *Nur ein geschultes Ohr kann alle diese Töne auseinanderhalten*

■ ID ▸Präposition plus Ohr: auf – mit: **auf den/seinen Ohren sitzen** *gesprochen* nicht zuhören, wenn jemand spricht oder ruft; **auf 'dem/'diesem Ohr taub sein/schlecht hören/nicht (gut) hören** *gesprochen* von einer Sache nichts hören wollen; **sich (für) ein Stündchen/Weilchen) aufs Ohr legen/hauen** *gesprochen* sich hinlegen, um für kurze Zeit zu schlafen; **etwas geht bei jemandem beim 'einen Ohr hinein und beim 'anderen hinaus** *gesprochen* etwas macht auf jemanden keinen Eindruck, etwas wird schnell wieder vergessen ⟨Ermahnungen, Vorwürfe⟩; **etwas ist nicht für fremde Ohren bestimmt** etwas, das jemand sagt, soll keine andere Person hören oder erfahren; **etwas ist nichts für zarte Ohren** *gesprochen* etwas, das jemand sagt, ist meist vulgär, könnte für empfindliche Leute unangenehm oder abstoßend sein; **etwas (noch) im Ohr haben** sich an den Klang einer Sache noch genau erinnern; **etwas geht (leicht) ins Ohr** etwas ist angenehm anzuhören ⟨eine Melodie, ein Lied⟩;

▸Präposition plus Ohr: hinter – zum: **jemandem ein paar/eins/eine hinter die Ohren geben** *gesprochen* jemanden ohrfeigen; **ein paar/eins/eine hinter die Ohren bekommen** *gesprochen* eine oder mehrere Ohrfeigen bekommen; **sich** (*Dativ*) **etwas hinter die Ohren schreiben** *gesprochen* (oft im Imperativ verwendet) die Lehre aus einer meist schlechten Erfahrung ziehen, um diese in Zukunft zu vermeiden; **es faustdick/knüppeldick hinter den Ohren haben** *gesprochen* schlau und raffiniert sein; **noch feucht/nicht trocken hinter den Ohren sein** *gesprochen* jung sein und noch keine Erfahrung haben; **nur mit halbem/'einem Ohr hinhören/zuhören** nicht genau zuhören; **jemandem mit etwas in den Ohren liegen** *gesprochen* jemanden immer wieder um dasselbe bitten | *Meine Tochter liegt mir damit in den Ohren, dass ich ihr einen Hund kaufen soll*; **mit den Ohren schlackern** *gesprochen* sehr überrascht oder erschrocken sein; **bis über beide Ohren in Arbeit, Schulden** *usw.* **stecken** *gesprochen* sehr viel Arbeit, Schulden usw. haben; **bis über beide Ohren verliebt sein** *gesprochen* sehr verliebt sein; **viel um die Ohren haben** *gesprochen* viele verschiedene Dinge zu tun haben; **von einem Ohr zum anderen strahlen/grinsen** *gesprochen* sehr erfreut sein und entsprechend strahlen/grinsen; **jemandem kommt etwas zu Ohren** jemand erfährt etwas (meist etwas, das er nicht wissen sollte);

▸Ohr als Objekt: **jemandem ein Ohr abkauen** *gesprochen* so lange sprechen, dass jemand vom Zuhören müde und ungeduldig wird; **lange Ohren bekommen/machen** *gesprochen* neugierig zuhören; **ein offenes Ohr bei jemandem (für etwas) finden** bei jemandem Verständnis (für etwas) finden; **ein offenes Ohr für jemanden/etwas haben** Verständnis und Interesse für jemandes Bitten, Wünsche oder Vorschläge haben; **Ohren haben wie ein Luchs** **a** sehr gut hören können **b** alles hören, auch das, was man nicht erfahren soll; **Halt die Ohren steif!** *gesprochen* verwendet, um jemandem vor allem beim Abschied oder vor einer schwierigen Aufgabe Mut zu machen; **die Ohren hängen lassen** *gesprochen* mutlos sein; **jemandem (s)ein Ohr leihen** *geschrieben* einer Person, die etwas sagen oder erzählen möchte, zuhören; **Mach/Sperr deine Ohren auf!** *gesprochen* drückt Ärger darüber aus, dass jemand nicht zuhört oder nicht tut, was man sagt; **tauben Ohren predigen** Mahnungen und Ratschläge aussprechen, auf die keiner hört; **die Ohren spitzen** aufmerksam oder neugierig zuhören; **seinen Ohren kaum/nicht trauen** etwas, das man hört, kaum glauben können; **die/seine Ohren vor etwas verschließen** auf jemandes Wünsche, Bitten o. Ä. nicht reagieren; **jemandem die Ohren vollheulen/volljammern** *gesprochen* dauernd jammern und dadurch einer Person lästig sein; **Ich zieh dir die Ohren lang!** *gesprochen, humorvoll* verwendet, um einem Kind zu drohen;

▸Ohr als Subjekt, im Nominativ: **jemandem klingen die Ohren** *gesprochen, humorvoll* eine Person spürt, dass jemand über sie spricht oder an sie denkt; **ganz Ohr sein** sehr aufmerksam zuhören

Öhr *das*; (-(e)s, -e) das schmale Loch am Ende einer Nadel, durch das man den Faden zieht K Nadelöhr **!** → Abb. unter **Nadel**

oh·ren·be·täu·bend ADJEKTIV; *gesprochen* sehr laut ⟨ein Lärm, ein Krach⟩

Oh·ren·sau·sen *das*; *nur Singular* ein störendes Rauschen im Ohr ⟨Ohrensausen bekommen, haben⟩

Oh·ren·schmalz *das*; *nur Singular* die gelbliche, weiche Substanz, die sich im Ohr bildet

Oh·ren·schmaus *der*; *nur Singular*; *gesprochen* etwas, das man gerne hört | *Das Konzert war ein richtiger Ohrenschmaus*

Oh·ren·schüt·zer *der*; (-s, -); *meist Plural* zwei kleine Polster, mit denen man die Ohren vor Kälte schützt ⟨Ohrenschützer tragen⟩

Oh·ren·zeu·ge *der* eine Person, die etwas selbst gehört hat | *Ohrenzeuge eines Streits werden*

Ohr·fei·ge *die* **1** ein Schlag, den man jemandem mit der offenen Hand ins Gesicht gibt ⟨eine schallende Ohrfeige; eine Ohrfeige bekommen; jemandem eine Ohrfeige geben⟩ **2** **eine saftige Ohrfeige** eine schmerzhafte Ohrfeige

ohr·fei·gen VERB (ohrfeigte, hat geohrfeigt) **jemanden ohrfeigen** jemandem eine oder mehrere Ohrfeigen geben

Ohr·hö·rer *der* ein kleines Gerät, das man sich ins Ohr steckt, um Töne eines Smartphones o. Ä. allein zu hören (ohne andere Leute zu stören)

Ohr·läpp·chen *das* der untere, weiche Teil des menschlichen Ohrs ⟨jemanden am Ohrläppchen zupfen; sich (*Dativ*) die Ohrläppchen stechen lassen⟩

Ohr·mu·schel *die* der Teil des (menschlichen) Ohrs, den man sieht

★ **Ohr·ring** *der* Ohrringe steckt man als Schmuck in ein kleines Loch am Ohr

Ohr·stöp·sel *der*; *gesprochen* **1** Ohrstöpsel steckt man ins Ohr, um Musik usw. zu hören, ohne andere Personen zu stören ≈ *Ohrhörer* **2** Ohrstöpsel steckt man ins Ohr, um Geräusche weniger laut zu hören, damit man z. B. besser schlafen kann

Ohr·wurm *der* **1** ein kleines, braunes Insekt ohne Flügel **2** eine Melodie, die man sich sehr leicht merkt und an die man immer wieder denkt

-o·id *im Adjektiv, betont, nicht produktiv* so ähnlich wie | *ein faschistoider Politiker* | *ein humanoides Lebewesen* | *technoider Klang*

oje!, **oje·mi·ne!** verwendet, um Bedauern auszudrücken | *Oje, jetzt hab ich den Kaffee verschüttet!* | *„Ich kann nicht kommen, ich bin krank." – „Oje, hoffentlich ist es nichts Schlimmes!"*

★ **o.k.** [o'ke:] *gesprochen* ■ ADJEKTIV *nur prädikativ* **1** so, wie man es sich wünscht | *Sind meine Haare so o.k./o.k. so?* | *Ihre Arbeit ist völlig o.k.* | *Gestern war ich krank, aber heute bin ich wieder völlig o.k.* **2** so, dass man zufrieden sein kann, aber nicht begeistert ist | *„Wie hat dir das Buch gefallen?" – „Nun, ich finds ganz o.k."* | *„Wie ist denn ihr neuer Freund?" – „Er ist so weit o.k."*
■ PARTIKEL *betont* **3** verwendet als Antwort auf einen Vorschlag o. Ä., um Zustimmung und Einverständnis auszudrücken | *„Gehst du morgen mit uns schwimmen?" – „Ja, o.k."* **4** **..., o.k.?** verwendet am Ende des Satzes, wenn der Sprecher hofft, dass andere Personen zustimmen oder einverstanden sind | *Ich nehme dein Auto, o.k.?* | *Wir treffen uns morgen um sieben, o.k.?* **5** verwendet, um eine Aufforderung, Feststellung, Frage o. Ä. einzuleiten | *O.k., mach weiter!* | *O.k., wir können jetzt gehen* | *O.k., seid ihr fertig?*

O.K. [o'ke:, o'kei] *das*; (-(s), -s); *gesprochen* ≈ *Einverständnis, Zustimmung* | *Der Chef hat sein O.K. zu deinem Vorschlag gegeben*

okay, **Okay** [o'ke:, o'kei] → o.k., O.K.

ok·kult ADJEKTIV von unbekannten, verborgenen Kräften (wie z. B. Geistern) bestimmt ⟨Kräfte, Fähigkeiten, Mächte⟩

Ok·kul·tis·mus *der*; (-s) die Beschäftigung mit okkulten Dingen ● hierzu **Ok·kul·tist** *der*; **ok·kul·tis·tisch** ADJEKTIV

Ok·ku·pa·ti·on [-'tsjo:n] *die*; (-, -en); *meist Singular*; *geschrieben* die Besetzung eines fremden Landes durch eine Armee **K** Okkupationsgebiet, Okkupationszeit ● hierzu **ok·ku·pie·ren** VERB *(hat)*

O

Öko- *im Substantiv, betont, begrenzt produktiv* **die Ökobewegung, das Ökohaus, das Ökoprodukt** *und andere* drückt aus, dass die genannte Person/Sache versucht, die Umwelt zu schonen ≈ *Bio-* | *den Ökotourismus fördern*

Öko·bau·er *der*; *gesprochen* ein Bauer, der versucht, der Natur nicht zu schaden, indem er z. B. keine Gifte und keinen künstlichen Dünger verwendet

Öko·bi·lanz *die* die Bewertung einer Sache im Hinblick darauf, wie sehr sie die Umwelt belastet | *Das Hotel arbeitet daran, seine Ökobilanz zu verbessern*

Öko·freak *der*; *gesprochen, oft abwertend* eine Person, die (oft übertrieben) viel Wert darauf legt, sich gesund zu ernähren und so zu leben, dass sie der Umwelt wenig schadet

Öko·la·den *der*; *gesprochen* ≈ *Bioladen*

Öko·lo·gie *die*; (-) **1** das (funktionierende) System der Beziehungen von Lebewesen zueinander und zu ihrer Umwelt **2** die Wissenschaft von der Ökologie

★ **öko·lo·gisch** ADJEKTIV **1** so, wie es in dem natürlichen System aus Lebewesen und Umwelt ist (und noch nicht vom Menschen verändert ist) ⟨der Kreislauf; das ökologische Gleichgewicht stören⟩ **2** dem natürlichen Gleichgewicht und der Umwelt nicht schadend ⟨Grundsätze, Methoden⟩ ≈ *biologisch* **3** das natürliche System aus Lebewesen und Umwelt erforschend ⟨Studien⟩

Öko·no·mie *die*; (-, -n) **1** das wirtschaftliche System (eines Landes) ≈ *Wirtschaft* | *die Ökonomie der Schweiz* **K** Handelsökonomie, Nationalökonomie, Sozialökonomie **2** der sorgfältige und sparsame Verbrauch von Geld, Kraft, Energie **3** *veraltend nur Singular* ⟨Ökonomie studieren⟩ ≈ *Wirtschaftswissenschaft*

★ **öko·no·misch** ADJEKTIV **1** in Bezug auf die Ökonomie oder Wirtschaft ⟨die Grundlagen, die Strukturen, das System⟩ ≈ *wirtschaftlich* **2** so, dass dabei Mittel und Kräfte sparsam, aber wirkungsvoll eingesetzt werden ⟨eine Arbeitsweise, eine Produktion⟩ ≈ *wirtschaftlich*

Öko·steu·er *die*; *gesprochen* eine Steuer, die man beim Kauf von Stoffen zahlen muss, die die Umwelt belasten (z. B. Benzin und Heizöl)

Öko·strom *der*; *gesprochen* elektrischer Strom aus Sonnen-, Wind- oder Wasserenergie usw., dessen Produktion die Umwelt nicht so belastet

Öko·sys·tem *das* ein natürlicher Lebensraum und die Lebewesen darin | *Durch den Bau von Straßen wird das Ökosystem des Waldes gestört*

Ok·ta·eder *der*; (-s, -) ein geometrischer Körper, dessen Oberfläche aus acht gleichen Dreiecken besteht

Ok·tan *das*; (-s, -/-e) die Maßangabe für die Qualität von Benzin | *Super hat mehr Oktan als Normalbenzin* | *ein Benzin von 91 Oktan* **K** Oktanzahl **H** nach Zahlenangaben ohne Endung: *100 Oktan*

Ok·ta·ve [-və] *die*; (-, -n) **1** der Abstand (Intervall) von acht Tönen der Tonleiter ⟨eine Oktave höher, tiefer singen, greifen⟩ **2** die acht Töne, die zu einer Tonleiter gehören ⟨Oktaven greifen, spielen⟩

★ **Ok·to·ber** *der*; (-s, -); *meist Singular* der zehnte Monat des Jahres ⟨im Oktober; Anfang, Mitte, Ende Oktober; am 1., 2., 3. Oktober⟩ **H** Abkürzung: *Okt.*

Ok·to·ber·fest *das* ein großes Fest mit Bierzelten, Achterbahnen, Karussells usw., das jedes Jahr im September in München stattfindet

Oku·lar *das*; (-s, -e) der Teil einer Linse in einem Mikroskop o. Ä., welcher dem Auge am nächsten ist

Öku·me·ne *die*; (-) **1** die Gemeinschaft aller christlichen Kirchen **2** eine Bewegung, welche das Gemeinsame der verschiedenen christlichen Kirchen betont und versucht, gemeinsames Handeln (z. B. Gottesdienste) möglich zu machen

öku·me·nisch ADJEKTIV **1** für Protestanten und Katholiken gemeinsam ⟨die Bewegung, eine Feier, ein Gottesdienst⟩ **2** so, dass es alle Katholiken der ganzen Welt betrifft ⟨ein Konzil⟩

Ok·zi·dent *der*; (-s); *geschrieben* ≈ *Abendland* ↔ *Orient* ● hierzu **ok·zi·den·tal** ADJEKTIV

★ **Öl** *das*; (-(e)s, -e) **1** Öle sind flüssiges Fett; sie werden zum Kochen verwendet oder dafür, dass Maschinen leichter laufen ⟨ein tierisches, pflanzliches Öl; ranziges Öl; ätherische Öle⟩ | *nur Öl zum Kochen verwenden* | *eine Salatsoße aus Essig und Öl* **K** Ölgewinnung, Ölpalme; Salatöl, Schmieröl, Speiseöl; Distelöl, Olivenöl, Rapsöl, Sonnenblumenöl **2** *nur Singular* Öl ist ein Kurzwort für *Erdöl*. Es bezeichnet auch flüssige Produkte aus Erdöl ⟨nach Öl bohren; Öl fördern; mit Öl heizen⟩ **K** Ölbohrung, Ölembargo, Ölfeld, Ölförderung, Ölgewinnung, Ölheizung, Ölindustrie, Ölkonzern, Ölmulti, Ölpreis, Ölquelle, Ölraffinerie, Öltank, Öltanker; Dieselöl, Heizöl, Mineralöl, Rohöl **3** *nur Singular* Kurzwort für *Ölfarbe* | *Er malt in Öl* **K** Ölgemälde, Ölmalerei ■ **ID** **Öl ins Feuer gießen** einen Streit, eine Aufregung o. Ä. noch schlimmer machen; **Öl auf die Wogen gießen** etwas sagen, was aufgeregte oder streitende Menschen beruhigt; **etwas geht jemandem runter wie Öl** *gesprochen* jemand freut sich sehr über ein Lob oder Kompliment ● zu (1,2) **öl-**

hal·tig ADJEKTIV
Öl·baum *der; geschrieben* ≈ *Olivenbaum*
Ol·die ['o:ldi] *der;* (-s, -s); *gesprochen* **1** ein ziemlich alter Schlager, Film o. Ä. **2** *humorvoll* eine Person, die im Vergleich mit anderen relativ alt ist | *Er ist mit 37 der Oldie der Mannschaft*
Old·ti·mer ['o:ltaime] *der;* (-s, -) **1** ein sehr altes Auto, das wegen seines Alters wertvoll ist **2** *humorvoll* ein alter Mann
ölen VERB (ölte, hat geölt) **1** **etwas ölen** Öl in oder auf meist bewegliche Teile von einem Gerät oder einer Maschine tun, damit sie sich leichter bewegen ⟨ein Fahrrad, einen Motor, eine Nähmaschine, ein Schloss, eine Tür ölen⟩ **2** **etwas ölen** ⟨Bretter, einen Fußboden ölen⟩ ≈ *einölen*
Öl·far·be *die* **1** eine Farbe in Form einer weichen Masse, mit der Künstler Bilder malen **2** eine glänzende Farbe, mit der man z. B. die Wände im Bad anstreicht, damit kein Wasser in die Mauer kommt
Öl·film *der* eine dünne Schicht aus Öl meist auf dem Wasser | *Das Wasser in Häfen ist oft mit einem Ölfilm bedeckt*
Öl·göt·ze *der* **dastehen wie ein Ölgötze** *gesprochen, oft abwertend* stumm und ohne eine Reaktion oder Bewegung (dastehen)
ölig ADJEKTIV **1** wie Öl ⟨eine Flüssigkeit; etwas glänzt ölig⟩ **2** mit Öl bedeckt oder beschmutzt | *Er wischte seine öligen Hände an der Hose ab* **3** *abwertend* sehr schmeichlerisch ⟨ein Mensch; jemandes Benehmen⟩
oliv [-f] ADJEKTIV *nur in dieser Form* graugrün | *Die Jacke ist oliv* K olivgrün
Oli·ve [-və] *die;* (-, -n) **1** die kleine, bittere Frucht eines Baumes, die man essen kann und aus der man auch Öl macht ⟨grüne, schwarze Oliven⟩ K Olivenernte, Olivenöl **2** ≈ *Olivenbaum* K Olivenhain, Olivenholz
Oli·ven·baum *der* ein Baum mit kleinen, bitteren Früchten, der in Mittelmeerländern wächst
Öl·kri·se *die* eine politische oder wirtschaftliche Krise, die entsteht, wenn es nicht genug Erdöl gibt oder das Öl zu teuer wird
oll ADJEKTIV (oller, ollst-); *besonders norddeutsch, gesprochen* **1** ≈ *alt* | *Zur Gartenarbeit ziehe ich meine ollsten Kleider an* **2** verwendet, um ein negatives Urteil oder Ungeduld auszudrücken | *Wann kommt der olle Bus denn endlich?*
Ol·le *der/die;* (-n, -n); *besonders norddeutsch, gesprochen, abwertend* meist verwendet mit Possessivpronomen als Bezeichnung für jemandes Ehemann/Ehefrau oder Vater/Mutter ≈ *Alte* ■ *mein Oller/meine Olle; der/die Olle; ihren, ihrem, ihres Ollen/seiner Ollen*
Öl·pest *die* eine starke Verschmutzung von Wasser und Strand durch Erdöl, bei der viele Tiere sterben
Öl·sar·di·ne *die* ein kleiner Fisch, der in Öl konserviert und in kleinen, flachen Dosen verkauft wird ■ ID **wie die Ölsardinen** ⟨liegen⟩ *gesprochen* sehr eng nebeneinander
Öl·stand *der* die Menge des Öls in einem Tank (z. B. im Auto) ⟨den Ölstand messen, prüfen⟩
Öl·tep·pich *der* eine große Fläche auf dem Wasser, die mit Erdöl bedeckt ist | *Nach einem Schiffsunfall bildete sich ein großer Ölteppich auf dem Rhein*
Ölung *die* ■ ID **die Letzte Ölung** ein katholisches Sakrament, das ein Priester einem Sterbenden als Vorbereitung auf den Tod gibt ⟨die Letzte Ölung bekommen, empfangen; jemanden mit der Letzten Ölung versehen⟩
Öl·wech·sel *der* das Entfernen von altem Öl aus einem Motor und das Nachfüllen von neuem Öl ⟨einen Ölwechsel vornehmen; der Ölwechsel ist fällig⟩
Olym·pia [o'lʏmpia] *(das);* (-(s)) ⟨für Olympia trainieren⟩ ≈ *Olympiade* K Olympiagelände, Olympiajahr, Olympiakomitee, Olympiamannschaft, Olympiamedaille, Olympiasieg, Olympiasieger, Olympiastadion
★ **Olym·pi·a·de** *die;* (-, -n); *gesprochen* ein internationaler Wettkampf zwischen den besten Sportlern der Welt, der alle vier Jahre (jeweils in einem anderen Land) stattfindet ⟨an der Olympiade teilnehmen; für die Olympiade trainieren⟩ ≈ *Olympia* ■ offizielle Bezeichnung: *die Olympischen Spiele*
olym·pisch [o'lʏm-] ADJEKTIV *meist attributiv* **1** zur Olympiade gehörig ⟨die Flagge, die Flamme, das Feuer, eine Disziplin, ein Wettkampf, ein Rekord; die Olympischen Sommerspiele/Winterspiele; der olympische/Olympische Eid⟩ **2** **der olympische Gedanke** Fairness im Sport und der Glaube, dass das Mitmachen (nicht das Siegen) im Wettkampf das Wichtigste ist
Öl·zeug *das* wasserdichte, meist gelbe Kleidung für die Seefahrt
Öl·zweig *der; nur Singular* ein Zweig von einem Olivenbaum (als Symbol des Friedens)
★ **Oma** *die;* (-, -s); *gesprochen* **1** *Kindersprache* verwendet als Anrede oder Bezeichnung für die Großmutter **2** *oft abwertend* eine alte Frau
Ome·lett [ɔm'lɛt] *das;* (-(e)s, -s/-e) Eier, die man mit Milch zu Schaum rührt und in der Pfanne brät. Omeletts füllt man z. B. mit Pilzen oder Marmelade K Champignonomelett, Schinkenomelett, Spargelomelett
Ome·lette [ɔm'lɛt] *die;* (-, -n); Ⓐ Ⓒⓗ ≈ *Omelett*
Omen *das;* (-s, -) ein Ereignis, das man für einen Hinweis auf etwas hält, was die Zukunft bringt ⟨ein gutes, schlechtes Omen⟩ ≈ *Vorzeichen* | *Die neuen Arbeitslosenzahlen sind kein gutes Omen für die Wirtschaft*
Omi *die;* (-, -s); *gesprochen* ≈ *Oma*
omi·nös ADJEKTIV **1** so, dass es etwas Schlimmes vorauszusagen scheint ⟨ein Schweigen; ominös lächeln⟩ **2** nicht ganz so, dass man daran glauben kann | *Hast du dieses ominöse Ungeheuer selbst gesehen?*
★ **Om·ni·bus** *der;* (-ses, -se) ≈ *Bus* K Omnibusbetrieb, Omnibusbahnhof, Omnibusfahrer, Omnibushaltestelle, Omnibuslinie, Omnibusunternehmen, Omnibusverkehr
om·ni·po·tent ADJEKTIV; *geschrieben* ⟨ein Herrscher⟩ ≈ *allmächtig*
om·ni·prä·sent ADJEKTIV; *geschrieben* ≈ *allgegenwärtig*
on ADJEKTIV; *gesprochen* ≈ *online* | *Kommst du heute noch on?* | *Ich war gestern nicht on*
ona·nie·ren VERB (onanierte, hat onaniert) sich selbst sexuell befriedigen ≈ *masturbieren* • hierzu **Ona·nie** *die*
★ **On·kel** *der;* (-s, -/*gesprochen auch* -s) **1** der Bruder der Mutter oder des Vaters oder der Ehemann der Tante | *(mein) Onkel Kurt* ■ → Abb. unter **Familie** **2** *Kindersprache* als Bezeichnung oder Anrede für fremde Männer verwendet | *zum Onkel Doktor gehen* | *Gib dem Onkel brav die Hand!*
★ **on·line** ['ɔnlain] ADJEKTIV *meist prädikativ* im/ins Internet oder in Verbindung mit dem Internet ⟨jemand, ein Angebot, ein Computer geht, ist online⟩ | *Wann geht die Website online?* K Onlineangebot, Onlinebetrieb, Onlinedienst, Onlineforum, Onlinerecherche, Onlinespiel, Onlinezugang
OP [o'pe:] *der;* (-s, -s) Abkürzung für *Operationssaal* K OP-Schwester
★ **Opa** *der;* (-s, -s); *gesprochen* **1** *Kindersprache* verwendet als Anrede oder Bezeichnung für den Großvater ↔ *Oma* **2** *oft abwertend* ein alter Mann
Opal *der;* (-s, -e) ein wertvoller Stein, als Schmuck verwendet. Opale sind nicht durchsichtig, manche fast weiß und reflektieren Farben
OPEC ['o:pɛk] *die;* (-) Organization of Petroleum Exporting Countries die Organisation der Staaten, die Erdöl exportieren K OPEC-Länder, OPEC-Staaten

O

Open-Air- ['oupn̩ 'ɛːɐ̯-] *im Substantiv, betont, nicht produktiv* **das Open-Air-Festival, das Open-Air-Konzert, die Open-Air-Veranstaltung** *und andere* im Freien (stattfindend)

★ **Oper** *die;* (-, -n) **1** eine Art Theaterstück mit Musik, bei dem ein großes Orchester spielt und der Text gesungen wird ⟨eine Oper aufführen, dirigieren, inszenieren, komponieren⟩ | *Verdis bekannteste Oper ist „Aida"* K Opernarie, Opernbühne, Opernkomponist, Opernmelodie, Opernsänger; Barockoper, Kinderoper, Märchenoper **2** *nur Singular* eine Veranstaltung, bei der eine Oper aufgeführt wird | *Heute gehen wir in die Oper* | *Die Oper beginnt heute schon um 19 Uhr* K Opernaufführung, Opernbesucher **3** eine kulturelle Einrichtung, welche die Aufführung von Opern organisiert | *Oper und Schauspiel werden vom Staat subventioniert* | *Nach ihrer Ausbildung als Sängerin will sie an die Oper gehen* K Opernchor, Operndirektor, Opernensemble; Staatsoper **4** das Gebäude, in dem Opern aufgeführt werden K Opernhaus

Ope·ra·teur [-'tøːɐ̯] *der;* (-s, -e); *geschrieben* derjenige Arzt, der (gerade) eine Operation ausführt H Ärzte, deren Beruf es ist zu operieren, bezeichnet man als *Chirurgen*.

★ **Ope·ra·ti·on** [-'tsi̯oːn] *die;* (-, -en) **1** der Vorgang, bei dem ein Arzt eine Person oder ein Tier operiert ⟨eine gefährliche, harmlose, komplizierte, kosmetische, Operation; eine Operation ausführen, vornehmen; sich einer Operation unterziehen⟩ | *Die Operation wurde unter Vollnarkose durchgeführt* K Operationsnarbe; Augenoperation, Blinddarmoperation, Herzoperation, Hüftoperation, Krebsoperation, Schönheitsoperation **2** relativ große, geplante Kampfhandlungen ⟨eine militärische, strategische Operation⟩ | *die Operationen einer Heeresgruppe leiten* K Operationsbasis, Operationsplan **3** *geschrieben* eine komplizierte, technische oder mathematische Handlung | *die Operationen, mit denen ein Computer Befehle ausführt* ■ ID **Operation gelungen, Patient tot** *gesprochen, ironisch* der Plan wurde zwar perfekt ausgeführt, doch das Ergebnis ist gerade das Gegenteil von dem, was geplant war

Ope·ra·ti·ons·saal *der* der Raum in einer Klinik o. Ä., in dem Operationen ausgeführt werden

ope·ra·tiv [-f] ADJEKTIV durch eine Operation ⟨ein Eingriff; etwas operativ entfernen⟩ ≈ *chirurgisch* | *eine Warze operativ entfernen*

Ope·ret·te *die;* (-, -n) eine Art lustige Oper | *Die „Fledermaus" ist eine der beliebtesten Operetten von Johann Strauß* K Operettenaufführung, Operettenkomponist, Operettenmelodie, Operettenmusik, Operettensänger ● hierzu **ope·ret·ten·haft** ADJEKTIV

★ **ope·rie·ren** VERB (operierte, hat operiert) **1** **(jemanden/etwas) operieren** als Arzt den Körper eines Menschen oder eines Tieres durch Schnitte öffnen, um eine Krankheit oder Verletzung zu behandeln ⟨einen entzündeten Blinddarm, einen Herzfehler, einen Tumor operieren; ein frisch Operierter⟩ | *Er muss operiert werden* **2** **jemanden an etwas** (*Dativ*) **operieren** jemanden an dem genannten Teil des Körpers operieren | *jemanden am Darm/am Magen operieren* **3** eine militärische Operation durchführen **4** **irgendwie operieren** *geschrieben* irgendwie handeln oder vorgehen ⟨geschickt, vorsichtig, mit Tricks operieren⟩

Opern·füh·rer *der* ein Buch, in welchem die Handlungen und Figuren bekannter Opern beschrieben sind

Opern·glas *das* ein kleines Fernglas, das man als Zuschauer in der Oper oder im Theater benutzt

★ **Op·fer** *das;* (-s, -) **1** eine Person, die (durch einen Unfall, eine Katastrophe, ein Verbrechen o. Ä.) Schaden erleidet, verletzt wird oder stirbt ⟨jemand fällt jemandem/etwas zum Opfer, wird ein Opfer +*Genitiv*⟩ | *Opfer eines Justizirrtums/einer Verwechslung werden* | *Ich bin einem Betrüger zum Opfer gefallen* | *Die Pest forderte zahllose Opfer. Die meisten Opfer waren in den Städten zu beklagen* K Kriegsopfer, Mobbingopfer, Unfallopfer, Verkehrsopfer; Todesopfer **2** eine Sache, auf die wir verzichten oder die wir für andere Personen oder für Dinge tun, die uns wichtig sind ⟨ein großes, schweres Opfer; ein Opfer für jemanden/etwas bringen; jemandem etwas zum Opfer bringen; jemandem ein Opfer abverlangen, auferlegen; ein Opfer nicht annehmen können⟩ | *Nur unter großen finanziellen Opfern konnte sie ihre Kinder studieren lassen* K Opferbereitschaft, Opferfreudigkeit, Opfermut; opferbereit, opferfreudig, opferwillig **3** Tiere, Menschen oder Dinge, die Personen in einer Zeremonie einem Gott geben ⟨einem Gott ein Opfer darbringen⟩ | *versuchen, die Götter durch Opfer zu versöhnen* K Opfergabe, Opferfeuer, Opferlamm, Opfertier, Opfertod, Opferzeremonie; Blutopfer, Brandopfer, Menschenopfer, Tieropfer; Dankopfer, Sühneopfer **4** eine kleine Summe Geld, die man der Kirche schenkt ≈ *Spende* K Opferbüchse, Opfergeld **5** *gesprochen* ▲ ein sehr verletzendes Wort für eine Person, die schwach ist und sich nicht wehren kann **6** **etwas fällt jemandem/etwas zum Opfer** etwas wird von einer Person oder Sache beschädigt oder zerstört **7** **etwas wird ein Opfer der Flammen** etwas wird bei einem Brand zerstört

Op·fer·gang *der; geschrieben* eine Handlung, mit der man andere Leute schonen oder retten will, obwohl man dabei selbst leidet ⟨einen Opfergang antreten⟩

op·fern VERB (opferte, hat geopfert) **1** **(jemandem) (etwas) opfern** einem Gott ein Opfer bringen | *den Göttern ein junges Tier opfern* **2** **etwas (für jemanden/etwas) opfern; jemandem/etwas etwas opfern** für einen Menschen oder eine Sache etwas tun oder geben, auf etwas Wertvolles verzichten ⟨die Gesundheit, die Karriere opfern; viel Zeit und Geld opfern⟩ | *Für sein Hobby opfert er sein ganzes Taschengeld* | *Seiner Idee hat er alles geopfert* **3** **sich opfern** *ironisch* etwas für andere Leute tun, die es nicht selbst tun können oder wollen | *Wer opfert sich und spült das Geschirr?* **4** **sich (für jemanden) opfern** etwas für jemanden tun, obwohl man dabei Schaden nimmt oder das Leben verliert | *Er opferte sich, um seine Kinder zu retten* ● zu (1) **Op·fe·rung** *die*

Op·fer·stock *der* ein kleiner Kasten, in den man in der Kirche Geld als Spende wirft

Opi *der;* (-s, -s); *gesprochen* ≈ *Opa*

Opi·at *das;* (-(e)s, -e) eine Substanz (vor allem ein Medikament), die Opium enthält

Opi·um *das;* (-s) eine Droge, die aus einer Sorte Mohn gemacht wird ⟨Opium nehmen, rauchen, schmuggeln⟩ K Opiumhandel, Opiumpfeife, Opiumraucher, Opiumschmuggel, Opiumsucht

op·po·nie·ren VERB (opponierte, hat opponiert) **(gegen jemanden/etwas) opponieren** *geschrieben* anderer Meinung sein und gegen jemanden/etwas Widerstand leisten | *gegen eine Autorität/ einen Beschluss opponieren*

op·por·tun ADJEKTIV; *geschrieben* so, dass es in der gegebenen Situation günstig ist ≈ *angebracht* | *Wir halten neue Steuern momentan nicht für opportun*

Op·por·tu·nis·mus *der;* (-s); *geschrieben, oft abwertend* die Einstellung, seine Meinung und sein Verhalten anderen Leuten anzupassen, um Vorteile zu bekommen ⟨politischer Opportunismus; aus (reinem) Opportunismus handeln⟩ ● hierzu **Op·por·tu·nist** *der;* **Op·por·tu·nis·tin** *die;* **op·por·tu·nis·tisch** ADJEKTIV

★ **Op·po·si·ti·on** [-'tsi̯oːn] *die;* (-, -en); *meist Singular* **1** die Parteien in einem Parlament, die nicht an der Regierung beteiligt sind ⟨die parlamentarische Opposition; ein Mitglied, Angehöriger der Opposition⟩ | *Der Vorschlag kam aus den Reihen der Opposition | Die Opposition lehnt das Gesetz ab* K Oppositionsbank, Oppositionsführer, Oppositionspartei **2** die Menschen, die gemeinsam eine andere als die offizielle Meinung, Lehre oder Politik haben ⟨die innerparteiliche, außerparlamentarische Opposition; sich der Opposition anschließen; in die Opposition gehen⟩ | *Die Opposition probt den gewaltlosen Widerstand* **3** *geschrieben* eine Haltung oder Handlungen, die gegen eine Person oder Sache gerichtet sind ⟨jede Opposition unterdrücken; etwas aus Opposition tun⟩ ≈ *Widerstand* | *Es gibt mehr Opposition als Zustimmung zu den Sparvorschlägen* K Oppositionsgeist **4** **in Opposition zu etwas** im Gegensatz zu etwas ⟨etwas steht in Opposition zu etwas⟩ • hierzu **op·po·si·ti·o·nell** ADJEKTIV

op·tie·ren VERB (optierte, hat optiert) **für etwas optieren** *geschrieben* sich für etwas (meist eine Staatsangehörigkeit) entscheiden

Op·tik *die;* (-) **1** das Gebiet der Physik, das sich mit dem Licht und dessen Wahrnehmung beschäftigt **2** *geschrieben* der visuelle Eindruck, den etwas macht | *Die Blumen am Fenster haben die Optik des Raumes verbessert*

Op·ti·ker *der;* (-s, -) eine Person, die beruflich Brillen, Mikroskope, Ferngläser usw. macht, repariert und verkauft K Optikergeschäft, Optikerladen; Augenoptiker • hierzu **Op·ti·ke·rin** *die*

★ **op·ti·mal** ADJEKTIV so gut, wie es in einer Situation überhaupt möglich ist ⟨die Lösung, der Zustand; etwas optimal gestalten, nutzen, verwerten⟩ • hierzu **op·ti·mie·ren** VERB *(hat)*

Op·ti·mis·mus *der;* (-) eine Einstellung zum Leben oder eine Denkweise, bei der jemand (immer) das Beste erwartet oder nur das Gute sieht ⟨gedämpfter, unerschütterlicher Optimismus; sich (*Dativ*) den Optimismus bewahren; voller Optimismus sein⟩ ↔ *Pessimismus* K Fortschrittsoptimismus, Zweckoptimismus • hierzu **Op·ti·mist** *der;* **Op·ti·mis·tin** *die;* **op·ti·mis·tisch** ADJEKTIV

Op·ti·mum *das;* (-s, Op·ti·ma); *geschrieben* das beste Ergebnis, das in der gegebenen Situation möglich ist ≈ *Höchstmaß* | *ein Optimum an Leistung erreichen*

★ **Op·ti·on** [-'tsi̯oːn] *die;* (-, -en) **1** eine von mehreren Möglichkeiten, unter denen man wählen kann | *Im Menü „Layout" gibt es mehrere Optionen für die Darstellung der Tabelle* **2** **eine Option auf etwas** (*Akkusativ*) **haben** mit einer Option hat man das Recht, eine Ware zu einem späteren Zeitpunkt zu kaufen

★ **op·tisch** ADJEKTIV **1** so, dass es mit den Augen gesehen wird ⟨ein Eindruck, ein Reiz, eine Täuschung⟩ ≈ *visuell* **2** *meist attributiv* mit Linsen, Spiegeln o. Ä. ⟨Geräte, Instrumente⟩ **3** in Bezug auf die Wirkung einer Sache, die man sieht | *Sie hat ihre Möbel aus optischen Gründen umgestellt*

opu·lent ADJEKTIV *meist attributiv; geschrieben* viel und gut ⟨ein Mahl; opulent speisen⟩ ≈ *üppig* • hierzu **Opu·lenz** *die*

Opus *das;* (-, Ope·ra); *geschrieben* **1** *nur Singular* verwendet mit einer Zahl, um ein Werk eines Komponisten zu bezeichnen | *Händels Orgelkonzert op. 4* H Abkürzung: *op.* **2** *meist Singular* ein literarisches oder musikalisches Werk | *Die Autorin hat ein neues Opus vorgelegt* **3** *meist Singular* das gesamte Werk eines Schriftstellers oder Komponisten

Ora·kel *das;* (-s, -) **1** ein geheimnisvoller Spruch, mit dem jemand etwas darüber sagt, was in der Zukunft geschehen wird ⟨ein Orakel verkünden, auslegen, deuten; ein Orakel erfüllt sich⟩ K Orakelspruch **2** ein oder mehrere Priester, die (vor allem im antiken Griechenland) an einem heiligen Ort das Orakel verkünden ⟨ein Orakel befragen; das Orakel von Delphi⟩ • zu (1) **ora·keln** VERB *(hat)*

oral ADJEKTIV *meist attributiv* **1** so, dass es durch den Mund in den Körper gelangt ⟨ein Medikament; etwas oral einnehmen, verabreichen⟩ **2** in Bezug auf sexuelle Handlungen mit dem Mund ⟨Verkehr; jemanden oral befriedigen⟩

oran·ge [o'rãːʒ, o'raŋʒ] ADJEKTIV von der Farbe Orange | *ein Bauarbeiter mit oranger Jacke | Mandarinen sind orange* K orangerot H a) aber: vor dem Substantiv wird das *e* am Wortende gesprochen; b) die flektierten Formen werden nur in der gesprochenen Sprache verwendet. Um sie zu vermeiden, verwendet man *orangefarben* oder *orangefarbig.*

ORANGE

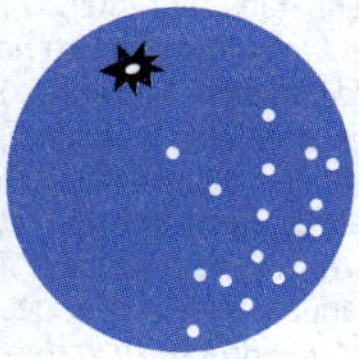

★ **Oran·ge**[1] [o'rãːʒə, o'raŋʒə] *die;* (-, -n) eine süße, runde Frucht mit dicker, rotgelber Schale, die in warmen Ländern wächst und die innen in Spalten unterteilt ist ⟨eine Orange auspressen, schälen⟩ K Orangenbaum, Orangenlimonade, Orangenmarmelade, Orangensaft, Orangenschale, Orangenscheibe

★ **Oran·ge**[2] [o'rãːʒ, o'raŋʒ] *das;* (-) die Farbe, die entsteht, wenn man Gelb mit Rot mischt ⟨ein helles, kräftiges, leuchtendes Orange⟩

Oran·geat [oraŋ'ʒaːt] *das;* (-s) die mit Zucker konservierte Schale von Orangen, die man für Kuchen verwendet ⟨Orangeat und Zitronat⟩

Orang-Utan [oraŋ'uːtan] *der;* (-s, -s) ein großer Menschenaffe mit langem, bräunlichem Fell und sehr langen Armen

ora·to·risch ADJEKTIV *meist attributiv; geschrieben* in Bezug auf jemandes Fähigkeiten als Redner ⟨Geschick, eine Leistung⟩ ≈ *rednerisch*

Ora·to·ri·um *das;* (-s, Ora·to·ri·en [-i̯ən]) ein großes musikalisches Werk für Sänger und Orchester mit ernstem oder religiösem Inhalt ⟨ein Oratorium komponieren, aufführen⟩ | *ein Oratorium von J.S. Bach* K Weihnachtsoratorium

★ **Or·ches·ter** [ɔr'kɛstɐ] *das;* (-s, -) **1** eine ziemlich große Gruppe von Musikern, die gemeinsam mit einem Dirigenten Musik machen und Konzerte geben ⟨das städtische Orchester; ein sinfonisches Orchester; ein Orchester dirigieren, leiten; das Orchester probt, geht auf Tournee, gibt ein Konzert, spielt unter der Leitung von jemandem⟩ K Orchesterkonzert; Blasorchester, Streichorchester, Laienorchester, Rundfunkorchester, Schulorchester, Sinfonieorchester **2** ≈ *Orchestergraben*

or·chest·rie·ren [-k-] VERB (orchestrierte, hat orchestriert) **etwas orchestrieren** ein Musikstück so gestalten oder ändern, dass es von einem Orchester gespielt werden kann • hierzu **Or·chest·rie·rung** *die*

Or·chi·dee [-'deː(ə)] *die;* (-, -n) eine Blume der tropischen Länder, die sehr schöne Blüten hat

★ **Or·den** *der;* (-s, -) **1** meist ein kleines Stück Metall an einem farbigen Band, das jemand (als Auszeichnung) für eine besondere Tat oder Leistung bekommt ⟨jemandem einen Orden verleihen, an die Brust heften⟩ | *Für seine Tapferkeit wurde der Soldat mit einem Orden ausgezeichnet* K Ordensband, Ordensstern, Ordensträger, Ordensverleihung; Lebensretterorden, Verdienstorden **2** eine Gruppe von Menschen, die gemeinsam nach festen Regeln ihrer Religion vor allem in einem Kloster leben ⟨ein strenger Orden; einen Orden gründen, stiften; einem Orden beitreten, angehören⟩ | *Franz von Assisi gründete den Orden der Franziskaner* K Ordensbruder, Ordensburg, Ordensgründer, Ordensgründung, Ordenskleid, Ordensregel, Ordensschwes-

O

ter, Ordenstracht

★ **or·dent·lich** ADJEKTIV **1** ⟨eine Wohnung, ein Zimmer⟩ so, dass alle Dinge darin (gepflegt, sauber und) an ihrem Platz sind ↔ *unordentlich* | *das Zimmer ordentlich aufräumen* | *die Wäsche ordentlich in den Schrank legen* **2** ⟨Menschen⟩ so, dass sie dafür sorgen, dass ihre Sachen ordentlich sind ↔ *unordentlich* | *ein ordentlicher und fleißiger Schüler* **3** so, wie es den Normen der Gesellschaft entspricht ⟨ein Benehmen, ein Beruf, Leute; sich ordentlich benehmen; ein ordentliches Leben führen⟩ ≈ *anständig* **4** so, wie es dem Zweck entspricht (und wie man es sich daher wünscht) ≈ *richtig* | *Vor der Arbeit brauche ich erst einmal ein ordentliches Frühstück* | *etwas Ordentliches zu essen* **5** sehr stark, sehr intensiv | *Gestern hat es ordentlich geregnet* | *Ich bin ordentlich nass geworden* | *Du hast mir einen ordentlichen Schrecken eingejagt* **6** *meist attributiv* mit den normalen Aufgaben, Rechten und Pflichten ⟨ein Gericht, ein Mitglied, ein Professor⟩ ↔ *außerordentlich* ● zu (1,2) **Or·dent·lich·keit** *die*

Or·der *die*; (-, -n) **1** *meist Singular* ⟨(eine) Order ausgeben; jemandem (eine) Order geben⟩ ≈ *Befehl* | *Sie hatten (die) Order, die Brücke zu verteidigen* **2** ein Auftrag, mit dem ein Kunde eine Ware bestellt K Orderbuch, Ordereingang **3** der Auftrag an eine Bank o. Ä., an der Börse Wertpapiere (meist Aktien) zu kaufen ⟨eine Order platzieren⟩ ● zu (2,3) **or·dern** VERB *(hat)*

Or·di·nal·zahl *die* ≈ *Ordnungszahl*

or·di·när ADJEKTIV **1** *abwertend* (vor allem in Bezug auf sexuelle Dinge) nicht so höflich o. Ä., wie es den Normen der Gesellschaft entsprechen würde ⟨Menschen, Witze, Wörter; ordinär lachen, sprechen⟩ ≈ *unanständig* **2** *meist attributiv* nicht von besonderer Art | *Das ist kein besonderer Stoff, sondern ganz ordinäre Baumwolle*

Or·di·na·ri·at *das*; (-(e)s, -e) die Behörde, die ein Bistum verwaltet ⟨das bischöfliche Ordinariat⟩

Or·di·na·ri·us *der*; (-, Or·di·na·ri·en [-i̯ən]) ein Professor an einer Hochschule, der einen Lehrstuhl hat

Or·di·na·te *die*; (-, -n) der Abstand, den ein Punkt von der waagrechten (x-)Achse eines Koordinatensystems hat ↔ *Abszisse* K Ordinatenachse

Or·di·na·ti·on [-ˈtsi̯oːn] *die*; (-, -en) **1** die religiöse Feier, bei der ein Priester oder ein Pfarrer in sein Amt eingeführt wird **2** Ⓐ die Sprechstunde eines Arztes K Ordinationshilfe **3** Ⓐ die Praxis eines Arztes K Ordinationszimmer ● zu (1,2) **or·di·nie·ren** VERB *(hat)*

★ **ord·nen** VERB (ordnete, hat geordnet) **1** **Dinge (irgendwie) ordnen** Dinge in eine Reihenfolge oder an ihre Plätze bringen, sodass sie leicht zu finden sind ≈ *sortieren* | *die Briefmarkensammlung nach Ländern ordnen* | *die Bücher nach Sachgruppen und Autoren ordnen* | *Moment, ich muss erst mal meine Gedanken ordnen* **2** **Dinge ordnen** dafür sorgen, dass etwas so wird, wie es sein soll, und nicht mehr verändert werden muss ⟨die dienstlichen, privaten Angelegenheiten ordnen; einen Nachlass ordnen; etwas verläuft in geordneten Bahnen⟩ ≈ *regeln* | *Er lebt in geordneten Verhältnissen* (Er hat eine Wohnung und regelmäßige Arbeit)

★ **Ord·ner** *der*; (-s, -) **1** eine Mappe aus dicker Pappe oder Plastik für Papiere und Dokumente ⟨einen Ordner anlegen; Rechnungen in einem Ordner abheften⟩ K Aktenordner **2** wenn man viele Dateien auf dem Computer hat, sortiert man sie in Ordner, um sie leichter zu finden ⟨einen Ordner anlegen; eine Datei in einem Ordner abspeichern, ablegen⟩ **3** eine Person, die bei einer großen Veranstaltung den Personen ihre Plätze zeigt und Auskunft gibt | *den Anweisungen der Ordner folgen* K Festordner, Saalordner

★ **Ord·nung** *die*; (-, -en) **1** *nur Singular* der Zustand, in dem alle Dinge an ihrem Platz sind ⟨mustergültige, peinliche, vorbildliche Ordnung; Ordnung halten, machen, schaffen; etwas in Ordnung bringen, halten; für Ordnung sorgen⟩ | *In seinem Schrank herrscht Ordnung* K Ordnungsliebe, Ordnungssinn, ordnungsliebend **2** *nur Singular* der Zustand, in dem jemand gesund ist, etwas funktioniert oder alles so ist, wie es sein soll ⟨alles ist in bester, schönster Ordnung; etwas kommt, ist in Ordnung; etwas in Ordnung bringen, halten⟩ | *Mit dem Staubsauger ist etwas nicht in Ordnung, er macht so komische Geräusche* | *Herbert war krank, aber jetzt ist er wieder in Ordnung* | *Er entschuldigte sich und brachte die Sache damit in Ordnung* | *Sie haben sich gestritten, aber das kommt schon wieder in Ordnung* | *Sie hat das kaputte Radio wieder in Ordnung gebracht* **3** *nur Singular* der Zustand, in dem die Menschen sich nach Gesetzen und Regeln richten ⟨die öffentliche Ordnung; für Ordnung sorgen; die Ordnung bewahren, gefährden; Gesetz und Ordnung aufrechterhalten⟩ | *Es herrscht Ruhe und Ordnung im Land* | *Bringen Sie mal Ordnung in Ihre Abteilung! Hier herrscht ja keine Disziplin!* **4** die Gesetze und Regeln, nach denen sich die Menschen richten ⟨die demokratische, öffentliche, verfassungsmäßige Ordnung; gegen die Ordnung verstoßen⟩ K Gewerbeordnung, Prüfungsordnung, Studienordnung **5** das Prinzip, nach dem Dinge angeordnet werden ⟨eine alphabetische, chronologische, systematische Ordnung; einer Sache (*Dativ*) eine Ordnung geben⟩ ≈ *Reihenfolge* **6** *nur Singular* die Handlungen, bei denen man etwas ordnet | *Er ist mit der Ordnung seiner Akten beschäftigt* **7** eine Kategorie im System der Lebewesen | *In der Klasse „Säugetiere" gibt es eine Ordnung „Raubtiere", zu der die Familie der Katzen (Löwen, Tiger usw.) gehört* **8** **in Ordnung** drückt aus, dass man mit etwas zufrieden oder einverstanden ist ⟨etwas in Ordnung finden; etwas ist, geht in Ordnung⟩ ≈ *o.k.* | *Findest du es in Ordnung, dass er so frech ist?* | *„Wir treffen uns im Schwimmbad." – „(Ist/Geht) in Ordnung!"* **9** **erster/zweiter/dritter/… Ordnung** *nur Singular* an erster/zweiter/dritter/… Stelle einer nach der Wichtigkeit geordneten Reihenfolge | *ein Problem erster Ordnung* | *eine Landstraße dritter Ordnung* **10** **jemanden zur Ordnung rufen** jemandem sagen, dass er aufhören soll, gegen die Regeln zu verstoßen | *Der Richter rief die Zuschauer zur Ordnung, als sie zu laut wurden*

Ord·nungs·geld *das* eine Strafe, die man z. B. zahlen muss, wenn man ein Gerichtsverfahren stört, falsche Behauptungen verbreitet oder fremde Markennamen für eigene Produkte benutzt

ord·nungs·ge·mäß ADJEKTIV so, wie es sein muss und den Regeln entspricht ⟨ein Verhalten⟩ | *einen Auftrag ordnungsgemäß ausführen* | *ein Auto ordnungsgemäß parken*

ord·nungs·hal·ber ADVERB nicht weil es nötig, sondern weil es so üblich ist | *Ich werde ordnungshalber um Erlaubnis fragen, aber ich bin sicher, dass wir das tun können*

Ord·nungs·hü·ter *der*; *humorvoll* ≈ *Polizist*

Ord·nungs·stra·fe *die* eine Strafe für eine Ordnungswidrigkeit

Ord·nungs·wid·rig·keit *die* eine Handlung, die gegen amtliche Vorschriften verstößt, aber nicht kriminell ist, und für die man eine kleine Strafe zahlen muss ⟨eine Ordnungswidrigkeit begehen⟩ | *Falsches Parken ist eine Ordnungswidrigkeit* ● hierzu **ord·nungs·wid·rig** ADJEKTIV

Ord·nungs·zahl *die* eine Zahl, mit der man eine Stelle in einer Reihenfolge bezeichnet, wie z. B. *erster, zweiter, …* bzw. *1., 2., …* ↔ *Grundzahl, Kardinalzahl*

Ore·ga·no *der*; (-) eine Pflanze, deren Blätter als Gewürz vor allem für italienische Speisen (z. B. Pizza) verwendet werden

ORF [oːǀɛrˈǀɛf] *der;* (-) **1** Abkürzung für *Österreichischer Rundfunk*, die staatlichen Radio- und Fernsehsender in Österreich **2** die Fernsehprogramme des ORF | *Was kommt heute im ORF?*

★ **Or·gan** *das;* (-s, -e) **1** Augen, Ohren, Herz, Lunge, Magen usw. sind wichtige Organe ⟨die inneren Organe; ein Organ spenden, verpflanzen⟩ K Organempfänger, Organentnahme, Organfunktion, Organspende, Organspender, Organtransplantation, Organverpflanzung; Atmungsorgan, Fortpflanzungsorgan, Sinnesorgan, Verdauungsorgan **2** eine Zeitung oder Zeitschrift, die den Zielen einer Organisation dient und von ihr herausgegeben wird K Parteiorgan, Vereinsorgan **3** eine Abteilung (z. B. einer Regierung oder Verwaltung) für besondere Aufgaben ⟨ein ausführendes, gesetzgebendes, staatliches, untergeordnetes, zentrales Organ⟩ K Kontrollorgan, Parteiorgan, Verwaltungsorgan **4** eine Stimme, die meist sehr laut ist und unangenehm klingt ⟨ein lautes, unangenehmes Organ haben⟩

★ **Or·ga·ni·sa·ti·on** [-ˈtsioːn] *die;* (-, -en) **1** eine Gruppe von Menschen mit einem gemeinsamen Ziel oder einer gemeinsamen Aufgabe (z. B. ein Verein, ein Geschäft oder eine Partei) ⟨eine kirchliche, militärische, politische Organisation; einer Organisation angehören; Mitglied einer Organisation sein⟩ | *Das Rote Kreuz ist eine humanitäre Organisation* K Organisationsbüro, Organisationsgründung; Arbeiterorganisation, Berufsorganisation, Hilfsorganisation, Untergrundorganisation **2** *nur Singular* das Organisieren und Planen | *für die Organisation eines Festes verantwortlich sein* K Organisationsfehler, Organisationstalent, Organisationstätigkeit **3** *nur Singular* der Aufbau und der Ablauf nach einem festen Plan ⟨die Organisation der Arbeit, eines Betriebes, der Verwaltung⟩ K Organisationsform; Arbeitsorganisation, Betriebsorganisation **4** *nur Singular* das Organisieren und Bilden einer Gruppe | *Die Gewerkschaft bemüht sich um die Organisation der Angestellten* K Organisationsverbot

Or·ga·ni·sa·tor *der;* (-s, Or·ga·ni·sa·to·ren) eine Person, die etwas (z. B. ein Fest, eine Ausstellung) organisiert • hierzu **Or·ga·ni·sa·to·rin** *die*

or·ga·ni·sa·to·risch ADJEKTIV *meist attributiv* in Bezug auf das Organisieren ⟨Mängel, Maßnahmen, ein Problem; organisatorisch begabt sein⟩

or·ga·nisch ADJEKTIV **1** in Bezug auf jemandes Organe ⟨ein Defekt, ein Leiden; organisch gesund, krank sein⟩ **2** *geschrieben* so, dass etwas eine harmonische Einheit (mit etwas) bildet ⟨ein Bestandteil, eine Entwicklung; etwas ist organisch gewachsen⟩ | *eine alte, organisch gewachsene Stadt* **3** so, dass etwas aus Verbindungen des Kohlenstoffs besteht und im Körper von Tieren oder Pflanzen vorkommt ⟨eine Säure, eine Substanz, eine Verbindung⟩ ↔ *anorganisch* **4** **die organische Chemie** die Chemie, die sich mit organischen Substanzen beschäftigt

or·ga·nisch-bi·o·lo·gisch ADJEKTIV ohne Kunstdünger und Gifte ⟨ein Anbau, Gemüse, Obst⟩

★ **or·ga·ni·sie·ren** VERB (organisierte, hat organisiert) **1** **(etwas) organisieren** etwas planen, vorbereiten und durchführen, an dem meist viele Personen beteiligt sind ⟨eine Ausstellung, ein Fest, eine Tagung, eine Veranstaltung, den Widerstand organisieren⟩ **2** **(etwas) organisieren** *gesprochen* ≈ *stehlen* **3** **jemanden/etwas organisieren** dafür sorgen, dass jemand kommt oder dass etwas da ist ≈ *besorgen* | *Organisierst du die Getränke für die Feier?* **4** **Personen organisieren sich** mehrere Personen bilden eine Gruppe oder Organisation, um gemeinsam etwas zu tun oder für etwas zu kämpfen ⟨sich genossenschaftlich, gewerkschaftlich, politisch organisieren⟩ | *Die Bauern haben sich in Genossenschaften organisiert* • zu (1,3) **Or·ga·ni·sie·rung** *die*

or·ga·ni·siert ■ PARTIZIP PERFEKT **1** → organisieren
■ ADJEKTIV **2** *meist attributiv* von einer Verbrecherorganisation (wie z. B. der Mafia) systematisch geplant und durchgeführt ⟨die Kriminalität, das Verbrechen⟩ **3** *meist attributiv* in Form von Gruppen oder Organisationen ⟨Verbrecherbanden; eine Protestbewegung, der Widerstand⟩

★ **Or·ga·nis·mus** *der;* (-, Or·ga·nis·men); *geschrieben* **1** der Körper eines Menschen oder Tieres (als ein System von Organen) ⟨der menschliche, tierische Organismus; ein lebender Organismus⟩ | *Sein Organismus ist durch die Operation geschwächt* **2** ein (meist sehr kleines) Lebewesen ⟨mikroskopische, winzige Organismen⟩ K Mikroorganismus **3** ein System von vielen einzelnen Teilen, von denen jeder eine wichtige Aufgabe erfüllt | *Der Staat ist ein komplizierter Organismus* K Staatsorganismus, Wirtschaftsorganismus

Or·ga·nist *der;* (-en, -en) eine Person, die (oft beruflich) in einer Kirche die Orgel spielt ■ *der Organist; den, dem, des Organisten*

Or·gas·mus *der;* (-, Or·gas·men) der (kurze) Zustand des höchsten sexuellen Genusses ⟨einen Orgasmus bekommen, haben; zum Orgasmus kommen⟩ ≈ *Höhepunkt*

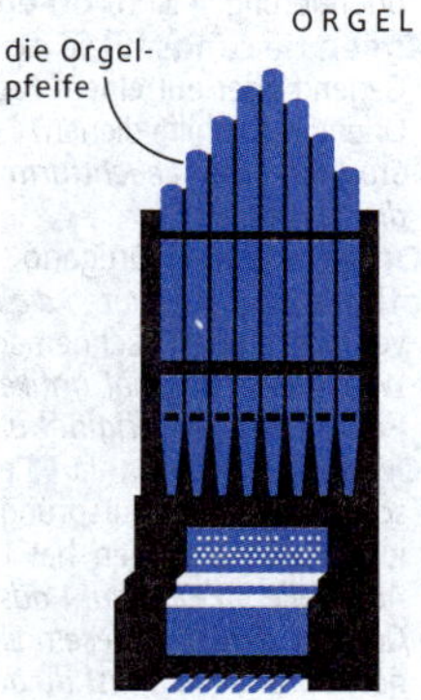

Or·gel *die;* (-, -n) ein sehr großes Musikinstrument mit vielen unterschiedlich hohen und dicken Pfeifen, das meist in Kirchen steht ⟨die/auf der Orgel spielen⟩ | *ein Konzert für Orgel und Violine* K Orgelkonzert, Orgelmusik, Orgelpfeife, Orgelspiel; Domorgel

or·geln VERB (orgelte, hat georgelt) **1** auf einer Orgel spielen **2** **etwas orgelt** etwas macht ähnliche Töne wie eine Orgel ⟨der Wind⟩

Or·gie [-giə] *die;* (-, -n) **1** ein wildes Fest, bei dem viel gegessen und viel Alkohol getrunken wird, oft mit sexuellen Aktivitäten ⟨nächtliche, wilde, wüste Orgien feiern⟩ K Rauschgiftorgie **2** *gesprochen* etwas, das man in übertriebenem Maße tut | *Am Sonntag haben wir ganz viel Kuchen gegessen. Das war eine Orgie!* K Fressorgie, Sauforgie

Ori·ent [ˈoːri̯ɛnt, oˈri̯ɛnt] *der;* (-s) **1** **der (Vordere) Orient** das Gebiet von Ägypten, dem Iran und den Ländern dazwischen K Orientteppich **2** der Orient und das Gebiet der Länder im Osten vom Iran bis Bangladesch ≈ *Morgenland* ↔ *Okzident*

ori·en·ta·lisch ADJEKTIV im Orient oder in Bezug auf den Orient ⟨ein Basar, ein Märchen, ein Tanz⟩ • hierzu **Ori·en·ta·le** *der;* **Ori·en·ta·lin** *die*

★ **ori·en·tie·ren** VERB [ori̯ɛn-] (orientierte, hat orientiert) **1** **jemanden (über etwas** (*Akkusativ*)**) orientieren** *geschrieben* jemanden oder sich selbst über etwas informieren | *Der Minister wird den Gast über die innenpolitische Lage orientieren* **2** **jemanden/etwas auf etwas** (*Akkusativ*) **orientieren** jemanden/etwas auf etwas lenken, konzentrieren | *alle Kräfte auf die Erhaltung des Friedens orientieren* **3** **sich (nach/an etwas** (*Dativ*)**) orientieren** herausfinden, wo man ist und in welche Richtung man gehen will ⟨sich nach dem Kompass, nach den Sternen, am Stand der Sonne orientieren⟩ | *sich im Dunkeln an Geräuschen orientieren | Ohne Stadtplan kann ich mich schlecht orientieren* **4** **sich an jemandem/etwas orientieren** *geschrieben* sich nach einer Person, nach Bedingungen o. Ä. richten ⟨sich an einem Ideal, einem Vorbild orientieren⟩ | *Die Produktion muss sich an der Nachfrage orientieren*

-ori·en·tiert *im Adjektiv, unbetont, begrenzt produktiv* **1** **konsumorientiert, linksorientiert, praxisorientiert, leistungsorientiert** *und andere* so, dass sich eine Person oder Sache nach den genannten Vorstellungen oder Idealen richtet | *ein erfolgsorientierter Mensch* **2** **absatzorientiert, exportorientiert, produktionsorientiert, gewinnorientiert** *und andere* so, dass sich eine Person oder Sache nach den genannten (äußeren) Bedingungen richtet | *eine bedarfsorientierte Produktion*

Ori·en·tie·rung *die;* (-) **1** das Wissen, wo man sich befindet, das Orientieren ⟨die Orientierung verlieren⟩ | *Zur besseren Orientierung merkte er sich die Namen der Straßen* **K** Orientierungspunkt, Orientierungssinn, Orientierungsvermögen, Orientierungszeichen **2** **die Orientierung (über etwas** (*Akkusativ*)**)** *geschrieben* das Orientieren | *Diese Übersicht genügt zur allgemeinen Orientierung* **3** **die Orientierung (an etwas** (*Dativ*)**)** *geschrieben* die Anpassung (an etwas) | *die Orientierung der Politik an demokratischen Grundsätzen | die Orientierung neu überdenken* **K** Neuorientierung • zu (1) **ori·en·tie·rungs·los** ADJEKTIV

Ori·en·tie·rungs·hil·fe *die* etwas, das helfen soll, in einer Gegend oder auf einem Fachgebiet ein Ziel zu finden ⟨als Orientierungshilfe dienen⟩ | *eine Orientierungshilfe für das Studium | Der Leuchtturm ist eine Orientierungshilfe für die Schifffahrt*

Ori·ga·no *der* → Oregano

ori·gi·nal ADJEKTIV *nur in dieser Form* **1** *meist adverbiell* nicht verändert oder nachgemacht ≈ *echt* | *original Südtiroler Wein | eine original antike Figur* **2** *meist prädikativ* ≈ *live | ein Tennisspiel original übertragen*

★ **Ori·gi·nal** *das;* (-(e)s, -e) **1** ein literarisches oder künstlerisches Werk in der (ursprünglichen) Form, wie es der Künstler selbst geschaffen hat | *Die Ausstellung zeigt Dürers Aquarelle im Original | das handschriftliche Original von Goethes „Faust" | Diesem Lied liegt ein griechisches Original zugrunde | Kannst du genug Englisch, um Hemingway im Original zu lesen?* **K** originalgetreu **2** das erste Exemplar eines geschriebenen Textes ⟨ein Original kopieren, vergrößern, verkleinern; von einem Original Kopien herstellen; eine Urkunde im Original vorlegen⟩ ≈ *Vorlage* ↔ *Kopie* **3** **jemand ist ein Original** verwendet als positive Bewertung für eine Person, deren Kleidung, Benehmen, Ansichten o. Ä. ungewöhnlich und deshalb interessant sind | *Der alte Professor war ein richtiges Original*

Ori·gi·nal- *im Substantiv, betont, begrenzt produktiv* **1** **die Originalaufnahme, die Originalausgabe, die Originalfassung, das Originalgemälde, der Originaltext** *und andere* drückt aus, dass etwas so von einem Künstler geschaffen wurde **2** **die Originalflasche, die Original(ver)packung, der Originalverschluss** *und andere* in der ursprünglichen Form, nicht verändert oder neu gemacht | *Der Film wurde im Originalton Süd gesendet* (im bayrischen oder österreichischen Dialekt)

Ori·gi·na·li·tät *die;* (-) **1** ≈ *Echtheit* **2** die Eigenschaft, originell zu sein | *Kreativität und Originalität zeichnen diesen Künstler aus*

ori·gi·när ADJEKTIV; *geschrieben* **1** zu Anfang vorhanden, von irgendwoher stammend ≈ *ursprünglich* | *ein originär asiatisches Musikinstrument* **2** völlig neu geschaffen oder ausgedacht ≈ *eigenständig* | *etwas Originäres schaffen*

ori·gi·nell ADJEKTIV **1** neu, ungewöhnlich und meist witzig ⟨ein Gedanke, ein Gedicht, ein Einfall, eine Idee⟩ **2** mit guten, neuen und witzigen Ideen ⟨Menschen⟩

Or·kan *der;* (-s, -e) ein starker Sturm, der großen Schaden anrichtet ⟨ein Orkan bricht los, tobt/wütet irgendwo⟩ | *Der Sturm steigerte sich zum Orkan | Orkane verwüsteten weite Landstriche* **K** Orkanstärke, orkanartig

Or·na·ment *das;* (-(e)s, -e); *geschrieben* ein Muster, mit dem man Stoffe und Bauwerke schmückt ⟨mit Ornamenten geschmückt, verziert⟩ | *ein Teppich mit verschlungenen Ornamenten* **K** Pflanzenornament, Tierornament • hierzu **or·na·men·tal** ADJEKTIV; **or·na·ment·ar·tig** ADJEKTIV

Or·nat *der;* (-(e)s, -e); *geschrieben* eine besondere Kleidung für öffentliche oder kirchliche Feiern ⟨ein Priester, ein König im Ornat; in vollem Ornat⟩ ≈ *Amtstracht*

Or·ni·tho·lo·gie *die;* (-) die Wissenschaft, die sich mit den Vögeln beschäftigt ≈ *Vogelkunde* • hierzu **Or·ni·tho·lo·ge** *der;* **Or·ni·tho·lo·gin** *die;* **or·ni·tho·lo·gisch** ADJEKTIV

★ **Ort** *der;* (-(e)s, -e) **1** ein Gebiet oder eine Lage im Raum, die man bestimmen und beschreiben kann ⟨an einem Ort⟩ ≈ *Platz | Ort und Zeit eines Unfalls melden | Er ist abgereist und hält sich an einem unbekannten Ort auf | Diese Pflanze wächst am besten an schattigen Orten* **K** Aufenthaltsort, Unglücksort, Versammlungsort **2** *nur Singular* die Lage im Raum, wo etwas normalerweise ist ⟨an einem Ort⟩ ≈ *Stelle, Platz | Ich habe das Buch nicht gefunden, es steht nicht an seinem Ort* **3** ein Dorf oder eine Stadt ⟨in einem Ort⟩ ≈ *Ortschaft | Orte mit mehr als 50000 Einwohnern* **K** Ortsausgang, Ortsende, Ortsmitte, Ortsname, Ortspolizei, Ortsteil, Ortsverkehr; ortsansässig, ortsfremd; Geburtsort, Heimatort, Wohnort, Ferienort, Kurort **4** die Einwohner eines Dorfes oder einer Stadt | *Der ganze Ort protestierte gegen die geplante neue Straße* **5** **am Ort** (hier) in diesem Dorf, an dieser Stelle | *Er ist der einzige Arzt am Ort* **6** **an Ort und Stelle** genau da, wo etwas geschieht/geschehen ist | *Der Minister informierte sich an Ort und Stelle über das Ausmaß der Katastrophe* **7** **an öffentlichen Orten** dort, wo jeder hingehen kann (z. B. auf der Straße, im Bahnhof) **8** **höheren Ort(e)s** *geschrieben* bei einer Behörde, die in der Hierarchie weiter oben ist ⟨etwas wird höheren Ort(e)s entschieden, überprüft⟩ **9** **vor Ort** *geschrieben* genau da, wo etwas geschieht/geschehen ist

Ört·chen *das;* (-s, -) **das (stille) Örtchen** *gesprochen, humorvoll* ≈ *Toilette*

or·ten VERB (ortete, hat geortet) **jemanden/etwas orten** mit Instrumenten feststellen, wo sich jemand/etwas befindet ⟨ein Flugzeug, ein Schiff, ein Wrack orten; etwas mit Radar orten⟩ • hierzu **Or·tung** *die*

or·tho·dox ADJEKTIV **1** zu einer Gruppe von Menschen gehörig, die sich sehr streng an die Vorschriften ihrer Religion halten ⟨ein Jude, ein Moslem⟩ **2** *meist attributiv* zu der Form der christlichen Religion gehörig, die in Osteuropa verbreitet ist ⟨die Kirchen, ein Priester⟩ **K** griechisch-orthodox, russisch-orthodox **3** *geschrieben, oft abwertend* ⟨eine Haltung, ein Wissenschaftler⟩ so, dass eine Person an alten Meinungen und Lehren festhält und nichts Neues zulässt ↔ *unorthodox*

Or·tho·gra·fie, Or·tho·gra·phie [-'fiː] *die;* (-, -n [-'fiːən]); *meist Singular* ⟨die Regeln der Orthografie; Fehler in der Orthografie machen⟩ ≈ *Rechtschreibung | die Orthografie des Deutschen | die deutsche Orthografie* **K** Orthografie-/Orthographie-, fehler • hierzu **or·tho·gra·fisch, or·tho·gra·phisch** ADJEKTIV

Or·tho·pä·de *der;* (-n, -n) ein Arzt mit einer speziellen Ausbildung in Orthopädie **K** Kieferorthopäde, Sportorthopäde **H** *der Orthopäde; den, dem, des Orthopäden* • hierzu **Or-**

tho·pä·din *die*

Or·tho·pä·die *die;* (-) das Gebiet der Medizin, das sich mit den Knochen und mit der Haltung und der Bewegung des Körpers beschäftigt ● hierzu **or·tho·pä·disch** ADJEKTIV

★ **ört·lich** ADJEKTIV **1** nur in einem Teil eines Gebietes ⟨eine Besonderheit; Gegebenheiten, Veränderungen, Gewitter, Schauer⟩ ≈ *lokal* | *Örtlich ist mit Gewittern zu rechnen* **2** *meist attributiv* in dem genannten Ort ⟨die Behörden, die Feuerwehr⟩ ≈ *lokal* **3** auf eine Körperstelle beschränkt ⟨eine Betäubung; jemanden örtlich betäuben⟩ ≈ *lokal*

Ört·lich·keit *die;* (-, -en); *meist Plural* ein Ort, ein Gebiet, ein Gebäude o. Ä. ⟨sich mit den Örtlichkeiten vertraut machen⟩

★ **Ort·schaft** *die;* (-, -en) ein Ort mit wenigen Häusern | *Können wir in der nächsten Ortschaft eine Pause machen?*

orts·fremd ADJEKTIV so, dass man sich in einer Gegend befindet, in der man die Straßen, Wege usw. nicht kennt ⟨ortsfremd sein⟩

Orts·ge·spräch *das* ein Telefongespräch innerhalb einer Stadt, einer Region oder eines Ortes

Orts·grup·pe *die* ≈ *Ortsverein*

Orts·kran·ken·kas·se *die* **die (Allgemeine) Ortskrankenkasse** Ⓓ eine regional organisierte gesetzliche Krankenkasse bzw. der Verband dieser Krankenkassen mit sehr vielen Mitgliedern **H** Abkürzung: *AOK*

orts·kun·dig ADJEKTIV ⟨ein Führer⟩ so, dass er sich in einem Gebiet oder Ort gut auskennt, in dem er gerade ist

Orts·netz *das* **1** alle Telefonanschlüsse innerhalb einer Stadt oder eines Ortes mit derselben Vorwahl | *Das Ortsnetz Münster hat die Vorwahl 0251* **2** alle Leitungen (Kabel), mit denen die Gebäude innerhalb einer Stadt oder eines Ortes an das Telefonnetz und das Internet angeschlossen sind **3** alle elektrischen Leitungen (Kabel), mit denen die Gebäude innerhalb einer Region oder eines Ortes mit Strom versorgt werden

Orts·sinn *der; nur Singular* wenn man von einem Ort zu einem anderen Ort geht und immer weiß, wo man gerade ist, hat man einen guten Ortssinn ≈ *Orientierungssinn*

orts·üb·lich ADJEKTIV so, wie es in dem genannten Ort üblich ist ⟨Löhne, Mieten, Preise⟩

Orts·um·ge·hung *die* eine Straße, die nicht *durch* einen Ort, sondern an ihm *vorbei* führt ≈ *Umgehungsstraße*

Orts·ver·ein *der* die Gruppe eines Vereins oder einer Partei, deren Mitglieder in der Region aktiv sind ≈ *Ortsgruppe*

Orts·wech·sel *der* der Vorgang, bei dem man einen Ort verlässt und an einen anderen geht oder von einer Stadt in eine andere zieht ⟨einen Ortswechsel vornehmen⟩

Orts·zeit *die* die Uhrzeit, die an einem Ort gilt | *Das Flugzeug landet in Tokio um 10 Uhr Ortszeit*

öS *historisch* Abkürzung für *Österreichische Schilling(e)*

-ös *im Adjektiv nach Substantiv, unbetont, nicht produktiv* **melodiös, muskulös, mysteriös, strapaziös, voluminös** *und andere* so, dass die genannte Sache in großer Menge oder Intensität vorhanden ist | *in einer luxuriösen Wohnung wohnen*

Öse *die;* (-, -n) ein kleiner Ring aus Metall, in den man einen Haken einhängen oder durch den man eine Schnur ziehen kann ⟨Haken und Ösen⟩

Ösi *der;* (-s, -s); Ⓓ *gesprochen* als humorvolle oder abwertende Bezeichnung für Österreicher verwendet **H** vergleiche **Piefke**

Os·si *der;* (-s, -s); *gesprochen, oft abwertend oder humorvoll* verwendet, um einen Bewohner der neuen Bundesländer (= das Gebiet der früheren DDR) zu bezeichnen | *Typisch Ossi!*

★ **Ost¹** *ohne Artikel; nur in dieser Form* **1** die Richtung, in der die Sonne am Morgen zu sehen ist ⟨Wind aus/von Ost; ein Kurs Richtung Ost⟩ ↔ *West* **K** Nordost, Südost **2** *historisch* die Sowjetunion und ihre verbündeten Staaten ≈ *Ostblock* | *Zu der Tagung kamen Besucher aus Ost und West*

Ost² *der;* (-s) ≈ *Ostwind*

Os·tal·gie *die;* (-) die Sehnsucht nach einzelnen Dingen oder Zuständen, die mit dem Ende der DDR verschwunden sind

Ost·block *der; nur Singular; historisch* die Sowjetunion und besonders diejenigen europäischen Staaten, die mit ihr verbündet waren **K** Ostblockland, Ostblockstaat

Ost·deutsch·land *(das)* **1** der östliche Teil Deutschlands (vor allem vor 1949 oder nach 1990) **2** *gesprochen, historisch* ≈ *DDR* ● hierzu **ost·deutsch** ADJEKTIV

★ **Os·ten** *der;* (-s) **1** die Richtung, die auf der Landkarte nach rechts zeigt ⟨der Wind weht aus/von Osten, aus/in Richtung Osten; nach Osten zeigen⟩ ↔ *Westen* | *Die Sonne geht im Osten auf* **K** Ostküste, Ostrand, Ostseite, Ostteil **2** der Teil eines Gebietes, der im Osten liegt ↔ *Westen* | *Er wohnt im Osten des Landes* **K** Ostafrika, Ostamerika, Osteuropa **3** *oft abwertend* das Gebiet der früheren DDR ≈ *Ostdeutschland* | *Seine Eltern sind 1975 aus dem Osten nach Westdeutschland geflohen* **4** ≈ *Ostblock* **5** **der Nahe Osten** das Gebiet von Ägypten, dem Iran und den Ländern dazwischen ≈ *Orient* **6** **der Mittlere Osten** das Gebiet der Länder im Osten vom Iran bis einschließlich Bangladesch ≈ *Orient* **7** **der Ferne Osten** das Gebiet von China, Japan, Indonesien und den Ländern dazwischen ≈ *Südostasien* ● zu (1) **fern·öst·lich** ADJEKTIV

LANDESKUNDE

▶ Ostern

An **Ostern** feiern die Christen die Auferstehung von Jesus Christus. Am **Ostersonntag** gehen viele Leute in die Kirche. In manchen Gemeinden wird im Freien ein großes Feuer (das **Osterfeuer**) angezündet. Zum Frühstück isst man traditionell hartgekochte Eier, die bunt gefärbt oder bemalt wurden (die **Ostereier**). Es gibt auch traditionelles Gebäck wie den **Osterzopf**.

Die Kinder freuen sich darauf, die Ostereier und Nester zu suchen, welche der **Osterhase** mit bunten Schokoladeneiern und anderen Süßigkeiten gefüllt und im Haus oder im Garten für sie versteckt hat.

Der **Ostermontag** ist in Deutschland ein gesetzlicher Feiertag.

os·ten·ta·tiv [-f] ADJEKTIV; *geschrieben* mit Absicht und so, dass die anderen Leute es bemerken | *Er gähnte ostentativ* | *Ostentativ kehrte sie uns den Rücken*

Os·ter·ei *das* **1** ein (hart) gekochtes Ei, das bunt bemalt ist und oft zu Ostern für Kinder versteckt wird ⟨Ostereier bemalen, färben, verstecken, suchen, essen⟩ **2** ein Ei aus Schokolade o. Ä., das man zu Ostern kaufen kann

Os·ter·glo·cke *die* eine Blume mit schmalen Blättern und großen gelben Blüten, die im Frühling blüht

Os·ter·ha·se *der* **1** ein Hase, von dem kleine Kinder glauben, dass er ihnen zu Ostern Eier und Süßigkeiten bringt **2** eine Figur aus Schokolade o. Ä. in der Form eines Hasen, die man zu Ostern kaufen kann

Os·ter·lamm *das* **1** ein Lamm, das zu Ostern gegessen wird **2** ein süßes Gebäck in der Form eines kleinen Lamms, das zu Ostern gegessen wird

Os·ter·marsch *der* eine große Demonstration zu Ostern für den Frieden in der Welt

★ **Os·tern** *(das);* (-, -) das Fest im Frühling, mit dem die Christen die Auferstehung von Jesus Christus feiern ⟨vor, zu/an, über, nach Ostern⟩ | *Letztes Jahr hat es (zu/an) Ostern ge-*

schneit K Osterfeiertage, Osterferien, Osterfest, Ostermontag, Ostersonntag, Osterzeit H *Ostern* wird meist ohne Artikel verwendet. In der gesprochenen Sprache werden Adjektive in der Form des Plurals verwendet: *letzte Ostern* (= am letzten Osterfest). ■ ID **Frohe/Fröhliche Ostern!** verwendet, um jemandem ein schönes Osterfest zu wünschen

Ös·ter·reich (*das*) **1** der Staat in Mitteleuropa mit der Hauptstadt Wien | *in Österreich leben* **2** die Vertreter Österreichs bei internationalen Veranstaltungen, Konferenzen usw. | *Silber für Österreich!* • zu (1) **Ös·ter·rei·cher** *der*; zu (1) **Ös·ter·rei·che·rin** *die*; zu (1) **ös·ter·rei·chisch** ADJEKTIV

LANDESKUNDE

▶ Österreich

Österreich ist eine parlamentarische Republik (**Republik Österreich**). Auf einem 83 880 km² großen Gebiet leben etwa 8,8 Millionen Einwohner. Wichtige Wirtschaftssektoren sind Landwirtschaft und Viehzucht und der Fremdenverkehr. Besonders beliebt bei den Touristen sind Berg- und Skisport in den Alpen, der Neusiedlersee und die Festspiele in Salzburg und Bregenz.

Österreich besteht aus neun **Bundesländern**: Burgenland, Kärnten, Niederösterreich, Oberösterreich, Salzburg, Steiermark, Tirol, Vorarlberg, Wien.

Die Hauptstadt ist **Wien**, mit fast zwei Millionen Einwohnern. Andere wichtige Städte sind **Graz**, **Linz**, **Salzburg**, **Innsbruck** und **Klagenfurt**.

Os·ter·wo·che *die* **1** die Woche vor Ostern ≈ *Karwoche* **2** die Woche nach Ostern

Os·ter·zopf *der* ein Kuchen in Form eines Zopfes, der an Ostern gegessen wird

Ost·ge·bie·te *die; Plural; historisch* verwendet, um die Gebiete östlich des heutigen Deutschland zu bezeichnen, die vor 1938 zu Deutschland gehörten und jetzt polnisch oder russisch sind

★ **öst·lich** ■ ADJEKTIV *meist attributiv* **1** in die Richtung nach Osten ‹ein Kurs; in östliche Richtung fahren› **2** von Osten nach Westen ‹ein Wind; der Wind kommt, weht aus östlicher Richtung› **3** im Osten ‹ein Land, die Seite, der Teil› | *Wir befinden uns zehn Grad östlicher Länge* **4** in Bezug auf die Länder Asiens und die Menschen, die dort leben ≈ *asiatisch* **5** zum (früheren) Ostblock, zum Osten gehörig ‹ein Diplomat, ein Politiker›
■ PRÄPOSITION *mit Genitiv* **6** (in der genannten Entfernung) weiter im Osten als etwas ↔ *westlich* | *fünf Kilometer östlich der Grenze leben* | *Das Gebiet östlich des Flusses ist überschwemmt* H Folgt ein Wort ohne Artikel, verwendet man *östlich von*: *östlich von Köln*.

Ost·po·li·tik *die; nur Singular;* Ⓓ die Politik einer westlichen Regierung gegenüber den (früher) kommunistischen Ländern in Osteuropa und Asien, vor allem dem Ostblock

Öst·ro·gen *das*; (-s, -e) ein Hormon, das im Eierstock der Frau entsteht

Ost·see *die*; (-) das Meer zwischen Dänemark, Schweden, Finnland und den Ländern südlich von ihnen

ost·wärts ADVERB nach Osten

Ost-West- *im Substantiv, betont, begrenzt produktiv* **die Ost-West-Beziehungen, der Ost-West-Dialog, der Ost-West-Handel, das Ost-West-Verhältnis** *und andere* zwischen den Ländern des (früheren) Ostblocks und den Staaten des Westens | *den Ost-West-Konflikt beenden*

ost·west·lich ADJEKTIV von Osten nach Westen

WORTSCHATZ

▶ Österreichisches Deutsch

Wörter, die in Österreich (auch) eine andere Bedeutung haben:

Österreichisches Deutsch	Hochdeutsch
angreifen (*hat*)	anfassen
aufzeigen (*hat*)	*in der Schule*: sich melden
sich ausrasten (*hat*)	ausruhen
das **Gewand**	die Kleidung
die **Haube**	die Mütze
der **Kasten**	der Schrank
der **Mist**	der Müll
picken (*hat*)	kleben
das/der **Polster**	das Kissen
der **Sessel**	der Stuhl
taugen (*hat*)	(jemandem) gefallen

Wörter, denen man (fast) nur in Österreich begegnet:

Österreichisches Deutsch	Hochdeutsch
das **Beisel**	das Gasthaus
der **Beistrich**	das Komma
das **Deka**	zehn Gramm
der **Erdapfel**	die Kartoffel
das **Faschierte**	das Hackfleisch
die **Fisole**	die grünen Bohne
fladern (*hat*)	stehlen
die **Gelse**	die Stechmücke
die **Kassa**	die Kasse
der **Jänner**	der Januar
die **Jause**	die Brotzeit
der **Kukuruz**	der Mais
das **Leiberl**	das T-Shirt, das Unterhemd
leiwand	angenehm, schön
der **Lungenbraten**	das Filet
die **Marille**	die Aprikose
der **Mistkübel**	der Mülleimer
der **Palatschinken**	der Pfannkuchen
der **Paradeiser**	die Tomate
der **Pensionist**	der Rentner
der **Plafond**	die Zimmerdecke
das **Schlagobers**	die Schlagsahne
das **Spital**	das Krankenhaus
die **Trafik**	der Kiosk
der **Zipp**®	der Reißverschluss
das **Zuckerl**	das Bonbon
der **Zuseher**	der Zuschauer

Ost·wind *der* ein Wind aus Osten ‹ein eisiger Ostwind›

Ost·zo·ne *die;* Ⓓ *historisch* **1** der Teil Deutschlands, der nach 1945 von den Sowjets besetzt wurde und dem Gebiet der DDR entsprach **2** *gesprochen* früher als Bezeichnung für die DDR verwendet K Ostzonenflüchtling

O-Ton ['o:to:n] *der; gesprochen* Originalton verwendet, um zu sagen, dass ein Zitat, jemandes Sprache o. Ä. nicht verändert wurde | *Dieser Satz ist O-Ton Angela Merkel* | *Der Heimatfilm ist O-Ton Süd* (Der Heimatfilm ist in einem süddeutschen Dialekt)

Ot·ter[1] *der*; (-s, -) ein kleines Säugetier mit glänzendem Fell, das am und im Wasser lebt und Fische frisst K Fischotter

Ot·ter[2] *die*; (-, -n) eine giftige Schlange ≈ *Viper* | *Die bekannteste Otter ist die Kreuzotter*

Ot·to *der*; (-s, -s); *besonders norddeutsch, gesprochen* etwas, das sehr groß ist | *Mann, ist das ein Otto!* ■ **ID den flotten Otto haben** *besonders norddeutsch, gesprochen* Durchfall haben → Normalverbraucher

Ot·to·mo·tor *der* ein Motor, der mit Benzin betrieben wird und mit welchem die meisten Autos fahren

out [aut] ADJEKTIV ■ **ID etwas ist out** *gesprochen* etwas ist nicht mehr beliebt, nicht mehr in Mode

ou·ten VERB ['autn̩] (outete, hat geoutet); *gesprochen* **1 sich outen** öffentlich sagen, dass man selbst homosexuell ist **2 sich als etwas outen** *oft humorvoll* offen eine peinliche Tatsache über sich selbst aussprechen ⟨sich als Alkoholiker outen⟩ | *Ich muss mich jetzt mal als Schlagerfan outen*

Out·fit ['aut-] *das;* (-(s), -s); *gesprochen* die Kleidung, die jemand anhat | *Sie erschien in einem nagelneuen schicken Outfit*

Out·put ['autpʊt] *der;* (-s, -s) **1** die Daten und Informationen, die ein Computer als Ergebnis liefert ↔ *Input* **2** die gesamte Menge der Waren, die ein Betrieb produziert | *der industrielle Output* **3** die Leistung eines technischen Gerätes

Out·si·der ['autsaidɐ] *der;* (-s, -); *gesprochen* ≈ *Außenseiter*

Out·sour·cing ['autso:ɐsɪŋ] *das;* (-(s)) beim Outsourcing lässt ein Unternehmen Teile seiner Produkte oder Projekte von anderen machen, um so Geld zu sparen

Ou·ver·tü·re [uver-] *die;* (-, -n) ein Musikstück, das am Anfang z. B. einer Oper oder Operette gespielt wird | *die Ouvertüre zu „Figaros Hochzeit"*

★ **oval** [-v-] ADJEKTIV mit einer Form wie ein Ei, wenn man es sich flach vorstellt ⟨ein Gesicht, ein Spiegel, ein Tisch, eine Rennbahn⟩

Oval [-v-] *das;* (-(e)s, -e) etwas, das oval ist | *das Oval der Rennbahn*

Ovar [-v-] *das;* (-s, -e), **Ova·ri·um** *das;* (-s, Ova·ri·en); *meist Plural; geschrieben* ≈ *Eierstock*

Ova·ti·on [ova'tsjo:n] *die;* (-, -en); *meist Plural; geschrieben* **1** sehr starker Beifall, Applaus | *Das Publikum empfing die Sängerin mit Ovationen* **2 stehende Ovationen** begeisterter Beifall, bei dem das Publikum aufsteht

Over·all ['o:vərɔ:l] *der;* (-s, -s) Arbeitskleidung in einem Stück, die den ganzen Körper bedeckt | *ein Mechaniker im blauen Overall*

Over·head|pro·jek·tor ['o:vəhɛd-] *der* ein Projektor, der Texte und Bilder von Folien groß an der Wand zeigt

Over·kill ['o:vəkɪl] *das/der;* (-s) **1** die Situation, wenn mehr Waffen vorhanden sind, als nötig wäre, den Gegner oder alle Menschen zu vernichten ⟨der atomare Overkill⟩ **2** *gesprochen* bei einem Overkill wird in dem genannten Bereich viel zu aufwendig und übertrieben gehandelt ⟨ein akustischer, optischer, technischer Overkill⟩

ÖVP [ø:fau'pe:] *die;* (-) Österreichische Volkspartei eine Partei in Österreich

Ovu·la·ti·on [ovula'tsjo:n] *die;* (-, -en); *geschrieben* ≈ *Eisprung*

Oxid *das;* (-(e)s, -e) eine Verbindung eines chemischen Stoffes mit Sauerstoff **K** Eisenoxid, Kupferoxid

oxi·die·ren VERB (oxidierte, hat/ist oxidiert) **1 etwas oxidieren** (*hat*) bewirken, dass sich ein chemischer Stoff mit Sauerstoff verbindet **2 etwas oxidiert** (*ist*) etwas verbindet sich mit Sauerstoff | *Eisen oxidiert sehr leicht* ● hierzu **Oxi·da·ti·on** *die*

Oxyd [o'ksy:t] → Oxid

oxy·die·ren → oxidieren

Oze·an *der;* (-s, -e) ein großes Meer zwischen Kontinenten ⟨der Atlantische, der Indische, der Pazifische/Stille Ozean⟩ **K** Ozeandampfer

Oze·an·rie·se *der; gesprochen* ein sehr großes Schiff, das auf Ozeanen fährt

Oze·lot *der;* (-s, -e/-s) **1** eine kleine Raubkatze mit geflecktem Fell (vor allem in Mittel- und Südamerika) **2** ein Mantel oder eine Jacke aus dem Fell des Ozelots

Ozon *das/der;* (-s) **1** ein giftiges blaues Gas, das eine Form von Sauerstoff ist | *Das Ozon in den hohen Schichten der Atmosphäre hält einen Teil der schädlichen ultravioletten Strahlen von der Erde ab* **K** Ozongehalt, Ozonkonzentration, Ozonloch, Ozonschicht ■ chemische Formel: O_3 **2** *veraltet* angenehm saubere, frische Luft, vor allem am Meer oder im Wald ● zu (1) **ozon·hal·tig** ADJEKTIV

Ozon·alarm *der* die Warnung, sich wegen hoher Ozonwerte nicht unnötig im Freien aufzuhalten

Ozon·kil·ler *der; gesprochen* etwas, das dazu beiträgt, dass die Ozonschicht der Atmosphäre teilweise zerstört wird | *Fluorkohlenwasserstoffe sind Ozonkiller*

Ozon·loch *das* Gebiete in den hohen Regionen der Erdatmosphäre (vor allem über der Antarktis), in denen die Ozonschicht zerstört ist

Ozon·wert *der;* (-(e)s, -e); *meist Plural* der Anteil an Ozon in der Atemluft im Freien, der von besonderen Messstationen täglich gemessen wird

P

P, p [pe:] *das;* (-, -/*gesprochen auch* -s) der sechzehnte Buchstabe des Alphabets ⟨ein großes P; ein kleines p⟩

★ **paar** *nur in dieser Form* **1 ein paar** verwendet, um eine geringe Anzahl (von Personen, Dingen usw.) anzugeben ≈ *wenige* | *Hast du ein paar Minuten Zeit?* | *Vom Kuchen sind nur noch ein paar Stücke übrig* | *Die paar Euro, die das Kino kostet, wirst du ja wohl noch haben* | *Er geht immer zu den Sitzungen, nur die letzten paar Male war er krank* **2 ein paar** +*Zahl* mehr als zwei ⟨ein paar hundert, tausend, Millionen⟩ ≈ *mehrere* **3 alle paar** +*Zeit-/Längenangabe* in Abständen von wenigen Sekunden, Metern usw. | *alle paar Sekunden auf die Uhr schauen* | *alle paar Meter stehen bleiben* ■ *Ein/Die paar* verwendet man wie ein attributives Adjektiv (*ein paar Kinder*) oder wie ein Substantiv (*Sind noch ein paar übrig?*)

★ **Paar** *das;* (-(e)s, -/-e) **1** (*Plural: Paar*) zwei Dinge, die zusammengehören ⟨ein, zwei, drei Paar Handschuhe, Ohrringe, Schuhe, Strümpfe, Würstchen⟩ **2** (*Plural: Paare*) zwei Menschen, die einander lieben, miteinander verwandt sind oder zusammen arbeiten ⟨ein ungleiches, unzertrennliches Paar⟩ | *Dieses Paar gewann letztes Jahr den Eiskunstlauf!* **K** Brautpaar, Ehepaar, Elternpaar, Geschwisterpaar, Liebespaar, Tanzpaar, Zwillingspaar **3** (*Plural: Paare*) zwei Tiere, die zusammengehören | *ein Paar Ochsen vor den Pflug/Wagen spannen* ■ **ID Das sind zwei Paar Stiefel** *gesprochen* das sind zwei ganz unterschiedliche Sachen

paa·ren VERB (paarte sich, hat sich gepaart) **1 Tiere paaren sich** ein männliches und ein weibliches Tier haben Sex | *Die Enten paarten sich, und bald darauf legte das Weibchen Eier* **2 etwas paart sich mit etwas** etwas ist gemeinsam mit etwas vorhanden | *In seinem Charakter paart sich Mut mit Verantwortungsgefühl*

paar·mal ADVERB **ein paarmal** wenige Male | *Ich hab den Film schon ein paarmal gesehen*

★ **Paa·rung** *die;* (-, -en) **1** der Vorgang, bei dem zwei Tiere ein junges Tier entstehen lassen **K** Paarungsbereitschaft, Paarungsverhalten, Paarungszeit **2** die Kombination zweier Mannschaften zu einem Spiel innerhalb eines größeren Wettbewerbs | *Bei den Fußballspielen gab es diesmal interessante Paarungen*

paar·wei·se ADVERB in Paaren ⟨sich paarweise aufstellen⟩ ↔ *einzeln* | *Ohrringe kann man einzeln tragen, aber nur paarweise kaufen*

Pạcht *die*; (-, -en) **1** *nur Singular* das Pachten ⟨etwas in Pacht haben, nehmen; jemandem etwas in Pacht geben⟩ K Pachtgeld, Pachtvertrag; Gebäudepacht, Jagdpacht, Landpacht **2** das Geld, das eine Person bekommt, von der man etwas pachtet ⟨die Pacht erhöhen, senken, kassieren⟩ **3** der Vertrag, mit dem man etwas pachtet ⟨die Pacht kündigen, verlängern⟩

pạch·ten VERB (pachtete, hat gepachtet) **etwas pachten** jemandem Geld dafür geben, dass man ein Stück Land, einen Raum o. Ä. (mit allen Rechten) nutzen darf ⟨einen Garten, ein Grundstück, einen Hof, ein Lokal pachten⟩ H → Infos unter **leihen** ■ ID **so tun/sich so benehmen, als hätte man etwas für sich gepachtet** *gesprochen, abwertend* sich so benehmen, als hätte man als Einziger die genannte positive Eigenschaft oder als dürfte man allein das Genannte benutzen | *Tu nicht so, als hättest du die Weisheit für dich gepachtet!* ● hierzu **Pạ̈ch·ter** *der*; **Pạ̈ch·te·rin** *die*

Pạck *das*; (-s); *gesprochen, abwertend* Menschen, von denen man glaubt, dass sie faul, kriminell oder unmoralisch sind K Diebespack, Lumpenpack

-pack *der*; (-s, -e); *im Substantiv, unbetont, begrenzt produktiv* **Dreierpack, Sechserpack, Zehnerpack** *und andere* ≈ *-packung*

★ **Pạ̈ck·chen** *das*; (-s, -) **1** eine kleine Packung oder ein kleines Paket ⟨ein Päckchen Backpulver, Kaugummi; etwas zu einem Päckchen binden, verschnüren⟩ **2** etwas (meist in einem Karton o. Ä. Verpacktes), das man mit der Post schickt und das weniger als zwei Kilogramm wiegt ⟨ein Päckchen aufgeben, bekommen⟩ ■ ID **Jeder hat sein Päckchen zu tragen** jeder hat eigene Probleme und Sorgen

PÄCKCHEN

das Päckchen
die Packung

das Päckchen

Pạck·eis *das* eine dicke Schicht Eis auf dem Wasser aus vielen einzelnen Stücken, die aufeinanderliegen (vor allem in der Nähe von Nordpol und Südpol) | *Das Schiff ist im Packeis stecken geblieben*

★ **pạ·cken** VERB (packte, hat gepackt) **1** **etwas (in etwas (Akkusativ)) packen** Dinge in Schachteln, Kisten usw. legen, um sie zu transportieren oder zu lagern ⟨die Sachen, die Schulsachen packen⟩ ≈ *einpacken* | *Kleider in den Koffer packen* | *das Gepäck in das Auto packen* **2** **jemanden/etwas packen** jemanden/etwas greifen und sehr fest halten ↔ *loslassen* | *Der Löwe packte die Antilope im Genick* | *Er packte ihn am Arm, sodass er nicht mehr weglaufen konnte* **3** **etwas packt jemanden** jemand spürt plötzlich eine starke emotionale Reaktion ⟨jemanden packt die Wut, die Verzweiflung, die Angst, die Leidenschaft⟩ | *Mich packt der Neid, wenn ich daran denke, wie leicht manche Leute ihr Geld verdienen* **4** **etwas packen** *gesprochen* etwas gerade noch schaffen, erreichen oder ertragen ⟨eine Hürde, eine Prüfung packen⟩ | *Meinst du, er hat den Zug noch gepackt?* | *Der Stress wird mir zu viel, ich pack das nicht mehr* **5** **jemanden irgendwohin packen** jemanden irgendwohin legen und zudecken ⟨ein Kind, einen Kranken ins Bett, aufs Sofa packen⟩ **6** **(etwas) packen** etwas mit Kleidung und anderen Dingen füllen, die man auf eine Reise o. Ä. mitnehmen will ⟨einen Koffer, ein Paket, einen Rucksack, eine Schultasche packen⟩ ↔ *auspacken* | *Er verreist morgen und hat noch nicht mit dem Packen angefangen* ■ ID **Pack dich!** *gesprochen* verwendet, um jemanden sehr unfreundlich aufzufordern zu gehen

Pạ·cken *der*; (-s, -) ziemlich viele Dinge gleicher Art, die aufeinanderliegen (und zusammengebunden sind) ⟨ein Packen Bücher, Papier, Wäsche, Zeitungen⟩ ≈ *Stapel*

pạ·ckend ■ PARTIZIP PRÄSENS **1** → packen ■ ADJEKTIV **2** ⟨ein Roman, ein Film⟩ so, dass man nicht aufhören kann, sie zu lesen oder anzusehen

Pạ·cker *der*; (-s, -) eine Person, die beruflich in einem Betrieb Waren verpackt ● hierzu **Pạ·cke·rin** *die*

Pạck·esel *der* ein Esel, der Lasten trägt

Pạck·pa·pier *das* dickes braunes Papier, das man benutzt, um Pakete und Päckchen zu verpacken

Pạck·pferd *das* ein Pferd, das Lasten trägt

★ **Pạ·ckung** *die*; (-, -en) **1** die Hülle oder der Behälter, in denen mehrere einzelne Dinge gleicher Art sind ⟨eine Packung aufreißen, aufschneiden, öffnen⟩ ≈ *Verpackung* | *Nimm die Sorte in/mit der roten Packung* K Aufreißpackung, Haushaltspackung, Frischhaltepackung, Klarsichtpackung, Zellophanpackung, Zigarettenpackung **2** die Menge oder Zahl von Dingen gleicher Art, die zusammen in einer Hülle verkauft werden ⟨eine Packung Eier, Milch, Kaffee, Kekse, Zigaretten⟩ **3** ein Tuch mit warmer und feuchter Erde, das man um einen Körperteil legt, damit man keine Schmerzen mehr hat ⟨jemandem eine schmerzlindernde, warme Packung machen⟩ K Fangopackung, Moorpackung, Schlammpackung, Kurpackung **4** *gesprochen* eine hohe Niederlage im Sport ⟨eine Packung bekommen⟩

PACKUNG

-pa·ckung *die*; *im Substantiv, unbetont, begrenzt produktiv* **Zweierpackung, Zehnerpackung, Zwanzigerpackung** *und andere* bezeichnet eine Verpackung mit der genannten Menge einer Ware

Pad [pet] *das*; (-s, -s) **1** Kurzwort für *Mauspad* **2** ein kleines Polster in der Kleidung K Schulterpad **3** ein flaches rundes Stück saugfähiges Papier oder Watte zum Abwischen von Schminke **4** ein flacher runder Beutel mit einer kleinen Portion Kaffeepulver oder Tee für Maschinen, die einzelne Tassen frisch zubereitet K Kaffeepad, Teepad

Pä·da·go·ge *der*; (-n, -n) **1** *geschrieben* ≈ *Lehrer* **2** ein Wissenschaftler, der sich mit Pädagogik beschäftigt H *der Pädagoge; den, dem, des Pädagogen* ● hierzu **Pä·da·go·gin** *die*

Pä·da·go·gik *die*; (-) die Wissenschaft, die sich mit dem Unterrichten und Erziehen beschäftigt K Schulpädagogik, Sozialpädagogik ● hierzu **pä·da·go·gisch** ADJEKTIV

P

Pad·del *das*; (-s, -) ein Stock (mit einem breiten, flachen Teil an einem oder beiden Enden), den man ins Wasser taucht, um so ein kleines Boot zu bewegen **I** Ein *Ruder* ist am Boot befestigt, ein *Paddel* nicht.

Pad·del·boot *das* ein schmales Boot, das man mit Paddeln bewegt **I** Als Paddelboot bezeichnet man meist *Kajaks*, seltener *Kanus*

pad·deln VERB (paddelte, ist gepaddelt) **1** ein Boot mit Paddeln bewegen | *über den See paddeln* **2** **ein Tier paddelt** ein Tier schwimmt so, dass sich die Beine wie beim Gehen unter dem Körper bewegen | *Der Hund paddelte durchs Wasser*

pä·do·phil [-'fi:l] ADJEKTIV so, dass man als erwachsene Person mit Kindern Sex haben will (obwohl es verboten ist) ⟨ein Mann, ein Täter; eine Neigung, eine Tat; pädophil veranlagt sein⟩ ● hierzu **Pä·do·phi·le** [-'fi:-] *der/die*; **Pä·do·phi·lie** [-fi-] *die*

paf·fen VERB (paffte, hat gepafft) **1** **(etwas) paffen** rauchen, ohne den Rauch in die Lunge zu saugen **2** **(etwas) paffen** *gesprochen* ⟨eine Zigarette, eine Zigarre paffen⟩ ≈ *rauchen*

Pa·ge ['pa:ʒə] *der*; (-n, -n) ein (junger) Diener, der eine Uniform trägt **K** Hotelpage **I** *der Page; den, dem, des Pagen*

Pa·go·de *die*; (-, -n) ein Tempel in Asien, der wie ein Turm mit vielen Stockwerken aussieht, von denen jedes ein eigenes Dach hat **K** Pagodenstil

pah! verwendet, um Verachtung auszudrücken | *Pah, das ist doch lächerlich!*

★ **Pa·ket** *das*; (-(e)s, -e) **1** etwas, das man mit einer Schnur zusammengebunden oder zusammen in eine Schachtel/einen Karton getan hat | *Er band die Zeitungen zu einem Paket zusammen* **K** Bücherpaket, Wäschepaket **2** ein Paket, das man mit der Post schickt und das mehr als zwei Kilogramm wiegt ⟨ein Paket aufgeben, bekommen; jemandem ein Paket schicken⟩ **K** Paketannahme, Paketausgabe, Paketschalter, Paketsendung; Eilpaket, Postpaket, Wertpaket **I** → auch **Päckchen** **3** mehrere Dinge oder eine große Menge einer Ware in derselben Packung ⟨ein Paket Waschpulver⟩ **I** Ein *Paket* ist meist größer als eine *Packung*. **4** mehrere Dinge gleicher Art, die zusammengehören ⟨ein Paket Aktien; ein Paket von Forderungen, Vorschlägen⟩ **K** Aktienpaket, Gesetzespaket, Softwarepaket

PAKET

das Paket (2)

das Paket (3)

Pa·ket·bo·te *der* eine Person, welche bei einem Paketdienst arbeitet und den Kunden die Pakete bringt ● hierzu **Pa·ket·bo·tin** *die*

Pa·ket·dienst *der* ein Paketdienst transportiert Päckchen, Pakete und Koffer, z. B. zu den Kunden von Geschäften im Internet

Pakt *der*; (-(e)s, -e) **1** ⟨einen Pakt mit jemandem, einem Staat schließen; einem Pakt beitreten, angehören⟩ ≈ *Bündnis* **K** Nichtangriffspakt **2** **der Warschauer Pakt** *historisch* ein militärisches Bündnis zwischen der alten Sowjetunion und den meisten Staaten Osteuropas

Pa·lais [pa'lɛ:] *das*; (-, - [pa'lɛ:s]) ein kleines Schloss

Pa·lä·on·to·lo·gie *die*; (-) die Wissenschaft, die sich mit Lebewesen beschäftigt, die vor sehr langer Zeit auf der Erde lebten ● hierzu **Pa·lä·on·to·lo·ge** *der*; **pa·lä·on·to·lo·gisch** ADJEKTIV

Pa·last *der*; (-(e)s, Pa·läs·te) ein großes, teures Gebäude, in dem ein König, Fürst o. Ä. lebt ⟨ein prunkvoller Palast; der Palast des Königs, des Herrschers⟩ | *der Buckingham-Palast in London* **K** Palastwache; Fürstenpalast, Königspalast

Pa·läs·ti·nen·ser *der*; (-s, -) ein Mitglied eines arabischen Volkes, das heute vor allem im Westjordanland und im Gazastreifen lebt **K** Palästinensergebiet, Palästinensergruppe, Palästinenserpräsident ● hierzu **Pa·läs·ti·nen·se·rin** *die*

Pa·last·re·vo·lu·ti·on [-revolu'tsjo:n] *die* der Versuch der Diener, Soldaten o. Ä. eines Herrschers, diesem die Macht wegzunehmen

Pa·lat·schin·ke *die*; (-, -n); *meist Plural*; Ⓐ ein dünner Pfannkuchen

Pa·la·ver [-v-] *das*; (-s, -); *abwertend* eine lange, oft sinnlose Diskussion ⟨(um etwas) ein großes/langes Palaver machen⟩

pa·la·vern [-v-] VERB (palaverte, hat palavert) **über etwas** (*Akkusativ*) **palavern** *abwertend* lange meist ohne ein Ergebnis über etwas reden oder diskutieren

Pa·let·te *die*; (-, -n) **1** eine Platte, die ein Maler in der Hand hält und auf der er die Farben mischt **2** **eine Palette (an Dingen** (*Dativ*)**)** viele verschiedene Dinge der gleichen Art ⟨eine bunte, reiche, breite Palette⟩ | *Der Verkäufer führte die ganze Palette an Möglichkeiten vor, die der neue Computer bietet* **3** ein Gestell aus mehreren Brettern, auf das man in einem Lager Waren legt, um sie leichter transportieren zu können | *eine Palette mit dem Gabelstapler anheben*

pa·let·ti ■ ID **Alles paletti!** *gesprochen* (Es ist) alles in Ordnung

Pa·li·sa·de *die*; (-, -n) **1** ein starker Holzpfahl **2** *meist Plural* ein Zaun aus Palisaden

Pal·li·a·tiv·me·di·zin *die*; *nur Singular* die medizinische Praxis und Forschung, wie den Menschen, welche sehr krank sind und deshalb bald sterben werden, geholfen werden kann

Pal·me *die*; (-, -n) ein Baum ohne Äste, der nur ganz oben große Blätter hat und in tropischen Ländern wächst **K** Palmenstrand; Dattelpalme, Kokospalme ■ ID **jemanden auf die Palme bringen** *gesprochen* jemanden wütend machen; **auf der Palme sein** *gesprochen* wütend sein

Palm·kätz·chen *das* die weiche Blüte mancher Bäume, vor allem der Weide

Palm·sonn·tag *der* der Sonntag vor Ostern **I** → Infos unter **Ostern**

Palm·we·del *der* das große Blatt einer Palme

Pam·pe *die*; (-, -n); *besonders norddeutsch, gesprochen, oft abwertend* ein dicker Brei

Pam·pel·mu·se *die*; (-, -n); *veraltend* ≈ *Grapefruit*

Pamph·let [pam'fle:t] *das*; (-(e)s, -e); *geschrieben, abwertend* **ein Pamphlet (gegen jemanden/etwas)** ein Text mit oft politischem Inhalt, in dem etwas sehr stark und aggressiv gefordert oder kritisiert wird ≈ *Streitschrift* → Flugblatt

pam·pig ADJEKTIV; *gesprochen, abwertend* sehr unhöflich ⟨eine Antwort, ein Benehmen; pampig werden⟩

pan-, Pan- *im Adjektiv und Substantiv, betont, begrenzt produktiv* **Panamerikanismus, Panslawismus; panafrikanisch, panamerikanisch, panarabisch** *und andere* bezeichnet eine politische Bewegung, welche ein Gebiet und die dort lebenden Völker vereinigen will

Pan·da *der*; (-s, -s) ein schwarz-weißer Bär, der in China lebt **K** Pandabär

Pan·de·mie *die*; (-, -n [-'mi:ən]) eine Infektionskrankheit, die sehr viele Menschen zur gleichen Zeit in mehreren Ländern oder Kontinenten haben

P

Pan·flö·te *die* eine Flöte aus mehreren Pfeifen unterschiedlicher Länge nebeneinander

pa·nie·ren VERB (panierte, hat paniert) **etwas panieren** etwas vor dem Braten in Ei und Paniermehl tauchen ⟨Blumenkohl, Fisch, ein Kotelett, ein Schnitzel panieren⟩

Pa·nier·mehl *das* grobes Mehl aus geriebenem Weißbrot zum Panieren

★ **Pa·nik** *die*; (-, -en); *meist Singular* eine Angst, die so stark ist, dass man nicht mehr denken kann und meist nur noch davonlaufen will ⟨(eine) Panik bricht aus; in Panik geraten; Panik erfasst, ergreift jemanden; jemanden in Panik versetzen⟩ | *Als das Feuer ausbrach, rannten alle voller Panik zum Ausgang* K Panikstimmung • hierzu **pa·nik·ar·tig** ADJEKTIV

Pa·nik·ma·che *die*; (-); *gesprochen, abwertend* der Versuch, anderen Leuten Angst zu machen, indem man eine Gefahr größer darstellt, als sie tatsächlich ist ⟨etwas ist nur, reine Panikmache⟩

pa·nisch ADJEKTIV voller Panik ⟨eine Angst, eine Reaktion, ein Schrecken⟩

★ **Pan·ne** *die*; (-, -n) **1** ein plötzlicher Schaden an einem Fahrzeug, sodass man nicht mehr weiterfahren kann ⟨eine Panne haben, beheben⟩ | *Er hatte mit seinem Fahrrad eine Panne: Der Reifen war geplatzt* | *Das Auto hatte eine Panne und musste abgeschleppt werden* K Pannenhilfe, Pannenhilfsdienst; Autopanne, Fahrradpanne, Reifenpanne **2** ein Fehler oder technisches Problem | *Bei dem Empfang gab es mehrere Pannen: Erst funktionierte das Mikrofon des Redners nicht, und dann kam der Dolmetscher auch noch zu spät*

Pan·nen·dienst *der* eine Organisation, die Autofahrern hilft, wenn sie eine Panne haben

Pan·nen·hil·fe *die*; *meist Singular* die Hilfe, mit der eine Panne behoben wird ⟨Pannenhilfe leisten⟩

Pa·nop·ti·kum *das*; (-s, Pa·nop·ti·ken) eine Ausstellung von seltsamen, oft lustigen Dingen

Pa·no·ra·ma *das*; (-s, Pa·no·ra·men) der weite Blick, den man von einem meist hoch gelegenen Aussichtspunkt hat | *Auf dem Gipfel bot sich uns ein fantastisches Panorama*

pan·schen VERB (panschte, hat gepanscht) **(Wein) panschen** Wein so herstellen, dass man Stoffe verwendet, die nicht erlaubt sind (wie z. B. Zucker, Chemikalien oder Wasser)

Pan·ter, **Pan·ther** *der*; (-s, -) ein schwarzer Leopard

Pan·ti·ne *die*; (-, -n); *norddeutsch* ein Schuh mit einer Sohle aus Holz ■ ID **aus den Pantinen kippen** *gesprochen* **a** ohnmächtig werden oder vor Schwäche zusammenbrechen **b** sehr überrascht sein

Pan·tof·fel *der*; (-s, -n) ein Schuh, der hinten offen ist und den man im Haus trägt ⟨warme, weiche Pantoffeln; in die Pantoffeln schlüpfen⟩ K Filzpantoffel ■ ID **unter dem Pantoffel stehen** als Ehemann zu Hause nichts ohne die Frau entscheiden dürfen

Pan·tof·fel·held *der*; *abwertend* ein Ehemann, der nichts ohne die Ehefrau entscheiden darf

Pan·tof·fel·ki·no *das*; *gesprochen, humorvoll* ≈ *Fernsehen*

Pan·to·mi·me[1] *die*; (-, -n) eine Art einfaches Theaterstück mit vielen Gesten und Bewegungen, aber ohne Worte K Pantomimenspiel • hierzu **pan·to·mi·misch** ADJEKTIV

Pan·to·mi·me[2] *der*; (-n, -n) eine Person, die eine Pantomime vorführt H *der Pantomime; den, dem, des Pantomimen*

pant·schen VERB (pantschte, hat gepantscht) **(etwas) pantschen** ≈ *panschen*

Pan·zer *der*; (-s, -) **1** eine harte Schale, welche den Körper mancher Tiere oder Insekten bedeckt und schützt ⟨der Panzer eines Käfers, eines Krebses, einer Schildkröte⟩ **2** ein schweres militärisches Fahrzeug, das sich auf zwei breiten Ketten (= Raupen) vorwärtsbewegt ⟨einen Panzer lenken⟩ K Panzerfahrer, Panzerkompanie **3** *historisch* die Kleidung aus Metall, die ein Ritter trug ⟨einen Panzer anlegen, tragen⟩ ≈ *Rüstung*

Pan·zer·glas *das* sehr hartes, dickes Glas, das nicht bricht, wenn man darauf schießt

pan·zern VERB (panzerte, hat gepanzert) **etwas panzern** etwas mit festen Teilen aus Metall schützen ⟨ein gepanzertes Schiff, Auto⟩ H meist im Passiv mit dem Hilfsverb *sein*

Pan·zer·schrank *der* ≈ *Geldschrank, Tresor*

★ **Pa·pa**, **Pa·pa** *der*; (-s, -s); *Kindersprache* als Anrede oder Bezeichnung für den Vater verwendet

Pa·pa·gei, **Pa·pa·gei** *der*; (-en/-s, -en) ein meist bunter Vogel mit gebogenem Schnabel, der in tropischen Ländern lebt und lernen kann, Wörter zu sprechen | *Aras und Wellensittiche sind Papageien* H *der Papagei; den, dem Papagei(en); des Papageis/Papageien*

Pa·per·back ['pe:pəbɛk] *das*; (-s, -s); *gesprochen* ≈ *Taschenbuch*

Pa·pi *der*; (-s, -s); *Kindersprache* ≈ *Papa*

★ **Pa·pier** *das*; (-(e)s, -e) **1** *nur Singular* das dünne, meist weiße Material, auf das man schreibt, zeichnet und druckt ⟨holzfreies Papier; ein Blatt, Bogen, Stück Papier; auf Papier malen, schreiben, zeichnen; etwas in Papier wickeln, (ein)schlagen⟩ | *bunte Lampions aus Papier* | *Papier wird aus Holz gemacht* K Papierbogen, Papierfabrik, Papierfetzen, Papierformat, Papierschere, Papierschnipsel; Schreibpapier, Zeichenpapier, Briefpapier, Zeitungspapier H zu *Papier* und *Papierschnipsel* → Abb. unter **Stück** **2** ein Material, ähnlich wie Papier, das zu verschiedenen Zwecken benutzt wird K Papierblume, Papierdrache, Papiergeld, Papierhandtuch, Papierserviette, Papiertaschentuch, Papiertüte; Filterpapier, Packpapier, Pergamentpapier, Klopapier, Toilettenpapier, Zigarettenpapier **3** ein Text mit wichtigen Informationen (z. B. eine Rechnung oder ein Vertrag) ⟨ein amtliches, vertrauliches Papier; ein Papier erarbeiten, sichten, unterzeichnen; Papiere ordnen, durchsehen⟩ ≈ *Dokument* K Arbeitspapier **4** *nur Plural* offizielle Dokumente wie Ausweis, Pass, Führerschein usw. ⟨falsche/gefälschte Papiere; jemandem neue Papiere ausstellen; die Papiere prüfen; die Papiere vorzeigen; die Papiere sind (nicht) in Ordnung⟩ K Ausweispapiere, Autopapiere, Zulassungspapiere **5** Kurzwort für *Wertpapier* ■ ID **etwas zu Papier bringen** etwas aufschreiben; **etwas aufs Papier werfen** etwas skizzieren; **etwas besteht/existiert nur auf dem Papier** etwas steht irgendwo geschrieben, wird aber nicht beachtet ⟨ein Recht, ein Vertrag⟩; **etwas ist nur ein Stück/Fetzen Papier**, **etwas ist nicht das Papier wert, auf das es gedruckt ist** etwas Geschriebenes ist wertlos oder ungültig ⟨ein Vertrag⟩; **Papier ist geduldig** verwendet, um Zweifel am Wert von etwas Geschriebenem auszudrücken

Pa·pier·deutsch *das*; *abwertend* das oft schwierige und komplizierte Deutsch, das Behörden verwenden ≈ *Amtsdeutsch*

pa·pie·ren ADJEKTIV **1** *meist attributiv* aus Papier | *eine papierene Blume* **2** so wie Papier ⟨etwas fühlt sich papieren an⟩ **3** sehr kompliziert und schwer zu verstehen ⟨ein Deutsch, ein Stil⟩

Pa·pier·korb *der* ein Behälter für Abfälle aus Papier H vergleiche **Abfalleimer**

Pa·pier·kram *der*; *gesprochen, abwertend* (offizielle) Briefe, Formulare o. Ä. (die man als lästig empfindet) ⟨den Papierkram erledigen⟩

Pa·pier·krieg *der*; *gesprochen, abwertend* Papierkrieg ist, wenn man viele lästige Briefe an Behörden oder Firmen schreiben, Formulare ausfüllen o. Ä. muss

Pa·pier·ma·ché *das* → Pappmaché

Pa·pier·schlan·ge *die* ein langer dünner Streifen aus buntem Papier, der zu einer Rolle geformt ist und den man im Karneval auf Feiern unter die Leute wirft ⟨Papierschlangen werfen⟩ ≈ *Luftschlange*

Pa·pier·stau *der* die Situation, wenn Papier im Drucker oder Kopierer feststeckt und nicht mehr bewegt werden kann

Pa·pier·ti·ger *der* eine Person, die gefährlich oder stark wirkt, es aber nicht wirklich ist

papp ■ ID **nicht mehr papp sagen können** *gesprochen* sehr satt sein

Papp *der*; (-s); *gesprochen* **1** ein dicker Brei **2** ≈ *Kleister, Klebstoff*

Papp·de·ckel *der* ein Stück Pappe/Karton

★ **Pap·pe** *die*; (-, -n); *meist Singular* **1** dickes, stabiles und steifes Papier | *eine Schachtel aus Pappe* [K] Pappbecher, Pappkarton, Pappschachtel, Pappteller **2** *gesprochen* ≈ *Führerschein* ■ ID **jemand/etwas ist nicht von Pappe** *gesprochen* jemand/etwas ist stark, ist nicht zu unterschätzen

Pap·pel *die*; (-, -n) ein hoher, schmaler Laubbaum, den man vor allem neben Straßen pflanzt

pap·pen VERB (pappte, hat gepappt); *gesprochen* **1** **etwas an/auf etwas** (*Akkusativ*) **pappen** ≈ *kleben* | *ein Schild auf ein Glas Marmelade pappen* **2** **etwas pappt** etwas klebt an etwas **3** **etwas pappt** etwas ist feucht und lässt sich gut formen ⟨Schnee⟩ [K] Pappschnee

Pap·pen·de·ckel *der*; Ⓐ → Pappdeckel

Pap·pen·hei·mer *die*; *Plural* ■ ID **jemand kennt seine Pappenheimer** jemand kennt bestimmte Personen mit all ihren Schwächen und Eigenarten und weiß daher, wie sie auf etwas reagieren werden

Pap·pen·stiel *der* **etwas ist ein/kein Pappenstiel** *gesprochen* etwas ist eine/keine Kleinigkeit

pap·per·la·papp! verwendet, um zu sagen, dass man etwas Gesagtes für Unsinn hält

pap·pig ADJEKTIV; *gesprochen* **1** sehr weich (und feucht) ⟨ein Brötchen⟩ **2** feucht und leicht zu formen ⟨Schnee⟩ **3** ≈ *klebrig*

Papp·ma·ché [-ma'ʃeː], **Papp·ma·schee** *das*; (-s, -s) eine feuchte Masse aus Papier und Leim o. Ä., aus der man Figuren formen kann und die beim Trocknen hart wird ⟨etwas aus Pappmaché basteln⟩

Papp·na·se *die* **1** eine rote Kappe für die Nase aus dünner Pappe oder Plastik, die vor allem Clowns benutzen, um lustig auszusehen **2** *gesprochen, abwertend* eine Person, die schlechte Leistungen bringt

Pap·ri·ka *der*; (-s, -(s)), **Pap·ri·ka** *die*; (-, -(s)) **1** (*der/die*) eine große, hohle Frucht von grüner, gelber oder roter Farbe, die als Gemüse gegessen wird ⟨gedünstete(r), gefüllte(r) Paprika⟩ ≈ *Paprikaschote* | *Paprika in einen gemischten Salat schneiden* **2** (*der/die*) die Pflanze, die Paprika als Früchte hat [K] Paprikaschote **3** (*der*) ein rotes Pulver, das man als (scharfes) Gewürz verwendet | *Gulasch mit Paprika würzen* [K] Paprikagulasch, Paprikaschnitzel

PAPRIKA

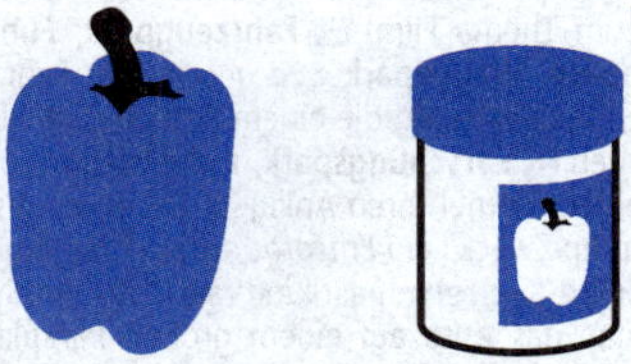

der/die Paprika der Paprika (Gewürz)

Paps *der*; (-); *gesprochen* ≈ *Papa*

★ **Papst** *der*; (-es, Päps·te) der höchste Priester der römisch-katholischen Kirche ⟨eine Audienz beim Papst⟩ | *Papst Franziskus betete für die Opfer des Bürgerkriegs* [K] Papstkrone, Papstwahl ■ ID **päpstlicher sein als der Papst** strenger oder genauer sein, als die Regeln es erfordern ● hierzu **päpst·lich** ADJEKTIV

-papst *der*; *im Substantiv, unbetont, begrenzt produktiv* **Kunstpapst, Literaturpapst, Orthografiepapst** *und andere* eine Person, die auf einem Gebiet sehr großen Einfluss hat

Pa·ra·bel *die*; (-, -n) **1** eine kurze, einfache Geschichte, die durch einen Vergleich eine moralische oder religiöse Lehre gibt **2** die Kurve, auf der z. B. ein Ball durch die Luft fliegt, erst nach oben, dann genauso wieder nach unten

Pa·ra·bol·an·ten·ne *die* eine Antenne in Form eines Parabolspiegels, mit der man z. B. Satellitenfernsehen empfangen kann

Pa·ra·bol·spie·gel *der* ein Spiegel, der nach innen gewölbt ist und Strahlen in einem Punkt sammelt

Pa·ra·de *die*; (-, -n) **1** ein Ereignis, bei dem Soldaten festlich gekleidet sind und sich in Reihen aufstellen oder durch die Straßen ziehen ⟨eine Parade abhalten⟩ [K] Militärparade, Truppenparade **2** das Abwehren eines Schusses durch den Torwart beim Fußball oder eines Angriffs beim Fechten ⟨eine glänzende Parade⟩ **3** **eine Parade abnehmen** als Offizier oder Politiker Soldaten grüßen, die eine Parade abhalten ■ ID **jemandem in die Parade fahren** *gesprochen* eine Person plötzlich stören und sie dadurch an einer Handlung hindern

Pa·ra·de·bei·spiel *das* ein sehr gutes Beispiel

Pa·ra·dei·ser *der*; (-s, -); Ⓐ ≈ *Tomate*

Pa·ra·de·pferd *das*; *gesprochen* eine Person oder Sache, die auf einem Gebiet so gut ist, dass man sie gern voll Stolz anderen Leuten als Beispiel zeigt

Pa·ra·de·stück *das* etwas, das so gut oder schön ist, dass man es stolz als Beispiel zeigt

Pa·ra·de·uni·form *die* eine festliche Uniform

★ **Pa·ra·dies** *das*; (-es, -e) **1** (in der Bibel) der schöne Ort, an dem Adam und Eva gelebt haben ⟨ein Leben wie im Paradies⟩ **2** der Ort, an dem nach Vorstellung vieler Christen Gott und die Engel leben ⟨ins Paradies eingehen⟩ ≈ *Himmel* ↔ *Hölle* **3** ein sehr schöner und angenehmer Ort | *Diese Insel ist ein wahres Paradies* **4** **ein Paradies (für jemanden)** ein Ort, an dem es alles gibt, was jemand braucht | *ein Paradies für Urlauber* [K] Ferienparadies, Kinderparadies, Urlaubsparadies, Vogelparadies, Wintersportparadies ■ ID **das Paradies auf Erden haben** alles haben, was man sich nur wünschen kann ● hierzu **pa·ra·die·sisch** ADJEKTIV

Pa·ra·dig·men·wech·sel *der*; *geschrieben* eine grundlegende Änderung von Vorstellungen, Überzeugungen oder Ideologien ⟨einen Paradigmenwechsel einläuten, vollziehen⟩ | *auf einen Paradigmenwechsel in der Energiepolitik dringen*

pa·ra·dox ADJEKTIV so, dass es einen Widerspruch in sich enthält oder dass darin zwei Dinge nicht zusammenpassen | *Es ist paradox, dass es in einem so reichen Land so viel Armut gibt* ● hierzu **pa·ra·do·xer·wei·se** ADVERB

Pa·ra·do·xon *das*; (-s, Pa·ra·do·xa) eine Aussage, die paradox ist | *„Ein schwarzer Schimmel" ist ein Paradoxon*

Pa·raf·fin *das*; (-s, -e) ein Gemisch, aus dem man Kerzen, Schuhcreme o. Ä. macht

Pa·ra·graf, Pa·ra·graph [-f] *der*; (-en, -en) ein Teil eines Gesetzes, Vertrages o. Ä., der eine Nummer trägt ⟨Paragraf eins, zwei, drei des Grundgesetzes, der Straßenverkehrsordnung, des Strafgesetzes⟩ **i** *der Paragraf; den, dem, des Paragrafen*; vor einer Zahl hat *Paragraf* keine Endung und wird ohne Artikel gebraucht: *gegen Paragraf 3 verstoßen.*

P

Abkürzung: §

Pa·ra·gra·fen·di·ckicht, **Pa·ra·gra·phen·di·ckicht** *das; abwertend* die komplizierten Paragrafen, Bestimmungen usw., welche viele Leute nicht verstehen

Pa·ra·gra·fen·dschun·gel, **Pa·ra·gra·phen·dschun·gel** *der; abwertend* ≈ *Paragrafendickicht*

Pa·ra·gra·fen·rei·ter, **Pa·ra·gra·phen·rei·ter** *der; abwertend* eine Person, die sich sehr streng an die Vorschriften hält und keine Ausnahmen erlaubt ≈ *Bürokrat*

★ **pa·ral·lel** ADJEKTIV ‹Linien› so, dass sie an jeder Stelle gleich weit voneinander entfernt sind | *etwas verläuft parallel zu etwas* K Parallelstraße

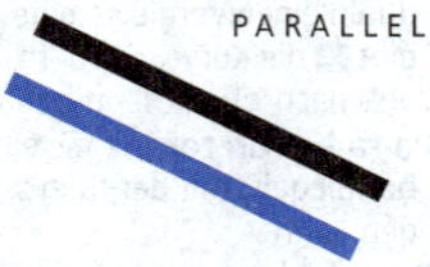

Pa·ral·le·le *die;* (-, -n) **1** **eine Parallele (zu etwas)** eine Linie, die zu einer anderen parallel ist **2** *meist Plural* etwas Ähnliches, ein ähnlicher Fall oder eine Ähnlichkeit ‹Parallelen aufweisen, feststellen› | *Die Polizei sieht Parallelen zwischen den beiden Verbrechen und geht davon aus, dass es sich um denselben Täter handelt* K Parallelfall ● hierzu **Pa·ral·le·li·tät** *die*

Pa·ral·lel·klas·se *die* eine Klasse, in welcher die Schüler genauso alt sind und denselben Stoff behandeln wie in einer anderen Klasse derselben Schule

Pa·ral·le·lo·gramm *das;* (-s, -e) ein Viereck, bei welchem die gegenüberliegenden Seiten gleich lang und parallel sind H Ein *Parallelogramm* mit rechten Winkeln wird als *Rechteck* bezeichnet

pa·ra·ly·sie·ren VERB (paralysierte, hat paralysiert) *geschrieben* ≈ *lähmen*

Pa·ra·me·ter *der; geschrieben* einer der Faktoren, die Einfluss auf einen Prozess oder ein Geschehen haben | *Die Zinsen sind ein wichtiger Parameter bei der Berechnung der wirtschaftlichen Entwicklung*

pa·ra·mi·li·tä·risch ADJEKTIV *meist attributiv* so organisiert wie eine offizielle Armee ‹eine Gruppe, eine Organisation, eine Ausbildung› | *paramilitärische Guerrillas*

Pa·ra·noia [-'nɔya] *die;* (-) ein psychisches Problem: man hat Angst, dass man gehasst oder verfolgt wird ● hierzu **pa·ra·no·id** ADJEKTIV; **Pa·ra·no·i·ker** *der*

Pa·ra·nuss *die* eine Nuss, die in Brasilien wächst und eine sehr harte Schale mit Kanten hat

Pa·ra·phra·se *die; geschrieben* die Umschreibung einer Äußerung oder eines Ausdruckes mit anderen, meist einfacheren Worten, die leichter zu verstehen sind ● hierzu **pa·ra·phra·sie·ren** VERB *(hat)*

Pa·ra·psy·cho·lo·gie *die* die Wissenschaft, die sich z. B. mit Wahrsagen und mit der Übertragung von Gedanken (= Telepathie) beschäftigt

Pa·ra·sit *der;* (-en, -en) **1** ein Tier oder eine Pflanze, die auf oder in anderen leben und von ihnen die Nahrung nehmen ≈ *Schmarotzer* | *Wanzen und Misteln sind Parasiten* K Baumparasit, Darmparasit, Hautparasit, Menschenparasit **2** *abwertend* ein fauler Mensch, der andere Leute für sich arbeiten lässt ≈ *Schmarotzer* K Parasitendasein, Parasitenleben H *der Parasit; den, dem, des Parasiten* ● hierzu **pa·ra·si·tär** ADJEKTIV

pa·rat ADJEKTIV **1** *meist prädikativ* so, dass man es (zur Hand) hat, wenn man es braucht ‹etwas parat haben, halten, legen; eine Antwort, eine Ausrede parat haben› **2** **sich (für etwas) parat halten** darauf vorbereitet sein und darauf warten, dass man für etwas gebraucht wird

Pa·ra·vent [para'vã:] *der;* (-s, -s) einen Paravent stellt man auf, wenn man einen Teil eines Raumes vor den Blicken von Personen schützen will, z. B. damit sich ein Patient dahinter ausziehen kann

Pär·chen *das;* (-s, -) **1** zwei junge Leute, die verliebt sind ≈ *Liebespaar* **2** ein männliches und ein weibliches Tier zusammen (bei kleinen Tieren wie Mäuse, Vögel) | *Sind die beiden Vögel ein Pärchen?*

Par·don [par'dõ:] *das;* (-s) **1** **Pardon!** verwendet, um sich bei jemandem zu entschuldigen ≈ *Entschuldigung!* **2** **kein Pardon kennen** *geschrieben* keine Rücksicht nehmen, schonungslos handeln

Pa·ren·the·se *die;* (-, -n) eine zusätzliche Erklärung, die man (meist in Klammern oder zwischen Gedankenstrichen) in einen Satz einfügt

par ex·cel·lence [parɛksɛ'lã:s] ADVERB; *geschrieben* verwendet, um zu sagen, dass die genannte Person/Sache einem Typ oder einer Vorstellung genau entspricht | *Er ist ein Pedant par excellence* H *Par excellence* steht immer nach dem Substantiv.

Par·fait [par'fɛ] *das;* (-s, -s) eine feine Speise aus (halb) gefrorenen süßen Zutaten oder aus gehacktem Fleisch oder Fisch

Par·fum [par'fœ̃:] *das;* (-s, -s) → Parfüm

★ **Par·füm** *das;* (-s, -s/-e) eine Flüssigkeit, die man auf die Haut gibt, um gut zu riechen ‹ein liebliches, herbes, betörendes, aufdringliches, schweres Parfüm; (ein) Parfüm auftragen, auftupfen, benutzen› K Parfümduft, Parfümflasche, Parfümwolke, Parfümzerstäuber

Par·fü·me·rie *die;* (-, -n [-'ri:ən]) **1** ein Geschäft, das Parfüm verkauft **2** ein Betrieb, der Parfüm herstellt

par·fü·mie·ren VERB (parfümierte, hat parfümiert) **sich parfümieren** Parfüm auf eine Stelle am Körper geben

pa·rie·ren VERB (parierte, hat pariert) **1** **(etwas) parieren** einen Schlag oder Schuss abwehren ‹einen Hieb, einen Schlag, einen Stoß, einen Schuss parieren› **2** **ein Pferd parieren** als Reiter ein Pferd dazu bringen, stehen zu bleiben oder langsamer zu werden **3** **(jemandem) parieren** *gesprochen* ≈ *gehorchen* | *Der Hund wird schon noch parieren lernen*

Pa·ri·ser *der;* (-s, -) **1** eine Person, die in der Stadt Paris wohnt oder dort geboren ist **2** *gesprochen* ▲ ein Kondom H oft als ordinäres Wort empfunden

pa·ri·tä·tisch ADJEKTIV so, dass die Zahl oder die Rechte der Mitglieder der verschiedenen Gruppen darin gleich sind ‹Ämter, Mitbestimmung; Ausschüsse paritätisch besetzen› ● hierzu **Pa·ri·tät** *die*

★ **Park** *der;* (-(e)s, -s) eine ziemlich große und gepflegte Fläche mit Gras, Blumen und Bäumen in einer Stadt, wo man sich erholen kann ‹in den Park gehen; im Park spielen, spazieren gehen› K Parkanlage, Parkbank, Parklandschaft, Parkweg; Kurpark, Schlosspark, Stadtpark

-park *der; im Substantiv, unbetont, begrenzt produktiv* **1** **Erlebnispark, Kletterpark, Märchenpark, Vergnügungspark** *und andere* ein Gelände mit attraktiven Einrichtungen zur Unterhaltung in der Freizeit | *Der Filmpark Babelsberg ist ein Themenpark auf dem Gelände des Filmstudios* (ein Park zum Thema Film) **2** **Fahrzeugpark, Fuhrpark, Maschinenpark, Wagenpark** *und andere* alle Fahrzeuge, Maschinen, Anlagen o. Ä., die einem Betrieb o. Ä. zur Verfügung stehen **3** **Forschungspark, Industriepark** *und andere* ein Gebiet mit mehreren Anlagen, Gebäuden usw. für den genannten Zweck | *ein Entsorgungspark für Atommüll*

Park-and-Ride-Sys·tem [pa:(r)kɛnd'raid-] *das* ein System, bei dem man das Auto auf einem großen Parkplatz am Stadtrand, Bahnhof o. Ä. abstellen und mit dem Zug, Bus o. Ä. weiterfahren kann

★ **par·ken** VERB (parkte, hat geparkt) **1** **(etwas) parken** ein Auto oder Motorrad dorthin stellen, wo man aussteigen will

| *das Auto direkt vor dem Haus parken* | *Parken ist hier verboten* | *im Parkverbot parken* K Parkbucht, Parkdauer, Parkgebühr, Parkzeit **2** **jemand/etwas parkt irgendwo** jemandes Auto ist irgendwo geparkt | *Ich parke hier um die Ecke*

Par·kett *das;* (-(e)s, -e) **1** ein Fußboden aus vielen schmalen Holzstücken ⟨glattes Parkett; das Parkett bohnern, versiegeln; (ein) Parkett verlegen⟩ K Parkettboden; Tanzparkett **2** *meist Singular* die Plätze in der Höhe der Bühne (in einem Theater oder in einem Kino) ⟨im Parkett sitzen⟩ K Parkettsitz **3** *nur Singular* ein Bereich des öffentlichen Lebens ⟨sich aufs internationale, politische Parkett wagen⟩

★ **Park·haus** *das* ein Gebäude, in dem viele Autos stehen können

par·kie·ren VERB (parkierte, hat parkiert); Ⓒⓗ **1** **(etwas) parkieren** ≈ *parken* **2** **etwas parkiert** etwas parkt

Park·kral·le *die* ein Gerät, welches die Räder eines falsch parkenden Autos blockiert, damit der Fahrer nicht wegfahren kann, bevor er Strafe bezahlt hat

Park·lü·cke *die* ein Platz zwischen anderen parkenden Autos

★ **Park·platz** *der* **1** ein großer Platz, auf dem viele Autos geparkt werden können **2** ein kleiner Platz zwischen zwei anderen parkenden Autos, auf den noch ein weiteres Auto passt ≈ *Parklücke* | *Ich habe keinen Parkplatz gefunden*

Park·schei·be *die* eine Scheibe mit Ziffern wie bei einer Uhr, für Parkplätze, an denen man nur relativ kurze Zeit parken darf | *Die Parkscheibe legt man sichtbar ins Auto*

PARKSCHEIBE

Park·sün·der *der; gesprochen* eine Person, die dort parkt, wo es nicht erlaubt ist

Park·uhr *die; historisch* ein Automat, in den man Geld wirft, damit man eine Zeit lang parken darf ⟨eine Parkuhr läuft ab⟩

Park·ver·bot *das* **1** das Verbot, an einer Stelle zu parken ⟨das Parkverbot beachten, missachten; irgendwo gilt/herrscht Parkverbot⟩ **2** eine Stelle, an welcher das Parken verboten ist ⟨im Parkverbot stehen⟩ ▸ vergleiche **Halteverbot**

Park·wäch·ter *der* ein Wächter in einem Park oder auf einem Parkplatz

★ **Par·la·ment** *das;* (-(e)s, -e) **1** eine Institution in einer Demokratie. Das Parlament beschließt die Gesetze, die Mitglieder werden (in den meisten Ländern) vom Volk gewählt ⟨ein Parlament einberufen, auflösen, wählen; ein Parlament tritt zusammen, tagt, berät (über) etwas, verabschiedet ein Gesetz; die Mehrheit im Parlament haben; ins Parlament gewählt werden, einziehen⟩ | *Der Bundestag ist das höchste Parlament in Deutschland* K Parlamentsabgeordnete(r), Parlamentsdebatte, Parlamentsferien, Parlamentsmehrheit, Parlamentsmitglied, Parlamentspräsident, Parlamentssitzung, Parlamentswahlen; Landesparlament, Stadtparlament **2** das Gebäude, in dem das Parlament zusammenkommt K Parlamentsgebäude

Par·la·men·tär *der;* (-s, -e) eine Person, die in einem Krieg o. Ä. (mit einer weißen Flagge) zum Feind geschickt wird, um über etwas zu verhandeln ≈ *Unterhändler*

Par·la·men·ta·ri·er [-ri̯ɐ] *der;* (-s, -) ein Mitglied des Parlaments ≈ *Abgeordnete(r)* • hierzu **Par·la·men·ta·ri·e·rin** *die*

par·la·men·ta·risch ADJEKTIV *meist attributiv* **1** mit einem Parlament ⟨eine Demokratie, eine Monarchie⟩ **2** in Bezug auf das Parlament ⟨eine Aufgabe, eine Tätigkeit⟩ **3** im Parlament ⟨die Mehrheit, die Opposition⟩

Par·la·men·ta·ris·mus *der* (-) ein politisches System, in welchem das Parlament eine sehr wichtige Funktion hat

Pa·ro·die *die;* (-, -n [-ˈdiːən]) **eine Parodie (auf jemanden/etwas); eine Parodie von jemandem/etwas** eine meist lustige oder komische Nachahmung einer Person oder eines Textes • hierzu **pa·ro·die·ren** VERB *(hat);* **pa·ro·dis·tisch** ADJEKTIV

Pa·ro·don·to·se *die;* (-, -n) eine Krankheit, bei der sich das Zahnfleisch zurückbildet (und dann die Zähne ausfallen)

Pa·ro·le *die;* (-, -n) **1** ⟨jemanden nach der Parole fragen; eine Parole ausgeben⟩ ≈ *Kennwort* **2** ein kurzer Satz oder Spruch, welcher die Meinung oder ein Prinzip einer Person oder Institution ausdrückt | *„Wer rastet, der rostet" war immer seine Parole* **3** *nur Plural* Behauptungen, die nicht wahr sind K Flüsterparole, Hetzparole, Lügenparole

Pa·ro·li ■ ID **jemandem Paroli bieten** sich gegen jemanden mit Erfolg wehren

Part *der;* (-s, -s) der Teil, den eine Person in einem Musik- oder Theaterstück spielt, singt oder tanzt ⟨jemandes Part übernehmen⟩

★ **Par·tei** *die;* (-, -en) **1** eine Organisation mit einem politischen Programm, die von Menschen mit gemeinsamen politischen Zielen gebildet wurde ⟨eine bürgerliche, demokratische, fortschrittliche, liberale, linke, kommunistische, konservative, rechte, sozialistische, radikale, gemäßigte, illegale, verbotene Partei; ein Anhänger, ein Mitglied, ein Funktionär einer Partei; eine Partei zieht in ein Parlament ein, ist im Parlament vertreten, stellt die Regierung⟩ | *Die Sozialdemokratische Partei ist die älteste Partei Deutschlands* K Parteiabzeichen, Parteiamt, Parteiapparat, Parteiausschluss, Parteibeschluss, Parteidisziplin, Parteiflügel, Parteifunktionär, Parteigenosse, Parteikongress, Parteimitglied, Parteipolitik, Parteiprogramm, Parteisekretär, Parteivorsitzende(r), Parteizugehörigkeit; Arbeiterpartei, Linkspartei, Massenpartei, Oppositionspartei, Rechtspartei, Regierungspartei, Volkspartei **2** eine Gruppe von Menschen, die in einem Streit die gleiche Meinung haben | *Bei der Debatte bildeten sich zwei Parteien* K Gegenpartei **3** der Gegner in einem Streit vor Gericht ⟨die klagende, beklagte, gegnerische Partei⟩ K Prozesspartei **4** die Mieter einer Wohnung in einem Haus mit mehreren Wohnungen | *ein Haus mit sechs Parteien* K Hauspartei ■ ID **für jemanden/etwas Partei ergreifen/nehmen** jemanden/etwas in einem Streit o. Ä. unterstützen; **über den Parteien stehen** neutral, unparteiisch sein

Par·tei·buch *das* der Ausweis, den Mitglieder einer Partei haben

Par·tei·freund *der* ein Mitglied der gleichen Partei

Par·tei·gän·ger *der;* (-s, -); *oft abwertend* eine Person, die eine politische Richtung unterstützt

par·tei·in·tern ADJEKTIV ⟨eine Auseinandersetzung, ein Beschluss⟩ so, dass sie nur die Partei selbst betreffen

par·tei·isch ADJEKTIV; *abwertend* nicht objektiv, sondern für oder gegen einen der Gegner in einem Streit ⟨eine Haltung, ein Richter, ein Zeuge; etwas parteiisch beurteilen, darstellen⟩

par·tei·lich ADJEKTIV **1** so, dass es den Vorstellungen und Zielen einer Partei oder einer Interessengruppe entspricht ⟨Interessen, Grundsätze⟩ **2** so, dass jemand (in einem Streit) den eigenen Standpunkt vertritt oder für jemanden/etwas Partei ergreift ⟨parteilich handeln⟩ • zu (2) **Par·tei·lich·keit** *die*

par·tei·los ADJEKTIV in keiner politischen Partei organisiert ⟨ein parteiloses Mitglied des Parlaments⟩ • hierzu **Par·tei·lo·se** *der/die*

Par·tei·nah·me *die;* (-, -n) die Unterstützung einer Person,

Gruppe in einer Debatte, einem Konflikt o. Ä.

Par·tei·tag *der* **1** die Tagung, auf der eine Partei über ihr Programm diskutiert ⟨einen Parteitag abhalten; etwas auf einem Parteitag beschließen⟩ K Bundesparteitag, Landesparteitag **2** die Mitglieder einer Partei, die auf einem Parteitag abstimmen dürfen

Par·tei·ver·kehr *der; nur Singular* ≈ *Publikumsverkehr*

par·terre [-'tɛr] ADVERB im Erdgeschoss ⟨parterre wohnen⟩

Par·ter·re [-'tɛr(ə)] *das;* (-s, -s) ⟨im Parterre wohnen⟩ ≈ *Erdgeschoss* K Parterrewohnung

★ **Par·tie** *die;* (-, -n [-'tiːən]) **1** ein Teil von Körperteilen, der nicht deutlich von anderen Teilen abgegrenzt ist ≈ *Bereich* | *Die untere Partie ihres Gesichtes ist verletzt* K Halspartie, Kinnpartie, Mundpartie, Nackenpartie, Stirnpartie **2** ein einzelnes Spiel (vor allem bei Brett- und Kartenspielen) ⟨eine Partie Billard, Bridge, Domino, Schach spielen, gewinnen, verlieren⟩ K Schachpartie **3** die Rolle, die ein Sänger vor allem in einer Oper hat ≈ *Part* K Solopartie **4** *veraltend* ≈ *Ausflug* K Kletterpartie, Landpartie, Radpartie, Segelpartie ■ **ID (bei etwas) mit von der Partie sein** bei etwas mitmachen; **eine gute/glänzende Partie machen** eine Person heiraten, die reich ist; **eine gute/glänzende Partie sein** reich sein und deswegen als Ehepartner erwünscht sein

par·ti·ell [par'tsiɛl] ADJEKTIV; *geschrieben* ⟨ein Gedächtnisverlust, eine Lähmung, eine Sonnenfinsternis⟩ ≈ *teilweise*

Par·ti·kel[1], **Par·ti·kel** *das;* (-s, -) ein sehr kleiner Teil einer Substanz ⟨ein radioaktives, winziges Partikel⟩ K Aschepartikel, Staubpartikel

Par·ti·kel[2], **Par·ti·kel** *die;* (-, -n) Partikel sind Wörter, die nur eine einzige Form haben (also nicht flektiert werden) und für sich alleine nicht als Antwort auf eine Frage stehen können K Abtönungspartikel, Modalpartikel ■ Oft werden die Wörter *sehr, halt* und *nur* als Partikel bezeichnet

Par·ti·san *der;* (-s/-en, -en) eine Person, die nicht als Soldat der Armee, sondern als Mitglied einer bewaffneten Gruppe gegen einen Feind kämpft, welcher das Land besetzt ⟨als Partisan kämpfen; zu den Partisanen gehen⟩ ≈ *Widerstandskämpfer* K Partisanenkampf, Partisanenkrieg ■ *der Partisan; den, dem Partisan/Partisanen, des Partisans/Partisanen*

Par·ti·tur *die;* (-, -en) die schriftliche Form eines Musikstücks mit Noten für alle Instrumente und Sänger ⟨eine Partitur lesen⟩

Par·ti·zip *das;* (-s, -ien [-jən]) **1** eine Wortform, die von einem Verb abgeleitet wird und aus der man die Person, die Zahl und das Tempus nicht erkennen kann **2** **das Partizip Präsens** die Form des Verbs, die auf -*(e)nd* endet und oft wie ein Adjektiv vor einem Substantiv verwendet wird | *In „die schlafenden Kinder" ist „schlafend" ein Partizip Präsens* **3** **das Partizip Perfekt** die Form des Verbs, die im Perfekt oder im Passiv verwendet wird | *In den Sätzen „Sie hat gewonnen" und „Das Kind wurde entführt" sind „gewonnen" und „entführt" die Partizipien des Perfekts*

par·ti·zi·pie·ren VERB (partizipierte, hat partizipiert) **(an etwas** *(Dativ)***) partizipieren** *geschrieben* an etwas beteiligt sein ⟨an einem Erfolg, Gewinn partizipieren⟩

★ **Part·ner** *der;* (-s, -) **1** einer von zwei Menschen, oder eine von zwei Gruppen, die etwas gemeinsam tun, besprechen o. Ä. | *jemandes Partner beim Kartenspiel sein* K Briefpartner, Gesprächspartner, Handelspartner, Koalitionspartner, Schachpartner, Tarifpartner, Verhandlungspartner, Vertragspartner ■ zu *Partnerin* → Info im Eintrag **-in** **2** eine Person, die mit einer anderen Person ein sehr enges Verhältnis hat, mit ihr zusammen lebt o. Ä. ⟨den Partner wechseln⟩ | *in einer Heiratsanzeige den Partner fürs Leben suchen* K Partnerbeziehung, Partnerprobleme, Partnersuche, Partnertausch, Partnerwahl, Partnerwechsel; Ehepartner, Lebenspartner, Sexualpartner ■ zu *Partnerin* → Info im Eintrag **-in** **3** einer von mehreren Besitzern eines Geschäfts oder einer Firma ≈ *Teilhaber* K Geschäftspartner, Juniorpartner, Seniorpartner ■ zu *Partnerin* → Info im Eintrag **-in** • hierzu **Part·ne·rin** *die*

Part·ner·look [-lʊk] *der* **im Partnerlook** mit Kleidungsstücken der gleichen Art und Farbe (damit man sieht, dass zwei Personen zusammengehören)

WORTSCHATZ

▶ Die Partikeln

Partikeln sind Wörter ohne syntaktische Funktion. Sie verändern die Bedeutung eines Satzes und drücken die Einstellung oder Gefühle des Sprechers aus. Besonders mündliche Äußerungen würden im Deutschen ganz ohne Partikeln sehr unnatürlich klingen.

Partikeln können **abschwächend** oder **einschränkend** wirken:
- **Ich fand den Film etwas/ein bisschen/ein wenig langweilig.**
- **Die Halle war beinahe/fast/nahezu leer.**
- **Ich bin einigermaßen/recht/ziemlich müde.**
- **Eigentlich wollte ich ausgehen (aber ich war zu müde).**

Partikeln können **verstärkend** wirken:
- **Das ist gar/überhaupt nicht wahr!**
- **Das musst du unbedingt auch probieren!**
- **Ich finde das absolut/ausgesprochen/geradezu genial!**

Partikeln können **ein Bezugswort** besonders **betonen**:
- **Muss es denn ausgerechnet/gerade heute regnen?**
- **Ich wollte eben/genau/gerade dieses Bild und kein anderes.**
- **Nicht nur ich bin dieser Meinung, auch/selbst/sogar Beate findet das.**

Partikeln können zeigen, dass man eine positive Antwort erwartet:
- **Ist das nicht toll?**
- **Du hilfst mir doch, ja?**

Partikeln können zeigen, dass man eine negative Antwort erwartet:
- **Findest du das etwa/vielleicht richtig?**
- **Du hast wohl keine Zeit mehr?**

Partikeln drücken oft **Gefühle** aus, z. B. Überraschung:
- **Das ist aber interessant!**
- **Du bist ja ganz nass!**

oder **Zweifel**:
- **Hast du das denn/auch/denn auch verstanden?**
- **Du glaubst mir doch?**

oder **Ärger** und **Ungeduld**:
- **Sei doch mal still!**
- **Was bildest du dir eigentlich ein?**
- **Gibst du jetzt vielleicht endlich Ruhe!**

Mit Partikeln kann man auch eine **Warnung** oder **Drohung** ausdrücken:
- **Tu das bloß/ja nie wieder!**
- **Pass aber/bloß/ja gut auf!**

★ **Part·ner·schaft** *die;* (-, -en) **1** eine (oft gute oder intime) Beziehung, die man zu einem Partner hat ⟨eine harmonische, intime Partnerschaft; in Partnerschaft mit jemandem leben⟩ **2** eine freundschaftliche Beziehung zwischen zwei Städten, Universitäten o. Ä. meist aus verschiedenen Ländern [K] Städtepartnerschaft

part·ner·schaft·lich ADJEKTIV so, dass man dabei jemanden als Partner mit denselben Rechten behandelt ⟨ein Verhältnis⟩

Part·ner·stadt *die* eine Stadt, die zu einer Stadt in einem anderen Land in regelmäßigem Kontakt steht (damit sich die Leute der verschiedenen Länder und Kulturen besser kennenlernen) | *Jinan ist die chinesische Partnerstadt von Augsburg*

par·tout [-'tuː] ADVERB; *gesprochen* **1** ⟨etwas partout tun, haben wollen⟩ ≈ *unbedingt* **2** **partout nicht** überhaupt nicht (obwohl sich jemand sehr anstrengt) ⟨etwas will jemandem partout nicht gelingen, einfallen; sich partout nicht erinnern können⟩

★ **Par·ty** [-ti] *die;* (-, -s) ein privates Fest mit Essen, Trinken, Musik usw. ⟨eine Party geben; auf eine/zu einer Party eingeladen sein, gehen⟩ [K] Partykeller, Partyraum, °Partyservice; Cocktailparty, Dinnerparty, Gartenparty, Geburtstagsparty, Tanzparty

Par·zel·le *die;* (-, -n) ein kleines Grundstück ⟨etwas in Parzellen aufteilen⟩

Pa·scha *der;* (-s, -s); *gesprochen, meist abwertend* ein egoistischer Mann, der sich (zu Hause) bedienen lässt ⟨den Pascha spielen⟩

★ **Pass** *der;* (-es, Päs·se) **1** ein Dokument, das man für die Reise in viele Länder braucht und das Informationen darüber gibt, wer man ist und zu welchem Staat man gehört ⟨einen Pass beantragen, ausstellen, aushändigen, verlängern, einziehen⟩ [K] Passkontrolle; Diplomatenpass, Reisepass [H] → auch **Personalausweis** **2** eine Straße oder ein Weg, auf denen man ein Gebirge überqueren kann | *ein Pass über die Alpen* | *Wegen Lawinengefahr mussten mehrere Pässe gesperrt werden* [K] Passstraße **3** ein Wurf oder Zuspiel, mit dem man den Ball einem Spieler der eigenen Mannschaft weitergibt ⟨ein genauer, langer, steiler Pass; jemandem einen Pass geben⟩ [K] Steilpass

pas·sa·bel ADJEKTIV gut genug, um akzeptiert zu werden ⟨Leistungen, eine Unterkunft⟩ | *Das Hotel war zwar nicht super, aber es war ganz passabel* | *Das war eine passable Leistung* [H] *passabel → eine passable Lösung*

Pas·sa·ge [-ʒə] *die;* (-, -n) **1** eine kurze Straße mit Geschäften und einem Dach für Fußgänger [K] Einkaufspassage, Ladenpassage **2** eine meist enge Stelle, durch die jemand geht oder fährt ≈ *Durchgang* **3** das Durchfahren, Passieren einer Stelle | *Der Kanal ist für die Passage großer Schiffe nicht tief genug* **4** ein Teil eines Textes oder eines Musikstücks | *Passagen aus einem Buch zitieren*

★ **Pas·sa·gier** [-'ʒiːɐ̯] *der;* (-s, -e) **1** eine Person, die mit einem Flugzeug oder Schiff reist [K] Passagierdampfer, Passagierflugzeug, Passagierliste [H] zu *Passagierin* → Info im Eintrag **-in** **2** **ein blinder Passagier** eine Person, die sich auf einem Flugzeug oder Schiff versteckt (um kostenlos zu reisen) • zu (1) **Pas·sa·gie·rin** *die*

Pass·amt *das* eine Behörde, die Pässe ausstellt

Pas·sant *der;* (-en, -en) eine Person, die (zufällig) irgendwo vorbeigeht (meist wenn etwas passiert) [H] *der Passant; den, dem, des Passanten* • hierzu **Pas·san·tin** *die*

Pass·bild *das* ein Foto, das nur den Kopf einer Person zeigt (in einem Pass oder Ausweis)

pas·sé, **pas·see** ADJEKTIV *meist prädikativ; gesprochen* nicht mehr aktuell, nicht mehr modern

★ **pas·sen** VERB (passte, hat gepasst) **1** **etwas passt (jemandem)** etwas hat die richtige Größe oder Form, sodass man es gut tragen kann ⟨Kleidung: das Hemd, die Hose, die Schuhe; etwas passt ausgezeichnet, wie angegossen⟩ **2** **etwas passt (irgendwohin)** etwas kann von der Form, Größe oder Menge her irgendwo untergebracht oder irgendwohin gestellt werden | *Passen alle Koffer ins Auto?* | *Der Schlüssel passt nicht ins Schloss* | *Der Ring passt an den Finger* | *In den Topf passen drei Liter Wasser* **3** **etwas passt (zu etwas)** etwas macht zusammen mit einer anderen Sache einen harmonischen Eindruck | *Die Schuhe passen sehr gut zum neuen Kleid* **4** **zu jemandem passen** ähnliche Eigenschaften und Interessen haben wie die genannte Person ≈ *zusammenpassen* | *Sie passt gut zu ihm, sie ist genauso ehrgeizig wie er* **5** **etwas passt jemandem** etwas ist so, wie es jemand will oder möchte | *Sein Verhalten passt mir nicht* | *Passt es dir, wenn ich dich morgen besuche?* **6** **etwas passt zu jemandem** etwas ist so, wie man es von jemandem erwarten kann | *So eine Gemeinheit passt zu ihm!* | *Was ist denn mit dir? Diese Faulheit passt gar nicht zu dir!* **7** **passen müssen** auf etwas keine Antwort wissen, ein Problem nicht lösen können | *Da muss ich passen* **8** **etwas in etwas** (*Akkusativ*) **passen** etwas so gestalten, dass es (in der Form, Größe oder Menge) passt | *ein Regal in eine Nische passen* **9** **etwas zu jemandem passen** den Ball zu einem Spieler der eigenen Mannschaft werfen oder schießen | *den Ball zurück zum Torwart passen*
■ **ID** **Das könnte/würde dir so passen!** *gesprochen* das hättest du gern, aber es wird nichts daraus

★ **pas·send** ■ PARTIZIP PRÄSENS **1** → passen
■ ADJEKTIV **2** so, dass etwas genau zutrifft ⟨eine Bemerkung, Worte⟩ ■ **ID** **es passend haben/machen** einer Person die exakte Summe Geld (in Scheinen und Münzen) geben, die er haben möchte | *Haben Sie es passend? Ich kann nämlich nicht wechseln*

Pass·fo·to *das* ≈ *Passbild*

pass·ge·recht ADJEKTIV ⟨eine Größe, Maße, Teile, Kleidungsstücke⟩ so, dass sie genau passen

★ **pas·sie·ren**¹ VERB (passierte, ist passiert) **1** **etwas passiert** etwas ist in einer Situation plötzlich da und bewirkt eine oft unangenehme Veränderung ⟨ein Unfall, ein Unglück⟩ | *Da kommt die Feuerwehr! Da muss was passiert sein!* | *Wie konnte das nur passieren?* **2** **etwas passiert jemandem** jemand erlebt etwas ⟨etwas Komisches, Merkwürdiges, Seltsames⟩ | *Stell dir vor, was mir gestern passiert ist: Ich bin im Lift stecken geblieben!* **3** **etwas passiert jemandem** jemand tut etwas ohne Absicht ⟨etwas Dummes, ein Missgeschick⟩ | *Weißt du, was mir gerade passiert ist? Ich habe meinen Schlüssel verloren* **4** **etwas passiert mit jemandem/etwas** etwas wird mit einer Person oder Sache getan | *„Was passiert mit den Abfällen?" – „Die kommen hier in den Eimer."* | *Und was passiert mit mir? Soll ich wohl zu Hause bleiben?* **5** **etwas passiert jemandem** etwas bewirkt, dass jemand verletzt ist ⟨jemandem passiert ein Unglück, ein Unfall⟩ | *Ist ihm bei dem Unfall etwas passiert?*
■ **ID** **Das kann jedem (mal) passieren** Das ist nicht so schlimm; **Das kann auch nur dir passieren!** *gesprochen* Es ist typisch, dass gerade du etwas falsch gemacht hast; **... oder es passiert was**, **...**, **sonst passiert was!** *gesprochen* Wenn du nicht bald tust, was ich will, werde ich wütend!; **Nichts passiert!** verwendet als höfliche Antwort auf eine Entschuldigung von einer Person, von der man aus Versehen gestoßen wurde

★ **pas·sie·ren**² VERB (passierte, hat passiert) **1** **etwas passieren** *geschrieben* von einem Ende bis zum anderen gehen oder fahren | *Das Schiff passierte den Panamakanal* **2** **jeman-**

P

den/etwas **passieren** *geschrieben* an jemandem oder der genannten Stelle vorbeigehen oder -fahren ⟨eine Grenze passieren⟩ **3** **etwas passiert etwas** *geschrieben* etwas wird bei einem Verfahren angenommen, genehmigt o. Ä. ⟨ein Antrag, ein Gesetz passiert das Parlament; ein Film passiert die Zensur⟩ **4** **etwas passieren** etwas durch ein Sieb gießen oder drücken ⟨gekochte Beeren/Tomaten, eine Soße passieren⟩

Pas·si·on *die*; (-, -en) **1** **eine Passion (für etwas)** ≈ *Leidenschaft, Vorliebe* | *Musik ist seine große Passion* | *Er hat eine Passion für gutes Essen* **2** die Geschichte vom Leiden und Tod Christi **K** Passionsspiel **3** ein Musikstück, welches die Passion zum Thema hat

pas·si·o·nier·t ADJEKTIV *meist attributiv* ⟨ein Angler, ein Jäger⟩ ≈ *begeistert*

★ **pas·siv**, **pas·siv** [-f] ADJEKTIV **1** *oft abwertend* so, dass eine Person akzeptiert, was geschieht, ohne zu reagieren oder ohne Interesse daran ⟨sich passiv verhalten; passiv bleiben⟩ ↔ *aktiv* | *nicht passiv zusehen, sondern sich aktiv beteiligen* **2** *meist attributiv* ohne spezielle Funktion ⟨ein Mitglied (in einem Verein)⟩ **3** **passives Wahlrecht** → Wahlrecht **4** **passiver Widerstand** → Widerstand ● zu (1) **Pas·si·vi·tät** [-v-] *die*

★ **Pas·siv** [-f] *das*; (-s) im Passiv wird die Person oder Sache, mit der etwas geschieht, zum Subjekt des Satzes ↔ *Aktiv* | *In dem Satz „Das Fenster wird geschlossen" steht das Verb im Passiv* **K** Passivbildung, Passivkonstruktion, Passivsatz; Vorgangspassiv ● hierzu **pas·si·visch** [-v-] ADJEKTIV

GRAMMATIK

▶ Das Passiv

Beim Passiv unterscheidet man zwischen dem Vorgangspassiv und dem Zustandspassiv.

Das **Vorgangspassiv** wird aus den Formen des Hilfsverbs **werden** und dem Partizip Perfekt des Vollverbs (im Beispiel **öffnen** → **geöffnet**) gebildet. Das Partizip Perfekt von **werden** als Hilfsverb ist **worden**.

Das Fenster wird geöffnet / wurde geöffnet / ist geöffnet worden.

Das Objekt des Aktivsatzes wird zum Subjekt des Passivsatzes, das Subjekt wird mit den Präpositionen **von** (bei Personen) oder **durch** angeschlossen.

Der Lehrer öffnete das Fenster.
→ Das Fenster wurde vom Lehrer geöffnet.

Das **Zustandspassiv** wird aus den Formen des Hilfsverbs **sein** und dem Partizip Perfekt des Vollverbs gebildet.

Das Fenster ist/war geöffnet.

Pas·si·va [-va] *die*; *Plural* die Schulden, die ein Unternehmen hat ↔ *Aktiva*

Pas·siv·rau·cher [-f] *der* eine Person, die selbst nicht raucht, aber den Zigarettenrauch anderer Leute einatmen muss ● hierzu **Pas·siv·rau·che·rin** *die*; **Pas·siv·rau·chen** *das*

Pas·sus *der*; (-, - ['pasuːs]); *geschrieben* ein Teil eines schriftlichen Textes, z. B. eines Vertrages oder Gesetzes ⟨einen Passus ändern, streichen⟩ **!** Im Plural sagt man statt *Passus* oft *Passagen*.

Pass·wort, **Pass·wort** *das* eine geheime Folge von Zeichen, Buchstaben oder Ziffern. Man braucht Passwörter für viele Aktionen in elektronischen Geräten ⟨ein Passwort eingeben, ändern⟩

Pas·te *die*; (-, -n) **1** eine weiche Masse, die aus Puder und einer Flüssigkeit oder aus Fett besteht ⟨eine Paste auf die Haut, eine Wunde auftragen⟩ **K** Schuhpaste **2** eine weiche Masse, die z. B. aus klein gemachtem Fleisch oder Fisch besteht und aufs Brot gestrichen wird **K** Sardellenpaste

Pas·tell *das*; (-s, -e) **1** *nur Singular* ein blasser, heller Farbton | *eine Farbe in zartem Pastell* **K** Pastellfarbe **2** ein Bild mit blassen, hellen Farben **K** Pastellbild, Pastellmalerei

Pas·te·te *die*; (-, -n) **1** ein rundes Gebäck (aus Blätterteig), das mit Fleisch, Gemüse o. Ä. gefüllt wird **K** Gemüsepastete, Hühnerpastete **2** eine weiche Masse aus feinem Fleisch oder Leber, die man meist aufs Brot streicht **K** Gänseleberpastete

pas·teu·ri·sie·ren [-tør-] VERB (pasteurisierte, hat pasteurisiert) **etwas pasteurisieren** Lebensmittel kurz erhitzen und dadurch haltbar machen ⟨Milch pasteurisieren⟩ ● hierzu **Pas·teu·ri·sa·ti·on** *die*; **Pas·teu·ri·sie·rung** *die*

Pas·til·le *die*; (-, -n) eine kleine Tablette, die man (als Medikament) lutscht ⟨eine Pastille im Mund zergehen lassen⟩ **K** Halspastille, Hustenpastille

Pas·tor, **Pas·tor** *der*; (-s, -en [-'toːrən]) ein evangelischer Pfarrer ● hierzu **Pas·to·rin** *die*

Patch·work·fa·mi·lie ['pɛtʃvœɐ̯k-] *die* eine Familie, zu der Kinder aus früheren Beziehungen der Eltern (und aus der aktuellen Beziehung) gehören

Pa·te *der*; (-n, -n) eine Person mit der Aufgabe, den Eltern eines Kindes bei der religiösen Erziehung zu helfen **K** Firmpate, Taufpate **!** *der Pate; den, dem, des Paten* ■ **ID bei etwas Pate stehen** dazu beitragen, dass etwas entsteht ● hierzu **Pa·tin** *die*

Pa·ten·kind *das* ein Kind, zu dem jemand Pate ist

Pa·ten·on·kel *der* ein männlicher Pate

Pa·ten·schaft *die*; (-, -en) eine Beziehung zwischen einer Person, einer Organisation o. Ä. und einer anderen, wobei die eine Seite die andere Seite (vor allem finanziell und organisatorisch) unterstützt | *eine Patenschaft für ein Kind übernehmen*

pa·tent ADJEKTIV; *gesprochen* **1** gut und praktisch ⟨eine Idee, eine Lösung⟩ **2** tüchtig und sympathisch ⟨ein Bursche, ein Mädel⟩

Pa·tent *das*; (-(e)s, -e) **1** **ein Patent (für etwas)** das Recht, eine Erfindung als Einziger wirtschaftlich zu nutzen ⟨ein Patent anmelden, erwerben; jemandem ein Patent erteilen; ein Patent erlischt⟩ **K** Patentamt, Patentrecht, Patentschutz **2** ein Dokument, das beweist, dass man einen Beruf ausüben darf ⟨ein Patent als Kapitän, Steuermann haben; ein Patent erwerben⟩ **K** Kapitänspatent

Pa·ten·tan·te *die* ein weiblicher Pate ≈ *Patin*

pa·ten·tie·ren VERB (patentierte, hat patentiert) **etwas patentieren** etwas rechtlich (durch ein Patent) schützen ⟨sich (*Dativ*) eine Erfindung patentieren lassen⟩

Pa·tent·lö·sung *die* eine einfache Lösung für ein schwieriges Problem (die in vielen Fällen angewendet werden kann)

Pa·tent·re·zept *das* ≈ *Patentlösung*

Pa·ter *der*; (-s, -/Pat·res) ein katholischer Priester, der zu einem Orden gehört

pa·the·tisch ADJEKTIV; *oft abwertend* voller Pathos ⟨eine Geste, ein Stil; etwas klingt pathetisch⟩

Pa·tho·lo·gie *die*; (-) **1** das Gebiet der Medizin, das sich damit beschäftigt, wie Krankheiten entstehen und welche Wirkungen sie haben **2** eine Abteilung für Pathologie (in einer Klinik), in der vor allem Leichen und Gewebe untersucht werden ⟨in der Pathologie arbeiten⟩ ● zu (1) **Pa·tho·lo·ge** *der*; zu (1) **Pa·tho·lo·gin** *die*

pa·tho·lo·gisch ADJEKTIV **1** ⟨eine Veränderung, ein Verhalten⟩ ≈ *krankhaft* **2** in Bezug auf die Pathologie ⟨die Anatomie⟩

Pa·thos *das*; (-); *oft abwertend* ein allzu leidenschaftlicher, feierlicher Stil (z. B. einer Rede) ⟨falsches, revolutionäres Pathos; etwas mit Pathos vortragen⟩

Pa·ti·ence [pa'sjä:s] *die*; (-, -n) ein Kartenspiel, das man für sich allein spielt und bei dem man die Karten in eine vorgeschriebene Ordnung bringen muss ⟨eine Patience legen, machen⟩

★ **Pati·ent** [pa'tsjɛnt] *der*; (-en, -en) eine Person, die von einem Arzt behandelt wird ⟨einen Patienten pflegen, heilen⟩ K Kassenpatient, Privatpatient **!** *a) der Patient; den, dem, des Patienten*; b) zu *Patientin* → Info im Eintrag **-in** • hierzu **Pa·ti·en·tin** *die*

Pa·ti·en·ten·ver·fü·gung *die* eine Erklärung zur gewünschten medizinischen Versorgung, die man für den Fall schreibt, dass man einmal so krank sein sollte, dass man sich nicht mehr dazu äußern kann **!** vergleiche **Vorsorgevollmacht**

Pa·ti·na *die*; (-) eine grünliche Schicht, die sich mit der Zeit auf der Oberfläche von Kupfer bildet ⟨etwas setzt Patina an⟩

Pat·ri·arch *der*; (-en, -en) **1** ein (alter) Mann, der autoritär über eine Familie herrscht **2** ein wichtiger Bischof in der orthodoxen Kirche **!** *der Patriarch; den, dem, des Patriarchen* • hierzu **pat·ri·ar·cha·lisch** ADJEKTIV

Pat·ri·ar·chat *das*; (-(e)s, -e); *meist Singular* eine Gesellschaft, in welcher die Männer in Beruf, Familie und Staat die Macht haben ↔ *Matriarchat*

Pat·ri·ot *der*; (-en, -en); *auch abwertend* eine Person, die ihr Heimatland liebt und bereit ist, es zu verteidigen **!** *der Patriot; den, dem, des Patrioten* • hierzu **Pat·ri·o·tin** *die*; **Pat·ri·o·tis·mus** *der*; **pat·ri·o·tisch** ADJEKTIV

Pat·ri·zi·er [-tsjɐ] *der*; (-s, -); *historisch* ein Mitglied der sozialen Oberschicht in vielen Städten (im Mittelalter und zu Beginn der Neuzeit)

Pat·ron *der*; (-s, -e) **1** ein christlicher Heiliger, von dem man glaubt, er beschütze eine Berufsgruppe besonders ≈ *Schutzheiliger* K Schutzpatron **2** *gesprochen, abwertend* ein Mensch, den man nicht mag ⟨ein unangenehmer Patron⟩ **!** meist zusammen mit einem Adjektiv **3** *veraltet* ≈ *Schirmherr* • zu (1) **Pat·ro·nin** *die*

Pat·ro·ne *die*; (-, -n) **1** Gewehre und Pistolen schießen mit Patronen auf ein Ziel K Patronengurt, Patronenhülse, Patronentasche; Platzpatrone, Schrotpatrone **2** eine kleine Röhre aus Plastik, die mit Tinte gefüllt ist ⟨eine neue Patrone in den Füller einlegen⟩ K Patronenfüller; Ersatzpatrone, Tintenpatrone

Pat·rouil·le [pa'trʊljə] *die*; (-, -n) **1** das Patrouillieren ⟨auf Patrouille gehen, fahren⟩ ≈ *Kontrollgang* K Patrouillenfahrt, Patrouillengang **2** eine Gruppe von Soldaten oder Polizisten, die patrouilliert K Patrouillenboot, Patrouillenführer

pat·rouil·lie·ren VERB [patrʊ'li:rən] (patrouillierte, hat/ist patrouilliert) **1** **etwas patrouillieren** (*hat*) (als Soldat, Polizist o. Ä.) ein Gebiet kontrollieren oder bewachen, indem man regelmäßig dort herumgeht oder -fährt ⟨ein Gebäude, den Hafen, eine Stadt patrouillieren⟩ **2** **(irgendwo) patrouillieren** (*ist*) (als Soldat, Polizist o. Ä.) ein Gebiet kontrollieren oder bewachen, indem man regelmäßig dort herumgeht oder -fährt ≈ *patroullieren*

patsch! verwendet für das Geräusch, das entsteht, wenn z. B. etwas ins Wasser fällt oder jemand eine Ohrfeige bekommt

Pat·sche *die*; (-, -n); *meist Singular*; *gesprochen* eine unangenehme Situation ⟨in die Patsche geraten; in der Patsche sitzen; jemandem aus der Patsche helfen⟩

pat·schen VERB (patschte, hat gepatscht); *gesprochen* etwas so tun, dass dabei ein Geräusch entsteht, wie wenn etwas ins Wasser fällt ⟨durch eine Pfütze patschen⟩

Pat·schen *der*; (-s, -); Ⓐ *gesprochen* **1** ≈ *Hausschuh* **2** ein Loch im Autoreifen ⟨einen Patschen haben⟩

patsch·nass ADJEKTIV; *gesprochen* sehr nass

Patt *das*; (-s, -s) **1** eine Situation, in der keiner der Gegner gewinnen kann, vor allem beim Schach **2** eine Situation, in der Verhandlungen zu keinem Erfolg führen K Pattsituation

pat·zen VERB (patzte, hat gepatzt); *gesprochen* **1** einen kleinen Fehler machen **2** *süddeutsch* Ⓐ ≈ *klecksen*

Pat·zer *der*; (-s, -); *gesprochen* ein kleiner Fehler ⟨einen Patzer machen⟩

pat·zig ADJEKTIV; *gesprochen* unhöflich und frech, vor allem weil man wütend ist ⟨eine Antwort; patzig sein, werden⟩

PAUKE

Pau·ke *die*; (-, -n) eine große Trommel, die wie eine halbe Kugel aussieht ⟨Pauke spielen⟩ K Paukenschlag ■ ID **auf die Pauke hauen** **a** *gesprochen* laut und lustig feiern **b** *gesprochen* etwas klar, deutlich und laut kritisieren **c** *abwertend* sich mit vielen Worten selbst loben; **mit Pauken und Trompeten durchfallen** *gesprochen* mit etwas (z. B. in einer Prüfung oder einer Theaterpremiere) ein sehr schlechtes Ergebnis erreichen

pau·ken VERB (paukte, hat gepaukt) **(etwas) pauken** *gesprochen* intensiv und lange lernen ⟨für eine/vor einer Prüfung pauken; Deutsch, Mathe, Vokabeln pauken⟩

Pau·ker *der*; (-s, -); *gesprochen, meist abwertend* ≈ *Lehrer* • hierzu **Pau·ke·rin** *die*

Paus·ba·cke *die*; (-, -n); *meist Plural* dicke, runde Backen ⟨ein Gesicht, ein Hamster mit Pausbacken⟩ • hierzu **paus·ba·ckig**, **paus·bä·ckig** ADJEKTIV

★ **pau·schal** ADJEKTIV **1** *meist attributiv* in Bezug auf das Ganze und nicht auf einzelne Teile ⟨etwas pauschal abrechnen, zahlen⟩ ≈ *insgesamt* K Pauschalangebot, Pauschalbetrag, Pauschalhonorar, Pauschalsumme **2** so, dass man sich dabei sehr allgemein ausdrückt und nicht über Details spricht ⟨etwas pauschal verurteilen, beurteilen⟩ K Pauschalurteil • zu (2) **pau·scha·li·sie·ren** VERB (*hat*)

Pau·scha·le *die*; (-, -n) eine Summe Geld, die man als Ganzes für eine Leistung bekommt oder zahlt ⟨eine monatliche Pauschale⟩ K Fahrkostenpauschale, Heizkostenpauschale, Monatspauschale

Pau·schal·rei·se *die* eine Reise, bei der man vorher einen festen Preis für Fahrt, Hotel und Essen bezahlt ⟨eine Pauschalreise buchen, machen⟩

Pau·schal·tou·rist *der* eine Person, die eine Pauschalreise macht • hierzu **Pau·schal·tou·ris·tin** *die*; **Pau·schal·tou·ris·mus** *der*

Pau·schal·ur·lau·ber *der* ≈ *Pauschaltourist*

Pausch·be·trag *der* ≈ *Pauschale*

★ **Pau·se** *die*; (-, -n) eine meist kurze Zeit, in der man eine Tätigkeit (z. B. eine Arbeit oder den Unterricht) unterbricht, z. B. um sich auszuruhen ⟨eine kleine, kurze Pause; eine Pause einlegen, machen; sich (*Dativ*) keine Pause gönnen; etwas ohne Pause tun⟩ | *In der Pause spielen die Kinder im Schulhof* | *beim Sprechen eine Pause machen, um nachzudenken* | *während der Pause im Theater ein Eis essen* K Pausenraum; Arbeitspause, Schulpause, Sitzungs-

P

pause; Frühstückspause, Mittagspause, Kaffeepause; Zigarettenpause, Denkpause, Erholungspause, Verschnaufpause

Pau·sen·brot *das* Essen (vor allem ein belegtes Brot), das ein Kind in die Schule mitnimmt, um es in der Pause zu essen

pau·sen·los ADJEKTIV **1** ohne Pause | *pausenlos im Einsatz sein* | *pausenlos reden* **2** *gesprochen, meist abwertend meist adverbiell* sehr oft, in kurzen Abständen | *Er kommt mich pausenlos besuchen* | *Sie lügt pausenlos*

Pau·sen·zei·chen *das* **1** ein Signal, das ein Radio- oder Fernsehsender in einer Pause sendet **2** ein Zeichen in der Notenschrift, welches den Musikern anzeigt, wann sie eine (kurze) Spielpause einhalten müssen

pau·sie·ren VERB (pausierte, hat pausiert) eine Arbeit oder Tätigkeit für (relativ) kurze Zeit nicht tun | *beim Sprechen kurz pausieren* | *Nach der Verletzung musste er fünf Wochen mit dem Training pausieren*

Pa·vi·an [-v-] *der;* (-s, -e) ein (mittelgroßer) Affe mit rotem Hinterteil

Pa·vil·lon ['pavɪljɔŋ, 'pavɪljõ] *der;* (-s, -s) **1** ein kleines, meist rundes und oft offenes Haus, das meist Parks oder Gärten steht | *Das Konzert findet im Pavillon statt* K Konzertpavillon, Lustpavillon, Musikpavillon **2** ein Haus mit meist nur einem Raum, in dem man Waren und Bilder ausstellt K Ausstellungspavillon, Messepavillon, Verkaufspavillon

Pay-TV ['peːtiviː] *das;* (-s) Programme von privaten Fernsehsendern, die man extra bezahlen muss und nur mit einem Zusatzgerät (dem Decoder) empfangen kann

Pa·zi·fik *der;* (-s) der Ozean zwischen dem amerikanischen Kontinent und Asien bzw. Australien

Pa·zi·fis·mus *der;* (-) die Überzeugung, dass Gewalt und Kriege immer vermieden werden müssen ↔ *Militarismus* ● hierzu **Pa·zi·fist** *der;* **Pa·zi·fis·tin** *die;* **pa·zi·fis·tisch** ADJEKTIV

★ **PC** [peː'tseː] *der;* (-s, -s) Personal Computer ein einzelner Computer, der meist bei einer Person zu Hause unter dem Schreibtisch steht

PdA [peːdeː'|aː] *die;* (-) Partei der Arbeit eine politische Partei in der Schweiz

Pea·nuts ['piːnats] *die; Plural; gesprochen, meist ironisch* unwichtige Kleinigkeiten

★ **Pech** *das;* (-s) **1** etwas Unangenehmes oder Schlechtes, das jemandem passiert und an dem niemand Schuld hat ⟨Pech haben; vom Pech verfolgt werden⟩ ↔ *Glück* | *Mit den Frauen hat er immer Pech! Er verliebt sich immer in die falsche* | *Sie hatte das Pech, den Zug zu versäumen* | *So ein Pech! Jetzt ist der Reifen geplatzt!* K Jagdpech **2** eine schwarze Masse, die gut klebt und mit der man z. B. Dächer oder Schiffe vor Wasser schützen kann ⟨etwas mit Pech abdichten, bestreichen⟩ K pechfinster, pechschwarz **3** *süddeutsch* Ⓐ eine Flüssigkeit meist aus Bäumen, die gut klebt und hart wird ≈ *Harz* ■ ID **Pech gehabt!**, **'Dein Pech!** *gesprochen* drückt aus, dass man eine Person nicht für ihre unangenehme Situation bedauert; **zusammenhalten wie Pech und Schwefel** *gesprochen* gute Freunde sein und sich durch nichts trennen lassen

Pech·sträh·ne *die* eine Zeit, in der jemand viel Pech hat ⟨eine Pechsträhne haben⟩

Pech·vo·gel *der; gesprochen* eine Person, die sehr oft Pech hat

★ **Pe·dal** *das;* (-s, -e) auf Pedale drückt man mit dem Fuß, um einen Mechanismus zu betätigen ⟨die Pedale eines Fahrrads, eines Autos, einer Orgel; aufs Pedal drücken, steigen, treten; den Fuß vom Pedal nehmen⟩ K Bremspedal, Gaspedal, Kupplungspedal, Fahrradpedal **i** → Abb. unter **Fahrrad** ■ ID **(kräftig) in die Pedale treten** versuchen, mit dem Fahrrad ziemlich schnell zu fahren

pe·dan·tisch ADJEKTIV; *abwertend* zu genau und ordentlich ⟨ein Mensch, eine Ordnung⟩ ● hierzu **Pe·dant** *der;* **Pe·dan·tin** *die;* **Pe·dan·te·rie** *die*

pe·des → per

Pe·gel *der;* (-s, -) **1** die Höhe, bis zu der (in einem Fluss oder See) das Wasser steht ⟨der Pegel steigt, fällt⟩ ≈ *Wasserstand* K Pegelhöhe, Pegelstand **2** die Lautstärke, die erreicht wird K Geräuschpegel, Lärmpegel **3** ein Gerät zum Messen des Wasserstandes

Peil *der* ■ ID **keinen Peil haben** *gesprochen* keine Ahnung haben, etwas nicht verstehen

pei·len VERB (peilte, hat gepeilt) **1** **etwas peilen** mit einem Kompass oder mit elektrischen Geräten feststellen, wo oder in welcher Entfernung etwas ist ⟨ein Schiff, eine Station, den Standpunkt eines Schiffes peilen⟩ **2** **etwas peilen** *gesprochen* ≈ *kapieren, verstehen* ● zu (1) **Pei·lung** *die*

Pein *die;* (-); *geschrieben* ein intensiver körperlicher oder psychischer Schmerz ⟨körperliche, seelische Pein⟩

pei·ni·gen VERB (peinigte, hat gepeinigt) **1** **etwas peinigt (jemanden)** *geschrieben* etwas schmerzt intensiv und erzeugt Leid ⟨Hunger, Durst, das schlechte Gewissen, Reue, Schmerzen⟩ | *peinigende Schmerzen* **2** **jemanden peinigen** *veraltend* eine Person oder ein Tier quälen ● zu (2) **Pei·ni·ger** *der;* zu (2) **Pei·ni·ge·rin** *die;* zu (2) **Pei·ni·gung** *die*

★ **pein·lich** ADJEKTIV **1** unangenehm und so, dass man sich dabei schämt ⟨Fragen, eine Situation, ein Vorfall; etwas ist jemandem/für jemanden peinlich; von etwas peinlich berührt, betroffen sein⟩ | *Es war ihm sehr peinlich, dass er den Geburtstag seiner Frau vergessen hatte* **2** sehr genau und mit größter Aufmerksamkeit (gemacht) ⟨Sauberkeit, Ordnung, Sorgfalt; peinlich genau, peinlich korrekt, peinlich sauber⟩ ≈ *sorgfältig* ● zu (1) **Pein·lich·keit** *die*

pein·sam ADJEKTIV; *humorvoll* ≈ *peinlich*

Peit·sche *die;* (-, -n) **1** eine lange Schnur an einem Stock, mit der man vor allem Tiere schlägt, um sie anzutreiben ⟨die Peitsche schwingen; mit der Peitsche knallen; jemanden/ein Tier mit der Peitsche schlagen⟩ K Peitschenhieb, Peitschenknall, Peitschenschlag **2** **einem Tier die Peitsche geben** ein Tier mit der Peitsche antreiben

peit·schen VERB (peitschte, hat/ist gepeitscht) **1** **jemanden peitschen** (*hat*) eine Person mit der Peitsche schlagen, vor allem um sie zu bestrafen **2** **ein Tier peitschen** (*hat*) ein Tier mit der Peitsche antreiben **3** **etwas peitscht irgendwohin** (*ist*) etwas schlägt (vor allem bei starkem Wind) mit großer Kraft oder Wucht gegen etwas ⟨der Regen, die Wellen⟩ | *Der Regen peitschte gegen die Scheiben*

pe·jo·ra·tiv [-f] ADJEKTIV; *geschrieben* ⟨ein Wort, ein Ausdruck⟩ so, dass sie eine negative Wertung ausdrücken ≈ *abwertend*

Pe·ki·ne·se *der;* (-n, -n) ein kleiner Hund mit kurzen Beinen, einer flachen Nase und langen Haaren **H** *der Pekinese; den, dem, des Pekinesen*

Pe·li·kan *der;* (-s, -e) ein großer Vogel, der Fische fängt und unter dem langen Schnabel einen großen Sack hat

Pel·le *die;* (-, -n) die dünne Haut von Kartoffeln, Obst, Wurst o. Ä. ≈ *Schale* ■ ID **jemandem auf die Pelle rücken** *gesprochen* **a** sich sehr nah zu jemandem setzen **b** immer wieder mit einer Bitte, einer Forderung o. Ä. zu jemandem kommen; **jemandem auf der Pelle sitzen/liegen** *gesprochen* jemandem durch die ständige Anwesenheit lästig sein; **jemandem (mit etwas) nicht von der Pelle gehen** *gesprochen* immer wieder mit einer Bitte zu jemandem kommen

pel·len VERB (pellte, hat gepellt) **1** **etwas pellen** ⟨Orangen, Kartoffeln pellen⟩ ≈ *schälen* **2** **etwas pellt sich** etwas schält sich ⟨die Haut⟩

Pel·let *das;* (-s, -s); *meist Plural* Pellets sind kleine Kugeln oder Stäbchen aus gepresstem Holz, die als Brennstoff verwendet werden [K] Pelletheizung

Pell·kar·tof·fel *die;* (-, -n); *meist Plural* Kartoffeln, die mit der Schale gekocht wurden

★ **Pelz** *der;* (-es, -e) [1] die Haut mit den dicht wachsenden Haaren mancher Tiere (wie z. B. von Bären, Füchsen o. Ä.) ⟨ein dichter, dicker, zottiger Pelz; einem Tier den Pelz abziehen⟩ ≈ *Fell* [K] Pelztier; Schafspelz, Wolfspelz [2] *nur Singular* ein Pelz, aus dem man Kleidungsstücke macht | *ein Mantel aus Pelz* [K] Pelzhandschuh, Pelzjacke, Pelzkappe, Pelzkragen, Pelzmantel, Pelzmütze, Pelzstiefel [3] ein Mantel oder eine Jacke aus Pelz ⟨einen Pelz tragen; ein echter Pelz⟩ ■ **ID jemandem (mit etwas) auf den Pelz rücken** *gesprochen* immer wieder mit einer Bitte zu jemandem kommen

pel·zig ADJEKTIV [1] mit einer weichen Oberfläche, die nicht glatt ist ⟨ein Blatt; etwas fühlt sich pelzig an⟩ | *Die Haut von Pfirsichen ist pelzig* [2] unangenehm rau und trocken ⟨jemandes Mund, Zunge ist pelzig, fühlt sich pelzig an⟩ [3] so, dass man mit den Nerven kein Gefühl spürt | *Nach der Spritze vom Zahnarzt fühlte sich mein Mund pelzig an*

Pen·dant [pã'dã:] *das;* (-s, -s) **das Pendant (zu jemandem/etwas)** *geschrieben* ⟨etwas ist, bildet das Pendant zu etwas; etwas hat kein Pendant⟩ ≈ *Gegenstück, Entsprechung*

Pen·del *das;* (-s, -) [1] ein Gewicht, das an einem Punkt hängt, frei schwingt und dazu dient, etwas zu messen ⟨ein Pendel schwingt, schlägt aus⟩ [2] ein Gewicht, das hin- und herschwingt und so regelt, wie schnell eine Uhr geht ⟨das Pendel in Bewegung setzen⟩ [K] Pendeluhr [3] **das Pendel** +*Genitiv* etwas, das regelmäßig von einer extremen Position zur anderen wechselt | *Nach dem Skandal schlug das Pendel der öffentlichen Meinung wieder zur Opposition hin aus*

pen·deln VERB (pendelte, hat/ist gependelt) [1] **etwas pendelt** (*ist*) etwas hängt an etwas und schwingt (langsam) hin und her [2] **mit etwas pendeln** (*hat*) etwas hängen lassen und hin und her schwingen ⟨mit den Armen, Beinen pendeln⟩ [3] **jemand pendelt** (*ist*) jemand fährt regelmäßig von einem Ort zum anderen, vor allem von der Wohnung zum Arbeitsplatz | *zwischen Köln und Bonn pendeln* | *von Augsburg nach München pendeln* [K] Pendelverkehr ● zu (3) **Pend·ler** *der;* zu (3) **Pend·le·rin** *die*

pe·net·rant ADJEKTIV; *abwertend* [1] so intensiv, dass man es unangenehm findet ⟨ein Geruch, ein Geschmack; es riecht, schmeckt penetrant nach etwas⟩ [2] immer wieder lästig und störend ≈ *aufdringlich* | *Seine Art, bei jeder Gelegenheit zu zeigen, wie reich er ist, ist wirklich penetrant* ● hierzu **Pe·net·ranz** *die*

peng! verwendet, um das Geräusch eines Schusses oder Knalls zu imitieren

pe·ni·bel ADJEKTIV sehr/zu genau und ordentlich ⟨ein Mensch, eine Ordnung, Sauberkeit⟩ [i] *penibel* → *penible Ordnung*

Pe·ni·cil·lin [-ts-] Ⓐ ≈ *Penizillin*

★ **Pe·nis** *der;* (-, -se) das Organ beim Mann und bei verschiedenen männlichen Tieren, aus dem der Samen und der Urin kommen [i] → Abb. unter **Mensch**

Pe·ni·zil·lin *das;* (-) ein Medikament, das Bakterien tötet [K] Penizillinspritze, Penizillintablette

Pen·nä·ler *der;* (-s, -); *veraltet* ein Schüler (am Gymnasium) ● hierzu **Pen·nä·le·rin** *die*

Pen·ne *die;* (-, -n); *gesprochen, humorvoll* ≈ *Schule*

pen·nen VERB (pennte, hat gepennt); *gesprochen* ≈ *schlafen*

Pen·ner *der;* (-s, -); *gesprochen, abwertend* [1] ≈ *Landstreicher, Obdachlose(r)* [2] eine Person, die wenig leistet oder langweilig ist

★ **Pen·si·on** [pɛn'zi̯oːn, pã-, paŋ-] *die;* (-, -en) [1] das Geld, das ein Beamter jeden Monat vom Staat bekommt, wenn er (meist aus Gründen des Alters) aufgehört hat zu arbeiten ⟨eine hohe, niedrige, schöne Pension haben, bekommen⟩ [K] Pensionsanspruch, pensionsberechtigt [i] Arbeiter und Angestellte bekommen eine *Rente* [2] die Zeit im Leben eines Beamten, in der er eine Pension bekommt ⟨in Pension sein; in Pension gehen; jemanden in Pension schicken⟩ ≈ *Ruhestand* [K] Frühpension [3] ein Haus, in dem man (vor allem im Urlaub) schlafen und essen kann ⟨in einer Pension wohnen, unterkommen, übernachten⟩ [K] Pensionsgast ● zu (2) **Pen·si·o·när** *der;* zu (2) **Pen·si·o·nist** *der; süddeutsch* Ⓐ Ⓒⓗ

Pen·si·o·nat [pɛn-, pã-, paŋ-] *das;* (-s, -e); *veraltend* ≈ *Internat* [K] Mädchenpensionat

pen·si·o·nie·ren [pɛn-, pã-, paŋ-] VERB (pensionierte, hat pensioniert) **jemanden pensionieren** bestimmen, dass jemand (vor allem ein Beamter) wegen des Alters aufhört zu arbeiten und eine Pension bekommt ⟨jemanden vorzeitig, frühzeitig pensionieren; sich pensionieren lassen; ein pensionierter Beamter⟩ ● hierzu **Pen·si·o·nie·rung** *die*

Pen·sum *das;* (-s, Pen·sen); *meist Singular* die Arbeit, die man in einer vorgeschriebenen Zeit machen muss ⟨sein Pensum erfüllen, schaffen, erledigen; sein tägliches, übliches Pensum (an Arbeit)⟩ [K] Arbeitspensum, Pflichtpensum, Unterrichtspensum; Durchschnittspensum, Jahrespensum, Tagespensum, Wochenpensum

Pent·house ['penthaus] *das;* (-) eine (meist teure) Wohnung auf dem flachen Dach eines hohen Hauses ⟨in einem Penthouse wohnen⟩

Pep *der;* (-); *gesprochen* ≈ *Schwung* | *eine Show mit Pep* ● hierzu **pep·pig** ADJEKTIV

Pe·pe·ro·ni *die;* (-, -(s)); *meist Plural* kleine, scharfe Pfefferschoten

★ **per** PRÄPOSITION +*Akkusativ* [1] verwendet, um das Mittel zu nennen, mit dem jemand/etwas von einem Ort zu einem anderen gelangt ⟨per Bahn, per Schiff, per Luftpost, per Autostopp⟩ ≈ *mit* [i] Das folgende Substantiv wird ohne Artikel verwendet. [2] *geschrieben* verwendet, um das Mittel zu nennen, das man zu einem Zweck verwendet ⟨Einschreiben, Nachname⟩ | *etwas per Vertrag regeln* | *einen Brief per Einschreiben schicken* | *eine Rechnung per Scheck zahlen* [3] *geschrieben* verwendet, um anzugeben, wie etwas gemessen oder gezählt wird ≈ *pro* | *ein Preis von fünf Euro per Stück/per Kilo* | *hundert Umdrehungen per Sekunde* [4] in Geschäftsbriefen verwendet, um den Zeitpunkt anzugeben, an dem man etwas tun soll | *per sofort* | *Die Rechnung ist per 31. Dezember zu zahlen* ■ **ID (mit jemandem) per du/per Sie sein** zu jemandem *du/Sie* sagen | *Sie ist mit dem Chef per du*; **per pedes** *humorvoll* zu Fuß

★ **per·fekt** ADJEKTIV (perfekter, perfektest-) [1] **perfekt (in etwas** (*Dativ*)) so, dass niemand/nichts besser sein kann | *ein perfekter Ehemann* | *perfekt Französisch sprechen* | *Im Umgang mit Computern ist sie inzwischen fast perfekt* [2] **etwas ist perfekt** etwas ist so, dass man nichts mehr daran ändern kann oder ändern muss ⟨ein Vertrag, eine Sache, eine Abmachung, eine Niederlage⟩ [3] **ein perfektes Verbrechen** ein Verbrechen, bei dem es unmöglich ist, den Täter zu finden [4] **etwas (mit jemandem) perfekt machen** entscheiden, dass etwas wirksam wird oder man etwas ganz sicher tun wird ⟨den Vertrag, einen Termin perfekt machen⟩ ≈ *ausmachen*

★ **Per·fekt** *das;* (-s, -e); *meist Singular* die Form des Verbs, die mit *sein* oder *haben* gebildet wird | *In dem Satz „Er ist nach Italien gefahren" ist „ist gefahren" das Perfekt von „fahren"* [K] Perfektform [i] Als Plural verwendet man meist *Perfektformen.*

P

Per·fek·ti·on [-'tsi̯o:n] *die;* (-) etwas, das mit Perfektion gemacht wird, ist sehr gut und hat keine Fehler ⟨etwas bis zur Perfektion treiben; es in etwas (*Dativ*) zur Perfektion bringen⟩ | *Er spielt Cello mit höchster Perfektion*

per·fek·ti·o·nie·ren [-tsi̯o-] VERB (perfektionierte, hat perfektioniert) **etwas perfektionieren** so lange an etwas arbeiten, bis es perfekt ist ⟨eine Technik, eine Maschine, ein System perfektionieren⟩

Per·fek·ti·o·nis·mus [-tsi̯o-] *der;* (-); *oft abwertend* der Wunsch, alles so perfekt wie möglich zu machen • hierzu **Per·fek·ti·o·nist** *der;* **per·fek·ti·o·nis·tisch** ADJEKTIV

per·fid, **per·fi·de** ADJEKTIV; *geschrieben* mit Absicht und gemein ⟨eine Lüge, eine Frage, ein Dieb⟩

Per·fo·ra·ti·on [-'tsi̯o:n] *die;* (-, -en) eine Reihe kleiner Löcher, die es möglich machen, dass man ein Blatt Papier leicht abreißen kann | *ein Kalenderblatt an der Perforation abreißen* • hierzu **per·fo·rie·ren** VERB (*hat*)

Per·ga·ment *das;* (-(e)s, -e) **1** *nur Singular* ein Material (aus Tierhäuten), das man früher statt Papier verwendete | *eine mittelalterliche Urkunde aus Pergament* **2** ein Stück Pergament mit einer alten Schrift darauf

Per·ga·ment·pa·pier *das* ein sehr festes Papier, das leicht durchsichtig ist und Fett nicht durchlässt | *Brote in Pergamentpapier wickeln*

Per·go·la *die;* (-, Per·go·len) ein Gang im Garten, der mit hohen Pflanzen bewachsen ist

Pe·ri·o·de *die;* (-, -n) **1** ein relativ langer Zeitraum, der charakteristische Ereignisse aufweist | *eine längere Periode mit trockenem Wetter* | *Die fünfziger Jahre waren die Periode des großen wirtschaftlichen Aufschwungs* K Frostperiode, Hitzeperiode, Kälteperiode, Regenperiode, Schlechtwetterperiode, Schönwetterperiode, Trockenperiode, Entwicklungsperiode, Übergangsperiode, Wachstumsperiode **2** ≈ *Menstruation*

Pe·ri·o·den·sys·tem *das* ein Schema, in dem alle chemischen Elemente nach ihrem Atomgewicht geordnet sind

Pe·ri·o·di·kum *das;* (-, Pe·ri·o·di·ka); *geschrieben* eine Zeitschrift, die regelmäßig erscheint

pe·ri·o·disch ADJEKTIV *meist adverbiell* so, dass es in regelmäßigen Zeitabständen immer wieder vorkommt ⟨etwas tritt periodisch auf; etwas erscheint periodisch⟩

pe·ri·pher [peri'fe:ɐ] ADJEKTIV; *geschrieben* **1** am Rand liegend ↔ *zentral* | *die peripheren Stadtteile* **2** nicht sehr wichtig ⟨eine Frage, ein Problem⟩

Pe·ri·phe·rie [-f-] *die;* (-, -n) **1** *geschrieben* ein Gebiet, das am Rand liegt ⟨an der Peripherie einer Stadt wohnen⟩ ↔ *Zentrum* **2** die Geräte, die an den Computer angeschlossen werden K Peripheriegerät

★ **Per·le** *die;* (-, -n) **1** eine kleine, harte weiße Kugel, die man in manchen Muscheln findet ⟨echte, künstliche Perlen; eine Kette aus Perlen; Perlen züchten; nach Perlen tauchen⟩ K Perlencollier, Perlenfischer, Perlenhalsband, Perlenhändler, Perlenkette, Perlenmuschel, Perlenschmuck, Perlentaucher, Perlenzucht, Perlenzüchter, perlenbesetzt, perlenbestickt; Naturperle, Süßwasserperle, Zuchtperle **2** eine kleine Kugel aus Glas, Holz o. Ä., die meist mit anderen eine Kette bildet K Glasperle, Holzperle **3** *gesprochen, meist humorvoll* eine Frau, die als Hilfe im Haushalt o. Ä. gut arbeitet ■ ID **Da fällt dir keine Perle aus der Krone!** *gesprochen* verwendet, um eine Person zu kritisieren, die etwas Unangenehmes nicht tun will; **Perlen vor die Säue werfen** etwas für jemanden tun oder jemandem etwas geben, das er nicht zu schätzen weiß

per·len VERB (perlte, hat/ist geperlt) **1** **etwas perlt (irgendwo)** (*hat*) etwas bildet Tropfen oder Blasen, die wie Perlen aussehen ⟨jemandem perlt der Schweiß auf der Stirn; der Tau perlt auf einer Pflanze; perlender Sekt, Champagner⟩ **2** **etwas perlt von etwas** (*ist*) etwas rinnt in Form von Tropfen von einer Sache ⟨jemandem perlt der Schweiß von der Stirn⟩

Perl·mutt *das;* (-s) die glänzende Schale von manchen Muscheln, aus der man Schmuck macht K Perlmuttfarbe, Perlmuttgriff, Perlmuttknopf • hierzu **perl·mutt·far·ben** ADJEKTIV

perl·weiß ADJEKTIV von der silbrig weißen Farbe einer Perle

per·ma·nent ADJEKTIV; *geschrieben* ⟨ein Zustand, eine Bedrohung⟩ ≈ *ständig, dauernd* • hierzu **Per·ma·nenz** *die*

per·plex ADJEKTIV *meist prädikativ; gesprochen* so überrascht von etwas, dass man nicht mehr reagieren kann ⟨völlig perplex sein; perplex dastehen, schauen⟩ ≈ *verblüfft* • hierzu **Per·ple·xi·tät** *die*

Per·ron [pɛ'rõ:] *der/das;* (-s, -s); (CH) ≈ *Bahnsteig*

per se *geschrieben* automatisch, von vornherein | *Schlager sind ja nicht per se völlig niveaulos*

Per·ser *der;* (-s, -) **1** ein Einwohner von Persien **2** Kurzwort für *Perserteppich* • zu (1) **Per·se·rin** *die*

Per·ser·tep·pich *der* ein wertvoller, meist bunter Teppich aus dem Orient

Per·si·fla·ge [-'fla:ʒə] *die;* (-, -en); *geschrieben* eine (nachahmende) Darstellung, mit der man sich durch Übertreibung über jemanden lustig macht • hierzu **per·si·flie·ren** VERB (*hat*)

★ **Per·son** *die;* (-, -en) **1** ein einzelner Mensch | *ein Auto mit Platz für fünf Personen* | *Der Eintritt kostet 10 Euro pro Person* **2** ein Mensch mit einer besonderen Eigenschaft | *Sie ist eine sehr nette Person* K Personenbeschreibung **3** eine fiktive Person in einem Theaterstück, Roman o. Ä. ≈ *Figur* K Hauptperson, Nebenperson **4** *nur Singular* eine grammatische Form des Verbs oder des Pronomens, die zeigt, wer spricht (die erste Person), wen man anspricht (die zweite Person) oder über wen man spricht (die dritte Person) ⟨die erste, zweite, dritte Person Singular/Plural⟩ **5** **eine natürliche/juristische Person** *admin* ein Mensch oder eine Organisation (mit den entsprechenden Rechten) **6** **Angaben/Daten/Fragen zur Person** Angaben, Daten, Fragen über Name, Alter, Geschlecht, Aussehen, Beruf usw. einer Person **7** **jemand ist etwas in Person** jemand hat die genannte Eigenschaft in sehr hohem Maß | *Sie ist die Güte/die Ruhe in Person* **8** **in eigener Person** ⟨in eigener Person erscheinen, kommen⟩ ≈ *selbst, persönlich*
■ ID **ich für meine Person** verwendet, um zu sagen, dass man jetzt über die eigene (meist abweichende) Meinung sprechen will

★ **Per·so·nal** *das;* (-s) die Personen, die bei einer Firma o. Ä. beschäftigt sind ⟨geschultes Personal; Personal einstellen, entlassen⟩ K Firmenpersonal, Hauspersonal, Hotelpersonal, Krankenhauspersonal; Lehrpersonal, Pflegepersonal, Verwaltungspersonal, Wachpersonal

Per·so·nal·ab·tei·lung *die* die Abteilung in einem Betrieb, die z. B. berechnet, wer wie viel verdient

Per·so·nal·ak·te *die* eine Mappe mit Papieren, in denen wichtige Informationen über einen Angestellten stehen | *Einsicht in die Personalakte verlangen*

Per·so·nal·aus·weis *der* ein Dokument mit Angaben zur Person, das man braucht, um gegenüber Behörden zu beweisen, wer man ist | *Der Personalausweis enthält Name, Foto, Beschreibung, Adresse und Unterschrift der betreffenden Person*

Per·so·nal·bü·ro *das* ≈ *Personalabteilung*

Per·so·nal·chef *der* der Leiter der Personalabteilung • hierzu **Per·so·nal·che·fin** *die*

Per·so·na·li·en [-li̯ən] *die; Plural* die Angaben zur Person

wie z. B. der Name, das Geburtsdatum und die Adresse ⟨jemandes Personalien aufnehmen⟩
per·so·nal·in·ten·siv ADJEKTIV so, dass dafür viel Personal nötig ist ⟨eine Produktion, ein Verfahren⟩
Per·so·nal·pro·no·men *das* ein Pronomen, das für eine bestimmte Person oder Sache steht | *„Ich", „du", „ihm" sind Personalpronomina* **H** → Tabelle unter **ich**
Per·so·nal·rat *der* verwendet als Bezeichnung für den Betriebsrat im öffentlichen Dienst
Per·so·nal·uni·on *die* ■ **ID in Personalunion** so, dass eine Person zwei Ämter gleichzeitig hat
Per·sön·chen *das; (-s, -); gesprochen* ein Mädchen oder eine schlanke junge Frau ⟨ein zartes, zierliches Persönchen⟩
per·so·nell ADJEKTIV *meist attributiv* in Bezug auf das Personal oder die Personen, die in einem Bereich arbeiten ⟨personelle Veränderungen vornehmen; etwas hat personelle Konsequenzen⟩
per·so·nen·be·zo·gen ADJEKTIV so, dass Fakten oder Daten sich eine einzelne Person beschreiben ⟨Daten, Merkmale, Erhebungen⟩
Per·so·nen|kraft·wa·gen *der; admin* ≈ *Pkw*
Per·so·nen·kreis *der; meist Singular* mehrere Personen, die etwas gemeinsam haben
Per·so·nen·kult *der; meist Singular; oft abwertend* die völlig übertriebene Verehrung einer Person, die Macht und Ansehen hat ⟨einen Personenkult mit jemandem treiben⟩
Per·so·nen·scha·den *der; geschrieben* die Verletzung einer Person oder ein Todesfall bei einem Unfall (im Verkehr)
Per·so·nen·wa·gen *der* ≈ *Pkw*
per·so·ni·fi·zie·ren VERB (personifizierte, hat personifiziert) **jemand personifiziert etwas** *geschrieben* jemand dient als Symbol für etwas oder verkörpert etwas | *In der griechischen Mythologie wird das Meer durch den Gott Poseidon personifiziert* | *Sie ist die personifizierte Ordnung* (Sie ist sehr ordentlich) ● hierzu **Per·so·ni·fi·zie·rung** *die*; **Per·so·ni·fi·ka·ti·on** *die*
★ **per·sön·lich** ADJEKTIV **1** *meist attributiv* in Bezug auf die eigene Person ⟨jemandes Angelegenheiten, jemandes Freiheit, jemandes Interessen⟩ | *Die Bilder stammen aus meinem persönlichen Besitz* | *Der Gutschein gilt nur für Sie persönlich* **2** *meist attributiv* so, dass es eine Person in ihrem privaten Bereich betrifft ≈ *privat* | *Darf ich Ihnen eine ganz persönliche Frage stellen?* | *aus persönlichen Gründen nicht kommen* **3** so, dass eine Beziehung oder ein Kontakt direkt von Person zu Person besteht ⟨ein Gespräch; persönliche Beziehungen zu jemandem haben; jemanden persönlich kennen⟩ **4** *meist attributiv* für jemanden charakteristisch ⟨jemandes persönliche Art, etwas zu tun; einer Sache eine persönliche Note geben⟩ **5** so, dass der Mensch und nicht die Sache kritisiert wird ⟨eine Beleidigung; jemanden persönlich angreifen⟩ **6** so, dass eine Person einer anderen Person ihr Mitleid oder ihre Trauer zeigt ⟨meine persönliche Anteilnahme; persönliche Worte finden⟩ **7** *meist attributiv* so, dass jemand etwas selbst tut | *Zur Einweihung des neuen Jugendzentrums kam der Minister persönlich* ■ **ID persönlich werden** in einem Gespräch oder Streit Dinge sagen, die den anderen im privaten Bereich betreffen; **etwas persönlich nehmen** etwas als Beleidigung verstehen; **Das war nicht persönlich gemeint** das war keine Kritik an dir/Ihnen
★ **Per·sön·lich·keit** *die; (-, -en)* **1** *nur Singular* alle charakteristischen, individuellen Eigenschaften eines Menschen | *Die Krankheit hat ihre Persönlichkeit verändert* | *In ihrem Beruf konnte sie ihre Persönlichkeit voll entfalten* **K** Persönlichkeitsentfaltung, Persönlichkeitsentwicklung, Persönlichkeitsspaltung, Persönlichkeitsstruktur **2** eine Person, die einen festen, individuellen Charakter hat | *Schon als Kind war sie eine richtige Persönlichkeit* **3** eine Person, die in der Öffentlichkeit bekannt ist ⟨eine Persönlichkeit des öffentlichen Lebens⟩ ≈ *Prominente(r)*
★ **Per·spek·ti·ve** [-v-] *die; (-, -n)* **1** eine Art, Linien zu zeichnen, bei der das Bild dann räumlich wirkt ⟨die Perspektive eines Gemäldes, einer Zeichnung stimmt (nicht)⟩ **2** der Punkt, von dem aus man etwas betrachtet ≈ *Blickwinkel* | *etwas aus verschiedenen Perspektiven fotografieren* **3** die (subjektive) Art, wie man etwas beurteilt, bewertet ⟨eine neue Perspektive eröffnet sich, tut sich auf⟩ **K** Betrachterperspektive, Erzählperspektive **4** die Möglichkeiten, die sich in der Zukunft bieten ⟨keine Perspektive mehr haben; jemandem eine Perspektive geben⟩ | *Mit dem Lottogewinn eröffneten sich ihm ungeahnte Perspektiven*
per·spek·ti·visch [-v-] ADJEKTIV in Bezug auf die räumliche Perspektive ⟨eine Darstellung, die Tiefe⟩
Pe·rü·cke *die; (-, -n)* eine Kopfbedeckung aus künstlichen oder echten Haaren ⟨eine Perücke tragen⟩ **K** Perückenmacher
per·vers [-v-] ADJEKTIV; *abwertend* **1** (vor allem im sexuellen Bereich) so weit von der Norm entfernt, dass es als nicht natürlich bewertet wird ⟨Neigungen; pervers veranlagt sein⟩ **2** *gesprochen* ≈ *widerlich* | *Seine politischen Ideen finde ich geradezu pervers* ● zu (1) **Per·ver·si·on** *die*; zu (1) **Per·ver·si·tät** *die*
per·ver·tie·ren VERB [-v-] (pervertierte, hat/ist pervertiert); *geschrieben* **1 etwas pervertieren** *abwertend (hat)* etwas so verändern, dass es schlimm wird und nicht mehr natürlich ist | *Das viele Geld hat sein Verhalten pervertiert* **2 etwas pervertiert (zu etwas)** *(ist)* etwas wird schlimm und nicht mehr natürlich | *Die Revolution pervertierte zur Diktatur* ● hierzu **Per·ver·tie·rung** *die*
Pes·si·mis·mus *der; (-)* eine Einstellung zum Leben oder eine Denkweise, bei der jemand (immer) das Schlimmste erwartet oder nur das Schlechte sieht ↔ *Optimismus* ● hierzu **Pes·si·mist** *der*; **Pes·si·mis·tin** *die*; **pes·si·mis·tisch** ADJEKTIV
Pest *die; (-)* **1** eine ansteckende Krankheit, an der im Mittelalter sehr viele Menschen starben ⟨die Pest haben; an der Pest sterben; die Pest bricht aus⟩ **K** Pestbeule, Pestepidemie **2 wie die Pest** *gesprochen, abwertend* ⟨jemanden/etwas wie die Pest hassen; wie die Pest stinken⟩ ≈ *sehr*
Pes·ti·lenz *die; (-); veraltet* ≈ *Pest*
Pes·ti·zid *das; (-s, -e); geschrieben* ein chemisches Mittel, mit dem man schädliche oder störende Pflanzen, Insekten o. Ä. bekämpft
Pe·ter *der* ■ **ID jemandem den schwarzen Peter zuschieben** jemandem die Schuld oder Verantwortung für etwas geben
Pe·ter·si·lie [-ljə] *die; (-, -n); meist Singular* eine kleine Gartenpflanze, deren grüne Blätter (und Wurzeln) man als Gewürz verwendet ⟨ein Bund Petersilie; etwas mit Petersilie garnieren⟩ | *Petersilie auf die Suppe streuen* **K** Petersilienkartoffeln, Petersilienwurzel
Pe·ti·ti·on [-'tsjo:n] *die; (-, -en)* ein Schreiben an eine Regierung oder Behörde, mit dem man um etwas bittet ⟨eine Petition abfassen, einreichen; jemandem eine Petition überreichen⟩ **K** Petitionsausschuss
Pet·rol *das; (-s);* Ⓒⓗ ≈ *Petroleum*
Pet·ro·le·um [-leum] *das; (-s)* eine Flüssigkeit, die man aus Erdöl herstellt und die gut brennt **K** Petroleumkocher, Petroleumlampe
pet·to ■ **ID etwas in petto haben** etwas für einen Zweck bereit haben ⟨einen Trick, einen Witz in petto haben⟩
Pet·ze *die; (-, -n); gesprochen, abwertend* ein Junge oder ein

P

Mädchen, die petzen

pet·zen VERB (petzte, hat gepetzt) **(jemandem etwas) petzen** *gesprochen, abwertend* als Kind einem Erwachsenen sagen, dass ein anderes Kind etwas getan hat, was es nicht sollte | *Er petzte dem Lehrer, dass sein Banknachbar die Hausaufgaben nicht gemacht hatte* ● hierzu **Pet·zer** *der*

peu à peu [pøa'pø:] ADVERB ≈ *allmählich*

Pfad *der*; (-(e)s, -e) **1** ein schmaler Weg **2** die Folge von Laufwerk, Ordner- und Dateinamen, die man eingeben muss, um eine Datei oder ein Programm in einem Computer zu finden ■ ID **auf dem Pfad der Tugend wandeln** *geschrieben* sich so verhalten, wie Sitte und Moral es verlangen; **vom Pfad der Tugend abweichen** *geschrieben* etwas tun, das gegen Sitte und Moral ist

Pfad·fin·der *der*; (-s, -) **1** *nur Plural* eine Organisation von jungen Menschen, die durch die Gemeinschaft lernen sollen, wie man sich in einer Gruppe verhält und wie man anderen Menschen hilft ⟨bei den Pfadfindern sein; zu den Pfadfindern gehen⟩ **2** ein Mitglied der Pfadfinder ⟨Pfadfinder sein⟩ K Pfadfinderlager, Pfadfinderuniform ● zu (2) **Pfad·fin·de·rin** *die*

Pfaf·fe *der*; (-n, -n); *gesprochen, abwertend* ≈ *Priester, Geistlicher* I *der Pfaffe; den, dem, des Pfaffen*

Pfahl *der*; (-(e)s, Pfäh·le) ein (dicker) Stab aus Holz, den man mit einem Ende in die Erde schlägt ⟨einen Pfahl einschlagen, in den Boden rammen⟩ K Zaunpfahl

Pfahl·bau *der*; (-s, Pfahl·bau·ten) ein Haus im Wasser oder am Ufer, das auf Pfählen steht

Pfand *das*; (-(e)s, Pfän·der) **1** Pfand ist Geld, das man zurückbekommt, wenn man z. B. eine leere Flasche im Geschäft zurückgibt, ein Schließfach wieder leer macht usw. ⟨ein Pfand hinterlegen; Pfand zahlen⟩ | *Auf dieser Bierflasche ist Pfand* K Pfandflasche, Pfandgeld; Flaschenpfand **2** etwas (Wertvolles), das man jemandem als Garantie dafür gibt, dass man ein Versprechen hält ⟨jemandem ein Pfand geben; ein Pfand einlösen, auslösen; etwas als Pfand behalten⟩

Pfand·brief *der* ein sehr sicheres Wertpapier

pfän·den VERB (pfändete, hat gepfändet) **1** **etwas pfänden** einer Person etwas wegnehmen, um damit deren Schulden zu bezahlen ⟨der Gerichtsvollzieher pfändet jemandes Möbel, einen Teil von jemandes Einkommen⟩ **2** **jemanden pfänden** Dinge bei jemandem pfänden ⟨jemanden pfänden lassen⟩ ● hierzu **Pfän·dung** *die*; zu (1) **pfänd·bar** ADJEKTIV

Pfand·haus *das* ein Geschäft, in dem man für ein Pfand Geld leihen kann ⟨etwas ins Pfandhaus tragen⟩

Pfand·schein *der* ein Dokument, auf dem steht, was jemand als Pfand erhalten hat

★ **Pfan·ne** *die*; (-, -n) **1** ein meist rundes und flaches Gefäß mit einem langen Stiel, in dem man z. B. Fleisch und Kartoffeln braten kann | *ein Schnitzel in der Pfanne braten* | *ein Ei in die Pfanne schlagen* K Bratpfanne **2** ⓒ ein Kochtopf (mit Stiel) ■ ID **jemanden in die Pfanne hauen** *gesprochen* einer Person absichtlich schaden oder sie stark kritisieren

★ **Pfann·ku·chen** *der* **1** *süddeutsch* ein flacher, weicher Kuchen, den man in der Pfanne bäckt ⟨ein gefüllter Pfannkuchen; Pfannkuchen backen⟩ ≈ *Eierkuchen* **2** *norddeutsch* ein kleiner, runder, weicher Kuchen, der in heißem Fett gebacken wird und meist mit Marmelade gefüllt ist ≈ *Berliner, Krapfen*

Pfarr·amt *das* das Haus mit der Wohnung eines Pfarrers und dem Büro der Gemeindeverwaltung

Pfar·rei *die*; (-, -en) **1** ≈ *Gemeinde* **2** ≈ *Pfarrhaus*

★ **Pfar·rer** *der*; (-s, -) ein Mann, der in einer christlichen Kirche den Gottesdienst hält und sich um die Gläubigen kümmert ⟨ein evangelischer, katholischer Pfarrer⟩ I zu *Pfarrerin* → Info im Eintrag **-in** ● hierzu **Pfar·re·rin** *die*

Pfau *der*; (-(e)s/Ⓐ *auch* -en, -e) ein Vogel, dessen Schwanz sehr lange und bunte Federn hat, die er (wie einen Fächer) ausbreiten kann ⟨der Pfau schlägt ein Rad; eitel wie ein Pfau⟩ K Pfauenfeder I *der Pfau; den, dem Pfau/Pfauen, des Pfau(e)s/ Pfauen*

Pfau·en·au·ge *das* ein Schmetterling mit augenförmigen Flecken auf den Flügeln, welcher den Flecken auf den Federn eines Pfaus ähnlich sind K Nachtpfauenauge, Tagpfauenauge

★ **Pfef·fer** *der*; (-s) kleine Körner, die man (meist gemahlen) als scharfes Gewürz verwendet ⟨weißer, schwarzer, grüner, roter Pfeffer; eine Prise Pfeffer; Salz und Pfeffer⟩ K Pfefferkorn, Pfeffersteak ■ ID **Der/Die kann bleiben/hingehen, wo der Pfeffer wächst** *gesprochen* die genannte Person interessiert mich nicht, und ich will sie auch nicht sehen ● hierzu **pfef·frig** ADJEKTIV

Pfef·fer·ku·chen *der* ≈ *Lebkuchen*

Pfef·fer·min·ze *die*; *meist Singular* eine Pflanze, deren Blätter intensiv schmecken und aus denen man z. B. Tee macht K Pfefferminzbonbon, Pfefferminzgeschmack, Pfefferminzlikör, Pfefferminzöl, Pfefferminztee

Pfef·fer·müh·le *die* ein Gerät, mit dem man die Körner des Pfeffers mahlen kann

pfef·fern VERB (pfefferte, hat gepfeffert) **1** **etwas pfeffern** etwas mit Pfeffer würzen ⟨das Fleisch, den Salat pfeffern⟩ **2** **etwas irgendwohin pfeffern** *gesprochen* etwas mit Schwung irgendwohin werfen | *Aus Wut pfefferte er das Buch in die Ecke*

★ **Pfei·fe** *die*; (-, -n) **1** ein einfaches Musikinstrument, das Töne erzeugt, wenn man Luft hineinbläst ⟨auf der Pfeife spielen; die Pfeifen einer Orgel⟩ K Orgelpfeife **2** ein kleines Instrument, mit dem man einen hohen Ton erzeugt, wenn man Luft hineinbläst ⟨die Pfeife eines Schiedsrichters⟩ K Trillerpfeife **3** ein schmales Rohr mit einem dicken runden Ende, mit dem man Tabak raucht ⟨die Pfeife stopfen, ausklopfen; Pfeife rauchen; sich (*Dativ*) eine Pfeife anzünden; die Pfeife geht aus⟩ K Pfeifenkopf, Pfeifenmundstück, Pfeifenraucher, Pfeifenstiel, Pfeifentabak; Tabak(s)pfeife, Wasserpfeife **4** *gesprochen, abwertend* eine Person, die nichts kann und die man deshalb nicht brauchen kann ≈ *Versager* ■ ID **Den/Die/Das kannst du in der Pfeife rauchen!** *gesprochen, abwertend* Der/Die/das ist uns keine Hilfe, ist nicht zu gebrauchen; **nach jemandes Pfeife tanzen** *abwertend* alles tun, was eine andere Person will

PFEIFE

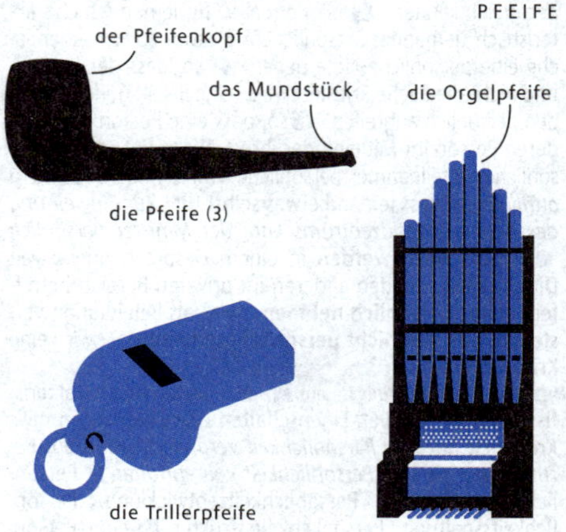

★ **pfei·fen** VERB (pfiff, hat gepfiffen) **1** **(etwas) pfeifen** einen Ton oder mehrere Töne produzieren, indem man die Lippen rund und spitz macht und Luft hindurchpresst ⟨ein Lied, eine Melodie pfeifen⟩ **2** **(etwas) pfeifen** mit einer Pfeife einen hohen Ton als Signal geben ⟨ein Polizist, ein Schiedsrichter pfeift; ein Foul, ein Tor pfeifen⟩ **3** **jemandem pfeifen** pfeifen, um eine Person oder ein Tier zu sich zu rufen ⟨seinem Hund pfeifen⟩ **4** **etwas pfeift** etwas produziert hohe Töne ⟨eine Lokomotive, der Teekessel⟩ **5** **ein Tier pfeift** ein Tier stößt einen hohen Ton aus, um andere Tiere zu warnen ⟨eine Maus, ein Murmeltier⟩ **6** **auf jemanden/etwas pfeifen** *gesprochen!* eine Person oder Sache nicht (mehr) wichtig finden und auf sie verzichten können ■ ID **'Dem/Der werde ich was pfeifen!** *gesprochen* Ich denke gar nicht daran, das zu tun, was er/sie von mir will

Pfeif·kon·zert *das* das laute Pfeifen von vielen Zuschauern, denen etwas nicht gefallen hat

Pfeif·ton *der* ein hoher Ton, wie er z. B. aus einer Pfeife kommt

★ **Pfeil** *der*; (-(e)s, -e) **1** ein dünner, gerader Stab, der vorne eine Spitze hat und den man meist mit einem Bogen abschießt ⟨mit Pfeil und Bogen jagen, schießen, kämpfen; Pfeile in einem Köcher aufbewahren⟩ **2** ein Zeichen → | *Ein Pfeil zeigt den Weg zum Ausgang* K Pfeilrichtung

Pfei·ler *der*; (-s, -) eine dicke, senkrechte Säule aus Holz, Stein oder Metall, die ein Haus oder eine Brücke stützt ≈ *Träger* | *Die Brücke wird von mächtigen Pfeilern getragen* K Brückenpfeiler, Eckpfeiler, Stützpfeiler

pfeil·schnell ADJEKTIV; *gesprochen* sehr schnell

Pfen·nig *der*; (-s, -/-e); *historisch* die kleinste Einheit des Geldes in Deutschland (bis 2002) K Pfennigmünze i Abkürzung: *Pf*

Pfen·nig·ab·satz *der* ein hoher, dünner Absatz bei Damenschuhen, der unten sehr schmal ist

Pfen·nig·fuch·ser *der*; (-s, -); *gesprochen, abwertend* ein übertrieben sparsamer Mensch

pfer·chen VERB (pferchte, hat gepfercht) **jemanden in etwas** (*Akkusativ*) **pferchen** Personen oder Tiere mit Gewalt in einen Raum sperren, in dem sehr wenig Platz ist | *Tiere in Waggons pferchen*

★ **Pferd** *das*; (-(e)s, -e) **1** ein großes Tier mit einem Schwanz aus langen Haaren. Man reitet auf Pferden oder lässt sie Wagen ziehen ⟨ein Pferd geht im Schritt, trabt, galoppiert, scheut, wiehert; Pferde halten, züchten; die Pferde tränken; aufs Pferd steigen; sich aufs Pferd setzen; auf einem Pferd reiten; dem Pferd die Sporen geben; ein Pferd satteln, reiten, zureiten, einspannen, ausspannen, striegeln; vom Pferd steigen, absitzen, fallen⟩ K Pferdedecke, Pferdedieb, Pferdefleisch, Pferdefuhrwerk, Pferdekoppel, Pferdemist, Pferderennen, Pferdeschlitten, Pferdestall, Pferdewagen, Pferdezucht; Reitpferd, Rennpferd, Zirkuspferd, Zugpferd **2** ein Turngerät mit vier Beinen und einer Art langem Balken, der mit Leder umgeben ist K Pferdsprung **3** *gesprochen* eine Figur im Schachspiel ≈ *Springer* **4** **zu Pferde** auf einem Pferd reitend
■ ID ▸Pferd als Subjekt: **keine zehn Pferde bringen jemanden zu etwas/irgendwohin** *gesprochen* absolut nichts kann jemanden dazu bringen, etwas zu tun oder irgendwohin zu gehen/fahren; **Ich glaub, mich tritt ein Pferd!** *gesprochen* Ich bin völlig überrascht;
▸Präposition plus Pferd: **auf das richtige/falsche Pferd setzen** *gesprochen* mit einer Unternehmung o. Ä. Erfolg haben/scheitern; **mit jemandem Pferde stehlen können** *gesprochen* einer Person vertrauen und alles mit ihr zusammen machen können;

PFERD

▸andere Verwendungen: **das beste Pferd im Stall** *gesprochen, humorvoll* der oder die Beste in einer Gruppe (z. B. in einem Betrieb); **das Pferd vom Schwanz her aufzäumen** *gesprochen* etwas falsch anfangen, sodass es dann sehr kompliziert wird; **wie ein Pferd arbeiten/schuften** *gesprochen* sehr viel und schwer arbeiten

Pfer·de·ap·fel *der*; *gesprochen* der Kot eines Pferdes

Pfer·de·fuß *der*; *nur Singular* **etwas hat einen Pferdefuß** etwas hat einen Nachteil

Pfer·de·län·ge *die* ungefähr die Länge eines Pferdes ⟨um eine Pferdelänge voraus sein, gewinnen, verlieren⟩

Pfer·de·schwanz *der* **1** der Schwanz des Pferdes **2** eine Frisur, bei der man lange Haare hinten am Kopf zusammenbindet und nach unten fallen lässt

Pfer·de·stär·ke *die*; *geschrieben, veraltet* ≈ *PS*

pfiff *Präteritum, 1. und 3. Person Singular* → pfeifen

Pfiff *der*; (-(e)s, -e) **1** ein hoher kurzer und lauter Ton, den man durch Pfeifen erzeugt ⟨ein schriller Pfiff; einen Pfiff ausstoßen⟩ | *Wenn der Pfiff des Schiedsrichters ertönt, ist das Spiel aus* | *Der Redner erntete Applaus und Pfiffe* K Schlusspfiff **2** *nur Singular* etwas, das eine Sache sehr interessant macht ⟨etwas (*Dativ*) einen gewissen, modischen Pfiff geben; etwas hat Pfiff⟩ | *Er trägt immer Anzüge mit Pfiff*

Pfif·fer·ling *der*; (-s, -e) ein kleiner essbarer, gelber Pilz ■ ID **keinen/nicht 'einen Pfifferling** *gesprochen* überhaupt nichts ⟨keinen/nicht einen Pfifferling wert sein; für jemanden/etwas keinen/nicht einen Pfifferling geben⟩

pfif·fig ADJEKTIV intelligent, geschickt und mit Humor und Fantasie ⟨ein Bursche, eine Idee, eine Miene, ein Gesicht, eine Bemerkung; sich pfiffig anstellen⟩ ● hierzu **Pfif·fig·keit** *die*

Pfif·fi·kus *der*; (-, -se); *gesprochen, humorvoll* eine Person, die pfiffig ist

★ **Pfings·ten** (*das*); (-, -) die zwei Feiertage im Mai oder Juni (50 Tage nach Ostern), an denen die christliche Kirche feiert, dass der Heilige Geist zu den Menschen gekommen ist ⟨zu/an Pfingsten⟩ K Pfingstfeiertage, Pfingstferien, Pfingstmontag, Pfingstsonntag, Pfingsttage i *Pfingsten* wird meist ohne Artikel verwendet. In der gesprochenen Sprache werden Adjektive in der Form des Plurals verwendet: *letzte Pfingsten* (= am letzten Pfingstfest)

Pfingst·fest *das* ≈ *Pfingsten*

Pfingst·ro·se *die* eine Pflanze mit großen weißen oder roten Blüten, die als Staude in Gärten wächst

P

Pfir·sich *der;* (-s, -e) eine süße, runde Frucht mit saftigem, gelbem Fleisch, einer rotgelben, rauen Haut und einem großen Kern in der Mitte K Pfirsichbaum, Pfirsichblüte, Pfirsichbowle, Pfirsichhaut, Pfirsichkern

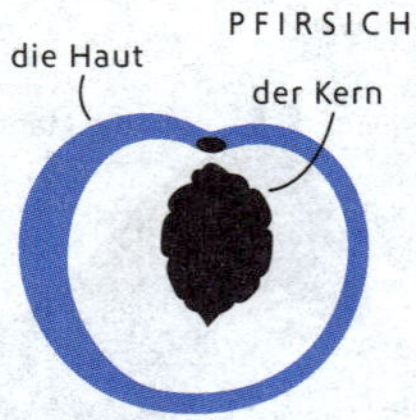

★ **Pflan·ze** *die;* (-, -n) ein Lebewesen (wie z. B. ein Baum oder eine Blume), das meist in der Erde wächst und Wurzeln, Blätter und Blüten hat ⟨eine Pflanze wächst, gedeiht, welkt, geht ein, stirbt ab; Pflanzen züchten, kultivieren; die Pflanzen gießen, düngen; ein Tier frisst Pflanzen, ernährt sich von Pflanzen⟩ K Pflanzendünger, Pflanzenfett, Pflanzenschädling; Gartenpflanze, Topfpflanze, Treibhauspflanze, Zimmerpflanze; Futterpflanze, Giftpflanze, Heilpflanze, Zierpflanze; Bohnenpflanze, Kartoffelpflanze, Salatpflanze

★ **pflan·zen** VERB (pflanzte, hat gepflanzt) **1** **etwas (irgendwohin) pflanzen** Samen streuen oder kleine Pflanzen mit Wurzeln in die Erde stecken, damit sie dort wachsen ⟨Salat, Bohnen, Bäume, Sträucher, Blumen pflanzen⟩ **2** **etwas irgendwohin pflanzen** meist eine Fahne irgendwo festmachen | *eine Fahne auf das Dach des Rathauses pflanzen* **3** **sich irgendwohin pflanzen** *gesprochen* sich irgendwohin setzen ⟨sich auf einen Stuhl, auf das Sofa pflanzen⟩

Pflan·zen·fres·ser *der;* (-s, -) ein Tier, das von Pflanzen lebt • hierzu **pflan·zen·fres·send** ADJEKTIV

Pflan·zen·gift *das* **1** ein Gift, das man aus Pflanzen macht **2** ein Gift, das Pflanzen tötet (und das man meist gegen Unkraut verwendet) ≈ *Herbizid*

Pflan·zen·kun·de *die* ≈ *Botanik*

Pflan·zen·öl *das* ein Öl, das man aus den Samen oder Früchten von Pflanzen macht

Pflan·zen·reich *das; nur Singular* alle Pflanzen, die es gibt (als Ganzes gesehen) ≈ *Flora*

Pflan·zen·schutz|mit·tel *das* ein chemisches Mittel, das Pflanzen vor schädlichen Tieren (oder vor Unkraut) schützt ⟨Pflanzenschutzmittel sprühen⟩ ≈ *Pestizid*

Pflan·zen·welt *die; nur Singular* alle Pflanzen, die in einer Gegend oder in einem Land wachsen ≈ *Flora*

pflanz·lich ADJEKTIV **1** aus Pflanzen gemacht ⟨Arzneimittel, Fette, Nahrung⟩ **2** *meist attributiv* in Bezug auf Pflanzen ⟨Organismen, Zellwände⟩

Pflan·zung *die;* (-, -en) **1** die Handlung, bei der man etwas in den Boden pflanzt **2** eine (kleine) Plantage

★ **Pflas·ter** *das;* (-s, -) **1** die feste Oberfläche einer Straße, eines Platzes o. Ä., die aus großen Steinen, aus Asphalt o. Ä. besteht ⟨ein gutes, schlechtes, holpriges Pflaster; das Pflaster aufreißen, erneuern⟩ K Pflasterstein; Asphaltpflaster, Betonpflaster, Kopfsteinpflaster, Straßenpflaster, Ziegelpflaster **2** **ein gefährliches/teures Pflaster** ein Ort, der gefährlich/teuer ist | *Düsseldorf ist ein teures Pflaster* **3** ein Streifen, den man über eine Wunde klebt, damit kein Schmutz hineinkommt ⟨ein Pflaster auf eine Wunde kleben⟩ K Heftpflaster, Hühneraugenpflaster • zu (1) **pflas·tern** VERB (*hat*)

★ **Pflau·me** *die;* (-, -n) **1** eine süße, dunkelblaue, rötliche oder gelbe Frucht mit einer glatten Haut und einem relativ großen Kern in der Mitte ⟨getrocknete Pflaumen⟩ K Pflaumenbaum, Pflaumenkuchen, Pflaumenmus, Pflaumenschnaps **2** *gesprochen, abwertend* eine Person, die nicht intelligent ist

★ **Pfle·ge** *die;* (-) **1** alles, was eine Person tut, wenn sie sich um die Gesundheit eines Menschen oder Tieres kümmert ⟨eine liebevolle, aufopfernde Pflege; die Pflege der Kranken; Pflege brauchen; ständiger Pflege bedürfen; bei jemandem in Pflege sein; jemanden/ein Tier zu jemandem in Pflege geben; ein Tier in Pflege nehmen⟩ | *Es war ihrer guten Pflege zu verdanken, dass er so schnell gesund wurde* K Pflegeheim, Pflegepersonal, Pflegestation, pflegebedürftig; Altenpflege, Krankenpflege, Säuglingspflege **2** **ein Kind in Pflege nehmen** ein (fremdes) Kind in die eigene Familie aufnehmen und versorgen **3** das, was man tut, damit etwas in einem guten Zustand bleibt ⟨etwas braucht, erfordert, verlangt viel, wenig Pflege; die Pflege der Zähne, des Körpers, der Pflanzen⟩ K Pflegemittel; Fußpflege, Haarpflege, Körperpflege, Mundpflege, Zahnpflege, Denkmalpfle-

P

ge, Gesundheitspflege, Landschaftspflege **4** **die Pflege** *+Genitiv* das, was man tut, um etwas zu fördern oder in gutem Zustand zu halten ⟨die Pflege nachbarschaftlicher, freundschaftlicher, gesellschaftlicher Beziehungen; die Pflege des Brauchtums, der Musik⟩

Pfle·ge- *im Substantiv, betont, nicht produktiv* **das Pflegekind, die Pflegemutter, die Pflegetochter, der Pflegesohn, der Pflegevater** verwendet, um die Beziehungen in einer Familie zu bezeichnen, in der ein fremdes Kind für eine gewisse Zeit lebt | *ein Kind bei Pflegeeltern unterbringen*

Pfle·ge·fall *der* eine Person, die so krank oder schwach ist, dass sie ohne Pflege nicht leben kann ⟨ein Pflegefall sein; zum Pflegefall werden⟩ | *Seit dem Herzinfarkt ist Peter ein Pflegefall*

pfle·ge·leicht ADJEKTIV so, dass es wenig Pflege braucht ⟨ein Stoff, eine Bluse, ein Hemd o. Ä.⟩

★ **pfle·gen** VERB (pflegte, hat gepflegt) **1** **jemanden pflegen** für kranke oder alte Menschen oder Tiere, alles tun, was nötig ist, damit sie gesund werden oder damit es ihnen gut geht ⟨jemanden aufopfernd, liebevoll pflegen; jemanden gesund pflegen⟩ **2** **etwas pflegen** alles tun, was nötig ist, damit etwas in einem guten Zustand bleibt ⟨das Auto, den Garten, den Teppich pflegen⟩ **3** **etwas/sich pflegen** sich um das eigene Aussehen kümmern (indem man sich schön anzieht, frisiert usw.) ⟨die Haare, das Gesicht, die Fingernägel pflegen⟩ **4** **etwas pflegen** sich mit etwas beschäftigen, um es in einen guten Zustand zu bringen und zu erhalten ⟨die Künste, die Wissenschaften, Geselligkeit, Beziehungen (zu jemandem) pflegen⟩ **5** **pflegen zu** *+Infinitiv veraltend* etwas immer wieder tun | *Als junger Mann pflegte er jeden Abend durch die Wälder zu reiten*

Pfle·ge·per·so·nal *das; nur Singular* alle Personen (Krankenschwestern und -pfleger), die in einem Krankenhaus, Altersheim o. Ä. die Menschen pflegen

Pfle·ger *der* **1** Kurzwort für *Krankenpfleger* **2** Kurzwort für *Tierpfleger* • hierzu **Pfle·ge·rin** *die*

Pfle·ge·satz *der* die Kosten (pro Tag, Monat o. Ä.), die für die Pflege eines Kranken, Alten o. Ä. im Krankenhaus oder Altersheim festgesetzt sind

Pfle·ge·ver·si·che·rung *die* eine Versicherung, die Geld zahlt, wenn jemand im Alter gepflegt werden muss

★ **Pflicht** *die;* (-, -en) **1** etwas, das man tun muss, weil es die Gesellschaft, die Moral, das Gesetz, der Beruf o. Ä. verlangt ⟨eine sittliche, staatsbürgerliche Pflicht; jemandes Rechte und Pflichten; etwas für seine Pflicht halten; etwas als seine Pflicht betrachten; seine Pflicht tun, erfüllen; die Pflicht haben zu *+Infinitiv*; sich seiner Pflicht entziehen; jemanden seiner Pflichten entheben⟩ | *Es ist eine moralische Pflicht, Menschen in Not zu helfen* K Pflichteifer, Pflichterfüllung, Pflichtgefühl, Pflichttreue; pflichteifrig, pflichttreu; Aufsichtspflicht, Erziehungspflicht, Meldepflicht, Schulpflicht, Schweigepflicht, Sorgepflicht, Unterhaltspflicht **2** *nur Singular* Übungen, die alle Teilnehmer in einem sportlichen Wettkampf in der gleichen Form machen müssen | *die Pflicht im Kunstturnen* ■ ID **die Pflicht ruft** verwendet, um zu sagen, dass man noch arbeiten muss | *Ich würde ja gern länger bleiben, aber die Pflicht ruft*; **die ehelichen Pflichten** *veraltend, oft humorvoll* Sex mit dem Ehepartner; **etwas ist jemandes Pflicht und Schuldigkeit** jemand muss etwas unbedingt tun (ob er will oder nicht); **jemanden in die Pflicht nehmen** dafür sorgen, dass eine Person das tut, was sie tun muss; **jemanden in Pflicht nehmen** Ⓒⓗ jemanden in ein Amt einsetzen

Pflicht·be·such *der* ein Besuch, den man bei einer anderen Person macht, weil man das Gefühl hat, dass diese es erwartet ⟨jemandem einen Pflichtbesuch abstatten⟩

pflicht·be·wusst ADJEKTIV so, dass eine Person genau weiß, was ihre Pflicht ist, und entsprechend handelt ⟨ein Mensch⟩ • hierzu **Pflicht·be·wusst·sein** *das*

Pflicht·fach *das* ein Fach, das man während einer Ausbildung lernen muss

Pflicht·ge·fühl *das; meist Singular* die Bereitschaft und der Wunsch, die Dinge, die getan werden sollten, auch selbst zu tun

pflicht·ge·mäß ADJEKTIV so, wie es die Pflicht verlangt | *die pflichtgemäße Erfüllung eines Auftrags*

-pflich·tig *im Adjektiv, unbetont, begrenzt produktiv* **anzeigepflichtig, gebührenpflichtig, rezeptpflichtig, schulpflichtig, sozialversicherungspflichtig, steuerpflichtig** *und andere* drückt aus, dass das, was im ersten Wortteil genannt wird, notwendig ist oder getan werden muss | *ein verschreibungspflichtiges Medikament* | *bei einem Unfall schadensersatzpflichtig sein*

Pflicht·lek·tü·re *die; meist Singular* **1** Bücher o. Ä., die jemand (z. B. im Studium) lesen muss **2** *oft humorvoll* ein Buch o. Ä., das jemand lesen sollte, weil es gut, interessant o. Ä. ist

Pflicht·übung *die* **1** eine Übung (in einer sportlichen Disziplin), die alle Teilnehmer machen müssen **2** etwas, das man nur deshalb tut, weil man glaubt, es tun zu müssen | *Seine Familie zu besuchen ist für ihn eine reine Pflichtübung*

pflicht·ver·ges·sen ADJEKTIV so, dass eine Person ihre Pflichten nicht erfüllt • hierzu **Pflicht·ver·ges·sen·heit** *die*

Pflicht·ver·si·che·rung *die* eine Versicherung, die man haben muss, weil es das Gesetz verlangt (z. B. die Krankenversicherung) • hierzu **pflicht·ver·si·chert** ADJEKTIV

Pflicht·ver·tei·di·ger *der* ein Rechtsanwalt, welchen das Gericht für einen Angeklagten ausgewählt hat (vor allem, weil der Angeklagte kein Geld hat) • hierzu **Pflicht·ver·tei·di·ge·rin** *die*

pflicht·wid·rig ADJEKTIV so, dass eine Person genau das Gegenteil von dem tut, was ihre Pflicht wäre ⟨ein Verhalten; pflichtwidrig handeln⟩

Pflock *der;* (-(e)s, Pflö·cke) ein meist rundes, dickes Stück Holz o. Ä., das man in die Erde schlägt, um etwas daran zu befestigen ⟨einen Pflock in die Erde treiben/schlagen⟩ K Holzpflock, Zeltpflock

★ **pflü·cken** VERB (pflückte, hat gepflückt) **etwas pflücken** Blätter oder Früchte abreißen oder abschneiden und sammeln ⟨Äpfel, Kirschen, Erdbeeren, Tee, Baumwolle, Blumen pflücken⟩

Pflü·cker *der;* (-s, -) eine Person, die (beruflich) in Plantagen o. Ä. Obst, Tee, Baumwolle usw. pflückt K Baumwollpflücker, Kaffeepflücker, Obstpflücker, Teepflücker • hierzu **Pflü·cke·rin** *die*

Pflug *der;* (-(e)s, Pflü·ge) ein Gerät, mit dem man auf einem Acker den Boden locker macht, indem man ihn aufreißt und umdreht ■ ID **etwas kommt unter den Pflug/ist unter dem Pflug** *geschrieben* etwas soll Ackerland werden/wird als Ackerland genutzt

pflü·gen VERB (pflügte, hat gepflügt) **(etwas) pflügen** den Boden mit einem Pflug locker machen ⟨den Acker, die Felder pflügen; mit dem Traktor pflügen⟩

Pflug·schar *die;* (-, -en) das Teil aus Eisen an einem Pflug, welches die Erde aufreißt und sie umdreht

Pfor·te *die;* (-, -n) **1** eine kleine Tür in einer Mauer oder in einem Zaun K Eingangspforte, Gartenpforte **2** ein Eingang zu einem Gebäude, der von jemandem (dem Pförtner) bewacht wird ⟨sich an der Pforte melden; etwas an der Pforte abgeben⟩ **3** **etwas öffnet/schließt seine Pforten** *geschrie-*

ben vor allem ein öffentlicher Betrieb beginnt/hört auf zu arbeiten

Pfört·ner *der;* (-s, -) eine Person, die beruflich den Eingang eines großen Gebäudes bewacht [K] Pförtnerloge, Pförtnerhaus; Nachtpförtner • hierzu **Pfört·ne·rin** *die*

Pfos·ten *der;* (-s, -) eine dicke Stange aus Holz oder Metall, die etwas stützt oder hält [K] Bettpfosten, Fensterpfosten, Torpfosten, Türpfosten; Holzpfosten, Metallpfosten

Pföt·chen *das;* (-s, -) eine kleine Pfote ■ ID **ein Tier gibt Pfötchen** vor allem ein Hund sitzt auf den hinteren Beinen und hebt eine Pfote, damit man sie greifen kann

Pfo·te *die;* (-, -n) [1] ein Fuß (mit Zehen), wie ihn viele Säugetiere haben | *Katzen haben Pfoten mit scharfen Krallen* [K] Bärenpfote, Hasenpfote, Hundepfote, Katzenpfote [2] *gesprochen, meist abwertend* ≈ *Hand* | *Wasch dir gefälligst die Pfoten!* [i] Manche Ausdrücke, die unter *Hand* und *Finger* aufgeführt sind, hört man auch mit *Pfote/Pfoten*. Sie sind dann oft abwertend und grob.

Pfropf *der;* (-(e)s, -e) etwas, das sich in einem Rohr oder in einer Ader so festsetzt, dass die Flüssigkeit nicht mehr fließen kann | *Im Abflussrohr hat sich ein Pfropf aus Haaren gebildet* [K] Blutpfropf, Schleimpfropf, Wattepfropf

pfrop·fen VERB (pfropfte, hat gepfropft) **Personen/Dinge in etwas** (*Akkusativ*) **pfropfen** mehr (Menschen oder Dinge) in etwas hineinpressen, als Platz ist

Pfrop·fen *der;* (-s, -) etwas, das man in ein Loch steckt, um es zu schließen | *eine Flasche mit einem Pfropfen luftdicht verschließen* [K] Gummipfropfen, Korkpfropfen

Pfrün·de *die;* (-, -n) [1] *historisch* ein Amt (vor allem in der Kirche), durch das man zusätzlich Geld (meist aus der Landwirtschaft) bekam [2] relativ viel Geld, das man bekommt, ohne viel arbeiten zu müssen

pfui! verwendet, um zu sagen, dass man etwas als schmutzig, unmoralisch oder eklig empfindet ⟨Pfui/pfui rufen, sagen⟩ | *Pfui, fass dieses dreckige Ding nicht an!* | *Pfui Teufel!* | *Das Publikum hat lautstark Pfui/pfui gerufen*

★ **Pfund** *das;* (-(e)s, -/-e) [1] eine Einheit, mit der man das Gewicht misst. Ein Pfund hat 500 Gramm; ⟨ein halbes, ganzes Pfund⟩ | *fünf Pfund Zwiebeln* | *Sie wiegt 100 Pfund* | *Dieses Brot hat drei Pfund* [i] a) Nach einer Zahl ist der Plural *Pfund*: *das Baby wiegt schon 12 Pfund*, aber: *Er bringt erhebliche Pfunde auf die Waage* (= er wiegt sehr viel); b) Abkürzung: *Pfd.* [2] die Einheit des Geldes in einigen Ländern ⟨britische Pfund/Pfunde kaufen, umtauschen; etwas in Pfund zahlen⟩ | *Ein Pfund Sterling hat 100 Pence* [K] Pfundnote [i] Nach einer Zahl ist der Plural *Pfund*: *das Kleid hat bloß 30 Pfund gekostet.* • zu (1) **pfund·wei·se** ADVERB

pfun·dig ADJEKTIV; *süddeutsch, gesprochen* ≈ *großartig, toll*

Pfunds- *im Substantiv, betont, begrenzt produktiv; gesprochen* **der Pfundskerl, die Pfundsidee, die Pfundsstimmung** *und andere* verwendet, um die im zweiten Wortteil genannte Person/Sache sehr positiv zu bewerten

Pfusch *der;* (-(e)s) [1] *abwertend* eine schlecht gemachte Arbeit ⟨Pfusch machen, bauen⟩ [K] Pfuscharbeit [2] Ⓐ ⟨in Pfusch arbeiten; etwas in Pfusch machen⟩ ≈ *Schwarzarbeit* • zu (1) **pfu·schen** VERB (*hat*); zu (1) **Pfu·scher** *der;* zu (1) **Pfu·sche·rin** *die*

Pfüt·ze *die;* (-, -n) das Wasser, das sich bei Regen an einer Stelle am Boden sammelt ⟨in eine Pfütze treten; Pfützen bilden sich⟩ [K] Regenpfütze, Wasserpfütze

Pha·lanx [f-] *die;* (-, Pha·lan·gen); *geschrieben* eine Gruppe von Menschen, die sich geschlossen auf ein Ziel hin bewegen ⟨eine (geschlossene) Phalanx bilden⟩

Phal·lus [f-] *der;* (-, Phal·li); *geschrieben* eine Darstellung des (erigierten) Penis als Symbol der Fruchtbarkeit [K] Phallussymbol

★ **Phä·no·men** [f-] *das;* (-s, -e); *geschrieben* [1] etwas, das irgendwo (z. B. in der Natur) vorkommt und von Menschen beobachtet wird ⟨ein physikalisches, psychologisches, gesellschaftliches Phänomen; ein Phänomen beobachten, beschreiben, untersuchen, erklären⟩ | *das Phänomen der Gravitation* [K] Naturphänomen [2] etwas, das sehr selten ist und das man nicht versteht ⟨ein merkwürdiges, ungewöhnliches Phänomen; etwas ist für jemanden ein Phänomen⟩ ≈ *Rätsel* | *Es ist ein Phänomen für mich, wie jemand so hoch springen kann* [3] eine Person, die auf einem Gebiet viel besser als alle anderen Leute ist

phä·no·me·nal [f-] ADJEKTIV so gut, dass jeder darüber erstaunt ist ⟨eine Leistung⟩ ≈ *erstaunlich*

Phan·ta·sie, phan·tas·tisch [f-] → Fantasie, fantastisch

Phan·tom [f-] *das;* (-s, -e) etwas, das es nur in jemandes Fantasie gibt ⟨einem Phantom nachjagen⟩

Phan·tom·bild [f-] *das* eine Zeichnung von einem Verbrecher, welche die Polizei aufgrund von Zeugenaussagen macht, um damit nach ihm zu suchen

Pha·rao [f-] *der;* (-s, Pha·ra·o·nen); *historisch* ein König im alten Ägypten [K] Pharaonengrab, Pharaonentempel

Pha·ri·sä·er [fari'zɛːɐ] *der;* (-s, -); *geschrieben, abwertend* eine Person, die so tut, als würde sie sich genau an (religiöse) Gebote halten, dies aber in Wirklichkeit doch nicht tut • hierzu **Pha·ri·sä·e·rin** [fari'zɛːərɪn] *die;* **Pha·ri·sä·er·tum** *das;* **pha·ri·sä·er·haft** ADJEKTIV

Phar·ma- [f-] *im Substantiv, betont, begrenzt produktiv* **der Pharmahersteller, die Pharmaindustrie, der Pharmakonzern** *und andere* ≈ *pharmazeutisch*

Phar·ma·zie [f-] *die;* (-) die Wissenschaft, die sich mit Medikamenten und ihren Wirkungen beschäftigt ⟨Pharmazie studieren⟩ ≈ *Arzneimittelkunde* • hierzu **Phar·ma·zeut** *der;* **phar·ma·zeu·tisch** ADJEKTIV

★ **Pha·se** [f-] *die;* (-, -n) [1] ein Teil einer Entwicklung oder eines Ablaufs ⟨eine Phase durchlaufen, durchmachen; in einer kritischen Phase sein; eine schwierige Phase haben⟩ ≈ *Abschnitt* | *Er steckt gerade in einer depressiven Phase* | *Der Wahlkampf geht jetzt in die entscheidende Phase* [K] Anfangsphase, Endphase, Schlussphase, Übergangsphase, Zwischenphase, Entwicklungsphase, Erholungsphase, Trotzphase [2] die sichtbare Form des Mondes oder eines Planeten ⟨die Phasen des Mondes, der Venus⟩ [K] Mondphase

-phil [-'fiːl] *im Adjektiv, unbetont, begrenzt produktiv; geschrieben* **anglophil, frankophil, germanophil** *und andere* verwendet, um zu sagen, dass jemand/etwas eine Sache, ein Volk o. Ä. sehr mag oder oder braucht | *bibliophil* (bücherliebend) | *hydrophil* (wasserliebend ⟨eine Pflanze⟩)

Phi·lanth·rop [f-] *der;* (-en, -en); *geschrieben* ≈ *Menschenfreund* [i] *der Philanthrop; den, dem, des Philanthropen* • hierzu **Phi·lanth·ro·pin** [f-] *die;* **phi·lanth·ro·pisch** ADJEKTIV

Phi·la·te·lie [f-] *die;* (-) das Sammeln von Briefmarken und die dazu nötigen Kenntnisse • hierzu **Phi·la·te·list** *der;* **Phi·la·te·lis·tin** *die;* **phi·la·te·lis·tisch** ADJEKTIV

Phil·har·mo·ni·ker [f-] *der;* (-s, -) [1] *nur Plural* verwendet in den Namen von bedeutenden Orchestern, die klassische Musik spielen | *die Wiener Philharmoniker* [2] eine Person, die als Musiker mit ihrem Instrument in einem Orchester klassische Musik spielt

Phi·lis·ter [f-] *der;* (-s, -); *abwertend* ein Mensch mit sehr konservativen Ansichten, der neue Ideen (vor allem in der Kunst und in der Moral) ablehnt • hierzu **phi·lis·ter·haft** ADJEKTIV

Phi·lo·lo·gie [f-] *die;* (-, -n [-'giːən]) die Wissenschaft, die sich vor allem mit der Erforschung von Texten und ihrer Entstehung beschäftigt | *Er hat Philologie studiert* [K] Altphilologie, Neuphilologie • hierzu **Phi·lo·lo·ge** *der;* **Phi·lo·lo·gin**

die; **phi·lo·lo̱·gisch** ADJEKTIV

Phi·lo·soph [filo'zo:f] *der*; (-en, -en) eine Person, die intensiv über die Grundprobleme des Lebens nachdenkt und darüber diskutiert ■ *der Philosoph; den, dem, des Philosophen* • hierzu **Phi·lo·so·phin** [filo'zo:fɪn] *die*

Phi·lo·so·phie [filozo'fi:] *die*; (-, -n [-'fi:ən]) **1** *meist Singular* die Wissenschaft, die sich damit beschäftigt, wie Menschen denken und handeln und den Sinn und Zweck des Lebens untersucht ⟨Philosophie betreiben, lehren, studieren⟩ K Geschichtsphilosophie, Moralphilosophie, Rechtsphilosophie, Religionsphilosophie, Sprachphilosophie **2** ein System von Antworten auf Fragen, welche die Philosophie stellt ⟨die materialistische, idealistische, buddhistische Philosophie⟩ | *die Philosophie Platons* | *die Philosophie Hegels* **3** die Art und Weise, wie jemand das Leben und den eigenen Platz darin sieht ⟨sich (*Dativ*) eine eigene Philosophie zurechtlegen⟩ ≈ *Weltanschauung* | *Ihre Philosophie ist: Zu viel arbeiten ist ungesund* K Lebensphilosophie

phi·lo·so·phie·ren [filozo'fi:rən] VERB (philosophierte, hat philosophiert) **(über etwas (*Akkusativ*)) philosophieren** über philosophische Probleme nachdenken und reden ⟨über Gott und die Welt, über den Sinn des Lebens philosophieren⟩

phi·lo·so·phisch [filo'zo:fɪʃ] ADJEKTIV **1** in Bezug auf die Philosophie ⟨Probleme, Fragestellungen, Schriften, ein System, das Denken⟩ **2** so, dass eine Person offensichtlich lange und intensiv nachgedacht hat ⟨ein Mensch, eine Bemerkung, eine Betrachtungsweise; etwas philosophisch betrachten, nehmen⟩

Phle̱g·ma [f-] *das*; (-s) ⟨ein erstaunliches Phlegma zeigen/an den Tag legen⟩ ≈ *Langsamkeit, Trägheit*

phleg·ma̱·tisch [f-] ADJEKTIV ⟨ein Typ, ein Mensch⟩ so, dass er körperlich und geistig wenig aktiv ist, sich also kaum ärgert oder freut und sich für wenige Dinge interessiert ≈ *träge* • hierzu **Phleg·ma̱·ti·ker** *der*

pH-neut·ra̱l [pe'ha:-] ADJEKTIV ⟨eine Lotion, ein Shampoo, ein Spülmittel⟩ so, dass sie den gleichen Säurewert wie die Haut haben und sie deshalb schonen

-phob [-fo:p] *im Adjektiv, unbetont, begrenzt produktiv; geschrieben* **anglophob, frankophob, germanophob, homophob** *und andere* verwendet, um zu sagen, dass jemand/etwas eine Sache, ein Volk ablehnt o. Ä. ↔ *-phil* | *xenophobe Menschen* (Menschen, die Angst vor Fremden und Ausländern haben und sie ablehnen) | *eine hydrophobe Pflanze* (eine Pflanze, die nur wenig Wasser mag)

Pho·bi̱e [f-] *die*; (-, -n) eine krankhafte Angst meist vor bestimmten Gegenständen, Tieren oder Situationen

Pho̱n [f-] *das*; (-s, -) eine Einheit, mit der man angibt, wie laut ein Geräusch ist | *Der Lärm übersteigt 120 Phon*

Pho·ne̱·tik [f-] *die*; (-) die Wissenschaft, die sich mit der Bildung der sprachlichen Laute beschäftigt • hierzu **Pho·ne̱·ti·ker** *der*; **pho·ne̱·tisch** ADJEKTIV

Phö̱·nix [f-] *der*; (-) ein (mythischer) Vogel ■ **ID wie ein Phönix aus der Asche (empor)steigen** *geschrieben* mit ganz neuer Kraft etwas beginnen, nachdem es so ausgesehen hat, als wäre man völlig am Ende

Phos·phat [fɔs'fa:t] *das*; (-(e)s, -e) eine Substanz, die Phosphor enthält und die in vielen Dünge- und Waschmitteln enthalten ist K Natriumphosphat • hierzu **phos·pha̱t·frei** ADJEKTIV; **phos·pha̱t·hal·tig** ADJEKTIV

Phos·phor ['fɔsfo:ɐ̯] *der*; (-s) ein chemisches Element, das im Dunkeln leuchtet und das verbrennt, wenn es mit Luft zusammenkommt K Phosphorbombe, Phosphordünger, Phosphorsäure ■ chemisches Zeichen: *P*

pho·to-, Pho·to- [f-] → Foto[1]

Phra̱·se [f-] *die*; (-, -n) **1** *abwertend* ein Ausdruck oder Satz, der so oft benutzt worden ist, dass er die ursprüngliche Bedeutung verloren hat ⟨eine dumme, hohle, leere Phrase⟩ ≈ *Klischee* **2** ein Teil eines Satzes **3** **Phrasen dreschen** *abwertend* viele Phrasen benutzen • zu (3) **Phra̱·sen·dre·scher** *der*

phra̱·sen·haft [f-] ADJEKTIV wie eine Phrase

Phra·seo·lo·gis·mus [f-] *der*; (-, Phra·seo·lo·gis·men) eine idiomatische Wendung (z. B. jemandem einen Korb geben = jemandes Angebot ablehnen) • hierzu **phra·seo·lo̱·gisch** ADJEKTIV

pH-Wert [pe'ha:-] *der* eine Zahl, die ausdrückt, in welchem Maße eine feste oder flüssige Substanz die Eigenschaften einer Säure oder einer Base hat ⟨ein niedriger, hoher, neutraler pH-Wert⟩ | *den pH-Wert des Bodens ermitteln/messen*

★ **Phy·si̱k, Phy·si̱k** [f-] *die*; (-) **1** die Wissenschaft, die sich mit der Materie, ihrer Bewegung und mit den Kräften, die auf sie wirken, beschäftigt ⟨die experimentelle, theoretische Physik; Physik studieren⟩ | *Die Optik, die Mechanik und die Akustik sind Gebiete der Physik* K Astrophysik, Atomphysik, Kernphysik **2** ein Fach in der Schule, in dem die Kinder etwas über Physik lernen K Physikarbeit, Physikbuch, Physiklehrer, Physiknote, Physikstunde • zu (1) **Phy·si·ker** ['fy:-] *der*; zu (1) **Phy·si·ke·rin** ['fy:-] *die*

phy·si·ka̱·lisch [f-] ADJEKTIV *meist attributiv* in Bezug auf die Physik ⟨ein Experiment, eine Formel, ein Gesetz, ein Prozess, ein Vorgang⟩

Phy·sio·gno·mi̱e [f-] *die*; (-, -n [-'mi:ən]); *geschrieben* die Form und Gestalt eines Gesichts ⟨eine einprägsame, interessante, außergewöhnliche Physiognomie⟩ • hierzu **phy·sio·gno̱·misch** ADJEKTIV

Phy·sio·lo·gi̱e [f-] *die*; (-) die Wissenschaft, die sich damit beschäftigt, wie der Körper und die Organe funktionieren • hierzu **phy·sio·lo̱·gisch** ADJEKTIV

★ **phy·sisch** ['fy:-] ADJEKTIV; *geschrieben* **1** im oder am Körper des Menschen, oder an/in Teilen davon ⟨eine Krankheit, ein Schmerz⟩ ≈ *körperlich* ↔ *psychisch* **2** ⟨eine Landkarte⟩ so, dass Berge, Täler, Flüsse usw. eingezeichnet sind

Pi̱ *das*; (-(s)) der griechische Buchstabe *π*, der in der Mathematik eine Konstante bezeichnet, die man z. B. zur Berechnung des Umfangs eines Kreises braucht | *Pi ist ungefähr 3,14*

Pi·a·ni̱st *der*; (-en, -en) eine Person, die beruflich Klavier spielt K Konzertpianist ■ *der Pianist; den, dem, des Pianisten* • hierzu **Pi·a·nis·tin** *die*

Pi·a̱·no *das*; (-s, -s) **1** ≈ *Klavier* **2** ≈ *Flügel*

Pi̱·ckel *der*; (-s, -) **1** eine kleine, runde Erhebung auf der Haut, die meist rot (und entzündet) ist ⟨ein eitriger Pickel; einen Pickel bekommen, haben, ausdrücken⟩ K Eiterpickel **2** eine spitze Hacke, mit der man Löcher in Eis, Steine und Straßen schlägt K Eispickel • zu (1) **pi̱·cke·lig, pi̱ck·lig** ADJEKTIV

pi̱·cken VERB (pickte, hat gepickt) **1** **ein Vogel pickt etwas** ein Vogel stößt mit dem Schnabel nach etwas, um es zu fressen ⟨ein Huhn, eine Taube pickt Körner⟩ **2** **etwas aus etwas picken** etwas mit dem Schnabel oder den Fingerspitzen aus etwas nehmen | *Rosinen aus dem Kuchen picken* **3** **etwas picken** Ⓐ *gesprochen* ≈ *kleben* **4** **ein Vogel pickt irgendwohin** ein Vogel stößt mit dem Schnabel in eine Richtung | *Der Papagei pickte nach meinem Finger* **5** **etwas pickt** Ⓐ *gesprochen* etwas ist klebrig oder klebt irgendwo

Pi̱·ckerl *das*; (-s, -n); Ⓐ *gesprochen* ≈ *Vignette*

★ **Pi̱ck·nick** *das*; (-s, -s) ein Essen im Freien (z. B. am Waldrand) während eines Ausflugs ⟨(ein) Picknick machen⟩ K Picknickkorb

pi·co·be̱l·lo [-k-] ADJEKTIV *meist prädikativ*; *gesprochen* sehr sauber und ordentlich | *ein Zimmer picobello aufräumen*

Pief·ke *der;* (-s, -s) **1** *besonders norddeutsch, gesprochen* eine Person, die dumm ist, aber angibt und sich für wichtig hält ⟨ein eingebildeter, kleiner, frecher Piefke⟩ **2** Ⓐ *gesprochen, abwertend* als Bezeichnung für Deutsche verwendet, die keinen süddeutschen Dialekt sprechen **H** vergleiche **Ösi**

piek·fein ADJEKTIV; *gesprochen* sehr elegant oder vornehm ⟨Leute; sich piekfein anziehen⟩

piek·sau·ber ADJEKTIV; *gesprochen* sehr sauber

piep! verwendet, um die Laute von jungen Vögeln zu imitieren ■ **ID nicht mal/mehr piep sagen (können)** kein Wort sagen (können)

Piep *der* ■ **ID einen Piep haben** *gesprochen, abwertend* verrückt sein; **keinen Piep mehr machen/tun** *gesprochen* tot sein oder nicht mehr sprechen

pie·pe ADJEKTIV; *norddeutsch, gesprochen* **eine Person/Sache ist jemandem piepe** eine Person oder Sache interessiert jemanden nicht

piep·egal ADJEKTIV; *gesprochen* ≈ *piepe*

pie·pen VERB (piepte, hat gepiept) **ein Tier/etwas piept** ein Tier/etwas piepst ■ **ID etwas ist zum Piepen** *gesprochen* etwas ist lustig; **Bei dir piepts wohl!** *gesprochen* Ich glaube, du spinnst

Pie·pen *die; Plural; gesprochen* ≈ *Geld*

Pie·per *der;* (-s, -) ein kleines Gerät, das piept, wenn es ein Funksignal empfängt, und das z. B. Ärzte tragen, wenn sie ständig erreichbar sein sollen

pieps! → piep!

Pieps *der* → Piep

piep·sen VERB (piepste, hat gepiepst) **1** **(etwas) piepsen** etwas mit schwacher, hoher Stimme sagen oder singen ⟨ein Lied piepsen⟩ | *„Guck mal, Mami!", piepste das Kind* **K** Piepsstimme **2** **ein Tier/etwas piepst** ein Tier/ein Apparat o. Ä. macht einen leisen, hohen Ton ⟨ein Vogel, eine Maus, eine Armbanduhr, ein elektronisches Gerät⟩ ● zu (1) **piep·sig** ADJEKTIV

Piep·ser *der;* (-s, -) **1** ≈ *Pieper* **2** *gesprochen* ≈ *Piep*

Pier *der;* (-s, -s), **Pier** *die;* (-, -s) eine Art Brücke, die in einen See oder ins Meer geht. Am Pier halten Schiffe, damit man sie z. B. beladen kann ⟨am/an der Pier festmachen, liegen⟩

P

Pier·cing [-s-] *das;* (-s) **1** das Durchstechen der Haut, der Lippen o. Ä., um Schmuck zu befestigen **2** der Schmuck, der an einem Loch in der Haut, den Lippen usw. befestigt ist ⟨ein Piercing haben, tragen⟩ | *Katrin hat ein Piercing am Bauchnabel* **K** Intimpiercing, Nasenpiercing, Zungenpiercing ● zu (1) **pier·cen** VERB *(hat);* zu (1) **ge·pierct** ADJEKTIV

pie·sa·cken VERB (piesackte, hat gepiesackt) **jemanden piesacken** *gesprochen, abwertend* jemanden (absichtlich) ärgern | *Die Mücken haben mich schlimm gepiesackt*

Pi·e·tät [piːəˈtɛːt] *die;* (-); *geschrieben* die Rücksicht auf religiöse Gefühle anderer Leute oder auf ihre Trauer um Tote ⟨die Pietät wahren; etwas aus Pietät tun⟩ ● hierzu **pi·e·tät·los** ADJEKTIV; **pi·e·tät·voll** ADJEKTIV

Pig·ment *das;* (-(e)s, -e) **1** ein Stoff, den Pflanzen, Tiere und Menschen in den Zellen haben und der z. B. den Blättern, der Haut und den Haaren ihre Farbe gibt **K** Pigmentfehler, Pigmentfleck **2** ein Pulver, das mit Öl, Wasser o. Ä. vermischt wird, um eine Farbe herzustellen

pig·men·tiert ADJEKTIV mit Pigmenten ⟨schwach, stark pigmentierte Haut⟩

Pik *das;* (-s, -) eine Spielfarbe im internationalen Kartenspiel oder eine Karte dieser Farbe **H** → Beispiele unter **Herz**

pi·kant ADJEKTIV **1** mit einem angenehmen und intensiven Geschmack ⟨ein Gewürz, eine Soße⟩ | *Das schmeckt aber sehr pikant* **2** mit sexuellem Inhalt oder sexuellen Anspielungen ⟨eine Geschichte, ein Witz⟩ ● zu (2) **Pi·kan·te·rie** *die*

Pi·ke *die* ■ **ID etwas von der Pike auf lernen** *gesprochen* etwas gründlich und von Anfang an lernen | *einen Beruf von der Pieke auf lernen*

pi·ken VERB (pikte, hat gepikt); *norddeutsch, gesprochen* ≈ *piksen*

Pi·kett *das;* (-s, -e); Ⓒⓗ **1** Bereitschaftsdienst (der Polizei, Feuerwehr usw.) **K** Pikettdienst, Pikettmannschaft, Pikettoffizier **2** **auf Pikett** in Bereitschaft ⟨auf Pikett sein; jemanden auf Pikett stellen⟩

pi·kiert ADJEKTIV; *geschrieben* ≈ *beleidigt*

Pik·ko·lo *der;* (-s, -s) **1** eine kleine Flasche Sekt ⟨einen Pikkolo trinken⟩ **K** Pikkoloflasche **2** ein Kellner, der noch ausgebildet wird

Pik·ko·lo·flö·te *die* eine kleine Querflöte

pik·sen **jemand/etwas pikst (eine Person)** *gesprochen* ≈ *stechen*

Pik·to·gramm *das* eine ganz einfache, international einheitliche Zeichnung (vor allem an Bahnhöfen und Flughäfen), deren Bedeutung man leicht versteht, z. B. ein Pfeil als Wegweiser

Pil·ger *der;* (-s, -) eine Person, die eine (weite) Reise zu einem heiligen Ort macht, um dort zu beten ⟨ein frommer Pilger⟩ **K** Pilgerfahrt, Pilgerreise; Mekkapilger, Rompilger ● hierzu **Pil·ge·rin** *die*

pil·gern VERB (pilgerte, ist gepilgert) **1** **irgendwohin pilgern** als Pilger zu einer religiösen Stätte reisen ≈ *wallfahren* | *nach Jerusalem/Lourdes/Mekka pilgern* **2** **irgendwohin pilgern** *humorvoll* (meist in einer Gruppe) irgendwohin gehen oder wandern

★ **Pil·le** *die;* (-, -n) **1** eine kleine Tablette, die man schluckt, ohne sie zu kauen ⟨eine Pille (ein)nehmen, schlucken⟩ **K** Pillenschachtel; Beruhigungspille **2** **die Pille** eine Pille, die eine Frau regelmäßig nimmt, um nicht schwanger zu werden ⟨sich *(Dativ)* die Pille verschreiben lassen; die Pille nehmen, absetzen⟩ ≈ *Antibabypille* **K** Pillenpause **3** *gesprochen* eine Tablette oder Kapsel zum Schlucken ■ **ID eine bittere Pille** *gesprochen* etwas Unangenehmes, das jemand ertragen muss

★ **Pi·lot** *der;* (-en, -en) eine Person, die ein Flugzeug, einen Hubschrauber o. Ä. steuert **K** Pilotenuniform; Flugzeugpilot, Hubschrauberpilot, Jetpilot **H** a) *der Pilot; den, dem, des Piloten* b) zu *Pilotin* → Info im Eintrag **-in** ● hierzu **Pi·lo·tin** *die*

Pi·lot- *im Substantiv, betont, begrenzt produktiv* **das Pilotprojekt, die Pilotsendung, die Pilotstudie, der Pilotversuch** *und andere* drückt aus, dass etwas ein erster Versuch oder das erste Probeexemplar von etwas ist ≈ *Test-* | *der Pilotfilm einer Fernsehserie*

Pils *das;* (-, -) ein Bier, das relativ bitter ist und meist in einem Glas mit Stiel serviert wird ⟨Pils vom Fass⟩

Pil·se·ner *das;* (-s, -) → Pils

★ **Pilz** *der;* (-es, -e) **1** Pilze wachsen vor allem im Wald; manche kann man essen, andere sind giftig ⟨ein essbarer, (un)genießbarer, giftiger Pilz; Pilze suchen, sammeln, essen⟩ | *Champignons sind Pilze, die wild im Wald und auf der Wiese wachsen, aber auch gezüchtet werden* **K** Pilzgericht, Pilzsuppe, Pilzvergiftung; Giftpilz, Speisepilz, Lamellenpilz, Röhrenpilz **2** Pilze bestehen aus vielen feinen Fäden, die unter der Erde, auf Pflanzen, auf Lebensmitteln usw. wachsen und oft schädlich sind | *Meine Rosen haben einen Pilz* **K** Pilzbefall, Pilzerkrankung; Fußpilz, Hautpilz, Hefepilz, Schimmelpilz ■ **ID etwas schießt wie Pilze aus der Erde/aus dem Boden** etwas entsteht sehr schnell in großer Zahl ⟨Fabriken, neue Häuser⟩

Pim·mel *der;* (-s, -); *gesprochen* ⚠ ≈ *Penis*

Pimpf *der;* (-(e)s, -e); *gesprochen* ≈ *Knirps*

PIN [pɪn] *die;* (-, -s) Persönliche Identifikationsnummer eine geheime Zahl, die man z. B. braucht, um Geld vom Automaten abzuheben oder das Handy anzuschalten ⟨die PIN eingeben; die PIN vergessen haben⟩

pin·ge·lig, **ping·lig** ADJEKTIV; *gesprochen, meist abwertend* ≈ *pedantisch*

Ping·pong *das*; (-s); *gesprochen* ≈ *Tischtennis* K Pingpongball, Pingpongschläger, Pingpongspiel

Pin·gu·in ['pɪŋgui:n] *der*; (-s, -e) ein großer Vogel, der in der Antarktis lebt und nicht fliegen, aber gut schwimmen kann

Pi·nie [-ni̯ə] *die*; (-, -n) ein Baum mit langen Nadeln und dicken Zapfen, der in warmen Ländern wächst und die Form eines Schirms hat

pink ADJEKTIV *meist prädikativ* leuchtend rosa

Pin·kel *der*; (-s, -) **ein feiner Pinkel** *gesprochen, abwertend* eine Person, die reich und vornehm ist (oder nur so tut)

pin·keln VERB (pinkelte, hat gepinkelt); *gesprochen* die Blase entleeren K Pinkelpause

Pin·ne *die*; (-, -n) die Stange, mit der man das Ruder eines Bootes bewegt K Ruderpinne

pin·nen VERB (pinnte, hat gepinnt) **etwas irgendwohin pinnen** etwas z. B. mit Stecknadeln an der Wand o. Ä. befestigen ⟨ein Plakat, eine Notiz an die Wand pinnen⟩

Pinn·wand *die* an einer Pinnwand macht man mit Stecknadeln Notizen, Fotos usw. fest

Pin·sel *der*; (-s, -) **1** mit einem Pinsel verteilt man flüssige Farbe auf Papier, auf einer Wand o. Ä. ⟨den Pinsel eintauchen, abstreifen; mit dem Pinsel einen Strich ziehen, etwas anstreichen, Farbe auftragen⟩ K Pinselstiel, Pinselstrich; Leimpinsel, Malerpinsel **2** **ein eingebildeter Pinsel** *gesprochen, abwertend* ein arroganter Mann

pin·seln VERB (pinselte, hat gepinselt) **1** **(etwas) pinseln** *gesprochen* (etwas) mit dem Pinsel malen oder schreiben ⟨ein Bild pinseln⟩ | *Er pinselte einen Spruch an die Wand* **2** **etwas pinseln** eine Flüssigkeit mit dem Pinsel auf etwas auftragen ⟨den Braten, das Zahnfleisch pinseln⟩

Pin·te *die*; (-, -n); *norddeutsch, gesprochen* ≈ *Lokal, Kneipe*

Pin-up-Girl ['pɪn|apgø:ɐ̯l] *das*; (-s, -s) **1** das Bild einer (fast) nackten Frau in einer Zeitschrift o. Ä. **2** die Frau auf diesem Bild

PINZETTE

Pin·zet·te *die*; (-, -n) mit einer Pinzette kann man sehr kleine Dinge greifen | *Haare mit der Pinzette auszupfen*

Pi·o·nier *der*; (-s, -e) **1** eine Person, die zu den Ersten gehört, welche Siedlungen in einem Land gründen | *die amerikanischen Pioniere* K Pionierzeit **2** eine Person, die etwas als Erste tut und damit ein Vorbild gibt K Pionierarbeit, Pionierleistung, Pioniertat **3** ein Soldat einer Truppe, die z. B. Wege oder Brücken für eine Armee macht K Pionierbataillon, Pioniertruppe • hierzu **Pi·o·nie·rin** *die*

Pi·o·nier·geist *der* der Drang und die Fähigkeit, neue Gedanken zu entwickeln und neue Dinge zu tun

Pi·pa·po *das*; (-s); *gesprochen, meist abwertend* alles, was nach Meinung einiger Leute dazugehört, aber für andere Leute überflüssig ist | *Er hat sich ein Haus am Meer gekauft, mit Jacht und allem Pipapo*

Pipe·line ['paiplain] *die*; (-, -s) eine lange Leitung aus Rohren, in der Erdöl oder Erdgas zu einem weit entfernten Ort transportiert wird

Pi·pet·te *die*; (-, -n) ein kleines Rohr aus Glas, das an der Spitze enger wird. Man bringt Flüssigkeit in eine Pipette, um etwas davon messen oder verwenden zu können | *Ohrentropfen mit einer Pipette ins Ohr tropfen*

Pi·pi, **Pi·pi** *Kindersprache* **Pipi machen** die Blase entleeren

Pi·pi·fax *der*; (-); *gesprochen* dummes oder unwichtiges Zeug

Pi·rat *der*; (-en, -en) **1** eine Person, die auf dem Meer fremde Schiffe (überfällt und) ausraubt ⟨von Piraten überfallen, gekapert werden⟩ ≈ *Seeräuber* K Flusspirat; Piratenflagge, Piratenschiff **!** *der Pirat; den, dem, des Piraten* **2** **die Piraten** eine politische Partei in Deutschland K Piratenpartei

Pi·ra·te·rie *die*; (-, -n [-'ri:ən]) das Überfallen oder Entführen von Schiffen oder Flugzeugen K Luftpiraterie

-pi·ra·te·rie *die*; *im Substantiv, unbetont, begrenzt produktiv* **Markenpiraterie, Produktpiraterie, Softwarepiraterie** *und andere* drückt aus, dass Markenwaren, Musik, Filme, Software usw. illegal kopiert (und verkauft) werden

Pi·rou·et·te [pi'ru̯ɛtə] *die*; (-, -n) eine Bewegung (beim Ballett, Eislaufen o. Ä.), bei der man sich auf einem Bein schnell dreht und dabei auf der Stelle bleibt

Pirsch *die*; (-) eine Art der Jagd, bei der man sich leise dem Tier nähert ⟨auf die Pirsch gehen; auf der Pirsch sein⟩ K Pirschgang

pir·schen VERB (pirschte, hat/ist gepirscht) **1** *(ist)* ≈ *schleichen* | *heimlich durch den Garten pirschen* **2** **sich irgendwohin pirschen** *(hat)* irgendwohin schleichen | *Er pirschte sich im Dunkeln ans Fenster*

Pis·se *die*; (-); *gesprochen* ▲ ≈ *Urin*

pis·sen VERB (pisste, hat gepisst); *gesprochen* ▲ die Blase entleeren

Pis·soir [pi'so̯a:ɐ̯] *das*; (-s, -e/-s) eine (öffentliche) Toilette für Männer

Pis·ta·zie [-tsi̯ə] *die*; (-, -n) **1** eine Pflanze mit kleinen grünen Samen, die wie Nüsse schmecken K Pistazienkerne **2** der Samen der Pistazie ⟨gesalzene Pistazien⟩

Pis·te *die*; (-, -n) **1** der Hang eines Berges, auf dem man Ski fährt ⟨abseits, außerhalb der Pisten fahren; die Piste verlassen⟩ K Skipiste **2** eine Art Straße, auf der Flugzeuge starten und landen ≈ *Rollbahn* K Landepiste, Startpiste **3** ein Weg für Autos (in der Wüste, im Urwald usw.), auf dem man nicht sehr schnell fahren kann ⟨eine holprige, staubige Piste⟩ K Graspiste, Sandpiste **4** eine Strecke für Motorrad- oder Autorennen ⟨von der Piste abkommen⟩ K Rennpiste
■ ID **auf die Piste gehen** *gesprochen* ausgehen, von Lokal zu Lokal ziehen

Pis·to·le *die*; (-, -n) eine kurze Schusswaffe ⟨eine Pistole laden, (ent)sichern, ziehen, auf jemanden richten, abschießen; mit der Pistole auf jemanden zielen, schießen⟩ K Pistolengriff, Pistolenkugel; Dienstpistole, Gaspistole, Wasserpistole
■ ID **jemandem die Pistole auf die Brust setzen** jemanden durch Drohungen zwingen, etwas zu tun; **wie aus der Pistole geschossen (antworten)** sehr schnell antworten

pitsch·nass ADJEKTIV; *gesprochen* sehr nass

pit·to·resk ADJEKTIV; *geschrieben* ≈ *malerisch*

pi·xe·lig ADJEKTIV so, dass man alle einzelnen Punkte (Pixel) eines Bildes sehen kann und das Bild deshalb unscharf ist ⟨ein Bild, ein Foto, ein Film⟩

★ **Piz·za** [-ts-] *die*; (-, -s/Piz·zen) eine flache, runde Speise aus Hefeteig, auf den man Käse, Tomaten o. Ä. legt und den man im Ofen bäckt ⟨eine Pizza backen⟩ K Pizzabäcker, Pizzarestaurant

Piz·ze·ria [-ts-] *die*; (-, -s/Piz·ze·ri·en [-'ri:ən]) ein (meist italienisches) Restaurant, in dem man vor allem Pizzas essen kann

★ **Pkw**, **PKW** ['pe:ka:ve:, pe:ka:'ve:] *der*; (-(s), -s) Personenkraftwagen ein Auto (für Personen) K Pkw-Fahrer

Pla·ce·bo [pla'tse:bo] *das*; (-s, -s) ein Mittel, das Patienten als Medikament gegeben wird, aber keine (chemische) Wirkung hat K Placeboeffekt

pla·cken VERB (plackte sich, hat sich geplackt) **sich (mit etwas)**

P

placken *gesprochen* schwere Arbeit tun und sich sehr anstrengen

plä·die·ren VERB (plädierte, hat plädiert) **1** **für/gegen etwas plädieren** Argumente für oder gegen etwas bringen | *Der Redner plädierte dafür, härter gegen Terroristen vorzugehen* **2** **auf Freispruch plädieren** (als Rechtsanwalt) beantragen, dass der Angeklagte keine Strafe bekommt **3** (vor Gericht) ein Plädoyer halten

Plä·do·yer [plɛdoa'je:] *das*; (-s, -s) **1** die Rede des Staatsanwalt oder der Verteidiger vor Gericht, bevor das Urteil gesprochen wird ⟨ein (glänzendes) Plädoyer halten⟩ **2** **ein Plädoyer für/gegen etwas** *geschrieben* eine Rede, in der jemand Argumente und Beweise für oder gegen etwas bringt | *ein Plädoyer für mehr Gleichberechtigung* | *ein Plädoyer gegen die Todesstrafe*

Pla·fond [pla'fõ:] *der*; (-s, -s) **1** *süddeutsch* Ⓐ die Decke eines Zimmers oder Raumes **2** Ⓒ ≈ *Limit*

Pla·ge *die*; (-, -n) **1** etwas, das für jemanden (lange) unangenehm und belastend ist ⟨eine schreckliche, lästige Plage; jemandem das Leben zur Plage machen⟩ ≈ *Qual* | *Ihre Allergie ist eine richtige Plage für sie* K Heuschreckenplage, Insektenplage, Mäuseplage, Mückenplage **2** eine Arbeit, die schwer und anstrengend ist

Pla·ge·geist *der*; *gesprochen, oft humorvoll* eine Person, die andere Leute dauernd mit ihren eigenen Wünschen bedrängt ≈ *Quälgeist*

pla·gen VERB (plagte, hat geplagt) **1** **etwas plagt jemanden** etwas ist für jemanden (meist ziemlich lange Zeit) unangenehm und belastend, weil Arbeit, Probleme oder Schmerzen damit verbunden sind ⟨die Hitze, der Durst, Schmerzen, Gedanken⟩ | *Die Mücken plagten uns sehr* **2** **jemanden (mit etwas) plagen** immer wieder etwas tun, sagen o. Ä., das für jemanden lästig oder unangenehm ist | *Er plagte uns mit seinen Fragen* **3** **sich (mit etwas) plagen** viel Mühe mit etwas haben ⟨sich in der Schule plagen; sich mit Problemen plagen müssen⟩

Pla·gi·at *das*; (-(e)s, -e); *geschrieben* **1** die Verwendung von Ideen, Arbeiten o. Ä. anderer Personen, als ob sie die eigenen wären ⟨ein Plagiat begehen⟩ **2** ein Buch, ein Werk o. Ä., das durch ein Plagiat entstanden ist • zu (1) **Pla·gi·a·tor** *der*; (-s, Plagiatoren); zu (1) **Pla·gi·a·to·rin** *die*; zu (1) **pla·gi·ie·ren** VERB (*hat*)

P

★ **Pla·kat** *das*; (-(e)s, -e) ein großes Blatt mit einem Bild, mit Werbung oder mit Informationen, das man an eine Stelle klebt, an der es viele Leute sehen ⟨Plakate kleben; etwas auf Plakaten ankündigen⟩ K Plakatkunst, Plakatmalerei, Plakatwand, Plakatwerbung; Filmplakat, Kinoplakat, Konzertplakat, Theaterplakat, Wahlplakat, Werbeplakat

pla·ka·tiv [-f] ADJEKTIV ⟨Farben, jemandes Sprache, ein Titel; etwas wirkt plakativ⟩ mit einer starken Wirkung, weil sie einfach sind und man sie sich leicht merken kann

Pla·ket·te *die*; (-, -n) eine kleine, flache, meist runde Scheibe aus Plastik, Metall o. Ä., die man irgendwo aufklebt oder ansteckt und auf der Zeichen oder Worte stehen ⟨eine Plakette anstecken, tragen⟩ | *eine Plakette mit der Aufschrift „Atomkraft – nein danke!"*

plan ADJEKTIV; *geschrieben* ⟨eine Fläche⟩ ≈ *flach, eben*

★ **Plan** *der*; (-(e)s, Plä·ne) **1** ein Plan beschreibt genau, was man wann tun will oder soll ⟨einen Plan ausarbeiten, erarbeiten, ausführen, durchführen, verwirklichen; einen Plan, Pläne machen⟩ | *Er überließ nichts dem Zufall, sondern hatte einen genauen Plan, wie alles gemacht werden sollte* K Planänderung; Arbeitsplan, Dienstplan, Fahrplan, Sendeplan, Spielplan, Stundenplan, Terminplan, Veranstaltungsplan, Zeitplan **2** die feste Absicht, etwas zu tun ⟨einen Plan, Pläne haben; einen Plan verwirklichen, aufgeben⟩ | *einen Plan verfolgen/aufrechterhalten/fallen lassen* (etwas planen/weiterhin planen/nicht mehr planen) | *jemandes Pläne durchkreuzen* (verhindern, dass sie Erfolg haben) | *Sie fassten den Plan, sich ein Haus zu kaufen* (sie entschlossen sich dazu) K Fluchtplan, Heiratsplan, Urlaubsplan, Zukunftsplan **3** eine Zeichnung, die zeigt, wie etwas gebaut ist oder gebaut werden soll ⟨einen Plan zeichnen, entwerfen, ausarbeiten⟩ ≈ *Entwurf* | *Die Pläne für den Umbau unseres Hauses sind inzwischen fertig* K Bauplan, Konstruktionsplan **4** eine Zeichnung, die meist eine Stadt in einem kleinen Maßstab zeigt ≈ *Karte* | *ein Plan von Ulm* | *Auf diesem Plan sind alle Sehenswürdigkeiten eingezeichnet* K Lageplan, Stadtplan, Übersichtsplan ■ ID **etwas steht auf dem Plan** etwas ist geplant, steht bevor; **etwas geht/verläuft nach Plan** etwas funktioniert so, wie man es gewünscht und geplant hat; **jemand/etwas tritt auf den Plan** jemand/etwas erscheint; **etwas ruft jemanden auf den Plan** etwas bewirkt, dass jemand aktiv wird, (indem er z. B. protestiert oder sich gegen etwas wehrt)

PLAKAT

Pla·ne *die*; (-, -n) eine große Decke aus Stoff oder Plastik, die man (zum Schutz) über etwas legt ⟨etwas mit einer Plane abdecken, zudecken⟩ K Plastikplane, Regenplane, Wagenplane, Zeltplane

★ **pla·nen** VERB (plante, hat geplant) **1** **etwas planen** sich gut überlegen, wie man etwas machen will ⟨etwas lange im Voraus planen; etwas auf lange Sicht planen; einen Diebstahl planen; den Urlaub planen⟩ | *Wir müssen genau planen, was wir tun wollen* **2** **etwas planen** die Absicht haben, etwas zu tun | *Wir planen, nächstes Jahr nach Japan zu fliegen* **3** **etwas planen** eine Zeichnung, ein Modell o. Ä. einer Sache machen, damit man weiß, wie man sie bauen muss ⟨ein Haus, einen Garten, eine Straße planen⟩ ≈ *entwerfen*

★ **Pla·net** *der*; (-en, -en) Planeten drehen sich um Sonnen; unser Planet heißt Erde | *Merkur, Mars und Venus sind die nächsten Planeten in unserem Sonnensystem* K Planetenbahn, Planetensystem ■ *der Planet; den, dem, des Planeten* • hierzu **pla·ne·ta·risch** ADJEKTIV

Pla·ne·ta·ri·um *das*; (-s, Pla·ne·ta·ri·en [-i̯ən]) **1** eine Gerät, mit dem man ein Bild des Himmels mit allen Sterne und Planeten erzeugen kann **2** ein Gebäude mit einer Kuppel, in dem ein Planetarium steht

pla·nie·ren VERB (planierte, hat planiert) **(etwas) planieren** etwas mit Maschinen eben machen ⟨den Boden, ein Gelände planieren⟩ • hierzu **Pla·nie·rung** *die*

Pla·nier·rau·pe *die* ein großes Fahrzeug (das auf Ketten läuft), mit dem man den Boden planiert

Plan·ke *die*; (-, -n) ein dickes und breites Brett K Schiffsplanke

Plank·ton *das*; (-s) die sehr kleinen Pflanzen und Tiere, die im Wasser leben und von vielen Fischen gefressen werden

plan·los ADJEKTIV ohne Plan, Überlegung ⟨jemandes Handeln; planlos arbeiten, vorgehen⟩ • hierzu **Plan·lo·sig·keit** *die*

plan·mä·ßig ADJEKTIV **1** genau wie es im Plan steht | *Die Arbeiten verliefen planmäßig* **2** so, wie es im Fahrplan oder Flugplan steht ⟨die Ankunft, die Abfahrt⟩ | *Der Zug aus Wien kam planmäßig in Salzburg an* • hierzu **Plan·mä·ßig·keit** *die*

Plansch·be·cken, plan·schen → Plantschbecken, plantschen

Plan·stel·le *die* ein Arbeitsplatz (vor allem für einen Beamten) im öffentlichen Dienst ⟨eine Planstelle bekommen; auf einer Planstelle sitzen; Planstellen einsparen⟩

Plan·ta·ge [plan'ta:ʒə] *die*; (-, -n) ein großes Stück Land (oft in tropischen Ländern), auf dem man Pflanzen anbaut K Plantagenarbeiter, Plantagenbesitzer; Bananenplantage, Baumwollplantage, Erdbeerplantage, Kaffeeplantage, Tabakplantage

Plantsch·be·cken *das* ein flaches Becken mit Wasser, in dem Kinder im Sommer baden

plant·schen VERB (plantschte, hat geplantscht) im Wasser spielen und dabei die Hände und Füße so bewegen, dass das Wasser spritzt | *Die Kinder plantschten mit größtem Vergnügen im Wasser*

Pla·nung *die*; (-, -en) die Handlungen, durch die ein Plan entsteht ⟨eine gründliche, kurzfristige, langfristige, rechtzeitige Planung⟩ K Planungsstadium; Fehlplanung, Städteplanung, Wirtschaftsplanung

Plan·wirt·schaft *die* ein System, in welchem die Wirtschaft eines Landes von einer zentralen Stelle (der Regierung) geplant wird ↔ *Marktwirtschaft*

Plap·per·maul *das*; *gesprochen, abwertend* eine Person, die viel redet (ohne zu denken) | *Du bist ein richtiges Plappermaul!*

plap·pern VERB (plapperte, hat geplappert); *gesprochen* **1** **etwas plappern** *abwertend* etwas sagen, ohne nachgedacht zu haben ⟨Unsinn plappern⟩ **2** schnell und viel reden, ohne etwas Wichtiges zu sagen ⟨Kinder⟩

plär·ren VERB (plärrte, hat geplärrt); *gesprochen, meist abwertend* **1** **(etwas) plärren** (etwas) mit lauter und unangenehmer Stimme singen oder rufen **2** laut und lange weinen ⟨kleine Kinder, Säuglinge⟩

Plas·ma *das*; (-s, Plas·men) der flüssige Teil des Blutes ⟨Plasma spenden⟩ K Blutplasma

Plas·te *die*; (-, -n); *ostdeutsch, gesprochen* ≈ *Plastik*

★ **Plas·tik**[1] *das*; (-s) ein künstliches Material. Man kann es so herstellen, dass es weich und dünn ist (wie z. B. für Folien) oder biegsam oder hart K Plastikbesteck, Plastikbeutel, Plastikeimer, Plastikflasche, Plastikfolie, Plastikplane, Plastiksack, Plastiktasche, Plastiktüte

★ **Plas·tik**[2] *die*; (-, -en) **1** eine Figur, die von einem Künstler gemacht worden ist | *Plastiken von Rodin und Henry Moore* K Bronzeplastik, Holzplastik, Marmorplastik, Steinplastik **2** *nur Singular* die Kunst, Plastiken herzustellen | *die Plastik des Mittelalters*

Plas·tik·geld *das*; *nur Singular*; *gesprochen, humorvoll* ⟨mit Plastikgeld zahlen⟩ ≈ *Kreditkarte*

plas·tisch ADJEKTIV **1** so (gestaltet), dass es nicht wie eine Fläche, sondern als Raum wirkt ⟨die plastische Wirkung eines Bildes, eines Reliefs⟩ **2** so, dass man es sich genau vorstellen kann ⟨eine Erzählung; etwas plastisch darstellen⟩ **3** ⟨ein Material, eine Masse⟩ ≈ *formbar* **4** *meist attributiv* in Bezug auf eine Plastik ⟨die Kunst⟩ **5** **plastische Chirurgie** Chirurgie, bei der jemandes Aussehen verbessert oder verändert wird • zu (1 – 3) **Plas·ti·zi·tät** *die*

Pla·ta·ne *die*; (-, -n) ein Baum mit großen Blättern und einem hellen Stamm K Platanenallee

Pla·teau [pla'to:] *das*; (-s, -s) eine Ebene, die meist höher liegt als das Land um sie herum ≈ *Hochebene* K Bergplateau, Hochplateau

Pla·tin *das*; (-s) ein sehr hartes grauweißes Metall, das sehr wertvoll ist K Platinelektrode, Platinring, Platinschmuck **i** chemisches Zeichen: *Pt*

pla·to·nisch ADJEKTIV **1** in Bezug auf die Philosophie Platons ⟨die Philosophie, die Tradition⟩ **2** nur geistig und nicht sexuell ⟨Liebe, eine Beziehung⟩

plat·schen VERB (platschte, hat/ist geplatscht) **1** **etwas platscht irgendwohin** (*hat/ist*) etwas erzeugt das kurze, helle Geräusch, das entsteht, wenn Wasser auf etwas fällt ⟨die Wellen, das Wasser⟩ | *Der Regen platscht gegen die Fenster* **2** **irgendwohin platschen** (*ist*) mit einem kurzen, hellen Geräusch ins Wasser fallen • zu (1) **platsch!**

plät·schern VERB (plätscherte, hat/ist geplätschert) **1** **etwas plätschert; etwas plätschert irgendwohin** (*hat/ist*) Wasser fließt, fällt oder bewegt sich (irgendwohin) und macht dabei ein leises, helles Geräusch ⟨das Wasser, der Bach, der Regen⟩ **2** (*hat*) Wasser so bewegen, dass es leise, helle Geräusche macht | *Die Kinder plätschern im Wasser* **3** **etwas plätschert vor sich hin** (*ist*) etwas ist ohne besondere Ereignisse oder Höhepunkte | *Unser Gespräch plätscherte vor sich hin*

platt ADJEKTIV (platter, plattest-) **1** flach und breit ⟨etwas platt drücken, walzen; sich platt auf den Boden legen, werfen; platt auf der Erde liegen; die Nase an der Fensterscheibe platt drücken⟩ **2** ohne Luft ⟨ein Reifen⟩ **3** *abwertend* allgemein bekannt, also weder wichtig noch interessant ⟨Witze, eine Redensart, ein Gespräch⟩ **4** **platt sein** *gesprochen* sehr erstaunt sein | *Über ihr ungewöhnliches Geschenk war er einfach platt* ■ ID **einen Platten haben** in einem Reifen am Fahrrad, Auto o. Ä. keine Luft mehr haben

Platt *das*; (-(s)) die Dialekte, die im Norden Deutschlands gesprochen werden und welche dem Holländischen relativ ähnlich sind ⟨Platt sprechen⟩ ≈ *Niederdeutsch* K Plattdeutsch • hierzu **Platt·deut·sche** *das*; **platt·deutsch** ADJEKTIV

platt·drü·cken VERB ≈ *platt drücken*

★ **Plat·te** *die*; (-, -n) **1** ein flaches, dünnes, meist rechteckiges Stück aus einem harten Material ⟨eine Platte aus Stein, Holz; eine eiserne Platte⟩ K Betonplatte, Eisplatte, Glasplatte, Holzplatte, Kunststoffplatte Marmorplatte, Metallplatte, Stahlplatte, Steinplatte; Tischplatte, Tischtennisplatte **2** eine (runde) Fläche meist auf einem Herd, auf der man kochen kann ⟨einen Topf auf die Platte stellen; die Platte einschalten, ausschalten⟩ | *ein Herd mit vier Platten* K Herdplatte, Kochplatte, Ofenplatte **3** Kurzwort für *Schallplatte* ⟨eine Platte auflegen, anhören, spielen⟩ K Plattenarchiv, Plattenaufnahme, Plattencover, Plattenhülle, Plattensammlung; Jazzplatte, Opernplatte, Tanzplatte, Langspielplatte **4** ein großer und flacher Teller, auf dem man Speisen serviert ⟨eine Platte herumreichen⟩ | *eine Platte mit kaltem Braten* K Fleischplatte, Tortenplatte **5** verschiedene Speisen, die zusammen auf einer Platte serviert werden ⟨eine Platte für zwei Personen⟩ K Aufschnittplatte, Fleischplatte, Gemüseplatte, Grillplatte, Käseplatte, Salatplatte **6** **eine kalte Platte** ein kaltes Essen, das aus Schinken, Wurst, Käse, Salat usw. besteht **7** *gesprochen* ein Kopf ohne Haare

≈ *Glatze* ■ ID **hell auf der Platte sein** *gesprochen* intelligent sein

Plätt·ei·sen *das; norddeutsch* ≈ *Bügeleisen*

plät·ten VERB (plättete, hat geplättet) **(etwas) plätten** ≈ *bügeln*

Plat·ten *der; nur Singular* ■ ID **jemand/etwas hat einen Platten** in einem Reifen am Auto, Fahrrad o. Ä. (der genannten Person) ist keine Luft mehr | *Peter hatte einen Platten*

Plat·ten·bau *der;* (-(e)s, -ten) ein Gebäude, das aus fertigen Betonplatten zusammengesetzt wird K Plattenbausiedlung H meist abwertend für entsprechende Gebäude in der ehemaligen DDR verwendet

Plat·ten·spie·ler *der* ein Gerät, mit dem man Schallplatten spielt

Platt·form *die* **1** eine Fläche (z. B. auf einem Turm), von der man nach unten sehen kann ⟨eine Plattform errichten; auf die Plattform (hinauf)steigen⟩ K Aussichtsplattform **2** *geschrieben* ein Programm, auf das sich eine Gruppe von Personen einigt (um damit in der Öffentlichkeit aktiv zu werden) ⟨eine gemeinsame/politische Plattform finden, suchen, schaffen⟩

Platt·fuß *der;* (-es, Platt·fü·ße); *meist Plural* **1** ein Fuß, bei welchem die ganze Sohle den Boden berührt, wenn man geht ⟨Plattfüße haben⟩ **2** **einen Plattfuß haben** *gesprochen* einen Platten haben • zu (1) **platt·fü·ßig** ADJEKTIV

Platt·heit *die;* (-, -en); *abwertend* **1** *nur Singular* die Banalität einer Bemerkung o. Ä. ⟨etwas ist an Plattheit nicht zu übertreffen⟩ **2** *meist Plural* eine triviale oder banale Bemerkung ⟨Plattheiten von sich geben⟩ ≈ *Plattitüde*

Plat·ti·tü·de *die;* (-, -n); *geschrieben, abwertend* eine Aussage oder Redewendung, die nicht mehr interessant ist, weil sie schon alle kennen

platt·wal·zen VERB ≈ *platt walzen*

★ **Platz** *der;* (-es, Plät·ze) **1** eine große Fläche (in einem Dorf oder in einer Stadt), die vor einem Gebäude oder zwischen mehreren Häusern liegt ⟨ein großer, weiter, freier Platz; über den Platz gehen, fahren⟩ | *Auf dem Platz vor dem Rathaus steht ein großer Brunnen* K Platzkonzert; Bahnhofsplatz, Domplatz, Dorfplatz, Hauptplatz, Kirchplatz, Rathausplatz **2** eine große Fläche im Freien, die einen Zweck hat K Campingplatz, Eislaufplatz, Fußballplatz, Golfplatz, Lagerplatz, Minigolfplatz, Parkplatz, Reitplatz, Rummelplatz, Schießplatz, Schrottplatz, Spielplatz, Sportplatz, Tennisplatz, Übungsplatz **3** **Platz (für jemanden/etwas)** *nur Singular* ein Raum oder Bereich, in dem man sein kann oder den man mit etwas füllen kann ⟨keinen, viel, wenig Platz haben; Platz haben, machen, schaffen, (frei) lassen; jemandem/etwas Platz bieten⟩ | *keinen Platz im Wohnzimmer für ein Klavier haben* | *Haben wir in diesem kleinen Auto zu fünft Platz?* | *Lassen Sie nach dieser Zeile ein wenig Platz frei!* | *Der Schrank nimmt viel Platz weg* → platzsparend K Platzbedarf, Platzersparnis, Platzmangel **4** ein Ort, an dem man sein oder bleiben möchte ⟨ein windgeschützter, versteckter Platz⟩ | *ein schöner Platz für ein Picknick* | *der richtige Platz zum Erholen* K Rastplatz, Liegeplatz **5** der Ort, an dem eine Person oder Sache war und wo sie auch sein soll | *Sie stellte das Buch wieder an seinen Platz zurück* **6** ein Sitz (oder eine Stelle, an der man stehen kann) ⟨Plätze reservieren (lassen); einen guten, schlechten Platz haben; etwas ist bis auf den letzten Platz ausverkauft, besetzt⟩ | *Er stand auf und bot mir seinen Platz an* | *Sind hier noch Plätze frei?* K Platzreservierung; Liegeplatz, Sitzplatz, Stehplatz, Fensterplatz **7** eine verfügbare Stelle (meist bei einer Institution) ⟨einen Platz im Kindergarten, Altersheim bekommen⟩ K Arbeitsplatz, Heimplatz, Kindergartenplatz, Studienplatz **8** die Position, die ein Mensch in Bezug auf einen anderen Menschen oder eine Gemeinschaft hat ⟨jemandes Platz im Leben, in der Gesellschaft⟩ | *Mein Platz ist jetzt an deiner Seite!* (Ich muss dich jetzt unterstützen) **9** die Position, die jemand in einem Wettkampf erreicht ⟨der erste, zweite Platz; auf den ersten Platz kommen; den ersten Platz belegen, machen⟩ ≈ *Rang* | *Die beiden italienischen Teilnehmer belegten die Plätze drei und vier* K Tabellenplatz **10** **(einer Person/für eine Person) Platz machen** die eigene Position o. Ä. so ändern, dass sich noch eine andere Person (zu jemandem) setzen kann oder dass eine andere Person vorbeigehen kann ■ ID **Platz nehmen** sich setzen | *Bitte nehmen Sie Platz!*; **Platz behalten** sitzen bleiben | *Bitte behalten Sie Platz!*; **fehl am Platz(e) sein** zu etwas nicht passen | *Deine Bemerkung war völlig fehl am Platz*; **Platz!** verwendet, um einem Hund zu befehlen, dass er sich hinsetzt oder hinlegt; **am Platz(e)** *veraltend* in diesem Ort | *Er ist der größte Pelzhändler am Platze*; **jemanden vom Platz fegen** jemanden in einem Wettkampf sehr deutlich schlagen; **ein Platz an der Sonne** a eine angenehme Situation oder Position b Glück und Erfolg im Leben; **jemanden auf die Plätze verweisen** jemanden in einem Wettkampf besiegen

Platz·angst *die; meist Singular* die Angst, die manche Menschen bekommen, wenn sie in einem geschlossenen Raum oder mit zu vielen Menschen in einem Raum sind ⟨Platzangst haben, bekommen⟩ ≈ *Klaustrophobie*

Platz·an·wei·ser *der;* (-s, -) eine Person, die im Theater oder Zirkus den Besuchern zeigt, wo ihre Plätze sind • hierzu **Platz·an·wei·se·rin** *die*

Plätz·chen *das;* (-s, -) **1** ein Ort, wo man sich gern aufhält ⟨ein schattiges, sonniges, ruhiges Plätzchen⟩ **2** ein kleines, flaches, süßes Gebäck ⟨selbstgebackene Plätzchen; Plätzchen backen⟩ K Weihnachtsplätzchen

★ **plat·zen** VERB (platzte, ist geplatzt) **1** **etwas platzt** etwas geht plötzlich (oft mit einem Knall) kaputt, meist weil der Druck im Inneren zu stark geworden ist ⟨der Reifen, der Luftballon, die Naht⟩ **2** **etwas platzt** etwas führt nicht zu dem Ergebnis, das man geplant oder gewünscht hat ⟨eine Konferenz, die Verhandlungen, die Verlobung⟩ ≈ *scheitern* **3** **etwas platzt** etwas findet nicht statt ⟨jemand lässt einen Termin, eine Verabredung platzen⟩ | *Das Konzert ist geplatzt, weil die Sängerin plötzlich krank wurde* **4** **etwas platzt** etwas wird (plötzlich) öffentlich bekannt ⟨der Betrug, der Schwindel⟩ ≈ *auffliegen* **5** **in etwas** (*Akkusativ*) **platzen** plötzlich irgendwohin kommen und stören ⟨in eine Veranstaltung, in eine Besprechung platzen⟩ **6** **vor etwas (fast/schier) platzen** *gesprochen* von einem oft negativen Gefühl erfüllt sein ⟨vor Eifersucht, Neid, Neugier, Stolz, Wut platzen⟩ | *Als wir ein neues Auto kauften, ist unser Nachbar fast geplatzt vor Neid* ■ ID **Ich platze (gleich)** *gesprochen* ich habe einen vollen Magen, weil ich sehr viel gegessen (und getrunken) habe

Platz·hirsch *der* **1** der stärkste Hirsch und Anführer des Rudels **2** ein selbstbewusster Mann, der von anderen erwartet, dass sie ihm folgen **3** eine Firma, die in ihrer Branche mehr Produkte verkauft als andere Firmen ≈ *Marktführer*

plat·zie·ren VERB (platzierte, hat platziert) **1** **etwas irgendwohin platzieren** etwas an einen dafür vorgesehenen Platz setzen, stellen oder legen | *das neue Bild unter das alte platzieren* **2** **etwas irgendwohin platzieren** auf eine Stelle zielen und den Ball so schießen oder werfen, dass er dorthin kommt | *den Ball in die rechte untere Ecke platzieren* **3** **sich platzieren** in einem sportlichen Wettkampf auf einen Rang kommen ⟨sich unter den ersten fünf (Läufern) platzieren; sich gut/schlecht platzieren⟩ | *Er konnte sich*

P

nicht platzieren (Er belegte einen schlechten Platz) **4** **sich irgendwohin platzieren** *gesprochen, oft humorvoll* sich irgendwohin setzen

plat·ziert ■ PARTIZIP PERFEKT **1** → platzieren
■ ADJEKTIV **2** genau so, wie man zielt ⟨ein Ball, ein Wurf, ein Schuss⟩ | *ein hart und platziert geschossener Elfmeter*

Plat·zie·rung *die;* (-, -en) **1** das Platzieren **2** das Ergebnis eines Wettkampfs, das zeigt, ob jemand im Vergleich zu den anderen Teilnehmern gut oder schlecht war ⟨die genaue Platzierung bekannt geben; eine gute, schlechte Platzierung⟩

Platz·kar·te *die* eine Karte, mit der man sich z. B. im Zug einen Sitzplatz reserviert

Platz·mie·te *die* **1** das Geld, das man für einen Platz (z. B. beim Campen oder zum Tennisspielen) bezahlt **2** ein Abonnement (für Theateraufführungen oder Konzerte)

Platz·pat·ro·ne *die* eine Patrone ohne Kugel (für Pistolen und Gewehre), die nur knallt

Platz·re·gen *der* ein sehr starker Regen, der nicht lange dauert ⟨ein Platzregen geht nieder⟩

platz·spa·rend, Platz spa·rend ADJEKTIV so, dass es wenig Platz braucht ⟨eine Lösung; etwas platzsparend aufstellen, unterbringen, verstauen⟩

Platz·ver·weis *der* die Entscheidung des Schiedsrichters, dass ein Spieler das Spielfeld verlassen muss ⟨einen Platzverweis verhängen; einen Platzverweis bekommen⟩

Platz·wun·de *die* eine Wunde, die entsteht, wenn die Haut (nach einem Stoß oder Schlag) reißt

★ **plau·dern** VERB (plauderte, hat geplaudert) **1** **(mit einer Person) (über jemanden/etwas) plaudern; (mit einer Person) (von jemandem/etwas) plaudern** mit jemandem auf angenehme und freundliche Art sprechen, ohne etwas sehr Wichtiges, Ernstes oder Offizielles zu sagen ⟨nett, gemütlich mit der Nachbarin plaudern⟩ | *über die Erlebnisse im Urlaub plaudern* | *von den neuesten Plänen plaudern* **2** jemandem etwas erzählen, das geheim bleiben soll | *Wenn du mir versprichst, nicht zu plaudern, erzähle ich dir ein Geheimnis*

Plau·der·stünd·chen *das;* (-s, -) eine meist kurze Zeit, die man mit jemandem plaudert ⟨ein Plauderstündchen halten, haben⟩

Plau·der·ta·sche *die; gesprochen* eine Person, die viel über Dinge redet, die geheim bleiben sollen

Plau·der·ton *der; nur Singular* eine witzige und leichte Art, etwas zu erzählen ⟨etwas im Plauderton erzählen⟩

Plausch *der;* (-(e)s, -e); *meist Singular* **1** *besonders süddeutsch* Ⓐ ⟨einen Plausch mit jemandem halten⟩ ≈ *Gespräch* **2** Ⓒⓗ ⟨etwas ist ein Plausch; etwas aus/zum Plausch tun⟩ ≈ *Vergnügen, Spaß*

plau·schen VERB (plauschte, hat geplauscht) **1** **(mit jemandem) plauschen** *besonders süddeutsch* Ⓐ ≈ *plaudern* **2** Ⓐ ≈ *schwindeln*

plau·si·bel ADJEKTIV (plausibler, plausibelst-) so klar und verständlich, dass man es gut verstehen kann ⟨jemandem etwas plausibel machen; etwas plausibel erklären, begründen; etwas klingt plausibel⟩ ≈ *verständlich* | *Nenn mir nur einen plausiblen Grund dafür!* ● hierzu **Plau·si·bi·li·tät** *die*

Play-back, Play·back ['ple:bɛk, 'plei-] *das;* (-) eine Technik im Fernsehen, Radio o. Ä., bei welcher der Ton nicht vom Sänger produziert wird, sondern von einer CD, einem Computer o. Ä. kommt 🄺 Play-back-Verfahren, Playbackverfahren

Play·boy ['ple:bɔi, 'plei-] *der;* (-s, -s) ein reicher Mann, der viel Geld für Frauen und teure Hobbys ausgibt

Pla·zen·ta *die;* (-, -s/Pla·zen·ten) ≈ *Mutterkuchen*

Pla·zet *das;* (-s, -s); *geschrieben* ⟨jemandem sein Plazet zu/für etwas geben⟩ ≈ *Zustimmung*

plei·te ADJEKTIV *meist prädikativ; gesprochen* **1** ohne Geld, sodass die Rechnungen nicht mehr bezahlt werden können ⟨ein Unternehmen, eine Firma, ein Geschäftsmann⟩ ≈ *bankrott* **2** vorübergehend ohne Geld, mit dem man sich etwas kaufen oder leisten kann | *Kannst du mir 100 Euro borgen? Ich bin nämlich total pleite*

Plei·te *die;* (-, -n); *gesprochen* **1** der Zustand, in dem ein Geschäft kein Geld mehr hat ⟨(kurz) vor der Pleite stehen⟩ ≈ *Bankrott* **2** etwas, das ohne Erfolg geblieben ist | *Das Konzert war eine totale Pleite! Es kamen nur 200 Zuschauer* **3** **Pleite machen** Bankrott machen

plei·te·ge·hen VERB (ging pleite, ist pleitegegangen); *gesprochen* ≈ *bankrottgehen*

plem·plem ADJEKTIV *meist prädikativ; gesprochen, abwertend* ≈ *verrückt* | *Er ist total plemplem*

Ple·num *das;* (-s, Ple·nen) die Sitzung, zu der alle Mitglieder einer Organisation oder Vereinigung kommen (vor allem alle Mitglieder eines Parlaments) ≈ *Vollversammlung* 🄺 Plenarsitzung, Plenartagung

Ple·o·nas·mus *der;* (-, Ple·o·nas·men) ein Ausdruck, in dem zwei Wörter, meist ein Adjektiv und ein Substantiv, etwas doppelt ausdrücken | *Der Ausdruck „weißer Schimmel" ist ein Pleonasmus, denn Schimmel sind immer weiß* ● hierzu **ple·o·nas·tisch** ADJEKTIV

Ple·thi → Krethi

Ple·xi·glas® *das; nur Singular* ein harter, durchsichtiger Kunststoff

Plom·be *die;* (-, -n) **1** ein kleines Stück Metall oder Plastik. Man klebt es auf etwas, das verschlossen oder verpackt ist, um zu zeigen, dass die so verschlossene Sache nicht geöffnet werden darf ⟨etwas mit einer Plombe versiegeln, sichern, verschließen⟩ 🄺 Zollplombe **2** ein Loch in einem Zahn, das mit anderem Material gefüllt wurde | *eine Plombe aus Amalgam* 🄺 Goldplombe, Zahnplombe ● zu (2) **plom·bie·ren** VERB *(hat);* zu (2) **Plom·bie·rung** *die*

Plör·re *die;* (-, -n); *besonders norddeutsch, abwertend* ein schwaches Getränk oder eine dünne Suppe mit wenig Geschmack

★ **plötz·lich** ADJEKTIV sehr schnell und überraschend ⟨eine Bewegung, eine Wende, ein Entschluss, ein Wetterumschwung⟩ | *Sein plötzlicher Entschluss, nach Amerika auszuwandern, hat uns alle sehr traurig gemacht* | *Ich erschrak, als der Hund plötzlich zu bellen anfing* ■ ID **aber ein bisschen plötzlich!** verwendet, um jemandem auf sehr unhöfliche Art zu sagen, dass er sich beeilen soll ● hierzu **Plötz·lich·keit** *die*

plump ADJEKTIV (plumper, plump(e)st-) **1** so dick und schwer, dass man sich nicht leicht und geschickt bewegen kann **2** nicht höflich und ohne Rücksicht auf die spezielle Situation ⟨eine Anspielung, ein Annäherungsversuch; jemandes Benehmen⟩ **3** wenig intelligent und in der Absicht leicht zu erkennen ⟨eine Lüge, ein Täuschungsmanöver⟩ ● hierzu **Plump·heit** *die*

plump·sen VERB (plumpste, ist geplumpst) **irgendwohin plumpsen** schwer (und laut) zu Boden oder ins Wasser fallen ● hierzu **plumps! Plumps** *der*

Plumps·klo *das; gesprochen* ein Klo ohne Wasserspülung

Plun·der *der;* (-s); *abwertend* wertlose Dinge, die man nicht braucht

plün·dern VERB (plünderte, hat geplündert) **1** **(etwas) plündern** aus Geschäften und Häusern Dinge stehlen (vor allem im Krieg oder während einer Katastrophe) **2** **etwas plündern** *humorvoll* (fast) alles wegnehmen, essen o. Ä., was da ist ⟨den Kühlschrank, das Sparbuch plündern⟩ ● zu (1) **Plün·de·rer** *der;* zu (1) **Plün·de·rung** *die*

P

Plu·ral *der;* (-s, -e); *meist Singular* die Form eines Wortes, die zeigt, dass von zwei oder mehr Personen oder Dingen gesprochen wird ⟨den Plural eines Wortes bilden⟩ ≈ *Mehrzahl* ↔ *Singular* | *„Männer" ist der Plural von „Mann"* K Pluralbildung, Pluralendung, Pluralform H Als Mehrzahl wird statt *Plurale* oft *Pluralformen* verwendet. Abkürzung: *Pl.* oder *Plur.*

Plu·ra·lis·mus *der;* (-); *geschrieben* **1** die Tatsache, dass Menschen, Organisationen o. Ä. ganz verschiedene Meinungen, Ideen usw. vertreten (dürfen) **2** die politische Anschauung oder Einstellung, welche den Pluralismus zum Ziel hat • hierzu **plu·ra·lis·tisch** ADJEKTIV

★ **plus** ■ BINDEWORT **1** das Zeichen +, das eine Addition anzeigt ≈ *und* ↔ *minus* | *Drei plus zwei ist (gleich) fünf* (3 + 2 = 5) K Pluszeichen
■ PRÄPOSITION *(mit Genitiv)* **2** zusätzlich zu einer Summe oder Menge ≈ *zuzüglich* ↔ *minus* | *Die Wohnung kostet 650 Euro plus Nebenkosten* H meist ohne Artikel und ohne Genitivendung verwendet: *plus Trinkgeld*
■ ADVERB **3** verwendet, um zu sagen, dass ein Wert größer als null ist ↔ *minus* | *Am Morgen waren es fünf Grad plus* (+5 °C) | *Minus zwei mal minus zwei ist plus vier* (−2 × −2 = +4) **4** etwas besser als die angegebene Schulnote | *Er hat im Aufsatz die Note „zwei plus" bekommen*

Plus *das;* (-) **1** ein finanzieller Gewinn ↔ *Minus* | *Dieses Jahr konnte die Firma ein beträchtliches Plus verbuchen* **2** ≈ *Vorteil* | *Sein gutes Aussehen ist ein wichtiges Plus für ihn* K Pluspunkt

Plüsch, Plüsch *der;* (-(e)s) dicker, weicher Stoff, aus dem z. B. das Fell von Spielzeugtieren gemacht wird K Plüschdecke, Plüschsessel, Plüschsofa, Plüschtier

Plus·pol *der* der Pol mit positiver elektrischer Ladung (vor allem an einer Batterie) ↔ *Minuspol*

★ **Plus·quam·per·fekt** *das;* (-(e)s, -e); *meist Singular* die Form des Verbs, die mit dem Präteritum von *sein* oder *haben* und dem Partizip Perfekt gebildet wird ⟨ein Verb ins Plusquamperfekt setzen⟩ | *„Er hatte gegessen" ist das Plusquamperfekt zu „er isst"*

Plus·zei·chen *das* das Zeichen +, das eine Addition ausdrückt oder das anzeigt, dass eine Zahl positiv ist ↔ *Minuszeichen*

Plu·to·ni·um *das;* (-s) ein (radioaktives) chemisches Element, das man für Atombomben und in Atomkraftwerken verwendet K Plutoniumfabrik H chemisches Zeichen: *Pu*

PLZ Abkürzung für *Postleitzahl*

Pneu [pnøː] *der;* (-s, -s); *besonders* Ⓒⓗ ein Reifen, der mit Luft gefüllt ist

pneu·ma·tisch ADJEKTIV mit Luftdruck gesteuert ⟨eine Bremse⟩

★ **Po** *der;* (-s, -s); *gesprochen!* der hintere Teil des Körpers, auf dem man sitzt ≈ *Gesäß* K Pobacke

Pö·bel *der;* (-s); *abwertend* eine Gruppe von Menschen, die man als ungebildet oder aggressiv betrachtet

po·chen VERB (pochte, hat gepocht) **1** **etwas pocht** etwas ist in (regelmäßigen) Abständen deutlich zu spüren ⟨ein pochender Schmerz; jemandem pocht das Blut in den Schläfen, das Herz im Hals⟩ **2** **(an etwas** *(Akkusativ)***) pochen** *geschrieben* ⟨an die Tür pochen⟩ ≈ *klopfen* **3** **auf etwas** *(Akkusativ)* **pochen** energisch darauf hinweisen, dass man etwas hat und auch in Zukunft haben will ⟨auf sein Recht pochen⟩

po·chiert [pɔˈʃiːɐ̯t] ADJEKTIV ohne Schale in Wasser gekocht ⟨ein Ei⟩

Po·cken *die; Plural* eine gefährliche Krankheit, bei der man Fieber hat und Blasen bekommt (die später oft zu Narben werden) ⟨die Pocken haben; sich gegen Pocken impfen lassen⟩ ≈ *Blattern* K Pockenepidemie, Pockennarbe, Pockenschutzimpfung

Po·dest *das;* (-(e)s, -e) eine kleine, leicht erhöhte Fläche, auf der z. B. ein Denkmal oder ein Redner steht K Siegerpodest

Po·dex *der;* (-(es), -e); *gesprochen, humorvoll* ≈ *Gesäß*

Po·di·um *das;* (-s, Po·di·en [-i̯ən]) eine erhöhte Fläche, auf der z. B. ein Dirigent oder ein Redner steht oder wie sie das Theater hat

Po·di·ums·dis·kus·sion *die* eine Diskussion zwischen Experten, die vor einem Publikum auf einem Podium sitzen

Po·e·sie [poeˈziː] *die;* (-); *geschrieben* **1** die Kunst, Gedichte zu schreiben ≈ *Lyrik* **2** alle Gedichte ≈ *Dichtung* **3** der Eindruck, dass etwas sehr schön ist ⟨die Poesie der Liebe; ein Abend voller Poesie⟩ • hierzu **po·e·tisch** ADJEKTIV

Po·e·sie·al·bum *das* ein kleines Buch, in das Freunde und Verwandte (zur Erinnerung) kurze Gedichte o. Ä. schreiben

Po·et [poˈeːt] *der;* (-en, -en); *geschrieben* ≈ *Dichter* H *der Poet; den, dem, des Poeten* • hierzu **Po·e·tin** [poˈeːtɪn] *die*

Po·e·tik *die;* (-, -en); *meist Singular* die Wissenschaft und Darstellung von literarischen Formen

po·fen VERB (pofte, hat gepoft); *gesprochen* ≈ *schlafen*

Pog·rom *der/das;* (-s, -e) das Verfolgen und Töten vieler Menschen, die eine andere Hautfarbe, Religion o. Ä. haben K Pogromstimmung; Judenpogrom

Pog·rom·nacht *die; nur Singular; historisch* ≈ *Kristallnacht*

Poin·te [ˈpoɛ̃ːtə] *die;* (-, -n) ein überraschender Schluss, den eine Geschichte oder ein Witz hat ⟨die Pointe verderben, nicht verstehen⟩

poin·tiert [poɛ̃-] ADJEKTIV; *geschrieben* sehr gut und wirksam formuliert ⟨eine Bemerkung, eine Formulierung⟩

Po·kal *der;* (-s, -e) **1** ein Becher aus Metall, den vor allem Sportler nach dem Sieg in einem Wettkampf bekommen K Pokalfinale, Pokalrunde, Pokalsieger, Pokalspiel, Pokalturnier **2** ein wertvoller Becher mit Stiel K Goldpokal, Kristallpokal, Weinpokal

pö·keln VERB (pökelte, hat gepökelt) **etwas pökeln** etwas in Salz legen, damit es haltbar wird ⟨Fisch, Fleisch pökeln⟩ K Pökelfleisch

Po·ker *der/das;* (-s) ein Kartenspiel, bei dem man oft um viel Geld spielt ⟨eine Runde Poker spielen⟩

po·kern VERB (pokerte, hat gepokert) **1** Poker spielen **2** **(um etwas) pokern** ein meist hohes (finanzielles) Risiko eingehen ⟨hoch pokern⟩

Pol *der;* (-s, -e) **1** der Punkt auf einem Planeten (vor allem der Erde), der am weitesten im Süden oder Norden ist, und das Gebiet um ihn herum | *An den Polen herrscht ein kaltes Klima* K Nordpol, Südpol **2** eine der beiden Stellen an einem Gerät, einer Batterie, einem Kabel o. Ä., an welcher der Strom heraus- oder hineinfließt | *die Pole einer Batterie* K Minuspol, Pluspol **3** eines der beiden Enden eines Magneten K Polstärke **4** **der ruhende Pol** eine Person, die (im Gegensatz zu anderen Leuten) sehr ruhig bleibt | *der ruhende Pol des Teams*

po·lar ADJEKTIV **1** in Bezug auf einen der Pole der Erde | *der Zustrom polarer Luftmassen* K Polarexpedition, Polargebiet, Polarforscher, Polarhimmel **2** *geschrieben* ⟨Meinungen, Kräfte⟩ ≈ *gegensätzlich*

po·la·ri·sie·ren VERB (polarisierte sich, hat sich polarisiert) **Meinungen** *o. Ä.* **polarisieren sich** *geschrieben* Meinungen o. Ä. gehen immer weiter auseinander • hierzu **Po·la·ri·sa·ti·on** *die;* **Po·la·ri·sie·rung** *die*

Po·la·ri·tät *die;* (-); *geschrieben* die Gegensätzlichkeit von zwei Objekten oder Erscheinungen | *die Polarität von Licht und Schatten*

Po·lar·kreis *der* die Polarkreise sind die kalten Gebiete um den Nordpol und Südpol der Erde

Po·lar·licht *das* das Leuchten in der Nacht, das man in der Nähe eines Pols sehen kann ≈ *Nordlicht*

Po·lar·nacht *die* die Zeit, in der in den Gebieten um einen Pol die Sonne Tag und Nacht nicht scheint

Po·le·mik *die*; (-, -en); *meist Singular; geschrieben* ein (oft persönlicher) Angriff auf jemanden/etwas mit Argumenten, die nicht sachlich sind (vor allem in einer politischen oder wirtschaftlichen Auseinandersetzung) K Zeitungspolemik • hierzu **Po·le·mi·ker** *der*; **Po·le·mi·ke·rin** *die*; **po·le·misch** ADJEKTIV

po·le·mi·sie·ren VERB (polemisierte, hat polemisiert) **gegen jemanden/etwas polemisieren** *geschrieben* jemanden/etwas scharf und ohne sachliche Argumente angreifen

po·len VERB (polte, hat gepolt) **etwas polen** etwas an einen Pol anschließen ■ ID **jemand ist irgendwie gepolt** jemand hat die genannte Einstellung oder das Bedürfnis nach etwas ⟨jemand ist ähnlich, anders, so gepolt⟩ | *Er ist rassistisch gepolt* | *Als Sängerin ist sie ganz auf Applaus gepolt*

Po·len·te *die*; (-); *veraltend, abwertend* ≈ *Polizei*

Po·li·ce [po'li:sə] *die*; (-, -n) ein Dokument, das beweist, dass man eine Versicherung abgeschlossen hat K Versicherungspolice

Po·lier *der*; (-s, -e) ein Handwerker, der auf einer großen Baustelle die Arbeiten der Bauarbeiter organisiert und überwacht

po·lie·ren VERB (polierte, hat poliert) **etwas polieren** etwas reiben, damit es glänzend wird ⟨einen Spiegel, einen Tisch, das Auto polieren⟩ K Poliermittel, Poliertuch

Po·li·kli·nik *die* eine Abteilung im Krankenhaus, in welcher die Patienten behandelt werden und sofort wieder nach Hause dürfen ≈ *Ambulanz*

Po·lio, **Po·lio·my·e·li·tis** *die*; (-) ≈ *Kinderlähmung* K Polioimpfung

Po·lit-, **Po·lit-** *im Substantiv, betont, begrenzt produktiv* **das Politdrama, die Politrevue, der Politthriller** *und andere* mit politischem Inhalt

Po·lit·bü·ro *das* die Leitung einer kommunistischen Partei ⟨die Mitglieder des Politbüros⟩

Po·li·tes·se *die*; (-, -n) eine Angestellte einer Gemeinde, die kontrolliert, ob die Autos richtig parken

★ **Po·li·tik**, **Po·li·tik** *die*; (-) **1** der Teil des öffentlichen Lebens, der das Zusammenleben der Menschen in einem Staat und die Beziehungen der Staaten untereinander bestimmt ⟨sich für Politik interessieren; sich mit Politik befassen; in die Politik gehen; die internationale Politik⟩ **2** eine Form der Politik mit einer besonderen Ideologie oder einem besonderen Programm ⟨eine konservative, eine liberale Politik; die Politik einer Partei, eines Staates, einer Regierung⟩ K Politikwissenschaft; Außenpolitik, Innenpolitik, Abrüstungspolitik, Entspannungspolitik, Friedenspolitik, Agrarpolitik, Finanzpolitik, Handelspolitik, Kommunalpolitik, Kulturpolitik, Parteipolitik, Regierungspolitik, Sozialpolitik, Wirtschaftspolitik **3** eine Vorgehensweise, die eine Person oder eine Institution anwendet, um erfolgreich zu sein ≈ *Taktik* K Finanzpolitik, Gehaltspolitik, Lohnpolitik, Personalpolitik, Preispolitik, Einschüchterungspolitik, Hinhaltepolitik

★ **Po·li·ti·ker**, **Po·li·ti·ker** *der*; (-s, -) eine Person, die ein politisches Amt hat H zu *Politikerin* → Info im Eintrag **-in** • hierzu **Po·li·ti·ke·rin** *die*

Po·li·ti·kum, **Po·li·ti·kum** *das*; (-s) ein Ereignis oder eine Sache mit großer politischer Bedeutung ⟨ein Politikum ersten Ranges; etwas wird zum Politikum⟩

Po·li·tik·ver·dros·sen·heit *die* eine Einstellung, bei der man nichts mehr von der Politik hören will (meist wegen Skandalen o. Ä.)

★ **po·li·tisch**, **po·li·tisch** ADJEKTIV **1** in Bezug auf die Politik ⟨der Gegner, die Lage, eine Partei; jemandes Gesinnung, jemandes Überzeugung⟩ | *jemanden aus politischen Gründen verfolgen* K außenpolitisch, innenpolitisch, kulturpolitisch, parteipolitisch, sozialpolitisch, wirtschaftspolitisch **2** mit politischem Inhalt ⟨Dichtung, Kabarett, Lyrik⟩ **3** aus politischen Gründen ⟨ein Häftling, ein Verfolgter⟩ **4** auf ein Ziel gerichtet, klug und berechnend ⟨eine rein politische Entscheidung⟩

po·li·ti·sie·ren VERB (politisierte, hat politisiert) **1** **jemanden politisieren** eine Person überzeugen, dass sie sich für Politik interessieren soll **2** **etwas politisieren** ein Thema oder eine Sache unter einem politischen Aspekt behandeln ⟨ein Problem politisieren⟩ **3** (als Laie) über Politik diskutieren | *Am Stammtisch wird oft politisiert* • zu (1,2) **Po·li·ti·sie·rung** *die*

Po·li·to·lo·gie *die*; (-) die Wissenschaft, die sich mit politischen Strukturen und Prozessen innerhalb eines Staates und zwischen verschiedenen Staaten beschäftigt • hierzu **Po·li·to·lo·ge** *der*; **Po·li·to·lo·gin** *die*; **po·li·to·lo·gisch** ADJEKTIV

Po·li·tur *die*; (-, -en) ein Mittel (meist eine Flüssigkeit), mit dem man z. B. Möbel poliert K Autopolitur, Möbelpolitur

★ **Po·li·zei** *die*; (-, -en); *meist Singular* **1** eine staatliche Institution, deren Aufgabe es ist, die Menschen und ihr Eigentum zu schützen, Verbrechen zu verhindern und aufzuklären ⟨(Beamter) bei der Polizei sein; jemanden der Polizei melden; jemanden bei der Polizei anzeigen; sich der Polizei stellen⟩ K Polizeiaktion, Polizeiauto, Polizeibeamte(r), Polizeibericht, Polizeidienststelle, Polizeieinheit, Polizeieskorte, Polizeifunk, Polizeigewahrsam, Polizeihund, Polizeinotruf, Polizeischutz, Polizeistreife, Polizeiuniform; Bundespolizei, Geheimpolizei, Kriminalpolizei, Verkehrspolizei **2** ein einzelner Polizist oder mehrere Polizisten ⟨die Polizei holen, rufen, verständigen⟩ | *Die Polizei hat den Dieb gefasst* **3** das Gebäude der Polizei ⟨zur Polizei gehen; sich auf/bei der Polizei melden⟩ ≈ *Polizeirevier* ■ ID **jemandem die Polizei auf den Hals hetzen** *gesprochen* jemanden bei der Polizei anzeigen; **dümmer sein, als die Polizei erlaubt** *gesprochen* sehr dumm sein

Po·li·zei·ap·pa·rat *der* alles, was zu der Polizei als einer staatlichen Institution gehört

po·li·zei·lich ADJEKTIV *meist attributiv* von der Polizei durchgeführt, zur Polizei gehörend ⟨Ermittlungen; polizeilich gesucht⟩

Po·li·zei·prä·si·dent *der* der Leiter der Polizei einer großen Stadt oder eines großen Gebietes • hierzu **Po·li·zei·prä·si·den·tin** *die*

Po·li·zei·prä·si·di·um *das* das zentrale Gebäude der Polizei

Po·li·zei·re·vier *das* **1** das Gebäude der Polizei, die ein bestimmtes Gebiet kontrolliert **2** ein Gebiet, das von der Polizei kontrolliert wird

Po·li·zei·staat *der*; *abwertend* ein Staat, in welchem die Polizei so viel Macht hat, dass die Leute sie fürchten

Po·li·zei·sta·ti·on *die* ≈ *Polizeirevier*

Po·li·zei·stun·de *die*; *meist Singular* die Zeit, zu der Lokale nachts schließen müssen | *Um ein Uhr ist bei uns Polizeistunde*

★ **Po·li·zist** *der*; (-en, -en) ein Mitglied der Polizei K Bahnpolizist, Geheimpolizist, Grenzpolizist, Kriminalpolizist, Verkehrspolizist H a) *der Polizist, den, dem, des Polizisten* b) zu *Polizistin* → Info im Eintrag **-in** • hierzu **Po·li·zis·tin** *die*

Pol·ka *die*; (-, -s) ein schneller, einfacher Tanz

Pol·len *der*; (-s, -) der feine Staub, den eine Blüte produziert und mit dem eine andere Blüte befruchtet wird ≈ *Blütenstaub* K Pollenallergie, Pollenkorn

P

Po·lo *das;* (-s) ein Spiel, bei dem beide Mannschaften auf Pferden sitzen und einen kleinen Ball mit einem Schläger spielen K Polospieler, Poloschläger

Po·lo·hemd *das* ein Hemd mit kurzen Ärmeln, das nur am oberen Teil Knöpfe hat

Po·lo·nai·se [-'nɛ:zə], **Po·lo·nä·se** *die;* (-, -n) ein langsamer festlicher Tanz, bei welchem die Paare hintereinander hergehen, vor allem bei der Eröffnung eines Balles

★ **Pols·ter** *das/*Ⓐ㊉ *der;* (-s, -) **1** ein kleiner, weicher Gegenstand, auf dem man bequem sitzen oder liegen kann ⟨sich (*Dativ*) ein Polster unter den Kopf legen⟩ ≈ *Kissen* K Polsterbank, Polstermöbel, Polstersessel; Lederpolster, Plüschpolster, Rückenpolster, Sitzpolster **2** ein kleines Kissen, mit dem man (in der Kleidung) die Schultern betont K Schulterpolster **3** Geld, das man gespart und zur Verfügung hat ⟨ein dickes finanzielles Polster⟩

Pols·ter·gar·ni·tur *die* ein Sofa mit Polstersesseln für das Wohnzimmer

Pols·ter·grup·pe *die* ≈ *Polstergarnitur*

pols·tern VERB (polsterte, hat gepolstert) **etwas polstern** ein Möbelstück mit Polstern bequem machen ⟨Sessel, ein Sofa polstern⟩ | *Die Autositze sind gut gepolstert* ■ **ID gut gepolstert sein** *gesprochen, humorvoll* dick sein ● hierzu **Pols·te·rung** *die*

Pol·ter·abend *der* der Abend vor der Hochzeit, den man meist mit Freunden feiert | *Am Polterabend wird nach altem Brauch Geschirr zerschlagen*

Pol·ter·geist *der* ein Gespenst, das Lärm macht

pol·tern VERB (polterte, hat/ist gepoltert) **1 etwas poltert** (*hat*) etwas macht beim Fallen laute und dumpfe Geräusche **2 etwas poltert irgendwohin** (*ist*) etwas fährt oder fällt mit lauten und dumpfen Geräuschen | *Der alte Holzwagen polterte durch die Straße* **3 es poltert** (*hat*) man kann das Geräusch des Polterns hören

po·ly-, **Po·ly-** ['poly, 'po:lɪ] *im Adjektiv und Substantiv, unbetont, begrenzt produktiv* so, dass mehrere/viele Dinge vorhanden oder betroffen sind | *das Polyeder* (ein geometrischer Körper mit vielen Ecken) | *ein polychromer Bildschirm* (ein Bildschirm mit mehreren Farben) H nur in technischen Ausdrücken

P

Po·ly·amid® ['poly-, 'po:lɪ-] *das;* (-(e)s, -e) ein Kunststoff, aus dem man vor allem Kleidung macht | *Nylon ist ein Polyamid®*

Po·ly·äthy·len ['poly-, 'po:lɪ-] *das;* (-s) ein harter Kunststoff | *ein Eimer aus Polyäthylen*

Po·ly·es·ter ['poly-, 'po:lɪ-] *der;* (-s, -) ein Kunststoff, aus dem man vor allem Kleidung macht | *Der Pullover besteht zu 80 % aus Wolle und zu 20 % aus Polyester*

Po·ly·ethy·len → Polyäthylen

Po·ly·ga·mie ['poly-, 'po:lɪ-] *die;* (-) eine Form der Ehe, bei der ein Mann mehrere Frauen hat bzw. eine Frau mehrere Männer ↔ *Monogamie* ● hierzu **po·ly·gam** ADJEKTIV

po·ly·glott ['poly-, 'po:lɪ-] ADJEKTIV; *geschrieben* **1** in mehreren Sprachen geschrieben ⟨die Ausgabe eines Buches⟩ **2** fähig, mehrere Sprachen zu sprechen

Po·lyp [po'ly:p] *der;* (-en, -en) **1** *gesprochen* ≈ *Krake, Tintenfisch* H *der Polyp; den, dem, des Polypen* **2** ein kleines Tier, das im Wasser lebt und wie eine Pflanze aussieht **3** *meist Plural* ein kleiner Zapfen, der an den Schleimhäuten vor allem der Nase wächst und beim Atmen stört ⟨Polypen haben; jemandem die Polypen herausnehmen⟩ **4** *gesprochen, abwertend* ≈ *Polizist*

po·ly·phon [poly'fo:n, po:lɪ-] ADJEKTIV so, dass verschiedene Stimmen gleichzeitig und eigenständig nebeneinander erklingen ● hierzu **Po·ly·pho·nie** *die*

Po·ly·tech·ni·kum ['poly-, 'po:lɪ-] *das;* (-s, Po·ly·tech·ni·ken); *veraltet* eine Fachhochschule für Ingenieure

Po·ma·de *die;* (-, -n) Creme, die vor allem Männer in die Haare reiben, um sich besser kämmen zu können

po·ma·dig ADJEKTIV; *gesprochen* ≈ *träge, langsam*

Pom·mes ['pɔməs] *die; Plural; gesprochen* ≈ *Pommes frites*

Pommes frites [pɔm'frɪt(s)] *die; Plural* Kartoffeln, die in lange, dünne Stücke geschnitten sind und in Fett gebacken werden ⟨eine Portion Pommes frites⟩

Pomp *der;* (-(e)s); *abwertend* ⟨etwas mit großem Pomp tun⟩ ≈ *Prunk, Pracht* ● hierzu **pom·pös** ADJEKTIV

Pon·cho ['pɔntʃo] *der;* (-s, -s) eine Art Mantel ohne Ärmel mit einem Loch für den Kopf

Pon·ti·fi·kat *das;* (-(e)s, -e) das Amt oder die Amtszeit des Papstes oder eines Bischofs der katholischen Kirche

Pon·ti·us [-tsiʊs] ■ **ID von Pontius zu Pilatus laufen** *gesprochen* zu vielen Behörden, Geschäften o. Ä. gehen müssen, um eine Angelegenheit zu regeln

Po·ny¹ ['pɔni] *das;* (-s, -s) ein kleines Pferd

Po·ny² ['pɔni] *der;* (-s, -s) eine Frisur, bei welcher die glatten Haare vom Kopf her auf die Stirn fallen ⟨einen Pony haben, tragen⟩ K Ponyfrisur

Pool ['pu:l] *der;* (-s, -s) **1** Kurzwort für *Swimmingpool* **2** Geld, das mehrere Menschen oder Firmen miteinander teilen und gemeinsam verwenden ⟨etwas in einen gemeinsamen Pool tun; etwas aus einem Pool finanzieren⟩

Pop *der;* (-s) moderne Unterhaltungsmusik, die vor allem jungen Leuten gefällt K Popgruppe, Popkonzert, Popmusik, Popstar

Pop-Art *die;* (-) moderne Kunst, bei der einfache Gegenstände des Lebens als Material verwendet werden | *Andy Warhol ist ein Vertreter der Pop-Art*

Pop·corn [-k-] *das;* (-s) Maiskörner, die man röstet, bis sie aufplatzen und die man meist mit Salz oder Zucker isst

Po·pe *der;* (-n, -n) **1** ein Geistlicher in der russisch-orthodoxen Kirche **2** *abwertend* ≈ *Priester* H *der Pope; den, dem, des Popen*

Po·pel *der;* (-s, -); *gesprochen* ein kleines Stück der weichen Masse (= Schleim), die sich in der Nase bildet

po·pe·lig ADJEKTIV; *gesprochen, abwertend* lächerlich klein, billig, wenig ⟨ein Geschenk, eine Summe, eine Zahl⟩

po·peln VERB (popelte, hat gepopelt) **(in der Nase) popeln** *gesprochen* in der Nase bohren

pop·lig → popelig

Po·po *der;* (-s, -s); *gesprochen* ≈ *Po, Hintern* K Kinderpopo

pop·pen VERB (poppte, hat gepoppt); *gesprochen!* **(jemanden/mit jemandem) poppen** Sex haben

pop·pig ADJEKTIV; *gesprochen* **1** mit bunten leuchtenden Farben ⟨eine Farbe, eine Kleidung⟩ **2** mit sehr auffälligen Effekten ⟨eine Show, eine Inszenierung; jemandes Stil⟩

po·pu·lär ADJEKTIV **1** bekannt und beliebt ⟨eine Auffassung, ein Politiker, ein Sänger, ein Schlager, eine Theorie; durch etwas populär werden⟩ **2** so, dass viele Menschen es verstehen können ⟨eine Darstellung⟩ ● zu (1) **Po·pu·la·ri·tät** *die*

po·pu·la·ri·sie·ren VERB (popularisierte, hat popularisiert) **etwas popularisieren** *geschrieben* etwas populär machen

po·pu·lär·wis·sen·schaft·lich ADJEKTIV mit wissenschaftlichem Inhalt, aber so geschrieben oder erklärt, dass jeder es verstehen kann ⟨ein Buch⟩

Po·pu·la·ti·on [-'tsio:n] *die;* (-, -en) alle Pflanzen oder Tiere in einem begrenzten Gebiet K Affenpopulation, Fischpopulation, Vogelpopulation

Po·pu·lis·mus *der;* -; *abwertend* wenn man politischen Gegnern Populismus vorwirft, sagt man, dass sie versuchen, Wähler zu gewinnen, indem sie übertriebene Versprechungen machen oder Ängste verstärken und Probleme größer darstellen, als diese wirklich sind **H** Das Wort wird meist in negativ kritischer Absicht verwendet ● hierzu **po·pu·lis·tisch** *Adjektiv*

Pop-up ['pɔp|ap] *das;* (-s, -s) ein Feld, das einen Teil des Bildschirms verdeckt und das von selbst erscheint oder dann, wenn man auf einen Link klickt **K** Pop-up-Fenster, Pop-up-Menü, Pop-up-Werbung

Po·re *die;* (-, -n); *meist Plural* eine sehr kleine Öffnung, vor allem in der Haut oder in einem Schwamm ⟨große, verstopfte Poren; jemandem bricht der Schweiß aus allen Poren⟩

Por·no *der;* (-s, -s); *gesprochen* ein Buch, ein Film o. Ä., die Pornografie enthalten ⟨einen Porno ansehen⟩ **K** Pornoheft, Pornofilm, Pornokino

Por·no·gra·fie, Por·no·gra·phie [-gra'fi:] *die;* (-) **1** eine Darstellung der Sexualität, welche die moralischen Vorstellungen der Gesellschaft verletzt **2** ein Buch, Film o. Ä., die Pornografie enthalten ● hierzu **por·no·gra·fisch, por·no·gra·phisch** ADJEKTIV

po·rös ADJEKTIV mit sehr kleinen Löchern, sodass Wasser oder Luft durchkommt ⟨eine Dichtung, ein Gestein⟩ ● hierzu **Po·ro·si·tät** *die*

Por·ree *der;* (-s, -s) ≈ *Lauch*

Por·tal *das;* (-s, -e) **1** das große Tor zu einem wichtigen Gebäude **K** Domportal, Kirchenportal, Schlossportal **2** eine Seite im Internet mit verschiedenen Angeboten zu einem Thema | *Auf diesem Portal kann man Videos ansehen, die die Benutzer hochgeladen haben* **K** Internetportal; Jobportal, Nachrichtenportal, Videoportal

★ **Porte·mon·naie** [pɔrtmɔ'ne:] *das;* (-s, -s) eine kleine Tasche für das Geld, das man bei sich hat ≈ *Geldbeutel* **K** Lederportemonnaie, Damenportemonnaie, Herrenportemonnaie

Por·ti·er [pɔr'tie:] *der;* (-s, -s) ≈ *Pförtner* **K** Hotelportier

por·tie·ren VERB (portierte, hat portiert) **1 etwas (auf etwas) portieren** ein Computerprogramm so ändern, dass es auch auch mit einem anderen Betriebssystem funktioniert | *Die Apps wurden jetzt auch auf Linux portiert* **2 Rufnummern portieren** *admin* der Vorgang, bei dem man einen Vertrag mit einem anderen Telefonanbieter macht und die bisherige Telefonnummer behalten darf

★ **Por·ti·on** [-'tsio:n] *die;* (-, -en) **1** die Menge Essen, die für eine Person bestimmt ist ⟨eine große, doppelte Portion; eine Portion Eis, Kartoffelsalat, Pommes frites⟩ **2 eine Portion Kaffee/Tee** zwei Tassen (ein Kännchen) Kaffee/Tee **3 eine halbe Portion** *gesprochen, humorvoll* eine Person, die klein und dünn ist ■ **ID Dazu gehört eine gehörige Portion Frechheit/Glück/Mut** dazu braucht man viel Frechheit/Glück/Mut ● zu (1) **por·ti·o·nie·ren** VERB *(hat);* zu (1) **por·ti·ons·wei·se** ADJEKTIV

Port·mo·nee *das* → Portemonnaie

★ **Por·to** *das;* (-s, -s) das Geld, das man zahlen muss, wenn man Briefe, Pakete usw. (mit der Post) schicken will **K** Briefporto, Paketporto, Strafporto

★ **Por·trät** [-'trɛ:] *das;* (-s, -s) **1** ein Bild oder Foto, auf dem man Kopf und Brust eines Menschen sieht ⟨von jemandem ein Porträt machen, malen⟩ **K** Porträtbild, Porträtfoto, Porträtkunst, Porträtmaler; Familienporträt, Kinderporträt, Selbstporträt **2** ein kurzer Text, in dem jemandes Charakter oder Leben dargestellt wird ● hierzu **por·trä·tie·ren** VERB *(hat)*

Port·wein *der* ein süßer Wein. Echter Portwein kommt aus Portugal

★ **Por·zel·lan** *das;* (-s, -e) **1** eine harte weiße Substanz, aus der Teller und Tassen gemacht sind ⟨Porzellan brennen⟩ **K** Porzellanfigur, Porzellangeschirr, Porzellantasse, Porzellanteller **2** ein Gegenstand aus Porzellan ⟨chinesisches, kostbares, feines Porzellan; Porzellan sammeln⟩ **K** Porzellanfabrik, Porzellanladen

POSAUNE

Po·sau·ne *die;* (-, -n) ein großes Blasinstrument aus Metall mit einem langen Rohr, das man beim Spielen verschieben kann, um so der Ton zu ändern

Po·sau·nist *der;* (-en, -en) eine Person, die (in einem Orchester) Posaune spielt **H** *der Posaunist; den, dem, des Posaunisten* ● hierzu **Po·sau·nis·tin** *die*

Po·se *die;* (-, -n) die Haltung, in der eine Person sitzt, steht oder liegt, vor allem wenn sie fotografiert oder gemalt wird ⟨eine Pose einnehmen, annehmen⟩

po·sie·ren VERB (posierte, hat posiert); *geschrieben* eine Pose einnehmen | *für den Maler/vor dem Spiegel posieren*

★ **Po·si·ti·on** [-'tsio:n] *die;* (-, -en) **1** die Aufgabe oder die Funktion, die jemand in einem Betrieb oder in einer Organisation hat ⟨eine leitende, verantwortungsvolle, wichtige Position haben⟩ | *Ein Mann in seiner Position kann sich solche Fehler nicht leisten* **K** Führungsposition, Machtposition, Schlüsselposition **2** eine der Stellen in einer Reihenfolge oder Hierarchie ⟨in führender, zweiter, letzter Position sein/liegen⟩ | *der Läufer an dritter Position* **K** Spitzenposition **3** *meist Singular* der Ort oder die Stelle, an denen etwas (zu einem Zeitpunkt) in Bezug auf die Umgebung ist ⟨die Position eines Flugzeugs, Schiffs; eine Position bestimmen, berechnen; jemandem die eigene Position durchgeben⟩ ≈ *Standort* **K** Ausgangsposition **4** die Lage oder Stellung des Körpers oder eines Gegenstands ⟨eine liegende, sitzende, stehende Position⟩ **5** die Meinung, die jemand zu einem Thema hat ⟨eine Position beziehen⟩ ≈ *Standpunkt* **6** die Situation, in der jemand ist ⟨sich in einer günstigen, starken, schwachen Position befinden⟩ ≈ *Lage* **7** ein einzelner Punkt, Gegenstand auf einer Liste ⟨die einzelnen Positionen einer Liste, Rechnung, Bestellung prüfen, nachrechnen, durchgehen⟩ ≈ *Posten* **8 in Position gehen** die vorgesehene Position einnehmen ⟨Soldaten⟩

★ **po·si·tiv, po·si·tiv** [-f] ADJEKTIV **1** so, dass eine Person etwas akzeptiert, bestätigt oder Ja dazu sagt ⟨eine Antwort, ein Bescheid, eine Haltung⟩ ↔ *negativ* | *Er hat eine positive Einstellung zur Arbeit* **2** angenehm oder so, wie es sein sollte ⟨ein Einfluss, ein Ergebnis; etwas wirkt sich positiv aus⟩ | *Er zeichnete ein positives Bild ihres Charakters. Sie sei intelligent und selbstbewusst* **3** mit mehr Protonen als Elektronen ⟨eine elektronische Ladung; positiv geladen⟩ ↔ *negativ* **4** mit einem Ergebnis eines medizinischen Tests, das einen Verdacht bestätigt ⟨ein Befund⟩ ↔ *negativ* | *Der Krebstest war positiv* **5** größer als null ⟨eine Zahl⟩

Po·si·tur *die;* (-, -en) **1 sich in Positur setzen/stellen/werfen** *gesprochen* in übertriebener Weise versuchen, sich so zu setzen oder zu stellen, dass man gut aussieht **2 in Positur gehen/sein** die richtige Stellung/Haltung für einen Kampf als Boxer, Fechter o. Ä. einnehmen

Pos·se *die;* (-, -n) ein einfaches und lustiges Theaterstück ■ **ID Possen reißen** dumme Witze machen ● hierzu **pos·sen·haft** ADJEKTIV

Pos·ses·siv·pro·no·men [-f-] *das* ein Pronomen, mit dem man eine Zugehörigkeit ausdrückt | *„Mein", „dein" und „sein" sind Possessivpronomina* → mein

pos·sier·lich ADJEKTIV lustig und niedlich ⟨ein Kätzchen, ein Hündchen⟩

★ **Post®** *die;* (-) **1** eine große Firma (in Deutschland), die vor allem Briefe und Pakete befördert ⟨bei der Post arbeiten, sein; etwas mit der Post schicken⟩ **K** Postangestellte(r), Postauto, Poststempel **2** ein Geschäft, zu dem man geht, um Briefmarken zu kaufen und Briefe, Pakete usw. zu verschicken ⟨auf die/zur Post gehen; etwas auf die/zur Post bringen⟩ ≈ *Postfiliale* | *Wann macht die Post auf?* **3** die Briefe, Pakete usw., die vor allem von der Post® befördert werden ⟨die eingegangene, heutige Post; die Post austragen, zustellen, lesen, bearbeiten; Post bekommen⟩ | *„Ist Post für mich da?" – „Für dich ist heute keine Post gekommen."* **K** Postsendung; Eilpost, Geschäftspost, Luftpost, Paketpost, Weihnachtspost ■ **ID 'Ab (geht) die Post!** *gesprochen* verwendet, wenn jemand sofort losfährt oder losfahren soll oder wenn etwas sofort beginnt oder beginnen soll; **irgendwo/irgendwann geht die Post ab** *gesprochen* **a** es ist viel los, es geschehen spannende Dinge | *Auf der Party/In der Disco ging ganz schön die Post ab* **b** es gibt Streit, Ärger oder Aufregung | *Wenn sie das hört, dann geht aber die Post ab!*

post-, Post- *im Adjektiv und Substantiv, betont, begrenzt produktiv; geschrieben* **der Postimpressionismus, die Postmoderne; posthum, postnatal** *und andere* verwendet, um zu sagen, dass etwas nach der genannten Periode, Phase o. Ä. erfolgt | *postglazial* (nach der Eiszeit) | *postoperative Blutungen/Komplikationen*

pos·ta·lisch ADJEKTIV; *geschrieben* durch die Post ⟨jemanden postalisch, auf postalischem Wege benachrichtigen⟩

★ **Post·amt** *das; historisch* ein Raum, in dem man Briefe und Pakete abgeben und telefonieren kann **H** heute sagt man *Postfiliale*

Post·bo·te *der* ≈ *Briefträger* ● hierzu **Post·bo·tin** *die*

pos·ten ['po:stn̩, 'poustn̩] VERB (postete, hat gepostet); *gesprochen* **(etwas) posten** im Internet in einem Forum o. Ä. einen Beitrag schreiben oder veröffentlichen ⟨ein Bild, ein Video, einen Kommentar, eine Frage posten⟩ ● hierzu **Post** *der*

★ **Pos·ten** *der;* (-s, -) **1** die Stellung und Funktion, die jemand in einem Betrieb, einer Institution o. Ä. hat ⟨ein ruhiger, wichtiger, verantwortungsvoller Posten⟩ ≈ *Position* | *Als Beamter hat er einen sicheren Posten* **K** Direktorposten, Ministerposten, Vertrauensposten, Vorstandsposten **2** die Stelle, an der vor allem ein Soldat steht, wenn er etwas bewacht ⟨seinen Posten beziehen, verlassen; auf dem Posten bleiben⟩ **K** Alarmposten, Beobachtungsposten **3** ein Soldat, Polizist o. Ä., der etwas bewacht ⟨Posten aufstellen, verstärken, ablösen, abziehen⟩ ≈ *Wache* **K** Grenzposten, Polizeiposten, Streikposten, Wachposten **4** **Posten stehen** etwas als Posten bewachen **5** **Posten schieben** *gesprochen* etwas als Posten bewachen **6** eine größere Menge von einer Ware | *einen größeren Posten Hosen auf Lager haben* **K** Restposten **7** eine einzelne Sache auf einer Liste | *die einzelnen Posten einer Rechnung nachprüfen* **K** Einzelposten ■ **ID wieder auf dem Posten sein** *gesprochen* (nach einer Krankheit) wieder gesund sein; **sich nicht auf dem Posten fühlen** *gesprochen* sich krank fühlen; **auf verlorenem Posten sein/stehen/kämpfen** ohne Erfolg für etwas kämpfen

Pos·ter *das;* (-s, -) ein Plakat, das man als Schmuck in Räumen aufhängt

★ **Post·fach** *das* **1** ein Schließfach bei der Post, in dem Briefe usw. gelagert werden, bis man sie abholt. Große Firmen und Behörden haben Postfächer statt eines Briefkastens am Eingang **2** ein Speicherplatz für die E-Mails, die man bekommt oder verschickt

Post·ge·heim·nis *das; nur Singular* ≈ *Briefgeheimnis*

post·hum ADJEKTIV *attributiv oder adverbiell; geschrieben* nach jemandes Tod | *die postume Veröffentlichung eines Romans*

pos·tie·ren VERB (postierte, hat postiert) **jemanden irgendwo postieren** jemanden oder sich selbst an einen Ort stellen, um etwas zu bewachen | *einen Polizisten am Eingang postieren*

Pos·til·li·on ['pɔstiljo:n] *der;* (-s, -e); *historisch* der Kutscher einer Postkutsche

★ **Post·kar·te** *die* **1** eine Karte mit einem Bild, die man jemandem aus dem Urlaub schickt **2** eine Karte mit einer kurzen Nachricht, die man (ohne Umschlag) mit der Post schickt

Post·kut·sche *die; historisch* die Kutsche, mit der Briefe und Personen befördert wurden

post·la·gernd ADJEKTIV so, dass eine Sendung so lange bei der Postfiliale bleibt, bis der Empfänger sie holt

★ **Post·leit·zahl** *die* die Zahl, mit der man auf Briefen, Paketen o. Ä. einen Ort zusätzlich bezeichnet

Post·skript *das;* (-(e)s, -e), **Post·skrip·tum** *das;* (-s, Post·skrip·ta) ein kurzer Text, den man (zusätzlich) zu einem Brief schreibt, der eigentlich schon fertig ist **H** Abkürzung: *PS*

Post·stem·pel *der* ein Stempel, welchen die Post auf einen Brief, ein Paket o. Ä. drückt

Pos·tu·lat *das;* (-(e)s, -e); *geschrieben* **1** ⟨ein Postulat aufstellen⟩ ≈ *These* **2** eine moralische Forderung, die jemand an andere Leute stellt ⟨etwas zum Postulat erheben⟩ **3** Ⓒⓗ ein Antrag im Parlament, mit welchem die Regierung aufgefordert wird, über etwas zu berichten oder in einer Sache aktiv zu werden ● zu (3) **Pos·tu·lant** *der*

pos·tu·lie·ren VERB (postulierte, hat postuliert); *geschrieben* **1** **etwas postulieren** etwas als unbedingt nötig bezeichnen, fordern | *die Gleichberechtigung von Männern und Frauen postulieren* **2** **etwas postulieren** behaupten oder glauben, dass etwas richtig oder wahr ist | *die Existenz Gottes postulieren*

pos·tum ADJEKTIV → posthum

post·wen·dend ADJEKTIV *meist adverbiell* **1** mit der nächsten Postsendung ⟨etwas postwendend zurückschicken; jemandem postwendend antworten⟩ **2** *gesprochen* ≈ *sofort*

Post·wert·zei·chen *das; admin* ≈ *Briefmarke*

Post·wurf·sen·dung *die; admin* Informationen, Werbung usw., die mit der Post an viele Leute geschickt werden

Pot[1] *das;* (-s); *gesprochen* ≈ *Marihuana*

Pot[2] *der;* (-s) das Geld, das alle Spieler bei einem Kartenspiel eingesetzt und in die Mitte gelegt haben

po·tent ADJEKTIV **1** fähig zum Sex (und dazu, Kinder zu zeugen) ⟨ein Mann⟩ **2** mit viel Geld ⟨ein Geldgeber, ein Geschäftspartner⟩

Po·ten·tat *der;* (-en, -en); *geschrieben, abwertend* ≈ *Herrscher* **H** *der Potentat; den, dem, des Potentaten*

Po·ten·ti·al [-'tsi̯a:l], **po·ten·ti·ell** [-'tsi̯ɛl] → Potenzial, potenziell

Po·tenz *die;* (-, -en) **1** die Zahl, die man erhält, wenn man eine Zahl (mehrere Male) mit sich selbst multipliziert ⟨die zweite, dritte Potenz; mit Potenzen rechnen⟩ | *Die fünfte Potenz von zehn wird als 10^5 („zehn hoch fünf") geschrieben* **2** *nur Singular* die Fähigkeit (eines Mannes) zum Sex (und dazu, Kinder zu zeugen) ↔ *Impotenz*

Po·ten·zi·al *das;* (-s, -e); *geschrieben* alle Mittel und Möglichkeiten, die zu einem Zweck verwendet werden können ⟨das militärische, wissenschaftliche Potenzial eines Staates⟩ **K** Arbeitspotenzial, Energiepotenzial, Kräftepotenzial, Menschenpotenzial, Wirtschaftspotenzial

po·ten·zi·ell ADJEKTIV; *geschrieben* ⟨eine Bedrohung, eine Gefahr⟩ ≈ *möglich*

po·ten·zie·ren VERB (potenzierte, hat potenziert) **1** **etwas potenzieren** eine Zahl (mehrere Male) mit sich selbst multiplizieren **2** **etwas potenzieren** *geschrieben* ⟨seine Bemühungen, die Leistungen, die Wirkung potenzieren⟩ ≈ *vervielfachen* ● hierzu **Po·ten·zie·rung** *die*

Pot·pour·ri ['pɔtpʊri] *das*; (-s, -s) **1** ein Musikstück, das längere Teile von mehreren bekannten Musikstücken aneinanderreiht K Schlagerpotpourri **2** eine Schale mit duftenden Pflanzenteilen (Blüten, Blätter usw.)

Pott *der*; (-(e)s, Pöt·te); *norddeutsch, gesprochen* **1** ≈ *Topf* K Blumenpott, Kochpott, Nachtpott **2** ⟨ein großer, dicker Pott⟩ ≈ *Schiff* ■ ID **(nicht) zu Potte kommen** *norddeutsch, gesprochen* mit einer Aufgabe o. Ä. (nicht) zurechtkommen

Pott·asche *die*; *nur Singular* eine Substanz, die man meist dazu verwendet, Teig und andere weiche Massen größer zu machen ≈ *Kaliumkarbonat*

pott·häss·lich ADJEKTIV; *norddeutsch, gesprochen* sehr hässlich

Pott·wal *der* ein großer Wal mit eckigem Kopf

potz ■ ID **Potz Blitz!** *veraltend* verwendet, um zu sagen, dass man sehr überrascht ist

Pou·let [pu'leː] *das*; (-s, -s); ⓒⓗ ein gebratenes Hühnchen

Pow·er ['pau̯ɐ] *die*; (-); *gesprochen* große Energie, Kraft o. Ä. | *Lautsprecher mit viel Power* | *Mann, der hat vielleicht Power!* K Powerfrau

pow·ern ['pau̯ɐn] VERB (powerte, hat gepowert); *gesprochen* großen Einsatz zeigen, mit Schwung arbeiten, spielen usw. | *In der ersten Halbzeit hat die Mannschaft ganz schön gepowert*

PR [peː'|ɛr] *ohne Artikel* Public Relations alles, womit man über ein Produkt oder über eine Institution informiert, um für sie zu werben ⟨für PR zuständig sein⟩ K PR-Abteilung, PR-Manager

prä-, Prä- *im Adjektiv und Substantiv, betont, begrenzt produktiv; meist fachsprachlich* **präexistent, prähistorisch, prämodern, pränatal** *und andere* drückt aus, dass etwas in Bezug zur genannten Sache früher stattfindet oder existiert | *Müdigkeit und Stimmungsschwankungen sind häufige Symptome des prämenstruellen Syndroms* | *Insulinresistenz wird auch als Prädiabetes bezeichnet und ist die Vorstufe zu Diabetes II.*

Prä·am·bel *die*; (-, -n) **eine Präambel (zu etwas)** eine Einleitung zu einem Gesetz, Vertrag o. Ä., welche den Zweck des Textes erklärt | *die Präambel zur Verfassung*

Pracht *die*; (-) **1** große, strahlende Schönheit oder sehr großer Aufwand ⟨verschwenderische, üppige Pracht; die Pracht der Gewänder, eines Schlosses; große Pracht entfalten⟩ | *Der Garten zeigt sich im Sommer in seiner ganzen/vollen Pracht* K Prachtentfaltung, Prachtsaal; Blumenpracht, Blütenpracht, Farbenpracht, Lockenpracht **2** **jemand/etwas ist eine (wahre) Pracht** *gesprochen* jemand/etwas sieht sehr schön aus | *Du bist heute eine wahre Pracht!*

Pracht- *im Substantiv, betont, begrenzt produktiv; gesprochen* **der Prachtkerl, der Prachtjunge, das Prachtwetter** *und andere* drückt aus, dass eine Person oder Sache alle guten Eigenschaften hat, die man sich wünscht | *ein Prachtexemplar von einem Schäferhund*

präch·tig ADJEKTIV **1** mit großer Pracht ⟨eine Kirche, ein Schloss; eine Uniform⟩ **2** sehr gut ⟨das Wetter, ein Buch; sich prächtig mit jemandem unterhalten; sich prächtig mit jemandem verstehen; prächtig gedeihen⟩

Pracht·stra·ße *die* eine Straße mit schönen, meist alten Häusern, teuren Geschäften usw.

Pracht·stück *das*; *gesprochen* ≈ *Prachtexemplar*

pracht·voll ADJEKTIV ≈ *prächtig*

prä·des·ti·niert ADJEKTIV; *geschrieben* **zu etwas/für etwas prädestiniert sein** für etwas ideal geeignet sein | *Er ist für eine politische Laufbahn/zum Politiker prädestiniert*

Prä·di·kat *das*; (-(e)s, -e) **1** eine Bezeichnung, die aussagt, von welch guter Qualität etwas ist | *ein Qualitätswein mit Prädikat* **2** der Teil des Satzes, der etwas über das Subjekt aussagt (meist das Verb oder das Verb plus Objekt) | *In dem Satz „Sie besuchte ihren Freund" ist „besuchte ihren Freund" das Prädikat*

prä·di·ka·tiv [-f] ADJEKTIV ⟨ein Adjektiv⟩ so, dass es meist einer Form von *sein* oder *werden* folgt | *Im Satz „Sie ist hübsch" wird das Adjektiv „hübsch" prädikativ verwendet*

Prä·fe·renz *die*; (-, -en) **eine Präferenz (für etwas) haben** *geschrieben* eine Person oder Sache lieber mögen/wollen als eine andere ⟨Präferenzen haben⟩ | *seine Präferenz für französischen Rotwein*

prä·fe·rie·ren VERB (präferierte, hat präferiert); *geschrieben* **etwas präferieren** etwas für besser halten als andere Möglichkeiten ⟨eine Lösung, ein Modell präferieren⟩ ≈ *vorziehen*

Prä·fix *das*; (-es, -e) ein Wortteil, der vor ein anderes Wort gesetzt wird ≈ *Vorsilbe* ↔ *Suffix* | *das Präfix „un-" in dem Wort „unfreundlich"* K Präfixverb

★ **prä·gen** VERB (prägte, hat geprägt) **1** **etwas (auf/in etwas** *(Akkusativ)*) **prägen** ein Bild oder eine Schrift in festes Material pressen ⟨ein Zeichen auf/in etwas prägen; geprägtes Silber, Papier⟩ **2** **Münzen prägen** Münzen herstellen **3** **etwas prägt jemanden** etwas hat einen starken Einfluss auf den Charakter einer Person ⟨etwas prägt jemanden nachhaltig; von der Umwelt, den Eltern, Freunden geprägt sein⟩ **4** **etwas prägt jemanden/etwas** etwas ist ein typisches Merkmal von jemandem/etwas | *Schneebedeckte Gipfel prägen das Bild der Landschaft* | *Sein Verhalten ist von Aggressivität geprägt* H oft im Passiv **5** **etwas prägen** etwas in der Sprache neu bilden ⟨ein Wort, ein Schlagwort, einen Ausdruck, einen Slogan prägen⟩

prag·ma·tisch ADJEKTIV so, dass sich eine Person an den Tatsachen und an der konkreten Situation richtet (anstatt Prinzipien zu folgen) ⟨eine Vorgangsweise, eine Betrachtungsweise; pragmatisch denken, handeln⟩ ≈ *praktisch* ● hierzu **Prag·ma·tik** *die*; **Prag·ma·ti·ker** *der*; **Prag·ma·ti·ke·rin** *die*

prag·ma·ti·sie·ren VERB (pragmatisierte, hat pragmatisiert) **jemanden pragmatisieren** Ⓐ *admin* jemanden zum Beamten machen ● hierzu **Prag·ma·ti·sie·rung** *die*

präg·nant ADJEKTIV so formuliert, dass das Wichtigste mit wenigen Worten genau gesagt wird ⟨ein Stil, ein Beispiel; etwas kurz und prägnant formulieren⟩ ● hierzu **Präg·nanz** *die*

★ **Prä·gung** *die*; (-, -en) **1** das Prägen eines Zeichens auf festes Material **2** das Herstellen von Münzen K Münzprägung **3** das Prägen und Erziehen einer Person K Prägungsphase **4** das Bild oder die Schrift, die in etwas geprägt ist **5** ein Wort oder Begriff, die neu entstanden sind | *Das Wort „Super-GAU" ist eine Prägung des 20. Jahrhunderts* K Neuprägung **6** durch den genannten Einfluss geprägt, bestimmt | *eine Demokratie westlicher Prägung*

prä·his·to·risch ADJEKTIV in Bezug auf die Zeit, als es noch keine Schrift gab ⟨Funde, Grabstätten, die Zeit⟩ ≈ *vorgeschichtlich*

★ **prah·len** VERB (prahlte, hat geprahlt) **(mit etwas) prahlen** sehr stolz (oder zu stolz) erzählen, was man alles hat, kann oder geleistet hat ≈ *angeben* | *gern mit seinen Erfolgen prahlen* ● hierzu **prah·le·risch** ADJEKTIV

Prahl·hans *der*; (-es, Prahl·hän·se); *gesprochen* eine Person, die gern und viel prahlt ≈ *Angeber*

P

Prak·tik *die*; (-, -en) [1] *meist Plural* die Art, wie etwas normalerweise gemacht wird ⟨geschäftliche, wirtschaftliche Praktiken⟩ ≈ *Gepflogenheiten* [H] → auch **Praxis** [2] *abwertend nur Plural* eine meist kriminelle Handlung ⟨gewissenlose, betrügerische Praktiken⟩ ≈ *Machenschaften*

prak·ti·ka·bel ADJEKTIV ⟨eine Lösung, ein Vorschlag⟩ so, dass man sie gut anwenden kann | *Ihre Idee hat sich als praktikable Alternative erwiesen* • hierzu **Prak·ti·ka·bi·li·tät** *die*

★ **Prak·ti·kant** *der*; (-en, -en) eine Person, die ein Praktikum macht [K] Praktikantenstelle [H] a) *der Praktikant; den, dem, des Praktikanten* b) zu *Praktikantin* → Info im Eintrag **-in** • hierzu **Prak·ti·kan·tin** *die*

Prak·ti·ker *der*; (-s, -) eine Person mit praktischer Erfahrung oder eine Person, die sehr praktisch veranlagt ist ⟨ein reiner Praktiker sein⟩

★ **Prak·ti·kum** *das*; (-s, Prak·ti·ka) ein Teil einer Ausbildung, den man in einem Betrieb o. Ä. macht, um dort praktische Erfahrungen zu sammeln ⟨ein Praktikum machen, absolvieren⟩ [K] Betriebspraktikum, Schulpraktikum

★ **prak·tisch** ADJEKTIV [1] in Bezug auf die konkrete Praxis ⟨Erfahrungen; der Unterricht, ein Beispiel, ein Werkzeug; etwas praktisch erproben⟩ ↔ *theoretisch* | *ein Problem anhand eines praktischen Beispiels erklären* [2] für einen Zweck gut geeignet ⟨Hinweise, Ratschläge, Kleidung; jemandem etwas Praktisches schenken⟩ ↔ *unpraktisch* | *Diese Schuhe sind nicht modisch, dafür aber sehr praktisch* [3] fähig, die Probleme des täglichen Lebens gut zu lösen ⟨ein Mensch; praktisch denken; praktisch veranlagt sein⟩ ≈ *geschickt* ↔ *unpraktisch* [4] **ein praktischer Arzt** ein Arzt, der sich (anders als z. B. ein Augenarzt) nicht spezialisiert hat ≈ *Allgemeinarzt* [5] *nur adverbiell* so gut wie, mehr oder weniger | *Er weiß praktisch alles* | *Das Dorf wurde durch das Erdbeben praktisch völlig zerstört*

prak·ti·zie·ren VERB (praktizierte, hat praktiziert) [1] **etwas praktizieren** etwas im Alltag, in der Praxis anwenden ⟨eine Methode praktizieren⟩ [2] **(etwas) praktizieren** so leben, dass man die Regeln einer Religion oder einer Überzeugung beachtet ⟨ein praktizierender Katholik, Jude, Moslem⟩ [3] **(als Arzt) praktizieren** als Arzt (in der eigenen Praxis) arbeiten ⟨als Frauenarzt, Zahnarzt praktizieren⟩ | *Mein Hausarzt praktiziert nicht mehr, sein Sohn hat jetzt die Praxis übernommen*

Prä·lat *der*; (-en, -en) eine Person, die in der katholischen Kirche ein hohes Amt mit besonderen Rechten hat [H] *der Prälat; den, dem, des Prälaten*

Pra·li·ne *die*; (-, -n) ein kleines Stück Schokolade, das mit einer Masse gefüllt ist ⟨eine Schachtel (mit) Pralinen⟩ [K] Pralinenschachtel

prall ADJEKTIV (praller, prallst-) [1] sehr voll und deshalb so, dass die Oberfläche fest und gespannt ist ⟨ein Fußball, ein Kissen, ein Segel; prall gefüllt sein⟩ ↔ *schlaff* [K] prallgefüllt, prallvoll [2] ziemlich dick und so, dass die Haut fest und gespannt ist ⟨ein Busen, Brüste⟩ ↔ *schlaff* [3] **in der prallen Sonne liegen** ohne Schutz in der Sonne liegen

pral·len VERB (prallte, ist geprallt) **(mit etwas) gegen etwas prallen** mit großer Kraft und Geschwindigkeit gegen etwas stoßen | *Bei dem Unfall prallte er mit dem Kopf gegen die Scheibe*

★ **Prä·mie** [-jə] *die*; (-, -n) [1] eine Summe Geld, die jemand ein einziges Mal (als Preis) für eine besondere Leistung bekommt | *eine Prämie für das Gewinnen eines neuen Abonnenten* [K] Abschlussprämie, Fangprämie, Kopfprämie, Leistungsprämie, Schussprämie, Treueprämie [2] das Geld, das jemand (regelmäßig) für die Versicherung zahlt ⟨die Prämie ist fällig; die Prämien erhöhen⟩ [K] Risikoprämie, Versicherungsprämie [3] Ⓓ Geld, mit dem der Staat manche Sparleistungen (z. B. für die Altersvorsorge) unterstützt [K] prämienbegünstigt; Sparprämie, Bausparprämie

prä·mie·ren VERB (prämierte, hat prämiert) **jemanden/etwas (für etwas) prämieren** jemandem/etwas für eine besondere Leistung einen Preis geben ⟨einen Film, ein Buch, eine Schauspielerin prämieren⟩ • hierzu **Prä·mie·rung** *die*

prä·mi·ie·ren [-'miːrən] VERB (prämiierte, hat prämiiert) → prämieren • hierzu **Prä·mi·ie·rung** *die*

Prä·mis·se *die*; (-, -n); *geschrieben* ⟨von bestimmten, falschen Prämissen ausgehen⟩ ≈ *Voraussetzung*

pran·gen VERB (prangte, hat geprangt) [1] **etwas prangt irgendwo** etwas ist an einer Stelle so festgemacht, dass es jeder gut sieht | *Mehrere Orden prangten an seiner Uniform* [2] **etwas prangt (in etwas** (*Dativ*)**)** *geschrieben* etwas ist schön (und leuchtet) | *Die Stadt prangt im festlichen Weihnachtsschmuck*

Pran·ger *der*; (-s, -); *historisch* ein Pfahl auf einem öffentlichen Platz, an den man früher Verbrecher zur Strafe angebunden hat, um sie allen zu zeigen ⟨jemanden an den Pranger bringen, stellen⟩ ■ ID **jemanden/etwas an den Pranger stellen** jemanden/etwas öffentlich kritisieren; **am Pranger stehen** öffentlich kritisiert werden

Pran·ke *die*; (-, -n) [1] einer der Vorderfüße eines Löwen, Bären o. Ä. ≈ *Tatze* [K] Prankenhieb; Löwenpranke [2] *gesprochen, abwertend oder humorvoll* eine große, kräftige Hand

Prä·pa·rat *das*; (-(e)s, -e) [1] ein Heilmittel, vor allem ein Medikament, das chemisch hergestellt ist ⟨ein wirksames Präparat⟩ [K] Brompräparat, Eisenpräparat, Eiweißpräparat, Hormonpräparat, Jodpräparat, Kalkpräparat, Vitaminpräparat [2] der Körper eines Lebewesens (oder ein Teil davon), der konserviert worden ist, damit man ihn genau untersuchen kann ⟨das Präparat eines Frosches, eines menschlichen Hirns⟩ [K] Gewebepräparat, Skelettpräparat

prä·pa·rie·ren VERB (präparierte, hat präpariert) [1] **etwas präparieren** ein Präparat machen ⟨einen Vogel, ein Organ präparieren⟩ [2] **etwas präparieren** etwas so bearbeiten, dass es eine Funktion erfüllt | *die Skipiste für das Rennen präparieren* • zu (1) **Prä·pa·ra·ti·on** *die*; zu (2) **Prä·pa·rie·rung** *die*

Prä·po·si·ti·on [-'tsjoːn] *die*; (-, -en) ein Wort, das nicht verändert wird. Es steht meist vor einem Substantiv oder Pronomen und bestimmt den Kasus und das Verhältnis dieses Wortes zum Rest des Satzes ≈ *Verhältniswort* | *Die Prépositon „auf" im Satz „Das Buch lag auf dem Tisch" nennt die räumliche Lage des Buches*

prä·po·tent ADJEKTIV; Ⓐ *abwertend* ≈ *überheblich, arrogant* • hierzu **Prä·po·tenz** *die*

Prä·rie *die*; (-, -n [-'riːən]) eine weite, flache Landschaft in Nordamerika, die mit Gras bewachsen ist

★ **Prä·sens** *das*; (-) eine grammatische Kategorie beim Verb. Die Formen des Präsens z. B. von *gehen* sind *ich gehe, du gehst, er geht, wir gehen* usw. Mit dem Präsens wird z. B. ausgedrückt, dass etwas gerade geschieht, immer der Fall ist oder in der Zukunft geschieht ⟨das Verb steht im Präsens; das Präsens eines Verbs bilden; etwas ins Präsens setzen⟩ [K] Präsensform [H] Als Plural wird *Präsensformen* verwendet.

prä·sent ADJEKTIV [1] *geschrieben meist prädikativ* ⟨stets präsent sein⟩ ≈ *anwesend* [2] **etwas präsent haben** sich an Informationen erinnern

Prä·sent *das*; (-(e)s, -e); *geschrieben* ⟨jemandem ein Präsent machen, überreichen; jemandem etwas zum Präsent machen⟩ ≈ *Geschenk* [K] Präsentkorb

★ **Prä·sen·ta·ti·on** [-'tsjoːn] *die*; (-, -en) eine Veranstaltung, bei der etwas Neues der Öffentlichkeit vorgestellt wird [K] Buchpräsentation

▶ Präpositionen

mit Dativ

ab, aus, außer, bei, entgegen, entsprechend, fern, gegenüber, gemäß, gleich, mit, mitsamt, nach, nächst, nahe, nebst, samt, seit, von, zu, zufolge, zuliebe, zuwider

mit Akkusativ

à, bis, durch, für, gegen, je, ohne, per, pro, um, wider

⚠ **Ausnahme:** Die Präposition **bis** wird auch zusammen mit anderen Präpositionen verwendet. Dann bestimmen diese Präpositionen den Kasus des nachfolgenden Substantivs:
bis an das Haus (*Akkusativ*) – aber: **bis zum Ende** (*Dativ*)

mit Dativ oder Akkusativ

an, auf, entlang, hinter, in, neben, unter, über, vor, zwischen

Wenn man sagt, **wo** eine Person, ein Tier oder eine Sache ist, liegt, steht usw., folgt ein Substantiv im **Dativ**:
Das Auto steht in der Garage. – Der Ordner liegt auf dem Schreibtisch.

Wenn man sagt, **wohin** oder **in welche Richtung** sich eine Person, ein Tier oder eine Sache bewegt (oder bewegt wird), folgt ein Substantiv im **Akkusativ**:
Oliver fährt das Auto in die Garage. – Annette legt den Ordner auf den Schreibtisch.

mit Genitiv

abseits*, anfangs, angesichts*, anhand*, anlässlich, anstelle*, aufgrund*, aufseiten, außerhalb*, beiderseits*, diesseits*, halber (*nachgestellt*), **infolge*, inmitten*, innerhalb*, jenseits*, kraft, links*, minus, mithilfe, namens, nördlich*, oberhalb*, östlich*, plus, rechts*, südlich*, seitens, um ... willen, unbeschadet, unfern*, ungeachtet, unterhalb*, unweit*, vonseiten, vorbehaltlich, westlich*, zeit**

⚠ **Ausnahmen:** Alle mit * markierten Präpositionen werden auch mit **von** + *Dativ* verwendet (**links von dem Haus**); **plus** und **minus** werden in der gesprochenen Sprache mit Substantiven im Akkusativ und selten auch im Dativ verbunden (**plus nicht verkaufte** Waren – **plus der** nicht **verkauften** Waren)

mit Genitiv oder Dativ

Den Präpositionen **längs, laut, statt, trotz, während, wegen** folgt ein Substantiv im Genitiv; in der gesprochenen Sprache werden diese Präpositionen auch mit dem Dativ verwendet. In geschriebenen Texten gilt dies als schlechter Stil:
trotz des Regens – trotz dem Regen

Die Präpositionen **abzüglich, aufseiten, zugunsten, zulasten, zuungunsten** verwendet man zusammen mit einem Substantiv im Genitiv, selten auch nachgestellt mit einem Substantiv im Dativ. Sie können auch mit **von** + *Dativ* verwendet werden:
zugunsten der Erben – den Erben zugunsten – zugunsten von den Erben

Sonderfälle

Folgende Präpositionen werden in den meisten Fällen mit einem Substantiv im Genitiv, in besonderen Fällen auch mit einem Substantiv im Dativ oder mit **von** + *Dativ* verwendet:
abzüglich, anstatt, ausschließlich, betreffs, bezüglich, binnen, dank, einschließlich, exklusive, hinsichtlich, inklusive, mangels, mittels, in puncto, vermittels, vermöge, zuzüglich, zwecks

anstatt Plakaten – anstatt der Plakate – anstatt den Plakaten – anstatt von (den) **Plakaten**
inklusive Getränken – inklusive der Getränke – inklusive den Getränken

Wenn auf eine dieser Präpositionen ein Substantiv im Singular ohne Artikel und Attribut folgt, verwendet man das Substantiv ohne Endung:
mangels Interesse – laut Beschluss vom 4. Mai – inklusive Porto – in puncto Fleiß

Wenn auf eine dieser Präpositionen ein Substantiv im Plural ohne Artikel oder Attribut folgt, verwendet man das Substantiv im Dativ:
mangels Beweisen – anstatt Geschenken

Wenn auf eine dieser Präpositionen ein Substantiv mit Attribut folgt, steht das Substantiv immer im Genitiv:
dank großzügiger Spenden – mangels triftiger Gründe

Kontraktionen

Kurze Präpositionen und die Artikel in den Formen *dem*, *den* und *das* können zu einem Wort verbunden werden, zum Beispiel:
ans (= an das); **am** (= an dem); **beim** (= bei dem); **im** (= in dem); **untern** (= unter den); **zum** (= zu dem)

★ **prä·sen·tie·ren** VERB (präsentierte, hat präsentiert) **1** **(jemandem) etwas präsentieren** *geschrieben oder ironisch* jemandem etwas anbieten oder geben ⟨jemandem ein Geschenk, die Rechnung präsentieren⟩ **2** **das Gewehr präsentieren** gerade stehen und das Gewehr senkrecht vor dem Körper halten K Präsentiergriff **3** **(einer Person) jemanden/etwas präsentieren** jemanden, sich selbst oder eine Sache einer anderen Person bewusst und stolz zeigen ⟨sich den Fotografen präsentieren; sich in voller Größe präsentieren⟩ | *den Eltern die neue Freundin präsentieren*

Prä·sen·tier·tel·ler *der* **auf dem Präsentierteller sitzen** *gesprochen* an einem Ort sein, an dem man von jedem gesehen wird | *Wir sitzen hier doch auf dem Präsentierteller!*

Prä·senz *die*; (-); *geschrieben* die Situation, dass sich Personen an einem Ort befinden ≈ *Anwesenheit* | *eine starke militärische Präsenz im Krisengebiet* | *Die Polizei will bei Demonstrationen künftig mehr Präsenz zeigen*

Prä·senz·dienst *der*; Ⓐ *admin* ⟨den Präsenzdienst ableisten⟩ ≈ *Militärdienst, Wehrdienst* ● hierzu **Prä·senz·die·ner** *der*

Prä·ser·va·tiv [-va'tiːf] *das*; (-s, -e [-və]) ≈ *Kondom*

★ **Prä·si·dent** *der*; (-en, -en) **1** der Mann, welcher die Regierung eines Landes oder Staates leitet ⟨einen neuen Präsidenten wählen; jemanden zum Präsidenten wählen⟩ ≈ *Staatsoberhaupt* | *der Präsident der Vereinigten Staaten* K Präsidentenwahl; Bundespräsident, Regierungspräsident, Staatspräsident, Vizepräsident **i** a) *der Präsident; den, dem, des Präsidenten*; b) zu *Präsidentin* → Info im Eintrag **-in**; c) vor Namen steht *Präsident* ohne Endung: *Er empfing Präsident Obama* **2** eine Person, die eine Organisation oder Institution leitet ⟨der Präsident der Universität, des Fußballclubs⟩ ≈ *Vorsitzende(r)* K Bundestagspräsident, Gerichtspräsident, Polizeipräsident, Universitätspräsident, Vereinspräsident **3** Ⓒⓗ Bürgermeister K Gemeindepräsident, Ortspräsident, Stadtpräsident ● hierzu **Prä·si·den·tin** *die*; **Prä·si·dent·schaft** *die*

Prä·si·di·um *das*; (-s, Prä·si·di·en [-dɪən]) **1** die Gruppe, die eine Organisation leitet ⟨jemanden ins Präsidium wählen⟩ ≈ *Vorstand* K Präsidiumssitzung, Präsidiumstagung; Parteipräsidium **2** das Gebäude oder Büro eines Polizeipräsidenten K Polizeipräsidium

pras·seln VERB (prasselte, hat geprasselt) **1** **etwas prasselt (irgendwohin)** etwas fällt mit vielen lauten, kurzen Geräuschen irgendwohin | *Es blitzt und donnert, und der Regen prasselt auf die Dächer* **2** **etwas prasselt** etwas brennt stark und macht dabei laute Geräusche ⟨das Feuer, die Flammen⟩

pras·sen VERB (prasste, hat geprasst) viel Geld ausgeben, um gut leben zu können ● hierzu **Pras·ser** *der*

prä·ten·ti·ös [-'tsjøːs] ADJEKTIV; *geschrieben* ⟨eine Ausstattung, eine Wortwahl⟩ so, dass sie anspruchsvoll und kultiviert wirken sollen ↔ *schlicht*

★ **Prä·te·ri·tum** *das*; (-s, Prä·te·ri·ta) eine grammatische Kategorie beim Verb. Das Präteritum wird vor allem in Erzählungen verwendet und drückt aus, dass eine Handlung vorbei ist. Die Formen des Präteritums z. B. von *lachen* sind *ich lachte, du lachtest, er lachte, wir lachten* usw. ⟨das Verb steht im Präteritum; das Präteritum bilden; etwas ins Präteritum setzen⟩ | *Der Satz „Ich las ein Buch" steht im Präteritum* | *Das Präteritum von „er tut" ist „er tat"*

Prat·ze *die*; (-, -n); *gesprochen, meist abwertend* eine große, schwere Hand

prä·ven·tiv [-f] ADJEKTIV dazu bestimmt, etwas Unangenehmes (vor allem eine Krankheit) zu verhindern ⟨Maßnahmen⟩ K Präventivmaßnahme, Präventivmedizin ● hierzu **Prä·ven·ti·on** *die*

★ **Pra·xis** *die*; (-, Pra·xen) **1** *nur Singular* das konkrete Tun und Handeln ⟨etwas in die Praxis umsetzen; etwas durch die Praxis bestätigen; etwas wird sich in der Praxis erweisen; Beispiele aus der Praxis; die Verbindung von Theorie und Praxis⟩ ↔ *Theorie* | *eine Theorie in der Praxis erproben* K Praxisbezug, praxisbezogen, praxisnah, praxisorientiert **2** *nur Singular* die Erfahrung, die jemand in einem Bereich (z. B. im Beruf) hat ⟨(viel, wenig, keine) Praxis haben; jemandem fehlt die Praxis⟩ | *Dafür brauchen wir jemanden mit langjähriger Praxis* K Berufspraxis, Fahrpraxis, Unterrichtspraxis, Verkaufspraxis **3** *nur Singular* die Art und Weise, wie etwas ziemlich lange Zeit überall gemacht wird ⟨die geschäftliche, wirtschaftliche Praxis⟩ **i** → auch **Praktik** **4** die Räume, in denen ein Arzt arbeitet ⟨eine gut gehende, ärztliche, eigene Praxis haben; eine Praxis eröffnen, übernehmen⟩ K Arztpraxis, Landpraxis, Privatpraxis

Prä·ze·denz·fall *der*; *geschrieben* ein Fall, dessen Ausgang (z. B. vor Gericht) als Beispiel für zukünftige, ähnliche Fälle dient ⟨einen Präzedenzfall schaffen⟩

prä·zis, **prä·zi·se** ADJEKTIV genau ⟨eine Antwort, eine Beschreibung, eine Formulierung; etwas präzis beschreiben, formulieren, berechnen⟩ ● hierzu **Prä·zi·si·on** *die*

prä·zi·sie·ren VERB (präzisierte, hat präzisiert) **etwas präzisieren** etwas, das man schon gesagt hat, noch einmal genauer sagen ⟨seinen Standpunkt, seine Aussagen, seine Forderungen präzisieren⟩ ● hierzu **Prä·zi·sie·rung** *die*

Prä·zi·si·ons·ar·beit *die* eine Arbeit, die mit großer Genauigkeit und Sorgfalt gemacht worden ist oder gemacht werden muss | *Ein Uhrmacher leistet Präzisionsarbeit*

Prä·zi·si·ons·ge·rät *das* ein Gerät, das sehr genau arbeitet (wie z. B. eine Uhr)

pre·di·gen VERB (predigte, hat gepredigt) **1** als Pfarrer in der Kirche die Predigt sprechen ⟨gut, schlecht, schwach, eindringlich predigen⟩ **2** **etwas predigen**; **über etwas** (*Akkusativ*) **predigen** in einer Predigt über ein Thema sprechen oder zu dem gewünschten Verhalten aufrufen ⟨(über) das Evangelium predigen, Enthaltsamkeit, Nächstenliebe predigen⟩ **3** **(jemandem) etwas predigen** *gesprochen* einer Person immer wieder sagen, wie sie sich verhalten soll ⟨Sparsamkeit, Moral predigen⟩

Pre·di·ger *der*; (-s, -) eine Person, die in einem Gottesdienst die Predigt hält ● hierzu **Pre·di·ge·rin** *die*

Pre·digt *die*; (-, -en) **1** die Rede (über ein religiöses Thema), die ein Pfarrer in der Kirche hält ⟨eine Predigt halten⟩ K Osterpredigt, Pfingstpredigt, Sonntagspredigt, Weihnachtspredigt **2** *gesprochen, abwertend* eine lange und ernste Ermahnung | *Wenn ich spät nach Hause komme, erwartet mich eine Predigt* **3** **jemandem eine Predigt halten** *gesprochen* jemanden streng ermahnen

★ **Preis** *der*; (-es, -e) **1** **der Preis (für etwas)** die Summe Geld, für die jemand etwas kauft, verkauft oder anbietet ⟨ein hoher, niedriger, günstiger, fairer, angemessener Preis; die Preise steigen, sinken, schwanken, sind stabil; die Preise kalkulieren, erhöhen, reduzieren, senken; einen Preis fordern, verlangen; die Preise in die Höhe treiben; den Preis herunterhandeln; etwas sinkt, steigt im Preis; mit dem Preis hinaufgehen, heruntergehen⟩ | *Die Preise für Erdöl steigen wieder* K Preisangabe, Preisdifferenz, Preisentwicklung, Preiserhöhung, Preisermäßigung, Preisliste, Preismanipulation, Preisnachlass, Preissenkung, Preisstabilität, Preissteigerung, Preisverfall, Preisvorteil; Ankaufspreis, Einkaufspreis, Eintrittspreis, Fahrpreis, Kaufpreis, Ladenpreis, Lebensmittelpreis, Marktpreis, Mietpreis, Mindestpreis, Schwarzmarktpreis, Verkaufspreis, Wucherpreis **2** **jemandem einen guten Preis machen** jemandem eine Ware billig verkaufen **3** **beim Einkaufen nicht auf den Preis achten/**

schauen/sehen das kaufen, was eine gute Qualität hat, auch wenn es teuer ist **4** **etwas über/unter (dem) Preis verkaufen** etwas teurer/billiger verkaufen, als es kosten sollte **5** eine Belohnung (meist in Form eines Pokals, einer Geldsumme o. Ä.), die eine Person bekommt, wenn sie in einem Spiel oder in einem Wettbewerb gewinnt ⟨der erste, zweite, dritte Preis; einen Preis gewinnen, stiften, bekommen, verleihen⟩ K Preisverleihung, Preisverteilung; Buchpreis, Ehrenpreis, Geldpreis, Kunstpreis, Literaturpreis, Nobelpreis, Siegespreis **6** *veraltet nur Singular* ≈ *Lob* | *Dem Sieger sei Preis und Ehr'* ■ **ID** **etwas hat seinen Preis** etwas Positives kann nur erreicht werden, wenn man dafür auch etwas Negatives in Kauf nimmt; **um jeden Preis** auf jeden Fall, egal was es kostet oder was man dafür tun muss ≈ *unbedingt* | *Er will um jeden Preis gewinnen*; **um keinen Preis** auf keinen Fall, überhaupt nicht

Preis|aus·schrei·ben *das*; (-s, -) ein Wettbewerb, bei dem diejenige Person einen Preis gewinnen kann, welche die gestellten Aufgaben gelöst hat ⟨an einem Preisausschreiben teilnehmen; bei einem Preisausschreiben mitmachen; ein Preisausschreiben veranstalten⟩

preis·be·wusst ADJEKTIV ⟨ein Kunde⟩ so, dass er beim Einkaufen die Preise vergleicht, um günstig zu kaufen | *preisbewusst einkaufen*

Preis·bre·cher *der*; (-, -) eine Person, die eine Ware viel billiger verkauft als andere Händler ● hierzu **Preis·bre·che·rin** *die*

Preis·drü·cker *der*; (-s, -) eine Person, die eine Ware billig verkauft und dadurch bewirkt, dass auch andere Händler die Preise senken

Prei·sel·bee·re *die* **1** eine kleine rote Beere, die an sehr niedrigen Sträuchern im Wald wächst und die man meist zu Wild isst K Preiselbeerkompott, Preiselbeermarmelade, Preiselbeerstrauch **2** ein Strauch mit Preiselbeeren

Preis·em·pfeh·lung *die* **unverbindliche Preisempfehlung** verwendet, um zu sagen, dass die Ware auch zu einem anderen Preis verkauft werden kann, als der Hersteller vorgesehen hat

prei·sen VERB (pries, hat gepriesen) **1** **jemanden/etwas preisen** *geschrieben* ≈ *loben* | *Der Kritiker pries die Inszenierung in den höchsten Tönen* **2** **sich glücklich preisen (können)** *geschrieben* glücklich über etwas sein (können)

Preis·fra·ge *die* **1** eine Frage, die man in einem Preisausschreiben o. Ä. beantworten muss **2** *gesprochen* ein Problem, das man sehr schwer lösen kann | *Wie es jetzt weitergeht, das ist die Preisfrage* **3** eine Entscheidung, die davon abhängt, wie hoch der Preis ist | *Ob wir diese Wohnung kaufen, ist eine Preisfrage*

preis·ge·ben VERB (gibt preis, gab preis, hat preisgegeben) **1** **jemanden/etwas (einer Person/etwas) preisgeben** jemanden oder etwas nicht mehr vor einer Person oder etwas schützen | *jemanden seinen Feinden preisgeben* | *jemanden der Schande preisgeben* **2** **etwas preisgeben** ⟨ein Geheimnis preisgeben⟩ ≈ *verraten* | *Er gab nicht preis, was er dachte* **3** **etwas preisgeben** sich nicht mehr länger für etwas engagieren ⟨seine Ideale preisgeben⟩ ● hierzu **Preis·ga·be** *die*

preis·ge·bun·den ADJEKTIV ⟨Bücher, Waren⟩ so, dass der Preis, den ein Händler dafür verlangen darf, vom Hersteller, vom Staat o. Ä. genau vorgeschrieben ist ● hierzu **Preis·bin·dung** *die*

preis·ge·krönt ADJEKTIV ⟨ein Dichter, ein Film, ein Roman⟩ so gut, dass sie einen oder mehrere Preise bekommen haben

Preis·ge·richt *das* ≈ *Jury* ● hierzu **Preis·rich·ter** *der*

preis·güns·tig ADJEKTIV ⟨ein Angebot; preisgünstig einkaufen⟩ ≈ *billig* ↔ *teuer*

Preis·klas·se *die* eine Kategorie von Preisen, die etwas über die Qualität der Ware aussagt | *ein Auto der mittleren Preisklasse*

Preis·la·ge *die* die Höhe des Preises für eine Ware oder Leistung | *ein Hotel mittlerer Preislage*

preis·lich ADJEKTIV *meist attributiv* in Bezug auf den Preis ⟨ein preislich günstiges Angebot⟩

Preis·rät·sel *das* ein Rätsel (meist in einer Zeitschrift), bei dem man einen Preis gewinnen kann

Preis·schild *das* ein kleines Schild, welches den Preis einer Ware zeigt

Preis·schla·ger *der*; *gesprochen* eine sehr billige Ware, mit der eine Firma Werbung macht

Preis·trä·ger *der* eine Person, die einen Preis bekommen hat ● hierzu **Preis·trä·ge·rin** *die*

Preis·trei·ber *der*; *abwertend* eine Person, die dafür sorgt, dass die Preise höher werden (und so selbst mehr verdient) ● hierzu **Preis·trei·be·rin** *die*; **preis·trei·bend** ADJEKTIV

★ **preis·wert** ADJEKTIV billig im Verhältnis zur Qualität ⟨preiswert einkaufen⟩ ≈ *günstig* ↔ *teuer*

pre·kär ADJEKTIV; *geschrieben* ⟨eine Situation, eine Lage⟩ so, dass man nicht mehr weiß, was man (am besten) tun soll

Pre·ka·ri·at *das*; (-s, -e) der Teil der Bevölkerung, der sehr schlecht bezahlte Arbeit und nur sehr wenig Geld hat

prel·len VERB (prellte, hat geprellt) **1** **sich** (*Dativ*) **etwas prellen** so stark gegen etwas stoßen, dass eine Prellung entsteht ⟨sich (*Dativ*) das Knie, die Schulter prellen⟩ **2** **jemanden (um etwas) prellen** *gesprochen* einer Person etwas, auf das sie ein Recht hat, nicht geben ⟨jemanden um die Belohnung, um sein Geld prellen⟩ ≈ *betrügen* | *Er hat ihn um 200 Euro geprellt* **3** **die Zeche prellen** die Rechnung für Essen oder Trinken nicht bezahlen

Prel·lung *die*; (-, -en) eine Verletzung (durch einen Stoß oder Schlag), bei der ein großer, blauer Fleck auf der Haut entsteht ⟨Prellungen erleiden⟩ K Schulterprellung

Pre·mi·er [prəˈmi̯eː] *der*; (-s, -s) Kurzwort für *Premierminister*

Pre·mi·e·re [prəˈmi̯eːrə] *die*; (-, -n) **1** die erste öffentliche Vorführung eines Theaterstücks, Films o. Ä. ⟨etwas hat Premiere; in die Premiere/zur Premiere gehen; die Premiere besuchen⟩ ≈ *Erstaufführung* K Premierenabend, Premierenbesucher, Premierenpublikum; Filmpremiere, Opernpremiere, Theaterpremiere **2** *humorvoll* das erste Mal, dass man etwas tut

Pre·mi·er·mi·nis·ter [prəˈmi̯eː-] *der* die Person, die in einigen Ländern die Regierung leitet ⟨der britische, französische Premierminister⟩ ● hierzu **Pre·mi·er·mi·nis·te·rin** *die*

Pre·paid·han·dy [priːˈpeːthɛndɪ, priːˈpeid-] *das* ein Handy, für das man ein Guthaben kauft. Wenn das Guthaben verbraucht ist, muss man ein neues Guthaben kaufen

Pre·paid·kar·te [priːˈpeːt-] *die* eine Karte oder eine Quittung mit einem Code für ein Guthaben für ein Prepaidhandy

pre·schen VERB (preschte, ist geprescht) **(irgendwohin) preschen** *gesprochen* sehr schnell irgendwohin laufen oder fahren

★ **Pres·se** *die*; (-, -n)

▸für Nachrichten, Informationen: **1** die Zeitungen und Zeitschriften in einem Land oder Gebiet ⟨die ausländische, deutsche, englische, internationale Presse; etwas steht in der Presse⟩ K Pressebericht, Pressefotograf, Presseinformation, Pressekommentar, Pressekorrespondent, Pressemeldung, Pressenotiz, Pressezensur; Auslandspresse, Boulevardpresse, Lokalpresse, Sportpresse, Weltpresse **2** die Redakteure, Journalisten usw. bei Fernsehen, Rundfunk und Zeitungen ⟨die Presse einladen; einen Empfang für

P

die Presse geben⟩ K Presseempfang, Pressegespräch **3** **von der Presse sein** als Journalist o. Ä. bei einer Zeitung arbeiten **4** **etwas geht durch die Presse** etwas wird von den Zeitungen und Zeitschriften gemeldet **5** **eine gute/schlechte Presse haben** eine positive/negative Kritik in den Medien haben

▸Gerät, Maschine: **6** eine Maschine, die etwas mit hohem Druck klein oder glatt macht und formt ⟨eine automatische, hydraulische Presse⟩ K Brikettpresse, Schrottpresse, Strohpresse **7** ein Gerät, mit dem man den Saft aus Obst drückt K Obstpresse, Saftpresse, Weinpresse, Zitronenpresse **8** eine Maschine, die etwas (z. B. die Seiten einer Zeitung) druckt ⟨etwas ist in der Presse⟩ K Druckerpresse

Pres·se·agen·tur *die* ein Büro, das interessante, aktuelle Informationen sammelt und an die Presse weitergibt

Pres·se·er·klä·rung *die* ein gedruckter Text (zu einem aktuellen Ereignis), den jemand der Presse gibt ⟨eine Presseerklärung abgeben⟩

Pres·se·frei·heit *die; nur Singular* das Recht, Informationen frei zu sammeln und zu verbreiten

Pres·se·kon·fe·renz *die* ein Treffen, bei dem jemand (meist ein Pressesprecher) den Journalisten Informationen zu einem aktuellen Ereignis gibt ⟨auf einer Pressekonferenz⟩

★ **pres·sen** VERB (presste, hat gepresst) **1** **etwas pressen** Früchte oder Teile von Pflanzen kräftig drücken, damit man Saft oder Öl bekommt ⟨Trauben, Zitronen, Oliven pressen⟩ **2** **etwas pressen** mit starkem Druck etwas herstellen oder in eine Form bringen ⟨Briketts, Stroh, CDs pressen⟩ **3** **etwas pressen** etwas durch starken Druck glatt oder flach machen | *in einem Buch Blumen pressen* **4** **jemanden/etwas irgendwohin pressen** eine Person oder Sache mit Kraft fest irgendwohin drücken | *Das Kind presste die Puppe fest an sich und wollte sie nicht loslassen* | *die Luft durch die Nase pressen, um den Schleim zu entfernen* **5** **etwas in ein Schema/System pressen** etwas zu einem Teil eines Schemas/Systems machen wollen, obwohl es nicht passt oder nicht sinnvoll ist **6** **jemanden zu etwas pressen** jemanden zu etwas zwingen | *Die Bauern wurden vom König zum Kriegsdienst gepresst* **7** mit großer Kraft drücken | *Bei der Geburt muss die Mutter kräftig pressen* K Presswehen

Pres·se·or·gan *das* eine Zeitung, Zeitschrift o. Ä., durch die eine Institution (z. B. eine politische Partei) der Öffentlichkeit Informationen gibt

Pres·se·spre·cher *der* ein Vertreter einer Behörde, Firma, Partei o. Ä., dessen Aufgabe es ist, Informationen an die Presse weiterzugeben ● hierzu **Pres·se·spre·che·rin** *die*

Pres·se·stel·le *die* die Stelle (meist ein Büro) einer Institution, die Informationen an die Presse weitergibt

★ **pres·sie·ren** VERB (pressierte, hat pressiert); *gesprochen* **es pressiert (jemandem) (mit etwas)** etwas ist (für jemanden) sehr eilig | *Ich hab keine Zeit, mir pressierts* | *Mit dieser Entscheidung pressiert es*

Press·luft *die* Luft, die unter starkem Druck steht und mit der man Maschinen antreibt ≈ *Druckluft* K Pressluftbohrer, Presslufthammer

Press·sack *der; nur Singular* **1** **roter Presssack** eine Art Wurst mit Speck und Blut **2** **weißer Presssack** eine Art Wurst mit Speck und Sülze

Pres·ti·ge [prɛsˈtiːʒ] *das;* (-s) das Ansehen, das jemand, eine Institution o. Ä. in der Öffentlichkeit hat ⟨viel, ein hohes Prestige haben; (an) Prestige gewinnen, verlieren⟩ | *Dieser Beruf ist mit einem hohen Prestige verbunden* K Prestigedenken, Prestigegewinn, Prestigeverlust

Pres·ti·ge·fra·ge [prɛsˈtiːʒ-] *die; geschrieben* eine Angelegenheit, bei der es nur um jemandes Prestige geht ⟨etwas zu einer Prestigefrage machen; etwas ist für jemanden eine reine Prestigefrage⟩

Preu·ße *der;* (-n, -n) **1** *historisch* jemand, der in Preußen wohnte oder aus Preußen stammte **2** *süddeutsch* Ⓐ, *oft abwertend* eine Person aus dem mittleren oder nördlichen Teil Deutschlands **H** *der Preuße; den, dem, des Preußen* ● hierzu **Preu·ßin** *die;* **preu·ßisch** ADJEKTIV

pri·ckeln VERB (prickelte, hat geprickelt) **etwas prickelt** etwas macht ein Gefühl, als ob viele feine Nadeln leicht in die Haut stechen würden | *Meine Finger prickeln vor Kälte*

pri·ckelnd ■ PARTIZIP PRÄSENS **1** → prickeln
■ ADJEKTIV **2** so, dass dabei ein erregendes Gefühl der Spannung oder Erwartung entsteht ⟨ein Abenteuer, eine Atmosphäre, Erotik, ein Gefühl⟩ ■ ID **etwas ist nicht (so) prickelnd** *gesprochen* etwas ist langweilig, unangenehm oder enttäuschend

pries *Präteritum, 1. und 3. Person Singular* → preisen

★ **Pries·ter** *der;* (-s, -) **1** ein Mann, der in der katholischen Kirche die Messe hält und sich um die Gläubigen kümmert ⟨jemanden zum Priester weihen⟩ **2** eine Person, die ein religiöses Amt hat | *die Priester im Tempel des Zeus* K Priesteramt, Priestergewand **H** zu *Priesterin* → Info im Eintrag **-in** ● hierzu **Pries·ter·schaft** *die;* **Pries·ter·tum** *das;* **pries·ter·lich** ADJEKTIV; zu (2) **Pries·te·rin** *die*

Pries·ter·se·mi·nar *das* eine Schule, in der katholische Priester ausgebildet werden

★ **pri·ma** ADJEKTIV *nur in dieser Form; gesprochen* sehr gut | *ein prima Sportler* | *Das Wetter ist prima*

Pri·ma·bal·le·ri·na *die* die wichtigste Tänzerin in einem Ballett

Pri·ma·don·na *die;* (-, Pri·ma·don·nen) **1** die wichtigste Sängerin in einer Oper, in einem Theater **2** *abwertend* eine Person, die sich so verhält, als wäre sie ein Star

Pri·ma·ner *der;* (-s, -); *veraltet* ein Schüler der 12. oder 13. Klasse am Gymnasium

pri·mär ADJEKTIV; *geschrieben* so sehr wichtig, dass es sofort getan, behandelt oder beschlossen werden muss | *Die primäre Frage ist, ob wir das Projekt überhaupt finanzieren können* | *Er muss sich jetzt primär auf seinen Beruf konzentrieren*

Pri·mat[1] *das/der;* (-(e)s, -e); *geschrieben* ⟨etwas hat das/den Primat; das/der Primat des Geistes über den Körper⟩ ≈ *Vorrang*

Pri·mat[2] *der;* (-en, -en); *meist Plural* ein Affe oder ein Mensch **H** *der Primat; den, dem, des Primaten*

Pri·mel *die;* (-, -n) eine Blume mit meist gelben Blüten, die im Frühling blüht ■ ID **eingehen wie eine Primel** *gesprochen* (im Sport) hoch verlieren, (im Geschäft) schnell ruiniert werden

pri·mi·tiv [-f] ADJEKTIV **1** in der Entwicklung auf einem niedrigen Niveau, z. B. Bakterien **2** sehr einfach ⟨eine Waffe, Werkzeuge, eine Methode⟩ **3** ohne Luxus und so, dass nur die nötigsten Dinge da sind, die man zum Leben braucht ⟨eine Unterkunft, Verhältnisse; primitiv leben⟩ | *Wir waren recht primitiv untergebracht, ohne fließendes Wasser und Elektrizität* **4** *abwertend* geistig oder intellektuell auf niedrigem Niveau ⟨ein Kerl, ein Witz⟩ ● hierzu **Pri·mi·ti·vi·tät** [-v-] *die*

Pri·mi·tiv·ling [-f] *der;* (-s, -e); *gesprochen, abwertend* eine dumme, ungebildete Person

Pri·mus *der;* (-, -se); *meist Singular; veraltend* der beste Schüler einer Klasse

Prim·zahl *die* eine ganze Zahl, die man nur durch 1 und sich selbst teilen kann, z. B. 11, 19, 37

Print·me·di·en [-di̯ən] *die; nur Plural* Zeitungen, Zeitschriften und Bücher im Gegensatz zu Radio, Fernsehen usw.

Print·pro·dukt *das* eine Zeitung, Zeitschrift, ein Buch im

Gegensatz zu einem elektronischen Medium

★ **Prinz** *der;* (-en, -en) der Sohn oder ein anderer naher Verwandter eines Königs oder eines Fürsten H *der Prinz; den, dem, des Prinzen*

★ **Prin·zes·sin** *die;* (-, -nen) die Tochter oder eine andere nahe Verwandte eines Königs oder eines Fürsten

Prinz·ge·mahl *der;* (-, -e); *meist Singular* der Ehemann einer regierenden Herrscherin

★ **Prin·zip** *das;* (-s, Prin·zi·pi·en [-pjən]) 1 eine Regel, nach der eine Person oder Gruppe lebt ⟨demokratische, sittliche Prinzipien; Prinzipien haben; den Prinzipien treu bleiben, untreu werden⟩ ≈ *Grundsatz* | *nach dem Prinzip der Gleichberechtigung handeln* | *Er hat es sich zum Prinzip gemacht, keinen Schüler zu bevorzugen* | *Bei uns herrscht das Prinzip, dass Männer und Frauen die gleichen Rechte und Pflichten haben* K prinzipientreu; Grundprinzip, Lebensprinzip, Gleichheitsprinzip, Leistungsprinzip, Mehrheitsprinzip, Wirtschaftlichkeitsprinzip 2 die wissenschaftlichen Regeln und Gesetze, auf denen etwas beruht | *Er erklärte uns, nach welchem Prinzip die Maschine funktioniert* K Ordnungsprinzip 3 **aus Prinzip** weil man manche Prinzipien hat ⟨etwas aus Prinzip (nicht) tun⟩ ≈ *prinzipiell* | *Ich rauche aus Prinzip nicht* 4 **im Prinzip** im Grunde, eigentlich | *Im Prinzip hast du recht, aber es geht trotzdem nicht* 5 **es geht (jemandem) ums Prinzip** für jemanden ist eine Regel wichtiger als der konkrete Fall | *Einem unfreundlichen Kellner gebe ich kein Trinkgeld, da geht es mir ums Prinzip* 6 **ein Mann/eine Frau mit Prinzipien** eine Person, die ihren moralischen Regeln immer folgt

prin·zi·pi·ell ADJEKTIV 1 grundsätzlich, wesentlich ⟨ein Unterschied⟩ 2 *meist adverbiell* (nur) in Bezug auf die theoretischen Grundlagen ⟨etwas ist prinzipiell gut/möglich/richtig, aber …⟩ | *Ich bin prinzipiell einverstanden, aber ich hätte noch einen anderen Vorschlag* | *Prinzipiell können wir schon mit dem Auto hinfahren, aber mit dem Zug ist es schneller und bequemer* 3 *meist adverbiell* aus Überzeugung, aus Prinzip ⟨prinzipiell nicht rauchen, nicht trinken⟩ | *Sie gibt prinzipiell keine Interviews*

Prin·zi·pi·en·rei·ter [-pjən-] *der; abwertend* eine Person, die sich streng an Prinzipien hält, obwohl es meist wenig Sinn hat

Pri·or *der;* (-s, Pri·o·ren) eine Person, die einen religiösen Orden oder ein Kloster leitet • hierzu **Pri·o·rat** *das;* **Pri·o·rin** *die*

Pri·o·ri·tät *die;* (-, -en); *geschrieben* 1 **Priorität (vor etwas)** *nur Singular* die größere Bedeutung, die eine Sache bekommt (als andere Sachen) ⟨etwas (*Dativ*) Priorität einräumen; etwas hat (absolute) Priorität⟩ ≈ *Vorrang* | *Der Schutz der Umwelt muss absolute Priorität vor den Interessen der Wirtschaft und der Industrie haben* 2 **Prioritäten setzen** entscheiden, was wichtig ist und was nicht | *Wir können nicht alles gleichzeitig machen, darum müssen wir Prioritäten setzen*

Pri·se *die;* (-, -n) eine kleine Menge einer Substanz, die zwischen zwei Fingern Platz hat ⟨eine Prise Salz, Pfeffer, Zucker, Tabak⟩

Pris·ma *das;* (-s, Pris·men) 1 ein geometrischer Körper, der oben und unten von zwei miteinander identischen Flächen begrenzt wird und dessen Seiten schräg sind 2 ein Körper aus Glas, der aussieht wie ein Keil und das Licht so bricht, dass verschiedene Farben entstehen K Prismenglas

Prit·sche *die;* (-, -n) 1 ein einfaches Bett, das aus Brettern gemacht ist ⟨auf einer Pritsche liegen, schlafen⟩ K Holzpritsche 2 die Fläche auf einem Lastwagen, auf der man die Waren transportiert K Pritschenwagen; Ladepritsche

★ **pri·vat** [-v-] ADJEKTIV 1 nur für eine Person selbst und nicht für andere Leute ⟨die Angelegenheiten, die Interessen; ein Vergnügen⟩ | *Ich möchte mit niemandem darüber sprechen, das ist eine rein private Sache* K Privatangelegenheit, Privatbesitz, Privateigentum, Privatgrundstück, Privatleben, Privatlehrer, Privatsache, Privatsphäre, Privatvergnügen 2 außerhalb des beruflichen oder dienstlichen Bereiches ⟨ein Brief, Mitteilungen, ein Gespräch; jemandes Meinung; mit jemandem privat verkehren, sprechen, zu tun haben⟩ K Privatadresse, Privatbrief, Privatgebrauch, Privatgespräch, Privatperson 3 nicht vom Staat oder einer öffentlichen Institution finanziert oder geführt ⟨ein Unternehmen, eine Schule, eine Klinik, eine Krankenkasse; etwas privat finanzieren⟩ K Privatbank, Privatklinik, Privatkrankenkasse, Privatschule, Privatsender, Privatunternehmen, Privatwirtschaft 4 nur für eine kleine Gruppe von Personen ⟨eine Party, eine Veranstaltung; im privaten Rahmen⟩ ↔ *öffentlich* K Privataudienz, Privatstraße, Privatweg 5 **an/von privat** an eine Person oder von einer Person, die nicht im Auftrag einer Firma, Behörde o. Ä. handelt | *etwas nur an privat verkaufen*

Pri·vat·de·tek·tiv [-v-] *der* ein Detektiv, der nicht für die Polizei, sondern für einzelne Personen arbeitet | *Sherlock Holmes ist der berühmteste Privatdetektiv in der Literatur* • hierzu **Pri·vat·de·tek·ti·vin** *die*

Pri·vat·hand [-v-] *die* 1 **aus/von Privathand** aus privatem Besitz 2 **in Privathand** in persönlichem Besitz

pri·va·ti·sie·ren VERB [-v-] (privatisierte, hat privatisiert) 1 **etwas privatisieren** ein (staatliches) Unternehmen zu einem privaten machen ⟨eine Firma privatisieren⟩ 2 keinen Beruf ausüben, weil man genug Geld hat • zu (1) **Pri·va·ti·sie·rung** *die*

Pri·vat·le·ben [-v-] *das; nur Singular* alles, was jemand tut, das nichts mit dem eigenen Beruf zu tun hat | *sich ins Privatleben zurückziehen* (keinen Beruf mehr ausüben) | *Als Chef des Unternehmens hat er kaum noch (ein) Privatleben*

Pri·vat·pa·ti·ent [-v-] *der* ein Mitglied einer privaten Krankenversicherung. Ein Arzt kann von ihm mehr Geld verlangen als von anderen Patienten • hierzu **Pri·vat·pa·ti·en·tin** *die*

Pri·vat·per·son [-v-] *die* eine Person, wie man sie unabhängig von ihrem Beruf sieht

Pri·vat·sen·der [-v-] *der* ein Fernsehsender, der ausschließlich durch Werbung finanziert wird

Pri·vat·wirt·schaft [-v-] *die* die Geschäfte, Industrien usw., die von privaten Unternehmern, nicht vom Staat betrieben werden ⟨in der Privatwirtschaft arbeiten⟩ • hierzu **pri·vat·wirt·schaft·lich** ADJEKTIV

Pri·vi·leg [-v-] *das;* (-s, -ien [-jən]) ein besonderer Vorteil, den nur eine einzelne Person oder eine Gruppe von Personen hat ⟨(besondere) Privilegien haben, genießen; der Abbau, die Abschaffung von Privilegien; mit besonderen Privilegien ausgestattet sein⟩ ≈ *Vorrecht* | *Früher war gute Schulbildung ein Privileg der Reichen* • hierzu **pri·vi·le·giert** ADJEKTIV

★ **pro** PRÄPOSITION *+Dativ/Akkusativ* 1 für jede einzelne Person oder Sache | *Das Zimmer kostet 50 Euro pro Nacht und Person* | *Er erhält 200 Euro Prämie pro geworbenem/geworbenes Mitglied* 2 drückt aus, dass etwas für die genannte Zeit gilt | *Er verdient pro Stunde 20 Euro* | *Die Putzfrau kommt einmal pro Woche* H Das folgende Substantiv wird ohne Artikel verwendet.

Pro *das;* (-) **das Pro und Kontra** *+Genitiv* alle Argumente, die für und gegen etwas aufgeführt werden können | *das Pro und Kontra des Tourismus diskutieren*

pro- *im Adjektiv, betont, begrenzt produktiv* **proarabisch, proamerikanisch, prokommunistisch, proindustriell, prowestlich** *und andere* mit einer positiven Einstellung zu

P

der im zweiten Wortteil genannten Sache, Ideologie o. Ä. ↔ *anti-*

Pro·band *der;* (-en, -en) eine Person, mit welcher wissenschaftliche Versuche und Tests gemacht werden ≈ *Testperson* **!** *der Proband; den, dem, des Probanden* ● hierzu **Pro·ban·din** *die*

pro·bat ADJEKTIV ⟨ein Mittel⟩ ≈ *bewährt*

★ **Pro·be** *die;* (-, -n) **1** die Handlung, durch die man feststellt, ob etwas die gewünschte Eigenschaft hat oder ob es funktioniert ⟨eine Probe machen, vornehmen, bestehen⟩ ≈ *Test* | *Wir machen zuerst eine Probe, damit wir sehen, ob die Farbe stimmt* **K** Probealarm, Probebohrung, Probefahrt, Probejahr, Probezeit **2** eine kleine Menge einer Sache, an der man erkennen kann, wie sie ist ⟨eine Probe von etwas nehmen; eine Probe entnehmen, untersuchen⟩ ≈ *Muster* | *Die Astronauten brachten Proben vom Mond mit* **K** Probeabzug, Probeexemplar, Probepackung, Probeseite, Probestück; Blutprobe, Bodenprobe, Gesteinsprobe, Gewebeprobe, Materialprobe, Produktprobe, Textprobe, Urinprobe, Gratisprobe **3** das Üben der Schauspieler oder Musiker (vor der Aufführung vor dem Publikum) ⟨eine Probe abhalten⟩ | *Die Theatergruppe hat dreimal in der Woche Probe* **K** Chorprobe, Orchesterprobe, Theaterprobe; Generalprobe, Kostümprobe **4** *gesprochen* eine (schriftliche) Prüfung in der Schule ⟨eine Probe haben, schreiben⟩ **K** Probearbeit, Probeturnen; Schulprobe **5** **(auf/zur) Probe** für kurze Zeit, um zu sehen, ob man mit einer Person oder Sache zufrieden ist ⟨jemanden auf Probe anstellen, beschäftigen; (ein Auto) Probe fahren⟩ | *eine Zeitung 14 Tage zur Probe abonnieren* | *in einem Bett im Geschäft Probe liegen* | *Er musste erst Probe singen* (Er musste vorsingen, um zu zeigen, wie gut er singt, bevor er in den Chor aufgenommen wurde) **6** **die Probe machen** prüfen, ob man richtig gerechnet hat, indem man dieselbe Rechnung auf eine andere Weise noch einmal rechnet **K** Rechenprobe **7** **eine Probe** +*Genitiv* **geben** etwas tun und damit zeigen, wie gut man es kann ⟨eine Probe seiner Kunst, seines Könnens geben⟩ **8** **jemanden/etwas auf die Probe stellen** testen, ob jemand/etwas stark belastet werden kann | *Das lange Warten stellte meine Geduld hart auf die Probe*
■ ID **die Probe aufs Exempel machen** eine Theorie in der Praxis prüfen ● zu (5) **pro·be·wei·se** ADJEKTIV

Pro·be·lauf *der* der Test, ob eine Maschine, eine Methode funktioniert ⟨einen Probelauf machen, starten⟩

pro·ben VERB (probte, hat geprobt) **(etwas) proben** etwas so oft tun, bis man es gut kann ⟨ein Theaterstück proben⟩ ≈ *üben* | *Die Feuerwehr probt (das Löschen von Bränden) für den Ernstfall* | *Das Orchester probt täglich*

Pro·be·zeit *die* die Zeit, in der ein Arbeitnehmer am Anfang einer neuen Tätigkeit zeigen muss, dass er für die Stelle geeignet ist

★ **pro·bie·ren** VERB (probierte, hat probiert) **1** **etwas probieren** versuchen, ob oder wie etwas (in der Praxis) geht ⟨ein Kunststück, ein neues Verfahren probieren⟩ ≈ *testen* | *probieren, wie schnell ein Auto fahren kann* | *Morgen will er probieren, ob seine Theorie auch in der Praxis stimmt* **2** **(etwas) probieren** eine kleine Menge von etwas essen oder trinken, um den Geschmack zu prüfen | *einen neuen Wein probieren* | *probieren, ob genug Salz in der Suppe ist* | *Darf ich mal probieren?* **3** **(etwas) probieren** etwas anziehen, um zu sehen, ob es passt, gut aussieht | *ein Kleid, Schuhe probieren* **4** **(etwas) probieren** (meist ohne Erfolg) versuchen, etwas zu tun ⟨einen Trick probieren⟩ | *Er probierte, die Tür mit dem falschen Schlüssel zu öffnen* | *Ich habe probiert, ihn zu überreden, aber er will nicht* ■ ID **Probieren geht über Studieren** Man sollte etwas einfach mal probieren, anstatt lange darüber nachzudenken

★ **Prob·lem** *das;* (-s, -e) **1** eine schwierige Aufgabe, über die man nachdenken muss, um sie zu lösen ⟨ein großes, schwieriges, technisches Problem; ein Problem ansprechen, angehen, lösen; vor einem Problem stehen; etwas wird zum Problem; jemandem stellt sich ein Problem⟩ ≈ *Schwierigkeit* | *Sie steht vor dem Problem, ob sie den Vertrag unterschreiben soll oder nicht* | *Wir wollen ein Haus bauen. Das Problem liegt nur noch darin, den richtigen Platz dafür zu finden* **K** Problembewusstsein, Problemlösung, Problemstellung; Hauptproblem, Randproblem, Arbeitslosenproblem, Rechtsproblem, Zukunftsproblem **2** *meist Plural* Ärger, Schwierigkeiten ⟨Probleme (mit jemandem/etwas) haben; jemandem Probleme machen⟩ | *Mit den alten Nachbarn gab es nichts als Probleme. Wir sind froh, dass sie umgezogen sind* **K** Problemfall, Problemkind, Problemmüll; Alkoholprobleme, Finanzprobleme, Haarprobleme, Hautprobleme ■ ID **Kein Problem!** *gesprochen* **a** Das ist nicht schwierig **b** als höfliche Antwort verwendet, wenn sich eine andere Person für einen kleinen Fehler entschuldigt; **Probleme wälzen** lange über Probleme nachdenken; **Das ist dein Problem** Das musst du allein lösen, ich kann dir dabei nicht helfen ● hierzu **prob·lem·los** ADJEKTIV

Prob·le·ma·tik *die;* (-) alle Probleme, die eine Sache betreffen ⟨eine Problematik ansprechen⟩

prob·le·ma·tisch ADJEKTIV ⟨eine Beziehung, eine Lösung⟩ so, dass sie Probleme mit sich bringen

★ **Pro·dukt** *das;* (-(e)s, -e) **1** etwas, das Menschen erzeugen oder herstellen ⟨ein industrielles, landwirtschaftliches Produkt; ein Produkt entwickeln, erzeugen, herstellen⟩ **K** Agrarprodukt, Industrieprodukt, Naturprodukt **2** etwas, das unter besonderen Bedingungen entsteht ≈ *Ergebnis* | *Unser Erfolg ist das Produkt unserer Bemühungen* **K** Abbauprodukt, Zerfallsprodukt **3** die Zahl, die man erhält, wenn man Zahlen miteinander multipliziert | *27 ist das Produkt von 3 mal 9* (27 = 3 × 9)

Pro·dukt·haf·tung *die* die Pflicht des Herstellers einer Ware, Schäden wiedergutzumachen, die jemandem durch Fehler an der Ware entstehen

★ **Pro·duk·ti·on** [-'tsjo:n] *die;* (-, -en) **1** das Herstellen von Waren (meist in großer Menge) ⟨die industrielle, maschinelle Produktion; die Produktion einstellen⟩ ≈ *Herstellung* **K** Produktionsablauf, Produktionsausfall, Produktionskosten, Produktionsleiter, Produktionsmittel, Produktionsplan, Produktionsverfahren, Produktionsverhältnisse, Produktionszweig; Autoproduktion, Lebensmittelproduktion, Fließbandproduktion, Massenproduktion, Serienproduktion **2** die Menge der Waren, die (innerhalb einer Zeit) hergestellt werden ⟨die Produktion ankurbeln, erhöhen, steigern, drosseln, reduzieren⟩ **K** Produktionssteigerung, Produktionszuwachs; Jahresproduktion, Monatsproduktion, Tagesproduktion **3** *nur Singular* der Vorgang, bei dem etwas entsteht | *die Produktion von Speichel im Mund* | *die Produktion der weißen Blutkörperchen* **4** ein Film, eine Reportage o. Ä. | *eine Produktion des Westdeutschen Rundfunks* **K** Fernsehproduktion, Filmproduktion

pro·duk·tiv [-f] ADJEKTIV **1** ⟨ein Unternehmen, ein Industriezweig⟩ so, dass sie viel produzieren und auch rentabel arbeiten **2** ⟨eine Arbeit, eine Sitzung⟩ so, dass viele konkrete Ergebnisse dabei herauskommen **3** ⟨ein Künstler⟩ so, dass er quantitativ viel leistet **4** ⟨ein Präfix, ein Suffix, eine Bildung⟩ so, dass man damit viele neue Wörter bilden kann ● hierzu **Pro·duk·ti·vi·tät** [-v-] *die*

Pro·du·zent *der;* (-en, -en) **1** ein Mensch, eine Firma oder ein Land, die etwas (für den Markt) produzieren ≈ *Hersteller, Erzeuger* **K** Computerproduzent, Erdölproduzent, Reisproduzent 2 eine Person, die die Organisation und Geschäfte leitet, wenn ein Film oder Theaterstück produziert wird K Filmproduzent, Theaterproduzent H *der Produzent; den, dem, des Produzenten* ● hierzu **Pro·du·zen·tin** *die*

★ **pro·du·zie·ren** VERB (produzierte, hat produziert) 1 **etwas produzieren** Waren (in großer Menge) herstellen ⟨Kunststoffe, Stahl, Autos, Lebensmittel, Maschinen produzieren⟩ 2 **etwas produziert etwas** etwas bewirkt, dass etwas entsteht | *Die Drüsen im Mund produzieren Speichel* 3 **etwas produzieren** einen Kinofilm herstellen oder ein Theaterstück auf die Bühne bringen 4 **sich (vor jemandem) produzieren** *abwertend* sich so benehmen, dass man beachtet wird | *Er will sich nur produzieren*

Prof *der;* (-s, -s); *gesprochen* Kurzwort für *Professor*

pro·fan ADJEKTIV; *geschrieben* 1 ⟨eine Angelegenheit, eine Sorge⟩ ≈ *alltäglich* 2 *meist attributiv* ⟨Bauten⟩ ≈ *weltlich* ↔ *sakral* K Profanbau

pro·fes·si·o·nell ADJEKTIV 1 *meist attributiv* ⟨ein Fußballer, ein Sportler⟩ so, dass sie die genannte Tätigkeit oder den genannten Beruf ausüben 2 so (gut), wie es ein Fachmann macht ⟨eine Arbeit⟩ | *eine professionell ausgeführte Reparatur* ● zu (2) **Pro·fes·si·o·na·lis·mus** *der;* zu (2) **Pro·fes·si·o·na·li·tät** *die*

★ **Pro·fes·sor** *der;* (-s, Pro·fes·so·ren) 1 ein Professor forscht in einem Fach an einer Universität und lehrt dort dieses Fach ⟨zum Professor ernannt werden⟩ K Universitätsprofessor, Fachhochschulprofessor H a) Abkürzung *Prof.*; b) zu *Professorin* → Info im Eintrag **-in** 2 eine Person, welche den Titel *Professor* trägt ⟨ein ordentlicher, außerordentlicher Professor⟩ | *Er ist Professor für Geschichte* K Gastprofessor H zu *Professorin* → Info im Eintrag **-in** 3 Ⓐ ein Lehrer an einem Gymnasium K Gymnasialprofessor H zu *Professorin* → Info im Eintrag **-in** 4 **ein zerstreuter Professor** *gesprochen, humorvoll* eine Person, die sich nicht konzentrieren kann und viel vergisst ● zu (1 – 3) **Pro·fes·so·rin** *die*

Pro·fes·sur *die;* (-, -en) die Stelle eines Professors an einer Universität ⟨eine Professur bekommen, haben⟩

★ **Pro·fi** *der;* (-s, -s) eine Person, die eine Sportart beruflich ausübt ↔ *Amateur* K Profiboxer, Profifußballer, Profisportler; Boxprofi, Fußballprofi, Golfprofi, Tennisprofi ● hierzu **pro·fi·haft** ADJEKTIV

★ **Pro·fil** *das;* (-s, -e) 1 ein Gesicht oder ein Kopf von der Seite gesehen ⟨ein feines, markantes Profil (haben); jemanden im Profil/jemandes Profil fotografieren, zeichnen⟩ ↔ *Vorderansicht* K Profilansicht, Profilbild, Profilzeichnung 2 das Muster aus hohen und tiefen Linien auf einem Reifen oder einer Schuhsohle ⟨ein gutes, schwaches, abgefahrenes Profil⟩ | *Die Reifen seines Autos haben kaum noch Profil* K Profilreifen, Profilsohle, Profiltiefe; Reifenprofil, Rillenprofil, Stollenprofil 3 *geschrieben* die (positiven) Eigenschaften, die typisch für eine Person oder Sache sind und diese von anderen Personen oder Sachen unterscheiden ⟨ein Beruf/ein Künstler mit einem unverwechselbaren Profil⟩ | *Die Partei bemühte sich um ein klares Profil* K Berufsprofil, Verlagsprofil

pro·fi·lie·ren VERB (profilierte sich, hat sich profiliert) **sich profilieren** *oft abwertend* zeigen, dass man sehr gut ist, und dadurch bekannt werden | *sich als Wissenschaftler profilieren* | *Sie will sich nur profilieren, darum ist sie so fleißig*

Pro·fil·neu·ro·se *die; geschrieben, abwertend* das übertriebene Bemühen, sich zu profilieren ⟨eine Profilneurose haben⟩

Pro·fit, Pro·fit *der;* (-(e)s, -e) das Geld, das eine Person oder eine Firma bei einem Geschäft verdient ⟨Profit machen; hohe Profite erzielen; etwas mit Profit verkaufen⟩ ≈ *Gewinn* ↔ *Verlust* K Profitgeschäft, Profitgier, Profitrate ● hierzu **pro·fi·ta·bel** ADJEKTIV

★ **pro·fi·tie·ren** VERB (profitierte, hat profitiert) 1 **von etwas profitieren** einen Vorteil von etwas haben | *von seiner guten Allgemeinbildung profitieren* 2 **bei etwas profitieren** bei einem Geschäft o. Ä. Gewinn machen

pro for·ma ADVERB nur der äußeren Form nach, aber nicht in Wirklichkeit | *Es wurde nur pro forma abgestimmt, die Entscheidung war schon gefallen*

pro·fund ADJEKTIV; *geschrieben* ⟨Kenntnisse, Wissen⟩ ≈ *gründlich* ● hierzu **Pro·fun·di·tät** *die*

★ **Prog·no·se** *die;* (-, -n) **eine Prognose (zu etwas)** *geschrieben* eine begründete Aussage darüber, wie sich etwas wahrscheinlich entwickeln wird ⟨eine Prognose stellen, wagen⟩ ≈ *Vorhersage* | *die Prognosen zum Ausgang einer Wahl* | *Die Prognose dieser Krankheit ist günstig* K Konjunkturprognose, Wahlprognose, Wetterprognose, Wirtschaftsprognose ● hierzu **prog·nos·ti·zie·ren** VERB (*hat*)

★ **Pro·gramm** *das;* (-s, -e) 1 das, was ein Theater, Kino, Fernsehsender, eine Institution o. Ä. der Öffentlichkeit anbietet ⟨etwas in das Programm aufnehmen; etwas aus dem Programm nehmen; etwas steht auf dem Programm; etwas wird aus dem Programm gestrichen⟩ | *die Fernsehzeitschrift mit dem Programm der nächsten zwei Wochen* | *das umfangreiche Programm der Volkshochschule* | *Das Theater hat diesmal „Die Räuber" von Schiller im Programm* K Programmänderung, Programmgestaltung, Programmhinweis, Programmvorschau; Fernsehprogramm, Kinoprogramm, Rundfunkprogramm, Theaterprogramm, Veranstaltungsprogramm 2 die einzelnen Punkte bei einer Veranstaltung ⟨ein abendfüllendes Programm; das Programm eines Konzerts, eines Kabaretts, einer Tagung⟩ | *ein buntes Programm* (ein abwechslungsreiches Programm) K Abendprogramm, Festprogramm 3 ein Heft oder Blatt, das Informationen über das Programm gibt ⟨ein Programm kaufen; einen Blick ins Programm werfen⟩ | *im Programm nachlesen, wer in einem Theaterstück mitspielt* K Programmheft, Programmzeitschrift 4 ein Kanal eines Radio- oder Fernsehsenders | *Im ersten Programm kommt heute ein Krimi* 5 ein Plan, der sagt, wann man was machen muss oder will ⟨(sich (*Dativ*)) ein Programm machen; ein Programm entwerfen, ausarbeiten, einhalten⟩ | *Der Minister hatte bei seinem Besuch in Prag ein umfangreiches Programm zu absolvieren* K Aktionsprogramm, Arbeitsprogramm, Forschungsprogramm, Hilfsprogramm, Raumfahrtprogramm, Reiseprogramm, Trainingsprogramm 6 ein Text, in dem eine Partei oder Regierung sagt, welche Ziele sie hat ⟨ein politisches Programm; ein neues Programm beschließen, verabschieden⟩ K Grundsatzprogramm, Parteiprogramm, Wahlprogramm 7 eine Reihe von Befehlen, die einem Computer gegeben werden, damit er die gewünschten Aufgaben macht (und die auch auf DVDs o. Ä. gekauft werden können) ⟨ein Programm schreiben, kaufen, kopieren, installieren⟩ K Programmabbruch, Programmaufruf, Programmdatei, Programmende, Programmordner; Computerprogramm, Grafikprogramm, Textverarbeitungsprogramm 8 alle Arbeitsabläufe einer Maschine, die durch vorgegebene Befehle gesteuert werden | *eine Waschmaschine mit mehreren Programmen* K programmgesteuert; Testprogramm, Waschprogramm 9 die Waren, die ein Betrieb herstellt und verkauft ⟨das Programm eines Verlags; etwas aus dem Programm nehmen; etwas ins Programm aufnehmen⟩ ≈ *Sortiment* K Möbelprogramm, Verlagsprogramm

■ ID **nach Programm** so, wie es geplant ist ⟨nach Programm vorgehen⟩; **etwas steht auf dem Programm** etwas ist geplant ● zu (5,6) **pro·gram·ma·tisch** ADJEKTIV

pro·gramm·ge·mäß ADJEKTIV *meist attributiv* so, wie es ge-

P

plant ist ⟨ein Ablauf; etwas geht, verläuft programmgemäß⟩ | *Der Start der Rakete verlief programmgemäß*

pro·gram·mie·ren VERB (programmierte, hat programmiert) **(etwas) programmieren** ein Programm für Computer schreiben ⟨einen Computer programmieren⟩ K Programmiersprache • hierzu **Pro·gram·mie·rung** *die*

Pro·gram·mie·rer *der;* (-s, -) eine Person, die beruflich Programme für Computer schreibt • hierzu **Pro·gram·mie·re·rin** *die*

Pro·gres·si·on *die;* (-, -en) **1** ein System, nach dem man immer mehr Prozent des Einkommens als Steuern zahlen muss, wenn das Einkommen größer wird ⟨in eine höhere, die nächste Progression kommen⟩ **2** *geschrieben* eine Entwicklung, die in Stufen geschieht

pro·gres·siv, **pro·gres·siv** [-f] ADJEKTIV **1** ⟨eine Haltung, eine Gesinnung, eine Einstellung; jemandes Denkweise⟩ ≈ *fortschrittlich* ↔ *konservativ* **2** *geschrieben* so, dass sich etwas immer weiter entwickelt (meist zum Negativen) ⟨eine Entwicklung, eine Paralyse, eine Krankheit⟩ ≈ *fortschreitend*

★ **Pro·jekt** *das;* (-(e)s, -e) eine Arbeit, die genau geplant werden muss und ziemlich lange dauert ⟨ein Projekt initiieren, entwerfen, verwirklichen, in Angriff nehmen⟩ K Projektidee, Projektleiter, Projektwoche; Bauprojekt, Forschungsprojekt, Großprojekt, Raumfahrtprojekt

Pro·jek·til *das;* (-s, -e); *geschrieben* das Geschoss aus einem Gewehr oder einer Pistole

Pro·jek·tor *der;* (-s, Pro·jek·to·ren) ein Gerät, mit dem man Bilder so beleuchtet, dass man sie an der Wand sehen kann K Diaprojektor, Filmprojektor

pro·ji·zie·ren VERB (projizierte, hat projiziert) **1** **etwas irgendwohin projizieren** *geschrieben* Bilder mit einem Projektor beleuchten ⟨Dias, einen Film an die Wand, auf die Leinwand projizieren⟩ **2** **etwas auf jemanden/etwas projizieren** meinen, dass man bei jemandem/etwas ein Gefühl, Verhalten o. Ä. sehen kann, das man bei sich selbst kennt • zu (1) **Pro·jek·ti·on** *die*

pro·kla·mie·ren VERB (proklamierte, hat proklamiert) **etwas proklamieren** *geschrieben* etwas, das für ein Land wichtig ist, öffentlich und feierlich sagen ⟨die Unabhängigkeit proklamieren⟩ ≈ *verkünden* • hierzu **Pro·kla·ma·ti·on** *die*

Pro·ku·rist *der;* (-en, -en) eine Person, welche für die Firma, in der sie arbeitet, Geschäfte abschließen und Verträge unterschreiben darf G *der Prokurist; den, dem, des Prokuristen* • hierzu **Pro·ku·ris·tin** *die*

Pro·let *der;* (-en, -en); *abwertend* eine Person, die sehr schlechte Manieren hat G *der Prolet; den, dem, des Proleten* • hierzu **pro·le·ten·haft** ADJEKTIV

Pro·le·ta·ri·at *das;* (-s); *historisch* die gesellschaftliche Klasse von sehr armen Arbeitern (zur Zeit der industriellen Revolution)

Pro·le·ta·ri·er [-riɐ] *der;* (-s, -) eine Person, die zum Proletariat gehört • hierzu **Pro·le·ta·ri·e·rin** *die;* **pro·le·ta·risch** ADJEKTIV

Proll *der;* (-s, -s); *gesprochen, abwertend* eine Person mit wenig Bildung und schlechtem Benehmen | *von einem üblen Proll angepöbelt werden* • hierzu **prol·lig** ADJEKTIV

Pro·log *der;* (-(e)s, -e); *geschrieben* eine Einleitung zu einem Theaterstück oder zu einem langen Gedicht

Pro·me·na·de *die;* (-, -n) **1** ein schöner, breiter Weg zum Spazierengehen | *die Promenade im Schlosspark* K Uferpromenade **2** *veraltend* ≈ *Spaziergang*

Pro·me·na·den·mi·schung *die; gesprochen, humorvoll* ≈ *Mischling*

pro·me·nie·ren VERB (promenierte, hat/ist promeniert); *geschrieben oder humorvoll* **(irgendwo) promenieren** spazieren gehen

Pro·mi *der;* (-s, -s); *gesprochen* Kurzwort für *Prominente*

Pro·mil·le *das;* (-(s), -) ein Tausendstel, vor allem verwendet, um anzugeben, wie viel Alkohol jemand im Blut hat | *Autofahren mit mehr als 0,3 Promille (Alkohol im Blut) ist strafbar* K Promillegrenze, Promillewert i Symbol: ‰

★ **pro·mi·nent** ADJEKTIV ⟨ein Politiker, ein Schauspieler⟩ bei sehr vielen Leuten bekannt • hierzu **Pro·mi·nen·te** *der/die*

Pro·mi·nenz *die;* (-) **1** die Menschen, die sehr bekannt und wichtig sind | *Auf dem Ball war viel Prominenz anwesend* **2** das Prominentsein

Pro·mis·ku·i·tät *die;* (-); *geschrieben* das sehr häufige Wechseln der Partner, zu denen man sexuelle Beziehungen hat

pro·mo·vie·ren VERB (promovierte, hat promoviert) **1** **jemanden promovieren** jemandem den Titel des Doktors verleihen **2** den Titel des Doktors erwerben i → Infos unter **Hochschule** • hierzu **Pro·mo·ti·on** *die*

prompt ADJEKTIV **1** ⟨eine Antwort, eine Bedienung, eine Lieferung⟩ so, dass sie ohne zu zögern und schnell gegeben, geliefert usw. werden **2** *gesprochen, oft ironisch nur adverbiell, ohne Steigerung* wie nicht anders zu erwarten war | *Er fuhr zu schnell und prompt hatte er einen Unfall*

Pro·no·men *das;* (-s, -/Pro·no·mi·na) ein Wort, das man statt eines Substantivs benutzt und das sich auf dieselbe Person oder Sache bezieht wie das Substantiv (z. B. *er* oder *sie*) ≈ *Fürwort* K Demonstrativpronomen, Indefinitpronomen, Interrogativpronomen, Possessivpronomen, Personalpronomen • hierzu **pro·no·mi·nal** ADJEKTIV

pro·non·ciert [prõnõ'siːɐt] ADJEKTIV; *geschrieben* ⟨eine Meinung⟩ so, dass sie deutlich formuliert ist

Pro·pa·gan·da *die;* (-) **1** *oft abwertend* Informationen, die eine Partei oder Regierung verbreitet, um Einfluss auf die Meinung der Menschen zu haben und diese zu manipulieren ⟨Propaganda (be)treiben, machen⟩ K Propagandafilm, Propagandalüge, Propagandamaterial, Propagandaschrift; Hetzpropaganda, Kriegspropaganda, Wahlpropaganda **2** **Propaganda für etwas machen** den Menschen empfehlen, etwas zu kaufen, zu einer Veranstaltung zu gehen o. Ä. • zu (1) **Pro·pa·gan·dist** *der;* zu (1) **Pro·pa·gan·dis·tin** *die;* zu (1) **pro·pa·gan·dis·tisch** ADJEKTIV

pro·pa·gie·ren VERB (propagierte, hat propagiert) **etwas propagieren** *geschrieben* versuchen, viele Menschen von einer Idee zu überzeugen ⟨eine Lehre, eine Theorie propagieren⟩ | *die Gleichheit aller Menschen propagieren*

Pro·pan *das;* (-s) ein Gas, das man zum Kochen und Heizen benutzt K Propangas

Pro·pel·ler *der;* (-s, -) ein Teil eines Flugzeugs, das aus meist zwei langen, flachen Metallteilen besteht, die sich so schnell drehen, dass dadurch das Flugzeug fliegen kann ⟨den Propeller anwerfen⟩ K Propellerantrieb, Propellerflugzeug, Propellermaschine

pro·per ADJEKTIV; *gesprochen* sauber und gepflegt ⟨ein Aussehen, ein Zimmer; sich proper kleiden⟩

Pro·phet [-f-] *der;* (-en, -en) **1** eine Person, welche den Menschen die Lehre Gottes erklärt und von der man glaubt, Gott habe sie geschickt | *der Prophet Elias* | *Mohammed, der Prophet Allahs* G *der Prophet; den, dem, des Propheten* **2** eine Person, die sagt, sie könne die Zukunft vorhersehen | *Woher soll ich wissen, wie es ausgeht? Ich bin doch kein Prophet!* • hierzu **pro·phe·tisch** ADJEKTIV

pro·phe·zei·en [-f-] VERB (prophezeite, hat prophezeit) **(jemandem) etwas prophezeien** vorhersagen, was in der Zukunft geschehen wird ⟨eine Katastrophe, das Kommen des Messias, den Weltuntergang prophezeien; jemandem eine gute, schlechte Zukunft prophezeien⟩ • hierzu **Pro·phe·zei·ung** *die*

pro·phy·lak·tisch [-f-] ADJEKTIV; *geschrieben* ⟨eine Behandlung, Maßnahmen⟩ so, dass sie eine Krankheit verhindern ● hierzu **Pro·phy·la·xe** *die*

Pro·por·ti·on [-ˈtsi̯oːn] *die*; (-, -en); *meist Plural* **1** das Verhältnis der Größe eines Teils zur Größe des Ganzen ⟨ausgewogene Proportionen⟩ | *Auf der Zeichnung stimmen die Proportionen nicht ganz: Im Vergleich zum Körper ist der Kopf zu groß* **2** *geschrieben* ≈ *Ausmaße* | *Die Verschuldung des Staates hat inzwischen besorgniserregende Proportionen angenommen*

pro·por·ti·o·nal [-tsi̯o-] ADJEKTIV **1** **proportional (zu etwas)** *geschrieben* entsprechend dem Anteil am Ganzen | *Die Sitze im Parlament werden proportional verteilt* (Jede Partei bekommt die Zahl der Sitze, die ihrem Anteil am Wahlergebnis entspricht) **2** **direkt proportional (zu etwas)** so, dass ein Wert größer/kleiner wird, wenn ein anderer Wert auch größer/kleiner wird ⟨eine Größe⟩ **3** **indirekt/umgekehrt proportional (zu etwas)** so, dass ein Wert kleiner wird, wenn der andere Wert größer wird und umgekehrt ⟨eine Größe⟩ ● zu (1) **Pro·por·ti·o·na·li·tät** *die*

pro·por·ti·o·niert [-tsi̯o-] ADJEKTIV **gut proportioniert** mit Proportionen, die zueinanderpassen ⟨ein Körper⟩

Pro·porz *der*; (-es, -e) **1** das Verteilen von Ämtern proportional zur Größe der beteiligten Gruppen/Parteien **2** Ⓒⓗ ≈ *Verhältniswahl*

propp·en·voll ADJEKTIV; *norddeutsch, gesprochen* ganz voll ⟨ein Behälter, ein Raum⟩

Propst *der*; (-(e)s, Pröps·te) ein Priester, der alle Priester leitet, die zu einem Dom oder zu einem ziemlich großen Kirchenbezirk gehören K Dompropst

★ **Pro·sa** *die*; (-) die geschriebene Sprache (aber nicht solche Texte, die in Versen und Reimen geschrieben sind) | *Kurzgeschichten und Romane sind Prosa* K Prosatext, Prosaübersetzung

pro·sa·isch ADJEKTIV; *abwertend* ≈ *nüchtern*

pro·sit! ≈ *prost!*

Pro·sit *das*; (-s, -s) **1** **ein Prosit auf jemanden ausbringen** auf jemandes Wohl trinken **2** **Prosit Neujahr!** verwendet am ersten Tag des neuen Jahres, um den Wunsch auszudrücken, dass das neue Jahr Gutes bringen soll

★ **Pros·pekt** *der*; (-(e)s, -e) ein Heft mit Text und Bildern, das über eine Ware informiert K Farbprospekt, Reiseprospekt

★ **prost!** verwendet, bevor man in Gesellschaft den ersten Schluck eines alkoholischen Getränks trinkt

Pros·ta·ta *die*; (-) eine Drüse beim Mann, die eine Flüssigkeit für den Samen produziert ⟨eine krankhaft vergrößerte Prostata⟩ K Prostatakrebs, Prostataleiden, Prostataoperation

pros·ti·tu·ie·ren VERB (prostituierte sich, hat sich prostituiert) **1** **sich prostituieren** Geld dafür nehmen, dass man jemandem sexuellen Kontakt erlaubt **2** **sich prostituieren** *geschrieben, abwertend* (meist nur wegen des Geldes) für Leute oder für Zwecke arbeiten, mit denen man sich nicht identifizieren kann ⟨sich als Künstler prostituieren⟩

Pros·ti·tu·ier·te *die*; (-n, -n) eine Frau, die mit ihren sexuellen Kontakten Geld verdient ▮ im Genitiv und Dativ Singular: *der Prostituierten*

Pros·ti·tu·ti·on [-ˈtsi̯oːn] *die*; (-) sexuelle Handlungen, für die eine Person Geld verlangt und bekommt ⟨der Prostitution nachgehen⟩

Pro·ta·go·nist *der*; (-en, -en) die wichtigste Person in einem Theaterstück, Roman o. Ä. ▮ *der Protagonist; den, dem, des Protagonisten* ● hierzu **Pro·ta·go·nis·tin** *die*

Pro·te·gé [-ˈʒeː] *der*; (-s, -s) eine Person, die protegiert wird ≈ *Günstling* | *ein Protegé des Königs*

pro·te·gie·ren [-ˈʒiː] VERB (protegierte, hat protegiert) **jemanden protegieren** *geschrieben* durch die eigene gesellschaftliche Stellung oder den eigenen Einfluss eine andere Person so unterstützen, dass sie vor allem beruflichen Erfolg hat ● hierzu **Pro·tek·ti·on** *die*

Pro·te·in *das*; (-s, -e) Haare, Haut und Muskeln der Körper von Tieren und Menschen bestehen aus Protein; Proteine sind ein wichtiger Teil der Nahrung ≈ *Eiweiß* ● hierzu **pro·te·in·arm** ADJEKTIV; **pro·te·in·hal·tig** ADJEKTIV; **pro·te·in·reich** ADJEKTIV

Pro·tek·ti·o·nis·mus [-tsi̯o-] *der*; (-) die Maßnahmen, durch die ein Land die eigene Wirtschaft vor der Konkurrenz aus anderen Ländern schützt (z. B. durch höhere Steuern oder Importbeschränkungen)

Pro·tek·to·rat *das*; (-s, -e) **1** ein Land, dessen Verteidigung und Außenpolitik von einem anderen, mächtigeren Land bestimmt wird **2** *meist Singular* die Schutzherrschaft eines stärkeren Staates über einen schwächeren Staat **3** *geschrieben* die Leitung und Förderung eines Projekts oder einer Unternehmung ⟨unter jemandes Protektorat stehen⟩ ≈ *Schirmherrschaft*

★ **Pro·test** *der*; (-(e)s, -e) **Protest (gegen jemanden/etwas)** Worte, Handlungen o. Ä., die deutlich zum Ausdruck bringen, dass man mit jemandem/etwas nicht einverstanden ist ⟨heftige, scharfe Proteste; Protest erheben, anmelden, äußern; es hagelt Proteste⟩ | *Er verließ unter lautem Protest den Saal* | *Aus Protest gegen die Politik der Regierung trat er aus der Partei aus* K Protestaktion, Protesthaltung, Protestkundgebung, Protestmarsch, Protestrufe, Protestschreiben, Protestsong, Protestwelle

Pro·tes·tant *der*; (-en, -en) ein Mitglied einer christlichen Kirche, welche den Protestantismus vertritt ▮ *der Protestant; den, dem, des Protestanten* ● hierzu **Pro·tes·tan·tin** *die*

Pro·tes·tan·tis·mus *der*; (-) die Lehre der christlichen Kirchen, die sich im 16. Jahrhundert (nach der Reformation) von der katholischen Kirche getrennt haben ● hierzu **pro·tes·tan·tisch** ADJEKTIV

★ **pro·tes·tie·ren** VERB (protestierte, hat protestiert) **(gegen jemanden/etwas) protestieren** deutlich zum Ausdruck bringen, dass man mit jemandem/etwas nicht einverstanden ist | *gegen eine schlechte Behandlung protestieren* | *Er protestierte dagegen, dass seine Miete erhöht wurde*

Pro·the·se *die*; (-, -n) ein künstlicher Körperteil ⟨eine Prothese tragen⟩ K Prothesenträger; Armprothese, Beinprothese, Zahnprothese

★ **Pro·to·koll** *das*; (-s, -e) **1** ein Text, in dem genau steht, was in einer Sitzung (z. B. im Gericht oder bei geschäftlichen Verhandlungen) gesagt wurde ⟨ein Protokoll anfertigen, schreiben; etwas ins Protokoll aufnehmen⟩ K Gerichtsprotokoll, Sitzungsprotokoll, Verhandlungsprotokoll **2** ein Text, in dem ein (wissenschaftlicher) Versuch o. Ä. genau beschrieben wird K Versuchsprotokoll **3** die Regeln, nach denen sich Diplomaten und Politiker bei offiziellen Anlässen verhalten sollen ⟨das Protokoll einhalten; dem Protokoll genügen; das Protokoll schreibt etwas vor⟩ **4** **(das) Protokoll führen** ein Protokoll schreiben K Protokollführer **5** **etwas zu Protokoll geben** sagen, dass etwas ins Protokoll geschrieben werden soll | *Ich möchte Folgendes zu Protokoll geben: …* **6** **etwas zu Protokoll nehmen** etwas ins Protokoll schreiben ● zu (1 – 3) **pro·to·kol·la·risch** ADJEKTIV

pro·to·kol·lie·ren VERB (protokollierte, hat protokolliert) **(etwas) protokollieren** etwas in ein Protokoll schreiben ⟨eine Aussage, eine Sitzung, ein Verhör, den Verlauf eines Versuchs protokollieren⟩

Pro·ton *das*; (-s, Pro·to·nen) ein sehr kleines Teil im Atomkern, das positiv geladen ist | *Ein Wasserstoffatom besteht aus einem Proton und aus einem Elektron*

Pro·to·typ *der* **1** das erste Exemplar einer Maschine o. Ä., das hergestellt wird **2** **der Prototyp** +*Genitiv* ein typisches

P

Beispiel für etwas

Protz *der;* (-es, -e); *gesprochen, abwertend* eine Person, die damit protzt, was sie hat oder kann K Geldprotz, Kraftprotz, Muskelprotz

prot·zen VERB (protzte, hat geprotzt) **(mit etwas) protzen** *abwertend* deutlich zeigen, dass man etwas hat, auf das man sehr stolz ist ⟨mit dem Geld, Wissen protzen⟩ | *Er protzt immer (damit), dass er sich die teuersten Hotels leisten kann*

prot·zig ADJEKTIV; *gesprochen, abwertend* ⟨ein Auto, ein Ring, ein Palast⟩ so, dass jeder sieht, dass sie sehr viel Geld gekostet haben

Pro·ve·ni·enz [prove'ni̯ɛnts] *die;* (-, -en); *geschrieben* ≈ *Herkunft* | *Teppiche orientalischer Provenienz*

Pro·vi·ant [-v-] *der;* (-s, -e); *meist Singular* das Essen, das man auf einen Ausflug oder eine Reise mitnimmt oder das Soldaten im Krieg bei sich tragen ⟨reichlich Proviant einpacken, mitnehmen⟩ K Proviantkorb

Pro·vi·der [pro'vaidɐ] *der;* (-s, -) ein Unternehmen, das Dienste der Telekommunikation, z. B. den Zugang zum Internet, anbietet

★ **Pro·vinz** [-v-] *die;* (-, -en) **1** (in manchen Staaten) ein relativ großes Gebiet mit eigener Verwaltung K Provinzhauptstadt **2** *oft abwertend nur Singular* ein Gebiet, in dem es (im Gegensatz zu großen Städten) wenig kulturelle oder gesellschaftliche Ereignisse gibt ⟨eine Stadt, ein Dorf ist finsterste, tiefste Provinz; in der Provinz leben; aus der Provinz kommen⟩ K Provinzstadt, Provinztheater

pro·vin·zi·ell [-v-] ADJEKTIV; *meist abwertend* mit Eigenschaften, Ansichten, alten Bräuchen o. Ä., die man als typisch für die Provinz betrachtet | *eine Stadt wirkt provinziell*

Pro·vi·si·on [-v-] *die;* (-, -en) das Geld, das eine Person dafür bekommt, dass sie im Auftrag einer anderen Person etwas verkauft hat ⟨eine Provision kassieren, einstreichen⟩ | *Für jede Versicherung, die er abschließt, bekommt unser Vertreter zehn Prozent Provision* K Vermittlungsprovision, Verkaufsprovision

Pro·vi·si·ons·ba·sis [-v-] *die* ■ ID **auf Provisionsbasis** so, dass jemand für eine Tätigkeit eine Provision bekommt ⟨auf Provisionsbasis arbeiten⟩

pro·vi·so·risch [-v-] ADJEKTIV nur so lange verwendet, bis man etwas Besseres hat ⟨eine Reparatur, ein Verband⟩

Pro·vi·so·ri·um [-v-] *das;* (-s, Pro·vi·so·ri·en [-'zoːri̯ən]); *geschrieben* etwas, das provisorisch ist

pro·vo·kant [-v-] ADJEKTIV; *geschrieben* so, dass man jemanden mit etwas provozieren will ⟨ein Auftreten, ein Verhalten; etwas provokant formulieren⟩

Pro·vo·ka·teur [provoka'tøːɐ̯] *der;* (-s, -e); *geschrieben, abwertend* eine Person, die andere Personen zu Handlungen vor allem gegen die Regierung oder eine Partei auffordert • hierzu **Pro·vo·ka·teu·rin** [provoka'tøːrɪn] *die*

Pro·vo·ka·ti·on [provoka'tsi̯oːn] *die;* (-, -en) eine Handlung, eine Aussage o. Ä., mit der man jemanden ärgert und so zu einer Reaktion auffordert ⟨etwas als Provokation auffassen, verstehen; auf eine Provokation antworten, reagieren⟩

pro·vo·ka·tiv [provoka'tiːf] ADJEKTIV; *geschrieben* ≈ *provokant*

pro·vo·ka·to·risch [-v-] ADJEKTIV; *geschrieben* ≈ *provokant*

★ **pro·vo·zie·ren** [-v-] VERB (provozierte, hat provoziert) **1** **jemanden (zu etwas) provozieren** eine Person absichtlich ärgern, damit sie sich nicht mehr beherrschen kann ⟨jemandem provozierende Fragen stellen; sich nicht provozieren lassen⟩ | *Der Schüler versuchte, den Lehrer dazu zu provozieren, ihn zu schlagen* | *einen Hund so lange provozieren, bis er beißt* **2** **etwas provozieren** durch die eigenen Handlungen bewirken, dass etwas (Negatives) geschieht ⟨einen Eklat, einen Krieg, Proteste, eine Schlägerei, Widerspruch provozieren⟩ | *provozierende Thesen formulieren*

Pro·ze·dur *die;* (-, -en) eine Reihe von meist langen und unangenehmen Handlungen ⟨eine langwierige, umständliche, lästige Prozedur⟩

★ **Pro·zent** *das;* (-(e)s, -/-e) **1** einer von hundert Teilen einer Menge | *vier Prozent (4 %) Zinsen* | *Zehn Prozent von fünfzig Euro sind fünf Euro* **i** Nach einer Zahl lautet der Plural *Prozent*: *zehn Prozent*. Symbol: % **2** *gesprochen nur Plural* ein Teil eines Gewinns ⟨Prozente bekommen⟩ **3** *gesprochen nur Plural* eine Preissenkung um einen Teil der Summe ⟨bei jemandem Prozente kriegen⟩ | *Mein Freund hat ein Computergeschäft und gibt mir Prozente, wenn ich bei ihm einkaufe*

-pro·zen·tig *im Adjektiv, unbetont, begrenzt produktiv* **einprozentig, zweiprozentig, zehnprozentig, hundertprozentig** *und andere* mit der genannten Zahl oder Menge von Prozenten | *hochprozentiger Alkohol*

Pro·zent·punkt *der; meist Plural* verwendet anstelle von Prozent (um eine Entwicklung auf einer grafischen Kurve anzugeben) | *den Diskontsatz um einen halben Prozentpunkt erhöhen/senken*

Pro·zent·satz *der* ein Anteil einer Menge (in Prozenten ausgedrückt) | *Ein hoher Prozentsatz der Wähler ist für das neue Gesetz*

pro·zen·tu·al ADJEKTIV *meist attributiv* in Prozenten ausgedrückt ⟨ein Anteil, eine Beteiligung⟩

★ **Pro·zess** *der;* (-es, -e) **1** das Verfahren, bei dem ein Gericht ein Verbrechen oder einen Streit untersucht und beurteilt ⟨ein öffentlicher Prozess; einen Prozess anstrengen, gegen jemanden führen, gewinnen, verlieren, wieder aufnehmen⟩ | *Bis zum Prozess sitzt er in Untersuchungshaft* K Prozessführung, Prozessgegner, Prozesskosten, Prozessrecht; Mordprozess, Strafprozess, Zivilprozess **2** **jemandem den Prozess machen** jemanden vor Gericht bringen **3** ein Vorgang, der aus mehreren Phasen besteht, in dem eine (allmähliche) Veränderung stattfindet ⟨ein chemischer, natürlicher Prozess; einen Prozess beobachten, beschleunigen, hemmen, steuern, beeinflussen⟩ | *Dieser Prozess dauerte tausend Jahre* K Alterungsprozess, Entstehungsprozess, Entwicklungsprozess, Veränderungsprozess ■ ID **kurzen Prozess mit jemandem machen** jemanden kurz und heftig tadeln oder kritisieren; **kurzen Prozess mit etwas machen** etwas sehr schnell entscheiden (meist zum Nachteil einer anderen Person)

pro·zes·sie·ren VERB (prozessierte, hat prozessiert) **(mit jemandem) prozessieren**; **gegen jemanden prozessieren** einen Zivilprozess (gegen jemanden) führen | *wegen eines Vertragsbruchs prozessieren*

Pro·zes·si·on *die;* (-, -en) eine religiöse Feier, bei der (katholische) Priester und die Gläubigen hintereinander durch die Stadt oder das Dorf gehen K Fronleichnamsprozession

Pro·zes·sor *der;* (-s, Pro·zes·so·ren) der Prozessor ist der Teil des Computer o. Ä., der die Rechen- und Steuerprozesse ausführt K Mikroprozessor; prozessorgesteuert

Pro·zess·ord·nung *die* die Regeln, nach denen ein Prozess ablaufen muss

prü·de ADJEKTIV ⟨ein Mensch⟩ so, dass er es als unangenehm empfindet, über sexuelle Dinge zu sprechen • hierzu **Prü·de·rie** *die*

★ **prü·fen** VERB (prüfte, hat geprüft) **1** **jemanden/etwas prüfen** feststellen, ob jemand/etwas eine gewünschte Eigenschaft (im richtigen Maß) hat ⟨jemanden/etwas gründlich, oberflächlich prüfen; jemanden prüfend ansehen; etwas prüfend anfassen⟩ ≈ *testen* | *prüfen, ob eine Rechnung stimmt* | *mit dem Finger die Temperatur des Wassers prüfen* | *prüfen,* *wie* stark jemand ist | *jemanden auf seine Zuverlässigkeit (hin) prüfen* K Prüfbericht, Prüfgerät, Prüfverfahren **2** **etwas prüfen** darüber nachdenken, ob man etwas annimmt oder ablehnt ⟨ein Angebot, einen Antrag (eingehend) prüfen⟩ **3** **etwas prüft jemanden** *geschrieben* etwas belastet einen Menschen psychisch stark ⟨das Leben; das Schicksal hat jemanden hart, schwer geprüft⟩ **4** **(jemanden) prüfen** einer Person Fragen stellen, um zu erfahren, ob sie etwas gelernt hat ⟨einen Schüler, einen Studenten prüfen; jemanden mündlich, schriftlich, streng prüfen⟩ | *ein staatlich geprüfter Dolmetscher*

Prü·fer *der;* (-s, -) **1** eine Person, die einen Studenten o. Ä. prüft ⟨ein erfahrener, gefürchteter, strenger Prüfer⟩ **2** eine Person, deren Beruf es ist, etwas zu prüfen K Steuerprüfer

Prüf·ling *der;* (-s, -e) eine Person, die geprüft wird

Prüf·stand *der* die Stelle, an der man vor allem eine Maschine mit Messgeräten prüft ⟨etwas kommt auf den Prüfstand; etwas auf dem Prüfstand erproben, testen⟩

Prüf·stein *der* meist eine Situation, in der eine Person zeigen muss, was sie kann ⟨ein Prüfstein für jemandes Intelligenz, Mut⟩ ≈ *Bewährungsprobe*

★ **Prü·fung** *die;* (-, -en) **1** eine mündliche oder schriftliche Aufgabe, mit welcher die Kenntnisse einer Person oder ihre Fähigkeiten bewertet, beurteilt werden ⟨eine mündliche, schriftliche, schwierige Prüfung; sich auf eine Prüfung vorbereiten; auf/für eine Prüfung lernen; eine Prüfung machen, ablegen, schreiben, bestehen; in einer Prüfung versagen; durch eine Prüfung fallen⟩ ≈ *Test, Examen* K Prüfungsangst, Prüfungsergebnis, Prüfungsfach, Prüfungsfragen, Prüfungsordnung, Prüfungstermin; Abschlussprüfung, Aufnahmeprüfung, Diplomprüfung, Fahrprüfung, Gesellenprüfung, Meisterprüfung, Sprachprüfung **2** *nur Singular* eine Untersuchung, mit der man feststellt, ob etwas richtig ist, funktioniert o. Ä. ⟨etwas bedarf einer Prüfung; etwas hält einer Prüfung (nicht) stand; etwas einer Prüfung unterwerfen, unterziehen⟩ | *Die genaue Prüfung der Rechnung hat einen Fehler ergeben* K Bremsprüfung, Härteprüfung, Materialprüfung, Qualitätsprüfung, Rechnungsprüfung **3** eine Situation, in der ein Mensch psychisch stark belastet wird ⟨eine harte, schwere Prüfung zu bestehen haben⟩ K Schicksalsprüfung

Prü·gel *der;* (-s, -) **1** *nur Plural* mehrere Schläge, die jemand in einem Kampf oder als Strafe bekommt ⟨eine Tracht Prügel; Prügel austeilen, bekommen/kriegen/beziehen⟩ K Prügelstrafe **2** ein relativ dicker und kurzer Stab, mit dem man jemanden schlägt ≈ *Knüppel*

Prü·ge·lei *die;* (-, -en) ein Streit, bei dem Menschen sich kräftig schlagen ≈ *Schlägerei*

Prü·gel·kna·be *der* eine Person, die man ohne Grund vor allem für Fehler anderer Leute bestraft

prü·geln VERB (prügelte, hat geprügelt) **1** **jemanden prügeln** jemanden (voller Wut) mehrere Male kräftig schlagen **2** **sich (mit jemandem) prügeln** kämpfen und sich dabei gegenseitig kräftig schlagen | *Er prügelte sich mit dem Nachbarsjungen* **3** **sich um etwas prügeln** *gesprochen* mit allen Mitteln versuchen, etwas zu bekommen, das man will ⟨sich um die letzten Karten, Plätze prügeln⟩

Prunk *der;* (-(e)s) eine viel zu kostbare Ausstattung oder Verzierung (meist eines Gebäudes o. Ä.) ⟨verschwenderischer Prunk; der Prunk eines Festes, einer Kirche, eines Schlosses⟩ ● hierzu **prunk·voll** ADJEKTIV

prun·ken VERB (prunkte, hat geprunkt) **1** **(mit etwas) prunken** (durch großen Aufwand) beeindruckend schön, prächtig sein | *Die Villa prunkt mit poliertem Marmor* **2** **(mit etwas) prunken** mit großem Aufwand beeindrucken | *Der Konzern kann mit enormen Umsatzzuwächsen prunken*

Prunk·stück *das* das schönste oder wertvollste Stück in einer Sammlung

prus·ten VERB (prustete, hat geprustet) Luft durch fast geschlossene Lippen pressen, sodass ein lautes Geräusch entsteht und kleine Tropfen Flüssigkeit aus dem Mund kommen ⟨vor Lachen prusten; prustend aus dem Wasser auftauchen⟩

PS [pe:ˈ|ɛs] **1** (Abkürzung für *Pferdestärke*) eine Einheit, mit der man die Leistung von Automotoren angibt | *ein Auto mit 70 PS* **i** Statt *PS* wird heute offiziell *Kilowatt* (*KW*) verwendet (1 PS = 0,736 KW). Man spricht aber häufiger von *PS* als von *Kilowatt.* **2** (Abkürzung für *Postskript*) als Einleitung verwendet, wenn man ganz am Ende eines Briefes noch eine Bemerkung hinzufügen will | *PS: Die CD bringe ich dir nächste Woche mit*

Psalm *der;* (-s, -en) ein Gebet oder religiöses Lied in der Bibel

pscht! ≈ *pst!*

pseu·do-, Pseu·do- *im Adjektiv und Substantiv, betont, begrenzt produktiv; oft abwertend* **der Pseudochrist, die Pseudowissenschaft; pseudomodern, pseudodemokratisch, pseudowissenschaftlich** *und andere* drückt aus, dass eine Person oder Sache in Wirklichkeit nicht das ist, was sie behauptet oder zu sein scheint

Pseu·do·nym [-ˈny:m] *das;* (-s, -e) ein Name, den eine Person statt des eigenen Namens benutzt, um nicht erkannt zu werden ⟨unter einem Pseudonym schreiben, veröffentlichen, reisen⟩ ≈ *Deckname*

pst! verwendet, um jemanden aufzufordern, still zu sein

Psy·che [ˈpsy:ça] *die;* (-, -n); *geschrieben* das seelische oder geistige Leben des Menschen ⟨eine kindliche, kranke, labile Psyche; die menschliche Psyche⟩ ↔ *Körper*

Psy·chi·a·ter *der;* (-s, -) ein Arzt, der Krankheiten der Psyche feststellt und behandelt ⟨zu einem Psychiater gehen⟩ | *Das Gericht forderte das Gutachten eines Psychiaters an* ● hierzu **Psy·chi·a·te·rin** *die*

Psy·chi·at·rie *die;* (-, -n [ˈri:ən]) **1** *nur Singular* das Gebiet der Medizin, das sich mit seelischen Krankheiten beschäftigt **2** eine Klinik oder eine Abteilung, in der psychisch kranke Menschen behandelt werden ● hierzu **psy·chi·at·risch** ADJEKTIV

★ **psy·chisch** [ˈpsy:-] ADJEKTIV in Bezug auf die Psyche ⟨eine Belastung, ein Druck, eine Krankheit; psychisch gesund/krank sein⟩ ≈ *seelisch* ↔ *physisch*

Psy·cho·ana·ly·se [-ˈly:zə] *die;* (-) eine Methode, diejenigen Erlebnisse eines Menschen zu finden und zu analysieren, welche der Grund für psychische Krankheiten sind (vor allem die Träume und Erlebnisse als kleines Kind) | *Sigmund Freud, der Begründer der Psychoanalyse* ● hierzu **Psy·cho·ana·ly·ti·ker** [-ˈly:-] *der;* **Psy·cho·ana·ly·ti·ke·rin** [-ˈly:-] *die;* **psy·cho·ana·ly·tisch** [-ˈly:-] ADJEKTIV

Psy·cho·lo·ge *der;* (-n, -n) **1** eine Person, die Psychologie studiert hat und meist Menschen mit psychischen Problemen hilft K Betriebspsychologe, Diplompsychologe, Gerichtspsychologe, Kinderpsychologe, Schulpsychologe **i** *der Psychologe; den, dem, des Psychologen* **2** eine Person mit der Fähigkeit, andere Leute richtig einzuschätzen ⟨ein guter, schlechter Psychologe⟩ ● hierzu **Psy·cho·lo·gin** *die*

★ **Psy·cho·lo·gie** *die;* (-) **1** die Wissenschaft, die sich mit dem seelischen Verhalten beschäftigt ⟨Psychologie studieren⟩ K Entwicklungspsychologie, Jugendpsychologie, Kinderpsychologie, Schulpsychologie, Sexualpsychologie, Sozialpsychologie, Sprachpsychologie, Tierpsychologie **2** die Fähigkeit, die Psyche anderer Menschen zu erkennen, zu verstehen und dieses Wissen anwenden | *ein bisschen Psychologie anwenden, um jemanden zu überzeugen*

P

psy·cho·lo·gisch ADJEKTIV **1** *meist attributiv* in Bezug auf die Psychologie ⟨ein Experiment, ein Gutachten; das Einfühlungsvermögen, das Verständnis, das Vorgehen; psychologisch geschickt handeln⟩ **2** *gesprochen* ⟨die Ursachen, ein Vorgang⟩ ≈ *psychisch*

Psy·cho·path *der*; (-en, -en) eine Person, deren Verhalten gestört oder krankhaft ist **I** *der Psychopath; den, dem, des Psychopathen* ● hierzu **Psy·cho·pa·thin** *die*; **psy·cho·pa·thisch** ADJEKTIV

Psy·cho·phar·ma·ka [-f-] *die*; *Plural* Medikamente, welche auf die Psyche wirken (wie z. B. Beruhigungsmittel und Schlafmittel) ⟨Psychopharmaka nehmen⟩

Psy·cho·se *die*; (-, -n) **1** eine psychische Krankheit, bei der sich der Charakter ändert **2** ein Zustand, in dem jemand mit sehr heftigen Gefühlen auf etwas reagiert **K** Angstpsychose, Massenpsychose, Prüfungspsychose ● hierzu **psy·cho·tisch** ADJEKTIV

psy·cho·so·ma·tisch ADJEKTIV durch Angst oder psychische Probleme entstanden ⟨eine Krankheit, eine Störung⟩ | *Ihr Kopfweh ist psychosomatisch bedingt* ● hierzu **Psy·cho·so·ma·tik** *die*

Psy·cho·ter·ror *der*; *gesprochen, abwertend oder humorvoll* Maßnahmen, Handlungen o. Ä., mit denen jemand psychisch gequält wird

Psy·cho·the·ra·peut *der* ein Therapeut, der psychische Probleme behandelt ● hierzu **Psy·cho·the·ra·peu·tin** *die*; **Psy·cho·the·ra·pie** *die*; **psy·cho·the·ra·peu·tisch** ADJEKTIV

pu·ber·tär ADJEKTIV **1** während der Pubertät (auftretend) | *Akne ist eine pubertäre Erscheinung* **2** *abwertend* für die Pubertät typisch ⟨ein Verhalten; Witze⟩

Pu·ber·tät *die*; (-) die Zeit, in der sich der Körper des Menschen von dem eines Kindes zu dem eines Erwachsenen verändert ⟨in die Pubertät kommen; in der Pubertät sein⟩ **K** Pubertätserscheinung

Pub·li·ci·ty [pa'blɪsiti] *die*; (-) das (häufige) Erscheinen in den Massenmedien, wodurch der Betroffene sehr bekannt wird ⟨für Publicity sorgen⟩ | *durch einen neuen Film als Schauspieler an Publicity gewinnen*

Pub·lic Re·la·tions ['pablɪk ri'le:ʃn̩z] *die*; *Plural* ≈ *Öffentlichkeitsarbeit* → PR

Pub·lic Vie·wing ['pablɪk 'vju:ɪŋ] *das*; (-s, -s) beim Public Viewing wird ein Ereignis live auf einer großen Leinwand im Freien gezeigt, damit viele Menschen gemeinsam zuschauen können

pub·lik ADJEKTIV *meist prädikativ*; *geschrieben* in der Öffentlichkeit bekannt ⟨etwas ist/wird publik; etwas publik machen⟩ ● hierzu **Pub·li·zi·tät** *die*

Pub·li·ka·ti·on [-'tsjo:n] *die*; (-, -en); *geschrieben* **1** *meist Singular* das Drucken von Texten oder Büchern ≈ *Veröffentlichung* | *Die Publikation unseres Reiseführers soll im März erfolgen* **K** Publikationsrechte, Publikationsverbot **2** ein Werk, das jemand veröffentlicht hat | *die neueste Publikation des bekannten Autors*

pub·lik·ma·chen VERB ≈ *publik machen*

★ **Pub·li·kum** *das*; (-s) **1** die Menschen, die bei einer Veranstaltung zuhören und zuschauen ⟨ein gemischtes, junges Publikum; das Publikum klatscht (Beifall); jemand/etwas kommt beim Publikum (gut) an; jemand/etwas ist beim Publikum beliebt⟩ **K** Publikumserfolg, Publikumsliebling, Publikumsresonanz; Fernsehpublikum, Galapublikum, Konzertpublikum, Premierenpublikum, Theaterpublikum **2** die Menschen, die sich für Bücher, Filme, Theater usw. interessieren ⟨ein festes, treues Publikum haben; sein Publikum finden; ein breites Publikum erreichen⟩ **3** die Gäste, die ein Lokal, Hotel oder einen Ort besuchen ⟨ein gutes, gehobenes, elegantes, feines, fragwürdiges Publikum⟩ **K** Stammpublikum

Pub·li·kums·ver·kehr *der*; *meist Singular* **1** wenn eine Behörde Publikumsverkehr hat, können Bürger kommen und Anträge stellen usw. ≈ *Parteiverkehr* | *Am 24. Dezember kein Publikumsverkehr!* | *Publikumsverkehr von 8 – 12 Uhr* **2** die Leute, die zu einer Behörde oder Bank kommen

pub·li·kums·wirk·sam ADJEKTIV so, dass etwas in der Öffentlichkeit eine große Wirkung hat ⟨eine Schlagzeile, eine Werbung; etwas publikumswirksam gestalten, platzieren, inszenieren⟩

pub·li·zie·ren VERB (publizierte, hat publiziert) **1** **(etwas) publizieren** ein Buch oder einen Text (Aufsatz) drucken lassen, damit die Leute es/ihn lesen können ≈ *veröffentlichen* **2** **etwas publizieren** *geschrieben* etwas bekannt machen

Pub·li·zist *der*; (-en, -en); *geschrieben* ein Schriftsteller oder Journalist, welcher das aktuelle Geschehen kommentiert **I** *der Publizist; den dem, des Publizisten* ● hierzu **Pub·li·zis·tin** *die*

Pub·li·zis·tik *die*; (-) die Wissenschaft, die sich mit den Medien (Buch, Zeitung, Film, Fernsehen, Radio) und ihrer Wirkung beschäftigt ● hierzu **pub·li·zis·tisch** ADJEKTIV

Puck *der*; (-s, -s) die kleine runde Scheibe, mit der man beim Eishockey spielt

★ **Pud·ding** *der*; (-s, -e/-s) eine weiche, süße Speise, die entsteht, wenn man ein besonderes Pulver mit Milch und Zucker mischt und kocht ⟨Pudding kochen, machen, essen⟩ | *Pudding mit Vanillegeschmack* | *Pudding mit Himbeersaft* **K** Puddingform, Puddingpulver; Grießpudding, Erdbeerpudding, Himbeerpudding, Schokoladenpudding, Vanillepudding

Pu·del *der*; (-s, -) ein Hund, der ein Fell mit dichten, kleinen Locken hat ⟨einen Pudel scheren⟩ ■ **ID des Pudels Kern** der wichtigste Punkt einer Sache, den man aber meist erst spät erkennt; **wie ein begossener Pudel** traurig und enttäuscht

PUDEL

Pu·del·müt·ze *die* eine Wollmütze, die eng am Kopf liegt

pu·del·nackt ADJEKTIV; *gesprochen* ganz nackt

pu·del·nass ADJEKTIV; *gesprochen* sehr nass | *im Regen pudelnass werden*

pu·del·wohl ADVERB ■ **ID sich pudelwohl fühlen** *gesprochen* sich sehr wohl fühlen

★ **Pu·der** *der/gesprochen auch das*; (-s, -) ein Pulver, das man auf die Haut gibt, um sie zu färben oder zu pflegen ⟨Puder auftragen; sich mit Puder schminken⟩ **K** Puderdose; Gesichtspuder, Kinderpuder, Wundpuder ● hierzu **pu·de·rig**, **pud·rig** ADJEKTIV

pu·dern VERB (puderte, hat gepudert) **(jemandem) etwas pudern** Puder auf eine Stelle der Haut geben ⟨sich (*Dativ*) das Gesicht, die Nase pudern; eine Wunde pudern; ein Baby pudern⟩ | *Ich muss mir noch schnell die Nase pudern*

Pu·der·zu·cker *der* Zucker, der so fein ist wie Mehl

puff! verwendet, um das Geräusch zu imitieren, das z. B. bei einem Schuss entsteht oder wenn etwas platzt

Puff[1] *das/der*; (-s, -s); *gesprochen* ⚠ ≈ *Bordell*

Puff[2] *der*; (-(e)s, Püf·fe); *gesprochen* ein leichter Stoß (vor allem mit der Faust) ⟨ein freundschaftlicher, kräftiger Puff; jemandem einen Puff geben⟩ ■ **ID einen Puff/ein paar Püffe vertragen können** *gesprochen* nicht empfindlich sein

Puff·är·mel *der* ein Ärmel, der oben am Arm sehr weit ist und am unteren Ende eng wird

P

puf·fen VERB (puffte, hat gepufft); *gesprochen* **1** **jemanden puffen** jemanden mit der Faust oder dem Ellbogen leicht stoßen | *jemanden in die Rippen puffen* **2** **eine Lokomotive pufft** eine Dampflokomotive stößt Dampf aus und macht dabei ein Geräusch

Puf·fer *der*; (-s, -) **1** ein rundes Stück aus Eisen, das bei Waggons und Lokomotiven Stöße vorn und hinten abfängt **2** **jemand/etwas dient als Puffer** jemand/etwas wird dazu benutzt, dass ein Streit o. Ä. nicht größer wird

Puf·fer·staat *der* ein meist kleiner Staat, der zwischen zwei anderen Staaten liegt und dadurch oft Konflikte zwischen diesen verhindert

Puf·fer·zo·ne *die* ein Gebiet, das zwischen zwei anderen Gebieten liegt und dadurch oft Konflikte zwischen diesen verhindert

puh! verwendet als Ausruf, wenn einem z. B. etwas unangenehm erscheint | *Puh, hier stinkts!*

pu·len VERB (pulte, hat gepult); *gesprochen* **1** **etwas aus/von etwas pulen** etwas mit den Fingern entfernen | *Rosinen aus dem Kuchen pulen* | *einen Splitter aus der Fußsohle pulen* **2** **an/in etwas** (*Dativ*) **pulen** versuchen, etwas mit den Fingern aus etwas zu entfernen ⟨in der Nase pulen⟩

Pulk *der*; (-(e)s, -s/-e) mehrere Personen, Tiere, Fahrzeuge o. Ä., die dicht zusammen sind ⟨im Pulk fahren, laufen, auftreten⟩ | *In der letzten Runde gelang es ihm, sich vom Pulk zu lösen*

Pul·le *die*; (-, -n); *gesprochen* ≈ *Flasche* | *einen Schluck aus der Pulle nehmen* ■ ID **volle Pulle** *gesprochen* mit voller Kraft ⟨volle Pulle fahren, kämpfen, laufen, schreien⟩

Pul·li *der*; (-s, -s); *gesprochen* ≈ *Pullover*

★ **Pul·lo·ver** *der*; (-s, -) ein Kleidungsstück (oft aus Wolle), das man über Hemd oder Bluse zieht ⟨ein selbst gestrickter, warmer, weicher Pullover; einen Pullover stricken⟩ K Wollpullover, Ringelpullover, Rollkragenpullover H → Abb. unter **Bekleidung**

Pul·lun·der *der*; (-s, -) ein Kleidungsstück, das wie ein Pullover ohne Ärmel aussieht

Puls *der*; (-es) **1** die rhythmische Bewegung, mit welcher das Herz das Blut durch den Körper befördert ⟨ein beschleunigter, langsamer, schwacher, (un)regelmäßiger Puls; jemandes Puls jagt, rast, schlägt schnell; jemandem den Puls fühlen, messen⟩ | *Der Puls des Bewusstlosen war kaum noch spürbar* K Pulsschlag **2** die Zahl der Schläge des Pulses pro Minute ⟨ein hoher, niedriger Puls⟩ | *Er hatte einen Puls von hundertfünfzig/hatte hundertfünfzig Puls* K Pulsfrequenz

Puls·ader *die* ■ ID **sich** (*Dativ*) **die Pulsadern aufschneiden/öffnen** sich die größte Ader am Handgelenk aufschneiden, um sich zu töten

pul·sie·ren VERB (pulsierte, hat pulsiert) **etwas pulsiert** etwas fließt rhythmisch ⟨das Blut pulsiert durch die Adern⟩ ■ ID **das pulsierende Leben der Großstadt** das dynamische, vielfältige Leben in der Großstadt

Pult *das*; (-(e)s, -e) **1** ein kleiner, hoher Tisch, hinter den man sich stellt, wenn man z. B. eine Rede hält oder ein Orchester dirigiert ⟨am Pult stehen; ans/hinter das Pult treten und sprechen, dirigieren⟩ K Dirigentenpult, Rednerpult, Stehpult **2** ein Tisch, an dem ein Kind bzw. ein Lehrer in der Schule sitzt ⟨sich ans/hinter das Pult setzen⟩ K Lehrerpult, Schreibpult

★ **Pul·ver** [-fe, -ve] *das*; (-s, -) **1** eine Substanz aus vielen sehr kleinen Körnern ⟨ein feines, grobkörniges Pulver; etwas zu Pulver zermahlen, zerreiben, zerstoßen⟩ | *ein Pulver gegen Insekten ausstreuen* | *ein Pulver für/gegen Kopfschmerzen in Wasser auflösen und einnehmen* | *Gips ist ein Pulver, das man mit Wasser anrührt* K Pulverkaffee; Backpulver, Brausepulver, Juckpulver, Kaffeepulver, Kakaopulver, Milchpulver, Puddingpulver Seifenpulver, Waschpulver **2** ein schwarzes Pulver, das leicht explodiert und in Schusswaffen verwendet wird | *Das Pulver ist feucht geworden* K Pulverdampf, Pulverqualm; Schießpulver, Schwarzpulver **3** *gesprochen* ≈ *Geld* ■ ID **das (ganze) Pulver verschossen haben** keine Energie oder keine Ideen mehr haben; **Er/Sie hat das Pulver nicht erfunden** Er/Sie ist dumm ● zu (1) **pul·ve·rig, pulv·rig** ADJEKTIV; zu (1) **pul·ver·för·mig** ADJEKTIV; zu (1) **pul·ve·ri·sie·ren** VERB (*hat*)

Pul·ver·fass [-f-, -v-] *das* **1** ein Fass mit Schießpulver **2** **etwas gleicht einem Pulverfass** etwas ist so, dass die Gefahr eines Kampfes, Krieges o. Ä. besteht ⟨eine Lage, eine Situation, eine Stadt⟩ ■ ID **auf einem/dem Pulverfass sitzen** in einer sehr gefährlichen Situation sein

Pu·ma *der*; (-s, -s) eine Raubkatze, die in Amerika lebt

Pum·mel·chen *das*; (-s, -); *norddeutsch, gesprochen, humorvoll* ein kleines dickes Mädchen

pum·me·lig, pumm·lig ADJEKTIV; *gesprochen* ⟨ein Baby, eine Frau⟩ ≈ *(ein wenig) dick*

Pump *der* ■ ID **auf Pump** *gesprochen* mit Geld, das man sich geliehen hat ⟨auf Pump leben; etwas auf Pump kaufen⟩

Pum·pe *die*; (-, -n) **1** ein Gerät, mit dem man Flüssigkeiten, Luft o. Ä. (durch Ansaugen oder durch Druck) durch Rohre leitet ⟨eine handbetriebene, elektrische Pumpe⟩ K Benzinpumpe, Luftpumpe, Ölpumpe, Wasserpumpe, Handpumpe, Motorpumpe **2** *gesprochen, humorvoll* ≈ *Herz*

pum·pen VERB (pumpte, hat gepumpt) **1** **(etwas irgendwohin) pumpen** Flüssigkeiten oder Luft mit einer Pumpe irgendwohin leiten | *Luft in einen Reifen pumpen* | *Wasser aus einem Brunnen pumpen* | *Das Herz pumpt das Blut durch die Adern* **2** **(sich** (*Dativ*)**) (von jemandem) etwas pumpen** *gesprochen* sich etwas leihen, borgen | *Wann bekomme ich die zehn Euro zurück, die du dir von mir gepumpt hast?* **3** **jemandem etwas pumpen** *gesprochen* jemandem etwas leihen | *Dem pumpe ich nichts mehr!*

Pum·per·ni·ckel *der*; (-s) ein sehr dunkles und festes Brot aus Roggen ohne Rinde

Pump·ho·se *die* eine sehr weite Hose aus dünnem Stoff, die unten eng ist

Pumps [pœmps] *der*; (-, -) ein eleganter Schuh für Frauen mit Absatz H → Abb. unter **Schuh**

Punk [paŋk] *der*; (-s, -s) **1** eine Bewegung junger Menschen, die gegen die (bürgerliche) Gesellschaft protestieren und ihren Protest durch bunte Kleidung, Frisuren und Musik usw. zeigen K Punkhaarschnitt, Punkmusik, Punkrock **2** ein junger Mensch als Mitglied oder Anhänger dieser Bewegung ● zu (1) **Pun·ker** [ˈpaŋkɐ] *der*; zu (1) **Pun·ke·rin** [ˈpaŋkərɪn] *die*

★ **Punkt** *der*; (-(e)s, -e)

▸grafisch, optisch: **1** eine kleine runde Stelle | *ein rotes Kleid mit gelben Punkten* | *Die Sterne sind so weit von uns entfernt, dass sie nur als leuchtende Punkte zu sehen sind* K Farbpunkt, Lichtpunkt **2** ein Punkt (.) steht am Ende eines Satzes oder einer Abkürzung ⟨einen Punkt setzen⟩ | *ein unvollständiger Satz mit drei Punkten am Ende* (mit … am Ende) | *Hier müsste eigentlich ein Punkt stehen* **3** **der Grüne/grüne Punkt** ⓓ ein rundes (meist grünes) Zeichen, das bedeutet, dass eine Verpackung für das Recycling geeignet ist

▸räumlich: **4** die Stelle oder der Ort, wo etwas geschieht, sich jemand/etwas befindet o. Ä. | *An welchen Punkten willst du die Löcher in die Wand bohren?* | *Von diesem Punkt aus kann man das ganze Tal überblicken* K Aussichtspunkt, Drehpunkt, Elfmeterpunkt, Haltepunkt, Treffpunkt **5** in der Geometrie eine genau bezeichnete Stelle

P

in einer Ebene oder auf einer Geraden ⟨Punkte berechnen⟩ | *zwei Linien schneiden/treffen sich in einem Punkt* | *die Lage eines Punktes im Raum* K Berührungspunkt, Mittelpunkt, Schnittpunkt

▸zeitlich: **6** eine bestimmte Stelle innerhalb eines zeitlichen Ablaufs ≈ *Moment* | *An diesem Punkt des Films sollte eigentlich die Musik einsetzen* K Zeitpunkt **7** **Punkt** *+Zeitangabe* genau die genannte/zur genannten Uhrzeit | *Es ist jetzt Punkt zwölf (Uhr)*

▸in einem Ablauf: **8** eine Stufe oder ein Stadium eines Ablaufs, Vorgangs ⟨einen Punkt erreichen, überschreiten⟩ | *Sie ist jetzt an einem Punkt in ihrem Leben angekommen, an dem sie eine Entscheidung treffen muss* K Gefrierpunkt, Nullpunkt, Schmelzpunkt, Siedepunkt, Höhepunkt, Tiefpunkt **9** **der tote Punkt** ein Zeitpunkt, zu dem man sehr erschöpft ist und gern aufgeben würde ⟨an einem toten Punkt anlangen; den toten Punkt überwinden⟩

▸zur Bewertung: **10** eine der Einheiten, mit denen man im Spiel oder Wettkampf Leistungen und Erfolge misst und bewertet ⟨einen Punkt erzielen, gewinnen, holen, machen, verlieren⟩ | *vier Punkte Vorsprung/Rückstand haben* | *Beim Volleyball gewinnt die Mannschaft den Satz, die als Erste 15 Punkte hat* | *Der Turner erhielt für seine Kür 9,8 Punkte* K Punktrichter, Punktsieg, Punktspiel, Punktsystem, Punktwertung, Punktzahl; Minuspunkt, Pluspunkt, Strafpunkt **11** die Einheit, mit der man das Fallen oder Steigen eines Preises oder Wertes misst | *Eine Aktie steigt/fällt um zwei Punkte* | *Der Dollar wurde heute an der Börse drei Punkte höher notiert als gestern* K Prozentpunkt

▸im Gespräch o. Ä.: **12** eines von mehreren Dingen, die besprochen oder genannt werden ⟨die Punkte einer Tagesordnung, auf einer Liste; ein strittiger, wichtiger Punkt; auf einen Punkt zurückkommen; einen Punkt berühren, erörtern, abhaken⟩ | *Wir waren uns in allen wesentlichen Punkten einig* | *eine Liste Punkt für Punkt durchgehen/prüfen* | *Diesen Punkt können wir schon einmal abhaken* (Diese Sache von unserer Liste ist erledigt) K Anklagepunkt, Beratungspunkt, Programmpunkt, Tagesordnungspunkt, Vertragspunkt; Hauptpunkt, Unterpunkt

■ ID **ein neuralgischer Punkt** a eine Stelle, an der man sehr empfindlich ist b ein Bereich, in dem es Probleme geben könnte; **der springende Punkt** der entscheidende Aspekt einer Sache; **jemandes wunder Punkt** ein Thema, bei dem jemand schnell gekränkt oder beleidigt reagiert; **etwas auf den Punkt bringen** das Entscheidende kurz und deutlich nennen; **auf den Punkt genau** äußerst genau; **ohne Punkt und Komma reden** sehr viel und ohne Pausen sprechen; **Nun mach (aber) mal einen Punkt!** Jetzt ist es genug, das geht zu weit! ● zu (1) **punkt·för·mig** ADJEKTIV

P

punk·ten VERB (punktete, hat gepunktet) einen Punkt oder mehrere Punkte bei einem Spiel oder Wettkampf erzielen

punkt·gleich ADJEKTIV mit der gleichen Zahl von Punkten in einem Wettkampf oder Spiel | *Die Mannschaften sind/liegen punktgleich* ● hierzu **Punkt·gleich·heit** *die*

punk·tie·ren VERB (punktierte, hat punktiert) **jemanden/etwas punktieren** mit einer Nadel kleine Stiche in einen Teil des Körpers machen, um so z. B. Flüssigkeit herauszuholen ⟨die Lunge, den Patienten, das Rückenmark punktieren⟩ ● hierzu **Punk·ti·on** *die*

punk·tiert ADJEKTIV um die Hälfte länger ⟨eine Note⟩ | *eine punktierte Viertelnote*

★ **pünkt·lich** ADJEKTIV genau zu der Zeit, die beschlossen oder verabredet war ⟨pünktlich sein, ankommen, eintreffen, zahlen⟩ ● hierzu **Pünkt·lich·keit** *die*

punk·tu·ell ADJEKTIV; *geschrieben* nur in Bezug auf einen Punkt, Fall o. Ä. oder auf wenige Teile ⟨etwas tritt punktuell auf⟩ | *eine punktuelle Einigung erreichen*

Punsch *der;* (-es, -e) ein heißes Getränk aus Wein, Rum und Gewürzen

Pu·pil·le *die;* (-, -n) der kleine schwarze Teil in der Mitte des Auges, durch welchen das Licht ins Auge kommt ⟨die Pupillen verengen sich, weiten sich⟩ H → Abb. unter **Auge**

★ **Pup·pe** *die;* (-, -n) **1** eine kleine Figur, die wie ein Mensch aussieht und mit der meist Kinder spielen ⟨mit Puppen spielen⟩ K Puppenbett, Puppenhaus, Puppenkleid, Puppenwagen; Porzellanpuppe, Stoffpuppe, Strohpuppe **2** eine Puppe, mit der man Theaterstücke aufführt K Puppenspiel, Puppenspieler, Puppentheater; Handpuppe, Holzpuppe, Marionettenpuppe, Stabpuppe **3** die Raupe in einer festen Hülle, bevor sie zum Schmetterling wird ■ ID **die Puppen tanzen lassen** *gesprochen* fröhlich feiern; **bis in die Puppen** *gesprochen* sehr lange ⟨bis in die Puppen aufbleiben, feiern⟩ ● zu (1) **pup·pen·haft** ADJEKTIV

★ **pur** ADJEKTIV **1** *meist attributiv* ⟨Gold, Silber⟩ so, dass sie nicht mit etwas anderem gemischt sind ≈ *rein* **2** *direkt nach dem Substantiv* ohne Wasser oder Eis ⟨ein Whisky pur; etwas pur trinken⟩ **3** *meist attributiv* nichts anderes als das Genannte ⟨Blödsinn, Zufall⟩ | *Er sagte das aus purer Bosheit*

Pü·ree *das;* (-s, -s) eine weiche Masse, die entsteht, wenn man Kartoffeln oder Gemüse weich kocht und dann rührt oder zerdrückt ≈ *Brei* K Erbsenpüree, Kartoffelpüree ● hierzu **pü·rie·ren** VERB *(hat)*

Pu·rist *der;* (-en, -en) eine Person, die wünscht, dass vor allem die Sprache so verwendet wird, wie es traditionell als richtig gilt | *Puristen bekämpfen vor allem den Gebrauch von Fremdwörtern* H **der Purist; den, dem, des Puristen** ● hierzu **Pu·ris·tin** *die;* **Pu·ris·mus** *der;* **pu·ris·tisch** ADJEKTIV

Pu·ri·ta·ner *der;* (-s, -) **1** ein Mitglied einer christlichen Kirche, die z. B. lehrt, dass derjenige Erfolg hat, den Gott auserwählt hat **2** *abwertend* eine Person, welche nach strengen Regeln lebt und für welche Vergnügen und Genuss Sünden sind ● hierzu **pu·ri·ta·nisch** ADJEKTIV; **Pu·ri·ta·nis·mus** *der*

Pur·pur *der;* (-s) ein Farbstoff, der intensiv rot ist K purpurrot ● hierzu **pur·pur·far·ben** ADJEKTIV

pur·purn ADJEKTIV so rot wie Purpur ⟨der Himmel, der Sonnenuntergang⟩

Pur·zel·baum *der* eine Turnübung von Kindern, bei der sie ihre Hände auf den Boden stützen und sich dann nach vorn rollen ⟨einen Purzelbaum machen, schlagen⟩

PURZELBAUM

pur·zeln VERB (purzelte, ist gepurzelt) **1** **irgendwohin purzeln** das Gleichgewicht verlieren und (mit dem Kopf voraus) fallen, ohne sich zu verletzen ⟨auf den Boden, in den Schnee, vom Stuhl purzeln⟩ **2** **die Preise purzeln** die Preise fallen schnell und stark

Pus·te *die;* (-); *gesprochen* **aus der Puste kommen/sein** nach einer körperlichen Anstrengung nur mit Mühe normal atmen können ■ ID **jemandem geht die Puste aus** a jemand kann nicht mehr normal atmen (meist bei einer körperlichen Anstrengung) **b** jemand hat nicht mehr genug Kraft oder Geld für etwas

Pus·te·ku·chen! verwendet, um Ablehnung oder Enttäuschung auszudrücken

Pus·tel *die*; (-, -n) eine Blase auf der Haut, die mit Eiter gefüllt ist ≈ *Pickel*

pus·ten VERB (pustete, hat gepustet) **1** **etwas irgendwohin pusten** etwas bewegen, indem man kurz und kräftig bläst | *den Staub von einem Buch pusten* | *sich die Haare aus dem Gesicht pusten* **2** **(irgendwohin) pusten** (kurz und) kräftig blasen | *pusten, damit die Suppe kühler wird* **3** nach einer Anstrengung mit Mühe atmen ⟨ins Pusten kommen⟩ | *beim Treppensteigen pusten müssen*

Pu·te *die*; (-, -n) ein (weiblicher) Truthahn **K** Putenbraten, Putenfleisch, Putenschinken, Putenwurst

Pu·ter *der*; (-s, -) ≈ *Truthahn*

Putsch *der*; (-es, -e) der heimlich geplante Versuch (oft einer militärischen Gruppe), die Regierung eines Landes mit Gewalt zu übernehmen ⟨einen Putsch planen; durch einen Putsch an die Macht kommen⟩ **K** Putschversuch; Militärputsch • hierzu **put·schen** VERB *(hat)*; **Put·schist** *der*

Put·te *die*; (-, -n) die Figur eines Engels mit den Proportionen eines kleinen, rundlichen Kindes | *Putten in einer Barockkirche*

Putz *der*; (-es) eine Mischung aus Sand, Wasser und Gips o. Ä., mit der man die Ziegel einer Mauer bedeckt (damit die Oberfläche der Mauer glatt ist) ⟨der Putz blättert, bröckelt, fällt ab; Leitungen unter, auf/über Putz verlegen⟩ **K** Außenputz, Innenputz, Rauputz, Rohputz ■ **ID auf den Putz hauen** *gesprochen* **a** sehr laut und fröhlich feiern **b** sich sehr laut bei jemandem über etwas beschweren

★ **put·zen** VERB (putzte, hat geputzt) **1** **etwas putzen** die Oberfläche einer Sache durch Reiben und Wischen sauber machen ⟨eine Brille, ein Fenster, Schuhe, Silber, (sich *(Dativ)*) die Zähne putzen⟩ ≈ *reinigen* **2** **etwas putzen** Schmutz und Teile, die man nicht isst, von Gemüse o. Ä. entfernen ⟨Pilze, Salat, Spinat putzen⟩ **3** **(jemandem) die Nase putzen** mit einem Taschentuch die Nase von Schleim befreien **4** **(etwas) putzen** Räume, Fußböden (mit Wasser und Putzmittel) sauber machen ⟨das Bad, die Küche, den Laden, die Treppe putzen⟩ **K** Putztag, Putztuch **5** **putzen gehen** als Putzfrau arbeiten **6** **ein Tier putzt sich** ein Tier reinigt das Fell oder pflegt die Federn ⟨eine Katze, ein Vogel⟩

Putz·fim·mel *der*; (-s); *abwertend* die zwanghafte Neigung zum Saubermachen

Putz·frau *die*; *oft abwertend* eine Frau, die Wohnungen o. Ä. sauber macht und dafür Geld bekommt ≈ *Raumpflegerin* • hierzu **Putz·mann** *der*

put·zig ADJEKTIV klein und lieb ⟨ein Äffchen, ein Hündchen, ein Kätzchen⟩

Putz·lap·pen *der* ein Stück Stoff, mit dem man Fußböden putzt

★ **Putz·mit·tel** *das* eine Flüssigkeit, die man verwendet, um etwas sauber zu machen

putz·mun·ter ADJEKTIV ⟨Kinder⟩ sehr lustig und überhaupt nicht müde

Putz·teu·fel *der*; *gesprochen* eine Person, die zu viel putzt

Puz·zle ['pazl̩, 'pasl̩] *das*; (-s, -s) ein Spiel, bei dem man aus vielen kleinen Teilen ein Bild zusammensetzt ⟨ein Puzzle legen, zusammensetzen⟩ **K** Puzzlespiel • hierzu **puz·zeln** VERB *(hat)*

PVC [pe:fau'tse:] *das*; (-(s)) Polyvinylchlorid ein Kunststoff, aus dem z. B. Folien bestehen

Pyg·mäe [py'gmɛ:ə] *der*; (-n, -n) ein kleiner Mensch mit dunkler Haut, der zu einem der verschiedenen Stämme gehört, die in Zentralafrika leben **H** *der Pygmäe; den, dem, des Pygmäen* • hierzu **pyg·mä·en·haft** ADJEKTIV

★ **Py·ja·ma** [py'dʒa:ma] *der*; (-s, -s) das Oberteil und die Hose, die man anzieht, wenn man ins Bett geht ≈ *Schlafanzug* **K** Pyjamaparty

Py·ra·mi·de *die*; (-, -n) **1** eine geometrische Figur mit einer meist viereckigen Grundfläche und dreieckigen Seiten, die sich an der Spitze in einem Punkt treffen **2** eine große Pyramide aus Stein wie z. B. in Ägypten oder Südamerika | *die Pyramiden von Gizeh besichtigen* **3** etwas mit der Form einer Pyramide | *Dosen zu einer Pyramide aufstapeln* • zu (1) **py·ra·mi·den·för·mig**

Py·ro·tech·nik *die* die Kunst, Feuerwerke zu machen

Pyr·rhus·sieg ['pyrʊs-] *der*; *geschrieben* ein Erfolg oder Sieg, für den man so sehr kämpfen musste, dass man kaum einen Vorteil davon hat

Py·thon ['py:tɔn] *der*; (-s, -s), **Py·thon** *die*; (-, -s) eine sehr große (und nicht giftige) Schlange, die ihren Körper eng um andere Tiere legt, bis diese tot sind **K** Pythonschlange

Q

Q, q [ku:] *das*; (-, -/gesprochen auch -s) der siebzehnte Buchstabe des Alphabets ⟨ein großes Q; ein kleines q⟩

qkm *veraltet* Abkürzung für *Quadratkilometer* **H** heute verwendet man *km²*

qm *veraltet* Abkürzung für *Quadratmeter* **H** heute verwendet man *m²*

Quack·sal·ber *der*; (-s, -); *abwertend* eine Person, die behauptet, ein Arzt zu sein, von diesem Beruf aber nichts versteht

Quad·del *die*; (-, -n) eine kleine Stelle, an welcher die Haut entzündet und geschwollen ist | *nach der Impfung Quaddeln am Arm bekommen*

Qua·der *der*; (-s, -) **1** ein Körper, der von sechs Rechtecken begrenzt ist **2** ein Steinblock in Form eines Quaders **K** Quaderstein

Quad·rant *der*; (-en, -en); *historisch* mit Quadranten haben Astronomen früher die Position des Mondes oder von Sternen bestimmt **H** *der Quadrant; den, dem, des Quadranten*

Quad·rat *das*; (-(e)s, -e) **1** ein Rechteck mit vier gleich langen Seiten **2** die zweite Potenz einer Zahl | *Das Quadrat von 3 ist 9* | *Den Ausdruck „a Quadrat" schreibt man a²* ■ **ID im Quadrat** *gesprochen* verwendet, um auszudrücken, dass eine Bezeichnung im hohen Maße zutrifft | *Das ist soziale Ungerechtigkeit im Quadrat!* • zu (1) **quad·ra·tisch** ADJEKTIV

Quad·rat- *im Substantiv, betont, nicht produktiv* **der Quadratkilometer, der Quadratmeter, der Quadratmillimeter, der Quadratzentimeter** bezeichnet die Größe einer Fläche, deren Seiten jeweils die genannte Länge haben **H** als Abkürzung mit einer hochgestellten Zwei: *km²*, früher mit einem *q*: *qkm*

Quad·rat·schä·del *der*; *gesprochen, abwertend* **1** ein großer, eckiger Kopf **2** eine Person, die andere Meinungen nicht akzeptiert und immer den eigenen Willen durchsetzt

Quad·ra·tur *die*; (-, -en) **die Quadratur des Kreises/Zirkels** *geschrieben* eine Aufgabe, die nicht gelöst werden kann

Quad·rat·wur·zel *die* die Zahl, welche die genannte Zahl zum Ergebnis hat, wenn man diese mit sich selbst multipliziert | (Die) *Quadratwurzel aus fünfundzwanzig ist fünf* ($\sqrt{25}$ = 5; fünf mal fünf ist fünfundzwanzig) **H** mathematisches Zeichen: √

Quad·rat·zahl *die* die Zahl, die man als Ergebnis bekommt, wenn man eine Zahl mit sich selbst multipliziert | *Vier ist die Quadratzahl von zwei* ($4 = 2 \times 2 = 2^2$)

Quai [ke:] *der/das;* (-s, -s) **1** ≈ *Kai* **2** Ⓒⓗ ≈ *Uferstraße*

qua·ken VERB (quakte, hat gequakt) **eine Ente/ein Frosch quakt** eine Ente, ein Frosch geben die Laute von sich, die für ihre Art typisch sind ● hierzu **quak!**

quä·ken VERB (quäkte, hat gequäkt) klagende und hohe Töne von sich geben ‹ein Säugling›

Qual *die;* (-, -en) **1** *meist Plural* starker körperlicher oder seelischer Schmerz ‹Qualen erleiden, erdulden› | *Er starb unter großen Qualen* **2** *meist Singular* etwas, das schwer zu ertragen ist | *Sie machten uns den Aufenthalt zu einer Qual* | *Es war eine Qual, das ansehen zu müssen* ■ ID **die Qual der Wahl haben** vor dem Problem stehen, sich zwischen mehreren Möglichkeiten entscheiden zu müssen; **ein Tier von seinen Qualen erlösen** ein Tier, das Schmerzen hat, töten

★ **quä·len** VERB (quälte, hat gequält) **1** **jemanden quälen** einer Person oder einem Tier absichtlich Schmerzen zufügen | *Der Täter quälte das Opfer* **2** **eine Person/etwas quält jemanden** eine Person oder Sache bereitet jemandem seelische Schmerzen ‹quälende Gedanken, Ungewissheit, Zweifel› | *Es quälte sie zu wissen, dass er sie hasste* | *Er quälte sie mit seiner Eifersucht* **3** **jemanden (mit etwas) quälen** eine Person nicht in Ruhe lassen und sie mit Bitten, Fragen o. Ä. belästigen | *Das Kind quälte sie so lange, bis sie ihm ein Eis kauften* **4** **sich (mit etwas) quälen** unter etwas seelisch oder körperlich leiden | *Sie quälte sich mit dem Gedanken an seinen Tod* | *Das Tier muss sich so quälen. Lass es doch einschläfern* **5** **sich (mit etwas) quälen** sich mit etwas sehr anstrengen ‹sich mit einer Arbeit, einer Last quälen› **6** **sich irgendwohin quälen** sich mit großer Mühe irgendwohin bewegen | *sich durch den Schnee quälen*

Quä·le·rei *die;* (-, -en) etwas, das eine Person sehr anstrengt oder das sie gar nicht mag | *Tanzen ist für mich eine einzige Quälerei, ich bin einfach zu ungeschickt*

Quäl·geist *der; gesprochen* ein Kind, das ständig die Eltern mit Fragen oder Bitten belästigt

Qua·li *der;* (-(s), -s) *gesprochen* (Kurzwort für *qualifizierender Hauptschulabschluss*) der Abschluss, den man an der Hauptschule machen kann

Qua·li·fi·ka·ti·on [-'tsjo:n] *die;* (-, -en) **1** die Voraussetzungen (meist in Form von Zeugnissen o. Ä.) für eine Tätigkeit | *Als Qualifikation für diese Stelle ist das Abitur notwendig* | *Bei seinen Qualifikationen müsste er (et)was Besseres finden* **2** die Befähigung, eine Tätigkeit auszuüben | *Seine Qualifikation als Trainer ist unbestritten, aber er passt nicht zur Mannschaft* **3** eine Leistung, die man erbringen muss, um an bestimmten Wettkämpfen teilnehmen zu können | *die Qualifikation für die Deutsche Meisterschaft schaffen* | *in der Qualifikation ausscheiden* (in einer Qualifikationsrunde nicht erfolgreich sein und deshalb nicht mehr am Wettkampf teilnehmen können) **K** Qualifikationsrunde, Qualifikationsspiel

qua·li·fi·zie·ren VERB (qualifizierte, hat qualifiziert) **1** **sich (für etwas) qualifizieren** die nötige Leistung bringen (und deshalb z. B. an einem Wettkampf teilnehmen dürfen, befördert werden oder eine Stelle bekommen) | *Er hat sich für die Weltmeisterschaft qualifiziert* **2** **etwas als etwas** (*Akkusativ*) **qualifizieren** *geschrieben* etwas als etwas bezeichnen ≈ *klassifizieren* | *Er qualifizierte den Krieg als Verbrechen* ● hierzu **Qua·li·fi·zie·rung** *die*

qua·li·fi·ziert ■ PARTIZIP PERFEKT **1** → qualifizieren ■ ADJEKTIV **2** *geschrieben* ‹ein Mitarbeiter› mit der Ausbildung oder den Kenntnissen, die man für eine Aufgabe braucht **3** *geschrieben* ‹eine Arbeit› so, dass man dafür besondere Kenntnisse braucht **4** *geschrieben* ‹ein Urteil, ein Kommentar› sinnvoll und nützlich

★ **Qua·li·tät** *die;* (-, -en) **1** *meist Plural* herausragende Fähigkeiten oder Eigenschaften | *Für diese Aufgabe benötigen wir jemanden mit besonderen Qualitäten* **2** *meist Singular* der sehr hohe Grad guter Eigenschaften | *Wir achten sehr auf Qualität* | *Auf Qualität kommt es an* **K** Qualitätsarbeit, Qualitätserzeugnis, Qualitätsprodukt, Qualitätsware **3** *meist Singular* der typische Zustand (meist eines Materials, einer Ware o. Ä.) | *ein Stoff von hervorragender/schlechter Qualität* **K** Qualitätskontrolle, Qualitätsminderung, Qualitätsunterschied

qua·li·ta·tiv [-f] ADJEKTIV *meist attributiv* in Bezug auf die Qualität ‹ein Unterschied› | *ein qualitativ hochwertiger Stoff*

Qual·le *die;* (-, -n) ein kleines, durchsichtiges Tier, das im Meer lebt und etwa die Form eines Schirms hat

Qualm *der;* (-s) dichter Rauch, der als unangenehm empfunden wird ‹beißender, dicker Qualm; der Qualm einer Zigarre›

qual·men VERB (qualmte, hat gequalmt) **1** **etwas qualmt** etwas gibt dichten Rauch ab ‹ein Schornstein, eine Zigarre, eine Lokomotive› **2** **(etwas) qualmen** *gesprochen* ≈ *rauchen* | *Er qualmt dicke Zigarren* | *Sie qualmt wie ein Schlot* (Sie raucht sehr viel)

qual·mig ADJEKTIV; *abwertend* ‹eine Kneipe, ein Zimmer› voll Qualm

qual·voll ADJEKTIV mit Qualen (verbunden) ‹eine Krankheit, eine Strapaze, ein Tod; qualvoll sterben›

Quänt·chen *das;* (-s); *meist Singular* eine sehr kleine Menge, ein wenig ‹ein Quäntchen Glück, Hoffnung›

Quan·ten·sprung *der; geschrieben, humorvoll* ein so großer Entwicklungsschritt, dass dabei mehrere Stufen übersprungen werden

quan·ti·fi·zie·ren VERB (quantifizierte, hat quantifiziert) **etwas quantifizieren** *geschrieben* die Anzahl oder Häufigkeit einer Sache angeben oder bestimmen

★ **Quan·ti·tät** *die;* (-, -en) die Menge oder Anzahl, in der etwas vorhanden ist | *die Quantität des Warenangebots* | *Auf die Qualität, nicht auf die Quantität kommt es an* ● hierzu **quan·ti·ta·tiv** ADJEKTIV

Quan·tum *das;* (-s, Quan·ten) die Menge, die angemessen ist, jemandem zusteht o. Ä. ‹jemandes tägliches Quantum› | *„Noch eine Tasse Kaffee?" – „Nein danke, ich habe mein Quantum für heute schon getrunken."* **K** Arbeitsquantum

Qua·ran·tä·ne [ka-] *die;* (-, -n) bei der Quarantäne werden einzelne Personen oder Tiere vorübergehend von anderen getrennt; damit soll verhindert werden, dass sich eine Krankheit verbreitet ‹in Quarantäne kommen; unter Quarantäne sein/stehen; aus der Quarantäne entlassen werden; die Quarantäne aufheben› **K** Quarantänestation

★ **Quark** *der;* (-s) **1** ein weiches, weißes Nahrungsmittel, das aus saurer Milch gemacht wird **K** Quarkkuchen, Quarkspeise **2** *gesprochen, abwertend* ≈ *Unsinn* | *So ein Quark!* | *Rede keinen Quark!*

Quar·tal *das;* (-s, -e) eines der vier Viertel eines Kalenderjahres | *Der März ist der letzte Monat des ersten Quartals* **K** Quartalsabschluss

Quar·tal(s)·säu·fer *der; gesprochen, abwertend* eine Person, die zwar nicht oft, aber dafür sehr viel Alkohol trinkt

Quar·te *die;* (-, -n) ein Intervall von vier Tonstufen, z. B. c–f

Quar·tett *das;* (-(e)s, -e) **1** eine Komposition für vier Stim-

Q

men oder Instrumente 2 eine Gruppe von vier Sängern oder Musikern K Streichquartett 3 ein Kartenspiel für Kinder, bei dem man jeweils vier zusammengehörige Karten sammelt und ablegt

Quar·tier *das;* (-s, -e) 1 *veraltend* eine (zeitweilige) Unterkunft, Wohnung ⟨ein Quartier suchen, nehmen, beziehen; ein festes Quartier haben⟩ K Nachtquartier, Urlaubsquartier 2 *besonders* ⒸⒽ Stadtviertel | *Er wohnt in einem noblen Quartier* 3 eine Unterkunft für Soldaten ⟨irgendwo Quartier beziehen, machen⟩

Quarz *der;* (-es, -e) ein hartes Mineral, das man z. B. bei der Herstellung von Uhren verwendet K Quarzglas, Quarzlampe, Quarzuhr H chemische Formel: SiO_2

qua·si ADVERB mehr oder weniger ≈ *sozusagen* | *Er hat mich quasi gezwungen zu unterschreiben* | *Wir sind quasi zusammen aufgewachsen* K quasioffiziell

quas·seln VERB (quasselte, hat gequasselt); *besonders norddeutsch, gesprochen, meist abwertend* **(etwas) quasseln** lange über unwichtige Sachen reden | *Er quasselt wieder mal dummes Zeug*

Quas·sel·strip·pe *die; besonders norddeutsch, gesprochen* 1 *abwertend* eine Person, die sehr oft und lang über unwichtige Dinge redet 2 **an der Quasselstrippe hängen** *humorvoll* telefonieren

Quas·te *die;* (-, -n) ein dichtes Büschel von gleich langen Fäden oder Haaren | *Der Schwanz des Esels endet in einer Quaste* K Malerquaste, Puderquaste, Schwanzquaste

★ **Quatsch** *der;* (-(e)s); *gesprochen, abwertend* 1 ⟨Quatsch machen, reden⟩ ≈ *Unsinn* 2 **(das ist doch) Quatsch (mit Soße)!** das ist (absoluter) Unsinn, das ist (völlig) falsch

★ **quat·schen** VERB (quatschte, hat gequatscht); *gesprochen* 1 **(etwas) quatschen** *abwertend* (viel) dummes Zeug reden | *Quatsch nicht so viel!* | *Quatsch doch keinen Blödsinn!* (Das stimmt nicht!) 2 etwas sagen oder verraten, das geheim bleiben sollte | *Einer von uns hat gequatscht* 3 **mit jemandem quatschen** sich mit jemandem unterhalten | *Wir haben lange miteinander gequatscht* 4 **etwas quatscht** etwas macht ein klatschendes Geräusch | *Der nasse Boden quatschte unter unseren Füßen*

Quatsch·kopf *der; gesprochen, abwertend* eine Person, die viel Unsinn redet

Queck·sil·ber *das* ein silbrig glänzendes Metall, das z. B. in Thermometern verwendet wird K Quecksilberdampf, Quecksilbervergiftung H chemisches Zeichen: *Hg* ■ ID **jemand ist das reine Quecksilber** jemand ist sehr lebhaft oder unruhig ● hierzu **queck·silb·rig** ADJEKTIV

Quell *der;* (-s); *geschrieben* der Ursprung einer Sache, die als sehr wertvoll betrachtet wird ⟨der Quell des Lebens, der Freude, der Liebe⟩

★ **Quel·le** *die;* (-, -n) 1 eine Stelle, an der Wasser aus der Erde kommt ⟨eine heiße, sprudelnde, versiegte Quelle⟩ K Quellwasser 2 der Ursprung eines Baches oder Flusses | *der Lauf der Donau von der Quelle bis zur Mündung* 3 *geschrieben* der Ursprung oder Ausgangspunkt ⟨eine Quelle der Freude, der Angst, des Schmerzes⟩ 4 ein Text, den man wissenschaftlich verwertet oder in einem anderen Text zitiert K Quellenangabe, Quellenforschung, Quellennachweis, Quellenstudium, Quellentext ■ ID **an der Quelle sitzen** gute Verbindungen zu jemandem oder etwas haben; **etwas aus sicherer Quelle wissen** eine Nachricht von einer zuverlässigen Person oder Stelle haben

quel·len VERB (quillt, quoll, ist gequollen) 1 **etwas quillt irgendwohin/irgendwoher** etwas kommt in relativ großer Menge durch eine enge Öffnung ⟨Blut, Rauch, Tränen, Wasser o. Ä.⟩ | *Blut quillt aus der Wunde* | *Tränen quollen aus ihren Augen* | *Durch die Ritzen quoll Rauch ins Zimmer* 2 **etwas quillt** etwas wird größer, weil es Feuchtigkeit aufnimmt ⟨Bohnen, Erbsen, Linsen⟩ | *Reis quillt beim Kochen*

quen·geln VERB (quengelte, hat gequengelt) 1 leise und klagend weinen ⟨Kinder⟩ 2 immer wieder jammernd Wünsche oder Klagen äußern ⟨Kinder⟩ | *Hör endlich auf zu quengeln!* 3 **(über etwas** (Akkusativ)**) quengeln** *abwertend* unzufrieden (über etwas) reden | *Er quengelt ständig (darüber), dass das Essen nicht schmeckt* ● hierzu **Queng·ler** *der*

★ **quer** ADVERB 1 **quer durch/über etwas** (Akkusativ) von einer Ecke oder Seite einer Fläche oder eines Gebiets zur anderen, genau oder schräg gegenüber | *quer über den Rasen laufen* | *quer durchs Land fahren* 2 auf dem kürzeren Weg durch einer Fläche oder über eine Linie hinweg ⟨ein quer gestreiftes Hemd; etwas quer durchschneiden, durchstreichen⟩ ↔ *längs* | *Das Auto stand quer zur Fahrbahn* | *Das Seil war quer über die Straße gespannt* K Querbalken, Querlage, Querleiste, Querlinie, Querstraße, Querstreifen, Querstrich, quergestreift 3 **kreuz und quer** durcheinander, planlos in verschiedene Richtungen | *Hier liegt alles kreuz und quer herum* | *Er lief kreuz und quer durch die Stadt*

quer·beet ADVERB 1 ohne sich an Wege oder Straßen zu halten | *querbeet über eine Wiese gehen* 2 so, dass alle Teile, Kategorien o. Ä. betroffen werden | *Die Entwicklung geht querbeet durch die ganze Bevölkerung*

Quer·den·ker *der* eine Person, die andere als die üblichen Meinungen vertritt ● hierzu **Quer·den·ke·rin** *die*

Que·re *die;* (-) die Richtung/Lage, die quer zu etwas ist | *etwas der Quere nach durchschneiden* ■ ID **jemandem in die Quere kommen** a jemanden stören b jemandes Weg kreuzen

Que·re·le *die;* (-, -n); *meist Plural* ein relativ kleiner, aber meist unangenehmer Streit | *Ihre Gespräche endeten immer mit Querelen*

quer·feld·ein ADVERB mitten durch Felder und Wiesen | *Wir gingen querfeldein* K Querfeldeinlauf, Querfeldeinrennen

Quer·flö·te *die* eine Flöte, die beim Blasen quer gehalten wird H → Abb. unter **Blasinstrument** und **Flöte**

Quer·for·mat *das* ein Format, bei welchem die Breite größer ist als die Höhe ↔ *Hochformat* | *ein Bild im Querformat*

Quer·kopf *der; gesprochen, abwertend* eine Person, die grundsätzlich nicht das tut, was andere Leute wollen ● hierzu **quer·köp·fig** ADJEKTIV

Quer·lat·te *die* eine horizontale Latte, die meist zwei vertikale Latten miteinander verbindet (z. B. beim Tor für Fußball, Handball o. Ä.) | *die Querlatte treffen*

quer·le·gen VERB (legte sich quer, hat sich quergelegt) **sich querlegen** sich weigern, bei einem Plan mitzumachen oder etwas zu erlauben

quer·le·sen VERB (liest quer, las quer, hat quergelesen) **etwas querlesen** nur Teile von etwas lesen, um sich einen Überblick über den Inhalt zu bekommen

quer·schie·ßen VERB (schoss quer, hat quergeschossen) die Pläne anderer Leute absichtlich stören ● hierzu **Quer·schuss** *der*

Quer·schiff *das* der Teil einer Kirche, der quer zu dem langen Innenraum liegt

Quer·schlä·ger *der* 1 ein Geschoss, das im Flug auf einen Gegenstand stößt und daher von der ursprünglichen Richtung abkommt | *Er wurde durch einen Querschläger schwer verwundet* 2 *abwertend* eine Person, die absichtlich nicht das tut, was die anderen Leute wollen

Quer·schnitt *der* 1 die Darstellung eines geometrischen Körpers, wenn man sich vorstellt, er sei senkrecht zur Längsachse durchgeschnitten | *der Querschnitt eines Ke-*

gels **2** eine Auswahl von verschiedenen Dingen, die für einen Bereich, eine Gruppe o. Ä. charakteristisch sind | *ein Querschnitt durch die gesamte Literaturgeschichte*

Quer·schnitts|läh·mung *die; meist Singular* eine völlige Lähmung des Körpers unterhalb derjenigen Stelle des Rückens, an welcher das Rückenmark (vor allem durch einen Unfall) verletzt worden ist • hierzu **quer·schnitts|ge·lähmt** ADJEKTIV

Quer·sum·me *die* die Summe der einzelnen Ziffern einer Zahl ⟨die Quersumme einer Zahl bilden, errechnen, ermitteln⟩ | *Die Quersumme von 215 ist 8*

Quer·trei·ber *der; (-s, -); abwertend* eine Person, die ständig versucht, die Pläne anderer Leute zu stören

Que·ru·lant *der; (-en, -en); geschrieben, abwertend* eine Person, die sich ständig beschwert und sich z. B. immer wieder auf Rechte beruft, die sie zu haben glaubt **H** *der Querulant; den, dem, des Querulanten*

Quer·ver·bin·dung *die* **1** eine Verbindung zwischen verschiedenen (selbstständigen) Gebieten, Themen o. Ä. ⟨eine Querverbindung herstellen, bilden, schaffen⟩ | *Ihr Vortrag stellte eine Querverbindung zwischen den beiden Theorien her* **2** eine Verbindung zwischen zwei Orten quer durch ein Gebiet oder quer zur Fahrtrichtung

Quet·sche *die; (-, -n); gesprochen, humorvoll* ≈ *Akkordeon*

quet·schen VERB (quetschte, hat gequetscht) **1** **(jemandem) etwas quetschen** einen Körperteil durch starken Druck verletzen | *Ich habe mir den Finger in der Tür gequetscht* **K** Quetschwunde **2** **etwas quetschen** etwas zu Brei pressen ⟨Kartoffeln, Bananen⟩ **3** **jemanden/etwas gegen/an etwas** (*Akkusativ*) **quetschen** jemanden/etwas mit Druck gegen/an etwas pressen ⟨jemanden/etwas gegen die Mauer, an die Wand quetschen⟩ **4** **sich irgendwohin quetschen** sich mit Mühe irgendwohin zwängen (wo wenig Platz ist) | *Sie quetschten sich zu fünft in das Auto* | *sich durch die Tür quetschen* • zu (1) **Quet·schung** *die*

Queue [kø:] *das/süddeutsch* Ⓐ *der; (-s, -s)* ≈ *Billardstock*

Quiche [kɪʃ] *die; (-, -s)* ein flacher, salziger Kuchen, der oben eine Schicht aus Eiern, Käse, Zwiebeln o. Ä. hat

quick ADJEKTIV; *besonders norddeutsch* lebhaft und rege ≈ *munter* | *ein quicker Junge* | *ein quicker Geist*

Qui·ckie *der/das; (-s, -s); gesprochen* ⚠ verwendet als Bezeichnung für kurzen, schnellen Sex

quick·le·ben·dig ADJEKTIV äußerst lebhaft oder munter | *ein quicklebendiges Kind*

quie·ken VERB (quiekte, hat gequiekt) **1** ⟨Ferkel, Mäuse⟩ die Laute von sich geben, die für ihre Art typisch sind **2** *gesprochen* hohe, kurze Laute machen ⟨Kinder⟩ • hierzu **quiek!**

quiek·sen VERB (quiekste, hat gequiekst) ≈ *quieken*

Quiek·ser *der; (-s, -); gesprochen* ein hoher, quietschender Laut ⟨einen Quiekser ausstoßen⟩

quiet·schen VERB (quietschte, hat gequietscht) **1** **etwas quietscht** etwas macht durch Reibung eine hohes, unangenehmes Geräusch ⟨eine Tür, ein Schrank⟩ **2** **jemand quietscht** einen kurzen, sehr hohen Ton von sich geben ⟨vor Freude, Schreck, Vergnügen quietschen⟩

Quiet·scher *der; (-s, -)* ein kurzer, sehr hoher Ton ⟨einen Quietscher ausstoßen⟩

quietsch·fi·del ADJEKTIV; *gesprochen* ≈ *quietschvergnügt*

quietsch·ver·gnügt ADJEKTIV; *gesprochen* sehr vergnügt, sehr fröhlich

quillt *Präsens, 3. Person Singular* → quellen

Quin·te *die; (-, -n)* ein Intervall von fünf Tonstufen

Quint·es·senz *die; (-, -en); meist Singular* das Wesentliche, der Kern einer Sache | *die Quintessenz einer Diskussion*

Quin·tett *das; (-s, -e)* **1** eine Komposition für fünf Stimmen oder Instrumente **2** eine Gruppe von fünf Sängern oder Musikern

Quirl *der; (-(e)s, -e)* ein Gerät, dessen unterer Teil sich schnell dreht und das man z. B. in einen Teig hält, um ihn zu mischen | *Eier mit dem Quirl schaumig rühren* | *die Zutaten mit einem Quirl verrühren*

quir·lig ADJEKTIV sehr lebhaft und ständig aktiv ⟨ein Kind; ein Mittelstürmer (beim Fußball)⟩

quitt ADJEKTIV *meist prädikativ; gesprochen* **eine Person ist mit jemandem quitt**; **Personen sind quitt** es ist so, dass niemand der anderen Person Geld, Dank, einen Gefallen oder eine Revanche schuldet | *Er hat 'dich beleidigt, du hast 'ihn beleidigt, jetzt seid ihr quitt*

Quit·te *die; (-, -n)* **1** ein Obstbaum mit gelblichen, apfelähnlichen Früchten, die sehr hart sind **2** die Frucht der Quitte **K** Quittenbaum, Quittengelee

quit·tie·ren VERB (quittierte, hat quittiert) **1** **(etwas) quittieren** durch Unterschrift den Empfang einer Sache (vor allem von Geld) bestätigen ⟨einen Betrag, eine Rechnung quittieren⟩ | *Würden Sie bitte hier unten quittieren?* **2** **etwas mit etwas quittieren** auf etwas mit Mimik, Gestik o. Ä. reagieren | *Sie quittierte diese Unverschämtheit mit einem spöttischen Lächeln* **3** **den Dienst quittieren** *veraltend* nicht mehr als Angestellter oder Beamter beim Staat arbeiten

★ **Quit·tung** *die; (-, -en)* **1** mit einer Quittung bestätigt man schriftlich, dass man Geld oder Waren bekommen hat ⟨jemandem eine Quittung (über 30 Euro) ausstellen; eine Quittung unterschreiben⟩ **K** Quittungsblock, Quittungsbuch, Quittungsformular **2** unangenehme Folgen eines (schlechten) Verhaltens ⟨die Quittung dafür/für etwas bekommen⟩ | *Hier hast du die Quittung für deinen Leichtsinn* | *Jetzt hast du die Quittung dafür bekommen!*

Quiz [kvɪs] *das; (-)* ein unterhaltsames Spiel (z. B. im Radio oder Fernsehen), bei dem Kandidaten Fragen beantworten oder Rätsel lösen müssen ⟨ein Quiz veranstalten, gewinnen; an einem Quiz teilnehmen⟩ **K** Quizsendung

Quiz·mas·ter ['kvɪsma:stɐ] *der; (-s, -)* eine Person, die eine Quizsendung leitet (moderiert) • hierzu **Quiz·mas·te·rin** ['kvɪsma:stərɪn] *die*

quoll *Präteritum, 3. Person Singular* → quellen

Quo·rum *das; (-s)* die Anzahl von Stimmen, die für einen gültigen Beschluss oder eine gültige Wahl nötig ist | *das für die Abstimmung nötige Quorum*

★ **Quo·te** *die; (-, -n)* eine Anzahl im Verhältnis zu einer Gesamtmenge ⟨eine hohe, niedrige Quote; eine Quote ermitteln, berechnen⟩ ≈ *Anteil* | *Die Quote der Verkehrsunfälle sank um drei Prozent*

Quo·ten·frau *die; gesprochen, abwertend* eine Frau, die einen Arbeitsplatz wegen einer Quotenregelung bekommen hat (und nicht wegen ihrer Qualifikation)

Quo·ten·re·ge·lung *die* eine Bestimmung, nach der in manchen Ämtern und Positionen eine vorgeschriebene Anzahl einer Gruppe von Menschen (vor allem Frauen) vertreten sein soll

Quo·ti·ent [-'tsi̯ɛnt] *der; (-en, -en)* **1** ein Zahlenausdruck, der aus einem Zähler und einem Nenner besteht (z. B. ⅘) **2** das Ergebnis einer Division ⟨den Quotienten bestimmen, ermitteln, errechnen⟩ **H** *der Quotient; den, dem, des Quotienten*

R

R, r [ɛr] *das;* (-, -/*gesprochen auch* -s) der achtzehnte Buchstabe des Alphabets ⟨ein großes R; ein kleines r⟩

★ **Ra·batt** *der;* (-(e)s, -e) **Rabatt (auf etwas** (*Akkusativ*)**)** wenn man Rabatt auf einen Preis oder eine Sache bekommt, muss man (besonders bei großen Mengen) etwas weniger dafür zahlen als den normalen Preis ⟨jemandem (einen) Rabatt gewähren, geben⟩ | *Als Angestellter bekommt er zehn Prozent Rabatt auf alle Waren des Hauses* K Rabattmarke; Mengenrabatt

Ra·bat·te *die;* (-, -n) ein schmales Beet mit Blumen

Ra·batz *der;* (-es) **Rabatz machen** *gesprochen* sehr laut feiern oder laut protestieren

Ra·bau·ke *der;* (-n, -n); *gesprochen* ein junger Mann, der laut ist und wenig Rücksicht auf andere Leute nimmt H *der Rabauke; den, dem, des Rabauken*

Rab·bi *der;* (-(s), -s) verwendet als Titel für einen jüdischen Religionslehrer und Prediger

Rab·bi·ner *der;* (-s, -) ein jüdischer Religionslehrer und Prediger

Ra·be *der;* (-n, -n) ein großer schwarzer Vogel mit schwarzem Schnabel und einer lauten, rauen Stimme ⟨der Rabe krächzt⟩ H *der Rabe; den, dem, des Raben* ■ **ID stehlen/klauen wie ein Rabe/die Raben** *gesprochen* oft stehlen

Ra·ben·el·tern *die; Plural; abwertend* Eltern, die nicht gut für ihre Kinder sorgen • hierzu **Ra·ben·mut·ter** *die;* **Ra·ben·va·ter** *der*

ra·ben·schwarz ADJEKTIV vollkommen schwarz ⟨jemandes Haar, eine Nacht⟩

ra·bi·at ADJEKTIV (rabiater, rabiatest-) brutal und ohne Rücksicht ⟨ein Bursche; rabiat werden⟩ ≈ *grob*

★ **Ra·che** *die;* (-) **Rache (an jemandem) (für etwas)** eine Handlung, mit der man eine Person (außerhalb des Gesetzes) bestraft, von welcher man beleidigt oder geschädigt wurde ⟨blutige, grausame Rache; jemandem Rache schwören; auf Rache sinnen; jemanden dürstet, gelüstet nach Rache; etwas aus Rache tun; Rache an jemandem nehmen⟩ K Racheakt, Rachegedanken, Rachegelüste, Racheschwur ■ **ID die Rache des kleinen Mannes** *oft humorvoll* ein Nachteil o. Ä., den man einer stärkeren Person mit Absicht zufügt, weil man sich anders gegen sie nicht wehren kann

Ra·chen *der;* (-s, -) **1** der innere Teil des Halses, der am Ende des Mundes beginnt K Rachenentzündung, Rachenmandeln **2** der offene Mund eines gefährlichen Tieres ≈ *Maul* | *Der Dompteur steckte seinen Kopf in den Rachen des Löwen* ■ **ID jemandem etwas in den Rachen werfen** einer Person das geben, was sie unbedingt haben will

★ **rä·chen** VERB, **rä·chen** (rächte, hat gerächt) **1 jemanden rächen** wenn man einen Menschen rächt, dann bestraft man (außerhalb des Gesetzes) diejenige Person, die diesem Menschen etwas Böses getan hat **2 etwas rächen** wenn man ein Unrecht rächt, dann bestraft man (außerhalb des Gesetzes) diejenige Person, die dafür verantwortlich war ⟨einen Mord, ein Verbrechen rächen⟩ **3 sich (an jemandem) (für etwas) rächen** eine andere Person für eine Tat bestrafen, durch die man selbst einen Nachteil, einen Schaden o. Ä. erlitten hat | *Für diese Beleidigung werde ich mich noch (an ihm) rächen* **4 etwas rächt sich** etwas hat unangenehme Folgen ⟨jemandes Faulheit, Leichtsinn, Unaufmerksamkeit, Übermut⟩ • zu (1 – 3) **Rä·cher** *der;* zu (1 – 3) **Rä·che·rin** *die*

Rach·sucht *die; nur Singular* der starke Wunsch, sich zu rächen • hierzu **rach·süch·tig** ADJEKTIV

ra·ckern VERB (rackerte, hat gerackert); *gesprochen* schwer arbeiten

Ra·cket ['rɛkət] *das;* (-s, -s) ≈ *Tennisschläger*

★ **Rad** *das;* (-(e)s, Rä·der) **1** der runde Teil eines Fahrzeugs, der sich (um die Achse/die Achsen) dreht und das Fahrzeug rollen lässt ⟨das Rad dreht sich, rollt, schleift, quietscht; ein Rad montieren, (aus)wechseln⟩ K Radnabe, Radwechsel; Ersatzrad, Hinterrad, Reserverad, Vorderrad H → Abb. unter **Auto** und **Fahrrad** **2** ein rundes Teil einer Maschine (meist mit Zacken) ⟨die Räder eines Getriebes, Uhrwerks⟩ K Antriebsrad, Lenkrad, Schubrad, Schwungrad, Steuerrad, Schaufelrad, Zahnrad, Mühlrad, Wasserrad **3** Kurzwort für *Fahrrad* ⟨(mit dem) Rad fahren⟩ | *aufs Rad steigen* | *einen Ausflug mit dem Rad machen* K Radfahrer, Radrennen, Radsport, Radtour, Radwanderung, Radweg; Damenrad, Herrenrad, Klapprad, Rennrad, Sportrad, Dreirad, Zweirad **4** eine Turnübung ⟨(ein) Rad schlagen⟩ **5 ein Pfau schlägt ein Rad** ein männlicher Pfau breitet die Schwanzfedern aus ■ **ID am Rad drehen** *gesprochen* **a** die Nerven verlieren, verrückt werden | *Ich drehe schon völlig am Rad, weil die Zeit so knapp ist* **b** sich auffällig und nicht normal verhalten; **Rad fahren** *abwertend* sich Vorgesetzten o. Ä. gegenüber unterwürfig verhalten und zu Untergebenen ungerecht und streng sein; **unter die Räder kommen** **a** (von einem Fahrzeug) überfahren werden **b** moralisch und sozial völlig herunterkommen **das fünfte Rad am Wagen sein** (in einer Gruppe) stören, weil man überflüssig ist • zu (3) **Rad·fah·rer** *der;* zu (3) **Rad·fah·re·rin** *die*

Ra·dar, Ra·dar *der/das;* (-s) **1** eine technische Methode, durch die man messen kann, wo ein Gegenstand ist, wohin und wie schnell er sich bewegt | *durch Radar feststellen, wo sich ein Flugzeug befindet* | *die Geschwindigkeit eines Fahrzeugs mit Radar messen* K Radarkontrolle, Radarstation, Radarüberwachung **2** ein Gerät, das mit Radar arbeitet ⟨mit Radar ausgestattet sein⟩ K Radargerät

Ra·dar·fal·le *die* **1** ein (oft verstecktes) Gerät am Straßenrand, das Fotos von Fahrzeugen macht, die zu schnell daran vorbeifahren ≈ *Blitzer* **2** eine Aktion der Polizei, (heimlich) die Geschwindigkeit von Fahrzeugen auf der Straße zu messen, um diejenigen zu bestrafen, die zu schnell fahren ⟨in eine Radarfalle geraten, rasen⟩

Ra·dar·schirm *der* der Bildschirm eines Radargeräts

Ra·dau *der;* (-s); *gesprochen* ⟨Radau machen⟩ ≈ *Lärm*

ra·de·bre·chen VERB (radebrechte, hat geradebrecht) **(etwas) radebrechen** eine fremde Sprache mit viel Mühe und vielen Fehlern sprechen ⟨ein paar Worte (einer Sprache) radebrechen (können)⟩ H meist im Infinitiv

ra·deln VERB (radelte, ist geradelt); *gesprochen* mit dem Fahrrad fahren

Rä·dels·füh·rer *der; abwertend* eine Person, die andere Leute dazu verführt, aggressiv zu handeln oder gegen Gesetze zu verstoßen ⟨der Rädelsführer einer Bande⟩ • hierzu **Rä·dels·füh·re·rin** *die*

Rä·der·werk *das* die Räder, die eine Maschine oder Uhr antreiben

ra·di·al ADJEKTIV vom Mittelpunkt aus in alle Richtungen eines Kreises ⟨Kräfte; radial verlaufen, angeordnet sein⟩ ≈ *strahlenförmig*

Ra·di·a·tor *der;* (-s, Ra·di·a·to·ren) **1** der Teil einer Zentralheizung, der im Zimmer die Wärme abgibt ≈ *Heizkörper* **2** eine kleine Heizung (auf Rollen), die mit Strom heizt

ra·die·ren VERB (radierte, hat radiert) **1 (etwas) radieren** etwas, das man mit Bleistift geschrieben oder gezeichnet hat, durch Reiben mit einem Stück Gummi entfernen ⟨ei-

R

nen Fehler, einen Strich radieren⟩ **2** **(etwas) radieren** ein Bild machen, indem man mit einer Nadel und Säure Linien in Metall ritzt (und davon einen Abdruck macht) K Radiernadel • zu (2) **Ra·die·rung** *die*

Ra·dier·gum·mi *der* ein kleiner Gegenstand aus Gummi o. Ä. zum Radieren

Ra·dies·chen [ra'diːsçən] *das;* (-s, -) eine kleine Pflanze mit einer runden dicken Wurzel, die außen rot und innen weiß ist, scharf schmeckt und roh gegessen wird ⟨ein Bund Radieschen⟩ ▪ ID **die Radieschen von unten anschauen** *gesprochen, humorvoll* tot und begraben sein

★ **ra·di·kal** ADJEKTIV **1** so, dass etwas starke Veränderungen mit sich bringt ⟨Änderungen, Reformen, eine Methode⟩ | *ein radikaler Bruch mit der Tradition* | *radikale Mittel einsetzen* **2** in sehr starkem Maße | *die Zahl der Atomwaffen radikal reduzieren* | *Sie hat sich radikal verändert* **3** *abwertend* so, dass eine Gruppe extreme Positionen vertritt (und oft bereit ist, Gewalt anzuwenden, um ihre Ziele zu erreichen) ⟨die Linke, die Rechte; eine Terrororganisation⟩ **4** so, dass jemand mit großem Einsatz gegen oder für etwas kämpft ⟨ein Gegner, ein Verfechter⟩ • zu (1 – 3) **Ra·di·ka·li·tät** *die;* zu (3,4) **Ra·di·ka·lis·mus** *der*

Ra·di·ka·le *der/die;* (-n, -n) eine Person mit extremen und radikalen politischen Meinungen und Zielen K Linksradikale, Rechtsradikale H *ein Radikaler; der Radikale; den, dem, des Radikalen*

ra·di·ka·li·sie·ren VERB (radikalisierte, hat radikalisiert) **1** **(jemanden/etwas) radikalisieren** bewirken, dass eine Person oder Gruppe extreme Positionen vertritt oder dass etwas extremer wird | *eine Religion politisch radikalisieren* | *Die wirtschaftliche Krise hat die Bevölkerung radikalisiert* **2** **sich/etwas radikalisieren** extremere Positionen vertreten als zuvor | *Die Opposition hat ihre Kritik später radikalisiert* | *Es sind vor allem junge Menschen, die sich radikalisieren*

★ **Ra·dio** *das;* (-s, -s) **1** ein Gerät, das elektromagnetische Wellen empfängt und diese als Sprache, Musik oder Geräusch wiedergibt ⟨ein tragbares Radio; das Radio läuft, spielt; das Radio anmachen, einschalten, ausmachen, ausschalten⟩ K Radioantenne; Autoradio, Kofferradio **2** *nur Singular* eine Institution, die ein Programm sendet, das man mit einem Radio, im Internet usw. empfangen kann ≈ *Radiosender* | *Sie arbeitet beim Radio* K Internetradio **3** *nur Singular* ein Programm, das ein Radiosender verbreitet ⟨Radio hören; etwas im Radio bringen, hören⟩ K Radioprogramm H → Infos unter **Fernsehen**

★ **ra·dio·ak·tiv** [-f] ADJEKTIV in einem Zustand, in dem Atome zerfallen und dabei Energie abgeben, die Menschen, Tieren und Pflanzen schadet ⟨Abfälle, ein Element, ein Stoff, die Strahlung, der Zerfall⟩ | *Uran ist radioaktiv* • hierzu **Ra·dio·ak·ti·vi·tät** *die*

Ra·dio·lo·ge *der;* (-n, -n) ein Arzt mit einer speziellen Ausbildung in Radiologie H *der Radiologe; den, dem, des Radiologen* • hierzu **Ra·dio·lo·gin** *die*

Ra·dio·lo·gie *die;* (-) die Radiologie untersucht Körper von Menschen oder Tieren mit Strahlen und Wellen, um Krankheiten oder Verletzungen zu erkennen • hierzu **ra·dio·lo·gisch** ADJEKTIV

Ra·di·um *das;* (-s) ein radioaktives Metall H chemisches Zeichen: *Ra*

Ra·di·us *der;* (-, Ra·di·en [-djən]) die Entfernung vom Mittelpunkt eines Kreises oder einer Kugel zum Rand ≈ *Halbmesser*

Rad·kap·pe *die* eine Scheibe, mit der man die Radnabe bei Autos und Motorrädern bedeckt

Rad·ler *der;* (-s, -); *gesprochen* **1** ≈ *Radfahrer* **2** ein Getränk aus Bier und Limonade • zu (1) **Rad·le·rin** *die*

-räd·rig *im Adjektiv, unbetont, nicht produktiv, meist attributiv* **einrädrig, zweirädrig, dreirädrig, großrädrig, kleinrädrig** *und andere* mit der genannten Zahl oder Art von Rädern

RAF [ɛr|aː'|ɛf] *die;* (-) Kurzwort für *Rote-Armee-Fraktion*

raf·fen VERB (raffte, hat gerafft) **1** **etwas (an sich) raffen** *abwertend* so viel von etwas nehmen, wie man bekommen kann ⟨Besitz, Geld, Schmuck raffen⟩ **2** **etwas raffen** Stoff so halten oder befestigen, dass er Falten bildet ⟨einen Vorhang raffen⟩ **3** **etwas raffen** einen Text, die Handlung eines Buches, Films o. Ä. kürzer machen, sodass nur das Wichtige übrig bleibt **4** **etwas raffen** *gesprochen* ≈ *kapieren*

Raff·gier *die; nur Singular; abwertend* der starke Wunsch, so viel wie möglich von etwas zu bekommen • hierzu **raff·gie·rig** ADJEKTIV

Raf·fi·na·de *die;* (-, -n) Zucker, der aus sehr kleinen weißen Körnern besteht K Zuckerraffinade

Raf·fi·ne·rie *die;* (-, -n [-'riːən]) eine Fabrik, die Erdöl oder Zucker reinigt und bearbeitet K Ölraffinerie, Zuckerraffinerie

Raf·fi·nes·se *die;* (-, -n) **1** *nur Singular* die Eigenschaft, raffiniert zu sein ⟨die Raffinesse eines Betrügers, eines Plans⟩ ≈ *Schlauheit* **2** *meist Plural* ein besonderes technisches Detail an einem Gerät | *ein Sportwagen mit allen Raffinessen*

raf·fi·niert ADJEKTIV **1** sehr klug ausgedacht oder geschickt angewendet ⟨ein Plan, ein System, eine Technik⟩ | *Durch die raffinierte Anordnung der Möbel sieht der Raum größer aus* **2** schlau und geschickt ⟨ein Gauner, Machenschaften, ein Trick⟩ ≈ *clever*

Ra·ge ['raːʒə] *die;* (-) **in Rage** in einem/einen wütenden Zustand ⟨in Rage kommen; jemanden in Rage bringen⟩

ra·gen VERB (ragte, hat/ist geragt) **etwas ragt irgendwohin** etwas reicht weiter nach oben, außen usw. als die Umgebung | *Ein Nagel ragt aus der Wand*

Ra·gout [ra'guː] *das;* (-s, -s) kleine Stücke Fleisch oder Fisch in einer Soße K Fischragout, Hammelragout, Hirschragout, Kalbsragout, Lammragout, Rehragout, Rinderragout

★ **Rahm** *der;* (-(e)s) ⟨süßer, saurer Rahm⟩ ≈ *Sahne* K Rahmschnitzel, Rahmsoße, Rahmspinat

rah·men VERB (rahmte, hat gerahmt) **etwas rahmen** einen Rahmen um etwas machen ⟨ein Bild, ein Dia, ein Fenster, einen Spiegel rahmen⟩ • hierzu **Rah·mung** *die*

★ **Rah·men** *der;* (-s, -) **1** ein fester Rand, den man z. B. um Bilder oder Spiegel macht, um sie zu schmücken oder zu befestigen ⟨etwas in einen Rahmen (ein)fassen; etwas aus dem Rahmen nehmen⟩ K Bilderrahmen, Stickrahmen, Webrahmen; Goldrahmen, Holzrahmen, Silberrahmen **2** der Teil einer Tür oder eines Fensters, der fest mit der Wand verbunden ist K Fensterrahmen, Türrahmen **3** der (untere) Teil eines Fahrzeugs, an dem die Achsen befestigt sind K Fahrzeugrahmen, Fahrradrahmen **4** **ein Rahmen (für etwas)** *nur Singular* die Umgebung und der Zusammenhang, in denen etwas stattfindet oder geschieht ⟨ein feierlicher, würdiger Rahmen; der geschichtliche, soziale Rahmen⟩ | *Die Konzerte bildeten den Rahmen für die Verleihung der Preise* **5** *nur Singular* der Bereich, innerhalb dessen etwas geschieht ⟨im Rahmen des Möglichen liegen, bleiben⟩ | *Veränderungen in kleinem/großem Rahmen* **6** **im Rahmen** +*Genitiv* wegen oder als Teil einer Sache | *Im Rahmen der Zweihundertjahrfeier finden zahlreiche Veranstaltungen statt* ▪ ID **etwas bleibt im Rahmen** etwas unterscheidet sich nicht vom Üblichen; **etwas fällt aus dem Rahmen** etwas unterscheidet sich stark vom Üblichen; **jemand/etwas passt nicht in den Rahmen** jemand/etwas ist fehl am Platz; **etwas sprengt den Rahmen** (+*Genitiv*) etwas geht über das hinaus, was geplant war

Rah·men- *im Substantiv, betont, begrenzt produktiv* **das Rahmenabkommen, die Rahmenbestimmung, das Rahmengesetz, der Rahmenplan** *und andere* drückt aus, dass etwas nur die allgemeinen Grundlagen enthält und keine Details | *die Rahmenbedingungen festlegen*

-rah·men *der; im Substantiv, unbetont, begrenzt produktiv* **Finanzrahmen, Strafrahmen, Zeitrahmen** die Grenzen, die für etwas gelten und innerhalb derer etwas bleiben muss

Rah·men·er·zäh·lung *die* eine Erzählung, in der mehrere Geschichten erzählt werden und in der eine Geschichte den Zusammenhang zwischen allen herstellt | *Das „Decamerone" von Boccaccio ist eine Rahmenerzählung*

Rain *der;* (-(e)s, -e) ein schmales Stück Boden am Rand eines Feldes, auf dem Gras und Blumen wachsen **K** Ackerrain, Feldrain, Wegrain

rä·keln → rekeln

★ **Ra·ke·te** *die;* (-, -n) **1** Raketen sehen wie Rohre mit einer Spitze aus und können von der Erde weg in den Weltraum fliegen ⟨eine mehrstufige, (un)bemannte Rakete; eine Rakete zünden, starten⟩ | *mit einer Rakete zum Mond fliegen* **K** Raketenabschussrampe, Raketenantrieb, Raketenstart, Raketenstufe, Raketentreibstoff, Raketentriebwerk; Mondrakete, Trägerrakete, Weltraumrakete **2** eine Rakete, die als Waffe benutzt wird und Bomben transportiert ⟨Raketen stationieren, abfeuern, abschießen, auf ein Ziel richten⟩ | *die Zahl der atomaren Raketen begrenzen* **K** Raketen(abschuss)basis, Raketenabwehr, Raketenstützpunkt, Raketenwerfer; Atomrakete, Kampfrakete, Luftabwehrrakete, Panzerabwehrrakete, Kurzstreckenrakete, Mittelstreckenrakete, Langstreckenrakete **3** eine kleine Rakete, die in der Luft explodiert und als Feuerwerk oder Signal verwendet wird **K** Feuerwerksrakete, Leuchtrakete, Signalrakete

Ral·lye ['rɛli] *die;* (-, -s), **Ral·lye** Ⓒⓗ *das;* (-s, -s) ein Wettrennen mit Autos über weite Strecken auf normalen Wegen ⟨an einer Rallye teilnehmen; eine Rallye fahren⟩ | *die Rallye Monte Carlo* | *die Rallye Paris–Dakar*

Ram·ba·zam·ba *das/der;* (-s, -s); *gesprochen* lautes Feiern, Streiten, Schimpfen o. Ä. ≈ *Rabatz* | *Wenn die Kinder müde werden, gibt's bei uns oft Rambazamba*

Ram·me *die;* (-, -n) ein Gerät, das man dazu benutzt, etwas in den Boden zu stoßen oder den Boden flach und fest zu machen **K** Dampframme

ram·men VERB (rammte, hat gerammt) **1** **jemanden/etwas rammen** beim Fahren an jemandes Auto/etwas stoßen und es beschädigen **2** **etwas irgendwohin rammen** etwas mit kräftigen Schlägen in den Boden schlagen ⟨Pfähle in den Boden rammen⟩

Ram·pe *die;* (-, -n) **1** eine schräge Fläche, über die Fahrzeuge zu einer höheren oder tieferen Ebene fahren können **2** eine erhöhte Fläche vor einem Gebäude, auf der man Waren besser aus einem Lastwagen laden kann **3** der vordere Rand der Bühne im Theater

Ram·pen·licht *das* **im Rampenlicht stehen** oft in der Öffentlichkeit auftreten und viel beachtet werden

Ram·pen·sau *die; gesprochen* eine Person, die es genießt, andere auf der Bühne, auf Partys o. Ä. zu unterhalten und im Mittelpunkt zu stehen

ram·po·nie·ren VERB (ramponierte, hat ramponiert) **etwas ramponieren** etwas relativ stark beschädigen

ram·po·niert ■ PARTIZIP PERFEKT **1** → ramponieren ■ ADJEKTIV **2** in schlechtem Zustand ≈ *angeschlagen, mitgenommen* | *Nach dem Skandal ist sein Ansehen ziemlich ramponiert* | *Du siehst so ramponiert aus, hast du letzte Nacht nicht geschlafen?*

Ramsch *der;* (-es); *abwertend* Dinge von sehr schlechter Qualität (die ein Geschäft verkauft) | *In dem Laden gibt es nur Ramsch* **K** Ramschladen, Ramschware

ran ADVERB; *gesprochen* → heran

ran- *im Verb; gesprochen* → heran-

★ **Rand** *der;* (-(e)s, Rän·der) **1** der Bereich, wo etwas aufhört oder anfängt ⟨der obere, untere, äußere, innere, linke, rechte Rand⟩ ↔ *Mitte* | *ein Glas bis zum Rand füllen* | *Er stand am Rand des Abgrunds und sah hinunter* **K** Randbezirk, Randgebiet, Randlage; Außenrand, Innenrand, Feldrand, Hutrand, Kraterrand, Ortsrand, Stadtrand, Stoffrand, Tellerrand, Waldrand, Wegrand, Wüstenrand **2** der seitliche, obere oder untere Teil eines Blattes Papier, auf den man normalerweise nichts schreibt ⟨einen Rand lassen; etwas am Rand anmerken⟩ **K** Randbemerkung, Randnotiz **3** ein Strich oder schmaler Streifen außen am Rand von Flächen | *ein Briefumschlag mit schwarzem Rand* | *der gezackte Rand einer Briefmarke* **K** Fettrand, Kalkrand, Schmutzrand, Schweißrand, Trauerrand **4** **am Rande** zusätzlich zu etwas, das wichtiger ist ⟨etwas nur am Rande bemerken, erwähnen; etwas spielt sich (nur ganz) am Rande ab⟩ **K** Randbemerkung, Randerscheinung, Randfigur, Randnotiz **5** **zu Rande** → zurande ■ ID **am Rande** +*Genitiv* **stehen** in großer Gefahr sein, etwas Negatives zu erleben ⟨am Rande des Grabes, Ruins, Wahnsinns stehen⟩; **jemanden an den Rand** +*Genitiv* **bringen** jemanden in die genannte Gefahr bringen ⟨jemanden an den Rand des Grabes/Todes, des Ruins, der Verzweiflung bringen⟩; **außer Rand und Band sein/geraten** voller Energie und so wild sein/werden, dass man nicht beruhigt werden kann; **Halt den Rand!** *gesprochen* ⚠ Sei still!

Ran·da·le *die;* (-) **Randale machen** *gesprochen* ≈ *randalieren*

ran·da·lie·ren VERB (randalierte, hat randaliert) Lärm machen, andere Leute stören und Sachen mit Absicht beschädigen | *randalierende Fans* • hierzu **Ran·da·lie·rer** *der*

Rand·grup·pe *die* eine Gruppe von Menschen, die nicht von der Gesellschaft akzeptiert wird und somit isoliert lebt

-ran·dig *im Adjektiv, unbetont, nicht produktiv* **breitrandig, glattrandig, schmalrandig** *und andere* mit der genannten Art von Rand

rand·los ADJEKTIV ohne Rahmen, ohne Einfassung ⟨eine Brille⟩

Rand·stein *der* ≈ *Bordstein*

Rand·strei·fen *der* der äußere Teil der Straße (vor allem bei einer Autobahn), auf dem man nicht fahren, bei einer Panne aber das Auto abstellen darf

rand·voll ADJEKTIV ⟨ein Auto, ein Glas, ein Programm⟩ so, dass nichts anderes mehr darin Platz hat

rang *Präteritum, 1. und 3. Person Singular* → ringen

★ **Rang** *der;* (-(e)s, Rän·ge) **1** eine Stufe in einer Ordnung (Hierarchie), die sich durch einige Merkmale von einer anderen Stufe unterscheidet ⟨einen hohen, niedrigen Rang haben, einnehmen, bekleiden⟩ | *der Rang eines Leutnants* | *Sie steht im Rang einer Ministerin* **K** Rangabzeichen, Rangfolge, Ranghöchste(r), Ranghöhere(r), Rangordnung, Rangstufe, Rangunterschied, ranghöchst-, rangniedrigst-; Dienstrang, Generalsrang, Offiziersrang **2** der Platz, den man in einem Wettkampf erreicht | *den ersten/letzten Rang belegen* **3** der hintere und höher liegende Teil des Raumes, in dem man im Kino oder Theater sitzt **4** **von Rang** mit einem hohen Wert, von hoher Qualität | *ein Schriftsteller von Rang* | *ein Komponist vom Rang Beethovens* **5** **ersten Ranges** von großer Bedeutung | *ein Skandal ersten Ranges* ■ ID **jemandem den Rang ablaufen** bessere Leistungen bringen als jemand; **alles, was Rang und Namen hat** sehr viele bekannte Leute ≈ *Prominenz;* **zu Rang und Würden kommen** bekannt und einflussreich werden • zu (1,2) **rang·gleich** ADJEKTIV; zu (1,2)

rang·mä·ßig ADVERB
Ran·ge *die;* (-, -n) ein lebhaftes und freches Kind
ran·ge·hen VERB (ging ran, ist rangegangen); *gesprochen* **1** **an etwas** (*Akkusativ*) **rangehen** an etwas herangehen **2** **sich** ohne Zweifel oder Zögern bemühen, ein Ziel zu erreichen | *Er hat sie gerade erst kennengelernt und gleich zum Essen eingeladen. Der geht ganz schön ran!*
ran·geln VERB (rangelte, hat gerangelt) **(mit jemandem) (um etwas) rangeln** mit einer Person kämpfen, ohne ihr wehtun zu wollen | *Die Kinder rangelten um die besten Plätze*
ran·gie·ren VERB [raŋˈʒiːrən] (rangierte, hat rangiert) **1** **(etwas) rangieren** Eisenbahnwagen auf ein anderes Gleis bringen, um neue Züge zusammenzustellen K Rangierbahnhof, Rangiergleis, Rangierlok **2** **irgendwo rangieren** den genannten Rang oder die genannte Bedeutung haben | *Der Urlaub rangiert auf der Prioritätsliste vieler Deutschen ganz oben*
ran·hal·ten VERB (*hat*); *gesprochen* **1** **etwas ranhalten** ≈ *heranhalten* **2** **sich (mit etwas) ranhalten** sich (mit einer Arbeit) beeilen | *Wenn wir uns (mit der Arbeit) ranhalten, werden wir rechtzeitig fertig* **3** **sich ranhalten** viel essen | *Haltet euch ordentlich ran, es ist genug da*
rank ADJEKTIV **rank und schlank** sehr schlank
Ran·ke *die;* (-, -n) ein langer, dünner und biegsamer Teil einer Pflanze, mit dem sie sich irgendwo festhält ⟨die Ranken des Efeus, der Erbse, des Weines⟩ K Rankengewächs; Blattranke, Blumenranke, Bohnenranke, Brombeerranke, Efeuranke, Hopfenranke, Kürbisranke, Weinranke
Rän·ke *die; Plural* ■ **ID** **Ränke schmieden** *literarisch* (heimlich) Pläne machen, um jemandem zu schaden
ran·ken VERB (rankte, hat/ist gerankt) **1** **etwas rankt irgendwo** (*ist*) etwas wächst an einer Stelle und hält sich mit Ranken fest ⟨Pflanzen⟩ **2** **etwas rankt irgendwohin** (*hat/ist*); **etwas rankt sich irgendwohin** (*hat*) etwas wächst an etwas entlang oder in die Höhe | *An der Mauer rankt sich Efeu in die Höhe* **3** **etwas rankt sich um jemanden/etwas** *geschrieben* (*hat*) etwas existiert in Zusammenhang mit jemandem/etwas ⟨Erzählungen, Geschichten, Legenden⟩ | *Viele Geschichten ranken sich um König Ludwigs Tod*
ran·klot·zen VERB (klotzte ran, hat rangeklotzt); *gesprochen* sich mit Schwung und Eifer an die Arbeit machen
ran·krie·gen VERB (*hat*); *gesprochen* **1** **jemanden rankriegen** jemandem eine schwere Arbeit geben **2** **jemanden rankriegen** jemanden zwingen, einen Schaden wiedergutzumachen **3** **jemanden rankriegen** ≈ *hereinlegen*
ran·las·sen VERB (*hat*); *gesprochen* **1** **jemanden (an eine Person/etwas) ranlassen** zulassen, dass jemand oder ein Tier in die Nähe einer Person oder Sache kommt **2** **jemanden ranlassen** einer Person die Gelegenheit geben zu zeigen, was sie kann
ran·ma·chen VERB (*hat*); *gesprochen* **1** **etwas (irgendwohin) ranmachen** etwas irgendwo befestigen **2** **sich an jemanden ranmachen** sich an jemanden heranmachen **3** **sich ranmachen** ≈ *beeilen*
ran·müs·sen VERB (muss ran, musste ran, hat rangemusst); *gesprochen* **1** ≈ *heranmüssen* **2** (viel) arbeiten müssen
rann *Präteritum, 3. Person Singular* → rinnen
rann·te *Präteritum, 1. und 3. Person Singular* → rennen
ran·schmei·ßen VERB (*hat*) **sich an jemanden ranschmeißen** *gesprochen, abwertend* auf jede Weise versuchen, jemandes Freund zu werden
Ran·zen *der;* (-s, -) **1** eine Tasche, die ein Schüler auf dem Rücken trägt ⟨den Ranzen packen, tragen⟩ K Lederranzen, Schulranzen **2** *gesprochen, abwertend* ein meist dicker Bauch ■ **ID** **sich** (*Dativ*) **den Ranzen vollschlagen** *gesprochen, abwertend* viel essen
ran·zig ADJEKTIV so, dass das Fett darin alt ist und schlecht riecht und schmeckt ⟨Butter, Nüsse, Öl⟩
Rap [rɛp] *der;* (-s) die Art des Sprechgesangs, die für Hip-Hop typisch ist ● hierzu **rap·pen** [ˈrɛpn] VERB; **Rap·per** [ˈrɛpɐ] *der;* **Rap·pe·rin** [ˈrɛp-] *die*
ra·pid, ra·pi·de ADJEKTIV sehr schnell ⟨ein Anstieg, eine Entwicklung, eine Veränderung, ein Wachstum⟩
Rap·pe *der;* (-n, -n) ein schwarzes Pferd H *der Rappe; den, dem, des Rappen*
Rap·pel *der;* (-s); *gesprochen* ein (nervöser) Zustand, in dem jemand für kurze Zeit unvernünftige Dinge tut ⟨einen Rappel kriegen, haben⟩
rap·peln VERB (rappelte, hat gerappelt) **etwas rappelt** *gesprochen* ⟨der Wecker⟩ ≈ *klappern*
★ **Rap·pen** *der;* (-s, -) die kleinste Einheit des Geldes in der Schweiz; | *Ein Franken hat 100 Rappen* H Abkürzung: *Rp*
Rap·port *der;* (-(e)s, -e) eine Meldung, die jemand vor allem beim Militär an einen Vorgesetzten machen muss ⟨ein schriftlicher, mündlicher Rapport; einen Rapport schreiben, machen; zum Rapport erscheinen; sich zum Rapport melden⟩
Ra·pun·zel *ohne Artikel;* (-s, -) ein Mädchen im Märchen, das in einem hohen Turm eingesperrt ist und den langen Zopf aus dem Fenster hängt
rar ADJEKTIV (rarer, rarst-) **1** nicht oft vorkommend ≈ *selten* | *Eulen sind in unseren Wäldern inzwischen rar geworden* H *Selten* wird häufiger verwendet als *rar.* **2** *meist prädikativ* nicht in genügender Menge vorhanden ⟨Lebensmittel, Rohstoffe⟩ ≈ *knapp*
Ra·ri·tät *die;* (-, -en) **1** ein Gegenstand, von dem es nur wenige Stücke gibt und der deshalb wertvoll ist ⟨Raritäten sammeln⟩ **2** das seltene Vorkommen einer Sache ≈ *Seltenheit*
rar·ma·chen VERB (machte sich rar, hat sich rargemacht) **sich (bei jemandem) rarmachen** weniger Kontakt zu jemandem haben als früher, weil man keine Zeit oder Lust mehr dazu hat
ra·sant ADJEKTIV (rasanter, rasantest-) **1** sehr schnell ⟨eine Fahrt, ein Tempo, ein Sportwagen; eine Entwicklung, ein Wachstum⟩ | *das rasante Wachstum der industriellen Produktion* **2** ⟨eine Musik⟩ in aufregender Weise schön
★ **rasch** ADJEKTIV (rascher, raschest-) so, dass ein Vorgang oder eine Handlung nur kurze Zeit dauert ≈ *schnell* | *eine rasche Auffassungsgabe haben* | *rasche Fortschritte machen* | *Ich gehe nur rasch Zigaretten holen, ich bin gleich wieder da*
ra·scheln VERB (raschelte, hat geraschelt) **1** **etwas raschelt** etwas macht das Geräusch, das man hört, wenn der Wind trockene Blätter bewegt ⟨das Laub, das Stroh, die Seide; etwas rascheln hören⟩ **2** **mit etwas rascheln** etwas so bewegen, dass es raschelt
★ **ra·sen** VERB (raste, hat/ist gerast) **1** **(vor etwas** (*Dativ*)**) rasen** (*hat*) wütend und laut sprechen und sich dabei wild benehmen ⟨vor Wut, Zorn, Eifersucht, Schmerzen rasen; jemanden zum Rasen bringen⟩ ≈ *toben* **2** **(irgendwohin) rasen** (*ist*) sehr schnell fahren oder laufen | *Das Auto raste in die Zuschauer* | *Wir rasten von einem Geschäft zum anderen* **3** **die Zeit rast** (*ist*) die Zeit vergeht sehr schnell **4** **der Puls/das Herz rast** (*ist*) der Puls/das Herz schlägt sehr schnell ● zu (2) **Ra·ser** *der;* zu (2) **Ra·se·rin** *die; gesprochen, abwertend*
★ **Ra·sen** *der;* (-s, -); *meist Singular* eine gepflegte Fläche mit dichtem, kurzem Gras (vor allem in Gärten und Parks) ⟨ein gepflegter Rasen; den Rasen mähen, sprengen⟩
Ra·sen·mä·her *der;* (-s, -) ein Gerät, mit dem man den Rasen mäht K Benzinrasenmäher, Elektrorasenmäher
Ra·sen·mä·her·prin·zip *das; nur Singular* ein System,

staatliche Mittel für viele Empfänger gleichmäßig zu kürzen, ohne auf die tatsächlichen Bedürfnisse zu achten

Ra·sen·spren·ger *der;* (-s, -) ein Gerät, das Wasser verspritzt und so den Rasen feucht hält

Ra·se·rei *die;* (-) **1** *gesprochen, abwertend* sehr schnelles und unvorsichtiges Fahren **2** das Toben (aus Wut) ⟨in Raserei geraten; jemanden zur Raserei bringen; ein Anfall von Raserei⟩

Ra·sier·ap·pa·rat *der* ein kleines elektrisches Gerät, mit dem man sich den Bart oder die Haare rasiert

★ **ra·sie·ren** VERB (rasierte, hat rasiert) **jemanden rasieren; (jemandem) etwas rasieren** die Haare so kurz wie möglich über der Haut abschneiden (bei Männern vor allem im Gesicht) ⟨jemanden/sich nass, trocken rasieren; jemandem/sich den Bart rasieren⟩ | *Ich rasiere mich nicht mehr, ich will mir einen Bart wachsen lassen* K Rasiercreme, Rasiermesser, Rasierpinsel, Rasierschaum, Rasierseife, Rasierzeug

Ra·sie·rer *der;* (-s, -); *gesprochen* ≈ *Rasierapparat*

Ra·sier·klin·ge *die* ein kleines, sehr dünnes Stück Metall mit scharfen Kanten zum Rasieren

Ra·sier·was·ser *das* eine Flüssigkeit (die Alkohol enthält und angenehm riecht), die man nach dem Rasieren aufs Gesicht tut ≈ *Aftershave*

Rä·son [rɛˈzõː] *die;* (-) **1** **zur Räson kommen; (wieder) Räson annehmen** sich wieder so vernünftig verhalten, wie es erwartet wird (nachdem man vorher unvernünftig war) **2** **jemanden zur Räson bringen** bewirken, dass sich eine Person wieder so (vernünftig) verhält, wie man es von ihr erwartet

rä·so·nie·ren VERB (räsonierte, hat räsoniert) **(über etwas** *(Akkusativ)***) räsonieren** ≈ *nörgeln, schimpfen* | *Er räsoniert ständig (darüber), wie böse alle Menschen sind*

Ras·pel[1] *die;* (-, -n) **1** ≈ *Reibe* **2** eine grobe Feile, mit der man Holz, Metall usw. bearbeitet K Holzraspel, Tischlerraspel

Ras·pel[2] *der;* (-s, -n); *meist Plural* ein kleines Stück Apfel, Käse, Schokolade o. Ä., das durch Reiben gemacht wurde K Kokosraspel, Schokoraspel

ras·peln VERB (raspelte, hat geraspelt) **1** **(etwas) raspeln** etwas zu kleinen Stücken reiben ⟨Äpfel, Schokolade, Nüsse, Karotten raspeln; etwas grob, fein raspeln⟩ **2** **(etwas) raspeln** etwas mit einer Raspel bearbeiten ⟨Holz raspeln⟩

★ **Ras·se** *die;* (-, -n) **1** *meist abwertend* eine der großen Gruppen, in welche die Menschen aufgrund der verschiedenen Hautfarben eingeteilt werden ⟨die schwarze, gelbe, weiße, rote Rasse⟩ K Rassendiskriminierung, Rassenhass, Rassenhetze, Rassenideologie, Rassenintegration, Rassenkonflikt, Rassenwahn **i** Das Wort *Rasse* sollte im Zusammenhang mit Menschen nicht verwendet werden. **2** eine Gruppe von Haustieren, die sich durch einige Merkmale von anderen Tieren derselben Art unterscheiden ⟨eine neue Rasse (von Kühen, Hunden) züchten; zwei Rassen (miteinander) kreuzen⟩ K Hühnerrasse, Hunderasse, Pferderasse, Tierrasse **3** *gesprochen* eine Gruppe von Menschen, deren Verhalten man seltsam und fremd findet ⟨eine seltsame, merkwürdige Rasse⟩ ■ **ID** **Rasse haben** temperamentvoll und attraktiv sein

Ras·se- *im Substantiv, betont, nicht produktiv* **der Rassehund, die Rassekatze, das Rassepferd** bezeichnet ein Tier, das keine Mischung aus verschiedenen Rassen ist ≈ *reinrassig*

Ras·sel *die;* (-, -n) ein einfaches Spielzeug für Babys, das ein rasselndes Geräusch macht K Babyrassel

Ras·sel·ban·de *die; gesprochen* mehrere Kinder, die gern Lärm machen (und Streiche spielen)

ras·seln VERB (rasselte, hat/ist gerasselt) **1** *(hat)* harte, kurze Geräusche machen wie kleine Teile aus Metall, die an etwas stoßen ⟨die Kette, der Wecker⟩ | *der rasselnde Atem des Kranken* | *Die Gefangenen rasselten mit ihren Ketten* **2** **ein Panzer rasselt irgendwohin** *(ist)* ein Panzer fährt und rasselt dabei **3** **durch etwas rasseln** *gesprochen (ist)* eine Prüfung nicht bestehen ⟨durchs Abitur, durch das Examen rasseln⟩ ≈ *durchfallen*

Ras·sen·tren·nung *die; meist Singular* die Praxis, Menschen verschiedener Hautfarbe im öffentlichen Leben (z. B. in Schulen) zu trennen und nicht nach dem gleichen Recht zu behandeln

Ras·sen·un·ru·hen *die; Plural* Kämpfe auf der Straße als Reaktion auf die schlechte Behandlung von Personen mit anderer Hautfarbe

ras·sig ADJEKTIV; *gesprochen* **1** ⟨eine Frau⟩ schön und voller Temperament **2** ⟨ein Auto⟩ schön und schnell

Ras·sis·mus *der;* (-); *abwertend* eine Ideologie, welche die Fähigkeiten und Eigenschaften des Menschen in Verbindung mit der Hautfarbe und anderen biologischen Merkmalen sieht • hierzu **Ras·sist** *der;* **Ras·sis·tin** *die;* **ras·sis·tisch** ADJEKTIV

Rast *die;* (-, -en); *meist Singular* eine Pause, die man bei Wanderungen macht ⟨(eine) Rast machen; sich *(Dativ)* eine keine Rast gönnen⟩ ■ **ID** **ohne Rast und Ruh** ohne Pause

ras·ten VERB (rastete, hat gerastet) beim Wandern eine Pause machen ■ **ID** **Wer rastet, der rostet** verwendet, um jemanden aufzufordern weiterzumachen

Ras·ter *der/das;* (-s, -) **1** ein Gitter aus Linien oder Punkten, mit dem man ein Bild in einzelne Punkte aufteilt ⟨ein feines, grobes Raster⟩ K Farbraster, Linienraster, Punktraster **2** ein System von Begriffen, in das eine Person das, was sie sieht, erlebt, hört usw., einordnet ⟨etwas in ein/einen Raster einordnen; aus einem Raster herausfallen; in kein/keinen Raster passen⟩

Rast·haus *das* ≈ *Raststätte*

rast·los ADJEKTIV **1** ⟨ein Mensch⟩ so, dass er nie eine Pause macht | *rastlos arbeiten* **2** sehr aktiv und unruhig ⟨Augen; das Treiben der Stadt⟩ • hierzu **Rast·lo·sig·keit** *die*

Rast·platz *der* **1** ein Platz, an dem man während einer Wanderung eine Pause machen kann **2** ein Parkplatz an einer Autobahn (mit einem Gasthaus)

★ **Rast·stät·te** *die* ein Gasthaus an einer Autobahn

Ra·sur *die;* (-, -en) **1** das Rasieren K Elektrorasur, Nassrasur, Trockenrasur **2** die Art, wie jemand/etwas rasiert ist ⟨eine glatte, schlechte Rasur⟩

rät *Präsens, 3. Person Singular* → raten

★ **Rat**[1] *der;* (-(e)s) **1** das, was man (wegen der eigenen Erfahrung oder des eigenen Wissens) einer anderen Person sagt, damit diese weiß, was sie tun soll ⟨ein wohlgemeinter, fachmännischer, ehrlicher Rat; jemandem einen Rat geben; jemanden um Rat bitten, fragen; jemandes Rat (ein)holen, befolgen; einem Rat folgen; auf jemandes Rat hören; auf jemandes Rat hin (etwas tun)⟩ ≈ *Ratschlag* | *Mein Rat wäre, mit dem Zug statt mit dem Auto zu fahren* **i** Als Plural wird *Ratschläge* verwendet. **2** **zu Rate** → zurate ■ **ID** **sich** *(Dativ)* **keinen Rat (mehr) wissen** nicht mehr wissen, was man tun soll; **jemandem mit Rat und Tat zur Seite stehen** jemandem helfen, so gut man kann; **Da ist guter Rat teuer** da ist es schwierig, eine Lösung zu finden

★ **Rat**[2] *der;* (-(e)s, Rä·te) **1** eine Gruppe von Menschen, die in einer Organisation o. Ä. Probleme diskutieren und dann entscheiden ⟨den Rat einberufen; jemanden in den Rat wählen; im Rat sitzen⟩ K Ratsbeschluss, Ratsmitglied, Ratssitzung, Ratsvorsitzende(r); Aufsichtsrat, Betriebsrat, Familienrat, Gemeinderat, Kirchenrat Ministerrat, Stadtrat **2** eine Person, die Mitglied eines Rats ist **3** *nur Singular* der Titel eines ziemlich hohen Beamten K Amtsrat, Regierungsrat,

R

Studienrat **4** **der Große Rat** CH das Parlament eines Schweizer Kantons **5** **die eidgenössischen Räte** CH das Schweizer Parlament (Nationalrat und Ständerat) **6** **Rat für Gegenseitige Wirtschaftshilfe** *historisch* eine Wirtschaftsorganisation der Länder des Ostblocks **H** Abkürzung: *RGW* oder *Comecon* • zu (2,3) **Rä·tin** *die*

Ra·te *die*; (-, -n) **1** Raten sind Teile einer größeren Summe. Diese Teile zahlt man einen nach dem anderen so lange, bis die ganze Summe bezahlt ist ⟨etwas auf Raten kaufen; etwas in Raten abzahlen, bezahlen, zahlen⟩ | *die letzte Rate einer Schuld zahlen* | *Sie zahlt ihr Auto in monatlichen Raten von/zu 150 Euro ab* **K** Abzahlungsrate, Bankrate, Monatsrate **2** **die Rate an/von Personen/Dingen**; **die Rate** *+Genitiv* die Häufigkeit der Fälle oder Größe oder Größe einer Menge, meist in Prozent ausgedrückt | *eine geringe Rate schwerwiegender Fehler* | *Dieser Studiengang hat eine hohe Rate an Studienabbrechern* **K** Fehlerrate, Geburtenrate, Inflationsrate, Zuwachsrate • zu (1) **ra·ten·wei·se** ADJEKTIV

★ **ra·ten** VERB (rät, riet, hat geraten) **1** **jemandem (zu) etwas raten** einer Person (wegen der eigenen Erfahrung) sagen, was sie in einer Situation tun soll ≈ *vorschlagen* | *Der Arzt hat ihr zu einer Kur geraten* | *Ich habe ihm geraten, neue Reifen zu kaufen* **2** **(etwas) raten** versuchen, eine richtige Antwort oder ein richtiges Urteil zu geben, obwohl man kein genaues Wissen von einer Sache hat ⟨richtig, gut, falsch, schlecht raten⟩ | *Ich habe keine Ahnung, aber lass mich mal raten* | *Er hat die Antwort nur geraten* **K** Ratespiel; Rätselraten ■ **ID** **jemandem ist nicht zu raten** jemand hört auf keinen Rat; **Das möchte ich dir auch geraten haben!** Gut, dass du das tun willst, sonst hätte es nämlich Ärger gegeben!; **Lass dir das geraten sein!** Tu das, sonst gibt es Ärger!; **Rat mal (...)** *gesprochen* verwendet, um Interesse zu wecken, bevor man etwas erzählt | *Rat mal, wen ich gestern gesehen habe!*; **Dreimal darfst du raten** *gesprochen* auf diese Frage gibt es nur eine einzige und klare Antwort

Ra·ten·kauf *der* ein Geschäft, bei dem man die gekaufte Ware in Raten zahlt • hierzu **Ra·ten·käu·fer** *der*

Ra·ten·zah·lung *die* **1** das Zahlen einer (fälligen) Rate ⟨eine Ratenzahlung leisten⟩ **2** das Zahlen in Raten ⟨etwas auf Ratenzahlung kaufen⟩

Rat·ge·ber *der*; (-s, -) **1** eine Person, die anderen Leuten gute Ratschläge gibt **2** **ein Ratgeber (für etwas)** ein kleines Buch, in dem man Tipps und Informationen über etwas findet | *ein Ratgeber für den Garten* • zu (1) **Rat·ge·be·rin** *die*

★ **Rat·haus** *das* das Gebäude, in dem der Bürgermeister und die Verwaltung eines Ortes sind **K** Rathausplatz, Rathaussaal

ra·ti·fi·zie·ren VERB (ratifizierte, hat ratifiziert) **das Parlament ratifiziert etwas** das Parlament bestätigt einen (bereits unterzeichneten) internationalen Vertrag | *Der Friedensvertrag wurde von den Parlamenten beider Staaten ratifiziert* • hierzu **Ra·ti·fi·ka·ti·on** *die*; **Ra·ti·fi·zie·rung** *die*

Ra·tio ['ra:tsjo] *die*; (-); *geschrieben* ≈ *Vernunft*

Ra·ti·on [ra'tsjo:n] *die*; (-, -en) **1** die kleine Menge an Lebensmitteln, die jeder bekommt (weil die Vorräte knapp sind) ⟨eine Ration Brot, Fleisch; die Rationen kürzen, erhöhen; Rationen zuteilen⟩ **K** Brotration, Fettration, Fleischration, Tagesration **2** **die eiserne Ration** *humorvoll* Lebensmittel, die man für den Fall hat, dass man nichts anderes zu essen hat **3** **jemanden auf halbe Ration setzen** *humorvoll* einer Person weniger zu essen geben (damit sie Gewicht verliert)

ra·ti·o·nal [ratsjo-] ADJEKTIV vom Verstand und nicht von Gefühlen geleitet ⟨rational denken, handeln; ein rational denkender Typ sein⟩ | *eine rationale Entscheidung fällen* • hierzu **Ra·ti·o·na·lis·mus** *der*; **Ra·ti·o·na·list** *der*; **Ra·ti·o·na·li·tät** *die*

ra·ti·o·na·li·sie·ren [-tsjo-] VERB (rationalisierte, hat rationalisiert) **1** **(etwas) rationalisieren** in einem Betrieb weniger Leute und meist mehr Maschinen für die Arbeit einsetzen (um Kosten zu sparen) ⟨einen Betrieb, die Produktion, eine Arbeit rationalisieren⟩ **2** **(etwas) rationalisieren** etwas so ändern, dass es rationeller wird • hierzu **Ra·ti·o·na·li·sie·rung** *die*

ra·ti·o·nell [-tsjo-] ADJEKTIV so, dass mit wenig Kraft und Material ein gutes Ergebnis erreicht wird ⟨eine Arbeitsweise, eine Methode; rationell arbeiten, wirtschaften; die Arbeitskraft, seine Energie rationell einsetzen⟩

ra·ti·o·nie·ren [-tsjo-] VERB (rationierte, hat rationiert) **etwas rationieren** regeln, dass jeder nur eine kleine Menge von etwas bekommt (weil nicht genug davon vorhanden ist) ⟨Lebensmittel, Brot, Butter, Fleisch, Benzin rationieren⟩ | *Wegen der großen Hitze musste das Wasser rationiert werden*

rat·los ADJEKTIV so, dass der Betroffene nicht weiß, was er tun soll ⟨ein Blick, ein Achselzucken; ratlos sein, dastehen⟩ • hierzu **Rat·lo·sig·keit** *die*

rat·sam ADJEKTIV *meist prädikativ* gut und richtig ⟨etwas für ratsam halten⟩ | *Heute ist es sicher ratsam, einen Schirm mitzunehmen* | *Ich halte es für ratsam, dass wir die Arbeit anders verteilen*

ratsch! verwendet, um das Geräusch auszudrücken, das man hört, wenn jemand Papier oder Stoff zerreißt

rat·schen VERB (ratschte, hat geratscht); *süddeutsch* A, *gesprochen* **1** **jemand ratscht mit jemandem**; **Personen ratschen (miteinander)** Personen unterhalten sich ≈ *plaudern* | *Mir ist das Essen angebrannt, weil ich mit dem Postboten ins Ratschen gekommen bin* **2** **(über jemanden/etwas) ratschen** *abwertend* mit einer anderen Person über etwas sprechen | *Es wurde viel über ihre Trennung geratscht*

★ **Rat·schlag** *der* ≈ *Rat* **H** *Ratschläge* wird als Plural von *Rat* verwendet: *jemandem gute Ratschläge geben*.

★ **Rät·sel** *das*; (-s, -) **1** eine komplizierte Frage, bei der man raten oder lange nachdenken muss, um die Antwort zu finden ⟨ein leichtes, einfaches, schweres, schwieriges Rätsel; ein Rätsel lösen, raten; jemandem ein Rätsel aufgeben; die Lösung des Rätsels wissen⟩ **K** Rätselfrage **2** ein Spiel mit Fragen, das man in verschiedenen Formen z. B. in Zeitschriften findet **K** Rätselecke, Rätselheft, Rätselzeitschrift; Bilderrätsel, Kreuzworträtsel, Silbenrätsel, Zahlenrätsel, Preisrätsel **3** etwas, das man nicht erklären kann ⟨etwas ist, bleibt jemandem ein Rätsel⟩ ≈ *Geheimnis* | *Es ist mir ein Rätsel, wo sie so lange bleibt* **4** **vor einem Rätsel stehen** sich etwas nicht erklären können **5** **etwas gibt jemandem Rätsel/ein Rätsel auf** etwas ist für jemanden ein Problem, ein Rätsel ■ **ID** **in Rätseln sprechen/reden** sich so unklar ausdrücken, dass niemand weiß, wovon man spricht; **Das ist des Rätsels Lösung!** verwendet, um zu sagen, dass man plötzlich die Lösung oder Erklärung für etwas gefunden hat

rät·sel·haft ADJEKTIV **1** ⟨auf rätselhafte Weise; unter rätselhaften Umständen⟩ so, dass man sie nicht erklären kann **2** **etwas ist jemandem rätselhaft** etwas ist so, dass es jemand nicht verstehen kann | *Es ist mir absolut rätselhaft, wie ich meine Uhr verlieren konnte*

rät·seln VERB (rätselte, hat gerätselt) **(darüber) rätseln, wie/wo/was** usw. (durch Nachdenken) versuchen, eine Erklärung für etwas zu finden | *Wir haben lange gerätselt, was diese Zeichen wohl bedeuten*

Rat·te *die*; (-, -n) **1** Ratten sehen aus wie große Mäuse und

R

leben oft von Abfällen und im Schmutz K Rattenfalle, Rattengift, Rattenplage **2** *gesprochen, abwertend* verwendet als Schimpfwort ◼ **ID Die Ratten verlassen das sinkende Schiff** verwendet, um zu kritisieren, dass viele Leute schnell aufgeben und die anderen Leute bei Gefahr zurücklassen

-rat·te *die; im Substantiv, unbetont, nicht produktiv* **Ballettratte, Bücherratte, Leseratte, Wasserratte** eine Person, die das gerne hat oder tut, was im ersten Teil des Wortes genannt ist

Rat·ten·fän·ger *der; (-s, -); abwertend* eine Person, die andere Leute mit einfachen Tricks für ihre Ideen begeistert • hierzu **Rat·ten·fän·ge·rin** *die*

Rat·ten·schwanz *der* **1** der lange Schwanz einer Ratte **2** **ein Rattenschwanz (von etwas)** viele unangenehme Dinge, die sich als Folge z. B. einer Änderung ergeben

rat·tern VERB (ratterte, hat gerattert) **etwas rattert** etwas macht die Geräusche, die z. B. entstehen, wenn große Metallstücke schnell und oft gegeneinanderstoßen ⟨das Maschinengewehr, der Zug⟩

rat·ze·putz ADVERB; *gesprochen* ganz ohne Rest ⟨etwas ratzeputz aufessen⟩

ratz·fatz ADVERB; *gesprochen* sehr schnell ⟨ratzfatz fertig werden; etwas geht ratzfatz⟩

★ **rau** ADJEKTIV (rauer-, rauest-) **1** relativ hart und nicht glatt, sodass man einen Widerstand spürt, wenn man mit dem Finger darüberstreicht ⟨eine Oberfläche⟩ | *Rauer Stoff kratzt auf der Haut* | *die rauen Stellen eines Bretts mit dem Hobel glätten* **2** kalt und mit viel Wind ⟨ein Klima, ein Wetter, ein Winter⟩ ≈ *streng* ↔ *mild* **3** grob, ohne Taktgefühl ⟨Sitten, ein Ton⟩ **4** kratzig oder unklar (z. B. wegen einer Erkältung) ⟨ein Klang, eine Stimme⟩ ↔ *klar* **5** **ein rauer Hals** ein entzündeter Hals, der die Stimme rau klingen lässt **6** mit hohen Wellen, stürmisch ⟨die See⟩ ↔ *ruhig* • hierzu **Rau·heit** *die;* **Rau·ig·keit** *die*

Raub *der; (-es)* **1** es ist Raub, wenn man Personen Geld und anderen Besitz mit Gewalt wegnimmt ⟨einen (bewaffneten) Raub begehen, verüben; wegen schweren Raubes vor Gericht stehen, angeklagt sein⟩ K Raubüberfall; Bankraub, Kirchenraub, Straßenraub, Juwelenraub **2** die Entführung eines Menschen K Kindesraub, Mädchenraub, Menschenraub **3** die Dinge, die jemand oder ein Tier geraubt hat ⟨seinen Raub in Sicherheit bringen⟩ ≈ *Beute* ◼ **ID etwas wird ein Raub der Flammen** *geschrieben* etwas wird bei einem Brand zerstört

Raub- *im Substantiv, betont, nicht produktiv* **1** **der Raubfisch, die Raubkatze, das Raubtier, der Raubvogel, das Raubwild** *und andere* bezeichnet Tierarten, die andere Tiere fangen und fressen **2** **der Raubdruck, die Raubpressung** *und andere* drückt aus, dass etwas illegal produziert wurde | *die Raubkopie eines Computerprogramms*

Raub·bau *der* **1** **Raubbau (an etwas** *(Dativ)***)** die zu intensive Nutzung eines Teils der Natur (z. B. eines Ackers), durch die Schaden entsteht **2** **mit etwas Raubbau treiben** etwas so belasten, dass man es schädigt ⟨mit der Natur, mit seiner Gesundheit Raubbau treiben⟩ ≈ *ruinieren*

Rau·bein *das* ein etwas grober, sonst aber sympathischer Mensch • hierzu **rau·bei·nig** ADJEKTIV

rau·ben VERB (raubte, hat geraubt) **1** **(jemandem) etwas) rauben** jemandem etwas mit Gewalt oder Drohungen wegnehmen | *Die Täter schlugen ihn nieder und raubten ihm das ganze Geld* **2** **ein Tier raubt ein Tier** ein Tier fängt (und frisst) ein anderes Tier ⟨der Wolf raubt Schafe; der Fuchs raubt Hühner⟩ **3** **etwas raubt jemandem etwas** etwas bewirkt, dass jemand etwas nicht hat oder nicht bekommt ⟨etwas raubt jemandem den Schlaf, die Ruhe⟩ **4** **(einer Person) jemanden rauben** *veraltend* ⟨ein Kind rauben⟩ ≈ *entführen*

Räu·ber *der; (-s, -)* **1** eine Person, die raubt oder geraubt hat ⟨von Räubern überfallen werden; Räubern in die Hände fallen⟩ K Räuberbande, Räuberhauptmann; Bankräuber, Seeräuber, Straßenräuber **2** *gesprochen, abwertend* eine Person, die zu viel Geld für ihre Waren oder Dienste verlangt **3** ein Tier, das Eier und junge Tiere frisst K Nesträuber • zu (1,2) **Räu·be·rin** *die;* zu (1) **räu·be·risch** ADJEKTIV

Räu·ber·höh·le *die* ◼ **ID Hier sieht es ja aus wie in einer Räuberhöhle!** *gesprochen* Hier ist es sehr unordentlich

Räu·ber·pis·to·le *die; gesprochen, humorvoll* eine aufregende Geschichte (und nicht immer wahr)

Raub·ko·pie *die* eine illegale Kopie der Daten einer gekauften CD-ROM, DVD o. Ä.

Raub·mord *der* ein Verbrechen, bei dem jemand eine Person tötet, um etwas rauben zu können • hierzu **Raub·mör·der** *der*

Raub·rit·ter *der; historisch* ein Ritter, der davon lebte, Reisende zu überfallen, um ihnen alles Wertvolle zu rauben • hierzu **Raub·rit·ter·tum** *das*

★ **Raub·tier** *das* jedes Säugetier mit starken Zähnen, das andere Tiere jagt und frisst | *Tiger und Wölfe sind Raubtiere* K Raubtiergehege, Raubtierkäfig

Raub·vo·gel *der* ein Vogel, der Tiere jagt und frisst ≈ *Greifvogel*

★ **Rauch** *der; (-(e)s)* **1** die Wolken, die entstehen und in die Luft steigen, wenn etwas verbrennt ⟨dichter, dicker, schwarzer, beißender Rauch; der Rauch eines Feuers; aus dem Kamin kommt Rauch, steigt Rauch auf⟩ K Rauchentwicklung, Rauchsäule, Rauchschwaden, Rauchwolke **2** der Rauch einer Zigarette o. Ä. ⟨den Rauch inhalieren⟩ K Pfeifenrauch, Tabakrauch, Zigarettenrauch, Zigarrenrauch ◼ **ID etwas geht in Rauch (und Flammen) auf** etwas wird bei einem Brand zerstört; **sich in Rauch auflösen/in Rauch aufgehen** plötzlich nicht mehr da sein; **kein Rauch ohne Flamme** an einem Gerücht o. Ä. ist oft auch etwas Wahres

★ **rau·chen** VERB (rauchte, hat geraucht) **1** **(etwas) rauchen** an einer brennenden Zigarette, Pfeife o. Ä. saugen und den Tabakrauch einatmen ⟨eine Zigarette, Pfeife, eine Zigarre, einen Joint rauchen⟩ | *Darf man hier rauchen?* K Rauchverbot **2** **(etwas) rauchen** die Gewohnheit haben, Zigaretten o. Ä. zu rauchen ⟨viel, wenig rauchen; sich *(Dativ)* das Rauchen abgewöhnen; das Rauchen aufgeben; zu rauchen aufhören⟩ **3** **etwas raucht** etwas produziert Rauch und lässt ihn nach außen kommen ⟨der Kamin, der Ofen⟩ **4** **passiv rauchen** den Rauch von Zigaretten anderer Leute einatmen, obwohl man selbst nicht raucht **5** **es raucht (irgendwo)** es entsteht Rauch | *Da drüben raucht es, wir sollten die Feuerwehr holen* ◼ **ID rauchen wie ein Schlot** *gesprochen* sehr viel Zigaretten, Zigarren o. Ä. rauchen

★ **Rau·cher** *der; (-s, -)* **1** eine Person, die die Gewohnheit hat, Tabak (meist als Zigarette, Zigarre o. Ä.) zu rauchen ⟨ein starker Raucher sein⟩ K Pfeifenraucher, Zigarettenraucher, Zigarrenraucher ▪ zu *Raucherin* → Info im Eintrag **-in** **2** *historisch* ein Abteil in einem Zug, ein Bereich in einem Flugzeug o. Ä., in dem man rauchen durfte ↔ *Nichtraucher* • zu (1) **Rau·che·rin** *die*

Räu·cher- *im Substantiv, betont, begrenzt produktiv* **der Räucheraal, der Räucherfisch, der Räucherlachs, der Räucherspeck** *und andere* ≈ *geräuchert*

Rau·cher·hus·ten *der* ein Husten, den eine Person hat, weil sie zu viel raucht

räu·chern VERB (räucherte, hat geräuchert) **1** **etwas räuchern** etwas haltbar machen, indem man es im Rauch hängen lässt ⟨Fisch, Fleisch, Speck, Schinken räuchern⟩ **2** **(mit etwas) räuchern** Dinge verbrennen, die gut riechen ⟨mit Weihrauch räuchern⟩ K Räucherstäbchen • hierzu **Räu·che·rung** *die*

Rauch·fah·ne *die* eine große Menge Rauch, die wie eine Fahne in der Luft schwebt

Rauch·fang *der;* (-s, Rauch·fän·ge) **1** *besonders historisch* eine Art Dach über dem Herd, welches den Rauch auffängt, damit er in den Kamin zieht **2** *besonders* Ⓐ ≈ *Kamin, Schornstein* K Rauchfangkehrer

rau·chig ADJEKTIV **1** ⟨ein Lokal, eine Bar, eine Kneipe⟩ voll vom Rauch der Zigaretten **2** ⟨Glas⟩ grau oder schwarz wie Rauch K Rauchglas **3** ⟨ein Whisky, ein Tee⟩ so, dass sie nach Rauch von Holz schmecken **4** ⟨eine Stimme⟩ tief und rau

Räu·de *die;* (-) eine Krankheit von Haustieren, bei welcher die Haare ausfallen

räu·dig ADJEKTIV ⟨ein Hund, eine Katze, ein Fuchs⟩ an der Räude leidend

★ **rauf** ADVERB; *gesprochen* → herauf, hinauf

★ **rauf-** *im Verb; gesprochen* → herauf-, hinauf-

Rau·fa·ser|ta·pe·te *die* eine Tapete mit rauer Oberfläche, auf die man noch Farbe streicht

Rauf·bold *der;* (-(e)s, -e) ein Mann oder Junge, der oft einen Streit (eine Rauferei) provoziert

rau·fen VERB (raufte, hat gerauft) **1** **eine Person rauft (mit jemandem); Personen raufen** zwei oder mehrere Personen kämpfen ohne Waffen (auch zum Spaß) | *„Wo sind denn die Kinder?" – „Die raufen schon wieder im Garten."* **2** **Personen raufen sich (um etwas)** Personen kämpfen ohne Waffen, um etwas zu bekommen | *Die Kinder rauften sich um den Ball* **3** **sich** (*Dativ*) **die Haare raufen** sich aus Wut oder Verzweiflung mit beiden Händen in die Haare greifen

Rau·fe·rei *die;* (-, -en) ≈ *Schlägerei, Prügelei*

rauf·lus·tig ADJEKTIV ⟨ein Kerl⟩ so, dass er gern rauft • hierzu **Rauf·lust** *die*

★ **Raum** *der;* (-(e)s, Räu·me) **1** der Teil eines Gebäudes, der einen Fußboden, Wände und eine Decke hat ≈ *Zimmer* | *eine Wohnung mit vier Räumen: Küche, Bad, Wohnzimmer und Schlafzimmer* K Raumaufteilung, Raumgestaltung, Raumklima, Raumtemperatur; Aufenthaltsraum, Ausstellungsraum, Büroraum, Empfangsraum, Kellerraum, Kühlraum, Lagerraum, Schlafraum, Umkleideraum, Waschraum, Wohnraum; Nebenraum **2** ein Bereich mit drei Dimensionen (mit Länge, Breite und Höhe/Tiefe) | *Das Weltall ist ein luftleerer Raum* | *Raum und Zeit sind die Dimensionen, in denen wir uns bewegen* K Raummaß, Raumvorstellung; Hohlraum, Innenraum, Luftraum, Zwischenraum **3** *nur Singular* der Raum oder die Fläche, die man zu einem Zweck benutzen kann ⟨ein enger, freier, offener Raum; viel/wenig Raum beanspruchen, einnehmen; Raum schaffen; auf engem/engstem Raum zusammenleben; den Raum nutzen⟩ ≈ *Platz* | *Im Auto ist/Das Auto hat nicht genug Raum für so viele Koffer* K Raumersparnis, Raummangel, Raumnot **4** *meist Singular* ein Teil der Erdoberfläche, vor allem eines Landes ≈ *Gebiet* | *Ein Unwetter richtete im Raum (um) Regensburg großen Schaden an* | *Er sucht eine neue Stelle im süddeutschen Raum/im Raum Süddeutschland* K Sprachraum, Wirtschaftsraum **5** *nur Singular* der Weltraum außerhalb der Atmosphäre der Erde ≈ *All, Kosmos* K Raumfahrer, Raumflug, Raumfähre, Raumforschung, Raumkapsel, Raumstation **6** *nur Singular* die Möglichkeit, sich frei zu entfalten o. Ä. | *Man soll neuen Ideen Raum geben* | *Als Politiker hat man nicht viel Raum für private Interessen* **7** **Raum sparend** so, dass etwas wenig Platz benötigt ■ ID **etwas steht im Raum** etwas ist als Problem vorhanden und muss gelöst werden

Raum·an·zug *der* die spezielle Kleidung für einen Astronauten

Raum·aus·stat·ter *der;* (-s, -) eine Person, die beruflich Wände tapeziert, Teppiche legt, Gardinen aufhängt usw. oder das Material dafür verkauft

räu·men VERB (räumte, hat geräumt) **1** **etwas irgendwohin räumen** etwas (von irgendwo wegnehmen und) an einen anderen Platz bringen | *das Geschirr vom Tisch räumen* | *die Wäsche aus dem/in den Schrank räumen* **2** **etwas räumen** von einem Raum oder Ort weggehen | *Die Polizei forderte die Demonstranten auf, die Straße zu räumen* **3** **etwas (von etwas) räumen** die eigenen Sachen aus einer Wohnung o. Ä. wegnehmen und diese verlassen ⟨eine Wohnung, ein Haus räumen⟩ | *die Straßen vom Schnee räumen* **4** **etwas (von etwas) etwas räumen** eine Straße o. Ä. wieder frei machen (z. B. nach einem Unfall) | *Die Polizei räumte die Unglücksstelle* **5** **etwas räumen** etwas zur Seite schieben oder schaffen, weil es im Weg ist ⟨Schnee räumen⟩ • hierzu **Räu·mung** *die*

★ **Raum·fahrt** *die; nur Singular* die Erforschung des Weltraums mit Raketen und Sonden ⟨die bemannte, unbemannte Raumfahrt⟩ K Raumfahrtbehörde, Raumfahrtmedizin, Raumfahrtprogramm

Raum·in·halt *der* der Platz, den ein Raum oder Körper hat oder braucht ≈ *Volumen*

Raum·kli·ma *das* der Zustand der Luft in einem Raum (die Temperatur, die Feuchtigkeit und der Gehalt an ungesunden Substanzen) | *Pflanzen zur Verbesserung des Raumklimas*

★ **räum·lich** ADJEKTIV **1** *meist attributiv* in Bezug die einzelnen Räume ⟨die Aufteilung, Gestaltung eines Hauses⟩ **2** in Bezug auf den Raum als Dimension ⟨die Lage eines Körpers; etwas räumlich und zeitlich einordnen⟩ **3** *meist attributiv* in Bezug auf den vorhandenen Platz ⟨die Enge, die Nähe⟩ **4** so, dass man den (optischen) Eindruck eines Raumes hat ⟨eine Darstellung⟩ ≈ *dreidimensional* **5** so, wie in einem Raum (wirkend) ⟨das Hören, das Sehen⟩ | *der räumliche Klang einer Stereoanlage*

Räum·lich·keit *die;* (-, -en) **1** *meist Plural* die Räume in einem Gebäude | *Wir haben endlich passende Räumlichkeiten für unsere Tagung gefunden* **2** *nur Singular* eine Gestaltung, bei der man den optischen Eindruck oder Klang eines Raumes hat ⟨die Räumlichkeit eines Klangs, einer Perspektive, einer Zeichnung⟩

Raum·pfle·ger *der; geschrieben* eine Person, die beruflich Räume putzt • hierzu **Raum·pfle·ge·rin** *die*

Raum·schiff *das* ein Fahrzeug, mit dem man durch den Weltraum fliegen kann

Raum·son·de *die* ein unbemanntes Raumschiff für wissenschaftliche Forschungen im Weltraum

raum·spa·rend ADJEKTIV ≈ *platzsparend*

Räu·mungs·ar·bei·ten *die; Plural* Arbeiten, mit denen man vor allem Schutt oder Schnee von Plätzen und Straßen entfernt

Räu·mungs·kla·ge *die* eine Klage vor Gericht, mit der ein Vermieter erreichen will, dass ein Mieter aus einer Wohnung oder aus einem Haus ziehen muss

Räu·mungs·ver·kauf *der* das Verkaufen aller Waren, wenn jemand das Geschäft aufgibt

Rau·näch·te *die; Plural* die zwölf Nächte zwischen dem 24. Dezember und dem 6. Januar

rau·nen VERB (raunte, hat geraunt) sehr leise sprechen, damit es nur eine oder wenige Personen hören ⟨jemandem etwas ins Ohr raunen⟩

Rau·nen *das;* (-s); *geschrieben* das gleichzeitige, leise Sprechen (vieler Leute) | *Als sie erschien, ging ein Raunen durch den Saal*

Rau·pe *die*; (-, -n) **1** die Larve eines Schmetterlings, die einen länglichen Körper und viele Füße hat ⟨eine Raupe verpuppt sich⟩ K Raupenbefall, Raupenfraß **2** eine Art Kette zum Bewegen von Maschinen oder Fahrzeugen ⟨etwas bewegt sich auf Raupen⟩ K Raupenfahrzeug, Raupenschlepper **3** ein Fahrzeug mit Raupen statt Rädern K Planierraupe

Rau·reif *der*; *nur Singular* ≈ *Reif*

★ **raus** ADVERB; *gesprochen* → heraus, hinaus

★ **raus-** *im Verb*; *gesprochen* → heraus-, hinaus-

★ **Rausch** *der*; (-es, Räu·sche) **1** der Zustand, in den man kommt, wenn man zu viel Alkohol trinkt ⟨sich (*Dativ*) einen Rausch antrinken; einen Rausch bekommen, haben⟩ **2** **ein Rausch** (+*Genitiv*) *nur Singular* ein Zustand, in dem ein Gefühl so stark ist, dass man nicht mehr vernünftig denken oder bewusst handeln kann ⟨in einen Rausch geraten⟩ | *von einem Rausch der Leidenschaft erfasst werden* K Freudenrausch, Siegesrausch

rau·schen VERB (rauschte, hat/ist gerauscht) **1** **etwas rauscht** (*hat*) etwas macht ein gleichmäßiges Geräusch, wie man es z. B. bei einem schnell fließenden Fluss hört ⟨der Bach, das Meer, die Wellen, der Wind⟩ **2** **etwas rauscht irgendwohin** (*ist*) etwas bewegt sich (schnell) und rauscht dabei | *Der Bach rauscht zu Tal* **3** **irgendwohin rauschen** *gesprochen* (*ist*) nach einem Streit o. Ä. schnell irgendwohin gehen oder fahren | *Er rauschte wütend aus dem Zimmer*

rau·schend ■ PARTIZIP PRÄSENS **1** → rauschen ■ ADJEKTIV **2** sehr laut und intensiv ⟨Beifall⟩ ≈ *stark* **3** ⟨ein Fest⟩ mit viel Luxus und Prunk

Rausch·gift *das* eine Substanz, die man nimmt, um angenehme Gefühle zu haben, und die süchtig macht ⟨Rauschgift nehmen; von Rauschgift abhängig sein⟩ ≈ *Droge* | *Morphium und Heroin sind Rauschgifte* K Rauschgifthandel, Rauschgifthändler, Rauschgiftsucht, Rauschgiftsüchtige(r); rauschgiftsüchtig

Rausch·mit·tel *das* ≈ *Rauschgift* K Rauschmittelmissbrauch, Rauschmittelsucht

räus·pern VERB (räusperte sich, hat sich geräuspert) **sich räuspern** durch eine Art kurzes Husten die Kehle reinigen, um eine klare Stimme zu haben

raus·schmei·ßen VERB (*hat*); *gesprochen* **1** **etwas rausschmeißen** etwas wegwerfen **2** **jemanden rausschmeißen** jemanden aus einem Raum entfernen (lassen) **3** **jemanden rausschmeißen** als Arbeitgeber einem Mitarbeiter kündigen • zu (2,3) **Raus·schmiss** *der*

Rau·te *die*; (-, -n) ein Viereck mit jeweils zwei gleich langen parallelen Seiten, das keinen rechten Winkel hat K Rautenform, Rautenmuster

Ra·vi·o·li [-v-] *die*; *Plural* kleine Taschen aus Nudelteig, die mit Fleisch oder Gemüse gefüllt sind

Raz·zia *die*; (-, Raz·zien [-i̯ən]) eine überraschende Aktion der Polizei, bei welcher die Leute in einem Lokal, Haus o. Ä. kontrolliert werden ⟨eine Razzia durchführen, veranstalten; jemanden bei einer Razzia festnehmen⟩

re- (*im Verb, unbetont, nicht trennbar, begrenzt produktiv; Diese Verben werden so gebildet:* rekultivieren, rekultivierte, rekultiviert) **1** **etwas reprivatisieren, reaktivieren, remilitarisieren** *und andere* drückt aus, dass etwas wieder so gemacht wird, wie es früher war | *Die Regierung hat die Banken reprivatisiert* (Die Regierung hat die Banken, die früher in privatem Besitz waren, wieder in private Hände gegeben) **2** **etwas reorganisieren, restrukturieren** *und andere* drückt aus, dass etwas neu oder anders gemacht wird | *Nach dem Krieg wurde die Wirtschaft reorganisiert* (Nach dem Krieg wurde die Wirtschaft neu und besser organisiert)

Re·a·genz·glas *das* ein sehr schmales, hohes Glas, in dem ein Chemiker Stoffe mischt, heiß macht usw.

★ **re·a·gie·ren** VERB (reagierte, hat reagiert) **1** **(auf jemanden/etwas) (irgendwie) reagieren** in der genannten Weise handeln (als Antwort auf eine Handlung, Bemerkung oder als Folge) | *auf eine Frage unfreundlich reagieren* | *Sie hat blitzschnell reagiert und so einen Unfall vermieden* | *Wie hat sie auf die Einladung reagiert?* **2** **etwas reagiert (mit etwas)** etwas verändert sich (chemisch), wenn eine Mischung entsteht oder etwas in Kontakt mit einer anderen Substanz kommt ⟨etwas reagiert basisch, sauer, heftig, träge⟩ | *Wenn Säuren mit Laugen reagieren, entstehen Salze*

★ **Re·ak·ti·on** [-'tsio:n] *die*; (-, -en) **1** **eine Reaktion (auf jemanden/etwas)** die Handlung, mit der jemand auf etwas reagiert ⟨eine heftige, spontane, unerwartete Reaktion; eine Reaktion auslösen, bewirken, hervorrufen, provozieren; keine Reaktion zeigen⟩ | *Wie war ihre Reaktion, als sie von dem Unfall hörte?* K Reaktionsgeschwindigkeit, reaktionsschnell; Gegenreaktion **2** eine Veränderung im Körper von Menschen, Tieren wegen äußerer Einflüsse ⟨eine allergische Reaktion⟩ **3** **eine Reaktion (mit etwas)** der (chemische) Prozess, der abläuft, wenn sich Substanzen verändern ⟨eine chemische, heftige, thermische, saure Reaktion; eine Reaktion läuft ab⟩ | *Bei der Reaktion von Eisen mit/und Sauerstoff entsteht Rost* K Reaktionsgeschwindigkeit **4** *nur Singular* die Menschen und Organisationen, die reaktionär sind

re·ak·ti·o·när [-tsio-] ADJEKTIV; *abwertend* gegen soziale und politische Verbesserungen ⟨eine Einstellung, ein Politiker; reaktionär denken⟩

re·ak·ti·ons·fä·hig [-'tsio:ns-] ADJEKTIV **1** fähig, schnell auf etwas zu reagieren ⟨ein Mensch⟩ **2** fähig, mit etwas zu reagieren ⟨eine chemische Substanz⟩ | *Wasserstoff ist sehr reaktionsfähig* • hierzu **Re·ak·ti·ons·fä·hig·keit** *die*

Re·ak·ti·ons·ver·mö·gen [-'tsio:ns-] *das* die Fähigkeit, (vor allem auf Gefahren) schnell zu reagieren ⟨ein gutes Reaktionsvermögen haben⟩

Re·ak·tor *der*; (-s, Re·ak·to·ren) im Reaktor wird aus radioaktivem Material Strom erzeugt K Reaktorsicherheit, Reaktorunfall; Atomreaktor, Kernreaktor

★ **re·al** [re'a:l] ADJEKTIV **1** *geschrieben* so, wie etwas in Wirklichkeit ist ≈ *wirklich* | *im Spiel und in der realen Welt* | *Ich bilde mir das nicht ein, das ist ein reales Problem* **2** ⟨eine Einschätzung, eine Beurteilung; real denken; etwas real einschätzen⟩ ≈ *realistisch* **3** in Bezug auf den tatsächlichen Wert des Geldes ⟨das Einkommen, der Zinsertrag⟩ K Realeinkommen, Reallohn, Realwert

★ **re·a·li·sie·ren** VERB (realisierte, hat realisiert) **1** **etwas realisieren** *geschrieben* etwas tun, das man (schon lange) geplant hat ⟨einen Plan, ein Projekt, ein Vorhaben realisieren⟩ ≈ *verwirklichen* **2** **etwas realisieren** etwas bewusst erkennen ⟨eine Gefahr, ein Problem⟩ | *Er hat noch nicht realisiert, dass er in Gefahr ist/wie gefährlich das ist* • zu (1) **Re·a·li·sa·ti·on** *die*; zu (1) **re·a·li·sier·bar** ADJEKTIV; zu (1) **Re·a·li·sie·rung** *die*

Re·a·lis·mus *der*; (-) **1** eine sachliche Einstellung, bei der man sich nicht von Gefühlen und falschen Vorstellungen leiten lässt **2** ein Stil der Kunst und Literatur (vor allem im 19. Jahrhundert), der oft Szenen aus dem Alltag und gesellschaftliche Probleme zeigte • hierzu **Re·a·list** *der*; **Re·a·lis·tin** *die*

★ **re·a·lis·tisch** ADJEKTIV **1** ⟨eine Beurteilung, eine Einschätzung⟩ so, dass sie nicht Wünschen oder Erwartungen entsprechen, sondern Fakten oder einer tatsächlichen Situati-

R

on ≈ *sachlich* ↔ *unrealistisch* | *Wann kann man realistisch mit der Beendigung des Projekts rechnen?* **2** ⟨eine Darstellung, ein Film⟩ so, dass die Beschreibungen und Darstellungen kritisch sind und viele Probleme gezeigt werden ↔ *realitätsfern*

★ **Re·a·li·tät** *die*; (-, -en) **1** *nur Singular* das, was es (nach allgemeiner Ansicht) wirklich auf der Welt gibt ≈ *Wirklichkeit* | *In der Realität sieht manches anders aus, als man es sich vorgestellt hat* **K** Realitätssinn **2** **die Realität** +*Genitiv nur Singular* die tatsächliche Existenz, das Bestehen einer Sache ⟨die Realität einer Sache anzweifeln, bestreiten, beweisen⟩ **3** *geschrieben* etwas, das als objektiv und wahr gilt und nicht verändert werden kann ≈ *Tatsache* | *die Realitäten des Lebens akzeptieren* ● zu (1) **re·a·li·täts·be·zo·gen** ADJEKTIV; zu (1) **re·a·li·täts·fern** ADJEKTIV

Re·a·lo *der*; (-s, -s); *gesprochen* ein gemäßigtes Mitglied der Partei der Grünen **K** Realoflügel

★ **Re·al·schu·le** *die* eine Schule für die Vorbereitung auf wirtschaftliche und technische Berufe. Wer die Realschule (nach der 10. Klasse) mit Erfolg beendet hat, macht eine Lehre oder kann auf die Fachoberschule gehen ⟨auf die Realschule gehen⟩ **K** Realschulabschluss, Realschullehrer **i** → Infos unter **Schule** ● hierzu **Re·al·schü·ler** *der*

re·ani·mie·ren VERB (reanimierte, hat reanimiert) **jemanden reanimieren** eine Person, die bewusstlos ist, so behandeln, dass sie nicht mehr in Gefahr ist zu sterben, z. B. durch Herzmassage, künstliche Beatmung ≈ *wiederbeleben* ● hierzu **Re·ani·ma·ti·on** [-ˈtsi̯oːn] *die*

Re·be *die*; (-, -n) der Zweig, an welchem die Weintrauben wachsen **K** Reblaus, Rebstock; Weinrebe

Re·bell *der*; (-en, -en) eine Person, die versucht, einen bestehenden Zustand mit Gewalt zu ändern **i** *der Rebell; den, dem, des Rebellen* ● hierzu **Re·bel·lin** *die*

re·bel·lie·ren VERB (rebellierte, hat rebelliert) **(gegen jemanden/etwas) rebellieren** versuchen, bestehende Zustände mit Gewalt zu ändern ⟨gegen die Regierung, einen Vorgesetzten, einen Befehl, einen Zustand rebellieren⟩

Re·bel·li·on *die*; (-, -en) **eine Rebellion (gegen jemanden/etwas)** das Rebellieren ⟨eine Rebellion (blutig) niederschlagen⟩ | *eine Rebellion der Gefangenen gegen die schlechte Behandlung*

re·bel·lisch ADJEKTIV **1** mit dem Wunsch zu rebellieren ⟨die Bauern, die Soldaten, das Volk⟩ **2** *gesprochen* unruhig und ungeduldig oder nervös

Re·ben·saft *der*; *humorvoll* ≈ *Wein*

Reb·huhn *das* ein brauner Vogel (etwas größer als eine Taube), der auf Feldern und Wiesen lebt

Re·chaud [reˈʃoː] *der/das*; (-s, -s) ein Gerät, mit dem man Speisen warm hält, während sie auf dem Tisch stehen

re·chen VERB (rechte, hat gerecht); *besonders süddeutsch* Ⓐ Ⓒⓗ **1** **(etwas) rechen** etwas mit dem Rechen glatt und sauber machen ⟨ein Beet, einen Weg rechen⟩ **2** **(etwas) rechen** etwas mit dem Rechen entfernen ⟨Gras, Laub rechen⟩

Re·chen *der*; (-s, -) eine Stange, die unten viele Stäbe hat, mit der man den Boden glatt macht oder Laub und Gras sammelt | *ein Beet mit dem Rechen ebnen* | *mit dem Rechen das gemähte Gras zusammensammeln* **K** Holzrechen, Metallrechen; Grasrechen, Heurechen, Laubrechen

Re·chen- *im Substantiv, betont, begrenzt produktiv* **die Rechenart, die Rechenaufgabe, das Rechenheft, der Rechenvorgang, das Rechenzeichen** *und andere* in Bezug auf das Rechnen | *einen Rechenfehler machen*

Re·chen·schaft *die*; (-) **1** **Rechenschaft (über etwas** (*Akkusativ*)**)** ein Bericht o. Ä. darüber, wie oder warum man etwas getan hat ⟨jemandem Rechenschaft ablegen, geben; von jemandem Rechenschaft fordern, verlangen; jemandem (keine) Rechenschaft schuldig sein⟩ | *Einmal im Jahr legt der Vorstand des Vereins Rechenschaft darüber ab, wofür er das Geld ausgegeben hat* **K** Rechenschaftsbericht, Rechenschaftspflicht **2** **jemanden (für etwas) zur Rechenschaft ziehen** eine Person dazu zwingen, Rechenschaft zu geben und die Folgen dafür zu tragen, wenn sie ihre Pflicht nicht erfüllt hat

Re·chen·zent·rum *das* der Teil einer großen Firma oder einer Institution, in welchem die großen Computer stehen

★ **Re·cher·che** [reˈʃɛrʃə] *die*; (-, -n); *meist Plural* die intensive Suche nach Informationen vor allem für einen Zeitungsbericht ⟨eine Recherche machen⟩ ≈ *Nachforschung, Ermittlung* ● hierzu **re·cher·chie·ren** VERB (*hat*)

★ **rech·nen** VERB (rechnete, hat gerechnet) **1** mit Zahlen herausfinden, wie groß etwas ist, wie viel etwas kostet usw. ⟨im Kopf, schriftlich rechnen; mit großen/kleinen Zahlen, mit Brüchen, mit Prozenten rechnen⟩ | *in der Schule Lesen, Schreiben und Rechnen lernen* **i** → auch **Rechen-** **2** **mit jemandem/etwas rechnen** es für möglich oder wahrscheinlich halten, dass jemand kommt oder dass etwas geschieht | *Ich rechne damit, dass der Plan Erfolg hat* | *Was, du bist schon da! Mit dir hatte ich noch gar nicht gerechnet* **3** **auf jemanden/etwas rechnen; mit jemandem/etwas rechnen** hoffen und erwarten, dass eine Person kommt und hilft oder mitmacht | *Können wir bei der Abstimmung mit dir rechnen?* | *Ich rechne fest mit deiner Hilfe* **4** **(mit etwas) rechnen** mit dem Geld sparsam umgehen | *mit jedem Euro rechnen müssen* **5** **jemanden/etwas (zu etwas) rechnen** eine Person oder Sache als Teil einer Menge oder Zahl sehen | *Ich zahle fast 800 Euro Miete, Heizkosten nicht gerechnet* | *Wenn man die Kinder dazu rechnet, sind wir neun Personen* **6** **jemanden zu etwas rechnen** eine Person als Teil einer Gruppe ansehen | *Ich rechne ihn zu meinen Freunden* **7** **etwas rechnen** beim Planen eine Menge oder Zahl schätzen | *Für das Fest hat er pro Person eine Flasche Wein gerechnet* **8** **etwas mit/zu etwas rechnen** eine Zahl als Grundlage für eine Rechnung/Kalkulation nehmen | *Wenn man die Kosten pro Kilometer mit/zu dreißig Cent rechnet, dann kostet die Fahrt fünfzig Euro*

Rech·ner *der*; (-s, -) **1** ≈ *Computer* **K** Elektronenrechner, Grafikrechner, Großrechner **2** **ein guter/schneller/... Rechner** eine Person, die in der genannten Weise rechnen kann

rech·ne·risch ADJEKTIV *meist attributiv* **1** durch Rechnen (entstanden) ⟨eine Größe, ein Mittelwert; etwas rechnerisch lösen, ermitteln⟩ **2** in Bezug auf das Rechnen ⟨eine Begabung, die Richtigkeit⟩

★ **Rech·nung** *die*; (-, -en) **1** das Rechnen mit Zahlen und Mengen ⟨eine einfache, leichte Rechnung; eine Rechnung mit Brüchen, mit mehreren Unbekannten; eine Rechnung stimmt, geht auf, ist falsch⟩ **K** Bruchrechnung, Dezimalrechnung, Differentialrechnung, Infinitesimalrechnung, Integralrechnung, Prozentrechnung **2** **eine Rechnung (für etwas) (über etwas** (*Akkusativ*)**)** eine Liste, auf der steht, wie viel Geld man für Waren oder Leistungen bezahlen muss ⟨jemandem eine Rechnung (aus)stellen, schreiben; etwas auf die Rechnung setzen; eine Rechnung prüfen⟩ | *eine Rechnung für einen Kühlschrank über 550 Euro* | *Herr Ober, die Rechnung bitte!* **K** Rechnungsnummer; Arztrechnung, Gasrechnung, Getränkerechnung, Hotelrechnung, Malerrechnung, Schneiderrechnung, Stromrechnung **3** der Betrag auf einer Rechnung ⟨eine Rechnung bezahlen, überweisen⟩ **K** Rechnungsbetrag **4** *nur Singular* etwas, das man für möglich oder wahrscheinlich hält ≈ *Schätzung* | *Nach meiner Rechnung werden wir in etwa zehn Minuten ankommen* **5** **auf Rechnung** so, dass man zuerst die Ware oder Leistung zusammen mit einer Rechnung bekommt und später zahlt ⟨etwas auf Rechnung kaufen, bestellen, liefern⟩ **6** **(jemandem) etwas in Rechnung stellen** eine Ware oder Leistung auf eine Rechnung schreiben **7** **einer Sache** (*Dativ*) **Rechnung tragen** *geschrieben* bei Planungen an etwas denken ⟨jemandes Wünschen, jemandes Bedürfnissen, den Anforderungen Rechnung tragen⟩ ■ ID **jemandes Rechnung geht nicht auf** jemand hat keinen Erfolg, weil etwas anders ist, als er erwartet hat;

▸Rechnung als Objekt: **eine (alte) Rechnung (mit jemandem) begleichen** Rache für etwas nehmen; **die Rechnung für etwas bezahlen müssen/präsentiert bekommen** die negativen Folgen eines Verhaltens ertragen müssen; **Da hast du aber die Rechnung ohne den Wirt gemacht!** Da hast du dich getäuscht (weil du nicht an eine Person oder eine Situation gedacht hast);

▸andere Verwendung: **Das geht auf meine/seine/... Rechnung** Das bezahle ich/bezahlt er/...

Rech·nungs·hof *der* eine Behörde, die prüft, ob die Verwaltung eines Landes finanziell korrekt arbeitet **K** Bundesrechnungshof

Rech·nungs·jahr *das* ≈ *Geschäftsjahr*

★ **recht** ADJEKTIV **1** **recht (für jemanden/etwas)** für eine Person oder einen Zweck passend ≈ *richtig* ↔ *falsch* | *Hier ist nicht der rechte Ort für so ein Gespräch* | *Diese Arbeit ist doch nicht das Rechte für dich* **2** **etwas ist (jemandem) recht** jemand ist mit etwas einverstanden | *Ihm ist jedes Mittel recht, um ans Ziel zu kommen* | *Ist es dir recht, wenn ich mitkomme?* | *Es ist mir nicht recht, dass du dir so viel Arbeit gemacht hast* **3** **recht (und billig)** moralisch richtig ≈ *gerecht* ↔ *unrecht* | *Es war nicht recht, dass du sie angelogen hast* | *Du tätest recht daran, dich zu entschuldigen* | *Es ist nur recht und billig, wenn Frauen den gleichen Lohn für gleiche Arbeit fordern* **4** *meist attributiv* so, wie man es sich wünscht oder erwartet | *keine rechte Vorstellung von etwas haben* | *keine rechte Freude an etwas haben* | *ohne rechten Appetit essen* | *Ich habe eigentlich nicht (so) recht verstanden, was er sagen wollte* | *Ich höre wohl nicht recht, das kann doch nicht dein Ernst sein!* **H** meist verneint **5** *meist attributiv* verwendet, um ein Adjektiv, Adverb, Substantiv oder Verb zu verstärken (ist stärker als *ziemlich*, aber nicht so stark wie *sehr*) | *Sie macht sich rechte Sorgen um ihn* | *Er gibt sich recht viel Mühe* | *Er ist ein rechter Angeber* **6** **recht/Recht haben** bei einem (juristischen) Streit o. Ä. derjenige sein, der im Recht ist **7** **recht/Recht haben** etwas sagen, das den Tatsachen entspricht | *Ich weiß nicht, ob du mit dieser Behauptung recht hast* | *Ich muss zugeben, dass du doch recht hattest* **8** **recht/Recht behalten/bekommen** die Bestätigung bekommen, dass man recht hat **9** **jemandem recht/Recht geben** einer Person sagen, dass ihre Meinung richtig ist oder war ≈ *zustimmen* | *In diesem Punkt muss ich Ihnen recht geben*

■ ID ▸recht plus Form von sein: **Recht so!**, **So ist es recht!**, **Das ist recht!** So ist es in Ordnung; **(Das ist ja alles) recht und schön, aber ...** verwendet, um eine Kritik oder Ablehnung einzuleiten; **Alles, was recht ist!** verwendet, um gegen etwas zu protestieren; **Was dem einen recht ist, ist dem anderen billig** Was eine Person darf, muss man auch anderen Leuten erlauben;

▸nicht(s) plus recht: **nichts Rechtes mit jemandem/etwas anzufangen wissen/anfangen können** **a** nicht wissen, was man mit jemandem/etwas tun kann oder soll **b** jemanden/etwas nicht mögen; **es jemandem nicht recht machen können**, **jemandem nichts recht machen können** nichts tun können, was eine andere Person gut findet oder was ihr gefällt; **Man kann es nicht allen recht machen** Man kann nichts auf eine solche Weise tun, dass es allen gefällt;

▸andere Verwendungen: **Das geschieht dir recht!** *gesprochen* Das ist die gerechte Strafe; **(irgendwo) nach dem Rechten sehen** (irgendwo) nachsehen, ob alles in Ordnung ist (und es in Ordnung halten); **recht und schlecht** nicht gut, aber auch nicht sehr schlecht; **Du kommst mir gerade recht** **a** *gesprochen* Dich kann ich jetzt gerade sehr gut gebrauchen **b** *ironisch* Dich kann ich gerade jetzt überhaupt nicht gebrauchen (weil ich beschäftigt bin o. Ä.)

★ **Recht** *das*; (-(e)s, -e) **1** *nur Singular* die Regeln für das Zusammenleben der Menschen in einem Staat, die in Gesetzen geschrieben sind ⟨das Recht anwenden, verletzen, brechen; das Recht auf seiner Seite haben, wissen⟩ | *Nach geltendem Recht ist die Beschaffung von Heroin strafbar* **K** Rechtsangelegenheiten, Rechtsauffassung, Rechtsauskunft, Rechtsberatung, Rechtslage, Rechtsordnung, Rechtsphilosophie, Rechtsunsicherheit, Rechtsverbindlichkeit, Rechtsverletzung, Rechtsvorschrift, Rechtswissenschaft; Arbeitsrecht, Beamtenrecht, Eherecht, Eigentumsrecht, Familienrecht, Jugendrecht, Kirchenrecht, Kündigungsrecht, Patentrecht, Privatrecht, Scheidungsrecht, Staatsrecht, Strafrecht, Tarifrecht, Urheberrecht, Verfassungsrecht, Verkehrsrecht, Vertragsrecht, Völkerrecht **2** **das Recht (auf etwas** (*Akkusativ*)**)** der (moralisch oder gesetzlich gegebene) Anspruch (auf etwas) ⟨ein angestammtes, unveräußerliches, verbrieftes Recht; die demokratischen, elterlichen, vertraglichen Rechte; ein Recht geltend machen, ausüben, missbrauchen, wahrnehmen; sein Recht fordern, wollen, bekommen; sich (*Dativ*) ein Recht nehmen, anmaßen, vorbehalten; jemandem ein Recht übertragen, verweigern, absprechen, entziehen; jemandes Rechte wahren, verletzen⟩ | *auf sein Recht pochen* (sein Recht fordern) | *Die Verfassung garantiert das Recht des Bürgers auf freie Meinungsäußerung* | *Der Rechtsanwalt versuchte, ihr durch eine Klage vor Gericht zu ihrem Recht zu verhelfen* | *Mit welchem Recht gibst du mir Befehle?* **K** Aufenthaltsrecht, Selbstbestimmungsrecht, Wahlrecht **3** *nur Singular* das, was die Moral oder das Gesetz erlauben ⟨Recht tun; Recht daran tun, etwas zu tun⟩ ↔ *Unrecht* | *Ein Kind muss lernen, zwischen Recht und Unrecht zu unterscheiden* **K** Rechtsbewusstsein, Rechtsempfinden **4** **das bürgerliche Recht** die Gesetze, die das Privatleben regeln **5** **zu Recht** mit gutem Grund **6** **Recht sprechen** als Richter Urteile sprechen **7** **das Recht beugen** (als Richter, Regierung o. Ä.) so handeln, dass man zwar nicht gegen den Text der Gesetze verstößt, aber gegen die Absicht, die dahintersteht **8** **das Recht des Stärkeren** verwendet, um meist Verärgerung darüber auszudrücken, wenn jemand mit viel Macht das tut, was er will, ohne das Recht dazu zu haben **9** **im Recht sein** bei einem Streit o. Ä. derjenige sein, der das Recht auf seiner Seite hat **10** **sich im Recht fühlen** glauben, dass man im Recht ist **11** **zu seinem Recht kommen** das bekommen, worauf man ein Recht hat **12** **von Rechts wegen** *admin* wie es das Recht regelt

■ ID **etwas fordert/verlangt sein Recht** etwas muss in ausreichendem Maß berücksichtigt und beachtet werden | *Nach der großen Anstrengung verlangt der Körper sein Recht. Ich muss mich jetzt etwas ausruhen*; **alle Rechte vorbehalten** drückt aus, dass ein Text, ein Film usw. nicht kopiert, öffentlich gezeigt usw. werden darf, ohne vorher um Erlaubnis zu fragen **H** Manche Wendungen mit *recht* können auch großgeschrieben werden: *recht/Recht behalten, bekommen* usw. • zu (2) **recht·los** ADJEKTIV

★ **rech·t-** ADJEKTIV *meist attributiv* **1** auf der Seite, auf der das

R

Herz nicht ist | *sich das rechte Bein brechen* | *jemandem die rechte Hand geben* | *auf der rechten Straßenseite* **2** mit den Prinzipien von konservativen oder nationalistischen Parteien ⟨ein Abgeordneter, eine Partei, eine Zeitung; der rechte Flügel einer Partei⟩ H → auch **rechts**

★ **Rẹch·te¹** *die*; (-n, -n) **1** *nur Singular* die rechte Hand **2** (beim Boxen) ein Schlag mit der rechten Hand **3** *nur Singular* alle Parteien und politischen Gruppen mit konservativen bis hin zu nationalistischen Prinzipien **4** **zu jemandes Rechten** rechts von jemandem | *Zu meiner Rechten sehen Sie den Dom* H im Genitiv und Dativ Singular: *der Linken*

★ **Rẹch·te²** *der/die*; (-n, -n); *gesprochen* eine Person, die einer konservativen oder nationalistischen Partei angehört oder deren Prinzipien gut findet H *ein Rechter; der Rechte; den, dem, des Rechten*

★ **Rẹcht·eck** *das* eine geometrische Figur mit vier Seiten (von denen jeweils zwei gleich lang und parallel sind) und vier Winkeln von je 90° H Bei einem *Quadrat* sind alle vier Seiten gleich lang. • hierzu **rẹcht·eckig** ADJEKTIV

rẹch·tens ■ ID **etwas ist rechtens** etwas ist rechtmäßig | *Die Kündigung war rechtens*

★ **rẹcht·fer·ti·gen** VERB (rechtfertigte, hat gerechtfertigt) **1** **etwas (mit etwas) rechtfertigen** die Gründe für eine Handlung, Äußerung o. Ä. nennen | *Die Firma rechtfertigte die Entlassung der Arbeiter mit der schlechten Konjunkturlage* **2** **etwas rechtfertigt etwas** etwas ist ein ausreichender Grund für etwas ⟨etwas ist (durch etwas) gerechtfertigt⟩ | *Die gute Qualität des Stoffs rechtfertigt den hohen Preis* | *Hältst du die strenge Bestrafung für gerechtfertigt?* | *Sein Verhalten ist durch nichts gerechtfertigt* **3** **sich (mit etwas) rechtfertigen** die Gründe für die eigenen Taten, Äußerungen o. Ä. nennen | *Er versucht sich immer damit zu rechtfertigen, dass er hier neu ist* • hierzu **Rẹcht·fer·ti·gung** *die*

Recht·ha·be·rei *die*; (-); *abwertend* das Verhalten einer Person, die glaubt, dass sie immer recht habe

rẹcht·ha·be·risch ADJEKTIV; *abwertend* ⟨eine Person⟩ so, dass sie immer recht haben will

★ **rẹcht·lich** ADJEKTIV *meist attributiv* in Bezug auf Recht und Gesetz ⟨die Gleichstellung, die Grundlage⟩ | *Kann man dem Mieter nach der rechtlichen Lage kündigen?* | *Ist das denn rechtlich zulässig?*

★ **rẹcht·mä·ßig** ADJEKTIV Recht und Gesetz entsprechend ⟨der Besitzer, der Eigentümer, eine Kündigung, ein Vorgehen⟩ • hierzu **Rẹcht·mä·ßig·keit** *die*

★ **rechts** ■ ADVERB **1** **rechts (von jemandem/etwas)** auf der Seite, auf der das Herz nicht ist ⟨nach rechts abbiegen; sich rechts einordnen; von rechts kommen; von links nach rechts⟩ ↔ *links* | *Rechts von uns sehen Sie das Museum* **2** (von Parteien, Gruppen oder Personen) so, dass sie konservative oder nationalistische Prinzipien anerkennen und vertreten ⟨rechts sein, wählen; rechts eingestellt sein; rechts stehen(d); nach rechts tendieren⟩ ↔ *links* K rechtsgerichtet, rechtsstehend

■ PRÄPOSITION *mit Genitiv* **3** rechts von etwas ↔ *links* | *rechts der Straße/des Weges* | *rechts der Mitte* (politisch eher konservativ) H auch verwendet mit *von*: *rechts von der Halle soll ein Schwimmbad gebaut werden*

Rẹchts·an·spruch *der* **ein Rechtsanspruch (auf etwas** (*Akkusativ*)**)** ein Anspruch, den jemand nach dem geltenden Gesetz hat

★ **Rẹchts·an·walt** *der* jemand, dessen Beruf es ist, andere über die Gesetze zu informieren und Leute in einem Gerichtsprozess zu vertreten ⟨sich (*Dativ*) einen Rechtsanwalt nehmen; einen Rechtsanwalt konsultieren⟩ K Rechtsanwaltsbüro, Rechtsanwaltskanzlei H zu *Rechtsanwältin* → Info im Eintrag **-in** • hierzu **Rẹchts·an·wäl·tin** *die*

Rẹchts·bei·stand *der* eine Person, welche die Gesetze kennt und die vom Staat die Erlaubnis hat, Leute vor Gericht zu beraten (ohne Rechtsanwalt zu sein)

Rẹchts·be·ra·ter *der* eine Person (ein Rechtsanwalt), die z. B. eine Regierung, eine große Firma o. Ä. in rechtlichen Fragen berät

Rẹchts·bre·cher *der*; (-s, -) eine Person, die etwas getan hat, was geltendes Recht verletzt • hierzu **Rẹchts·bre·che·rin** *die*; **Rẹchts·bruch** *der*

rẹchts·bün·dig ADJEKTIV so, dass alle Zeilen eines Textes rechts genau an einer (gedachten) senkrechten Linie enden ⟨rechtsbündig schreiben⟩

rẹcht·schaf·fen ADJEKTIV **1** so, dass sie auf ehrliche Weise versuchen, ihre Ziele zu erreichen ⟨ein Mensch; rechtschaffen sein, handeln⟩ **2** *nur adverbiell* mit sehr viel Mühe ⟨sich rechtschaffen um etwas bemühen⟩ **3** *meist attributiv* so, dass jemand guten Grund dafür hat ⟨ein Hunger, eine Müdigkeit; rechtschaffen müde sein⟩ • zu (1) **Rẹcht·schaf·fen·heit** *die*

Rẹcht·schrei·bung *die*; *meist Singular* die Schreibung der Wörter in einer Sprache in der Weise, die als richtig gilt ≈ *Orthografie* | *die Regeln der Rechtschreibung beherrschen* K Rechtschreibbuch, Rechtschreibfehler, Rechtschreibhilfe, Rechtschreibkorrektur, Rechtschreibreform, Rechtschreibregel, Rechtschreibschwäche

Rẹchts·emp·fin·den *das*; *nur Singular* das Gefühl dafür, was Recht und was Unrecht ist

rẹchts·ext·rem ADJEKTIV ≈ *rechtsextremistisch*

rẹchts·ext·re·mis·tisch ADJEKTIV mit extremen, undemokratischen und vor allem nationalistischen Ideen ≈ *rechtsradikal* • hierzu **Rẹchts·ext·re·mist** *der*; **Rẹchts·ext·re·mis·tin** *die*; **Rẹchts·ext·re·mis·mus** *der*

rẹchts·fä·hig ADJEKTIV fähig, Rechte und Pflichten zu haben | *eine rechtsfähige Organisation* • hierzu **Rẹchts·fä·hig·keit** *die*

rẹchts·frei ADJEKTIV **ein rechtsfreier Raum** ein Bereich, der nicht durch Gesetze geregelt ist

rẹchts·ge·rich·tet ADJEKTIV rechte Ideen, Politik vertretend ⟨ein Politiker, eine Zeitung⟩

Rẹchts·hän·der *der*; (-s, -) eine Person, die mit der rechten Hand geschickter ist als mit der linken • hierzu **Rẹchts·hän·de·rin** *die*; **rẹchts·hän·dig** ADJEKTIV

rẹchts·he·rum ADVERB nach rechts ⟨etwas rechtsherum drehen⟩

rẹchts·kräf·tig ADJEKTIV durch ein Gericht endgültig entschieden ⟨ein Urteil; jemand ist rechtskräftig verurteilt⟩

rẹchts·kun·dig ADJEKTIV mit gutem juristischem Wissen

Rẹchts·kur·ve *die* eine Kurve nach rechts | *eine scharfe Rechtskurve*

Rẹchts·mit·tel *das*; (-s, -); *meist Plural* ein rechtliches Mittel, mit dem jemand erreichen will, dass ein Urteil noch einmal überprüft wird und eine andere Entscheidung getroffen wird ⟨Rechtsmittel einlegen⟩ | *Berufung und Revision sind Rechtsmittel* K Rechtsmittelbelehrung

Rẹchts·nach·fol·ge *die* die Regelung, wie Rechte und Pflichten von einer Person auf eine andere übergehen ⟨die Rechtsnachfolge antreten⟩ • hierzu **Rẹchts·nach·fol·ger** *der*; **Rẹchts·nach·fol·ge·rin** *die*

Rẹcht·spre·chung *die*; *nur Singular* alle Entscheidungen, die Richter fällen

rẹchts·ra·di·kal ADJEKTIV ≈ *rechtsextremistisch* • hierzu **Rẹchts·ra·di·ka·le** *der/die*; **Rẹchts·ra·di·ka·lis·mus** *der*

Rẹchts·schutz|ver·si·che·rung *die* eine Versicherung, welche die Kosten für Gericht, Rechtsanwalt usw. zahlt, wenn jemand eine Gerichtsverhandlung hat

rẹchts·sei·tig ADJEKTIV auf der rechten Seite ⟨eine Lähmung; rechtsseitig gelähmt⟩

Rẹchts·staat *der* ein Staat, welcher die Rechte der Bürger schützt und dessen Richter vom Staat unabhängig handeln können ● hierzu **rẹchts·staat·lich** ADJEKTIV

Rẹchts·streit *der* ein Streit zwischen zwei Gegnern in einem Verfahren vor Gericht ≈ *Prozess*

Rẹchts·ver·kehr *der* das (vorschriftsmäßige) Fahren auf der rechten Seite der Straße ↔ *Linksverkehr* | *In Deutschland herrscht Rechtsverkehr*

Rẹchts·weg *der* **1** die Schritte, die jemand unternimmt, um die Klärung eines Problems auf juristischem Weg zu erreichen ⟨den Rechtsweg einschlagen, beschreiten⟩ **2 unter Ausschluss des Rechtsweges** (z. B. bei einem Preisausschreiben) ohne die Möglichkeit, etwas vor ein Gericht zu bringen

rẹchts·wid·rig ADJEKTIV so, dass man gegen das geltende Recht verstößt ● hierzu **Rẹchts·wid·rig·keit** *die*

rẹchts·wirk·sam ADJEKTIV ≈ *rechtsgültig, rechtskräftig* ● hierzu **Rẹchts·wirk·sam·keit** *die*

rẹcht·win·ke·lig, rẹcht·wink·lig ADJEKTIV mit einem Winkel von 90° ⟨ein Dreieck⟩

★ **rẹcht·zei·tig** ADJEKTIV **1** früh genug ⟨etwas rechtzeitig schaffen, fertig bekommen, beenden⟩ | *Lass uns rechtzeitig losgehen, damit wir uns nicht beeilen müssen* **2** ≈ *pünktlich*

Rẹck *das*; (-(e)s, -e) ein Turngerät, das aus einer waagerechten Stange (in etwa 2,50 m Höhe) und Stützen für diese Stange besteht ⟨am Reck turnen; vom Reck abgehen; eine Übung am Reck⟩ K Reckstange, Reckturner, Reckübung

Re̱·cke *der*; (-n, -n); *literarisch* (vor allem in Sagen und sehr alten Geschichten) ≈ *Held* 🅘 *der Recke; den, dem, des Recken* ● hierzu **re̱·cken·haft** ADJEKTIV

rẹ·cken VERB (reckte, hat gereckt) **etwas/sich recken** ≈ *strecken* ■ **ID sich recken und strecken** vor allem nach dem Schlafen die Arme und Beine ganz gerade machen und dehnen, damit man munter wird

Re·cọr·der [-k-] *der* → Rekorder

Re·cyc·ling [ri'saiklɪŋ] *das*; (-s) eine Technik, mit der man aus bereits gebrauchten Gegenständen (z. B. aus Papier, Glas oder Metall) neue Gegenstände herstellt | *das Recycling von leeren Dosen und Flaschen* K Recyclingpapier; Glasrecycling, Papierrecycling ● hierzu **re·cy·celn** [ri'saik(ə)ln] VERB (*hat*); **re·cy·cel·bar** [ri'saikəl-] ADJEKTIV

Re·dak·teur [-'tøːɐ̯] *der*; (-s, -e) eine Person, die bei einer Zeitung, beim Fernsehen usw. Texte schreibt und bearbeitet, bevor sie veröffentlicht werden | *der verantwortliche/zuständige Redakteur für Kunst und Kultur* K Chefredakteur; Kulturredakteur, Nachrichtenredakteur, Sportredakteur; Fernsehredakteur, Rundfunkredakteur, Verlagsredakteur, Zeitschriftenredakteur, Zeitungsredakteur ● hierzu **Re·dak·teu·rin** [-'tøːrɪn] *die*

★ **Re·dak·ti·on** [-'tsi̯oːn] *die*; (-, -en) **1** die Tätigkeit eines Redakteurs ⟨die Redaktion haben⟩ K Endredaktion, Schlussredaktion **2** alle Redakteure einer Zeitung, beim Fernsehen oder beim Rundfunk K Redaktionsmitglied; Kulturredaktion, Sportredaktion, Rundfunkredaktion, Fernsehredaktion, Zeitschriftenredaktion, Zeitungsredaktion **3** die Büros der Redakteure ● zu (1) **re·dak·ti·o·nẹll** ADJEKTIV

Re·dak·ti·ons·schluss [-'tsi̯oːns-] *der* der Zeitpunkt, nach welchem die Redaktion keine Texte mehr annimmt | *Kurz vor Redaktionsschluss bekam die Zeitung noch eine wichtige Nachricht*

Re·dạk·tor *der*; (-s, Re·dak·to̱·ren) Ⓒⓗ ≈ *Redakteur* ● hierzu **Re·dak·to̱·rin** *die*

★ **Re̱·de** *die*; (-, -n) **1 eine Rede (an jemanden/vor jemandem) (über eine Person/Sache)** das Sprechen vor Zuhörern (meist zu einem besonderen Anlass) ⟨eine feierliche, glänzende, schwungvolle, mitreißende Rede; eine Rede (frei) halten, vom Blatt ablesen; eine Rede an die Versammlung⟩ K Redekunst, Redeverbot, Redezeit; Begrüßungsrede, Eröffnungsrede, Festrede, Gedenkrede, Grabrede, Trauerrede, Wahlrede **2** *meist Plural* das, was man (in einem Gespräch) sagt ⟨leere, freche, unverschämte Reden führen; jemanden mit leeren, schönen Reden hinhalten; etwas in eine Rede einfließen lassen⟩ K Redeweise **3** *nur Singular* die Kunst, Reden zu halten ⟨die Gabe der Rede; etwas in freier Rede vortragen⟩ ≈ *Rhetorik* **4** *nur Singular* das, was die Leute über jemanden/etwas sagen ⟨es geht die Rede, dass ...⟩ ≈ *Gerücht* **5 die direkte Rede** ein Satz, der eine Äußerung wörtlich wiedergibt (und in Anführungszeichen gesetzt wird) **6 die indirekte Rede** ein Nebensatz, der eine Äußerung sinngemäß wiedergibt und der im Konjunktiv steht **7 gebundene Rede** ≈ *Vers, Lyrik*
■ **ID** ▸Rede als Subjekt, im Nominativ: **die Rede kommt auf jemanden/etwas** man spricht über jemanden/etwas; **von jemandem/etwas ist die Rede** jemand/etwas ist Thema einer Rede oder eines Gesprächs | *Beim gestrigen Vortrag war viel von Psychologie die Rede* | *Es ist schon lange die Rede davon, dass wir eine neue Wohnung brauchen*; ▸Rede als Objekt: **eine Person bringt die Rede auf jemanden/etwas** man spricht über jemanden/etwas; **große Reden schwingen** *gesprochen, abwertend* prahlen, angeben; **jemandem Rede und Antwort stehen** jemandem erklären, warum man sich auf eine Art verhalten hat; ▸andere Verwendungen: **Langer Rede kurzer Sinn** zusammenfassend oder kurz gesagt; **Davon kann nicht die/keine Rede sein** das trifft überhaupt nicht zu, wird nicht geschehen o. Ä.; **etwas ist nicht der Rede wert** etwas ist nicht wichtig, nicht schlimm; **eine Person (wegen etwas) zur Rede stellen** eine Person zwingen, ihr Verhalten zu erklären

Re̱·de·fluss *der*; *nur Singular* das Reden ohne Stocken, Zögern o. Ä. ⟨jemandes Redefluss unterbrechen⟩

Re̱·de·frei·heit *die*; *nur Singular* das Recht (des Bürgers), in der Öffentlichkeit kritisch über alle Themen sprechen zu dürfen

re̱·de·ge·wandt ADJEKTIV fähig, die eigenen Ideen klar und gut zu formulieren ● hierzu **Re̱·de·ge·wandt·heit** *die*

★ **re̱·den** VERB (redete, hat geredet) **1 (etwas) (über jemanden/etwas) reden; (etwas) (von jemandem/etwas) reden** sagen, was man (über eine Person oder Sache) denkt ⟨ununterbrochen, dauernd, deutlich, kein Wort reden; Gutes, Schlechtes, Unsinn reden; jemanden (nicht) zu Ende reden lassen⟩ | *Er redet nur von Autos und Motorrädern* **2 jemand redet mit einer Person (über jemanden/etwas); Personen reden miteinander (über jemanden/etwas)** Personen haben ein Gespräch (über jemanden/etwas) | *mit einer Freundin über das Studium reden* | *Was ist los, redest du nicht mehr mit mir?* | *Wir können gut miteinander über alles reden* 🅘 *Sprechen* ist gehobener als *reden.* **3 (vor/zu jemandem) (über etwas** (*Akkusativ*)**) reden** eine Rede halten | *vor einem großen Publikum über Energiepolitik reden* **4 (über jemanden/etwas) reden** Schlechtes über andere Menschen sagen ⟨die Leute reden lassen⟩ ≈ *tratschen* | *Über den neuen Nachbarn wird viel geredet* **5** unter Druck oder Zwang Informationen geben ⟨jemanden zum Reden bringen⟩ | *Rede endlich!* ■ **ID von sich** (*Dativ*) **reden machen** etwas tun, über das dann viele Leute reden und schreiben; **mit sich** (*Dativ*) **reden lassen** bereit, über etwas zu diskutieren und nachzugeben; **Darüber lässt sich reden** das ist vielleicht möglich; **gut reden haben** ein Problem weniger schwierig finden als eine andere Person,

R

weil man es selbst nicht hat; **Reden ist Silber, Schweigen ist Gold** oft ist es besser, nichts zu sagen

Re·dens·art *die;* (-, -en) eine Meinung oder Aussage, die schon viele Leute oft mit den gleichen Worten gesagt haben ≈ *Redewendung* | *„Was sich neckt, das liebt sich" ist eine beliebte Redensart* ■ ID **Das sind doch nur Redensarten!** das darf man nicht ernst nehmen, ist nicht so gemeint

Re·de·schwall *der; meist Singular; abwertend* das schnelle und ununterbrochene Sprechen, welches den Gesprächspartner daran hindert, selbst etwas zu sagen

★ **Re·de·wen·dung** *die* **1** allgemein bekannte Sätze, mit denen meist eine Weisheit gesagt wird **2** mehrere Wörter, die zusammen eine feste Bedeutung haben, die oft bildlich oder übertragen ist | *Die Redewendung „jemanden im Regen stehen lassen" bedeutet, dass man ihm in einer unangenehmen Situation nicht hilft*

re·di·gie·ren VERB (redigierte, hat redigiert) **(etwas) redigieren** (als Redakteur) bei einer Zeitung, in einem Verlag o. Ä. einen Text lesen und korrigieren ⟨ein Buch, einen Text redigieren⟩

red·lich ADJEKTIV; *geschrieben* **1** mit guten Absichten und großem Ernst ⟨ein Mensch, eine Gesinnung; ein redliches Leben führen; redlich handeln; es redlich mit jemandem meinen⟩ ↔ *unredlich* **2** *meist adverbiell* sehr, wirklich ⟨sich redlich bemühen; sich (*Dativ*) redliche Mühe geben⟩ | *Den Erfolg hat sie sich redlich verdient* ● zu (1) **Red·lich·keit** *die*

Red·ner *der;* (-s, -) **1** eine Person, die eine Rede hält ⟨ein guter, schlechter Redner; als Redner auftreten⟩ K Rednerbühne, Rednerpodium, Rednerpult, Rednertribüne; Festredner, Hauptredner, Lobredner, Wahlredner **2** eine Person, die gute Reden halten kann ⟨der geborene, kein Redner sein⟩ K Rednergabe, Rednertalent ● hierzu **Red·ne·rin** *die*

red·ne·risch ADJEKTIV *meist attributiv* in Bezug auf die Tätigkeit, Reden zu halten ⟨Fähigkeiten, ein Talent, eine Begabung⟩ ≈ *rhetorisch*

red·se·lig ADJEKTIV ⟨eine Person⟩ so, dass sie sehr viel und gern erzählt ● hierzu **Red·se·lig·keit** *die*

Re·duk·ti·on [-'tsjo:n] *die;* (-, -en); *geschrieben* ein Vorgang, bei dem eine Summe oder eine Menge kleiner gemacht wird ≈ *Senkung* K Kostenreduktion, Preisreduktion

re·dun·dant ADJEKTIV; *geschrieben* ⟨Informationen⟩ nicht wirklich notwendig ≈ *überflüssig* ● hierzu **Re·dun·danz** *die*

★ **re·du·zie·ren** VERB (reduzierte, hat reduziert) **1** **etwas (um etwas) (auf etwas** (*Akkusativ*)**) reduzieren** eine Zahl oder Menge kleiner machen ⟨etwas auf ein Minimum reduzieren⟩ | *die Heizkosten um ein Drittel reduzieren* | *Der ursprüngliche Preis von 300 € wurde um ein Drittel auf 200 € reduziert* **2** **etwas auf etwas** (*Akkusativ*) **reduzieren** etwas so einfach machen, dass nur noch die wichtigsten Dinge da sind | *Er reduzierte den Vortrag auf wenige Punkte* **3** **etwas reduziert sich (um etwas) (auf etwas** (*Akkusativ*)**)** etwas wird in der Zahl oder Menge kleiner | *Die Unfälle haben sich seit Einführung der Geschwindigkeitsbeschränkung auf die Hälfte reduziert* ● hierzu **Re·du·zie·rung** *die;* zu (1,2) **re·du·zier·bar** ADJEKTIV

Ree·de *die;* (-, -n) ein Platz vor einem Hafen, an dem Schiffe liegen können ⟨auf der Reede liegen⟩

Ree·der *der;* (-s, -) eine Person, der eine Reederei gehört ● hierzu **Ree·de·rin** *die*

Ree·de·rei *die;* (-, -en) eine Firma, die Waren oder Personen mit Schiffen transportiert

re·ell ADJEKTIV **1** wirklich vorhanden ⟨eine Chance, Aussichten⟩ | *reelle Chancen haben, eine Stelle zu bekommen* **2** ohne dass jemand versucht, mehr Gewinn zu machen als erlaubt ist ⟨ein Geschäft, ein Geschäftsmann, eine Firma, Preise⟩ ≈ *ehrlich*

★ **Re·fe·rat** *das;* (-(e)s, -e) **1** **ein Referat (über jemanden/etwas)** ein mündlicher Bericht über ein Thema für andere Schüler, Studenten oder für Kollegen ⟨ein Referat halten⟩ ≈ *Vortrag* K Kurzreferat **2** ein wissenschaftlicher Bericht über ein Thema ⟨ein wissenschaftliches Referat; ein Referat schreiben, verfassen⟩ **3** ein Teil einer Behörde (mit den Aufgaben im genannten Bereich) | *das Referat für Jugend und Sport* K Referatsleiter; Kulturreferat

Re·fe·ren·dar *der;* (-s, -e); Ⓓ eine Person, die nach dem Studium noch den praktischen Teil der Ausbildung als Lehrer oder Jurist macht K Referendardienst, Referendarzeit; Rechtsreferendar, Regierungsreferendar, Studienreferendar ● hierzu **Re·fe·ren·da·rin** *die*

Re·fe·ren·da·ri·at *das;* (-(e)s, -e); Ⓓ die Zeit, in der jemand als Referendar arbeitet ⟨sein Referendariat machen; im Referendariat sein⟩

Re·fe·ren·dum *das;* (-s, Re·fe·ren·da/Re·fe·ren·den); ⒸⒽ Volksabstimmung ⟨ein Referendum abhalten⟩

Re·fe·rent *der;* (-en, -en) **1** eine Person, die ein Referat über ein Thema hält **2** eine Person, die ein Referat einer Behörde o. Ä. leitet **!** *der Referent; den, dem, des Referenten* ● hierzu **Re·fe·ren·tin** *die*

Re·fe·renz *die;* (-, -en); *meist Plural; geschrieben* eine schriftliche Information über den Charakter, die Fähigkeiten o. Ä. einer Person, vor allem wenn sie eine Arbeitsstelle sucht ⟨gute Referenzen haben⟩ ≈ *Empfehlung*

re·fe·rie·ren VERB (referierte, hat referiert) **1** **(etwas) referieren** einen mündlichen oder schriftlichen Bericht über etwas geben | *den Stand der wissenschaftlichen Forschung referieren* **2** **(über etwas** (*Akkusativ*)**) referieren** ein Referat über ein Thema halten | *über archäologische Ausgrabungen referieren*

re·flek·tie·ren VERB (reflektierte, hat reflektiert) **1** **etwas reflektiert (etwas)** etwas wirft Strahlen oder Wellen, die darauffallen, wieder zurück ⟨etwas reflektiert Töne, Strahlen, die Hitze⟩ | *ein reflektierendes Nummernschild* **2** **etwas reflektiert etwas** *geschrieben* etwas wird sehr deutlich beschrieben | *Dieser Roman reflektiert die gesellschaftlichen Verhältnisse* **3** **(über etwas** (*Akkusativ*)**) reflektieren** *geschrieben* über etwas genau und intensiv nachdenken ⟨über das Leben, über ein Problem reflektieren⟩ **4** **auf etwas** (*Akkusativ*) **reflektieren** *gesprochen* das Ziel haben, etwas zu bekommen oder zu erreichen | *Er reflektierte auf eine gut bezahlte Stellung* ● zu (1) **Re·flek·tor** *der;* (-s, Reflek·to·ren)

Re·flex *der;* (-es, -e) eine schnelle Reaktion des Körpers auf einen äußeren Einfluss, die man nicht kontrollieren kann ⟨einen Reflex auslösen⟩ K Reflexbewegung, Reflexhandlung, Reflexzone; Greifreflex, Hustenreflex

Re·fle·xi·on *die;* (-, -en) **1** der Vorgang, bei dem Strahlen o. Ä. reflektiert werden | *Die Reflexion der Sonnenstrahlen bewirkt, dass es in Bodennähe wärmer ist als in der Höhe* **2** *geschrieben* **Reflexion (über etwas** (*Akkusativ*)**)** das intensive Nachdenken über etwas ⟨Reflexionen anstellen⟩

re·fle·xiv [-f] ADJEKTIV man nennt solche Konstruktionen reflexiv, die ein Verb und eine Form von *sich* haben (mit dem Akkusativ *mich, dich* usw.), z. B. „Ich freue mich"

Re·fle·xiv·pro·no·men [-f-] *das* das Pronomen *sich* und seine Formen bei einem reflexiv verwendeten Verb | *In „Ich schäme mich" ist „mich" ein Reflexivpronomen*

★ **Re·form** *die;* (-, -en) eine Veränderung (vor allem in einer Organisation oder in der Gesellschaft), durch die man einige Zustände besser machen will ⟨eine politische, soziale Reform; Reformen vorschlagen, durchführen⟩ K Reformbe-

R

strebungen, Reformpläne, Reformversuch, Reformvorschlag, Reformwerk; reformbedürftig; Agrarreform, Bildungsreform, Bodenreform, Hochschulreform, Rechtschreibreform, Schulreform, Steuerreform, Strafrechtsreform, Währungsreform, Wirtschaftsreform ● hierzu **Re·for·mer** *der*; **Re·for·me·rin** *die*

Re·for·ma·ti·on [-'tsi̯oːn] *die*; (-) eine religiöse und soziale Bewegung im 16. Jahrhundert, die von Martin Luther ausging und dazu geführt hat, dass es heute eine protestantische Kirche gibt ● hierzu **Re·for·ma·tor** *der*; (-s, Re·for·ma·to·ren); **re·for·ma·to·risch** ADJEKTIV

Re·for·ma·ti·ons·tag *der*; *nur Singular* ein Festtag in der evangelischen Kirche (der 31. Oktober), der an die Reformation erinnert

Re·form·haus *das* ein Geschäft, in dem man Nahrungsmittel bekommt, die nicht mit chemischen Mitteln behandelt wurden

re·for·mie·ren VERB (reformierte, hat reformiert) **etwas reformieren** etwas durch eine Reform verändern (und verbessern) ⟨ein Gesetz reformieren⟩ ● hierzu **Re·for·mie·rung** *die*

Re·form·stau *der* eine Situation, in der verschiedene Reformen dringend nötig sind, (aber nicht oder noch nicht gemacht werden)

Re·frain [rə'frɛ̃ː] *der*; (-s, -s) ein Teil eines Liedes, der am Ende jeder Strophe wiederholt wird

★ **Re·gal** *das*; (-s, -e) Regale bestehen aus mehreren Brettern übereinander, auf die man Dinge stellen und legen kann ⟨etwas ins/auf das Regal stellen, legen; etwas liegt, steht im Regal; etwas aus dem/vom Regal nehmen⟩ **K** Regalbrett, Regalfach, Regalwand; Aktenregal, Bücherregal, Wandregal

REGAL

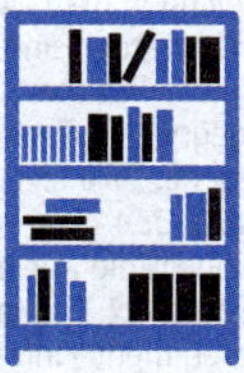

Re·gat·ta *die*; (-, Re·gat·ten) ein Rennen für Segel- oder Ruderboote **K** Regattastrecke; Ruderregatta, Segelregatta

re·ge ADJEKTIV (reger, regst-) **1** mit viel Bewegung, Aktivität und Energie ⟨Verkehr; der Handel, der Absatz; ein Briefwechsel, eine Diskussion, eine Nachfrage; körperlich rege sein; regen Anteil an etwas nehmen⟩ **2** so, dass eine Person Zusammenhänge schnell versteht ⟨eine rege Intelligenz, Fantasie, Vorstellungskraft haben; geistig rege sein⟩ ≈ *lebhaft*

★ **Re·gel** *die*; (-, -n) **1** ein Prinzip oder eine Ordnung, die sagt, wie man manche Dinge tun muss ⟨strenge, grammatische, mathematische Regeln; die Regeln anwenden, beachten, befolgen, übertreten, verletzen; eine Regel aufstellen; sich an eine Regel halten; gegen eine Regel verstoßen; die Regeln des Zusammenlebens, des Anstands, der Höflichkeit, eines Spiels⟩ ≈ *Vorschrift* **K** Regelbruch, Regelverstoß; Anstandsregel, Grundregel, Klosterregel, Ordensregel, Rechtschreibregel, Spielregel, Verhaltensregel, Verkehrsregel, Vorfahrtsregel **2** *nur Singular* etwas, das (bei jemandem oder etwas) immer so ist ist ⟨etwas bildet, ist die Regel; sich (*Dativ*) etwas zur Regel machen⟩ | *Dass sie zu spät kommt, ist bei ihr die Regel* **3** *gesprochen nur Singular* ⟨die monatliche Regel der Frau; die Regel haben, (nicht) bekommen; die Regel bleibt aus⟩ ≈ *Menstruation* **K** Regelblutung, Regelzyklus **4 in der Regel/in aller Regel** in den meisten Fällen, wie sonst auch ≈ *normalerweise* | *In der Regel ist er schon vor acht Uhr zu Hause* ■ **ID nach allen Regeln der Kunst** gründlich, in jeder Hinsicht

Re·gel·fall *der*; *meist Singular* **1** der gewöhnliche und normale Fall **2 im Regelfall** ≈ *meistens*

re·gel·los ADJEKTIV ohne feste Regeln ⟨ein Durcheinander; ein regelloses Leben führen⟩ ● hierzu **Re·gel·lo·sig·keit** *die*

★ **re·gel·mä·ßig** ADJEKTIV **1** so dass es im gleichen Abstand immer wieder vorkommt, stattfindet o. Ä. | *die Mahlzeiten regelmäßig einnehmen* | *das regelmäßige Erscheinen einer Zeitschrift* **2** so, dass die Formen (vor allem von Verben) einem Muster entsprechen, das oft vorkommt | *Das Verb „trinken" ist unregelmäßig (trank, getrunken), „winken" ist regelmäßig (winkte, gewinkt)* | *Das Adjektiv „schön" wird regelmäßig gesteigert: schöner, am schönsten* **3** den Vorstellungen von Harmonie und Schönheit entsprechend | *ein regelmäßiges Gesicht* **4** *gesprochen meist adverbiell* sehr oft, immer wieder | *Er versäumt regelmäßig den Zug* ● hierzu **Re·gel·mä·ßig·keit** *die*

★ **re·geln** VERB (regelte, hat geregelt) **1 etwas regeln** etwas (mit Regeln) in eine Ordnung bringen ⟨etwas ist genau geregelt⟩ | *Der Polizist regelt den Verkehr* | *In unserem Haus ist genau geregelt, wann jeder Mieter die Treppe putzen muss* **2 etwas regeln** etwas so einstellen, dass es angenehm oder praktisch ist ⟨die Temperatur regeln; die Lautstärke regeln⟩ ≈ *regulieren* **3 etwas regelt sich (von selbst)** etwas kommt (ohne Einflüsse von außen) in eine Ordnung, in der alles funktioniert

re·gel·recht ADJEKTIV *meist attributiv* ≈ *wirklich, tatsächlich* | *Das ist doch regelrechter Unsinn!* | *Er war regelrecht wütend*

Re·gel|stu·di·en·zeit *die*; ⓓ die Zeit (in Semestern), die jemand normalerweise für ein Studium brauchen sollte ⟨die Regelstudienzeit überschreiten⟩

★ **Re·ge·lung** *die*; (-, -en) **1** die Handlungen, durch die man etwas regelt | *Die Regelung des Verkehrs erfolgt durch einen Polizisten* **K** Temperaturregelung, Wärmeregelung **2** die Regeln in einem Gesetz, einem Beschluss oder einem Vertrag, die für etwas gelten ⟨eine einheitliche, gültige, rechtliche, starre, tarifliche Regelung; eine Regelung treffen, finden; eine Regelung tritt in Kraft⟩ ≈ *Vorschrift* **K** Friedensregelung, Preisregelung, Sonderregelung

Re·gel·ver·stoß *der* ein Verstoß gegen die Regeln (meist bei Spielen oder Wettkämpfen)

re·gel·wid·rig ADJEKTIV nicht so, wie es in den Regeln vorgeschrieben ist ⟨sich regelwidrig verhalten⟩ | *regelwidriges Verhalten im Straßenverkehr* ● hierzu **Re·gel·wid·rig·keit** *die*

★ **re·gen** VERB (regte, hat geregt) **1 etwas regen** *geschrieben* einen Teil des Körpers (ein wenig) bewegen ⟨die Finger, einen Arm, ein Bein regen⟩ **2 sich regen** sich (ein wenig) bewegen | *Er schlief ganz ruhig und regte sich überhaupt nicht* **3 etwas regt sich (bei jemandem)** ein Wunsch, ein Gefühl o. Ä. macht sich bei jemandem bemerkbar ⟨Eifersucht, Angst, ein Zweifel, Mitleid⟩ | *Bei ihm regte sich der Wunsch, ein bisschen mehr von der Welt zu sehen*

★ **Re·gen** *der*; (-s) **1** das Wasser, das (in Tropfen) aus den Wolken zur Erde fällt ⟨ein leichter, starker, heftiger, anhaltender, kurzer Regen; der Regen prasselt⟩ | *Ich glaube, wir bekommen bald Regen* **K** Regenbekleidung, Regenfront, Regenlache, Regenmenge, Regenrinne, Regenschauer, Regenschutz, Regentag, Regentonne, Regentropfen, Regenwasser, Regenwetter, Regenwolke, regenarm, regenreich; Dauerregen, Gewitterregen, Monsunregen, Nieselregen, Sprühregen **H** Als Plural wird *Regenfälle* verwendet **2 ein Regen von Dingen** eine große Zahl von Dingen ⟨ein Regen von Blumen, Glückwünschen, Vorwürfen⟩ ■ **ID vom Regen in die Traufe kommen** von einer schlechten Situation in eine noch schlechtere kommen; **jemanden im Regen stehen lassen** einer Person nicht helfen, die in einer schlechten Situation ist; **ein warmer Regen** Geld, das man

R

bekommt und gut gebrauchen kann, aber nicht erwartet hatte

Re·gen·bo·gen *der* einen bunten Regenbogen sieht man manchmal am Himmel, wenn nach dem Regen die Sonne wieder scheint

Re·gen·bo·gen|haut *die* der farbige Teil des Auges um die Pupille ≈ *Iris* K Regenbogenhautentzündung

Re·gen·bo·gen|pres·se *die; nur Singular* Zeitschriften, die meist über Skandale und über das Leben bekannter Leute berichten

re·ge·ne·rie·ren VERB (regenerierte, hat regeneriert) **1** **etwas regeneriert etwas** *geschrieben* etwas gibt jemandem wieder neue Kräfte ⟨etwas regeneriert jemandes Gesundheit, jemandes Kräfte⟩ **2** **sich regenerieren** *geschrieben* wieder neues Leben, neue Kräfte bekommen | *Er hat sich im Urlaub körperlich regeneriert* **3** **etwas regeneriert sich** ein Organ, ein Gewebe o. Ä. wächst wieder neu | *Die Haut hat sich nach dem Unfall schnell wieder regeneriert* • hierzu **Re·ge·ne·ra·ti·on** *die*

Re·gen·fäl·le *die; Plural* ⟨anhaltende, plötzliche, sintflutartige Regenfälle⟩ ≈ *Regen*

Re·gen·guss *der* starker Regen

Re·gen·man·tel *der* ein Mantel, der kein Wasser durchlässt und den man trägt, wenn es regnet

Re·gen·schirm *der* ein Schirm, den man bei Regen über den Kopf hält ■ **ID Ich bin gespannt wie ein Regenschirm** *gesprochen* ich bin auf etwas sehr neugierig

REGENSCHIRM

Re·gent *der;* (-en, -en) **1** ein regierender König oder Kaiser **2** eine Person, die für einen König usw. regiert, weil dieser krank, zu alt oder zu jung ist K Prinzregent **H** *der Regent; den, dem, des Regenten* • hierzu **Re·gen·tin** *die;* **Re·gent·schaft** *die*

★ **Re·gen·wald** *der* ein dichter, feuchter Wald in sehr warmen Ländern ⟨der tropische Regenwald⟩

Re·gen·wurm *der* ein Wurm, der in der Erde lebt und bei Regen an die Oberfläche kommt

Re·gen·zeit *die* die Zeit, in der es in den Tropen und Subtropen oft und stark regnet ↔ *Trockenzeit*

Reg·gae ['rɛgei] *der;* (-(s)) eine Art der modernen Popmusik, die aus Jamaika kommt

★ **Re·gie** [re'ʒiː] *die;* (-) die Anweisungen des Regisseurs an die Schauspieler ⟨unter jemandes Regie spielen⟩ K Regieassistent; Bildregie, Tonregie ■ **ID** **(die) Regie führen** **a** Regisseur eines Films oder Theaterstücks sein **b** ein Projekt leiten; **in eigener Regie** selbstständig, auf eigene Verantwortung; **unter jemandes Regie** unter der Leitung der genannten Person

★ **re·gie·ren** VERB (regierte, hat regiert) **1** **(jemanden/etwas) regieren; über jemanden/etwas regieren** das Recht und die Macht über ein Land oder ein Volk haben und viele Dinge bestimmen können ⟨(über) ein Land, ein Reich, einen Staat, ein Volk regieren⟩ **2** **(jemanden/etwas) regieren** *oft humorvoll* über jemanden/etwas so viel Macht haben, dass man alles bestimmt | *Wer regiert bei euch die/in der Küche?* **3** **etwas regiert etwas** ein Wort hat den genannten Kasus | *„Mit" regiert den Dativ*

★ **Re·gie·rung** *die;* (-, -en) **1** mehrere Personen, die (in Demokratien als gewählte Vertreter des Volks) in einem Staat, Land o. Ä. regieren | *Die Regierung hat das Vertrauen der Wähler verloren* K Regierungsbündnis, Regierungschef, Regierungskoalition, Regierungsmitglied, Regierungspartei, Regierungspolitik, Regierungsprogramm, Regierungssprecher, Regierungsumbildung, Regierungswechsel; Bundesregierung, Landesregierung, Militärregierung, Staatsregierung, Übergangsregierung, Zentralregierung **2** **an der Regierung sein** in einem Staat, Land o. Ä. (meist als gewählte Vertreter des Volks) regieren

Re·gie·rungs·be·zirk *der;* Ⓓ eine Region (mit mehreren Städten und Landkreisen), die dieselbe Verwaltung hat | *Bayern hat sieben Regierungsbezirke*

Re·gie·rungs·er·klä·rung *die* eine Erklärung, in welcher die Regierung ihre Ziele oder ihre Haltung zu aktuellen Fragen darlegt

re·gie·rungs·fä·hig ADJEKTIV ⟨eine Koalition⟩ so, dass sie im Parlament die Mehrheit hat

Re·gie·rungs·prä·si·dent *der;* Ⓓ eine Person, die einen Regierungsbezirk leitet • hierzu **Re·gie·rungs·prä·si·den·tin** *die*

Re·gie·rungs·rat *der* **1** Ⓓ ein ziemlich hoher Beamter in der Verwaltung **2** Ⓒⓗ die Regierung eines Schweizer Kantons **3** Ⓒⓗ ein Mitglied im Regierungsrat • zu (1,3) **Re·gie·rungs·rä·tin** *die*

Re·gie·rungs·sitz *der* die Stadt oder das Gebäude, in denen die Regierung ihren Sitz hat

★ **Re·gime** [re'ʒiːm] *das;* (-s, - [-mə],/-s); *oft abwertend* mit Regime bezeichnet man vor allem solche Regierungen, die nicht demokratisch sind ⟨ein autoritäres, undemokratisches, diktatorisches Regime; unter dem Regime des Diktators⟩ K Regimegegner, Regimekritiker; Militärregime, Naziregime, Terrorregime, Willkürregime

Re·gi·ment *das;* (-(e)s, -er) **1** eine ziemlich große militärische Einheit (die aus mehreren Bataillonen oder Kompanien besteht) K Regimentsarzt, Regimentskommandeur; Artillerieregiment, Infanterieregiment **2** **jemand führt ein eisernes/strenges/hartes Regiment** eine Person achtet als Chef streng auf Ordnung und Disziplin

★ **Re·gi·on** *die;* (-, -en) **1** ein ziemlich großes Gebiet mit den typischen Merkmalen ⟨die arktische, tropische Region⟩ **2** ein kleines Gebiet innerhalb eines Staates mit eigenen Behörden ≈ *Bezirk* ■ **ID in höheren Regionen schweben** *meist ironisch* sich so sehr mit den eigenen Ideen und Fantasien beschäftigen, dass man nicht mehr an die Wirklichkeit denkt • hierzu **re·gi·o·nal** ADJEKTIV

-re·gi·on *die; im Substantiv, unbetont, nicht produktiv* **die Beckenregion, die Magenregion, die Schulterregion** *und andere* verwendet, um einen (nicht genau begrenzten) Teil des Körpers zu bezeichnen

Re·gi·o·nal·bahn *die;* Ⓓ ein Nahverkehrszug

Re·gi·o·nal·ex·press *der;* Ⓓ ein Nahverkehrszug

Re·gi·o·nal·pro·gramm *das* ein Fernsehprogramm, das speziell für eine Region gesendet wird

★ **Re·gis·seur** [reʒɪ'søːɐ̯] *der;* (-s, -e) eine Person, die in einem Theaterstück oder Film den Schauspielern sagt, wie sie ihre Rollen spielen sollen **H** zu *Regisseurin* → Info im Eintrag **-in** • hierzu **Re·gis·seu·rin** *die*

Re·gis·ter *das;* (-s, -) **1** eine alphabetische Liste von Wörtern am Ende eines Buches o. Ä., die angibt, auf welcher Seite im Buch ein Begriff behandelt wird ⟨im Register nachsehen; etwas im Register suchen, finden⟩ ≈ *Index* K Registerauszug; Autorenregister, Namenregister, Ortsregister, Personenregister, Sachregister, Stichwortregister **2** ein Buch oder eine Liste (in einem Amt) mit wichtigen Informationen ⟨ein amtliches, kirchliches Register⟩ K Geburtenregister, Handelsregister, Standesamtsregister, Sterberegister, Strafregister **3** eine Gruppe von Pfeifen oder Tasten (z. B. bei einer Orgel oder einem Keyboard), mit denen man besondere Klänge erzeugen kann ■ **ID alle Register ziehen** mit allen Mitteln versuchen, das eigene Ziel zu erreichen

Re·gist·ra·tur *die;* (-, -en) der Ort, an dem Akten, Urkunden, Briefe in einer Behörde o. Ä. gesammelt werden

★ **re·gist·rie·ren** VERB (registrierte, hat registriert) **1 jemanden/etwas registrieren** Namen oder Zahlen in eine (meist amtliche) Liste schreiben ⟨jemandes Namen registrieren; Besucher, Einwohner registrieren⟩ **2 etwas registrieren** jemanden/etwas bemerken | *Ein schlaues Kind: Es registriert einfach alles* **3 etwas registriert etwas** etwas misst etwas und zeichnet es auf | *Der Seismograf registriert die Stöße, die bei einem Erdbeben auftreten*

Reg·le·ment [reglə'mã:] *das;* (-s, -s); *geschrieben* die Regeln und Vorschriften vor allem beim Sport ⟨gegen das Reglement verstoßen; sich an das Reglement halten⟩

reg·le·men·tie·ren VERB (reglementierte, hat reglementiert) **etwas reglementieren** *geschrieben* etwas durch meist sehr genaue und strenge Vorschriften regeln ● hierzu **Reg·le·men·tie·rung** *die*

Reg·ler *der;* (-s, -) der Teil bei einem Gerät, mit dem man die Lautstärke, Temperatur, Frequenz o. Ä. steuern kann K Helligkeitsregler, Kontrastregler, Lautstärkeregler

reg·los ADJEKTIV ≈ *regungslos*

★ **reg·nen** VERB (regnete, hat geregnet) **1 es regnet** Regen fällt zur Erde ⟨es regnet leicht, stark, heftig, in Strömen⟩ **2 es regnet Dinge** etwas fällt in großen Mengen herunter | *Im Karneval regnet es Konfetti* **3 es regnet Dinge** *gesprochen* jemand bekommt etwas in großen Mengen | *Es regnete Anfragen*

reg·ne·risch ADJEKTIV mit viel Regen ⟨ein Wetter, ein Tag⟩

Re·gress *der;* (-es, -e) wenn man für einen Schaden zahlen soll, an dem eigentlich eine andere Person oder Firma Schuld hat, kann man diese in Regress nehmen. Dann muss diese Person oder Firma bezahlen | *Sollte uns durch Ihre Lieferverzögerung Schaden entstehen, werden wir Regress nehmen/fordern* K Regressanspruch, Regressforderung, Regressklage ● hierzu **re·gress·pflich·tig** ADJEKTIV

reg·sam ADJEKTIV; *geschrieben* ≈ *rege*

re·gu·lär ADJEKTIV **1** den Normen, Regeln, Vorschriften o. Ä. entsprechend ⟨Öffnungszeiten, Arbeitszeiten, eine Ausbildung, ein Vertrag⟩ **2 der reguläre Preis** der normale, nicht herabgesetzte Preis

re·gu·la·tiv [-f] ADJEKTIV; *geschrieben* so, dass etwas eine Situation (oft positiv) beeinflusst ⟨ein Faktor, eine Funktion⟩

Re·gu·la·tor *der;* (-s, Re·gu·la·to·ren); *geschrieben* ≈ *Regler*

re·gu·lie·ren VERB (regulierte, hat reguliert) **1 etwas regulieren** etwas so ändern, wie man es für einen Zweck haben will ⟨die Temperatur, eine Maschine, einen Flusslauf regulieren⟩ **2 etwas reguliert sich (selbst)** etwas regelt sich von selbst ● hierzu **Re·gu·lie·rung** *die*

Re·gung *die;* (-, -en); *geschrieben* **1** eine leichte Bewegung **2** ein Gefühl, das man plötzlich empfindet K Gefühlsregung

re·gungs·los ADJEKTIV **1** ⟨jemandes Gesichtsausdruck⟩ so, dass er keine Gefühle zeigt **2** *meist adverbiell* ohne jede Bewegung | *Die Katze sitzt regungslos vor dem Mauseloch* ● hierzu **Re·gungs·lo·sig·keit** *die*

★ **Reh** [re:] *das;* (-(e)s, -e ['re:ə]) ein Tier mit braunem Fell und Hufen, das im Wald lebt ⟨ein scheues Reh⟩ K Rehbock, Rehkitz; Rehkeule, Rehragout; rehbraun

Re·ha *die;* (-, -s); *gesprochen* medizinische Rehabilitation ⟨eine ambulante Reha machen; auf Reha gehen; zur Reha fahren⟩ K Rehaklinik, Rehamaßnahme, Rehazentrum

re·ha·bi·li·tie·ren VERB (rehabilitierte, hat rehabilitiert) **1 jemand wird rehabilitiert** *geschrieben* jemandes Ruf wird (z. B. nach einem falschen Urteil, nach einem Skandal) wiederhergestellt **2 jemanden rehabilitieren** einer Person, die lange krank oder verletzt war, helfen, wieder gesund zu werden **3 sich rehabilitieren** *geschrieben* (nach einem Fehler, einer sehr schlechten Leistung o. Ä.) durch besondere Leistungen das eigene Ansehen wiederherstellen ● hierzu **Re·ha·bi·li·tie·rung** *die;* **Re·ha·bi·li·ta·ti·on** *die*

Reh·kitz *das* ein junges Reh

Rei·bach *der* **(den großen) Reibach machen** *gesprochen, oft abwertend* viel Geld mit etwas verdienen

Rei·be *die;* (-, -n) Reiben sind rau und haben viele Löcher. Man reibt damit z. B. Karotten oder harten Käse oder Schokolade in sehr kleine Stücke

Reib·ei·sen *das* **1** ≈ *Reibe* **2 wie ein Reibeisen** sehr rau ⟨Haut, eine Stimme⟩

Rei·be·ku·chen *der; besonders norddeutsch* ≈ *Kartoffelpuffer*

★ **rei·ben** VERB (rieb, hat gerieben) **1 etwas (an etwas** *(Dativ)***) reiben** etwas fest auf etwas anderes drücken und es dabei hin und her bewegen | *Die Katze rieb ihren Kopf an meinem Bein* **2 sich** *(Dativ)* **etwas reiben** mit der Hand an einem Körperteil reiben ⟨sich *(Dativ)* die Nase, die Augen reiben⟩ **3 etwas irgendwie reiben** Schmutz o. Ä. von etwas entfernen, indem man es reibt ⟨einen Tisch, das Fenster sauber/trocken reiben⟩ **4 etwas aus/von etwas reiben** etwas von irgendwo durch Reiben entfernen | *Sie rieb einen Fleck aus/von ihrem Rock* **5 etwas reiben** etwas mit einem Gerät mit rauer Oberfläche reiben, um kleine Stücke daraus zu machen ⟨Kartoffeln, Äpfel reiben⟩ **6 etwas reibt** etwas kratzt | *Die neue Jeans reibt ein bisschen* **7 sich (an jemandem/etwas) reiben** sich über jemanden/etwas ärgern und den Ärger auch zeigen

Rei·be·rei *die;* (-, -en); *meist Plural* ein kleiner Streit (meist um unwichtige Dinge) | *Zwischen den beiden kommt es ständig zu Reibereien*

★ **Rei·bung** *die;* (-, -en) die bremsende Wirkung, die entsteht, wenn sich bei einer Bewegung Dinge berühren | *Reibung erzeugt Wärme* K Reibungselektrizität, Reibungsfläche, Reibungskraft, Reibungswärme, Reibungswiderstand

rei·bungs·los ADJEKTIV ohne Probleme ⟨ein Ablauf; etwas funktioniert, verläuft reibungslos⟩

★ **reich** ADJEKTIV **1** mit viel Geld oder Besitz ↔ *arm* | *Er ist so reich, dass er sich ein Schloss kaufen konnte* **2** mit großen Mengen und großem Aufwand ⟨etwas ist reich geschmückt, verziert⟩ | *ein reich gedeckter Tisch* **3** in großer Menge vorhanden ⟨Beute, Auswahl⟩ **4 reich an etwas** *(Dativ)* **sein** sehr viel von etwas haben | *Alaska ist reich an Bodenschätzen* | *Er ist reich an Erfahrungen*

★ **Reich** *das;* (-(e)s, -e) **1** das (meist große) Gebiet, in dem ein König, Kaiser, Diktator o. Ä. herrscht | *das Reich Karls des Großen* | *das Römische Reich* K Kaiserreich, Königreich, Weltreich **2 das Reich** +*Genitiv* ein Teil der gedanklichen oder realen Welt ⟨das Reich der Träume, der Fantasie, der Musik⟩ K Märchenreich, Pflanzenreich, Tierreich, Traumreich **3 das Deutsche Reich** *historisch* verwendet als inoffizielle Bezeichnung für den deutschen Staat vor 1806 und als offizielle Bezeichnung für den deutschen Staat von 1871 bis 1945 K Reichsdeutsche(r), Reichsgebiet, Reichsgrenze, Reichsmark, Reichspfennig, Reichspost, Reichspräsident, Reichsregierung **4 das Dritte Reich** *historisch* die Zeit des Nationalsozialismus in Deutschland von 1933 bis 1945 **5 das tausendjährige Reich** verwendet als ironische Bezeichnung für das Dritte Reich **6 das Reich der Mitte** verwendet als Bezeichnung für China **7 jemandes Reich** der Bereich, in dem man nicht gestört werden will und den man liebt ⟨sein eigenes kleines Reich haben⟩

-reich *im Adjektiv, unbetont, sehr produktiv* **fettreich, kalorienreich, vitaminreich, nährstoffreich, sauerstoffreich, niederschlagsreich, ideenreich** *und andere* mit einer großen Menge von der genannten Sache

Rei·che *der/die;* (-n, -n); *meist Plural* eine Person, die sehr viel Geld hat und sehr reich ist **H** *ein Reicher; der Reiche; den, dem, des Reichen*

★ **rei·chen** VERB (reichte, hat gereicht); *geschrieben* **1** **jemandem etwas reichen** jemandem etwas geben | *Können Sie mir bitte das Buch reichen?* **2** **etwas reichen** etwas servieren | *nach dem Essen Tee und Kaffee reichen* **3** **jemand/etwas reicht bis irgendwohin** jemand/etwas kommt (wegen der Länge, Breite, Größe o. Ä.) bis zu dem genannten Punkt | *Der Mantel reichte ihr bis über die Knie* | *Mein Sohn reicht mir schon bis zur Schulter* **4** **irgendwohin reichen** etwas mit der Hand erreichen können **5** **etwas reicht (jemandem); etwas reicht (für jemanden/etwas)** etwas ist genug für jemanden/etwas | *Unser Geld reicht nicht für eine teure Wohnung* | *Du kriegst nur ein Stück Kuchen. Das reicht für dich!* (auch wenn du mehr haben willst, bekommst du es nicht) ■ ID **Mir reichts!**, **Jetzt reichts mir!** *gesprochen* ich habe jetzt keine Lust mehr

reich·hal·tig ADJEKTIV mit vielen Dingen, unter denen man wählen kann ⟨eine Auswahl, eine Speisekarte, ein Angebot⟩

★ **reich·lich** ADJEKTIV **1** mehr als genug oder üblich | *Er gab dem Kellner ein reichliches Trinkgeld* | *Wir haben noch reichlich Zeit* **H** Vor einem Substantiv ohne Artikel ist die Form immer *reichlich*: *Ich habe reichlich Kleingeld.* **2** relativ groß (oder fast zu groß) | *Der Mantel ist reichlich für ihn* **3** ein bisschen mehr als | *Er kam erst nach einer reichlichen Stunde wieder* | *Das dauert reichlich zwei Tage* **4** verwendet, um Adjektive und Verben zu verstärken ≈ *sehr* | *Sie kommt immer reichlich spät*

Reichs·kanz·ler *der; historisch* **1** *1871 – 1918* der höchste Beamte der Regierung, der vom Kaiser ernannt wurde **2** *1919 – 1933* der Vorsitzende der Regierung des Deutschen Reiches **3** *1933 – 1945* der diktatorische Führer im Dritten Reich

Reichs|kris·tall·nacht *die* → Kristallnacht

Reichs·tag *der; nur Singular* **1** das Parlament im ehemaligen Deutschen Reich und manchen europäischen Staaten ⟨der dänische, finnische, schwedische Reichstag⟩ **2** das Gebäude, in dem sich der Reichstag versammelt **3** das Gebäude in Berlin, in dem sich der Bundestag versammelt

★ **Reich·tum** *der;* (-s, Reich·tü·mer) **1** eine große Menge Geld oder Besitz ⟨(sich (*Dativ*)) Reichtum erwerben; zu Reichtum kommen⟩ ↔ *Armut* **2** **Reichtum (an etwas** (*Dativ*)) *nur Singular* eine große Menge von etwas | *sein Reichtum an Erfahrungen* | *der Reichtum Sibiriens an Bodenschätzen* **K** Einfallsreichtum, Erfahrungsreichtum, Ideenreichtum, Farbenreichtum, Formenreichtum

Reich·wei·te *die* **1** die Entfernung, in der man etwas noch mit der Hand erreichen kann | *Ich legte mir das Handy in Reichweite* | *Medikamente außerhalb der Reichweite von Kindern aufbewahren* **2** eine Entfernung, in der ein Ziel erreicht werden kann | *Flugzeuge mit großer Reichweite* | *Wir wollen uns alle Schulen in unserer Reichweite ansehen, bevor wir uns für eine entscheiden* **3** eine Entfernung, in der ein Sender oder ein Funksignal empfangen werden kann ■ ID **etwas ist/rückt in/außer Reichweite** etwas ist/wird als Ziel erreichbar/nicht erreichbar | *Nach diesem Sieg ist die Meisterschaft in Reichweite gerückt*

★ **reif** ADJEKTIV **1** so weit entwickelt, dass man es ernten (und essen) kann ⟨Tomaten, Obst, Getreide⟩ ↔ *unreif, grün* **2** so lange gelagert, dass der Geschmack gut ist ⟨Käse, Wein, Cognac⟩ **3** so vernünftig, wie man es von einem Erwachsenen erwartet ⟨eine Frau, ein Mann⟩ ↔ *unreif* | *Ihr Sohn ist sehr reif für sein Alter* **4** klug und vernünftig gedacht oder gemacht ⟨ein Urteil, ein Kunstwerk, eine Idee, eine Leistung, eine Arbeit⟩ **5** **für etwas reif sein** etwas dringend benötigen | *Wir sind reif für einen Urlaub* **6** **körperlich reif** alt genug, um Kinder bekommen zu können ≈ *geschlechtsreif* ■ ID → Insel

★ **Reif** *der;* (-(e)s, -e) **1** *nur Singular* eine dünne weiße Schicht Eis, die z. B. auf Gras und Zweigen entsteht, wenn es nachts sehr kalt ist **K** Reifbildung; Frühreif, Morgenreif, Nachtreif **2** ein kreisförmiges Schmuckstück, das Frauen am Handgelenk oder am Arm tragen **K** Armreif

-reif *im Adjektiv, unbetont, begrenzt produktiv* **1** **erholungsreif, pensionsreif, urlaubsreif** *und andere* drückt aus, dass jemand das Genannte dringend braucht oder verdient **2** **druckreif, olympiareif, pflückreif, serienreif** *und andere* drückt aus, dass jemand/etwas für das Genannte gut genug oder weit genug entwickelt ist **3** **abbruchreif, museumsreif, schrottreif** *und andere oft ironisch* drückt aus, dass etwas sehr alt oder in schlechtem Zustand ist

Rei·fe *die;* (-) **1** der Zustand, in dem jemand/etwas reif ist ⟨jemandes geschlechtliche, körperliche, geistige, politische, sittliche Reife⟩ | *Für diese Aufgabe fehlt ihm die nötige Reife* **K** Geschlechtsreife **2** der Zustand, in dem etwas reif ist | *Diese Traubensorte erreicht ihre Reife im Oktober* **K** Reifedauer, Reifezeit **3** Ⓓ **(die) mittlere Reife** der Abschluss, den man nach Bestehen der letzten Klasse in der Realschule oder der 10. Klasse im Gymnasium hat ⟨(die) mittlere Reife machen, haben⟩

★ **rei·fen** VERB (reifte, ist gereift) **1** **etwas reift** etwas wird reif ⟨Obst, Getreide, Käse, Wein⟩ **2** **jemand reift** körperlich erwachsen und erfahren im Arbeiten und Denken | *Hans ist in den letzten Jahren sehr gereift* **3** **etwas reift in jemandem** etwas entwickelt sich in jemandes Gedanken ⟨ein Plan, ein Entschluss⟩

★ **Rei·fen** *der;* (-s, -) **1** die Räder von Autos, Fahrrädern usw. haben Reifen aus Gummi, die mit Luft gefüllt sind ⟨den Reifen aufpumpen, flicken, wechseln; abgefahrene Reifen⟩ | *An seinem Fahrrad ist ein Reifen geplatzt* | *Die Reifen des Autos quietschten, als er um die Ecke fuhr* **K** Reifenpanne, Reifenprofil, Reifenschaden, Reifenwechsel; Autoreifen, Fahrradreifen, Gummireifen, Reservereifen, Sommerreifen, Winterreifen **H** → Abb. unter **Auto** und **Fahrrad** **2** ein Ring aus Gummi, Holz oder Metall **K** Fassreifen, Eisenreifen, Gummireifen, Holzreifen, Metallreifen

Rei·fe·prü·fung *die; admin* ≈ *Abitur*

Rei·fe·zeug·nis *das; admin* ≈ *Abiturzeugnis*

reif·lich ADJEKTIV *meist attributiv* sehr genau ⟨nach reiflicher Überlegung; etwas reiflich bedenken, überlegen⟩

Rei·gen *der;* (-s, -) ein Tanz im Kreis mit Gesang ■ ID **etwas eröffnet/schließt den Reigen** *geschrieben* etwas bildet den Anfang/Schluss einer Reihenfolge

Reih ■ ID **in Reih und Glied** in einer genau vorgeschriebenen Ordnung ⟨in Reih und Glied stehen, antreten⟩

★ **Rei·he** ['raiə] *die;* (-, -n) **1** **eine Reihe (von Personen/Dingen)** mehrere Dinge oder Menschen, die nebeneinander oder hintereinander in einer Linie stehen ⟨eine Reihe von Bäumen, von Häusern; Personen stellen sich in einer Reihe auf, stehen in einer Reihe, bilden eine Reihe⟩ **K** Baumreihe, Häuserreihe, Menschenreihe, Sitzreihe, Stuhlreihe **2** **eine Reihe** +*Genitiv*; **eine Reihe von Personen/Dingen** eine ziemlich große Zahl oder Menge von Personen/Sachen | *Nach einer Reihe von Jahren haben wir uns wiedergesehen* | *Eine ganze Reihe* (von) *Untersuchungen ist nötig, um das Problem zu lösen* **H** Wenn *eine Reihe* als unbestimmte Zahlangabe verwendet wird, steht das Verb meist im Singular: *Eine Reihe von Kindern war krank.* **3** eine Zahl von Veröffentlichungen, Sendungen o. Ä., die zusammen eine Einheit bilden | *eine neue Reihe über Sprachprobleme* **K** Buchreihe, Fernsehreihe, Schriftenreihe, Taschenbuchreihe, Veranstaltungsreihe, Vortragsreihe **4** **in unsere(n)/eure(n)/ihre(n) Reihen** als Teil einer Gruppe von Menschen | *Sie nahmen ihn in ihre Reihen auf* | *Wir haben einen Verräter in unseren Reihen* **5** **jemand ist an der Reihe/kommt an die Reihe**; **die Reihe ist an jemandem** eine Person ist die Nächste, die bedient, behandelt wird oder die etwas tun darf oder muss | *Jetzt bin ich an der Reihe!* **6** **der Reihe nach** eine Person/Sache nach der anderen | *sich der Reihe nach an der Kasse anstellen* | *die Probleme der Reihe nach in Angriff nehmen* **7** **außer der Reihe** als Ausnahme (innerhalb des normalen Ablaufs) | *Weil er heftige Schmerzen hatte, nahm ihn der Arzt außer der Reihe dran* ■ **ID** **aus der Reihe tanzen** anders sein als allgemein üblich oder erwartet; **etwas auf die Reihe kriegen** **a** *gesprochen* etwas verstehen **b** *gesprochen* mit einem Problem o. Ä. fertig werden

rei·hen VERB (reihte, hat gereiht) **1** **Dinge (auf etwas** *(Akkusativ)*) **reihen** gleiche oder ähnliche Dinge so zusammenbringen, dass eine Reihe entsteht | *Perlen auf eine Schnur reihen* **2** **etwas reiht sich an etwas** *(Akkusativ)* etwas folgt (in einer Reihe) auf etwas | *Ein schönes Erlebnis reihte sich an das andere*

★ **Rei·hen·fol·ge** *die* die (zeitliche) Ordnung, nach der Dinge oder Handlungen aufeinanderfolgen ⟨eine geänderte, umgekehrte Reihenfolge; die Reihenfolge ändern; in alphabetischer Reihenfolge⟩

Rei·hen·haus *das* ein Haus (meist für eine Familie) in einer Reihe von (gleichen) aneinandergebauten Häusern ⟨in einem Reihenhaus wohnen⟩

Rei·hen·un·ter·su·chung *die* die Untersuchung vieler Personen durch einen Arzt (um eine Krankheit zu bekämpfen) ⟨eine Reihenuntersuchung anordnen; an einer Reihenuntersuchung teilnehmen⟩

Rei·her *der*; (-s, -) ein meist grauer Vogel mit langen Beinen und einem langen Schnabel, der am Wasser lebt und Frösche und Fische fängt **K** Fischreiher, Graureiher

-rei·hig *im Adjektiv, unbetont, nicht produktiv* **zweireihig, dreireihig, vierreihig** *und andere* mit der genannten Zahl von Reihen

reih·um ADVERB von einer Person zur nächsten oder eine Person nach der anderen ⟨etwas reihum gehen lassen, geben; reihum fragen, blicken⟩ | *Der Lehrer ließ das Bild in der Klasse reihum gehen* | *Die Schüler wurden reihum aufgerufen, um eine Aufgabe zu lösen*

★ **Reim** *der*; (-(e)s, -e) **1** der gleiche (oder ähnliche) Klang von Wörtern oder Silben am Ende von zwei oder mehr Zeilen eines Gedichts **K** Reimpaar, Reimschema, Reimwort **2** ein kurzes Gedicht mit Wörtern, die sich reimen ⟨ein lustiger Reim⟩ **K** Kinderreim **3** **ein männlicher/weiblicher Reim** ein Reim, dessen letzte Silbe betont/unbetont ist ■ **ID** **sich** *(Dativ)* **keinen Reim auf etwas** *(Akkusativ)* **machen können** etwas nicht verstehen

rei·men VERB (reimte, hat gereimt) **1** **etwas (auf etwas** *(Akkusativ)*) **reimen** ein Wort verwenden, das am Ende genauso klingt wie ein anderes Wort | *in einem Lied „Herz" auf „Schmerz" reimen* **2** **etwas reimt sich (auf etwas)**; **etwas reimt sich mit etwas** etwas klingt am Ende genauso wie ein anderes Wort | *„Sonne" reimt sich auf „Wonne"*

★ **rein** ■ ADJEKTIV **1** nicht mit anderen Substanzen oder Fasern gemischt ⟨Gold, Silber, Alkohol, Baumwolle, Wolle; chemisch rein⟩ ≈ *pur* | *Das Kleid ist aus reiner Seide* **K** reingolden, reinseiden, reinsilbern, reinwollen **2** ganz sauber ⟨ein Hemd, Wäsche, Luft, Wasser⟩ **3** nicht mit anderen Farben gemischt | *ein reines Blau* **K** reinweiß **4** so, dass die Töne genau getroffen werden ⟨ein Klang, eine Stimme, ein Ton⟩ | *etwas klingt rein* | *jemand singt rein* **5** ohne Akzent ⟨eine Aussprache⟩ | *ein reines Französisch sprechen* **6** ohne an die eigenen Vorteile oder sexuelle Dinge zu denken ⟨Gedanken, eine Liebe; ein reines Herz haben⟩ **7** *meist attributiv* nichts anderes als | *Es war der reine Zufall, dass wir uns heute getroffen haben* | *Dieser Antrag ist eine reine Formalität* | *Rein rechtlich gesehen, ist der Vertrag in Ordnung* **8** **etwas ist der/die/das reinste** +*Substantiv oft humorvoll oder ironisch* verwendet, um eine Aussage zu verstärken | *Im Vergleich zu Joggen ist Arbeiten für mich die reinste Erholung* | *Das ist der reinste Wahnsinn!*

■ PARTIKEL *betont und unbetont* **9** **rein** +*Adjektiv/Adverb* genau in der genannten Art (gemacht) | *rein gefühlsmäßig handeln* | *Das ist ein rein privates Gespräch* **10** verwendet, um eine Aussage zu verstärken | *Sie glaubt mir rein gar nichts* | *Es ist rein zum Verzweifeln mit ihm!*

■ ADVERB **11** *gesprochen* → hinein, herein

■ **ID** **etwas ins Reine bringen** etwas in Ordnung bringen; **mit jemandem/etwas ins Reine kommen** Probleme, die man mit jemandem/etwas hat, lösen; **mit sich (selbst) ins Reine kommen** sich darüber klar werden, was man will; **etwas ins Reine schreiben** etwas noch einmal schreiben, damit es schön und sauber ist ⟨einen Aufsatz, einen Brief ins Reine schreiben⟩ ● zu (1 – 6) **Rein·heit** *die*

rein- *im Verb; gesprochen* → hinein-, herein-

rein·bei·ßen VERB *(hat)*; *gesprochen* in etwas beißen ■ **ID** **zum Reinbeißen** optisch sehr attraktiv

Rei·ne·ma·chen *das*; (-s); *norddeutsch* das Saubermachen von Räumen, Fußböden o. Ä. | *Heute ist großes Reinemachen* ● hierzu **Rei·ne·ma·che·frau** *die*

Rein·er·lös *der* ≈ *Reingewinn*

Rein·er·trag *der* ≈ *Reingewinn*

Rein·fall *der* ⟨(mit etwas) einen Reinfall erleben⟩ ≈ *Enttäuschung, Misserfolg* | *Die Party war der größte Reinfall*

Rein·ge·winn *der* das Geld, das als Gewinn bleibt, nachdem man die Steuern und die eigenen Kosten gezahlt hat

rein·hän·gen (hängte rein, hat reingehängt) **sich (in etwas** *(Akkusativ)*) **reinhängen** *gesprochen* sich stark bei einer Sache engagieren **H** weitere Verwendungen → **hinein-**

rein·hau·en VERB (haute rein, hat reingehauen); *gesprochen* **1** **jemandem ein paar/eine reinhauen** jemandem ins Gesicht schlagen **2** **(ordentlich) reinhauen** viel essen **3** **etwas haut rein** etwas zeigt große Wirkung

Rein·heits·ge·bot *das*; Ⓓ ein Gesetz aus dem Jahr 1516, das bestimmt, dass man nur Gerste, Hopfen und Wasser nehmen darf, um Bier herzustellen

★ **rei·ni·gen** VERB (reinigte, hat gereinigt) **etwas reinigen** Schmutz von etwas entfernen ⟨die Nägel, eine Wunde reinigen; die Kleider (chemisch) reinigen lassen; einen Anzug zum Reinigen bringen⟩

Rei·ni·ger *der*; (-s, -) ein chemisches Mittel, mit dem man Dinge sauber machen kann **K** Badreiniger, Fleckenreiniger, WC-Reiniger

★ **Rei·ni·gung** *die*; (-, -en) **1** *nur Singular* der Vorgang, bei dem man etwas sauber macht **K** Reinigungskraft, Reinigungsmittel **2** ein Betrieb, in dem Kleider usw. (chemisch) gereinigt werden ⟨etwas in die Reinigung bringen⟩

Re·in·kar·na·ti·on [reǀinkarna'tsjo:n] *die*; (-, -en) (in manchen Religionen) die Wiedergeburt in einem anderen Körper nach dem Tod | *Buddhisten glauben an die Reinkarnation*

Rein·kul·tur *die* ■ **ID** **etwas in Reinkultur** in hohem Maße ⟨Kitsch in Reinkultur⟩

R

rein·lich ADJEKTIV **1** mit dem Willen, alles sauber zu halten ⟨Menschen, Tiere⟩ | *Katzen sind reinliche Tiere* **2** *veraltend* ≈ *sauber* • hierzu **Rein·lich·keit** *die*

rein·ras·sig ADJEKTIV so, dass beide Eltern von derselben Rasse sind ⟨Tiere, ein Hund, ein Pferd, eine Katze⟩ • hierzu **Rein·ras·sig·keit** *die*

Rein·schrift *die* die endgültige, sauber geschriebene Form eines Textes ⟨eine Reinschrift machen; in Reinschrift⟩

rein·sem·meln VERB (semmelte rein, hat reingesemmelt); *gesprochen* **1** **etwas reinsemmeln** ein Tor schießen ⟨den Ball reinsemmeln⟩ **2** **jemandem eine/eins reinsemmeln** einer Person ins Gesicht schlagen, ihr Schwierigkeiten machen oder ihre Pläne stören

rein·wa·schen VERB (wäscht rein, wusch rein, hat reingewaschen) **jemanden (von etwas) reinwaschen** beweisen, dass ein Verdacht gegen sich selbst oder eine andere Person nicht richtig ist ⟨jemanden von einem Verdacht, von einer Anschuldigung reinwaschen⟩

rein·weg ADVERB; *gesprochen* ≈ *völlig* | *Das ist reinweg unmöglich!*

rein·wür·gen VERB (*hat*); *gesprochen* **jemandem eine/eins reinwürgen** jemanden absichtlich in eine unangenehme Situation bringen

rein·zie·hen VERB (*hat*); *gesprochen* **1** **jemanden/etwas (in etwas** (*Akkusativ*)**) reinziehen** jemanden/etwas von draußen nach irgendwo drinnen ziehen | *Der Fuchs zog das Huhn in seinen Bau rein* **2** **jemanden in etwas** (*Akkusativ*) **(mit) reinziehen** ≈ *hineinziehen* **3** **sich** (*Dativ*) **etwas reinziehen** etwas konsumieren | *Ich zieh mir jetzt noch einen Film rein, dann geh ich ins Bett*

★ **Reis** *der*; (-es) **1** eine Getreidepflanze, die man in warmen Ländern auf nassen Feldern anbaut ⟨Reis anbauen, pflanzen, ernten⟩ K Reisernte, Reisfeld, Reispflanze **2** die gelbweißen, länglichen Körner des Reises, die man in Wasser kocht und essen kann ⟨(un)geschälter, polierter Reis; Reis kochen⟩ K Reisauflauf, Reisgericht, Reiskorn, Reismehl, Reissuppe; Milchreis, Naturreis, Langkornreis, Rundkornreis

★ **Rei·se** *die*; (-, -n) **1** **eine Reise (irgendwohin)** eine meist lange Fahrt (mit dem Auto, Schiff, Flugzeug o. Ä.) von einem Ort zum anderen ⟨auf einer Reise; eine weite, lange, große, kurze, kleine, angenehme, interessante Reise; eine Reise buchen, antreten, machen; eine Reise unterbrechen; von einer Reise zurückkehren, erzählen; eine Reise ans Meer, um die Welt; jemandem eine gute Reise wünschen; Gute Reise!⟩ | *Wohin geht die Reise?* K Reiseantritt, Reisebegleiter, Reisebericht, Reisebus, Reisegepäck, Reisepläne, Reiseprospekt, Reiseproviant, Reiseroute, Reisescheck, Reisetasche, Reiseunterlagen, Reiseziel; Autoreise, Bahnreise, Busreise, Flugreise, Schiffsreise, Bildungsreise, Dienstreise, Ferienreise, Forschungsreise, Geschäftsreise, Hochzeitsreise, Urlaubsreise, Vortragsreise, Weltreise, Afrikareise, Italienreise, Wienreise, Gruppenreise ■ *Eine Reise nach* sagt man, wenn der Orts- oder Ländername ohne Artikel gebraucht wird: *eine Reise nach Frankreich, Athen usw.*; wenn der bestimmte Artikel beim Ländernamen verwendet wird, sagt man *eine Reise in*: *eine Reise in die USA.* **2** **auf Reisen sein** *geschrieben* eine Reise machen **3** **auf Reisen gehen** *geschrieben* eine Reise machen **4** **auf der Reise** während der Reise ≈ *unterwegs* | *Wir haben auf der Reise viele Leute kennen gelernt* ■ ID **Wenn einer/jemand eine Reise tut, so kann er was erzählen** Wenn jemand eine Reise macht, dann erlebt er viel und lernt viel Neues kennen

Rei·se·apo·the·ke *die* verschiedene medizinische Mittel, die man auf eine Reise mitnimmt

Rei·se·be·kannt·schaft *die* eine Person, die man auf einer Reise kennengelernt hat

★ **Rei·se·bü·ro** *das* ein Geschäft, in dem man Reisen buchen kann

Rei·se·fie·ber *das* das Gefühl der Nervosität (aber auch der Freude) vor einer Reise ⟨jemanden packt das Reisefieber⟩

Rei·se·füh·rer *der* **1** ein Buch, das über alles informiert, was in einem Land oder in einer Stadt (für den Touristen) wichtig ist | *ein zuverlässiger Reiseführer* **2** ≈ *Reiseleiter* • zu (2) **Rei·se·füh·re·rin** *die*

Rei·se·ge·sell·schaft *die* ≈ *Reisegruppe*

Rei·se·grup·pe *die* eine Gruppe von Menschen, die miteinander eine Reise machen, die meist von einem Reisebüro organisiert worden ist

Rei·se·land *das* ein Land, in dem viele Menschen Urlaub machen

Rei·se·lei·ter *der* eine Person, die eine Gruppe von Menschen auf einer Reise begleitet und für die Organisation verantwortlich ist • hierzu **Rei·se·lei·te·rin** *die*

★ **rei·sen** VERB (reiste, ist gereist) **(irgendwohin) reisen** eine lange Fahrt von einem Ort zum anderen machen ⟨mit dem Zug, mit dem Auto reisen; durchs Land, ins Ausland, um die Welt reisen⟩

Rei·sen·de *der/die*; (-n, -n) **1** eine Person, die gerade eine Reise macht | *Die Reisenden werden gebeten, an der Grenze ihre Pässe bereitzuhalten* K Afrikareisende, Europareisende, Weltreisende; Ferienreisende, Forschungsreisende, Geschäftsreisende; Autoreisende, Flugreisende, Zugreisende; Alleinreisende **2** *veraltend* ≈ *Handelsvertreter* K Handelsreisende ■ *ein Reisender; der Reisende; den, dem, des Reisenden*

Rei·se·pass *der* ≈ *Pass*

Rei·se·ver·an·stal·ter *der* eine Firma, die Reisen plant und verkauft

Rei·se·ver·kehr *der* der starke Verkehr, der entsteht, wenn viele Leute in Urlaub fahren ⟨es herrscht starker, reger Reiseverkehr⟩

Rei·se·war·nung *die* ein Hinweis des Außenministeriums an die Bürger, aus Gründen der persönlichen Sicherheit nicht in das genannte Land zu reisen

Rei·se·wel·le *die* der sehr starke Verkehr (z. B. zu Beginn und Ende der Schulferien) | *Die erste Reisewelle rollt in Richtung Süden*

Rei·se·wet·ter *das* **1** das Wetter während einer Reise | *Wir hatten ideales Reisewetter* **2** ein Bericht über das Wetter in anderen Ländern für Leute, die reisen wollen | *Wettervorhersage und Reisewetter für Europa*

Rei·sig *das*; (-s) dünne, trockene Zweige, die unter Bäumen am Boden liegen ⟨Reisig sammeln⟩ K Reisigbesen, Reisigbündel; Birkenreisig, Tannenreisig

Reiß·aus ■ ID **(vor jemandem/etwas) Reißaus nehmen** (vor jemandem/etwas) schnell weglaufen

Reiß·brett *das* ein Brett, auf das man Papier legt, um darauf meist technische Zeichnungen zu machen ⟨am Reißbrett arbeiten; Papier auf das Reißbrett spannen⟩

★ **rei·ßen** VERB (riss, hat/ist gerissen)
▸beschädigen: **1** **etwas (in etwas** (*Akkusativ*)**) reißen** (*hat*) aus etwas zwei oder mehrere Teile machen, indem man es kräftig in zwei verschiedene Richtungen zieht ⟨etwas in Fetzen, in Stücke, in Streifen reißen⟩ | *Vor Wut riss er den Brief in tausend Stücke* **2** **etwas reißt** (*ist*) etwas trennt sich plötzlich in zwei Teile oder bekommt ein Loch, weil es zu stark belastet wird | *Du darfst nicht so fest ziehen, sonst reißt die Schnur* | *Es hat so stark geregnet, dass die Zeltplane gerissen ist* **3** **jemand reißt ein Loch in etwas** (*Akkusativ*) (*hat*) eine Person zieht an etwas, sodass es reißt und ein Loch entsteht | *Ich blieb an einem Nagel hän-*

gen und riss mir ein Loch in die Hose **4** **etwas reißt ein Loch in etwas** (*Akkusativ*) (*hat*) etwas explodiert so, dass ein Loch entsteht | *Die Mine riss ein tiefes Loch in die Erde*
▸in eine Richtung: **5** **eine Person/Sache reißt (jemandem) eine Sache aus/von etwas** (*hat*) eine Person oder Sache zieht schnell und kräftig an einer Sache, sodass sie von einer Stelle entfernt wird | *jemandem die Kleider vom Leib reißen* | *Sie riss mir den Brief aus der Hand/aus den Händen* | *Der starke Wind riss ihm den Hut vom Kopf* **6** **jemanden/etwas irgendwohin reißen** (*hat*) an einer Person/Sache plötzlich und schnell ziehen, sodass sie sich irgendwohin bewegt ⟨jemanden zu Boden, zur Seite reißen; etwas in die Höhe, in die Tiefe reißen⟩ | *Als er den Radfahrer sah, riss der Fahrer das Lenkrad nach links, um auszuweichen* **7** **etwas reißen** (*hat*) beim Springen eine Latte oder Stange berühren, sodass sie zu Boden fällt | *Das Pferd riss das nächste Hindernis* **8** **an etwas** (*Dativ*) **reißen** (*hat*) (immer wieder) schnell und kräftig an etwas ziehen (ohne es kaputt zu machen) | *Der Hund bellte laut und riss an seiner Kette*
▸sonstige Verwendungen: **9** **ein Tier reißt ein Tier** (*hat*) ein Tier tötet ein anderes Tier, vor allem um es zu fressen | *Wölfe haben mehrere Schafe gerissen* **10** **etwas an sich reißen** (*hat*) mit Gewalt oder mit einem Trick in den Besitz einer Sache kommen ⟨die Macht, Geld, einen Auftrag an sich reißen⟩ **11** **jemanden aus etwas reißen** (*hat*) jemanden bei etwas stören ⟨jemanden aus dem Schlaf, aus den Träumen, aus den Gedanken, aus der Konzentration reißen⟩ **12** **sich um jemanden/etwas reißen** (*hat*) alles versuchen, um jemanden/etwas zu bekommen | *Die Leute haben sich förmlich um die Konzertkarten gerissen* | *Mehrere Vereine reißen sich um den Fußballstar*
■ ID **etwas reißt ein Loch in die Kasse/in den Haushalt/...** etwas kostet viel Geld

rei·ßend ■ PARTIZIP PRÄSENS **1** → reißen
■ ADJEKTIV **2** ⟨ein Bach, ein Strom⟩ sehr schnell fließend und deshalb gefährlich **3** **etwas hat/findet reißenden Absatz** etwas wird in kurzer Zeit in großer Menge verkauft | *Das Buch hat reißenden Absatz gefunden*

Rei·ßer *der*; (-s, -); *gesprochen* ein Buch oder Film mit sehr großem Erfolg beim Publikum (vor allem weil sie spannend sind)

rei·ße·risch ADJEKTIV; *abwertend* so interessant gemacht, dass viele Leute darauf aufmerksam werden (weil sie gerne von Sensationen hören) ⟨eine Überschrift, Schlagzeilen, eine Aufmachung; etwas reißerisch aufmachen⟩

reiß·fest ADJEKTIV ⟨ein Gewebe, ein Faden⟩ so stabil, dass sie nicht reißen ● hierzu **Reiß·fes·tig·keit** *die*

Reiß·lei·ne *die* eine Leine, an der man zieht, damit sich der Fallschirm öffnet

Reiß·na·gel *der* ein kurzer, dünner Nagel, den man leicht mit einem Finger in Holz o. Ä. drücken kann, weil er einen flachen breiten Kopf hat | *ein Plakat mit Reißnägeln an die Wand heften*

REISSNAGEL

★ **Reiß·ver·schluss** *der* viele Kleidungsstücke haben einen Reißverschluss zum Auf- und Zumachen; er besteht aus zwei Reihen von kleinen Zähnen aus Metall oder Plastik und einem beweglichen Teil, das die Zähne zusammenfügen und wieder trennen kann ⟨den Reißverschluss aufmachen/aufziehen/öffnen, zumachen/schließen/hochziehen; der Reißverschluss klemmt⟩

Reiß·zwe·cke *die* ≈ *Reißnagel*

★ **rei·ten** VERB (ritt, hat/ist geritten) **1** **(auf einem Tier) reiten** (*ist*) auf einem Tier sitzen und sich tragen lassen ⟨auf einem Pferd, einem Esel, einem Kamel reiten; im Schritt, im Galopp, im Trab reiten⟩ K Reithose, Reitklub, Reitlehrer, Reitpeitsche, Reitpferd, Reitsport, Reitstiefel, Reitstunde, Reittier, Reitturnier, Reitunterricht, Reitweg **2** **ein Tier reiten** (*hat*) auf einem Tier reiten ⟨ein Pferd, ein Kamel, einen Esel reiten⟩ **3** **etwas reiten** (*hat/ist*) an einem Wettbewerb teilnehmen, bei dem man reitet ⟨ein Rennen, ein Turnier reiten⟩ ■ ID **Was hat dich denn da geritten?** was hast du dir gedacht, als du diese dumme Handlung getan hast ● zu (1,2) **Rei·ter** *der*; zu (1,2) **Rei·te·rin** *die*

Reit·schu·le *die* **1** eine Institution, bei der man das Reiten lernen kann **2** *süddeutsch* ⒸⒽ ≈ *Karussell*

★ **Reiz** *der*; (-es, -e) **1** etwas, das bewirkt, dass ein Sinnesorgan darauf reagiert ⟨ein schwacher, starker, mechanischer, akustischer, optischer Reiz; Reizen ausgesetzt sein⟩ | *Die Pupillen reagieren auf optische Reize, indem sie größer oder kleiner werden* K Brechreiz, Hustenreiz, Lachreiz, Lichtreiz, Sinnesreiz **2** wenn etwas Reiz hat, macht es einen positiven Eindruck auf eine Person, sodass diese es gerne haben, erleben oder tun möchte ⟨der Reiz des Neuen, des Verbotenen; auf jemanden einen gewissen, starken, unwiderstehlichen Reiz ausüben; den Reiz verlieren; immer mehr an Reiz verlieren⟩ ≈ *Anziehungskraft* | *die besonderen Reize des Waldes im Herbst* ■ ID **weibliche Reize** das, was den Männern an Frauen sehr gut gefällt; **etwas hat seine Reize** etwas ist sehr angenehm | *Faulenzen hat so seine Reize*

reiz·bar ADJEKTIV ⟨ein Mensch⟩ so, dass er sehr schnell ärgerlich und aggressiv wird | *leicht reizbar sein* ● hierzu **Reiz·bar·keit** *die*

★ **rei·zen** VERB (reizte, hat gereizt) **1** **etwas reizt jemanden** etwas ist für eine Person so interessant, dass sie es tun oder haben möchte | *Dieses Auto reizt ihn schon lange* | *Es würde mich sehr reizen, surfen zu lernen* **2** **jemanden reizen** eine Person oder ein Tier (lange) so behandeln, dass sie böse reagiert | *Mich wundert nicht, dass der Hund dich gebissen hat. Du hast ihn ja lange genug gereizt* → auch **gereizt** **3** **jemand/etwas reizt (eine Person) zu etwas** jemand/etwas ist der Grund dafür, dass eine Person etwas tut oder tun will ⟨jemanden zum Widerspruch, (jemanden) zum Lachen reizen⟩ | *Es reizt mich, ihn zu ärgern* **4** **etwas reizt (etwas)** etwas ist der Grund für Schmerzen oder eine Wunde ⟨etwas reizt die Augen, die Schleimhaut, den Magen, jemandes Nerven⟩ K Reizgas, Reizstoff

rei·zend ■ PARTIZIP PRÄSENS **1** → reizen
■ ADJEKTIV **2** im Verhalten sehr freundlich und angenehm ⟨ein Mädchen, eine Frau, Leute; etwas reizend finden⟩ ≈ *nett, lieb* | *Es ist reizend von dir, dass du mir Blumen bringst* **3** so, dass etwas angenehm wirkt und gefällt ⟨eine Stadt, ein Häuschen, ein Kleid, ein Abend; reizend aussehen⟩ ≈ *hübsch, nett* **4** *ironisch* nicht sehr erfreulich oder angenehm | *Ein Stau von 50 km, das sind ja reizende Aussichten für unsere Fahrt!*

Reiz·the·ma *das* ein Thema, das, wenn es angesprochen wird, jemanden ärgerlich macht oder zu Streit führt

Reiz·über·flu·tung *die* die Tatsache, dass es durch Fernsehen, Werbung, elektronische Medien usw. zu viele Reize und zu viel Ablenkung für die Menschen gibt | *Besonders in der Stadt ist man einer zunehmenden Reizüberflutung ausgesetzt*

Rei·zung *die*; (-, -en) **1** *nur Singular* die Wirkung von Reizen auf die Organe des Körpers | *Bei andauernder Reizung der Haut durch chemische Mittel können Krankheiten entstehen* **2** eine leichte Entzündung | *eine Reizung der Bronchien* K Blinddarmreizung

reiz·voll ADJEKTIV **1** interessant und schön ⟨eine Gegend, ein Gesicht, ein Kontrast⟩ **2** ⟨eine Aufgabe, ein Thema⟩ so, dass

R

sie jemandes Interesse wecken | *Für Kinder ist es reizvoll, etwas zu tun, das verboten ist*

Reiz·wä·sche *die; nur Singular* eine Unterwäsche, die Frauen anziehen, um erotisch zu wirken

Reiz·wort *das* ein Wort, das in einer Person starke, meist aggressive Gefühle hervorruft

re·ka·pi·tu·lie·ren VERB (rekapitulierte, hat rekapituliert) **etwas rekapitulieren** *geschrieben* etwas noch einmal in kürzerer Form sagen ‹einen Text, die wichtigsten Punkte eines Vortrags rekapitulieren› ≈ *zusammenfassen* ● hierzu **Re·ka·pi·tu·la·ti·on** *die*

re·keln VERB (rekelte sich, hat sich gerekelt) **sich rekeln** den eigenen Körper so strecken und dehnen, dass es angenehm ist | *sich vor dem Aufstehen im Bett rekeln*

★ **Re·kla·me** *die;* (-) **1** **Reklame (für etwas)** mit Reklame versucht man, Produkte zu verkaufen, indem man sagt, wie gut oder nützlich sie sind ‹eine gute, schlechte, geschmacklose, aufwendige Reklame; Reklame machen› ≈ *Werbung* | *Sie macht Reklame für teure Parfums* K Kinoreklame, Zeitschriftenreklame, Zeitungsreklame, Autoreklame, Bierreklame, Uhrenreklame, Zigarettenreklame **2** ein Prospekt, ein kurzer Film, ein Bild o. Ä., mit denen Reklame gemacht wird ‹sich (*Dativ*) die Reklame ansehen, anschauen› | *Heute war der Briefkasten wieder voller Reklame* K Reklamebild, Reklamefilm, Reklameplakat, Reklameschild ■ ID **für jemanden Reklame machen** jemanden empfehlen | *für seinen Arzt Reklame machen;* **mit etwas Reklame machen** etwas Positives übertrieben deutlich betonen, um zu zeigen, dass man besser ist als andere Menschen ≈ *prahlen* | *mit den guten Noten seiner Kinder Reklame machen*

★ **re·kla·mie·ren** VERB (reklamierte, hat reklamiert) **(etwas) (bei jemandem/etwas) reklamieren** sich (bei einer Firma, in einem Geschäft o. Ä.) beschweren, weil eine Ware Fehler hat (und in Ordnung gebracht werden muss) | *Der Kunde hat reklamiert, dass der Fernseher nicht richtig funktioniert* ● hierzu **Re·kla·ma·ti·on** *die*

re·kons·tru·ieren VERB (rekonstruierte, hat rekonstruiert) **1** **etwas rekonstruieren** etwas, von dem es nur Reste oder Beschreibungen gibt, neu bauen | *einen antiken Tempel rekonstruieren* **2** **etwas rekonstruieren** (aufgrund von Berichten oder Beschreibungen) versuchen, später festzustellen, wie etwas war oder geschehen ist ‹den Tathergang, den Unfall, ein Gespräch rekonstruieren› ● hierzu **re·kons·tru·ier·bar** ADJEKTIV; **Re·kons·truk·ti·on** *die*

re·kon·va·les·zent [-v-] ADJEKTIV **rekonvaleszent sein** sich gerade von einer Krankheit erholen ● hierzu **Re·kon·va·les·zenz** *die*

R

★ **Re·kord** *der;* (-(e)s, -e) **1** (vor allem im Sport) die beste Leistung, die jemand bis zu dem jeweiligen Zeitpunkt erreicht hat ‹ein europäischer, olympischer, persönlicher Rekord; einen Rekord aufstellen, halten, verbessern, brechen; einen Rekord werfen, springen, laufen› | *Er verbesserte seinen Rekord im Hochsprung um zwei Zentimeter* K Rekordhöhe, Rekordleistung, Rekordweite, Rekordzeit; Europarekord, Weltrekord, Schanzenrekord, Streckenrekord **2** die höchste Zahl, die bis zu einem Zeitpunkt erreicht wurde ‹etwas stellt einen (absoluten) Rekord dar; einen neuen Rekord erreichen› | *Der Rekord der diesjährigen Kältewelle liegt bei minus 30 Grad Celsius* K Rekordergebnis, Rekordernte, Rekordgewinn, Rekordmarke ■ ID **jemand/etwas bricht/schlägt alle Rekorde** jemand ist besser als alle anderen Leute oder eine Sache ist besser als jede andere

Re·kor·der *der;* (-s, -) ein Gerät, mit dem man Musik, Filme o. Ä. aufnehmen und wieder abspielen kann K Festplattenrekorder

Re·kord·hal·ter *der;* (-s, -) ein Sportler, der einen Rekord hält ● hierzu **Re·kord·hal·te·rin** *die*

Rek·rut *der;* (-en, -en) ein Soldat, der neu beim Militär ist und noch ausgebildet werden muss ‹Rekruten ausbilden› K Rekrutenausbildung, Rekrutenzeit H *der Rekrut; den, dem, des Rekruten* ● hierzu **Rek·ru·tin** *die*

rek·ru·tie·ren VERB (rekrutierte, hat rekrutiert); *geschrieben* **1** **jemanden rekrutieren** jemanden für eine Aufgabe, Tätigkeit usw. holen | *Mitarbeiter für ein Projekt rekrutieren* **2** **etwas rekrutiert sich aus Personen/Dingen** etwas besteht aus Personen der genannten Gruppe | *Das Personal dieser Firma rekrutiert sich vor allem aus Technikern und Ingenieuren* ● zu (1) **Rek·ru·tie·rung** *die*

Rek·ti·on [rɛk'tsjo:n] *die;* (-, -en) die Eigenschaft eines Wortes oder Ausdrucks, den Kasus des Wortes zu bestimmen, das von ihm abhängt ‹die Rektion des Verbs› K Verbrektion

Rek·tor *der;* (-s, Rek·to·ren) **1** Ⓓ eine Person, die eine Grund-, Haupt- oder Realschule leitet **2** der Leiter einer Universität K Universitätsrektor ● hierzu **Rek·to·rin** *die*

Rek·to·rat *das;* (-s, -e) **1** die Räume für den Rektor und dessen Mitarbeiter **2** die Amtszeit eines Rektors

Re·lais [rə'lɛ:] *das;* (-, - [rə'lɛ:s]) ein Teil in einem elektrischen Gerät, das einen Kontakt herstellt, sodass Strom fließt K Relaisschaltung, Relaissteuerung

Re·la·ti·on [-'tsjo:n] *die;* (-, -en) **die Relation (zwischen Dingen** (*Dativ*)**)** *geschrieben* die Beziehung oder Verbindung, die es zwischen (zwei) Dingen, Tatsachen, Begriffen usw. gibt ‹eine Relation besteht, stimmt; etwas in (die richtige) Relation (zu etwas) bringen› | *die Relation zwischen Leistung und Lohn* ■ ID **etwas steht in keiner Relation zu etwas** die Beziehung zwischen zwei Dingen ist ungleich | *Die Kosten des Films standen in keiner Relation zum Erfolg* (Der Film war sehr teuer, hatte aber kaum Erfolg)

★ **re·la·tiv, re·la·tiv** [-f] ADJEKTIV **1** von verschiedenen Bedingungen abhängig und bestimmt ‹Werte, Größen, Begriffe› ↔ *absolut* | *Es ist alles relativ* (wie man etwas beurteilt, hängt davon ab, in welchem Zusammenhang man es sieht) **2** **relativ** *+Adjektiv* im Vergleich zu anderen Personen, Dingen oder Gelegenheiten ≈ *ziemlich* | *ein relativ heißer Sommer* | *Die Demonstration verlief relativ friedlich* **3** **relative Mehrheit** → Mehrheit ● zu (1) **Re·la·ti·vi·tät** *die*

re·la·ti·vie·ren [-v-] VERB (relativierte, hat relativiert) **etwas (durch etwas) relativieren** *geschrieben* etwas in einem größeren Zusammenhang und meist so in der richtigen Perspektive sehen | *Alte wissenschaftliche Erkenntnisse werden durch neue meist nicht aufgehoben, sondern relativiert* ● hierzu **Re·la·ti·vie·rung** *die*

Re·la·tiv·pro·no·men [-f-] *das* ein Pronomen das einen Nebensatz einleitet und anstelle eines Substantivs aus dem Hauptsatz steht (z. B. *welcher* oder *der, die, das*) | *Die Wörter „welcher", „der", „die" oder „das" werden als Relativpronomen verwendet*

★ **Re·la·tiv·satz** [-f-] *der* ein Nebensatz, der durch ein Relativpronomen eingeleitet wird | *In dem Satz „Gestern traf ich die Frau, die neben mir wohnt, in der Stadt" ist „die neben mir wohnt" ein Relativsatz*

re·la·xen [ri'lɛksn̩] VERB (relaxte, hat relaxt); *gesprochen* ausruhen, sich entspannen ≈ *chillen*

★ **re·le·vant** [-v-] ADJEKTIV **relevant (für jemanden/etwas)** wichtig (im Zusammenhang mit dem Genannten) ‹Daten, Fragen, Informationen; gesellschaftlich, historisch, politisch relevant› ↔ *irrelevant* | *Vertreter aller gesellschaftlich relevanten Gruppen* | *Diese Faktoren sind für die Auswertung des Experiments nicht relevant* ● hierzu **Re·le·vanz** *die*

Re·li·ef [re'li̯ɛf] *das;* (-s, -s) **1** ein Bild auf Stein, Metall o. Ä., dessen Figuren und Muster höher oder tiefer als ihre Umgebung sind, wie z. B. bei einer Münze K Flachrelief, Hochrelief, Giebelrelief, Steinrelief, Tonrelief **2** die Form der Oberfläche eines Planeten, vor allem der Erde ⟨ein reich gegliedertes, geringes Relief⟩ **K** Bodenrelief, Tiefseerelief, Unterwasserrelief **3** eine Landkarte, bei der Gebirge usw. wie bei einem Relief gezeichnet sind **K** Reliefglobus, Reliefkarte • zu (1) **re·li·ef·ar·tig** ADJEKTIV

★ **Re·li·gi·on** *die*; (-, -en) **1** *nur Singular* der Glaube an einen Gott oder mehrere Götter, mit dem man sich den Sinn des Lebens erklärt | *Karl Marx bezeichnete Religion als „Opium fürs Volk"* **2** eine besondere Form von Religion mit ihren eigenen Überzeugungen, Ritualen, Traditionen ⟨die jüdische, christliche Religion⟩ ≈ *Glaube* | *Der Buddhismus ist eine der großen Religionen der Welt* **K** Religionsbekenntnis, Religionsfreiheit, Religionsgemeinschaft, Religionsgeschichte, Religionskrieg, Religionsphilosophie, Religionswissenschaft, Religionszugehörigkeit; Naturreligion, Staatsreligion, Weltreligion **3** *ohne Artikel, nur Singular* ein Fach in der Schule, in dem die Grundlagen einer Religion unterrichtet werden **K** Religionsbuch, Religionslehrer, Religionsnote, Religionsstunde, Religionsunterricht

★ **re·li·gi·ös** ADJEKTIV **1** in Bezug auf die Religion ⟨ein Bekenntnis, Überzeugungen, eine Zeremonie⟩ **2** so, dass ein Mensch entsprechend der Lehre einer Religion lebt, denkt und handelt ≈ *gläubig* | *Meine Tante ist sehr religiös* • zu (2) **Re·li·gi·o·si·tät** *die*

Re·likt *das*; (-(e)s, -e) etwas, das von einer früheren Zeit oder von einem früheren Zustand übrig geblieben ist | *die Relikte der Vergangenheit*

Re·ling *die*; (-) das Geländer auf dem Deck eines Schiffes ⟨an der Reling stehen; sich an die Reling lehnen; sich über die Reling beugen⟩

Re·li·quie [-kviə] *die*; (-, -n) Reliquien von Heiligen sind sehr alte Gegenstände, die in der katholischen Kirche verehrt werden ⟨Reliquien verehren⟩ **K** Reliquienschrein, Reliquienverehrung

Re·make ['ri:meik] *das*; (-s, -s) eine neue Version eines bekannten und meist erfolgreichen Liedes oder Films

Re·mi·nis·zenz *die*; (-, -en); *geschrieben* **1** **eine Reminiszenz (an jemanden/etwas)** ⟨eine Reminiszenz an die Kindheit; Reminiszenzen auffrischen⟩ ≈ *Erinnerung* **2** **eine Reminiszenz (an jemanden/etwas)** ≈ *Ähnlichkeit, Anklang* | *eine deutliche Reminiszenz an das Violinkonzert von Bach*

re·mis [rə'mi:] ADJEKTIV *meist prädikativ* (im Schachspiel) ⟨eine Partie endet remis; (auf) remis spielen⟩ ≈ *unentschieden* • hierzu **Re·mis** [rə'mi:] *das*; (-, - [rə'mi:s])

Re·mou·la·de [-mu-] *die*; (-, -n) eine kalte Soße aus Ei, Öl und Kräutern, die man oft zu Fisch isst **K** Remouladensoße

rem·peln VERB (rempelte, hat gerempelt) **jemanden rempeln** jemanden (meist mit Absicht) mit dem Arm oder mit dem Körper stoßen

Remp·ler *der*; (-s, -) ein Stoß mit dem Arm oder Körper ⟨einen Rempler bekommen; jemandem einen Rempler geben⟩

Re·nais·sance [rənɛ'sã:s] *die*; (-, -n) **1** ein Stil der (europäischen) Kunst vom 15. bis 17. Jahrhundert, bei dem man die antike griechische und römische Kunst, Literatur, Wissenschaft usw. studierte und zu imitieren versuchte ⟨die italienische Renaissance; die Malerei, die Architektur der Renaissance⟩ **K** Renaissancebau, Renaissancedichter, Renaissancemaler, Renaissancemusik, Renaissancestil, Renaissancezeit; Frührenaissance, Hochrenaissance, Spätrenaissance **2** *nur Singular* die Epoche der Renaissance ⟨in der Renaissance; aus der Renaissance stammen⟩ **3** *geschrieben* eine Phase, in der jemand/etwas wieder interessant wird oder in Mode kommt ⟨eine Renaissance erleben⟩ | *die Renaissance des Biedermeier* | *die Renaissance des Minirocks*

Ren·dez·vous [rãde'vu:] *das*; (-, - [rãde'vu:s]) **1** **ein Rendezvous (mit jemandem)** ein Treffen von zwei Leuten, die zusammen ausgehen wollen ⟨mit jemandem ein Rendezvous haben; zu einem Rendezvous gehen; sich zu einem Rendezvous verabreden⟩ **2** **Personen geben sich irgendwo ein Rendezvous** sich (als Gruppe) irgendwo treffen | *Am Wiener Opernball gibt sich die Prominenz jedes Jahr ein Rendezvous*

Ren·di·te *die*; (-, -n) der Gewinn, den ein Wertpapier (jedes Jahr) bringt

re·ni·tent ADJEKTIV; *geschrieben* ≈ *aufsässig*

★ **ren·nen** VERB (rannte, hat/ist gerannt) **1** **(irgendwohin) rennen** *(ist)* sich schnell auf den Füßen fortbewegen (sodass beide Füße kurze Zeit in der Luft sind) ⟨mit jemandem um die Wette rennen; um sein Leben rennen⟩ ≈ *laufen* | *Er ist so schnell gerannt, dass er jetzt völlig außer Atem ist* **2** **irgendwohin rennen** *gesprochen, abwertend (ist)* immer wieder irgendwohin gehen | *Musst du wirklich jeden Sonntag auf den Fußballplatz rennen?* **3** **gegen/an etwas** *(Akkusativ)* **rennen** *gesprochen (ist)* beim Laufen oder Gehen heftig an etwas stoßen (und sich wehtun) | *mit dem Kopf gegen/an ein Bücherregal rennen* **4** **in etwas** *(Akkusativ)* **rennen** *(ist)* in eine gefährliche Situation kommen (ohne dass man es merkt) ⟨ins Unglück, ins Verderben rennen; blindlings in den Tod rennen⟩ **5** **sich** *(Dativ)* **ein Loch in etwas** *(Akkusativ)* **rennen** *gesprochen (hat)* sich beim Laufen o. Ä. an einem Körperteil verletzen ⟨sich *(Dativ)* ein Loch in den Kopf rennen⟩ **6** **jemandem ein Messer** *o. Ä.* **in etwas** *(Akkusativ)* **rennen** *gesprochen (hat)* jemandem oder sich selbst ein Messer o. Ä. in den Körper stoßen und so verletzen

★ **Ren·nen** *das*; (-s, -) **1** ein Wettkampf, bei dem man versucht, schneller als andere Leute zu laufen, zu fahren oder zu reiten ⟨ein Rennen findet statt; ins Rennen gehen; ein Rennen machen, veranstalten, abhalten, gewinnen, verlieren; ein packendes, spannendes Rennen; als Sieger aus einem Rennen hervorgehen⟩ **K** Rennauto, Rennboot, Rennfahrer, Rennleitung, Rennpferd, Rennrad, Rennsport, Rennstrecke, Rennwagen; Autorennen, Bootsrennen, Pferderennen, Skirennen, Seifenkistenrennen, Hindernisrennen, Sandbahnrennen, Wettrennen **2** **ein totes Rennen** ein Rennen, bei dem zwei Teilnehmer genau zur gleichen Zeit ins Ziel kommen ▪ **ID das Rennen machen** **a** ein Rennen gewinnen **b** bei etwas Erfolg haben; **gut im Rennen liegen** gute Chancen haben, bei etwas Erfolg zu haben; **Das Rennen ist gelaufen** **a** es ist bereits sicher, wer das Rennen gewinnen wird **b** etwas ist bereits entschieden oder vorbei

Ren·ner *der*; (-s, -); *gesprochen* ein Produkt, von dem in kurzer Zeit viel verkauft wird | *der Renner der Saison* | *Dieses Buch ist ein absoluter Renner*

Re·nom·mee *das*; (-s, -s); *meist Singular; geschrieben* die (gute) Meinung, die andere Leute von jemandem/etwas haben ⟨ein gutes Renommee haben; an Renommee verlieren⟩

re·nom·mie·ren VERB (renommierte, hat renommiert) **(mit etwas) renommieren** *geschrieben* ≈ *prahlen* | *mit seinem Titel renommieren wollen* **K** Renommiersucht

Re·nom·mier·stück *das*; *geschrieben* etwas, das gut geeignet ist, um damit zu prahlen

re·nom·miert ▪ PARTIZIP PERFEKT **1** → renommieren ▪ ADJEKTIV **2** *geschrieben* sehr bekannt und angesehen | *ein renommierter Künstler*

★ **re·no·vie·ren** [-v-] VERB (renovierte, hat renoviert) **(etwas) renovieren** alte Gebäude oder Teile davon erneuern ⟨ein Gebäude, eine Villa, eine Kirche, Altbauten, eine Wohnung renovieren⟩ • hierzu **Re·no·vie·rung** *die*

★ **ren·ta·bel** ADJEKTIV so, dass man davon einen finanziellen

R

Gewinn hat ⟨ein Geschäft, ein Betrieb; rentabel wirtschaften, arbeiten⟩ | *Ist das eine rentable Geldanlage?* **!** *rentabel → ein rentables Geschäft* • hierzu **Ren·ta·bi·li·tät** *die*

★ **Ren·te** *die;* (-, -n) **1** eine Summe Geld, die eine Person jeden Monat vom Staat bekommt, wenn sie das Alter erreicht hat, in welchem man nicht mehr arbeiten muss (oder wenn sie wegen einer Krankheit nichtmehr normal arbeiten kann) ⟨eine Rente beziehen, bekommen; Anspruch auf (eine) Rente haben⟩ **K** Rentenanspruch, Rentenempfänger, Rentenerhöhung; Altersrente, Mindestrente **!** Ein Beamter bekommt eine *Pension*, andere Leute bekommen eine *Rente*. **2** *nur Singular* die Zeit im Leben eines Arbeiters oder eines Angestellten, in der er (meist aus Altersgründen) nicht mehr arbeitet und eine Rente bekommt ⟨in Rente gehen; in Rente sein⟩ **3** eine Summe Geld, die jemand regelmäßig von einer Versicherung, von einer anderen Person oder aus angelegtem Kapital bekommt **K** Bodenrente, Grundrente, Invalidenrente, Waisenrente, Witwenrente, Zusatzrente

Ren·ten·al·ter *das; meist Singular* das Alter, in dem man Rente bekommen kann

Ren·ten·bei·trag *der* das Geld, das man jeden Monat an die Rentenversicherung zahlt. Der Rentenbeitrag wird vom Lohn oder Gehalt abgezogen

Ren·ten·ein·tritts·al·ter *das* das Alter, in dem man zu arbeiten aufhört und in Rente geht

Ren·ten·ver·si·che·rung *die* eine staatliche Einrichtung, an die man einen Beitrag zahlt, solange man arbeitet, um im Alter eine Rente zu bekommen

Ren·tier *das* ein großer Hirsch, der in den kalten Ländern im Norden (z. B. in Skandinavien) lebt

ren·tie·ren VERB (rentierte sich, hat sich rentiert) **etwas rentiert sich (für jemanden)** etwas bringt jemandem Gewinn oder einen Vorteil | *Das Hotel rentiert sich nicht* | *Es rentiert sich doch gar nicht, für drei Tage so weit zu fahren*

★ **Rent·ner** *der;* (-s, -) eine Person, die eine Rente bekommt und nicht mehr arbeiten muss **K** Frührentner **!** zu *Rentnerin* → Info im Eintrag **-in** • hierzu **Rent·ne·rin** *die*

re·pa·ra·bel ADJEKTIV so, dass etwas repariert werden kann ⟨ein Schaden⟩ **!** *reparabel → ein reparabler Schaden*

Re·pa·ra·ti·on [-'tsi̯oːn] *die;* (-, -en); *meist Plural* Geld, das ein besiegtes Land nach einem Krieg an ein anderes Land als Wiedergutmachung für Schäden o. Ä. zahlen muss **K** Reparationsanspruch, Reparationszahlung

★ **Re·pa·ra·tur** *die;* (-, -en) der Vorgang, bei dem etwas Kaputtes wieder in Ordnung gebracht wird und wieder funktioniert ⟨etwas zur Reparatur bringen; eine Reparatur vornehmen, machen (lassen)⟩ | *Der Motor ist schon so alt, dass sich eine Reparatur nicht mehr lohnt* **K** Reparaturarbeiten, Reparaturkosten, Reparaturwerkstatt; reparaturbedürftig; Autoreparatur, Schuhreparatur

re·pa·ra·tur·an·fäl·lig ADJEKTIV so, dass es oft repariert werden muss | *ein reparaturanfälliges Auto*

★ **re·pa·rie·ren** VERB (reparierte, hat repariert) **etwas reparieren** einen kaputten Gegenstand wieder in Ordnung bringen ⟨etwas notdürftig reparieren⟩ ≈ *richten* | *das Fahrrad/Auto selber reparieren* | *den Fernseher reparieren lassen*

Re·per·toire [repɛr'toa̯ːɐ̯] *das;* (-s, -s) **1** alle Musikstücke, Theaterstücke usw., die ein Künstler oder ein Theater spielen oder zeigen kann ⟨etwas ins Repertoire aufnehmen, im Repertoire haben; ein Repertoire zusammenstellen; etwas gehört zu jemandes/zum Repertoire⟩ | *Der Chor hat auch moderne Lieder in seinem Repertoire* **2** **ein großes** *o. Ä.* **Repertoire an etwas** (*Dativ*) **haben** etwas gut beherrschen, gute Kenntnisse in etwas haben | *ein immenses Repertoire an Fremdwörtern haben*

Re·plik *die;* (-, -en); *geschrieben* eine Rede oder ein Text, mit denen jemand auf die Äußerung eines Kritikers antwortet ⟨eine geschliffene, glänzende Replik⟩

Re·port *der;* (-(e)s, -e); *geschrieben* ≈ *Bericht*

Re·por·ta·ge [-'taːʒə] *die;* (-, -n) **eine Reportage (über jemanden/etwas)** ein Bericht (im Radio, im Fernsehen oder in der Zeitung) über ein aktuelles Thema ⟨eine Reportage (über etwas) machen, bringen, schreiben⟩ **K** Bildreportage, Fotoreportage; Fernsehreportage, Radioreportage, Rundfunkreportage, Zeitungsreportage; Sportreportage

Re·por·ter *der;* (-s, -) eine Person, die beruflich über aktuelle Ereignisse berichtet **K** Fernsehreporter, Radioreporter, Rundfunkreporter, Zeitungsreporter; Fotoreporter; Gerichtsreporter, Sportreporter • hierzu **Re·por·te·rin** *die*

re·prä·sen·ta·bel ADJEKTIV; *geschrieben* so, dass etwas in der äußeren Erscheinung einen guten Eindruck macht ⟨ein Haus, ein Büro⟩ **!** *repräsentabel → ein repräsentables Haus*

Re·prä·sen·tant *der;* (-en, -en); *geschrieben* eine Person, die eine Gruppe von Menschen, eine Institution o. Ä. in der Öffentlichkeit vertritt | *ein Repräsentant der Kirche* **K** Firmenrepräsentant **!** *der Repräsentant; den, dem, des Repräsentanten* • hierzu **Re·prä·sen·tan·tin** *die*

Re·prä·sen·ta·ti·on [-'tsi̯oːn] *die;* (-, -en); *geschrieben* **1** die Vertretung eines Staates, einer Institution o. Ä. | *die Repräsentation einer Partei durch ihren Vorsitzenden* **2** *nur Singular* das, womit sich der Staat öffentlich repräsentiert, und die damit verbundenen Kosten ⟨etwas dient der Repräsentation; etwas gehört zur Repräsentation⟩ | *Der Abgeordnete hat das große Auto zur Repräsentation* **K** Repräsentationsgelder

re·prä·sen·ta·tiv [-f] ADJEKTIV; *geschrieben* **1** **repräsentativ (für jemanden/etwas)** für eine Gruppe oder eine Richtung (in der Kunst, im Denken) typisch | *ein repräsentativer Vertreter des Impressionismus* **2** **repräsentativ (für jemanden/etwas)** so, dass das Gesamtbild einer Gesellschaft o. Ä. mit den verschiedenen Meinungen der Menschen enthalten ist ⟨eine Erhebung, eine Umfrage, eine Auswahl⟩ | *ein repräsentativer Querschnitt der Bevölkerung* | *Diese Meinungsumfrage ist nicht repräsentativ, weil nur ein kleiner Teil der Betroffenen befragt wurde* **K** Repräsentativumfrage **3** geeignet, um damit zu repräsentieren | *ein repräsentatives Haus* **4** mit Prinzipien, nach denen die Interessen aller Gruppen vertreten werden ⟨eine Demokratie⟩

re·prä·sen·tie·ren VERB (repräsentierte, hat repräsentiert); *geschrieben* **1** **etwas repräsentieren** für ein Land, für eine Institution o. Ä. in der Öffentlichkeit sprechen ⟨jemanden/etwas nach außen, im Ausland repräsentieren⟩ ≈ *vertreten* | *Als Botschafterin repräsentiert sie ihr Land gut* **2** **etwas (mit etwas) repräsentieren** ein typischer Vertreter von etwas sein | *Mit ihren Anschauungen repräsentiert sie ihre Generation* **3** **den Typ** *+Genitiv* **repräsentieren** ein Typ sein wie der Genannte | *Er repräsentiert den Typ des guten Onkels* **4** **etwas repräsentiert einen Wert von etwas** etwas hat den genannten Wert | *Die Galerie repräsentiert einen Wert von über drei Millionen Euro* **5** sich in der Öffentlichkeit so verhalten, wie es der eigenen, hohen gesellschaftlichen Stellung entspricht ⟨zu repräsentieren verstehen⟩

Re·pres·sa·lie [-li̯ə] *die;* (-, -n); *meist Plural; geschrieben, oft abwertend* eine Maßnahme, mit der auf jemanden Druck ausgeübt werden soll ⟨wirtschaftliche Repressalien; jemandem mit Repressalien drohen⟩

Re·pres·si·on *die;* (-, -en); *geschrieben* die (oft gewaltsame) Unterdrückung von Widerstand, Kritik, persönlicher Freiheit usw. ⟨Repression ausüben⟩ **K** repressionsfrei

re·pres·siv [-f] ADJEKTIV; *geschrieben* mit Repressionen verbunden | *ein repressives Regierungssystem*

Re·pri·se *die*; (-, -n); *geschrieben* die Wiederholung eines Teils einer musikalischen Komposition

Re·pro *die*; (-, -s), **Re·pro** *das*; (-s, -s); *gesprochen* Kurzwort für *Reproduktion* **K** Reprokamera, Reprotechnik, Reproverfahren

Re·pro·duk·ti·on [-ˈtsi̯oːn] *die*; (-, -en) **1** ein Bild, das durch Fotografieren oder Drucken eines Originalbildes entstanden ist ⟨eine farbige, schwarz-weiße Reproduktion⟩ ≈ *Kopie* ↔ *Original* | *eine Reproduktion eines Rembrandt-Bildes* **2** die Methode oder der Vorgang, mit denen man Reproduktionen macht

re·pro·du·zie·ren VERB (reproduzierte, hat reproduziert) **1** **etwas reproduzieren** eine Kopie von etwas machen ⟨ein Bild, ein Foto, ein Gemälde⟩ **2** **etwas reproduzieren** etwas (immer wieder) wiederholen ⟨Klischees, Stereotypen⟩ | *Der Fehler ließ sich bei unseren Tests nicht reproduzieren* ● hierzu **re·pro·du·zier·bar** ADJEKTIV

★ **Rep·til** *das*; (-s, -ien [-i̯ən]) Schlangen, Krokodile und Eidechsen sind Reptilien. Sie haben meist Schuppen und legen Eier

★ **Re·pub·lik**, **Re·pub·lik** *die*; (-, -en) ein Staat, dessen Oberhaupt ein Präsident (anstelle eines Königs oder einer Königin) ist und dessen Regierung vom Volk gewählt wird ⟨eine demokratische, sozialistische, parlamentarische Republik⟩ ↔ *Monarchie, Diktatur* | *die Republik Österreich* **K** Bundesrepublik, Volksrepublik

re·pub·li·ka·nisch ADJEKTIV in Bezug auf eine Republik | *eine republikanische Verfassung*

Re·pu·ta·ti·on [-ˈtsi̯oːn] *die*; (-, -en); *geschrieben* der Ruf, den eine Person oder Firma hat ⟨seine gute Reputation einbüßen⟩

Re·qui·em [ˈreːkvi̯ɛm] *das*; (-s, -s) **1** eine Messe, bei der man für einen Toten betet ⟨ein Requiem lesen⟩ **2** ein Musikstück für ein Requiem ⟨ein Requiem aufführen⟩

Re·qui·sit *das*; (-s, -en) **1** *meist Plural* die Gegenstände, die man bei einem Theaterstück für die Bühne oder bei einem Film braucht **K** Requisitenkammer **2** **ein Requisit (für jemanden/etwas)** etwas, das (als Mittel oder Instrument) für jemanden/etwas notwendig ist | *Das wichtigste Requisit für mich ist die Kamera*

Re·ser·vat [-v-] *das*; (-(e)s, -e) **1** ein Stück Land (vor allem in den USA), auf welchem die Ureinwohner leben ⟨in einem Reservat leben⟩ **K** Indianerreservat **2** ein Stück Land (vor allem in Afrika), auf dem man keine Tiere jagen darf **K** Wildreservat

★ **Re·ser·ve** [-və] *die*; (-, -n) **1** **Reserve (an etwas** (*Dativ*)**)** *meist Plural* Dinge, die man behält oder sammelt, für den Fall, dass sie später gebraucht werden ⟨finanzielle Reserven; (keine) Reserven haben, anlegen; etwas als Reserve zurücklegen; die letzten Reserven angreifen, antasten, verbrauchen (müssen)⟩ ≈ *Vorrat* | *Reserven an Getreide* **K** Reservekanister, Reserverad, Reservereifen, Reservetank; Benzinreserve, Brennstoffreserve, Energiereserve, Geldreserve, Goldreserve, Rohstoffreserve, Wasserreserve **2** **Reserven haben** (nach großer Anstrengung oder in einer schwierigen Situation) noch Kraft haben ⟨körperliche, psychische Reserven haben⟩ **K** Kraftreserve **3** *nur Singular* die Männer, die als Soldaten bereits ausgebildet wurden, die aber nicht mehr in der Armee sind ⟨Soldaten, Offiziere der Reserve⟩ **K** Reserveoffizier, Reservetruppe, Reserveübung **4** *nur Singular* die Mannschaft, in der die Spieler spielen, die nicht zur ersten Mannschaft gehören ⟨bei der Reserve sein, spielen⟩ **K** Reservespieler, Reservebank **5** *nur Singular* ein Verhalten, bei dem man die eigenen Gefühle und Meinungen nicht zeigt ≈ *Zurückhaltung* ■ ID **jemanden/etwas in Reserve haben/halten** eine Person oder Sache zur Verfügung haben, falls man sie braucht; **jemanden aus der Reserve locken** eine Person dazu bringen, ihre eigenen Gefühle zu zeigen

★ **re·ser·vie·ren** [-v-] VERB (reservierte, hat reserviert) **(jemandem/für jemanden) etwas reservieren** einen Platz oder ein Zimmer für jemanden frei halten ⟨jemandem/sich etwas reservieren lassen; etwas für jemanden/etwas reservieren⟩ | *ein Hotelzimmer reservieren lassen* | *für heute Abend einen Tisch reservieren* ● hierzu **Re·ser·vie·rung** *die*

re·ser·viert [-v-] ■ PARTIZIP PERFEKT **1** → reservieren ■ ADJEKTIV **2** so, dass man starke Gefühle nicht zeigt **3** **(jemandem gegenüber) reserviert** so, dass man höflich ist, aber nicht mehr so freundlich und kooperativ wie vorher ⟨sich reserviert verhalten⟩ | *Nach dem Streit war sie mir gegenüber ziemlich reserviert* ● zu (2,3) **Re·ser·viert·heit** *die*

Re·ser·voir [-ˈvo̯aːɐ̯] *das*; (-s, -e) **1** ein großes Becken, in dem man Wasser sammelt, um die Umgebung damit zu versorgen ⟨ein Reservoir anlegen⟩ **K** Wasserreservoir **2** **ein Reservoir (an etwas** (*Dativ*)**)** ein großer Vorrat oder eine große Zahl einer Sache | *ein unerschöpfliches Reservoir an Ideen*

Re·si·denz *die*; (-, -en) **1** ein Haus, in dem eine wichtige Persönlichkeit wohnt | *die Residenz des Erzbischofs* **K** Sommerresidenz, Winterresidenz **2** eine Stadt, in der ein König, ein Präsident, ein Fürst o. Ä. wohnt und regiert **K** Residenzstadt, Residenztheater

re·si·die·ren VERB (residierte, hat residiert) **irgendwo residieren** (von wichtigen Persönlichkeiten) an dem genannten Ort, in dem genannten Haus wohnen (und dort regieren) | *Der amerikanische Präsident residiert im Weißen Haus in Washington*

re·sig·nie·ren VERB (resignierte, hat resigniert) in Bezug auf eine Sache die Hoffnung aufgeben | *Du darfst doch nicht gleich resignieren! Du wirst es schon schaffen* ● hierzu **Re·sig·na·ti·on** *die*

re·sis·tent ADJEKTIV **resistent (gegen etwas)** ⟨Pflanzen, Bakterien⟩ so, dass ihnen eine Krankheit, ein Gift o. Ä. nicht schaden kann | *Die Bakterien sind gegen den Impfstoff resistent* ● hierzu **Re·sis·tenz** *die*

re·so·lut ADJEKTIV so, dass eine Person genau weiß, was sie will und sich auch durchsetzt ⟨resolut auftreten⟩

Re·so·lu·ti·on [ˈtsi̯oːn] *die*; (-, -en) eine Entscheidung, die von einer Versammlung getroffen wird und in der Forderungen gestellt werden ⟨eine Resolution verfassen, einbringen, annehmen, billigen, verlesen, verabschieden⟩ ≈ *Beschluss* **K** Friedensresolution, Protestresolution

Re·so·nanz *die*; (-, -en) **1** das Mitschwingen von Teilen eines Objekts, wodurch die Schwingungen stärker (und besonders Klänge lauter) werden ⟨etwas erzeugt Resonanz; etwas hat (eine gute, schlechte) Resonanz⟩ | *Die Stimmbänder erzeugen im Brustkorb Resonanz* **K** Resonanzboden, Resonanzkasten, Resonanzkörper **2** **die Resonanz (auf jemanden/etwas)** die Reaktionen, die auf einen Vorschlag o. Ä. folgen ⟨etwas stößt auf Resonanz; etwas findet Resonanz⟩ | *Sein Vorschlag stieß beim Publikum auf keine Resonanz*

re·sor·bie·ren VERB (resorbierte, hat resorbiert) **etwas resorbiert (etwas)** etwas nimmt Flüssigkeiten in sich auf ● hierzu **Re·sorp·ti·on** *die*

re·so·zi·a·li·sie·ren VERB (resozialisierte, hat resozialisiert) **jemanden resozialisieren** einer Person, die im Gefängnis war, helfen, wieder in ein normales Leben zu finden ● hierzu **Re·so·zi·a·li·sie·rung** *die*

★ **Res·pekt** *der*; (-(e)s) **1** **Respekt (vor jemandem/etwas)** eine Haltung, die zeigt, dass man eine Person (z. B. wegen ihres

R

Alters oder ihrer Position) oder etwas (z. B. eine Leistung) sehr achtet ⟨großen, keinen, ziemlichen, nicht den geringsten Respekt vor jemandem/etwas haben; Respekt vor dem Alter; jemandem Respekt erweisen; jemandem Respekt zollen, schulden; etwas nötigt jemandem Respekt ab; Respekt einflößen(d); sich (*Dativ*) (bei jemandem) Respekt verschaffen⟩ | *Jürgen hat vor den Lehrern keinen Respekt mehr* **2** **Respekt (vor jemandem/etwas)** das unangenehme Gefühl, das man bekommt, wenn man in Gefahr ist ≈*Angst* | *Ich habe großen Respekt vor Hunden* **3** **bei allem Respekt** verwendet, um eine Kritik einzuleiten | *Bei allem Respekt, das kann ich mir nicht bieten lassen!* **4** **Respekt!** *auch ironisch* verwendet, um zu sagen, dass man jemandes Arbeit oder Leistung gut findet • zu (1) **res·pẹkt·los** ADJEKTIV; zu (1) **res·pẹkt·voll** ADJEKTIV; zu (1) **Res·pẹkt·lo·sig·keit** *die*

res·pek·ta̱·bel ADJEKTIV *meist attributiv oder prädikativ* **1** so, dass man Respekt vor jemandem/etwas hat | *Wir haben es alle sehr respektabel gefunden, wie sie sich verhalten hat* **2** sehr gut ⟨eine Leistung; jemandes Gehalt; respektabel verdienen⟩ **H** *respektabel → ein respektables Angebot*

★ **res·pek·tie̱·ren** VERB (respektierte, hat respektiert) **1** **jemanden/etwas respektieren** vor jemandem/etwas Respekt haben | *die Eltern und Lehrer respektieren* **2** **etwas respektieren** akzeptieren, dass eine Person gute Gründe für etwas hat (auch wenn man selbst eine andere Meinung hat) ⟨jemandes Meinung, Wünsche respektieren; eine Entscheidung respektieren⟩ **3** **etwas respektieren** Rücksicht auf etwas nehmen ⟨jemandes Gefühle respektieren⟩

res·pek·ti̱·ve [-v-] BINDEWORT; *geschrieben* ≈*beziehungsweise* **H** Abkürzung: *resp.*

Res·pẹkts·per·son *die* eine Person, die wegen ihrer Fähigkeiten o. Ä. von vielen Leuten respektiert wird

Res·sen·ti·ment [rɛsãti'mã:] *das*; (-s, -s); *meist Plural* **Ressentiments (gegen jemanden/etwas)** *geschrieben* ein starkes Gefühl der Abneigung (oft wegen früherer negativer Erlebnisse) | *Die Partei schürt Ressentiments gegen Ausländer*

Res·sort [rɛ'so:ɐ̯] *das*; (-s, -s) **1** ein Bereich von Aufgaben und Kompetenzen, für die jemand verantwortlich ist ⟨etwas ist jemandes Ressort; etwas fällt in jemandes Ressort; etwas gehört zu jemandes Ressort; ein Ressort übernehmen⟩ **2** eine Abteilung in einer Institution oder Organisation, z. B. in der Regierung oder in einem Ministerium ⟨ein Ressort leiten⟩ | *das Ressort „Umweltschutz"* **K** Ressortchef, Ressortleiter

Res·sour·cen [rɛ'sʊrsn̩] *die*; *Plural*; *geschrieben* **1** alles, was ein Land hat, um die Menschen zu ernähren, um Waren zu produzieren usw. (vor allem Rohstoffe und Geld) ⟨die natürlichen Ressourcen; Ressourcen erschließen, nutzen; Ressourcen ausschöpfen⟩ **2** das Geld, über das ein Betrieb verfügen kann ⟨über beachtliche Ressourcen verfügen⟩

★ **Rẹst** *der*; (-(e)s, -e) **1** das, was übrig (geblieben) ist ⟨ein kläglicher, kleiner Rest⟩ | *Es ist noch ein Rest (von dem) Kuchen da* **K** Restbestand, Restbetrag, Farbreste, Stoffreste, Wollreste, Brotreste, Kuchenreste, Speisereste **2** *nur Singular* das, was noch fehlt, damit etwas vollständig oder abgeschlossen ist ⟨der Rest des Tages, des Weges⟩ | *Den Rest der Arbeit können Sie morgen machen* **K** Restbetrag, Restforderung, Restsumme, Restzahlung **3** die Zahl, die bei einer Division übrig bleibt, wenn die Rechnung nicht genau aufgeht | *23 geteilt durch 7 ist 3, Rest 2* ■ **ID** **etwas gibt jemandem/etwas den Rest** *gesprochen* etwas macht jemanden völlig fertig, etwas zerstört etwas völlig | *Diese Hitze gibt mir noch den Rest*

★ **Res·tau·rant** [rɛsto'rã:] *das*; (-s, -s) ein Lokal, in dem man essen und trinken kann **H** → Infos unter **Lokal**

Res·tau·ra·ti·on [-'tsi̯o:n] *die*; (-, -en) **1** *geschrieben* die Arbeit, durch die alte Kunstwerke restauriert werden | *die Restauration eines Bildes/Bauwerks* **K** Restaurationsarbeit **2** die Versuche, alte politische Verhältnisse wiederherzustellen | *die Restauration der Monarchie nach dem Scheitern der Revolution* **K** Restaurationszeit • zu (2) **res·tau·ra·ti̱v** ADJEKTIV

Res·tau·ra̱·tor *der*; (-s, Re·stau·ra·to̱·ren) eine Person, die (beruflich) etwas restauriert • hierzu **Res·tau·ra·to̱·rin** *die*

res·tau·rie̱·ren VERB (restaurierte, hat restauriert) **etwas restaurieren** Kunstwerke (z. B. wertvolle Bilder), Gebäude, Möbel o. Ä. wieder in ihren ursprünglichen Zustand bringen • hierzu **Res·tau·rie̱·rung** *die*

rẹst·li·ch- ADJEKTIV *meist attributiv* als Rest übrig geblieben | *die restliche Arbeit* | *Was hast du mit dem restlichen Geld gemacht?*

rẹst·los ADJEKTIV *meist adverbiell* **1** ≈*völlig* | *Er war von deiner Idee restlos begeistert* | *die restlose Aufklärung der Affäre* **2** so, dass nichts übrig bleibt | *etwas restlos aufessen* | *Die Theatervorstellung war restlos ausverkauft*

Rẹst·müll *der* der Müll, der in die normale Mülltonne kommt, nachdem man Stoffe wie Glas, Papier, Metall usw. aussortiert hat **K** Restmülltonne

Rẹst·pos·ten *der* das, was von einer vorher großen Menge an Waren übrig ist und noch verkauft werden kann ⟨billige Restposten⟩

Res·trik·ti·on [-'tsi̯o:n] *die*; (-, -en); *meist Plural*; *geschrieben* eine Maßnahme, durch die man verhindern will, dass etwas ein Maß überschreitet ⟨etwas Restriktionen unterwerfen; jemandem Restriktionen auferlegen⟩ **K** Restriktionsmaßnahme; Budgetrestriktion, Kreditrestriktion, Wirtschaftsrestriktion

res·trik·ti̱v [-f] ADJEKTIV; *geschrieben* ⟨Maßnahmen⟩ so, dass sie verhindern, dass etwas ein festgesetztes Maß überschreitet | *Die Regierung verfolgt eine restriktive Wirtschaftspolitik*

Rẹst·stra·fe *die* die Zeit, die ein Häftling noch im Gefängnis bleiben muss ⟨die Reststrafe abbüßen, absitzen; jemandem die Reststrafe erlassen⟩

★ **Re·sul·ta̱t** *das*; (-(e)s, -e); *geschrieben* **1** das Ergebnis oder der Ausgang von jemandes Bemühungen ⟨ein gutes, schlechtes Resultat erreichen, erzielen⟩ **2** *oft ironisch* die Folge einer Handlung o. Ä. | *Das Resultat seines Leichtsinns ist, dass er 2.000 Euro Schulden hat* **3** das, was am Schluss einer mathematischen Rechnung steht ≈*Ergebnis* **K** Endresultat, Gesamtresultat, Teilresultat

re·sul·tie̱·ren VERB (resultierte, hat resultiert); *geschrieben* **1** **etwas resultiert aus etwas** etwas ist ein Effekt oder eine Folge einer Sache | *Diese Probleme resultieren aus einer schlechten Politik* **2** **etwas resultiert in etwas** (*Dativ*) etwas hat etwas als Ergebnis, Folge

Re·sü·mee *das*; (-s, -s); *geschrieben* eine inhaltliche Zusammenfassung am Schluss eines Textes oder Ablaufs ⟨ein bitteres, erstes, positives, trauriges, vorläufiges Resümee ziehen⟩ | *Und, wie lautet dein Resümee? Warst du mit dem Kurs zufrieden?* • hierzu **re·sü·mie̱·ren** VERB (*hat*)

re·tar·die̱·rend ADJEKTIV *meist attributiv*; *geschrieben* ⟨ein Faktor, ein Moment⟩ so, dass sie einen Prozess langsamer machen

Re·tọr·te *die*; (-, -n) **1** ein kugelförmiges Gefäß aus Glas, in dem man Flüssigkeiten destilliert **2** **aus der Retorte** *oft abwertend* nicht auf natürliche Weise entstanden ⟨ein Kind aus der Retorte⟩

re·tour [re'tu:ɐ̯] ADVERB; *süddeutsch* Ⓐ Ⓒⓗ, *sonst veraltet* ≈*zurück* **K** Retourfahrkarte

Re·tou·re [re'tu:ɐ̯rə] (-, -en) **1** ein Käufer kann (unter bestimmten Umständen) eine gekaufte Ware als Retoure an den Verkäufer zurückschicken 2 eine Ware, die wieder an den Lieferanten zurückgeschickt wird

Re·tour·kut·sche *die* eine Beleidigung, ein Vorwurf o. Ä. als Reaktion auf eine Beleidigung, einen Vorwurf o. Ä. ⟨mit einer Retourkutsche auf etwas reagieren⟩

ret·ro ADJEKTIV; *gesprochen* an frühere Zeiten erinnernd, einen früheren Stil nachahmend | *Die Musik ist ja voll retro!* K Retrodesign, Retrolook, Retrostil, Retrotrend

Ret·ro·spek·ti·ve [-və] *die*; (-, -n) 1 eine Ausstellung, eine Reihe von Vorführungen o. Ä. mit den wichtigsten Werken eines Künstlers | *Im Filmpalast läuft gerade eine Hitchcock-Retrospektive* 2 *geschrieben* ≈ *Rückschau* ● zu (2) **ret·ro·spek·tiv** [-f] ADJEKTIV

★ **ret·ten** VERB (rettete, hat gerettet) 1 **jemanden retten** jemanden oder sich selbst helfen, aus einer gefährlichen Situation heraus in Sicherheit zu kommen ⟨jemanden aus einer Gefahr retten; jemanden vor dem Ertrinken retten⟩ | *Er konnte sich und seine Kinder gerade noch aus dem brennenden Haus retten* 2 **jemandem das Leben retten** verhindern, dass jemand in einer gefährlichen Situation stirbt 3 **etwas retten** verhindern, dass etwas zerstört wird oder verloren geht | *Er konnte im Krieg seinen Besitz nicht mehr retten* 4 **seinen Kopf/seine Haut retten** verhindern, dass man selbst in eine unangenehme Situation kommt oder stirbt 5 **etwas retten** verhindern, dass eine Situation peinlich oder dass etwas zum Misserfolg wird ⟨die Situation, den Abend retten⟩ ■ ID **sich vor Personen/Dingen nicht (mehr) retten können** zu viel von jemandem/etwas haben oder bekommen | *Sie konnte sich vor Verehrern nicht mehr retten*; **nicht mehr zu retten sein** ganz verrückt sein; **Rette sich, wer kann!** *humorvoll* verwendet, um andere Personen vor jemandem/etwas zu warnen; **Bist du noch zu retten?** *gesprochen* Du spinnst wohl!

Ret·ter *der*; (-s, -) eine Person, die jemanden oder etwas rettet ⟨der Retter in der Not⟩ K Lebensretter ● hierzu **Ret·te·rin** *die*

Ret·tich *der*; (-s, -e) eine Pflanze mit meist weißer oder roter Wurzel, die man roh isst und die scharf schmeckt

★ **Ret·tung** *die*; (-, -en) 1 die Situation, wenn eine Person, eine Sache oder ein Tier gerettet wird | *Halte durch, Rettung ist nahe!* | *Das war Rettung in höchster Not!* K Rettungsaktion, Rettungsflugzeug, Rettungshubschrauber, Rettungsmannschaft 2 Ⓐ ≈ *Rettungswagen*

Ret·tungs·an·ker *der* eine Person oder Sache, die jemandem in einer gefährlichen oder unangenehmen Situation hilft | *Als es mir so schlecht ging, war Anette mein Rettungsanker* | *Meine Ersparnisse sind mein Rettungsanker, wenn ich nicht mehr arbeiten kann*

Ret·tungs·boot *das* ein kleines Boot, das man benutzt, wenn ein Schiff untergeht

Ret·tungs·dienst *der* Ärzte, Sanitäter o. Ä., die bei Unfällen o. Ä. helfen ⟨den Rettungsdienst alarmieren, rufen⟩

ret·tungs·los ADVERB 1 so, dass es keine Rettung geben kann ⟨rettungslos verloren sein⟩ 2 in sehr starkem Maße ≈ *völlig* | *Er war rettungslos in sie verliebt*

Ret·tungs·ring *der* ein großer Ring aus leichtem Material, der jemanden vor dem Ertrinken retten kann

Ret·tungs·schwim·mer *der* eine Person, die gelernt hat, Menschen aus dem Wasser zu retten, wenn diese nicht (mehr) selbst schwimmen können ● hierzu **Ret·tungs·schwim·me·rin** *die*

Ret·tungs·wa·gen ≈ *Krankenwagen, Ambulanz*

re·tu·schie·ren VERB (retuschierte, hat retuschiert) **(etwas) retuschieren** ein Bild oder ein Foto so verändern, dass man manche Dinge besser und Fehler nicht mehr sieht ● hierzu **Re·tu·sche** *die*

★ **Reue** *die*; (-) das Gefühl des Bedauerns, dass man etwas getan hat, das falsch oder schlecht war ⟨ehrliche, tiefe Reue zeigen⟩ K Reuebekenntnis, reuevoll

reu·en VERB (reute, hat gereut) 1 **etwas reut jemanden** etwas erfüllt jemanden mit Reue | *Es reute ihn, dass er sich so schlecht benommen hatte* 2 **etwas reut jemanden** eine Person ärgert sich, weil sie etwas Falsches getan hat | *Es hat mich schon längst gereut, dass ich ihm Geld geliehen habe*

reu·ig voll Reue ⟨ein Sünder⟩

reu·mü·tig ADJEKTIV voll Reue ⟨reumütig zurückkommen; sich reumütig entschuldigen⟩

Reu·se *die*; (-, -n) ein Korb, mit dem man Fische und Krebse fängt

Re·van·che [re'vãːʃ(ə)] *die*; (-, -r) 1 die Chance, nach einem verlorenen Spiel noch einmal zu spielen ⟨vom Gegner Revanche fordern; jemandem Revanche geben⟩ K Revanchepartie, Revanchespiel 2 ≈ *Rache* K Revanchefoul, Revanchepolitik

re·van·chie·ren [revã'ʃiːrən] VERB (revanchierte sich, hat sich revanchiert) 1 **sich (an jemandem) (für etwas) revanchieren** eine andere Person verfolgen und bestrafen, weil man durch ihr Verhalten einen Schaden erlitten hatte | *Er revanchierte sich mit einem bösen Foul an seinem Gegner* 2 **sich (bei jemandem) (für etwas) (mit etwas) revanchieren** jemandem als Dank für etwas Schönes (z. B. ein Geschenk) später auch eine Freude machen | *Ich werde mich bei dir für deine Hilfe revanchieren*

Re·ve·renz [-v-] *die*; (-, -en); *geschrieben* **jemandem Reverenz erweisen/bezeigen** einer Person zeigen, dass man sie ehrt und sehr achtet

Re·vers [re'veːɐ̯] *das/der*; (-, - [-'veːɐ̯s]) der (dreieckige) Streifen Stoff vorn an Jacken, Jacketts oder Mänteln, der beim Kragen beginnt | *Sie trug eine Brosche am Revers ihrer Jacke* K Jackenrevers, Mantelrevers, Seidenrevers

re·ver·si·bel [-v-] ADJEKTIV; *geschrieben* so, dass man etwas wieder ändern kann und der alte Zustand wieder erreicht wird ⟨ein Prozess, ein Schaden⟩ H *reversibel → ein reversibler Prozess* ● hierzu **Re·ver·si·bi·li·tät** *die*

re·vi·die·ren [-v-] VERB (revidierte, hat revidiert) 1 **etwas revidieren** etwas (noch einmal) prüfen, um es zu verbessern oder zu korrigieren ⟨ein Urteil, einen Vertrag revidieren⟩ 2 **die Meinung über etwas** (*Akkusativ*) **revidieren** die eigene Meinung (nach kritischer Prüfung) ändern

Re·vier [-v-] *das*; (-s, -e) 1 ein Gebiet mit festen Grenzen (in dem jemand meist für Ordnung sorgt) | *Der Förster betreut den Wald in seinem Revier* K Revierförster; Dienstrevier, Forstrevier, Jagdrevier, Polizeirevier, Waldrevier, Wohnrevier 2 ein Gebiet, das ein Tier gegen andere Tiere derselben Art verteidigt ⟨ein Tier markiert, verteidigt das Revier⟩ 3 Kurzwort für *Polizeirevier* 4 *gesprochen, humorvoll* der Bereich, in dem man arbeitet | *Versicherung? Das ist mein Revier!*

Re·vi·si·on *die*; (-, -en) 1 ein Antrag an ein höheres Gericht, das Urteil eines untergeordneten Gerichts zu prüfen und zu ändern ⟨gegen ein Urteil Revision einlegen; in (die) Revision gehen⟩ K Revisionsantrag, Revisionsgericht, Revisionsprozess, Revisionsurteil, Revisionsverfahren, Revisionsverhandlung 2 die Überprüfung einer Sache ⟨die Revision eines Urteils, eines Vertrags, eines Textes⟩ K Revisionskommission, Revisionsorgan; Bücherrevision, Gepäckrevision, Kassenrevision, Steuerrevision, Verfassungsrevision, Vertragsrevision, Warenrevision

Re·vi·sor [-v-] *der*; (-s, Re·vi·so·ren) eine Person, die (beruflich) vor allem Rechnungen, Bilanzen usw. überprüft K Rechnungsrevisor, Steuerrevisor, Zollrevisor

Re·vọl·te [-v-] *die;* (-, -n) der (auch gewaltsame) Widerstand einer Gruppe von Menschen mit ähnlichen Interessen gegen eine Autorität ⟨eine Revolte bricht aus; eine Revolte ersticken, niederschlagen, unterdrücken⟩ ≈ *Aufstand* | *Im Gefängnis ist eine Revolte ausgebrochen* **K** Häftlingsrevolte, Militärrevolte, Offiziersrevolte

re·vol·tie·ren [-v-] VERB (revoltierte, hat revoltiert) **(gegen jemanden/etwas) revoltieren** einen Aufstand, eine Revolte (gegen jemanden/etwas) machen | *Das Volk revoltierte gegen den Tyrannen*

★ **Re·vo·lu·ti·on** [revolu'tsjo:n] *die;* (-, -en) **1** die Aktionen, durch die eine Gruppe von Personen meist mit Gewalt versucht, an die Macht in einem Land zu kommen ⟨eine Revolution bricht aus, bricht zusammen, scheitert; eine Revolution unterdrücken, niederschlagen⟩ | *die Französische Revolution von 1789* **K** Revolutionsführer, Revolutionskomitee, Revolutionsrat, Revolutionsregierung, Revolutionstribunal; Gegenrevolution, Konterrevolution **2** eine radikale Änderung der Entwicklung | *eine technische Revolution* | *die industrielle Revolution im 19. Jahrhundert* **K** Kulturrevolution ● zu (1) **Re·vo·lu·ti·o·när** *der;* zu (1) **Re·vo·lu·ti·o·nä·rin** *die*

re·vo·lu·ti·o·när [revolutsjo-] ADJEKTIV **1** von Ideen bestimmt, die zu einer Revolution führen können ⟨Ideen, Gedanken, Ziele; eine Anschauung, eine Gesinnung, eine Partei, ein Kampf⟩ **2** mit der Wirkung, etwas radikal zu ändern ⟨eine Entdeckung, eine Erfindung⟩ | *Die technischen Erneuerungen der letzten 30 Jahre sind revolutionär*

re·vo·lu·ti·o·nie·ren [revolutsjo-] VERB (revolutionierte, hat revolutioniert) **etwas revolutionieren** etwas vollständig ändern ⟨eine revolutionierende Entdeckung, Erfindung, Idee⟩ | *Die Entdeckung des Insulins revolutionierte die Medizin* ● hierzu **Re·vo·lu·ti·o·nie·rung** *die*

Re·vo·lụ·zer [-v-] *der;* (-s, -); *gesprochen, oft abwertend* eine Person, die sich gegen die (soziale und politische) Ordnung stellt ● hierzu **Re·vo·lụ·ze·rin** [-v-] *die*

Re·vol·ver [re'vɔlvɐ] *der;* (-s, -) eine Pistole, bei der nach jedem Schuss die nächste Kugel automatisch in den Lauf kommt ⟨den Revolver laden, abdrücken, ziehen⟩ **K** Revolverkugel, Revolverschuss; Trommelrevolver

Re·vol·ver·held [re'vɔlvɐ-] *der; meist abwertend* eine Person (meist in einem Wildwestfilm), die sehr schnell und oft schießt ● hierzu **Re·vọl·ver·hel·din** *die*

Re·vue [re'vy:] *die;* (-, -n [re'vy:ən]) eine Mischung aus Show und Theater mit Liedern und Tänzen ⟨eine Revue inszenieren; in einer Revue als Sängerin, Tänzerin auftreten⟩ **K** Revuefilm, Revuegirl, Revueoperette, Revuestar, Revuetheater ■ **ID** **etwas Revue passieren lassen** noch einmal über etwas (z. B. ein Erlebnis) nachdenken

re·zen·sie·ren VERB (rezensierte, hat rezensiert) **etwas rezensieren** über etwas eine Rezension schreiben ⟨ein Buch, ein Theaterstück rezensieren⟩ ● hierzu **Re·zen·sẹnt** *der;* **Re·zen·sẹn·tin** *die*

Re·zen·si·on *die;* (-, -en) ein Artikel (meist in einer Zeitung), in dem ein Film, ein Buch oder ein Theaterstück kritisch beschrieben und beurteilt wird ⟨eine Rezension schreiben; eine harte, scharfe Rezension⟩ **K** Buchrezension, Filmrezension

★ **Re·zẹpt** *das;* (-(e)s, -e) **1** eine schriftliche Anweisung vom Arzt, welche Medizin oder Behandlung ein Patient bekommen soll ⟨jemandem ein Rezept ausstellen⟩ | *ein Rezept in der Apotheke vorlegen* | *Er hat ein Rezept für/über acht Massagen bekommen* | *Dieses Medikament gibt es nur auf Rezept* **K** Rezeptgebühr **2** eine genaue Beschreibung, nach der man Essen zubereiten kann | *ein Kochbuch mit ausgezeichneten Rezepten* **K** Backrezept, Kochrezept, Kuchenrezept, Tortenrezept **3** **ein Rezept (für etwas)** eine Regel, nach der man ein Problem lösen kann | *Ich kann dir auch kein Rezept für ein glückliches Leben geben*

re·zept·frei ADJEKTIV ⟨Medikamente, Tabletten, Pillen, Tropfen⟩ so, dass man sie ohne Rezept bekommt ↔ *rezeptpflichtig*

★ **Re·zep·ti·on** [-'tsjo:n] *die;* (-, -en) **1** die Stelle in einem Hotel, zu der die Gäste gehen, wenn sie ankommen | *Bitte geben Sie Ihren Schlüssel an der Rezeption ab!* **K** Hotelrezeption **2** **die Rezeption** +*Genitiv;* **die Rezeption von etwas** die Art und Weise, in der das Publikum auf die Werke eines Künstlers reagiert (hat) | *die Rezeption Shakespeares in Deutschland*

re·zep·tiv [-f] ADJEKTIV; *geschrieben* ⟨ein Mensch⟩ so, dass er Ideen anderer Leute übernimmt, ohne selbst kreativ zu sein

re·zept·pflich·tig ADJEKTIV ⟨Medikamente⟩ so, dass man sie nur mit einem Rezept bekommt ≈ *verschreibungspflichtig* ↔ *rezeptfrei*

Re·zes·si·on *die;* (-, -en) eine Situation, in der es einem Land wirtschaftlich schlecht geht ⟨eine krisenhafte, leichte, starke Rezession⟩ ↔ *Aufschwung* | *Die Banken versuchen, die Rezession mit ihrer Zinspolitik zu stoppen*

re·zes·siv [-f] ADJEKTIV ⟨Merkmale⟩ so, dass sie durch Gene vererbt werden, aber nur dann zum Vorschein kommen, wenn beide Eltern diese Merkmale hatten

re·zi·pie·ren VERB (rezipierte, hat rezipiert) **etwas rezipieren** *geschrieben* etwas kennenlernen und geistig verarbeiten ⟨neue Ideen, Gedanken rezipieren; ein Kunstwerk, einen literarischen Text rezipieren⟩ ● hierzu **Re·zi·pi·ẹnt** *der*

re·zip·rok ADJEKTIV; *geschrieben* ≈ *wechselseitig, gegenseitig* ● hierzu **Re·zip·ro·zi·tät** *die*

Re·zi·ta·tiv [-f] *das;* (-s, -e [-və]) ein Sprechgesang, der von einem oder mehreren Musikinstrumenten begleitet wird (z. B. in einer Oper oder in einem Oratorium)

re·zi·tie·ren VERB (rezitierte, hat rezitiert) **etwas rezitieren** Gedichte vor einem Publikum sprechen | *Die Schauspielerin rezitierte Balladen* ● hierzu **Re·zi·ta·ti·on** *die;* **Re·zi·ta·tor** *der;* (-s, Re·zi·ta·to·ren); **Re·zi·ta·to·rin** *die*

Rha·bar·ber *der;* (-s) eine Pflanze mit großen Blättern, die im Garten wächst und deren rötliche, saure Stiele man essen kann **K** Rhabarberkompott, Rhabarberkuchen

Rhap·so·die *die;* (-, -n ['di:ən]) eine Komposition, in der ein Geschehen (wie in einer Ballade) ziemlich frei musikalisch dargestellt wird | *die „Ungarische Rhapsodie" von Franz Liszt*

LANDESKUNDE

▶ Rheinland-Pfalz

Das Bundesland Rheinland-Pfalz mit der Hauptstadt **Mainz** liegt im Südwesten Deutschlands, oberhalb von Baden-Württemberg. Zwei der ältesten Städte Deutschlands – **Trier** und **Worms** – und zahlreiche Burgen und Schlösser machen es für Touristen attraktiv. Die Gebiete am **Rhein** und an der **Mosel** sind außerdem berühmt für gute Weine.

Rhe·sus·fak·tor *der; nur Singular* eine Substanz in den roten Blutkörperchen, deren Fehlen (Rhesus negativ) oder Vorhandensein (Rhesus positiv) gefährlich werden kann, wenn jemand z. B. fremdes Blut bekommt **!** Abkürzung: *Rh* (= positiv) oder *rh* (= negativ)

Rhe·to·rik *die;* (-) **1** die Kunst, so zu sprechen oder zu schreiben, dass es viele Leute überzeugt | *eine glänzende Rhetorik* **2** die Wissenschaft, die sich mit der Rhetorik beschäftigt | *ein Lehrbuch der Rhetorik* ● zu (1) **rhe·to·risch** ADJEKTIV; **Rhe·to·ri·ker** *der*; **Rhe·to·ri·ke·rin** *die*

Rheu·ma *das*; (-s) eine Krankheit, bei der man Schmerzen in den Gelenken, Muskeln und Sehnen hat K Rheumadecke, Rheumamittel, Rheumapflaster, Rheumawäsche; Gelenkrheuma ● hierzu **rheu·ma·tisch** ADJEKTIV

Rheu·ma·ti·ker *der*; (-s, -) eine Person, die Rheuma hat ● hierzu **Rheu·ma·ti·ke·rin** *die*

Rheu·ma·tis·mus *der*; (-, Rheu·ma·tis·men); *meist Singular* ≈ *Rheuma*

Rhi·no·ze·ros *das*; (-/-ses, -se) **1** ≈ *Nashorn* **2** *gesprochen* ≈ *Idiot, Dummkopf*

Rho·do·dend·ron *der/das*; (-s, Rho·do·dend·ren) ein Busch mit großen, meist roten, rosa oder violetten Blüten, welcher die Blätter auch im Winter nicht verliert K Rhododendronstrauch

Rhom·bus *der*; (-, Rhom·ben) ein Viereck mit jeweils zwei gleich langen parallelen Seiten, das keinen rechten Winkel hat

Rhyth·mik ['rʏtmɪk] *die*; (-) die Art von Rhythmus, die ein Lied hat

★ **rhyth·misch** ['rʏt-] ADJEKTIV **1** in einem gewissen Takt ⟨eine Melodie, ein Tanz; rhythmisch in die Hände klatschen, tanzen⟩ **2** *meist attributiv* in Bezug auf den Rhythmus (der Musik) | *Ihr Sohn zeigt im Musikunterricht ein gutes rhythmisches Gefühl*

★ **Rhyth·mus** ['rʏt-] *der*; (-, Rhyth·men) **1** die (bewusst gestaltete) Gliederung von Elementen einer Melodie oder eines Tanzes ⟨den Rhythmus ändern, wechseln, beibehalten; aus dem Rhythmus kommen⟩ ≈ *Takt* | *einen Rhythmus trommeln* | *nach einem bestimmten Rhythmus tanzen* K Herzrhythmus, Klopfrhythmus, Sprechrhythmus, Tanzrhythmus **2** **der Rhythmus von etwas (und etwas)** *geschrieben* die regelmäßige Folge, in der etwas passiert | *der Rhythmus von Tag und Nacht/von Ebbe und Flut* K Arbeitsrhythmus, Jahresrhythmus, Schlafrhythmus, Tagesrhythmus

Ri·bi·sel *die*; (-, -n); Ⓐ ≈ *Johannisbeere*

★ **rich·ten** VERB (richtete, hat gerichtet)

▸Richtung: **1** **etwas irgendwohin richten** eine Sache in eine Richtung bewegen | *den Blick auf den Boden/zum Himmel richten* | *den Finger nach oben richten* **2** **etwas richtet sich irgendwohin** etwas bewegt sich in eine Richtung | *Alle Blicke richteten sich auf mich*

▸Ziel, Zielperson: **3** **etwas/sich an jemanden/etwas richten** etwas sagen oder schreiben, damit es die genannte Person, Institution o. Ä. hört oder liest und darauf reagiert | *Die Aufforderung war an dich gerichtet!* | *das Wort an jemanden richten* (zu jemandem sprechen) | *Ich richte mich heute an Sie mit der Bitte, …* | *Die Regierung richtete einen dringenden Appell an die Bevölkerung* **4** **jemand richtet etwas auf eine Person/Sache; etwas richtet sich auf eine Person/Sache** eine Person oder Sache wird zum Mittelpunkt der Aufmerksamkeit o. Ä. | *Sie richtete ihre ganze Aufmerksamkeit auf die Gäste* | *Unsere Hoffnungen richten sich jetzt auf den neuen Impfstoff* **5** **etwas richtet sich an jemanden/etwas** etwas ist für jemanden/etwas bestimmt | *Unser Angebot richtet sich vor allem an ältere Mitbürger* **6** **etwas richtet sich gegen jemanden/etwas** etwas Negatives hat eine Person/Sache als Ziel | *Ihre Kritik richtete sich vor allem gegen die älteren Kollegen*

▸in Ordnung bringen: **7** **etwas richten** als Arzt o. Ä. einen gebrochenen Knochen wieder in die richtige Lage bringen ⟨einen Knochenbruch richten⟩ **8** **etwas richten** *gesprochen* etwas (wieder) in Ordnung bringen oder reparieren | *Ich muss mir noch schnell die Haare richten* | *Kann man die Uhr wieder richten?* | *Das wird sich schon richten lassen!*

▸als Urteil: **9** **(über jemanden/etwas) richten** *geschrieben* als Richter ein (oft negatives) Urteil über jemanden/etwas sprechen **10** **jemanden richten** entscheiden, dass eine Person den Tod verdient hat und sie danach töten | *Nach der Tat richtete der Amokläufer sich selbst*

▸sonstige Verwendungen: **11** **etwas (für jemanden/etwas) richten; (jemandem) etwas richten** etwas (für eine Person oder den genannten Zweck) vorbereiten | *die Koffer für die Reise richten* | *das Abendessen für die Familie richten/der Familie das Abendessen richten* **12** **etwas richtet sich nach etwas** etwas hängt von etwas ab | *Die Preise richten sich nach der Nachfrage* **13** **jemand richtet sich nach einer Person/Sache** jemand verhält sich so, wie es eine andere Person will oder wie es die Situation bestimmt | *„Wann möchtest du fahren?" – „Da richte ich mich ganz nach dir."* | *Wir müssen uns bei unseren Urlaubsplänen* danach *richten,* wann *die Kinder Ferien haben*

★ **Rich·ter** *der*; (-s, -) **1** eine Person (ein Jurist), die im Gericht das Urteil fällt ⟨jemanden zum Richter ernennen; jemanden vor den Richter führen; der Richter verkündet ein Urteil⟩ | *Er ist Richter am Landgericht* K Richteramt; Amtsrichter, Bezirksrichter, Jugendrichter, Militärrichter, Strafrichter, Untersuchungsrichter, Verkehrsrichter, Zivilrichter ▪ zu *Richterin* → Info im Eintrag **-in** **2** eine Person, die man gebeten hat, über ein Problem zu entscheiden ▪ zu *Richterin* → Info im Eintrag **-in** **3** **der ewige/himmlische Richter** *geschrieben* in christlichen Religionen als Bezeichnung für Gott verwendet, der entscheidet, ob jemand gut oder böse war ■ ID **jemanden vor den Richter bringen/schleppen** vor Gericht gegen jemanden klagen; **sich zum Richter über jemanden aufwerfen/machen** über jemanden schlecht urteilen (ohne das Recht dazu zu haben) ● zu (1,2) **Rich·te·rin** *die*; zu (1) **Rich·ter·schaft** *die*

Rich·ter·ska·la *die* eine Skala, auf der man die Stärke von Erdbeben messen kann | *Das Erdbeben erreichte die Stärke 5 auf der nach oben offenen Richterskala*

Richt·fest *das* das Fest, welches der Besitzer eines neuen Hauses (mit den Handwerkern und Freunden) feiert, wenn das Haus den Dachstuhl bekommen hat

Richt·ge·schwin·dig·keit *die*; Ⓓ die maximale Geschwindigkeit, die man auf Autobahnen fahren sollte

★ **rich·tig** ADJEKTIV **1** ohne (logische) Fehler oder Irrtümer ⟨eine Lösung, eine Rechnung; richtig rechnen; etwas richtig machen, schreiben, übersetzen, messen⟩ ≈ *korrekt* ↔ *falsch* **2** so, wie es den Regeln der Moral entspricht ⟨etwas (nicht) richtig finden; etwas für richtig halten; nicht wissen, was richtig und was falsch ist⟩ ≈ *gut* ↔ *falsch* | *Es war vollkommen richtig, dass er sich entschuldigt hat* **3** in einer Situation oder für einen Zweck am besten (geeignet) ⟨richtig reagieren⟩ | *zum richtigen Zeitpunkt das Richtige tun* | *Ist das der richtige Weg in die Stadt?* **4** *meist attributiv* nicht gefälscht oder kopiert ≈ *echt* | *Ist „Torberg" sein richtiger Name oder nur ein Pseudonym?* | *Ist das richtiges Leder oder Kunstleder?* **5** ganz so, wie man es sich vorstellt oder wünscht | *Ein Meter Schnee, das ist endlich mal ein richtiger Winter!* | *Das macht richtig Spaß* **6** verwendet, um eine Aussage zu verstärken ≈ *wirklich* | *Er ist ein richtiger Faulpelz* | *Ich war darüber richtig erschrocken* **7** (in einer Antwort) verwendet, um zu sagen, dass man sich plötzlich an etwas erinnert | *„Das haben wir doch neulich erst besprochen." – „Richtig, jetzt fällt's mir wieder ein."* ■ ID **nicht ganz richtig im Kopf sein** seltsame Dinge tun

rich·tig·ge·hend PARTIKEL *betont und unbetont; oft ironisch* verwendet, um eine (überraschende) Aussage zu betonen

R

≈ *regelrecht* | *Nur zehn Minuten zu spät? Das ist ja richtiggehend pünktlich für dich!*

Rich·tig·keit *die*; (-) von der Richtigkeit einer Sache kann man sprechen, wenn die Sache korrekt, genau und ordentlich geschrieben oder beschrieben ist ⟨etwas auf seine Richtigkeit prüfen⟩ | *die Richtigkeit der Rechnung überprüfen* | *die Richtigkeit von jemandes Aussagen bezweifeln/bestätigen/beweisen* | *ein Dokument auf seine Richtigkeit prüfen* ■ ID **mit jemandem/etwas hat es schon seine Richtigkeit** eine Person/Sache ist so, wie sie sein soll; **es muss alles seine Richtigkeit haben** alles muss genau und ordentlich gemacht werden

rich·tig·lie·gen VERB (lag richtig, hat/ist richtiggelegen) **1** **(mit etwas) richtigliegen** mit etwas recht haben ⟨mit einer Vermutung richtigliegen⟩ **2** **(mit etwas) richtigliegen** den Erwartungen entsprechen | *Mit einem dunklen Anzug liegst du immer richtig*

rich·tig·stel·len VERB (stellte richtig, hat richtiggestellt) **etwas richtigstellen** etwas, das jemand schon gesagt hat, korrigieren ⟨einen Irrtum, eine Behauptung richtigstellen⟩ • hierzu **Rich·tig·stel·lung** *die*

★ **Richt·li·nie** *die*; *meist Plural* ein Text, in dem genau steht, wie man etwas machen soll ⟨Richtlinien ausgeben, erlassen; sich an die Richtlinien halten; die Richtlinien beachten, einhalten, außer Acht lassen⟩

Richt·preis *der* der Preis einer Ware, welchen der Hersteller empfiehlt ⟨ein unverbindlicher Richtpreis⟩

★ **Rich·tung** *die*; (-, -en) **1** die (gedachte) Linie einer Bewegung auf ein Ziel zu, die (gedachte) Linie vom Sprecher zum Punkt, zu dem er hinsieht oder auf den er zeigt ⟨in die falsche, richtige, gleiche, entgegengesetzte, eine andere Richtung gehen; in südliche/südlicher Richtung fahren; aus südlicher Richtung kommen; in Richtung Süden, Äquator fliegen; die Richtung eines Flusses; die Richtung (ein)halten, beibehalten, ändern, wechseln; eine bestimmte Richtung einschlagen; jemandem die Richtung zeigen, weisen⟩ | *Die Nadel des Kompasses zeigt in Richtung Norden* | *In welche Richtung müssen wir gehen?* | *In welcher Richtung liegt der Hafen?* K Richtungsänderung, Richtungswechsel; Blickrichtung, Fahrtrichtung, Flugrichtung, Gegenrichtung, Himmelsrichtung, Marschrichtung, Schussrichtung, Windrichtung **2** die Wendung zu einem Ziel hin ⟨eine neue, andere Richtung einschlagen, nehmen; einer Sache eine neue, andere Richtung geben; etwas in eine Richtung lenken; etwas bewegt/entwickelt sich in eine bestimmte Richtung⟩ | *Die Entwicklung der Technik hat in den letzten Jahrzehnten eine gefährliche Richtung genommen* **3** die Ansichten und Meinungen, die meist von einer Gruppe gemeinsam vertreten werden ⟨eine politische, literarische Richtung; einer Richtung angehören; eine Richtung vertreten⟩ | *Der Kubismus ist eine Richtung (in) der Malerei des 20. Jahrhunderts* K Geistesrichtung, Kunstrichtung, Moderichtung, Stilrichtung **4** **aus allen Richtungen** von überall her | *Aus allen Richtungen strömten die Menschen in die Stadt* **5** **in alle/nach allen Richtungen** überallhin | *Von Paris aus fahren Züge in alle Richtungen (Frankreichs)* ■ ID **in 'der/dieser Richtung** *gesprochen* **a** was das betrifft, in Bezug darauf | *Ich kann nicht malen, in der Richtung bin ich völlig unbegabt* **b** von dieser Art | *„Ich hätte gern eine Platte mit indischer Musik." – „In dieser Richtung haben wir leider nichts."*; **Die Richtung stimmt** *gesprochen* etwas, das jemand gesagt hat, ist nicht ganz richtig, aber auch nicht völlig falsch; **etwas ist ein Schritt in die richtige Richtung** eine Handlung o. Ä. ist gut, aber es muss noch mehr getan werden • zu (1 – 3) **rich·tungs·los** ADJEKTIV; zu (1 – 3) **Rich·tungs·lo·sig·keit** *die*

R

rich·tung·wei·send ADJEKTIV ⟨Vorschläge, Forschungen⟩ so, dass sie die weitere Entwicklung bestimmen

Richt·wert *der* die Zahl oder Menge, die etwas ungefähr erreichen sollte | *Der Richtwert in der Produktion ist 100 Stück pro Stunde*

rieb *Präteritum, 1. und 3. Person Singular* → reiben

★ **rie·chen** VERB (roch, hat gerochen) **1** **(jemanden/etwas) riechen** den Geruch von jemandem/etwas mit der Nase spüren | *Riech mal! Was für ein Duft!* | *Man riecht, dass du Bier getrunken hast* **2** **etwas riechen** *gesprochen* ⟨die Gefahr riechen⟩ ≈ *vorhersehen* | *Ich konnte doch nicht riechen, dass du so früh kommst!* | *Das kann ich doch nicht riechen!* H kein Passiv **3** **jemand/etwas riecht (nach etwas)** jemand/etwas hat den beschriebenen Geruch haben ⟨gut, schlecht, stark, süßlich riechen; nach/wie etwas riechen⟩ | *Ihre Kleider riechen nach Rauch* | *Die Wohnung riecht nach frischer Farbe* | *Die Blüte der Rose riecht sehr süßlich* **4** **(an etwas (Dativ)) riechen** versuchen, den Geruch einer Sache zu erkennen | *an einer Blume riechen* **5** **etwas riecht nach etwas** *gesprochen* etwas weckt den genannten Verdacht | *Die Sache riecht nach Korruption* ■ ID **etwas nicht riechen können** *gesprochen* den Geruch einer Sache nicht mögen; **jemanden/etwas nicht riechen können** *gesprochen* eine Person oder Sache nicht mögen

Rie·cher *der*; (-s, -); *gesprochen* **1** ≈ *Nase* **2** **einen Riecher (für etwas) haben** die Fähigkeit haben, Möglichkeiten (richtig) zu erkennen ⟨einen guten, den richtigen, keinen schlechten Riecher (für etwas) haben⟩ | *einen Riecher fürs Geschäft haben*

rief *Präteritum, 1. und 3. Person Singular* → rufen

Rie·ge *die*; (-, -n) eine Mannschaft beim Turnen K Frauenriege, Männerriege, Turnriege

Rie·gel *der*; (-s, -) **1** ein Stab als Teil eines Schlosses. Man schiebt den Riegel in eine Halterung ⟨ein hölzerner, eiserner Riegel; einen Riegel vorschieben; etwas mit einem Riegel sichern, verschließen⟩ K Eisenriegel, Fensterriegel, Türriegel **2** ein schmales, langes Stück Schokolade oder einer anderen Süßigkeit ⟨ein Riegel Schokolade⟩ K Müsliriegel, Schokoriegel ■ ID **etwas (Dativ) einen Riegel vorschieben** etwas verhindern

★ **Rie·men** *der*; (-s, -) ein langes, schmales Band meist aus Leder (mit dem man etwas befestigt oder trägt) K Lederriemen, Tragriemen ■ ID **sich am Riemen reißen** *gesprochen* sich anstrengen (um etwas zu erreichen)

Rie·se *der*; (-n, -n) **1** (in Märchen) ein Wesen, das sehr groß und stark ist H *der Riese; den, dem, des Riesen* **2** **ein Riese (von jemandem/etwas)** eine Person oder Sache, die sehr groß ist | *ein Riese von einem Mann* K Baumriese, Bergriese • zu (1) **Rie·sin** *die*; zu (2) **rie·sen·haft** ADJEKTIV

-rie·se *der*; *im Substantiv, unbetont, begrenzt produktiv*; *gesprochen* **Automobilriese, Bauriese, Medienriese, Rüstungsriese** *und andere* eine Firma, die durch Besitz und Größe sehr viel Macht und Einfluss in ihrer Branche hat

rie·seln VERB (rieselte, ist gerieselt) **1** **etwas rieselt irgendwohin** (*ist*) kleine Körnchen (meist Sand, Salz, Zucker) oder Flocken (Schnee) fallen langsam nach unten | *In der Wohnung rieselt der Putz schon von den Wänden* **2** **etwas rieselt (irgendwohin)** (*ist*) etwas fließt in Tropfen oder in einem dünnen Strom (vor allem von oben nach unten) ⟨ein Bach, der Regen, Blut⟩

Rie·sen- *im Substantiv, betont, sehr produktiv*; *gesprochen* **das Riesenbaby, das Riesendefizit, die Riesendummheit, der Riesenerfolg, der Riesenfortschritt, die Riesenportion, der Riesenschreck, der Riesenskandal, die Riesenwut** *und andere* extrem groß

rie·sen·groß ADJEKTIV; *gesprochen* sehr groß

Rie·sen·rad *das* ein großes Rad (in einem Vergnügungspark), an dem viele Sitze hängen, in denen man aufrecht sitzen bleibt, während sich das Rad dreht ⟨(mit dem) Riesenrad fahren⟩ | *das Riesenrad im Wiener Prater*

Rie·sen·schlan·ge *die* eine sehr große Schlange (in den Tropen), die sich um ihre Beute legt und diese erdrückt

Rie·sen·sla·lom *der* ein Skirennen, bei welchem die Sportler durch viele weite Tore fahren

Rie·sen|tor·lauf *der* ≈ *Riesenslalom*

★ **rie·sig** ADJEKTIV **1** sehr groß ⟨ein Haus, ein Berg, ein Land, eine Summe, Angst⟩ **2** *gesprochen meist prädikativ* so, dass es jemandem sehr gut gefällt ⟨ein Film, eine Party⟩ ≈ *toll* | *Die Show war riesig* **3** *gesprochen* in sehr hohem Maße ⟨sich riesig freuen, ärgern; riesig nett, freundlich, interessant sein⟩

Ries·ling *der*; (-s) eine Sorte Wein, die aus kleinen, sehr süßen Trauben gewonnen wird

riet *Präteritum, 1. und 3. Person Singular* → raten

Riff *das*; (-(e)s, -e) eine Reihe von Felsen im Meer (vor der Küste) K Fels(en)riff, Korallenriff

ri·gid, ri·gi·de ADJEKTIV; *geschrieben* sehr streng ⟨Maßnahmen, Verbote⟩ ● hierzu **Ri·gi·di·tät** *die*

ri·go·ros ADJEKTIV; *geschrieben* sehr streng und hart ⟨Maßnahmen; gegen jemanden/etwas rigoros vorgehen; etwas rigoros ablehnen, verurteilen⟩ ● hierzu **Ri·go·ro·si·tät** *die*

★ **Ril·le** *die*; (-, -n) eine lange, schmale Spur in der Oberfläche eines harten Materials | *Rillen in den Fingernägeln* | *Durch das Wasser waren im Laufe der Zeit viele kleine Rillen in den Felsen entstanden*

★ **Rind** *das*; (-(e)s, -er) **1** ein großes, schweres Tier mit Hörnern, das Gras frisst. Die weiblichen Tiere (Kühe) geben Milch ⟨Rinder züchten⟩ K Rinderherde, Rinderzucht, Rindleder **2** *gesprochen nur Singular* das Fleisch von einem Rind, das man isst K Rindfleisch, Rinderbraten, Rindergulasch, Rinderleber, Rinderroulade, Rinderzunge

Rin·de *die*; (-, -n) **1** die harte und raue Oberfläche am Stamm eines Baums ⟨eine glatte, raue Rinde; die Rinde ablösen, abschälen⟩ K Birkenrinde, Eichenrinde, Tannenrinde **2** die ziemlich harte Schicht, die Käse und Brot außen haben ⟨eine knusprige, harte Rinde⟩ K Brotrinde, Käserinde ● hierzu **rin·den·los** ADJEKTIV

Rin·der·wahn, Rin·der·wahn·sinn *der*; *nur Singular* eine ansteckende Krankheit bei Rindern, die zum Tod führt und auf den Menschen übertragbar ist **i** Abkürzung: *BSE*

Rind·vieh *das*; *gesprochen* verwendet als Schimpfwort für eine Person, die man für dumm hält

★ **Ring** *der*; (-(e)s, -e) **1** ein kleiner Gegenstand meist aus Gold oder Silber, der die Form eines Kreises hat und den man als Schmuck an einem Finger trägt ⟨jemandem/sich einen Ring anstecken, an den Finger stecken; einen Ring (am Finger) tragen; den Ring vom Finger ziehen, streifen⟩ | *ein goldener Ring* K Goldring, Silberring, Ehering, Trauring, Verlobungsring **2** etwas, das ungefähr die Form eines Rings hat ⟨die olympischen Ringe⟩ K Ringform; Baumring, Beißring, Dichtungsring, Eisenring, Gardinenring, Gummiring, Holzring, Nasenring, Ohrring, Rettungsring, Serviettenring **3** eine Straße, die wie ein großer Kreis ist ⟨am Ring wohnen; über den Ring fahren⟩ K Ringstraße; Autobahnring **4** eine Gruppe von Menschen, die illegale Geschäfte machen | *ein internationaler Ring von Waffenschmugglern* K Gangsterring, Rauschgiftring, Schmugglerring, Spionagering, Verbrecherring **5** der viereckige Platz, auf dem Boxer o. Ä. kämpfen ⟨in den Ring klettern, steigen; den Ring verlassen⟩ K Boxring

■ ID ▸Ring als Objekt: **Personen bilden einen Ring (um jemanden/etwas)** mehrere Leute stellen sich im Kreis um jemanden/etwas auf; **das Brautpaar tauscht/wechselt die Ringe** *geschrieben* das Brautpaar heiratet; **Ringe unter den Augen haben** dunkle Schatten unter den Augen haben (meist weil man zu wenig geschlafen hat);
▸andere Verwendungen: **Ring frei!** beim Boxen o. Ä. verwendet, um die nächste Runde anzukündigen; **Ring frei für ...!** verwendet, um zu sagen, dass jemand bei einer Veranstaltung o. Ä. an der Reihe ist | *Ring frei für unsere nächste Kandidatin!* ● zu (2) **ring·ar·tig** ADJEKTIV; zu (2) **ring·förmig** ADJEKTIV

Ring·buch *das* eine Mappe mit zwei oder vier Metallringen für Papier

Rin·gel *der*; (-s, -) etwas, was die Form einer Spirale oder eines Rings hat | *Socken mit weißen und roten Ringeln* K Ringellocke, Ringelmuster, Ringelpullover

Rin·gel·blu·me *die* eine gelbe oder orange Blume, aus der man Salben und Tee machen kann K Ringelblumensalbe, Ringelblumentee

rin·geln VERB (ringelte sich, hat sich geringelt) **ein Tier/etwas ringelt sich** etwas formt sich zu Ringeln, rollt sich ein ⟨die Haare, Schlangen⟩

Rin·gel·nat·ter *die* eine Schlange, die am und im Wasser lebt und nicht giftig ist

Rin·gel·rei·gen, Rin·gel·rei·hen *der*; (-s, -) ein Spiel, bei dem Kinder sich an den Händen halten und im Kreis tanzen ⟨Ringelreigen spielen, tanzen⟩

Rin·gel·tau·be *die* eine graue Taube

★ **rin·gen** VERB (rang, hat gerungen) **1** **(mit jemandem) ringen** mit einer anderen Person kämpfen und dabei versuchen, sie zu Boden zu drücken oder zu werfen | *Die beiden rangen miteinander, bis ihnen die Luft ausging* **2** **(mit jemandem) ringen** als Sport ringen **3** **um etwas ringen** mit großer Mühe und Geduld versuchen, etwas zu erreichen ⟨um Anerkennung, Erfolg, Freiheit, Unabhängigkeit ringen⟩ **4** **mit etwas ringen** etwas, das sehr schwierig ist, überlegen, planen oder entscheiden ⟨mit einem Problem ringen⟩ **5** **mit sich** (*Dativ*) **ringen, (ob, wie, bevor** *o. Ä.* **...)** versuchen, die eigenen Zweifel und Bedenken zu überwinden | *Ich habe lange mit mir gerungen, bevor ich beschloss, die Firma zu verlassen* **6** **nach Atem/Luft ringen** nur mit Mühe atmen können, weil man zu wenig Luft bekommt **7** **nach Worten ringen** (mit großer Mühe) die richtigen, passenden Worte suchen **8** **mit dem Tod ringen** so schwer verletzt oder krank sein, dass man sterben könnte ● zu (2) **Rin·ger** *der*; zu (2) **Rin·ge·rin** *die*

Rin·gen *das*; (-s) ein sportlicher Kampf, bei dem man mit jemandem um den Sieg ringt

Ring·fin·ger *der* der Finger zwischen dem kleinen Finger und dem Mittelfinger | *den Ehering am rechten Ringfinger tragen* **i** → Abb. unter **Hand**

Ring·kampf *der* **1** ein sportlicher Kampf, bei dem zwei Leute miteinander ringen ⟨einen Ringkampf austragen⟩ **2** *nur Singular* die sportliche Disziplin, bei der man ringt ● zu (1) **Ring·kämp·fer** *der*

rings ADVERB **rings um jemanden/etwas** (in einem Kreis oder Bogen) auf allen Seiten von jemandem/etwas | *Die Gäste saßen rings um den Tisch*

rings·he·rum ADVERB (in einem Kreis oder Bogen) auf allen Seiten | *Wir wohnen so richtig auf dem Land, ringsherum gibt es nur Wiesen und Felder*

rings·um ADVERB ≈ *ringsherum*

rings·um·her ADVERB ≈ *ringsherum*

Rin·ne *die*; (-, -n) **1** ein schmaler Graben, in dem meist Wasser fließt | *Die Wassermassen haben tiefe Rinnen in die Erde gegraben* K Wasserrinne **2** oben offene Rinnen aus Holz oder Metall benutzt man, um Wasser irgendwohin zu leiten K Abflussrinne, Dachrinne

rịn·nen VERB (rann, hat/ist geronnen) **1** **etwas rinnt (irgendwohin)** *(ist)* etwas fließt gleichmäßig mit wenig Druck ⟨das Blut, Tränen, ein Bach, der Schweiß⟩ | *Das Regenwasser rinnt vom Dach* **2** **etwas rinnt (irgendwohin)** *(ist)* kleine Körnchen (meist Sand, Salz oder Zucker) fallen irgendwohin | *Wenn du die Sanduhr umdrehst, rinnt der Sand nach unten* **3** **etwas rinnt** *(hat)* etwas ist nicht dicht, sodass Flüssigkeit nach außen kommt ⟨die Kanne, die Flasche, die Packung, der Wasserhahn⟩ ■ ID **jemandem rinnt das Geld durch die Finger** jemand gibt das Geld zu schnell aus

Rinn·sal *das;* (-(e)s, -e) ein kleiner, schmaler Strom von einer Flüssigkeit | *Nach der langen Dürre war der Fluss nur noch ein kleines Rinnsal*

Rinn·stein *der* ein kleiner Graben oder Kanal am Rand einer Straße, in welchem das Regenwasser fließt

Ripp·chen *das;* (-s, -) ein Stück Schweinefleisch mit dem Rippenknochen, das leicht geräuchert ist | *Rippchen mit Sauerkraut*

★ **Rip·pe** *die;* (-, -n) **1** einer der 24 Knochen, die in Paaren (von der Wirbelsäule ausgehend) den Brustkorb bilden ⟨(sich *(Dativ)*) eine Rippe brechen⟩ K Rippenbruch **2** ein Teil eines größeren Gegenstandes, der aussieht wie eine Rippe (z. B. bei einem Heizkörper oder Kühlgerät)

Rip·pen·fell *das* die Haut an der Innenseite der Rippen K Rippenfellentzündung

★ **Ri·si·ko** *das;* (-s, Ri·si·ken/ *gesprochen auch* -s) **1** **ein Risiko (für jemanden)** die Gefahr, dass bei einer Aktion o. Ä. etwas Schlimmes oder Unangenehmes passiert ⟨ein finanzielles Risiko; ein, kein Risiko auf sich nehmen; ein Risiko in Kauf nehmen; das Risiko fürchten, scheuen, lieben; etwas birgt ein Risiko (in sich)⟩ ≈ *Wagnis* | *Als Geschäftsmann scheut er kein Risiko* **2** **ein Risiko eingehen** etwas tun, das mit einem Risiko verbunden ist | *Bei Nebel fahre ich lieber langsam, ich möchte kein Risiko eingehen* **3** **ein Risiko übernehmen/tragen** die (meist finanzielle) Verantwortung für etwas übernehmen ● zu (1) **ri·si·ko·frei** ADJEKTIV; zu (1) **ri·si·ko·los** ADJEKTIV; zu (1) **ri·si·ko·reich** ADJEKTIV

Ri·si·ko- *im Substantiv, betont, begrenzt produktiv* **die Risikogeburt, das Risikogeschäft, die Risikooperation, die Risikoschwangerschaft** *und andere* mit einer Gefahr, einem Risiko verbunden

ri·si·ko·be·reit ADJEKTIV bereit, ein Risiko auf sich zu nehmen ● hierzu **Ri·si·ko·be·reit·schaft** *die*

Ri·si·ko·fak·tor *der* **1** einer von mehreren Faktoren, die zu einer (meist gefährlichen) Krankheit führen können | *Rauchen und fette Ernährung sind Risikofaktoren* **2** etwas, das einen Plan o. Ä. verhindern oder stören könnte | *Das Wetter ist hier der einzige Risikofaktor*

★ **ris·kạnt** ADJEKTIV mit einem (großen) Risiko (verbunden) ⟨ein Plan, ein Geschäft⟩ ≈ *gefährlich* | *Es ist ziemlich riskant, mit diesem alten Auto so weit zu fahren*

★ **ris·kie·ren** VERB (riskierte, hat riskiert) **1** **etwas riskieren** etwas tun oder sagen, das möglicherweise negative Folgen haben könnte ⟨viel, wenig, nichts riskieren; das Leben, den Ruf, die Stellung riskieren; einen Unfall, einen Herzinfarkt, einen Prozess riskieren⟩ | *Wenn wir ohne Schirm weggehen, riskieren wir, dass wir nass werden/nass zu werden* **2** **einen Blick riskieren** sich etwas kurz ansehen, weil es interessant ist oder neugierig macht

Ri·sọt·to *der/süddeutsch* Ⓐ Ⓒ *das;* (-(s), -s) gekochter Reis mit Gemüse

Rịs·pe *die;* (-, -n) ein Stiel einer Pflanze (z. B. ein Grashalm), aus dem nach mehreren Seiten kurze Stiele mit Blüten oder Früchten wachsen K Rispentomaten

rịss *Präteritum, 1. und 3. Person Singular* → reißen

★ **Rịss** *der;* (-es, -e) eine lange, dünne Öffnung, die (in der Oberfläche) entsteht, wenn etwas reißt oder bricht | *einen Riss in der Hose haben* | *Seit dem Erdbeben sind feine Risse an den Wänden* K Faserriss, Mauerriss, Muskelriss

rịs·sig ADJEKTIV mit vielen Rissen | *von der Arbeit auf dem Feld rissige Hände bekommen*

Rịst *der;* (-es, -e) ≈ *Fußrücken*

rịtsch! **ritsch, ratsch!** verwendet, um das Geräusch von Papier oder Stoff nachzumachen, wenn sie zerrissen werden

rịtt *Präteritum, 1. und 3. Person Singular* → reiten

Rịtt *der;* (-(e)s, -e) das Reiten auf einem Pferd K Geländeritt, Spazierritt, Übungsritt

Rịt·ter *der;* (-s, -) **1** *historisch* (im Mittelalter) ein Mann (aus einer hohen sozialen Schicht), der dazu ausgebildet wurde, vom Pferd aus zu kämpfen ⟨ein Ritter und sein Knappe⟩ K Ritterburg, Ritterdrama, Ritterrüstung, Rittersaal, Ritterzeit **2** **jemanden zum Ritter schlagen** jemanden zum Ritter machen, ernennen K Ritterschlag ● zu (1) **Rịt·ter·tum** *das*

rịt·ter·lich ADJEKTIV **1** *meist attributiv* in Bezug auf einen Ritter **2** *meist humorvoll* (von Männern) höflich gegenüber Frauen ● hierzu **Rịt·ter·lich·keit** *die*

Rịt·ter·sporn *der; nur Singular* eine Blume im Garten, die einen sehr hohen Stiel und viele blaue Blüten hat

rịtt·lings ADVERB wie auf einem Pferd, mit der Lehne vor sich ⟨rittlings auf einem Stuhl sitzen; sich rittlings auf einen Stuhl setzen⟩

★ **Ri·tu·al** *das;* (-s, -e) **1** eine (meist religiöse) Handlung, bei der feste Regeln vorschreiben, was gemacht wird und wie es gemacht wird ⟨ein christliches, heidnisches Ritual⟩ ≈ *Zeremonie* K Begräbnisritual **2** die Regeln, nach denen Rituale ablaufen ⟨etwas geschieht nach einem festen, strengen Ritual⟩ **3** *humorvoll* ein Vorgang, der immer wieder auf die gleiche Weise ausgeführt wird (und der so ein Gefühl des Normalen oder der Ordnung erzeugt) | *Zu unserem abendlichen Ritual gehört, dass wir den Kindern vorlesen* ● zu (1,3) **ri·tu·a·li·sie·ren** VERB *(hat)*; zu (1) **ri·tu·ell** ADJEKTIV

Ri·tus *der;* (-, Ri·ten) ⟨ein heidnischer, magischer Ritus⟩ ≈ *Ritual*

Rịtz *der;* (-es, -e) **1** eine schmale, lange und flache Vertiefung in einer Oberfläche, die mit einem harten Gegenstand (z. B. einem Messer) gemacht wurde ⟨ein Ritz auf der Haut, auf der Tischplatte⟩ **2** ≈ *Ritze*

Rịt·ze *die;* (-, -n) eine sehr schmale und lange Öffnung (Lücke) in einem Material oder zwischen zwei Dingen | *Das Licht dringt durch die Ritzen der Fensterläden*

rịt·zen VERB (ritzte, hat geritzt) **1** **etwas (in etwas** *(Akkusativ)***) ritzen** eine lange, sehr schmale und flache Vertiefung in etwas machen ⟨Glas mit einem Diamanten ritzen; sich *(Dativ)* die Haut an den Dornen ritzen; Buchstaben in eine Bank, in einen Baum ritzen⟩ ≈ *kratzen* **2** **sich** *(Dativ)* **etwas ritzen**; **sich ritzen** die Haut mit einem scharfen Gegenstand verletzen, weil man psychische Probleme hat | *Wenn sich Jugendliche ritzen, brauchen sie psychologische Hilfe*

Ri·va·le [-v-] *der;* (-n, -n) **1** ein Mann, der sich um die Liebe derselben Frau bemüht wie ein anderer Mann | *einen Rivalen ausstechen* (sich gegen ihn durchsetzen) **2** ein Konkurrent im Beruf ■ *der Rivale; den, dem, des Rivalen* ● zu (2) **Ri·va·lin** *die*

ri·va·li·sie·ren [-v-] VERB (rivalisierte, hat rivalisiert) **mit einer Person (um jemanden/etwas) rivalisieren** dasselbe wollen wie eine andere Person und deswegen versuchen, besser zu sein als sie

Ri·zi·nus·öl *das; meist Singular* ein Öl, das man trinkt, um den Darm zu aktivieren (bei Verstopfung)

Roast·beef ['ro:s(t)bi:f] *das;* (-s, -s) Fleisch vom Rind, das

R

man meist so brät, dass es innen rot bleibt ⟨zartes, kaltes Roastbeef⟩

Rọb·be *die;* (-, -n) ein Säugetier, das in kalten Meeren lebt und Flossen und sehr kurze Haare hat K Robbenbaby, Robbenfang, Robbenfänger, Robbenfell, Robbenjagd, Robbenjäger

rọb·ben VERB (robbte, ist gerobbt) sich auf dem Bauch liegend mit Armen und Beinen fortbewegen | *Die Soldaten robbten durch den Schlamm*

Ro·be *die;* (-, -n) **1** ein weiter schwarzer Mantel, den ein Richter oder Priester trägt ≈ *Amtstracht, Talar* K Amtsrobe, Richterrobe **2** *geschrieben* ein festliches, langes Kleid ≈ *Abendkleid* K Abendrobe, Galarobe

Ro·bo·ter *der;* (-s, -) **1** eine Maschine, die meist in der Industrie gebraucht wird, um programmierbare Arbeiten auszuführen | *Ein großer Teil der Karosserie wird von Robotern zusammengeschweißt* **2** *gesprochen, oft abwertend* eine Person, die wie ein Roboter arbeitet und handelt, ohne nachzudenken, Gefühle zu zeigen o. Ä. ● zu (2) **ro·bo·ter·haft** ADJEKTIV

ro·bụst ADJEKTIV so, dass jemand/etwas viel aushält und dabei nicht krank wird oder kaputtgeht o. Ä. ⟨jemandes Gesundheit, ein Material ein Motor⟩ ≈ *kräftig, stabil* ↔ *empfindlich* ● hierzu **Ro·bụst·heit** *die*

rọch *Präteritum, 1. und 3. Person Singular* → riechen

rö·cheln VERB (röchelte, hat geröchelt) mit lautem Geräusch langsam atmen, weil man krank oder verletzt ist ⟨ein röchelnder Atem⟩ | *Der Bewusstlose röchelte*

Ro·chen *der;* (-s, -) ein großer flacher Fisch im Meer (mit der Form eines Dreiecks) mit einem langen, spitzen Schwanz

★ **Rock**[1] *der;* (-(e)s, Röcke) **1** ein Kleidungsstück für Frauen, das von der Hüfte frei herunterhängt ⟨ein enger, weiter, langer, kurzer Rock; Rock und Bluse tragen; den Rock raffen, schürzen⟩ | *Sie trägt lieber Röcke als Kleider oder Hosen* K Rockfalte, Rocklänge, Rocksaum, Rocktasche; Faltenrock, Kostümrock, Maxirock, Minirock, Trägerrock, Wickelrock, Karorock **!** → Abb. unter **Bekleidung** **2** *veraltet* ein nach vorne offenes Kleidungsstück mit Knöpfen als Teil eines Anzugs oder einer Uniform, das man über einem Hemd oder einem Pullover trägt ⟨der grüne Rock des Försters⟩ ≈ *Jackett* K Jägerrock, Uniformrock **3** CH ≈ *Kleid* ■ **ID Er ist/läuft hinter jedem Rock her** *gesprochen* Er ist ein Mann, der viele Frauen verführt

★ **Rock**[2] *der;* (-(s)) **1** moderne rhythmische Musik, die meist mit elektrischen Instrumenten gespielt wird ⟨Rock hören, spielen⟩ K Rockband, Rockfestival, Rockgruppe, Rockkonzert, Rockmusik, Rocksänger, Rockstar, Rockszene **2** Kurzwort für *Rock'n'Roll* ● zu (1) **ro·ckig** ADJEKTIV

ro·cken VERB (rockte, hat gerockt); *gesprochen* **1** Rockmusik machen oder zu Rockmusik tanzen **2** **jemand/etwas rockt (jemanden)** etwas (meist Musik) versetzt Personen in Begeisterung | *Die Band rockte den Saal* (begeisterte mit ihrer Musik das Publikum) | *Das rockt!* **3** **etwas rocken** etwas ohne Probleme bewältigen | *Keine Angst, wir rocken das schon!*

Ro·cker *der;* (-s, -) ein Mitglied einer Gruppe von jungen Leuten, die durch ihre Kleidung aus Leder, durch ihre Motorräder und ihr Verhalten meist aggressiv wirken K Rockerbande ● hierzu **Ro·cke·rin** *die*

Rock'n'Roll [rɔkn̩'roːl] *der;* (-s) eine Tanzmusik, die in den 50er Jahren sehr beliebt war und sehr rhythmisch ist

Rock·zip·fel *der* ■ **ID an jemandes Rockzipfel hängen** **a** sich (als Kind) schüchtern oder ängstlich an die Mutter klammern **b** (als Erwachsener) sehr unselbstständig sein

Ro·del *der;* (-s, -), **Ro·del** *die;* (-, -n) ein flacher Schlitten ohne Motor, der nicht von Tieren gezogen wird K Rodelschlitten

ro·deln VERB (rodelte, ist gerodelt) mit einem flachen Schlitten fahren K Rodelbahn; Rennrodeln

ro·den VERB (rodete, hat gerodet) **(etwas) roden** Bäume mit den Wurzeln entfernen, damit man etwas anderes pflanzen oder Häuser bauen kann ⟨Bäume, ein Gelände, einen Wald roden⟩ ● hierzu **Ro·dung** *die*

Ro·gen *der;* (-s) die Eier eines Fisches | *Kaviar ist der Rogen vom Stör* K Fischrogen

Rog·gen *der;* (-s) eine Getreidepflanze, aus deren Körnern man Mehl für dunkles Brot macht K Roggenbrot, Roggenmehl, Roggenernte, Roggenfeld

★ **roh** ADJEKTIV **1** nicht gekocht und nicht gebraten ⟨Fleisch, Gemüse; ein Ei⟩ | *Obst wird meistens roh gegessen* | *Das Steak ist innen noch roh* **2** nicht oder nur wenig bearbeitet ⟨Holz, Marmor; ein Diamant, ein Entwurf, ein Fell⟩ | *ein roh behauener Stein* | *Rohe Bretter sind rau, sie müssen erst noch gehobelt werden* K Rohdiamant, Roheisen, Roherz, Rohmaterial, Rohöl, Rohfassung **3** *abwertend* so, dass sich eine Person nicht darum kümmert, ob jemand Schmerzen hat oder ob etwas beschädigt wird ⟨ein Bursche, ein Spaß, Worte; jemanden roh behandeln; roh zu jemandem sein⟩ ≈ *rücksichtslos* ↔ *vorsichtig* | *Er packte sie roh am Arm und zerrte sie mit sich* | *Als er das Schloss nicht öffnen konnte, versuchte er es mit roher Gewalt* **4** **das rohe Fleisch** Fleisch, das nicht mehr mit Haut bedeckt ist | *An der Stelle, an der er sich verbrannt hatte, kam das rohe Fleisch hervor* ● zu (3) **Roh·heit** *die*

Roh·bau *der* **das Haus ist im Rohbau** von dem Haus sind erst die Mauern und das Dach fertig gebaut

Roh·kost *die* Obst und Gemüse, das nicht gekocht ist K Rohkostdiät, Rohkostsalat

Roh·ling *der;* (-s, -e) **1** ein Stück Material (z. B. Metall, Holz, Ton, Porzellan usw.), das noch nicht bearbeitet ist und deshalb noch nicht die endgültige Form hat | *Schlüsselrohling* | *Tonrohling* | *Ziegelrohling* **2** *abwertend* eine Person, die ohne Rücksicht auf andere Leute handelt

★ **Rohr** *das;* (-(e)s, -e) **1** ein langes, rundes Stück Metall, Plastik o. Ä., das innen hohl und an beiden Enden offen ist ⟨ein verkalktes, verstopftes Rohr; Rohre verlegen⟩ K Rohrbruch, Rohrleitung, Rohrnetz, Rohrzange; Abflussrohr, Abzugsrohr, Auspuffrohr, Heizungsrohr, Leitungsrohr, Ofenrohr, Gasrohr, Wasserrohr **2** *nur Singular* eine Pflanze mit einem langen, festen, hohlen Stängel ⟨Körbe, ein Stock aus Rohr⟩ K Rohrgeflecht, Rohrzucker; Bambusrohr, Schilfrohr, Zuckerrohr **3** *gesprochen* der Teil des Herdes, in dem man Kuchen o. Ä. backt ⟨den Kuchen ins Rohr schieben⟩ ≈ *Backofen* K Backrohr, Bratrohr, Ofenrohr ■ **ID wie ein Rohr im Wind sein/schwanken** *geschrieben* so, dass eine Person oft ihre Meinung ändert, je nach der Situation; **volles Rohr** *gesprochen* so schnell/laut wie möglich

★ **Röh·re** *die;* (-, -n) **1** ein relativ dünnes Rohr, durch das etwas strömt oder das am Ende geschlossen sein kann | *Röhren aus Ton* K Röhrenknochen; Glasröhre, Luftröhre, Speiseröhre **2** eine geschlossene Röhre, in der Elektronen fließen ⟨eine Röhre prüfen, auswechseln; eine Röhre brennt durch, ist kaputt⟩ K Bildröhre, Elektronenröhre, Leucht(stoff)röhre, Neonröhre, Röntgenröhre **3** der Teil des Herds, in dem man Kuchen o. Ä. backt oder Fleisch brät ⟨einen Braten, einen Kuchen in die Röhre schieben⟩ ≈ *Backofen* K Backröhre, Bratröhre **4** *gesprochen, oft abwertend* ⟨vor der Röhre sitzen⟩ ≈ *Fernseher* ■ **ID in die Röhre gucken** *gesprochen* nichts von dem bekommen, was man gern haben möchte | *Ich kenne das schon: Ihr esst wieder alles allein auf und ich guck in die Röhre!* ● zu (1) **röh·ren·förmig** ADJEKTIV

röh·ren VERB (röhrte, hat geröhrt) **1** **ein Hirsch** *o. Ä.* **röhrt** ein

Hirsch o. Ä. gibt laute Töne von sich **2** **etwas röhrt** etwas macht ein zu lautes Geräusch ⟨ein Motor, ein Motorrad⟩

Rohr·post *die* eine Methode, in einem Gebäude oder einer Stadt Briefe o. Ä. durch Rohre zu transportieren

Rohr·spatz *der* ■ **ID** **schimpfen wie ein Rohrspatz** *gesprochen* laut und wütend schimpfen

★ **Roh·stoff** *der* eine Substanz (wie z. B. Erdöl oder Kohle), die in der Natur vorkommt und die in der Industrie bearbeitet oder verwendet wird ⟨ein an Rohstoffen armes/reiches Land⟩ K Rohstoffmangel, Rohstoffreserve • hierzu **roh·stoff·arm** ADJEKTIV

Ro·ko·ko *das*; (-(s)) **1** ein Stil der (europäischen) Kunst, der sich im 18. Jahrhundert aus dem Barock entwickelt hat. Viele Verzierungen sind für den Rokoko typisch. K Rokokokirche, Rokokomöbel, Rokokostil, Rokokozeit **2** die Epoche des Rokoko ⟨im Rokoko⟩

Rol·la·tor *der*; (-s, Rol·la·to·ren) ein Gestell mit vier Rädern und zwei Griffen, das man vor sich herschiebt, wenn man schlecht gehen kann

Roll·bahn *die* die Bahn, auf der Flugzeuge starten oder landen

Roll·bra·ten *der* ein Braten aus einem flachen Stück Fleisch, das zusammengerollt und -gebunden wird K Kalbsrollbraten, Putenrollbraten, Schweinerollbraten

★ **Rol·le** *die*; (-, -n) **1** etwas (meist Langes und Dünnes), das kreisförmig übereinandergewickelt wurde ⟨eine Rolle Draht, Garn, Klebeband, Klopapier⟩ K Drahtrolle, Filmrolle, Garnrolle, Kabelrolle, Papierrolle, Tapetenrolle **2** eine Packung, in der kleine runde Gegenstände nebeneinander oder aufeinander liegen ⟨eine Rolle Drops, Münzen⟩ **3** ein breites, kleines Rad ⟨ein Teewagen auf Rollen; etwas läuft auf Rollen⟩ | *Das Kabel der Seilbahn läuft über Rollen* **4** eine Turnübung, bei der man sich mit dem Körper über den Kopf hinweg nach vorn oder hinten bewegt ⟨eine Rolle vorwärts, rückwärts; eine Rolle machen, turnen⟩ K Hechtrolle **i** Kinder machen einen *Purzelbaum*, Sportler eine *Rolle* **5** die Gestalt (mit Dialogen und Gesten), die ein Schauspieler in einem Theaterstück, Film o. Ä. spielt ⟨eine wichtige, unbedeutende, kleine Rolle; eine Rolle lernen, gut/schlecht spielen; eine Rolle (mit jemandem) besetzen; ein Stück mit verteilten Rollen lesen⟩ | *Er hat die Rolle des Hamlet sehr gut gespielt* | *Sie hat in dem Film eine Rolle als Diebin* K Rollenbesetzung, Rollenverteilung; Charakterrolle, Doppelrolle, Filmrolle, Hauptrolle, Nebenrolle, Sprechrolle, Titelrolle **6** die Aufgaben, die jemand/etwas bei einer Tätigkeit oder im Leben hat | *Er war der Rolle des Vaters noch nicht gewachsen* | *Sie fühlte sich in ihrer Rolle als Lehrerin nicht wohl* | *Er tauschte mit seiner Frau die Rollen und versorgte den Haushalt* K Rollenkonflikt, Rollentausch, Rollenverhalten, Rollenverteilung; Beschützerrolle, Führungsrolle, Heldenrolle, Mutterrolle, Vaterrolle ■ **ID** **aus der Rolle fallen** sich nicht so benehmen, wie es erwartet wird; **etwas spielt (k)eine Rolle** etwas ist in einer Situation, für jemanden (nicht) wichtig, hat (k)eine Bedeutung | *Er ist zwar alt, aber für mich spielt das keine Rolle. Hauptsache, er kann was* | *Für diese Aufgaben spielt es eine große Rolle, ob er Mut hat oder nicht*; **jemand spielt bei etwas eine große/wichtige/entscheidende Rolle** jemand ist bei etwas sehr wichtig

★ **rol·len** VERB (rollte, hat/ist gerollt) **1** **etwas (irgendwohin) rollen** (*hat*) etwas so bewegen, dass es sich um die (horizontale) Achse dreht | *einen Stein zur Seite rollen* | *ein Fass vom Wagen rollen* **2** **etwas irgendwohin rollen** (*hat*) etwas auf Rollen oder Rädern irgendwohin bewegen | *ein Bett in den Operationssaal rollen* **3** **etwas (zu etwas) rollen** (*hat*) etwas in eine runde Form bringen, indem man es dreht | *Teig zu einer Wurst/einer Kugel rollen* **4** **etwas in etwas** (*Akkusativ*) **rollen** (*hat*) eine Hülle um etwas wickeln | *einen Fisch in Zeitungspapier rollen* **5** **das r/R rollen** (*hat*) den Laut *r* so aussprechen, dass die Zunge dabei vibriert ⟨ein gerolltes r, R⟩ **6** **(mit) etwas rollen** (*hat*) etwas im Kreis bewegen ⟨die Augen, den Kopf rollen⟩ | *Er rollte genervt die Augen/mit den Augen* **7** **etwas rollt** (*ist*) etwas bewegt sich fort und dreht sich um die eigene Achse | *Der Ball rollt auf die Straße* | *Der Felsblock kam ins Rollen* **8** **etwas rollt** (*ist*) etwas bewegt sich auf Rollen oder Rädern ⟨ein Wagen, ein Zug⟩ **9** **etwas rollt** (*ist*) etwas fließt (meist gleichmäßig) ⟨eine Welle⟩ | *Tränen rollten über ihr Gesicht* **10** **sich irgendwo/irgendwohin rollen** (*hat*) sich im Liegen hin und her bewegen ≈ *wälzen* | *Der Hund rollte sich im Gras*

Rol·ler *der*; (-s, -) **1** ein Fahrzeug für Kinder, das zwei Räder, einen Lenker und ein Brett hat, auf dem man steht ⟨Roller fahren⟩ **2** Kurzwort für *Motorroller* **3** Kurzwort für *Cityroller*

ROLLER

der Roller (1) der (Motor)Roller

Roll·feld *das* die Start- und Landebahnen auf einem Flugplatz

Roll·kom·man·do *das* eine Gruppe von Personen, die plötzlich an einen Ort kommen und dort (mit Gewalt) stören

Roll·kra·gen *der* ein meist hoher, (und nach unten gebogener) Kragen an einem Pullover K Rollkragenpulli, Rollkragenpullover

★ **Roll·la·den** *der*; (-s, -/Roll·lä·den) **1** ein Rollladen besteht aus schmalen, waagrechten Latten (aus Holz oder Plastik), die man außen vor dem Fenster auf- und abrollen kann ⟨den Rollladen herunterlassen, hinaufziehen⟩ **2** eine Tür für Schränke und Schreibtische, die wie ein Rollladen aussieht und funktioniert K Rollladenschrank, Rollladentisch

Roll·mops *der* das Fleisch eines Herings, das um eine Gurke oder Zwiebel gerollt ist

Rol·lo, Rol·lo *das*; (-s, -s) eine Art Vorhang aus festem Material, der sich automatisch nach oben aufrollt, wenn man kurz an einer Schnur zieht ⟨ein Rollo herunterziehen, hochziehen⟩

Roll·schuh *der* ein Schuh mit vier kleinen Rädern, auf dem Kinder fahren ⟨Rollschuh fahren, laufen; die Rollschuhe anziehen⟩ K Rollschuhbahn, Rollschuhfahrer, Rollschuhläufer, Rollschuhläufer, Rollschuhsport

Roll·splitt *der* kleine, spitze Steine und Teer, die man für den Bau von Straßen und Wegen oder im Winter bei Glatteis streut und die nicht fest mit dem Boden verbunden sind

ROLLSTUHL

★ **Roll·stuhl** *der* ein Stuhl auf Rädern für Menschen, die nicht gehen können ⟨im

Rollstuhl fahren⟩ K Rollstuhlfahrer ■ ID **an den Rollstuhl gefesselt sein** nicht mehr gehen können und deshalb im Rollstuhl sitzen müssen

Roll·trep·pe *die* eine Treppe, deren Stufen sich automatisch nach oben oder unten bewegen ⟨die Rolltreppe nehmen; (mit der) Rolltreppe fahren⟩

Ro·ma → Sinti

★ **Ro·man** *der*; (-s, -e) eine lange Geschichte in Form eines Buches, meist mit erfundenen Personen und Ereignissen ⟨ein Roman in Fortsetzungen⟩ | *„Buddenbrooks" ist der wohl berühmteste Roman von Thomas Mann* K Romanautor, Romandichtung, Romanfigur, Romanheld, Romanleser, Romanschriftsteller; Abenteuerroman, Gruselroman, Heimatroman, Kriegsroman, Kriminalroman, Liebesroman, Trivialroman, Wildwestroman, Zukunftsroman, Jugendroman ■ ID **einen ganzen Roman erzählen** *gesprochen* etwas zu ausführlich erzählen

Ro·man·cier [romã'sjeː] *der*; (-s, -s) eine Person, die Romane schreibt

Ro·ma·nik *die*; (-) **1** ein Stil der (europäischen) Kunst in der Zeit von ungefähr 1000 bis 1250 **2** die Epoche der Romanik ⟨etwas stammt aus der Romanik⟩

ro·ma·nisch ADJEKTIV **1** zu den Sprachen gehörig, die sich aus dem Lateinischen entwickelt haben | *Französisch, Italienisch und Spanisch sind romanische Sprachen* **2** mit Menschen, die eine romanische Sprache sprechen ⟨ein Land, ein Volk⟩ **3** in Bezug auf die Romanik | *Romanische Kirchen erkennt man an den runden Bögen und den Säulen*

Ro·ma·nis·tik *die*; (-) die Wissenschaft, die sich mit den romanischen Sprachen und deren Literatur beschäftigt • hierzu **Ro·ma·nist** *der*; **Ro·ma·nis·tin** *die*; **ro·ma·nis·tisch** ADJEKTIV

Ro·man·tik *die*; (-) **1** ein Stil der (europäischen) Kunst und Literatur in der ersten Hälfte des 19. Jahrhunderts, in dem man Gefühle stark betonte und die Natur und die Vergangenheit bewunderte ⟨die Märchen, die Malerei der Romantik⟩ | *Der Maler Caspar David Friedrich ist ein bedeutender Vertreter der Romantik* **2** die Epoche der Romantik ⟨in der Romantik; etwas stammt aus der Romantik⟩ **3** der romantische Charakter, die romantische Atmosphäre (einer Sache) ⟨keinen Sinn für Romantik haben⟩ | *die Romantik eines Sommerabends*

Ro·man·ti·ker *der*; (-s, -) **1** ein Künstler der Romantik **2** *oft abwertend* eine Person, welche die Menschen, die Welt und die Zukunft für besser hält, als sie sind • hierzu **Ro·man·ti·ke·rin** *die*

ro·man·tisch ADJEKTIV **1** im Stil der Romantik ⟨ein Bild, ein Gedicht, ein Künstler, ein Maler⟩ | *die romantischen Gedichte von Joseph von Eichendorff* **2** so, dass etwas (durch die Atmosphäre) zum Träumen einlädt, an Liebe oder Abenteuer denken lässt ⟨eine Burg, eine Landschaft⟩ | *Der Garten sieht im Mondlicht sehr romantisch aus* | *Ein Abendessen im Kerzenlicht? Wie romantisch!* **3** *oft abwertend* so, dass jemand/etwas die Wirklichkeit für besser hält/darstellt, als sie ist ⟨ein Mensch, Ideen⟩

Ro·man·ze *die*; (-, -n) **1** eine ziemlich kurze Liebesbeziehung ⟨eine heimliche Romanze; eine Romanze mit jemandem haben, erleben⟩ ≈ *Affäre* **2** ein Gedicht, das ähnlich wie ein Volkslied ist

Rö·mer *der*; (-s, -) **1** ein Einwohner der Stadt Rom **2** *historisch* ein Bürger des Römischen Reiches **3** ein Weinglas mit einem Fuß aus braunem oder grünem Glas und einem Kelch, der wie eine halbe Kugel aussieht • zu (1,2) **Rö·me·rin** *die*; zu (1,2) **rö·misch** ADJEKTIV

rö·misch-ka·tho·lisch ADJEKTIV in Bezug auf die katholische Kirche, welche der Papst in Rom leitet ⟨ein Geistlicher, der Glaube, die Kirche⟩ H Abkürzung: *r.-k.*

Ron·dell *das*; (-s, -e) **1** ein rundes Beet in einem Park o. Ä. **2** ein runder Platz in einem Ort

★ **rönt·gen** VERB (röntgte ['rœŋçtə, 'rœnçtə], hat geröntgt) **jemanden/etwas röntgen** jemanden/etwas mit Röntgenstrahlen untersuchen, um ein Bild von den Knochen und inneren Organen des Körpers zu machen | *Beim Röntgen des Beines stellte sich heraus, dass es gebrochen war* K Röntgenapparat, Röntgenarzt, Röntgenaufnahme, Röntgenbestrahlung, Röntgenbild, Röntgendiagnose, Röntgengerät, Röntgenuntersuchung

Rönt·gen·strah·len *die*; *Plural* unsichtbare Strahlen, die sehr viel Energie haben und die durch feste Körper dringen können | *Am Flughafen wird das Handgepäck mit Röntgenstrahlen durchleuchtet*

ro·sa ADJEKTIV *nur in dieser Form* **1** von der hellen roten Farbe vieler Rosen ⟨eine Nelke, eine Rose⟩ | *das rosa Fleisch des Lachses* K rosarot H In der gesprochenen Sprache wird *rosa* oft dekliniert: *ein rosanes Kleid.* **2** sehr schön ⟨rosa Zeiten⟩ • zu (1) **Ro·sa** *das*

★ **Ro·se** *die*; (-, -n) ein kleiner Strauch mit Dornen und großen, meist rosa oder roten Blüten K Rosenbeet, Rosenblatt, Rosenbusch, Rosenduft, Rosengarten, Rosenöl, Rosenschere, Rosenstock, Rosenstrauch, Rosenstrauß, Rosenzüchter; Heckenrose, Kletterrose ■ ID **Keine Rose ohne Dornen!** Jede schöne Sache hat auch Nachteile; **nicht auf Rosen gebettet sein** *geschrieben* kein leichtes, einfaches Leben haben

ro·sé [ro'zeː] ADJEKTIV *nur in dieser Form* von heller rosa Farbe ⟨ein Wein⟩

Ro·sé [ro'zeː] *der*; (-s, -s) ein Wein, dessen Farbe rosé ist K Roséwein

Ro·sen·kohl *der* ein Kohl, der mehrere kleine Köpfe aus Blättern hat, die am Stamm wachsen

Ro·sen·kranz *der* **1** eine Kette mit einem Kreuz und vielen Perlen, mit denen Katholiken die Gebete zählen, die sie sprechen **2** die Gebete, die man mit einem Rosenkranz in der Hand betet ⟨einen Rosenkranz beten⟩

Ro·sen·mon·tag *der* der Montag vor Aschermittwoch K Rosenmontagsball, Rosenmontagszug

Ro·set·te *die*; (-, -n) ein rundes Ornament oder Fenster aus vielen kleinen Teilen, das wie eine Blüte einer Rose aussieht K Rosettenfenster

ro·sig ADJEKTIV **1** mit rosa Farbe ⟨ein Baby, ein Ferkel, ein Gesicht, die Haut, die Wangen⟩ **2** sehr positiv ⟨etwas in rosigem Licht, in den rosigsten Farben schildern⟩ **3** **nicht gerade rosig** nicht sehr erfreulich | *Die Zukunft sieht nicht gerade rosig aus*

Ro·si·ne *die*; (-, -n) die getrocknete kleine Frucht des Weins ⟨ein Kuchen mit Rosinen⟩ K Rosinenbrötchen ■ ID **(große) Rosinen im Kopf haben** *gesprochen* unrealistische Pläne haben; **sich** (*Dativ*) **die Rosinen aus etwas herauspicken** *gesprochen* das Beste von etwas für sich selbst aussuchen

Ros·ma·rin *der*; (-s) eine Gewürzpflanze mit schmalen, harten Blättern

Ross *das*; (-es, -e/Rös·ser) **1** *geschrieben* (*Plural: Rosse*) ein (wertvolles) meist starkes Pferd **2** *süddeutsch* Ⓐ Ⓒⓗ *gesprochen* (*Plural: Rösser*) ≈ *Pferd* **3** **hoch zu Ross** *humorvoll* auf einem Pferd (reitend) ■ ID **auf dem/einem hohen Ross sitzen** arrogant, überheblich sein; **sich aufs hohe Ross setzen** sich arrogant benehmen; **von seinem/vom hohen Ross herunterkommen** aufhören, sich arrogant, überheblich zu benehmen

Ross·haar *das*; *nur Singular* das Haar (von der Mähne und vom Schwanz) von Pferden, mit dem man Matratzen füllt K Rosshaarmatratze

R

Ross·kur *die* eine Behandlung, die für den Kranken sehr anstrengend ist ⟨eine Rosskur machen⟩

Rost *der*; (-(e)s, -e) **1** *nur Singular* rotbrauner Rost bildet sich an der Oberfläche von Eisen, wenn es lange feucht ist ⟨etwas setzt Rost an; etwas wird von Rost zerfressen/zersetzt⟩ K Rostfleck, Rostschutzfarbe, Rostschutzmittel, Roststelle, rostbraun **2** eine Krankheit, bei der Pflanzen rotbraune Flecken bekommen, die wie Rost aussehen **3** ein Gitter aus Holz oder Metall, auf das man etwas legt oder mit dem man etwas abdeckt | *einen Kellerschacht mit einem Rost abdecken, damit niemand hineinfällt* | *einen Rost über ein Feuer legen und darauf Würstchen braten* K Rostbraten, Rostbratwurst; Ofenrost ● zu (1) **rost·be·stän·dig** ADJEKTIV; zu (1) **rost·far·ben** ADJEKTIV

ros·ten VERB (rostete, hat/ist gerostet) **etwas rostet** etwas wird von einer Schicht Rost bedeckt | *Eisen rostet, wenn es feucht gelagert wird*

rös·ten VERB (röstete, hat geröstet) **1** **etwas rösten** etwas so stark erhitzen, dass es braun und knusprig wird ⟨Kartoffeln, Kastanien in einem Feuer rösten; Brot/Fisch/Fleisch über einem Feuer, auf einem Grill rösten; frisch gerösteter Kaffee⟩ K Röstkaffee **2** **etwas rösten** ⟨Brot, Kartoffeln in der Pfanne rösten⟩ ≈ *braten* K Röstkartoffeln

rost·frei ADJEKTIV ⟨ein Messer, eine Spüle, Stahl⟩ so, dass sie nicht rosten, wenn sie feucht werden

Rös·ti *die*; *Plural*; Ⓒⓗ ein Gericht aus kleinen, dünnen Stäbchen von Kartoffeln, die zusammen mit Mehl und Eiern gebacken werden

ros·tig ADJEKTIV ⟨Eisen, ein Nagel⟩ mit Rost

★ **rot** ADJEKTIV (röter/roter, rötest-/rotest-) **1** von der Farbe des Blutes und reifer Tomaten ⟨rot gestreift, glühend⟩ | *ein roter Himmel bei Sonnenuntergang* | *die Fehler in einem Text mit roter Tinte anstreichen* | *sich die Lippen rot anmalen* K Rotfärbung, rotbraun, rotgestreift, rotglühend; blutrot, feuerrot, glutrot, kirschrot, kupferrot **2** von der ziemlich dunklen Farbe, die ein Körperteil hat, wenn viel Blut darin fließt ⟨Backen; vor Anstrengung, Scham, Wut einen roten Kopf bekommen; vom Weinen rote Augen bekommen/haben; rot geweinte Augen⟩ **3** ⟨Haare⟩ von dunkelgelber und leicht rötlicher Farbe **4** *gesprochen* mit kommunistischen oder sozialistischen Prinzipien und Ideen ⟨die Fahne, eine Partei, ein Politiker; die Roten wählen⟩ K Rotchina **5** **rot sein/werden** ein rotes Gesicht bekommen, weil man sich schämt oder verlegen ist ● zu (2) **rot·äu·gig** ADJEKTIV; zu (5) **rot·ba·ckig** ADJEKTIV; zu (2) **rot·wan·gig** ADJEKTIV; zu (3) **rot·haa·rig** ADJEKTIV

★ **Rot** *das*; (-s, -/*gesprochen* -s) **1** eine rote Farbe | *das leuchtende Rot der Mohnblume* **2** das rote Licht einer Ampel | *Er fuhr bei Rot über die Kreuzung* | *Die Ampel steht auf Rot*

Ro·ta·ti·on [-'tsio:n] *die*; (-, -en) **1** der Vorgang, bei dem sich etwas um einen Punkt oder eine Achse dreht K Rotationsachse, Rotationsbewegung **2** das Rotieren in einem politischen Amt K Rotationsprinzip, Rotationszwang

Rö·te *die*; (-) **1** die Eigenschaft, von roter Farbe zu sein | *die Röte des Himmels bei Sonnenuntergang* **2** **Röte schießt/steigt jemandem ins Gesicht** jemand wird vor Scham oder Verlegenheit rot im Gesicht

Rö·teln *die*; *nur Plural* eine Krankheit, bei der man kleine rote Flecken am Körper bekommt ⟨sich gegen Röteln impfen lassen⟩ | *Wenn eine Frau in der Schwangerschaft Röteln bekommt, ist das sehr gefährlich für den Embryo*

rö·ten VERB (rötete, hat gerötet) **1** **etwas rötet etwas** etwas gibt etwas eine rötliche Farbe | *Die aufgehende Sonne rötete den Himmel* | *Sein Gesicht ist von der Kälte gerötet* **2** **jemandes Wangen röten sich** jemandes Wangen werden rot ● hierzu **Rö·tung** *die*

Rot·fuchs *der* **1** ein Fuchs mit rotbraunem Fell **2** ein Kleidungsstück aus dem Fell eines Rotfuchses ⟨einen Rotfuchs tragen⟩ **3** ein Pferd mit rotbraunem Fell **4** *gesprochen, oft abwertend* eine Person mit roten Haaren

Rot·hirsch *der* ein großer europäischer Hirsch mit rotbraunem Fell

ro·tie·ren VERB (rotierte, hat rotiert) **1** **etwas rotiert** etwas dreht sich im Kreis um etwas ⟨ein Propeller⟩ | *ein Rasenmäher mit rotierenden Messern* **2** *gesprochen* vor einem wichtigen Ereignis oder unter Zeitdruck allzu aktiv und nervös werden ⟨ins Rotieren kommen⟩ | *Sie fängt vor jeder Prüfung zu rotieren an* **3** mit anderen Personen abwechselnd ein Amt übernehmen

Rot·käpp·chen *das*; (-s) ein kleines Mädchen in einem Märchen, welches die Großmutter besuchen will und vom bösen Wolf gefressen wird

Rot·kehl·chen *das*; (-s, -) ein kleiner Vogel mit roter Kehle und weißem Bauch

Rot·kohl *der* ein Kohl mit violetten Blättern, die beim Kochen dunkelrot werden ≈ *Blaukraut*

★ **röt·lich** ADJEKTIV von leicht roter Farbe ⟨ein Blond, ein Braun, ein Farbton⟩

Rot·licht *das* **1** ein Signal mit rotem Licht (bei welchem der Verkehr anhalten muss) ⟨bei Rotlicht über eine Kreuzung fahren⟩ **2** eine Lampe, die warmes rotes Licht gibt ⟨jemanden mit Rotlicht bestrahlen⟩

Rot·licht|vier·tel *das* eine Gegend in einer Stadt, in der es viele Bordelle gibt

Ro·tor *der*; (-s, Ro·to·ren); *meist Plural* die schmalen, flachen und langen Metallstücke, die sich sehr schnell drehen und so einen Hubschrauber bewegen K Rotorblatt

rot·se·hen VERB (sieht rot, sah rot, hat rotgesehen); *gesprochen* wütend werden und die Beherrschung verlieren

Rot·stift *der* ein Stift, der rot schreibt ■ ID **den Rotstift ansetzen** Ausgaben kürzen, um Geld zu sparen; **etwas fällt dem Rotstift zum Opfer** etwas wird nicht mehr finanziert, weil der Staat, eine Behörde o. Ä. Geld sparen will

Rot·te *die*; (-, -n); *abwertend* eine kleine Gruppe von Menschen ≈ *Horde* | *Eine Rotte Rowdies randalierte auf der Straße*

Rot·wein *der* Wein, der aus blauen oder roten Trauben gemacht wird

Rot·wild *das* ≈ *Rothirsche*

Rotz *der*; (-es); *gesprochen* ⚠ die Flüssigkeit, die sich in der Nase bildet ■ ID **Rotz und Wasser heulen** sehr stark weinen; **der ganze Rotz** alles

Rotz·ben·gel *der*; *gesprochen* ⚠, *abwertend* ≈ *Rotzjunge*

rot·zen VERB (rotzte, hat gerotzt); *gesprochen* ⚠ die Nase mit lautem Geräusch von Schleim befreien

rotz·frech ADJEKTIV; *gesprochen* sehr frech

rot·zig ADJEKTIV **1** *gesprochen* ⚠ voll Rotz ⟨die Nase, ein Taschentuch⟩ **2** *gesprochen, abwertend* sehr frech, respektlos

Rotz·jun·ge *der*; *gesprochen* ⚠, *abwertend* ein schmutziger oder frecher Junge

Rotz·löf·fel *der*; *gesprochen* ⚠, *abwertend* verwendet als Schimpfwort für ein freches Kind

Rotz·na·se *die*; *gesprochen* ⚠ **1** eine Nase, aus der Schleim läuft **2** *abwertend* ein schmutziges oder freches Kind ● zu (2) **rotz·nä·sig** ADJEKTIV

Rouge ['ru:ʃ] *das*; (-s, -s) ein rosa oder roter Puder o. Ä. für die Wangen ⟨Rouge auftragen⟩

Rou·la·de [ru-] *die*; (-, -n) eine dünne Scheibe Fleisch, die mit Speck, Zwiebeln, Gurken und Gewürzen gefüllt, zusammengerollt und gebraten wird K Kalbsroulade, Rinderroulade

★ **Rou·te** ['ru:tə] *die*; (-, -n) der übliche Weg von einem Ort zum anderen ⟨eine Route nehmen, wählen⟩ | *die Route um das Kap der Guten Hoffnung von Europa nach Asien*

Rou·ten·pla·ner ['ru:-] *der;* (-s, -) ein Dienst im Internet, bei dem man sich anzeigen lassen kann, welche Route man mit dem Auto zu einem Ziel fahren kann und wie lange das voraussichtlich dauert

Rou·ter ['ru:tɐ, 'rautɐ] *der;* (-s, -) ein Gerät, das einen oder mehrere Computer mit dem Internetanschluss des Hauses verbindet

★ **Rou·ti·ne** [ru-] *die;* (-) **1** **Routine (in etwas** *(Dativ)***)** die Fähigkeit, etwas geschickt oder gut zu machen, weil man schon seit langer Zeit Erfahrung darin hat ⟨langjährige, große Routine; Routine haben; jemandem fehlt (noch) die Routine; zu etwas gehört Routine⟩ | *Er hat noch keine Routine im Autofahren* **2** *meist abwertend* etwas, das man schon so oft getan hat, dass man es richtig macht, aber kein Interesse mehr daran hat ⟨etwas wird zur Routine; etwas erstarrt in Routine⟩ **K** Routinearbeit

rou·ti·ne-, Rou·ti·ne- [ru-] *im Adjektiv und Substantiv, betont, begrenzt produktiv* **die Routineangelegenheit, der Routineeingriff, die Routinekontrolle, die Routinesache, die Routineuntersuchung; routinemäßig** *und andere* drückt aus, dass etwas normal ist oder oft so geschieht ⟨eine Überprüfung, eine Untersuchung⟩

Rou·ti·ni·er [ruti'nie:] *der;* (-s, -s) eine Person, die etwas mit großer Routine macht

rou·ti·niert [ru-] ADJEKTIV mit Routine ⟨ein Autofahrer, ein Schauspieler; etwas routiniert tun⟩

Row·dy ['raudi] *der;* (-s, -s); *abwertend* ein Jugendlicher, der sich aggressiv und unhöflich benimmt ⟨ein randalierender Rowdy⟩ • hierzu **row·dy·haft** ADJEKTIV; **Row·dy·tum** *das*

rub·beln VERB (rubbelte, hat gerubbelt) **(etwas) rubbeln** *gesprochen* kräftig an etwas reiben | *den Stoff rubbeln, damit der Fleck herausgeht*

Rü·be *die;* (-, -n) **1** eine Pflanze mit einer sehr dicken Wurzel, die man vor allem als Futter für Tiere verwendet ⟨Rüben anbauen, pflanzen⟩ **K** Rübenfeld, Rübensirup, Rübenzucker; Futterrübe, Zuckerrübe **2** **eine Rote Rübe** eine Rübe mit runder, roter Wurzel ≈ *Rote Bete* **3** **eine Gelbe Rübe** *besonders süddeutsch* Ⓐ ≈ *Möhre, Karotte* **4** *gesprochen, abwertend* ⟨eins auf die Rübe kriegen; jemandem eins auf die Rübe geben⟩ ≈ *Kopf*

Ru·bel *der;* (-s, -) die Währung in Russland | *Ein Rubel hat 100 Kopeken* ■ **ID Da rollt der Rubel** *gesprochen* Da wird viel Geld verdient

★ **rü·ber** ADVERB; *gesprochen* → herüber, hinüber

★ **rü·ber-** *im Verb; gesprochen* → herüber-, hinüber-

rü·ber·brin·gen VERB *(hat); gesprochen* **1** **jemanden/etwas rüberbringen** ≈ *herüberbringen, hinüberbringen* **2** **etwas rüberbringen** etwas so darstellen, dass es andere Leute verstehen, erkennen o. Ä.

rü·ber·kom·men VERB *(ist); gesprochen* **1** ≈ *herüberkommen* | *Er kam zu mir rüber* **2** ≈ *hinüberkommen* | *Ist sie über den Fluss rübergekommen?* **3** **mit etwas rüberkommen** etwas nach langem Zögern hergeben ≈ *herausrücken* | *Jetzt komm mit dem Geld rüber!* **4** **etwas kommt rüber** etwas wird deutlich oder verständlich | *Die Angst der Menschen ist in diesem Film gut rübergekommen*

rü·ber·wach·sen VERB; *gesprochen* ■ **ID etwas rüberwachsen lassen** *(hat)* jemandem etwas geben | *Lass mal zehn Euro rüberwachsen!* **H** weitere Verwendungen → **herüber-** und **hinüber-**

Ru·bi·kon *der* ■ **ID den Rubikon überschreiten** *geschrieben* eine wichtige Entscheidung treffen, die man nicht zurücknehmen kann

Ru·bin *der;* (-s, -e) ein wertvoller roter Edelstein | *ein Ring mit einem Rubin* **K** rubinrot

Rub·rik *die;* (-, -en) **1** ein Teil einer Zeitung, Liste o. Ä., der eine besondere Überschrift hat ⟨etwas in eine Rubrik eintragen⟩ ≈ *Spalte* | *Die Nachricht stand in/unter der Rubrik „Vermischtes"* **2** ≈ *Kategorie*

Ruch *der;* (-(e)s); *geschrieben* ein schlechter Ruf, den jemand/etwas hat | *Er steht in dem Ruch/ist in den Ruch geraten, ein Betrüger zu sein*

ruch·bar ADJEKTIV **es wird ruchbar, dass ...** *geschrieben* eine negative Tatsache wird bekannt | *Es wurde ruchbar, dass der Minister in einen Skandal verwickelt war*

ruch·los ADJEKTIV; *geschrieben* ⟨ein Mörder⟩ verbrecherisch und gewissenlos • hierzu **Ruch·lo·sig·keit** *die*

ruck ADVERB ■ **ID ruck, zuck** *gesprochen* sehr schnell und ohne große Mühe | *Das ist doch überhaupt keine Arbeit, das geht doch ruck, zuck!* → hau ruck

Ruck *der;* (-(e)s, -e); *meist Singular* **1** eine plötzliche und kräftige kurze Bewegung | *sich mit einem Ruck losreißen* | *Der Zug fuhr mit einem Ruck los* **2** **ein Ruck nach links/rechts** eine plötzliche politische Entwicklung nach links/rechts, z. B. ein starker Zuwachs an Wählern für linke/rechte Parteien **K** Linksruck, Rechtsruck

★ **Rück-** *im Substantiv, betont, sehr produktiv* **1** **die Rückabwicklung, die Rückerstattung, die Rückführung** *und andere* verwendet, um Substantive aus Verben mit *zurück-* zu bilden | *die Rückeroberung eines besetzten Gebiets* (das Zurückerobern) | *die Rückgabe eines ausgeliehenen Buches* (das Zurückgeben) | *die Rückzahlung von Steuern* (das Zurückzahlen) **2** **die Rückantwort, die Rückfahrkarte, die Rückfahrt, der Rückflug, der Rückmarsch, die Rückreise, der Rückweg** *und andere* so, dass etwas von einem Ziel oder Empfänger wieder zurück zum Ausgangsort oder zum Absender geht | *Rücklauf des Wassers* **3** **die Rückansicht, das Rücklicht, die Rückleuchte, die Rückseite, der Rücksitz** *und andere* im oder am hinteren Teil einer Sache | *die Rückbank eines Autos* | *die Rückfront eines Gebäudes* | *die Rücklehne des Stuhls* **H** zu *Rücklicht* → Abb. unter **Auto** und **Fahrrad**

ruck·ar·tig ADJEKTIV **1** mit einem Ruck ⟨ruckartig anfahren, bremsen⟩ **2** ⟨Bewegungen⟩ kurz und ungleichmäßig

Rück·bil·dung *die* der Vorgang, durch den ein Körperteil oder eine Substanz kleiner oder weniger wird

Rück·blen·de *die* ein Bericht in einem Film oder Roman, in welchem die Ereignisse erzählt werden, die vor dem Anfang des Films oder Romans geschehen sind ⟨etwas in einer Rückblende zeigen, erzählen⟩

Rück·blick *der* **1** **ein Rückblick (auf etwas** *(Akkusativ)***)** ein Bericht über etwas in der Vergangenheit | *ein Rückblick auf das vergangene Geschäftsjahr* **2** **im Rückblick** wenn man heute überlegt, wie die Vergangenheit war ≈ *rückblickend* | *Im Rückblick scheint mir die Entscheidung nicht richtig gewesen zu sein*

rück·bli·ckend ADJEKTIV im Rückblick

rück·da·tie·ren VERB (hat rückdatiert) **etwas rückdatieren** ein Datum angeben, das schon vergangen (und damit nicht korrekt) ist ⟨einen Brief, einen Scheck⟩ **H** meist im Infinitiv oder Partizip Perfekt verwendet

ru·cken VERB (ruckte, hat geruckt) **1** **an etwas** *(Dativ)* **rucken** etwas mit einem Ruck oder mehreren Rucken bewegen | *Er ruckte am Schrank, um ihn vor die Tür zu schieben* **2** **etwas ruckt** etwas macht einen Ruck | *Der Zug ruckte ein paar Mal und blieb dann stehen*

★ **rü·cken** VERB (rückte, hat/ist gerückt) **1** **etwas (irgendwohin) rücken** *(hat)* etwas (meist Schweres) mit kurzen, kräftigen Bewegungen ein bisschen verschieben oder ziehen | *einen Schrank vor die Tür rücken, damit niemand hereinkann*

| *einen Stuhl näher an den Tisch rücken* **2** **etwas in den Mittelpunkt/Vordergrund rücken** (*hat*) ein Thema o. Ä. zum Mittelpunkt der Diskussion machen **3** **irgendwohin rücken** (*ist*) (im Sitzen) sich irgendwohin bewegen | *Er rückte auf dem Sofa näher zu ihr* | *Wenn Sie ein wenig (zur Seite) rücken, habe ich auf der Bank auch noch Platz* **4** **etwas rückt in den Mittelpunkt/Vordergrund** (*ist*) etwas wird zum Mittelpunkt des Interesses **5** **ein Ziel rückt in weite Ferne/in greifbare Nähe** (*ist*) ein Ziel ist kaum mehr zu erreichen/ist fast erreicht **6** **ein Zeitpunkt rückt näher** (*ist*) ein Zeitpunkt kommt näher **7** **ins Feld, ins Manöver rücken** (*ist*) als Soldat ins Feld, ins Manöver ziehen

★ **Rụ·cken** *der*; (-s, -) **1** die Seite des Körpers (zwischen Hals und Gesäß), die beim Menschen hinten ist ⟨ein breiter, gebeugter, krummer, steifer Rücken; einen runden Rücken machen; auf dem Rücken liegen; auf den Rücken fallen; jemandem den Rücken zudrehen, zuwenden; jemandem die Hände auf den Rücken binden⟩ | *Sie stellten sich Rücken an Rücken, um zu sehen, wer größer war* | *Er setzte sich mit dem Rücken zur Tür* K Rückenmuskeln, Rückenschmerzen, Rückenwirbel, Rückenlage, Rückenlehne, Rückenpolster; Pferderücken H → Abb. unter **Mensch** **2** **der verlängerte Rücken** *gesprochen, humorvoll* der Teil des Körpers, auf dem man sitzt ≈ *Gesäß* **3** **(mit jemandem/etwas) im Rücken** so, dass die genannte Person oder Sache hinter jemandem ist | *Mit dem Fenster im Rücken saß er am Tisch* **4** **jemanden im Rücken haben** einen Verfolger dicht hinter sich haben | *Die Kidnapper hatten die ganze Zeit die Polizei im Rücken* **5** die obere Seite einer Sache ⟨der Rücken eines Berges, eines Messers⟩ **6** der schmale Teil eines Buchs, den man sieht, wenn das Buch im Regal steht

■ **ID** ▸Rücken als Objekt: **einer Person den Rücken decken/frei halten** jemanden unterstützen; **den Rücken frei haben** handeln können, ohne dass man behindert wird; **einen breiten Rücken haben** viel Unangenehmes ruhig ertragen können; **sich** (*Dativ*) **den Rücken frei halten** sich gegen Kritik sichern; **einer Person/etwas den Rücken kehren/zudrehen** mit jemandem/etwas nichts mehr zu tun haben wollen; **einer Person den Rücken stärken** einer Person helfen und ihr Mut machen;
▸Präposition plus Rücken: **hinter jemandes Rücken** so, dass jemand nichts davon weiß oder bemerkt; **im Rücken** als Unterstützung ⟨jemanden/etwas im Rücken haben⟩ | *mit der Gewerkschaft im Rücken gegen den Arbeitgeber prozessieren*; **einer Person in den Rücken fallen** etwas tun oder sagen, das einer Person schadet, nachdem man sie vorher unterstützt hat oder mit ihr befreundet war; **mit dem Rücken zur Wand stehen/kämpfen** sich in einer sehr schwierigen Situation verzweifelt verteidigen; **jemandem läuft es kalt über den Rücken**, **jemandem läuft es eiskalt/heiß und kalt den Rücken hinunter** jemand bekommt sehr große Angst, ist über etwas entsetzt

Rụ·cken·de·ckung *die* **1** der Schutz gegen einen Angriff von hinten ⟨jemandem Rückendeckung geben⟩ **2** der Schutz, den eine Person gegen Angriffe, Kritik und negative Folgen ihrer Taten von jemandem bekommt | *In dieser Angelegenheit bekam er vom Chef Rückendeckung*

rụ·cken·frei ADJEKTIV ⟨ein Abendkleid⟩ so, dass es den Rücken nicht bedeckt

Rụ·cken·mark *das* die vielen Nerven in der Wirbelsäule K Rückenmarkentzündung, Rückenmarkverletzung

rụ·cken·schwim·men VERB *nur im Infinitiv* so schwimmen, dass der Rücken nach unten und der Bauch nach oben zeigt • hierzu **Rụ·cken·schwim·men** *das*

Rụ·cken·stär·kung *die* moralische Unterstützung ⟨sich (*Dativ*) bei jemandem Rückenstärkung holen⟩

Rụ·cken·wind *der* ein Wind, der von hinten kommt ⟨Rückenwind haben⟩

Rück·er·stat·tung *die* **die Rückerstattung** (+*Genitiv*); **die Rückerstattung von etwas** (*Dativ*) das Zurückgeben von Geld an eine Person, die etwas gezahlt hat, dies aber nicht zahlen musste | *die Rückerstattung von beruflich bedingten Fahrkosten durch den Arbeitgeber* | *eine Rückerstattung für eine nicht benutzte Fahrkarte* • hierzu **rụ̈ck·er·stat·ten** VERB (*hat*)

★ **Rück|fahr·kar·te** *die* eine Fahrkarte, für die Fahrt zu einem Ziel und wieder zurück

★ **Rück·fahrt** *die* die Fahrt zurück (von einem Ort oder Ziel) | *Auf der Rückfahrt hatten wir eine Panne*

Rück·fall *der* **1** die Situation, wenn eine Person, die schon fast gesund war, wieder richtig krank wird ⟨einen Rückfall befürchten, bekommen, erleiden, vermeiden⟩ **2** **ein Rückfall (in etwas** (*Akkusativ*)**)** die Situation, wenn eine Person wieder etwas Schlechtes tut, was sie schon lange nicht mehr getan hat ⟨ein Rückfall in alte Fehler, in alte Gewohnheiten⟩ K Rückfallquote, Rückfalltäter

rück·fäl·lig ADJEKTIV so, dass jemand etwas Schlechtes oder Illegales wieder tut ⟨ein Dieb, ein Süchtiger, ein Täter; rückfällig werden⟩ • hierzu **Rück·fäl·lig·keit** *die*

Rück·fra·ge *die* eine Frage, die man jemandem stellt, um Einzelheiten zu klären, die in einem früheren Gespräch nicht deutlich geworden sind • hierzu **rück·fra·gen** VERB (*hat*)

Rück·ga·be·recht *das* das Recht, eine gekaufte Ware zurückzugeben, wenn sie nicht in Ordnung ist oder wenn sie einem nicht gefällt

★ **Rück·gang** *der*; *meist Singular* der Prozess, bei dem etwas (wieder) weniger wird ⟨etwas befindet sich im Rückgang⟩ | *der Rückgang der Verkaufszahlen*

rück·gän·gig ADJEKTIV **1** so, dass sich die Zahl oder Menge verringert | *eine rückgängige Geburtenzahl* **2** **einen Beschluss/einen Vertrag rückgängig machen** erklären, dass ein Beschluss, ein Vertrag nicht mehr gültig ist

Rück·grat *das* **1** *meist Singular* ⟨sich (*Dativ*) das Rückgrat brechen, verletzen⟩ ≈ *Wirbelsäule* K Rückgratverkrümmung **2** *nur Singular* der Mut, bei den eigenen Überzeugungen zu bleiben und sie zu vertreten ⟨Rückgrat beweisen, haben, zeigen; ein Mensch ohne Rückgrat⟩ ■ **ID** **jemandem das Rückgrat brechen** a auf eine Person so viel Druck ausüben, dass sie ihre Meinung aufgibt b jemanden ruinieren

Rück·griff *der* **ein Rückgriff (auf jemanden/etwas)** der erneute Einsatz einer Person, der erneute Gebrauch einer Sache, die man früher benutzte | *ein Rückgriff auf alte Methoden*

Rück·halt *der*; *nur Singular* eine Person, die einer anderen Person hilft, weil diese unsicher oder verzweifelt ist ⟨ein moralischer Rückhalt; an jemandem einen festen Rückhalt haben⟩

rück·halt·los ADJEKTIV ohne Vorbehalte, ohne Bedenken ⟨eine Anerkennung, eine Zustimmung; jemandem rückhaltlos vertrauen⟩ • hierzu **Rück·halt·lo·sig·keit** *die*

Rück·hand *die*; *nur Singular* ein Schlag beim Tennis, Tischtennis o. Ä., bei welchem der Handrücken zum Ball zeigt ⟨eine Rückhand spielen; eine gute, schlechte, gefürchtete Rückhand haben⟩

★ **Rück·kehr** *die*; (-) **1** das Zurückkommen (nach einer ziemlich langen Abwesenheit) | *Flüchtlingen die Rückkehr in die Heimat ermöglichen* | *Nach deiner Rückkehr vom Urlaub feiern wir ein Fest* **2** die Wiederaufnahme einer früheren Tätigkeit o. Ä. ⟨die Rückkehr zu alten Gewohnheiten⟩ | *Frauen die Rückkehr in den alten Beruf erleichtern* • zu (1) **Rück·keh·rer** *der*; zu (1) **Rück·keh·re·rin** *die*

Rück·kopp·lung *die* **1** das laute Pfeifen im Lautsprecher, das entsteht, wenn ein Teil der Energie des Verstärkers zurückfließt **2** ≈ *Feedback*

Rück·kunft *die*; (-); *geschrieben* ≈ *Rückkehr*

Rück·la·ge *die*; (-, -n); *meist Plural* Geld, das jemand/ein Betrieb für schlechte Zeiten spart ⟨Rücklagen bilden⟩

rück·läu·fig ADJEKTIV ≈ *rückgängig*

rück·lings ADVERB **1** mit dem Rücken in die Richtung der Bewegung ⟨rücklings hinfallen, auf den Boden fallen, auf dem Pferd sitzen⟩ **2** von hinten ⟨jemanden rücklings angreifen, erstechen⟩

Rück·mel·dung *die* **1** **die Rückmeldung (zu etwas)** die Mitteilung, dass man wieder da ist | *die Rückmeldung zur Arbeit* **2** eine Reaktion aus dem Publikum ≈ *Feedback*

Rück·nah·me *die*; (-, -n) **1** die Erklärung, dass eine Aussage, eine Behauptung o. Ä. nicht mehr gültig ist ⟨die Rücknahme einer Anschuldigung, eines Einspruchs, einer Klage, eines Vorwurfs⟩ **2** das Zurücknehmen einer gekauften Ware durch den Verkäufer

Rück·por·to *das* das Porto, das eine Person, die um eine Antwort bittet, in einen Brief legt ⟨das Rückporto beilegen⟩

Rück·rei·se *die* die Reise von einem Ort oder Ziel zurück (nach Hause)

Rück·rei·se|wel·le *die* starker Verkehr am Ende von Ferien, Wochenenden o. Ä., der dadurch entsteht, dass viele Menschen nach Hause fahren

Rück·ruf *der* **1** ein Telefonanruf als Antwort auf einen verpassten Anruf ⟨um Rückruf bitten⟩ **2** eine Aktion, bei der eine Firma ihre Kunden auffordert, eine Ware zurückzugeben, die gefährliche Fehler haben kann **K** Rückrufaktion

★ **Ruck·sack** *der* eine Tasche, die man an Riemen auf dem Rücken trägt ⟨einen Rucksack packen, umhängen, auf dem Rücken tragen, ablegen; etwas im Rucksack verstauen⟩ **K** Rucksackreisende, Rucksacktourist

Rück·schau *die* ≈ *Rückblick*

rück·schau·end ADJEKTIV ≈ *rückblickend*

Rück·schlag *der* **1** bei einem Rückschlag wird eine positive Entwicklung plötzlich wieder schlechter ⟨einen Rückschlag erleben, erleiden, hinnehmen müssen⟩ **2** ⓒⓗ ≈ *Defizit*

Rück·schluss *der*; (-es, Rück·schlüs·se); *meist Plural* **Rückschlüsse (auf jemanden/etwas)** eine logische Folgerung aus einer Tatsache oder einer Situation ⟨Rückschlüsse aus etwas ziehen; etwas lässt auf jemanden/etwas Rückschlüsse zu⟩

Rück·schritt *der*; *meist Singular* eine Entwicklung zu einem (früheren) schlechteren Zustand hin ⟨eine Maßnahme, ein Zustand bedeutet einen Rückschritt⟩ ↔ *Fortschritt*

★ **Rück·sicht** *die*; (-, -en) **1** **Rücksicht (auf jemanden/etwas)** *meist Singular* ein Verhalten, mit dem man sich bemüht, einer Sache oder Person nicht zu schaden oder dabei an die Bedürfnisse, Gefühle, Wünsche einer anderen Person zu denkt ⟨keine Rücksicht kennen; es an Rücksicht fehlen lassen⟩ | *Du solltest etwas mehr Rücksicht auf deine kleine Schwester nehmen!* | *Aus Rücksicht auf seine Gefühle haben wir keine Witze gemacht* | *Sie zwängte sich ohne Rücksicht auf ihre Kleidung/auf die Dornen durch die Hecke* (obwohl ihre Kleidung beschädigt wurde/obwohl die Dornen sie zerkratzten) **2** *oft Plural* wegen einer Person oder Sache ⟨etwas aus familiären, finanziellen, wirtschaftlichen Rücksichten (nicht) tun⟩ | *Aus finanziellen Rücksichten musste auf den Bau des Schwimmbads verzichtet werden* (Weil wir nicht genug Geld haben ...) **3** **(auf jemanden/etwas) Rücksicht nehmen** jemanden/etwas mit Rücksicht behandeln ■ **ID ohne Rücksicht auf Verluste** so, dass es jemandem egal ist, wenn sein Verhalten ihm selbst oder anderen Nachteile bringt

Rück·sicht·nah·me *die*; *meist Singular* ein Verhalten, bei dem man jemanden/etwas mit Rücksicht behandelt

rück·sichts·los ADJEKTIV **rücksichtslos (gegen jemanden/etwas)** ohne die Gefühle, Bedürfnisse o. Ä. von anderen Menschen zu beachten ⟨ein Mensch; jemandes Verhalten; rücksichtslos handeln; jemanden rücksichtslos behandeln, ausnützen⟩ ≈ *egoistisch* • hierzu **Rück·sichts·lo·sig·keit** *die*

rück·sichts·voll ADJEKTIV so, dass jemand die Gefühle, Bedürfnisse o. Ä. von anderen Menschen beachtet | *sich rücksichtsvoll benehmen* | *rücksichtsvoll handeln* | *Es war sehr rücksichtsvoll von ihm, nicht zu rauchen*

Rück·spie·gel *der* ein kleiner Spiegel im Auto, in dem man die Straße und die Autos hinter sich sehen kann

Rück·spiel *das* das zweite (von zwei) Spielen zwischen denselben beiden Mannschaften (in einem Wettbewerb) ↔ *Hinspiel*

Rück·spra·che *die* **die Rücksprache (mit jemandem)** ein Gespräch, bei dem man versucht, mit einer anderen Person Fragen und Probleme zu klären ⟨mit jemandem Rücksprache nehmen, halten⟩ | *Diese Frage kann ich erst nach Rücksprache mit dem Chef entscheiden*

★ **Rück·stand** *der* **1** ein schädlicher Rest von Stoffen, der nach ihrer Verarbeitung übrig bleibt ⟨ein chemischer Rückstand⟩ | *Im Kalbfleisch wurden Rückstände verbotener Medikamente gefunden* **K** rückstandsfrei **2** **Rückstände (in etwas** (*Dativ*)**)** *meist Plural* eine Summe Geld, die noch nicht bezahlt worden ist ⟨Rückstände eintreiben, fordern⟩ ≈ *Schulden* **3** das, was noch fehlt, um eine Norm zu erreichen ⟨einen Rückstand aufholen; mit etwas im Rückstand sein⟩ ↔ *Vorsprung* | *den Rückstand in der Produktion aufholen* | *Er ist mit der Miete im Rückstand* **K** Produktionsrückstand **4** **der Rückstand (auf jemanden)** der Abstand (in Punkten, Minuten o. Ä.) zu einer Person, die in einem Wettbewerb besser ist ⟨im Rückstand liegen, sein; einen Rückstand aufholen, wettmachen⟩ ↔ *Vorsprung* | *mit drei Punkten Rückstand verlieren*

rück·stän·dig ADJEKTIV **1** nicht den modernen sozialen und politischen Verhältnissen entsprechend ≈ *altmodisch* ↔ *fortschrittlich* | *Deine Ansichten sind völlig rückständig!* **2** nicht so weit entwickelt wie andere(s) ⟨ein Land⟩ • hierzu **Rück·stän·dig·keit** *die*

Rück·stau *der* ein Stau, der entsteht, weil Wasser o. Ä. nicht abfließen kann bzw. Fahrzeuge eine Straße nicht verlassen können | *ein Rückstau an der Flussmündung/an der Autobahnauffahrt*

Rück·stoß *der* der Schlag, den ein Gewehr gegen die Schulter des Schützen macht **K** rückstoßfrei

Rück·strah·ler *der* ein kleines rotes Glas hinten am Fahrrad oder am Auto, das Licht reflektiert

★ **Rück·tritt** *der* **1** mit einem Rücktritt hört man mit der Arbeit in einer wichtigen Position auf (beim Staat, der Kirche oder einer großen Firma) ⟨den Rücktritt anbieten, erklären; jemandes Rücktritt fordern, annehmen⟩ | *Nach dem Skandal bot die Kanzlerin ihren Rücktritt an* | *Er begründete seinen Rücktritt vom Ministeramt mit seiner Krankheit* **K** Rücktrittsdrohung, Rücktrittserklärung, Rücktrittsgesuch **2** bei einem Rücktritt sagt man, dass man einen Vertrag nicht einhalten will oder kann **K** Rücktrittsgebühr, Rücktrittsrecht; Reiserücktritt **3** *nur Singular* eine Bremse am Fahrrad, bei der man die Pedale nach hinten bewegt ⟨ein Fahrrad mit/ohne Rücktritt⟩ **K** Rücktrittbremse

Rück·ver·gü·tung *die* eine Summe Geld, die jemand z. B. von einer Versicherung zurückbekommt, wenn diese ein gutes Geschäftsjahr gehabt hat • hierzu **rück·ver·gü·ten** VERB (*hat*)

rück·ver·si·chern VERB (rückversicherte sich, hat sich rückversichert) **sich rückversichern** genaue Informationen einholen, bevor man sich entscheidet **H** meist im Infinitiv oder Partizip Perfekt

Rück·ver·si·che·rung *die* **1** ≈ *Vergewisserung* **2** eine Versicherung, die eine Versicherungsgesellschaft bei einer anderen Versicherungsgesellschaft abschließt, um sich so selbst gegen Risiken (z. B. sehr große Auszahlungen) abzusichern

rück·wär·tig ADJEKTIV *meist attributiv* auf der hinteren Seite, im hinteren Teil ↔ *vorder-* | *der rückwärtige Teil des Gartens*

★ **rück·wärts** ADVERB **1** so, dass ein Teil, der normalerweise hinten ist, bei einer Bewegung vorn ist ⟨rückwärts einparken; eine Rolle rückwärts (machen)⟩ ↔ *vorwärts* **K** Rückwärtsbewegung, Rückwärtsdrehung **2** vom Ende zum Anfang ⟨das Alphabet rückwärts aufsagen⟩ **3** Ⓐ *gesprochen* ≈ *hinten* | *im Auto rückwärts sitzen*

rück·wärts- (*im Verb, betont und trennbar, wenig produktiv; Diese Verben werden so gebildet:* rückwärtsgehen, ging rückwärts, rückwärtsgegangen) **1** **rückwärtsgehen, rückwärtslaufen, rückwärtsfahren** *und andere* bezeichnet eine Bewegung von vorne nach hinten, mit dem Rücken oder hinteren Teil voran ↔ *vorwärts-* | *Die Katze ließ den Hund nicht aus den Augen und ging ein paar Schritte rückwärts* (Die Katze wandte ihr Gesicht und ihre Brust dem Hund zu, während sie ein paar Schritte nach hinten machte) **2** **rückwärtslaufen, rückwärtslesen, rückwärtsschreiben** drückt aus, dass ein Vorgang in umgekehrter Reihenfolge abläuft, vom Ende zum Anfang hin | *Er ließ den Film rückwärtslaufen bis zu der Szene, die er noch einmal sehen wollte* (Er spulte den Film zurück an eine frühere Stelle)

Rück·wärts·gang *der* der Gang im Auto, mit dem man rückwärtsfahren kann ⟨den Rückwärtsgang einlegen⟩

ruck·wei·se ADVERB mit mehreren kurzen und kräftigen Bewegungen

rück·wir·kend ADJEKTIV von einem Zeitpunkt an gültig, der in der Vergangenheit liegt | *Ihre Gehaltserhöhung gilt rückwirkend seit dem 1. April*

Rück·wir·kung *die* **eine Rückwirkung (auf jemanden/etwas)** meist negative Auswirkungen oder Konsequenzen | *Der Fehler hatte Rückwirkungen auf die ganze Firma*

Rück·zie·her *der*; (-s, -) **1** **einen Rückzieher machen** etwas (meist im letzten Moment) wieder rückgängig machen, das man vorher geplant und besprochen hat | *Er hat kurz vor Vertragsabschluss einen Rückzieher gemacht* **2** ein Schuss im Fußball, bei dem man den Ball über den Kopf nach hinten schießt

★ **Rück·zug** *der* **1** das Verlassen eines Gebiets, in dem gekämpft wird (vor allem während der Gegner angreift) ⟨ein geordneter, überstürzter Rückzug; den Rückzug antreten, befehlen; auf dem Rückzug sein; jemandem den Rückzug abschneiden⟩ **K** Rückzugsgefecht; Truppenrückzug **2** **der Rückzug (aus etwas)** das Verlassen eines meist wichtigen Bereiches, in dem man gearbeitet hat ⟨der Rückzug aus dem politischen, öffentlichen Leben⟩

rü·de ADJEKTIV im Benehmen oder Verhalten unfreundlich und ohne Rücksicht auf andere Leute ⟨eine Attacke, ein Foul, eine Methode, ein Umgangston; einen rüden Ton anschlagen⟩ ↔ *höflich*

Rü·de *der*; (-n, -n) ein männlicher Hund, Fuchs oder Wolf **H** *der Rüde; den, dem, des Rüden*

Ru·del *das*; (-s, -) **1** eine Gruppe von wilden Tieren, die zusammenleben ⟨ein Rudel Wölfe, Hirsche, Gämsen; Wölfe jagen in Rudeln; Wölfe leben im Rudel⟩ **K** Hirschrudel, Wolfsrudel **2** *gesprochen, meist abwertend* eine große und ungeordnete Gruppe von Personen ≈ *Schar* ● hierzu **ru·del·wei·se** ADJEKTIV

Ru·der *das*; (-s, -) **1** Ruder sind lange Stangen mit einem breiten, flachen Ende. Man zieht zwei Ruder links und rechts durch das Wasser, um ein Boot zu bewegen ⟨die Ruder auslegen, eintauchen, einziehen⟩ **K** Ruderboot **H** Im Gegensatz zum *Paddel* ist ein *Ruder* am Boot befestigt. **2** mit dem Ruder hinten am Schiff oder Boot lenkt man es in die gewünschte Richtung ⟨das Ruder halten, führen; am Ruder sitzen, stehen⟩ **K** Steuerruder ■ ID **sich kräftig ins Ruder legen** sehr engagiert arbeiten; **(bei etwas) das Ruder herumwerfen** etwas vollständig ändern; **am Ruder sein/bleiben** an der Macht sein, bleiben; **ans Ruder kommen/gelangen** an die Macht kommen

RUDER

★ **ru·dern** VERB (ruderte, hat/ist gerudert) **1** **jemanden/etwas (irgendwohin) rudern** (*hat*) jemanden/etwas mit einem Boot mit Rudern an eine Stelle bringen | *das Vieh und den Proviant ans andere Ufer rudern* **2** **(irgendwohin) rudern** (*ist*) sich in einem Boot mit Rudern durch das Wasser bewegen ⟨kräftig rudern; stromabwärts, über den Fluss, über den See rudern⟩ **3** **(gegen jemanden) rudern** (*hat/ist*) das Rudern als Sport betreiben **K** Ruderklub, Ruderregatta, Rudersport **4** **(mit den Armen) rudern** (*hat*) mit den Armen kreisförmige Bewegungen machen, um das Gleichgewicht nicht zu verlieren ● zu (2,3) **Ru·de·rer** *der*

Ru·dern *das*; (-s) die sportliche Disziplin, bei der man rudert

Ru·di·ment *das*; (-(e)s, -e); *geschrieben* etwas, das als Rest aus einer früheren Zeit noch da ist | *Rudimente einer mittelalterlichen Stadtmauer*

ru·di·men·tär ADJEKTIV; *geschrieben* sehr einfach und deshalb unvollständig ⟨Kenntnisse⟩

★ **Ruf** *der*; (-(e)s, -e) **1** laute Töne, mit denen ein Mensch oder Tier ein Signal geben will ⟨ein Ruf verhallt⟩ | *Niemand hörte die Rufe des Ertrinkenden* | *der Ruf einer Eule* **K** Balzruf, Lockruf, Warnruf, Buhruf, Hilferuf **2** *geschrieben* **der Ruf (nach etwas)** *nur Singular* der oft dringende Wunsch, etwas zu tun oder etwas zu bekommen ⟨dem Ruf des Gewissens/Herzens folgen; der Ruf nach Freiheit, Frieden⟩ **3** *nur Singular* das Urteil der Allgemeinheit oder die (gute) Meinung über eine Person oder Sache ⟨einen guten, schlechten Ruf haben; jemandes Ruf als Künstler; auf den Ruf achten; etwas schadet jemandes Ruf; den Ruf gefährden, ruinieren; einen Ruf zu verlieren haben⟩ ≈ *Reputation* **4** *nur Singular* das Angebot an jemanden (meist an einen Professor), eine Stelle (an einer Universität) zu bekommen ⟨einen Ruf bekommen, erhalten; einem Ruf folgen; einen Ruf abschlagen⟩ ■ ID **jemandem/etwas geht ein** *+Adjektiv* **Ruf voraus** man weiß von einer Person so ungefähr, wie sie ist (ohne sie genau zu kennen); **jemand/etwas ist besser als sein Ruf** *humorvoll* jemand/etwas ist besser als vermutet

★ **ru·fen** VERB (rief, hat gerufen) **1** **jemanden/etwas rufen** mit einem Ruf oder am Telefon jemanden bitten zu kommen

⟨den Arzt, die Polizei, die Feuerwehr, ein Taxi rufen; jemanden rufen lassen; jemanden zu sich (*Dativ*) rufen⟩ **2** **etwas rufen** etwas mit lauter Stimme sagen | *„Bravo" rufen | „Hurra" rufen | Sie rief „Herein!", als es klopfte* **3** **jemanden** +*Name* **rufen** eine Person bei dem genannten Namen nennen | *Sein richtiger Name ist Georg, aber alle rufen ihn „Schorsch"* **4** **etwas ruft (jemanden)** etwas macht nötig, dass jemand arbeitet | *Die Arbeit ruft | Dringende Geschäfte riefen ihn in die Firma* **5** (meist laute) Töne oder Wörter von sich geben (mit denen man etwas signalisieren will) ⟨laut, schrill, aufgeregt, wütend rufen; um Hilfe rufen⟩ ≈ *schreien* **6** **nach jemandem/etwas rufen** jemanden bitten zu kommen | *nach dem Kellner rufen* **7** **etwas ruft jemandem etwas ins Gedächtnis/in Erinnerung** etwas bewirkt, dass jemand sich an etwas erinnert | *Dieses Foto rief mir meine Kindheit in Erinnerung* ■ **ID** **Du kommst/Das kommt mir wie gerufen!** Du kommst/Das kommt genau zur richtigen Zeit

Rüf·fel *der*; (-s, -); *gesprochen* scharfe Kritik ⟨jemandem einen Rüffel geben, erteilen⟩ ≈ *Tadel | vom Chef einen Rüffel bekommen* ● hierzu **rüf·feln** VERB (*hat*)

Ruf·mord *der* der Versuch, jemandes guten Ruf zu zerstören ⟨Rufmord betreiben⟩ ≈ *Verleumdung*

Ruf·nä·he *die* die Entfernung, in der man eine Person noch hören kann, wenn sie ruft ⟨in Rufnähe bleiben⟩

Ruf·na·me *der* der Vorname, mit dem man jemanden gewöhnlich anspricht | *Sie heißt Anne-Marie, aber ihr Rufname ist Anne*

Ruf·num·mer *die* ≈ *Telefonnummer*

Ruf·wei·te *die* ⟨in/außer Rufweite sein⟩ ≈ *Rufnähe*

Rug·by ['rakbi] *das*; (-s) ein Spiel, bei dem zwei Mannschaften versuchen, mit einem ovalen Ball Punkte zu machen. Man darf den Ball mit der Hand und mit dem Fuß spielen **K** Rugbymannschaft, Rugbyspiel, Rugbyspieler

Rü·ge *die*; (-, -n) eine Äußerung, mit der man jemanden scharf kritisiert ⟨eine scharfe, strenge Rüge; jemandem eine Rüge erteilen; eine Rüge bekommen⟩ ≈ *Tadel*

rü·gen VERB (rügte, hat gerügt) **jemanden (für/wegen etwas) rügen**; **etwas rügen** einer Person deutlich sagen, dass man ihr Verhalten schlecht findet ⟨jemandes Verhalten, Leichtsinn, Faulheit rügen⟩

★ **Ru·he** ['ruːə] *die*; (-) **1** der Zustand, wenn sich eine Person oder Sache nicht bewegt ↔ *Bewegung | ein Körper in Ruhe | Das Pendel der Uhr kommt zur Ruhe* **K** Ruhelage, Ruhestellung, Ruhezustand **2** ein Zustand, in dem es vor allem keine störenden Geräusche gibt ⟨um Ruhe bitten; seine Ruhe haben wollen; sich nach Ruhe sehnen; sich (*Dativ*) Ruhe verschaffen; es herrscht vollkommene Ruhe; die Ruhe genießen⟩ ↔ *Lärm | Ich bitte um Ruhe für den nächsten Redner* **K** Ruhebedürfnis, Ruheplatz, Ruhestörer, Ruhestörung; Mittagsruhe, Nachtruhe **3** der psychische Zustand, wenn man entspannt ist und keine Sorgen hat ≈ *Entspannung | Wenn du nachts so lange unterwegs bist, finde ich einfach keine Ruhe | Sie strahlt immer so viel Ruhe und Gelassenheit aus* **4** ein Zustand, in dem es in einer Gemeinschaft keine Konflikte und Gefahren gibt ⟨Ruhe und Ordnung; Ruhe einkehren lassen⟩ **5** **die ewige Ruhe** *euphemistisch* der Zustand nach dem Tod

■ **ID** ▸Präposition plus Ruhe: **sich nicht aus der Ruhe bringen lassen** meist trotz Ärger oder Provokationen ruhig bleiben; **in (aller) Ruhe** ohne sich zu ärgern, sich aufzuregen oder sich zu beeilen ⟨jemandem etwas in Ruhe sagen; etwas in Ruhe tun⟩; **jemanden (mit etwas) in Ruhe lassen** jemanden (mit etwas) nicht stören | *Lass mich doch in Ruhe mit deinen Fragen!*; **etwas in Ruhe lassen** *gesprochen* etwas nicht anfassen; **Immer mit der Ruhe!** drückt aus, dass sich jemand beruhigen und nicht so schnell handeln soll; **sich zur Ruhe legen/begeben** *geschrieben* schlafen gehen; **sich zur Ruhe setzen** in den Ruhestand, in Pension gehen; **jemanden zur letzten Ruhe betten** *geschrieben* jemanden beerdigen, begraben;

▸andere Verwendungen: **die Ruhe vor dem Sturm** eine ruhige (oft schon gespannte) Atmosphäre, bevor etwas Entscheidendes geschieht; **Ruhe bewahren** auch in einer schwierigen oder gefährlichen Situation ruhig bleiben; **Ruhe geben** *gesprochen* sich so verhalten, dass man niemanden stört | *Gib doch endlich einmal Ruhe!*; **etwas lässt jemandem keine Ruhe** jemand muss immer wieder an etwas denken; **die Ruhe weghaben** *gesprochen* auch in einer schwierigen Situation ruhig bleiben

Ru·he·ge·halt ['ruːə-] *das* ≈ *Pension*

ru·he·los ['ruːə-] ADJEKTIV ohne Ruhe zu finden ⟨jemandes Leben, ein Mensch⟩ ≈ *rastlos*

★ **ru·hen** ['ruːən] VERB (ruhte, hat geruht) **1** *geschrieben* nicht arbeiten oder sich nicht bewegen, um sich so zu erholen ≈ *ausruhen | im Schatten eines Baumes ruhen | Ich werde nicht eher ruhen, bis dieses Ziel erreicht ist* **2** **etwas ruht** etwas ist nicht aktiv, in Bewegung oder in Funktion ⟨eine Maschine, ein Betrieb, ein Prozess, die Arbeit, der Verkehr, die Verhandlungen, die Waffen⟩ **3** **etwas ruht irgendwo** etwas liegt auf einer Person oder Sache und wird von ihr gestützt oder gehalten | *Ihr Kopf ruhte an seiner Schulter | Die Brücke ruht auf mehreren kräftigen Pfeilern* **4** **jemandes Blick ruht auf einer Person/Sache** jemand sieht (meist längere Zeit) auf eine Person/Sache **5** *geschrieben* ≈ *schlafen | Ich wünsche wohl zu ruhen!* **6** *euphemistisch* tot und begraben sein ⟨im Grabe, in fremder Erde ruhen⟩ | *Er ruhe in Frieden!*

Ru·he·pau·se ['ruːə.] *die* eine Pause, in der man sich erholt | *Sie arbeiteten hart, ohne sich eine Ruhepause zu gönnen*

★ **Ru·he·stand** ['ruːə-] *der*; *nur Singular* die Zeit im Leben eines Menschen, in der er nicht mehr (beruflich) arbeiten muss ⟨in den Ruhestand gehen, treten; in den Ruhestand versetzt werden; im Ruhestand sein⟩ ≈ *Rente* ● hierzu **Ru·he·ständ·ler** *der*; **Ru·he·ständ·le·rin** *die*

Ru·he·stät·te ['ruːə-] *die*; *geschrieben* **1** **jemandes (letzte) Ruhestätte** jemandes Grab **2** ein Platz zum Ausruhen

Ru·he·tag ['ruːə-] *der* ein Tag, an dem ein Restaurant o. Ä. geschlossen ist | *Am Mittwoch haben wir Ruhetag*

Ru·he·zei·ten ['ruːə-] *die*; *Plural* die Stunden des Tages, während derer man die Nachbarn nicht mit lauter Musik oder anderen lauten Geräuschen stören darf

★ **ru·hig** ['ruːıç, -ık] ■ ADJEKTIV **1** so, dass sich Personen oder Dinge wenig oder gar nicht bewegen ↔ *unruhig | ruhig auf dem Stuhl sitzen und warten | Das Meer ist heute ganz ruhig* **K** → auch **ruhigstellen** **2** mit wenig Lärm ⟨ein Zimmer, eine Wohnung, eine Lage; ruhig wohnen; etwas liegt ruhig, ist ruhig gelegen⟩ ↔ *laut | Die Maschine läuft sehr ruhig* **3** so, dass Personen wenig Lärm machen und deshalb andere nicht stören ⟨Mieter, Nachbarn⟩ ≈ *leise* ↔ *laut | Sei mal kurz ruhig, ich möchte hören, was das Radio meldet!* **4** so, dass wenig (Aufregendes) geschieht (und man wenig Arbeit oder Sorgen hat) ⟨irgendwo geht es ruhig zu; ein ruhiges Leben führen; einen ruhigen Posten haben⟩ ↔ *hektisch | Im Sommer gibt es hier viele Touristen, aber im Herbst sind die Zeiten ruhiger | Der Tag verlief ruhig, ohne besondere Vorkommnisse* **5** so, dass eine Person nicht nervös, aufgeregt, hektisch o. Ä. ist ⟨ein ruhiges Gewissen haben; ruhig antworten, bleiben, reagieren⟩ | *Bleib ganz ruhig, es wird dir bestimmt nichts passieren!* **6** frei von starken Effekten ⟨Farben, ein Muster⟩

■ PARTIKEL *betont und unbetont* **7** so, dass man keine Beden-

R

ken haben muss, sich keine Sorgen machen muss | *Wir können uns ruhig Zeit lassen, der Zug ist sowieso schon weg* | *Du darfst ihm ruhig vertrauen* **8** *gesprochen* in Aussagesätzen verwendet, um zu sagen, dass man nichts dagegen hat, wenn jemand etwas tut ≈ *meinetwegen* | *Der soll sich ruhig beschweren, das ist mir egal* | *Du darfst ruhig aufhören, wenn du nicht mehr magst* **9** *gesprochen* drückt aus, dass man ungeduldig ist, weil jemand etwas bisher nicht getan hat | *Du könntest ruhig auch einmal die Wäsche waschen!* | *Du könntest dich ruhig bei mir entschuldigen!*

■ ID **um jemanden/etwas ist es ruhig geworden** die Medien berichten nicht mehr (viel) von jemandem/etwas | *Seit er sich aus der aktiven Politik zurückgezogen hat, ist es sehr ruhig um ihn geworden*

ru·hig·stel·len ['ruːɪç-, -ɪk] VERB **1** **etwas ruhigstellen** einen verletzten Körperteil in eine Lage bringen, in der er nicht mehr bewegt werden kann | *einen gebrochenen Arm durch einen Gipsverband ruhigstellen* **H** in dieser Verwendung auch getrennt geschrieben **2** **jemanden ruhigstellen** dafür sorgen, dass jemand nur wenig aktiv ist | *einen tobenden Betrunkenen ruhigstellen* ● hierzu **Ru·hig·stel·lung** *die*

★ **Ruhm** *der;* (-(e)s) der Zustand, in dem eine Person wegen ihrer Leistungen von vielen Leuten für sehr gut gehalten und deshalb geschätzt wird ⟨Ruhm und Ehre, Ruhm und Geld/Reichtum; zu Ruhm gelangen, kommen; etwas begründet jemandes Ruhm; auf dem Höhepunkt des Ruhmes⟩ ≈ *Ansehen* | *es als Künstler zu internationalem Ruhm bringen* **K** ruhmbegierig, ruhmreich ■ ID **jemand/etwas erlangt traurigen/zweifelhaften Ruhm** eine Person oder Sache ist wegen schlimmer Ereignisse, böser Taten o. Ä. sehr bekannt; **sich nicht gerade mit Ruhm bekleckern** *gesprochen, oft humorvoll* eine sehr schlechte Leistung bringen

rüh·men VERB (rühmte, hat gerühmt) **1** **jemanden/etwas rühmen** mit großer Bewunderung über jemanden/etwas sprechen ⟨jemandes Leistungen rühmen; eine Person wegen ihrer Leistungen rühmen; jemanden als großzügigen Menschen rühmen; hoch gerühmt werden⟩ **K** rühmenswert **2** **sich (einer Sache** (*Genitiv*)**) rühmen** deutlich zeigen, dass man stolz auf etwas ist | *sich seines Erfolges als Staatsmann rühmen* | *Er kann sich rühmen, einer der besten Golfspieler der Welt zu sein*

Ruh·mes·blatt *das* **etwas ist kein/nicht gerade ein Ruhmesblatt für jemanden** *humorvoll* etwas ist so, dass man darauf nicht stolz sein kann

rühm·lich ADJEKTIV **1** so, dass man etwas anerkennen, loben muss ⟨eine Ausnahme⟩ **2** verneint verwendet, um zu sagen, dass man nicht stolz auf etwas sein kann | *bei einem Skandal keine rühmliche Rolle spielen* | *ein wenig rühmliches Ende*

Ruhr *die;* (-) eine Infektion des Darmes, die zu starkem Durchfall führt ⟨die Ruhr haben, bekommen⟩ **K** Ruhrepidemie

Rühr·ei *das* eine Speise aus Eiern, die man kräftig rührt und in der Pfanne brät

★ **rüh·ren** VERB (rührte, hat gerührt)

▸mit einem Löffel o. Ä.: **1** **(etwas) rühren** mit einem Löffel o. Ä. eine Flüssigkeit, einen Teig o. Ä. im Kreis bewegen und so mischen ⟨den Brei, die Suppe, den Teig rühren⟩ | *Milch, Eier und Mehl in eine Schüssel geben und kräftig rühren* | *die Soße rühren, damit sie nicht anbrennt* **K** Rührkuchen, Rührlöffel, Rührmaschine, Rührteig **2** **etwas in etwas** (*Akkusativ*) **rühren** etwas zu einer Flüssigkeit hinzufügen und dabei rühren | *Kakaopulver in eine Creme rühren*

▸bewegen: **3** **jemand rührt etwas/sich; etwas rührt sich** eine Person oder Sache macht eine kleine Bewegung | *Meine Finger waren so kalt, dass ich mich/sie nicht mehr rühren konnte* | *Es war windstill und kein Blatt rührte sich* **H** kein Passiv **4** **sich irgendwohin rühren** einen Ort verlassen | *Warte hier auf mich und rühr dich nicht von der Stelle!* | *Wir haben uns den ganzen Tag nicht aus dem Haus gerührt* **H** meist verneint **5** **etwas rührt sich** irgendwo geschehen Dinge, ist etwas los | *So früh am Morgen rührt sich bei uns im Haus noch nichts* | *Lange ging es bei dem Projekt nicht vorwärts, aber jetzt rührt sich endlich was* | *Ich habe mehrmals versucht, ihn anzurufen, aber da rührt sich nichts* (Es gibt keine Reaktion von ihm)

▸psychisch: **6** **etwas rührt jemanden** etwas bewirkt, dass jemand Mitleid, Dankbarkeit oder Sympathie empfindet ⟨zu Tränen gerührt sein; ein rührender Anblick; eine rührende Szene⟩ | *Es rührt mich, dass ihr mir helfen wollt, aber es ist nicht nötig* | *Es ist rührend, wie sie sich um ihren kleinen Bruder kümmert* | *Er war zutiefst gerührt* **H** meist im Passiv mit dem Hilfsverb *sein* oder Partizip Präsens

▸sich melden: **7** **sich (bei jemandem) rühren** *gesprochen* einer Person sagen, dass man etwas möchte oder mit ihr Kontakt aufnehmen | *Wenn ihr was braucht, rührt euch bitte* | *Jetzt muss ich mal Franz anrufen, der hat sich schon lange nicht mehr gerührt*

▸Ursache: **8** **etwas rührt von etwas; etwas rührt daher, dass ...** *geschrieben* etwas hat die genannte Ursache | *Ihre starken Schmerzen rühren von einem Unfall* | *Mein gestriges Fehlen rührt daher, dass ich krank war*

■ ID **Rührt euch!** verwendet als Kommando für Soldaten, bequem zu stehen ● zu (6) **Rüh·rung** *die*

rüh·rig ADJEKTIV sehr aktiv ⟨ein Geschäftsmann⟩ ● hierzu **Rüh·rig·keit** *die*

rühr·se·lig ADJEKTIV; *oft abwertend* **1** ⟨ein Theaterstück, ein Gedicht, ein Film⟩ so, dass sie traurig machen **2** ⟨Menschen⟩ so, dass sie schnell traurig werden (und weinen) ● zu (2) **Rühr·se·lig·keit** *die*

Ru·in *der;* (-s) **1** der Zustand, in dem jemand das eigene Geld, das eigene Ansehen, die Position usw. verloren hat ⟨jemandes finanzieller, wirtschaftlicher Ruin; kurz vor dem Ruin stehen; etwas führt zu jemandes Ruin⟩ **2** **jemandes Ruin sein** die Ursache für jemandes Ruin sein ● zu (1) **ru·i·nös** ADJEKTIV

Ru·i·ne *die;* (-, -n) die Reste eines Gebäudes, nachdem es zerstört ist | *die Ruine einer alten Burg* **K** Burgruine, Klosterruine, Schlossruine

ru·i·nie·ren VERB (ruinierte, hat ruiniert) **jemanden/etwas ruinieren** bewirken, dass jemand/etwas großen Schaden hat | *Rauchen ruiniert die Gesundheit*

rülp·sen VERB (rülpste, hat gerülpst); *gesprochen* mit einem lauten Geräusch Luft aus dem Magen durch den Mund pressen

Rülp·ser *der;* (-s, -) das Geräusch, das entsteht, wenn jemand rülpst

rum ADVERB; *gesprochen* → herum

Rum *der;* (-s) ein sehr starkes alkoholisches Getränk, das man aus Zucker(rohr) macht ⟨Tee, Cola mit Rum⟩ **K** Rumflasche, Rumfass

rum- *im Verb; gesprochen* → herum-

Rum·ba *die;* (-, -s) ein Tanz, der aus Kuba kommt

Rum·mel *der;* (-s) **1** viel Bewegung und Lärm (vor allem weil viele Menschen an einem Ort sind) | *Der Rummel in der Stadt hat mich geschafft!* **K** Festrummel, Jahrmarktsrummel, Reklamerummel, Weihnachtsrummel **2** *norddeutsch* ⟨auf den Rummel gehen⟩ ≈ *Jahrmarkt* **K** Rummelplatz **3** **der Rummel um jemanden/etwas** das große Aufsehen, das um jemanden/etwas entsteht (z. B. in der Pres-

R

se) | *Die Presse macht viel Rummel um diesen Skandal*

ru·mo̱·ren VERB (rumorte, hat rumort) **etwas rumort (irgendwo)** etwas macht dumpfe Geräusche | *Der Magen rumort vor Hunger*

Rụm·pel·kam·mer *die* ein Zimmer, in dem Dinge sind, die man nicht mehr braucht

rụm·peln VERB (rumpelte, hat gerumpelt) **es rumpelt** es gibt ein dumpfes Geräusch, wie es entsteht, wenn etwas umfällt

Rụm·pel·stilz·chen *das;* (-s, -) ein kleines Männchen im Märchen, das für ein Mädchen Stroh zu Gold macht und dafür ihr erstes Kind haben will

Rụmpf *der;* (-(e)s, Rümp·fe) **1** der Körper des Menschen ohne Kopf, ohne Arme und ohne Beine **2** der Hauptteil eines Flugzeugs, in welchem die Passagiere sitzen **K** Flugzeugrumpf **3** der Hauptteil eines Schiffs, der im Wasser schwimmt **K** Schiffsrumpf

rụ̈mp·fen VERB (rümpfte, hat gerümpft) **(über etwas** (*Akkusativ*)**) die Nase rümpfen** die Nase ein wenig hochziehen und damit zeigen, dass man etwas nicht gut findet

Rump·steak ['rʊmpsteːk] *das* ein Stück Fleisch (aus der Hüfte des Rindes), das man nur sehr kurze Zeit brät oder grillt

rụms! verwendet, um das dumpfe Geräusch nachzuahmen, das entsteht, wenn etwas fällt oder rutscht

rụm·schwir·ren VERB (schwirrte rum, ist rumgeschwirrt) **1 Insekten** *o. Ä.* **schwirren irgendwo rum** *gesprochen* Insekten o. Ä. fliegen (meist in größerer Zahl) irgendwo herum **2 jemand schwirrt irgendwo rum** *gesprochen* jemand ist irgendwo zu finden | *Ich weiß nicht, wo er ist, aber er muss hier irgendwo rumschwirren*

rụm·sen VERB (rumste, hat gerumst); *gesprochen* **irgendwo hat es gerumst** irgendwo sind Fahrzeuge zusammengestoßen, hat es einen Unfall gegeben

Rụn [ran] *der;* (-s, -s) **ein Run (auf etwas** (*Akkusativ*)**)** der (gleichzeitige) Versuch vieler Menschen, etwas zu kaufen | *Vor der Preiserhöhung gab es noch einen Run auf Benzin*

★ **rụnd** ■ ADJEKTIV (runder, rundest-) **1** von der (auch ungefähren) Form eines Kreises oder einer Kugel ⟨ein Tisch, ein Turm, ein Gesicht, ein Fenster, einen runden Kopf haben⟩ ↔ *eckig* **K** Rundbau, Rundbeet, Rundbogen, Runddorf; kreisrund, kugelrund **2** von teilweiser runder Form ⟨Wangen; Backen, ein Bauch; dick und rund sein⟩ ≈ *rundlich* ↔ *schlank* **3** *meist attributiv* so, dass man eine Zahl oder eine Summe durch 10, 100 o. Ä. teilen kann | *100 Euro sind eine runde Summe* **4** so, dass man die genannte Zahl nicht genau kennt ⟨eine Million⟩ ≈ *ungefähr* | *Es waren rund 10000 Zuschauer im Stadion*
■ ADVERB **5 rund um jemanden/etwas** in einem Bogen oder Kreis um jemanden/etwas | *einen Spaziergang rund um den See machen* **6 rund um etwas** mit etwas als Thema | *eine Sendung rund um den Garten* ■ **ID** → Uhr

RUND
ECKIG

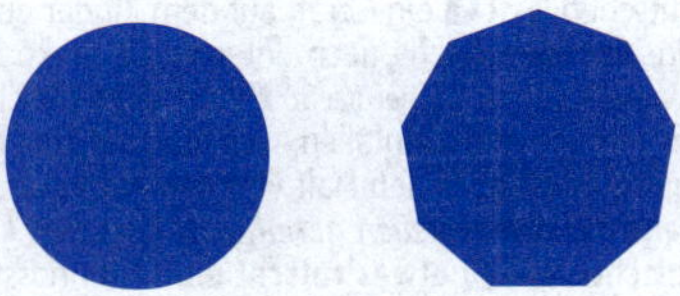

rund eckig

Rụnd·blick *der; meist Singular* die Aussicht nach allen Seiten | *Vom Gipfel des Berges hat man einen herrlichen Rundblick*

★ **Rụn·de** *die;* (-, -n) **1** ein Weg, ein Flug, eine Fahrt o. Ä. bei denen man wieder dorthin kommt, wo man angefangen hat, und die meist ungefähr die Form eines Kreises haben ⟨eine Runde machen, gehen, fliegen⟩ | *Das Flugzeug flog eine Runde über den Platz* | *Das Kind fuhr zehn Runden mit dem Karussell* **2** eine Strecke in Form eines Kreises oder Ovals, auf der Lauf- oder Fahrwettbewerbe stattfinden | *Sein Wagen hatte schon nach der zweiten Runde einen Motorschaden* **3** eine kleine Gruppe von Personen, die sich gut kennen und die sich oft treffen | *in fröhlicher Runde Karten spielen* | *ein neues Mitglied in eine Runde aufnehmen* **K** Bierrunde, Kaffeerunde, Stammtischrunde, Skatrunde, Frauenrunde, Männerrunde **4** die meist alkoholischen Getränke, die jemand für alle Personen einer Gruppe bezahlt ⟨eine Runde (Bier, Schnaps, Wein) ausgeben, spendieren⟩ | *Ich schmeiße eine Runde für alle!* (Ich zahle allen ein Getränk) **5** einer von mehreren Abschnitten eines Wettkampfes | *Amateure boxen über drei Runden* | *Unsere Mannschaft schied in der zweiten Runde aus* **K** Rundenrekord, Rundenzeit ■ **ID Eine Runde Mitleid!** *gesprochen, humorvoll* verwendet, um einer Person, die jammert, zu sagen, dass es ihr eigentlich gutgeht; **eine Runde drehen** kurz weggehen oder wegfahren; **etwas macht die Runde** **a** etwas wird in einer Gruppe von Personen von einer Person zur nächsten gegeben | *Die Weinflasche machte am Tisch die Runde* **b** etwas wird weitererzählt; **irgendwie über die Runden kommen** die eigenen (meist finanziellen) Schwierigkeiten irgendwie lösen können; **jemandem über die Runden helfen** jemandem in einer schwierigen (finanziellen) Situation helfen; **etwas über die Runden bringen** etwas trotz Schwierigkeiten beenden können

rụn·den VERB (rundete, hat gerundet) **1 etwas runden** etwas (*Dativ*) eine runde Form geben ⟨die Lippen runden; gerundete Kanten⟩ **2 etwas runden** eine Zahl auf eine runde Zahl bringen (ohne Kommastellen oder mit Nullen am Ende) | *einen Betrag auf volle Euro runden* | *Ihr Anteil beträgt gerundet 20 Prozent* **K** aufrunden, abrunden **3 etwas rundet sich** etwas wird rund ⟨jemandes Bauch, der Mond⟩

rụnd·er·neu·ert ADJEKTIV **runderneuerte Reifen** alte Autoreifen, deren Profil erneuert worden ist • hierzu **Rụnd·er·neu·e·rung** *die*

Rụnd·fahrt *die* eine Fahrt, bei der man durch eine Stadt oder durch ein Land fährt und die interessanten Dinge betrachtet | *eine Rundfahrt durch Andalusien machen* **K** Stadtrundfahrt, Deutschlandrundfahrt, Italienrundfahrt

Rụnd·flug *der* ein kurzer Flug über ein relativ kleines Gebiet (bei dem man wieder zu dem Ort zurückkommt, an dem man gestartet ist)

★ **Rụnd·funk** *der;* (-s) **1** die Technik, mit der man Wort und Ton (über elektromagnetische Wellen) über große Entfernungen senden kann ≈ *Radio* **2** eine Institution, die Radio- und Fernsehprogramme sendet ⟨beim Rundfunk sein, arbeiten⟩ | *der Norddeutsche Rundfunk* **K** Rundfunkanstalt, Rundfunkgebühren, Rundfunkkommentator, Rundfunkprogramm, Rundfunksender, Rundfunksendung, Rundfunksprecher, Rundfunkstation, Rundfunktechnik, Rundfunkwerbung **I** → Infos unter **Fernsehen** **3** das Programm des Rundfunks, das man mit dem Fernseher oder dem Radio empfangen kann ⟨etwas im Rundfunk bringen, hören⟩ **I** → Infos unter **Fernsehen**

Rụnd·funk|bei·trag *der* die Gebühr, die man regelmäßig für den Empfang von Fernsehen und Radio (öffentlich-rechtlicher Sender) bezahlen muss **I** → Info unter **Fernsehen**

Rụnd·funk|ge·rät *das* ein Gerät, mit dem man Rundfunk

R

empfangen kann ≈ *Radio*

Rund·gang *der* **1** eine Strecke, auf der man zu Fuß an mehreren Punkten eines Gebäudes oder Ortes vorbeikommt K Stadtrundgang **2** das Gehen auf einer solchen Strecke ⟨einen Rundgang machen⟩ | *Der Hausmeister kontrolliert auf seinem Rundgang, ob alles in Ordnung ist*

rund·ge·hen VERB (ging rund, ist rundgegangen) **1** **etwas geht rund** etwas wird schnell bekannt ⟨eine Nachricht⟩ **2** **es geht rund** *gesprochen* es gibt viel Aufregung, Lärm und Bewegung | *Bei uns in der Firma gehts zurzeit richtig rund*

rund·he·rum ADVERB **1** an allen Seiten | *Jetzt hat man rundherum einen Zaun gezogen* **2** ≈ *überall* | *Die Luft ist nach der Gasexplosion rundherum verpestet* **3** ⟨rundherum glücklich, zufrieden sein; rundherum nass werden⟩ ≈ *völlig, ganz*

★ **rund·lich** ADJEKTIV ein wenig dick ⟨eine Frau, Formen, Backen, Arme, Schultern⟩ ↔ *schlank* ● hierzu **Rund·lich·keit** *die*

Rund·rei·se *die* ≈ *Rundfahrt* | *eine Rundreise durch Marokko*

Rund·schrei·ben *das* ein Brief oder eine E-Mail, die an mehrere Empfänger gleichzeitig verschickt werden

rund·um ADVERB ganz, völlig ⟨rundum glücklich, zufrieden sein⟩

Run·dung *die*; (-, -en) **1** der runde Teil eines Gegenstandes oder einer Form **2** **die weiblichen Rundungen** *gesprochen* die weibliche Figur einer Frau

rund·weg ADVERB sehr direkt und ohne zu zögern ⟨etwas rundweg ablehnen, leugnen⟩

Ru·ne *die*; (-, -n); *historisch* ein Zeichen, welches die Germanen beim Schreiben verwendeten K Runenschrift

★ **run·ter** ADVERB; *gesprochen* → herunter, hinunter

★ **run·ter-** *im Verb; gesprochen* → herunter-, hinunter-

run·ter·ho·len VERB (holte runter, hat runtergeholt) **1** **jemanden/etwas runterholen** *gesprochen* jemanden/etwas nach unten holen **2** **jemandem einen runterholen** *gesprochen* ⚠ einen Mann oder als Mann sich selbst mit der Hand sexuell befriedigen

Run·zel *die*; (-, -n); *meist Plural* eine der ganz kleinen Falten im Gesicht | *eine alte Frau mit vielen Runzeln*

run·ze·lig ADJEKTIV → runzlig

run·zeln VERB (runzelte, hat gerunzelt) ■ ID **die Stirn runzeln** die Haut an der Stirn hochziehen, sodass sie Falten bekommt (meist weil man gerade skeptisch wird)

runz·lig ADJEKTIV mit vielen Runzeln ⟨eine Haut, ein Gesicht, ein Apfel⟩

Rü·pel *der*; (-s, -); *abwertend* ein meist junger Mann, der sich sehr schlecht benimmt ● hierzu **rü·pel·haft** ADJEKTIV; **Rü·pel·haf·tig·keit** *die*

rup·fen VERB (rupfte, hat gerupft) **1** **etwas (von/aus etwas) rupfen** kurz und schnell an etwas ziehen, um es zu entfernen, abzureißen | *Blätter vom Baum rupfen* **2** **etwas rupfen** die Federn eines toten Vogels entfernen, bevor man ihn kocht ⟨ein Huhn, eine Ente rupfen⟩ **3** **jemanden rupfen** *gesprochen* jemandem viel Geld wegnehmen | *Das Finanzamt hat mich kräftig gerupft*

Rup·fen *der*; (-s) ein sehr grober Stoff, aus dem man z. B. Säcke macht K Rupfensack

rup·pig ADJEKTIV; *abwertend* **1** ⟨ein Mensch, ein Charakter⟩ mit einem groben, schlechten Benehmen **2** ⟨ein Fell⟩ rau und schlecht gepflegt ● zu (1) **Rup·pig·keit** *die*

Rü·sche *die*; (-, -n) ein Band aus einem feinen Stoff, das in Falten auf einen anderen Stoff aufgenäht ist | *ein Kleid mit Rüschen am Kragen und an den Ärmeln* K Rüschenbluse, Rüschenhemd, Rüschenkleid; Seidenrüsche, Spitzenrüsche, Tüllrüsche

Rush·hour ['raʃ-auɐ̯] *die*; (-, -s) die Zeit, zu welcher der Berufsverkehr auf den Straßen am stärksten ist

Ruß *der*; (-es, -e) das schwarze, fette Pulver, das entsteht, wenn man etwas verbrennt | *eine von Ruß geschwärzte Küche* | *den Ruß aus dem Ofen entfernen* K Rußentwicklung; rußfarben, rußgeschwärzt, rußschwarz; Kohlenruß, Ofenruß

Rüs·sel *der*; (-s, -) **1** die sehr lange Nase des Elefanten K Rüsseltier; Elefantenrüssel **2** die Nase eines Schweines **3** mit dem Rüssel saugen manche Insekten Nahrung auf | *der Rüssel einer Fliege* K Saugrüssel **4** *gesprochen, abwertend* eine (große) Nase

ru·ßen VERB (rußte, hat gerußt) **etwas rußt** etwas produziert Ruß ⟨ein Ofen, eine Lampe⟩

rüs·ten VERB (rüstete, hat gerüstet) **1** **etwas/sich (für etwas) rüsten** etwas/sich selbst auf etwas vorbereiten ⟨sich für eine Reise, einen Besuch rüsten; gut gerüstet sein⟩ | *Ich bin gut für diese Aufgabe gerüstet* H oft im Passiv mit dem Hilfsverb *sein* **2** **ein Land rüstet (zum Krieg)** ein Land bereitet sich auf einen Krieg vor, indem es Waffen produziert und Soldaten ausbildet

rüs·tig ADJEKTIV trotz hohen Alters noch sehr aktiv und körperlich fit ⟨ein Mann, eine Frau⟩

rus·ti·kal ADJEKTIV **1** von einer einfachen Art, wie sie auf dem Land üblich ist ⟨Möbel, Stoffe, Kleidung⟩ | *ein rustikal eingerichtetes Zimmer* **2** nicht höflich, ohne Rücksicht | *ein sehr rustikales Benehmen*

Rüs·tung *die*; (-, -en) **1** alle Waffen und Geräte, die für die Armee produziert werden ⟨die atomare, nukleare Rüstung⟩ | *viel Geld für die Rüstung ausgeben* K Rüstungsausgaben, Rüstungsbeschränkung, Rüstungsindustrie, Rüstungskontrolle, Rüstungskonzern, Rüstungspolitik, Rüstungsproduktion, Rüstungsstopp, Rüstungswettlauf; Atomrüstung, Kriegsrüstung **2** *historisch* eine Kleidung aus Metall für Ritter, welche diese im Kampf trugen ⟨die Rüstung anlegen⟩ K Ritterrüstung

Rüst·zeug *das*; *nur Singular* die Fähigkeiten und Kenntnisse, die jemand für eine Tätigkeit braucht | *das Rüstzeug für das Berufsleben haben*

Ru·te *die*; (-, -n) **1** ein langer und dünner Zweig (meist ohne Blätter) K Birkenrute, Weidenrute **2** mehrere Ruten, die zusammengebunden sind (und mit denen man früher Leute schlug) **3** ein langer, dünner Stab mit einer Schnur und einem Haken, mit dem man Fische fängt K Angelrute **4** Kurzwort für *Wünschelrute* ⟨mit der Rute gehen⟩ K Rutengänger

Rutsch *der* ■ ID **in 'einem Rutsch, auf 'einen Rutsch** *gesprochen* ohne Unterbrechung; **(einen) guten Rutsch (ins neue Jahr)!** *gesprochen* verwendet, um jemandem alles Gute für das neue Jahr zu wünschen

Rutsch·bahn *die* ein Gerät, auf dem Kinder auf einer glatten, schrägen Fläche nach unten rutschen können ■ ID **etwas ist die reinste/eine Rutschbahn** *gesprochen* eine Straße o. Ä. ist sehr rutschig und glatt

Rut·sche *die*; (-, -n) **1** ein Rohr o. Ä., in dem man etwas herunterrutschen lässt **2** ein Gerät, auf dem Kinder auf einer glatten, schrägen Fläche nach unten rutschen können

★ **rut·schen** VERB (rutschte, ist gerutscht) **1** aus dem Gleichgewicht kommen und meist hinfallen, weil man auf eine glatte Stelle getreten ist oder den Halt verloren hat | *auf dem Eis rutschen* | *auf einem steilen Abhang ins Rutschen kommen* K Rutschgefahr **2** **etwas rutscht** ein Kleidungsstück o. Ä. ist zu weit und passt nicht richtig und bewegt sich deshalb nach unten | *Meine Hose rutscht* | *Die Brille rutschte mir von der Nase* **3** (zum Spaß) eine Rutschbahn o. Ä. benutzen **4** *gesprochen* zur Seite rücken (damit noch jemand Platz hat) | *Rutsch doch mal, ich möchte mich auch* *hinsetzen!* **5** **auf etwas** (*Dativ*) **hin und her rutschen** sich (auf einem Stuhl) unruhig hin und her bewegen **6** **etwas rutscht jemandem aus der Hand** etwas ist so glatt, dass jemand es nicht in der Hand halten kann | *Mir ist die wertvolle Vase aus der Hand gerutscht* ■ **ID vor jemandem auf den Knien/auf dem Bauch rutschen** *abwertend* übertrieben demütig sein

rutsch·fest ADJEKTIV ⟨ein Stoff, ein Teppich, der Boden, ein Material⟩ so, dass man damit oder darauf nicht rutscht

rut·schig ADJEKTIV ⟨eine Straße, der Boden⟩ so (glatt), dass man sehr leicht darauf rutschen und stürzen kann

rüt·teln VERB (rüttelte, hat gerüttelt) **1** **jemanden/etwas rütteln** jemanden/etwas mit kurzen, kräftigen Bewegungen hin und her bewegen | *Ich musste ihn (an der Schulter) rütteln, um ihn aufzuwecken* **2** **etwas rüttelt** etwas bewegt sich heftig hin und her ⟨der Zug⟩ **3** **an etwas** (*Dativ*) **rütteln** einen Teil einer Sache mit kurzen und kräftigen Bewegungen hin und her bewegen | *Er rüttelte an der Tür* | *Der Affe rüttelte am Gitter des Käfigs* ■ **ID Daran ist nicht(s) zu rütteln** Das ist eine Tatsache, die man nicht ändern kann

S

S, s [ɛs] *das*; (-, -) **1** der neunzehnte Buchstabe des Alphabets ⟨ein großes S; ein kleines s⟩ **2** **ein scharfes S** das Zeichen *ß*

s. Abkürzung für *siehe* → sehen

S. Abkürzung für *Seite*

Sa Abkürzung für *Samstag*

SA [ɛs'|aː] *die*; (-); *historisch* Sturmabteilung eine politische, uniformierte Truppe in der Zeit des Nationalsozialismus

★ **Saal** *der*; (-(e)s, Sä·le) ein sehr großer Raum z. B. für Feste, Versammlungen oder Vorträge **K** Saalmiete; Festsaal, Gerichtssaal, Konferenzsaal, Kongresssaal, Konzertsaal, Sitzungssaal, Vortragssaal

LANDESKUNDE

▶ Das Saarland

Das kleine Bundesland Saarland mit der Hauptstadt **Saarbrücken** liegt im Südwesten Deutschlands.
Die Landschaft ist geprägt von Mittelgebirgen und großen Wäldern. Die Verbindung zum Nachbarland Frankreich ist aus historischen Gründen sehr eng, daher lernen im Saarland die meisten Schüler als erste Fremdsprache Französisch.

Saat *die*; (-, -en) **1** *nur Singular* die Pflanzensamen, die man auf einer meist großen Fläche verteilt ⟨die Saat geht auf⟩ **K** Saatbeet, Saatgetreide, Saatkartoffeln, Saatkorn; Sommersaat, Wintersaat **2** das Verteilen von Samen auf einer großen Fläche ⟨mit der Saat beginnen⟩ **K** Saatzeit **3** **die Saat der Gewalt, des Hasses (geht auf)** *geschrieben* die Folgen oder Auswirkungen von Gewalt, Hass (zeigen sich)

Saat·gut *das*; *nur Singular* ≈ *Saat*

Sab·bat *der*; (-s, -e) der Tag der Woche, an dem Juden Gottesdienst feiern und nicht arbeiten sollen

sab·beln VERB (sabbelte, hat gesabbelt); *norddeutsch, gesprochen* ≈ *sabbern*

sab·bern VERB (sabberte, hat gesabbert); *gesprochen* **1** beim Sprechen oder Essen Speichel aus dem Mund fließen lassen **2** *abwertend* viel reden

Sä·bel *der*; (-s, -) ein leicht gebogenes Schwert **K** Säbelfechten, Säbelgerassel, Säbelhieb, Säbelklinge; Krummsäbel, Offizierssäbel ■ **ID mit dem Säbel rasseln** schwere Drohungen aussprechen oder versuchen, jemandem Angst zu machen

sä·beln VERB (säbelte, hat gesäbelt) **(etwas von etwas) säbeln**; **(etwas in etwas** (*Akkusativ*)**) säbeln** *gesprochen* etwas (vor allem mit einem großen oder stumpfen Messer) schneiden | *eine dicke Scheibe vom Brot säbeln* | *eine Wurst in Stücke säbeln*

Sa·bo·ta·ge [-'taːʒə] *die*; (-) die Handlung(en), durch die jemand aus meist politischen Gründen etwas Wichtiges behindert, zerstört oder beschädigt ⟨Sabotage ausüben, verüben; jemanden wegen Sabotage verurteilen⟩ | *Man nimmt an, dass der Brand in der Chemiefabrik auf Sabotage zurückgeht* **K** Sabotageakt, Sabotagetätigkeit

sa·bo·tie·ren VERB (sabotierte, hat sabotiert) **(etwas) sabotieren** etwas bewusst stören, be- oder verhindern ⟨eine geplante Aktion, eine Wahlversammlung, die Vorstandswahl sabotieren⟩ • hierzu **Sa·bo·teur** [-'tøːɐ̯] *der*

Sach·be·ar·bei·ter *der* eine Person, die (z. B. in einem Betrieb, in einer Behörde) ein Sachgebiet bearbeitet | *Er ist Sachbearbeiter beim Finanzamt* • hierzu **Sach·be·ar·bei·te·rin** *die*

Sach·be·schä·di·gung *die* das absichtliche Zerstören von Dingen, die einer anderen Person gehören

sach·be·zo·gen ADJEKTIV ganz realistisch und so, dass man dabei keine Gefühle oder Erwartungen hat ⟨eine Analyse, ein Hinweis, eine Kritik⟩

Sach·be·zü·ge *die*; *nur Plural*; *admin* etwas, das jemand statt Geld als Teil der Bezahlung bekommt | *Zu den Sachbezügen zählen freie Wohnung und Verpflegung*

Sach·buch *das* ein Buch, das über ein Thema informiert oder Ratschläge gibt **K** Sachbuchautor, Sachbuchverlag **i** Ein *Sachbuch* ist weniger wissenschaftlich als ein *Fachbuch*.

sach·dien·lich ADJEKTIV; *admin* **sachdienliche Hinweise** Hinweise aus der Bevölkerung, die helfen, ein Verbrechen aufzuklären

★ **Sa·che** *die*; (-, -n)

▸gegenständlich: **1** etwas, was man sehen und anfassen kann und was nicht lebt ≈ *Ding* | *Auf Flohmärkten werden vor allem gebrauchte Sachen verkauft* | *Gewalt gegen Personen und Sachen* **K** Sachbeschädigung; Fundsache, Wertsache **i** Juristisch gelten auch Tiere und Pflanzen als Sachen. **2** *nur Plural* die verschiedenen Gegenstände, die jemandem gehören oder die man für einen Zweck braucht ≈ *Zeug* | *Hast du deine Sachen aufgeräumt?* | *Die Flüchtlinge hatten kaum Zeit, die wichtigsten Sachen einzupacken* **K** Badesachen, Campingsachen, Nähsachen, Sportsachen **3** *nur Plural* alles, was man am Körper trägt, um ihn zu bedecken ≈ *Kleider* | *Ich muss mir ein paar neue Sachen für den Urlaub kaufen* | *Er hat keine warmen Sachen für den Winter* **K** Babysachen, Kindersachen, Sommersachen, Wintersachen **4** *nur Plural* Lebensmittel oder Getränke der genannten Art | *Saure Sachen mag ich nicht so* | *Auf der Party gab es lauter gute/leckere Sachen* **K** Esssachen, Knabbersachen, Naschsachen

▸Angelegenheit: **5** *meist Singular* ein Vorgang, eine Situation oder ein Ereignis, die nicht genauer genannt werden, weil sie bekannt sind ⟨eine ernste, feine, gewagte, gute, hoffnungslose, unangenehme, wichtige Sache; eine Sache anpacken, erledigen, entscheiden, prüfen⟩ ≈ *Angelegenheit* | *Überlege dir die Sache gründlich, bevor du dich entscheidest!*

| *Unser Fest wird eine ganz große Sache!* | *In dieser Sache weiß niemand so richtig Bescheid* | *Die Reparatur ist eine Sache von Minuten* (dauert nur wenige Minuten) K Geheimsache **6** **die Sache mit jemandem/etwas** *gesprochen* ein Vorgang, eine Situation oder ein Ereignis, die man nicht genauer nennen kann oder will | *Er kann die Sache mit dem Überfall nicht vergessen* **7** das Thema einer Diskussion oder von Verhandlungen ⟨bei der Sache bleiben; zur Sache kommen; etwas zur Sache sagen; eine Frage zur Sache stellen⟩ | *Ich hätte noch eine Frage in eigener Sache* (zu einem Thema, das mich selbst betrifft) K Sachantrag, Sachdiskussion, Sachfrage, sachfremd **8** ein Streit oder eine Angelegenheit, über die vor Gericht entschieden wird ⟨zur Sache aussagen, befragt werden⟩ ≈ *Fall* | *Heute wird in der Sache Maier gegen Müller das Urteil erwartet* K Rechtssache, Strafsache **9** **in Sachen** in dem Fall, der in einem Gericht verhandelt wird | *in Sachen Schmidt gegen Mayer* **10** **eine gute Sache** ein Vorgang, ein Erfolg oder ein Ziel, die für viele Menschen wertvoll und wichtig sind ⟨sich für eine gute Sache einsetzen⟩ **11** **etwas ist Sache einer Person/Institution** es ist die Aufgabe oder Pflicht der genannten Person oder Institution, etwas zu tun | *Es ist nicht nur Sache des Staates, sich um eine intakte Umwelt zu bemühen* K Frauensache, Männersache **12** **etwas ist jemandes Sache** jemand ist selbst für etwas verantwortlich | *Es ist seine Sache, wen er einlädt/ob er sich ein neues Auto kauft/wie viel er spendet* K Privatsache **13** **etwas ist nicht jemandes Sache** etwas gefällt jemandem nicht | *Krimis sind nicht jedermanns Sache* | *Früh aufzustehen ist nicht meine Sache*
▸sonstige Verwendungen: **14** ein von Menschen geschaffenes Werk | *Sie spielen bei ihren Konzerten auch immer ein paar ältere Sachen, nicht nur ihre aktuellen Stücke* **15** *gesprochen nur Plural* die Entfernung in Kilometern, die ein Fahrzeug in einer Stunde fährt ≈ *Stundenkilometer* | *Auf der neuen Strecke rasen die Züge mit 300 Sachen durch die Gegend*

■ ID ▸mit Präposition: **(nicht/ganz) bei der Sache sein** sich (nicht/ganz) auf etwas konzentrieren; **das ist eine Sache für sich** das ist etwas ganz anderes, das ist eine ganz andere Frage; **etwas tut nichts zur Sache** etwas ist für das Thema, von dem man gerade spricht, nicht wichtig; ▸mit Adjektiv oder Zahl: **etwas ist beschlossene Sache** eine Entscheidung wird nicht mehr geändert; **mit jemandem gemeinsame Sache machen** *abwertend* etwas Unmoralisches oder Verbotenes mit jemandem zusammen planen und tun | *Die Zollbeamten machten mit den Schmugglern gemeinsame Sache*; **eine halbe Sache** etwas, das nicht ordentlich und gründlich gemacht ist; **etwas ist die schönste/einfachste/natürlichste/... Sache der Welt** etwas ist sehr schön/ganz einfach/ganz natürlich/...; **jemandes sieben Sachen** *gesprochen* alles, was jemandem gehört | *Nimm deine sieben Sachen und verschwinde!*; ▸mit Verb: ⟨herausfinden, sagen, (nicht) wissen⟩, **was Sache ist** *gesprochen* was das wirkliche Problem ist, worum es eigentlich geht; **seine Sache (nicht) gut machen** etwas (nicht) so machen, wie es eine andere Person will; **sich** (*Dativ*) **seiner Sache (nicht) sicher sein** (nicht) überzeugt sein, dass es richtig ist, was man tut oder denkt; ▸in Ausrufen: **Mach keine 'Sachen!, Du machst 'Sachen!** *gesprochen* Ich kann kaum glauben, was du da sagst; **Mach keine 'Sachen!** *gesprochen* Tu das nicht, das ist gefährlich/dumm/falsch!; **Was sind denn das für Sachen!** *gesprochen* drückt aus, dass man etwas empörend findet; **Sachen gibt's (, die gibt's gar nicht)!** *gesprochen* drückt aus, dass man sich über etwas sehr wundert

-sa·che *die; im Substantiv, unbetont, begrenzt produktiv* **Gefühlssache, Geschmackssache, Glückssache, Nervensache, Übungssache, Vertrauenssache** *und andere* drückt aus, dass etwas von der genannten Sache abhängt | *Das ist Ansichtssache* (Es kommt darauf an, wie man den Fall sieht)

sach·fremd ADJEKTIV für eine andere Sache als diejenige, für die etwas bestimmt war | *Die Daten dürfen nicht für sachfremde Zwecke weiterverwendet werden*

Sach·ge·biet *das* ein Gebiet, das einen Arbeits- oder Wissensbereich umfasst ⟨ein Sachgebiet bearbeiten; für ein Sachgebiet zuständig sein⟩

sach·ge·mäß ADJEKTIV so, wie bei dem genannten Gegenstand und unter den Umständen richtig ist ⟨eine Behandlung, Lagerung, Pflege⟩ | *Der Film reißt, wenn der Projektor nicht sachgemäß bedient wird*

sach·ge·recht ADJEKTIV ≈ *sachgemäß*

Sach·kennt·nis *die* gründliche Kenntnisse auf einem speziellen Gebiet ⟨Sachkenntnis besitzen; über die nötige Sachkenntnis verfügen⟩ ≈ *Sachverstand*

sach·kun·dig ADJEKTIV ⟨ein Urteil, eine Stellungnahme⟩ so, dass sehr gute Kenntnisse und Erfahrung auf einem Gebiet vorhanden sind sind | *Wir besichtigten die Fabrik unter der sachkundigen Führung des Ingenieurs* • hierzu **Sach·kun·di·ge** *der/die*

Sach·la·ge *die; meist Singular; geschrieben* die Verhältnisse in einer Situation ⟨die Sachlage erörtern, prüfen; ohne Kenntnis der Sachlage⟩ | *Die Sachlage ist so kompliziert, dass ich sie nicht beurteilen kann*

★ **sach·lich** ADJEKTIV **1** auf die Sache bezogen, um die es geht, und nicht von Gefühlen bestimmt ⟨Berichterstattung, Kritik; eine Feststellung, ein Kommentar; sachlich argumentieren; etwas sachlich beurteilen⟩ ≈ *objektiv* | *Seine Kritik ist nie sachlich, sondern rein emotional* **2** *meist attributiv* in Bezug auf die Tatsachen, um die es geht ⟨ein Unterschied; etwas ist sachlich falsch/richtig/zutreffend⟩ | *Der Antrag wurde nicht aus sachlichen, sondern aus formalen Gründen abgelehnt* **3** ohne überflüssige Formen, elegante Verzierungen oder Formulierungen ⟨ein Design, ein Stil⟩ ≈ *schlicht* • hierzu **Sach·lich·keit** *die*

säch·lich ADJEKTIV mit dem Artikel *das* verbunden (und daher mit den entsprechenden Formen) ⟨eine Endung, ein Substantiv⟩ H → Infos unter **Geschlecht**

★ **Sach·scha·den** *der* ein Schaden an Sachen, Gegenständen ⟨hoher, leichter Sachschaden⟩ | *Bei dem Einsturz der Brücke entstand großer Sachschaden*

LANDESKUNDE

▶ Sachsen

Das Bundesland Sachsen liegt im mittleren Osten Deutschlands. Die Hauptstadt **Dresden** ist für ihre historischen Bauwerke und Kunstschätze bekannt. **Leipzig** ist eine der ältesten Messestädte der Welt. Im **Erzgebirge** wird traditioneller Weihnachtsschmuck hergestellt. Aus Sachsen kommt auch das berühmte Meißener Porzellan.

LANDESKUNDE

▶ Sachsen-Anhalt

Sachsen-Anhalt liegt im Osten Deutschlands. Die Hauptstadt ist **Magdeburg**. Die Stadt **Wittenberg** wurde durch Martin Luther berühmt. Im Mittelgebirge **Harz** liegt der **Brocken** oder **Blocksberg**, auf dem der Sage nach in der Walpurgisnacht am 30. April die Hexen tanzen.

Sạch·spen·de *die* eine Spende, die (nicht aus Geld, sondern) aus Dingen besteht, die eine andere Person brauchen kann

sạcht, sạch·te ADJEKTIV (sachter, sachtest-) **1** langsam und vorsichtig ⟨etwas sacht hinstellen, berühren; sich sacht nähern⟩ ≈ *behutsam* | *Sacht deckte sie das schlafende Kind zu* **2** leicht und kaum spürbar ⟨ein Streicheln, ein Windhauch⟩ ≈ *sanft* ■ ID **Sachte, sachte!**, **Immer sachte!** *gesprochen* verwendet, um jemanden aufzufordern, nicht zu schnell (und unüberlegt) zu handeln

★ **Sạch·ver·halt** *der;* (-(e)s, -e); *meist Singular* die Tatsachen und ihre Zusammenhänge ⟨der genaue, wahre Sachverhalt; den Sachverhalt klären, schildern⟩

Sạch·ver·stand *der* ≈ *Sachkenntnis*

Sạch·ver·stän·di·ge *der/die;* (-n, -n) eine Person, die ein Fachgebiet so gut kennt, dass sie bei Fragen dazu ein sachkundiges Urteil abgeben kann und darf ⟨einen Sachverständigen befragen, zu Rate ziehen; das Gutachten eines Sachverständigen einholen⟩ ≈ *Experte* K Sachverständigengutachten; Bausachverständige, Kunstsachverständige, Musiksachverständige i *ein Sachverständiger; der Sachverständige; den, dem, des Sachverständigen*

Sạch·wert *der; meist Plural* Gegenstände, die einen Geldwert haben ⟨das Geld in Sachwerten anlegen⟩

Sạch·wis·sen *das; nur Singular* die Kenntnisse, die jemand in einem Sachgebiet hat

Sạch·zwän·ge *die; Plural* (soziale, wirtschaftliche o. Ä.) Umstände, die bei einer Entscheidung wichtig sind

★ **Sạck** *der;* (-(e)s, Sä·cke) **1** ein großer, weicher Behälter aus Stoff oder Plastik ⟨etwas in Säcke abfüllen; einen Sack zubinden, schleppen; einen Sack auf dem Rücken/der Schulter tragen⟩ | *einen Sack (voll) Kartoffeln in den Keller tragen* K Sackleinen, Sackkarre; Jutesack, Papiersack, Plastiksack, Getreidesack, Kartoffelsack, Mehlsack, Müllsack, Zementsack **2** die Menge, die in einen Sack hineinpasst | *zehn Sack/Säcke Getreide/Zement* | *Drei Sack/Säcke Mehl kosten 150 Euro* i Als Mengenangabe bleibt *Sack* im Plural oft unverändert. **3** **ein Sack voll etwas** *gesprochen* eine große Menge der genannten Sache ⟨ein Sack voll Geld⟩ **4** *gesprochen* ⚠ verwendet als Schimpfwort für Männer | *Steh endlich auf, du fauler Sack!* K Drecksack, Fettsack, Fresssack **5** *gesprochen* ⚠ ≈ *Hodensack* ■ ID **mit Sack und Pack** mit allem, was einem selbst gehört ⟨mit Sack und Pack ausziehen, fortgehen⟩; **jemanden in den Sack stecken** *gesprochen* jemandem überlegen sein; **etwas im Sack haben** *gesprochen* einen Auftrag, einen Job o. Ä. schon mit Sicherheit haben • zu (2) **sạck·wei·se** ADJEKTIV

Sạck|bahn·hof *der; gesprochen* ein Bahnhof, in welchem die Gleise enden ≈ *Kopfbahnhof* | *„Victoria Station" in London und der Münchener Hauptbahnhof sind Sackbahnhöfe*

Sä̱·ckel *der;* (-s, -) **1** *süddeutsch* Ⓐ Ⓒ eine Hosentasche oder ein Geldbeutel **2** *ironisch* die Kasse einer öffentlichen Institution K Stadtsäckel, Staatssäckel

sạ·cken VERB (sackte, ist gesackt) **irgendwohin sacken** nach unten sinken | *Er griff sich ans Herz und sackte auf einen Stuhl / zu Boden* | *Das Flugzeug sackte plötzlich nach unten* ■ ID **etwas sacken lassen** warten, bis man selbst/jemand etwas Gehörtes richtig verstanden hat und darauf reagieren kann

Sạck·gas·se *die* eine meist kurze Straße, die vor einem Grundstück, Haus o. Ä. endet, sodass man auf ihr nicht weiterfahren kann ■ ID **etwas ist in eine Sackgasse geraten** etwas hat einen Punkt erreicht, an dem es so viele Probleme gibt, dass man nicht mehr weitermachen kann ⟨politische Gespräche, Verhandlungen⟩

Sạck·hüp·fen *das; nur Singular* ein Spiel für Kinder. Jedes Kind steht in einem Sack und muss sich durch Hüpfen schnell vorwärtsbewegen

Sa·dịst *der;* (-en, -en) eine Person, die Freude daran hat, Menschen oder Tiere zu quälen und sich dadurch sexuell befriedigt) i *der Sadist; den, dem, des Sadisten* • hierzu **Sa·dịs·tin** *die;* **Sa·dịs·mus** *der;* **sa·dịs·tisch** ADJEKTIV

★ **sä̱·en** VERB (säte, hat gesät) **1** **(etwas) säen** Samen auf einem Feld oder Beet verteilen ⟨Blumen, Getreide, Hafer, Rasen, Weizen säen; maschinell säen⟩ K Sämann, Sämaschine **2** **Hass/Neid/Zwietracht säen** *geschrieben* bewirken, dass Hass/Neid/Streit entsteht und sich verbreitet ■ ID **Personen/Dinge sind dünn gesät** von manchen Personen/Dingen findet man nur eine kleine Zahl ≈ *selten* | *Solche Jobs sind dünn gesät*

Sa·fa·ri *die;* (-, -s) eine Reise in Afrika, bei der man wilde Tiere beobachten oder jagen kann ⟨auf Safari gehen⟩ K Fotosafari

Safe [ze:f, seif] *der;* (-s, -s) ein Fach oder ein Schrank aus Stahl, in dem Geld und Wertsachen sicher sind ≈ *Tresor* K Safeschlüssel; Hotelsafe, Banksafe, Wandsafe

★ **Sạft** *der;* (-(e)s, Säf·te) **1** eine Flüssigkeit, die man aus Obst oder Gemüse gewinnt und die man trinken kann ⟨frisch gepresster, reiner Saft; Saft auspressen, einkochen, in Flaschen abfüllen, trinken⟩ K Saftkur, Saftpresse; Apfelsaft, Gemüsesaft, Obstsaft, Orangensaft, Tomatensaft, Traubensaft, Zitronensaft **2** eine Flüssigkeit, die in Pflanzen enthalten ist | *Im Frühjahr steigt der Saft in den Bäumen nach oben, und sie bekommen neue Blätter* **3** die Flüssigkeit, die Fleisch verliert, wenn man es kocht oder brät ⟨etwas im eigenen Saft schmoren⟩ K Bratensaft, Fleischsaft **4** *gesprochen* elektrischer Strom | *In dieser Batterie ist kein Saft mehr* **5** **der Saft der Reben** *literarisch* ≈ *Wein* K Rebensaft **6** **eine Pflanze steht in vollem Saft** ein Baum o. Ä. bekommt (im Frühjahr) neue Triebe und Blüten ■ ID **jemanden im eigenen Saft schmoren lassen** *gesprochen* einer Person, der es aus eigener Schuld schlecht geht, nicht helfen; **ohne Saft und Kraft** *gesprochen* völlig kraftlos; **keinen Saft in den Knochen haben** *gesprochen* keine Kraft mehr haben

★ **sạf·tig** ADJEKTIV **1** voll Saft ⟨Obst, Fleisch, Gemüse, Schinken⟩ ↔ *trocken* **2** kräftig, voll Saft und deshalb leuchtend grün ⟨Gras, Laub, Wiesen⟩ ↔ *dürr* | *das saftige Grün der Buchen im Mai* **3** *gesprochen* sehr hoch ⟨Preise, eine Rechnung, eine Strafe⟩ **4** *gesprochen* gegen die Moral verstoßend ⟨ein Witz⟩ ≈ *unanständig*

Sạft·la·den *der; gesprochen, abwertend* ein Geschäft oder Betrieb, in dem wegen schlechter Organisation nichts gut funktioniert

Sa̱·ge *die;* (-, -n) eine sehr alte Erzählung von Helden, Kämpfen oder ungewöhnlichen Ereignissen ⟨deutsche, griechische, klassische Sagen⟩ | *Der Sage nach wurde Rom von Romulus und Remus gegründet* K Sagenbuch, Sagenmotiv, Sagensammlung; Heimatsage, Heldensage, Volkssage ■ ID **um jemanden/etwas ranken sich viele Sagen** eine Person/Sache kommt in vielen Sagen oder Geschichten vor; **es geht die Sage, dass ...** viele Leute glauben und erzählen einander, dass ...

★ **Sä̱·ge** *die;* (-, -n) ein Werkzeug, mit dem man Holz oder Metall schneidet K Handsäge, Kreissäge, Motorsäge

Sä̱·ge·blatt *das* das dünne Stück Metall mit Zacken, mit dem gesägt wird

Sä̱·ge·mehl *das; nur Singular* das Pulver, das entsteht,

SÄGE

S

wenn man Holz sägt

Sä·ge·müh·le *die* ≈ *Sägewerk*

★ **sa·gen** VERB (sagte, hat gesagt)

▸mündliche Äußerung: **1** **(jemandem) etwas sagen**; **etwas (zu jemandem) sagen** jemandem etwas mitteilen, indem man Wörter und Sätze ausspricht ‹Bitte/bitte, Danke/danke, Ja/ja, Nein/nein sagen; Guten/guten Morgen, Auf/auf Wiedersehen sagen; etwas Dummes, Falsches sagen; kein Wort sagen; etwas auf Deutsch, Englisch, Französisch sagen› | *„Das Kleid ist mir zu teuer.", sagte sie zur Verkäuferin* | *„Komm mit!", sagte er* | *Wenn es dir zu kalt ist, kannst du es (mir) ruhig sagen* | *Los, nun sag endlich, wo du gestern warst!* | *Hast du deinem Chef schon gesagt, dass du kündigen willst?* | *Martin sagte, er habe keine Lust mitzukommen* **2** **etwas zu etwas sagen** eine Meinung zu einem Thema äußern ≈ *meinen* | *Was sagen Sie zu dem Wahlergebnis?* | *Ich kann zu diesem Problem nichts sagen* | *Wir fahren am Sonntag nach Paris. Was sagst du dazu?* | *Was sagt deine Freundin dazu, dass du dir einen Bart wachsen lässt?* **3** **etwas sagen** etwas sagen, von dem andere nicht wissen, ob es wahr ist ≈ *behaupten* | *Das wollte ich damit nicht sagen!* | *Wer hat 'das denn gesagt?* (Das ist doch nicht wahr/halte ich für unwahrscheinlich) | *Er sagt, dass er den Fußgänger in der Dunkelheit nicht gesehen habe* | *Franz sagt, das sei überhaupt nicht schwierig* **4** **(jemandem) etwas sagen** *gesprochen* jemandem befehlen, etwas zu tun | *Tu, was ich dir sage!* | *Ich habe (dir) doch gesagt, dass du pünktlich kommen sollst!* **5** **(et)was/nichts von etwas sagen** *gesprochen* von etwas sprechen/nicht sprechen | *Ich wollte dir die DVD leihen, von Schenken habe ich nichts gesagt!* | *Hat sie etwas davon gesagt, was sie heute vorhat/dass sie heute arbeiten muss?* **6** **etwas von etwas sagen** etwas als Möglichkeit erwähnen | *Er soll etwas von bevorstehenden Neuwahlen gesagt haben*

▸Verwendung: **7** **etwas zu jemandem/etwas sagen** einen Namen verwenden, wenn man von oder zu jemandem spricht | *Er sagt immer „Mausi" zu seiner Tochter* | *Früher sagte man zu Tuberkulose „Schwindsucht"* **8** **man sagt etwas** es ist üblich, das genannte Wort zu verwenden | *In Norddeutschland sagt man „Sonnabend" statt „Samstag"*

▸Bedeutung: **9** **etwas sagt etwas (nicht)** etwas bedeutet etwas (nicht) | *Wenn es der Wirtschaft besser geht, sagt das noch nicht, dass es weniger Arbeitslose geben wird* **!** meist verneint **10** **etwas hat wenig/nichts zu sagen** etwas bedeutet nichts Schlimmes oder Besonderes | *Es riecht etwas seltsam, aber das hat nichts zu sagen, es schmeckt trotzdem gut* | *Es hat nichts zu sagen, wenn er einmal etwas früher heimgeht* **11** **etwas sagt etwas/nichts über jemanden/etwas** etwas lässt ein/kein Urteil über jemanden/etwas zu | *Er hat zwar einen zu hohen Blutdruck, aber das sagt nichts über seine Kondition* | *Damit ist alles über ihn gesagt*

▸andere Verwendungen: **12** **(jemandem) (et)was/nichts zu sagen haben** *gesprochen* wichtige Dinge entscheiden oder anderen Personen Aufträge und Befehle geben dürfen | *In unserer Firma hat nur der Chef etwas zu sagen* | *Du hast mir/hier gar nichts zu sagen!* **13** **sich** (*Dativ*) **etwas sagen** in Gedanken einen Entschluss, eine Erkenntnis o. Ä. in Worte fassen | *Als er mit starken Kopfschmerzen aufwachte, sagte er sich: „Nie wieder trinke ich so viel Alkohol!"*

■ ID ▸Häufige Ausrufe und Fragen: **Das 'sagst du so einfach!**, **Das 'sagt sich so einfach!** *gesprochen* Das ist viel schwieriger, als man denkt; **Du sagst es!**, **Sie sagen es!** *gesprochen* Es ist genau so, wie du sagst/wie Sie sagen; **Sag bloß, ...!** *gesprochen* drückt am Satzanfang aus, dass man etwas befürchtet | *Sag bloß, du hast deine Fahrkarte verloren!*; **Sag bloß!**, **'Was du nicht sagst!**, **'Was Sie nicht sagen!** *gesprochen* **a** als Reaktion verwendet, wenn jemand etwas Erstaunliches erzählt | *„Frau Kunze hat Drillinge bekommen." – „Sag bloß!"* **b** als ironische Reaktion verwendet, wenn jemand etwas erzählt, das schon lange bekannt ist oder nicht anders zu erwarten war | *„Klaus hat natürlich wieder gefehlt." – „Sag bloß!"*; **Was sagst du 'nun?**, **Was sagen Sie 'nun?** *gesprochen* **a** drückt Triumph darüber aus, dass man mit etwas recht gehabt hat **b** verwendet, nachdem man etwas erzählt hat, dass man selbst überraschend findet; **Wem 'sagst du das!**, **Wem 'sagen Sie das!** *gesprochen* Das ist mir nichts Neues, das weiß ich genau; **Na, wer 'sagts denn?** *gesprochen* **a** drückt Zufriedenheit darüber aus, dass etwas Positives, mit dem man nicht gerechnet hat, geschehen ist **b** drückt Zufriedenheit darüber aus, dass jemand etwas Schwieriges geschafft hat; **Wenn ich es dir/Ihnen doch 'sage!** *gesprochen* verwendet, um zu betonen, dass das, was man gerade gesagt hat, richtig ist;

▸sagen im Infinitiv: **Personen haben sich viel zu sagen** Personen führen ein lebhaftes Gespräch; **Personen haben sich nichts (mehr) zu sagen** Personen sprechen aus Mangel an Interesse nicht mehr viel miteinander; **Man kann sagen, was man will** drückt aus, dass Einwände oder Kritik nichts an einer Tatsache ändern | *Man kann sagen, was man will, er war doch ein großer Dichter!* (Es gibt viel, was man an ihm kritisieren kann, aber trotzdem ...); **sich** (*Dativ*) **etwas nicht 'zweimal sagen lassen** etwas Angenehmes, zu dem man aufgefordert wird, sofort annehmen oder tun; **sich** (*Dativ*) **nichts sagen lassen** Ratschläge o. Ä. nicht befolgen; **um nicht zu sagen ...** man könnte sogar sagen ... | *Diese Zeichnung ist ungenau, um nicht zu sagen, schlampig*; **Ich würde sagen, (dass) ...** *gesprochen* Meine Meinung ist, dass ... | *Also, ich würde sagen, das ist ein guter Vorschlag*; **irgendwo das Sagen haben** *gesprochen* die Person sein, die in einer Gruppe o. Ä. die Entscheidungen trifft | *Wer hat denn hier das Sagen? Du oder ich?*;

▸in der Wortform gesagt: **wie gesagt** wie es schon einmal gesagt wurde | *Er will, wie gesagt, in Berlin eine Firma gründen*; **Gesagt, getan!** *geschrieben* drückt aus, dass etwas sofort realisiert wird oder wurde; **Das ist leichter gesagt als getan** Das hört sich einfach an, ist aber sehr schwierig; **unter uns gesagt** Was ich jetzt sage, sollen andere nicht hören | *Unter uns gesagt, wird er nie ein guter Arzt werden*; **etwas ist (noch) nicht gesagt** etwas ist nicht sicher | *Es ist noch gar nicht gesagt, dass du den Job kriegst*; **Ich will ja nichts gesagt haben, aber ...** *gesprochen* verwendet, wenn man jemandem etwas erzählt, aber nicht als Quelle dieser Information genannt werden will; **Lass dir das gesagt sein!** *gesprochen* Merke dir, was ich dir gesagt habe und verhalte dich entsprechend!; **Ich habs (dir) doch gleich gesagt!** *gesprochen* **a** Ich habe (dich) rechtzeitig gewarnt **b** Ich habe die (negativen) Folgen vorausgesagt;

▸andere Verwendungen: **Man sagt ...**, **wie man sagt**, **so sagt man** viele Personen glauben die genannte Sache (oft in Form einer Redewendung) | *Man sagt, dass die Bibel das meistübersetzte Buch der Welt ist* | *Jeder ist seines Glückes Schmied, so sagt man* | *Wie man sagt, gibt es Regen, wenn die Schwalben tief fliegen*; **wie man (so schön) sagt** *gesprochen* drückt aus, dass ein verwendeter Begriff bei anderen Leuten beliebt ist | *Diese Ausstellung ist ein Highlight, wie man heute sagt*; **Sag mal, ...?**, **Sagen Sie mal, ...?** *gesprochen* verwendet, um eine Frage einzuleiten; **Sagen wir (ein)mal, ...** *gesprochen* drückt aus, dass man etwas als Grundlage für eine Überlegung nimmt | *Sagen*

S

wir mal, der Quadratmeter kostet 150 Euro, wie viel kostet dann das Grundstück? | *Sagen wir mal, du gewinnst eine Million im Lotto – was würdest du dann tun?*; **sage und schreibe** drückt aus, dass eine Menge oder Zahl überraschend groß ist | *Er hat im Urlaub sage und schreibe fünf Kilo abgenommen!*; **etwas sagt jemandem (et)was/nichts** etwas ist jemandem bekannt/nicht bekannt | *Sagt dir der Name Marie Curie/der Begriff „Symbolismus" was?*

sä·gen VERB (sägte, hat gesägt) **1** **(etwas) sägen** mit einer Säge Holz o. Ä. schneiden | *Äste vom Baum sägen* | *ein Brett in Stücke sägen* K Sägemühle, Sägespäne **2** **etwas sägen** etwas durch Arbeit mit der Säge herstellen | *Bretter sägen* | *ein Loch in die Tür sägen* **3** *gesprochen, humorvoll* ≈ *schnarchen*

sa·gen·haft ADJEKTIV **1** nur aus Erzählungen bekannt (aber nicht wirklich existierend) | *Das sagenhafte Ungeheuer von Loch Ness* **2** *gesprochen* ⟨Wetter; sagenhaft reich, schön⟩ ≈ *großartig* | *sagenhaftes Glück haben* | *„Er hat eine Million im Lotto gewonnen." – „Das ist ja sagenhaft!"* **3** *gesprochen* verwendet, um etwas Negatives zu verstärken ⟨ein Reinfall; sagenhaftes Pech haben⟩ | *Das Team hat sagenhaft schlecht gespielt*

sa·gen·um·wo·ben ADJEKTIV so, dass eine Sache oder ein Ort in vielen Sagen vorkommt | *die sagenumwobene Insel Atlantis*

Sä·ge·werk *das* ein Betrieb, in dem man aus Baumstämmen Bretter und Balken macht

sah *Präteritum, 1. und 3. Person Singular* → sehen

sä·he [ˈzɛːə] *Konjunktiv II, 1. und 3. Person Singular* → sehen

★ **Sah·ne** *die*; (-) **1** die gelbliche Schicht, die sich auf Milch bildet (und die viel Fett enthält) ⟨die Sahne abschöpfen⟩ **2** eine sehr fette Mischung von Milch und Sahne, die man in Flaschen und Bechern kaufen kann ⟨saure, süße Sahne; Sahne schlagen; Sahne in den Kaffee nehmen⟩ K Sahnebonbon, Sahnejoghurt, Sahnekännchen, Sahnequark; Kaffeesahne **3** steif geschlagene Sahne ⟨eine Portion Sahne; Eis, Obsttorte mit Sahne⟩ ≈ *Schlagsahne* K Sahnetorte

Sah·ne·häub·chen *das*; (-s, -) **1** ein Klecks Schlagsahne auf einem Getränk, einem Dessert o. Ä. **2** eine gute Sache, die etwas anderes noch besser macht | *Dieser Sieg setzte der erfolgreichen Saison noch ein Sahnehäubchen auf*

sah·nig ADJEKTIV **1** mit viel Sahne ⟨Milch, eine Creme⟩ **2** mit dem Geschmack oder dem Aussehen von Sahne ⟨etwas schmeckt sahnig⟩

★ **Sai·son** [zɛˈzõː, zɛˈzɔŋ] *die*; (-, -s/*süddeutsch* Ⓐ *auch* -en [zɛˈzoːnən]); *meist Singular* **1** die Zeit in jedem Jahr, in der die meisten Touristen kommen ⟨eine lebhafte Saison; außerhalb der Saison; die Saison läuft aus⟩ | *Nach der Saison sind die Hotelpreise günstiger* K Saisonbeginn, Saisonbetrieb, Saisonende, Saisoneröffnung; Hauptsaison, Nachsaison, Sommersaison, Wintersaison **2** **(die) Saison (für jemanden/etwas)** die Zeit in jedem Jahr, in der spezielle Personen, Sachen oder Tätigkeiten häufig sind ⟨etwas hat Saison⟩ | *Die Monate Mai und Juni sind die Saison für Liebhaber von Spargelgerichten* K Saisonarbeiter, Saisonartikel, Saisongeschäft; Badesaison, Jagdsaison, Spargelsaison **3** die Zeit im Jahr, in sehr viele Konzerte stattfinden und Theaterstücke gezeigt werden ≈ *Spielzeit* | *Zu Beginn der nächsten Saison soll das neue Theater fertig sein* K Saisonauftakt; Konzertsaison, Theatersaison **4** die Zeit im Jahr, in der man eine spezielle Mode trägt | *In der kommenden Saison trägt man wieder Hüte* K Herbstsaison, Sommersaison, Wintersaison, Modesaison **5** die Zeit, in der regelmäßige Wettkämpfe in einer Sportart stattfinden ≈ *Spielzeit* K Saisonauftakt, Saisonbeginn, Saisoneröffnung, Saisonstart; Bundesligasaison • zu (1 – 3) **sai·son·be·dingt** ADJEKTIV

sai·so·nal [zɛzoˈnaːl] ADJEKTIV von der Saison abhängig oder in einer Saison entstanden ⟨eine Grippe⟩ | *saisonale Schwankungen in der Zahl der Arbeitslosen*

Sai·te *die*; (-, -n) Gitarren, Geigen usw. haben dünne, lange Saiten, die die Töne erzeugen ⟨eine Saite ist gerissen, gesprungen; mit dem Bogen über die Saiten streichen; an den Saiten zupfen; in die Saiten greifen; die Saiten zum Klingen bringen⟩ K Saiteninstrument; Violinsaite, Harfensaite, Klaviersaite; Darmsaite, Nylonsaite, Stahlsaite H → Abb. unter **Gitarre** ■ ID **andere/strengere Saiten aufziehen** strenger werden (z. B. bei der Erziehung)

Sak·ko, Sak·ko *das*; (-s, -s) eine (vornehme und elegante) Jacke für einen Mann ≈ *Jackett*

sak·ral ADJEKTIV für religiöse Zwecke bestimmt ⟨Bauten, ein Gegenstand, ein Gesang, ein Raum, die Kunst⟩ ↔ *profan* K Sakralarchitektur, Sakralbauten

Sak·ra·ment *das*; (-(e)s, -e) **1** eine wichtige religiöse Zeremonie in der christlichen Kirche ⟨das Sakrament der Taufe, des Abendmahls⟩ **2** *nur Singular* ⟨das Sakrament austeilen, empfangen⟩ ≈ *Hostie* ■ ID **Sakrament!** *gesprochen* ⚠ verwendet als Fluch

Sak·ri·leg *das*; (-(e)s, -e); *geschrieben* eine Handlung, durch die man eine Religion, eine angesehene Person, Institution o. Ä. beleidigt ⟨ein Sakrileg begehen⟩ | *Entscheidungen von Gerichten zu kritisieren, gilt manchen als Sakrileg*

Sak·ris·tei *die*; (-, -en) ein kleiner Raum in einer Kirche, in welchem der Pfarrer sich für den Gottesdienst vorbereitet

sä·ku·la·ri·sie·ren VERB (säkularisierte, hat säkularisiert) **1** **etwas wird säkularisiert** *historisch* etwas, was der Kirche gehört, wird in den Besitz des Staates gebracht | *Viele Klöster wurden im 19. Jahrhundert säkularisiert* **2** **etwas wird säkularisiert** *geschrieben* etwas wird aus der religiösen Bindung gelöst ⟨das Denken, die Kunst, die Philosophie⟩ • hierzu **Sä·ku·la·ri·sie·rung** *die*; **Sä·ku·la·ri·sa·ti·on** *die*

Sa·la·man·der *der*; (-s, -) ein Tier so ähnlich wie eine Eidechse

Sa·la·mi *die*; (-, -s) eine haltbare harte, geräucherte Wurst ⟨ein Brot, eine Pizza mit Salami⟩

Sa·lär *das*; (-s, -e); *süddeutsch* Ⓐ㊉ das Gehalt (eines Angestellten)

★ **Sa·lat** *der*; (-(e)s, -e) **1** eine Speise, die man kalt isst und die man aus Blattpflanzen, Gemüse, Fisch, Fleisch, Nudeln o. Ä. und einer Soße aus Essig und Öl oder Mayonnaise macht ⟨ein bunter, gemischter Salat; einen Salat anmachen, mischen⟩ K Salatbesteck, Salatdressing, Salatgurke, Salatöl, Salatschüssel, Salatsoße, Salatteller; Bohnensalat, Fischsalat, Fleischsalat, Gurkensalat, Hühnersalat, Kartoffelsalat, Nudelsalat, Rohkostsalat, Tomatensalat **2** eine grüne Pflanze, aus deren Blättern man Salat macht ≈ *Kopfsalat* K Salatbeet, Salatblatt, Salatkopf, Salatpflanze ■ ID **Da/Jetzt haben wir den Salat!** *gesprochen* jetzt ist das Unangenehme passiert (vor dem ich gewarnt habe)

★ **Sal·be** *die*; (-, -n) ein Präparat (das viel Fett enthält), das man z. B. auf entzündete oder verletzte Stellen der Haut streicht ⟨eine kühlende, schmerzlindernde Salbe; eine Salbe dick, dünn auftragen⟩ K Salbendose, Salbentube, Salbenverband; Augensalbe, Hautsalbe, Nasensalbe; Brandsalbe, Heilsalbe, Wundsalbe

Sal·bei *der*; (-s) eine kleine Pflanze mit rauen Blättern, die man als Gewürz oder zur Zubereitung von Tee verwendet K Salbeiblätter, Salbeitee

sal·ben VERB (salbte, hat gesalbt) **1** **(jemandem) etwas salben**; **jemanden salben** *geschrieben* einer Person Salbe auf eine Stelle ihres Körpers streichen ⟨jemandem die Wunden salben⟩ **2** **jemanden (zu etwas) salben** einer Person in einer

S

Zeremonie Öl oder Salbe auf die Stirn streichen und diese Person so in ihr Amt einführen ⟨einen Priester salben; jemanden zum König salben⟩ • zu (2) **Sal·bung** *die*

sal·bungs·voll ADJEKTIV; *abwertend* so, dass es übertrieben feierlich klingt ⟨ein Ton, eine Predigt; salbungsvoll predigen, sprechen⟩

Sal·do *der*; (-s, -s/Sal·di/Sal·den) die Differenz zwischen Einnahmen und Ausgaben oder Guthaben und Forderungen (auf einem Konto)

Sä·le *Plural* → Saal

Sal·mo·nel·le *die*; (-, -n); *meist Plural* eine Bakterienart, die in (verdorbenen) Lebensmitteln vorkommt und bei Menschen zu Krankheiten im Darm führt K Salmonellenvergiftung, salmonellenverseucht

sa·lo·mo·nisch ADJEKTIV sehr klug und gerecht ⟨ein Urteil, eine Entscheidung⟩

Sa·lon [za'lõː, za'lɔŋ, za'loːn] *der*; (-s, -s) **1** ein modernes, schönes Geschäft für Körperpflege K Damensalon, Frisiersalon, Herrensalon, Hundesalon, Hutsalon, Kosmetiksalon, Modesalon, Schönheitssalon **2** *veraltend* ein schönes, großes Zimmer, in dem man Gäste empfängt

sa·lon·fä·hig [za'lɔŋ-, za'loːn-] ADJEKTIV so, wie es die gesellschaftlichen Normen verlangen | *Sein Benehmen/seine Ausdrucksweise/ihr Kleid/sein Anzug ist nicht gerade salonfähig*

sa·lopp ADJEKTIV **1** bewusst locker ⟨ein Typ, eine Ausdrucksweise; sich salopp ausdrücken, benehmen, kleiden⟩ ≈ *leger* **2** bequem und sportlich ⟨eine Jacke, eine Hose⟩

Sal·to *der*; (-s, -s/*geschrieben* Sal·ti) ein Sprung, bei welchem die Beine über den Kopf nach vorn oder hinten kommen, bevor man wieder auf dem Boden landet ⟨einen Salto (vorwärts, rückwärts) machen, springen; ein doppelter, dreifacher Salto⟩ ≈ *Überschlag*

Sa·lü! *besonders* ⓒⓗ *gesprochen* verwendet als Begrüßung oder zum Abschied

Sa·lut *der*; (-(e)s) die (militärische) Begrüßung einer hohen Persönlichkeit durch laute Schüsse ⟨Salut schießen⟩ K Salutschießen, Salutkanone, Salutschuss

sa·lu·tie·ren VERB (salutierte, hat salutiert) **(vor jemandem) salutieren** einem Vorgesetzten oder Ehrengast einen militärischen Gruß erweisen

Sal·ve [-və] *die*; (-, -n) mehrere Schüsse, die auf Kommando gleichzeitig aus mehreren Gewehren kommen ⟨eine Salve abgeben, abfeuern⟩ K Gewehrsalve

★ **Salz** *das*; (-(e)s, -e) **1** *nur Singular* kleine weiße Kristalle, die ähnlich wie Meerwasser schmecken und sich leicht in Wasser auflösen. Man verwendet Salz, um das Essen zu würzen oder um Lebensmittel zu konservieren ⟨Pfeffer und Salz; feines, grobes, klumpiges Salz; Salz abbauen, gewinnen; Salz auf etwas streuen; eine Prise Salz⟩ K Salzbergwerk, Salzgehalt, Salzgewinnung, Salzkorn, Salzlösung; Jodsalz, Kochsalz, Meersalz, Pökelsalz, Speisesalz **2** eine chemische Substanz, die aus der Verbindung einer Säure mit einer Lauge oder mit einem Metall entsteht | *Salpeter ist ein Salz der Salpetersäure* K Bromsalz, Kalisalz, Mineralsalz ■ ID **jemandem nicht das Salz in der Suppe gönnen** jemandem überhaupt nichts gönnen; **jemandem Salz auf/in die Wunde streuen** einer Person, die schon in einer unangenehmen Situation ist, etwas Böses sagen • hierzu **salz·hal·tig** ADJEKTIV

S

Salz- *im Substantiv, betont, begrenzt produktiv* **1** **das Salzfleisch, die Salzgurke, der Salzhering** *und andere* mit Salz konserviert **2** **die Salzbrezel, das Salzgebäck, die Salzmandel** *und andere* mit Salz gewürzt und bestreut **3** **die Salzsteppe, die Salzwüste** *und andere* mit Salz bedeckt **4** **die Salzlösung, der Salzsee, das Salzwasser** *und andere* viel Salz enthaltend

salz·arm ADJEKTIV mit wenig Salz ⟨eine Diät, eine Kost; salzarm kochen⟩

sal·zen VERB (salzte, hat gesalzt/gesalzen) **etwas salzen** Salz in Speisen oder Lebensmittel geben | *Die Suppe ist zu stark gesalzen* H *du salzt*

★ **sal·zig** ADJEKTIV mit dem Geschmack von Salz ⟨ein salziger Geschmack; etwas schmeckt salzig⟩ | *Meerwasser schmeckt salzig*

Salz·kar·tof·feln *die*; *Plural* Kartoffeln, die geschält und dann in gesalzenem Wasser gekocht werden

salz·los ADJEKTIV ohne Salz (im Essen) ⟨eine Diät; salzlos essen, leben⟩

Salz·säu·re *die* eine sehr scharfe Säure, die aus Wasserstoff und Chlor besteht H chemische Formel: *HCl*

Salz·stan·ge *die* ein längliches, dünnes, trockenes Gebäck, das mit Salz bestreut ist und das man zu Bier oder Wein isst

Salz·streu·er *der*; (-s, -) ein kleiner Behälter mit Löchern im Deckel, mit dem man Salz ins Essen streut

SALZSTREUER

Salz·was·ser *das*; *nur Singular* **1** das salzige Wasser im Meer ≈ *Meerwasser* ↔ *Süßwasser* **2** Wasser, in das man Salz getan hat ⟨Nudeln in Salzwasser kochen; mit Salzwasser gurgeln⟩

-sam *im Adjektiv, unbetont, nicht produktiv* **1** **anschmiegsam, mitteilsam, sparsam, wirksam** *und andere* drückt aus, dass das im Verb genannte Verhalten typisch ist oder gerade gilt | *ein schweigsamer Mensch* (ein Mensch, der oft schweigt, wenig spricht) **2** **furchtsam, mühsam, tugendsam** *und andere* drückt aus, dass die im Substantiv genannte Sache (oft in großem Maß) mit einer Sache oder Person verbunden ist | *eine gewaltsame Aktion* (eine Aktion, bei der Gewalt eingesetzt wird)

Sa·ma·ri·ter *der*; (-s, -); *geschrieben* eine Person, die anderen Menschen gern hilft, ohne eine Belohnung zu erwarten ⟨ein barmherziger Samariter⟩

Sam·ba *der*; (-s, -s), **Sam·ba** *die*; (-, -s) ein Tanz aus Lateinamerika ⟨(einen/eine) Samba tanzen⟩

Sa·me *der*; (-ns, -n); *geschrieben* ≈ *Samen* H *der Same; des Samens; den, dem Samen*

★ **Sa·men** *der*; (-s, -) **1** eines von vielen kleinen Körnern, die von Pflanzen produziert werden und aus denen neue Pflanzen von derselben Art wachsen ⟨Samen aussäen, in die Erde legen/stecken; die Samen keimen, gehen auf⟩ | *Die Samen der Sonnenblume enthalten Öl* K Samenkorn, Samenkapsel; Blumensamen, Gemüsesamen, Grassamen **2** **der Samen** +*Genitiv geschrieben nur Singular* der Ursprung einer Sache ≈ *Keim* | *der Samen des Hasses* **3** *nur Singular* ≈ *Sperma* K Samenbank, Samenfaden, Samenflüssigkeit, Samenübertragung

Sa·men·er·guss *der* der Vorgang, bei welchem der Samen durch den Penis nach außen kommt (beim Orgasmus des Mannes) ≈ *Ejakulation*

Sa·men·zel·le *die* eine Zelle, die von den männlichen Geschlechtsorganen produziert wird und die fähig ist, sich mit einem Ei zu verbinden, damit neues Leben entsteht

Sä·me·rei *die*; (-, -en); *meist Plural* ≈ *Saatgut*

sä·mig ADJEKTIV ⟨eine Soße⟩ nicht völlig flüssig, sondern etwas dick

Säm·ling *der*; (-s, -e) eine ganz junge Pflanze, die aus einem Samenkorn herauswächst

Sam·mel- *im Substantiv, betont, begrenzt produktiv* **das Sammellager, die Sammelunterkunft, der Sammeltransport** *und andere* verwendet für Dinge, die mehrere Personen gemeinsam benutzen oder die sie gemeinsam machen ↔ *Einzel-*

Sạm·mel·be·griff *der* ≈ *Kollektivbegriff*

★ **sạm·meln** VERB (sammelte, hat gesammelt) **1** **Dinge sammeln** als Hobby über längere Zeit Dinge derselben Art kaufen o. Ä., weil sie interessant, schön oder wertvoll sind ⟨Briefmarken, Münzen, altes Porzellan, Autogramme, Mineralien, Schmetterlinge sammeln⟩ **K** Sammelalbum, Sammelmappe, Sammeleifer, Sammelleidenschaft, Sammeltrieb, Sammelwut **2** **Dinge sammeln** in einem Gebiet, oder Wald herumgehen und möglichst viele Beeren, Pilze, Kräuter usw. suchen und mitnehmen | *am Strand Muscheln sammeln* **3** **Dinge sammeln** dafür sorgen, dass Dinge der gleichen Art an einem Ort zusammenkommen, damit man sie verwenden kann ⟨Altkleider, Altpapier, leere Flaschen sammeln⟩ | *den Müll getrennt sammeln* | *das Regenwasser in einer Tonne im Garten sammeln* **K** Sammelaktion, Sammelstelle **4** **Dinge sammeln** sich bemühen, allmählich viele Dinge einer Art zu bekommen ⟨Anregungen, Beweise, Daten, Ideen, Informationen sammeln⟩ | *Bei der Olympiade haben unsere Sportler viele Medaillen gesammelt* **5** **etwas sammelt Dinge** etwas ist so, dass viele Dinge zusammenkommen | *Mit dem geringen Stromverbrauch konnte das Gerät im Test Pluspunkte sammeln* **6** **Erfahrungen/Eindrücke sammeln** viel erleben und sich so persönlich weiterentwickeln | *in einem Praktikum erste Berufserfahrungen sammeln* **7** **Personen um sich sammeln** die Gesellschaft von Personen suchen, die ähnliche Ansichten und Ziele haben ⟨Anhänger, Fans, Schüler⟩ **8** **(etwas) sammeln** Personen bitten, Geld, Kleider o. Ä. für einen guten Zweck zu geben ⟨Geld, Kleider, Spenden, Unterschriften⟩ | *für das Rote Kreuz sammeln* **K** Sammelbüchse **9** **Personen sammeln sich (irgendwo)** Personen kommen an einem Ort zusammen | *Die Teilnehmer des Umzuges sammeln sich nach der Messe auf dem Kirchplatz* **K** Sammelplatz, Sammelpunkt **10** **sich sammeln** sich konzentrieren **11** **etwas sammelt sich irgendwo** die Menge einer Sache an einem Ort wird immer größer | *In der Tonne sammelte sich das Regenwasser*

Sam·mel·su̲·ri·um *das*; (-s) eine Menge von vielen verschiedenen ungeordneten Dingen

Sạmm·ler *der*; (-s, -) eine Person, die (als Hobby) Dinge sammelt ⟨ein eifriger, leidenschaftlicher, passionierter Sammler⟩ | *ein Sammler von alten Münzen* **K** Briefmarkensammler, Kunstsammler, Münzsammler ● hierzu **Sạmm·le·rin** *die*

★ **Sạmm·lung** *die*; (-, -en) **1** der Vorgang des Sammelns ⟨eine Sammlung durchführen, organisieren, veranstalten⟩ | *Die Sammlung von Spenden für die Flüchtlinge brachte 200.000 Euro* **K** Altglassammlung, Unterschriftensammlung, Straßensammlung **2** eine (meist relativ große) Menge von Dingen derselben Art, die jemand gesammelt hat ⟨eine Sammlung anlegen, ergänzen, versteigern; eine reichhaltige Sammlung; eine Sammlung von Kunstgegenständen, Münzen, alten Uhren⟩ **K** Antiquitätensammlung, Bildersammlung, Briefmarkensammlung, Gedichtsammlung, Gemäldesammlung, Kunstsammlung, Liedersammlung, Märchensammlung, Mineraliensammlung, Münz(en)sammlung, Schmetterlingssammlung, Waffensammlung **3** das Gebäude oder die Räume, in denen eine Sammlung ist (und der Öffentlichkeit gezeigt wird) | *Die Sammlungen des Völkerkundemuseums sind montags geschlossen* **4** *nur Singular* die Beherrschung der Gefühle und die Konzentration der Gedanken auf ein wesentliches Problem o. Ä. ⟨geistige, innere Sammlung⟩

★ **Sạms·tag** *der*; (-s, -e) der sechste Tag der Woche ⟨am Samstag; letzten, diesen, nächsten Samstag; Samstag früh⟩ ≈ *Sonnabend* **K** Samstagabend, Samstagmittag, Samstagmorgen, Samstagnacht; samstagabends, samstagmittags **H** Abkürzung: *Sa*

★ **sạms·tags** ADVERB an jedem Samstag ≈ *sonnabends* | *Die Banken sind samstags geschlossen*

★ **sạmt** ■ PRÄPOSITION *mit Dativ* **1** zusammen mit ≈ *einschließlich* | *sein Auto samt Zubehör verkaufen*
■ ADVERB **2** **samt und sonders** ohne Ausnahme | *Die Parkhäuser sind samt und sonders überfüllt*

Sạmt *der*; (-(e)s, -e); *meist Singular* ein weicher Stoff, der auf einer Seite viele kurze Fäden hat ⟨sich in Samt und Seide kleiden; ein Vorhang, ein Rock aus Samt⟩ | *Die Haut eines reifen Pfirsichs ist weich wie Samt* **K** Samtband, Samtjacke, Samtkleid, Samtrock, Samtvorhang ● hierzu **sạmt·ar·tig** ADJEKTIV; **sạmt·weich** ADJEKTIV

sạm·ten ADJEKTIV **1** aus Samt gemacht ⟨eine Jacke, ein Band⟩ **2** (weich) wie Samt ⟨ein Fell, ein Pelz⟩ ≈ *samtig*

Sạmt|hand·schu·he *die* **jemanden mit Samthandschuhen anfassen** eine Person, die schnell beleidigt ist, sehr rücksichtsvoll behandeln

sạm·tig ADJEKTIV **1** weich wie Samt ⟨eine Haut⟩ **2** ⟨eine Stimme⟩ mit einem dunklen, weichen Klang

★ **sạ̈mt·lich** ADJEKTIV/PRONOMEN **1** alle(s), alles an/von ≈ *ganz* | *Er hat sein sämtliches Vermögen verloren* | *sämtliche verfügbare Zeit* | *sämtliches vorhandene(s) Material* **2** ≈ *alle* | *Schillers sämtliche Werke* | *mit sämtlichen zur Verfügung stehenden Mitteln* **3** *Substantiv (Plural)* + **sämtlich** alle ohne Ausnahme | *Er schrieb seine Bücher sämtlich im Exil* | *Meine Hosen sind sämtlich zu eng geworden* **4** verwendet, um sich auf die Personen oder Dinge zu beziehen, die aus der Situation oder dem Zusammenhang bekannt sind | *Von meinen Freunden weiß keiner davon – und ich habe sämtliche gefragt*

Sa·na·to̲·ri·um *das*; (-s, Sa·na·to·ri·en [-i̯ən]) ein Krankenhaus, in dem man sich von einer schweren Krankheit erholen kann **K** Sanatoriumsaufenthalt

★ **Sạnd** *der*; (-(e)s) eine lockere Masse aus kleinen Körnern, die es am Ufer von Meeren und in der Wüste gibt ⟨feiner, grober, lockerer Sand; Sand streuen; im Sand buddeln, spielen⟩ | *Die Kinder bauen eine Burg aus Sand* **K** Sandboden, Sandburg, Sanddüne, Sandhaufen, Sandhügel, Sandkorn, Sandschaufel, Sandschicht, Sandstrand, Sandwüste; Flugsand, Putzsand, Quarzsand, Streusand, Vogelsand, Wüstensand

■ **ID** ▸Präposition plus Sand: **auf Sand gebaut haben** *geschrieben* an einer Sache mit gearbeitet haben, die nun nicht gut funktioniert oder kaputt geht; **etwas verläuft im Sande** etwas bleibt ohne Erfolg und wird langsam vergessen; **etwas in den Sand setzen** mit etwas keinen Erfolg haben;

▸andere Verwendungen: **Sand im Getriebe** etwas, das eine Tätigkeit stört oder sie schwierig macht; **einer Person Sand in die Augen streuen** bewirken, dass jemand etwas Negatives nicht bemerkt; **wie Sand am Meer** in großen Mengen oder in großer Zahl | *Dieses Jahr gibt es Pilze wie Sand am Meer*

★ **San·da̲·le** *die*; (-, -n) ein offener Schuh, der nur mit Riemen am Fuß gehalten wird **K** Ledersandale, Kindersandale

SANDALE

Sạnd·bahn *die* eine Rennbahn, die mit Sand bedeckt ist und auf der Motorradrennen stattfinden **K** Sandbahnrennen

S

Sạnd·bank *die* ein Hügel oder eine Fläche aus Sand, meist unter Wasser, in Flüssen oder im Meer | *Der Tanker ist auf eine Sandbank aufgelaufen*

Sạnd·dorn *der; nur Singular* ein Strauch mit schmalen Blättern und orangeroten Beeren, die viel Vitamin C enthalten K Sanddornmarmelade, Sanddornsaft

sạn·dig ADJEKTIV **1** voll Sand ⟨Hände, Schuhe, die Kleidung⟩ **2** mit einem hohen Anteil an Sand ⟨ein Acker, ein Boden⟩

Sạnd·kas·ten *der* ein niedriger Kasten (mit einem Rand aus Holz), der Sand enthält, mit dem Kinder spielen können

Sạnd·kis·te *die ≈ Sandkasten*

Sạnd·ku·chen *der* **1** ein relativ trockener Kuchen aus einem lockeren Teig **2** ein kleiner Kuchen aus Sand, den Kinder formen

Sạnd·mann *der ≈ Sandmännchen*

Sạnd·männ·chen *das;* (-s) eine erfundene Figur, welche Kindern abends Sand in die Augen streut, damit sie müde werden und einschlafen

Sạnd·pa·pier *das; meist Singular* ein Papier, das auf einer Seite eine Schicht feiner Körner hat; wenn man damit raue Flächen reibt, werden diese glatt *≈ Schleifpapier*

Sạnd·sack *der* ein Sack, der mit Sand gefüllt ist. Mit Sandsäcken baut man Schutzmauern bei Überschwemmungen, in Kriegssituationen o. Ä.

Sạnd·stein *der; meist Singular* ein weicher Stein aus Sand und Ton oder Kalk ⟨eine Fassade, eine Mauer, ein Standbild aus Sandstein⟩ K Sandsteinfigur, Sandsteinplastik, Sandsteinplatte, Sandsteinquader

Sạnd·sturm *der* ein Sturm in einem trockenen Gebiet, bei dem viel Sand durch die Luft fliegt

sạnd·te *Präteritum, 1. und 3. Person Singular* → senden

Sạnd·uhr *die* ein Gerät aus zwei Gläsern. Aus dem oberen Glas rinnt Sand in das untere Glas. So kann man die Zeit messen | *Ich benutze zum Eierkochen eine kleine Sanduhr*

★ **Sand·wich** ['zɛntvɪtʃ] *das;* (-(e)s, -(e)s) zwei Scheiben Weißbrot mit Wurst oder Käse und Tomaten oder Salat dazwischen K Käsesandwich, Schinkensandwich

★ **sạnft** ADJEKTIV (sanfter, sanftest-) **1** ruhig, freundlich und voller Liebe ⟨Augen, ein Herz, ein Mensch, eine Stimme, ein Wesen; sanft lächeln, reden⟩ ↔ *aggressiv* **2** angenehm, weil nicht zu stark oder intensiv ⟨Farben, Licht, Musik, Töne; eine Berührung, ein Hauch, ein Wind, Rhythmen; jemanden sanft berühren, streicheln⟩ **3** vorsichtig und indirekt ⟨eine Ermahnung, ein Tadel, Druck, Gewalt, Zwang⟩ **4** friedlich und ruhig ⟨ein Schlaf, ein Tod, ein Ende; sanft schlafen, schlummern⟩ ↔ *unruhig* **5** nicht steil, sondern angenehm und allmählich steigend bzw. fallend ⟨Abhänge; ein Anstieg, ein Hügel, eine Steigung; etwas steigt sanft an⟩ *≈ leicht* **6** in Harmonie mit der Natur und deshalb nicht schädlich oder gefährlich ⟨eine Geburt, Energiequellen, Heilmethoden⟩ ● zu (1) **Sạnft·heit** *die*

Sạ̈nf·te *die;* (-, -n); *historisch* ein großer Kasten mit einem Sitz darin, in dem sich früher reiche Leute tragen ließen K Sänftenträger

sạnft·mü·tig ADJEKTIV mit einem freundlichen und geduldigen Charakter ● hierzu **Sạnft·mut** *die;* **Sạnft·mü·tig·keit** *die*

sạng *Präteritum, 1. und 3. Person Singular* → singen

sạ̈n·ge *Konjunktiv II, 1. und 3. Person Singular* → singen

★ **Sạ̈n·ger** *der;* (-s, -) eine Person, die (auch beruflich) an einer Oper, in einem Chor, in einer Band o. Ä. singt ⟨sich als/zum Sänger ausbilden lassen⟩ K Chorsänger, Opernsänger, Popsänger, Schlagersänger i zu *Sängerin* → Info im Eintrag -in ● hierzu **Sạ̈n·ge·rin** *die*

sạn·ges·freu·dig ADJEKTIV; *veraltend, oft humorvoll* mit großer Begeisterung für das Singen

sạng·los ADVERB ■ ID **sang- und klanglos** *≈ unbemerkt, unbeachtet* | *Das Produkt ist sang- und klanglos vom Markt verschwunden* | *Die deutsche Mannschaft ist sang- und klanglos untergegangen* (die deutsche Mannschaft hat ohne Widerstand verloren)

sa·nie·ren VERB (sanierte, hat saniert) **1** **etwas sanieren** ein altes Gebäude oder Teile einer Stadt in einen modernen Zustand bringen ⟨alte Wohnungen, einen Altbau, ein Stadtviertel sanieren⟩ **2** **etwas sanieren** etwas wieder rentabel machen ⟨einen Betrieb, ein Unternehmen sanieren⟩ **3** **sich (bei etwas) sanieren** *abwertend* mit nicht legalen Methoden bei etwas Geld verdienen ● zu (1,2) **Sa·nie·rung** *die*

sa·ni·tär ADJEKTIV *nur attributiv* in Bezug auf die Hygiene und die Körperpflege ⟨Artikel; die Einrichtungen, die Verhältnisse⟩ | *In dem alten Haus werden neue sanitäre Anlagen wie z. B. Bad, Dusche und WC installiert* K Sanitäranlagen, Sanitäreinrichtungen

Sa·ni·tär *der;* (-s, -e); Ⓒⓗ *≈ Installateur, Klempner*

Sa·ni·tä·ter *der;* (-s, -) eine Person, die (beruflich) verletzten Personen am Ort des Unfalls hilft und diese ins Krankenhaus bringt ⟨ein Sanitäter des Roten Kreuzes⟩ ● hierzu **Sa·ni·tä·te·rin** *die*

Sa·ni·täts- *im Substantiv, betont, begrenzt produktiv* **der Sanitätsdienst, der Sanitätsoffizier, das Sanitätspersonal, der Sanitätssoldat, der Sanitätswagen** *und andere* zu einer Hilfsorganisation oder zu einem Teil der Armee gehörig, der Kranken und Verwundeten hilft

sạnk *Präteritum, 1. und 3. Person Singular* → sinken

Sạn·ka *der;* (-s, -s); *gesprochen ≈ Krankenwagen, Rettungswagen*

Sạnkt *ohne Artikel, unbetont, nur in dieser Form* **1** als Teil des Namens von Heiligen und davon abgeleiteten Namen von Kirchen und Ortschaften verwendet | *Sankt Nikolaus* (der heilige Nikolaus) | *Sankt Pauli* (ein Ortsteil von Hamburg) | *Sankt Helena* (eine Insel) i Abkürzung: *St.* **2** **Sankt Nimmerlein(stag)** *gesprochen, humorvoll* ein Tag, der nie kommen wird | *Auf die Unterlagen warten wir noch bis Sankt Nimmerlein*

Sank·ti·on [-'tsjo:n] *die;* (-, -en) **1** **Sanktionen (gegen jemanden/etwas)** *nur Plural* Maßnahmen, mit denen man versucht, eine Person, einen Staat, eine Firma o. Ä. zu dem gewünschten Verhalten zu zwingen ⟨Sanktionen beschließen, gegen ein Land verhängen; mit Sanktionen drohen⟩ | *Die wirtschaftlichen Sanktionen gegen das Land waren bisher wenig wirksam* **2** *geschrieben meist Singular* die offizielle Zustimmung einer Behörde oder Institution *≈ Erlaubnis*

sank·ti·o·nie·ren [-tsjo-] VERB (sanktionierte, hat sanktioniert) **1** **etwas sanktionieren** durch Sanktionen Druck ausüben oder Strafen für ein Verhalten bestimmen | *Straftaten müssen angemessen sanktioniert werden* | *Die EU drohte damit, Waffenlieferungen an die Kriegsparteien zu sanktionieren* **2** **etwas sanktionieren** *geschrieben* etwas zustimmen oder damit einverstanden sein ⟨Maßnahmen, Pläne sanktionieren; etwas behördlich, nachträglich sanktionieren⟩ | *Er bezeichnete Krieg als gesellschaftlich sanktionierten Mord* ● hierzu **Sank·ti·o·nie·rung** *die*

sạnn *Präteritum, 1. und 3. Person Singular* → sinnen

Sansk·rịt *das;* (-(e)s) eine alte indische Sprache, die heute vor allem für religiöse Zwecke verwendet wird

Sa·phir ['za:fiːɐ̯, za'fiːɐ̯] *der;* (-(e)s, -e) ein Edelstein von meist blauer, klarer Farbe

Sar·dẹl·le *die;* (-, -n) ein kleiner Meeresfisch, der meist mit viel Salz konserviert wird | *eine Pizza mit Sardellen belegen* K Sardellenbutter, Sardellenfilet, Sardellenpaste

Sar·di·ne *die;* (-, -n) ein kleiner Fisch, der meist in Öl eingelegt ist und in Dosen verkauft wird K Sardinenbrötchen, Sardinenbüchse; Ölsardine

Sarg *der;* (-(e)s, Sär·ge) der Kasten (aus Holz), in dem ein Toter ins Grab gelegt wird ⟨einen Toten in den Sarg legen, im Sarg aufbahren⟩ K Sargdeckel, Sargschmuck, Sargträger; Bleisarg, Eichensarg, Kindersarg

Sar·kas·mus *der;* (-, Sar·kas·men); *geschrieben* eine Bemerkung, mit der man Verachtung und Spott (oft ironisch) ausdrückt • hierzu **sar·kas·tisch** ADJEKTIV

Sar·ko·phag [-f-] *der;* (-(e)s, -e); *historisch* ein großer Sarg meist aus Stein

saß *Präteritum, 1. und 3. Person Singular* → sitzen

sä·ße *Konjunktiv II, 1. und 3. Person Singular* → sitzen

Sa·tan *der;* (-s) **1** ⟨das Reich Satans; vom Satan besessen sein⟩ ≈ *Teufel* **2** *abwertend* ein sehr böser Mensch

Sa·tans·bra·ten *der; gesprochen, oft humorvoll* ein Kind, das viel Unsinn anstellt, andern gern Streiche spielt

Sa·tel·lit, Sa·tel·lit *der;* (-en, -en) **1** ein technisches Gerät, das sich im Kreis um die Erde bewegt und das dazu dient, das Wetter zu beobachten, Nachrichten über weite Entfernungen zu übermitteln o. Ä. ⟨ein (un)bemannter Satellit⟩ | *Die Olympischen Spiele werden in alle Welt über/per/via Satellit übertragen* K Satellitenbahn, Satellitenbild, Satellitenfernsehen, Satellitenflug, Satellitenfoto, Satellitenstart, Satellitenübertragung; Fernsehsatellit, Nachrichtensatellit, Spionagesatellit, Wettersatellit H *der Satellit; den, dem, des Satelliten* **2** ein Körper im Weltraum, der sich um einen Planeten herum bewegt | *Der Mond ist ein Satellit der Erde* **3** *geschrieben* ein kleiner Staat, der ganz unter dem Einfluss eines mächtigen Staates steht K Satellitenstaat

Sa·tel·li·ten·schüs·sel *die* eine Antenne in Form einer großen Schüssel, über die man Fernseh- und Rundfunksignale von Satelliten empfangen kann

Sa·tel·li·ten·stadt *die* ≈ *Trabantenstadt*

Sa·tin [za'tɛ̃:] *der;* (-s) ein glatter, feiner Stoff, der wie Seide glänzt ⟨eine Bluse aus Satin⟩

Sa·ti·re *die;* (-, -n) **1** **eine Satire (auf jemanden/etwas)** *nur Singular* Spott und scharfe Kritik, mit denen man die Fehler einer Person oder Gruppe in witziger Form deutlich macht ⟨eine politische Satire; etwas mit beißender Satire darstellen⟩ **2** **eine Satire (auf jemanden/etwas)** ein künstlerisches Werk, in dem Satire verwendet wird | *„Gullivers Reisen" ist eine Satire auf die sozialen Zustände der damaligen Zeit* K Gesellschaftssatire, Zeitsatire • hierzu **Sa·ti·ri·ker** *der;* **sa·ti·risch** ADJEKTIV

★ **satt** ADJEKTIV (satter, sattest-) **1** nicht mehr hungrig, weil man genug gegessen hat ⟨satt sein, werden; sich (an etwas (Dativ)) satt essen⟩ | *„Möchtest du noch etwas essen?" – „Nein danke, ich bin schon satt!"* **2** *meist attributiv* kräftig und leuchtend ⟨eine Farbe, ein Farbton⟩ | *das satte Grün der Wiesen* **3** *abwertend meist attributiv* so zufrieden mit sich selbst und allen Dingen, die man hat, dass die eigenen Fehler nicht mehr wichtig sind ⟨ein Wohlstandsbürger, ein Gesichtsausdruck⟩

Sat·tel *der;* (-s, Sät·tel) **1** ein Sitz aus Leder, den man zum Reiten auf den Rücken eines Pferdes legt ⟨den Sattel auflegen, abnehmen, festschnallen; sich in den Sattel schwingen; jemandem in den/aus dem Sattel helfen; ein Pferd wirft jemanden aus dem Sattel; ohne Sattel reiten⟩ K Satteldecke, Sattelgurt, Sattelknauf, Satteltasche; Reitsattel, Rennsattel **2** der Teil eines Fahrrads oder Motorrads, auf dem man sitzt ⟨den Sattel höher, tiefer stellen⟩ K Sattelbezug; Fahrradsattel, Motorradsattel, Rennsattel H → Abb. unter **Fahrrad** **3** eine flache Stelle im Gebirge, an der man zwischen zwei Gipfeln von einem Berg zum anderen gehen kann ≈ *Pass, Joch* K Bergsattel ▪ ID **fest im Sattel sitzen** eine sichere Stellung haben, aus der man nicht vertrieben werden kann; **jemanden aus dem Sattel heben** jemanden aus der Stellung verdrängen; **jemanden in den Sattel heben** jemandem helfen, eine hohe Stellung zu bekommen; **sich im Sattel halten** in einer hohen Stellung die Macht behalten; **in allen Sätteln gerecht sein** alles gut können, was man tun soll

sat·tel·fest ADJEKTIV *meist prädikativ* mit sehr guten Kenntnissen | *In der Grammatik ist er absolut sattelfest*

sat·teln VERB (sattelte, hat gesattelt) **(ein Tier) satteln** einem Tier einen Sattel zum Reiten auflegen

Sat·tel·schlep·per *der* ein Lastwagen mit einem kurzen vorderen Teil, der einen langen Anhänger zieht

Sat·tel·zug *der* ein Sattelschlepper mit einem zusätzlichen Anhänger

satt·ha·ben VERB (hat satt, hatte satt, hat sattgehabt); *gesprochen* **jemanden/etwas satthaben** jemanden/etwas nicht mehr ertragen können | *Ich habe deine Angeberei endgültig satt!*

sät·ti·gen VERB (sättigte, hat gesättigt) **1** **etwas sättigt** etwas macht satt | *Weißbrot sättigt nur wenig/ist wenig sättigend* **2** **etwas sättigen** *geschrieben* einen Wunsch befriedigen ⟨jemandes Neugierde, ein Verlangen sättigen⟩ **3** **der Markt (für etwas) ist gesättigt** es lässt sich nichts mehr (von dem genannten Produkt) verkaufen

Sät·ti·gung *die;* (-) **1** die Handlungen, durch die jemand oder man selbst satt gemacht wird **2** der Zustand, in dem jemand satt ist K Sättigungsgefühl **3** der Zustand, in dem eine chemische Lösung oder ein Gas keine andere Substanz mehr aufnehmen (lösen) kann ⟨die Sättigung der Luft mit Wasserdampf⟩ K Sättigungsgrad, Sättigungspunkt **4** der Zustand, in dem so viele Produkte auf dem Markt sind, dass man sie nicht mehr verkaufen kann ⟨die Sättigung des Marktes⟩

Satt·ler *der;* (-s, -) eine Person, die beruflich Sättel und andere Dinge aus stabilem Leder herstellt und repariert K Sattlerhandwerk, Sattlermeister

Satt·le·rei *die;* (-, -en) die Werkstatt eines Sattlers

satt·sam ADVERB; *geschrieben, oft abwertend* **etwas ist sattsam bekannt** etwas ist so oft gesagt worden, dass es niemand mehr hören will

satt·se·hen VERB (sieht sich satt, sah sich satt, hat sich sattgesehen) **1** **sich an etwas** (*Dativ*) **sattgesehen haben** etwas oft oder schon zu oft gesehen haben **2** **sich an etwas** (*Dativ*) **nicht sattsehen können** etwas immer wieder ansehen wollen, weil es einem so gut gefällt

sa·tu·riert ADJEKTIV; *geschrieben, abwertend* selbstzufrieden, wirtschaftlich oder materiell übersättigt ⟨Wohlstandsbürger⟩ • hierzu **Sa·tu·riert·heit** *die*

★ **Satz** *der;* (-es, Sät·ze) **1** mehrere Wörter (zu denen meist ein Verb gehört), die zusammen eine Feststellung, eine Frage, einen Befehl o. Ä. bilden. Ein geschriebener Satz fängt mit einem Großbuchstaben an und hört mit dem Zeichen . oder ! oder ? auf ⟨einen Satz bilden, konstruieren, umformen, analysieren; in ganzen Sätzen antworten; mitten im Satz abbrechen; jemandem etwas in kurzen, knappen Sätzen mitteilen; mit wenigen Sätzen die Situation schildern⟩ K Satzanfang, Satzart, Satzaussage, Satzende, Satzerweiterung, Satzgefüge, Satzgegenstand, Satzteil; Attributsatz, Aussagesatz, Befehlssatz, Fragesatz, Gliedsatz, Hauptsatz, Nebensatz, Objektsatz, Subjektsatz, Kausalsatz, Temporalsatz **2** *meist Singular* eine Theorie (oder ein Teil davon) in der Mathematik | *Pythagoras formulierte den Satz vom rechtwinkligen Dreieck* **3** ein Teil eines Musikstücks, für den eigene Motive und ein eigenes Tempo typisch sind ⟨eine Sonate in vier Sätzen⟩ | *Die Sinfonie begann mit ei-*

S

nem langsamen Satz [K] Anfangssatz, Schlusssatz [4] *nur Singular* verwendet, um anzugeben, für welche und für wie viele Instrumente oder Stimmen ein Musikstück komponiert ist ⟨ein mehrstimmiger Satz⟩ [5] ein Teil eines Wettkampfes (z. B. beim Tennis) ⟨den ersten, zweiten Satz gewinnen, verlieren⟩ | *Er gewann das Tennismatch mit 3 : 1 Sätzen* [6] eine feste Anzahl von Gegenständen der gleichen Art, die zusammengehören ⟨ein Satz Winterreifen, Schüsseln, Schraubenschlüssel⟩ | *Von jeder neuen Briefmarkenserie kauft er sich einen ganzen Satz* [K] Schlüsselsatz, Werkzeugsatz [7] die Summe Geld, die für mehrere regelmäßige Zahlungen festgesetzt ist ⟨einen Satz festlegen, vereinbaren; ein hoher, ermäßigter Satz⟩ ≈ *Tarif* [K] Beitragssatz, Pflegesatz, Steuersatz, Tagessatz, Zinssatz, Höchstsatz, Mindestsatz [8] *meist Singular* die kleinen festen Teilchen, die in einer Flüssigkeit nach unten sinken und sich am Boden eines Gefäßes sammeln [K] Kaffeesatz; Bodensatz [9] ein großer Sprung ⟨einen Satz machen⟩ [10] *nur Singular* das Erfassen (Setzen) eines Textes, bevor man ihn druckt ⟨das Manuskript ist im Satz, geht in (den) Satz⟩ [11] die erfasste Form eines Manuskripts o. Ä. als Vorlage für den Druck ⟨ein unsauberer Satz; den Satz korrigieren⟩ [K] Satzspiegel; Schriftsatz

Satz·leh·re *die* ≈ *Grammatik, Syntax*

Sat·zung *die;* (-, -en) die Regeln, die für einen Verein o. Ä. formuliert werden und an die sich alle halten müssen [K] Vereinssatzung

Satz·zei·chen *das* ein Zeichen wie z. B. ein Komma, ein Punkt o. Ä., das zur Gliederung eines Satzes verwendet wird

WORTSCHATZ

▶ Die Satzzeichen

?	das Fragezeichen
!	das Ausrufezeichen
.	der Punkt
,	das Komma
;	der Strichpunkt
:	der Doppelpunkt
-	der Bindestrich
–	der Gedankenstrich
„ "	die Anführungszeichen

Sau *die;* (-, -en/Säue) [1] ein weibliches Schwein ⟨eine fette, trächtige Sau; eine Sau mästen, schlachten⟩ [K] Wildsau [2] *gesprochen* ▲ verwendet als Schimpfwort für eine Person, die schmutzig, ordinär o. Ä. ist [ID] **jemanden zur Sau machen** *gesprochen* ▲ jemanden sehr scharf kritisieren; **unter aller Sau** *gesprochen* ▲ sehr schlecht; **keine Sau** *gesprochen* ▲ ≈ *niemand;* **die Sau rauslassen** *gesprochen* ▲ sich wild benehmen und dabei viel trinken und laut sein

sau- *im Adjektiv, betont, begrenzt produktiv; gesprochen, abwertend* **saublöd(e), saudumm, saugrob, saukalt** *und andere* verwendet, um Adjektive zu verstärken ≈ *sehr* | *sich sauwohl fühlen*

Sau- *im Substantiv, betont, begrenzt produktiv* [1] **die Sauarbeit, der Saufraß, das Sauwetter** *und andere gesprochen, abwertend* drückt aus, dass das Genannte sehr unangenehm oder schlecht ist [2] **das Sauglück, die Sauhitze, die Saukälte, die Sauwut** *und andere gesprochen, humorvoll* drückt aus, dass das Genannte sehr groß oder intensiv ist

Sau·bär *der; gesprochen* eine Person, die (oft) schmutzig ist o. Ä.

★ **sau·ber** ADJEKTIV [1] ohne Schmutz ↔ *schmutzig* | *Jetzt ist der Fußboden endlich wieder sauber* [2] frisch gewaschen ⟨ein Handtuch; die Wäsche⟩ ↔ *benützt* | *ein sauberes Hemd anziehen* [3] frei von Schmutz und schädlichen Stoffen ⟨Luft, Trinkwasser⟩ ≈ *rein* ↔ *verschmutzt* [4] sehr sorgfältig und genau ⟨eine Arbeit; etwas sauber (ab)schreiben; eine Zeichnung sauber ausführen; etwas sauber vernähen⟩ ↔ *schlampig* | *Er arbeitet sauber und gewissenhaft* [5] der Moral und den guten Sitten entsprechend ⟨ein Charakter⟩ ≈ *anständig* | *Die Geschichte ist nicht ganz sauber* (etwas ist nicht legal) [6] ohne Fehler ⟨eine Technik⟩ ↔ *unsauber* | *Die hohen Töne hat er nicht sauber gesungen* | *Sie spielt nicht ganz sauber* [7] *gesprochen, ironisch meist attributiv* verwendet, um zu sagen, dass man eine Person oder Sache sehr negativ sieht und kritisiert | *Das ist ja eine saubere Überraschung!* | *Seine sauberen Freunde haben ihn zu dem Diebstahl überredet* | *Das hast du ja wieder sauber hingekriegt!* [8] **ein Kind ist sauber** ein Kind braucht keine Windeln mehr [9] **ein junges Haustier ist sauber** ein junges Haustier ist stubenrein [10] **etwas sauber halten** dafür sorgen, dass etwas sauber, ordentlich oder frei von von etwas bleibt ⟨die Wohnung, ein Zimmer, die Gewässer, die Luft sauber halten; den Rasen von Unkraut, das Haus von Ungeziefer sauber halten⟩ | *Du musst dein Zimmer selbst sauber halten!* | *Haltet den Wald sauber!* [11] **(etwas) (mit etwas) sauber machen** den Schmutz (von etwas) entfernen ⟨die Badewanne, den Herd, ein Zimmer sauber machen; etwas mit Wasser und Seife sauber machen⟩ ≈ *putzen* ● zu (1 – 5) **Sau·ber·keit** *die;* zu (10,11) **Sau·ber·hal·tung** *die*

säu·ber·lich ADJEKTIV *meist attributiv* sehr sorgfältig und genau ⟨etwas säuberlich aufstellen, ausschneiden, eintragen, ordnen, trennen, unterscheiden⟩ ≈ *sauber*

sau·ber·ma·chen VERB ≈ *sauber machen*

säu·bern VERB (säuberte, hat gesäubert) [1] **etwas säubern** den Schmutz von etwas entfernen ⟨den Teppich mit einem Staubsauger säubern⟩ [2] **etwas (von jemandem/etwas) säubern** etwas von Personen oder Dingen frei machen, die nicht erwünscht oder schädlich sind ⟨ein altes Gebäude von Ungeziefer, die Gegend von Unrat säubern; eine Partei säubern⟩

Säu·be·rung *die;* (-, -en) [1] *nur Singular* die Handlungen, mit denen man etwas sauber macht ≈ *Reinigung* [2] bei einer Säuberung werden Personen aus politischen Gründen aus einem Land vertrieben oder getötet oder z. B. aus öffentlichen Ämtern entfernt [K] Säuberungsaktion, Säuberungswelle [!] in nicht wissenschaftlichen Texten als rassistisch und zynisch empfunden

Sau·ce ['zo:s(ə)] *die;* (-, -n) → Soße

Sau·ci·e·re [zo'sie:rə] *die;* (-, -n) ein Gefäß für Soße, das man beim Essen auf den Tisch stellt

★ **sau·er** ADJEKTIV (saurer, sauerst-) [1] mit dem Geschmack von Essig oder von Zitronen ⟨etwas schmeckt sauer⟩ ↔ *süß* | *Die Äpfel sind noch ganz sauer und noch nicht reif* [!] *sauer → saurer Geschmack* [2] mit Essig zubereitet oder haltbar gemacht ⟨Bohnen, Gurken⟩ [K] Sauerbraten [3] (durch Gärung dick geworden und) mit saurem Geschmack ⟨Sahne⟩ ↔ *süß* | *die Soße mit saurem Rahm anrühren* [K] Sauermilch, Sauerrahm [4] verdorben und mit saurem Geschmack ⟨Milch⟩ ↔ *frisch* | *Im Sommer wird die Milch schnell sauer* [5] **sauer (auf jemanden)** *gesprochen* (über jemanden) verärgert | *Er ist sauer, weil er nicht ins Kino darf* | *Bist du jetzt sauer auf mich?* [6] mit viel Mühe oder Ärger ⟨sauer erspartes, verdientes Geld; jemandem das Leben sauer machen⟩ ↔ *leicht* [7] mit der chemischen Wirkung einer Säure ⟨Salze; etwas reagiert sauer⟩ [8] mit Säuren verschmutzt, die aus Abgasen o. Ä. kommen ⟨der Boden, der Regen⟩

[ID] **jemandem Saures geben** *gesprochen* eine Person scharf kritisieren oder sie verprügeln

Sau·er·amp·fer *der*; (-s) eine Pflanze, die auf der Wiese und im Garten wächst und deren Blätter sauer schmecken

Sau·e·rei *die*; (-, -en); *gesprochen, abwertend* ≈ *Schweinerei*

Sau·er·kir·sche *die* eine (hellrote) Kirsche, die sauer schmeckt

Sau·er·kohl *der*; *norddeutsch* ≈ *Sauerkraut*

Sau·er·kraut *das*; *nur Singular* Weißkohl, der in Streifen geschnitten und mit Salz haltbar gemacht wird. Sauerkraut schmeckt sauer und wird meist warm gegessen

säu·er·lich ADJEKTIV **1** ein wenig sauer ⟨ein Apfel, Wein⟩ | *Die Suppe schmeckte säuerlich* **2** ⟨ein Gesicht, eine Miene⟩ so, dass sie deutlich zeigen, dass der Betroffene unzufrieden ist oder dass er sich ärgert | *säuerlich lächeln*

★ **Sau·er·stoff** *der*; (-(e)s) Sauerstoff ist das Gas in der Luft, das wir brauchen, um leben zu können K Sauerstoffapparat, Sauerstoffarmut, Sauerstoffatom, Sauerstoffflasche, Sauerstoffgerät, Sauerstoffmangel, Sauerstoffmolekül, Sauerstoffversorgung, Sauerstoffzufuhr H chemisches Zeichen: *O* ● hierzu **sau·er·stoff|arm** ADJEKTIV; **sau·er·stoff|reich** ADJEKTIV

Sau·er·teig *der* eine Mischung aus Mehl und Wasser, die man sauer werden lässt und dann zum Backen von dunklem Brot verwendet H → Infos unter **Brot**

sau·fen VERB (säuft, soff, hat gesoffen) **1** **(etwas) saufen** *gesprochen, abwertend* große Mengen von alkoholischen Getränken trinken **2** **ein Pferd, eine Kuh** *o. Ä.* **säuft (etwas)** ein Pferd, eine Kuh o. Ä. trinkt große Mengen | *dem Pferd einen Eimer Wasser zu saufen geben* ■ ID **einen saufen** *gesprochen, abwertend* Schnaps oder Bier trinken ● zu (1) **Säu·fer** *der*; zu (1) **Säu·fe·rin** *die*

★ **sau·gen** VERB (saugte/sog, hat gesaugt/gesogen) **1** **etwas (aus etwas) saugen** durch sehr enge Öffnungen oder mit den Lippen eine Flüssigkeit in den Mund ziehen oder aufnehmen | *Saft durch einen Strohhalm saugen* | *Die Baumwurzeln saugen die Feuchtigkeit aus dem Boden* **2** **(etwas) saugen** *gesprochen* (*saugte, hat gesaugt*) mit einem Staubsauger Staub oder Schmutz von etwas entfernen | *Er saugt (den Teppich) jede Woche* **3** **an etwas** (*Dativ*) **saugen** die Lippen fest an etwas drücken und dabei Luft, Rauch oder Flüssigkeit in den Mund ziehen ⟨an einer Pfeife, Zigarette saugen⟩ | *Das Baby saugt an der Brust der Mutter*

säu·gen VERB (säugte, hat gesäugt) **ein Tier säugt (ein Tier)** ein Tier lässt das Junge (aus dem Euter oder den Zitzen) Milch trinken | *Das Schaf säugt sein Lamm*

Sau·ger *der*; (-s, -) Sauger aus Gummi sind so geformt, dass ein Baby gut daran saugen kann; sie werden für Trinkflaschen benutzt oder um ein Baby zu beruhigen

Säu·ger *der*; (-s, -) ≈ *Säugetier*

★ **Säu·ge·tier** *das* ein Tier, dessen Junge Milch von der Mutter trinken | *Elefanten sind die größten Säugetiere an Land*

saug·fä·hig ADJEKTIV ⟨ein Material, ein Papier, Windeln⟩ so, dass sie viel Flüssigkeit in sich aufnehmen können ● hierzu **Saug·fä·hig·keit** *die*

★ **Säug·ling** *der*; (-s, -e) ein kleines Kind, das noch Milch an der Brust der Mutter oder aus der Flasche trinkt ≈ *Baby* K Säuglingsalter, Säuglingsnahrung, Säuglingspflege, Säuglingssterblichkeit

Saug·napf *der* das Organ, mit dem z. B. Tintenfische oder Insekten sich an glatten Flächen festhalten können

Sau·hau·fen *der*; *gesprochen* ⚠ verwendet, um eine Gruppe von Menschen ohne Disziplin zu bezeichnen oder zu beschimpfen

säu·isch ADJEKTIV ≈ *schweinisch*

Sau·kerl *der*; *gesprochen* ⚠ als Schimpfwort für einen Mann verwendet, der gemein ist

★ **Säu·le** *die*; (-, -n) **1** ein starker Pfosten (meist aus Stein), der das Dach eines großen Gebäudes (z. B. eines Tempels) stützt ⟨dorische, ionische, korinthische Säulen; etwas ruht auf Säulen; der Fuß, der Schaft, das Kapitell einer Säule⟩ K Säulenbau, Säulenfuß, Säulenhalle, Säulenportal, Säulentempel **2** eine Person, die in einer Gruppe von Menschen eine sehr wichtige Stellung hat ⟨jemand ist eine Säule der Gesellschaft, der Mannschaft⟩

Saum *der*; (-(e)s, Säu·me) **1** der Rand an einem Stück Stoff, der gefaltet und festgenäht ist, damit er schön aussieht und nicht kaputtgeht ⟨ein breiter, schmaler Saum; einen Saum auftrennen, heften, nähen⟩ K Saumnaht; Rocksaum, Mantelsaum **2** *geschrieben* ⟨der Saum des Feldes, des Waldes, eines Wegs⟩ ≈ *Rand*

sau·mä·ßig ADJEKTIV; *gesprochen, abwertend* **1** sehr schlecht | *Das Essen/der Unterricht/das Wetter war saumäßig* **2** unangenehm intensiv ⟨Hunger, Kälte; saumäßig frieren; sich saumäßig ärgern⟩

säu·men VERB (säumte, hat gesäumt) **1** **Menschen/Dinge säumen etwas** viele Menschen/Dinge stehen in Reihen am Rand einer Fläche oder einer Straße | *Bäume säumen den Fluss* | *Viele Menschen säumten die Straßen, durch die sich der Festzug bewegte* **2** **etwas säumen** an etwas den Saum nähen ⟨ein Kleid, eine Decke, einen Vorhang⟩ **3** *geschrieben* etwas nicht gleich tun, sondern damit warten | *Ich möchte nicht lange/mehr länger säumen* H meist verneint

säu·mig ADJEKTIV; *geschrieben* ⟨ein Schuldner, ein Zahler⟩ so, dass sie etwas nicht pünktlich zahlen | *bei der Zahlung des Beitrags säumig sein*

saum·se·lig ADJEKTIV; *veraltend* sehr langsam und ohne Sorgfalt ⟨ein Angestellter, ein Mensch; saumselig arbeiten⟩ ● hierzu **Saum·se·lig·keit** *die*

Sau·na *die*; (-, -s/Sau·nen) ein Raum, der mit Holz verkleidet ist und den man sehr stark heizt. Man geht für kurze Zeit hinein, um kräftig zu schwitzen

★ **Säu·re** *die*; (-, -n) **1** *nur Singular* der saure Geschmack einer Sache ⟨eine erfrischende, milde Säure⟩ **2** eine chemische Verbindung, die Metalle angreift und einen sauren Geschmack hat K Säuregehalt; Ameisensäure, Kohlensäure, Salpetersäure, Schwefelsäure, Essigsäure, Zitronensäure ● zu (2) **säu·re·arm** ADJEKTIV; zu (2) **säu·re·frei** ADJEKTIV

säu·re·be·stän·dig ADJEKTIV ≈ *säurefest*

säu·re·fest ADJEKTIV ⟨Plastik, Kunststoff⟩ so, dass sie widerstandsfähig gegenüber Säuren sind ≈ *säurebeständig*

Sau·re-Gur·ken-Zeit, **Sau·re·gur·ken·zeit** *die*; *meist Singular; humorvoll* eine Zeit (vor allem während der Sommerferien), in der wenig wichtige Ereignisse stattfinden und es somit für die Presse wenig zu berichten gibt

säu·re·hal·tig ADJEKTIV mit Säure

Sau·ri·er [-riə] *der*; (-s, -) ein sehr großes Reptil (mit einem langen Schwanz und einem langen Hals), das vor vielen Millionen Jahren lebte K Flugsaurier, Riesensaurier

Saus *der* ■ ID **in Saus und Braus leben** sehr viel Geld für Vergnügungen und Luxus ausgeben

säu·seln VERB (säuselte, hat gesäuselt) **1** **etwas säuselt** etwas rauscht sehr leise ⟨die Blätter, das Schilf⟩ | *Ein leiser Wind säuselt in den Zweigen* **2** **(etwas) säuseln** *gesprochen, ironisch* etwas mit einer Stimme sagen, die sehr zart und künstlich klingt

sau·sen VERB (sauste, hat/ist gesaust) **1** **(irgendwohin) sausen** *gesprochen* (*ist*) sich sehr schnell irgendwohin bewegen | *um die Ecke sausen* | *Plötzlich sauste ein Stein durchs Fenster* | *Jetzt muss ich sausen, sonst komme ich zu spät zum Bahnhof!* **2** **etwas saust** (*hat*) etwas macht ein Geräusch, das abwechselnd stärker und schwächer wird ⟨der Wind, der Sturm⟩ **3** **durch etwas sausen** *gesprochen*

S

(*ist*) eine Prüfung nicht bestehen ⟨durchs Abitur, durchs Examen sausen⟩ ≈ *durchfallen*

sau·sen las·sen, **sau·sen·las·sen** VERB (ließ sausen, hat sausen lassen/sausenlassen); *gesprochen* **1** **etwas sausen lassen** auf etwas verzichten ⟨einen Plan, eine Einladung sausen lassen⟩ **2** **jemanden sausen lassen** zulassen, dass die Beziehung zu jemandem abbricht | *Lass den unzuverlässigen Kerl doch sausen!* **H** Im Perfekt gesprochen auch *hat sausen gelassen*

Sau·stall *der*; *nur Singular*; *gesprochen, abwertend* **1** eine schmutzige oder sehr unordentliche Wohnung **2** ein Zustand, über den man sich sehr ärgert

Sa·van·ne [-v-] *die*; (-, -n) eine Region mit großen Grasflächen und kleinen Gruppen von Bäumen oder Büschen

Sa·xo·fon, **Sa·xo·phon** [-f-] *das*; (-s, -e) ein Blasinstrument aus Metall mit einem kräftigen Klang, das vor allem in der Jazzmusik verwendet wird **K** Altsaxofon, Baritonsaxofon, Tenorsaxofon **H** → Abb. unter **Blasinstrument** • hierzu **Sa·xo·fo·nist**, **Sa·xo·pho·nist** *der*; **Sa·xo·fo·nis·tin**, **Sa·xo·pho·nis·tin** *die*

SAXOFON

SB- [ɛs'beː] *im Substantiv, betont, begrenzt produktiv* **die SB-Backstation, die SB-Kasse, der SB-Möbelmarkt** *und andere* mit Selbstbedienung | *die Kontoauszugsdrucker und Geldautomaten im SB-Bereich der Bank*

S-Bahn ['ɛs-] *die* **Schnellbahn** ein schneller elektrischer Zug in einer Großstadt und ihrer Umgebung **K** S-Bahn-Haltestelle, S-Bahn-Station, S-Bahn-Wagen

Scan·ner ['skɛnɐ] *der*; (-s, -) **1** ein Gerät, das von Bildern oder Texten eine Kopie für den Computer macht **2** ein Gerät, mit dem man z. B. am Flughafen prüfen kann, ob Waffen im Gepäck oder in der Kleidung versteckt sind **3** ein Gerät, das Strichcodes abtastet und die Daten an eine Kasse o. Ä. weitergibt **4** ein Gerät, mit dem Bilder vom Inneren des Körpers gemacht werden können, um Krankheiten zu entdecken • hierzu **scan·nen** VERB (*hat*)

sch! [ʃ] verwendet, um jemanden aufzufordern, leise zu sein

Scha·be *die*; (-, -n) **1** ein flaches, schwarzes Insekt mit Flügeln, das in Ritzen und Spalten (vor allem in alten oder schmutzigen Häusern) lebt **K** Küchenschabe **2** *besonders* (CH) ≈ *Motte*

S

scha·ben VERB (schabte, hat geschabt) **1** **(etwas) schaben** die äußerste Schicht von etwas entfernen, indem man einen scharfen Gegenstand mehrere Male kräftig über die Oberfläche zieht oder schiebt ⟨Karotten, Leder schaben⟩ **K** Schabeisen, Schabmesser, Schabwerkzeug **2** **(etwas aus/von etwas) schaben** ein Material von etwas entfernen, indem man einen harten Gegenstand kräftig über dessen Oberfläche zieht oder schiebt | *den Teig aus der Schüssel schaben* | *den alten Lack von der Tür schaben*

Scha·ber *der*; (-s, -) ein kleines Gerät zum Schaben **K** Eisschaber, Teigschaber

Scha·ber·nack *der*; (-s); *veraltend* Dinge, die man zum Spaß macht ⟨mit jemandem (seinen) Schabernack treiben⟩ ≈ *Scherz*

schä·big ADJEKTIV **1** alt und gebraucht (und deshalb nicht mehr schön) | *eine schäbige alte Tasche* **2** nicht der Moral entsprechend ⟨ein Verhalten, eine Ausrede; sich schäbig benehmen; sich (*Dativ*) richtig schäbig vorkommen⟩ ↔ *vornehm* | *Es war ziemlich schäbig von ihr, ihm nicht die Wahrheit zu sagen* **3** *gesprochen* sehr klein | *ein schäbiges Gehalt haben* | *jemandem ein schäbiges Trinkgeld geben*

Schab·lo·ne *die*; (-, -n) **1** eine feste Form (aus Plastik, Pappe oder Metall), mit der man immer wieder die gleiche Figur oder den gleichen Buchstaben zeichnen oder schreiben kann ⟨mit einer Schablone arbeiten⟩ **K** Blechschablone, Holzschablone, Pappschablone, Schriftschablone, Zeichenschablone **2** *meist abwertend* ⟨in Schablonen denken⟩ ≈ *Klischee, Schema*

★ **Schach** (*das*); (-s) **1** ein Spiel (für zwei Personen), bei dem jeder Spieler 16 Figuren auf einem Brett bewegt und versucht, den König des Gegners schachmatt zu setzen ⟨Schach spielen; mit jemandem eine Partie Schach spielen⟩ **K** Schachcomputer, Schachfigur, Schachmeisterschaft, Schachpartie, Schachspiel, Schachspieler, Schachturnier, Schachweltmeister, Schachweltmeisterschaft; Blitzschach **2** **Schach (dem König)!** der Ausruf eines Spielers beim Schachspiel, wenn eine der eigenen Figuren in einer Position ist, in welcher sie den gegnerischen König bedroht ■ **ID** **jemanden in Schach halten** jemanden daran hindern, etwas zu tun, was für andere Leute gefährlich sein könnte

Schach·brett *das* ein Brett mit 64 (quadratischen) weißen und schwarzen Feldern, auf dem man Schach spielt **K** Schachbrettmuster • hierzu **schach·brett|ar·tig** ADJEKTIV

scha·chern VERB (schacherte, hat geschachert) **(mit jemandem) (um etwas) schachern** *abwertend* mit allen Tricks mit jemandem handeln und dabei versuchen, einen möglichst hohen Gewinn zu machen

schach·matt ADJEKTIV **1** in einer Lage, in der man beim Schach den König nicht mehr retten kann und damit das Spiel verliert ⟨schachmatt sein; jemanden schachmatt setzen⟩ **2** *gesprochen* so müde, dass man nichts mehr tun kann • zu (1) **Schach·matt** *das*

Schacht *der*; (-(e)s, Schäch·te) **1** eine meist relativ schmale Öffnung, die von oben (senkrecht) in die Erde führt ⟨einen Schacht bohren, graben, ausheben; in den Schacht (ein)steigen⟩ | *einen Schacht ausheben, um einen Brunnen zu bauen* | *durch einen Schacht in den Kanal steigen* **K** Brunnenschacht, Lüftungsschacht **2** ein Schacht, durch den man in ein Bergwerk kommt ⟨in den Schacht (ein)fahren⟩ **K** Schachtanlage; Förderschacht, Rettungsschacht, Schürfschacht, Kohlenschacht **3** ein sehr hoher, sehr enger, dunkler Raum | *Der Lift ist im Schacht stecken geblieben* **K** Aufzugsschacht, Lichtschacht, Liftschacht, Luftschacht, U-Bahn-Schacht, Treppenschacht

★ **Schach·tel** *die*; (-, -n) **1** ein ziemlich kleiner (rechteckiger) Behälter (meist aus Pappe) mit einem Deckel | *eine Schachtel voll alter Rechnungen* | *Vater bewahrt seine Ersparnisse in einer Schachtel auf* | *eine Schachtel mit Pralinen* **K** Blechschachtel, Pappschachtel, Bonbonschachtel, Bücherschachtel, Hutschachtel, Käseschachtel, Konfektschachtel, Schuhschachtel, Streichholzschachtel, Zigarettenschachtel **2** **eine Schachtel Dinge** eine Schachtel mit der Menge einer Ware, die hineinpasst und so verkauft wird ⟨eine Schachtel Kekse, Streichhölzer⟩ **3** **eine alte Schachtel** *gesprochen, abwertend* verwendet als unhöfliche Bezeichnung für eine alte Frau

SCHACHTEL

Schach·tel·halm *der* eine kleine Pflanze, deren Stängel so aussieht, als hätte man einzelne Stücke aufeinandergesteckt

Schach·tel·satz *der; meist abwertend* ein langer, komplizierter Satz mit vielen Nebensätzen

schäch·ten VERB (schächtete, hat geschächtet) **ein Tier schächten** ein Tier durch einen Schnitt in den Hals so töten, dass das ganze Blut aus dem Körper läuft

Schach·zug *der* eine (geschickte) Handlung, mit der man ein Ziel erreicht ⟨ein geschickter, raffinierter, genialer, diplomatischer Schachzug⟩ [H] meist mit einem wertenden Adjektiv verwendet

★ **scha·de** ADJEKTIV *nur prädikativ* **1** verwendet, um zu sagen, dass man enttäuscht ist und etwas bedauert ⟨etwas ist schade; etwas schade finden⟩ | *Es ist wirklich schade, dass du jetzt schon gehen musst* | *Es wäre doch zu schade, wenn morgen schlechtes Wetter wäre* | *„Ich habe meinen schönen neuen Schirm verloren." – „Oh, wie schade!"* **2** **um jemanden/etwas ist es (nicht) schade** es ist (nicht) traurig, dass etwas (meist Schlimmes) mit einer Person oder Sache geschieht | *Er trinkt viel zu viel, es ist wirklich schade um ihn* | *Ärgere dich nicht über den Unfall. Um das alte Auto ist es doch wirklich nicht schade* **3** **jemand/etwas ist für eine Person/Sache zu schade** eine Person/Sache ist zu gut, um mit der anderen Person/Sache zusammen zu sein | *Deine neuen Schuhe sind viel zu schade für dieses schlechte Wetter* **4** **sich** (*Dativ*) **für etwas zu schade sein** glauben, dass eine Tätigkeit unter der eigenen Würde ist | *Er ist sich für nichts zu schade*

Schä·del *der;* (-s, -) **1** die Knochen, die dem Kopf seine Form geben [K] Schädeldecke, Schädelform, Schädelhöhle, Schädelknochen; Totenschädel, Affenschädel, Hundeschädel, Menschenschädel **2** *gesprochen* ≈ *Kopf* ▪ **ID** **jemandem brummt der Schädel** *gesprochen* jemand hat Kopfschmerzen

★ **scha·den** VERB (schadete, hat geschadet) **eine Person/Sache schadet jemandem/etwas** eine Person oder Sache bringt für eine Person, Sache oder eine Situation einen Nachteil, Schaden oder Verlust ↔ *nutzen* | *Es schadet dem Kind, wenn die Mutter während der Schwangerschaft raucht* | *Die Berichte über das verdorbene Fleisch haben dem Ruf des Restaurants sehr geschadet* | *Die lange Hitze hat den Pflanzen sehr geschadet* | *Mit deiner Aktion hast du unserer Sache sehr geschadet* | *Mit deinem Trotz schadest du doch nur dir selbst* [H] → auch **schädigen** ▪ **ID** **etwas/das würde ihm/ihr nicht(s) schaden** etwas wäre sehr gut für ihn/sie | *Ein bisschen mehr Bewegung würde dir bestimmt nichts schaden;* **Das schadet ihm/ihr (gar) nichts** *gesprochen* das ist die gerechte Strafe für ihn/sie; **etwas kann ihm/ihr nicht(s) schaden** etwas ist ganz gut für ihn/sie | *Ein bisschen Sport kann (dir) nicht schaden*

★ **Scha·den** *der;* (-s, Schä·den) **1** die negativen Folgen eines Vorgangs, bei dem etwas ganz oder teilweise zerstört wird ⟨beträchtliche, empfindliche, erhebliche, schwere, geringfügige Schäden; ein materieller, finanzieller Schaden; einen Schaden anrichten, verursachen; jemandem (einen) Schaden zufügen; schlimmeren Schaden verhüten; (einen) Schaden erleiden, davontragen; Schäden ausbessern, beheben, wiedergutmachen; für einen Schaden aufkommen, haften (müssen)⟩ | *Das Feuer richtete einen Schaden in Höhe von einer Million Euro an* | *die durch den Sturm entstandenen Schäden* [K] Schadenshöhe; Motorschaden, Sachschaden, Straßenschaden, Umweltschaden; Blitzschaden, Frostschaden, Hagelschaden, Hochwasserschaden, Sturmschaden, Wasserschaden **2** negative Folgen von Unfällen, Krankheiten oder anderen Einflüssen für die Gesundheit einer Person ⟨bleibende, dauerhafte, gesundheitliche Schäden; einen Schaden davontragen; sich (*Dativ*) einen Schaden zuziehen⟩ | *von einem Unfall bleibende Schäden davontragen* [K] Personenschaden; Bandscheibenschaden, Haltungsschaden, Hirnschaden, Hörschaden, Leberschaden **3** ein Nachteil oder Verlust ⟨jemandem erwächst aus etwas kein Schaden; etwas ist (für jemanden) kein Schaden⟩ ↔ *Vorteil* | *Ein paar Kilo mehr wären für dich kein Schaden* **4** **etwas leidet/nimmt Schaden** *geschrieben* etwas wird zerstört oder beschädigt | *Unsere Umwelt nimmt großen Schaden durch die starke Verschmutzung der Luft* **5** **jemand nimmt an etwas** (*Dativ*) **Schaden** *geschrieben* eine Person bekommt die genannten Nachteile oder Schäden ⟨an der Gesundheit Schaden nehmen⟩ **6** **zu Schaden kommen** verletzt werden | *Die Autos wurden stark beschädigt, aber Personen kamen nicht zu Schaden* ▪ **ID** **etwas ist jemandes eigener Schaden** etwas ist schlecht für eine Person, aber es ist auch ihre eigene Schuld | *Es ist sein eigener Schaden, wenn er unserem Rat nicht folgt;* **Es soll dein Schaden nicht sein** Du wirst dafür belohnt werden; **Wer den Schaden hat, braucht für den Spott nicht zu sorgen** als Kommentar verwendet, wenn man über das Pech oder den Fehler einer Person lacht und Witze macht; **Durch Schaden wird man klug** Man kann aus Fehlern lernen

Scha·den·er·satz *der; nur Singular* eine Summe Geld, die eine Person zahlen muss, wenn sie an einem Schaden die Schuld hat ⟨Schadenersatz verlangen, erhalten; jemanden auf Schadenersatz verklagen; (jemandem) Schadenersatz leisten, zahlen (müssen); ein Anspruch auf Schadenersatz⟩ [K] Schadenersatzanspruch, Schadenersatzforderung, Schadenersatzklage • hierzu **scha·den·er·satz|pflich·tig** ADJEKTIV

Scha·den·freu·de *die; nur Singular* die Freude, die eine Person daran hat, dass jemandem etwas Unangenehmes passiert ⟨Schadenfreude empfinden⟩

scha·den·froh ADJEKTIV voll Schadenfreude ⟨schadenfroh sein, grinsen, lachen⟩

Scha·dens·er·satz *der* → Schadenersatz

schad·haft ADJEKTIV mit Fehlern oder Mängeln ≈ *defekt* | *die schadhaften Stellen des Daches ausbessern* • hierzu **Schad·haf·tig·keit** *die*

schä·di·gen VERB (schädigte, hat geschädigt) **1** **jemand/etwas schädigt etwas** eine Person oder Sache hat eine negative Wirkung auf etwas ⟨jemandes Ruf, Ansehen schädigen⟩ | *Seine Aussagen haben das Ansehen der Regierung geschädigt* [H] *Schädigen* kommt nur mit bestimmten, meist abstrakten Substantiven vor wie z. B. in *jemandes Ruf, Ansehen, Namen, Renommee schädigen; schaden* kommt mit abstrakten und konkreten Substantiven vor: *etwas schadet jemandes Ruf, Ansehen, Gesundheit, der Natur, den Zähnen* **2** **jemand wird (um etwas) geschädigt** jemand erleidet einen finanziellen Schaden | *Der Staat wird jedes Jahr um Milliarden geschädigt, weil die Steuern nicht korrekt bezahlt werden* • hierzu **Schä·di·gung** *die*

★ **schäd·lich** ADJEKTIV **schädlich (für jemanden/etwas)** mit negativen Folgen für jemanden/etwas ⟨Einflüsse, Stoffe, Wirkungen; ein Zusatz; etwas wirkt sich schädlich aus⟩ | *Alkohol ist schädlich für die Gesundheit* | *Die schädliche Wirkung von radioaktiven Strahlen zeigt sich oft erst nach vielen Jahren* [K] gesundheitsschädlich, klimaschädlich, umweltschädlich • hierzu **Schäd·lich·keit** *die*

Schäd·ling *der;* (-s, -e) ein Tier oder eine Pflanze, die anderen Lebewesen schaden oder sie vernichten ⟨Schädlinge bekämpfen, vernichten⟩ [K] Schädlingsbefall, Schädlingsbekämpfung, Schädlingsbekämpfungsmittel; Gartenschädling, Getreideschädling, Holzschädling, Obstschädling,

Pflanzenschädling

schad·los ADJEKTIV ■ ID **sich an etwas** (*Dativ*) **schadlos halten** *meist humorvoll* sehr viel von etwas (als Ersatz) nehmen | *Wenn es keinen Kaffee mehr gibt, werde ich mich eben am Wasser schadlos halten*

Schad·stoff *der* eine Substanz, die Pflanzen, Tieren und Menschen schadet ‹etwas ist mit Schadstoffen belastet; Schadstoffe aus der Luft, aus dem Wasser filtern; den Ausstoß von Schadstoffen verringern› | *die Schadstoffe in den Abgasen des Autos* K Schadstoffausstoß, Schadstoffbelastung, Schadstoffemission • hierzu **schad·stoff|arm** ADJEKTIV; **schad·stoff|frei** ADJEKTIV

★ **Schaf** *das*; (-(e)s, -e) 1 ein Tier, aus dessen dichten und lockigen Haaren man Wolle macht ‹die Schafe hüten, scheren; Schafe halten, züchten; eine Herde Schafe› K Schafbock, Schaffell, Schaffleisch, Schafherde, Schafhirt, Schafweide, Schafwolle, Schafzucht, Schaf(s)milch, Schaf(s)käse, Schaf(s)pelz 2 *gesprochen* eine Person, die sehr viel Geduld hat und nie böse wird ‹ein geduldiges, gutmütiges Schaf› 3 *gesprochen, abwertend* verwendet als Schimpfwort für eine Person, die man für dumm hält ■ ID **das schwarze Schaf** ein Mitglied einer Gruppe, das unangenehm auffällt ‹das schwarze Schaf (in) der Familie, in der Branche sein›

SCHAF

Schäf·chen *das*; (-s, -) 1 ein kleines Schaf 2 *humorvoll* **jemandes Schäfchen** *nur Plural* Menschen, die von jemandem beschützt werden ‹seine Schäfchen beisammen haben› ■ ID **sein(e) Schäfchen ins Trockene bringen** für den eigenen Profit sorgen

Schäf·chen·wol·ke *die*; *meist Plural* eine von vielen kleinen, leichten, weißen Wolken

Schä·fer *der*; (-s, -) eine Person, die beruflich Schafe hütet und züchtet • hierzu **Schä·fe·rin** *die*

Schä·fer·hund *der* ein großer Hund, der wie ein Wolf aussieht und oft als Wachhund oder bei der Polizei eingesetzt wird

SCHÄFERHUND

Schä·fer·stünd·chen *das*; *veraltend* ein heimliches Treffen von Verliebten ‹ein Schäferstündchen haben›

Schaff *das*; (-(e)s, -e); *süddeutsch* Ⓐ ≈ *Fass, Bottich*

S

★ **schaf·fen**¹ VERB (schaffte, hat geschafft) 1 **etwas schaffen** eine schwierige Aufgabe mit Erfolg meistern ‹die Arbeit, die Prüfung, das Pensum schaffen; etwas allein, ohne fremde Hilfe (nicht) schaffen; etwas spielend leicht schaffen› | *Die erste Etappe haben wir also geschafft* | *Sie hat (es) tatsächlich geschafft, noch eine Karte für das Konzert zu bekommen* | *Meinst du, er schafft es, einen neuen Job zu finden?* 2 **etwas schaffen** *gesprochen* gerade noch rechtzeitig vor Abfahrt zum Zug, Bus o. Ä. kommen | *Wenn wir laufen, schaffen wir die U-Bahn vielleicht noch* 3 **jemanden/etwas irgendwohin schaffen** *gesprochen* jemanden/etwas irgendwohin bringen | *die Briefe zur Post schaffen* | *das Gepäck aufs Zimmer schaffen* | *die Verletzten ins Krankenhaus schaffen* 4 **etwas schafft jemanden** *gesprochen* etwas macht jemanden sehr müde oder nervös | *Diese Wanderung hat mich völlig geschafft* | *Ich bin total geschafft* 5 **etwas schaffen** verwendet zusammen mit einem Substantiv, um ein Verb zu umschreiben | *etwas schafft (jemandem) Erleichterung* (etwas erleichtert (jemandem) etwas) | *Klarheit schaffen* (etwas klären) | *etwas schafft Linderung* (etwas lindert etwas) | *Ordnung schaffen* (etwas ordnen) 6 *besonders süddeutsch* Ⓒⓗ ≈ *arbeiten* ■ ID **eine Person/Sache macht jemandem zu schaffen** eine Person oder Sache macht jemandem viel Arbeit, Sorgen oder Schwierigkeiten; **sich** (*Dativ*) **irgendwo zu schaffen machen** etwas tun, das verdächtig ist | *Schau mal, da macht sich einer an unserem Auto zu schaffen!*; **mit jemandem/etwas nichts zu schaffen haben (wollen)** *gesprochen* keinen Kontakt mit einer Person/Sache haben (wollen)

★ **schaf·fen**² VERB (schuf, hat geschaffen) 1 **etwas schaffen** etwas durch (kreative) Arbeit entstehen lassen ‹ein literarisches Werk schaffen; Arbeitsplätze, die Grundlagen für etwas, die Voraussetzungen für etwas schaffen› | *Für die Entwicklung dieses Gerätes mussten mehrere neue Arbeitsplätze geschaffen werden* | *Mit Mickymaus schuf Walt Disney eine Figur, die auf der ganzen Welt bekannt wurde* 2 **Gott schuf jemanden/etwas** *geschrieben* Gott erschuf jemanden/etwas | *Gott schuf die Menschen und die Tiere* 3 **sich** (*Dativ*) **Freunde/Feinde schaffen** etwas tun, damit andere Personen zu Freunden/Feinden werden ■ ID **für jemanden/etwas wie geschaffen sein** sehr gut für jemanden/etwas geeignet sein | *Franz ist für diese Arbeit wie geschaffen*

Schaf·fen *das*; (-s) die Arbeiten, Werke eines Künstlers | *Ihr künstlerisches Schaffen wurde stark vom Naturalismus beeinflusst* K Schaffenskraft; Filmschaffen, Kunstschaffen, Literaturschaffen, Musikschaffen

Schaff·ner *der*; (-s, -); *gesprochen* eine Person, die beruflich in Zügen, Bussen o. Ä. die Fahrkarten (verkauft und) kontrolliert K schaffnerlos; Busschaffner, Eisenbahnschaffner, Zugschaffner • hierzu **Schaff·ne·rin** *die*

Schaf·gar·be *die*; (-) eine Pflanze mit vielen kleinen, weißen Blüten, die zusammen wie eine große Blüte aussehen, und aus der man vor allem Tee macht

Schaf·kopf (*das*); *nur Singular* 1 ein Kartenspiel für drei oder vier Spieler ‹Schafkopf spielen› 2 ≈ *Schafskopf*

Scha·fott *das*; (-(e)s, -e); *historisch* auf dem Schafott wurden früher Personen getötet, indem man ihren Kopf abgeschlagen hat ‹auf dem Schafott sterben; jemanden auf das Schafott bringen›

Schafs·kopf *der*; *gesprochen* ≈ *Dummkopf*

Schaft *der*; (-(e)s, Schäf·te) 1 der lange, gerade und dünne Teil von Gegenständen, an dem man sie hält K Lanzenschaft, Ruderschaft, Speerschaft 2 der Teil des Stiefels, der Wade und Knöchel bedeckt K Stiefelschaft

-schaft *die*; (-, -en); *im Substantiv, unbetont, sehr produktiv* 1 **Bereitschaft, Feindschaft, Gefangenschaft, Mitgliedschaft, Mutterschaft, Präsidentschaft, Schwangerschaft, Vaterschaft** *und andere nach Adjektiv oder Substantiv, meist Singular* verwendet, um einen Zustand oder eine Funktion auszudrücken 2 **Arbeiterschaft, Kundschaft, Nachkommenschaft, Schülerschaft, Verwandtschaft, Wählerschaft** *und andere nach Substantiv* verwendet, um alle Personen in einer Gruppe zu bezeichnen 3 **Erbschaft, Errungenschaft, Hinterlassenschaft** *und andere* verwendet, um das Ergebnis von manchen Handlungen zu bezeichnen

Schah *der*; (-s, -s); *historisch* der Titel des Herrschers in Persien

Scha·kal *der*; (-s, -e) ein Raubtier in Asien und Afrika, ähnlich einem Hund

schä·kern VERB (schäkerte, hat geschäkert) **(mit jemandem) schäkern** *gesprochen, humorvoll* ≈ *flirten*

★ **schal** ADJEKTIV (schaler, schalst-) ‹Getränke› ohne oder mit wenig Geschmack (weil sie zu lange offen gestanden haben)

★ **Schal** *der;* (-s, -s/-e) ein langes (schmales) Stück aus Stoff oder Wolle, das man um den Hals legt ⟨(einen) Schal tragen, umlegen⟩ K Seidenschal, Wollschal

★ **Scha·le** *die;* (-, -n) **1** die äußere, feste Schicht von Obst, Kartoffeln, Zwiebeln usw. ⟨eine dicke, dünne Schale; die Schale abziehen, mitessen; Kartoffeln mit der Schale kochen⟩ K Apfelschale, Apfelsinenschale, Bananenschale, Birnenschale, Kartoffelschale, Orangenschale, Zitronenschale, Zwiebelschale I → Abb. unter **Obst** **2** die harte Schicht, in der eine Nuss steckt ⟨die Schale aufknacken, aufbrechen⟩ K Nussschale **3** Krebse, Muscheln usw. haben eine harte Schale, die ihren weichen Körper schützt K Schalentier; Austernschale, Krebsschale, Muschelschale **4** eine relativ flache Schüssel | *eine Schale aus Ton* | *eine Schale mit Obst* K Glasschale, Holzschale, Kristallschale, Kupferschale, Silberschale, Zinnschale; Blumenschale, Obstschale, Zuckerschale, Opferschale, Trinkschale **5** *besonders* Ⓐ ≈ *Tasse* ■ **ID** **in Schale sein** schön und elegant angezogen sein; **sich in Schale werfen/schmeißen** *gesprochen* sich schön und elegant anziehen; **eine raue Schale haben** nach außen hart wirken; **In einer rauen Schale steckt oft ein weicher Kern** manche Menschen sind nicht so hart oder unfreundlich, wie sie wirken ● zu (4) **scha·len·för·mig** ADJEKTIV

schä·len VERB (schälte, hat geschält) **1** **etwas schälen** die äußere Schicht (Schale) von etwas entfernen ⟨Kartoffeln, Äpfel schälen⟩ **2** **etwas schälen** die Rinde von einem Baum entfernen ⟨Baumstämme schälen⟩ **3** **etwas aus etwas schälen** etwas aus etwas lösen | *den Knochen aus dem Fleisch schälen* **4** **die Haut schält sich** die Haut löst sich (z. B. nach einem Sonnenbrand) in kleinen Teilen ab **5** **ein Körperteil schält sich** die Haut löst sich vom genannten Körperteil ab | *Mein Rücken schält sich*

Schalk *der* **jemandem schaut der Schalk aus den Augen**; **jemandem sitzt der Schalk im Nacken** jemand macht gern Späße

schalk·haft ADJEKTIV mit Witz und Ironie ⟨schalkhaft lächeln⟩ ≈ *schelmisch*

★ **Schall** *der;* (-(e)s) **1** Schwingungen und Wellen, die man hören kann | *Schall breitet sich langsamer aus als Licht* K Schallgeschwindigkeit, Schallwelle **2** etwas, was so laut ist, dass man es in einem großen Gebiet gut hören kann | *der Schall der Glocken* ■ **ID** **etwas ist Schall und Rauch** etwas ist nicht wichtig

Schall·däm·mung *die; meist Singular* Maßnahmen, die verhindern, dass sich Lärm ausbreitet ● hierzu **schall·däm·mend** ADJEKTIV

Schall·dämp·fer *der;* (-s, -) ein Gerät, das verhindert, dass eine Maschine o. Ä. großen Lärm macht | *ein Motorrad/Gewehr mit Schalldämpfer* ● hierzu **Schall·dämp·fung** *die;* **schall·dämp·fend** ADJEKTIV

schall·dicht ADJEKTIV so (isoliert), dass kein Schall herein- oder hinausdringen kann ⟨eine Mauer, ein Zimmer; Fenster⟩

schal·len VERB (schallte, hat geschallt) **etwas schallt** etwas klingt so laut, dass man es von Weitem hören kann | *Lautes Gelächter schallte durch den Raum*

schal·lend ADJEKTIV so, dass es laut klingt ⟨Gelächter; jemandem eine schallende Ohrfeige geben⟩

schall·iso·liert ADJEKTIV ≈ *schalldicht*

Schall·mau·er *die* **ein Flugzeug durchbricht die Schallmauer** ein Flugzeug macht einen lauten Knall, wenn es die Geschwindigkeit des Schalls erreicht

Schall·plat·te *die* eine runde Scheibe aus schwarzem Plastik mit Musik o. Ä., die man mit einem Plattenspieler anhören kann ⟨eine Schallplatte auflegen, abspielen, hören; etwas auf Schallplatte haben⟩

Schal·mei *die;* (-, -en); *historisch* ein Blasinstrument, das einer Oboe ähnlich ist

Scha·lot·te *die;* (-, -n) eine kleine Zwiebel mit einem relativ milden Geschmack

schalt *Präteritum, 1. und 3. Person Singular* → schelten

★ **schal·ten** VERB (schaltete, hat geschaltet) **1** **(etwas) irgendwie schalten** ein Gerät (mit einem Schalter) anders einstellen ≈ *stellen* | *den Herd höher schalten* | *aufs zweite Programm schalten* K Schaltplan, Schalttafel, Schaltzentrale **2** (z. B. beim Autofahren) einen anderen Gang wählen | *auf ebener Strecke in den fünften Gang schalten* K schaltfaul **3** **irgendwohin schalten** während einer Sendung im Fernsehen oder Radio vom Studio zu einem anderen Ort wechseln | *Wir schalten zu den Kollegen im Sportstadion!* **4** **die Ampel/ein Signal schaltet auf Gelb, Grün, Rot** die Ampel/das Signal wechselt zum gelben, grünen, roten Licht | *Obwohl die Ampel schon auf Rot schaltete, fuhr er über die Kreuzung* **5** **(irgendwie) schalten** *gesprochen* verstehen und reagieren ⟨langsam, falsch, rechtzeitig, zu spät schalten⟩ ■ **ID** **schalten und walten** selbst bestimmen können, was man tut ⟨nach Belieben schalten und walten (können); schalten und walten (können), wie man will⟩

★ **Schal·ter** *der;* (-s, -) **1** mit einem Schalter macht man das elektrische Licht und Geräte an und aus ⟨den Schalter betätigen⟩ K Lichtschalter, Stromschalter **2** am Schalter werden die Kunden in Banken, Bahnhöfen usw. bedient ⟨der Schalter ist geschlossen, offen, (nicht) besetzt; am Schalter warten, Schlange stehen⟩ | *Fahrkarten am Schalter lösen* K Schalterangestellte(r), Schalterbeamte(r), Schalterhalle, Schalterraum; Bankschalter, Briefmarkenschalter, Fahrkartenschalter, Gepäckschalter

SCHALTER

Schalt·flä·che *die* eine kleine Stelle auf dem Bildschirm, die deutlich sichtbar ist; man bewirkt eine Aktion (z. B. „weiter", „zurück", „jetzt kaufen"), wenn man mit der Maus auf die Stelle klickt oder sie auf dem Handy berührt ⟨eine Schaltfläche anklicken, antippen⟩

Schalt·he·bel *der* **1** die kurze Stange, mit der man z. B. in einem Auto die Gänge einlegt **2** ein Schalter in der Form eines Hebels ■ **ID** **an den Schalthebeln der Macht sitzen** in einer Position sein, in der man großen Einfluss hat

Schalt·jahr *das* ein Jahr, das 366 Tage hat | *Alle vier Jahre ist ein Schaltjahr*

Schalt·knüp·pel *der* ≈ *Schalthebel*

Schalt·kreis *der* ein System aus Relais, Transistoren usw. als Teil einer elektronischen Anlage

Schalt·tag *der* der Tag im Februar, der im Schaltjahr zu den üblichen 365 Tagen dazukommt | *Der 29. Februar ist ein Schalttag*

Schal·tung *die;* (-, -en) **1** mit der Schaltung kann man bei einem Fahrrad, einem Auto o. Ä. die verschiedenen Gänge wählen K Gangschaltung, Lenkradschaltung **2** die Teile, die in einem elektrischen Gerät (als Einheit) den Strom fließen lassen und ihn wieder stoppen

Scham *die;* (-) **1** das unangenehme Gefühl, das man hat, wenn man gegen die Moral oder die Sitten verstoßen hat ⟨tiefe Scham empfinden; jemanden erfüllt brennende Scham; aus/vor Scham erröten⟩ **2** *geschrieben* der Teil des Körpers mit den Geschlechtsorganen ⟨die weibliche Scham; die Scham bedecken, verhüllen⟩ K Schamgegend, Schamhaare, Schamteile I → Abb. unter **Mensch** ■ **ID** **Nur**

S

keine falsche Scham! *gesprochen* Wenn du das so tust, dann ist es (moralisch) in Ordnung

Scham·bein *das* der Teil des Beckens, der vorne zwischen den Beinen liegt

★ **schä·men** VERB (schämte sich, hat sich geschämt) **1** **sich (wegen etwas) schämen; sich (für etwas) schämen** ein sehr unangenehmes Gefühl haben, weil man etwas getan hat, das gegen die Moral oder gegen die Sitten verstößt | *Er schämte sich, weil er seine Eltern angelogen hatte* | *Er schämt sich wegen seiner Lügen/für seine Lügen* | *Du solltest dich schämen!* **2** **sich schämen** ein unangenehmes Gefühl haben, wenn man nackt ist oder wenn man über sexuelle Dinge spricht | *Sie duscht nie mit den anderen zusammen, weil sie sich schämt* **3** **jemand schämt sich jemandes/etwas** *geschrieben* eine Person hat ein sehr unangenehmes Gefühl, weil sie fürchtet, andere Personen könnten wegen einer Person oder Situation eine schlechte Meinung von ihr bekommen | *Er schämte sich seiner Eltern und seiner Vergangenheit* **4** **sich nicht schämen zu** *+Infinitiv* keine Angst oder Hemmungen haben, etwas (meist Negatives) zu tun | *Er schämt sich nicht zuzugeben, dass er seine Geschäftspartner betrogen hat*

Scham·ge·fühl *das; meist Singular* die Fähigkeit, sich aus moralischen oder sexuellen Gründen zu schämen ⟨ein/kein Schamgefühl haben; jemandes Schamgefühl verletzten⟩

scham·haft ADJEKTIV **1** voller Scham ⟨ein junges Mädchen, ein Lächeln; etwas schamhaft verbergen; schamhaft die Augen niederschlagen; schamhaft erröten⟩ **2** **etwas schamhaft verschweigen** *ironisch* (aus egoistischen Gründen) etwas nicht sagen, damit man nicht kritisiert wird ● hierzu **Scham·haf·tig·keit** *die*

Scham·lip·pen *die; Plural* die beiden äußeren, weichen Teile an der Scheide der Frau

scham·los ADJEKTIV **1** unanständig und ohne Scham ⟨eine Person, Blicke, Ausdrücke, Reden; sich schamlos kleiden, anziehen⟩ **2** ⟨eine Frechheit, eine Übertreibung; jemanden schamlos anlügen, ausbeuten, ausnutzen⟩ ≈ *unverschämt* | *Manager, die sich schamlos bereichern* ● zu (2) **Scham·lo·sig·keit** *die*

Scham·pus *der; (-); gesprochen* ≈ *Champagner, Sekt*

scham·rot ADJEKTIV rot vor Scham ⟨ein Gesicht⟩

Scham·rö·te *die* die rote Farbe, die man im Gesicht bekommt, wenn man sich schämt ⟨jemandem steigt die Schamröte ins Gesicht; jemandem die Schamröte ins Gesicht treiben⟩

Schan·de *die;* (-) **1** etwas, das einen großen Verlust des Ansehens oder der Ehre (meist wegen unmoralischen Verhaltens o. Ä.) bringt ⟨etwas als Schande bezeichnen, empfinden; jemand/etwas bringt jemandem Schande; jemand/etwas bringt Schande über jemanden; jemand macht jemandem/etwas Schande; jemandem eine Schande ersparen wollen⟩ | *Es ist keine Schande, gegen so einen starken Gegner zu verlieren* | *Zu meiner Schande muss ich gestehen, dass ich deinen Geburtstag völlig vergessen habe* K Schandtat; Familienschande **2** **zu Schanden** → zuschanden ■ **ID** **Es ist eine Schande, dass/wie..., Es ist eine Schande zu** *+Infinitiv* Es ist sehr schlimm, dass ... | *Es ist eine Schande, wie viel Essen bei uns verdirbt, während andere Leute hungern!*; **Mach mir keine Schande!** *gesprochen* Benimm dich so, dass es einen guten Eindruck macht!

schän·den VERB (schändete, hat geschändet) **1** **etwas schänden** etwas, das (meist aus religiösen Gründen) sehr respektiert wird, schmutzig machen oder beschädigen ⟨einen Friedhof, ein Grab, eine Kirche schänden⟩ **2** **etwas schänden** *geschrieben* (durch die eigenen Aussagen o. Ä.) bewirken, dass jemandes Ruf o. Ä. beeinträchtigt wird ⟨jemandes Ansehen, jemandes Namen, jemandes Ruf schänden⟩ **3** **jemanden schänden** *veraltend* ≈ *vergewaltigen* ● hierzu **Schän·der** *der;* **Schän·dung** *die*

Schand·fleck *der* etwas Hässliches, was dem Aussehen einer Sache sehr schadet | *Das hässliche Hochhaus ist ein Schandfleck in der Altstadt*

schänd·lich ADJEKTIV **1** schlecht und böse ⟨eine Lüge, eine Tat; jemanden schändlich behandeln⟩ **2** so, dass man sich darüber ärgert | *das schändliche Ausmaß der Umweltverschmutzung*

Schand·mal *das; geschrieben* ≈ *Schandfleck*

Schand·tat *die* eine böse Tat ⟨eine Schandtat begehen; jemandem eine Schandtat zutrauen⟩ ■ **ID** **zu jeder Schandtat/allen Schandtaten bereit sein** *gesprochen, humorvoll* Lust haben, aktiv zu sein und bei allem (z. B. bei Späßen) mitzumachen

Schank- *im Substantiv, unbetont, nicht produktiv* **der Schankbetrieb, die Schankerlaubnis, die Schankkonzession, der Schanktisch** in Bezug auf das Ausschenken und Verkaufen von Getränken in einem Lokal

Schän·ke *die* → Schenke

Schan·ze *die;* (-, -n) **1** Kurzwort für *Sprungschanze* K Schanzenrekord **2** *historisch* ein langer, von Menschen hergestellter Hügel aus Erde, mit dem man eine militärische Anlage schützt ⟨eine Schanze errichten, stürmen⟩

Schar *die;* (-, -en) **1** **eine Schar Personen/Tiere; eine Schar von Personen/Tieren** eine Gruppe von Menschen oder Tieren | *eine Schar Neugieriger* | *Eine Schar kleiner Kinder spielte im Hof* | *Eine große Schar Tauben saß auf dem Platz* K Kinderschar, Vogelschar **2** **Scharen von Personen/Tieren** verwendet, um eine große Zahl von Menschen oder Tieren zu bezeichnen | *Scharen von Gläubigen kommen zu Ostern nach Rom* **3** **in (hellen) Scharen** in großer Zahl ⟨Menschen, Tiere⟩ **4** Kurzwort für *Pflugschar* ● zu (2) **scha·ren·wei·se** ADJEKTIV

Schä·re *die;* (-, -n) eine kleine, flache Insel (in Skandinavien)

scha·ren VERB (scharte, hat geschart) **1** **Personen um sich scharen** mehrere oder viele Menschen um sich versammeln | *Sie scharte die Kinder um sich* **2** **Personen scharen sich um jemanden/etwas** eine Gruppe von Menschen versammelt sich um jemanden/etwas | *Die Kinder scharten sich/Die Truppe scharte sich ums Feuer*

★ **scharf** ADJEKTIV (schärfer, schärfst-)

▸Messer usw.: **1** wenn Dinge scharf sind, kann man damit gut schneiden oder stechen (und sich auch verletzen) ⟨eine Axt, eine Klinge, eine Kralle, ein Messer, ein Zahn⟩ ↔ *stumpf* | *Er hat sich an einer scharfen Kante geschnitten* K scharfkantig

▸intensiv: **2** wenn Speisen scharf sind, wird es im Mund heiß und man möchte etwas trinken ⟨der Meerrettich, der Paprika, der Pfeffer, der Senf⟩ | *Das Gulasch ist sehr scharf* | *Die Pepperoni auf der Pizza waren mir zu scharf* **3** scharfe Flüssigkeiten greifen die Haut und die Oberfläche mancher Dinge an ⟨eine Lauge, eine Säure, ein Putzmittel⟩ ≈ *ätzend* **4** wenn etwas unangenehm intensiv ist, kann man es auch *scharf* nennen ⟨Frost, Licht; ein Geruch, ein Pfiff, ein Wind⟩ **5** **scharfe Sachen** *gesprochen* Getränke mit hohem Alkoholgehalt **6** eng und stark gebogen ⟨eine Wendung, eine Kurve⟩ **7** **ein scharfes S** das Zeichen *ß*

▸Wahrnehmung: **8** scharfe Augen, Ohren und Nasen sehen, hören und riechen sehr gut | *Ich kann die kleine Schrift nicht lesen, ich sehe nicht mehr so scharf wie früher* **9** sehr genau, so dass man jeden Fehler, jedes Problem o. Ä. sofort erkennt ⟨eine Analyse, ein Verstand; scharf aufpassen, hinsehen, nachdenken; jemanden/etwas scharf ansehen, beobachten, prüfen⟩ ≈ *genau* | *Er hat einen scharfen*

S

Blick/ein scharfes Auge für Fehler (er entdeckt Fehler schnell und zuverlässig)

▸optisch: **10** wenn ein Bild scharf ist, kann man es gut erkennen ↔ *verschwommen* | *Mit diesem Fotoapparat kann ich gestochen scharfe Bilder machen* (sehr scharfe Bilder) **11** mager und kantig ⟨Gesichtszüge, ein Profil; ein Gesicht ist scharf geschnitten⟩

▸Ausführung: **12** sehr streng und ohne Gnade ⟨eine Kritik, ein Tadel, ein Urteil; jemanden scharf angreifen, bewachen, kritisieren; scharf durchgreifen, vorgehen⟩ ↔ *mild* | *etwas aufs Schärfste/schärfste verurteilen* (sehr scharf verurteilen) **13** mit aller Kraft, ohne nachzugeben ⟨eine Auseinandersetzung, ein Kampf, ein Protest; jemandem scharf widersprechen⟩ ≈ *heftig* **14** mit viel Kraft oder Schwung und hoher Geschwindigkeit ⟨scharf anfahren, bremsen; ein Ritt, ein Tempo; ein Ball, ein Schuss, ein Wurf⟩ | *in scharfem Galopp reiten* | *ein scharf geworfener Ball* | *scharf in die Kurve fahren* **15** *meist adverbiell* sehr nahe, sehr dicht ⟨scharf rechts fahren; scharf an jemandem/etwas vorbeifahren; scharf auf ein Auto auffahren⟩

▸gefährlich: **16** wenn ein Hund scharf ist, hat er gelernt, auf Befehl sofort anzugreifen **17** wenn Munition, Schüsse oder Waffen scharf sind, dienen sie nicht zum Üben, sondern zum Kampf und zum Töten | *Vorsicht, hier wird scharf geschossen!*

▸sexuell: **18** *gesprochen* scharfe Bilder, Filme usw. sollen sexuell erregen **19** *gesprochen* sexuell erregt ⟨jemanden scharf machen⟩

▸Verlangen: **20** **auf etwas** (*Akkusativ*) **scharf sein** *gesprochen* etwas sehr gerne haben wollen oder tun wollen | *Er ist ganz scharf auf Erdnüsse* | *Sie ist ganz scharf darauf, dich endlich mal kennenzulernen* **21** **auf jemanden scharf sein** *gesprochen* ein starkes (meist sexuelles) Verlangen nach einer Person haben | *Ich glaube, er ist scharf auf dich* • zu (1,2,8,10) **Schär·fe** *die*

Scharf·blick *der; nur Singular* die Fähigkeit, Zusammenhänge, jemandes Absichten o. Ä. zu erkennen oder zu durchschauen ⟨(seinen) Scharfblick beweisen⟩

schär·fen VERB (schärfte, hat geschärft) **1** **etwas schärfen** etwas scharf machen ⟨eine Axt, ein Messer schärfen⟩ ≈ *schleifen* | *Die Katze schärfte ihre Krallen am Baum* **2** **etwas schärft etwas** etwas macht etwas genauer oder leistungsfähiger ⟨etwas schärft jemandes Bewusstsein, Verstand⟩ **3** **etwas schärft sich** etwas wird genauer, leistungsfähiger ⟨jemandes Bewusstsein, jemandes Verstand⟩

scharf·ma·chen VERB (machte scharf, hat scharfgemacht); *gesprochen* **1** **jemanden scharfmachen** so mit einer Person sprechen, dass sie aggressiv gegen andere wird ≈ *aufhetzen* **2** **einen Hund scharfmachen** einen Hund so dressieren, dass er auf Befehl angreift und beißt **H** aber: *das Messer, die Bombe scharf machen* (getrennt geschrieben)

Scharf·rich·ter *der* ≈ *Henker* • hierzu **Scharf·rich·te·rin** *die*

Scharf·schüt·ze *der* eine Person, die (beim Schießen) ein Ziel auch aus großer Entfernung trifft ⟨Scharfschützen postieren⟩ • hierzu **Scharf·schüt·zin** *die*

Scharf·sinn *der*; (-(e)s) die Fähigkeit, alles Wichtige sofort mit dem Verstand zu erkennen ⟨Scharfsinn beweisen; etwas mit Scharfsinn beurteilen⟩ • hierzu **scharf·sin·nig** ADJEKTIV; **Scharf·sin·nig·keit** *die*

scharf·zün·gig ADJEKTIV böse und verletzend ⟨eine Bemerkung, ein Kritiker⟩

Schar·lach *der/das*; (-s) **1** eine glänzende, helle rote Farbe **K** scharlachrot **2** (*nur: der Scharlach*) eine ansteckende Krankheit. Bei Scharlach bekommt der Patient eine leuchtend rote Zunge, hohes Fieber und Kopf- und Halsschmerzen

Schar·la·tan *der*; (-s, -e); *abwertend* eine Person, die behauptet, Fähigkeiten zu haben, die sie in Wirklichkeit nicht hat ≈ *Schwindler* | *Dieser angebliche Wahrsager ist doch in Wirklichkeit ein Scharlatan!*

Schar·nier *das*; (-s, -e) das bewegliche Verbindungsteil zwischen Fenster/Tür und Rahmen oder zwischen Gefäß und Deckel ⟨die Scharniere quietschen; die Scharniere ölen⟩

Schär·pe *die*; (-, -n) ein breites Band aus Stoff, das man als Schmuck um die Hüfte oder über Schulter und Brust trägt | *Sie trug eine Schärpe, auf der „Miss Germany" stand*

schar·ren VERB (scharrte, hat gescharrt) **1** **ein Tier scharrt (irgendwo)** ein Tier bewegt die Hufe, die Krallen o. Ä. so auf dem Boden hin und her, dass dabei kleine Löcher entstehen | *Die Hühner scharren im Mist/im Stroh* **2** **ein Tier scharrt irgendwo** ein Tier macht ein (kratzendes) Geräusch durch Scharren | *Der Hund winselte und scharrte an der Tür, um hinausgelassen zu werden* **3** **ein Tier scharrt etwas** ein Tier macht etwas durch Scharren ⟨eine Höhle, ein Loch in den Boden scharren⟩

Schar·te *die*; (-, -n) eine Stelle, an der ein Stück eines glatten Randes fehlt | *ein Messer mit vielen Scharten* ■ ID **eine Scharte auswetzen** einen Fehler wiedergutmachen

schar·wen·zeln VERB (scharwenzelte, hat scharwenzelt); *gesprochen, abwertend* **um jemanden scharwenzeln** oft in der Nähe von einer wichtigen Person sein, damit man einen Vorteil erhält

Schasch·lik *der/das*; (-s, -s) kleine Stücke Fleisch, die zusammen mit Zwiebeln, Paprika, Speck usw. auf einem Spieß gebraten oder gegrillt werden

schas·sen (schasste, hat geschasst) **jemanden schassen** *gesprochen* ≈ *entlassen* **H** meist im Passiv

★ **Schat·ten** *der*; (-s, -) **1** *nur Singular* ein Bereich, den das Licht (der Sonne) nicht erreicht und der deswegen dunkel (und kühl) ist ⟨im Schatten liegen, sitzen⟩ | *Schatten spendende Bäume* | *Mir ist es zu heiß in der prallen Sonne, ich setze mich jetzt in den Schatten* | *Heute haben wir 35 Grad im Schatten* **2** die dunklere Fläche, die hinter einer Person/Sache entsteht, wenn diese vom Licht beschienen wird | *Gegen Mittag werden die Schatten kürzer und gegen Abend wieder länger* **3** eine Gestalt, die nur in ihren Konturen zu erkennen ist | *Er sah nur einen Schatten vorbeihuschen* **4** ein dunkler Fleck, der irgendwo zu sehen ist | *Auf dem Röntgenbild zeigten sich Schatten auf seiner Lunge* **5** *geschrieben* etwas sehr Unerfreuliches oder Negatives ⟨die Schatten der Vergangenheit; ein Schatten fällt auf jemandes Glück, Leben, Liebe⟩

■ ID ▸Präposition plus Schatten: **in jemandes Schatten stehen** weniger beachtet werden als die genannte Person; **eine Person/etwas stellt eine andere Person/etwas anderes in den Schatten** jemand macht oder kann etwas viel besser als eine andere Person, etwas ist viel besser als etwas anderes; **über seinen Schatten springen** endlich den Mut haben, etwas zu tun, das man nicht gern tut oder das sehr schwierig ist; **nicht über seinen Schatten springen können** nur so handeln können, wie es dem eigenen Charakter entspricht;

▸andere Verwendungen: **jemandem wie ein Schatten folgen** jemandem überall folgen; **jemand hat einen Schatten** *gesprochen* jemand ist nicht ganz normal, ist verrückt; **etwas wirft seine Schatten voraus** ein wichtiges zukünftiges Ereignis bewirkt schon jetzt unangenehme Änderungen; **Er/Sie ist nur noch ein Schatten seiner/ihrer selbst** **a** Er/Sie sieht sehr schwach und krank aus **b** Er/Sie leistet viel weniger als früher, hat viel weniger Erfolg

Schat·ten·da·sein *das* **ein Schattendasein fristen/führen** ein wenig beachtetes Leben führen, immer im Abseits

S

stehen

schat·ten·haft ADJEKTIV 1 so, dass man die Form nicht genau erkennt ⟨eine Gestalt, ein Umriss⟩ 2 ⟨eine Erinnerung, eine Vorstellung⟩ ≈ *ungenau*

Schat·ten·ka·bi·nett *das* ein Kabinett aus Politikern der Opposition, welche die entsprechenden Ämter übernehmen würden, wenn ihre Partei die nächsten Wahlen gewinnen sollte

Schat·ten·sei·te *die* 1 die Seite (der Straße o. Ä.), die im Schatten liegt 2 *meist Plural* ≈ *Nachteile* | *Dieser Plan hat natürlich auch seine Schattenseiten* 3 **die Schattenseite des Lebens** die negative Seite des Lebens

schat·tie·ren VERB (schattierte, hat schattiert) **etwas schattieren** auf einem Bild dunkle Flächen malen/zeichnen, damit es räumlich wirkt

Schat·tie·rung *die*; (-, -en) 1 *nur Singular* das Schattieren 2 ≈ *Nuance, Abstufung* | *Rot in allen Schattierungen*

schat·tig ADJEKTIV ⟨ein Ort, ein Plätzchen⟩ so, dass sie im Schatten liegen oder viel Schatten bieten ↔ *sonnig* | *schattig und kühl*

Scha·tul·le *die*; (-, -n) ein fester kleiner Behälter für Schmuck oder Geld K Geldschatulle, Schmuckschatulle

★ **Schatz** *der*; (-es, Schät·ze) 1 eine große Menge an wertvollen Münzen, Schmuck o. Ä. ⟨einen Schatz anhäufen, hüten, suchen, finden⟩ | *Die Piraten vergruben ihren Schatz auf einer einsamen Insel* K Schatzinsel, Schatzkammer, Schatzkiste, Schatzsuche, Schatzsucher; Goldschatz, Piratenschatz 2 **ein Schatz (an etwas** (*Dativ*)**)** eine große Menge an wertvollen Dingen | *Das Museum besitzt einen großen Schatz an alten Gemälden* | *Der Antiquitätenhändler hat wahre Schätze im Lager* K Bücherschatz, Kirchenschatz, Kunstschatz, Museumsschatz 3 **ein Schatz an/von Dingen** ⟨ein Schatz an/von Erfahrungen, Erinnerungen⟩ ≈ *Fülle* K Erfahrungsschatz, Märchenschatz, Sagenschatz 4 etwas (Abstraktes), das sehr wichtig oder wertvoll ist | *Gesundheit ist ein kostbarer Schatz* 5 *gesprochen* verwendet als liebevolle Anrede für den Ehepartner, die eigenen Kinder o. Ä. 6 *gesprochen* eine Person, die sehr nett und hilfsbereit ist | *Du hast viel für mich getan. Du bist ein (wahrer) Schatz!*

★ **schät·zen** VERB (schätzte, hat geschätzt)
▸Maße, Wert, Kosten usw.: 1 **jemanden/etwas (auf etwas** (*Akkusativ*)**) schätzen** etwas Messbares (z. B. das Alter eines Menschen, die Länge oder das Gewicht von Sachen) nach eigener Meinung wegen äußerer Merkmale ungefähr bestimmen ⟨jemandes Alter, die Dauer, das Gewicht, die Höhe, die Länge, den Preis einer Sache schätzen⟩ | *Er schätzte sie auf Mitte zwanzig* | *Sie schätzte, dass die Sitzung noch zwei Stunden dauern würde* 2 **etwas (auf etwas** (*Akkusativ*)**) schätzen** (als Experte) feststellen, wie viel Geld etwas wert ist oder wie viel etwas kosten darf ⟨ein Grundstück, ein Haus, einen Unfallschaden schätzen⟩ | *Der Händler schätzte das gebrauchte Auto (auf zweitausend Euro)* K Schätzpreis, Schätzwert
▸Vermutung: 3 **schätzen (, dass ...)** *gesprochen* denken, dass etwas wahrscheinlich ist ≈ *vermuten* | *Ich schätze, dass er morgen kommt* | *„Meinst du, es regnet morgen?" – „Ich schätze, ja/Ich schätze schon."* H meist in der ersten Person verwendet
▸Anerkennung: 4 **jemanden/etwas schätzen** eine Person oder Sache sehr mögen | *Er schätzt gutes Essen* | *Sie schätzt sein freundliches Wesen* 5 **etwas zu schätzen wissen** den Wert von etwas Gutem erkennen | *Ich weiß ihre Hilfe sehr zu schätzen* | *Ich weiß es zu schätzen, dass Sie so freundlich zu meiner Familie waren* 6 **jemanden/etwas schätzen lernen** mit der Zeit eine gute Meinung von jemandem/etwas bekommen 7 **sich glücklich schätzen, (dass) ...** *geschrieben* froh sein, dass ... | *Ich schätze mich glücklich, Sie hier begrüßen zu dürfen* • zu (1,2) **Schät·zung** *die*

Schät·zer *der*; (-s, -) eine Person, die beruflich den finanziellen Wert von Dingen schätzt

Schatz·grä·ber *der*; (-s, -) eine Person, die nach einem Schatz gräbt ≈ *Schatzsucher* • hierzu **Schatz·grä·be·rin** *die*

Schatz·meis·ter *der* eine Person, welche das Geld eines Vereins, einer Partei o. Ä. verwaltet • hierzu **Schatz·meis·te·rin** *die*

schät·zungs·wei·se ADVERB verwendet, um die Einschätzung des Sprechers (in Bezug auf etwas Messbares) anzugeben ≈ *etwa, ungefähr* | *Wir werden in schätzungsweise drei Stunden da sein*

Schau *die*; (-, -en) 1 eine Veranstaltung, auf der Tiere, Pflanzen oder Waren gezeigt werden ⟨eine internationale, landwirtschaftliche Schau; etwas auf einer Schau ausstellen, vorführen, zeigen⟩ ≈ *Ausstellung, Messe* K Autoschau, Gartenschau, Modenschau, Tierschau, Verkaufsschau 2 *meist Singular* eine Veranstaltung, z. B. im Fernsehen oder Theater, bei der Künstler auftreten ≈ *Show* K Schaugeschäft; Bühnenschau, Fernsehschau 3 *gesprochen, abwertend* Handlungen, mit denen man versucht, die Aufmerksamkeit der Leute auf sich zu ziehen ⟨eine große Schau (um etwas) machen; etwas ist nur Schau⟩ ≈ *Show* | *Ihre Hochzeit war eine einzige große Schau!* 4 **etwas zur Schau stellen** etwas auf einer Ausstellung oder Schau zeigen 5 **etwas steht zur Schau** etwas wird auf einer Ausstellung gezeigt
■ ID ▸übertrieben Aufmerksamkeit erregen: **(einen) auf Schau machen** *gesprochen, meist abwertend* versuchen, die Aufmerksamkeit auf sich zu lenken; **etwas/sich zur Schau stellen, eine (große)/seine Schau abziehen** *abwertend* etwas/sich demonstrativ in den Vordergrund stellen | *Er stellt sein Wissen gern zur Schau*; **jemandem die Schau stehlen** a mehr Aufmerksamkeit erregen als eine andere Person b eine bessere Leistung bringen als eine andere Person; **etwas zur Schau tragen** *abwertend* eine Meinung o. Ä. demonstrativ zum Ausdruck bringen | *Sie trägt ihre Abneigung gegen ihn offen zur Schau*;
▸Lob/Anerkennung aussprechen: **eine Person/etwas ist eine Schau** *gesprochen* eine Person/etwas ist toll | *Das Essen war eine Schau!*

Schau·bild *das* eine Zeichnung, die eine ziemlich komplizierte Sache deutlich und einfach zeigt | *ein Schaubild des menschlichen Körpers*

Schau·der *der*; (-s, -) 1 ein starkes Gefühl der Angst oder des Ekels ⟨jemand wird von einem Schauder ergriffen, überkommen⟩ 2 ein kurzes Zittern des Körpers vor Kälte ⟨jemanden überläuft ein Schauder; Schauder laufen jemandem den Rücken hinunter⟩

schau·der·haft ADJEKTIV; *abwertend* sehr unangenehm ⟨ein Anblick, ein Geschmack, ein Wetter⟩ ≈ *widerlich, grässlich*

schau·dern VERB (schauderte, hat geschaudert) 1 (vor Angst, Kälte o. Ä.) zittern | *Allein der Gedanke ließ/machte sie schaudern* 2 **jemanden/jemandem schaudert (es)** jemand zittert vor Angst oder Ekel

★ **schau·en** VERB (schaute, hat geschaut) 1 **irgendwie schauen** den genannten Gesichtsausdruck haben ⟨finster, freundlich, müde, spöttisch schauen⟩ | *Schau doch nicht so (böse), da kriegt man ja Angst!* 2 **irgendwohin schauen** irgendwohin sehen | *aus dem Fenster schauen* | *jemandem in die Augen schauen* 3 **irgendwohin schauen** nachsehen, ob etwas irgendwo ist | *„Ich kann meine Brille nicht finden" – „Schau doch mal auf den Nachttisch/in die Schublade!"* 4 **auf etwas** (*Akkusativ*) **schauen** *gesprochen* auf etwas sehr genau achten | *Er schaut sehr auf Sauber-*

keit **5** **(nach etwas) schauen** prüfen, ob etwas in dem gewünschten Zustand ist ≈ *nachsehen* | *Schaust du mal nach den Blumen, ob die Wasser brauchen?* | *Schau mal, ob der Kuchen schon fertig ist!* **6** **nach jemandem/etwas schauen; zu jemandem/etwas schauen** *süddeutsch* Ⓐ (von Zeit zu Zeit) nach einer Person/Sache sehen und sich um sie kümmern | *Im Urlaub schaut unser Nachbar nach unseren Blumen* | *Schaust du mal nach den Kindern, ob sie noch etwas brauchen?* **7** **schauen** *+Nebensatz süddeutsch* Ⓐ (oft als Aufforderung formuliert) sich bemühen, etwas zu erreichen ≈ *zusehen* | *Schau, dass du auch pünktlich bist* | *Du musst selbst schauen, wie du das schaffst* | *Schau mal, ob du das kannst!* **8** **schau (mal)/schauen Sie (mal)** *+Nebensatz süddeutsch* Ⓐ verwendet, um eine Äußerung einzuleiten, bei der man versucht, jemanden von etwas zu überzeugen | *Schau (mal), das musst du doch verstehen!* | *Schau (mal), wenn das jeder machen würde, gäbe es doch ein Chaos. Also sei vernünftig!*

■ **ID** **Schau, schau!** verwendet, um auszudrücken, dass man etwas nicht erwartet hat

★ **Schau·er** *der*; (-s, -) **1** ein kurzer (und meist starker) Regen ⟨örtliche, gewittrige, vereinzelte Schauer; in einen Schauer geraten; von einem Schauer überrascht werden⟩ | *am Nachmittag vereinzelt Schauer, ansonsten sonnig und trocken* K Gewitterschauer, Hagelschauer, Regenschauer **2** ein starkes Gefühl der Angst, bei dem man zittert • zu (1) **schau·er·ar·tig** ADJEKTIV

Schau·er·ge·schich·te *die* eine Geschichte, in der etwas Negatives übertrieben (und meist grausam) dargestellt wird ⟨Schauergeschichten erzählen⟩ ≈ *Schauermärchen*

schau·er·lich ADJEKTIV ≈ *schaurig*

★ **Schau·fel** *die*; (-, -n) **1** ein Gerät, das aus einem langen Stiel und einem breiten, dünnen Stück Metall, Plastik o. Ä. besteht und dazu dient, Erde, Sand o. Ä. hochzuheben und zu bewegen | *Er nahm die Schaufel und füllte den Sand in die Schubkarre* K Kehrichtschaufel, Kohlenschaufel, Müllschaufel, Sandschaufel, Schneeschaufel **2** **eine Schaufel** *+Substantiv* die Menge der genannten Sache, die auf eine Schaufel passt | *eine Schaufel Sand aufs Feuer werfen, um es zu löschen* **3** ein Teil eines Gerätes, der wie eine Schaufel aussieht K Schaufelbagger, Schaufelrad **4** das breite flache Ende am Geweih mancher Tiere **5** das breite, flache Ende an einem Ruder oder Paddel

SCHAUFEL

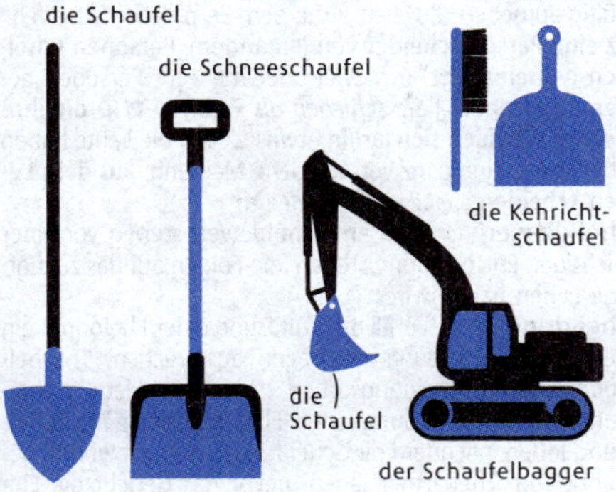

schau·feln VERB (schaufelte, hat geschaufelt) **1** **(etwas irgendwohin) schaufeln** etwas mit einer Schaufel, in den hohlen Händen o. Ä. irgendwohin bewegen | *Er schaufelte die Erde in einen Eimer* | *Der Maulwurf schaufelte Erde aus seinem Loch* **2** **etwas schaufeln** etwas durch Schaufeln herstellen ⟨ein Grab, eine Höhle, ein Loch schaufeln⟩ **3** **Schnee schaufeln** mit einer Schaufel Schnee entfernen

★ **Schau·fens·ter** *das* das große Fenster, in dem ein Geschäft die Waren zeigt ⟨etwas im Schaufenster ausstellen; etwas liegt, steht im Schaufenster⟩ | *Ich habe ein tolles Kleid im Schaufenster gesehen* K Schaufensterauslage, Schaufensterbummel, Schaufensterdekoration, Schaufensterpuppe, Schaufensterreklame

Schau·kas·ten *der* ein Kasten aus Glas an der Wand oder auf einem Tisch, in dem etwas gezeigt wird (vor allem in einem Museum o. Ä.) ⟨etwas im Schaukasten aushängen, auslegen⟩

Schau·kel *die*; (-, -n) **1** ein Sitz (vor allem für Kinder), der an Seilen oder Ketten hängt und mit dem man hin- und herschwingen kann K Gartenschaukel, Kinderschaukel **2** ≈ *Wippe*

schau·keln VERB (schaukelte, hat geschaukelt) **1** **jemanden/etwas schaukeln** jemanden/etwas hin- und herschwingen ⟨ein Kind auf den Armen, in der Wiege schaukeln⟩ **2** **etwas schaukeln** *gesprochen* etwas, das problematisch ist, lösen oder in Ordnung bringen **3** sich mit einer Schaukel o. Ä. hin- und herbewegen, auf etwas nach oben und nach unten schwingen ⟨mit der Schaukel, auf dem Schaukelpferd, auf dem Schaukelstuhl, mit der Wippe schaukeln⟩ **4** **etwas schaukelt** etwas schwankt, etwas bewegt sich auf und ab ⟨ein Boot, ein Schiff⟩ | *Lampions schaukeln im Wind*

Schau·kel·pferd *das* ein kleines Pferd aus Holz, auf dem Kinder schaukeln können

SCHAUKELPFERD

Schau·kel·stuhl *der* ein Stuhl, der unten gebogene Teile hat und mit dem man schaukeln kann

Schau·lau·fen *das* eine Vorführung für das Publikum beim Eiskunstlauf

Schau·lus·ti·ge *der/die*; (-n, -n); *meist abwertend* eine Person, welche bei einem Unfall, Brand o. Ä. zusehen will | *Die Schaulustigen behindern die Arbeit der Polizei am Unfallort* **H** *ein Schaulustiger; der Schaulustige; den, dem, des Schaulustigen* • hierzu **Schau·lust** *die*

SCHAUKELSTUHL

★ **Schaum** *der*; (-(e)s, Schäu·me); *meist Singular* eine weiche und leichte Masse aus vielen kleinen Luftblasen, die sich manchmal an der Oberfläche einer Flüssigkeit bildet ⟨der Schaum des Bieres, der Wellen; Eiweiß zu Schaum schlagen⟩ K Schaumbad, Schaumbildung; schaumbedeckt; Bierschaum, Eierschaum, Meerschaum, Seifenschaum, Rasierschaum

schäu·men VERB (schäumte, hat geschäumt) **1** **etwas schäumt** etwas entwickelt Schaum ⟨das Bier, die Seife, der Sekt, das Wasser⟩ **2** **vor Wut schäumen** ganz wütend sein

Schaum·gum·mi *der* Gummi, der sehr weich ist (weil er viele Luftblasen enthält) und der für Polster o. Ä. verwendet wird K Schaumgummikissen, Schaumgummimatratze

schau·mig ADJEKTIV **1** aus Schaum bestehend ⟨eine Masse⟩ | *Butter und Zucker/Eigelb/Eiweiß schaumig schlagen/rühren* **2** mit Schaum | *Das Meer/Das Wasser war schaumig*

Schaum·kro·ne *die* eine Schicht Schaum oben auf einer Flüssigkeit, z. B. auf Wellen oder auf dem Bier im Glas

S

Schaum·schlä·ger *der; abwertend* eine Person, die sehr stolz auf das ist, was sie angeblich kann ● hierzu **Schaum·schlä·ge·rin** *die*

Schaum·stoff *der* ein Kunststoff, der sehr leicht (und oft weich) ist, weil er viele kleine Luftblasen enthält ⟨etwas ist mit Schaumstoff gefüllt, gepolstert, isoliert⟩ **K** Schaumstoffmatratze, Schaumstoffmatte

Schaum·wein *der* ≈ *Sekt*

Schau·platz *der* der Ort, an dem etwas geschieht oder geschah | *der Schauplatz eines Verbrechens*

Schau·pro·zess *der* ein öffentlicher Prozess vor Gericht, der dazu dient, eine Wirkung (z. B. Abschreckung) bei der Bevölkerung zu erzielen

schau·rig ADJEKTIV; *geschrieben* sehr unangenehm, weil man Angst hat oder sich ekelt ⟨ein Wetter, ein Anblick⟩

Schau·spiel *das* **1** ein Stück meist aus mehreren Akten, das man auf der Bühne spielt ≈ *Theaterstück* **K** Schauspielhaus, Schauspielkunst, Schauspielschule, Schauspielschüler, Schauspielunterricht **2** ein beeindruckender Anblick, den ein Ereignis bietet ⟨ein erhabenes, eindrucksvolles, fesselndes Schauspiel⟩ **K** Naturschauspiel

★ **Schau·spie·ler** *der* eine Person, die (beruflich) in einem Film, Theaterstück o. Ä. Personen (Rollen) spielt **K** Filmschauspieler, Volksschauspieler ■ **ID ein guter/schlechter Schauspieler sein** die eigenen Gefühle gut/nicht gut verstellen können ● hierzu **Schau·spie·le·rin** *die*; **schau·spie·le·risch** ADJEKTIV

Schau·stel·ler *der*; (-s, -) eine Person, die mit einem Wohnwagen von einem Jahrmarkt zum anderen fährt, um dort etwas vorzuführen

Schau·stück *das* ein Gegenstand, der so selten, kostbar oder schön ist, dass er z. B. im Museum oder Schaufenster ausgestellt wird | *Die Torte ist nur ein Schaustück und nicht zum Essen gedacht*

Schau·ta·fel *die* eine Tafel, auf der etwas (als Information o. Ä.) dargestellt ist | *eine Schautafel mit den chemischen Elementen*

Scheck *der*; (-s, -s) **1** ein Formular einer Bank. Man schreibt den Namen eines Empfängers und eine Geldsumme darauf. Die Bank zahlt dann das Geld an den Empfänger vom Konto der Person, welche den Scheck geschrieben hat ⟨ein ungedeckter Scheck; einen Scheck ausstellen, ausfüllen, einlösen; jemandem einen Scheck ausschreiben⟩ | *Er gab mir einen Scheck über dreihundert Euro* **2** ≈ *Gutschein* **K** Bilderscheck, Urlaubsscheck

sche·ckig ADJEKTIV mit weißen und braunen oder mit weißen und schwarzen Flecken auf dem Fell ⟨Pferde, Rinder⟩

scheel ADJEKTIV neidisch oder misstrauisch ⟨ein Blick; jemanden scheel ansehen⟩

Schef·fel *der*; (-s, -); *historisch* eine Einheit, mit der man eine Getreidemenge misst

schef·feln VERB (scheffelte, hat gescheffelt) **etwas scheffeln** *gesprochen, oft abwertend* viel Geld verdienen ⟨Geld, Millionen, ein Vermögen scheffeln⟩

★ **Schei·be** *die*; (-, -n) **1** ein flacher, runder Gegenstand | *Eine DVD ist eine silberne Scheibe* | *Früher dachte man, die Erde sei eine Scheibe* **K** Scheibenschießen; Drehscheibe, Schießscheibe, Töpferscheibe, Zielscheibe **2** ein flaches Stück Glas als Teil eines Fensters o. Ä. ⟨eine blanke, zerbrochene, zerkratzte Scheibe; die Scheiben putzen⟩ **K** Fensterscheibe, Glasscheibe, Heckscheibe, Milchglasscheibe, Schaufensterscheibe, Windschutzscheibe **3** ein meist dünnes, flaches (und rundes) Stück, das von einem Lebensmittel abgeschnitten ist ⟨Brot, Eier, Wurst, Zitronen in Scheiben schneiden⟩ | *Er schnitt sich eine dicke Scheibe Käse ab* **K** Brotscheibe, Wurstscheibe, Zitronenscheibe **4** *historisch* ≈ *Schallplatte* ■ **ID sich** (*Dativ*) **von jemandem eine Scheibe abschneiden können** *gesprochen* jemanden als Vorbild nehmen können ● zu (1) **schei·ben·för·mig** ADJEKTIV; zu (3) **schei·ben·wei·se** ADJEKTIV

SCHEIBE

Schei·ben·ho·nig!, **Schei·ben·kleis·ter!** *humorvoll* verwendet, um Ärger auszudrücken

Schei·ben|wasch·an·la·ge *die* der Teil des Autos, der Wasser auf die Windschutzscheibe des Autos spritzt

Schei·ben·wi·scher *der*; (-s, -) die Scheibenwischer bewegen sich bei Regen über die Windschutzscheibe eines Autos hin- und her und schieben das Regenwasser zur Seite **i** → Abb. unter **Auto**

Scheich *der*; (-(e)s, -s/-e) der Titel eines arabischen Herrschers

Schei·de *die*; (-, -n) **1** die Öffnung zwischen den Beinen einer Frau, durch die Babys bei der Geburt aus dem Körper der Mutter kommen ≈ *Vagina* **K** Scheideneingang, Scheidenentzündung, Scheidenkrampf, Scheidenöffnung **2** eine schmale Hülle für ein Messer oder Schwert ⟨etwas aus der Scheide ziehen; etwas in die Scheide stecken⟩

★ **schei·den** VERB (schied, hat/ist geschieden) **1 sie werden/ihre Ehe wird geschieden** (*hat*) ihre Ehe wird durch ein Gerichtsurteil beendet | *Ihre Ehe wurde schon nach zwei Jahren geschieden* | *Sie lassen sich scheiden/Sie lässt sich von ihm scheiden* **2 jemand ist geschieden** (*hat*) jemandes Ehe ist durch ein Gerichtsurteil beendet | *Sind Sie ledig, verheiratet, verwitwet oder geschieden?* **3 Personen/Dinge (voneinander) scheiden**; **etwas von etwas scheiden** *geschrieben* (*hat*) mehrere Personen oder Dinge voneinander trennen **K** Scheidelinie, Scheidewand **4 Dinge scheiden können**; **etwas von etwas scheiden (können)** *geschrieben* (*hat*) mehrere Dinge voneinander unterscheiden können | *Gut und/von Böse scheiden können* **5 aus etwas scheiden** *geschrieben* (*ist*)eine Funktion, eine Tätigkeit endgültig aufgeben ⟨aus dem Amt, dem Berufsleben scheiden⟩ **6 eine Person scheidet von jemandem**; **Personen scheiden (voneinander)** (*ist*) zwei oder mehrere Personen gehen auseinander | *Sie schieden als Freunde* ■ **ID die/ihre Geister scheiden sich (an/in etwas** (*Dativ*)**)** die Leute haben über etwas eine ganz verschiedene Meinung; **aus dem Leben scheiden** *euphemistisch* ≈ *sterben*

Schei·de·weg *der* ■ **ID am Scheideweg stehen** vor einer wichtigen Entscheidung stehen (die Folgen auf das zukünftige Leben haben wird)

★ **Schei·dung** *die*; (-, -en) **1** die Auflösung einer Ehe durch ein Gericht ⟨die Scheidung beantragen, aussprechen⟩ **K** Scheidungsanwalt, Scheidungsgrund, Scheidungsklage, Scheidungsprozess, Scheidungsurteil; Ehescheidung **2 in Scheidung leben** (nachdem die Scheidung beantragt wurde) getrennt vom Ehepartner leben, bevor das Gericht die Ehe auflöst **3 die Scheidung einreichen** eine Scheidung bei Gericht beantragen

★ **Schein** *der*; (-(e)s, -e)

▸aus Papier: **1** ein Dokument, das etwas offiziell bestätigt, z. B. dass man etwas tun darf | *Ohne die entsprechenden Scheine darf ich Ihnen die Dinge nicht aushändigen* **K** Angelschein, Erlaubnisschein, Entlassungsschein, Fahrschein, Führerschein, Garantieschein, Gepäckschein, Impfschein, Jagdschein, Lieferschein, Lottoschein, Pfandschein, Passierschein, Schuldschein, Totenschein, Überweisungsschein, Waffenschein, Wettschein **2** **ein (kleiner/großer) Schein** ein Geldschein (mit niedrigem/hohem Wert) ≈ *Banknote* | *So einen großen Schein kann ich nicht wechseln* | *Die Entführer forderten eine halbe Million Euro in kleinen Scheinen* K Zehneuroschein, Zwanzigeuroschein, Fünfzigeuroschein, Hundertfrankenschein

▸Licht, Glanz: **3** *nur Singular* das Licht, das sich auf einer Fläche verbreitet | *Der Garten war vom matten Schein des Mondes erleuchtet* | *Er saß im Schein der Lampe und las* K Fackelschein, Feuerschein, Kerzenschein, Lampenschein, Lichtschein, Mondschein, Sonnenschein **4** *nur Singular* das schwache Leuchten einer glatten oder nassen Fläche, die Licht reflektiert ≈ *Glanz* | *der helle Schein ihrer Augen*

▸nicht in Wirklichkeit: **5** *nur Singular* etwas, das nicht so ist, wie es aussieht | *Ihre Freundlichkeit war nur Schein, in Wirklichkeit wollten sie uns nur ausnutzen* **6** *nur Singular* der äußere Eindruck ⟨der Schein spricht für/gegen jemanden/etwas; den (äußeren) Schein wahren, aufrechterhalten⟩ **7** **zum Schein** um jemanden zu täuschen | *Sie ist zum Schein weggegangen und hat ihn dann heimlich beobachtet* **8** **der Schein trügt** die Realität ist anders als der äußere Eindruck

schein-, Schein- *im Adjektiv oder Substantiv, betont, begrenzt produktiv; oft abwertend* **scheinliberal, scheintot; der Scheinangriff, die Scheinfirma, das Scheingeschäft, die Scheinschwangerschaft, der Scheintod** *und andere* drückt aus, dass das im zweiten Wortteil Genannte nur scheinbar, aber nicht in Wirklichkeit zutrifft

★ **schein·bar** ADJEKTIV nur dem äußeren Eindruck nach, aber nicht in Wirklichkeit ⟨ein Gegensatz, ein Widerspruch⟩ | *Er nahm die Botschaft scheinbar gelassen hin, aber innerlich war er sehr erregt* H *Er hat nur scheinbar seine Meinung geändert* bedeutet, dass er nur so tat, als hätte er die eigene Meinung geändert (aber dies in Wirklichkeit nicht getan hat); *Er hat anscheinend seine Meinung geändert* bedeutet, dass es so aussieht, als ob er die eigene Meinung geändert habe. In der gesprochenen Sprache werden aber *scheinbar* und *anscheinend* oft synonym gebraucht.

★ **schei·nen** VERB (schien, hat geschienen)

▸Licht: **1** **etwas scheint** etwas verbreitet Licht und ist am Himmel zu sehen ⟨der Mond, die Sonne⟩ **2** **etwas scheint irgendwohin** etwas sendet Lichtstrahlen in eine Richtung | *Die Sonne schien mir ins Gesicht*

▸Eindruck: **3** **jemand/etwas scheint (jemandem) irgendwie; jemand/etwas scheint (jemandem) zu** *+Infinitiv* etwas macht (auf jemanden) den genannten Eindruck | *Die Lage scheint sich zuzuspitzen* | *Seine Erzählung schien (mir) recht unglaubwürdig* | *Es scheint mir, als ob ich schon mal hier gewesen wäre* | *Wie es scheint, bist du ja wieder ganz gesund* **4** **jemand scheint irgendwie (zu** *+Infinitiv*); **jemand scheint etwas zu** *+Infinitiv* eine Person macht den Eindruck, die genannte Eigenschaft, Funktion oder den genannten Beruf zu haben | *Er scheint sehr glücklich (zu sein)* | *Du scheinst ja ein richtiger Fachmann zu sein*

schein·hei·lig ADJEKTIV; *gesprochen, abwertend* so, dass eine Person so tut, als sei sie freundlich, unschuldig oder ehrlich ⟨ein Blick, ein Gesichtsausdruck; jemanden scheinheilig ansehen⟩ | *Tu nicht so scheinheilig!* (als wärest du unschuldig) • hierzu **Schein·hei·lig·keit** *die*

Schein·wer·fer *der*; (-s, -) eine sehr helle Lampe, die einen Teil der Umgebung beleuchtet | *Die Bühne wird von Scheinwerfern angestrahlt* | *Der rechte Scheinwerfer an deinem Auto ist kaputt* K Autoscheinwerfer, Nebelscheinwerfer, Suchscheinwerfer H → Abb. unter **Auto**

Schein·wer·fer|licht *das* das Licht eines Scheinwerfers ■ **ID** **im Scheinwerferlicht (der Öffentlichkeit) stehen** im Mittelpunkt des öffentlichen Interesses stehen

Scheiß *der; ohne Genitiv; nur Singular; gesprochen, abwertend* etwas, worüber man sich ärgert oder das man für völlig unwichtig hält

scheiß- *im Adjektiv, betont, begrenzt produktiv; gesprochen, abwertend* **1** **scheißfrech, scheißkalt** *und andere* verwendet, um ein Adjektiv zu verstärken **2** **scheißfreundlich, scheißnormal** *und andere* verwendet, um zu sagen, dass man etwas als übertrieben empfindet

Scheiß- *im Substantiv, betont, sehr produktiv; gesprochen, abwertend* **das Scheißbuch, das Scheißding, der Scheißfilm, der Scheißjob, der Scheißkerl, das Scheißwetter** *und andere* drückt aus, dass man sich über jemanden/etwas sehr ärgert oder etwas sehr schlecht findet

Scheiß·dreck *der; gesprochen* ⚠ verwendet als Verstärkung von Dreck | *Das geht dich einen Scheißdreck an* (das ist nicht deine Sache, halt dich da raus!)

Schei·ße *die*; (-); *gesprochen* ⚠ **1** ≈ *Kot* K Scheißhaufen; Hundescheiße **2** *abwertend* etwas, worüber man sich ärgert ⟨etwas ist große Scheiße⟩ | *Da hast du aber Scheiße gebaut!* (Das war ein dummer Fehler) | (*So eine*) *Scheiße! Ich hab den Zug verpasst!* ■ **ID** **jemandem steht die Scheiße bis zum Hals** jemand ist in einer sehr unangenehmen Situation

scheiß·egal ADJEKTIV; *gesprochen, abwertend* völlig egal, ganz gleichgültig ⟨etwas ist jemandem scheißegal⟩

schei·ßen VERB (schiss, hat geschissen); *gesprochen* ⚠ **1** den Darm entleeren ⟨vor Angst in die Hosen scheißen⟩ **2** **auf jemanden/etwas scheißen** jemanden/etwas nicht für wichtig halten ■ **ID** **Dem/Der werde ich (et)was scheißen!** Ich denke nicht daran, seinen/ihren Wunsch zu erfüllen

Schei·ßer *der*; (-s, -) **ein (kleiner) Scheißer** *gesprochen* ⚠ verwendet, um eine Person zu bezeichnen, die man für nicht wichtig hält

Schei·ße·rei *die*; (-); *gesprochen* ⚠ ⟨(die) Scheißerei haben⟩ ≈ *Durchfall*

Scheiß·haus *das; gesprochen* ⚠ = *Toilette*

Scheit *das*; (-(e)s, -e/*süddeutsch* Ⓐ Ⓒ -er) ein Stück Holz, das man im Ofen verbrennt ⟨ein paar Scheite auflegen, nachlegen⟩ K Scheitholz; Holzscheit

Schei·tel *der*; (-s, -) **1** die Linie auf dem Kopf, die dadurch entsteht, dass man an dieser Stelle die Haare nach links und nach rechts kämmt ⟨einen Scheitel ziehen; den Scheitel rechts, links, in der Mitte tragen⟩ K Mittelscheitel, Seitenscheitel **2** der (höchste) Punkt eines Bogens, einer Kurve oder eines Winkels ⟨der Scheitel einer Flugbahn, eines Gewölbes⟩ ■ **ID** **vom Scheitel bis zur Sohle** völlig, ganz | *Er ist ein Gentleman vom Scheitel bis zur Sohle* • zu (1) **schei·teln** VERB (*hat*)

Schei·ter·hau·fen *der; historisch* ein Holzhaufen, auf dem man Menschen, die zum Tode verurteilt wurden, öffentlich verbrannte ⟨einen Scheiterhaufen errichten; Hexen, Ketzer auf dem Scheiterhaufen verbrennen; auf dem Scheiterhaufen sterben⟩

★ **schei·tern** VERB (scheiterte, ist gescheitert) **1** **(mit etwas) (an jemandem/etwas) scheitern** (aus einem bestimmten Grund) ein Ziel nicht erreichen ⟨mit einem Plan, einem Projekt, einem Vorhaben scheitern⟩ | *Sie wollten ein neues Kraftwerk bauen, sind aber mit ihren Plänen am Widerstand der Bevölkerung gescheitert* **2** **etwas scheitert (an jemandem/etwas)** etwas hat keinen Erfolg | *Ihr Plan, ein eigenes Geschäft zu kaufen, ist an der Finanzierung*

S

gescheitert | *Ihre Ehe ist schon nach kurzer Zeit gescheitert* ■ ID **etwas ist zum Scheitern verurteilt** etwas kann keinen Erfolg haben ⟨von Anfang an, von vornherein zum Scheitern verurteilt sein⟩

Schel·le *die;* (-, -n) **1** eine kleine Glocke in der Form einer Kugel | *ein Pferdeschlitten mit Schellen* **2** *ohne Artikel, nur Plural* eine Spielfarbe im deutschen Kartenspiel, die als Symbol Schellen hat oder eine Karte dieser Farbe **3** *süddeutsch* ≈ *Klingel* **4** eine runde Klammer, die man um ein Rohr legt, um es irgendwo zu befestigen

schel·len VERB (schellte, hat geschellt); *süddeutsch* (CH) **1** ⟨die Klingel schellt; an der Tür schellen⟩ ≈ *läuten* **2** **es schellt** jemand läutet (an der Tür)

Schell·fisch *der* ein essbarer Fisch, der in kalten Meeren lebt

Schelm *der;* (-(e)s, -e) **1** *veraltet* eine Person, die gern Streiche spielt und Witze macht K Schelmenroman, Schelmenstreich **2** ein Kind (vor allem ein Junge), das gern Späße macht **3** (CH) ≈ *Dieb* ● zu (1,2) **schel·misch** ADJEKTIV

Schel·te *die;* (-) eine Äußerung, mit der man einer anderen Person deutlich sagt, dass man sich über sie ärgert ⟨Schelte bekommen⟩ ≈ *Tadel*

schel·ten VERB (schilt, schalt, hat gescholten); *geschrieben* **1** **(jemanden) schelten** jemandem deutlich sagen, dass man sich über ihn ärgert ↔ *loben* **2** **jemanden etwas schelten** *veraltend* jemanden als etwas Negatives bezeichnen | *jemanden einen Dummkopf schelten*

Sche·ma *das;* (-s, -ta/-s/Sche·men) **1** eine Zeichnung mit den wichtigsten Merkmale einer Sache | *das Schema einer elektrischen Schaltung* K Ablaufschema, Schaltschema, Schaltungsschema **2** *oft abwertend* eine Vorstellung, die man davon hat, wie etwas geschehen soll und nach der man immer wieder handelt ⟨ein festes, starres Schema; etwas läuft nach einem Schema ab; nach einem bestimmten Schema arbeiten, vorgehen⟩ K Denkschema, Handlungsschema ■ ID **jemand/etwas passt nicht ins/passt in kein Schema, jemand/etwas lässt sich in kein Schema pressen** jemand/etwas ist ganz eigenartig, anders als normal; **nach Schema F** *abwertend* immer auf die gleiche Art, ohne dabei an die besonderen Merkmale und Verhältnisse eines einzelnen Falls zu denken ● zu (1) **sche·ma·ti·sie·ren** VERB *(hat)*

Sche·ma·ta *Plural* → Schema

sche·ma·tisch ADJEKTIV **1** in der Form eines Schemas ⟨eine Abbildung, eine Darstellung⟩ **2** *meist abwertend* nach einem festen Schema, ohne Überlegung ⟨eine Arbeit, eine Tätigkeit⟩

Sche·mel *der;* (-s, -) **1** ein niedriger Stuhl ohne Lehne ≈ *Hocker* K Küchenschemel, Melkschemel, Schusterschemel **2** ein sehr niedriger Schemel, auf den man im Sitzen die Füße legen kann K Fußschemel

Sche·men *die; Plural* **1** Umrisse und Formen von Personen oder Dingen, die man nicht deutlich sieht ≈ *Umrisse, Schatten* | *Im Nebel waren die Bäume nur als Schemen zu erkennen* **2** → Schema ● zu (1) **sche·men·haft** ADJEKTIV

Schen·ke *die;* (-, -n) ein meist kleines, einfaches Lokal, in dem man Getränke bekommt K Bauernschenke, Dorfschenke, Waldschenke

Schen·kel *der;* (-s, -) **1** der Teil des Beines zwischen Hüfte und Knie ⟨die Schenkel spreizen⟩ ≈ *Oberschenkel* | *sich vor Lachen auf die Schenkel schlagen* K Schenkelbruch, Schenkelknochen **2** das gebratene oder gekochte Bein eines Tieres K Entenschenkel, Froschschenkel, Gänseschenkel, Hühnerschenkel **3** jede der beiden Linien, die einen Winkel bilden B → Abb. **Winkel**

★ **schen·ken** VERB (schenkte, hat geschenkt) **1** **(jemandem) etwas schenken** einer Person etwas geben, das sie behalten kann (als Zeichen der Anerkennung, Freundschaft oder Liebe) ⟨jemandem etwas als/zum Andenken, zum Geburtstag, zu Weihnachten schenken⟩ | *Er schenkte ihr zum Abschied eine Kette* | *Er bekam zu Weihnachten ein Fahrrad geschenkt* **2** **etwas schenkt jemandem etwas** etwas bewirkt, dass jemand etwas sehr Positives bekommt ⟨jemandem neue Kraft, neuen Lebensmut schenken⟩ **3** **sich** *(Dativ)* **etwas schenken** etwas, was einem Mühe macht, nicht tun | *Diese Arbeit kannst du dir schenken, ich mache sie schon* **4** **einem Kind das Leben schenken** ein Kind zur Welt bringen **5** **jemandem/etwas etwas schenken** *geschrieben* verwendet zusammen mit einem Substantiv, um ein Verb zu umschreiben | *jemandem/etwas keine Aufmerksamkeit schenken* (jemanden/etwas nicht beachten) | *jemandem/etwas Beachtung schenken* (jemanden/etwas beachten) | *jemandem die Freiheit schenken* (jemanden oder ein Tier freilassen) | *jemandem/etwas Gehör schenken* (jemandem/etwas zuhören) | *jemandem/etwas Glauben schenken* (jemandem/etwas glauben) | *jemandem sein Vertrauen schenken* (jemandem vertrauen) ■ ID **Geschenkt!** *gesprochen* das ist nicht nötig oder wichtig; **etwas nicht (einmal) geschenkt haben wollen** *gesprochen* etwas nicht haben wollen, weil es einem überhaupt nicht gefällt; **etwas ist (halb/fast) geschenkt** *gesprochen* etwas ist sehr billig; **nichts geschenkt bekommen** hart arbeiten müssen

Schen·kung *die;* (-, -en) Geld oder etwas Wertvolles, was jemand einer anderen Person gibt und das sie behalten darf ⟨eine Schenkung machen⟩ K Schenkungssteuer, Schenkungsurkunde

schep·pern VERB (schepperte, hat gescheppert); *gesprochen* **1** **etwas scheppert** etwas macht das Geräusch, das entsteht, wenn Dinge aus Metall zu Boden fallen ⟨Büchsen, Eimer, Milchkannen⟩ **2** **es scheppert** es gibt einen Unfall, Autos stoßen zusammen

SCHERBE

Scher·be *die;* (-, -n) **1** ein Stück eines gebrochenen Gegenstandes aus Glas oder Porzellan | *Er hat sich an einer Scherbe geschnitten* K Scherbenhaufen; Flaschenscherbe, Glasscherbe, Tonscherbe **2** **etwas geht in Scherben** etwas zerbricht ⟨ein Fenster, ein Glas, ein Spiegel, eine Vase⟩ ■ ID **Scherben bringen Glück** verwendet als formelhafte Redewendung, wenn man etwas aus Glas o. Ä. zerbricht

★ **Sche·re** *die;* (-, -n) **1** ein Gerät zum Schneiden. Scheren haben zwei Teile, die in der Mitte beweglich verbunden sind, und Löcher für die Finger ⟨eine scharfe, spitze, stumpfe Schere; eine Schere schleifen⟩ K Blumenschere, Drahtschere, Gartenschere, Geflügelschere, Hautschere, Nagelschere, Papierschere **2** der Teil des Körpers, mit dem ein Krebs, Skorpion o. Ä. Dinge greifen kann | *die kräftigen Scheren des Hummers* **3** **die Schere (zwischen Dingen** *(Dativ)* **)** der Abstand zwischen zwei verschiedenen Dingen ⟨die Schere zwischen Preisen und Löhnen, Kosten und Erträgen, Einnahmen und Ausgaben⟩ K Preisschere, Lohnschere ■ ID **etwas fällt der Schere zum Opfer** etwas wird aus einem geschriebenen Text gestrichen

sche·ren[1] VERB (schor, hat geschoren) **1** **jemanden/etwas scheren** die Haare (oder das Fell von Tieren) sehr kurz schneiden ⟨jemandes Kopf, jemandes Haare, einen Pudel, ein Schaf scheren⟩ **2** **etwas scheren** etwas durch Schneiden kürzer machen und in eine Form bringen ⟨eine Hecke, Sträucher scheren⟩

S

sche·ren² VERB (scherte, hat geschert); *gesprochen* **1** **etwas schert jemanden** etwas ist so, dass es jemand beachtet oder interessiert | *Es scherte sie nicht, dass das Essen kalt war* | *Was schert mich das?* H meist verneint oder in einer Frage **2** **sich um jemanden/etwas scheren** jemanden/etwas beachten | *Sie scherte sich nicht um das Verbot* H meist verneint oder in einer Frage ■ ID **Scher dich nach Hause!** *gesprochen* Verschwinde, geh nach Hause!; **Scher dich zum Teufel!** *gesprochen* verwendet, um einer Person auf unhöfliche Weise zu sagen, dass man sie nicht mehr sehen will

Sche·ren·schlei·fer *der*; (-s, -) eine Person, die von Haus zu Haus geht und anbietet, Messer und Scheren wieder scharf zu machen (zu schleifen) ● hierzu **Sche·ren·schlei·fe·rin** *die*

Sche·ren·schnitt *der* eine Figur o. Ä., die aus einem Blatt Papier ausgeschnitten wurde

Sche·re·rei *die*; (-, -en); *meist Plural* Mühe und Ärger ⟨jemandem Scherereien machen, ersparen; Scherereien mit jemandem/etwas haben⟩ ≈ *Unannehmlichkeit*

Scherf·lein *das* **ein/sein Scherflein (zu etwas) beitragen/beisteuern** einen (kleinen) meist finanziellen Beitrag zu etwas geben

Scher·ge *der*; (-n, -n); *geschrieben, abwertend* eine Person, die im Auftrag einer Regierung o. Ä. Gewalt ausübt | *die Schergen des faschistischen Regimes* H *der Scherge; den, dem, des Schergen* ● hierzu **Scher·gin** *die*

★ **Scherz** *der*; (-es, -e) **1** etwas, das man sagt oder tut, um andere Menschen zum Lachen zu bringen ⟨ein gelungener, harmloser Scherz; einen Scherz machen; seine Scherze über jemanden/etwas machen, mit jemandem treiben; sich (*Dativ*) einen Scherz mit jemandem erlauben; etwas aus/im/zum Scherz sagen, tun⟩ ≈ *Witz* K Scherzartikel, Scherzfrage; Aprilscherz **2** **ein schlechter Scherz** etwas Unangenehmes, das jemand sagt (und das man gar nicht glauben oder verstehen kann) **3** **(ganz) ohne Scherz** verwendet, um zu sagen, dass etwas wahr ist (obwohl es kaum glauben kann) **4** **Scherz beiseite** verwendet, um zu sagen, dass man nach einer scherzhaften Bemerkung etwas Ernstes sagen will ■ ID **Mach keinen Scherz/keine Scherze!** *gesprochen* verwendet, zu sagen, dass man über das verwundert ist, was jemand gerade gesagt hat, verwundert ist; **... und all solche/ähnliche Scherze** *gesprochen* ... und noch mehr solche unwichtigen/lächerlichen Dinge

Scherz·bold *der*; (-(e)s, -e); *gesprochen* eine Person, die oft Scherze macht ≈ *Witzbold*

scher·zen VERB (scherzte, hat gescherzt); *geschrieben* **1** **(über jemanden/etwas) scherzen** einen Scherz, Scherze machen **2** **mit jemandem scherzen** ≈ *flirten* ■ ID **Sie belieben zu scherzen!** *humorvoll* das kann nicht ernst gemeint sein; **mit etwas ist nicht zu scherzen** man muss etwas (z. B. eine Krankheit) ernst nehmen, damit vorsichtig sein

scherz·haft ADJEKTIV als Scherz gemeint, nicht (ganz) ernst gemeint ⟨eine Frage, eine Übertreibung⟩

Scherz·keks *der*; *gesprochen* ≈ *Scherzbold*

scheu ADJEKTIV **1** (verwendet in Bezug auf Tiere) bereit zu fliehen, wenn Menschen kommen ⟨ein Reh, ein Vogel⟩ | *Der Lärm hier macht die Pferde scheu* **2** meist aus Unsicherheit sehr ruhig sein oder nichts tun ⟨scheu sein, wirken⟩ ≈ *schüchtern* **3** ⟨ein Blick, ein Lächeln⟩ so, dass sie die Unsicherheit einer Person zeigen

Scheu *die*; (-) **1** **die Scheu (vor jemandem/etwas)** die Eigenschaft, scheu zu sein | *Die Rehe ließen sich ohne Scheu streicheln* **2** **die Scheu (vor jemandem/etwas)** die Angst vor dem Kontakt mit jemandem/etwas ⟨die Scheu überwinden, ablegen; keine Scheu zeigen⟩ K Menschenscheu **3** **die Scheu (vor jemandem/etwas)** die Abneigung gegen etwas K Arbeitsscheu, Wasserscheu

-scheu *im Adjektiv, unbetont, begrenzt produktiv* **arbeitsscheu, ehescheu, männerscheu, menschenscheu, wasserscheu** *und andere* drückt aus, dass eine Person aus Angst oder Abneigung versucht, keinen Kontakt zur genannten Person oder Sache zu bekommen

scheu·chen VERB (scheuchte, hat gescheucht) **1** **ein Tier (irgendwohin) scheuchen** mit lautem Rufen oder kräftigen Bewegungen einem Tier Angst machen (damit es flieht) | *Wespen vom Kuchen scheuchen* **2** **jemanden scheuchen** jemandem befehlen, etwas sehr schnell zu tun ≈ *hetzen*

scheu·en VERB (scheute, hat gescheut) **1** **etwas scheuen** versuchen, etwas zu vermeiden ⟨Auseinandersetzungen, Kämpfe scheuen; keine Arbeit, keine Mühen, keine Kosten scheuen⟩ | *Sie hat den weiten Weg nicht gescheut, um ihn zu besuchen* **2** **ein Pferd scheut (vor etwas** (*Dativ*)**)** ein Pferd erschrickt und gehorcht nicht mehr | *Das Pferd scheute vor dem Hindernis* **3** **sich (vor etwas** (*Dativ*)**) scheuen** etwas nicht tun, weil man Bedenken hat | *Sie scheute sich (davor), ihn zu verraten*

scheu·ern VERB (scheuerte, hat gescheuert) **1** **etwas scheuern** etwas durch kräftiges Reiben (mit Lappen, Wasser und Putzmittel) sauber machen ⟨das Bad, den Fußboden, einen Kochtopf, eine Pfanne scheuern⟩ K Scheuerlappen, Scheuermittel, Scheuersand, Scheuertuch **2** **etwas scheuert jemanden wund; etwas scheuert jemandem etwas wund** etwas reibt so, dass dadurch jemand verletzt wird | *Die Schuhe haben mir die Fersen wund gescheuert* **3** **sich** (*Dativ*) **etwas wund scheuern** sich an einem Körperteil verletzen, weil dort etwas reibt | *sich die Knie wund scheuern* ■ ID **jemandem eine scheuern** *gesprochen* jemandem eine Ohrfeige geben; **eine gescheuert bekommen/kriegen** *gesprochen* eine Ohrfeige bekommen

Scheu·klap·pe *die*; *meist Plural* **Scheuklappen (vor den Augen) haben** die Wirklichkeit nicht sehen wollen oder können

Scheu·ne *die*; (-, -n) ein Gebäude, in dem ein Bauer Heu und Stroh lagert K Scheunentor

Scheu·nen·dre·scher *der* **essen/reinhauen wie ein Scheunendrescher** *gesprochen* sehr viel essen

Scheu·sal *das*; (-s, -e); *abwertend* **1** ein gemeiner oder brutaler Mensch **2** ein hässliches und gefährliches Tier ≈ *Ungeheuer*

scheuß·lich ADJEKTIV **1** sehr hässlich ⟨ein Anblick; scheußlich aussehen⟩ **2** unangenehm (intensiv) ⟨ein Geschmack, ein Lärm, ein Wetter; etwas riecht, schmeckt scheußlich; scheußlich kalt, heiß, laut⟩ **3** mit großer Brutalität ⟨ein Verbrechen⟩ ≈ *abscheulich* ● hierzu **Scheuß·lich·keit** *die*

★ **Schicht** *die*; (-, -en) **1** eine Masse (meist eine Substanz) in einer relativ flachen und breiten Form, die über oder unter etwas anderem liegt ≈ *Lage* | *Pflanzensamen mit einer dünnen Schicht Erde bedecken* | *Die oberen Schichten der Atmosphäre sind ziemlich kalt* K Erdschicht, Dämmschicht, Isolierschicht, Eisschicht, Farbschicht, Luftschicht, Ölschicht, Ozonschicht, Rostschicht, Schmutzschicht, Schneeschicht, Staubschicht, Wachsschicht, Fettschicht, Schutzschicht **2** die Personen, die alle ungefähr gleich viel verdienen und in ähnlichen Verhältnissen leben ⟨eine soziale, die besitzende, gebildete Schicht; die untere, obere Schicht⟩ K schichtenspezifisch; Arbeiterschicht, Bevölkerungsschicht, Führungsschicht, Gesellschaftsschicht, Mittelschicht, Oberschicht, Unterschicht **3** der Abschnitt des Arbeitstages in einem Betrieb o. Ä., in dem durchgehend gearbeitet wird ⟨die Schicht wechseln⟩ | *Die Schicht dauert* *von zwei bis zehn Uhr* K Schichtarbeit, Schichtarbeiter, Schichtdienst; Arbeitsschicht, Sonderschicht, Sonntagsschicht, Frühschicht, Spätschicht, Tagschicht, Nachtschicht **4** die Gruppe von Menschen, die in einer Arbeitsschicht ist ⟨in Schichten arbeiten⟩ | *Die erste Schicht fängt um acht Uhr zu arbeiten an, die zweite um vier und die dritte um zwölf Uhr nachts* K Schichtablösung, Schichtwechsel

schich·ten VERB (schichtete, hat geschichtet) **Dinge schichten** etwas in Schichten aufeinanderlegen | *Holz schichten*

Schich·tung *die*; (-, -en) der Aufbau in verschiedenen Schichten | *die Schichtung eines Berges untersuchen*

★ **schick** ADJEKTIV **1** elegant und modern ⟨ein Anzug, ein Kleid, ein Auto, ein Apartment⟩ **2** so, dass es aktuell viele Leute attraktiv finden (weil es nicht jeder tun oder haben kann) ≈ *in* | *Früher galt es als schick, mit Kreditkarte zu zahlen, heute ist das ganz normal* • zu (1) **Schick** *der*

★ **schi·cken** VERB (schickte, hat geschickt) **1** **(jemandem) etwas schicken**; **etwas (an jemanden/irgendwohin) schicken** etwas irgendwohin/zu jemandem bringen lassen ⟨jemandem einen Brief, ein Paket, Blumen schicken; einen Brief, ein Paket, Blumen an jemanden schicken⟩ | *Mein Großvater hat mir Geld geschickt* | *Zum Geburtstag schickte er mir einen Strauß Blumen* | *Ich habe mir die Bücher nach Hause schicken lassen* **2** **jemanden (irgendwohin/zu einer Person) schicken** jemanden auffordern oder bitten, irgendwohin zu gehen | *die Kinder ins Bett schicken* | *jemanden zum Arzt schicken* | *Die Firma schickt ihn oft ins Ausland* **3** **(eine Person) nach jemandem/etwas schicken**; **(eine Person) um jemanden/etwas schicken** eine Person bitten oder ihr den Auftrag erteilen, jemanden/etwas zu holen | *(den Nachbarn) nach einem Arzt schicken* | *nach dem Krankenwagen schicken* **4** **etwas schickt sich** *geschrieben* etwas ist gutes Benehmen | *Es schickt sich nicht, beim Essen die Ellenbogen auf dem Tisch zu haben* H oft verneint **5** **sich in etwas** (*Akkusativ*) **schicken** *geschrieben* sich in etwas fügen, sich mit etwas abfinden **6** **sich schicken** *süddeutsch, gesprochen* ≈ *sich beeilen*

Schi·cke·ria *die*; (-); *abwertend* eine Gruppe von wohlhabenden, modisch gekleideten Leuten, die sich bei vielen gesellschaftlichen Anlässen treffen und sich für sehr wichtig halten

Schi·cki·mi·cki *der*; (-s, -s); *gesprochen, abwertend* eine Person, die sehr teure und elegante Kleidung trägt, um andere Leute zu beeindrucken

schick·lich ADJEKTIV; *geschrieben* den guten Sitten entsprechend und in einer Situation angemessen | *Damals galt es für Frauen nicht als schicklich, Hosen zu tragen* • hierzu **Schick·lich·keit** *die*

★ **Schick·sal** *das*; (-s, -e) **1** *nur Singular* manche glauben, dass es diese (höhere) Macht gibt, die das Leben der Menschen bestimmt | *Das Schicksal war sehr grausam zu ihr/hat sie hart getroffen* | *Ich wollte immer Schauspieler werden, aber das Schicksal hat es anders entschieden* K Schicksalsfügung, Schicksalstragödie, Schicksalswende **2** die Ereignisse, die entscheidend sind für das Leben oder das Glück einer Person, ohne dass diese Person etwas daran ändern kann ⟨ein schweres, trauriges Schicksal haben; sich mit seinem Schicksal abfinden; sich in sein Schicksal ergeben; mit dem Schicksal hadern; sein Schicksal ertragen, meistern⟩ ≈ *Los* K Schicksalsgefährte, Schicksalsgenosse, Schicksalswende, schicksalsvoll; Emigrantenschicksal, Flüchtlingsschicksal, Lebensschicksal H → auch **Zufall** und **Verhängnis** **3** **eine Person ist jemandes Schicksal** eine Person ist für das Leben einer anderen Person sehr wichtig | *Sie wusste sofort, dass dieser Mann ihr Schicksal war* ■ ID **jemanden seinem Schicksal überlassen** sich nicht mehr für eine Person interessieren (und ihr nicht mehr helfen); **Schicksal spielen** dafür sorgen (oder es versuchen), dass etwas geschieht, das man selbst gerne hätte

S

Schick·sals·schlag *der* ein sehr schlimmes Ereignis, welches das Leben eines Menschen sehr negativ verändert

Schie·be·dach *das* der Teil des Daches (bei manchen Autos), den man öffnen kann

★ **schie·ben** VERB (schob, hat geschoben) **1** **(etwas (irgendwohin) schieben** etwas über den Boden bewegen, indem man mit den Händen oder dem eigenen Körper (von hinten) drückt ↔ *ziehen* | *einen Kinderwagen schieben* | *den Einkaufswagen durch den Supermarkt schieben* | *den Kuchen in den Ofen schieben* | *den Stuhl näher an den Tisch schieben* | *Der Berg war so steil, dass ich absteigen und (das Fahrrad) schieben musste* | *Sie schoben den schweren Schrank zur Seite* K Schiebefenster, Schiebetür **2** **(jemanden (irgendwohin) schieben** jemanden mit der Hand oder der Schulter irgendwohin stoßen oder drängen | *Sie schob die Kinder ins Auto* **3** **(etwas) schieben** illegale Geschäfte machen ⟨Devisen schieben⟩ **4** **etwas irgendwohin schieben** etwas langsam irgendwohin bewegen | *die Hände in die Hosentaschen schieben* | *das Kinn nach vorn schieben* | *Er schob sich einen Kaugummi in den Mund* **5** **etwas auf jemanden/etwas schieben** eine Person/Sache für ein Problem, einen Fehler o. Ä. verantwortlich machen (meist obwohl sie es nicht ist) ⟨die Schuld, die Verantwortung, einen Verdacht auf jemanden schieben⟩ **6** **etwas (weit) von sich** (*Dativ*) **schieben** mit einer Sache nichts zu tun haben wollen (und dies sagen) | *Den Gedanken an eine mögliche Niederlage schob sie weit von sich* | *Er schob den Vorschlag/Vorwurf weit von sich* **7** **etwas schieben** *gesprochen* die genannte Aufgabe ausführen oder Arbeit leisten ⟨Dienst, Posten, Schicht, Überstunden, Wache schieben⟩ **8** **etwas schiebt sich irgendwohin** etwas bewegt sich langsam irgendwohin | *Eine Wolke schob sich vor die Sonne* **9** **jemand schiebt sich irgendwohin** jemand wird bei einem Rennen o. Ä. schneller und kommt in eine bessere Position ⟨sich nach vorn, vor jemanden, auf Platz 2 schieben⟩

Schie·ber *der*; (-s, -) eine Person, die mit verbotenen Waren handelt ≈ *Schwarzhändler* K Schiebergeschäft; Devisenschieber, Waffenschieber • hierzu **Schie·be·rin** *die*

Schie·bung *die*; (-, -en); *meist Singular*; *gesprochen* **1** eine Handlung, durch die eine Person einen ungerechten Vorteil hat ≈ *Manipulation* **2** ein illegales Geschäft

schied *Präteritum, 1. und 3. Person Singular* → scheiden

Schieds·ge·richt *das* **1** ein Gremium, das versucht, eine Lösung für einen internationalen Konflikt zu finden (weil es von den beteiligten Staaten/Gruppen darum gebeten wurde) **2** ≈ *Jury*

Schieds·rich·ter *der* **1** die Person, die darauf achtet, dass die Spieler sich an die Regeln des Sports halten ⟨der Schiedsrichter leitet die Partie, pfeift das Spiel an/ab, verwarnt einen Spieler, stellt einen Spieler vom Platz⟩ K Schiedsrichterentscheidung, Schiedsrichterlehrgang; Eishockeyschiedsrichter, Fußballschiedsrichter, Handballschiedsrichter, Volleyballschiedsrichter **2** ein Richter, der Mitglied eines Schiedsgerichts ist **3** eine Person, eine Institution o. Ä., die bei einem Streit die Entscheidung fällen soll, weil sie neutral ist • hierzu **Schieds·rich·te·rin** *die*

Schieds·spruch *der* die Entscheidung eines Schiedsgerichts

★ **schief** ADJEKTIV **1** nicht gerade, nicht parallel zu einer (gedachten) Linie oder Fläche | *eine schiefe Mauer* | *den Kopf schief halten* | *Er hat eine schiefe Nase* | *Das Bild hängt schief an der Wand* H Was *schief* ist, sollte eigentlich *gerade* sein; *schräg* hat eine sehr ähnliche Bedeutung, ist aber neutral: *Die meisten Häuser haben schräge Dächer, nicht flache* **2** ⟨ein Vergleich, eine Darstellung⟩ so, dass sie die Realität zum Teil oder ganz falsch darstellen ≈ *falsch* | *ein schiefes Bild von etwas haben* ■ ID **jemanden schief ansehen** *gesprochen* sich misstrauisch gegenüber jemandem verhalten

Schie·fer *der*; (-s, -) **1** ein dunkelblaues Gestein mit dünnen, flachen Stücken, mit dem man Dächer deckt [K] Schieferbergbau, Schieferdach, Schieferplatte, Schiefertafel **2** *süddeutsch* Ⓐ ein sehr kleines und spitzes Stück Holz ≈ *Splitter*

schief·ge·hen VERB (ging schief, ist schiefgegangen) **etwas geht schief** *gesprochen* etwas hat nicht das gute Ergebnis, das man erwartet hat | *Die Prüfung ist total schiefgegangen* ■ ID **Das wird schon schiefgehen!** *gesprochen, ironisch* es wird sicher keine Probleme geben

schief·ge·wi·ckelt ADJEKTIV **Da bist du (aber) schiefgewickelt!** *gesprochen* in diesem Fall irrst du dich

schief·la·chen VERB (lachte sich schief, hat sich schiefgelacht) **sich (über jemanden/etwas) schieflachen** *gesprochen* stark, lange und laut lachen

schief·lie·gen VERB (lag schief, hat schiefgelegen) **(mit etwas) schiefliegen** *gesprochen* mit der eigenen Meinung nicht recht haben | *Damit liegst du aber schief!*

schie·len VERB (schielte, hat geschielt) **1** einen Sehfehler haben, bei welchem die Augen von der normalen, parallelen Lage abweichen **2** **irgendwohin schielen** *gesprochen* heimlich versuchen, jemanden/etwas zu sehen ⟨durch das Schlüsselloch schielen; zu jemandem schielen⟩ | *bei der Arbeit immer wieder auf die Uhr schielen* **3** **nach etwas schielen** etwas haben wollen (vor allem etwas, das andere haben) ⟨nach der Macht schielen⟩ **4** **auf jemanden/etwas schielen; nach etwas schielen** bei dem, was man tut, an eine Person/Sache denken, sich mit einer Person, einem Land o. Ä. vergleichen ⟨neidisch auf andere schielen⟩ | *nach Amerika schielen* | *Wenn die Sender nur noch auf die Einschaltquoten schielen, leidet die Qualität des Programms*

schien *Präteritum, 1. und 3. Person Singular* → scheinen

Schien·bein *das* der vordere Knochen des Beines unter dem Knie ⟨jemandem gegen das Schienbein treten; sich (*Dativ*) das Schienbein brechen⟩ [K] Schienbeinbruch, Schienbeinschoner, Schienbeinschützer [H] → Abb. unter **Mensch**

★ **Schie·ne** *die*; (-, -n) **1** Züge und Straßenbahnen fahren auf Schienen aus Stahl | *Die Straßenbahn ist aus den Schienen gesprungen* [K] Schienenbahn, Schienenfahrzeug, Schienennetz, Schienenverkehr, Schienenweg; Eisenbahnschiene, Straßenbahnschiene, Stromschiene **2** eine Vorrichtung, auf der etwas (z. B. ein Wagen, ein Fahrzeug) meist auf Rollen bewegt werden kann | *die Schiene in einer Gardinenstange* [K] Leitschiene, Rillenschiene **3** eine Stütze, die verhindert, dass man z. B. einen gebrochenen Arm bewegt [K] Armschiene, Beinschiene

Schie·nen·er·satz·ver·kehr *der* Busse, die anstelle von Zügen oder Straßenbahnen fahren, wenn die Gleise wegen einer Baustelle oder eines Unfalls blockiert sind [H] Abkürzung: *SEV*

schier ■ ADVERB **1** ⟨etwas ist schier unmöglich⟩ ≈ *beinahe, fast*
■ ADJEKTIV *meist attributiv* **2** nicht mit einem anderen Material vermischt ⟨Silber, Gold⟩ **3** deutlich erkennbar ⟨eine Lüge, Dummheit, Frechheit⟩

Schieß·be·fehl *der* der Befehl (meist bei der Polizei und beim Militär), auf jemanden zu schießen

Schieß·bu·de *die* eine Bude auf dem Jahrmarkt, bei der man auf etwas schießen kann [K] Schießbudenbesitzer

Schieß·ei·sen *das; gesprochen, humorvoll* ein Gewehr oder eine Pistole

★ **schie·ßen** VERB (schoss, hat/ist geschossen)
▸mit einer Waffe: **1** **(mit etwas) (auf jemanden/etwas) schießen** (*hat*) versuchen, jemanden/etwas mit einer Kugel oder einem Pfeil zu treffen ⟨mit einer Pistole, mit einem Gewehr, mit Pfeil und Bogen schießen⟩ | *„Hände hoch, oder ich schieße!"* | *Die Terroristen schossen auf den Präsidenten* [K] Schießsport, Schießübung **2** **jemandem (etwas) irgendwohin schießen** (*hat*) eine Person oder sich selbst mit einer Kugel oder einem Pfeil verletzen | *Der Polizist schoss dem Bankräuber (eine Kugel) ins Bein* **3** **ein Tier schießen** (*hat*) ein Tier durch einen Schuss aus einer Waffe töten | *auf der Jagd ein Reh schießen*
▸mit dem Fuß oder Schläger: **4** **(etwas irgendwohin) schießen** (*hat*) den Ball mit dem Fuß oder mit einem Schläger irgendwohin fliegen lassen | *den Ball ins Tor/ins Aus schießen* | *Schieß doch endlich!* **5** **ein Tor schießen** (*hat*) beim Fußball, Eishockey o. Ä. ins Tor treffen
▸mit einer Kamera: **6** **etwas (von jemandem/etwas) schießen** *gesprochen* (*hat*) ein Foto machen
▸mit hoher Geschwindigkeit: **7** **irgendwohin schießen** *gesprochen* (*ist*) sich mit sehr hoher Geschwindigkeit in eine Richtung bewegen | *Er schoss mit seinem Auto plötzlich um die Kurve* | *Plötzlich kam er in mein Zimmer geschossen* **8** **etwas schießt irgendwohin** (*ist*) etwas fließt mit sehr starkem Druck in die genannte Richtung | *Das Wasser schoss aus dem Rohr* **9** *gesprochen* (*ist*) sehr schnell wachsen | *Ihr Sohn ist in die Höhe geschossen* | *Bei diesem feuchten Wetter schießt der Salat*

Schie·ßen *das*; (-s) eine meist sportliche Veranstaltung, bei der man schießt [K] Bogenschießen, Gefechtsschießen, Preisschießen, Scheibenschießen, Sportschießen, Wettschießen ■ ID **etwas geht aus wie das Hornberger Schießen** etwas bringt trotz vieler Vorbereitungen kein Ergebnis; **jemand/etwas ist zum Schießen** *gesprochen* jemand/etwas ist sehr lustig und komisch | *Die Clowns im Zirkus waren zum Schießen*

Schie·ße·rei *die*; (-, -en) eine Situation, in der zwei oder mehrere Personen aufeinander schießen

Schieß·hund *der* ■ ID **aufpassen wie ein Schießhund** *gesprochen* sich sehr konzentrieren, damit man nichts verpasst

Schieß·pul·ver *das* ein explosives Material aus verschiedenen Substanzen in der Form eines Pulvers ■ ID **Er/Sie hat das Schießpulver (auch) nicht (gerade) erfunden** *gesprochen, humorvoll* er/sie ist nicht sehr intelligent

Schieß·schar·te *die; historisch* eine Lücke in einer Mauer (z. B. bei einer Burg), durch die man auf den Feind schießen konnte

schieß·wü·tig ADJEKTIV; *abwertend* ⟨ein Jäger, ein Polizist, ein Soldat⟩ so, dass sie ohne Grund oder rücksichtslos (und oft) schießen

★ **Schiff** *das*; (-(e)s, -e) **1** ein großes Fahrzeug für das Wasser

S

⟨das Schiff läuft vom Stapel, läuft aus, legt ab/an, liegt im Hafen, liegt vor Anker; ein Schiff entern, kapern, versenken; an Bord eines Schiffes⟩ K Schiff(s)bau, Schiffsbesatzung, Schiffseigentümer, Schiffsflagge, Schiffsfracht, Schiffskapitän, Schiffskoch, Schiffsküche, Schiffsladung, Schiffsname, Schiffsreise, Schiffsverkehr, Schiffswerft; Dampfschiff, Expeditionsschiff, Fährschiff, Forschungsschiff, Frachtschiff, Handelsschiff, Kriegsschiff, Linienschiff, Passagierschiff, Piratenschiff, Rettungsschiff, Schlachtschiff, Segelschiff, Versorgungsschiff, Wikingerschiff **2** ein langer Raum in einer Kirche | *eine Kathedrale mit drei Schiffen* K Kirchenschiff, Hauptschiff, Mittelschiff, Nebenschiff, Seitenschiff

SCHIFF

Schiff·bruch *der* ein Schiff, das sinkt oder sehr stark beschädigt ist, hat Schiffbruch ⟨Schiffbruch erleiden⟩ ■ ID **(mit etwas/bei etwas) Schiffbruch erleiden** (mit etwas/bei etwas) einen Misserfolg haben • hierzu **schiff·brü·chig** ADJEKTIV; **Schiff·brü·chi·ge** *der/die*

Schiff·chen *das*; (-s, -) **1** ein kleines Schiff (als Spielzeug o. Ä.) **2** eine Uniformmütze, welche der Länge nach gefaltet ist

schif·fen VERB (schiffte, hat geschifft); *gesprochen* ⚠ **1** die Blase entleeren **2** **es schifft** es regnet (stark)

Schif·fer *der*; (-s, -) eine Person, die beruflich ein Schiff führt • hierzu **Schif·fe·rin** *die*

Schif·fer·kla·vier *das* ≈ *Akkordeon*

Schiff·fahrt *die*; *meist Singular* der gesamte Verkehr der Schiffe auf dem Wasser K Schifffahrtskanal, Schifffahrtskunde, Schifffahrtslinie, Schifffahrtsweg; Binnenschifffahrt, Handelsschifffahrt, Küstenschifffahrt, Linienschifffahrt, Seeschifffahrt

Schiff·schau·kel *die* eine große Schaukel auf einem Jahrmarkt, die aussieht wie ein Boot

Schiffs·jun·ge *der* ein junger Mann, der auf einem Schiff eine Ausbildung zum Matrosen macht

Schiffs·schrau·be *die* eine Art Propeller hinten am Schiff unter der Wasseroberfläche

Schi·it [ʃi'iːt] *der*; (-en, -en) ein Angehöriger einer islamischen Religion vor allem im Irak und Iran K Schiitenführer H *der Schiit; den, dem, des Schiiten* • hierzu **schi·i·tisch** ADJEKTIV

Schi·ka·ne *die*; (-, -n) **1** eine Handlung, durch die jemand unnötige Arbeit oder Schwierigkeiten bekommt **2** ein schwieriger Teil der Strecke beim Autorennen, in dem man langsamer fahren muss ■ ID **mit allen Schikanen** *gesprochen* mit sehr viel Komfort und Luxus | *ein Auto mit allen Schikanen* • zu (1) **schi·ka·nös** ADJEKTIV

schi·ka·nie·ren VERB (schikanierte, hat schikaniert) **jemanden schikanieren** (vor allem als Vorgesetzter) einer Person unnötige Arbeit geben oder ihr Schwierigkeiten machen | *Der Chef schikaniert die ganze Abteilung*

★ **Schild**[1] *das*; (-(e)s, -er) **1** eine Tafel oder eine Platte, auf der etwas geschrieben oder gezeichnet ist ⟨ein Schild anbringen, aufstellen⟩ K Holzschild, Messingschild, Hinweisschild, Stoppschild, Warnschild, Ortsschild, Straßenschild, Verkehrsschild, Firmenschild, Wirtshausschild, Türschild, Nummernschild, Reklameschild **2** ein kleines Stück Papier an Stoff oder Waren, auf dem der Preis, die Größe o. Ä. steht ≈ *Etikett* | *das Schild von einem neuen Kleid/von einer Flasche entfernen* K Preisschild, Warenschild

★ **Schild**[2] *der*; (-(e)s, -e) **1** *historisch* eine große Platte aus Metall, Holz oder Leder, die (vor allem im Mittelalter) Ritter trugen, um sich vor Pfeilen, Speeren, Stößen o. Ä. zu schützen K Schutzschild **2** eine äußere Hülle aus isolierendem Material, die z. B. vor Hitze oder Radioaktivität schützt ■ ID **etwas (gegen jemanden/etwas) im Schilde führen** etwas heimlich planen (das gegen jemanden gerichtet ist); **jemanden auf den Schild heben** *geschrieben* jemanden zum Anführer machen

Schild·bür·ger|streich *der* eine Maßnahme (oft von einer Behörde o. Ä.), bei der in der Planung etwas Wesentliches nicht überlegt wurde und die sich deswegen als nicht machbar herausstellt

Schild·drü·se *die* ein Organ im vorderen Teil des Halses, das Hormone produziert, die für das Wachstum und für die Entwicklung des Körpers sehr wichtig sind K Schilddrüsenhormon, Schilddrüsenüberfunktion, Schilddrüsenunterfunktion

schil·dern VERB (schilderte, hat geschildert) **1** **(jemandem) etwas schildern** etwas so erzählen, dass sich der Leser oder Zuhörer die Situation oder die Atmosphäre gut vorstellen kann ⟨etwas anschaulich, lebhaft schildern⟩ | *In dem Vortrag schilderte er die Eindrücke einer Islandreise* **2** **jemanden schildern** jemandes Charakter, Eigenschaften, Verhalten o. Ä. genau beschreiben • hierzu **Schil·de·rung** *die*

Schil·der·wald *der* eine verwirrende Menge von Verkehrsschildern (an einer Stelle)

Schild·krö·te *die* ein Tier mit einem harten Panzer, das im Wasser oder auf dem Land lebt und sehr alt werden kann K Schildkrötensuppe; Landschildkröte, Meeresschildkröte, Riesenschildkröte

Schild·patt *das*; (-(e)s) eine harte Platte, die man aus dem Panzer einer Schildkröte gewinnt | *Kämme aus Schildpatt*

Schilf *das*; (-(e)s, -e) **1** *meist Singular* eine Pflanze mit dünnen, langen und starken Stängeln, die ähnlich wie Gras ist und die an nassen Stellen wächst | *Schilf wächst am Ufer eines Sees* K Schilfdach, Schilfgürtel, Schilfmatte, schilfbewachsen **2** *meist Singular* eine Fläche, auf der Schilf wächst ⟨im Schilf⟩

schil·lern VERB (schillerte, hat geschillert) **etwas schillert** etwas glänzt in verschiedenen Farben ⟨ein Kleid, ein Stoff, Seide; ein Käfer, ein Schmetterling; etwas schillert in allen Farben⟩

schil·lernd ■ PARTIZIP PRÄSENS **1** → schillern
■ ADJEKTIV **2** *meist attributiv* ⟨ein Charakter, eine Persönlichkeit⟩ so, dass man ihren wahren Charakter nicht erkennen kann

Schil·ling *der*; (-s, -e); *historisch* die österreichische Währung vor Euro und Cent | *Ein Schilling hatte 100 Groschen*

schilt *Präsens, 3. Person Singular* → schelten

Schi·mä·re *die*; (-, -n); *geschrieben* eine Hoffnung, eine Idee, ein Traum o. Ä., die niemals wahr werden können

Schim·mel *der*; (-s, -) **1** *nur Singular* eine weiche, meist wei-

S

ße oder grüne Schicht aus sehr kleinen Pilzen, die sich z. B. auf Brot und Obst bildet, wenn diese zu lange in feuchter Umgebung waren K Schimmelbelag, Schimmelbildung, Schimmelfleck **2** ein weißes Pferd • zu (1) **schim·me·lig, schimm·lig** ADJEKTIV

Schim·mel·kä·se *der*; (-s, -) ein Käse mit essbarem Schimmel | *Zu essen gibt es Bauernbrot mit Schimmelkäse*

schim·meln VERB (schimmelte, hat/ist geschimmelt) **etwas schimmelt** etwas bekommt Schimmel | *Die Marmelade hat/ist geschimmelt*

Schim·mel·pilz *der* ein Pilz, der eine Schicht Schimmel bildet ⟨etwas ist vom Schimmelpilz befallen⟩

Schim·mer *der*; (-s) **1** der schwache Schein eines Lichts ⟨ein matter, heller Schimmer⟩ | *der sanfte Schimmer des Goldes* | *der Schimmer des Meeres am Abend* K Abendschimmer, Morgenschimmer, Kerzenschimmer, Lichtschimmer, Silberschimmer, Sternenschimmer **2 ein Schimmer** *+Genitiv* sehr wenig von einer Sache | *der Schimmer eines Lächelns* **3 ein Schimmer** *+Substantiv*; **ein Schimmer von etwas** eine geringe Menge einer Sache ⟨ein Schimmer (von) Anstand, Hoffnung⟩ K Hoffnungsschimmer ■ ID **keinen (blassen) Schimmer (von etwas) haben, nicht den geringsten Schimmer (von etwas) haben** *gesprochen* von etwas sehr wenig oder nichts verstehen

schim·mern VERB (schimmerte, hat geschimmert) **etwas schimmert** etwas verbreitet ein schwaches Licht | *schwach schimmerndes Mondlicht*

Schim·pan·se *der*; (-n, -n) ein afrikanischer Menschenaffe mit braunem Fell **H** *der Schimpanse; den, dem, des Schimpansen*

Schimpf *der*; (-(e)s) ■ ID **mit Schimpf und Schande** so, dass der Betroffene gedemütigt und verachtet wird | *jemanden mit Schimpf und Schande verjagen*

★ **schimp·fen** VERB (schimpfte, hat geschimpft) **1 (jemanden) schimpfen** Ärger oder Wut über eine Person oder Sache (sehr laut) und deutlich sagen | *Sie hat Peter geschimpft, weil er seine Hausaufgaben nicht gemacht hat* | *Schimpf doch nicht so viel!* **2 mit jemandem schimpfen** jemanden mit heftigen Worten kritisieren | *Sie schimpft oft mit ihrer Tochter* **3 auf jemanden/etwas schimpfen**; **über jemanden/etwas schimpfen** deutlich und sehr laut sagen, warum man sich ärgert | *auf die rücksichtslose Fahrweise der anderen Autofahrer schimpfen* | *über den Lärm der Nachbarn schimpfen* **4 jemand schimpft sich etwas** *gesprochen, ironisch* jemand bezeichnet sich als etwas (ohne dabei die entsprechende Leistung zu bringen) | *Er schimpft sich Arzt und hat keine Ahnung von Anatomie*

Schimpf·ka·no·na·de *die*; *gesprochen* ein sehr heftiges und lautes Schimpfen ⟨eine Schimpfkanonade loslassen⟩

schimpf·lich ADJEKTIV ⟨eine Tat, ein Verhalten⟩ so, dass sie gegen gutes Benehmen, gegen die Ehre oder die Würde verstoßen

Schimpf·na·me *der* ein beleidigender Name für jemanden

★ **Schimpf·wort** *das*; (-(e)s, Schimpf·wör·ter) ein derbes Wort, mit dem man Ärger oder Verachtung ausdrückt oder jemanden beleidigt ⟨Schimpfwörter gebrauchen⟩

Schin·del *die*; (-, -n) ein dünnes, kleines Brett aus Holz. Mit Schindeln deckt man z. B. ein Dach K Schindeldach

schin·den VERB (schindete, hat geschunden) **1 jemanden schinden** Personen oder Tiere quälen, indem man sie sehr hart arbeiten lässt **2 Zeit schinden** auf unfaire Weise versuchen, Zeit zu gewinnen **3 (bei jemandem) Eindruck schinden** sich mit allen Mitteln bemühen, jemanden zu beeindrucken **4 (bei jemandem) Mitleid schinden** mit allen Mitteln versuchen, in jemandem ein Gefühl des Mitleids zu erwecken **5 sich schinden** sehr hart arbeiten • zu (1) **Schin·der** *der*

Schin·de·rei *die*; (-, -en) ≈ *Qual, Mühsal*

Schind·lu·der *das* ■ ID **mit jemandem/etwas Schindluder treiben** *abwertend* jemanden/etwas sehr schlecht behandeln | *Mit der Gesundheit sollte man nicht Schindluder treiben* (Man sollte nicht zu ungesund leben)

★ **Schin·ken** *der*; (-s, -) **1** geräuchertes, gekochtes oder getrocknetes Fleisch vom Bein eines Schweins ⟨roher, gekochter, geräucherter Schinken; fetter, magerer, saftiger Schinken⟩ K Schinkenbrot, Schinkenbrötchen, Schinkenspeck, Schinkenwurst; Räucherschinken, Schweineschinken **2** *gesprochen, abwertend oder ironisch* ein sehr großes und dickes Buch **3** *gesprochen, abwertend oder ironisch* ein großes Bild von schlechter Qualität K Ölschinken **4** *gesprochen, abwertend oder ironisch* ein langes Theaterstück oder ein langer Film von schlechter Qualität

Schip·pe *die*; (-, -n); *besonders norddeutsch* ≈ *Schaufel* ■ ID **jemanden auf die Schippe nehmen** *gesprochen* mit jemandem einen Spaß machen

schip·pen VERB (schippte, hat geschippt) **(etwas) schippen** ⟨Schnee, Kohlen schippen⟩ ≈ *schaufeln*

schip·pern VERB (schipperte, ist geschippert); *gesprochen* **irgendwohin schippern** eine gemütliche Reise oder Fahrt auf einem Schiff machen

Schi·ri *der*; (-s, -s); *gesprochen* Kurzwort für *Schiedsrichter*

★ **Schirm** *der*; (-(e)s, -e) **1** ein Stück Stoff, das über einen Rahmen gespannt ist und vor Sonne und Regen schützt; man hält den Schirm über den Kopf oder stellt ihn in einen Ständer ⟨den Schirm aufspannen, öffnen, schließen⟩ K Schirmgriff, Schirmhülle; Regenschirm, Sonnenschirm, Damenschirm, Herrenschirm, Gartenschirm **2** der Teil der Lampe (meist aus Stoff oder Kunststoff), der über und seitlich der Glühbirne ist, damit diese nicht blendet K Lampenschirm **3** ein flaches Ding, das vor sehr hellem Licht oder vor starker Hitze schützt K Ofenschirm, Schutzschirm **4** der Teil einer Mütze, der Augen und Stirn (meist gegen die Sonne) schützt K Schirmmütze **5** Kurzwort für *Bildschirm, Radarschirm, Fallschirm* o. Ä. ⟨etwas auf dem Schirm sehen⟩ ■ ID **jemanden/etwas auf dem Schirm haben** mit einer Möglichkeit rechnen oder eine Person/Sache im Blick behalten, beobachten

Schirm·herr *der* eine wichtige Persönlichkeit, die eine Veranstaltung, eine Institution oder eine Aktion unterstützt und dafür Werbung macht • hierzu **Schirm·her·rin** *die*; **Schirm·herr·schaft** *die*

Schirm·stän·der *der* in der Schirmständer stellt man nasse Regenschirme, wenn man ins Haus kommt

Schi·rok·ko *der*; (-s, -s) ein heißer Wind, der von der Wüste Nordafrikas in Richtung Südeuropa weht

Schis·ma *das*; (-s, Schis·men/Schis·ma·ta); *geschrieben* die Teilung einer Gruppe, Institution (meist wegen eines religiösen oder ideologischen Streits) • hierzu **schis·ma·tisch** ADJEKTIV

schiss *Präteritum, 1. und 3. Person Singular* → scheißen

Schiss *der*; *gesprochen* ▲ **Schiss haben** Angst haben

Schis·ser *der*; (-s, -); *gesprochen* ▲, *abwertend* ≈ *Angsthase, Feigling*

Schi·zo·phre·nie [-f-] *die*; () **1** eine psychische Krankheit, bei der jemand eine Spaltung der Persönlichkeit erlebt und die Realität nicht mehr richtig wahrnehmen kann **2** ⟨die Schizophrenie einer Situation, jemandes Verhaltens⟩ ≈ *Absurdität, Widersprüchlichkeit* • hierzu **schi·zo·phren** ADJEKTIV; zu (1) **Schi·zo·phre·ne** *der/die*

schlab·be·rig → schlabbrig

schlab·bern VERB (schlabberte, hat geschlabbert); *gesprochen*

1 **ein Tier schlabbert (etwas)** ein Tier nimmt Wasser o. Ä. mit schnellen Bewegungen der Zunge auf und macht dabei laute Geräusche **2** **etwas schlabbert** ein Kleidungsstück bewegt sich locker hin und her ⟨Röcke, Hosen, Pullover⟩

schlạbb·rig ADJEKTIV; *gesprochen, meist abwertend* sehr weich und locker (und meist nicht sehr ordentlich) ⟨Kleider, Stoffe⟩

★ **Schlạcht** *die*; (-, -en) **1** ein schwerer Kampf zwischen militärischen Einheiten (Truppen) im Krieg ⟨eine blutige, entscheidende Schlacht; eine Schlacht tobt, wütet; eine Schlacht gewinnen, verlieren⟩ | *die Schlacht von Verdun im 1. Weltkrieg* K Schlachtschiff; Luftschlacht, Seeschlacht, Straßenschlacht **2** **eine Schlacht (um etwas)** das Bemühen verschiedener Leute, das Gewünschte zu bekommen | *eine Schlacht um die wenigen Eintrittskarten* | *die Schlacht am kalten Buffet* K Redeschlacht, Wahlschlacht ■ ID **eine Schlacht schlagen** a eine Schlacht im Krieg durchführen oder an einer Schlacht teilnehmen b für ein Ziel kämpfen | *Schlachten für die Gleichberechtigung schlagen*

schlạch·ten VERB (schlachtete, hat geschlachtet) **(ein Tier) schlachten** ein Tier töten, damit dessen Fleisch gegessen werden kann ⟨ein Huhn, ein Kalb, ein Rind, ein Schwein schlachten⟩ K Schlachtmesser, Schlachttag, Schlachttier, Schlachtvieh ● hierzu **Schlạch·tung** *die*

Schlạch·ten·bumm·ler *der*; (-s, -) ein Fan einer Sportmannschaft, der zu den Wettkämpfen dieser Mannschaft in andere Städte fährt

Schlạch·ter *der*; (-s, -); *norddeutsch* ≈ *Fleischer, Metzger* ● hierzu **Schlach·te·rei** *die*

Schlạ̈ch·ter *der*; (-s, -) **1** *norddeutsch* ≈ *Schlachter* **2** *abwertend* eine Person, die viele Menschen grausam getötet hat ● zu (1) **Schläch·te·rei** *die*; **Schlạ̈ch·te·rin** *die*

Schlạcht·feld *das* ein Gelände, auf dem es eine Schlacht gegeben hat ■ ID **Hier sieht es aus wie auf einem Schlachtfeld!** *gesprochen* Hier sieht es sehr unordentlich aus

Schlạcht·hof *der* ein Betrieb (in einer Stadt), in dem sehr viele Schweine und Rinder geschlachtet werden

Schlạcht·plan *der* **einen Schlachtplan aushecken** *gesprochen* sich eine Strategie überlegen, wie man ein Ziel am besten erreicht

schlạcht·reif ADJEKTIV ⟨ein Huhn, ein Kalb⟩ so alt und gut gefüttert, dass man sie schlachten kann

Schlạcht·ruf *der*; *humorvoll* eine Parole, welche die Fans einer Sportmannschaft bei einem Wettkampf rufen (z. B. um ihre Mannschaft zu motivieren)

Schlạ·cke *die*; (-, -n) eine harte Masse, die vom Erz übrig bleibt, wenn das Metall geschmolzen ist

schlạ·ckern VERB (schlackerte, hat geschlackert); *norddeutsch, gesprochen* **mit etwas schlackern** etwas lose hin und her bewegen ⟨mit den Armen, Beinen schlackern⟩ ■ ID **jemandem schlackern die Knie** jemand hat große Angst; **Da schlackerst du mit den Ohren!** Das hast du sicher nicht erwartet

★ **Schlaf** *der*; (-(e)s) **1** der Zustand, in dem ein Mensch oder Tier ruht und schläft ⟨ein leichter, (un)ruhiger, fester, tiefer, traumloser Schlaf; gegen den Schlaf ankämpfen; vom Schlaf übermannt, überwältigt werden; in (tiefen) Schlaf sinken; in tiefem Schlaf liegen; im Schlaf sprechen; aus dem Schlaf erwachen; jemanden in den Schlaf singen, wiegen; jemanden aus dem Schlaf reißen⟩ | *Die Sorgen brachten mich um den Schlaf/raubten mir den Schlaf* (ließen mich nicht schlafen) K Schlafbedürfnis, Schlafentzug, Schlafgewohnheiten, Schlafmangel, Schlaftablette **2** **halb im Schlaf** so, dass man fast schläft K Halbschlaf **3** **einen gesunden/guten/... Schlaf haben** regelmäßig auf die genannte Weise schlafen | *Ich habe einen leichten Schlaf* (Ich wache bei fast jedem Geräusch auf) **4** **keinen Schlaf finden (können)** *geschrieben* (aus Angst, vor Sorgen o. Ä.) nicht (ein)schlafen können **5** **sich** (*Dativ*) **den Schlaf aus den Augen reiben** nach dem Schlafen die Augen reiben ■ ID **den Schlaf des Gerechten schlafen** gut und fest schlafen; **etwas im Schlaf können/beherrschen** etwas so gut können, dass man sich dabei kaum anstrengen oder konzentrieren muss ● zu (1) **schlaf·los** ADJEKTIV; zu (1) **Schlaf·lo·sig·keit** *die*

Schlaf·an·zug *der* ≈ *Pyjama* K Schlafanzughose

Schläf·chen *das*; (-s, -); *gesprochen* ein kurzer Schlaf (meist am Nachmittag) ⟨ein kleines, kurzes Schläfchen machen⟩ ≈ *Nickerchen* K Mittagsschläfchen, Nachmittagsschläfchen

Schlä·fe *die*; (-, -n) **1** die Stelle am Kopf zwischen Ohr und Stirn K Schläfenbereich, Schläfengegend **2** **graue Schläfen bekommen/haben** an den Schläfen (schon) graue Haare bekommen/haben

★ **schla·fen** VERB (schläft, schlief, hat geschlafen) **1** mit geschlossenen Augen ausruhen und die Umwelt nicht mehr bemerken ⟨gut, schlecht, fest, tief, (un)ruhig schlafen⟩ **2** **schlafen gehen; sich schlafen legen** sich zum Schlafen in ein Bett legen ⟨früh/zeitig, spät schlafen gehen⟩ **3** **irgendwo schlafen** irgendwo über Nacht bleiben ⟨im Hotel, bei Freunden schlafen⟩ ≈ *übernachten* **4** nicht konzentriert und nicht aufmerksam sein ⟨im Unterricht schlafen⟩ ↔ *aufpassen* | *Letzten Monat wäre das Heizöl billig gewesen, aber da habe ich geschlafen* **5** **mit jemandem schlafen** mit jemandem Sex haben **6** **sich gesund schlafen** viel schlafen und so wieder gesund werden ● zu (2) **Schla·fen·ge·hen** *das*

Schla·fens·zeit *die* **Es/Jetzt ist Schlafenszeit** (jetzt) ist es Zeit, schlafen zu gehen

Schlä·fer *der*; (-s, -) **1** eine Person, die gerade oder auf bestimmte Weise schläft ⟨ein unruhiger Schläfer; die Schläfer aufwecken, stören⟩ | *Meine Kinder sind schlechte Schläfer* (sie schlafen zu wenig und schlafen schlecht ein) **2** ein Terrorist, der ein unauffälliges Leben führt und auf seinen Einsatz wartet

schlạff (schlaffer, schlaffst-) **1** locker nach unten hängend, nicht gespannt ⟨ein Seil⟩ ↔ *straff* **2** so locker, dass es ungesund oder alt aussieht ⟨Haut⟩ ↔ *straff* **3** ohne Kraft ⟨ein Händedruck; sich schlaff fühlen⟩ **4** ohne feste und klare Prinzipien ⟨eine Moral⟩ **5** *gesprochen, abwertend* langweilig, ohne Temperament ⟨eine Person⟩

Schlạf·fi *der*; (-s, -s); *gesprochen, abwertend* eine Person mit wenig Energie und Einsatzbereitschaft

Schlaf·ge·le·gen·heit *die* ein Platz (meist ein Bett oder eine Couch) zum Schlafen

Schla·fịtt·chen *das* ■ ID **jemanden am/beim Schlafittchen packen/kriegen/nehmen** eine Person fassen und festhalten, meist um sie zu schimpfen

Schlaf·krank·heit *die*; *nur Singular* eine tropische Krankheit, bei der man Fieber hat und sehr müde ist. Die Schlafkrankheit wird durch die Tsetse-Fliege übertragen

Schlaf·lied *das* ein Lied, das man einem kleinen Kind (am Bett) vorsingt, damit es einschläft

Schlaf·mit·tel *das* **1** ein Medikament, das man nimmt, um gut zu schlafen **2** *gesprochen* etwas sehr Langweiliges (z. B. eine lange Rede)

Schlaf·müt·ze *die*; *gesprochen* **1** *humorvoll* eine Person, die gern schläft **2** *abwertend* eine Person, die kein Temperament hat, langweilig ist und träge reagiert ● zu (2) **schlaf·müt·zig** ADJEKTIV

schläf·rig ADJEKTIV **1** so müde, dass man einschlafen könnte ⟨schläfrig werden⟩ | *Der Wein hat mich schläfrig gemacht*

2 ⟨jemanden mit schläfrigen Augen ansehen; mit schläfriger Stimme sprechen⟩ so, dass eine Person den Eindruck macht, dass sie sehr müde ist • hierzu **Schläf·rig·keit** *die*

Schlaf·rock *der; veraltend* ≈ *Morgenmantel*

Schlaf·saal *der* ein großer Raum mit vielen Betten (z. B. in einem Internat oder einer Jugendherberge)

Schlaf·sack *der* eine dicke, weiche Hülle, in der man beim Camping schläft

schläft *Präsens, 3. Person Singular* → schlafen

schlaf·trun·ken ADJEKTIV; *geschrieben* noch nicht richtig wach ⟨jemanden schlaftrunken ansehen⟩ • hierzu **Schlaf·trun·ken·heit** *die*

Schlaf·wa·gen *der* ein Eisenbahnwagen mit Betten

schlaf·wan·deln VERB (schlafwandelte, hat/ist schlafgewandelt) im Schlaf aufstehen und umhergehen und verschiedene Dinge tun (ohne sich später daran erinnern zu können) • hierzu **Schlaf·wand·ler** *der;* **Schlaf·wand·le·rin** *die*

schlaf·wand·le·risch ADJEKTIV **mit schlafwandlerischer Sicherheit** mit absoluter Sicherheit, ohne jegliche Unsicherheit | *Der Artist bewegte sich mit schlafwandlerischer Sicherheit auf dem Seil*

★ **Schlaf·zim·mer** *das* das Zimmer (in einem Haus oder einer Wohnung), in dem man schläft K Schlafzimmereinrichtung, Schlafzimmerlampe, Schlafzimmerkommode, Schlafzimmerschrank; Elternschlafzimmer, Kinderschlafzimmer

★ **Schlag** *der;* (-(e)s, Schlä·ge) **1** eine schnelle, heftige Berührung mit der Hand oder mit einem Gegenstand ⟨ein leichter, heftiger Schlag; zu einem Schlag ausholen; jemandem (mit einem Stock, mit der Faust) einen Schlag (ins Gesicht, in den Magen) versetzen; einen Schlag abwehren, parieren⟩ K Faustschlag, Handkantenschlag → auch **Stoß** und **Tritt** **2** *nur Plural* Schläge, die jemand in einem Kampf oder zur Strafe bekommt ⟨jemandem Schläge androhen; Schläge bekommen⟩ ≈ *Prügel* **3** ein hartes, dumpfes Geräusch, das durch einen Schlag oder einen heftigen Aufprall hervorgerufen wird ⟨ein dumpfer Schlag⟩ **4** eine kurze Bewegung in einer Reihe einzelner meist rhythmischer Stöße (die mit einem Geräusch verbunden sind) | *die Schläge der Ruderer | die gleichmäßigen Schläge des Herzens* K Herzschlag, Pendelschlag, Pulsschlag, Ruderschlag, Wellenschlag **5** der Stoß, den der Körper bekommt, wenn elektrischer Strom durch ihn fließt ⟨einen leichten, tödlichen Schlag bekommen⟩ K Blitzschlag, Stromschlag **6** ein großes persönliches Unglück, das jemanden (plötzlich) trifft | *Der Tod seiner Frau war ein harter Schlag für ihn* K Schicksalsschlag **7** ein akustisches Signal, mit dem eine Uhr die Uhrzeiten (z. B. die volle Stunde) angibt | *der Schlag der alten Standuhr* K Glockenschlag **8** **Schlag** *+Zeitangabe gesprochen nur Singular* genau zu der genannten Zeit | *Er kam Schlag zwölf (Uhr)* **9** *gesprochen* Kurzwort für *Schlaganfall* ⟨einen Schlag erleiden; jemanden hat der Schlag getroffen⟩ **10** **ein Schlag** *+Substantiv gesprochen* eine Portion einer Speise, die in einen großen Schöpflöffel passt ⟨ein Schlag Suppe, Püree, Kartoffelsalat⟩ **11** *nur Singular* eine Gruppe von Menschen (oft in einer relativ kleinen Region), die einige Merkmale gemeinsam haben ⟨jemand ist vom selben Schlag; jemand ist ein ganz anderer Schlag⟩ | *Die Bayern sind ein eigener Schlag* K Menschenschlag **12** *nur Singular* der Gesang der Nachtigall **13** *veraltet* die Tür eines Autos oder einer Kutsche ⟨den Schlag öffnen⟩

■ **ID** ▸in kurzer Zeit, plötzlich: **Schlag auf Schlag** so, dass sehr viel innerhalb einer kurzen Zeit passiert | *Dann ging es Schlag auf Schlag;* **auf 'einen Schlag, mit einem Schlag** *gesprochen* **a** plötzlich **b** alles auf einmal | *die ganze Pizza auf einen Schlag essen;*
▸Beleidigung, Enttäuschung: **etwas ist (für jemanden) ein Schlag ins Gesicht** etwas ist eine schwere Beleidigung (für jemanden); **ein Schlag unter die Gürtellinie** eine sehr ungerechte Handlung, eine Gemeinheit; **Er/Sie hat einen Schlag** *gesprochen* Er/Sie ist verrückt; **etwas ist ein Schlag ins Wasser** etwas hat ein enttäuschendes Ergebnis, ist ein Misserfolg;
▸andere Verwendungen: **Mich trifft der Schlag!** *gesprochen* verwendet als Ausdruck großer (oft unangenehmer) Überraschung; **Er/Sie tut keinen Schlag** *gesprochen* Er/Sie tut überhaupt nichts, ist sehr faul

Schlag·ab·tausch *der;* (-(e)s) eine heftige Diskussion, ein Streit mit Worten | *ein offener Schlagabtausch* (eine heftige Debatte) | *ein Schlagabtausch zwischen Regierung und Opposition*

Schlag·ader *die* eine Ader, in welcher das Blut vom Herzen zu einem Organ fließt ≈ *Arterie* K Halsschlagader, Hauptschlagader

Schlag·an·fall *der* eine Störung der Tätigkeit des Gehirns (meist weil es zu wenig Blut bekommt), die Lähmungen von Körperteilen zur Folge haben kann ⟨einen Schlaganfall bekommen, erleiden, haben⟩ ≈ *Gehirnschlag*

schlag·ar·tig ADJEKTIV *meist attributiv* sehr schnell, ganz plötzlich | *eine schlagartige Wetterbesserung | Als er eintrat, verstummte schlagartig das Gespräch*

Schlag·baum *der* eine Schranke (vor allem an einer Grenze) ⟨den Schlagbaum öffnen, herunterlassen⟩

Schlag·boh·rer *der* eine elektrische Bohrmaschine, bei welcher der Bohrer sich schnell dreht und sich gleichzeitig vor- und zurückbewegt

★ **schla·gen** VERB (schlägt, schlug, hat/ist geschlagen)
▸mit Gewalt: **1** **jemanden (irgendwohin) schlagen; jemandem (etwas) irgendwohin schlagen** *(hat)* eine Person mit der Hand oder mit einem Gegenstand (mehrmals) kräftig treffen, um ihr wehzutun ⟨jemanden k.o., bewusstlos, blutig, krankenhausreif schlagen⟩ | *jemanden mit einem Stock schlagen | jemanden/jemandem ins Gesicht/auf die Finger/auf die Schulter schlagen | jemandem (die Faust) ins Gesicht schlagen | Bitte nicht schlagen!* **2** **um sich schlagen** *(hat)* mit der Hand verzweifelt in verschiedene Richtungen stoßen, ohne darauf zu achten, wen oder was man trifft **3** **eine Person schlägt sich mit jemandem; Personen schlagen sich** *(hat)* zwei Personen kämpfen mit Fäusten gegeneinander ≈ *sich prügeln | Die beiden haben sich auf dem Schulhof geschlagen* **4** **jemandem etwas aus der Hand schlagen** *(hat)* mit der eigenen Hand so fest gegen die Hand einer anderen Person stoßen, dass sie den genannten Gegenstand fallen lässt | *jemandem den Ball aus der Hand schlagen* **5** **etwas irgendwie schlagen** *(hat)* etwas durch kräftige Stöße absichtlich beschädigen oder zerstören ⟨etwas kaputt, kurz und klein, zu Kleinholz schlagen⟩ **6** **ein Vogel schlägt ein Tier** *(hat)* ein Vogel tötet ein Tier | *Der Adler hat einen Hasen geschlagen*
▸mit Kraft: **7** **(etwas) irgendwohin schlagen** *(hat)* etwas mit der Hand oder einem Gegenstand mit Kraft treffen (und so irgendwohin treiben, entfernen oder entstehen lassen) | *mit der flachen Hand auf den Tisch schlagen | mit der Faust gegen die Tür schlagen | einen Nagel in die Wand schlagen | einen Pfahl in den Boden schlagen | die Äpfel vom Baum schlagen | mit dem Pickel ein Loch ins Eis schlagen*
▸mit Schwung: **8** **(mit etwas) irgendwohin schlagen** *(ist)* mit einem Körperteil kräftig gegen etwas stoßen | *Er stolperte und schlug mit dem Kopf gegen den Schrank | entsetzt die Hände vors Gesicht schlagen* **9** **ein Ei irgendwohin schlagen** *(hat)* ein Ei gegen etwas stoßen, um die Schale zu öffnen und den Inhalt in eine Pfanne, eine Schüssel

o. Ä. zu geben | *Ich schlage mir schnell ein paar Eier in die Pfanne* (Ich brate mir ein paar Spiegeleier) **10** **etwas schlagen** (*hat*) eine flüssige Masse kräftig rühren, damit sie fest wird ‹Eiweiß (schaumig, steif) schlagen; Sahne (steif) schlagen› **11** **etwas schlägt (irgendwohin)** (*hat*) etwas trifft mit Schwung (wiederholt) gegen etwas (und erzeugt ein Geräusch) | *Der Fensterladen schlug im Wind* | *Der Regen schlägt gegen die Scheibe* **12** **ein Vogel schlägt mit den Flügeln** (*hat*) ein Vogel macht schnelle, kräftige Bewegungen mit den Flügeln **13** **Flammen schlagen irgendwoher** (*hat/ist*) Flammen dringen von innen nach außen | *Flammen schlugen aus den Fenstern*

▸rhythmisch: **14** **etwas schlagen** (*hat*) mit der Hand oder mit einem Stock rhythmisch auf eine Pauke, Trommel o. Ä. schlagen und so Töne erzeugen **15** **den Takt schlagen** (*hat*) mit der Hand oder mit einem Stab den Takt angeben **16** **das Herz/der Puls schlägt** (*hat*) das Herz pumpt rhythmisch Blut durch den Körper

▸Ton, Laut: **17** **eine Uhr schlägt** (*+Uhrzeit*) (*hat*) eine Uhr zeigt durch Töne die volle Stunde an | *Die Turmuhr schlug (zwölf/Mitternacht)* **18** **ein Vogel schlägt** (*hat*) ein Fink oder eine Nachtigall geben die Laute von sich, die für ihre Arten typisch sind

▸besiegen: **19** **jemanden/eine Mannschaft schlagen** (*hat*) in einem Wettkampf gegen jemanden/eine Mannschaft o. Ä. gewinnen | *seinen Konkurrenten vernichtend schlagen* | *Inter Mailand schlug Bayern München 3 : 1* **20** **sich geschlagen geben** (*hat*) aufhören zu kämpfen, weil man nicht mehr gewinnen kann

▸sonstige Verwendungen: **21** **etwas schlagen** (*hat*) Bäume oberhalb der Wurzel absägen oder mit einer Axt abschlagen ‹einen Baum, Holz, einen Wald schlagen› ≈ *fällen* **22** **etwas schlägt Wurzeln** (*hat*) eine Pflanze bekommt Wurzeln (und wächst im Boden fest) **23** **etwas schlägt sich** (*Dativ*) **jemandem auf etwas** (*Akkusativ*) (*ist*) etwas hat eine negative Wirkung auf ein Organ | *Der ganze Ärger hat sich mir auf den Magen geschlagen* **24** **etwas in/um etwas** (*Akkusativ*) **schlagen** (*hat/ist*) etwas in/um etwas wickeln | *den Spargel in ein feuchtes Tuch schlagen, damit er frisch bleibt* | *Er schlug dem frierenden Kind eine Decke um die Schultern* **25** **eine Person schlägt nach jemandem** (*ist*) eine Person wird (im Wesen) einer anderen Person sehr ähnlich | *Er schlägt ganz nach dem Vater* **26** **ein Bein über das andere schlagen** (*hat*) im Sitzen oder Liegen ein Bein über das andere legen **27** **etwas zu etwas schlagen; etwas auf etwas** (*Akkusativ*) **schlagen** (*hat*) eine Summe Geld zu einer bereits vorhandenen Summe rechnen | *die Unkosten auf den Preis schlagen* **28** **sich irgendwie schlagen** (*hat*) (z. B. in einem Wettkampf oder einer Prüfung) die genannte Leistung bringen ‹sich ordentlich, tapfer, wacker schlagen› **29** **sich irgendwohin schlagen** (*hat*) vom Weg abbiegen (und irgendwo verschwinden) | *Er schlug sich seitwärts in die Büsche*

schla·gend ■ PARTIZIP PRÄSENS **1** → schlagen ■ ADJEKTIV **2** ‹ein Argument, ein Beweis› so klar und logisch, dass sie eindeutig richtig sind

Schla·ger *der*; (-s, -) **1** ein Lied mit einer einfachen Melodie und einem einfachen Text, das (oft nur für kurze Zeit) sehr bekannt und beliebt ist ≈ *Hit* **K** Schlagerfestival, Schlagerkomponist, Schlagermusik, Schlagersänger, Schlagerstar, Schlagertext, Schlagerwettbewerb **2** ein meist neues Produkt o. Ä., von dem (eine Zeit lang) sehr viel verkauft wird

★ **Schlä·ger** *der*; (-s, -) **1** ein Sportgerät, mit dem man z. B. beim Tennis den Ball schlägt **K** Badmintonschläger, Eishockeyschläger, Federballschläger, Tennisschläger, Tischtennisschläger **2** *abwertend* ein brutaler Mensch, der sich oft mit anderen Menschen prügelt **K** Schlägerbande, Schlägertruppe, Schlägertyp ● zu (2) **Schlä·ge·rin** *die*

Schlä·ge·rei *die*; (-, -en) ein Streit, bei dem sich mehrere Leute prügeln

schlag·fer·tig ADJEKTIV **1** fähig, schnell und mit passenden (meist witzigen) Worten zu antworten ‹ein Mensch› **2** treffend und witzig ‹eine Antwort; schlagfertig antworten, reagieren, parieren› ● zu (1) **Schlag·fer·tig·keit** *die*

Schlag·in·stru·ment *das* ein Musikinstrument, mit dem man durch Schlagen oder Klopfen Töne erzeugt | *Die Pauke und die Trommel sind Schlaginstrumente*

SCHLAGINSTRUMENTE

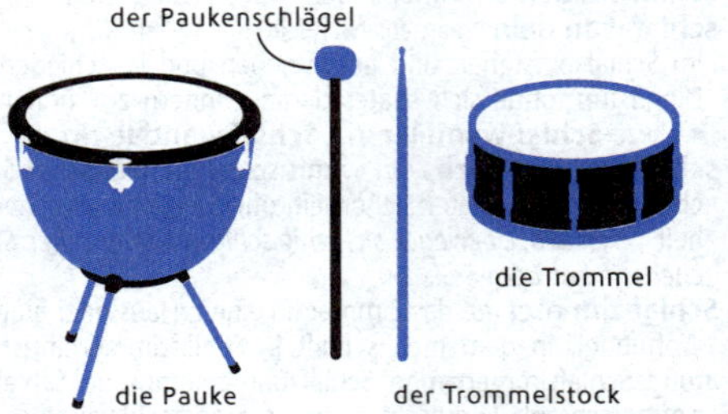

Schlag·kraft *die*; *nur Singular* **1** die Fähigkeit, eine überzeugende Wirkung zu haben ‹die Schlagkraft eines Arguments› **2** die Stärke, mit der man kämpfen kann ‹die militärische Schlagkraft› ≈ *Kampfkraft, Kampfstärke* ● hierzu **schlag·kräf·tig** ADJEKTIV

Schlag·licht *das* **etwas wirft ein Schlaglicht auf jemanden/etwas** etwas zeigt deutlich, wie jemand/etwas ist | *Diese Bemerkung wirft ein Schlaglicht auf seinen Charakter* ● hierzu **schlag·licht|ar·tig** ADJEKTIV

Schlag·loch *das* ein ziemlich großes Loch in der Straße

Schlag·obers *das*; (-); Ⓐ ≈ *Schlagsahne*

Schlag·rahm *der*; *besonders süddeutsch* ≈ *Schlagsahne*

Schlag·ring *der* eine verbotene Waffe, welche die Fingerknöchel für Schläge mit der Faust durch Metall verstärkt

Schlag·sah·ne *die* **1** flüssige Sahne, die man zu einer weichen schaumigen Masse schlägt **2** die (gesüßte) weiche Masse, die man aus Schlagsahne geschlagen hat | *Obstkuchen mit Schlagsahne*

Schlag·sei·te *die*; *nur Singular* die schräge Lage eines Schiffes, das einen Schaden hat ‹ein Schiff hat schwere, starke Schlagseite› ■ ID **Schlagseite haben** *gesprochen, humorvoll* nicht mehr geradeaus gehen können, weil man zu viel getrunken hat

Schlag·stock *der* ein kurzer Stock aus hartem Gummi (den Polizisten als Waffe verwenden)

schlägt *Präsens, 3. Person Singular* → schlagen

Schlag·wort *das*; (-(e)s, Schlag·wör·ter/Schlag·wor·te) **1** ein Begriff oder Spruch, der ein politisches Ziel formuliert | *„Freiheit, Gleichheit, Brüderlichkeit!" waren die Schlagworte der Französischen Revolution* **2** *meist abwertend* ein meist politischer Begriff, der oft so ungenau gebraucht wird, dass die ursprüngliche Bedeutung verloren gegangen ist **3** ein Wort (in Katalogen von Bibliotheken), welches den Inhalt eines Buches oder mehrerer Bücher beschreibt **K** Schlagwortkatalog, Schlagwortverzeichnis

★ **Schlag·zei·le** *die* **1** die Überschrift (in großen Buchstaben) in einer Zeitung über dem Text **2** **jemand/etwas macht Schlagzeilen; jemand/etwas sorgt für Schlagzeilen** eine Person oder Sache ist so wichtig, dass die Presse viel darüber berichtet

Schlag·zeug *das;* (-s, -e) die Schlaginstrumente (wie z. B. Trommeln und Becken), die von einem Musiker in einer Band oder in einem Orchester gespielt werden ⟨Schlagzeug spielen⟩ ● hierzu **Schlag·zeu·ger** *der*

schlak·sig, schlạk·sig ADJEKTIV groß und schlank und dabei ein bisschen ungeschickt wirkend ⟨ein Bursche⟩

Schla·mạs·sel *der;* (-); *gesprochen* eine ärgerliche, schwierige Lage ⟨im Schlamassel sitzen/stecken⟩ | *Da haben wir den Schlamassel!* **H** in Süddeutschland und Österreich auch *das Schlamassel*

Schlạmm *der;* (-(e)s) eine feuchte Masse meist aus Wasser und Erde ⟨im Schlamm waten, stecken bleiben⟩ | *den Schlamm auf dem Boden des Sees aufwühlen* ● hierzu **schlạm·mig** ADJEKTIV

Schlạmm·schlacht *die* ein Streit, bei dem sich Personen in der Öffentlichkeit gegenseitig beleidigen

Schlạm·pe *die;* (-, -n); *gesprochen, abwertend* **1** verwendet als Schimpfwort für eine unordentliche Frau **2** verwendet als Schimpfwort für eine Frau, die sexuelle Beziehungen zu mehreren Männern hat

schlạm·pen VERB (schlampte, hat geschlampt); *abwertend* oberflächlich und ungenau arbeiten | *bei den Hausaufgaben schlampen* ● hierzu **Schlạm·per** *der;* **Schlạm·pe·rin** *die*

Schlam·pe·rei *die;* (-, -en); *abwertend* eine Art zu arbeiten, bei der vieles vergessen oder übersehen wird und viele Fehler passieren

schlạm·pig ADJEKTIV; *gesprochen, abwertend* **1** unordentlich oder schmutzig ⟨schlampig angezogen, gekleidet sein; schlampig aussehen, herumlaufen; eine Wohnung⟩ **2** ohne Sorgfalt (gemacht) ⟨eine Arbeit, eine Reparatur; schlampig arbeiten⟩ ≈ *nachlässig* ● hierzu **Schlạm·pig·keit** *die*

schlạng *Präteritum, 1. und 3. Person Singular* → schlingen

★ **Schlạn·ge** *die;* (-, -n) **1** Schlangen haben einen langen, schmalen Körper ohne Beine und eine Zunge, die vorne gespalten ist. Viele Schlangen sind giftig ⟨die Schlange schlängelt sich, windet sich durch das Gras, züngelt, zischt⟩ | *Die Schlange gilt oft als Verkörperung des Bösen* **K** Schlangenbiss, Schlangenei, Schlangengift, Schlangenhaut, Schlangenleder; Giftschlange **2** *abwertend* eine Person, die so tut, als sei sie freundlich, die aber böse Absichten hat **3** eine Reihe von Menschen, die dicht hintereinanderstehen und auf etwas warten | *An der Kasse bildete sich eine lange Schlange* **K** Warteschlange **4** eine lange Reihe von Autos **K** Autoschlange **5** **Schlange stehen** in einer langen Reihe stehen und warten, bis man an der Reihe ist | *vor der Kinokasse Schlange stehen* ■ **ID eine Schlange am Busen nähren** *geschrieben* einer Person vertrauen, die später dafür sorgt, dass man einen Nachteil oder Schaden hat

schlän·geln VERB (schlängelte sich, hat sich geschlängelt) **1** **eine Schlange** *o. Ä.* **schlängelt sich irgendwohin** eine Schlange o. Ä. gleitet in Bögen am Boden entlang **2** **etwas schlängelt sich (irgendwohin)** etwas hat viele enge Kurven | *Der Pfad schlängelt sich durch den Dschungel* **3** **sich irgendwohin schlängeln** sich zwischen Menschen oder Gegenständen, die sehr dicht nebeneinanderstehen, geschickt (und ohne anzustoßen) hindurchbewegen | *Er schlängelte sich durch die Menschenmenge nach vorn*

Schlạn·gen·li·nie *die* eine Linie mit vielen Kurven ⟨etwas verläuft in Schlangenlinien⟩ | *Der betrunkene Autofahrer fuhr in Schlangenlinien*

★ **schlạnk** ADJEKTIV (schlanker, schlankst-) mit einer schmalen Figur und schönen Proportionen ↔ *dick, fett* | *Sie will jetzt weniger essen, damit sie schlanker wird* **H** *Schlank* zu sein ist positiv, *dünn* und *mager* nicht ● hierzu **Schlạnk·heit** *die*

Schlạnk·heits·kur *die* eine Fastenkur, durch die man schlank(er) wird oder werden soll

Schlạnk·heits·mit·tel *das* ein Medikament, das man nimmt, um Gewicht zu verlieren

schlạnk·weg ADVERB **etwas schlankweg behaupten/ablehnen** etwas behaupten/ablehnen, ohne zu zögern

schlạpp ADJEKTIV (schlapper, schlappst-) **1** ohne Kraft und Energie, erschöpft ⟨sich schlapp fühlen⟩ **2** *gesprochen, abwertend* ohne Temperament, langweilig ⟨ein Kerl⟩ **3** locker (hängend), nicht gespannt ⟨ein Seil⟩

Schlạp·pe *die;* (-, -n); *gesprochen* ⟨eine schwere Schlappe erleiden, einstecken müssen⟩ ≈ *Niederlage, Misserfolg*

Schlạp·pen *der;* (-s, -); *gesprochen* ein weicher und bequemer Hausschuh oder Pantoffel **K** der Badeschlappen

Schlạpp·hut *der* ein Hut aus weichem Material (mit einer breiten, nach unten hängenden Krempe)

schlạpp·ma·chen VERB (machte schlapp, hat schlappgemacht); *gesprochen* bei einer Tätigkeit nicht mehr weitermachen, weil man keine Kraft mehr hat | *Schon nach zwei Kilometern machte er schlapp*

Schlạpp·schwanz *der; gesprochen, abwertend* ein Mann ohne Energie und Durchsetzungsvermögen

Schla·rạf·fen·land *das* **wie im Schlaraffenland** von Reichtum und Luxus umgeben, für die man nicht arbeiten muss ⟨wie im Schlaraffenland leben⟩

★ **schlau** ADJEKTIV (schlauer, schlaust-) **1** mit dem Wissen, mit welchen Methoden oder Tricks man das erreicht, was man will ⟨ein Bursche; schlau wie ein Fuchs⟩ ≈ *listig* **2** **aus jemandem/etwas nicht schlau werden** *gesprochen* eine Person oder Situation nicht verstehen ● zu (1) **Schlau·heit** *die;* zu (1) **schlau·er·wei·se** ADVERB

Schlau·ber·ger *der;* (-s, -); *gesprochen, humorvoll* eine Person, die schlau ist

★ **Schlauch** *der;* (-(e)s, Schläuche) **1** eine Röhre aus Gummi oder Kunststoff, die man leicht biegen kann und durch die man Flüssigkeiten oder Gas leitet | *der Schlauch am Wasserhahn* | *Die Feuerwehr rollte die Schläuche aus* **K** Gartenschlauch, Wasserschlauch **2** ein runder Schlauch aus Gummi (in einem Auto- oder Fahrradreifen), der mit Luft gefüllt ist ⟨einen Schlauch aufpumpen, flicken⟩ **K** Schlauchreifen **3** ein Beutel aus Leder oder Plastik für Flüssigkeiten **K** Wasserschlauch, Weinschlauch ■ **ID etwas ist ein Schlauch** *gesprochen* etwas dauert sehr lange und ist anstrengend | *Die Prüfung war ein richtiger Schlauch;* **auf dem Schlauch stehen** *gesprochen, abwertend oder humorvoll* etwas nicht sofort verstehen ● zu (2) **schlauch·los** ADJEKTIV

Schlauch·boot *das* ein Boot aus Gummi oder Kunststoff, das mit Luft gefüllt ist

schlau·chen VERB (schlauchte, hat geschlaucht) **etwas schlaucht (jemanden)** *gesprochen* etwas ist (körperlich) sehr anstrengend | *Die lange Wanderung in den Bergen hat mich ziemlich geschlaucht*

Schläue *die;* (-) die Eigenschaft, schlau zu sein

Schlau·fe *die;* (-, -n) **1** ein (schmales) Band (meist aus Stoff oder Leder) in Form eines Rings, an dem man sich festhalten oder mit dem man etwas tragen kann | *die Schlaufe an einem Skistock* | *sich in der Straßenbahn an einer Schlaufe festhalten* **K** Lederschlaufe **2** ein (schmales) Band aus Stoff oder ein dicker Faden, die an einem Rock oder an einer Hose angenäht sind und den Gürtel halten **K** Gürtelschlaufe

Schlau·mei·er *der;* (-s, -); *gesprochen, humorvoll* ≈ *Schlauberger*

Schla·wi·ner *der;* (-s, -); *süddeutsch, gesprochen, abwertend oder humorvoll* eine Person, die raffiniert ist und oft unfaire Tricks anwendet

S

★ **schlecht** ADJEKTIV (schlechter, schlechtest-)
▸Leistung, Qualität: **1** mit Mängeln, von oder mit geringer Qualität oder Leistung ↔ *gut* | *Die Straße ist in sehr schlechtem Zustand* | *Ich höre schlecht* | *Ich habe schlechte Ohren* | *Sie hat sehr schlecht geschlafen* | *Er ist ein schlechter Tänzer* **2** so, dass eine Person ihre Aufgaben nicht gut erledigt (weil sie zu wenig weiß o. Ä.) ⟨Eltern; ein Schüler, ein Student, ein Anwalt, ein Arzt, ein Lehrer⟩ **3** nicht so, wie man es sich wünschen würde, wie es einem gefallen würde ↔ *gut* | *Ich habe schlechte Nachrichten für dich* | *Das Hotel macht einen schlechten Eindruck* | *Für mich ist Regen kein schlechtes Wetter, ich hab das gern* | *Das schmeckt gar nicht mal so schlecht wie es aussieht* **4** so, dass jemand mit einer Sache wenig Geld verdient | *ein schlecht bezahlter Job* | *Das war ein schlechtes Geschäft für mich* | *Das Restaurant läuft schlecht* (es kommen wenig Gäste und es gibt nur geringe Einnahmen) **5** mit weniger Ertrag oder Erfolg als normal ⟨eine Ernte, ein Jahr⟩ ↔ *gut* **6** **etwas ist/wird schlecht** etwas ist/wird ungenießbar, weil es schon zu alt ist ⟨das Fleisch, die Wurst, die Milch⟩
▸Moral: **7** so, dass jemand Unrecht tut und anderen Menschen absichtlich schadet ⟨ein Mensch, eine Tat; jemanden schlecht behandeln; schlecht über jemanden reden⟩ ≈ *böse* ↔ *gut* **8** so, dass jemand nicht so handelt, wie es der Bezeichnung entsprechen würde ⟨ein Freund, ein Christ, ein Demokrat⟩ ↔ *gut* | *Er ist ein schlechter Freund, wenn er dich so behandelt!* (Er ist kein richtiger Freund) **9** nicht so, wie es in einer Gesellschaft üblich ist oder erwartet wird ⟨ein Benehmen, Manieren, Umgangsformen⟩ ↔ *gut*
▸Situation, Gesundheit: **10** **schlecht (für jemanden/etwas)** so, dass es jemandem/etwas schadet, nicht geeignet oder passend ist ≈ *ungünstig* ↔ *gut* | *Er hat einen schlechten Augenblick gewählt, um mit seinem Chef über eine Gehaltserhöhung zu sprechen* | *Das feuchte Klima ist schlecht für die Gesundheit* **11** *nur adverbiell* nur mit großer Mühe, nicht ohne Probleme ↔ *gut, leicht* | *Ich kann mir Namen so schlecht merken* | *Sie kam schlecht in das Kleid rein* (Sie konnte das knappe Kleid nur mit Mühe anziehen) | *Ich kann hier schlecht weg* (Ich habe hier viel zu tun, werde hier gebraucht) **12** **jemandem geht es schlecht** jemand ist krank oder fühlt sich seelisch nicht wohl | *Nach der Trennung von seiner Freundin ist es ihm lange Zeit ziemlich schlecht gegangen* **13** **jemandem geht es schlecht** jemand hat kein Geld und nichts zu essen **14** **es steht schlecht um jemanden/etwas** jemand/etwas hat (meist finanzielle) Probleme | *Es steht schlecht um seine Firma* **15** **jemandem ist/wird schlecht** jemand hat das Gefühl, sich erbrechen zu müssen **16** **jemand hat es schlecht/ist schlecht dran** *gesprochen* jemand hat Probleme
■ ID **nicht schlecht** *gesprochen* ≈ *sehr* | *Ich habe nicht schlecht gestaunt, als ich sein neues Auto gesehen habe*; **schlecht und recht** so gut, wie es geht, aber nur mit Mühe oder Problemen; **mehr schlecht als recht** nicht sehr gut; **jemand ist auf eine Person schlecht zu sprechen** jemand ärgert sich über eine Person

schlech·ter·dings, **schlech·ter·dings** ADVERB; *veraltend* ≈ *völlig, absolut* | *Es ist schlechterdings unmöglich, ihn zufriedenzustellen*

schlecht·ge·hen VERB ≈ *schlecht gehen*

schlecht·hin ADVERB **1** in reinster Form | *Van Gogh verkörpert den Künstler schlechthin* **i** nach einem Substantiv mit bestimmtem Artikel **2** ≈ *absolut, völlig* | *Es war schlechthin unmöglich, den Auftrag rechtzeitig zu erledigen*

Schlech·tig·keit *die*; (-, -en) **1** *nur Singular* die Eigenschaft, böse, schlecht zu sein | *So viel Schlechtigkeit hätte ich ihm nicht zugetraut* **2** *meist Plural* eine schlechte, böse Handlung

schlecht·ma·chen VERB (machte schlecht, hat schlechtgemacht) **eine Person/Sache (bei jemandem) schlechtmachen** *gesprochen* etwas Negatives über eine Person oder Sache sagen, um ihr zu schaden | *Sie hat ihre Kollegin beim Chef schlechtgemacht*

Schlecht·wet·ter (*das*); *nur Singular* schlechtes Wetter mit Regen oder Schnee ↔ *Schönwetter* **K** Schlechtwetterfront, Schlechtwetterperiode

Schlecht·wet·ter|geld *das* Geld, das Bauarbeiter im Winter vom Staat bekommen, wenn sie wegen des schlechten Wetters nicht arbeiten können

schle·cken VERB (schleckte, hat geschleckt) **1** **(etwas) schlecken; an etwas** (*Dativ*) **schlecken** (etwas) mit der Zunge lecken ⟨ein Eis, an einem Lutscher schlecken⟩ | *sich die Sahne von den Fingern schlecken* **2** **(etwas) schlecken** mit Genuss etwas Süßes essen ⟨Bonbons, Pralinen, Süßigkeiten schlecken⟩ ≈ *naschen*

Schle·cke·rei *die*; (-, -en); *besonders süddeutsch* Ⓐ ≈ *Leckerei, Süßigkeit*

Schle·cker·maul *das*; *besonders süddeutsch* Ⓐ, *gesprochen, humorvoll* eine Person, die gern Süßigkeiten isst

Schle·gel *der*; (-s, -) **1** ein großer Hammer aus Holz **2** ein Stock, mit dem man eine Trommel schlägt **K** Trommelschlegel **3** *süddeutsch* Ⓐ ≈ *Keule* **K** Kalbsschlegel, Putenschlegel, Rehschlegel

Schle·he ['ʃleːə] *die*; (-, -n) **1** ein Strauch mit vielen Dornen, der weiße Blüten hat und runde, dunkelblaue, saure Früchte trägt **K** Schlehenblüte **2** die Frucht der Schlehe **K** Schlehenlikör, Schlehenschnaps

★ **schlei·chen** VERB (schlich, hat/ist geschlichen) **1** **(irgendwohin) schleichen** (*ist*) sich leise, langsam und vorsichtig fortbewegen (damit man nicht bemerkt wird) | *Sie schlich lautlos ins Zimmer* **2** **sich irgendwohin schleichen** (*hat*) heimlich und leise irgendwohin gehen (damit man nicht bemerkt wird) ⟨sich ins Zimmer schleichen; sich aus dem Haus schleichen⟩

schlei·chend ■ PARTIZIP PRÄSENS **1** → schleichen
■ ADJEKTIV **2** *meist attributiv* ⟨eine Krankheit⟩ so, dass sie langsam immer schlimmer wird

Schleich·weg *der* ein Weg, den nur sehr wenige Leute kennen und über den man meist schneller oder bequemer ans Ziel kommt

Schleich·wer·bung *die* es ist Schleichwerbung, wenn Werbung für ein Produkt oder eine Firma in einem Beitrag in der Presse, im Radio, im Fernsehen usw. so versteckt wird, dass das Publikum sie nicht als Werbung erkennt

Schlei·er *der*; (-s, -) **1** ein dünnes Stück Stoff oder Netz, das eine Frau vor dem Gesicht oder auf dem Kopf trägt | *In arabischen Ländern tragen viele Frauen einen Schleier* **K** Brautschleier, Witwenschleier **2** eine Schicht aus kleinen Tropfen oder Staubkörnern in der Luft, welche die Sicht behindert **K** Dunstschleier, Nebelschleier, Rauchschleier, Regenschleier, Wolkenschleier ■ ID **den Schleier lüften** ein Geheimnis verraten

Schlei·er·fahn·dung *die* bei der Schleierfahndung beobachtet und kontrolliert die Polizei Personen, vor allem in der Nähe der Grenze, auf Flughäfen und Bahnhöfen. Ein konkreter Verdacht gegen diese Personen muss nicht vorhanden sein

schlei·er·haft ADJEKTIV; *gesprochen* **etwas ist/bleibt jemandem schleierhaft** etwas ist so, dass es jemand nicht versteht, weil es unlogisch ist | *Es ist mir schleierhaft, wie er diese Strapazen erträgt*

S

★ **Schlei·fe** *die;* (-, -n) **1** ein Knoten mit zwei Schlingen ⟨eine Schleife im Haar, am Kleid tragen⟩ | *die Schnürsenkel zu Schleifen binden* K Haarschleife, Kranzschleife, Samtschleife, Seidenschleife **2** eine Linie mit der Form einer Schlinge | *Der Fluss macht hier eine Schleife* | *Er flog mit dem Flugzeug eine Schleife am Himmel* K Landeschleife

★ **schlei·fen¹** VERB (schleifte, hat/ist geschleift) **1** **jemanden/etwas (irgendwohin) schleifen** *(hat)* jemanden/etwas meist mit viel Mühe auf einer Fläche (meist auf dem Boden) irgendwohin ziehen | *einen schweren Sack schleifen* K Schleifspur **2** **etwas irgendwohin schleifen** *gesprochen (hat)* etwas irgendwohin mitnehmen, obwohl es schwer oder lästig ist **3** **jemanden irgendwohin schleifen** *gesprochen, humorvoll (hat)* eine Person dazu überreden, doch irgendwohin mitzugehen, nachdem sie das zuerst nicht wollte | *Letzte Woche habe ich meinen Mann ins Theater geschleift* **4** **etwas schleifen** etwas mit Absicht völlig zerstören ⟨eine Bastion, eine Festung, eine Mauer schleifen⟩ **5** **etwas schleift (irgendwo)** *(hat/ist)* etwas berührt bei einer Bewegung etwas anderes (sodass Reibung entsteht) | *Das lange Abendkleid schleifte am Boden* | *Der Reifen schleift am Schutzblech*

schlei·fen² VERB (schliff, hat geschliffen) **1** **(etwas) schleifen** die Oberfläche einer Sache durch Reiben mit einem harten Gegenstand glatt oder scharf machen ⟨ein Beil, ein Messer, eine Schere, eine Sense schleifen; Diamanten schleifen⟩ K Schleiflack, Schleifmaschine, Schleifmittel, Schleifpapier, Schleifstein **2** **jemanden schleifen** *gesprochen* Soldaten sehr hart und lange üben lassen • zu (1) **Schlei·fer** *der*

schlei·fen las·sen, **schlei·fen·las·sen** VERB (ließ schleifen, hat schleifen lassen/schleifenlassen) **etwas schleifen lassen** *gesprochen* sich nicht so sehr um etwas bemühen wie sonst | *In der letzten Zeit hat er die Arbeit schleifen lassen* i Im Perfekt gesprochen auch *hat schleifen gelassen*

★ **Schleim** *der;* (-(e)s, -e) **1** eine zähe, klebrige Flüssigkeit im Körper von Menschen und Tieren, die die Haut mancher Organe schützt | *Schnecken sondern Schleim ab* K Schleimabsonderung, Schleimdrüse; Magenschleim, Mundschleim, Nasenschleim **2** ein Brei aus (gekochtem) Getreide, der gut für den Magen ist K Schleimsuppe; Haferschleim

Schleim·haut *die* die Haut von Organen des Körpers, die Schleim produziert (z. B. im Mund oder in der Nase) K Magenschleimhaut, Mundschleimhaut, Nasenschleimhaut

schlei·mig ADJEKTIV **1** mit Schleim bedeckt ⟨ein Fisch, eine Schnecke⟩ **2** wie Schleim ⟨ein Ausfluss, eine Substanz⟩ **3** *gesprochen, abwertend* ⟨ein Typ⟩ so, dass er jemandem schmeichelt, um Vorteile zu bekommen ≈ *heuchlerisch*

schlem·men VERB (schlemmte, hat geschlemmt) **(etwas) schlemmen** etwas sehr Gutes und meist Teures essen und es genießen | *Gestern Abend schlemmten wir in einem kleinen, aber feinen Restaurant* K Schlemmerlokal, Schlemmermahlzeit • hierzu **Schlem·mer** *der*

schlen·dern VERB (schlenderte, ist geschlendert) gemütlich, mit Zeit und Ruhe, spazieren gehen

Schlend·ri·an *der;* (-s); *abwertend* eine nachlässige Art und Weise zu arbeiten o. Ä.

Schlen·ker *der;* (-s, -); *gesprochen* eine plötzliche, meist unerwartete Bewegung in eine andere Richtung | *Er machte mit dem Auto einen Schlenker nach links*

schlen·kern VERB (schlenkerte, hat geschlenkert) **1** **etwas schlenkert** etwas hängt lose herab und bewegt sich hin und her ⟨eine schlenkernde Bewegung⟩ | *Ihre Arme schlenkerten beim Gehen* **2** **(mit etwas) schlenkern** mit etwas eine Bewegung machen, bei der man es hin und her schwingt ⟨mit den Armen, den Beinen schlenkern⟩ | *auf einem Geländer sitzen und mit den Beinen schlenkern* **3** **(etwas) schlenkern** mit etwas schlenkern

Schlepp *der;* (-s) ■ ID **im Schlepp** mit einer Person oder Sache zusammen ⟨jemanden/etwas in Schlepp nehmen, im Schlepp haben⟩

Schlep·pe *die;* (-, -n) der lange, hintere Teil eines festlichen Kleides oder Umhangs, der beim Gehen über den Boden schleift | *die Schleppe eines Brautkleides* K Schleppenträger; Brautschleppe, Samtschleppe, Seidenschleppe

schlep·pen VERB (schleppte, hat geschleppt) **1** **jemanden/etwas (irgendwohin) schleppen** eine Person/etwas Schweres mit viel Mühe (irgendwohin) tragen ⟨Kisten, Kohlen, einen Sack, Steine schleppen⟩ | *Kartoffelsäcke in den Keller schleppen* **2** **etwas (irgendwohin) schleppen** ein Fahrzeug mit der Hilfe eines anderen Fahrzeugs ziehen | *Das kaputte Auto musste zur Werkstatt geschleppt werden* | *Der Tanker wurde in den Hafen geschleppt* **3** **jemanden irgendwohin schleppen** *gesprochen* jemanden dazu überreden, an einen Ort mitzukommen | *jemanden zum Zahnarzt schleppen* **4** **sich irgendwohin schleppen** sich mit viel Mühe irgendwohin bewegen | *Völlig erschöpft schleppten wir uns nach Hause*

schlep·pend ■ PARTIZIP PRÄSENS **1** → schleppen ■ ADJEKTIV **2** ⟨eine Bewegung, Schritte⟩ langsam und mit viel Mühe (z. B. weil der Betroffene krank oder erschöpft ist) | *Sein Gang ist sehr schleppend, seitdem er den Unfall hatte* **3** langsam und mit Schwierigkeiten ↔ *zügig* | *Die Arbeit geht nur schleppend voran*

Schlep·per *der;* (-s, -) **1** ein schweres Fahrzeug (z. B. ein Traktor oder ein Schiff), das andere Fahrzeuge oder Anhänger zieht **2** *gesprochen, abwertend* eine Person, die auf der Straße Leute zu überreden versucht, in ein Bordell, ein Nachtlokal o. Ä. zu gehen **3** ≈ *Schleuser* K Schlepperbande • zu (2,3) **Schlep·pe·rin** *die*

Schlepp·lift *der* ein Skilift, der Skifahrer, die auf Skiern stehen, den Berg hinaufzieht

Schlepp·tau *das* ■ ID **in jemandes Schlepptau** *gesprochen* als Begleitung (von jemandem) | *Der Star hatte viele Fans im Schlepptau;* **jemanden ins Schlepptau nehmen** *gesprochen* einer Person bei etwas helfen

LANDESKUNDE

▶ Schleswig-Holstein

Schleswig-Holstein ist das nördlichste Bundesland Deutschlands. Es liegt zwischen **Nordsee** und **Ostsee**. Bekannt sind die Nordseeinseln **Sylt** und **Föhr**, die Landeshauptstadt **Kiel** und die Hansestadt **Lübeck**. **Flensburg** ist bekannt für das Verkehrszentralregister, in dem man registriert wird, wenn man gegen die deutsche Straßenverkehrsordnung verstößt.

Schleu·der *die;* (-, -n) **1** eine einfache Waffe, mit der man (mit Hilfe eines Bandes) Steine o. Ä. weit schleudern kann K Steinschleuder **2** ein Gerät, das durch schnelles Drehen die Flüssigkeit aus Dingen schleudert, die in dem Gerät sind K Honigschleuder, Salatschleuder, Wäscheschleuder

★ **schleu·dern** VERB (schleuderte, hat/ist geschleudert) **1** **jemanden/etwas (irgendwohin) schleudern** *(hat)* jemanden/etwas mit sehr viel Kraft in eine Richtung werfen ⟨etwas in die Ecke schleudern⟩ | *Er schleuderte den Stein weit von sich* | *Bei dem Unfall wurde sie aus dem Auto geschleudert* **2** **etwas schleudert (etwas)** *(hat)* eine Waschmaschine bewegt nasse Wäsche so schnell, dass das Wasser entfernt wird ⟨Wäsche schleudern⟩ | *Hat die Maschine schon ge-*

S

schleudert? **3** **etwas schleudert (irgendwohin)** *(ist)* ein Fahrzeug kommt aus der Spur und rutscht nach rechts oder links weg | *Auf der glatten Fahrbahn kamen mehrere Autos ins Schleudern* K Schleudergefahr ■ ID **ins Schleudern geraten/kommen** in einer Situation unsicher werden, weil man Angst hat oder etwas nicht weiß; **eine Person/Sache bringt jemanden ins Schleudern** eine Person, ein Ereignis oder eine Situation bewirkt, dass jemand unsicher wird

Schleu·der·preis *der; meist Plural* ein extrem niedriger Preis | *Waren zu Schleuderpreisen verkaufen*

Schleu·der·sitz *der* **1** ein Sitz, mit dem sich der Pilot aus einem abstürzenden Flugzeug retten kann **2** eine sehr unsichere Stelle, ein sehr unsicheres Amt o. Ä.

schleu·nig ADJEKTIV *meist attributiv* ⟨eine Antwort, die Erledigung⟩ ≈ *schnell*

schleu·nigst ADVERB sehr schnell ⟨etwas schleunigst tun; schleunigst das Weite suchen⟩

Schleu·se *die;* (-, -n) **1** Schleusen haben zwei Tore, zwischen denen man das Wasser höher und niedriger machen kann. So bringt man Boote und Schiffe auf eine höhere bzw. tiefere Ebene von Kanälen und Flüssen K Schleusentor, Schleusenwärter; Flussschleuse, Kanalschleuse **2** ein kleiner Raum, der zwei Räume trennt oder den Ausgang eines Raumes dicht macht; die Schleuse hat den Zweck, dass Luft, Bakterien usw. nicht nach drinnen oder draußen gelangen ■ ID **Es regnet wie aus Schleusen**, **Der Himmel öffnet seine Schleusen** *gesprochen* es regnet sehr stark

schleu·sen VERB (schleuste, hat geschleust) **1** **etwas irgendwohin schleusen** etwas durch eine Schleuse bringen | *ein Schiff durch den Kanal schleusen* **2** **jemanden/etwas irgendwohin schleusen** jemanden/etwas durch ein fremdes Gebiet, durch Hindernisse o. Ä. führen | *jemanden durch den Großstadtverkehr schleusen* **3** **jemanden/etwas irgendwohin schleusen** jemanden/etwas irgendwohin bringen, obwohl es illegal oder gefährlich ist | *Sie wollten mehrere Kilo Rauschgift durch den Zoll schleusen*

Schleu·ser *der;* (-s, -); *abwertend* eine Person, die viel Geld damit verdient, Personen illegal über Grenzen zu schaffen ≈ *Schlepper*

schlich *Präteritum, 1. und 3. Person Singular* → schleichen

Schli·che *die; Plural* **jemandem auf die Schliche kommen**; **hinter jemandes Schliche kommen**; **jemandes Schliche durchschauen** herausfinden, welche heimliche Absicht jemand hat

★ **schlicht** ADJEKTIV **1** einfach und ohne Schmuck oder viele Details ⟨Kleidung; eine Feier, eine Mahlzeit⟩ ↔ *aufwendig* | *Sie trägt nur schlichte Kleider* **2** **schlicht (und einfach)** *nur adverbiell* ohne Zweifel ≈ *eindeutig* | *Das ist schlicht und einfach gelogen* ● zu (1) **Schlicht·heit** *die*

schlich·ten VERB (schlichtete, hat geschlichtet) **1** **(etwas) schlichten** als Unbeteiligter versuchen, einen Streit o. Ä. zu beenden, indem man versucht, Kompromisse zwischen den streitenden Parteien zu finden **2** **etwas schlichten** mehrere gleiche Dinge (ordentlich) aufeinanderlegen ⟨Holz schlichten⟩ ≈ *stapeln* ● zu (1) **Schlich·ter** *der*

Schlich·tung *die;* (-, -en) der Versuch einer dritten Person, einen Streit zwischen zwei Personen oder Parteien zu beenden K Schlichtungsausschuss, Schlichtungsgespräch, Schlichtungskommission, Schlichtungsverfahren, Schlichtungsversuch

schlicht·weg ADVERB einfach, eindeutig | *Das ist schlichtweg gelogen!*

Schlick *der;* (-(e)s) Schlamm am Boden eines Flusses, eines Sees oder des Meeres K Schlickablagerung ● hierzu **schli·ckig** ADJEKTIV

S

schlief *Präteritum, 1. und 3. Person Singular* → schlafen

Schlie·re *die;* (-, -n) ein Schmutzstreifen auf einer Glasscheibe, einem Spiegel o. Ä. ● hierzu **schlie·rig** ADJEKTIV

★ **schlie·ßen** VERB (schloss, hat geschlossen)

▸Öffnung, Behälter, Raum usw.: **1** **etwas schließen** wenn man etwas schließt, ist es danach zu ≈ *zumachen* | *Schließt bitte die Fenster und Vorhänge, bevor wir das Licht anmachen* | *Sie schloss die Augen und versuchte, sich zu erinnern* | *Du solltest nur mit geschlossenem Mund kauen* **2** **eine Grenze schließen** dort niemanden mehr ins Land und aus dem Land lassen **3** **eine Lücke schließen** eine Lücke mit etwas füllen **4** **etwas schließt sich** wenn sich etwas schließt, ist es danach zu | *Die Tür schloss sich hinter ihr* | *Wenn es dunkel wird, schließen sich die Blüten* **5** **etwas schließt irgendwie** etwas wird/ist auf die genannte Art oder Weise geschlossen | *Vorsicht, Türen schließen automatisch/selbsttätig!* | *Das Fenster schließt nicht richtig/nicht dicht*

▸Gefangene, wertvolle Dinge: **6** **jemanden/etwas irgendwohin schließen** mithilfe eines Schlosses dafür sorgen, dass jemand/etwas an einem Ort bleibt | *einen Häftling in die Zelle schließen* | *seinen Schmuck in einen Tresor schließen* | *das Fahrrad an den Zaun/das Geländer schließen*

▸Ehe, Freundschaft, Vertrag: **7** **etwas schließen** etwas offiziell vereinbaren und sich dazu verpflichten ⟨ein Abkommen, ein Bündnis, einen Vertrag, einen Waffenstillstand schließen⟩ | *Sie wollen miteinander den Bund der Ehe schließen* (sie wollen heiraten) | *Deutschland schloss 1939 einen Nichtangriffspakt mit der Sowjetunion* **8** **Personen schließen Freundschaft** Personen werden Freunde **9** **eine Ehe wird geschlossen** Personen heiraten

▸Geschäft, Lokal usw.: **10** **jemand/etwas schließt (etwas)** wenn ein Geschäft, ein Lokal, eine Firma o. Ä. schließt oder geschlossen wird, geben die Besitzer den Betrieb auf | *eine unrentable Fabrik/Filiale schließen* | *Die Gäste blieben aus und wir mussten (das Hotel) schließen* **11** **jemand/etwas schließt (etwas)** wenn ein Geschäft, ein Museum, eine Behörde usw. schließt oder geschlossen wird, dürfen keine Besucher oder Kunden mehr hinein | *Wir schließen (den Laden) in 10 Minuten* | *Um Mitternacht schließt das Lokal* | *Das Freibad ist ab dem 14.09. den Winter über geschlossen*

▸Brief, Rede, Sitzung usw.: **12** **etwas schließen**; **(etwas) irgendwie schließen** etwas beenden ⟨eine Sitzung schließen⟩ | *Er schloss (seine Rede) mit einem Aufruf zu mehr Solidarität*

▸(logische) Folge: **13** **etwas (aus etwas) schließen** aufgrund der vorhandenen Informationen annehmen, dass etwas der Fall ist ≈ *folgern* | *Aus seinen Andeutungen konnten wir schließen, dass die Firma finanzielle Schwierigkeiten hat* **14** **aus/von etwas auf etwas** *(Akkusativ)* **schließen** aufgrund einer Information glauben, etwas zu wissen oder zu kennen | *Man sollte nicht von jemandes Aussehen auf den Charakter schließen* | *Sein Gesichtsausdruck ließ darauf schließen, dass er nicht einverstanden war* **15** **von einer Person/Sache auf jemanden/etwas schließen** wenn man von einer Person oder Sache auf eine andere Person oder Sache schließt, denkt man, dass etwas für beide gilt | *Sei vorsichtig, du darfst nicht von dir auf andere schließen!*

★ **Schließ·fach** *das* in ein Schließfach (z. B. am Bahnhof, im Schwimmbad, in der Bücherei) legt man persönliche Dinge, damit sie vor Dieben sicher sind

★ **schließ·lich** ■ ADVERB **1** nach langem Warten, nach langer Arbeit oder Diskussion ≈ *endlich* | *Sie diskutierten sehr lange, aber schließlich fanden sie doch eine Lösung für ihr Problem*

■ PARTIKEL **2** *betont und unbetont* verwendet, um etwas

nachträglich zu begründen oder erklären | *Du musst schon tun, was er sagt, schließlich ist er dein Chef* | *Ich werde mich nicht entschuldigen, schließlich habe ich den Streit nicht angefangen* ■ ID **schließlich und endlich** verwendet, um *schließlich* zu betonen

schliff *Präteritum, 1. und 3. Person Singular* → schleifen²

Schliff *der;* (-(e)s, -e) **1** *nur Singular* das Schleifen **K** Schliffart, Schlifffläche **2** die (meist glatte) Oberfläche, die durch Schleifen entsteht ⟨etwas hat einen schönen Schliff; der Schliff der Diamanten, der Edelsteine⟩ **K** Brillantschliff, Glasschliff, Facettenschliff, Spezialschliff **3** *nur Singular* gutes Benehmen, gute Manieren o. Ä. ⟨(keinen) Schliff haben⟩ ■ ID **etwas** (*Dativ*) **den letzten Schliff geben** abschließende kleine Verbesserungen an etwas machen | *einer Rede den letzten Schliff geben*

★ **schlimm** ADJEKTIV **1** sehr unangenehm ⟨eine Erfahrung, ein Erlebnis, ein Fehler, Folgen, eine Nachricht, ein Unfall⟩ | *Die lange Dürre hatte schlimme Auswirkungen auf die Getreideernte* | *Sag lieber nichts, du machst es nur noch schlimmer* | *Was kann denn im schlimmsten Fall passieren?* **2** so, dass eine Tat gegen alle moralischen Prinzipien verstößt ⟨ein Verbrechen⟩ ≈ *entsetzlich* **3** *gesprochen meist attributiv* entzündet o. Ä. und schmerzhaft ↔ *gesund* | *einen schlimmen Zahn/einen schlimmen Finger haben*

schlimms·ten·falls ADVERB wenn man die Sache von der ungünstigsten Seite betrachtet

★ **Schlin·ge** *die;* (-, -n) die Form, wenn ein Faden, Seil, Draht o. Ä. einen Kreis (um etwas herum) bildet | *den gebrochenen Arm in einer Schlinge tragen* | *Die Schlinge des Lassos legte sich um den Hals des Pferdes und zog sich zu* **K** Drahtschlinge, Lassoschlinge, Seilschlinge; Armschlinge; Teppichschlingen

Schlin·gel *der;* (-s, -); *gesprochen* ≈ *Bengel*

schlin·gen VERB (schlang, hat geschlungen) **1** **etwas um etwas schlingen** etwas in Form einer Schlinge um etwas legen | *ein Seil um einen Ast schlingen* **2** **(etwas) schlingen** etwas sehr schnell essen (ohne richtig zu kauen)

schlin·gern VERB (schlingerte, hat/ist geschlingert) **1** **etwas schlingert** ein Anhänger o. Ä. bewegt sich beim Fahren nach links und rechts **2** **ein Schiff schlingert** ein Schiff bewegt sich beim Fahren stark nach oben und unten, nach rechts und nach links

Schling·pflan·ze *die* eine Pflanze, die um etwas herum nach oben wächst

Schlips *der;* (-es, -e) ≈ *Krawatte* **K** Seidenschlips ■ ID **jemandem auf den Schlips treten** eine Person beleidigen ⟨sich auf den Schlips getreten fühlen⟩

Schlit·ten *der;* (-s, -) **1** ein Fahrzeug mit zwei Kufen, mit dem man auf Schnee und Eis fahren kann ⟨(mit dem) Schlitten fahren⟩ **K** Schlittenbahn, Schlittenfahrt, Schlittenhund, Schlittenpartie; Eskimoschlitten, Kinderschlitten; Rodelschlitten, Hundeschlitten, Pferdeschlitten **2** *gesprochen* ein großes und teures Auto **3** ein Teil an einer Maschine (z. B. an einem Webstuhl), den man in zwei Richtungen bewegen kann ■ ID **mit jemandem Schlitten fahren** *gesprochen* jemanden autoritär und grob behandeln

SCHLITTEN

schlit·tern VERB (schlitterte, ist geschlittert) **(irgendwohin) schlittern** rutschen, ohne die Richtung bestimmen oder die Bewegung stoppen zu können ⟨auf dem Eis schlittern; ins Schlittern kommen⟩

Schlitt·schuh *der* ein Schuh mit einer schmalen Schiene aus Metall, mit dem man über das Eis gleiten kann ⟨Schlittschuh laufen⟩ **K** Schlittschuhlauf, Schlittschuhlaufen, Schlittschuhläufer

Schlitz *der;* (-es, -e) **1** eine sehr schmale Öffnung ≈ *Spalt* | *Münzen in den Schlitz vom Automaten stecken* **K** Briefkastenschlitz, Fensterschlitz, Türschlitz **2** ein offener Einschnitt an einem Kleidungsstück **K** Rockschlitz

Schlitz·au·ge *das;* (-s, -n); *meist Plural* **1** Augen, die eine schmale und längliche Form haben, wie bei Chinesen, Japanern usw. **2** *abwertend* ⚠ eine Person, die Schlitzaugen hat ● hierzu **schlitz·äu·gig** ADJEKTIV

schlit·zen VERB (schlitzte, hat geschlitzt) **etwas schlitzen** (mit einer Schere, einem Messer o. Ä.) einen Schlitz in etwas schneiden

Schlitz·ohr *das; gesprochen* eine Person, die schlau und listig ist ● hierzu **schlitz·oh·rig** ADJEKTIV; **Schlitz·oh·rig·keit** *die*

schloh·weiß ADJEKTIV fast ganz weiß ⟨Haare⟩

schloss *Präteritum, 1. und 3. Person Singular* → schließen

★ **Schloss** *das;* (-es, Schlös·ser) **1** mit einem Schloss kann man verhindern, dass andere Personen eine Tür oder einen Behälter öffnen ⟨das Schloss aufschließen, zuschließen⟩ **K** Kofferschloss, Lenkradschloss, Schrankschloss, Sicherheitsschloss, Türschloss; Kombinationsschloss, Zahlenschloss **2** ein großes und wertvolles Gebäude, in dem Könige und Fürsten leben oder lebten ⟨ein prunkvolles, verfallenes Schloss; ein Schloss besichtigen⟩ | *die Schlösser König Ludwigs II.* **K** Schlossbrücke, Schlossfassade, Schlossgarten, Schlosshof, Schlosskapelle, Schlosspark, Schlossruine, Schlosstor, Schlossturm, Schlossbesichtigung, Schlossführung, Schlossverwalter; Barockschloss, Renaissanceschloss, Rokokoschloss; Fürstenschloss, Jagdschloss, Königsschloss **!** Im deutschsprachigen Raum und Frankreich heißen solche Gebäude meist *Schloss*, in anderen Ländern meist *Palast*; *Burgen* sind nicht prächtig, sondern dienen dem Schutz vor Feinden ■ ID **etwas fällt ins Schloss** etwas schließt sich ⟨die Tür⟩; **hinter Schloss und Riegel** ins oder im Gefängnis ⟨jemanden hinter Schloss und Riegel bringen⟩

Schlos·ser *der;* (-s, -) **1** eine Person, die beruflich aus Metall oder Eisen Produkte herstellt oder Maschinen repariert **K** Schlosserarbeiten, Schlossergeselle, Schlosserhandwerk, Schlossermeister; Autoschlosser, Bauschlosser, Maschinenschlosser, Werkzeugschlosser **2** ⒸⒽ ≈ *Installateur, Klempner* ● hierzu **Schlos·se·rin** *die*

Schlos·se·rei *die;* (-, -en) eine Werkstatt, in der Schlosser arbeiten

Schloss·hund *der* ■ ID **heulen wie ein Schlosshund** *gesprochen* sehr heftig und laut weinen

Schlot *der;* (-(e)s, -e/Schlö·te) ein sehr hoher Schornstein (meist bei einer Fabrik) **K** Fabrikschlot ■ ID **rauchen wie ein Schlot** *gesprochen* sehr viele Zigaretten o. Ä. rauchen

schlot·tern VERB (schlotterte, hat geschlottert) **1** **(vor etwas** (*Dativ*)**) schlottern** sehr stark zittern, z. B. weil man sehr friert oder große Angst hat ⟨vor Kälte, vor Angst schlottern; jemandem schlottern die Knie⟩ **2** **etwas schlottert** ein Kleidungsstück hängt sehr weit und lose an einem Körper | *Sie hat so abgenommen, dass die Hosen an ihr schlottern* ● hierzu **schlot·te·rig**, **schlott·rig** ADJEKTIV

Schlucht *die;* (-, -en) ein sehr enges und tiefes Tal ⟨eine tiefe, steile, felsige, dunkle Schlucht⟩ **K** Bergschlucht, Felsenschlucht, Gebirgsschlucht, Talschlucht, Waldschlucht

schluch·zen VERB (schluchzte, hat geschluchzt) wegen starker Gefühle weinen und dabei in kurzen Abständen einatmen, sodass dabei ein Geräusch entsteht ⟨bitterlich, heftig, fassungslos schluchzen; mit schluchzender Stimme⟩

S

Schluch·zer *der;* (-s, -) ein einmaliges Schluchzen

★ **Schluck** *der;* (-(e)s, -e) **1** die Menge einer Flüssigkeit, die man auf einmal schluckt ⟨ein Schluck Wasser, Bier, Kaffee, Milch; einen kräftigen, tüchtigen Schluck nehmen⟩ | *ein Schluck kaltes Wasser/kalten Wassers* K Probeschluck **2** das Hinunterschlucken einer kleinen Menge Flüssigkeit | *in hastigen Schlucken trinken* ■ ID **jemanden auf einen Schluck einladen** *gesprochen* jemanden dazu einladen, etwas (meist Alkoholisches) zu trinken, das man selbst auch trinkt

Schluck·auf *der;* (-s) beim Schluckauf zuckt der Bauch (das Zwerchfell) immer wieder und das Atmen wird kurz unterbrochen; dabei kommt ein kurzes Geräusch aus dem Mund ⟨(einen) Schluckauf bekommen, haben⟩

Schluck·be·schwer·den *die; Plural* Schmerzen beim Schlucken

★ **schlu·cken** VERB (schluckte, hat geschluckt) **1** **(etwas) schlucken** durch Zusammenziehen der Muskeln im Hals und Mund etwas vom Mund in den Magen gelangen lassen ⟨einen Bissen, ein Medikament, Tabletten schlucken⟩ | *beim Schwimmen Wasser schlucken* | *Er hatte starke Halsschmerzen und konnte kaum noch schlucken* **2** **(etwas) schlucken** *gesprochen* Alkohol trinken **3** **etwas schluckt etwas** etwas nimmt etwas in sich auf | *Der Boden hat das Regenwasser geschluckt* | *Die Tür ist schalldicht. Sie schluckt jeden Lärm* **4** **etwas schluckt etwas** etwas verbraucht eine große Menge einer Sache | *Die Reise hat unser ganzes Geld geschluckt* | *Große Autos schlucken mehr Benzin als kleine* **5** **etwas schlucken müssen** *gesprochen* sich nicht gegen etwas wehren können ⟨eine Beleidigung, einen Vorwurf schlucken müssen⟩ | *Die Erhöhung der Miete musst du wohl schlucken*

Schlu·cker *der;* (-s, -) **ein armer Schlucker** *gesprochen* ein Mensch, mit dem man Mitleid hat (meist weil er arm ist)

Schluck·imp·fung *die* eine Impfung, bei der man eine Flüssigkeit schlucken muss | *die Schluckimpfung gegen Kinderlähmung*

Schluck·specht *der; gesprochen, humorvoll* eine Person, die oft und viel Alkohol trinkt

schlu·dern VERB (schluderte, hat geschludert); *gesprochen, abwertend* eine Arbeit nicht ordentlich und genau machen ≈ *schlampen* ● hierzu **schlu·de·rig, schlud·rig** ADJEKTIV; **Schlud·rig·keit** *die*

Schlud·ri·an *der;* (-s); *gesprochen, abwertend* **1** oberflächliches und ungenaues Arbeiten ≈ *Schlamperei* **2** ein Mensch, der schludert

schlug *Präteritum, 1. und 3. Person Singular* → schlagen

schlü·ge *Konjunktiv II, 1. und 3. Person Singular* → schlagen

Schlum·mer *der;* (-s) ein ruhiger (meist kurzer) Schlaf

schlum·mern VERB (schlummerte, hat geschlummert) **1** ruhig schlafen **2** **etwas schlummert in jemandem** ein Talent ist bei jemandem vorhanden, jedoch noch nicht entdeckt oder gefördert worden | *In diesem Jungen schlummert eine große musikalische Begabung*

Schlund *der;* (-(e)s, Schlün·de) **1** der Rachen eines Tieres **2** *geschrieben* eine sehr tiefe und meist dunkle Öffnung ⟨der Schlund einer Höhle, eines Kraters⟩

schlüp·fen VERB (schlüpfte, ist geschlüpft) **1** **irgendwohin schlüpfen** sich leise, schnell und gewandt irgendwohin bewegen | *aus einem Versteck schlüpfen* | *heimlich durch die Tür schlüpfen* **2** **ein Vogel, ein Insekt schlüpft** ein Vogel oder ein Insekt kriecht aus dem Ei, der Puppe oder der Larve | *Das Küken ist geschlüpft* **3** **in etwas** *(Akkusativ)* **schlüpfen; aus etwas schlüpfen** ein Kleidungsstück schnell anziehen/ausziehen | *in den Pulli schlüpfen* | *aus dem Hemd schlüpfen*

Schlüp·fer *der;* (-s, -) eine Unterhose für Frauen

Schlupf·loch *das* **1** ein Ort, an dem man sich verstecken kann **2** ein Loch, durch das man/ein Tier irgendwohin schlüpfen kann **3** eine Möglichkeit, gesetzliche Lücken zum eigenen Vorteil zu nützen

schlüpf·rig ADJEKTIV **1** (in Bezug auf eine Oberfläche) glatt und feucht **2** *abwertend* ⟨ein Witz, eine Geschichte⟩ ≈ *unanständig, obszön* ● hierzu **Schlüpf·rig·keit** *die*

Schlupf·win·kel *der* ≈ *Schlupfloch*

schlur·fen VERB (schlurfte, ist geschlurft) beim Gehen die Füße so über den Boden schleifen lassen, dass sie ein Geräusch machen

schlür·fen VERB (schlürfte, hat geschlürft) **(etwas) schlürfen** eine Flüssigkeit mit lautem Geräusch in den Mund saugen | *heiße Suppe/den Tee schlürfen*

★ **Schluss** *der;* (-es, Schlüs·se)

▸Ende: **1** *nur Singular* der Zeitpunkt, an dem etwas aufhört oder die letzte Phase einer Sache ↔ *Anfang* | *am Schluss der Vorstellung* | *kurz vor Schluss der Sitzung* | *Zum Schluss verbeugte sich der Pianist* | *Damit muss jetzt endlich Schluss sein!* (Ich dulde das nicht mehr, es muss aufhören) K Dienstschluss, Schulschluss, Sendeschluss, Spielschluss **2** *meist Singular* der letzte Teil einer Sache ↔ *Anfang* | *ein Roman mit einem überraschenden Schluss* | *Ein Konzert bildete den Schluss der Feier* K Schlussakkord, Schlussbericht, Schlusssatz, Schlussteil **3** **(mit etwas) Schluss machen** aufhören, etwas zu tun | *Machen wir Schluss für heute, ich bin müde* | *Er hat mit dem Rauchen Schluss gemacht* **4** **Schluss machen** *gesprochen* Selbstmord begehen **5** **eine Person macht Schluss mit jemandem; Personen machen Schluss (miteinander)** zwei Personen beenden eine Liebesbeziehung, trennen sich

▸Folgerung: **6** das Ergebnis eines Denkprozesses ⟨ein falscher, kühner, naheliegender, voreiliger, zwingender Schluss; zu einem Schluss kommen⟩ | *Die Versicherung kam zu dem Schluss, dass das Haus absichtlich in Brand gesteckt wurde* K Schlussfolgerung; Fehlschluss, Rückschluss, Trugschluss **7** **einen Schluss ziehen** durch Nachdenken zu einem Ergebnis kommen

■ ID **Schluss jetzt!** verwendet, um jemanden dazu aufzufordern, mit etwas aufzuhören | *Schluss jetzt! Hör endlich auf zu jammern!*; **(Jetzt ist) Schluss mit lustig!** *gesprochen* Jetzt wird es ernst oder unangenehm

-schluss *der; im Substantiv, unbetont, begrenzt produktiv* **Büroschluss, Geschäftsschluss, Ladenschluss, Schalterschluss** *und andere* der Zeitpunkt, an dem etwas geschlossen wird

★ **Schlüs·sel** *der;* (-s, -) **1** einen Schlüssel dreht man in einem Schloss, um eine Tür zu öffnen/verschließen oder ein Auto zu starten ⟨den Schlüssel ins Schloss/Loch stecken; den Schlüssel herumdrehen, abziehen; der Schlüssel klemmt, passt, steckt (im Schloss, in der Tür)⟩ K Schlüsselloch; Autoschlüssel, Hausschlüssel, Kellerschlüssel, Kofferschlüssel, Safeschlüssel, Schrankschlüssel, Türschlüssel, Zündschlüssel **2** **der Schlüssel (zu etwas)** das Mittel, durch das etwas erreicht oder etwas verstanden werden kann ⟨der Schlüssel zum Erfolg, zu einem Problem⟩ **3** **der Schlüssel (zu etwas)** die Information, die man braucht, um einen Code lesen und verstehen zu können | *den Schlüssel zu einer alten ägyptischen Schrift suchen* K Chiffrierschlüssel, Dechiffrierschlüssel, Geheimschlüssel, Telegrafenschlüssel **4** eine Plan, nach dem etwas aufgeteilt oder verteilt wird | *der Schlüssel, nach dem die Förderungsgelder verteilt werden* K Verteilerschlüssel **5** der Teil eines Buches, in dem die Lösungen der Aufgaben stehen, die das Buch enthält **6** Kurzwort für *Schraubenschlüssel* **7** Kurzwort für *Notenschlüssel* K Bassschlüssel, Violinschlüssel

Schlüs·sel- *im Substantiv, betont, begrenzt produktiv* **die Schlüsselfrage, die Schlüsselrolle, das Schlüsselwort** *und andere* drückt aus, dass jemand/etwas sehr wichtig (innerhalb eines Systems) ist | *die Schlüsselfigur einer Organisation/einer Bewegung* | *die Schlüsselposition innehaben* | *die Schlüsselstellung einnehmen*

Schlüs·sel·bein *das* einer der beiden Knochen, die vorne am Körper vom Hals zur Schulter gehen

Schlüs·sel·blu·me *die* eine kleine Blume mit gelben Blüten, die im Frühling auf feuchten Wiesen blüht

Schlüs·sel·bund *der/das*; (-(e)s, -e) mehrere Schlüssel, die an einem Ring o. Ä. zusammengehalten sind

Schlüs·sel·er·leb·nis *das* ein psychologisch wichtiges Erlebnis im Leben einer Person, dass ihr Verhalten in einer ähnlichen Situation stark beeinflusst | *Für mich als junge Frau war meine erste Reise nach Frankreich ein Schlüsselerlebnis*

schlüs·sel·fer·tig ADJEKTIV fertig gebaut, sodass man sofort einziehen kann ⟨ein Haus⟩

schluss·end·lich ADVERB; *geschrieben* nach längerer Zeit, am Ende ≈ *schließlich*

schluss·fol·gern VERB (schlussfolgerte, hat geschlussfolgert) **etwas schlussfolgern** ≈ *folgern* | *Sie schlussfolgerte, dass er gelogen hatte* • hierzu **Schluss·fol·ge·rung** *die*

schlüs·sig ADJEKTIV **1** logisch und überzeugend ⟨eine Argumentation, ein Beweis⟩ **2** **sich** (*Dativ*) **(über etwas** (*Akkusativ*)**) schlüssig sein** sich in Bezug auf etwas entschieden haben | *Bist du dir schon schlüssig (darüber), was wir jetzt machen sollen?* **3** **sich** (*Dativ*) **(über etwas** (*Akkusativ*)**) schlüssig werden** sich über etwas klar werden, sich endgültig zu etwas entscheiden | *Wir sind uns immer noch nicht schlüssig, wohin die Reise gehen soll* • zu (1) **Schlüs·sig·keit** *die*

Schluss·leuch·te *die* ≈ *Schlusslicht*

Schluss·licht *das* **1** das Licht am hinteren Teil eines Autos o. Ä. ≈ *Rücklicht* **2** der Letzte in der Tabelle beim Sport

Schluss·pfiff *der* der Pfiff, mit welchem der Schiedsrichter ein Ballspiel beendet

Schluss·punkt *der* etwas, das eine Sache endgültig beendet ⟨der Schlusspunkt einer Entwicklung⟩ ■ **ID einen Schlusspunkt (unter/hinter etwas** (*Akkusativ*)**) setzen** etwas Unangenehmes endgültig abschließen

Schluss·strich *der* **einen Schlussstrich unter etwas** (*Akkusativ*) **ziehen** einen unangenehmen Zustand beenden

Schluss·ver·kauf *der historisch* der Verkauf von Waren zu sehr niedrigen Preisen am Ende der Sommer- bzw. Wintersaison K Sommerschlussverkauf, Winterschlussverkauf

Schmach *die*; (-); *geschrieben* das Verletzen der Würde und des Stolzes einer Person ⟨Schmach und Schande; (eine) Schmach erleiden, erdulden müssen; jemandem (eine) Schmach antun, zufügen⟩ ≈ *Demütigung* | *eine Strafe als Schmach empfinden* • hierzu **schmach·voll** ADJEKTIV

schmach·ten VERB (schmachtete, hat geschmachtet); *geschrieben* **1** **irgendwo schmachten** irgendwo unter Hunger, Durst oder Hitze leiden ⟨im Gefängnis, im Kerker, in der Wüste schmachten⟩ **2** **nach jemandem/etwas schmachten** sich sehr nach jemandem/etwas sehnen und daran leiden | *nach Freiheit schmachten* ■ **ID jemanden schmachten lassen** jemanden lange auf eine Entscheidung o. Ä. warten lassen

schmach·tend ■ PARTIZIP PRÄSENS **1** → schmachten ■ ADJEKTIV **2** *humorvoll* ⟨ein Blick⟩ voller Sehnsucht

Schmacht·fet·zen *der*; *gesprochen, abwertend* ein sentimentales Buch, Lied o. Ä.

schmäch·tig ADJEKTIV dünn und schwach ⟨eine Gestalt⟩ | *Er ist klein und schmächtig*

schmack·haft ADJEKTIV **1** mit gutem Geschmack ⟨Essen⟩ **2** **jemandem etwas schmackhaft machen** etwas so darstellen, dass jemand es für sehr positiv hält oder Lust darauf bekommt

Schmäh *der*; (-s, -(s)); Ⓐ eine witzige Art, etwas zu erzählen oder zu sagen | *der berühmte Wiener Schmäh*

schmä·hen VERB (schmähte, hat geschmäht) **jemanden/etwas schmähen** *geschrieben* mit Verachtung über jemanden/etwas sprechen oder schimpfen K Schmährede, Schmähschrift, Schmähworte • hierzu **Schmä·hung** *die*

schmäh·lich ADJEKTIV so, dass man sich dafür schämen muss ⟨eine Niederlage, ein Verrat; jemanden schmählich im Stich lassen, behandeln⟩

★ **schmal** ADJEKTIV (schmäler/schmaler, schmälst-/schmalst-) **1** mit einer relativ geringen Strecke zwischen zwei Seiten ⟨Hüften, Schultern; ein Bett, ein Fluss, eine Straße⟩ ↔ *breit* **2** *geschrieben* nicht ausreichend ⟨ein Einkommen, eine Kost⟩

schmä·lern VERB (schmälerte, hat geschmälert) **1** **etwas schmälern** den Wert einer Sache kleiner machen ⟨jemandes Erfolg, jemandes Verdienste schmälern⟩ **2** **etwas schmälern** etwas kleiner machen ⟨jemandes Einkommen, jemandes Rechte, jemandes Vergnügen⟩ • hierzu **Schmä·le·rung** *die*

Schmal·film *der*; *historisch* ein ziemlich schmaler Film für eine Filmkamera, mit der Amateure bewegte Bilder gefilmt haben K Schmalfilmkamera

Schmal·hans *der* ■ **ID Da ist Schmalhans Küchenmeister** *veraltend* Da muss am Essen gespart werden

Schmal·spur- *im Substantiv, betont, begrenzt produktiv; abwertend* **der Schmalspurchemiker, der Schmalspuringenieur** *und andere* mit einer schlechten Ausbildung im genannten Beruf oder schlechten Kenntnissen im genannten Gebiet | *Er ist ein Schmalspurcasanova* (Er bildet sich ein, sehr charmant und bei Frauen beliebt zu sein, aber das stimmt nicht)

Schmal·spur|bahn *die* ein Zug, der auf Schienen fährt, die näher beieinanderliegen als normal

Schmalz[1] *das*; (-es) eine weiche, weiße Masse, die man aus dem heiß gemachten Fett von Tieren erhält ⟨mit Schmalz kochen⟩ | *Schmalz auslassen* (herstellen) K Schmalzbrot, Schmalzgebäck, Schmalztopf; Gänseschmalz, Schweineschmalz; Griebenschmalz ■ **ID etwas kostet viel Schmalz** *gesprochen* etwas ist körperlich anstrengend

Schmalz[2] *der*; (-es); *gesprochen, abwertend* eine Sache oder eine Art, etwas zu gestalten, die sentimental sind | *ein Lied mit viel Schmalz singen* • hierzu **schmal·zig** ADJEKTIV

Schmand, Schmant *der*; (-(e)s) **1** saurer Rahm **2** die Schicht, die sich auf gekochter Milch bildet, wenn diese kalt wird

Schman·kerl *das*; (-s, -n); *süddeutsch* Ⓐ ≈ *Leckerbissen*

schma·rot·zen VERB (schmarotzte, hat schmarotzt) **1** *abwertend* von der Arbeit oder vom Geld anderer Leute leben **2** **ein Tier/eine Pflanze schmarotzt** ein Tier oder eine Pflanze lebt (als Parasit) auf oder in einem anderen Tier oder einer anderen Pflanze und nimmt ihnen Nahrung

S

weg ● hierzu **Schma·rot·zer** *der*

Schmar·ren *der*; (-s); *süddeutsch* Ⓐ **1** Kurzwort für *Kaiserschmarren* **2** *gesprochen, abwertend* ≈ *Unsinn, Blödsinn* | *So ein Schmarren!*

Schmatz *der*; (-es, -e/Schmät·ze); *meist Singular; gesprochen* ein (lauter) Kuss

schmat·zen VERB (schmatzte, hat geschmatzt) laut essen | *Hör auf zu schmatzen!*

schmau·chen VERB (schmauchte, hat geschmaucht) **(etwas) schmauchen** mit Genuss rauchen ⟨eine Pfeife, eine Zigarre schmauchen⟩

Schmaus *der*; (-es); *veraltend* gutes Essen in großer Menge ⟨ein köstlicher Schmaus; einen Schmaus halten⟩ **K** Festschmaus, Hochzeitsschmaus, Leichenschmaus ● hierzu **schmau·sen** VERB *(hat)*

★ **schme·cken** VERB (schmeckte, hat geschmeckt) **1** **etwas schmecken** mit der Zunge den Geschmack von etwas erkennen oder spüren | *Schmeckst du den Wein in der Soße?* | *Ich habe sofort geschmeckt, dass die Milch nicht in Ordnung war* **2** **(etwas) schmecken** von etwas kosten **3** **etwas schmeckt irgendwie**; **etwas schmeckt nach etwas** etwas ruft das genannte Gefühl im Mund hervor oder hat den genannten Geschmack ⟨etwas schmeckt gut, salzig, scharf, süß, sauer, bitter, angebrannt⟩ | *Das Brot schmeckt wie selbst gebacken* | *Das Eis schmeckt nach Zitrone* **4** **etwas schmeckt (jemandem)** etwas ruft (bei jemandem) ein angenehmes Gefühl im Mund hervor | *Der Kaffee schmeckt* **5** **etwas schmeckt jemandem nicht** *gesprochen* etwas gefällt jemandem nicht | *Die ganze Sache schmeckt mir nicht* ■ ID **Lass es dir schmecken!**, **Lasst es euch schmecken!** verwendet, um jemanden freundlich zum Essen aufzufordern; **Das schmeckt nach mehr!** *gesprochen* Davon würde ich gern mehr essen

schmei·chel·haft ADJEKTIV **1** so, dass es jemandes Selbstbewusstsein hebt oder für jemanden sehr angenehm ist | *Ihr Angebot ist sehr schmeichelhaft für mich* **2** so, dass jemand sehr gut darauf aussieht ⟨ein Foto⟩

schmei·cheln VERB (schmeichelte, hat geschmeichelt) **1** **(jemandem) schmeicheln** eine Person sehr loben, damit sie freundlich ist oder damit man von ihr Hilfe bekommt ⟨jemandem mit schönen, vielen Worten schmeicheln⟩ **2** **etwas schmeichelt jemandem/etwas** etwas ist für jemanden angenehm und hebt das Selbstbewusstsein ⟨etwas schmeichelt jemandes Eitelkeit; sich geschmeichelt fühlen⟩ | *Es schmeichelte ihm sehr, dass man ihm die Leitung des Projekts anbot* **3** **etwas schmeichelt jemandem/etwas** etwas betont das Positive an einer Person | *Das Foto schmeichelt ihm aber sehr. In Wirklichkeit sieht er viel älter aus* ● zu (1) **Schmei·ch·ler** *der*; zu (1) **Schmei·ch·le·rin** *die*; zu (1) **schmei·ch·le·risch** ADJEKTIV

★ **schmei·ßen** VERB (schmiss, hat geschmissen); *gesprochen* **1** **etwas irgendwohin schmeißen** etwas mit einer kräftigen Bewegung des Arms irgendwohin fliegen lassen ≈ *werfen* | *die Schultasche in die Ecke schmeißen* **2** **etwas irgendwohin schmeißen** etwas plötzlich mit großem Schwung bewegen ≈ *werfen* | *die Tür ins Schloss schmeißen* **3** **etwas schmeißen** aufhören, etwas zu tun, weil man damit keinen Erfolg hat oder weil man keine Lust mehr dazu hat ⟨eine Ausbildung, einen Job, die Lehre, die Schule, das Studium⟩ **4** **etwas schmeißen** eine Aufgabe gut machen, sodass ein Betrieb o. Ä. gut funktioniert ⟨den Haushalt, den Laden schmeißen⟩ | *Mach dir keine Sorgen, wir werden die Sache schon schmeißen!* **5** **etwas schmeißen** etwas bezahlen ⟨eine Lage/eine Runde (Bier, Schnaps)⟩ **6** **etwas schmeißen** etwas organisieren und veranstalten ⟨eine Party schmeißen⟩ **7** **jemanden schmeißen** jemanden zwingen, einen Ort zu verlassen oder die Arbeit aufzugeben ⟨jemanden aus dem Haus, aus dem Zimmer, von der Schule schmeißen⟩ | *Sie haben ihn geschmissen, weil er etwas gestohlen hat* **8** **mit etwas (nach jemandem/etwas) schmeißen**; **mit etwas (auf jemanden/etwas) schmeißen** etwas in die Richtung einer Person/Sache fliegen lassen, um sie zu treffen ⟨mit Steinen, mit faulen Eiern schmeißen⟩ ≈ *werfen* **9** **mit etwas um sich schmeißen** etwas in großer Zahl oder Menge hergeben ⟨mit Geld, Geschenken um sich schmeißen⟩ **10** **sich irgendwohin schmeißen** sich mit viel Schwung irgendwohin fallen lassen ⟨sich aufs Bett, in den Sessel schmeißen⟩ **11** **sich in etwas** *(Akkusativ)* **schmeißen** elegante Kleidung anziehen ⟨sich in ein Abendkleid, in einen Smoking schmeißen⟩

Schmelz *der*; (-es) **1** Kurzwort für *Zahnschmelz* **2** Käse, Schokolade usw., die sehr cremig sind

schmel·zen VERB (schmilzt, schmolz, hat/ist geschmolzen) **1** **etwas schmilzt** *(ist)* etwas wird durch Wärme oder Hitze flüssig | *In der Sonne ist der Schnee schnell geschmolzen* **2** **etwas schmelzen** *(hat)* durch Wärme oder Hitze etwas Festes flüssig machen ⟨Eis, Eisen, Gold, Silber schmelzen⟩

Schmelz·kä·se *der* gelber, weicher Käse, den man aufs Brot streicht

Schmelz·ofen *der* ein großer Ofen in einer Fabrik, in dem Metalle flüssig gemacht werden

Schmelz·punkt *der* die Temperatur, bei der ein fester Stoff flüssig wird

Schmelz·tie·gel *der* **1** ein Topf zum Schmelzen von Metallen **2** **ein Schmelztiegel (verschiedener Nationalitäten** *o. Ä.*) ein Ort, an dem viele Leute aus verschiedenen Ländern zusammen leben und arbeiten

Schmelz·was·ser *das*; *meist Singular* Wasser, das aus Schnee oder Eis entsteht | *Das Schmelzwasser aus den Bergen verursachte Überschwemmungen im Tal*

Schmer·bauch *der*; *abwertend* ein dicker Bauch (mit viel Fett)

★ **Schmerz** *der*; (-es, -en) **1** *meist Plural* das unangenehme Gefühl im Körper, wenn man verletzt oder krank ist ⟨ein bohrender, brennender, dumpfer, stechender Schmerz; ein Schmerz durchfährt jemanden, lässt nach, klingt ab; Schmerzen betäuben, lindern⟩ | *Er hatte starke Schmerzen im Bauch* | *Die Verbrennungen bereiteten ihr unerträgliche Schmerzen* **K** Schmerzmittel, Schmerztablette, Schmerzensschrei, schmerzempfindlich, schmerzlindernd, schmerzverzerrt; Bauchschmerzen, Halsschmerzen, Kopfschmerzen, Rückenschmerzen, Zahnschmerzen **2** **der Schmerz (über etwas** *(Akkusativ)*) *meist Singular* das Gefühl, wenn man sehr traurig ist oder psychisch unter etwas leidet ≈ *Leid* | *aus Schmerz über einen Verlust weinen* | *tiefen Schmerz bei einer Trennung empfinden* **K** Abschiedsschmerz, Seelenschmerz, Trennungsschmerz ● hierzu **schmerz·los** ADJEKTIV; **schmerz·voll** ADJEKTIV; zu (1) **schmerz·frei** ADJEKTIV

schmer·zen VERB (schmerzte, hat geschmerzt) **1** **etwas schmerzt** etwas macht bei jemandem Schmerzen | *Mein gebrochenes Bein schmerzt* **2** **etwas schmerzt jemanden** etwas macht jemanden sehr traurig | *Es schmerzt mich, dich so leiden zu sehen*

Schmer·zens·geld *das*; *meist Singular* Geld, das jemand für Schmerzen bekommt, an welchen eine andere Person Schuld hat

schmerz·haft ADJEKTIV **1** mit großen körperlichen Schmerzen ⟨eine Behandlung, eine Krankheit, eine Wunde⟩ **2** mit großen seelischen Schmerzen ⟨eine Erfahrung, eine Trennung⟩

schmerz·lich ADJEKTIV so, dass jemand dabei Trauer und

Schmerz fühlt ⟨eine Erfahrung, eine Erinnerung, ein Verlust; jemanden/etwas schmerzlich vermissen⟩ | *Er hat die schmerzliche Erinnerung an seine Frau einfach nicht verkraftet*

schmerz·stil·lend ADJEKTIV so, dass es körperliche Schmerzen beseitigt ⟨ein Mittel; etwas wirkt schmerzstillend⟩

★ **Schmet·ter·ling** *der*; (-s, -e) **1** ein Insekt mit großen, meist schönen, bunten Flügeln ⟨ein Schmetterling flattert⟩ | *Die Raupe verpuppt sich, und aus der Puppe schlüpft dann der Schmetterling* K Schmetterlingsflügel, Schmetterlingsnetz, Schmetterlingssammlung **2** *ohne Artikel, nur Singular* ein Schwimmstil, bei dem man beide Arme gleichzeitig aus dem Wasser schwingt und die (geschlossenen) Beine wellenförmig bewegt ≈ *Delfin* K Schmetterlingsstil

SCHMETTERLING

schmet·tern VERB (schmetterte, hat geschmettert) **1** **jemanden/etwas irgendwohin schmettern** jemanden/etwas mit großer Kraft irgendwohin stoßen oder werfen | *Der Sturm schmetterte das Schiff gegen die Felsen* **2** **(etwas) (irgendwohin) schmettern** (beim Tennis, Volleyball o. Ä.) einen Ball mit großer Kraft (von oben nach unten) über das Netz schlagen ⟨einen Ball (übers Netz) schmettern⟩ K Schmetterball, Schmetterschlag **3** **etwas schmettert** etwas ist sehr laut zu hören ⟨Fanfaren, Posaunen, Trompeten⟩

Schmied *der*; (-(e)s, -e) eine Person, die beruflich Metall, vor allem Eisen, bearbeitet und formt | *Der Schmied steht am Amboss* K Dorfschmied, Goldschmied, Hufschmied, Kunstschmied, Waffenschmied ● hierzu **Schmie·din** *die*

Schmie·de *die*; (-, -n) das Haus oder der Betrieb, in dem ein Schmied arbeitet K Dorfschmiede, Hammerschmiede, Waffenschmiede

schmie·den VERB (schmiedete, hat geschmiedet) **1** **(etwas) schmieden** Metall erhitzen und bearbeiten, formen | *Kupfer (zu einem Kessel) schmieden* K Schmiedeeisen, Schmiedefeuer, Schmiedehammer, Schmiedehandwerk, Schmiedekunst, Schmiedeofen **2** **(etwas) schmieden** etwas aus glühendem Metall formen ⟨ein Hufeisen, einen Kessel, ein Schwert schmieden⟩ K Schmiedearbeit **3** **Pläne schmieden** Pläne machen **4** **ein Komplott, Ränke schmieden** *geschrieben* ≈ *intrigieren*

schmie·gen VERB (schmiegte, hat geschmiegt) **etwas/sich irgendwohin schmiegen** einen Körperteil/sich gegen jemanden oder etwas Weiches, Warmes drücken, weil man zärtlich sein will oder damit man sich sicher und wohl fühlt ⟨sich in jemandes Arme, eng an jemanden, in eine Decke schmiegen⟩ | *Das Mädchen schmiegte die Wange an das weiche Fell der Katze* H kein Passiv

schmieg·sam ADJEKTIV ⟨Leder, Stiefel⟩ so weich, dass sie sich leicht einer Form anpassen ● hierzu **Schmieg·samkeit** *die*

Schmie·re *die*; (-, -n); *meist Singular* Fett oder Öl, mit dem man etwas schmiert ■ ID **Schmiere stehen** *gesprochen* bei einem Verbrechen o. Ä. aufpassen, ob jemand kommt, damit man die anderen Verbrecher warnen kann

★ **schmie·ren** VERB (schmierte, hat geschmiert) **1** **etwas schmieren** Fett oder Öl auf Teile einer Maschine oder eines Geräts geben, damit diese sich leichter und schneller bewegen ⟨eine Fahrradkette, eine Maschine, die Räder schmieren⟩ K Schmiermittel, Schmieröl **2** **etwas irgendwohin schmieren** *gesprochen* eine weiche Masse mit dem Messer oder der Hand verteilen ⟨Butter, Honig, Schmalz aufs Brot schmieren; sich (*Dativ*) Creme ins Gesicht, Pomade ins Haar schmieren⟩ ≈ *streichen* **3** **etwas irgendwohin schmieren** *gesprochen, abwertend* etwas auf einen Gegenstand schreiben oder malen, wo es nicht erlaubt ist ⟨den Namen, einen Spruch auf die Schulbank, an die Wand schmieren⟩ **4** **jemanden schmieren** *gesprochen, abwertend* jemanden bestechen | *Die beiden Polizisten waren geschmiert worden* K Schmiergeld **5** **jemandem eine schmieren** *gesprochen* eine Person mit der Hand ins Gesicht schlagen **6** **(etwas) schmieren** *gesprochen, abwertend* einen Text schnell und ohne Sorgfalt schreiben (so dass er schwer zu lesen ist) ⟨einen Artikel, einen Aufsatz schmieren⟩ | *Schmier doch nicht immer so!* K Schmierheft, Schmierpapier, Schmierzettel **7** **etwas schmiert** etwas gibt Tinte oder Farbe nicht sauber ab | *Mein Kugelschreiber schmiert* ● zu (3,6) **Schmie·rer** *der*

Schmie·ren·ko·mö·die *die*; *abwertend* ein Versuch, Personen zu überzeugen, der lächerlich wirkt und wie ein sehr schlecht gespieltes Theaterstück

Schmie·ren·the·a·ter *das* ≈ *Schmierenkomödie*

Schmier·fink *der*; *gesprochen* **1** *meist humorvoll* ein Kind, das nicht schön schreibt oder das sich oft schmutzig macht **2** *abwertend* eine Person, die (politische o. Ä.) Parolen an Wände schreibt

schmie·rig ADJEKTIV **1** schmutzig und feucht oder klebrig ⟨eine Schmutzschicht⟩ | *Von dem verspritzten Fett ist der Herd ganz schmierig* K Schmierfilm **2** *abwertend* auf unehrliche und unangenehme Art freundlich ⟨ein Kerl, ein Typ; schmierig grinsen⟩ **3** *abwertend* ⟨ein Witz⟩ ≈ *unanständig* ● zu (2,3) **Schmie·rig·keit** *die*

schmilzt *Präsens, 3. Person Singular* → schmelzen

★ **Schmin·ke** *die*; (-) ein Puder oder eine Creme, die eine Frau oder ein Schauspieler auf das Gesicht aufträgt, um besser oder anders auszusehen ⟨Schminke auftragen, benutzen, abmachen⟩ ≈ *Make-up* K Schminkkoffer, Schminktisch, Schminktopf; Clownsschminke, Faschingsschminke, Karnevalsschminke

★ **schmin·ken** VERB (schminkte, hat geschminkt) **jemanden/etwas schminken; jemandem etwas schminken** Schminke oder Make-up auftragen ⟨(sich (*Dativ*)) die Augen, die Lippen, das Gesicht schminken⟩ | *einen Schauspieler für den Auftritt schminken* | *Sie schminkt sich immer sehr stark*

schmir·geln VERB (schmirgelte, hat geschmirgelt) **1** **(etwas) schmirgeln** etwas glatt machen oder Farbe oder Rost davon entfernen, indem man mit einem rauen, festen Papier (Sandpapier) reibt ⟨ein Rohr, einen Zaun schmirgeln⟩ K Schmirgelpapier **2** **etwas von etwas schmirgeln** Farbe oder Rost von etwas (meist vor dem Malen) mit Sandpapier entfernen

schmiss *Präteritum, 1. und 3. Person Singular* → schmeißen

Schmö·ker *der*; (-s, -); *gesprochen* ein dickes, literarisch meist nicht wertvolles Buch

schmö·kern VERB (schmökerte, hat geschmökert) **(in etwas (*Dativ*)) schmökern** *gesprochen* in einem Buch blättern und lesen | *auf dem Dachboden alte Bücher finden und darin schmökern*

schmol·len VERB (schmollte, hat geschmollt) schweigen und ein beleidigtes Gesicht machen, weil man sich über jemanden ärgert K Schmollmund

Schmoll·win·kel *der* **sich in den Schmollwinkel zurückziehen** sich beleidigt zurückziehen

schmolz *Präteritum, 1. und 3. Person Singular* → schmelzen

Schmon·zet·te *die*; (-, -n); *gesprochen, abwertend* ein Buch oder Film mit niedrigem Niveau, die das Publikum zu Tränen rühren wollen

schmo·ren VERB (schmorte, hat geschmort) **1** **etwas schmo-**

S

ren etwas kurze Zeit braten und dann zudecken und mit wenig Flüssigkeit gar werden lassen ⟨einen Braten, Fleisch im eigenen Saft schmoren⟩ K Schmorbraten **2** **etwas schmort** etwas wird in einem geschlossenen Gefäß mit wenig Flüssigkeit gar ⟨ein Braten, Rouladen⟩ **3** **irgendwo schmoren** *gesprochen* irgendwo sein, wo es sehr heiß ist und dabei kräftig schwitzen ⟨in der Sauna, in der Sonne schmoren⟩

schmo·ren las·sen, schmo·ren·las·sen VERB (ließ schmoren, hat schmoren lassen/schmorenlassen) **jemanden schmoren lassen** *gesprochen* jemanden in einer unangenehmen Situation längere Zeit auf eine Antwort, eine Entscheidung o. Ä. warten lassen H Im Perfekt gesprochen auch *hat schmoren gelassen*

Schmu *der*; (-s); *gesprochen* ein kleiner oder harmloser Betrug

schmuck ADJEKTIV ⟨ein Haus, ein Paar, eine Uniform; schmuck aussehen⟩ ≈ *hübsch*

★ **Schmuck** *der*; (-(e)s) **1** Dinge wie Ketten, Ringe, Armreifen o. Ä., die man am Körper trägt, um schöner auszusehen oder den eigenen Reichtum deutlich zu zeigen ⟨kostbarer, echter, goldener, silberner Schmuck; Schmuck anlegen, tragen, ablegen⟩ K Schmuckkästchen, Schmuckstein, Schmuckstück; Brillantschmuck, Goldschmuck, Modeschmuck **2** alles, was eine Person oder eine Sache schöner macht | *Ihr einziger Schmuck waren ihre langen schwarzen Haare* K Altarschmuck, Blumenschmuck, Christbaumschmuck, Fahnenschmuck, Federschmuck, Fensterschmuck, Hochzeitsschmuck, Tischschmuck, Wandschmuck • zu (2) **schmuck·los** ADJEKTIV

★ **schmü·cken** VERB (schmückte, hat geschmückt) **1** **etwas schmücken** sich selbst oder eine Sache schöner machen, indem man schöne Gegenstände hinzufügt bzw. trägt | *einen Tisch mit Blumen schmücken* | *Der Weihnachtsbaum war mit Kugeln und Kerzen geschmückt* **2** **etwas schmückt etwas** etwas dient als Schmuck für etwas | *Blumen schmückten ihr Haar*

schmud·de·lig ADJEKTIV; *gesprochen* schmutzig und nicht gepflegt ⟨Kleider, ein Hemd, ein Restaurant, ein Lokal; schmuddelig aussehen⟩

Schmud·del·wet·ter *das*; *gesprochen* unangenehm regnerisches Wetter ⟨herbstliches, winterliches, nasskaltes Schmuddelwetter⟩

schmudd·lig ADJEKTIV; *gesprochen* ≈ *schmuddelig*

★ **Schmug·gel** *der*; (-s) die Handlungen, durch die jemand Waren illegal über eine Landesgrenze bringt ⟨(mit etwas) Schmuggel (be)treiben; vom Schmuggel leben⟩ K Devisenschmuggel, Drogenschmuggel, Rauschgiftschmuggel, Waffenschmuggel

S

schmug·geln VERB (schmuggelte, hat geschmuggelt) **1** **(jemanden/etwas) (irgendwohin) schmuggeln** Personen oder Waren illegal in ein Land bringen oder aus einem Land ausführen ⟨Drogen, Waffen, Geld, Tabak, Zigaretten schmuggeln; etwas über die Grenze schmuggeln; jemanden beim Schmuggeln erwischen⟩ K Schmuggelware **2** **jemanden irgendwohin schmuggeln**; **(jemandem) etwas (irgendwohin) schmuggeln** jemanden/etwas heimlich an einen Ort bringen | *dem Gefangenen eine Waffe in die Zelle schmuggeln* | *Er versuchte, ein Mädchen auf das Zimmer im Internat zu schmuggeln*

Schmugg·ler *der*; (-s, -) eine Person, die schmuggelt K Schmugglerbande, Schmugglerorganisation, Schmugglerring, Schmugglerschiff; Drogenschmuggler, Waffenschmuggler • hierzu **Schmugg·le·rin** *die*

schmun·zeln VERB (schmunzelte, hat geschmunzelt) **(über jemanden/etwas) schmunzeln** lächeln, weil man jemanden/etwas lustig oder amüsant findet

Schmus *der*; (-es); *gesprochen, abwertend* **1** ≈ *Blödsinn* **2** Worte, mit denen man jemandem schmeichelt

Schmu·se·kat·ze *die*; *gesprochen* eine (meist weibliche) Person, die gern zärtlich ist

schmu·sen VERB (schmuste, hat geschmust) **(mit jemandem) schmusen** *gesprochen* jemanden zärtlich streicheln, küssen | *mit den Kindern schmusen* • hierzu **Schmu·ser** *der*; **Schmu·se·rin** *die*

★ **Schmutz** *der*; (-es) Substanzen wie z. B. nasse Erde oder Staub, Ruß usw., die bewirken, dass eine Person oder Sache nicht sauber ist ⟨den Schmutz entfernen; etwas von Schmutz befreien, reinigen⟩ | *den Schmutz von den Schuhen putzen* | *ein Schmutz abweisendes Material* K Schmutzfleck, Schmutzschicht, Schmutzwäsche, Schmutzwasser; schmutzabweisend; Straßenschmutz ■ ID **jemanden/etwas durch/in den Schmutz ziehen**, **jemanden/etwas mit Schmutz bewerfen** schlechte Dinge über jemanden/etwas sagen

Schmutz·ar·beit *die* eine Arbeit, bei der viel Schmutz entsteht und bei der man meist schmutzig wird

schmut·zen VERB (schmutzte, hat geschmutzt) **etwas schmutzt** etwas wird schnell und leicht schmutzig oder sieht schmutzig aus | *Weiße Kleidung schmutzt schnell*

Schmutz·fink *der*; *gesprochen* eine Person, die es nicht stört, wenn sie selbst oder etwas schmutzig ist

★ **schmut·zig** ADJEKTIV **1** voller Schmutz ⟨Hände, Kleidung, die Wäsche; jemanden/etwas schmutzig machen⟩ **2** so, dass dabei viel Schmutz entsteht ⟨eine Arbeit⟩ **3** (in Bezug auf Farben) nicht sehr hell und rein ⟨schmutziges blau, grau, grün; ein schmutziges Blau⟩ **4** so, dass sie auf unangenehme Art mit Sex zu tun haben ⟨Witze, Bemerkungen; schmutzig lachen⟩ | *Du hast eine schmutzige Fantasie* **5** verboten oder unmoralisch ⟨Geschäfte⟩

★ **Schna·bel** *der*; (-s, Schnä·bel) **1** der Teil des Kopfes, mit dem Vögel die Nahrung aufnehmen ⟨ein gekrümmter, breiter Schnabel; ein Vogel reißt/sperrt den Schnabel auf, wetzt den Schnabel⟩ K Schnabelhieb; Entenschnabel, Geierschnabel, Storchenschnabel **2** *süddeutsch* Ⓐ Ⓒⓗ die schmale Öffnung an einer Kanne, aus der man die Flüssigkeit gießt | *der Schnabel einer Teekanne* K Schnabeltasse ■ ID **reden/sprechen, wie einem der Schnabel gewachsen ist** *gesprochen* eine Person redet so, wie es ihr gerade einfällt; **Halt (endlich) den Schnabel!** *gesprochen* Sei still! • zu (1) **schna·bel·för·mig** ADJEKTIV

schnä·beln VERB (schnäbelte, hat geschnäbelt) **ein Vogel schnäbelt mit einem Vogel**; **zwei Vögel schnäbeln** zwei Vögel berühren sich immer wieder zärtlich mit dem Schnabel

Schna·bel·tier *das* ein Säugetier mit einem Schnabel, das Eier legt und in Australien vorkommt

schna·bu·lie·ren VERB (schnabulierte, hat schnabuliert) **(etwas) schnabulieren** *gesprochen, oft humorvoll* etwas mit großem Vergnügen essen ⟨Schokolade, Gummibärchen, Kekse, Plätzchen, Kuchen schnabulieren⟩ ≈ *naschen* | *Bonbons schnabulieren*

Schnack *der*; (-(e)s); *norddeutsch, gesprochen* ⟨einen Schnack halten⟩ ≈ *Plauderei, Unterhaltung*

schna·ckeln VERB (schnackelte, hat geschnackelt); *gesprochen* **1** **bei Personen schnackelt es** Personen verlieben sich ineinander **2** **bei jemandem schnackelt es** jemand versteht etwas plötzlich **3** **es schnackelt** etwas rastet irgendwo ein | *Bei mir schnackelt es manchmal so komisch im Knie* **4** **es schnackelt** etwas funktioniert, läuft gut | *In letzter Zeit ging einiges schief, aber jetzt schnackelt es wieder*

schnack·seln VERB (schnackselte, hat geschnackselt); *gespro-*

chen!, abwertend **(mit jemandem) schnackseln** Sex haben

Schna·ke *die;* (-, -n) eine Mücke mit dünnem Körper und langen, dünnen Beinen und Flügeln. Schnaken können stechen ≈ *Stechmücke* **K** Schnakenplage, Schnakenstich

Schnal·le *die;* (-, -n) **1** mit einer Schnalle (aus Metall oder Plastik) zieht man einen Riemen oder einen Gürtel enger **K** Schnallenschuh; Gürtelschnalle, Rucksackschnalle **2** *süddeutsch* Ⓐ ≈ *Klinke* **3** *gesprochen* ⚠ verwendet als abwertende und beleidigende Bezeichnung für eine Frau

schnal·len VERB (schnallte, hat geschnallt) **1** **(sich** *(Dativ)*) **etwas irgendwohin schnallen** etwas mit Riemen oder mit Schnüren irgendwo befestigen | *den Koffer aufs Fahrrad schnallen* | *Ich schnallte mir den Gürtel um die Hüfte* **2** **etwas von etwas schnallen** die Riemen, Schnüre usw., mit denen etwas befestigt ist, lösen | *die Skier vom Autodach schnallen* | *den Rucksack vom Rücken schnallen* **3** **etwas weiter/enger schnallen** eine Schnalle weiter außen/innen befestigen und so etwas weiter/enger machen | *die Riemen am Rucksack weiter schnallen* | *den Gürtel enger schnallen* **4** **etwas schnallen** *gesprochen* ≈ *verstehen, kapieren* ■ **ID** → Gürtel

schnal·zen VERB (schnalzte, hat geschnalzt) **(mit etwas) schnalzen** ein kurzes lautes Geräusch (wie einen kleinen Knall) erzeugen ⟨mit der Zunge, mit den Fingern, mit der Peitsche schnalzen⟩ **K** Schnalzlaut

schnapp! verwendet, um das Geräusch wiederzugeben, mit dem z. B. eine Tür ins Schloss fällt

Schnäpp·chen *das;* (-s, -) etwas, das man zu einem sehr günstigen Preis kaufen kann

★ **schnap·pen** VERB (schnappte, hat/ist geschnappt) **1** **(sich** *(Dativ)*) **jemanden/etwas schnappen** *(hat)* jemanden/etwas mit einer schnellen Bewegung nehmen und behalten ≈ *packen* | *Der Taschendieb schnappte meine Geldbörse und rannte davon* **2** **ein Tier schnappt ein Insekt** *o. Ä. (hat)* ein Tier nimmt mit einer schnellen Bewegung ein Insekt o. Ä. mit dem Maul, meist um es zu fressen | *Der Frosch schnappte die Fliege* **3** **jemanden schnappen** *gesprochen (hat)* ⟨einen Dieb, einen Einbrecher schnappen⟩ ≈ *festnehmen, fangen* **4** **(sich** *(Dativ)*) **etwas schnappen** *gesprochen (hat)* (sich) etwas nehmen | *Los, schnapp dir den Tennisschläger, und dann fahren wir!* **5** **ein Tier schnappt (nach jemandem/etwas)** *(hat)* ein Tier versucht mit einer schnellen Bewegung, jemanden/etwas mit dem Maul zu fangen | *Die Kinder fürchten sich vor dem kleinen Hund, weil er immer nach ihnen schnappt* **6** **etwas schnappt irgendwohin** *(ist)* etwas kommt in eine (meist vorgesehene oder vorgeschriebene) Lage oder Position | *Die Tür ist ins Schloss geschnappt* **7** **nach Luft schnappen** *(hat)* angestrengt versuchen, zu atmen ■ **ID** **(ein bisschen) frische Luft schnappen** nach draußen gehen, um frische Luft zu bekommen

Schnapp·schuss *der* ein Foto, bei welchem die Beteiligten nicht extra posieren, sondern etwas ganz natürlich machen ⟨einen Schnappschuss von jemandem machen⟩

★ **Schnaps** *der;* (-es, Schnäp·se) ein starkes alkoholisches Getränk, das aus Obst, Kartoffeln oder Getreide gemacht wird ⟨Schnaps brennen⟩ **K** Schnapsbrenner, Schnapsbrennerei, Schnapsflasche, Schnapsglas; Anisschnaps, Birnenschnaps, Kräuterschnaps, Wacholderschnaps, Zwetschgenschnaps **H** zu *Schnapsglas* → Abb. unter **Glas**

Schnaps·idee *die* eine unrealistische, verrückte Idee

schnar·chen VERB (schnarchte, hat geschnarcht) **1** mit einem (lauten) Geräusch durch die Nase und durch den Mund atmen, während man schläft **2** *gesprochen* ≈ *schlafen* ● hierzu **Schnar·cher** *der;* **Schnar·che·rin** *die*

schnar·ren VERB (schnarrte, hat geschnarrt) **(etwas) schnarren** etwas mit einer unangenehmen harten Stimme sagen **H** Das Objekt ist meist ein Satz.

schnat·tern VERB (schnatterte, hat geschnattert) **1** **Gänse/Enten schnattern** Gänse oder Enten geben (aufgeregt) die Laute von sich, die typisch für ihre Art sind **2** **Mädchen schnattern** *gesprochen* mehrere Mädchen unterhalten sich aufgeregt (meist über unwichtige Dinge)

schnau·ben VERB (schnaubte/ *veraltet* schnob, hat geschnaubt/ *veraltet* hat geschnoben) **1** **ein Pferd schnaubt** ein Pferd macht ein lautes Geräusch, indem es kräftig durch die Nase atmet **2** **(vor etwas** *(Dativ)*) **schnauben** sich vor Wut o. Ä. kaum mehr beherrschen können ⟨vor Wut, Ärger, Entrüstung schnauben⟩

schnau·fen VERB (schnaufte, hat geschnauft) schwer und laut atmen | *Auf dem Weg zum Gipfel kamen wir alle ganz schön ins Schnaufen*

Schnauz·bart *der* ≈ *Schnurrbart* ● hierzu **schnauz·bär·tig** ADJEKTIV

★ **Schnau·ze** *die;* (-, -n) **1** das lange Maul mancher Tiere, das zusammen mit der Nase ein Ganzes bildet | *dem Hund einen Maulkorb über die Schnauze binden* **K** Hundeschnauze, Schweineschnauze **2** *gesprochen!, abwertend* ≈ *Mund* ■ **ID** **frei (nach) Schnauze** *gesprochen* ohne Plan oder genaues Konzept; **(von jemandem/etwas) die Schnauze (gestrichen) voll haben** *gesprochen!* nichts mehr mit einer Person/etwas zu tun haben mögen (weil man sich schon lange ärgern musste); **auf die Schnauze fallen** *gesprochen!* **a** hinfallen, schwer stürzen **b** mit etwas keinen Erfolg haben **H** Viele Wendungen, die unter *Mund* und *Maul* aufgeführt sind, hört man auch mit *Schnauze*.

schnau·zen VERB (schnauzte, hat geschnauzt) **(etwas) schnauzen** *gesprochen* etwas mit lauter Stimme und voll Ärger sagen ≈ *schimpfen* | *„Lass mich in Ruhe!", schnauzte sie* **H** Das Objekt ist oft ein Ausruf.

schnäu·zen VERB (schnäuzte, hat geschnäuzt) **(sich** *(Dativ)*) **schnäuzen** Luft kräftig durch die Nase pressen, damit die Flüssigkeit aus der Nase kommt ⟨sich die Nase schnäuzen⟩

Schnau·zer *der;* (-s, -) **1** ein kleiner schwarzer oder grauer Hund mit kurzem Fell **2** *gesprochen* ≈ *Schnurrbart*

Schne·cke *die;* (-, -n) **1** ein kleines Tier mit einem weichen Körper und ohne Beine, das nur sehr langsam kriecht. Manche Schnecken haben eine harte, runde Schale (das Schneckenhaus) auf dem Rücken, in der sie sich verstecken können **K** Gehäuseschnecke, Nacktschnecke, Wegschnecke, Weinbergschnecke **2** etwas mit der Form einer Spirale (wie bei einem Schneckenhaus) | *die Schnecke am Hals einer Geige* **3** ein Gebäck in der Form einer Spirale **K** Mohnschnecke, Nussschnecke **4** *gesprochen* ⚠ von manchen Männern als Bezeichnung oder Anrede für Frauen verwendet | *Siehst du die süße Schnecke da drüben?* **5** *gesprochen, abwertend* eine Person, die sehr langsam arbeitet ■ **ID** **jemanden zur Schnecke machen** *gesprochen* jemanden sehr scharf kritisieren

schne·cken·för·mig ADJEKTIV in der Form einer Spirale (wie sie ein Schneckenhaus hat) | *das schneckenförmige Gewinde einer Schraube*

Schne·cken·haus *das* die harte Schale, die manche Schnecken auf dem Rücken tragen und die wie eine Spirale gewunden ist ■ **ID** **sich in sein Schneckenhaus zurückziehen** niemanden sehen und mit niemandem reden wollen

Schne·cken·tem·po *das* **im Schneckentempo** sehr langsam

★ **Schnee** *der;* (-s) **1** die weißen, weichen Flocken, die im Winter statt Regen auf die Erde fallen ⟨pappiger, pulveriger, trockener, nasser Schnee; es fällt Schnee; der Schnee

S

knirscht, schmilzt, taut, friert, bleibt liegen; Schnee fegen, kehren, räumen, schippen, schaufeln; weiß wie Schnee; durch den Schnee stapfen⟩ | *Auf der Zugspitze liegen/liegt bereits zwei Meter Schnee* K Schneeball, Schneebrille, Schneefall, Schneeflocke, Schneegestöber, Schneematsch, Schneeregen, Schneeschauer, Schneeschaufel, Schneeschicht, Schneeschippe, Schneeschmelze, Schneesturm, Schneewehe, schneebedeckt, schneefrei, schneeweiß; Neuschnee, Pappschnee, Pulverschnee H Als Plural wird *Schneefälle* verwendet. Zu *Schneeschaufel* → Abb. unter **Schaufel**. **2** steif geschlagenes Eiweiß ⟨Schnee schlagen; das Eiweiß zu Schnee schlagen⟩ K Ei(er)schnee **3** *gesprochen* Kokain in Form eines weißen Pulvers ⟨Schnee schnupfen; mit Schnee handeln⟩ ■ ID **Schnee von gestern/vorgestern/vom letzten Jahr** Dinge, die nicht mehr aktuell sind

Schnee·ball|schlacht *die* ein Spiel, bei dem vor allem Kinder mit kleinen Bällen aus Schnee aufeinander werfen ⟨eine Schneeballschlacht machen⟩

Schnee·be·sen *der* ein Gerät mit einem Stiel und gebogenen Drähten, mit dem man Eiweiß zu einer lockeren Masse schlägt

Schnee·brett *das* eine Schicht aus hartem, gefrorenem Schnee, die vom Hang eines Berges abbrechen kann, wenn man darübergeht ⟨ein Schneebrett lostreten; ein Schneebrett löst sich⟩ K Schneebrettgefahr

Schnee·de·cke *die* eine dicke Schicht Schnee

Schnee·frä·se *die* ein Gerät, welches den Schnee von der Straße wegbläst

Schnee·glät·te *die; nur Singular* Glätte auf der Straße, welche durch festgefahrenen Schnee entstanden ist • hierzu **schnee·glatt** ADJEKTIV

Schnee·glöck·chen *das;* (-s, -) eine kleine Blume mit weißen Blüten in der Form kleiner Glocken, die schon im Winter blüht

Schnee·ka·no·ne *die* ein Gerät, mit dem man künstlich Schnee erzeugt (damit man Ski fahren kann)

Schnee·ket·ten *die; Plural* ein Netz aus Metallketten, die man über die Räder eines Autos o. Ä. spannt, damit sie nicht rutschen K Schneekettenpflicht

Schnee·kö·nig *der* ■ ID **sich freuen wie ein Schneekönig** *gesprochen* sich sehr freuen

Schnee·mann *der* eine Figur, die aus Schnee gemacht wird ⟨einen Schneemann bauen⟩

Schnee·mensch *der* ≈ *Yeti*

Schnee·pflug *der* **1** ein Fahrzeug, mit dem man Schnee, der auf der Straße liegt, zur Seite schiebt **2** *nur Singular* eine Technik beim Skifahren, bei der man die Skier hinten weit auseinander- und vorn eng zusammenbringt und so langsam fahren und bremsen kann ⟨(im) Schneepflug fahren⟩

Schnee·schuh *der* wenn man Schneeschuhe trägt, sinkt man im tiefen Schnee nicht bei jedem Schritt ein

schnee·si·cher ADJEKTIV mit so viel Schnee im Winter, dass man dort mit Sicherheit Ski fahren kann ⟨ein Ort, eine Lage, eine Gegend⟩

Schnee·trei·ben *das; meist Singular* heftiger Schneefall bei starkem Wind

Schnee·ver·hält·nis·se *die; Plural* die Menge und die Qualität des Schnees an einem Ort | *gute Schneeverhältnisse zum Skifahren antreffen*

Schnee·ver·we·hung *die; meist Plural* eine lockere, aber relativ dicke Schicht Schnee, welche der Wind irgendwohin geweht hat

Schnee·witt·chen *das;* (-s) ein Mädchen im Märchen, das bei den sieben Zwergen wohnt

Schneid *der;* (-(e)s); *gesprochen* ⟨(keinen) Schneid haben; jemandem fehlt der Schneid, etwas zu tun⟩ ≈ *Mut* ■ ID **jemandem den Schneid abkaufen** jemandem den Mut nehmen

Schnei·de *die;* (-, -n) der dünne, scharfe Teil eines Messers, einer Schere o. Ä., der schneidet ⟨eine scharfe, stumpfe Schneide; die Schneide schleifen, schärfen⟩

★ **schnei·den** VERB (schnitt, hat geschnitten)

▸mit Messer, Schere usw.: **1** **etwas (in etwas** *(Akkusativ)*) **schneiden** etwas mit einem Messer, einer Schere o. Ä. in Teile trennen ⟨etwas klein schneiden⟩ | *Wurst in Scheiben, in Stücke, in Würfel oder in Streifen schneiden* | *den Apfel in zwei Hälften schneiden* **2** **etwas schneiden** etwas mit einem Messer, einer Schere o. Ä. von etwas trennen ⟨Blumen, Getreide schneiden⟩ | *einen toten Ast vom Baum schneiden* | *eine Annonce aus der Zeitung schneiden* **3** **etwas schneiden** etwas mit einem Messer, einer Schere oder einer Säge herstellen ⟨Balken, Bretter schneiden⟩ | *ein Loch ins Tischtuch schneiden* | *ein Herz in den Stamm der Eiche schneiden* **4** **etwas in etwas** *(Akkusativ)* **schneiden** etwas schneiden und in eine Speise geben | *Wurst in den Salat schneiden* **5** **(jemandem) etwas schneiden** etwas mit einem Messer, einer Schere o. Ä. kürzer machen ⟨die Hecke, die Sträucher; jemandem die Haare, die Nägel schneiden⟩ | *Ich muss mir mal wieder die Haare schneiden lassen* | *Sie schnitt sich die Fingernägel* **6** **jemanden (in etwas** *(Akkusativ)*) **schneiden**; **jemandem in etwas** *(Akkusativ)* **schneiden** jemanden oder sich selbst mit einem Messer oder mit einer Schere verletzen | *sich beim Rasieren schneiden* | *Pass auf, dass du dich an den Glasscherben nicht schneidest* | *Ich habe mich/mir in den Daumen geschnitten* **7** **in etwas** *(Akkusativ)* **schneiden** etwas mit einer Schere o. Ä. beschädigen | *Sie schnitt beim Basteln aus Versehen in die Tischdecke*

▸beim Fahren: **8** **eine Kurve schneiden** auf dem kürzesten Weg durch eine Kurve fahren **9** **jemanden/etwas schneiden** beim Überholen oder beim Wechseln der Spur das Fahrzeug so knapp vor ein anderes lenken, dass dessen Fahrer bremsen muss

▸andere Verwendungen: **10** **etwas schneidet gut/schlecht** ein Messer, eine Schere o. Ä. ist scharf/ist nicht scharf **11** **etwas schneiden** aus Teilen von Filmen oder Tonaufnahmen die Version machen, die das Publikum sehen oder hören soll **12** **etwas schneidet etwas**; **Linien** *o. Ä.* **schneiden sich** Linien o. Ä. treffen sich in einem Punkt, kreuzen sich | *Dort, wo die Bahnlinie die Straße schneidet, wurde eine Unterführung gebaut* | *Parallelen sind Geraden, die sich nicht schneiden* **13** **jemanden schneiden** eine Person absichtlich nicht ansehen und nicht mit ihr sprechen ≈ *ignorieren* | *Seit unserem kleinen Streit schneidet sie mich* **14** **Fratzen/Grimassen schneiden** sein Gesicht so verziehen, dass es lächerlich oder abstoßend aussieht

■ ID **eine Luft zum Schneiden** a sehr schlechte Luft in einem geschlossenen Raum, heiß und/oder voller Rauch b eine sehr angespannte Stimmung, in der keiner spricht, es aber leicht zum Streit kommen kann; **…, dann hast du dich geschnitten** *gesprochen* drückt aus, dass nicht geschehen wird, was jemand wünscht | *Wenn du glaubst, er hilft dir, dann hast du dich geschnitten*

Schnei·der *der;* (-s, -) **1** eine Person, die beruflich aus Stoff Kleider, Mäntel, Jacken usw. macht K Schneideratelier, Schneidergeselle, Schneiderhandwerk, Schneiderkreide, Schneidermeister, Schneiderwerkstatt; Damenschneider, Herrenschneider, Maßschneider **2** ein sehr schlechtes Ergebnis, vor allem beim Kartenspielen und beim Tischtennis ⟨(im) Schneider sein⟩ **3** *gesprochen* als Bezeichnung für verschiedene Insekten und Spinnen mit sehr langen, dünnen

Beinen verwendet ■ ID **frieren wie ein Schneider** *gesprochen* sehr stark frieren; **aus dem Schneider sein** in einer schwierigen Situation das Schlimmste hinter sich haben oder nicht mehr in Gefahr sein • zu (1) **Schnei·de·rin** *die*

★ **Schnei·de·rei** *die;* (-, -en) **1** die Werkstatt, in der ein Schneider arbeitet **K** Änderungsschneiderei, Damenschneiderei, Herrenschneiderei, Maßschneiderei **2** *nur Singular* die Tätigkeit eines Schneiders

schnei·dern VERB (schneiderte, hat geschneidert) **(etwas) schneidern** (als Schneider) Kleider, Mäntel usw. machen ⟨einen Anzug, ein Kostüm schneidern⟩

Schnei·der·sitz *der; meist Singular* eine Sitzposition (vor allem am Boden), bei der man die Beine wie ein *X* übereinanderlegt ⟨im Schneidersitz sitzen⟩

Schnei·de·zahn *der; meist Plural* einer der dünnen, breiten und scharfen Zähne vorne im Mund

schnei·dig ADJEKTIV; *süddeutsch* Ⓐ, *gesprochen* mutig und mit viel Temperament

★ **schnei·en** VERB (schneite, hat geschneit) **es schneit** Schnee fällt ⟨es schneit heftig, stark, dicht, leicht⟩

Schnei·se *die;* (-, -n) ein meist langer und schmaler Streifen (vor allem in einem Wald), in welchem die Bäume und Büsche entfernt wurden ⟨eine Schneise (in den Wald) schlagen, hauen⟩ **K** Waldschneise

★ **schnell** ■ ADJEKTIV **1** mit hoher Geschwindigkeit ≈ *rasch* ↔ *langsam* | *zu schnell in eine Kurve fahren* | *Mach keine schnellen Bewegungen, sonst erschrickt das Tier* | *Wenn du so schnell sprichst, verstehe ich dich nicht* **2** so, dass es nur wenig Zeit braucht ≈ *rasch* | *einen schnellen Entschluss fassen* | *schnell auf ein Ereignis reagieren* | *Die Nachricht breitete sich schnell aus* | *Sie gewöhnten sich schnell an das tropische Klima* **K** blitzschnell, pfeilschnell **3** so (gebaut), dass hohe Geschwindigkeiten möglich sind ⟨ein Auto, ein Fahrrad, eine Straße, eine Strecke⟩ ↔ *langsam*
■ PARTIKEL *unbetont* **4** *gesprochen* in Fragen bittet man mit *schnell* um Hilfe, weil man sich an etwas gerade nicht erinnern kann ≈ *gleich* | *Wie heißt sie noch schnell?* ■ ID **So schnell macht mir/dir/... das keiner nach** *gesprochen* Das ist/war sehr schwierig und können andere nicht • zu (1 – 3) **Schnel·lig·keit** *die*

Schnell·bahn *die* ≈ *S-Bahn*

Schnel·le *die* ■ ID **auf die Schnelle** *gesprochen* **a** ohne es genau und sorgfältig zu machen | *Ich habe den Brief auf die Schnelle getippt und viele Fehler gemacht* **b** in kurzer Zeit | *Wo kriege ich auf die Schnelle 500 € her?*

schnel·len VERB (schnellte, ist geschnellt) **1** **irgendwohin schnellen** sich schnell und plötzlich irgendwohin (meist nach oben) bewegen ⟨in die Höhe, aus dem Wasser, in die Luft, durch die Luft schnellen⟩ ≈ *springen* | *Ein kleiner Fisch schnellte aus dem Wasser und schnappte eine Fliege* **2** **etwas schnellt in die Höhe, nach oben** der (finanzielle) Wert, der Umfang o. Ä. einer Sache steigt in kurzer Zeit stark ⟨Aktien; die Preise, die Nachfrage⟩ | *Der Dollarkurs schnellte innerhalb weniger Tage kräftig in die Höhe*

Schnell·hef·ter *der;* (-s, -) eine Mappe aus Karton oder Plastik, in die man Papiere legt und heftet

Schnell·im·biss *der* ein Restaurant, in dem man das Essen sofort bekommt

Schnell|koch·topf *der* ein Kochtopf, in dem Speisen schnell gar werden, weil der Wasserdampf im Topf bleibt und dadurch hohen Druck entstehen lässt

schnell·le·big ADJEKTIV so, dass sich alles schnell verändert und nichts von Dauer ist ⟨eine Zeit, eine Epoche⟩ • hierzu **Schnell·le·big·keit** *die*

schnells·tens ADVERB so schnell wie möglich | *Der Auftrag muss schnellstens erledigt werden*

Schnell·stra·ße *die* eine breite Straße (vor allem in einer Stadt) für Autos und Motorräder, auf der man relativ schnell fahren darf

Schnell·zug *der; veraltend* ≈ *Express*

Schnep·fe *die;* (-, -n) **1** ein Vogel mit langen Beinen und einem langen Schnabel, der in der Nähe von Wasser lebt **K** Schnepfenjagd **2** *gesprochen, abwertend* verwendet als Schimpfwort für eine Frau

schnet·zeln VERB (schnetzelte, hat geschnetzelt) **etwas schnetzeln** Fleisch in lange, dünne Streifen schneiden

Schnick·schnack *der;* (-s) *gesprochen, meist abwertend* **1** überflüssige, wertlose Gegenstände **2** sinnloses Gerede

schnie·ke ADJEKTIV; *norddeutsch, gesprochen* ≈ *schick, elegant*

schnipp! verwendet, um das Geräusch einer Schere wiederzugeben

Schnipp·chen *das* ■ ID **jemandem ein Schnippchen schlagen** *gesprochen* verhindern, dass jemand etwas tun kann

schnip·peln VERB (schnippelte, hat geschnippelt) **(etwas) schnippeln** *besonders norddeutsch* ≈ *schneiden*

schnip·pen VERB (schnippte, hat geschnippt) **1** **etwas irgendwohin schnippen** etwas mit einer schnellen Bewegung eines Fingers irgendwohin befördern | *die Brotkrümel vom Tisch schnippen* | *die Asche (von) der Zigarette in den Aschenbecher schnippen* **2** **(mit den Fingern) schnippen** einen Finger mit einer schnellen Bewegung am Daumen reiben und so ein Geräusch erzeugen ≈ *schnalzen*

schnip·pisch ADJEKTIV; *abwertend* ohne Respekt und ein bisschen frech ⟨eine Bemerkung, eine Antwort; schnippisch sein, reagieren, antworten⟩ **!** meist auf Mädchen bezogen

Schnip·sel *der/das;* (-s, -) ein kleines Stück Stoff oder Papier, das jemand abgeschnitten hat oder das abgerissen wurde **K** Papierschnipsel, Stoffschnipsel

SCHNIPSEL

schnip·seln VERB (schnipselte, hat geschnipselt); *gesprochen* **1** **(etwas) schnipseln** etwas in kleine Stücke schneiden | *Gemüse schnipseln* **2** **an etwas** (*Dativ*) **schnipseln** kleine Stücke von etwas wegschneiden ⟨an einer Zeitung, einem Foto schnipseln⟩

schnitt *Präteritum, 1. und 3. Person Singular* → schneiden

★ **Schnitt** *der;* (-(e)s, -e) **1** die Handlung, bei der man etwas schneidet | *mit einem Schnitt einen Apfel teilen* **2** eine Öffnung oder eine Wunde, die durch Schneiden entstanden ist | *Sie hat einen tiefen Schnitt im Finger* **K** Schnittwunde **3** die Form eines Kleidungsstücks oder einer Frisur ⟨ein flotter, eleganter, modischer Schnitt⟩ **K** Haarschnitt **4** **ein Schnitt (für etwas)** ein Stück Papier, nach dessen Form man Stoff für Kleidungsstücke schneidet ⟨etwas nach einem Schnitt, ohne Schnitt machen⟩ **K** Schnittmuster; Blusenschnitt, Hosenschnitt, Kleiderschnitt **5** eine Zeichnung, die den inneren Aufbau einer Figur so zeigt, als hätte man sie in zwei Teile geschnitten **K** Längsschnitt, Querschnitt **6** das Schneiden und Zusammenfügen von Filmmaterial, wodurch der endgültige Film entsteht | *Nach den Filmaufnahmen macht die Cutterin den Schnitt für die einzelnen Szenen* **7** *gesprochen* ⟨im Schnitt⟩ ≈ *Durchschnitt* | *Er hatte (im Zeugnis) einen Schnitt von 1,3* ■ ID **einen guten/seinen Schnitt (bei etwas) machen** *gesprochen* bei einem Geschäft einen guten Gewinn machen

Schnitt·blu·me *die; meist Plural* eine (mit dem Stängel abgeschnittene) Blume, die man in eine Vase stellt

★ **Schnit·te** *die;* (-, -n) **1** eine Scheibe Brot **K** Schwarzbrot-

S

schnitte, Weißbrotschnitte, Butterschnitte, Käseschnitte **2** ein rechteckiges, meist flaches Stück Kuchen K Sahneschnitte, Obstschnitte

schnitt·fest ADJEKTIV ⟨Tomaten, Käse⟩ so fest, dass man sie gut schneiden kann

Schnitt·flä·che *die* die Fläche, die man sieht, wenn man etwas aufgeschnitten hat | *an der Schnittfläche eines Baumes die Ringe zählen*

schnit·tig ADJEKTIV ⟨ein Auto, ein Boot⟩ gut aussehend und schnell

Schnitt·kä·se *der* Käse, der in Scheiben (geschnitten) verkauft wird ↔ *Streichkäse*

Schnitt·lauch *der; nur Singular* eine Pflanze in der Form von dünnen grünen Röhren, die man klein schneidet, um damit Salate und Suppen zu würzen

Schnitt·men·ge *die* (nach der Mengenlehre in der Mathematik) alle Elemente, die zwei oder mehrere Mengen gemeinsam haben

Schnitt·mus·ter *das* ein Stück Papier, das man (als Vorlage) verwendet, wenn man den Stoff für ein Kleidungsstück zuschneidet K Schnittmusterbogen

Schnitt·punkt *der* der Punkt, an dem sich zwei oder mehrere Linien treffen

Schnitt·stel·le *die* eine Schnittstelle ist nötig, damit Daten zwischen Computern, Programmen und zusätzlichen Geräten wie Drucker, Bildschirm usw. ausgetauscht werden können K Druckerschnittstelle, SATA-Schnittstelle, Softwareschnittstelle

Schnitz *der;* (-es, -e); *süddeutsch* ein kleines Stück von einem Apfel, einer Orange o. Ä. K Apfelschnitz, Orangenschnitz

★ **Schnit·zel** *das;* (-s, -) **1** eine dünne Scheibe Fleisch ohne Knochen, die man meist in heißem Fett brät K Hähnchenschnitzel, Kalbsschnitzel, Putenschnitzel, Schweineschnitzel **2** **Wiener Schnitzel** eine dünne, panierte Scheibe Kalbfleisch, die in viel Fett gebraten wird H Schnitzel aus Schweinefleisch werden in der gesprochenen Sprache ebenfalls *Wiener Schnitzel* genannt. **3** *(auch: der Schnitzel)* eines von vielen kleinen, unregelmäßigen Stücken Papier oder Holz K Hackschnitzel, Papierschnitzel H → Abb. unter **Stück**

schnit·zen VERB (schnitzte, hat geschnitzt) **(etwas) schnitzen** durch Schneiden und Schaben mit speziellen Messern meist aus einem Stück Holz einen Gegenstand machen | *ein Pferdchen schnitzen* | *ein aus Elfenbein geschnitztes Amulett* K Schnitzarbeit, Schnitzmesser

Schnit·zer *der;* (-s, -) **1** eine Person, die beruflich schnitzt K Holzschnitzer **2** ein Fehler, den man macht, weil man nicht aufmerksam ist ⟨ein grober Schnitzer; einen Schnitzer machen; sich (*Dativ*) einen Schnitzer leisten⟩ ● zu (1) **Schnit·ze·rin** *die*

Schnit·ze·rei *die;* (-, -en) eine Figur, die aus Holz geschnitzt ist | *afrikanische Schnitzerei* K Elfenbeinschnitzerei, Holzschnitzerei

schnob *Präteritum, 1. und 3. Person Singular; veraltet* → schnauben

schno·de·rig, **schnodd·rig** ADJEKTIV; *besonders norddeutsch, gesprochen, abwertend* ⟨ein Auftreten, ein Benehmen, ein Ton, ein Bursche⟩ frech und ohne Respekt ≈ *arrogant* ● hierzu **Schno·de·rig·keit**, **Schnodd·rig·keit** *die*

schnö·de ADJEKTIV *meist attributiv; abwertend* **1** abweisend und verletzend ⟨eine Antwort⟩ **2** **der schnöde Mammon** verwendet als geringschätzige Bezeichnung für Geld

Schnor·chel *der;* (-s, -) ein Rohr, das man in den Mund nimmt, um Luft zu bekommen, während der Kopf beim Schwimmen unter Wasser ist ● hierzu **schnor·cheln** VERB *(hat)*

Schnör·kel *der;* (-s, -) **1** eine geschwungene Linie, mit der man Gegenstände, Buchstaben usw. verziert | *mit einem großen Schnörkel unterschreiben* K Schnörkelschrift **2** **ohne Schnörkel** ≈ *schlicht* ● zu (2) **schnör·kel·los** ADJEKTIV

schnor·ren VERB (schnorrte, hat geschnorrt) **(etwas) (von jemandem) schnorren** *gesprochen* eine Person (immer wieder) um kleine Geldsummen, Zigaretten o. Ä. bitten, die man ihr nicht zurückgibt ● hierzu **Schnor·rer** *der*

Schnö·sel *der;* (-s, -); *gesprochen, abwertend* verwendet, um einen jungen Mann zu bezeichnen, den man dumm, frech oder arrogant findet

schnu·cke·lig, **schnuck·lig** ADJEKTIV; *gesprochen, humorvoll* hübsch und lieb

schnüf·feln VERB (schnüffelte, hat geschnüffelt) **1** **ein Tier schnüffelt** ein Hund o. Ä. atmet die Luft mit einem Geräusch mehrere Male und kurz hintereinander durch die Nase ein, um etwas zu riechen **2** **(in etwas** (*Dativ*)**) schnüffeln** *gesprochen, abwertend* im privaten Bereich von jemandem etwas suchen, ohne dass man die Erlaubnis dazu hat ⟨in jemandes Zimmer, Taschen, Papieren schnüffeln⟩ | *Er schnüffelte in alten Briefen seiner Frau* **3** **(etwas) schnüffeln** (als Ersatz für Drogen) an Klebstoff riechen ● zu (2,3) **Schnüff·ler** *der;* zu (2,3) **Schnüff·le·rin** *die*

Schnul·ler *der;* (-s, -) einen Schnuller steckt man einem Baby in den Mund, damit es daran saugen kann und ruhig wird

Schnul·ze *die;* (-, -n); *gesprochen, abwertend* ein meist sentimentales Lied oder ein kitschiger Film von meist schlechter Qualität K Schnulzensänger; Filmschnulze, Schlagerschnulze ● hierzu **schnul·zig** ADJEKTIV

schnup·fen VERB (schnupfte, hat geschnupft) **(etwas) schnupfen** Tabak o. Ä. in Form eines feinen Pulvers in die Nase ziehen ⟨Tabak schnupfen⟩ K Schnupftabak

★ **Schnup·fen** *der;* (-s) eine leichte Erkrankung, bei der sich Flüssigkeit, Schleim in der Nase bildet ⟨sich (*Dativ*) einen Schnupfen holen; einen Schnupfen bekommen, haben⟩

schnup·pe ADJEKTIV ■ **ID** **eine Person/Sache ist (jemandem) schnuppe** *gesprochen* eine Person oder Sache ist jemandem egal | *Das Ergebnis der Wahl war ihm völlig schnuppe*

schnup·pern VERB (schnupperte, hat geschnuppert) **1** **ein Tier schnuppert (an jemandem/etwas)** ein Hund o. Ä. atmet mehrmals kurz ein, um einen Geruch zu erkennen | *Ich wollte der Katze etwas zu fressen geben, aber sie schnupperte nur daran* **2** **Landluft/Seeluft/Stadtluft/Zirkusluft/... schnuppern** für kurze Zeit auf dem Land/am Meer/in der Stadt/im Zirkus usw. sein

★ **Schnur** *die;* (-, Schnü·re) **1** ein ziemlich dicker, fester Faden, mit dem man Dinge festmacht oder Pakete bindet **2** *gesprochen* ein elektrisches Kabel an einem Haushaltsgerät

Schnür·chen *das* **etwas läuft wie am Schnürchen** *gesprochen* etwas funktioniert ohne Schwierigkeiten und Unterbrechungen

schnü·ren VERB (schnürte, hat geschnürt) **etwas schnüren** etwas mit einer Schnur zubinden, schließen ⟨die Schuhe, die Stiefel, ein Paket schnüren⟩

schnur·ge·ra·de ADJEKTIV; *gesprochen* ganz gerade | *Die Straßen verlaufen schnurgerade*

schnur·los ADJEKTIV **ein schnurloses Telefon** ein Telefon, das über Funk mit einer Telefonanlage verbunden ist

Schnürl·re·gen *der; süddeutsch* Ⓐ ein leichter Regen, der lange dauert

Schnurr·bart *der* ein kleiner Bart zwischen Nase und Mund ● hierzu **schnurr·bär·tig** ADJEKTIV

Schnur·re *die;* (-, -n); *veraltend* ≈ *Anekdote*

schnur·ren VERB (schnurrte, hat geschnurrt) **eine Katze schnurrt** eine Katze macht das Geräusch, das für sie ty-

SCHNUR

pisch ist, wenn sie sich sehr wohl fühlt

Schnür·schuh *der* ein Schuh, den man oben (mit Schnürsenkeln) zubindet

Schnür·sen·kel *der*; (-s, -) die Schnur, mit der man Schuhe zubindet H → Abb. unter **Schnur**

schnur·stracks ADVERB sofort und direkt ⟨schnurstracks auf jemanden/ein Ziel zugehen⟩

schnurz ADJEKTIV ■ ID **eine Person/Sache ist jemandem schnurz** *gesprochen* eine Person oder Sache ist jemandem egal

Schnu·te *die*; (-, -n); *norddeutsch, gesprochen* ≈ *Mund* ■ ID **eine Schnute ziehen** ein enttäuschtes oder beleidigtes Gesicht machen

schob *Präteritum, 1. und 3. Person Singular* → schieben

Scho·ber *der*; (-s, -) ein kleines Haus auf dem Feld für Heu und Stroh K Heuschober

★ **Schock** *der*; (-(e)s, -s) **1** **ein Schock (für jemanden)** eine seelische Erschütterung, die durch ein unerwartetes und sehr unangenehmes Ereignis entsteht ⟨ein leichter, schwerer Schock; einen Schock erleiden; jemandem einen Schock versetzen; sich von einem Schock erholen⟩ | *Die Kündigung war ein Schock für ihn* **2** der Zustand (vor allem nach einem Unfall), in dem jemand ganz anders als normalerweise reagiert ⟨einen Schock bekommen; unter Schock stehen; etwas löst bei jemandem einen (schweren) Schock aus⟩ K Nervenschock

scho·cken VERB (schockte, hat geschockt) **(jemanden) schocken** *gesprochen* ≈ *schockieren*

Scho·cker *der*; (-s, -); *gesprochen* ein Film oder ein Buch mit brutalem, schockierendem Inhalt

scho·ckie·ren VERB (schockierte, hat schockiert) **eine Person/Sache schockiert (jemanden)** wenn uns Personen, Situationen oder Zustände schockieren, sind wir sehr unangenehm überrascht | *In den Slums herrschen schockierende Zustände* | *Ihre obszöne Art zu reden hat uns alle schockiert*

scho·ckiert ■ PARTIZIP PERFEKT **1** → schockieren ■ ADJEKTIV **2** **schockiert (über jemanden/etwas)** unangenehm überrascht, weil man so etwas Negatives oder Schlimmes nicht erwartet hätte ≈ *empört, entsetzt*

scho·fel ADJEKTIV; *gesprochen, abwertend* ≈ *schäbig, gemein* | *Das war ziemlich schofel von ihm* H *schofel → schofles Verhalten*

Schöf·fe *der*; (-n, -n) eine Person, die ehrenamtlich zusammen mit anderen Leuten und einem Richter Fälle bei Gericht entscheidet, aber kein Jurist ist K Schöffengericht H *der Schöffe; den, dem, des Schöffen* • hierzu **Schöf·fin** *die*

Scho·ko- *im Substantiv, betont, begrenzt produktiv; gesprochen* **das Schokoeis, der Schokoguss, der Schokokeks, der Schokoriegel, der Schokopudding** *und andere* aus Schokolade, mit (dem Geschmack von) Schokolade

Scho·ko·kuss *der* ein Stück Waffel mit weißem Zuckerschaum und einer dünnen Schicht Schokolade darüber

★ **Scho·ko·la·de** *die*; (-) **1** eine feste, süße, meist braune Substanz aus Milch, Kakao und Zucker ⟨ein Stück, eine Tafel, ein Riegel Schokolade⟩ K Schokoladenei, Schokoladeneis, Schokoladenglasur, Schokoladenherz, Schokoladenkeks, Schokoladenpudding, Schokoladenpulver, Schokoladenriegel, Schokoladentafel, Schokoladentorte, Schokoladenüberzug, schokolade(n)braun; Bitterschokolade, Mandelschokolade, Milchschokolade, Nussschokolade, Trüffelschokolade **2** ein Getränk aus (heißer) Milch und Pulver aus Schokolade ⟨heiße Schokolade; eine Tasse Schokolade⟩ K Trinkschokolade

SCHOKOLADE

Scho·ko·la·den·sei·te *die* **jemandes Schokoladenseite** eine sehr positive Eigenschaft einer Person ⟨sich von seiner Schokoladenseite zeigen⟩

Scho·ko·rie·gel *der* eine Süßigkeit mit Schokolade, in Form eines kurzen Stabes

Schol·le *die*; (-, -n) **1** ein großes Stück Erde, das entsteht, wenn man den Acker pflügt K Erdscholle **2** ein großes Stück Eis, das auf dem Wasser schwimmt (meist auf einem Fluss, einem See oder dem Meer) K Eisscholle **3** ein flacher, essbarer Fisch, der in der Nordsee und im Atlantik lebt

Schol·li *der* ■ ID **Mein lieber Scholli!** *gesprochen* verwendet, um Erstaunen (und oft Begeisterung) auszudrücken

★ **schon, schon** ■ ADVERB
▸Zeit: **1** drückt aus, dass etwas sehr früh oder früher als erwartet geschieht ↔ *erst* | *„Achtung, er kommt!" – „Was, jetzt schon?"* | *Er ist erst 32 und schon Professor* | *Es ist erst 6 Uhr, und schon ist er bei der Arbeit* | *Letztes Jahr schneite es schon im Oktober* | *Wir wollten uns erst um 8 Uhr treffen, aber er war schon um 7 Uhr da* | *Sie hat schon mit 16 Jahren das erste Kind bekommen* **2** drückt aus, dass etwas später als erwartet geschieht ↔ *erst*

S

| *Es war schon Januar, als es endlich schneite* | *Sie war schon 39, als sie das erste Kind bekam* **3** drückt aus, dass eine Handlung zum genannten Zeitpunkt abgeschlossen ist | *Als wir das Auto ansehen wollten, war es schon verkauft* **4** in der Vergangenheit, vor dem jetzigen Zeitpunkt oder vor einem anderen Ereignis | *Warst du schon (einmal) in Wien?* | *Ich hatte schon alles vorbereitet, als die anderen kamen*

▸Menge: **5** drückt aus, dass eine Menge größer als normal oder als erwartet ist ≈ *bereits* | *Wo bleibst du denn? Ich warte schon seit zwei Stunden auf dich!* | *Peter hat schon drei Stück Kuchen gehabt*

■ PARTIKEL

▸Verstärkung: **6** *unbetont* verwendet, um eine Aussage zu verstärken ≈ *wirklich* | *Er hat schon Glück gehabt, dass er bei dem Unfall nicht verletzt wurde* | *Von hier oben hat man schon einen wunderbaren Blick auf den See* | *Du brauchst nicht nachzurechnen, das stimmt schon* | *Es ist schon so lange her!* **7** *unbetont* verwendet, wenn sich jemand beeilen oder etwas tun soll, aber zögert ≈ *endlich* | *Los, komm schon, in zehn Minuten geht unser Zug* | *Nun entschuldige dich schon!* **8** *unbetont* drückt aus, dass man dringend auf etwas wartet | *Wenn ich doch die Prüfung schon hinter mir hätte!* | *Wenn (es) nur schon morgen wäre!* **H** Das Verb steht immer im Konjunktiv II. **9** *unbetont* verwendet, wenn man jemandem Mut machen will | *Keine Angst, das schaffst du schon!* | *Das wird schon noch gut gehen!* **10** *betont* verwendet, um einer negativ formulierten Frage oder Behauptung zu widersprechen | *„Weiß niemand die Antwort?/Die Antwort weiß bestimmt keiner." – „Doch, ich schon!"*

▸Einschränkung: **11** *betont und unbetont (auch alleine verwendet)* drückt eine Zustimmung oder ein Einverständnis aus, womit man aber nicht sehr zufrieden ist | *Das Haus ist schon schön, aber viel zu groß* | *Ich würde das Buch schon gern lesen, aber ich habe keine Zeit* | *„Gefällt es dir hier nicht?" – „Schon." – „Na, siehst du, ich habs dir doch gesagt."* **12** *betont* verwendet, um negativ formulierte Aussagen wieder einzuschränken | *Wir machen uns nichts aus solchen Veranstaltungen, die Kinder aber schon*

▸andere Verwendungen: **13** *unbetont* drückt aus, dass etwas wenig, aber ausreichend ist | *Schon der Gedanke daran ärgert mich* | *Schon ein kurzer Brief von ihr hätte ihn sehr gefreut* **14** *unbetont* in rhetorischen Fragen verwendet, die eine negative Antwort erwarten ≈ *denn* | *Was weißt du schon von Elektrotechnik?* | *„Wer kann dazu schon nein sagen?"* **15** *unbetont* in rhetorischen Fragen verwendet, um zu sagen, dass die Antwort ganz leicht, offensichtlich ist ≈ *wohl* | *„Ich kann meine Brille nicht finden." – „Na, wo wird die schon sein!"* | *„Wem gehört denn das?" – „Na, wem schon? Mir natürlich!"* **16** **wenn schon ..., (dann)** drückt aus, dass der genannte Umstand ein guter Grund für etwas ist | *Wenn ich schon mal hier bin, dann kann ich dir auch helfen* | *Wenn du ihr schon ein Geschenk kaufst, dann doch etwas, was ihr wirklich gefällt*

★ **schön** ■ ADJEKTIV **1** so, dass einer Person gefällt, was sie sieht, hört oder erlebt | *Hattet ihr schönes Wetter im Urlaub?* | *In dem Kleid sieht sie sehr schön aus* | *Das Ballett fand ich ausgesprochen schön* | *Er hat eine schöne Stimme* **2** ziemlich groß, weit, hoch, schwer usw. | *Das wird ein schönes Stück Arbeit!* | *ein schönes Alter haben* | *eine ganz schöne Strecke gelaufen sein* **3** *ironisch* drückt aus, dass man etwas als störend oder ärgerlich empfindet ⟨eine Bescherung, eine Pleite, Geschichten, Aussichten⟩ | *Ein ganzer Monat ohne Fernseher! Das sind ja schöne Aussichten!* **4** **etwas ist schön (von jemandem)** das Verhalten einer Person ist nett und freundlich | *Es ist schön von ihm, dass er seiner Frau oft Blumen bringt* **5** verwendet in festen Wendungen, die einen Dank oder eine Bitte ausdrücken ⟨danke schön; bitte schön; schönen Dank⟩ **6** **sich (für jemanden/etwas) schön machen** für einen besonderen Anlass hübsche Kleider anziehen und das eigene Aussehen pflegen | *sich für ein Rendezvous schön machen* **H** meist in Bezug auf eine Frau, nur ironisch in Bezug auf einen Mann verwendet

■ PARTIKEL **7** **ganz schön** *+Adjektiv gesprochen* in relativ hohem Maß ≈ *sehr, ziemlich* | *Der Junge ist ganz schön clever* (Der Junge ist sehr schlau) **8** verwendet, um eine Aufforderung zu verstärken | *Immer schön der Reihe nach!* | *Komm, sei jetzt schön artig!* **9** **(na) schön!** verwendet, um zu sagen, dass man mit etwas einverstanden ist, es aber trotzdem nicht gut findet | *Schön, dann treffen wir uns um halb acht vor dem Café* | *Na schön, wenn es unbedingt sein muss, kannst du das Auto haben*

■ ID **Das ist ja alles schön und gut, aber ...** verwendet, um einen Einwand oder Kritik einzuleiten; **..., wie man so schön sagt, ..., wie es so schön heißt** *oft ironisch* wie man oft (mit einem Sprichwort) sagt | *Er lebt da wie Gott in Frankreich, wie es so schön heißt*; **Das wäre ja noch schöner!** *gesprochen* verwendet, um etwas deutlich abzulehnen; **Das wäre zu schön, um wahr zu sein** Ich kann kaum glauben, dass das wahr ist (weil es nur Vorteile hat)

Schö·ne *die*; (-n, -n); *gesprochen, oft humorvoll* verwendet als Bezeichnung für eine Frau, die man nicht kennt | *Wer war denn die Schöne an seiner Seite?* **H** im Genitiv und Dativ Singular: *der Schönen*

★ **scho·nen** VERB (schonte, hat geschont) **1** **etwas schonen** etwas so behandeln, dass es möglichst lange in einem guten Zustand bleibt ⟨das Auto, die Kleider, die Möbel schonen⟩ **K** Schonbezug **2** **jemanden schonen** von jemandem oder sich selbst keine Anstrengungen verlangen oder eine andere Person rücksichtsvoll behandeln | *sich nach einer schweren Operation schonen müssen* | *Der Verteidiger schonte weder sich noch den Gegner* • hierzu **Scho·nung** *die*

scho·nend ■ PARTIZIP PRÄSENS **1** → schonen
■ ADJEKTIV **2** so, dass beim Verwenden kein Schaden entsteht ⟨Waschmittel⟩ | *Dieses Putzmittel ist mild und reinigt schonend* **3** so, dass es eine Person oder Sache nur wenig belastet ⟨Kaffee; eine Behandlung, eine Fahrweise; der schonende Umgang mit etwas; etwas schonend behandeln⟩ | *ein schonender Umgang mit der Natur* **K** klimaschonend, nervenschonend, umweltschonend ■ ID **jemandem etwas schonend beibringen** *oft ironisch* einer Person etwas sagen und dabei Rücksicht auf deren Gefühle nehmen

Scho·ner *der*; (-s, -) ein schnelles Segelschiff mit meist zwei oder mehr Masten

Schön·fär·be·rei *die*; (-) die Beschreibung von Dingen oder Zuständen auf eine solche Art, dass man das Gute oder Positive zu stark betont

Schön·geist *der*; *oft ironisch* eine Person, die sich sehr intensiv mit Kunst und Literatur beschäftigt

schön·geis·tig ADJEKTIV mit Themen wie Dichtung und Malerei ⟨Literatur, Neigungen, ein Verlag⟩

★ **Schön·heit** *die*; (-, -en) **1** *nur Singular* die Eigenschaft, schön auszusehen | *Ihre Schönheit ist unwiderstehlich* **K** Schönheitsmittel, Schönheitsoperation, Schönheitspflege, Schönheitssinn **2** eine meist weibliche Person, die sehr schön ist | *Seine Freundin ist eine richtige Schönheit* **K** Dorfschönheit, Filmschönheit **3** etwas, das schön ist | *jemandem die Schönheiten des Landes zeigen* **K** Formschönheit, Klangschönheit, Naturschönheit

Schön·heits·feh·ler *der; oft ironisch* ein kleiner Fehler, durch den eine Person oder Sache weniger gut aussieht oder ist | *Der Plan hat nur einen kleinen Schönheitsfehler: Er ist viel zu teuer*

Schön·heits·ide·al *das* das, was die Menschen für einen schönen Körper halten

Schön·heits·kö·ni·gin *die* eine Frau, welche den 1. Preis in einem Wettbewerb bekommen hat, bei dem die schönste Frau gewinnt

Schon·kost *die; nur Singular* Nahrung, die man leicht verdauen kann und die Kranke essen ≈ *Diät*

Schön·ling *der;* (-s, -e); *abwertend* ein gut aussehender (junger) Mann, der meist zu viel Wert auf die äußere Erscheinung legt

schön·ma·chen VERB ≈ *schön machen*

schön·rech·nen VERB (rechnete schön, hat schöngerechnet) **etwas schönrechnen** Statistiken und Daten nicht neutral, sondern positiver darstellen, als sie sind

schön·re·den VERB (redete schön, hat schöngeredet) **etwas schönreden** eine Situation positiver darstellen, als sie ist

Schön·schrei·ben *das;* (-s) das Üben der Buchstaben und der Schreibschrift in der Schule K Schönschreibheft, Schönschreibübung, Schönschreibunterricht • hierzu **Schön·schrift** *die*

scho·nungs·los ADJEKTIV ⟨eine Kritik, Offenheit⟩ so, dass man Fehler neutral und ohne Rücksicht auf die Person beschreibt | *einen Skandal schonungslos aufdecken*

Schon·zeit *die* **1** die Zeit im Jahr, während der man eine Tierart nicht jagen darf ⟨eine Tierart hat Schonzeit; für eine Tierart ist Schonzeit⟩ **2** eine Zeit, in der jemand (z. B. ein Berufsanfänger) Fehler machen darf, ohne scharf kritisiert zu werden ⟨jemandem eine Schonzeit einräumen⟩

Schopf *der;* (-(e)s, Schöp·fe) **1** die Haare auf jemandes Kopf | *einen dichten Schopf haben* K Haarschopf **2** *besonders* ⒸⒽ ≈ *Schuppen, Scheune* K Holzschopf ■ ID **jemanden beim Schopf fassen/packen** jemanden an den Haaren fassen; **etwas beim Schopf packen** eine günstige Gelegenheit nutzen ⟨das Glück, die Gelegenheit beim Schopf packen⟩

schöp·fen VERB (schöpfte, hat geschöpft) **1** **etwas (aus etwas) (in etwas** (*Akkusativ*)**) schöpfen** mit der hohlen Hand oder mit einem (tiefen) Gefäß (z. B. einem Eimer) eine Flüssigkeit irgendwo herausholen | *Wasser aus dem Brunnen schöpfen* K Schöpfkelle, Schöpflöffel **2** **etwas schöpfen** *geschrieben* in einer schlechten Situation in einen positiven geistigen Zustand kommen ⟨Glauben, Hoffnung, Kraft, Mut schöpfen⟩ | *Seit es dieses Medikament gibt, schöpfen viele Kranke wieder neuen Mut* ■ ID **(frische) Luft schöpfen** ins Freie gehen; → voll

Schöp·fer *der;* (-s, -) **1** **der Schöpfer** (+*Genitiv*) eine Person, die etwas Neues und Wichtiges geschaffen hat ⟨der Schöpfer eines Gemäldes, einer Sinfonie, eines Kunstwerks⟩ K Modeschöpfer, Neuschöpfer, Sprachschöpfer, Wortschöpfer **2** *nur Singular* (in manchen Religionen) Gott als das Wesen, welches die Welt geschaffen hat **3** ein großer Löffel, mit dem man Suppe auf den Teller gibt ≈ *Schöpflöffel* • zu (1) **Schöp·fe·rin** *die*

schöp·fe·risch ADJEKTIV **1** mit neuen, kreativen Ideen ⟨ein Mensch, eine Arbeit, eine Begabung; schöpferisch arbeiten, tätig sein⟩ **2** **eine schöpferische Pause einlegen** eine Zeit lang etwas nicht tun, um neue Kraft, neue Ideen o. Ä. zu bekommen

Schöp·fung *die;* (-, -en) **1** *geschrieben* etwas, das durch jemandes schöpferische Tätigkeit entstanden ist ≈ *Kreation* K Neuschöpfung, Sprachschöpfung, Wortschöpfung **2** *nur mit Artikel, nur Singular* das gesamte Universum (wie es nach christlichem Glauben von Gott geschaffen wurde) K Schöpfungsbericht, Schöpfungsgeschichte

Schop·pen *der;* (-s, -) **ein Schoppen (Wein)** *süddeutsch* Ⓐ ein (Glas mit einem) Viertelliter Wein

schor *Präteritum, 1. und 3. Person Singular* → scheren[1]

Schorf *der;* (-(e)s) eine Schicht aus getrocknetem Blut oder aus trockener Haut auf einer Wunde

Schor·le *die;* (-, -n), **Schor·le** *das;* (-s, -s) eine Mischung aus Wein oder Saft und Mineralwasser (= eine saure Schorle) oder Zitronenlimonade (= eine süße Schorle) K Apfelschorle, Johannisbeerschorle, Weinschorle

★ **Schorn·stein** *der* der Teil am Dach eines Hauses, aus dem der Rauch der Heizung kommt ⟨der Schornstein raucht, qualmt; den Schornstein fegen, reinigen⟩ ≈ *Kamin* ■ ID **etwas in den Schornstein schreiben** *gesprochen* etwas als endgültig verloren betrachten

Schorn·stein|fe·ger *der;* (-s, -) eine Person, die beruflich Schornsteine reinigt • hierzu **Schorn·stein|fe·ge·rin** *die*

schoss *Präteritum, 1. und 3. Person Singular* → schießen

Schoß *der;* (-es, Schö·ße) **1** die Fläche, welche die Oberschenkel und der Unterleib bilden, wenn man auf einem Stuhl sitzt, und auf die sich z. B. ein Kind setzen kann ⟨sich auf jemandes Schoß setzen; sich jemandem auf den Schoß setzen; die Hände in den Schoß legen⟩ | *Komm, setz dich auf meinen Schoß!* **2** *geschrieben nur Singular* der Bauch einer Frau ⟨ein Kind im Schoß tragen⟩ ≈ *Mutterleib* **3** **der Schoß** +*Genitiv geschrieben* der Schutz und die Hilfe, die eine Gruppe oder Organisation bietet | *in den Schoß der Familie/der Kirche zurückkehren* ■ ID **etwas fällt jemandem in den Schoß** jemand bekommt etwas ohne Mühe und Anstrengung

Schoß·hund *der* ein sehr kleiner Hund, den man häufig auch trägt und den man sehr verwöhnt

Schöss·ling *der;* (-s, -e) ein Trieb, der aus einer Pflanze wächst und aus dem man wieder eine neue Pflanze ziehen kann ⟨Schösslinge ziehen, setzen, pflanzen⟩

Scho·te *die;* (-, -n) die meist schmale und lange Hülle, in der bei manchen Pflanzen die Samen sind K Erbsenschote, Paprikaschote, Pfefferschote, Vanilleschote

Schot·ter *der;* (-s) eine Menge spitzer Steinstücke, die als Unterlage beim Bau von Straßen und Gleisen verwendet werden K Schotterstraße, Schotterwerk; Gleisschotter, Straßenschotter

schraf·fie·ren VERB (schraffierte, hat schraffiert) **(etwas) schraffieren** eine leere Fläche auf einem Blatt Papier, einem Plan o. Ä. mit dünnen parallelen Strichen füllen • hierzu **Schraf·fie·rung** *die*

Schraf·fur *die;* (-, -en) die Striche, mit denen eine Fläche schraffiert ist ⟨etwas durch Schraffur hervorheben, kennzeichnen⟩

SCHRÄG
GERADE

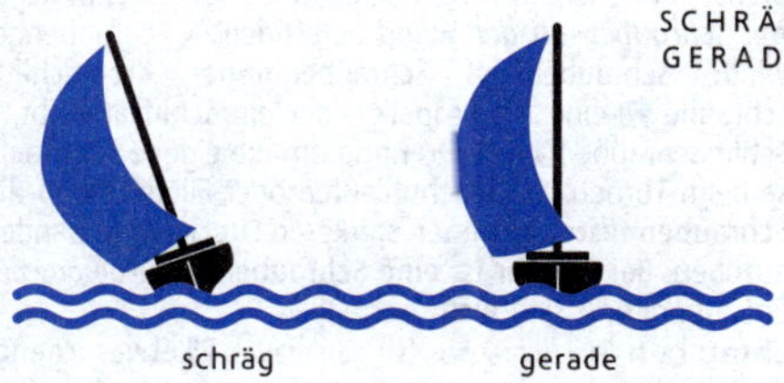

★ **schräg** ADJEKTIV **1** weder senkrecht noch parallel zu einer (gedachten) Linie oder Fläche ⟨schräg neben, über, unter jemandem/etwas sein, liegen, stehen; schräg gegenüber von jemandem/etwas⟩ | *Die meisten Häuser haben schräge Dächer* | *Sie wohnt im Haus schräg gegenüber* | *Er lief*

schräg über die Wiese K Schräglage, Schrägschnitt, Schrägstreifen, Schrägstrich H vergleiche **schief** **2** *gesprochen* nicht normal; nicht so, wie man es erwarten würde ≈ *seltsam* | *Ich habe gerade etwas ziemlich Schräges erlebt* ● zu (2) **Schräg·heit** *die*

Schrä·ge *die*; (-, -n) **1** die Eigenschaft, nicht waagrecht oder senkrecht zu sein | *Die Wand hat eine leichte Schräge* **2** eine schräge Wand | *eine Mansarde mit Schrägen* K Dachschräge

Schram·me *die*; (-, -n) eine Stelle, an der eine glatte Fläche durch einen spitzen oder harten Gegenstand beschädigt (meist geritzt) oder verletzt ist ≈ *Kratzer* | *eine Schramme an der Stirn/am Auto haben*

schram·men VERB (schrammte, hat geschrammt) **etwas schrammen** etwas so berühren oder treffen, dass daran Spuren (Kratzer) zu sehen sind | *beim Einparken ein anderes Auto schrammen*

★ **Schrank** *der*; (-(e)s, Schrän·ke) ein großes Möbelstück mit Türen, für Kleider, Geschirr o. Ä. ⟨einen Schrank einräumen, ausräumen; etwas in einen Schrank legen, hängen; etwas im Schrank aufbewahren⟩ K Schrankfach, Schranktür; Aktenschrank, Besenschrank, Bücherschrank, Geldschrank, Geschirrschrank, Kleiderschrank, Schuhschrank, Wäscheschrank; Küchenschrank, Schlafzimmerschrank, Wohnzimmerschrank; Eichenschrank, Glasschrank; Hängeschrank, Wandschrank ■ ID **ein Schrank (von einem Mann)** *gesprochen* ein sehr kräftiger, großer Mann

Schran·ke *die*; (-, -n) **1** eine (waagrechte) Stange, mit der man eine Straße o. Ä. sperren kann ⟨die Schranken an einem Bahnübergang, Grenzübergang; die Schranke herunterlassen, schließen, hochziehen, öffnen⟩ ≈ *Barriere* | *Man muss den Pass vorzeigen, bevor man die Schranke passieren darf* K Schrankenwärter; Bahnschranke, Zollschranke **2** *meist Plural* eine gesellschaftliche oder moralische Grenze, die jemanden daran hindert, etwas zu tun ⟨eine gesellschaftliche, moralische Schranke; die Schranken durchbrechen, überwinden⟩ **3** **einer Sache** (*Dativ*) **Schranken setzen** etwas einschränken | *Eurer Fantasie sind keine Schranken gesetzt. Malt, was ihr wollt!* ■ ID **jemanden in die/seine Schranken weisen** einer Person deutlich zeigen, dass sie nicht so wichtig oder gut ist, wie sie meint; **etwas in Schranken halten** verhindern, dass etwas zu wichtig, zu groß oder zu stark wird; **etwas hält sich in Schranken** etwas überschreitet ein gewisses Maß nicht ● zu (2) **schranken·los** ADJEKTIV

Schrank·wand *die* ein sehr breiter, hoher Schrank, der fast eine ganze Wand bedeckt

★ **Schrau·be** *die*; (-, -n) **1** Schrauben dreht man in die Wand oder in Holz, um Dinge zu befestigen ⟨eine Schraube eindrehen, anziehen, lockern, lösen, herausdrehen⟩ | *ein Regal mit Schrauben an der Wand befestigen* K Schraubengewinde, Schraubenkopf, Schraubenmutter; Kreuzschlitzschraube **2** eine Art Propeller, der ein Schiff antreibt K Schiffsschraube **3** eine Drehung um die eigene Längsachse beim Turnen, Schlittschuhlaufen oder Fliegen ■ ID **die Schrauben fester anziehen** stärkeren Druck auf jemanden ausüben; **Bei ihm/ihr ist eine Schraube locker** *gesprochen* Er/Sie benimmt sich nicht normal

schrau·ben VERB (schraubte, hat geschraubt) **1** **etwas irgendwohin schrauben**; **etwas von/aus etwas** (*Dativ*) **schrauben** etwas (das ein Gewinde hat) irgendwo befestigen/entfernen, indem man daran dreht | *eine Glühbirne in die Lampe schrauben* | *den Deckel vom Glas schrauben* | *einen Haken aus der/in die Wand schrauben* K Schraubdeckel, Schraubglas, Schraubverschluss **2** **etwas irgendwohin schrauben**; **etwas von/aus etwas** (*Dativ*) **schrauben** etwas mit Schrauben irgendwo befestigen/entfernen | *ein Schild an die Tür schrauben* **3** **etwas höher/niedriger schrauben** etwas so lange drehen, bis es die richtige Höhe oder Lage hat ⟨einen Bürostuhl, Klavierstuhl höher/niedriger schrauben⟩ **4** **Dinge in die Höhe/ständig höher/wieder niedriger schrauben** etwas auf das genannte Niveau bringen | *Ansprüche/Erwartungen/Preise in die Höhe schrauben*

Schrau·ben·dre·her *der* → Schraubenzieher

Schrau·ben·schlüs·sel *der* ein einfaches Werkzeug, mit dem man Schrauben festziehen oder lösen kann. Schraubenschlüssel greifen den Kopf der Schraube am Rand

SCHRAUBEN-SCHLÜSSEL

Schrau·ben·zie·her *der*; (-s, -) mit einem Schraubenzieher macht man Schrauben fest oder löst sie. Schraubenzieher benötigen eine Vertiefung im Kopf der Schraube

Schraub·stock *der* ein Gerät, in dem man einen Gegenstand befestigen kann, den man bearbeiten will ⟨etwas in den Schraubstock spannen⟩

SCHRAUBEN-ZIEHER

Schre·ber·gar·ten *der* ein kleiner Garten, der nicht direkt beim Haus ist, sondern neben vielen anderen kleinen Gärten z. B. am Stadtrand liegt

★ **Schreck** *der*; (-(e)s) **1** ein (oft kurzes) plötzliches starkes Gefühl der Angst (vor allem bei Gefahr) ⟨jemandem einen Schreck einjagen; sich von einem Schreck erholen; jemanden durchfährt ein Schreck; der Schreck fährt jemandem in die Glieder/Knochen; jemand bekommt/kriegt einen Schreck⟩ | *Er war vor Schreck wie gelähmt, als das Auto auf ihn zuraste* **2** ein plötzliches, starkes und unangenehmes Gefühl, wenn man etwas Schlimmes sieht oder erfährt oder ein Fehler bewusst wird | *Ich bekam einen Schreck, als merkte, dass ich mein Geld zu Hause vergessen hatte* | *Er war so abgemagert, dass ich bei seinem Anblick einen gehörigen Schreck bekam* **3** **ein freudiger Schreck** *gesprochen* eine angenehme Überraschung ■ ID **Schreck, lass nach!** *gesprochen* verwendet in einer unangenehmen Situation, in der man stark überrascht wird; **Ach, du (mein) Schreck!** *gesprochen* verwendet, um zu sagen, dass man unangenehm überrascht ist

-schreck *der*; (-(e)s, -e); *im Substantiv, unbetont, begrenzt produktiv* **Bürgerschreck, Frauenschreck, Kinderschreck** *und andere* eine Person, vor welcher die genannte Gruppe von Menschen Angst hat

schre·cken[1] VERB (schreckte, hat geschreckt) **jemanden schrecken** *geschrieben* jemandem Angst machen

schre·cken[2] VERB (schrickt, schreckte/schrak, ist geschreckt) **aus dem Schlaf schrecken** sehr plötzlich aufwachen (vor allem weil man schlecht geträumt oder ein lautes Geräusch gehört hat) ≈ *aufschrecken*

★ **Schre·cken** *der*; (-s, -) **1** *nur Singular* ein starkes Gefühl der Angst ⟨einen Schrecken bekommen, kriegen; jemandem einen Schrecken einjagen; jemanden in Angst und Schrecken versetzen; (Angst und) Schrecken verbreiten; etwas erfüllt jemanden mit Schrecken⟩ | *Ich sah zu meinem Schrecken eine riesige Spinne an der Wand* K Schreckensschrei; schreckensblass, schreckensbleich H Ein *Schreck* kann schnell vorbei sein, wenn man entdeckt, dass die Gefahr nicht wirklich besteht; ein *Schrecken* dauert oft längere Zeit. **2** **die Schrecken** *+Genitiv* die äußerst unangenehmen Wirkungen und Folgen einer Sache ⟨die Schrecken des Krieges⟩ K Schreckensherrschaft, Schreckensmeldung, Schreckensnachricht, Schreckensnacht, Schreckenstat, Schreckensvision, Schreckenszeit **3** **der Schrecken** *+Genitiv* eine Person, ein Tier oder eine Sache, die irgendwo große Unruhe erzeugen | *Der Hund ist der Schrecken der Nachbarschaft*

Schreck·ge·spenst *das* **das Schreckgespenst** (*+Genitiv*) eine Person oder Sache, die Angst macht ⟨das Schreckgespenst eines Atomkrieges⟩

schreck·haft ADJEKTIV leicht zu erschrecken ● hierzu **Schreck·haf·tig·keit** *die*

★ **schreck·lich** ADJEKTIV **1** ⟨eine Ahnung, eine Katastrophe, ein Traum, ein Unfall, ein Verbrechen, ein Verdacht⟩ so, dass man Angst hat oder entsetzt ist ≈ *furchtbar* | *Es ist etwas Schreckliches passiert! Dein Sohn hat einen Autounfall gehabt* **2** sehr unangenehm ≈ *furchtbar* | *Die Hitze heute ist schrecklich* | *Der kaputte Auspuff macht einen schrecklichen Lärm* **3** das normale Maß deutlich überschreitend ≈ *unheimlich* | *Ich hab ihn schrecklich gern* | *Er war schrecklich müde* | *Das tut schrecklich weh* | *Heute ist es schrecklich kalt*

Schreck·nis *das*; (-ses, -se); *geschrieben* ≈ *Schrecken*

Schreck·schrau·be *die*; *gesprochen, abwertend* eine hässliche und unsympathische, meist ältere Frau

Schreck·schuss *der* ein Schuss ohne Kugel, mit dem man jemanden nur erschrecken will K Schreckschusspistole

Schreck·se·kun·de *die* eine kurze Zeit, in der jemand aus Schreck nicht reagieren kann

Schrei *der*; (-(e)s, -e) **1** ein lautes Geräusch, das ein Mensch oder Tier mit der Stimme macht (vor allem aus Angst oder wegen Schmerzen) ⟨ein gellender, markerschütternder, erstickter, wilder Schrei; einen Schrei ausstoßen⟩ | *Mit einem Schrei des Entsetzens ergriff er die Flucht* | *Die Schreie der Affen waren weithin zu hören* K Eulenschrei, Hahnenschrei, Möwenschrei, Vogelschrei, Empörungsschrei, Freudenschrei, Hilfeschrei, Jubelschrei, Schmerzensschrei, Schreckensschrei, Todesschrei, Triumphschrei, Verzweiflungsschrei, Wutschrei, Brunftschrei **2** **der Schrei nach etwas** *geschrieben* der starke Wunsch, etwas zu bekommen ⟨der Schrei nach Freiheit, Gerechtigkeit, Rache⟩ **3** **der letzte Schrei** *gesprochen* etwas, das sehr modern ist

★ **schrei·ben** VERB (schrieb, hat geschrieben) **1** **(etwas) schreiben** Zeichen auf Papier o. Ä. machen, also Zahlen, Buchstaben oder Wörter ⟨mit Bleistift, mit Kugelschreiber, mit Tinte schreiben; ordentlich, sauber, unleserlich schreiben⟩ | *in der Schule rechnen, schreiben und lesen lernen* | *ein Wort an die Tafel schreiben* | *„Rhythmus" schreibt man mit zwei „h"* K Schreibfeder, Schreibfehler, Schreibgerät, Schreibheft, Schreibkrampf, Schreibkunst, Schreibpapier, Schreibpult, Schreibstift, Schreibtafel, Schreibunterlage, Schreibzeug **2** **(etwas) schreiben** einen schriftlichen Text verfassen ⟨einen Aufsatz, einen Artikel, einen Bericht, einen Brief, ein Gedicht schreiben; anschaulich, lebendig, spannend schreiben⟩ | *Er schreibt regelmäßig für eine Zeitung* | *Der Krimi ist wirklich spannend geschrieben* **3** **(jemandem) (etwas) schreiben** einer Person etwas in einem Brief o. Ä. mitteilen | *jemandem eine Karte zum Geburtstag/eine Postkarte aus dem Urlaub schreiben* | *Schreibst du mir mal wieder?* **4** **etwas schreiben** Texte in dem genannten Stil verfassen ⟨einen guten/schlechten Stil, gutes/schlechtes Deutsch schreiben⟩ **5** **etwas (über etwas** (*Akkusativ*)**) schreiben** in einem schriftlichen Text etwas zu einem Thema sagen | *Er schreibt (in seinem Brief), dass er krank sei* | *Hat er in dem Artikel auch etwas über die Wahlen geschrieben?* **6** **etwas ins Reine schreiben** die endgültige Fassung eines Textes schreiben **7** **etwas schreiben** ⟨ein Musical, eine Oper, eine Sinfonie, ein Lied⟩ ≈ *komponieren* **8** **ein Arzt schreibt jemanden arbeitsunfähig** ein Arzt bestätigt (in einem Attest), dass eine Person nicht arbeiten kann, weil sie krank ist **9** **Wir schreiben (heute)** *+Datum veraltend* verwendet, um das Datum anzugeben | *Heute schreiben wir den zehnten Mai* **10** **auf Deutsch/Englisch/... schreiben** Texte in der genannten Sprache verfassen **11** **an etwas** (*Dativ*) **schreiben** gerade dabei sein, einen relativ langen Text zu produzieren | *Er schreibt schon seit Jahren an seiner Doktorarbeit* **12** **etwas schreibt gut/schlecht** ein Stift o. Ä. funktioniert gut/schlecht | *Der Kugelschreiber schreibt schlecht* **13** **jemand/etwas schreibt sich irgendwie** ein Name oder ein Wort wird mit den genannten Buchstaben richtig geschrieben | *„Schreibt sich ‚Foto' mit ‚f' oder mit ‚ph'?"* **14** **jemand schreibt sich** *+Name* eine Person hat den genannten Familiennamen | *Er schreibt sich „Hensel"*

★ **Schrei·ben** *das*; (-s, -); *admin* eine schriftliche Mitteilung meist in einem Umschlag, die man mit der Post an jemanden schickt ⟨ein amtliches, vertrauliches Schreiben; ein Schreiben abfassen, an jemanden richten⟩ ≈ *Brief* | *Wir danken Ihnen für Ihr Schreiben und teilen Ihnen hiermit mit, dass ...* | *Betrifft: Ihr Schreiben vom 2. März*

Schrei·ber *der*; (-s, -) **1** eine Person, die einen Text geschrieben hat | *Kennen Sie den Schreiber dieses Briefes?* **2** *veraltend* ⟨Schreiber bei Gericht sein⟩ ≈ *Schriftführer, Sekretär* K Gerichtsschreiber, Kanzleischreiber **3** *gesprochen* ein Bleistift, Kugelschreiber, technisches Schreibgerät usw. ● zu (1,2) **Schrei·be·rin** *die*

Schrei·ber·ling *der*; (-s, -e); *abwertend* ein schlechter Autor

schreib·faul ADJEKTIV so, dass man nicht gern Briefe schreibt

schreib·ge·schützt ADJEKTIV so, dass man die Daten nicht (aus Versehen) verändern kann

Schreib·kraft *die* eine Person welche die Aufgabe hat, Texte am Computer abzutippen

Schreib·ma·schi·ne *die* eine Maschine, mit der man Buchstaben und andere Zeichen auf Papier bringt, indem man auf Tasten drückt ⟨Schreibmaschine schreiben; etwas auf der Schreibmaschine schreiben, tippen; ein neues Farbband in die Schreibmaschine einlegen⟩ K Schreibmaschinenkoffer, Schreibmaschinenpapier

Schreib·schrift *die* die Schrift, bei welcher die einzelnen Buchstaben eines Wortes miteinander verbunden werden

Schreib·stu·be *die* **1** ein Büro in einer Kaserne **2** *historisch* ≈ *Büro*

★ **Schreib·tisch** *der* ein Tisch (oft mit Schubladen), an dem man sitzt, wenn man schreibt, am Computer arbeitet usw. K Schreibtischlampe, Schreibtischsessel

Schreib·tisch|tä·ter *der* **1** *abwertend* eine Person, die ein Verbrechen nicht selbst ausführt, es aber plant, vorbereitet oder befiehlt **2** *humorvoll* eine Person, die ein schlechtes Buch geschrieben hat ● hierzu **Schreib·tisch|tä·te·rin** *die*

Schrei·bung *die*; (-, -en) ≈ *Schreibweise, Orthografie*

Schreib·wei·se *die* die Art und Weise, in der man ein Wort schreibt ⟨eine veraltete, moderne Schreibweise⟩ | *Für „Delphin" gibt es auch die Schreibweise „Delfin"*

★ **schrei·en** VERB (schrie, hat geschrien) **1** **(etwas) schreien** etwas mit sehr lauter Stimme rufen ⟨Hurra/hurra, um Hilfe schreien⟩ | *lautes Schreien hören* | *Die Musik war so laut, dass man schreien musste, um sich zu verständigen* **2** **(vor etwas** (*Dativ*)**) schreien** (aus einem Grund) ein lautes Geräusch mit der Stimme produzieren ⟨vor Angst, Schmerz, Wut schreien⟩ | *Das Baby schrie vor Hunger* **3** **nach jemandem/etwas schreien** mit lauter Stimme fordern, dass die genannte Person dorthin kommt, wo man selbst ist, oder dass man etwas bekommt | *Die jungen Vögel schreien nach Futter* **4** **etwas schreit nach etwas** *gesprochen* etwas hat etwas dringend nötig | *Mein Magen schreit nach Essen* | *Dieses Zimmer schreit doch nach einer neuen Einrichtung* **5** **sich heiser schreien** so lange schreien, bis man eine raue Stimme hat ■ ID **jemand/etwas ist zum Schreien** *gesprochen* jemand/etwas ist sehr lustig

schrei·end ■ PARTIZIP PRÄSENS **1** → schreien ■ ADJEKTIV **2** hell und intensiv ⟨eine Farbe⟩ ≈ *grell*

Schrei·hals *der; gesprochen, abwertend* meist ein kleines Kind, das oft laut schreit

Schrei·krampf *der* ein langes, lautes Schreien, das man nicht beenden kann (meist wegen einer extremen psychischen Belastung) ⟨einen Schreikrampf bekommen⟩

Schrein *der;* (-(e)s, -e); *geschrieben* in einem Schrein ist das Grab einer wichtigen Person oder sind kostbare religiöse Dinge K Altarschrein, Reliquienschrein, Totenschrein

Schrei·ner *der;* (-s, -) ≈ *Tischler* ● hierzu **Schrei·ne·rin** *die*

Schrei·ne·rei *die;* (-, -en) ≈ *Tischlerei*

schrei·ten VERB (schritt, ist geschritten) **1** aufrecht und mit langsamen Schritten gehen, vor allem bei feierlichen Anlässen | *Das Brautpaar schritt zum Altar* **2** **ein Flamingo/ein Storch schreitet** ein Flamingo oder ein Storch geht so, wie es für ihre Art typisch ist **3** **zu etwas schreiten** mit der genannten Handlung beginnen ⟨zur Abstimmung, zum Angriff, zur Tat schreiten⟩

schrie *Präteritum, 1. und 3. Person Singular* → schreien

schrieb *Präteritum, 1. und 3. Person Singular* → schreiben

Schrieb *der;* (-s, -e); *gesprochen, abwertend* ≈ *Brief*

★ **Schrift** *die;* (-, -en) **1** das System der Zeichen, mit denen man die Laute und Wörter einer Sprache schreibt ⟨die arabische, chinesische, griechische, kyrillische, lateinische Schrift⟩ K Schriftzeichen; Blindenschrift, Geheimschrift **2** ein Wort oder mehrere Wörter, die irgendwo geschrieben stehen | *Die Schrift auf dem Schild über der Tür war kaum noch lesbar* K Leuchtschrift, Neonschrift **3** die Art, wie jemand mit der Hand schreibt ⟨eine kleine, ungelenke, unleserliche Schrift; die Schrift verstellen⟩ | *Ich kann ihre Schrift einfach nicht lesen/entziffern* K Schriftbild, Schriftfälscher, Schriftprobe, Schriftsachverständige(r); Handschrift, Schönschrift **4** eine von vielen möglichen Formen, in denen eine Schrift gedruckt werden kann | *Dieses Wort soll in kursiver Schrift erscheinen* K Schriftart, Schriftbild, Schriftsetzer, Schrifttype; Blockschrift, Druckschrift, Goldschrift, Kursivschrift, Maschinenschrift, Zierschrift **5** ein geschriebener, meist gedruckter Text, oft mit wissenschaftlichem, religiösem oder politischem Inhalt ⟨eine Schrift verfassen, herausgeben, veröffentlichen; die gesammelten Schriften eines Autors⟩ K Schriftenreihe; Anklageschrift, Beschwerdeschrift, Bittschrift, Denkschrift, Hetzschrift, Kampfschrift, Schmähschrift **6** **die (Heilige) Schrift** die Bibel K Schriftgelehrte(r)

S

Schrift·form *die* **etwas bedarf der Schriftform** *geschrieben* etwas muss schriftlich (und nicht mündlich) gemacht werden ⟨ein Antrag, ein Vertrag⟩

Schrift·füh·rer *der* eine Person, die für eine Gruppe, eine Versammlung o. Ä. Briefe und Protokolle schreibt ● hierzu **Schrift·füh·re·rin** *die*

★ **schrift·lich** ADJEKTIV in geschriebener Form ⟨ein Antrag, eine Prüfung; jemandem etwas schriftlich geben; etwas schriftlich bekommen⟩ K handschriftlich ■ ID **Das kannst du schriftlich haben!** Das kannst du mir glauben! ● hierzu **Schrift·lich·keit** *die*

Schrift·satz *der* **1** *admin* alle Briefe usw., die eine Person an ein Gericht schickt ⟨einen Schriftsatz erstellen, zustellen⟩ | *Der Anwalt des Klägers hat einen umfangreichen Schriftsatz verfasst und bei Gericht eingereicht* **2** das Erfassen (Setzen) eines Textes, bevor man ihn druckt bzw. die Form eines Textes, die gedruckt werden soll

Schrift·spra·che *die* die geschriebene Form einer Sprache, die einer Norm entspricht und die man in der Schule lernt ≈ *Hochsprache* ● hierzu **schrift·sprach·lich** ADJEKTIV

★ **Schrift·stel·ler** *der;* (-s, -) eine Person, die vor allem Romane oder Erzählungen schreibt ⟨ein freier, zeitgenössischer Schriftsteller⟩ ≈ *Autor* K Jugendschriftsteller, Nachwuchsschriftsteller, Prosaschriftsteller, Romanschriftsteller **i** zu *Schriftstellerin* → Info im Eintrag **-in** ● hierzu **Schrift·stel·le·rin** *die;* **schrift·stel·le·risch** ADJEKTIV

Schrift·stück *das* ein offizieller, geschriebener Text ⟨ein amtliches, wichtiges Schriftstück; ein Schriftstück aufsetzen, unterzeichnen, verlesen⟩

Schrift·ver·kehr *der; meist Singular; admin* ≈ *Briefwechsel* | *der Schriftverkehr mit einer Behörde*

Schrift·zug *der* etwas Geschriebenes in einer typischen Schrift | *T-Shirts mit dem Schriftzug einer Firma* | *Am Heck des Bootes prangte der Schriftzug „kleine Freiheit"*

schrill ADJEKTIV ⟨ein Klingeln, ein Schrei, eine Stimme, ein Ton⟩ so hoch und laut, dass sie unangenehm sind ● hierzu **schril·len** VERB *(hat)*

schritt *Präteritum, 1. und 3. Person Singular* → schreiten

★ **Schritt** *der;* (-(e)s, -e) **1** die Bewegung, mit der man beim Gehen oder Laufen einen Fuß hebt und meist vor den anderen setzt ⟨ein kleiner, langer, schneller Schritt; einen Schritt nach vorn, nach hinten, zur Seite machen; einen Schritt zurücktreten⟩ | *Er stieg mit schweren, müden Schritten die Treppe hinauf* K Schrittlänge, Schrittweite **2** *nur Singular* die Art, wie jemand geht ⟨jemanden am Schritt erkennen⟩ ≈ *Gang* K Laufschritt **i** *Schritt* verwendet man besonders für den akustischen, *Gang* für den optischen Eindruck. **3** *nur Singular* die langsamste Art eines Pferdes zu gehen ⟨ein Pferd (im) Schritt gehen lassen⟩ **4** eine Entfernung, die der Länge eines normalen Schrittes entspricht | *Es sind nur noch ein paar Schritte bis zum Gipfel* | *Die Straße ist etwa zehn Schritt/Schritte breit* **5** eine von mehreren Handlungen, die zu etwas nötig sind ⟨die nötigen Schritte einleiten/unternehmen, um …⟩ ≈ *Maßnahme* | *rechtliche Schritte gegen eine Firma einleiten* | *bei einer Versöhnung den ersten Schritt tun* | *Unser nächster Schritt muss sehr gut überlegt werden* **6** *meist Singular* der Teil der Hose, an dem die Hosenbeine innen zusammentreffen | *Die Hose spannt im Schritt* **7** **(im) Schritt** so schnell, wie ein Mensch geht ⟨(im) Schritt fahren⟩ K Schrittgeschwindigkeit, Schritttempo **8** *nur Singular* das rhythmische Gehen in einer Gruppe, meist beim Militär ⟨aus dem Schritt kommen; im Schritt bleiben, gehen⟩ ≈ *Gleichschritt*
■ ID ▸Präposition plus Schritt: **jemandem auf Schritt und Tritt folgen** einer Person überallhin folgen; **Schritt für Schritt** langsam und ohne Unterbrechung ≈ *allmählich;* **Schritt für/um Schritt** langsam und vorsichtig | *Er bewegte sich mit seinen Krücken Schritt für Schritt auf den Ausgang zu;* **mit jemandem/etwas Schritt halten** **a** genauso schnell gehen, laufen o. Ä., wie sich eine andere Person/etwas bewegt **b** genauso viel leisten wie eine andere Person; **etwas hält mit etwas Schritt** eine Sache entwickelt sich genauso schnell wie eine andere;
▸andere Verwendungen: **einen Schritt zu weit gehen** etwas tun, das verboten ist oder das eine Norm verletzt; **den zweiten Schritt vor dem ersten tun** bei etwas nicht alles der Reihe nach machen, sondern die Reihenfolge der Handlungen durcheinander bringen ● zu (4,5) **schritt·wei·se** ADJEKTIV

Schritt·ma·cher *der* **1** eine Person, die in einem Wettkampf vor den anderen Teilnehmern läuft oder fährt und so das Tempo bestimmt **2** eine Person, die neue Dinge tut und denkt und dadurch anderen Leuten ein Vorbild ist **3** Kurzwort für *Herzschrittmacher*

schroff ADJEKTIV (schroffer, schroffst-) **1** sehr unfreundlich ⟨eine Antwort, ein Verhalten; etwas schroff ablehnen⟩ **2** sehr plötzlich und ohne Vorwarnung ⟨ein Ende, ein Übergang; sich schroff von jemandem abwenden⟩ **3** sehr steil ⟨ein Abhang, eine Felswand; etwas fällt schroff ab⟩ • zu (1) **Schroff·heit** *die*

schröp·fen VERB (schröpfte, hat geschröpft) **jemanden schröpfen** *abwertend* viel Geld von jemandem verlangen ⟨die Kunden, die Klienten schröpfen⟩

Schrot *der/das*; (-(e)s) **1** grob gemahlene Getreidekörner ⟨Getreide zu Schrot mahlen⟩ **K** Schrotbrot, Schrotkorn, Schrotmühle; Roggenschrot, Weizenschrot **2** kleine Bleikugeln in einer Patrone ⟨mit Schrot schießen; eine Ladung Schrot abbekommen⟩ **K** Schrotflinte, Schrotkugel ■ **ID von echtem Schrot und Korn** *veraltend* anständig und fleißig • zu (1) **schro·ten** VERB *(hat)*

Schrott *der*; (-(e)s) **1** alte Dinge aus Metall, die man nicht mehr gebrauchen kann ⟨Schrott sammeln; mit Schrott handeln⟩ **K** Schrotthändler, Schrotthaufen, Schrottplatz, Schrottpresse **2** *gesprochen, abwertend* etwas, das schlecht oder nutzlos ist | *Das Buch ist doch Schrott!* | *Red keinen Schrott!* **3** **etwas zu Schrott fahren** ein Fahrzeug bei einem Unfall so beschädigen, dass es nicht mehr repariert werden kann | *Er hat das neue Auto zu Schrott gefahren*

schrot·ten VERB (schrottete, hat geschrottet); *gesprochen* **etwas schrotten** etwas völlig kaputt machen, ruinieren | *bei einem Unfall das Fahrrad schrotten*

schrott·reif ADJEKTIV so beschädigt oder alt, dass es nur noch als Schrott zu bezeichnen ist ⟨ein Auto⟩

schrub·ben VERB (schrubbte, hat geschrubbt) **(etwas) schrubben** *gesprochen* den Boden eines Zimmers reinigen, indem man ihn kräftig mit einer Bürste, einem Schrubber reibt ⟨einen Fußboden, die Küche schrubben⟩

Schrub·ber *der*; (-s, -) ein Besen mit kurzen, harten Borsten, mit dem man den Fußboden scheuert

Schrul·le *die*; (-, -n) **1** eine seltsame Angewohnheit oder Idee ⟨(den Kopf voller) Schrullen haben⟩ ≈ *Marotte* | *Er trägt oft zwei verschiedene Socken. Das ist so eine Schrulle von ihm* **2** *gesprochen, abwertend* eine (alte) Frau, die sich seltsam benimmt • hierzu **schrul·lig** ADJEKTIV

schrum·pe·lig ADJEKTIV → schrumplig

schrump·fen VERB (schrumpfte, ist geschrumpft) **1** **etwas schrumpft** etwas verliert Feuchtigkeit und wird dadurch kleiner ⟨ein Apfel, Leder⟩ **2** **etwas schrumpft** etwas wird kleiner oder weniger ⟨Einkünfte, das Kapital, Vorräte⟩

schrump·lig ADJEKTIV ohne Feuchtigkeit und mit vielen Falten ⟨ein Apfel, eine Haut⟩ ≈ *runzlig*

Schrun·de *die*; (-, -n) ein Riss in der Haut ⟨Blasen und Schrunden haben⟩ • hierzu **schrun·dig** ADJEKTIV

Schub *der*; (-(e)s, Schü·be) **1** die Kraft, die etwas antreibt, in Bewegung setzt | *der Schub, den eine Rakete beim Start braucht* **K** Schubkraft, Schubleistung, Schubwirkung **2** eine Zeit, in der eine chronische Krankheit aktiv wird, von der man sonst nicht viel spürt ⟨ein depressiver, manischer Schub⟩ ≈ *Anfall* | *Multiple Sklerose ist eine Krankheit, die in Schüben auftritt* **3** **ein Schub Personen/Dinge** eine Gruppe von Personen oder Dingen, mit denen etwas gleichzeitig geschieht | *den nächsten Schub Besucher ins Museum lassen* **4** ≈ *Stoß* | *alle Kegel auf einen Schub umwerfen* • zu (2,3) **schub·wei·se** ADJEKTIV

Schub·fach *das* ≈ *Schublade*

Schub·kar·re *die*, **Schub·kar·ren** *der* ein kleiner Wagen mit nur einem Rad und zwei langen Griffen am hinteren Ende, den man vor sich her schiebt

★ **Schub·la·de** *die*; (-, -n) ein Kasten, der oben offen ist und den man aus einem Schrank, einer Kommode o. Ä. herausziehen kann ⟨die Schublade klemmt; eine Schublade herausziehen, hineinschieben⟩ **K** Kommodenschublade, Nachttischschublade, Schreibtischschublade

Schubs *der*; (-es, -e); *gesprochen* ein leichter Stoß ⟨jemandem einen Schubs geben⟩

schub·sen VERB (schubste, hat geschubst) **jemanden (irgendwohin) schubsen** *gesprochen* jemanden leicht stoßen (und dadurch irgendwohin bewegen) | *jemanden von der Bank schubsen*

★ **schüch·tern** ADJEKTIV **1** mit wenig Selbstvertrauen und deswegen nur mit wenig Kontakt mit anderen Menschen ⟨ein Mensch⟩ **2** ⟨ein Blick, ein Annäherungsversuch⟩ so, dass sie die Unsicherheit einer Person zeigen | *jemanden schüchtern anlächeln* • zu (1) **Schüch·tern·heit** *die*

schuf *Präteritum, 1. und 3. Person Singular* → schaffen[2]

schü·fe *Konjunktiv II, 1. und 3. Person Singular* → schaffen[1]

Schuft *der*; (-(e)s, -e); *abwertend oder humorvoll* eine Person, die böse ist ≈ *Schurke*

schuf·ten VERB (schuftete, hat geschuftet); *gesprochen* schwer arbeiten

★ **Schuh** *der*; (-s, -e) Schuhe aus festem Material schützen die Füße ⟨der linke, rechte Schuh; bequeme, enge Schuhe; Schuhe mit flachen, hohen Absätzen; der Schuh drückt, passt/sitzt; die Schuhe anziehen, (zu)binden, putzen⟩ **K** Schuhbürste, Schuhcreme, Schuhfabrik, Schuhgeschäft, Schuhkarton, Schuhmacher, Schuhsohle, Schuhspitze, Schuhgröße; Gummischuh, Lackschuh, Lederschuh; Brautschuh, Damenschuh, Herrenschuh, Kinderschuh; Badeschuh, Bergschuh, Hausschuh, Laufschuh, Skischuh, Straßenschuh, Turnschuh, Wanderschuh ■ **ID jemand zieht sich** *(Dativ)* **einen Schuh nicht an** *gesprochen* eine Person akzeptiert Kritik an ihrem Verhalten oder Vorwürfe nicht; **wissen, wo jemanden der Schuh drückt** wissen, welche Probleme es gibt; **jemandem etwas in die Schuhe schieben** jemandem die Schuld für etwas geben, das er nicht getan hat; **Ich möchte nicht in seinen/ihren Schuhen stecken** *gesprochen* Ich möchte nicht an der Stelle der genannten Person sein (weil sie Probleme hat); **Umgekehrt wird ein Schuh draus** *gesprochen* etwas muss andersherum gemacht oder gesagt werden **I** → Abb. nächste Seite

Schuh·band *das*; *besonders süddeutsch* Ⓐ ≈ *Schnürsenkel*

Schuh·löf·fel *der* einen Schuhlöffel benutzt man als Hilfe, wenn man einen Schuh anziehen will

Schuh·platt·ler *der*; (-s, -) **1** ein Volkstanz in Bayern und Österreich, bei welchem die Männer sich mit den Händen auf Schuhsohlen, Knie und Hintern schlagen **2** eine Person, die einen Schuhplattler tanzt • zu (1) **schuh·plat·teln** VERB

Schuh·put·zer *der*; (-s, -) **1** eine Person, die auf der Straße für Geld Schuhe putzt **2** ein Gerät, das automatisch Schuhe putzt

Schuh·werk *das*; *nur Singular* ⟨festes, gutes, stabiles Schuhwerk⟩ ≈ *Schuhe*

Schul|ab·gän·ger *der*; (-s, -) einer der Schüler, die eine Schule verlassen, nachdem sie die höchste Klasse besucht und meist eine Abschlussprüfung bestanden haben ↔ *Schulanfänger* • hierzu **Schul|ab·gän·ge·rin** *die*

Schul·ar·beit *die* **1** eine Aufgabe, die man in der Schule bekommt und zu Hause machen muss ⟨(die/seine) Schularbeiten machen; Schularbeiten aufhaben⟩ ≈ *Hausaufgabe* **2** eine (angekündigte) schriftliche Prüfung in der Schule ≈ *Klassenarbeit*

Schul·auf·ga·be *die* ≈ *Schularbeit*

Schul·bank *die*; *veraltend* ein Tisch in der Schule mit einer

Bank für Schüler ■ **ID die Schulbank drücken** *gesprochen* zur Schule gehen; **mit jemandem die Schulbank gedrückt haben** *gesprochen* mit jemandem in derselben Schulklasse gewesen sein

Schul·bei·spiel *das* ein typisches, oft verwendetes Beispiel

★ **Schul·bil·dung** *die* die Bildung, die Kinder in der Schule bekommen ⟨eine abgeschlossene, gute Schulbildung haben⟩

Schul·bus *der* ein Bus, der Kinder in die Schule und nachher wieder nach Hause bringt

★ **schuld** ADJEKTIV ■ **ID jemand/etwas ist (an etwas** (*Dativ*)**) schuld** jemand ist verantwortlich für etwas mit unangenehmen Folgen, etwas ist die Ursache von etwas Unangenehmem | *Du bist schuld daran, dass wir den Zug verpasst haben* | *Das trockene Wetter ist schuld daran, dass die Pflanzen nicht wachsen*

★ **Schuld** *die*; (-) **1** **die Schuld (an etwas** (*Dativ*)**/für etwas)** die Situation, dass eine Person etwas Verbotenes, Böses oder Unmoralisches getan hat ⟨die Schuld haben, tragen; seine Schuld bekennen, leugnen; die Schuld von sich (*Dativ*) weisen; die Schuld liegt bei jemandem/etwas; jemandem/etwas die Schuld zuschreiben; die Schuld auf jemanden abwälzen, schieben⟩ ↔ *Unschuld* | *Der Staatsanwalt konnte die Schuld des Angeklagten nicht beweisen* K Schuldbekenntnis, Schuldgeständnis ! aber: *an etwas schuld sein* (kleingeschrieben) **2** **die Schuld (an etwas** (*Dativ*)**/für etwas)** die Situation, dass eine Person oder Sache die Ursache eines Fehlers, Unfalls, Problems o. Ä. ist | *Die Schuld an den heutigen Verspätungen der Züge tragen die starken Schneefälle* | *Er nahm die Schuld für den Unfall auf sich* K Schuldzuweisung **3** das quälende Gefühl, das man hat, wenn man für etwas Böses, Unmoralisches oder Verbotenes verantwortlich ist ⟨sich (*Dativ*) keiner Schuld bewusst sein; eine schwere Schuld auf sich laden⟩ | *Er wird mit seiner Schuld einfach nicht fertig* K Schuldbewusstsein, Schuldgefühl, Schuldkomplex, schuldbeladen, schuldbewusst **4** **zu Schulden** → zuschulden ■ **ID jemandem/etwas (an etwas** (*Dativ*)**) (die) Schuld geben** eine Person/Sache als Ursache für etwas ansehen; **jemanden trifft die/keine Schuld (an etwas** (*Dativ*)**)** jemand ist für etwas Negatives verantwortlich; **(tief) in jemandes Schuld sein/stehen** *geschrieben* jemandem für etwas (sehr) dankbar sein • zu (1) **schuld·haft** ADJEKTIV; zu (1) **schuld·los** ADJEKTIV

★ **schul·den** VERB (schuldete, hat geschuldet) **1** **(jemandem) etwas schulden** jemandem noch Geld zahlen müssen | *Du schuldest mir noch hundert Euro* | *Wie viel schulde ich Ihnen für die Reparatur?* **2** **jemandem etwas schulden** aus moralischen o. Ä. Gründen zu etwas verpflichtet sein ⟨jemandem eine Antwort, Dank, eine Erklärung, Respekt schulden⟩

★ **Schul·den** *die*; *Plural* **Schulden (bei jemandem)** das Geld, das man jemandem noch zahlen muss ⟨Schulden haben, machen; Schulden eintreiben, abzahlen, zurückzahlen, begleichen, tilgen; sich in Schulden stürzen; jemandes Schulden stunden, erlassen⟩ | *Um das Haus kaufen zu können, stürzten sie sich in Schulden* | *Ich glaube, ich habe noch Schulden bei dir* K Schuldenberg, Schuldenerlass, Schuldenlast; Schuldrecht, Schuldzinsen; Bankschulden, Kreditschulden, Spielschulden, Steuerschulden ■ **ID tief in Schulden stecken, bis über beide Ohren in Schulden stecken** *gesprochen* viele Schulden haben • hierzu **schul·den·frei** ADJEKTIV

Schul·den·dienst *der* das regelmäßige Zahlen von Zinsen und Raten eines Kredits

Schul·den·fal·le *die* eine Situation, in der eine Person mehr Schulden hat, als sie zurückzahlen kann

Schul·den·schnitt *der* bei einem Schuldenschnitt muss die Person, die einer anderen Geld schuldet, nicht die ganze Summe zurückzahlen, sondern nur einen Teil der Schulden

schuld·fä·hig ADJEKTIV in einem geistigen und psychischen Zustand, in dem man versteht, dass man etwas nicht tun sollte. Nur wer schuldfähig ist, kann für eine Tat bestraft werden ↔ *schuldunfähig* • hierzu **Schuld·fä·hig·keit** *die*

Schuld·fra·ge *die* die Frage, wer oder was die Verantwortung oder die Schuld an etwas hat ⟨die Schuldfrage klären⟩

Schul·dienst *der* die Tätigkeit als Lehrer in einer Schule ⟨in den Schuldienst gehen; aus dem Schuldienst ausscheiden⟩

★ **schul·dig** ADJEKTIV **1** **(einer Sache** (*Genitiv*)**) schuldig** für etwas Böses, Unmoralisches, einen Fehler oder für ein Verbrechen verantwortlich ⟨sich (eines Verbrechens) schuldig machen; sich schuldig bekennen, fühlen; jemanden (für) schuldig erklären, befinden⟩ ↔ *unschuldig* | *Wir befinden den Angeklagten des Mordes schuldig* | *Er hat sich des schweren Betrugs schuldig gemacht* **2** **der Richter/das Gericht spricht jemanden schuldig** der Richter, das Gericht erklärt in einem Urteil, dass jemand schuldig ist ≈ *verurteilen* ↔ *freisprechen* **3** **(jemandem) etwas schuldig sein/bleiben** jemandem Geld schulden | *Ich bin ihm noch fünfzig Euro schuldig* | *Kann ich dir den Rest erst mal schuldig bleiben?* **4** **jemandem etwas schuldig sein** moralisch verpflichtet sein, etwas für jemanden zu tun | *Ich werde ihn morgen mal besuchen. Das bin ich ihm schuldig*

| *Ich glaube nicht, dass ich dir über mein Verhalten Rechenschaft schuldig bin* ■ ID **jemandem nichts schuldig bleiben** eine Person genauso hart kritisieren, wie man von ihr kritisiert wurde ● zu (1,2) **Schul·di·ge** *der/die*

Schul·dig·keit *die* ■ ID **seine (Pflicht und) Schuldigkeit tun** das tun, was man tun muss, um die eigenen Pflichten zu erfüllen; **etwas hat seine Schuldigkeit getan** etwas hat den Zweck erfüllt

schul·dig·spre·chen VERB ≈ *schuldig sprechen*

Schuld·ner *der*; (-s, -) eine Person, die jemandem Geld schuldet ↔ *Gläubiger* ● hierzu **Schuld·ne·rin** *die*

Schuld·schein *der* eine schriftliche Bestätigung, in der eine Person erklärt, dass sie jemandem Geld schuldet ⟨jemandem einen Schuldschein ausstellen⟩

Schuld·spruch *der* ein Gerichtsurteil, mit dem entschieden wird, dass der Angeklagte schuldig ist

Schuld·ver·schrei·bung *die* ein Wertpapier mit festem Wert und festen Zinsen

★ **Schu·le** *die*; (-, -n) **1** eine Institution, an welcher besonders Kinder das nötige Wissen lernen und erzogen werden ⟨in die Schule kommen; in die/zur Schule gehen; die Schule besuchen; aus der Schule kommen; die Schule verlassen; von der Schule gewiesen werden, fliegen, abgehen⟩ | *Er ist in der Schule zweimal sitzen geblieben* | *„Nicht für die Schule, sondern fürs Leben lernen wir" ist ein bekanntes Sprichwort* K Schulabschluss, Schulamt, Schulanfänger, Schulchor, Schuldirektor, Schulfreund, Schulkind, Schulklasse, Schulleiter, Schulorchester, Schulpädagogik, Schulsystem, Schulzeugnis; Abendschule, Ganztagsschule; Blindenschule, Ingenieurschule; Fahrschule, Handelsschule, Haushaltsschule, Reitschule, Skischule, Segelschule, Tanzschule; Privatschule **2** das Gebäude, in dem eine Schule ist | *Bei uns bauen sie eine neue Schule* K Schulgebäude, Schulglocke, Schulhaus, Schulhof **3** der Unterricht an einer Schule ⟨(die) Schule schwänzen⟩ | *Die Schule fängt um acht Uhr an und hört um ein Uhr auf* | *Morgen habe ich erst später Schule* K Schulangst, Schulatlas, Schulaufsatz, Schulbeginn, Schulbuch, Schulfach, Schulferien, Schulheft, Schulmappe, Schulpflicht, Schulranzen, Schulreife, Schulschluss, Schulstunde, Schultag, Schultasche, Schulwissen, Schulzeit **4** die Lehrer und Schüler einer Schule | *Alle Schulen der Stadt beteiligten sich an dem Sportfest* **5** eine Richtung und Meinung in der Wissenschaft oder in der Kunst, die von einer Persönlichkeit bestimmt wird | *die Frankfurter Schule* | *die Schule Leonardo da Vincis* **6** *nur Singular* die besondere Art der Ausbildung oder Erziehung, die jemand bekommen hat | *Er ist ein Kavalier der alten Schule* | *Man merkt ihnen ihre gute Schule an* **7** **die Hohe/hohe Schule** schwierige Dressurübungen beim Reiten ■ ID **Sein/Ihr/... Beispiel macht Schule** das Verhalten der genannten Person wird von vielen nachgeahmt; **aus der Schule plaudern** Außenseitern von den inneren Angelegenheiten des Betriebs o. Ä. erzählen, in dem man arbeitet; **bei jemandem in die Schule gehen** etwas, z. B. ein Handwerk, von jemandem lernen

schu·len VERB (schulte, hat geschult) **1** **jemanden schulen** einer Person die Fähigkeiten lehren, welche sie vor allem beruflich nutzen kann ⟨jemanden politisch, psychologisch schulen⟩ | *Er wurde in Abendkursen geschult, wie man sich in Verhandlungen durchsetzt* **2** **etwas schulen** durch Übung bewirken, dass etwas besser wird ⟨das Auge, das Gedächtnis, das Gehör schulen⟩ **3** **ein Tier schulen** ≈ *dressieren* ● zu (1,2) **Schu·lung** *die*

★ **Schü·ler** *der*; (-s, -) **1** ein Kind oder ein Jugendlicher, der zur Schule geht ⟨ein guter, schlechter, fleißiger Schüler⟩ | *eine Klasse mit dreißig Schülern* K Schüleraustausch, Schülervertreter, Schülerzeitung; Grundschüler, Hauptschüler, Realschüler, Durchschnittsschüler, Musterschüler H zu *Schülerin* → Info im Eintrag **-in** **2** eine Person, die einen Beruf, eine Kunst o. Ä. von jemandem lernt oder gelernt hat | *ein*

LANDESKUNDE

▶ Das Schulsystem

Die schulische Ausbildung wird in Deutschland von den Bundesländern festgelegt und ist deshalb in jedem Bundesland anders. Der Schulbesuch ist zwölf Jahre lang Pflicht. Der Unterricht findet vor allem am Vormittag zwischen acht und ein Uhr statt, besonders höhere Klassen haben auch an mehreren Nachmittagen Unterricht. Die Zahl der Ganztagsschulen, die nachmittags Betreuung und Förderunterricht anbieten, nimmt besonders in den Städten seit einigen Jahren zu.

Fast alle Kinder besuchen in Deutschland einen **Kindergarten**. Mit sechs Jahren kommen die Kinder dann in die **Grundschule**, die vier Jahre (in Berlin und Brandenburg sechs Jahre) dauert.

Danach werden die Kinder nach ihren Leistungen und Interessen auf die verschiedenen Schultypen aufgeteilt. Die meisten Kinder besuchen eine Schule des dreigliedrigen Systems: **Hauptschule/Mittelschule**, **Realschule**, **Gymnasium** oder eine **Gesamtschule**, die diese drei Schultypen in einer Institution vereinigt.

In der **Hauptschule**, die bis zur neunten oder zehnten Klasse geht, bekommen die Kinder eine grundlegende Allgemeinbildung. Nach dem **Hauptschulabschluss** oder dem freiwilligen **Qualifizierenden Hauptschulabschluss** beginnen die meisten eine Berufsausbildung, die mit dem Besuch einer **Berufsschule** kombiniert ist. Schüler mit guten Noten können auch in der **Mittelschule** nach der 10. Klasse einen mittleren Abschluss machen.

Die **Realschule** bereitet auf unterschiedliche Berufszweige vor; es gibt sie mit verschiedenen Schwerpunkten. Sie wird in der 10. Klasse mit der **mittleren Reife** abgeschlossen.

Schüler mit guten Noten können nach der Realschule oder nach dem mittleren Abschluss an der Mittelschule z. B. an einer **Fachoberschule** das **Fachabitur** machen.

Das **Gymnasium** bereitet auf das Studium an einer Hochschule vor und wird nach der 12. oder 13. Klasse mit dem **Abitur** abgeschlossen.

Neben diesen **Regelschulen** gibt es verschiedene Arten von **Förderschulen** (z. B. für Kinder mit geistiger Behinderung, für Sehbehinderte, Hörbehinderte usw.), Schulen zur Berufsausbildung oder zum Nachholen von Schulabschlüssen, konfessionelle Schulen und **Privatschulen** mit eigenen pädagogischen Konzepten.

S

Schüler Einsteins K Meisterschüler H zu *Schülerin* → Info im Eintrag **-in** • hierzu **Schü·le·rin** *die*

Schü·ler·lot·se *der* eine Person, die aufpasst, dass jüngere Schüler sicher über die Straße gehen können, indem sie Autos anhält o. Ä. • hierzu **Schü·ler·lot·sin** *die*

Schü·ler·schaft *die*; (-) die Schüler einer Schule

Schul·geld *das*; *meist Singular* das Geld, das man bezahlen muss, damit man eine Privatschule besuchen kann

Schul·heft *das* **1** ein Heft für Schüler | *neue Schulhefte für die Kinder kaufen* **2** ein Heft, in welches die Schüler im Unterricht schreiben | *In Mathe haben wir ein Heft für die Hausaufgaben und ein Schulheft*

schu·lisch ADJEKTIV *meist attributiv* in Bezug auf die Schule und die Ausbildung ⟨eine Frage, ein Problem; jemandes Leistungen⟩

★ **Schul·jahr** *das* die Zeit (etwa ein Jahr), in der man in der jeweiligen Schulklasse ist und Unterricht hat | *Das neue Schuljahr beginnt nach den Sommerferien* K Schuljahresbeginn, Schuljahresende

Schul·me·di·zin *die*; *meist Singular* die Art der Medizin, die an der Universität gelehrt wird (im Gegensatz zu weniger anerkannten Methoden)

Schul·meis·ter *der*; *abwertend* eine Person, die andere Leute gern korrigiert und belehrt • hierzu **Schul·meis·te·rin** *die*; **schul·meis·ter·lich** ADJEKTIV

Schul·ord·nung *die* die Vorschriften und Regeln, die für die Schule und in der Schule gelten

schul·pflich·tig ADJEKTIV ⟨ein Kind⟩ in dem Alter, in dem es zur Schule gehen muss • hierzu **Schul·pflicht** *die*

Schul·sa·chen *die*; *Plural* Bücher, Hefte, Stifte usw., die ein Kind in der Schule braucht ⟨die Schulsachen einpacken⟩

Schul·spre·cher *der* der Schüler, welcher von den anderen Schülern derselben Schule gewählt wurde und deren Interessen (gegenüber den Lehrern) vertritt • hierzu **Schul·spre·che·rin** *die*

★ **Schul·ter** *die*; (-, -n) **1** einer der beiden Teile des Körpers neben dem Hals, mit denen die Arme verbunden sind ⟨breite, schmale, hängende Schultern; die linke/rechte Schulter; die Schultern anspannen, verkrampfen, hochziehen, hängen lassen; den Kopf an jemandes Schulter legen; jemandem die Hand auf die Schulter legen; den Arm um jemandes Schulter legen; jemandem auf die Schulter klopfen⟩ | *Sie schaute ihm über die Schulter und fragte: „Was liest du denn da?"* K Schultergelenk, Schulterhöhe, schulterhoch H → Abb. unter **Mensch** **2** der Teil eines Kleidungsstückes, der die Schulter bedeckt ⟨eine gefütterte, wattierte Schulter⟩ K Schulterpolster, Schulterstück, Schulterteil **3** **mit den Schultern zucken** die Schultern kurz hochziehen, um zu sagen, dass man etwas nicht weiß oder dass man kein Interesse hat ■ ID **etwas lastet/liegt auf jemandes Schultern** etwas ist eine schwere Verantwortung, die jemand tragen muss ⟨die Entscheidung, die Verantwortung⟩; **etwas auf die leichte Schulter nehmen** etwas nicht ernst genug nehmen; **jemandem die kalte Schulter zeigen** unfreundlich zu einer Person sein und sie nicht beachten

Schul·ter·blatt *das* einer der beiden flachen, breiten Knochen am oberen Teil des Rückens

schul·ter·frei ADJEKTIV ⟨ein Kleid, ein Abendkleid⟩ so, dass sie die Schultern nicht bedecken

schul·ter·lang ADJEKTIV ⟨Haare⟩ so, dass sie bis zu den Schultern reichen

schul·tern VERB (schulterte, hat geschultert) **1** **etwas schultern** etwas auf die Schulter legen und so tragen ⟨ein Gewehr, einen Rucksack schultern⟩ **2** **jemanden schultern** beim Judo oder beim Ringen einen Gegner so auf den Rücken werfen, dass dessen Schultern den Boden berühren

Schul·ter·schluss *der* das enge Zusammenhalten von Organisationen o. Ä. mit ähnlichen Zielen | *der Schulterschluss der Gewerkschaften*

Schul·tü·te *die* eine große spitze Tüte mit Süßigkeiten und kleinen Geschenken, die ein Kind zum ersten Schultag bekommt

Schul·weis·heit *die*; *abwertend* Wissen, das man aus Büchern und nicht aus Erfahrung hat

Schul·we·sen *das*; (-s) die staatlichen Behörden und die Beamten und Angestellten, die mit der Schule zu tun haben

schum·meln VERB (schummelte, hat geschummelt); *gesprochen* bei Spielen mit Tricks versuchen, einen Vorteil zu bekommen

schum·me·rig, **schumm·rig** ADJEKTIV **1** mit sehr schwachem Licht und deshalb fast dunkel ⟨eine Bar, eine Beleuchtung, ein Hinterhof, ein Licht⟩ ≈ *dämmrig* **2** *gesprochen* so, dass der Betroffene dabei fast ohnmächtig wird ⟨ein Gefühl; jemandem wird schummerig (vor Augen)⟩

Schund *der*; (-(e)s); *abwertend* etwas (meist Geschriebenes), dessen Qualität sehr schlecht ist | *Was liest du denn da für einen Schund?* K Schundheft, Schundliteratur

schun·keln VERB (schunkelte, hat geschunkelt) **Menschen schunkeln** mehrere Menschen bewegen im Rhythmus der Musik den Oberkörper hin und her und hängen sich dabei mit den Armen bei den Nachbarn ein K Schunkellied

Schup·pe *die*; (-, -n) **1** *meist Plural* eine der vielen kleinen flachen Platten, welche den Körper von Fischen, Reptilien und Insekten bedecken | *ein Fisch mit bunten Schuppen* K Schuppenpanzer; Fischschuppe, Hautschuppe **2** *nur Plural* kleine Stücke der Haut, die sich von der Kopfhaut lösen und in den Haaren hängen ⟨Schuppen haben⟩ | *ein Shampoo gegen Schuppen benutzen* K Schuppenbildung **3** *meist Plural* etwas, das wie eine Schuppe aussieht | *die Schuppen eines Tannenzapfens* ■ ID **jemandem fällt es wie Schuppen von den Augen** jemand erkennt plötzlich, wie eine Person oder Sache wirklich ist • zu (3) **schup·pen·ar·tig** ADJEKTIV

schup·pen VERB (schuppte, hat geschuppt) **1** **einen Fisch schuppen** die Schuppen eines Fisches entfernen (damit man ihn kochen kann) **2** **etwas schuppt** etwas bildet Schuppen ⟨die Kopfhaut, die Haare⟩ **3** **die Haut schuppt sich** die Haut sondert Schuppen ab | *Nach einem Sonnenbrand schuppt sich die Haut*

Schup·pen *der*; (-s, -) **1** eine kleines Haus (oft im Garten) für Geräte, Werkzeuge usw. | *den Rasenmäher in den Schuppen stellen* K Bootsschuppen, Geräteschuppen, Vorratsschuppen, Bretterschuppen, Holzschuppen, Lagerschuppen **2** *gesprochen, meist abwertend* ⟨ein hässlicher, vornehmer Schuppen⟩ ≈ *Gebäude*

Schup·pen·flech·te *die* eine Krankheit, bei welcher die Haut rote Flecken bekommt und Schuppen bildet

schup·pig ADJEKTIV mit Schuppen ⟨eine Haut, Haar⟩

Schur *die*; (-, -en) das Scheren von Schafen K Schurwolle

schü·ren VERB (schürte, hat geschürt) **1** **etwas schüren** mit einem Stock in einem Feuer rühren, damit die Flammen größer werden ⟨ein Feuer, den Ofen schüren⟩ **2** **etwas schüren** ein meist negatives Gefühl verstärken ⟨jemandes Hass, Neid, Wut schüren⟩

schür·fen VERB (schürfte, hat geschürft) **1** **sich** (*Dativ*) **etwas schürfen**; **sich schürfen** sich durch Reiben an einem rauen Gegenstand verletzen ⟨sich (*Dativ*) die Haut, das Knie schürfen⟩ K Schürfwunde **2** **etwas schürfen**; **(nach etwas) schürfen** in der Erde graben, um etwas zu finden ⟨(nach) Erz, Gold, Silber schürfen⟩

Schür·ha·ken *der* ein langer Metallstab mit einem Haken

S

am Ende, mit dem man das Feuer schürt

Schur·ke *der*; (-n, -n); *abwertend* eine Person, die böse Dinge tut ‹ein ausgemachter, gemeiner Schurke› ≈ *Schuft* K Schurkenstreich, Schurkentat H *der Schurke; den, dem, des Schurken*

Schurz *der*; (-es, -e) ein kurzes Tuch, das man sich um die Hüften bindet, um die Kleidung zu schützen K Lederschurz, Lendenschurz

Schür·ze *die*; (-, -n) ein einfaches Kleidungsstück, das man sich vor (die Brust und) den Bauch bindet, um bei der Arbeit die Kleidung nicht schmutzig zu machen ‹eine Schürze umbinden› K Schürzenband, Schürzentasche, Schürzenzipfel; Dirndlschürze, Küchenschürze, Servierschürze; Gummischürze, Lederschürze, Leinenschürze

schür·zen VERB (schürzte, hat geschürzt) **etwas schürzen** ein langes Kleid oder einen Rock (raffen und) in die Höhe halten

Schür·zen·jä·ger *der*; *abwertend* ein Mann, der ständig versucht, mit Frauen eine sexuelle Beziehung aufzunehmen ≈ *Frauenheld*

★ **Schuss** *der*; (-es, Schüs·se) 1 **ein Schuss (auf jemanden/etwas)** das Schießen mit einer Waffe ‹ein gezielter, scharfer Schuss; ein Schuss fällt, löst sich, geht los; einen Schuss auf jemanden/etwas abgeben, abfeuern; einen Schuss auslösen› K Schussverletzung, Schusswunde; Flintenschuss, Gewehrschuss, Kanonenschuss, Pistolenschuss; Schreckschuss, Startschuss, Warnschuss 2 die Patrone oder Kugel, mit der geschossen wurde ‹ein Schuss sitzt, trifft sein Ziel, geht daneben; einen Schuss abbekommen; ein Schuss streckt jemanden nieder› 3 eine Verletzung, die jemand oder ein Tier durch einen Schuss bekommt | *Der Schuss ins Bein war schmerzhaft, aber nicht gefährlich* K Bauchschuss, Genickschuss, Kopfschuss, Streifschuss 4 *Zahl* + **Schuss (Munition)** verwendet, um die Menge der Munition zu nennen, die man hat oder verwendet | *noch drei Schuss (Munition) in der Pistole haben* 5 das Schießen eines Balles | *ein Schuss aufs Tor* K Schussgelegenheit, Schusskraft, Schusswinkel; Fernschuss, Weitschuss 6 der Ball, den man schießt | *Der Schuss ging ins Aus* | *Der Schuss war nicht zu halten* K Lattenschuss, Pfostenschuss, Torschuss 7 **ein Schuss** *+Substantiv nur Singular* eine kleine Menge (vor allem einer Flüssigkeit) | *einen Schuss Essig in den Salat tun* | *einen Schuss Fantasie für etwas brauchen* 8 *nur Singular* die Form des Skifahrens, bei der man sehr schnell (ohne Kurven) den Berg hinunterfährt ‹(im) Schuss fahren› K Schussfahrt 9 *gesprochen* die Injektion einer Droge (vor allem Heroin) ‹sich (*Dativ*) einen Schuss geben, setzen› 10 **der goldene Schuss** *gesprochen* eine Überdosis Heroin o. Ä., an der man stirbt 11 **in/im Schuss** *gesprochen* in gutem Zustand ‹in Schuss sein; jemanden/etwas in Schuss bringen, halten› | *Unser Auto ist schon zehn Jahre alt und noch sehr gut in Schuss* 12 **weit(ab) vom Schuss** *gesprochen* weit weg vom Mittelpunkt des Geschehens (z. B. von der Stadtmitte) ≈ *abseits* | *Ich würde dich ja gern öfter besuchen, aber du wohnst so weitab vom Schuss*

■ ID ▸Misserfolg, Kritik: **ein Schuss in den Ofen** *gesprochen* ein Misserfolg; **ein Schuss vor den Bug** eine Warnung; **Der Schuss ging nach hinten los** *gesprochen* Das hat uns nur selbst geschadet;

▸Gelegenheit, Erfolg: **zum Schuss kommen** *gesprochen* die Möglichkeit bekommen, etwas zu tun; **ein Schuss ins Schwarze** ein Volltreffer;

▸schlechte Eigenschaften: **einen Schuss haben** *gesprochen* verrückt sein; **eine Person ist keinen Schuss Pulver wert** eine Person ist es nicht wert, dass man Zeit mit ihr verbringt

schuss·be·reit ADJEKTIV 1 bereit zu schießen ‹eine Waffe; ein Schütze› 2 *gesprochen* bereit zum Fotografieren ‹ein Fotograf; ein Reporter; eine Kamera›

Schus·sel *der*; (-s, -); *gesprochen, meist abwertend* eine Person, die sich nicht konzentrieren kann und deswegen Dinge vergisst und Fehler macht • hierzu **schus·se·lig, schuss·lig** ADJEKTIV; **schus·seln** VERB *(hat)*

SCHÜSSEL

Schüs·sel *die*; (-, -n) 1 ein meist tiefes, rundes Gefäß, das oben offen ist und in dem man vor allem Speisen auf den Tisch stellt | *eine Schüssel voll Suppe* K Kompottschüssel, Salatschüssel, Soßenschüssel, Suppenschüssel, Porzellanschüssel, Spülschüssel 2 **eine Schüssel** (*+Substantiv*) die Menge, die in eine Schüssel passt | *eine Schüssel Salat/Reis essen*

Schuss·feld *das* der Bereich, den man mit einem Schuss aus einer Waffe treffen kann ‹ein freies Schussfeld haben› ■ ID **ins Schussfeld (der Öffentlichkeit) geraten** (öffentlich) kritisiert werden

schuss·fest ADJEKTIV ‹Glas, eine Weste› so stabil, dass sie durch ein Geschoss nicht kaputtgehen ≈ *kugelsicher*

Schuss·li·nie *die* die gedachte Linie von der Waffe zum Ziel ‹in die Schusslinie geraten, aus der Schusslinie gehen› ■ ID **in die/jemandes Schusslinie geraten, sich in die Schusslinie begeben** etwas tun, wofür man (öffentlich) kritisiert wird

★ **Schuss·waf·fe** *die* eine Waffe, mit der man schießen kann

Schuss·wech·sel *der* eine Situation, bei der Leute aufeinander schießen | *Die Entführer und die Polizei lieferten sich einen Schusswechsel*

★ **Schus·ter** *der*; (-s, -) eine Person, die beruflich Schuhe macht und repariert ≈ *Schuhmacher* K Schusterhandwerk, Schusterlehrling, Schusterwerkstatt ■ ID **auf Schusters Rappen** *humorvoll* zu Fuß; **Schuster, bleib bei deinem Leisten!** Tu nur das, was du kannst und gelernt hast! • hierzu **Schus·te·rin** *die*

Schutt *der*; (-(e)s) Steine, Reste von Mauern usw., die man nicht mehr braucht ‹ein Haufen Schutt; Schutt abladen verboten!› | *Nach dem Erdbeben waren die Straßen von Schutt bedeckt* K Schutt(ablade)platz, Schutthalde, Schutthaufen; Bauschutt ■ ID **etwas in Schutt und Asche legen** (alle) Gebäude völlig zerstören; **etwas liegt in Schutt und Asche** Städte oder Gebäude sind völlig zerstört

Schüt·tel·frost *der* der Zustand, in dem man stark zittert und friert, wenn man Fieber hat

★ **schüt·teln** VERB (schüttelte, hat geschüttelt) 1 **jemanden/etwas schütteln** eine Person oder Sache kräftig und schnell hin und her bewegen, sodass sie schwankt oder zittert ‹jemandem (zur Begrüßung, zum Abschied) die Hand schütteln; von Angst, vom Fieber, von Weinkrämpfen geschüttelt werden› | *eine Saftflasche vor dem Öffnen schütteln* | *Er schüttelte den Baum, um die Äpfel zu ernten* 2 **etwas irgendwohin schütteln** etwas durch Schütteln von einem Gegenstand entfernen | *Krümel vom Tischtuch schütteln* | *Äpfel vom Baum schütteln* 3 **den Kopf schütteln; mit dem Kopf schütteln** den Kopf hin und her bewegen, um eine Frage mit Nein zu beantworten oder um zu zeigen, dass man etwas nicht versteht oder dass man verwirrt ist | *Da kann man nur den/mit dem Kopf schütteln* (das kann man man kaum glauben) 4 **sich schütteln** schnelle und kurze Bewegungen mit dem Oberkörper machen | *Der nasse Hund schüttelte sich* | *Sie schüttelte sich vor Lachen*

Schüt·tel·reim *der* ein witziger doppelter Reim, bei welchem die Anfangsbuchstaben vor Wörtern und Silben ver-

S

tauscht werden | *„Es klapperten die Klapperschlangen, bis ihre Klappern schlapper klangen" ist ein Schüttelreim*

★ **schüt·ten** VERB (schüttete, hat geschüttet) **1** **etwas irgendwohin schütten** etwas aus einem Gefäß entfernen (und irgendwohin tun), indem man das Gefäß neigt oder (heftig) bewegt | *Kohlen in den Ofen schütten* | *einen Eimer Wasser in/auf ein Feuer schütten* | *Zucker in eine Schüssel schütten* **2** **es schüttet** *gesprochen* es regnet stark ≈ *es gießt*

schüt·ter ADJEKTIV ⟨Haar⟩ so, dass es nicht (mehr) dicht wächst

★ **Schutz** *der*; (-es) **1** **ein Schutz (gegen jemanden/etwas)**; **ein Schutz (vor jemandem/etwas)** etwas, das eine Gefahr o. Ä. abhält oder einen Schaden abwehrt ⟨jemandem Schutz bieten, gewähren; unter jemandes Schutz stehen; irgendwo Schutz suchen, finden⟩ | *Seine dünne Kleidung bot kaum Schutz vor dem Regen* | *Ehe und Familie genießen den besonderen Schutz des Staates* (der Staat sorgt durch besondere Gesetze o. Ä. dafür, dass diese Institutionen bestehen bleiben) | *Die Stacheln des Igels sind ein Schutz vor Feinden* | *Fett ist ein natürlicher Schutz gegen Kälte* **K** Schutzbrille, Schutzgitter, Schutzhelm, Schutzhülle, Schutzmaske, Schutzmauer, Schutzumschlag, Schutzgebiet, Schutzmaßnahme, Schutzimpfung, Schutzbedürfnis; schutzbedürftig, schutzsuchend; Brandschutz, Frostschutz, Kündigungsschutz, Lärmschutz, Regenschutz, Sonnenschutz, Unfallschutz, Windschutz; Denkmalschutz, Grenzschutz, Jugendschutz, Mutterschutz, Naturschutz, Pflanzenschutz, Tierschutz, Umweltschutz; Impfschutz, Polizeischutz, Versicherungsschutz **2** **zum Schutz (vor etwas** *(Dativ)***/gegen etwas)** als Maßnahme, die etwas (Unangenehmes) verhindern soll | *Sie ließ sich zum Schutz gegen Typhus impfen* | *Zum Schutz vor Erkältungen geht er jede Woche in die Sauna* ■ ID **eine Person vor jemandem/etwas in Schutz nehmen, eine Person gegen jemanden/etwas in Schutz nehmen** einer Person helfen, welcher Vorwürfe gemacht werden

Schutz·be·foh·le·ne *der/die*; (-n, -n) eine Person, für die man sorgt oder die man vor etwas schützt ⟨der Missbrauch, die Misshandlung von Schutzbefohlenen⟩ **H** *ein Schutzbefohlener; der Schutzbefohlene; den, dem, des Schutzbefohlenen*

Schutz·be·haup·tung *die* eine Behauptung, die nicht wahr ist und mit der eine Person sagen will, dass sie keine Schuld hat, keinen Fehler gemacht hat

Schutz·blech *das* ein gebogenes Blech über dem Rad eines Fahrrads, das verhindern soll, dass man schmutzig wird **H** → Abb. unter **Fahrrad**

Schüt·ze *der*; (-n, -n) **1** eine Person, die mit einer Waffe schießt ⟨ein sicherer Schütze⟩ **K** Bogenschütze, Pistolenschütze, Scharfschütze, Todesschütze, Meisterschütze **H** *der Schütze; den, dem, des Schützen* **2** ein Soldat mit dem niedrigsten Rang in der Infanterie **3** eine Person, welche (beim Fußball) den Ball ins Tor schießt | *der Schütze zum 4 : 3* **K** Torschütze **4** *nur Singular* das Sternzeichen für die Zeit vom 23. November bis 21. Dezember **H** → Abb. unter **Sternzeichen** **5** eine Person, die in der Zeit vom 23. November bis 21. Dezember geboren ist | *Sie ist (ein) Schütze* ● zu (1 – 3) **Schüt·zin** *die*

★ **schüt·zen** VERB (schützte, hat geschützt) **1** **eine Person/Sache (vor jemandem/etwas) schützen**; **eine Person/etwas (gegen jemanden/etwas) schützen** verhindern, dass eine Person oder man selbst verletzt wird oder in Gefahr kommt bzw. dass eine Sache beschädigt wird ⟨sich schützend vor jemanden stellen⟩ | *Er schützt seine Augen mit einer dunklen Brille gegen die starke Sonne* | *Wölfe sind durch ein dickes Fell gut gegen die Kälte geschützt* **2** **etwas schützen** versuchen, durch Gesetze zu verhindern, dass Menschen etwas zerstören oder dass Tier- und Pflanzenarten verschwinden ⟨eine Landschaft, eine Pflanze, eine Tierart⟩ | *Geschützte Blumen darf man nicht pflücken* | *Wenn die Nashörner nicht wirksamer geschützt werden, sterben sie bald aus* **H** meist im Passiv **3** **etwas schützen** dafür sorgen, dass ein Autor, Erfinder o. Ä. einen finanziellen Vorteil davon hat, wenn dessen Ideen verwendet werden ⟨etwas ist gesetzlich, urheberrechtlich geschützt⟩ | *Erfindungen werden durch Patente geschützt* **H** meist im Passiv

Schüt·zen·fest *das* ein Volksfest auf dem Land, bei dem es einen Wettbewerb im Schießen gibt

Schutz·en·gel *der* **Da hat er/sie einen (guten) Schutzengel gehabt!** er/sie hat Glück gehabt, dass ihm/ihr nichts (Schlimmeres) passiert ist

Schüt·zen·gra·ben *der*; *historisch* ein Graben, in dem Soldaten im Krieg Schutz suchten ⟨im Schützengraben liegen⟩

Schüt·zen·hil·fe *die* Unterstützung bei einem Vorhaben, in einer Diskussion o. Ä. ⟨jemandem Schützenhilfe geben, leisten; Schützenhilfe von jemandem bekommen⟩

Schüt·zen·kö·nig *der* eine Person, die bei einem Wettbewerb am besten schießt und einen Preis bekommt ● hierzu **Schüt·zen·kö·ni·gin** *die*

Schüt·zen·ver·ein *der* ein Verein, dessen Mitglieder als Sport (mit Gewehr und Pistolen auf Zielscheiben) schießen

Schutz·ge·bühr *die* eine Summe Geld, die man für etwas zahlen muss und die verhindern soll, dass Leute es nehmen, benutzen o. Ä. obwohl sie es nicht wirklich brauchen | *eine Schutzgebühr für einen Katalog erheben*

Schutz·geld *das* Geld, das eine Gruppe von Verbrechern (regelmäßig) von einem Lokal, Geschäft o. Ä. verlangt, damit sie und andere Verbrecher es in Ruhe lassen

Schutz·haft *die*; *nur Singular* eine Haft, die jemanden vor Verbrechern schützen soll ⟨jemanden in Schutzhaft nehmen⟩

Schutz·hei·li·ge *der/die* ≈ *Schutzpatron*

Schutz·herr·schaft *die* die Kontrolle der Außenpolitik und der Verteidigung eines Landes durch ein anderes Land

Schutz·imp·fung *die* eine Impfung, die vor gefährlichen Krankheiten schützt

Schutz·leu·te *die*; *Plural* → Schutzmann

Schütz·ling *der*; (-s, -e) eine Person, für die eine andere Person verantwortlich ist

schutz·los ADJEKTIV ohne Schutz ⟨jemandem/etwas schutzlos ausgeliefert sein⟩ ● hierzu **Schutz·lo·sig·keit** *die*

Schutz·mann *der*; (-(e)s;, Schutz·män·ner); *veraltend* ≈ *Polizist* **H** Als Plural verwendet man auch *Schutzleute*.

Schutz·pat·ron *der* Schutzpatrone sind Heilige der katholischen Kirche, von denen geglaubt wird, dass sie eine Gruppe von Personen oder Gebäude usw. schützen ● hierzu **Schutz·pat·ro·nin** *die*

Schutz·zoll *der* ein Zoll, den man für Waren bezahlen muss, wenn sie in ein Land importiert werden, und welcher die Wirtschaft dieses Landes vor Konkurrenz aus dem Ausland schützen soll

schwab·be·lig, **schwabb·lig** ADJEKTIV; *gesprochen* so weich und locker, dass es bei Stößen oder bei Bewegungen schwingt ⟨ein Bauch, ein Gelee, ein Pudding, eine Qualle⟩ ● hierzu **schwab·beln** VERB *(hat)*

★ **schwach** ADJEKTIV (schwächer, schwächst-) **1** mit wenig körperlicher Kraft ↔ *stark, kräftig* | *Ich bin noch zu schwach, um diese schweren Kisten zu tragen* **K** altersschwach **2** nicht fähig, viel zu leisten oder große Belastungen zu ertragen ⟨Augen, ein Gedächtnis, eine Gesundheit, ein Herz, eine Konstitution, Nerven, ein Motor⟩ | *Das Regal war zu schwach für die schweren Bücher und brach zusammen*

| *Sie hat so schwache Nerven, dass sie sich wegen jeder Kleinigkeit aufregt* K konditionsschwach, nervenschwach **3** nicht fähig, andere Menschen zu führen oder sich selbst unter Kontrolle zu haben ⟨ein Charakter, ein Wille⟩ ↔ *stark* | *Er ist zu schwach, um eine Firma zu führen* | *Bei Kuchen werde ich immer schwach* (Bei Kuchen kann ich der Versuchung nicht widerstehen) **4** von schlechter Qualität ≈ *schlecht* | *eine schwache Theatervorstellung* K ausdrucksschwach, inhaltsschwach **5** in den Leistungen unter dem Durchschnitt | *In Biologie ist er recht schwach, aber in den anderen Fächern kommt er gut mit* **6** mit nur geringer Konzentration und daher mit wenig Wirkung oder Geschmack ⟨ein Kaffee, ein Tee; eine Lauge, eine Salzlösung, eine Säure⟩ **7** nur in geringem Maß (vorhanden) ⟨ein Anzeichen, Beifall, ein Druck, ein Duft, Erinnerungen, eine Gegenwehr, eine Hoffnung, ein Wind⟩ ↔ *stark* | *Das ist ein schwacher Trost* (Das hilft nicht viel) **8** *meist adverbiell* in geringer Zahl ⟨eine Beteiligung; schwach besetzt, besiedelt, besucht, bevölkert⟩ | *Er beklagte sich über den schwachen Besuch seiner Konzerte auf der letzten Tournee* **9** verwendet für Verben, deren Formen in der Vergangenheit den Vokal nicht ändern und mit einem *t* gebildet werden ↔ *stark* | *Das Verb „glauben" wird schwach konjugiert (glaubte – geglaubt)* **10** verwendet für männliche Substantive, die im Nominativ Singular immer auf *-(e)n* enden | *Die Substantive „der Rabe" und „der Patient" werden schwach dekliniert* **11** verwendet für Adjektive, die im Dativ und Genitiv und im Plural immer auf *-en* enden | *Nach dem bestimmten Artikel und nach „dieser" und „jener" wird das Adjektiv schwach dekliniert*
■ ID **jemandem wird ganz schwach, wenn ...** jemand wird in der genannten Situation nervös oder bekommt Angst

-schwach *im Adjektiv, unbetont, begrenzt produktiv* **1** **charakterschwach, nervenschwach, willensschwach** *und andere* so, dass eine Person im genannten Bereich nicht gut ist **2** **gedächtnisschwach, konzentrationsschwach, leistungsschwach, lernschwach** *und andere* so, dass eine Person Probleme hat mit dem, was im ersten Wortteil genannt wird **3** **einkommensschwach, geburtenschwach, konditionsschwach, mitgliederschwach, strukturschwach, verkaufsschwach** *und andere* mit einer geringen Zahl oder Menge der genannten Sache

★ **Schwä·che** *die*; (-, -n) **1** *nur Singular* der Mangel an körperlicher Kraft oder Leistungsfähigkeit ≈ *Stärke* | *Der Kranke konnte vor Schwäche fast nichts essen* K Schwächeanfall, Schwächegefühl, Schwächezustand; Altersschwäche, Augenschwäche, Gedächtnisschwäche, Geistesschwäche, Herzschwäche, Konzentrationsschwäche, Kreislaufschwäche, Muskelschwäche, Nervenschwäche, Sehschwäche **2** **eine Schwäche (in etwas** *(Dativ)***)** eine mangelnde Begabung in etwas | *Seine Schwächen in Chemie und Physik konnte er durch intensives Lernen ausgleichen* K Ausdrucksschwäche **3** ein Fehler oder Mangel einer Sache | *ein Buch mit Schwächen* K Inhaltsschwäche **4** ein (meist kleiner) charakterlicher Fehler ⟨eine charakterliche, entschuldbare, kleine, persönliche, verzeihliche Schwäche; seine Schwächen kennen; jemandes Schwächen ausnutzen⟩ K Charakterschwäche, Willensschwäche **5** **eine Schwäche (für jemanden/etwas)** *nur Singular* der Zustand, wenn man jemanden/etwas so sehr mag, dass man sich nicht immer unter Kontrolle hat ⟨einer Schwäche nachgeben⟩ ≈ *Vorliebe* | *Anna hat eine Schwäche für Schokolade*

schwä·cheln VERB (schwächelte, hat geschwächelt) **jemand/etwas schwächelt** eine Person oder Sache leistet eine Zeit lang weniger oder eine Sache verliert an Wert ⟨ein Schüler, ein Sportler, die Börse, eine Aktie, die Konjunktur⟩

schwä·chen VERB (schwächte, hat geschwächt) **1** **etwas schwächt (jemanden/etwas)** etwas macht jemanden körperlich schwach ⟨jemandes Gesundheit, jemandes Herz schwächen⟩ | *Das Fieber hat ihn so geschwächt, dass er eine ganze Woche im Bett liegen muss* **2** **etwas schwächt etwas** etwas macht die Wirkung einer Sache geringer ⟨etwas schwächt jemandes Einfluss, jemandes Macht, jemandes Position⟩ | *Der Skandal hat sein Ansehen sehr geschwächt* • hierzu **Schwä·chung** *die*

Schwach·heit *die*; (-, -en) der Mangel an körperlicher Kraft ≈ *Schwäche* ■ ID **Bilde dir keine Schwachheiten ein!** *gesprochen* mach dir keine falschen Hoffnungen!

Schwach·kopf *der*; *gesprochen, abwertend* verwendet, um eine Person zu bezeichnen, die man für sehr dumm hält

schwäch·lich ADJEKTIV körperlich schwach ⟨ein Bürschchen, ein Kind⟩

Schwäch·ling *der*; (-s, -e); *abwertend* eine Person, die sehr wenig Kraft hat

schwach·ma·chen VERB (machte schwach, hat schwachgemacht) **eine Person/Sache macht jemanden schwach** jemand findet eine Person oder Sache so attraktiv, dass er starkes Verlangen empfindet ■ ID **Mach mich nicht schwach!** *gesprochen* Das kann ich nicht glauben

Schwach·punkt *der* **1** ein Teil eines Systems, welches manchmal nicht gut funktioniert **2** ein (meist nur kleiner) charakterlicher Fehler ⟨etwas ist jemandes (großer) Schwachpunkt⟩ ≈ *Schwäche*

Schwach·sinn *der*; *nur Singular*; *gesprochen, abwertend* **1** ≈ *Blödsinn, Unsinn* **2** ein starker Mangel an Intelligenz • hierzu **schwach·sin·nig** ADJEKTIV

Schwach·stel·le *die* ≈ *Schwachpunkt*

Schwach·strom *der* elektrischer Strom mit einer Spannung, die geringer ist als normal

schwach·wer·den VERB ≈ *schwach werden*

Schwa·den *der*; (-s, -); *meist Plural* eine ziemlich dichte Masse von Rauch, Nebel o. Ä. in der Luft ⟨dichte, giftige Schwaden; der Rauch hängt, liegt, steht in Schwaden über etwas *(Dativ)*; der Rauch zieht in Schwaden über etwas *(Dativ)* (hinweg)⟩ K Dunstschwaden, Nebelschwaden, Rauchschwaden, Tabakschwaden

schwa·feln VERB (schwafelte, hat geschwafelt) **(über etwas** *(Akkusativ)***) schwafeln; von etwas schwafeln** *gesprochen, abwertend* viele Dinge erzählen, die unwichtig und wenig intelligent sind • hierzu **Schwaf·ler** *der*

Schwa·ger *der*; (-s, -/Schwä·ger) der Ehemann von jemandes Schwester oder der Bruder von jemandes Ehepartner H → Abb. unter **Familie**

Schwä·ge·rin *die*; (-, -nen) die Ehefrau von jemandes Bruder oder die Schwester von jemandes Ehepartner H → Abb. unter **Familie**

Schwal·be *die*; (-, -n) ein kleiner Vogel, der sehr schnell fliegen kann und der schmale, spitze Flügel und einen Schwanz mit zwei Spitzen hat | *Die Schwalben haben sich Nester unter dem Dach gebaut* ■ ID **Eine Schwalbe macht noch keinen Sommer** ein gutes Anzeichen führt nicht unbedingt zu einem guten Ergebnis

Schwal·ben·schwanz *der* ein großer Schmetterling mit Flügeln, die hinten spitz sind und die ein weißes, gelbes und schwarzes Muster haben

Schwall *der*; (-(e)s, -e); *meist Singular* **ein Schwall** *+Genitiv*; **ein Schwall von etwas** *(Dativ)* eine ziemlich große Menge einer Flüssigkeit oder eines Gases, die sich plötzlich irgendwohin bewegt | *ein Schwall heißen Dampfes*

schwamm *Präteritum, 1. und 3. Person Singular* → schwimmen

S

★ **Schwạmm** *der;* (-(e)s, Schwäm·me) **1** Schwämme sind dick und weich, wenn sie feucht sind; man kann damit viel Wasser aufsaugen und Oberflächen reinigen | *sich mit einem Schwamm waschen* K Badeschwamm, Tafelschwamm, Waschschwamm **2** ein Lebewesen mit einem elastischen Körper mit vielen kleinen Öffnungen, das im Meer lebt und an einer Stelle festgewachsen ist **3** ein Pilz, der auf Holz oder feuchten Mauern wächst K Baumschwamm, Hausschwamm, Holzschwamm, Kellerschwamm ■ ID **Schwamm drüber!** *gesprochen* Wir wollen nicht mehr über diese unangenehme Sache sprechen!

Schwạm·merl *das;* (-s, -(n)); *süddeutsch* Ⓐ ≈ *Pilz*

schwạm·mig ADJEKTIV **1** dick und weich | *Er ist im Gesicht ziemlich schwammig geworden* **2** *abwertend* so, dass etwas nicht völlig eindeutig ist ‹ein Begriff, eine Formulierung; etwas schwammig formulieren› ≈ *vage*

Schwan *der;* (-(e)s, Schwä·ne) ein großer weißer Vogel mit einem langen Hals, der auf Seen und Flüssen lebt K schwanenweiß ■ ID **Du/Mein lieber Schwan!** *gesprochen* verwendet, um Erstaunen oder Ärger auszudrücken

schwạnd *Präteritum, 3. Person Singular* → schwinden

schwa̱·nen VERB (schwante, hat geschwant) ■ ID **jemandem schwant etwas** *gesprochen* jemand ahnt etwas meist Unangenehmes | *Mir schwant, dass es Ärger geben wird*

Schwa̱·nen·ge·sang *der; geschrieben* **1** das letzte Werk vor allem eines Dichters oder Komponisten **2** der Abschied von einer Sache, die allmählich verschwindet

schwạng *Präteritum, 1. und 3. Person Singular* → schwingen

Schwạng *der* ■ ID **etwas ist im Schwang(e)** eine Verhaltensweise o. Ä. ist in Mode

★ **schwạn·ger** ['ʃvaŋɐ] ADJEKTIV mit einem Kind im Bauch ‹eine Frau› | *Sie ist im fünften Monat schwanger* H Bei Tieren sagt man *trächtig* oder *tragend.* ■ ID **mit etwas schwanger gehen** *humorvoll* etwas (schon seit einiger Zeit) als Plan haben ‹mit einer Idee, einem Projekt schwanger gehen›

-schwan·ger *im Adjektiv, unbetont, nicht produktiv* **1** **bedeutungsschwanger, hoffnungsschwanger, inhaltsschwanger** *und andere* voll der genannten Sache **2** **schicksalsschwanger, unheilschwanger** *und andere* drückt aus, dass etwas Schicksalhaftes zu erwarten ist

Schwạn·ge·re *die;* (-n, -n) eine schwangere Frau K Schwangerenberatung, Schwangerengymnastik H im Genitiv und Dativ Singular: *der Schwangeren*

schwạ̈n·gern VERB (schwängerte, hat geschwängert) **eine Frau schwängern** *oft abwertend* eine Frau schwanger machen

★ **Schwạn·ger·schaft** *die;* (-, -en) der Zustand, schwanger zu sein ‹eine geplante, ungewollte Schwangerschaft; eine Schwangerschaft feststellen, unterbrechen› K Schwangerschaftsabbruch, Schwangerschaftsbeschwerden, Schwangerschaftserbrechen, Schwangerschaftsgymnastik, Schwangerschaftstest, Schwangerschaftsvorsorge

Schwạnk *der;* (-(e)s, Schwän·ke) **1** ein einfaches, lustiges Theaterstück K Bauernschwank **2** *gesprochen* eine (oft derbe) lustige Erzählung

★ **schwạn·ken** VERB (schwankte, hat/ist geschwankt) **1** **jemand/etwas schwankt** *(hat)* jemand/etwas bewegt sich auf der Stelle meist langsam hin und her oder auf und ab | *Die Bäume schwankten im Wind* | *Auf dem schwankenden Schiff wurde ihr übel* **2** **jemand/etwas schwankt irgendwohin** *(ist)* jemand/etwas bewegt sich schwankend irgendwohin | *Nach der rasenden Fahrt mit dem Karussell schwankten wir zum Ausgang* **3** **etwas schwankt (zwischen Dingen** *(Dativ)***)** *(hat)* etwas ändert sich immer wieder in der Qualität oder Menge ‹der Druck, die Preise, die Temperatur, eine Zahl› | *Der Dollarkurs schwankt in der letzten Zeit stark* | *Seine Stimmung schwankte zwischen Hoffen und Bangen* **4** **(zwischen Dingen** *(Dativ)***) schwanken** *(hat)* sich nicht zwischen zwei Möglichkeiten entscheiden können | *Ich schwanke noch zwischen einem preisgünstigen und einem teureren Laptop* | *Er hat eine Zeit lang geschwankt, bevor/ehe er sich entschied* | *Bei dieser Frage geriet er ins Schwanken*

Schwạn·kung *die;* (-, -en); *meist Plural* Änderungen in der Qualität oder Menge ‹etwas unterliegt starken Schwankungen› K Gefühlsschwankung, Stimmungsschwankung, Druckschwankung, Klimaschwankung, Konjunkturschwankung, Kursschwankung, Stromschwankung, Temperaturschwankung, Wertschwankung

★ **Schwạnz** *der;* (-es, Schwän·ze) **1** der lange schmale (bewegliche) Teil am Ende des Körpers eines Tieres ‹ein buschiger, gestutzter Schwanz› | *Als der Hund mich sah, wedelte er mit dem Schwanz* | *Eidechsen können ihren Schwanz abwerfen* K Schwanzborste, Schwanzfeder, Schwanzflosse, Schwanzhaare, Schwanzwirbel; Fischschwanz, Fuchsschwanz, Heringsschwanz, Krebsschwanz, Kuhschwanz, Mauseschwanz, Pferdeschwanz, Ringelschwanz, Stummelschwanz H → Abb. unter **Pferd** und **Tier** **2** *gesprochen* etwas, das so aussieht wie ein Schwanz ‹der Schwanz eines Papierdrachens, eines Flugzeugs, eines Kometen› K Drachenschwanz **3** *gesprochen* ⚠ ≈ *Penis* **4** **ein Schwanz von Dingen** *gesprochen* eine Reihe von Dingen der gleichen Art ‹etwas zieht einen Schwanz von Konsequenzen nach sich› | *Der Bericht hatte einen ganzen Schwanz von Leserbriefen zur Folge* **5** **kein Schwanz** *gesprochen* ⚠ kein einziger Mensch ≈ *niemand* ■ ID **den Schwanz einziehen** *gesprochen!* erkennen, dass man keine Chance auf Erfolg hat, und aufgeben oder nachgeben

schwạ̈n·zeln VERB (schwänzelte, hat geschwänzelt) **ein Hund schwänzelt** *gesprochen* ein Hund bewegt den Schwanz schnell hin und her

schwạ̈n·zen VERB (schwänzte, hat geschwänzt) **(etwas) schwänzen** *gesprochen* nicht zur Schule gehen, weil man keine Lust hat ‹die Schule, eine Stunde schwänzen›

schwạp·pen VERB (schwappte, hat/ist geschwappt) **1** **etwas schwappt** *(hat)* eine Flüssigkeit bewegt sich hin und her und macht dabei ein klatschendes Geräusch | *Er sprang ins Becken, dass das Wasser schwappte* **2** **etwas schwappt irgendwohin** *(ist)* eine Flüssigkeit bewegt sich irgendwohin und macht dabei ein klatschendes Geräusch | *Er stieß an den Eimer, und das Wasser schwappte auf den Boden* ● hierzu **schwạpp!**

schwä̱·ren VERB (schwärte, hat geschwärt); *geschrieben* **eine Wunde schwärt** eine Wunde eitert

Schwạrm *der;* (-(e)s, Schwär·me) **1** **ein Schwarm** *+Substantiv;* **ein Schwarm von Tieren/Insekten** eine große Zahl von Fischen, Vögeln oder Insekten, die miteinander leben | *ein Schwarm Krähen* | *Hier gibt es Schwärme von Mücken* K Bienenschwarm, Fischschwarm, Heringsschwarm, Heuschreckenschwarm, Mückenschwarm, Vogelschwarm **2** **ein Schwarm** *+Substantiv;* **ein Schwarm von Personen** *humorvoll* viele Menschen | *Schwärme von Touristen* **3** eine Person, von der jemand begeistert ist | *Der Popstar war der Schwarm aller jungen Mädchen* | *Er traute sich nicht, seinen Schwarm einmal anzusprechen*

schwạ̈r·men VERB (schwärmte, hat/ist geschwärmt) **1** **für jemanden/etwas schwärmen** *(hat)* jemanden sehr attraktiv oder etwas sehr gut finden | *Sie schwärmt für ihren Lehrer* | *Er schwärmt für Erdbeerkuchen* **2** **(von jemandem/etwas) schwärmen** *(hat)* begeistert über jemanden/etwas sprechen | *Er schwärmt von Irland* **3** **Tiere schwärmen** *(haben)* Insekten, Vögel, Fische o. Ä. kommen in großer Zahl zusammen, bewegen sich als Schwarm irgendwohin

4 **Personen/Tiere schwärmen irgendwohin** *(sind)* viele Personen/Tiere bewegen sich gleichzeitig an verschiedene Stellen in einem Gebiet | *Es läutete und die Kinder schwärmten aus der Schule*

Schwär·mer *der;* (-s, -) eine Person, die nicht realistisch denkt, sondern sehr schnell von etwas begeistert ist • hierzu **Schwär·me·rin** *die;* **schwär·me·risch** ADJEKTIV

Schwar·te *die;* (-, -n) 1 die dicke, feste Haut mit viel Fett, vor allem beim Schwein ⟨eine geräucherte, knusprige Schwarte⟩ K Speckschwarte 2 *gesprochen, abwertend* ein (dickes) Buch

★ **schwarz** ADJEKTIV 1 die Farbe, wenn es überhaupt kein Licht gibt ⟨schwarz gefärbt, gerändert, geräuchert, gestreift, umrandet⟩ ↔ *weiß* | *schwarze Haare haben* | *sich aus Trauer schwarz kleiden* K schwarzgefärbt, schwarzgerändert, schwarzgeräuchert, schwarzgestreift, schwarzhaarig, schwarzumrandet; Schwarzbär, Schwarzspecht, Schwarzstorch; (kohl)rabenschwarz, pechschwarz, samtschwarz, tiefschwarz 2 von sehr dunkler Farbe ⟨Augen, Pfeffer, Wolken; eine Nacht⟩ ↔ *hell* K schwarzäugig, schwarzbraun; nachtschwarz 3 mit dunkler Haut (in Bezug auf Menschen aus Afrika) ⟨die Hautfarbe⟩ 4 schmutzig und deswegen dunkel ⟨Fingernägel, Hände, ein Kragen; schwarze Ränder unter den Fingernägeln⟩ ↔ *sauber* | *Er hatte ganz schwarze Hände* 5 *gesprochen* mit konservativen politischen Prinzipien ⟨schwarz wählen⟩ 6 *gesprochen* so, dass es nicht bei den Behörden gemeldet wird, um ein Verbot zu umgehen oder um Steuern und Gebühren zu vermeiden ⟨der Markt; eine schwarze Kasse führen; etwas schwarz verkaufen, über die Grenze bringen; schwarz verdientes Geld⟩ ≈ *illegal* | *Er hat den Anbau schwarz machen lassen* K Schwarzgeld, Schwarzhandel, Schwarzhändler 7 mit etwas Unangenehmem (verbunden) ⟨Gedanken, ein Tag; für jemanden sieht es schwarz aus⟩ 8 mit der Absicht, jemandem zu schaden ⟨Gedanken, Pläne, eine Seele⟩ ≈ *böse* 9 **etwas ist schwarz von Menschen/Tieren** etwas ist so voll mit Menschen oder Tieren, dass es dunkel erscheint | *Die Luft war schwarz von Heuschrecken* 10 **schwarz auf weiß** in geschriebener (und gedruckter) Form (und somit beweisbar) ⟨etwas schwarz auf weiß bekommen, (haben) wollen, besitzen; jemandem etwas schwarz auf weiß geben⟩ ≈ *schriftlich* 11 *gesprochen* ohne Milch | *Oliver trinkt seinen Kaffee schwarz*

■ ID **Da kannst du warten, bis du schwarz wirst!** *gesprochen* Es ist sinnlos, darauf zu hoffen

Schwarz *das;* (-(es)) 1 die schwarze Farbe | *das schillernde Schwarz der Federn eines Raben* 2 schwarze Kleidung, die man trägt, weil man über jemandes Tod trauert ⟨Schwarz tragen; in Schwarz gehen⟩

Schwarz·ar·beit *die; meist Singular* (illegale) Arbeit, für die keine Steuern bezahlt werden (weil sie nicht angemeldet ist) • hierzu **Schwarz·ar·bei·ter** *der;* **Schwarz·ar·bei·te·rin** *die*

schwarz·är·gern VERB (ärgerte sich schwarz, hat sich schwarzgeärgert); *gesprochen* **sich schwarzärgern** sehr großen Ärger empfinden

schwarz·bren·nen VERB (brannte schwarz, hat schwarzgebrannt) illegal Schnaps brennen • hierzu **Schwarz·bren·ner** *der;* **Schwarz·bren·ne·rei** *die*

★ **Schwarz·brot** *das* ein dunkles Brot, das vor allem aus Roggenmehl gemacht wird

Schwar·ze[1] *der/die;* (-n, -n) 1 *gesprochen* ⚠ ein Mensch mit dunkler Hautfarbe I a) *ein Schwarzer; der Schwarze; den, dem, des Schwarzen;* b) wird oft als rassistisch empfunden 2 *gesprochen* eine Person mit sehr konservativen politischen Ideen

Schwar·ze[2] *das;* (-n) der schwarze Teil in der Mitte einer Zielscheibe ⟨ein Schuss ins Schwarze; das/ins Schwarze treffen⟩ I *das Schwarze; dem, des Schwarzen* ■ ID **ins Schwarze treffen** *gesprochen* genau das Richtige raten, sagen oder tun

Schwär·ze *die;* (-) 1 die schwarze Farbe einer Sache 2 die tiefe Dunkelheit | *die Schwärze der Nacht*

schwär·zen VERB (schwärzte, hat geschwärzt) **etwas schwärzen** etwas schwarz machen | *Das Gesicht des Schornsteinfegers war von Ruß geschwärzt* I meist im Passiv mit dem Hilfsverb *sein* • hierzu **Schwär·zung** *die*

schwarz·fah·ren VERB (fuhr schwarz, ist schwarzgefahren) mit Bus oder Bahn fahren, ohne eine Fahrkarte zu haben • hierzu **Schwarz·fah·rer** *der;* **Schwarz·fah·re·rin** *die*

schwärz·lich ADJEKTIV von leicht schwarzer Farbe | *schwärzliches Wasser*

schwarz·ma·len VERB (malte schwarz, hat schwarzgemalt); *oft abwertend* die Zukunft pessimistisch darstellen • hierzu **Schwarz·ma·ler** *der*

Schwarz·markt *der* der illegale Markt für Waren ⟨etwas auf dem Schwarzmarkt kaufen⟩ K Schwarzmarktpreis

Schwarz-Rot-Gold, **Schwarz·rot·gold** *das; nur Singular* die Farben der deutschen Fahnen von 1919 bis 1933 und nach 1945 • hierzu **schwarz-rot-gol·den**, **schwarz·rot·gol·den** ADJEKTIV

schwarz·schlach·ten VERB (schlachtete schwarz, hat schwarzgeschlachtet) ein Tier (illegal) schlachten, ohne es den Behörden zu melden

schwarz·se·hen (sieht schwarz, sah schwarz, hat schwarzgesehen) 1 als Fernsehbesitzer keine Gebühren bezahlen 2 **(für jemanden/etwas) schwarzsehen** der Meinung sein, dass die Zukunft einer Person oder Sache schlecht sein wird | *Für unseren Ausflug sehe ich schwarz! Ich glaube, es gibt Regen* • hierzu **Schwarz·se·her** *der*

schwarz-weiß, **schwarz·weiß** ADJEKTIV 1 mit schwarzen und weißen Flecken, Streifen usw. | *eine schwarz-weiße Kuh* | *ein schwarz-weiß gestreiftes Hemd* 2 schwarz, weiß und mit verschiedenen grauen Farben ⟨ein Bild, ein Foto; schwarz-weiß fotografieren⟩ K Schwarz-Weiß-Aufnahme, Schwarz-Weiß-Film, Schwarz-Weiß-Foto(grafie)

Schwarz-Weiß-Ma·le·rei, **Schwarz·weiß·ma·le·rei** *die; meist Singular* die Darstellung einer Sache nach einem sehr einfachen Schema (ohne Nuancen)

schwarz·wer·den VERB ≈ *schwarz werden*

Schwarz·wur·zel *die* eine Pflanze mit langer, spitzer schwarzer Wurzel, die man als Gemüse isst

Schwatz *der;* (-es) ein freundliches Gespräch über unwichtige Themen ⟨einen Schwatz (mit jemandem) halten⟩ I oft in der Verkleinerungsform *Schwätzchen*

schwat·zen VERB (schwatzte, hat geschwatzt) 1 **(etwas) schwatzen** *abwertend* Dinge sagen, die wenig Sinn haben ⟨Blödsinn, Unsinn, dummes Zeug schwatzen⟩ 2 **(mit jemandem) schwatzen** freundlich über unwichtige Themen reden | *Sie standen im Hof und schwatzten miteinander* 3 **(mit jemandem) schwatzen** während des Unterrichts leise mit einem Mitschüler reden 4 *abwertend* Geheimnisse weitererzählen

schwät·zen VERB (schwätzte, hat geschwätzt); *besonders süddeutsch* Ⓐ 1 **(etwas) schwätzen** ≈ *schwatzen* 2 ≈ *schwatzen*

Schwät·zer *der;* (-s, -); *gesprochen, abwertend* jemand, der sich für klug hält und viel redet, aber nichts weiß • hierzu **Schwät·ze·rin** *die*

schwatz·haft ADJEKTIV; *abwertend* so, dass eine Person gern schwatzt und Geheimnisse verrät • hierzu **Schwatz·haf·tig·keit** *die*

Schwe·be *die* 1 **in der Schwebe** in der Luft (schwebend)

S

| *Der Kolibri kann sich durch sehr schnelle Flügelbewegungen in der Schwebe halten* **2** **in der Schwebe** noch nicht entschieden | *Das Verfahren ist noch in der Schwebe* **K** Schwebezustand

Schwe·be·bal·ken *der* ein schmaler, langer Balken, auf dem Mädchen und Frauen turnen

★ **schwe·ben** VERB (schwebte, hat/ist geschwebt) **1** **etwas schwebt (irgendwo)** *(hat/ist)* etwas bewegt sich kaum oder ruhig in der Luft oder im Wasser | *Eine Wolke schwebte am Himmel* | *Ein Drachen schwebt in der Luft* **K** Schwebezustand, Schwebstoffe **2** **etwas schwebt irgendwohin** *(ist)* etwas bewegt sich langsam durch die Luft ⟨ein Ballon, eine Feder⟩ **3** **irgendwohin schweben** *(ist)* sich ohne Mühe und ohne Geräusch bewegen und dabei den Boden kaum berühren | *Die Balletttänzer schwebten über die Bühne* **4** **in Lebensgefahr schweben**; **zwischen Leben und Tod schweben** *(hat/ist)* lebensgefährlich krank oder verletzt sein

schwe·bend ■ PARTIZIP PRÄSENS **1** → schweben ■ ADJEKTIV **2** *meist attributiv* noch nicht entschieden ⟨ein Verfahren⟩

Schwe·de *der*; (-n, -n) ein Einwohner von Schweden **H** *der Schwede; den, dem, des Schweden* ■ **ID** **alter Schwede** *gesprochen* **a** als Anrede für einen männlichen Freund verwendet **b** verwendet, um zu sagen, dass man positiv oder negativ überrascht ist

Schwe·fel *der*; (-s) ein chemisches Element, das gelb ist und als Gas unangenehm riecht **K** Schwefelbad, Schwefeldioxid, Schwefelgestank, Schwefelquelle, Schwefelsäure, Schwefelwasserstoff; schwefelgelb **H** chemisches Zeichen: *S* ● hierzu **schwe·fel·far·ben** ADJEKTIV; **schwe·fel·hal·tig** ADJEKTIV

schwe·feln VERB (schwefelte, hat geschwefelt) **etwas schwefeln** etwas mit Schwefel behandeln, um es haltbar zu machen oder vor Schädlingen zu schützen ⟨Rosinen, Wein, Reben schwefeln⟩ ● hierzu **Schwe·fe·lung** *die*

Schweif *der*; (-(e)s, -e); *geschrieben* **1** der lange, buschige Schwanz eines Pferdes **K** Rossschweif **H** → Abb. unter **Pferd** **2** eine Schicht aus Gas, die hinter einem Kometen zu sehen ist **K** Kometenschweif

schwei·fen VERB (schweifte, ist geschweift) **1** **irgendwohin schweifen** *geschrieben* ohne festes Ziel irgendwohin wandern ⟨in die Ferne, durch die Wälder schweifen⟩ **2** **etwas schweift irgendwohin** etwas wechselt ohne Ziel die Richtung o. Ä. ⟨den Blick, die Gedanken schweifen lassen⟩

Schwei·ge·geld *das* Geld, das jemand einer anderen Person zahlt, damit sie ein Geheimnis (vor allem etwas Illegales) nicht verrät

Schwei·ge·marsch *der* eine Demonstration, bei der alle Teilnehmer schweigend zu ihrem Ziel gehen

Schwei·ge·mi·nu·te *die* eine kurze Zeit, in der eine Gruppe von Menschen schweigt, um an ein schlimmes Ereignis zu denken oder an Personen, die gestorben oder in großer Gefahr sind ⟨eine Schweigeminute (zum Gedenken an jemanden/etwas) einlegen⟩ ≈ *Gedenkminute*

★ **schwei·gen** VERB (schwieg, hat geschwiegen) **1** kein Wort sagen ⟨betroffen, ergriffen, ratlos, verlegen, beharrlich, eisern schweigen; schweigend zuhören⟩ **2** **(über etwas** *(Akkusativ)*) **schweigen**; **(zu etwas) schweigen** zu einem Thema nichts sagen, ein Geheimnis nicht verraten ⟨zu einer Anschuldigung, einem Vorwurf schweigen⟩ | *Ich habe lange über den Vorfall geschwiegen, aber jetzt fühle ich mich verpflichtet, Ihnen die Wahrheit zu sagen* **3** **etwas schweigt** *geschrieben* etwas macht keine Geräusche mehr ⟨die Gewehre, die Musik⟩ **4** **schweigen wie ein Grab** unter keinen Umständen ein Geheimnis o. Ä. verraten

★ **Schwei·gen** *das*; (-s) **1** eine Situation, in der niemand etwas sagt ⟨beklommenes, betretenes, eisiges, tiefes Schweigen⟩ | *Als er eine kurze Pause machte, herrschte gespanntes Schweigen im Saal* **2** eine Situation, in der man über ein Thema nicht spricht | *Der Komplize bewahrte Schweigen über die Motive des Attentats* ■ **ID** **das/sein Schweigen brechen** *geschrieben* nach relativ langem Schweigen dann doch über etwas reden; **jemanden zum Schweigen bringen** **a** jemanden (z. B. durch Drohungen) dazu zwingen, über etwas nichts zu sagen **b** jemanden töten, meist weil er Zeuge eines Verbrechens ist; **sich in Schweigen hüllen** zu einem Thema nichts sagen, auf Fragen nicht antworten; **zum Schweigen verurteilt sein** nichts über etwas sagen dürfen

Schwei·ge·pflicht *die*; *meist Singular* die Pflicht, über solche Dinge, die man im Beruf erfährt, nicht zu sprechen ⟨die ärztliche Schweigepflicht; jemand/etwas unterliegt der Schweigepflicht; die Schweigepflicht verletzen⟩

schweig·sam ADJEKTIV ⟨ein Mensch⟩ so, dass er nur wenig spricht | *„Warum bist du heute so schweigsam?"* ● hierzu **Schweig·sam·keit** *die*

★ **Schwein** *das*; (-(e)s, -e) **1** ein Tier mit kurzen Beinen und dicker Haut, das man wegen des Fleisches züchtet ⟨das Schwein grunzt, quiekt; jemand mästet, schlachtet Schweine⟩ **K** Schweinsleder; Hausschwein, Mastschwein, Mutterschwein, Wildschwein **2** *nur Singular* das Fleisch eines Schweins, das man isst **K** Schweinebraten, Schweinefilet, Schweinefleisch, Schweinegulasch, Schweinekotelett, Schweinelende, Schweineschmalz, Schweineschnitzel; *süddeutsch* Schweinsfilet, Schweinshaxe **3** *gesprochen, abwertend* verwendet als Schimpfwort für Personen, die rücksichtslos, unmoralisch oder vulgär sind oder die keinen Wert auf Sauberkeit und Hygiene legen **4** *gesprochen nur Singular* Glück, das man nicht verdient hat | *Da hast du noch mal Schwein gehabt, das hätte leicht schiefgehen können* **5** **kein Schwein** *gesprochen, abwertend* kein einziger Mensch ≈ *niemand* | *Das glaubt dir doch kein Schwein!* **6** **ein armes Schwein** *gesprochen* eine Person, mit der man Mitleid hat

Schwei·ne·hund *der*; *gesprochen* **1** *abwertend* verwendet als Bezeichnung für eine Person, die rücksichtslos und böse handelt **2** **der innere Schweinehund** die Bequemlichkeit, die eine Person daran hindert, das zu tun, was sie tun sollte ⟨den inneren Schweinehund überwinden⟩

Schwei·ne·rei *die*; (-, -en); *gesprochen, abwertend* **1** Schmutz und Unordnung **2** etwas, über das man sich sehr ärgert **3** *meist Plural* etwas, das unmoralisch ist oder sexuellen Inhalt hat

Schwei·ne·stall *der* **1** ein Stall für Schweine **2** *gesprochen, abwertend* ein Raum, eine Wohnung o. Ä., in denen es sehr unordentlich oder schmutzig ist

Schwein·igel *der*; (-s, -); *gesprochen, abwertend oder humorvoll* **1** eine Person, die obszöne Dinge sagt **2** eine Person, die keinen Wert auf Sauberkeit legt

schwei·nisch ADJEKTIV; *gesprochen* ⟨ein Film, ein Witz⟩ ≈ *unanständig*

Schweiß *der*; (-es) **1** die salzige Flüssigkeit, die aus der Haut kommt, wenn es heiß ist ⟨jemandem bricht der Schweiß aus allen Poren, läuft der Schweiß in Strömen herunter, steht der Schweiß auf der Stirn⟩ | *Er wischte sich mit einem Taschentuch den Schweiß von der Stirn* **K** Schweißausbruch, Schweißdrüse, Schweißfleck, Schweißgeruch, Schweißtropfen; schweißbedeckt, schweißnass, schweißtriefend, schweißüberströmt, schweißverklebt; Angstschweiß, Fußschweiß **2** **in Schweiß gebadet sein** nass von Schweiß sein **K** schweißgebadet ■ **ID** **etwas kostet (viel) Schweiß**

etwas ist (sehr) anstrengend | *Es hat viel Schweiß gekostet, den Betrieb aufzubauen*; **im Schweiße seines Angesichts** mit harter, anstrengender Arbeit

Schweiß·bren·ner *der* ein Gerät, das eine sehr heiße Flamme erzeugt, mit der man Metalle schweißen kann

schwei·ßen VERB (schweißte, hat geschweißt) **(etwas) schweißen** Teile aus Metall oder Kunststoff miteinander verbinden, indem man sie an einer Stelle sehr heiß macht und zusammenpresst ⟨ein Rohr, einen Riss schweißen⟩ K Schweißgerät, Schweißnaht

Schwei·ßer *der*; (-s, -) eine Person, die beruflich Metalle schweißt • hierzu **Schwei·ße·rin** *die*

Schweiß·fuß *der*; (-es, Schweiß·fü·ße); *meist Plural* Füße, die stark schwitzen ⟨Schweißfüße haben⟩

schwei·ßig ADJEKTIV feucht von Schweiß ⟨Füße, Hände⟩

Schweiz *die*; (-) **1** der Staat in Mitteleuropa mit der Hauptstadt Bern | *in der Schweiz leben* **2** die Vertreter der Schweiz bei internationalen Veranstaltungen, Konferenzen usw. | *Silber für die Schweiz!* • zu (1) **Schwei·zer** *der*; zu (1) **Schwei·ze·rin** *die*; zu (1) **Schwei·zer** ADJEKTIV

LANDESKUNDE

▶ Die Schweiz

Die Schweiz ist ein Bundesstaat (offizieller Name: **Confoederatio Helvetica**, daher das Autokennzeichen CH) und liegt in Mitteleuropa. Die etwa 8,5 Millionen Schweizer **Eidgenossen** leben auf einer Fläche von 41 290 km^2.

Die Schweiz besteht aus 26 **Kantonen**: Aargau, Appenzell Ausserrhoden, Appenzell Innerrhoden, Basel-Landschaft, Basel-Stadt, Bern, Freiburg, Genf, Glarus, Graubünden, Jura, Luzern, Neuenburg, Nidwalden, Obwalden, Sankt Gallen, Schaffhausen, Schwyz, Solothurn, Tessin, Thurgau, Uri, Waadt, Wallis, Zug, Zürich.

In der Schweiz gibt es vier Amtssprachen: **Deutsch**, **Französisch**, **Italienisch** und **Rätoromanisch**. Deutsch ist die Muttersprache des größten Teils der Bevölkerung, gefolgt von Französisch.

Die Landschaft der Schweiz ist in großen Teilen von hohen Bergen geprägt. Die Schweiz gehört zu den reichsten Ländern der Welt und ist bekannt für ihre außenpolitische Neutralität. Die Währung ist der Schweizer Franken.

Die Hauptstadt ist **Bern**. Andere wichtige Städte sind **Genf**, das bekannt ist als Sitz zahlreicher internationaler Organisationen, **Zürich**, **Basel** und **Lausanne**.

Schwei·zer·deutsch *das*; (-) die deutsche Sprache, so wie sie in einem Teil der Schweiz gesprochen wird • hierzu **schwei·zer·deutsch** ADJEKTIV

schwe·len VERB (schwelte, hat geschwelt) **1 etwas schwelt** etwas brennt (ohne sichtbare Flamme) schwach und entwickelt dabei viel Rauch ⟨ein Feuer⟩ K Schwelbrand **2 etwas schwelt (in jemandem)** etwas ist wirksam, ohne sichtbar zu werden ⟨in jemandem schwelt der Hass⟩

schwel·gen VERB (schwelgte, hat geschwelgt) **1 in etwas** (*Dativ*) **schwelgen** *geschrieben* etwas Angenehmes bewusst und intensiv genießen ⟨in Erinnerungen, in Gefühlen, in Wonne schwelgen⟩ **2** mit Genuss viel essen und trinken | *Wir haben auf der Party mal so richtig geschwelgt*

Schwel·le *die*; (-, -n) **1** der leicht erhöhte Teil des Fußbodens an der Türöffnung ⟨über die Schwelle treten⟩ K Türschwelle, Zimmerschwelle **2** ein Stück Holz, Beton o. Ä., das quer unter den Eisenbahnschienen liegt und an dem diese befestigt sind K Bahnschwelle **3 an der Schwelle zu etwas** kurz vor etwas (meist einem neuen Lebensabschnitt o. Ä.) | *an der Schwelle zum Erwachsensein stehen* K Bewusstseinsschwelle, Reizschwelle, Schmerzschwelle

schwel·len[1] VERB (schwillt, schwoll, ist geschwollen) **etwas schwillt** etwas wird größer und dicker als normal | *Nach dem Unwetter schwoll der Fluss zu einem reißenden Strom* | *Sein Arm ist geschwollen, weil ihn eine Biene gestochen hat*

WORTSCHATZ

▶ Schweizerdeutsch

Wörter, die in der Schweiz (auch) eine andere Bedeutung haben:

Schweizerdeutsch	Hochdeutsch
die **Abdankung**	die Trauerfeier
aufgestellt	fröhlich
das **Depot**	das Pfand
fehlbar	schuldig
die **Garage**	die Autowerkstatt
die **Matte**	die Wiese (am Berg)
die **Pfanne**	der Kochtopf
die **Peperoni**	der Paprika
die **Promotion**	die Beförderung
das **Quartier**	das Stadtviertel
der **Sack**	die Tüte, die Hosentasche
versorgen (*hat*)	unterbringen, verwahren
der **Vortritt**	die Vorfahrt
wischen (*hat*)	kehren, fegen
zügeln (*ist/hat*)	umziehen, den Wohnort wechseln

Wörter, denen man (fast) nur in der Schweiz begegnet:

Schweizerdeutsch	Hochdeutsch
der **Abwart**	der Hausmeister
der **Ammann**	der Bürgermeister
der **Autocar**, der **Car**	der Reisebus
die **Baumnuss**	die Walnuss
das **Billett**	die Fahrkarte, die Eintrittskarte
das **Chalet**	das Holzhaus (in den Bergen)
Äxgüsi!, **Exgüsi!**	Entschuldigung!
der **Führerausweis**	der Führerschein
die **Glace**	das Speiseeis
grillieren (*hat*)	grillen
innert	innerhalb, binnen
der **Jupe**	der Rock
der **Kondukteur**	der Schaffner
das **Lavabo**	das Waschbecken
Merci!	Danke!
das **Morgenessen**	das Frühstück
das **Nachtessen**	das Abendessen
die **Papeterie**	die Schreibwarenhandlung
parkieren (*hat*)	parken
das **Perron**	der Bahnsteig
der **Pneu**	der Reifen
das **Poulet**	das Hühnchen
die **Serviertochter**	die Bedienung, die Kellnerin
der **Thon**	der Thunfisch
tischen (*hat*)	der Tisch decken
der **Töff**	das Motorrad
der **Unterbruch**	die Unterbrechung

S

schwel·len² VERB (schwellt, schwellte, hat geschwellt) **etwas schwellt etwas** etwas bewirkt, dass etwas rund wird | *Der Sturm schwellt die Segel*

Schwel·lung *die*; (-, -en) **1** eine Stelle am Körper, die wegen einer Verletzung, eines Insektenstichs o. Ä. dicker als normal ist **2** *nur Singular* der Zustand, in dem etwas geschwollen ist ⟨die Schwellung klingt ab, geht zurück⟩ | *Der Zahn kann erst gezogen werden, wenn die Schwellung der Backe abgeklungen ist*

Schwem·me *die*; (-, -n) ein Überangebot einer Ware **K** Eierschwemme, Gemüseschwemme, Obstschwemme, Weinschwemme

-schwem·me *die*; *im Substantiv, unbetont, begrenzt produktiv* **Akademikerschwemme, Ärzteschwemme, Lehrerschwemme** *und andere* drückt aus, dass es zu viele Menschen in dem Beruf gibt, der im ersten Wortteil genannt wird

schwem·men VERB (schwemmte, hat geschwemmt) **etwas schwemmt jemanden/etwas irgendwohin** die Strömung des Wassers befördert jemanden/etwas irgendwohin ⟨ans Land, ans Ufer geschwemmt werden⟩ | *Viele tote Seehunde wurden an den Strand geschwemmt* **H** meist im Passiv

Schwemm·sand *der* Sand, den ein Fluss, das Meer o. Ä. ans Ufer geschwemmt hat

Schwen·gel *der*; (-s, -) **1** ein Teil einer Pumpe in Form einer Stange, die man hin- und herbewegt, um Wasser aus dem Boden zu pumpen **K** Pumpenschwengel **2** ≈ *Klöppel* **K** Glockenschwengel

Schwenk *der*; (-(e)s, -s) **1** eine (meist schnelle) Änderung der Richtung ⟨einen Schwenk nach links/rechts machen⟩ **2** die Bewegung mit der Kamera beim Filmen

schwen·ken VERB (schwenkte, hat/ist geschwenkt) **1 etwas schwenken** (*hat*) etwas (in der Hand halten und) durch die Luft bewegen ⟨eine Fahne, einen Hut, ein Taschentuch schwenken⟩ ≈ *schwingen* | *Sie schwenkte die Arme über dem Kopf, um ihn auf sich aufmerksam zu machen* **2 etwas (irgendwohin) schwenken** (*hat*) etwas in eine andere Richtung oder Stellung bewegen ≈ *drehen* | *Er schwenkte den Wasserhahn nach rechts* **K** Schwenkarm, Schwenkhahn, Schwenkkran **3 etwas in etwas** (*Dativ*) **schwenken** (*hat*) etwas in eine Flüssigkeit tun und dort kurze Zeit hin und her bewegen | *Wäsche im Wasser schwenken* | *Kartoffeln in heißem Fett schwenken* | *in Butter geschwenkte Bohnen* **4 irgendwohin schwenken** (*ist*) sich in eine andere Richtung bewegen | *Das Auto schwenkte nach links in eine Nebenstraße* • zu (2) **Schwen·kung** *die*

★ **schwer** ADJEKTIV

▸Gewicht: **1** mit relativ hohem Gewicht ⟨etwas ist schwer wie Blei; schwer beladen, bepackt sein⟩ ↔ *leicht* | *einen schweren Koffer schleppen* | *Mit 75 Kilo ist sie viel zu schwer für ihre Größe* **K** Schwergewicht, Schwermetall, schwerbeladen; bleischwer, tonnenschwer, zentnerschwer

SCHWER
LEICHT

schwer leicht

2 mit dem genannten Gewicht | *ein zwanzig Tonnen schwerer Lastwagen* | *Der junge Vogel war nur zehn Gramm schwer*

▸Intensität: **3** (vor allem in negativer Weise) das normale Maß überschreitend ⟨ein Gewitter, Schneefälle, ein Sturm, ein Unwetter, eine Gehirnerschütterung, eine Krankheit, ein Schock, eine Verletzung; eine Schuld, ein Verbrechen, ein Vergehen; schwer beeindruckt, beleidigt, bewaffnet, enttäuscht, krank, reich, verletzt, verwundet sein; jemanden schwer beeindrucken, enttäuschen; etwas schwer büßen müssen; sich schwer blamieren⟩ ↔ *leicht* | *Er liegt mit einer schweren Grippe im Bett* | *Die Hitze macht ihm schwer zu schaffen* | *Unsere neue Lehrerin ist schwer in Ordnung* **K** Schwerverbrecher **H** Einige dieser Kombinationen können auch zusammengeschrieben werden, z. B.: *schwerkrank, schwerverletzt, schwerverwundet.* **4** süßlich und sehr intensiv ⟨ein Duft, ein Parfüm⟩

▸schwierig: **5** mit viel Arbeit oder Mühe verbunden ⟨eine Aufgabe, ein Beruf, ein Leben, eine Verantwortung⟩ | *Der Kranke atmete schwer* **6** so, dass man viel körperliche Kraft dazu braucht ⟨eine Arbeit⟩ ↔ *leicht* **K** Schwerarbeit **7** so, dass Speisen lange brauchen, um verdaut zu werden ⟨ein Essen, eine Kost⟩ ↔ *leicht* | *Vor dem Schlafengehen solltest du nicht so schwer essen* **8** so komplex, dass man sie nur schwer verstehen kann ⟨Musik, Literatur⟩ ↔ *leicht* **9 schwer** +*Adjektiv* so, dass die mit dem Adjektiv ausgedrückte Handlung oder der Vorgang nur mit Mühe oder Problemen möglich ist | *ein schwer erziehbares Kind* | *schwer lösliches Pulver* | *schwer verdauliches Essen* | *ein schwer verkäufliches Produkt* | *eine schwer verständliche Aussprache* | *ein schwer verträgliches Medikament* **H** Die Adjektive können auch mit *schwer* zusammengeschrieben werden: *schwererziehbar* usw. **10 jemand/etwas ist schwer zu** +*Infinitiv* es ist schwierig, mit jemandem/etwas etwas zu tun | *Das Problem ist schwer zu lösen* | *Sie war nur schwer zu überzeugen* | *Es ist schwer zu beurteilen, ob er recht hat* **11 jemand/etwas macht (einer Person) etwas schwer** jemand/etwas bereitet (einer Person oder sich selbst) Probleme ⟨sich (*Dativ*) und anderen das Leben schwer machen⟩ | *Sie machte es ihm schwer, sich von ihr zu trennen* **12 jemand macht sich** (*Dativ*) **etwas schwer** jemand macht eine Situation für sich selbst schwieriger

▸schlecht: **13 schwer hören** (vor allem im Alter) schlecht hören können und deshalb etwas (akustisch) nicht verstehen | *Du musst lauter sprechen, er hört schwer*

■ ID **Das will ich schwer hoffen!** Das erwarte ich unbedingt • zu (2 – 8) **Schwe·re** *die*

-schwer *im Adjektiv, unbetont, begrenzt produktiv* **bedeutungsschwer, sorgenschwer, verantwortungsschwer** *und andere* voll von dem, was im ersten Wortteil ausgedrückt wird | *eine folgenschwere Tat* | *ein gedankenschwerer Moment* | *ein inhaltsschwerer Brief* | *ein schicksalsschwerer Tag*

Schwer·ath·le·tik *die*; (-) die Sportarten Gewichtheben, Ringen, Boxen usw. ⟨Schwerathletik betreiben⟩ • hierzu **schwer·ath·le·tisch** ADJEKTIV; **Schwer·ath·let** *der*

schwer·be·hin·dert, schwer be·hin·dert ADJEKTIV mit einer ernsthaften (körperlichen oder geistigen) Behinderung ⟨schwerbehindert sein⟩ • hierzu **Schwer·be·hin·der·te** *der/die*

schwer·be·schä·digt, schwer be·schä·digt ADJEKTIV durch eine Verletzung (körperlich) stark behindert ≈ *invalid* | *ein schwerbeschädigter Kriegsteilnehmer* • hierzu **Schwer·be·schä·dig·te** *der/die*

schwe·re·los ADJEKTIV **1** ohne Gewicht | *Die Astronauten im Weltraum befinden sich im schwerelosen Zustand* **2** so, als ob eine Person kein Gewicht hätte | *Sie glitt schwerelos über den Boden* • hierzu **Schwe·re·lo·sig·keit** *die*

schwe̲r·fal·len VERB (fällt schwer, fiel schwer, ist schwergefallen) **etwas fällt jemandem schwer** etwas macht jemandem viel Mühe oder Schwierigkeiten | *Es fiel ihm schwer, sich bei ihr zu entschuldigen*

schwe̲r·fäl·lig ADJEKTIV so, dass eine Person nicht fähig ist, schnell und geschickt zu denken oder sich zu bewegen ⟨Bewegungen; schwerfällig denken, gehen, sprechen; sich schwerfällig bewegen⟩ ● hierzu **Schwe̲r·fäl·lig·keit** *die*

schwe̲r·hö·rig ADJEKTIV ⟨ein Mensch⟩ so, dass er schlecht hört | *Sprich lauter, er ist schwerhörig!* ■ ID **Bist du schwerhörig?** *gesprochen* verwendet, um Ungeduld auszudrücken, weil eine Person nicht sofort das tut, worum man sie gebeten hatte ● hierzu **Schwe̲r·hö·ri·ge** *der/die*; **Schwe̲r·hö·rig·keit** *die*

Schwe̲r·in·dust·rie *die* der Bergbau und die Industrie, die Eisen erzeugt und verarbeitet

Schwe̲r·kraft *die; nur Singular* die Schwerkraft bewirkt, dass alles ein Gewicht hat und auf der Erde bleibt und nicht ins All fliegt ⟨jemand/etwas unterliegt der Schwerkraft; etwas ist der Schwerkraft unterworfen⟩ ≈ *Gravitation* | *Mit dieser Vorrichtung lässt sich die Schwerkraft aufheben/überwinden*

schwe̲r·lich ADVERB; *geschrieben* wahrscheinlich nicht ≈ *kaum* | *Es wird dir schwerlich helfen, wenn du ihn beleidigst*

schwe̲r·ma·chen VERB ≈ *schwer machen*

Schwe̲r·mut *die*; (-) ein Zustand, in dem man so traurig ist, dass man nichts mehr tun will ⟨in Schwermut verfallen⟩ ● hierzu **schwe̲r·mü·tig** ADJEKTIV

schwe̲r·neh·men VERB (nimmt schwer, nahm schwer, hat schwergenommen) **etwas schwernehmen** etwas sehr ernst nehmen und sich viele Sorgen darüber machen

★ **Schwe̲r·punkt** *der* 1 der Punkt, der wichtig für das Gleichgewicht eines Körpers ist. Wenn man einen Gegenstand auf einer Spitze balancieren will, muss die Spitze genau unter dem Schwerpunkt sein 2 **der Schwerpunkt** (*+Genitiv*) etwas, das sehr wichtig ist und viel Zeit, Raum oder Aufmerksamkeit braucht | *Der Schwerpunkt der Ausstellung waren Gemälde von Rembrandt* | *Der Schwerpunkt ihrer Arbeit liegt in der Beratung* ● zu (2) **schwe̲r·punkt·mä·ßig** ADJEKTIV

Schwe̲rt *das*; (-(e)s, -er) 1 eine Waffe mit einem langen, geschliffenen Teil (einer Klinge) aus Metall und einem kurzen Griff ⟨das Schwert ziehen, zücken, in die Scheide stecken⟩ | *Der Ritter war mit einem Schwert und einer Lanze bewaffnet* K Schwertklinge, Schwertknauf 2 eine senkrechte Platte, die man unten an Surfbrettern, Segelbooten o. Ä. befestigt, damit sie stabil im Wasser bleiben 3 **eine Person kreuzt mit jemandem die Schwerter**; **Personen kreuzen die Schwerter** *geschrieben* zwei Personen kämpfen oder streiten miteinander ■ ID **etwas ist ein zweischneidiges Schwert** etwas hat positive und negative Seiten

Schwe̲rt·li·lie [-liə] *die* ≈ *Iris*

schwe̲r·tun VERB (tat sich schwer, hat sich schwergetan) **sich (bei/mit etwas) schwertun** Schwierigkeiten bei einer Tätigkeit haben/mit etwas Probleme haben | *Mit solchen Fremdwörtern tue ich mich immer schwer*

schwe̲r·wie·gend, schwe̲r wie·gend ADJEKTIV (schwerer wiegend/schwerwiegender, am schwersten wiegend/schwerwiegenst-) 1 mit großer Wirkung und deutlichen Folgen ⟨ein Entschluss, eine Entscheidung⟩ 2 mit sehr unangenehmen Folgen ⟨ein Fehler, eine Erkrankung⟩

★ **Schwe̲s·ter** *die*; (-, -n) 1 eine weibliche Verwandte, die dieselben Eltern hat | *„Wie viele Geschwister hast du?" – „Zwei Brüder und eine Schwester."* K Schwesterliebe 2 ein weibliches Mitglied eines religiösen Ordens ≈ *Nonne* K Schwesternhaube, Schwesterntracht; Klosterschwester, Ordensschwester H auch als Anrede verwendet: *Schwester Josefine* 3 eine Frau, die beruflich Kranke oder Alte pflegt und oft eine Art Uniform trägt | *Sie arbeitet als Schwester im Krankenhaus* K Schwesternschule, Schwesternschülerin, Schwesternwohnheim; Altenschwester, Kinderschwester, Säuglingsschwester, Krankenschwester, Operationsschwester, Stationsschwester H auch als Anrede verwendet: *Schwester Anna*

-schwes·ter *die; im Substantiv, unbetont, begrenzt produktiv* **Konzernschwester; Mercedes-Schwester, Opel-Schwester** *und andere* oft mit Namen verwendet für Unternehmen, die zum selben Konzern gehören | *Das japanische Unternehmen stellt diese technische Neuerung auch seiner französischen Konzernschwester zur Verfügung*

Schwe̲s·ter·herz *das; nur Singular; gesprochen, humorvoll* verwendet als Anrede für die eigene Schwester

schwe̲s·ter·lich ADJEKTIV *meist attributiv* wie für eine (gute) Schwester typisch ⟨Liebe, Verbundenheit⟩

Schwe̲s·tern·schaft *die*; (-, -en) die Krankenschwestern eines Krankenhauses

schwieg *Präteritum, 1. und 3. Person Singular* → schweigen

★ **Schwie̲·ger·el·tern** *die* die Eltern des Ehepartners

★ **Schwie̲·ger·mut·ter** *die* die Mutter des Ehepartners H → Abb. unter **Familie**

★ **Schwie̲·ger·sohn** *der* der Ehemann der Tochter H → Abb. unter **Familie**

★ **Schwie̲·ger·toch·ter** *die* die Ehefrau des Sohnes H → Abb. unter **Familie**

★ **Schwie̲·ger·va·ter** *der* der Vater des Ehepartners H → Abb. unter **Familie**

Schwie̲·le *die*; (-, -n) eine dicke, harte Stelle an der Haut (vor allem an der Hand), die durch Druck entstanden ist | *vom Arbeiten Schwielen bekommen* ● hierzu **schwie̲·lig** ADJEKTIV

★ **schwie̲·rig** ADJEKTIV 1 ⟨eine Aufgabe, eine Entscheidung, eine Frage⟩ so, dass man über sie viel nachdenken muss und viel Energie für sie braucht ≈ *schwer* 2 so kompliziert, dass man vorsichtig sein muss, um eine Gefahr zu vermeiden ⟨eine Lage, eine Situation⟩ 3 so, dass man mit der genannten Person vorsichtig sein muss, weil man nicht weiß, wie sie reagiert ⟨ein Mensch, ein Charakter⟩

★ **Schwie̲·rig·keit** *die*; (-, -en) 1 *nur Singular* die Eigenschaft, problematisch zu sein | *die Schwierigkeit einer Aufgabe* | *eine sportliche Übung von großer Schwierigkeit* K Schwierigkeitsgrad 2 *meist Plural* etwas, das jemandem große Probleme macht ⟨jemand/etwas bereitet (jemandem) erhebliche Schwierigkeiten; auf Schwierigkeiten stoßen⟩ | *Beim Bau des Tunnels ergaben sich immer neue Schwierigkeiten* K Geldschwierigkeiten, Zahlungsschwierigkeiten ■ ID **(jemandem) Schwierigkeiten machen** jemanden in eine unangenehme Situation bringen | *Die Zollbeamten machten ihm an der Grenze Schwierigkeiten*; **etwas macht jemandem Schwierigkeiten** etwas bereitet jemandem Mühe | *Das Atmen machte ihr Schwierigkeiten*

schwillt *Präsens, 3. Person Singular* → schwellen[1]

★ **Schwi̲mm·bad** *das* ein großes Gebäude (oder eine große Fläche) mit Schwimmbecken | *Heute Nachmittag gehen wir ins Schwimmbad*

Schwi̲mm·be·cken *das* ein großes Becken, in dem man schwimmen kann H Im Schwimmbad spricht man von *Schwimmbecken*, Hotels und Privathäuser haben einen *Swimmingpool*

★ **schwi̲m·men** VERB (schwamm, hat/ist geschwommen) 1 **schwimmen** (*hat/ist*); **irgendwohin schwimmen** (*ist*) sich aus eigener Kraft durchs Wasser bewegen | *Enten schwimmen auf dem See* | *Fische schwimmen im Wasser* | *Er kann nicht schwimmen und wäre deswegen beinahe ertrunken*

| *Sie ist ans andere Ufer geschwommen* | *Sie hat/ist die 100 Meter Kraul in neuer Bestzeit geschwommen* K Schwimmbewegung, Schwimmhalle, Schwimmlehrer, Schwimmsport, Schwimmstil, Schwimmunterricht, Schwimmverein, Schwimmvogel; Brustschwimmen, Delphinschwimmen, Kraulschwimmen, Rückenschwimmen, Rettungsschwimmen, Wettschwimmen **2** **etwas schwimmt** (*hat/ist*) etwas liegt auf der Oberfläche einer Flüssigkeit und geht nicht unter | *Kork ist leichter als Wasser und schwimmt deswegen oben* | *Die Kinder ließen Papierschiffe schwimmen* | *Hausboote sind schwimmende Häuser* **3** **etwas schwimmt** *gesprochen* (*hat*) etwas ist sehr nass oder von Wasser bedeckt ⟨das Badezimmer, der Keller, der Tisch, der Fußboden⟩ **4** **jemandes Augen schwimmen** *gesprochen* (*haben*) jemand hat Tränen in den Augen **5** **in etwas** (*Dativ*) **schwimmen** *gesprochen* (*ist*) sehr viel von etwas haben ⟨in Geld schwimmen⟩ **6** **ins Schwimmen kommen** etwas nicht genau wissen und deswegen unsicher werden | *Als ihn der Prüfer zu diesem Thema Fragen stellte, kam er ins Schwimmen* **7** **etwas schwimmt jemandem vor** (**den**) **Augen** (*ist*) etwas ist nicht klar zu sehen | *Sie war* so *müde,* dass *ihr die Buchstaben vor den Augen schwammen*

schwim·mend ■ PARTIZIP PRÄSENS **1** → schwimmen ■ ADJEKTIV **2** auf dem Wasser, nicht an Land ⟨Bauten, eine Stadt, eine Windkraftanlage⟩ | *Ein Ponton ist eine schwimmende Brücke* **3** **etwas in schwimmendem Fett backen, braten** etwas so backen oder braten, dass es im heißen Fett schwimmt (nicht auf einer Pfanne o. Ä. liegt)

Schwim·mer *der;* (-s, -) **1** eine Person, die schwimmen kann **2** eine Person, welche das Schwimmen als Sport betreibt **3** ein leichter Gegenstand, der im Wasser schwimmt und dadurch etwas an der Oberfläche hält, ein Ventil regelt oder die Menge der Flüssigkeit in einem Behälter anzeigt | *die Schwimmer eines Wasserflugzeugs* | *der Schwimmer im Spülkasten der Toilette* K Schwimmerventil • zu (1,2) **Schwim·me·rin** *die*

Schwimm·flos·se *die* eine Art Schuh aus Gummi zum Schwimmen und Tauchen, der vorne sehr lang, breit und flach ist

Schwimm·flü·gel *der; meist Plural* Kinder tragen im Wasser oft Schwimmflügel an den Armen, damit sie nicht untergehen

Schwimm·haut *die;* (-, Schwimm·häu·te); *meist Plural* die Haut zwischen den Zehen einer Ente, eines Schwans o. Ä.

Schwimm·rei·fen *der* ein Reifen (voll Luft), den Kinder, die nicht schwimmen können, im Wasser unter den Armen tragen

Schwimm·wes·te *die* eine Weste (meist zum Aufblasen), die einen an der Wasseroberfläche hält ⟨die Schwimmweste anlegen⟩

Schwin·del *der;* (-s) **1** *abwertend* ⟨etwas ist ausgemachter, unerhörter Schwindel; ein Schwindel fliegt auf, kommt heraus⟩ ≈ *Betrug* **2** ein (unangenehmes) Gefühl, bei dem man meint, alles drehe sich im Kreis | *Als Kind habe ich das Gefühl des Schwindels geliebt, heute wird mir auf Karussells nur schlecht* | *Als er in den Abgrund sah, wurde er vom Schwindel erfasst* K Schwindelanfall, Schwindelgefühl • zu (1) **Schwind·ler** *der;* zu (1) **Schwind·le·rin** *die*

schwin·del·er·re·gend, Schwin·del er·re·gend ADJEKTIV **1** so, dass man dort Schwindel fühlt ⟨in schwindelerregender Höhe⟩ **2** sehr hoch ⟨Preise, Kosten, Summen⟩

schwin·del·frei ADJEKTIV so, dass eine Person in großer Höhe nie Schwindel spürt | *Als Dachdecker muss man schwindelfrei sein*

schwin·de·lig ADJEKTIV → schwindlig

schwin·deln VERB (schwindelte, hat geschwindelt) **1** *gesprochen* eine harmlose Lüge erzählen | *„Ich bin schon fünf Jahre alt." – „Na, hast du da nicht ein bisschen geschwindelt?"* **2** **jemandem/jemanden schwindelt** (**es**) jemand fühlt Schwindel

schwin·den VERB (schwand, ist geschwunden) **1** **etwas schwindet** etwas wird immer weniger | *Als sie zwei Wochen lang nicht anrief, schwand seine Hoffnung auf eine Versöhnung* **2** **jemandem schwinden die Sinne** *geschrieben* jemand wird ohnmächtig, verliert das Bewusstsein

schwind·lig ADJEKTIV *meist prädikativ* so, dass jemand Schwindel fühlt ⟨jemandem ist, wird schwindlig⟩ | *Beim Karussellfahren wird mir immer schwindlig*

Schwind·sucht *die; veraltend* ≈ *Tuberkulose* • hierzu **schwind·süch·tig** ADJEKTIV

Schwin·ge *die;* (-, -n); *geschrieben* ein Flügel eines großen Vogels ⟨ein Vogel breitet die Schwingen aus⟩ K Adlerschwinge

★ **schwin·gen** VERB (schwang, hat geschwungen) **1** **etwas schwingen** etwas (in einem großen Bogen oder in mehreren Kreisen) schnell durch die Luft bewegen ⟨die Arme, eine Axt, einen Hammer, eine Fahne, eine Peitsche schwingen⟩ **2** **eine Rede schwingen** *gesprochen* eine Rede halten **3** **etwas schwingt** etwas bewegt sich im gleichen Abstand um einen Punkt (an dem etwas befestigt ist) hin und her ⟨eine Glocke, ein Pendel, eine Schaukel⟩ ≈ *pendeln* | *Das Tor schwingt in den Angeln* | *Lampions schwingen im Wind* **4** **etwas schwingt** etwas bewegt sich auf der Stelle schnell hin und her oder auf und ab ⟨eine Brücke, eine Saite, eine Welle⟩ | *Die Saiten des Klaviers bringt man zum Schwingen, indem man auf die Tasten drückt* **5** **sich irgendwohin schwingen** sich festhalten und gleichzeitig mit einer schnellen Bewegung auf oder über etwas springen ⟨sich aufs Pferd, aufs Fahrrad, in den Sattel, über die Mauer schwingen⟩ **6** **ein Vogel schwingt sich in die Luft/Lüfte** *geschrieben* ein Vogel fängt an zu fliegen

Schwing·tür *die* eine Tür, die man öffnet, indem man dagegen drückt, und die sich von selbst wieder schließt

★ **Schwin·gung** *die;* (-, -en) eine Bewegung von einer Seite zur anderen, die sich regelmäßig wiederholt ⟨die Dauer, Frequenz einer Schwingung⟩ | *eine Gitarrensaite in Schwingungen versetzen* | *die Schwingungen eines Pendels* K Schwingungsdauer, Schwingungsfrequenz

Schwipp·schwa·ger *der; gesprochen* der Schwager des Ehepartners • hierzu **Schwipp·schwä·ge·rin** *die*

Schwips *der;* (-es, -e); *gesprochen* der Zustand, in dem man ein bisschen zu viel Alkohol getrunken hat ⟨einen leichten, kleinen Schwips bekommen, haben⟩

schwir·ren VERB (schwirrte, hat/ist geschwirrt) **1** **ein Insekt/etwas schwirrt** (*ist*) ein Insekt/etwas bewegt sich mit einem leisen, vibrierenden Geräusch durch die Luft | *Mücken schwirrten über dem Wasser* | *Pfeile schwirrten durch die Luft* **2** **jemandem schwirrt der Kopf** (**von etwas**) (*hat*) eine Person ist verwirrt und nervös, weil sie sich mit vielen Dingen beschäftigt hat | *Mir schwirrt der Kopf vom Lernen, ich muss mich jetzt ausruhen* **3** **etwas schwirrt jemandem durch den Kopf** (*ist*) etwas wirkt auf die Gedanken einer Person und verwirrt diese dadurch ⟨Ideen, Pläne⟩

★ **schwit·zen** VERB (schwitzte, hat geschwitzt) **1** feuchte Haut haben, weil man intensiv arbeitet, weil es sehr heiß ist oder weil man Angst hat ⟨am ganzen Körper, unter den Achseln/Armen schwitzen; ins Schwitzen kommen⟩ | *Er schwitzte vor Aufregung* | *in die Sauna gehen, um kräftig zu schwitzen* K Schwitzbad, Schwitzkur **2** **etwas nass schwitzen** so schwitzen, dass Haut und Kleidung usw. dabei nass werden

⟨das Bett, ein Hemd nass schwitzen⟩ | *nass geschwitzte Haare* | *Ich war völlig nass geschwitzt* K nassgeschwitzt

Schwof *der;* (-(e)s, -e); *gesprochen* ein Tanz oder eine Tanzveranstaltung • hierzu **schwo·fen** VERB *(hat)*

schwoll *Präteritum, 3. Person Singular* → schwellen¹

schwor *Präteritum, 1. und 3. Person Singular* → schwören

schwö·ren VERB (schwor, hat geschworen) **1** **(etwas) schwören** meist vor Gericht feierlich erklären, dass man die Wahrheit sagt ⟨einen Eid schwören⟩ | *einen Meineid schwören* (schwören und dabei lügen) | *Der Zeuge musste mit erhobener Hand schwören, dass er die Wahrheit sagte* H Die Präteritumform *schwur* ist veraltet. **2** **(jemandem) etwas schwören** jemandem versichern, dass man die Wahrheit sagt oder dass man etwas sicher tun wird ⟨jemandem Rache schwören⟩ | *Ich schwöre (dir), dass ich dich nie betrügen werde* | *Er schwor (mir), er habe nichts von dem Plan gewusst* **3** **sich** *(Dativ)* **etwas schwören** beschließen, etwas zu tun | *Nach diesem Unfall habe ich mir geschworen, nie wieder so schnell zu fahren* ■ ID **Ich könnte schwören, dass …** *gesprochen* Ich weiß ganz sicher, dass … | *Ich könnte schwören, dass ich das Auto abgesperrt habe*

Schwuch·tel *die;* (-, -n); *gesprochen* ⚠ ein homosexueller Mann H ein abwertendes und beleidigendes Wort

★ **schwul** ADJEKTIV; *gesprochen, auch abwertend* ≈ *homosexuell* H Homosexuelle Männer sind *schwul*, homosexuelle Frauen sind *lesbisch* • hierzu **Schwu·le** *der*

schwül ADJEKTIV **1** unangenehm heiß und feucht ⟨das Klima, die Luft⟩ ≈ *drückend* | *Heute ist es so schwül, es wird sicher ein Gewitter geben* **2** ⟨eine Atmosphäre, eine Stimmung⟩ so, dass sie Angst machen **3** ⟨ein Duft, Fantasien, ein Traum⟩ so, dass sie eine erotische Wirkung haben • zu (1) **Schwü·le** *die*

Schwu·li·tä·ten *die; Plural; gesprochen* ⟨in Schwulitäten kommen, sein; jemanden in Schwulitäten bringen⟩ ≈ *Schwierigkeiten*

schwuls·tig ADJEKTIV dicker und größer als normal ⟨Lippen⟩

schwüls·tig ADJEKTIV; *abwertend* mit zu viel Schmuck oder zu feierlich ⟨ein Stil, ein Gerede⟩ • hierzu **Schwulst** *der*

schwum·me·rig ADJEKTIV **1** ⟨jemandem ist/wird ganz schwummrig (im Kopf, vor Augen)⟩ ≈ *schwindlig, benommen* **2** so, dass man Angst bekommt ⟨ein Gefühl⟩ | *Mir wird ganz schwummrig, wenn ich an die Prüfung denke*

Schwund *der;* (-(e)s) **1** der Vorgang, bei dem etwas immer weniger oder schwächer wird K Gedächtnisschwund, Muskelschwund, Vertrauensschwund, Zuschauerschwund **2** ein Verlust an Waren, der einem Händler durch Beschädigung, Diebstahl usw. entsteht | *Einen gewissen Schwund muss ein Geschäft immer einkalkulieren*

★ **Schwung** *der;* (-(e)s) **1** eine Bewegung mit großer Geschwindigkeit und Kraft | *Er warf das Fenster mit solchem Schwung zu, dass das Glas zerbrach* | *Auf dem steilen Berg kam der Schlitten ordentlich in Schwung* (wurde der Schlitten immer schneller) **2** eine innere Kraft oder Begeisterung, die jemanden dazu bewegt, etwas zu tun ⟨mit Schwung an die Arbeit gehen⟩ **3** die Fähigkeit, die eigene Kraft und Begeisterung auf jemanden zu übertragen | *Der Bürgermeister hielt eine Rede mit Schwung* | *Peter bringt Schwung in jede Party* **4** ein Zustand, in dem man fit und aktiv ist ⟨etwas bringt, hält jemanden/etwas in Schwung⟩ | *Du wirst sehen, diese Kur bringt dich wieder in Schwung* **5** eine schnelle Bewegung des Körpers in einem Bogen oder im Kreis | *die eleganten Schwünge eines Skifahrers* **6** **Schwung holen** eine große Bewegung machen, um mehr Schwung zu bekommen | *Er holte Schwung und trieb den Nagel mit einem Schlag ins Brett* **7** **etwas kommt in Schwung** etwas entwickelt sich positiv, wird lebhafter oder funktioniert gut | *Die Konjunktur kommt nach der Flaute wieder in Schwung* | *Jetzt kommt die Party langsam in Schwung* **8** **jemand kommt in Schwung** jemand wird wach, aktiv oder lebhaft | *Morgens brauche ich zwei Tassen Kaffee, damit ich in Schwung komme* **9** **ein Schwung** +*Substantiv gesprochen* eine relativ große Zahl einer Sache | *Er hat einen ganzen Schwung Comics zu Hause* • zu (1 – 5) **schwung·voll** ADJEKTIV

schwupp! verwendet, um eine kurze, schnelle Bewegung zu beschreiben | *Schwupp, sprang der Frosch ins Wasser*

schwupp·di·wupp! ≈ *schwupp*

schwups! ≈ *schwupp*

Schwur *der;* (-(e)s, Schwü·re) **1** das feierliche Versprechen, dass eine Aussage wahr ist ⟨einen Schwur ablegen, leisten⟩ | *die Hand zum Schwur erheben* **2** *geschrieben* das, was man jemandem feierlich versprochen hat ⟨einen Schwur halten, brechen⟩ K Liebesschwur, Treueschwur

Schwur·ge·richt *das* ein Gericht, bei dem neben dem Richter noch Geschworene über die Schuld des Angeklagten (mit)entscheiden

Sci·ence-Fic·tion, Sci·ence-fic·tion ['saiəns 'fɪkʃn] *die;* (-) eine Gattung der Literatur und des Films, die sich mit (oft unrealistischen, fantastischen) Themen beschäftigt, die in der Zukunft spielen ⟨Science-Fiction lesen, schreiben⟩ K Science-Fiction-Film, Science-Fiction-Roman

scrol·len ['skro:ln, 'skrouln] VERB (scrollte, hat gescrollt) die Bildschirmansicht eines größeren Dokuments nach unten oder oben verschieben | *am Mausrad drehen, um zur letzten Seite zu scrollen*

Sé·an·ce [ze:'ãs] *die;* (-, -n [-sn]) ein Treffen von mehreren Personen, bei dem sie angeblich Kontakt mit Geistern oder Toten bekommen

★ **sechs** [zɛks] ZAHLWORT (als Zahl, Ziffer) 6 H → Anhang **Zahlen** und Beispiele unter **vier**

Sechs [zɛks] *die;* (-, -en) **1** die Zahl 6 **2** jemand/etwas mit der Ziffer/Nummer 6 **3** die Schulnote 6

Sechs·eck [zɛks-] *das;* (-s, -e) eine Fläche mit sechs Seiten

Sech·ser ['zɛksɐ] *der;* (-s, -); *gesprochen* **1** ≈ *Sechs* **2** sechs richtige Zahlen im Lotto (mit denen man die höchste Summe gewinnt)

sechs·hun·dert [zɛks-] ZAHLWORT (als Zahl) 600

sechst ['zɛkst] ADJEKTIV **1** in einer Reihenfolge an der Stelle sechs ≈ 6. H → Beispiele unter **viert-** **2** **der sechste Teil (von etwas)** ≈ ⅙ **3** **zu sechst** (mit) insgesamt sechs Personen | *Wir sind zu sechst* | *zu sechst essen gehen*

sechs·tau·send [zɛks-] ZAHLWORT (als Zahl) 6000

sechs·tel [zɛks-] ADJEKTIV *meist attributiv; nur in dieser Form* der sechste Teil einer Menge ≈ ⅙

Sechs·tel [zɛks-] *das;* (-s, -) der sechste Teil einer Menge oder Masse

sechs·tens [zɛks-] ADVERB verwendet bei einer Aufzählung, um anzuzeigen, dass etwas an 6. Stelle kommt

★ **sech·zehn** ['zɛçtse(:)n] ZAHLWORT (als Zahl) 16 H → Anhang **Zahlen**

★ **sech·zig** ['zɛçtsɪç, -ɪk] ZAHLWORT **1** (als Zahl) 60 H → Anhang **Zahlen** **2** **Anfang/Mitte/Ende sechzig sein** ungefähr 60 bis 63/64 bis 66/67 bis 69 Jahre alt sein

Sech·zig ['zɛçtsɪç, -ɪk] *die;* (-, -en); *meist Singular* **1** die Zahl 60 **2** jemand/etwas mit der Zahl/Nummer 60

sech·zi·ger ['zɛçtsɪ-] ADJEKTIV *meist attributiv; nur in dieser Form* die zehn Jahre (eines Jahrhunderts oder Menschenlebens) von 60 bis 69 | *eine Frau in den/ihren Sechzigern* | *in den sechziger Jahren des 18. Jahrhunderts* K Sechzigerjahre

Sech·zi·ger ['zɛçtsɪ-] *der;* (-s, -); *gesprochen* eine Person, die

S

zwischen 60 und 69 Jahre alt ist K Endsechziger, Mittsechziger ● hierzu **Sech·zi·ge·rin** *die*

sech·zigs·t- ['zɛçtsɪkst-] ADJEKTIV **1** in einer Reihenfolge an der Stelle 60 ≈ *60.* **2** **der sechzigste Teil (von etwas)** ≈ 1/60

Se·cond·hand|la·den ['sɛkənd'hɛnd-] *der* ein Laden, in dem man gebrauchte Kleidung kaufen kann

SED [ɛs|eː'deː] *die;* (-); *historisch* Sozialistische Einheitspartei Deutschlands die Partei, die bis 1990 die Regierung der DDR bildete

Se·di·ment *das;* (-(e)s, -e) Substanzen, die von Wasser oder Eis bewegt und irgendwo zurückgelassen werden ≈ *Ablagerung* K Sedimentgestein

★ **See**[1] *der;* (-s, Se·en ['zeː(ə)n]) eine relativ große Fläche Wasser auf dem Land ⟨in einem See baden, schwimmen; auf einem See segeln, surfen; über den See rudern⟩ | *Der Bodensee ist der größte See in Deutschland* K Seeufer; Bergsee, Stausee, Salzsee

★ **See**[2] *die;* (-) **1** eine große Menge salziges Wasser, die einen Teil der Erde bedeckt ≈ *Meer* | *Heute haben wir eine ruhige See* | *Er hat ein Haus an der See* K Seebad, Seehafen, Seekarte, Seeklima, Seekrieg, Seeluft, Seemöwe, Seereise, Seeschlacht, Seestreitkräfte, Seetang, Seevogel, Seewasser; Tiefsee **2** **die offene See** das Meer in relativ großer Entfernung vom Festland | *Das Boot trieb auf die offene See hinaus* **3** **auf See** auf einem Schiff, auf dem Meer **4** **auf hoher See** auf dem Meer, weit vom Festland entfernt **5** **ein Schiff sticht in See** ein Schiff verlässt den Hafen **6** **zur See fahren** als Seemann auf einem Schiff arbeiten

See·ad·ler *der* ein Adler, der am Wasser lebt und Fische fängt

See·bär *der; gesprochen, humorvoll* ein alter, erfahrener Seemann

See·be·ben *das* ein Erdbeben unter dem Meer

See·fahrt *die* **1** *nur Singular* die Schifffahrt auf dem Meer | *Die Erfindung des Dampfschiffes machte die Seefahrt schneller und sicherer* K Seefahrtsamt, Seefahrtsschule **2** eine Fahrt übers Meer ⟨eine Seefahrt machen⟩ ● zu (1) **See·fah·rer** *der;* zu (1) **See·fah·re·rin** *die*

see·fest ADJEKTIV **1** so, dass man damit eine Reise auf dem Meer machen kann ⟨ein Schiff⟩ ≈ *seetüchtig* **2** so, dass einem nicht übel wird, wenn man auf einem Schiff fährt | *Bist du seefest?*

See·gang *der; meist Singular* die Wellen, welche der Wind auf dem Meer erzeugt ⟨leichten, hohen, starken, schweren Seegang haben⟩

See·hund *der* eine Robbe, die im nördlichen Teil des Atlantiks lebt K Seehundbaby, Seehundfell

See·igel *der* ein kleines Tier, das in warmen Meeren lebt und eine harte, runde Schale mit langen Stacheln hat

S

see·krank ADJEKTIV mit einem schlechten Gefühl im Magen, wenn man auf einem Schiff fährt ⟨seekrank sein, werden⟩ ● hierzu **See·krank·heit** *die*

See·lachs *der* **1** ein sehr großer Meeresfisch (ein Dorsch) **2** das orangefarbene Fleisch des Seelachses, das man in Öl und Salz legt und in Form von Scheiben oder kleinen Stücken isst K Seelachsfilet, Seelachsscheiben, Seelachsschnitzel

Seel·chen *das;* (-s, -) eine Person, die sehr/zu empfindsam ist

★ **See·le** *die;* (-, -n) **1** der Teil eines Menschen, von dem die Mitglieder vieler Religionen glauben, dass er nicht sterbe | *Sie ist überzeugt, dass die Seele eines guten Menschen in den Himmel kommt* K Seelenfrieden, Seelenheil **2** *nur Singular* die Gefühle und das moralische Empfinden eines Menschen ≈ *Psyche* | *Wenn ich Kinder leiden sehe, tut mir das in der Seele weh* K Seelenqual, Seelenverwandtschaft **3** *veraltend nur Plural* die Menschen, die am selben Ort wohnen ≈ *Einwohner* | *ein Ort mit 300 Seelen* **4** **eine arme/gute/treue Seele** ein armer/guter/treuer Mensch **5** **die (gute) Seele** +*Genitiv* eine Person, die dafür sorgt, dass etwas gut funktioniert | *Sie ist die gute Seele unseres Hauses/des Betriebs* **6** **eine Seele von einem Mensch(en)** ein Mensch, der immer geduldig und gut zu anderen Leuten ist **7** **aus tiefster Seele** sehr stark und intensiv ⟨jemanden aus tiefster Seele hassen, lieben, verachten⟩ **8** **mit ganzer Seele** mit Begeisterung

■ ID **etwas liegt jemandem auf der Seele** etwas macht einer Person Sorgen; **etwas brennt jemandem auf der Seele** ein Problem, eine Aufgabe ist für jemanden sehr wichtig und dringend; **jemandem aus der Seele sprechen** das Gleiche sagen, was eine andere Person auch meint; **sich** (*Dativ*) **etwas von der Seele reden/schreiben** etwas, über das man sich Sorgen macht, sagen oder schreiben, damit man sich danach besser fühlt; **sich** (*Dativ*) **die Seele aus dem Leib schreien** *gesprochen* sehr laut und lange schreien; **die/seine Seele baumeln lassen** *gesprochen* nichts tun und an nichts denken, um sich so zu erholen

See·len·ru·he *die* ■ ID **in/mit aller Seelenruhe** sehr ruhig, ohne nervös zu werden | *Er ließ die Beleidigungen in/mit aller Seelenruhe über sich ergehen* ● hierzu **see·len·ru·hig** ADJEKTIV

see·len·voll ADJEKTIV mit sehr viel Gefühl ⟨ein Blick, Worte⟩

See·len·wan·de·rung *die* ≈ *Reinkarnation*

see·lisch ADJEKTIV in Bezug auf die Seele, Psyche ⟨eine Belastung, das Gleichgewicht⟩ ≈ *psychisch*

Seel·sor·ge *die;* (-) die Beratung und Hilfe, die man von einem Pfarrer oder von der Kirche bekommt ⟨in der Seelsorge tätig sein⟩ ● hierzu **Seel·sor·ger** *der;* **Seel·sor·ge·rin** *die;* **seel·sor·ge·risch** ADJEKTIV

See·mann *der;* (-(e)s, See·leu·te) eine Person, die auf einem Schiff arbeitet, das auf dem Meer fährt K Seemannsbraut, Seemannsheim, Seemannsleben, Seemannslied, Seemannssprache, Seemannstod

See·manns|garn *das* **1** eine erstaunliche Sache, (von der Seeleute berichten und) die man nicht für wahr hält | *Solche Riesenwellen wurden lange Zeit für Seemannsgarn gehalten* **2** **Seemannsgarn spinnen** (als Seemann) Geschichten erzählen, die erstaunlich, aber nicht wahr sind

See·mei·le *die* die Einheit, mit der Entfernungen auf dem Meer gemessen werden | *Eine Seemeile entspricht 1852 Metern*

See·not *die; nur Singular* eine Situation, in der ein Schiff in höchster Gefahr ist ⟨ein Schiff gerät in Seenot; jemanden aus Seenot retten⟩

Seen·plat·te ['zeː(ə)n-] *die* ein flaches Gebiet mit vielen Seen | *die finnische Seenplatte*

See·pferd *das,* **See·pferd·chen** *das* ein kleiner Meeresfisch, dessen Kopf wie der Kopf eines Pferdes aussieht

See·räu·ber *der* ≈ *Pirat* K Seeräuberflagge, Seeräuberschiff

See·recht *das; nur Singular* die internationalen Gesetze, welche die Schifffahrt und die Fischerei auf dem Meer regeln

See·ro·se *die* eine Blume mit großen Blüten und großen runden Blättern, die im Wasser wächst | *ein Teich mit Seerosen*

See·sack *der* ein Beutel, in dem Matrosen ihre Kleidung tragen

See·stern *der* ein kleines Tier in der Form eines Sterns, das im Meer lebt

see·tüch·tig ADJEKTIV in einem so guten Zustand, dass man damit eine Reise auf dem Meer machen kann ⟨ein Schiff⟩

see·wärts ADVERB in Richtung auf das Meer ‹der Wind weht seewärts›

See·weg *der* **auf dem Seeweg** über das Meer ‹etwas auf dem Seeweg befördern› | *Sie kamen auf dem Seeweg nach China*

See·zun·ge *die* ein langer, flacher Fisch, der beide Augen auf einer Seite des Kopfes hat

★ **Se·gel** *das*; (-s, -) **1** ein großes Stück Stoff, das man so an einem Schiff, Boot oder Surfbrett befestigt, dass der Wind das Schiff usw. über das Wasser bewegt ‹der Wind bläht, schwellt die Segel; ein Segel hissen, aufziehen, einziehen, reffen, einholen› | *die Segel klarmachen* (einsatzbereit machen) K Segeljacht, Segelschiff **2** **(die) Segel setzen** die Segel aufrollen und am Mast hochziehen ■ ID **die Segel streichen** den Kampf/Widerstand aufgeben

Se·gel·boot *das* ein Boot mit Mast und Segel, das durch die Kraft des Windes fortbewegt wird

SEGELBOOT

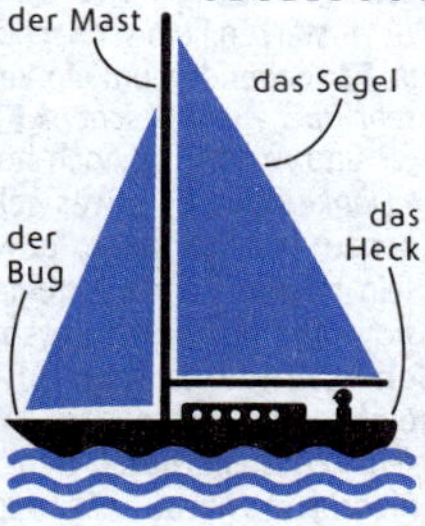

Se·gel·flie·ger *der* eine Person, die ein Segelflugzeug lenkt ● hierzu **Se·gel·flie·gen** *das*

Se·gel|flug·zeug *das* ein leichtes Flugzeug, das ohne Motor fliegen kann | *Segelflugzeuge gleiten durch die Luft*

★ **se·geln** VERB (segelte, hat/ist gesegelt) **1** **segeln** (*hat/ist*); **irgendwohin segeln** (*ist*) mit einem Boot oder Schiff fahren, das Segel hat | *Er will einmal um die ganze Welt segeln* | *Wir gehen morgen segeln* K Segelfahrt, Segelregatta, Segelschule, Segelsport, Segeltour **2** **ein Vogel segelt** (*ist*) ein Vogel fliegt ohne Mühe, fast ohne die Flügel zu bewegen | *Die Möwen segelten am Himmel* **3** **jemand/etwas segelt** (*ist*)jemand fliegt in einem Segelflugzeug oder als Drachenflieger durch die Luft | *Der Drachenflieger segelte über die Bäume* **4** **etwas segelt irgendwohin** *gesprochen* (*ist*) etwas wird irgendwohin geworfen oder geschleudert | *Das Auto fuhr zu schnell und segelte aus der Kurve* **5** **durch etwas segeln** *gesprochen* (*ist*) eine Prüfung nicht bestehen ‹durch ein Examen, eine Prüfung segeln› ≈ *durchfallen* ● zu (1 – 3) **Seg·ler** *der*

Se·gel·oh·ren *die*; *Plural*; *gesprochen*, *humorvoll* weit abstehende Ohren ‹Segelohren haben›

Se·gel·tuch *das*; *meist Singular* ein fester Stoff (aus Baumwolle o. Ä.), aus dem man Segel, Zelte und Turnschuhe macht K Segeltuchschuh

★ **Se·gen** *der*; (-s, -) **1** ein kurzer Spruch und eine Geste als religiöse Handlung. Der Segen verspricht Glück und Gottes Gnade oder bittet darum ‹jemandem den Segen geben, spenden; den Segen (vom Pfarrer) bekommen, erhalten; (über jemandem/etwas) den Segen sprechen› | *Der Gottesdienst endet mit dem Segen* K Segensspruch, Segenswunsch **2** der Schutz, um den Gläubige zu Gott beten ‹der Segen Gottes; Gottes Segen› **3** die Zustimmung und Erlaubnis durch eine Autorität, die jemand bekommt | *Sie heirateten mit dem Segen ihrer Eltern* | *Das kannst du gerne tun, meinen Segen hast du!* **4** **ein Segen (für jemanden/etwas)** etwas, das gut für jemanden/etwas ist ≈ *Wohltat* | *Nach der langen Trockenzeit ist der Regen ein wahrer Segen für das Land* | *Es ist ein Segen, dass du da bist* **5** *gesprochen, meist ironisch* eine große Menge oder Zahl einer Sache | *Der Baum trägt dieses Jahr so viele Äpfel, dass wir gar nicht wissen, wohin mit dem ganzen Segen* K Erntesegen, Kindersegen **6** **zu jemandes Segen** so, dass/damit es jemandem gut geht | *eine Erfindung zum Segen der Menschheit* ■ ID **Heile, heile Segen!** verwendet, um kleine Kinder zu trösten, denen etwas wehtut; **(jemandem) (zu etwas) seinen Segen geben** jemandem etwas erlauben; **Meinen Segen hast du** Ich habe nichts dagegen ● zu (4) **se·gens·reich** ADJEKTIV

Seg·ment *das*; (-s, -e) ein Teil eines Kreises oder einer Kugel, den man mit einer Geraden oder mit einer Fläche vom Rest abtrennt K Kreissegment, Kugelsegment ● hierzu **seg·men·tie·ren** VERB (*hat*)

seg·nen VERB (segnete, hat gesegnet) **1** **jemanden/etwas segnen** (als Priester) den Segen sprechen | *Der Papst segnete die Gläubigen* | *Der Priester segnet Brot und Wein* **2** **Gott segnet jemanden mit etwas** Gott gibt jemandem etwas Gutes | *Gott segnete ihre Ehe mit vielen Kindern* **3** **jemand ist mit etwas gesegnet** *humorvoll* jemand hat etwas Positives | *Er ist mit einem gesunden Schlaf gesegnet* | *Er ist nicht gerade mit Intelligenz gesegnet*

seh·be·hin·dert ADJEKTIV mit einer Störung der Augen, die bewirkt, dass man schlecht sieht ● hierzu **Seh·be·hin·de·rung** *die*

★ **se·hen** ['ze:ən] VERB (sieht, sah, hat gesehen)

▸mit den Augen: **1** **jemanden/etwas sehen** mit den Augen erkennen, wo eine Person oder Sache ist und wie sie aussieht | *Der Nebel war so dicht, dass er den Radfahrer nicht rechtzeitig gesehen hat* | *Als er sie sah, ging er auf sie zu und umarmte sie* | *Bei klarem Wetter kann man von hier aus die Berge sehen* | *Hast du gesehen, wie wütend er war?* | *auf dem linken Auge nichts sehen* **2** **etwas sehen** sich etwas (aus Interesse) ansehen ‹einen Film, ein Theaterstück, eine Oper sehen› | *Wenn Sie in Nürnberg sind, müssen Sie unbedingt die Burg sehen* | *Ralf hat schon fast die ganze Welt gesehen* ▮ kein Passiv **3** **(irgendwie) sehen** die Fähigkeit haben, Personen, Dinge usw. mit den Augen wahrzunehmen | *Sie sieht so schlecht, dass sie ohne Brille hilflos ist* | *Nach der Operation kann er wieder sehen* K Sehfehler, Sehkraft, Sehleistung, Sehorgan, Sehschärfe, Sehschwäche, Sehstörung, Sehtest **4** **irgendwohin sehen** die Augen auf eine Person oder Sache richten ‹aus dem Fenster sehen› | *Als er zum Himmel sah, erblickte er einen Ballon*

▸persönlich: **5** **jemanden sehen** jemanden (mit oder ohne Absicht) treffen ≈ *begegnen* | *„Hast du Petra wieder mal gesehen?“ – „Na klar, den sehe ich doch jeden Morgen im Bus.“* **6** **nach jemandem/etwas sehen** sich um eine Person oder Sache kümmern ‹nach den Kindern, nach einem Kranken, nach einem Verletzten sehen› | *Sieh doch bitte nach den Pflanzen, wenn ich weg bin*

▸mit dem Verstand: **7** **etwas sehen** etwas (meist nach langer Zeit und durch eigene Erfahrungen) richtig verstehen und beurteilen ≈ *erkennen* | *Siehst du jetzt, dass deine Reaktion übertrieben war?* | *Diese Probleme wurden viel zu spät gesehen* **8** **etwas irgendwie sehen** etwas in der genannten Art und Weise beurteilen, bewerten ≈ *einschätzen* | *Er war der Einzige, der die wirtschaftliche Lage richtig sah* | *Wir müssen diese Gesetzesänderungen in einem größeren Zusammenhang sehen* K Sehweise **9** **sehen, ob/wie …** versuchen, eine Lösung zu finden ≈ *überlegen* | *Dann will ich mal sehen, ob ich dir helfen kann*

▸sonstige Verwendungen: **10** **etwas in jemandem sehen** der Meinung sein, dass jemand die genannte Person sei oder die genannte Funktion habe | *Du täuschst dich, wenn du einen Konkurrenten in ihm siehst* **11** **etwas kommen sehen** ahnen, vorhersehen, dass etwas passiert | *Ich sehe schon kommen, dass ihr bei diesem Geschäft viel Geld verliert* ▮ Im Perfekt sagt man: *Das habe ich schon kommen sehen*; kein Passiv. **12** **sich zu etwas gezwungen sehen**

S

geschrieben (wegen der aktuellen Umstände) meinen, man sei gezwungen, etwas (meist Unerfreuliches) zu tun | *Die Regierung sah sich gezwungen, unpopuläre Entscheidungen zu treffen* **13** **sich nicht imstande/in der Lage sehen zu** *+Infinitiv geschrieben* der Meinung sein, dass man etwas (vor allem wegen der eigenen Fähigkeiten oder des eigenen Zustandes) nicht tun kann | *Der Minister sieht sich zurzeit nicht in der Lage, das Problem des Atommülls endgültig zu lösen*

■ ID ▸sehen im Infinitiv: **eine Person/etwas nicht mehr sehen können** *gesprochen* mit einer Person/Sache zu lange Kontakt gehabt haben, sodass man sie jetzt als unangenehm empfindet | *Ich bin froh, dass wir endlich mit dieser Arbeit fertig sind. Ich kann sie einfach nicht mehr sehen!*; **'Den/'Die/'Das möchte ich aber sehen!** *gesprochen* Ich kann nicht glauben, dass er/sie/es so ist, wie behauptet wird; **Man muss schon sehen, wo man bleibt!** *gesprochen* Man muss jeden Vorteil und jede günstige Chance nützen, um Erfolg zu haben;

▸sehen im Imperativ: **Siehst du!**, **Siehste!**, **Sehen Sie!** *gesprochen* verwendet, um jemanden darauf hinzuweisen, dass man mit der eigenen Behauptung recht hatte; **... und siehe da!** *gesprochen* verwendet, um anzuzeigen, dass jetzt eine überraschende Handlung kommt; **siehe** *+Seitenangabe* verwendet in Texten und Fußnoten, um den Leser auf eine Stelle auf der genannten Seite hinzuweisen | *Siehe dazu die Tabelle auf Seite 24*;

▸andere Verwendungen: **eine Person nur vom 'Sehen kennen** eine Person schon (mehrere Male) gesehen haben, aber noch nicht mit ihr gesprochen haben; **es nicht gern sehen, wenn ...** nicht einverstanden sein (dass jemand etwas tut) | *Seine Eltern sehen es gar nicht gern, wenn er abends in die Disko geht*

se·hen las·sen, **se·hen·las·sen** ['ze:ən-] VERB (ließ sich sehen, hat sich sehen lassen/sehenlassen); *gesprochen* **1** **sich (bei jemandem) sehen lassen** jemanden (kurz) besuchen | *Lass dich doch mal wieder bei uns sehen!* H in dieser Verwendung nur getrennt geschrieben **2** **jemand/etwas kann sich sehen lassen** eine Person sieht so gut aus/eine Sache ist so gut gemacht, dass sie bei allen Leuten einen guten Eindruck machen **3** **sich mit jemandem/etwas sehen lassen können** mit einer Person/etwas bei allen Leuten einen guten Eindruck machen **4** **sich (bei jemandem/irgendwo) nicht mehr sehen lassen können** eine Person oder einen Ort nicht mehr besuchen wollen, weil man sich dort falsch verhalten hat | *Das war so peinlich! Bei denen kann ich mich nicht mehr sehen lassen* H Im Perfekt gesprochen auch *hat sehen gelassen*

★ **se·hens·wert** ['ze:əns-] ADJEKTIV ⟨ein Film, eine Ausstellung⟩ so, dass es sich lohnt, sie anzusehen ≈ *sehenswürdig*

se·hens·wür·dig ['ze:əns-] ADJEKTIV ≈ *sehenswert*

★ **Se·hens·wür·dig·keit** ['ze:əns-] *die*; (-, -en) ein Gebäude, ein Platz o. Ä., die sehr schön, wertvoll oder interessant sind ⟨Sehenswürdigkeiten besichtigen⟩

Se·her ['ze:ɐ] *der*; (-s, -) eine Person, welche die Zukunft voraussagen kann ≈ *Prophet* K Seherblick, Sehergabe ● hierzu **Se·he·rin** *die*; **se·he·risch** ADJEKTIV

Seh·hil·fe *die*; *admin* eine Brille oder Kontaktlinsen

★ **Seh·ne** *die*; (-, -n) **1** Sehnen verbinden die Muskeln mit den Knochen ⟨sich (*Dativ*) eine Sehne zerren⟩ K Sehnenriss, Sehnenzerrung; Achillessehne **2** die starke Schnur, mit der man einen Bogen spannt ⟨die Sehne straffen, spannen⟩ **3** eine gerade Linie, die zwei Punkte eines Kreises verbindet K Kreissehne

seh·nen VERB (sehnte sich, hat sich gesehnt) **sich nach jemandem/etwas sehnen** den starken Wunsch haben, dass jemand da ist oder dass man etwas bekommt | *sich nach einer Pause sehnen* | *Sie sehnte sich nach ihren Kindern*

Seh·nerv *der* der Nerv, welcher das Auge mit dem Gehirn verbindet

seh·nig ADJEKTIV **1** voll von Sehnen und deshalb zäh ⟨Fleisch⟩ **2** schlank und ohne Fett, aber kräftig | *die sehnigen Beine eines Läufers*

sehn·lich ADJEKTIV *meist attributiv* mit großer Sehnsucht ⟨jemandes sehnlichster Wunsch; jemanden sehnlichst erwarten⟩ ≈ *sehnsüchtig* H oft im Superlativ

★ **Sehn·sucht** *die*; *meist Singular* der sehr starke Wunsch, dass jemand da wäre oder dass man etwas bekäme ⟨Sehnsucht nach jemandem/etwas haben, verspüren⟩ ≈ *Verlangen* | *die Sehnsucht nach Liebe und Geborgenheit* ● hierzu **sehn·süch·tig** ADJEKTIV; **sehn·suchts·voll** ADJEKTIV

★ **sehr** ADVERB **1** verwendet, um ein Adjektiv oder ein Adverb zu verstärken | *ein sehr schönes Bild* | *Ich bin jetzt sehr müde* **2** verwendet, um ein Verb zu verstärken | *Er freute sich sehr über mein Geschenk* **3** verwendet, um höfliche Wörter und Ausdrücke noch höflicher zu machen | *Bitte sehr!* | *Danke sehr!* **4** **etwas sehr wohl wissen/können** etwas genau wissen/können, obwohl das Gegenteil der Fall zu sein scheint | *Sie wusste sehr wohl, was geschehen war, sie wollte nur nichts sagen*

Seh·ver·mö·gen *das* die Fähigkeit zu sehen ≈ *Sehkraft*

seicht ADJEKTIV **1** so, dass das Wasser nicht tief ist | *an einer seichten Stelle durch den Bach waten* **2** *abwertend* von niedrigem Niveau ⟨ein Gespräch, ein Theaterstück, ein Roman⟩ ≈ *banal*

seid *Präsens, 2. Person Plural* → sein[1]

★ **Sei·de** *die*; (-, -n) ein glänzender, teurer Stoff, den man aus dem Faden macht, den ein Insekt (die Seidenraupe) produziert | *ein Kleid aus reiner Seide* K Seidenband, Seidenbluse, Seidenfaden, Seidengewebe, Seidenglanz, Seidenhemd, Seidenkleid, Seidenmalerei, Seidenschal, Seidenstickerei, Seidenstoff, Seidenstrumpf, Seidentuch; seidenweich ● hierzu **sei·den·ar·tig** ADJEKTIV

Sei·del *das*; (-s, -) ein Glas oder Krug, aus denen man Bier trinkt K Bierseidel

sei·den ADJEKTIV aus Seide ⟨ein Kleid, ein Schal, eine Krawatte, ein Stoff, Strümpfe⟩

Sei·den·pa·pier *das* ein sehr dünnes und weiches Papier (in dem z. B. Schuhe verpackt sind)

Sei·den·rau·pe *die* ein Insekt, das Fäden produziert, aus denen man Seide macht K Seidenraupenzucht

sei·dig ADJEKTIV weich und glänzend wie Seide ⟨Haare, ein Fell; etwas fühlt sich seidig an⟩

★ **Sei·fe** *die*; (-, -n) mit Seife und Wasser wäscht man sich die Hände ⟨ein Stück Seife; flüssige Seife⟩ K Seifenflocken, Seifenlauge, Seifenschaum; Flüssigseife, Schmierseife; Cremeseife, Lavendelseife

Sei·fen·bla·se *die* eine kleine Kugel aus Luft, die von einer dünnen Schicht aus Seife umgeben ist (und die schnell platzt) ■ ID **etwas zerplatzt wie eine Seifenblase** etwas ist schnell, plötzlich vorbei ⟨Hoffnungen, Träume⟩

Sei·fen·kis·te *die* ein kleiner Wagen mit vier Rädern ohne Motor, den Kinder selbst bauen, um damit zu fahren K Seifenkistenrennen

Sei·fen·oper *die*; *gesprochen* eine anspruchslose Fernsehserie, die meist am frühen Abend gesendet wird

sei·fig ADJEKTIV **1** voller Seife | *die seifigen Hände im Wasser abspülen* **2** mit einem unangenehmen Geschmack wie Seife ⟨etwas schmeckt seifig⟩

sei·hen ['zaiən] VERB (seihte, hat geseiht) **etwas (durch etwas) seihen** eine Flüssigkeit durch einen Filter oder ein Tuch laufen lassen, um feste Teile von ihr zu trennen | *die Milch* *seihen* K Seihtuch

★ **Seil** *das*; (-(e)s, -e) **1** Seile werden aus mehreren Fäden oder Drähten gedreht; man kann damit schwere Dinge (z. B. Autos und Schiffe) ziehen oder befestigen ⟨ein Seil spannen, um etwas binden; das Seil reißt⟩ | *Wir mussten das Auto mit dem Seil abschleppen* | *Der Akrobat balancierte in 5 Meter Höhe auf dem Seil* K Seilakrobat, Seilwinde; Abschleppseil, Zugseil, Drahtseil, Hanfseil, Stahlseil H → Abb. unter **Schnur** **2** **am Seil gehen** beim Bergsteigen ein Seil verwenden, damit man nicht abstürzt

Seil·bahn *die* mit einer Seilbahn transportiert man Personen oder Dinge in Kabinen oder Sitzen auf einen Berg oder wieder nach unten; Die Kabinen oder Sitze hängen an Seilen, welche sie durch die Luft bewegen ⟨mit der Seilbahn fahren⟩

SEILBAHN

seil·hüp·fen VERB *nur im Infinitiv* ≈ *seilspringen*

Seil·schaft *die*; (-, -en) **1** eine Gruppe von Bergsteigern, die bei einer Bergtour durch ein Seil verbunden sind **2** *abwertend* Leute, die sich gegenseitig (auch mit illegalen Mitteln) helfen

seil·sprin·gen VERB *nur im Infinitiv* über ein Seil springen, das andere Personen oder man selbst immer wieder unter den Füßen weg nach oben schwingt • hierzu **Seil·sprin·gen** *das*

Seil·tän·zer *der* eine Person, die über ein Seil hoch über dem Boden geht und Kunststücke zeigt • hierzu **Seil·tän·ze·rin** *die*

★ **sein**[1] VERB (ich bin, du bist, er/sie/es ist, wir sind, ihr seid, sie sind, er war, er ist gewesen, *Konjunktiv I:* er sei, *Konjunktiv II:* er wäre)
▸zur Identifikation: **1** **jemand/etwas ist etwas** *Nominativ* verwendet, um festzustellen, um wen oder was es sich handelt oder zu welcher Kategorie jemand/etwas gehört | *Mama, bist du das?* (Wer ist da? Du, Mama?) | *Wenn ich du wäre, würde ich das nicht tun* | *Sein Vater ist Richter* | *Wale sind Säugetiere* | *Das ist doch Zeitverschwendung!* **2** **etwas ist etwas** eine Rechnung hat das genannte Ergebnis | *Zwei plus drei ist fünf* **3** **jemand ist es** eine Person ist die Schuldige oder diejenige, die gesucht wird | *Also, wer von euch beiden war es?* | *Keiner will es gewesen sein* (keiner gibt zu, dass er es getan hat) **4** **etwas ist es** etwas ist das, was jemand sucht | *Das 'ist es! Ich habe die Lösung!*
▸zur näheren Beschreibung, Zuordnung: **5** **jemand/etwas ist irgendwie** verwendet, um Zustände, Eigenschaften, Situationen zu beschreiben | *Das Essen ist gut* | *Hier sind wir in Sicherheit/nicht in Gefahr* | *Die Anlage ist außer Betrieb* | *Sind die beiden zusammen/befreundet?* **6** **jemand/etwas ist irgendwo** jemand/etwas kann irgendwo gefunden oder getroffen werden | *Wo warst du denn gestern Abend?* | *Weißt du, wo meine Brille ist?* | *Deine Schlüssel sind doch hier, in der Schublade* | *Da bist du ja endlich!* **7** **etwas ist irgendwann/irgendwo** etwas findet zur genannten Zeit oder am genannten Ort statt | *Weißt du noch, wann die erste Mondlandung war?* H meist im Präteritum **8** **jemand/etwas ist irgendwoher** jemand/etwas kommt oder stammt aus dem genannten Ort, Land o. Ä. | *Diese Tomaten sind aus Holland/aus unserem eigenen Garten* | *Dem Akzent nach ist er wohl aus Berlin* **9** **etwas ist von jemandem/etwas** etwas stammt von jemandem/etwas | *Ich weiß nicht, von wem dieser Brief ist* | *Ist das Schnitzel vom Schwein oder Kalb?* **10** **etwas ist von jemandem** etwas gehört jemandem | *Sortierst du bitte die Wäsche? Ich weiß nicht, von wem die Socken sind* **11** **für/gegen jemanden/etwas sein** eine positive/negative Einstellung zu jemandem/etwas haben, jemanden/etwas wollen/nicht wollen | *Sie ist gegen Atomkraftwerke* | *Ich bin dafür, dass wir heute ins Kino gehen und nicht ins Theater*
▸andere Verwendungen: **12** **jemand ist (gerade) bei etwas/am** *+Infinitiv* jemand tut oder macht gerade etwas | *Ich war erst bei der zweiten Aufgabe, als die Zeit um war* | *Ich bin gerade dabei, das Zimmer aufzuräumen* | *Wir waren gerade am Gehen, als es an der Tür klingelte* | *Sie fährt morgen fort und ist schon am/beim Packen* **13** **etwas ist zu** *+Infinitiv geschrieben* etwas muss oder soll getan werden | *Die Fenster sind vom Mieter alle fünf Jahre zu streichen* | *Die Rechnung ist innerhalb von 10 Tagen zu überweisen* **14** **etwas ist zu** *+Infinitiv* etwas kann getan werden (wenn man die Voraussetzungen dazu hat) | *Ist unsere Welt noch zu retten?* | *Keine Angst, das ist ganz einfach zu schaffen!* | *Das Spiel ist noch zu gewinnen* H Diese Konstruktion wird oft statt einer Passivkonstruktion mit *können* verwendet. **15** **jemand/etwas ist nicht mehr** *gesprochen* eine Person oder ein Tier lebt nicht mehr, etwas existiert nicht mehr | *Es ist still hier, seit der Hund nicht mehr ist*
▸unpersönlich: **16** **es ist** *+Zeitangabe* verwendet, um die Zeit anzugeben | *Es ist jetzt genau fünf Minuten nach vier Uhr* | *Ist heute Dienstag oder Mittwoch?* | *Dafür ist es noch zu früh* **17** **jemandem ist schlecht/übel/schwindlig/mulmig** jemand fühlt sich schlecht, übel usw. | *Ich muss mich ein bisschen hinlegen, mir ist furchtbar schlecht* **18** **jemandem ist (nicht) nach etwas** *gesprochen* jemand hat (keine) Lust auf etwas | *Nach der Arbeit ist ihm erst mal nicht nach Reden/Unterhaltungen* | *„Warum hast du das nur getan?" – „Ach, mir war eben danach."* **19** **jemandem ist, als (ob)** *+Konjunktiv II* jemand hat das Gefühl oder den Eindruck, dass ... | *Mir ist, als ob wir uns schon mal irgendwo gesehen hätten* | *Ihm war, als hätte er davon schon einmal gehört* **20** **mit etwas ist es nichts** *gesprochen* etwas Gewünschtes fällt aus, findet nicht statt | *Mit dem Grillen war es wieder nichts, weil es geregnet hat*

■ **ID** ▸in der Form sei: **'Sei doch nicht so** *gesprochen* verwendet, um eine Person dazu zu überreden, dass sie doch noch zustimmt und einverstanden ist | *Nun sei doch nicht so, lass mich doch ausgehen!*; **Wie dem auch 'sei** verwendet, um eine Diskussion oder Überlegung zu beenden, deren Ergebnis keinen Einfluss auf das Folgende hat | *Da hast du schon recht, aber wie dem auch sei, wir müssen den Termin trotzdem einhalten* | *War das 1950 oder 51? Wie dem auch sei, sie heirateten also und dann ...*; **es 'sei denn, (dass) ...** außer wenn | *Er hat kaum eine Chance, den Titel zu gewinnen, es sei denn, er hat sehr viel Glück*; **sei es ... oder/sei es ...** *geschrieben* gleichgültig, ob der/die/das eine oder andere | *Naturkatastrophen wird es immer geben, seien es Erdbeben oder Vulkanausbrüche*;
▸andere Verwendungen: **Das wars'wärs (für heute/für diesmal)** *gesprochen* das ist alles, was ich sagen, kaufen oder tun wollte; **Dem ist nicht so** drückt aus, dass eine Aussage oder Vermutung falsch ist, nicht zutrifft; **Ist was?** *gesprochen* verwendet, um eine Person in provozierender Weise zu fragen, ob sie Wünsche, Beschwerden oder Kritik äußern will; **jemand 'ist wer** *gesprochen* jemand hat Erfolg und hohes Ansehen; **Was nicht ist, kann ja noch werden** Man darf die Hoffnung auf etwas nicht aufgeben; **Was sein muss, muss sein** drückt aus, dass etwas notwendig ist oder war H → Info-Fenster nächste Seite

★ **sein**[2] HILFSVERB **1** verwendet, um das Perfekt und das Plus-

S

GRAMMATIK

▶ Das Verb *sein*

Sein kann als Vollverb benutzt werden: **Das Haus ist alt** oder **Mark war Maler.**

Als Hilfsverb bildet **sein** zusammen mit einem anderen Verb zusammengesetzte Zeitformen: **Ich bin/war/wäre nach Hause gelaufen** oder **Wirst du dann schon zurückgekommen sein?**

Das Partizip Perfekt lautet **gewesen**, der Imperativ im Singular **sei**, im Plural **seid**. Die anderen Formen sind:

	Präsens	Präteritum	Konjunktiv I	Konjunktiv II
ich	bin	war	sei	wäre
du	bist	warst	seiest	wärest
er/sie/es	ist	war	sei	wäre
wir	sind	waren	seien	wären
ihr	seid	wart	seiet	wäret
sie	sind	waren	seien	wären

quamperfekt von vielen Verben ohne Objekt zu bilden, vor allem von Verben, die eine Bewegung in eine Richtung beschreiben | *Die Preise sind gestiegen* | *Als er die Katze fangen wollte, war sie schon über den Zaun gesprungen* H Verben mit Objekt oder mit *sich* bilden das Perfekt und Plusquamperfekt mit *haben*, ebenso besonders Verben, die eine Dauer ausdrücken: *Ich habe sie beim Einkaufen getroffen; Er hatte sich sehr geschämt; Die Tulpen haben nicht lange geblüht;* → Infos unter **Hilfsverb** 2 *Partizip Perfekt* + **sein** verwendet, um die Form des Passivs zu bilden, die einen Zustand oder das Ergebnis einer Handlung bezeichnet | *Die Tür ist verschlossen* | *Die Renovierungsarbeiten sind inzwischen beendet* H Das Passiv, das einen Vorgang bezeichnet, wird mit *werden* gebildet. Man vergleiche: *Heute wird der neue Präsident gewählt* (= Heute wählt das Volk den neuen Präsidenten: ein Vorgang) mit: *Der neue Präsident ist gewählt* (= Die Wahl ist zu Ende: ein Ergebnis, ein Zustand); vergleiche Hilfsverb **haben**

★ **sein**[3] ■ ARTIKEL 1 *zur 3. Person Singular (er/es) sein* verwendet man in einer Situation, in welcher man von einer Person (oder Sache) mit *er* oder eine Sache mit *es* reden würde. Man bezeichnet damit Dinge, Zustände, Vorgänge, Handlungen oder Personen, welche mit dieser Person (oder Sache) in Zusammenhang sind | *Oliver und seine Mutter* | *Er hat mich gleich nach seiner Ankunft angerufen* | *Das Hotel ist bekannt für seinen guten Service* H → Beispiele und Tabelle unter **mein**
■ PRONOMEN 2 *3. Person Singular (er/es)* verwendet, um sich auf eine (oft bereits erwähnte) Sache oder Person zu beziehen, die zu der Person gehört, über die man mit *er* spricht oder zu einer Sache, über die man mit *es* spricht | *Unsere Kinder spielen oft mit (den) seinen* | *Die Berge haben 'ihre attraktive Seiten und das Meer die 'seinen* H → Beispiele und Tabelle unter **mein** 3 *3. Person Singular (er/es), Genitiv* | *Wir erinnern uns seiner* H → Tabelle unter **ich**

Sein *das;* (-s); *geschrieben* die Existenz von materiellen und ideellen Dingen | *über das menschliche Sein nachdenken*

sei·ner·seits ADVERB was ihn oder es betrifft | *Seinerseits gab es keinen Widerspruch*

sei·ner·zeit ADVERB zu der (vergangenen) Zeit, über die man gerade spricht ≈ *damals*

sei·nes·glei·chen *oft abwertend* Leute wie er | *Ich kenne ihn und seinesgleichen* ■ ID **etwas sucht seinesgleichen** etwas ist so (gut oder schlecht), dass es nichts gibt, mit dem man es vergleichen kann

sei·net·we·gen ADVERB 1 aus einem Grund, der ihn betrifft | *Seinetwegen kommen wir immer zu spät* 2 mit seiner Erlaubnis oder Zustimmung | *Seinetwegen können wir tun, was wir wollen*

sei·net·wil·len ≈ *seinetwegen*

sei·ni·g-, **Sei·ni·g-** PRONOMEN; *veraltend* alleine verwendet für *der, die, das seine/Seine* H → Beispiele und Tabelle unter **mein**

sein las·sen, **sein·las·sen** VERB (ließ sein, hat sein lassen/seinlassen) **etwas sein lassen** *gesprochen* etwas nicht tun | *Komm, lass das jetzt sein, das machen wir später* H Im Perfekt gesprochen auch *sein gelassen*

Seis·mo·graf, **Seis·mo·graph** [-f] *der;* (-en, -en) ein Gerät, das misst, wie stark die Erde bei Erdbeben zittert H *der Seismograf; den, dem, des Seismografen* ● hierzu **seis·mo·gra·fisch**, **seis·mo·gra·phisch** ADJEKTIV

★ **seit** ■ PRÄPOSITION *mit Dativ* 1 von dem genannten Zeitpunkt in der Vergangenheit bis zur Gegenwart | *seit 2010* | *seit dem letzten/seit letztem Monat* | *„Seit wann bist du da?" – „Erst seit zehn Minuten."* | *Seit letztem Sonntag haben wir uns nicht mehr gesehen* | *Seit gestern ist unsere Jüngste in der Schule*
■ BINDEWORT 2 der Nebensatz mit *seit* nennt ein Ereignis in der Vergangenheit, das der Beginn der Situation oder Handlung des Hauptsatzes ist | *Seit er nicht mehr raucht, fühlt er sich viel wohler* | *Sie verreist sehr viel, seit sie geschieden ist*

★ **seit·dem** ■ ADVERB 1 von dem genannten Zeitpunkt in der Vergangenheit an | *Wir hatten letzte Woche einen Streit, seitdem hat er mich nicht mehr angerufen*
■ BINDEWORT 2 der Nebensatz mit *seitdem* nennt ein Ereignis in der Vergangenheit, das der Beginn der Situation oder Handlung des Hauptsatzes ist | *Seitdem sie diesen Job hat, ist sie ein anderer Mensch*

★ **Sei·te** *die;* (-, -n)
▸Richtung, Teil: 1 der rechte oder linke Teil einer Sache oder eines Raumes ⟨auf die/zur Seite gehen, treten; etwas zur Seite stellen⟩ | *Hausnummer 64 müsste auf der rechten Seite der Straße sein* | *Das Auto überschlug sich und landete auf der Seite* K Seitenansicht, Seitenflügel, Seitenlage, Seitentrakt, Seitenwand 2 der rechte oder linke Teil des Körpers von Menschen oder Tieren ⟨auf der Seite liegen; sich auf die Seite legen⟩ | *Er ist auf der linken Seite gelähmt* K Seitenlage 3 **Seite an Seite** ≈ *nebeneinander* | *Sie gingen Seite an Seite durch die Straßen*
▸Fläche: 4 eine der Flächen, die einen Körper oder Raum nach außen oder nach rechts, links, vorn oder hinten begrenzen | *die vier Seiten eines Schranks* K Außenseite, Innenseite, Rückseite, Vorderseite 5 eine der beiden Flächen eines dünnen, flachen Gegenstandes | *die beiden Seiten ei-*

S

ner Münze **6** eine der Flächen eines geometrischen Körpers | *die Seiten eines Würfels/einer Pyramide* ▸im Buch, Internet usw.: **7** eine der beiden Flächen eines Blattes (in einem Buch, einem Heft, einer Zeitung), auf denen etwas gedruckt, geschrieben oder gezeichnet ist ⟨eine Seite aufschlagen⟩ | *ein Roman mit über 300 Seiten* | *Das steht auf Seite 124* **K** Seitenrand, Seitenzahl, Seitenzählung; seitenlang; Buchseite, Druckseite, Manuskriptseite, Titelseite, Zeitungsseite **H** Abkürzung: S. **8** eine Ansicht eines Angebots im Internet oder das Angebot selbst | *Sieh mal auf der Seite des Herstellers nach, ob du da was findest* **K** Internetseite, Startseite, Webseite ▸Linie: **9** eine der Linien, die eine geometrische Figur begrenzen | *die Seiten eines Dreiecks/eines Trapezes* ▸abstrakt: **10** ein Aspekt, unter dem man etwas sieht | *einen Vorfall von der heiteren Seite nehmen* | *Wir müssen diesen Fall von der menschlichen Seite betrachten* **11** eine von zwei Personen oder Gruppen, die zu einem Thema unterschiedliche Meinungen haben ⟨jemanden auf seine Seite bringen, ziehen⟩ | *Man sollte immer beide Seiten hören* **12** **von amtlicher/offizieller/zuverlässiger/... Seite** verwendet, um zu sagen, woher Informationen ungefähr stammen (wenn man keine Namen nennen darf oder kann) | *Das Wahlergebnis ist von offizieller Seite noch nicht bestätigt worden* **13** **auf der einen Seite ..., auf der anderen Seite** einerseits ..., andererseits → einerseits **14** **auf/von Seiten** → aufseiten

▪ ID **etwas auf der Seite haben** Geld gespart haben; **etwas auf die Seite legen** Geld sparen; **etwas auf die/zur Seite schaffen** etwas heimlich wegnehmen und für sich selbst benutzen; **jemandem nicht von der Seite weichen/gehen** jemanden keinen Augenblick allein lassen; **sich von seiner besten Seite zeigen** sich sehr bemühen, einen guten Eindruck zu machen; **jemandem zur Seite stehen** jemandem in einer schwierigen Situation helfen ⟨jemandem mit Rat und Tat zur Seite stehen⟩

Sei·ten·auf·prall·schutz *der* verstärkte Seitenteile und Türen, welche die Insassen bei einem seitlichen Aufprall schützen sollen

Sei·ten·blick *der* ein kurzer Blick auf eine Person, mit dem man versucht, ihr etwas mitzuteilen, ohne dass andere Leute es bemerken ⟨jemandem einen Seitenblick zuwerfen⟩

Sei·ten·hieb *der* **ein Seitenhieb (auf jemanden)** eine böse oder kritische Bemerkung ⟨jemandem einen Seitenhieb versetzen⟩

★ **sei·tens** PRÄPOSITION *mit Genitiv; geschrieben* von einer Partei, Gruppe, Position aus

Sei·ten·schiff *das* der lange, schmale Raum in einer Kirche, der parallel zum Hauptschiff liegt

Sei·ten·sprung *der* eine meist kurze sexuelle Beziehung, die eine Person mit einer anderen Person hat, obwohl sie schon einen festen Partner hat

Sei·ten·ste·chen *das;* (-s) ein stechender Schmerz links oder rechts des Magens, den man manchmal bekommt, wenn man schnell läuft oder geht ⟨Seitenstechen haben, bekommen⟩

Sei·ten·stra·ße *die* ≈ *Nebenstraße* | *in eine Seitenstraße einbiegen*

Sei·ten·strei·fen *der* der äußere rechte oder linke Streifen entlang einer Autobahn o. Ä., auf dem man nur bei Pannen anhalten darf

sei·ten·ver·kehrt ADJEKTIV so, dass das, was normalerweise links ist, rechts erscheint und umgekehrt | *im Spiegel sieht man alles seitenverkehrt*

Sei·ten·wech·sel *der* beim Seitenwechsel tauschen die Spieler die Seiten des Spielfelds, z. B. im Fußball oder Tennis | *Kurz nach dem Seitenwechsel fiel der Ausgleich zum 1 : 1*

sei·ten·wei·se ADVERB; *gesprochen* mehrere Seiten lang | *Jetzt beschreibt er schon seitenweise, wie das Haus aussah. Wie langweilig!*

Sei·ten·wind *der* Wind, der von rechts oder links kommt ⟨Seitenwind haben; bei Seitenwind⟩

★ **seit·her** ADVERB ≈ *seitdem*

-sei·tig *im Adjektiv, unbetont, begrenzt produktiv* **1** *meist attributiv* **einseitig, zweiseitig, dreiseitig; ganzseitig, halbseitig** *und andere* mit der genannten Zahl oder Menge von Seiten | *ein beidseitig beschriftetes Blatt* | *ein tausendseitiges Manuskript* **2** **nordseitig, südseitig; sonnenseitig, rückseitig** *und andere* auf der genannten Seite | *die westseitigen Fenster des Hauses*

★ **seit·lich** ▪ ADJEKTIV **1** von der rechten oder linken Seite bzw. nach rechts oder nach links | *einem Hindernis seitlich ausweichen* | *Er stieß seitlich mit meinem Auto zusammen* ▪ PRÄPOSITION *mit Genitiv* **2** an der Seite der genannten Person oder Sache ≈ *neben* | *Die Kapelle steht seitlich der Kirche* **H** in der gesprochenen Sprache verwendet mit *von*: *Seitlich vom Bahnhof befinden sich die Busparkplätze*

-seits *im Adverb, unbetont, begrenzt produktiv* **meinerseits, deinerseits, seinerseits, ihrerseits, uns(e)rerseits, eurerseits, amtlicherseits, ärztlicherseits, behördlicherseits, staatlicherseits** *und andere* von jemandem/etwas ausgehend

seit·wärts ADVERB **1** in die Richtung zu einer Seite hin | *sich seitwärts drehen* **2** auf der rechten oder linken Seite | *Seitwärts sehen Sie die berühmte Kirche*

Sek·ret *das;* (-s, -e) eine Flüssigkeit (wie z. B. Speichel oder Tränen), die vor allem in Drüsen und in Wunden entsteht **K** Drüsensekret, Nasensekret, Wundsekret

-sek·re·tär *der; im Substantiv, unbetont, begrenzt produktiv* **Generalsekretär, Parteisekretär, Staatssekretär** *und andere* eine Person, die in einer großen Organisation (z. B. einer Partei) eine relativ wichtige Funktion hat | *der Generalsekretär der Vereinten Nationen* **H** zu *-sekretärin* → Info im Eintrag **-in** ● hierzu **-sek·re·tä·rin** *die*

Sek·re·ta·ri·at *das;* (-(e)s, -e) der Raum, in dem ein Sekretär oder eine Sekretärin arbeitet | *im Sekretariat der Schule anrufen und mitteilen, dass ein Schüler krank ist*

Sek·re·tä·rin *die;* (-n, -nen) eine Frau, deren Beruf es ist, ein Büro zu organisieren, Termine zu machen, Anrufe entgegenzunehmen usw. **K** Chefsekretärin, Privatsekretärin **H** → Info im Eintrag **-in** ● hierzu **Sek·re·tär** *der*

Sekt *der;* (-(e)s, -e) Wein mit vielen Bläschen (aus Kohlensäure), den man meist bei besonderen Gelegenheiten trinkt ⟨der Sekt perlt, schäumt; den Sekt kalt stellen⟩ | *jemanden zu einem Glas Sekt einladen* **K** Sektflasche, Sektglas, Sektkelch, Sektkellerei, Sektkorken, Sektkübel

SEKTGLAS

★ **Sek·te** *die;* (-, -n); *oft abwertend* eine relativ kleine Gruppe von Personen mit einem Glauben, der nicht als Religion anerkannt ist **K** Sektenführer

sek·tie·re·risch ADJEKTIV; *abwertend* (meist im religiösen oder politischen Bereich) mit Ideen, die von den Ideen der Mehrheit sehr stark abweichen und die von nur wenigen Personen energisch vertreten werden | *eine sektiererische Gruppe innerhalb der Partei* ● hierzu **Sek·tie·rer** *der;* **Sek·tie·re·rin** *die;* **Sek·tie·rer·tum** *das*

Sek·ti·on [-'tsio:n] *die;* (-, -en) ein (selbstständiger) Teil einer großen Organisation ≈ *Abteilung*

S

Sek·tor *der;* (-s, Sek·to·ren) **1** ein Teil eines Sachgebiets | *Die Industrie ist einer der wichtigsten Sektoren der Wirtschaft* **K** Handelssektor, Wirtschaftssektor **2** die Fläche in einem Kreis, die durch zwei Linien eingeschlossen wird, die vom Mittelpunkt zum Kreisrand gehen ≈ *Kreisausschnitt*

se·kun·där ADJEKTIV; *geschrieben* nicht so wichtig wie etwas anderes ⟨etwas ist von sekundärer Bedeutung⟩ ≈ *zweitrangig* ↔ *primär* **K** Sekundärtugend

Se·kun·där·li·te·ra·tur *die* wissenschaftliche Texte vor allem über literarische Werke

Se·kun·dar·stu·fe *die;* (D) **1** **Sekundarstufe I** [-'ains] die Klassen 5–9 an der Hauptschule und die Klassen 5–10 an der Realschule und am Gymnasium **2** **Sekundarstufe II** [-'tsvai] die Klassen 11–12/13 am Gymnasium

★ **Se·kun·de** *die;* (-, -n) **1** einer der 60 Teile einer Minute | *mit einer Sekunde Vorsprung das Rennen gewinnen* | *Es ist jetzt genau 10 Uhr, 31 Minuten und 20 Sekunden* **K** Sekundenzeiger, sekundenlang; Hundertstelsekunde, Zehntelsekunde **i** Abkürzung: *Sek.*, in technischen und wissenschaftlichen Texten *s*, in alten Texten: *sek.* oder *sec.* **2** *gesprochen* eine sehr kurze Zeit ≈ *Augenblick* | *Ich bin in einer Sekunde wieder zurück* **3** einer der 60 Teile einer Minute eines Winkels | *ein Winkel von 45 Grad, 8 Minuten und 13 Sekunden* **4** **auf die Sekunde (genau)** *gesprochen* (ganz) pünktlich

Se·kun·den·kle·ber *der* ein Klebstoff, der sehr schnell klebt (und nicht erst einige Zeit trocknen muss)

Se·kun·den·schlaf *der* das gefährliche, sehr kurze Einschlafen am Steuer eines Autos o. Ä.

Se·kun·den·schnel·le *die* ■ **ID in Sekundenschnelle** sehr schnell | *Alles geschah in Sekundenschnelle*

★ **sel·b-** ARTIKEL verwendet statt *derselbe* und *dasselbe*, wenn der bestimmte Artikel mit einer Präposition zu einem Wort verbunden ist | *am selben Platz* (an demselben Platz) | *ans selbe Ziel* (an dasselbe Ziel) | *im selben Zug* (in demselben Zug) | *vom selben Mann* (von demselben Mann) | *zum selben Zeitpunkt* (zu demselben Zeitpunkt)

★ **sel·ber** PRONOMEN *nur in dieser Form, betont und nachgestellt; gesprochen* betont, dass sich eine Aussage auf die genannte Person bezieht ≈ *selbst* | *Kevin selber hat das gesagt* | *Diesen Pullover habe ich selber gestrickt*

★ **selbst** ■ PRONOMEN *nur in dieser Form, betont und nachgestellt* **1** verwendet, um zu betonen, dass eine Aussage sich auf die genannte Person oder Sache und auf keine andere bezieht | *Diesen kleinen Defekt kann ich selbst reparieren!* | *Ich möchte nicht irgendeinen Mitarbeiter, sondern den Chef selbst sprechen* | *Die Elektronik soll Störungen verhindern, aber was ist, wenn die Elektronik selbst gestört ist?* **2** **selbst** *+Partizip Perfekt* von der genannten Person und nicht von anderen Leuten | *der selbst gebackene Kuchen* | *das selbst gebastelte Vogelhaus* | *die selbst gemachte Marmelade* | *der selbst gestrickte Pullover* | *der selbst gewählte Name* | *das selbst verdiente Geld* | *das selbst verfasste Gedicht* | *der selbst verschuldete Unfall* **i** Die Adjektive können auch mit *selbst* zusammengeschrieben werden: *selbstgebacken* usw.

■ PARTIKEL **3** drückt aus, dass eine Aussage auch auf eine Person oder Sache zutrifft, von der man das (vielleicht) nicht erwarten würde ≈ *sogar* | *Über diesen gelungenen Witz musste selbst unser strenger Lehrer lachen* ■ **ID jemand ist etwas 'selbst** ein Zustand oder eine Eigenschaft ist bei jemandem im hohen Maße vorhanden | *Sogar in kritischen Situationen ist Peter die Ruhe selbst*

Selbst *das;* (-); *geschrieben* eine Person als Ganzes mit ihren Eigenschaften, Wünschen, Fähigkeiten usw. | *Man soll sich niemandem so stark unterordnen, dass man dabei sein Selbst aufgibt*

selbst-, **Selbst-** *im Adjektiv und Substantiv, betont, sehr produktiv* **1** **die Selbstachtung, der Selbstbetrug, die Selbsteinschätzung, die Selbstironie, die Selbstkritik, das Selbstmitleid, das Selbstporträt; selbstkritisch, selbstzerstörerisch** *und andere* auf die eigene Person bezogen **2** **die Selbsthilfe, die Selbstschussanlage, die Selbstverwaltung, die Selbstklebefolie; selbstklebend** *und andere* drückt aus, dass etwas aus eigener Kraft und ohne Hilfe von außen geschieht

selb·stän·dig, **Selb·stän·di·ge** → selbstständig, Selbstständige

Selbst·auf·op·fe·rung *die; nur Singular* das Einsetzen aller Kräfte und Fähigkeiten ohne Rücksicht auf die eigene Gesundheit

Selbst·aus·lö·ser *der* ein Mechanismus an einer Fotokamera, der bewirkt, dass das Bild erst einige Sekunden später gemacht wird

★ **Selbst·be·die·nung** *die; nur Singular* eine Form des Verkaufens, bei der die Kunden die Waren selbst aus dem Regal usw. nehmen | *eine Tankstelle mit Selbstbedienung* | *Hier gibt es keine Selbstbedienung!* **K** Selbstbedienungsgaststätte, Selbstbedienungsladen, Selbstbedienungsrestaurant, Selbstbedienungstankstelle **i** Abkürzung: *SB*

Selbst·be·frie·di·gung *die; nur Singular* ≈ *Masturbation, Onanie*

Selbst·be·herr·schung *die; nur Singular* die Kontrolle über die eigenen Gefühle, Wünsche und Triebe ⟨keine Selbstbeherrschung haben; die Selbstbeherrschung verlieren⟩

Selbst·be·stä·ti·gung *die; meist Singular* eine Bestätigung des Wertes der eigenen Person (z. B. wenn man gelobt wird oder Erfolg hat)

Selbst·be·stim·mung *die; nur Singular* die Möglichkeit eines Menschen oder eines Volks, selbst entscheiden zu können, wie man (vor allem in Bezug auf die politische Ordnung) leben will **K** Selbstbestimmungsrecht

★ **Selbst·be·wusst·sein** *das; nur Singular* das Wissen um die eigenen Fähigkeiten und um den eigenen Wert in der Gesellschaft ⟨kein, zu wenig, ein ausgeprägtes Selbstbewusstsein haben; jemandem fehlt es an Selbstbewusstsein⟩ ● hierzu **selbst·be·wusst** ADJEKTIV

Selbst·dar·stel·lung *die; meist abwertend* die Handlungen und Äußerungen, mit denen man anderen Leuten (vor allem der Öffentlichkeit) zeigt, was man alles kann und geleistet hat

Selbst·dis·zi·plin *die; nur Singular* die Fähigkeit, sich selbst zu beherrschen (und z. B. die eigenen Wünsche einem wichtigeren Ziel unterzuordnen) | *Es erfordert viel Selbstdisziplin, mit dem Rauchen aufzuhören*

Selbst·er·fah·rung *die;* (-) der Prozess, bei dem man lernt, die eigenen Wünsche, Probleme usw. zu verstehen **K** Selbsterfahrungsgruppe

Selbst·er·hal·tungs|trieb *der; meist Singular* der Trieb von Menschen und Tieren, der bewirkt, dass sie (bei einer Bedrohung) alles Mögliche unternehmen, um nicht zu sterben

Selbst·er·kennt·nis *die; nur Singular* die Erkenntnis, dass man (einen) Fehler gemacht hat ■ **ID Selbsterkenntnis ist der erste Schritt zur Besserung** nur wenn man erkennt, dass man Fehler macht oder gemacht hat, kann sich etwas verändern und besser werden

selbst·ge·fäl·lig ADJEKTIV; *abwertend* davon überzeugt, dass man schön, intelligent, gut usw. ist ⟨selbstgefällig nicken, lächeln⟩ ● hierzu **Selbst·ge·fäl·lig·keit** *die*

selbst·ge·nüg·sam ADJEKTIV mit dem zufrieden, was man ist und hat ● hierzu **Selbst·ge·nüg·sam·keit** *die*

selbst·ge·recht ADJEKTIV; *abwertend* davon überzeugt, dass die eigenen Urteile, Meinungen usw. immer richtig sind • hierzu **Selbst·ge·rech·tig·keit** *die*

Selbst·ge·spräch *das* (lautes) Sprechen mit sich selbst ⟨Selbstgespräche führen⟩

selbst·herr·lich ADJEKTIV; *abwertend* so, dass man nur die eigenen Interessen und Ziele verfolgt und die Ziele anderer Leute nicht respektiert ⟨ein Mensch; sich selbstherrlich verhalten⟩ | *sich selbstherrlich über alle Bedenken und Zweifel hinwegsetzen* • hierzu **Selbst·herr·lich·keit** *die*

Selbst·hil·fe|grup·pe *die* eine Gruppe von Personen mit dem gleichen Problem, die sich zusammenschließen, um sich gegenseitig zu helfen (z. B. Alkoholiker, Süchtige, Eltern mit behinderten Kindern) ⟨eine Selbsthilfegruppe gründen; sich einer Selbsthilfegruppe anschließen⟩

Selbst·jus·tiz *die; nur Singular* wer Selbstjustiz übt, bestraft eine Person für ein Unrecht, das diese getan hat (obwohl nur ein Gericht bestrafen darf)

Selbst·kos·ten|preis *der* der Preis, der gerade alle Kosten des Herstellers, Händlers o. Ä. deckt (aber keinen Gewinn abgibt) ⟨etwas zum Selbstkostenpreis abgeben⟩

Selbst·laut *der* ≈ *Vokal*

selbst·los ADJEKTIV so, dass eine Person nicht darauf achtet, ob sie selbst einen Gewinn oder Vorteil hat ↔ *egoistisch* | *jemandem selbstlos helfen* • hierzu **Selbst·lo·sig·keit** *die*

★ **Selbst·mord** *der* die Handlung, bei der jemand sich selbst tötet ⟨Selbstmord begehen; jemanden in den/zum Selbstmord treiben; (jemandem) mit Selbstmord drohen⟩ ≈ *Suizid* K Selbstmordgedanken, Selbstmordkandidat, Selbstmordversuch; selbstmordgefährdet ■ ID **Das ist doch glatter/reiner Selbstmord!** Das ist sehr gefährlich • hierzu **Selbst·mör·der** *der*; **Selbst·mör·de·rin** *die*

Selbst·mord|at·ten·tä·ter *der* ein Terrorist, der geplant hatte, bei seinem Anschlag selbst zu sterben • hierzu **Selbst·mord|at·ten·tä·te·rin** *die*

selbst·mör·de·risch ADJEKTIV **1** *meist attributiv* mit dem Ziel, sich zu töten | *in selbstmörderischer Absicht handeln* **2** so gefährlich, dass es leicht zum Tod führen kann ⟨ein Plan, eine Aktion⟩

Selbst·mord|kom·man·do *das* eine Gruppe von Soldaten oder Terroristen, die eine Aktion durchführen und vorher wissen, dass sie dabei sterben werden

selbst·re·dend ADVERB; *veraltend oder humorvoll* ≈ *selbstverständlich, natürlich*

Selbst·si·cher·heit *die; nur Singular* ⟨jemandem die Selbstsicherheit nehmen; die Selbstsicherheit verlieren⟩ ≈ *Selbstbewusstsein* • hierzu **selbst·si·cher** ADJEKTIV

★ **selbst·stän·dig** ADJEKTIV **1** mit den eigenen Fähigkeiten und ohne die Hilfe anderer Leute ⟨ein Mensch; selbstständig arbeiten, urteilen, handeln, entscheiden; an selbstständiges Arbeiten gewöhnt sein⟩ | *Unsere Kinder sind schon ganz selbstständig geworden* **2** von keiner Person, Institution o. Ä. in den Entscheidungen abhängig | *Viele Staaten, die heute selbstständig sind, waren lange Zeit Kolonien* **3** **sich selbstständig machen** einen eigenen Betrieb gründen | *Sobald sie die Meisterprüfung bestanden hat, möchte sie sich selbstständig machen* **4** **sich selbstständig machen** *gesprochen, humorvoll* sich von jemandem/etwas entfernen ≈ *verschwinden* | *Zwei von unserer Gruppe haben sich selbstständig gemacht und sind eine Abkürzung gegangen* **5** **etwas macht sich selbstständig** *gesprochen* etwas löst sich von einer Sache | *Das Rad/der Knopf hat sich selbstständig gemacht* • zu (1 – 3) **Selbst·stän·dig·keit** *die*

Selbst·stän·di·ge *der/die*; (-n, -n) Anwälte, Ärzte, Künstler, Unternehmer usw. sind Selbstständige, wenn sie nicht Angestellte sind ! *ein Selbstständiger; der Selbstständige; den, dem, des Selbstständigen*

Selbst·stu·di·um *das* das Lernen aus Büchern (und nicht an einer Schule o. Ä.) ⟨sich (*Dativ*) etwas im Selbststudium aneignen, erarbeiten⟩

Selbst·sucht *die; nur Singular* ≈ *Egoismus* • hierzu **selbst·süch·tig** ADJEKTIV

selbst·tä·tig ADJEKTIV; *admin* ≈ *automatisch* | *Vorsicht, die Türen schließen selbsttätig!*

Selbst·über·schät·zung *die; meist Singular* **an Selbstüberschätzung leiden** die eigenen Fähigkeiten zu hoch einschätzen

selbst·ver·ges·sen ADJEKTIV so konzentriert auf die eigenen Gedanken oder auf eine Tätigkeit, dass man nicht merkt, was in der Umgebung passiert • hierzu **Selbst·ver·ges·sen·heit** *die*

★ **selbst·ver·ständ·lich** ADJEKTIV **1** so logisch und natürlich, dass man es nicht erklären und begründen muss | *Einem Verletzten zu helfen, ist wohl die selbstverständlichste Sache der Welt* | *Ich finde es selbstverständlich, ein kleines Geschenk mitzubringen, wenn man zum Essen eingeladen ist* **2** verwendet in einer Antwort, um die eigene Zustimmung zu betonen | *„Könntest du mir bitte helfen?" – „Aber selbstverständlich!"*

Selbst·ver·ständ·lich·keit *die*; (-, -en) **1** etwas, das man nicht erklären oder begründen muss, etwas ganz Natürliches | *„Vielen Dank für Ihre Hilfe!" – „Das ist doch eine Selbstverständlichkeit."* **2** *nur Singular* ein Verhalten, das ausdrückt, dass man etwas für natürlich und selbstverständlich hält | *Er setzte sich mit einer solchen Selbstverständlichkeit an den Tisch, als wäre er hier zu Hause*

Selbst·ver·tei·di·gung *die; nur Singular* alle Maßnahmen, mit denen man sich gegen einen Angriff verteidigt

Selbst·ver·trau·en *das* das Vertrauen in die eigenen Fähigkeiten ⟨ein gesundes, übertriebenes Selbstvertrauen haben; jemandes Selbstvertrauen stärken; voller Selbstvertrauen sein⟩ | *Jedes Erfolgserlebnis hebt das Selbstvertrauen*

Selbst·ver·wirk·li·chung *die; nur Singular* die Entwicklung der eigenen Persönlichkeit, indem man alle Möglichkeiten und Fähigkeiten nutzt, die man hat

Selbst·wert|ge·fühl *das; meist Singular* das Gefühl, als Mensch an sich wertvoll zu sein ⟨ein mangelndes Selbstwertgefühl haben⟩

selbst·zu·frie·den ADJEKTIV; *meist abwertend* so zufrieden mit dem, was man hat und ist, dass man die eigenen Fehler nicht mehr sieht • hierzu **Selbst·zu·frie·den·heit** *die*

Selbst·zweck *der* **etwas wird zum Selbstzweck**; **etwas ist reiner Selbstzweck** etwas dient keinem höheren Ziel, der Sinn einer Sache liegt in dieser Sache selbst | *Bei ihm ist das Autowaschen zum Selbstzweck geworden* (er wäscht das Auto oft, aber nicht weil das Auto schmutzig ist, sondern weil er es gern wäscht)

sel·chen VERB (selchte, hat geselcht) **(etwas) selchen** *süddeutsch* Ⓐ ⟨Fleisch selchen; geselchter Speck⟩ ≈ *räuchern*

se·lek·tie·ren VERB (selektierte, hat selektiert) **Dinge selektieren** *geschrieben* eine Reihe von ähnlichen Dingen nach verschiedenen Kriterien aus einer größeren Menge auswählen • hierzu **Se·lek·tie·rung** *die*; **Se·lek·ti·on** *die*

se·lek·tiv [-f] ADJEKTIV; *geschrieben* so, dass man sich nur auf ausgewählte Dinge oder Kriterien konzentriert ⟨selektiv vorgehen⟩ | *eine selektive Wahrnehmung haben*

Sel·fie ['zɛlfi] *der/das*; (-s, -s) ein Foto, das man mit dem Handy oder der Kamera von sich selbst macht

se·lig ADJEKTIV **1** in einem Zustand, in dem man keine Probleme und keine Wünsche mehr hat | *Die Kinder waren selig, als die Ferien begannen* **2** nach dem Tod bei Gott (im religiösen Glauben) **3** *veraltend meist attributiv* verwendet, wenn man von einer Person spricht, die (schon seit längerer Zeit) gestorben ist | *meine selige Mutter/meine Mutter selig* **4** ≈ *seliggesprochen* ● zu (1 – 3) **Se·lig·keit** *die;* zu (2 – 4) **Se·li·ge** *der/die*

se·lig·spre·chen VERB (spricht selig, sprach selig, hat seliggesprochen) **jemand wird seliggesprochen** jemand wird vom Papst für würdig erklärt, bis zu einem gewissen Grad (religiös) verehrt zu werden ● hierzu **Se·lig·spre·chung** *die*

Sel·le·rie *der;* (-s) eine Pflanze mit intensivem Geschmack. Man verwendet die Blätter, ihre dicken Stiele oder die dicke runde Wurzel als Gewürz für Suppen oder als Salat **K** Sellerieknolle, Selleriesalat; Stangensellerie, Wurzelsellerie

★ **sel·ten** ADJEKTIV **1** nur in kleiner Zahl, nicht oft vorkommend ≈ *rar* ↔ *oft, häufig* | *ein seltenes Mineral* | *ein sehr seltener Schmetterling* | *So freundliche Leute wie sie trifft man selten* | *Wir fahren sehr selten in die Stadt, vielleicht einmal im Monat* **2** verwendet, um Adjektive zu verstärken ≈ *besonders* | *ein selten schönes Foto* | *eine selten dumme Frage*

Sel·ten·heit *die;* (-, -en) **1** *nur Singular* die geringe Häufigkeit, das seltene Vorkommen einer Sache | *Diese Tierart ist aufgrund ihrer Seltenheit geschützt* **2** etwas, das selten vorkommt | *Solche Störungen sind leider keine Seltenheit* (die Störungen kommen häufig vor)

Sel·ten·heits·wert *der; nur Singular* der große Wert, den etwas hat, weil es selten ist ⟨etwas hat Seltenheitswert⟩ | *Seine Anrufe haben inzwischen Seltenheitswert* (er ruft sehr selten an)

Sel·ters·was·ser *das; norddeutsch* ≈ *Mineralwasser*

★ **selt·sam** ADJEKTIV ungewöhnlich und nicht leicht zu verstehen oder zu erklären ⟨ein Mensch, ein Vorfall, ein Ereignis, eine Begebenheit, eine Geschichte, eine Begegnung; jemand sieht seltsam aus, benimmt sich seltsam⟩ ≈ *merkwürdig* | *Es ist schon seltsam, dass er sich nie wieder gemeldet hat* ● hierzu **selt·sa·mer·wei·se** ADVERB

Se·man·tik *die;* (-) die Lehre von der Bedeutung der Wörter und Sätze ● hierzu **Se·man·ti·ker** *der;* **se·man·tisch** ADJEKTIV

★ **Se·mes·ter** *das;* (-s, -) **1** einer der beiden Abschnitte, in die das Jahr für Unterrichtszwecke an den Universitäten eingeteilt ist | *Ich bin jetzt im dritten Semester* | *Nach dem zehnten Semester machte sie ihr Examen* **K** Semesterbeginn, Semesterschluss; Sommersemester, Wintersemester **2** **ein jüngeres/älteres Semester** *humorvoll* eine relativ junge/alte Person

Se·mes·ter·fe·ri·en [-i̯ən] *die; Plural* die Zeit zwischen zwei Semestern, in der es keine Vorlesungen (an der Universität) gibt

Se·mi·fi·na·le *das* ≈ *Halbfinale*

Se·mi·ko·lon *das;* (-s, -s); *geschrieben* ≈ *Strichpunkt*

★ **Se·mi·nar** *das;* (-s, -e) **1** eine Form des Unterrichts vor allem an Universitäten, bei der die Teilnehmer mit Referaten und Diskussionen an einem Thema arbeiten ⟨ein Seminar belegen; an einem Seminar teilnehmen; ein Seminar durchführen, leiten, abhalten⟩ **K** Seminararbeit, Seminarteilnehmer, Seminarzeugnis **2** ein Institut an einer Universität | *das Germanistische Seminar der Universität* **3** eine Institution, an der Priester ausgebildet werden **K** Priesterseminar ● zu (3) **Se·mi·na·rist** *der*

Se·mit *der;* (-en, -en); *meist Plural* ein Angehöriger einer Völkergruppe, zu deren heutigen Nachkommen z. B. Juden und Araber gehören **H** *der Semit; den, dem, des Semiten* ● hierzu **Se·mi·tin** *die;* **se·mi·tisch** ADJEKTIV

★ **Sem·mel** *die;* (-, -n) ein kleines rundes Gebäck aus Weizen(mehl), das man mit Wurst, Marmelade o. Ä. zum Frühstück isst ⟨frische Semmeln⟩ ≈ *Brötchen* **K** Semmelknödel; semmelblond; Buttersemmel, Käsesemmel, Schinkensemmel, Steaksemmel, Wurstsemmel **I** → Infos unter **Brot** und **Brötchen** ■ **ID** **etwas geht weg wie warme Semmeln** *gesprochen* von etwas wird in kurzer Zeit viel verkauft

SEMMEL

Sem·mel·brö·sel *die; Plural; süddeutsch* Ⓐ ≈ *Paniermehl*

Se·nat *der;* (-s, -e) **1** Ⓓ die Regierung der Bundesländer Bremen, Hamburg und Berlin **2** einer der beiden Teile des Parlaments in den USA **3** *historisch* ein Gremium im antiken Rom, dessen Mitglieder (die Patrizier) die Aufsicht über die Gesetzgebung, die Finanz- und die Außenpolitik hatten **4** eine Gruppe (ein Gremium) von Professoren, von Beamten und Angestellten der Verwaltung usw., die an einer Hochschule Fragen der gesamten Institution entscheiden **K** Senatsbeschluss, Senatspräsident, Senatssitzung, Senatssprecher **5** ein Gremium von mehreren Richtern an den höheren Gerichten in Deutschland **K** Senatspräsident ● hierzu **Se·na·tor** *der;* (-s, Se·na·to·ren); **Se·na·to·rin** *die*

Sen·de·be·richt *der* ein Ausdruck eines Faxgerätes, auf dem Datum, Uhrzeit, Dauer des abgeschickten Faxes und die Faxnummer des Empfängers stehen

★ **sen·den** VERB (sendete/sandte, hat gesendet/gesandt) **1** **(etwas) senden** (*sendete*/Ⓒⓗ *sandte*) *eine Sendung im Fernsehen oder Radio bringen* | *Wegen einer Programmänderung senden wir den vorgesehenen Spielfilm erst um 21 Uhr* | *Wir senden rund um die Uhr* **K** Sendeanlage, Sendestation, Sendetermin **2** **(jemandem) etwas senden** (*sandte*) jemandem etwas per Post bringen lassen ≈ *schicken* | *jemandem ein Paket senden* **3** **jemanden/etwas irgendwohin senden** *geschrieben* (*sandte*) jemandem sagen, dass er irgendwohin gehen soll ≈ *schicken* | *Deutschland sendet hunderte Helfer in das Krisengebiet*

★ **Sen·der** *der;* (-s, -) **1** eine Station, die Fernseh- und/oder Radiosendungen macht und sendet ⟨ein öffentlicher, privater Sender; einen Sender gut, schlecht empfangen, hereinbekommen⟩ **K** Fernsehsender, Radiosender, Regionalsender, Rundfunksender **2** ein Gerät, das elektromagnetische Wellen erzeugt und sendet

Sen·de·rei·he *die* eine Reihe von Sendungen zu einem bestimmten Thema

Sen·de·schluss *der* der Zeitpunkt, ab dem (vor allem im Fernsehen) keine Sendung mehr kommt

Sen·de·zeit *die* die Zeit, die für eine Sendung im Fernsehen (oder für einen Sender) vorgesehen ist | *eine Sportübertragung zur besten Sendezeit*

★ **Sen·dung** *die;* (-, -en) **1** **eine Sendung (über etwas** (*Akkusativ*)**)** ein abgeschlossener Teil des Programms im Fernsehen und Radio (über das genannte Thema) ⟨(sich (*Dativ*)) eine Sendung anhören, ansehen; eine Sendung hören, sehen; eine Sendung machen, ausstrahlen, ankündigen⟩ | *eine Sendung über das aktuelle Tagesgeschehen* **K** Abendsendung, Fernsehsendung, Livesendung, Nachrichtensendung, Radiosendung, Rundfunksendung, Sportsendung, Unterhaltungssendung **2** der Vorgang, durch den etwas irgendwohin geschickt wird | *Die Sendung der bestellten Ware wird sich verzögern* **3** **eine Sendung** (+*Substantiv*) etwas, das jemandem (vor allem mit der Post) geschickt wird ⟨eine Sendung in Empfang nehmen, erhalten; den Empfang einer Sendung bestätigen⟩ | *eine Sendung Ersatzteile* **K** Briefsendung, Geldsendung, Postsendung, Auslandssendung **4** *veraltend* eine wichtige Aufgabe ≈ *Mission* **K** Sendungsbewusstsein

★ **Sẹnf** *der;* (-(e)s, -e); *meist Singular* **1** eine gelbbraune, meist scharfe Paste, die man in kleinen Mengen zu Würstchen und Fleisch isst ⟨milder, scharfer, mittelscharfer, süßer Senf; ein Glas, eine Tube Senf⟩ | *Frankfurter Würstchen mit Senf* **K** Senfglas, Senfsoße, Senftube **2** eine gelbe Pflanze, die scharf schmeckende Samen produziert, aus denen man Senf macht **K** Senfkorn, Senfpflanze ■ **ID seinen Senf dazugeben (müssen)** *gesprochen, abwertend* zu einem Thema etwas sagen, auch wenn das niemand wünscht • zu (1) **sẹnf·far·ben** ADJEKTIV

Sẹnf·gur·ke *die* eine Gurke, die in einer Flüssigkeit mit Senfkörnern und anderen Gewürzen konserviert ist

sẹn·gend ADJEKTIV *meist attributiv* sehr heiß, intensiv ⟨Hitze, Sonne⟩

se·nil ADJEKTIV; *abwertend* (wegen hohen Alters) mit geistigen Schwächen ⟨ein Greis⟩ • hierzu **Se·ni·li·tät** *die*

se·ni·or ADJEKTIV *nur in dieser Form Name +* **senior** verwendet, um den Vater zu bezeichnen (vor allem, wenn Vater und Sohn denselben Vornamen haben) ↔ *junior* | *Kann ich Herrn Robert Wagner senior sprechen?* **H** Abkürzung: *sen.*

★ **Se·ni·or** *der;* (-s, Se·ni·o·ren) **1** *meist Plural* ein alter Mensch, vor allem ein Rentner | *eine Tanzveranstaltung für die Senioren der Stadt* **K** Seniorenheim, Seniorensport, Seniorentreffen **H** zu *Seniorin* → Info im Eintrag **-in** **2** *gesprochen nur Singular* der Besitzer einer Firma o. Ä. (vor allem, wenn sein Sohn auch in der Firma ist und den gleichen Vornamen hat) **K** Seniorchef **3** *gesprochen* der älteste Mitarbeiter einer Abteilung o. Ä. | *Herr Brand ist unser Senior* **4** *nur Plural* eine Altersklasse für Wettkämpfe im Sport; in manchen Sportarten sind alle Erwachsenen Senioren, in anderen z. B. nur ältere Sportler ab 30 | *bei den Senioren starten* **K** Seniorenklasse, Seniorenmeister, Seniorenmeisterschaft • zu (1) **Se·ni·o·rin** *die*

Se·ni·o·ren·tel·ler *der* (in einem Gasthaus) eine Portion Essen für ältere Leute, die kleiner und billiger ist als die normalen Portionen ⟨einen/den Seniorenteller bestellen⟩

Sẹn·ke *die;* (-, -n) eine Fläche, die tiefer liegt als die Flächen der Umgebung **K** Bodensenke, Talsenke

★ **sẹn·ken** VERB (senkte, hat gesenkt) **1 etwas senken** etwas nach unten bewegen ⟨die Augen, den Blick, den Kopf, die Schultern senken⟩ ↔ *heben* | *den Sarg ins Grab senken* **2 etwas senken** bewirken, dass etwas niedriger oder geringer wird ⟨die Preise, die Kosten senken⟩ ↔ *erhöhen* **3 etwas senkt etwas** eine Sache bewirkt, dass etwas niedriger wird | *Diese Zäpfchen senken das Fieber* **4 etwas senkt sich** etwas kommt nach unten | *Beim Ausatmen senkt sich der Brustkorb* | *Der Boden hat sich gesenkt* (der Boden liegt jetzt tiefer als zuvor) • hierzu **Sẹn·kung** *die*

Sẹnk·fuß *der* ein Fuß, der mit einem größeren Teil der Sohle den Boden berührt als es normal ist ⟨Senkfüße haben⟩

★ **sẹnk·recht** ADJEKTIV **1** in einem Winkel von 90° (zu einer Ebene oder Fläche) ≈ *vertikal* | *Die beiden Linien stehen senkrecht aufeinander* **2** in einer geraden Linie nach oben gehend ≈ *vertikal* | *Die Felswand ist extrem steil, fast senkrecht* | *Wenn kein Wind weht, steigt der Rauch senkrecht in die Höhe* **K** Senkrechtstart

Sẹnk·rech·te *die;* (-n, -n) eine senkrechte Linie oder Richtung ↔ *Waagrechte* **H** im Genitiv und Dativ Singular: *der Senkrechten*

Sẹnk·recht|star·ter *der;* (-s, -) eine Person oder Sache, die von Anfang an großen Erfolg hat • hierzu **Sẹnk·recht·star·te·rin** *die*

Sẹnn *der;* (-s, -e); *süddeutsch* ⒶⒸⒽ ein Mann, der im Gebirge (auf einer Alm) die Kühe versorgt und Butter und Käse macht • hierzu **Sẹn·ne·rin** *die;* **Sẹn·nin** *die;* **Sen·ne·rei** *die*

Sẹn·ner *der;* (-s, -); *süddeutsch* Ⓐ ≈ *Senn*

★ **Sen·sa·ti·on** [-'tsjo:n] *die;* (-, -en) ein ungewöhnliches Ereignis, das sehr viele Menschen interessant finden | *Der erste Flug zum Mond war eine echte Sensation* | *Im Finale kam es zu einer Sensation: Der Außenseiter schlug den Favoriten mit 6 : 1* **K** Sensationsmeldung, Sensationsnachricht, Sensationssieg; sensationshungrig, sensationslüstern

sen·sa·ti·o·nẹll [-tsjo-] ADJEKTIV mit der Wirkung einer Sensation ⟨eine Meldung, ein Ereignis, eine Entdeckung⟩ ≈ *spektakulär* | *eine sensationell aufgemachte Story* | *Das ist eine wirklich sensationelle Leistung*

Sen·sa·ti·ons·gier [-'tsjo:ns-] *die; nur Singular; abwertend* der starke Wunsch vieler Menschen, Sensationen zu erleben oder davon zu erfahren

Sen·sa·ti·ons·pres·se [-'tsjo:ns-] *die; nur Singular; abwertend* die Zeitungen und Zeitschriften, die über manche normalen Ereignisse so berichten, als ob es Sensationen wären

Sẹn·se *die;* (-, -n) ein Gerät mit einer scharfen, spitzen und leicht gebogenen Schneide an einem langen Stiel, mit dem man Gras mäht ⟨die Sense wetzen⟩ **K** Sensenblatt, Sensengriff ■ **ID Jetzt ist (bei mir) Sense!** *gesprochen* Jetzt ist Schluss, das reicht!

sen·si·bel ADJEKTIV (sensibler, sensibelst-) **1** *oft abwertend* so, dass ein Mensch auf Einflüsse stark reagiert und schnell beleidigt oder gekränkt ist | *Sei nicht so grob zu ihm, er ist sehr sensibel* **H** *sensibel* → *ein sensibles Kind* **2** fähig, Reize zu empfangen und weiterzugeben ⟨Nerven⟩ ≈ *empfindlich* • hierzu **Sen·si·bi·li·tät** *die*

Sen·si·bel·chen *das;* (-s, -); *gesprochen, abwertend* eine Person, die sehr sensibel und empfindlich ist

sen·si·bi·li·sie·ren VERB (sensibilisierte, hat sensibilisiert) **jemanden (für etwas) sensibilisieren** dafür sorgen, dass jemand ein Thema besser versteht und mehr beachtet | *die Öffentlichkeit für die Probleme der Aidskranken sensibilisieren* • hierzu **Sen·si·bi·li·sie·rung** *die*

Sẹn·sor *der;* (-s, Sen·so·ren) **1** ein Schalter an elektrischen Geräten, den man nur leicht berühren muss **2** ein Gerät, das auf Änderungen von Wärme, Licht, Geräuschen usw. reagiert (und z. B. eine Tür öffnet oder die Heizung reguliert) | *Die Garagentür wird durch Sensoren geöffnet*

sen·so·risch ADJEKTIV *meist attributiv; geschrieben* in Bezug auf die Sinnesorgane | *sensorische Störungen*

Sen·tẹnz *die;* (-, -en); *geschrieben* ein kurzer Satz mit einem meist klugen Inhalt, der allgemeingültig ist

sen·ti·men·tal ADJEKTIV; *meist abwertend* ⟨eine Geschichte, ein Lied, ein Gedicht⟩ so, dass sie in übertriebener Weise die Gefühle ansprechen • hierzu **Sen·ti·men·ta·li·tät** *die*

se·pa·rat ADJEKTIV getrennt vom Rest, von den anderen Leuten oder Dingen ⟨ein Eingang, eine Dusche, ein Raum; etwas ist auch separat erhältlich⟩ | *etwas auf einem separaten Blatt ausrechnen* | *einen separaten Friedensvertrag aushandeln*

Se·pa·ra·tịs·mus *der;* (-); *meist abwertend* **1** der Wunsch, eine eigene Gemeinschaft (vor allem in einem eigenen Staat) zu bilden **2** die Maßnahmen, durch die versucht wird, meist einen eigenen Staat zu bilden • zu (1) **Se·pa·ra·tịst** *der;* zu (1) **Se·pa·ra·tịs·tin** *die;* zu (1) **se·pa·ra·tịs·tisch** ADJEKTIV

Sẹp·sis *die;* (-, Sep·sen) ≈ *Blutvergiftung*

★ **Sep·tẹm·ber** *der;* (-s, -) der neunte Monat des Jahres ⟨im September; Anfang, Mitte, Ende September; am 1., 2., 3. September⟩ **H** Abkürzung: *Sept.*

sẹp·tisch ADJEKTIV **1** wegen einer Blutvergiftung entstanden ⟨Fieber⟩ **2** voller Bakterien ⟨Verbandsmaterial, eine Wunde⟩

Se·quẹnz *die;* (-, -en); *geschrieben* **1 eine Sequenz** (+*Genitiv*);

S

eine Sequenz von Dingen ≈ *Folge, Kette* | *eine Sequenz von Tönen* **2** eine mehr oder weniger abgeschlossene Einheit in einem Film **K** Filmsequenz

Se·re·na·de *die*; (-, -n) ein meist heiteres Stück Musik in mehreren Teilen, das von einem kleinen Orchester gespielt wird

★ **Se·rie** [-iə] *die*; (-, -n) **1** **eine Serie** (+*Genitiv*/**von Dingen**) eine Folge von Ereignissen ähnlicher Art, die nacheinander geschehen ≈ *Reihe* | *eine Serie von Unfällen* **K** Erfolgsserie, Gewinnserie, Siegesserie, Unfallserie, Unglücksserie, Versuchsserie **2** **eine Serie** (+*Genitiv*/**von Dingen**) eine Anzahl von gleichen Dingen aus derselben Produktion ⟨eine Serie Briefmarken, Fotos; eine Serie läuft aus⟩ **K** Briefmarkenserie, Fotoserie **3** ein Text oder eine Radio- oder Fernsehsendung, die in einzelnen Teilen nacheinander erscheinen | *eine fünfteilige Serie* **K** Familienserie, Krimiserie **4** **etwas in Serie herstellen/fertigen** von einer Sache eine große Zahl gleicher Exemplare industriell produzieren **K** Serienbau, Serienfertigung, Serienherstellung, Serienproduktion **5** **etwas geht in Serie** etwas wird in einer großen Zahl gleicher Exemplare industriell hergestellt

se·ri·en·mä·ßig ADJEKTIV **1** in Serie (produziert) ⟨etwas serienmäßig herstellen⟩ **2** zu einer Serie gehörig | *Bei diesem Automodell ist das Navi serienmäßig*

se·ri·en·wei·se ADJEKTIV *meist adverbiell* **1** in einer ganzen Serie (nicht in einzelnen Exemplaren) ⟨etwas serienweise herstellen, produzieren, verkaufen⟩ **2** *gesprochen* in großer Menge ≈ *massenweise*

★ **se·ri·ös** ADJEKTIV (seriöser, seriösest-) ⟨ein Herr, eine Firma, ein Unternehmen, ein Geschäft⟩ so, dass man ihnen glauben und vertrauen kann | *Das neue Geschäft macht einen sehr seriösen Eindruck* ● hierzu **Se·ri·o·si·tät** *die*

Ser·mon *der*; (-s, -e); *abwertend* **1** eine langweilige, sinnlose (und dumme) Rede **2** ≈ *Strafpredigt*

Ser·pen·ti·ne *die*; (-, -n) **1** eine steile Straße oder ein steiler Weg mit vielen engen Kurven **2** eine enge Kurve in einer Serpentine **K** Serpentinenstraße

Se·rum *das*; (-s, Se·ren/Se·ra) **1** eine Flüssigkeit (oft aus dem Blut von Tieren gewonnen), die man Menschen ins Blut spritzt, um sie gegen Krankheiten und Vergiftungen zu schützen | *nach einem Schlangenbiss sofort ein Serum spritzen* **K** Diphtherieserum, Schlangenserum, Testserum **2** der flüssige Teil des Blutes **K** Blutserum

Ser·ver ['zøːɐ̯vɐ] *der*; (-s, -) der zentrale Computer, mit dem mehrere Computer verbunden sind und in dem wichtige Programme und Daten für die anderen Computer gespeichert sind **K** Datenbankserver, Netzwerkserver, E-Mail-Server

★ **Ser·vice**[1] [zɛr'viːs] *das*; (-/-s, - [zɛr'viːsə]) mehrere zusammengehörige Teller, Tassen, Schüsseln usw. derselben Art | *ein 24-teiliges Service aus Porzellan* **K** Porzellanservice, Silberservice; Kaffeeservice, Speiseservice, Teeservice

★ **Ser·vice**[2] ['zøːɐ̯vɪs] *der*; (-/-s, -s ['zøːɐ̯vɪsəs]) **1** eine oder alle zusätzlichen Leistungen, die eine Firma den Käufern einer Ware anbietet ≈ *Kundendienst* | *Die Firma hat einen guten/schlechten Service* **K** Lieferservice, Reparaturservice, Zustellservice; Zusatzservices **2** *nur Singular* die Art und Weise, wie Gäste in einem Restaurant, Hotel o. Ä. bedient werden | *Das Essen in diesem Lokal ist gut, aber der Service ist eine Katastrophe* **3** eine berufliche Tätigkeit, bei der man keine Waren produziert, sondern etwas für andere Leute tut, wie z. B. als Arzt, Verkäufer, Beamter usw. ≈ *Dienstleistung* **4** *oft Plural* eine Firma oder Abteilung, die spezielle Dienstleistungen anbietet **K** Begleitservice, Pannenservice, Partyservice, Pizzaservce, Reparaturservice **5** der Aufschlag im Tennis o. Ä. **6** Ⓒⓗ ≈ *Trinkgeld*

Ser·vice·wüs·te ['zøːɐ̯vɪs-] *die* ein Land oder Bereich, in dem wenig Rücksicht auf die Bedürfnisse und Wünsche der Kunden genommen wird ⟨die Servicewüste Deutschland, Internet⟩

ser·vie·ren VERB [-v-] (servierte, hat serviert) **1** **(etwas) servieren** Speisen und Getränke zum Tisch tragen und anbieten ⟨das Essen, die Suppe, die Getränke, das Menü servieren⟩ | *zum Wein Käse servieren* **2** **jemandem etwas servieren** jemandem etwas zu essen oder trinken an den Tisch bringen | *den Gästen Kaffee servieren* **3** beim Tennis einen Aufschlag machen

Ser·vie·re·rin [-v-] *die*; (-, -nen) ≈ *Kellnerin*

Ser·vi·et·te [-v-] *die*; (-, -n) ein Stück Tuch oder Papier, mit dem man sich beim Essen den Mund und die Hände sauber macht ⟨sich (*Dativ*) den Mund, die Hände mit einer Serviette abwischen; sich (*Dativ*) eine Serviette umbinden; eine Serviette falten⟩ **K** Serviettenring; Leinenserviette, Papierserviette, Stoffserviette

SERVIETTE

ser·vil [-v-] ADJEKTIV; *abwertend* bereit, jedem, der einen höheren Rang hat, zu schmeicheln und ihm zu helfen ≈ *unterwürfig* ● hierzu **Ser·vi·li·tät** *die*

Ser·vo·len·kung [-v-] *die* ein System (in Autos), welches die Lenkung verstärkt, sodass der Fahrer wenig Kraft zum Lenken und Rangieren braucht

Ser·vus! [-v-] *süddeutsch* Ⓐ verwendet zur Begrüßung oder zum Abschied unter Freunden oder Kollegen | *Servus! Wie gehts dir?* | *Bis morgen, Renate, Servus!*

Se·sam *der*; (-s, -s) die kleinen, weißen, glatten Samen einer tropischen Pflanze **K** Sesambrot, Sesambrötchen, Sesamöl, Sesamsemmel

★ **Ses·sel** *der*; (-s, -) **1** ein Möbelstück zum Sitzen für eine Person, das weich gepolstert ist und meist Lehnen für die Arme und eine breite Lehne für den Rücken hat ⟨sich in einen Sessel setzen; sich aus dem/vom Sessel erheben; in einen Sessel sinken⟩ **K** Sessellehne; Bürosessel, Gartensessel, Korbsessel, Ledersessel, Plüschsessel, Polstersessel, Rohrsessel **2** Ⓐ ≈ *Stuhl*

Ses·sel·bahn *die* ≈ *Sessellift*

Ses·sel·lift *der* mit einem Sessellift können Personen auf Sitzen (die an einem Stahlseil hängen) einen Berg hinauf- oder hinunterfahren

sess·haft ADJEKTIV wenn eine Person an ihrem Heimatort bleibt und nicht wegziehen will, ist sie sesshaft ⟨ein Volk; ein sesshaftes Leben führen; sesshaft werden; jemanden sesshaft machen⟩

★ **Set** *das*; (-s, -s) **1** **ein Set** +*Substantiv*/**von Dingen** eine Gruppe von Dingen, die zusammengehören, vor allem gleiche Dinge unterschiedlicher Größe, Farbe o. Ä. ≈ *Satz* | *ein Set von verschiedenen Nähnadeln* | *ein Set Kugelschreiber* **2** ein Stück Stoff, Plastik o. Ä., das man auf den Tisch unter den Teller legt

Set·ter *der*; (-s, -) ein großer, schlanker Hund mit langen Beinen und rotbraunen langen Haaren

Set-up, Set·up ['sɛt|ap] *das*; (-(s), -s) ein Programm, das dazu dient, ein Betriebssystem an die Hardware eines Computers anzupassen

★ **set·zen** VERB (setzte, hat/ist gesetzt)

▸Person: auf einen Stuhl usw.: **1** **sich (irgendwohin) setzen** (*hat*) vom Stehen zum Sitzen kommen ⟨sich aufs Pferd, aufs Rad, auf einen Stuhl, aufs Sofa, an den Tisch, ins Gras setzen⟩ ↔ *aufstehen* | *Setzen Sie sich doch, ich komme gleich* | *Er setzte sich zu mir/neben mich unter den Baum, in den*

Schatten **H** Kommt jemand vom Liegen zum Sitzen, sagt man *sich aufsetzen.* **2** **jemanden irgendwohin setzen** (*hat*) eine Person irgendwohin bringen, damit sie dort sitzt | *ein Baby aufs Töpfchen setzen* | *einen Gast an den besten Platz setzen* | *Ich setzte mir das Kind auf den Schoß*
▸an einen Ort: **3** **jemanden irgendwohin setzen** *gesprochen* (*hat*) jemanden zwingen, ein Haus, eine Wohnung o. Ä. zu verlassen oder einen Mitarbeiter entlassen ⟨jemanden an die (frische) Luft, auf die Straße, vor die Tür setzen⟩ **4** **jemanden über etwas** (*Akkusativ*) **setzen** (*hat*) jemanden in einem Boot oder Schiff zum anderen Ufer bringen **5** **über etwas** (*Akkusativ*) **setzen** (*hat/ist*) mit dem Boot oder Schiff ans andere Ufer fahren | *über den Ärmelkanal setzen* **6** **über etwas** (*Akkusativ*) **setzen** (*ist*) mit einem großen Sprung über ein Hindernis springen ⟨über einen Graben, eine Mauer, einen Zaun setzen⟩ **7** **ein Tier irgendwohin setzen** (*hat*) ein Tier irgendwohin bringen, damit es dort bleibt oder etwas tut | *Fische in einen Teich setzen* | *Vögel in einen Käfig setzen* **8** **etwas irgendwohin setzen** (*hat*) etwas so an eine Stelle bewegen, dass es sie berührt | *sich eine Mütze auf den Kopf setzen* | *sich die Brille auf die Nase setzen* | *die Flöte an den Mund setzen* | *Bei so einem Wetter setze ich keinen Fuß vor die Tür* (bleibe ich im Haus) | *Bedächtig setzte er einen Fuß vor den anderen* (er ging mit langsamen Schritten) **9** **sich an die Spitze setzen** (*hat*) in einem Wettrennen die Führung übernehmen **10** **etwas setzt sich** (*hat*) ein fester Stoff sinkt in einer Flüssigkeit zu Boden | *Wenn sich der aufgewirbelte Sand setzt, wird das Wasser wieder klar*
▸schreiben: **11** **etwas (irgendwohin) setzen** (*hat*) etwas irgendwohin schreiben ⟨ein Fragezeichen, ein Komma, einen Punkt setzen⟩ | *einen Anzeige in die Zeitung setzen* | *seine Unterschrift unter einen Vertrag setzen* | *Setz meinen Namen bitte auf die Liste* | *Setzen Sie das bitte mit auf meine Rechnung*
▸bestimmen: **12** **(sich** (*Dativ*)**) etwas setzen** (*hat*) etwas für wichtig oder sinnvoll halten und bestimmen ⟨Akzente, Maßstäbe, Prioritäten, Schwerpunkte setzen; sich (*Dativ*) ein Ziel setzen; sich (*Dativ*) etwas zum Ziel setzen⟩ **13** **jemandem/etwas etwas setzen** (*hat*) Grenzen für jemanden/etwas bestimmen | *Kindern Grenzen setzen* | *jemandem eine Frist/einen Termin setzen* | *Ich habe mir im Spielcasino ein Limit von 200 Euro gesetzt. Wenn die verloren sind, höre ich auf zu spielen* | *Diesen peinlichen Pannen muss ein Ende gesetzt werden!* (Es dürfen keine solchen Pannen mehr passieren) **14** **jemanden auf Diät setzen** (*hat*)jemandem eine Diät verordnen
▸Zustand ändern: **15** (*hat*) verwendet in festen Wendungen, die eine Änderung des Zustands beschreiben | *jemand/etwas setzt sich in Bewegung* (jemand/etwas fängt an, sich zu bewegen) | *etwas in/außer Betrieb setzen* (etwas einschalten/ausschalten) | *etwas in Brand setzen* (bewirken, dass etwas zu brennen anfängt) | *jemanden unter Druck setzen* (Druck auf jemanden ausüben) | *etwas außer Funktion setzen* (bewirken, dass etwas nicht mehr funktioniert) | *etwas in Gang setzen* (bewirken, dass etwas anfängt) | *etwas unter Strom setzen* (Strom durch etwas fließen lassen)
▸andere Verwendungen: **16** **etwas setzen** (*hat*) einen Text (meist mit einem Computer) so erfassen, dass er gedruckt werden kann ⟨ein Manuskript setzen⟩ **17** **etwas an etwas** (*Akkusativ*) **setzen** (*hat*) Zeit und Arbeit dafür verwenden, um etwas zu erreichen ⟨viel Arbeit/Geld/Mühe/Zeit an etwas setzen⟩ | *Er setzte viel Energie daran, die Wohnung zu renovieren* **18** **(etwas) (auf jemanden/etwas) setzen** (*hat*) um Geld wetten, dass z. B. ein Pferd bei einem Rennen oder eine Zahl beim Roulette gewinnt | *zwanzig Euro im ersten Rennen auf Nummer drei setzen* | *Ich setze auf die Nummer 36* **19** **(etwas) auf jemanden/etwas setzen** (*hat*) auf jemanden/etwas vertrauen ⟨seine Hoffnung, sein Vertrauen auf jemanden/etwas setzen⟩ | *Ich setze auf ihre Diskretion* **20** **es setzt etwas** *gesprochen, veraltend* (*hat*) jemand wird geschlagen ⟨es setzt Hiebe, Ohrfeigen, Schläge⟩ | *Wenn man damals den Eltern widersprach, setzte es Ohrfeigen*

Set·zer *der;* (-s, -) eine Person, deren Beruf es ist, Manuskripte für den Druck zu setzen **H** Die offizielle Berufsbezeichnung ist heute *Mediengestalter Digital und Print* ● hierzu **Set·ze·rin** *die*

Seu·che *die;* (-, -n) **1** eine (ansteckende) Krankheit, die sehr viele Menschen in kurzer Zeit bekommen ⟨eine Seuche bricht aus; eine Seuche bekämpfen; etwas breitet sich wie eine Seuche aus⟩ | *Eine der gefürchtetsten Seuchen des Mittelalters war die Pest* **K** Seuchenbekämpfung, Seuchengebiet, Seuchenschutz; Tierseuche, Viehseuche **2** *gesprochen, abwertend* etwas, das im Moment) sehr häufig vorkommt und das man als unangenehm empfindet | *Diese Werbeprospekte sind doch eine echte Seuche!*

Seu·chen·herd *der* das Gebiet, von dem aus sich eine Seuche verbreitet

seuf·zen VERB (seufzte, hat geseufzt) so ausatmen, dass ein Geräusch entsteht (meist weil man leidet oder weil man erleichtert ist)

Seuf·zer *der;* (-s, -) der Vorgang oder das Geräusch des Seufzens ⟨ein tiefer, wohliger, zufriedener Seufzer; ein Seufzer der Erleichterung, des Bedauerns; einen Seufzer ausstoßen⟩ ■ **ID** **eine Person tut ihren letzten Seufzer** *humorvoll* eine Person stirbt

★ **Sex** *der;* (-(es)) der körperliche Kontakt zwischen zwei Personen, um Kinder zu zeugen oder um erotische Freude zu erleben ⟨(mit jemandem) Sex haben⟩ **K** Sexfilm, Sexidol, Sexshop

Sex·bom·be *die; gesprochen* eine sexuell attraktive Frau mit sehr weiblicher Figur

Se·xis·mus *der;* (-) die Meinung, dass die Intelligenz und andere Fähigkeiten eines Menschen vom Geschlecht abhängig sind. Dadurch entsteht Diskriminierung (meist von Frauen) ● hierzu **Se·xist** *der;* **se·xis·tisch** ADJEKTIV

Sex·tou·ris·mus *der* das Reisen in manche Länder, um dort sexuelle Kontakte zu haben

Se·xu·al- *im Substantiv, betont, begrenzt produktiv* **die Sexualerziehung, die Sexualethik, die Sexualmoral, der Sexualpartner, das Sexualverhalten** *und andere* in Bezug auf Sex und die damit verbundenen Handlungen, Probleme und Moralvorstellungen

Se·xu·al·de·likt *das* ≈ *Sexualverbrechen*

★ **Se·xu·a·li·tät** *die;* (-) alle Gefühle, Handlungen, Bedürfnisse, Fähigkeiten usw., die mit Sex verbunden sind

Se·xu·al·kun·de *die; nur Singular* ein Unterrichtsfach in der Schule, in welchem die Kinder lernen, wie sich Menschen fortpflanzen **K** Sexualkundeunterricht

Se·xu·al·le·ben *das; nur Singular* alle Handlungen eines Menschen im Zusammenhang mit Sex

Se·xu·al·ob·jekt *das; abwertend* eine Person, die von einer anderen Person nur als ein Mittel gesehen wird, sexuelle Wünsche zu erfüllen ⟨jemanden zum Sexualobjekt degradieren; jemanden nur als Sexualobjekt sehen⟩

Se·xu·al·ver·bre·chen *das* ein Verbrechen, bei dem jemand einen anderen Menschen zu sexuellen Handlungen zwingt ● hierzu **Se·xu·al·ver·bre·cher** *der;* **Se·xu·al·ver·bre·che·rin** *die*

★ **se·xu·ell** ADJEKTIV in Bezug auf den Sex und die damit verbundenen Bedürfnisse und Handlungen ⟨eine Belästigung,

S

eine Beziehung, ein Missbrauch; Handlungen, Kontakte, Übergriffe; jemanden sexuell missbrauchen; sexuell erregt sein; eine sexuell übertragbare Krankheit⟩

se·xy ['sɛksi] ADJEKTIV *meist prädikativ; nur in dieser Form; gesprochen* attraktiv und sexuell aufregend

se·zie·ren VERB (sezierte, hat seziert) **(jemanden/etwas) sezieren** den Körper eines toten Menschen oder eines toten Tieres öffnen, meist um zu sehen, woran sie gestorben sind ⟨Leichen sezieren⟩ **K** Sezierkurs, Seziermesser

sFr Abkürzung für *Schweizer Franken*

Sham·poo ['ʃampu] *das*; (-s/-s) ein meist flüssiges Mittel, mit dem man sich die Haare wäscht | *ein Shampoo für trockenes Haar/gegen Schuppen* **K** Schuppenshampoo, Trockenshampoo

Sham·poon ['ʃampo:n] *das*; (-s, -s) → Shampoo

Sher·ry ['ʃɛri] *der*; (-s, -s) ein schwerer Wein aus Südspanien

Shit [ʃɪt] *der/das*; (-s); *gesprochen* **⚠** ⟨Shit rauchen⟩ ≈ *Haschisch*

Shop [ʃɔp] *der*; (-s, -s) ≈ *Geschäft, Laden* **K** Onlineshop

shop·pen [ʃ-] VERB (shoppte, hat geshoppt) **(etwas) shoppen** zum Vergnügen einkaufen (gehen) ● hierzu **Shop·ping** *das*

Shorts [ʃo:ɐ̯ts] *die*; *Plural* eine kurze Hose ⟨Shorts anziehen, tragen, anhaben⟩

★ **Show** [ʃo:, ʃou] *die*; (-, -s) Handlungen, mit denen man versucht, die Aufmerksamkeit anderer Leute zu bekommen ≈ *Schau* ■ **ID** → Schau

Show·busi·ness ['ʃo:bɪznɪs, 'ʃou-] *das*; (-) alle Betriebe, Arbeiten, Aktivitäten, Menschen usw., die mit der Produktion von Unterhaltungssendungen und -veranstaltungen o. Ä. zu tun haben ⟨im Showbusiness sein, arbeiten⟩

Show·ge·schäft ['ʃo:-, 'ʃou-] *das*; *nur Singular* ≈ *Showbusiness*

Show·mas·ter ['ʃo:ma:ste, 'ʃou-] *der*; (-s, -) eine Person, die (beruflich) Shows arrangiert und präsentiert ● hierzu **Show·mas·te·rin** *die*

Shut·tle ['ʃatl] *der/das*; (-s, -s) meist ein Bus, der zwischen zwei Punkten hin- und herfährt | *Ein Shuttle bringt Sie vom Flughafen zum Hotel* **K** Shuttlebus, Shuttleverkehr

★ **sich** PRONOMEN *3. Person Singular und Plural* **1** (*Akkusativ*) verwendet als direktes Objekt des Verbs, um sich auf das Subjekt des Satzes zu beziehen | *Er freut sich schon auf die Ferien* | *Sie ärgerte sich über seine Lügen* | *Die beiden Hotels befinden sich außerhalb der Stadt* **2** (*Dativ*) verwendet, um sich auf das Subjekt des Satzes zu beziehen, wenn es noch ein anderes Objekt gibt | *Sie kaufte sich am Kiosk eine Zeitung* | *Er hat sich in den Finger geschnitten* | *Sie weiß sich immer zu helfen* | *Meine amerikanischen Freunde haben sich Bonn viel größer vorgestellt* **3** (*Akkusativ und Dativ Plural*) drückt aus, dass die Handlung von zwei Personen/Sachen getan wird und die jeweils andere betrifft ≈ *einander* | *Gabi und Klaus erzählten sich Witze* (Gabi erzählte Klaus Witze und Klaus erzählte Gabi Witze) | *Die Bäume stehen zu dicht und nehmen sich gegenseitig das Licht weg* | *Nach fast zwanzig Jahren sahen sie sich wieder* **4** *gesprochen* verwendet in einer unpersönlichen Konstruktion mit *es* anstatt einer Konstruktion mit *man* | *In diesem Viertel wohnt es sich recht gut* (In diesem Viertel wohnt man recht gut) **5** **etwas an 'sich** verwendet, um zu sagen, dass man etwas ohne die Begleitumstände und Folgen betrachtet | *Die Idee an sich ist nicht schlecht, nur lässt sie sich kaum realisieren* **6** **von 'sich** (*Dativ*) **aus** ohne dass man jemanden auffordert, etwas zu tun | *Er hat von sich aus das Geschirr gespült*

Si·chel *die*; (-, -n) **1** ein Gerät mit einem kleinen Griff aus Holz und einem flachen, scharfen und gebogenen Stück aus Metall. Mit einer Sichel schneidet man (kleine Flächen von) Gras **2** ein Gegenstand, welcher die Form einer Sichel hat **K** Mondsichel ● zu (2) **si·chel·för·mig** ADJEKTIV

GRAMMATIK

▶ Zur Verwendung von *sich*

Das Pronomen **sich** kann sowohl reflexiv als auch reziprok verwendet werden. Deshalb sind oft Missverständnisse möglich:

Die beiden Kandidaten stellten sich vor kann bedeuten:
- **Jeder Kandidat stellte sich selbst vor** oder
- **Jeder Kandidat stellte den anderen Kandidaten vor.**

Wenn der Kontext nicht eindeutig ist, kann die Konstruktion mit **selbst** Klarheit schaffen. Oder man sagt: **Die Kandidaten stellten einander vor.**

★ **si·cher** ADJEKTIV **1** **(vor jemandem/etwas) sicher** vor Gefahren oder Risiken geschützt ⟨ein Versteck, ein Weg, ein Arbeitsplatz, ein Einkommen; etwas aus sicherer Entfernung beobachten⟩ | *Der Betrüger fühlte sich vor einer Entdeckung so sicher, dass er leichtsinnig wurde* | *Der Minister sagte, dass die Renten sicher seien* **K** erdbebensicher, fälschungssicher, krisensicher **2** so, dass Fehler oder Irrtümer fast nie vorkommen | *ein sicheres Urteil/einen sicheren Geschmack haben* | *sehr sicher Auto fahren* **K** stilsicher, treffsicher, verkehrssicher, zielsicher **3** so, dass man sich darauf verlassen kann ⟨ein Medikament, eine Methode; etwas aus sicherer Quelle wissen, erfahren⟩ ≈ *zuverlässig* **4** mit stabilem Gleichgewicht, sodass jemand/etwas nicht leicht fällt oder kippt ⟨sicher stehen, gehen; auf sicheren Beinen stehen; etwas hat einen sicheren Stand⟩ **5** voller Vertrauen in die eigenen Fähigkeiten ⟨ein Auftreten; sicher wirken⟩ ≈ *selbstbewusst* **6** sehr wahrscheinlich ⟨das Ende, der Tod, ein Sieg; es ist (so gut wie) sicher, dass ...⟩ | *Es ist ziemlich sicher, dass sie eine Stelle an der Universität bekommt* | *Sie hat sicher den Zug versäumt* | *Er freut sich sicher, wenn wir ihn besuchen* **7** **sich** (*Dativ*) **einer Sache** (*Genitiv*) **sicher sein**; **(sich** (*Dativ*)**) sicher sein, dass ...** von etwas überzeugt sein | *Du bist dir deines Erfolges aber sehr sicher!* | *Ich bin mir absolut sicher, dass sie meine DVD noch hat* ■ **ID** **Sicher ist sicher!** Es ist besser, sehr vorsichtig zu sein, als ein Risiko einzugehen

-si·cher *im Adjektiv, unbetont, sehr produktiv* **1** **abhörsicher, fälschungssicher, kindersicher, kugelsicher, lawinensicher** *und andere* drückt aus, dass jemand/etwas vor dem geschützt ist, was im ersten Wortteil genannt wird **2** **bruchsicher, frostsicher, krisensicher** *und andere* der erste Wortteil nennt eine Gefahr oder ein Risiko, aber es entsteht kein Schaden **3** **ertragssicher, sonnensicher, zinssicher** *und andere* drückt aus, dass man fest mit dem rechnen kann, was im ersten Wortteil genannt wird | *ein schneesicherer Wintersportort* **4** **funktionssicher, treffsicher, zielsicher** *und andere* drückt aus, dass jemand etwas gut kann oder dass etwas (in einer Situation) gut funktioniert | *ein kurvensicheres Fahrzeug* | *ein stilsicherer Geschmack*

si·cher·ge·hen VERB (geht sicher, ging sicher, ist sichergegangen) so handeln, dass man kein Risiko hat | *Sie wollte sichergehen und fragte deshalb noch einen Arzt* **H** meist im Infinitiv

★ **Si·cher·heit** *die*; (-, -en) **1** *nur Singular* der Zustand, in dem es keine Gefahr für Personen oder Dinge gibt ⟨die soziale, öffentliche, wirtschaftliche, politische, persönliche Sicherheit; die innere Sicherheit eines Staates; in Sicherheit sein; jemandem Sicherheit bieten; jemanden/etwas in Sicherheit bringen; jemanden/etwas in Sicherheit glauben, wähnen; jemandem ein Gefühl der Sicherheit vermitteln⟩ ↔ *Gefährdung, Unsicherheit* | *Wir bewahren unser Geld in einem Safe* *auf, damit es in Sicherheit ist* K Sicherheitsdenken, Sicherheitsfanatiker, Sicherheitsvorkehrungen **2** *nur Singular* das zuverlässige Funktionieren, die verlässliche Wirkung einer Sache ≈ *Zuverlässigkeit, Verlässlichkeit* | *die Sicherheit einer Methode/eines Medikaments* | *ein technisches Gerät auf seine Sicherheit überprüfen* K Sicherheitsmaßnahmen, Sicherheitsvorkehrungen, Sicherheitsvorschriften **3** *nur Singular* die Fähigkeit, etwas sehr gut zu können ⟨etwas mit absoluter Sicherheit machen, können; in etwas (*Dativ*) große Sicherheit erlangen, erwerben, erreichen, haben⟩ ≈ *Gewandtheit* | *die Sicherheit in der Beherrschung einer Fremdsprache* K Fahrsicherheit, Flugsicherheit, Treffsicherheit, Zielsicherheit **4** *nur Singular* das Vertrauen in die eigenen Fähigkeiten ⟨große Sicherheit zeigen, an den Tag legen⟩ ≈ *Selbstsicherheit* | *Der Erfolg hat ihr Sicherheit gegeben* **5** eine Sache von hohem Wert, die man als Garantie für ein Versprechen bekommt ⟨(jemandem) Sicherheiten geben, leisten, stellen⟩ ≈ *Bürgschaft* | *Die Bank verlangte den Wert des Hauses als Sicherheit für den Kredit* ■ ID **mit Sicherheit** ohne Zweifel, ganz bestimmt ⟨etwas mit Sicherheit wissen, behaupten können; etwas wird mit Sicherheit eintreten, geschehen⟩; **jemanden in Sicherheit wiegen** jemanden davon überzeugen oder selbst glauben, dass es keine Gefahr gibt; **mit an Sicherheit grenzender Wahrscheinlichkeit** sehr wahrscheinlich

Si·cher·heits·ab·stand *der* die Distanz zwischen zwei Fahrzeugen, die groß genug ist, dass das hintere Fahrzeug noch halten kann, falls das erste plötzlich bremst ⟨den Sicherheitsabstand einhalten⟩

Si·cher·heits·dienst *der* **1** ≈ *Geheimdienst* **2** eine Abteilung eines Betriebes oder ein privates Unternehmen, das im Auftrag eines Betriebes handelt. Der Sicherheitsdienst ist für den Schutz vor Einbruch, Diebstahl, Industriespionage usw. zuständig

Si·cher·heits·grün·de *die; Plural* **aus Sicherheitsgründen** damit keine Gefahr für die Betroffenen entsteht

Si·cher·heits·gurt *der* der Sicherheitsgurt im Auto, Flugzeug usw. verhindert, dass man bei einem Unfall aus dem Sitz geschleudert wird ⟨den Sicherheitsgurt anlegen⟩

si·cher·heits·hal·ber ADVERB um ganz sicher zu sein, dass keine Gefahr entsteht, dass kein Fehler gemacht wird oder dass alles Wichtige getan wird | *Ich habe sicherheitshalber alle Türen und Fenster geschlossen* | *einen Text sicherheitshalber auf einer externen Festplatte speichern*

Si·cher·heits·kräf·te *die; nur Plural* Mitglieder von Polizei, Geheimdiensten oder Militär eines Landes | *Bei Anschlägen starben mehr als 20 Sicherheitskräfte*

Si·cher·heits·lü·cke *die* eine Eigenschaft einer Software, durch die Angriffe auf fremde Computersysteme und Daten möglich sind | *Sicherheitslücken schließen* (beseitigen)

Si·cher·heits·na·del *die* eine gebogene Nadel, mit der man Teile aus Stoff aneinander befestigen kann ⟨etwas mit einer Sicherheitsnadel befestigen⟩ → Abb. unter **Nadel**

Si·cher·heits·or·gan *das;* (-s, -e); *meist Plural* eine staatliche Organisation, die für den Schutz eines Staates (vor Spionage) arbeitet

Si·cher·heits·ri·si·ko *das; meist Singular* eine Person oder Sache, die eine Gefahr für die Sicherheit einer Organisation, eines Staates o. Ä. darstellt ⟨jemand ist ein Sicherheitsrisiko; jemand stellt ein Sicherheitsrisiko dar⟩

★ **si·cher·lich** ADVERB mit großer Wahrscheinlichkeit

★ **si·chern** VERB (sicherte, hat gesichert) **1** **etwas (gegen etwas) sichern** etwas vor einer Gefahr schützen | *die Tür durch ein doppeltes Schloss gegen Einbruch sichern* **2** **etwas sichern** alles tun, was nötig ist, damit etwas funktionieren oder existieren kann ⟨die Menschenrechte, die Nahrungsmittelversorgung sichern; die Existenz, die Zukunft sichern⟩ ≈ *garantieren* ↔ *bedrohen* | *ein gesicherter Arbeitsplatz* (ein sicherer Arbeitsplatz) **3** **etwas sichern** einen Text während der Bearbeitung speichern oder Dateien und Programme kopieren, damit sie bei Stromausfall, Absturz des Computers o. Ä. nicht verloren gehen **4** **jemandem etwas sichern** alles tun, was nötig ist, damit jemand oder man selbst etwas bekommt ⟨sich (*Dativ*) den Sieg, einen Erfolg, einen Vorsprung sichern⟩ **5** **Spuren sichern** (als Polizist o. Ä.) alles, was als Beweis für ein Verbrechen dienen kann, noch am Tatort untersuchen **6** **jemanden sichern** eine Person beim Bergsteigen ans Seil nehmen, damit sie nicht abstürzt **7** **etwas sichern** ein Gewehr, eine Pistole o. Ä. blockieren, damit nicht plötzlich ein Schuss losgeht ↔ *entsichern*

si·cher·stel·len VERB (stellte sicher, hat sichergestellt) **1** **etwas sicherstellen** dafür sorgen, dass etwas funktioniert oder vorhanden ist ≈ *garantieren* | *den reibungslosen Ablauf einer Veranstaltung sicherstellen* | *Wir müssen sicherstellen, dass nicht noch mehr Vogelarten aussterben* **2** **etwas sicherstellen** im Auftrag einer Behörde etwas zu sich nehmen, um illegale Geschäfte zu verhindern | *Das gestohlene Auto wurde von der Polizei sichergestellt* ● hierzu **Si·cher·stel·lung** *die*

Si·che·rung *die;* (-, -en) **1** ein kleines Gerät in einem elektrischen System. Es unterbricht den Strom, wenn zu starker Strom fließt o. Ä. ⟨die Sicherung brennt durch; die Sicherung herausdrehen, auswechseln, ausschalten, einschalten⟩ K Sicherungskasten **2** *nur Singular* die Maßnahmen, durch die man etwas vor Gefahr schützt K Friedenssicherung **3** *nur Singular* die Maßnahmen, welche das Funktionieren oder die Existenz einer Sache garantieren | *die Sicherung seiner Existenz* | *die Sicherung der Arbeitsplätze* **4** *nur Singular* die Handlungen, mit denen man nach einem Verbrechen Spuren sichert K Spurensicherung **5** das Speichern und Sichern von Dateien auf einem Computer K Sicherungsdatei, Sicherungskopie; Datensicherung ■ ID **Bei jemandem ist eine/die Sicherung durchgebrannt** *gesprochen* eine Person hat die Kontrolle über ihr Verhalten verloren

★ **Sicht** *die;* (-) **1** die Möglichkeit, Menschen und Dinge zu sehen (die vom Wetter, der Luft, dem eigenen Standort usw. abhängt) ⟨eine freie, gute, klare Sicht haben; jemandem die Sicht verstellen, versperren, nehmen⟩ | *Auf der Autobahn herrscht starker Bodennebel, die Sicht beträgt weniger als 50 Meter* K Sichtbehinderung, Sichtkontakt, Sichtverhältnisse, Sichtweite; Fernsicht **2** die Art, wie man jemanden/etwas einschätzt, beurteilt | *Aus der Sicht der Opposition war das Ergebnis der Wahl ein voller Erfolg* K Sichtweise **3** **in Sicht sein/kommen** gesehen werden können **4** **außer Sicht sein** nicht gesehen werden können **5** **auf lange Sicht** für eine lange Zeit oder einen späten Zeitpunkt in der Zukunft ⟨etwas auf lange Sicht planen⟩ ■ ID **etwas ist (noch nicht) in Sicht** etwas wird (noch nicht) bald geschehen oder möglich sein

★ **sicht·bar** ADJEKTIV **1** so, dass man es mit den Augen sehen kann ↔ *unsichtbar* | *Unter dem Mikroskop werden Bakterien sichtbar* **2** *meist attributiv* so, dass es jeder leicht erkennen kann ≈ *deutlich* | *Ihr Gesundheitszustand hat sich sichtbar gebessert* ● hierzu **Sicht·bar·keit** *die*

Sicht·be·ton *der* Beton, bei dem man noch die Abdrücke der Holzbretter sehen kann, mit denen er beim Bauen gestützt wurde

sich·ten VERB (sichtete, hat gesichtet) **1** **jemanden/etwas sichten** *geschrieben* aus großer Entfernung jemanden/etwas se-

S

hen ⟨Land, ein Schiff, einen Eisberg sichten⟩ **2** **Dinge sichten** eine größere Menge einer Sache prüfen und ordnen ⟨Material, Notizen, Akten, einen Nachlass sichten⟩ ● hierzu **Sich·tung** *die*

★ **sicht·lich** ADJEKTIV so, dass es jeder sehen oder bemerken kann ⟨mit sichtlicher Freude, Begeisterung; sichtlich nervös, erschrocken, ärgerlich sein⟩ ≈ *offensichtlich, deutlich*

Sicht·schutz *der* etwas, das jemanden vor neugierigen Blicken schützt | *eine Hecke als Sichtschutz pflanzen*

Sicht·ver·merk *der* ≈ *Visum*

si·ckern VERB (sickerte, ist gesickert) **1** **etwas sickert irgendwohin** etwas fließt langsam, Tropfen für Tropfen, irgendwohin | *Das Wasser sickert in den Boden* | *Durch den Verband sickert immer noch Blut* **2** **etwas sickert an die Öffentlichkeit** etwas wird langsam bekannt | *Die Nachricht von dem neuen Skandal sickerte allmählich an die Öffentlichkeit*

★ **sie** PRONOMEN **1** *3. Person Singular* verwendet anstelle eines Substantivs, dessen grammatisches Geschlecht feminin ist | *„Hast du Katrin gesehen?" – „Ja, sie ist im Garten."* | *Eine hübsche Katze! Wie heißt sie denn?* | *Du kannst die Uhr morgen holen, ich habe sie zum Uhrmacher gebracht* | *„Wo ist die Torte?" – „Wir haben sie gegessen."* | *Schmids kommen beide, er und sie* **H** → Tabelle unter **ich** **2** *3. Person Plural* verwendet anstelle eines Substantivs, um mehrere Personen oder Sachen zu bezeichnen, von denen man spricht | *Meine Eltern sind da. Sie sind vor einer Stunde gekommen* | *„Weißt du, wo meine Schuhe sind?" – „Nein, ich habe sie nirgends gesehen."* **H** → Tabelle unter **ich** **3** *gesprochen 3. Person Plural* verwendet, anstelle eines Substantivs, um mehrere Personen zu bezeichnen, die man nicht nennen kann oder will ≈ *man* | *Jetzt wollen sie schon wieder die Benzinpreise erhöhen* | *Vor der Oper haben sie ein paar Bäume gepflanzt* | *Haben sie dir auch eine Mahnung geschickt?* | *Mir haben sie gestern das Fahrrad gestohlen*

★ **Sie**[1] PRONOMEN *2. Person Singular und Plural, Höflichkeitsform* **1** verwendet als höfliche Anrede | *Guten Tag, Frau Wolff, kommen Sie doch herein!* | *Möchten Sie etwas zu trinken?* | *Meine Damen und Herren, darf ich Sie ins Nebenzimmer bitten?* **2** **zu jemandem Sie sagen**; **mit jemandem per Sie sein** jemanden mit *Sie* anreden ≈ *siezen* **H** → Infos unter **Anrede** und Tabelle unter **ich**

Sie[2] *die*; (-, -s); *gesprochen* ein Mensch oder Tier weiblichen Geschlechts | *Ist euer Hund eine Sie?* | *Wieso sagst du „er"? Es könnte doch auch eine Sie gewesen sein*

★ **Sieb** *das*; (-(e)s, -e) man schüttet Dinge in ein Sieb, damit kleine Teile oder Flüssigkeiten von größeren Teilen getrennt werden ⟨ein feines, grobes Sieb⟩ | *die Nudeln ins Sieb schütten* | *Sand durch ein Sieb schütten* **K** Drahtsieb, Mehlsieb, Teesieb

Sieb·druck *der* **1** *nur Singular* eine Methode, mit der man Drucke macht, indem man die Farbe durch ein sehr feines Netz presst **K** Siebdruckverfahren **2** ein Bild, das man mit der Technik des Siebdrucks gemacht hat

★ **sie·ben**[1] VERB (siebte, hat gesiebt) **1** **(etwas) sieben** etwas durch ein Sieb schütten und auf diese Art die festen von den flüssigen oder die großen von den kleinen Teilen trennen ⟨Sand, Mehl sieben⟩ **2** **(Personen/Dinge) sieben** aus einer Gruppe von Menschen/Sachen einige auswählen ⟨die Bewerber, das Material sieben⟩

★ **sie·ben**[2] ZAHLWORT (als Zahl, Ziffer) 7 **H** → Anhang **Zahlen** und Beispiele unter **vier**

Sie·ben *die*; (-, -/-en) **1** die Zahl 7 **2** jemand/etwas mit der Nummer 7

Sie·be·ner *der*; (-s, -); *gesprochen* ≈ *Sieben*

sie·ben·hun·dert ZAHLWORT (als Zahl) 700

Sie·ben·mei·len|stie·fel *die* **mit Siebenmeilenstiefeln** *humorvoll* sehr schnell

Sie·ben·mo·nats|kind *das* ein Baby, das schon sieben Monate nach der Zeugung geboren wird

Sie·ben·sa·chen *die*; *Plural* ▪ **ID** **meine/seine/deine/ihre Siebensachen** *gesprochen* alles, was man braucht ⟨seine Siebensachen packen⟩ | *Hast du deine Siebensachen? Dann können wir ja gehen*

Sie·ben·schlä·fer *der*; (-s, -) **1** ein kleines Tier, das wie ein Eichhörnchen aussieht und einen langen Winterschlaf macht **2** *ohne Artikel* der 27. Juni. Das Wetter bleibt angeblich sieben Wochen lang so, wie es um diese Zeit herum ist

sie·bent ADJEKTIV ≈ *siebt*

sie·ben·tau·send ZAHLWORT (als Zahl) 7000

sie·ben·tel ADJEKTIV *meist attributiv; nur in dieser Form* ≈ *siebtel*

Sie·ben·tel *das*; (-s, -) 1/7 ≈ *Siebtel*

sie·ben·tens ADVERB 7. ≈ *siebtens*

★ **siebt** ADJEKTIV **1** in einer Reihenfolge an der Stelle sieben ≈ *7.* **H** → Beispiele unter **viert-** **2** **der siebte Teil (von etwas)** ≈ *1/7* **3** **zu siebt** (mit) insgesamt sieben Personen | *Sie sind zu siebt in dem kleinen Wagen gefahren*

sieb·tel ADJEKTIV *meist attributiv; nur in dieser Form* der siebte Teil einer Menge ≈ *1/7*

Sieb·tel *das*; (-s, -) der siebte Teil einer Menge | *ein Siebtel der Strecke hinter sich haben*

sieb·tens ADVERB verwendet bei einer Aufzählung, um anzuzeigen, dass etwas an 7. Stelle kommt

★ **sieb·zehn** ZAHLWORT (als Zahl) 17 **H** → Anhang **Zahlen** und Beispiele unter **vier**

★ **sieb·zig** ZAHLWORT **1** (als Zahl) 70 **2** **Anfang/Mitte/Ende siebzig sein** ungefähr 70 bis 73/74 bis 76/77 bis 79 Jahre alt sein **H** → Anhang **Zahlen** und Beispiele unter **vier**

Sieb·zig *die*; (-, -en); *meist Singular* **1** die Zahl 70 **2** jemand/etwas mit der Zahl/Nummer 70

sieb·zi·ger ADJEKTIV *meist attributiv; nur in dieser Form* die zehn Jahre (eines Jahrhunderts oder Menschenlebens) von 70 bis 79 | *Ein Mann in den/seinen Siebzigern* | *in den siebziger Jahren des 18. Jahrhunderts* **K** Siebzigerjahre

Sieb·zi·ger *der*; (-s, -); *gesprochen* eine Person, die zwischen 70 und 79 Jahre alt ist **K** Endsiebziger, Mittsiebziger ● hierzu **Sieb·zi·ge·rin** *die*

sieb·zigs·t- ADJEKTIV *meist attributiv* **1** in einer Reihenfolge an der Stelle 70 ≈ *70.* **2** **der siebzigste Teil (von etwas)** ≈ *1/70*

siech ADJEKTIV; *veraltet* alt, krank und schwach

Siech·tum *das*; (-s); *veraltet* eine lange Zeit der Krankheit

★ **sie·deln** VERB (siedelte, hat gesiedelt) **(irgendwo) siedeln** in einer Gegend, in der noch keine Menschen sind, ein Haus bauen, um dort zu leben ● hierzu **Sied·ler** *der*; **Sied·le·rin** *die*

sie·den VERB (siedeten, hat gesiedet) **1** **etwas siedet** etwas hat die Temperatur, bei der Flüssigkeit zu Dampf wird ≈ *kochen* | *siedend heißes Öl* **K** Siedepunkt, Siedetemperatur **2** **etwas sieden** eine Flüssigkeit zum Kochen bringen ⟨Wasser, Milch sieden⟩ ▪ **ID** **etwas fällt jemandem siedend heiß ein** eine Person erinnert sich plötzlich an etwas, das sie tun soll

★ **Sied·lung** *die*; (-, -en) **1** ein Ort, an dem Menschen Häuser bauen, um dort wohnen zu können ⟨eine ländliche, städtische Siedlung; eine Siedlung anlegen, gründen⟩ | *eine Siedlung mit Dorfcharakter* | *Viele deutsche Städte gehen auf römische Siedlungen zurück* **K** Siedlungsdichte, Siedlungsform, Siedlungsgebiet, Siedlungsgeschichte, Siedlungspolitik **2** eine Gruppe von Wohnhäusern mit Gärten, die ungefähr zur gleichen Zeit gebaut wurden **K** Siedlungsbau, Siedlungshaus; Arbeitersiedlung, Barackensiedlung, Neubausiedlung, Wohnsiedlung **3** alle Leute, die im selben

S

Teil der Stadt oder in derselben Siedlung wohnen | *Die ganze Siedlung ist dafür, dass ein neuer Kindergarten gebaut wird*

★ **Sieg** *der;* (-es, -e) **ein Sieg (über jemanden/etwas)** das Ergebnis eines erfolgreich geführten Kampfes, Streits o. Ä. ⟨ein knapper, deutlicher, haushoher, verdienter Sieg; den Sieg erringen, davontragen; sich (*Dativ*) den Sieg in etwas (*Dativ*)/*bei etwas* holen, sichern⟩ ↔ *Niederlage* | *Nach dem Sieg im letzten Rennen war sie Weltmeisterin* **K** Siegesfreude, Siegestaumel; siegesfroh ■ **ID ein Sieg der Vernunft** eine Situation, in der eine vernünftige Lösung gewählt wurde ● hierzu **sieg·los** ADJEKTIV

Sie·gel *das;* (-s, -) **1** das Muster, das ein Stempel o. Ä. in Wachs oder Papier macht, wenn man ihn daraufdrückt. Siegel verwendet man z. B. auf Urkunden ⟨ein Siegel auf etwas (*Dativ*) anbringen; etwas mit einem Siegel versehen; ein Siegel aufbrechen, öffnen⟩ | *das kaiserliche Siegel* **K** Amtssiegel, Dienstsiegel, Staatssiegel, Wachssiegel **2** der offizielle Stempel einer Behörde | *das Siegel der Universität* **3** ein Streifen, den z. B. die Polizei über eine Wohnungstür klebt, um anzuzeigen, dass die Wohnung offiziell verschlossen wurde ⟨ein Siegel anbringen, aufbrechen⟩ **4** ein Stempel o. Ä., mit dem man ein Siegel macht | *ein Siegel ins Wachs drücken* **K** Siegelring, Siegelwachs ■ **ID unter dem Siegel der Verschwiegenheit** *geschrieben* unter der Bedingung, dass etwas geheim bleibt ⟨jemandem etwas unter dem Siegel der Verschwiegenheit sagen⟩

Sie·gel·lack *der* eine meist rote Substanz, die in der Wärme schmilzt und dann schnell wieder hart wird. Man verwendet sie z. B., um Briefe und Akten zu verschließen

sie·geln VERB (siegelte, hat gesiegelt) **etwas siegeln** ≈ *versiegeln*

★ **sie·gen** VERB (siegte, hat gesiegt) **(gegen/über jemanden/etwas) siegen** in einem Kampf, Streit oder Wettbewerb Erfolg haben, weil man stärker oder besser als jemand/etwas ist ≈ *gewinnen* ↔ *verlieren* | *Der Außenseiter siegte überraschend über den Favoriten* | *Er hat mit einer Sekunde Vorsprung gesiegt* | *Beinahe hätte ich diesen viel zu teuren Fernseher gekauft, aber dann hat die Vernunft gesiegt*

★ **Sie·ger** *der;* (-s, -) eine Person, die in einem Kampf, Streit oder in einem Wettbewerb gewonnen hat ⟨als Sieger aus einem Wettkampf hervorgehen⟩ ≈ *Gewinner* | *dem Sieger einen Pokal überreichen* **K** Siegerpokal; Olympiasieger, Turniersieger **i** zu *Siegerin* → Info im Eintrag **-in** ● hierzu **Sie·ge·rin** *die*

Sie·ger·eh·rung *die* die offizielle Feier, bei welcher die Besten eines sportlichen Wettbewerbs ihre Medaillen, Urkunden o. Ä. bekommen

Sie·ger·macht *die;* (-, Sie·ger·mäch·te); *meist Plural* ein Staat, der einen Krieg gewonnen hat | *die vier Siegermächte des Zweiten Weltkriegs*

Sie·ger·mie·ne *die* ein Gesicht, das ausdrückt, dass jemand einen Erfolg gehabt hat oder mit Sicherheit erwartet

sie·ges·be·wusst ADJEKTIV ≈ *siegessicher*

sie·ges·ge·wiss ADJEKTIV; *geschrieben* ≈ *siegessicher* ● hierzu **Sie·ges·ge·wiss·heit** *die; geschrieben*

sie·ges·si·cher ADJEKTIV fest davon überzeugt, dass man Erfolg haben wird ⟨ein Auftreten, ein Blick; siegessicher auftreten, blicken, schauen, lächeln⟩

Sie·ges·zug *der; meist Singular* (meist in Bezug auf ein Produkt verwendet) eine Reihe von großen Erfolgen bei vielen Leuten ⟨etwas tritt seinen Siegeszug an⟩ | *Das Buch wurde ein Bestseller und begann seinen Siegeszug durch den gesamten europäischen Buchmarkt*

sieg·ge·wohnt ADJEKTIV (in Wettkämpfen o. Ä.) immer wieder erfolgreich | *eine sieggewohnte Läuferin*

sieg·reich ADJEKTIV **1** (vor allem in einem Wettbewerb) erfolgreich | *die siegreiche Schwimmerin* | *Sie haben das Turnier siegreich beendet* **2** so, dass etwas mit einem Sieg endet | *eine siegreiche Schlacht*

siehst *Präsens, 2. Person Singular* → sehen

sieht *Präsens, 3. Person Singular* → sehen

Si·es·ta ['ziɛsta, 's-] *die;* (-, - /Si·es·ten) ⟨Siesta halten⟩ ≈ *Mittagsruhe, Mittagsschlaf*

★ **sie·zen** VERB (siezte, hat gesiezt) **jemanden siezen** jemanden mit *Sie* anreden ↔ *duzen* | *Obwohl sie sich schon seit mehreren Jahren kennen, siezen sie sich immer noch* **i** → Infos unter **Anrede**

Si·gel *das;* (-s, -); *geschrieben veraltend* eine Abkürzung oder ein grafisches Zeichen, die für eine Silbe, ein Wort oder eine Wortgruppe stehen | *Das Sigel § steht für „Paragraf"*

★ **Sig·nal** *das;* (-s, -e) **1 ein Signal (für etwas)** etwas, das dazu dient, jemandem eine Warnung, eine Information oder einen Befehl zu geben, z. B. ein Ton oder eine Handlung ⟨ein akustisches, optisches Signal; jemandem ein Signal geben; Signale empfangen, aussenden; ein Signal beachten, überhören, übersehen; auf ein Signal reagieren⟩ ≈ *Zeichen* **K** Signalfahne, Signalfarbe, Signalfeuer, Signalflagge, Signalfunktion, Signalglocke, Signalhorn, Signallampe, Signallicht, Signalwirkung; Alarmsignal, Blinksignal, Funksignal, Hornsignal, Hupsignal, Lichtsignal, Notsignal, Pfeifsignal, Rauchsignal, Warnsignal **2 ein Signal (zu etwas)** ein Ton oder eine Bewegung, auf die hin jemand etwas tut ⟨das Signal zum Angriff, zum Aufbruch geben⟩ | *Der Pfiff dient dem Lokführer als Signal zur Weiterfahrt* **K** Signalfunktion; Jagdsignal, Startsignal **3** *geschrieben* eine Sache, an der man eine Entwicklung, jemandes Einstellung o. Ä. erkennen kann, nach welcher man sich dann richtet | *Ich werte es als positives Signal, dass der Umsatz wieder steigt* | *Wir müssen deutliche Signale setzen, dass wir von den Verantwortlichen Taten erwarten* **4** ein Gerät neben dem Gleis, das einem Lokführer zeigt, ob er weiterfahren kann oder halten muss | *Das Signal steht auf „Halt"* **K** Signalanlage, Signalbrücke **5** Ⓒⓗ ≈ *Verkehrszeichen*

sig·na·li·sie·ren VERB (signalisierte, hat signalisiert) **1 (jemandem) etwas signalisieren** jemandem etwas durch ein Signal oder andere Handlungen mitteilen | *Ihr Blick signalisierte ihm, dass sie zur Versöhnung bereit war* **2 etwas signalisiert etwas** etwas ist ein klares Zeichen für etwas oder ein Hinweis auf etwas | *Diese Reform signalisiert eine Wende in der Wirtschaftspolitik*

Sig·nal·wir·kung *die* **etwas hat Signalwirkung** etwas hat Folgen für das Denken und Verhalten vieler Menschen und ruft eine Reaktion bei ihnen hervor | *Die Demonstration hatte Signalwirkung* (löste viele ähnliche Aktivitäten aus)

Sig·na·tur *die;* (-, -en) **1** die Unterschrift des Künstlers oder der Künstlerin auf einem Bild, auf einem Buch o. Ä. **2** eine Reihe von Buchstaben und Zahlen, unter denen ein Buch in einer Bibliothek registriert ist, damit man es leichter findet **3** Angaben zum Absender am Ende einer E-Mail ⟨eine geschäftliche, private Signatur⟩ **4 digitale Signatur** eine Methode, elektronische Nachrichten zu verschlüsseln | *Die Steuererklärung wird mit einer digitalen Signatur ans Finanzamt übermittelt*

sig·nie·ren VERB (signiert, hat signiert) **1 (etwas) signieren** als Künstler seinen Namen auf ein Bild oder in ein Buch schreiben ⟨Bilder, Bücher signieren⟩ **2 etwas signieren** *geschrieben* ⟨einen Vertrag signieren⟩ ≈ *unterschreiben, unterzeichnen* ● zu (1) **Sig·nie·rung** *die;* zu (1) **hand·sig·niert** ADJEKTIV

sig·ni·fi·kant ADJEKTIV; *geschrieben* ⟨Unterschiede, Merkmale⟩ wichtig und deutlich zu erkennen ≈ *wesentlich* ● hierzu **Sig·ni·fi·kanz** *die*

★ **Sil·be** *die;* (-, -n) eine von mehreren Einheiten, aus denen

S

längere Wörter bestehen | *die Wörter „Mädchen" und „staubig" bestehen aus je zwei Silben: Mäd-chen, stau-big* K Endsilbe, Nachsilbe, Vorsilbe, Sprechsilbe H Kurze Wörter wie *bald* oder *wenn* bestehen aus nur einer Silbe.

Sil·ben·rät·sel *das* ein Rätsel mit einer Liste von Silben, aus denen man Wörter bilden soll

Sil·ben·tren·nung *die* das Trennen von Wörtern (zwischen den einzelnen Silben) am Ende einer Zeile

★ **Sil·ber** *das;* (-s) **1** ein relativ weiches, wertvolles Metall, das sehr hell glänzt, wenn man es poliert, und aus dem man vor allem Schmuck macht ‹echtes, reines, poliertes Silber; Gold und Silber› | *ein Ring aus Silber* K Silberbarren, Silberdraht, Silbererz, Silbergeld, Silberkette, Silberlegierung, Silbermedaille, Silbermine, Silbermünze, Silberpokal, Silberring, Silberschmuck; silberbestickt, silberglänzend, silbergrau, silberweiß H chemisches Zeichen: *Ag* **2** Besteck und/oder Geschirr aus Silber ‹das Silber putzen; von Silber speisen, essen› K Silberbecher, Silberbesteck, Silbergabel, Silberlöffel; Tafelsilber **3** *ohne Artikel* eine Medaille aus Silber, die der Zweite in einem wichtigen Wettkampf bekommt ‹Silber gewinnen, holen› ≈ *Silbermedaille* ● zu (1) **sil·ber·hal·tig** ADJEKTIV

Sil·ber·blick *der* **jemand hat einen Silberblick** *gesprochen, humorvoll* jemand schielt ein bisschen

★ **sil·bern** ADJEKTIV **1** *meist attributiv* aus Silber | *ein silbernes Armband* **2** so hell und glänzend wie Silber ‹etwas glänzt, schimmert silbern› | *das silberne Licht des Mondes* **3** hell und hoch, aber angenehm zu hören ‹ein Lachen; etwas klingt silbern›

Sil·ber·pa·pier *das; meist Singular* ≈ *Aluminiumfolie, Stanniolpapier* | *in Silberpapier eingewickelte Bonbons*

Sil·ber·schmied *der* eine Person, die beruflich Schmuck aus Silber macht

Sil·ber·streif, Sil·ber·strei·fen *der* ■ **ID ein Silberstreifen am Horizont** ein Grund zur Hoffnung, dass die (jetzige) schwierige Situation besser wird

Sil·ber·tab·lett *das* ein Tablett aus Silber ■ **ID jemandem etwas auf dem Silbertablett präsentieren** *oft abwertend* einer Person eine Chance bieten, ohne dass sie sich anstrengen muss

-sil·big *im Adjektiv, unbetont, nicht produktiv* **einsilbig, zweisilbig, dreisilbig, mehrsilbig, vielsilbig** *und andere* mit der genannten Zahl oder Menge von Silben

silb·rig ADJEKTIV ≈ *silbern*

Sil·hou·et·te [zi'lu̯ɛtə] *die;* (-, -n) die dunklen Konturen eines Körpers, die man sieht, wenn das Licht hinter ihm stärker ist als vor ihm | *Die Silhouette des Berges sich gegen die untergehende Sonne ab*

Si·li·kon *das;* (-s, -e) ein Kunststoff, aus dem z. B. Produkte hergestellt werden, die wie aus Gummi sind

Si·li·zi·um *das;* (-s) ein chemisches Element, das in sehr vielen Substanzen, aber nicht allein vorkommt, und aus dem man Silikon macht H chemisches Zeichen: *Si*

Si·lo *der/das;* (-s, -s) ein Turm ohne Fenster, in dem Bauern Getreide und das Futter für ihr Vieh lagern K Silofutter; Futtersilo, Getreidesilo

-si·lo *der/das; im Substantiv, unbetont, nicht produktiv; gesprochen, abwertend* **Betonsilo, Hotelsilo, Vorstadtsilo, Wohnsilo** *und andere* ein großes, hässliches Gebäude für eine große Zahl von Menschen oder Dingen

Sil·ves·ter [-v-] *(der/das);* (-s, -) der letzte Tag des Jahres, der 31. Dezember ‹Silvester feiern; zu Silvester/an Silvester› K Silvesterabend, Silvesternacht, Silvesterball, Silvesterfeier

SIM-Karte ['zɪm-] *die* ein Chip, der als Prozessor und Speicher in Mobiltelefonen dient ‹eine SIM-Karte ins Handy einlegen›

sim·pel ADJEKTIV (simpler, simpelst-); *gesprochen, oft abwertend* **1** so, dass es jeder verstehen und machen kann ‹eine Arbeit, eine Aufgabe, eine Methode; etwas simpel ausdrücken, erklären› ≈ *einfach* ↔ *kompliziert, schwierig* | *Komm her, ich zeig dir, wie das geht, es ist ganz simpel* H *simpel→ eine simple Arbeit* **2** ohne besondere Merkmale, Qualitäten (und ohne Luxus) ‹ein Essen, ein Gasthaus, ein Auto, ein Haus› ≈ *einfach* | *eine simple Angestellte sein* | *ein ganz simples Fahrrad ohne Gangschaltung* **3** einfach und allen bekannt | *Er kennt die simpelsten Regeln des Anstands nicht, sonst hätte er sich wohl längst entschuldigt* **4** ohne jede Begabung | *jemand macht einen simplen Eindruck* ● zu (2) **Simp·li·zi·tät** *die; geschrieben*

Sim·pel *der;* (-s, -); *süddeutsch, gesprochen, abwertend* ein dummer Mensch

simp·li·fi·zie·ren VERB (simplifizierte, hat simplifiziert) **etwas simplifizieren** *geschrieben, oft abwertend* etwas wesentlich einfacher beschreiben, als es in Wirklichkeit ist ≈ *vereinfachen* ↔ *komplizieren* | *die simplifizierte Darstellung einer chemischen Reaktion* ● hierzu **Simp·li·fi·ka·ti·on** *die;* **Simp·li·fi·zie·rung** *die*

Sims *der/das;* (-es, -e) der lange, schmale und waagrechte Teil einer Mauer z. B. unter dem Fenster K Fenstersims, Kaminsims

Sim·sa·la·bim! verwendet, wenn man einen einfachen Zaubertrick zeigt

sim·sen VERB (simst, simste, hat gesimst); *gesprochen* **1** eine SMS versenden **2** **etwas simsen** eine Nachricht als SMS versenden

Si·mu·lant *der;* (-en, -en); *abwertend* eine Person, die so tut, als wäre sie krank H *der Simulant; den, dem, des Simulanten* ● hierzu **Si·mu·lan·tin** *die*

Si·mu·la·tor *der;* (-s, Si·mu·la·to·ren) ein Gerät, mit dem man eine Situation nachahmen kann K Flugsimulator

si·mu·lie·ren VERB (simulierte, hat simuliert) **1** **(etwas) simulieren** *abwertend* so tun, als ob man eine Krankheit hätte ‹eine Krankheit, Lähmungen, Gedächtnisschwund simulieren› ≈ *vortäuschen* **2** **etwas simulieren** einen komplizierten Vorgang nachahmen, um etwas zu üben oder um eine Wirkung zu testen | *einen Raumflug simulieren* | *auf dem Bildschirm einen militärischen Angriff simulieren* ● zu (2) **Si·mu·la·ti·on** *die*

si·mul·tan ADJEKTIV *meist attributiv; geschrieben* **1** ≈ *gleichzeitig* | *Der Schachweltmeister spielte simultan gegen mehrere Gegner* K Simultanschach, Simultanspiel **2** **simultan übersetzen, dolmetschen** übersetzen oder dolmetschen, während der Sprecher spricht (und nicht auf Pausen warten) K Simultandolmetscher, Simultanübersetzung

sind *Präsens, 1. und 3. Person Plural* → sein[1]

Sin·fo·nie *die;* (-, -n [-'niːən]) **1** ein Musikstück aus meist vier Teilen (Sätzen), das für ein Orchester geschrieben ist ‹eine Sinfonie schreiben, komponieren, dirigieren› | *die 3. Sinfonie von Gustav Mahler* K Sinfoniekonzert, Sinfonieorchester H Statt *Sinfonie* steht in älteren Texten und Musiktiteln auch *Symphonie*, z. B. *Beethovens 9. Symphonie* **2** **eine Sinfonie** *+Genitiv;* **eine Sinfonie von Dingen** *geschrieben* viele ähnliche Dinge, die gut zusammenpassen | *eine Sinfonie von Farben und Düften* ● zu (1) **sin·fo·nisch** ADJEKTIV

Sin·fo·ni·ker *der;* (-s, -) **1** eine Person, die Sinfonien schreibt **2** eine Person, die in einem Sinfonieorchester spielt H In den Namen von Sinfonieorchestern wird meist *Symphoniker* verwendet: *die Berliner Symphoniker.* ● zu (2) **Sin·fo·ni·ke·rin** *die*

★ **sin·gen** VERB (sang, hat gesungen) **1** **(etwas) singen** eine Melodie oder ein Lied mit der Stimme produzieren ‹ein Lied singen; falsch, richtig, laut, leise, schön, gut, solo singen;

nach Noten/vom Blatt singen; Alt, Bariton, Bass, Sopran singen⟩ | *Weihnachtslieder singen* | *Der Chor singt das Lied mehrstimmig* K Singstimme **2** **jemanden in den Schlaf singen** leise singen, bis ein Kind einschläft **3** beruflich oder als Hobby regelmäßig singen | *im Kirchenchor/am Theater singen* **4** *gesprochen* meist vor der Polizei ein Verbrechen gestehen ⟨jemanden zum Singen bringen⟩ **5** **ein Vogel singt** ein Vogel gibt melodische Töne von sich

★ **Sin·gle**[1] [sɪŋgl̩] *die*; (-, -(s)) **1** eine CD mit nur einem Musikstück **2** eine kleine Schallplatte, die auf jeder Seite nur ein Musikstück hat

★ **Sin·gle**[2] [sɪŋgl̩] *der*; (-(s), -s) eine Person, die nicht verheiratet ist und allein lebt ⟨(ein) Single sein; als Single leben⟩ K Singlehaushalt; Singlesbar, Singlestreff

Sing·sang *der*; (-s); *abwertend* ein einfaches, monotones Lied

Sin·gu·lar [ˈzɪŋgu-] *der*; (-s) **1** eine grammatische Form, die beim Verb zusammen mit den Pronomen *ich, du, er, sie, es* erscheint ↔ *Plural* **2** eine grammatische Form, die bei Substantiven, Adjektiven, Artikeln usw. erscheint und bei welcher das folgende Verb im Singular steht ↔ *Plural* | *„der grüne Baum" und „die junge Frau" stehen im Singular* K Singularendung, Singularform

Sing·vo·gel *der* die Singvögel sind eine Gruppe von Vogelarten, von denen viele schön singen können | *Nachtigall und Lerche sind Singvögel*

★ **sin·ken** VERB (sank, ist gesunken) **1** **(irgendwohin) sinken** sich langsam (aufgrund des eigenen Gewichts) nach unten bewegen ⟨(erschöpft, getroffen) zu Boden/auf den Boden sinken; ins Bett sinken; in die Knie sinken; das Buch, die Arme sinken lassen⟩ | *Er ließ seinen Kopf auf ihre Schulter sinken* **2** **etwas sinkt** etwas kann nicht (mehr) auf dem Wasser schwimmen und verschwindet unter der Oberfläche ⟨das Schiff, das Boot⟩ ≈ *untergehen* | *Der Sturm war so kräftig, dass das Boot kenterte und schließlich sank* **3** **etwas sinkt** etwas verliert (meist langsam) an Höhe, Wert usw.; etwas wird weniger ⟨der Wasserspiegel, die Preise, das Fieber, die Temperaturen⟩ ↔ *steigen* | *Der Verbrauch von Kalbfleisch ist in den letzten Jahren gesunken* **4** **tief sinken** nicht mehr nach den Regeln der Moral handeln und so die Anerkennung anderer Personen verlieren **5** **in Bewusstlosigkeit/Ohnmacht sinken** bewusstlos werden **6** **in Schlaf sinken** *geschrieben* ≈ *einschlafen*

★ **Sinn** *der*; (-(e)s, -e) **1** *meist Plural* die Fähigkeit zu sehen, zu hören, zu riechen, zu schmecken oder zu fühlen und so die Umwelt und den eigenen Körper wahrzunehmen ⟨die fünf Sinne; etwas mit den Sinnen wahrnehmen⟩ K Sinneseindruck, Sinneserfahrung, Sinnesreiz, Sinnesschärfe, Sinnesstörung, Sinneswahrnehmung; Gehörsinn, Geruchssinn, Geschmackssinn, Gleichgewichtssinn, Orientierungssinn, Tastsinn **2** **ein Sinn für etwas** *nur Singular* ein gutes Verständnis für die genannte Sache ⟨keinen Sinn für etwas haben⟩ | *einen starken Sinn für Gerechtigkeit haben* | *viel Sinn fürs Ästhetische haben* | *Er hat keinen Sinn für Humor* K Familiensinn, Gemeinschaftssinn, Gerechtigkeitssinn, Geschäftssinn, Kunstsinn, Ordnungssinn, Realitätssinn, Schönheitssinn, Wirklichkeitssinn **3** *nur Singular* die geistige Leistung, die notwendig ist, damit man einen Ausdruck oder Satz versteht ⟨der verborgene, tiefere, wahre Sinn einer Sache; den Sinn einer Sache erfassen, ahnen, begreifen; etwas dem Sinn nach wiedergeben; etwas ergibt keinen Sinn⟩ ≈ *Bedeutung* K Sinngehalt; Doppelsinn, Hintersinn, Nebensinn, Wortsinn **4** *nur Singular* der Zweck, der Wert oder das Ziel einer Aktion oder Sache ⟨(in etwas (*Dativ*)) keinen Sinn erkennen/sehen können; nach dem Sinn des Lebens fragen⟩ | *Ich kann keinen Sinn darin sehen, Fenster zu bauen, die man nicht öffnen kann* **5** **der sechste/ein sechster Sinn** das sichere Gefühl für die jeweils richtige Entscheidung in einer Situation ≈ *Instinkt* **6** **etwas hat einen/macht Sinn** etwas ist sinnvoll und vernünftig | *Macht der Satz so überhaupt Sinn?* **7** **etwas hat/macht viel/wenig/keinen Sinn** etwas ist sehr/wenig/nicht sinnvoll und vernünftig | *Es hat keinen Sinn, ihn zu kritisieren, er wird sich ja doch nicht bessern* | *Meiner Meinung nach macht es wenig Sinn, schon im Sommer Winterkleidung zu kaufen* **!** zu 6 und 7: Die Formulierung *etwas macht Sinn* gilt als schlechter Stil.

■ ID ▸Präposition plus Sinn: **jemand/etwas geht einer Person nicht mehr aus dem Sinn** eine Person muss immer wieder an jemanden/etwas denken; **nicht bei Sinnen sein, (wie) von Sinnen sein** (wegen starker Gefühle) nicht klar denken können und daher nicht vernünftig handeln; **etwas im Sinn haben** die Absicht haben, etwas zu tun; **mit jemandem/etwas nichts im Sinn haben** mit jemandem/etwas nichts zu tun haben wollen; **im wahrsten Sinn(e) des Wortes** genau so, wie es jemand sagt | *Seine Wohnung ist ein Chaos im wahrsten Sinn des Wortes*; **Das ist nicht im Sinne des Erfinders** *humorvoll* Das ist nicht so, wie es gewollt oder geplant war; **In diesem Sinn(e)** verwendet, um auf höfliche Weise ein Gespräch unter Freunden, guten Bekannten o. Ä. abzubrechen; **etwas kommt jemandem in den Sinn** jemand denkt an etwas (Ungewöhnliches) | *Es wäre mir nie in den Sinn gekommen, den Chef zu fragen, ob er mit uns in die Kneipe geht*; **in jemandes Sinn(e) handeln** so handeln, wie es eine andere Person auch getan oder gewollt hätte; **etwas ist (nicht) nach jemandes Sinn** etwas ist (nicht) so, wie es jemand will; **ohne Sinn und Verstand** ohne darüber nachzudenken, ob es sinnvoll, nicht übertrieben, nicht schädlich o. Ä. ist;

▸andere Verwendungen: **seiner Sinne nicht mächtig sein** *geschrieben* nicht mehr gut und logisch denken können, weil man z. B. sehr müde ist; **jemandem schwinden die Sinne** jemand wird ohnmächtig; **jemandem steht der Sinn (nicht) nach etwas** jemand hat (keine) Lust auf etwas

Sinn·bild *das* **ein Sinnbild** +*Genitiv* etwas, das eine Idee o. Ä. darstellt ≈ *Symbol* | *welke Blumen als Sinnbild der Vergänglichkeit* • hierzu **sinn·bild·lich** ADJEKTIV

sin·nen VERB (sann, hat gesonnen) **1** **(über etwas (*Akkusativ*)) sinnen** nachdenken, grübeln ⟨ins Sinnen kommen; in düsteres Sinnen verfallen⟩ | *(darüber) sinnen, wie man ein Problem lösen könnte* **2** **auf etwas (*Akkusativ*) sinnen** die Absicht haben, das Genannte zu tun ⟨auf Rache, Mord, Vergeltung, jemandes Verderben sinnen⟩

Sin·nen·freu·den *die*; *Plural* die Lust oder Freude an intensiven Erlebnissen und Gefühlen

sinn|ent·stel·lend ADJEKTIV ⟨ein Druckfehler, eine Übersetzung⟩ so, dass sie den Sinn, die Bedeutung einer Sache verändern

Sin·nes·or·gan *das*; *meist Plural* ein Teil des Körpers (wie Nase, Auge, Ohr, Haut usw.), mit dem man die Umwelt wahrnehmen kann

Sin·nes·täu·schung *die* etwas, das man zu hören oder sehen glaubt, das es aber in Wirklichkeit nicht gibt

Sin·nes·wan·del *der*; *meist Singular* eine meist plötzliche Änderung der Meinung ⟨einen (totalen) Sinneswandel vollziehen⟩

sinn·fäl·lig ADJEKTIV so, dass es sofort verstanden wird ⟨etwas sinnfällig zum Ausdruck bringen⟩ • hierzu **Sinn·fäl·lig·keit** *die*

sinn·ge·mäß ADJEKTIV *meist attributiv* so, dass die Bedeutung der Äußerung (und nicht die Äußerung selbst) wiedergegeben wird ⟨etwas sinngemäß wiedergeben, übersetzen⟩ ↔ *wörtlich*

sin·nie·ren VERB (sinnierte, hat sinniert) **(über etwas**

(*Akkusativ*)) **sinnieren** über etwas nachdenken, grübeln ⟨vor sich hin sinnieren⟩ | *über das Schicksal sinnieren*

sinn·lich ADJEKTIV **1** in Bezug auf die Sinne oder mit den Sinnen ⟨die Wahrnehmung, die Erfahrung, Reize; etwas sinnlich wahrnehmen⟩ **2** in Bezug auf den Körper (und nicht auf den Geist) ⟨Genüsse, Freuden, Begierden⟩ ≈ *körperlich* **3** an sexuellem Vergnügen interessiert ⟨eine Frau, ein Mann⟩ **4** so, dass es die Sexualität stark anspricht | *Der Tango ist ein sehr sinnlicher Tanz* • hierzu **Sinn·lich·keit** *die*

★ **sinn·los** ADJEKTIV **1** ohne sinnvolles Ziel oder Erfolg ⟨ein Krieg, ein Opfer, Zerstörung; etwas sinnlos vergeuden⟩ ↔ *sinnvoll* | *Es ist doch völlig sinnlos, ihm das zu erklären, er versteht das sowieso nicht* **2** *meist attributiv* ohne vernünftigen Grund ⟨sich sinnlos ärgern, aufregen⟩ **3** ohne Überlegung oder Verstand ⟨Gerede, Zeug⟩ | *Es hat keinen Zweck, jetzt sinnlos draufloszuarbeiten. Wir müssen erst einen Plan machen* **4** *nur adverbiell* so, dass man der eigenen Sinne nicht mehr mächtig ist ⟨sich sinnlos betrinken⟩ • hierzu **Sinn·lo·sig·keit** *die*

sinn·ver·wandt ADJEKTIV mit ähnlicher Bedeutung ⟨Wörter⟩

★ **sinn·voll** ADJEKTIV **1** so, dass es einen Nutzen oder einen Zweck hat ⟨eine Erfindung⟩ ≈ *nützlich* ↔ *sinnlos* **2** so, dass es eine Person zufrieden macht ⟨eine Tätigkeit, eine Arbeit, ein Leben⟩ ↔ *frustrierend* **3** ⟨ein Satz⟩ so, dass er vernünftig ist und einen Sinn, eine Bedeutung ergibt ↔ *sinnlos*

sinn·wid·rig ADJEKTIV so, dass es dem Sinn einer Sache widerspricht | *ein Gesetz sinnwidrig auslegen* • hierzu **Sinn·wid·rig·keit** *die*

Sinn|zu·sam·men·hang *der* die Verbindung mehrerer Sätze, aus der man z. B. ein Wort oder eine Äußerung richtig deuten kann ≈ *Kontext* | *aus dem Sinnzusammenhang erraten können, was ein unbekanntes Wort bedeutet*

Sint·flut *die; meist Singular* **1** in der Bibel ein starker Regen, mit dem Gott die Menschen für ihre Sünden bestrafte **2** *gesprochen* ein sehr starker Regen | *Das ist ja die reinste Sintflut!* ■ ID **Nach mir die Sintflut!** **a** drückt aus, dass man sich nicht für die Folgen des eigenen Verhaltens für andere interessiert **b** drückt aus, dass man glaubt, dass einer Person negative Folgen ihres Verhaltens für andere egal sind • hierzu **sint·flut·ar·tig** ADJEKTIV

Sin·ti *die; Plural* **Sinti und Roma** verwendet als Bezeichnung für eine Volksgruppe in Europa. Früher waren viele *Sinti* und *Roma* nicht sesshaft

Si·phon ['zi:fõ, zi'fo:n] *der;* (-s, -s) **1** eine Flasche, in welcher Wasser so unter Druck steht, dass man es herausspritzen kann **K** Siphonflasche **2** ein gebogenes Rohr unter einem Waschbecken. Im Rohr bleibt immer eine kleine Menge Wasser, sodass keine unangenehmen Gerüche aus dem Abfluss kommen

Sip·pe *die;* (-, -n) **1** eine Gruppe von mehreren Familien, die zusammen leben | *Während der Steinzeit lebten unsere Vorfahren in Sippen* **K** Sippenforschung, Sippenverband **2** *gesprochen, humorvoll* die (eigenen) Verwandten

Sip·pen·haf·tung *die; nur Singular* die Praxis, dass die ganze Sippe o. Ä. für die Straftaten eines einzelnen Mitglieds verantwortlich gemacht wird

Sipp·schaft *die; nur Singular; meist abwertend* die (eigenen) Verwandten

Si·re·ne *die;* (-, -n) **1** ein Gerät, das lange, laute Töne erzeugt, um vor einer Gefahr zu warnen ⟨die Sirenen heulen⟩ **K** Sirenengeheul; Autosirene, Schiffssirene, Fabriksirene, Feuerwehrsirene, Polizeisirene **2** eine der Frauen, die in der griechischen Sage Männer durch ihren schönen Gesang ins Unglück brachten **K** Sirenengesang

sir·ren VERB (sirrte, ist gesirrt) **ein Insekt sirrt** ein Insekt fliegt und erzeugt dabei einen hohen, hellen Ton ⟨eine Mücke, eine Schnake, eine Libelle⟩

Si·rup *der;* (-s) **1** eine braune, dicke Flüssigkeit, die entsteht, wenn man Zucker herstellt **2** eine süße dicke Flüssigkeit, die man mit Wasser mischt und als Saft trinkt | *den Sirup mit Wasser verdünnen* **K** Apfelsirup, Fruchtsirup, Himbeersirup, Kirschsirup, Zitronensirup

Si·sal *der;* (-s) Fasern, aus denen man Seile und Matten herstellt **K** Sisalfaden, Sisalseil, Sisalteppich

Si·sy·phus·ar·beit ['si:zyfʊs-] *die* eine Arbeit, die nie zu Ende geht bzw. nie zu einem Erfolg führt | *Hausarbeit ist die reinste Sisyphusarbeit*

★ **Sit·te** *die;* (-, -n) **1** *meist Plural* die Verhaltensweisen, die eine Gesellschaft traditionell angenommen hat ⟨die Sitten und Gebräuche eines Volkes; irgendwo herrschen wilde, raue, strenge Sitten⟩ ≈ *Bräuche* | *Bei uns gibt es die Sitte, ein Fest zu feiern, wenn das Dach eines Hauses fertig geworden ist* **K** Sittengeschichte; Landessitte, Volkssitte **2** *meist Singular* die Normen, die in einer Gesellschaft bestimmen, was gut und richtig ist ⟨die gute Sitte; gegen Sitte und Anstand verstoßen; gegen die Sitten verstoßen⟩ ≈ *Moral* | *In vielen moslemischen Ländern verlangt die Sitte, dass Frauen einen Schleier tragen* **K** Sittenkodex, Sittenlehre, Sittenverfall **3** *nur Plural* die Art, wie sich jemand vor anderen Leuten verhält ⟨eigenartige, sonderbare, komische Sitten haben; ein Mensch mit guten, schlechten Sitten⟩ | *etwas ist gegen die guten Sitten* (etwas ist unmoralisch) **4** **etwas ist Sitte** etwas ist üblich | *Bei uns ist es Sitte, dass man ein Geschenk mitbringt, wenn man irgendwo zu Gast ist* | *In unserer Familie ist es Sitte, nach dem Essen einen Kaffee zu trinken* **5** Kurzwort für *Sittenpolizei* ■ ID **Das sind ja ganz neue Sitten!** *gesprochen* drückt Überraschung über etwas Neues aus (das man nicht gut findet) • zu (2) **sit·ten·los** ADJEKTIV; zu (2) **Sit·ten·lo·sig·keit** *die*

Sit·ten·bild *das* die Beschreibung der Sitten, die zu einer bestimmten Zeit oder in einer Gesellschaft gelten | *ein Sittenbild des Bürgertums im 19. Jahrhundert geben*

Sit·ten·po·li·zei *die; nur Singular* eine Abteilung der Polizei, die gegen illegale Prostitution, illegales Glücksspiel o. Ä. kämpft

Sit·ten·rich·ter *der; meist abwertend* eine Person, welche die Lebensweise anderer Menschen verurteilt, ohne dass sie das Recht dazu hat ⟨jemand spielt den Sittenrichter, spielt sich als Sittenrichter auf⟩ • hierzu **Sit·ten·rich·te·rin** *die*

sit·ten·streng ADJEKTIV; *veraltend* ⟨Eltern, ein Vater⟩ so, dass sie sehr genau darauf achten, dass ihre Angehörigen nichts tun, das unmoralisch ist • hierzu **Sit·ten·stren·ge** *die*

Sit·ten·strolch *der; abwertend* ein Mann, der in sexueller Absicht Frauen und Kinder verfolgt (und belästigt)

sitt·lich ADJEKTIV **1** *meist attributiv* in Bezug auf die Sitte, die Moral ⟨die Erziehung, Reife, der Verfall; Bedenken; der sittliche Wert eines Romans, eines Films⟩ **2** den Regeln der Sitte, der Moral entsprechend; moralisch vorbildlich ⟨ein Mensch, Verhalten, Handeln; sich sittlich verhalten⟩ • hierzu **Sitt·lich·keit** *die*

Sitt·lich·keits·de·likt *das* ≈ *Sexualdelikt*

Sitt·lich·keits|ver·bre·chen *das* ≈ *Sexualdelikt* • hierzu **Sitt·lich·keits·ver·bre·cher** *der;* **Sitt·lich·keits·ver·bre·che·rin** *die*

sitt·sam ADJEKTIV; *veraltend oder humorvoll* den Regeln der Sitte, der Moral entsprechend • hierzu **Sitt·sam·keit** *die*

★ **Si·tu·a·ti·on** [-'tsio:n] *die;* (-, -en) die Umstände, Bedingungen, Tatsachen, wie sie zu einem Zeitpunkt vorhanden sind ⟨eine angespannte, ausweglose, gefährliche, kritische, schwierige, verfahrene Situation; jemandes berufliche, familiäre, finanzielle Situation; in der aktuellen, derzeitigen, heutigen Situation; die politische, wirtschaftliche Situation eines Landes; einer Situation (nicht) gewachsen sein〉 ≈ *Lage* | *Der Brief hat ihn in eine peinliche Situation gebracht* K Konfliktsituation, Krisensituation, Marktsituation, Verkehrssituation ● hierzu **si·tu·a·ti·ons·be·dingt** ADJEKTIV

Si·tu·a·ti·ons·ko·mik *die; nur Singular* Komik, die von einer Situation (in einem Film oder im Theater) kommt (und nicht von dem, was gesagt wird)

si·tu·iert ADJEKTIV **gut situiert sein** viel Geld und eine (gesellschaftlich) hohe Position haben

★ **Sitz** *der;* (-es, -e) **1** etwas, auf dem man (z. B. im Auto oder im Theater) sitzen kann 〈bequeme, gepolsterte, weiche, lederne Sitze〉 K Sitzbank, Sitzplatz; Ledersitz, Autositz, Fahrersitz, Fenstersitz, Rücksitz, Vordersitz, Notsitz, Schleudersitz **2** ein Amt in einer (öffentlichen) Institution oder einem Gremium (mit dem Recht, bei Abstimmungen mitzumachen) 〈ein Sitz im Gemeinderat, im Aufsichtsrat, im Parteivorstand〉 | *Die Partei hat/gewann/verlor 20 Sitze im Parlament* K Sitzverteilung **3** das Gebäude, in dem eine Institution, ein Betrieb o. Ä. arbeitet oder der Ort, an dem jemand wohnt | *Die Firma hat ihren Sitz in Frankfurt* | *Der Bundespräsident hat seinen Sitz in Berlin im Schloss Bellevue* K Amtssitz, Regierungssitz, Hauptsitz, Landsitz, Wohnsitz, Bischofssitz ■ ID **auf 'einen Sitz** *gesprochen* auf einmal, ohne zu unterbrechen 〈etwas auf einen Sitz (auf)essen, austrinken〉

Sitz·blo·cka·de *die* eine Demonstration, bei der sich die Personen auf eine Straße, auf Schienen o. Ä. setzen, um jemandem den Weg zu versperren

★ **Sitz·ecke** *die* eine Gruppe von Möbeln zum Sitzen (und ein Tisch), die in einer Ecke eines Zimmers stehen

★ **sit·zen** VERB (saß, hat/ist gesessen)

▸nicht stehen oder liegen: **1** **irgendwo sitzen** (*hat/ist*) wenn man sitzt, ruht man auf einem Stuhl, dem Boden o. Ä. und der Oberkörper bleibt aufrecht 〈bequem, weich, ruhig, still sitzen〉 | *auf einer Parkbank sitzen* | *Im Kino saß ein älterer Herr neben mir* | *Wir saßen rund ums Lagerfeuer* | *Bleib ruhig sitzen, ich mach das schon* K Sitzbadewanne, Sitzbank, Sitzbrett, Sitzkissen, Sitzmöbel **i** *Sitzen* bezeichnet einen Zustand: *Sie saßen im Schatten des Baumes; sich setzen* bezeichnet einen Vorgang: *Nach dem Spaziergang setzten sie sich auf eine Bank.* **2** (*hat/ist*) sich lange Zeit irgendwo sitzend aufhalten (und sich dabei mit etwas beschäftigen) | *den ganzen Tag zu Hause/im Wirtshaus sitzen* | *stundenlang vor dem Fernseher/hinterm Steuer sitzen* (fernsehen/Auto fahren) | *am Schreibtisch sitzen* (arbeiten) | *auf der Anklagebank sitzen* (angeklagt sein) | *im Wartezimmer sitzen* (warten) | *über den Büchern sitzen* (lernen) **3** **ein Tier sitzt irgendwo** (*hat/ist*) ein Tier ist in einer ruhenden Position mit aufrechtem Körper | *Der Hase sitzt auf den Hinterbeinen* | *ein Vogel sitzt im Nest/auf einem Ast* | *Die Henne sitzt auf ihren Eiern und brütet* | *Er sagte zu seinem Hund: „Sitz!"* K Sitzstange **4** **eine sitzende Tätigkeit/Arbeit** eine Arbeit, bei der man viel sitzt

▸Ort, Gremium usw.: **5** **irgendwo sitzen** (*hat/ist*) Mitglied einer Versammlung sein 〈im Aufsichtsrat, im Bundestag, im Stadtrat sitzen〉 | *Er sitzt für die SPD im Landtag* | *In wie vielen Bundesländern sitzt die Partei in der Regierung?* **6** **etwas sitzt irgendwo/irgendwie** (*hat/ist*) etwas befindet sich an einem Ort | *„Wo sitzt denn der Schmerz?" – „Ja, da am Rücken, etwas tiefer."* | *Die Brille sitzt ja ganz schief auf deiner Nase* | *Die Firma sitzt in Bochum* (hat ihre Geschäftsstelle in Bochum) **7** **jemand sitzt** *gesprochen* (*hat*) jemand ist im Gefängnis 〈im Gefängnis, hinter Gittern, in Untersuchungshaft sitzen〉 | *Für seinen Banküberfall muss er (5 Jahre) sitzen*

▸Kleidung: **8** **etwas sitzt (gut)** (*hat*) etwas hat die richtige Größe und Form und passt jemandem deshalb | *Die Jacke sitzt gut* **9** **etwas sitzt schlecht** (*hat*) etwas hat nicht die richtige Größe und Form und passt jemandem deshalb nicht

▸andere Verwendungen: **10** **auf etwas** (*Dativ*) **sitzen** *gesprochen, abwertend* (*hat/ist*) etwas besitzen und nicht hergeben wollen 〈auf seinem Geld sitzen〉 **11** **auf etwas** (*Dativ*) **sitzen** *gesprochen, abwertend* (*hat/ist*) etwas nicht (weiter) bearbeiten | *Er sitzt seit drei Wochen auf meinem Bericht* **12** **etwas sitzt** (*hat*) jemand hat etwas schon oft getan oder geübt und kann es daher gut | *Die Tonleiter so lange üben, bis sie (richtig) sitzt* | *Bei einem Meister muss jeder Handgriff sitzen* **13** **etwas sitzt (tief)** (*hat*) etwas wirkt sehr stark in jemandem | *Der Schock sitzt tief* | *Mir sitzt noch die Angst in den Knochen* | *Das hat gesessen!* (die Kritik oder Beleidigung hat jemanden getroffen) **14** **einen 'sitzen haben** *gesprochen* (ein wenig) betrunken sein

sit·zen blei·ben, sit·zen·blei·ben VERB (blieb sitzen, ist sitzen geblieben/sitzengeblieben) **1** **sitzen bleiben** eine Klasse in der Schule wiederholen müssen, weil die Leistungen zu schlecht waren | *in der fünften Klasse sitzen bleiben* | *Er ist in der Schule zweimal sitzen geblieben* **2** **auf etwas** (*Dativ*) **sitzen bleiben** niemanden finden, der eine Ware kauft | *Er ist auf seinen Waren sitzen geblieben, weil er sie zu teuer angeboten hat* **i** aber: *auf dem Stuhl sitzen bleiben* (immer getrennt geschrieben) ● zu (1) **Sit·zen·blei·ber** *der;* zu (1) **Sit·zen·blei·be·rin** *die*

sit·zen las·sen, sit·zen·las·sen VERB (ließ sitzen, hat sitzen lassen/sitzenlassen) **1** **jemanden sitzen lassen** jemanden verlassen | *Nach zehn Jahren Ehe hat ihr Mann sie und die Kinder sitzen lassen* **2** **jemanden sitzen lassen** zu einer Verabredung nicht kommen | *Wir hatten eine Verabredung, aber sie hat mich sitzen lassen* **3** **etwas nicht auf sich** (*Dativ*) **sitzen lassen** sich gegen einen Vorwurf oder eine Kritik verteidigen | *Eine solche Anschuldigung kann ich unmöglich auf mir sitzen lassen* **i** Im Perfekt gesprochen auch: *hat sitzen gelassen*

Sitz·fleisch *das* ■ ID **kein Sitzfleisch haben** *gesprochen, humorvoll* **a** nicht lange irgendwo (ruhig) sitzen können **b** keine Ausdauer haben

Sitz·ge·le·gen·heit *die* etwas (wie z. B. ein Stuhl oder ein Hocker), auf dem man sitzen kann

Sitz·grup·pe *die* mehrere einzelne Polstersessel o. Ä., die als Gruppe in einem Zimmer stehen | *eine Sitzgruppe aus Leder im Wohnzimmer haben*

-sit·zig *im Adjektiv, unbetont, nicht produktiv* **einsitzig, zweisitzig, viersitzig** *und andere* mit der genannten Zahl von Sitzen | *ein achtsitziger Kleinbus*

Sitz·ord·nung *die* die Verteilung von Personen auf die Plätze in einem Saal, an einem Tisch | *Die Sitzordnung sah vor, dass die Ehrengäste in der ersten Reihe saßen*

Sitz·platz *der* ein Platz zum Sitzen (in einem Bus, Zug, Stadion o. Ä.) 〈jemandem einen Sitzplatz anbieten; sich (*Dativ*) einen Sitzplatz reservieren lassen; keinen Sitzplatz mehr finden〉 ↔ *Stehplatz*

Sitz·streik *der* ein Streik, bei welchem die Leute irgendwo sitzen, vor allem um einen Weg zu blockieren

★ **Sit·zung** *die;* (-, -en) **1** ein Treffen von mehreren Personen, um etwas zu besprechen oder zu entscheiden 〈eine Sitzung einberufen, anberaumen, abhalten; die Sitzung eröffnen, unterbrechen, schließen; an einer Sitzung teilnehmen; zu einer Sitzung gehen; bei/auf/in einer Sitzung sein〉 ≈ *Konferenz* K Sitzungsbericht, Sitzungsprotokoll, Sitzungssaal, Sitzungszimmer; Arbeitssitzung, Fraktionssitzung, Gewerkschaftssitzung, Kommissionssitzung, Parlamentssitzung, Plenarsitzung, Präsidiumssitzung, Ratssitzung, Senatssitzung, Vorstandssitzung **2** ein (einzelner) Besuch bei einem Maler, einem Therapeuten, einem Arzt usw., während dessen man porträtiert bzw. behandelt wird **K** Therapiesitzung, Zahnarztsitzung **3** **eine lange Sitzung** *gesprochen, humorvoll* eine ziemlich lange Zeit, die jemand auf der Toilette sitzt

★ **Ska·la** [sk-] *die;* (-, -s/Ska·len) **1** die Information von Ergebnissen einer Messung (meist als Striche und Zahlen auf einem Instrument) ⟨etwas von/auf einer Skala ablesen⟩ | *Die Skala des Fieberthermometers reicht von 35 °C bis 42 °C* **2** eine Menge oder eine grafische Darstellung verschiedener Werte, Farben o. Ä., mit denen man etwas messen oder vergleichen kann | *eine Skala von Blautönen* **K** Bewertungsskala, Duftskala, Farb(en)skala, Gefühlsskala, Lohnskala, Notenskala, Werteskala

Skalp [sk-] *der;* (-s, -e) **1** die Haut und das Gewebe am oberen Teil des Kopfes **2** *historisch* die Kopfhaut und die Haare eines getöteten Feindes

Skal·pell [sk-] *das;* (-s, -e) ein kleines, sehr scharfes Messer, mit dem Chirurgen, Zoologen und Botaniker arbeiten

★ **Skan·dal** [sk-] *der;* (-s, -e) **ein Skandal (um jemanden/etwas)** ein Ereignis, das viele Leute schockiert (und ärgert), weil es moralisch nicht in Ordnung ist ⟨ein handfester, politischer Skandal; für einen Skandal sorgen; in einen Skandal verwickelt sein, werden; einen Skandal auslösen, aufdecken; ein Skandal wird publik⟩ | *der Skandal um die Vergabe des Bauauftrags* | *Diese Verschwendung von Steuergeldern ist ein Skandal!* **K** Bestechungsskandal, Korruptionsskandal, Missbrauchsskandal

skan·da·lös [sk-] ADJEKTIV (skandalöser, skandalösest-) moralisch nicht akzeptabel ⟨ein Vorfall, ein Benehmen, ein Verhalten, Zustände⟩ | *Es ist skandalös, wie sie ihre Kinder behandelt*

skan·dal·um·wit·tert [sk-] ADJEKTIV so, dass es schon oft Skandale um die genannte Person/Sache gegeben hat | *der skandalumwitterte Filmstar*

skan·die·ren [sk-] VERB (skandierte, hat skandiert) **Personen skandieren etwas** Personen sprechen oder rufen gemeinsam etwas, rhythmisch in einzelne Silben zerlegt | *Das Publikum skandierte: „Zu-ga-be, Zu-ga-be!"*

Skat [sk-] *(der);* (-(e)s, -e) **1** *nur Singular* ein Kartenspiel für drei Personen ⟨(eine Runde) Skat spielen⟩ **K** Skatabend, Skatkarte, Skatpartie, Skatrunde, Skatspiel, Skatspieler, Skatturnier **2** die zwei Karten, die beim Skat verdeckt liegen ⟨den Skat aufnehmen, liegen lassen⟩

Skate·board ['skeitbɔːd] *das;* (-s, -s) ein kurzes Brett mit kleinen Rädern, auf dem man steht und fährt ⟨Skateboard fahren⟩

ska·ten ['skeitn̩] VERB (skatete, hat geskatet) mit Inlineskates oder einem Skateboard fahren ● hierzu **Ska·ter** ['skei-] *der;* **Ska·te·rin** ['skei-] *die*

★ **Ske·lett** [sk-] *das;* (-s, -e) **1** alle Knochen des Körpers eines Menschen oder Tiers | *das Skelett eines Mammuts im Museum* **2** **jemand ist nur mehr ein Skelett** jemand hat zu viel Gewicht verloren **3** **jemand ist das reinste Skelett** jemand ist sehr mager

Skep·sis [sk-] *die;* (-) **Skepsis (gegenüber jemandem/etwas)** der Glaube oder die Befürchtung, dass etwas nicht stimmen, klappen o. Ä. könnte ⟨voller Skepsis sein; etwas mit Skepsis betrachten; jemandem/etwas mit Skepsis gegenüberstehen, begegnen⟩ ≈ *Zweifel*

★ **skep·tisch** [sk-] ADJEKTIV so, dass man beim Denken immer überlegt, ob die Informationen echt und wahr sind oder richtig verstanden werden ⟨ein Blick, eine Haltung; skeptisch sein, bleiben, werden, reagieren; jemanden/etwas skeptisch beurteilen; sich skeptisch äußern, zeigen; jemandem/etwas skeptisch gegenüberstehen; etwas macht jemanden skeptisch⟩ | *Ich bin ziemlich skeptisch, ob das wohl gut gehen wird* ● hierzu **Skep·ti·ker** *der;* **Skep·ti·ke·rin** *die*

Sketch [skɛtʃ] *der;* (-es, -e/-es) eine kurze, witzige Szene auf der Bühne, im Fernsehen o. Ä.

★ **Ski** [ʃiː] *der;* (-s, -/-er ['ʃiːɐ]) Ski sind zwei lange, schmale Bretter aus Kunststoff, mit denen man über Schnee gleiten kann ⟨Ski fahren, laufen; die Ski/Skier anschnallen, abschnallen, wachsen⟩ **K** Skianzug, Skibindung, Skibrille, Skifahrer, Skigebiet, Skihose, Skilaufen, Skilehrer, Skipiste, Skischule, Skisport, Skistiefel, Skistock, Skiunfall, Skiwachs; Abfahrtsski, Langlaufski, Tourenski

Ski·flie·gen ['ʃiː-] *das;* (-s) eine Art des Skispringens, bei der man sehr weit springt

Ski·kurs ['ʃiː-] *der* ein Kurs, in dem man lernt, Ski zu fahren

Ski·lang·lauf [ʃiː-] *der; nur Singular* ≈ *Langlauf*

Ski·lauf ['ʃiː-] *der;* (-s) die Sportarten, bei denen die Sportler auf Skiern über den Schnee gleiten ⟨alpiner, nordischer Skilauf⟩

Ski·lift ['ʃiː-] mit einem Skilift können Skifahrer den Berg hinauffahren

Skin·(head) ['skɪn(hɛd)] *der;* (-s, -s) ein rechtsradikaler Mann, der sich den Kopf rasiert hat

Ski·sprin·gen [ʃiː-] *das;* (-s) eine Sportart, bei der man auf Skiern eine Schanze hinunterfährt und dann weit durch die Luft fliegt ● hierzu **Ski·sprin·ger** *der*

Skiz·ze ['skɪtsə] *die;* (-, -n) **1** eine einfache, schnell gemachte Zeichnung, die mit wenigen Strichen das Wichtigste zeigt ⟨eine flüchtige Skizze; eine Skizze machen, anfertigen⟩ | *eine Skizze des geplanten Hauses* **K** Skizzenblock, Skizzenmappe **2** ein kurzer Text, welcher das Wichtigste einer Sache beschreibt **K** Reiseskizze ● hierzu **skiz·zen·haft** ADJEKTIV; **skiz·zie·ren** VERB *(hat)*

Skla·ve ['sklaːvə, -fə] *der;* (-n, -n) **1** *historisch* eine Person, die Eigentum einer anderen Person ist und keine Rechte hat ⟨mit Sklaven handeln; Sklaven halten⟩ **K** Sklavenaufstand, Sklavenhalter, Sklavenhandel, Sklavenhändler, Sklavenmarkt; Galeerensklave, Rudersklave **H** *der Sklave; den, dem, des Sklaven* **2** **ein Sklave** +*Genitiv abwertend* eine Person, die von einer anderen Person oder Sache (psychisch) abhängig ist | *ein Sklave seiner Leidenschaften* | *ein Sklave seiner Gewohnheiten sein* ● hierzu **Skla·vin** *die*

Skla·ve·rei [sklaːvəˈrai̯, -f-] *die;* (-) **1** *historisch* die Praxis, Sklaven zu haben ⟨die Sklaverei abschaffen⟩ **2** *historisch* der Zustand, ein Sklave zu sein ⟨aus der Sklaverei freikommen, entlassen werden, befreit werden⟩ **3** *gesprochen, abwertend* schwere körperliche Arbeit

skla·visch ['sklaːvɪʃ, -f-] ADJEKTIV; *abwertend* **1** so, dass eine Person keinen eigenen Willen und Stolz zeigt ⟨Gehorsam, Unterwerfung; jemandem sklavisch ergeben sein⟩ **2** *meist attributiv* ohne eigene Ideen ⟨eine Nachahmung; jemanden/etwas sklavisch nachmachen, imitieren⟩

Skon·to [sk-] *der/das;* (-s, -s) der Betrag, um welchen der Preis einer Ware (manchmal) reduziert wird, wenn man sie innerhalb kurzer Zeit bezahlt ⟨jemandem 3 % Skonto gewähren; 3 % Skonto bekommen⟩

Skor·pi·on [sk-] *der;* (-s, -e) **1** ein Tier, das mit den Spinnen verwandt ist, in den Tropen lebt und einen giftigen Stachel hat ⟨von einem Skorpion gestochen werden⟩ **2** *nur Singular* das Sternzeichen für die Zeit vom 24. Oktober bis 22. November **H** → Abb. unter **Sternzeichen** **3** eine Person, die in der Zeit vom 24. Oktober bis 22. November geboren ist | *Sie ist (ein) Skorpion*

Skript [sk-] *das;* (-(e)s, -en/-s) **1** ein geschriebener Text vor allem für eine Vorlesung **2** ≈ *Drehbuch*

Skrip·tum [sk-] *das;* (-s, Skrip·ten) ≈ *Skript*

Skru·pel [sk-] *der;* (-s, -); *meist Plural* die Gedanken und Gefühle, die jemanden daran hindern, etwas Böses zu tun ⟨moralische Skrupel; (keine) Skrupel haben, etwas zu tun; keine Skrupel kennen; von Skrupeln geplagt⟩ • hierzu **skru·pel·los** ADJEKTIV; **Skru·pel·lo·sig·keit** *die*

★ **Skulp·tur** [sk-] *die;* (-, -en) eine Figur (aus Bronze, Gips usw.), die ein Künstler gemacht hat **K** Skulpturensammlung; Bronzeskulptur, Gipsskulptur, Holzskulptur, Marmorskulptur

skur·ril [sk-] ADJEKTIV von einer Art, die als seltsam oder komisch empfunden wird ⟨ein Mensch, ein Typ, eine Idee, ein Einfall; jemand sieht skurril aus⟩ • hierzu **Skur·ri·li·tät** *die*

S-Kur·ve ['ɛs-] *die* eine Strecke mit zwei Kurven direkt hintereinander, wobei die eine Kurve nach links und die andere nach rechts geht

sky·pen ['skaipn̩] VERB (skypte, hat geskypt) mit jemandem (mithilfe des Programms Skype®) über das Internet telefonieren | *Als Martin in Japan war, haben wir oft miteinander geskypt*

Sla·lom *der;* (-s, -s) **1** ein Wettkampf (beim Skifahren, Kanufahren), bei dem man zwischen senkrechten Stäben (Toren) hindurch viele Kurven fahren muss ⟨einen Slalom fahren⟩ **K** Slalomlauf, Slalomläufer, Slalomwettbewerb **2** **Slalom fahren** *gesprochen* ein Fahrzeug so steuern, dass man viele Kurven fährt

Slang [slɛŋ] *der;* (-s, -s); *oft abwertend* eine Form der gesprochenen Sprache (vor allem im Englischen), die manche Leute für schlecht halten ⟨der amerikanische Slang; Slang sprechen⟩ **K** Slangausdruck, Slangwort

Sla·we *der;* (-n, -n) ein Mitglied eines Volkes, das eine slawische Sprache spricht **!** *der Slawe; den, dem, des Slawen* • hierzu **Sla·win** *die*

sla·wisch ADJEKTIV **1** zu den Völkern (z. B. den Russen, Polen, Bulgaren) gehörend, die zum Teil im Osten und Südosten in Europa leben **2** zu den Sprachen dieser Völker gehörend

Sla·wis·tik *die;* (-) die Wissenschaft, die sich mit den slawischen Sprachen beschäftigt

★ **Slip** *der;* (-s, -s) eine kleine, enge Unterhose **K** Damenslip, Herrenslip

Slip·ein·la·ge *die* ein Streifen saugfähigen Materials, den Frauen in ihren Slip kleben können, damit dieser sauber bleibt

Slip·per *der;* (-s, -) ein bequemer Halbschuh ohne Schnürsenkel

Slo·gan ['slo:gn̩] *der;* (-s, -s) ein Satz, der in der Werbung verwendet wird und den man sich gut merken kann **K** Werbeslogan

Slum [slam] *der;* (-s, -s); *meist Plural* der Teil einer großen Stadt, in dem sehr arme Leute (in schlechten Verhältnissen) wohnen ≈ *Elendsviertel* **K** Slumbewohner

Small Talk, Small·talk ['smo:lto:k] *der/selten das;* (-s, -s) Unterhaltung über unwichtige Themen, die man auf Partys usw. mit einer Person führt, die man nicht gut kennt ⟨Small Talk halten, machen⟩

Sma·ragd [sm-] *der;* (-(e)s, -e) ein wertvoller, durchsichtiger, grüner Edelstein **K** smaragdgrün

smart [sm-] ADJEKTIV **1** elegant gekleidet **2** *meist abwertend* geschickt im Verhalten mit anderen Menschen ⟨ein Geschäftsmann⟩

Smart·phone ['smaɐ̯tfo:n, -fou̯n] *das;* (-s, -s) ein Mobiltelefon, mit dem man ins Internet kann

★ **Smog** [smɔk] *der;* (-(s)) eine dichte Schicht aus Rauch, giftigen Gasen und oft auch Nebel in der Luft (über einer Stadt oder Fabrik) **K** Smogalarm

Smo·king [sm-] *der;* (-s, -s) ein festlicher (meist schwarzer) Anzug für Männer **K** Smokingjackett

SMS [ɛs|ɛm'|ɛs] *die;* (-, -) Short Message Service eine kurze Nachricht, die man von einem Handy zu einem anderen sendet | *Sie hat mir gerade eine SMS geschrieben*

★ **Snack** [snɛk] *der;* (-s, -s) eine kleine Mahlzeit ≈ *Imbiss* **K** Snackbar

sna·cken [sn-] VERB (snackte, hat gesnackt); *norddeutsch, gesprochen* sich mit jemandem unterhalten ≈ *plaudern*

Snea·ker ['sni:kɐ] *der;* (-s, -) ein bequemer, sportlich wirkender Schuh

Snob [sn-] *der;* (-s, -s); *abwertend* **1** eine Person, die sehr stolz darauf ist, dass sie zu einer relativ hohen sozialen Schicht gehört (und andere Leute daher verachtet) **2** eine Person, die viel Wert auf exklusive Dinge (vor allem Kunstgegenstände) legt

Sno·bis·mus [sn-] *der;* (-); *abwertend* die Einstellung eines Snobs • hierzu **sno·bis·tisch** ADJEKTIV

Snow·board ['sno:bɔ:ɐ̯t, 'snou̯-] *das;* (-s, -s) ein flaches Brett aus Kunststoff, das breiter als ein Ski ist und mit dem man auf Schnee bergab gleitet • hierzu **snow·boar·den** VERB; **Snow·boar·der** *der*

★ **so** ■ ADVERB

▸Art oder Weise: **1** *betont und unbetont* verwendet, um die Art und Weise zu bezeichnen, auf die eine (meist schon bekannte) Handlung abläuft | *Wir machen das so und nicht anders* | *Das machst du gut so!* **2** *oft betont* in diesem Zustand oder in dieser Form | *So kannst du unmöglich zu einer Hochzeitsfeier gehen!* | *So gefällt mir das Bild schon viel besser* | *Ich glaube nicht, dass man dieses Wort so schreiben kann* **3** *oft betont* von der genannten Art | *Bei so schlechtem Wetter bleibt man besser zu Hause* | *So ein Motorrad wollte ich mir schon lange kaufen* | *So ein Lügner!* | *Mit so jemandem wollen wir nichts zu tun haben* | *So etwas ist mir noch nie passiert!* **4** *oft betont* ohne die Person oder Sache, die schon genannt wurde oder die schon bekannt ist | *„Was hast du dafür bezahlt?" – „Das habe ich einfach so bekommen."* (ohne Geld zu zahlen) | *„Kann ich Ihnen helfen?" – „Nein danke, es geht schon so."* (ohne Ihre Hilfe) | *„Den Brief brauchen Sie nicht zu schreiben." – „Ich habe aber auch so genug zu tun."* (auch ohne den Brief) **5** *gesprochen unbetont* verwendet, um Personen oder Dinge zu bezeichnen, die man nicht genau nennen oder beschreiben kann | *Künstliches Harz ist so ein klebriges Zeug, das man benutzt, um Schäden an Baumstämmen abzudichten* | *Schilf, das sind so Gräser, die vor allem am Ufer von Seen wachsen* **6** **oder so**; **und so** *gesprochen unbetont* verwendet, wenn man etwas nicht genau weiß | *Ich muss noch ein paar Anrufe machen und so, dann bin ich fertig* | *Sie heißt Koslowski oder so* **7** **'so und/oder 'so** auf diese und/oder andere Weise | *Das kann man so und so/so oder so sehen* **8** **so oder so** *gesprochen betont* egal, wie man es macht oder betrachtet | *Er braucht sich nicht mehr anzustrengen, er wird die Prüfung so oder so bestehen*

▸Zeit, Menge, Umfang: **9** **nicht so** → nicht **10** **nur so** → nur **11** **so** *+Adjektiv/Adverb* **(wie)** *betont und unbetont* in diesem (hohen) Maß oder Umfang (wie jemand/etwas) | *Ich bin ja 'so froh darüber!* | *Das war 'so lustig!* | *Gestern war das Wetter 'nicht so schön* | *Ich habe noch 'nie so viel gegessen* | *Er ist so groß wie sein Bruder* | *so schnell wie möglich* **12** **so viel wie** *+Adjektiv/Pronomen/Substantiv;* **so viel** *+Satz* in diesem hohen Maß oder Umfang (wie jemand/etwas) | *Er muss so viel wie möglich liegen, damit er gesund wird*

S

| *Sie verdient doppelt so viel wie ich* | *Das bedeutet mir so viel wie ein Versprechen* | *In diesem Restaurant zahlt man 20 Euro, dann kann man essen, so viel man will* **13** **so wenig wie** *+Adjektiv/Pronomen/Substantiv*; **so wenig** *+Satz* in diesem geringen Maß oder Umfang (wie jemand/etwas) | *Ruhen Sie sich aus und arbeiten Sie so wenig wie möglich* | *Ich habe so wenig Erfahrung wie er* **14** **so weit** wenn man das Ganze betrachtet und Unwichtiges weglässt *≈ eigentlich* | *So weit ist alles in Ordnung* | *Es geht uns so weit ganz gut* **15** **so weit sein** bereit sein, etwas zu tun | *Wir können jetzt gehen, ich bin so weit* **16** **etwas ist so weit** etwas ist fertig oder bereit, etwas hat den genannten Punkt, das genannte Maß erreicht | *Endlich ist es so weit, das Haus ist fertig* | *Jetzt ist es bald so weit, dass ich die Geduld verliere* **17** **so** *+Zeitangabe/Mengenangabe gesprochen unbetont ≈ ungefähr* | *So in einer halben Stunde bin ich fertig, dann können wir fahren* | *Der Taschenrechner hat mich so (um die) 40 Euro gekostet*

▸Folge: **18** *unbetont* verwendet, um eine logische Folge zu nennen *≈ also* | *Es regnete, so bin ich zu Hause geblieben* | *Du wolltest, dass ich das koche, so iss es jetzt aber bitte auch!*

▸bei Zitaten: **19** verwendet, um die Person oder Quelle zu nennen, von der ein Zitat oder eine Aussage stammt | *„Für das kommende Jahr", so der Wirtschaftsminister, „wird ein Wachstum von 2,5 % erwartet"*

■ BINDEWORT **20** verwendet, um eine Art Vergleich einzuleiten | *So nett er ist, so schwierig kann er auch sein* | *Sie beendete ihr Studium so schnell sie nur konnte* **21** **so ... wie** verwendet, um einen Vergleich auszudrücken | *Das Haus sieht nicht so aus, wie ich es mir vorgestellt habe* **22** *unbetont* das, was im Hauptsatz gesagt wird, geschieht trotz der Situation, die der Nebensatz mit *so* beschreibt *≈ obwohl* | *So leid es mir tut, ich kann ihnen nicht helfen* | *So erschöpft wir auch waren, wir gaben nicht auf* **23** **so** *+Adjektiv* **+ zu** *+Infinitiv unbetont* verwendet, um die Voraussetzung für eine Handlung anzugeben | *Sie war so freundlich, mir zu helfen* | *Ich bin nicht so dumm, das zu glauben* **24** **so** (*+Adjektiv/Adverb*), **dass ...** verwendet, um die Ursache und deren Folge zu nennen | *Der Film war so langweilig, dass ich dabei fast eingeschlafen wäre* | *Er ist so schnell gerannt, dass er hingefallen ist* | *Sie lachte so, dass sie Tränen in den Augen hatte* **H** Vor einem Adjektiv/Adverb ist *so* unbetont, steht es allein, wird es betont; vergleiche **sodass**

■ PARTIKEL **25** *betont* verwendet, um eine Geste zu begleiten, die deutlich macht, wie jemand/etwas ist oder war | *„Wie groß war denn der Tisch?" – „So groß!"* | *„Wie hat er denn da geguckt?" – „So!"* **26** *unbetont* in Fragen verwendet, um in einem Gespräch ein Thema zu beginnen | *Wie geht es dir so?* | *Was macht ihr denn so?* **27** *unbetont* verwendet zur Einleitung einer Aufforderung (oft zusammen mit *doch*), wenn man ungeduldig oder ärgerlich ist | *So komm jetzt endlich!* | *So unterbrich mich doch nicht immer!* **28** *unbetont* verwendet, wenn man etwas nicht genauer sagen will | *Ich habe so meine Gründe, warum ich das tue* **29** *betont* allein stehend oder einleitend als eine Art Kommentar verwendet, wenn man etwas gerade getan hat (und damit zufrieden ist) | *So, das hätten wir geschafft!* | *So, gut. Nächstes Thema!* **30** *betont* allein stehend verwendet, um zu zeigen, dass man gehört hat, was eine andere Person gesagt hat (und dass man daran kein Interesse hat) | *„Unsere Nachbarn haben ein neues Auto gekauft." – „So."* → soso **31** *betont* mit Fragezeichen bzw. steigender Stimme verwendet, um Erstaunen oder Zweifel auszudrücken | *„Sie ist schon mit 34 Jahren Großmutter geworden." – „So?"*

■ **ID** **So viel für heute** *gesprochen* Das ist im Moment genug; **'so was von** *gesprochen* in sehr hohem Maße | *Das hat so was von Spaß gemacht!* | *„Die sind doch doof!" – „Aber so was von!"*

So Abkürzung für *Sonntag*

★ **so·bald** BINDEWORT verwendet, um zu sagen, dass etwas sofort geschehen wird, wenn eine Voraussetzung erfüllt ist *≈ wenn* | *Ich komme, sobald ich mit der Arbeit fertig bin* | *Sobald ich ihn sehe, sage ich ihm Bescheid*

Söck·chen *das*; (-s, -) ein dünner, kurzer Strumpf für Kinder oder Frauen, der bis zum Knöchel reicht

★ **So·cke** *die*; (-, -n) **1** ein kurzer Strumpf, der bis an die Knöchel oder über die Knöchel reicht ⟨ein Paar Socken⟩ **K** Frotteesocke, Wollsocke, Ringelsocke **2** **eine faule Socke** *gesprochen, humorvoll* eine Person, die nicht gerne arbeitet **3** **eine rote Socke** *gesprochen, humorvoll* eine Person mit linken Ansichten ■ **ID** **sich auf die Socken machen** *gesprochen* losgehen oder -fahren; **von den Socken sein** *gesprochen* überrascht sein

So·ckel *der*; (-s, -) der flache untere Teil, auf dem ein Denkmal, ein Zaun, ein Möbelstück o. Ä. steht **K** Marmorsockel, Steinsockel, Zementsockel

So·cken *der*; (-s, -); *gesprochen ≈ Socke*

So·da *das*; (-s) **1** ein weißes Pulver, welches die wichtigste Substanz im Backpulver ist **2** Wasser mit Kohlensäure ⟨ein Whisky (mit) Soda⟩ **K** Sodawasser

so·dann ADVERB; *veraltend* **1** *≈ danach, dann* **2** *≈ außerdem*

★ **so·dass** BINDEWORT der Nebensatz mit *sodass* beschreibt eine Folge des Geschehens, welches vorher beschrieben wurde *≈ so dass* | *Er war völlig verwirrt, sodass er nicht mehr wusste, was er sagte*

Sod·bren·nen *das*; (-s) ein unangenehmes, brennendes Gefühl in der Brust und im Hals, das vom Magen kommt ⟨Sodbrennen haben⟩

So·de *die*; (-, -n) ein Stück Rasen oder Torf, das man mit dem Spaten o. Ä. abgetrennt hat ⟨Soden ausstechen⟩ **K** Grassode, Rasensode, Torfsode

So·dom *das* **Das ist das reinste Sodom und Gomorrha** *geschrieben* verwendet, um zu sagen, dass man über die unmoralische Lebensweise an einem Ort schockiert ist

So·do·mie *die*; (-) Sex eines Menschen mit einem Tier ⟨Sodomie betreiben⟩

so·eben ADVERB **1** jetzt, in diesem Augenblick | *Soeben kommt er zur Tür herein* **2** vor sehr kurzer Zeit | *Sie ist soeben aus dem Haus gegangen*

★ **So·fa** *das*; (-s, -s) ein weiches, bequemes Möbelstück (mit einer Rückenlehne und Armlehnen), auf dem mehrere Personen sitzen können *≈ Couch* **K** Sofakissen; Ledersofa, Wohnzimmersofa

★ **so·fern** BINDEWORT verwendet, um eine Voraussetzung zu bezeichnen *≈ wenn* | *Die Fahrt dauert zwei Stunden, sofern es keinen Stau gibt* | *Sofern das Wetter schön bleibt, machen wir morgen einen Ausflug*

soff *Präteritum, 1. und 3. Person Singular* → saufen

★ **so·fort** ADVERB **1** unmittelbar nach der ersten Handlung | *Der Hund fing sofort an zu bellen, als es klingelte* | *Ruf mich bitte sofort an, wenn du heimkommst* **2** ohne zeitliche Verzögerung *≈ jetzt ↔ später* | *Du sollst sofort nach Hause kommen!* | *Der Brief muss sofort zur Post!* **K** Soforthilfe, Sofortmaßnahme **3** in sehr kurzer Zeit | *Einen Moment noch, ich bin sofort fertig* | *Wartet auf mich, ich komme sofort!*

so·for·ti·g- ADJEKTIV *meist attributiv* ohne dass Zeit zwischen zwei Handlungen oder Zuständen vergeht ⟨mit sofortiger Wirkung⟩ | *Lebensmittel, die für den sofortigen Verzehr be-*

stimmt sind

soft ADJEKTIV; *gesprochen, oft abwertend* (verwendet in Bezug auf Männer) so, dass sie ihre Gefühle zeigen und Fehler zugeben

Soft·eis *das* sehr weiches Speiseeis

Sof·tie ['sɔfti] *der*; (-s, -s); *oft abwertend* ein sanfter, nachgiebiger Mann

★ **Soft·ware** ['sɔftvɛ:ɐ̯] *die*; (-) die Informationen und Befehle (in Form von Programmen), mit denen ein Computer arbeiten kann K Lernsoftware

sog *Präteritum, 1. und 3. Person Singular* → saugen

Sog *der*; (-(e)s) die Kraft, die einen Körper in die Richtung zieht, in die sich die Luft oder eine Flüssigkeit bewegt ⟨etwas erzeugt einen Sog⟩ | *in den Sog eines Strudels geraten*

★ **so·gar, so·gar** PARTIKEL *unbetont* **1** verwendet, um zu sagen, dass man weniger erwartet hat | *Er hat sogar gewonnen!* **2** verwendet, um zu sagen, dass etwas ungewöhnlich ist | *Sogar Ralf hat das kapiert, warum du nicht?* | *Die Sonne scheint im Sommer am Nordpol sogar nachts* **3** verwendet, um eine Steigerung auszudrücken | *Er war reich, sogar sehr reich*

so·ge·nannt-, so ge·nannt- ADJEKTIV *nur attributiv* **1** drückt aus, dass die nachfolgende Bezeichnung neu ist und von einer Gruppe von Leuten verwendet wird | *der sogenannte Treibhauseffekt* **2** drückt aus, dass jemand/etwas die nachfolgende Bezeichnung nicht verdient | *mein sogenannter Freund Klaus*

so·gleich ADVERB; *veraltend* ≈ *sofort*

Soh·le *die*; (-, -n) **1** die untere Fläche des Fußes K Fußsohle **2** die untere Fläche des Schuhs, des Strumpfes o. Ä. | *Die Sohlen meiner Gummistiefel haben ein gutes Profil* K Schuhsohle, Gummisohle H → Abb. unter **Schuh** **3** ein flaches Stück aus warmem Material, das man in die Schuhe legt **4** die Fläche am Boden eines Tals, Grabens usw. K Talsohle ■ ID **auf leisen Sohlen** leise und so, dass es niemand merkt ⟨auf leisen Sohlen gehen, kommen⟩

★ **Sohn** *der*; (-(e)s, Söh·ne) **1** das männliche Kind einer Person K Adoptivsohn, Pflegesohn, Stiefsohn; Arbeitersohn, Bauernsohn, Königssohn H → Abb. unter **Familie** **2** **ein Sohn** +*Genitiv* ein Mann, der in der genannten Umgebung aufgewachsen ist (und meist von ihr geprägt ist) | *Thomas Mann, ein berühmter Sohn Lübecks* | *die Tuareg, Söhne der Wüste* K Wüstensohn **3** **mein Sohn** *gesprochen* verwendet als Anrede für einen Jungen (der nicht der eigene Sohn sein muss) | *Na, wie gehts, mein Sohn?* **4** **mein Sohn** verwendet von Priestern als Anrede für Männer (z. B. bei der Beichte) **5** **der Sohn Gottes** eine Bezeichnung für Jesus Christus in christlichen Religionen | *Gott Vater, Sohn und der Heilige Geist* K Gottessohn **6** **ein verlorener Sohn** ein Mann, welcher die eigenen Eltern enttäuscht, weil er nicht nach ihren Vorstellungen lebt oder handelt

Soh·ne·mann *der*; *gesprochen, humorvoll* verwendet (als zärtliche Anrede) für den Sohn

Soi·ree [soa're:] *die*; (-, -n) eine festliche Veranstaltung am Abend

So·ja *die*; (-) ≈ *Sojabohne* K Sojamehl, Sojaöl, Sojasoße, Sojasprossen

So·ja·boh·ne *die* eine Bohne, die vor allem in Asien wächst. Den Samen verwendet man meist als Gemüse, für Öl, als Ersatz für Fleisch und als Futter für Tiere

★ **so·lan·ge** BINDEWORT **1** für die Dauer der Zeit, die in dem Satz genannt wird | *Solange sein Auto kaputt ist, fährt er mit dem Fahrrad* | *Ich werde ihn beschützen, solange ich kann* | *Das Wetter war herrlich, solange wir in Italien waren* **2** verwendet, um eine Bedingung, Voraussetzung zu nennen | *Du darfst zuschauen, solange du mich nicht bei der Arbeit störst* | *Du darfst nicht rausgehen, solange du nicht aufgeräumt hast* (Du darfst erst rausgehen, wenn du aufgeräumt hast) H Die Form *solang* findet man vor allem in älteren Texten und in der gesprochenen Sprache. Aber: *Ich bleibe so lange, bis du eingeschlafen bist* (getrennt geschrieben).

so·lar ADJEKTIV; *geschrieben* von der Sonne ⟨Energie, Strahlung⟩ K Solarenergie, Solarheizung

So·lar·an·la·ge *die* eine Anlage, die aus Sonnenlicht elektrischen Strom oder Wärme erzeugt | *„Wir haben jetzt auch eine Solaranlage auf dem Dach." – „Für Warmwasser oder Strom?"*

So·la·ri·um *das*; (-s, So·la·ri·en [-ɪ̯ən]) **1** ≈ *Sonnenbank* **2** ≈ *Sonnenstudio*

So·lar·zel·le *die* ein technisches Gerät, das Sonnenlicht in elektrischen Strom verwandelt K Solarzellenbatterie, Solarzellenrechner

★ **solch** ARTIKEL/PRONOMEN **1** (Personen oder Dinge) von der schon genannten oder bekannten Art | *Solche Autos rosten schnell* | *Es gab Kuchen, Plätzchen und solche Sachen* **2** verwendet, um zu betonen, dass etwas sehr intensiv, groß, stark o. Ä. ist | *Sie hatte solchen Hunger, dass sie nicht einschlafen konnte* | *Es ist eine solche Freude, dich zu sehen!* | *Ein solcher Regen ist wirklich selten* | *Bei solch nassem/solch einem nassen/einem solch nassen Wetter bleibt man besser zu Hause* | *Solcher Unsinn!* **3** verwendet ohne ein Substantiv, um von der gleichen Sache oder von Sachen ähnlicher Art zu sprechen, die vorher genannt wurden | *Das ist aber ein schöne Uhr! Eine solche möchte ich auch* | *Ihr habt wirklich nette Nachbarn. Solche hätte ich auch gerne* **4** **jemand/etwas als solcher/solche/solches** die genannte Sache oder Person im Allgemeinen, grundsätzlich (im Gegensatz zu der genannten Einschränkung) | *Ich habe nichts gegen den Winter als solchen, aber er könnte wirklich kürzer sein* | *Tempolimits als solche sind ja sehr sinnvoll, aber doch nicht hier!* | *Soldaten als solche sind das Gehorchen ja gewohnt* H *Solch* bleibt unverändert, wenn es vor dem Artikel *ein* steht: *Solch eine Unverschämtheit! Solch* steht auch vor Adjektiven: *bei solch nassem Wetter; bei einem solch nassen Wetter.* Wenn *solch* direkt vor einem Substantiv steht, wird es wie ein Adjektiv flektiert: *Ich hatte (einen) solchen Hunger, dass ….* Der Gebrauch wie in *solch Freude, solch Unsinn* ist veraltet oder literarisch.

sol·cher·art ADVERB; *geschrieben* **1** von der genannten oder bekannten Art | *Solcherart Fehler dürfen nicht noch einmal passieren* **2** auf solche Art und Weise | *Er schämte sich solcherart, dass …*

sol·cher·lei ADJEKTIV/PRONOMEN *nur in dieser Form* **1** **solcherlei Personen/Dinge** Personen/Dinge von der genannten oder bekannten Art | *Solcherlei Probleme kenne ich!* **2** solche Dinge | *Solcherlei dürfte nicht geschehen*

sol·cher·ma·ßen ADVERB; *geschrieben* ≈ *solcherart*

Sold *der*; (-(e)s) das Geld, das ein Soldat oder eine Soldatin für den Dienst bekommt H → Infos unter **Gehalt**

★ **Sol·dat** *der*; (-en, -en) eine Person, die bei der Armee ist (aber nicht im Rang eines Offiziers) ⟨ein Soldat zieht in den Krieg, fällt im Krieg; Soldaten werden rekrutiert, eingezogen⟩ K Soldatenfriedhof, Soldatengrab, Soldatenlied, Soldatenuniform; Berufssoldat, Frontsoldat, Heeressoldat, Luftwaffensoldat, Marinesoldat, Zinnsoldat H a) *der Soldat; den, dem, des Soldaten* b) zu *Soldatin* → Info im Eintrag **-in** • hierzu **Sol·da·tin** *die*

Söld·ner *der*; (-s, -) ein Soldat, der für Geld in einer fremden Armee kämpft ⟨Söldner anwerben⟩ K Söldnerheer • hierzu **Söld·ne·rin** *die*

S

So·le *die;* (-, -n) Wasser, das viel Salz enthält [K] Solebad, Solequelle

So·li¹ *Plural* → Solo

So·li² *der;* (-s); *gesprochen* Kurzwort für *Solidaritätszuschlag*

so·lid ADJEKTIV → solide

so·li·da·risch ADJEKTIV **solidarisch (mit jemandem)** drückt aus, dass die Beteiligten gemeinsame Interessen haben und sich gegenseitig helfen ⟨eine Gemeinschaft; solidarisch handeln; sich mit jemandem solidarisch fühlen⟩ | *sich mit jemandem solidarisch erklären* (erklären, dass man die Person unterstützen will) [K] Solidarbeitrag, Solidargemeinschaft

so·li·da·ri·sie·ren VERB (solidarisierte sich, hat sich solidarisiert) **1** **sich mit jemandem solidarisieren** zu einer Person halten und sie unterstützen **2** **Personen solidarisieren sich** mehrere Personen mit gemeinsamen Interessen oder Zielen schließen sich zusammen und helfen sich gegenseitig ● hierzu **So·li·da·ri·sie·rung** *die*

★ **So·li·da·ri·tät** *die;* (-) **die Solidarität (mit jemandem)** das Vertrauen und Zusammenhalten von Personen mit ähnlichen Interessen oder Zielen [K] Solidaritätserklärung, Solidaritätsgefühl, Solidaritätsstreik

So·li·da·ri·täts·zu·schlag *der; meist Singular* eine (zusätzliche) Steuer in Deutschland, mit welcher die wirtschaftliche Entwicklung Ostdeutschlands nach der Wiedervereinigung unterstützt werden soll [H] Abkürzung: *Soli*

★ **so·li·de** ADJEKTIV **1** sorgfältig und aus gutem, festem Material hergestellt ≈ *stabil* | *solide Mauern* | *solide (gearbeitete) Möbel* **2** so, dass nichts Wichtiges fehlt ⟨eine Ausbildung, eine Grundlage, ein Wissen⟩ ≈ *gründlich* **3** ohne moralische Fehler ⟨ein Lebenswandel, ein Mann⟩ ≈ *anständig* **4** ⟨ein Unternehmen, eine Firma, ein Betrieb⟩ in guten finanziellen Verhältnissen und so, dass man sich auf sie verlassen kann ≈ *seriös* ● hierzu **So·li·di·tät** *die*

So·list *der;* (-en, -en) ein Musiker, der ein Solo singt oder spielt [H] *der Solist; den, dem, des Solisten* ● hierzu **So·lis·tin** *die*

Soll *das;* (-s) **1** die Arbeit oder Leistung, die jemand (nach einem Plan) erfüllen muss ⟨ein Soll festlegen; das Soll erfüllen⟩ ≈ *Norm* | *Ich habe mein Soll erfüllt, jetzt kann ich nach Hause gehen* [K] Sollstärke, Sollwert, Sollzustand **2** Geld, das man der Bank schuldet oder das von einem Konto abgebucht wird ↔ *Haben* [K] Sollzinsen

Soll·bruch·stel·le *die* eine Schwäche, die eine Sache (vor allem eine Ware) absichtlich oder bekanntlich hat und die wahrscheinlich der Grund dafür ist, dass sie zerbricht, kaputtgeht o. Ä. ⟨ein Gerät, Technik mit eingebauter Sollbruchstelle⟩

★ **sol·len¹** MODALVERB (sollte, hat *Infinitiv* + sollen) **1** *Infinitiv* + **sollen** drückt aus, dass eine Person den Auftrag oder die Bitte bekommen hat, das Genannte zu tun | *Dein Vater hat angerufen. Du sollst zurückrufen* | *Ich soll ihn um fünf Uhr vom Hotel abholen* [H] → Infos unter **Modalverb** **2** *Infinitiv* + **sollen** drückt aus, dass etwas vernünftig oder sinnvoll ist | *Ich soll mich ein bisschen ausruhen, hat der Arzt gesagt* | *Du solltest jetzt lieber nichts mehr trinken* | *Das hättest du nicht sagen sollen* (Es wäre besser gewesen, wenn du das nicht gesagt hättest) **3** **soll ich/sollen wir** +*Infinitiv* verwendet, um einen Vorschlag in Form einer Frage zu machen | *Soll ich das Fenster aufmachen?* [H] → Infos unter **Modalverb** **4** **du sollst nicht** +*Infinitiv* verwendet, um jemandem etwas zu verbieten | *Du sollst nicht alles anfassen!* | *Das fünfte Gebot lautet: „Du sollst nicht töten"* **5** **jemand/etwas soll** +*Infinitiv* etwas wird behauptet, aber man weiß nicht, ob die Information wahr ist | *Er soll ja sehr reich sein* | *Der Anführer der Rebellen soll festgenommen worden sein* [H] → Infos unter **Modalverb** **6** **jemand/etwas soll** +*Infinitiv* etwas ist für die Zukunft geplant oder wird vorhergesagt | *Nächstes Jahr sollen die Steuern erhöht werden* | *Morgen soll es wieder wärmer werden* **7** **soll ich** +*Infinitiv gesprochen* in rhetorischen Fragen verwendet, um Ärger auszudrücken und die Aufforderung, dass eine andere Person ihr Verhalten ändert | *Soll ich das denn alleine machen?* | *Wie oft soll ich dir das noch sagen?* **8** **jemand soll** +*Infinitiv gesprochen* drückt Ärger über eine Person aus und dass man sicher ist, dass sie keinen Erfolg haben könnte | *Soll er doch selbst versuchen, so ein Buch zu schreiben!* **9** *Infinitiv* + **sollen** drückt eine feste Absicht oder Zustimmung aus | *Du sollst alles bekommen, was du brauchst. Dafür sorge ich!* | *„Er will noch 50 Euro haben." – „Dann soll er's (von mir aus) haben!"* **10** *Infinitiv* + **sollen** drückt aus, dass man keine Lösung oder Antwort weiß | *Was soll ich nur tun?* | *Wie sollte das denn funktionieren?* **11** *Infinitiv* + **sollte(n)** verwendet, um einen Wunsch auszudrücken, der nicht erfüllt werden kann | *So sollte das Wetter immer sein!* | *Du hättest sein Gesicht sehen sollen!* | *Wir hätten nicht kommen sollen* [H] → Infos unter **Modalverb** **12** **jemand/etwas sollte** +*Infinitiv* verwendet, um von einer Situation zu sprechen, die erst zu einem späteren Zeitpunkt der Vergangenheit galt | *Es sollte aber anders kommen, als er es sich vorgestellt hatte* | *Damals wusste sie noch nicht, dass sie ihn nie wiedersehen sollte* **13** **wenn/falls jemand/etwas** +*Infinitiv* **sollte** verwendet, um von einer Situation zu sprechen, die vielleicht vorkommt | *Falls/Wenn meine Frau anrufen sollte, sagen Sie ihr, dass ich später heimkomme* **14** *Infinitiv* + **sollte(n)** drückt aus, dass man über eine Möglichkeit nachdenkt | *Sollte sie damit recht haben?* (Ist es möglich, dass sie recht hat?)
■ ID **Es hat nicht sollen sein/sein sollen** Es ist nicht geschehen; **Woher soll ich das wissen?** *gesprochen* verwendet, um auf sehr unfreundliche Weise zu sagen, dass man etwas nicht weiß

★ **sol·len²** VERB (sollte, hat gesollt) **1** **irgendwohin sollen** *gesprochen* den Auftrag oder die Verpflichtung haben, irgendwohin zu gehen oder zu fahren | *Ich soll nach der Schule erst nach Hause, bevor ich zu dir darf* **2** **etwas soll irgendwohin** es ist geplant oder vorgesehen, dass etwas irgendwohin gebracht wird | *Der Schrank soll neben das Fenster*
■ ID **Was soll's?** *gesprochen* drückt aus, dass man sich mit etwas abgefunden hat; **Soll er/sie (doch, ruhig)!** *gesprochen* drückt aus, dass man sich nicht dafür interessiert, was jemand tut | *„Sie hat ziemlich über dich geschimpft." – „Soll sie doch, das ist mir egal!"*; **Was soll das/Was soll der Quatsch/Was soll der Unsinn?** *gesprochen* verwendet, um Ärger auszudrücken [H] Als allein stehendes Verb ist die Form im Perfekt *gesollt*; als Modalverb zusammen mit einem Infinitiv ist es *sollen*: *Sie hätte schon längst nach Hause gesollt/nach Hause gehen sollen.*

so·lo ADJEKTIV **1** *gesprochen meist prädikativ* ohne Partner, ohne Begleiter ⟨solo sein, gehen, kommen⟩ ≈ *allein* **2** *nur adverbiell* in der Form eines Solos ⟨solo singen, spielen⟩

So·lo *das;* (-s, -s/So·li) **1** ein Teil eines Musikstückes oder Balletts, bei dem ein einzelner Künstler singt, spielt oder tanzt ⟨ein Solo singen, spielen, tanzen⟩ [K] Sologesang, Soloinstrument, Solopart, Solotanz; Gitarrensolo, Schlagzeugsolo, Violinsolo **2** ein Spiel bei manchen Kartenspielen (wie Schafkopf und Skat), bei dem jemand allein gegen alle spielt [K] Solospiel, Solospieler

sol·vent [-v-] ADJEKTIV (solventer, solventest-); *geschrieben* ⟨ein Mieter, eine Firma⟩ mit genug Geld ≈ *zahlungsfähig* ● hierzu **Sol·venz** *die*

★ **so·mit, so·mit** ADVERB **1** verwendet, um zu sagen, dass etwas eine logische Folge ist ≈ *also* | *Das Erdöl wird teurer, und somit steigen die Preise* [2] ['--] drückt am Ende einer Rede o. Ä. aus, dass es jetzt Zeit für das Genannte ist | *Und somit kommen wir zum Ende unserer Veranstaltung*

★ **Som·mer** *der*; (-s, -) [1] die Jahreszeit nach dem Frühling, in der die Tage warm und lang sind ⟨ein heißer, verregneter Sommer; der Sommer kommt; es wird Sommer⟩ [K] Sommeranfang, Sommerblume, Sommerfahrplan, Sommerferien, Sommerfest, Sommerhitze, Sommerkleid, Sommermonat, Sommerreifen, Sommerschuh, Sommersemester, Sommersonnenwende, Sommertag, Sommerurlaub, Sommerszeit; Frühsommer, Hochsommer, Spätsommer [2] **Sommer und/wie Winter** während des ganzen Jahres

Som·mer·fri·sche *die*; (-); *veraltend* [1] die Ferien im Sommer, die man vor allem auf dem Land verbringt | *zur Sommerfrische aufs Land fahren* [2] ein Ort, wo man die Sommerferien verbringt

Som·mer·frisch·ler *der*; (-s, -); *veraltet* eine Person, welche die Ferien im Sommer auf dem Land verbringt

som·mer·lich ADJEKTIV so, wie es im Sommer typisch ist oder sein sollte ⟨Kleidung, Wetter; sommerlich warm⟩

Som·mer·loch *das* die Zeit im Sommer, zu der nur wenig geschieht, weil die meisten Leute im Urlaub sind

som·mers ADVERB; *geschrieben* [1] im Sommer [2] **sommers wie winters** während des ganzen Jahres | *Er geht sommers wie winters täglich spazieren*

Som·mer·spie·le *die*; *Plural* [1] die Olympischen Spiele, die im Sommer stattfinden ⟨die Olympischen Sommerspiele⟩ [2] eine Reihe von Theatervorstellungen o. Ä. im Sommer

Som·mer·spros·se *die*; (-, -n); *meist Plural* einer von mehreren kleinen braunen Flecken auf der Haut, die vor allem Menschen mit roten Haaren haben, oder welche die Leute bekommen, wenn die Sonne scheint ● hierzu **som·mer·spros·sig** ADJEKTIV

Som·mer·zeit *die* [1] **zur Sommerzeit** im Sommer [2] die Zeit in der warmen Hälfte des Jahres, in welcher in Europa die Uhren um eine Stunde vorgestellt sind ⟨(die Uhren) auf Sommerzeit (um)stellen; mitteleuropäische Sommerzeit⟩ ↔ *Winterzeit* | *Ab nächsten Sonntag gilt die Sommerzeit, da bleibt es länger hell*

So·na·te *die*; (-, -n) ein Musikstück in drei oder vier Teilen, welches für ein einzelnes Instrument oder für eine kleine Gruppe von Musikern geschrieben ist [K] Sonatenform; Klaviersonate, Violinsonate

Son·de *die*; (-, -n) [1] ein sehr dünnes, bewegliches Rohr, das man jemandem z. B. durch den Mund in den Magen führt, um diesen medizinisch zu untersuchen ⟨eine Sonde einführen⟩ [K] Blasensonde, Magensonde [2] Kurzwort für *Raumsonde* [K] Marssonde, Mondsonde, Venussonde, Weltraumsonde

★ **Son·der-** *im Substantiv, betont, sehr produktiv* [1] **die Sonderfahrt, die Sondersendung, der Sonderurlaub, der Sonderzug** *und andere* zusätzlich zum Normalen und Gewohnten | *mit einer Sondermaschine fliegen* | *eine Sondersitzung einberufen* [2] **die Sondererlaubnis, die Sondergenehmigung, die Sonderinteressen, die Sonderregelung** *und andere* nur für eine besondere Person oder Gruppe gültig oder sie betreffend [3] **der Sonderauftrag, der Sonderbeauftragte, der Sonderberichterstatter, die Sonderkommission** *und andere* mit einer speziellen Aufgabe oder Funktion

Son·der·an·fer·ti·gung *die* ein Produkt, das außerhalb einer Serie als Einzelstück hergestellt wird

★ **Son·der·an·ge·bot** *das* [1] das Angebot einer Ware, die für eine kurze Zeit weniger kostet als sonst ⟨etwas im Sonderangebot kaufen⟩ [2] eine Ware, die im Sonderangebot zu kaufen ist ⟨ein Sonderangebot kaufen⟩

Son·der·aus·ga·be *die* [1] die Ausgabe eines Buches o. Ä., die meist nur einmal, aus einem Anlass, gemacht wird ⟨eine Sonderausgabe herausbringen⟩ [2] *meist Plural* Geld, das man für spezielle Zwecke (nicht regelmäßig) ausgibt ⟨Sonderausgaben haben⟩

son·der·bar ADJEKTIV nicht so, wie man es gewöhnt ist und deshalb überraschend und verwirrend ⟨ein Mensch, ein Vorfall, eine Erklärung; sich sonderbar benehmen⟩ | *Ich finde es sonderbar, dass sie plötzlich nicht mehr mit mir spricht* ● hierzu **son·der·ba·rer·wei·se** ADVERB; **Son·der·bar·keit** *die*

Son·der·be·hand·lung *die* eine besondere (meist bessere) Behandlung ⟨jemandem eine Sonderbehandlung angedeihen lassen, zuteilwerden lassen⟩

Son·der·fall *der* etwas, das in kein Schema, keine Regel usw. passt und als einzelner Fall behandelt werden muss | *Führungen durch die Ausstellung nach 17 Uhr nur in Sonderfällen!*

son·der·glei·chen ADJEKTIV *nur nach dem Substantiv; nur in dieser Form* ⟨eine Frechheit, eine Unverschämtheit, eine Rücksichtslosigkeit sondergleichen⟩ von solcher Art, dass man sie mit nichts vergleichen kann

Son·der·heft *das* ein Heft einer Zeitschrift, das außerhalb der Reihe erscheint und ein spezielles Thema hat | *ein Sonderheft zum Thema Erziehung*

Son·der·heit *die*; *geschrieben* **in Sonderheit** ≈ *insbesondere*

son·der·lich ADJEKTIV *meist attributiv* sehr groß, stark o. Ä. | *etwas ohne sonderliche Anstrengung schaffen* | *nicht sonderlich schön sein* | *Er zeigte kein sonderliches Interesse an dem Vortrag* [!] nur in Verbindung mit einer Verneinung o. Ä.

Son·der·ling *der*; *abwertend* eine Person, die sich anders als die Mehrheit verhält und etwas merkwürdig wirkt

Son·der·müll *der* Müll, der auf besondere Art gelagert und vernichtet werden muss [K] Sondermüllbeseitigung, Sondermülldeponie

son·dern[1] VERB (sonderte, hat gesondert) **eine Person/Sache (von jemandem/etwas) sondern** *geschrieben* ≈ *trennen, entfernen*

★ **son·dern**[2] BINDEWORT [1] verwendet, um nach einer verneinten Aussage das Zutreffende einzuleiten | *Wir sind im Sommer nicht wie geplant nach Italien, sondern nach Frankreich gefahren* | *Ich bin nicht mit dem Auto gefahren, sondern zu Fuß gegangen* [2] **nicht nur ..., sondern auch ...** → nur

Son·der·num·mer *die* ≈ *Sonderheft*

★ **Son·der·preis** *der* ein sehr billiger Preis | *Socken zum Sonderpreis von drei Euro*

son·ders → samt

Son·der·schu·le *die*; *veraltet* ≈ *Förderschule*

Son·der·stel·lung *die*; *meist Singular* eine Stellung, in der man anders (und besser) behandelt wird als die anderen Leute ⟨eine Sonderstellung haben, einnehmen; jemandem eine Sonderstellung einräumen⟩

Son·der·wunsch *der*; *meist Plural* ein spezieller Wunsch einer einzelnen Person | *keine Sonderwünsche berücksichtigen können*

Son·der·zei·chen *das* Zeichen auf der Computertastatur, die keine Buchstaben oder Zahlen sind

son·die·ren VERB (sondierte, hat sondiert) **(etwas) sondieren** *geschrieben* ⟨das Terrain, die Lage sondieren⟩ ≈ *erkunden, erforschen* ● hierzu **Son·die·rung** *die*

Son·die·rungs·ge·spräch *das* ein Gespräch, das dazu dient, jemandes Meinung zu einem Thema zu erfahren

Song *der*; (-s, -s) [1] ein Lied aus der Popmusik [2] ein Lied mit

S

einem satirischen oder kritischen Inhalt

★ **Sonn·abend** *der; gesprochen* ≈ *Samstag* • hierzu **sonn·abends** ADVERB

★ **Son·ne** *die;* (-, -n) **1** *nur Singular* der große Stern am Himmel, den man am Tag sieht und von dem die Erde Wärme und Licht bekommt ⟨die Sonne scheint, glüht, sticht; die Erde dreht sich um die Sonne; die Sonne steht hoch, niedrig/tief (am Himmel)⟩ | *Die Sonne geht im Osten auf und im Westen unter* **K** Sonnenaufgang, Sonnenenergie, Sonnenlicht, Sonnenstrahl, Sonnenuntergang, Sonnenwärme; Januarsonne, Februarsonne, Frühlingssonne, Sommersonne; Abendsonne, Mittagssonne, Morgensonne **2** *nur Singular* das Licht und die Wärme der Sonne ⟨keine Sonne vertragen; sich von der Sonne bräunen lassen⟩ | *In meinem Zimmer habe ich den ganzen Tag Sonne | eine Pflanze, die viel Sonne braucht* **K** sonnendurchflutet, sonnengebräunt, sonnengereift, sonnenverbrannt **3** *nur Singular* ein Platz mit dem Licht der Sonne ⟨in die Sonne gehen; in der Sonne liegen, sitzen; etwas glänzt, glitzert in der Sonne⟩ | *Hier bleiben wir, hier ist noch Sonne* **4** ein Stern, um den Planeten kreisen **5** **die Sonne lacht** die Sonne scheint

son·nen VERB (sonnte sich, hat sich gesonnt) **1** **sich sonnen** (für längere Zeit) irgendwo sitzen oder liegen, wo man das Licht und die Wärme der Sonne am Körper spürt | *sich am Strand sonnen* **2** **sich in etwas** (*Dativ*) **sonnen** etwas genießen und sehr stolz darauf sein ⟨sich in seinem Glück, Ruhm, Erfolg sonnen⟩

Son·nen·an·be·ter *der;* (-s, -); *humorvoll* eine Person, die sich gern und oft sonnt, um braun zu werden • hierzu **Son·nen·an·be·te·rin** *die*

Son·nen·bad *das* das Liegen in der Sonne ⟨ein Sonnenbad nehmen⟩

Son·nen·bank *die* eine Bank, auf die man sich legt, um braun zu werden, und bei der der ganze Körper mit hellem Licht bestrahlt wird ≈ *Solarium*

Son·nen·blu·me *die* eine Blume mit großen, gelben Blüten auf sehr hohen Stängeln, die flache Samen produziert, aus denen man Öl macht **K** Sonnenblumenkern, Sonnenblumenöl

Son·nen·brand *der* wenn man so lange in der Sonne war, dass die Haut rot ist und wehtut, hat man einen Sonnenbrand

Son·nen·bril·le *die* eine Brille mit dunklen Gläsern, welche die Augen vor starkem Sonnenlicht schützt

Son·nen·cre·me [-kreːm] *die* eine Creme, welche die Haut davor schützt, von der Sonne verbrannt zu werden

Son·nen·fins·ter·nis *die* der Vorgang, bei dem sich der Mond (von der Erde aus gesehen) vor die Sonne schiebt ⟨eine totale, partielle Sonnenfinsternis; eine Sonnenfinsternis beobachten⟩

son·nen·hung·rig ADJEKTIV mit großem Bedürfnis nach dem Licht und der Wärme der Sonne ⟨sonnenhungrig sein⟩

Son·nen·hut *der* ein leichter Hut (meist aus Stroh) mit einem breiten Rand, welcher den Kopf und das Gesicht vor der Sonne schützt

son·nen·klar ADJEKTIV; *gesprochen* eindeutig, völlig klar ⟨etwas ist jemandem sonnenklar⟩

Son·nen·kol·lek·tor *der;* (-s, Son·nen·kol·lek·to·ren) ein Sonnenkollektor sammelt die Energie des Sonnenlichts und gibt diese Energie weiter

Son·nen·öl *das* ein Öl, mit dem man die Haut vor Sonnenbrand schützt ⟨sich mit Sonnenöl einreiben⟩

★ **Son·nen·schein** *der; nur Singular* **1** das Licht der Sonne, wenn sie auf die Erde scheint | *bei strahlendem Sonnenschein spazieren gehen* **2** *veraltend* ein Kind, das viel Freude macht ⟨jemandes Sonnenschein sein⟩

Son·nen·schirm *der* ein großer Schirm, der vor der Sonne schützt

Son·nen·schutz|mit·tel *das* eine Creme oder ein Öl, mit der man die Haut vor Sonnenbrand schützt

Son·nen·sei·te *die; meist Singular* **1** die Seite eines Hauses, einer Straße o. Ä., auf welcher das Licht der Sonne ist **2** **die Sonnenseite** *+Genitiv* die angenehmen Aspekte einer Sache ⟨die Sonnenseite des Lebens⟩

Son·nen·stich *der; meist Singular* Kopfschmerzen, Übelkeit usw., die man bekommt, wenn man zu lange in der Sonne war ⟨einen Sonnenstich bekommen, haben⟩ ■ **ID** **einen Sonnenstich haben** *gesprochen* verrückte Dinge tun und sagen

Son·nen·stu·dio *das* ein Geschäft mit Sonnenbänken ≈ *Solarium*

★ **Son·nen·sys·tem** *das* **1** *nur Singular* unsere Sonne und die Planeten, die um sie kreisen **2** ein Stern und die Planeten, die um ihn kreisen

Son·nen·tag *der* ein Tag, an welchem die Sonne scheint | *Die Gegend hat 150 Sonnentage im Jahr*

Son·nen·uhr *die* ein Gerät aus einem Stab und einer Skala. Der Schatten des Stabes zeigt (wenn die Sonne scheint) auf der Skala an, wie viel Uhr es ist

Son·nen·wen·de *die* der Zeitpunkt (in einem Jahr), an welchem die Sonne am längsten oder am kürzesten scheint **K** Sommersonnenwende, Wintersonnenwende

★ **son·nig** ADJEKTIV **1** im Licht der Sonne | *sich auf eine sonnige Bank setzen* **2** mit viel Sonnenschein ⟨Wetter⟩ | *in einem sonnigen Land Urlaub machen* **3** immer fröhlich und optimistisch ⟨ein Gemüt, ein Wesen⟩

★ **Sonn·tag** *der;* (-s, -e) der siebte Tag der Woche, an dem die meisten Leute nicht arbeiten ⟨am Sonntag; letzten, diesen, nächsten Sonntag; Sonntag früh⟩ | *Der Zug fährt täglich außer an Sonn- und Feiertagen* **K** Sonntagabend, Sonntagmorgen, Sonntagnacht; sonntagabends, sonntagmittags; Sonntagsanzug, Sonntagsarbeit, Sonntagsausflug, Sonntagsbraten, Sonntagsdienst, Sonntagsgottesdienst, Sonntagskleid, Sonntagsruhe, Sonntagsspaziergang; Adventssonntag, Ostersonntag, Pfingstsonntag **H** Abkürzung: *So*

sonn·täg·lich ADJEKTIV **1** wie es dem üblichen Verhalten am Sonntag entspricht ⟨sonntäglich angezogen sein⟩ | *die sonntägliche Ruhe* **2** *meist attributiv* ⟨der Kirchgang, der Spaziergang⟩ so, dass sie regelmäßig am Sonntag stattfinden

sonn·tags ADVERB jeden Sonntag | *Sonn- und feiertags geschlossen!*

Sonn·tags·fah·rer *der; meist abwertend* eine Person, die schlecht Auto fährt, weil sie es selten tut • hierzu **Sonn·tags·fah·re·rin** *die*

Sonn·tags·fra·ge *die;* Ⓓ die Frage „Wen würden Sie wählen, wenn am nächsten Sonntag Bundestagswahlen wären?", die regelmäßig in Umfragen gestellt wird

so·nor ADJEKTIV; *geschrieben* mit einem angenehmen, vollen Klang ⟨eine Stimme⟩

★ **sonst** ADVERB/BINDEWORT **1** in den meisten anderen Fällen | *Sag doch auch mal was, du bist doch sonst auch nicht so schweigsam | Die sonst so laute Straße war plötzlich ganz ruhig* **2** zusätzlich zu dem, was schon gesagt worden ist (in Fragen oder vor verneinten Satzteilen) | *Hast du sonst noch Fragen? | Nur wir sind eingeladen, sonst niemand/keiner* **3** verwendet, um nach Kritik etwas Positives zu sagen | *Die Nudeln waren etwas zu weich, aber sonst war das Essen ausgezeichnet* **4** der Nebensatz mit *sonst* nennt eine unangenehme Folge, die mit der Handlung des Hauptsatzes verhindert werden kann oder konnte ≈ *andernfalls* | *Gib mir sofort das Geld, sonst werde ich böse*

S

| *Wir müssen sofort gehen, sonst verpassen wir den Zug* **5** **sonst (et)was/jemand/wann/wer/wo** *und andere gesprochen* so, dass eine Person, Sache, Zeit oder ein Ort usw. nicht feststeht, sondern beliebig ist | *Ich weiß wirklich nicht, wo die Tasche ist, die kann ich sonst wohin gestellt haben* | *Da kannst du sonst wen fragen, da wird dir jeder das Gleiche sagen* (Egal, wen du du fragst, die Antwort wird immer gleich sein) ■ **ID Sonst noch was?** *gesprochen, oft ironisch* verwendet, eine Person zu fragen, ob sie (immer noch) Wünsche oder Kommentare hat; **'Sonst gehts dir 'gut?, Sonst hast du 'keine Probleme?** *gesprochen* verwendet, um jemandes Verhalten oder Äußerung auf aggressive Weise zu kritisieren

sons·ti·g- ADJEKTIV *meist attributiv* zusätzlich noch vorhanden | *Rauchen, Trinken und sonstige schlechte Gewohnheiten* | *Die Anzeige erschien in der Rubrik „Sonstiges"*

so·oft [zo'|ɔft] BINDEWORT immer wenn, jedes Mal wenn | *Er geht ins Kino, sooft er kann* | *Sooft ich sie sehe, freue ich mich* **H** aber: *Das passiert so oft, dass ich es kaum zählen kann* (getrennt geschrieben)

Sop·ran *der*; (-s, -e) **1** *nur Singular* die höchste Singstimme bei Frauen und Jungen ⟨Sopran singen⟩ **K** Sopranstimme **2** *nur Singular* alle hohen Stimmen im Chor | *Der Sopran setzte zu spät ein* **3** eine Frau (oder ein Junge) mit einer Sopranstimme • zu (3) **Sop·ra·nis·tin** *die*

Sop·ran- *im Substantiv, betont, nicht produktiv* **die Sopranflöte, das Sopransaxophon** *und andere* verwendet, um zu sagen, dass das im zweiten Wortteil genannte Instrument relativ hohe Töne produziert

★ **Sor·ge** *die*; (-, -n) **1** *meist Plural* die unangenehmen Gedanken und Gefühle, die man hat, wenn man Probleme oder Angst hat ⟨große, berufliche, finanzielle Sorgen; (mit jemandem/etwas) Sorgen haben; voller/ohne Sorgen sein; etwas erfüllt jemanden mit Sorge; mit Sorge an etwas denken; jemand/etwas gibt jemandem Anlass zur Sorge, vertreibt jemandem die Sorgen; die Sorgen vergessen; Kummer und Sorgen⟩ | *vor Sorgen graue Haare bekommen* | *Wegen seiner hohen Schulden macht er sich so viele Sorgen, dass er nachts nicht schlafen kann* **K** Alltagssorgen, Existenzsorgen, Geldsorgen, Nahrungssorgen, Wohnungssorgen **2** **Sorgen (um jemanden/etwas)** die Angst, dass mit einer Person oder Sache etwas Unangenehmes geschehen könnte ⟨sich (*Dativ*) (um jemanden/etwas) Sorgen machen⟩ | *die Sorgen um jemandes Zukunft* | *Ich mache mir immer Sorgen um dich, wenn du allein mit dem Auto unterwegs bist* **3** **die Sorge (für jemanden)** *nur Singular* alle Handlungen, mit denen man erreichen will, dass es jemandem gut geht | *die elterliche Sorge für die Kinder* **K** Fürsorge **4** **eine Person/Sache macht jemandem Sorgen** das Verhalten einer Person oder eine Sache bewirkt, dass jemand Angst hat oder unruhig wird | *Das Examen macht mir große Sorgen* **5** **für etwas Sorge tragen** *geschrieben* das tun, was nötig ist, damit die genannte Aufgabe erfüllt wird | *dafür Sorge tragen, dass die Termine eingehalten werden* ■ **ID Keine Sorge!** *gesprochen* verwendet, um jemandem Mut zu machen | *Keine Sorge, das wird schon klappen!*; **Lass das (nur/mal) 'meine Sorge sein!** *gesprochen, ironisch* Ich werde mich um dieses Problem kümmern; **'Du hast Sorgen!, 'Deine Sorgen möchte ich haben!** *gesprochen* Dein Problem ist wirklich nicht schlimm • zu (1) **sor·gen·frei** ADJEKTIV; zu (1) **sor·gen·los** ADJEKTIV; zu (1) **sor·gen·voll** ADJEKTIV

★ **sor·gen** VERB (sorgte, hat gesorgt) **1** **für jemanden sorgen** alles tun, was eine Person braucht, damit es ihr gut geht ⟨für die Kinder, den Ehepartner sorgen⟩ **2** **für etwas sorgen** alles tun, was nötig ist, damit etwas geschieht, entsteht oder da ist ⟨für Unterhaltung, Heiterkeit, Musik sorgen; für das Essen, die Getränke sorgen⟩ *Sorgst du dafür, dass wir genügend Getränke für die Party haben?* **3** **sich (um jemanden/etwas) sorgen** Angst haben, dass jemand oder eine Sache einen Schaden erleidet | *Ich sorge mich um seine Gesundheit*

Sor·gen·fal·te *die; meist Plural* eine Falte im Gesicht (oft auf der Stirn), die man bekommt, wenn man viele Sorgen hat

Sor·gen·kind *das* ein Kind, mit welchem die Eltern viele Probleme und Sorgen haben

Sor·ge·pflicht *die; meist Singular* die Pflicht der Eltern, sich darum zu kümmern, dass die eigenen Kinder Essen und Kleidung haben und eine Ausbildung bekommen

Sor·ge·recht *das; meist Singular* das Recht (meist der Eltern oder eines Elternteils), ein Kind bei sich zu haben und zu erziehen ⟨jemandem wird das Sorgerecht entzogen⟩ | *Nach der Scheidung wurde ihr das Sorgerecht für ihre beiden Töchter zugesprochen*

★ **Sorg·falt** *die*; (-) die gewissenhafte und sehr genaue Ausführung einer Aufgabe o. Ä. ⟨große Sorgfalt auf etwas (*Akkusativ*) verwenden; bei etwas die nötige Sorgfalt walten lassen⟩ | *Er zeichnete den Plan mit größter Sorgfalt* • hierzu **sorg·fäl·tig** ADJEKTIV; **Sorg·fäl·tig·keit** *die*

sorg·lich ADJEKTIV; *veraltend* **1** ≈ *sorgfältig* **2** ≈ *sorgsam*

sorg·los ADJEKTIV **1** frei von Problemen und Sorgen ⟨ein Dasein, ein Leben; sorglos in den Tag hineinleben⟩ **2** ohne die nötige Sorgfalt und Aufmerksamkeit ⟨mit etwas sorglos umgehen⟩ | *Es ist erschreckend, wie sorglos mit der Umwelt umgegangen wird* • hierzu **Sorg·lo·sig·keit** *die*

sorg·sam ADJEKTIV **1** liebevoll und mit großer Aufmerksamkeit und Vorsicht | *die Verletzte sorgsam in eine Decke wickeln* **2** ≈ *sorgfältig* • hierzu **Sorg·sam·keit** *die*

★ **Sor·te** *die*; (-, -n) **1** **eine Sorte** (+*Substantiv*) eine Gruppe von Pflanzen oder Dingen, die sich durch einige Eigenschaften von anderen Pflanzen oder Dingen der gleichen Art unterscheiden ⟨etwas ist von einer bestimmten Sorte⟩ | *eine billige Sorte Tee* | *eine Sorte Trauben ohne Kerne* **K** Apfelsorte, Birnensorte, Getreidesorte, Käsesorte, Obstsorte, Tabaksorte, Teesorte **2** *gesprochen, abwertend* ein Typ von Menschen mit meist negativen Eigenschaften | *Er ist von der Sorte Mensch, die ich nicht leiden kann*

sor·tie·ren VERB (sortierte, hat sortiert) **Dinge (nach etwas) sortieren** Dinge mit ähnlichen Eigenschaften zu Gruppen mit gleichen Eigenschaften ordnen ⟨etwas nach der Größe, Farbe sortieren; etwas alphabetisch sortieren⟩ | *Die Äpfel werden nach der Größe sortiert* **K** Sortiermaschine • hierzu **Sor·tie·rung** *die*

Sor·ti·ment *das*; (-(e)s, -e) **ein Sortiment (an Waren** (*Dativ*)**)** alle Waren, die ein Geschäft anbietet ⟨ein breites, reichhaltiges, umfangreiches Sortiment; das Sortiment erweitern, ergänzen; etwas ins Sortiment aufnehmen, (nicht) im Sortiment haben, aus dem Sortiment nehmen⟩ ≈ *Warenangebot* | *ein breites Sortiment an T-Shirts* **K** Warensortiment

SOS [ɛs|oː'|ɛs] *das*; (-) ein internationales Zeichen, mit dem ein Kapitän um Hilfe ruft, wenn das Schiff in Not ist ⟨SOS funken⟩ **K** SOS-Ruf, SOS-Signal

so·sehr BINDEWORT **sosehr (auch)** ≈ *obwohl* | *Sosehr wir uns auch anstrengten, wir hatten nie Erfolg* | *Ich kann die Situation nicht ändern, sosehr es mir (auch) leidtut*

so·so *gesprochen* ■ ADVERB **1** weder gut noch schlecht | *„Wie geht es dir heute?" – „Naja, soso."*
■ PARTIKEL *betont* **2** als Antwort verwendet, wenn man sich für ein Thema nicht sehr interessiert | *„Ich war gestern beim Friseur." – „Soso."* **3** verwendet, um zu sagen, dass man etwas nicht gut findet oder Zweifel hat | *Im Park bist du gewesen, soso. Darfst du denn da überhaupt allein hin?*

★ **So·ße** *die*; (-, -n) **1** eine meist relativ dicke (gekochte) Flüs-

S

sigkeit, die man zu Fleisch, Gemüse o. Ä. isst | *Willst du noch etwas Soße über den Braten?* K Soßenkoch, Soßenlöffel; Bratensoße, Dillsoße, Rahmsoße, Sahnesoße, Salatsoße, Senfsoße, Tomatensoße H Vor allem auf Speisekarten wird *Soße* auch *Sauce* geschrieben. **2** eine dicke, süße Flüssigkeit, die man zur Nachspeise isst K Schokoladensoße, Vanillesoße

sott *Präteritum, 3. Person Singular* → sieden

Souff·lé, Souff·lee [zu'fle:] *das;* (-s, -s) eine Speise (ein Auflauf) mit geschlagenem und gebackenem Eiweiß

Souff·leur [zu'flø:ɐ̯] *der;* (-s, -e) eine Person, die (beruflich) im Theater den Schauspielern den Text zuflüstert • hierzu **Souff·leu·se** [zu'flø:zə] *die*

souff·lie·ren VERB [zu'fli:-] (soufflierte, hat souffliert) **1** **jemandem (etwas) soufflieren** jemandem eine Antwort o. Ä. zuflüstern | *einem Freund während der Prüfung die Antworten soufflieren* **2** als Souffleur oder Souffleuse arbeiten

Soul [soul] *der;* (-s) eine Form von Musik, die vor allem von Schwarzen gemacht wird und viel Gefühl ausdrückt K Soulmusik

Sound [saunt] *der;* (-s, -s) der charakteristische Klang der Musik (z. B. einer Rockgruppe) ⟨ein guter, harter Sound⟩

Sound·kar·te ['saund-] *die* ein elektronisches Bauteil, mit dem man Musik, gesprochenen Text usw. an einem Computer anhören kann

so·und·so *gesprochen* ■ ADVERB **1** verwendet, um eine Angabe zu einer Menge, einem Maß, einer Art o. Ä. zu machen, die man nicht näher beschreiben kann oder will | *Er meinte, das würde soundso viel kosten*
■ ADJEKTIV *nur in dieser Form* **2** nach dem Substantiv verwendet, um eine Person oder Sache zu bezeichnen, die man nicht näher beschreibt | *Nach Paragraf soundso kann man Schadensersatz fordern*

so·und·so·viel·t- ADJEKTIV verwendet, um eine Zahl zu bezeichnen, die man nicht genau nennt | *der soundsovielte Kunde*

Sound·track ['saundtrɛk] *der;* (-s, -s) Musik, die in einem Kinofilm zu hören ist bzw. eine CD, Kassette o. Ä. mit dieser Musik

Sou·ta·ne [zu'ta:nə] *die;* (-, -n) ein langes Kleid, das katholische Priester früher trugen

Sou·ter·rain [zutɛ'rɛ̃:] *das;* (-s, -s) die Etage eines Hauses, die (teilweise) tiefer liegt als das Niveau der Straße ⟨im Souterrain wohnen⟩ ≈ *Untergeschoss* K Souterrainwohnung

★ **Sou·ve·nir** [zuvə'ni:ɐ̯] *das;* (-s, -s) ein meist kleiner Gegenstand, den man von einer Reise mitbringt und der an die Reise erinnern soll ≈ *Andenken* K Souvenirladen

sou·ve·rän [zuvə'rɛ:n] ADJEKTIV **1** so, dass man die Situation bzw. den Gegner deutlich unter Kontrolle hat ⟨souverän sein, wirken, lächeln; (ein Spiel) souverän gewinnen; souverän siegen; etwas souverän beherrschen⟩ ≈ *überlegen* | *Obwohl sie von allen Seiten angegriffen wurde, trug sie ganz souverän ihre Argumente vor* **2** von keinem anderen Staat regiert oder verwaltet ⟨ein Staat⟩ ≈ *unabhängig* **3** *historisch* mit unbegrenzter Macht ⟨ein Herrscher⟩ • hierzu **Sou·ve·rä·ni·tät** *die*

Sou·ve·rän [zuvə'rɛ:n] *der;* (-s, -e) **1** *meist historisch* eine Person oder Institution, die in einem Staat die höchste Macht hat **2** Ⓒⓗ alle Bürger, die bei Parlaments-, Kantons- oder Kommunalwahlen wählen dürfen • zu (1) **Sou·ve·rä·nin** [zuvə'rɛ:nɪn] *die*

★ **so·viel** BINDEWORT der Nebensatz mit *soviel* beschreibt, was man im Augenblick weiß | *Soviel ich weiß, sind die Geschäfte morgen geschlossen* | *Soviel mir bekannt ist, fällt der Unterricht heute aus* | *Soviel wir im Augenblick wissen, waren die Bremsen defekt* H aber: *Sie weiß so viel über Astronomie, das ist erstaunlich* (getrennt geschrieben)

★ **so·weit** BINDEWORT **1** ≈ *soviel* **2** in dem Maße, wie | *Soweit ich dazu in der Lage bin, werde ich es auch machen* H aber: *Es geht uns so weit ganz gut* (getrennt geschrieben)

so·we·nig BINDEWORT **sowenig ... auch** drückt aus, dass die genannte Menge eigentlich zu klein ist, aber vielleicht doch gerade noch groß genug ist | *Sowenig Erfahrung er auch hat, er will immer alles besser wissen* (obwohl er nur sehr wenig Erfahrung hat) | *Sowenig Benzin wir auch haben, die paar Kilometer werden wir schon schaffen* H aber: *Es kostet so wenig Geld, dass ich es mir leisten kann* (getrennt geschrieben)

★ **so·wie** BINDEWORT **1** (bei Aufzählungen verwendet) und auch | *Wir sahen Boston, New York und Washington sowie einige Städte im Süden* **2** *gesprochen* ≈ *sobald* | *Sowie die Ferien anfangen, fahren wir weg* | *Ich komme, sowie ich mit der Arbeit fertig bin*

★ **so·wie·so, so·wie·so** PARTIKEL *betont und unbetont; gesprochen* unabhängig von allem ≈ *ohnehin* | *Es ist nicht schlimm, dass du das Buch vergessen hast, ich habe jetzt sowieso keine Zeit zum Lesen*

Sow·jet [zɔ'vjɛt, 'zɔvjɛt] *der;* (-s, -s); *historisch* eine Behörde, ein Organ der Selbstverwaltung in der früheren Sowjetunion ⟨der Oberste Sowjet; die städtischen, ländlichen Sowjets⟩

★ **so·wohl** ■ ID **sowohl ... als/wie (auch)** das eine wie das andere | *Sie ist sowohl Sängerin als auch Schauspielerin* | *Ich mag beides, sowohl die Berge als auch das Meer* H Bei zwei Subjekten kann das Verb auch im Singular stehen: *Sowohl er als auch sie hört gern Musik.* Häufiger ist jedoch Plural: *Sowohl er als auch sie hören gern Musik.*

So·zi *der;* (-s, -s); *gesprochen, abwertend* **1** ≈ *Sozialdemokrat* **2** Ⓐ Sozialist

★ **so·zi·al** ADJEKTIV **1** *meist attributiv* in Bezug auf die Art und Weise, in der die Menschen in der Gesellschaft zusammenleben ⟨Konflikte, Spannungen; die Ordnung, der Fortschritt, die Verhältnisse; soziale Fragen diskutieren⟩ ≈ *gesellschaftlich* K Sozialgeschichte, Sozialkompetenz, Sozialpädagogik, Sozialpsychologie **2** *meist attributiv* in Bezug auf die Tatsache, dass Menschen zu verschiedenen Gruppen, Klassen oder Schichten gehören ⟨Unterschiede, Schichten, das Gefälle, Gerechtigkeit; sozial aufsteigen, absteigen, sinken⟩ | *Dieses Steuersystem fördert die sozialen Gegensätze: Die Armen werden ärmer, die Reichen reicher* K Sozialprestige **3** *meist attributiv* in Bezug auf die finanzielle Situation der armen Menschen ⟨das Elend, die Sicherheit⟩ **4** so, dass Dinge dem Wohl der Gesellschaft, vor allem armen und schwachen Menschen dienen ⟨die Errungenschaften, die Einrichtungen, die Leistungen⟩ | *einen sozialen Beruf haben* K Sozialpolitik **5** so, dass man das Wohl anderer Menschen, vor allem der armen und schwachen, als Ziel hat ⟨sozial denken, handeln, empfinden⟩ | *sehr sozial eingestellt sein*

So·zi·al·ab·bau *der; nur Singular; abwertend* die Kürzung der Sozialleistungen durch den Staat, wovon vor allem sozial schwache Menschen betroffen sind

So·zi·al·ab·ga·ben *die; Plural* das Geld, das man als Arbeitnehmer dem Staat zahlen muss, damit man bei Krankheit, Arbeitslosigkeit und im Alter finanziell gesichert ist

★ **So·zi·al·amt** *das* die Behörde, bei der man die Sozialhilfe bekommt

So·zi·al·ar·beit *die; nur Singular* die Arbeit, mit der staatliche oder private Institutionen versuchen, schlechte soziale Bedingungen besser zu machen und Menschen zu helfen, die in Not sind ⟨Sozialarbeit machen⟩ • hierzu **So·zi·al·ar·bei·ter** *der;* **So·zi·al·ar·bei·te·rin** *die*

S

So·zi·al·be·trü·ger *der; abwertend* eine Person, die soziale Leistungen vom Staat bekommt, auf die sie kein Recht hat (z. B. weil sie falsche Angaben gemacht hat)

So·zi·al·de·mo·kra·tie *die; meist Singular* politische Parteien wie z. B. die SPD in Deutschland, die sich für die Interessen von Armen und Arbeitern einsetzen ● hierzu **So·zi·al·de·mo·krat** *der;* **So·zi·al·de·mo·kra·tin** *die;* **so·zi·al·de·mo·kra·tisch** ADJEKTIV

So·zi·al·fall *der; oft abwertend* eine Person, die staatliche Unterstützung braucht, um leben zu können, weil sie nicht arbeiten kann oder will ‹ein Sozialfall sein›

★ **So·zi·al·hil·fe** *die; nur Singular* Geld, das der Staat Menschen in Not gibt, damit sie Wohnung, Kleidung und Nahrung zahlen können **K** Sozialhilfeempfänger

So·zi·a·li·sa·ti·on [-'tsio:n] *die;* (-) die Integration des Individuums in die Gesellschaft ● hierzu **so·zi·a·li·sie·ren** VERB *(hat)*

★ **So·zi·a·lis·mus** *der;* (-) **1** (in den Theorien von Marx und Engels) eine ideale Gesellschaft, in der die Fabriken dem Staat gehören, niemand arm ist und alle die gleichen Rechte haben **2** die Gesellschaftsform, wie sie z. B. in den Ländern des Ostblocks herrschte ‹der real existierende Sozialismus; der Sozialismus in der DDR, in Polen, in der Sowjetunion, in China› ● hierzu **So·zi·a·list** *der;* **So·zi·a·lis·tin** *die;* **so·zi·a·lis·tisch** ADJEKTIV

So·zi·al·kauf·haus *das* ein Kaufhaus, in dem Waren angeboten werden, welche gebraucht sind oder gespendet wurden. Die Waren werden zu niedrigen Preisen verkauft

So·zi·al·kun·de *die; nur Singular;* (D) ein Fach in der Schule, in welchem die Kinder politische und gesellschaftliche Zusammenhänge lernen **K** Sozialkundearbeit, Sozialkundebuch, Sozialkundelehrer, Sozialkundenote, Sozialkundestunde

So·zi·al·leis·tun·gen *die; Plural* alle Gelder und Maßnahmen des Staates und der Arbeitgeber für die Gesundheit, die Bildung und den Wohlstand der Bevölkerung

So·zi·al·plan *der* ein Plan bei Entlassung sehr vieler Mitarbeiter in einem Betrieb, der soziale Härten vermeiden helfen soll (und in dem z. B. steht, dass allein verdienende Familienväter nicht entlassen werden)

So·zi·al·staat *der* ein Staat mit einem komplexen System von Sozialleistungen, das garantieren soll, dass niemand Not und Armut leidet (auch wenn er krank oder arbeitslos ist)

So·zi·al·ver·si·che·rung *die* ein System von (staatlichen) Versicherungen, die Arbeitgeber und Arbeitnehmer finanzieren und die Not und Armut im Fall von Krankheit, Arbeitslosigkeit oder im Rentenalter verhindern sollen **K** Sozialversicherungsbeitrag

so·zi·al·ver·träg·lich ADJEKTIV ‹eine Maßnahme› so, dass sie keine sozialen Ungerechtigkeiten mit sich bringt

★ **So·zi·al·woh·nung** *die* eine relativ billige Wohnung, die nur Personen mieten dürfen, die ein niedriges Einkommen haben

So·zio·lo·gie *die;* (-) die Wissenschaft, die sich mit dem Verhalten des Menschen in einer Gruppe und in der Gesellschaft beschäftigt ● hierzu **So·zio·lo·ge** *der;* **So·zio·lo·gin** *die;* **so·zio·lo·gisch** ADJEKTIV

So·zi·us *der;* (-, -se) **1** ein Sitz auf einem Motorrad o. Ä., auf dem eine zweite Person mitfahren kann **K** Soziussitz **2** eine Person, die auf dem Sozius sitzt **K** Soziusfahrer **3** eine Person, der ein Teil eines Geschäfts oder einer Firma gehört

★ **so·zu·sa·gen** ADVERB wie man sagen könnte | *Paul ist in seiner Firma sozusagen Mädchen für alles*

SP [ɛs'pe:] *die;* (-) So·zi·al·de·mok·ra·ti·sche Par·tei der Schweiz eine politische Partei in der Schweiz

Spach·tel *der;* (-s, -), **Spach·tel** *süddeutsch* (A) (CH) *die;* (-, -n) ein einfaches Werkzeug aus einem Griff und einem flachen Stück Metall, mit dem man Mörtel, Putz usw. auf Flächen verteilt und glatt macht **K** Spachtelmasse

spach·teln VERB (spachtelte, hat gespachtelt) **1** **etwas irgendwohin spachteln; (etwas) spachteln** etwas mit einem Spachtel verteilen, glatt machen oder schließen ‹ein Loch, eine Wand spachteln› | *Gips in die Risse spachteln* **2** *gesprochen humorvoll* **(etwas) spachteln** etwas mit großem Appetit und Genuss essen | *Was gibt's heute zu spachteln?*

Spa·cko *der;* (-s, -s/Spa·cken); *gesprochen!, abwertend* als Schimpfwort für eine Person verwendet, die man ablehnt oder für dumm hält

Spa·gat *der;* (-(e)s, -e) **1** eine Übung (beim Ballett oder Turnen), bei der man (auf dem Boden) ein Bein waagrecht nach vorne und das andere waagrecht nach hinten streckt ‹einen Spagat machen; in den Spagat gehen› **2** *süddeutsch* (A) ≈ *Schnur*

Spa·get·ti, Spa·ghet·ti [ʃpa'gɛti] *die; Plural* lange dünne Nudeln

spä·hen ['ʃpɛ:ən] VERB (spähte, hat gespäht) **1** **(irgendwohin) spähen** heimlich und genau nach jemandem/etwas sehen ‹aus dem Fenster, durchs Schlüsselloch, durch einen Spalt spähen› **2** **nach jemandem/etwas spähen** jemanden/etwas mit den Augen suchen **3** heimlich einen Feind beobachten **K** Spähpatrouille, Spähtrupp ● zu (3) **Spä·her** *der*

Spa·lier *das;* (-s, -e) **1** bei einem Spalier stellen sich Personen in zwei Reihen gegenüber auf, um eine Person zu ehren, die zwischen diesen Reihen hindurchgeht | *Die Mitglieder des Vereins standen Spalier/bildeten ein Spalier* **K** Ehrenspalier **2** ein Gitter aus Holz an einer Mauer, an dem Pflanzen (wie z. B. Wein, Rosen) nach oben wachsen **K** Spalierbaum, Spalierobst; Obstspalier, Rosenspalier, Weinspalier

★ **Spalt** *der;* (-(e)s, -e) eine schmale, lange Öffnung | *ein Spalt in der Erde/im Holz/in einem Gletscher* **K** spaltbreit; Gletscherspalt, Türspalt

Spalt·breit, Spalt breit *der;* (-) ein kleines Stück weit | *Bitte lassen Sie die Tür einen Spaltbreit offen*

★ **Spal·te** *die;* (-, -n) **1** eine lange Öffnung ‹eine breite, schmale, tiefe Spalte› | *eine Spalte in einem Felsen* **K** Eisspalte, Fels(en)spalte, Gletscherspalte, Türspalte **2** einer der schmalen Streifen mit gedrucktem Text auf derselben Seite (eines Buches oder einer Zeitung) | *Dieses Wörterbuch hat zwei Spalten pro Seite* **K** Druckspalte, Textspalte ● zu (2) **spal·ten·wei·se** ADJEKTIV

spal·ten VERB (spaltete, hat gespalten/gespaltet) **1** **etwas spalten** etwas der Länge nach (meist mit einem Werkzeug) in zwei oder mehrere Teile trennen | *ein Stück Holz mit der Axt spalten* | *Der Baumstamm wurde vom Blitz gespalten* **2** **Atomkerne spalten** um Energie zu gewinnen, Atome in kleinere Partikel teilen **3** **jemand/etwas spaltet etwas** jemandes Handlungen oder ein Vorgang führen zur Trennung einer Gruppe | *Mit seiner Politik hat er die gesamte Partei gespalten* **4** **etwas spaltet sich** etwas teilt sich (der Länge nach) ‹Haare, Fingernägel› **5** **etwas spaltet sich** eine Gruppe teilt sich in zwei oder mehr kleinere Gruppen ‹eine Partei› ● hierzu **Spal·tung** *die;* zu (1,2) **spalt·bar** ADJEKTIV

-spal·tig *im Adjektiv, unbetont, nicht produktiv* **einspaltig, zweispaltig, dreispaltig** *und andere* mit der genannten Zahl oder Menge von Spalten | *eine mehrspaltige Seite*

Spam [spɛm] *der/das;* (-s, -s); *meist Singular* eine E-Mail mit Werbung, die man nicht haben will | *Ich habe wieder jede Menge Spam bekommen* **K** Spamfilter, Spammail

S

Spa̲n *der;* (-(e)s, Spä·ne); *meist Plural* kleine, dünne Streifen, die entstehen, wenn man Holz oder Metall verarbeitet ⟨feine, grobe Späne⟩ K Eisenspan, Holzspan ■ ID **Wo gehobelt wird, da fallen Späne** jede gute Sache hat auch einen Nachteil

Spa̲n·fer·kel *das* **1** ein sehr junges Schwein **2** das Fleisch eines sehr jungen Schweins, das als Ganzes auf einem Spieß gegrillt wird

Spạn·ge *die;* (-, -n) **1** ein kleines gebogenes Stück Metall oder Kunststoff (meist ein Schmuckstück), mit dem man die Haare oder ein Kleidungsstück befestigt | *Sie trug eine Spange im Haar* K Haarspange **2** ≈ *Schnalle* K Spangenschuh **3** eine Konstruktion aus Metall, die man (vor allem als Jugendliche(r) über schiefen Zähnen trägt, damit sie wieder gerade werden K Zahnspange

spa̲·nisch ADJEKTIV in Bezug auf das Land Spanien ■ ID **etwas kommt jemandem spanisch vor** jemand findet etwas sehr seltsam und verdächtig

spạnn *Präteritum, 1. und 3. Person Singular* → spinnen

Spạnn *der;* (-(e)s, -e) der schmale, obere Teil des Fußes

Spạn·ne *die;* (-, -n) **1** der Gewinn beim Verkauf einer Ware (also der Unterschied zwischen dem Preis, den ein Händler selbst für eine Ware bezahlt, und dem, den er dafür verlangt) K Gewinnspanne, Handelsspanne **2** ≈ *Zeitraum* K Zeitspanne **3** *veraltend* ein Längenmaß von etwa 20 cm K Handspanne

★ **spạn·nen** VERB (spannte, hat gespannt) **1** **etwas spannen** an den Enden oder Rändern von etwas ziehen (und diese irgendwo befestigen), sodass es fest und straff wird ⟨etwas straff spannen; ein Netz, ein Seil spannen⟩ | *die Saiten einer Gitarre spannen* **2** **etwas in etwas** (*Akkusativ*) **spannen** etwas so zwischen zwei Teilen eines Geräts befestigen, dass es dort festgehalten wird | *ein Stück Holz in den Schraubstock spannen* K Spannrahmen, Spannvorrichtung **3** **eine Waffe spannen** den kleinen Hebel an einer Waffe drücken, sodass man sofort damit schießen kann | *den Hahn eines Gewehrs spannen* **4** **den Bogen spannen** die Schnur eines Bogens ganz fest zu sich heranziehen, sodass man damit einen Pfeil abschießen kann **5** **ein Tier an/vor etwas** (*Akkusativ*) **spannen** ein Tier an einen Wagen o. Ä. binden, damit es ihn zieht **6** **etwas spannen** *besonders süddeutsch* Ⓐ, *gesprochen* ≈ *merken, kapieren* | *Jetzt hat er es endlich gespannt!* | *Spannst du nicht, dass du störst?* **7** **etwas spannt** ein Kleidungsstück ist unangenehm eng | *Das Hemd spannt über dem Bauch* **8** **etwas spannt sich** etwas wird straff ⟨etwas spannt sich zum Zerreißen⟩ | *Als das Auto losfuhr, spannte sich das Abschleppseil*

★ **spạn·nend** ■ PARTIZIP PRÄSENS **1** → spannen
■ ADJEKTIV **2** so, dass man wissen will, wie die Handlung weitergeht ⟨ein Film, ein Krimi, ein Thriller, ein Roman⟩ ↔ *langweilig* | *Ich finde diese technischen Neuerungen sehr spannend*

Spạn·ner *der;* (-s, -) **1** *gesprochen, abwertend* eine Person, die andere Personen heimlich beim Sex oder Ausziehen beobachtet ≈ *Voyeur* **2** eine Schmetterlingsart

-spạ̈n·nig *im Adjektiv, unbetont, nicht produktiv* **einspännig, zweispännig, vierspännig, sechsspännig** *und andere* drückt aus, dass die genannte Zahl von Tieren vor einen Wagen o. Ä. gespannt ist | *eine achtspännige Kutsche*

★ **Spạn·nung** *die;* (-, -en)
▸Zustand: **1** der (meist nervöse) Zustand, in dem man ist, wenn man z. B. auf eine wichtige Entscheidung wartet oder eine gefährliche Situation überstehen muss ⟨die Spannung steigt, wächst; jemanden/etwas mit (großer) Spannung erwarten; voller Spannung sein; eine mit Spannung erwartete Begegnung⟩ | *Mit Spannung warteten wir auf ihren Anruf* K Spannungsmoment, Spannungszustand **2** *meist Plural* der Zustand, in dem ein Streit oder eine problematische, gefährliche Situation droht ⟨soziale, politische, wirtschaftliche Spannungen; innere, psychische Spannungen⟩ ≈ *Krise* | *Schon längere Zeit gab es Spannungen in ihrer Ehe. Jetzt lassen sie sich scheiden* K Spannungsverhältnis, Spannungszustand **3** der straffe Zustand, in dem ein Seil, eine Leine o. Ä. ist, wenn man an den Enden zieht ⟨etwas hat genug, zu wenig Spannung⟩
▸physikalisch: **4** die Stärke der elektrischen Kraft ⟨hohe, niedrige Spannung; die Spannung (in Volt) messen; etwas steht unter Spannung⟩ | *Starkstrom hat eine Spannung von 380 Volt* K Spannungsabfall, Spannungsausgleich, Spannungsfeld, Spannungsgefälle, Spannungsmesser, Spannungsprüfer, Spannungsregler; Hochspannung **5** die Kraft in einem Körper, die bewirkt, dass die Form stabil bleibt | *die Spannung einer Brücke/eines Gewölbes* K Oberflächenspannung

spạn·nungs·ge·la·den ADJEKTIV voller Spannungen ⟨eine Atmosphäre⟩

Spạnn·wei·te *die* **1** die Entfernung zwischen den äußersten Enden der gestreckten Flügel eines Vogels bzw. der Tragflächen eines Flugzeugs K Flügelspannweite **2** die Entfernung zwischen einem Pfeiler und einem anderen (z. B. bei einer Brücke)

Spa̲n·plat·te *die* eine Platte, die aus Holzspänen zusammengepresst und geklebt worden ist

Spa̲r·buch *das* **1** ein Heft, in welches die Bank schreibt, wie viel Geld jemand auf einem Konto gespart hat **2** ein Konto bei einer Bank. Die Bank schreibt in ein kleines Heft, wieviel Geld man gespart oder abgehoben hat ⟨ein Sparbuch anlegen; etwas auf ein Sparbuch einzahlen; vom Sparbuch abheben⟩

Spa̲r·büch·se *die* ein Behälter mit einem Schlitz, in dem meist Kinder das Geld sammeln, das sie sparen wollen

Spa̲r·do·se *die* ≈ *Sparbüchse*

★ **spa̲·ren** VERB (sparte, hat gespart) **1** **(etwas) sparen** Geld nicht ausgeben, sondern es für einen späteren Zweck (bei einer Bank o. Ä.) sammeln | *Ich habe schon tausend Euro gespart* | *Wir müssen sparen, wenn wir in Urlaub fahren wollen* K Sparguthaben, Sparkonto, Sparprämie, Sparvertrag, Sparzins **2** **(etwas) sparen** weniger von etwas verbrauchen oder ausgeben als bisher ⟨Benzin, Energie, Öl, Strom, Wasser sparen⟩ | *Wir alle müssen Strom sparen* | *Er spart jetzt immer mit dem Zucker, weil er abnehmen will* K Sparmaßnahme, Sparprogramm **3** **etwas spart etwas** etwas kostet weniger oder braucht weniger Material und Energie | *Die neue Methode wird sicherlich Kosten sparen* **4** **etwas an etwas** (*Dativ*) **sparen** weniger Geld als früher oder als erwartet für einen Zweck ausgeben | *Ich habe 100 Euro an der Reparatur gespart, weil ich sie selbst gemacht habe* **5** **jemandem etwas sparen** etwas Unangenehmes für jemanden oder sich selbst vermeiden ⟨jemandem Ärger, (die) Mühe, viel Arbeit sparen⟩ **6** **etwas spart jemandem etwas** etwas macht etwas Unangenehmes nicht nötig | *Das spart uns viel Zeit* **7** **auf etwas** (*Akkusativ*)**/für etwas sparen** Geld sparen, um sich etwas zu kaufen | *auf ein neues Auto/für ein Haus sparen* **8** **jemand spart an etwas** (*Dativ*)**/mit etwas** jemand verbraucht wenig(er) von etwas | *Wir sollten mit der Energie sparen* | *Wir könnten an Benzin sparen* | *Für die Hochzeit haben sie an nichts gespart*
■ ID **Das kannst du dir sparen!** **a** Das interessiert mich nicht und es ändert meine (negative) Meinung nicht | *Deine Entschuldigungen/guten Ratschläge kannst du dir sparen!* **b** Das ist sinnlos, wird keinen Erfolg haben | *Die Mühe kannst du dir sparen, er wird dir sicher nicht dafür dank-*

bar sein ● zu (1) **Spa·rer** *der;* zu (1) **Spa·re·rin** *die*

Spar·flam·me *die* **(etwas) auf Sparflamme kochen** *humorvoll* sich nicht sehr engagieren, für ein Ziel einsetzen

Spar·gel *der;* (-s, -) **1** eine Pflanze mit meist weißen Stängeln, die unter der Erde wachsen und die man als Gemüse isst ⟨eine Stange Spargel; ein Bund Spargel⟩ **K** Spargelbeet, Spargelgemüse, Spargelspitze, Spargelstange, Spargelsuppe; Stangenspargel **2** **Spargel stechen** Spargel ernten

SPARGEL

★ **Spar·kas·se** *die* eine Bank, über deren Geschäfte auch die Verwaltung einer Stadt, ein Landkreises o. Ä. entscheidet **K** Sparkassenangestellte(r), Sparkassenfiliale; Kreissparkasse, Stadtsparkasse

spär·lich ADJEKTIV nur in geringem, enttäuschendem Maß vorhanden ⟨spärlich bekleidet, beleuchtet, besucht, möbliert⟩ | *eine spärliche Ausbeute* | *spärliche Reste*

Spar·pa·ket *das* mehrere (geplante) Maßnahmen zur Einsparung von Ausgaben ⟨ein Sparpaket verabschieden⟩ | *ein Sparpaket schnüren* (zusammenstellen)

Spar·ren *der;* (-s, -) einer der vielen kleinen schrägen Balken, welche das Dach eines Hauses o. Ä. tragen **K** Dachsparren

Spar·ring ['ʃparɪŋ] *das;* (-s, -s) das Training beim Boxen **K** Sparringskampf, Sparringspartner

★ **spar·sam** ADJEKTIV **1** so, dass man wenig von etwas (meist Geld) verbraucht ⟨sparsam leben, sein, wirtschaften; sparsam mit etwas umgehen; sparsam von etwas Gebrauch machen⟩ | *Sind die Schwaben wirklich so sparsam?* **2** ⟨ein Auto, ein Motor, eine Maschine⟩ so, dass sie sehr wenig Benzin, Energie o. Ä. brauchen, um zu funktionieren **3** *meist adverbiell* nur auf das Nötigste beschränkt | *eine sparsam eingerichtete Wohnung* ● zu (1,2) **Spar·sam·keit** *die*

Spar·schwein *das* eine Spardose (in der Form eines kleinen Schweins) ■ **ID das Sparschwein schlachten** *gesprochen* gespartes Geld für etwas verwenden

Spar·strumpf *der* **etwas in den Sparstrumpf tun** *humorvoll* Geld sparen

spar·ta·nisch ADJEKTIV **1** ohne Luxus, sehr einfach ⟨eine Einrichtung; spartanisch leben⟩ **2** sehr streng ⟨eine Erziehung⟩

Spar·te *die;* (-, -n) **1** der Teil einer Zeitung, der für ein spezielles Thema reserviert ist **2** ein spezieller Teil oder Bereich innerhalb eines größeren Ganzen ≈ *Abteilung* | *In unserem Sportverein ist die Sparte Leichtathletik am erfolgreichsten*

★ **Spaß** *der;* (-es, Spä·ße), **Spass** (-es, Späs·se); Ⓐ Ⓒⓗ **1** etwas, das man sagt oder tut, damit andere Leute darüber lachen können ⟨ein alberner, gelungener, schlechter Spaß; einen Spaß machen⟩ ≈ *Scherz* | *über die Späße des Clowns lachen* **2** **Spaß (an etwas** *(Dativ)***)** *nur Singular* das Gefühl der Freude, das man bei etwas Angenehmem empfindet ⟨großen, viel Spaß an etwas haben; etwas macht jemandem Spaß; Spaß an etwas finden; jemand/etwas verdirbt jemandem den Spaß; jemandem vergeht der Spaß⟩ ≈ *Vergnügen* | *Kinder haben viel Spaß daran, die Kleider anderer anzuziehen* **K** Riesenspaß **3** **zum Spaß** weil es einem Freude macht | *Ich lerne Italienisch nur so zum Spaß* **4** **keinen Spaß verstehen** sehr ernst und ohne Humor sein **5** **etwas nur aus/im/zum Spaß sagen** etwas nicht ernst meinen ■ **ID Da hört der Spaß auf!** *gesprochen* Das geht zu weit!; **ein teurer Spaß** etwas, das sehr viel Geld kostet; **Spaß muss sein!** Das war nicht ernst gemeint; → beiseite

Spaß·brem·se *die; gesprochen* eine Person, die keine Lust auf die Dinge hat, die anderen Spaß machen, und ihnen damit die Freude verdirbt

spa·ßen VERB (spaßte, hat gespaßt) **(mit jemandem/etwas) spaßen** Späße machen ■ **ID mit jemandem/etwas ist nicht zu spaßen** jemanden/etwas muss man sehr ernst nehmen (weil es Probleme geben könnte)

spa·ßes·hal·ber ADVERB um Spaß und Freude zu haben ⟨spaßeshalber auf etwas (*Dativ*) eingehen⟩ | *Er machte den Wettkampf nur spaßeshalber mit*

Spaß·ge·sell·schaft *die; oft abwertend* eine Art der Gesellschaft, in der es sehr vielen Personen wichtig ist, viel Spaß im Leben zu haben

spaß·haft ADJEKTIV so, dass man darüber lachen kann ⟨eine Bemerkung⟩ ≈ *lustig*

spa·ßig ADJEKTIV ⟨ein Erlebnis, eine Geschichte; ein Mensch; etwas spaßig erklären⟩ ≈ *lustig, spaßhaft*

Spaß·ma·cher *der* eine Person, die lustige Späße macht ● hierzu **Spaß·ma·che·rin** *die*

Spaß·vo·gel *der* eine Person, die gern Späße und Witze macht

Spas·ti·ker *der;* (-s, -) eine Person, die manche Teile des Körpers nicht kontrolliert bewegen kann, weil die Muskeln zusammengezogen sind ● hierzu **Spas·ti·ke·rin** *die;* **spastisch** ADJEKTIV

★ **spät** ADJEKTIV (später, spätest-) **1** am Ende eines Zeitabschnitts ⟨am späten Abend; spät am Abend⟩ ↔ *früh* | *Es ist schon spät, ich muss ins Bett* | *In den späten Sechzigerjahren kam es zu großen Demonstrationen der Studenten* **K** Spätgotik, Spätstadium, Spätwerk, Spätherbst, Spätnachmittag, Spätsommer, Spätwinter, Spätdienst, Spätschicht, Spätvorstellung, spätgotisch **2** nach der erwarteten oder üblichen Zeit ⟨ein Sommer, ein Winter, ein Glück, eine Reue; spät aufstehen, ins Bett gehen⟩ ↔ *früh* | *einen späteren Zug nehmen* **K** Spätfolgen, Spätschaden, Spätkartoffel **3** **zu spät** so, dass der Zeitpunkt vorbei ist, an dem etwas möglich war oder hätte geschehen sollen | *Der Zug ist zu spät dran* (Der Zug müsste schon hier sein) | *Jetzt ist es zu spät, um einen Ausflug zu machen/für einen Ausflug* ■ **ID Wie spät ist es?** Wie viel Uhr ist es?; **Wie spät haben wir?** *gesprochen* Wie viel Uhr ist es?; **spät dran sein** *gesprochen* in Eile sein | *Beeil dich, wir sind spät dran!*

Spät|aus·sied·ler *der;* Ⓓ ein Einwohner Russlands und anderer Länder im Osten, der deutsche Vorfahren hat und (seit 1992) alle Rechte eines Deutschen bekommt, wenn er in die Bundesrepublik Deutschland zieht **K** Spätaussiedlerkind, Spätaussiedlerpolitik, Spätaussiedlerzustrom ● hierzu **Spät·aus·sied·le·rin** *die*

Spa·ten *der;* (-s, -) eine flache Schaufel aus Metall mit einem langen Stiel aus Holz, mit der man die Erde im Boden umgräbt **K** Spatenstich

Spät·ent·wick·ler *der;* (-s, -) ein Kind oder ein Jugendlicher, bei welchem die psychische und/oder physische Entwicklung später einsetzt als bei anderen Personen im selben Alter ● hierzu **Spät·ent·wick·le·rin** *die*

★ **spä·ter** ADJEKTIV **1** *Komparativ* → spät **2** *meist attributiv* in der Zukunft | *Eine spätere Einigung ist nicht ausgeschlossen* **3** *meist attributiv* von einem Zeitpunkt der Vergangenheit aus gesehen in der Zukunft | *Er lernte seine spätere Frau auf einer Party kennen* **4** *nur adverbiell* nach Ablauf einer gewissen Zeit | *Erst später verstand ich, was er mir sagen wollte* | *Zuerst haben wir uns gestritten und später wurden wir Freunde* ■ **ID Bis später!** *gesprochen* verwendet, wenn man sich von einer Person verabschiedet, die man schon bald wiedersehen wird

★ **spä·tes·tens** ADVERB **spätestens** +*Zeitangabe* nicht später als zur genannten Zeit | *Ich gebe Ihnen die Manuskripte spätestens nächste Woche* | *Spätestens in fünf Tagen ist er zurück*

S

Spät·le·se *die* **1** die Ernte des letzten Weines am Ende des Herbstes **2** der süße, schwere Wein aus den Trauben der Spätlese

SPATZ

Spatz *der*; (-en/-es, -en) **1** ein kleiner und häufiger Vogel mit braunen und grauen Federn **I** *der Spatz; den, dem, des Spatzen* **2** verwendet als Kosewort für ein Kind oder für einen Erwachsenen, den man liebt ≈ *Liebling* ■ **ID Das pfeifen die Spatzen von den/allen Dächern** das weiß schon jeder; **Besser den Spatz in der Hand als die Taube auf dem Dach** verwendet, um zu sagen, dass man mit dem zufrieden sein soll, was man hat

Spat·zen·hirn *das*; *gesprochen, abwertend* **jemand hat ein Spatzenhirn** jemand ist dumm

Spätz·le *die*; *Plural* kleine rundliche Nudeln

Spät·zün·der *der*; (-s, -); *gesprochen, humorvoll* **1** eine Person, die etwas (z. B. einen Witz, einen Zusammenhang) nicht so schnell versteht wie die anderen Leute **2** ≈ *Spätentwickler* • hierzu **Spät·zün·de·rin** *die*

★ **spa·zie·ren** VERB (spazierte, ist spaziert) **1 (irgendwohin) spazieren** langsam (durch einen Park, einen Wald, die Straßen) gehen, ohne ein Ziel zu haben **K** Spazierweg **2 (mit jemandem) spazieren gehen** in der freien Zeit langsam im Freien herumgehen, um Bewegung zu haben | *im Park/im Wald spazieren gehen* **3 einen Hund spazieren führen** mit dem Hund einen Spaziergang machen, damit er Bewegung hat **4 (mit jemandem) spazieren fahren** (mit jemandem) im Auto o. Ä. zum Vergnügen (ohne ein genaues Ziel) fahren **5 jemanden/etwas spazieren fahren** mit jemandem/etwas ohne ein genaues Ziel fahren • zu (4,5) **Spa·zier·fahrt** *die*

★ **Spa·zier·gang** *der* **einen Spaziergang machen** langsam und ohne Ziel durch einen Wald, Park o. Ä. gehen ■ **ID etwas ist/wird kein Spaziergang** etwas ist/wird schwierig oder macht Probleme • hierzu **Spa·zier·gän·ger** *der*; **Spa·zier·gän·ge·rin** *die*

Spa·zier·stock *der* ein Stock mit einem gebogenen Griff, den meist alte Menschen beim Gehen benutzen

SPD [ɛspeːˈdeː] *die*; (-) Sozialdemokratische Partei Deutschlands eine politische Partei in Deutschland **K** SPD-nah, SPD-Mitglied

Specht *der*; (-(e)s, -e) ein Vogel mit einem langen Schnabel, mit dem er Löcher in Bäume macht, um so Insekten zu fangen ⟨der Specht klopft, pocht⟩ **K** Buntspecht, Grünspecht

★ **Speck** *der*; (-(e)s) **1** ein (gesalzenes und geräuchertes) Stück Schweinefleisch mit sehr viel Fett ⟨fetter, geräucherter Speck; Speck braten, räuchern⟩ **K** Speckscheibe, Speckschwarte; Schinkenspeck **2** das Fett von Tieren direkt unter der Haut (und im Spaß auch bei Menschen) **K** Speckbauch, Specknacken, Speckschwarte ■ **ID Ran an den Speck!** *gesprochen* Los, fangt an/fangen wir an!

Speck·gür·tel *der*; *humorvoll* das Gebiet rund um eine Großstadt, in das Leute ziehen, die angenehmer wohnen wollen und sich das leisten können

spe·ckig ADJEKTIV glänzend vor Fett oder Schmutz ⟨Leder; ein Kragen, ein Hut, ein Sessel⟩

Spe·di·ti·on [-ˈtsjoːn] *die*; (-, -en) eine Firma, die (in Lastwagen) große Mengen von Waren transportiert **K** Speditionsfirma, Speditionsgeschäft, Speditionskaufmann • hierzu **Spe·di·teur** [-ˈtøːɐ̯] *der*; **Spe·di·teu·rin** [-ˈtøːrɪn] *die*

Speer *der*; (-(e)s, -e) **1** ein langer Stab mit einer Spitze, der früher als Waffe verwendet wurde **K** Speerspitze **2** ein Speer, der möglichst weit geworfen werden soll (als Sport) **K** Speerwerfen, Speerwerfer, Speerwurf

Spei·che *die*; (-, -n) **1** eine der dünnen Stangen, welche am Fahrrad die Mitte eines Rades mit der Felge verbinden | *Eine Speiche an meinem Fahrrad ist verbogen* **I** → Abb. unter **Fahrrad 2** (im Unterarm) derjenige Knochen, der auf der Seite des Daumens ist ⟨Speiche und Elle⟩

Spei·chel·le·cker *der*; (-s, -); *abwertend* eine Person, die sich Vorgesetzten gegenüber sehr freundlich und hilfsbereit verhält, um so Vorteile zu bekommen

★ **Spei·cher** *der*; (-s, -) **1** ein Gebäude, in dem man Vorräte lagert ≈ *Lager* **K** Getreidespeicher, Kornspeicher **2** ein großer Behälter, in dem etwas gesammelt wird **K** Speicherbecken, Speicherkapazität; Wärmespeicher, Wasserspeicher **3** der Raum direkt unter dem Dach eines Hauses, in dem niemand wohnt ≈ *Dachboden* **4** der Teil des Computers mit den Daten ⟨der Speicher ist voll⟩ **K** Speicherelement; Arbeitsspeicher, Informationsspeicher

★ **spei·chern** VERB (speicherte, hat gespeichert) **1 etwas speichern** einen Vorrat irgendwo für lange Zeit lagern ⟨Vorräte, Getreide, Futter speichern⟩ ≈ *lagern* **2 etwas speichern** Informationen, Daten o. Ä. in einen Computer geben, damit sie dort bleiben und wieder verwendet werden können | *Daten auf einer Festplatte speichern* **K** Speicherfunktion, Speicherkapazität, Speicherplatz **3 etwas speichert etwas** ein Computer o. Ä. sichert Daten • hierzu **Spei·che·rung** *die*

spei·en VERB (spie, hat gespien) **1 (etwas) speien** Flüssigkeit und Essen aus dem Magen durch den Mund herausbringen, wenn man sich sehr schlecht fühlt ≈ *erbrechen* **2 etwas speit (etwas)** etwas wirft flüssiges und heißes Material nach oben ⟨Vulkane speien Feuer und Lava⟩

Speis *die*; *geschrieben oder humorvoll* **Speis und Trank** das Essen und die Getränke | *Vielen Dank für Speis und Trank*

★ **Spei·se** *die*; (-, -n) etwas zum Essen, was zubereitet wurde ⟨kalte, warme, köstliche, nahrhafte, verdorbene Speisen; eine Speise zubereiten⟩ ≈ *Gericht* **K** Speiseraum, Speiserest, Speiserestaurant, Speisesaal, Speisesalz; Speisenfolge; Eierspeise, Fleischspeise, Lieblingsspeise, Mehlspeise, Milchspeise, Reisspeise, Süßspeise; Vorspeise, Hauptspeise, Nachspeise

Spei·se·eis *das* eine süße, gefrorene Mischung meist aus Milchprodukten und Früchten, die man zur Erfrischung kalt isst

Spei·se·kam·mer *die* ein kleiner und kühler Raum (meist neben der Küche), für Lebensmittel

★ **Spei·se·kar·te** *die* eine Liste mit den Speisen, die man in einem Restaurant essen kann

Spei·se·lo·kal *das* ≈ *Restaurant*

★ **spei·sen** VERB (speiste, hat gespeist) **1 (etwas/irgendwie) speisen** *geschrieben* ⟨gut, teuer, exklusiv speisen⟩ ≈ *essen* | *Sie speisten Hummer in einem kleinen Lokal am Hafen* **2 jemanden speisen** *geschrieben* einer Person, die arm ist, etwas zu essen geben ⟨die Armen speisen⟩ **3 etwas wird mit/aus etwas gespeist** etwas wird mit etwas versorgt | *Das Radiogerät wird mit Strom aus zwei Batterien gespeist* • zu (2,3) **Spei·sung** *die*

Spei·se·röh·re *die* durch die Speiseröhre kommt das Essen vom Mund zum Magen

Spei·se·wa·gen *der*; *historisch* ein Wagen im Zug mit einer Art Restaurant, in dem man etwas essen kann

spei·übel ADJEKTIV **jemandem ist speiübel** *gesprochen* einer Person ist so schlecht, dass sie sich wahrscheinlich erbrechen muss

Spek·ta·kel[1] *das*; (-s, -) ein Ereignis, das sehr interessant

S

oder spannend ist • hierzu **spek·ta·ku·lär** ADJEKTIV

Spek·ta·kel[2] *der*; (-s, -); *meist Singular* ≈ *Lärm, Krach*

Spekt·rum *das*; (-s, Spekt·ren/Spekt·ra) **1** **das Spektrum** *+Genitiv*; **ein Spektrum von Dingen** *geschrieben* eine große Zahl von verschiedenen Phänomenen, Dingen und Möglichkeiten | *das breite Spektrum der klassischen Dichtung* **2** die verschiedenen Farben, aus denen das weiße Licht gebildet ist K Farbspektrum • zu (2) **spekt·ral** ADJEKTIV

Spe·ku·lant *der*; (-en, -en); *oft abwertend* eine Person, die vor allem mit Aktien oder Immobilien spekuliert H *der Spekulant; den, dem, des Spekulanten* • hierzu **Spe·ku·lan·tin** *die*

Spe·ku·la·ti·on [-ˈtsi̯oːn] *die*; (-, -en) **1** **Spekulationen (über etwas** (*Akkusativ*)) die Gedanken über etwas, was man nicht (genau) kennt und weiß ⟨Spekulationen anstellen; sich in Spekulationen ergehen, verlieren⟩ K Fehlspekulation **2** **eine Spekulation (mit etwas)** ein Geschäft, bei dem man hofft, durch die Veränderung von Preisen viel Geld zu verdienen | *die Spekulation mit Aktien* K Spekulationsgeschäft, Spekulationsgewinn, Spekulationsobjekt; Bodenspekulation, Börsenspekulation, Grundstücksspekulation, Währungsspekulation

Spe·ku·la·ti·us [-ˈlaːtsi̯ʊs] *der*; (-, -) ein dünner, flacher, würziger Keks, der häufig eine Figur darstellt

spe·ku·la·tiv [-f] ADJEKTIV **1** so, dass sie durch Spekulation zustande gekommen sind ⟨Gewinne, Verluste, Geschäfte⟩ **2** so, dass etwas auf Vermutungen beruht ⟨Ideen⟩

spe·ku·lie·ren VERB (spekulierte, hat spekuliert) **1** **(über etwas** (*Akkusativ*)) **spekulieren** über die weitere Entwicklung bzw. den Ausgang einer Sache nachdenken oder sprechen, ohne viel darüber zu wissen ≈ *mutmaßen* **2** **(mit etwas) spekulieren** Häuser, Grundstücke, Waren oder Wertpapiere kaufen und hoffen, dass ihr Wert steigt, damit man sie dann teuer verkaufen kann ⟨an der Börse spekulieren; mit Aktien, Grundstücken spekulieren⟩ **3** **auf etwas** (*Akkusativ*) **spekulieren** *gesprochen* hoffen, dass man etwas bekommt | *auf eine freie Wohnung spekulieren*

Spe·lun·ke *die*; (-, -n); *gesprochen, abwertend* ein meist schmutziges Lokal, das einen schlechten Ruf hat

spen·da·bel ADJEKTIV (spendabler, spendabelst-); *gesprochen* gern bereit, Geschenke zu machen oder jemanden (zum Essen) einzuladen ⟨spendabel aufgelegt sein; sich spendabel zeigen⟩ ≈ *großzügig* ↔ *geizig* H *spendabel* → *ein spendabler Mensch*

★ **Spen·de** *die*; (-, -n) mit Spenden unterstützt man Organisationen oder hilft Menschen in Not ⟨eine freiwillige, großzügige Spende; um Spenden bitten; jemandem eine Spende überreichen; viele Spenden gehen ein⟩ | *um eine kleine Spende für das Rote Kreuz bitten* | *Spenden für die Flüchtlinge sammeln* K Spendenaktion, Spendenaufruf, Spendenkonto, Spendensammlung; Geldspende, Medikamentenspende, Sachspende

★ **spen·den** VERB (spendete, hat gespendet) **1** **(etwas) (für jemanden/etwas) spenden** vor allem einer Organisation etwas geben, um anderen Leuten zu helfen ⟨Geld, Lebensmittel, Medikamente spenden⟩ | *für die Erdbebenopfer spenden* **2** **etwas spendet etwas** *geschrieben* etwas (produziert und) gibt etwas ⟨etwas spendet Licht, Wärme, Schatten⟩ | *Der große Baum spendet im Sommer viel Schatten* **3** **etwas spenden** etwas abgeben oder sich nehmen lassen, damit so anderen Menschen geholfen wird ⟨Blut, Organe, eine Niere, Samen spenden⟩ **4** **(jemandem) etwas spenden** *geschrieben* verwendet zusammen mit einem Substantiv, um ein Verb zu umschreiben | (*jemandem*) *Beifall spenden* (applaudieren) | (*jemandem*) *ein Lob spenden* (jemanden loben) | (*jemandem*) *den Segen spenden* (jemanden segnen) | (*jemandem*) *Trost spenden* (jemanden trösten)

Spen·der *der*; (-s, -) **1** eine Person, die (einer Organisation) eine Spende gibt oder gegeben hat **2** eine Person, die ein Organ oder Blut spendet oder gespendet hat K Spenderherz, Spenderniere; Blutspender, Knochenmarkspender, Organspender, Samenspender ■ ID **Wer war der edle Spender?** *humorvoll* Von wem ist dieses Geschenk? • hierzu **Spen·de·rin** *die*

-spen·der *der*; (-s, -); *im Substantiv, unbetont, begrenzt produktiv* **1** **Handtuchspender, Seifenspender, Tütenspender** *und andere* ein Gerät, aus dem man die benötigte Menge einer Sache nehmen kann | *Das Kind warf einen Euro in den Futterspender für die Ziegen im Streichelzoo* **2** **Feuchtigkeitsspender, Trostspender, Vitaminspender, Wärmespender** *und andere* eine Person oder Sache, die etwas gibt | *Traubenzucker als sofortiger Energiespender* | *Bäume als Schattenspender pflanzen*

★ **spen·die·ren** VERB (spendierte, hat spendiert); *gesprochen* **(jemandem) etwas spendieren** meist ein Getränk oder ein Essen für jemanden bezahlen | *seinen Mitarbeitern ein Abendessen spendieren* • hierzu **spen·dier·freu·dig** ADJEKTIV

Speng·ler *der*; (-s, -); *süddeutsch* Ⓐ Ⓒⓗ eine Person, die beruflich Dinge aus Metall (vor allem aus Blech) herstellt, repariert und einbaut ≈ *Klempner* K Autospengler, Karosseriespengler • hierzu **Speng·le·rei** *die*

Sper·ber *der*; (-s, -) ein mittelgroßer Raubvogel, der vor allem kleine Vögel frisst

Spe·renz·chen, **Spe·ren·zi·en** *die*; *Plural*; *gesprochen* **1** ein Verhalten, mit dem jemand andere stört oder behindert ⟨Sperenzchen machen⟩ | *Lass die Sperenzchen!* **2** überflüssige, teure Extras | *ein Auto mit allen möglichen Sperenzchen*

Sper·ling *der*; (-s, -e) ≈ *Spatz*

Sper·ma *das*; (-s, Sper·men/Sper·ma·ta); *geschrieben* die Flüssigkeit mit Samenzellen, die von einem Mann oder einem männlichen Tier produziert wird

sperr·an·gel|weit ADVERB ■ D **sperrangelweit offen/auf** *gesprochen* so weit offen wie nur möglich | *Die Tür/Sein Mund stand sperrangelweit offen*

★ **Sper·re** *die*; (-, -n) **1** Sperren auf Straßen und Wegen sorgen dafür, dass niemand weitergehen oder -fahren kann ⟨eine Sperre errichten; durch die Sperre gehen⟩ K Straßensperre **2** eine Zeit, in der eine Person kein Arbeitslosengeld bekommt, z. B. weil sie ihre Stelle selbst gekündigt hat ⟨eine Sperre bekommen, haben⟩ **3** das Verbot, (eine Zeit lang) an sportlichen Wettkämpfen teilzunehmen ⟨über jemanden eine Sperre (von vier Wochen) verhängen; eine Sperre wieder aufheben⟩ **4** **eine Sperre haben** *gesprochen* aus psychischen Gründen etwas nicht tun können

-sper·re *die*; *im Substantiv, unbetont, begrenzt produktiv* **Ausfuhrsperre, Einfuhrsperre, Urlaubssperre, Zahlungssperre** *und andere* eine Maßnahme, die verhindert, dass das Genannte geschieht oder getan wird | *eine Nachrichtensperre verhängen*

★ **sper·ren** VERB (sperrte, hat gesperrt) **1** **etwas sperren** verhindern, dass man weitergehen oder -fahren kann ⟨die Polizei sperrt eine Straße, ein Tal, einen Pass⟩ | *Wegen eines Unfalls ist die Autobahn für den gesamten Verkehr gesperrt* K Sperrgebiet, Sperrmauer **2** **etwas sperren** verhindern, dass jemand etwas benutzen kann ⟨ein Konto, das Sparbuch, das Telefon sperren⟩ | *Ihm wurde der Strom gesperrt, weil er seine Rechnung nicht bezahlt hat* **3** **jemanden (für** *+Zeitangabe*) **sperren** jemandem (für die genannte Dauer) verbieten, an sportlichen Wettkämpfen teilzunehmen | *ei-*

S

nen Spieler für acht Wochen sperren **4** **jemanden irgendwohin sperren** eine Person oder ein Tier in einen Raum bringen, den sie nicht verlassen können ≈ *einsperren* | *den Löwen in einen Käfig sperren* **5** **etwas sperren** Wörter so drucken oder tippen, dass zwischen den einzelnen Buchstaben mehr Platz ist als normal ⟨etwas gesperrt drucken⟩ **H** meist im Passiv mit dem Hilfsverb *sein* **6** **etwas sperrt** *süddeutsch* Ⓐ etwas kann weder geöffnet noch geschlossen werden ⟨das Fenster, die Tür, die Schublade⟩ ≈ *klemmen* **7** **etwas sperrt nicht** ein Schloss funktioniert nicht, wenn man etwas sichern will ⟨ein Schloss, eine Tür⟩ **8** **sich gegen etwas sperren** sich weigern, etwas zu tun ⟨sich gegen eine Vorschrift, eine Bestimmung, einen Vorschlag, einen Plan sperren⟩

Sperr·frist *die* die Zeit, in der manche Handlungen nicht erlaubt sind oder in der man bestimmte Rechte nicht hat ⟨eine Sperrfrist verlängern, aufheben; die Sperrfrist für Arbeitslosengeld⟩

Sperr·holz *das; nur Singular* ein Brett, das aus mehreren dünnen Schichten Holz besteht, die zusammengeklebt sind **K** Sperrholzplatte

sper·rig ADJEKTIV von/mit einer Form, die viel Platz erfordert | *Die Kiste ist so sperrig, dass wir sie in unserem Auto nicht transportieren können*

Sperr·müll *der; nur Singular* Dinge, die so groß oder schwer sind, dass man sie nicht zum normalen Müll tun kann **K** Sperrmüllabholung, Sperrmüllaktion, Sperrmüllsammlung

Sperr·sitz *der* ein Sitzplatz in den besten, teuersten Reihen im Kino, Theater oder Zirkus

Sperr·stun·de *die* ≈ *Polizeistunde*

Spe·sen *die; Plural* das Geld, das eine Person auf einer Dienstreise für Hotels, Essen, Fahrkarten usw. zahlen muss und das sie vom Arbeitgeber zurückbekommt ⟨(hohe) Spesen haben, machen; jemandem die Spesen erstatten⟩ **K** Spesenrechnung; Reisespesen, Tagesspesen ■ **ID** **Außer Spesen nichts gewesen** *gesprochen, humorvoll* verwendet, um zu sagen, dass man keinen Erfolg hatte

Spe·sen·rit·ter *der; abwertend* eine Person, die auf Dienstreisen unnötig viel Geld ausgibt, das sie vom Arbeitgeber zurückbekommt

Spe·zi®[1] *das;* (-s, -) ein Getränk aus Orangenlimonade und Cola

Spe·zi[2] *der;* (-s, -(s)); *süddeutsch* Ⓐ, *gesprochen* ≈ *Kumpel, Freund*

★ **Spe·zi·al-** *im Substantiv, betont, begrenzt produktiv* **1** **die Spezialausbildung, die Spezialdisziplin, das Spezialgebiet, die Spezialkenntnisse, das Spezialwissen** *und andere* in Bezug auf ein Teilgebiet eines Fachs **2** **die Spezialanfertigung, die Spezialausführung, das Spezialfahrzeug, die Spezialkamera, das Spezialtraining** *und andere* mit einer besonderen Aufgabe oder Funktion und deshalb von ganz spezieller Art

★ **spe·zi·a·li·sie·ren** VERB (spezialisierte sich, hat sich spezialisiert) **sich (auf etwas** (*Akkusativ*)**) spezialisieren** sich intensiv mit einem Teilgebiet eines Fachs beschäftigen | *sich nach dem Studium der Medizin auf Chirurgie spezialisieren* ● hierzu **Spe·zi·a·li·sie·rung** *die*

★ **Spe·zi·a·list** *der;* (-en, -en) **1** **ein Spezialist (für etwas)** eine Person, die über einen relativ kleinen Teil eines Fachgebiets sehr viel weiß ≈ *Experte* | *ein Spezialist für alte Handschriften* | *ein Spezialist in Sachen Außenpolitik sein* **H** a) *der Spezialist; den, dem, des Spezialisten;* b) zu *Spezialistin* → Info im Eintrag **-in** **2** **ein Spezialist (für etwas)** ein Arzt mit einer zusätzlichen Ausbildung für ein spezielles Gebiet ⟨einen Spezialisten aufsuchen, konsultieren; zu einem Spezialisten gehen⟩ ≈ *Facharzt* | *ein Spezialist auf dem Gebiet der Neurochirurgie* **K** Augenspezialist, Herzspezialist **H** a) *der Spezialist; den, dem, des Spezialisten;* b) zu *Spezialistin* → Info im Eintrag **-in** ● hierzu **Spe·zi·a·lis·tin** *die;* zu (1) **Spe·zi·a·lis·ten·tum** *das*

★ **Spe·zi·a·li·tät** *die;* (-, -en) **1** eine sehr gute Speise, die für ein Restaurant, ein Gebiet oder für ein Land typisch ist ⟨eine Spezialität des Hauses⟩ | *Pizza ist eine italienische Spezialität* **K** Spezialitätenrestaurant **2** *nur Singular* etwas, das jemand sehr gut kann oder sehr gern mag ⟨etwas ist jemandes Spezialität⟩ | *Griechische Vasen sind seine Spezialität*

★ **spe·zi·ell** ADJEKTIV **1** *meist attributiv* von einer besonderen Art und deshalb von allen anderen verschieden ⟨ein Fall, eine Bedeutung, ein Wunsch⟩ **2** *nur adverbiell* in sehr hohem Maß | *Er liebt Italien, speziell die Toskana* **3** **speziell für jemanden/etwas** *meist prädikativ* hauptsächlich wegen jemandem/etwas | *Den Spargel habe ich speziell für dich gekauft*

Spe·zi·es ['ʃpeːtsi̯ɛs, 'sp-] *die;* (-, - [-eːs]); *geschrieben* ≈ *Art, Sorte*

Spe·zi·fi·kum *das;* (-s, Spe·zi·fi·ka) eine Eigenschaft oder ein Merkmal, durch das jemand/etwas sich von anderen Leuten oder Dingen unterscheidet ≈ *Besonderheit*

spe·zi·fisch ADJEKTIV von einer ganz bestimmten Art, welche die eine Person oder Sache von anderen Personen oder Dingen unterscheidet ⟨ein Problem, ein Merkmal⟩ | *Eine spezifische Eigenschaft des Menschen ist seine Fantasie* → Gewicht

-spe·zi·fisch *im Adjektiv, unbetont, begrenzt produktiv* **altersspezifisch, rollenspezifisch, systemspezifisch** *und andere* typisch für jemanden/etwas | *geschlechtsspezifische Merkmale* | *ein geschlechtsspezifisches Verhalten*

spe·zi·fi·zie·ren VERB (spezifizierte, hat spezifiziert) **etwas spezifizieren** *geschrieben* etwas sehr genau und mit vielen Details beschreiben ● hierzu **Spe·zi·fi·zie·rung** *die*

Sphä·re ['sfɛːrə] *die;* (-, -n) ein Bereich, der jemanden interessiert oder in dem jemand aktiv ist ⟨jemandes private, berufliche Sphäre⟩ **K** Einflusssphäre, Interessensphäre, Intimsphäre, Privatsphäre ■ **ID** **Er/Sie schwebt in höheren Sphären** *meist humorvoll* **a** er/sie ist so mit der Kunst, Wissenschaft o. Ä. beschäftigt, dass er/sie sich nicht für alltägliche Dinge interessiert **b** er/sie denkt an etwas anderes als an das, worüber gerade gesprochen wird

spi·cken VERB (spickte, hat gespickt) **1** **etwas spicken** kleine Stücke Speck in ein Stück Fleisch stecken, bevor man es brät ⟨Fleisch, den Braten spicken⟩ | *gespickter Hasenbraten* **2** **etwas ist mit etwas gespickt** *gesprochen* es sind sehr viele Exemplare der genannten Sache vorhanden | *Die Rede war mit witzigen Bemerkungen gespickt* | *Der Aufsatz war mit Fehlern gespickt* **3** **(etwas) (bei jemandem) spicken** *gesprochen* in der Schule bei einer Prüfung (vom Nachbarn) abschreiben **K** Spickzettel

spie *Präteritum, 1. und 3. Person Singular* → speien

★ **Spie·gel** *der;* (-s, -) **1** ein flacher Gegenstand aus Glas, in dem man alles sieht, was vor diesem Glas ist ⟨sich im Spiegel betrachten, sehen; vor dem Spiegel stehen⟩ **K** Spiegelglas, Spiegelschrank; Ankleidespiegel, Garderobe(n)spiegel, Probierspiegel, Rasierspiegel, Toilettenspiegel, Wandspiegel **2** **ein blinder Spiegel** ein Spiegel, der so viele Flecken hat, dass man darin nur noch wenig sieht ■ **ID** **jemandem einen Spiegel vorhalten** jemandem zeigen, welche schlechten Eigenschaften oder Fehler er hat

-spie·gel *der; im Substantiv, unbetont, begrenzt produktiv* **1** **Alkoholspiegel, Cholesterinspiegel, Hormonspiegel, Zuckerspiegel** *und andere* die Menge der genannten Substanz im Körper **2** **Grundwasserspiegel, Meeresspiegel, Wasserspiegel** *und andere* die Höhe der Oberfläche der genannten Sache

Spie·gel·bild *das* **1** das Bild, das man in einem Spiegel, auf der Wasseroberfläche o. Ä. sieht | *Er betrachtete nachdenklich sein Spiegelbild im Wasser* **2** eine Person oder Sache, die einer anderen Person oder Sache sehr ähnlich ist | *Sie ist das vollkommene Spiegelbild ihrer Mutter* • zu (1) **spie·gel·bild·lich** ADJEKTIV

spie·gel·blank ADJEKTIV sehr sauber | *das Fenster spiegelblank putzen*

Spie·gel·ei *das* ein gebratenes Ei, bei welchem das Eigelb in der Mitte liegt und außen herum das Eiweiß ist

spie·gel·frei ADJEKTIV ⟨eine Brille, Gläser⟩ so, dass keine Spiegelbilder entstehen

spie·gel·glatt ADJEKTIV sehr glatt | *spiegelglatte Fahrbahnen im Winter*

spie·geln VERB (spiegelte, hat gespiegelt) **1** **etwas spiegelt etwas** *geschrieben* etwas ist ein Abbild einer Sache, zeigt etwas anderes auf | *Seine Romane spiegeln die gesellschaftlichen Zustände* **2** **etwas spiegeln** (als Arzt o. Ä.) ein Organ mit einem Spiegel oder einer kleinen Kamera an einem Schlauch untersuchen ⟨den Magen, den Darm, den Kehlkopf spiegeln⟩ **3** **etwas spiegelt** etwas glänzt sehr | *das Parkett polieren, bis es vor Sauberkeit spiegelt* **4** **etwas spiegelt sich in etwas** (*Dativ*) etwas ist in etwas deutlich (wie ein Spiegelbild) zu sehen | *Die Wolken spiegeln sich im Wasser* **5** **etwas spiegelt sich in etwas** (*Dativ*) etwas ist irgendwo deutlich zu erkennen | *Der Hass spiegelte sich in seinem Gesicht* • zu (2,4) **Spie·ge·lung** *die*

Spie·gel·re·flex|ka·me·ra *die* eine Kamera, in der ein kleiner Spiegel bewirkt, dass man das, was man fotografieren will, genau so sieht, wie es später auf dem Bild ist

spie·gel·ver·kehrt ADJEKTIV so, dass das, was normalerweise rechts ist, links ist (und umgekehrt) ≈ *seitenverkehrt*

★ **Spiel** *das*; (-(e)s, -e) **1** *nur Singular* eine Aktivität ohne Zweck, die man freiwillig und zum Vergnügen macht (wie es z. B. Kinder tun) | *das Spiel mit den Puppen* **K** Spielgefährte, Spielkamerad, Spieltrieb, Spielwiese, Spielzimmer **2** etwas, womit man sich (meist mit anderen Leuten) nach Regeln, aber zum Spaß beschäftigt ⟨ein Spiel machen, spielen, gewinnen, verlieren⟩ **K** Spielbrett, Spielfigur, Spielkarte, Spielstein; Brettspiel, Fangspiel, Geschicklichkeitsspiel, Kartenspiel, Puzzlespiel, Ratespiel, Schachspiel, Versteckspiel, Frage-und-Antwort-Spiel **3** ein sportlicher Wettkampf zwischen zwei Menschen oder Mannschaften (z. B. beim Tennis oder Fußball) ⟨ein Spiel machen, austragen, gewinnen, verlieren⟩ ≈ *Match* | *Der Schiedsrichter pfeift ein Spiel an/ab* | *Das Spiel steht 1 : 0* | *Das Spiel endete unentschieden/ging unentschieden aus* **K** Spielbeginn, Spielende, Spielstand, Spielunterbrechung; Ballspiel, Basketballspiel, Billardspiel, Federballspiel, Fußballspiel, Tennisspiel, Volleyballspiel; Ausscheidungsspiel, Auswahlspiel, Entscheidungsspiel, Freundschaftsspiel, Meisterschaftsspiel, Qualifikationsspiel; Auswärtsspiel, Heimspiel; Mannschaftsspiel **4** **die Olympischen Spiele** ≈ *Olympiade* **5** der Versuch, durch Glück (viel) Geld zu gewinnen ⟨viel Geld im Spiel gewinnen, verlieren; dem Spiel ergeben, verfallen sein⟩ **K** Spielautomat, Spielkasino, Spielleidenschaft; Glücksspiel, Lotteriespiel, Lottospiel, Roulettespiel **6** einer der Teile (Abschnitte), aus denen ein ganzes Spiel besteht (z. B. beim Tennis) | *Beim gestrigen Tennisturnier gewann die Favoritin alle Spiele des ersten Satzes* **7** alle Gegenstände (Figuren, Brett, Würfel oder Karten usw.), die man für ein Spiel braucht ⟨das Spiel aufstellen⟩ **K** Spielesammlung; Damespiel, Dominospiel, Schachspiel, Mensch-ärgere-dich-nicht-Spiel **8** *nur Singular* die Art und Weise, in der ein Musiker, Schauspieler, Sportler oder eine Mannschaft spielt ⟨ein raffiniertes, technisch perfektes, offensives, defensives Spiel⟩ **9** *nur Singular* eine Handlungsweise, bei der man nicht an die Folgen denkt ⟨ein gefährliches, gewagtes, verwerfliches Spiel; das Spiel mit der Liebe; das Spiel zu weit treiben; sein Spiel mit jemandem/etwas treiben⟩ **K** Intrigenspiel, Ränkespiel **10** *nur Singular* Bewegungen, die keinen klaren Zweck erkennen lassen ⟨das Spiel der Wellen; das Spiel von Licht und Schatten; das Spiel der Augen, der Muskeln⟩ **K** Farbenspiel, Mienenspiel **11** *nur Singular* der kleine Bereich, in dem sich ein Maschinenteil frei bewegen kann, ohne eine Wirkung zu haben | *die Bremsen nachstellen lassen, weil sie zu viel Spiel haben* **12** **ein abgekartetes Spiel** eine Situation, in der Leute so tun, als ob sie etwas entscheiden würden, dieses aber schon vorher entschieden haben

■ **ID etwas aufs Spiel setzen** riskieren, dass man etwas verliert (z. B. das Leben, die Gesundheit); **etwas steht auf dem Spiel** etwas könnte verloren, zerstört o. Ä. werden | *Sei vorsichtig, es steht eine Menge Geld auf dem Spiel*; **jemanden/etwas aus dem Spiel lassen** in einem Streit nicht über eine Person/Sache sprechen; **jemanden/etwas ins Spiel bringen** in einem Streit oder einer Diskussion über eine Person/Sache zu sprechen beginnen; **ein Spiel mit dem Feuer** ein gefährliches, gewagtes Verhalten; **(mit jemandem) leichtes Spiel haben** keine Mühe haben, besser, klüger o. Ä. zu sein als eine andere Person

-spiel *das; im Substantiv, unbetont, begrenzt produktiv* **Fernsehspiel, Passionsspiele, Puppenspiel, Weihnachtsspiel** *und andere* ein Stück, das einem Publikum (im Theater) gezeigt wird

Spiel·art *die* eine von mehreren Varianten, in denen etwas vorkommt | *Rockmusik in all ihren Spielarten*

Spiel·ball *der* **1** eine Person oder eine Sache, die von anderen Leuten völlig abhängig ist | *zum Spielball der Mafia werden* **2** der Ball, der in einem Spiel benutzt wird

Spiel·bank *die* ein Unternehmen, in dem man Roulette oder andere Glücksspiele spielen kann, um Geld zu gewinnen

Spie·le·kon·so·le *die* ein kleiner Computer, mit dem man unterwegs oder am Fernseher Computerspiele spielt

★ **spie·len** VERB (spielte, hat gespielt)

▸Spiel, Sport: **1** **(etwas) spielen** ein Spiel der genannten Art machen ⟨Fangen, Verstecken, Dame, Karten, Schach, Skat spielen; beim Spielen schwindeln⟩ | *mit den Kindern im Garten Federball spielen* **2** **mit etwas spielen**; **an etwas** (*Dativ*) **spielen** eine Sache zum Spielen benutzen | *mit Puppen/mit einem Ball spielen* | *am Computer spielen* | *Spiel nicht mit deinem Essen!* **3** **(etwas) spielen** etwas (regelmäßig) als Sport oder Hobby tun ⟨Fußball, Tischtennis, Volleyball, Minigolf spielen⟩ | *Der Stürmer ist verletzt und kann heute nicht spielen* **4** **(etwas) spielen** (beim Roulette, an Automaten usw.) versuchen, Geld zu gewinnen ⟨Roulette, Lotto, Toto spielen; mit hohen Einsätzen spielen⟩ **K** spielsüchtig **5** **(gegen jemanden/eine Mannschaft)** (*+Ergebnis*) **spielen** ein Match oder ein Spiel machen (und das genannte Ergebnis erreichen) | *Stuttgart hat gegen Bremen nur unentschieden gespielt* **6** **um etwas spielen** versuchen, in einem Spiel etwas (z. B. Geld) zu gewinnen ⟨um Geld, um die Ehre spielen⟩

▸Musik: **7** **(etwas) spielen** Musik machen ⟨ein Instrument, Klavier, Geige, Flöte spielen; ein Lied, ein Musikstück, eine Sinfonie spielen⟩ **8** **etwas spielen** eine CD, DVD o. Ä. laufen lassen, um die Musik zu hören ⟨eine CD, eine DVD, ein Lied spielen⟩

▸Theater: **9** **(jemanden/etwas) spielen** (als Schauspieler) eine Person/Rolle in einem Film oder Theaterstück darstellen ⟨die Hauptrolle, eine Nebenrolle spielen⟩ | *in Goethes „Faust" den Mephisto spielen* | *Spielt er in diesem Film?*

10 **Personen spielen etwas** eine Theatergruppe o. Ä. zeigt eine künstlerische Produktion dem Publikum, führt etwas auf ⟨ein Theaterstück, eine Oper, ein Musical, einen Film spielen⟩ | *Das Stadttheater spielt diesen Winter „Die Räuber" von Schiller*
▸andere Verwendungen: 11 **etwas spielt irgendwann/irgendwo** die Handlung eines Romans o. Ä. findet zur genannten Zeit oder am genannten Ort statt | *Schnitzlers Drama „Der Reigen" spielt in Wien/um 1900* 12 **etwas spielen** *oft abwertend* so tun, als ob man etwas wäre, was man in Wirklichkeit nicht ist ⟨den Clown, den Boss, die Starke, die Überlegene spielen⟩ 13 **jemanden spielen** *gesprochen* (für kurze Zeit) eine Aufgabe übernehmen | *die Gastgeberin spielen* 14 **mit jemandem/etwas spielen** jemanden/etwas ohne (den nötigen) Respekt behandeln oder benutzen ⟨mit dem Leben, mit jemandes Gefühlen spielen⟩

spie·lend ■ PARTIZIP PRÄSENS 1 → spielen
■ ADJEKTIV 2 *nur adverbiell* ohne Mühe ⟨etwas spielend (er)lernen, bewältigen, schaffen⟩

spie·len las·sen, **spie·len·las·sen** VERB (ließ spielen, hat spielen lassen/spielenlassen) **etwas spielen lassen** etwas verwenden, um ein Ziel zu erreichen ⟨seine Beziehungen, seinen ganzen Charme spielen lassen⟩ ≈ *einsetzen* | *Er ließ alle seine Beziehungen spielen, um seinem Sohn eine gute Stellung zu verschaffen* H Im Perfekt gesprochen auch *hat spielen gelassen*

★ **Spie·ler** *der*; (-s, -) 1 eine Person, die bei einem Spiel mitmacht | *Eine Fußballmannschaft besteht aus elf Spielern* K Billardspieler, Fußballspieler, Kartenspieler, Schachspieler, Tennisspieler, Nationalspieler, Ersatzspieler, Nachwuchsspieler H zu *Spielerin* → Info im Eintrag **-in** 2 eine Person, die (aus Gewohnheit) spielt, um Geld zu gewinnen K Gewohnheitsspieler, Glücksspieler, Lottospieler, Totospieler H zu *Spielerin* → Info im Eintrag **-in** 3 eine Person, die gern Risiken eingeht H zu *Spielerin* → Info im Eintrag **-in** ● hierzu **Spie·le·rin** *die*

Spie·le·rei *die*; (-, -en) 1 etwas, das man leicht, ohne große Mühe tun kann | *Einen Reifen wechseln? Das ist doch eine Spielerei!* 2 *meist abwertend* eine Tätigkeit oder Sache, die man für sinnlos oder überflüssig hält | *Eine Uhr, die auch die Mondphase anzeigt, ist doch reine Spielerei!*

★ **spie·le·risch** ADJEKTIV *meist attributiv* 1 zum Spaß und wie im Spiel | *Der Hund schnappte spielerisch nach meiner Hand* 2 in Bezug auf jemandes Spiel ⟨jemandes Leistung⟩

Spie·ler·na·tur *die* ≈ *Spieler*

Spiel·far·be *die* eine der vier Serien von Karten beim Kartenspiel. Die Spielfarben sind beim internationalen Kartenspiel *Herz, Pik, Karo* und *Kreuz* und beim deutschen Kartenspiel *Herz, Blatt, Eichel* und *Schellen*

Spiel·feld *das* die (genau begrenzte) Fläche, auf der ein sportliches Spiel stattfindet

Spiel·film *der* ein Film, dessen Handlung erfunden ist und der zur Unterhaltung dient

Spiel·geld *das* imitiertes Geld, das in manchen Gesellschaftsspielen verwendet wird

Spiel·hal·le *die* ein Raum mit vielen Spielautomaten, an denen man z. B. Geld gewinnen kann

Spiel·höl·le *die*; *gesprochen, abwertend* ein Ort, an dem meist illegal um Geld gespielt wird

Spiel·kar·te *die* eine Karte mit Bildern und Symbolen, die im Kartenspiel verwendet wird

Spiel·ka·si·no *das* ≈ *Spielbank*

Spiel·kon·so·le *die* ≈ *Spielekonsole*

Spiel·mar·ke *die* eine Münze aus Plastik, die man z. B. beim Roulette statt echten Geldes verwendet ≈ *Jeton*

Spie·lo·thek *die*; (-, -n) ≈ *Spielhalle*

Spiel·plan *der* das Programm eines Theaters ⟨etwas auf den Spielplan setzen; etwas in den Spielplan aufnehmen⟩

★ **Spiel·platz** *der* ein Platz mit verschiedenen Geräten, an denen Kinder spielen können K Abenteuerspielplatz, Kinderspielplatz

Spiel·raum *der* die Möglichkeit, sich frei zu bewegen, kreativ zu sein oder frei zu entscheiden ⟨genug, wenig, keinen Spielraum haben⟩ | *Mein Terminkalender ist so voll, dass ich überhaupt keinen Spielraum mehr habe*

Spiel·re·geln *die*; *Plural* 1 die Regeln, an die man sich bei einem Spiel halten muss ⟨die Spielregeln beachten, verletzen⟩ 2 die Regeln für ein Verhalten, das zu einer Situation passt ⟨sich an die Spielregeln halten; gegen die Spielregeln verstoßen⟩ | *die Spielregeln der internationalen Diplomatie*

Spiel·sa·chen *die*; *Plural* ≈ *Spielzeug*

Spiel·schul·den *die*; *Plural* Schulden, die eine Person hat, weil sie Geld beim Spielen verloren hat

Spiel·stra·ße *die*; *gesprochen* eine Straße, auf der Autos langsam fahren müssen, weil Kinder dort spielen dürfen

Spiel·ver·der·ber *der*; (-s, -) eine Person, die anderen Leuten die Freude an etwas nimmt, weil sie nicht mitmacht ● hierzu **Spiel·ver·der·be·rin** *die*

Spiel·wa·ren *die*; *Plural* das Spielzeug, das man im Geschäft kaufen kann K Spielwarengeschäft, Spielwarenhändler, Spielwarenhandlung

Spiel·zeit *die*; *meist Singular* 1 die Zeit, während der ein Theaterstück, eine Oper, ein Film usw. im Programm ist 2 die Zeit, die z. B. ein Fußballspiel oder ein Eishockeyspiel normalerweise dauert

★ **Spiel·zeug** *das* Spiele, Puppen und andere Dinge, mit denen Kinder spielen K Spielzeugauto, Spielzeugeisenbahn; Kinderspielzeug

Spieß *der*; (-es, -e) 1 eine Stange mit einem spitzen Ende, auf der man Fleisch (vor allem über einem Feuer) brät | *einen Ochsen am Spieß braten* K Bratspieß 2 *historisch* eine lange Stange mit einem spitzen Ende, die man als Waffe verwendete 3 *gesprochen* der Unteroffizier, der dafür verantwortlich ist, dass die Soldaten ihre Pflichten erfüllen und Unterkunft und Verpflegung bekommen ■ ID **den Spieß umdrehen/umkehren** *gesprochen* dieselben (unangenehmen) Mittel gegen eine Person verwenden, welche diese vorher selbst verwendet hat, um jemandem zu schaden; **wie am Spieß brüllen/schreien** *gesprochen* sehr laut brüllen, schreien o. Ä.

Spieß·bür·ger *der*; *abwertend* ≈ *Spießer* ● hierzu **Spieß·bür·ge·rin** *die*; **Spieß·bür·ger·lich·keit** *die*; **Spieß·bür·ger·tum** *das*; **spieß·bür·ger·lich** ADJEKTIV

spie·ßen VERB (spießte, hat gespießt) **etwas auf etwas** (*Akkusativ*) **spießen** etwas mit einem spitzen Gegenstand durchbohren und auf diese Weise festhalten oder befestigen | *ein Fleischstückchen auf die Gabel spießen*

Spie·ßer *der*; (-s, -); *gesprochen, abwertend* eine Person, die ein ruhiges und sicheres Leben führen möchte, keine (politischen) Veränderungen will und immer das tut, was die Gesellschaft für richtig hält K Spießermoral

Spieß·ge·sel·le *der*; *abwertend* eine Person, die einer anderen Person bei einem Delikt hilft ≈ *Komplize* ● hierzu **Spieß·ge·sel·lin** *die*

spie·ßig ADJEKTIV; *gesprochen, abwertend* wie ein Spießbürger ● hierzu **Spie·ßig·keit** *die*

Spieß·ru·te *die* **Spießruten laufen** an vielen Menschen vorbeigehen (müssen), die von denen man bedroht oder beleidigt wird ● hierzu **Spieß·ru·ten|lau·fen** *das*

Spikes [ʃpaiks, sp-] *die*; *Plural* die Nägel an Autoreifen oder Schuhen (von Läufern), die verhindern, dass man rutscht K Spike(s)reifen

Spi·nat *der;* (-(e)s) ein Gemüse mit breiten grünen Blättern
Spind *der;* (-(e)s, -e) Spinde sind die vielen schmalen Schränke für die persönlichen Dinge von Schülern oder Soldaten, von Besuchern eines Schwimmbads oder einer Bibliothek usw.
Spin·del *die;* (-, -n) ein Stab, auf welchen der Faden gewickelt wird, wenn man aus Wolle Fäden spinnt
spin·del·dürr ADJEKTIV; *gesprochen* sehr dünn | *spindeldürre Arme*
★ **Spin·ne** *die;* (-, -n) ein kleines Tier mit acht Beinen, das Netze macht, um Insekten o. Ä. zu fangen ⟨die Spinne spinnt, webt ihr Netz; die Spinne lauert, sitzt im Netz⟩ K Spinnennetz, Spinnentier

SPINNE

spin·ne·feind ■ ID **jemandem spinnefeind sein** *gesprochen* eine Person überhaupt nicht mögen und sehr böse auf sie sein
spin·nen VERB (spann, hat gesponnen) **1** **jemand spinnt** *gesprochen* jemand tut oder sagt verrückte Dinge | *Du willst auf diesen Berg steigen? Du spinnst wohl!* **2** **(etwas) spinnen** Wolle o. Ä. drehen und so Fäden machen ⟨Wolle, Flachs, Garn spinnen; am Spinnrad spinnen⟩ K Spinnmaschine **3** **ein Tier spinnt (etwas)** eine Spinne produziert Fäden und macht daraus ein Netz ⟨eine Spinne spinnt ein Netz⟩ • zu (1) **Spin·ner** *der;* zu (1) **Spin·ne·rin** *die*
Spin·ne·rei *die;* (-, -en) **1** ein Betrieb, in dem man Garn herstellt K Baumwollspinnerei, Flachsspinnerei **2** *gesprochen, abwertend* eine Idee oder Sache, die man für sinnlos und unvernünftig hält
Spinn·rad *das* ein Gerät mit einer Art Rad, mit dem man aus Wolle Fäden macht
Spinn·we·be *die;* (-, -n) ein Spinnennetz oder ein einzelner Faden davon
spin·ti·sie·ren VERB (spintisierte, hat spintisiert) **(über etwas** *(Akkusativ)***) spintisieren** *gesprochen, abwertend* seltsame Gedanken und Fantasien haben • hierzu **Spin·ti·sie·rer** *der*
Spi·on *der;* (-s, -e) **1** eine Person, die versucht, geheime Informationen (vor allem über einen Feind oder neue Produkte einer Firma) zu bekommen ⟨einen Spion irgendwo einschleusen; einen Spion entlarven, enttarnen⟩ ≈ *Agent* **2** ein Loch in der Wohnungstür, durch das man sieht, wer draußen ist K Türspion • zu (1) **Spi·o·nin** *die*
Spi·o·na·ge [-'na:ʒə] *die;* (-) die Tätigkeit eines Spions ⟨Spionage (be)treiben⟩ K Spionageabwehr, Spionageaffäre; Betriebsspionage, Militärspionage, Werkspionage
Spi·o·na·ge·ring [-'na:ʒə-] *der* eine Gruppe von Spionen, die zusammenarbeiten
spi·o·nie·ren VERB (spionierte, hat spioniert) **1** als Spion arbeiten **2** **irgendwo spionieren** *abwertend* heimlich versuchen, etwas meist Neues zu erfahren | *neugierig in fremden Schubladen spionieren*
★ **Spi·ra·le** *die;* (-, -n) **1** eine Linie, die sich in Kreisen um einen Punkt oder um eine Achse herum dreht K Spiralwindung **2** ein Gegenstand mit der Form einer Spirale | *die Spirale eines Tauchsieders* K Spiralbohrer, Spiralfeder; Heizspirale **3** eine negative Entwicklung, in der verschiedene Einflüsse sich gegenseitig verstärken K Gewaltspirale, Kostenspirale, Preis-Lohn-Spirale **4** ein Gegenstand, den eine Frau benutzt, um nicht schwanger zu werden | *Der Arzt setzte ihr eine Spirale in die Gebärmutter ein* • zu (1) **spi·ral·för·mig** ADJEKTIV
Spi·ri·tis·mus *der;* (-) der Glaube an Geister (von Toten) und daran, dass man mit ihnen Kontakt bekommen kann • hierzu **Spi·ri·tist** *der;* **spi·ri·tis·tisch** ADJEKTIV
spi·ri·tu·ell ADJEKTIV; *geschrieben* **1** in Bezug auf den menschlichen Verstand ⟨eine Entwicklung, das Leben⟩ ≈ *geistig* **2** ⟨ein Lied⟩ ≈ *religiös, geistlich*
★ **Spi·ri·tu·o·se** *die;* (-, -n); *meist Plural* Getränke, die sehr viel Alkohol enthalten, wie z. B. Schnaps, Whisky, Rum (nicht Bier und Wein)
Spi·ri·tus, **Spi·ri·tus** *der;* (-) eine Flüssigkeit mit 70 – 90 % Alkohol, mit der man Feuer macht K Spirituskocher; Brennspiritus
Spi·tal *das;* (-s, Spi·tä·ler); Ⓐ Ⓒ ≈ *Krankenhaus*
★ **spitz** ADJEKTIV **1** ⟨eine Ecke, ein Ende, ein Hut, ein Kragen⟩ so (geformt), dass die Seiten an einem Ende immer schmaler werden und sich in einem Punkt treffen ↔ *rund* → Winkel K Spitzbart, Spitzbogen **2** so, dass man sich leicht daran verletzen kann ⟨ein Bleistift, ein Messer, eine Nadel, ein Nagel⟩ ↔ *stumpf* K nadelspitz **3** ⟨eine Bemerkung⟩ so, dass sie jemanden ärgern soll **4** *gesprochen* mager und schmal ⟨ein Gesicht⟩

SPITZ
STUMPF

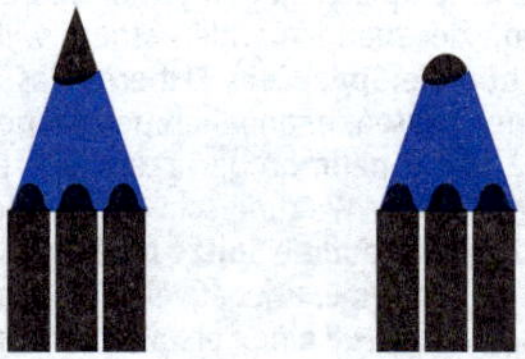

spitz stumpf

Spitz *der;* (-es, -e) **1** ein kleiner, meist weißer oder schwarzer Hund mit langen Haaren und spitzer Schnauze **2** der äußerste, schmale Teil, an dem etwas aufhört ≈ *Spitze*
■ ID **Du/Mein 'lieber Spitz!** *gesprochen* verwendet, um (eine meist unangenehme) Überraschung auszudrücken; **etwas steht Spitz auf Knopf** etwas ist kurz vor einer Entscheidung, die (mit gleicher Wahrscheinlichkeit) positiv oder negativ sein kann
spitz·be·kom·men VERB (bekam spitz, hat spitzbekommen) **etwas spitzbekommen** *gesprochen* ≈ *erfahren* | *Wenn meine Eltern spitzbekommen, dass ich hier bin, dann gibt es Ärger*
Spitz·bu·be *der; abwertend* ≈ *Gauner*
spitz·bü·bisch ADJEKTIV ⟨ein Lächeln⟩ ≈ *verschmitzt*
spit·ze ADJEKTIV *nur in dieser Form; gesprochen* sehr gut ≈ *toll* | *Sie ist eine spitze Frau* | *Das hast du spitze gemacht!* ! aber: *Das ist einsame Spitze!* (großgeschrieben)
★ **Spit·ze** *die;* (-, -n)
▸Form: **1** ein spitzes Ende | *ein Messer mit einer scharfen Spitze* | *ein Bleistift mit einer abgebrochenen Spitze* K Bleistiftspitze, Nadelspitze, Pfeilspitze, Speerspitze **2** der höchste Punkt einer Sache, das hoch (und oft spitz) ist | *die Spitze des Kirchturms* K Baumspitze, Bergspitze, Kirchturmspitze **3** der äußerste, schmale Teil, an dem etwas aufhört ≈ *Ende* | *Die Blätter der Pflanze sind an den Spitzen ganz braun* K Fingerspitze, Nasenspitze, Schwanzspitze, Zehenspitze; Landspitze, Schuhspitze, Spargelspitze
▸vorne: **4** der vorderste Teil in einer Reihe | *An der Spitze des Zuges befinden sich die Wagen der 1. Klasse* **5** der erste und beste Platz in einer Reihenfolge (in Bezug auf Erfolg, Leistung, Macht oder Qualität) ⟨an die Spitze kommen; an der Spitze des Feldes, der Läufer liegen; an der Spitze des Staates, eines Unternehmens stehen⟩ ≈ *Führung* | *Er setzte sich an die Spitze und gewann das Rennen* | *An der Spitze des Konzerns steht ein Generaldirektor* K Spitzenposition;

S

Konzernspitze, Parteispitze, Tabellenspitze, Weltspitze **6** der Spieler (beim Fußball o. Ä.), der im Angriff vorn spielt | *Wir spielen heute mit zwei Spitzen* K Sturmspitze ▸Maximum: **7** der höchste Punkt auf einer Skala, den etwas (in einer Zeit) erreicht ≈ *Gipfel* | *Die Verkehrsdichte erreicht ihre Spitze zu Anfang und Ende der Sommerferien* K Spitzenbelastung, Spitzengeschwindigkeit, Spitzenleistung, Spitzenwert, Spitzenzeit; Bedarfsspitze, Belastungsspitze, Temperaturspitze, Verbrauchsspitze, Verkehrsspitze; Jahresspitze, Monatsspitze, Tagesspitze, Wochenspitze **8** *gesprochen* die höchste Geschwindigkeit, die ein Auto o. Ä. fahren kann ≈ *Höchstgeschwindigkeit* | *Sein Auto fährt fast zweihundert (Stundenkilometer) Spitze* **9** **jemand/etwas ist einsame/absolute Spitze** *gesprochen* jemand/etwas ist sehr gut H aber: *Das ist/Du bist spitze!* (kleingeschrieben) ▸am Stoff: **10** Spitzen aus dünnem Stoff oder aus Fäden bilden Ornamente vor allem am Rand von Tischdecken ⟨Spitzen häkeln, klöppeln⟩ K Spitzenbluse, Spitzendeckchen, Spitzenhäubchen, Spitzenklöpplerin, Spitzentaschentuch; Häkelspitze, Klöppelspitze, Seidenspitze ▸Äußerung: **11** **eine Spitze (gegen jemanden/etwas)** eine Bemerkung, mit der man jemanden ärgern will
▪ ID **Das ist nur die Spitze des Eisbergs** das ist nur ein kleiner Teil einer großen, unangenehmen Sache; **einer Sache** (*Dativ*) **die Spitze nehmen** bewirken, dass etwas (z. B. eine Maßnahme) in der Wirkung schwächer oder weniger gefährlich wird; **etwas auf die Spitze treiben** etwas so lange tun, bis es zu einer negativen Reaktion kommt

Spit·zel *der;* (-s, -); *abwertend* eine Person, die heimlich Informationen zu bekommen versucht, welche sie an andere Leute weitergibt ⟨als Spitzel für die Polizei tätig sein, arbeiten⟩ K Polizeispitzel, Stasispitzel

spit·zeln VERB (spitzelte, hat gespitzelt) **1** *abwertend* **(für jemanden) spitzeln** heimlich versuchen, (oft für andere Personen) Informationen zu bekommen | *Der Journalist hat offenbar jahrelang für den Geheimdienst gespitzelt* **2** *gesprochen* **etwas spitzelt irgendwoher** etwas ist nicht vollständig durch etwas verdeckt ≈ *spitzen* | *Die jungen Pflänzchen spitzeln schon aus dem Boden* **3** **den Ball irgendwohin spitzeln** den Ball mit wenig Schwung mit der Fußspitze irgendwohin stoßen

spit·zen VERB (spitzte, hat gespitzt) **1** **etwas spitzen** etwas (mit einem Messer o. Ä.) spitz machen ⟨einen Bleistift spitzen⟩ **2** **den Mund/die Lippen spitzen** die Lippen vorschieben und rund machen, um zu pfeifen oder um jemanden zu küssen **3** **irgendwohin spitzen** *gesprochen* heimlich durch eine Öffnung blicken | *durchs Schlüsselloch spitzen* **4** **auf etwas** (*Akkusativ*) **spitzen** *gesprochen* hoffen, dass man etwas bekommt | *auf ein Stück Kuchen spitzen*

Spit·zen- *im Substantiv, betont, sehr produktiv; gesprochen* **das Spitzenangebot, das Spitzenauto, die Spitzenleistung, die Spitzenmannschaft, die Spitzenqualität, das Spitzenwetter** *und andere* verwendet, um eine gute Qualität oder Leistung zu bezeichnen ≈ *Super-* | *eine Spitzenzeit fahren/laufen* | *ein Athlet der Spitzenklasse*

Spit·zen·kraft *die* eine Person, die als Angestellter sehr viel leistet

Spit·zen·rei·ter *der* der Beste in einer Tabelle | *der Spitzenreiter der Fußball-Bundesliga* ● hierzu **Spit·zen·rei·te·rin** *die*

Spit·zen·tanz *der* (beim Ballett) eine Art zu tanzen, bei der nur die Zehenspitzen den Boden berühren

Spit·zer *der;* (-s, -) ein kleines Gerät, mit dem man Bleistifte spitz macht K Bleistiftspitzer

spitz·fin·dig ADJEKTIV; *abwertend* so (genau), dass unwichtige Details zu stark betont werden ⟨eine Unterscheidung, eine Erklärung⟩ ● hierzu **Spitz·fin·dig·keit** *die*

Spitz·ha·cke *die* ≈ *Pickel* ▪ ID **etwas fällt der Spitzhacke zum Opfer** ein Haus o. Ä. wird abgerissen

spit·zig ADJEKTIV; *veraltend* ≈ *spitz*

spitz·krie·gen VERB (kriegte spitz, hat spitzgekriegt) **etwas spitzkriegen** *gesprochen* ≈ *herausfinden, erfahren*

Spitz·maus *die* ein kleines Tier (ähnlich einer Maus) mit spitzer Schnauze, das von Insekten lebt

Spitz·na·me *der* ein Name, den man zum Spaß oder aus Spott bekommt

spitz·win·ke·lig, spitz·wink·lig ADJEKTIV so, dass die Winkel kleiner als 90° sind ⟨ein Dreieck⟩

spitz·zün·gig ADJEKTIV ⟨eine Bemerkung⟩ ≈ *boshaft* ● hierzu **Spitz·zün·gig·keit** *die*

Spleen [ʃpliːn, sp-] *der;* (-s, -s) eine seltsame Angewohnheit, Idee o. Ä. ≈ *Marotte* | *Der hat einen Spleen!* ● hierzu **splee·nig** ADJEKTIV

Splitt *der;* (-s) spitze kleine Steine, die man beim Bauen von Straßen verwendet K Rollsplitt

Split·ter *der;* (-s, -) ein sehr kleines, spitzes Stück, das von Holz, Metall, Glas o. Ä. abgebrochen ist K Bombensplitter, Glassplitter, Granatsplitter, Holzsplitter, Knochensplitter, Steinsplitter

split·ter·fa·ser|nackt ADJEKTIV; *gesprochen* völlig nackt

Split·ter·grup·pe *die* eine kleine Gruppe, die sich von einer großen (meist politischen) Gruppe getrennt hat ⟨eine radikale Splittergruppe⟩

split·tern VERB (splitterte, ist gesplittert) **etwas splittert** etwas bricht auseinander und bildet dabei Splitter

split·ter·nackt ADJEKTIV; *gesprochen* völlig nackt

SPÖ [ɛspeː'|øː] *die;* (-) Sozialistische Partei Österreichs eine politische Partei in Österreich

Spoi·ler ['ʃpɔylɐ, 'sp-] *der;* (-s, -) **1** ein Teil an einem Fahrzeug (meist einem Auto), welches das Fahrzeug beim schnellen Fahren zum Boden hin drücken soll K Frontspoiler, Heckspoiler **2** eine Information, mit der man verrät, wie eine Geschichte weitergeht

Spon·sor ['ʃpɔnzɐ, 'sp-] *der;* (-s, Spon·so·ren) eine Firma o. Ä., die einen Sportler, eine Veranstaltung usw. mit Geld unterstützt ● hierzu **Spon·so·rin** *die;* **spon·sern** VERB (*hat*)

Spon·so·ring *das;* (-s) die Unterstützung durch einen Sponsor K Kultursponsoring, Sportsponsoring

★ **spon·tan** ADJEKTIV schnell und einem plötzlichen inneren Antrieb folgend ⟨ein Entschluss, eine Reaktion⟩ ≈ *impulsiv* | *jemandem spontan Hilfe anbieten* | *Er ist nicht spontan genug* ● hierzu **Spon·ta·n(e·)i·tät** [-n(e)i'tɛːt] *die*

spo·ra·disch ADJEKTIV *meist adverbiell* nur manchmal oder an manchen Stellen ⟨etwas tritt (nur) sporadisch auf; etwas kommt (nur) sporadisch vor⟩ ≈ *selten*

Spo·re *die;* (-, -n) **1** der Samen von Pilzen, Algen und Farnen **2** ≈ *Keim* | *etwas desinfizieren, um Sporen abzutöten*

Spo·ren *Plural* **1** → Spore **2** → Sporn

Sporn *der;* (-(e)s, Spo·ren) **1** ein Stachel oder ein kleines Rad mit scharfen Spitzen aus Metall am Stiefel eines Reiters, mit denen er das Pferd antreiben kann | *einem Pferd die Sporen geben* **2** der spitze Teil hinten am Fuß eines Hahns o. Ä. K Hahnensporn ▪ ID **seine (ersten) Sporen verdienen** (vor allem im Beruf) die ersten Erfolge haben

★ **Sport** *der;* (-(e)s) **1** Sport macht man, damit man gesund und körperlich fit bleibt/wird oder um sich in Wettkämpfen mit anderen Personen zu vergleichen ⟨Sport treiben⟩ K Sportartikel, Sportgeschäft, Sporthalle, Sportjournalist, Sportkleidung, Sportnachrichten, Sportreporter, Sportschuh, Sportunfall, Sportveranstaltung, Sportverletzung, sportbegeistert; Freizeitsport, Leistungssport, Wettkampfsport **2** ein Spiel oder eine Disziplin, die man als Sport betreibt | *Fußball ist ein sehr beliebter Sport* K Sportart; Ballsport, Bergsport, Eissport, Kampfsport, Massensport, Motorsport, Radsport, Skisport, Wassersport, Wintersport i Als Plural verwendet man **Sportarten**. **3** ein Fach in der Schule, in dem die Kinder Sportarten lernen und betreiben K Sportlehrer, Sportnote, Sportstunde, Sportunterricht; Schulsport ■ ID **sich** (*Dativ*) **einen Sport daraus machen, etwas zu tun** etwas (meist Negatives) mit viel Spaß und Ehrgeiz tun | *Er macht sich einen Sport daraus, den Staat um Steuern zu betrügen*

Sport·ab·zei·chen *das* ein Abzeichen, das man für sportliche Leistungen erhält ⟨das Sportabzeichen machen⟩

spor·teln VERB (sportelte, hat gesportelt); *gesprochen* (zum Vergnügen) Sport treiben

Sport·fest *das* eine Veranstaltung mit Wettkämpfen in verschiedenen Sportarten (z. B. der Leichtathletik)

Sport·geist *der*; *nur Singular*; *veraltend* ≈ *Fairness*

spor·tiv [-f] ADJEKTIV ⟨ein Typ⟩ ≈ *sportlich*

★ **Sport·ler** *der*; (-s, -) eine Person, die regelmäßig Sport treibt ⟨ein Sportler trainiert⟩ K Amateursportler, Berufssportler, Freizeitsportler, Profisportler i zu *Sportlerin* → Info im Eintrag **-in** ● hierzu **Sport·le·rin** *die*

★ **sport·lich** ADJEKTIV **1** *meist attributiv* in Bezug auf den Sport ⟨Leistungen; ein Wettkampf; sich sportlich betätigen⟩ **2** schlank und gesund ⟨eine Erscheinung, eine Figur, ein Typ; sportlich aussehen⟩ **3** so, dass man sich an die Regeln hält und niemand einen Nachteil hat ⟨ein Benehmen, ein Verhalten⟩ ≈ *fair* **4** einfach und praktisch, aber trotzdem elegant ⟨Kleidung, eine Frisur⟩ K sportlich-elegant ● zu (1 – 3) **Sport·lich·keit** *die*

★ **Sport·platz** *der* ein Platz (der meist einem Sportverein oder zu einer Schule gehört), auf dem man im Freien Ball spielen und Leichtathletik treiben kann

Sport·stät·te *die* ein Ort, an dem man Sport treiben kann, z. B. ein Stadion, eine Sporthalle oder ein Sportplatz

Sport·ver·ein *der* ein Verein für eine oder mehrere Sportarten

Sport·wa·gen *der* **1** ein schnelles Auto (in dem meist nur zwei Personen Platz haben) **2** ein Kinderwagen, in welchem das Kind sitzt (und nicht liegt)

Spot [spɔt] *der*; (-s, -s) **1** eine kurze Sendung im Radio oder ein kurzer Film im Fernsehen oder Kino, in denen für ein Produkt Werbung gemacht wird K Fernsehspot, Rundfunkspot, Werbespot **2** eine Lampe, deren Licht auf einen Punkt konzentriert wird

★ **Spott** *der*; (-(e)s) **Spott (über jemanden/etwas)** Worte oder Handlungen, mit denen man über jemanden/etwas spottet ⟨seinen Spott mit jemandem treiben; für etwas (Hohn und) Spott ernten⟩ K Spottgedicht, Spottlied

spott·bil·lig ADJEKTIV; *gesprochen* sehr billig ⟨Waren⟩

spöt·teln VERB (spöttelte, hat gespöttelt) **(über jemanden/etwas) spötteln** auf subtile Art und Weise spotten

★ **spot·ten** VERB (spottete, hat gespottet) **(über jemanden/etwas) spotten** verletzende Witze über Fehler oder Eigenschaften einer Person machen oder sie auf verletzende Weise nachahmen | *Er spottete über ihre neue Frisur* ● hierzu **Spöt·ter** *der*

spöt·tisch ADJEKTIV so, dass damit Spott ausgedrückt wird ⟨eine Bemerkung, ein Lächeln; jemanden spöttisch ansehen⟩

Spott·preis *der*; *gesprochen* ein sehr niedriger Preis

sprach *Präteritum, 1. und 3. Person Singular* → sprechen

★ **Spra·che** *die*; (-, -n) **1** ein System von Lauten, von Wörtern und von Regeln für die Bildung von Sätzen, das man benutzt, um sich mit anderen Menschen zu verständigen ⟨eine afrikanische, germanische, romanische, slawische Sprache; die deutsche, englische, französische Sprache; die geschriebene, gesprochene Sprache; eine Sprache (er)lernen, beherrschen, (fließend) sprechen, verstehen; einer Sprache (*Genitiv*) mächtig sein; etwas aus einer Sprache in eine andere übersetzen⟩ | *„Wie viele Sprachen sprichst du?" – „Zwei: Deutsch und Spanisch."* K Sprachbeherrschung, Sprachgenie, Sprachgeschichte, Sprachkenntnisse, Sprachkurs, Sprachlehrer, Sprachunterricht; sprachbegabt; Sprachenschule, Sprachenstudium; Fremdsprache, Landessprache, Muttersprache, Kunstsprache, Standardsprache, Umgangssprache, Vulgärsprache, Weltsprache **2** *nur Singular* die Fähigkeit zu sprechen ⟨die menschliche Sprache⟩ | *durch einen Schock die Sprache verlieren* | *herausfinden, ob Affen zur Sprache fähig sind* K Sprachfähigkeit, Sprachprobleme, Sprachstörung **3** die Variante einer Sprache, die eine Gruppe von Menschen spricht ≈ *Jargon* | *die Sprache der Diebe/der Jugendlichen/der Juristen* K Gaunersprache, Jägersprache, Kaufmannssprache, Rechtssprache, Soldatensprache, Sondersprache **4** die genannte Art, sich auszudrücken ⟨eine gekünstelte, geschraubte, gestelzte, gewählte, gezierte, lebendige, klare, natürliche, schlichte Sprache⟩ ≈ *Stil* K Sprachebene, Sprachkunst, Sprachregister, Sprachschicht, Sprachstil; sprachgewandt; Bibelsprache, Dichtersprache **5** ein System von Symbolen, Bewegungen o. Ä., mit dem Bedeutungen, Anweisungen oder Gefühle ausgedrückt werden ⟨die Sprache der Kunst, der Musik, der Malerei⟩ | *In der Sprache der Blumen bedeuten rote Rosen „ich liebe dich"* K Bienensprache, Computersprache, Gebärdensprache, Körpersprache, Programmiersprache, Tiersprache, Zeichensprache **6** **eine lebende/tote Sprache** eine Sprache, die heute noch/nicht mehr gesprochen wird | *Latein ist eine tote Sprache*

■ ID ▸Sprache als Objekt: **die Sprache auf etwas bringen** beginnen, über ein vorhandenes Problem zu reden; **eine andere Sprache sprechen** eine andere Meinung als eine andere Person haben und sich deshalb schlecht mit ihr verstehen; **die gleiche/jemandes Sprache sprechen** die gleiche Einstellung wie eine andere Person haben und sich deshalb gut mit ihr verstehen; **etwas spricht eine andere Sprache** etwas beweist, dass etwas ganz anders ist als jemand/ein Dokument behauptet | *Die Regierung sagt zwar, der Bevölkerung gehe es gut, aber die Statistik spricht eine andere Sprache*; **etwas spricht eine eigene Sprache** etwas lässt spezielle Schlüsse oder Interpretationen zu; **etwas spricht eine deutliche Sprache** etwas lässt etwas Negatives deutlich erkennen | *Die neuen Arbeitslosenzahlen sprechen eine deutliche Sprache*; **jemandem verschlägt es die Sprache** jemand ist so überrascht, dass er nicht mehr weiß, was er sagen soll;

▸Präposition plus Sprache: **etwas zur Sprache bringen** über ein meist unangenehmes Thema oder Problem sprechen; **mit der Sprache nicht herausrücken/herauswollen** *gesprochen* über etwas nicht sprechen wollen; **Raus mit der Sprache!** *gesprochen* verwendet, um jemanden ungeduldig aufzufordern, eine unangenehme Frage zu beantworten; **etwas kommt zur Sprache** ein unangenehmes Thema wird besprochen

sprä·che *Konjunktiv II, 1. und 3. Person Singular* → sprechen

Sprach·er·ken·nung *die* **1** die Funktion eines elektronischen Gerätes, mit der es gesprochene Sprache erkennt und auf gesprochene Befehle reagiert **2** ein Programm für einen Computer, das gesprochene Sprache erkennt und Befehle ausführt

Sprach·er·werb *der* das Lernen einer Sprache K Erstspracherwerb, Zweitspracherwerb

Sprach·fa·mi·lie *die* eine Gruppe von Sprachen, die sich ursprünglich aus einer einzigen Sprache entwickelt haben

S

⟨die indoeuropäische Sprachfamilie⟩
Sprach·feh·ler *der* **einen Sprachfehler haben** manche Laute nicht oder nur falsch produzieren können
Sprach·füh·rer *der* ein kleines Buch mit Wörtern und Sätzen einer Fremdsprache, die für verschiedene Situationen (z. B. im Hotel) wichtig sind
Sprach·ge·brauch *der* **nach allgemeinem Sprachgebrauch** so, wie man das Wort oder den Ausdruck meistens verwendet
Sprach·ge·fühl *das* die Fähigkeit zu erkennen, was in einer Sprache richtig und angemessen ist
sprach·ge·wal·tig ADJEKTIV fähig, Texte auf wirkungsvolle Art zu schreiben ⟨ein Dichter, ein Schriftsteller⟩
-spra·chig *im Adjektiv, unbetont, nicht produktiv* **1** **anderssprachig, gemischtsprachig, zweisprachig** *und andere* mit/von der genannten Art oder Zahl von Sprachen | *ein fremdsprachiger Ausdruck* | *eine mehrsprachige Konferenz* | *ein einsprachiges Wörterbuch* **H** vergleiche **-sprachlich** **2** **deutschsprachig, englischsprachig, französischsprachig** *und andere* in der genannten Sprache ⟨Literatur, Texte⟩
Sprach·la·bor *das* ein Raum, in dem man eine Sprache mit technischen Geräten lernen kann
Sprach·leh·re *die* ≈ *Grammatik*
★ **sprach·lich** ADJEKTIV in Bezug auf die Sprache | *ein Aufsatz mit vielen sprachlichen Fehlern*
sprach·los ADJEKTIV so schockiert oder beeindruckt, dass man nichts mehr sagen kann ⟨Erstaunen; vor Freude, Schreck, Überraschung sprachlos sein⟩ • hierzu **Sprach·lo·sig·keit** *die*
Sprach·pfle·ge *die* der Versuch, die Sprache mit ihren bestehenden Regeln zu erhalten
Sprach·raum *der* das Gebiet, in dem eine bestimmte Sprache gesprochen wird | *der deutsche Sprachraum*
Sprach·rei·se *die* eine Reise in ein fremdes Land, die man macht, um dort eine fremde Sprache zu lernen
Sprach·rohr *das* **jemandes Sprachrohr sein** die Meinungen und Wünsche einer Person oder Gruppe ausdrücken
Sprach·wis·sen·schaft *die* die Wissenschaft, die sich mit der Entstehung, dem Aufbau, dem Funktionieren der Sprachen beschäftigt ≈ *Linguistik* • hierzu **Sprach·wis·sen·schaft·ler** *der*; **sprach·wis·sen·schaft·lich** ADJEKTIV
sprang *Präteritum, 1. und 3. Person Singular* → springen
Spray [ʃpreː, spreː, sprei] *der/das*; (-s, -s) eine Flüssigkeit in einer Dose, die in sehr feinen Tropfen in der Luft verteilt wird, wenn man auf einen Knopf drückt ⟨ein Spray versprühen, irgendwohin sprühen⟩ **K** Spraydose; Deospray, Farbspray, Haarspray, Insektenspray, Lackspray • hierzu **spray·en** VERB *(hat)*
Spray·er [ˈʃpreːɐ, ˈspreiɐ] *der*; (-s, -) eine Person, die mit Farbsprays Zeichen, Sprüche oder Bilder auf Wände und Mauern malt
-sprech *der*; (-s); *im Substantiv, unbetont, begrenzt produktiv* **Neusprech, Polit(iker)sprech, Polizeisprech, Wirtschaftssprech** *und andere* drückt aus, dass man die Art einer bestimmten Gruppe von Personen, sich auszudrücken, für seltsam oder ärgerlich hält | *die Studierendenvertretung, wie die Studentenvertretung neuerdings im Gendersprech heißt* (die jetzt so heißt, weil man politisch korrekt betonen will, dass beide Geschlechter gemeint sind)
Sprech·an·la·ge *die* ein elektrisches Gerät, durch das man von innerhalb eines Gebäudes mit einer anderen Person sprechen kann, die vor dem Eingang des Hauses steht (und hereingelassen werden möchte)
Sprech·bla·se *die* **1** eine gezeichnete Blase in einem Comic mit dem Text, den eine Figur spricht oder denkt **2** eine Äußerung voller Klischees und Phrasen ⟨hohle, leere Sprechblasen; nur Sprechblasen absondern, produzieren⟩
Sprech·chor *der* **in Sprechchören** so, dass mehrere Menschen gleichzeitig das Gleiche rufen und rhythmisch wiederholen | *Die Demonstranten protestierten in Sprechchören*
★ **spre·chen** VERB (spricht, sprach, hat gesprochen)
▸Fähigkeit: **1** **(etwas) sprechen** die Fähigkeit haben, aus einzelnen Lauten Wörter oder Sätze zu bilden ⟨noch nicht, nicht richtig sprechen (können); sprechen lernen⟩ | *Das Baby kann schon ein paar Wörter sprechen* | *Ich konnte vor Aufregung kaum sprechen* **K** Sprechalter, Sprechstörung, Sprechübung **2** **Deutsch, Englisch** *usw.* **(irgendwie) sprechen** eine Sprache verstehen und in dieser Sprache die eigenen Gedanken in Wörtern und Sätzen ausdrücken können ⟨Hochdeutsch, Dialekt sprechen; eine Sprache fließend, gebrochen, gut, passabel, perfekt sprechen⟩ | *Sie spricht akzentfrei Deutsch* | *Wie viele Sprachen sprichst du?*
▸Art und Weise: **3** **irgendwie sprechen** sich auf die genannte Art und Weise artikulieren ⟨(un)deutlich, gestelzt, gewählt, leise, laut sprechen⟩ | *Sie sprach mit hoher/zitternder Stimme* | *Er spricht fast akzentfrei* **K** Sprechstimme, Sprechtechnik, Sprechweise **4** **deutsch/englisch** *usw.* **sprechen** Worte und Sätze der genannten Sprache sagen | *Die Leute da drüben sprechen portugiesisch*
▸Äußerung: **5** **etwas sprechen** etwas sagen | *Er sprach den ganzen Abend kein Wort* (er sagte nichts) | *Der Priester sprach Worte des Trostes zu den Hinterbliebenen* **6** **den Kommentar sprechen** die eigene Meinung zu einem aktuellen Thema (z. B. im Fernsehen) sagen **7** **den Segen sprechen** als Priester oder Pfarrer jemanden segnen **8** **ein Urteil sprechen** als Richter das Urteil öffentlich verkünden **9** **über jemanden/etwas sprechen; von jemandem/etwas sprechen** etwas über eine Person oder Thema sagen | *Wir haben neulich erst von dir gesprochen* | *Sie spricht nur noch über ihre Arbeit* | *Er sprach davon/darüber, wie erfolgreich das vergangene Jahr gewesen sei* **10** **gut/schlecht über jemanden/etwas sprechen** etwas Positives/Negatives über jemanden/etwas sagen **11** **(vor/zu jemandem) sprechen** vor einem Publikum eine Rede, einen Vortrag o. Ä. halten, die eigene Meinung zu einem Thema äußern | *Der Direktor sprach zu den Schülern darüber, wie wichtig Disziplin in der Schule sei* | *Er sprach zu ihnen von Glück und Leid* | *Der Papst sprach zum Thema „Hunger in der Welt"* **12** **eine Person spricht (zu jemandem)** *geschrieben* eine Person gibt Anweisungen oder trifft Entscheidungen | *Und Gott sprach, „Es werde Licht!"* | *Der Richter hat gesprochen, daran müssen wir uns jetzt halten* **13** **jemand spricht für Personen/im Namen von Personen** jemand sagt stellvertretend für andere Leute etwas | *Ich spreche wohl im Namen aller Anwesenden, wenn ich Ihnen für diesen wunderschönen Abend danke*
▸Gespräch: **14** **eine Person spricht jemanden/mit jemandem; Personen sprechen sich/miteinander** Personen haben ein Gespräch, eine Unterhaltung | *Ich muss Sie unbedingt sprechen!* | *Ich bin für niemanden zu sprechen!* (ich möchte nicht gestört werden) | *Ich habe mit ihm über Ihr Anliegen gesprochen* | *Wir haben uns lange nicht mehr gesprochen* | *Sie sprechen nicht mehr miteinander* (Sie haben den Kontakt abgebrochen)
▸Sache: **15** **etwas spricht für/gegen jemanden/etwas** etwas zeigt jemanden/etwas in einem positiven/negativen Licht | *Es spricht zumindest für ihn, dass er sich entschuldigt hat* **16** **etwas spricht für/gegen jemanden/etwas** etwas lässt etwas wahrscheinlich/unwahrscheinlich erscheinen | *Die Indizien sprechen gegen ihn als Täter* | *Alles spricht dafür, dass Thomas recht hat* **17** **aus etwas spricht**

etwas man kann etwas (meist Emotionen/Gefühle) an einer Sache sehen oder erkennen | *Aus ihren Augen sprach Verzweiflung* **18** **etwas spricht für sich (selbst)** etwas lässt nur eine mögliche Interpretation zu | *Es war ein erfolgreiches Jahr. Die Zahlen sprechen für sich selbst*
■ ID **auf jemanden/etwas schlecht/nicht gut zu sprechen sein** (jetzt) keine hohe Meinung von jemandem/etwas haben; **Ich spreche aus Erfahrung** Ich habe das schon mal erlebt und weiß, wovon ich rede

spre·chend ■ PARTIZIP PRÄSENS **1** → sprechen
■ ADJEKTIV **2** *meist attributiv* ⟨Augen, Blicke, Hände, jemandes Mimik⟩ so, dass sie jemandes Gedanken, Gefühle o. Ä. deutlich zeigen

★ **Spre·cher** *der;* (-s, -) **1** eine Person, die von einer Gruppe gewählt wurde, um deren Interessen zu vertreten [K] Klassensprecher, Schülersprecher [H] zu *Sprecherin* → Info im Eintrag **-in** **2** eine Person, die beruflich im Radio oder Fernsehen die Nachrichten liest, Sendungen ansagt usw. [K] Fernsehsprecher, Nachrichtensprecher, Radiosprecher, Rundfunksprecher [H] zu *Sprecherin* → Info im Eintrag **-in** **3** eine Person, die offizielle Mitteilungen einer Partei oder Regierung an die Öffentlichkeit weitergibt [K] Fraktionssprecher, Regierungssprecher [H] zu *Sprecherin* → Info im Eintrag **-in** **4** eine Person, die eine besondere Sprache spricht ⟨ein fremdsprachlicher, muttersprachlicher Sprecher⟩ [H] zu *Sprecherin* → Info im Eintrag **-in** **5** diejenige Person, die in einer Situation gerade spricht | *die Intentionen des Sprechers* [H] zu *Sprecherin* → Info im Eintrag **-in** • hierzu **Spre·che·rin** *die*

Sprech·funk *der* die Kommunikation mit Funkgeräten [K] Sprechfunkgerät

★ **Sprech·stun·de** *die* die Zeit, in der man z. B. zu einem Arzt, zu einem Lehrer o. Ä. gehen kann, um sich einen Rat zu holen oder um Fragen zu stellen ⟨Sprechstunde haben; eine Sprechstunde abhalten; zu jemandem in die Sprechstunde gehen⟩ [K] Elternsprechstunde, Vormittagssprechstunde, Nachmittagssprechstunde

Sprech·stun·den|hil·fe *die; veraltend* ≈ *Arzthelferin*

Sprech·zim·mer *das* ein Zimmer, in dem ein Arzt mit den Patienten spricht und sie untersucht

sprei·zen VERB (spreizte, hat gespreizt) **die Arme/die Beine** *o. Ä.* **spreizen** die Arme, Beine, Finger o. Ä. so weit wie möglich in verschiedene Richtungen strecken | *Der Vogel spreizte die Flügel*

Spreiz·fuß *der;* (-es, Spreiz·fü·ße); *meist Plural* ein Fuß, bei dem die großen Zehen schräg nach außen zeigen

Spren·gel *der;* (-s, -) ein Gebiet, das ein Pfarrer betreut [K] Pfarrsprengel

★ **spren·gen[1]** VERB (sprengte, hat gesprengt)
▸durch eine Explosion: **1** **(etwas) sprengen** etwas durch eine Explosion zerstören ⟨eine Brücke, einen Felsen, ein Haus sprengen⟩ [K] Sprengkapsel, Sprengkommando, Sprengkörper, Sprengkraft, Sprengladung, Sprengsatz, Sprengtrupp **2** **etwas durch/in etwas** (*Akkusativ*) **sprengen** durch Explosionen Teile einer Sache zerstören, um Platz für etwas anderes zu schaffen | *einen Tunnel durch einen Berg sprengen*
▸durch Druck: **3** **etwas sprengt etwas** etwas zerstört etwas durch starken Druck von innen oder lässt es platzen | *Das Bier ist in der Flasche gefroren und hat sie gesprengt*
▸mit Wasser: **4** **etwas irgendwohin sprengen** Wasser in kleinen Tropfen auf etwas verteilen | *Wasser auf den Rasen sprengen* **5** **etwas sprengen** etwas nass machen, indem man Wasser in Tropfen darauf verteilt ⟨den Garten, den Rasen sprengen⟩ | *die Wäsche sprengen, damit sie sich besser bügeln lässt*
▸andere Verwendungen: **6** **etwas sprengen** eine Veranstaltung so stören, dass sie abgebrochen werden muss **7** **etwas sprengt den Rahmen** etwas ist zu groß oder kompliziert für den geplanten Umfang eines Aufsatzes, einer Rede o. Ä. • zu (1,2,4) **Spren·gung** *die*

spren·gen[2] VERB (sprengte, ist gesprengt) **jemand sprengt irgendwohin** jemand reitet sehr schnell irgendwohin

★ **Spreng·stoff** *der* eine Substanz (z. B. Dynamit, Nitroglyzerin), mit der man eine Explosion machen kann [K] Sprengstoffanschlag

Spren·kel *der;* (-s, -) ein kleiner Farbfleck • hierzu **spren·ke·lig** ADJEKTIV

Spreu *die;* (-) die Halme, Hüllen, Abfälle vom Getreide ■ ID **die Spreu vom Weizen trennen** Schlechtes vom Guten trennen

sprich ADVERB verwendet, um eine genauere oder einfachere Formulierung anzuschließen ≈ *nämlich* | *die Risikofaktoren des Herzinfarkts, sprich falsche Ernährung, Stress und Übergewicht*

spricht *Präsens, 3. Person Singular* → sprechen

★ **Sprich·wort** *das;* (-(e)s, Sprich·wör·ter) ein bekannter Satz, den man gern als Rat oder allgemeine Erfahrung zitiert, wie z. B. „Man soll den Tag nicht vor dem Abend loben" ≈ *Redewendung*

sprich·wört·lich ADJEKTIV **1** *meist attributiv* wie ein Sprichwort verwendet ⟨eine Redensart, eine Wendung⟩ **2** *meist attributiv* wie es im Sprichwort vorkommt | *Das war der sprichwörtliche Wink mit dem Zaunpfahl* **3** allgemein bekannt | *Ihr Glück ist (fast) schon sprichwörtlich*

sprie·ßen VERB (spross, ist gesprossen) **etwas sprießt** etwas fängt an zu wachsen ⟨ein Bart; die Saat, das Gras, Blumen⟩

Spring·brun·nen *der* ein Brunnen (der als Schmuck dient), bei welchem das Wasser in die Höhe gespritzt wird

★ **sprin·gen** VERB (sprang, hat/ist gesprungen)
▸mit den Beinen: **1** (*ist*) sich mit einem oder mit beiden Beinen kräftig vom Boden abstoßen, sodass man sich durch die Luft bewegt ⟨hoch, weit springen können; mit Anlauf, aus dem Stand springen; in die Höhe, in die Luft, zur Seite springen⟩ | *aus einem fahrenden Zug springen* | *Das Pferd sprang mühelos über den Graben* **2** **irgendwohin springen** (*ist*) sich fortbewegen, indem man springt | *Der Hund sprang aufgeregt durch den Garten* **3** **aus dem Bett springen; auf die Beine/Füße springen** (*ist*) mit Schwung aufstehen **4** **etwas springen** (*hat/ist*) eine Übung ausführen, indem man springt ⟨einen Salto, eine Schraube springen⟩ **5** **etwas springen** (*hat/ist*) ein Ergebnis erzielen, indem man springt | *einen neuen Rekord springen* | *Er sprang die 2,10 im ersten Versuch* **6** **(irgendwohin) springen** *süddeutsch* Ⓐ Ⓒⓗ (*ist*) schnell irgendwohin gehen, sich beeilen | *noch schnell zum Metzger springen*
▸Bewegung: **7** **etwas springt irgendwohin** (*ist*) etwas wird mit Schwung durch die Luft geschleudert | *Der Ball springt gegen die Wand* **8** (*ist*) (bei Brettspielen) eine Figur über ein oder mehrere Felder hinweg auf ein Feld setzen
▸Vorgang: **9** **etwas springt (von etwas) auf etwas** (*Akkusativ*) (*ist*) etwas wechselt schnell und plötzlich die Position, den Zustand o. Ä. | *Die Ampel springt (von Grün) auf Gelb* | *Der Zeiger springt auf die nächste Zahl* **10** **(von etwas) zu etwas springen** (*ist*) schnell und plötzlich das Thema wechseln | *von einem Thema zum nächsten springen* **11** **etwas springt** (*ist*) etwas zerfällt (durch Einwirkung von außen, z. B. starken Druck, Stöße, Hitze, Kälte) in zwei oder mehrere Teile oder bekommt Risse ⟨Glas; das Eis; jemandes Lippen; eine Saite⟩ | *Die Vase ist gesprungen* | *Bei starken Temperaturänderungen springt der Straßenbelag*

sprin·gen las·sen, sprin·gen·las·sen VERB (ließ springen, hat springen lassen/springenlassen); *gesprochen* **etwas springen lassen** (meist in einem Restaurant oder einer Bar) Getränke oder ein Essen für jemanden bezahlen H Im Perfekt gesprochen auch *springen gelassen*

Sprin·ger *der*; (-s, -) **1** ein Sportler, dessen Sprünge den Regeln einer sportlichen Disziplin folgen K Hochspringer, Weitspringer, Fallschirmspringer, Kunstspringer, Skispringer **2** eine Person, die in einer Firma an ganz verschiedenen Arbeitsplätzen eingesetzt wird ⟨als Springer arbeiten⟩ **3** eine Schachfigur, die ein Feld in gerader und anschließend ein Feld in schräger Richtung bewegt werden kann • zu (1,2) **Sprin·ge·rin** *die*

Spring·flut *die* das schnelle und starke Steigen des Meeres bei Vollmond oder Neumond

Spring·rei·ten *das*; (-s) ein Wettkampf, bei dem man mit dem Pferd über Hindernisse springt • hierzu **Spring·rei·ter** *der*; **Spring·rei·te·rin** *die*

Spring·seil *das* ein Seil mit Griffen an beiden Enden zum Seilspringen

Sprint *der*; (-s, -s) **1** ein schnelles Rennen über eine ziemlich kurze Strecke **2** das Beschleunigen und Laufen mit sehr hoher Geschwindigkeit, meist kurz vor dem Ziel ⟨einen Sprint einlegen⟩ • hierzu **sprin·ten** VERB (*ist*); zu (1) **Sprin·ter** *der*; zu (1) **Sprin·te·rin** *die*

Sprit *der*; (-s); *gesprochen* ≈ *Benzin, Treibstoff*

★ **Sprit·ze** *die*; (-, -n) **1** Spritzen haben eine Röhre und eine dünne, hohle Nadel am Ende. Mit der Spritze kann man flüssige Medikamente in den Körper geben | *eine Spritze aufziehen* (mit einem Medikament füllen) K Injektionsspritze **2** der Vorgang, wenn man einem Menschen oder Tier ein Medikament mit einer Spritze in den Körper gibt ⟨jemandem eine Spritze (in den Arm, in die Vene) geben, verabreichen; eine Spritze bekommen⟩ ≈ *Injektion* K Beruhigungsspritze, Betäubungsspritze, Penizillinspritze, Tetanusspritze **3** ein Gerät, mit dem man Flüssigkeiten irgendwohin spritzen kann K Blumenspritze, Garnierspritze, Teigspritze, Tortenspritze, Wasserspritze **4** ein Gerät mit einem langen Schlauch, mit dem die Feuerwehr Wasser ins Feuer spritzt ⟨an der Spritze stehen; die Spritze auf etwas richten⟩ K Spritzenhaus, Spritzenwagen; Feuerspritze ■ ID **an der Spritze hängen** *gesprochen* von Heroin abhängig sein

SPRITZE

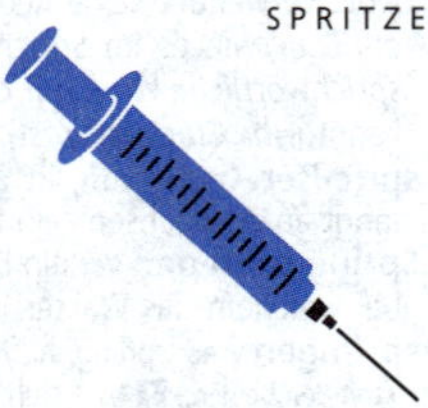

★ **sprit·zen** VERB (spritzte, hat/ist gespritzt) **1** **(etwas) irgendwohin spritzen** (*hat*) Flüssigkeit in Tropfen durch die Luft bewegen | *jemandem Wasser ins Gesicht spritzen* | *sich beim Malen Farbe aufs Hemd spritzen* **2** **(etwas) (irgendwohin) spritzen** (*hat*) eine Flüssigkeit o. Ä. so durch eine enge Öffnung pressen, dass sie ihr Ziel schnell und in Form eines Strahls erreicht | *Wasser ins Feuer spritzen* K Spritzbeutel, Spritzflasche, Spritzgerät, Spritzpistole **3** **(jemandem) etwas) (irgendwohin) spritzen** (*hat*) ein Medikament o. Ä. mit einer Spritze in den Körper eines Menschen oder eines Tieres bringen ⟨(jemandem) ein Beruhigungsmittel, Betäubungsmittel, Schmerzmittel (in den Arm, das Gesäß, die Vene) spritzen; sich (*Dativ*) Heroin, Insulin spritzen⟩ **4** **(etwas) (gegen etwas) spritzen** (*hat*) Gift (z. B. gegen schädliche Insekten) auf Pflanzen sprühen ⟨Felder, Obstbäume, Rosen spritzen; mit Pflanzenschutzmitteln, Insektenvertilgungsmitteln spritzen; gegen Schädlinge, Unkraut spritzen⟩ | *Die Äpfel sind nicht gespritzt. Die Schale kann man ruhig mitessen* **5** **jemanden nass spritzen** (*hat*) jemanden nass machen | *durch eine Pfütze fahren und Fußgänger nass spritzen* **6** **etwas spritzen** (*hat*) Farbe oder Lack auf etwas sprühen ⟨ein Auto, die Heizkörper spritzen⟩ | *das Auto grün spritzen* K Spritzlack, Spritzlackierung **7** **jemanden spritzen** *gesprochen* (*hat*) einer Person oder sich selbst eine Spritze geben | *Er ist zuckerkrank und muss sich täglich spritzen* **8** **(mit etwas) spritzen** (*hat*) Flüssigkeit in Tropfen durch die Luft bewegen, sodass jemand/etwas nass oder schmutzig wird ⟨mit Wasser, Farbe spritzen⟩ **9** **etwas spritzt** (*hat*); **etwas spritzt irgendwohin** (*ist*) etwas fliegt in vielen kleinen Tropfen durch die Luft ⟨Wasser, heißes Fett⟩ **10** **es spritzt** (*hat*) eine Flüssigkeit spritzt | *Es spritzte, als er das Steak in die Pfanne legte*

Sprit·zer *der*; (-s, -) etwas Flüssigkeit, die irgendwohin spritzt oder gespritzt wird | *ein paar Spritzer Spülmittel ins Wasser geben* | *Nach der Fahrt durch den Matsch war das Auto voller Spritzer* K Blutspritzer, Parfümspritzer, Wasserspritzer

Spritz·ge·bäck *das* Gebäck, dessen Teig durch eine Spritze gepresst wird und dadurch eine Form bekommt

sprit·zig ADJEKTIV **1** schwungvoll und unterhaltsam ⟨eine Komödie, eine Rede⟩ **2** leicht und erfrischend ⟨ein Wein⟩

Spritz·tour *die*; *gesprochen* ein kurzer Ausflug meist mit dem Auto, den man zum Vergnügen macht

sprö·de ADJEKTIV **1** ⟨ein Kunststoff, ein Material⟩ so, dass sie leicht zerbrechen, wenn man sie biegt **2** trocken und voller Risse ⟨Haut⟩ **3** ⟨eine Stimme⟩ ≈ *rau* **4** nicht bereit, mit Männern in Kontakt zu kommen ⟨ein Mädchen⟩ ≈ *abweisend* • hierzu **Sprö·dig·keit** *die*

spross *Präteritum, 3. Person Singular* → sprießen

Spross *der*; (-es, -e(n)) **1** ein neuer Teil, der aus einer Pflanze oder aus einem Samen wächst ⟨etwas treibt einen Spross⟩ ≈ *Trieb* K Bambussprossen, Sojasprossen **2** **der letzte Spross** *nur Singular* das letzte, einzige Kind meist einer adligen Familie

SPROSSE

Spros·se *die*; (-, -n) eine der waagrechten Stangen einer Leiter K Leitersprosse

Spros·sen·wand *die* eine breite Leiter, die an der Wand hängt und an der man Gymnastik machen kann

Spröss·ling *der*; (-s, -e); *gesprochen, humorvoll* jemandes Sohn

Sprot·te *die*; (-, -n) ein kleiner Meeresfisch, den man geräuchert isst

★ **Spruch** *der*; (-(e)s, Sprü·che) **1** ein Satz (oft mit einem Reim), den man sich gut merken kann und der eine allgemeine Regel, einen Wunsch oder eine Erfahrung ausdrückt ⟨ein alter, weiser Spruch; einen Spruch lernen, aufsagen, beherzigen⟩ | *„Aus Schaden wird man klug" ist ein weiser Spruch* K Spruchweisheit; Leitspruch, Merkspruch, Trinkspruch, Werbespruch, Bauernspruch, Bibelspruch, Grabspruch, Kalenderspruch, Tischspruch, Zauberspruch **2** das Urteil, das ein Richter o. Ä. spricht K Freispruch, Schuldspruch, Rechtsspruch, Urteilsspruch, Richterspruch, Schiedsspruch ■ ID **Sprüche machen/klopfen** *gesprochen, abwertend* **a** etwas versprechen, das man nicht halten will **b** etwas stark übertrieben erzählen, um interessant zu wirken ≈ *angeben*; **Das sind doch nur Sprüche!** *gesprochen, abwertend* was jemand sagt, hat nichts zu bedeuten; **seinen Spruch/sein Sprüchlein aufsagen/herunterleiern/herbeten** *gesprochen* in ähnlichen Situationen immer wieder das Glei-

S

che mit den gleichen Worten sagen

Spruch·band *das* ein Band aus Papier oder Stoff mit einer Parole ≈ *Transparent*

spruch·reif ADJEKTIV *meist prädikativ* so (geplant oder vorbereitet), dass bald darüber entschieden werden kann ⟨eine Angelegenheit, eine Sache⟩

Spru·del *der*; (-s, -) **1** Mineralwasser mit Kohlensäure ⟨saurer, süßer Sprudel; Sprudel mit/ohne Geschmack⟩ K Sprudelwasser **2** Ⓐ Mineralwasser oder Limonade mit Kohlensäure

spru·deln VERB (sprudelte, hat/ist gesprudelt) **1** **etwas sprudelt** (*hat*); **etwas sprudelt irgendwohin** (*ist*) eine Flüssigkeit bewegt sich so, dass es Bläschen oder Schaum gibt ⟨ein Bach, eine Quelle, Limonade, Sekt, (kochendes) Wasser⟩ | *Kühles Wasser sprudelt aus dem Felsspalt* **2** **etwas sprudelt über jemandes Lippen** jemand spricht vor Aufregung, Begeisterung o. Ä. sehr schnell und viel

spru·delnd ■ PARTIZIP PRÄSENS **1** → sprudeln ■ ADJEKTIV **2** ⟨eine Fantasie; jemandes Gedanken⟩ ≈ *lebhaft*

sprü·hen VERB [ˈʃpryːən] (sprühte, hat/ist gesprüht) **1** **etwas irgendwohin sprühen** (*hat*) eine Flüssigkeit durch eine enge Öffnung pressen, sodass sie sich in sehr kleine Tropfen verteilt | *Lack auf ein Auto sprühen* | *Wasser auf die Blätter einer Pflanze sprühen* (≈ *spritzen*) K Sprühdose, Sprühflasche **2** **etwas sprüht Funken** (*hat*) etwas wirft Funken durch die Luft ⟨ein Feuer⟩ **3** **etwas sprüht** (*hat*); **etwas sprüht irgendwohin** (*ist*) etwas fliegt in sehr kleinen Tropfen oder als Funken durch die Luft ⟨die Gischt, das Wasser, Funken⟩ ≈ *spritzen* K Sprühregen **4** **vor etwas sprühen** (*hat*) in guter Stimmung und deswegen lebhaft, witzig usw. sein ⟨vor Geist, Ideen, Temperament, Witz (nur so) sprühen⟩

★ **Sprung** *der*; (-(e)s, Sprün·ge) **1** eine Bewegung, bei der jemand oder ein Tier springt ⟨ein hoher, weiter Sprung; einen Sprung machen, tun; ein Hindernis mit einem/im Sprung nehmen; zum Sprung ansetzen⟩ | *ein Sprung in die Luft/zur Seite* | *ein Sprung aus zwei Metern Höhe/von fünf Meter Weite* | *ein Sprung aus dem Fenster/vom Dach/ins Wasser/über den Graben* K Sprunghöhe, Sprungweite; Freudensprung, Hechtsprung, Luftsprung, Startsprung, Todessprung **2** ein (oft plötzliche) Veränderung K Entwicklungssprung, Gedankensprung **3** ein sehr dünner Riss in einem harten Material, wie Holz, Glas oder Porzellan ⟨etwas bekommt, hat einen Sprung⟩ ■ ID **keine großen Sprünge machen können** *gesprochen* wenig Geld haben; **ein Sprung ins kalte Wasser** ein neuer Anfang, auf den man sich nicht vorbereitet hat und zu dem man Mut braucht; **nur einen Sprung** *gesprochen* nicht weit | *Der Dom ist nur einen Sprung vom Bahnhof entfernt*; **auf einen Sprung** *gesprochen* für kurze Zeit | *Ich komme später auf einen Sprung zu dir!* | *Peter will später auf einen Sprung bei mir vorbeischauen*; **auf dem Sprung sein** *gesprochen* in Eile sein, keine Zeit haben; **einen Sprung wagen** den Mut zu einer großen Veränderung im Leben haben | *Er wäre gerne Musiker geworden, aber er hat den Sprung nie gewagt*; **jemandem auf die Sprünge helfen** *gesprochen* jemandem einen Hinweis, einen Tipp geben, damit er dann allein weitermachen kann; **Dir werde ich auf die Sprünge helfen!** *gesprochen* verwendet, um einer Person zu drohen, damit sie tut, was man von ihr will; **Der/Die hat ja einen Sprung in der Schüssel!** *gesprochen* Der/Die ist verrückt!

-sprung *der*; *im Substantiv, unbetont, nicht produktiv* **Dreisprung, Hochsprung, Stabhochsprung, Weitsprung** *und andere* im Singular verwendet, um Disziplinen der Leichtathletik zu bezeichnen, bei denen man springt

Sprung·be·cken *das* ein (tiefes) Becken in einem Schwimmbad, in das man von einem Sprungturm springt

Sprung·bein *das* das Bein, mit dem man sich beim Springen abstößt

Sprung·brett *das* **1** ein biegsames Brett, von dem man mit viel Schwung ins Wasser oder über ein Turngerät springen kann **2** **ein Sprungbrett für etwas** eine günstige Position, um in Zukunft etwas zu erreichen | *eine Tätigkeit als Sprungbrett für die Karriere ansehen*

Sprung·fe·der *die* eine Feder in der Form einer Spirale (in Sesseln, Sofas und Matratzen) K Sprungfedermatratze

Sprung·ge·lenk *das* das Gelenk zwischen Bein und Fuß

sprung·haft ADJEKTIV **1** unfähig, sich lange mit etwas zu beschäftigen, einen Gedanken logisch zu Ende zu denken o. Ä. ⟨ein Mensch, ein Charakter, ein Wesen⟩ **2** plötzlich und schnell ⟨ein Anstieg, eine Entwicklung⟩ • hierzu **Sprung·haf·tig·keit** *die*

Sprung·schan·ze *die* Sprungschanzen für Skifahrer sind steil und enden in der Luft, sodass man viel Schwung für einen weiten Sprung bekommt

Sprung·seil *das* ≈ *Springseil*

Sprung·tuch *das* ein festes Tuch, das Feuerwehrleute festhalten, damit man aus einem brennenden Haus springen kann, ohne sich zu verletzen

Sprung·turm *der* eine Konstruktion aus mehreren Sprungbrettern übereinander in einem Schwimmbad

SPS [ɛspeːˈ|ɛs] *die*; (-) Sozialdemokratische Partei der Schweiz eine politische Partei in der Schweiz

Spu·cke *die*; (-); *gesprochen* ≈ *Speichel* ■ ID **jemandem bleibt die Spucke weg** *gesprochen* jemand kann vor Überraschung nichts sagen

spu·cken VERB (spuckte, hat gespuckt) **1** **(etwas) (irgendwohin) spucken** etwas (vor allem Speichel) mit Druck durch fast geschlossene Lippen irgendwohin fliegen lassen ⟨sich (*Dativ*) in die Hände spucken; jemandem ins Gesicht spucken⟩ | *Kirschkerne auf den Boden spucken* K Spucknapf **2** **(etwas) spucken** *gesprochen* ⟨Blut, Galle spucken; spucken müssen⟩ ≈ *erbrechen* **3** **nach jemandem/etwas spucken** spucken und dabei versuchen, jemanden/etwas zu treffen **4** **der Motor spuckt** *gesprochen* der Motor meist eines Autos funktioniert nicht richtig, nur ruckartig

Spuk *der*; (-(e)s) das Erscheinen eines Geistes oder Gespenstes ⟨ein geheimnisvoller, mitternächtlicher Spuk⟩ | *Gespenster treiben ihren Spuk angeblich um Mitternacht* K Spukgeschichte, Spukgestalt, Spukschloss • hierzu **spuk·haft** ADJEKTIV

spu·ken VERB (spukte, hat gespukt) **1** **irgendwo spukt es** an einem Ort erscheinen Geister, Gespenster **2** **jemand spukt irgendwo** der Geist eines Verstorbenen geht nachts irgendwo umher ■ ID **eine Idee/ein Gedanke** *o. Ä.* **spukt in jemandes Kopf** (*Dativ*) **herum** jemand muss immer wieder an etwas denken | *Diese absurde Hoffnung spukt immer noch in seinem Kopf herum*

Spu·le *die*; (-, -n) **1** eine Rolle, um die man einen Faden, einen Draht o. Ä. wickelt ⟨etwas auf eine/von einer Spule wickeln⟩ | *eine neue Spule in den Filmprojektor einlegen* K Drahtspule, Garnspule **2** ein langer, dünner Draht, der mehrmals um eine Spule gewickelt ist und durch den elektrischer Strom fließt K Magnetspule

Spü·le *die*; (-, -n) ein Möbelstück für die Küche mit einem oder zwei Becken, in denen man Geschirr spült

spu·len VERB (spulte, hat gespult) **1** **etwas auf etwas** (*Akkusativ*) **spulen** etwas auf eine Spule wickeln **2** **etwas von etwas spulen** etwas von einer Spule wickeln

★ **spü·len** VERB (spülte, hat gespült) **1** **(etwas) spülen** Teller, Töpfe, Besteck usw. mit Wasser sauber machen ⟨Geschirr, Gläser spülen⟩ | *Wir teilen uns die Arbeit: Ich spüle, und du*

S

trocknest ab K Spülbecken, Spülbürste, Spülmaschine, Spülmittel, Spültuch, Spülwasser **2** **(etwas) spülen** etwas nach dem Waschen in Wasser bewegen, um die Seife oder das Waschmittel davon zu entfernen | *einen Pullover in/mit klarem Wasser spülen* | *Die Waschmaschine ist bald fertig, sie spült schon* K Spülgang **3** **(etwas) spülen** etwas mit Wasser o. Ä. von Schmutz, Blut usw. befreien ⟨die Augen, eine eitrige Wunde spülen⟩ ≈ *auswaschen* | *beim Zahnarzt den Mund spülen* | *nach dem Bohren (das Blut aus dem Mund) spülen* **4** **etwas spült jemanden/etwas irgendwohin** Wassermassen bewegen jemanden/etwas irgendwohin | *Die Strömung spülte das Holz ans Ufer* **5** einen Hebel bewegen o. Ä., damit Wasser die Toilette reinigt

Spü·lung *die*; (-, en) **1** ein Gerät mit einem Behälter voll Wasser, mit dem man eine Toilette nach dem Benutzen reinigt K Klospülung, Toilettenspülung, Wasserspülung **2** das Reinigen von Organen des Körpers mit einer Flüssigkeit K Darmspülung, Magenspülung, Nasenspülung, Scheidenspülung **3** eine Flüssigkeit, mit der man die Haare (zusätzlich zum Waschen) pflegen kann

Spul·wurm *der* ein Wurm, der im Darm von Menschen und Tieren als Parasit lebt

Spund *der*; (-(e)s, -e/Spün·de) **1** ein kleiner Stab aus Holz oder Metall, mit dem man das Loch an einem Bierfass, Weinfass o. Ä. verschließt ⟨einen Spund einschlagen⟩ K Spundhahn, Spundloch **2** **ein junger Spund** *gesprochen* ein junger Mann mit wenig Erfahrung K Jungspund

★ **Spur** *die*; (-, -en)

▸am Boden: **1** wenn eine Person auf weichem Boden geht, ein Tier läuft oder ein Fahrzeug fährt, sieht man danach die Spuren ⟨Spuren im Schnee, im Sand; Spuren hinterlassen, suchen; einer Spur folgen; der Wind verweht die Spuren⟩ | *Der Jäger verfolgte die Spur, die der Hase im Schnee hinterlassen hatte* K Spurensuche; Fußspur, Reifenspur, Schleifspur; Fuchsspuren, Hasenspuren, Rehspuren, Tierspuren **2** eine Spur im Schnee, die ein Skifahrer mit den Skiern macht und in der dann andere Skifahrer fahren ⟨eine Spur legen; in der Spur gehen⟩ K Langlaufspur, Skispur **3** ein Streifen einer Straße, auf dem Fahrzeuge in dieselbe Richtung fahren ⟨die linke, mittlere, rechte Spur; die Spur wechseln; auf/in einer Spur fahren⟩ K Spurwechsel; Fahrspur, Standspur, Abbiegespur, Linksabbiegerspur, Rechtsabbiegerspur, Überholspur **4** eine Art unsichtbare Linie, auf der sich ein Auto bewegt, wenn es geradeaus fährt ⟨das Auto hält die Spur (gut)/nicht, bricht aus der Spur aus, gerät aus der Spur⟩

▸Zeichen: **5** die Zeichen (z. B. Schmutz oder Bluttropfen), an denen man erkennen kann, dass eine Person an einem Ort war oder was dort geschehen ist ⟨deutliche Spuren hinterlassen; Spuren sichern, verwischen⟩ | *Der Einbrecher zog Handschuhe an, um keine Spuren zu hinterlassen* K Spurensicherung; Blutspur, Bremsspur, Kratzspur, Ölspur, Schmutzspur **6** die Zeichen, die helfen, einen Verbrecher oder etwas Verschwundenes zu finden ⟨jemandes Spur führt irgendwohin; jemandes Spur irgendwohin verfolgen; einem Verbrecher, einem Betrug, einem Verbrechen auf die Spur kommen; einem Verbrecher auf der Spur sein/bleiben; von jemandem/etwas fehlt jede Spur⟩ | *Die Spur der Juwelendiebe führt nach Italien* **7** *nur Plural* die Folgen, die ein Ereignis o. Ä. für das spätere Verhalten oder die Entwicklung eines Menschen hat | *Ihre schwere Kindheit hat Spuren in ihrem Charakter hinterlassen* **8** **eine heiße Spur** wichtige Zeichen, die bei der Aufklärung eines Verbrechens helfen

▸Abstand: **9** der Abstand zwischen den beiden nebeneinanderliegenden Rädern eines Autos oder Zuges ⟨ein Gleis hat eine breite, schmale Spur⟩ K Spurbreite, Spurweite; Breitspur, Normalspur, Schmalspur

▸Menge: **10** **eine Spur** (+*Genitiv*/**von etwas**) eine sehr kleine Menge einer Sache | *nicht die leiseste Spur eines Zweifels haben/von Furcht empfinden* | *An der Soße fehlt noch eine Spur Pfeffer* | *Der Tee ist (um) eine Spur (ein bisschen) zu stark* | *Im Magen des Toten fanden sich Spuren eines Schlafmittels*

■ ID **auf jemandes Spuren wandeln** *gesprochen* das tun, was eine andere Person vorher getan hat; **nicht die/keine Spur** *gesprochen* überhaupt nicht | *„Bist du müde?" – „Nicht die Spur!"*

spür·bar ADJEKTIV so, dass man es fühlen oder bemerken kann ⟨eine Abkühlung, eine Erwärmung; eine Erleichterung, eine Verschlechterung; (es wird) spürbar kälter, wärmer⟩ ≈ *fühlbar, merklich*

spu·ren VERB VERB (spurte, hat gespurt) **1** *gesprochen* ≈ *gehorchen* **2** **(etwas) spuren** eine Spur in den Schnee machen | *eine Loipe spuren*

★ **spü·ren** VERB (spürte, hat gespürt) **1** **etwas spüren** mit dem Tastsinn und den Nerven merken, dass etwas vorhanden ist ≈ *fühlen* | *die Wärme der Sonne auf der Haut spüren* | *Ich habe gar nicht gespürt, dass mich die Mücke gestochen hat* **2** **etwas spüren** *gesprochen* in einem Teil des Körpers Schmerzen haben | *Wenn er im Garten arbeitet, spürt er immer seinen Rücken* **3** **etwas spüren** etwas empfinden, fühlen ⟨Durst, Hunger, Mitleid spüren⟩ | *Ich spürte, dass er traurig war*

Spu·ren·ele·ment *das* eine Substanz, welche der Körper in sehr kleinen Mengen braucht, um nicht krank zu werden

Spür·hund *der* ein Hund, der dazu ausgebildet wurde, beim Suchen nach Drogen, Sprengstoff oder Personen zu helfen

-spu·rig *im Adjektiv, unbetont, nicht produktiv* **zweispurig, dreispurig, mehrspurig, vielspurig** *und andere* mit der genannten Zahl oder Menge von Fahrspuren | *Die Straße ist hier vierspurig ausgebaut*

spur·los ADJEKTIV *meist adverbiell* ohne Spuren zu hinterlassen ⟨spurlos verschwinden⟩ | *Solche Krisen gehen nicht spurlos vorüber* (haben spürbare Folgen)

Spür·na·se *die* **eine Spürnase für etwas haben** *gesprochen* eine Situation gut einschätzen, voraussehen können

Spur·ril·le *die*; (-, -n); *meist Plural* tiefe Stellen (Rinnen) in einer Straße, die dadurch entstanden sind, dass sehr viele Fahrzeuge die Straße benutzen | *Achtung, Spurrillen!*

Spür·sinn *der*; *nur Singular* **1** die Fähigkeit eines Hundes o. Ä., gut riechen zu können **2** die Fähigkeit, etwas zu ahnen ≈ *Instinkt, Intuition*

Spurt *der*; (-(e)s, -s) das Spurten ⟨einen Spurt einlegen; zum Spurt ansetzen⟩ K Endspurt, Zwischenspurt

spur·ten VERB (spurtete, ist gespurtet) auf dem letzten Teil einer Strecke so schnell wie möglich laufen | *die letzten fünfzig Meter spurten* | *Wir mussten ganz schön spurten, um den Zug noch zu erwischen*

spu·ten VERB (sputete sich, hat sich gesputet) **sich sputen** *veraltend* ≈ *beeilen*

Squash [skvɔʃ] *das*; (-) ein Spiel, bei dem zwei Spieler in einem geschlossenen Raum abwechselnd einen kleinen Ball gegen eine Wand schlagen | *Er spielt jeden Donnerstag Squash* K Squashcenter, Squashcourt

SRG [ɛs|ɛr'geː] *die*; (-) Schweizerische Radio- und Fernsehgesellschaft die offizielle Radio- und Fernsehgesellschaft der Schweiz

ß [ɛs'tsɛt] *das*; (-, -) ein Zeichen, das man im Deutschen gemäß der Rechtschreibregeln statt *ss* verwendet ≈ *scharfes S* | *„aß" schreibt man mit „ß", „muss" mit zwei „s"*

GRAMMATIK

▶ Wann verwendet man *ss* und wann *ß*?

Nach einem kurzen Vokal schreibt man **ss**: **lassen, müssen, wissen, Busse, Fluss.**
Von dieser Regel gibt es eine Ausnahme: **Litfaßsäule**

Nach einem langen Vokal oder einem Diphthong schreibt man **ß**, z. B.: **fließen, gießt, Muße, müßig, Straße; draußen, sich äußern, beißt, scheußlich**

Bei (regional) unterschiedlicher Aussprache gibt es unterschiedliche Schreibungen:
Geschoss – Ⓐ **Geschoß**; **Löss** – **Löß**

Zusammengeschriebene Wörter behandelt man so, als ob die einzelnen Wortteile selbstständige Wörter wären:
Kreissäge, Missstimmung

⚠ In der Schweiz wird immer **ss** und niemals **ß** geschrieben!

SS [ɛs'|ɛs] *die*; (-); *historisch* eine militärisch organisierte Polizei im Nationalsozialismus [K] SS-Mann, SS-Verbrechen, SS-Gräuel

★ **Staat** *der*; (-(e)s, -en) [1] ein Land als politisches System (mit den Institutionen, Bürgern usw.) ⟨ein demokratischer, feudaler, kapitalistischer, kommunistischer, totalitärer Staat; die Regierung, ein Repräsentant, die Verfassung, die Verwaltung eines Staates; einen Staat gründen; ein Staat erkennt einen (anderen) Staat an⟩ [K] Staatsbürger, Staatschef, Staatsflagge, Staatsgebiet, Staatsgrenze, Staatsgründung, Staatshoheit, Staatskirche, Staatsmacht, Staatsoberhaupt, Staatspräsident, Staatsregierung; Agrarstaat, Industriestaat, Kleinstaat, Zwergstaat [2] die Regierung und Verwaltung eines Landes ⟨beim Staat arbeiten, beschäftigt sein; vom Staat gelenkt⟩ | *Dieses Theater wird vom Staat subventioniert* [K] Staatsangelegenheit, Staatsarchiv, Staatsausgaben, Staatsbank, Staatsbankrott, Staatsbeamte(r), Staatsbibliothek, Staatseigentum, Staatsfinanzen, Staatsform, Staatshaushalt, Staatskasse, Staatsoper, Staatstheater, Staatsvermögen, Staatsverschuldung [3] eines der Länder eines Bundesstaats [K] Staatsminister, Staatsministerium, Staatsstraße [4] **die Vereinigten Staaten** die USA ■ ID **in vollem Staat** in festlicher, offizieller Kleidung; **mit etwas Staat machen können** mit etwas großen Eindruck machen, imponieren können

Staa·ten·bund *der* eine Union zwischen gleichberechtigten, unabhängigen Staaten, die einige Institutionen gemeinsam haben ≈ *Konföderation* | *der deutsche Staatenbund von 1815 – 1866*

staa·ten·los ADJEKTIV ohne Staatsangehörigkeit ● hierzu **Staa·ten·lo·se** *der/die*; **Staa·ten·lo·sig·keit** *die*

★ **staat·lich** ADJEKTIV [1] *meist attributiv* in Bezug auf den Staat als politische Einheit ⟨die Souveränität, die Unabhängigkeit⟩ ≈ *national* [2] *meist attributiv* in Bezug auf die Verwaltung eines Staates ⟨Gelder, Institutionen, Maßnahmen⟩ ≈ *öffentlich* | *ein staatlich gefördertes Projekt* [3] im Besitz des Staates und von ihm verwaltet ⟨ein Betrieb, ein Unternehmen⟩ ↔ *privat*

Staats·af·fä·re *die* [1] eine Angelegenheit mit großen unangenehmen Folgen ⟨etwas entwickelt sich zur Staatsaffäre, wächst/weitet sich zur Staatsaffäre aus⟩ [2] **eine Staatsaffäre aus etwas machen**; **etwas zur Staatsaffäre aufbauschen** etwas viel zu wichtig nehmen oder übertreiben

Staats·akt *der* eine feierliche Veranstaltung der Regierung eines Staates

Staats·an·ge·hö·ri·ge *der/die* ein Bürger eines Staates ⟨deutscher, österreichischer, Schweizer Staatsangehöriger sein⟩

★ **Staats·an·ge·hö·rig·keit** *die* die Rechte und Pflichten, die ein Bürger eines Staates hat ⟨die deutsche, österreichische Staatsangehörigkeit annehmen, besitzen, haben⟩

★ **Staats·an·walt** *der* eine Person, die im Auftrag des Staates Verbrechen untersucht und vor Gericht die Anklage vertritt [i] zu *Staatsanwältin* → Info im Eintrag -in ● hierzu **Staats·an·wäl·tin** *die*

Staats·an·walt·schaft *die*; (-, -en) [1] die Behörde eines Staatsanwalts [2] *nur Singular* alle Staatsanwälte einer Behörde oder eines Staates | *In der Korruptionsaffäre ermittelt bereits die Staatsanwaltschaft*

Staats·be·gräb·nis *das* ein feierliches Begräbnis, welches der Staat für eine wichtige Person veranstaltet | *Der Dichter erhielt ein Staatsbegräbnis*

Staats·be·such *der* ein offizieller Besuch eines Mitglieds der Regierung eines Staates bei der Regierung eines anderen Staates

Staats·bür·ger *der* ≈ *Staatsangehörige(r)* ● hierzu **Staats·bür·ge·rin** *die*

Staats·bür·ger·schaft *die* ≈ *Staatsangehörigkeit*

Staats·die·ner *der*; *meist humorvoll* ≈ *Beamte(r)* ● hierzu **Staats·die·ne·rin** *die*

Staats·dienst *der* die berufliche Tätigkeit als Beamter oder Angestellter des Staates ⟨in den Staatsdienst gehen; im Staatsdienst sein⟩

staats·ei·gen ADJEKTIV *meist attributiv* im Besitz des Staates ⟨ein Betrieb⟩ ≈ *staatlich* ↔ *privat*

Staats·emp·fang *der* eine feierliche Veranstaltung der Regierung eines Staates, bei der z. B. wichtige Persönlichkeiten des öffentlichen Lebens zusammenkommen

Staats·exa·men *das* ein Examen, das man an einer Universität macht und mit dem man als Jurist oder Lehrer in den Staatsdienst gehen kann [i] → Infos unter **Hochschule**

Staats·feind *der*; *abwertend* eine Person, welche das System eines Staates ablehnt und die Sicherheit des Staates gefährdet ● hierzu **Staats·fein·din** *die*; **staats·feind·lich** ADJEKTIV

Staats·ge·heim·nis *das* ein Geheimnis, welches die Sicherheit oder die Verteidigung eines Staates betrifft ■ ID **Das ist kein Staatsgeheimnis** Das ist nicht geheim, das darf jeder wissen

Staats·mann *der*; *geschrieben* ein Politiker mit internationalem Ansehen ⟨ein großer Staatsmann sein⟩

staats·män·nisch ADJEKTIV wie es zu einem guten, klugen Staatsmann gehört ⟨ein Auftreten, eine Gewandtheit; staatsmännisch handeln⟩

Staats|ober·haupt *das* eine Person, die an der Spitze eines Staates steht und ihn repräsentiert, wie z. B. der Bundespräsident der Bundesrepublik Deutschland oder der Präsident der USA

Staats·par·tei *die* eine Partei, die in einem Staat die Macht allein ausübt

Staats·prü·fung *die* eine Prüfung, die vor einer staatlichen Kommission abgelegt wird und die öffentlich anerkannt ist

Staats·rä·son [-rɛ'zõː] *die* die Einstellung, dass die Rechte eines Staates unter Umständen wichtiger sind als die des einzelnen Bürgers

Staats·rat *der* [1] *historisch* eine Gruppe von Politikern in der DDR, welche das Amt des Staatsoberhauptes ausübten [K] Staatsratsvorsitzende(r) [2] Ⓒ die Regierung in manchen Schweizer Kantonen [3] Ⓒ ein Mitglied des Staatsrates ● zu (3) **Staats·rä·tin** *die*

Staats·se·kre·tär *der*; Ⓓ [1] der höchste Beamte in einem

S

Ministerium der Bundesrepublik Deutschland **H** Der Minister selbst ist kein Beamter. **2** **ein parlamentarischer Staatssekretär** ein Mitglied des Bundestags, dessen Aufgabe es ist, dem Bundeskanzler oder einem Minister zu helfen ● hierzu **Staats·se·kre·tä·rin** *die*

Staats·si·cher·heits|dienst *der; historisch* die geheime politische Polizei der DDR bis 1989

Staats·streich *der* eine Aktion, bei der ein Politiker, eine Gruppe o. Ä. (ohne demokratischen Auftrag) die Macht in einem Staat (gewaltsam) übernimmt

★ **Stab** *der;* (-(e)s, Stä·be) **1** ein langer, dünner, runder Gegenstand aus einem harten Material ≈ *Stange* | *die Stäbe eines Käfigs* **K** Eisenstab, Gitterstab, Holzstab **2** ein langer, dicker Stock, wie man ihn bei manchen Berufen (als Symbol) und bei manchen Tätigkeiten verwendet **K** Bischofsstab, Hirtenstab, Pilgerstab **3** eine Gruppe von Offizieren beim Militär, die den Kommandeur einer großen Einheit unterstützen **K** Stabsarzt, Stabsoffizier; Bataillonsstab, Kommandostab **4** eine Gruppe von Personen (meist Experten), die zusammen wichtige Entscheidungen (vor allem für ein Projekt) treffen **K** Krisenstab ■ **ID den Stab über jemanden brechen** *geschrieben* **a** jemanden nicht mehr akzeptieren **b** jemanden verurteilen

Stäb·chen *das;* (-s, -) **1** ein kleiner Stab **2** *nur Plural* zwei dünne Stäbchen, mit denen man in machen Ländern in Asien isst ⟨mit Stäbchen essen⟩

Stab|hoch·sprin·gen *das* die Sportart, bei welcher der Sportler mit einem langen Stab über eine Latte springt ● hierzu **Stab|hoch·sprin·ger** *der;* **Stab|hoch·sprin·ge·rin** *die;* **Stab·hoch·sprung** *der*

★ **sta·bil** ADJEKTIV **1** so, dass es große Belastungen aushält und nicht leicht kaputtgeht ≈ *robust* | *ein stabiler Stahlbau* **2** ⟨die Wirtschaft, die Wetterlage, die Regierung, die Preise⟩ so, dass sich ihr Zustand wahrscheinlich nicht stark ändert **3** fähig, große (psychische und physische) Belastungen zu ertragen ⟨ein Kreislauf; jemandes Gesundheit, jemandes Psyche ist stabil⟩ ● hierzu **Sta·bi·li·tät** *die*

sta·bi·li·sie·ren VERB (stabilisierte, hat stabilisiert) **1** **etwas stabilisieren** etwas stützen oder befestigen, damit es nicht umfällt | *ein Gerüst stabilisieren* | *ein Zelt mit Seilen stabilisieren* **2** **etwas stabilisieren** dafür sorgen, dass etwas in einem sicheren Zustand bleibt | *Die Regierung versucht, die Wirtschaft und die Preise zu stabilisieren* **3** **etwas stabilisiert etwas** etwas trägt dazu bei, dass man (physische oder psychische) Belastungen ertragen kann ⟨etwas stabilisiert den Kreislauf, den Gesundheitszustand⟩ | *Sportliche Betätigung stabilisiert den Blutdruck* **4** **etwas stabilisiert sich** etwas kommt in einen Zustand, in dem keine starken Änderungen mehr auftreten ⟨die Preise, die wirtschaftliche Lage, die Aktienkurse⟩ **5** **etwas stabilisiert sich** etwas kommt in einen Zustand, in dem man bestimmte (physische und psychische) Belastungen wieder ertragen kann | *Nach der schweren Herzoperation hat sich sein Kreislauf wieder stabilisiert* **H** meist im Perfekt

Stab·reim *der* ≈ *Alliteration*

stach *Präteritum, 1. und 3. Person Singular* → stechen

★ **Sta·chel** *der;* (-s, -n) **1** einer von vielen spitzen und scharfen länglichen Teilen an einer Pflanze oder an einem Tier | *die Stacheln eines Kaktus/eines Igels* **H** → Abb. unter **Igel**; vergleiche **Dorn** **2** der spitze Körperteil von manchen Tieren, mit denen sie andere Tiere und Menschen stechen und verletzen können ⟨der Stachel einer Biene, eines Skorpions⟩ **K** Giftstachel **3** ein spitzes und scharfes Stück Metall an einem Gegenstand **4** **der Stachel** +*Genitiv geschrieben* ein intensiver psychischer Schmerz ⟨der Stachel der Eifersucht, des Misstrauens⟩ **5** **der Stachel** +*Genitiv geschrieben* ein starker Trieb, der jemanden dazu bringt, etwas zu tun ⟨der Stachel des Ehrgeizes, der Neugier⟩ ■ **ID eine Person/Sache ist jemandem ein Stachel im Fleische** *geschrieben* eine Person oder Sache ist für jemanden die Ursache für ständigen Ärger; **etwas nimmt einer Sache** (*Dativ*) **den Stachel** etwas macht etwas weniger unangenehm

Sta·chel·bee·re *die* eine kleine runde, grüne Frucht (meist mit Haaren auf der Haut), die an einem stachligen Strauch wächst und sauer schmeckt **K** Stachelbeerstrauch

STACHELDRAHT

Sta·chel·draht *der* ein Draht mit Stacheln, den man als Zaun verwendet | *sich die Hose am Stacheldraht zerreißen* **K** Stacheldrahtzaun

sta·che·lig ADJEKTIV → stachlig

Sta·chel·schwein *das* ein Tier mit kurzen Beinen und langen, scharfen, schwarz-weißen Stacheln auf dem Rücken, das meist in Afrika und Asien lebt

stach·lig ADJEKTIV **1** mit vielen Stacheln ⟨ein Kaktus⟩ **2** mit relativ harten Haaren ⟨ein Bart⟩

Sta·del *der;* (-s, -); *süddeutsch* Ⓐ Ⓒⓗ ≈ *Scheune* **K** Heustadel

★ **Sta·di·on** *das;* (-s, Sta·di·en ['ʃtaːdi̯ən]) eine große Anlage für sportliche Veranstaltungen mit Tribünen für die Zuschauer. Manche Stadien sind ganz oder teilweise mit einem Dach bedeckt **K** Stadionlautsprecher, Stadionsprecher; Fußballstadion, Olympiastadion, Sportstadion

★ **Sta·di·um** *das;* (-s, Sta·di·en ['ʃtaːdi̯ən]) ein Zustand innerhalb einer Entwicklung ≈ *Phase* | *Krebs im vorgerückten Stadium* **K** Anfangsstadium, Endstadium, Frühstadium, Spätstadium, Verfallsstadium, Vorbereitungsstadium, Zwischenstadium

★ **Stadt** [ʃtat] *die;* (-, Städ·te ['ʃtɛ(ː)tə]) **1** eine große Menge von Häusern und anderen Gebäuden, in denen Leute wohnen und arbeiten, mit einer eigenen Verwaltung ⟨eine Stadt gründen, erobern, verteidigen, zerstören; in die Stadt fahren, ziehen; im Zentrum, am Rande einer Stadt⟩ | *Die Städte Bonn, Koblenz und Köln liegen am Rhein* **K** Stadtarchiv, Stadtbevölkerung, Stadtbewohner, Stadtbezirk, Stadtbibliothek, Stadtbücherei, Stadtchronik, Stadtgebiet, Stadtgrenze, Stadtkern, Stadtklima, Stadtmitte, Stadtpark, Stadtrand, Stadtverwaltung, Stadtwappen, Stadtwohnung, Stadtzentrum; Küstenstadt, Provinzstadt; Hafenstadt, Industriestadt, Messestadt, Universitätsstadt; Großstadt, Kleinstadt, Millionenstadt, Weltstadt **2** das Zentrum einer Stadt mit den Geschäften, Banken, usw. ≈ *City* | *zum Einkaufen in die Stadt fahren* **K** Innenstadt **3** *nur Singular* die Personen, die in einer Stadt wohnen | *Die ganze Stadt hat über den Skandal geredet* **4** *nur Singular* die Verwaltung einer Stadt mit Ämtern und Behörden ⟨bei der Stadt angestellt sein, arbeiten⟩ **5** **die Ewige Stadt** ≈ *Rom* **6** **die Heilige Stadt** ≈ *Jerusalem* **7** **die Goldene Stadt** ≈ *Prag*

stadt|aus·wärts ADVERB in der Richtung vom Zentrum einer Stadt nach außen

Stadt|au·to·bahn *die* eine Autobahn innerhalb einer Stadt

Stadt·bahn *die* eine S-Bahn im Gebiet einer großen Stadt

stadt·be·kannt ADJEKTIV wegen negativer Eigenschaften in der ganzen Stadt bekannt

Stadt·bum·mel *der; gesprochen* ein Spaziergang durch die Innenstadt ⟨einen Stadtbummel machen⟩

Städ·te·bau *der; nur Singular* das Planen und Bauen von Städten und Siedlungen ● hierzu **städ·te·bau·lich** ADJEKTIV

Städ·te·bund *der; historisch* (im Mittelalter) ein Bündnis zwischen Städten

stadt|ein·wärts ADVERB zum Zentrum einer Stadt hin

Städ·te|part·ner·schaft *die* ein freundschaftlicher Vertrag

S

zwischen zwei Städten meist in verschiedenen Ländern, der dazu dient, den kulturellen Austausch und persönliche Kontakte zwischen den Einwohnern zu fördern | *die Städtepartnerschaft zwischen Augsburg und Inverness*

Städ·ter *der;* (-s, -) eine Person, die in der Stadt wohnt **K** Großstädter, Kleinstädter • hierzu **Städ·te·rin** *die*

Stadt·flucht *die* das Phänomen, dass viele Leute von der Stadt auf das Land ziehen

Stadt·füh·rer *der* ein kleines Buch (meist für Touristen) mit einer Karte und Informationen über eine Stadt

Stadt·ge·spräch *das* ein Thema, über das alle Bewohner einer Stadt sprechen ⟨jemand/etwas ist Stadtgespräch; jemand/etwas wird (zum) Stadtgespräch⟩

★ **städ·tisch** ADJEKTIV **1** im Eigentum einer Stadt oder von einer Stadt verwaltet ⟨eine Organisation, eine Schule, ein Altersheim⟩ **2** so, wie es in der Stadt normal und üblich ist ↔ *ländlich*

Stadt·mau·er *die* eine Mauer (meist aus dem Mittelalter) um eine Stadt, die früher die Bewohner vor Feinden schützte

Stadt·mensch *der* eine Person, die lieber in einer Stadt wohnt als auf dem Land

★ **Stadt·plan** *der* ein Plan mit allen wichtigen Straßen und Plätzen einer Stadt

Stadt·rand *der* das Gebiet in einer Stadt, das am weitesten weg vom Zentrum liegt und wo die Häuser aufhören ⟨am Stadtrand wohnen; ein Haus am Stadtrand haben⟩ **K** Stadtrandsiedlung

★ **Stadt·rat** *der* **1** eine Art Parlament in einer Stadt, das über Verwaltung, Planung usw. entscheidet **K** Stadtratsfraktion **2** ein Mitglied des Stadtrats **I** zu *Stadträtin* → Info im Eintrag **-in** • zu (2) **Stadt·rä·tin** *die*

Stadt|rund·fahrt *die* eine Fahrt durch eine Stadt, bei der man Touristen die interessanten Gebäude und Plätze zeigt ⟨eine Stadtrundfahrt machen⟩

Stadt·staat *der* eine Stadt mit den gleichen Rechten und Pflichten wie ein Bundesland oder ein Staat | *Die Stadtstaaten Bremen und Hamburg | Florenz und Venedig waren früher Stadtstaaten*

Stadt·strei·cher *der;* (-s, -) eine meist arme Person ohne Wohnung, die sich in Städten aufhält • hierzu **Stadt·strei·che·rin** *die*

★ **Stadt·teil** *der* ein Gebiet in einer Stadt mit oft typischen Straßen, Gebäuden o. Ä. ≈ *Bezirk*

Stadt·the·a·ter *das* das repräsentative Theater einer Stadt, die es zum großen Teil auch selbst finanziert

Stadt·vä·ter *die; Plural; humorvoll* die Mitglieder des Stadtrats ≈ *Stadträte*

Stadt·vier·tel *das* ≈ *Stadtteil*

Stadt·wer·ke *die; Plural* eine Firma, die einer Stadt gehört und diese mit Strom und Gas versorgt

Sta·fet·te *die;* (-, -n); *veraltet* eine Reihe von Personen, bei der eine Person der jeweils nächsten etwas (meist eine Nachricht) gibt, damit es über eine weite Strecke an einen Ort gebracht wird **K** Stafettenlauf

Staf·fa·ge [ʃtaˈfaːʒə] *die;* (-); *meist abwertend* etwas, das dazu dient, (nach außen) einen guten Eindruck zu machen ⟨etwas ist nur Staffage⟩

Staf·fel *die;* (-, -n) **1** eine Gruppe von meist vier Sportlern, die nacheinander in einem Wettkampf als Mannschaft antreten bzw. ein Wettkampf zwischen solchen Gruppen **K** Staffellauf, Staffelläufer, Staffelschwimmen, Staffelstab; Laufstaffel, Schwimmstaffel **2** eine militärische Einheit bei der Luftwaffe **K** Fliegerstaffel **3** mehrere Folgen einer Fernsehserie, die zusammen produziert und nacheinander gesendet werden | *Die Darstellerin ist in der dritten Staffel nicht mehr dabei*

Staf·fe·lei *die;* (-, -en) ein Rahmen aus Holz, welcher das Bild hält, das man gerade malt

staf·feln VERB (staffelte, hat gestaffelt) **Dinge (nach etwas) staffeln** etwas nach Kategorien einteilen ⟨die Gebühren, die Beiträge staffeln⟩ | *Die Zuschüsse werden nach dem Einkommen gestaffelt* **K** Staffelmiete, Staffeltarif • hierzu **Staf·fe·lung** *die*

stag·nie·ren VERB (stagnierte, hat stagniert); *geschrieben* **etwas stagniert** etwas bleibt in der Entwicklung stehen ⟨die Wirtschaft, eine Entwicklung⟩ • hierzu **Stag·na·ti·on** *die*

stahl *Präteritum, 1. und 3. Person Singular* → stehlen

★ **Stahl** *der;* (-s) Eisen, das man sehr hart gemacht hat und aus dem man Werkzeuge und wichtige Teile für Bauwerke herstellt ⟨rostfreier, veredelter Stahl; etwas ist hart wie Stahl⟩ **K** Stahlband, Stahlbau, Stahlblech, Stahldraht, Stahlerzeugung, Stahlfeder, Stahlhelm, Stahlindustrie, Stahlnagel, Stahlrohr, Stahlsaite, Stahlschrank, Stahlträger, Stahlwaren, Stahlwerk; stahlgrau, stahlhart

Stahl·be·ton *der* ein Material aus Stahlstäben und Beton, aus dem man vor allem Häuser und Brücken baut **K** Stahlbetonbau, Stahlbetonkonstruktion

stahl·blau ADJEKTIV von kräftiger und leuchtend blauer Farbe ⟨Augen⟩

stäh·len VERB (stählte, hat gestählt) **etwas/sich stählen** etwas/sich sehr stark machen ⟨die Muskeln, den Willen stählen⟩

stäh·lern ADJEKTIV **1** *meist attributiv* aus Stahl | *ein stählernes Gerüst* **2** voller Kraft ⟨Muskeln, ein Wille⟩

Stahl·ross *das; gesprochen humorvoll, veraltend* ≈ *Fahrrad*

stak *Präteritum, 1. und 3. Person Singular; literarisch* ≈ *steckte*

sta·ken VERB (stakte, hat gestakt) **(etwas) (irgendwohin) staken** ein Boot in flachem Wasser mit einer langen Stange fortbewegen | *Sie stakte den Kahn durch das Schilf*

stak·sen VERB (stakste, ist gestakst); *gesprochen* **jemand stakst** eine Person oder ein Tier geht steif und ungeschickt (vor allem mit langen, dünnen Beinen) • hierzu **stak·sig** ADJEKTIV

★ **Stall** *der;* (-(e)s, Stäl·le) **1** ein Raum oder Gebäude, in dem man Kühe, Schafe usw. hält und füttert ⟨den Stall ausmisten⟩ **K** Stallbursche, Stallgebäude, Stallgeruch, Stallknecht, Stallmagd, Stallmist; Hühnerstall, Kaninchenstall, Kuhstall, Pferdestall, Schweinestall **2** alle Pferde, die für einen Besitzer in Wettrennen starten **K** Rennstall ■ **ID ein ganzer Stall voll Kinder** *gesprochen* sehr viele Kinder

Stal·lung *die;* (-, -en); *meist Plural* ein großer Stall

★ **Stamm** *der;* (-(e)s, Stäm·me) **1** der dicke Teil eines Baumes, aus dem die Äste kommen ⟨ein dicker, dünner, schlanker, knorriger, morscher Stamm⟩ **K** Stammholz; Baumstamm, Buchenstamm, Fichtenstamm, Weidenstamm **2** manche Völker leben in relativ kleinen Gruppen zusammen, den Stämmen. Stämme sind unabhängig voneinander und werden von Häuptlingen geleitet | *die germanischen Stämme | der Stamm der Hopi-Indianer* **K** Stammesbewusstsein, Stammesentwicklung, Stammesführer, Stammesfürst, Stammesgeschichte, Stammeshäuptling, Stammeskunde, Stammesname, Stammessprache, Stammeszugehörigkeit; Indianerstamm, Hirtenstamm **3** eine Gruppe von Personen, die sehr wichtig sind | *ein Stamm von guten Spielern im Team* **K** Stammbelegschaft, Stammmannschaft, Stammpersonal, Stammpublikum, Stammspieler; Besucherstamm, Kundenstamm **4** der zentrale Teil eines Wortes ohne Vorsilbe, Nachsilbe und Endung | *„fahr-" ist der Stamm von „gefahren"* **K** Stammform, Stammsilbe, Stammvokal **5** die höchste Kategorie im Reich (= System) der Tiere | *Zum Stamm „Wirbeltiere" gehört die Klasse „Säugetiere"* ■ **ID vom Stamme Nimm sein** *gesprochen, humorvoll* immer alles nehmen, was man bekommen kann

S

Stạmm·baum *der* **1** eine Darstellung der verwandtschaftlichen Beziehungen zwischen den Mitgliedern einer Familie (vor allem über viele Generationen) ⟨einen Stammbaum aufstellen⟩ | *seinen Stammbaum bis ins Mittelalter zurückverfolgen können* **K** Familienstammbaum **2** eine Information des Züchters über die Elterntiere eines Tieres und deren Elterntiere usw. | *der Stammbaum eines Pferdes* | *Junge Schäferhunde mit Stammbaum abzugeben*

stạm·meln VERB (stammelte, hat gestammelt) **(etwas) stammeln** mit Pausen (stockend) und nicht deutlich sprechen, meist weil man Angst hat oder aufgeregt ist ⟨eine Entschuldigung stammeln⟩

★ **stạm·men** VERB (stammte, hat gestammt) **1 etwas stammt von jemandem/etwas** etwas ist von jemandem/etwas gemacht | *Das Bild stammt von Salvador Dali* **2 etwas stammt aus etwas** etwas ist aus einem Text oder aus einem Buch genommen | *Dieser Satz stammt aus einem Roman von Thomas Mann* **3 jemand stammt aus etwas** jemand kommt aus dem genannten Ort oder Land bzw. aus der genannten Familie | *Er stammt aus Ungarn* | *Sie stammt aus einer Arbeiterfamilie* **4 etwas stammt aus dem Englischen/Lateinischen/...** ein Wort o. Ä. wurde aus einer anderen Sprache übernommen | *Das Wort „Chance" stammt aus dem Französischen* **5 etwas stammt aus etwas** etwas ist in der genannten Zeit entstanden | *Das Bauwerk stammt aus dem Barock* **!** selten im Partizip Perfekt

Stạmm·gast *der* eine Person, die sehr oft in dasselbe Lokal geht und dort bekannt ist

Stạmm·hal·ter *der; humorvoll* jemandes erster Sohn

stạ̈m·mig ADJEKTIV mit viel Kraft (und fast etwas zu muskulös) ⟨ein Junge; Beine⟩

Stạmm·knei·pe *die; gesprochen* ≈ *Stammlokal*

Stạmm·kun·de *der* eine Person, die sehr oft in demselben Geschäft einkauft • hierzu **Stạmm·kun·din** *die*; **Stạmm·kund·schaft** *die*

Stạmm·lo·kal *das* ein Lokal, in das jemand sehr oft und gern geht

Stạmm·platz *der* der Platz, auf dem jemand (in einem Lokal, im Theater) meistens sitzt

Stạmm·tisch *der* **1** der Tisch in einem Lokal, der für die Gäste reserviert ist, die sehr oft kommen **2** eine Gruppe von Personen, die sich regelmäßig (meist in einem Lokal) trifft | *Unser Stammtisch trifft sich jeden Samstag* **K** Stammtischrunde

Stạmm·wäh·ler *der* eine Person, die immer dieselbe Partei wählt • hierzu **Stạmm·wäh·le·rin** *die*

Stạmm·zel·le *die* eine Körperzelle, die sich zu Zellen mit unterschiedlichen Funktionen entwickeln kann ⟨embryonale Stammzellen; Stammzellen aus der Nabelschnur⟩ | *Organe aus Stammzellen züchten* **K** Stammzellenforschung

stạmp·fen VERB (stampfte, hat/ist gestampft) **1 etwas stampfen** (*hat*) etwas fest drücken und es auf diese Weise klein und flach machen, den Saft entfernen o. Ä. ⟨Kartoffeln, Sauerkraut, Trauben stampfen⟩ | *Gemüse zu Brei stampfen* **2 etwas irgendwohin stampfen** (*hat*) etwas kräftig mit dem Fuß nach unten treten ⟨etwas in die Erde stampfen⟩ **3 irgendwohin stampfen** (*hat*) einen Fuß laut und kräftig aufsetzen | *aus Wut auf den Boden stampfen* **4** (*ist*) mit lauten und kräftigen Schritten gehen | *Er stampfte durch die Eingangshalle* **5 etwas stampft** (*hat*) etwas bewegt sich mit lauten Geräuschen in einem Rhythmus ⟨eine Maschine, ein Motor⟩

stand *Präteritum, 1. und 3. Person Singular* → stehen

★ **Stạnd** *der*; (-(e)s, Stän·de) **1** *nur Singular* der Zustand, wenn eine Person oder Sache steht | *nach dem Sprung vom Barren im sicheren Stand landen* | *Der Tisch hat einen festen/sicheren Stand* (Er wackelt nicht) **2** der Tisch (oft mit einem Dach), an dem ein Händler auf einem Markt seine Waren verkauft **K** Imbissstand, Jahrmarktsstand, Marktstand, Verkaufsstand, Zeitungsstand **3** ein Ort für einen speziellen Zweck **K** Beobachtungsstand, Schießstand, Übungsstand, Taxistand **4** eine Angabe, Größe oder Position, die man in Zahlen ausdrückt | *der Stand des Wassers/des Barometers/des Kilometerzählers* | *der Stand der Sonne* **K** Barometerstand, Ölstand, Sonnenstand, Wasserstand, Zählerstand **5 der Stand** (+*Genitiv*/**von etwas**) *nur Singular* eine der Stufen innerhalb einer Entwicklung o. Ä. ⟨etwas auf den neuesten Stand bringen⟩ | *der gegenwärtige Stand der Verhandlungen* | *Das Spiel wurde beim Stand von 1 : 2 abgebrochen* (das Spiel wurde bei dem Ergebnis von 1 : 2 Toren o. Ä. beendet) **K** Endstand, Schlussstand, Zwischenstand; Spielstand **6** *historisch* die gesellschaftliche Gruppe, zu der jemand gehörte ≈ *Schicht* | *Im Mittelalter konnte man die verschiedenen Stände an ihrer Kleidung erkennen* **K** Ständeordnung, Ständerecht, Ständeversammlung; Standesdünkel, Standesehre, Standessprache, Standesunterschied, Standeswürde, Standeszugehörigkeit; Adelsstand, Bauernstand, Bürgerstand **7** (CH) ≈ *Kanton* ■ **ID aus dem Stand a** ohne Anlauf ⟨aus dem Stand weitspringen, werfen⟩ **b** ohne sich darauf vorzubereiten; **bei jemandem einen schlechten Stand haben** jemandem nicht sympathisch sein; **einen schweren Stand haben** in einer Situation hart arbeiten oder kämpfen müssen; **in den (heiligen) Stand der Ehe treten** *geschrieben* ≈ *heiraten* • zu (6) **stạ̈n·disch** ADJEKTIV

★ **Stạn·dard** *der*; (-s, -s) **1** die Qualität auf einem bestimmten Niveau ⟨ein hoher, niedriger Standard⟩ **K** Lebensstandard **2** das, was die meisten Leute als normal betrachten und woran man sich halten muss oder sollte ≈ *Norm* **K** Standardausführung, Standardausrüstung, Standardbrief, Standardlösung, Standardmodell, Standardpreis, Standardsprache

stan·dar·di·sie·ren VERB (standardisierte, hat standardisiert) **etwas standardisieren** ≈ *normen* • hierzu **Stan·dar·di·sie·rung** *die*

Stạn·dard·werk *das* ein Buch, das für ein Fachgebiet sehr wichtig ist

Stan·dạr·te *die*; (-, -n) die kleine Fahne (meist für eine Truppe oder für das Staatsoberhaupt)

Stạnd·bein *das* **1** dasjenige der beiden Beine, das gerade das Gewicht des Körpers am meisten trägt **2** der Teil einer Firma, der so arbeitet, dass relativ viel Geld verdient wird ■ **ID ein zweites Standbein** eine zweite, sichere Möglichkeit (im Beruf o. Ä.)

Stạnd·bild *das; veraltend* ≈ *Statue* **K** Reiterstandbild

Stand-by, Stand·by [ˈstɛntˈbai] *das*; (-(s), -s) **1** eine billige Flugreise, die man nicht vorher gebucht hat, sondern auf die man am Flughafen wartet und die nur möglich ist, wenn noch Plätze im Flugzeug frei sind **K** Stand-by-Flug **2** der Zustand, wenn z. B. ein Fernseher bzw. ein Handy nicht in Betrieb sind, aber auf die Signale der Fernbedienung bzw. einen Anruf reagieren **K** Stand-by-Betrieb

Stạ̈nd·chen *das*; (-s, -) Musik, die man (als Überraschung) für eine Person macht macht, meist um ihr zu gratulieren ⟨jemandem ein Ständchen spielen, singen⟩ **K** Geburtstagsständchen

stạ̈n·de *Konjunktiv II, 1. und 3. Person Singular* → stehen

Stạ̈n·der *der*; (-s, -) **1** eine Konstruktion aus Stangen, Latten oder Rohren, auf die man etwas stellt oder legt oder an die man etwas hängt | *die Ständer für Fahrräder am Bahnhof* | *die Wäsche zum Trocknen auf einen Ständer hängen* **K**

Eisenständer, Holzständer, Bilderständer, Fahrradständer, Garderobenständer, Gepäckständer, Kleiderständer, Notenständer, Schirmständer, Wäscheständer **2** *gesprochen* ⚠ ein Penis im Zustand der Erektion

Stän·de·rat *der;* CH **1** *nur Singular* eine Art Parlament aus Vertretern der einzelnen Kantone der Schweiz **2** ein Mitglied des Ständerats

Stan·des·amt *das* die Behörde, vor der man die Ehe schließt und bei der man Geburten und Todesfälle meldet • hierzu **Stan·des·be·am·te** *der;* **Stan·des·be·am·tin** *die*

stan·des·amt·lich ADJEKTIV ⟨eine Trauung⟩ so, dass sie durch das Standesamt durchgeführt wird | *standesamtlich heiraten*

Stan·des·be·wusst·sein *das* die Einstellung, dass man sich so benehmen soll, wie es den Normen der (sozialen) Schicht entspricht, zu der man gehört • hierzu **stan·des·be·wusst** ADJEKTIV

stan·des·ge·mäß ADJEKTIV so, wie es den Normen der (sozialen) Schicht entspricht, zu der man gehört ⟨standesgemäß heiraten; sich standesgemäß benehmen⟩

stand·fest ADJEKTIV **1** so, dass etwas sicher und fest steht ⟨eine Leiter⟩ **2** so, dass eine Person ihre Meinung oder ihre Entschlüsse nicht oft oder nicht schnell ändert • hierzu **Stand·fes·tig·keit** *die*

Stand·ge·richt *das* ein (meist militärisches) Gericht, das während eines Krieges sehr schnell Urteile fällt

stand·haft ADJEKTIV so, dass jemanden nichts dazu bringen kann, die eigene Meinung o. Ä. zu ändern (und nachzugeben) ⟨standhaft sein; standhaft bleiben; sich standhaft weigern⟩ • hierzu **Stand·haf·tig·keit** *die*

stand·hal·ten VERB (hält stand, hielt stand, hat standgehalten) **1** **jemandem/etwas standhalten** nicht das machen, was andere Personen wollen und ihnen nicht nachgeben ⟨einem Gegner, einem Angriff, der Kritik, einer Versuchung standhalten⟩ **2** **etwas hält einer Sache** *(Dativ)* **stand** etwas hält eine Belastung o. Ä. aus (und geht nicht kaputt) **3** **etwas hält einer Überprüfung** *o. Ä. (Dativ)* **stand** etwas zeigt sich als richtig o. Ä. | *Sein Alibi konnte einer genauen Überprüfung nicht standhalten*

★ **stän·dig** ADJEKTIV *meist attributiv* **1** so, dass eine Person oder Sache immer oder meistens da ist ⟨ein Begleiter, Lärm, Kritik⟩ **2** *meist adverbiell* sehr oft, häufig ⟨Unterbrechungen, Wiederholungen⟩ ≈ *andauernd* | *Sie vergisst ständig etwas* | *Ständig hat er an anderen etwas auszusetzen*

Stand·licht *das* das schwache Licht, das man anschaltet, wenn man das Auto an einer dunklen Stelle parkt

Stand·ort *der* **1** ein Ort, an dem sich jemand gerade befindet **2** ein Ort, an dem sich eine Firma befindet oder an dem ein meist großes Gebäude steht bzw. stehen könnte | *ein günstiger Standort für die neue Firma* K Standortverlegung, Standortwahl, Standortwechsel **3** der Ort, an dem eine militärische Truppe stationiert ist K Standortkommandant **4** die Position, das Konzept und die Prinzipien einer politischen Partei K Standortbestimmung

Stand·pau·ke *die* ■ **ID** **jemandem eine Standpauke halten** *gesprochen* einer Person sehr laut sagen, dass sie etwas falsch gemacht hat

★ **Stand·punkt** *der* die Art, wie man ein Problem oder eine Situation beurteilt oder bewertet ⟨ein klarer Standpunkt; einen Standpunkt einnehmen, vertreten; sich auf einen Standpunkt stellen; auf einem Standpunkt stehen, beharren; von einem Standpunkt abrücken; jemandes Standpunkt teilen⟩ | *vom Standpunkt der Wissenschaft aus* | *Sie steht auf dem Standpunkt, dass der Staat die Wirtschaft lenken sollte*

stand·recht·lich ADJEKTIV entsprechend dem Urteil und den Gesetzen eines Standgerichts ⟨jemanden standrechtlich erschießen⟩ • hierzu **Stand·recht** *das*

Stand·spur *die* der schmale Streifen am Rand der Autobahn, auf dem man nur halten darf, wenn man eine Panne hat

★ **Stan·ge** *die;* (-, -n) **1** ein langer, dünner, runder Gegenstand aus Holz oder Metall | *Die Bohnen wachsen an Stangen in die Höhe* | *mit einer Stange das Boot vom Ufer abstoßen* K Stangenbohne; Bambusstange, Bohnenstange, Eisenstange, Holzstange, Hopfenstange, Messingstange, Teppichstange **i** Eine *Stange* ist meist länger als ein *Stab*. Eine *Latte* ist nicht rund, sie hat Kanten. **2** **eine Stange** *+Substantiv* ein ganzes, längliches Stück einer Sache ⟨eine Stange Vanille, Zimt⟩ K Stangenbrot, Stangenweißbrot; Vanillestange, Zimtstange **3** **eine Stange Zigaretten** zehn Schachteln Zigaretten, die zusammen verpackt sind **4** **eine Stange Geld** *gesprochen* viel Geld **5** **von der Stange** in der Fabrik in Serien mit üblichen Größen (nicht nach Maß) gemacht | *ein Anzug von der Stange* ■ **ID** **jemandem die Stange halten** jemandem (in einem Streit) helfen; **jemanden bei der Stange halten** bewirken, dass jemand bei einer gemeinsamen Arbeit weitermacht; **bei der Stange bleiben** an einer gemeinsamen Arbeit weitermachen ↔ *abspringen*

★ **Stän·gel** *der;* (-s, -) der lange, dünne Teil einer Pflanze, auf dem die Blüte ist ≈ *Stiel* **i** → Abb. unter **Blume**

stank *Präteritum, 1. und 3. Person Singular* → stinken

stän·kern VERB (stänkerte, hat gestänkert) **(gegen jemanden) stänkern** *gesprochen, abwertend* versuchen, mit einer anderen Person einen Streit anzufangen (meist indem man sie ständig kritisiert) • hierzu **Stän·ke·rer** *der*

Stan·ni·ol *das;* (-s) eine sehr dünne Folie aus Metall, mit der Schokolade und Kaugummi eingewickelt wird K Stanniolpapier

stan·zen VERB (stanzte, hat gestanzt) **1** **etwas (in/auf etwas** *(Akkusativ)*) **stanzen** (mit einer Maschine) ein Muster auf etwas machen | *ein Wappen ins Leder stanzen* K Stanzmaschine **2** **etwas aus etwas stanzen** aus einem dünnen Material Stücke mit der gleichen Form mit einer Maschine schneiden

Sta·pel *der;* (-s, -) **ein Stapel** *+Substantiv* mehrere gleiche Dinge, die (ordentlich) aufeinandergelegt wurden ⟨ein Stapel Bücher, Briefe, Wäsche; etwas auf einen Stapel legen, von einem Stapel nehmen, aus einem Stapel ziehen⟩ K Bretterstapel, Bücherstapel, Holzstapel, Wäschestapel ■ **ID** **ein Schiff läuft vom Stapel** ein neu gebautes Schiff wird ins Wasser gelassen; **etwas vom Stapel lassen** *gesprochen* etwas sagen, das in der aktuellen Situation überrascht und auf Ablehnung stößt • hierzu **Sta·pel·lauf** *der*

STAPEL

der Stapel

der Haufen

sta·peln VERB (stapelte, hat gestapelt) **1** **(Dinge) stapeln** mehrere gleiche Dinge so aufeinanderlegen, dass ein Stapel entsteht ⟨Holz, Wäsche, Geschirr, Zeitungen stapeln⟩ **2** **Dinge stapeln sich** eine große Menge von Dingen ist irgendwo (und liegt aufeinander) ⟨Zeitungen, Briefe, das

S

Geschirr⟩ | *In seinem Zimmer stapeln sich die DVDs*

sta·pel·wei·se ADVERB in großen Mengen | *Bei uns liegen stapelweise alte Zeitungen im Keller*

stap·fen VERB (stapfte, ist gestapft) **(irgendwohin/durch etwas) stapfen** beim Gehen auf sehr weichem Boden die Knie sehr hoch heben, um die Füße frei zu bekommen ⟨durch den Schnee, Schlamm stapfen⟩

★ **Star**[1] *der;* (-(e)s, -e) **1** ein mittelgroßer, dunkler Singvogel mit hellen Punkten **2** **der graue Star** eine Krankheit der Augen, bei welcher die Linse des Auges trüb wird ⟨den Star haben, bekommen; jemanden am Star operieren⟩ **3** **der grüne Star** eine Krankheit der Augen, bei welcher der Sehnerv durch zu hohen Druck im Auge allmählich zerstört wird

★ **Star**[2] [ʃt-, st-] *der;* (-s, -s) eine Person, die (vor allem in der Kunst oder im Sport) sehr berühmt ist K Staranwalt, Starautor, Starbesetzung, Stardirigent, Starjournalist, Starkult, Starmannequin; Bühnenstar, Fernsehstar, Filmstar, Fußballstar, Operettenstar, Opernstar, Popstar, Revuestar, Rockstar, Schlagerstar

Star·al·lü·ren [ʃt-, st-] *die; Plural; abwertend* ein meist arrogantes Verhalten, das eine Person zeigt, die sich für viel wichtiger hält, als sie ist ⟨Starallüren haben, zeigen, annehmen⟩

starb *Präteritum, 3. Person Singular* → sterben

Star·gast [ʃt-, st-] *der* ein Star, der in jemandes Show o. Ä. auftritt

★ **stark** ADJEKTIV (stärker, stärkst-)

▸körperlich: **1** mit großer körperlicher Kraft ⟨stark wie ein Bär, Löwe sein⟩ ≈*kräftig* ↔*schwach* | *Er ist so stark, dass er die schwere Kiste allein tragen kann* K bärenstark, löwenstark

▸psychisch: **2** so, dass sich jemand gut durchsetzen kann und in schwierigen Situationen nicht den Mut oder die Kontrolle über sich selbst verliert ⟨ein Charakter, ein Glaube, ein Wille; stark bleiben⟩ | *Ich habe eine schlechte Nachricht für dich, jetzt musst du stark bleiben* | *Er hat Angst vor starken Frauen* (vor selbstbewussten Frauen)

▸Leistung, Wirkung: **3** so, dass etwas große Belastungen gut verträgt ⟨Nerven; ein Herz⟩ **4** so, dass etwas eine große Leistung bringt ⟨ein Motor, eine Glühbirne⟩ | *Ich brauche eine stärkere Brille, mit der hier sehe ich nicht mehr gut* **5** mit (hoher Konzentration und daher) großer Wirkung ⟨Zigaretten, ein Kaffee, ein Tee, ein Schnaps, ein Medikament⟩ ↔*schwach* | *ein stark und schnell wirkendes Gift* K Starkbier

▸Maß, Menge: **6** intensiv, in hohem Maß (vorhanden) ↔*schwach, leicht* | *starkem Druck ausgesetzt sein* | *eine stark behaarte Brust* (mit vielen Haaren, dichtem Haarwuchs) | *Sie war stark erkältet* | *Die Wunde blutete so stark, dass man einen Verband anlegen musste* | *Der starke Rückgang/Das starke Wachstum der Umsätze* | *Er ist ein starker Raucher* (er raucht viel) K Starkstrom **7** *meist adverbiell* von/mit vielen Personen ⟨etwas ist stark besetzt, besiedelt, besucht, bevölkert⟩ | *die stärkste Fraktion im Landtag* (mit den meisten Abgeordneten) | *Das Lokal wird von Touristen stark frequentiert* (viele Touristen besuchen es) | *Unsere Gruppe war auf der Veranstaltung stark vertreten* (viele von uns waren dort) **8** dick und stabil | *Die Stadt war von starken Mauern umgeben* **9** verwendet, um die Dicke oder den Umfang einer Sache anzugeben | *ein 5 mm starker Karton* | *ein 500 Seiten starkes Buch* | *Das Seil ist 4 cm stark* **10** *gesprochen* im Komparativ verwendet, wenn man höflich ausdrücken will, dass jemand dick ist | *Mode für stärkere Damen*

▸Meinung: **11** *gesprochen* verwendet, um großes Lob auszudrücken ≈*toll* | *Deine Frisur ist echt stark!* | *Das war ein starker Film* **12** *gesprochen* verwendet, um Empörung auszudrücken ≈*heftig* | *Das hat er wirklich gesagt? Das ist stark/ein starkes Stück/starker Tobak!*

▸Konjugation, Deklination: **13** so, dass die Formen der Vergangenheit mit einem anderen Vokal gebildet werden ⟨eine Form, eine Konjugation, ein Verb⟩ ↔*schwach* | *Das Verb „finden" wird stark konjugiert* **14** so, dass der Genitiv eines männlichen oder sächlichen Substantivs mit -(e)s gebildet wird ↔*schwach* | *Das Substantiv „der Ball" wird stark dekliniert* **15** in der Form, die Adjektive haben, wenn z. B. der unbestimmte Artikel davorsteht ⟨die Deklination⟩ ↔*schwach* | *Das Adjektiv „groß" in „viele große Hunde" ist stark dekliniert*

-stark *im Adjektiv, unbetont, begrenzt produktiv* **1** **charakterstark, nervenstark, seelenstark, willensstark** *und andere* so, dass sich eine Person in Bezug auf die genannte Sache gut unter Kontrolle hat **2** **gedächtnisstark, konzentrationsstark, leistungsstark** *und andere* so, dass eine Person oder Sache das Genannte gut kann | *eine kampfstarke Mannschaft* **3** **konditionsstark, mitgliederstark, umsatzstark** *und andere* mit einer großen Zahl oder Menge der genannten Sache | *ein geburtenstarker Jahrgang* | *ein PS-starkes Auto*

★ **Stär·ke** *die;* (-, -n)

▸Eigenschaft: **1** *nur Singular* große körperliche Kraft **2** *nur Singular* die Fähigkeit, auch in schwierigen Situationen die Kontrolle über sich selbst zu behalten K Charakterstärke, Nervenstärke, Willensstärke **3** *meist Singular* ein Maß, mit dem die Kraft oder die Energie einer Sache gemessen wird ≈*Intensität* | *ein Erdbeben der Stärke 6,5 auf der Richterskala* K Bebenstärke, Druckstärke, Stromstärke, Windstärke **4** **jemandes Stärke** das, was jemand sehr gut kann, bzw. ein Gebiet, auf dem sich jemand sehr gut auskennt | *Chemie war noch nie seine Stärke* | *Seine Stärken liegen in der Technik und in der Ausdauer* **5** der Querschnitt oder Durchmesser einer Sache ⟨die Stärke eines Bretts, einer Mauer⟩ K Brettstärke, Wandstärke

▸Substanz: **6** *nur Singular* eine Substanz (ähnlich dem Zucker), die ein wichtiger Bestandteil von Lebensmitteln wie Getreide, Reis und Kartoffeln ist K Stärkegehalt, Stärkemehl; Kartoffelstärke, Maisstärke, Reisstärke, Weizenstärke **7** *nur Singular* ein Mehl aus Stärke, mit dem man Soßen, Cremes usw. fester macht K Speisestärke **8** *nur Singular* ein weißes Pulver aus Stärke, mit dem man Wäsche steif macht K Wäschestärke

stär·ken VERB (stärkte, hat gestärkt) **1** **etwas stärkt jemanden/etwas** etwas macht jemandes (körperliche) Kräfte größer | *Schlaf stärkt die Nerven* **2** **jemanden/etwas stärken** jemandem/etwas neue Kraft geben, unterstützen ⟨jemandes Mut, Glauben, Willen, Position stärken; jemanden in seiner Entschlossenheit, in seinem Vertrauen stärken⟩ **3** **etwas stärken** Wäsche mit Stärke steif machen ⟨den Hemdkragen, die Tischtücher stärken⟩ **4** **sich (mit etwas) stärken** etwas essen oder trinken

stark·ma·chen VERB (machte sich stark, hat sich starkgemacht) **sich für jemanden/etwas starkmachen** jemanden/etwas mit viel Energie unterstützen

Stär·kung *die;* (-, -en) **1** der Vorgang, bei dem jemand/etwas stärker und kräftiger gemacht wird K Stärkungsmittel **2** Essen und Trinken (wenn man etwas Anstrengendes tut oder getan hat) | *nach dem Rennen eine Stärkung zu sich nehmen*

★ **starr** ADJEKTIV (starrer, starrst-) **1** ohne Bewegung ⟨ein Blick, eine Miene, ein Lächeln; starr geradeaus blicken; starr vor Schreck sein⟩ | *Sie waren so erschrocken, dass sie ganz* *starr stehen blieben* **2** so, dass man die einzelnen Teile nicht unabhängig voneinander bewegen kann ⟨Finger, Glieder, ein Körper⟩ ≈ *steif* ↔ *beweglich* | *Vom langen Warten in der Kälte waren meine Hände starr geworden* **3** so, dass eine Veränderung und Anpassung an eine neue Situation nicht möglich ist ⟨Prinzipien, Gesetze, Regeln; jemandes Charakter, jemandes Haltung; starr an etwas (*Dativ*) festhalten⟩ ≈ *streng* ● zu (3) **Starr·heit** *die*; zu (1,2) **Starr·re** *die*

star·ren VERB (starrte, hat gestarrt) **(irgendwohin/auf jemanden/etwas) starren** den Blick lange auf jemanden/etwas richten, ohne die Augen davon abzuwenden | *geistesabwesend aus dem Fenster starren* | *unhöflich auf jemanden starren*

starr·köp·fig ADJEKTIV ≈ *stur, starrsinnig*

Starr·sinn *der; nur Singular; abwertend* ≈ *Sturheit, Eigensinn* ● hierzu **starr·sin·nig** ADJEKTIV

★ **Start** *der*; (-s, -s) **1** beim Start verlässt ein Flugzeug oder eine Rakete den Boden und steigt in die Luft ↔ *Landung* **K** Starterlaubnis, Startrampe, Startverbot; startbereit; Raketenstart, Senkrechtstart **2** der Beginn eines Rennens ⟨das Zeichen zum Start geben; den Start wiederholen (müssen)⟩ **K** Startflagge, Startpistole, Startsignal, Startverbot; startbereit; Fehlstart **3** die Stelle, an der die Läufer oder Fahrer den Lauf oder das Rennen beginnen ↔ *Ziel* **K** Startblock, Startlinie, Startplatz **4** der Beginn einer Tätigkeit oder Phase | *der Start ins Berufsleben* | *Unsere Beziehung hatte keinen guten Start* **K** Startkapital; Berufsstart, Tourneestart **5** **an den Start gehen**; **am Start sein** an einem Lauf oder Rennen teilnehmen ≈ *starten* **6** **den Start freigeben** erlauben, dass ein Flugzeug oder ein Sportler startet **7** **ein fliegender Start** der Start eines Wettrennens, bei dem die Teilnehmer schon vorher angefangen haben, zu laufen oder zu fahren

Start·bahn *die* eine Art breite Straße, auf welcher die Flugzeuge starten

★ **star·ten** VERB (startete, hat/ist gestartet) **1** **jemand/etwas startet** (*ist*) ein Flugzeug, eine Rakete bzw. deren Besatzung verlässt den Boden und steigt in die Luft ↔ *landen* **2** **(für etwas) starten** (*ist*) an einem Rennen teilnehmen | *für Frankreich starten* **3** **etwas startet (irgendwie)** (*ist*) der Motor eines Fahrzeugs springt an | *Sein Auto startet selbst bei eisiger Kälte sehr gut* **4** (*ist*) eine Reise oder ein Rennen beginnen **5** **(etwas) starten** (*hat*) etwas beginnen oder stattfinden lassen ⟨ein Rennen, den Film, ein Geschäft, eine Aktion starten⟩ **6** **(etwas) starten** (*hat*) den Motor einschalten ⟨das Auto, das Moped starten; den Motor starten⟩ ≈ *anlassen* | *Der Wagen lässt sich schlecht starten* **K** Startautomatik

Star·ter *der*; (-s, -) **1** eine Person, welche das Zeichen gibt, dass ein Rennen beginnt | *Der Starter gab den Startschuss ab* **2** ein Gerät z. B. im Auto, das einen Benzinmotor startet ⟨den Starter betätigen⟩ ≈ *Anlasser* ● zu (1) **Star·te·rin** *die*

Start·hil·fe *die; meist Singular* **1** eine Verbindung durch Kabel von einer vollen Autobatterie zu einer leeren Batterie, um so den Motor des Autos mit der leeren Batterie zu starten ⟨jemandem Starthilfe geben⟩ **K** Starthilfekabel **2** Geld, das man einer Person gibt, damit sie z. B. ein Geschäft eröffnen oder eine Familie gründen kann

start·klar ADJEKTIV bereit für einen Start

Start·num·mer *die* die Nummer, die ein Teilnehmer in einem Rennen hat

Start·schuss *der* **1** der Schuss, der zeigt, dass ein Rennen beginnt | *den Startschuss zum Hürdenlauf (ab)geben* **2** etwas, das deutlich zeigt, dass eine Tätigkeit beginnt oder beginnen kann ⟨den Startschuss für etwas geben⟩ | *Dieser Beschluss war der Startschuss für den Bau des Kraftwerks*

Sta·si *die*; (-), **Sta·si** *der*; (-s); *historisch, gesprochen* Kurzwort für *Staatssicherheitsdienst*, der Geheimdienst der DDR

State·ment ['steitmənt] *das*; (-s, -s); *geschrieben* eine (öffentliche) Erklärung ⟨ein Statement abgeben⟩

Sta·tik *die*; (-) **1** die Kräfte, die bewirken, dass ein Gebäude fest steht und nicht einstürzt | *die Statik einer Brücke berechnen* **2** die Lehre von der Statik **3** *geschrieben* der statische Zustand einer Sache, ohne Bewegung ↔ *Dynamik* ● zu (2) **Sta·ti·ker** *der*

★ **Sta·ti·on** [-'tsjo:n] *die*; (-, -en) **1** ein Platz, an dem Züge und andere öffentliche Verkehrsmittel regelmäßig halten, damit die Leute ein- und aussteigen können ⟨bei der nächsten Station aussteigen, umsteigen; drei Stationen (weit) fahren; ein Zug hält (nicht) an jeder Station⟩ **K** Stationsvorsteher; Bahnstation, Bergstation, Gipfelstation, Talstation, Endstation, Zwischenstation **H** *Station* verwendet man vor allem bei Zügen, Seilbahnen, Sesselliften u. Ä.; bei Bussen und Straßenbahnen verwendet man meistens *Haltestelle*. Das Gebäude, in dem man Fahrkarten für Züge kauft, ist der *Bahnhof*. **2** eine Abteilung in einem Krankenhaus ⟨die neurologische, chirurgische, gynäkologische Station⟩ | *auf der kardiologischen Station liegen/arbeiten* | *Der Patient wurde auf die urologische Station gebracht* **K** Stationsarzt, Stationsschwester; Frauenstation, Kinderstation, Männerstation, Seuchenstation **3** Gebäude und technische Anlagen, die für eine Tätigkeit benötigt werden ⟨eine meteorologische Station; eine Station einrichten, errichten⟩ **K** Beobachtungsstation, Empfangsstation, Fernsehstation, Forschungsstation, Missionsstation, Radiostation, Radarstation, Versuchsstation, Wetterstation, Bodenstation, Unterwasserstation, Weltraumstation **4** ein Punkt in einer Entwicklung | *die verschiedenen Stationen seiner Karriere* **5** **auf Station sein** *gesprochen* als Arzt oder Krankenschwester in einer Station Dienst haben **6** **(irgendwo) Station machen** eine Fahrt oder Reise unterbrechen

sta·ti·o·när [-tsjo-] ADJEKTIV im Krankenhaus ⟨eine Behandlung; jemanden stationär behandeln⟩ ↔ *ambulant*

sta·ti·o·nie·ren [-tsjo-] VERB (stationierte, hat stationiert) **jemand/etwas ist/wird irgendwo stationiert** Soldaten/Waffen o. Ä. werden an einen Ort gebracht bzw. sind an einem Ort, um dort eingesetzt zu werden | *die auf Zypern stationierten UN-Soldaten* ● hierzu **Sta·ti·o·nie·rung** *die*

sta·tisch ADJEKTIV **1** *meist attributiv* in Bezug auf die Statik ⟨die Gesetze, Berechnungen⟩ **2** *geschrieben* ohne Bewegung und Veränderung ⟨ein Zustand⟩

Sta·tist *der*; (-en, -en) **1** ein Schauspieler, der eine kleine Rolle hat, bei der er nichts sagen muss | *Für diese Massenszenen brauchen wir 500 Statisten* **2** *abwertend* eine Person, die man für unwichtig hält **H** *der Statist; den, dem, des Statisten* ● zu (1) **Sta·tis·tin** *die*

★ **Sta·tis·tik** *die*; (-, -en) **1** eine Tabelle o. Ä. mit Zahlen, die zeigen, wie häufig manche Dinge irgendwo vorkommen ⟨eine amtliche Statistik; eine Statistik erstellen, interpretieren, auswerten; etwas aus einer Statistik ablesen, folgern⟩ | *Laut Statistik fahren Frauen vorsichtiger Auto als Männer* **K** Bevölkerungsstatistik, Unfallstatistik, Verkehrsstatistik **2** *nur Singular* die Wissenschaft, die sich mit dem Herstellen und Interpretieren von Statistiken beschäftigt ● zu (2) **Sta·tis·ti·ker** *der*; zu (2) **Sta·tis·ti·ke·rin** *die*; **sta·tis·tisch** ADJEKTIV

Sta·tiv [-f] *das*; (-s, -e) ein Gerät mit drei Beinen, auf dem man eine Kamera befestigt, damit diese beim Fotografieren nicht wackelt ⟨das Stativ aufstellen⟩

★ **statt** ■ BINDEWORT **1** ≈ *anstatt* | *Sie drehte die Heizung auf, statt sich wärmer anzuziehen* | *Statt dass wir hier herumsitzen, sollten wir lieber spazieren gehen*

S

■ PRÄPOSITION *mit Genitiv/gesprochen auch Dativ* **2** ≈ *anstatt* | *Nimm doch das frische Brot statt des alten* **i** → Infos unter **Präposition** ■ **ID** **an jemandes statt** *veraltend* stellvertretend für jemanden | *Weil ihr Bruder krank war, ging sie an seiner statt zum Fest*; **jemanden an Kindes statt annehmen** *geschrieben* ein fremdes Kind als das eigene annehmen ≈ *adoptieren*

★ **statt·des·sen** ADVERB so, dass nicht mehr das gerade Genannte der Fall ist, sondern das Folgende, Neue | *Sie hat das Joggen aufgegeben, stattdessen geht sie jetzt schwimmen*

Stät·te *die*; (-, -n); *geschrieben* **die Stätte** (*+Genitiv*) ein Ort, eine Stelle, wo etwas meist Wichtiges passiert (ist) ⟨eine historische Stätte⟩ | *die Stätte des Wirkens des Dichters* | *die Stätten der Kindheit wiedersehen wollen* **K** Arbeitsstätte, Brandstätte, Fundstätte, Gedenkstätte, Grabstätte, Heimstätte, Raststätte, Unglücksstätte, Zufluchtsstätte

★ **statt·fin·den** VERB (findet statt, fand statt, hat stattgefunden) **etwas findet statt** etwas geschieht (als geplantes Ereignis) | *Die Trauung findet im Dom statt* | *Das Konzert hat bereits gestern stattgefunden* | *Die Gerichtsverhandlung wird unter Ausschluss der Öffentlichkeit stattfinden*

statt·ge·ben VERB (gibt statt, gab statt, hat stattgegeben) **einer Sache** (*Dativ*) **stattgeben** *admin* eine Bitte o. Ä. erfüllen ⟨einem Antrag, einer Bitte, einer Forderung stattgeben⟩ ↔ *etwas ablehnen*

statt·haft ADJEKTIV *meist prädikativ; admin* ≈ *erlaubt, zulässig*

Statt·hal·ter *der*; *historisch* eine Person, welche die Aufgaben eines Kaisers, Fürsten usw. übernahm, wenn dieser nicht da war ⟨der kaiserliche, päpstliche Statthalter⟩

statt·lich ADJEKTIV **1** groß, kräftig und elegant | *Er ist eine stattliche Erscheinung* **2** ziemlich hoch ⟨eine Summe, ein Gewinn, ein Vermögen⟩ **3** groß und eindrucksvoll ⟨ein Haus⟩

★ **Sta·tue** [-tu̯ə] *die*; (-, -n) eine Figur aus Metall, Stein o. Ä., die wie ein Mensch oder ein Tier aussieht | *eine Statue von König Ludwig aufstellen* **K** Bronzestatue, Gipsstatue, Marmorstatue, Reiterstatue ● hierzu **sta·tu·en·haft** ADJEKTIV

Sta·tur *die*; (-) die Art, wie der Körper eines Menschen gebaut, gewachsen ist ⟨von kräftiger Statur sein⟩ ≈ *Körperbau*

★ **Sta·tus** *der*; (-) **1** der Status einer Person, einer Institution oder Sache sagt etwas über die Rechte, Pflichten oder das soziale Ansehen aus ⟨der rechtliche, soziale Status⟩ | *Diplomaten haben einen hohen sozialen Status* | *Potsdam wurde der Status eines Weltkulturerbes zuerkannt* **K** Rechtsstatus; Beamtenstatus, Kultstatus, Promistatus **2** eine Stufe in einem Ablauf oder einer Entwicklung | *Sie können sich online über den Status der Flüge unserer Gesellschaft informieren* (sich darüber informieren, ob ein Flug gestartet, gelandet oder verspätet ist) **K** Bearbeitungsstatus, Lieferstatus **3** der gesundheitliche Zustand einer Person, der von einem Arzt durch Untersuchungen festgestellt wird | *der Status des Patienten nach der Operation* **K** Blutstatus, Ganzkörperstatus, Hormonstatus, Impfstatus

Sta·tus quo *der*; (-) der Zustand, wie er zurzeit ist ⟨den Status quo aufrechterhalten⟩

Sta·tus·sym·bol *das* etwas, mit dem man anderen Leuten zeigen will, dass man viel Geld oder eine hohe soziale Stellung hat | *ein Swimmingpool als Statussymbol*

Sta·tus·zei·le *die* eine Zeile unten am Bildschirm, die einem z. B. Informationen darüber gibt, auf welcher Seite und in welcher Zeile eines Textes man sich gerade befindet

Sta·tut *das*; (-(e)s, -en) eine der Regeln, die bestimmen, welche Aufgaben, Rechte und Pflichten ein Verein hat ⟨Statuten aufstellen⟩ ≈ *Satzung* **K** Statutenänderung; Parteistatuten, Vereinsstatuten

★ **Stau** *der*; (-(e)s, -s/-e) **1** (*Plural: Staus*) eine lange Reihe von Autos, die nicht oder nur sehr langsam weiterfahren können ⟨ein Stau bildet sich, löst sich auf; im Stau stecken, stehen; in einen Stau kommen, geraten⟩ | *ein Stau infolge eines Unfalls* **K** Staulänge, Staumeldung, Stauwarnung; Verkehrsstau **2** *meist Singular* eine Ansammlung einer großen Menge meist von Wasser, das nicht weiterfließen kann | *Durch quer liegende Bäume kam es zu einem gefährlichen Stau des Baches* **K** Staubecken, Staumauer; Blutstau

★ **Staub** *der*; (-(e)s) **1** die vielen kleinen Teilchen von verschiedenen Substanzen, die immer in der Luft sind und sich z. B. auf ebenen Flächen in Häusern und Wohnungen sammeln ⟨feiner Staub; etwas wirbelt Staub auf⟩ | *Als ich das Buch vom Regal nahm, war es mit einer Schicht Staub bedeckt* **K** Staubkorn, Staubschicht, Staubteilchen, staubbedeckt, staubfrei; Goldstaub, Kohlenstaub, Mehlstaub, Ziegelstaub **2** **Staub wischen** mit einem Tuch den Staub von den Möbeln entfernen **3** **Staub saugen** den Boden mit einem Staubsauger reinigen ■ **ID** **jemand/etwas wirbelt viel Staub auf** jemand/etwas ist der Grund für große Aufregung in der Öffentlichkeit; **sich aus dem Staub machen** *gesprochen* sich schnell und heimlich entfernen

stau·ben VERB (staubte, hat gestaubt) **1** **etwas staubt** etwas produziert Staub und/oder gibt Staub von sich | *Die Decken staubten sehr, als wir sie ausschüttelten* **2** **es staubt** irgendwo entsteht viel Staub

Staub·fän·ger *der*; (-s, -); *abwertend* ein Gegenstand, der ohne Zweck in der Wohnung steht

Staub·ge·fäß *das*; (-es, -e); *meist Plural* die Teile einer Blüte, welche den Blütenstaub enthalten

stau·big ADJEKTIV voller Staub

Staub·lap·pen *der* ≈ *Staubtuch*

staub·sau·gen VERB (staubsaugte, hat gestaubsaugt) **(etwas) staubsaugen** etwas mit einem Staubsauger reinigen

★ **Staub·sau·ger** *der*; (-s, -) ein elektrisches Gerät, das den Staub von Teppichen und vom Fußboden saugt

Staub·tuch *das* ein weiches Tuch, mit dem man Staub von Möbeln entfernt

Staub·wol·ke *die* eine große Menge Staub in der Luft ⟨etwas wirbelt eine Staubwolke auf, hinterlässt eine Staubwolke⟩

Stau·damm *der* eine große Mauer quer über ein ganzes Tal, hinter der man das Wasser eines Flusses oder eines Bachs sammelt (staut), vor allem, um elektrischen Strom oder Wasservorräte zu gewinnen ⟨einen Staudamm bauen⟩

Stau·de *die*; (-, -n) **1** eine Pflanze, deren Wurzeln im Winter in der Erde überleben, während der obere Teil abstirbt **K** Staudengewächs; Rhabarberstaude **2** *süddeutsch* ≈ *Strauch*

stau·en VERB (staute, hat gestaut) **1** **etwas stauen** Wasser sammeln, indem man durch eine Mauer o. Ä. verhindert, dass es weiterfließt ⟨einen Bach stauen⟩ **2** **etwas staut sich** eine große Menge einer Flüssigkeit kann nicht oder kaum weiterfließen | *Bei Krampfadern staut sich das Blut in den Venen der Beine* **3** **etwas staut sich** viele Autos, LKWs o. Ä. stehen auf der Straße hintereinander und können nicht weiterfahren ⟨Autos, LKWs stauen sich⟩ | *Auf der A8 staut sich der Verkehr zwischen Stuttgart-Flughafen und Leonberg* **4** **etwas staut sich** ein Gefühl wird sehr stark, weil man es unterdrückt ⟨der Ärger, die Wut, der Zorn⟩ ● zu (1 – 3) **Stau·ung** *die*

★ **stau·nen** VERB (staunte, hat gestaunt) **(über jemanden/etwas) staunen** Überraschung, Verwunderung und Respekt empfinden | *Da staunst du, wie gut das schmeckt, was?* | *darüber staunen, dass jemand etwas kann* ■ **ID** **aus dem Staunen nicht mehr herauskommen** *gesprochen* über viele Dinge staunen

S

Stau·see *der* der künstliche See hinter einem Staudamm

★ **Steak** [ʃteːk, st-] *das;* (-s, -s) ein Stück Fleisch, das man relativ kurz brät | *Möchten Sie Ihr Steak englisch, medium oder durchgebraten?* K Rindersteak, Schweinesteak, Filetsteak, Hüftsteak

★ **ste·chen** VERB (sticht, stach, hat gestochen)
▸mit Spitze, Stachel usw.: **1** **(etwas) irgendwohin stechen** einen spitzen Gegenstand in eine Oberfläche drücken | *eine Nadel in den Stoff stechen* | *in den Kuchen stechen, um zu sehen, ob er gar ist* **2** **jemandem (etwas) irgendwohin stechen; jemanden (irgendwohin) stechen** eine Person oder sich selbst mit einem spitzen Gegenstand, den Stacheln einer Pflanze o. Ä. verletzen | *jemandem ein Messer ins Herz stechen* | *Ich habe mir/mich in den Finger gestochen* | *Ich habe mich an den Rosen gestochen* **3** **etwas stechen** mit einem spitzen Gerät eine Pflanze aus dem Boden holen oder von ihren Wurzeln trennen ⟨Feldsalat, Löwenzahn, Spargel, Rasen stechen⟩ **4** **ein Tier sticht** ein Tier hat einen Stachel, mit dem es Personen verletzen kann ⟨Bienen, Wespen, Mücken⟩ K Stechfliege, Stechmücke, Stechrüssel **5** **ein Tier sticht jemanden** ein Tier verletzt eine Person oder ein anderes Tier mit seinem Stachel | *von einem Skorpion gestochen werden* | *Jetzt hat mich eine Biene gestochen* **6** **etwas sticht** eine Pflanze hat Dornen oder Stacheln, etwas ist spitz ⟨Disteln, Dornen, Rosen⟩
▸beim Kartenspiel: **7** **(etwas) stechen** beim Kartenspiel eine Karte spielen, die einen höheren Wert hat als die, die ein anderer gespielt hat **8** **etwas sticht (etwas)** eine Karte hat bei einem Kartenspiel einen höheren Wert als eine andere | *Das Ass sticht (den König)*
▸andere Verwendungen: **9** **etwas sticht** etwas schmerzt (in kurzen Abständen) für kurze Zeit so, als ob man gestochen würde | *Mein Herz sticht wieder einmal* | *stechende Schmerzen haben* **10** **etwas sticht** etwas ist unangenehm intensiv ⟨die Sonne; ein stechender Blick, Geruch⟩ | *ein stechend riechend Gas*
■ ID → Auge; → gestochen

Ste·chen *das;* (-s, -) **1** *nur Singular* kurze Schmerzen, die sich wiederholen und die man wie (kleine) Stiche empfindet | *ein Stechen im Rücken haben* **2** (beim Reiten) der letzte Teil eines Wettkampfes, an dem nur noch die Besten teilnehmen, welche die gleiche Zahl von Punkten haben

ste·chend ■ PARTIZIP PRÄSENS **1** → stechen
■ ADJEKTIV **2** unangenehm und intensiv ⟨ein Geruch, etwas riecht stechend⟩

Stech·pal·me *die* ein kleiner Baum mit Stacheln an den Blättern

Stech·uhr *die* ein Gerät, das auf einer Karte registriert, wann man zur Arbeit kommt und wann man geht

Steck·brief *der* eine kurze Beschreibung, welche die Polizei von einem Verbrecher gibt, um ihn zu finden

steck·brief·lich ADJEKTIV *meist adverbiell* so, dass es einen Steckbrief gibt ⟨jemanden steckbrieflich suchen; steckbrieflich gesucht⟩

★ **Steck·do·se** *die* ein kleiner Gegenstand mit zwei Öffnungen, der an eine elektrische Leitung angeschlossen ist. Man steckt den Stecker eines Gerätes in die Steckdose, um es mit Strom zu versorgen | *Steckdosen kindersicher machen*

Steck·do·sen·leis·te *die* ein Gerät, das aus einer Reihe von mehreren Steckdosen besteht. Man steckt es in eine Steckdose in der Wand, um dann mehrere andere Geräte mit Strom versorgen zu können ≈ *Mehrfachsteckdose*

★ **ste·cken** VERB (steckte, hat/ist gesteckt) **1** **etwas irgendwohin stecken** (*hat*) etwas durch eine Öffnung (z. B. ein Loch oder einen Spalt) in etwas hineintun | *den Brief in den Umschlag stecken* | *das Hemd in die Hose stecken* | *Samen in die Erde stecken* | *die Hände in die Manteltaschen stecken* **2** **(jemandem) etwas irgendwohin stecken** (*hat*) etwas an dem genannten Platz befestigen | *eine Brosche aufs Kleid stecken* | *jemandem einen Ring an den Finger stecken* | *sich einen Kamm in die Haare stecken* **3** **jemanden irgendwohin stecken** *gesprochen* (*hat*) jemanden an den genannten Platz bringen, an dem er bleiben muss ⟨jemanden ins Gefängnis, ins Bett stecken⟩ **4** **etwas in etwas** (*Akkusativ*) **stecken** *gesprochen* (*hat*) Geld oder Arbeit in etwas investieren | *sein Geld in ein Geschäft stecken* | *seine gesamte Kraft in die Arbeit stecken* **5** **jemandem etwas stecken** *gesprochen* (*hat*) einer Person etwas verraten, das für sie unangenehm ist **6** **etwas in Brand stecken** (*hat*) etwas anzünden | *ein Haus in Brand stecken* **7** **etwas stecken** *gesprochen* (*hat*) mit etwas aufhören, z. B. weil man keinen Erfolg hat | *Ich glaub, ich stecks!* **8** **jemand/etwas steckt irgendwo** (*hat/ist*) jemand/etwas ist an dem genannten Ort und bleibt dort | *Die Wurzeln stecken fest in der Erde* | *im Schnee stecken bleiben* | *jemandem bleibt das Essen im Hals stecken* H In alten Texten findet man noch *stak* als Form des Präteritums. **9** **der Schlüssel steckt (irgendwo)** (*hat/ist*) der Schlüssel ist im Schloss ⟨den Schlüssel im Schloss, in der Tür stecken lassen⟩ **10** **jemand/etwas steckt irgendwo** *gesprochen* (*hat*) jemand/etwas ist irgendwo | *Weißt du, wo die Kinder stecken?* H meist mit *wo* **11** **etwas steckt in jemandem** *gesprochen* (*hat*) jemand hat die genannten Fähigkeiten | *In ihr stecken musikalische Talente!* **12** **etwas steckt in etwas** (*Dativ*) *gesprochen* (*hat*) etwas wurde für etwas gebraucht, investiert | *In dem Geschäft steckt eine Menge Geld* **13** **jemand/etwas steckt hinter etwas** (*Dativ*) *gesprochen* (*hat*) jemand ist für etwas verantwortlich, etwas ist die eigentliche Ursache einer Sache | *Dahinter steckt bestimmt die Mafia* **14** **in Schwierigkeiten stecken** *gesprochen* (*hat*) meist finanzielle Schwierigkeiten haben

Ste·cken *der;* (-s, -); *süddeutsch* CH ≈ *Stock, Stab*

ste·cken blei·ben, ste·cken·blei·ben VERB (blieb stecken, ist stecken geblieben/steckengeblieben) **1** *gesprochen* nicht mehr weitersprechen können (weil man vergessen hat, was man sagen wollte) | *Der Schauspieler blieb mitten im Satz stecken* **2** **etwas bleibt irgendwo stecken** etwas kann sich nicht weiterentwickeln oder nicht fortgesetzt werden | *Das Projekt blieb im Anfangsstadium stecken* H aber: *im Schlamm stecken bleiben* (immer getrennt geschrieben)

Ste·cken·pferd *das* **1** eine Tätigkeit, mit der sich jemand zum Vergnügen (regelmäßig) beschäftigt, bzw. ein Thema, das jemand immer wieder anspricht | *Der Garten ist ihr Steckenpferd, sie verbringt dort fast jede freie Minute* **2** ein Stab (aus Holz) mit einem Pferdekopf, den Kinder als Spielzeug verwenden

★ **Ste·cker** *der;* (-s, -) **1** mit einem Stecker verbindet man ein

STECKDOSE

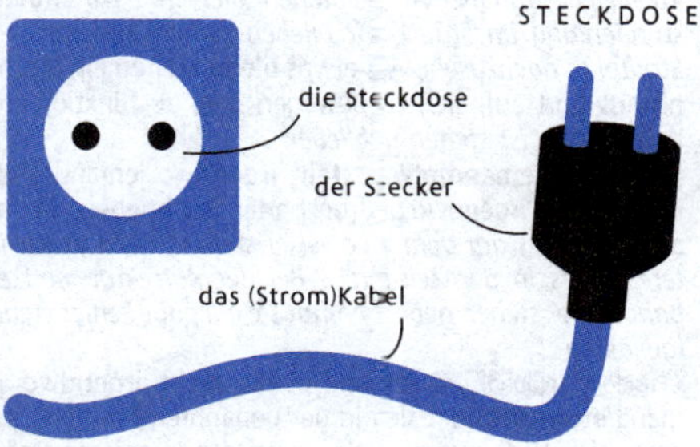

S

elektrisches Gerät mit dem Stromnetz. Ein Stecker ist aus Plastik und hat zwei Stifte aus Metall ⟨den Stecker in die Steckdose/Wand stecken, (aus der Steckdose) ziehen⟩ K Netzstecker, Stromstecker **2** ein kleiner Stecker, mit dem man elektronische Geräte miteinander verbindet K Netzwerkstecker, Monitorstecker, USB-Stecker

Ste·ckerl·fisch *der; süddeutsch* Ⓐ ein Fisch (meist eine Makrele), der auf einen Stock gespießt und über einem Feuer gebraten wurde ℹ Steckerlfische gibt es oft auf Dorffesten oder an Ständen, die von Ort zu Ort fahren.

Steck·na·del *die* eine Nadel, die man verwendet, um Stoffstücke aneinander zu befestigen, wenn man Kleider näht | *den Saum mit Stecknadeln abstecken* K Stecknadelkopf ■ ID **jemanden/etwas wie eine Stecknadel (im Heuhaufen) suchen** *gesprochen* jemanden/etwas mit großer Mühe (und wenig Aussicht auf Erfolg) suchen; **Es ist so still, dass man eine Stecknadel fallen hören kann** Es ist sehr still

Steg *der;* (-(e)s, -e) **1** vom Ufer von Seen führen oft Stege hinaus aufs Wasser; man kann darauf sitzen und liegen und Boote daran festbinden ⟨jemand/ein Boot legt am Steg an⟩ K Bootssteg, Landesteg **2** eine schmale, einfache Brücke (meist aus Holz), auf der man über einen Bach gehen kann **3** ein kleines Brett am oberen Ende einer Gitarre, Geige o. Ä., auf welchem die Saiten liegen **4** der Teil der Brille (zwischen den Gläsern), der auf der Nase sitzt

Steg·reif *der* ■ ID **aus dem Stegreif** spontan (und ohne Vorbereitung) ⟨eine Rede aus dem Stegreif halten⟩ ≈ *improvisiert*

Steh·auf|männ·chen *das* **1** eine Person, die auch nach vielen Enttäuschungen immer optimistisch bleibt **2** ein Spielzeug für Kinder, das aussieht wie ein kleiner dicker Mann, der immer wieder aufsteht, wenn man ihn umwirft

Steh|aus·schank *der* ein kleines und einfaches Lokal, in dem man im Stehen Bier trinken kann

Steh·emp·fang *der* ein Besuch, bei dem man sich nicht setzt, sondern im Stehen isst und trinkt

★ **ste·hen** [ˈʃteːən] VERB (stand, hat/ist gestanden)
▸aufrecht, senkrecht: **1 (irgendwo) stehen** Menschen und Tiere stehen in aufrechter Haltung auf ihren Beinen an einem Ort | *Sie stand am Fenster/in der Tür/unter der Dusche* | *Er stand in der Schlange an der Kasse hinter mir* | *Der Zug war so voll, dass wir von Köln bis Stuttgart stehen mussten* | *Wollen wir uns hinsetzen oder stehen bleiben?* **2 etwas steht irgendwo** Dinge stehen (senkrecht) an einem Ort | *Auf dem Rathausplatz steht jetzt ein Denkmal* | *Unser Nachbar hat drei große Tannen im Garten stehen* | *Die Gläser stehen schon auf dem Tisch* | *Diese Hausfassaden müssen bei der Sanierung unbedingt stehen bleiben!* | *Bitte lass doch das Geschirr stehen, ich spüle selbst ab*
▸ohne Bewegung: **3 etwas steht** etwas ist nicht mehr in Bewegung oder in Funktion ⟨eine Maschine, ein Motor, eine Uhr⟩ **4 stehen (bleiben)** nicht weitergehen oder -fahren ≈ *anhalten* | *an einer Ampel stehen (bleiben)* | *Wir standen stundenlang im Stau* | *Wir blieben stehen, um auf dem Stadtplan nachzusehen* **5 etwas bleibt stehen** ein Mechanismus hört auf, sich zu bewegen oder zu funktionieren | *Meine Uhr ist stehen geblieben*
▸Schrift: **6 jemand/etwas steht irgendwo** jemandes Name/etwas ist irgendwo gedruckt oder geschrieben | *Kannst du lesen, was auf dem Wegweiser steht?* | *Steht etwas Interessantes in der Zeitung?* | *Bei der Korrektur sind ein paar Fehler stehen geblieben/hat sie ein paar Fehler stehen (ge)lassen*
▸Position, Stellung: **7 jemand/etwas steht irgendwo** jemand/etwas befindet sich in der genannten Position, Stellung | *im Mittelpunkt/Vordergrund des Interesses stehen* | *Die Sonne steht schon recht tief und wird bald untergehen* | *Dunkle Wolken standen am Himmel* | *Zuverlässigkeit steht bei mir an erster Stelle* (ist mir sehr wichtig) **8 Wasser steht irgendwo** viel Wasser ist an der genannten Stelle (und erreicht die genannte Höhe) | *Nach den starken Regenfällen stand überall das Wasser auf den Wiesen* **9 etwas steht auf etwas** *(Dativ)* etwas zeigt durch eine Position eine Zeit, einen Wert o. Ä. an | *Der Zeiger steht auf 120 Kilogramm* | *Das Barometer steht auf „Regen"* **10 über jemandem stehen** einen höheren Rang haben als eine andere Person | *Der Oberst steht über dem Hauptmann* **11 etwas steht offen** etwas ist geöffnet ⟨ein Fenster, eine Tür; jemandes Augen, jemandes Mund⟩
▸Situation, Zustand: **12 etwas steht irgendwie** in einem Ablauf oder einer Entwicklung ist die genannte Situation erreicht | *Die Aussichten/Chancen für einen Erfolg stehen gut* | *Wie steht die Sache? Wird es bald eine Entscheidung geben?* | *Wie steht es (mit ihm)? Wird er überleben?* **13 etwas steht** *gesprochen* etwas ist fertig (gebaut, geschrieben usw.) | *Bis nächsten Montag muss der Bericht stehen* **14 ein Spiel/es steht irgendwie** in einem Spiel haben beide Seiten gerade jeweils die genannte Zahl an Punkten oder Toren | *Nach der ersten Halbzeit steht es 2 : 1 (zwei zu eins)* | *„Wie steht das Spiel?" – „68 : 47 für Heidelberg."* **15 um jemandes Gesundheit/jemanden steht es schlecht** jemand ist sehr krank, in einem schlechten Zustand **16 jemand/etwas steht in/unter etwas** *(Dativ)* es besteht eine Situation, in der etwas für eine Person/Sache gilt oder wirksam ist | *jemand steht unter Arrest/unter Zeitdruck* | *eine Leitung steht unter Spannung/Strom* | *etwas steht in Flammen* (etwas brennt) | *Das Haus steht unter Denkmalschutz* **17 jemand/etwas steht vor etwas** *(Dativ)* jemand/etwas ist in einer schwierigen Situation | *Länder, die vor enormen wirtschaftlichen Schwierigkeiten stehen* | *Unsere Firma steht vor dem Bankrott/Ruin* (wird wahrscheinlich Bankrott gehen) **18 etwas 'steht vor Dreck/Schmutz** *gesprochen* etwas ist sehr schmutzig **19** verwendet zusammen mit einem Substantiv, um ein Verb zu umschreiben | *unter Anklage stehen* (angeklagt sein) | *unter Aufsicht stehen* (beaufsichtigt werden) | *etwas steht unter Beschuss* (auf etwas wird geschossen) | *etwas steht in Blüte* (etwas blüht) | *etwas steht zur Debatte/Diskussion* (etwas muss debattiert/diskutiert werden) | *im Einsatz stehen* (eingesetzt werden) | *unter Verdacht stehen* (verdächtigt werden) | *jemand/etwas steht einer Person zur Verfügung* (eine Person kann über jemanden/etwas verfügen) | *in Verhandlungen (mit jemandem) stehen* (mit jemandem verhandeln) | *etwas steht im Widerspruch zu etwas* (etwas widerspricht einer Sache)
▸Einstellung, Haltung: **20 auf jemanden/etwas stehen** *gesprochen* jemanden/etwas sehr gut finden (und deshalb haben wollen) | *Sie steht auf große, schlanke Männer* **21 (voll) hinter jemandem stehen** einer Person helfen, ihre Ziele zu erreichen | *Die Partei steht voll hinter ihrem Vorsitzenden* **22 über etwas** *(Dativ)* **stehen** sich über kleine Probleme nicht ärgern | *Man muss über den Dingen stehen* **23 irgendwie zu jemandem/etwas stehen** die genannte Meinung oder Einstellung zu einer Person/Sache haben | *Wie stehen Sie zu den Sparmaßnahmen der Regierung?* ℹ oft in einer Frage **24 zu etwas stehen** die Verantwortung für etwas übernehmen, das man getan oder versprochen hat | *Wenn du einen Fehler gemacht hast, solltest du auch dazu stehen* | *Der Umweltminister steht weiterhin zu seiner Entscheidung* **25 zu jemandem stehen** einer Person, die Schwierigkeiten hat, helfen und sie nicht allein lassen | *Trotz der Niederlage steht der Trainer zu seinen Spie-*

S

lern **26** **etwas steht zu befürchten/erwarten/hoffen** *geschrieben* es gibt gute Gründe, etwas zu befürchten usw. | *Eine Verschlechterung steht nicht mehr zu befürchten* | *Es steht zu erwarten, dass der Dollarkurs in den nächsten Wochen steigen wird* **H** nur im Präsens und im Präteritum ▸sonstige Verwendungen: **27** **etwas steht jemandem** etwas passt gut zu Figur oder Aussehen einer Person ⟨ein Kleidungsstück, eine Farbe, eine Frisur, eine Brille⟩ | *Steht mir diese Bluse?* | *Ich glaube, helle Farbtöne stehen mir nicht* **28** **etwas steht und fällt mit jemandem/etwas** etwas hängt völlig von jemandem/etwas ab | *Diese Firma steht und fällt mit Jürgens technischem Können* **29** **etwas steht auf etwas** *(Akkusativ)* für eine Tat gibt es die genannte Strafe | *Auf Steuerhinterziehung stehen hohe Geldstrafen* **30** **etwas steht bei jemandem** etwas hängt von der Entscheidung oder dem Verhalten der genannten Person ab | *„Sollen wir heute Abend ins Theater gehen?" – „Das steht ganz bei dir."* | *Es steht bei dir, ob wir wieder nach England fahren* **31** **jemand/etwas steht für etwas** jemand/etwas vertritt etwas, ist ein typisches Beispiel für viele andere Menschen oder Dinge | *Seine Worte stehen für die Meinung vieler Arbeitsloser*

■ ID **Wo sind wir stehen geblieben?** An welchem Punkt unseres Gesprächs waren wir zuletzt?; **Na, wie steht's?** *gesprochen* verwendet, um eine Person zu fragen, wie es ihr geht

ste·hen·blei·ben VERB ≈ *stehen bleiben*

ste·hen las·sen, ste·hen·las·sen VERB (ließ stehen, hat stehen lassen/stehenlassen) **1** **etwas stehen lassen** etwas nicht (ganz) essen | *Wenn Ihnen der Kuchen nicht schmeckt, können Sie ihn ruhig stehen lassen* **2** **etwas irgendwo stehen lassen** etwas irgendwo vergessen und nicht mitnehmen | *Ich habe meinen Schirm im Geschäft stehen lassen* **3** **jemanden stehen lassen** meist aus Ärger ein Gespräch mit jemandem plötzlich beenden und weggehen **H** a) Im Perfekt gesprochen auch *hat stehen gelassen*; b) → auch **stehen**

Steh·im·biss *der* ein einfaches Lokal, in dem man im Stehen essen kann

Steh·kra·gen *der* ein meist steifer, enger Kragen an einem Hemd oder Kleid, der nach oben steht

Steh·lam·pe *die* eine Lampe, die auf dem Boden oder einem Tisch steht (und nicht an der Decke hängt)

Steh·lei·ter *die* eine Leiter aus zwei Teilen, die frei steht und nicht an die Wand gelehnt wird

★ **steh·len** VERB (stiehlt, stahl, hat gestohlen) **1** **(jemandem) etwas) stehlen** einer Person etwas (meist heimlich) nehmen und für sich behalten | *jemandem das Fahrrad stehlen* | *Ich glaube, er stiehlt* **2** **jemand/etwas stiehlt (einer Person) etwas** eine Person oder Sache verhindert, dass eine Person etwas hat oder bekommt | *Der lästige Papierkram stiehlt so viel Zeit!* | *Die Sorgen stahlen ihm den Schlaf* | *Sei doch endlich still, du stiehlst mir den letzten Nerv!* (Du machst mich nervös) **3** **sich irgendwohin stehlen** leise und heimlich irgendwohin gehen ■ ID **Der/Das kann mir gestohlen bleiben!** *gesprochen, abwertend* Mit dem/Damit will ich nichts zu tun haben!

Steh·platz *der* ein Platz (z. B. im Bus oder in einem Stadion) ohne Sitz

Steh·ver·mö·gen *das; nur Singular* die Fähigkeit, eine große (körperliche oder geistige) Belastung über relativ lange Zeit auszuhalten ⟨Stehvermögen zeigen⟩

★ **steif** ADJEKTIV **1** ziemlich hart, sodass man die Form nur schwer verändern kann ⟨ein Kragen, Pappe; etwas ist steif gefroren; etwas ist steif wie ein Brett⟩ ↔ *weich* **2** so, dass man es nicht oder nur schwer oder unter Schmerzen bewegen kann | *Seit dem Unfall hat er ein steifes Bein* **3** angespannt und verkrampft und nicht sehr schön anzusehen ⟨ein Gang, eine Haltung, Bewegungen⟩ **4** sehr streng den gesellschaftlichen Regeln entsprechend ⟨eine Atmosphäre; sich steif benehmen⟩ ≈ *förmlich* ↔ *locker* | *Bei dem Empfang ging es sehr vornehm und steif zu* **5** **etwas steif schlagen** Eiweiß, Sahne o. Ä. so schnell rühren, dass sie zu Schaum oder fest werden **6** ziemlich stark ⟨eine Brise, ein Wind⟩ **7** durch sexuelle Erregung groß und hart ⟨das Glied, der Penis⟩ ≈ *erigiert* ■ ID **etwas steif und fest behaupten/glauben** *gesprochen* sehr sicher sein, dass man recht hat (obwohl das offensichtlich nicht stimmt) ● zu (1 – 4) **Steifheit** *die*

steif·schla·gen VERB ≈ *steif schlagen*

Steig *der;* (-(e)s, -e) ein steiler, schmaler Weg **K** Fußsteig, Klettersteig

Steig·bü·gel *der* einer der zwei Bögen aus Metall, in die man die Füße steckt, wenn man auf einem Pferd sitzt

Steig·bü·gel|hal·ter *der; abwertend* eine Person, die jemandem dabei hilft, Karriere zu machen

Stei·ge *die;* (-, -n); *süddeutsch* Ⓐ **1** eine flache, offene Kiste, in der man Obst oder Gemüse transportiert und (auf dem Markt) verkauft **K** Obststeige **2** **eine Steige Dinge** die Menge Obst oder Gemüse, die in eine Steige passt | *eine Steige Äpfel kaufen* **3** eine steile Straße, ein steiler Weg

★ **stei·gen** VERB (stieg, ist gestiegen) **1** **irgendwohin steigen** an einen Ort gehen (vor allem klettern), der höher oder tiefer liegt ⟨auf einen Berg, einen Turm, aufs Dach steigen; von einem Berg ins Tal, vom Dach steigen⟩ | *vom zweiten Stock hinunter in den ersten Stock steigen* **2** **irgendwohin steigen** sich mit einer Bewegung an/auf einen anderen Platz bringen | *aufs Fahrrad steigen* | *vom Pferd steigen* | *ins/aus dem Auto steigen* | *in den/aus dem Zug steigen* | *über einen Zaun steigen* | *in die/aus der Badewanne steigen* | *auf einen Stuhl steigen* **3** **jemand/etwas steigt** jemand bewegt sich (in einem Flugzeug o. Ä.)/etwas bewegt sich (meist durch die Luft) nach oben ⟨ein Flugzeug; der Nebel; der Rauch steigt in die Luft; Drachen steigen lassen⟩ | *Das Blut steigt ihm ins Gesicht* | *Der Duft der angebratenen Zwiebeln stieg ihr in die Nase* **K** Steigflug **4** **etwas steigt** etwas wird (im Niveau, Umfang oder Wert) höher oder größer ⟨die Aktien, die Leistung, die Preise, das Wasser⟩ ↔ *sinken* **5** **(jemandem) auf etwas** *(Akkusativ)* **steigen** *gesprochen* auf etwas treten | *auf die Bremse/aufs Gas steigen* | *jemandem auf den Fuß steigen* **6** **etwas steigt (irgendwo)** *gesprochen* etwas findet (an einem Ort) statt ⟨eine Party⟩ **7** **in etwas** *(Akkusativ)* **steigen** *gesprochen* etwas anziehen, indem man bei den Füßen beginnt ⟨in die Hose, in die Kleider steigen⟩

★ **stei·gern** VERB (steigerte, hat gesteigert) **1** **etwas steigern** bewirken, dass etwas besser, größer, intensiver wird ⟨die Leistung, die Produktion steigern⟩ ≈ *erhöhen* | *Kleine Fehler steigern oft den Wert von Briefmarken* **2** **etwas steigern** die Formen eines Adjektivs oder Adverbs bilden, mit denen man einen Vergleich ausdrückt ⟨ein Adjektiv steigern⟩ | *„Gut" steigert man mit den Formen „besser" und „am besten"* **3** **etwas steigert sich** etwas wird besser oder intensiver ⟨etwas steigert sich im Tempo⟩ | *Die Spannung steigerte sich bis ins Unerträgliche* **4** **jemand steigert sich** eine Person verbessert die eigene Leistung ⟨jemand steigert sich notenmäßig, in der Leistung⟩ ● hierzu **stei·gerbar** ADJEKTIV

★ **Stei·ge·rung** *die;* (-, -en) **1** ein Vorgang, durch den etwas besser, größer oder intensiver wird | *eine Steigerung des Umsatzes anstreben* **K** Steigerungsrate; Leistungssteigerung, Umsatzsteigerung, Wertsteigerung **2** das Steigern von Adjektiven bzw. die Form, die so entsteht K Steigerungsform, Steigerungsstufe **3** ⓖ ≈ *Versteigerung* ● zu (1,2) **stei·ge·rungs·fä·hig** ADJEKTIV

Stei·gung *die*; (-, -en) **1** der Grad, in dem etwas (z. B. ein Weg) höher oder steiler wird | *Die Straße zum Pass hat eine Steigung von 14 %* K Steigungswinkel **2** eine Strecke mit einem Weg, der nach oben geht | *an der Steigung in einen niedrigeren Gang schalten*

★ **steil** ADJEKTIV wenn etwas steil ist, ist es sehr schräg oder fast senkrecht | *Die Straße stieg steil an* | *Der Hang fiel steil ab* | *Er schoss den Ball steil in die Luft* K Steilabfahrt, Steildach, Steilhang, Steilküste, Steilpass, Steilufer, Steilwand ● hierzu **Steil·heit** *die*

STEIL
FLACH

steil flach

Steil·kur·ve *die* eine Kurve (auf einer Rennbahn), bei welcher der äußere Rand viel höher ist als der innere

★ **Stein** *der*; (-(e)s, -e) **1** *nur Singular* das harte Material, aus dem Berge und Felsen bestehen ⟨hart wie Stein; etwas in Stein hauen, meißeln⟩ K Steinbank, Steinblock, Steinboden, Steinbohrer, Steinbrocken; Kalkstein, Quarzstein, Sandstein, Tuffstein, Naturstein **2** ein relativ kleines Stück Stein | *Auf dem Acker liegen viele Steine* K Steinhagel, Steinhaufen, Steinlawine, Steinschleuder, Steinwall, Steinwüste; Kieselstein, Mosaikstein, Pflasterstein, Grabstein, Mühlstein, Schleifstein, Schmuckstein **3** aus rechteckigen Steinen (Ziegeln oder Steinbrocken) baut man Mauern, Häuser und andere stabile Bauwerke K Steinhaus; Klinkerstein, Ziegelstein **4** ein einzelner, großer, harter Kern in einer Frucht | *der Stein in einem Pfirsich/in einer Pflaume* K Steinobst **5** Kurzwort für *Edelstein* **6** Steine entstehen manchmal in Organen und sind der Grund für starke Schmerzen K Steinleiden, Steinoperation; Gallenstein, Harnstein, Nierenstein **7** ein kleiner, meist runder Gegenstand, mit dem man bei Brettspielen spielt ⟨einen Stein legen, ziehen⟩ K Brettstein, Damestein, Dominostein, Mühlestein, Spielstein

■ ID ▸Stein als Objekt: **einen Stein ins Rollen bringen** *gesprochen* mit einer Handlung bewirken, dass es für viele Personen meist negative Folgen gibt; **einer Person Steine in den Weg legen** es einer Person schwer machen, ihr Ziel zu erreichen; **eine Person hat bei jemandem einen Stein im Brett** *gesprochen* eine Person ist so, dass eine andere Person sie sehr mag; **Stein und Bein schwören** *gesprochen* etwas ganz fest behaupten, versprechen oder glauben; **keinen Stein auf dem anderen lassen** etwas völlig zerstören; **jeden Stein umdrehen** überall intensiv suchen; **jemandem fällt ein Stein vom Herzen** jemand ist sehr erleichtert;

▸andere Verwendungen: **der Stein des Anstoßes** *geschrieben* die Ursache dafür, dass eine unangenehme Situation oder ein Problem entstanden ist; **der Stein der Weisen** *geschrieben* die ideale Lösung für ein wichtiges Problem ⟨den Stein der Weisen finden⟩

Stein·ad·ler *der* ein großer, brauner Adler, der in den Bergen lebt

stein·alt ADJEKTIV; *gesprochen* sehr alt

Stein·bock *der* **1** ein Tier mit langen, nach hinten gebogenen Hörnern, das auf hohen Bergen lebt **2** *nur Singular* das Sternzeichen für die Zeit vom 22. Dezember bis 19. Januar → Abb. unter **Sternzeichen** **3** eine Person, die in der Zeit vom 22. Dezember bis 19. Januar geboren ist | *Sie ist (ein) Steinbock*

Stein·bruch *der* eine Stelle, an der man Steine von den Felsen bricht (um Baumaterial zu gewinnen)

Stein·butt *der* ein runder, flacher Meeresfisch, den man essen kann

stei·nern ADJEKTIV **1** *meist attributiv* aus Stein ⟨ein Boden⟩ **2** ohne Gefühle ⟨jemandes Herz, jemandes Miene⟩

Stein|er·wei·chen ■ ID **zum Steinerweichen (weinen)** so (sehr weinen), dass andere Mitleid bekommen

Stein·gut *das* **1** ein Material aus Ton, aus dem man Geschirr machen kann **2** Geschirr aus Steingut

stein·hart ADJEKTIV; *gesprochen, oft abwertend* sehr hart ⟨Brot⟩

stei·nig ADJEKTIV **1** mit vielen Steinen ⟨ein Weg, ein Gelände, ein Acker⟩ **2** mit vielen Schwierigkeiten | *Bis zum Abitur hast du noch einen steinigen Weg vor dir*

stei·ni·gen VERB (steinigte, hat gesteinigt) **jemanden steinigen** eine Person töten, indem man Steine auf sie wirft ● hierzu **Stei·ni·gung** *die*

Stein·koh·le *die* eine sehr harte, schwarze Kohle, mit der man heizt K Steinkohlenbergbau, Steinkohlenbergwerk, Steinkohlenförderung

Stein·metz *der*; (-en, -e(n)) eine Person, die beruflich Steine bearbeitet *der Steinmetz; den, dem, des Steinmetzen*

Stein·pilz *der* ein essbarer Pilz mit hellbrauner Kappe und dickem Stiel

stein·reich ADJEKTIV; *gesprochen* sehr reich

Stein·schlag *der*; *meist Singular* die Situation, wenn sich Steine von Hängen oder Felsen lösen und nach unten fallen K Steinschlaggefahr

Stein·wurf *der* **nur einen Steinwurf weit** ⟨entfernt⟩ nicht sehr weit (weg)

Stein·zeit *die*; *nur Singular* die (lange vergangene) Zeit, während welcher die Menschen Waffen und Werkzeuge aus Steinen machten K Steinzeitmensch ● hierzu **stein·zeit·lich** ADJEKTIV

Steiß *der*; (-es, -e) **1** Kurzwort für *Steißbein* **2** *gesprochen* ≈ *Hintern*

Steiß·bein *das*; *meist Singular* der Knochen am unteren Ende der Wirbelsäule

Stel·la·ge [ʃtɛˈlaːʒə] *die*; (-, -n) ≈ *Gestell*

Stell·dich·ein *das*; (-(s), -(s)); *veraltend* **1** ⟨mit jemandem ein Stelldichein haben⟩ ≈ *Rendezvous* **2** **Personen geben sich** (*Dativ*) **ein Stelldichein** zwei Personen treffen sich

★ **Stel·le** *die*; (-, -n)

▸Ort, Platz: **1** ein Ort, Punkt oder Platz, an dem eine Person oder Sache ist oder an dem etwas geschieht | *sich an der vereinbarten Stelle treffen* | *Das muss die Stelle sein, wo der Unfall geschah* K Feuerstelle, Gefahrenstelle, Kontrollstelle, Unfallstelle, Unglücksstelle; Bruchstelle, Druckstelle **2** eine kleine Fläche am Körper oder an einem Gegenstand, die sich von ihrer Umgebung unterscheidet, weil dort ein Schaden oder eine Wunde ist ⟨eine entzündete, geschwollene, gerötete Stelle auf der Haut⟩ | *eine abgenutzte Stelle am Teppich* | *eine schadhafte Stelle am Auto* K Druckstelle, Roststelle **3** der Platz, an dem eine Ziffer in einer Zahl steht ⟨die erste, zweite, dritte Stelle⟩ | *etwas bis auf zwei Stellen hinter/nach dem Komma genau ausrechnen* K Dezimalstelle

▸Position: **4** die Position in einer Firma oder in einer Institution, in der man arbeitet ⟨eine freie, offene Stelle; sich um eine Stelle bewerben; eine Stelle antreten; die Stelle wechseln; eine Stelle ausschreiben, besetzen, vergeben; eine Stelle suchen, finden, bekommen, verlieren⟩ | *Er hat eine Stelle als Verkäufer in einem Kaufhaus* K Stellenangebot, Stellenanzeige, Stellenbesetzung, Stellengesuch, Stellenmarkt, Stellennachweis, Stellenplan, Stellenstreichungen, Stellenvermittlung, Stellenwechsel; Assistentenstelle, Bürgermeisterstelle; Aushilfsstelle, Planstelle, Vertretungsstelle **5** die Position einer Person oder Sache in einer Reihenfolge oder Rangordnung | *Die Familie kommt bei ihm immer an letzter Stelle* (ist ihm weniger wichtig als alles andere) | *im Wettrennen an erster Stelle sein/liegen*

▸sonstige Verwendungen: **6** ein relativ kurzer Teil in einem Text oder einem musikalischen Werk | *eine Stelle aus einem Buch zitieren* | *Diese Stelle des Gedichtes gefällt mir besonders gut* K Belegstelle, Bibelstelle, Briefstelle, Textstelle **7** **eine Stelle (für etwas)** eine Institution oder eine Abteilung, die im genannten Bereich arbeitet, bzw. ihr Büro ⟨eine staatliche, kirchliche Stelle⟩ | *sich bei der Stelle für Personalangelegenheiten melden* K Annahmestelle, Ausgabestelle, Auskunftsstelle, Außenstelle, Beratungsstelle, Dienststelle, Geschäftsstelle, Passstelle, Pressestelle

▪ **ID an jemandes Stelle** a (stellvertretend) für eine Person, um deren Aufgabe o. Ä. zu übernehmen | *Kannst du bitte an meiner Stelle auf die Kinder aufpassen?* b in jemandes Lage, Situation | *An deiner Stelle wäre ich vorsichtig!* | *Ich an seiner Stelle würde das nicht tun*; **auf der Stelle** *gesprochen* ≈ *sofort* | *Du kommst jetzt auf der Stelle her!* | *Er war auf der Stelle tot*; **auf der Stelle treten**, **nicht von der Stelle kommen** bei einer Arbeit oder in einer Entwicklung keine Fortschritte machen; **jemanden an seiner empfindlichen/verwundbaren/wunden Stelle treffen** etwas tun oder sagen, das jemandes Gefühle an einem Punkt verletzt, mit dem er besondere Probleme hat; **sich zur Stelle melden** (als Soldat) melden, dass man angekommen ist; **zur Stelle sein** da sein, um jemandem (bei der Arbeit/bei einem Problem) zu helfen | *Sie ist immer pünktlich zur Stelle*

★ **stel·len** VERB (stellte, hat gestellt)

▸Ort, Lage: **1** **sich irgendwohin stellen** an eine Stelle gehen und dort stehen (bleiben) | *sich ans Fenster stellen* | *Sie stellte sich auf einen Stuhl, um die Lampe aufzuhängen* **2** **jemanden/etwas irgendwohin stellen** eine Person oder Sache an eine Stelle bringen, wo sie dann steht | *Er hob das Kind hoch und stellte es auf die Mauer, damit es besser sehen konnte* | *die Blumen in eine Vase stellen* | *den Staubsauger in die Ecke stellen* | *Zu Nikolaus stellen die Kinder ihre Stiefel vor die Tür* **3** **Fallen stellen** Fallen an einen Ort bringen, um damit Tiere zu fangen **4** **etwas kalt/warm stellen** etwas an einen Ort bringen, wo es kalt/warm bleibt oder wird | *Hast du den Sekt schon kalt gestellt?* | *das Essen warm stellen, bis die Kinder aus der Schule kommen*

▸Funktion, Zustand: **5** **etwas stellen** ein (technisches) Gerät in die Position bringen, in der es seine Funktion erfüllt ⟨die Weichen, das Signal stellen⟩ **6** **etwas irgendwie stellen** die Funktion eines (technischen) Gerätes verändern | *Wenns dir zu kalt ist, kann ich die Heizung höher stellen* | *Kannst du das Radio nicht etwas leiser stellen?* **7** **eine Uhr stellen** die Zeit, die eine Uhr anzeigt, ändern und so korrigieren **8** **den Wecker (auf** *+Uhrzeit*) **stellen** den Wecker so einstellen, dass er zu der genannten Uhrzeit läutet | *Er stellte den Wecker auf sieben Uhr*

▸mit Präposition: **9** **sich gegen jemanden stellen** Kritik an den Plänen einer Person äußern und sie nicht unterstützen **10** **sich hinter jemanden stellen** einer Person helfen, die von anderen Leuten beschuldigt wird | *Der Kanzler stellte sich voll hinter seinen Minister, als die Opposition dessen Rücktritt forderte* **11** **sich (schützend) vor jemanden stellen** jemanden gegen Kritik verteidigen, vor Angriffen, Strafen o. Ä. schützen **12** **eine Person/Sache stellt jemanden/etwas irgendwohin** drückt aus, dass eine Person oder Sache in eine Position oder Situation kommt, in der etwas gilt oder geschieht | *etwas stellt hohe Anforderungen an jemanden/etwas* (hohe Anforderungen gelten in einer Situation für jemanden/etwas) | *etwas auf eine breite Basis/solide Grundlage stellen* (eine breite Basis/solide Grundlage für etwas schaffen) | *jemanden/etwas in den Vordergrund stellen* (die Aufmerksamkeit auf jemanden/etwas lenken, etwas als wichtig betonen) | *jemanden unter Quarantäne stellen* (bestimmen, dass jemand in Quarantäne kommt) | *etwas unter Strafe stellen* (etwas verbieten und eine Strafe dafür bestimmen) | *jemanden vor eine Entscheidung/Wahl stellen* (einer Person sagen, dass sie sich entscheiden muss) | *jemanden vor Gericht stellen* (jemanden vor Gericht beschuldigen, etwas getan zu haben) | *etwas stellt jemanden vor Probleme* (etwas konfrontiert jemanden mit Problemen) | *sich zur Wahl stellen* (für eine Wahl kandidieren)

▸Vorgang, Situation: **13** **sich jemandem/etwas stellen** bereit sein, mit jemandem zu sprechen und unangenehme Fragen zu beantworten | *Nach der Gerichtsverhandlung stellte sich der Schauspieler den wartenden Journalisten* | *Der Minister war bereit, sich der Diskussion zu stellen* **14** **sich einer Sache** (*Dativ*) **stellen** bereit sein, sich mit einem unangenehmen Problem zu beschäftigen | *Du musst dich einfach den Tatsachen stellen: So geht es nicht weiter* **15** **sich (der Polizei) stellen** zur Polizei gehen und sagen, dass man etwas Verbotenes getan hat **16** **jemanden stellen** eine Person, die flieht, dazu zwingen, stehen zu bleiben, damit man sie festnehmen kann | *Nach kurzer Flucht wurde der Bankräuber von der Polizei gestellt und festgenommen* **17** **(einer Person) jemanden/etwas (zur Verfügung) stellen** dafür sorgen, dass Personen, Geräte, Kleider o. Ä. für einen Zweck da sind | *Das Stadttheater stellte den Laienschauspielern die Kostüme* | *In seiner Position bekommt er einen Fahrer und einen Wagen gestellt* **18** **(jemandem) etwas stellen** in Worte fassen, was man von einer Person will oder was sie tun soll ⟨(jemandem) eine Aufgabe, eine Bedingung, eine Forderung, ein Ultimatum stellen; einen Antrag stellen⟩ | *Er hat Strafanzeige gegen den Mann gestellt, der ihn beleidigt hat* | *etwas zur Diskussion stellen* (fordern, dass etwas diskutiert wird) **19** **etwas stellen** aufgrund von Informationen zu einem Ergebnis kommen und dies zusammenfassen ⟨eine Diagnose, eine Prognose stellen; jemandem ein Horoskop, eine Rechnung stellen⟩ **20** **etwas stellen** zusammen mit einem Substantiv verwendet, um ein Verb zu umschreiben | *etwas unter Beweis stellen* (etwas beweisen) | *(jemandem) eine Frage stellen* (jemanden) etwas fragen) | *jemandem etwas in Rechnung stellen* (jemandem etwas berechnen) **21** **etwas stellt sich (jemandem)** etwas ist (für jemanden) vorhanden, muss geklärt werden ⟨ein Frage, ein Problem⟩

▸zur Täuschung: **22** **etwas stellen** für Theaterstücke und Fotos entscheiden, wo Personen stehen, welche Haltung und welchen Gesichtsausdruck sie haben sollen ⟨ein Foto, eine Szene stellen⟩ | *Schnappschüsse sind mir lieber als gestellte Fotos* **23** **sich irgendwie stellen** so tun, als wäre etwas der Fall ⟨sich blind, dumm, schlafend, taub, tot stellen⟩

▪ **ID auf sich (selbst) gestellt sein** etwas allein, ohne Hilfe schaffen müssen; **gut/schlecht gestellt sein** in einer guten/schlechten finanziellen Situation sein

Stel·len·ab·bau *der; nur Singular* das Verringern der Zahl

S

von Arbeitsplätzen | *gegen den geplanten Stellenabbau demonstrieren*
stel·len·wei·se ADJEKTIV *meist adverbiell* an verschiedenen Punkten, kleinen Flächen oder Teilen | *Das Auto ist stellenweise rostig*
Stel·len·wert *der* die Bedeutung, die jemand/etwas innerhalb eines Systems o. Ä. hat ⟨jemand/etwas hat, besitzt einen hohen, niedrigen Stellenwert; jemand/etwas nimmt einen hohen Stellenwert ein⟩
-stel·lig *im Adjektiv, unbetont, begrenzt produktiv* **einstellig, zweistellig, dreistellig, vierstellig, mehrstellig** *und andere* mit der genannten Zahl oder Menge von Ziffern ⟨eine Zahl, eine Summe⟩
Stell·platz *der* ein Platz, den man mieten kann, um dort ein Fahrzeug hinzustellen K Tiefgaragenstellplatz
★ **Stel·lung** *die*; (-, -en) **1** die Art und Weise, wie man den Körper hält ⟨eine Stellung einnehmen⟩ K Schlafstellung, Spreizstellung, Sprungstellung, Lippenstellung **2** die Lage einer Sache in Bezug auf ihre Umgebung ≈ *Position* | *Wenn der Schalter in dieser Stellung ist, fließt Strom* K Schalterstellung, Signalstellung, Sternstellung, Weichenstellung, Wortstellung **3** die Position, in der jemand in einer Firma/Institution arbeitet | *eine Stellung als Chauffeur* K Dauerstellung, Lebensstellung, Vertrauensstellung **4** ein Platz, der für die militärische Verteidigung vor allem geeignet ist oder der dafür gebaut wurde ⟨Truppen beziehen, halten, stürmen eine Stellung⟩ K Stellungskampf, Stellungskrieg, Stellungswechsel **5** **(für/gegen jemanden/etwas) Stellung nehmen, beziehen** in Bezug auf jemanden/etwas die eigene (positive/negative) Meinung sagen
Stel·lung·nah·me *die* die Meinung, die jemand zu einem Thema hat und (meist öffentlich) sagt ⟨eine Stellungnahme abgeben⟩
Stel·lungs·su·che *die* die Suche nach einer Arbeitsstelle • hierzu **Stel·lungs·su·chen·de** *der/die*
stell·ver·tre·tend ADJEKTIV *meist attributiv* in/mit der Funktion eines Stellvertreters ⟨etwas stellvertretend für jemanden tun⟩
★ **Stell·ver·tre·ter** *der* eine Person, die für eine kurze Zeit die Aufgabe einer anderen Person (meist des Chefs) übernimmt • hierzu **Stell·ver·tre·te·rin** *die*
Stell·ver·tre·tung *die* **1** die Position eines Stellvertreters **2** *nur Singular* die Handlungen und Aufgaben eines Stellvertreters
Stell·werk *das* ein Gebäude, von dem aus die Signale und die Weichen für die Züge gestellt werden
Stel·ze *die*; (-, -n); *meist Plural* **1** eine von zwei Stangen, an denen Teile (Stützen) befestigt sind, auf denen man gehen kann ⟨auf Stelzen gehen, laufen⟩ **2** *gesprochen, humorvoll nur Plural* lange und dünne Beine
stel·zen VERB (stelzte, ist gestelzt) **irgendwohin stelzen** mit langen, dünnen Beinen oder mit steifen, großen Schritten gehen ⟨ein Pfau, ein Reiher, ein Storch⟩ | *Auf hohen Absätzen stelzten die Models über den Laufsteg* K Stelzvogel
Stemm·ei·sen *das*; (-s, -) ein Werkzeug aus Eisen, das vorn eine scharfe Kante hat und mit dem man Holz bearbeiten kann, indem man mit einem Hammer auf das hintere Ende schlägt
stem·men VERB (stemmte, hat gestemmt) **1** **etwas stemmen** etwas mit viel Kraft über den Kopf nach oben drücken ⟨Gewichte stemmen⟩ **2** **etwas/sich irgendwohin stemmen** etwas/sich (meist mit viel Kraft) gegen etwas drücken | *sich gegen die Tür stemmen* | *die Arme in die Seiten stemmen* (die Hände über die Hüften legen, mit den Ellbogen nach außen) **3** **ein Loch (in etwas** (*Akkusativ*)**) stemmen** mit einem Stemmeisen ein Loch machen **4** **ein Bier stemmen** *gesprochen* ein Bier trinken **5** **sich gegen etwas stemmen** mit viel Energie versuchen, etwas zu verhindern | *sich gegen eine Entwicklung stemmen*
★ **Stem·pel** *der*; (-s, -) **1** ein kleiner Gegenstand, mit dem man eine Schrift oder Zeichen auf Papier druckt K Stempelabdruck, Stempelfarbe; Bibliotheksstempel, Datumsstempel, Dienststempel, Firmenstempel, Gummistempel, Namenstempel, Prägestempel, Rollstempel, Sonderstempel **2** der Text, die Symbole o. Ä., die mit einem Stempel auf Papier gedruckt werden | *ein Stempel im Pass/auf dem Briefumschlag* K Stempelaufdruck; Poststempel **3** der Teil einer Blüte, der zu einer Art Knoten wird und die Samen enthält | *Der Stempel besteht aus dem Fruchtknoten, dem Griffel und der Narbe* ■ ID **eine Person/Sache drückt jemandem/etwas seinen Stempel auf** eine Person oder Sache ist für die Eigenschaften einer anderen Person oder Sache sehr wichtig; **etwas trägt den Stempel** +*Genitiv* etwas zeigt deutlich den Einfluss einer Person oder Sache
Stem·pel·kis·sen *das* ein Stück Filz mit feuchter Farbe in einem kleinen Kästchen, in das man einen Stempel drückt, damit er Farbe bekommt
stem·peln VERB (stempelte, hat gestempelt) **1** **etwas stempeln** einen Stempel auf etwas drucken ⟨eine Urkunde, ein Formular, einen Brief, eine Postkarte stempeln⟩ | *ein Visum in einen Pass stempeln* **2** **jemanden zu etwas stempeln** jemanden als etwas meist Negatives bezeichnen ⟨jemanden zum Dieb, Lügner, Versager stempeln⟩ **3** **stempeln (gehen)** *veraltet* arbeitslos sein **4** **(etwas) stempeln** *gesprochen* die Fahrkarte an einem Automaten entwerten
Ste·no *die*; (-); *gesprochen* Kurzwort für *Stenografie* | *Kannst du Steno?* K Stenokurs
Ste·no·gra·fie *die*; (-) eine Schrift mit besonderen Zeichen und Abkürzungen von Silben oder Wörtern, mit der man viel schneller schreiben kann als mit der Normalschrift ≈ *Kurzschrift* • hierzu **ste·no·gra·fie·ren** VERB (*hat*); **ste·no·gra·fisch** ADJEKTIV
Stenz *der*; (-es, -e); *gesprochen, meist abwertend* ein junger Mann, der sehr eitel ist und den Frauen gefallen will
Stepp·de·cke *die* eine warme Decke, die mit einem weichen Material gefüllt ist und die durch mehrere Nähte unterteilt ist
Step·pe *die*; (-, -n) ein großes, flaches Gebiet, auf dem fast nur Gras wächst. In einer Steppe regnet es nicht oft; die Temperaturen sind dort im Winter sehr niedrig und im Sommer sehr hoch. K Steppenbewohner, Steppenbrand, Steppengras, Steppenlandschaft; Grassteppe, Salzsteppe
step·pen VERB (steppte, hat gesteppt) **1** **etwas steppen** eine stabile Naht so nähen, dass auf beiden Seiten des Stoffes keine Lücken zwischen den Stichen sind ⟨eine Naht, einen Saum steppen⟩ K Steppnaht, Steppstich **2** Stepptanz tanzen
Stepp·ke *der*; (-(s), -s); *norddeutsch, gesprochen* ein kleiner Junge
Stepp·tanz *der* ein Tanz, bei dem man viele schnelle und kleine Schritte macht und mit den Schuhen im Rhythmus auf den Boden schlägt • hierzu **Stepp·tän·zer** *der*
Ster·be·bett *das* **auf dem Sterbebett liegen** so krank sein, dass man bald sterben muss
Ster·be·hil·fe *die* **1** **aktive Sterbehilfe** etwas tun, damit eine Person, die todkrank ist und sterben will, schnell stirbt **2** **passive Sterbehilfe** nichts tun, was das Leben einer Person, die sehr krank ist und sterben will, künstlich verlängert
★ **ster·ben** VERB (stirbt, starb, ist gestorben) **1** aufhören zu leben ⟨nach langem Leiden, durch einen Unfall, durch einen Mord sterben; eines (un)natürlichen Todes sterben; den Hungertod

S

sterben⟩ | *Goethe starb 1832 in Weimar im Alter von 83 Jahren* **2** **an etwas** (*Dativ*) **sterben** aus dem genannten Grund sterben ⟨an Krebs, an Malaria, an einem Herzinfarkt, an Altersschwäche sterben; an den Folgen eines Unfalls, einer Verletzung sterben⟩ **3** **für jemanden/etwas sterben** wegen einer Person/Sache (z. B. einer Idee, einer Überzeugung) getötet werden ⟨für das Vaterland, für die Freiheit sterben⟩ **4** **vor etwas** (*Dativ*) **sterben** *gesprochen* etwas in hohem Maße empfinden ⟨vor Angst, Hunger, Durst, Sehnsucht sterben; vor Neugier, Ungeduld, Langeweile (fast) sterben⟩ ■ **ID** **im Sterben liegen** kurz vor dem Tod sein; **zum Sterben** *+Adjektiv gesprochen* verstärkt ein Adjektiv (meist emotional) ⟨zum Sterben schön⟩ ≈ *sehr* | *Ich bin zum Sterben müde* | *Der Film war zum Sterben langweilig*; **Er/Sie/Es ist für mich gestorben** Mit ihm/ihr/damit will ich nichts mehr zu tun haben; **etwas ist gestorben** etwas wird nicht mehr realisiert, weil es Probleme gibt ⟨ein Plan⟩; **Daran wirst du schon nicht (gleich) sterben!** *gesprochen* Das ist nicht so unangenehm/schlimm für dich, wie du tust

-ster·ben *das*; (-s); *im Substantiv, unbetont, begrenzt produktiv* **1** **Baumsterben, Bienensterben, Fischsterben, Robbensterben** *und andere* bezeichnet eine Situation, in der innerhalb relativ kurzer Zeit viele Tiere sterben oder Pflanzen absterben | *In den 1980er Jahren wurde ein großflächiges Waldsterben durch sauren Regen befürchtet* **2** **Bauernsterben, Kinosterben, Theatersterben, Zeitungssterben** *und andere* bezeichnet eine Situation, in der die Zahl der Personen mit dem genannten Beruf oder die Zahl der Institutionen, Unternehmen o. Ä. der genannten Art stark abnimmt | *ein Geschäftesterben in den Innenstädten*

ster·bens- *im Adjektiv, betont, nicht produktiv* **sterbenselend, sterbenskrank, sterbenslangweilig** verwendet, um ein Adjektiv (emotional) zu verstärken ≈ *sehr*

Ster·bens·see·le *die* ■ **ID** **keine/nicht eine Sterbensseele** *gesprochen* ≈ *niemand*

Ster·bens·wort *das* ■ **ID** **kein/nicht ein Sterbenswort/Sterbenswörtchen** *gesprochen* kein einziges Wort | *kein Sterbenswort sagen (dürfen)* | *kein Sterbenswörtchen verraten*

sterb·lich ADJEKTIV ■ **ID** **sterblich sein** einmal sterben müssen, nicht ewig leben können; **jemandes sterbliche Überreste** *geschrieben* der Körper eines Toten | *jemandes sterbliche Überreste der Erde anvertrauen*

Sterb·lich·keit *die*; (-) **1** die Tatsache, dass alle Lebewesen sterben müssen **2** die (durchschnittliche) Zahl der Toten, nach Geschlecht, Alter, Region, Zeit usw. ≈ *Mortalität* **K** Sterblichkeitsrate, Sterblichkeitsziffer; Kindersterblichkeit

Ste·reo [ˈʃt-, ˈst-] *das*; (-s) eine Technik, Musik usw. so wiederzugeben, dass der Klang aus zwei Richtungen kommt und so räumlich wirkt ⟨etwas in Stereo aufnehmen, senden⟩ ↔ *Mono* **K** Stereoempfang, Stereolautsprecher, Stereosendung

Ste·reo·an·la·ge [ˈʃt-, ˈst-] *die* eine Anlage aus einem Verstärker, einem Radio, einem CD-Player und einem Lautsprecher, mit der man Musik in Stereo hören kann

ste·reo·typ [-ˈtyːp] ADJEKTIV; *geschrieben* immer wieder in derselben Form (und daher nicht originell) ⟨Antworten, Phrasen; stereotyp dieselben Worte wiederholen⟩

ste·ril ADJEKTIV **1** frei von gefährlichen Bakterien und anderen kleinen Lebewesen ⟨Instrumente, Tücher, ein Verband⟩ ≈ *keimfrei* **2** ohne besondere persönliche, individuelle oder künstlerische Eigenschaften (und daher uninteressant) ⟨eine Umgebung, eine Atmosphäre; etwas wirkt steril⟩ **3** nicht fähig, Kinder (bzw. Junge) zu bekommen oder zu zeugen ≈ *unfruchtbar* ● hierzu **Ste·ri·li·tät** *die*

ste·ri·li·sie·ren VERB (sterilisierte, hat sterilisiert) **1** **etwas sterilisieren** etwas steril machen | *die Instrumente für die Operation sterilisieren* | *sterilisierte Milch* **2** **jemanden sterilisieren** Menschen oder Tiere so operieren, dass sie keine Kinder/keine Junge mehr zeugen oder bekommen können | *die Katze sterilisieren lassen* ● zu (1) **Ste·ri·li·sa·ti·on** *die*; zu (2) **Ste·ri·li·sie·rung** *die*

★ **Stern** *der*; (-(e)s, -e) **1** einer der kleinen hellen Punkte, die man nachts am Himmel sehen kann ⟨ein funkelnder, heller Stern; die Sterne stehen am Himmel; die Sterne leuchten, strahlen, glänzen; die Sterne gehen auf, unter; Sonne, Mond und Sterne⟩ | *In einer klaren Nacht ist der Himmel mit Sternen übersät* **K** Sternenhimmel, Sternenlicht, Sternenschein; Abendstern, Morgenstern, Polarstern **2** ein Stern, der selbst leuchtet, wie z. B. die Sonne **3** eine Figur mit meist fünf Zacken, die wie ein Stern aussieht | *Kekse in Form von Sternen* | *die Sterne auf der Flagge der USA* **K** Strohstern, Weihnachtsstern **4** ein Stern als Symbol für hohe Qualität | *ein Hotel mit fünf Sternen* **K** Viersternehotel, Dreisternelokal; Sternekoch **5** ein Planet oder ein Sternzeichen, von denen manche Leute glauben, dass sie Einfluss auf unser Schicksal haben ⟨die Sterne deuten, befragen⟩ | *Sie liest in jeder Zeitung die Rubrik „Was sagen die Sterne?"* **K** Sterndeuter **6** **jemandes/ein guter Stern** ein angenehmer Zufall | *Ein guter Stern hat dich hierhergeführt*
■ **ID** ▸Präposition plus Stern: **nach den Sternen greifen** etwas erreichen oder bekommen wollen, was unmöglich ist; **etwas steht unter einem guten Stern** etwas funktioniert gut und ohne Probleme ⟨eine Unternehmung, ein Projekt, eine Reise⟩; **Das steht (noch) in den Sternen** *geschrieben* das ist noch nicht sicher, das weiß man noch nicht;
▸andere Verwendungen: **einer Person/für eine Person die Sterne vom Himmel holen (wollen)** aus großer Liebe alles für jemanden tun (wollen); **Sterne sehen** *gesprochen* ein flimmerndes Licht vor den Augen sehen, vor allem nach einem Schlag auf den Kopf ● zu (3) **stern·för·mig** ADJEKTIV

Stern·bild *das* eine Gruppe von Sternen am Himmel, in denen man eine Figur erkennen kann | *Das Sternbild des Großen Wagens*

Stern·chen *das*; (-s, -) ein Zeichen in der Form eines kleinen Sterns, der dazu dient, in einem Text auf eine Fußnote hinzuweisen

Ster·nen·ban·ner *das* die Flagge der USA

stern·ha·gel|voll ADJEKTIV; *gesprochen, humorvoll* völlig betrunken

stern·klar, ster·nen·klar ADJEKTIV (ohne Wolken und deshalb) so, dass man die Sterne gut sehen kann ⟨eine Nacht; ein Himmel⟩

Stern·schnup·pe *die*; (-, -n) wenn Brocken aus dem Weltall zur Erde fallen und dabei verbrennen, sieht man nachts eine Sternschnuppe am Himmel

Stern·sin·gen *das*; (-s) ein Brauch, bei dem Kinder Anfang Januar (zum Dreikönigsfest) von Haus zu Haus gehen und singen, um Geld für einen guten Zweck zu sammeln ● hierzu **Stern·sin·ger** *der*

Stern·stun·de *die*; *geschrieben* ein Ereignis, das für die weitere Entwicklung sehr positiv ist | *Die Erfindung des Buchdrucks war eine der Sternstunden der Menschheit*

Stern·war·te *die*; (-, -n) ein Gebäude, von dem aus Wissenschaftler die Sterne beobachten ≈ *Observatorium*

★ **Stern·zei·chen** *das* eines der zwölf Symbole, die ihren Namen von Gruppen von Sternen haben, von denen manche Leute glauben, dass sie Einfluss auf das Schicksal der Menschen hätten | *im Sternzeichen des Stiers geboren* | *„Welches Sternzeichen hast du?" – „Ich bin Wassermann."*
i Die zwölf Sternzeichen sind: Wassermann, Fische, Wid-

der, Stier, Zwillinge, Krebs, Löwe, Jungfrau, Waage, Skorpion, Schütze und Steinbock

stet ADJEKTIV *meist attributiv; geschrieben* ⟨ein Wandel, ein Wechsel⟩ ≈ *ständig, dauernd* | *Das Leben ist einem steten Wandel unterworfen*

Ste·tho·skop *das;* (-s, -e) ein Gerät, mit dem ein Arzt die Töne von Herz und Lunge eines Patienten hören kann

ste·tig ADJEKTIV *meist attributiv* gleichmäßig und ohne Unterbrechung ⟨etwas steigt, wächst, sinkt stetig; etwas nimmt stetig ab⟩ • hierzu **Ste·tig·keit** *die*

★ **stets** ADVERB; *geschrieben* sehr oft, zu jeder Zeit ≈ *immer* | *Die Opposition hat stets mehr Geld für den staatlichen Wohnungsbau gefordert*

★ **Steu·er**[1] *das;* (-s, -) **1** der Teil eines Fahrzeugs, mit dem der Fahrer die Richtung bestimmt, in die das Fahrzeug sich bewegt (beim Auto das Lenkrad, beim Boot das Ruder) ⟨am Steuer sitzen; das Steuer herumreißen; das Steuer übernehmen⟩ K Steuerknüppel, Steuerrad, Steuerruder **2 am/hinter dem Steuer sitzen** Auto fahren ■ **ID das Steuer (fest) in der Hand haben** die Kontrolle über eine Entwicklung oder einen Zustand haben

★ **Steu·er**[2] *die;* (-, -n) Steuern zahlt man (vom Einkommen, beim Einkauf usw.) an den Staat ⟨Steuern zahlen, abführen; Steuern erheben, eintreiben; die Steuern erhöhen, senken; jemand/etwas ist von der Steuer befreit; etwas mit einer Steuer belegen; etwas von der Steuer absetzen⟩ | *Steuern hinterziehen* (den Staat betrügen und die Steuern nicht zahlen) K Steuereinnahmen, Steuererhöhung, Steuererleichterung, Steuergesetz, Steuerhinterziehung, Steuerlast, Steuerpolitik, Steuerprogression, Steuerrecht, Steuerreform, Steuerschulden, Steuersenkung, Steuersystem; Einkommen(s)steuer, Erbschaft(s)steuer, Getränkesteuer, Gewerbesteuer, Hundesteuer, Kraftfahrzeugsteuer, Lohnsteuer, Mehrwertsteuer, Umsatzsteuer, Vermögen(s)steuer, Vergnügung(s)steuer, Gemeindesteuer, Kirchensteuer

steu·er·be·güns·tigt ADJEKTIV so, dass man relativ wenig Steuern dafür zahlen muss ⟨Wertpapiere, Aktien⟩

Steu·er·be·ra·ter *der* eine Person, die beruflich für Geschäfte, Firmen und Privatpersonen ausrechnet, wie viel Steuern sie zahlen müssen und wie sie Steuern sparen können • hierzu **Steu·er·be·ra·te·rin** *die*

Steu·er·be·scheid *der* ein Brief, mit welchem das Finanzamt mitteilt, wie viel Steuern man zahlen muss K Einkommen(s)steuerbescheid

Steu·er·bord *(das); meist ohne Artikel; nur Singular* die rechte Seite eines Schiffs oder Flugzeugs, wenn man nach vorne blickt ↔ *Backbord*

Steu·er·er·klä·rung *die* Angaben für das Finanzamt über Gehalt, Ausgaben usw. im abgelaufenen Jahr (zur genauen Festlegung der Steuern) ⟨die Steuererklärung machen, abgeben⟩ | *Die Steuererklärung ist bald wieder fällig!* K Einkommen(s)steuererklärung

Steu·er·fahn·der *der* eine Person, die (beruflich) prüft, ob die Leute genügend Steuern gezahlt haben • hierzu **Steu·er·fahn·de·rin** *die;* **Steu·er·fahn·dung** *die*

★ **steu·er·frei** ADJEKTIV so, dass man keine Steuern dafür zahlen muss ⟨Beträge⟩ | *Niedrige Einkommen bis zu einer bestimmten Höhe sind steuerfrei*

Steu·er|frei·be·trag *der* ein bestimmter Teil des verdienten Geldes, für den man keine Steuern zahlen muss

Steu·er·gel·der *die; Plural* das gesamte Geld, das ein Staat an Steuern einnimmt

Steu·er·klas·se *die* eine von mehreren Stufen, nach denen bestimmt wird, wie viel Steuer jemand zahlen muss. Die Steuerklasse richtet sich z. B. danach, ob eine Person verheiratet ist und ob sie Kinder hat

steu·er·lich ADJEKTIV *meist attributiv* in Bezug auf die Steuer ⟨Vergünstigungen⟩

STERNZEICHEN

Steu·er·mann *der* eine Person, die ein Boot oder ein Schiff steuert

★ **steu·ern** VERB (steuerte, hat/ist gesteuert) **1** **(etwas) steuern** (*hat*) so lenken, dass ein Fahrzeug sich in die gewünschte Richtung bewegt ⟨ein Auto, ein Flugzeug, ein Schiff steuern; nach links, nach rechts steuern⟩ ≈ *lenken* **2** **etwas steuern** (*hat*) bestimmen, wie sich etwas entwickelt oder wie es verläuft ⟨eine Entwicklung, ein Gespräch, eine Unterhaltung, einen Prozess steuern⟩ **3** **etwas steuert etwas** (*ist*) etwas bewirkt, dass in einem System oder in einer Maschine Prozesse regelmäßig ablaufen | *eine elektronisch gesteuerte Rechenanlage* | *Die Tätigkeit des Sprechens wird vom Gehirn gesteuert* K Steuerbefehl, Steuergerät, Steuerprogramm, Steuersystem **4** **irgendwohin steuern** (*hat/ist*) die Richtung wählen, in die man sich bewegen will | *Das Flugzeug steuerte nach Süden* ● hierzu **steu·er·bar** ADJEKTIV; **Steu·e·rung** *die*

Steu·er·oa·se *die* ≈ *Steuerparadies*

Steu·er·pa·ra·dies *das* ein Land, in dem man wenig Steuern zahlen muss

steu·er·pflich·tig ADJEKTIV so, dass man (dafür) Steuern zahlen muss ⟨ein Einkommen, ein Gewinn⟩

Steu·er·zah·ler *der*; (-s, -) **1** eine Person, die Steuern zahlen muss **2** **der Steuerzahler** der normale Bürger ● zu (1) **Steu·er·zah·le·rin** *die*

Ste·ward ['stju:ɐt, 'ʃtu:-] *der*; (-s, -s) **1** ein Mann, der sich beruflich auf Schiffen um die Passagiere kümmert **2** *gesprochen, oft abwertend* ≈ *Flugbegleiter* ● hierzu **Ste·war·dess** ['stju:ɐdɛs, 'ʃtu:-, -'dɛs] *die*; (-, Ste·war·des·sen)

StGB [ɛstege'be:] *das*; (-) Abkürzung für *Strafgesetzbuch*

sti·bit·zen VERB (stibitzte, hat stibitzt) **(jemandem) etwas stibitzen** *gesprochen, humorvoll* einer anderen Person etwas (von meist geringem Wert) wegnehmen, ohne dass diese es bemerkt

★ **Stich** *der*; (-(e)s, -e) **1** die Verletzung, die man bekommt, wenn man mit einem spitzen Gegenstand oder von einem Insekt gestochen wird K Stichverletzung, Stichwunde; Dolchstich, Lanzenstich, Messerstich, Nadelstich, Bienenstich, Insektenstich, Mückenstich, Wespenstich **2** ein kurzer, starker Schmerz | *vom schnellen Laufen Stiche in der Seite bekommen* **3** das Stück Faden, das beim Nähen zwischen zwei Löchern (im Stoff) bleibt ⟨mit großen Stichen nähen⟩ K Heftstich, Steppstich, Zierstich **4** die Karten, die derjenige Spieler beim Kartenspielen bekommt, der die Karte mit dem höchsten Wert auf den Tisch gelegt hat ⟨einen Stich machen, bekommen⟩ | *mit dem König einen Stich machen* **5** ein Bild, das entsteht, wenn man Linien in eine Platte aus Metall ritzt, diese dann mit Farbe bestreicht und auf Papier presst K Kupferstich **6** **ein Stich ins Gelbe/Grüne/...** so, dass eine Farbe in eine andere Farbe übergeht | *blau mit einem Stich ins Violette* ■ ID **jemand hat einen Stich** jemand ist ein bisschen verrückt; **etwas hat einen Stich** etwas ist leicht verdorben und schmeckt deshalb nicht mehr gut ⟨die Suppe, die Milch, die Sahne⟩; **etwas gibt jemandem einen Stich** etwas erzeugt in jemandem für kurze Zeit ein sehr unangenehmes Gefühl (z. B. des Verlustes oder des Neids); **keinen Stich (gegen jemanden) machen** in einem Wettbewerb ohne Chancen gegen jemanden; **jemanden im Stich lassen** einer Person, die man gut kennt, in einer schwierigen Situation nicht helfen; **etwas im Stich lassen** von etwas weggehen und sich nicht mehr darum kümmern

sti·cheln VERB (stichelte, hat gestichelt) **(gegen jemanden) sticheln** *abwertend* kleine böse Bemerkungen über eine Person machen, um sie zu ärgern

Stich·flam·me *die* eine helle Flamme, die kurz in die Höhe schießt (z. B. wenn etwas explodiert)

Stich·fra·ge *die* die Frage, die (z. B. bei einem Quiz) entscheidet, welcher Kandidat gewinnt, wenn alle gleich viele Punkte haben

stich·hal·tig ADJEKTIV ⟨ein Argument, eine Begründung⟩ so gut, dass sie nicht durch andere Argumente widerlegt werden können ● hierzu **Stich·hal·tig·keit** *die*

Stich·pro·be *die* ein Test, den man an einer kleinen repräsentativen Teilmenge macht, um so Informationen über das Ganze zu gewinnen ⟨Stichproben machen, vornehmen⟩ ● hierzu **stich·pro·ben·wei·se** ADVERB

Stich·punkt *der* Stichpunkte sind einzelne Wörter und unvollständige Sätze, mit denen man die wichtigsten Inhalte z. B. eines Vortrags notiert ≈ *Stichwort*

sticht *Präsens, 3. Person Singular* → stechen

Stich·tag *der* ein (festgesetzter) Tag, den man als Grundlage für eine Berechnung o. Ä. nimmt | *Der 1. Januar ist oft der Stichtag für das Inkrafttreten neuer Gesetze*

Stich·waf·fe *die* eine spitze Waffe, wie z. B. ein Dolch

Stich·wahl *die* eine Wahl, bei der zwischen den zwei Kandidaten entschieden wird, die vorher die meisten Stimmen (aber nicht die absolute Mehrheit) hatten

★ **Stich·wort** *das* **1** *Plural Stichwörter* ein Wort, das in einem Lexikon oder Wörterbuch erklärt wird | *ein Wörterbuch mit 66000 Stichwörtern* **2** *Plural Stichworte; meist Plural* ⟨etwas in Stichworten festhalten; sich (*Dativ*) (zu einem Vortrag) Stichworte machen⟩ ≈ *Stichpunkt* **3** *Plural Stichworte* ein Wort, das für einen Schauspieler das Signal ist, auf die Bühne zu gehen oder etwas zu sagen ⟨jemandem das Stichwort (für den Einsatz) geben; das Stichwort für jemandes Auftritt⟩ **4** *Plural Stichworte* eine Bemerkung, die eine spontane Reaktion hervorruft | *Auf dieses Stichwort hin verließen mehrere Zuhörer protestierend den Saal* ● zu (2) **stich·wort·ar·tig** ADJEKTIV

Stich·wort|re·gis·ter *das* eine Liste von Wörtern (am Ende eines Buchs), die zeigt, auf welcher Seite das genannte Thema behandelt wird

Stick [stɪk] *der*; (-s, -s) ein kleines transportables Gerät, auf dem man Daten speichert oder das einen Computer per Funk mit dem Internet verbindet K Memorystick, Speicherstick, USB-Stick; Internetstick, Surfstick

sti·cken VERB (stickte, hat gestickt) **(etwas) sticken** mit einer Nadel und mit einem Faden Muster auf ein Stück Stoff machen | *Blumen auf eine Tischdecke sticken* K Stickarbeit, Stickgarn, Stickmuster, Sticknadel ● hierzu **Sti·cke·rin** *die*

Sti·cker ['ʃtɪkɐ, 'st-] *der*; (-s, -) ein Zettel mit einem Text oder einem Bild darauf, den man irgendwohin kleben kann ≈ *Aufkleber*

Sti·cke·rei *die*; (-, -en) ein gesticktes Muster oder Bild | *alte Tischtücher mit schönen Stickereien* K Seidenstickerei, Goldstickerei, Silberstickerei

sti·ckig ADJEKTIV **1** ⟨Luft⟩ verbraucht und mit schlechtem Geruch **2** ⟨ein Raum, ein Zimmer⟩ voll warmer und verbrauchter Luft

Stick·stoff *der*; *nur Singular* ein Gas ohne Farbe und Geruch, das in großen Mengen in der Luft vorkommt H chemisches Zeichen: *N*

stie·ben VERB (stob, ist gestoben) **1** **etwas stiebt** etwas fliegt in vielen kleinen Teilchen durch die Luft ⟨Funken⟩ **2** **Menschen/Tiere stieben irgendwohin** Menschen oder Tiere laufen bzw. fliegen (wie) in Panik in verschiedene Richtungen | *Aufgeschreckt stoben plötzlich Dutzende kleiner Vögel aus dem Gebüsch*

Stief- *im Substantiv, betont, nicht produktiv* **die Stiefmutter, der Stiefbruder, die Stiefgeschwister, das Stiefkind, die Stiefschwester, der Stiefsohn, die Stieftochter, der Stief-**

S

vater nicht durch die Geburt mit einer Person oder miteinander verwandt, sondern dadurch, dass eine Person mit verschiedenen Partnern Kinder hat

★ **Stie·fel** *der;* (-s, -) Stiefel sind Schuhe, die auch einen Teil des Beines bedecken ⟨hohe, gefütterte Stiefel; ein Paar Stiefel⟩ | *für den Spaziergang im Regen die Stiefel anziehen* K Stiefelabsatz, Stiefelschaft, Stiefelspitze; Gummistiefel, Lederstiefel, Pelzstiefel, Reitstiefel, Schnürstiefel, Winterstiefel; Damenstiefel, Herrenstiefel, Kinderstiefel ■ ID **jemandem die Stiefel lecken** *gesprochen, abwertend* sich jemandem gegenüber sehr unterwürfig verhalten; **einen Stiefel fahren/schreiben** *usw. gesprochen, abwertend* schlecht fahren, Unsinn schreiben usw.; → Paar

STIEFEL

Stie·fe·let·te *die;* (-, -n) ein meist kurzer, eleganter Stiefel, welcher den Fuß und die Knöchel bedeckt

stie·feln VERB (stiefelte, ist gestiefelt) **irgendwohin stiefeln** *gesprochen* mit großen, schweren Schritten gehen

Stief·kind *das* **1** ein Kind des Ehepartners, das dieser aus einer früheren Ehe hat **2** **etwas ist das Stiefkind** *+Genitiv* etwas bekommt wenig Aufmerksamkeit, wird vernachlässigt | *Die Kultur ist häufig das Stiefkind der Finanzpolitik*

Stief·müt·ter·chen *das;* (-s, -) eine kleine Blume, die vor allem in Gärten wächst und Blüten in allen Farben hat. Die Blüten haben Muster, die an Gesichter erinnern

stief·müt·ter·lich ADJEKTIV mit weniger Aufmerksamkeit, als es die genannte Person/Sache verdient hätte ⟨jemanden/etwas stiefmütterlich behandeln⟩

stieg *Präteritum, 1. und 3. Person Singular* → steigen

Stie·ge *die;* (-, -n) **1** eine enge, steile Treppe aus Holz **2** *süddeutsch* Ⓐ ≈ *Treppe* K Stiegengeländer, Stiegenhaus

Stieg·litz *der;* (-es, -e) ein kleiner Vogel mit gelben Flecken auf den Flügeln

stiehlt *Präsens, 3. Person Singular* → stehlen

★ **Stiel** *der;* (-(e)s, -e) **1** der lange, feste, meist gerade Teil von z. B. Werkzeugen und Pfannen, an dem man sie hält | *Der Stiel des Hammers ist abgebrochen* K Stielbürste, Stielkamm; Besenstiel, Hammerstiel, Löffelstiel, Pfannenstiel, Holzstiel **i** → Abb. unter **Hammer.** Ein *Griff* ist meistens kürzer als ein *Stiel.* Ein *Henkel* ist rund oder gebogen (wie z. B. an einem Eimer), → Abb. unter **Griff.** **2** der lange, dünne Teil von Blumen, an dem die Blätter und Blüten wachsen ≈ *Stängel* | *rote Rosen mit langen Stielen* K Blumenstiel **3** das kleine Stück Holz, an dem eine Frucht am Baum oder am Strauch hängt | *Er aß den Apfel mitsamt Stiel* K Apfelstiel, Birnenstiel, Pflaumenstiel **4** der dünne, lange Teil, der bei Wein- und Sektgläsern den oberen Teil mit dem unteren (auf dem das Glas steht) verbindet | *das Weinglas am Stiel halten* K Stielglas

Stiel·au·gen *die* ■ ID **Stielaugen machen/bekommen/kriegen** *gesprochen, humorvoll* deutlich zeigen, dass man sehr erstaunt (und neidisch) ist | *Die Nachbarn werden Stielaugen kriegen, wenn sie mein neues Auto sehen*

stier ADJEKTIV ohne Ausdruck und Bewegung der Augen ⟨ein Blick; stier blicken; stier vor sich hin schauen⟩ ≈ *starr*

Stier *der;* (-(e)s, -e) **1** das erwachsene männliche Rind, das fähig ist, Junge zu zeugen ≈ *Bulle* K Stierkalb; Zuchtstier **2** *nur Singular* das Sternzeichen für die Zeit vom 21. April bis 20. Mai **i** → Abb. unter **Sternzeichen** **3** eine Person, die in der Zeit vom 21. April bis 20. Mai geboren ist | *Sie ist (ein) Stier* ■ ID **brüllen wie ein Stier** *gesprochen* sehr laut brüllen; **den Stier bei den Hörnern packen/fassen** eine schwierige Aufgabe sofort mit Mut und Energie angehen

stie·ren VERB (stierte, hat gestiert) **irgendwohin stieren** *meist abwertend* ohne Ausdruck und Bewegung der Augen schauen ⟨vor sich hin stieren; auf jemanden/etwas stieren⟩

Stier·kampf *der* eine öffentliche Veranstaltung in Spanien, bei der Männer mit Stieren kämpfen K Stierkampfarena • hierzu **Stier·kämp·fer** *der;* **Stier·kämp·fe·rin** *die*

stieß *Präteritum, 1. und 3. Person Singular* → stoßen

★ **Stift**[1] *der;* (-(e)s, -e) **1** Stifte sind kleine Stäbe; man steckt sie z. B. in Bretter, um diese miteinander zu verbinden | *die Seitenwände des Schrankes mit Stiften an der Bodenplatte befestigen* K Holzstift, Metallstift **2** mit Stiften, die eine farbige Spitze haben, schreibt und zeichnet man ⟨die Stifte spitzen⟩ K Bleistift, Buntstift, Farbstift, Filzstift, Malstift, Schreibstift, Zeichenstift, Blaustift, Rotstift **3** *gesprochen* ≈ *Lehrling*

Stift[2] *das;* (-(e)s, -e) **1** eine kirchliche Institution, die Land und Gebäude (geschenkt) bekommen hat, damit sie eine Aufgabe erfüllt (z. B. Kranke pflegt) K Stiftskirche **2** Ⓐ ein (großes) Kloster | *das Stift Melk*

stif·ten VERB (stiftete, hat gestiftet) **1** **etwas stiften** etwas gründen und das nötige Geld dafür geben ⟨ein Kloster, ein Krankenhaus, ein Forschungszentrum stiften⟩ **2** **etwas (für etwas) stiften** Geld oder Dinge für einen guten, wohltätigen Zweck geben ≈ *spenden* | *Für das Rennen hatte der Bürgermeister mehrere Preise gestiftet* **3** **jemand/etwas stiftet etwas** jemand/etwas ist der Grund für den genannten Zustand ⟨Unruhe, Verwirrung, Chaos, Frieden stiften⟩ ■ ID **stiften gehen** *gesprochen* schnell und heimlich weggehen (meist weil man etwas Verbotenes getan hat) • zu (1,2) **Stif·ter** *der;* zu (1,2) **Stif·te·rin** *die*

-stif·ter *der; im Substantiv, unbetont, begrenzt produktiv* **1** **Glaubensstifter, Religionsstifter** *und andere* eine Person, die eine Religion gegründet hat **2** **Brandstifter, Friedensstifter, Unruhestifter** *und andere* eine Person, die bewirkt, dass der genannte Zustand entsteht • hierzu **-stif·te·rin** *die*

★ **Stif·tung** *die;* (-, -en) **1** eine Organisation, die mit dem Geld, das ihr gegeben wurde, soziale Aufgaben erfüllt ⟨eine private, öffentliche, wohltätige Stiftung⟩ **2** eine sehr hohe Summe Geld, die jemand für einen guten Zweck gegeben hat und aus der andere Menschen regelmäßig unterstützt werden | *ein Stipendium aus einer Stiftung erhalten* **3** *nur Singular* die Gründung (eines Vereins o. Ä.) K Stiftungsfest, Stiftungsurkunde

Stift·zahn *der* ein künstlicher Zahn, der mit einem Stift in der Zahnwurzel befestigt ist

Stig·ma ['ʃt-, 'st-] *das;* (-s, Stig·men/Stig·ma·ta); *geschrieben* ein Merkmal, das eine besonders negative Eigenschaft einer Person nennt | *mit dem Stigma des Verräters behaftet sein* • hierzu **stig·ma·ti·sie·ren** VERB *(hat);* **Stig·ma·ti·sie·rung** *die*

★ **Stil** [ʃtiːl, stiːl] *der;* (-(e)s, -e) **1** die Art und Weise, in der jemand spricht oder schreibt ⟨ein flüssiger, holpriger, schlechter Stil; einen eleganten, lebendigen, eigenwilligen, gepflegten Stil haben⟩ | *Sie verwendet sehr viele Fremdwörter, das gehört zu ihrem Stil* K Stilanalyse, Stilart, Stilebene, Stilkunde, Stillehre, Stilübung, Stiluntersuchung; Feuilletonstil, Telegrammstil, Vortragsstil, Darstellungsstil, Sprachstil, Schreibstil **2** die Art, in der ein Kunstwerk o. Ä. gemacht ist, vor allem wenn sie typisch für den Künstler oder für eine Epoche ist ⟨der gotische, klassizistische, impressionistische Stil; einen neuen, eigenen, persönlichen Stil entwickeln⟩ | *den Stil Mozarts imitieren* | *Mode im Stil der*

S

20er Jahre K Stilelement, Stilepoche, Stilmittel, Stilrichtung; Barockstil, Biedermeierstil, Empirestil, Renaissancestil, Rokokostil; Baustil, Malstil, Wohnstil **3** die (typische) Art und Weise, wie sich jemand (im Sport) bewegt ⟨den Stil verbessern; einen guten, eleganten, schlechten Stil fahren, laufen, schwimmen⟩ K Laufstil, Schwimmstil **4** *nur Singular* die Art und Weise, wie sich jemand verhält oder wie er handelt ⟨jemandes politischer Stil; (etwas) im gleichen Stil weitermachen⟩ | *Er ist ein Kavalier alten Stils: Er hilft den Damen in den Mantel* K Arbeitsstil, Lebensstil **5** **jemand hat Stil** jemand versteht es, sich gut zu benehmen, sich geschmackvoll zu kleiden o. Ä. **6** **etwas hat Stil** etwas sieht gut und elegant aus | *Das Haus hat Stil* ■ **ID** **im großen Stil/großen Stils** in großem Umfang, Ausmaß | *ein Betrug großen Stils*; **in 'dem Stil geht es weiter** es geht so weiter, wie es vorher beschrieben wurde; **Das ist nicht mein 'Stil** das ist nicht meine Art (Probleme zu lösen)

Stil·blü·te *die* eine Äußerung, die durch die ungeschickte oder falsche Verbindung von Wörtern komisch wirkt

Stil·bruch *der* eine Mischung aus (zwei) verschiedenen Stilen, die nicht zueinanderpassen

stil·echt ADJEKTIV genau dem Stil einer Epoche oder Kunstrichtung entsprechend | *stilechte Möbel*

Stil·ge·fühl *das; meist Singular* die Fähigkeit, den Stil zu finden, der zu einer Situation passt ⟨(kein) Stilgefühl haben⟩

sti·li·sie·ren VERB (stilisierte, hat stilisiert); *geschrieben* **1** **jemanden/etwas stilisieren** jemanden/etwas ohne Details, nur mit den wichtigsten Merkmalen darstellen | *stilisierte Blumen zeichnen* **2** **jemanden/etwas stilisieren** *oft abwertend* jemanden/etwas nur mit den positiven Eigenschaften beschreiben | *Er gab eine recht stilisierte Darstellung seiner Pläne. Die Probleme verschwieg er* ● hierzu **Sti·li·sie·rung** *die*

Sti·lis·tik *die;* (-) **1** die Lehre davon, wie man gut schreibt und spricht **2** die Wissenschaft, welche den Stil von Schriftstellern untersucht

sti·lis·tisch ADJEKTIV *meist attributiv* in Bezug auf den Stil ⟨ein Fehler, Schwächen⟩ | *Sein Aufsatz ist stilistisch schlecht*

★ **still** ADJEKTIV **1** ohne Geräusche oder mit wenig Geräuschen ≈ *ruhig* ↔ *laut* | *Je weiter wir uns von der Stadt entfernten, desto stiller wurde es* **2** so, dass man keine Geräusche macht ⟨still bleiben, sein⟩ ≈ *leise* ↔ *laut* | *Sei bitte still, ich möchte schlafen* | *Wir müssen uns ganz still verhalten, damit uns niemand hört* **3** mit wenig oder keiner Bewegung ⟨die Luft, ein See, ein Wasser; still (da)liegen, halten, sitzen, stehen; etwas still halten⟩ ≈ *ruhig* ↔ *unruhig* | *Du musst schon still halten/stehen, wenn ich dich kämmen soll* | *Ihr sollt doch beim Essen still sitzen* K windstill **4** mit wenig Aktivität und Lust zum Sprechen ⟨ein Kind; jemand hat eine stille Art; ein stilles Leben führen; still und bescheiden⟩ ≈ *ruhig, zurückgezogen* **5** zwar nicht deutlich ausgesprochen, aber doch bemerkbar ⟨ein Vorwurf; still leiden⟩ **6** so, dass andere Leute davon nichts wissen ⟨eine Hoffnung; in stillem Einvernehmen⟩ ≈ *heimlich* **7** **still sitzen** irgendwo sitzen, ohne zu arbeiten, herumzulaufen o. Ä. | *Sie kann keine fünf Minuten still sitzen* ■ **ID** **im Stillen** a ohne dass es andere Leute merken ⟨etwas im Stillen vorbereiten⟩ ≈ *heimlich* b ohne es nach außen zu zeigen | *Äußerlich war sie ganz ruhig, aber im Stillen ärgerte sie sich*

★ **Stil·le** *die;* (-) **1** der Zustand, in dem es ruhig und still ist ⟨(eine) sonntägliche, feierliche, unheimliche, gespenstische Stille; es herrscht tiefe, völlige Stille; die Stille der Nacht⟩ ≈ *Ruhe* ↔ *Lärm* **2** **in aller Stille** nur in der Familie, ohne andere Gäste | *in aller Stille heiraten* | *Die Beerdigung fand in aller Stille statt*

stil·len VERB (stillte, hat gestillt) **1** **(ein Baby) stillen** als Mutter ein Baby an der Brust Milch trinken lassen ⟨ein Kind, den Säugling, das Baby stillen⟩ | *Sie kann nicht stillen* K Stillzeit **2** **etwas stillen** bewirken, dass eine andere Person oder man selbst das bekommt, was diese oder man selbst haben möchte oder braucht ⟨den Hunger, den Durst, den Ehrgeiz, die Neugier, die Bedürfnisse stillen⟩ | *Er hat einen Preis bekommen. Ich glaube, damit ist sein Bedürfnis nach Anerkennung jetzt gestillt* **3** **etwas stillen** bewirken, dass etwas aufhört (zu fließen) ⟨das Blut, die Tränen stillen⟩ **4** **etwas stillt etwas** etwas schwächt etwas ab ⟨etwas stillt den Schmerz, jemandes Zorn⟩ ● zu (1) **Stil·len** *das;* zu (2 – 4) **Stil·lung** *die*

still·hal·ten VERB (hält still, hielt still, hat stillgehalten) nicht protestieren, sich nicht wehren **!** aber: *still halten, während man eine Spritze bekommt* (= sich nicht bewegen; getrennt geschrieben)

Still·le·ben *das* ein Bild, das Gegenstände, vor allem Früchte und Blumen, zeigt

still·le·gen VERB (legte still, hat stillgelegt) **etwas stilllegen** eine Firma, einen Betrieb schließen und so mit der Produktion (für immer) aufhören ● hierzu **Still·le·gung** *die*

still·lie·gen VERB (lag still, hat/ist stillgelegen) **etwas liegt still** etwas ist nicht (mehr) in Funktion, in Betrieb ⟨eine Maschine, eine Fabrik⟩

stil·los ADJEKTIV **1** ohne einen Stil ⟨ein Gebäude, ein Bild⟩ **2** so, dass es nicht der Vorstellung von gutem Benehmen entspricht ≈ *geschmacklos* | *Wein aus der Flasche zu trinken, halte ich für stillos* ● hierzu **Stil·lo·sig·keit** *die*

Still·schwei·gen *das;* (-s) **Stillschweigen (über etwas** (*Akkusativ*)) das Verhalten, über (geheime oder unangenehme) Dinge nicht zu sprechen ⟨absolutes, eisernes, striktes Stillschweigen; Stillschweigen bewahren, vereinbaren; das Stillschweigen wahren; zu Stillschweigen verpflichtet sein⟩ ≈ *Diskretion*

still·schwei·gend ADJEKTIV *meist attributiv* so, dass über (geheime oder unangenehme) Dinge nicht gesprochen wird ⟨ein Einverständnis, eine Übereinkunft; etwas stillschweigend dulden, hinnehmen⟩

still·sit·zen VERB ≈ *still sitzen*

Still·stand *der; meist Singular* ein Zustand ohne Bewegung, Aktivität und Weiterentwicklung | *die Blutung zum Stillstand bringen* | *Die Proteste sind zum Stillstand gekommen* | *In der Forschung ist ein Stillstand eingetreten*

still·ste·hen VERB (stand still, hat/ist stillgestanden) **1** **etwas steht still** etwas ist ohne Bewegung, Aktivität oder Entwicklung ⟨die Maschinen, der Betrieb, der Verkehr; jemandes Herz⟩ **2** steif und ohne Bewegung stehen | *Kompanie, stillgestanden!* **!** aber: *Du musst jetzt mal still stehen* (getrennt geschrieben)

Stil·mö·bel *die; Plural* Möbel im Stil einer vergangenen Epoche

stil·voll ADJEKTIV ⟨eine Einrichtung; eine stilvoll eingerichtete Wohnung⟩ ≈ *geschmackvoll*

Stimm·band *das;* (-(e)s, Stimm·bän·der); *meist Plural* eines der beiden dünnen, elastischen Bänder im Hals (im Kehlkopf), die mit ihren Schwingungen stimmhafte Laute erzeugen und die Höhe der Stimme bestimmen K Stimmbandentzündung

stimm·be·rech·tigt ADJEKTIV mit dem Recht, bei einer Wahl oder Abstimmung zu wählen ⟨ein Bürger, ein Mitglied⟩ ● hierzu **Stimm·be·rech·tig·te** *der/die*

Stimm·bruch *der; meist Singular* die Phase in der Entwicklung eines jungen Mannes, in welcher seine Stimme tief wird ⟨im Stimmbruch sein; sich im Stimmbruch befinden⟩

★ **Stim·me** *die;* (-, -n)

▸akustisch: **1** das, was man hört, wenn jemand spricht oder

S

singt ⟨eine hohe, tiefe, laute, leise, volle, kräftige, piepsige, belegte, heisere, raue, männliche, weibliche Stimme; eine schöne Stimme haben; mit bebender, zitternder Stimme sprechen, schreien; jemandes Stimme überschlägt sich (vor Wut); jemanden an der Stimme erkennen; jemandes Stimme nachahmen, nachmachen⟩ | *jemandes Stimme klingt ängstlich/ungeduldig* **K** Stimmengewirr; Frauenstimme, Jungenstimme, Kinderstimme, Knabenstimme, Mädchenstimme, Männerstimme, Menschenstimme, Tierstimme, Vogelstimme **2** die Fähigkeit, zu sprechen oder zu singen ⟨die Stimme verlieren⟩ | *Sie hat heute keine Stimme, weil sie erkältet ist* **3** die Fähigkeit, gut zu singen ⟨eine gute, schlechte Stimme haben; die Stimme ausbilden lassen, schulen⟩ | *Sie hat keine/wenig Stimme* (Sie singt schlecht) **K** Singstimme, Sprechstimme **4** einer der Teile einer Komposition, die gleichzeitig gespielt oder gesungen werden ⟨die erste, zweite Stimme (eines Liedes) singen; die Stimmen setzen gleichzeitig, nacheinander ein⟩ **K** Flötenstimme, Geigenstimme, Orgelstimme, Altstimme, Baritonstimme, Bassstimme, Sopranstimme, Tenorstimme, Chorstimme, Einzelstimme, Solostimme **5** **die Stimme heben/senken** lauter/leiser sprechen **6** **die Stimme erheben** *geschrieben* anfangen zu sprechen **7** **mit erhobener Stimme** lauter als gewöhnlich **8** **die Stimme verstellen** so sprechen, als ob man eine andere Person wäre **9** **jemandem versagt die Stimme** eine Person kann kaum noch sprechen (weil sie ein sehr starkes Gefühl hat) | *jemandem versagt vor Schmerz/Trauer/Freude die Stimme*

▸beim Wählen: **10** das Recht, mit anderen Leuten zusammen etwas zu entscheiden oder eine Person zu wählen, indem man z. B. die Hand hebt oder einen Wahlzettel ausfüllt | *eine Stimme in einem Gremium haben* **11** die Entscheidung für eine Person oder Sache (bei einer Wahl oder Abstimmung) ⟨eine gültige, ungültige Stimme; jemandem seine Stimme geben; (viele) Stimmen erhalten, bekommen, auf sich vereinigen, gewinnen, verlieren; die (abgegebenen) Stimmen auszählen⟩ | *Der Antrag wurde mit 107 zu 100 Stimmen angenommen* **K** Stimmenauszählung, Stimmengewinn, Stimmengleichheit, Stimmenmehrheit, Stimmenverhältnis, Stimmenverlust; Gegenstimme, Jastimme, Neinstimme, Wählerstimme **12** **seine Stimme abgeben** (vor allem in einer geheimen Wahl) wählen **K** Stimmabgabe **13** **sich der Stimme enthalten** *geschrieben* (bei einer Wahl) sich für keinen der Kandidaten, keine der Möglichkeiten entscheiden **K** Stimmenthaltung

▸sonstige Verwendungen: **14** *meist Plural* die Meinung von Leuten, wie sie in der Öffentlichkeit zu hören ist ⟨kritische, warnende Stimmen; Stimmen (des Protests) werden laut, erheben sich; jemandes Stimme gilt viel, wiegt schwer⟩ | *Es werden immer mehr Stimmen für einen besseren Schutz der Umwelt laut* **K** Hörerstimme, Leserstimme, Pressestimme **15** **die Stimme des Herzens/des Gewissens/der Vernunft** *geschrieben* das, was man aufgrund der eigenen Gefühle oder der Vernunft denkt ⟨der Stimme des Herzens folgen⟩ **16** **eine innere Stimme** ein unbestimmtes Gefühl | *Eine innere Stimme hielt ihn von seinem Plan ab*

★ **stim·men** VERB (stimmte, hat gestimmt) **1** **(für/gegen jemanden/etwas) stimmen** sich bei einer Wahl oder Abstimmung für oder gegen eine Person oder Sache entscheiden ⟨mit Ja, Nein stimmen⟩ **2** **etwas stimmt** etwas ist richtig oder wahr ⟨das Ergebnis, eine Rechnung, eine Äußerung⟩ | *Stimmt es, dass Monika krank ist?* | *Sie behauptet, sie sei gestern zu Hause gewesen, aber das stimmt nicht* | *Da stimmt doch was nicht!* **3** **etwas stimmt (jemanden) irgendwie** etwas erzeugt in jemandem ein das genannte Gefühl (eine Stimmung) ⟨etwas stimmt jemanden heiter, traurig, optimistisch, hoffnungsvoll⟩ **4** **(etwas) stimmen** ein Musikinstrument (z. B. durch Spannen und Verlängern der Saiten) so einstellen, dass die Töne die richtige Höhe haben ⟨die Gitarre, das Klavier (tiefer, höher) stimmen⟩ | *Die Musiker stimmen noch* ■ ID **Stimmt!** Das ist richtig!; **Stimmts, oder hab ich recht?** *gesprochen, humorvoll* verwendet nach einer Aussage, wenn man hofft, dass eine andere Person zustimmt oder einverstanden ist; **mit jemandem stimmt etwas nicht** a jemand macht den Eindruck, krank zu sein b jemand erregt den Verdacht, nicht ehrlich zu sein; **mit etwas stimmt etwas nicht** a etwas macht den Eindruck, dass es Probleme oder Fehler gibt b etwas erregt den Verdacht, dass es nicht echt ist oder gegen Gesetze verstößt; **Stimmt so/schon!** *gesprochen* Den Rest können Sie (als Trinkgeld) behalten!

Stim·men·fang *der* **auf Stimmenfang gehen** *abwertend* als Politiker versuchen, (durch Versprechungen usw.) viele Wähler für sich zu gewinnen

Stimm·ga·bel *die* ein kleines Gerät, das einen Ton (das *a*) erzeugt, wenn man es auf etwas schlägt

stimm·ge·wal·tig ADJEKTIV mit einer sehr lauten und kräftigen Stimme ⟨ein Sänger, ein Tenor⟩

stimm·haft ADJEKTIV so (weich) gesprochen, dass die Stimmbänder schwingen ⟨ein Laut, ein Konsonant⟩ | *b, d und g sind im Deutschen stimmhafte Laute* • hierzu **Stimm·haf·tig·keit** *die*

stim·mig ADJEKTIV so, dass alles harmonisch zueinanderpasst | *Dieses System ist (in sich) völlig stimmig* • hierzu **Stim·mig·keit** *die*

-stim·mig *im Adjektiv, unbetont, nicht produktiv* **1** **einstimmig, zweistimmig, dreistimmig, mehrstimmig** *und andere* mit der genannten Zahl von Stimmen | *ein Lied fünfstimmig singen* **2** **tausendstimmig** *und andere* von vielen Menschen (produziert) | *ein vielstimmiger Protest*

Stimm·la·ge *die* die Einteilung nach der Höhe (oder Tiefe) der menschlichen Stimme

stimm·lich ADJEKTIV *meist attributiv* in Bezug auf den Zustand der Stimme | *Er war stimmlich in bester Form*

stimm·los ADJEKTIV so (hart) gesprochen, dass die Stimmbänder nicht schwingen ⟨ein Laut, ein Konsonant⟩ | *p, t und k sind im Deutschen stimmlose Laute* • hierzu **Stimm·lo·sig·keit** *die*

★ **Stim·mung** *die*; (-, -en) **1** der seelische Zustand eines Menschen ⟨(in) fröhlicher, ausgelassener, gedrückter, gereizter Stimmung sein⟩ ≈ *Laune* **K** Stimmungsumschwung, Stimmungswechsel; Abschiedsstimmung, Aufbruchsstimmung, Festtagsstimmung, Weihnachtsstimmung **2** *nur Singular* fröhliche Stimmung und gute Laune ⟨in Stimmung sein, kommen; jemandem die Stimmung verderben⟩ **3** *nur Singular* die vorherrschende Stimmung oder Atmosphäre in einer Gruppe | *Bei uns im Büro ist die Stimmung zurzeit sehr schlecht* **4** *nur Singular* die (vorherrschende) Meinung von manchen Gruppen zu einem Thema | *die Stimmung unter den Wählern* **K** Stimmungsumschwung, Stimmungswechsel **5** die Wirkung auf die Gefühle einer Person | *Der Maler stellt in seinem Bild die Stimmung des Sonnenuntergangs dar* **6** **für/gegen jemanden/etwas Stimmung machen** *abwertend* versuchen, Einfluss darauf zu nehmen, wie jemand über eine Person oder Sache denkt • zu (6) **Stim·mungs·ma·che** *die*

Stim·mungs·ba·ro·me·ter *das* **das Stimmungsbarometer steht auf null** die Stimmung ist sehr schlecht

Stim·mungs·ka·no·ne *die*; *humorvoll* eine Person, die lustige Geschichten oder Witze erzählt, sodass andere Leute fröhlich sind und lachen

stim·mungs·voll ADJEKTIV so schön und angenehm, dass es

die Menschen froh (aber auch ein bisschen nachdenklich) macht ⟨eine Atmosphäre, ein Gedicht; etwas stimmungsvoll vortragen⟩

Stimm·zet·tel *der* ein Formular, mit dem man bei einer Wahl oder bei einer Abstimmung einen Kandidaten oder eine Partei wählt

Sti·mu·lans ['ʃtiː-, 'stiː-] *das*; (-, Sti·mu·lan·zi·en [-'lantsi̯ən]); *geschrieben* ein Mittel, das jemanden wach und munter macht (indem es z. B. den Kreislauf anregt) | *Koffein und Nikotin sind Stimulanzien*

sti·mu·lie·ren VERB (stimulierte, hat stimuliert); *geschrieben* **1** **eine Person/Sache stimuliert jemanden (zu etwas)** eine andere Person oder Sache wirkt so positiv auf eine Person, dass deren Leistungen noch besser werden | *Der Erfolg hat sie zu einem noch intensiveren Training stimuliert* **2** **etwas stimuliert etwas** etwas regt etwas an | *Das Medikament stimuliert den Haarwuchs* ● hierzu **Sti·mu·lie·rung** *die*

stink- *im Adjektiv, betont, begrenzt produktiv; gesprochen* **stinkfaul, stinklangweilig, stinknormal, stinkreich, stinkvornehm, stinkwütend** *und andere* in sehr hohem Maße (oft verwendet, um Kritik auszudrücken) | *In so einem stinkfeinen Restaurant fühle ich mich fehl am Platze*

Stink·bom·be *die* ein kleiner Behälter mit einer stinkenden Flüssigkeit. Besonders Kinder werfen die Stinkbomben auf den Boden, damit die Flüssigkeit herausläuft und es irgendwo stinkt

Stin·ke·fin·ger *der; gesprochen!* bezeichnet die Geste, bei der man den Handrücken auf eine Person richtet und den Mittelfinger nach oben streckt, um ihr auf vulgäre Weise zu zeigen, dass man sie verachtet oder in Ruhe gelassen werden will

★ **stin·ken** VERB (stank, hat gestunken) **1** **jemand/etwas stinkt** jemand/etwas hat oder verbreitet einen sehr unangenehmen Geruch | *Faule Eier stinken* **2** **jemand/etwas stinkt nach etwas** jemand/etwas hat denselben oder einen sehr ähnlichen unangenehmen Geruch wie etwas | *Das Gas stinkt nach faulen Eiern* **3** **etwas stinkt jemandem** *gesprochen* etwas ist so, dass sich jemand darüber ärgert | *Es stinkt mir, dass er mir nicht hilft* **4** **etwas stinkt** *gesprochen* eine Handlung oder Tätigkeit ruft Zweifel, Angst oder Befürchtungen hervor ⟨ein Angebot, eine Sache⟩ | *Die Sache stinkt*

Stin·ker *der*; (-s, -); *gesprochen, abwertend* **1** eine Person, die stinkt **2** verwendet als Schimpfwort für einen Mann **3** ein meist altes Auto, das sehr viele Abgase und Ruß produziert (und deshalb stinkt)

stin·kig ADJEKTIV; *gesprochen* schlecht gelaunt ≈ *stinkend* | *Der Chef ist heute schon wieder stinkig*

Stink·lau·ne, Stink·lau·ne *die* **eine Stinklaune haben** *gesprochen, abwertend* eine sehr schlechte Laune haben

stink·sau·er ADJEKTIV **stinksauer (auf jemanden/etwas)** *gesprochen* sehr wütend, sehr ärgerlich (auf jemanden/etwas)

Stink·tier *das* ein Tier, das in Amerika lebt und bei Gefahr eine stinkende Flüssigkeit auf den Angreifer spritzt ≈ *Skunk*

Stink·wut *die* **eine Stinkwut (auf jemanden/etwas)** *gesprochen* eine sehr große Wut (auf jemanden/etwas) ⟨eine Stinkwut haben⟩

Sti·pen·di·at *der*; (-en, -en) eine Person, die ein Stipendium bekommt **H** *der Stipendiat; den, dem, des Stipendiaten* ● hierzu **Sti·pen·di·a·tin** *die*

Sti·pen·di·um *das*; (-s, Sti·pen·di·en [-di̯ən]) Geld o. Ä., das Schüler, Studenten, Wissenschaftler oder Künstler meist von Stiftungen oder Universitäten bekommen, damit sie ohne finanzielle Probleme arbeiten können

stip·pen VERB (stippte, hat gestippt) **etwas in etwas** (*Akkusativ*) **stippen** *norddeutsch* etwas kurz in etwas tauchen | *Kartoffeln in die Soße stippen*

Stipp·vi·si·te *die* ein kurzer Besuch bei jemandem ⟨(bei jemandem) eine Stippvisite machen⟩

stirbt *Präsens, 3. Person Singular* → sterben

★ **Stirn** *die*; (-, -en); *meist Singular* der Teil des Kopfes zwischen den Augen und den Haaren ⟨eine hohe, fliehende Stirn; die Stirn runzeln, in Falten legen/ziehen; sich (*Dativ*) den Schweiß von der Stirn wischen⟩ | *Sie zog sich die Mütze tief in die Stirn* **K** Stirnband, Stirnfalte, Stirnhaar, Stirnlocke, Stirnwunde **H** → Abb. unter **Gesicht** und **Kopf**
■ **ID** **über jemanden/etwas die Stirn runzeln** jemandes Verhalten/etwas nicht gut finden; **jemandem/etwas die Stirn bieten** keine Angst vor jemandem/etwas haben und Widerstand leisten | *dem Gegner/Schicksal die Stirn bieten*; **die Stirn haben zu** +*Infinitiv abwertend* so unverschämt und frech sein, etwas (Schlimmes) zu tun | *Er hatte tatsächlich die Stirn, mich zu belügen!*

Stirn·höh·le *die* ein Hohlraum im Innern der Stirn über der Nase **K** Stirnhöhlenentzündung, Stirnhöhlenvereiterung

Stirn·run·zeln *das*; (-s) die Reaktion, bei der sich Falten auf der Stirn bilden (z. B. wenn man nachdenkt oder mit etwas nicht einverstanden ist) ⟨etwas ruft Stirnrunzeln hervor⟩

Stirn·sei·te *die* die vordere Seite meist eines Gebäudes oder Möbelstücks ≈ *Front*

stob *Präteritum, 1. und 3. Person Singular* → stieben

stö·bern VERB (stöberte, hat gestöbert) **irgendwo (nach etwas) stöbern** meist dort, wo alte oder gebrauchte Sachen gelagert werden, längere Zeit nach etwas suchen | *auf dem Dachboden (nach alten Fotos) stöbern*

sto·chern VERB (stocherte, hat gestochert) **in etwas** (*Dativ*) **stochern** mit einem langen, spitzen Gegenstand mehrere Male in etwas stechen | *mit dem Feuerhaken in der Glut stochern*

★ **Stock** *der*; (-(e)s, Stö·cke) **1** ein langer, relativ dünner und harter Gegenstand aus Holz o. Ä., den man z. B. als Stütze (beim Gehen, Skifahren o. Ä.) verwendet oder um jemanden zu schlagen ⟨am Stock gehen⟩ **K** Spazierstock, Skistock, Wanderstock **2** eine Ebene eines Gebäudes über dem Erdgeschoss ≈ *Etage* | *Sie wohnt im dritten Stock* **H** → Infos unter **Stockwerk** **3** ein kleiner Strauch, den man in die Erde pflanzt **K** Blumenstock, Rosenstock, Weinstock **4** der Teil eines Baums mit den Wurzeln, der in der Erde bleibt, wenn der Baum gefällt wird ≈ *Baumstumpf* ■ **ID** **am Stock gehen** **a** *gesprochen* sehr krank sein **b** *gesprochen* kein Geld mehr haben; **über Stock und Stein** über Felder und Wiesen, nicht auf Wegen oder Straßen

stock- *im Adjektiv, unbetont, begrenzt produktiv; gesprochen, oft abwertend* **stockbetrunken, stockdumm, stockdunkel, stockfinster, stockkonservativ, stocknüchtern, stocktaub** *und andere* (auf negative Weise) in hohem Maße

Stock·bett *das* ein Gestell mit zwei Betten übereinander

Stö·ckel·schuh *der* ein Damenschuh mit einem sehr hohen und sehr schmalen Absatz

STÖCKELSCHUH

sto·cken VERB (stockte, hat/ist gestockt) **1** **etwas stockt** (*hat*) etwas wird (mehrmals) für sehr kurze Zeit unterbrochen ⟨die Arbeit, das Gespräch, der Verkehr; etwas kommt/gerät ins Stocken; eine stockende Unterhaltung; stockender Verkehr⟩ | *Als sie plötzlich die Tür öffnete, stockte die Unterhaltung im Zimmer* **2** **(bei/in etwas** (*Dativ*)**) stocken** (*hat*) während einer

Bewegung oder einer Tätigkeit plötzlich eine kurze Pause machen | *Mitten im Schreiben stockte er und sah sie an* | *Sie stockte in ihrer Rede* **3** **jemandem stockt der Atem/das Herz** (*hat*) eine Person hat das Gefühl, dass sie (meist aus Angst) nicht mehr atmen kann oder dass ihr Herz nicht mehr schlägt **4** **etwas stockt** *besonders süddeutsch* Ⓐ㊉ (*hat/ist*) eine Flüssigkeit wird fester, gerinnt ⟨die Milch, das Blut⟩

-stö·ckig *im Adjektiv, unbetont, begrenzt produktiv* **1** **einstöckig, zweistöckig, dreistöckig, mehrstöckig** *und andere* mit der genannten Zahl von Stockwerken | *ein zwanzigstöckiges Hochhaus* **2** **zweistöckig, dreistöckig, mehrstöckig** *und andere* mit der genannten Zahl von Schichten, Lagen übereinander ⟨eine Torte, ein Sandwich⟩

stock·sau·er ADJEKTIV **stocksauer (auf jemanden/etwas)** *gesprochen* sehr verärgert (über jemanden/etwas)

stock·steif ADJEKTIV; *gesprochen* mit einer sehr geraden, steifen Haltung ⟨ein Gang, stocksteif dasitzen⟩

★ **Stock·werk** *das* der Teil eines Gebäudes, der alle Räume umfasst, die auf gleicher Höhe liegen

WORTSCHATZ

▶ Stockwerk – Etage – Geschoss

Bei der Anzahl der **Stockwerke** wird das **Erdgeschoss** mitgezählt, bei **Stock** und **Etage** nicht:

Das Haus hat vier Stockwerke.
(= Erdgeschoss und drei Stockwerke darüber)
die Zimmer im ersten Stock/in der ersten Etage
(= in dem Stockwerk über dem Erdgeschoss)

Geschosse, Etagen und **Ebenen** können auch unter der Erde liegen:

Der Zugang zur Tiefgarage liegt in der untersten Ebene/Etage.
Das Lager befindet sich im zweiten Tiefgeschoss.

Stock·zahn *der; süddeutsch* Ⓐ㊉ ≈ *Backenzahn*

★ **Stoff** *der;* (-(e)s, -e)
▸Substanz: **1** ein Gas, eine Flüssigkeit oder eine feste Masse in einer Form mit den entsprechenden Eigenschaften ⟨ein pflanzlicher, chemischer, synthetischer, wasserlöslicher, radioaktiver Stoff⟩ **K** Abfallstoff, Ballaststoff, Baustoff, Brennstoff, Duftstoff, Ersatzstoff, Farbstoff, Feststoff, Geruchsstoff, Geschmacksstoff, Grundstoff, Heizstoff, Impfstoff, Klebstoff, Kraftstoff, Leuchtstoff, Nährstoff, Reizstoff, Riechstoff, Schaumstoff, Sprengstoff, Süßstoff, Treibstoff, Wirkstoff **2** *gesprochen nur Singular* Rauschgift oder Alkohol ⟨sich (*Dativ*) Stoff besorgen⟩
▸Gewebe: **3** das (gewebte) Material, aus dem z. B. Kleidung, Tischdecken und Tücher bestehen ⟨ein dünner, leichter, dicker, schwerer, gemusterter, knitterfreier, seidener, wollener Stoff; einen Stoff zuschneiden⟩ **K** Stoffbahn, Stoffballen, Stoffmuster; Baumwollstoff, Kleiderstoff, Leinenstoff, Mantelstoff, Seidenstoff, Vorhangstoff, Wollstoff
▸Thema: **4** eine Geschichte oder eine Idee, die das Thema und den Inhalt für einen Roman, einen Film, eine wissenschaftliche Arbeit usw. bieten ⟨einen Stoff bearbeiten, verfilmen⟩ | *Der Putsch bot den Stoff für einen Dokumentarfilm* | *Seine Worte gaben ihr Stoff zum Nachdenken* **K** Diskussionsstoff, Gesprächsstoff, Lesestoff, Romanstoff ● zu (1,3,4) **stoff·lich** ADJEKTIV

Stof·fel *der;* (-s, -); *gesprochen, abwertend* ein ungeschickter, unhöflicher Mensch ● hierzu **stof·fe·lig**, **stoff·lig** ADJEKTIV

Stoff·samm·lung *die* eine Sammlung von Ideen und Material zu einem Thema

Stoff·wech·sel *der; meist Singular* die Vorgänge, bei denen die Zellen im Körper die Nahrung in andere Stoffe umwandeln **K** Stoffwechselkrankheit, Stoffwechselprodukt, Stoffwechselstörung **i** medizinische Bezeichnung: *Metabolismus*

stöh·nen VERB (stöhnte, hat gestöhnt) **1** (vor Schmerz oder Erregung) beim Ausatmen einen tiefen, langen Laut von sich geben | *Der Verletzte stöhnte vor Schmerz* **2** **über etwas** (*Akkusativ*) **stöhnen** sich über etwas beklagen | *Sie stöhnt über die schwere Arbeit*

sto·isch ADJEKTIV **mit stoischer Ruhe** *geschrieben* ohne sich zu ärgern und ohne die Ruhe zu verlieren

Sto·la [ʃt-, st-] *die;* (-, Sto·len) ein breiter Schal, den Frauen um die Schultern tragen

Stol·len *der;* (-s, -) **1** ein waagrechter Gang unter der Erde, z. B. in einem Bergwerk ⟨einen Stollen in den Fels treiben⟩ **i** Ein senkrechter Gang in einem Bergwerk ist ein *Schacht.* **2** einer der kleinen Teile an der Sohle von Fußballschuhen o. Ä., welche das Rutschen verhindern **K** Stollenschuh **3** ein länglicher Kuchen aus Hefeteig mit Rosinen, den man traditionell zu Ostern und Weihnachten isst **K** Christstollen

stol·pern VERB (stolperte, ist gestolpert) **1** **(über etwas** (*Akkusativ*)**) stolpern** beim Gehen mit dem Fuß gegen ein Hindernis stoßen und das Gleichgewicht verlieren | *Sie stolperte (über eine Baumwurzel) und fiel hin* **2** **über jemanden/etwas stolpern** meist wegen eines Skandals (an dem man selbst schuld ist) die berufliche Stellung oder das Amt verlieren | *Der Minister stolperte über die Bestechungsaffäre* **3** **über etwas** (*Akkusativ*) **stolpern** etwas nicht genau verstehen und sich deshalb wundern bzw. mit etwas nicht ganz einverstanden sein | *beim Lesen über einen Fachausdruck stolpern*

Stol·per·stein *der* **1** ein Problem, an dem jemand scheitert/scheitern kann | *Der Skandal war ein Stolperstein auf seinem Weg zum Erfolg* **2** eine kleine Gedenktafel auf der Straße, die Personen nennt, die dort gewohnt haben und von den Nazis ermordet oder vertrieben wurden

★ **stolz** ADJEKTIV **1** **stolz (auf jemanden/etwas)** voll Freude über etwas, das man besitzt, das man geleistet hat oder bei dem man geholfen hat ⟨ein stolzer Vater; stolz auf die Kinder, den Erfolg sein⟩ | *Er war sehr stolz darauf, dass er die Prüfung bestanden hatte* **2** von sich selbst, vor allem von den eigenen Leistungen überzeugt ⟨ein Mensch⟩ ≈ *selbstbewusst* | *Sie war zu stolz, um ihn um Hilfe zu bitten* **3** *abwertend* so, dass eine Person glaubt, sie sei besser, klüger oder schöner als andere Menschen | *Er ist wohl zu stolz, (um) uns zu grüßen!* **4** *meist attributiv* groß und schön und deshalb beeindruckend ⟨ein Schiff, ein Bauwerk⟩ **5** *gesprochen meist attributiv* sehr hoch, zu teuer ⟨eine Summe, ein Preis⟩ ≈ *beträchtlich*

★ **Stolz** *der;* (-es) **1** das Gefühl eines Menschen, wichtig und viel wert zu sein, das sich auch in dessen Haltung zeigt ⟨jemandes Stolz verletzen; keinen Stolz haben⟩ **2** **der Stolz (auf jemanden/etwas)** die große Freude und Zufriedenheit über etwas, das man besitzt, das man geleistet hat oder bei dem man geholfen hat ⟨etwas erfüllt jemanden mit Stolz⟩ | *Man sah ihm den Stolz auf seine Tochter an* **K** Vaterstolz **3** *abwertend* das Gefühl einer Person, besser zu sein als andere Menschen und deshalb das Recht zu haben, diese zu verachten

stolz·ge·schwellt ADJEKTIV **mit stolzgeschwellter Brust** in einer Haltung, die zeigt, dass jemand sehr stolz ist

stol·zie·ren VERB (stolzierte, ist stolziert) **irgendwo(hin) stolzieren** steif und stolz gehen, um so zu zeigen, dass man eine

S

wichtige Person ist | *Er stolzierte durch den Saal*

STOP drückt auf Verkehrsschildern aus, dass man hier anhalten muss ▮ vergleiche **stopp!**

★ **stop·fen** VERB (stopfte, hat gestopft) **1** **(etwas) stopfen** ein Loch in einem Kleidungsstück mit Nadel und Faden schließen ⟨Socken, Strümpfe, einen Pullover an den Ellbogen stopfen⟩ K Stopfgarn, Stopfnadel, Stopfwolle **2** **etwas stopfen** eine Öffnung o. Ä. verschließen, indem man sie mit etwas füllt ≈ *abdichten* | *ein Leck im Öltank stopfen* **3** **etwas in etwas** (*Akkusativ*) **stopfen** etwas (ohne besondere Sorgfalt) kräftig irgendwohin drücken | *das Hemd in die Hose stopfen* | *die Hemden in den Koffer stopfen* **4** **(sich** (*Dativ*)**) eine Pfeife stopfen** Tabak in eine Pfeife füllen **5** **etwas stopft** *gesprochen* etwas macht schnell satt | *Nudeln stopfen* **6** **etwas stopft** etwas bewirkt, dass der Darm langsamer arbeitet | *Schokolade stopft*

Stop·fen *der*; (-s, -) ≈ *Stöpsel*

★ **stopp!** **1** man ruft *stopp!*, wenn man will, dass jemand sofort stehen bleibt oder aufhört, etwas zu tun ≈ *halt!* **2** Moment (mal)!

Stopp [ʃtɔp, stɔp] *der*; (-s, -s) **1** das Anhalten, das Stoppen eines Fahrzeugs | *ohne Stopp an der Ampel weiterfahren können* **2** eine Pause, eine Unterbrechung während der Fahrt ⟨einen kurzen Stopp einlegen⟩ **3** eine (kurze) Unterbrechung einer Handlung, eines Vorgangs K Exportstopp, Importstopp, Lieferungsstopp

Stop·pel *die*; (-, -n); *meist Plural* **1** wenn Getreide geschnitten wird, bleiben die Stoppeln als Reste in der Erde K Stoppelfeld **2** *gesprochen* ein kurzes Barthaar K Stoppelbart; Bartstoppel ● hierzu **stop·pe·lig** ADJEKTIV

★ **stop·pen** VERB (stoppte, hat gestoppt) **1** **jemanden/etwas stoppen** bewirken, dass eine Person oder Sache, die in Bewegung ist, hält ≈ *anhalten* | *Der Polizist stoppte den Motorradfahrer* **2** **jemanden/etwas stoppen** bewirken, dass jemand aufhört, etwas zu tun, oder dass etwas aufhört | *die Produktion stoppen* | *eine Entwicklung nicht mehr stoppen können* K Stopptaste **3** **(jemanden/etwas) stoppen** mit einer Stoppuhr die Zeit messen, die jemand für eine Strecke braucht ⟨einen Rennfahrer, einen Lauf stoppen⟩ **4** (aus der Bewegung heraus) zum Stehen kommen ≈ *anhalten* | *Der Autofahrer stoppte kurz vor der Ampel*

Stopp·schild *das* ein Verkehrsschild, auf dem *STOP* steht und an dem jedes Fahrzeug halten muss

Stopp·uhr *die* eine Uhr, die man beim Sport (z. B. beim Wettlauf) verwendet, um Zeiten genau zu messen

Stöp·sel *der*; (-s, -) ein meist kleiner, runder Gegenstand, mit dem man eine Öffnung verschließt | *den Stöpsel aus der Badewanne ziehen*

Stör *der*; (-s, -e) ein Fisch, dessen Eier man als Kaviar isst

stör·an·fäl·lig ADJEKTIV ⟨ein Radio, die Elektronik eines Autos⟩ so, dass sie schon bei leichten äußeren Störungen oder wegen schlechter Qualität häufig nicht mehr funktionieren ● hierzu **Stör·an·fäl·lig·keit** *die*

STORCH

Storch *der*; (-(e)s, Stör·che) ein großer Vogel mit schwarzen und weißen Federn, langen Beinen und einem langen, roten Schnabel. Der Storch baut sein Nest auf Dächern ⟨der Storch klappert (mit dem Schnabel)⟩ K Storchennest, Storchenschnabel ▮ ID **wie der Storch im Salat herumgehen** *gesprochen, humorvoll* mit steifen Beinen (herumgehen); **Da 'brat mir einer einen Storch!** *gesprochen* verwendet als Ausdruck der Überraschung

Store [ʃtoːɐ̯, st-] *der*; (-s, -s) eine Gardine aus fast durchsichtigem Stoff

★ **stö·ren** VERB (störte, hat gestört) **1** **(jemanden) (bei etwas) stören** eine Person bei einer Tätigkeit unterbrechen (und sie dadurch ärgern) ⟨jemanden bei der Arbeit, beim Lesen stören⟩ | *Entschuldigen Sie bitte, wenn ich Sie störe!* | *Störe ich (dich) gerade?* **2** **(etwas) stören** sich mit Absicht so verhalten, dass etwas nicht normal verlaufen kann | *Die Schüler unterhielten sich und störten dadurch den Unterricht* **3** **etwas stört (etwas)** etwas hat eine negative Wirkung auf etwas und verhindert den normalen Ablauf | *Elektromagnetische Wellen störten den Radioempfang* K Störgeräusch **4** **etwas stört (jemanden)** etwas gefällt jemandem überhaupt nicht | *Mich stören seine schmutzigen Fingernägel* **5** **sich an etwas** (*Dativ*) **stören** etwas als schlecht oder unangenehm empfinden

Stö·ren·fried *der*; (-(e)s, -e) eine Person, die andere Leute dauernd mit Absicht stört

Stör·fak·tor *der* ein Faktor, welcher den normalen (geplanten) Ablauf einer Sache stört

Stör·fall *der* ein Defekt, eine Störung in einer technischen Anlage (vor allem in einem Atomkraftwerk)

Stör·ma·nö·ver *das* eine Aktion, welcher jemand den Ablauf einer Handlung stört

stor·nie·ren VERB (stornierte, hat storniert) **etwas stornieren** einen Auftrag oder eine Buchung wieder rückgängig machen ⟨eine Gutschrift, einen Eintrag, einen Flug, eine Buchung stornieren⟩ ● hierzu **Stor·nie·rung** *die*

Stor·no *der/das*; (-s, Stor·ni) das Stornieren K Stornogebühren, Stornokosten

stör·risch ADJEKTIV nicht bereit, das zu tun, was andere Leute wünschen

★ **Stö·rung** *die*; (-, -en) **1** Handlungen oder Dinge, die stören oder behindern | *nächtliche Störungen* | *Entschuldigen Sie bitte die Störung!* | *Ich werde eine Störung des Unterrichts nicht dulden!* K Ruhestörung **2** ein Fehler in der Funktion oder dem Ablauf einer Sache | *Wegen des starken Regens kommt es zu Störungen des Flugverkehrs* K Empfangsstörung, Stromstörung, Verkehrsstörung **3** ein körperlicher oder psychischer Zustand, der nicht normal ist und Probleme macht ⟨eine seelische, psychische Störung⟩ K Angststörung, Essstörung, Persönlichkeitsstörung, Verhaltensstörung; Durchblutungsstörung, Entwicklungsstörung, Gleichgewichtsstörung, Herzrhythmusstörung, Schlafstörung, Sehstörung, Verdauungsstörung, Wachstumsstörung **4** niedriger Luftdruck, der in einem Gebiet für schlechtes Wetter sorgt ⟨atmosphärische Störungen⟩ K Störungsfront

Sto·ry ['stɔ(ː)ri, 'ʃtɔ(ː)ri] *die*; (-, -s); *gesprochen* **1** der Inhalt, die Handlung z. B. eines Films oder eines Romans | *eine sentimentale Story* **2** ≈ *Bericht, Report*

★ **Stoß** *der*; (-es, Stö·ße) **1** eine schnelle Bewegung, mit der etwas kurz und kräftig auf jemanden/etwas trifft ⟨jemandem einen Stoß (in die Seite, in die Rippen) geben, versetzen⟩ K Rippenstoß **2** ein schneller Schlag oder Stich mit einer Waffe ⟨einen Stoß auffangen, parieren; jemandem einen Stoß versetzen⟩ K Degenstoß, Dolchstoß, Messerstoß **3** *meist Plural* die einzelne, schnelle und kräftige Bewegung, mit der man sich beim Schwimmen oder Rudern fortbewegt ⟨mit kräftigen Stößen schwimmen, rudern⟩ **4** *meist Plural* die kurzen, kräftigen Bewegungen bei einem Erdbeben | *Die Stöße erreichten die Stärke 7 auf der Richterskala* **5** eine Menge von gleichen Dingen, die übereinandergelegt wurden ≈ *Stapel* | *Brennholz zu Stößen aufschichten* | *ein Stoß Bücher/Handtücher* | *Stöße von Akten/Zeitschrif-*

S

ten K Holzstoß

Stoß·dämp·fer *der*; (-s, -) viele Fahrzeuge haben Stoßdämpfer, damit sie beim Fahren nicht zu stark auf und ab schwingen

Stö·ßel *der*; (-s, -) ein kurzer Stab, der am unteren Ende dick ist und mit dem man Substanzen zerreibt | *Mörser und Stößel*

★ **sto·ßen** VERB (stößt, stieß, hat/ist gestoßen) **1** **jemanden (irgendwohin) stoßen** (*hat*) einer Person an einer Stelle des Körpers einen Stoß geben | *Er hat mich mit dem Ellbogen in die Rippen gestoßen* **2** **(jemandem) etwas in etwas** (*Akkusativ*) **stoßen** (*hat*) mit einem kurzen, kräftigen Stoß bewirken, dass etwas in etwas eindringt | *einen Pfahl in die Erde stoßen* | *Der Angreifer stieß ihm ein Messer in den Arm* **3** **jemanden/etwas irgendwohin stoßen** (*hat*) jemanden/etwas mit einem kurzen und kräftigen Stoß an eine andere Stelle bewegen | *jemanden ins Wasser stoßen* | *Er stieß den Ball ins Tor* **4** **(etwas) stoßen** Ⓒ (*hat*) ≈ *drücken, schieben* **5** **gegen/an etwas** (*Akkusativ*) **stoßen** (*hat*) etwas einen kurzen und kräftigen Stoß geben | *Voller Wut stieß er mit dem Fuß gegen die Tür* **6** **an/gegen jemanden/etwas stoßen** (*ist*) in einer schnellen Bewegung jemanden/etwas ohne Absicht kurz und kräftig berühren (und sich selbst dabei wehtun oder verletzen) | *Ich bin im Gedränge gegen ihn gestoßen* | *Er ist mit dem Kopf an die Decke gestoßen* **7** **auf jemanden stoßen** (*ist*) jemandem zufällig begegnen | *Im Wald stießen wir auf einen Jäger* **8** **auf etwas** (*Akkusativ*) **stoßen** (*ist*) etwas zufällig finden, entdecken ⟨auf Erdöl stoßen⟩ **9** **auf etwas** (*Akkusativ*) **stoßen** (*ist*) überraschend auf etwas Unangenehmes treffen ⟨auf Schwierigkeiten, (bei jemandem) auf Widerstand, Ablehnung stoßen⟩ **10** **zu einer Gruppe stoßen** (*ist*) zu einer Gruppe, die unterwegs ist, hinzukommen und bei ihr bleiben | *Auf halbem Weg zum Gipfel stießen noch ein paar Leute zu uns* **11** **etwas stößt an etwas** (*Akkusativ*) (*hat*) etwas hat mit etwas anderem eine gemeinsame Linie, Fläche oder einen Punkt, wo sie sich berühren | *Das Grundstück stößt auf einer Seite an einen Wald* **12** **ins Horn stoßen** *veraltend* (*hat*) auf einem Horn blasen **13** **sich (an etwas** (*Dativ*)**) stoßen** (*hat*) in einer schnellen Bewegung ohne Absicht etwas kurz und heftig berühren und sich dabei meist wehtun oder verletzen | *Sie hat sich an der Tischkante gestoßen* **14** **sich an etwas** (*Dativ*) **stoßen** (*hat*) etwas nicht gut oder angemessen finden und sich darüber ärgern | *sich an den schlechten Manieren anderer stoßen*

stoß·fest ADJEKTIV ⟨eine Uhr⟩ so, dass sie durch Stöße nicht beschädigt wird

Stoß·ge·bet *das* ein kurzes Gebet, das man bei einer plötzlichen Gefahr schnell und spontan spricht

Stoß·kraft *die*; *nur Singular* die Kraft oder Wirkung einer Sache ⟨die Stoßkraft einer Idee, eines Gedankens, einer Erfindung⟩ • hierzu **stoß·kräf·tig** ADJEKTIV

stoß·lüf·ten VERB (hat stoßgelüftet); *nur im Infinitiv und Partizip Perfekt* die Fenster für kurze Zeit weit öffnen, um frische Luft ins Haus zu lassen

Stoß·rich·tung *die* die Richtung, in die ein gegnerischer Angriff o. Ä. geht

Stoß·seuf·zer *der* ein kurzer, starker, spontaner Seufzer, mit dem man sagt, dass etwas unangenehm oder lästig ist ⟨einen Stoßseufzer von sich (*Dativ*) geben⟩

Stoß·stan·ge *die* Autos haben vorne und hinten eine Stoßstange, die sie bei leichten Zusammenstößen schützen soll **1** → Abb. unter **Auto**

stößt *Präsens, 3. Person Singular* → stoßen

Stoß·trupp *der* eine kleine Gruppe von Soldaten, die eine spezielle Aufgabe meist im feindlichen Gebiet hat

Stoß·ver·kehr *der* sehr starker Verkehr (zu einer bestimmten Tageszeit)

stoß·wei·se ADVERB **1** ruckartig, mit Unterbrechungen | *Der Atem des Kranken ging stoßweise* **2** in Form von Stapeln | *Auf dem Schreibtisch liegen stoßweise Akten*

Stoß·zahn *der* einer der beiden langen Zähne, die z. B. ein Elefant hat

Stoß·zeit *die* **1** die Zeit, in welcher der Verkehr (in der Stadt) am stärksten ist ≈ *Hauptverkehrszeit* **2** die Zeit, in der es in Betrieben die meiste Arbeit gibt | *die Stoßzeit vor Weihnachten*

stot·tern VERB (stotterte, hat gestottert) **1** (als Folge einer Sprachstörung) so sprechen, dass man oft einzelne Laute oder Silben wiederholt **2** **etwas stottern** (meist aus Verlegenheit oder vor Aufregung) einzelne, nicht zusammenhängende Worte sprechen | *Sie stotterte eine Entschuldigung* ■ **ID** **auf Stottern** *gesprochen* auf Raten | *Ich habe mir das Auto auf Stottern gekauft* • zu (1) **Stot·te·rer** *der*; zu (1) **Stot·te·rin** *die*

Stöv·chen [-f-] *das*; (-s, -) ein kleines Gestell mit einer Kerze, auf dem man meist Kaffee oder Tee warm hält

Str. Abkürzung für *Straße*

stracks ADVERB; *veraltend* ohne zu zögern ≈ *sofort*

Straf·an·stalt *die*; *admin* ≈ *Gefängnis*

Straf·an·trag *der* **1** **Strafantrag (gegen jemanden) stellen** (als Staatsanwalt) schriftlich fordern, dass ein Verbrecher vor Gericht gestellt wird **2** der Antrag des Staatsanwalts, in dem er eine Strafe für einen Verbrecher fordert

Straf·an·zei·ge *die* **Strafanzeige (gegen jemanden) erstatten** *admin* der Polizei oder dem Staatsanwalt melden, dass ein Delikt begangen wurde

Straf·ar·beit *die* eine zusätzliche Hausaufgabe o. Ä., die Schüler als Strafe von einem Lehrer bekommen

★ **straf·bar** ADJEKTIV **1** so, dass es gegen ein Gesetz ist und durch ein Gericht bestraft werden kann ⟨eine Handlung⟩ **2** **sich strafbar machen** *admin* etwas tun, das gegen ein Gesetz ist und durch ein Gericht bestraft werden kann | *Wer einem Verletzten nicht Erste Hilfe leistet, macht sich strafbar* • zu (1) **Straf·bar·keit** *die*

Straf·be·fehl *der* eine Strafe für geringe Delikte, die ein Gericht auf Antrag des Staatsanwaltes ohne Verhandlung ausspricht

Straf·be·scheid *der*; *veraltend* ≈ *Bußgeldbescheid*

★ **Stra·fe** *die*; (-, -n) **1** eine Handlung oder Anordnung, durch die eine Person bestraft wird, z. B. indem man sie einsperrt, schlägt, ihr etwas verbietet oder sie Geld zahlen lässt ⟨eine harte, schwere, strenge, drakonische, abschreckende, empfindliche, leichte, milde Strafe; jemandem eine Strafe androhen, auferlegen, erlassen; eine Strafe (über jemanden) verhängen; eine Strafe absitzen, verbüßen; seine (gerechte) Strafe bekommen; etwas steht unter Strafe; eine Strafe fällt glimpflich aus⟩ | ***etwas unter Strafe stellen*** (ein Verhalten gesetzlich verbieten, strafbar machen) | *Zur Strafe durfte er nicht ins Kino gehen* | *Auf Raub stehen hohe Strafen* K Strafaktion, Straferlass, Strafverbüßung, strafmildernd, strafmindernd, strafverschärfend; Gefängnisstrafe, Geldstrafe, Haftstrafe **2** die unangenehme Folge, die ein falsches Verhalten hat | *Das ist die Strafe für deinen Leichtsinn!* **3** **eine Strafe (be)zahlen müssen** *gesprochen* eine Geldbuße (z. B. für Falschparken) zahlen müssen ■ **ID** **die Strafe folgt auf dem Fuß** wenn man etwas Falsches oder Böses getan hat, wird man (manchmal) sofort bestraft • zu (1) **straf·los** ADJEKTIV

stra·fen VERB (strafte, hat gestraft) **1** so, dass man deutlich zeigt, dass man nicht einverstanden ist und Ärger empfindet ⟨jemanden mit Missachtung, Verachtung strafen; strafende Blicke; jemanden strafend ansehen⟩ **2** **jemanden (für/wegen etwas) strafen** ⟨jemanden hart, schwer, unnachsichtig strafen⟩ ≈ *bestrafen* ▪ **ID** **(mit jemandem/etwas) gestraft sein** *auch humorvoll* Sorgen oder Ärger mit jemandem/etwas haben | *Mit diesen frechen Kindern bin ich wirklich gestraft!* | *Jetzt wird auch noch die Miete erhöht. Als ob ich nicht schon genug gestraft wäre!*

Straf·ent·las·se·ne *der/die;* (-n, -n) eine Person, die aus dem Gefängnis entlassen wurde, nachdem sie ihre Strafe verbüßt hatte **H** *ein Strafentlassener; der Strafentlassene; den, dem, des Strafentlassenen*

★ **straff** ADJEKTIV (straffer, straffst-) **1** ⟨ein Seil, eine Leine, eine Saite⟩ fest gespannt und glatt, weil sie stark gezogen werden ↔ *locker* | *die Zügel straff anziehen* **2** ohne Falten ⟨die Haut⟩ **3** streng und effektiv und mit dem Ziel, dass alle Arbeiten schnell, aber auch gut gemacht werden ⟨eine Leitung, eine Organisation⟩ | *Die Firma ist straff organisiert*

straf·fäl·lig ADJEKTIV **straffällig werden** *admin* etwas Kriminelles tun (und dafür von einem Gericht bestraft werden)

straf·fen VERB (straffte, hat gestrafft) **1** **etwas straffen** etwas straff machen ⟨das Seil, die Zügel straffen⟩ ≈ *spannen* **2** **etwas straffen** etwas sehr gut organisieren und alles Unwichtige weglassen ⟨einen Betrieb, eine Organisation, einen Lehrplan, das Drehbuch eines Films straffen⟩ **3** **etwas strafft** eine Creme o. Ä. macht die Haut straff ⟨die Haut⟩ **4** **etwas strafft sich** etwas wird straff | *Die Leinen des Segelboots straffen sich* **5** **jemandes Körper/jemandes Gestalt strafft sich** jemand nimmt eine gerade, aufrechte Haltung an

straf·frei ADJEKTIV ohne Strafe ⟨jemand/etwas bleibt straffrei⟩ | *Sie gingen straffrei aus* (wurden nicht bestraft) ● hierzu **Straf·frei·heit** *die*

Straf·ge·fan·ge·ne *der* eine Person, die verurteilt wurde und im Gefängnis ist ≈ *Sträfling*

Straf·ge·richt *das* **1** ein Gericht, das über die Bestrafung von Straftätern entscheidet **2** *geschrieben* die Bestrafung meist durch eine höhere Macht ⟨ein Strafgericht Gottes; ein Strafgericht (über jemanden) abhalten⟩

Straf·ge·setz *das* ein Gesetz, welches die Strafen für Verbrechen regelt

Straf·ge·setz|buch *das* die Sammlung von Gesetzen, die festlegen, welche Handlungen auf welche Art bestraft werden **H** Abkürzung: *StGB*

sträf·lich ADJEKTIV so, dass es schlimme Folgen haben könnte ⟨Leichtsinn, eine Nachlässigkeit; jemanden/etwas sträflich vernachlässigen⟩

Sträf·ling *der;* (-s, -e) ≈ *Strafgefangene(r)* **K** Sträflingsanzug, Sträflingskleidung

★ **Straf·man·dat** *das* **1** eine Strafe, die man bezahlen muss, wenn man z. B. falsch geparkt hat oder zu schnell gefahren ist ⟨ein Strafmandat bekommen⟩ **2** ein Zettel, auf dem steht, dass man ein Strafmandat bekommen hat

Straf·maß *das; meist Singular* die Art und die Höhe einer Strafe für eine Straftat ⟨das Strafmaß festsetzen⟩

straf·mün·dig ADJEKTIV alt genug, um wegen eines Verbrechens bestraft zu werden

Straf·pre·digt *die* eine lange, ermahnende Rede, mit der vor allem Eltern ihre Kinder stark kritisieren, weil sie etwas falsch gemacht haben

Straf·pro·zess *der* ein Prozess, in dem über die Strafe für ein Delikt entschieden wird

Straf·raum *der* beim Fußball die rechteckige Fläche vor dem Tor, in der besondere Regeln gelten

Straf·recht *das* die Gesetze, welche die Strafen für Verbrechen bestimmen ● hierzu **straf·recht·lich** ADJEKTIV

Straf·stoß *der* (beim Fußball) ein Schuss aus 11 Metern Entfernung auf das Tor, bei dem nur der Torwart des Gegners es verteidigen darf ⟨der Schiedsrichter verhängt einen Strafstoß, spricht jemandem einen Strafstoß zu⟩ ≈ *Elfmeter*

★ **Straf·tat** *die* eine Tat, die verboten ist und für die man bestraft wird ⟨eine Straftat begehen⟩ ≈ *Delikt* ● hierzu **Straf·tä·ter** *der*

Straf·ver·fah·ren *das* ≈ *Strafprozess*

straf·ver·set·zen VERB (hat strafversetzt) **jemand wird strafversetzt** jemand wird zur Strafe an einen anderen Ort oder auf einen anderen Posten versetzt **H** kein Präteritum ● hierzu **Straf·ver·set·zung** *die*

Straf·voll·zug *der; admin* der Teil des rechtlichen Apparats, der mit der Ausführung von Gerichtsurteilen, mit dem Aufenthalt von Sträflingen in Gefängnissen usw. zu tun hat

Straf·voll·zugs|an·stalt *die; admin* ≈ *Gefängnis*

straf·wür·dig ADJEKTIV ⟨ein Verhalten, eine Tat⟩ so, dass sie eine Strafe verdienen

Straf·zeit *die* die Zeit, für die ein Spieler (beim Eishockey, Handball) das Spielfeld verlassen muss, weil er gegen die Regeln verstoßen hat

★ **Straf·zet·tel** *der* ein Zettel, auf dem steht, dass man eine Strafe zahlen muss, meist weil man das Auto falsch geparkt hat ⟨einen Strafzettel bekommen⟩

★ **Strahl** *der;* (-(e)s, -en) **1** ein schmaler Streifen Licht, vor allem einer von vielen, die von einem einzigen Punkt ausgehen | *der Strahl einer Taschenlampe* | *die warmen Strahlen der Sonne* **K** Blitzstrahl, Laserstrahl, Lichtstrahl, Sonnenstrahl **2** *nur Singular* ein schneller, schmaler Strom einer Flüssigkeit oder eines Gases, der durch eine enge Öffnung gedrückt wird ⟨ein dünner, kräftiger, starker Strahl⟩ | *Ein Strahl Wasser schoss aus dem Loch im Rohr* **K** Blutstrahl, Dampfstrahl, Wasserstrahl, Düsenstrahl **3** *meist Plural* Energie (wie Licht, Elektrizität, Radioaktivität), die sich in der Form von Wellen irgendwohin bewegt ⟨ionisierende, kosmische, radioaktive, ultraviolette Strahlen; etwas sendet Strahlen aus, gibt Strahlen ab, reflektiert, absorbiert Strahlen, schirmt Strahlen ab⟩ **K** Strahlenbrechung, Strahlenbündel, Strahlenquelle; Alphastrahlen, Betastrahlen, Elektronenstrahl, Energiestrahlen, Gammastrahlen, Infrarotstrahlen, Ionenstrahl, Kathodenstrahl, Neutronenstrahl, Radarstrahlen, Radiostrahlen, Röntgenstrahlen, Wärmestrahlen, UV-Strahlen ● zu (1) **strah·len·för·mig** ADJEKTIV

Strah·le·mann *der; gesprochen, humorvoll* eine Person, die immer lächelt und Optimismus verbreitet (meist ein kleiner Junge)

★ **strah·len** VERB (strahlte, hat gestrahlt) **1** **etwas strahlt** etwas sendet (helles) Licht aus ⟨die Sonne, ein Scheinwerfer⟩ ≈ *leuchten* **2** **(vor etwas** (*Dativ*)**) strahlen** sehr froh und glücklich aussehen ⟨vor Begeisterung, Freude, Glück, Stolz strahlen⟩ | *Sie strahlte vor Glück, als sie ihn sah* **3** **etwas strahlt** etwas sendet radioaktive Strahlen aus | *Uran strahlt* ▪ **ID** **über das ganze Gesicht strahlen, über beide Backen strahlen, von einem Ohr zum anderen strahlen** sehr froh und glücklich aussehen

strah·len-, Strah·len- *im Adjektiv und Substantiv, betont, begrenzt produktiv* **die Strahlenbehandlung, die Strahlenbelastung, die Strahlendosis, der Strahlenschutz, die Strahlentherapie**; **strahlenkrank, strahlenverseucht** *und andere* durch oder gegen radioaktive Strahlen oder Röntgenstrahlen

Strah·ler *der;* (-s, -) **1** eine Lampe **K** Tiefstrahler **2** ein Gerät, das Wärme ausstrahlt **K** Heizstrahler **3** eine Fläche meist aus Plexiglas an Autos, Fahrrädern o. Ä., die Licht reflektiert ≈ *Reflektor* **K** Rückstrahler

Strah·lung *die;* (-, -en) die Situation, wenn Strahlen entstehen und sich ausbreiten ⟨radioaktive, ultraviolette Strah-

S

lung; die Strahlung messen⟩ K Strahlungsbelastung, Strahlungsbereich, Strahlungsenergie, Strahlungsintensität, Strahlungswärme; strahlungsarm; Atomstrahlung, Höhenstrahlung, Kernstrahlung, Radiostrahlung, Röntgenstrahlung, Sonnenstrahlung

Strähn·chen *das*; (-s, -) eine von wenigen Strähnen im Haar, die in einer anderen Farbe gefärbt wurden

Sträh·ne *die*; (-, -n) eine größere Menge langer und glatter Haare, die zusammen sind ⟨graue Strähnen im Haar haben; jemandem Strähnen ins Haar färben; jemandem fällt eine Strähne in die Stirn, ins Gesicht⟩ • hierzu **sträh·nig** ADJEKTIV

stramm ADJEKTIV (strammer, strammst-) **1** **ein Gummiband/eine Hose sitzt stramm** so fest gespannt, dass sie eng anliegen **2** kräftig ⟨Beine, Waden; ein Junge⟩ **3** (vor allem als Soldat) sehr gerade, mit angespannten Muskeln | *in strammer Haltung* **4** *gesprochen, abwertend* sehr überzeugt ⟨ein Katholik, ein Protestant⟩ ≈ *strenggläubig* **5** **etwas stramm ziehen** etwas stark spannen, sodass es fest und straff ist ⟨einen Gürtel, eine Leine stramm ziehen⟩

stramm·ste·hen VERB (stand stramm, hat/ist strammgestanden) (vor allem als Soldat) in gerader Körperhaltung stehen | *die Kompanie strammstehen lassen*

stramm·zie·hen VERB ≈ *stramm ziehen*

Stram·pel·ho·se *die* eine Hose für Babys, die auch die Füße bedeckt und über der Schulter befestigt wird

stram·peln VERB (strampelte, hat/ist gestrampelt) **1** (*hat*) die Beine kräftig und schnell hin und her oder auf und ab bewegen | *das Baby strampelte vor Vergnügen* **2** **irgendwohin strampeln** *gesprochen* (*ist*) mit dem Fahrrad irgendwohin fahren

★ **Strand** *der*; (-(e)s, Strän·de) ein flaches Stück Ufer am Meer ⟨am Strand liegen und sich sonnen; an den/zum Strand gehen⟩ | *Das Hotel hat einen eigenen Strand* K Strandbad, Strandcafé, Strandhotel, Strandpromenade; Badestrand, Kiesstrand, Meeresstrand, Nacktbadestrand, Palmenstrand, Sandstrand, Seestrand, FKK-Strand

Strand·burg *die* Mauern aus Sand, die Urlauber am Strand um ihren Liegestuhl o. Ä. herum bauen

stran·den VERB (strandete, ist gestrandet) **1** **ein Schiff strandet** ein Schiff wird ans Ufer getrieben und kommt von dort nicht mehr weg **2** **jemand strandet** jemand scheitert im Beruf oder im Leben

Strand·gut *das*; *nur Singular* die Dinge (vor allem Teile von Schiffen und deren Ausrüstung), welche das Meer an den Strand trägt

Strand·korb *der* ein vorne offener Korb mit einer Bank, in den man sich setzt, damit man am Strand vor dem Wind oder der Sonne geschützt ist

Strang *der*; (-(e)s, Sträng·ge) **1** **ein Strang Garn/Wolle** mehrere Fäden, die so gedreht wurden, dass ein dickerer Faden daraus wurde **2** die Fasern von Muskeln, Nerven o. Ä., die zusammengehören K Muskelstrang, Nervenstrang, Sehnenstrang **3** ≈ *Gleis* ■ ID **jemanden zum Tod durch den Strang verurteilen** *geschrieben* eine Person dazu verurteilen, dass sie zur Strafe erhängt wird; **Wir ziehen (alle) an 'einem/am 'gleichen/am 'selben Strang** wir kämpfen für das gleiche Ziel; **über die Stränge schlagen** (aus Übermut) etwas leichtfertig tun

stran·gu·lie·ren [ʃtraŋgu'li:rən] VERB (strangulierte, hat stranguliert) **jemanden strangulieren** *geschrieben* ≈ *erdrosseln, erwürgen* • hierzu **Stran·gu·la·ti·on** *die*

Stra·pa·ze *die*; (-, -n) wenn etwas sehr anstrengend ist, ist es eine Strapaze ⟨Strapazen aushalten, durchmachen, überstehen; etwas ist mit Strapazen verbunden; sich von den Strapazen erholen⟩ ≈ *Anstrengung* | *Er war den Strapazen der Wanderung nicht gewachsen und musste umkehren*

stra·pa·zie·ren VERB (strapazierte, hat strapaziert) **1** **etwas strapazieren** etwas so oft benutzen, dass man Spuren der Abnutzung, das langen Gebrauchs sieht | *ein strapazierter Teppichboden* **2** **jemanden/etwas strapazieren** eine Person oder Sache so belasten, dass sie krank, schwach oder müde wird ⟨jemandes Geduld, Nerven strapazieren⟩

stra·pa·zier·fä·hig ADJEKTIV so, dass es lange hält, obwohl man es sehr oft und sehr intensiv benutzt ⟨ein Bodenbelag, ein Stoff, ein Teppich⟩

stra·pa·zi·ös ADJEKTIV ⟨eine Arbeit, eine Reise, eine Wanderung⟩ ≈ *anstrengend, beschwerlich*

Straps *der*; (-es, -e); *meist Plural* ≈ *Strumpfhalter*

Strass *der*; (-es) ein kleines Stück Glas, das so geschliffen ist, dass es wie ein Edelstein aussieht | *eine mit Strass besetzte Bluse*

★ **Stra·ße** *die*; (-, -n) **1** ein breiter Weg für Fahrzeuge mit Rädern, der meist eine glatte, harte Oberfläche hat ⟨eine enge, schmale, breite, holprige, kurvenreiche, gut ausgebaute, vierspurige, frisch geteerte, gepflasterte, ruhige, belebte, verkehrsreiche, viel befahrene Straße; eine Straße überqueren; ein Haus, ein Grundstück liegt (direkt) an einer Straße; in einer Straße wohnen; auf der Straße spielen, stehen; durch die Straßen fahren, gehen, schlendern, bummeln; eine Straße sperren; ein Fenster, ein Zimmer auf die/zur Straße⟩ K Straßenarbeiten, Straßenbelag, Straßenfest, Straßenkarte, Straßenkreuzung, Straßenlampe, Straßenlärm, Straßenmusikant, Straßennetz, Straßenpflaster, Straßenrand, Straßenreinigung, Straßenschuh, Straßenseite, Straßensperre, Straßenverkehr; Asphaltstraße, Betonstraße, Schotterstraße, Teerstraße, Bergstraße, Dorfstraße, Fernstraße, Landstraße, Passstraße, Schnellstraße, Uferstraße, Hauptstraße, Nebenstraße, Seitenstraße H Abkürzung: *Str.* **2** die Menschen, die an einer Straße wohnen | *Die ganze Straße beteiligte sich an dem Fest* **3** verwendet als Teil von geografischen Namen für schmale Streifen Meer ≈ *Meerenge* | *die Straße von Gibraltar* **4** **ein Kind/Junge/Mädchen von der Straße** ein Kind, um das sich niemand kümmert, das sich viel auf der Straße aufhält oder dort lebt K Straßenjunge, Straßenmädchen ■ ID **jemanden von der Straße holen** vor allem Arbeitslose und Jugendliche beschäftigen (damit sie sich nicht mehr auf der Straße aufhalten); **jemanden auf die Straße setzen** *gesprochen* einem Angestellten oder Mieter kündigen; **auf der Straße sitzen/stehen** *gesprochen* keine Arbeit/keine Wohnung (mehr) haben; **(für/gegen jemanden/etwas) auf die Straße gehen** ≈ *demonstrieren*

★ **Stra·ßen·bahn** *die* eine elektrische Bahn, die auf Schienen durch die Straßen einer (großen) Stadt fährt ⟨mit der Straßenbahn fahren⟩ K Straßenbahnfahrer, Straßenbahnhaltestelle

Stra·ßen·bau *der*; (-s) **1** die Firmen und die Leute, die Straßen bauen ⟨beim/im Straßenbau arbeiten⟩ **2** das Bauen von Straßen K Straßenbauamt, Straßenbauingenieur

Stra·ßen·be·nut·zungs|ge·bühr *die* Geld, das man für das Benutzen mancher Straßen (z. B. Autobahnen, Tunnel) zahlen muss ≈ *Maut*

Stra·ßen·ca·fé [kafe:] *das* ein Café mit Stühlen und Tischen im Freien, direkt neben einer Straße

Stra·ßen·de·cke *die* die harte Oberfläche einer Straße

Stra·ßen·fe·ger *der*; (-s, -) **1** eine Person, die beruflich die Straßen reinigt **2** *gesprochen* eine Fernsehsendung, die von sehr vielen Leuten gesehen wird • zu (1) **Stra·ßen·fe·ge·rin** *die*

Stra·ßen·glät·te *die*; *nur Singular* die Glätte auf den Straßen (meist im Winter), welche durch Eis oder Schnee entsteht | *erhöhte Gefahr von Straßenglätte*

Stra·ßen·gra·ben *der* ein Graben neben einer Landstraße

⟨in den Straßengraben fahren, rutschen⟩

Stra·ßen·kreu·zer *der* ein sehr großes, breites Auto | *ein amerikanischer Straßenkreuzer*

Stra·ßen·schild *das* ein Schild mit dem Namen einer Straße

Stra·ßen·schlacht *die* ein Kampf zwischen verschiedenen Gruppen von Personen (z. B. zwischen Demonstranten) in den Straßen einer Stadt | *Die Demonstranten lieferten sich eine Straßenschlacht mit der Polizei*

Stra·ßen·sig·nal *das;* Ⓒⓗ ≈ *Verkehrszeichen*

Stra·ßen·ver·kehrs|ord·nung *die* die Gesetze, welche den Verkehr auf der Straße regeln **i** Abkürzung: *StVO*

Stra·ßen·wacht *die;* (-) ein Verein oder Hilfsdienst, die ihren Mitgliedern helfen, wenn sie mit dem Auto eine Panne haben

Stra·te·ge *der;* (-n, -n) eine Person, die sich Pläne oder (militärische) Strategien ausdenkt **i** *der Stratege; den, dem, des Strategen* ● hierzu **Stra·te·gin** *die*

★ **Stra·te·gie** *die;* (-, -n [-ˈgiːən]) ein genauer Plan für die Handlungen, mit denen man ein Ziel erreichen will ⟨eine Strategie ausarbeiten, anwenden; sich auf eine Strategie festlegen; Personen einigen sich auf eine Strategie; nach einer Strategie vorgehen⟩ ● hierzu **stra·te·gisch** ADJEKTIV

Stra·to·sphä·re [-ˈsfɛː-] *die;* (-) die Schicht der Atmosphäre der Erde, die zwischen 12 und 50 Kilometer über der Erdoberfläche liegt

sträu·ben VERB (sträubte, hat gesträubt) **1** **etwas sträubt sich** etwas richtet sich auf und steht vom Körper weg ⟨das Fell, das Gefieder, die Federn⟩ | *jemandem sträuben sich vor Angst/Entsetzen die Haare* **2** **sich (gegen etwas) sträuben** etwas nicht wollen, sich dagegen wehren ⟨sich mit Händen und Füßen sträuben⟩ | *Er sträubte sich (dagegen), sein Zimmer aufzuräumen* **3** **ein Tier sträubt das Fell** bei einem Tier richtet sich das Fell auf und steht vom Körper weg (z. B. weil das Tier Angst hat) ■ ID **in jemandem sträubt sich alles gegen etwas** jemand fühlt eine starke Abneigung, einen starken Widerwillen gegen etwas

★ **Strauch** *der;* (-(e)s, Sträu·cher) eine Pflanze mit vielen dünnen Ästen, die direkt aus dem Boden wachsen ⟨Sträucher pflanzen, beschneiden, abernten⟩ ≈ *Busch* K Hasel(nuss)strauch, Himbeerstrauch, Holunderstrauch, Rosenstrauch

strau·cheln VERB (strauchelte, ist gestrauchelt) **1** *geschrieben* ≈ *stolpern* **2** straffällig werden (meist mit einem kleinen Delikt) | *Die Spielsucht ließ ihn immer wieder straucheln*

Strauch·to·ma·te *die* eine Tomate, die noch mit anderen zusammen an einem Stiel hängt, wenn sie verkauft wird

★ **Strauß**[1] *der;* (-es, Sträu·ße) **1** mehrere Blumen, die man zusammen in der Hand hält oder die man in eine Vase stellt ⟨ein frischer, verwelkter, bunter Strauß; einen Strauß pflücken; jemandem einen Strauß Blumen überreichen, schenken⟩ K Blumenstrauß, Brautstrauß, Geburtstagsstrauß, Rosenstrauß, Willkommensstrauß **2** *veraltet* ⟨einen Strauß mit jemandem haben, austragen⟩ ≈ *Streit*

Strauß[2] *der;* (-es, -e) ein sehr großer Vogel, der vor allem in Afrika (aber auch in Südamerika und Australien) lebt und sehr schnell laufen, aber nicht fliegen kann ⟨der Vogel Strauß⟩ K Straußenei, Straußenfeder

strea·men [ˈstriːmn̩] VERB (streamte, hat gestreamt) **etwas streamen** ein Angebot zum Anhören oder Ansehen im Internet zur Verfügung stellen, das man nicht vorher herunterladen muss ⟨ein Radioprogramm, Filme, Videos streamen⟩ ● hierzu **Stream** *der;* **Strea·ming** *das*

Stre·be *die;* (-, -n) eine schräge Stange oder ein schräger Balken, die etwas stützen | *eine einsturzgefährdete Wand mit Streben (ab)stützen | die Streben eines Gerüstes* K Strebebalken, Strebepfeiler

★ **stre·ben** VERB (strebte, hat/ist gestrebt) **1** **nach etwas streben** (*hat*) mit großer Energie versuchen, etwas zu erreichen ⟨nach Erfolg, Glück, Macht, Ruhm streben⟩ **2** **irgendwohin streben** (*ist*) sich mit fester Absicht in Richtung auf ein Ziel bewegen | *mit schnellen Schritten ins Büro streben* **3** *gesprochen, oft abwertend* (*hat*) fleißig lernen

Stre·ber *der;* (-s, -); *abwertend* eine Person, die fleißig lernt und übermäßig ehrgeizig ist K Strebernatur ● hierzu **stre·ber·haft** ADJEKTIV; **stre·be·risch** ADJEKTIV

streb·sam ADJEKTIV ⟨ein Schüler⟩ ≈ *fleißig* ● hierzu **Streb·sam·keit** *die*

★ **Stre·cke** *die;* (-, -n) **1** der Weg zwischen zwei Punkten oder Orten ⟨eine kurze, kleine, große, lange, weite Strecke fahren, gehen, laufen, zurücklegen⟩ | *die Strecke Frankfurt–New York fliegen | Mitten auf der Strecke hatten wir eine Panne | Für eine/Auf einer Strecke von hundert Kilometern braucht mein Auto nur sechs Liter Benzin* K Streckenabschnitt, Streckenrekord; Autobahnstrecke, Bremsstrecke, Fahrstrecke, Fahrtstrecke, Flugstrecke, Teststrecke, Transitstrecke, Wegstrecke **2** eine Strecke mit Eisenbahnschienen ⟨eine Strecke abgehen, kontrollieren, ausbessern⟩ ≈ *Linie* | *die Strecke von München nach Ulm über Augsburg* K Streckenarbeiter, Streckenaufseher, Streckenführung, Streckennetz, Streckensignal, Streckenwärter; Anschlussstrecke, Bahnstrecke, Gleisstrecke, Hauptstrecke, Nebenstrecke **3** die Strecke, die man bei einem Rennen läuft, fährt usw. | *Zuschauer säumten die Strecke | Mir liegen die langen Strecken mehr als die kurzen* K Abfahrtsstrecke, Hindernisstrecke, Marathonstrecke, Regattastrecke, Rennstrecke, Slalomstrecke, Sprintstrecke; Kurzstrecke, Langstrecke, Mittelstrecke **4** (in der Geometrie) die kürzeste Verbindung zwischen zwei Punkten **5** **auf offener/freier Strecke** außerhalb des Bahnhofs | *Der Zug hielt auf offener Strecke/blieb auf offener Strecke stehen* **6** **über weite Strecken (hin)** zu einem großen Teil | *Der Film war über weite Strecken langweilig | Nordafrika ist über weite Strecken hin Wüste* ■ ID **auf der Strecke bleiben** aufgeben müssen, keinen Erfolg haben; **etwas bleibt auf der Strecke** etwas muss aufgegeben werden | *Im Alltag blieben seine guten Vorsätze auf der Strecke;* **ein Tier zur Strecke bringen** ein Tier auf der Jagd töten; **jemanden zur Strecke bringen** (als Polizist) einen Verbrecher verhaften; **auf Strecke gehen** *gesprochen* abends ausgehen, Lokale besuchen

★ **stre·cken** VERB (streckte, hat gestreckt) **1** **etwas strecken** einen Körperteil so bewegen, dass er gerade wird ⟨einen Arm, ein Bein, ein Knie, den Rücken strecken⟩ | *Du musst das Bein strecken, dann vergeht der Krampf* K Streckmuskel, Streckverband **2** **sich/etwas strecken** den Körper oder einen Körperteil dehnen und strecken, sodass man oder der Körperteil die volle Länge erreicht ⟨die Glieder, Arme und Beine strecken⟩ | *sich nach dem Aufwachen recken und strecken | Sie streckte sich, um einen Apfel vom Baum zu pflücken* **3** **etwas irgendwohin strecken** einen Körperteil in die genannte Richtung strecken ⟨den Kopf aus dem Fenster, die Arme in die Höhe, die Füße unter den Tisch strecken⟩ ≈ *recken* **4** **etwas strecken** etwas mit einer Substanz mischen, damit es mehr wird ⟨die Soße, Suppe (mit Wasser) strecken⟩ ≈ *verdünnen* K Streckmittel **5** **sich irgendwohin strecken** sich irgendwo auf den Rücken legen ⟨sich aufs Bett, ins Gras, aufs Sofa strecken⟩

stre·cken·wei·se ADVERB an mehreren Stellen | *Der Damm ist streckenweise reparaturbedürftig | Sein Vortrag war streckenweise sehr interessant*

Street·wor·ker [ˈstriːtwøːɐ̯kɐ] *der;* (-s, -) ein Sozialarbeiter, der Drogenabhängige, Jugendliche, Prostituierte usw. auf der Straße (und nicht in einem Haus) betreut ● hierzu

S

Street·wor·ke·rin ['stri:twø:ɐ̯kərɪn] *die*

Streich *der*; (-(e)s, -e) **1** eine Handlung, mit der ein Kind jemanden zum Spaß ärgert, täuscht usw. ⟨ein frecher, lustiger, übermütiger Streich; Streiche aushecken, machen⟩ | *Kennst du Wilhelm Buschs Geschichte über die Streiche von Max und Moritz?* K Jungenstreich, Kinderstreich **2** *geschrieben ≈ Schlag, Hieb* **3** **jemandem einen Streich spielen** jemanden mit einem Streich ärgern oder täuschen **4** **etwas spielt jemandem einen Streich** etwas ist/funktioniert nicht so, wie jemand erwartet hat ⟨jemandes Augen, jemandes Gedächtnis⟩ | *Wir wollten eine Radtour machen, aber das Wetter hat uns einen Streich gespielt* ■ **ID auf 'einen Streich** gleichzeitig, auf einmal | *mehrere Probleme auf einen Streich lösen*

Strei·chel·ein·hei·ten *die; Plural; humorvoll* nette Worte, Zärtlichkeit, Lob usw., die jemand braucht, um sich wohlzufühlen ⟨seine Streicheleinheiten bekommen; sich (*Dativ*) seine Streicheleinheiten holen⟩

★ **strei·cheln** VERB (streichelte, hat gestreichelt) **1** **jemanden/etwas streicheln** sanft und liebevoll die Hand auf einem Körperteil einer Person oder eines Tieres hin und her bewegen ⟨das Fell eines Tieres, jemandes Haar, jemandes Hände, jemandes Wangen streicheln⟩ **2** **(jemandem) über etwas** (*Akkusativ*) **streicheln** jemanden oder ein Tier an der genannten Stelle streicheln ⟨jemandem übers Haar, über den Kopf streicheln⟩

Strei·chel·zoo *der* ein Zoo oder Teil eines Zoos, in dem man die Tiere (meist Ziegen, Kaninchen, Meerschweinchen usw.) streicheln und füttern darf

★ **strei·chen** VERB (strich, hat/ist gestrichen) **1** **(etwas) streichen** (*hat*) mit einem Pinsel o. Ä. Farbe auf etwas verteilen *≈ anstreichen* | *einen Zaun (braun) streichen* | *Vorsicht, die Tür ist frisch gestrichen!* **2** **etwas irgendwohin streichen** (*hat*) eine weiche Masse irgendwo verteilen | *(mit dem Messer) Butter aufs Brot streichen* | *Salbe auf eine Wunde streichen* | *(mit dem Kochlöffel) die Soße durch ein Sieb streichen* K Streichkäse, Streichwurst **3** **etwas streichen** (*hat*) etwas mit einer dünnen Schicht Butter, Marmelade o. Ä. bedecken ⟨ein Brot, ein Brötchen, eine Stulle streichen⟩ *≈ schmieren* **4** **(sich** (*Dativ*)**) etwas irgendwohin streichen** (*hat*) mit einer leichten Bewegung der Hand etwas irgendwohin bewegen | *Ich strich mir die Haare aus der Stirn/aus dem Gesicht* | *Krümel mit der Hand vom Tisch streichen* **5** **etwas streichen** (*hat*) einen Teil eines geschriebenen Textes durch einen Strich ungültig machen ⟨ein Wort, einen Satz, einen Absatz streichen⟩ | *Nicht Zutreffendes streichen!* **6** **jemanden/etwas aus einer Liste streichen** (*hat*) einen Strich durch den Namen einer Person oder Sache machen und sie so aus einer Liste entfernen **7** **etwas (aus etwas) streichen** (*hat*) bewirken, dass etwas nicht mehr gültig ist bzw. dass etwas, das geplant war, nicht (mehr) ausgeführt wird ⟨einen Auftrag, einen Flug, einen Programmpunkt streichen⟩ | *Mein Vater hat mir das Taschengeld für zwei Wochen gestrichen* | *Er hat den Autokauf vorerst gestrichen* **8** **die Flagge/die Segel streichen** (*hat*) auf einem Schiff die Flagge/die Segel einholen, einziehen **9** **durch/über etwas** (*Akkusativ*) **streichen** (*hat*) etwas leicht mit der Hand berühren und die Hand dabei in eine Richtung bewegen | *über die Tischdecke streichen, um sie zu glätten* | *Sie strich ihm zärtlich durchs/übers Haar* **10** **durch etwas streichen** (*ist*) ohne festes Ziel herumgehen ⟨durch den Wald, die Felder, die Wiesen streichen⟩ **11** **ein Tier streicht um etwas** (*ist*) ein Tier geht um etwas herum und wartet oder hofft dabei auf etwas | *Die Katze strich mir um die Beine* | *Ein Fuchs streicht um den Hühnerstall* **12** **etwas streicht über etwas** (*Akkusativ*) (*ist*) etwas bewegt sich dicht über einer Fläche | *Der Wind streicht über die Felder*

Strei·cher *der*; (-s, -) eine Person, die in einem Orchester ein Streichinstrument (z. B. eine Geige) spielt • hierzu **Strei·che·rin** *die*

streich·fä·hig ADJEKTIV ⟨Butter, Käse⟩ so, dass man sie gut aufs Brot streichen kann • hierzu **Streich·fä·hig·keit** *die*

★ **Streich·holz** *das*; (-es, Streich·höl·zer) ein kleiner Stab aus Holz, dessen dickes Ende (den Kopf) man an einer rauen Fläche reibt, um eine Flamme zu bekommen ⟨ein Streichholz anzünden⟩ *≈ Zündholz* K Streichholzheftchen, Streichholzschachtel

STREICHHOLZ

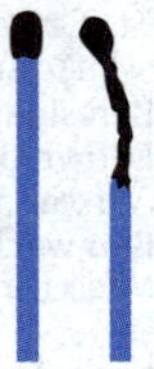

★ **Streich·inst·ru·ment** *das* ein Musikinstrument mit Saiten, über die man mit einem Bogen streicht, um Töne zu erzeugen, z. B. eine Geige oder ein Cello

STREICHINSTRUMENTE

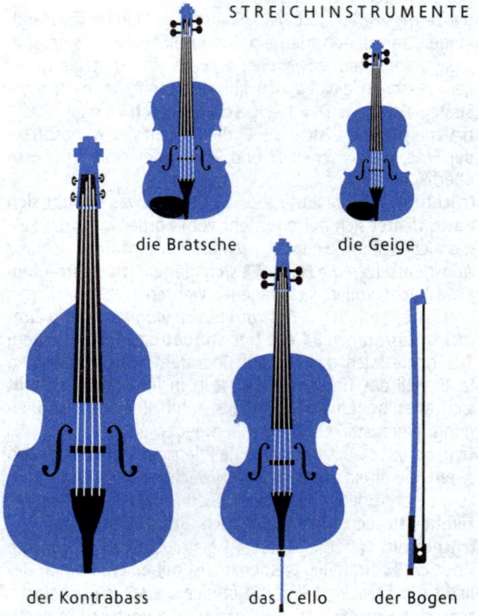

Strei·chung *die*; (-, -en) **1** die Handlung, mit der man ein Stück aus einem Text oder einen Namen oder eine Zahl aus einer Liste entfernt ⟨Streichungen in einem Text vornehmen⟩ **2** das Kürzen einer Summe Geld o. Ä., die jemandem zur Verfügung steht | *Streichungen am Etat vornehmen*

Streif *der*; (-(e)s, -e); *geschrieben* ⟨ein Streif am Horizont⟩ *≈ Streifen* K Silberstreif

Strei·fe *die*; (-, -n) **1** meist zwei Polizisten, die durch ein Gebiet fahren, um zu prüfen, ob alles in Ordnung ist K Streifendienst, Streifengang, Streifenwagen; Funkstreife, Polizeistreife **2** eine Fahrt, welche die Streife macht ⟨auf Streife gehen, müssen, sein⟩

★ **strei·fen** VERB (streifte, hat/ist gestreift) **1** **eine Person/Sache streift jemanden/etwas** (*hat*) eine Person oder Sache geht bzw. fährt so nahe an einer anderen Person oder Sache vorbei, dass sie diese leicht berührt | *Beim Einparken habe ich ein anderes Auto gestreift* | *Der Schuss hat das Tier nur an der Schulter gestreift* K Streifschuss **2** **etwas von etwas streifen** (*hat*) etwas mit leichtem Druck ziehend entfernen | *die Beeren vom Stiel streifen* | *den Schnee vom Fensterbrett streifen* | *Farbe vom Pinsel streifen* | *den Ring vom Finger streifen* **3** **etwas auf/über etwas** (*Akkusativ*) **streifen** (*hat*) ein enges Kleidungsstück o. Ä. anziehen, indem man daran zieht oder schiebt ⟨einen Ring auf den Finger streifen; ein Hemd, ein Kleid über den Kopf streifen; sich (*Dativ*) die Kapuze über den Kopf streifen⟩ **4** **etwas streifen** (*hat*) sich nur kurz mit etwas beschäftigen ⟨ein Problem, ein Thema in einem Vortrag, einer Diskussion streifen⟩ **5** **jemanden/etwas mit einem Blick streifen** (*hat*) jemanden/etwas kurz ansehen **6** **durch etwas streifen** (*ist*) ohne festes Ziel herumgehen ⟨durchs Land, durch die Felder, Wälder, Wiesen streifen⟩

★ **Strei·fen** *der*; (-s, -) **1** ein langer, schmaler Teil einer Fläche, der sich vor allem durch die Farbe vom Rest unterscheidet ⟨ein Stoff mit feinen, schmalen, breiten, bunten, gelben, weißen Streifen⟩ **K** Streifenmuster; Längsstreifen, Querstreifen, Schrägstreifen, Farbstreifen, Schmutzstreifen, Silberstreifen, Zebrastreifen **2** ein langes, schmales Stück | *ein schmaler Streifen Gras zwischen Feld und Straße* | *Papier in Streifen schneiden* | *auf dem mittleren Streifen der Straße fahren* **K** Filzstreifen, Papierstreifen, Stoffstreifen, Grasstreifen, Küstenstreifen, Kleb(e)streifen, Mittelstreifen, Randstreifen **3** *gesprochen* ⟨einen Streifen drehen, vorführen⟩ ≈ *Film*

strei·fig ADJEKTIV (nach dem Putzen, Waschen) mit Streifen von Schmutz ⟨ein Fenster, Wäsche⟩

Streif·zug *der* ein Ausflug, eine Fahrt ohne Ziel | *Streifzüge in die nähere Umgebung unternehmen*

★ **Streik** *der*; (-(e)s, -s) **1** **ein Streik (für etwas)** wenn Arbeiter oder Angestellte nicht arbeiten, um ihre Forderungen durchzusetzen, ist das ein Streik ⟨ein befristeter, unbefristeter Streik; in (den) Streik treten; zum Streik aufrufen; einen Streik ausrufen, abwenden, aussetzen, fortsetzen⟩ | *ein Streik für kürzere Arbeitszeit* | *Die Gewerkschaft drohte mit (einem) Streik* **K** Streikaufruf, Streikdrohung, Streikrecht, Streikwelle; Bummelstreik, Generalstreik, Solidaritätsstreik, Warnstreik **2** bei einem Streik tun Personen etwas absichtlich nicht oder blockieren einen Weg **K** Hungerstreik, Sitzstreik

Streik·bre·cher *der* eine Person, die während eines Streiks arbeitet und so den Erfolg des Streiks in Gefahr bringt ● hierzu **Streik·bre·che·rin** *die*

★ **strei·ken** VERB (streikte, hat gestreikt) **1** **(für etwas) streiken** einen Streik durchführen, bei einem Streik mitmachen | *für höhere Löhne streiken* **2** *gesprochen* etwas nicht mehr tun wollen | *Ich habe keine Lust mehr zu kochen. Ich streike!* **3** **etwas streikt** etwas funktioniert plötzlich nicht mehr | *Bei dieser Kälte streikt mein Auto oft*

Streik·geld *das* das Geld, das streikende Arbeiter von der Gewerkschaft bekommen (weil sie während des Streiks keinen Lohn bekommen)

Streik·pos·ten *der* eine Person, die während eines Streiks vor einem Betrieb steht, um zu verhindern, dass jemand hineingeht und arbeitet

★ **Streit** *der*; (-(e)s) **ein Streit (mit jemandem) (um/über etwas** (*Akkusativ*)) ein Vorgang, bei dem man voller Ärger mit jemandem spricht, weil man eine andere Meinung, ganz andere Interessen oder andere Ziele hat ⟨ein erbitterter, handfester, heftiger Streit; Streit suchen, mit jemandem haben; einen Streit beilegen, schlichten; sich in einen Streit einmischen; sich aus einem Streit heraushalten⟩ | *Es gab einen heftigen Streit darüber, wie es weitergehen sollte* **K** Gelehrtenstreit, Glaubensstreit, Grenzstreit, Meinungsstreit, Rechtsstreit, Religionsstreit **!** Als Plural wird *Streitigkeiten* verwendet. ■ **ID** **ein Streit um des Kaisers Bart** ein Streit um etwas, das nicht wichtig ist; **einen Streit vom Zaun brechen** einen Streit provozieren

streit·bar ADJEKTIV bereit zu kämpfen und sich zu verteidigen ● hierzu **Streit·bar·keit** *die*

★ **strei·ten** VERB (stritt, hat gestritten) **1** **(mit jemandem) (um/über etwas** (*Akkusativ*)) **streiten** voller Ärger mit einer Person sprechen (und sie aggressiv behandeln), weil man eine andere Meinung, ganz andere Interessen oder andere Ziele hat | *Er stritt mit seinem Bruder um das Spielzeug* | *Sie streiten immer wieder darüber, wer aufräumen muss* | *Hört auf zu streiten und vertragt euch wieder!* **2** **eine Person streitet mit jemandem über etwas** (*Akkusativ*); **Personen streiten über etwas** (*Akkusativ*) Personen diskutieren über etwas (heftig) und haben verschiedene Meinungen | *Was geschehen ist, ist geschehen. Wir wollen nicht darüber streiten, ob es klug war* | *Sie stritten über die Gefahren der Atomkraft* **K** Streitfall, Streitfrage, Streitgespräch, Streitpunkt **3** **für/gegen etwas streiten** *geschrieben* sich für/gegen etwas einsetzen ≈ *kämpfen* | *für Gerechtigkeit streiten* **4** *veraltet* (in einem Krieg) mit Waffen kämpfen **K** Streitaxt, Streitross, Streitwagen **5** **sich mit jemandem (über etwas** (*Akkusativ*)) **streiten** mit jemandem über etwas streiten ● zu (3) **Strei·ter** *der*

Streit·ham·mel *der*; *gesprochen, abwertend* eine Person, die oft und gern mit anderen Leuten schimpft und streitet

strei·tig ADJEKTIV **jemandem etwas streitig machen** sagen, dass jemand kein Recht auf etwas hat

Strei·tig·kei·ten *die*; *Plural* die Handlungen, bei denen Personen miteinander schimpfen und streiten

Streit·kräf·te *die*; *Plural* alle militärischen Organisationen und Soldaten eines Landes

streit·lus·tig ADJEKTIV bereit, sich mit jemandem zu streiten | *jemanden streitlustig anschauen* ● hierzu **Streit·lust** *die*

Streit·macht *die*; *meist Singular* ≈ *Truppen, Streitkräfte*

Streit·sa·che *die* ≈ *Rechtsstreit*

Streit·schrift *die* ≈ *Pamphlet*

streit·süch·tig ADJEKTIV so, dass jemand gern oder oft mit anderen Leuten streitet ⟨ein Mensch; eine Person⟩ ● hierzu **Streit·sucht** *die*

Streit·wert *der* die Summe Geld, die für eine Sache festgesetzt wird, wegen der man vor Gericht geht | *Die Gebühren von Anwalt und Gericht richten sich nach dem Streitwert*

★ **streng** ADJEKTIV **1** ohne Mitleid, ohne freundliche Gefühle oder Rücksicht ⟨Worte; ein Blick, eine Strafe, ein Urteil; jemanden streng ansehen; streng gegen jemanden/sich sein⟩ **2** so, dass eine Person (oder eine Vorschrift) Ordnung, Disziplin und Gehorsam verlangt ⟨Eltern, ein Lehrer, eine Erziehung⟩ ≈ *strikt* | *streng mit/zu jemandem sein* | *Hier herrschen strenge Regeln/Sitten* **3** *meist attributiv* so, dass es genau den Forderungen oder Regeln entspricht ⟨eine Diät, eine Ordnung, eine Prüfung, eine Untersuchung; jemanden streng bewachen; etwas streng befolgen, einhalten; sich streng an etwas halten⟩ ≈ *strikt* | *strengstes Stillschweigen bewahren* | *strengste Diskretion zusichern* | *Das ist streng verboten* **K** sittenstreng **4** **aufs Strengste/strengste** sehr hart und ohne Mitleid ⟨jemanden aufs Strengste bestrafen⟩ **5** **aufs Strengste/strengste** sehr genau | *die Vorschrift aufs Strengste befolgen* **6** deutlich, klar ⟨eine Trennung, eine Unterscheidung⟩ **7** intensiv und unangenehm ⟨ein Geruch, ein Geschmack⟩ **8** mit sehr niedrigen Temperaturen ⟨Frost, Kälte, ein Winter⟩ **9** einfach, ohne Ornamente oder Schmuck ⟨ein Aufbau, eine Schönheit, ein Stil⟩ **10** **etwas streng nehmen** etwas genau befolgen ⟨Vorschriften, Regeln streng nehmen⟩ | *Streng genommen ist das verboten, aber ausnahmsweise lasse ich es mal zu* **K** strenggenommen ● zu (2,7,8,9) **Stren·ge** *die*

S

streng·gläu·big ADJEKTIV sehr fromm ⟨ein Christ, ein Jude, ein Moslem⟩ ≈ *orthodox*

strengs·tens ADVERB sehr streng, absolut ⟨etwas ist strengstens verboten, untersagt; sich strengstens an die Regeln halten⟩

★ **Stress** *der;* (-es) **1** eine unangenehme, starke Belastung durch Probleme, zu viel Arbeit, Lärm usw. ⟨unter Stress stehen; Stress haben⟩ | *Von all dem Stress hat er einen Herzinfarkt bekommen* K Stresssituation **2** **im Stress sein** *gesprochen* viel Arbeit und wenig Zeit haben ● zu (1) **stressfrei** ADJEKTIV

stres·sen VERB (stresste, hat gestresst) **1** **jemanden (mit etwas) stressen** bewirken, dass jemand Stress hat | *Er hat sie mit seinen Problemen gestresst* **2** **etwas stresst (jemanden)** etwas ist der Grund für Stress bei jemandem | *Diese Art von Arbeit stresst (mich) ziemlich* | *Ich bin in letzter Zeit ziemlich gestresst*

stress·ge·plagt ADJEKTIV mit viel Stress belastet ⟨eine Hausfrau, ein Manager⟩

★ **stres·sig** ADJEKTIV; *gesprochen* ⟨eine Arbeit, ein Tag⟩ so, dass jemand deshalb Stress hat

Stress·test *der* Tests oder Situationen, bei denen man feststellen kann, welche Belastungen eine Person, eine Institution oder Sache aushält

Stretch [stretʃ] *der;* (-(e)s) ein dehnbarer Stoff für Kleidung K Stretchhose, Stretchjeans, Stretchtop

Streu *die;* (-) Stroh o. Ä., mit dem man den Boden in einem Stall bedeckt

streu·en VERB (streute, hat gestreut) **1** **Dinge (irgendwohin) streuen** mehrere kleine Dinge so werfen oder fallen lassen, dass sie sich über einer Fläche verteilen | *den Vögeln Futter aufs Fensterbrett streuen* | *Salz in die Suppe streuen* | *Die Kinder streuten bei der Hochzeit Blumen* K Streudose, Streuzucker **2** **(etwas) streuen** im Winter Salz, Sand o. Ä. auf eine Straße, einen Weg streuen, damit diese nicht so glatt sind | *Dieser Fußweg wird im Winter nicht geräumt oder gestreut* K Streugut, Streusalz, Streusand

Streu·er *der;* (-s, -) ein kleines Gefäß mit mehreren Löchern im Deckel, mit dem man Gewürze streuen kann K Pfefferstreuer, Salzstreuer

streu·nen VERB (streunte, hat/ist gestreunt) **(irgendwo) streunen** (*hat*); **(irgendwohin) streunen** (*ist*) *oft abwertend* viel Zeit auf der Straße verbringen und dort ohne Ziel herumlaufen | *streunende Hunde* | *durch die Straßen streunen* ● hierzu **Streu·ner** *der*

Streu·sel *die; Plural* kleine Stücke aus Butter, Zucker und Mehl, die man auf Kuchen streut K Streuselkuchen

Streu·ung *die;* (-, -en) der Vorgang, bei dem etwas (meist proportional) verteilt oder verbreitet wird ⟨die Streuung von Licht⟩ K Lichtstreuung

strich *Präteritum, 1. und 3. Person Singular* → streichen

★ **Strich** *der;* (-(e)s, -e) **1** eine gerade Linie, die man malt oder zeichnet ⟨ein dicker, dünner, feiner Strich; einen Strich (durch, unter etwas) machen, (mit dem Lineal) ziehen⟩ | *etwas in groben Strichen zeichnen* | *etwas mit dicken roten Strichen durchstreichen* K Bleistiftstrich, Federstrich, Kreidestrich, Pinselstrich; Längsstrich, Querstrich **2** eine kurze Linie als (gedrucktes oder geschriebenes) Zeichen | *ein Strich auf dieser Waage bedeutet zehn Gramm* K Anführungsstriche, Bindestrich, Bruchstrich, Eichstrich, Gedankenstrich, Schrägstrich, Trennungsstrich **3** *nur Singular* die Richtung, in der Haare oder die Fäden eines Stoffes liegen ⟨Haare, ein Fell gegen den Strich bürsten; ein Tier gegen den Strich streicheln⟩ **4** einen (meist roten) Strich durch Buchstaben, Zahlen oder Wörter machen, um anzuzeigen, dass sie entfernt werden sollen ⟨Striche in einem Manuskript, Text vornehmen⟩ ≈ *Streichung* **5** die Art und Weise, wie jemand den Pinsel führt K Pinselstrich **6** eine Bewegung mit der Hand, mit der man etwas glatt macht **7** *gesprochen* eine Gegend (z. B. an einer Straße), in der Prostituierte auf Kunden warten K Bahnhofsstrich, Straßenstrich **8** *gesprochen* ≈ *Prostitution* K Strichjunge, Strichmädchen

■ ID ▸Präposition plus Strich: **auf den Strich gehen** *gesprochen* als Prostituierte(r) (auf der Straße) arbeiten; **jemanden auf den Strich schicken** *gesprochen* (als Zuhälter) meist eine Frau dazu bringen, dass sie (auf der Straße) als Prostituierte arbeitet; **Das geht mir gegen den 'Strich!** *gesprochen* Das lehne ich ab, das stört mich; **nach Strich und Faden** *gesprochen* intensiv ⟨jemanden nach Strich und Faden verprügeln, verwöhnen⟩; **unter dem Strich** wenn man zum Schluss alles genau überlegt | *Unter dem Strich hat der Streik wenig gebracht;*

▸andere Verwendungen: **keinen Strich tun** *gesprochen* nicht arbeiten; **jemandem einen Strich durch die Rechnung machen** verhindern, dass etwas so abläuft, wie es geplant war; **nur ein 'Strich (in der Landschaft) sein** sehr mager, dünn sein

Strich·code [-ko:t, -koud] *der* eine Reihe senkrechter Striche, mit der eine Ware markiert ist. Der Strichcode enthält Informationen, die ein Scanner lesen kann

stri·cheln VERB (strichelte, hat gestrichelt) **(etwas) stricheln** etwas mit kleinen Strichen zeichnen ⟨eine Linie, eine Fläche⟩

Stri·cher *der;* (-s, -); *gesprochen* ein (junger) Mann, der als Prostituierter arbeitet

Strich·punkt *der* das Zeichen *;* ≈ *Semikolon*

strich·wei·se ADVERB in manchen Gegenden | *Es gibt strichweise Regen*

★ **Strick** *der;* (-(e)s, Stri·cke) **1** eine dicke Schnur oder ein Seil; Stricke verwendet man zum Binden ⟨der Strick hält, reißt; einen Strick um etwas binden⟩ | *jemandem mit einem Strick die Hände fesseln* i → Abb. unter **Schnur** **2** **der Tod durch den Strick** der Tod durch Erhängen ■ ID **jemandem aus etwas einen Strick drehen** einer Person wegen eines kleinen Fehlers, den sie gemacht hat, schaden; **wenn alle Stricke reißen** wenn es keine andere Möglichkeit mehr gibt

stri·cken VERB (strickte, hat gestrickt) **(etwas) stricken**; **an etwas stricken** mit zwei langen Nadeln und einem Faden aus Wolle Maschen machen und daraus z. B. einen Pullover herstellen ⟨linke, rechte Maschen stricken⟩ | *zwei rechts, zwei links stricken* (abwechselnd zwei rechte und zwei linke Maschen stricken) | *Ich stricke gern* | *Er strickt gerade eine* | *an einer Mütze* K Strickgarn, Stricknadel i vergleiche **häkeln**

Strick·ja·cke *die* eine Jacke, die aus Wolle gestrickt ist und vorne einen Reißverschluss oder Knöpfe hat ≈ *Strickweste*

Strick·lei·ter *die* eine Leiter aus Stricken, wie man sie z. B. auf einem Schiff benutzt | *jemandem eine Strickleiter zum Wasser hinunterlassen*

Strick·mus·ter *das* **1** ein Muster im Pullover o. Ä., das beim Stricken entsteht **2** eine Zeichnung, nach der man etwas strickt ■ ID **nach dem gleichen/demselben Strickmuster** nach derselben Methode

Strick·zeug *das* **1** etwas, das man gerade strickt **2** die Sachen, die man zum Stricken braucht

strie·geln VERB (striegelte, hat gestriegelt) **ein Tier/etwas striegeln** das Fell eines Pferdes o. Ä. mit einer Bürste reinigen ⟨ein Pferd, das Fell striegeln⟩

Strie·me *die;* (-, -n), **Strie·men** *der;* (-s, -) ein dunkler, relativ langer Streifen auf der Haut, der durch einen Schlag entstanden ist

★ **strikt** ADJEKTIV *meist attributiv* so, dass keine Ausnahme oder

S

Abweichung, kein Widerspruch geduldet wird ⟨Gehorsam; eine Anordnung, ein Befehl; etwas strikt befolgen⟩ ≈ *streng*

strin·gent [ʃtrɪŋ'gɛnt, str-] ADJEKTIV; *geschrieben* logisch und überzeugend ⟨eine Beweisführung, ein Schluss⟩ ● hierzu **Strin·genz** *die*

Strip [ʃtrɪp, str-] *der*; (-s, -s) Kurzwort für *Striptease*

Strip·pe *die*; (-, -n); *norddeutsch, gesprochen* **1** ≈ *Schnur, Kabel* **2** ⟨an der Strippe sein; jemanden an die Strippe kriegen⟩ ≈ *Telefon*

strip·pen ['ʃtrɪpn̩, 'str-] VERB (strippte, hat gestrippt); *gesprochen* einen Striptease machen ● hierzu **Strip·per** *der*; **Strip·pe·rin** *die*

Strip·tease ['ʃtrɪptiːs, 'str-] *der*; (-) eine Vorführung (meist in einem Lokal), bei der jemand tanzt oder erotische Bewegungen macht und sich dabei auszieht ⟨einen Striptease hinlegen, machen, tanzen⟩ **K** Stripteasetänzer, Stripteasetänzerin, Stripteasevorführung

stritt *Präteritum, 1. und 3. Person Singular* → streiten

strit·tig ADJEKTIV ⟨eine Frage, ein Problem, ein Punkt⟩ so, dass es darüber verschiedene Meinungen gibt

Stroh *das*; (-(e)s) die trockenen, gelben Halme des Getreides, nachdem die Körner entfernt wurden ⟨Stroh binden, pressen; ein Ballen Stroh; ein Dach mit Stroh decken; im Stall Stroh streuen; etwas mit Stroh polstern⟩ **K** Strohballen, Strohdach, Strohhaufen, Strohhut, Strohmatte, Strohpresse, Strohpuppe; strohblond, strohgelb ■ **ID etwas brennt wie Stroh** etwas brennt mit heller Flamme oder fängt leicht zu brennen an; **etwas schmeckt wie Stroh** etwas ist trocken und hat wenig Geschmack; **jemand hat nur Stroh im Kopf** *gesprochen* jemand ist dumm; **jemand drischt leeres Stroh** jemand sagt unwichtige Dinge

stroh·dumm ADJEKTIV; *gesprochen* sehr dumm

Stroh·feu·er *das* **ein kurzes Strohfeuer** ein starkes Gefühl der Begeisterung oder Liebe, das nicht lange bleibt

Stroh·halm *der* ein kleines Rohr aus Plastik, durch das man Getränke in den Mund saugt ■ **ID etwas knickt etwas wie einen Strohhalm** ein Sturm o. Ä. knickt ohne Mühe einen Baum, Mast o. Ä. | *Der Sturm knickte den Mast des Schiffes wie einen Strohhalm*; **nach dem rettenden Strohhalm greifen** eine letzte kleine Chance nutzen, um sich vielleicht doch noch aus einer unangenehmen Lage zu retten; **sich (wie ein Ertrinkender) an einen Strohhalm klammern** auf eine unwahrscheinliche Möglichkeit hoffen und nicht aufgeben

stro·hig ADJEKTIV **1** hart und ohne Glanz (wie Stroh) ⟨Haare⟩ **2** trocken und fade ⟨ein Geschmack; etwas schmeckt strohig⟩

Stroh·mann *der*; *abwertend* eine Person, die im Auftrag einer anderen Person, die anonym bleiben will, etwas kauft oder tut

Stroh·sack *der* ein Sack oder eine Matratze, die mit Stroh gefüllt sind ⟨auf Strohsäcken schlafen⟩ ■ **ID (Ach du) heiliger Strohsack!** *gesprochen* verwendet, um zu sagen, dass man unangenehm überrascht ist

stroh·tro·cken ADJEKTIV; *gesprochen* sehr trocken | *Die Erde ist strohtrocken*

Stroh·wit·we *die* eine Frau, deren Mann verreist o. Ä. ist

Stroh·wit·wer *der* ein Mann, dessen Frau verreist o. Ä. ist

Strolch *der*; (-(e)s, -e) **1** *abwertend* ein Mann, der sich viel auf der Straße aufhält, ungepflegt wirkt oder Gewalt anwendet ⟨von einem Strolch angefallen, belästigt, überfallen werden⟩ **2** *humorvoll* ≈ *Schlingel*

strol·chen VERB (strolchte, ist gestrolcht) **jemand/ein Hund o. Ä. strolcht (irgendwo, irgendwohin)** jemand/ein Hund o. Ä. wandert ohne Ziel herum

★ **Strom** *der*; (-(e)s, Strö·me) ▸elektrisch: **1** *meist Singular* eine fließende elektrische Ladung ⟨elektrischer, schwacher, starker Strom; den Strom einschalten, abschalten, ausschalten; etwas verbraucht viel Strom; Strom sparen⟩ ≈ *Elektrizität* **K** Stromabnehmer, Stromausfall, Stromerzeuger, Stromerzeugung, Stromkabel, Stromleitung, Stromnetz, Strompreis, Stromquelle, Stromrechnung, Stromschiene, Stromschlag, Stromstoß, Stromverbrauch, Stromzähler; Atomstrom, Batteriestrom, Netzstrom, Gleichstrom, Wechselstrom, Hochspannungsstrom, Schwachstrom, Starkstrom **2** **etwas steht unter Strom** elektrischer Strom fließt durch ein Kabel, eine Leitung usw. | *Als er den alten Fernseher reparierte, bekam er einen Schlag, weil die Rückwand unter Strom stand* ▸Fluss: **3** ein großer Fluss, der in ein Meer fließt ⟨ein breiter, mächtiger Strom; ein Fluss schwillt zu einem reißenden Strom an⟩ **4** **mit dem/gegen den Strom** in die/entgegen der Richtung eines Flusses o. Ä. ▸in Bewegung: **5** Wasser, das sich im Meer (wie ein Fluss) in eine Richtung bewegt ⟨ein kalter, warmer Strom⟩ ≈ *Strömung* **K** Golfstrom, Meeresstrom **6** eine große Menge einer Flüssigkeit oder eines Gases, die sich in eine Richtung bewegt ⟨es regnet in Strömen, Wasser fließt, Tränen fließen/rinnen in Strömen⟩ | *Ein Strom von Tränen lief über sein Gesicht* **K** Blutstrom, Lavastrom, Luftstrom **7** eine große Menge von Menschen oder Fahrzeugen, die sich in eine Richtung bewegen ⟨ein Strom von Autos, Besuchern, Touristen wälzt sich irgendwohin, ergießt sich irgendwohin⟩ **K** Besucherstrom

■ **ID mit dem Strom schwimmen** sich der Meinung der Mehrheit anschließen; **gegen/wider den Strom schwimmen** eine andere Meinung als die Mehrheit vertreten, sich nicht anpassen

strom·ab·wärts ADVERB in die Richtung, in welche das Wasser in einem großen Fluss (einem Strom) fließt

strom·auf·wärts ADVERB in die Richtung, aus welcher der Strom oder der Fluss kommt

strö·men VERB (strömte, ist geströmt) **1** **etwas strömt irgendwohin** ein Gas oder eine Flüssigkeit bewegt sich (meist in großen Mengen) in eine Richtung | *Gas strömt aus der Leitung* | *Blut strömt aus der Wunde* | *Tränen strömten über ihr Gesicht* **2** **Menschen strömen irgendwohin** Menschen bewegen sich in großer Zahl in eine Richtung | *Die Kinder strömten aus der Schule*

strö·mend ■ PARTIZIP PRÄSENS **1** → strömen ■ ADJEKTIV **2** *meist attributiv* ⟨Regen⟩ ≈ *stark, heftig*

Stro·mer *der*; (-s, -) ≈ *Streuner, Landstreicher* ● hierzu **Stro·me·rin** *die*

stro·mern VERB (stromerte, ist gestromert); *gesprochen* ohne Ziel herumwandern

Strom·kreis *der* ein System von Drähten oder Leitungen, die so miteinander verbunden sind, dass elektrischer Strom fließen kann ⟨einen Stromkreis unterbrechen, schließen⟩

Strom·li·ni·en|form *die* eine möglichst günstige Form meist eines Fahrzeuges, die bewirkt, dass der Widerstand der Luft beim Fahren sehr gering ist ● hierzu **strom·li·ni·en·för·mig** ADJEKTIV

Strom·schnel·le *die*; (-, -n) ein Teil eines Flusses, an welchem das Wasser schnell über Felsen fließt

Strom·stär·ke *die* die Menge des elektrischen Stroms, die sich innerhalb einer kurzen Zeit durch eine Leitung bewegt | *Die Stromstärke wird in Ampere gemessen*

★ **Strö·mung** *die*; (-, -en) **1** die Bewegung, mit der das Wasser eines Flusses oder des Meeres o. Ä. fließt ⟨eine gefährliche, starke, reißende Strömung; in eine Strömung geraten; von einer Strömung erfasst, mitgerissen werden⟩ | *Er kämpfte*

S

verzweifelt gegen die Strömung an, wurde aber immer weiter vom Ufer abgetrieben **2** Wasser, Luft oder Gas, das sich in eine Richtung bewegt ‹eine kalte, warme Strömung im Meer› **3** *meist Plural* eine der verschiedenen Meinungen innerhalb einer großen Gruppe ‹geistige, politische, kulturelle Strömungen›

Stro·phe [-fə] *die;* (-, -n) ein abgeschlossener Teil des Textes in einem Lied oder in einem Gedicht | *ein Lied mit fünf Strophen* | *die erste Strophe eines Liedes singen* | *nach jeder Strophe den Refrain singen* **K** Anfangsstrophe, Schlussstrophe

-stro·phig [-f-] *im Adjektiv, unbetont, begrenzt produktiv* **einstrophig, zweistrophig, dreistrophig, mehrstrophig** mit der genannten Zahl oder Menge von Strophen ‹ein Lied, ein Gedicht›

strot·zen VERB (strotzte, hat gestrotzt) **jemand/etwas strotzt vor etwas** (*Dativ*) jemand/etwas hat sehr viel von etwas ‹jemand strotzt vor Gesundheit; etwas strotzt vor Fehlern›

strub·be·lig, strubb·lig ADJEKTIV; *gesprochen* ‹ein Fell, Haare; strubbelig aussehen› ≈ *struppig*

Stru·del *der;* (-s, -) **1** eine Stelle in einem Fluss o. Ä., an welcher das Wasser eine kreisförmige Bewegung macht und nach unten gezogen wird ‹in einen Strudel geraten; von einem Strudel ergriffen, in die Tiefe gesogen werden› ≈ *Wirbel* **K** Wasserstrudel **2** *süddeutsch* Ⓐ ein Kuchen aus einer sehr dünnen Schicht Teig, auf den man z. B. Obst legt; dann wird der Teig zusammengerollt und gebacken **K** Apfelstrudel, Mohnstrudel, Quarkstrudel, Topfenstrudel

★ **Struk·tur** [ʃtr-, str-] *die;* (-, -en) **1** die Art, wie verschiedene Teile zusammen zu einem System geordnet sind ‹etwas hat eine einfache, komplizierte Struktur; etwas in der Struktur verändern› ≈ *Aufbau, Gliederung* | *die soziale Struktur eines Landes* | *die Struktur einer Sprache erforschen* | *die Struktur eines Moleküls untersuchen* **K** Strukturanalyse, Strukturänderung, Strukturformel, Strukturreform, Strukturwandel; Bodenstruktur, Gesellschaftsstruktur, Organisationsstruktur, Satzstruktur, Verkehrsstruktur, Verwaltungsstruktur, Feinstruktur **2** die Oberfläche eines Stoffes o. Ä. mit einem Muster aus hohen und tiefen Stellen **K** Strukturgewebe, Strukturtapete; Oberflächenstruktur, Reliefstruktur

struk·tu·rell [ʃtr-, str-] ADJEKTIV *meist attributiv* in Bezug auf die Struktur ‹eine Veränderung, eine Verbesserung›

struk·tu·rie·ren [ʃtr-, str-] VERB (strukturierte, hat strukturiert) **etwas strukturieren** *geschrieben* etwas (*Dativ*) eine Struktur geben ≈ *gliedern* | *die Wirtschaft neu strukturieren* | *ein gut strukturierter Aufsatz* ● hierzu **Struk·tu·rie·rung** *die*

struk·tur·schwach [ʃtr-, str-] ADJEKTIV mit wenig Arbeitsplätzen, wenig Industrie ‹ein Gebiet, eine Region›

★ **Strumpf** *der;* (-(e)s, Strümp·fe) Strümpfe aus Stoff oder Wolle trägt man an den Füßen (und Beinen) ‹Strümpfe stricken, stopfen; eine Laufmasche, ein Loch im Strumpf haben; ein Paar Strümpfe› | *Er zog die Schuhe aus und ging auf Strümpfen ins Zimmer* **K** Nylonstrümpfe, Seidenstrümpfe, Wollstrümpfe; Sportstrümpfe; Damenstrümpfe, Herrenstrümpfe, Kinderstrümpfe

Strumpf·band *das;* (-(e)s, Strumpf·bän·der) ein Band, das verhindert, dass ein Strumpf herunterrutscht

Strumpf·hal·ter *der* **1** ≈ *Strumpfband* **2** ≈ *Hüfthalter*

★ **Strumpf·ho·se** *die* ein enges Kleidungsstück für Frauen und Kinder, das den Unterleib, die Beine und die Füße bedeckt **K** Nylonstrumpfhose, Seidenstrumpfhose, Wollstrumpfhose; Damenstrumpfhose, Kinderstrumpfhose

Strumpf·mas·ke *die* ein dünner Strumpf, den eine Person bei einem Überfall über den Kopf zieht, damit sie nicht erkannt wird

Strunk *der;* (-(e)s, Strün·ke) **1** der dicke, harte Teil einer Pflanze dicht über der Erde **K** Kohlstrunk, Salatstrunk **2** der Rest des Stammes eines abgestorbenen Baumes **K** Baumstrunk

strup·pig ADJEKTIV so, dass die Haare relativ hart sind und in alle Richtungen durcheinander vom Kopf oder vom Körper abstehen ‹Haare, ein Hund, ein Fell›

Struw·wel·pe·ter *der* **1** ein Junge in einem bekannten Kinderbuch, der sich nie kämmt und die Fingernägel nicht schneidet **2** *humorvoll* eine Person (vor allem ein Kind), deren Haare ganz durcheinander sind

Strych·nin [ʃtrʏç'niːn, str-] *das;* (-s) ein Gift, das auf die Nerven, den Kreislauf und auf die Atmung wirkt

Stu·be *die;* (-, -n) **1** *süddeutsch* Ⓐ ≈ *Wohnzimmer* **2** ein Zimmer in einer Kaserne, in dem mehrere Soldaten schlafen **K** Stubenälteste(r), Stubenappell, Stubendienst, Stubenkamerad; Krankenstube, Mannschaftsstube ■ **ID (Immer) rein in die gute Stube!** *gesprochen, humorvoll* komm(t) nur herein!

-stu·be *die; im Substantiv, unbetont, begrenzt produktiv* **1** **Bauernstube, Imbissstube, Kaffeestube, Teestube, Weinstube** *und andere* bezeichnet einfache Lokale **2** **Backstube, Dachstube, Mansardenstube, Nähstube, Schlafstube, Schreibstube, Wohnstube** *und andere süddeutsch* ⒶⒸⒽ bezeichnet einen Raum zum genannten Zweck oder im genannten Teil des Hauses

Stu·ben·ar·rest *der* (als Strafe) das Verbot für ein Kind, das Zimmer zu verlassen (um draußen zu spielen o. Ä.) ‹Stubenarrest haben, bekommen›

Stu·ben·ho·cker *der; abwertend* eine Person, die am liebsten im Haus bleibt und nicht gern nach draußen geht ● hierzu **Stu·ben·ho·cke·rin** *die*

stu·ben·rein ADJEKTIV ‹ein Hund, eine Katze› so erzogen, dass sie Darm und Blase nicht auf dem Teppich o. Ä. entleeren

Stu·ben·wa·gen *der* ein Kinderwagen, in dem ein Baby tagsüber im Haus schlafen kann

Stuck *der;* (-(e)s) Ornamente aus Gips o. Ä. an den Decken und Wänden eines Zimmers (in alten, vornehmen Häusern) ‹etwas ist mit Stuck bedeckt, verziert› **K** Stuckarbeiten, Stuckdecke

★ **Stück** *das;* (-(e)s, -e) **1** ein Teil eines größeren Ganzen | *einen Balken in Stücke sägen* | *ein großes Stück (von der) Schokolade abbrechen* | *ein Stück Papier abreißen* | *ein kurzes Stück aus einem Buch vorlesen* | *das erste Stück eines Gedichtes aufsagen* | *Die Fensterscheibe zersprang in tausend Stücke* | *Sie kauften sich ein Stück Land* **K** Bratenstück, Brotstück, Fleischstück, Hautstück, Knochenstück, Kuchenstück, Landstück, Tortenstück, Wurststück **2** **ein Stück** *+Substantiv* ein Gegenstand aus der genannten Substanz oder der genannten Kategorie ‹ein Stück Butter, Kohle, Seife, Zucker› | *Die Eier kosten zwanzig Cent das/pro Stück* **K** Stückgut, Stückzahl; Beweisstück, Frachtstück, Fundstück, Gepäckstück, Kleidungsstück, Möbelstück, Schmuckstück, Schriftstück, Seifenstück, Wäschestück, Zuckerstück **3** *Zahlwort +* **Stück** die genannte Zahl von Dingen/Tieren | *fünf Stück Vieh* | *drei Stück Kuchen essen* | *„Wie viele Zigaretten hast du?" – „Zehn Stück."* | *Ich hätte gern sechs Stück von den Äpfeln da drüben* **4** ein einzelner Gegenstand, der für jemanden einen großen Wert hat (z. B. als Teil einer Sammlung) ≈ *Exemplar* | *In seiner Briefmarkensammlung hat er ein paar seltene Stücke* | *Diese Vase ist mein schönstes Stück* **K** Ausstellungsstück, Erbstück, Museumsstück, Prachtstück, Prunkstück **5** ein literarisches Werk, das meist im Theater gezeigt (aufgeführt) wird ‹ein Stück schreiben, inszenieren, proben, aufführen› ≈ *Drama* **K** Stückeschreiber; Bühnenstück, Theaterstück **6** ein musikalisches Werk | *ein Stück von Chopin spielen* | *Das Orchester* *studiert Stücke von Mozart ein* K Gesangsstück, Klavierstück, Musikstück, Orchesterstück, Übungsstück **7** **ein (kleines/kurzes) Stück** eine relativ kurze Entfernung | *Ich werde dich noch ein Stück begleiten* **8** **ein ganzes/gutes/schönes Stück** ziemlich viel, weit o. Ä. ⟨ein gutes/schönes Stück Arbeit, Geld, Glück; ein ganzes/gutes Stück älter, größer, kleiner, jünger, klüger als jemand sein; ein ganzes/gutes Stück wachsen; ein ganzes/gutes Stück (weit) fahren, gehen müssen⟩ **9** **ein dummes/faules Stück** *gesprochen, abwertend* verwendet als Schimpfwort für eine Person, die dumm/faul ist **10** **am/im Stück** ganz und nicht in Scheiben geschnitten ⟨Käse, Wurst, Fleisch am/im Stück kaufen⟩ **11** **in 'einem Stück** ganz und nicht in Teilen ⟨etwas in einem Stück lassen, herunterschlucken⟩

■ ID ▸mit Adjektiv: **Du bist doch mein/unser bestes 'Stück!** *gesprochen, humorvoll* verwendet, um eine Person (meist ein Mitglied der Familie) zu trösten und ihr zu sagen, dass man sie sehr gern hat; **aus freien Stücken** freiwillig, ohne Zwang; **große 'Stücke auf jemanden halten** eine sehr gute Meinung von jemandem haben; **ein hartes Stück 'Arbeit** viel schwere Arbeit; **(Das ist) ein starkes 'Stück** (das ist) eine Unverschämtheit;
▸andere Verwendungen: **Stück für Stück** ein Stück nach dem anderen | *ein Gedicht Stück für Stück auswendig lernen* | *Sie hat die ganzen Pralinen Stück für Stück aufgegessen*; **Da 'hast du dir aber ein Stück geleistet!** *gesprochen* verwendet, um jemandem zu sagen, dass er einen großen Fehler gemacht hat; **Das ist nur ein Stück 'Papier** das ist zwar geschrieben, aber deshalb muss es nicht wahr oder richtig sein • zu (1 – 3) **stück·wei·se** ADVERB

-stück *das; im Substantiv, unbetont, begrenzt produktiv* **1** **Centstück, Eurostück, Frankenstück**; **Goldstück, Messingstück, Silberstück** *und andere* eine Münze der genannten Währung oder aus dem genannten Material | *Ich habe noch ein paar Pfennig und Markstücke von früher gefunden* **2** **Eincentstück, Fünfcentstück, Zweieurostück** *und andere* eine Münze mit dem genannten Wert

Stu·cka·teur [-'tøːɐ̯] *der*; (-s, -e) eine Person, die beruflich Verzierungen aus Stuck herstellt • hierzu **Stu·cka·teu·rin** [-'tøːrɪn] *die*

stü·ckeln VERB (stückelte, hat gestückelt) **(etwas) stückeln** etwas aus kleinen Stücken zusammensetzen | *stückeln müssen, weil der Stoff nicht reicht*

Stü·cke·lung *die*; (-, -en) **1** *nur Singular* das Stückeln **2** die Aufteilung von Geldscheinen, Münzen oder Wertpapieren nach ihrem jeweiligen Wert

Stück·werk *das* **etwas ist, bleibt Stückwerk** etwas ist nicht einheitlich und daher unbefriedigend | *Die Steuerreform blieb Stückwerk*

★ **Stu·dent** *der*; (-en, -en) eine Person, die an einer Universität oder Hochschule studiert | *ein Student der Mathematik* | *Student im dritten Semester sein* K Studentenausweis, Studentenbewegung, Studentenvertretung, Studentenwohnheim; Chemiestudent, Jurastudent, Medizinstudent, Sprachenstudent **i** a) *der Student; den, dem, des Studenten* b) zu *Studentin* → Info im Eintrag **-in** • hierzu **Stu·den·tin** *die*; **stu·den·tisch** ADJEKTIV

Stu·den·ten·bu·de *die*; *gesprochen* ein (möbliertes) Zimmer, in dem ein Student wohnt

Stu·den·ten·fut·ter *das* eine Mischung aus (verschiedenen) Nüssen und Rosinen

Stu·den·ten·schaft *die*; (-, -en) alle Studenten einer Hoch-

STÜCK

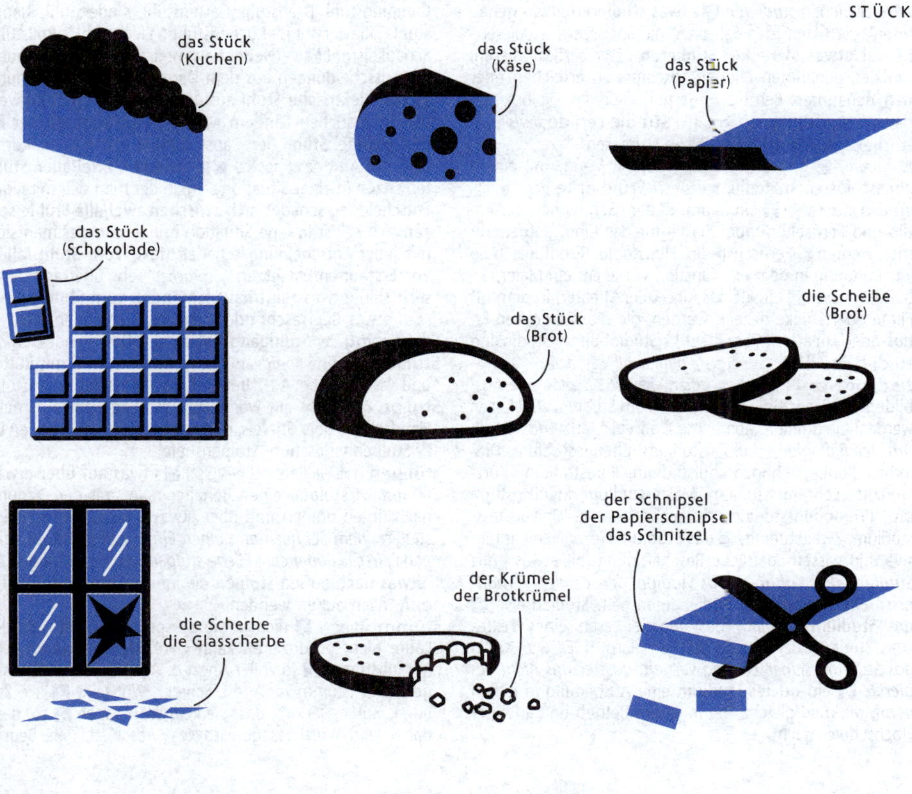

S

schule oder eines Landes

★ **Stu·die** [-di̯ə] *die*; (-, -n) **1** **eine Studie (zu etwas, über etwas** (*Akkusativ*)**)** eine schriftliche wissenschaftliche Arbeit | *eine Studie über die Ursachen des Waldsterbens* **2** eine Zeichnung, mit der ein Maler ausprobiert, wie etwas (aus einer Perspektive o. Ä.) aussieht ⟨Studien anfertigen⟩

Stu·di·en [-di̯ən] *Plural* **1** → Studium **2** → Studie

Stu·di·en- [-di̯ən] *im Substantiv, betont, begrenzt produktiv* **die Studienberatung, der Studienbewerber, das Studienfach, die Studiengebühren, der Studienplatz, die Studienzeit** *und andere* in Bezug auf das Studium an einer Universität o. Ä.

Stu·di·en·gang [-di̯ən] *der* die Ausbildung, die man an der Universität o. Ä. für ein Fach macht K Aufbaustudiengang, Diplomstudiengang, Fachhochschulstudiengang, Lehramtsstudiengang, Kurzstudiengang

stu·di·en·hal·ber [-di̯ən] ADVERB während oder wegen eines Studiums ⟨sich studienhalber irgendwo aufhalten⟩

Stu·di·en·rat [-di̯ən] *der*; Ⓓ ein Titel für einen Lehrer am Gymnasium o. Ä. K Oberstudienrat • hierzu **Stu·di·en·rä·tin** *die*

Stu·di·en·re·fe·ren·dar [-di̯ən] *der*; Ⓓ Studienreferendare sind Lehrer, welche (nach dem 1. Staatsexamen) die praktische Ausbildung an der Schule (und danach das 2. Staatsexamen) machen • hierzu **Stu·di·en·re·fe·ren·da·rin** *die*

★ **stu·die·ren** VERB (studierte, hat studiert) **1** **(etwas) studieren** eine Universität oder Hochschule besuchen und dort etwas lernen ⟨Mathematik, Medizin, Sprachen studieren; an einer Universität, Hochschule studieren⟩ | *Sie studiert im dritten Semester Biologie* | *Nach dem Abitur will sie studieren* **2** **etwas studieren** etwas genau beobachten und untersuchen, um viele Informationen zu bekommen | *das Verhalten der Bienen studieren* **3** **etwas studieren** etwas genau lesen ⟨die Akten, den Fahrplan, die Speisekarte studieren⟩ **4** **auf etwas** (*Akkusativ*) **studieren** *gesprochen* studieren, um den genannten Bildungsabschluss zu erreichen oder den genannten Beruf zu erlernen ⟨auf das Diplom, auf das Lehramt studieren⟩ • zu (1) **Stu·die·ren·de** *der/die*

stu·diert ■ PARTIZIP PERFEKT **1** → studieren
■ ADJEKTIV **2** *gesprochen* ⟨eine Frau, ein Mann⟩ mit einem abgeschlossenen Studium • zu (2) **Stu·dier·te** *der/die*

★ **Stu·dio** *das*; (-s, -s) **1** ein Raum, in dem Sendungen (für Radio und Fernsehen) oder Filme (für das Kino) aufgenommen werden K Fernsehstudio, Filmstudio, Rundfunkstudio **2** ein Raum, in dem ein Künstler, vor allem ein Maler, arbeitet ≈ *Atelier* **3** ein kleines Kino oder Theater, in dem oft Filme oder Stücke gezeigt werden, die man in großen Kinos oder Theatern nicht sieht K Studiobühne, Studiokino

Stu·di·o·sus *der*; (-, Stu·di·o·si); *humorvoll* ≈ *Student*

★ **Stu·di·um** *das*; (-s, Stu·di·en [-di̯ən]) **1** *nur Singular* eine Ausbildung an einer Universität o. Ä. ⟨zum Studium zugelassen werden; ein Studium aufnehmen, abschließen⟩ | *das Studium der Biologie* K Aufbaustudium, Chemiestudium, Diplomstudium, Fachhochschulstudium, Jurastudium, Kurzstudium, Lehramtsstudium, Masterstudium, Medizinstudium, Promotionsstudium, Sprachenstudium, Universitätsstudium, Zweitstudium **2** **das Studium** (+*Genitiv*) die intensive und wissenschaftliche Beschäftigung mit etwas | *das Studium alter Kulturen* | *das Studium der sozialen Verhältnisse eines Landes* K Studienaufenthalt, Studienreise **3** **das Studium** (+*Genitiv*) das genaue Lesen eines Textes ⟨das Studium der Akten, des Fahrplans⟩ | *Er war so in das Studium seiner Zeitung vertieft, dass er uns nicht bemerkte* **4** **ein duales Studium** eine Ausbildung in einem Beruf, die man gleichzeitig in einem Betrieb und an einer Hochschule macht

★ **Stu·fe** *die*; (-, -n) **1** eine von mehreren waagrechten, schmalen Flächen einer Treppe | *auf der untersten/obersten Stufe stehen* | *zwei Stufen auf einmal nehmen* | *die Stufen zum Aussichtsturm hinaufgehen* K Stufenleiter; Altarstufe, Treppenstufe **2** eine Art Stufe in einer großen Fläche | *Der Meeresboden fällt in Stufen ab* K Stufendach, Stufenpyramide **3** der Zustand zu einem Zeitpunkt einer Entwicklung ⟨eine niedrige, hohe Stufe; etwas steht auf einer Stufe, bleibt auf einer Stufe stehen; etwas erreicht eine Stufe⟩ ≈ *Stadium* K Altersstufe, Anfangsstufe, Bildungsstufe, Entwicklungsstufe, Grundstufe, Intelligenzstufe, Kulturstufe, Übergangsstufe, Vorstufe, Zwischenstufe **4** ein Punkt auf einer Skala ⟨etwas rückt in die nächste Stufe auf⟩ K Stufenfolge, Stufenplan; Besoldungsstufe, Gehaltsstufe, Preisstufe, Rangstufe, Schwierigkeitsstufe **5** der Teil einer Rakete als Antrieb ⟨die erste, zweite, dritte Stufe zünden⟩ K Antriebsstufe, Raketenstufe ■ ID **sich mit jemandem auf die gleiche Stufe/auf 'eine Stufe stellen** a etwas tun, wodurch man auf das niedrigere Niveau einer anderen Person kommt b sich für genauso gut wie eine andere Person halten • zu (2,3) **stu·fen·för·mig** ADJEKTIV; zu (3) **stu·fen·los** ADJEKTIV; zu (1,3,4) **stu·fen·wei·se** ADJEKTIV

Stu·fen·bar·ren *der* ein Turngerät für Frauen, dessen zwei waagrechte Stangen verschieden hoch sind

stu·fig ADJEKTIV so, dass die Haare mehrere unterschiedliche Längen haben ⟨eine Frisur, ein Haarschnitt; das Haar/die Haare stufig schneiden⟩

★ **Stuhl** *der*; (-(e)s, Stüh·le) **1** Stühle haben vier Beine und sind oft aus Holz, eine Person kann darauf sitzen ⟨sich auf einen Stuhl setzen; auf einem Stuhl sitzen; vom Stuhl aufstehen, aufspringen, fallen; jemandem einen Stuhl anbieten; ein Stuhl ist besetzt, frei⟩ K Stuhlbein, Stuhlkissen, Stuhllehne; Campingstuhl, Drehstuhl, Gartenstuhl, Kinderstuhl, Klappstuhl, Klavierstuhl, Küchenstuhl, Liegestuhl, Rollstuhl, Schaukelstuhl **2** verwendet als medizinische Bezeichnung für Ausscheidungen aus dem Darm K Stuhluntersuchung **3** **der elektrische Stuhl** auf dem elektrischen Stuhl werden in manchen Ländern Mörder mit Strom getötet **4** **der Heilige Stuhl** der Papst (und die römische Kurie) bzw. das Amt des Papstes ■ ID **zwischen zwei/allen Stühlen sitzen** in einer Situation sein, in der man sich mit jeder Entscheidung schadet; **sich zwischen zwei/alle Stühle setzen** sich selbst in eine Situation bringen, in der man sich mit jeder Entscheidung schadet; **(fast) vom Stuhl fallen vor Erstaunen/Entsetzen** *gesprochen* sehr überrascht/entsetzt sein; **etwas reißt/haut jemanden vom Stuhl** *gesprochen* etwas überrascht oder begeistert jemanden sehr

Stuhl·gang *der* **Stuhlgang haben** den Darm entleeren

Stul·le *die*; (-, -n); *norddeutsch* eine Scheibe Brot (mit Butter und Käse, Wurst o. Ä.) K Butterstulle, Käsestulle, Wurststulle

Stul·pe *die*; (-, -n) ein weiter Teil am Ende eines Ärmels, Handschuhs oder Stiefels, der (nach außen) umgebogen ist K Stulpenhandschuh, Stulpenstiefel

stül·pen VERB (stülpte, hat gestülpt) **1** **etwas auf/über etwas** (*Akkusativ*) **stülpen** einen Behälter o. Ä. mit der Öffnung nach unten drehen und über etwas anderes ziehen oder stellen | *dem Schneemann einen Eimer auf den Kopf stülpen* | *ein Glas über eine Fliege stülpen, um sie zu fangen* **2** **etwas nach außen stülpen** die innere Seite einer Tasche o. Ä. nach außen wenden

★ **stumm** ADJEKTIV **1** nicht fähig zu sprechen, weil man die Laute nicht produzieren kann | *von Geburt stumm sein* K taubstumm **2** so voller Angst o. Ä., dass man nichts sagen kann ⟨stumm vor Angst, Schreck, Wut sein⟩ **3** ⟨ein Zuhörer, Zuschauer⟩ so, dass sie kein Wort sagen **4** so, dass dabei kein Wort gesagt wird ⟨ein Abschied, eine Begrü-

STÜHLE

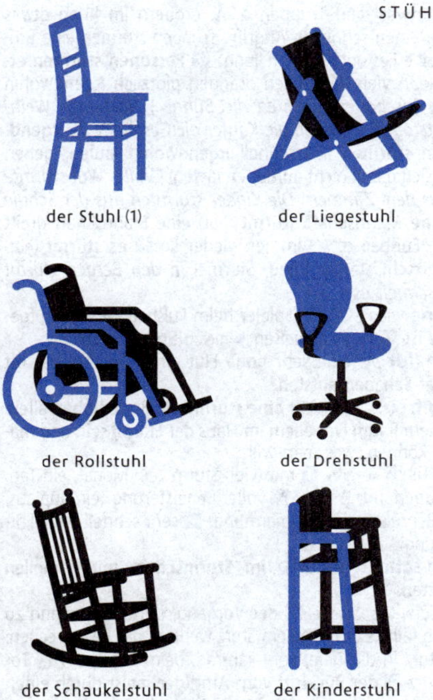

ßung; stumm zuhören, zuschauen, sein, bleiben⟩ **5** **etwas bleibt stumm** etwas macht kein Geräusch, weil es nicht funktioniert oder nicht benutzt wird ⟨der Fernseher, das Radio, das Telefon⟩ • zu (1) **Stụm·me** *der/die*

Stụm·mel *der;* (-s, -) ein kurzes Stück, das von etwas übrig geblieben ist K Stummelschwanz; Bleistiftstummel, Kerzenstummel, Zigarettenstummel

Stụmm·film *der; historisch* ein Film ohne Ton

Stụm·pen *der;* (-s, -); *besonders* ⓒⓗ ≈ *Stumpf* K Baumstumpen

Stụ̈m·per *der;* (-s, -); *abwertend* eine Person, die etwas nicht gut kann und deswegen viele Fehler macht • hierzu **stụ̈m·per·haft** ADJEKTIV; **stụ̈m·pern** VERB *(hat)*

Stüm·pe·rei *die;* (-, -en); *gesprochen* die Arbeit eines Stümpers ≈ *Pfusch*

stụmpf ADJEKTIV (stumpfer, stumpfst-) **1** ⟨ein Bleistift, eine Nadel, eine Spitze⟩ am Ende rund oder nicht so spitz, wie sie sein sollten ↔ *spitz* **2** ⟨ein Messer, eine Schere⟩ so, dass man damit nicht gut schneiden kann ↔ *scharf* **3** ohne Glanz ⟨Augen, ein Fell, Haare⟩ **4** ohne Interesse und Gefühle ⟨ein Blick; stumpf vor sich hin starren; stumpf dahinleben⟩ **5** → Winkel • zu (3) **Stụmpf·heit** *die*

SPITZ
STUMPF

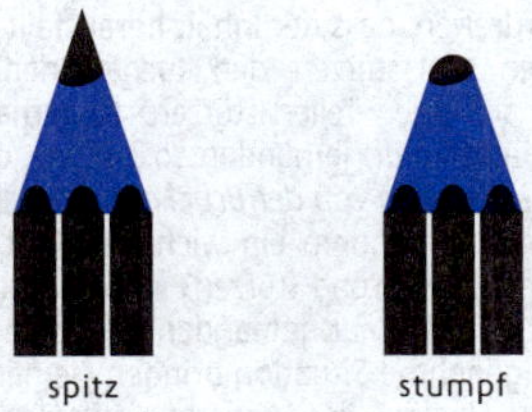

Stụmpf *der;* (-(e)s, Stümp·fe) ein kurzes Stück, das als Rest bleibt, nachdem etwas abgetrennt wurde oder abgebrochen ist K Armstumpf, Baumstumpf, Beinstumpf, Kegelstumpf, Kerzenstumpf, Zahnstumpf ■ ID **mit Stumpf und Stiel** völlig, ohne Rest ⟨etwas mit Stumpf und Stiel ausrotten, vernichten⟩

Stụmpf·sinn *der; nur Singular; gesprochen, abwertend* **1** ein Zustand, in dem man sich für nichts interessiert ⟨in Stumpfsinn verfallen, versinken⟩ **2** die Eigenschaft einer Sache oder Tätigkeit, langweilig oder monoton zu sein | *Diese Arbeit ist doch (der reine) Stumpfsinn!* • hierzu **stụmpf·sin·nig** ADJEKTIV

stụmpf·win·ke·lig, **stụmpf·wink·lig** ADJEKTIV mit einem Winkel über 90° ⟨ein Dreieck⟩

Stụ̈nd·chen *das;* (-s, -); *gesprochen* ungefähr eine Stunde | *Du kannst ruhig mal ein Stündchen bei mir bleiben*

stụ̈n·de *Konjunktiv II, 1. und 3. Person Singular* → stehen

★ **Stụn·de** *die;* (-, -n) **1** einer der 24 Teile, in die der Tag eingeteilt wird ⟨eine halbe, ganze, knappe, volle Stunde⟩ | *Ich musste eine geschlagene Stunde warten* (ich musste eine ganze Stunde warten) | *Er wollte in einer Stunde hier sein* | *Sie verdient fünfzehn Euro die Stunde/pro Stunde/in der Stunde* K Stundengeschwindigkeit, Stundenlohn, Stundenzeiger; Dreiviertelstunde, Viertelstunde ! Abkürzung: *Std.* oder in Wissenschaft und Technik *h; in drei viertel Stunden*, aber: *eine Dreiviertelstunde* (zusammengeschrieben) **2** die Zeit, zu der etwas geschieht | *in der Stunde der Not zu jemandem halten* | *jemandem in der Stunde seines Todes beistehen* | *schöne Stunden mit jemandem verbringen* | *zur gewohnten Stunde kommen* K Abschiedsstunde, Feierstunde, Geburtsstunde, Mußestunde, Ruhestunde, Sterbestunde, Todesstunde; Arbeitsstunden, Bankstunden, Bürostunden, Dienststunden, Geschäftsstunden **3** der Unterricht in einem Fach o. Ä., der ungefähr eine Stunde dauert ⟨jemandem Stunden geben, erteilen; Stunden in etwas (*Dativ*) nehmen; eine Stunde schwänzen⟩ | *privat Stunden im Gitarrespielen nehmen* | *In der ersten Stunde haben wir Mathe* K Stundensoll, Stundenzahl; Deutschstunde, Englischstunde, Geschichtsstunde, Mathestunde, Physikstunde, Turnstunde, Zeichenstunde, Geigenstunde, Klavierstunde, Reitstunde, Tanzstunde; Doppelstunde; Nachhilfestunde, Privatstunde, Schulstunde, Unterrichtsstunde, Vertretungsstunde **4** **zur Stunde** *geschrieben* jetzt, in diesem Augenblick **5** **zu später/vorgerückter Stunde** *geschrieben* spät am Abend **6** **in einer stillen Stunde** wenn man Zeit (zum Nachdenken) hat **7** **jemandes große Stunde** der Zeitpunkt, an dem jemand Gelegenheit hat zu zeigen, was er kann **8** **die Stunde der Wahrheit** der Zeitpunkt, an dem sich zeigt, was jemand kann oder wie gut etwas ist **9** **die Stunde null** der Zeitpunkt, an dem etwas sehr Wichtiges geschieht und eine neue Epoche anfängt **10** **die Stunde X** ['ɪks] der Zeitpunkt in der Zukunft, an dem etwas Wichtiges geschehen soll **11** **von Stund an** *veraltend* von jetzt/da an

■ ID **jemandes letzte Stunde hat geschlagen/ist gekommen** jemandes Tod ist nahe; **wissen, was die Stunde geschlagen hat** die Situation richtig einschätzen und wissen, was man tun muss; **ein Mann/eine Frau/ein Kämpfer/ein Revolutionär** *usw.* **der ersten Stunde** eine Person, die von Anfang an bei einer Sache dabei war • zu (1 – 3) **stụn·den·wei·se** ADJEKTIV

stụn·den VERB (stundete, hat gestundet) **(jemandem) etwas stunden** die Frist für etwas verlängern ⟨jemandem einen Kredit, eine Rate, die Schulden stunden⟩ • hierzu **Stụn·dung** *die*

Stụn·den·ho·tel *das; humorvoll* ein Hotel, in dem Prostituierte mit ihren Kunden Sex haben

Stụn·den·ki·lo·me·ter *der; meist Plural* Kilometer pro Stun-

S

de (als Maß für die Geschwindigkeit eines Fahrzeugs)

★ **stun·den·lang** ADJEKTIV *meist attributiv* **1** mehrere Stunden lang **2** sehr lange | *stundenlang mit jemandem telefonieren*

Stun·den·plan *der* eine Liste mit den Zeiten, zu denen jemand etwas tun muss oder zu denen Schüler Unterricht haben ⟨einen gedrängten, vollen Stundenplan haben⟩

-Stun·den-Wo·che *die; im Substantiv, betont, begrenzt produktiv* **40-Stunden-Woche, 60-Stunden-Woche** *und andere* verwendet, um zu sagen, wie viele Stunden jemand pro Woche im Beruf arbeitet

-stün·dig *im Adjektiv, unbetont, begrenzt produktiv* **einstündig, zweistündig, dreistündig, mehrstündig** *und andere* die genannte Zahl oder Menge von Stunden dauernd

stünd·lich ADJEKTIV **1** *meist attributiv* jede Stunde einmal ⟨im stündlichen Wechsel; etwas fährt, verkehrt stündlich⟩ **2** *nur adverbiell* sehr bald ⟨etwas kann stündlich eintreten, geschehen; etwas wird stündlich erwartet⟩

-stünd·lich *im Adjektiv, unbetont, begrenzt produktiv* **zweistündlich, dreistündlich, vierstündlich** *und andere* mit Abständen der genannten Zahl von Stunden

Stunk *der; (-s); gesprochen, meist abwertend* ⟨es gibt Stunk; (jemandem) Stunk machen⟩ ≈ *Streit, Ärger*

Stunt [stant] *der;* (-s, -s) ein gefährliches Kunststück, das ein Stuntman macht

Stunt·man ['stantmɛn] *der;* (-s, Stunt·men) ein Mann, der in Filmen gefährliche Szenen für einen Schauspieler spielt ● hierzu **Stunt·frau** *die*

stu·pid, stu·pi·de ADJEKTIV; *geschrieben, abwertend* **1** ⟨eine Arbeit; stupides Auswendiglernen, Wiederholen⟩ ≈ *langweilig* **2** ⟨ein Gesichtsausdruck⟩ ≈ *dumm* ● hierzu **Stu·pi·di·tät** *die*

Stups *der;* (-es, -e); *gesprochen* ein leichter Stoß ⟨jemandem einen Stups geben⟩ ● hierzu **stup·sen** VERB *(hat)*

Stups·na·se *die* eine kleine Nase, deren Spitze flach ist und nach oben zeigt

stur ADJEKTIV (sturer, sturst-); *abwertend* nicht bereit, die eigene Meinung zu ändern und neue Argumente zu hören oder an eine neue Situation zu denken ⟨stur an etwas festhalten, auf etwas bestehen; stur nach Vorschrift handeln⟩ | *Markus ist nicht zu überzeugen, er bleibt stur bei seiner Meinung* ● hierzu **Stur·heit** *die*

stür·be *Konjunktiv II, 1. und 3. Person Singular* → sterben

★ **Sturm** *der;* (-(e)s, Stür·me) **1** ein sehr starker Wind ⟨ein Sturm kommt auf, bricht los, wütet, flaut ab, legt sich; in einen Sturm geraten⟩ | *Der heftige Sturm hat zahlreiche Bäume entwurzelt und Dächer abgedeckt* K Sturmbö, Sturmglocke, Sturmnacht, Sturmschaden, Sturmsignal, Sturmtief, Sturmwarnung; Sandsturm, Schneesturm **2** **ein Sturm** *+Genitiv* eine starke und oft unkontrollierte Reaktion ⟨ein Sturm der Begeisterung, der Entrüstung⟩ | *Die Entscheidung der Regierung löste einen Sturm der Entrüstung aus* K Beifallssturm, Proteststurm **3** **der Sturm (auf etwas** *(Akkusativ)***)** ein schneller Angriff im Krieg, mit dem man den Gegner überraschen will | *Die Truppen nahmen/eroberten die Stadt im Sturm* K Sturmangriff, Sturmgepäck, Sturmleiter **4** *nur Singular* die Spieler einer Mannschaft, die angreifen sollen ⟨im Sturm spielen⟩ **5** **Sturm und Drang** eine Richtung der deutschen Literatur in der zweiten Hälfte des 18. Jahrhunderts, die vor allem im Drama starke Gefühle und den Wunsch nach Freiheit ausdrückte ■ ID **ein Sturm im Wasserglas** große Aufregung wegen einer unwichtigen Sache; **Sturm läuten/klingeln** ungeduldig mehrere Male kurz hintereinander an jemandes Tür klingeln; **gegen etwas Sturm laufen** heftig gegen etwas protestieren, das jemand plant

★ **stür·men** VERB (stürmte, hat/ist gestürmt) **1** **Truppen** *o. Ä.* **stürmen etwas** *(hat)* Truppen o. Ä. erobern im Krieg etwas durch einen schnellen Angriff ⟨Truppen stürmen eine Brücke, eine Festung, eine Stellung⟩ **2** **Personen stürmen etwas** *(hat)* viele Menschen drängen plötzlich irgendwohin | *Die Zuschauer stürmten die Bühne* | *Nach den Weihnachtstagen stürmten die Käufer die Geschäfte* **3** **irgendwohin stürmen** *(ist)* schnell irgendwohin laufen, gehen (und sich dabei nicht aufhalten lassen) | *Voller Wut stürmte er aus dem Zimmer* | *Die Kinder stürmten aus der Schule* **4** **eine Mannschaft stürmt** *(hat)* eine Mannschaft greift (beim Fußball o. Ä.) immer wieder an **5** **es stürmt** *(hat)* es herrscht starker Wind, Sturm | *In den Bergen stürmt und schneit es*

Stür·mer *der;* (-s, -) ein Spieler beim Fußball, dessen Aufgabe es ist, Tore zu schießen ● hierzu **Stür·me·rin** *die*

Sturm·flut *die* eine sehr hohe Flut am Meer, bei der oft großer Schaden entsteht

sturm·frei ADJEKTIV ■ ID **eine sturmfreie Bude haben** allein in einem Raum (vor allem im Haus der Eltern) sein und machen können, was man will

stür·misch ADJEKTIV **1** mit (viel) Sturm ⟨ein Monat, ein Tag, eine Überfahrt; Wetter⟩ **2** voller Begeisterung ⟨ein Applaus, eine Begrüßung, eine Umarmung⟩ **3** sehr schnell ⟨eine Entwicklung⟩

Sturm·schritt *der* ■ ID **im Sturmschritt** mit schnellen Schritten

★ **Sturz** *der;* (-es, Stür·ze) **1** der Vorgang, bei dem jemand zu Boden fällt ⟨sich bei einem Sturz wehtun, das Bein brechen; ein Sturz in die Tiefe, vom Fahrrad, beim Skifahren⟩ K Todessturz **2** der Rücktritt vom Amt (der meist durch einen Skandal, eine gewaltsame Machtübernahme o. Ä. erzwungen wird) ⟨jemandes Sturz herbeiführen; etwas führt zu jemandes Sturz⟩ **3** **der Sturz** *(+Genitiv)* das plötzliche starke Sinken | *der Sturz der Kurse an der Börse* K Kurssturz, Preissturz, Temperatursturz **4** **einen Sturz bauen** *gesprochen* beim Skifahren, Motorradfahren o. Ä. zu Boden fallen

Sturz·bach *der* ein schmaler Bach im Gebirge mit viel Wasser, das sehr schnell fließt

★ **stür·zen** VERB (stürzte, hat/ist gestürzt) **1** *(ist)* (beim Gehen oder im Stehen) das Gleichgewicht verlieren und deshalb zu Boden fallen ≈ *hinfallen* | *bewusstlos zu Boden stürzen* | *ausrutschen und schwer stürzen* | *stürzen und sich ein Bein brechen* **2** **jemand/etwas stürzt irgendwohin** *(ist)* jemand/etwas fällt (aufgrund des Gewichts) nach unten | *aus dem Fenster/vom Dach/in die Tiefe stürzen* | *Das Wasser stürzt über die Felswand zu Tal* **3** **irgendwohin stürzen** *(ist)* plötzlich und schnell irgendwohin laufen | *wütend aus dem Haus stürzen* | *aufgeregt zum Fenster stürzen* **4** **etwas stürzt** *(ist)* etwas sinkt plötzlich stark ⟨Wertpapiere; die Temperaturen, der Wasserspiegel, die Preise, die Kurse⟩ **5** **jemand stürzt (über etwas** *(Akkusativ)***)** *(ist)* eine Person verliert (wegen der genannten Sache) ihre hohe und wichtige Position | *Der Minister stürzte über einen Bestechungsskandal* **6** **etwas stürzen** *(hat)* ein Gefäß mit der Öffnung so nach unten drehen, dass der Inhalt herausfällt ⟨eine Kuchenform, einen Topf stürzen; den Kuchen, den Pudding (aus der Form auf einen Teller) stürzen⟩ **7** **jemanden irgendwohin stürzen** *(hat)* jemanden so stoßen, dass er in die Tiefe fällt | *jemanden von der Brücke stürzen* **8** **jemanden stürzen** *(hat)* jemandem ein wichtiges Amt nehmen ⟨einen König, eine Regierung stürzen⟩ **9** **jemanden in etwas** *(Akkusativ)* **stürzen** *(hat)* jemanden oder sich selbst in eine sehr unangenehme Situation bringen ⟨jemanden/sich in den Ruin, ins Unglück, ins Verderben stürzen⟩ **10** **sich irgendwohin stürzen** *(hat)* von einer hohen Stelle aus in die Tiefe springen, um Selbstmord zu begehen | *sich aus* *dem Fenster/von einer Brücke stürzen* **11** **sich auf jemanden stürzen** *(hat)* plötzlich schnell zu einer Person hinlaufen und sie angreifen, festhalten, verhaften o. Ä. | *Er stürzte sich auf sie und warf sie zu Boden* **12** **ein Tier stürzt sich auf jemanden** *(hat)* ein Tier greift jemanden oder ein anderes Tier plötzlich und schnell an | *Der Hund stürzte sich auf die Katze* **13** **sich auf jemanden/etwas stürzen** *gesprochen (hat)* sich mit Begeisterung einer Person oder Sache widmen | *sich auf eine Neuigkeit stürzen* | *Die Fans stürzten sich auf den Star* **14** **sich in etwas** *(Akkusativ)* **stürzen** *(hat)* anfangen, etwas intensiv und mit viel Freude zu tun ⟨sich in die Arbeit, ins Nachtleben, ins Vergnügen stürzen⟩

Sturz·flug *der* ein Flug (mit dem Flugzeug) fast senkrecht nach unten ⟨zum Sturzflug ansetzen; im Sturzflug nach unten gehen⟩

Sturz·flut *die* eine große Menge Wasser, die mit großer Kraft nach unten strömt ⟨eine Sturzflut ergießt sich irgendwohin⟩

Sturz·helm *der* ein Helm, mit dem man beim Motorradfahren den Kopf schützt

Stuss *der; (-es); gesprochen, abwertend* ⟨Stuss reden⟩ ≈ *Unsinn*

Stu·te *die; (-, -n)* das weibliche Tier beim Pferd, Esel, Kamel o. Ä. K Stutenmilch, Stutfohlen; Eselstute, Kamelstute, Zebrastute, Zuchtstute

Stütz *der; (-es, -e); meist Singular* die Haltung beim Turnen an Geräten, bei welcher das Gewicht des Körpers von oben auf den gestreckten Armen lastet | *in den Stütz springen* K Stützsprung

★ **Stüt·ze** *die; (-, -n)* **1** ein Gegenstand, der verhindert, dass etwas schief steht, umfällt oder nach unten sinkt | *Pfähle als Stützen für einen jungen Baum verwenden* | *einem Verletzten eine Jacke als Stütze unter den Kopf legen* K Armstütze, Buchstütze, Fußstütze, Kopfstütze, Rückenstütze **2** eine Person, die einer anderen Person hilft und für sie sorgt ⟨für jemanden eine Stütze sein; an jemandem eine Stütze haben⟩ **3** *gesprochen, abwertend* das Geld, das man für die Zeit vom Staat bekommt, in welcher man keine Arbeit findet ≈ *Arbeitslosengeld*

stut·zen VERB (stutzte, hat gestutzt) **1** **etwas stutzen** etwas kürzer machen ⟨den Bart, jemandes Haare, eine Hecke stutzen⟩ **2** eine Handlung plötzlich unterbrechen und (erstaunt oder misstrauisch) horchen oder kurz nachdenken | *Er stutzte, als er plötzlich einen Knall hörte*

Stut·zen *der; (-s, -)* **1** ein kurzes Gewehr **2** ein kurzes Rohr **3** eine Art Strumpf aus Wolle, der nur den Unterschenkel und nicht den Fuß bedeckt

★ **stüt·zen** VERB (stützte, hat gestützt) **1** **jemand/etwas stützt eine Person/Sache** jemand/etwas bewirkt, dass eine Person oder Sache ihre Lage, Form o. Ä. halten kann | *die Äste eines Baumes mit Stangen stützen* | *einen Kranken stützen, damit er nicht zusammenbricht* | *Die Brücke wird von acht Pfeilern gestützt* K Stützkorsett, Stützmauer, Stützpfeiler, Stützstrumpf, Stützverband **2** **etwas auf/in etwas** *(Akkusativ)* **stützen** einen Körperteil auf etwas legen oder gegen etwas drücken und ihm so Halt geben ⟨das Kinn, das Gesicht auf/in die Hände stützen; die Arme, die Hände in die Hüften, in die Seiten, auf den Tisch stützen⟩ **3** **etwas auf etwas** *(Akkusativ)***/durch etwas stützen** mithilfe einer Sache zeigen, dass etwas richtig oder wahr ist ⟨eine Behauptung, einen Verdacht auf Beobachtungen auf/durch Beweise stützen⟩ **4** **etwas stützt etwas** etwas ist ein Beleg oder Zeichen dafür, dass etwas richtig oder wahr ist | *Die Versuchsergebnisse stützen seine These* **5** **eine Bank** *o. Ä.* **stützt etwas** eine Bank o. Ä. verhindert, dass der Wert einer Sache sinkt | *Die Bundesbank versuchte, den Dollar zu stützen, indem sie große Mengen kaufte* **6** **sich auf jemanden/etwas stützen** das Gewicht eines Körperteils auf einer anderen Person oder einer Sache ruhen lassen | *sich auf einen Stock stützen* | *sich auf eine Krankenschwester stützen* **7** **sich auf etwas** *(Akkusativ)* **stützen** etwas als wichtige Hilfe nehmen | *Bei dieser Arbeit kann ich mich auf meine Erfahrung stützen* **8** **etwas stützt sich auf etwas** *(Akkusativ)* etwas hat etwas als Grundlage | *Ein Urteil stützt sich auf Indizien/Fakten* ● zu (1,3) **Stüt·zung** *die*

Stut·zer *der; (-s, -); veraltend, abwertend* ein Mann, der sich sehr elegant kleidet und stolz auf sein Aussehen ist ● hierzu **stut·zer·haft** ADJEKTIV

stut·zig ADJEKTIV **1** **stutzig werden** misstrauisch werden **2** **etwas macht jemanden stutzig** etwas bewirkt, dass jemand misstrauisch oder nachdenklich wird | *Es macht mich stutzig, dass die Lieferung immer noch nicht angekommen ist*

Stütz·punkt *der* ein Ort mit Vorräten und Material für eine Expedition, eine Suche oder eine Eroberung usw. ⟨Truppen beziehen, errichten einen Stützpunkt⟩ K Flottenstützpunkt, Militärstützpunkt, Truppenstützpunkt

StVO [ɛsteːfau'|oː] *die; (-);* Ⓓ Abkürzung für *Straßenverkehrsordnung*

Sty·ling ['stailɪŋ] *das; (-s)* die Art, wie etwas gestaltet und geformt ist ≈ *Design* | *das moderne Styling eines Autos* ● hierzu **sty·len** ['stai-] VERB *(hat)*; **Sty·list** *der*

sty·lish ['stailɪʃ] ADJEKTIV so, dass es sehr gut aussieht und der Mode entspricht ⟨Kleidung; eine Einrichtung, ein Lokal⟩

Sty·ro·por® *das; (-s)* ein leichtes, weißes Material, das zum Verpacken und zum Isolieren verwendet wird

sub- *im Adjektiv, betont, begrenzt produktiv* Gebiete direkt neben der genannten geografischen Zone betreffend (nördlich oder südlich) | *subarktische Seen* | *die subpolare Zone* | *subtropisches Klima*

Sub- *im Substantiv, betont, begrenzt produktiv* **1** **die Subkategorie, die Subkultur, die Subspezies, das Subsystem** *und andere* so, dass etwas ein Teil der genannten Sache ist, der deutlich abgegrenzt ist und eigene Eigenschaften hat | *der indische/nordamerikanische/südamerikanische Subkontinent* **2** **der Subdirigent, der Subunternehmer** in einer untergeordneten oder abhängigen Position

★ **Sub·jekt** *das; (-(e)s, -e)* **1** der Teil eines Satzes, der bestimmt, ob das Verb eine Singularform oder eine Pluralform hat. Der Kasus für das Subjekt ist der Nominativ | *In dem Satz „Mein Onkel kaufte sich ein Motorrad" ist „mein Onkel" das Subjekt* **2** *abwertend* ein Mensch, der moralisch schlecht handelt ⟨ein kriminelles, übles, verkommenes Subjekt⟩

★ **sub·jek·tiv, sub·jek·tiv** [-f] ADJEKTIV von der eigenen, persönlichen Meinung oder Erfahrung bestimmt ⟨eine Ansicht, ein Standpunkt⟩ ↔ *objektiv* ● hierzu **Sub·jek·ti·vi·tät** [-v-] *die*

sub·ku·tan ADJEKTIV unter der Haut oder unter die Haut ⟨ein Gewebe, eine Infektion, eine Injektion⟩

sub·si·di·är [-diɛːɐ̯] ADJEKTIV; *geschrieben admin* **1** als Hilfe oder als Ersatz für etwas ⟨subsidiäre Zahlungen⟩ **2** **subsidiärer Schutz** die Erlaubnis für Flüchtlinge ohne Recht auf Asyl, so lange in Deutschland zu bleiben, bis in ihrem Heimatland kein Krieg mehr ist | *Letztes Jahr erhielten viele junge Flüchtlinge subsidiären Schutz*

Sub·skrip·ti·on [-'tsjoːn] *die; (-, -en); geschrieben* die Verpflichtung, die jemand übernimmt, ein Buch (z. B. einen Band eines Lexikons) oder eine Aktie zu kaufen, sobald es sie gibt K Subskriptionspreis

sub·stan·ti·ell [-'tsjɛl], **sub·stan·zi·ell** ADJEKTIV; *geschrieben* **1** in Bezug auf die Substanz ⟨ein Unterschied, eine Verän-

S

derung, eine Verbesserung⟩ ≈ *wesentlich, wichtig* **2** *veraltend* ⟨eine Mahlzeit⟩ ≈ *nahrhaft*

Sub·stan·tiv [-f] *das*; (-s, -e [-və]) ein Wort, das ein Ding, einen Menschen, ein Tier, einen Begriff o. Ä. bezeichnet. Substantive werden im Deutschen mit einem großen Buchstaben am Wortanfang geschrieben. Die meisten Substantive haben eine Singular- und eine Pluralform und können mit einem Artikel (*der, die, das*) verbunden werden, der auch das Genus anzeigt **i** → Infos unter **Geschlecht** • hierzu **sub·stan·ti·visch** [-v-] ADJEKTIV

sub·stan·ti·viert [-v-] ADJEKTIV als oder wie ein Substantiv gebraucht ⟨ein Adjektiv, ein Infinitiv⟩ | *„Das Sehen" ist ein substantivierter Infinitiv* • hierzu **Sub·stan·ti·vie·rung** *die*

★ **Sub·stanz** [-st-] *die*; (-, -en) **1** eine Flüssigkeit, ein Gas oder etwas Festes ⟨eine feste, flüssige, gasförmige, organische, anorganische Substanz⟩ ≈ *Stoff* **2** der wichtige Teil, der Inhalt vor allem an Gedanken, Ideen ⟨die geistige, finanzielle, inhaltliche Substanz; etwas (*Dativ*) fehlt es an Substanz⟩ **K** Substanzverlust ▪ **ID** **etwas geht (jemandem) an die Substanz, etwas zehrt an der Substanz.** etwas kostet eine Person so viel Geld oder Kraft, dass es für sie gefährlich ist

sub·sti·tu·ie·ren [-st-] VERB (substituierte, hat substituiert) **eine Person/Sache (durch jemanden/etwas) substituieren** *geschrieben* ≈ *ersetzen* • hierzu **Sub·sti·tu·ti·on** [-ˈtsi̯oːn] *die*

Sub·sti·tut [-st-] *der*; (-en, -en) eine Person, die eine Ausbildung in einem großen Geschäft gemacht hat und als Vertreter des Abteilungsleiters angestellt ist **i** *der Substitut; den, dem, des Substituten*

Sub·strat [-st-] *das*; (-(e)s, -e) ≈ *Nährboden*

sub·su·mie·ren VERB (subsumierte, hat subsumiert) **etwas (unter etwas** (*Dativ/Akkusativ*)**) subsumieren** *geschrieben* etwas in eine Kategorie einordnen ⟨etwas unter einem/einen Begriff subsumieren⟩

sub·til ADJEKTIV **1** so, dass (viele) kleine Nuancen beachtet werden (müssen) ⟨eine Unterscheidung, ein Unterschied⟩ **2** gut überlegt und immer wieder verbessert ⟨Methoden⟩ **3** sehr höflich und mit der Fähigkeit, manche Dinge so zu tun, dass andere Personen nicht beleidigt sind ⟨Andeutungen, ein Hinweis, eine Vorgehensweise⟩

Sub·tra·hend *der*; (-en, -en) eine Zahl, die man von einer anderen Zahl subtrahiert **i** *der Subtrahend; den, dem, des Subtrahenden*

sub·tra·hie·ren [-ˈhiːrən] VERB (subtrahierte, hat subtrahiert) **(etwas (von etwas) subtrahieren** eine Zahl um eine andere verringern ≈ *abziehen* ↔ *addieren* • hierzu **Sub·trak·ti·on** [-ˈtsi̯oːn] *die*

Sub·ven·ti·on [-vɛnˈtsi̯oːn] *die*; (-, -en) Geld, das ein Betrieb o. Ä. vom Staat bekommt, damit er etwas billiger herstellen oder verkaufen kann | *ohne staatliche Subventionen nicht mehr konkurrenzfähig sein* • hierzu **sub·ven·ti·o·nie·ren** VERB (*hat*)

sub·ver·siv [-vɛrˈziːf] ADJEKTIV; *geschrieben* mit dem Ziel, durch geheime Tätigkeiten eine politische Ordnung allmählich zu ändern ⟨Elemente, Ideen, Kräfte, eine Tätigkeit⟩ • hierzu **Sub·ver·si·on** *die*

Such·ak·ti·on *die* eine organisierte Suche ⟨eine polizeiliche Suchaktion; eine Suchaktion durchführen, abbrechen⟩

Such·dienst *der* eine Organisation, die Menschen sucht, die nach einem Krieg, einer Naturkatastrophe usw. vermisst werden

★ **Su·che** *die*; (-) **1** **die Suche (nach jemandem/etwas)** das Suchen ⟨auf die Suche gehen; auf der Suche sein; jemanden/etwas nach langer Suche finden; die Suche nach Vermissten aufgeben, ergebnislos abbrechen⟩ **2** **sich auf die Suche machen** anfangen, jemanden/etwas zu suchen

★ **su·chen** VERB (suchte, hat gesucht) **1** **(jemanden/etwas) suchen** an verschiedenen Orten nachsehen, ob dort eine Person oder Sache ist ⟨sich suchend umsehen; fieberhaft suchen⟩ | *im Wald Pilze suchen* | *den verlorenen Schlüssel suchen* | *Er wird von der Polizei gesucht* **K** Suchscheinwerfer, Suchtrupp **2** **etwas suchen** versuchen, etwas durch Nachdenken zu erfahren oder herauszufinden | *die Antwort auf eine Frage suchen* | *eine Lösung für ein Problem suchen* | *den Fehler in einer Rechnung suchen* **3** **jemanden/etwas suchen** sich bemühen, eine Person für sich zu gewinnen oder etwas zu bekommen ⟨eine neue Arbeitsstelle, eine Wohnung suchen; Kontakt, jemandes Gesellschaft, jemandes Nähe suchen; einen Freund, eine Frau suchen; bei jemandem Rat, Schutz, Trost, Zuflucht suchen⟩ | *Sie suchen noch Mechaniker. Wäre das nichts für dich?* **4** **suchen zu** +*Infinitiv geschrieben* versuchen | *Er suchte, sie zu überzeugen* **5** **nach jemandem/etwas suchen** jemanden/etwas zu finden versuchen | *nach einem Vorwand/nach den richtigen Worten suchen*

▪ **ID** ▸suchen im Infinitiv: **jemand hat irgendwo nichts zu 'suchen** *gesprochen* jemand gehört irgendwo nicht hin, ist nicht erwünscht; **Da kannst du 'lange suchen!** *gesprochen* so jemanden/etwas findet man nicht leicht;
▸andere Verwendungen: **jemand/etwas sucht seinesgleichen** *oft ironisch* jemand/etwas ist nicht zu übertreffen; **Wer sucht/suchet, der findet** wenn man sich sehr viel Mühe gibt, findet man das, was man sucht; **Die beiden haben sich gesucht und gefunden** *gesprochen, meist humorvoll oder ironisch* diese beiden passen sehr gut zueinander; **Was suchst 'du denn hier?** *gesprochen* ich bin überrascht, dich hier zu sehen

Su·cher *der*; (-s, -) der Teil einer Kamera, in dem man das, was man fotografieren oder filmen will, als kleines Bild sieht

-su·cher *der*; *im Substantiv, unbetont, begrenzt produktiv* **Fährtensucher, Goldsucher, Schatzsucher** *und andere* eine Person, welche das Genannte sucht

Such·funk·ti·on *die*; *meist Singular* eine Funktion eines Computerprogramms, mit der man Wörter oder Zeichen in einer Datei finden kann

Such·hund *der* ein Hund, der so dressiert ist, dass er z. B. Verletzte in einer Lawine oder Rauschgift in jemandes Gepäck finden kann **K** Lawinensuchhund, Polizeisuchhund

Such·lauf *der* ein Teil eines Radio- oder Fernsehgerätes o. Ä., das automatisch z. B. einen Sender sucht und einstellt **K** Sendersuchlauf

Such·ma·schi·ne *die* ein Dienst im Internet, mit dem man nach bestimmten Begriffen, Informationen, Bildern usw. suchen kann

Such·mel·dung *die* eine Nachricht im Radio oder Fernsehen, dass z. B. die Polizei jemanden sucht

★ **Sucht** *die*; (-, Süch·te) **1** **die Sucht (nach etwas)** es ist eine Sucht, wenn man nicht aufhören kann, Drogen zu nehmen, Alkohol zu trinken, zu rauchen o. Ä. ⟨an einer Sucht leiden; von einer Sucht nicht loskommen; jemanden von einer Sucht befreien, heilen; etwas wird bei jemandem zur Sucht⟩ ≈ *Abhängigkeit* **K** Suchtgefahr, Suchtkranke(r), Suchtmittel; Drogensucht, Rauschgiftsucht, Tablettensucht, Trunksucht **2** **die Sucht (nach etwas)** es ist eine Sucht, wenn man etwas auch dann erleben, tun oder haben will, wenn es nicht vernünftig oder sinnvoll ist | *die Sucht nach Abwechslung/nach Vergnügen* **K** Fresssucht, Genusssucht, Herrschsucht, Prunksucht, Putzsucht, Rachsucht, Schwatzsucht, Streitsucht

★ **süch·tig** ADJEKTIV **1** **süchtig (nach etwas)** so, dass man eine Sucht nach Drogen, Alkohol o. Ä. hat ⟨süchtig werden, sein⟩ | *Nimm keine Schlaftabletten, davon kann man süchtig werden* **K** alkoholsüchtig, heroinsüchtig, nikotinsüchtig, rauschgiftsüchtig, tablettensüchtig **2** **süchtig (nach etwas)** so, dass man etwas auch dann erleben, tun oder haben will, wenn es nicht vernünftig oder sinnvoll ist ⟨süchtig nach Erfolg, Glück, Vergnügen⟩ **K** genusssüchtig, gewinnsüchtig, herrschsüchtig, rachsüchtig, streitsüchtig • hierzu **Süch·ti·ge** *der/die*

Sud *der;* (-(e)s, -e) **1** die Flüssigkeit, die entsteht, wenn man Fleisch oder Fisch brät oder kocht, und aus der man meist Soßen macht **K** Bratensud **2** eine Flüssigkeit, die durch Kochen entsteht **K** Biersud, Kräutersud

★ **Süd**[1] *ohne Artikel; nur in dieser Form* die Richtung, in der man auf der nördlichen Erdkugel am Mittag die Sonne sieht ⟨Wind aus/von Süd; ein Kurs Richtung Süd⟩ ≈ *Süden* ↔ *Nord*

Süd[2] *der;* (-s) ≈ *Südwind*

süd·deutsch ADJEKTIV in Bezug auf den südlichen Teil der Bundesrepublik Deutschland ⟨ein Ausdruck, ein Dialekt⟩ • hierzu **Süd·deut·sche** *der/die;* **Süd·deutsch·land** *(das)*

★ **Sü·den** *der;* (-s) **1** die Richtung, die auf der Landkarte nach unten zeigt ⟨der Wind weht aus/von Süden; aus, in Richtung Süden; etwas zeigt nach Süden⟩ ↔ *Norden* | *Mittags steht die Sonne im Süden* **K** Südfenster, Südhang, Südküste, Südrand, Südseite, Südteil **2** der Teil eines Gebietes, der im Süden liegt ↔ *Norden* | *Er wohnt im Süden des Landes/der Stadt* **K** Südafrika, Südamerika, Südeuropa

Süd·frucht *die; meist Plural* Obst wie z. B. Bananen, Ananas, Orangen, das in warmen Ländern wächst

Süd·län·der *der;* (-s, -); *gesprochen* eine Person, die zu einem der Völker gehört, die am Mittelmeer leben

süd·län·disch ADJEKTIV in Bezug auf die Länder am Mittelmeer oder ihre Bewohner ⟨ein Aussehen, ein Charakter, ein Klima⟩

★ **süd·lich** ■ ADJEKTIV *meist attributiv* **1** nach Süden (gerichtet) ⟨ein Kurs; in südliche Richtung fahren⟩ **2** von Süden nach Norden ⟨ein Wind; der Wind kommt, weht aus südlicher Richtung⟩ **3** im Süden ⟨ein Land, die Seite, der Teil⟩ | *Wir befinden uns auf zehn Grad südlicher Breite* **4** in Bezug auf die Länder am Mittelmeer und die Menschen, die dort leben ≈ *südländisch* | *ein Dorf mit südlichem Charakter*

■ PRÄPOSITION *mit Genitiv* **5** (in der genannten Entfernung) weiter im Süden als etwas ↔ *nördlich* | *Sie wohnen 50 Kilometer südlich der Grenze* | *Das Gebiet südlich der Stadt ist hügelig* **H** Folgt ein Wort ohne Artikel, verwendet man *südlich von: südlich von Europa.*

Süd·ost *ohne Artikel; nur in dieser Form* ≈ *Südosten* **H** Abkürzung: *SO*

Süd·os·ten *der* **1** die Richtung zwischen Süden und Osten ⟨der Wind weht aus/von Südosten; aus/in Richtung Südosten; etwas zeigt nach Südosten⟩ **H** Abkürzung: *SO* **2** der Teil eines Gebietes, der im Südosten ist ≈ *Südostteil* | *Er wohnt im Südosten des Landes* **K** Südostasien, Südosteuropa

süd·öst·lich ■ ADJEKTIV *meist attributiv* **1** nach Südosten (gerichtet) oder von Südosten (kommend) ⟨in südöstliche Richtung; aus südöstlicher Richtung⟩ **2** im Südosten ⟨die Seite, der Teil⟩

■ PRÄPOSITION *mit Genitiv* **3** (in der genannten Entfernung) weiter im Südosten als etwas | *eine Straße (drei Kilometer) südöstlich der Stadt* **H** Folgt ein Wort ohne Artikel, verwendet man *südöstlich von: südöstlich von Italien.*

Süd·pol *der; nur Singular* der südlichste Punkt auf der Erde ↔ *Nordpol*

süd·wärts ADVERB nach Süden

Süd·west *ohne Artikel; nur in dieser Form* ≈ *Südwesten* **H** Abkürzung: *SW*

LANDESKUNDE

▶ Südtirol

Südtirol (italienisch **Alto Adige**) ist die nördlichste Provinz Italiens an den Grenzen zu Österreich und der Schweiz. Es hat eine Fläche von 7400 km^2 und eine halbe Million Einwohner, von denen über 60 % Deutsch als Muttersprache sprechen und knapp ein Viertel Italienisch. Es gibt auch eine Minderheit, die Ladinisch spricht, eine romanische Sprache.

Die Hauptstadt ist **Bozen**. Die Südtiroler **Dolomiten** sind ein beliebtes Ziel für Touristen zum Wintersport und zum Wandern und Bergsteigen.

Süd·wes·ten *der* **1** die Richtung zwischen Süden und Westen ⟨der Wind weht aus Südwesten; aus/in Richtung Südwesten; etwas zeigt nach Südwesten⟩ **2** der Teil eines Gebietes, der im Südwesten ist **K** Südwestafrika, Südwestteil

süd·west·lich ■ ADJEKTIV *meist attributiv* **1** nach Südwesten (gerichtet) oder von Südwesten (kommend) ⟨in südwestliche Richtung; aus südwestlicher Richtung⟩ **2** im Südwesten ⟨die Seite, der Teil⟩

■ PRÄPOSITION **3** (in der genannten Entfernung) weiter im Südwesten als etwas | *eine Straße (vier Kilometer) südwestlich der Stadt* **H** Folgt ein Wort ohne Artikel, verwendet man *südwestlich von: südwestlich von Österreich.*

Süd·west·wind *der* ein Wind, der aus Südwesten kommt

Suff *der;* (-(e)s); *gesprochen* **1** ⟨dem Suff verfallen⟩ ≈ *Trunksucht* **2** **im Suff** in betrunkenem Zustand

süf·feln VERB (süffelte, hat gesüffelt) **(etwas) süffeln** *gesprochen* etwas mit Genuss und meist in kleinen Schlucken trinken

süf·fig ADJEKTIV; *gesprochen* mit angenehmem Geschmack ⟨ein Bier, ein Wein⟩

süf·fi·sant ADJEKTIV; *geschrieben, abwertend* ⟨ein Lächeln, eine Miene⟩ so (spöttisch), dass sie zeigen, dass eine Person sich für überlegen hält | *süffisant lächeln* • hierzu **Süf·fi·sanz** *die*

Suf·fix *das;* (-es, -e) ein Wortteil, der hinter ein Wort gesetzt wird ≈ *Nachsilbe* ↔ *Präfix* | *das Suffix „-heit" in „Schönheit"*

sug·ge·rie·ren VERB (suggerierte, hat suggeriert); *geschrieben* **1** **jemand/etwas suggeriert (jemandem) etwas** eine Person oder Sache sorgt dafür, dass bei jemandem der genannte Eindruck entsteht | *Die leuchtenden Farben suggerieren Wärme* | *Diese Werbung suggeriert, dass Schokolade glücklich macht* **2** **jemand suggeriert etwas mit etwas** jemand bringt etwas indirekt zum Ausdruck | *Mit seiner Bemerkung suggerierte er, dass er mit dem Plan nicht einverstanden war* • hierzu **Sug·ges·ti·on** *die*

sug·ges·tiv [-f] ADJEKTIV; *geschrieben* ⟨eine Frage⟩ so, dass sie eine bestimmte Antwort als natürlich erscheinen lässt **K** Suggestivfrage

suh·len VERB (suhlte sich, hat sich gesuhlt) **ein Tier suhlt sich (irgendwo)** ein Tier wälzt sich im Dreck ⟨Schweine⟩

Süh·ne *die;* (-); *geschrieben* ⟨für etwas Sühne leisten; jemandem etwas zur Sühne auferlegen; abverlangen⟩ ≈ *Buße* **K** Sühneversuch

süh·nen VERB (sühnte, hat gesühnt); *geschrieben* **1** **etwas sühnen** ⟨eine Schuld, ein Verbrechen (mit dem Leben, dem Tod) sühnen⟩ ≈ *büßen* **2** **etwas sühnen** ein Unrecht wiedergutmachen, indem man den Schuldigen bestraft **3** **für etwas sühnen** für etwas büßen

Sui·te ['svi:t(ə)] *die;* (-, -n) **1** mehrere Zimmer in einem Hotel, die man zusammen mieten kann ⟨eine Suite bewohnen, mieten⟩ **K** Präsidentensuite **2** ein Musikstück, das aus mehreren Tänzen o. Ä. besteht

S

Su·i·zid *der;* (-(e)s, -e); *geschrieben ≈ Selbstmord* K suizidgefährdet

Su·jet [zy'ʒe:] *das;* (-s, -s); *geschrieben* ein Thema oder Motiv, das in einem künstlerischen Werk dargestellt wird

suk·zes·siv [-f] ADJEKTIV; *geschrieben* ⟨eine Veränderung⟩ *≈ schrittweise* • hierzu **suk·zes·si·ve** ADVERB

Sul·fat *das;* (-(e)s, -e) ein Salz der Schwefelsäure

Sul·tan *der;* (-s, -e) ein Fürst oder Herrscher in einem islamischen Land (meist in früherer Zeit)

Sul·ta·nat *das;* (-(e)s, -e) das Gebiet, über das ein Sultan herrscht(e)

Sul·ta·ni·ne *die;* (-, -n) eine große, helle Rosine

Sül·ze *die;* (-, -n) eine Speise aus kleinen Stücken von gekochtem Fleisch und Gemüse, die in Gelee gelegt sind

sum·ma·risch ADJEKTIV so, dass nur das Wichtige genannt wird ⟨ein Überblick, eine Zusammenfassung⟩ ↔ *detailliert*

sum·ma sum·ma·rum *gesprochen ≈ insgesamt* | *Das macht summa summarum fünfzig Euro*

Sümm·chen *das* **ein hübsches/erkleckliches Sümmchen** *gesprochen* ziemlich viel Geld

★ **Sum·me** *die;* (-, -n) **1** das Ergebnis, das man erhält, wenn man Zahlen zusammenzählt, addiert ↔ *Differenz* | *Die Summe von drei und/plus vier ist sieben* (3 + 4 = 7) K Endsumme, Gesamtsumme, Zwischensumme **2** die genannte Menge Geld ⟨eine kleine, große, beträchtliche, erhebliche, hübsche Summe (Geld)⟩ *≈ Betrag* | *Die Reparatur beläuft sich auf eine Summe von 250 €* K Darlehenssumme, Garantiesumme, Geldsumme, Höchstsumme, Millionensumme, Restsumme

sum·men VERB (summte, hat gesummt) **1** **(etwas) summen** mit geschlossenen Lippen eine Melodie singen ⟨ein Lied summen; leise vor sich hin summen⟩ **2** **ein Tier/etwas summt** ein Tier/etwas produziert einen gleichmäßigen, langen und leisen Laut ⟨eine Biene, eine Mücke; eine Stromleitung⟩ | *Die Drähte der Hochspannungsleitung summen* K Summton

Sum·mer *der;* (-s, -) **1** eine Klingel, die nur leise summt K Telefonsummer **2** ein Schalter, mit dem man von der Wohnung aus die Haustür öffnen kann K Türsummer

sum·mie·ren VERB (summierte sich, hat sich summiert) **Das/Es summiert sich; Dinge summieren sich (zu etwas/auf etwas** (*Akkusativ*)**)** verschiedene Dinge kommen zusammen und bilden insgesamt eine relativ große Menge ⟨Kosten, Probleme⟩ | *Der Kaufpreis des Hauses ist gar nicht so hoch, aber die Kosten für Makler, Notar und Reparaturen summieren sich auf/zu über 80.000 Euro*

Sumpf *der;* (-(e)s, Sümp·fe) **1** ein Gelände mit sehr feuchtem, weichem Boden, der oft mit Wasser bedeckt ist ⟨einen Sumpf entwässern, trockenlegen, austrocknen; im Sumpf stecken bleiben, einsinken⟩ | *Die Everglades in Florida sind ein riesiger Sumpf, in dem Alligatoren und viele Wasservögel leben* K Sumpfboden, Sumpfgebiet, Sumpfloch, Sumpfniederung, Sumpfpflanze **2** *abwertend* ein Ort, an dem viele Verbrechen geschehen und geplant werden (vor allem solche, die mit Geld oder Sex zu tun haben) ⟨ein moralischer Sumpf; ein Sumpf des Lasters, der Korruption⟩ K Großstadtsumpf • hierzu **sump·fig** ADJEKTIV

Sund *der;* (-(e)s, -e) *≈ Meerenge*

★ **Sün·de** *die;* (-, -n) **1** eine Handlung, die gegen die Gesetze der Religion verstößt ⟨eine schwere, große Sünde; eine Sünde begehen; die Sünden beichten; für die Sünden büßen; jemandem werden die Sünden vergeben⟩ **2** eine Handlung, die schlecht, unmoralisch oder nicht vernünftig ist ⟨eine unverzeihliche Sünde; eine Sünde wider die Vernunft; eine Sünde begehen⟩ | *die Sünden der Städteplaner* **3** **eine lässliche Sünde** eine verzeihliche, nicht so schwere Sünde • zu (1) **sün·dig** ADJEKTIV; zu (1) **Sün·der** *der;* zu (1) **Sün·de·rin** *die*

Sün·den·bock *der* eine Person, der man die Schuld an etwas gibt (obwohl sie unschuldig ist) ⟨jemanden zum Sündenbock machen⟩

Sün·den·pfuhl *der;* (-s); *abwertend* ein Ort, an welchem die Menschen wenig Moral haben

Sün·den·re·gis·ter *das* **ein langes Sündenregister haben** *humorvoll* viel verschuldet haben

sünd·haft ADJEKTIV **1** ⟨ein Gedanke, ein Leben⟩ so, dass sie unmoralisch sind **2** verwendet, um Adjektive zu verstärken ⟨sündhaft teuer, schön, faul⟩ *≈ sehr* • zu (1) **Sünd·haf·tig·keit** *die*

sün·di·gen VERB (sündigte, hat gesündigt) **1** Sünden begehen ⟨in Gedanken, mit Worten, mit Taten sündigen⟩ **2** *humorvoll* viele gute Dinge essen oder Alkohol trinken | *Über Weihnachten habe ich schwer gesündigt*

sünd·teu·er ADJEKTIV; *gesprochen* sehr teuer

★ **su·per** ADJEKTIV *nur in dieser Form; gesprochen* drückt aus, dass man etwas sehr gut findet *≈ toll* | *Er singt super* | *Der Film war einfach super!* | *eine super Disco*

★ **Su·per** *das;* (-s) das Benzin, mit dem die meisten Autos fahren ⟨Super tanken⟩ K Superbenzin H meist ohne Artikel

su·per- *im Adjektiv, betont, sehr produktiv; gesprochen, oft humorvoll oder ironisch* **superbillig, superfein, superfleißig, superleicht, supermodern, superreich, superschlau** *und andere* das normale Maß weit übersteigend

Su·per- *im Substantiv, betont, sehr produktiv; gesprochen* **das Superauto, das Superbuch, das Superding, der Superfilm, die Superfrau, der Superpreis** *und andere* verwendet, um große Anerkennung auszudrücken

Su·per-GAU [-gau] *der;* (-(s), -s) **1** ein Unfall, den man sich als noch schlimmer vorstellen muss als einen GAU | *Im Kernkraftwerk arbeitet man an einem Notfallplan für den Super-GAU* **2** *gesprochen, humorvoll* eine große Panne | *Wir haben wieder einmal einen Super-GAU in unserem Computernetz!*

★ **Su·per·la·tiv** [-f] *der;* (-s, -e) **1** die Form eines Adjektivs oder Adverbs, die das höchste Maß ausdrückt | *Der Superlativ von „reich" ist „am reichsten"* H vergleiche **Komparativ** **2** *geschrieben meist Plural* eine Sache, ein Ereignis o. Ä., die zu den besten, größten o. Ä. gehören | *ein Festival der Superlative*

Su·per·macht *die* ein Staat mit sehr großer militärischer und wirtschaftlicher Macht (wie die USA)

Su·per·mann *der; gesprochen* **1** ein Mann mit sehr starker männlicher Ausstrahlung **2** *oft ironisch* ein Mann, der schwierige Probleme lösen kann oder soll

★ **Su·per·markt** *der* ein großes Geschäft vor allem für Lebensmittel, in dem man die Waren selbst aus dem Regal holt und zur Kasse bringt

Su·per·star *der; gesprochen* ein sehr bekannter und beliebter Star

Su·per·zahl *die* eine Zahl im Lotto (die letzte Ziffer des Tippscheins), welche zu einem etwas höheren Gewinn führt

Süpp·chen *das;* (-s, -) **sein eigenes Süppchen kochen** *gesprochen, abwertend* für den eigenen Vorteil sorgen und nicht mit anderen Leuten zusammenarbeiten

★ **Sup·pe** *die;* (-, -n) **1** ein flüssiges, gekochtes Essen, oft mit kleinen Stücken Fleisch, Gemüse usw. ⟨eine klare, dicke, dünne Suppe; eine Suppe kochen, würzen, abschmecken, essen, löffeln⟩ K Suppeneinlage, Suppenfleisch, Suppengemüse, Suppenhuhn, Suppenkelle, Suppenlöffel, Suppennudeln, Suppenschüssel, Suppenteller, Suppenwürze; Cremesuppe, Erbsensuppe, Gemüsesuppe, Gulaschsuppe, Hüh-

S

SPRACHGEBRAUCH

▶ Im Supermarkt

In deutschen Supermärkten braucht man in der Regel eine Euromünze als Pfand für den Einkaufswagen. In der Nähe des Eingangs gibt es Automaten, die leere Pfandflaschen usw. zurücknehmen. Obst und Gemüse wird meist an den Kassen gewogen, manchmal muss es aber auch der Kunde im Obst- und Gemüsebereich selbst wiegen.

Am Eingang:

Können Sie mir Geld wechseln? Ich brauche einen Euro für den Einkaufswagen.
Wo kann ich bitte das Leergut abgeben?
Haben Sie eine Kundentoilette?

Im Geschäft zum Personal:

Entschuldigen Sie, wo finde ich denn bitte …?
Führen Sie auch …? Ich kann nichts finden.
Es ist keine Milch mehr im Regal. Haben Sie vielleicht noch welche im Lager?

Im Geschäft zu anderen Kunden:

Entschuldigen Sie bitte. Wissen Sie vielleicht, wo ich … finde?
Entschuldigung, würden Sie mich bitte vorbeilassen?
Entschuldigung, könnte ich bitte mal vorbei?

An der Kasse zu anderen Kunden:

Gehen Sie ruhig vor, ich habe Zeit.
Entschuldigen Sie bitte, ich habe es sehr eilig, würden Sie mich vielleicht vorlassen?

An der Kasse zum Personal:

Ich möchte bitte mit Karte zahlen.
Was macht das bitte? Ich habe Sie nicht verstanden.
(= Wie viel kostet das alles zusammen?)
Entschuldigen Sie, da ist ein Fehler passiert: …
… Ich glaube, Sie haben mir falsch herausgegeben.
(= zu wenig/zu viel Wechselgeld gegeben)
… Ich habe nur zwei, nicht drei Tüten Mehl gekauft.
… Am Regal stand, dass das nur … kostet, nicht …
… Ich habe gar keine … gekauft.
… Ich möchte das hier zurückgeben. Ich habe es gestern gekauft und zu Hause festgestellt, dass es schon schlecht ist/dass es nicht passt.

nersuppe, Kartoffelsuppe, Tomatensuppe, Zwiebelsuppe **2** *gesprochen, humorvoll* dichter Nebel ■ ID **jemandem die Suppe versalzen, jemandem in die Suppe spucken** **a** die Pläne einer anderen Person verhindern **b** etwas tun, damit sich eine andere Person nicht mehr (über etwas) freut; **die Suppe auslöffeln (müssen), die man sich** (*Dativ*) **eingebrockt hat** die Folgen des eigenen Verhaltens ertragen (müssen); **jemandem eine schöne Suppe eingebrockt haben** jemanden oder sich selbst in eine unangenehme Situation gebracht haben

Sup·pen·grün *das; nur Singular* Petersilie, Lauch, Sellerie und Karotten, die man zum Würzen in eine Suppe gibt

Sup·pen·kas·per *der; gesprochen* **1** ein Kind im Märchen, das keine Suppe essen will **2** ein Kind, das sich während des Essens am Tisch nicht richtig benimmt, nicht stillsitzt oder nichts isst

Sup·pen·wür·fel *der ≈ Brühwürfel*

Sup·ple·ment *das;* (-(e)s, -e) ein zusätzlicher Band zu einem Lexikon **K** Supplementband, Supplementlieferung

Su·re *die;* (-, -n) ein Abschnitt im Koran

Surf·brett ['sø:ɐ̯f-] *das* ein langes, flaches Brett aus Holz oder Kunststoff (mit einem Segel), mit dem man über das Wasser gleitet

★ **sur·fen** ['sø:ɐ̯fn̩] VERB (surfte, hat gesurft) **1** auf einem Surfbrett mit einem Segel stehend über einen See oder das Meer segeln **K** windsurfen **2** auf einem Surfbrett ohne Segel über Wellen reiten **3** (**im Internet**) **surfen** ohne eine besondere Absicht interessante Informationen aus dem Internet lesen ● hierzu **Sur·fer** *der;* zu (1,2) **Sur·fing** *das*

Sur·re·a·lis·mus *der;* (-) eine Richtung in der modernen Kunst und Literatur, die ihre Aussagen auf eine Art und Weise macht, die an Träume erinnert ● hierzu **Sur·re·a·list** *der;* **sur·re·a·lis·tisch** ADJEKTIV

sur·ren VERB (surrte, hat/ist gesurrt) **1** **etwas surrt** (*hat*) etwas macht ein leises, gleichmäßiges Geräusch ⟨eine Filmkamera, ein Projektor, eine Nähmaschine⟩ **2** **etwas/ein Insekt surrt (irgendwo(hin)** (*ist*) etwas/ein Insekt bewegt sich mit einem surrenden Geräusch durch die Luft | *Die Fliegen surren um die Lampe*

Sur·ro·gat *das;* (-(e)s, -e) **ein Surrogat (für etwas)** *geschrieben* ein meist billiger, qualitativ schlechter Ersatz für etwas | *das Fernsehen als Surrogat für die Wirklichkeit*

sus·pekt ADJEKTIV (suspekter, suspektest-) ⟨eine Angelegenheit, jemandes Benehmen; eine Sache ist (jemandem) suspekt, kommt jemandem suspekt vor⟩ so, dass sie Verdacht erregen | *Sein Verhalten von gestern kommt mir suspekt vor*

sus·pen·die·ren VERB (suspendierte, hat suspendiert) **1** **jemanden (von etwas) suspendieren** erlauben, dass jemand an etwas nicht teilzunehmen braucht ⟨jemanden vom Unterricht, vom Training suspendieren⟩ **2** **jemanden (von etwas) suspendieren** bestimmen, dass eine Person ihre Arbeit so lange nicht mehr machen darf, bis eventuelle Vorwürfe gegen sie geklärt sind | *Beamte wegen Verdachts auf Bestechlichkeit vom Dienst suspendieren* **3** **etwas suspendieren** etwas für eine Zeit lang für ungültig erklären ⟨diplomatische Beziehungen suspendieren⟩ ● zu (1,2) **Sus·pen·die·rung** *die*

★ **süß** ADJEKTIV (süßer, süßest-) **1** mit dem Geschmack von Zucker oder Honig | *Der Kaffee ist zu süß* | *der süße Geschmack reifer Trauben* **K** honigsüß, zuckersüß **2** so nett, sympathisch oder rührend, dass man Freude empfindet | *Du hast mir Pralinen mitgebracht? Wie süß von dir!* | *Sieh mal, die süßen Kätzchen!* **3** so angenehm oder schön, dass man Freude empfindet ⟨eine Stimme, ein Klang, eine Wohnung, ein Kleid⟩ | *Sie hat eine süße kleine Wohnung in der Altstadt* **4** mild und an süßen Geschmack erinnernd ⟨ein Duft, ein Parfüm; etwas duftet süß⟩ *≈ lieblich* **5** *abwertend* sehr freundlich, aber nicht ehrlich ⟨ein Lächeln, eine Miene, Reden⟩

Sü·ße *die;* (-); *geschrieben* der süße Geschmack oder Geruch einer Sache | *die fruchtige Süße des Weins*

sü·ßen VERB (süßte, hat gesüßt) (**etwas**) **süßen** etwas mit Zucker o. Ä. süß machen ⟨etwas schwach, stark süßen⟩ | *Süßt du mit Zucker oder Honig?*

Süß·holz *das* ein Teil der Pflanze, die man als Gewürz für Tee verwendet oder aus der man Lakritze macht ■ ID **Süßholz raspeln** *gesprochen, abwertend* übertrieben freundlich zu jemandem sein

★ **Sü·ßig·keit** *die;* (-, -en); *meist Plural* eine kleine süße Sache zum Essen, die vor allem aus Zucker oder Schokolade gemacht wird (z. B. Bonbons oder Pralinen)

süß·lich ADJEKTIV **1** mit einem (meist unangenehmen) leicht süßen Geschmack oder Geruch ⟨ein Geschmack, ein Geruch; etwas schmeckt, riecht süßlich⟩ **2** *abwertend* so freundlich, dass es nicht ehrlich wirkt ⟨eine Stimme; süßlich lächeln⟩

S

süß·sau·er ADJEKTIV **1** süß und gleichzeitig sauer im Geschmack ‹eine Speise, ein Gericht; süßsauer eingelegte Gurken; etwas schmeckt süßsauer› **2** *oft abwertend* so, dass jemand freundlich lächelt, aber eigentlich enttäuscht ist oder sich ärgert ‹ein Lächeln, eine Miene, ein Gesicht›

★ **Süß·spei·se** *die* eine süße Speise, die man vor allem als Dessert isst

Süß·stoff *der* eine meist künstlich hergestellte Substanz, die man statt Zucker verwendet, um Tee usw. süß zu machen

Süß·wa·ren *die; Plural; geschrieben* Lebensmittel, die viel Zucker enthalten K Süßwarengeschäft, Süßwarenindustrie

Süß·was·ser *das; nur Singular* das Wasser in Flüssen und Seen, das nicht salzig schmeckt ↔ *Meerwasser, Salzwasser* K Süßwasserfisch, Süßwasserkrebs, Süßwassermuschel, Süßwasserperle

SV [ɛsˈfau] *der* Abkürzung für *Sportverein*

SVP [ɛsfauˈpeː] *die;* (-) **1** Abkürzung für *Schweizerische Volkspartei*, eine politische Partei in der Schweiz **2** Abkürzung für *Südtiroler Volkspartei*, eine politische Partei in Südtirol

Sweat·shirt [ˈsvɛtʃøːɐ̯t] *das;* (-s, -s) ein bequemer Pullover meist aus Baumwolle

★ **Swim·ming·pool** [-puːl] *der;* (-s, -s) ein Schwimmbecken in einem privaten Garten oder in einem Hotel

Syl·lo·gis·mus *der;* (-, Syl·lo·gis·men) eine Schlussfolgerung in der Logik, bei der man vom Allgemeinen auf das Besondere schließt • hierzu **syl·lo·gis·tisch** ADJEKTIV; **Syl·lo·gis·tik** *die*

Sym·bi·o·se *die;* (-, -n) eine Form des Zusammenlebens, bei der zwei oder mehr Lebewesen voneinander abhängig sind und sich gegenseitig Vorteile bringen | *Viele Pilze leben in Symbiose mit Bäumen* • hierzu **sym·bi·o·tisch** ADJEKTIV

★ **Sym·bol** *das;* (-s, -e) **1** **ein Symbol (für etwas)** ein Ding oder Zeichen, das für etwas anderes (z. B. eine Idee) steht oder auf etwas hinweist ‹christliche, magische Symbole; ein Symbol des Friedens, der Hoffnung, der Macht› | *Die fünf Ringe sind das Symbol für die Olympischen Spiele* | *Der Löwe gilt als ein Symbol der Stärke* K Symboldeutung, Symbolkraft; Farbsymbol, Friedenssymbol, Statussymbol **2** ein Buchstabe, ein Zeichen oder eine Figur, die eine Zahl, ein chemisches Element, einen Rechenvorgang o. Ä. ausdrücken ‹ein mathematisches, chemisches, sprachliches Symbol› ≈ *Zeichen* | *Das Symbol der Addition ist ein +*

sym·bol·haft ADJEKTIV ‹eine Darstellung› so, dass sie wie ein Symbol wirkt | *etwas ist symbolhaft gemeint* • hierzu **Sym·bol·haf·tig·keit** *die*

Sym·bo·lik *die;* (-) **1** die tiefere (symbolische) Bedeutung einer Sache ‹die Symbolik eines Ritus, einer Geste, eines Bildes; eine Handlung von tiefer Symbolik› **2** alle Symbole eines Bereiches und die Art ihrer Verwendung und Bedeutung ‹die christliche, mittelalterliche Symbolik; die Symbolik eines Gedichts, eines Bildes, eines Autors, eines Kulturkreises, der Träume›

★ **sym·bo·lisch** ADJEKTIV **1** ‹ein Ausdruck, eine Farbe, eine Geste› so, dass sie ein Symbol sind oder wie ein Symbol wirken | *etwas hat symbolische Bedeutung* | *etwas ist symbolisch zu verstehen* | *Die Schlange hier hat symbolischen Charakter: Sie steht für das Böse* **2** mit Symbolen ‹etwas symbolisch darstellen›

sym·bo·li·sie·ren VERB (symbolisierte, hat symbolisiert) **jemand/etwas symbolisiert etwas** jemand/etwas ist das Symbol für etwas | *Die Farbe Schwarz symbolisiert Trauer* • hierzu **Sym·bo·li·sie·rung** *die*

Sym·bol·leis·te *die* eine Zeile mit Symbolen auf dem Bildschirm, die für verschiedene Optionen stehen, die man mit der Maus aufrufen kann

Sym·met·rie *die;* (-, -n [-ˈtriːən]) die Eigenschaft einer Sache, symmetrisch zu sein K Symmetrieachse, Symmetrieebene

sym·met·risch ADJEKTIV so, dass etwas auf beiden Seiten einer (gedachten) Linie genau gleich aussieht | *der symmetrische Aufbau des Quadrats* | *Das menschliche Gesicht ist mehr oder weniger symmetrisch*

★ **Sym·pa·thie** *die;* (-, -n [-ˈtiːən]) **1** **die Sympathie (für jemanden)** das Gefühl, dass man eine Person mag oder nett findet ‹Sympathie für jemanden empfinden; wenig, volle Sympathie für jemanden haben; jemandem seine Sympathie bekunden; sich *(Dativ)* alle Sympathien bei jemandem verscherzen› ↔ *Antipathie* K Sympathiebekundung, Sympathiebezeigung, Sympathieerklärung, Sympathiekundgebung, Sympathiestreik **2** **etwas hat/findet jemandes (volle) Sympathie** jemand findet etwas gut oder stimmt etwas zu ‹ein Plan, ein Projekt, ein Vorschlag›

Sym·pa·thie·trä·ger *der* eine Person (z. B. ein Mitglied einer politischen Partei), die bei vielen anderen Leuten einen positiven Eindruck macht • hierzu **Sym·pa·thie·trä·ge·rin** *die*

Sym·pa·thi·sant *der;* (-en, -en) eine Person, welche die Ziele einer meist politischen Gruppe gut findet, sie jedoch nicht aktiv unterstützt **i** *der Sympathisant; den, dem, des Sympathisanten* • hierzu **Sym·pa·thi·san·tin** *die;* **Sym·pa·thi·san·ten·tum** *das*

★ **sym·pa·thisch** ADJEKTIV **(jemandem) sympathisch** mit einer angenehmen Wirkung (auf andere Menschen) ‹ein Mensch, eine Stimme, ein Wesen; sympathisch aussehen, wirken› | *Unser neuer Nachbar ist mir nicht sympathisch*

sym·pa·thi·sie·ren VERB (sympathisierte, hat sympathisiert) **mit jemandem/etwas sympathisieren** einen Politiker, eine politische Gruppe oder Ideologie gut finden, aber nicht aktiv unterstützen

Sym·pho·nie, **Sym·pho·ni·ker** [-f-] ≈ *Sinfonie, Sinfoniker*

Sym·po·si·um *das;* (-s, Sym·po·si·en [-ziən]) **ein Symposium (über etwas** *(Akkusativ)*) *geschrieben* eine Versammlung von Fachleuten, die über ein spezielles Thema diskutieren ‹ein Symposium abhalten; an einem Symposium teilnehmen›

Symp·tom *das;* (-s, -e) **1** **ein Symptom (für/von etwas)** Symptome sind Veränderungen im Körper oder Verhalten, die typisch für eine Krankheit sind ≈ *Anzeichen* | *ein Symptom für Krebs* | *Symptome von Unterernährung zeigen* K Symptombehandlung; Krankheitssymptom, Malariasymptom, Vergiftungssymptom **2** **ein Symptom (für etwas)** *geschrieben* etwas, das für eine meist negative Entwicklung typisch ist ≈ *Anzeichen* | *Ist die hohe Scheidungsrate ein Symptom für den Verfall unserer Gesellschaft?*

symp·to·ma·tisch ADJEKTIV; *geschrieben* **symptomatisch (für etwas)** ≈ *typisch, charakteristisch* | *Diese Aussage ist symptomatisch für seine Denkweise*

Sy·na·go·ge *die;* (-, -n) der Raum oder das Gebäude, in dem Juden beten und den Gottesdienst feiern

SYNAGOGE

S

syn·chron [zʏn'kro:n] ADJEKTIV so, dass zwei oder mehrere Vorgänge zur gleichen Zeit und/oder mit gleicher Geschwindigkeit ablaufen ⟨Bewegungen, Vorgänge; zwei (oder mehr) Prozesse verlaufen synchron, laufen synchron ab⟩ ≈ *gleichzeitig* K Synchrongetriebe ● hierzu **Syn·chro·nie** *die*

syn·chro·nisch [-'kro:-] ADJEKTIV ≈ *synchron*

syn·chro·ni·sie·ren [-kro-] VERB (synchronisierte, hat synchronisiert) **(etwas) synchronisieren** einen Film o. Ä. mit einem (neuen) Ton (in einer anderen Sprache) versehen und den Text so sprechen lassen, dass er zeitlich mit den Bewegungen übereinstimmt, welche die Schauspieler mit ihren Lippen machen ⟨einen Film synchronisieren; einen Film in einer synchronisierten Fassung zeigen⟩ ● hierzu **Syn·chro·ni·sa·ti·on** *die*

Syn·di·kat *das*; (-(e)s, -e) eine Gruppe von Firmen, die gemeinsam über die Preise und den Verkauf ihrer Produkte bestimmen ⟨Firmen schließen sich zu einem Syndikat zusammen⟩ ≈ *Kartell*

Syn·di·kus ['zʏn-] *der*; (-, -se/Syn·di·zi); *admin* ein Jurist, der einer großen Firma bei juristischen Problemen hilft

Syn·drom *das*; (-(e)s, -e) eine Gruppe von Symptomen, die typisch für eine Krankheit sind

Sy·ner·gie *die*; (-, -n ['gi:ən]) das Phänomen, dass sich der Effekt oder die Energie einzelner Substanzen, Faktoren usw. noch verstärkt, wenn sie gemeinsam wirken ⟨Synergien bündeln, nutzen, schaffen⟩ K Synergieeffekt

Syn·ko·pe *die*; (-, -n) **1** die Betonung eines normalerweise unbetonten Teiles eines Taktes **2** eine kurze Ohnmacht, weil das Blut im Gehirn schlecht fließt

Sy·no·de *die*; (-, -n) **1** eine Versammlung von Vertretern der evangelischen Kirche, die über Fragen der Lehre und der Verwaltung entscheiden **2** eine Versammlung von katholischen Bischöfen ≈ *Konzil*

sy·no·nym [-'ny:m] ADJEKTIV **synonym (zu etwas)** mit (fast) der gleichen Bedeutung wie ein anderes Wort | *„Samstag" ist synonym zu „Sonnabend"*

Sy·no·nym ['zy-, -'ny:m] *das*; (-s, -e/Sy·no·ny·ma) **ein Synonym (für, von, zu etwas)** ein Wort, das (fast) die gleiche Bedeutung hat wie ein anderes Wort | *„Streichholz" und „Zündholz" sind Synonyme* K Synonymenwörterbuch

syn·tak·tisch ADJEKTIV *meist attributiv* in Bezug auf die Syntax ⟨Konstruktionen, Regeln⟩

Syn·tax ['zʏn-] *die*; (-) die Regeln, mit denen man in einer Sprache aus Wörtern Sätze bilden kann | *die Syntax des Deutschen* K Syntaxfehler, Syntaxregeln

Syn·the·se *die*; (-, -n) **1** **eine Synthese (aus etwas und etwas)**; **eine Synthese von Dingen** *geschrieben* die Verbindung verschiedener Elemente zu einer neuen Einheit | *Sein Glaube ist eine Synthese aus westlichen und östlichen Ideen* **2** die Herstellung einer (komplizierten) chemischen Verbindung aus mehreren einfachen Substanzen | *die Synthese des Chlorophylls* K Syntheseprodukt; Fotosynthese ● zu (2) **syn·the·ti·sie·ren** VERB (*hat*)

Syn·the·si·zer ['zʏntəsaizɐ] *der*; (-s, -) ein elektronisches Gerät, mit dem man verschiedene Klänge, vor allem den Klang von Musikinstrumenten, erzeugen kann

Syn·the·tik (*das*); (-s, -s) ein synthetischer Stoff oder Kleidung o. Ä. daraus | *Das Kleid ist Synthetik*

★ **syn·the·tisch** ADJEKTIV chemisch hergestellt, aber natürlichen Stoffen sehr ähnlich ⟨Fasern, Kautschuk; ein Aroma, ein Edelstein, ein Material, ein Stoff, ein Treibstoff; etwas synthetisch herstellen, gewinnen⟩ ≈ *künstlich* ↔ *natürlich*

Sy·phi·lis ['zy:fɪlɪs] *die*; (-) eine gefährliche Geschlechtskrankheit, bei der sich die Haut, die Knochen und das Gehirn verändern können K syphiliskrank

★ **Sys·tem** *das*; (-s, -e) **1** etwas, das man als eine Einheit sehen kann und das aus verschiedenen Teilen besteht, die miteinander zusammenhängen ⟨ein biologisches, ökologisches, kompliziertes System⟩ K Nervensystem, Ökosystem, Planetensystem, Sonnensystem, Verdauungssystem, Währungssystem **2** die Gliederung und der Aufbau einer Regierung oder Gesellschaft ⟨ein parlamentarisches, sozialistisches, demokratisches, totalitäres, korruptes System; ein System befürworten, bekämpfen, verändern⟩ K Systemkritik, Systemkritiker, Systemveränderung, systemfeindlich, systemkonform; Gesellschaftssystem, Regierungssystem, Herrschaftssystem **3** ein Bereich mit einer eigenen Ordnung und Organisation (meist als Teil eines größeren Systems) K Erziehungssystem, Finanzsystem, Kommunikationssystem, Schulsystem, Wirtschaftssystem **4** **das System** *abwertend nur Singular* ein System, das man für schlecht hält ⟨gegen das System kämpfen⟩ **5** die Prinzipien, nach denen etwas geordnet ist, damit man etwas finden kann ⟨ein übersichtliches, brauchbares, raffiniertes System⟩ ≈ *Ordnung* | *Nach welchem System sind die Bücher in dieser Bibliothek geordnet?* | *Du musst mit mehr System arbeiten!* (Du musst systematischer arbeiten!) K Dezimalsystem, Ordnungssystem ■ ID **etwas hat System**, **hinter etwas** (*Dativ*) **steckt System** etwas geschieht nicht zufällig, sondern mit Absicht; **mit System** nach einem genauen Plan

Sys·te·ma·tik *die*; (-, -en); *meist Singular*; *geschrieben* die Gliederung eines Stoffes oder Sachbereiches nach sachlichen und logischen Kriterien ● hierzu **Sys·te·ma·ti·ker** *der*

★ **sys·te·ma·tisch** ADJEKTIV sorgfältig nach einem genauen Plan organisiert ⟨systematisch arbeiten, vorgehen; etwas systematisch aufbauen, absuchen, erfassen, untersuchen⟩ | *ein systematisches Schulungsprogramm*

sys·te·ma·ti·sie·ren VERB (systematisierte, hat systematisiert) **etwas systematisieren** *geschrieben* etwas mithilfe eines Systems ordnen | *die Arbeitsabläufe systematisieren* ● hierzu **Sys·te·ma·ti·sie·rung** *die*

Sys·tem|bau·wei·se *die* eine schnelle Art, Häuser o. Ä. zu bauen, bei der man Teile zusammensetzt, die vorher in einer Fabrik hergestellt wurden

Sys·tem·zwang *der* der Einfluss eines politischen oder gesellschaftlichen Systems, durch den eine Person nicht immer das tun kann, was sie möchte und was sie für richtig hält ⟨einem Systemzwang ausgesetzt sein⟩

★ **Sze·ne** ['stse:-] *die*; (-, -n) **1** einer der kurzen Abschnitte (eines Aktes) in einem Film oder Theaterstück ⟨eine Szene aufnehmen, drehen, proben, spielen⟩ | *Die letzte Szene des dritten Aktes spielt im Schlosspark* K Szenenfolge, Szenenwechsel; Schlussszene, Abschiedsszene, Filmszene, Kampfszene, Liebesszene, Opernszene, Sterbeszene **2** der Ort, an dem die Handlung einer Szene stattfindet | *Die Szene stellt eine Bauernstube dar* K Szenenbild **3** etwas Ungewöhnliches, das irgendwo passiert ⟨eine ergreifende, erschütternde, komische, lustige Szene; eine Szene spielt sich ab⟩ ≈ *Ereignis* **4** *meist Singular* heftige Vorwürfe oder Streit ⟨eine hässliche, heftige, turbulente Szene⟩ K Familienszene **5** *nur Singular* ein Bereich mit vielen (oft künstlerischen) Aktivitäten (und einem besonderen Lebensstil) ⟨die literarische, politische Szene (einer Stadt); sich in der Szene auskennen; in der Szene bekannt sein; Verbindungen zur Szene haben⟩ K Jazzszene, Kunstszene, Musikszene, Popszene, Theaterszene, Untergrundszene, Drogenszene, Rauschgiftszene ■ ID **sich in Szene setzen** sich so verhalten, dass man von allen anderen Leuten beachtet wird; **etwas in Szene setzen** etwas veranstalten oder arrangieren; **jemandem eine Szene machen** jemandem (in der Öffentlichkeit) laut Vorwürfe machen

Sze·ne·rie [sts-] *die*; (-, -n [-'ri:ən]) **1** ≈ *Szene* **2** *geschrieben*

eine eindrucksvolle Landschaft, z. B. als Hintergrund eines Gemäldes

sze·nisch ['stse:-] ADJEKTIV *meist attributiv* in Bezug auf eine Szene ⟨die Gestaltung; die Darstellung⟩

T

T, t [te:] *das*; (-, -*/gesprochen auch* -s) der zwanzigste Buchstabe des Alphabets ⟨ein großes T; ein kleines t⟩ • hierzu **T-för·mig** ADJEKTIV

Tab [tap, tɛp] *der*; (-s, -s) **1** ein Pulver für die Spül- oder Waschmaschine, das zu einer festen Form gepresst wurde **2** eines von mehreren Fenstern, die man in einem Computerprogramm (z. B. einem Browser) gleichzeitig öffnen kann

★ **Ta·bak, Ta·bak** *der*; (-s, -e); *meist Singular* **1** eine Pflanze, die Nikotin enthält und deren Blätter man raucht K Tabakanbau, Tabakblatt, Tabakernte, Tabakpflanze, Tabakpflanzer, Tabakpflanzung, Tabakplantage **2** die (getrockneten und klein geschnittenen) Blätter des Tabaks, die man z. B. in Zigaretten oder Pfeifen raucht ⟨leichter, milder, starker Tabak; Tabak rauchen, kauen, schnupfen⟩ K Tabakfabrik, Tabakgeschäft, Tabakladen, Tabakmischung, Tabakqualm, Tabakrauch, Tabaksteuer, Tabaksbeutel, Tabaksdose, Tabakspfeife; Pfeifentabak, Zigarettentabak, Kautabak, Schnupftabak

Ta·bak·wa·ren *die*; *Plural* Zigaretten, Pfeifentabak, Zigarren o. Ä. | *ein Kiosk mit Tabakwaren*

ta·bel·la·risch ADJEKTIV in Form von Tabellen ⟨eine Aufstellung, eine Übersicht⟩

★ **Ta·bel·le** *die*; (-, -n) **1** eine Liste von Zahlen oder Fakten (meist mit mehreren Spalten) ⟨eine Tabelle anfertigen, aufstellen; etwas in eine Tabelle eintragen; etwas steht in einer Tabelle⟩ K Lohntabelle, Steuertabelle **2** eine Liste meist der Mannschaften in einer Liga o. Ä. mit der Zahl der Spiele, den Punkten usw. Die beste Mannschaft steht oben und die schlechteste unten K Tabellenende, Tabellenerste(r), Tabellenführer, Tabellenführung, Tabellenletzte(r), Tabellenplatz, Tabellenspitze, Tabellenstand

Ta·ber·na·kel *das/der*; (-s, -) ein kleiner Schrank in einer Kirche, in dem die Hostien sind

Tab·let ['tɛblət] *das*; (-s, -s) ein flacher kleiner Computer, den man leicht tragen kann

Tab·lett *das*; (-s, -s) eine kleine Platte, auf der man Geschirr trägt und Speisen serviert ⟨etwas auf einem Tablett servieren⟩ K Holztablett, Silbertablett ■ ID **jemandem etwas auf einem silbernen Tablett servieren** *abwertend, oft ironisch* **a** jemandem etwas übertrieben feierlich übergeben **b** einer Person etwas anbieten oder geben, ohne dass sie sich dafür anstrengen muss

T

★ **Tab·let·te** *die*; (-, -n) ein Medikament von kleiner, runder, relativ flacher Form ⟨eine Tablette einnehmen, schlucken, in Wasser auflösen⟩ K Tablettenröhrchen, Tablettensucht; tablettenabhängig, tablettensüchtig; Abführtablette, Schlaftablette, Schmerztablette

ta·bu ADJEKTIV *meist prädikativ* **1** **etwas ist tabu (für jemanden)** etwas ist so, dass man nicht darüber spricht oder es nicht tut, weil es die Gesellschaft ablehnt ⟨ein Bereich, ein Thema⟩ **2** **etwas ist für jemanden tabu** jemand spricht nicht gern über etwas

Ta·bu *das*; (-s, -s); *geschrieben* die Sitte oder Regel in einer Gesellschaft, über ein Thema nicht zu sprechen oder etwas nicht zu tun ⟨ein Tabu errichten, brechen, verletzen; gegen ein Tabu verstoßen⟩ K Tabubereich, Tabuthema, Tabuwort

ta·bu·i·sie·ren [-bui-] VERB (tabuisierte, hat tabuisiert) **etwas tabuisieren** *geschrieben* etwas zu einem Tabu machen ⟨ein Thema tabuisieren⟩ • hierzu **Ta·bu·i·sie·rung** *die*

Ta·bu·la ra·sa **(mit etwas) Tabula rasa machen** *geschrieben* in einer Angelegenheit rücksichtslos Ordnung oder Klarheit schaffen

Ta·bu·la·tor *der*; (-s, Ta·bu·la·to·ren) eine Funktion auf der Computertastatur, welche den Cursor an eine vorher eingestellte Stelle bringt ⟨den Tabulator einstellen⟩ K Tabulatortaste

Ta·che·les ■ ID **(mit jemandem) Tacheles reden** *gesprochen* über eine Sache reden, ohne auf Höflichkeit zu achten

Ta·cho *der*; (-s, -s); *gesprochen* Kurzwort für *Tachometer*

Ta·cho·me·ter *der/das*; (-s, -) ein technisches Gerät in einem Fahrzeug. Es zeigt die Geschwindigkeit an | *Der Tachometer zeigt 120 km/h an* K Tachometernadel, Tachometerstand

Ta·del *der*; (-s, -) die Worte, mit denen jemand getadelt wird ⟨ein gerechtfertigter, ein scharfer Tadel; einen Tadel aussprechen, verdienen; jemandem einen Tadel erteilen⟩ ■ ID **über jeden Tadel erhaben sein** keinerlei Kritik verdienen; **jemand ist ohne (Fehl und) Tadel** *veraltend* jemand ist ohne Fehler, vollkommen • hierzu **ta·delns·wert** ADJEKTIV

ta·del·los ADJEKTIV ohne Fehler, sehr gut ⟨eine Arbeit, ein Benehmen⟩ | *Der neue Anzug sitzt tadellos*

★ **ta·deln** VERB (tadelte, hat getadelt) **jemanden (wegen etwas) tadeln; etwas tadeln** wenn Eltern oder Lehrer ein Kind oder Vorgesetzte einen Mitarbeiter tadeln, sagen sie deutlich, dass ein Verhalten falsch war ↔ *loben*

★ **Ta·fel** *die*; (-, -n) **1** eine große Platte oder Fläche an der Wand, auf die man schreiben und malen kann ⟨die Tafel abwischen, löschen⟩ | *Der Lehrer schrieb das Wort an die Tafel* K Tafelkreide, Tafellappen, Tafelschwamm; Schreibtafel, Wandtafel **2** eine kleine schwarze Platte, die Kinder früher in der Schule benutzt haben K Schiefertafel, Schultafel **3** **eine Tafel Schokolade** Schokolade in Form eines Rechtecks K Schokoladentafel **4** ein großer, langer Tisch, der für ein festliches Essen gedeckt ist ⟨die Tafel decken, schmücken, abräumen; sich an die Tafel setzen⟩ K Tafelbesteck, Tafelgeschirr, Tafelservice, Tafelsilber, Tafeltuch **5** **die Tafel aufheben** das Festessen für beendet erklären **6** eine Übersicht aus Bildern oder Tabellen, meist auf einer ganzen Seite eines Buches K Übersichtstafel **7** eine Einrichtung, die Lebensmittel kostenlos oder sehr billig an Personen verteilt, die arm sind

ta·feln VERB (tafelte, hat getafelt); *geschrieben* an einer (meist festlichen) Tafel essen und trinken

tä·feln VERB (täfelte, hat getäfelt) **etwas täfeln** meist Wände oder Decken mit dünnen Brettchen, Platten aus Holz bedecken ⟨ein Zimmer täfeln⟩

Ta·fel·obst *das* Obst von sehr guter Qualität

Ta·fel·run·de *die*; *geschrieben* Menschen, die an einer Tafel sitzen, um gemeinsam zu essen und zu trinken

Ta·fel·spitz *(der)*; *besonders süddeutsch* Ⓐ gekochtes Rindfleisch hoher Qualität

Tä·fe·lung *die*; (-, -en) **1** *nur Singular* das Täfeln **2** die schmalen und dünnen Bretter aus Holz an den Wänden oder an der Decke eines Zimmers

Ta·fel·was·ser *das*; (-s, Ta·fel·wäs·ser) Mineralwasser (in Flaschen)

Taft *der*; (-(e)s, -e) ein glänzender Stoff aus echter oder künstlicher Seide für festliche Kleider | *ein Abendkleid aus Taft*

K Taftbluse, Taftkleid

★ **Tag** *der;* (-(e)s, -e) **1** die Zeit von 24 Stunden (zwischen 0:00 und 24:00 Uhr) | *Die Woche hat sieben Tage* | *„Welchen Tag haben wir heute?/Was ist heute für ein Tag?"* | *Es geht mir von Tag zu Tag besser, bald bin ich wieder gesund* K Tagesablauf, Tageshälfte, Tagesstunde; Arbeitstag, Ferientag, Urlaubstag; Regentag, Sonnentag; Frühlingstag, Sommertag, Herbsttag, Wintertag **2** die Zeit zwischen Sonnenaufgang und Sonnenuntergang, in der es hell ist ⟨ein bewölkter, regnerischer, sonniger, heißer, kühler, windiger, windstiller Tag; es wird Tag; der Tag bricht an, graut⟩ ↔ *Nacht* | *Im Winter sind die Tage kurz, im Frühling werden sie wieder länger* | *Kommen wir noch bei Tag(e)/am Tag an?* K Tagesanbruch, Tagesanfang, Tagesdienst, Tagesende, Tagestemperatur, Tagschicht **3** *nur Plural* eine relativ lange Zeit, meist in der Vergangenheit oder in der Zukunft | *Der alte Mann hatte schon bessere Tage gesehen* | *Dieser Brauch war bis in unsere Tage hinein verbreitet* (Diesen Brauch gab es bis vor Kurzem noch) **4** **der Tag der (Deutschen) Einheit** der Nationalfeiertag der Bundesrepublik Deutschland am 3. Oktober (vor 1991 am 17. Juni) **5** **der Tag des Herrn** *veraltet* (in christlichen Religionen) als Bezeichnung für den Sonntag verwendet **6** **ein Tag der offenen Tür** ein Tag, an dem man einen Betrieb, eine Schule o. Ä. besichtigen kann **7** **der Jüngste Tag** der Tag, an dem (nach christlichem Glauben) die Welt aufhört zu existieren **8** **(Guten) Tag!** verwendet als Gruß, wenn man jemanden trifft (und seltener auch beim Abschied) **i** *Guten Tag!* sagt man zu Leuten, die man siezt, *Tag!* vor allem zu Freunden. **9** **des Tags; unter Tags** während der Zeit, in der es hell ist (und die Sonne scheint) ↔ *nachts* **10** **über/unter Tage** (beim Bergbau) über/unter der Erde | *Kohle über/unter Tage abbauen* **11** **Tag für Tag** jeden Tag **12** **Tag und Nacht** ohne Unterbrechung ≈ *immer* | *Das Lokal hat Tag und Nacht geöffnet*

■ **ID** ▸Präposition plus Tag: **am helllichten Tag** verwendet, um Erstaunen oder Entsetzen darüber auszudrücken, dass etwas bei Tag geschieht | *Er wurde am helllichten Tag auf der Straße überfallen;* **etwas an den Tag bringen** etwas aufdecken oder bekannt machen; **etwas kommt an den Tag** etwas wird bekannt; **etwas an den Tag legen** eine Eigenschaft unerwartet zeigen; **bei Tage besehen** wenn man genau darüber nachdenkt; **heute** *usw.* **in acht/vierzehn Tagen** am gleichen Wochentag wie heute usw. in einer Woche/in zwei Wochen; **in den Tag hinein leben** sich keine Sorgen um die Zukunft machen; **von einem Tag auf den anderen** plötzlich, unerwartet; **jemanden von einem Tag auf den anderen vertrösten** jemanden immer wieder auf etwas warten lassen; **ein Unterschied wie Tag und Nacht** *gesprochen* ein sehr großer Unterschied; ▸Tag als Objekt oder im Akkusativ: **(bei) jemandem (kurz) Guten/guten Tag sagen** *gesprochen* eine Person kurz besuchen, um mit ihr zu reden; **jeden Tag** bald ⟨jemand/etwas muss jeden Tag kommen; jemanden/etwas jeden Tag erwarten⟩; **eine Frau hat die/ihre Tage** *gesprochen!* eine Frau hat ihre Menstruation; **den lieben langen Tag** den ganzen Tag; **keinen guten Tag haben** **a** nicht in Form sein **b** kein Glück haben; **er/sie hat einen schlechten Tag** er/sie ist heute schlecht gelaunt oder nicht in Form; **ewig und drei Tage** *gesprochen* sehr lange ⟨etwas dauert, hält, reicht ewig und drei Tage; ewig und drei Tage für etwas brauchen, auf jemanden/etwas warten müssen⟩; **Man soll den Tag nicht vor dem Abend loben** Man muss erst auf das Ende warten, bevor man weiß, ob etwas gut war; ▸andere Verwendungen: **eines (schönen) Tages** an irgendeinem Tag in der Zukunft | *Das wirst du eines Tages bereuen!;* **jemandes (großer) Tag** ein wichtiger Tag für jemanden; **jemandes Tage sind gezählt** **a** jemand wird bald sterben **b** jemand wird bald die Arbeitsstelle verlieren o. Ä.; **die Tage** *+Genitiv*/**von etwas sind gezählt** etwas wird bald nicht mehr existieren; **Morgen ist auch noch ein Tag!** Das kann bis morgen warten; **Noch ist nicht aller Tage Abend** *geschrieben* Es gibt noch Hoffnung

tag·aus ADVERB ■ **ID** **tagaus, tagein** jeden Tag ≈ *immer* | *tagaus, tagein dasselbe tun müssen*

Ta·ge·bau *der; meist Singular* der Bergbau an der Oberfläche der Erde | *Kohle im Tagebau abbauen*

★ **Ta·ge·buch** *das* ein Heft oder Buch, in dem man (täglich) über die eigenen Erlebnisse und Gedanken schreibt ⟨ein Tagebuch führen⟩

Ta·ge·dieb *der; veraltend, abwertend* ein sehr fauler Mensch

Ta·ge·geld *das* **1** die Summe Geld, die eine Firma oder Behörde einem Angestellten bei Dienstreisen pro Tag für Essen und Getränke zahlt **2** die Summe Geld, die eine Versicherung einer Person für jeden Tag zahlt, welchen diese im Krankenhaus bleiben muss

tag·ein ADVERB → tagaus

★ **ta·ge·lang** ADJEKTIV mehrere Tage dauernd ⟨das Warten⟩ | *Ich habe tagelang auf deinen Anruf gewartet*

Ta·ge·löh·ner *der;* (-s, -); *historisch* ein Arbeiter (meist in der Landwirtschaft), der nur für einige Tage eingestellt und täglich bezahlt wird ⟨als Tagelöhner arbeiten⟩ • hierzu **Ta·ge·lohn** *der*

ta·gen VERB (tagte, hat getagt) **Personen tagen; ein Gremium** *o. Ä.* **tagt** die Mitglieder einer Organisation o. Ä. halten eine wichtige und meist lange Sitzung, Versammlung oder einen Kongress ab ⟨das Gericht, das Parlament⟩

Ta·ges- *im Substantiv, betont, begrenzt produktiv* **1** **der Tagesbedarf, das Tagesgeschehen, der Tageskurs, die Tagesleistung, der Tagespreis, die Tagesproduktion, der Tagesumsatz, der Tagesverbrauch** *und andere* in Bezug auf einen einzelnen oder bestimmten Tag | *der Tagesbefehl an die Truppe* | *die Tageseinnahmen eines Lokals/Geschäfts* | *die Tagesform eines Sportlers* **2** **der Tagesausflug, die Tagesfahrt, die Tagesreise, die Tageskarte, die Tagestour** *und andere* nur einen Tag dauernd oder gültig **3** **der Tagesanzug, die Tagescreme, der Tagesraum** *und andere* für den Tag im Gegensatz zur Nacht oder zum Abend | *eine Tagesdecke für das Bett*

Ta·ges·ge·spräch *das* ■ **ID** **etwas ist (das) Tagesgespräch** etwas ist eine Sensation, Neuigkeit, über die alle sprechen | *Die spektakuläre Flugzeugentführung war (das) Tagesgespräch*

Ta·ges·heim *das* ≈ *Hort*

Ta·ges·kar·te *die* **1** eine Speisekarte, die in Restaurants nur für den aktuellen Tag gilt | *Wir haben heute frische Steinpilze in Sahnesoße auf der Tageskarte* **2** eine Fahrkarte oder Eintrittskarte, die einen Tag lang gültig ist ⟨eine Tageskarte kaufen, lösen⟩

Ta·ges·licht *das; nur Singular* das natürliche Licht am Tag | *Diese Farbe will ich bei Tageslicht ansehen* ■ **ID** **jemand scheut das Tageslicht** *meist abwertend* eine Person meidet die Öffentlichkeit, weil sie etwas (z. B. ein Verbrechen) verbergen muss; **etwas ans Tageslicht bringen/holen** etwas, das geheim war, öffentlich bekannt machen

Ta·ges·mut·ter *die* eine Frau, die während des Tages auf Kinder von berufstätigen Frauen aufpasst

★ **Ta·ges·ord·nung** *die; meist Singular* eine Liste der Themen in der Reihenfolge, wie sie bei einer Sitzung oder Versammlung besprochen werden sollen ⟨die Tagesordnung aufstellen; etwas auf die Tagesordnung setzen; etwas steht auf der Tagesordnung⟩ K Tagesordnungspunkt ■ **ID** **etwas**

T

ist an der Tagesordnung *meist abwertend* etwas kommt immer wieder vor | *Nächtliche Überfälle sind hier an der Tagesordnung*; **zur Tagesordnung übergehen** ein Thema nicht weiter behandeln und sich anderen Dingen zuwenden

Ta·ges·satz *der* **1** Geldstrafen werden oft nach Tagessätzen berechnet, also nach dem durchschnittlichen täglichen Verdienst der Person, welche bestraft wird | *Er wurde zu zwanzig Tagessätzen verurteilt* **2** das Geld, das für die Behandlung und Unterbringung eines Patienten in einem Krankenhaus, Altersheim o. Ä. pro Tag berechnet wird

Ta·ges·schau *die* eine Nachrichtensendung im Ersten Deutschen Fernsehen, die mehrmals am Tag gesendet wird

★ **Ta·ges·zeit** *die* **1** ein der zeitlichen Abschnitte des Tages, z. B. der Morgen | *Um diese Tageszeit ist wenig/viel Betrieb* **2** **zu jeder Tages- und Nachtzeit** 24 Stunden hindurch, immer | *Das Restaurant am Bahnhof hat zu jeder Tages- und Nachtzeit geöffnet*

Ta·ges·zei·tung *die* eine Zeitung, die an jedem Werktag der Woche erscheint | *Wir haben eine Tageszeitung abonniert*

tag·hell ADJEKTIV sehr hell (wie am Tag) | *Der Saal war taghell erleuchtet*

-tä·gig *im Adjektiv, unbetont, begrenzt produktiv* **eintägig, zweitägig, dreitägig, halbtägig, ganztägig, mehrtägig** *und andere* die genannte Zahl von Tagen, den genannten Teil eines Tages dauernd

★ **täg·lich** ADJEKTIV so, dass es jeden Tag geschieht | *Er arbeitet täglich acht Stunden/acht Stunden täglich* | *Der Zug verkehrt täglich außer sonn- und feiertags*

-täg·lich *im Adjektiv, unbetont, nicht produktiv; selten* **zweitäglich, dreitäglich, vierzehntäglich** *und andere* mit Abständen der genannten Zahl von Tagen

tags ADVERB **1** am Tag | *Sie arbeitet tags im Büro und nachts in einer Bar* **2** **tags zuvor/davor** am vorhergehenden Tag **3** **tags darauf** am darauffolgenden Tag

★ **tags·über** ADVERB während des Tags, wenn es hell ist ↔ *nachts* | *Sie ist tagsüber nicht zu Hause*

tag·täg·lich ADJEKTIV jeden Tag (ohne Ausnahme) geschehend ≈ *täglich* | *Die Arbeit in der Küche ist tagtäglich dieselbe*

Tag·träu·mer *der* eine Person, die in der Welt der eigenen Fantasie lebt und ohne Sinn für die Realität ist ● hierzu **Tag·träu·me·rin** *die*

★ **Ta·gung** *die;* (-, -en) ein Treffen von Fachleuten, Mitgliedern einer Institution o. Ä., bei dem man sich informiert und diskutiert und das meist mehrere Tage dauert ⟨eine Tagung abhalten, veranstalten; an einer Tagung teilnehmen⟩ K Tagungsort, Tagungsraum, Tagungsteilnehmer

Tag·werk *das;* (-(e)s, -); *veraltend* **1** *nur Singular* die Arbeit während eines Tages ⟨das Tagwerk vollbringen⟩ **2** *süddeutsch* Ⓐ ein Flächenmaß (ca. 3000 m²) | *fünf Tagwerk Land besitzen*

T

Tai·fun *der;* (-s, -e) ein Wirbelsturm in den Tropen

★ **Tail·le** ['taljə] *die;* (-, -n) die schmalste Stelle in der Mitte des (menschlichen) Körpers | *Ihr enges Kleid betonte die Taille* → Abb. unter **Mensch**

tail·liert [ta'jiːɐ̯t] ADJEKTIV ⟨ein Hemd, ein Kleid⟩ so, dass sie an der Taille eng sind

Ta·ke·la·ge [-ʒə] *die;* (-, -n) alle Teile, welche die Segel eines Schiffes tragen (z. B. die Masten) ⟨das Schiff mit Takelage versehen⟩

★ **Takt** *der;* (-(e)s, -e) **1** *nur Singular* das Maß, das ein Musikstück rhythmisch in gleiche Einheiten teilt ⟨nach dem Takt spielen; aus dem Takt kommen; im Takt bleiben; den Takt wechseln⟩ K Taktart, Taktwechsel; Dreivierteltakt, Viervierteltakt, Walzertakt **2** ein kurzer Abschnitt eines Musikstücks, der durch den Takt bestimmt wird; in den Noten trennen senkrechte Striche diese Abschnitte | *Der Baß setzt erst im dritten Takt ein* | *Sie hat ein paar Takte des Walzers auf dem Klavier gespielt* K Taktstrich **3** *nur Singular* das Gefühl für höfliches, rücksichtsvolles und anständiges Benehmen ⟨viel, wenig, keinen Takt haben; etwas mit großem Takt behandeln; Takt zeigen⟩ ■ ID **jemanden aus dem Takt bringen** jemanden verwirren ● zu (3) **takt·los** ADJEKTIV; zu (3) **Takt·lo·sig·keit** *die;* zu (3) **takt·voll** ADJEKTIV

Takt·ge·fühl *das; nur Singular* rücksichtsvolles und anständiges Benehmen ⟨(kein) Taktgefühl haben⟩ ≈ *Takt*

tak·tie·ren VERB (taktierte, hat taktiert) **irgendwie taktieren** *geschrieben* taktisch (klug) handeln ⟨geschickt, klug, vorsichtig taktieren⟩

★ **Tak·tik** *die;* (-, -en) ein überlegtes Handeln nach einem Plan, mit dem man ein Ziel zu erreichen versucht ⟨eine erfolgreiche Taktik; eine Taktik verfolgen, aufgeben; nach einer Taktik vorgehen⟩ K Hinhaltetaktik, Verschleierungstaktik, Verzögerungstaktik

Tak·ti·ker *der;* (-s, -) eine Person, die nach einer Taktik (überlegt) handelt ⟨ein geschickter, kluger Taktiker⟩

tak·tisch ADJEKTIV *meist attributiv* **1** in Bezug auf die Taktik ⟨ein Fehler; aus taktischen Gründen⟩ **2** einem Plan, einer Taktik folgend ⟨taktisch vorgehen⟩ ≈ *planvoll, überlegt*

Takt·stock *der* ein dünner, kurzer Stock, mit welchem der Dirigent einem Orchester den Takt anzeigt

★ **Tal** *das;* (-(e)s, Tä·ler) **1** das tief liegende Gelände, das zwischen Hügeln oder Bergen liegt, meist mit einem Fluss ⟨ein breites, enges, tiefes, weites Tal; durch ein Tal wandern⟩ K Talenge; Flusstal, Gebirgstal, Seitental **2** **zu Tal** *geschrieben* (in) das Tal hinunter ⟨etwas fließt zu Tal; jemanden zu Tal bringen⟩

tal|ab·wärts ADVERB das Tal hinunter

Ta·lar *der;* (-s, -e) Priester und Richter tragen Talare über ihrer normalen Kleidung ⟨den Talar anlegen, tragen⟩

tal|auf·wärts ADVERB das Tal hinauf

★ **Ta·lent** *das;* (-s, -e) **1** **Talent (für/zu etwas)** die (angeborene) Fähigkeit zu guten oder sehr guten Leistungen, vor allem im künstlerischen Bereich ⟨kein, viel, wenig Talent haben; großes Talent zum Malen, Musizieren besitzen; ein Talent fördern, verkümmern lassen⟩ ≈ *Begabung* | *Er hat Talent für Musik/für Sprachen* **2** eine Person, die viel Talent hat ⟨ein viel versprechendes Talent⟩ K Talentsuche; Musiktalent, Sprachtalent **3** **ein ewiges Talent** eine Person, die trotz ihres Talents nie den großen Erfolg hat

ta·len·tiert ADJEKTIV mit Talent ≈ *begabt* | *ein talentierter junger Künstler*

Ta·ler *der;* (-s, -); *historisch* eine alte deutsche Münze

Tal·fahrt *die* **1** eine Fahrt von einem Berg in das Tal hinunter | *eine Talfahrt mit der Seilbahn* **2** eine negative wirtschaftliche Entwicklung (oft auch der Sturz von Kursen an der Börse) | *Die Talfahrt der deutschen Automobilindustrie ist gebremst* | *die Talfahrt des Dollars*

Talg *der;* (-(e)s) ein tierisches Fett, das z. B. zur Produktion von Kerzen und Seifen verwendet wird K Rindertalg

Talg·drü·se *die* eine Drüse in der Haut, die eine Art Fett produziert

Ta·lis·man *der;* (-s, -e) ein kleiner Gegenstand, von dem man glaubt, dass er Glück bringt oder vor Unglück schützt

Talk·show ['tɔːkʃoː] *die;* (-, -s) eine Sendung im Fernsehen, in der jemand das Publikum durch Gespräche mit bekannten Persönlichkeiten unterhält

Tal·mud *der;* (-s) ein Buch mit sehr wichtigen religiösen Texten (im jüdischen Glauben)

Tal·soh·le *die* **1** die tiefste Stelle in einem Tal **2** der tiefste Punkt in einer negativen wirtschaftlichen Entwicklung

Tal·sper·re *die* eine hohe Mauer (ein Damm) in einem engen Flusstal, welches das Wasser zu einem See staut

Tal·sta·ti·on [-tsio:n] *die* die Station einer Bergbahn oder eines Skilifts im Tal ↔ *Bergstation*

tal·wärts ADVERB den Berg hinunter

Tam·bu·rin [-ri:n] *das*; (-s, -e) eine kleine, leichte, unten offene Trommel mit kleinen Glocken am Rand ⟨das Tamburin schlagen⟩

★ **Tam·pon** ['tampɔn, tam'po:n] *der*; (-s, -s) ein kleiner Stab aus fester Watte, der Flüssigkeiten (z. B. Blut oder Speichel) aufsaugen soll

Tam·tam *das*; (-s) **viel Tamtam um jemanden/etwas machen** *gesprochen, abwertend* jemandem/etwas zu viel Aufmerksamkeit schenken

Tand *der*; (-s); *veraltend* wertlose Dinge ⟨billiger Tand⟩

tän·deln VERB (tändelte, hat getändelt) **1** etwas spielerisch, nicht ernsthaft tun | *Statt wie bisher mit dem Problem nur zu tändeln, sollte die Regierung endlich handeln!* **2** **mit jemandem tändeln** *veraltend* mit jemandem flirten

Tan·dem *das*; (-s, -s) ein Fahrrad für zwei Personen mit zwei Sätteln und zwei Paaren von Pedalen ⟨(auf einem) Tandem fahren⟩

Tang *der*; (-s) meist rote oder braune Pflanzen (Algen), die im Meer schwimmen und dicht wachsen

Tan·gen·te [taŋ'gɛntə] *die*; (-, -n) **1** eine Gerade, die eine Kurve in einem Punkt berührt ⟨eine Tangente ziehen⟩ **2** eine Straße, die am Rande eines Orts oder eines Gebiets vorbeigeht • zu (1) **tan·gen·ti·al** [-'tsia:l] ADJEKTIV

tan·gie·ren [taŋ'gi:rən] VERB (tangierte, hat tangiert) **1** **etwas tangiert etwas** etwas berührt eine Kurve oder Fläche in einem Punkt **2** **etwas tangiert jemanden** *geschrieben* etwas beeinflusst eine Person in ihrem Denken und Tun | *Das tangiert mich nicht* **3** **etwas tangiert etwas** *geschrieben* etwas betrifft etwas (nur am Rande) | *Dieser Diskussionspunkt tangiert das zentrale Thema nur*

Tan·go ['taŋgo] *der*; (-s, -s) ein Tanz, der in Argentinien entstanden ist ⟨einen Tango spielen, tanzen⟩

Tank *der*; (-s, -s) im Auto ist Benzin im Tank und im Tank im Keller ist Heizöl ⟨ein leerer, voller, lecker Tank; den Tank füllen⟩ K Tankdeckel, Tankfüllung, Tankinhalt, Tanklager, Tanklastzug, Tankwagen, Tankzug; Benzintank, Öltank, Trinkwassertank

★ **tan·ken** VERB (tankte, hat getankt) **1** **(etwas) tanken** Benzin oder andere Flüssigkeiten in einen Tank füllen ⟨Benzin, Öl tanken⟩ | *Ich muss noch (30 Liter) tanken* **2** **Sonne, frische Luft tanken** *gesprochen* sich (lange) sonnen, frische Luft tief einatmen **3** *gesprochen* alkoholische Getränke trinken | *Er hat zu viel getankt*

Tan·ker *der*; (-s, -) ein großes Schiff, das Erdöl transportiert K Tankerflotte

Tank·säu·le *die* ≈ *Zapfsäule*

★ **Tank·stel·le** *die* ein Geschäft, in dem Benzin und Öl für Kraftfahrzeuge verkauft werden K Tankstellenbesitzer, Tankstellenüberfall

Tank·uhr *die* ein technisches Gerät in Kraftfahrzeugen, das anzeigt, wie viel Benzin o. Ä. noch im Tank ist

Tank·wart *der*; (-s, -e) eine Person, die beruflich an einer Tankstelle Benzin usw. verkauft • hierzu **Tank·war·tin** *die*

Tan·ne *die*; (-, -n) Tannen haben flache Nadeln und werden gern als Weihnachtsbaum benutzt K Tannenholz, Tannennadeln, Tannenzapfen, Tannenzweig

TANNE

Tan·nen·baum *der* **1** ≈ *Tanne* **2** *besonders norddeutsch* ≈ *Weihnachtsbaum*

Tan·ta·lus·qua·len *die*; *Plural*; *geschrieben* seelische Qualen, die dadurch entstehen, dass man ein Ziel nie ganz erreicht ⟨Tantalusqualen ausstehen, erleiden⟩

★ **Tan·te** *die*; (-, -n) **1** die Schwester der Mutter oder des Vaters oder die Ehefrau des Onkels → Abb. unter **Familie** **2** *gesprochen, oft abwertend* verwendet als Bezeichnung für eine Frau (von der man keine gute Meinung hat) | *Die Tante vom Finanzamt war total unfreundlich zu mir*

-tan·te *die*; *im Substantiv, unbetont, begrenzt produktiv; gesprochen, abwertend* **1** **Jammertante, Meckertante, Tratschtante** *und andere* ein Mädchen oder eine Frau, die das genannte störende Verhalten zeigen | *Seid endlich still, ihr Quasseltanten!* **2** **Psychotante, Versicherungstante** *und andere* eine Frau, die im genannten Bereich arbeitet und über die man sich ärgert | *Die Finanzamttante hat meinen Antrag verschlampt*

Tan·te-Em·ma-La·den *der* ein kleines Lebensmittelgeschäft

Tan·ti·e·me [tan'tie:mə] *die*; (-, -n) das Geld, das Musiker, Autoren usw. bekommen, wenn ihre Lieder, Schallplatten im Radio o. Ä. gespielt werden, wenn ihre Werke im Theater aufgeführt werden usw.

★ **Tanz** *der*; (-es, Tän·ze) **1** beim Tanz bewegen wir unseren Körper im Rhythmus der Musik K Fruchtbarkeitstanz, Kriegstanz, Tempeltanz **2** eine Art des Tanzes mit einem Partner und verschiedenen Schritten ⟨ein moderner, traditioneller Tanz; jemanden zum Tanz auffordern, bitten⟩ | *Rumba, Samba, Salsa und andere lateinamerikanische Tänze* K Gesellschaftstanz, Standardtanz, Volkstanz **3** *nur Singular* eine Veranstaltung, auf der getanzt wird ⟨zum Tanz gehen⟩ ■ ID **einen Tanz aufführen/machen** *gesprochen* sehr schimpfen, weil man wütend ist; **einen Tanz ums Goldene Kalb aufführen** materielle Dinge (meist Geld) zum zentralen Inhalt des eigenen Tuns machen

Tanz·bein *das* ■ ID **das Tanzbein schwingen** *gesprochen, humorvoll* ≈ *tanzen*

tän·zeln VERB (tänzelte, hat/ist getänzelt) **1** **ein Pferd tänzelt** (*hat*) ein Pferd bewegt sich in kleinen, leichten Schritten | *Am Start wurde das Pferd nervös und tänzelte unruhig* **2** **irgendwohin tänzeln** (*ist*) sich mit tänzerischen Schritten irgendwohin bewegen

★ **tan·zen** VERB (tanzte, hat getanzt) **(etwas) (mit jemandem) tanzen** (mit jemandem) einen Tanz machen | *(einen) Tango/Walzer tanzen* | *Möchtest du mit mir tanzen?* K Tanzbar, Tanzcafé, Tanzfläche, Tanzkapelle, Tanzkurs, Tanzlehrer, Tanzlokal, Tanzmusik, Tanzpartner, Tanzsaal, Tanzsalon, Tanzschritt, Tanzturnier, Tanzveranstaltung ■ ID → Reihe

Tän·zer *der*; (-s, -) eine Person, die (auch beruflich) tanzt ⟨ein geschmeidiger, berühmter Tänzer⟩ K Balletttänzer • hierzu **Tän·ze·rin** *die*

tän·ze·risch ADJEKTIV *meist attributiv* **1** nach Art eines Tänzers ⟨Bewegungen⟩ **2** in Bezug auf das Tanzen | *Das Paar bot eine tänzerische Bestleistung*

Tanz·schu·le *die* eine private Institution, bei der man tanzen lernen kann • hierzu **Tanz·schü·ler** *der*; **Tanz·schü·le·rin** *die*

Tanz·stun·de *die* **zur Tanzstunde gehen** Unterricht im Tanzen nehmen

Ta·pet *das* ■ ID **etwas aufs Tapet bringen** ein (meist unangenehmes) Thema zur Sprache bringen

Ta·pe·te *die*; (-, -n) ein festes Papier meist mit Mustern, das auf Wände geklebt wird ⟨eine gemusterte, abwaschbare Tapete; eine Rolle Tapeten⟩ [K] Tapetenbahn, Tapetenmuster, Tapetenrolle; Korktapete, Seidentapete, Textiltapete [H] meist im Plural verwendet: *neue Tapeten fürs Wohnzimmer*

Ta·pe·ten·wech·sel *der* **(dringend einen) Tapetenwechsel brauchen** *gesprochen* einen Urlaub o. Ä. nötig haben, weil die gewohnte Umgebung monoton, langweilig wirkt

ta·pe·zie·ren VERB (tapezierte, hat tapeziert) **(etwas) tapezieren** Tapeten an eine Wand kleben ⟨die Wand, das Zimmer (neu) tapezieren⟩ [K] Tapezierarbeit, Tapeziertisch ● hierzu **Ta·pe·zie·rer** *der*

★ **tap·fer** ADJEKTIV **1** so, dass man in einer gefährlichen oder schwierigen Situation keine Angst zeigt und nicht aufgibt ⟨ein Krieger; tapfer kämpfen; sich tapfer verteidigen, wehren⟩ **2** *meist prädikativ oder adverbiell* mit großer Selbstbeherrschung, ohne zu klagen ⟨(den) Durst, (den) Hunger, (die) Schmerzen tapfer ertragen⟩ ● hierzu **Tap·fer·keit** *die*

tapp! **tapp, tapp!** verwendet, um das Geräusch zu imitieren, das Füße auf einem Fußboden machen

tap·pen VERB (tappte, ist getappt) **irgendwohin tappen** sich langsam, vorsichtig und unsicher fortbewegen | *Sie tappte durch die dunkle Wohnung*

täp·pisch ADJEKTIV; *abwertend* ungeschickt ⟨sich täppisch benehmen⟩

tap·sig ADJEKTIV (von jungen Tieren) ungeschickt in den Bewegungen, aber so, dass es dabei nett wirkt

Ta·ra *die*; (-, Ta·ren) das Gewicht der Verpackung einer Ware

Ta·ran·tel *die*; (-, -n) eine große, giftige Spinne, die in den Tropen und Subtropen vorkommt ⟨die Tarantel sticht⟩
■ ID **wie von einer/der Tarantel gestochen/gebissen** *gesprochen* in plötzlicher Erregung oder Wut

★ **Ta·rif** *der*; (-s, -e) **1** der festgesetzte Preis für etwas, das eine staatliche oder offizielle Institution (als Leistung) anbietet (z. B. eine Fahrt mit der Bahn) ⟨ein amtlicher Tarif; einen Tarif aufstellen⟩ | *Die Post hat ihre Tarife erhöht* [K] Tariferhöhung; Bahntarif, Posttarif, Sondertarif, Steuertarif, Stromtarif, Versicherungstarif, Zolltarif **2** die Höhe (und Abstufung) der Löhne und Gehälter, über welche die Arbeitgeber und Gewerkschaften verhandeln ⟨neue Tarife aushandeln; nach Tarif bezahlt werden⟩ [K] Tarifabschluss, Tarifgespräch, Tarifgruppe, Tariflohn, Tarifrecht, Tarifverhandlungen, Tarifvertrag; Lohntarif ● hierzu **ta·rif·lich** ADJEKTIV

Ta·rif·au·to·no·mie *die* das Recht von Arbeitgebern und Arbeitnehmern/Gewerkschaften, über Tarife zu verhandeln und sie festzusetzen, ohne dass der Staat dabei entscheidet

Ta·rif·kon·flikt *der* ein Konflikt zwischen Arbeitgebern und Arbeitnehmern/Gewerkschaften, die sich nicht über die Tarife einigen können

Ta·rif·part·ner *der*; *meist Plural* die Arbeitgeber bzw. die Gewerkschaften, die über die Tarife verhandeln

Ta·rif·run·de *die* alle Verhandlungen über die neuen Tarife in allen Branchen ⟨die diesjährige Tarifrunde⟩

Ta·rif·ver·trag *der* der Vertrag zwischen Arbeitgebern und Gewerkschaften, welcher die Tarife enthält ● hierzu **ta·rif·ver·trag·lich** ADJEKTIV

tar·nen VERB (tarnte, hat getarnt) **1** **jemanden/etwas tarnen** jemanden, sich selbst oder etwas mit Kleidung, Farben o. Ä. der Umgebung angleichen und so aus der Entfernung unsichtbar machen | *Die Polizei hatte die Radarfalle geschickt getarnt* | *Die Kanone war im Gebüsch gut getarnt* [K] Tarnanstrich, Tarnanzug, Tarnfarbe **2** **etwas als etwas tarnen** etwas so gestalten, dass der wirkliche Zweck nicht zu erkennen ist | *Das Rauschgiftlabor war als Fotowerkstatt getarnt* [K] Tarnorganisation **3** **sich als etwas tarnen** eine neue Identität, eine andere Stellung o. Ä. annehmen | *Der Spion tarnte sich als Fotograf* [K] Tarnname ● hierzu **Tar·nung** *die*

Tarn·kap·pe *die* die Art Mütze oder Mantel, die eine Person in einem Märchen trägt, um unsichtbar zu sein

★ **Ta·sche** *die*; (-, -n) **1** ein Behälter meist aus Leder oder Stoff mit einem Griff (oder einem Riemen zum Umhängen), in dem man Dinge bei sich trägt oder transportiert | *Er trug seiner Mutter die schwere Tasche nach Hause* [K] Einkaufstasche, Sporttasche, Ledertasche **2** ein kleiner Beutel in der Kleidung für kleine Dinge, die man bei sich haben will ⟨etwas aus der Tasche ziehen⟩ | *die Hände in die Taschen stecken* [K] Tascheninhalt; Brusttasche, Hosentasche, Jackentasche, Manteltasche
■ ID ▸Geld: **jemandem auf der Tasche liegen** *gesprochen, oft abwertend* von dem Geld einer anderen Person leben und sie dadurch belasten; **jemandem etwas aus der Tasche ziehen** *gesprochen* zu einer Person freundlich, aber nicht ehrlich sein, um von ihr Geld zu bekommen; **etwas aus der eigenen Tasche bezahlen/finanzieren** etwas vom eigenen Geld bezahlen; **(für etwas) tief in die Tasche greifen müssen** viel Geld für etwas zahlen müssen; **etwas fließt/wandert in jemandes Taschen** *oft abwertend* jemand bekommt (vor allem auf unehrliche Weise) viel Geld;
▸Überlegenheit: **etwas schon in der Tasche haben** etwas sicher bald bekommen oder erreichen ⟨einen Sieg, einen Vertrag schon in der Tasche haben⟩; **Er/Sie steckt ihn/sie in die Tasche** er/sie kann viel mehr als die genannte andere Person;
▸Täuschung: **sich** (*Dativ*) **in die eigene Tasche lügen** nicht ehrlich gegenüber sich selbst sein

Ta·schen- *im Substantiv, betont, begrenzt produktiv* **der Taschenfahrplan, der Taschenkalender, der Taschenrechner, der Taschenschirm, der Taschenspiegel, die Taschenuhr, das Taschenwörterbuch** *und andere* so klein und für den Zweck produziert, dass man es bequem bei sich tragen kann

★ **Ta·schen·buch** *das* ein relativ billiges Buch in einem kleinen Format und ohne festen Einband [K] Taschenbuchverlag

Ta·schen·dieb *der* eine Person, die anderen Leuten Geld usw. aus der Tasche stiehlt | *Vor Taschendieben wird gewarnt* ● hierzu **Ta·schen·die·bin** *die*

Ta·schen·geld *das*; *nur Singular* eine kleine Summe Geld, die eine Person für persönliche Ausgaben bekommt, weil sie selbst kein Geld verdient | *Ich gebe meinem Sohn dreißig Euro Taschengeld im Monat*

Ta·schen·lam·pe *die* eine kleine Lampe mit Batterie

Ta·schen·mes·ser *das* ein kleines Messer meist mit mehreren Klingen, das man zusammenklappen und so in der Tasche tragen kann

Ta·schen·rech·ner *der* ein kleines elektronisches Gerät, das man zum Rechnen benutzt

★ **Ta·schen·tuch** *das* ein kleines, viereckiges Stück Stoff o. Ä., das man zum Naseputzen o. Ä. in der Tasche bei sich trägt

TASSE

★ **Tas·se** *die*; (-, -n) **1** ein kleines Gefäß mit Henkel, meist aus Porzellan oder Keramik, aus dem man vor allem warme Getränke trinkt ⟨etwas in eine Tasse gießen; aus einer Tasse trinken⟩ [K] Tassenrand; Kaffeetasse, Teetasse **2** der Inhalt einer Tasse ⟨eine Tasse Tee, Kaffee, Schokolade trinken⟩ **3** **eine trübe Tasse** *gesprochen* verwendet als Bezeichnung für einen langweiligen, temperamentlosen Menschen ■ ID **Er/Sie hat**

nicht alle Tassen im Schrank *gesprochen, ironisch* er/sie ist verrückt

★ **Tas·ta·tur** *die;* (-, -en) die Tasten eines Klaviers, eines Computers o. Ä.

Tas·ta·tur·kür·zel *das* ≈ *Tastenkürzel*

★ **Tas·te** *die;* (-, -n) Klaviere, Computer und viele andere Instrumente und Maschinen haben Tasten, die man drückt | *eine Taste auf dem Keyboard anschlagen/drücken* | *Wenn du auf diese Taste drückst, geht das Gerät aus* K Tasteninstrument, Tastentelefon; Notruftaste

tas·ten VERB (tastete, hat getastet) **1** **(nach etwas) tasten** vorsichtig oder suchend nach etwas mit den Händen greifen | *Ich tastete im Dunkeln nach dem Lichtschalter* **2** **sich irgendwohin tasten** sich vorsichtig oder suchend in eine Richtung bewegen | *Ich tastete mich langsam zur Tür*

Tas·ten·kür·zel *das* eine Kombination von Tasten auf der Tastatur eines Rechners, mit der eine Aktion ausgeführt wird, z. B. *Strg* (Steuerungstaste) und *C*, um einen markierten Text zu kopieren

Tast·sinn *der; nur Singular* die Fähigkeit, etwas durch Berühren wahrzunehmen | *Blinde haben einen stark entwickelten Tastsinn*

tat *Präteritum, 1. und 3. Person Singular* → tun

★ **Tat** *die;* (-, -en) **1** eine einzelne Handlung, mit der man etwas macht ⟨eine böse Tat begehen; eine gute Tat vollbringen⟩ | *Den Worten müssen jetzt Taten folgen!* **2** Kurzwort für *Straftat* ⟨eine Tat gestehen⟩ K Tatbericht, Tatbeteiligung, Tathergang, Tatmotiv, Tatort, Tatumstand, Tatwaffe, Tatzeit, Tatzeuge; Mordtat ■ ID **in der Tat** betont, dass etwas wirklich oder wahr ist | *Das bildest du dir nicht ein, das ist in der Tat so;* **ein Mann/eine Frau der Tat** eine Person, die nicht lange zögert, sondern gleich energisch handelt; **etwas in die Tat umsetzen** eine Idee realisieren; **jemanden auf frischer Tat ertappen** an einen Ort kommen und sehen, dass jemand gerade ein Verbrechen begeht oder etwas Verbotenes tut

Ta·tar *das;* (-s) eine Speise, die aus rohem gehacktem Rindfleisch (mit einem rohen Ei und verschiedenen Zutaten) besteht

Tat·be·stand *der* **1** alle Fakten, die bei etwas relevant sind ⟨den Tatbestand feststellen⟩ ≈ *Sachverhalt* | *An dem Tatbestand lässt sich nichts ändern* **2** die Kriterien, nach denen eine Handlung ein Verbrechen ist | *Der Tatbestand der Körperverletzung ist erfüllt*

tä·te *Konjunktiv II, 1. und 3. Person Singular* → tun

Tat·ein·heit *die* **etwas in Tateinheit mit etwas** drückt aus, dass zwei Delikte gleichzeitig begangen wurden | *jemanden wegen Nötigung in Tateinheit mit schwerer Körperverletzung verurteilen*

Ta·ten·drang *der; nur Singular* die Energie, die jemanden antreibt, etwas zu tun | *Er war voller Tatendrang*

Ta·ten·durst *der; geschrieben* ≈ *Tatendrang* • hierzu **ta·ten·durs·tig** ADJEKTIV

ta·ten·los ADJEKTIV *meist prädikativ* so, dass man in einer meist kritischen Situation nicht handelt und unbeteiligt bleibt ⟨tatenlos (bei etwas) zusehen⟩ • hierzu **Ta·ten·lo·sig·keit** *die*

★ **Tä·ter** *der;* (-s, -) eine Person, die eine Straftat begangen hat ⟨den Täter fassen, finden⟩ | *Wer war der Täter?* K Täterbeschreibung; Mehrfachtäter, Nachahmungstäter, Wiederholungstäter **i** zu *Täterin* → Info im Eintrag **-in** • hierzu **Tä·te·rin** *die;* **Tä·ter·schaft** *die*

★ **tä·tig** ADJEKTIV **1** **jemand ist als etwas /irgendwo tätig** *meist prädikativ* jemand arbeitet in dem genannten Beruf oder ist irgendwo aktiv | *Sie ist als Juristin im Staatsdienst tätig* **2** *nur attributiv* aktiv oder intensiv ⟨Anteilnahme, Hilfe, Reue⟩ **3** ⟨ein Vulkan⟩ so, dass er noch ausbricht, nicht erloschen ist

★ **Tä·tig·keit** *die;* (-, -en) **1** die Arbeit in einem Beruf ⟨eine gut/schlecht bezahlte, jemandes berufliche Tätigkeit; eine Tätigkeit aufnehmen, ausüben, aufgeben⟩ | *Er nimmt seine Tätigkeit als Lehrer wieder auf* | *Sie sucht eine interessante Tätigkeit in der Industrie* K Tätigkeitsbeschreibung; Ermittlungstätigkeit, Erwerbstätigkeit, Berufstätigkeit, Bürotätigkeit, Forschungstätigkeit, Lehrtätigkeit, Verwaltungstätigkeit, Nebentätigkeit **2** das, was man tut, wenn man aktiv ist und sich mit etwas beschäftigt | *die verschiedenen Tätigkeiten bei der Pflege eines Behinderten* K Kampftätigkeit, Spionagetätigkeit, Denktätigkeit, Hilfstätigkeit **3** *meist Singular* das Funktionieren, Arbeiten eines Organs K Darmtätigkeit, Herztätigkeit, Hirntätigkeit, Verdauungstätigkeit

Tä·tig·keits·be·richt *der* der Bericht meist einer Organisation über die Arbeit, die sie gemacht hat ⟨einen Tätigkeitsbericht liefern⟩ | *der Tätigkeitsbericht des Datenschutzbeauftragten*

Tä·tig·keits·wort *das* ≈ *Verb*

Tat·kraft *die; nur Singular* die Energie, die jemanden zum Handeln antreibt ⟨Tatkraft entfalten, entwickeln, beweisen⟩ • hierzu **tat·kräf·tig** ADJEKTIV

tät·lich ADJEKTIV mit körperlicher Gewalt gegen andere Menschen ⟨jemanden tätlich angreifen; gegen jemanden tätlich werden⟩

Tät·lich·keit *die;* (-, -en); *meist Plural; admin* die Anwendung von körperlicher Gewalt gegen andere Menschen | *Wenn er provoziert wird, lässt er sich leicht zu Tätlichkeiten hinreißen*

Tat·ort *der* der Ort, an dem ein Verbrechen begangen wurde

tä·to·wie·ren VERB (tätowierte, hat tätowiert) **jemanden/etwas tätowieren; jemandem etwas irgendwohin tätowieren** jemandem mit einer Nadel und Farben (dauerhafte) Zeichnungen auf die Haut machen | *jemandes Arm tätowieren* | *jemandem einen Adler auf die Brust tätowieren* | *Sie ist am Rücken tätowiert* • hierzu **Tä·to·wie·rung** *die*

★ **Tat·sa·che** *die;* (-, -n) etwas, das sich wirklich ereignet hat, das objektiv festgestellt wurde ⟨etwas beruht auf Tatsachen, entspricht den Tatsachen; es ist eine Tatsache, dass⟩ ≈ *Fakt* | *Du musst dich mit den Tatsachen abfinden* K Tatsachenbericht ■ ID **die Tatsachen verdrehen** die wahren Ereignisse falsch darstellen; **jemanden vor vollendete Tatsachen stellen** jemanden mit einer Situation konfrontieren, an der er nichts mehr ändern kann

★ **tat·säch·lich, tat·säch·lich** ADJEKTIV **1** *meist attributiv* der Wirklichkeit entsprechend ⟨der Grund, die Ursache⟩ **2** *nur adverbiell* in Wirklichkeit (und nicht nur in der Fantasie) | *Er glaubt, dass es den Yeti tatsächlich gibt* **3** **Tatsächlich?** *gesprochen, oft ironisch* Ist das auch wahr? **4** verwendet, um Erstaunen über etwas auszudrücken | *Du bist ja tatsächlich pünktlich gekommen!* | *Jetzt hat er tatsächlich noch gewonnen, obwohl er erst so weit zurücklag!*

tät·scheln VERB (tätschelte, hat getätschelt) **jemanden/(jemandem) etwas tätscheln** mehrmals mit der Hand leicht und zärtlich auf jemandes Haut/auf das Fell eines Tieres o. Ä. schlagen | *Er tätschelte den Hals des Pferdes*

Tat·ter·greis *der; gesprochen, abwertend* ein schwacher, alter, zittriger Mann

tat·te·rig, tatt·rig ADJEKTIV; *gesprochen* ≈ *zittrig* | *ein tattriger alter Mann*

Tat·too [tɛˈtuː] *das;* (-s, -s) **1** ≈ *Tätowierung* **2** ein Bild auf der Haut, das wie eine Tätowierung aussieht, aber nur gemalt, aufgeklebt o. Ä. ist

ta·tü·ta·ta! verwendet, um den Klang des Warnsignals von Polizei-, Feuerwehr- und Krankenwagen zu imitieren

T

Tat·ver·dacht *der* der Verdacht, dass jemand ein Verbrechen begangen hat ⟨unter Tatverdacht stehen; gegen jemanden besteht Tatverdacht⟩

Tat·ze *die*; (-, -n) der Fuß (die Pfote) großer Raubtiere, z. B. von Bären i Löwen, Tiger usw. haben *Pranken*.

Tau[1] *der*; (-s) kleine Wassertropfen, die am frühen Morgen auf der Erde, auf den Pflanzen liegen (ohne dass es geregnet hat) K Tautropfen

Tau[2] *das*; (-(e)s, -e) ein dickes, starkes Seil (vor allem auf Schiffen) ⟨ein Tau auswerfen, kappen⟩

★ **taub** ADJEKTIV **1** *oft abwertend* nicht fähig zu hören ⟨auf dem linken/rechten Ohr taub sein⟩ ≈ *gehörlos* **2** ohne dass man mit den Nerven ein Gefühl spürt | *Meine Füße waren taub vor Kälte* **3** ohne Inhalt, ohne Kern ⟨eine Ähre, eine Nuss⟩ **4** **sich taub stellen** so tun, als ob man nichts hören könnte ● zu (1) **Tau·be** *der/die*; zu (2) **Taub·heit** *die*

Tau·be *die*; (-, -n) Tauben sind graue oder weiße Vögel, die man oft auf den Plätzen von Städten sieht ⟨die Taube girrt, gurrt⟩ | *Die weiße Taube gilt als Symbol des Friedens* K Taubenart, Taubenei, Taubenzucht; Brieftaube, Haustaube, Wildtaube

Tau·ben·schlag *der* ein kleines Häuschen auf einem hohen Pfahl oder ein Stall für Tauben ■ ID **Hier geht es zu wie in einem Taubenschlag!** *meist abwertend* hier kommen und gehen viele Leute

taub·stumm ADJEKTIV ohne die Fähigkeit zu hören und zu sprechen i Diese Bezeichnung wird oft als beleidigend empfunden. Stattdessen sagt man besser *gehörlos* ● hierzu **Taub·stum·me** *der/die*; **Taub·stumm·heit** *die*

★ **tau·chen** VERB (tauchte, hat/ist getaucht) **1** **tauchen** (*hat/ist*); **irgendwohin tauchen** (*ist*) mit dem ganzen Körper (auch mit dem Kopf) unter Wasser sein und so schwimmen | *Die Ente taucht und sucht unter Wasser nach Futter* | *zum Grund des Schwimmbeckens tauchen* | *das Tauchen mit Sauerstoffflaschen* K Tauchboot, Tauchsport, Tauchtiefe **2** **nach etwas tauchen** (*hat/ist*) unter Wasser nach etwas suchen ⟨nach Perlen, Schwämmen tauchen⟩ **3** **in etwas** (*Akkusativ*) **tauchen** *geschrieben* (*ist*) in etwas verschwinden | *Sie tauchten in die Finsternis* **4** **ein U-Boot taucht** (*hat/ist*) das U-Boot fährt unter der Wasseroberfläche, sodass man es nicht sehen kann K Tauchboot **5** **jemanden (in etwas** (*Akkusativ*)**) tauchen** (*hat*) jemandes Kopf mit Gewalt unter Wasser drücken **6** **etwas in etwas** (*Akkusativ*) **tauchen** (*hat*) etwas in eine Flüssigkeit halten | *den Pinsel in die Farbe tauchen*

Tau·cher *der* eine Person, die (als Sport oder beruflich) meist mit einer Ausrüstung taucht | *Die Taucher fanden das Wrack in 30 Metern Tiefe* K Taucheranzug, Taucherausrüstung, Taucherbrille; Perlentaucher, Sporttaucher, Tiefseetaucher ● hierzu **Tau·che·rin** *die*

Tauch·sie·der *der*; (-s, -) ein elektrisches Gerät in Form einer Spirale, mit dem man Wasser heiß macht

Tauch·sta·ti·on [-tsjo:n] *die* **auf Tauchstation gehen** *gesprochen* sich an einen Ort begeben, an dem man allein sein kann und für andere Leute nicht zu erreichen ist

tau·en VERB (taute, hat/ist getaut) **1** **etwas taut** (*ist*) etwas wird flüssig (meist zu Wasser), weil es wärmer wird ⟨Eis, Schnee⟩ ≈ *schmelzen* **2** **es taut** (*hat*) die Temperatur im Freien liegt wieder über 0 °C, sodass Eis und Schnee zu Wasser werden

Tauf·be·cken *das* ein Becken aus Stein oder Metall für das Wasser, das bei der Taufe verwendet wird

Tau·fe *die*; (-, -n) bei der Taufe mit Wasser werden vor allem Babys in die christliche Kirche aufgenommen ⟨die Taufe empfangen, erhalten⟩ K Taufgelübde, Taufkleid, Taufpate, Taufzeuge ■ ID **etwas aus der Taufe heben** etwas gründen

tau·fen VERB (taufte, hat getauft) **1** **jemanden (auf den Namen …) taufen** jemandem die Taufe (und dabei einen Namen) geben | *Der Pfarrer taufte das Baby auf den Namen Michael* | *Er ließ sich taufen* **2** **etwas (auf den Namen …) taufen** einem Schiff o. Ä. (während einer Feier) einen Namen geben | *Sie taufte das Schiff (auf den Namen Phoenix)*

tau·frisch ADJEKTIV; *meist humorvoll* **1** sehr frisch ⟨Blumen, Gemüse⟩ **2** sehr neu | *Sein Führerschein ist noch taufrisch* **3** **sich (noch) taufrisch fühlen** sich sehr fit, dynamisch fühlen

Tauf·schein *der* ein Dokument, das von der Kirche ausgestellt wird als Beweis, dass man getauft wurde

tau·gen VERB (taugte, hat getaugt) **1** **taugen (für/zu etwas)** geeignet, nützlich sein | *Er taugt nicht zu dieser/für diese Arbeit* | *Dieser Film taugt nicht für Kinder* i meist verneint gebraucht **2** **etwas taugt jemandem** *besonders süddeutsch* Ⓐ, *gesprochen* etwas gefällt jemandem gut **3** **jemand/etwas taugt nichts** *gesprochen, abwertend* jemand/etwas ist (für etwas) unbrauchbar oder hat einen schlechten Charakter

Tau·ge·nichts *der*; (-(es), -e); *abwertend* ein fauler, nutzloser Mensch

taug·lich ADJEKTIV **1** **zu/für etwas tauglich** zu/für etwas geeignet oder brauchbar **2** für den Militärdienst geeignet ⟨ein junger Mann⟩ ↔ *untauglich* | *Er wurde bei der Musterung für tauglich erklärt* ● hierzu **Taug·lich·keit** *die*

-taug·lich *im Adjektiv, unbetont, begrenzt produktiv* **diensttauglich, fahrtauglich, wintertauglich** *und andere* in der Lage, etwas zu tun, geeignet für etwas | *Die Maschine ist nicht mehr flugtauglich*

Tau·mel *der*; (-s) **1** der Zustand, wenn man wegen eines Schwindelgefühls Probleme hat, das Gleichgewicht zu halten **2** **ein Taumel** +*Genitiv* eine große Begeisterung (die wie ein Rausch ist) ⟨in einen Taumel der Freude, des Glücks geraten⟩ | *Ein Taumel der Begeisterung ergriff die Menschen* K Freudentaumel ● zu (1) **tau·me·lig** ADJEKTIV

tau·meln VERB (taumelte, hat/ist getaumelt) **1** (*hat/ist*) sich im Stehen von einer Seite zur anderen bewegen (und dabei fast umfallen) **2** **irgendwohin taumeln** (*ist*) schwankend irgendwohin gehen

Tausch *der*; (-(e)s) **1** das Tauschen ⟨einen (guten, schlechten) Tausch machen; etwas zum Tausch anbieten⟩ K Tauschangebot, Tauschbörse, Tauschgeschäft, Tauschhandel, Tauschobjekt, Tauschwert; Warentausch **2** **im Tausch für/gegen etwas** als Gegenleistung für etwas | *Im Tausch für/gegen das Buch gebe ich dir eine Schallplatte*

★ **tau·schen** VERB (tauschte, hat getauscht) **1** **(mit jemandem) (etwas) tauschen** jemandem etwas geben, um dafür etwas anderes zu bekommen, das ungefähr den gleichen Wert hat ⟨Briefmarken, die Plätze tauschen⟩ | *„Ich habe das Asterix-Heft Nr. 2 und du hast Nummer 8. Wollen wir tauschen?"* **2** **etwas gegen etwas tauschen** verwendet, um zu sagen, was man gibt und was man (als Ersatz) dafür bekommt | *mit dem Nachbarn Äpfel gegen Birnen tauschen* **3** **etwas (gegen etwas) tauschen** etwas an die Stelle von etwas anderem bringen, meist weil das zuerst Genannte kaputt ist ⟨ein Bauteil, ein Modul, einen Motor tauschen⟩ ≈ *ersetzen* **4** **eine Person tauscht mit jemandem etwas**; **Personen tauschen etwas** Personen haben Kontakt, indem sie das Gleiche miteinander tun | *Sie tauschten Blicke* (Sie sahen sich gegenseitig kurz an) | *Er tauschte böse Worte mit seinem Kollegen* (Beide sagten dem anderen unfreundliche Dinge) ■ ID **nicht mit jemandem tauschen mögen** nicht an jemandes Stelle sein wollen (weil das unangenehm wäre)

★ **täu·schen** VERB (täuschte, hat getäuscht) **1** **jemanden (durch etwas) täuschen** (mit etwas) absichtlich einen falschen Eindruck bei jemandem erwecken | *Er täuscht sie durch seinen Charme* **2** **etwas täuscht** etwas macht den falschen Eindruck | *Der erste Eindruck täuscht oft* **3** **sich täuschen** etwas Falsches für wahr halten ≈ *irren* | *Du täuschst dich, er war es nicht* **4** **sich in jemandem täuschen** von jemandem einen falschen Eindruck haben ■ ID **Wenn mich nicht alles täuscht, (dann)** ... ich bin ziemlich sicher, dass

täu·schend ■ PARTIZIP PRÄSENS **1** → täuschen ■ ADJEKTIV **2** sehr stark, sehr ⟨eine Ähnlichkeit; jemandem/etwas täuschend ähnlich sehen⟩

Täu·schung *die;* (-, -en) **1** das Täuschen ⟨eine plumpe, geschickte, raffinierte Täuschung; auf eine Täuschung hereinfallen⟩ K Täuschungsabsicht, Täuschungsmanöver **2** eine falsche Vorstellung, die man von etwas hat ⟨sich einer Täuschung hingeben⟩ ≈ *Irrtum* **3** **eine optische Täuschung** eine falsche Wahrnehmung, die durch die Perspektive des Sehens entsteht

★ **tau·send** ZAHLWORT **1** (als Zahl) 1000 H → Anhang **Zahlen** und Beispiele unter **vier** **2** → Tausend[3]

★ **Tau·send**[1] *die;* (-, -en) die Zahl 1000

★ **Tau·send**[2] *das;* (-s, -) eine Menge von tausend Personen oder Dingen ⟨das erste, zweite Tausend; jemand/etwas macht das Tausend voll⟩

★ **Tau·send**[3], **tau·send** ZAHLWORT *nur in dieser Form; gesprochen* mehr als Tausend, sehr viele ⟨einige, ein paar, viele Tausend⟩ | *Zu der Demonstration werden mehrere tausend Menschen erwartet* K tausendfach, tausendmal H alleine oder vor dem Substantiv verwendet

Tau·sen·de, **tau·sen·de** ZAHLWORT **1** **Tausende** (+*Genitiv Plural*); **Tausende von Personen/Dingen** eine sehr große Menge von Personen oder Dingen | *Das kann nur einer von/unter Tausenden* | *Sie waren zu Tausenden gekommen* | *Tausende kleiner Insekten/von kleinen Insekten* H alleine oder vor dem Substantiv verwendet **2** **etwas geht in die Tausende** eine Menge ist deutlich höher als 1000 Personen, Dinge, Euro usw. | *Die Kosten gingen in die Tausende* | *Die Zahl der Todesopfer ging in die Tausende*

Tau·sen·der *der;* (-s, -); *gesprochen* **1** tausend Euro **2** ein Geldschein im Wert von tausend Euro, Franken o. Ä. **3** *nur Plural* (in einer Zahl mit mehreren Stellen) die vierte Stelle (von rechts bzw.) vor dem Komma | *beim Addieren alle Tausender, Hunderter, Zehner und Einer untereinanderschreiben*

tau·send·fach ADJEKTIV **1** 1000 Mal so viel, so oft o. Ä. | *die tausendfache Menge der üblichen radioaktiven Strahlung* **2** *gesprochen meist adverbiell* sehr viele Male | *eine tausendfach angewandte Technik* ● hierzu **Tau·send·fa·che** *das*

Tau·send·füß·ler *der;* (-s, -) ein kleines Tier, das aussieht wie ein Wurm mit sehr vielen Beinen

tau·send·mal ADVERB **1** 1000 Mal **2** *gesprochen* sehr oft | *Das hab ich dir schon tausendmal erklärt!* ● hierzu **tau·send·ma·lig** ADJEKTIV

Tau·send·sas·sa *der;* (-s, -s); *gesprochen, humorvoll oder ironisch* eine Person, die sehr viel kann und die man deswegen bewundert

tau·sends·t- ADJEKTIV **1** in einer Reihenfolge an der Stelle 1000 ≈ *1000.* **2** **der tausendste Teil (von etwas)** ≈ *1/1000*

tau·sends·tel ADJEKTIV *meist attributiv; nur in dieser Form* der 1000. Teil einer Sache | *eine tausendstel Sekunde*

Tau·sends·tel *das;* (-s, -) der 1000. Teil einer Sache K Tausendstelsekunde

tau·send·und·ein ZAHLWORT (in Ziffern) 1001, sehr viele ⟨das Märchen von tausendundeiner Nacht⟩ | *tausendundein verschiedene Gründe haben*

Tau·wet·ter *das; meist Singular* **1** relativ mildes Wetter, das auf Kälte folgt und Schnee und Eis schmelzen lässt **2** eine Phase, in der sich die politische Atmosphäre entspannt, in welcher die politischen Beziehungen besser werden ⟨Tauwetter setzt ein⟩

Tau·zie·hen *das;* (-s) **1** ein Wettkampf, bei dem zwei Mannschaften an den beiden Enden eines Seils ziehen und versuchen, den Gegner auf die eigene Seite zu ziehen **2** **ein Tauziehen (um etwas)** ein lange dauernder Kampf oder Streit um etwas | *das Tauziehen zwischen Regierung und Opposition um Reformen*

Ta·ver·ne [-v-] *die;* (-, -n) ein Gasthaus in italienischem oder griechischem Stil

Ta·xe *die;* (-, -n) **1** *norddeutsch* ≈ *Taxi* **2** *besonders* CH ≈ *Gebühr* K Kurtaxe, Fahrtaxe, Posttaxe, Spitaltaxe, Telefontaxe

★ **Ta·xi** *das;* (-s, -s) ein Auto, dessen Fahrer gegen Bezahlung Personen fährt ⟨ein Taxi bestellen⟩ K Taxichauffeur, Taxifahrer, Taxifahrt, Taxiunternehmen; Funktaxi

ta·xie·ren VERB (taxierte, hat taxiert) **1** **jemanden/etwas taxieren** eine Person oder Sache kritisch betrachten, um sie beurteilen und verstehen zu können | *Lange taxierte er sein Gegenüber* **2** **etwas (auf etwas** (*Akkusativ*)) **taxieren** als Experte den Wert, den Preis einer Sache bestimmen ≈ *schätzen* | *Der Diamant wurde auf 5.000 Euro taxiert* ● zu (2) **Ta·xie·rung** *die*

★ **Ta·xi·stand** *der* eine Stelle, an der Taxis auf Kunden warten

Tbc [teːbeːˈtseː] *die;* (-) Abkürzung für *Tuberkulose*

Teak [tiːk] *das;* (-s) das sehr harte Holz eines tropischen Baums, das bei der Produktion von teuren Möbeln und Schiffen verwendet wird K Teakholz, Teakmöbel

★ **Team** [tiːm] *das;* (-s, -s) eine Gruppe von Personen, die gemeinsam etwas macht, an etwas arbeitet ⟨ein Team von Fachleuten; in einem Team arbeiten, (mit)spielen⟩ ≈ *Mannschaft* K Teamarbeit, Teamchef; Ärzteteam, Expertenteam

Team·geist [tiːm-] *der; nur Singular* das Gefühl bei allen Mitgliedern eines Teams, dass man zusammengehört | *Es herrscht ein guter, sportlicher Teamgeist*

Team·work [ˈtiːmvøɐ̯k] *das;* (-s) die Zusammenarbeit in der Gruppe ⟨in Teamwork arbeiten⟩

★ **Tech·nik** *die;* (-, -en) **1** die Methode, etwas zu tun ⟨handwerkliche, künstlerische, sportliche Techniken; eine (neue) Technik anwenden, beherrschen; sich einer Technik bedienen⟩ K Arbeitstechnik, Maltechnik, Sprengtechnik **2** *nur Singular* alle Mittel und Methoden, mit denen der Mensch die Kräfte der Natur und die Erkenntnisse der Naturwissenschaften für sich praktisch nutzt ⟨der neueste Stand der Technik; ein Wunder der Technik⟩ **3** *nur Singular* die Maschinen und Geräte (eines Betriebs) | *eine Firma mit modernster Technik* **4** *nur Singular* die technischen Funktionen eines Geräts o. Ä. | *Ich komme mit der Technik dieser Maschine einfach nicht klar*

Tech·ni·ker *der;* (-s, -) **1** ein Experte oder Handwerker auf einem Gebiet der Technik, vor allem im mechanischen, elektrischen oder elektronischen Bereich **2** eine Person, die etwas sehr gut kann | *Dieser Pianist ist ein hervorragender Techniker* ● hierzu **Tech·ni·ke·rin** *die*

★ **tech·nisch** ADJEKTIV **1** so, dass Maschinen und Geräte und deren Funktionen betroffen sind ⟨Daten, Probleme; eine Störung⟩ **2** im mechanischen, elektrischen oder elektronischen Bereich ⟨ein Beruf, eine Errungenschaft, eine Neuerung; technisch begabt sein⟩ **3** so, wie es die Methoden, Mittel oder Aufgaben verlangen ⟨jemandes Können⟩ | *Der Geiger spielte technisch einwandfrei, aber mit wenig Gefühl* **4** **aus technischen Gründen** aus Gründen, die mit dem Ablauf oder mit den äußeren Umständen einer Sache zu tun haben | *Aus technischen Gründen fällt das Konzert aus*

-tech·nisch *im Adjektiv, unbetont, begrenzt produktiv; geschrieben* **computertechnisch**, **buchungstechnisch**, **pro-**

T

grammiertechnisch *und andere* in Bezug auf die praktische Durchführung, vor allem die Organisation und den Ablauf des genannten Prozesses | *eine drucktechnisch gute/ schlechte Reproduktion* | *fertigungstechnische Mängel/ Verbesserungen* | *finanztechnische Bedenken/Schwierigkeiten* | *ein verkehrstechnisches Problem* | *ein verwaltungstechnisches Verfahren*

tech·ni·siert ADJEKTIV mit technischen Geräten ⟨ein Betrieb, eine Produktion⟩ ● hierzu **Tech·ni·sie·rung** *die*

Tech·no ['tɛkno] *der/das;* (-s) moderne elektronische Tanzmusik mit schnellem, intensivem Rhythmus K Technofan, Technomusik

Tech·no·kra·tie *die;* (-); *oft abwertend* die Beherrschung und Kontrolle von Politik und Wirtschaft durch Technik und Verwaltung ● hierzu **tech·no·kra·tisch** ADJEKTIV; **Tech·no·krat** *der*

Tech·no·lo·gie *die;* (-, -n [-'giːən]) **1** die Lehre, wie naturwissenschaftliche Erkenntnisse in der Produktion genutzt werden **2** alle technischen Kenntnisse ● hierzu **tech·no·lo·gisch** ADJEKTIV; zu (1) **Tech·no·lo·ge** *der;* zu (1) **Tech·no·lo·gin** *die*

Tech·tel·mech·tel *das;* (-s, -); *gesprochen* ein Flirt, eine kurze, kleine Liebesaffäre ⟨ein Techtelmechtel mit jemandem haben⟩

Ted·dy [-i] *der;* (-s, -s) ein kleiner Bär aus weichem Stoff als Spielzeug für Kinder K Teddybär

★ **Tee** *der;* (-s, -s) **1** eine (asiatische) Pflanze, aus deren Blättern man ein heißes Getränk macht K Teeblatt, Teeplantage, Teestrauch **!** Der Plural wird nur in der Bedeutung „Teesorten" verwendet. **2** die getrockneten Blätter des Tees ⟨schwarzer Tee⟩ K Teebüchse, Teedose, Teemischung **3** ein anregendes, heißes Getränk aus Tee ⟨schwacher, starker Tee; Tee aufbrühen, kochen, machen, ziehen lassen, trinken; Tee mit Milch, Zitrone, Rum⟩ K Teeglas, Teekanne, Teeservice, Teesieb, Teetasse, Teewasser, Teetrinker; Grüntee, Schwarztee **4** ein heißes Getränk aus getrockneten Blättern, Blüten oder Früchten von Heilpflanzen K Fencheltee, Früchtetee, Hagebuttentee, Kamillentee, Kräutertee, Malventee, Pfefferminztee **5** ein Treffen (von Freunden) am Nachmittag, bei dem man Tee trinkt und Kuchen o. Ä. isst ⟨einen Tee geben; jemanden zum Tee bitten⟩ K Teegebäck, Teegesellschaft; Tanztee ■ ID → abwarten

Tee·beu·tel *der* ein kleiner Beutel aus Papier, in dem eine kleine Menge Teeblätter ist. Man hängt den Beutel in heißes Wasser, um Tee zu kochen

Tee-Ei, Tee·ei ['teː|ai] *das* ein kleiner Behälter aus Metall mit Löchern, den man mit Tee füllt und in eine Kanne mit heißem Wasser hängt, um Tee zu machen

Tee·haus *das* ein Lokal vor allem in China oder Japan, in dem man Tee trinkt

Tee·kes·sel *der* ein Topf aus Metall, der wie eine Kanne aussieht und in dem man Wasser heiß macht

Tee·kü·che *die* eine kleine Küche meist in der Firma (zum Kochen von Kaffee, Tee usw.)

Tee·licht *das* eine kleine, flache Kerze in einem Behälter aus Aluminium

Tee·löf·fel *der* **1** ein kleiner Löffel, mit dem man Getränke umrührt **2** die Menge einer Sache, die auf einen Teelöffel passt ⟨ein gestrichener, gehäufter Teelöffel Backpulver, Salz, Zucker⟩

Teen·ager ['tiːn|eːdʒɐ] *der;* (-s, -) ein Junge oder ein Mädchen im Alter von ungefähr 13 bis 19 Jahren

Tee·nie ['tiːniː] *der;* (-s, -s); *gesprochen* ≈ *Teenager* K Teenieband, Teeniefilm, Teenieschwarm

Teer *der;* (-(e)s) eine schwarze, zähe oder flüssige Masse, die beim Bau von Straßen verwendet wird K Teerstraße; Nach dem Tankerunglück waren die Federn der Vögel mit Teer verklebt ● hierzu **teer·hal·tig** ADJEKTIV

tee·ren VERB (teerte, hat geteert) **(etwas) teeren** etwas mit einer Schicht aus Teer bedecken ⟨eine Straße teeren⟩

Tee·stu·be *die* ein Lokal oder ein Raum in einem öffentlichen Gebäude, in dem man Tee trinkt

Tee·wa·gen *der* ein kleiner Tisch auf Rädern zum Servieren von Speisen o. Ä. ≈ *Servierwagen*

★ **Teich** *der;* (-(e)s, -e) ein relativ kleines, nicht sehr tiefes, stehendes Gewässer K Teichpflanze; Fischteich, Gartenteich, Karpfenteich, Zierteich ■ ID **über den großen Teich fahren** *gesprochen, humorvoll* nach Amerika fahren

★ **Teig** *der;* (-(e)s, -e) eine weiche Masse hauptsächlich aus Mehl, Fett und Wasser oder Milch, aus der z. B. Brot oder Kuchen gebacken wird ⟨den Teig kneten, rühren, gehen lassen⟩ K Teigschüssel; Brotteig, Kuchenteig, Plätzchenteig

tei·gig ADJEKTIV **1** wie Teig ⟨eine Masse⟩ **2** nicht fertig gebacken | *Die Brötchen sind innen noch teigig*

Teig·wa·ren *die; Plural* alle Arten von Nudeln

★ **Teil** *der/das;* (-(e)s, -e) **1** (*nur: der Teil*) ein Bereich, eine Menge oder ein Stück aus einem Ganzen | *ein Brot in zwei Teile schneiden* | *Der erste Teil des Buches war langweilig* | *der nördliche Teil Italiens* | *Der Fernsehfilm wird in zwei Teilen gesendet* | *Einen Teil des Geldes habe ich schon ausgegeben* | *Sie erbten das Vermögen ihrer Eltern zu gleichen Teilen* K Teilabschnitt, Teilaspekt, Teilbereich, Teilerfolg, Teilstück **2** (*nur: das Teil*) ein einzelnes Stück meist einer Maschine oder eines Gerätes, das ersetzt werden kann, wenn es nicht funktioniert ⟨ein defektes Teil austauschen, ersetzen⟩ | *Er hat das Fahrrad in seine Teile zerlegt* K Bauteil, Ersatzteil **3** (*nur: das Teil*) ein Ding, das mit anderen zusammen eine Einheit bildet | *ein Kaffeeservice mit 18 Teilen* | *Ein Bikini besteht aus zwei Teilen* **4** (*nur: der Teil*) eine Person oder Sache, die zu einer Gruppe gehört | *Du bist genau wie ich Teil unserer Familie* | *Die Verhandlungen waren für beide Teile befriedigend* **5** *gesprochen!* (*nur: das Teil*) eine Sache, die man berühren kann ≈ *Ding, Gegenstand* | *Geiles Fahrrad, wo hast du das Teil denn her?* **6** **zum Teil** nicht ganz, aber ein bisschen; nicht immer, aber in einigen Fällen ≈ *teilweise* | *Zum Teil war es meine Schuld* **!** Abkürzung: *z. T.* **7** **zum/zu einem großen Teil**; **zum größten Teil** fast vollständig | *Ich habe das Buch schon zum größten Teil gelesen* | *Die Anwesenden waren zum größten Teil für den Antrag* | *Das Gebiet ist zu einem großen Teil sumpfig* ■ ID **Ich für mein(en) Teil ...** was mich betrifft, ...; **sein(en) Teil zu etwas beisteuern/beitragen/ tun** bei einem Unternehmen o. Ä. einen Beitrag leisten; **sich** (*Dativ*) **sein(en) Teil denken** in einer Situation die eigene Meinung für sich behalten (müssen)

★ **Teil·chen** *das;* (-s, -) **1** ein sehr kleines Stück einer Sache K Holzteilchen, Metallteilchen **2** die Teilchen, aus denen sich ein Atom zusammensetzt ≈ *Partikel*

★ **tei·len** VERB (teilte, hat geteilt) **1** **etwas (in etwas** (*Akkusativ*)) **teilen** aus einem Ganzen mehrere getrennte Teile machen | *einen Kuchen in zwölf Stücke teilen* **2** **jemand teilt (sich** (*Dativ*)) **etwas mit jemandem**; **Personen teilen (sich) etwas** mehrere Personen geben jedem Mitglied der Gruppe den gleichen Teil von etwas | *Wir haben uns den Gewinn geteilt* **3** **jemand teilt (sich** (*Dativ*)) **etwas mit jemandem**; **Personen teilen (sich) etwas** Personen benutzen etwas gemeinsam | *Ich teile mir jetzt die Wohnung mit Peter* **4** **etwas teilen** dasselbe denken oder fühlen wie eine andere Person ⟨jemandes Ansicht, Meinung, Freude, Trauer teilen⟩ **5** **etwas teilen** Beiträge, vor allem Videos, in einem sozialen Netzwerk im Internet seinen Freunden empfehlen oder zur Verfügung stellen **6** **(eine Zahl durch eine Zahl) teilen**

T

berechnen, wie oft eine kleinere Zahl in einer größeren Zahl enthalten ist | *9 geteilt durch 3 ist 3* (9 : 3 = 3) **7** **etwas teilt sich** etwas geht in verschiedene Richtungen auseinander ⟨ein Fluss, eine Straße, ein Weg⟩ **8** **etwas teilt sich** etwas trennt sich in einzelne Teile, neue Exemplare ⟨eine Zelle⟩ **9** **etwas teilt sich in etwas** (*Akkusativ*) die Personen einer Gruppe gehen auseinander oder bilden kleinere Gruppen ⟨eine Gruppe teilt sich in Paare⟩ | *Die Klasse teilte sich in mehrere Arbeitsgruppen*

Tei·ler *der;* (-s, -) eine Zahl, durch die andere geteilt werden kann ≈ *Divisor* | *Der größte gemeinsame Teiler von 12 und 18 ist 6*

-tei·ler *der; im Substantiv, unbetont, begrenzt produktiv* **Einteiler, Zweiteiler, Dreiteiler, Mehrteiler** *und andere* z. B. eine Fernsehserie oder ein Kleidungsstück mit der genannten Anzahl oder Menge von Teilen

teil·ha·ben VERB (hatte teil, hat teilgehabt) **an etwas** (*Dativ*) **teilhaben** *geschrieben* an etwas beteiligt sein oder etwas mit einer Person teilen (z. B. sich mit ihr freuen) | *an der Macht teilhaben* | *an jemandes Freude teilhaben* **H** aber: *an etwas keinen Teil haben* (getrennt geschrieben)

Teil·ha·ber *der;* (-s, -) eine Person, die an einer Firma finanziell beteiligt ist ● hierzu **Teil·ha·be·rin** *die*

teil·haf·tig ADJEKTIV **einer Sache** (*Genitiv*) **teilhaftig werden** *veraltend* etwas erleben, erfahren | *einer Freude teilhaftig werden*

-tei·lig *im Adjektiv, unbetont, begrenzt produktiv* **einteilig, dreiteiliger, vierteilig, mehrteilig, vielteilig** *und andere* mit der genannten Anzahl oder Menge von Teilen ⟨ein Besteck, ein Fernsehfilm, eine Serie, ein Service⟩ | *ein zweiteiliger Badeanzug*

★ **Teil·nah·me** *die;* (-) **1** der Vorgang, wenn man bei etwas mitmacht, an etwas teilnimmt | *Die Teilnahme an diesem Kurs ist Pflicht* **K** Teilnahmebedingung, Teilnahmevoraussetzung, teilnahmeberechtigt **2** das traurige Gefühl, das man spürt, weil andere Leute Trauer haben oder leiden ≈ *Mitgefühl* ● zu (2) **teil·nahms·voll** ADJEKTIV

teil·nahms·los ADJEKTIV ohne Interesse oder Reaktion | *teilnahmslos alles mit sich geschehen lassen* ● hierzu **Teil·nahms·lo·sig·keit** *die*

★ **teil·neh·men** VERB (nimmt teil, nahm teil, hat teilgenommen) **(an etwas** (*Dativ*)**) teilnehmen** bei etwas dabei sein und mitmachen | *An der Sitzung nahmen 20 Personen teil*

★ **Teil·neh·mer** *der;* (-s, -) **ein Teilnehmer (an etwas** (*Dativ*)**)** eine Person, die bei etwas mitmacht, an etwas teilnimmt | *die Teilnehmer an einem Kurs/Preisausschreiben* **K** Teilnehmerzahl; Kursteilnehmer, Sitzungsteilnehmer **H** zu *Teilnehmerin* → Info im Eintrag **-in** ● hierzu **Teil·neh·me·rin** *die*

★ **teils** BINDEWORT **teils …, teils …** verwendet, um zu sagen, dass zwei verschiedene Aussagen zutreffen | *Wir hatten teils schönes, teils schlechtes Wetter im Urlaub* | *Teils hatte ich Glück, teils Pech* ■ **ID** **teils, teils** *gesprochen* weder gut noch schlecht | *„Wie hat dir das Konzert gefallen?" – „Naja, teils, teils."*

Tei·lung *die;* (-, -en) **1** das Teilen **2** der Zustand, dass etwas geteilt ist | *die Teilung der Welt in Arm und Reich*

★ **teil·wei·se** ADJEKTIV *meist attributiv* einzelne Teile betreffend | *eine teilweise Erneuerung des Motors* | *Die Stadt wurde im Krieg teilweise zerstört* | *Das stimmt nur teilweise*

Teil·zah·lung *die* das Zahlen eines Teils (einer Rate) einer großen Summe ⟨eine Teilzahlung leisten⟩ ≈ *Ratenzahlung* **K** Teilzahlungskredit

Teil·zeit *die; nur Singular* eine kürzere Arbeitszeit als sonst üblich ⟨(in) Teilzeit arbeiten⟩ **K** Teilzeitjob; Altersteilzeit

Teil·zeit·ar·beit *die; meist Singular* die Arbeit in einem Beruf mit weniger Stunden pro Tag bzw. an weniger Tagen der Woche, als es normal ist

Teil·zeit·be·schäf·ti·gung *die* ≈ *Teilzeitarbeit* ● hierzu **teil·zeit·be·schäf·tigt** ADJEKTIV; **Teil·zeit·be·schäf·tig·te** *der/die*

Teint [tɛ̃ː] *der;* (-s, -s) die Farbe und der Zustand der Haut im Gesicht ⟨ein blasser, gesunder, zarter Teint⟩

-tel *im Zahlwort, unbetont, sehr produktiv* **viertel, fünftel, zehntel, zwanzigstel, hundertstel, tausendstel, millionstel** *und andere* verwendet, um Brüche zu bilden | *ein drittel Liter* (⅓) | *ein viertel Pfund* | *drei achtel Liter* | *vier Tausendstel* **H** Vor dem Substantiv werden die Bezeichnungen für Brüche kleingeschrieben, vor dem bestimmten Artikel oder alleine gebraucht schreibt man sie groß: *ein Drittel der Gäste; Ich hatte ein Kilo Kartoffeln gekauft, mindestens ein Viertel war schon schlecht.*

Te·le·ar·beit *die; meist Singular* eine Arbeit als Angestellte(r) zu Hause am Computer (der mit einem Computer in der Firma verbunden ist) ● hierzu **Te·le·ar·beit·neh·mer** *der;* **Te·le·ar·beit·neh·me·rin** *die;* **Te·le·ar·beits·platz** *der*

Te·le·fax *das;* (-, -(e)) ≈ *Fax*

★ **Te·le·fon, Te·le·fon** *das;* (-s, -e) das Telefon benutzen wir, um mit Personen zu sprechen, die sehr weit weg sind ⟨das Telefon klingelt, läutet; ans Telefon gehen; sich am Telefon mit Namen, mit „Hallo!" melden⟩ **K** Telefonanschluss, Telefongebühr, Telefongespräch, Telefonhörer, Telefonkabel, Telefonleitung, Telefonnetz, Telefonrechnung, Telefonschnur; Festnetztelefon, Mobiltelefon **H** Abkürzung: *Tel.*

SPRACHGEBRAUCH

▶ Am Telefon

Wenn man einen Anruf erhält, ist es üblich, sich gleich mit seinem Namen zu melden. Der Anrufer seinerseits gibt sich ebenfalls durch Namen zu erkennen.

Von Personen, die man siezt, verabschiedet man sich am Ende des Gesprächs mit **„Auf Wiederhören!"**

Häufig verwendet beim Telefonieren:

Wenn man die falsche Nummer gewählt hat:
Entschuldigung, ich habe mich verwählt.

Wenn der Name nicht genannt wurde oder man ihn nicht verstanden hat:
Mit wem spreche ich bitte?

Wenn man mit jemand anderem sprechen möchte:
Könnte ich bitte Frau/Herrn … sprechen?

Wenn man am Telefon warten soll:
Bleiben Sie bitte am Apparat.
Einen Augenblick, bitte, ich verbinde Sie mit …

Wenn die Person, die man sprechen will, nicht da ist:
Können Sie bitte … etwas ausrichten?
Kann ich für … eine Nachricht hinterlassen?
Wann ist Frau/Herr … denn wieder zu erreichen?

Wenn die Person, die der Anrufer sprechen will, nicht da ist:
… ist leider nicht da/nicht zu sprechen. Kann ich ihm/ihr etwas ausrichten?
Kann … Sie später zurückrufen? Wie war bitte Ihr Name? Und Ihre Nummer ist?

Wenn man im Augenblick keine Zeit für ein Gespräch hat:
Kann ich später zurückrufen?

Te·le·fo·nat *das;* (-(e)s, -e) ein Gespräch am Telefon ⟨ein Telefonat führen⟩

Te·le·fo·nie *die;* (-) die Kommunikation mithilfe des Telefons ⟨herkömmliche, digitale, mobile Telefonie⟩ [K] IP-Telefonie

★ **te·le·fo·nie·ren** VERB (telefonierte, hat telefoniert) [1] **(mit jemandem) telefonieren** (mit jemandem) am Telefon sprechen [2] **irgendwohin telefonieren; mit einem Ort telefonieren** *gesprochen* mit einer Person am Telefon sprechen, die sich an dem genannten Ort befindet ≈ *anrufen* | *Ich telefoniere mal schnell nach Hamburg* | *Frau Wolff telefoniert gerade mit Brasilien*

★ **te·le·fo·nisch** ADJEKTIV *meist attributiv* mithilfe des Telefons | *Sind Sie telefonisch erreichbar?*

Te·le·fo·nist *der;* (-en, en) eine Person, die beruflich Telefone bedient und in einer Zentrale die Gespräche weiterleitet • hierzu **Te·le·fo·nis·tin** *die*

★ **Te·le·fon·num·mer** *die* die Nummer, die man wählen muss, um jemanden am Telefon zu erreichen

Te·le·fon·seel·sor·ge *die* eine Institution, bei der Menschen, die in Not sind, anrufen können, um über ihre Probleme zu sprechen

Te·le·fon·ver·bin·dung *die* die technische Leitung, die zwei Personen verbindet, die miteinander telefonieren ⟨die Telefonverbindung wurde unterbrochen, ist gestört⟩

Te·le·fon·zel·le *die* eine Kabine, in der sich ein öffentliches Telefon befindet ⟨von einer Telefonzelle aus anrufen⟩

Te·le·fon·zent·ra·le *die* eine technische Anlage, in welcher die Telefonleitungen (z. B. eines großen Büros, einer Firma) zusammenkommen und in der man die Teilnehmer miteinander telefonisch verbinden kann

te·le·gen ADJEKTIV so, dass jemand im Fernsehen gut wirkt ⟨ein Gesicht, eine Person⟩

Te·le·graf *der;* (-en, -en) ein Gerät, mit dem man Nachrichten in Form von elektrischen Impulsen schnell über große Entfernungen schicken kann [K] Telegrafenmast [!] *der Telegraf; den, dem, des Telegrafen* • hierzu **Te·le·gra·fie** *die*

te·le·gra·fie·ren VERB (telegrafierte, hat telegrafiert) **(jemandem) (etwas) telegrafieren** eine Nachricht (ein Telegramm) mit einem Telegrafen schicken | *Sie hat mir telegrafiert, dass sie morgen kommt*

te·le·gra·fisch ADJEKTIV per Telegramm ⟨eine Mitteilung⟩

Te·le·gramm *das;* (-s, -e) eine Nachricht, die mit einem Telegrafen geschickt wird und welche der Empfänger in Form eines Briefs bekommt ⟨ein Telegramm aufgeben⟩

Te·le·gramm·stil *der* in der Art kurzer Texte, die in Telegrammen verwendet wurden (z. B. „Alles in Ordnung, komme morgen") ⟨im Telegrammstil schreiben⟩

Te·le·graph [-f], **te·le·gra·phie·ren** [-f-] ≈ *Telegraf; telegrafieren*

Te·le·kom·mu·ni·ka·ti·on *die; nur Singular* die Kommunikation über große Entfernungen durch Computer, Fernsehen, Radio, Telefon usw.

Te·le·ob·jek·tiv *das* ein Objektiv, mit dem man Dinge fotografieren kann, die sehr weit weg sind

Te·le·pa·thie *die;* (-) manche Menschen glauben, dass man die Gedanken einer anderen Person durch Telepathie erkennen kann, ohne die normalen Sinne (Sehen, Hören usw.) zu benutzen ≈ *Gedankenlesen* • hierzu **Te·le·path** *der;* **Te·le·pa·thin** *die;* **te·le·pa·thisch** ADJEKTIV

Te·le·phon, te·le·pho·nie·ren [-f-] ≈ *Telefon; telefonieren*

Te·le·shop·ping [-ʃɔpɪŋ] *das;* (-) das Bestellen und Kaufen von Waren, die im Fernsehen angeboten werden, per Telefon

Te·le·skop *das;* (-s, -e) ein optisches Gerät, mit dem man die Sterne betrachten kann ≈ *Fernrohr*

Te·le·text *der; nur Singular* Informationen, die ein Sender zusätzlich zum Fernsehprogramm auf dem Bildschirm anbietet

Te·lex *das;* (-, -e); *historisch* [1] *nur Singular* ein System zum Senden von Texten über die Telefonleitung. Die Texte bestanden aus einem Code aus Löchern auf Papierstreifen [K] Telexanschluss, Telexgerät, Telexnummer [2] ein Text, der als Telex übermittelt wurde ≈ *Fernschreiben*

★ **Tel·ler** *der;* (-s, -) [1] auf den Teller legt man das Essen für eine Person | *Er lud seinen Teller mit Häppchen vom Buffet voll* | *Sie schöpfte sich Suppe auf ihren Teller* [K] Blechteller, Holzteller, Porzellanteller; Frühstücksteller [2] **ein tiefer Teller** ein Teller, aus dem man Suppe isst [3] eine Portion, die auf einen Teller passt | *einen Teller Suppe essen*

Tel·ler·fleisch *das; süddeutsch* Ⓐ gekochtes Rindfleisch einfacher Qualität

Tel·ler·rand *der* der Rand eines Tellers | *die Gräten auf den Tellerrand legen* ■ ID **über den (eigenen) Tellerrand schauen, einen Blick über den Tellerrand werfen** offen für neue Erfahrungen oder fremde Einflüsse (vor allem von anderen Kulturen) sein

Tem·pel *der;* (-s, -) ein Gebäude, in dem manche Religionen ihren Gott/ihre Götter verehren | *der Tempel von Jerusalem* | *ein buddhistischer Tempel* [K] Tempelschändung, Tempeltanz

★ **Tem·pe·ra·ment** *das;* (-(e)s, -e) [1] die typische Art, wie sich jemand verhält, als Folge des (individuellen) Charakters ⟨ein feuriges, lebhaftes, cholerisches, melancholisches, phlegmatisches Temperament⟩ [2] *nur Singular* eine lebhaftes, dynamisches Art | *Sie hat kein/wenig Temperament* ■ ID **jemandes Temperament geht mit ihm durch** jemand verliert die Kontrolle über sich und wird wütend o. Ä. • hierzu **tem·pe·ra·ment·voll** ADJEKTIV

★ **Tem·pe·ra·tur** *die;* (-, -en) die Wärme (z. B. der Luft, des Wassers, eines Körpers), die man in Graden messen kann ⟨die Temperatur fällt, sinkt, steigt, bleibt gleich; die Temperatur messen⟩ | *Temperaturen um -10 °* (gesprochen: um minus zehn Grad) | *Die Temperatur beträgt 25 °C* [K] Temperaturanstieg, Temperaturausgleich, Temperaturkurve, Temperaturmessung, Temperaturrückgang, Temperaturschwankung, Temperaturunterschied; Körpertemperatur, Lufttemperatur, Wassertemperatur, Zimmertemperatur; Außentemperatur, Innentemperatur

Tem·pe·ra·tur·sturz *der* ein plötzliches, starkes Sinken der Lufttemperatur

tem·pe·rie·ren VERB (temperierte, hat temperiert) **etwas temperieren** etwas auf eine angenehm warme Temperatur bringen ⟨ein temperiertes Zimmer; ein temperierter Wein⟩ [!] meist im Partizip Perfekt

★ **Tem·po**[1] *das;* (-s, -s); *meist Singular* [1] die Geschwindigkeit einer Bewegung ⟨ein zügiges, rasendes Tempo; das Tempo erhöhen; mit hohem/niedrigem Tempo fahren⟩ [K] Tempolimit [2] die Geschwindigkeit einer Handlung ⟨ein hohes, scharfes Tempo vorlegen, anschlagen⟩ | *das Tempo der Produktion verringern* [K] Arbeitstempo ■ ID **Tempo (, Tempo)!** *gesprochen* verwendet, um jemanden zur Eile anzutreiben

Tem·po[2] *das;* (-s, Tem·pi) ein musikalisches Zeitmaß, die Geschwindigkeit, mit der eine Musikpassage gespielt wird

★ **Tem·po®**[3] *das;* (-s, -s); *gesprochen veraltend* ein Taschentuch aus Papier [K] Tempotaschentuch

tem·po·rär ADJEKTIV für eine gewisse Zeit ≈ *vorübergehend*

Tem·po·sün·der *der* eine Person, die zu schnell (Auto, Motorrad) fährt (und deshalb bestraft wird) • hierzu **Tem·po·sün·de·rin** *die*

Tem·pus *das;* (-, Tem·po·ra) eine Form des Verbs, die anzeigt, in welcher Zeit (Gegenwart, Vergangenheit oder Zukunft) die Handlung abläuft | *das Tempus Präsens*

★ **Ten·denz** *die;* (-, -en); *geschrieben* **1** **eine Tendenz (zu etwas)** eine Entwicklung in eine Richtung ⟨eine steigende, fallende Tendenz; eine Tendenz hält an, zeichnet sich ab⟩ | *Die Tendenz geht dahin, mehr Teilzeitkräfte einzustellen* K Tendenzwende **2** **eine Tendenz (zu etwas)** etwas, das man gerne oder oft tut oder für das man sich sehr interessiert | *Er hat die Tendenz, alles zu kritisieren* | *Sie hat eine Tendenz zum Fanatismus* **3** *meist Plural* eine der verschiedenen Meinungen oder Theorien in einer großen Gruppe ≈ *Strömung* | *neue Tendenzen in der bildenden Kunst*

ten·den·zi·ell ADJEKTIV einer Tendenz folgend

ten·den·zi·ös ADJEKTIV so, dass man eine meist politische oder ideologische Absicht erkennen kann | *ein tendenziöser Bericht*

ten·die·ren VERB (tendierte, hat tendiert); *geschrieben* **1** **zu etwas tendieren** die genannte Meinung oder Möglichkeit besser finden als eine andere | *Ich tendiere eher zu diesem Modell* **2** **zu etwas tendieren** so sein, dass der genannte Zustand leicht eintreten kann oder dass man das Genannte oft tut | *Er tendiert zu überstürzten Entschlüssen* **3** **irgendwohin tendieren** , eine (meist politische oder ideologische) Richtung haben oder zeigen | *Die Zeitung tendierte nach links*

★ **Ten·nis** *das;* (-) beim Tennis schlagen zwei (oder vier) Spieler einen kleinen Ball mit Schlägern über ein Netz ⟨Tennis spielen⟩ K Tennisball, Tennisklub, Tennisplatz, Tennisschläger, Tennislehrer, Tennismatch, Tennisspiel, Tennisspieler, Tennisturnier; Hallentennis, Rasentennis

Te·nor[1] *der;* (-s, Te·nö·re) **1** *nur Singular* die höchste Singstimme bei Männern | *Er singt Tenor* | *Er hat einen kräftigen Tenor* **2** ein Sänger, der Tenor singt | *Er ist (ein) Tenor*

Te·nor[2] *der;* (-s); *geschrieben* die allgemeine Einstellung, die in etwas zum Ausdruck kommt ⟨der Tenor einer Rede, einer Diskussion, eines Kommentars⟩

Ten·sid *das;* (-(e)s, -e); *meist Plural* ein wichtiger Bestandteil von Wasch- und Putzmitteln

★ **Tep·pich** *der;* (-s, -e) Teppiche sind aus vielen Fäden gemacht; man legt sie auf den Fußboden ⟨einen Teppich knüpfen, weben; den Teppich saugen⟩ | *den roten Teppich für einen Ehrengast ausrollen* K Teppichbürste, Teppichhändler, Teppichknüpfer, Teppichweber; Gebetsteppich, Orientteppich, Perserteppich, Wandteppich ■ ID **etwas unter den Teppich kehren** etwas nicht öffentlich bekannt werden lassen; **Bleib auf dem Teppich!** *gesprochen* Bleib realistisch!

-tep·pich *der; im Substantiv, unbetont, nicht produktiv* **Algenteppich, Blumenteppich** *und andere* bezeichnet eine Fläche, die mit der genannten Sache bedeckt ist | *ein Ölteppich auf dem Meer*

Tep·pich·bo·den *der* ein Teppich, welcher den ganzen Boden eines Zimmers bedeckt ⟨einen Teppichboden verlegen; ein Zimmer mit Teppichboden auslegen⟩

★ **Ter·min** *der;* (-s, -e) **1** der Zeitpunkt, bis zu dem etwas fertig sein soll ⟨einen Termin festsetzen, vereinbaren, einhalten, überschreiten, verlegen, verschieben; an einen Termin gebunden sein⟩ K Termindruck, Terminplan; Abgabetermin, Einsendetermin **2** der Zeitpunkt, an dem etwas stattfinden soll ⟨etwas auf einen anderen, späteren Termin verschieben⟩ | *Was ist der früheste Termin, an dem Sie liefern können?* K Termingründe; Hochzeitstermin, Kündigungstermin, Liefertermin, Meldetermin, Prüfungstermin, Scheidungstermin, Umzugstermin, Urlaubstermin, Zahlungstermin **3** eine Vereinbarung für ein Gespräch, eine Behandlung o. Ä. ⟨einen Termin (beim Arzt) haben; sich (*Dativ*) einen Termin (beim Arzt) geben lassen⟩ K Anwaltstermin, Arzttermin ● zu (1) **ter·min·ge·recht** ADJEKTIV; **ter·min·lich** ADJEKTIV

★ **Ter·mi·nal** ['tøːɐminl] *der/das* (-s, -s) **1** das Gebäude in einem Flughafen, in dem man eincheckt, auf das Flugzeug wartet usw. **2** ein Gerät mit einem Bildschirm, das mit einem Computer verbunden ist | *ein Computer mit vier Terminals*

Ter·mi·ni *Plural* → Terminus

Ter·min·ka·len·der *der* ein Heft oder kleines Buch, in das man sich Termine notiert ⟨etwas im Terminkalender notieren, eintragen⟩

Ter·mi·no·lo·gie *die;* (-, -n [-'giːən]); *geschrieben* alle Fachausdrücke eines wissenschaftlichen oder technischen Gebiets ≈ *Fachwortschatz* ● hierzu **ter·mi·no·lo·gisch** ADJEKTIV

Ter·mi·nus *der;* (-, Ter·mi·ni); *geschrieben* ≈ *Fachausdruck*

Ter·mi·te *die;* (-, -n) ein Insekt (wie eine große Ameise) in den Tropen, das Holz frisst K Termitenbau, Termitenhügel, Termitenstaat, Termitenvolk

Ter·pen·tin *das;* (-s, -e) ein Öl, mit dem man Farben mischt oder Farbflecke von Gegenständen entfernt

Ter·rain [tɛ'rɛ̃ː] *das;* (-s, -s) ein begrenztes Gebiet mit bestimmten topografischen Eigenschaften ⟨ein sumpfiges, unwegsames, waldiges Terrain; das Terrain erkunden, sondieren⟩ ≈ *Gelände* ■ ID **das Terrain sondieren** *geschrieben* vorsichtig prüfen, wie es um eine Sache steht; **sich auf/in unbekanntem Terrain bewegen** sich mit einer neuen Sache beschäftigen (und deswegen noch unsicher sein)

Ter·ra·ri·um *das;* (-s, Terrarien [-riːən]) ein Behälter oder ein Gebäude (im Zoo), in dem Reptilien und Amphibien gehalten werden

TERRASSE

★ **Ter·ras·se** *die;* (-, -n) **1** eine meist leicht erhöhte Fläche mit Platten darauf, die neben einem Haus ist und auf der man sich sonnt o. Ä. | *Wir frühstücken im Sommer auf der Terrasse* K Terrassencafé **2** eine horizontale Stufe an einem Hang | *Terrassen für den Weinbau anlegen* K Reisterrasse, Weinterrasse

Ter·ri·er [-riɐ] *der;* (-s, -) ein meist relativ kleiner Hund mit kurzem, rauem Fell

Ter·ri·ne *die;* (-, -n) eine Schüssel aus Porzellan o. Ä., in der Suppe serviert wird K Suppenterrine

ter·ri·to·ri·al ADJEKTIV in Bezug auf ein Territorium ⟨Streitigkeiten⟩ K Territorialhoheit, Territorialverteidigung

Ter·ri·to·ri·um *das;* (-s, Ter·ri·to·ri·en [-'toːriən]) **1** das Gebiet, das zu einem Staat gehört ≈ *Hoheitsgebiet* | *Wir befinden uns auf deutschem Territorium* **2** ein Gebiet, das ein Tier als das eigene betrachtet und das es gegen andere Tiere derselben Art verteidigt

★ **Ter·ror** *der;* (-s) **1** die systematische Verbreitung von Angst und Schrecken durch brutale Gewalt, um politische Ziele zu erreichen ⟨Terror ausüben; der Kampf gegen den Terror⟩ | *Die Extremisten überzogen das Land mit Terror* K Terrorakt, Terroranschlag, Terrorherrschaft, Terrormethoden, Terrorregime **2** sehr große Angst vor Gewalt ⟨Terror verbreiten⟩ ■ ID **Terror machen** *gesprochen* sich absichtlich so verhalten, dass sich jemand ärgert

ter·ro·ri·sie·ren VERB (terrorisierte, hat terrorisiert) **1** **Perso-**

T

nen/ein Land *o. Ä.* **terrorisieren** die Bewohner eines Landes o. Ä. durch Terror und Gewalt unterdrücken ⟨das Land terrorisieren⟩ **2** **jemanden/etwas terrorisieren** einer Person (durch Handlungen, Drohungen o. Ä.) Angst machen ⟨die Familie terrorisieren⟩ ● hierzu **Ter·ro·ri·sie·rung** *die*

★ **Ter·ro·ris·mus** *der*; (-) die Anwendung von Gewalt und Terror, um politische Ziele durchzusetzen

★ **Ter·ro·rist** *der*; (-en, -en) eine Person, die versucht, durch Terror ein (politisches) Ziel zu erreichen **K** Terroristenbekämpfung, Terroristengruppe **!!** a) *der Terrorist; den, dem, des Terroristen* b) zu *Terroristin* → Info im Eintrag -in ● hierzu **Ter·ro·ris·tin** *die*; **ter·ro·ris·tisch** ADJEKTIV

Terz[1] *die*; (-, -en) ein Intervall von drei Tonstufen

Ter·zett *das*; (-(e)s, -e) **1** ein Musikstück für drei Stimmen **2** eine Gruppe von drei Musikern oder Sängern

Te·sa·film® *der* ein durchsichtiges Klebeband

★ **Test** *der*; (-s, -s/-e) **1** die Überprüfung und Bewertung der Leistungen einer Person ⟨ein psychologischer Test; jemanden einem Test unterziehen; einen Test bestehen⟩ **2** die Überprüfung oder Messung der Funktionen einer Maschine o. Ä. **K** Testergebnis, Testfahrt, Testflug, Testgelände, Testpilot, Testreihe, Testserie, Teststopp, Teststrecke, Testverfahren

Tes·ta·ment *das*; (-(e)s, -e) **1** eine schriftliche Erklärung, in der eine Person bestimmt, wer ihr Vermögen nach ihrem Tod bekommen soll ⟨ein Testament machen; ein Testament anfechten⟩ **K** Testamentseröffnung, Testamentsvollstreckung **2** **das Alte und das Neue Testament** die Bibel
■ ID **Dann kannst du gleich dein Testament machen!** *gesprochen, humorvoll* verwendet, um zu sagen, dass eine Person große Nachteile haben wird, wenn sie etwas macht

tes·ta·men·ta·risch ADJEKTIV in einem Testament (festgelegt) ⟨eine Verfügung; jemandem etwas testamentarisch vermachen⟩

★ **tes·ten** VERB (testete, hat getestet) **jemanden/etwas (auf etwas** (*Akkusativ*)**) testen** jemanden/etwas in einem Test prüfen | *ein Boot auf seine Wasserfestigkeit testen* | *jemanden auf seine Intelligenz testen* ● hierzu **Tes·ter** *der*; **Tes·te·rin** *die*

Test·lauf *der* ≈ *Probelauf*

Tes·tos·te·ron *das*; (-s) das männliche Sexualhormon

Test·per·son *die* eine Person, an der oder mit der etwas wissenschaftlich geprüft, getestet wird

Te·ta·nus, Te·ta·nus *der*; (-) ≈ *Wundstarrkrampf* **K** Tetanusimpfung

Tete-a-tete, Tête-à-tête [tɛta'tɛ:t] *das*; (-, -s); *veraltend* ein Treffen von Verliebten ⟨ein Tete-a-tete (mit jemandem) haben⟩

★ **teu·er** ADJEKTIV (teurer, teuerst-) **1** so, dass es viel Geld kostet ↔ *billig* | *ein teurer Abend* **!!** *teuer* → *ein teures Auto* **2** so, dass es schlimme (finanzielle) Folgen hat | *ein teurer Unfall* | *ein teurer Fehler* **3** *nur adverbiell* so, dass man dadurch Nachteile bekommt ⟨ein teuer erkaufter Sieg; seinen Leichtsinn teuer bezahlen (müssen); sich (*Dativ*) die Freiheit, die Unabhängigkeit teuer erkaufen (müssen)⟩ **4** *veraltend* wichtig und wertvoll für eine Person und deshalb von ihr geschätzt, geehrt ⟨jemandem (lieb und) teuer sein⟩
■ ID **etwas kommt jemanden teuer zu stehen** eine Person muss viel für etwas bezahlen oder für etwas büßen

Teu·e·rung *die*; (-, -en) ein (allgemeines) Steigen der Preise **K** Teuerungsrate

★ **Teu·fel** *der*; (-s, -) **1** *nur Singular* eine Gestalt (in der christlichen Religion) als Symbol für das Böse ⟨etwas ist ein Werk des Teufels; jemand ist vom Teufel besessen⟩ ≈ *Satan* | *Der Teufel herrscht über die Hölle* **K** Teufelsaustreibung, Teufelswerk **2** ein böser Geist ≈ *Dämon* **3** ein böser Mensch ⟨ein Teufel in Menschengestalt⟩ **4** *gesprochen* ein sehr temperamentvolles, wildes Kind | *ein richtiger kleiner Teufel!* **5** **ein armer Teufel** ein armer, bedauernswerter Mensch
■ ID ▸Präposition plus Teufel: **auf Teufel komm raus** *gesprochen* mit aller Kraft | *Wir arbeiteten auf Teufel komm raus*; **etwas ist beim/zum Teufel** *gesprochen* etwas ist kaputt, verloren; **Geh doch zum Teufel!** *gesprochen* ⚠ als Fluch verwendet, um zu sagen, dass man sich über jemanden/etwas ärgert; **in drei Teufels Namen** *veraltend* wenn es unbedingt sein muss; **in Teufels Küche geraten/kommen** *gesprochen* in eine sehr unangenehme Situation kommen; **Es müsste schon mit dem Teufel zugehen, wenn ...** *gesprochen* es ist sehr unwahrscheinlich, dass etwas (meist Negatives) passiert; **Wenn man vom Teufel spricht (, dann kommt er)** *gesprochen* verwendet, um zu sagen, dass diejenige Person kommt, von der man gerade spricht; **wie der Teufel** *gesprochen* wie wild | *Sie reitet wie der Teufel*; **wer/wo/was zum Teufel** *gesprochen* in Fragen verwendet, um Ärger auszudrücken | *Wen zum Teufel interessiert das schon?* | *Was zum Teufel ist das?*;
▸Teufel als Subjekt: **jemanden reitet der Teufel** jemand hat verrückte Ideen; **irgendwo ist der Teufel los** *gesprochen* irgendwo gibt es viel Lärm oder große Aufregung; **der Teufel ist los, wenn ...** *gesprochen* es gibt Ärger oder Streit, wenn ... | *Wenn ich zu spät zum Essen komme, ist (zu Hause) der Teufel los*; **Der Teufel steckt im Detail** es sind die Kleinigkeiten, die bei der Durchführung eines Plans o. Ä. meist die größten Probleme bereiten; **Hol's der Teufel!, zum Teufel (nochmal)!, Der Teufel soll dich holen!** *gesprochen* ⚠ als Fluch verwendet, um zu sagen, dass man sich über jemanden/etwas ärgert;
▸Teufel als Objekt: **Den Teufel werde ich (tun)!** *gesprochen* verwendet, um eine Aufforderung unhöflich abzulehnen; **sich einen/den Teufel um etwas kümmern/scheren** *gesprochen* tun, was man will und dabei keine Rücksicht nehmen; **Mal den Teufel nicht an die Wand!** du sollst nicht von solchen unangenehmen Dingen sprechen; **den Teufel mit dem Beelzebub austreiben** versuchen, ein Problem zu lösen und dabei aber neue Probleme schaffen;
▸andere Verwendungen: **Pfui Teufel!** *gesprochen* verwendet, um Ekel oder Abscheu auszudrücken; **Bist du des Teufels?** *veraltet* Bist du verrückt? ● zu (2,3) **Teu·fe·lin** *die*

Teu·fels·kerl *der*; *gesprochen* verwendet als Bezeichnung für einen Mann, dessen Mut man bewundert

Teu·fels·kreis *der*; *nur Singular* bei einem Teufelskreis gibt es keine Hoffnung, weil alles, was man tut, die Situation noch schlimmer macht | *Wir müssen diesen Teufelskreis durchbrechen*

Teu·fels·weib *das*; *gesprochen* verwendet als Bezeichnung für eine Frau, deren Temperament und Mut man bewundert

Teu·fels·zeug *das*; (-s); *gesprochen* Dinge, die (vor allem für die Gesundheit) schädlich sind

teuf·lisch ADJEKTIV **1** sehr böse, grausam ⟨ein Plan, ein Verbrechen⟩ **2** verwendet, um vor allem Adjektive und Verben mit negativem Inhalt zu verstärken | *Es war teuflisch kalt/schwer* | *Die Wunde tut teuflisch weh*

Teu·to·ne *der*; (-n, -n) **1** *historisch* ein Mitglied eines germanischen Volkes zur Zeit der Antike **2** *humorvoll* ein Deutscher **!!** *der Teutone; den, dem, des Teutonen*

Teu·to·nen·grill *der*; *gesprochen, abwertend oder humorvoll* ein Strand am Meer (vor allem in Italien), wo sehr viele Deutsche Badeurlaub machen

★ **Text** *der*; (-(e)s, -e) **1** eine Folge von Sätzen, die miteinander in Zusammenhang stehen **K** Textausgabe, Textbuch, Textstelle, Textteil, Textvergleich, Textvorlage **2** die Worte, die zu einem Musikstück gehören ⟨der Text eines Liedes⟩ ■ **ID Weiter im Text!** mach weiter!

Text·auf·ga·be *die* **1** eine Rechenaufgabe in Form eines Textes **2** eine Prüfung (in der Schule) mit verschiedenen Fragen und Aufgaben zu einem Text

tex·ten VERB (textete, hat getextet) **(etwas) texten** einen Text schreiben, z. B. für ein Lied oder für Werbung | *Er hat den Comic gezeichnet und sein Partner hat getextet* • hierzu **Tex·ter** *der;* **Tex·te·rin** *die*

tex·til·frei ADJEKTIV; *gesprochen, humorvoll* ohne Kleidung, nackt

★ **Tex·ti·li·en** [-li̯ən] *die; Plural* alle Dinge, die (maschinell) gewebt oder gestrickt werden, also Kleidungsstücke, Wäsche, Stoffe usw.

Tex·til·in·dust·rie *die* ein Zweig der Industrie, der Textilien herstellt

Tex·til·wa·ren *die; Plural* ≈ *Textilien*

Text·ver·ar·bei·tung *die* das Bearbeiten eines Textes (vor allem am Computer) K Textverarbeitungsprogramm

TH [te'ha:] *die;* (-, -s) Abkürzung für *Technische Hochschule*

★ **The·a·ter** [te'a:tɐ] *das;* (-s, -) **1** ein Gebäude, in dem Schauspiele, Opern o. Ä. aufgeführt werden K Theaterbühne, Theaterkasse **2** *nur Singular* eine Institution, die Schauspiele, Opern usw. aufführt ⟨am/beim Theater (beschäftigt) sein⟩ K Theaterdirektor, Theaterregisseur **3** *nur Singular* eine Aufführung im Theater | *Das Theater beginnt heute um 20 Uhr* K Theaterabend, Theaterabonnement, Theateraufführung, Theaterbesuch, Theaterbesucher, Theaterkarte, Theaterkritiker, Theatersaal, Theatervorstellung **4** *gesprochen, abwertend nur Singular* Streit und Zorn | *Wahrscheinlich gibt es heute wieder Theater zu Hause* **5 zum Theater gehen (wollen)** Schauspieler(in) (beim Theater) werden (wollen) ■ **ID (Das ist) alles nur Theater** *gesprochen* das ist alles nicht echt, er/sie spielt alles nur vor; **(ein) Theater (um/wegen etwas) machen** bei einer (oft unwichtigen) Sache übertrieben heftig reagieren

The·a·ter·pro·be *die* das Einüben eines Theaterstücks durch die Schauspieler

★ **The·a·ter·stück** *das* ein Werk, z. B. eine Tragödie, das für die Aufführung in einem Theater geschrieben wurde ⟨ein Theaterstück schreiben, verfassen, inszenieren, aufführen, vorführen⟩

the·at·ra·lisch ADJEKTIV; *geschrieben, abwertend* stark übertrieben (vor allem in den Gesten) ⟨Gebärden, Bewegungen⟩

★ **The·ke** *die;* (-, -n) **1** in Lokalen werden an der Theke die Getränke eingeschenkt | *ein Glas Wein an der Theke trinken* **2** in Geschäften steht der Verkäufer hinter der Theke und bedient die Kunden K Ladentheke; Fleischtheke, Käsetheke, Wursttheke

★ **The·ma** *das;* (-s, The·men) **1** der zentrale Gedanke, über den man gerade spricht oder schreibt ⟨ein wichtiges, zentrales, brisantes, heikles Thema; ein Thema ansprechen, anschneiden, aufgreifen, behandeln, diskutieren; das Thema wechseln; sich einem Thema widmen, zuwenden⟩ K Themenbereich, Themenkreis, Themenstellung, Themenwahl **2** eine Folge von Tönen in einer Komposition, die sich (in Variationen) wiederholt ⟨ein Thema variieren⟩ ■ **ID Kein Thema!** **a** drückt aus, dass man die Wünsche einer Person gern erfüllt **b** es gibt keine Probleme, Widersprüche o. Ä. • hierzu **the·ma·tisch** ADJEKTIV

The·ma·tik *die;* (-, -en); *geschrieben* ≈ *Thema* | *Was war die eigentliche Thematik dieses Films?*

the·ma·ti·sie·ren VERB (thematisierte, hat thematisiert) **etwas thematisieren** *geschrieben* etwas zum Thema einer Diskussion, eines Textes o. Ä. machen • hierzu **The·ma·ti·sie·rung** *die*

Theo·lo·ge *der;* (-n, -n) eine Person, die Theologie studiert hat (oder auf diesem Gebiet beruflich arbeitet) ⟨ein evangelischer, katholischer Theologe⟩ **H** *der Theologe; den, dem, des Theologen* • hierzu **Theo·lo·gin** *die*

Theo·lo·gie *die;* (-, -n [-'gi:ən]); *meist Singular* die Wissenschaft, die sich vor allem mit den Schriften einer Religion und deren Interpretation beschäftigt ⟨die evangelische, jüdische, katholische, islamische Theologie⟩ • hierzu **theo·lo·gisch** ADJEKTIV

The·o·re·ti·ker *der;* (-s, -) **1** eine Person, die an der Theorie eines Faches arbeitet ⟨ein anerkannter Theoretiker⟩ **2** *oft abwertend* eine Person, die viel über eine Sache spricht, aber keine praktische Erfahrung darin hat ↔ *Praktiker* | *Der ist ja bloß ein Theoretiker!* • zu (1) **The·o·re·ti·ke·rin** *die*

★ **the·o·re·tisch** ADJEKTIV **1** so, dass etwas das Wissen auf einem Gebiet der Kunst, Wissenschaft oder Technik betrifft ⟨Kenntnisse, Grundlagen, Voraussetzungen; die Führerscheinprüfung⟩ **2** so, dass dabei eine Theorie verwendet wird ⟨etwas theoretisch erklären, begründen⟩ **3** nur in Gedanken (vorhanden), aber nicht in der Praxis, Wirklichkeit ⟨eine Möglichkeit⟩ | *Theoretisch ginge es, aber praktisch ist es zu schwierig*

the·o·re·ti·sie·ren VERB (theoretisierte, hat theoretisiert); *geschrieben, oft abwertend* auf der theoretischen Ebene über etwas nachdenken oder sprechen

★ **The·o·rie** *die;* (-, -n [-'ri:ən]) **1 eine Theorie (über etwas** (*Akkusativ*)**/zu etwas)** mit einer Theorie versucht man, Ursachen, Vorgänge oder Zusammenhänge (oft wissenschaftlich) zu erklären ⟨eine anerkannte, klassische Theorie; eine Theorie aufstellen, beweisen, verwerfen⟩ | *eine Theorie der/über die/zur Entstehung der Erde* K Evolutionstheorie, Relativitätstheorie **2** das Wissen in einem Bereich der Kunst, Wissenschaft oder Technik | *Sie beherrscht die Theorie bereits sehr gut, ihr fehlt nur noch die praktische Übung* K Theorieprüfung, Theorieunterricht; Literaturtheorie, Musiktheorie, Romantheorie **3** *nur Singular* eine Art des Denkens, das nur aus theoretischen (und nicht aus praktischen) Überlegungen besteht ⟨etwas ist bloße, reine Theorie⟩ ↔ *Praxis* | *Das stimmt nur in der Theorie* | *die Gegensätzlichkeit von Theorie und Praxis* ■ **ID Grau ist alle Theorie!** *geschrieben* in den Gedanken, in der Theorie ist alles einfach, in der Praxis aber schwer

The·ra·peut *der;* (-en, -en) eine Person, die beruflich andere Leute durch eine Therapie heilt **H** *der Therapeut; den, dem, des Therapeuten* • hierzu **The·ra·peu·tin** *die*

★ **The·ra·pie** *die;* (-, -n [-'pi:ən]) die Maßnahmen, die angewendet werden, um eine Krankheit zu heilen ⟨eine gezielte, erfolgreiche Therapie; eine Therapie absetzen, anwenden⟩ • hierzu **the·ra·peu·tisch** ADJEKTIV; **the·ra·pie·ren** VERB (*hat*)

Ther·mal·bad *das* **1** eine Stadt o. Ä., in der es Quellen mit warmem, heilendem Wasser gibt **2** ein Schwimmbad mit warmem, heilendem Wasser

Ther·mal·quel·le *die* eine Quelle mit warmem (heilendem) Wasser

Ther·mik *die;* (-) die Luft, die nach oben aufsteigt, wenn sich der Boden erwärmt | *eine günstige Thermik für den Segelflug* • hierzu **ther·misch** ADJEKTIV

Ther·mo- *im Substantiv, unbetont, begrenzt produktiv* **die Thermohose, die Thermosocken, der Thermomantel, die Thermowäsche** Kleidung aus warmem, aber leichtem, gefüttertem Material

Ther·mo·dy·na·mik *die* ein Gebiet der Physik, das sich mit der Wirkung von Wärme beschäftigt • hierzu **ther·mo·dy·na·misch** ADJEKTIV

Ther·mo·me·ter *das;* (-s, -) ein Gerät, mit dem man Temperaturen misst | *Das Thermometer ist auf 17 °C gestiegen/gefallen* K Außenthermometer, Innenthermometer, Zimmerthermometer; Badethermometer, Fieberthermometer

Ther·mos·fla·sche® *die* ein (isolierter) Behälter, in dem man Getränke längere Zeit warm oder kalt halten kann

Ther·mos·kan·ne® *die* ≈ *Thermosflasche*

Ther·mos·tat *der;* (-s/-en, -e(n)) ein Instrument, welches die Temperatur bei Geräten regelt, die Wärme produzieren K Thermostatventil; Heizungsthermostat H *der Thermostat; den, dem Thermostat/Thermostaten; des Thermostats/Thermostaten*

★ **The·se** *die;* (-, -n) **1** eine Behauptung als Teil einer (meist wissenschaftlichen) Theorie ⟨eine These aufstellen, verteidigen, verfechten, verwerfen⟩ **2** die Erklärung, mit welcher man versucht, Gründe für einen Vorgang, Zusammenhang oder eine Situation zu geben ⟨eine kühne, fragwürdige These⟩ ≈ *Behauptung*

Thril·ler ['θrɪlɐ] *der;* (-s, -) ein spannender und aufregender Kriminalroman oder Film

Throm·bo·se *die;* (-, -n) bei einer Thrombose kann das Blut nicht mehr durch eine Ader (meist im Bein) fließen | *Er starb nach 15 Stunden Flug an einer Thrombose*

★ **Thron** *der;* (-(e)s, -e) **1** auf dem Thron sitzen Könige usw., wenn sie mit Untertanen sprechen K Thronsaal; Bischofsthron, Kaiserthron, Königsthron, Papstthron **2** **den Thron besteigen** als König o. Ä. die Herrschaft übernehmen K Thronbesteigung **3** **auf den Thron verzichten** als König o. Ä. die Herrschaft nicht übernehmen K Thronverzicht ■ ID **jemandes Thron wackelt** jemandes mächtige Stellung ist in Gefahr

thro·nen VERB (thronte, hat gethront) **1** **jemand thront auf etwas** jemand sitzt auf einem hohen Stuhl o. Ä. und benimmt sich wie eine Person, die Macht hat oder wichtig ist | *Nach ihrem Konzert thronte Anna auf dem Klavier und genoss den Applaus* **2** **jemand thront irgendwo** mächtiger und wichtiger sein als andere **3** **etwas thront irgendwo** etwas steht auf einem erhöhten Platz | *Die Burg thront auf einem hohen Felsen*

Thron·fol·ge *die; nur Singular* die Reihenfolge der Personen, die als nächste einen Anspruch auf den Thron haben, wenn der Monarch stirbt ⟨die Thronfolge regeln⟩

Thron·fol·ger *der;* (-s, -) die Person in einer Monarchie, die dann König werden soll, wenn der gegenwärtige König stirbt • hierzu **Thron·fol·ge·rin** *die*

Thu·ja *die;* (-, Thu·jen) ein relativ kleiner, immergrüner Baum, der zu den Zypressen gehört und oft für Gartenhecken verwendet wird

Thun·fisch *der* ein großer, essbarer Meeresfisch. Thunfisch wird oft in Stücken in Dosen mit Öl verkauft

LANDESKUNDE

▶ Thüringen

Das Bundesland Thüringen liegt mitten in Deutschland. Die Hauptstadt ist **Erfurt**. Die Stadt **Weimar** wurde durch die Dichter Johann Wolfgang von Goethe und Friedrich Schiller berühmt. Auf der Wartburg bei **Eisenach** übersetzte Martin Luther die Bibel ins Deutsche.

Thy·mi·an ['ty:-] *der;* (-s) eine kleine Pflanze, deren Blätter man als Gewürz verwendet

Tic [tɪk], **Tick** *der;* (-s, -s) schnelle kleine Bewegungen von Muskeln, weil man nervös ist ⟨einen nervösen Tic haben⟩

Tick *der;* (-s, -s) **1** *meist abwertend* eine seltsame, oft unangenehme Angewohnheit, die jemand hat **2** **einen Tick** +*Adjektiv* ein kleines bisschen | *Sie ist einen kleinen Tick besser als ihre Schwester*

ti·cken VERB (tickte, hat getickt) **etwas tickt** etwas produziert in regelmäßigen Abständen kurze, helle Töne ⟨eine Uhr, ein Wecker, eine Zeitbombe⟩ ■ ID **Bei ihm/ihr** *usw.* **tickt es nicht richtig**, **Er/Sie** *usw.* **tickt nicht mehr richtig** *gesprochen* er/sie usw. ist verrückt

★ **Ti·cket** *das;* (-s, -s) **1** eine Fahrkarte für eine Reise mit der Bahn, dem Schiff oder dem Flugzeug K Bahnticket, Flugticket, Online-Ticket, Handy-Ticket **2** ≈ *Eintrittskarte* K Konzertticket **3** *gesprochen* ≈ *Strafzettel* **4** wenn man in ein Parkhaus fährt, bekommt man ein Ticket und braucht es bei der Ausfahrt, damit sich die Schranke öffnet K Parkticket **5** eine Nummer, die eine Anfrage an einen technischen Support bekommt. Man kann damit bei Nachfragen den zuständigen Bearbeiter schnell finden

tick·tack! verwendet, um das Geräusch einer Uhr zu imitieren

Ti·de *die;* (-, -n); *norddeutsch* **1** das Steigen und Fallen des Wasserstands am Meer mit Ebbe und Flut K Tidenhub **2** *nur Plural* ≈ *Gezeiten*

★ **tief** ADJEKTIV

▸räumlich: **1** bezeichnet eine relativ große Strecke oder Länge nach unten ↔ *flach, niedrig* | *ein tiefer Brunnen* | *tief in den Schnee einsinken* | *sich nicht ins tiefe Wasser trauen* | *Deck die tiefen Teller, es gibt Suppe* | *Die Wurzeln reichen tief in den Boden* K Tiefschnee **2** verwendet, um das Maß der Strecke nach unten zu nennen ↔ *hoch* | *ein zehn Meter tiefer See* | *Das Wasser ist nur fünfzig Zentimeter tief* | *Wie tief kannst du tauchen?* **3** in relativ geringer Entfernung über dem Meeresspiegel, dem Boden o. Ä. ≈ *niedrig* ↔ *hoch* | *Es schneite auch in tiefer gelegenen Teilen des Landes* | *Die tief hängenden Zweige schlugen mir ins Gesicht* | *Die Vögel fliegen heute aber tief* | *Die Sonne steht schon tief, es wird Abend* K Tiefebene, Tiefland **4** weit nach unten, in Richtung zum Erdboden ⟨eine Verbeugung; tief fallen; sich tief bücken, verneigen⟩ | *Er hat sich bei dem tiefen Fall aus dem dritten Stock schwer verletzt* **5** so, dass der Hals und ein Teil der Brust frei bleiben ⟨ein Ausschnitt⟩ | *ein tief ausgeschnittenes Kleid* **6** mit einer großen Strecke nach hinten oder innen ⟨ein Schrank, ein Regal; eine Wunde⟩ ↔ *hoch, breit* | *Die Höhle reicht tief in den Berg* **7** verwendet, um das Maß der Strecke nach hinten oder innen zu bezeichnen | *Der Schrank ist sechzig Zentimeter tief* | *eine zwei Zentimeter tiefe Wunde* **8** an einem/einen Ort weit hinten oder innen ⟨im tiefsten Urwald; tief im Gebirge, Tal, Wald⟩ | *tief ins Landesinnere vordringen*

▸Niveau, Intensität: **9** in der Menge, im Ausmaß, in der Intensität o. Ä. unter dem Durchschnitt ⟨Temperaturen; eine Depression, eine Krise, ein Niveau⟩ ↔ *hoch* | *Das Barometer steht tief* (das Barometer zeigt niedrigen Luftdruck an) | *Die Zahl der Arbeitslosen hat ihren tiefsten Stand erreicht* K Tiefstkurs, Tiefstpreis, Tiefststand, Tiefsttemperatur, Tiefstwert **10** so, dass Gefühle intensiv sind ⟨Glaube, Liebe, Trauer, Reue, Einsamkeit; etwas tief bedauern, bereuen; jemanden tief beeindrucken; tief beleidigt, betroffen, betrübt, bewegt, erschüttert sein⟩ | *Ich spreche Ihnen meinen tief empfundenen Dank aus* | *Ich bereue das aus tiefstem Herzen/tiefster Seele* | *Er hat mich aufs tiefste/Tiefste enttäuscht* (sehr enttäuscht) **11** intensiv durchgeführt oder vorhanden ⟨eine Bewusstlosigkeit, ein Schlaf; tief (durch)atmen, schlafen; tief in Gedanken versunken sein⟩ ↔ *oberflächlich* | *Jetzt bitte einmal tief einatmen und wieder ausatmen* K Tiefschlaf **12** so, dass das Wichtige erkannt wird, deutlich wird ⟨ein Einblick in etwas, eine Einsicht⟩ | *der tiefere Sinn/die* *tiefere Bedeutung einer Sache* (der verborgene, nicht sofort erkennbare Sinn) | *ein tief gehender/greifender Unterschied* **13** auf ein niedriges moralisches Niveau ⟨tief fallen, sinken⟩

▸andere Verwendungen: **14** so, dass ein relativ langer Teil der genannten Zeit schon vorbei ist ⟨im tiefsten Mittelalter, Winter⟩ | *bis tief in die Nacht* | *bis tief ins 18. Jahrhundert* **15** so, dass Farben relativ dunkel sind | *ein tiefes Grün* | *tiefe Sonnenbräune* **16** ⟨ein Ton, eine Stimme⟩ große Motoren, Donner und Stimmen von Männern klingen tief ≈ *dunkel* ↔ *hoch*

★ **Tief** *das;* (-s, -s) **1** eine Zone mit niedrigem Luftdruck (die oft Regen bringt) ⟨ein ausgedehntes, umfangreiches Tief; das Tief verlagert sich, schwächt sich ab⟩ ↔ *Hoch* K Tiefausläufer **2** **ein (seelisches) Tief haben** in sehr schlechter (gedrückter) Stimmung sein K Stimmungstief

tief- *im Adjektiv, betont, begrenzt produktiv* **1** **tiefernst, tiefgläubig, tiefreligiös, tieftraurig** *und andere* drückt aus, dass das genannte Gefühl sehr intensiv ist H Wenn der zweite Teil ein Partizip Präsens ist, kann auch getrennt geschrieben werden: *tiefgehend* oder *tief gehend.* **2** **tiefblau, tiefrot, tiefschwarz** *und andere* mit einem intensiven Farbton

Tief·bau *der; meist Singular* die Bauarbeiten am und unter dem Erdboden (z. B. bei Straßen, Kanälen) K Tiefbauunternehmen

Tief·druck *der; nur Singular* niedriger Luftdruck K Tiefdruckgebiet, Tiefdruckzone

★ **Tie·fe** *die;* (-, -n) **1** *meist Singular* die Größe eines Raumes, einer Schicht o. Ä. nach unten | *die Tiefe eines Abgrundes* | *ein See von dreißig Meter Tiefe* | *Das Meer hat hier eine Tiefe von tausend Metern* K Tiefenmessung, Tiefenunterschied; tiefengleich; Brunnentiefe, Meerestiefe, Schneetiefe, Wassertiefe **2** die Entfernung nach unten, die etwas von der Oberfläche hat | *Wir haben das Wrack des Schiffes in neunzig Meter Tiefe gefunden* | *Der Bohrer dringt in große Tiefen vor* **3** **in die Tiefe** (weit) nach unten ⟨in die Tiefe blicken, fallen, stürzen⟩ **4** die Größe von Möbeln nach hinten | *ein Schrank mit einer Tiefe von fünfzig Zentimetern/mit fünfzig Zentimeter Tiefe* **5** die Ausdehnung nach innen ⟨die Tiefe einer Höhle, Wunde⟩ **6** ein Gebiet, das weit im Inneren liegt ⟨in der Tiefe/den Tiefen des Waldes, des Gebirges, der Erde⟩ **7** **die Tiefe** *+Genitiv* die große Stärke oder Intensität einer Sache ⟨die Tiefe des Glaubens, der Liebe, der Reue, der Trauer, der Einsamkeit, des Schlafes, einer Farbe⟩ **8** *nur Singular* der tiefe, dunkle Klang eines Tons oder einer Stimme **9** ein tiefer Ton ⟨die Tiefen aussteuern⟩ ↔ *Höhe* K Tiefenregler **10** eine Zeit, in der es jemandem psychisch sehr schlecht geht ⟨ein Leben ohne Höhen und Tiefen⟩

Tie·fen·psy·cho·lo·gie *die; nur Singular* die Wissenschaft, die unbewusste seelische Erlebnisse des Menschen untersucht • hierzu **tie·fen·psy·cho·lo·gisch** ADJEKTIV

Tie·fen·wir·kung *die* **1** eine Wirkung, die bis ins Innere z. B. der Haut geht | *eine Nachtcreme mit Tiefenwirkung* **2** der Eindruck, dass ein Bild o. Ä. weit nach hinten geht

Tief·flie·ger *der* ein Flugzeug, das sehr niedrig fliegt (vor allem für militärische Zwecke)

Tief·flug *der* der Flug in geringer Höhe (vor allem für militärische Zwecke) ⟨in den Tiefflug gehen⟩

Tief·gang *der; nur Singular* **1** die Entfernung vom Wasserspiegel bis zur unteren Kante des Kiels eines Schiffes | *Das Schiff hat geringen/großen Tiefgang* **2** *gesprochen* tiefe, ernste Gedanken | *eine Rede ohne Tiefgang*

Tief·ga·ra·ge *die* eine Garage unter der Erde (meist für viele Autos)

tief·ge·frie·ren VERB (hat tiefgefroren) **(etwas) tiefgefrieren** Lebensmittel konservieren, indem man sie (bei ungefähr −15 °C) gefrieren lässt | *tiefgefrorenes Gemüse* H nur im Infinitiv und Partizip Perfekt, meist im Partizip Perfekt

tief·grün·dig ADJEKTIV (tiefgründiger, tiefgründigst-) ⟨eine Darstellung, eine Analyse⟩ so, dass sie sehr ins Detail gehen

tief·küh·len VERB (hat tiefgekühlt) **(etwas) tiefkühlen** ≈ *tiefgefrieren* K Tiefkühltruhe, Tiefkühlschrank H nicht im Präteritum

Tief·kühl|fach *das* ein Fach im Kühlschrank, in dem gefrorene Lebensmittel gefroren bleiben

Tief·la·der *der;* (-s, -) ein Lastwagen mit niedriger Ladefläche zum Transport sehr schwerer Lasten

Tief·punkt *der* **1** der schlechteste, negativste Punkt einer Entwicklung | *Die Exportwirtschaft ist auf ihrem absoluten Tiefpunkt angelangt* **2** **ein seelischer Tiefpunkt** eine Zeit, in der es einem psychisch sehr schlecht geht

Tief·schlag *der* **1** (beim Boxen) ein verbotener Schlag unterhalb der Taille **2** ein Ereignis, ein Vorfall o. Ä., die jemandem einen (meist seelischen) Schaden zufügen ⟨einen Tiefschlag bekommen; jemandem einen Tiefschlag versetzen⟩

tief·schür·fend ADJEKTIV (tiefer schürfend/tiefschürfender, am tiefsten schürfend/tiefstschürfend) sehr ernst und kompliziert ⟨eine Analyse⟩ ≈ *tiefgründig*

Tief·see *die; nur Singular* der Bereich eines Ozeans, der tiefer als 4000 m unter dem Meeresspiegel liegt K Tiefseeforscher

Tief·sinn *der; nur Singular* **1** intensives Nachdenken **2** die Wichtigkeit und tiefe Bedeutung einer Sache • zu (2) **tief·sin·nig** ADJEKTIV

Tief·stand *der; meist Singular* der Tiefpunkt einer Entwicklung | *Der Tiefstand des Dollarkurses*

tief·sta·peln VERB (stapelte tief, hat tiefgestapelt) etwas bewusst als weniger wichtig darstellen, als es wirklich ist • hierzu **Tief·stap·ler** *der;* **Tief·sta·pe·lei** *die*

Tie·gel *der;* (-s, -) ein flacher Topf mit Stiel

★ **Tier** *das;* (-(e)s, -e) Tiere sind Lebewesen, die sich (anders als Pflanzen) fortbewegen können ⟨ein zahmes, wildes Tier; ein Tier züchten, halten, dressieren⟩ | *Die Haltung von Tieren ist in diesem Haus verboten* K Tierart, Tierarzt, Tierbild, Tierbuch, Tiergehege, Tiergeschichte, Tierhalter, Tierhaltung, Tierheilkunde, Tierklinik, Tiermedizin, Tierzucht ■ ID **ein großes/hohes Tier** *gesprochen, humorvoll* eine Person, die eine hohe öffentliche Position hat | *Er ist ein hohes Tier in der Politik* H → Abb. nächste Seite

Tier·freund *der* eine Person, die Tiere mag und sich für deren Schutz einsetzt • hierzu **Tier·freun·din** *die*

★ **Tier·gar·ten** *der* ein Park, in dem man Tiere in Gehegen oder Käfigen sehen kann ≈ *Zoo*

tier·haft ADJEKTIV *meist attributiv* ≈ *tierisch*

Tier·hand·lung *die* ein Geschäft, in dem Tiere verkauft werden

Tier·heim *das* ein Gebäude, in dem solche Haustiere aufgenommen werden, die keinen Besitzer haben

tie·risch ADJEKTIV **1** charakteristisch für Tiere | *tierische Instinkte* **2** von Tieren stammend | *tierische und pflanzliche Fette* **3** *abwertend* mit Eigenschaften, die ein Mensch nicht haben sollte (meist brutal oder triebhaft) ⟨Gewalt, Rohheit⟩ **4** *gesprochen* das normale Maß deutlich überschreitend ⟨eine Arbeit, ein Vergnügen; Schmerzen; tierisch ernst, hart, schwer; tierisch schuften müssen⟩

Tier·kreis *der; meist Singular* eine Folge von zwölf Sternbildern auf einem Kreis um die Erde

Tier·kreis|zei·chen *das* ≈ *Sternzeichen*

Tier·kun·de *die; nur Singular* ≈ *Zoologie*

die Biene
der Schmetterling
die Fliege
der Käfer
die Ameise
die Spinne
das Huhn
der Storch
der Spatz
der Igel
der Fisch
der Hase
die Ente
die Maus
die Katze
der Hund
das Schaf
die Ziege
das Schwein
das Pferd
die Kuh

tier·lieb ADJEKTIV voll Verständnis und Liebe für Tiere • hierzu **Tier·lie·be** *die*

Tier·park *der* **1** ein Gelände, in dem Tiere in einer natürlichen Umgebung (ohne Käfig und oft ohne Zäune) gehalten werden **2** *gesprochen* ≈ *Zoo*

Tier·pfle·ger *der*; (-s, -) eine Person, die (meist im Zoo) beruflich für Tiere sorgt • hierzu **Tier·pfle·ge·rin** *die*

Tier·quä·le·rei *die*; *meist Singular* das meist absichtliche Quälen von Tieren • hierzu **Tier·quä·ler** *der*

Tier·reich *das*; *nur Singular* alle Tiere (Tierarten), die es auf der Erde gibt

★ **Tier·schutz** *der*; *nur Singular* alle, was nötig ist, um Tiere zu schützen, damit sie nicht gequält werden oder damit es eine Art auch in Zukunft gibt K Tierschutzbestimmung, Tierschutzgebiet, Tierschutzverein • hierzu **Tier·schüt·zer** *der*; **Tier·schüt·ze·rin** *die*

Tier·ver·such *der* ein (meist medizinisches) Experiment an lebenden Tieren K Tierversuchsgegner

Tier·welt *die*; *nur Singular* alle Tiere (vor allem in einem begrenzten Gebiet) ≈ *Fauna* | *die reiche Tierwelt Afrikas*

★ **Ti·ger** *der*; (-s, -) die größte Raubkatze Asiens K Tigerfell, Tigerjagd

ti·gern VERB (tigerte, ist getigert) **irgendwohin tigern** *gesprochen* oft ohne festes Ziel irgendwo herumgehen | *unruhig durch die Wohnung tigern*

Til·de *die*; (-, -n) **1** das Zeichen ~, das oft verwendet wird, um Wörter oder Wortteile nicht wiederholen zu müssen **2** das Zeichen ~, das im Spanischen über *n* (*ñ*) und im Portugiesischen über Vokalen stehen kann

til·gen VERB (tilgte, hat getilgt) **1 etwas tilgen** Geld, das man sich geliehen hat, zurückzahlen ‹einen Kredit, die Schulden tilgen› **2 etwas (aus etwas) tilgen** etwas meist aus einer Liste oder einem Dokument entfernen | *Sein Name wurde aus der Kartei getilgt* **3 jemanden/etwas aus dem Gedächtnis tilgen** *geschrieben* bewusst versuchen, jemanden/etwas zu vergessen • zu (1) **tilg·bar** ADJEKTIV; zu (1,2) **Til·gung** *die*

Ti·ming ['taimɪŋ] *das*; (-s) die Koordination mehrerer Handlungen nach einem Zeitplan | *Beim Kochen ist das Timing das Wichtigste* • hierzu **ti·men** ['tai-] VERB (*hat*); *gesprochen*

tin·geln VERB (tingelte, ist getingelt) **irgendwohin tingeln** *gesprochen, abwertend* (als Schauspieler, Musiker) in verschiedene kleine Städte und Dörfer kommen und etwas vorführen

Tin·gel·tan·gel *der/das*; (-s, -); *veraltend, abwertend* **1** eine Musik- oder Theatergruppe, die von Ort zu Ort zieht **2** ein Lokal für Aufführungen solcher Gruppen **3** Unterhaltung, wie sie ein Tingeltangel bietet

Tink·tur *die*; (-, -en) eine Flüssigkeit, die meist aus Pflanzen gemacht wird und für medizinische Zwecke verwendet wird

Tin·nef *der*; (-s); *gesprochen, abwertend* wertlose Dinge

★ **Tin·te** *die*; (-, -n) eine meist blaue Flüssigkeit zum Schreiben oder Zeichnen K Tintenfleck, Tintenklecks, Tintenpatrone; tintenblau ■ ID **in der Tinte sitzen** *gesprochen* in einer unangenehmen Lage sein

Tin·ten·fass *das* ein kleines Gefäß, das Tinte enthält

Tin·ten·fisch *der* ein Tier, das im Meer lebt, acht Arme hat und sich bei Gefahr in eine Wolke dunkler Flüssigkeit hüllt

Tin·ten·killer® *der* ein Stift, mit dem man etwas mit Tinte Geschriebenes entfernen kann

★ **Tipp** *der*; (-s, -s) **1** ein nützlicher Rat, ein guter Hinweis ‹von jemandem einen Tipp bekommen; jemandem einen Tipp geben› | *Tipps für den Anfänger/für den Garten* **2** der Versuch, bei Wetten und Gewinnspielen den Gewinner bzw. die Gewinnzahlen vorher richtig zu raten | *der richtige Tipp im Lotto/beim Pferderennen*

Tip·pel·bru·der *der*; *gesprochen, abwertend* ein Mann ohne Wohnung, der meist auch Alkoholiker ist ≈ *Obdachloser*

★ **tip·pen** VERB (tippte, hat getippt) **1 (etwas) tippen** etwas auf einer Tastatur (meist am Computer) schreiben ‹einen Brief tippen› K Tippfehler **2 (jemandem) irgendwohin tippen** jemanden/etwas (vor allem mit der Finger- oder Fußspitze) kurz und leicht berühren | *jemandem auf die Schulter tippen* | *kurz auf die Bremse tippen* **3 auf jemanden/etwas tippen** *gesprochen* eine Vermutung o. Ä. zum Ausdruck bringen | *Ich tippe (darauf), dass deine Lieblingsfarbe Rot ist* | *Ich tippe auf ihn als Sieger* **4** am Lotto oder Toto teilnehmen | *Sie tippt jede Woche (im Lotto)* K Tippschein, Tippzettel

Tipp·se *die*; (-, -n); *gesprochen, abwertend* eine Angestellte, die nur einfache Büroarbeiten macht

tipp, tapp! verwendet, um das Geräusch von leichten, leisen Schritten zu imitieren

tipp·topp ADJEKTIV *meist prädikativ*; *gesprochen* sehr gut, ordentlich | *Sie ist tipptopp angezogen* | *Das Zimmer ist tipptopp aufgeräumt*

Ti·ra·de *die*; (-, -n); *abwertend* **1** eine lange Rede, die nichts Wichtiges enthält **2** eine Rede oder ein Artikel mit aggressivem Inhalt K Hetztirade, Schimpftirade

★ **Tisch** *der*; (-(e)s, -e) **1** Tische haben eine Platte, auf die man Dinge legt ‹sich an den Tisch setzen; am Tisch sitzen; vom Tisch aufstehen; den Tisch decken, abräumen› | *die Ellbogen auf den Tisch stützen* | *im Restaurant einen Tisch für vier Personen bestellen* | *Fünf Leute saßen um den Tisch (herum)* K Tischbein, Tischkante, Tischplatte; Arbeitstisch, Esstisch, Nähtisch, Schreibtisch; Campingtisch, Gartentisch, Küchentisch, Wohnzimmertisch, Ladentisch; Ausziehtisch, Klapptisch **2** die Leute, die an einem Tisch sitzen | *Das muss doch nicht der ganze Tisch hören!* **3 zu Tisch** *geschrieben* zum/beim Essen an einem Tisch ‹zu Tisch gehen, sein, sitzen; sich zu Tisch setzen; jemanden zu Tisch bitten› | *Bitte zu Tisch, das Essen ist fertig!* **4 vor/bei/nach Tisch** *geschrieben* vor/bei/nach dem Essen | *sich vor Tisch die Hände waschen* | *sich bei Tisch anständig benehmen* **5 ein runder Tisch** eine Verhandlung, Sitzung o. Ä., bei der alle Personen gleichberechtigt sind | *Das wird am runden Tisch verhandelt* **6 am grünen Tisch**; **vom grünen Tisch aus** auf der theoretischen Ebene, ohne die konkrete Situation zu beachten

■ ID ▸Präposition plus Tisch: **(bar) auf den Tisch (des Hauses)** *gesprochen* so, dass etwas sofort bar bezahlt wird | *Tausend Euro bar auf den Tisch, und das Auto gehört dir!*; **jemanden unter den Tisch trinken** *gesprochen* mehr Alkohol trinken können als eine andere Person; **etwas unter den Tisch fallen lassen** etwas nicht (mehr) berücksichtigen oder beachten; **etwas ist vom Tisch** etwas ist abgeschlossen, erledigt; **etwas muss/soll vom Tisch** etwas muss/soll entschieden, abgeschlossen werden;
▸andere Verwendungen: **(mit etwas) reinen Tisch machen** mit klaren und deutliche Worten ein Problem nennen und dann lösen **B** → Abb. nächste Seite

Tisch·da·me *die* eine Frau, die bei einem festlichen Essen rechts von einem Mann sitzt

★ **Tisch·de·cke** *die* ein großes Tuch, das den Tisch (als Dekoration) ganz oder teilweise bedeckt

tisch·fer·tig ADJEKTIV zum Essen fertig zubereitet ‹ein Gericht›

Tisch·ge·bet *das* ein Gebet vor oder nach dem Essen

Tisch·ge·spräch *das* ein Gespräch während des Essens

Tisch·lein|deck·dich *das* (im Märchen) ein Tisch, der sich von selbst mit Speisen und Getränken deckt

T

DEN TISCH DECKEN

Tịsch·ler *der*; (-s, -) eine Person, die beruflich z. B. Möbel und Fenster aus Holz herstellt ≈ *Schreiner* K Tischlerwerkstatt • hierzu **Tịsch·le·rin** *die*

Tisch·le·rei *die*; (-, -en) **1** die Werkstatt eines Tischlers ≈ *Schreinerei* **2** *nur Singular* das Handwerk des Tischlers

Tịsch·ma·nie·ren *die*; *Plural* das Benehmen beim Essen ⟨gute, schlechte Tischmanieren haben⟩

Tịsch·ord·nung *die* eine Regelung, die bestimmt, wer bei einem festlichen Essen wo sitzen soll

Tịsch·re·de *die* eine Rede, die während eines festlichen Essens gehalten wird

Tịsch·ten·nis *das* ein Sport, bei dem zwei Spieler an einem Tisch stehen und einen kleinen weißen Ball mit Schlägern über ein Netz schlagen ≈ *Pingpong* K Tischtennisball, Tischtennisklub, Tischtennismatch, Tischtennisplatte, Tischtennisschläger, Tischtennisspiel, Tischtennisspieler, Tischtennisturnier

Tịsch·tuch *das* ein großes Tuch, das den ganzen Tisch bedeckt ≈ *Tischdecke*

Tịsch·wä·sche *die*; *nur Singular* alle Tücher (Tischtücher, Servietten), die bei Mahlzeiten verwendet werden

Ti·tan¹ *der*; (-en, -en) **1** ein Riese in der griechischen Mythologie **2** *geschrieben* eine Person, die auf einem Gebiet Außergewöhnliches leistet H *der Titan; den, dem, des Titanen* • zu (1) **ti·tạ·nisch** ADJEKTIV

Ti·tan² *das*; (-s) ein chemisches Element, mit dem man Stahl härter macht H chemisches Zeichen: *Ti*

T

★ **Ti·tel** *der*; (-s, -)

▸von Personen: **1** eine Bezeichnung, mit der eine Person geehrt wird oder die ihre berufliche Stellung anzeigt | *Er führt den Titel eines Amtsarztes* | *Ihr wurde der akademische Titel eines Dr. med. verliehen* K Doktortitel **2** der Titel, den man bei einem sportlichen Wettbewerb gewinnt K Titelanwärter, Titelgewinn, Titelträger, Titelverteidiger(in); Weltmeistertitel

▸von Büchern, Zeitschriften usw.: **3** der Name z. B. eines Buches, einer Zeitschrift oder eines Liedes | *Welchen Titel hat/trägt das Buch?* K Buchtitel, Filmtitel **4** ein Buch | *Diesen Titel haben wir nicht* **5** die Überschrift eines Zeitungsartikels, die den Inhalt kurz zusammenfasst **6** die erste Seite einer Zeitung oder Zeitschrift K Titelbild, Titelblatt, Titelgeschichte, Titelseite

▸im Budget: **7** die Ausgaben für einen Zweck | *Die Personalkosten sind der größte Titel*

Ti·tel·held *der* die zentrale Gestalt eines literarischen Werkes, deren Name im Titel steht • hierzu **Ti·tel·hel·din** *die*

Ti·tel·me·lo·die *die* das Lied, das zu Anfang (und Ende) eines Films gespielt wird

Ti·tel·rol·le *die* die Hauptrolle einer Person in einem Film o. Ä., deren Name im Titel steht

Ti·tel·song *der* das Lied, das einer Schallplatte ihren Namen gibt

ti·tel·süch·tig ADJEKTIV sehr daran interessiert, Titel zu erringen

Tit·ten *die*; *Plural*; *gesprochen* ⚠ die weiblichen Brüste

tja!, tja! verwendet am Anfang des Satzes, um eine Frage oder einen Kommentar einzuleiten | *Tja, was sollen wir jetzt tun?*

TNT [teːǀɛnˈteː] *das*; (-) Trinitrotoluol ein sehr starker Sprengstoff

★ **Toast** [toːst] *der*; (-(e)s, -s) **1** eine Scheibe geröstetes Weißbrot K Toastbrot H → Infos unter **Brot** **2** ein Satz, mit dem man die Gäste auffordert, gemeinsam (meist Bier, Wein oder Schnaps) zu trinken ≈ *Trinkspruch* **3** **einen Toast auf jemanden ausbringen** einer Person mit einem Toast danken oder sie ehren

toas·ten [ˈtoːstn̩] VERB (toastete, hat getoastet) **etwas toasten** vor allem Scheiben von Weißbrot (in einem Toaster) rösten

Toas·ter [ˈtoː-] *der*; (-s, -) ein elektrisches Gerät, in dem Scheiben von Weißbrot geröstet werden

To·bak *der* ■ ID **etwas ist starker Tobak** etwas ist empörend, unverschämt

To·bel *der/das*; (-s, -); *süddeutsch* Ⓐ Ⓒⓗ ein tiefes, enges Tal im Wald

to·ben VERB (tobte, hat/ist getobt) **1** (*hat*) (vor Wut o. Ä.) schreien und heftige Bewegungen machen | *Der Betrunkene tobte die halbe Nacht* **2** (*hat*) (vor Begeisterung o. Ä.) schreien, sich ausgelassen benehmen | *Bei dem Rockkonzert tobten die Fans* **3** (*hat/ist*) (beim Spielen) sehr viel Lärm machen und sich lebhaft bewegen | *Die Kinder sind durch die Straßen getobt* **4** **etwas tobt** (*hat*) etwas ist in starker Bewegung (und richtet dabei großen Schaden an)

⟨das Meer, ein Gewitter, ein Brand⟩

Tob·sucht *die; nur Singular* eine starke, oft krankhafte Wut K Tobsuchtsanfall • hierzu **tob·süch·tig** ADJEKTIV

★ **Toch·ter** *die;* (-, Töch·ter) **1** das weibliche Kind einer Person K Adoptivtochter, Pflegetochter, Stieftochter H → Abb. unter **Familie** **2** **eine Tochter** *+Genitiv* eine Frau, die in der genannten Umgebung aufgewachsen oder geboren ist | *Marie Curie, eine berühmte Tochter Warschaus* **3** **eine höhere Tochter** *veraltend* ein Mädchen oder eine Frau mit relativ reichen, gebildeten Eltern **4** Kurzwort für *Tochtergesellschaft*

Toch·ter·fir·ma *die* ≈ *Tochtergesellschaft*

Toch·ter·ge·sell·schaft *die* ein Unternehmen, das zu einem Konzern gehört und von diesem abhängig ist

★ **Tod** *der;* (-es, -e) **1** das Sterben, das Ende des Lebens ⟨ein sanfter, qualvoller, früher Tod; Tod durch Ersticken, Herzversagen, Ertrinken; jemand hat einen leichten, schönen Tod; jemand stirbt eines natürlichen, gewaltsamen Todes; dem Tod(e) nahe sein; den Tod kommen/nahen fühlen; den Tod fürchten; bis zum/in den Tod; jemanden vor dem Tod(e) (er)retten, bewahren; jemanden/ein Tier zu Tode hetzen, prügeln, schinden; etwas wird mit dem Tod(e) bestraft; jemanden zum Tode verurteilen; etwas mit dem Tod(e) büßen, bezahlen (müssen)⟩ | *jemand stürzt sich zu Tode/kommt bei einem Sturz zu Tode* (jemand stürzt und stirbt dadurch) | *Der Arzt stellte fest, dass der Tod zwischen zwei und vier Uhr eingetreten war* | *Aids ist eine Krankheit, die meist zum Tod führt* K Todesahnung, Todesart, Todesdatum, Todesgefahr, Todesjahr, Todesnachricht, Todesqualen, Todesschrei, Todesstrafe, Todesursache, Todeszeit H Anstelle des Plurals *Tode* wird meist *Todesfälle* verwendet. **2** der Tod, den man sich als Person vorstellt ⟨dem Tod entkommen; der Tod klopft (bei jemandem) an, holt jemanden⟩ **3** das Ende meist eines Plans oder einer Institution | *Die hohen Zinsen bedeuten den Tod für die Firma* **4** **der Schwarze/schwarze Tod** die Pest **5** **der Weiße/weiße Tod** der Tod durch Lawinen, im Schnee **6** **der nasse Tod** der Tod durch Ertrinken

■ ID ▸Präposition plus Tod: **jemanden/etwas auf den Tod nicht ausstehen/leiden können** *gesprochen* eine Person/Sache überhaupt nicht mögen; **eine Person/Sache treibt jemanden in den Tod** eine Person/Sache bewirkt, dass jemand Selbstmord begeht; **für eine Person/Sache in den Tod gehen** sterben, um einer Person zu helfen oder um ein Ziel zu erreichen; **mit dem Tod(e) ringen** lebensgefährlich krank oder verletzt sein; **über den Tod hinaus** auch nachdem eine andere Person schon tot ist | *jemandem über den Tod hinaus die Treue halten*; **zu Tode** *gesprochen* ⟨sich zu Tode langweilen, schämen; zu Tode erschöpft, erschrocken sein⟩ ≈ *sehr*;

▸Tod als Objekt: **eine Person ist dem Tod(e) geweiht** *geschrieben* eine Person muss bald sterben; **dem Tod von der Schippe springen** *gesprochen, humorvoll* in höchster Lebensgefahr sein und noch einmal gerettet werden; **Du wirst dir (noch) den Tod holen** *gesprochen* Du wirst dich schwer erkälten; **Ich bin tausend Tode gestorben(, als …)** *gesprochen* a Ich hatte panische Angst b Ich fand das extrem peinlich; **weder Tod noch Teufel fürchten** sich vor nichts fürchten;

▸andere Verwendungen: **bis dass der Tod euch scheide** verwendet (vom Priester oder Pfarrer bei der Hochzeit), um zu sagen, dass eine Ehe bis zum Tod eines der Partner dauern soll; **aussehen wie der (leibhaftige) Tod** sehr blass und krank aussehen; **Tod und Teufel!** verwendet als Fluch; **Umsonst ist nur der Tod!** *gesprochen* Man muss für alles im Leben bezahlen; **dem Tod ins Auge blicken** erkennen, dass man in Lebensgefahr ist; **der Tod hält reiche Ernte** viele Menschen sterben bei einem Unglück, einer Seuche o. Ä.; **jemand ist des Todes** eine Person muss bald sterben; **etwas ist jemandes Tod** etwas führt zum Tod einer Person

tod- *im Adjektiv, betont, wenig produktiv; gesprochen* **todernst, todkrank, todtraurig, todunglücklich, todmüde, todschick** *und andere* ≈ *äußerst, sehr* | *ein todlangweiliger Film* | *etwas todsicher wissen*

tod·brin·gend ADJEKTIV so, dass man (daran) sterben wird ⟨eine Krankheit, eine Verletzung⟩ ≈ *tödlich*

To·des·angst *die* **1** die Angst vor dem Sterben **2** eine sehr große Angst ⟨Todesängste ausstehen; eine Todesangst vor jemandem/etwas haben⟩

To·des·an·zei·ge *die* eine Anzeige in der Zeitung, die mitteilt, dass jemand gestorben ist

To·des·er·klä·rung *die* ein amtliches Dokument, in dem eine Person offiziell für tot erklärt wird, die seit mindestens zehn Jahren verschwunden ist

To·des·fall *der* der Tod eines Menschen | *ein Todesfall in der Familie*

To·des·fol·ge *die* ■ ID **mit Todesfolge** so, dass ein Mensch (meist infolge eines Verbrechens) stirbt ⟨Körperverletzung, ein Unfall mit Todesfolge⟩

To·des·kampf *der* die letzte schwere Zeit eines Menschen, der stirbt

To·des·kan·di·dat *der* **1** eine Person, die zum Tode verurteilt ist **2** eine Person, die sich in sehr große Gefahr begibt • hierzu **To·des·kan·di·da·tin** *die*

To·des·mut *der* sehr große Tapferkeit in einer sehr gefährlichen Situation • hierzu **to·des·mu·tig** ADJEKTIV

To·des·op·fer *das* eine Person, die bei einem Unfall oder einer Katastrophe gestorben ist | *Der Brand forderte mehrere Todesopfer*

To·des·schuss *der* ein (gezielter) Schuss, mit dem man einen Menschen tötet

To·des·schüt·ze *der* eine Person, die jemanden durch einen Schuss tötet • hierzu **To·des·schüt·zin** *die*

To·des·stoß *der* **1** der (beabsichtigte und gezielte) Stoß z. B. mit einem Messer oder einem Dolch, mit dem man einen Menschen oder ein Tier tötet ⟨jemandem/einem Tier den Todesstoß versetzen; den Todesstoß erhalten⟩ **2** ein Ereignis, das zum Ende einer Sache führt

To·des·tag *der* der Tag, an dem jemand gestorben ist (und das entsprechende Datum in den folgenden Jahren) | *der zweihundertste Todestag eines Dichters*

To·des·ur·teil *das* **1** ein Urteil, dass ein Verbrecher als Strafe sterben muss ⟨das Todesurteil verhängen, vollstrecken⟩ **2** der Grund für das Ende eines Vorhabens, eines Unternehmens o. Ä. | *Für viele Betriebe war die Inflation das Todesurteil*

To·des·ver·ach·tung *die; nur Singular* **mit Todesverachtung** *meist humorvoll* ohne sich die Angst, den Ekel o. Ä. anmerken zu lassen

Tod·feind *der* ein Feind oder Gegner, der voller Hass ist • hierzu **Tod·fein·din** *die*; **Tod·feind·schaft** *die*

tod·ge·weiht ADJEKTIV; *geschrieben* ⟨ein Mensch, ein Tier⟩ so, dass sie bald sterben werden

tod·krank ADJEKTIV **1** ⟨ein Mensch⟩ so krank, dass er sterben wird **2** *gesprochen* sehr krank

★ **töd·lich** ADJEKTIV **1** so, dass man (daran oder dabei) stirbt ⟨eine Krankheit, eine Verletzung, ein Gift; mit tödlichen Folgen; tödlich verunglücken; jemanden tödlich verletzen, treffen; etwas wirkt tödlich; etwas verläuft tödlich, geht tödlich aus⟩ | *Bei dem Unfall wurde er tödlich verletzt* **2** *gesprochen meist attributiv* sehr groß oder intensiv ⟨eine Beleidigung, Ernst, Hass; mit tödlicher Sicherheit⟩ **3** *gesprochen* verwendet, um Adjektive oder Verben mit negativer Bedeutung zu verstärken ⟨tödlich beleidigt, erschrocken sein; jemanden tödlich langweilen⟩

Tod·sün·de *die* **1** (nach der katholischen Theorie) eine sehr schwere Sünde | *die sieben Todsünden* **2** *gesprochen* eine große Dummheit

To·fu *der;* (-(s)) eine Art Quark, den man aus Sojabohnen macht

To·hu·wa·bo·hu *das;* (-(s), -s); *gesprochen* ≈ *Durcheinander, Chaos*

toi! ■ **ID toi, toi, toi!** verwendet, um jemandem/sich (weiterhin) Glück und Erfolg zu wünschen

★ **To·i·let·te** [toa'lɛtə] *die;* (-, -n) **1** auf die Toilette geht man, um Blase und Darm zu entleeren. Die Toilette ist am Fußboden befestigt und endet in einem Rohr ⟨eine Toilette mit Wasserspülung; sich auf die Toilette setzen; etwas in die Toilette werfen; die Toilette ist verstopft⟩ K Toilettenbecken, Toilettenspülung **2** ein Raum mit einer Toilette oder mehreren Toiletten ⟨eine öffentliche Toilette; auf die/zur Toilette gehen, müssen⟩ ≈ *WC* | *eine Wohnung mit Bad und separater Toilette* K Toilettenfenster, Toilettentür; Damentoilette, Herrentoilette **3** *geschrieben* das Waschen, Frisieren und Ankleiden | *die morgendliche Toilette* K Toilettentisch

To·i·let·ten·ar·ti·kel [toa-] *der; meist Plural* etwas (z. B. Seife, Creme, Zahnbürste), das man für die Pflege des Körpers braucht

To·i·let·ten·frau [toa-] *die* eine Frau, die öffentliche Toiletten saubermacht

To·i·let·ten·pa·pier [toa-] *das* Papier, mit dem man sich wischt, nachdem man Blase und Darm entleert hat

To·i·let·ten·was·ser [toa-] *das* ≈ *Parfüm*

★ **to·le·rant** ADJEKTIV (toleranter, tolerantest-) **tolerant (gegenüber jemandem/etwas)**; **tolerant (gegen jemanden/etwas)** *geschrieben* wenn man tolerant ist, akzeptiert man Personen, Meinungen, Verhaltensweisen usw., die anders sind, als man es gut findet ↔ *intolerant* | *tolerant gegenüber der Jugend*

★ **To·le·ranz** *die;* (-) **1** **Toleranz (gegenüber jemandem/etwas)**; **Toleranz (gegen jemanden/etwas)** eine tolerante Einstellung ⟨Toleranz üben, zeigen⟩ K Toleranzgrenze **2** **Toleranz (gegenüber jemandem/etwas)**; **Toleranz (gegen jemanden/etwas)** das Maß, in dem eine Person oder Sache etwas Negatives ertragen, aushalten kann | *Pflanzen mit einer hohen Toleranz gegenüber Hitze und Trockenheit* K Fehlertoleranz, Frustrationstoleranz, Kältetoleranz **3** das Maß, in dem etwas von der geplanten Größe oder Menge abweichen darf

to·le·rie·ren VERB (tolerierte, hat toleriert) **jemanden/etwas tolerieren** sich gegenüber einer Person oder Sache tolerant verhalten ≈ *akzeptieren* ● hierzu **To·le·rie·rung** *die;* **to·le·rier·bar** ADJEKTIV

★ **toll** (toller, tollst-) **1** *gesprochen* in Ausrufen verwendet, um Bewunderung auszudrücken ≈ *super* | *Das ist eine tolle Idee!* | *Sie singt wirklich toll!* **2** *gesprochen* verwendet, um Adjektive und Verben zu verstärken | *Es regnet ganz toll* | *Sie ist toll verliebt* **3** *veraltend* nicht fähig, vernünftig zu handeln ⟨sich wie toll gebärden⟩ ≈ *verrückt* **4** **es zu toll treiben** *gesprochen* etwas übertreiben

Tol·le *die;* (-, -n) eine große Welle im Haar (über der Stirn) | *die Tolle von Elvis Presley*

tol·len VERB (tollte, hat getollt) ≈ *springen, toben*

Toll·heit *die;* (-, -en) eine Handlung, die sehr gefährlich, (fast) verrückt ist

Toll·kir·sche *die* **1** ein Strauch mit sehr giftigen schwarzen Beeren **2** eine Beere der Tollkirsche

toll·kühn ADJEKTIV; *oft abwertend* sehr mutig, aber ohne Gefühl für das Risiko (und daher leichtsinnig) | *ein tollkühner Bergsteiger* ● hierzu **Toll·kühn·heit** *die*

Toll·patsch *der;* (-s, -e) ein ungeschickter Mensch ● hierzu **toll·pat·schig** ADJEKTIV

Toll·wut *die* eine meist tödliche Viruskrankheit bei Tieren, die durch den Biss eines erkrankten Tieres auf Menschen übertragen werden kann ● hierzu **toll·wü·tig** ADJEKTIV

Töl·pel *der;* (-s, -); *abwertend* ein dummer, ungeschickter Mensch ● hierzu **töl·pel·haft** ADJEKTIV

★ **To·ma·te** *die;* (-, -n) **1** ein saftiges, rotes, meist rundes Gemüse, das man z. B. als Salat isst K Tomatenketchup, Tomatenmark, Tomatensaft, Tomatensalat, Tomatensoße, Tomatensuppe **2** die Pflanze, an der Tomaten wachsen ⟨Tomaten anbauen, anpflanzen⟩ **3** **eine treulose Tomate** *gesprochen, humorvoll* ein Mensch, auf den man sich nicht verlassen kann ■ **ID Tomaten auf den Augen haben** *gesprochen, humorvoll* etwas nicht sehen, was andere Leute sofort sehen oder erkennen

Tom·bo·la *die;* (-, -s/Tom·bo·len) eine Verlosung, bei der man Gegenstände gewinnen kann, die gestiftet worden sind | *eine Tombola zugunsten des Roten Kreuzes*

To·mo·gra·fie, To·mo·gra·phie [-f-] *die;* (-, -n [-'fiːən]) **1** ein Verfahren zur medizinischen Untersuchung. Durch Aufnahmen in mehreren Schichten entstehen räumliche Bilder K Computertomografie **2** eine Untersuchung mit der Methode der Tomografie

★ **Ton**[1] *der;* (-(e)s, Tö·ne)

▸akustisch: **1** etwas, das man hören kann ⟨ein hoher, tiefer, leiser, lauter, schriller Ton⟩ K Tonfrequenz, Tonhöhe **2** ein Ton, der in einem musikalischen System (Tonleiter) eine feste Stelle hat und durch einen Buchstaben bezeichnet wird ⟨ein ganzer, halber Ton⟩ | *die Töne c, d und e* K Tonfolge **3** die Art, wie eine Stimme oder ein Musikinstrument klingt ⟨ein heller, dunkler, voller, weicher Ton⟩ **4** die Sprache, die Musik und Geräusche in Film, Fernsehen oder Radio | *Plötzlich sind Ton und Bild ausgefallen* K Tonausfall, Tonstörung

▸im Umgang: **5** *nur Singular* die Art und Weise, wie jemand mit anderen Menschen spricht ⟨etwas in einem angemessenen, freundlichen, ruhigen Ton sagen; einen aggressiven, scharfen Ton anschlagen⟩ **6** *nur Singular* die Art und Weise, wie man sich gegenüber anderen Menschen in einer Gruppe benimmt | *Hier herrscht ein ungezwungener Ton* K Umgangston **7** **etwas gehört zum guten Ton** *nur Singular* ein Verhalten ist nötig, wenn man höflich sein will

▸von Farben: **8** Kurzwort für *Farbton* | *Haben sie den Stoff auch in einem etwas helleren Ton?* **9** **Ton in Ton** in Farben, die sich nur wenig voneinander unterscheiden und gut zueinander passen

■ **ID einen anderen/schärferen Ton anschlagen** (von jetzt ab) strenger sein; **keinen Ton herausbringen**, **keinen Ton von sich** (*Dativ*) **geben** *gesprochen* (z. B. aus Angst oder Aufregung) kein Wort sagen; **(bei etwas) den Ton angeben** bestimmen, was getan wird; **jemanden/etwas in den höchsten Tönen loben** jemanden/etwas sehr loben; **große/dicke Töne schwingen/spucken** *gesprochen, abwertend* sehr angeben, prahlen; **Hast du Töne?** *gesprochen* verwendet, um Überraschung auszudrücken

★ **Ton**[2] *der;* (-s, -e) eine Erde, aus der man Gegenstände formt, die bei großer Hitze hart gemacht werden ⟨Ton formen, brennen; etwas in Ton modellieren⟩ K Tonfigur, Tongefäß, Tongeschirr, Tonkrug, Tonpfeife, Tontafel, Tonvase, Tonwaren, Tonziegel

ton·an·ge·bend ADJEKTIV von großem Einfluss auf das Benehmen und Handeln anderer Menschen

Ton·arm *der* ein beweglicher Teil am Plattenspieler, das

T

man auf die Schallplatte aufsetzt

★ **Ton·art** *die* 1 eine der Tonleitern als System von Tönen, auf die ein Musikstück aufbaut | *die Tonart D-Dur* K Durtonart, Molltonart 2 die Art und Weise, wie man mit anderen Menschen spricht

Ton·band *das; historisch* 1 ein Kunststoffband, auf dem man früher Musik, Sprache und Geräusche speicherte 〈ein Tonband abhören, abspielen, besprechen, überspielen; etwas auf Tonband aufnehmen〉 K Tonbandaufnahme, Tonbandaufzeichnung 2 ein Gerät, mit dem man Tonbänder bespielt oder abspielt K Tonbandgerät

Ton·dich·tung *die* ein Musikstück, das konkrete Vorgänge (z. B. einen Sonnenaufgang o. Ä.) mit Tönen beschreibt

★ **tö·nen** VERB (tönte, hat getönt) 1 **etwas tönt irgendwie/irgendwoher** etwas ist in der genannten Qualität oder aus der genannten Richtung zu hören | *Aus dem Lautsprecher tönte ein Lied* 2 **(von etwas) tönen** *gesprochen* mit etwas angeben, prahlen 3 **irgendwie tönen** Ⓐ Ⓒ ≈ *klingen* 4 **etwas (irgendwie) tönen** etwas leicht färben | *Ich will mir die Haare (blond) tönen*

To·ner *der;* (-s, -) die Druckfarbe in Fotokopiergeräten, Computerdruckern o. Ä.

tö·nern ADJEKTIV aus Ton

Ton·fall *der; nur Singular* die Art zu sprechen, an der man z. B. erkennt, was er will oder welche Gefühle hat 〈ein aggressiver, fragender, ironischer, vorwurfsvoller Tonfall〉 | *Sie sprach mit einem eigenartigen singenden Tonfall*

Ton·film *der* ein Film, der mit dem Bild auch Sprache, Musik o. Ä. wiedergibt ↔ *Stummfilm*

To·ni·kum *das;* (-s, To·ni·ka) ein medizinisches Mittel, mit dem man das Herz oder die Nerven stärkt K Herztonikum, Nerventonikum

Ton·in·ge·ni·eur [-ɪnʒeˈni̯øːɐ̯] *der* ein Ingenieur, der bei Aufnahmen von Musik auf die technische Qualität achtet • hierzu **Ton·in·ge·ni·eu·rin** *die*

Ton·kunst *die; meist Singular; geschrieben* ≈ *Musik*

Ton·künst·ler *der; geschrieben* 1 ein Musiker, der sehr gut spielt 2 ≈ *Komponist* • hierzu **Ton·künst·le·rin** *die*

Ton·lei·ter *die* eine Folge von acht Tönen, die mit einem bestimmten Anfangston beginnt K C-Dur-Tonleiter, D-Dur-Tonleiter

ton·los ADJEKTIV ohne Ausdruck und Betonung in der Stimme

Ton·na·ge [tɔˈnaːʒə] *die;* (-, -n) der Rauminhalt eines Schiffes | *eine Tonnage von 150000 BRT (Bruttoregistertonnen)*

★ **Ton·ne** *die;* (-, -n) 1 Tonnen sind die großen Behälter, in denen z. B. Müll oder Regenwasser gesammelt wird. Man nennt so auch die Menge, die in so einen Behälter passt | *eine Tonne (voll/voller) Heringe* | *Die gelbe Tonne ist für Verpackungen und die schwarze für Restmüll* K Altpapiertonne, Biotonne, Mülltonne; Regentonne, Wassertonne 2 das Gewicht von 1000 kg | *Wie viele Tonnen wiegt ein so großes Schiff?* i Abkürzung: *t* ■ ID **jemand kann etwas in die Tonne treten/kloppen** *gesprochen* etwas ist nicht (mehr) zu gebrauchen

TONNE

ton·nen·wei·se ADVERB 1 in Mengen von einer Tonne oder mehreren Tonnen 2 *gesprochen* in großen Mengen

-ton·ner *der;* (-s, -); *im Substantiv, unbetont, begrenzt produktiv* 1 **Dreitonner, Fünftonner, Achttonner, Hunderttonner** *und andere* ein Lastwagen o. Ä., der zusammen mit seiner Ladung maximal das genannte Gewicht haben darf 2 **Dreitausendtonner, Zehntausendtonner, Hunderttausendtonner** *und andere* ein Schiff, das zusammen mit seiner Ladung maximal die genannte Menge an Wasser verdrängt

Ton·stu·dio *das* ein Raum, in dem Musik, Geräusche und Texte auf Tonband aufgenommen werden

Ton·sur *die;* (-, -en) eine runde Stelle am Kopf, an der (bei Mönchen) die Haare weggeschnitten sind

Ton·tau·ben·schie·ßen *das; nur Singular* ein Sport, bei dem man auf eine kleine Scheibe aus Ton, die in die Luft geworfen wird, schießt

Ton·tech·ni·ker *der* eine Person, die bei Aufnahmen von Musik auf die technische Qualität der Töne achtet

Ton·trä·ger *der* verwendet als allgemeine Bezeichnung für Schallplatte, Tonband und Kassette

Tö·nung *die;* (-, -en) 1 *nur Singular* das Tönen 2 eine farbliche Nuance ≈ *Schattierung*

Top *das;* (-s, -s) eine Art Hemd für Frauen (ohne Ärmel und mit dünnen Trägern)

top- *im Adjektiv, betont, begrenzt produktiv; gesprochen* **topaktuell, topfit, topmodern, topmodisch** *und andere* in sehr hohem Maße ≈ *hoch-*

Top- *im Substantiv, betont, begrenzt produktiv* **das Topangebot, der Topathlet, der Topmanager, das Topmodel, der Topstar** *und andere* drückt aus, dass eine Person oder Sache zu den Besten der genannten Kategorie gehört ≈ *Spitzen-* | *ein Sportler in Topform*

★ **Topf** *der;* (-(e)s, Töp·fe) 1 in Töpfen aus Metall kann man Speisen kochen | *ein Topf aus Edelstahl* | *ein Topf voll Suppe* K Topfdeckel 2 in Töpfen aus Keramik oder Glas kann man Lebensmittel lagern | *ein Topf mit Honig* K Tontopf 3 die Menge einer Sache, die in einen Topf passt | *ein Topf Suppe* | *ein Topf Honig* 4 Kurzwort für *Blumentopf* K Topfblume, Topfpflanze 5 auf den Topf gehen Kinder, die noch zu klein für die Toilette sind, aber keine Windeln mehr tragen 〈auf den Topf müssen, gehen〉 ■ ID **alles in einen Topf werfen** *abwertend* ganz verschiedene Dinge gleich beurteilen

TOPF

Töpf·chen *das;* (-s, -) *Kindersprache* ein Topf für kleine Kinder anstelle einer Toilette

Top·fen *der;* (-s); *süddeutsch* Ⓐ ≈ *Quark*

Töp·fer *der;* (-s, -) eine Person, die beruflich Gegenstände (meist Geschirr) aus Ton herstellt K Töpferhandwerk, Töpferware, Töpferwerkstatt • hierzu **Töp·fe·rin** *die*

Töp·fe·rei *die;* (-, -en) die Werkstatt eines Töpfers

töp·fern VERB (töpferte, hat getöpfert) **(etwas) töpfern** etwas aus Ton herstellen | *Krüge/Teller töpfern* | *Sie töpfert gern*

Töp·fer·schei·be *die* eine runde Scheibe, die man drehen kann und auf der man Gegenstände aus Ton formt

Topf|hand·schuh *der* ein Handschuh, mit dem man heiße Töpfe anfassen kann

Topf·krat·zer *der;* (-s, -) ein kleiner, harter Schwamm, mit dem man Töpfe reinigt

Topf·lap·pen *der* ein dicker Lappen, mit dem man heiße Töpfe (an den Griffen) anfassen kann

To·po·gra·fie, To·po·gra·phie [-ˈfiː] *die;* (-, -n [-ˈfiːən]) die Beschreibung oder Darstellung eines geografischen Raumes | *die Topografie von Nordeuropa* • hierzu **to·po·gra·fisch, to·po·gra·phisch** ADJEKTIV

topp! verwendet, um einen Beschluss oder eine Wette zu bestätigen | *Topp! Die Wette gilt!*

top·pen VERB (toppte, hat getoppt); *gesprochen* **etwas toppen**

T

≈ *übertreffen* | *Diese Leistung kann nicht getoppt werden!*

★ **Tor**[1] *das;* (-(e)s, -e) **1** eine große, breite Tür in einem Gebäude, einem Zaun oder einer Mauer ⟨das Tor öffnen, schließen; ans Tor klopfen⟩ | *die Tore der alten Stadtmauer* K Torbogen, Toreinfahrt, Torwächter, Torweg; Burgtor, Scheunentor, Stadttor **2** eine Konstruktion aus Holzbalken und einem Netz, in die man z. B. beim Fußball mit dem Ball treffen soll ⟨ins/das Tor treffen; am Tor vorbeischießen⟩ K Torlatte, Torhüter, Torlinie, Tormann, Tornetz, Torpfosten, Torraum, Torschuss **3** der gelungene Versuch, mit dem Ball ins Tor zu treffen ⟨ein Tor schießen⟩ | *mit zwei Toren Vorsprung gewinnen* K Torchance, Tordifferenz, Torgelegenheit, Torstand, Torverhältnis **4** zwei Stangen, zwischen denen man z. B. beim Kanufahren oder Skifahren hindurchfahren muss K Torlauf

Tor[2] *der;* (-en, -en); *veraltend* ≈ *Narr* i *der Tor; den, dem, des Toren*

To·re·ro *der;* (-s, -s) ≈ *Stierkämpfer*

To·res·schluss *der* **bei/kurz vor Toresschluss** gerade noch zur rechten Zeit, in letzter Minute

Torf *der;* (-(e)s) eine sehr leichte dunkle Erde (im Moor), die aus Pflanzenteilen entstanden ist ⟨den Torf trocknen, pressen⟩ | *Torf stechen* (aus dem Moor holen) K Torfballen, Torfgewinnung, Torfmoor

Torf·mull *der* getrockneter Torf, mit dem man im Garten die Erde verbessert

Tor·heit *die;* (-, -en); *geschrieben* **1** *nur Singular* ≈ *Dummheit* **2** eine unvernünftige, dumme Handlung ⟨eine Torheit begehen⟩

★ **Tor·hü·ter** *der* ≈ *Torwart* • hierzu **Tor·hü·te·rin** *die*

tö·richt ADJEKTIV; *geschrieben* ≈ *dumm, unvernünftig*

Tor·jä·ger *der* ein Spieler, der viele Tore schießt

tor·keln VERB (torkelte, hat/ist getorkelt) **1** (*hat/ist*) sich schwankend hin und her bewegen (z. B. weil man betrunken ist) **2** **irgendwohin/irgendwoher torkeln** (*ist*) schwankend irgendwohin gehen oder irgendwoher kommen | *Sie torkelten aus dem Wirtshaus*

Törn *der;* (-s, -s) eine Fahrt mit einem Segelboot K Segeltörn

Tor·na·do *der;* (-s, -s) ein heftiger Wirbelsturm (in Nordamerika)

Tor·nis·ter *der;* (-s, -) **1** ein flaches Gepäckstück, das meist Soldaten auf dem Rücken tragen **2** *norddeutsch* ≈ *Schulranzen*

tor·pe·die·ren VERB (torpedierte, hat torpediert) **1** **etwas torpedieren** etwas mit einem Torpedo beschießen **2** **etwas torpedieren** sich gegen etwas engagieren und es verhindern ⟨Pläne, ein Vorhaben torpedieren⟩ | *Der Gesetzesentwurf wurde von der Opposition torpediert* • hierzu **Tor·pe·die·rung** *die*

Tor·pe·do *der;* (-s, -s) ein sehr starkes, schnelles Geschoss, das unter Wasser auf feindliche Schiffe gelenkt wird K Torpedoboot

Tor·schluss|pa·nik *die; nur Singular* die Angst, im Leben etwas nicht mehr zu bekommen oder zu erleben. Deshalb tut man es lieber gleich und wartet nicht länger | *aus Torschlusspanik heiraten*

Tor·schüt·ze *der* ein Spieler, der ein Tor geschossen hat

Tor·so *der;* (-s, -s/Tor·si) eine Statue, deren Arme, Beine oder Kopf fehlen

Tört·chen *das;* (-s, -) ein kleines rundes Gebäck mit Obst oder mit Creme darauf

★ **Tor·te** *die;* (-, -n) ein Kuchen, der meist aus mehreren Schichten mit Sahne oder Creme besteht K Tortenplatte, Tortenstück; Cremetorte, Obsttorte, Sahnetorte, Schokoladentorte

Tor·ten·bo·den *der* ein flacher runder Kuchen, auf den man Obst legt oder aus dem man eine Torte macht

Tor·ten·guss *der* ein Gelee, das man bei Obstkuchen über die Früchte gießt und das dann fest wird

Tor·ten·he·ber *der;* (-s, -) eine flache, dreieckige Schaufel, mit der man ein Stück Torte auf den Teller legt

Tor·tur *die;* (-, -en) ein sehr unangenehmes, anstrengendes Erlebnis | *Die Reise in der Postkutsche war früher oft eine Tortur*

★ **Tor·wart** *der;* (-s, -e) der Spieler (z. B. beim Fußball oder Eishockey), der im Tor steht und verhindern soll, dass ein Gegner den Ball hineinschießt i zu *Torwartin* → Info im Eintrag **-in**

to·sen VERB (toste, hat getost) **etwas tost** etwas ist sehr stark und laut ⟨tosender Beifall; ein tosender Wasserfall⟩ i meist im Partizip Präsens

★ **tot** ADJEKTIV **1** gestorben, nicht mehr am Leben ⟨tot umfallen, zusammenbrechen⟩ | *Sie wurde von einem Auto überfahren und war sofort tot* | *Nachdem er zehn Jahre vermisst war, wurde er für tot erklärt* | *ein tot geborenes Kind* K totgeboren **2** Pflanzen oder Teile von Pflanzen, die nicht mehr wachsen ⟨ein Ast, ein Baum⟩ ≈ *abgestorben* **3** ohne Menschen oder Tiere ⟨eine Stadt, eine Landschaft⟩ ≈ *leer* **4** ohne Ausdruck von Gefühlen ⟨Augen⟩ **5** so, dass man keinen Ton hört, weil die Verbindung unterbrochen ist ⟨die Leitung, das Telefon ist tot⟩ **6** so, dass sie nirgendwo hinführen, vom Verkehr nicht genutzt werden können ⟨ein Gleis, ein Flußarm, eine Strecke⟩ **7** den Teil der Natur betreffend, der nicht lebt ⟨Materie, Verbindungen⟩ ≈ *anorganisch* **8** so, dass etwas nicht genutzt wird oder nicht genutzt werden kann ⟨Kapital, Wissen, Zeit⟩ | *Für Skigeschäfte ist der Sommer eine tote Zeit* **9** **tote Hose** → Hose **10** **der tote Winkel** → Winkel **11** **sich tot stellen** so tun, als ob man tot sei | *Manche Tiere stellen sich tot, wenn sie bedroht sind*

■ **ID** **mehr tot als lebendig** völlig erschöpft; **halb tot** *gesprochen* sehr mitgenommen | *Sie war vor Angst/Kälte/Schmerzen halb tot*; **etwas ist (schon längst) tot und begraben** *gesprochen* etwas ist schon lange vorbei und vergessen

tot- (*im Verb, betont und trennbar, wenig produktiv; Diese Verben werden so gebildet:* totschießen, schoss tot, totgeschossen); *meist gesprochen* **1** **jemanden totschießen, tottrampeln, tottreten** *und andere* drückt aus, dass eine Person oder ein Tier durch die genannte Handlung stirbt | *Er fuhr eine Katze tot* (Er fuhr Auto und tötete dabei eine Katze) **2** **sich totarbeiten, totärgern, totlachen** drückt aus, dass man etwas sehr intensiv tut | *Ich könnte mich (darüber) totärgern, dass ich das Haus nicht gekauft habe* (Ich ärgere mich sehr darüber)

★ **to·tal** ADJEKTIV *meist attributiv oder adverbiell* **1** ganz, ohne Ausnahme ⟨ein Chaos, ein Misserfolg, eine Niederlage, ein Reinfall; total ausgehungert, erschöpft sein⟩ ≈ *völlig* **2** *besonders* ⓐ *admin* die Zahl, die man erhält, wenn man alle anderen Zahlen zusammenzählt ≈ *insgesamt* K Totalbetrag, Totalergebnis, Totalzahl • zu (1) **To·ta·li·tät** *die*

To·tal|aus·ver·kauf *der* der vollständige Verkauf aller Waren zu meist billigen Preisen

to·ta·li·tär ADJEKTIV in einem totalitären Staat sind Personen an der Macht, die das Volk brutal unterdrücken ⟨ein Regime, ein Staat⟩ • hierzu **To·ta·li·ta·ris·mus** *der*

To·tal·ope·ra·ti·on *die* die vollständige chirurgische Entfernung eines Organs (z. B. der Gebärmutter) ⟨sich einer Totaloperation unterziehen⟩

To·tal·scha·den *der* ein so schwerer Schaden (an einem Auto o. Ä.), dass sich eine Reparatur nicht mehr lohnt ⟨Totalschaden haben⟩ | *Bei dem schweren Unfall entstand an* seinem neuen Auto Totalschaden

tot·ar·bei·ten VERB *(hat)* **sich totarbeiten** *gesprochen* zu schwer arbeiten (müssen), sodass man auf Dauer viel Kraft verliert

★ **To·te** *der/die;* (-n, -n) eine Person, die nicht mehr lebt ⟨einen Toten/eine Tote entdecken, finden, identifizieren, begraben⟩ | *Bei dem Unfall gab es drei Tote* K Totenbahre, Totenehrung, Totenhemd, Totenkult, Totenmaske, Totenmesse; totenbleich; Krebstote, Kriegstote, Unfalltote, Verkehrstote **I** a) *ein Toter; der Tote; den, dem, des Toten;* b) Meint man die Person, spricht man von einem *Toten;* meint man den Körper, spricht man von einer *Leiche* ■ **ID wie ein Toter schlafen** *gesprochen* sehr fest schlafen; **das/etwas weckt Tote auf** *gesprochen* etwas (z. B. ein Lärm, ein Geschmack, ein Schnaps) ist sehr stark oder intensiv; **Bist du von den Toten auferstanden?** *gesprochen* Bist du endlich wieder da, gesund *o. Ä.*?

To·tem *das;* (-s, -s) ein Tier oder ein Objekt, das manche Völker als Symbol ihres Stammes verehren K Totemfigur, Totempfahl

★ **tö·ten** VERB (tötete, hat getötet) **(jemanden) töten** bewirken, dass ein Mensch oder ein Tier stirbt ⟨jemanden fahrlässig, vorsätzlich, mit einem Dolch, mit Gift töten⟩ ■ **ID** → Nerv

To·ten·glo·cke *die* eine Glocke, die bei Beerdigungen geläutet wird

To·ten·grä·ber *der;* (-s, -) eine Person, die beruflich auf dem Friedhof die Gräber gräbt ● hierzu **To·ten·grä·be·rin** *die*

To·ten·kopf *der* **1** der Schädel eines Toten ohne Haut und Fleisch **2** ein Totenkopf als Zeichen, um vor einer Gefahr zu warnen (z. B. auf einer Flasche mit Gift)

To·ten·schein *der* ein Dokument mit Angaben eines Arztes darüber, wann und woran jemand gestorben ist ⟨einen Totenschein ausstellen⟩

To·ten·sonn·tag *der* der Sonntag vor dem ersten Advent, an dem man an die Verstorbenen erinnert (in der evangelischen Kirche)

To·ten·star·re *die* der Zustand des Körpers eines Menschen einige Stunden nach dem Tod, in dem alle Muskeln starr geworden sind ⟨die Totenstarre tritt ein⟩

To·ten·wa·che *die* die Wache von einer Person oder mehreren Personen bei einem toten Menschen bis zur Beerdigung

Tot·ge·burt *die* ein Kind oder Tier, das bereits tot ist, wenn es geboren wird

Tot·ge·glaub·te *der/die;* (-n, -n) eine Person, von der man irrtümlich geglaubt hat, sie sei tot **I** *ein Totgeglaubter; der Totgeglaubte; den, dem, des Totgeglaubten*

tot·krie·gen ■ **ID nicht totzukriegen sein** *gesprochen, humorvoll* so kräftig und so voller Energie sein, dass man nicht müde wird oder aufgibt

tot·lau·fen VERB *(hat)* **1** **etwas läuft sich tot** etwas wird immer schwächer oder seltener und hört schließlich ganz auf ⟨ein Gerücht, eine Mode⟩ **2** **etwas läuft sich tot** etwas endet ohne konkretes Ergebnis oder kommt zu einem Punkt, an dem nichts mehr weitergeht | *Die Verhandlungen über eine Steuererhöhung haben sich totgelaufen*

tot·ma·chen VERB *(hat)* **ein Tier totmachen** *gesprochen* ein kleineres Tier (vor allem ein Insekt) töten

To·to *das;* (-s) ein Wettspiel, bei dem man versucht, die Ergebnisse von Fußballspielen (Sieg, Niederlage, Unentschieden) oder Pferderennen vorauszusagen ⟨(im) Toto spielen; im Toto gewinnen⟩ K Totogewinn, Totoschein, Totozettel; Fußballtoto, Pferdetoto

tot·re·den VERB *(hat)* **1** **jemanden totreden** so lange und intensiv mit einer Person diskutieren, bis sie nicht mehr antworten kann oder will **2** **etwas totreden** *gesprochen* ≈ *totreiten*

tot·rei·ten VERB *(hat)* **1** **ein Pferd totreiten** ein Pferd so lange ohne Pause reiten, bis es stirbt **2** **etwas totreiten** *gesprochen* viel zu lange über etwas diskutieren, sprechen ⟨ein Thema, eine Sache totreiten⟩

tot·sa·gen VERB *(hat)* **jemanden/etwas totsagen** sich irren, wenn man glaubt und sagt, jemand sei tot/etwas sei vorbei ● hierzu **Tot·ge·sag·te** *der/die*

Tot·schlag *der* das Verbrechen, bei dem man einen Menschen tötet und die Gründe dafür nicht so schlimm sind wie bei Mord. Totschlag ist nicht geplant und nicht sehr grausam. ⟨wegen Totschlags ermitteln; wegen Totschlags angeklagt, verurteilt, bestraft werden; etwas als Totschlag werten; versuchter Totschlag⟩ | *Weil das Opfer nach der Prügelei starb, wird dem Täter nicht nur schwere Körperverletzung, sondern Totschlag vorgeworfen.* **I** → **Mord**

Tot·schlag·ar·gu·ment *das* eine Behauptung, die viele Personen für wahr halten und die eine Person in einer Diskussion ausspricht, damit andere nicht weiter widersprechen oder diskutieren | *Jede Kritik am Fernsehprogramm wird mit dem Totschlagargument abgeschmettert: „Die Zuschauer wollen es doch nicht anders"*

tot·schla·gen VERB *(hat)* **1** **jemanden totschlagen** eine Person oder ein Tier durch Schläge töten | *Die jungen Robben wurden totgeschlagen* **2** **Zeit totschlagen** *gesprochen, oft abwertend* versuchen, sich irgendwie zu beschäftigen (z. B. wenn man irgendwo warten muss o. Ä.) | *Bis zum Abflug müssen wir noch zwei Stunden totschlagen* ■ **ID Du kannst mich totschlagen, aber ...** *gesprochen* du kannst machen, was du willst (es ist nicht zu ändern) | *Du kannst mich totschlagen, aber ich weiß es nicht/aber ich tue das nicht;* **sich eher/lieber totschlagen lassen, als zu** *+Infinitiv,* **sich eher/lieber totschlagen lassen, als dass man ...** *gesprochen* etwas unter keinen Umständen tun wollen/werden

tot·schwei·gen VERB *(hat)* **jemanden/etwas totschweigen** über eine Person oder Sache nichts sagen (damit sie vergessen wird)

Tö·tung *die;* (-) das Töten ⟨fahrlässige, versuchte, vorsätzliche Tötung⟩ | *Es war Tötung auf Verlangen* (auf Wunsch des Menschen, der getötet wurde) K Tötungsabsicht, Tötungsdelikt, Tötungsversuch, Tötungsvorsatz

Touch [tatʃ] *der;* (-s, -s); *gesprochen* verwendet, um zu sagen, dass etwas nur andeutungsweise vorhanden ist | *ein Film mit einem philosophischen Touch* | *Er gibt sich gern einen intellektuellen Touch*

Touch·screen [ˈtatʃskriːn] *der;* (-s, -s) ein Bildschirm, den man an verschiedenen Stellen berührt, um ein Handy oder einen Computer zu bedienen

Tou·pet [tuˈpeː] *das;* (-s, -s) ein Teil, das aus Haaren gemacht ist und das manche Männer tragen, wenn sie nur wenige oder keine Haare haben

tou·pie·ren [tu-] VERB (toupierte, hat toupiert) **(jemandem) die Haare toupieren** die Haare so kämmen, dass sie nach oben stehen und dichter aussehen

★ **Tour** [tuːɐ̯] *die;* (-, -en) **1** eine Wanderung oder eine Fahrt, meist zum Vergnügen ⟨eine Tour an den See, in die Berge machen, unternehmen⟩ ≈ *Ausflug* K Tourenrad, Tourenski; Bergtour, Fahrradtour, Motorradtour, Radtour, Tagestour **2** eine relativ lange Fahrt oder Reise, bei der man wieder dahin zurückkommt, wo man angefangen hat | *eine Tour durch Europa machen* **3** der Weg, den man zurücklegt (meist beim Wandern oder auf einer Reise) ≈ *Route* K Tourenkarte **4** *gesprochen, abwertend* eine (meist unangenehme) Vorgehensweise, mit der jemand etwas erreichen will ⟨eine fiese, miese Tour⟩ | *eine krumme Tour* (unehrliches Verhalten, Betrug) | *Diesmal versucht er es auf die sanfte Tour* | *Komm mir bloß nicht mit dieser Tour!* **5** *meist Plural* die Umdrehungen eines Motors ‹der Motor läuft auf vollen/höchsten Touren› | *Der Motor kommt schnell auf Touren* (beschleunigt sehr gut) | *Der Motor läuft mit 4000 Touren pro Minute* ■ ID **auf Tour gehen/sein** *gesprochen* zu einer beruflichen Reise als Künstler, Vertreter, Lastwagenfahrer o. Ä. aufbrechen/auf einer solchen Reise sein; **jemandem die Tour vermasseln** *gesprochen* jemandes Pläne o. Ä. durchkreuzen; **in 'einer Tour** *gesprochen* ständig, ohne Unterbrechung; **auf Touren kommen** in Stimmung kommen oder aktiv werden; **die Vorbereitungen/die Arbeiten** *o. Ä.* **laufen auf vollen/höchsten Touren** die Arbeiten, die Vorbereitungen o. Ä. sind schon voll im Gange, werden intensiv betrieben

Tou·ri ['tu:ri] *der;* (-s, -s); *gesprochen, humorvoll* Kurzwort für *Tourist*

★ **Tou·ris·mus** [tu-] *der;* (-) das (organisierte) Reisen, um sich zu erholen oder um andere Länder kennenzulernen | *Viele Gebiete leben vom Tourismus* **K** Tourismusbranche, Tourismusgeschäft; Massentourismus

-tou·ris·mus [tu-] *der; im Substantiv, unbetont, begrenzt produktiv; oft abwertend* **1** **Gesundheitstourismus, Sextourismus, Abtreibungstourismus, Katastrophentourismus** *und andere* das Reisen vieler Personen an Orte, die zum genannten, auch illegalen oder unmoralischen Zweck geeignet sind | *der Tanktourismus in den Grenzgebieten* (die Situation, dass viele Personen zum Tanken über die Grenze fahren, weil das Benzin im Nachbarland billiger ist) **2** **Leichentourismus, Mülltourismus, Schlachttiertourismus** *und andere* das (oft verbotene, unnötige) Transportieren der genannten Sache über weite Strecken, in andere Länder

★ **Tou·rist** [tu-] *der;* (-en, -en) eine Person, die reist, um andere Länder kennenzulernen oder Urlaub zu machen **H** *der Tourist; den, dem, des Touristen* ● hierzu **Tou·ris·tin** *die;* **tou·ris·tisch** ADJEKTIV

Tou·ris·ten·klas·se [tu-] *die; nur Singular* eine einfachere, billigere Kategorie von Reisen (mit weniger Komfort) mit dem Schiff oder Flugzeug

Tou·ris·tik [tu-] *die;* (-) **1** die Firmen, die im Bereich des Tourismus arbeiten **2** ≈ *Tourismus*

Tour·nee [tʊr'ne:] *die;* (-, -n [-'ne:ən]) eine Folge von Konzerten, Theateraufführungen o. Ä. in verschiedenen Orten | *Die Berliner Philharmoniker gehen/sind auf Tournee*

Tow·er ['tauɐ] *der;* (-s, -) ≈ *Kontrollturm*

To·xi·ko·lo·gie *die* die Wissenschaft, die sich mit Giften und deren Wirkung beschäftigt ● hierzu **To·xi·ko·lo·ge** *der;* **to·xi·ko·lo·gisch** ADJEKTIV

to·xisch ADJEKTIV; *geschrieben* ≈ *giftig*

Trab *der;* (-s) eine der drei Arten, in denen ein Pferd o. Ä. geht. Der Trab liegt im Tempo zwischen Schritt und Galopp ‹ein leichter, scharfer Trab; ein Pferd fällt in Trab› **K** Trabrennen ■ ID **jemanden auf Trab bringen** *gesprochen* jemanden dazu bringen, etwas schneller zu tun; **jemanden auf/in Trab halten** *gesprochen* jemanden nicht zur Ruhe kommen lassen | *Meine Kinder halten mich auf Trab!*; **immer auf Trab sein** *gesprochen* immer in Eile sein, nie ausruhen

T

Tra·bant *der;* (-en, -en) ≈ *Mond, Satellit* | *Der Mond ist der Trabant der Erde* **H** *der Trabant; den, dem, des Trabanten*

Tra·ban·ten·stadt *die* eine neu gebaute Stadt oder eine Siedlung neben einer Großstadt

tra·ben VERB (trabte, hat/ist getrabt) **1** **ein Pferd trabt** (*hat/ist*) ein Pferd bewegt sich im Trab fort **2** **irgendwohin traben** *gesprochen* (*ist*) mit schnellen/mit gleichmäßigen Schritten irgendwohin laufen

Tra·ber *der;* (-s, -) ein Pferd, das bei Trabrennen läuft **K** Trabersport

Tracht *die;* (-, -en) eine Kleidung, die für eine regionale Volksgruppe oder eine Berufsgruppe typisch ist | *Sie heirateten in Schwarzwälder Tracht* **K** Trachtenanzug, Trachtendirndl, Trachtenhut, Trachtenrock ■ ID **eine Tracht Prügel bekommen/kriegen** *gesprochen* (meist als Strafe oder aus Rache) geschlagen werden; **jemandem eine Tracht Prügel erteilen/verabreichen** *gesprochen* jemanden (zur Strafe) mehrmals schlagen

trach·ten VERB (trachtete, hat getrachtet) **1** **nach etwas trachten** sich bemühen, etwas zu erreichen ‹nach Ruhm, Gewinn trachten› | *Er trachtete danach, den Plan zu verhindern* **2** **jemandem nach dem Leben trachten** jemanden töten wollen

Trach·ten·ka·pel·le *die* eine Gruppe von Musikern, die eine einheitliche Tracht tragen und meist Volksmusik spielen

Trach·ten·ver·ein *der* ein Verein, dessen Ziel es ist, alte regionale Bräuche zu pflegen

träch·tig ADJEKTIV wenn ein weibliches Tier trächtig ist, hat es ein oder mehrere Junge im Bauch ‹eine Hündin, eine Katze, eine Stute› ● hierzu **Träch·tig·keit** *die*

-träch·tig *im Adjektiv, unbetont, begrenzt produktiv* drückt aus, dass das im ersten Wortteil Genannte wahrscheinlich ist | *ein erfolgsträchtiges Geschäft* | *ein gewinnträchtiges Unternehmen* | *eine konfliktträchtige Situation* | *ein skandalträchtiges Foto* | *eine unfallträchtige Kreuzung*

★ **Tra·di·ti·on** [-'tsio:n] *die;* (-, -en) Verhaltensweisen und Handlungen, die es seit langer Zeit in einem Volk oder in einer Gruppe gibt und die für die Leute wichtig sind ‹eine alte, lebendige Tradition; eine Tradition pflegen; mit einer Tradition brechen; etwas ist (irgendwo) Tradition› | *Nach alter Tradition wird bei uns an Weihnachten ein Baum festlich geschmückt* **K** Traditionspflege ● hierzu **tra·di·ti·ons·ge·mäß** ADJEKTIV; **tra·di·ti·ons·reich** ADJEKTIV

Tra·di·ti·o·na·lis·mus [-tsio-] *der;* (-); *geschrieben* das bewusste Bewahren und Pflegen alter Traditionen

★ **tra·di·ti·o·nell** [-tsio-] ADJEKTIV gemäß einer Tradition, seit Langem üblich

tra·di·ti·ons·be·wusst [-'tsio:ns-] ADJEKTIV so, dass man alte Traditionen gut findet und beachtet

traf *Präteritum, 1. und 3. Person Singular* → treffen

trä·fe *Konjunktiv II, 1. und 3. Person Singular* → treffen

träg → träge

Trag·bah·re *die* ≈ *Trage*

trag·bar ADJEKTIV **1** so klein und leicht, dass man es (leicht) tragen und an verschiedenen Orten benutzen kann | *ein tragbarer Fernseher* **2** so, dass man gut damit aussieht ‹eine Mode, Kleidung› ≈ *kleidsam* **3** so, dass die betroffene Person/Sache noch toleriert werden kann | *Nach der Bestechungsaffäre ist der Vorsitzende für seine Partei nicht mehr tragbar* **4** so, dass man es bezahlen, es sich (finanziell) leisten kann ‹finanziell, wirtschaftlich tragbar› | *Die Kosten sind für mich einfach nicht tragbar* **H** meist verneint

trä·ge ADJEKTIV **1** langsam in der Bewegung und ohne Lust, aktiv zu werden ‹geistig träge› | *träge in der Sonne liegen* | *Er ist zu träge, sich darüber zu informieren* **2** mit der Eigenschaft der Trägheit ‹eine Masse›

Tra·ge *die;* (-, -n) ein Gestell, auf dem man Kranke, Verletzte oder Tote (liegend) transportiert

★ **tra·gen** VERB (trägt, trug, hat getragen)

▸Person: Last, Kleidung usw.: **1** **(jemanden/etwas (irgendwohin) tragen** jemanden/etwas vor allem in der Hand, auf dem Arm oder am Rücken transportieren, irgendwohin bringen | *Sie trug ihr Kind auf dem/am Arm | Trägst du die Briefe zur Post? | Der Arzt sagt, ich darf nicht schwer tragen* (keine schweren Dinge tragen) | *Kann ich dir tragen/beim Tragen helfen? | Das Fohlen kann noch keinen Reiter tragen* K Tragegestell, Tragegurt, Tragetasche **2** **etwas tragen** etwas (vor allem Kleidung) am Körper haben ‹einen Bart, eine Brille, einen Ring, Schmuck tragen› | *Sie trägt lieber Hosen als Röcke und Kleider | Die Schuhe sind noch fast neu, kaum getragen | Der Bankräuber trug eine Maske | Die Mädchen trugen Blumen im Haar* **3** **etwas bei sich** (*Dativ*) **tragen** etwas dabei haben, wenn man irgendwohin geht | *Sie trug eine Waffe bei sich | Er trägt seinen Ausweis stets bei sich* **4** **etwas trägt sich angenehm/bequem/...** es ist angenehm/bequem/..., etwas zu tragen | *Die neuen Schuhe tragen sich sehr bequem | Solche Lasten tragen sich am besten auf dem Rücken*

▸Haare, Körperteil: **5** **etwas (irgendwie) tragen** die genannte Frisur haben ‹einen Mittelscheitel, einen Pferdeschwanz, Zöpfe tragen; das Haar/die Haare kurz, lang, offen tragen› **6** **etwas irgendwie tragen** einen Körperteil in der genannten Haltung haben ‹den Arm in einer Schlinge, Schiene tragen; den Kopf hoch, schief, senkrecht tragen› | *Der Hund trug den Schwanz hoch erhoben/zwischen die Beine geklemmt*

▸Sache: Last: **7** **etwas trägt (etwas)** etwas bewirkt, dass etwas oben bleibt, stützt es von unten ‹tragende Balken, Säulen, Wände› | *Das Dach des Tempels wird von Säulen getragen* **8** **etwas trägt (jemanden/etwas)** etwas kann (mit dem genannten Gewicht) belastet werden | *Die Brücke trägt (Lasten bis zu) 12 Tonnen | Das Eis trägt schon* (das Eis ist dick genug, um es zu betreten) H kein Passiv **9** **etwas trägt jemanden/etwas** etwas stützt und bewegt jemanden/etwas | *sich von den Wellen tragen lassen | Er lief, so schnell die Füße ihn trugen | Sie war so erschöpft, dass ihre Füße sie nicht mehr tragen wollten*

▸Junge, Früchte, Ertrag: **10** **ein Tier trägt (ein Junges/Junge)** ein weibliches Tier hat ein Junges/mehrere Junge im Körper | *eine tragende Kuh | Die Stute trägt (ein Fohlen)* K Trag(e)zeit **11** **etwas trägt (etwas)** etwas bringt etwas als Ertrag ‹etwas trägt Früchte, Samen, Zinsen› | *Der Kirschbaum trägt dieses Jahr nicht/schlecht* H kein Passiv

▸Name, Titel usw.: **12** **jemand/etwas trägt etwas** eine Person oder Sache hat eine Bezeichnung oder ein Kennzeichen ‹jemand/etwas trägt einen Titel; etwas trägt einen Aufdruck, eine Aufschrift, eine Inschrift, eine Überschrift› | *Das Buch trägt den Titel „Das Urteil" | Er trägt einen berühmten Namen/einen Doktortitel | Der Brief trug das Datum vom 5.11.*

▸Unangenehmes: **13** **etwas tragen** die Verantwortung für etwas haben oder übernehmen ‹die Folgen, die Kosten, das Risiko tragen› | *Wer trägt die Schuld/Verantwortung an dem Unfall? | Die Verbraucher müssen die Hauptlast der Strompreiserhöhungen tragen* **14** **etwas (irgendwie) tragen** eine unangenehme Sache erleben (und auf die genannte Art damit umgehen) ‹etwas mit Fassung, Geduld, Gelassenheit, Würde tragen› | *ein schweres Los zu tragen haben*

▸Unterstützung: **15** **etwas trägt etwas** etwas stützt eine Sache, ist wichtig für sie | *Er spielt in dem Stück eine tragende Rolle | Das Wirtschaftswachstum wird hauptsächlich vom Export getragen* **16** **etwas trägt sich (selbst)** etwas braucht keine finanzielle Hilfe mehr ‹ein Geschäft, ein Verein, ein Projekt›

▸andere Verwendungen: **17** **etwas irgendwohin tragen** etwas verbreiten, in einem Bereich oder zu einer Gruppe gelangen lassen | *einen Streit an die Öffentlichkeit tragen | Die Schüler sollen diese positiven Gewohnheiten in ihre Familien tragen* **18** **etwas trägt weit** etwas hat eine große Reichweite ‹ein Gewehr, eine Stimme› **19** **sich mit etwas tragen** *geschrieben* etwas als Plan, Vorstellung haben ‹sich mit einer Absicht, einem Gedanken, einer Hoffnung, Heiratsabsichten tragen› | *Er trägt sich mit dem Gedanken, ein Haus zu bauen*

■ ID **etwas kommt zum Tragen** etwas wird wirksam | *Bei dieser Aufgabe kommt ihre Erfahrung voll zum Tragen*; **(schwer) an etwas** (*Dativ*) **zu tragen haben** etwas als belastend empfinden, unter etwas leiden

tra·gend ■ PARTIZIP PRÄSENS **1** → tragen
■ ADJEKTIV **2** *geschrieben meist attributiv* ‹ein Gedanke, ein Motiv, eine Rolle› ≈ *grundlegend, wichtig*

★ **Trä·ger** *der*; (-s, -) **1** eine Person, die (beruflich) schwere Dinge trägt K Gepäckträger, Kohlenträger, Lastenträger, Möbelträger, Sargträger **2** ein längliches Bauteil, das eine technische Konstruktion trägt K Betonträger, Stahlträger; Bauträger, Brückenträger **3** eine Konstruktion, die man auf dem Dach eines Autos befestigt, um darauf Dinge zu transportieren K Bootsträger, Skiträger; Dachträger **4** ein Band aus Stoff, das an einem Kleidungsstück befestigt ist und über den Schultern liegt K Trägerkleid, Trägerrock, Trägerschürze; Hosenträger, Schürzenträger **5** *admin* eine (öffentliche) Institution, die für etwas (vor allem die Kosten einer Sache) verantwortlich ist | *ein Kindergarten mit kirchlichem Träger* K Kostenträger, Krankenhausträger, Schulträger **6** ein Behälter zum Transportieren von Flaschen ‹ein Träger Bier, Limo, Wasser› ≈ *Kasten* ● zu (1,5) **Trä·ge·rin** *die*; zu (2,4) **trä·ger·los** ADJEKTIV

-trä·ger *der*; *im Substantiv, unbetont, begrenzt produktiv* **1** **Bartträger, Brillenträger, Prothesenträger, Toupetträger, Uniformträger** *und andere* eine Person, welche die genannte Sache am Körper hat, trägt **2** **Bakterienträger, Bazillenträger, Keimträger, Virusträger** *und andere* eine Person, welche die genannten Krankheitserreger im oder am Körper hat und sie auf andere Menschen übertragen kann **3** **Preisträger, Titelträger** *und andere* eine Person, welche die genannte Sache bekommen oder gewonnen hat **4** **Datenträger, Energieträger, Informationsträger, Werbeträger** *und andere* etwas, das dazu dient, die im ersten Wortteil genannte Sache zu speichern, zu verbreiten o. Ä.

Trä·ger·ra·ke·te *die* eine Rakete, die z. B. Satelliten ins All transportiert

Trä·ger·schaft *die*; (-); *admin* die (meist finanzielle) Verantwortung für etwas ‹die Trägerschaft übernehmen› | *Die Klinik steht unter öffentlicher Trägerschaft*

Tra·ge·ta·sche *die* eine relativ große Tasche (meist zum Einkaufen)

trag·fä·hig ADJEKTIV **1** stark genug, um ein größeres Gewicht tragen zu können ‹eine Brücke, ein Fundament› **2** so, dass man damit gut arbeiten kann ‹ein Kompromiss, ein Konzept, eine Lösung› ● hierzu **Trag·fä·hig·keit** *die*

Trag·flä·che *die* einer der beiden Flügel eines Flugzeugs

Träg·heit *die*; (-) **1** das Trägesein **2** **die Trägheit der Masse** die Eigenschaft jedes Körpers, sich nicht zu bewegen bzw. in der momentanen Bewegung zu bleiben, solange keine Kräfte auf ihn wirken K Massenträgheit

Tra·gik *die*; (-) **1** sehr großes Leid (das durch ein Unglück, einen Schicksalsschlag o. Ä. hervorgerufen wird) | *die Tragik eines Unfalls* **2** eine Situation, in der jemand nur so handeln kann, dass etwas Schlimmes geschieht

Tra·gi·ko·mö·die *die* ein Schauspiel, das zugleich lustig und traurig ist ● hierzu **tra·gi·ko·misch** ADJEKTIV

★ **tra·gisch** ADJEKTIV mit großem Leid und Unglück verbunden ‹ein Schicksal, ein Unglücksfall› | *Die Erzählung endet tra-*

T

gisch ■ ID **Nimm es nicht so tragisch** *gesprochen* Nimm es nicht so ernst, es ist nicht so schlimm; **Das ist nicht so tragisch!** *gesprochen* Das ist nicht so schlimm

★ **Tra·gö·die** [-dj̲ə] *die;* (-, -n) **1** ein Schauspiel mit unglücklichem, tragischem Ende ↔ *Komödie* **2** ein schreckliches Ereignis | *Er wurde Zeuge einer Tragödie*

trägt *Präsens, 3. Person Singular* → tragen

Trag·wei·te *die;* (-); *geschrieben* wenn eine Entscheidung o. Ä. sehr viele und wichtige Folgen hat, dann hat sie eine große Tragweite | *Er war sich der Tragweite seines Handelns nicht bewusst* | *Der Beschluss ist von großer Tragweite*

Trai·ler ['trɛːlɐ, 'tre̲i̲-] *der;* (-s, -) **1** ≈ *Wohnwagen(anhänger)* **2** eine Folge von Filmausschnitten als Werbung für diesen Film

★ **Trai·ner** ['trɛːnɐ, 'tre̲i̲-] *der;* (-s, -) eine Person, die Sportler auf Wettkämpfe vorbereitet **i** zu *Trainerin* → Info im Eintrag **-in** ● hierzu **Trai·ne·rin** ['trɛː-, 'tre̲i̲-] *die*

★ **trai·nie·ren** VERB [trɛ'niːrən] (trainierte, hat trainiert) **1** **(etwas) trainieren** ein Programm mit gezielten körperlichen Übungen ausführen, um (bei einer Sportart) bessere Leistungen zu erreichen | *Er trainiert täglich (Hochsprung)* **2** **jemanden (in etwas** *(Dativ)***) trainieren** einen Sportler oder ein Tier auf Wettkämpfe vorbereiten und mit ihnen üben | *Sie trainiert ihn im Eiskunstlauf* **3** **etwas trainieren** gezielte Übungen machen, damit etwas besser wird, mehr leisten kann | *Man kann auch das Gedächtnis trainieren* **4** **für/auf etwas** *(Akkusativ)* **trainieren** sich auf (sportliche) Wettkämpfe vorbereiten | *Er trainierte für die Meisterschaft*

★ **Trai·ning** ['trɛːnɪŋ, 'tre̲i̲-] *das;* (-s) **1** durch regelmäßiges Training verbessert man die eigene Leistung vor allem im Sport <ein hartes, regelmäßiges Training> **K** Trainingsbedingungen, Trainingslager, Trainingsmethode; Fußballtraining, Tennistraining, Gedächtnistraining **2** **nicht mehr im Training sein** (bei einer sportlichen Tätigkeit) nicht mehr in Übung sein

Trai·nings·an·zug ['trɛː-, 'tre̲i̲-] *der* ≈ *Jogginganzug*

Trakt *der;* (-(e)s, -e) ein relativ großer Teil eines (meist öffentlichen) großen Gebäudes ≈ *Flügel* | *Im südlichen Trakt der Universität befindet sich die Bibliothek* **K** Gebäudetrakt

Trak·tat *das;* (-(e)s, -e); *veraltend* eine relativ kurze (meist wissenschaftliche oder religiöse) Schrift

trak·tie·ren VERB (traktierte, hat traktiert) **1** **jemanden mit etwas traktieren** jemanden immer wieder mit etwas Unangenehmem stören | *jemanden mit Vorwürfen traktieren* **2** **jemanden mit etwas traktieren** jemanden mit etwas misshandeln <jemanden mit Schlägen, mit dem Stock traktieren>

Trak·tor *der;* (-s, Trak·to̲·ren) ein schweres Fahrzeug in der Landwirtschaft, mit dem man z. B. den Pflug zieht

tral·la·la! verwendet beim (fröhlichen) Singen, wenn man z. B. den Text nicht kennt

träl·lern VERB (trällerte, hat geträllert) **1** **(etwas) trällern** eine Melodie (meist ohne Text) fröhlich singen **2** **die Lerche/die Nachtigall trällert (etwas)** die Lerche, die Nachtigall gibt die Laute von sich, die für die Art typisch sind

Tram *die;* (-, -s); *süddeutsch* Ⓐ, **Tram** *das;* (-s, -s); Ⓒⓗ ≈ *Straßenbahn*

Tram·bahn *die; süddeutsch* Ⓐ ≈ *Straßenbahn*

Tram·pel *der;* (-s, -); *gesprochen, abwertend* ein ungeschickter Mensch

tram·peln VERB (trampelte, hat/ist getrampelt) **1** *(hat)* (meist aus Wut oder Begeisterung) mit beiden Füßen abwechselnd kurz und fest auf den Boden stampfen **2** **irgendwohin trampeln** *(ist)* laut, rücksichtslos oder ungeschickt irgendwohin gehen

Tram·pel·pfad *der* ein schmaler Weg, der dadurch entstanden ist, dass viele Leute dort gegangen sind | *ein Trampelpfad im Dschungel*

Tram·pel·tier *das* **1** ein Kamel mit zwei Höckern **2** *gesprochen, abwertend* ein ungeschickter und lauter Mensch

tram·pen ['trɛmpn̩] VERB (trampte, ist getrampt) **(irgendwohin) trampen** reisen, indem man (durch Handzeichen) die Autofahrer bittet, kostenlos mitfahren zu dürfen ● hierzu **Tram·per** *der;* **Tram·pe·rin** *die*

Tram·po·lin [-liːn] *das;* (-s, -e) ein Trampolin ist eine Art Tuch, das an Federn in einem Rahmen hängt. Man kann darauf hüpfen und hohe Sprünge machen

Tran *der;* (-(e)s) ein Öl, das aus dem Fett von Walen oder Robben gewonnen wird

Tran·ce [trãːs(ə)] *die;* (-, -n) ein Zustand (ähnlich wie der Schlaf), in dem man keinen eigenen Willen hat <in Trance fallen, geraten; jemanden in Trance versetzen> **K** Trancezustand

tran·chie·ren [trã'ʃiːrən] VERB (tranchierte, hat tranchiert) **(etwas) tranchieren** einen Braten, Geflügel o. Ä. in Scheiben, kleinere Teile schneiden <Geflügel transchieren>

★ **Trä·ne** *die;* (-, -n); *meist Plural* **1** ein Tropfen der klaren salzigen Flüssigkeit, die aus den Augen kommt, wenn man z. B. sehr traurig ist oder Schmerzen hat <bittere Tränen; Tränen der Freude vergießen, weinen; in Tränen ausbrechen> | *Der Rauch trieb uns die Tränen in die Augen* **K** Tränendrüse, Tränenfluss, tränenblind, tränenfeucht, tränennass, tränenüberströmt, tränenvoll **2** *gesprochen, abwertend* ein sehr langweiliger Mensch **3** **Tränen lachen** so sehr lachen, dass man Tränen in den Augen hat ■ ID **jemandem/etwas keine Träne nachweinen** nicht traurig darüber sein, dass jemand oder etwas nicht mehr da ist; **jemand/etwas ist keine Träne wert** verwendet, um zu sagen, dass man nicht traurig ist, weil jemand oder etwas nicht mehr da ist; **Mir kommen die Tränen!** *gesprochen, ironisch* verwendet, um einer Person zu sagen, dass sie nicht so viel jammern soll

trä·nen VERB (tränte, hat getränt) **ein Auge tränt; jemandem tränen die Augen** eine Person hat Tränen in einem oder beiden Augen (nicht weil sie traurig ist, sondern weil Wind, Rauch o. Ä. die Augen reizt)

Trä·nen·gas *das; nur Singular* ein Gas, welches die Augen stark tränen lässt | *Die Polizei setzte gegen die Demonstranten Tränengas ein*

Trä·nen·sack *der* schlaffe, erweiterte Haut unter dem Auge <Tränensäcke haben>

tra·nig ADJEKTIV **1** wie Tran **2** *gesprochen, abwertend* (von Menschen) langweilig, träge

trank *Präteritum, 1. und 3. Person Singular* → trinken

Trank *der;* (-(e)s, Trän·ke); *meist Singular; geschrieben* ≈ *Getränk* **K** Zaubertrank

Trän·ke *die;* (-, -n) **1** eine Stelle an einem Fluss, an der Tiere trinken können **2** ein Behälter, aus dem Tiere trinken können **K** Pferdetränke, Viehtränke, Vogeltränke

trän·ken VERB (tränkte, hat getränkt) **1** **ein Tier tränken** einem Tier (z. B. einer Kuh oder einem Pferd) zu trinken geben **2** **etwas mit etwas tränken** etwas mit Flüssigkeit vollsaugen lassen | *die Torte mit Rum tränken* | *einen Wattebausch zur Desinfektion einer Wunde mit Alkohol tränken*

Trans·ak·ti·on [-'tsi̯oːn] *die;* (-, -en) eine meist große finanzielle (oft riskante) Unternehmung

Trans·fer *der;* (-s, -s) **1** *geschrieben* die Weitergabe, der Austausch einer Sache | *der technologische Transfer zwischen den führenden Industriestaaten* **K** Informationstransfer, Technologietransfer, Wissenstransfer **2** die Zahlung einer größeren Summe Geld ins Ausland [K] Geldtransfer [3] der Weitertransport von Reisenden (z. B. vom Flughafen zum Hotel) [4] der Wechsel eines Spielers von einem Verein zum anderen, wofür der erste Verein Geld bekommt [K] Transfersumme • zu (2) **trans·fe·rie·ren** VERB *(hat)*

Trans·for·ma·ti·on [-'tsjo:n] *die;* (-, -en) [1] *geschrieben ≈ Umformung, Umwandlung* [2] die Änderung der Spannung eines elektrischen Stroms • zu (2) **trans·for·mie·ren** VERB *(hat)*

Trans·fu·si·on *die;* (-, -en) bei einer Transfusion gibt der Arzt einer Person, die z. B. bei einem Unfall viel Blut verloren hat, neues Blut in die Adern [K] Bluttransfusion

Tran·sis·tor *der;* (-s, Tran·sis·to·ren) ein elektrisches Bauelement zur Regulierung von Strom [K] Transistorgerät, Transistorradio

Tran·sit, Tran·sit *der;* (-s) die Reise oder der Transport von einem Land zu einem anderen durch ein drittes Land [K] Transitabkommen, Transithandel, Transitreisende(r), Transitverkehr, Transitvisum

tran·si·tiv [-f] ADJEKTIV so, dass ein Verb ein Objekt im Akkusativ haben muss (und ins Passiv gesetzt werden kann) ⟨ein Verb; ein Verb transitiv verwenden⟩

tran·skri·bie·ren VERB (transkribierte, hat transkribiert) **(etwas) transkribieren** etwas in eine andere Schrift übertragen | *einen Text aus der griechischen in die lateinische Schrift transkribieren* • hierzu **Tran·skrip·ti·on** *die*

trans·pa·rent ADJEKTIV [1] das Licht durchlassend ⟨Papier, Farbe⟩ *≈ durchsichtig* [2] gut zu verstehen und sinnvoll | *eine transparente Politik machen* • hierzu **Trans·pa·renz** *die*

Trans·pa·rent *das;* (-s, -e) [1] ein breites Stück Papier oder Stoff, auf dem (politische) Parolen stehen und das man z. B. bei Demonstrationen trägt [2] ein Bild auf einem durchsichtigen Papier, Stoff oder auf Glas

tran·spi·rie·ren VERB (transpirierte, hat transpiriert); *geschrieben ≈ schwitzen* • hierzu **Tran·spi·ra·ti·on** [-'tsjo:n] *die*

Trans·plan·ta·ti·on [-'tsjo:n] *die;* (-, -en) die Übertragung eines Gewebes oder Organs auf einen anderen Körperteil oder einen anderen Menschen ⟨eine Transplantation vornehmen, durchführen⟩ [K] Herztransplantation, Nierentransplantation • hierzu **trans·plan·tie·ren** VERB *(hat);* **Trans·plan·tat** *das*

★ **Trans·port** *der;* (-s, -e) [1] das Transportieren | *der Transport von Waren ins Ausland | der Transport des Verletzten ins Krankenhaus* [K] Transportbehälter, Transportfirma, Transportkosten, Transportschaden, Transportunternehmen; Gütertransport, Krankentransport, Tiertransport, Warentransport [2] das, was in einer Ladung o. Ä. transportiert werden soll ⟨einen Transport zusammenstellen⟩

trans·por·ta·bel ADJEKTIV so, dass man etwas (leicht) transportieren kann [H] *transportabel → eine transportable Toilette*

Trans·por·ter *der;* (-s, -) ein Lastwagen, Schiff oder Flugzeug, mit denen man große Mengen von Waren usw. transportieren kann

trans·port·fä·hig ADJEKTIV in einem Zustand, der einen Transport erlaubt | *Ist der Verletzte transportfähig?*

★ **trans·por·tie·ren** VERB (transportierte, hat transportiert) [1] **jemanden/etwas (irgendwohin) transportieren** jemanden/etwas (mit einem Fahrzeug) an einen anderen Ort bringen ⟨Kranke, Verletzte, Vieh, Gepäck, Güter, Material, Waren transportieren⟩ [2] **etwas transportiert (etwas)** etwas bewegt etwas (mechanisch) weiter | *Am Flughafen wird das Gepäck mit einem Förderband transportiert*

Trans·port·mit·tel *das* ein Fahrzeug, das zum Transport von Personen und Gütern dient

trans·se·xu·ell ADJEKTIV so, dass sich ein Mann wie eine Frau fühlt oder eine Frau als Mann ⟨transsexuell veranlagt sein⟩

Tran·su·se *die;* (-, -n); *gesprochen, abwertend* ein langweiliger, träger Mensch (vor allem ein Mädchen)

Trans·ves·tit [-v-] *der;* (-en, -er) ein Mann, der sich wie eine Frau kleidet und verhält [H] *der Transvestit; den, dem, des Transvestiten*

Tran·tü·te *die; gesprochen ≈ Transuse*

Tra·pez *das;* (-es, -e) [1] ein Viereck mit zwei parallelen, aber verschieden langen Seiten [2] eine Konstruktion aus einer waagrechten Stange, die an zwei Seilen hängt, die meist für akrobatische Übungen verwendet wird [K] Trapezakt, Trapezkünstler

trap·peln VERB (trappelte, hat/ist getrappelt) mit kurzen, schnellen Schritten laufen ⟨Pferde, Kinder⟩

Tra·ra *das* **viel Trara um jemanden/etwas machen** *gesprochen, abwertend* einer Person oder Sache mehr Aufmerksamkeit schenken, als sie verdient

Tras·se *die;* (-, -n) die (geplante) Strecke einer Straße, Bahnlinie usw. ⟨eine Trasse abstecken⟩

trat *Präteritum, 1. und 3. Person Singular →* treten

trä·te *Konjunktiv II, 1. und 3. Person Singular →* treten

Tratsch *der;* (-(e)s); *gesprochen, meist abwertend* das Reden über andere Menschen o. Ä.

trat·schen VERB (tratschte, hat getratscht) **(über jemanden/etwas) tratschen** *gesprochen, meist abwertend* über andere Menschen reden, Dinge weitererzählen, die man nicht weitererzählen soll o. Ä. *≈ klatschen | Er tratscht viel zu viel*

trat·zen, trät·zen VERB (tratzte/trätzte, hat getratzt/geträtzt) **jemanden tratzen** *süddeutsch* Ⓐ *≈ necken*

Trau·al·tar *der; veraltend* ■ D **eine Frau zum Traualtar führen** (als Mann) eine Frau heiraten; **(mit jemandem) vor den Traualtar treten** sich (mit jemandem) kirchlich trauen lassen

★ **Trau·be** *die;* (-, -n) [1] eine einzelne kleine runde Frucht des Weinstocks ⟨weiße/grüne/rote/blaue, kernlose Trauben⟩ [K] Traubenlese, Traubenmost, Traubensaft, Traubensorte [2] mehrere Trauben (oder Blüten von Pflanzen) an demselben Stiel, die zusammen ungefähr die Form einer Pyramide bilden [3] **eine Traube von Menschen** viele Menschen, die dicht beieinanderstehen ■ ID **jemandem sind die Trauben zu sauer/hängen die Trauben zu hoch** jemand tut so, als wolle er etwas Positives gar nicht haben, damit er nicht zugeben muss, dass er es nicht bekommen oder erreichen konnte

TRAUBEN

Trau·ben·zu·cker *der* natürlicher Zucker, der z. B. in Obst und Honig vorkommt *≈ Glukose*

★ **trau·en** VERB (traute, hat getraut) [1] **jemandem/etwas trauen** sicher sein, dass jemand nichts Falsches, Böses tut oder dass etwas keinen Nachteil enthält | *Ich traue seinen Versprechungen nicht* [2] **sich trauen (zu** *+Infinitiv*) den Mut zu etwas haben | *Ich traue mich nicht, nachts allein spazieren zu gehen | Du traust dich ja doch nicht!* [3] **sich irgendwohin trauen** den Mut haben, irgendwohin zu gehen | *Er traute sich nicht in die dunkle Höhle | Sie traut sich nicht ins Wasser* [4] **ein Brautpaar trauen** als Priester oder Mitarbeiter des Standesamts die Zeremonie durchführen, mit der eine Ehe geschlossen wird ⟨sich kirchlich/standesamtlich trauen lassen⟩ ■ ID **seinen Augen/Ohren nicht trauen** *gesprochen* kaum glauben können, was man sieht oder hört

★ **Trau·er** *die;* (-) [1] **Trauer (um jemanden/über etwas)** ein tiefer seelischer Schmerz, den man z. B. empfindet, wenn

T

ein geliebter Mensch stirbt oder wenn man von einer Person schwer enttäuscht wurde ⟨tiefe Trauer; Trauer empfinden⟩ K Traueranzeige, Trauerbrief, Trauerfeier, Trauergottesdienst, Trauerkarte, Trauerkleidung, Trauermarsch, Trauermusik **2** die Zeit der Trauer um eine Person, die gestorben ist **3** **Trauer tragen** schwarze Kleidung tragen, um Trauer zu zeigen um eine Person, die gestorben ist ■ ID **in stiller/tiefer Trauer** verwendet in Todesanzeigen vor den Namen der Angehörigen des Toten

Trau·er·fall *der* ein Todesfall (in der Familie) ⟨einen Trauerfall (in der Familie) haben⟩

Trau·er·ge·mein·de *die* alle Teilnehmer bei einem Begräbnis, einer Trauerfeier

Trau·er·jahr *das* das erste Jahr nach dem Tod eines nahen Verwandten

Trau·er·kloß *der; gesprochen, abwertend* eine Person, die langweilig ist und die selten Freude empfindet

Trau·er·mie·ne *die* **eine Trauermiene aufsetzen** ein trauriges (sorgenvolles) Gesicht machen

trau·ern VERB (trauerte, hat getrauert) **(um jemanden/über etwas** (*Akkusativ*)**) trauern** tiefen seelischen Schmerz empfinden, z. B. weil ein geliebter Mensch gestorben ist | *Er trauerte um seine verstorbene Frau*

Trau·er·spiel *das* ein ernstes Theaterstück mit tragischem Ausgang ≈ *Tragödie* ■ ID **Das ist das reinste Trauerspiel!** Das ist sehr schlecht oder schlimm

Trau·er·wei·de *die* ein Laubbaum (eine Weide) mit hängenden Zweigen

Trau·er·zug *der* die Personen, die bei einer Beerdigung den Sarg des Toten zum Grab begleiten

Trau·fe *die;* (-, -n); *veraltend* ≈ *Dachrinne* ■ ID → Regen

träu·feln VERB (träufelte, hat geträufelt) **etwas irgendwohin träufeln** eine Flüssigkeit in kleinen Tropfen in oder auf etwas geben | *jemandem Tropfen ins Ohr träufeln*

trau·lich ADJEKTIV; *veraltend* in einer gemütlichen, freundlichen und ruhigen Atmosphäre

★ **Traum** *der;* (-(e)s, Träu·me) **1** Bilder, Gedanken, Gefühle, die man während des Schlafes hat | *Ich hatte heute Nacht einen seltsamen Traum* | *Meine Großmutter ist mir im Traum erschienen* K Traumbild, Traumdeutung, Trauminhalt, Traumsymbolik **2** ein großer Wunsch ⟨ein Traum geht in Erfüllung, erfüllt sich, wird wahr⟩ | *der Traum vom eigenen Haus* | *Es ist sein Traum, Diplomat zu werden*
■ ID ▸Präposition plus Traum: **etwas fällt jemandem im 'Traum nicht ein, jemand denkt nicht im 'Traum daran zu** +*Infinitiv* verwendet, um zu sagen, dass jemand etwas überhaupt nicht tun will | *Ich denk ja nicht im Traum daran, deine Arbeit zu machen;* **'Aus der Traum!** *gesprochen* als Ausruf verwendet, um zu sagen, dass ein Wunsch nicht mehr in Erfüllung gehen kann; **im Traum versunken** nicht konzentriert, weil man an etwas anderes oder an etwas Schöneres denkt;
▸andere Verwendungen: **ein Traum von** ⟨einem Auto, einem Haus, einem Kleid, einer Frau, einem Mann⟩ *gesprochen* verwendet, um zu sagen, dass jemand/etwas sehr schön, attraktiv oder wünschenswert erscheint; **Träume sind Schäume!** Träume bedeuten nichts

Traum- *im Substantiv, betont, begrenzt produktiv; gesprochen* **das Traumauto, der Traumberuf, die Traumfrau, das Traumhaus, der Traummann, die Traumnote, die Traumreise, die Traumvilla** *und andere* drückt aus, dass eine Person oder Sache perfekt zu den eigenen Vorstellungen passt

Trau·ma *das;* (-s, -ta); *geschrieben* ein schwerer seelischer Schock, der lange nachwirkt ● hierzu **trau·ma·tisch** ADJEKTIV

★ **träu·men** VERB (träumte, hat geträumt) **1** **(von jemandem/etwas) träumen** einen Traum haben (in dem jemand/etwas vorkommt) | *Er hat von seiner Prüfung geträumt* **2** **von etwas träumen** den großen Wunsch haben, etwas zu haben, zu erleben o. Ä. | *Er träumt von einer Weltreise* **3** unkonzentriert sein, nicht aufpassen | *Er träumt bei den Hausaufgaben* ■ ID **Das hätte ich mir nicht/nie träumen lassen!** das hätte ich nie geglaubt ● zu (3) **Träu·mer** *der;* zu (3) **Träu·me·rin** *die*

träu·me·risch ADJEKTIV so wie eine Person, die träumt und in Gedanken ist

traum·haft ADJEKTIV **1** sehr groß, stark, schön usw. ⟨ein Wetter, eine Reise, ein Glück, ein Kleid⟩ **2** verwendet, um positive Adjektive und Verben zu verstärken ⟨traumhaft schön; jemand spielt, singt traumhaft⟩

Traum·tän·zer *der; gesprochen, abwertend* eine Person, die zwar große Pläne hat, aber nicht viel erreicht ● hierzu **Traum·tän·ze·rin** *die*

Traum·welt *die* **Er/Sie lebt in einer Traumwelt** er/sie sieht die Welt nicht realistisch, hat große Illusionen

★ **trau·rig** ADJEKTIV **1** **traurig (über etwas** (*Akkusativ*)**)** voll Kummer und Schmerz oder Trauer ↔ *froh, fröhlich* | *ein trauriges Gesicht machen* | *Bist du traurig darüber, dass wir ihn nicht wiedersehen werden?* **2** ⟨ein Ereignis, ein Film, ein Lied, eine Nachricht⟩ so, dass sie den Betroffenen voll Kummer oder Schmerz machen ↔ *lustig* **3** so, dass eine Person es sehr schade oder beklagenswert findet | *Es ist traurig, aber wahr!* | *Es ist traurig, dass du das nicht einsiehst* | *Ich finde es sehr traurig, wenn ihr euch immer streitet* | *Das Traurige daran ist, dass …* **4** schlecht, meist wegen Armut oder Krankheit ⟨eine Gegend, Verhältnisse, ein Zustand⟩ **5** so, dass man sich darüber schämen sollte ⟨bei etwas eine traurige Rolle spielen; eine traurige Figur machen⟩ ● zu (1) **Trau·rig·keit** *die*

Trau·ring *der* ≈ *Ehering*

Trau·schein *der* ein (amtliches) Dokument, auf dem steht, dass man geheiratet hat ≈ *Heiratsurkunde*

traut ADJEKTIV; *veraltend* **1** ≈ *traulich* **2** **im trauten Kreis der Familie** im engsten Familienkreis

Trau·ung *die;* (-, -en) eine Zeremonie, mit der Mann und Frau zu einem Ehepaar werden ⟨die standesamtliche, kirchliche Trauung⟩ ≈ *Eheschließung*

Trau·zeu·ge *der* in vielen Ländern und in der katholischen Kirche müssen zwei Trauzeugen bei einer Trauung anwesend sein ● hierzu **Trau·zeu·gin** *die*

Treck *der;* (-s, -s) ein Zug von Menschen (meist Flüchtlingen oder Siedlern), die mit ihrem Besitz auf Wagen ihre Heimat verlassen K Flüchtlingstreck, Siedlertreck

Tre·cker *der;* (-s, -); *besonders norddeutsch* ≈ *Traktor*

Tre·cking → Trekking

Treff[1] *der;* (-s, -s); *gesprochen* **1** ⟨einen Treff vereinbaren⟩ ≈ *Treffen* **2** Kurzwort für *Treffpunkt*

Treff[2] *das;* (-s, -s) ≈ *Kreuz*

★ **tref·fen** VERB (trifft, traf, hat/ist getroffen)
▸Tor, Ziel usw.: **1** **(jemanden/etwas) treffen; irgendwohin treffen** (*hat*) jemanden/etwas mit einem Schuss, Schlag oder Wurf erreichen (und oft verletzen oder beschädigen) ⟨das/ins Tor, Ziel treffen⟩ | *Sie traf ihn mit dem Schneeball mitten ins Gesicht* | *Er sank tödlich getroffen zu Boden*
▸andere Personen: **2** **jemanden treffen** (*hat*) mit jemandem zusammenkommen | *Ich habe sie beim Einkaufen getroffen* | *Wir treffen uns morgen um neun Uhr* ▪ kein Passiv **3** **eine Person trifft sich mit jemandem; Personen treffen sich** (*hat*) zwei oder mehrere Personen kommen (wie verabredet) zusammen | *Er trifft sich mit seiner Freundin um fünf im Park* | *Wo wollen wir uns treffen?*
▸Beschlüsse, Entscheidungen: **4** **etwas treffen** (*hat*) etwas be-

schließen (und entsprechend handeln) ⟨ein Abkommen mit jemandem treffen; Maßnahmen, Vorkehrungen, Vorsichtsmaßnahmen treffen⟩ **5** **etwas treffen** *geschrieben* (*hat*) verwendet zusammen mit einem Substantiv, um ein Verb zu umschreiben | *eine Abmachung (mit jemandem) treffen* (etwas (mit jemandem) abmachen) | *eine Absprache (mit jemandem) treffen* (etwas (mit jemandem) absprechen) | *eine Anordnung treffen* (etwas anordnen, befehlen) | *eine Entscheidung (über jemanden/etwas) treffen* (etwas (über jemanden/etwas) entscheiden) | *eine Verabredung treffen* (etwas verabreden) | *eine Vereinbarung (mit jemandem) treffen* (etwas (mit jemandem) vereinbaren) | *Verfügungen treffen* (etwas verfügen) | *Vorbereitungen (für/zu etwas) treffen* (etwas vorbereiten) | *eine Wahl treffen* (jemanden/etwas (aus)wählen)

▸mit der Präposition auf: **6** **auf jemanden treffen** (*ist*) jemanden als Gegner in einem Wettkampf bekommen | *Im Finale traf die englische Mannschaft auf die italienische* **7** **auf etwas** (*Akkusativ*) **treffen** (*ist*) irgendwo etwas finden (meist ohne dies zu erwarten) ⟨auf Hinweise, Spuren treffen⟩ **8** **auf etwas** (*Akkusativ*) **treffen** *geschrieben* (*ist*) etwas meist Unangenehmes und Unerwartetes erleben ⟨auf Ablehnung, Schwierigkeiten, Widerstand treffen⟩

▸sonstige Verwendungen: **9** **(etwas) treffen** (*hat*) genau das herausfinden, was (am besten) passt | *in einem Gespräch den richtigen Ton/die richtigen Worte treffen* | *Mit diesem Geschenk hast du genau meinen Geschmack/das Richtige getroffen* | *Getroffen!* (stimmt, genau richtig!) **10** **jemand/etwas trifft eine Person/Sache** (*hat*) eine Person, ein Ereignis o. Ä. macht eine Person traurig oder verletzt ihre Gefühle ⟨jemanden an der empfindlichsten Stelle, einen wunden Punkt treffen; etwas trifft jemanden hart, schwer, tief, zutiefst⟩ | *Ihr Tod hat ihn schwer getroffen* | *Mit dieser Beleidigung hast du ihn zutiefst getroffen* **11** **es trifft jemanden/etwas** (*hat*) jemand/etwas ist an der Reihe (etwas Unangenehmes zu tun o. Ä.) | *Wen trifft es heute mit dem Aufräumen?*

■ ID **jemand ist gut/schlecht getroffen** jemand sieht auf einem Bild so/nicht so aus wie in Wirklichkeit; **es gut/schlecht (mit jemandem/etwas) getroffen haben** Glück/Pech bei der Wahl von jemandem/etwas gehabt haben | *Sie hat es mit ihrem neuen Freund gut getroffen*; **es trifft sich gut/bestens** *usw.*, **dass …** **a** es ist ein schöner Zufall, dass … **b** es passt gut, dass …; **Wie es sich so trifft!** das war ein Zufall

★ **Tręf·fen** *das*; (-s, -) bei einem Treffen kommen zwei oder mehrere Personen zusammen, um miteinander zu sprechen oder etwas zu tun | *Sie vereinbarten regelmäßige Treffen* **K** Arbeitstreffen, Krisentreffen; Familientreffen, Klassentreffen

tręf·fend ADJEKTIV so, dass es genau passt ⟨ein Vergleich⟩ | *Sie hat ihn treffend beschrieben*

★ **Tręf·fer** *der*; (-s, -) **1** ein Schuss, Schlag, Wurf oder Stoß (im Sport oder Kampf), der sein Ziel erreicht **2** ein Los, das gewinnt ↔ *Niete* **3** **einen Treffer erzielen** (beim Fußball o. Ä.) ein Tor schießen **4** **einen Treffer landen** *gesprochen* mit einem Schuss, Schlag, Wurf o. Ä. das Ziel erreichen

tręff·lich ADJEKTIV; *veraltend* sehr gut ≈ *ausgezeichnet* ● hierzu **Treff·lich·keit** *die*

★ **Tręff·punkt** *der* ein Ort, an dem zwei oder mehrere Personen zusammenkommen ⟨einen Treffpunkt vereinbaren⟩

tręff·si·cher ADJEKTIV **1** ⟨ein Schütze⟩ so, dass er das Ziel genau trifft **2** genau passend für etwas, eine Sache genau charakterisierend ⟨eine Bemerkung, eine Formulierung⟩ **3** **treffsicher im Urteil sein** fähig sein, etwas ganz richtig zu beurteilen und zu bewerten

★ **trei·ben** VERB (trieb, hat/ist getrieben)

▸Bewegung: **1** **ein Tier (irgendwohin) treiben** (*hat*) man treibt Tiere durch Rufe, Schläge o. Ä. vor sich her an einen Ort | *das Vieh auf die Weide treiben* | *Der Hund trieb die Schafe in den Pferch* **2** **etwas treibt jemanden/etwas irgendwohin** (*hat*) der Wind oder die Strömung bewegt jemanden/etwas irgendwohin | *Die Strömung trieb ihn ans Ufer* | *Unser Boot wurde aufs offene Meer getrieben* **3** **jemand/etwas treibt (irgendwohin)** (*hat/ist*) jemand/etwas wird vom Wind oder der Strömung irgendwohin bewegt | *Das Boot trieb an Land* | *Allerlei Abfälle trieben im Wasser* **K** Treibeis, Treibholz **!** mit Richtungsangabe: *ist getrieben* **4** **etwas treibt etwas** (*hat*) etwas bewirkt, dass sich eine Maschine bewegt ≈ *antreiben* | *Diese Turbinen werden durch Wasserkraft getrieben* **5** **etwas in etwas** (*Akkusativ*) **treiben** (*hat*) etwas durch Schläge mit einem Werkzeug in etwas gelangen lassen | *einen Haken in die Wand treiben*

▸Entstehung: **6** **etwas treibt (etwas)** (*hat*) etwas entwickelt Knospen, Blätter oder Blüten | *Der Kirschbaum treibt weiße Blüten* | *Die Keimlinge treiben schon* **7** **etwas durch/in etwas** (*Akkusativ*) **treiben** (*hat*) etwas durch Bohrungen irgendwo entstehen lassen | *einen Schacht/Stollen in den Fels treiben* | *einen Tunnel durch den Berg treiben* **8** **etwas treibt etwas irgendwohin** (*hat*) etwas bewirkt, dass etwas irgendwo entsteht | *Die Anstrengung trieb ihm den Schweiß auf die Stirn* | *Der kalte Wind trieb mir Tränen in die Augen* | *Seine Frechheit trieb ihr die Zornesröte ins Gesicht*

▸Veränderung: **9** **eine Person/Sache treibt jemanden zu etwas / in etwas** (*Akkusativ*) (*hat*) eine Person oder Situation bringt jemanden in einen unangenehmen Zustand oder dazu, etwas Unangenehmes zu tun | *Der Hunger trieb ihn zum Diebstahl* | *Diese Arbeit treibt mich noch zur Verzweiflung/zum Wahnsinn!* | *Durch den Gestank wurden wir in die Flucht getrieben* **10** **jemanden zu etwas treiben** (*hat*) jemanden ungeduldig zu etwas auffordern ⟨jemanden zur Eile, zum Aufbruch treiben⟩ ≈ *drängen* **11** **jemand/etwas treibt etwas irgendwohin** (*hat*) jemand/etwas bewirkt, dass etwas getan wird oder geschieht | *eine Firma in den Ruin treiben* | *Die hohe Nachfrage trieb die Preise in die Höhe/nach oben* | *Stauffenberg war die treibende Kraft hinter dem Attentat auf Hitler*

▸Aktivität: **12** **etwas treiben** (*hat*) sich mit etwas beschäftigen, etwas machen ⟨Ackerbau und Viehzucht, Sport, Unsinn treiben⟩ | *Na, was treibst du denn so?* | *Der Clown trieb seine Späße mit den Kindern* **13** **jemand treibt es irgendwie** (*hat*) jemand verhält sich so, dass man es nicht mehr akzeptieren kann ⟨jemand treibt es arg, bunt, toll, wild; jemand treibt es zu weit⟩ | *Er treibt es noch so weit, dass er seinen Job verliert!* **14** **eine Person treibt es mit jemandem; Personen treiben es** *gesprochen* **⚠** (*hat*) zwei Personen haben (regelmäßig) Sex miteinander **15** **etwas treiben** (*hat*) verwendet zusammen mit einem Substantiv, um ein Verb zu umschreiben | *Handel (mit etwas) treiben* (mit etwas handeln) | *Missbrauch (mit jemandem/etwas) treiben* (jemanden/etwas missbrauchen) | *Spionage treiben* (spionieren) | *seinen Spott mit jemandem treiben* (über jemanden spotten)

Trei·ben *das*; (-s) **1** die lebhaften Aktivitäten von vielen Menschen, die zu gleicher Zeit etwas tun, sich hin und her bewegen o. Ä. | *Auf den Straßen herrscht reges Treiben* **K** Faschingstreiben **2** *abwertend* nicht ganz legale Handlungen ⟨jemandes schändliches Treiben⟩

trei·ben las·sen, trei·ben·las·sen VERB (ließ sich treiben, hat sich treiben lassen/treibenlassen) **sich treiben lassen** sich passiv verhalten, kein Ziel im Leben verfolgen

Trei·ber *der*; (-s, -) **1** eine Person, die bei der Treibjagd die Tiere zu den Jägern treibt **2** *abwertend* eine Person, die andere Leute zwingt, sehr viel zu arbeiten • hierzu **Trei·be·rin** *die*

Treib·gas *das* **1** ein Gas, welches den Inhalt von Spraydosen unter Druck setzt **2** ein Gas als Treibstoff

Treib·haus *das* ein Haus aus Glas, in dem Pflanzen feucht und warm gehalten werden, damit sie schneller wachsen

Treib·haus|ef·fekt *der*; *nur Singular* die Erwärmung der Atmosphäre der Erde (durch die Produktion von Gasen wie Kohlenstoffdioxid)

Treib·haus|gas *das* eines der Gase, die dazu führen, dass die Atmosphäre der Erde immer wärmer wird

Treib·jagd *die* eine Art der Jagd, bei welcher die Tiere durch Lärm zu den Jägern getrieben werden

Treib·mit·tel *das* **1** ein Mittel wie Backpulver oder Hefe, das bewirkt, dass der Teig locker wird **2** ≈ *Treibgas*

Treib·rie·men *der* ein stabiles Band, das eine Drehbewegung in einem Motor o. Ä. überträgt

Treib·sand *der* eine Stelle, wo der Boden nicht fest und sicher ist, sondern aus feuchtem, tiefem Sand besteht

Treib·stoff *der* meist Flüssigkeiten oder Gase, durch deren Verbrennung Energie für Motoren entsteht

Trek·king *das*; (-s) längere Wanderungen, vor allem im Gebirge

Trench·coat ['trɛnʃkoːt] *der*; (-s, -s) ein leichter, knielanger sportlicher Mantel

★ **Trend** *der*; (-s, -s) **der Trend (zu etwas)** eine (allgemeine) Entwicklung in eine Richtung ≈ *Tendenz* | *Der (modische) Trend geht wieder zu kurzen Röcken* K Trendwende

tren·dig ADJEKTIV so, dass es gerade in Mode ist oder sich viele Leute dafür interessieren ‹Farben, Frisuren, Kleidung, Musik; eine Bar, ein Restaurant; eine Sportart› | *Ich finde seinen Hut total trendig* | *An der Theke des trendigen Cafés trifft man jeden Abend viele junge Menschen*

tren·dy [-di] ADJEKTIV; *gesprochen* so, dass es gerade in Mode ist oder sich viele Leute dafür interessieren

★ **tren·nen** VERB (trennte, hat getrennt) **1** **eine Person oder Sache (von jemandem/etwas) trennen**; **Personen/Dinge voneinander trennen** dafür sorgen, dass Personen oder Dinge nicht mehr verbunden oder zusammen sind | *Sie trennte den Ärmel vom Mantel* | *zwei raufende Jungen (voneinander) trennen* **2** **etwas von etwas trennen** verschiedene Dinge einzeln tun oder beurteilen, nicht miteinander verbinden | *Er trennt stets das Private vom Beruflichen* | *Ursache und Wirkung kann man nicht getrennt sehen* **3** **etwas trennt eine Person/Sache von jemandem/etwas** etwas bildet eine Grenze, ein Hindernis zwischen zwei Personen, Dingen | *Die Straße von Messina trennt Sizilien von Italien* | *Unsere politischen Ansichten trennen uns* **4** **etwas trennt eine Person/Sache von jemandem/etwas** etwas stellt einen zeitlichen oder räumlichen Abstand (meist zu einer Person oder zu einem Ereignis) dar | *Nur noch zwei Wochen trennten sie vom Urlaub* **5** **etwas trennen** ein Wort in Silben zerlegen, für das am Ende einer Zeile nicht genug Platz ist | *„Sprechen" trennt man „spre-chen"* **6** **sich von etwas trennen** etwas weggeben, weglegen, auf etwas verzichten | *sich von einem spannenden Buch nicht trennen können* **7** **eine Person trennt sich von jemandem**; **Personen trennen sich** zwei oder mehrere Personen gehen in unterschiedliche Richtungen auseinander | *Am Bahnhof trennte er sich von seinen Freunden* **8** **eine Person trennt sich von jemandem**; **Personen trennen sich** ein Partner verlässt (endgültig) den anderen, beide Partner beenden (endgültig) ihre Beziehung | *Nach drei Jahren trennte er sich von seiner Freundin* **9** **eine Mannschaft trennt sich irgendwie von einer Mannschaft**; **Mannschaften trennen sich irgendwie** zwei Mannschaften beenden einen Wettkampf mit dem genannten Ergebnis | *Die Mannschaften trennten sich unentschieden* **10** **Dinge trennen sich** Dinge entwickeln sich oder verlaufen in verschiedene Richtungen | *Hier trennen sich unsere Wege* • zu (1,5) **trenn·bar** ADJEKTIV

★ **Tren·nung** *die*; (-, -en) **1** nach einer Trennung ist man allein und nicht mehr zusammen mit anderen Personen, die man mag | *Die Trennung schmerzt heute noch* K Trennungsangst, Trennungsschmerz **2** die Auflösung einer Beziehung | *die Trennung von der Freundin* **3** der Zustand, wenn Dinge voneinander unabhängig und nicht miteinander vermischt sind | *die Trennung von Staat und Kirche* **4** das Trennen eines Wortes am Ende der Zeile K Trennungsstrich; Silbentrennung **5** **zwei Personen leben in Trennung** zwei Personen leben nicht mehr als Ehepaar zusammen ■ ID **die Trennung von Tisch und Bett** das Aufgeben des gemeinsamen Haushaltes und der sexuellen Beziehung von Eheleuten

Tren·nungs·geld *das*; *nur Singular* zusätzliches Geld, das man vom Arbeitgeber erhält, wenn man aus beruflichen Gründen von der Familie getrennt leben muss

Trenn·wand *die* eine Wand, mit der man einen meist großen Raum in kleinere Flächen/Räume teilt

Tren·se *die*; (-, -n) die Trense steckt man einem Pferd ins Maul, um die Zügel daran zu befestigen

trepp·ab ADVERB die Treppe hinunter

trepp·auf ADVERB die Treppe hinauf

★ **Trep·pe** *die*; (-, -n) **1** mehrere Stufen, die aufeinanderfolgen und die z. B. die verschiedenen Etagen eines Hauses miteinander verbinden K Treppenabsatz, Treppengeländer, Treppenstufe; Holztreppe, Marmortreppe, Steintreppe **2** **eine Treppe höher/tiefer** ein Stockwerk höher/tiefer ■ ID **die Treppe hinauffallen** *humorvoll* einen Fortschritt in der beruflichen Karriere machen (meist ohne große Anstrengung)

★ **Trep·pen·haus** *das* der Teil eines Hauses, in dem sich meist nur die Treppe befindet

Tre·sen *der*; (-s, -); *norddeutsch* ≈ *Theke*

Tre·sor *der*; (-s, -e) ‹einen Tresor aufbrechen, knacken› ≈ *Safe* K Tresorraum, Tresorschlüssel; Banktresor

Tres·se *die*; (-, -n) ein schmales Stoffband zur Verzierung an Kleidungsstücken, vor allem bei Uniformen

Tret·au·to *das* ein Auto als Spielzeug für Kinder, das mit Pedalen fortbewegt wird

Tret·boot *das* ein Boot, das mit Pedalen fortbewegt wird

Tret·ei·mer *der* ein Mülleimer, dessen Deckel man mit einem Fußhebel öffnet

★ **tre·ten** VERB (tritt, trat, hat/ist getreten)
▸mit dem Fuß: **1** **(jemanden irgendwohin) treten** (*hat*); **jemandem irgendwohin treten** (*ist*) jemandem oder einem Tier mit oder ohne Absicht einen Stoß mit dem Fuß geben | *Er trat ihn in den Rücken* | *Sie ist dem Hund auf den Schwanz getreten* **2** **etwas/irgendwohin treten** (*hat*) etwas in Bewegung oder Funktion setzen, indem man mit dem Fuß daraufdrückt ‹(auf) die Kupplung, (auf) die Bremse, aufs Gas, (auf) das Gaspedal, (in) die Pedale treten› **3** **etwas in etwas** (*Akkusativ*) **treten**; **etwas irgendwie treten** (*hat*) etwas mit dem Fuß in die genannte Form drücken oder entstehen lassen ‹eine Beule ins Auto treten; etwas flach, platt treten› **4** **nach jemandem/etwas treten** (*hat*) versuchen, jemandem/etwas einen Stoß mit dem Fuß zu geben | *nach der Katze treten* **5** **eine Ecke/einen Elfmeter treten** (*hat*) beim Fußball eine Ecke, einen Elfmeter ausführen
▸beim Gehen: **6** **irgendwohin treten** (*ist*) einige Schritte

T

in die genannte Richtung machen | *anklopfen, bevor man in ein Zimmer tritt* | *Er trat auf die Bühne/vors Publikum* | *Bitte zur Seite treten!* **7** **irgendwohin treten** (*ist*) beim Gehen den Fuß irgendwohin setzen ⟨in eine Pfütze treten⟩ **8** **sich** (*Dativ*) **etwas irgendwohin treten** (*hat*) sich verletzen, indem man beim Gehen den Fuß auf etwas setzt | *Ich habe mir einen Dorn in den Fuß getreten* **9** **etwas (irgendwohin) treten** (*hat*) etwas entstehen lassen, indem man (immer wieder) dort geht | *einen Pfad in den Schnee treten*

▸andere Verwendungen: **10** **etwas tritt irgendwohin** (*ist*) etwas entsteht irgendwo, wird sichtbar | *Ihm trat der Schweiß auf die Stirn* | *Mir traten Tränen in die Augen* **11** **jemand tritt in etwas** (*Akkusativ*) (*ist*) jemand/etwas beginnt mit etwas, übernimmt eine Aufgabe o. Ä. ⟨in Aktion, in Streik, in jemandes Dienste, in den Staatsdienst, in den Ruhestand treten; mit jemandem in einen Dialog, in Kontakt, in Verbindung, in Verhandlungen treten⟩ **12** **jemand/etwas tritt in etwas** (*Akkusativ*) (*ist*) eine Person oder Sache gelangt in den genannten Zustand, das genannte Stadium | *ein Gesetz tritt in/außer Kraft* (wird gültig/ungültig) | *jemand/etwas tritt in Erscheinung* (erscheint, taucht auf) | *etwas tritt in jemandes Bewusstsein* (etwas wird jemandem bewusst) | *etwas tritt in den Hintergrund/Vordergrund* (etwas wird weniger wichtig/wichtiger) | *Die Verhandlungen treten in die entscheidende Phase* **13** **etwas tritt über die Ufer** (*ist*) ein Fluss o. Ä. führt so viel Wasser mit sich, dass er breiter wird, als er sonst ist

Tret·mi·ne *die* eine Mine, die explodiert, wenn man auf sie tritt

Tret·müh·le *die; abwertend* eine Tätigkeit (vor allem im Beruf), die sich immer wiederholt

Tret·rol·ler *der* ein Roller für Kinder oder Erwachsene ohne Motor

★ **treu** ADJEKTIV (treuer, treu(e)st-) **1** mit einer lange dauernden freundschaftliche Beziehung voll Vertrauen ⟨ein Freund⟩ **2** ohne sexuelle Beziehungen außerhalb der Ehe bzw. der festen Partnerschaft ⟨jemandem treu sein, bleiben⟩ **3** ⟨ein Anhänger, ein Fan, ein Kunde, ein Mitarbeiter⟩ so, dass sie über lange Zeit mit jemandem/etwas verbunden bleiben **4** **seinen Grundsätzen, Prinzipien** *usw.* **treu bleiben** sich immer fest an die eigenen Grundsätze usw. halten ■ ID **treu und brav** genau so, wie es andere Leute wollen, ohne Proteste oder eigene Wünsche

Treu **auf Treu und Glauben** im Vertrauen darauf, dass alles richtig oder wahr ist

-treu *im Adjektiv, unbetont, begrenzt produktiv* **1** **gesetzestreu, königstreu, prinzipientreu, regierungstreu, verfassungstreu** *und andere* drückt aus, dass sich jemand an dem im ersten Wortteil Genannten genau festhält | *ein linientreuer Parteipolitiker* **2** **plantreu, normtreu** dem im ersten Wortteil Genannten genau entsprechend | *eine winkeltreue Zeichnung*

Treue *die;* (-) das Verhalten, treu zu sein ⟨jemandem die Treue halten, bewahren; die Treue brechen⟩ | *seine Treue beweisen* K Treuebruch, Treueschwur, Treueversprechen

Treu·e·pflicht *die* die Pflicht, die Vorgesetzten, den Staat, die Partner im Beruf oder Geschäft o. Ä. zu unterstützen und nicht zu betrügen

Treu·e·prä·mie *die* eine besondere Belohnung für einen treuen Kunden oder Mitarbeiter

Treu·hand, Treu·hand|anstalt *die; nur Singular;* Ⓓ *historisch* eine Behörde, deren Aufgabe es war, die staatlichen Betriebe der DDR zu privatisieren

Treu·hän·der *der;* (-s, -) eine Person, die ein Vermögen verwaltet, das einer anderen Person gehört ● hierzu **Treu·hän·de·rin** *die;* **treu·hän·de·risch** ADJEKTIV

treu·her·zig ADJEKTIV voll naiven Vertrauens ⟨ein Blick; jemanden treuherzig ansehen⟩ ● hierzu **Treu·her·zig·keit** *die*

treu·los ADJEKTIV eine treulose Person hilft ihren Freunden nicht oder betrügt ihren Partner sexuell

Tri·an·gel *der/das;* (-s, -) **1** ein Musikinstrument aus Metall in Form eines Dreiecks **2** *gesprochen* ein Riss in der Kleidung in Form eines Dreiecks

Tri·ath·lon *das;* (-s, -s) **1** ein Wettkampf, bei welchem die Teilnehmer ohne Pause nacheinander lange Strecken schwimmen, Rad fahren und laufen **2** ein Wettkampf, der aus Skilanglauf, Scheibenschießen und Riesenslalom besteht

Tri·bu·nal *das;* (-s, -e) **jemanden vor ein Tribunal stellen/bringen** einer Person in der Öffentlichkeit Fragen stellen, als sei sie vor Gericht angeklagt

Tri·bü·ne *die;* (-, -n) die Sitzreihen für Zuschauer, die in Stufen angeordnet sind, z. B. in einem Stadion K Tribünenplatz, Tribünenreihe; Zuschauertribüne

Tri·but *der;* (-(e)s, -e); *historisch* eine Art Steuer, welche der Besiegte nach einem Krieg dem Sieger zahlen musste ⟨Tribut erheben; Tribut an jemanden entrichten/zahlen⟩ ■ ID **jemandem/etwas Tribut zollen** *geschrieben* jemanden/etwas anerkennen; **etwas fordert einen hohen Tribut (an Menschenleben)** *geschrieben* viele Menschen sterben bei einem Unfall oder einer Katastrophe ● hierzu **tri·but·pflich·tig** ADJEKTIV

Trich·ter *der;* (-s, -) **1** eine Art Rohr, das oben weit und unten eng ist und mit dem man Flüssigkeiten in Flaschen oder enge Gläser füllt | *den Wein mit einem Trichter in Flaschen abfüllen* K Trichterrohr **2** ein großes Loch im Erdboden, das durch die Explosion einer Bombe entstanden ist K Bombentrichter ■ ID **auf den (richtigen) Trichter kommen** *gesprochen* allmählich verstehen, wie etwas ist, wie etwas funktioniert

★ **Trick** *der;* (-s, -s) **1** *abwertend* ein geschicktes Vorgehen, mit dem man jemanden betrügt ⟨ein raffinierter Trick⟩ | *ein billiger Trick* (ein primitiver Trick) | *auf die üblen Tricks von Betrügern hereinfallen* K Trickbetrug, Trickbetrüger, Trickdieb **2** ein Kunststück, mit dem ein Zauberer das Publikum unterhält ⟨einen Trick vorführen⟩ K Kartentrick, Zaubertrick **3** ein einfacher Handgriff o. Ä., mit dem man ein Problem löst | *Wie schafft er das nur? Ist da ein Trick dabei?* ● zu (1) **trick·reich** ADJEKTIV

Trick·film *der* ein Film, der aus einer langen Serie fotografierter Zeichnungen besteht K Zeichentrickfilm

Trick·kis·te *die* **tief in die Trickkiste greifen** alle Tricks anwenden, die man kann

trick·sen VERB (trickste, hat getrickst) einen Trick anwenden ■ ID **Die Sache/Das werden wir schon tricksen** *gesprochen* das Problem werden wir (mit einem Trick o. Ä.) lösen

trieb *Präteritum, 1. und 3. Person Singular* → treiben

Trieb *der;* (-(e)s, -e) **1** ein starker Drang bei Menschen und Tieren, der darauf zielt, meist lebenswichtige Bedürfnisse (z. B. Essen oder Trinken) zu befriedigen ⟨seine Triebe befriedigen, zügeln, zähmen, beherrschen⟩ K Triebhandlung, Trieblebeh; Geschlechtstrieb, Spieltrieb, Sexualtrieb, Selbsterhaltungstrieb **2** ein neu gewachsener Teil einer Pflanze ⟨einen Trieb stutzen⟩ ≈ Spross

Trieb·fe·der *die* der Grund, warum man etwas tut | *Eifersucht war die Triebfeder des Mordes*

trieb·haft ADJEKTIV von Trieben bestimmt oder beherrscht ⟨ein Mensch, ein Verhalten⟩ ● hierzu **Trieb·haf·tig·keit** *die*

Trieb·kraft *die* der (charakterliche) Grund für ein Verhalten | *Ehrgeiz als Triebkraft des Handelns*

T

Trieb·tä·ter *der* eine psychisch kranke Person, die ihre Triebe nicht unter Kontrolle hat und deswegen Verbrechen begeht (oft sexuell oder mit Gewalt) ● hierzu **Trieb·tä·te·rin** *die*

Trieb·ver·bre·cher *der* ≈ *Triebtäter* ● hierzu **Trieb·ver·bre·che·rin** *die*

Trieb·wa·gen *der* ein Eisenbahn-, Straßenbahn- oder U-Bahnwagen mit einem eigenen Motor

Trieb·werk *das* eine Maschine, die z. B. ein Flugzeug oder eine Rakete antreibt

trie·fen VERB (triefte/*geschrieben* troff, hat/ist getrieft) **1** **etwas trieft** (*ist*) etwas fällt in großen Tropfen herunter | *Das Blut triefte aus der Wunde* **2** **jemand/etwas trieft (von/vor etwas** (*Dativ*)**)** (*hat*) jemand/etwas ist so nass, dass die Flüssigkeit heruntertropft ⟨triefend nass⟩ | *Du triefst ja vor Nässe!* **3** **jemand/etwas trieft (von/vor etwas** (*Dativ*)**)** *meist abwertend* (*hat*) eine Äußerung drückt ein Gefühl zu stark aus | *Er trieft vor Mitleid* (Er empfindet das Mitleid nicht, er spottet nur) | *Ihre Worte triefen vor Hohn*

trief·nass ADJEKTIV; *gesprochen* sehr nass

trie·zen VERB (triezte, hat getriezt); *gesprochen* **jemanden triezen** jemanden ärgern (und dabei boshafte Freude empfinden)

trifft *Präsens, 3. Person Singular* → treffen

trif·tig ADJEKTIV gut begründet und überzeugend ⟨eine Erklärung, ein Beweis⟩ | *triftige Gründe als Entschuldigung anführen*

Tri·kot [tri'ko:] *das*; (-s, -s) **1** ein Sporthemd K Radtrikot, Sporttrikot **2** ein Kleidungsstück, das sehr eng am Körper anliegt und das z. B. Balletttänzer tragen

Tril·ler *der*; (-s, -) ein Klang, der durch die schnelle Wiederholung von zwei Tönen entsteht K Trillerpfeife

tril·lern VERB (trillerte, hat getrillert) schnell abwechselnd zwei verschiedene kurze Laute oder Töne produzieren ⟨eine Lerche⟩

Tri·lo·gie *die*; (-, -n ['gi:ən]) eine Folge von drei Büchern, Filmen oder Musikstücken, die zwar selbstständig sind, aber thematisch zusammengehören

Tri·mes·ter *das*; (-s, -) einer von drei Abschnitten eines Schul- oder Studienjahres

Trimm-dich-Pfad *der* eine Strecke (z. B. im Wald), auf der man läuft, an Sportgeräten Übungen macht usw.

trim·men VERB (trimmte, hat getrimmt) **1** **jemanden auf/zu etwas trimmen** *gesprochen, abwertend* jemanden meist zu einem Verhalten zwingen (vor allem durch Worte) | *Sie wurden auf/zur Höflichkeit getrimmt* i oft im Passiv **2** **etwas auf etwas trimmen** *gesprochen, oft abwertend* etwas so (stark) verändern, dass es so aussieht oder so ist, wie man es wünscht | *Er hat sein Restaurant ganz auf rustikal getrimmt* **3** **einen Hund trimmen** die Haare eines Hundes in Form schneiden ⟨einen Pudel trimmen⟩ **4** **sich trimmen** regelmäßig Sport treiben (vor allem um gesund und fit zu bleiben) K Trimmaktion, Trimmsport

trink·bar ADJEKTIV so, dass man es trinken kann (ohne schädliche Wirkungen für die Gesundheit) | *Das Wasser vieler Flüsse ist nicht mehr trinkbar*

★ **trin·ken** VERB (trank, hat getrunken) **1** **(etwas) trinken** eine Flüssigkeit, ein Getränk durch den Mund zu sich nehmen | *Er trank sein Glas (in einem Zug) leer* K Trinkgefäß, Trinkglas **2** **(etwas) trinken** alkoholische Getränke (regelmäßig und in großen Mengen) zu sich nehmen **3** **auf jemanden/etwas trinken** beim Trinken von meist Sekt oder Wein die Gläser heben, um jemanden zu ehren, etwas zu feiern usw. | *(Wir trinken) auf die Gastgeber/auf ein gutes neues Jahr!* ● zu (1) **trink·fer·tig** ADJEKTIV

Trin·ker *der*; (-s, -) eine Person, die regelmäßig und aus Gewohnheit viel Alkohol trinkt ≈ *Alkoholiker* ● hierzu **Trin·ke·rin** *die*

trink·fest ADJEKTIV fähig, viel Alkohol zu trinken, ohne betrunken zu werden ● hierzu **Trink·fes·tig·keit** *die*

trink·freu·dig ADJEKTIV so, dass eine Person gern und oft alkoholische Getränke trinkt

★ **Trink·geld** *das* eine relativ kleine Summe Geld, die man z. B. einem Kellner oder einem Taxifahrer zusätzlich gibt ⟨(ein) Trinkgeld geben⟩

Trink·spruch *der* ein kurzer (oft formelhafter) Spruch meist bei einem Fest, mit dem ein Redner die Gäste auffordert, gemeinsam (auf jemanden/etwas) zu trinken ≈ *Toast*

★ **Trink·was·ser** *das* trinkbares Wasser K Trinkwasseraufbereitung, Trinkwasserversorgung

Trio *das*; (-s, -s) **1** eine Gruppe von drei Musikern **2** ein Musikstück für drei Instrumente | *ein Trio für Violine, Viola und Cello* **3** drei Menschen, die oft zusammen sind und gemeinsam etwas tun

Trip *der*; (-s, -s); *gesprochen* **1** eine kurze Reise ≈ *Ausflug* **2** ein Rauschzustand nachdem man Drogen genommen hat, in dem man Halluzinationen hat ⟨auf einem Trip sein⟩ **3** die Menge Haschisch, die man für einen Trip braucht ■ **ID auf dem** *+Adjektiv* **Trip sein** *meist abwertend oder ironisch* sich seit einiger Zeit sehr intensiv für etwas interessieren | *Sie ist neuerdings auf dem ökologischen/religiösen Trip*

trip·peln VERB (trippelte, ist getrippelt) mit kurzen, schnellen Schritten laufen | *Das kleine Kind trippelte durch das Zimmer*

Trip·per *der*; (-s) eine Geschlechtskrankheit ⟨(den) Tripper haben⟩ ≈ *Gonorrhö*

trist ADJEKTIV (trister, tristest-); *geschrieben* **1** mit Kummer und Schmerz ⟨eine Miene⟩ ≈ *traurig* **2** einfach und langweilig ⟨ein Leben; in tristen Verhältnissen leben⟩ **3** einsam und verlassen ⟨eine Gegend, eine Landschaft⟩ ≈ *öde*

tritt *Präsens, 3. Person Singular* → treten

★ **Tritt** *der*; (-(e)s, -e) **1** das Aufsetzen des (einzelnen) Fußes auf den Boden beim Gehen ≈ *Schritt* | *Man hörte Tritte auf der Treppe* **2** *nur Singular* die Art, wie jemand geht ⟨einen leichten, schweren Tritt haben⟩ **3** ein Stoß mit dem Fuß ⟨jemandem einen Tritt versetzen⟩ K Fußtritt ■ **ID (irgendwo) Tritt fassen** a sich (wieder) in die Gesellschaft integrieren b wieder die früheren Leistungen bringen

Tritt·brett *das* eine Stufe zum Ein- und Aussteigen bei Bussen, Zügen o. Ä.

Tritt·brett|fah·rer *der*; *abwertend* eine Person, welche die Ideen anderer Leute ausnutzt, um (ohne viel Arbeit) davon zu profitieren ● hierzu **Tritt·brett|fah·re·rin** *die*

tritt·fest ADJEKTIV so, dass man ohne Gefahr darauftreten oder -steigen kann ⟨ein Untergrund, eine Leiter⟩

Tritt·lei·ter *die* eine Leiter, die frei stehen kann und wie eine Treppe aussieht

Tri·umph [tri'ʊmf] *der*; (-(e)s, -e) **1** ein großer Erfolg oder Sieg | *Die Theatergruppe feierte auf ihrer Tournee viele Triumphe* **2** *nur Singular* die Freude über einen Erfolg oder Sieg | *Er genoss seinen Triumph* K Triumphgefühl, Triumphgeschrei

tri·um·phal [triʊm'fa:l] ADJEKTIV **1** von großem Jubel, großer Begeisterung begleitet ⟨ein Erfolg; jemandem einen triumphalen Empfang bereiten⟩ **2** überall bewundert und anerkannt | *ein triumphaler Erfolg der medizinischen Forschung*

Tri·umph·bo·gen [-f-] *der* eine Art Tor, das meist zur Erinnerung an einen Sieg im Krieg gebaut wurde

tri·um·phie·ren [-f-] VERB (triumphierte, hat triumphiert) **1** **(über jemanden/etwas) triumphieren** jemanden besiegen, in einer Sache Erfolg haben ⟨über seinen Feind, Rivalen triumphieren〉 ≈ *siegen* | *Sein Mut triumphierte über die Angst* | *Am Ende triumphierte die Gerechtigkeit* 2 Stolz, Freude oder Hochmut über einen Sieg oder einen Erfolg deutlich zeigen 〈ein triumphierendes Lächeln; triumphierend grinsen, lächeln〉 H meist im Partizip Präsens

Tri·umph·zug [-f-] *der* 1 ein festlicher Umzug, mit dem ein Sieg gefeiert wird 2 **einen Triumphzug antreten** überall Erfolg haben | *Der Film trat seinen Triumphzug durch Europa an*

tri·vi·al [-v-] ADJEKTIV; *geschrieben, meist abwertend* 1 nicht außergewöhnlich oder wichtig 〈eine Angelegenheit, eine Bemerkung〉 2 von niedrigem (künstlerischem) Niveau K Trivialliteratur, Trivialroman • hierzu **Tri·vi·a·li·tät** *die*

★ **tro·cken** ADJEKTIV (trock(e)ner, trockenst-) 1 ohne Feuchtigkeit, nicht nass | *Der Boden/Die Straße war trocken* | *Ist die Wäsche schon trocken?* K Trockenfutter, Trockengewicht 2 so, dass es wenig regnet 〈ein Klima, die Jahreszeit, Wetter〉 K Trockengebiet, Trockenperiode 3 so, dass Teile von Pflanzen kein Wasser mehr in sich haben und nicht mehr wachsen 〈ein Ast, Holz, Blätter, Laub〉 ≈ *abgestorben, dürr* 4 mit nur wenig Fett 〈Haut, Haare〉 5 mit einem elektrischen Rasierapparat 〈eine Rasur, sich trocken rasieren〉 K Trockenrasierer, Trockenrasur 6 ohne Butter, Wurst usw. | *trockenes/trocken Brot essen* 7 nicht süß 〈ein Wein, ein Sekt, ein Sherry〉 8 sachlich und daher oft langweilig und ohne Fantasie | *Das Buch/Sein Unterricht ist mir zu trocken* 9 witzig und ironisch 〈ein Humor, eine Bemerkung〉 10 **jemanden/etwas trocken reiben** jemanden/etwas so lange (mit einem Tuch o. Ä.) reiben, bis er/es trocken ist 〈sich (*Dativ*) die Haare trocken reiben〉 11 **im Trockenen** nicht im Regen (sondern in einem Haus usw.) ■ ID **auf dem Trock(e)nen sitzen** a kein Geld haben b *humorvoll* nichts mehr zum Trinken haben; **ein Kind ist trocken** ein kleines Kind braucht keine Windeln mehr; **jemand ist trocken** jemand trinkt (als früherer Alkoholiker) nichts Alkoholisches mehr • zu (1,2) **Tro·cken·heit** *die*

Tro·cken- *im Substantiv, betont, begrenzt produktiv* 1 **der Trockenautomat, das Trockengestell, die Trockenhaube, die Trockenkammer** *und andere* bezeichnet ein Gerät, einen Raum o. Ä., mit oder in dem etwas getrocknet wird 2 **die Trockenblume, das Trockenfleisch, das Trockenfutter, das Trockengemüse, das Trockenobst** *und andere* (zum Trocknen geeignet oder bereits) getrocknet

tro·cken·le·gen VERB (legte trocken, hat trockengelegt) 1 **jemanden trockenlegen** einem Baby die nassen Windeln entfernen und es in frische wickeln 〈ein Baby, ein Kleinkind trockenlegen〉 2 **etwas trockenlegen** aus einem sehr feuchten Erdboden das Wasser durch Kanäle ableiten 〈ein Moor, einen Sumpf trockenlegen〉

Tro·cken·milch *die* Milch in Form von weißem Pulver ≈ *Milchpulver*

tro·cken·rei·ben VERB ≈ *trocken reiben*

Tro·cken·zeit *die* die Jahreszeit (in den Tropen und Subtropen), in der es nicht regnet ↔ *Regenzeit*

★ **trock·nen** VERB (trocknete, hat/ist getrocknet) 1 **etwas trocknen** (*hat*) etwas Nasses oder Feuchtes trocken machen, indem man es reibt o. Ä. | *Sie trocknet ihre Haare* 2 **etwas trocknen** (*hat*) etwas trocken werden lassen | *Ich trockne die Wäsche auf dem Balkon* 3 **etwas trocknen** (*hat*) etwas aufwischen, abtupfen o. Ä. 4 **etwas trocknet** (*hat/ist*) etwas wird allmählich trocken | *Die Wäsche trocknet im Wind*

Trock·ner *der*; (-s, -) eine Maschine, mit der man etwas trocknet K Haartrockner, Händetrockner, Wäschetrockner, Heißlufttrockner

Trö·del *der*; (-s); *abwertend* alte, gebrauchte, wertlose Dinge K Trödelladen, Trödelmarkt

trö·deln VERB (trödelte, hat getrödelt); *meist abwertend* sich bei einer Arbeit, Tätigkeit viel Zeit lassen | *Sie trödelt bei den Hausaufgaben*

Tröd·ler *der*; (-s, -) 1 eine Person, die mit Trödel handelt 2 *abwertend* eine Person, die sich sehr langsam bewegt oder die sehr langsam arbeitet • hierzu **Tröd·le·rin** *die*

troff *Präteritum, 1. und 3. Person Singular* → triefen

trog *Präteritum, 3. Person Singular* → trügen

Trog *der*; (-(e)s, Trö·ge) ein großes, längliches Gefäß, in das man das Futter oder Wasser z. B. für Schweine oder Pferde gibt K Futtertrog, Wassertrog; Holztrog, Steintrog

trol·len VERB (trollte sich, hat sich getrollt) **sich irgendwohin trollen** *gesprochen* langsam von jemandem weggehen (meist weil man beleidigt ist oder sich schämt)

Trol·ley [-li] *der*; (-s, -s) ein Koffer mit kleinen Rädern und einem Griff, den man ausziehen kann | *Am Flughafen ziehen viele Passagiere kleine Trolleys hinter sich her*

TROMMEL

Trom·mel *die*; (-, -n) 1 Trommeln sind Musikinstrumente, die innen hohl sind; man schlägt mit der Hand oder Stäben darauf, um Töne zu erzeugen 〈die Trommel schlagen〉 K Trommelschlag 2 ein runder Behälter, der sich dreht (z. B. bei einer Waschmaschine oder einem Revolver) K Trommelrevolver; Wäschetrommel

Trom·mel·fell *das* eine dünne Haut (Membrane) im Ohr, welche die Schallwellen überträgt 〈jemandem platzt das Trommelfell〉

trom·meln VERB (trommelte, hat getrommelt) 1 **(etwas) trommeln** den Rhythmus (zu einer Melodie) auf der Trommel spielen | *einen Marsch trommeln* 2 **(mit etwas) irgendwohin trommeln** mit den Fäusten oder einem Gegenstand fest und immer wieder auf oder gegen etwas schlagen | *Er trommelte mit geballten Fäusten an/gegen die Tür* • zu (1) **Tromm·ler** *der*; zu (1) **Tromm·le·rin** *die*

Trom·mel·wir·bel *der* eine sehr schnelle Folge von Schlägen auf der Trommel

TROMPETE

Trom·pe·te *die*; (-, -n) ein Musikinstrument aus Blech, auf dem man bläst K Trompetensolo, Trompetenstück; Basstrompete, Jazztrompete • hierzu **Trom·pe·ter** *der*; **Trom·pe·te·rin** *die*

trom·pe·ten VERB (trompetete, hat trompetet) 1 **ein Elefant trompetet** ein Elefant gibt die Laute von sich, die für seine Art typisch sind 2 **jemand trompetet** *gesprochen* jemand spielt auf der Trompete

Trom·pe·ten·stoß *der* ein kurzes Signal, das auf der Trompete geblasen wird

★ **Tro·pen** *die*; *Plural* die heißen Gebiete um den Äquator (zwischen dem nördlichen und dem südlichen Wendekreis) K Tropenholz, Tropeninsel, Tropenmedizin, Tropensturm, Tropenwald

Tro·pen·krank·heit *die* eine Krankheit, die vor allem in den Tropen verbreitet ist (z. B. die Malaria)

tro·pen·taug·lich ADJEKTIV (vor allem als Europäer) körperlich dafür geeignet, in den Tropen zu leben

Tropf[1] *der*; (-(e)s, -e) ein Gerät, das flüssige Nahrung und Medikamente in die Adern eines Patienten leitet 〈am Tropf hängen〉 K Tropfinfusion

Tropf[2] *der*; (-(e)s, Tröp·fe); *veraltend* **ein armer Tropf** ein be-

T

dauernswerter Mensch

tröpf·chen·wei·se ADJEKTIV *meist adverbiell* in einzelnen Tropfen oder in sehr kleinen Mengen

★ **tröp·feln** VERB (tröpfelte, hat/ist getröpfelt) **1** **etwas irgendwohin tröpfeln** (*hat*) eine Flüssigkeit in kleinen Tropfen langsam irgendwohin fallen lassen | *Medizin in ein Glas Wasser tröpfeln* **2** **etwas tröpfelt** (*hat*) ein Wasserhahn o. Ä. ist nicht dicht **3** **jemandes Nase tröpfelt** (*hat*) wegen einer Erkältung o. Ä. läuft jemandes Nase **4** **etwas tröpfelt irgendwoher/irgendwohin** (*ist*) etwas fällt in kleinen Tropfen (langsam und in kleinen Abständen) herunter | *Aus deinem Tank tröpfelt Benzin* **5** **es tröpfelt** (*hat*) es regnet schwach

★ **trop·fen** VERB (tropfte, hat/ist getropft) **1** **etwas irgendwohin tropfen** (*hat*) eine Flüssigkeit in einzelnen Tropfen (in (regelmäßigen) Abständen) irgendwohin fallen lassen | *Der Arzt tropfte ihr eine Tinktur in die Augen* **2** **etwas tropft** (*hat*) etwas lässt einzelne Tropfen (in regelmäßigen Abständen) fallen ⟨der Wasserhahn⟩ **3** **etwas tropft irgendwoher/irgendwohin** (*ist*) etwas fällt in einzelnen Tropfen (in regelmäßigen Abständen) herunter | *Tau tropft von den Blättern*

★ **Trop·fen** *der*; (-s, -) **1** eine sehr kleine Menge einer Flüssigkeit (in runder oder ovaler Form) K Blutstropfen, Regentropfen, Wassertropfen **2** *nur Plural* ein Medikament, das in einzelnen Tropfen genommen wird K Augentropfen, Nasentropfen ■ ID **ein guter Tropfen** ein guter Wein; **etwas ist (nur) ein Tropfen auf den heißen Stein** etwas ist viel zu wenig, um eine (große) Wirkung zu haben; **Steter Tropfen höhlt den Stein** obwohl es zunächst unmöglich erscheint, führt etwas doch zum Ziel, wenn es immer wieder gemacht wird oder geschieht ● zu (1) **trop·fen·wei·se** ADJEKTIV; zu (1) **trop·fen·för·mig** ADJEKTIV

tropf·nass ADJEKTIV; *gesprochen* sehr nass

Tropf·stein|höh·le *die* eine Höhle mit Zapfen aus Kalk, die am Boden stehen oder von der Decke herabhängen

Tro·phäe [tro'fɛːə] *die*; (-, -n) **1** ein Pokal o. Ä. für den Sieger eines sportlichen Wettbewerbs **2** ein Teil eines getöteten Tieres (z. B. das Geweih, das Fell)

★ **tro·pisch** ADJEKTIV wie es in den Tropen ist oder vorkommt ⟨ein Klima, eine Pflanze⟩

Tross *der*; (-es, -e); *historisch oder humorvoll* **1** ≈ *Gefolge* **2** die Fahrzeuge einer militärischen Truppe, die Essen und Munition transportieren

Trost *der*; (-(e)s) etwas, das Kummer, Trauer und Leid leichter macht und wieder neuen Mut gibt ⟨Trost (in etwas (*Dativ*)) suchen, finden; jemandem Trost spenden⟩ ■ ID **ein schwacher Trost** etwas, das eigentlich positiv oder erfreulich wäre, das aber in der jetzigen Situation wenig nutzt; **Bist du nicht ganz/recht bei Trost?** *gesprochen* Bist du verrückt?

★ **trös·ten** VERB (tröstete, hat getröstet) **1** **jemanden trösten** das Leid, den Kummer oder die Trauer einer Person leichter machen (indem man mit ihr spricht, ihr hilft o. Ä.) | *Sie tröstete das weinende Kind* **2** **sich mit jemandem/etwas trösten** bei jemandem/in etwas (z. B. nach einem Verlust oder einer Enttäuschung) Trost finden | *Er tröstete sich mit Alkohol*

tröst·lich ADJEKTIV Trost gebend ⟨Gedanken, Worte, ein Gespräch⟩

trost·los ADJEKTIV **1** ohne Trost und Hoffnung ≈ *verzweifelt* | *Ihnen war trostlos zumute* **2** sehr schlecht ⟨Wetter⟩ **3** hässlich und langweilig ⟨eine Gegend⟩ ● hierzu **Trost·lo·sig·keit** *die*

Trost·pflas·ter *das*; *meist humorvoll* ein kleines Geschenk o. Ä. für eine Person, die etwas Unangenehmes erlebt hat

Trost·preis *der* ein nicht sehr wertvoller Preis für den Verlierer bei einem Wettbewerb

Trös·tung *die*; (-, -en); *geschrieben* ⟨jemandem wird Tröstung zuteil⟩ ≈ *Trost*

Trott *der*; (-(e)s) **1** eine langsame Art zu gehen **2** *gesprochen, abwertend* Arbeit, die immer wieder gemacht werden muss | *der tägliche, ewig gleiche Trott* ■ ID **in den alten Trott verfallen/zurückfallen** alte Gewohnheiten wieder aufnehmen ● zu (1) **trot·ten** VERB (*ist*)

Trot·tel *der*; (-s, -); *gesprochen, abwertend* ein dummer, ungeschickter Mensch ● hierzu **trot·te·lig** ADJEKTIV

Trot·toir [trɔ'to̩aːɐ̯] *das*; (-s, -e/-s); *besonders süddeutsch* CH ≈ *Bürgersteig*

★ **trotz** PRÄPOSITION *mit Genitiv/gesprochen auch Dativ* verwendet, um zu sagen, dass etwas geschieht oder etwas irgendwie ist, obwohl es Umstände gibt, die eine andere Wirkung oder Folge als wahrscheinlich erscheinen lassen | *Trotz des Regens gingen wir spazieren* **i** → Infos unter **Präposition**

★ **Trotz** *der*; (-es) dauernder und fester Widerstand gegen etwas, weil man selbst etwas anderes will ⟨etwas aus Trotz (nicht) tun⟩ K Trotzphase, Trotzreaktion

Trotz·al·ter *das* eine Phase (vor allem zwischen dem 3. und 4. Lebensjahr), in der ein Kind immer den eigenen Willen durchzusetzen versucht

★ **trotz·dem** ■ ADVERB **1** trotz der genannten Umstände ≈ *dennoch* | *Die Sonne schien, aber trotzdem war es kalt* ■ BINDEWORT **2** *gesprochen* drückt aus, dass etwas geschieht oder irgendwie ist, das wegen der ungünstigen Umstände nicht wahrscheinlich ist | *Er ist zufrieden, trotzdem er nicht viel Geld hat*

trot·zen VERB (trotzte, hat getrotzt) **1** den eigenen Trotz zeigen **2** **jemandem/etwas trotzen** jemandem/etwas Widerstand leisten ⟨dem Feind, der Gefahr trotzen⟩

trot·zig ADJEKTIV voller Trotz ⟨ein Kind, eine Antwort⟩

Trotz·kopf *der* ein trotziger Mensch (vor allem ein Kind) ● hierzu **trotz·köp·fig** ADJEKTIV

Trou·ble ['trabl̩] *der*; (-s); *gesprochen* ⟨Trouble (mit jemandem) bekommen, haben; Trouble machen; es gibt Trouble⟩ ≈ *Ärger, Streit*

trüb, trü·be ADJEKTIV (trüber, trübst-) **1** nicht durchsichtig, nicht klar ⟨Wasser, eine Flüssigkeit⟩ | *Apfelsaft kann klar sein oder trüb* **2** nicht hell (leuchtend) | *das trübe Licht eines nebligen Morgens im November* **3** mit (grauen) Wolken, so, als ob es bald regnen würde ⟨ein Himmel, Wetter⟩ ≈ *regnerisch* | *Heute ist es trüb* **4** **trübe Augen** Augen (ohne Glanz), die darauf deuten, dass jemand krank oder traurig ist **5** mit Kummer und Schmerz ⟨in trüber Stimmung sein; trüben Gedanken nachhängen⟩ ≈ *traurig* ■ ID **im Trüben fischen** (mit Erfolg) versuchen, eine unklare Situation zum Vorteil auszunutzen (oft mit nicht ganz legalen Mitteln) ● zu (1,2) **Trü·be** *die*

Tru·bel *der*; (-s) ein lebhaftes, meist lautes Durcheinander vieler Menschen | *der Trubel auf einer Tanzfläche* K Faschingstrubel, Weihnachtstrubel ● hierzu **tru·be·lig** ADJEKTIV

trü·ben VERB (trübte, hat getrübt) **1** **etwas trübt etwas** etwas macht etwas trübe | *Der aufgewühlte Sand trübt das Wasser* **2** **etwas trübt etwas** etwas bewirkt, dass ein Gefühl, eine Beziehung zwischen Menschen nicht mehr so gut ist | *Nichts kann meine gute Laune trüben* **3** **etwas trübt etwas** etwas macht etwas trübe | *Keine Wolke trübt den Himmel* **4** **etwas trübt jemandes Urteil(skraft)** *geschrieben* etwas bewirkt, dass jemand etwas nicht mehr (so gut, gerecht) beurteilen, bewerten kann **5** **etwas trübt sich** *geschrieben* etwas wird schlechter | *Unsere gute Beziehung/Freundschaft hat sich getrübt* ● hierzu **Trü·bung** *die*

T

Trüb·sal *die; (-); geschrieben* ein Zustand, in dem man sich nicht freuen kann, immer traurig ist ■ **ID Trübsal blasen** sich langweilen und zu nichts Lust haben

trüb·se·lig ADJEKTIV ⟨eine Gegend, eine Stimmung, ein Wetter⟩ so, dass sie traurig oder pessimistisch machen

Trüb·sinn *der; nur Singular* ein Gemütszustand, in dem man lange Zeit traurig und ohne Interessen ist ● hierzu **trüb·sin·nig** ADJEKTIV

tru·deln VERB (trudelte, ist getrudelt) **etwas trudelt (irgendwohin)** etwas fällt unkontrolliert und dreht sich dabei um die eigene Achse ⟨Blätter, ein Flugzeug⟩

Trüf·fel *die/gesprochen auch der;* (-, -n) ein essbarer Pilz, der unter der Erde wächst

trug *Präteritum, 1. und 3. Person Singular* → tragen

Trug → Lug

Trug·bild *das* wer Trugbilder sieht, lässt sich von seinen Augen oder von seiner Fantasie täuschen

trü·ge *Konjunktiv II, 1. und 3. Person Singular* → tragen

trü·gen VERB (trog, hat getrogen) **etwas trügt (jemanden)** etwas lässt einen falschen Eindruck entstehen ⟨der Schein trügt (oft)⟩ | *Wenn mich mein Gedächtnis nicht trügt, habe ich den Film schon einmal gesehen*

trü·ge·risch ADJEKTIV auf Illusionen beruhend (und daher gefährlich) ⟨ein trügerisches Gefühl; sich trügerischen Hoffnungen hingeben⟩

Trug·schluss *der* eine falsche Folgerung (die meist auf den ersten Blick als richtig erscheint) ⟨einem Trugschluss verfallen, unterliegen⟩

Tru·he ['tru:ə] *die;* (-, -n) ein großer Kasten mit einem Deckel (zum Aufklappen), in den die Leute früher Kleidung oder Geld gelegt haben K Schatztruhe, Wäschetruhe

Trüm·mer *die; Plural* **1** die Reste, die einzelnen Teile eines zerstörten Ganzen | *Er wurde aus den Trümmern des abgestürzten Flugzeugs geborgen* | *Nach dem Bombenangriff waren von dem Haus nur noch Trümmer übrig* K Trümmerfeld, Trümmerhaufen **2 etwas geht in Trümmer** etwas geht kaputt, zerbricht **3 etwas in Trümmer legen** etwas (meist durch einen Bombenangriff) ganz zerstören ⟨eine Stadt in Trümmer legen⟩

Trüm·mer·frau *die* **1** *meist Plural* eine der Frauen, die in Deutschland nach dem Krieg in den zerstörten Straßen und Häusern aufräumen mussten **2** eine Frau, die ein Problem beseitigt, welches Männer vorher gemacht und nicht gelöst haben

Trumpf *der;* (-(e)s, Trümp·fe) **1** (beim Kartenspiel) jeweils die Farbe mit dem höchsten Wert ⟨Trumpf (aus)spielen⟩ | *Herz ist Trumpf* K Trumpfass, Trumpfkönig, Trumpfkarte, Trumpfstich **2** eine Karte der Farbe, die Trumpf ist ⟨einen Trumpf ausspielen; mit einem Trumpf stechen⟩ ■ **ID seine Trümpfe ausspielen** etwas (z. B. eine Information, eine Kenntnis), das man bisher für sich behielt, nun (gezielt) zum eigenen Vorteil einsetzen; **alle Trümpfe in der Hand haben** selbst alle Vorteile haben; **etwas ist Trumpf** etwas ist das Wichtigste

Trunk *der;* (-(e)s) **1** *geschrieben ≈ Getränk* K Schlaftrunk, Willkommenstrunk **2** das regelmäßige, übermäßige Trinken von Alkohol K Trunksucht

trun·ken ADJEKTIV **trunken vor Glück** *geschrieben* von einem sehr starken Glücksgefühl erfüllt

Trun·ken·bold *der;* (-(e)s, -e); *gesprochen, abwertend ≈ Trinker*

Trun·ken·heit *die;* (-) **Trunkenheit am Steuer** *admin* verwendet als Bezeichnung für das Autofahren unter dem Einfluss von Alkohol | *Er verlor den Führerschein wegen Trunkenheit am Steuer*

Trupp *der;* (-s, -s) eine relativ kleine Gruppe von Soldaten oder Arbeitern, die zusammengehören, gemeinsam arbeiten o. Ä. K Bauarbeitertrupp, Suchtrupp

★ **Trup·pe** *die;* (-, -n) **1** eine Gruppe von Schauspielern oder Artisten, die gemeinsam auftreten K Balletttruppe, Theatertruppe **2** ein Teil eines Heeres oder einer Armee ⟨Truppen stationieren⟩ K Truppenabbau, Truppenabzug, Truppeneinheit, Truppenführer, Truppenparade; Kampftruppe

Trust [trast] *der;* (-s, -s) ein Zusammenschluss von Firmen der gleichen Branche (mit dem Ziel, eine beherrschende Stellung in dieser Branche zu erreichen) K Öltrust, Stahltrust

Trut·hahn *der* **1** eine Art sehr großes Huhn mit nacktem rotem Hals K Truthahnbraten, Truthahnbrust, Truthahnfilet, Truthahnschinken, Truthahnschnitzel **2** das männliche Tier dieser Art *≈ Puter* ● zu (2) **Trut·hen·ne** *die*

tschau! → ciao

tschil·pen VERB (tschilpte, hat getschilpt) **ein Spatz tschilpt** ein Spatz gibt die Laute von sich, die für seine Art typisch sind

tschüs!, **tschüss!** *gesprochen* verwendet, um sich in lockerer Form von jemandem zu verabschieden ■ **ID Und tschüs(s)!** a als drohende Aufforderung an jemanden verwendet, zu verschwinden b als Kommentar verwendet, wenn man etwas wegwirft o. Ä.

★ **T-Shirt** ['ti:ʃøɐ̯t] *das;* (-s, -s) ein Hemd aus einem leichten Baumwollstoff, mit meist kurzen Ärmeln und ohne Kragen

TSV [te:|ɛs'fau] *der;* (-, -s) Turn- und Sportverein verwendet als Teil des Namens von Vereinen

TU [te'|u:] *die;* (-, -s) Abkürzung für *Technische Universität*

Tu·ba *die;* (-, Tu·ben) ein großes Blasinstrument aus Blech, das sehr tiefe Töne erzeugt

TUBA

Tu·be *die;* (-, -n) ein kleiner länglicher Behälter (meist aus weichem Metall) z. B. für Zahnpasta, Senf, Klebstoff oder Salbe ■ **ID auf die Tube drücken** *gesprochen* mit dem Auto schnell(er) fahren

TUBE

Tu·ber·ku·lo·se *die;* (-) eine schwere chronische Infektionskrankheit, die vor allem die Lunge angreift und das Gewebe schwinden lässt K Lungentuberkulose, Knochentuberkulose ■ Abkürzung: *Tb* oder *Tbc* ● hierzu **tu·ber·ku·lös** ADJEKTIV

★ **Tuch** *das;* (-(e)s, -e/Tü·cher) **1** (*Plural: Tücher*) ein Stück Stoff, mit dem man etwas bedeckt oder sauber macht K Dreieckstuch, Kopftuch, Schultertuch, Staubtuch, Wischtuch **2** (*Plural: Tuche*) ein Stoff, aus dem vor allem Anzüge und Kostüme hergestellt werden ■ **ID eine Person/Sache ist ein rotes Tuch für jemanden** eine Person oder Sache macht jemanden wütend; **etwas ist in trockenen Tüchern** etwas wurde mit Erfolg zu Ende gebracht

Tuch·füh·lung *die;* (-); *humorvoll* ■ **ID Tuchfühlung mit jemandem haben**, **mit jemandem auf Tuchfühlung sein** so nahe bei einer Person sein, dass man sie leicht spürt; **(mit jemandem) auf Tuchfühlung gehen** eng an jemanden heranrücken

tüch·tig ADJEKTIV **1** gute Leistungen bringend, die Aufgaben gut erfüllend ⟨tüchtig im Beruf sein⟩ **2** *gesprochen meist attributiv* nicht zu wenig, klein oder schwach (sondern gut ausreichend) ⟨eine Mahlzeit, eine Portion, ein Stück; eine

T

tüchtige Tracht Prügel⟩ ≈ *ordentlich* | *jemandem einen tüchtigen Stoß versetzen* | *sich tüchtig ärgern* (sich sehr ärgern) | *Greift nur tüchtig zu! Es ist genug Kuchen für alle da* • zu (1) **Tüch·tig·keit** *die*

-tüch·tig *im Adjektiv, unbetont, begrenzt produktiv* **geschäftstüchtig, funktionstüchtig, verkehrstüchtig** *und andere* für das im ersten Wortteil Genannte geeignet oder fähig, es zu tun

Tü·cke *die*; (-, -n) **1** ein gemeiner Trick **2** die Eigenschaft, zu gemeinen Tricks zu neigen | *Sie ist voller Tücke* **3** **etwas hat seine Tücken** etwas hat Fehler und Mängel und funktioniert nicht immer gut ⟨eine Maschine, ein Gerät⟩ **4** **die Tücke des Objekts** eine (versteckte) Schwierigkeit, die sich erst beim Gebrauch eines Gegenstandes zeigt

tu·ckern VERB (tuckerte, hat/ist getuckert) **1** **etwas tuckert** (*hat*) etwas macht ein gleichmäßig klopfendes Geräusch **2** **jemand tuckert irgendwohin** (*ist*) jemand bewegt sich mit einem Fahrzeug, dessen Motor tuckert, langsam fort **3** **ein Fahrzeug tuckert irgendwohin** (*ist*) ein Boot, ein Auto o. Ä. bewegt sich langsam mit tuckerndem Motor irgendwohin

tü·ckisch ADJEKTIV **1** voller Tücke **2** voll von versteckten Gefahren oder Problemen ⟨ein Sumpf, eine Krankheit⟩

tü·de·lig ADJEKTIV; *norddeutsch* nicht mehr jung und daher vergesslich oder verwirrt

tüf·teln VERB (tüftelte, hat getüftelt) **(an etwas (*Dativ*)) tüfteln** mit viel Geduld daran arbeiten oder darüber nachdenken, wie man ein schwieriges Problem lösen kann | *Er tüftelt ewig am Motor seines Autos* K Tüftelarbeit • hierzu **Tüft·ler** *der*; **Tüft·le·rin** *die*

Tu·gend *die*; (-, -en) **1** *nur Singular* ein vorbildliches moralisches Verhalten **2** eine gute moralische Eigenschaft | *Ehrlichkeit ist eine Tugend*

tu·gend·haft ADJEKTIV moralisch vorbildlich ⟨ein Mensch, ein Lebenswandel⟩

Tüll *der*; (-s) ein Stoff in der Art eines feinen Netzes, aus dem z. B. Gardinen oder Schleier gemacht werden K Tüllgardine

Tül·le *die*; (-, -n); *besonders norddeutsch* die schmale Öffnung an einer Kanne, aus der man die Flüssigkeit gießt

Tul·pe *die*; (-, -n) eine Blume mit einer Blüte in der Form eines Kelchs | *Tulpen aus Holland* K Tulpenbeet, Tulpenfeld, Tulpenzwiebel

-tum *das*; (-s, -tü·mer); *im Substantiv, unbetont, sehr produktiv* **1** **Analphabetentum, Außenseitertum, Draufgängertum, Heldentum** *und andere nur Singular* verwendet, um einen Zustand zu bezeichnen **2** **Bauerntum, Bürgertum, Christentum, Judentum, Rittertum** *und andere nur Singular* verwendet als Sammelbegriff für die im ersten Wortteil genannten Personen **3** **Fürstentum, Herzogtum, Scheichtum** *und andere* verwendet als Bezeichnung für das Reich des im ersten Wortteil Genannten

tum·meln VERB (tummelte sich, hat sich getummelt) **1** **Personen/Tiere tummeln sich irgendwo** mehrere Personen/Tiere bewegen sich lebhaft (und fröhlich) hin und her | *Die Kinder tummelten sich am Strand* **2** **sich tummeln** *norddeutsch, gesprochen* ≈ *beeilen*

Tum·mel·platz *der* **ein Tummelplatz** +*Genitiv*; **ein Tummelplatz für jemanden/etwas** *oft abwertend* ein Ort, an dem manche Personen oder Tiere häufig anzutreffen sind | *St. Tropez ist ein Tummelplatz der High Society*

Tu·mor, Tu·mor *der*; (-s, -e [-'mo:rə]) eine krankhafte Vergrößerung eines Organs oder im Organ ⟨ein gutartiger, bösartiger Tumor⟩ ≈ *Geschwulst* K Gehirntumor

Tüm·pel *der*; (-s, -) ein kleiner Teich, der meist sumpfig und von Wasserpflanzen bedeckt ist ⟨ein schlammiger, trüber Tümpel⟩ K Froschtümpel

Tu·mult *der*; (-(e)s, -e) ein Durcheinander von Protestaktionen vieler Menschen | *Nach dem Putsch kam es zu schweren Tumulten* • hierzu **tu·mult·ar·tig** ADJEKTIV

★ **tun[1]** VERB (tut, tat, hat getan) **1** **etwas tun** eine Handlung ausführen, etwas machen ⟨das Falsche, das Richtige, Gutes, jemandem einen Gefallen tun⟩ | *„Was tust du da?" – „Ich schreibe einen Brief!"* | *„Danke für die Hilfe!" – „Das habe ich doch gern getan!"* | *Tu, was ich dir sage!* **2** **etwas tun** diejenige Arbeit machen, die unter den Umständen üblich ist | *Im Garten gibt es viel zu tun* | *Ich habe morgen geschäftlich in Bonn zu tun* | *Im Büro konnte ich heute gar nichts tun, weil ich dauernd gestört wurde* **3** **etwas (für jemanden/etwas) tun** aktiv werden, um jemandem zu helfen oder um etwas zu bewirken ⟨alles Erdenkliche, sein Möglichstes tun; tun, was man kann⟩ | *Hier wird viel zu wenig für Behinderte getan* | *Der Verkäufer sagte: „Was kann ich für Sie tun?"* **4** **etwas (gegen jemanden/etwas) tun** aktiv werden, um eine Person oder Sache zu bekämpfen, etwas zu verhindern oder zu beseitigen | *Wir müssen endlich etwas (gegen dieses Problem) tun* **5** **(jemandem) etwas tun** *gesprochen* eine Person oder sich selbst verletzen, zu jemandem böse sein ⟨jemandem ein Leid tun⟩ | *Bitte, tu mir nichts!* | *Hast du dir bei dem Sturz was getan?* | *Keine Angst, der Hund tut nichts!* **6** **etwas irgendwohin tun** *gesprochen* etwas irgendwohin legen, stellen o. Ä. | *Kleider in einen Koffer tun* | *Tu deine Spielsachen dahin, wo sie hingehören!* **7** **jemanden irgendwohin tun** *gesprochen* eine Person, die nicht selbst darüber entscheiden kann, irgendwohin bringen, damit sie dort bleibt ⟨jemanden in ein Heim, ein Altersheim tun⟩ **8** **etwas tun** verwendet zusammen mit einem Substantiv, um ein Verb zu umschreiben | *eine Äußerung tun* (etwas äußern) | *einen Blick irgendwohin tun* (irgendwohin sehen) | *einen Fall tun* (fallen) | *etwas tut einen Knall* (etwas knallt) | *einen Schrei tun* (schreien) | *einen Sprung tun* (springen) | *etwas tut (seine) Wirkung* (etwas wirkt) H Die meisten dieser Umschreibungen gehören eher zur gesprochenen Sprache, wenige eher zur geschriebenen Sprache **9** **es/was tun** verwendet, um ein schon genanntes Verb nicht zu wiederholen (um so zu betonen, dass die Handlung ausgeführt oder auch nicht ausgeführt) wurde | *Er wollte sie besuchen, tat es aber doch nicht* | *Ich bat sie, mir zu helfen, was sie dann auch tat* | *Ich überlege mir, ob ich kündigen soll, und wahrscheinlich tue ich es auch* **10** **Personen tun es** *gesprochen!* Personen oder Tiere haben Sex **11** **etwas tut es** *gesprochen* etwas erfüllt den gewünschten Zweck, ist ausreichend | *Ein Regenmantel wäre gut, aber ein Schirm tuts auch* | *Für die Gartenarbeit tuts diese alte Jacke noch* **12** **etwas tut es** *gesprochen* etwas funktioniert | *Der Kühlschrank tut es nicht mehr so recht* **13** **irgendwie tun** sich so benehmen, als ob etwas tatsächlich der Fall wäre (was es nicht ist) | *Er tat sehr interessiert, obwohl ihn das Thema langweilte* | *Bitte tun Sie ganz so, als wären Sie hier zu Hause* | *Sie tat so, als ob nichts geschehen wäre* | *Tu (doch) nicht so (unschuldig)!* (ich glaube dir nicht, dass du unschuldig bist) **14** **es tut sich (et)was/viel/wenig/nichts** *gesprochen* es geschieht etwas/viel/wenig/nichts | *Hier tut sich abends einfach nichts!* (hier ist es sehr langweilig) | *Hat sich in diesem Fall schon etwas getan?*

■ ID ▸Infinitiv mit zu: **jemand tut gut daran zu** +*Infinitiv* es ist gut, dass jemand etwas tut; **jemand täte gut daran zu** +*Infinitiv* jemand sollte etwas machen, weil es wichtig ist | *Du tätest besser daran zu lernen, statt hier herumzusitzen*; **jemandem ist es um etwas zu tun** jemand will etwas erreichen, findet etwas wichtig | *Mir ist es nicht darum zu tun,* *den Schuldigen zu bestrafen, sondern darum, dem Opfer zu helfen*; **(etwas) mit jemandem/etwas zu tun haben** [a] im Zusammenhang, in Beziehung mit jemandem/etwas stehen | *Haben die Stürme etwas mit dem Treibhauseffekt zu tun?* | *Ich habe mit dem Überfall nichts zu tun!* [b] mit jemandem/etwas Kontakt haben, sich (beruflich) mit etwas beschäftigen | *Sie hat in der Arbeit viel mit Computern zu tun* | *Ich will mit dir nichts mehr zu tun haben!* | *Hast du schon einmal mit der Polizei zu tun gehabt?*; **es mit jemandem/etwas zu tun haben** jemanden/etwas vor sich haben | *Wir haben es hier mit einem interessanten Problem zu tun* | *Du weißt wohl nicht, mit wem du es zu tun hast, sonst wärst du nicht so frech!*; **es mit etwas zu tun haben** *gesprochen* Schmerzen, Beschwerden an einem Körperteil haben ⟨es mit dem Herz, dem Magen, den Nieren, den Ohren zu tun haben⟩; **es mit jemandem zu tun bekommen/kriegen** *gesprochen* [a] Ärger mit jemandem bekommen [b] von jemandem bestraft werden; **jemand weiß, was er zu tun und zu lassen hat** [a] jemand verhält sich genau richtig [b] eine Person weiß, was von ihr erwartet wird;

▸Fragen und Ausrufe: **Was tust 'du hier?** *gesprochen* Warum bist du hier?; **Das 'tut man nicht!** Das ist schlechtes Benehmen;

▸andere Verwendungen: **Damit ist es nicht getan** Das ist nicht genug; **Das tut nichts** *gesprochen* Das ist nicht schlimm, schadet nicht, ist nicht wichtig; **ich kann tun, was ich will, …** Egal, was ich tue, es ändert nichts an einer Situation; **jemand kann tun und lassen, was er will** jemand kann alles machen, was er will; **Man tut, was man kann** verwendet als Antwort auf ein Lob für eine gute Leistung o. Ä.; **unter etwas tut es jemand nicht** *gesprochen* etwas ist das ist das Mindeste, was jemand verlangt, tut o. Ä. | *Unter 20 Euro die Stunde tut sie es nicht* | *Er tut es nicht unter drei Bier am Abend* (er trinkt mindestens drei Flaschen Bier); **Was tut man nicht alles (für jemanden/etwas)!** Man gibt sich viel Mühe, etwas zu erreichen/um nett zu jemandem zu sein

★ **tun**[2] HILFSVERB *mit Infinitiv* [1] *gesprochen* meist im Präsens oder im Präteritum verwendet, um ein anderes Verb zu betonen | *Lügen tu ich nie!* | *Er wusste die Antwort, aber sagen tat er sie nicht* [2] *besonders süddeutsch, gesprochen* verwendet, um den Konjunktiv II von Verben zu bilden | *Ich tät dir schon helfen, aber ich hab leider keine Zeit* [3] *Kindersprache* verwendet, um das Präsens von Verben zu bilden | *Tust du jetzt mit mir spielen?*

★ **Tun** *das*; (-s); *geschrieben* das, was jemand tut ⟨jemandes Tun missbilligen⟩

Tün·che *die*; (-, -n) eine helle Farbe aus Kalk, mit der man Wände streicht ● hierzu **tün·chen** VERB *(hat)*

tu·nen ['tju:nən] VERB (tunte, hat getunt) **etwas tunen** (meist den Motor eines Autos) so verändern, dass das Fahrzeug mehr Leistung bringt ● hierzu **Tu·ning** *das*

Tun·fisch *der* → Thunfisch

Tu·nicht·gut *der*; (-(e)s, -e); *gesprochen* eine Person, die Unfug macht

Tun·ke *die*; (-, -n); *norddeutsch* Soße

tun·ken VERB (tunkte, hat getunkt) **etwas in etwas** *(Akkusativ)* **tunken** ≈ *(ein)tauchen* | *den Pinsel in die Farbe tunken*

tun·lich ADJEKTIV *meist prädikativ; geschrieben* ≈ *ratsam, zweckmäßig* | *Er hielt es für tunlich, keinen Lärm zu machen*

tun·lichst ADVERB; *geschrieben* auf jeden Fall, unbedingt ⟨etwas tunlichst vermeiden⟩ | *Er sollte tunlichst keinen Alkohol mehr trinken*

★ **Tun·nel** *der*; (-s, -) durch einen Tunnel kann man durch einen Berg oder unter einer Straße usw. hindurchfahren [K] Straßentunnel, Eisenbahntunnel

Tun·nel·blick *der*; *oft abwertend* wenn eine Person einen Tunnelblick hat, dann konzentriert sie sich auf einen kleinen Teil einer Situation oder auf einen einzigen Aspekt eines Problems. Das kann von Vorteil sein, aber auch schlecht sein

Tun·te *die*; (-, -n); *gesprochen* ⚠ [1] verwendet als negative Bezeichnung für eine (meist langweilige, unattraktive) Frau [!] als sexistisches Wort empfunden [2] verwendet als negative Bezeichnung für einen homosexuellen Mann, der sich wie eine Frau benimmt ● hierzu **tun·tig** ADJEKTIV

Tüp·fel·chen *das*; (-s, -) **das Tüpfelchen auf dem i** *oft ironisch* das kleine Detail, das eine Sache perfekt macht

tup·fen VERB (tupfte, hat getupft) [1] **etwas auf etwas tupfen** meist eine Flüssigkeit auf eine Stelle bringen, indem man diese mehrmals leicht berührt | *Jod auf die Wunde tupfen* [2] **(jemandem) etwas von etwas tupfen** etwas von einer Stelle entfernen, indem man diese Stelle (z. B. mit einem Tuch) mehrmals berührt | *Er tupfte sich den Schweiß von der Stirn* [3] **(jemandem) auf/an etwas tupfen** (jemandem) irgendwohin tippen

Tup·fen *der*; (-s, -) ein kleiner runder Punkt (als Teil eines Musters o. Ä.) | *ein weißer Rock mit blauen Tupfen*

Tup·fer *der*; (-s, -) [1] meist ein Stück Watte oder ein kleines Stück Stoff, mit dem man eine Flüssigkeit entfernen kann [K] Wattetupfer [2] *gesprochen* ≈ *Tupfen*

★ **Tür** *die*; (-, -en) durch eine Tür kann man in ein Haus oder Zimmer gehen, in ein Fahrzeug steigen, etwas in einen Schrank tun usw. ⟨die Tür öffnen, schließen; die Tür schließt nicht/schlecht⟩ [K] Türflügel, Türklingel, Türpfosten, Türrahmen, Türschild, Türschloss, Türschwelle; Autotür, Gartentür, Haustür, Ofentür, Schranktür, Wohnungstür, Zimmertür

■ ID ▸Präposition plus Tür: **mit der Tür ins Haus fallen** sich mit einem Problem, meist einer Bitte, sehr direkt an jemanden wenden; **jemanden vor die Tür setzen** [a] jemandem den Arbeitsplatz oder die Mietwohnung kündigen [b] jemanden (mit scharfen Worten oder Gewalt) zwingen, eine Wohnung, ein Haus o. Ä. zu verlassen; **etwas steht vor der Tür** etwas wird bald da sein | *Weihnachten steht vor der Tür*; **etwas zwischen Tür und Angel besprechen** etwas kurz, in Eile besprechen;

▸andere Verwendungen: **etwas** *(Dativ)* **Tür und Tor öffnen** eine negative Entwicklung ermöglichen; **Du rennst offene Türen ein** du brauchst nichts mehr zu sagen, ich bin sowieso deiner Meinung; **jemandem die Tür weisen** eine Person auffordern, das Haus, die Wohnung oder das Zimmer zu verlassen (weil man sie nicht mehr sehen will)

Tür·an·gel *die* die Teile aus Metall am Rahmen einer Tür, an die man die Tür hängt

Tur·ban *der*; (-s, -e) ein langer Schal, den sich Männer (z. B. in Indien) um den Kopf winden

Tur·bi·ne *die*; (-, -n) eine Maschine, mit der man aus strömendem Wasser, Dampf oder Gas Energie gewinnt [K] Turbinenantrieb

Tur·bo *der*; (-s, -s); *gesprochen* ein Turbomotor oder ein Auto mit Turbomotor ⟨den Turbo einschalten⟩

Tur·bo- *im Substantiv, betont, begrenzt produktiv* [1] **Turboantrieb, Turbodiesel, Turbogenerator, Turbomaschine** *und andere* drückt aus, dass die genannte Maschine oder der Motor besonders leistungsfähig und stark ist [2] *auch abwertend* **Turboabitur, Turbokapitalismus, Turbotempo; turbogeil, turboschnell** *und andere* drückt aus, dass etwas besonders (oder auch viel zu) groß, schnell oder leistungsfähig ist | *den Turbogang einlegen und die Schule in Rekordzeit absolvieren* | *hochgezüchtete Turbokühe für die Billig-*

milchproduktion

Tur·bo·mo·tor *der* ein Motor eines Autos oder Flugzeugs, dessen Kraft durch eine Düse verstärkt wird

tur·bu·lent ADJEKTIV ⟨Szenen⟩ so, dass viele (aufgeregte, schreiende o. Ä.) Menschen da sind

Tur·bu·len·zen *die; Plural* **1** starke Strömungen in der Luft **2** turbulente Ereignisse

-tü·rig *im Adjektiv, unbetont, nicht produktiv* **zweitürig, dreitürig, doppeltürig** *und andere* mit der genannten Zahl von Türen | *ein viertüriges Auto*

tür·ken VERB (türkte, hat getürkt); *gesprochen* ⚠ **etwas türken** ≈ *fälschen, fingieren* | *getürkte Papiere* **H** von manchen Leuten als diskriminierend empfunden

Tür·kis *der;* (-es, -e) **1** ein Halbedelstein mit einer hellen, blaugrünen Farbe **2** *nur Singular* die helle, blaugrüne Farbe, die ein Türkis hat • zu (2) **tür·kis** ADJEKTIV

★ **Tür·klin·ke** *die* ein beweglicher Griff, mit dem eine Tür geöffnet und geschlossen werden kann

★ **Turm** *der;* (-(e)s, Tür·me) **1** ein hohes, aber schmales Bauwerk, das z. B. zu einer Kirche, einer Burg oder einem Schloss gehört **K** Turmbau, Turmuhr, Turmzimmer; Kirchturm **2** eine der beiden Figuren beim Schachspiel, die bei der Aufstellung in der hinteren Reihe ganz rechts und links stehen **3** Kurzwort für *Sprungturm*

tür·men VERB VERB (türmte, hat/ist getürmt) **1** **Dinge türmen sich (irgendwo)** *(hat)* Dinge bilden einen hohen Stapel | *Auf dem Schreibtisch türmten sich die Papiere* **2** *gesprochen (ist)* ≈ *fliehen, weglaufen* | *Er ist aus dem Gefängnis getürmt*

turm·hoch ADJEKTIV **1** sehr hoch ⟨Brecher, Wellen⟩ **2** *gesprochen meist adverbiell* mit großem Abstand, Unterschied ⟨turmhoch gewinnen; jemandem turmhoch überlegen sein⟩ ≈ *haushoch*

Turn·an·zug *der* ein einteiliges Kleidungsstück, das Frauen beim Turnen tragen

tur·nen VERB (turnte, hat/ist geturnt) **1** **(etwas) (an etwas** *(Dativ)*) **turnen** *(hat)* gymnastische Übungen an Geräten oder am Boden machen ⟨eine Übung turnen; am Barren, an den Ringen turnen⟩ **2** **irgendwohin turnen** *(ist)* geschickt und schnell irgendwohin klettern | *Die Kinder turnten über die Mauer* | *Die Affen turnen durch die Bäume*

Tur·nen *das;* (-s) **1** ein Sport, bei dem an Geräten und am Boden gymnastische Übungen gemacht werden **K** Turngerät, Turnhalle, Turnhemd, Turnverein; Bodenturnen, Geräteturnen **2** das Turnen als Unterrichtsfach in der Schule **K** Turnlehrer, Turnnote, Turnstunde • zu (1) **Tur·ner** *der;* zu (1) **Tur·ne·rin** *die;* zu (1) **tur·ne·risch** ADJEKTIV

★ **Tur·nier** *das;* (-s, -e) **1** ein sportlicher Wettbewerb mit mehreren Wettkämpfen (meist in mehreren Runden) **K** Turnierpferd, Turnierreiter, Turnierschach, Turnierspiel, Turniersieg, Turniersieger, Turnierteilnehmer; Reitturnier, Schachturnier, Skatturnier **2** *historisch* ein Wettkampf zwischen Rittern

★ **Turn·schuh** *der* ein leichter Schuh aus Stoff oder Leder mit einer Gummisohle, den man beim Sport oder in der Freizeit trägt ■ **ID fit wie ein Turnschuh** *gesprochen, humorvoll* sehr fit

TURNSCHUH

Tur·nus *der;* (-, -se) ein Zeitraum, nach dem etwas wieder geschehen oder getan werden muss | *Die Abgeordneten werden im Turnus von vier Jahren in das Parlament gewählt* **K** Turnusregelung, turnusgemäß, turnusmäßig

Turn·ver·ein *der; veraltend* ≈ *Sportverein* **H** Abkürzung: *TV*

Turn·zeug *das; gesprochen* die Kleidung, die man beim Sport oder beim Turnen trägt

Tür·öff·ner *der* ein Knopf, auf den man drückt, damit sich eine Tür öffnet oder öffnen lässt. Man hört dann an der Tür ein Summen

Tür·stock *der; süddeutsch* Ⓐ der Holzrahmen einer Tür

tur·teln VERB (turtelte, hat geturtelt) **eine Person turtelt mit jemandem; Personen turteln** *veraltend* zwei Personen verhalten sich zärtlich oder auffallend verliebt

Tusch *der;* (-(e)s, -e) ein kurzer, lauter Akkord, mit dem eine Musikkapelle die Zuhörer auf etwas aufmerksam macht ⟨einen kräftigen Tusch spielen⟩

Tu·sche *die;* (-, -n) eine besondere, meist schwarze Tinte, die zum Schreiben und Zeichnen verwendet wird **K** Tuschfarbe, Tuschzeichnung; Tuschefüller

tu·scheln VERB (tuschelte, hat getuschelt) **Personen tuscheln (über jemanden/etwas)** *meist abwertend* zwei oder mehrere Personen unterhalten sich heimlich und flüsternd miteinander

tu·schen VERB (tuschte, hat getuscht) **1** **etwas tuschen** etwas mit Tusche zeichnen oder schreiben **2** **sich** *(Dativ)* **die Wimpern tuschen** sich mit Wimperntusche die Wimpern färben

Tus·se *die;* (-, -n), **Tus·si** *die;* (-, -s); *gesprochen, abwertend* **1** eine junge Frau **H** Die Variante *Tusse* wird vor allem von jungen Leuten gebraucht, die sich gern aggressiv ausdrücken. **2** die Freundin eines Mannes

tut! verwendet, um das Geräusch einer Hupe zu bezeichnen

★ **Tü·te** *die;* (-, -n) Tüten sind aus Papier oder Plastikfolie und man tut z. B. beim Einkaufen Dinge hinein **K** Bonbontüte, Obsttüte; Papiertüte, Plastiktüte ■ **ID Das kommt nicht in die Tüte!** *gesprochen* Das kommt nicht infrage!

TÜTE

tu·ten VERB (tutete, hat getutet); *gesprochen* **etwas tutet** ein Schiff oder Zug warnt mit einem akustischen Signal davor, dass es/er kommt ■ **ID jemand hat von Tuten und Blasen keine Ahnung** *gesprochen, abwertend* jemand versteht von etwas überhaupt nichts

TÜV [tyf] *der;* (-) Technischer Überwachungsverein **1** eine Institution in Deutschland, welche die Sicherheit von technischen Geräten überprüft ⟨der TÜV prüft, bemängelt, bescheinigt, überwacht etwas⟩ | *das Auto beim TÜV vorführen* **K** TÜV-geprüft **2** die vorgeschriebene regelmäßige Prüfung von Fahrzeugen, die der TÜV durchführt ⟨bei einem Fahrzeug den TÜV abnehmen, durchführen; der TÜV ist fällig; zum TÜV müssen⟩ | *Der TÜV ist abgelaufen* (Das Fahrzeug muss wieder zur Prüfung) | *Das Auto kommt bestimmt nicht mehr durch den TÜV* (wird die Sicherheitsprüfung wohl nicht bestehen) **K** TÜV-Plakette

★ **TV¹** [teːˈfau̯] *der;* (-) Turnverein verwendet als Teil des Namens von Sportvereinen

★ **TV²** [teːˈfau̯, tiːˈviː] *das;* (-) Television das Fernsehen **K** TV-Gerät

Twen *der;* (-(s), -s) *veraltend* eine Person im Alter von 20 bis 29 Jahren | *Teens und Twens*

twit·tern VERB (twitterte, hat getwittert) **(etwas) twittern** eine kurze Nachricht über das Internet (mit dem Dienst Twitter®) verschicken

★ **Typ** [tyːp] *der;* (-s, -en) **1** eine Art von Menschen oder Dingen, die charakteristische Merkmale oder Eigenschaften gemeinsam haben | *Er ist der Typ von Mann, in den sich die Frauen gleich verlieben* **2** eine Art von (meist technischen) Gegenständen, die durch charakteristische Merkmale von ähnlichen Arten unterschieden sind ≈ *Modell* | *Unsere Techniker entwickeln einen ganz neuen Typ* **K** Typenbezeichnung **3** *gesprochen* verwendet als Bezeichnung für einen Mann ⟨ein mieser, blöder, toller, irrer Typ⟩ ■ **ID Ich bin nicht der Typ dazu/dafür** das liegt mir nicht, das mache ich nicht gern; **eine Person ist jemandes Typ** *gesprochen* eine Person gefällt jemandem; **Dein Typ wird verlangt** *gesprochen* jemand möchte dich sprechen

Ty·pe ['ty:pə] *die;* (-, -n) **1** eine Form mit einem (spiegelverkehrten) Buchstaben, Symbol o. Ä. darauf, die beim Druck eines Buches, einer Zeitung o. Ä. verwendet wird **2** *gesprochen, oft abwertend* verwendet als Bezeichnung für eine Person, die sich seltsam verhält ⟨eine komische Type⟩ **3** *besonders* Ⓐ ≈ *Typ*

Ty·phus ['ty:fʊs] *der;* (-) eine schwere Infektionskrankheit, bei der man Flecken auf der Haut, Fieber und Durchfall bekommt

★ **ty·pisch** ['ty:-] ADJEKTIV **typisch (für jemanden/etwas)** so, wie man es von jemandem/etwas erwartet ⟨ein Beispiel, ein Verhalten⟩ | *Er ist ein typischer Lehrer* | *Typisch Monika, sie kommt mal wieder zu spät!* | *Nadelbäume sind typisch für diese Gegend*

ty·pi·sie·ren (typisierte, hat typisiert) **jemanden/etwas typisieren** Menschen/Dinge nach gemeinsamen Merkmalen in Gruppen ordnen

Ty·po·lo·gie *die;* (-, -n [-'gi:ən]) die Einteilung von Menschen, Tieren oder Gegenständen nach bestimmten Eigenschaften • hierzu **ty·po·lo·gisch** ADJEKTIV

Ty·pus ['ty:-] *der;* (-, Ty·pen); *geschrieben* ≈ *Typ*

Ty·rann *der;* (-en, -en) **1** *abwertend* ein autoritärer Mensch, der andere Leute zwingt, das zu tun, was er will **2** *historisch* ein (meist grausamer) Herrscher, der nur nach dem eigenen Willen regiert **K** Tyrannenherrschaft **H** *der Tyrann; den, dem, des Tyrannen* • hierzu **Ty·ran·nin** *die;* **ty·ran·nisch** ADJEKTIV

Ty·ran·nei *die;* (-) **1** autoritäres, tyrannisches Verhalten | *jemandes Tyrannei nicht mehr ertragen können* **2** die Herrschaft durch einen Tyrannen ⟨ein Land, ein Volk aus der Tyrannei befreien, führen⟩

ty·ran·ni·sie·ren VERB (tyrannisierte, hat tyrannisiert); *abwertend* **jemanden tyrannisieren** eine Person quälen, indem man sie immer wieder dazu zwingt, das zu tun, was man will

U

U, u [u:] *das;* (-, -/*gesprochen auch* -s) der einundzwanzigste Buchstabe des Alphabets ⟨ein großes U; ein kleines u⟩

Ü, ü [y:] *das;* (-, -/*gesprochen auch* -s) der Umlaut des u ⟨ein großes Ü; ein kleines ü⟩

u. a. **1** Abkürzung für *und andere(s)* **2** Abkürzung für *unter anderem/anderen*

★ **U-Bahn** *die; gesprochen* **Un·ter·grund|bahn** *die* ein Fahrzeug für den öffentlichen Verkehr in Großstädten, das unter der Erde auf Schienen fährt ⟨mit der U-Bahn fahren; die U-Bahn nehmen⟩ **K** U-Bahn-Netz, U-Bahn-Station

★ **übel** ADJEKTIV (übler, übelst-) **1** unangenehm (für Nase oder Mund) ⟨ein Geruch, ein Geschmack, ein Beigeschmack; etwas riecht, schmeckt übel⟩ | *übel riechende Abfälle* **K** übelriechend **H** *übel → ein übler Gestank* **2** so, dass es Nachteile für jemanden bringt ⟨eine Lage, eine Situation; etwas geht übel aus⟩ **3** böse und gemein ⟨Schimpfwörter; jemandem übel mitspielen; jemanden übelst/auf übelste Weise beschimpfen⟩ ≈ *schlimm* **4** ohne Moral, gefährlich für andere Leute ⟨ein Bursche⟩ ≈ *schlecht* | *in üble Gesellschaft geraten* **5** **jemandem ist übel** jemand hat das Gefühl, sich erbrechen zu müssen **6** **(jemandem) etwas übel nehmen** eine Tat oder das Verhalten einer Person nicht verzeihen | *Sie nahm (es) ihm übel, dass er sie belogen hatte* **7** **übel gelaunt** in einer sehr schlechten Stimmung ■ **ID übel dran sein** *gesprochen* in einer schlimmen Situation sein; **nicht übel Lust haben zu** *+Infinitiv gesprochen* etwas sehr gern tun wollen (was man eigentlich nicht darf oder kann) | *Ich hätte nicht übel Lust, dem frechen Kerl eine Ohrfeige zu geben;* **Nicht übel!** *gesprochen* Das ist gut!

Übel *das;* (-s, -) **1** etwas, das unangenehm oder schlimm ist | *das Übel der Arbeitslosigkeit bekämpfen* **2** *geschrieben* ≈ *Krankheit, Leiden* | *an einem unerträglichen Übel leiden* **3** **das kleinere Übel** die bessere von zwei schlechten Möglichkeiten ⟨das kleinere Übel wählen; etwas ist das kleinere Übel⟩ **4** **etwas ist ein notwendiges Übel** etwas muss man ertragen, obwohl man eigentlich nicht will

übel·ge·launt ADJEKTIV ≈ *übel gelaunt*

Übel·keit *die;* (-, -en); *meist Singular* das Gefühl, dass es einem körperlich schlecht geht, dass man sich erbrechen muss

übel·neh·men VERB ≈ *übel nehmen*

Übel·tä·ter *der; oft humorvoll* eine Person, die etwas Schlechtes getan hat • hierzu **Übel·tä·te·rin** *die*

★ **üben** VERB (übte, hat geübt) **1** **(etwas) üben** etwas immer wieder tun, um es zu lernen, damit man es dann gut kann | *Sie übt jeden Tag (zwei Stunden Klavier)* | *Handstand üben* **2** **etwas üben** *geschrieben* verwendet zusammen mit einem Substantiv, um ein Verb zu umschreiben | *(an jemandem/etwas) Kritik üben* (jemanden/etwas kritisieren) | *(an jemandem) Rache üben* (sich an jemandem rächen) **3** **Gerechtigkeit/Nachsicht/Rücksicht (gegen jemanden) üben** *geschrieben* gerecht, nachsichtig oder rücksichtsvoll gegenüber jemandem sein **4** **sich in Geduld üben** *geschrieben* geduldig sein

★ **über**[1] PRÄPOSITION

▸Ort: **1** *mit Dativ* nennt eine Lage oder Position an einer höheren Stelle als die genannte Sache/Person ↔ *unter* | *Das Bild hängt über dem Schreibtisch* | *Über der Blüte schwebt ein Schmetterling* | *Er wohnt in der Etage über uns* **H** → Abb. **Präpositionen** **2** *mit Akkusativ* nennt die

U

Richtung einer Bewegung hin zu einer höher gelegenen Stelle ↔ *unter* | *Er hängte ein Bild über die Couch* → Abb. **Präpositionen** **3** *mit Akkusativ* nennt einen Verlauf oder eine Bewegung von einer Seite zur anderen oder von oben nach unten | *Er ging über den Hof* | *ein Riss quer über die Tischplatte* | *Sie strich ihm über den Rücken* | *Tränen liefen ihr über die Wangen* **4** *mit Dativ* nennt eine Lage auf einer Sache, die völlig oder teilweise bedeckt wird ↔ *unter* | *Er trägt einen Pullover über dem Hemd* | *Schnee lag über den Feldern* **5** *mit Akkusativ* drückt aus, dass durch einen Vorgang eine Sache völlig oder teilweise bedeckt wird ↔ *unter* | *Sie breitete ein Tuch über den Tisch* | *Zucker über die Beeren streuen* **6** *mit Akkusativ* nennt eine Bewegung oder Größe höher als der höchste Punkt der genannten Sache/Person | *Sie sprang über den Zaun* | *Der Baum ragt weit über das Haus hinaus* **7** *mit Akkusativ* nennt einen Ort, durch den man auf dem Weg zu einem Ziel kommt oder an dem man vorbeifährt | *Der Zug fährt über Ulm nach Stuttgart* **8** *mit Akkusativ* drückt aus, dass etwas an der genannten Stelle nicht aufhört, eine Grenze überschreitet | *Er lief einige Meter über das Ziel hinaus* | *Der Fluss trat über die Ufer* | *Der Rock geht bis über das Knie*

▸Zeit: **9** *mit Akkusativ* nennt die Zeit, für die etwas gilt | *über Ostern verreisen* | *Kann ich heute über Nacht bei euch bleiben?* **10** *mit Akkusativ* nennt eine zeitliche Grenze, die überschritten wird | *Sie ist über das Alter hinaus, in dem man mit Puppen spielt* **11** *mit Dativ* nennt einen Vorgang, während dem etwas geschieht ↔ *bei* | *Über ihrer Häkelarbeit schlief sie ein* | *Über dem Telefonanruf habe ich völlig vergessen, dass ich Milch auf dem Herd stehen hatte*

▸Niveau, Rang: **12** *mit Dativ* in einer Reihenfolge oder Hierarchie höher als die genannte Person/Sache ↔ *unter* | *Über ihm ist nur noch die Chefin selbst* **13** *mit Dativ* drückt aus, dass ein Wert oder Niveau höher ist als das Genannte ↔ *unter* | *Temperaturen über dem Gefrierpunkt* | *Ihre Leistungen liegen weit über dem Durchschnitt*

▸Menge, Zahl: **14** *mit Akkusativ* mit einem Betrag von | *eine Rechnung über zweihundert Euro ausstellen* **15** *mit Akkusativ* nennt eine Grenze, die überschritten wird ⟨etwas geht über jemandes Kraft, Verstand, Vorstellungsvermögen⟩ | *über alle Maßen* (viel mehr als normal) **16** **Erfolge über Erfolge, Fehler über Fehler, Probleme über Probleme** *und andere* drückt aus, dass eine Anzahl ungewöhnlich groß ist | *Sie bekam Geschenke über Geschenke zu ihrem Geburtstag* | *Bei der Tagung gab es Zwischenfälle über Zwischenfälle* **17** **ein Erfolg über den anderen, ein Mal über das andere** *und andere* drückt aus, dass etwas immer wieder vorkommt | *Wir mussten eine Krise über die andere bewältigen*

▸Thema: **18** *mit Akkusativ* nennt das Thema einer Sache | *Er spricht nicht gern über seine Gefühle* | *Die Kinder mussten einen Aufsatz über ihr schönstes Ferienerlebnis schreiben*

▸Grund: **19** *mit Akkusativ* nennt den Grund für etwas | *sich über jemanden/etwas ärgern* | *über einen Erfolg glücklich sein* | *die Trauer über jemandes Tod*

▸Weiterleitung: **20** *mit Akkusativ* nennt das Medium oder die Person, die eine Nachricht weiterleiten | *einen Sender über Kabel/Satellit empfangen* | *Ich bin nicht zu Hause, aber du kannst mich über das Handy erreichen* | *Schicken Sie mir das Ticket bitte über meine Sekretärin*

▸Machtverhältnis: **21** *mit Akkusativ* nennt die Person oder Sache, die in einer Beziehung schwächer oder abhängig ist | *über jemanden/etwas herrschen* | *über jemanden siegen* | *die Macht über jemanden/etwas*

★ **über²** ■ ADVERB **1** größer, mehr oder höher als der genannte Wert, die genannte Zahl ↔ *unter* | *Das Grundstück ist über 1000 Quadratmeter groß* | *Sie ist schon über achtzig Jahre alt* | *Ich warte seit über einer Stunde auf dich* **2** *Zeitangabe* + **über** verwendet, um eine Zeit zu nennen, während der etwas dauert oder getan wird | *Es regnete den ganzen Tag über* | *Er musste das ganze Wochenende über arbeiten* **3** **über und über** in großer Menge auf der ganzen Fläche verteilt | *Ihr Gesicht war über und über mit Sommersprossen bedeckt*

■ ADJEKTIV **4** **etwas über haben** *gesprochen* etwas übrig haben **5** **jemanden/etwas über haben** *gesprochen* jemanden/etwas nicht mehr mögen

★ **über-¹** (*im Verb, unbetont, nicht trennbar, sehr produktiv; Diese Verben werden so gebildet:* überspringen, übersprang, übersprungen) **1** **etwas überfliegen, überqueren, überschreiten, überspringen** *und andere* drückt aus, dass eine Bewegung von einem Punkt zum anderen über ein Gebiet hinweg führt | *Charles Lindbergh überflog den Atlantik* (Er flog (von New York nach Paris) über den Atlantik) **2** **etwas überdeckt, überflutet, überwuchert etwas; etwas überklеben, überziehen** *und andere* drückt aus, dass eine Fläche durch etwas bedeckt wird | *Als die Leitung platzte, war der Keller innerhalb weniger Minuten überschwemmt* (Der Keller stand nach wenigen Minuten unter Wasser) **3** **jemanden/etwas überbieten, überleben, überragen, übertönen; etwas überdauert etwas** *und andere* drückt aus, dass eine Person oder Sache größer, länger, stärker o. Ä. als eine andere ist | *Der Jubel der Fans übertönte die Ansage des Stadionsprechers* (Er war lauter als die Stimme des Stadionsprechers) **4** **etwas überladen, übersteigern; sich überanstrengen, überarbeiten; jemanden überfordern, überfüttern** *und andere* drückt aus, dass eine Handlung in zu hohem Maße geschieht | *Er überlud sein Auto* (Er lud mehr Dinge in sein Auto, als es transportieren kann oder darf) **5** **etwas überlesen, überhören; jemanden/etwas übersehen** *und andere* drückt aus, dass man jemanden/etwas (ohne Absicht) nicht bewusst liest, hört, sieht usw. | *Diese Stelle muss ich wohl überlesen haben* (Ich glaube, ich habe diese Stelle beim Lesen nicht gesehen) **6** **etwas überarbeiten, überdenken, überprüfen** *und andere* drückt aus, dass man etwas prüft, um es dann vielleicht besser zu machen | *Er wollte den zweiten Teil seines Vortrags noch einmal überarbeiten* (Er wollte diesen Teil prüfen und korrigieren)

★ **über-²** (*im Verb, betont und trennbar, begrenzt produktiv; Diese Verben werden so gebildet:* überhängen, hing über, übergehangen) **1** **etwas hängt, quillt, schäumt, schwappt, sprudelt über** *und andere* drückt aus, dass etwas über eine Grenze oder über einen Rand hinausgeht | *Die Milch kochte über* (Die kochende Milch lief über den Rand des Topfes) **2** **(irgendwohin) überlaufen, übertreten, überwechseln** *und andere* drückt aus, dass eine Handlung oder Bewegung von einer Seite zur anderen geht | *Er wechselte von der rechten auf die linke Fahrspur über* (Er verließ die rechte Fahrspur, dann fuhr er auf der linken weiter)

über-³ *im Adjektiv, betont, begrenzt produktiv* **überängstlich, übereifrig, überempfindlich, überkorrekt, überpünktlich** *und andere* verwendet, um zu sagen, dass etwas übertrieben oder extrem ist

Über- *im Substantiv, betont, begrenzt produktiv* **die Überbevölkerung, der Übereifer** *und andere* verwendet, um zu sagen, dass die Zahl oder Menge einer Sache zu groß ist | *das Überangebot an Waren*

★ **über·all, über·all** ADVERB **1** an jedem Ort | *Der laute Knall war überall zu hören* **2** in jeder Situation | *Du musst dich auch überall einmischen* **3** bei allen Leuten

über·all·her, **über·all·her** ADVERB ■ ID **von überallher** von allen Orten, aus allen Richtungen

★ **über·all·hin** ADVERB zu allen Orten, in alle Richtungen

über·al·tert ADJEKTIV **1** mit einem zu hohen Anteil alter Menschen (im Verhältnis zu den jungen) ⟨eine Bevölkerung⟩ **2** nicht mehr modern ≈ *veraltet* | *Die technischen Anlagen in unserem Betrieb sind überaltert* ● zu (1) **Über·al·te·rung** *die*

über·an·stren·gen VERB (überanstrengte, hat überanstrengt) **jemand überanstrengt sich/etwas**; **etwas überanstrengt jemanden** eine Person macht etwas, das sie zu sehr anstrengt (und ihr gesundheitlich schadet) ⟨die Augen, die Gelenke, das Herz überanstrengen⟩ | *Er hat sich beim Joggen überanstrengt* ● hierzu **Über·an·stren·gung** *die*

über·ant·wor·ten VERB (überantwortete, hat überantwortet); *geschrieben* **eine Person/Sache jemandem/etwas überantworten** einer Person oder Institution die Verantwortung für eine Person/Sache geben ⟨jemanden dem Gericht überantworten⟩ | *Die Kinder wurden Pflegeeltern überantwortet* ● hierzu **Über·ant·wor·tung** *die*

über·ar·bei·ten VERB (überarbeitete, hat überarbeitet) **1** **etwas überarbeiten** noch einmal an etwas arbeiten, um es besser zu machen ⟨einen Aufsatz, einen Text überarbeiten⟩ **2** **sich überarbeiten** so viel arbeiten, bis man erschöpft ist, die Gesundheit in Gefahr ist o. Ä. ● hierzu **Über·ar·bei·tung** *die*

über·ar·bei·tet ■ PARTIZIP PERFEKT **1** → überarbeiten ■ ADJEKTIV **2** geprüft und verbessert | *eine aktualisierte und inhaltlich überarbeitete Neuauflage* **3** von zu viel Arbeit sehr erschöpft und anfällig für Krankheiten | *Er ist total überarbeitet*

über·aus, **über·aus** ADVERB; *geschrieben* ≈ *sehr* | *überaus glücklich sein*

über·ba·cken VERB (überbäckt/überbackt, überbackte, hat überbacken) **etwas (mit etwas) überbacken** eine Speise mit einer Schicht Käse versehen und das Ganze dann im Ofen kurz backen | *den Auflauf mit Käse überbacken*

Über·bau *der*; (-s, -ten) die theoretische, ideologische Grundlage von Anschauungen

über·be·an·spru·chen VERB (überbeanspruchte, hat überbeansprucht) **jemanden/etwas überbeanspruchen** eine Person oder eine Maschine o. Ä. zu stark belasten ● hierzu **Über·be·an·spru·chung** *die*

Über·bein *das* ein (harter) Knoten unter der Haut (z. B. an der Hand oder am Fuß)

über·be·kom·men VERB (bekam über, hat überbekommen) **jemanden/etwas überbekommen** *gesprochen* jemanden/etwas (allmählich) nicht mehr mögen

über·be·lich·ten VERB (überbelichtete, hat überbelichtet) **etwas überbelichten** die Kamera so einstellen, dass der Film zu viel Licht bekommt ⟨einen Film überbelichten⟩ ● hierzu **Über·be·lich·tung** *die*

über·be·to·nen VERB (überbetonte, hat überbetont) **etwas überbetonen** etwas zu wichtig nehmen | *Wir sollten die Probleme nicht so überbetonen* ● hierzu **Über·be·to·nung** *die*

über·be·trieb·lich ADJEKTIV so, dass es nicht nur einen einzelnen Betrieb betrifft, sondern auch noch viele andere ⟨Tarifvereinbarungen⟩

Über·be·völ·ke·rung *die*; *nur Singular* eine zu hohe Anzahl von Menschen für ein begrenztes Gebiet

über·be·wer·ten VERB (überbewertete, hat überbewertet) **jemanden/etwas überbewerten** eine Person oder Sache für besser oder wichtiger nehmen, als sie ist ■ ID **etwas wird überbewertet** *gesprochen, humorvoll* verwendet, wenn man etwas sehr Wichtiges nicht erreichen, haben oder leisten kann | *„Ist wirklich gar nichts zum Essen da?" – „Ach, Essen wird überbewertet."* ● hierzu **Über·be·wer·tung** *die*

über·be·zahlt ADJEKTIV **1** mit zu hohem Lohn ⟨ein Manager, eine Stelle⟩ **2** *gesprochen* zu teuer | *Mit 8.000 Euro ist der Gebrauchtwagen überbezahlt*

über·bie·ten VERB (überbot, hat überboten) **1** **jemanden überbieten** (vor allem auf einer Auktion) mehr Geld für etwas bieten als eine andere Person **2** **jemanden/etwas (an etwas** (*Dativ*)**) überbieten** besser sein, mehr von etwas bieten als ein anderer ⟨einen Rekord überbieten⟩ | *An Frechheit ist er kaum zu überbieten!*

Über·bleib·sel *das*; (-s, -); *gesprochen* ≈ *Rest*

★ **Über·blick** *der* **1** **ein Überblick (über etwas** (*Akkusativ*)**)** die gute Aussicht von einer Stelle aus, die höher liegt als ihre Umgebung | *Von hier aus hat man einen guten Überblick über die ganze Stadt* **2** **ein Überblick (über etwas** (*Akkusativ*)**)** eine kurze Zusammenfassung einer Sache | *Dieses Buch gibt einen Überblick über die deutsche Geschichte* **3** *nur Singular* die Fähigkeit, wichtige Zusammenhänge zu erkennen ⟨jemandem fehlt der Überblick⟩

über·bli·cken VERB (überblickte, hat überblickt) **1** **etwas überblicken** gut über eine meist große Fläche sehen können | *vom Turm aus die ganze Stadt überblicken können* **2** **etwas überblicken** fähig sein, die Zusammenhänge einer Sache zu erkennen | *sein Fachgebiet überblicken*

über·bor·dend ADJEKTIV ⟨Begeisterung, Emotionen, Fantasie, Bürokratie⟩ ≈ *übermäßig*

über·bra·ten VERB (*hat*) ■ ID **jemandem einen/eine/eins überbraten** *gesprochen* **a** jemandem einen Schlag versetzen **b** über einen Gegner oder Konkurrenten triumphieren, ihn besiegen o. Ä.

über·breit ADJEKTIV breiter als normal ⟨Reifen⟩ ● hierzu **Über·brei·te** *die*

über·brin·gen VERB (überbrachte, hat überbracht) **jemandem etwas überbringen** *geschrieben* (als Bote) jemandem etwas sagen oder geben ⟨jemandem eine Nachricht, jemandes Glückwünsche, einen Brief, ein Geschenk überbringen⟩ ● hierzu **Über·brin·ger** *der*; **Über·brin·ge·rin** *die*; **Über·brin·gung** *die*

über·brü·cken VERB (überbrückte, hat überbrückt) **1** **etwas (mit etwas) überbrücken** eine Zeit, in der man auf etwas wartet, füllen, indem man etwas tut | *Sie überbrückte die Zeit bis zum Abflug mit Lesen* **2** **etwas (mit etwas) überbrücken** sich eine schwierige Zeit o. Ä. dadurch leichter machen, indem man sich (kurzfristig) Geld leiht **K** Überbrückungshilfe, Überbrückungskredit ● hierzu **Über·brü·ckung** *die*

Über·bu·chung *die* das Verfahren, mehr Plätze für einen Flug zu verkaufen als das Flugzeug hat, sodass manchmal nicht alle Personen mitfliegen können, die gebucht haben

über·da·chen VERB (überdachte, hat überdacht) **etwas überdachen** zum Schutz ein Dach über etwas bauen | *eine überdachte Terrasse* **H** meist im Passiv mit dem Hilfsverb *sein* ● hierzu **Über·da·chung** *die*

über·dau·ern VERB (überdauerte, hat überdauert) **etwas überdauert etwas** etwas hält trotz etwas, etwas bleibt über etwas hinaus erhalten | *Der Turm hat alle Stürme überdauert*

über·de·cken VERB (überdeckte, hat überdeckt) **1** **etwas überdeckt etwas** etwas liegt wie eine Decke auf etwas | *Schnee überdeckte das ganze Gebirge* **2** **etwas überdecken** ≈ *verbergen, verdecken* | *die gelbe Farbe durch die braune überdecken* ● zu (2) **Über·de·ckung** *die*

über·deh·nen VERB (überdehnte, hat überdehnt) **etwas überdehnen** etwas zu sehr dehnen ⟨einen Muskel, die Bänder überdehnen⟩ ● hierzu **Über·deh·nung** *die*

über·den·ken VERB (überdachte, hat überdacht) **etwas über-**

U

denken sehr genau über etwas nachdenken ⟨etwas noch einmal überdenken⟩
über·deut·lich ADJEKTIV sehr oder zu deutlich
über·dies, **über·dies** ADVERB; *geschrieben* ≈ *außerdem*
über·di·men·si·o·niert ADJEKTIV zu groß bemessen | *Ist die Portion nicht etwas überdimensioniert?*
Über·do·sis *die* eine zu große Menge meist von einem Medikament oder von Drogen | *eine Überdosis (von/an) Heroin* ● hierzu **über·do·sie·ren** VERB *(hat)*
über·dre·hen VERB (überdrehte, hat überdreht) **etwas überdrehen** durch zu starkes Drehen etwas kaputt machen | *die Feder einer Uhr überdrehen* ● hierzu **Über·dre·hung** *die*
über·dreht ■ PARTIZIP PERFEKT **1** → überdrehen
■ ADJEKTIV **2** *gesprochen* so munter und lebhaft, dass es andere Personen anstrengend finden | *Nach der Geburtstagsfeier waren die Kinder völlig überdreht*
Über·druck *der*; (-(e)s, Über·drü·cke); *meist Singular* ein zu starker Luftdruck ↔ *Unterdruck* | *ein Reifen mit Überdruck* K Überdruckkabine, Überdruckventil
Über·druss *der*; (-es) **Überdruss (an etwas** *(Dativ)***)** das Gefühl, genug von einer Person/Sache zu haben, sodass man sie nicht mehr mag und deshalb lästig findet ⟨Überdruss an der Arbeit, am Leben⟩ | *Ich musste mir ihre Vorwürfe bis zum Überdruss anhören* | *Zu allem Überdruss fing es auch noch zu regnen an* K Lebensüberdruss
über·drüs·sig ADJEKTIV **1** **jemandes/etwas überdrüssig sein** *geschrieben* jemanden/etwas nicht mehr mögen, als lästig empfinden **2** **jemandes/etwas überdrüssig werden** jemanden/etwas allmählich als lästig empfinden | *Er wurde ihrer überdrüssig* | *Sie wurde des Alleinseins überdrüssig*
über·dün·gen VERB (überdüngte, hat überdüngt) **etwas überdüngen** zu viel Dünger auf etwas geben | *ein Feld überdüngen* ● hierzu **Über·dün·gung** *die*
über·durch·schnitt·lich ADJEKTIV besser als normal | *überdurchschnittliche Leistungen in der Schule*
über·eck ADVERB quer vor einer Ecke ⟨etwas steht übereck; etwas übereck legen, stellen⟩ | *Die Bank steht übereck*
Über·ei·fer *der*; *meist abwertend* zu großer Eifer | *im Übereifer etwas Unvorsichtiges tun* ● hierzu **über·eif·rig** ADJEKTIV
über·eig·nen VERB (übereignete, hat übereignet) **jemandem etwas übereignen** *geschrieben* jemandem etwas zum Eigentum geben (z. B. durch ein Testament) ● hierzu **Über·eig·nung** *die*
über·ei·len VERB (übereilte, hat übereilt) **etwas übereilen** etwas zu schnell tun, ohne an die Konsequenzen zu denken | *einen Entschluss übereilen* | *eine übereilte Entscheidung*
★ **über·ei·nan·der** ADVERB eine Person/Sache über die andere oder über der anderen | *Es ist so kalt, da ziehe ich zwei Pullover übereinander an*
über·ei·nan·der- (*im Verb, betont und trennbar, wenig produktiv; Diese Verben werden so gebildet:* übereinanderstapeln, stapelte übereinander, übereinandergestapelt) **übereinanderlegen, übereinanderschichten, übereinanderstehen** *und andere übereinander-* drückt aus, dass sich eine Person/Sache auf oder über der anderen befindet, sich dorthin bewegt oder dorthin bewegt wird | *Klötze übereinanderstellen* | *Bücher liegen übereinander*
über·ei·nan·der·schla·gen VERB *(hat)* **die Beine übereinanderschlagen** beim Sitzen ein Bein über das andere legen
über·ein·kom·men VERB (kam überein, ist übereingekommen) **mit jemandem übereinkommen zu** *+Infinitiv geschrieben* sich mit jemandem einigen, etwas zu tun | *Sie kamen überein, einen neuen Vertrag zu schließen*
Über·ein·kunft *die*; (-, Über·ein·künf·te); *geschrieben* ⟨eine Übereinkunft treffen; zu einer Übereinkunft (mit jemandem) kommen⟩ ≈ *Einigung, Vereinbarung*
★ **über·ein·stim·men** VERB (stimmte überein, hat übereingestimmt) **1** **mit jemandem (in etwas** *(Dativ)***) übereinstimmen** dieselbe Meinung haben wie eine andere Person | *Wir stimmen in allen wesentlichen Punkten überein* **2** **etwas stimmt mit etwas überein**; **Dinge stimmen überein** zwei Dinge sind gleich oder sehr ähnlich, unterscheiden sich nicht oder wenig | *Die Aussagen der Zeugen stimmten völlig überein* ● hierzu **Über·ein·stim·mung** *die*
über·emp·find·lich ADJEKTIV zu empfindlich, zu sensibel | *Sie reagiert überempfindlich auf Kritik* ● hierzu **Über·emp·find·lich·keit** *die*
über·es·sen VERB (überisst sich, überaß sich, hat sich übergessen) **sich (an etwas** *(Dativ)***) überessen** zu viel (von etwas) essen und deshalb das Gefühl haben, dass man sich erbrechen muss oder dass man die genannte Speise nicht mehr mag | *Im Urlaub haben wir uns an Pilzen übergessen*
★ **über·fah·ren** VERB (überfährt, überfuhr, hat überfahren) **1** **jemanden überfahren** (mit einem Auto, einem LKW, einem Bus o. Ä.) über einen Menschen oder ein Tier fahren und dabei verletzen oder töten **2** **etwas überfahren** beim Autofahren ein Verkehrszeichen nicht beachten, nicht stehen bleiben o. Ä. ⟨eine rote Ampel, ein Haltesignal, ein Vorfahrtsschild überfahren⟩ **3** **jemanden überfahren** eine Person (meist durch einen überraschenden Vorschlag o. Ä.) dazu bringen oder zwingen, eine schnelle Entscheidung zu treffen o. Ä., bei der sie selbst einen Schaden hat ⟨jemanden bei Verhandlungen überfahren⟩
Über·fahrt *die* eine Fahrt auf einem Schiff von einer Seite eines Gewässers zur anderen ⟨eine ruhige, stürmische Überfahrt⟩ | *die Überfahrt von Calais nach Dover*
★ **Über·fall** *der* **1** **ein Überfall (auf jemanden/etwas)** ein plötzlicher Angriff mit Waffen K Banküberfall, Raubüberfall **2** *humorvoll* ein Besuch, bei dem sich der Besucher vorher nicht angemeldet hat
★ **über·fal·len** VERB (überfällt, überfiel, hat überfallen) **1** **jemanden/etwas überfallen** jemanden/etwas plötzlich angreifen und mit Waffen bedrohen (meist um etwas zu rauben) ⟨eine Bank, ein Land überfallen⟩ | *Sie ist nachts überfallen worden* **2** **jemanden überfallen** *humorvoll* jemanden besuchen, ohne sich vorher anzumelden **3** **jemanden mit etwas überfallen** eine Person mit einer Bitte, einem Wunsch o. Ä. so überraschen, dass sie nicht darüber nachdenken kann ⟨jemanden mit einer Bitte, einer Frage, einem Vorschlag überfallen⟩ **4** **etwas überfällt jemanden** ein Gefühl o. Ä. entsteht plötzlich in jemandem ⟨Angst, Müdigkeit überfällt jemanden⟩
über·fäl·lig ADJEKTIV **1** **etwas ist überfällig** etwas ist nicht zum erwarteten (fahrplanmäßigen) Zeitpunkt angekommen ⟨ein Flugzeug, ein Schiff ist überfällig⟩ **2** zur richtigen Zeit noch nicht bezahlt o. Ä. ⟨eine Rechnung, ein Wechsel⟩ **3** so, dass es schon lange hätte getan werden sollen | *„Ich habe ihm endlich meine Meinung gesagt." – „Das war überfällig!"*
Über·fall·kom·man·do *das* eine Gruppe von Polizisten, die für schnelle Einsätze ausgebildet sind, bei denen Gewalt zu erwarten ist
über·fi·schen VERB (überfischte, hat überfischt) **etwas überfischen** in einem Gewässer zu viele Fische fangen, sodass dort zu wenig Fische übrig bleiben ● hierzu **Über·fi·schung** *die*
über·flie·gen VERB (überflog, hat überflogen) **1** **etwas überfliegen** (mit einem Flugzeug) über ein Gebiet fliegen

U

| *den Atlantik überfliegen* **2** **etwas überfliegen** etwas schnell und nicht genau lesen | *Sie hat den Bericht nur überflogen*

Über·flie·ger *der* eine Person, die begabter, intelligenter o. Ä. ist als andere Leute ● hierzu **Über·flie·ge·rin** *die*

über·flie·ßen VERB (floss über, ist übergeflossen) **etwas fließt über** etwas fließt über den Rand eines Gefäßes | *Das Wasser ist aus der Badewanne übergeflossen*

über·flü·geln VERB (überflügelte, hat überflügelt) **jemanden überflügeln** in einem Bereich wesentlich besser werden als eine andere Person ● hierzu **Über·flü·ge·lung** *die*

Über·fluss *der; nur Singular* **1** der Zustand, in dem man mehr von einer Sache hat, als man braucht ⟨etwas ist im Überfluss vorhanden; etwas im Überfluss haben; im Überfluss leben⟩ ≈ *Luxus* ↔ *Mangel* **K** Überflussgesellschaft **2** **zu allem Überfluss** ≈ *obendrein*

★ **über·flüs·sig** ADJEKTIV nicht nötig ↔ *notwendig* | *Es ist ganz überflüssig, mich an mein Versprechen zu erinnern. Ich habe es nicht vergessen!* ● hierzu **über·flüs·si·ger·wei·se** ADVERB; **Über·flüs·sig·keit** *die*

über·flu·ten VERB (überflutete, hat überflutet) **etwas überflutet etwas** etwas fließt über das Ufer und bedeckt ein Gebiet mit Wasser | *Der Fluss überflutete die Wiesen* ● hierzu **Über·flu·tung** *die*

über·for·dern VERB (überforderte, hat überfordert) **jemanden überfordern** mehr von einer Person erwarten oder verlangen, als sie leisten kann ⟨überfordert sein; sich überfordert fühlen⟩ | *Schüler mit einer zu schwierigen Prüfung überfordern* ● hierzu **Über·for·de·rung** *die*

über·frach·ten VERB (überfrachtete, hat überfrachtet) **etwas mit etwas überfrachten** etwas mit zu vielen Ideen o. Ä. füllen | *Das Gedicht ist mit Symbolen überfrachtet*

über·fragt ADJEKTIV *meist prädikativ* **überfragt sein; sich überfragt fühlen** eine Frage nicht beantworten können, weil man nicht genug Wissen hat | *Da bin ich überfragt*

Über·frem·dung *die* der Zustand, bei dem ein Land, eine Kultur o. Ä. von fremden Kulturen, Sprachen o. Ä. stark beeinflusst ist ⟨die Überfremdung einer Gesellschaft, Kultur, Sprache befürchten⟩ **!** oft kritisch oder aggressiv verwendet

über·fres·sen VERB (überfrisst sich, überfraß sich, hat sich überfressen) **sich (an etwas** (*Dativ*)**) überfressen** *gesprochen* ≈ *überessen*

über·füh·ren[1] VERB (führte über, hat übergeführt) **etwas in etwas** (*Akkusativ*) **überführen** etwas in einen anderen Zustand bringen | *Wasser in den gasförmigen Zustand überführen*

über·füh·ren[2] VERB (überführte, hat überführt) **1** **jemanden (einer Sache** (*Genitiv*)**) überführen** beweisen, dass jemand etwas getan hat ⟨jemanden eines Verbrechens, der Tat überführen⟩ | *jemanden des Mordes überführen* **2** **jemanden/etwas (irgendwohin) überführen** jemanden/etwas (irgendwohin) transportieren ⟨einen Kranken, einen Sarg, ein Auto überführen⟩

Über·füh·rung *die;* (-, -en) **1** der Transport einer Person oder Sache von einem Ort an einen anderen | *die Überführung des Sarges von Leipzig nach Hamburg* **2** der Vorgang, bei dem etwas in einen anderen Zustand gebracht wird | *die Überführung der Firma in eine Aktiengesellschaft* **3** das Beweisen, dass jemand etwas getan hat ⟨die Überführung eines Diebes, des Mörders, eines Verbrechers⟩ | *die Überführung des Täters* **4** eine Brücke, die über eine Straße o. Ä. führt **K** Bahnüberführung

über·füllt ADJEKTIV (gefüllt) mit zu vielen Personen oder Dingen ⟨ein Bus, ein Zug, ein Regal⟩ ● hierzu **Über·fül·lung** *die*

Über·funk·ti·on *die* eine Krankheit, bei der ein Organ zu intensiv arbeitet | *die Überfunktion der Schilddrüse*

über·füt·tern VERB (überfütterte, hat überfüttert) **1** **jemanden (mit etwas) überfüttern** *meist abwertend* einer Person mehr von etwas geben, als sie braucht ⟨das Publikum mit Informationen, mit Nachrichten überfüttern⟩ **2** **ein Tier überfüttern** einem Tier zu viel Futter geben ● hierzu **Über·füt·te·rung** *die*

Über·ga·be *die* **die Übergabe (von etwas an jemanden)** das Übergeben | *die Übergabe der Wohnungsschlüssel an die Nachmieter* | *die Übergabe der Stadt an den Feind*

★ **Über·gang** *der* **1** **der Übergang (über etwas** (*Akkusativ*)**)** das Hinübergehen über etwas, das Überqueren von etwas **2** **ein Übergang (über etwas** (*Akkusativ*)**)** ein Weg, auf dem man etwas überquert | *ein Übergang über die Bahn* **K** Bahnübergang, Grenzübergang, Fußgängerübergang **3** **der Übergang (von etwas zu etwas/in etwas** (*Akkusativ*)**)** die Entwicklung zu einem neuen Zustand ⟨etwas befindet sich im Übergang⟩ | *der Übergang vom Studium in den Beruf* **K** Übergangsfrist, Übergangsperiode, Übergangsphase, Übergangsstadium, Übergangszeit ● zu (3) **über·gangs·los** ADJEKTIV

Über·gangs·lö·sung *die* eine Lösung eines Problems, die nur für kurze Zeit gilt

Über·gangs·re·ge·lung *die* eine Regelung, die nur für kurze Zeit gilt (bis eine endgültige Regelung kommt)

★ **über·ge·ben** VERB (übergibt, übergab, hat übergeben) **1** **jemandem etwas übergeben** einer Person etwas geben, das von diesem Zeitpunkt an ihr gehört | *jemandem einen Brief übergeben* **2** **jemandem etwas übergeben** jemandem den Auftrag geben, ein Amt, eine Aufgabe o. Ä. zu erfüllen | *Er übergab die Angelegenheit seinem Anwalt* **3** **eine Person jemandem übergeben** einen Verbrecher o. Ä. zu der zuständigen Behörde bringen ⟨jemanden den Behörden, der Justiz, der Polizei übergeben⟩ **4** **eine Sache (jemandem/etwas) übergeben** eine Einrichtung offiziell eröffnen, damit die Öffentlichkeit sie nutzen kann | *einen Tunnel dem Verkehr übergeben* **5** **eine Sache jemandem/an jemanden übergeben** (im Krieg) nach der Kapitulation den Feind in ein Gebiet lassen **6** **sich übergeben** den Inhalt des Magens durch den Mund nach außen bringen ≈ *erbrechen*

über·ge·hen[1] VERB (ging über, ist übergegangen) **1** **zu etwas übergehen** mit etwas aufhören und zu einem anderen Punkt o. Ä. kommen | *zu einem anderen Thema übergehen* | *zur Tagesordnung übergehen* **2** **etwas geht in etwas** (*Akkusativ*) **über** etwas ändert langsam den Zustand | *Beim Erhitzen geht Wasser in Dampf über* **3** **etwas geht in etwas** (*Akkusativ*) **über** etwas vermischt sich allmählich mit etwas, sodass es keine Grenze mehr gibt | *Das Gelb geht in ein Orange über* **4** **etwas geht in jemandes Besitz über** *geschrieben* etwas wird jemandes Eigentum | *Als der Vater starb, ging das Haus in den Besitz seines Sohnes über*

über·ge·hen[2] VERB (überging, hat übergangen) **1** **jemanden übergehen** jemanden (mit Absicht) nicht beachten | *Er hat mich auf der Party völlig übergangen, weil er immer noch beleidigt war* **2** **jemanden übergehen** der genannten Person nicht das geben, was eigentlich üblich ist oder erwartet wird ⟨jemanden bei einer Gehaltserhöhung, im Testament übergehen; sich übergangen fühlen⟩ **3** **etwas übergehen** etwas absichtlich nicht beachten ⟨etwas mit Stillschweigen übergehen⟩ | *Wir können ihre Einwände doch nicht einfach übergehen*

über·ge·ord·net ■ PARTIZIP PERFEKT **1** → überordnen
■ ADJEKTIV **2** wichtiger als etwas anderes ⟨eine Aufgabe, ein Problem⟩ | *eine Sache von übergeordneter Bedeutung*

3 **(jemandem/etwas) übergeordnet** mit dem Recht, (jemandem) Befehle zu geben ⟨eine Behörde, eine Instanz⟩

Über·ge·päck *das* Gepäck, das über die Menge hinausgeht, die man bei einem Flug kostenlos mitnehmen darf

Über·ge·wicht *das* **1** (*Gewichtsangabe* +) **Übergewicht haben** (um das genannte Gewicht) zu schwer sein | *Er hat 10 Kilogramm Übergewicht* **2** **etwas hat Übergewicht** etwas ist zu schwer ⟨der Brief, das Päckchen, das Paket hat Übergewicht⟩ **3** **etwas hat/bekommt das militärische/wirtschaftliche Übergewicht** etwas ist/wird militärisch, wirtschaftlich o. Ä. viel stärker als etwas anderes **4** **(das) Übergewicht bekommen** beim Vor- oder Zurückbeugen das Gleichgewicht verlieren und umfallen • zu (1) **über·ge·wich·tig** ADJEKTIV

über·gie·ßen VERB (übergoss, hat übergossen) **jemanden/etwas (mit etwas) übergießen** etwas auf, über jemanden, sich selbst oder etwas gießen | *den gemahlenen Kaffee mit kochendem Wasser übergießen*

über·glück·lich ADJEKTIV sehr glücklich

über·grei·fen VERB (*hat*) **etwas greift auf etwas** (*Akkusativ*) **über** etwas erfasst auch etwas anderes ≈ *ausdehnen* | *Das Feuer griff auf die benachbarten Häuser über*

über·grei·fend ADJEKTIV mehrere Bereiche betreffend und deshalb ziemlich wichtig ⟨übergreifende Fragestellungen⟩ **K** bereichsübergreifend, fächerübergreifend, themenübergreifend

Über·griff *der* **Übergriff (auf etwas** (*Akkusativ*)**)** eine Handlung, mit der sich jemand ohne Erlaubnis (oft mit Gewalt) in den Bereich oder die Angelegenheiten einer anderen Person einmischt • hierzu **über·grif·fig** ADJEKTIV

über·groß ADJEKTIV viel größer als normal

Über·grö·ße *die* ein Maß, ein Format (vor allem bei der Kleidung), das größer als die Norm ist | *Hemden in Übergrößen*

über·ha·ben VERB (hat über, hatte über, hat übergehabt); *gesprochen* **1** **etwas überhaben** ein Kleidungsstück über der anderen Kleidung tragen | *Er hatte nur einen dicken Pullover über* **2** **jemanden/etwas überhaben** jemanden/etwas nicht mehr mögen | *Dein ewiges Genörgel hab ich schon längst über!*

Über·hand|nah·me *die*; (-); *geschrieben* das Überhandnehmen

über·hand|neh·men VERB (nimmt überhand, nahm überhand, hat überhandgenommen) **etwas nimmt überhand** etwas wird so häufig, dass man es kaum oder nicht mehr ertragen kann

über·hän·gen[1] VERB (hing über, hat übergehangen) **etwas hängt über** etwas ragt (als Teil) über etwas hinaus | *sich unter einen überhängenden Felsen ducken* | *über den Zaun überhängende Zweige abschneiden* **H** meist im Partizip Präsens

über·hän·gen[2] VERB (hängte über, hat übergehängt) **(jemandem) etwas überhängen** jemandem oder sich selbst etwas um die Schultern legen | *Ich muss mir noch eine Jacke überhängen*

Über·hang|man·dat *das*; ⓓ ein zusätzlicher Sitz im Bundestag für eine Partei, die in einem Bundesland mehr direkt gewählte Abgeordnete hat als ihr entsprechend ihrem Stimmenanteil zustehen **H** *Überhangmandate* haben in der Geschichte des Bundestags eine große Rolle gespielt, bis sie 2012 durch *Ausgleichsmandate* ersetzt wurden.

über·häu·fen VERB (überhäufte, hat überhäuft) **jemanden mit etwas überhäufen** jemandem von etwas sehr viel oder zu viel geben ⟨jemanden mit Geschenken, mit Ehrungen, mit Arbeit überhäufen⟩ • hierzu **Über·häu·fung** *die*

★ **über·haupt** PARTIKEL *betont und unbetont* **1** insgesamt gesehen, also nicht nur in diesem Fall zutreffend | *Das war nett von ihr, sie ist ja überhaupt sehr sympathisch* | *Am Wochenende regnete es. Der ganze Monat war überhaupt sehr regnerisch.* | *Überhaupt wird dieses Problem nicht genug beachtet.* **2** verwendet in Fragen, um Zweifel zu formulieren. Man erwartet eher *nein* als Antwort | *„Ich helfe dir gleich." – „Weißt du denn überhaupt, wie das geht?"* | *„Und dann haben sie mir gekündigt." – „Dürfen die das überhaupt?"* **3** verwendet in Fragen, in denen es um etwas Wichtiges oder ein neues Thema geht | *Wo warst du überhaupt so lange?* | *Was will er denn überhaupt von dir?* **4** verwendet, um eine Verneinung zu verstärken ≈ *gar* | *Das interessiert mich überhaupt nicht* | *Ich habe überhaupt keine Zeit* | *Ich kenne hier überhaupt niemanden* **5** **(und) überhaupt** *gesprochen* etwas kommt zusätzlich hinzu ≈ *außerdem* | *(Und) überhaupt, hab ich dir eigentlich schon erzählt, was mir gestern passiert ist?* | *Das Wetter war schön, und überhaupt hatten wir viel Spaß im Urlaub* **6** **Und überhaupt!** man ist mit der ganzen Situation nicht zufrieden

über·he·ben VERB (überhob sich, hat sich überhoben) **1** **sich überheben** etwas Schweres heben und sich dadurch verletzen **2** **sich überheben** etwas tun, aber dabei keinen Erfolg haben, weil man nicht die notwendige Kraft oder Fähigkeit hat ≈ *übernehmen* | *Er hat sich an dem Hauskauf finanziell überhoben*

über·heb·lich ADJEKTIV ≈ *arrogant* • hierzu **Über·heb·lich·keit** *die*

über·hei·zen VERB (überheizte, hat überheizt) **etwas überheizen** etwas zu stark heizen ⟨ein überheiztes Zimmer; ein überheiztes Haus; eine überheizte Wohnung⟩ **H** meist im Passiv mit dem Hilfsverb *sein*

über·hitzt ADJEKTIV zu heiß gemacht, zu heiß geworden | *ein überhitzter Motor* • hierzu **Über·hit·zung** *die*

über·höht ADJEKTIV höher als angemessen oder erlaubt ⟨Preise; mit überhöhter Geschwindigkeit fahren⟩

★ **über·ho·len** VERB (überholte, hat überholt) **1** **(jemanden/etwas) überholen** eine andere Person oder ein anderes Fahrzeug einholen und daran vorbeigehen, vorbeifahren | *Er hat versucht, mich in der Kurve zu überholen* **2** **etwas überholen** eine Maschine o. Ä. prüfen und reparieren, damit sie wieder gut funktioniert ⟨ein Auto, einen Motor überholen⟩ **3** **jemanden überholen** (in der Leistung) besser sein als eine andere Person | *Er hat mich im Studium längst überholt* • zu (1,2) **Über·ho·lung** *die*

Über·hol|ma·nö·ver *das* der Vorgang, bei dem man ein anderes Fahrzeug überholt

Über·hol|spur *die* der Teil (die Spur) einer Straße, den man benutzen darf, um andere Fahrzeuge zu überholen

über·holt ■ PARTIZIP PERFEKT **1** → überholen
■ ADJEKTIV **2** nicht mehr modern ⟨Anschauungen, Ansichten, eine Methode, eine Theorie⟩ ≈ *veraltet*

Über·hol|ver·bot *das* die Verkehrsregel, nach der man an einer Stelle ein anderes Fahrzeug nicht überholen darf | *Hier herrscht Überholverbot*

über·hö·ren VERB (überhörte, hat überhört) **1** **etwas überhören** etwas nicht hören (können) | *Das Radio lief so laut, dass sie das Klingeln des Telefons überhörte* **2** **etwas überhören** so tun, als ob man etwas nicht hörte (und deshalb nicht reagieren) | *Er überhörte einfach die Kritik seiner Freunde*

über·ir·disch ADJEKTIV so (seltsam oder schön), wie aus einer anderen Welt (und nicht von der Erde) ⟨eine Erscheinung, ein Wesen, ein Glanz, eine Schönheit⟩ **H** ≠ außerirdisch

über·kan·di·delt ADJEKTIV; *gesprochen* ≈ *überspannt*

U

über·kip·pen VERB *(ist)* **1** auf einer Seite zu schwer werden oder sich zu weit nach einer Seite neigen und deshalb (um)stürzen ⟨nach hinten, nach vorne überkippen⟩ ≈ *umkippen* **2** **jemandes Stimme kippt über** jemandes Stimme wird plötzlich sehr hoch und gleich wieder normal

über·kle·ben VERB (überklebte, hat überklebt) **etwas überkleben** etwas verdecken, indem man etwas anderes daraufklebt | *alte Plakate überkleben*

über·ko·chen VERB *(ist)* **1** **etwas kocht über** etwas kocht so stark, dass es über den Rand des Topfes o. Ä. läuft ⟨die Milch, die Suppe⟩ **2** **vor Wut überkochen** *gesprochen* sehr wütend sein

über·kom·men¹ VERB (überkam, hat überkommen) **etwas überkommt jemanden** etwas entsteht plötzlich und intensiv in jemandem ⟨jemanden überkommt Angst, Mitleid, Zorn⟩

über·kom·men² ■ PARTIZIP PERFEKT **1** → überkommen¹ ■ ADJEKTIV **2** *geschrieben* durch die Tradition lange weitergegeben ⟨Bräuche, Sitten⟩ | *nach überkommenen Vorstellungen leben*

über·kon·fes·si·o·nell ADJEKTIV für Mitglieder verschiedener Konfessionen ⟨ein Gottesdienst⟩

über·kreu·zen VERB (überkreuzte, hat überkreuzt) **1** **Dinge überkreuzen** Dinge so legen, dass ein Kreuz entsteht | *Bänder überkreuzen* **2** **Dinge überkreuzen sich** zwei Linien, Wege o. Ä. treffen sich an einem Punkt, sodass sie ein Kreuz bilden **3** **Dinge überkreuzen sich** Pläne, Argumente o. Ä. passen nicht zusammen, widersprechen einander

über·krie·gen VERB *(hat)* **etwas überkriegen** *gesprochen* ≈ *überbekommen*

über·la·den¹ VERB (überlädt, überlud, hat überladen) **1** **etwas überladen** mehr Last auf ein Fahrzeug laden, als es transportieren kann oder darf | *einen Lkw überladen* **2** **etwas überladen** wenn man z. B. einen Tisch oder eine Tagesordnung überlädt, sind zu viele Dinge darauf oder darin **3** **etwas überladen** ein elektrisches Gerät zu lange aufladen, sodass es beschädigt wird ⟨den Akku, die Autobatterie, das Handy, den Laptop überladen⟩ **K** Überladeschutz • hierzu **Über·la·dung** *die*

über·la·den² ■ PARTIZIP PERFEKT **1** → überladen¹ ■ ADJEKTIV **2** *abwertend* mit zu viel Schmuck ⟨ein Stil, eine Fassade⟩

über·la·gern VERB (überlagerten sich, haben sich überlagert) **1** **Gesteinsschichten überlagern sich** Gesteinsschichten liegen übereinander **2** **Sender überlagern sich** zwei oder mehrere Radiosender sind auf der gleichen Welle **3** **Interessen überlagern sich** Interessen sind teilweise gleich • hierzu **Über·la·ge·rung** *die*

Über·land- *im Substantiv, betont, begrenzt produktiv* **der Überlandbus, die Überlandfahrt, die Überlandleitung** *und andere* drückt aus, dass längere Fahrten oder Transporte außerhalb von Städten gemacht werden

über·lang ADJEKTIV viel länger als normal

Über·län·ge *die* **1** eine Länge, die über das normale Maß hinausgeht **2** **etwas hat Überlänge** etwas dauert länger als normal | *Dieser Film hat Überlänge*

über·lap·pen VERB (überlappte, hat überlappt) **etwas überlappt sich mit etwas; Dinge überlappen sich** zwei oder mehrere Dinge liegen so, dass sich Teile des einen auf dem anderen befinden • hierzu **Über·lap·pung** *die*

★ **über·las·sen** VERB (überlässt, überließ, hat überlassen) **1** **jemandem etwas überlassen** einer Person etwas geben, damit sie es behalten oder benutzen kann ⟨jemandem etwas freiwillig, kostenlos, leihweise überlassen⟩ | *Er überließ ihr für das Wochenende seine Wohnung* **2** **jemandem eine Person/ein Tier überlassen** einer Person (für kurze Zeit) meist ein Kind oder Tier geben, damit sie sich darum kümmert | *den Großeltern das Enkelkind überlassen* **3** **jemandem etwas überlassen** eine andere Person über etwas entscheiden oder etwas tun lassen (ohne Einfluss auf sie zu nehmen) | *Wir überlassen Ihnen die Entscheidung, wie Sie in diesem Fall verfahren wollen* | *Überlass das ruhig mir!* **4** **jemanden sich** *(Dativ)* **selbst überlassen** eine Person allein lassen und ihr nicht helfen oder nicht auf sie aufpassen | *Wenn sie fortgehen, überlassen sie die Kinder sich selbst* **5** **etwas dem Zufall überlassen** nicht handeln, sondern abwarten, was geschieht **6** **sich einer Sache** *(Dativ)* **überlassen** ein Gefühl bewusst und intensiv erleben ⟨sich seinem Schmerz, seiner Trauer überlassen⟩

über·las·tet ADJEKTIV **1** **etwas ist überlastet** etwas ist mit zu viel Last beladen | *Der Lkw war völlig überlastet* **2** **etwas ist überlastet** etwas ist zu sehr belastet und funktioniert deshalb nicht mehr gut ⟨jemandes Herz, jemandes Kreislauf, das Verkehrsnetz ist überlastet⟩ **3** **jemand ist überlastet** jemand hat zu viel Arbeit oder Sorgen | *Sie ist beruflich überlastet* • hierzu **Über·las·tung** *die*

Über·lauf *der* das Loch oben in einem Waschbecken oder einer Badewanne, aus dem das Wasser abfließen kann, damit es nicht über den Rand läuft

über·lau·fen¹ VERB (läuft über, lief über, ist übergelaufen) **1** **etwas läuft über** eine Flüssigkeit fließt über den Rand eines Gefäßes | *Das Wasser ist übergelaufen* | *die Badewanne läuft über* **2** **jemand läuft über** jemand wechselt (z. B. im Krieg) auf die Seite des Gegners ⟨zum Feind überlaufen⟩ • zu (2) **Über·läu·fer** *der*

über·lau·fen² ADJEKTIV so, dass dort zu viele Menschen sind ↔ *menschenleer* | *Die Strände waren völlig überlaufen*

★ **über·le·ben** VERB (überlebte, hat überlebt) **1** **(etwas) überleben** in einer sehr gefährlichen Situation am Leben bleiben (obwohl man hätte sterben können) ⟨ein Unglück, einen Autounfall, ein Erdbeben, einen Flugzeugabsturz überleben⟩ | *Er hat als Einziger überlebt* **K** Überlebenschance, Überlebenskampf, Überlebenstraining **2** **jemanden (um etwas) überleben** länger als eine andere Person leben | *Sie hat ihren Mann (um zwei Jahre) überlebt* **3** **etwas überlebt sich** etwas wird unmodern | *Diese Ansichten haben sich überlebt* **!** oft im Partizip Perfekt • zu (1,2) **Über·le·ben·de** *der/die*

über·le·bens·groß ADJEKTIV größer, als ein Mensch normalerweise ist ⟨eine Statue⟩ • hierzu **Über·le·bens·grö·ße** *die*

★ **über·le·gen**¹ VERB (legte über, hat übergelegt) **jemandem etwas überlegen** etwas über jemanden oder sich selbst legen | *jemandem eine Decke überlegen*

★ **über·le·gen**² VERB (überlegte, hat überlegt) **(etwas) überlegen; (sich** *(Dativ)* **etwas) überlegen** den Verstand benutzen, um zu einer Entscheidung oder einer Erkenntnis zu kommen ⟨(lange) hin und her überlegen⟩ ≈ *nachdenken* | *Er hat lange überlegt, bevor er sich entschieden hat* | *Sie hat sich eine kluge Antwort überlegt* | *Sie überlegte (sich), wie sie ihm helfen könnte*

über·le·gen³ ADJEKTIV *meist prädikativ* **1** **(jemandem/etwas) (an/in etwas** *(Dativ)***) überlegen** (auf einem Gebiet, in einer Eigenschaft) besser als eine andere Person/Sache ⟨ein Gegner, die Mannschaft, eine Methode, ein Produkt; jemandem haushoch überlegen sein⟩ **!** *an* wird meist verwendet, wenn von einer Eigenschaft die Rede ist: *Sie ist ihm an Intelligenz überlegen.* Ist von Handlungen oder Tätigkeiten die Rede, steht *im*: *Er ist mir im Rechnen, im Weitsprung überlegen.* Ansonsten steht oft *in*: *Sie war ihm in vielen Dingen überlegen.* **2** mit deutlichem Unterschied ⟨ein

U

Sieg⟩ **3** so, dass eine Person deutlich zeigt, dass sie sich anderen überlegen fühlt ⟨ein Blick, ein Lächeln, eine Miene⟩ • hierzu **Über·le·gen·heit** *die*

★ **über·legt** ■ PARTIZIP PERFEKT **1** → überlegen² ■ ADJEKTIV **2** so, dass man den Verstand benutzt hat ⟨überlegt handeln⟩

Über·le·gung *die;* (-, -en) **1** *meist Singular* das Überlegen | *nach reiflicher Überlegung* **2** **Überlegungen anstellen** *geschrieben* ≈ überlegen **3** **etwas in seine Überlegungen (mit) einbeziehen** *geschrieben* beim Überlegen an die genannte Sache denken

über·lei·ten VERB *(hat)* **etwas leitet zu etwas über** etwas führt zu etwas Neuem (hin) | *Der kurze Kommentar leitet zum nächsten Kapitel über* • hierzu **Über·lei·tung** *die*

über·le·sen VERB (überliest, überlas, hat überlesen) **1** **etwas überlesen** etwas beim Lesen nicht sehen | *Er hat bei der Korrektur des Aufsatzes zwei Fehler überlesen* **2** **etwas überlesen** ≈ *überfliegen*

über·lie·fern VERB (überlieferte, hat überliefert) **etwas ist überliefert** etwas, das einen kulturellen Wert hat, ist an die folgenden Generationen weitergegeben worden ⟨überlieferte Bräuche; überliefertes Wissen⟩ • hierzu **Über·lie·fe·rung** *die*

über·lis·ten VERB (überlistete, hat überlistet) **jemanden überlisten** jemanden mit einem Trick täuschen • hierzu **Über·lis·tung** *die*

überm PRÄPOSITION *mit Artikel; gesprochen* über dem

Über·macht *die; nur Singular* die große Überlegenheit in Bezug auf Zahl oder Stärke ⟨in der Übermacht sein; gegen eine Übermacht ankämpfen⟩ • hierzu **über·mäch·tig** ADJEKTIV

über·ma·len VERB (übermalte, hat übermalt) **etwas übermalen** (nochmals) über etwas malen und es dadurch verdecken ⟨ein Bild, Fresken übermalen⟩ • hierzu **Über·ma·lung** *die*

über·man·nen VERB (übermannte, hat übermannt) **etwas übermannt jemanden** etwas ist so stark und intensiv, dass jemand nichts dagegen tun kann ⟨der Schlaf, der Schmerz, die Verzweiflung übermannt jemanden⟩ | *Die Kinder wollten lange aufbleiben, doch um elf Uhr wurden sie vom Schlaf übermannt*

Über·maß *das; nur Singular* **ein Übermaß (an etwas** *(Dativ)***)** eine Menge einer Sache, die größer oder stärker ist als normal (oder angemessen) | *Die Europäische Union produziert ein Übermaß an Fleisch*

über·mä·ßig ADJEKTIV **1** größer oder intensiver als normal (oder angemessen) ≈ *extrem* | *ein übermäßiger Alkoholkonsum* | *übermäßige Anstrengungen* **2** verwendet, um Adjektive, Adverbien oder Verben zu verstärken | *übermäßig hohe Gebühren verlangen*

über·mensch·lich ADJEKTIV größer, stärker oder intensiver als es für einen Menschen normal ist ⟨eine Anstrengung, eine Leistung⟩

über·mit·teln VERB (übermittelte, hat übermittelt) **jemandem etwas übermitteln** *geschrieben* dafür sorgen, dass jemand (durch einen Boten oder durch technische Mittel) eine Nachricht o. Ä. bekommt ⟨jemandem eine Botschaft, eine Nachricht, (seine) Glückwünsche, (seine) Grüße (telefonisch, per Post) übermitteln⟩ • hierzu **Über·mitt·lung** *die*

★ **über·mor·gen** ADVERB an dem Tag, der auf morgen folgt

über·mü·det ADJEKTIV sehr müde ⟨völlig übermüdet sein⟩

Über·mü·dung *die;* (-) der Zustand, in dem man sehr müde ist | *Vor Übermüdung schlief er beim Autofahren ein*

Über·mut *der* ein Verhalten, bei dem man so ausgelassen oder fröhlich ist, dass man Dinge tut, die gefährlich sind, oder Dinge, die anderen Leuten schaden ⟨etwas im Übermut tun⟩ | *Aus/Vor lauter Übermut sprangen die Jungen von der Brücke ins Wasser* • hierzu **über·mü·tig** ADJEKTIV

übern PRÄPOSITION *mit Artikel; gesprochen* über den

über·nächs·t- ADJEKTIV *nur attributiv* in der Reihenfolge nach dem/der nächsten | *Das Fest findet nicht nächste, sondern erst übernächste Woche statt*

★ **über·nach·ten** VERB (übernachtete, hat übernachtet) **irgendwo/bei jemandem übernachten** nachts nicht bei sich zu Hause, sondern anderswo schlafen | *im Freien übernachten* | *nach einer Party bei einem Freund übernachten* • hierzu **Über·nach·tung** *die*

über·näch·tigt ADJEKTIV sehr müde, weil man in der Nacht nicht oder nur wenig geschlafen hat ⟨übernächtigt sein, aussehen⟩

★ **Über·nah·me** *die;* (-) das Übernehmen | *die Übernahme des Betriebs durch einen Konzern* | *die Übernahme der Amtsgeschäfte* | *Er erklärte sich zur Übernahme der Kosten bereit* **K** Autoübernahme, Geschäftsübernahme, Kostenübernahme

★ **ü·ber·na·tür·lich** ADJEKTIV ⟨Erscheinungen, Fähigkeiten, Kräfte⟩ so, dass man sie mit den Gesetzen der Natur nicht erklären kann

★ **über·neh·men** VERB (übernimmt, übernahm, hat übernommen) **1** **etwas übernehmen** eine Aufgabe bekommen und entsprechend handeln ⟨ein Amt, eine Funktion, eine Aufgabe übernehmen; die Verteidigung eines Angeklagten übernehmen⟩ | *Da der Schauspieler krank wurde, musste ein Kollege dessen Rolle übernehmen* | *den Vorsitz einer Partei übernehmen* **2** **etwas übernehmen** die Leitung einer Firma bekommen, die vorher eine andere Person gehabt hat | *Mein Sohn wird die Autowerkstätte bald übernehmen* **3** **etwas übernehmen** für eine Sache bezahlen (obwohl man selbst nicht dazu verpflichtet wäre) ⟨die Kosten, Schulden übernehmen⟩ **4** **etwas übernehmen** eine Firma o. Ä. kaufen und weiterführen | *Der Konzern übernahm drei kleine Firmen* **5** **eine Firma übernimmt jemanden** eine Firma behält Mitarbeiter einer anderen Firma, die sie gekauft hat **6** **etwas übernehmen** etwas verwenden, das eine andere Person geschaffen oder sich ausgedacht hat | *eine Textstelle wörtlich übernehmen* | *Kann ich diese Idee für mein Buch übernehmen?* | *Diese Sendung haben sie vom Österreichischen Rundfunk übernommen* **7** **etwas übernehmen** verwendet zusammen mit einem Substantiv, um ein Verb zu umschreiben | *die Bürgschaft für jemanden/etwas übernehmen* (für jemanden/etwas bürgen) | *die Garantie für etwas übernehmen* (für etwas garantieren) | *die Haftung für etwas übernehmen* (für etwas haften) **8** **sich übernehmen** versuchen, mehr zu schaffen oder zu erreichen, als man (z. B. mit eigener Kraft) schaffen/erreichen kann ⟨sich finanziell übernehmen⟩ | *Übernimm dich nicht beim Joggen!*

über·ord·nen VERB *(hat)* **jemanden/etwas einer Person/Sache überordnen** jemanden/etwas für wichtiger halten als eine andere Person oder Sache | *die berufliche Karriere der Familie überordnen* • hierzu **Über·ord·nung** *die*

über·par·tei·lich ADJEKTIV unabhängig von einer einzelnen Partei | *Unsere Zeitung ist überparteilich*

★ **über·prü·fen** VERB (überprüfte, hat überprüft) **1** **etwas überprüfen** (nochmals) genau prüfen, ob etwas richtig ist oder richtig funktioniert ⟨eine Rechnung überprüfen⟩ ≈ *kontrollieren* | *Er überprüfte, ob alles richtig war* **2** **ein Polizist überprüft jemanden/etwas** ein Polizist stellt fest, wer eine Person ist (z. B. indem er deren Pass ansieht) ⟨jemandes Identität, jemandes Personalien überprüfen⟩ ≈ *kontrollieren* • hierzu **Über·prü·fung** *die;* zu (1) **über·prüf·bar** ADJEKTIV

über·quel·len VERB *(ist)* **1** **etwas quillt über** etwas nimmt so an Volumen zu, dass es über den Rand des Gefäßes oder Behälters hinübergeht | *Der Hefeteig quillt über* **2** **etwas quillt über** etwas ist so voll, dass der Inhalt über den Rand hinübergeht | *ein überquellender Papierkorb*

★ **über·que·ren** VERB (überquerte, hat überquert) **etwas überqueren** von einer Seite zur anderen Seite gehen, fahren o. Ä. ⟨eine Straße, die Schienen, den Fluss, den Atlantik überqueren⟩ | *Charles Lindbergh überquerte als Erster mit dem Flugzeug den Atlantik* ● hierzu **Über·que·rung** *die*

über·ra·gen VERB (überragte, hat überragt) **1** **eine Person überragt jemanden** eine Person ist viel größer als eine andere Person ⟨jemanden um Haupteslänge überragen⟩ **2** **eine Sache überragt etwas** eine Sache ist viel höher als eine andere Sache | *Der Kirchturm überragt selbst die höchsten Häuser des Ortes* **3** **jemanden an etwas** (*Dativ*) **überragen** (in Bezug auf eine Fähigkeit) viel besser sein als eine andere Person | *Karl überragt seinen älteren Bruder an Ausdauer*

über·ra·gend ■ PARTIZIP PRÄSENS **1** → überragen ■ ADJEKTIV **2** viel besser als eine andere Person oder Sache ⟨eine Leistung⟩ ≈ *hervorragend* | *Der Torwart war der überragende Mann auf dem Platz*

★ **über·ra·schen** VERB (überraschte, hat überrascht) **1** **etwas überrascht (jemanden)** etwas ist nicht erwartet oder geschieht unerwartet | *Das Angebot hat mich sehr überrascht* | *Es hat uns alle angenehm überrascht, dass Marion die Prüfung bestanden hat* | *überraschend Besuch bekommen* | *eine überraschende Nachricht* **2** **eine Person überrascht jemanden** eine Person macht oder sagt etwas Unerwartetes | *Er überraschte uns mit seinen extremen politischen Ansichten* **3** **jemanden (mit etwas) überraschen** eine Person besuchen oder ihr ein Geschenk machen, ohne dass sie vorher davon weiß | *Er hat seine Frau mit einem Blumenstrauß überrascht* **4** **jemanden (bei etwas) überraschen** in dem Moment kommen, in dem jemand etwas tut, was verboten ist | *Der Einbrecher wurde von einem Nachbarn überrascht und flüchtete zu Fuß* **5** **etwas überrascht jemanden** etwas meist Unangenehmes geschieht, ohne dass jemand darauf vorbereitet ist | *Während unserer Bergtour wurden wir von einem Gewitter überrascht* **!** oft im Passiv ■ **ID Ich lass mich überraschen**, **Lassen wir uns überraschen** Ich werde/Wir werden abwarten, was noch geschehen wird ● zu (1) **über·ra·schen·der·wei·se** ADVERB

★ **über·rascht** ■ PARTIZIP PERFEKT **1** → überraschen ■ ADJEKTIV **2** **(über jemanden/etwas) überrascht** nicht auf jemanden/etwas vorbereitet | *Wir waren über seine Abwesenheit sehr überrascht* | *Er war überrascht, als sie ihn zur Party einlud* | *Ich bin überrascht (darüber), dass du das noch nicht weißt* **3** **angenehm (über etwas) überrascht sein** voller Freude über etwas sein | *Sie war angenehm überrascht über die vielen Geburtstagsgeschenke* **4** **von jemandem/etwas angenehm überrascht sein** einen unerwartet positiven Eindruck von jemandem/etwas haben | *Ich war von ihrem neuen Freund angenehm überrascht*

★ **Über·ra·schung** *die*; (-, -en) **1** ein Ereignis, das unerwartet ist ⟨etwas ist eine (un)angenehme, freudige, böse Überraschung⟩ | *Der Sieg des Außenseiters war eine große Überraschung* **K** Überraschungseffekt, Überraschungserfolg, Überraschungssieg **2** ein Geschenk (das man nicht erwartet hat) | *Ich habe eine kleine Überraschung für dich* **3** **die Überraschung (über jemanden/etwas)** *nur Singular* das Überraschtsein, die Verwunderung ⟨jemand/etwas sorgt für (eine) Überraschung⟩ | *Vor lauter Überraschung wusste sie nicht, was sie sagen sollte* | *Zu meiner Überraschung regnete es*

★ **über·re·den** VERB (überredete, hat überredet) **jemanden (zu etwas) überreden** so lange mit einer Person reden, bis sie etwas tut, das sie eigentlich nicht tun wollte | *jemanden zum Kauf eines Autos überreden* | *Sie überredete ihren Freund (dazu), in Norwegen Urlaub zu machen* **!** ≠ überzeugen ● hierzu **Über·re·dung** *die*

Über·re·dungs·kunst *die* die Fähigkeit, jemanden zu etwas zu überreden | *Er musste all seine Überredungskünste aufbieten, um seinen Sohn davon abzuhalten, sich ein Motorrad zu kaufen*

über·re·gi·o·nal ADJEKTIV nicht auf eine Region beschränkt ⟨ein Sender, eine Zeitung⟩

über·rei·chen VERB (überreichte, hat überreicht) **(jemandem) etwas überreichen** auf feierliche Weise jemandem etwas geben ⟨jemandem ein Geschenk, einen Preis, eine Urkunde überreichen⟩ ● hierzu **Über·rei·chung** *die*

über·reif ADJEKTIV zu reif ⟨Obst⟩

über·rei·ßen VERB (überriss, hat überrissen); *gesprochen* **etwas überreißen** ≈ *kapieren, verstehen* | *Ich habe nicht rechtzeitig überrissen, dass das eine super Chance war*

über·reizt ADJEKTIV wegen zu starker Belastung erregt oder nervös | *Meine Nerven sind überreizt* ● hierzu **Über·reizt·heit** *die*

Über·rest *der*; (-(e)s, -e); *meist Plural* **1** das, was von einem Ganzen noch übrig ist | *die Überreste einer alten Burg* **2** **jemandes sterbliche Überreste** *geschrieben* jemandes Leiche

über·rol·len VERB (überrollte, hat überrollt) **1** **jemanden/etwas überrollen** mit einem meist schweren Fahrzeug über jemanden/etwas fahren | *Der Igel wurde von einem Auto überrollt* **2** **jemanden überrollen** *gesprochen* ≈ *überrumpeln*

über·rum·peln VERB (überrumpelte, hat überrumpelt) **jemanden überrumpeln** eine Person mit etwas überraschen, sodass sie nicht reagieren kann, wie sie will ⟨jemanden mit einer Frage, einem Angebot überrumpeln⟩ ● hierzu **Über·rum·pe·lung**, **Über·rump·lung** *die*

über·run·den VERB (überrundete, hat überrundet) **1** **jemanden/etwas überrunden** in einem Wettrennen um eine ganze Runde weiter sein als eine andere Person und diese überholen | *Er lief so langsam, dass er von mehreren Läufern überrundet wurde* **2** **jemanden überrunden** (plötzlich) bessere Leistungen bringen als eine andere Person ● hierzu **Über·run·dung** *die*

★ **übers** PRÄPOSITION *mit Artikel; besonders gesprochen* über das **!** In Wendungen wie *jemanden übers Ohr hauen* und *jemanden übers Knie legen* kann *übers* nicht durch *über das* ersetzt werden.

über·sät ADJEKTIV **mit/von etwas übersät** auf der ganzen Fläche mit etwas bedeckt | *Der Strand war mit Dosen übersät*

über·sät·tigt ADJEKTIV **(von etwas) übersättigt** nicht mehr in der Lage, etwas zu genießen (weil man zu viel davon hat oder gehabt hat) ● hierzu **Über·sät·ti·gung** *die*

über·säu·ert ADJEKTIV mit zu viel Säure ⟨ein Boden; jemandes Magen ist übersäuert⟩

Über·schall|ge·schwin·dig·keit *die*; (-) eine Geschwindigkeit, die höher ist als die Geschwindigkeit des Schalls | *mit Überschallgeschwindigkeit fliegen*

über·schat·ten VERB (überschattete, hat überschattet) **etwas wird von etwas überschattet** ein positives Ereignis wird durch ein Unglück o. Ä. gestört | *Die Olympischen Spiele wurden von einem Attentat überschattet*

über·schät·zen VERB (überschätzte, hat überschätzt) **jemanden/etwas überschätzen** eine Person, eine Sache oder sich selbst für besser halten, als sie oder man selbst wirklich ist ⟨seine Kräfte überschätzen⟩ | *Sie ist zwar sehr intelligent, du darfst aber ihre Fähigkeiten nicht überschätzen*

U

● hierzu **Über·schät·zung** *die*

über·schau·bar ADJEKTIV **1** ≈ *übersichtlich* | *Mit den vielen Korrekturen war der Text nicht mehr überschaubar* **2** so klar oder begrenzt, dass man den Umfang oder die Konsequenzen sehen kann ⟨ein Risiko⟩ | *Die Folgen dieses Beschlusses waren kaum überschaubar* ● hierzu **Über·schau·bar·keit** *die*

über·schäu·men VERB (*ist*) **1** **etwas schäumt über** eine Flüssigkeit bildet sehr viel Schaum und fließt über den Rand eines Gefäßes | *Das Bier ist übergeschäumt* **2** **etwas schäumt über** etwas ist oder wird sehr intensiv ⟨die Stimmung; jemandes Begeisterung, jemandes Temperament⟩ | *die überschäumende Freude über einen Erfolg* **H** oft im Partizip Präsens

über·schla·fen VERB (überschläft, überschlief, hat überschlafen) **etwas überschlafen** etwas nicht sofort, sondern erst am nächsten Tag oder später entscheiden | *Ich muss deinen Vorschlag erst mal überschlafen*

Über·schlag *der* **1** eine körperliche Übung, bei der sich jemand ganz um die horizontale Achse des eigenen Körpers dreht ⟨einen Überschlag machen⟩ **2** eine schnelle, nicht so genaue Berechnung

★ **über·schla·gen**[1] VERB (überschlägt, überschlug, hat überschlagen) **1** **jemand/etwas überschlägt sich** jemand/etwas dreht sich meist ohne Absicht um die horizontale Achse des eigenen Körpers | *Er stürzte vom Fahrrad und überschlug sich dabei* | *Das Auto kam von der Fahrbahn ab und überschlug sich mehrere Male* **2** **jemandes Stimme überschlägt sich** jemandes Stimme wird plötzlich für kurze Zeit sehr hoch **3** **die Ereignisse überschlagen sich** innerhalb kurzer Zeit passieren viele ungewöhnliche oder aufregende Dinge **4** **jemand überschlägt sich (vor etwas** (*Dativ*)**)** jemand macht etwas auf übertriebene Weise | *Der Vertreter überschlug sich fast vor Höflichkeit* (… war fast zu höflich) **5** **etwas überschlagen** etwas schnell und ungefähr ausrechnen ⟨etwas kurz, rasch, im Kopf überschlagen⟩ | *die Zahl der Gäste überschlagen* | *Er überschlug, wie viel Liter Benzin das Auto durchschnittlich verbrauchte* **6** **etwas überschlagen** etwas in einer Reihenfolge nicht beachten | *in einem Buch ein paar Seiten überschlagen*

über·schla·gen[2] VERB (schlägt über, schlug über, ist übergeschlagen) **etwas schlägt in etwas** (*Akkusativ*) **über** etwas kommt in eine andere (extreme) Form | *Die Begeisterung der Fans schlug in Wut über, als das Konzert abgebrochen wurde*

über·schlä·gig ADJEKTIV schnell geschätzt, nicht genau berechnet

über·schnap·pen VERB (*ist*); *gesprochen* plötzlich verrückte Dinge tun ≈ *durchdrehen* | *Du bist wohl völlig übergeschnappt!*

über·schnei·den VERB (überschnitt sich, hat sich überschnitten) **1** **etwas überschneidet sich mit etwas; Dinge überschneiden sich** geometrische Figuren haben einen Punkt bzw. eine Fläche gemeinsam | *Die beiden Linien überschneiden sich in einem Punkt* **2** **etwas überschneidet sich mit etwas; Dinge überschneiden sich** Themen, Interessen o. Ä. sind teilweise gleich **3** **etwas überschneidet sich mit etwas; Dinge überschneiden sich** Sendungen, Veranstaltungen usw. finden zu einem Teil zur gleichen Zeit statt | *Wir versäumten den Anfang des Films, da er sich mit der Sendung im anderen Programm überschnitt* ● hierzu **Über·schnei·dung** *die*

über·schrei·ben VERB (überschrieb, hat überschrieben) **1** **(jemandem) etwas überschreiben** durch ein Dokument bestimmen, dass man jemandem etwas schenkt, als Eigentum gibt | *Meine Eltern haben mir ein Grundstück überschrieben* **2** **Dateien überschreiben** Dateien auf einem Computer, einer Festplatte o. Ä. speichern und dabei andere Dateien, die vorher dort gespeichert waren, löschen ● hierzu **Über·schrei·bung** *die*

★ **über·schrei·ten** VERB (überschritt, hat überschritten) **1** **etwas überschreiten** über eine Linie oder Grenze gehen oder fahren | *Die feindlichen Truppen hatten bereits die Grenze überschritten* **2** **Befugnisse, Kompetenzen, Rechte überschreiten** sich Rechte nehmen, die man gar nicht hat **3** **die Geschwindigkeit überschreiten** schneller fahren, als erlaubt ist **4** **etwas überschreitet etwas** etwas ist größer, stärker usw. als normal und deshalb nicht mehr innerhalb der üblichen Werte oder Grenzen | *Seine Faulheit überschreitet das erträgliche Maß* **5** **jemand hat die zwanzig/dreißig/vierzig usw. überschritten** jemand ist älter als zwanzig, dreißig, vierzig usw. Jahre ● zu (1 – 4) **Über·schrei·tung** *die*

★ **Über·schrift** *die* die Worte, die über einem Text stehen und meist das Thema des Textes angeben ≈ *Titel* **K** Kapitelüberschrift

über·schul·det ADJEKTIV mit sehr hohen Schulden (belastet) ⟨ein Betrieb, ein Hof, ein Unternehmen, ein Staat⟩ ● hierzu **Über·schul·dung** *die*

Über·schuss *der* **1** das Geld, das übrig bleibt, wenn man die Ausgaben von den Einnahmen abgezogen hat ⟨Überschüsse erzielen⟩ ≈ *Gewinn* **2** **ein Überschuss (an etwas** (*Dativ*)**)** *meist Singular* mehr von etwas, als man braucht | *einen Überschuss an Energie haben* ● zu (2) **über·schüs·sig** ADJEKTIV

über·schüt·ten VERB (überschüttete, hat überschüttet) **jemanden mit etwas überschütten** jemandem sehr viel von etwas geben ⟨jemanden mit Geschenken, mit Lob, mit Kritik, mit Vorwürfen überschütten⟩ ● hierzu **Über·schüt·tung** *die*

Über·schwang *der*; (-(e)s) sehr große, zu große Begeisterung ⟨jugendlicher Überschwang; im Überschwang der Gefühle⟩

über·schwäng·lich ADJEKTIV mit sehr großer Begeisterung ⟨eine Begrüßung, eine Umarmung⟩

über·schwap·pen VERB (*ist*) **1** **etwas schwappt über** *gesprochen* eine Flüssigkeit fließt mit einem Schwung über den Rand eines Gefäßes | *Er setzte den Krug so heftig auf, dass das Wasser überschwappte* **2** **ein Gefäß, Glas** *o. Ä.* **schwappt über** der Inhalt eines Gefäßes, Glases o. Ä. fließt zum Teil mit einem Schwung über den Rand | *Der Becher schwappte über*

über·schwem·men VERB (überschwemmte, hat überschwemmt) **1** **ein Fluss überschwemmt etwas** Wasser aus einem Fluss bedeckt das umliegende Land | *Der reißende Fluss überschwemmte die Felder* **2** **der Markt wird mit etwas überschwemmt** ein Produkt ist in zu großer Zahl auf dem Markt | *Der Markt wurde mit elektronischen Geräten geradezu überschwemmt*

Über·schwem·mung *die* ≈ *Hochwasser* **K** Überschwemmungsgebiet, Überschwemmungskatastrophe

Über·see *ohne Artikel* **aus/in/nach Übersee** aus/in einem Land/in ein Land auf der anderen Seite des Ozeans, vor allem Amerika | *Mahagoni aus Übersee* **K** Überseedampfer, Überseehafen, Überseehandel, Überseeverkehr

★ **über·se·hen** VERB (übersieht, übersah, hat übersehen) **1** **jemanden/etwas übersehen** jemanden/etwas ohne Absicht nicht sehen | *beim Korrigieren eines Diktats ein paar Fehler übersehen* | *jemanden in einer Menschenmenge übersehen* **2** **jemanden/etwas übersehen** so tun, als würde man eine Person oder Sache nicht sehen ⟨jemanden geflissentlich übersehen⟩ ≈*ignorieren* **3** **etwas übersehen** gut über ein meist großes Gebiet sehen können ≈*überblicken* | *Von dem Leuchtturm aus konnten wir die ganze Küste übersehen* **4** **etwas übersehen** die Konsequenzen eines Ereignisses abschätzen | *Die Folgen der Unwetterkatastrophe lassen sich noch nicht übersehen*

über·sen·den VERB (übersandte/übersendete, hat übersandt/übersendet) **jemandem etwas übersenden** *geschrieben* jemandem etwas mit der Post o. Ä. schicken | *In der Anlage übersende ich Ihnen eine Aufstellung der entstandenen Kosten* • hierzu **Über·sen·dung** *die*

★ **über·set·zen**[1] VERB (übersetzte, hat übersetzt) **(etwas) übersetzen** einen Text mündlich oder schriftlich in einer anderen Sprache wiedergeben ⟨etwas frei, sinngemäß, wörtlich übersetzen⟩ | *einen Roman vom Deutschen ins Englische übersetzen*

★ **über·set·zen**[2] VERB (setzte über, hat/ist übergesetzt) **1** **jemanden übersetzen** (*hat*) jemanden mit einem Boot oder einer Fähre von einem Ufer ans andere bringen | *Ein Fischer setzte uns ans andere Ufer über* **2** (*hat/ist*) mit einem Boot oder einer Fähre ans andere Ufer fahren

Über·set·zer *der* eine Person, die (beruflich) Texte übersetzt K Fachübersetzer, Literaturübersetzer • hierzu **Über·set·ze·rin** *die*

★ **Über·set·zung** *die*; (-, -en) **1** ein übersetzter Text | *eine Kurzgeschichte von Edgar Allan Poe in einer deutschen Übersetzung lesen* | *einen Roman in einer neuen Übersetzung herausgeben* **2** *nur Singular* das Übersetzen | *Die Übersetzung von Redensarten ist oft sehr schwierig* K Übersetzungsarbeit, Übersetzungsbüro, Übersetzungsfehler, Übersetzungsproblem **3** das Verhältnis, in dem die Kraft z. B. von den Pedalen eines Fahrrads oder einem Motor auf die Räder übertragen wird ⟨eine große, kleine Übersetzung⟩

★ **Über·sicht** *die*; (-, -en) **1** *nur Singular* die Fähigkeit, Zusammenhänge zu erkennen ⟨die Übersicht verlieren; sich (*Dativ*) eine Übersicht über etwas (*Akkusativ*) *verschaffen*⟩ **2** **eine Übersicht (über etwas** (*Akkusativ*)**)** eine kurze Zusammenfassung einer Sache (oft in Form einer Tabelle) | *Die Ansagerin gab eine Übersicht über das Abendprogramm* K Übersichtskarte, Übersichtstafel

über·sicht·lich ADJEKTIV **1** so, dass man alles gut sieht ⟨ein Gelände⟩ **2** so geordnet oder gegliedert, dass man es gut und schnell lesen oder verstehen kann ⟨eine Darstellung⟩ • hierzu **Über·sicht·lich·keit** *die*

★ **über·sie·deln** VERB (siedelte über, ist übergesiedelt), **über·sie·deln** (übersiedelte, ist übersiedelt) **irgendwohin übersiedeln** an einen anderen Ort gehen (ziehen), um dort zu wohnen | *Sie ist von Düsseldorf nach Berlin übergesiedelt* • hierzu **Über·sie·de·lung**, **Über·sied·lung** *die*

über·sinn·lich ADJEKTIV so, dass man es mit den normalen Sinnen nicht verstehen kann ⟨Kräfte⟩

über·spannt ADJEKTIV **1** *abwertend* nicht vernünftig, nicht realistisch ⟨Ansichten, Vorstellungen, Ideen, Pläne⟩ ≈*übertrieben* **2** (auf harmlose Weise) ein bisschen verrückt ⟨überspannt sein⟩

über·spie·len VERB (überspielte, hat überspielt) **1** **etwas überspielen** durch geschicktes Verhalten verhindern, dass andere Leute etwas Unangenehmes bemerken ⟨die eigene Unsicherheit überspielen⟩ **2** **etwas (auf etwas** (*Akkusativ*)**) überspielen** etwas (z. B. einen Spielfilm, Musik) von einem Datenträger auf einen anderen kopieren ⟨Daten, Filme, Musik, Videos überspielen⟩ | *eine Schallplatte auf (eine) CD überspielen* • zu (2) **Über·spie·lung** *die*

über·spitzt ADJEKTIV drückt aus, dass das Gesagte übertrieben wurde (oft mit Absicht, um etwas deutlich zu machen) ⟨eine Formulierung; überspitzt ausgedrückt, gesagt⟩

über·sprin·gen[1] VERB (sprang über, ist übergesprungen) **1** **Funken springen über** Funken fliegen durch die Luft und setzen etwas in Brand **2** **die Begeisterung springt auf jemanden über** jemand ist plötzlich genauso begeistert wie eine andere Person | *Die Begeisterung des Redners sprang auf die Zuhörer über*

über·sprin·gen[2] VERB (übersprang, hat übersprungen) **1** **etwas überspringen** über etwas springen ⟨ein Hindernis überspringen⟩ | *Er übersprang den Graben mit einem Satz* **2** **etwas überspringen** ≈*auslassen* | *Er hat beim Lesen einige Seiten übersprungen*

über·spru·deln VERB (*ist*) **1** **etwas sprudelt über** eine Flüssigkeit sprudelt und läuft über den Rand eines Gefäßes | *Das kochende Wasser ist übergesprudelt* **2** **etwas sprudelt über** etwas zeigt sich sehr deutlich ⟨ein übersprudelndes Temperament⟩

über·sprü·hen VERB (*ist*) **vor Begeisterung, Freude übersprühen** Begeisterung oder Freude deutlich zeigen, indem man viel redet, lebhaft ist o. Ä.

★ **über·ste·hen**[1] VERB (überstand, hat überstanden) **etwas (irgendwie) überstehen** eine unangenehme oder gefährliche Situation hinter sich bringen | *Sie hat die Operation gut überstanden* | *Heute war die letzte Prüfung. Das Schlimmste wäre damit überstanden*

über·ste·hen[2] VERB (stand über, hat übergestanden) **etwas steht über** etwas ragt über einen Rand hinaus ⟨ein Dach steht über⟩ | *Der Felsen stand einen Meter über*

über·stei·gen VERB (überstieg, hat überstiegen) **1** **etwas übersteigen** über etwas steigen ⟨eine Absperrung, einen Zaun übersteigen⟩ **2** **etwas übersteigt etwas** etwas geht über etwas hinaus ⟨etwas übersteigt jemandes Fähigkeiten, jemandes finanzielle Möglichkeiten⟩ | *Eine Bergtour würde meine Kräfte übersteigen* | *Der Erfolg überstieg unsere Erwartungen bei Weitem* **3** **etwas übersteigt etwas** etwas ist größer als etwas | *Die Kosten werden tausend Euro nicht übersteigen*

über·stei·gert ADJEKTIV deutlich stärker als es üblich oder angemessen ist ⟨ein Geltungsbedürfnis, ein Selbstvertrauen, Erwartungen, Forderungen, Hoffnungen⟩

über·steu·ert ADJEKTIV *meist prädikativ* mit zu hoher elektrischer Spannung, sodass die Töne schlecht wiedergegeben werden ⟨eine Anlage, ein Mikrofon, ein Verstärker⟩

über·stim·men VERB (überstimmte, hat überstimmt) **Personen überstimmen jemanden/etwas** eine Gruppe von Personen stimmt in einer Abstimmung mehrheitlich gegen jemanden/etwas | *Die Regierung überstimmte den Antrag* | *Die Gegner des Projekts wurden überstimmt*

über·stra·pa·zie·ren VERB (hat überstrapaziert) **etwas überstrapazieren** etwas zu stark belasten ⟨jemandes Geduld, jemandes Nerven überstrapazieren⟩ **!** nur im Infinitiv oder im Partizip Perfekt verwendet

über·strei·chen VERB (überstrich, hat überstrichen) **etwas überstreichen** etwas mit einer Schicht Farbe bedecken | *Flecken an der Wand überstreichen*

über·strei·fen VERB (*hat*) **etwas überstreifen** etwas schnell anziehen ⟨ein Kleid, einen Pullover, Sandalen überstreifen⟩

über·strö·mend ADJEKTIV ⟨Freude, Herzlichkeit⟩ so groß, dass man sie nicht verbergen kann

über·strömt ADJEKTIV **von etwas überströmt** von etwas bedeckt ⟨von Blut, Schweiß, Tränen überströmt⟩ K blutüberströmt, schweißüberströmt, tränenüberströmt

über·stül·pen VERB (*hat*) **jemandem/etwas etwas überstülpen** etwas über jemanden, sich selbst oder etwas stülpen | *dem Schneemann einen Blumentopf als Hut überstülpen*

★ **Über·stun·de** *die*; *meist Plural* (eine Stunde) Arbeit, die man zusätzlich zur normalen Arbeitszeit macht ‹Überstunden machen; Überstunden bezahlt/vergütet bekommen›

über·stür·zen VERB (überstürzte, hat überstürzt) **1** **etwas überstürzen** etwas zu früh oder zu schnell tun, ohne genügend darüber nachzudenken | *Wir wollen doch nichts überstürzen!* (Wir sollten lieber erst noch darüber nachdenken) | *Ihre überstürzte Abreise schockierte uns alle* **2** **sich überstürzen zu** *+Infinitiv* sich übertrieben beeilen, etwas zu tun | *Er überstürzte sich, ihr die Nachricht zu überbringen* **3** **die Ereignisse überstürzen sich** es passieren in kurzer Zeit viele unerwartete oder aufregende Dinge

über·ta·rif·lich ADJEKTIV besser und höher, als es im Tarifvertrag steht ‹ein Gehalt, eine Leistung, ein Lohn; übertariflich bezahlt werden›

über·teu·ert ADJEKTIV teurer, als es üblich wäre ‹Waren; etwas überteuert verkaufen›

über·töl·peln VERB (übertölpelte, hat übertölpelt) **jemanden übertölpeln** eine Person, die nicht genügend aufpasst oder vorsichtig ist, betrügen | *jemanden mit einem plumpen Trick übertölpeln* ● hierzu **Über·töl·pe·lung, Über·tölp·lung** *die*

über·tö·nen VERB (übertönte, hat übertönt) **eine Person/Sache übertönt jemanden/etwas** eine Person oder Sache ist lauter als eine andere Person oder Sache | *Der Straßenlärm übertönte die Musik*

Über·topf *der* ein Topf aus Porzellan oder Plastik (als Schmuck), in den man einen einfachen Blumentopf stellt

Über·trag *der*; (-(e)s, Über·trä·ge) eine Zahl, die man als Ergebnis einer Rechnung am Ende einer Seite bekommt und die man oben auf die nächste Seite schreibt, um damit weiterzurechnen

★ **über·tra·gen¹** VERB (überträgt, übertrug, hat übertragen)
▸Krankheiten usw.: **1** **etwas (auf jemanden) übertragen** eine Krankheit o. Ä. an jemanden weitergeben ‹Bazillen, Krankheiten, Ungeziefer übertragen› | *Malaria wird durch Insekten(stiche) übertragen* **2** **Blut übertragen** Blut einer Person in den Körper einer kranken Person bringen, um sie zu behandeln **3** **etwas überträgt sich (auf jemanden)** ein Krankheitserreger gelangt von einem Lebewesen zu einem anderen | *Die Tollwut kann sich auch auf Menschen übertragen*
▸Medien: **4** **etwas übertragen** etwas, das irgendwo geschieht, dort aufnehmen und (gleichzeitig) im Radio oder Fernsehen senden ‹etwas direkt, live, in Ausschnitten übertragen› | *ein Tennisspiel aus Wimbledon übertragen* | *die Debatte im Parlament live im Fernsehen übertragen* **5** **etwas (auf etwas** (*Akkusativ*)**) übertragen** etwas von einem Datenträger auf einen anderen kopieren | *Die Daten werden auf eine externe Festplatte übertragen*
▸schriftlich: **6** **etwas auf/in etwas** (*Akkusativ*) **übertragen** etwas an einer anderen Stelle noch einmal zeichnen oder schreiben | *Ergebnisse einer Untersuchung in ein Diagramm übertragen* | *eine Zwischensumme auf die nächste Seite übertragen* **7** **etwas in etwas** (*Akkusativ*) **übertragen** etwas Geschriebenes in eine andere Form oder Sprache bringen | *Lyrik in Prosa übertragen* | *einen Roman aus dem Französischen ins Spanische übertragen*
▸Aufgabe: **8** **etwas auf jemanden übertragen** ein Amt, Recht o. Ä. an jemanden weitergeben | *seine Fahrkarte auf jemanden übertragen* | *Der König übertrug seinen Titel auf seinen ältesten Sohn* **9** **jemandem etwas übertragen** jemandem eine Aufgabe geben | *jemandem die Leitung eines Projekts übertragen* | *Die Verantwortung für die Finanzen wurde Frau Matthes übertragen*
▸sonstige Verwendungen: **10** **etwas auf etwas** (*Akkusativ*) **übertragen** etwas in einer anderen Situation anwenden, in der es ebenfalls gültig oder passend ist | *Die Ergebnisse von Tierversuchen lassen sich nicht immer auf den Menschen übertragen* **11** **etwas überträgt Kraft/Energie (auf etwas** (*Akkusativ*)**)** ein Teil einer Maschine gibt Kraft/Energie an einen anderen Teil weiter | *Die Kardanwelle überträgt die Kraft des Motors auf die Vorder- bzw. Hinterachse* **12** **etwas überträgt sich (auf jemanden)** etwas hat eine Wirkung auf andere Personen | *Ihre Begeisterung übertrug sich auf ihre Kollegen* ● hierzu **Über·tra·gung** *die*; zu (1) **Über·trä·ger** *der*

★ **über·tra·gen²** ■ PARTIZIP PERFEKT **1** → übertragen¹
■ ADJEKTIV **2** **in übertragener Bedeutung/im übertragenen Sinn** nicht im konkreten, ursprünglichen Sinn, sondern in einer neuen Bedeutung (bei der man aber an den ursprünglichen Sinn noch erinnert wird)

★ **über·tref·fen** VERB (übertrifft, übertraf, hat übertroffen) **1** **jemanden/etwas übertreffen** in der Leistung oder Qualität besser sein als eine andere Person oder Sache | *Im Tennis ist sie nicht zu übertreffen* | *Das neue Verfahren übertrifft das alte bei Weitem* **2** **jemanden/etwas an etwas** (*Dativ*) **übertreffen** eine Eigenschaft in höherem Maße als als eine andere Person oder Sache haben | *jemanden an Ausdauer/Fleiß übertreffen* | *Diese Brücke übertrifft alle anderen an Größe* **3** **etwas übertrifft etwas** etwas ist größer als etwas, geht über etwas hinaus | *Das übertrifft meine schlimmsten Befürchtungen/meine kühnsten Hoffnungen* ■ ID **sich selbst übertroffen haben** ungewöhnlich viel geleistet haben

★ **über·trei·ben** VERB (übertrieb, hat übertrieben) **1** **(etwas) übertreiben** etwas als größer, wichtiger, besser, schlechter usw. beschreiben, als es in Wirklichkeit ist ‹maßlos, schamlos übertreiben› | *Er übertreibt immer! Du kannst ihm nichts glauben!* | *Sie hat nicht übertrieben, als sie sagte, dass wir von dem Buch begeistert sein würden* **2** **etwas übertreiben** etwas, das eigentlich positiv ist, zu oft, zu intensiv, zu lange o. Ä. tun | *Er übertreibt das Joggen* **3** **mit etwas übertreiben** etwas Positives zu oft, zu intensiv, zu lange o. Ä. tun | *Sie übertreibt mit ihrer Sparsamkeit* ■ ID **Man kanns auch übertreiben!** *gesprochen* verwendet, um eine Person zu kritisieren, die etwas gerade zu intensiv tut ● hierzu **Über·trei·bung** *die*

über·tre·ten¹ VERB (übertritt, übertrat, hat übertreten) **etwas übertreten** gegen etwas verstoßen, sich nicht an etwas halten ‹ein Gebot, ein Gesetz, ein Verbot übertreten› ● hierzu **Über·tre·tung** *die*

über·tre·ten² VERB (tritt über, trat über, hat/ist übergetreten) **1** **ein Fluss tritt über** (*ist*) ein Fluss breitet sich über die Ufer aus (vor allem wegen starker Regenfälle o. Ä.) **2** **zu etwas übertreten** (*ist*) von einer Organisation oder Religionsgemeinschaft zu einer anderen wechseln | *zum Islam übertreten* | *von der FDP zur CDU übertreten* **3** **in eine andere Schule** (*Akkusativ*) **übertreten** (*ist*) in eine andere Schule wechseln | *von der Realschule ins Gymnasium übertreten* **4** (*hat/ist*) beim Weitsprung über die Markierung treten, sodass der Sprung ungültig ist

★ **über·trie·ben** ■ PARTIZIP PERFEKT **1** → übertreiben
■ ADJEKTIV **2** zu groß, zu stark o. Ä. | *jemandes übertriebene Sparsamkeit* | *Deine Ängste sind übertrieben*
■ ADVERB **3** zu (sehr) | *Sie ist übertrieben ängstlich*

Über·tritt *der* **1** **der Übertritt zu etwas** das Wechseln zu einer anderen Partei, Religion o. Ä. | *der Übertritt zum Protestantismus* K Kirchenübertritt, Parteiübertritt **2** **der Übertritt in etwas** (*Akkusativ*) das Wechseln zu einer anderen Art von Schule | *der Übertritt ins Gymnasium*

über·trump·fen VERB (übertrumpfte, hat übertrumpft) **jemanden/etwas übertrumpfen** ≈ *übertreffen* | *Sie versuchten,*

U

sich gegenseitig mit ihren beruflichen Erfolgen zu übertrumpfen

über·völ·kert ADJEKTIV mit zu vielen Menschen ⟨ein Land⟩

über·voll ADJEKTIV **übervoll (mit/von Personen/Dingen)** sehr voll, zu voll | *Die Straßenbahn war übervoll* | *Die Regale sind übervoll mit/von Lebensmitteln*

über·vor·sich·tig ADJEKTIV vorsichtiger, als es nötig ist

über·vor·tei·len VERB (übervorteilte, hat übervorteilt) **jemanden übervorteilen** so handeln, dass man gegenüber einer anderen Person ungerechte Vorteile bekommt | *Sie fühlte sich von ihm übervorteilt* (Sie fühlte sich benachteiligt) ● hierzu **Über·vor·tei·lung** *die*

über·wa·chen VERB (überwachte, hat überwacht) **1** **jemanden überwachen** eine Person längere Zeit beobachten, um festzustellen, ob sie etwas Verbotenes tut | *Er wurde von der Polizei überwacht* **2** **etwas überwachen** beobachten, ob etwas richtig abläuft ⟨den Verkehr überwachen⟩ ≈ *kontrollieren* | *Der Supermarkt wird mit Videokameras überwacht* ● hierzu **Über·wa·chung** *die*

über·wäl·ti·gen VERB (überwältigte, hat überwältigt) **1** **jemanden überwältigen** bewirken, dass jemand sich nicht mehr wehren oder flüchten kann | *Die Hausbewohner konnten den Einbrecher überwältigen* **2** **etwas überwältigt jemanden** ein Gefühl o. Ä. ist so stark, dass sich jemand nicht dagegen wehren kann ⟨von Angst, vom Schlaf überwältigt werden⟩ | *Trauer überwältigte ihn* ● hierzu **Über·wäl·ti·gung** *die*

über·wäl·ti·gend ■ PARTIZIP PRÄSENS **1** → überwältigen ■ ADJEKTIV **2** ungewöhnlich groß oder stark ⟨eine Zahl, eine Menge⟩ | *einen Antrag mit überwältigender Mehrheit annehmen* **3** ungewöhnlich intensiv, mit sehr starker Wirkung ⟨ein Anblick, ein Eindruck, ein Erlebnis⟩

über·wech·seln VERB *(ist)* **1** **irgendwohin überwechseln** von einer Seite auf die andere gehen, fahren usw. | *von einer Fahrspur auf die andere überwechseln* **2** **irgendwohin überwechseln** eine Gruppe, zu der man gehört, verlassen, um sich einer anderen Gruppe anzuschließen ⟨ins feindliche Lager überwechseln⟩ | *von der einen zur anderen Partei überwechseln*

★ **über·wei·sen** VERB (überwies, hat überwiesen) **1** **etwas überweisen** Geld von einem Bankkonto auf ein anderes Bankkonto buchen lassen ⟨jemandem/an jemanden Geld überweisen⟩ **2** **eine Person (an jemanden/etwas) überweisen; eine Person (zu jemandem/etwas)** (als Arzt) einen Patienten zu einem anderen Arzt oder in eine Klinik schicken | *Mein Hausarzt hat mich an einen/zum Orthopäden überwiesen*

Über·wei·sung *die* **1** ein Formular, mit dem man Geld auf ein anderes Konto überweist ⟨eine Überweisung ausfüllen⟩ **2** ein Formular, mit dem ein Arzt einen Patienten überweist ⟨eine Überweisung bekommen⟩ **3** das Überweisen von Geld ⟨Überweisungen vornehmen⟩ K Überweisungsauftrag, Überweisungsformular **4** **eine Überweisung (über** *+Zahlenangabe*) eine Geldsumme, die überwiesen wurde | *Hast du meine Überweisung schon bekommen?* | *Auf dem Konto ist eine Überweisung über 350 Euro eingegangen* **5** das Überweisen eines Patienten K Überweisungsschein

über·wer·fen[1] VERB (wirft über, warf über, hat übergeworfen) **jemandem etwas überwerfen** jemandem oder sich selbst etwas schnell über die Schultern legen | *Moment, ich werfe mir noch rasch einen Mantel über*

über·wer·fen[2] VERB (überwirft sich, überwarf sich, hat sich überworfen) **eine Person überwirft sich mit jemandem; Personen überwerfen sich** zwei oder mehrere Personen streiten sich und versöhnen sich nicht mehr | *Er hat sich wegen seiner Heirat mit der ganzen Familie überworfen*

über·wie·gen VERB (überwog, hat überwogen) **1** **etwas überwiegt (etwas)** etwas ist wichtiger, stärker o. Ä. als etwas anderes | *Zurzeit überwiegt bei mir ein Gefühl der Unzufriedenheit* | *Die Neugier überwog seine Schüchternheit* **2** **Personen/Dinge überwiegen** die genannten Personen oder Dinge sind in größerer Zahl oder Menge vorhanden als andere Personen oder Dinge | *Bei den Arbeitslosen überwiegen die Frauen*

★ **über·wie·gend, über·wie·gend** ■ PARTIZIP PRÄSENS **1** → überwiegen ■ ADJEKTIV **2** *meist attributiv* den größeren Teil einer Sache bildend | *die überwiegende Mehrheit der Bevölkerung* (die große Mehrheit) **3** *nur adverbiell* hauptsächlich, vorwiegend, vor allem | *Es sind überwiegend Jugendliche, die das Lokal besuchen*

★ **über·win·den** VERB (überwand, hat überwunden) **1** **etwas überwinden** mit etwas Schwierigem (körperlich) fertig werden ⟨ein Hindernis, eine Steigung überwinden⟩ | *eine große Entfernung zu Fuß überwinden* **2** **etwas überwinden** es schaffen, ein unangenehmes Gefühl oder eine schlechte Eigenschaft verschwinden zu lassen ⟨die Abneigung gegen jemanden/etwas überwinden; die Angst, Ekel, die Schüchternheit überwinden⟩ ≈ *bewältigen, meistern* **3** **etwas überwinden** einen sehr schlimmen Zustand o. Ä. beseitigen oder eine Krankheit besiegen | *den Hunger in der Welt überwinden wollen* **4** **jemanden überwinden** *geschrieben* ⟨einen Feind, einen Gegner überwinden⟩ ≈ *besiegen* **5** **sich (zu etwas) überwinden** sich dazu bringen, etwas zu tun oder zu sagen, das man eigentlich nicht tun oder sagen wollte | *Er überwand sich, ihr zu helfen, obwohl sie ihm sehr unsympathisch war* ● hierzu **Über·win·dung** *die*; zu (1 – 4) **über·wind·bar** ADJEKTIV

über·win·tern VERB (überwinterte, hat überwintert) **1** **Tiere/Vögel überwintern irgendwo** Tiere/Vögel halten sich irgendwo während des Winters auf | *Igel überwintern unter Haufen von Blättern und Zweigen* **2** **etwas irgendwo überwintern** eine Pflanze im Winter an einen Ort stellen, wo es nicht so kalt ist | *das Zitronenbäumchen im Keller überwintern* ● hierzu **Über·win·te·rung** *die*

über·wu·chern VERB (überwucherte, hat überwuchert) **etwas überwuchert etwas** Pflanzen wachsen sehr schnell und bedecken etwas | *Unkraut überwucherte die Beete* ● hierzu **Über·wu·che·rung** *die*

Über·wurf *der* ein weites Kleidungsstück ohne Ärmel, das man locker über der Kleidung trägt ⟨einen Überwurf tragen⟩ ≈ *Umhang*

Über·zahl *die* **Personen sind in der Überzahl** eine Gruppe von Personen bildet die Mehrheit | *Bei der Versammlung waren die Männer in der Überzahl*

über·zäh·lig ADJEKTIV mehr als man braucht; zu viele ⟨Teile, Schrauben, Stifte, Geräte⟩

über·zeich·nen VERB (überzeichnete, hat überzeichnet) **jemanden/etwas überzeichnen** Eigenschaften oder Personen so beschreiben, dass Positives oder Negatives übertrieben wird | *Die Personen in dem Drama waren stark überzeichnet* ● hierzu **Über·zeich·nung** *die*

Über·zeit *die*; ⓒⓗ ≈ *Überstunden*

über·zeit·lich ADJEKTIV nicht an eine bestimmte Zeit oder eine Mode gebunden ⟨Gültigkeit, eine Wahrheit⟩ | *ein Kunstwerk von überzeitlicher Bedeutung*

★ **über·zeu·gen** VERB (überzeugte, hat überzeugt) **1** **jemanden (von etwas) überzeugen** durch Argumente bewirken, dass jemand etwas glaubt oder es als richtig akzeptiert ⟨jemanden von der Notwendigkeit/der Richtigkeit einer Sache überzeugen⟩ | *Er lässt sich einfach nicht (davon) überzeugen,*

U

dass Rauchen schädlich ist | *Sie hatte ihn überzeugt mitzukommen* H ≠ überreden 2 **eine Person/Sache überzeugt (jemanden)** eine Person oder Sache macht einen positiven Eindruck | *Die Leistungen des Schülers überzeugen nicht* 3 **sich von etwas überzeugen** etwas genau prüfen, um festzustellen, ob es wirklich wahr oder richtig ist | *Er hatte sich von der Richtigkeit ihrer Behauptungen persönlich überzeugt*

★ **über·zeu·gend** ■ PARTIZIP PRÄSENS 1 → überzeugen ■ ADJEKTIV 2 so, dass es jemanden überzeugt | *eine überzeugende Geschichte* | *überzeugend argumentieren*

★ **über·zeugt** ■ PARTIZIP PERFEKT 1 → überzeugen ■ ADJEKTIV 2 **von etwas überzeugt sein** keine Zweifel über etwas haben | *Wir sind von seiner Ehrlichkeit überzeugt* | *Er ist überzeugt (davon), das Richtige zu tun/dass er das Richtige tut* 3 *meist attributiv* ganz sicher, dass etwas richtig oder gültig ist ⟨ein Christ, ein Demokrat, ein Pazifist, ein Marxist⟩ 4 **von sich** (*Dativ*) **(selbst) überzeugt** *oft abwertend* sehr selbstbewusst (und meist ein bisschen arrogant)

★ **Über·zeu·gung** *die*; (-, -en) eine feste Meinung, die man sich gebildet hat ⟨der Überzeugung sein, dass …; zu der Überzeugung gelangen/kommen, dass …; gegen seine Überzeugung handeln; etwas aus (innerer) Überzeugung tun⟩ K Überzeugungskraft

★ **über·zie·hen**[1] VERB (überzog, hat überzogen) 1 **etwas (mit etwas) überziehen** eine neue Schicht gleichmäßig auf einer Sache verteilen | *Möbel mit Lack überziehen* | *Die Torte war mit Zuckerguss überzogen* 2 **etwas (mit etwas) überziehen** etwas in eine neue Hülle aus Stoff geben | *Das Sofa muss neu überzogen werden* | *die Betten frisch überziehen* 3 **jemanden/etwas mit etwas überziehen** mit einer großen Menge einer negativen Sache stark auf eine Person, eine Firma, ein Gebiet o. Ä. wirken ⟨ein Land mit Gewalt, Krieg, Terror überziehen⟩ | *Der Hersteller wurde so lange mit Klagen überzogen, bis er wirtschaftlich ruiniert war* 4 **(das Konto) überziehen** mehr Geld vom Konto abheben oder überweisen, als dort vorhanden ist 5 **(etwas) überziehen** (bei einem Auftritt, einer Rede o. Ä.) mehr Zeit brauchen als geplant oder erlaubt ⟨die Sendezeit überziehen⟩ | *Der Redner hat schon 5 Minuten überzogen* 6 **der Himmel überzieht sich (mit Wolken)** der Himmel wird allmählich mit Wolken bedeckt ● zu (4,5) **Über·zie·hung** *die*

über·zie·hen[2] VERB (zog über, hat übergezogen) **(jemandem) etwas überziehen** jemandem oder sich selbst ein Kleidungsstück (über ein anderes) anziehen | *Ich zog mir einen Mantel über*

über·zo·gen ■ PARTIZIP PERFEKT 1 → überziehen[1] ■ ADJEKTIV 2 ⟨Erwartungen, Forderungen, Kritik⟩ ≈ *übertrieben*

über·züch·tet ADJEKTIV anfällig für Krankheiten, weil bei der Zucht nicht auf Gesundheit geachtet wurde ⟨eine Hunderasse⟩

Über·zug 1 eine (dünne) Schicht, die einen Gegenstand gleichmäßig bedeckt ⟨ein Überzug aus Schokolade, Kunststoff, Lack⟩ 2 eine Hülle aus Stoff ≈ *Bezug* K Bettüberzug, Kissenüberzug

★ **üb·lich** ADJEKTIV so, wie es meistens, normalerweise ist | *Es ist üblich, dass die ganze Familie zur Hochzeit eingeladen wird* | *Wir treffen uns wie üblich im Café* | *Der Bus hat die übliche Verspätung* ● hierzu **üb·li·cher·wei·se** ADVERB

U-Boot *das* Unterseeboot ein Schiff, das tauchen und längere Zeit unter Wasser fahren kann K U-Boot-Besatzung, U-Boot-Hafen, U-Boot-Kommandant, U-Boot-Krieg; Atom-U-Boot

★ **üb·rig** ADJEKTIV 1 noch (als Rest) vorhanden ⟨übrig bleiben; etwas übrig behalten, haben, lassen⟩ | *Sind noch Brötchen vom Frühstück übrig (geblieben)?* | *Hast du einen Apfel für mich übrig?* | *Von der Party haben wir noch einen Kasten Bier übrig behalten* | *Lass mir bitte ein Stück Kuchen übrig!* | *Alles Übrige besprechen wir morgen* 2 **im Übrigen** zusätzlich zu dem vorher Genannten ≈ *außerdem* | *Damit wäre der Fall erledigt. Im Übrigen würde ich Sie bitten, mich in Zukunft über so etwas früher zu informieren* 3 **etwas tut ein Übriges** etwas bewirkt (zusätzlich zu anderen Faktoren), dass ein meist negatives Ergebnis erreicht wird | *Ich glaube, ich habe mich erkältet. Ich habe schon den ganzen Tag gefroren, und der Regen hat dann ein Übriges getan*

üb·rig blei·ben, **üb·rig·blei·ben** VERB (blieb übrig, ist übrig geblieben/übriggeblieben) **jemandem bleibt nichts (anderes/weiter) übrig, als zu** *+Infinitiv* jemand hat keine andere Wahl, als etwas zu tun | *Wenn du die Prüfung bestehen willst, wird dir nichts anderes übrig bleiben, als fleißig zu lernen*

★ **üb·ri·gens** PARTIKEL *unbetont* verwendet, um eine Bemerkung einzuleiten. Man drückt damit aus, dass das neue Thema nicht sehr wichtig ist und dass man auch wieder zum alten Thema zurückkommen will | *Übrigens, da fällt mir ein, du schuldest mir noch zwanzig Euro* | *Das Buch, das du mir geliehen hast, war übrigens sehr gut*

üb·rig·ha·ben VERB (hat übrig, hatte übrig, hat übriggehabt) **etwas/viel/wenig/nichts für jemanden/etwas übrighaben** etwas/viel/wenig/kein Interesse an jemandem/etwas haben H aber: *noch Geld übrig haben* (getrennt geschrieben)

üb·rig las·sen, **üb·rig·las·sen** VERB (ließ übrig, hat übrig gelassen/übriggelassen) 1 **jemand/etwas lässt (viel/sehr) zu wünschen übrig** jemand/etwas ist (überhaupt) nicht so, wie man es sich wünscht | *Das Wetter lässt viel zu wünschen übrig* 2 **etwas lässt nicht zu wünschen übrig** etwas ist ideal

★ **Übung** *die*; (-, -en) 1 *nur Singular* das Wiederholen gleicher oder ähnlicher Handlungen, damit man sie besser kann ⟨etwas zur Übung tun; etwas erfordert viel Übung⟩ K Übungsarbeit, Übungsaufgabe, Übungsflug, Übungsstück, Übungsstunde 2 **Übung (in etwas** (*Dativ*)**)** wenn man etwas oft tut und deshalb gut kann, hat man Übung darin ⟨jemandem fehlt die Übung; jemandem fehlt es an (der) Übung; Übung in etwas bekommen, erlangen, haben; in Übung kommen, sein, bleiben; aus der Übung kommen, sein⟩ | *Um eine Fremdsprache fließend zu sprechen, muss man ständig in (der) Übung bleiben* | *Er hat wenig Übung im Skifahren* 3 eine Handlung oder Aufgabe, die man (mehrmals) macht, um besser zu werden | *Übungen auf der Gitarre spielen* | *Heute machen wir Übung 7 auf Seite 40* K Übungsbuch; Fingerübung, Geschicklichkeitsübung, Sprechübung, Stimmübung 4 eine Reihenfolge von Bewegungen, z. B. beim Turnen ⟨eine gymnastische Übung; eine Übung turnen⟩ | *eine Übung am Reck turnen* K Barrenübung, Bodenübung, Gymnastikübung, Reckübung, Turnübung; Kürübung, Pflichtübung; Entspannungsübung, Kraftübung, Lockerungsübung 5 Handlungen, mit denen eine Armee, die Polizei oder die Feuerwehr ihre Aufgaben trainieren ⟨eine militärische Übung; zu einer Übung ausrücken⟩ K Übungsgelände, Übungsmunition, Übungsplatz, Übungsschießen; Feuerwehrübung, Geländeübung, Polizeiübung, Schießübung, Truppenübung, Waffenübung, Wehrübung 6 eine Lehrveranstaltung an der Universität, in der praktische Dinge gemacht werden (wie z. B. Versuche oder Übersetzungen) ■ ID **Übung macht den Meister** wenn man etwas oft tut, lernt man, es gut zu tun

Übungs·sa·che *die* **etwas ist (reine) Übungssache** etwas kann nur durch Üben gelernt werden

★ **Ufer** *das;* (-s, -) **1** das Land am Rand eines Flusses, Sees, Meeres o. Ä. ⟨ein flaches, steiles, befestigtes Ufer⟩ | *ans Ufer geschwemmt werden* | *das sichere Ufer erreichen* **K** Uferböschung, Uferpromenade, Uferstraße; Flussufer, Seeufer **2** **ein Fluss tritt über die Ufer** ein Fluss hat mehr Wasser als normal und breitet sich über die Ufer aus ■ **ID** **Er ist vom anderen Ufer** *gesprochen, veraltend* Er ist homosexuell

ufer·los ADJEKTIV **1** ⟨eine Diskussion⟩ ≈ *endlos* **2** **etwas führt/geht ins Uferlose** etwas geht über ein vernünftiges Maß weit hinaus | *Es würde ins Uferlose führen, jedes Detail einzeln zu besprechen*

uff! verwendet, wenn man etwas anstrengend findet oder wenn man erleichtert ist

Ufo, **UFO** ['u:fo] *das;* (-s, -s) unbekanntes Flugobjekt ein unbekannter, fliegender Gegenstand, von dem manche Leute glauben, dass er von einem anderen Stern komme

u-för·mig, **U-för·mig** ADJEKTIV mit der Form des Buchstabens U

uh! verwendet, um Schreck, Ekel o. Ä. auszudrücken

U-Haft *die* Kurzwort für *Untersuchungshaft*

★ **Uhr** *die;* (-, -en) **1** ein Gerät, mit dem man die Zeit misst ⟨eine wasserdichte Uhr; das Zifferblatt, die Zeiger einer Uhr; eine Uhr aufziehen, (vor-/zurück)stellen; die Uhr tickt, geht vor/nach/genau/richtig; die Uhr bleibt stehen⟩ | *Auf/Nach meiner Uhr ist es jetzt fünf nach vier* | *Meine Uhr geht jeden Tag zehn Minuten vor* **K** Uhrzeiger; Armbanduhr, Taschenuhr, Bahnhofsuhr, Turmuhr, Digitaluhr, Kuckucksuhr, Pendeluhr, Quarzuhr, Eieruhr, Sanduhr, Sonnenuhr, Stoppuhr **2** verwendet, um die Uhrzeit anzugeben | *Es ist jetzt genau/Punkt zwölf Uhr* | *Beim Gongschlag war es vierzehn Uhr* | *„Wann geht unser Zug?" – „Um 10 Uhr 24."* | *Wir treffen uns gegen elf Uhr* **3** **Wie viel Uhr ist es?** verwendet, um nach der Uhrzeit zu fragen **4** **rund um die Uhr** 24 Stunden pro Tag ⟨rund um die Uhr arbeiten, geöffnet haben⟩ ■ **ID** **jemandes innere Uhr** jemandes Gefühl dafür, wie spät es ist oder wie viel Zeit vergangen ist; **jemandes Uhr ist abgelaufen** jemand wird bald sterben

Uhr·ma·cher *der* eine Person, die beruflich Uhren verkauft und repariert • hierzu **Uhr·ma·che·rin** *die*

Uhr·werk *das* alle Teile im Innern einer Uhr, die bewirken, dass sie funktioniert

Uhr·zei·ger|sinn *der; nur Singular* die Richtung, in die sich die Zeiger einer Uhr drehen | *etwas im Uhrzeigersinn/gegen den Uhrzeigersinn/entgegen dem Uhrzeigersinn drehen*

★ **Uhr·zeit** *die* die Zeit des Tages, die eine Uhr anzeigt | *„Haben Sie die genaue Uhrzeit?" – „Ja, es ist jetzt genau acht Uhr fünfzehn."* **B** → Abb. nächste Seite

Uhu ['u:hu] *der;* (-s, -s) eine große europäische Eule

ui! verwendet, um Überraschung auszudrücken

UKW [u:ka:'ve:] *ohne Artikel; nur in dieser Form* Ultrakurzwelle der Wellenbereich, in dem lokale und regionale Radiosender senden | *einen Sender auf UKW empfangen* **K** UKW-Sender

Ulk *der;* (-(e)s) etwas, über das man lachen kann ⟨einen Ulk machen⟩ ≈ *Spaß, Jux*

ul·kig ADJEKTIV; *gesprochen* ≈ *komisch, lustig* | *eine ulkige Grimasse schneiden*

Ul·me *die;* (-, -n) ein großer Baum mit ovalen Blättern

ul·ti·ma·tiv [-f] ADJEKTIV in der Form eines Ultimatums ⟨eine Forderung⟩

Ul·ti·ma·tum *das;* (-s, Ul·ti·ma·ten) **1** eine letzte Forderung unter Androhung schlimmer Konsequenzen, falls diese Forderung nicht rechtzeitig erfüllt wird ⟨jemandem ein Ultimatum stellen⟩ **2** der Zeitpunkt, bis zu dem ein Ultimatum erfüllt sein muss ⟨ein Ultimatum läuft ab⟩ | *Als das Ultimatum abgelaufen war, sprengten die Terroristen das entführte Flugzeug*

Ul·ti·mo *der;* (-s, -s) der letzte Tag des Monats | *etwas bis Ultimo bezahlen*

ult·ra- *im Adjektiv, betont, begrenzt produktiv* **ultrakurz, ultrakonservativ, ultramodern, ultrarechts** *und andere* in extrem hohem Maß | *ein ultraflaches Smartphone*

ult·ra·ma·rin ADJEKTIV *meist prädikativ; nur in dieser Form* leuchtend blau **K** ultramarinblau

Ult·ra·schall *der; nur Singular* Töne von so hoher Frequenz, dass der Mensch sie nicht hören kann | *eine Schwangere mit Ultraschall untersuchen, um die Entwicklung des Kindes zu beobachten* **K** Ultraschallbehandlung, Ultraschallbild, Ultraschallgerät, Ultraschalluntersuchung

ult·ra·vi·o·lett ADJEKTIV zum Bereich der Lichtstrahlen gehörig, die (im Farbspektrum) neben dem Violett liegen und nicht als Farbe sichtbar sind | *Die ultravioletten Strahlen bewirken, dass sich unsere Haut in der Sonne verfärbt* • hierzu **Ult·ra·vi·o·lett** *das*

★ **um** ■ PRÄPOSITION *mit Akkusativ*

▸Kreis, Bogen: **1** **um etwas (herum)** bezeichnet eine Bewegung oder eine Lage in der Form eines Kreises oder eines Bogens | *sich einen Schal um den Hals binden* | *einmal um das Haus (herum)laufen* | *Das Schilf wächst rund um den See* | *Ein Auto bog um die Ecke* **2** **'um sich** *+Verb* bezeichnet eine Bewegung, Wirkung o. Ä. von einem Punkt aus in alle Richtungen | *nervös um sich schauen* | *wild um sich schlagen* | *einen unangenehmen Geruch um sich verbreiten* | *Das Feuer griff rasch um sich*

▸Zeit: **3** **um ein/zwei/... (Uhr)** verwendet zur Angabe der Uhrzeit, zu der etwas geschieht | *um zehn (Uhr) ins Bett gehen* **4** **um** *+Zeitangabe* **(herum)** verwendet zur Angabe einer ungefähren Zeit | *Die Sitzung wird so um elf Uhr herum vorbei sein* | *Um Neujahr (herum) schneite es das erste Mal*

▸Zahlengröße: **5** nennt einen Betrag oder Wert (oft bei Vergleichen oder Veränderungen) | *sich um drei Euro verrechnen* | *Sie ist um zwei Jahre jünger und zehn Zentimeter kleiner als ich* | *Er kam um zehn Minuten zu spät* | *die Menge um hundert Gramm verringern* **6** *süddeutsch* Ⓐ verwendet, um den Preis von etwas anzugeben ≈ *für* | *Sie können es um 100 Euro haben*

▸Grund: **7** nennt den Grund für ein Gefühl | *sich Sorgen um jemanden machen* | *jemanden um den beruflichen Erfolg beneiden*

▸Zweck, Ziel: **8** nennt den Zweck oder das Ziel einer Handlung, Sache | *um Hilfe rufen* | *um Rat fragen* | *um den Sieg kämpfen* | *sich um jemanden/etwas kümmern* | *mit der Bitte um schnelle Antwort*

▸Thema, Gegenstand: **9** nennt das Thema einer Sache | *In dem Gespräch ging es um Schulprobleme* | *eine Debatte um Steuererhöhungen* | *Bei diesem Tier handelt es sich um ein Insekt*

▸Verlust: **10** nennt die Sache, die jemand/etwas verliert, nicht bekommt o. Ä. | *jemanden um etwas betrügen* | *ums Leben kommen* (bei einem Unfall sterben)

▸Reihenfolge: **11** **Erfolg um Erfolg, Problem um Problem, Tag um Tag** *und andere;* **ein Erfolg um den anderen, ein Problem um das andere** *und andere* drückt aus, dass viele gleiche Dinge aufeinanderfolgen | *Stunde um Stunde verging, aber sie rief nicht an* | *einen Fehler um den anderen machen*

■ ADVERB **12** **um (die)** *+Zahl +Substantiv* **(herum)** verwendet, um eine ungefähre Zahl zu nennen | *Die Reparatur wird um die 250 Euro kosten* | *Es waren um die 500 Leute da*

WIE SPÄT IST ES?

gesprochen:		im Radio oder geschrieben auch:		
acht Uhr *oder* (Es ist) acht.		8^{00} *oder* 8:00 (Uhr) acht Uhr	*bzw.*	20^{00} *oder* 20:00 (Uhr) zwanzig Uhr
halb neun *oder* (Es ist) halb (neun).		8^{30} *oder* 8:30 (Uhr) acht Uhr dreißig	*bzw.*	20^{30} *oder* 20:30 (Uhr) zwanzig Uhr dreißig
Viertel nach acht *oder* (Es ist) Viertel nach (acht) *oder auch*: (Es ist) viertel neun.		8^{15} *oder* 8:15 (Uhr) acht Uhr fünfzehn	*bzw.*	20^{15} *oder* 20:15 (Uhr) zwanzig Uhr fünfzehn
Viertel vor acht *oder* drei viertel acht *oder* (Es ist) drei Viertel *oder* Viertel vor *oder* drei viertel acht.		7^{45} *oder* 7:45 (Uhr) sieben Uhr fünfundvierzig	*bzw.*	19^{45} *oder* 19:45 (Uhr) neunzehn Uhr fünfundvierzig
(Es ist) Mitternacht *oder* zwölf Uhr (nachts).		0^{00} *oder* 0:00 (Uhr) null Uhr	*bzw.*	24^{00} *oder* 24:00 (Uhr) vierundzwanzig Uhr
(Es ist) Mittag *oder* zwölf Uhr (mittags).		12^{00} *oder* 12:00 (Uhr)		
fünf vor halb neun *oder* (Es ist) fünf vor halb (neun).		8^{25} *oder* 8:25 (Uhr) acht Uhr fünfundzwanzig	*bzw.*	20^{25} *oder* 20:25 (Uhr) zwanzig Uhr fünfundzwanzig
fünf nach halb neun *oder* (Es ist) fünf nach halb (neun).		8^{35} *oder* 8:35 (Uhr) acht Uhr fünfunddreißig	*bzw.*	20^{35} *oder* 20:35 (Uhr) zwanzig Uhr fünfunddreißig

■ BINDEWORT **13** **um zu** *+Infinitiv* verwendet, wenn man eine Absicht oder einen Zweck bezeichnen will | *Sie kam, um sich zu entschuldigen* | *Er öffnete die Tür, um sie hereinzulassen* **i** → Infos unter **damit** **14** *Adjektiv* + **genug, um zu** *+Infinitiv* verwendet, wenn man den Grund nennen will, warum etwas möglich ist oder sein müsste | *Er ist dumm genug, um so einen Fehler zu machen* **15** **zu** *+Adjektiv*, **um zu** *+Infinitiv* verwendet, wenn man den Grund nennen will, warum etwas nicht möglich ist | *Er ist zu krank, um zu arbeiten*

um-¹ (*im Verb, betont und trennbar, sehr produktiv; Diese Verben werden so gebildet:* umwerfen, warf um, umgeworfen) **1** **jemand/etwas fällt um, kippt um**; **etwas umbiegen, umkippen, umwerfen**; **jemanden/etwas umdrehen, umstoßen** *und andere* drückt aus, dass die Stellung oder Lage einer Person oder Sache verändert wird (z. B. von vorn nach hinten, von innen nach außen oder vom Stehen zum Liegen) | *Der Sturm knickte die Bäume um* (Der Sturm knickte die Bäume, sodass ihre Spitzen nicht mehr nach oben, sondern zum Boden oder zur Seite gerichtet waren) **2** **umsiedeln, umziehen**; **etwas umfüllen, umladen**; **jemanden umbetten, umsiedeln** *und andere* drückt aus, dass eine Bewegung von einem Ort an einen anderen, von einem Behälter in einen anderen führt | *Er pflanzte die Rosen in ein anderes Beet um* (Er nahm die Rosen aus dem einen Beet heraus und pflanzte sie in ein anderes) **3** **(etwas) umbestellen, umbuchen**; **etwas umbenennen, umstellen**; **jemanden umkleiden** *und andere* drückt aus, dass eine Handlung in neuer, anderer Weise wiederholt wird, um einen Zustand zu ändern | *Die Schule wurde in ein Museum umgebaut* (Die Schule wurde so verändert, dass daraus ein Museum wurde)

um-² (*im Verb, unbetont, nicht trennbar, begrenzt produktiv, Diese Verben werden so gebildet:* umfließen, umfloss, umflossen) **1** **etwas umfahren, umfliegen**; **jemanden/etwas umgehen, umlagern** *und andere* drückt eine Bewegung oder Lage in der Form eines Kreises oder eines Bogens aus | *Sie beschlossen, wegen der Staus die Innenstadt zu umfahren* (Sie fuhren nicht durch das Zentrum, sondern außen herum) **2** **etwas umgrenzen, umrahmen**; **jemanden/etwas**

umfassen, umschlingen *und andere* drückt aus, dass etwas auf allen Seiten um eine Person oder Sache herum entsteht oder wächst, gebaut oder angeordnet wird | *ein Grundstück umzäunen* (einen Zaun um ein Grundstück herum bauen) | *Efeu umrankt den Baum* (Efeu wächst (rankt) rund um den Baumstamm)

ụm·än·dern VERB *(hat)* **etwas umändern** ≈ *umarbeiten* • hierzu **Ụm·än·de·rung** *die*

ụm·ar·bei·ten VERB *(hat)* **etwas umarbeiten** etwas so verändern, dass es eine andere Form oder ein anderes Aussehen bekommt ⟨Kleidung umarbeiten; einen Text umarbeiten⟩ | *einen Ring umarbeiten lassen* • hierzu **Ụm·ar·bei·tung** *die*

★ **um·ạr·men** VERB (umarmte, hat umarmt) **jemanden/etwas umarmen** die Arme (aus Freude oder in Liebe) um eine andere Person oder eine Sache legen • hierzu **Um·ạr·mung** *die*

★ **Ụm·bau** *der; (-(e)s, -ten); meist Singular* das Umbauen | *Der Umbau des Museums wird vier bis fünf Monate dauern*

ụm·bau·en VERB *(hat)* **(etwas) umbauen** etwas durch Bauen verändern | *eine Mühle in ein/zu einem Wohnhaus umbauen* | *Wir bauen um! Wir bitten um Ihr Verständnis*

ụm·be·nen·nen VERB (benannte um, hat umbenannt) **etwas umbenennen** einer Sache einen neuen Namen geben | *Ostpakistan wurde 1971 in Bangladesch umbenannt* • hierzu **Ụm·be·nen·nung** *die*

ụm·bet·ten VERB *(hat)* **jemanden umbetten** einen Kranken in ein anderes Bett, einen Toten in ein anderes Grab legen

ụm·bie·gen VERB **1** **etwas umbiegen** *(hat)* etwas so biegen, dass es eine andere Lage oder Form bekommt | *einen Nagel, der aus einem Brett ragt, umbiegen, damit man sich nicht daran verletzt* **2** *gesprochen* ≈ *umkehren*

ụm·bil·den VERB *(hat)* **etwas umbilden** etwas in der Form oder in der Besetzung ändern ⟨das Kabinett, die Regierung umbilden⟩ • hierzu **Ụm·bil·dung** *die*

ụm·bin·den VERB *(hat)* **(jemandem) etwas umbinden** (jemandem oder sich selbst) etwas um einen Körperteil binden ⟨sich *(Dativ)* einen Schal, ein Kopftuch, eine Schürze umbinden⟩

ụm·blät·tern VERB *(hat)* ein Blatt in einem Buch o. Ä. nach links legen, damit man zur nächsten Seite kommt

ụm·bli·cken VERB *(hat)* **sich umblicken** ≈ *umsehen*

Ụmb·ra *die; (-)* ein dunkelbrauner Farbstoff

ụm·brin·gen VERB *(hat); gesprochen* **1** **jemanden umbringen** jemanden oder sich selbst töten **2** **nicht umzubringen sein** große Belastungen ertragen können ■ ID **Das bringt mich noch um!** *gesprochen* Ich leide sehr darunter; **Was mich/dich/uns nicht umbringt, macht mich/dich/uns hart/stark** drückt aus, dass man oft stärker wird, wenn man schwierige Situationen bewältigen muss

Ụm·bruch *der* **1** eine große Änderung, meist im Bereich der Politik | *Die Gesellschaft befindet sich im Umbruch* **2** das Einteilen eines geschriebenen Textes in Seiten und Spalten, bevor er gedruckt wird ⟨den Umbruch machen⟩ [K] Klebeumbruch, Seitenumbruch

ụm·bu·chen VERB *(hat)* **1** **(jemanden/etwas) umbuchen** jemandes Buchung ändern | *eine Reise umbuchen* | *jemanden auf einen anderen Flug umbuchen* **2** **(etwas) umbuchen** Geld, das auf das falsche Konto gebucht wurde, auf das richtige Konto buchen • hierzu **Ụm·bu·chung** *die*

ụm·den·ken VERB *(hat)* (aufgrund einer veränderten Situation) über etwas nachdenken und die Meinung ändern | *Wir dürfen keine Abwässer mehr in die Flüsse leiten. Wir müssen umdenken!*

ụm·dis·po·nie·ren VERB (disponierte um, hat umdisponiert) anders entscheiden oder planen | *wegen schlechten Wetters kurzfristig umdisponieren müssen*

★ **ụm·dre·hen** VERB *(hat/ist)* **1** **jemanden/etwas umdrehen** *(hat)* jemanden/etwas im Bogen oder im Kreis von einer Seite auf die andere Seite bewegen | *den Schlüssel zweimal (im Schloss) umdrehen* | *Er drehte die Verletzte um* | *Sie drehte das Schild um, sodass die Schrift zur Wand zeigte* **2** **jemandem den Arm umdrehen** *(hat)* jemandes Arm so drehen, dass Schmerzen entstehen | *Er drehte ihm den Arm um, bis er das Messer fallen ließ* **3** *gesprochen (hat/ist)* sich wieder in die Richtung bewegen, aus der man gekommen ist ≈ *umkehren* | *Als der Weg plötzlich aufhörte, mussten wir umdrehen* **4** **sich (nach jemandem/etwas) umdrehen** *(hat)* den Kopf und den Körper nach hinten drehen (um jemandem/etwas mit den Augen zu folgen) | *sich nach einer hübschen Frau umdrehen* ■ ID **jeden Euro/Cent/... (zweimal/dreimal) umdrehen** *gesprochen* sehr sparsam oder geizig sein

Um·dre·hung *die* eine Bewegung um die eigene Achse, durch die ein vollständiger Kreis entsteht ⟨eine halbe, volle Umdrehung; etwas macht eine Umdrehung⟩ | *Langspielplatten spielt man mit 33 Umdrehungen pro Minute ab* [K] Umdrehungsgeschwindigkeit, Umdrehungszahl

um·ei·nạn·der ADVERB eine Person/Sache um die andere (drückt eine Gegenseitigkeit aus) | *Ute und Martin kümmern sich umeinander* (Ute kümmert sich um Martin, und Martin kümmert sich um Ute)

ụm·er·zie·hen VERB (erzog um, hat umerzogen) **jemanden umerziehen** (oft durch Zwang) jemanden dazu bringen, die Meinung oder das Verhalten zu ändern • hierzu **Ụm·er·zie·hung** *die*

ụm·fah·ren[1] VERB (fährt um, fuhr um, hat umgefahren) **jemanden/etwas umfahren** beim Fahren so gegen eine Person oder Sache stoßen, dass sie umfällt | *ein Straßenschild umfahren*

um·fah·ren[2] VERB (umfuhr, hat umfahren) **etwas umfahren** in einem Bogen um ein Hindernis o. Ä. fahren | *eine große Stadt umfahren, um nicht im Berufsverkehr stecken zu bleiben*

Um·fah·rung *die; (-, -en)* **1** *meist Singular* das Umfahren **2** *süddeutsch* ≈ *Umgehungsstraße*

★ **ụm·fal·len** VERB *(ist)* **1** das Gleichgewicht verlieren und vom Stehen zum Liegen kommen | *Er fiel tot um* | *an ein Glas stoßen, sodass es umfällt* **2** *gesprochen, abwertend* (unter psychischem Druck) nachgeben und das tun, was eine andere Person will ⟨ein Zeuge fällt um⟩ | *Der Angeklagte fiel kurz darauf um und legte ein Geständnis ab* ■ ID **zum Umfallen müde sein** sehr müde sein

★ **Ụm·fang** *der* **1** die Länge einer Linie, die um die äußerste Begrenzung eines Gegenstandes herum läuft | *den Umfang eines Kreises berechnen* | *Seine Oberarme haben einen Umfang von dreißig Zentimetern* [K] Bauchumfang, Brustumfang, Leibesumfang, Erdumfang, Kreisumfang **2** die Dimensionen oder die Reichweite von etwas (meist Negativem) ≈ *Ausmaß* | *ein Problem in seinem vollen Umfang erkennen* **3** **etwas ist von beträchtlichem Umfang** sehr groß oder sehr viel ⟨eine Menge, ein Wert, eine Summe, ein Problem, Maße⟩ | *Die erforderlichen Arbeiten auf der Baustelle waren von beträchtlichem Umfang* (es musste sehr viel und sehr lange gearbeitet werden)

um·fạn·gen VERB (umfängt, umfing, hat umfangen); *geschrieben* **1** **jemanden/etwas umfangen** die eigenen Arme um jemanden/etwas legen **2** **etwas umfängt jemanden/etwas** etwas umgibt jemanden/etwas | *Tiefe Dunkelheit umfing sie*

ụm·fang·reich ADJEKTIV mit sehr großem Umfang | *Die Polizei musste umfangreiche Nachforschungen anstellen*

| *ein umfangreicher Bericht*

★ **um·fas·sen** VERB (umfasste, hat umfasst) **1** **etwas umfasst etwas** etwas enthält etwas in der genannten Menge oder Zahl | *Das Buch umfasst dreihundert Seiten* **2** **jemanden/etwas umfassen** die Finger, Hände oder Arme um eine Person oder eine Sache legen und sie festhalten | *jemandes Handgelenk umfassen* **3** **etwas (mit etwas) umfassen** einen festen Rand um etwas machen | *einen Hof mit einer Mauer umfassen*

um·fas·send ■ PARTIZIP PRÄSENS **1** → umfassen ■ ADJEKTIV **2** fast vollständig ‹ein Geständnis› **3** ‹Kenntnisse, Maßnahmen› ≈ *umfangreich, weitreichend*

★ **Um·feld** *das; nur Singular* alle Einflüsse, die auf eine Person einwirken ‹das politische, soziale, wirtschaftliche Umfeld› | *das politische Umfeld einer terroristischen Vereinigung*

um·flie·gen[1] VERB (umflog, hat umflogen) **jemanden/etwas umfliegen** im Kreis oder im Bogen um jemanden/etwas (herum) fliegen

um·flie·gen[2] VERB (flog um, ist umgeflogen); *gesprochen* ≈ *umfallen*

um·for·men VERB (*hat*) **etwas umformen** die Form einer Sache verändern | *einen Satz (vom Aktiv ins Passiv) umformen* • hierzu **Um·for·mung** *die*

um·for·mu·lie·ren VERB (formulierte um, hat umformuliert) **etwas umformulieren** etwas anders formulieren | *einen Satz umformulieren*

★ **Um·fra·ge** *die* bei einer Umfrage stellt man vielen Personen die gleichen Fragen zu einem Thema (und analysiert so die Meinung der Leute) | *Eine Umfrage unter Schülern hat ergeben, dass viele auch außerhalb der Schule Sport treiben* | *Meinungsumfrage*

um·frie·den VERB (umfriedete, hat umfriedet) **etwas (mit etwas) umfrieden** *geschrieben* etwas mit einer Mauer, einem Zaun o. Ä. umgeben • hierzu **Um·frie·dung** *die*

um·fül·len VERB (*hat*) **etwas (in etwas (*Akkusativ*)) umfüllen** etwas von einem Gefäß in ein anderes füllen | *Zucker aus der Tüte in ein Glas umfüllen*

um·funk·ti·o·nie·ren [-tsio-] VERB (funktionierte um, hat umfunktioniert) **etwas (in etwas (*Akkusativ*)/zu etwas) umfunktionieren** etwas für einen neuen, anderen Zweck verwenden | *eine alte Fabrik zu einer/in eine Diskothek umfunktionieren*

★ **Um·gang** *der; nur Singular* **1** **der Umgang (mit jemandem)** die regelmäßigen (freundschaftlichen) Kontakte zu jemandem ‹mit jemandem Umgang haben, pflegen› **2** die Art von Menschen, zu denen man regelmäßig Kontakt hat ‹guten, schlechten Umgang haben› **3** **eine Person ist kein Umgang für jemanden** eine Person hat einen schlechten Einfluss auf jemanden **4** **der Umgang mit jemandem/etwas** das Behandeln von jemandem/die Handhabung einer Sache ‹Erfahrung im Umgang mit jemandem/etwas haben› | *geschickt im Umgang mit Werkzeugen sein* | *den Umgang mit Wörterbüchern lernen*

um·gäng·lich ADJEKTIV ‹ein Mensch, ein Charakter› freundlich, sodass man keine Schwierigkeiten mit ihnen hat • hierzu **Um·gäng·lich·keit** *die*

U

Um·gangs·for·men *die; Plural* ‹gute Umgangsformen haben› ≈ *Benehmen, Manieren*

Um·gangs·spra·che *die* die Sprache, die man z. B. zu Hause und im Umgang mit Freunden verwendet ↔ *Schriftsprache* | *Kurze Formen wie „Ich glaub" oder „Ich habs kapiert" sind typisch für die Umgangssprache* • hierzu **um·gangs·sprach·lich** ADJEKTIV

um·gar·nen VERB (umgarnte, hat umgarnt) **jemanden umgarnen** *geschrieben* zu einer Person sehr freundlich sein, um diese für sich zu gewinnen | *jemanden mit Schmeicheleien umgarnen*

★ **um·ge·ben** VERB (umgibt, umgab, hat umgeben) **1** **etwas umgibt jemanden/etwas** etwas ist auf allen Seiten rund um jemanden/etwas herum | *Hohe Mauern umgeben das Gefängnis* | *Das Haus war von einer Rauchwolke umgeben* **2** **etwas mit etwas umgeben** eine Sache auf allen Seiten um etwas anderes herum bauen, legen o. Ä. | *einen Garten mit einem Zaun umgeben* **3** **sich mit Personen umgeben** oft die Gesellschaft der genannten Personen suchen | *Der Star umgibt sich gern mit Bewunderern*

★ **Um·ge·bung** *die;* (-, -en) **1** das Gebiet, das um einen Ort oder um eine Stelle herum liegt ‹die nächste, unmittelbare, nähere, weitere Umgebung› | *Die Stadt liegt in einer reizvollen Umgebung* | *Möwen halten sich gern in der Umgebung von Schiffen und Häfen auf* **2** der Ort, an dem man lebt, und die Menschen, mit denen man Kontakt hat ‹die gewohnte, vertraute Umgebung; eine fremde Umgebung; sich an eine Umgebung gewöhnen, anpassen; sich in eine Umgebung einleben; sich in einer Umgebung wohlfühlen› ≈ *Umwelt*

★ **um·ge·hen**[1] VERB (ging um, ist umgegangen) **1** **mit jemandem/etwas irgendwie umgehen** jemanden/etwas irgendwie behandeln | *mit jemandem streng umgehen* | *mit dem Werkzeug sorgfältig umgehen* | *Er weiß mit Kindern (richtig) umzugehen* **2** **ein Gerücht geht um** ein Gerücht verbreitet sich **3** **jemand/etwas geht irgendwo um** jemand/etwas spukt irgendwo | *Im Schloss gehen Gespenster um*

★ **um·ge·hen**[2] VERB (umging, hat umgangen) **1** **jemanden/etwas umgehen** im Kreis oder Bogen um jemanden/etwas herum gehen oder fahren | *ein Hindernis umgehen* **2** **etwas umgehen** etwas Unangenehmes vermeiden ‹Schwierigkeiten› | *Es lässt sich nicht umgehen, dass du dich bei ihm entschuldigst* **3** **jemanden/etwas umgehen** etwas tun, ohne eine andere Person zu fragen oder ohne sich an eine Regel zu halten ‹ein Gesetz, ein Verbot, einen Vorgesetzten umgehen› • hierzu **Um·ge·hung** *die*

um·ge·hend ■ PARTIZIP PRÄSENS **1** → umgehen[2] ■ ADJEKTIV **2** *meist attributiv* so schnell wie möglich | *Wir bitten um eine umgehende Antwort*

Um·ge·hungs|stra·ße *die* eine Straße, die um einen Ort herumführt | *eine Umgehungsstraße bauen, um ein Dorf vom Durchgangsverkehr zu entlasten*

★ **um·ge·kehrt** ■ PARTIZIP PERFEKT **1** → umkehren ■ ADJEKTIV **2** so, dass das Gegenteil der Fall ist (dass z. B. der Anfang das Ende ist) | *Es war alles genau umgekehrt!* (genau das Gegenteil war der Fall) | *das Alphabet in umgekehrter Reihenfolge aufsagen* (von Z bis A)

um·ge·stal·ten VERB (*hat*) **etwas umgestalten** einer Sache eine neue Form oder ein anderes Aussehen geben ‹einen Platz, einen Park umgestalten› • hierzu **Um·ge·stal·tung** *die*

um·gie·ßen VERB (goss um, hat umgegossen) **etwas (in etwas (*Akkusativ*)) umgießen** eine Flüssigkeit in einen anderen Behälter füllen | *den Saft in eine Kanne umgießen*

um·gra·ben VERB (*hat*) **(etwas) umgraben** (mit einem Spaten) die oberste Schicht der Erde nach unten bringen und dabei die Erde locker machen ‹ein Beet, den Boden, den Garten umgraben›

um·grup·pie·ren VERB (gruppierte um, hat umgruppiert) **1** **Personen/Dinge umgruppieren** Personen/Dinge in andere Einheiten oder Gruppen ordnen | *eine Sitzgruppe umgruppieren* **2** **jemanden umgruppieren** jemanden in eine andere Gehaltsgruppe einteilen • hierzu **Um·grup·pie·rung** *die*

um·gu·cken VERB (*hat*) **sich umgucken** *gesprochen* ≈ *umsehen*

um·ha·ben VERB (*hat*) **etwas umhaben** *gesprochen* etwas um einen Teil des Körpers herum tragen | *einen Schal umhaben*

Um·hang *der* ein weiter Mantel ohne Ärmel ≈ *Cape*

um·hän·gen VERB (hängte um, hat umgehängt) **1** **etwas umhängen** etwas an eine andere Stelle hängen | *ein Bild umhängen* **2** **(jemandem) etwas umhängen** jemandem oder sich selbst etwas über die Schultern legen, sodass es um den Körper herum hängt ⟨jemandem eine Decke, sich (*Dativ*) einen Mantel, ein Cape umhängen⟩

Um·hän·ge|ta·sche *die* eine Tasche, die man an einem langen Riemen über der Schulter trägt

um·hau·en VERB (*hat*); *gesprochen* **1** **jemanden umhauen** einer Person einen kräftigen Schlag geben, sodass sie zu Boden fällt ≈ *niederschlagen* **2** **etwas haut jemanden um** etwas hat eine starke Wirkung auf jemanden | *Ein Glas Bier wird dich doch nicht gleich umhauen!* | *Es hat mich fast umgehauen, als ich von seinem Lottogewinn hörte* **3** **einen Baum umhauen** ≈ *fällen*

um·her ADVERB in allen Richtungen ≈ *ringsum* | *Weit umher war alles leer*

um·her- (*im Verb, betont und trennbar, begrenzt produktiv; Diese Verben werden so gebildet:* umherlaufen, lief umher, umhergelaufen) **umherblicken, umherfahren, umhergehen, umherirren, umherschleichen** *und andere* drückt aus, dass eine Bewegung ohne festes Ziel in verschiedene Richtungen geht | *Er stand auf dem Berg und blickte umher* (Er blickte in alle Richtungen, ohne etwas zu suchen)

um·hin·kön·nen VERB (konnte umhin, hat umhingekonnt) **nicht umhinkönnen zu** *+Infinitiv geschrieben* keine andere Wahl haben, als etwas zu tun | *Obwohl er Mitleid mit der jungen Frau hatte, konnte der Polizist nicht umhin, ihr den Führerschein abzunehmen*

um·hö·ren VERB (*hat*) **sich (nach etwas) umhören** verschiedenen Leuten Fragen stellen, um etwas über ein Thema zu erfahren | *sich nach einem neuen Job umhören* | *sich umhören, ob irgendwo eine Wohnung frei ist*

um·hül·len VERB (umhüllte, hat umhüllt) **1** **etwas umhüllt jemanden/etwas** etwas umgibt etwas | *Rauch umhüllte das Haus* **2** **jemanden/etwas mit etwas umhüllen** jemanden, sich selbst oder etwas mit einer Decke, einem Stück Stoff o. Ä. bedecken oder umgeben | *sich mit einem Schleier umhüllen*

Um·hül·lung *die*; (-, -en) ≈ *Hülle*

Um·kehr *die*; (-) **1** das Umkehren, der Weg zurück ⟨jemanden zur Umkehr bewegen, zwingen⟩ **2** eine grundsätzliche Änderung der Art, wie man lebt

um·keh·ren VERB **1** (*ist*) sich wieder in die Richtung bewegen, aus der man gekommen ist | *auf halbem Weg/kurz vor dem Ziel umkehren* **2** **etwas umkehren** (*hat*) etwas in das Gegenteil verändern ⟨eine Entwicklung, eine Reihenfolge umkehren⟩ **3** **etwas umkehren** die innere Seite nach außen oder die obere Seite nach unten drehen | *die Hosentaschen umkehren und ausleeren* • zu (2) **um·kehr·bar** ADJEKTIV

um·kip·pen VERB (*hat/ist*) **1** (*ist*) ≈ *umfallen* | *mit dem Stuhl nach hinten umkippen* | *Die Teekanne ist umgekippt* **2** *gesprochen* (*ist*) ohnmächtig werden | *Als sie das Blut sah, kippte sie um* **3** **die Stimmung kippt um** (*ist*) die Stimmung wird plötzlich sehr schlecht **4** **ein See/ein Teich kippt um** (*ist*) ein See, ein Teich wird so schmutzig oder verseucht, dass Pflanzen und Tiere darin nicht mehr leben können **5** **etwas umkippen** (*hat*) bewirken, dass etwas umfällt | *mit dem Arm ein Glas umkippen*

um·klam·mern VERB (umklammerte, hat umklammert) **jemanden/etwas umklammern** die Finger, Hände oder Arme um eine Person oder Sache legen und sie sehr fest halten | *Das weinende Kind umklammerte seine Puppe* • hierzu **Um·klam·me·rung** *die*

um·klap·pen VERB (*hat*) **etwas umklappen** etwas nach oben oder unten oder zur Seite klappen | *einen Autositz nach vorne umklappen, um eine größere Ladefläche zu haben* • hierzu **um·klapp·bar** ADJEKTIV

um·klei·den VERB (*hat*) **jemanden umkleiden** jemandem oder sich selbst andere Kleider anziehen K Umkleidekabine, Umkleideraum

um·kni·cken VERB **1** **etwas umknicken** (*hat*) etwas so stark biegen, dass es an einer Stelle bricht | *Der Sturm hat die Telefonmasten umgeknickt* **2** **etwas knickt um** (*ist*) etwas wird umgeknickt | *Die Blumen knickten im Wind um* **3** **(mit dem Fuß) umknicken** mit dem Fuß aus Versehen so auf den Boden treten, dass sich das Fußgelenk stark zur Seite biegt und es wehtut

um·kom·men VERB (*ist*) **1** durch einen Unfall oder im Krieg sterben | *Bei der Überschwemmung sind mehr als hundert Menschen umgekommen* **2** **vor etwas** (*Dativ*) **umkommen** *gesprochen* etwas nicht mehr ertragen können | *Auf der Party bin ich vor Langeweile fast umgekommen*

Um·kreis *der*; *nur Singular* **1** das Gebiet um etwas herum ≈ *Umgebung* | *im Umkreis einer Stadt leben* | *Nachdem der Tanker auf ein Riff gelaufen war, war das Meer im Umkreis von zwanzig Kilometern mit Öl verseucht* **2** **im Umkreis** *+Genitiv* bei oder unter den Personen, die mit jemandem eng zusammenarbeiten | *im Umkreis der Kanzlerin*

um·krei·sen VERB (umkreiste, hat umkreist) **jemand/etwas umkreist etwas** jemand/etwas bewegt sich im Kreis um etwas herum | *Die Erde umkreist die Sonne* • hierzu **Um·krei·sung** *die*

um·krem·peln VERB (*hat*) **1** **etwas umkrempeln** den Rand eines Kleidungsstücks (mehrere Male) nach oben falten | *die Ärmel umkrempeln, damit sie beim Händewaschen nicht nass werden* **2** **etwas umkrempeln** die innere Seite nach außen drehen ⟨die Strümpfe, die Taschen umkrempeln⟩ **3** **jemanden/etwas umkrempeln** *gesprochen* jemanden/etwas völlig ändern

um·la·den VERB (*hat*) **etwas umladen** etwas in einen anderen Behälter oder in ein anderes Fahrzeug laden | *die Fracht vom Lastwagen in den Zug umladen*

Um·la·ge *die* der Teil einer großen Summe Geld, den einzelne Mitglieder einer Gruppe, z. B. Mieter einer Wohnung in einem großen Haus, zahlen müssen | *Die Umlage für die Hausnebenkosten beträgt 50 Euro pro Monat*

um·la·gern VERB (umlagerte, hat umlagert) **Personen umlagern jemanden/etwas** viele Menschen drängen sich um jemanden/etwas | *Nach dem Schlusspfiff waren die Sieger von ihren Fans umlagert*

Um·land *das*; *nur Singular* das Gebiet um eine Stadt herum, das wirtschaftlich und kulturell von ihr abhängig ist

Um·lauf *der* **1** *meist Singular* die Weitergabe von Geld, Neuigkeiten o. Ä. von einer Person oder einem Ort zur/zum anderen ⟨etwas in Umlauf bringen; etwas kommt in Umlauf; etwas ist in/im Umlauf⟩ | *alte Geldscheine aus dem Umlauf ziehen* **2** ≈ *Umkreisung* | *der erste Umlauf eines Satelliten um die Erde* K Umlaufbahn, Umlaufzeit **3** *veraltet nur Singular* ein Text, den eine Person der jeweils nächsten gibt, bis alle ihn gelesen haben

★ **Um·laut** *der* **1** *nur Singular* die (sprachgeschichtliche) Veränderung eines Vokals vor allem durch einen Vokal in der nachfolgenden Silbe | *Das „ü" in „Füße" ist der Umlaut des Vokals „u" in „Fuß"* **2** ein Vokal, den man mit zwei Punkten schreibt, wie *ä*, *ö*, *ü* und *äu*

★ **um·le·gen** VERB (*hat*) **1** **etwas umlegen** etwas aus der senk-

U

rechten in die waagrechte Lage bringen | *Der Hagel hat das ganze Getreide umgelegt* | *Den Mast kann man umlegen, damit das Boot unter flachen Brücken durchfahren kann* **2** **etwas umlegen** die Lage einer Sache verändern, indem man sie auf die andere Seite dreht, kippt oder klappt ‹einen Hebel, einen Kragen, einen Schalter umlegen› | *die Lehnen der Rücksitze im Auto nach vorne umlegen* **3** **jemanden umlegen** jemanden in eine andere Lage oder an einen anderen Ort legen | *einen Kranken in ein anderes Zimmer umlegen* | *Der Patient wurde umgelegt* **4** **etwas umlegen** etwas auf einen anderen Zeitpunkt legen ‹einen Termin umlegen› **5** **(jemandem) etwas umlegen** jemandem oder sich selbst etwas um die Schultern oder den Hals legen | *Ich habe mir einen einen Schal umgelegt* **6** **etwas auf Personen umlegen** die Kosten für etwas so teilen, dass mehrere Personen einen gleichen Anteil bezahlen | *die Wasserkosten auf die einzelnen Mieter umlegen* **7** **jemanden umlegen** *gesprochen* ≈ *erschießen*

um·lei·ten VERB *(hat)* **jemanden/etwas umleiten** jemanden/etwas in eine andere Richtung leiten ‹einen Bach, einen Fluss, den Verkehr umleiten› | *Die Bundesstraße 2 ist nach einem Unfall gesperrt. Die Polizei leitet den Verkehr um* | *Wir wurden auf eine Nebenstrecke umgeleitet*

★ **Um·lei·tung** *die* **1** eine Strecke, über die der Verkehr geleitet wird, weil eine andere Straße gesperrt ist ‹eine/auf einer Umleitung fahren› **K** Umleitungsschild, Umleitungsstrecke **2** *nur Singular* das Umleiten | *die Umleitung eines Baches*

um·ler·nen VERB *(hat)* **1** einen zweiten Beruf erlernen, meist weil man eine andere Arbeitsstelle sucht **2** ≈ *umdenken*

um·lie·gend ADJEKTIV *meist attributiv* in der näheren Umgebung ‹die Dörfer, die Ortschaften›

um·mel·den VERB *(hat)* **jemanden/etwas ummelden** jemanden, sich selbst oder etwas irgendwo abmelden und an einer anderen Stelle wieder anmelden | *Wenn du umziehst, musst du dich ummelden*

um·mo·deln VERB (modelte um, hat umgemodelt) **etwas ummodeln** *gesprochen* ≈ *ändern, umgestalten*

um·mün·zen VERB *(hat)* **1** **etwas (in etwas** *(Akkusativ)***) ummünzen** etwas zu etwas anderem machen und auf diese Weise nutzen | *Das Team konnte selbst die besten Chancen nicht in Tore ummünzen* **2** **etwas (in etwas** *(Akkusativ)***) ummünzen** *meist abwertend* etwas mit Absicht anders deuten, als es der Wirklichkeit entspricht | *versuchen, eine Niederlage in einen Erfolg umzumünzen*

um·nach·tet ADJEKTIV **jemand ist geistig umnachtet** eine Person ist so verwirrt, dass sie nicht mehr weiß, was sie tut

um·nie·ten VERB (nietete um, hat umgenietet) **jemanden umnieten** *gesprochen, abwertend* jemanden niederschießen

um·or·ga·ni·sie·ren VERB (organisierte um, hat umorganisiert) **etwas umorganisieren** eine Firma o. Ä. anders organisieren als bisher | *einen Betrieb umorganisieren*

um·pflan·zen VERB *(hat)* **etwas umpflanzen** eine Pflanze an einen anderen Ort pflanzen

um·pflü·gen VERB *(hat)* **etwas umpflügen** etwas mit dem Pflug bearbeiten ‹ein Feld umpflügen›

um·rah·men VERB (umrahmte, hat umrahmt) **1** **etwas umrahmt etwas** etwas bildet einen Rahmen um etwas herum | *ein von Locken umrahmtes Gesicht* **2** **etwas irgendwie umrahmen** etwas durch ein zusätzliches Programm am Anfang und Ende unterhaltsamer machen | *eine Preisverleihung musikalisch umrahmen* • hierzu **Um·rah·mung** *die*

um·ran·den VERB (umrandete, hat umrandet) **etwas umranden** einen Rand oder Kreis um etwas herum malen oder gestalten | *einen Tag im Kalender rot umranden* | *ein mit Steinen umrandetes Beet* • hierzu **Um·ran·dung** *die*

um·räu·men VERB *(hat)* **(etwas) umräumen** Dinge aus einem Raum, Schrank o. Ä. an einen anderen Ort bringen | *das Geschirr in einen neuen Schrank umräumen* | *den Keller umräumen, um Platz zu schaffen*

um·rech·nen VERB *(hat)* **etwas (in etwas** *(Akkusativ)***) umrechnen** durch eine Rechnung herausfinden, wie groß, wie teuer, wie viel o. Ä. etwas in einer anderen Maßeinheit oder Währung ist | *Zoll in Zentimeter umrechnen* | *Yen in Euro umrechnen*

Um·rech·nung *die; meist Singular* das Umrechnen **K** Umrechnungskurs, Umrechnungstabelle

um·rei·ßen[1] VERB (riss um, hat umgerissen) **jemanden/etwas umreißen** jemanden/etwas durch eine plötzliche, kräftige Bewegung zu Boden reißen | *Der Sturm hat die Telefonmasten umgerissen*

um·rei·ßen[2] VERB (umriss, hat umrissen) **etwas umreißen** die wichtigsten Aspekte einer Sache kurz beschreiben | *einen Plan umreißen*

um·ren·nen VERB *(hat)* **jemanden/etwas umrennen** beim Rennen so gegen eine Person oder Sache stoßen, dass sie zu Boden fällt

um·rin·gen VERB (umringte, hat umringt) **Personen umringen jemanden/etwas** Personen stehen in einem kleinen, engen Kreis um jemanden/etwas herum | *Die Schar der Fans umringte den Star*

Um·riss *der* **1** der Rand oder die Linie, die die äußere Form einer Person oder Sache gegen einen Hintergrund zeigen ≈ *Konturen* | *den Umriss/die Umrisse eines Tieres zeichnen* | *im Licht der Scheinwerfer die Umrisse eines Baumes erkennen* **i** Der Plural wird oft in der Bedeutung des Singulars verwendet. **2** **in (groben) Umrissen** ohne Details | *eine Situation in groben Umrissen beschreiben* **3** **etwas nimmt feste Umrisse an** etwas bekommt allmählich seine endgültige Form ‹eine Idee, ein Haus, ein Plan›

um·ris·sen ■ PARTIZIP PERFEKT **1** → umreißen[2] ■ ADJEKTIV **2** **fest umrissen** deutlich, klar ‹Gedanken, Pläne, Ideen›

★ **um·rüh·ren** VERB *(hat)* **(etwas) umrühren** in etwas rühren, um es gut zu mischen | *die Suppe von Zeit zu Zeit umrühren, damit sie nicht anbrennt*

um·run·den VERB (umrundete, hat umrundet) **etwas umrunden** einmal ganz um etwas herum gehen oder fahren | *den Starnberger See mit dem Fahrrad umrunden* • hierzu **Um·run·dung** *die*

★ **ums** PRÄPOSITION *mit Artikel* um das **i** In Wendungen wie *ums Leben kommen* kann *ums* nicht durch *um das* ersetzt werden.

um·sat·teln VERB *(hat)* **(auf etwas** *(Akkusativ)***) umsatteln** *gesprochen* ein neues Studium, einen neuen Beruf anfangen | *auf EDV-Berater umsatteln* | *das Chemiestudium aufgeben und auf Physik umsatteln*

★ **Um·satz** *der* der Wert der Waren, die in einer Zeit verkauft werden oder wurden ‹der Umsatz steigt, sinkt, stagniert› | *Das Lokal macht einen Umsatz von durchschnittlich tausend Euro pro Abend* | *Der Umsatz an/von Computerspielen ist in den letzten Jahren stark zurückgegangen* **K** Umsatzanstieg, Umsatzbeteiligung, Umsatzrekord, Umsatzrückgang, Umsatzsteigerung, Umsatzsteuer; Jahresumsatz, Tagesumsatz

um·schal·ten VERB *(hat)* **1** **etwas (von etwas) auf etwas** *(Akkusativ)***) umschalten** mit einem Schalter oder Hebel die Einstellung o. Ä. eines Gerätes ändern | *den Herd (auf eine höhere Stufe) umschalten* **K** Umschalthebel **2** **(von etwas) auf/in etwas** *(Akkusativ)***) umschalten** ein anderes Programm wählen | *vom ersten aufs dritte Programm umschalten | Schalt doch mal um!* **3** **etwas schaltet (von etwas) auf etwas** (*Akkusativ*)) **um** etwas ändert (automatisch) die Einstellung | *Die Ampel schaltet von Grün auf Gelb um*

Um·schau *die* als Name oder Teil eines Namens von Zeitschriften, Sendungen o. Ä. verwendet, die über ein bestimmtes Thema informieren K Apothekenumschau

um·schau·en VERB (*hat*) **sich umschauen** *süddeutsch* Ⓐ ≈ *umsehen*

um·schif·fen VERB (umschiffte, hat umschifft); *geschrieben* **etwas umschiffen** mit einem Schiff um etwas fahren ⟨Klippen, einen Felsen, einen Eisberg, ein Kap umschiffen⟩ • hierzu **Um·schif·fung** *die*

★ **Um·schlag** *der* **1** eine Hülle, in die man einen Brief steckt, um ihn mit der Post zu schicken ⟨einen Brief, ein Schreiben in einen Umschlag stecken⟩ K Briefumschlag **2** eine Hülle aus dickem Papier oder dünnem Plastik, mit der man ein Buch oder Heft vor Schmutz schützt | *Der Umschlag des Buches ist eingerissen* K Buchumschlag, Heftumschlag, Papierumschlag, Plastikumschlag, Schutzumschlag **3** *meist Plural* ein feuchtes Tuch, das man einem Kranken um einen Körperteil legt (um Fieber oder Schmerzen zu bekämpfen) ⟨jemandem (heiße, warme, kalte, feuchte) Umschläge machen⟩ **4** **ein Umschlag (in etwas** (*Akkusativ*)) eine plötzliche, starke Veränderung des Wetters oder der Stimmung | *der Umschlag seiner Stimmung in Melancholie* K Stimmungsumschlag, Wetterumschlag **5** *nur Singular* das Laden von Waren von einem Fahrzeug auf ein anderes Fahrzeug (z. B. von einem Schiff auf die Bahn) K Umschlagbahnhof, Umschlaghafen, Umschlagplatz; Güterumschlag, Warenumschlag

um·schla·gen VERB **1** **etwas schlägt (in etwas** (*Akkusativ*)) **um** (*ist*) etwas ändert sich plötzlich völlig ⟨die Stimmung, das Wetter⟩ | *Seine Verehrung schlug in Hass um | Die anfängliche Euphorie schlug schnell in Enttäuschung um* **2** **etwas umschlagen** (*hat*) Waren zum weiteren Transport von einem Fahrzeug auf ein anderes laden | *Im Hamburger Hafen werden jährlich mehrere Millionen Container umgeschlagen* **3** **etwas umschlagen** (*hat*) den Rand eines Kleidungsstücks auf die andere Seite falten ⟨den Kragen, die Manschetten umschlagen⟩ **I** weitere Verwendungen → **um-**

um·schlie·ßen VERB (umschloss, hat umschlossen) **1** **etwas umschließt etwas** etwas bildet eine Grenze, eine Hülle o. Ä. um etwas herum | *Ein hoher Zaun umschließt das Grundstück* **2** **etwas umschließen** etwas mit einer Hand oder mit beiden Händen so nehmen, dass man es (fest) darin hat | *etwas fest umschlossen (in der Hand) halten* **3** **jemanden irgendwie umschließen** beide Arme um den Körper einer Person legen und sie fest an sich drücken ⟨jemanden mit beiden Armen, fest, innig umschließen⟩ ≈ *umarmen*

um·schlin·gen VERB (umschlang, hat umschlungen) **1** **jemanden/etwas umschlingen** die Arme ganz um jemandes Körper oder um einen Körperteil legen ⟨jemandes Körper, jemandes Nacken, jemandes Taille umschlingen⟩ | *Eng umschlungen spazierte das Pärchen durch die Straßen* **2** **etwas umschlingt etwas** etwas liegt wie eine Schlinge um etwas herum | *Ein seidener Schal umschlang ihren Hals* • zu (1) **Um·schlin·gung** *die*

um·schmei·ßen VERB (*hat*) **jemanden/etwas umschmeißen** *gesprochen* ≈ *umwerfen*

um·schnal·len VERB (*hat*) **(jemandem) etwas umschnallen** etwas (mit Schnallen) an jemandes oder dem eigenen Körper festmachen ⟨mir einen Gürtel, den Rucksack, den Schulranzen umschnallen⟩

um·schrei·ben[1] VERB (umschrieb, hat umschrieben) **1** **etwas umschreiben** etwas mit anderen Worten sagen | *versuchen, einen schwierigen Begriff zu umschreiben* **2** **etwas umschreiben** die wichtigsten Merkmale einer Sache (kurz) beschreiben | *zukünftige Aufgaben kurz umschreiben* • hierzu **Um·schrei·bung** *die*

um·schrei·ben[2] VERB (schrieb um, hat umgeschrieben) **etwas umschreiben** einen Text stark verändern und noch einmal schreiben | *Auf Wunsch des Verlags schrieb er das erste Kapitel des Romans um*

Um·schrift *die* **1** *meist Singular* das Schreiben eines Wortes in Symbolen, die anzeigen, wie es ausgesprochen wird ≈ *Transkription* | *die phonetische Umschrift eines Wortes* **2** die Übertragung eines Textes in die Schrift einer ganz anderen Sprache | *die Umschrift eines Textes in das kyrillische Alphabet*

um·schu·len VERB (*hat*) **1** **jemanden (zu etwas) umschulen** eine Person, die bereits einen Beruf hat (aber keine Arbeitsstelle findet), in einem neuen Beruf ausbilden ⟨sich umschulen lassen⟩ | *jemanden zum Krankenpfleger umschulen* **2** **jemand wird umgeschult** ein Schüler wird in eine andere Schule geschickt **3** eine Ausbildung in einem anderen Beruf machen | *Aus gesundheitlichen Gründen kann er nicht mehr als Koch arbeiten. Jetzt will er umschulen* • hierzu **Um·schu·lung** *die*; zu (1,3) **Um·schü·ler** *der*; zu (1,3) **Um·schü·le·rin** *die*

um·schüt·ten VERB (*hat*) **1** **etwas umschütten** so gegen etwas stoßen, dass der Inhalt herausfließt | *eine Tasse Tee umschütten* **2** **etwas (in etwas** (*Akkusativ*)) **umschütten** ≈ *umfüllen* | *Zucker aus der Tüte in ein Glas umschütten*

um·schwär·men VERB (umschwärmten, haben umschwärmt) **1** **Insekten, Vögel** *o. Ä.* **umschwärmen jemanden/etwas** Insekten, Vögel o. Ä. fliegen in großer Zahl um jemanden/etwas (herum) | *Fledermäuse umschwärmten den alten Turm* **2** **jemand wird von einer Gruppe umschwärmt** eine Person wird von vielen Menschen, die sie bewundern und verehren, umgeben | *Der Schlagersänger wird von vielen weiblichen Fans umschwärmt*

Um·schwei·fe *die*; *nur Plural* **ohne Umschweife** ohne zu zögern | *ohne Umschweife sagen, was man denkt*

um·schwen·ken VERB (*ist*) **1** **etwas schwenkt (nach etwas) um** etwas kommt plötzlich aus einer anderen Richtung ⟨der Wind⟩ | *Plötzlich schwenkte der Wind nach Westen um* **2** *oft abwertend* plötzlich und unerwartet die Meinung oder Haltung ändern

um·schwir·ren VERB (umschwirrte, hat umschwirrt) **Insekten, Vögel** *o. Ä.* **umschwirren jemanden/etwas** ≈ *umschwärmen*

Um·schwung *der* eine plötzliche, sehr starke Änderung ⟨ein politischer, wirtschaftlicher, klimatischer Umschwung; ein Umschwung findet statt, tritt ein⟩ K Stimmungsumschwung, Wetterumschwung, Wirtschaftsumschwung

um·se·geln VERB (umsegelte, hat umsegelt) **etwas umsegeln** um etwas (herum) segeln | *Er hat das Kap Horn umsegelt* • hierzu **Um·se·ge·lung** *die*

um·se·hen VERB (*hat*) **1** **sich (irgendwo) umsehen** nach allen Seiten blicken und die nähere Umgebung genau betrachten ⟨sich neugierig (in einer fremden Umgebung) umsehen⟩ | *Sieh dich ruhig in meinem Zimmer um* **2** **sich (nach jemandem/etwas) umsehen** den Kopf nach hinten drehen, um jemanden/etwas zu sehen | *Er hat sich noch mehrmals nach der Frau umgesehen* **3** **sich (nach etwas) umsehen** etwas suchen | *sich nach einem Geburtstagsgeschenk für jemanden umsehen* **4** **sich nach jemandem umsehen** versuchen, einen neuen Partner, Mitarbeiter o. Ä. zu finden ■ ID **Du wirst dich noch 'umsehen!** *gespro-*

chen Es wird mehr Probleme geben, schwieriger sein, als du glaubst

um·sei·tig ADJEKTIV *meist attributiv; geschrieben* auf der anderen, nächsten Seite (meist eines Blattes) | *Siehe die umseitige Tabelle*

★ **um·set·zen** VERB *(hat)* **1** **etwas (in die Praxis/Tat) umsetzen** so handeln, wie es einer Sache entspricht, damit sie Wirklichkeit wird ⟨eine Idee, einen Plan, ein Vorhaben, einen Vorschlag umsetzen⟩ **2** **etwas umsetzen** Waren verkaufen ≈ *absetzen* | *Die Firma hat in diesem Jahr Maschinen im Wert von 10 Millionen Euro umgesetzt* **3** **jemanden umsetzen** jemandem einen anderen Sitzplatz geben | *einen Schüler umsetzen, weil er sich dauernd mit seinem Nachbarn unterhält* **4** **etwas umsetzen** etwas an eine andere Stelle pflanzen, setzen ⟨einen Baum, den Zaun umsetzen⟩ **5** **etwas in etwas** *(Akkusativ)* **umsetzen** *gesprochen* etwas gegen etwas tauschen | *Er hat seine Comichefte in bare Münze umgesetzt* (Er hat für seine Comichefte Geld bekommen) | *Sie setzt ihr ganzes Geld in Kleider um* **6** **etwas in etwas** *(Akkusativ)* **umsetzen** etwas in etwas anderes verwandeln oder umwandeln | *Sonnenenergie in Strom umsetzen* | *seine Gefühle in ein Gedicht umsetzen* ● hierzu **um·setz·bar** ADJEKTIV; **Um·set·zung** *die*

Um·sicht *die;* (-) das ruhige, vorsichtige Beachten der gegebenen Situation, bei dem man an alle Konsequenzen einer Aktion denkt ⟨bei etwas große Umsicht zeigen; mit Umsicht zu Werke gehen⟩ ● hierzu **um·sich·tig** ADJEKTIV

um·sie·deln VERB **1** **jemanden umsiedeln** *(hat)* bestimmen, dass Menschen an einem anderen Ort als vorher wohnen müssen | *Die Bevölkerung musste umgesiedelt werden, weil das Gebiet nach dem Unfall radioaktiv verseucht war* **i** meist im Passiv **2** **(irgendwohin) umsiedeln** *(ist)* in ein anderes Land, Gebiet, in eine andere Stadt usw. gehen, um dort zu wohnen | *von Münster nach Berlin umsiedeln* **3** Ⓓ *(ist)* als Angehöriger einer deutschen Minderheit in Polen, Rumänien oder Russland in die Bundesrepublik Deutschland (um)ziehen ≈ *aussiedeln* ● hierzu **Um·sied·lung** *die;* zu (1,3) **Um·sied·ler** *der;* zu (1,3) **Um·sied·le·rin** *die*

★ **um·so** BINDEWORT **umso** *+Komparativ* verwendet, um zu sagen, dass eine bereits vorhandene Eigenschaft oder ein Zustand noch verstärkt wird | *Das Haus gefällt mir. Wenn der Preis noch reduziert wird: Umso besser (ist es)!* | *Je länger sie das Bild ansah, umso schöner fand sie es* | *Nach dem Skandal ist es jetzt umso wichtiger, das Vertrauen der Wähler zurückzugewinnen*

★ **um·sonst** ADVERB; *gesprochen* **1** ohne dass es Geld kostet ⟨etwas ist umsonst; etwas gibt es umsonst⟩ ≈ *kostenlos* **2** ohne Geld oder ein Geschenk dafür zu bekommen | *In seiner Freizeit arbeitet er umsonst in einem Altersheim* **3** ohne Erfolg ⟨jemandes Anstrengungen, Bemühungen, alle Versuche sind umsonst⟩ ≈ *vergeblich* **4** **nicht umsonst** nicht ohne Grund oder Absicht | *Ich habe dich nicht umsonst davor gewarnt, so lange in der Sonne zu liegen! Jetzt hast du einen Sonnenbrand!*

um·span·nen VERB (umspannte, hat umspannt) **etwas umspannt etwas** etwas dauert die genannte Zeit | *Die Handlung des Romans umspannt die Zeit vom Ersten bis zum Zweiten Weltkrieg*

um·spie·len VERB (umspielte, hat umspielt); *geschrieben* **1** **etwas umspielt etwas** etwas bewegt sich leicht und locker um etwas (herum) | *Die Wellen umspielten ihre Füße* **2** **ein Lächeln umspielt jemandes Gesicht/Lippen/Mund** in jemandes Gesicht kann man ein leichtes Lächeln sehen

um·sprin·gen VERB *(ist)* **1** **etwas springt (von etwas) auf etwas** *(Akkusativ)* **um** etwas wechselt plötzlich die Stellung o. Ä. | *Die Ampel ist von Gelb auf Rot umgesprungen* **2** **mit jemandem irgendwie umspringen** *gesprochen, abwertend* jemanden meist sehr unfreundlich behandeln ⟨mit jemandem grob, unfreundlich, unhöflich umspringen⟩ | *So lass ich nicht mit mir umspringen, merk dir das!*

um·spü·len VERB (umspülte, hat umspült) **etwas umspült etwas** etwas fließt um etwas (herum) | *Das Wasser umspült den Felsen*

★ **Um·stand** *der* **1** eine Tatsache oder ein Detail, die ein Geschehen oder eine Situation (mit) bestimmen ⟨ein entscheidender, wichtiger, günstiger, glücklicher Umstand; die näheren Umstände einer Sache schildern⟩ | *Aufgrund besonderer Umstände, auf die ich hier nicht näher eingehen will, wurde die Konferenz abgebrochen* | *Den Patienten geht es den Umständen entsprechend (gut)* (dem Patienten geht es so gut, wie es einer Person gehen kann, die eine solche Krankheit bzw. Verletzung hat) **2** **mildernde Umstände** Gründe, die einen Richter ein mildes Urteil fällen lassen ⟨jemandem mildernde Umstände zubilligen⟩ **3** **unter Umständen** vielleicht, möglicherweise **4** **unter diesen Umständen** angesichts der gegebenen Situation **5** **unter (gar) keinen Umständen** auf (gar) keinen Fall **6** **unter allen Umständen** auf jeden Fall ≈ *unbedingt* **7** *nur Plural* zusätzliche Arbeit, unnötiger Aufwand ⟨(nicht) viele Umstände mit jemandem/etwas machen⟩ | *Mach dir meinetwegen keine großen Umstände* (Mach dir nicht viel Arbeit wegen mir) **8** **eine Frau ist in anderen Umständen** *veraltend* eine Frau ist schwanger

um·stän·de·hal·ber ADVERB weil es die Situation nötig macht | *umständehalber das Auto verkaufen müssen*

★ **um·ständ·lich** ADJEKTIV **1** *abwertend* ziemlich langsam und ungeschickt | *Komm, sei doch nicht so umständlich!* **2** so, dass etwas viel Mühe macht und viel Zeit kostet ⟨eine Methode, ein Verfahren⟩ ≈ *aufwändig* ● hierzu **Um·ständ·lich·keit** *die*

Um·stands- *im Substantiv, betont, nicht produktiv* **die Umstandshose, das Umstandskleid, die Umstandsmode** *und andere* (sehr weit und daher) für schwangere Frauen geeignet

Um·stands·an·ga·be *die* eine adverbiale Bestimmung

Um·stands·wort *das;* (-(e)s, Um·stands·wör·ter) ≈ *Adverb*

★ **um·stei·gen** VERB *(ist)* **1** **(von etwas) in etwas** *(Akkusativ)*) **umsteigen** von einem (öffentlichen) Fahrzeug in ein anderes steigen, um damit weiterzufahren | *vom Zug in ein Taxi umsteigen* | *Geht dieser Zug bis Dortmund durch, oder muss ich umsteigen?* **K** Umsteigebahnhof, Umsteigemöglichkeit **2** **(von etwas) auf etwas** *(Akkusativ)*) **umsteigen** von einer Sache zu etwas anderem oder etwas Neuem wechseln | *vom Auto aufs Fahrrad umsteigen* | *auf vegetarische Ernährung umsteigen* ● hierzu **Um·stieg** *der*

um·stel·len[1] VERB (stellte um, hat umgestellt) **1** **(etwas) umstellen** etwas von einem Platz an einen anderen stellen | *Möbel umstellen* | *die Wörter in einem Satz umstellen* **2** **(etwas) umstellen** einen Hebel o. Ä. anders stellen ⟨die Weichen umstellen⟩ **3** **(jemanden/etwas) (von etwas) auf etwas** *(Akkusativ)*) **umstellen** etwas (für jemanden) ändern | *ein Baby von Milch auf feste Nahrung umstellen* | *die Ernährung völlig umstellen* | *Wir müssen (die Buchhaltung) auf ein neues Programm umstellen* **4** **sich (von etwas) auf etwas** *(Akkusativ)*) **umstellen** sich veränderten Umständen oder Situationen anpassen ⟨sich umstellen müssen⟩ ● hierzu **Um·stel·lung** *die;* zu (1 – 3) **um·stell·bar** ADJEKTIV

um·stel·len[2] VERB (umstellte, hat umstellt) **Personen umstellen jemanden/etwas** viele Personen stellen sich um jemanden oder etwas herum (z. B. um eine Person zu fangen) | *Hier spricht die Polizei: Das Haus ist umstellt, kommen Sie mit erhobenen Händen heraus!*

ụm·stim·men VERB *(hat)* **jemanden umstimmen** durch Argumente oder Bitten bewirken, dass jemand die Meinung ändert | *Robert will unbedingt Rennfahrer werden. Er lässt sich von niemandem umstimmen* ● hierzu **Ụm·stim·mung** *die*

ụm·sto·ßen VERB *(hat)* **1** **jemanden/etwas umstoßen** so kräftig gegen eine Person oder Sache stoßen, dass sie umfällt ≈ *umwerfen* | *eine Leiter umstoßen* | *jemanden versehentlich umstoßen* **2** **etwas umstoßen** etwas radikal ändern ⟨einen Plan, ein Vorhaben umstoßen⟩

★ **um·strịt·ten** ADJEKTIV so, dass es Stimmen dafür, aber auch Stimmen dagegen gibt ⟨eine Methode, eine Theorie, ein Autor, ein Gelehrter; etwas ist in der Fachwelt umstritten⟩

ụm·struk·tu·rie·ren VERB (strukturierte um, hat umstrukturiert) **etwas umstrukturieren** einer Sache eine neue Struktur geben ⟨einen Betrieb, eine Abteilung, einen Wirtschaftszweig umstrukturieren⟩ ● hierzu **Ụm·struk·tu·rie·rung** *die*

ụm·stül·pen VERB *(hat)* **1** **etwas umstülpen** etwas von innen nach außen wenden ⟨die Taschen umstülpen⟩ **2** **etwas umstülpen** einen Behälter so drehen, dass die Öffnung nach unten kommt ≈ *umdrehen* | *einen Eimer umstülpen, um sich daraufzusetzen*

Ụm·sturz *der* das Stürzen einer Regierung (meist durch Gewalt) und die Einführung eines neuen politischen Systems ⟨einen Umsturz planen, vorbereiten; an einem Umsturz beteiligt sein⟩ ≈ *Putsch* K Umsturzpläne, Umsturzversuch; Regierungsumsturz

ụm·stür·zen VERB **1** **etwas stürzt um** *(ist)* etwas fällt aus einer aufrechten Position (mit Wucht) zu Boden | *Bei dem Sturm sind mehrere Bäume umgestürzt* **2** **etwas umstürzen** *(hat)* ≈ *umwerfen*

ụm·tau·fen VERB *(hat)* **etwas umtaufen** *gesprochen* einer Sache einen anderen Namen geben

★ **ụm·tau·schen** VERB *(hat)* **1** **etwas (gegen/in etwas** *(Akkusativ)*) **umtauschen** etwas, das man gekauft oder geschenkt bekommen hat, wieder in das Geschäft zurückbringen und etwas anderes dafür bekommen | *ein Geschenk umtauschen* K Umtauschmöglichkeit, Umtauschrecht **2** **etwas (in etwas** *(Akkusativ)*) **umtauschen** Geld gegen Geld einer anderen Währung tauschen ≈ *wechseln* | *vor der Reise Geld umtauschen* | *Euro in Dollar umtauschen* ● hierzu **Ụm·tausch** *der*

ụm·top·fen VERB (topfte um, hat umgetopft) **eine Pflanze umtopfen** eine Pflanze in einen neuen Topf mit frischer Erde setzen

ụm·trei·ben VERB *(hat)* **etwas treibt jemanden um** etwas lässt jemandem keine Ruhe ⟨(die) Angst, das schlechte Gewissen⟩

Ụm·trie·be *die; Plural; abwertend* geheime Aktivitäten von Leuten, die das politische System ändern wollen ⟨staatsfeindliche Umtriebe⟩

ụm·trie·big ADJEKTIV aktiv und immer mit etwas beschäftigt ≈ *betriebsam*

Ụm·trunk *der* ein Treffen von mehreren Personen, bei dem man Bier oder Wein trinkt und sich dabei unterhält ⟨einen Umtrunk halten⟩

ụm·tun VERB *(hat)* **1** **(jemandem) etwas umtun** *gesprochen* ≈ *umbinden, umhängen* | *Ich tue mir erst noch eine Schürze um* **2** **sich (nach etwas) umtun** *gesprochen* sich um etwas bemühen | *sich nach einer Arbeit umtun*

Ụm·ver·pa·ckung *die* eine Verpackung, die eine bereits verpackte Ware enthält

ụm·wäl·zen VERB *(hat)* **1** **etwas umwälzen** etwas Schweres auf die andere Seite rollen | *einen großen Stein umwälzen* **2** **etwas wälzt Luft/Wasser um** etwas bewegt Luft/Wasser (in einem geschlossenen Raum) und bereitet sie so auf, dass sie wieder frisch werden K Umwälzanlage, Umwälzpumpe

ụm·wäl·zend ■ PARTIZIP PRÄSENS **1** → umwälzen
■ ADJEKTIV **2** ⟨Ereignisse, Erfindungen, Ideen, Neuerungen⟩ so, dass sie radikale Veränderungen (z. B. der Gesellschaft) bewirken

Ụm·wäl·zung *die;* (-, -en) eine völlige Änderung der politischen oder gesellschaftlichen Verhältnisse

ụm·wan·deln VERB *(hat)* **etwas (in etwas** *(Akkusativ)*/**zu etwas) umwandeln** aus einer Sache eine andere Sache machen | *die alte Mühle in ein Restaurant umwandeln* ■ ID **jemand ist wie umgewandelt** jemand hat den eigenen Charakter oder das eigene Verhalten völlig verändert | *Seitdem wir die Missverständnisse geklärt haben, ist er wie umgewandelt* ● hierzu **Ụm·wand·lung** *die*

ụm·wech·seln VERB *(hat)* **(jemandem) etwas (in etwas** *(Akkusativ)*) **umwechseln** ≈ *wechseln, umtauschen* | *Schweizer Franken in Euros umwechseln lassen* ● hierzu **Ụm·wechs·lung** *die*

Ụm·weg *der* ein Weg zu einem Ziel, der länger ist als der direkte Weg dorthin ⟨einen Umweg machen, fahren; das Ziel auf Umwegen erreichen⟩ *Auf der Heimfahrt haben wir einen Umweg über Dresden gemacht, um Susi zu besuchen* ■ ID **etwas auf Umwegen erfahren** eine Nachricht nicht direkt, sondern durch eine dritte Person bekommen

ụm·we·hen VERB *(hat)* **etwas weht jemanden/etwas um** ein Wind o. Ä. weht so stark, dass jemand/etwas umfällt

★ **Ụm·welt** *die; nur Singular* **1** die Erde, die Luft, das Wasser und die Pflanzen als Lebensraum für die Menschen und Tiere | *gegen die Verschmutzung der Umwelt kämpfen* K Umweltbedingungen, Umweltbelastung, Umwelteinflüsse, Umweltforschung, Umweltkatastrophe, Umweltschäden, Umweltverschmutzung; umweltbelastend, umweltschädlich, umweltverträglich **2** die gesellschaftlichen Verhältnisse, in denen eine Person lebt und die ein Teil ihres Lebens sind K Umweltbedingungen, Umwelteinflüsse **3** die Menschen, zu denen man Kontakt hat | *Die soziale Umwelt spielt bei der Entwicklung eines Kindes eine große Rolle* ● hierzu **ụm·welt|be·dingt** ADJEKTIV

ụm·welt|be·wusst ADJEKTIV bemüht, der Umwelt und der Natur nicht zu schaden ● hierzu **Ụm·welt|be·wusst·sein** *das*

ụm·welt|feind·lich ADJEKTIV schlecht für die Umwelt und die Natur

ụm·welt|freund·lich ADJEKTIV so, dass es der Umwelt und der Natur nicht schadet | *ein umweltfreundliches Waschpulver* | *Der Katalysator ist umweltfreundlich*

★ **Ụm·welt|schutz** *der; nur Singular* alle Anordnungen, Gesetze und Handlungen, mit denen man die Umwelt vor Verschmutzung und Zerstörung schützt | *Er setzt sich in seiner Freizeit für den Umweltschutz ein* K Umweltschutzgesetz, Umweltschutzorganisation ● hierzu **Ụm·welt·schüt·zer** *der;* **Ụm·welt|schüt·ze·rin** *die*

Ụm·welt|sün·der *der* eine Person, welche die Umwelt verschmutzt oder zerstört

ụm·welt·ver·träg·lich ADJEKTIV so, dass es der Natur nicht schadet ⟨ein Verfahren; etwas umweltverträglich entsorgen⟩

Ụm·welt·zo·ne *die* ein Teil einer Stadt (meist die Innenstadt), in dem nur solche Fahrzeuge fahren dürfen, die nur wenige schädliche Abgase produzieren

um·wẹr·ben VERB (umwirbt, umwarb, hat umworben) **jemanden umwerben** *veraltend* mit Geschenken und höflichem Verhalten versuchen, jemandes Liebe oder Gunst zu gewinnen

U

um·wer·fen VERB *(hat)* **1** **jemanden/etwas umwerfen** kurz und kräftig (mit oder ohne Absicht) gegen eine Person oder Sache stoßen, sodass diese zu Boden fällt | *ein volles Glas Wein umwerfen* | *Er hat seinen Freund beim Spielen umgeworfen* **2** **sich** *(Dativ)* **etwas umwerfen** sich ein Kleidungsstück mit einer schnellen Bewegung meist um den Hals oder um die Schultern legen ⟨sich *(Dativ)* einen Schal, eine Jacke, einen Mantel umwerfen⟩ **3** **etwas wirft jemanden um** *gesprochen* etwas überrascht jemanden sehr | *Die Erkenntnis, dass so etwas überhaupt möglich ist, warf sie um* [H] Wenn es sich um ein schlimmes Ereignis handelt, verwendet man *schockieren* oder *erschüttern.* **4** **etwas umwerfen** *gesprochen* etwas ganz anders machen, als es vorher geplant war ⟨die Pläne wieder umwerfen⟩

um·wer·fend ■ PARTIZIP PRÄSENS **1** → umwerfen ■ ADJEKTIV **2** *gesprochen* sehr beeindruckend | *Du siehst umwerfend aus!* **3** **umwerfend komisch** sehr komisch

um·wi·ckeln VERB (umwickelte, hat umwickelt) **etwas umwickeln** ein Band, eine Schnur o. Ä. mehrere Male um etwas wickeln | *Der Sanitäter umwickelte den Arm des Verletzten mit einer Binde*

★ **um·zie·hen** VERB **1** **(irgendwohin) umziehen** *(ist)* die Wohnung (und den Wohnort) wechseln | *in eine größere Wohnung umziehen* | *von Wien nach Graz umziehen* **2** **jemanden umziehen** *(hat)* jemandem oder sich selbst andere Kleidung anziehen | *Ich komme gleich, ich ziehe mich nur noch schnell um*

um·zin·geln VERB (umzingelte, hat umzingelt) **Personen umzingeln jemanden/etwas** viele Personen stellen sich um eine Person oder Sache herum (vor allem, um diese Person zu fangen oder die Sache zu erobern) | *Die Burg war von Feinden umzingelt* [H] oft im Passiv • hierzu **Um·zin·ge·lung** *die*

★ **Um·zug** *der* **1** das Wechseln der Wohnung (und des Wohnortes) | *der Umzug in die neue Wohnung* | *der Umzug nach Köln* [K] Umzugskosten, Umzugstag **2** bei einem Umzug gehen viele Menschen zusammen durch die Straßen (vor allem im Karneval) ⟨einen Umzug machen/veranstalten⟩

UN [uːˈ|ɛn] *die; Plural* Abkürzung für *Vereinte Nationen* → UNO

un- *im Adjektiv, meist betont, sehr produktiv* **unecht, unsicher, unabhängig, unappetitlich, unfair, unpopulär, unbedeutend** *und andere* drückt das Gegenteil des Adjektivs aus, dem es vorangestellt ist

un·ab·än·der·lich, un·ab·än·der·lich ADJEKTIV so, dass man es nicht mehr ändern kann ⟨ein Entschluss, eine Tatsache; etwas steht unabänderlich fest⟩

un·ab·ding·bar, un·ab·ding·bar ADJEKTIV; *geschrieben* wirklich notwendig ⟨eine Voraussetzung, eine Forderung⟩ • hierzu **Un·ab·ding·bar·keit, Un·ab·ding·bar·keit** *die*

★ **un·ab·hän·gig** ADJEKTIV **1** **(von jemandem/etwas) unabhängig** so, dass man keine Hilfe braucht | *von den Eltern finanziell unabhängig sein* **2** so, dass die genannten Bedingungen nicht wichtig sind | *im Urlaub vom Wetter unabhängig sein* **3** **von jemandem/etwas unabhängig** so, dass andere dabei nicht geholfen haben oder helfen müssen | *Die Wissenschaftler haben zur gleichen Zeit unabhängig voneinander das Virus entdeckt* **4** mit eigener Regierung und Verwaltung ⟨ein Staat⟩ ≈ *souverän* **5** **unabhängig davon, ob …** gleichgültig, ob … • zu (1 – 4) **Un·ab·hän·gig·keit** *die*

Un·ab·hän·gig·keits·er·klä·rung *die* der Text, in dem ein Staat erklärt hat, dass er selbstständig ist

un·ab·kömm·lich, un·ab·kömm·lich ADJEKTIV; *geschrieben* **jemand ist unabkömmlich** jemand wird irgendwo dringend gebraucht und kann oder darf nicht weggehen

un·ab·läs·sig, un·ab·läs·sig ADJEKTIV *meist attributiv* ohne Unterbrechung ≈ *ständig* | *Sie redet unablässig*

un·ab·seh·bar ADJEKTIV ⟨Auswirkungen, Folgen⟩ so, dass man sie vorher nicht einschätzen oder beurteilen kann

un·ab·sicht·lich ADJEKTIV ohne Absicht ⟨jemanden unabsichtlich beleidigen, kränken, verletzen⟩ ≈ *versehentlich*

un·ab·wend·bar, un·ab·wend·bar ADJEKTIV; *geschrieben* so, dass man es nicht verhindern kann ⟨ein Geschick, ein Schicksal⟩ • hierzu **Un·ab·wend·bar·keit, Un·ab·wend·bar·keit** *die*

un·acht·sam ADJEKTIV **1** ohne die nötige Konzentration | *unachtsam sein und einen Unfall verursachen* **2** ohne Sorgfalt ⟨etwas unachtsam behandeln⟩ • hierzu **Un·acht·sam·keit** *die*

un·an·fecht·bar, un·an·fecht·bar ADJEKTIV; *geschrieben* ⟨ein Urteil, ein Beweis⟩ so gesichert oder fundiert, dass man sie nicht bezweifeln kann • hierzu **Un·an·fecht·bar·keit, Un·an·fecht·bar·keit** *die*

un·an·ge·bracht ADJEKTIV in der gegebenen Situation nicht passend ⟨eine Bemerkung; etwas für unangebracht halten⟩ ≈ *deplaziert*

un·an·ge·foch·ten ADJEKTIV; *geschrieben* **1** von niemandem bezweifelt | *Seine These ist unangefochten* **2** *meist adverbiell* von niemandem (daran) gehindert | *Er passierte unangefochten die Grenze*

un·an·ge·mel·det ADJEKTIV ohne, dass es vorher jemand angekündigt hat ⟨ein Besuch; unangemeldet irgendwohin kommen⟩

un·an·ge·mes·sen ADJEKTIV; *geschrieben* nicht zu den Verhältnissen oder Umständen passend ⟨eine Forderung; etwas für unangemessen halten⟩ • hierzu **Un·an·ge·mes·sen·heit** *die*

★ **un·an·ge·nehm** ADJEKTIV **1** für jemanden schwierig oder ungünstig ⟨in einer unangenehmen Lage sein⟩ **2** so, dass man sich dabei körperlich unwohl fühlt ⟨ein Geruch⟩ ≈ *übel* **3** so, dass eine Person nicht nett und freundlich ist ⟨ein Mensch⟩ ≈ *unsympathisch* **4** **etwas ist jemandem unangenehm** jemand schämt sich für etwas, das passiert ist ≈ *peinlich* **5** **unangenehm auffallen** durch das, was man tut, andere Leute stören

un·an·ge·tas·tet ADJEKTIV; *geschrieben* **1** **etwas bleibt unangetastet** etwas wird nicht verbraucht ⟨die Ersparnisse, das Vermögen, die Vorräte⟩ **2** **etwas unangetastet lassen** etwas nicht verbrauchen ⟨die Ersparnisse, das Vermögen, die Vorräte unangetastet lassen⟩

Un·an·nehm·lich·keit *die;* (-, -en); *meist Plural; geschrieben* Probleme, die einem Schwierigkeiten oder Ärger machen ⟨mit etwas Unannehmlichkeiten bekommen, haben; jemandem Unannehmlichkeiten machen/bereiten⟩

un·an·sehn·lich ADJEKTIV nicht schön • hierzu **Un·an·sehn·lich·keit** *die*

un·an·stän·dig ADJEKTIV so, dass eine Person oder eine Handlung gegen die guten Sitten oder gegen die Moral verstoßen ⟨ein Ausdruck, ein Lied, ein Witz⟩ | *Er hat bei dem Geschäft geradezu unanständig viel Geld verdient* • hierzu **Un·an·stän·dig·keit** *die*

un·an·tast·bar, un·an·tast·bar ADJEKTIV; *geschrieben* ⟨Rechte⟩ so, dass man sie nicht in Frage stellen darf | *Die Würde des Menschen ist unantastbar* • hierzu **Un·an·tast·bar·keit, Un·an·tast·bar·keit** *die*

un·ap·pe·tit·lich ADJEKTIV **1** nicht appetitlich ⟨eine Speise sieht unappetitlich aus, riecht unappetitlich⟩ **2** schmutzig und ohne Pflege ≈ *unästhetisch* | *Seine schmutzigen Fingernägel sehen unappetitlich aus* • hierzu **Un·ap·pe·tit·lich·keit** *die*

Un·art *die* ein Verhalten, das andere Menschen stört ⟨eine

Unart annehmen, haben⟩ ≈ *Unsitte* | *Diese Unart musst du dir abgewöhnen!*

un·ar·tig ADJEKTIV ohne das Verhalten, das Erwachsene von Kindern erwarten ≈ *ungehorsam*

un·ar·ti·ku·liert ADJEKTIV ⟨Laute⟩ so, dass man sie nicht verstehen kann | *Er spricht unartikuliert*

un·äs·the·tisch ADJEKTIV nicht ästhetisch

un·auf·fäl·lig ADJEKTIV **1** nicht auffällig ⟨eine Farbe, eine Kleidung; unauffällig gekleidet sein⟩ **2** *meist adverbiell* ohne dass es niemand bemerkt ⟨jemanden unauffällig beobachten⟩ | *Er verließ unauffällig den Saal* ● hierzu **Un·auf·fäl·lig·keit** *die*

un·auf·find·bar, un·auf·find·bar ADJEKTIV so (versteckt), dass man es nicht (mehr) finden kann

un·auf·ge·for·dert ADJEKTIV *meist adverbiell* ohne dazu aufgefordert worden zu sein | *entliehene Bücher unaufgefordert zurückgeben*

un·auf·ge·klärt ADJEKTIV ⟨ein Verbrechen⟩ so, dass man die Umstände oder den Hintergrund davon (noch) nicht feststellen konnte | *Der Mord blieb unaufgeklärt*

un·auf·halt·sam, un·auf·halt·sam ADJEKTIV so, dass man es nicht stoppen kann ⟨der Verfall eines Bauwerkes⟩ | *Die Zeit geht unaufhaltsam weiter* ● hierzu **Un·auf·halt·sam·keit, Un·auf·halt·sam·keit** *die*

un·auf·hör·lich, un·auf·hör·lich ADJEKTIV *meist attributiv* andauernd, ohne Unterbrechung | *Das Telefon klingelt unaufhörlich*

un·auf·merk·sam ADJEKTIV **1** ⟨ein Schüler⟩ so, dass er sich nicht gut konzentriert, nicht zuhört | *im Unterricht unaufmerksam sein* **2** ⟨ein Gastgeber⟩ so, dass er sich nicht freundlich um die Gäste kümmert ● hierzu **Un·auf·merk·sam·keit** *die*

un·auf·rich·tig ADJEKTIV nicht ehrlich ● hierzu **Un·auf·rich·tig·keit** *die*

un·aus·denk·bar, un·aus·denk·bar ADJEKTIV; *geschrieben* so schlimm, dass man es sich kaum vorstellen kann ≈ *unvorstellbar* | *Die Folgen eines Atomkrieges sind unausdenkbar*

un·aus·ge·füllt ADJEKTIV **1** ⟨ein Formular⟩ ≈ *leer* **2** **sich unausgefüllt fühlen**; **unausgefüllt sein** sich sinnvollere und befriedigendere Aufgaben im Leben wünschen

un·aus·ge·gli·chen ADJEKTIV in einem (körperlichen und seelischen) Zustand, in dem man nicht mit sich selbst zufrieden ist | *Wenn ich keinen Sport treibe, fühle ich mich völlig unausgeglichen* ● hierzu **Un·aus·ge·gli·chen·heit** *die*

un·aus·lösch·lich, un·aus·lösch·lich ADJEKTIV; *geschrieben* so, dass man es nie mehr vergisst ⟨ein Erlebnis, ein Eindruck; etwas prägt sich jemandem unauslöschlich ein⟩

un·aus·sprech·lich, un·aus·sprech·lich ADJEKTIV; *geschrieben* so groß, so intensiv o. Ä., dass man es kaum beschreiben kann | *unaussprechlich glücklich sein*

un·aus·steh·lich, un·aus·steh·lich ADJEKTIV sehr unfreundlich, sehr schlecht gelaunt | *Du bist heute mal wieder unausstehlich!* ● hierzu **Un·aus·steh·lich·keit, Un·aus·steh·lich·keit** *die*

un·bän·dig ADJEKTIV **1** sehr lebhaft ⟨ein unbändiges Temperament haben⟩ | *Die Kinder tobten unbändig umher* **2** sehr groß, sehr intensiv ⟨Freude, Wut, Zorn, Neugierde, Sehnsucht, Hunger, Durst⟩ **3** verwendet, um Adjektive oder Verben zu verstärken | *Sie freute sich unbändig über das Geschenk*

un·barm·her·zig ADJEKTIV ohne Mitleid ⟨jemanden unbarmherzig bestrafen⟩ ● hierzu **Un·barm·her·zig·keit** *die*

un·be·ab·sich·tigt ADJEKTIV ohne Absicht

un·be·ach·tet ADJEKTIV von niemandem beachtet

un·be·dacht ADJEKTIV ⟨eine Äußerung⟩ so, dass man dabei nicht an die Konsequenzen denkt ≈ *unüberlegt* ● hierzu **Un·be·dacht·heit** *die*

un·be·darft ADJEKTIV; *abwertend* ⟨völlig unbedarft sein⟩ ≈ *naiv* ● hierzu **Un·be·darft·heit** *die*

un·be·denk·lich ADJEKTIV **1** so, dass man sich keine Sorgen darüber machen muss ≈ *ungefährlich* | *Die Therapie soll völlig unbedenklich sein* **2** *meist adverbiell* ohne Bedenken (zu haben) ⟨etwas unbedenklich tun können; jemandem unbedenklich zustimmen können⟩ ● hierzu **Un·be·denk·lich·keit** *die*

un·be·deu·tend ADJEKTIV **1** von geringem Wert oder von geringer Wichtigkeit | *ein unbedeutendes Detail* **2** nicht wichtig, gering ⟨ein Fehler, eine Änderung, eine Verbesserung, eine Verschlechterung⟩

★ **un·be·dingt, un·be·dingt** ■ ADVERB **1** auf jeden Fall, unter allen Umständen | *etwas unbedingt wissen wollen* | *Ich muss dir unbedingt mein neues Kleid zeigen!*
■ ADJEKTIV *meist attributiv* **2** *geschrieben* so, dass etwas immer und in jedem Fall gilt ⟨Treue, Vertrauen⟩ ≈ *uneingeschränkt*

un·be·ein·druckt, un·be·ein·druckt ADJEKTIV so, dass eine Person auf etwas keine Reaktion zeigt (z. B. Freude, Angst, Interesse) ⟨etwas lässt jemanden unbeeindruckt⟩ | *Er zeigte sich von unseren Ideen völlig unbeeindruckt*

un·be·fahr·bar, un·be·fahr·bar ADJEKTIV in einem solchen Zustand, dass man darauf nicht fahren kann ⟨eine Straße, ein Weg⟩

un·be·fan·gen ADJEKTIV **1** ohne Hemmungen ⟨unbefangen lachen, mit jemandem sprechen⟩ **2** objektiv und ohne Vorurteile ⟨ein Richter, ein Zeuge; jemandem/etwas unbefangen gegenüberstehen⟩ ● hierzu **Un·be·fan·gen·heit** *die*

un·be·frie·di·gend ADJEKTIV nicht zufriedenstellend ⟨ein Ergebnis⟩

un·be·frie·digt ADJEKTIV **1** **(über etwas** (*Akkusativ*)**) unbefriedigt** mit etwas nicht zufrieden **2** (sexuell) nicht befriedigt

un·be·fris·tet ADJEKTIV ohne zeitliche Begrenzung ⟨ein Arbeitsvertrag⟩

un·be·fugt ADJEKTIV; *geschrieben* **(zu etwas) unbefugt** ohne das Recht zu etwas ≈ *unberechtigt* ● hierzu **Un·be·fug·te** *der/die*

un·be·gabt ADJEKTIV **unbegabt (für etwas)** ohne die nötigen Fähigkeiten für etwas

un·be·glei·tet ADJEKTIV **1** **eine Person ist unbegleitet** (oft Frauen) ohne andere Personen, mit denen man gemeinsam etwas tut (auf einer Reise oder bei einer Veranstaltung) | *Die meisten Frauen waren an dem Konzertabend unbegleitet* **2** ohne die eigenen Eltern oder andere Erwachsene, die aufpassen ⟨Jugendliche, Kinder, Minderjährige⟩ | *ein Heim für unbegleitete minderjährige Flüchtlinge* | *Viele Fluggesellschaften bieten Betreuung von unbegleiteten Kindern an* **3** **Personen sind unbegleitet** ohne andere Personen, von welchen man geführt, beschützt wird oder welche bei der Verständigung im Ausland helfen | *Eine Gruppe von Touristen reiste unbgegleitet durch den südamerikanischen Dschungel* **4** ohne ein (anderes) Musikinstrument ⟨ein Sänger, ein Musiker⟩ ≈ *solo* | *Sie sang das erste Lied des Konzerts unbegleitet*

un·be·greif·lich, un·be·greif·lich ADJEKTIV **(jemandem/für jemanden) unbegreiflich** nicht erklärbar oder verständlich | *Dein Verhalten ist mir unbegreiflich* | *Es ist unbegreiflich für mich, wie das passieren konnte!* ● hierzu **un·be·greif·li·cher·wei·se** ADVERB

un·be·grenzt, un·be·grenzt ADJEKTIV ohne zeitliche Begrenzung ⟨auf unbegrenzte Dauer; etwas gilt zeitlich unbe-

U

grenzt; etwas ist unbegrenzt gültig⟩ | *Konserven sind nicht unbegrenzt haltbar* • hierzu **Ụn·be·grenzt·heit**, **Un·be·grẹnzt·heit** *die*

ụn·be·grün·det ADJEKTIV ohne Begründung oder ohne Grund ⟨ein Verdacht⟩ | *Ihr Misstrauen war unbegründet*

Ụn·be·ha·gen *das*; (-s) ein unbestimmtes unangenehmes Gefühl (körperlicher oder seelischer Art) ⟨ein körperliches Unbehagen; etwas bereitet jemandem Unbehagen; jemand (ver)spürt ein Unbehagen⟩

ụn·be·hag·lich ADJEKTIV **1** so, dass man sich dort nicht wohlfühlt ⟨ein Zimmer⟩ ≈ *ungemütlich* | *Draußen war es recht unbehaglich* **2** mit einem unangenehmen Gefühl ⟨sich unbehaglich fühlen; jemandem ist unbehaglich zumute⟩ • hierzu **Ụn·be·hag·lich·keit** *die*

ụn·be·han·delt ADJEKTIV **1** ⟨eine Krankheit, eine Wunde⟩ so, dass sie nicht von einem Arzt o. Ä. versorgt wurden **2** ohne chemische Mittel oder Verfahren zur Verfeinerung, Konservierung o. Ä. ⟨Obst, Gemüse⟩

un·be·hẹl·ligt, **ụn·be·hel·ligt** ADJEKTIV so, dass man nicht gestört oder gehindert wird ⟨unbehelligt bleiben⟩ | *jemanden unbehelligt passieren lassen* (vorbei- oder durchgehen lassen)

ụn·be·herrscht ADJEKTIV ohne Kontrolle über die eigenen Emotionen ⟨ein Mensch; unbeherrscht sein, reagieren⟩ • hierzu **Ụn·be·herrscht·heit** *die*

ụn·be·hol·fen ADJEKTIV (vor allem in den Bewegungen) ungeschickt und ohne Übung ⟨sich unbeholfen bewegen; unbeholfen sein⟩ • hierzu **Ụn·be·hol·fen·heit** *die*

ụn·be·irr·bar, **un·be·ịrr·bar** ADJEKTIV *meist adverbiell* so, dass man genau das tut, was man will, auch wenn andere Personen nicht einverstanden sind | *Sie verfolgte unbeirrbar ihr Ziel* • hierzu **Ụn·be·irr·bar·keit**, **Un·be·ịrr·bar·keit** *die*

★ **ụn·be·kannt** ADJEKTIV **1** nicht bekannt oder nicht erkannt | *Ein unbekannter Mann hat die Bank ausgeraubt* **2** nicht berühmt | *Nur relativ unbekannte Künstler waren bei der Ausstellung vertreten* **3** **etwas ist jemandem unbekannt** jemand weiß, kennt etwas nicht | *Dieser Umstand war mir bis heute unbekannt* **4** **eine Person ist jemandem unbekannt** eine Person kennt die genannte andere Person nicht | *Eine Frau Wilkens ist mir völlig unbekannt*

Ụn·be·kann·te *der/die*; (-n, -n) **1** eine Person, die man nicht kennt | *Das Schaufenster wurde von Unbekannten eingeschlagen* **i** *ein Unbekannter; der Unbekannte; den, dem, des Unbekannten* **2** (*nur: die Unbekannte*) eine mathematische Größe, die man nicht kennt, aber berechnen kann ⟨eine Gleichung mit zwei Unbekannten⟩

ụn·be·küm·mert, **un·be·kụm·mert** ADJEKTIV *meist adverbiell* ohne sich Sorgen zu machen ⟨unbekümmert leben, lachen⟩ • hierzu **Ụn·be·küm·mert·heit**, **Un·be·kụm·mert·heit** *die*

ụn·be·lebt ADJEKTIV *meist attributiv* **1** leer oder nur mit wenigen Menschen ⟨eine Straße, eine Gegend⟩ **2** **die unbelebte Natur** die Teile der Natur, die nicht leben, z. B. Steine und Mineralien

un·be·leckt ADJEKTIV; *abwertend* **jemand ist (von etwas) unbeleckt** eine Person weiß (über die genannten Sache) sehr wenig oder hat wenig Erfahrung ⟨ein unbeleckter Anfänger⟩ | *Karl ist vom Fußball völlig unbeleckt*

un·be·lehr·bar, **ụn·be·lehr·bar** ADJEKTIV nicht bereit, aus Fehlern zu lernen oder auf die Ratschläge anderer zu hören • hierzu **Un·be·lehr·bar·keit**, **Ụn·be·lehr·bar·keit** *die*

ụn·be·leuch·tet ADJEKTIV ohne Licht ⟨eine Straße⟩

ụn·be·liebt ADJEKTIV **(bei jemandem) unbeliebt** (von jemandem) nicht gern gesehen oder geschätzt | *ein bei den Schülern unbeliebtes Fach | unbeliebter Lehrer* ■ **ID** **sich (bei jemandem) unbeliebt machen** durch das eigene Verhalten bewirken, dass man von anderen Leuten nicht gemocht wird • hierzu **Ụn·be·liebt·heit** *die*

ụn·be·mannt ADJEKTIV ohne Menschen ⟨ein Raumschiff, die Raumfahrt⟩

ụn·be·merkt ADJEKTIV so, dass es niemand bewusst wahrnimmt | *Er verließ unbemerkt den Raum*

ụn·be·nom·men ADJEKTIV ■ **ID** **etwas ist/bleibt jemandem unbenommen** eine Person kann etwas tun, wenn sie es für richtig hält | *Es bleibt Ihnen unbenommen, sich zu beschweren*

ụn·be·nutzt ADJEKTIV (noch) nicht benutzt ≈ *sauber, frisch* | *ein unbenutztes Handtuch*

ụn·be·ob·ach·tet ADJEKTIV so, dass man von niemandem beobachtet oder gesehen wird ⟨sich unbeobachtet fühlen, glauben⟩

ụn·be·quem ADJEKTIV **1** nicht bequem ≈ *ungemütlich* | *Auf diesem Sessel sitzt man sehr unbequem* **2** ⟨ein Kritiker, ein Politiker⟩ so, dass sie sich nicht anpassen, sondern kritisch bleiben **3** ⟨Fragen⟩ so, dass sie dem Betroffenen Schwierigkeiten bereiten • zu (1) **Ụn·be·quem·lich·keit** *die*

ụn·be·re·chen·bar, **un·be·rẹ·chen·bar** ADJEKTIV **1** *abwertend* so, dass man nie genau weiß, wie sich jemand verhalten oder wie jemand reagieren wird | *Wenn er schlechter Laune ist, ist er unberechenbar* **2** so, dass man es nicht vorher genau wissen oder planen kann | *das Wetter ist ein unberechenbarer Faktor in der Planung* • hierzu **Ụn·be·re·chen·bar·keit**, **Un·be·rẹ·chen·bar·keit** *die*

ụn·be·rech·tigt ADJEKTIV so, dass es keinen Grund dafür gibt | *Die Kritik war völlig unberechtigt* • hierzu **ụn·be·rech·tig·ter·wei·se** ADVERB

ụn·be·rück·sich·tigt ADJEKTIV **1** **etwas unberücksichtigt lassen** etwas nicht berücksichtigen oder beachten **2** **etwas bleibt unberücksichtigt** etwas wird nicht berücksichtigt, nicht getan, nicht besprochen oder nicht beachtet

ụn·be·rührt ADJEKTIV **1** noch nicht benutzt | *Das Bett war noch unberührt, als ich zurückkam* **2** **die unberührte Natur** die Natur in dem Zustand, bevor der Mensch sie verändert hat **3** **(von etwas) unberührt** nicht von etwas beeinflusst ⟨von jemandes Leid/Schmerz unberührt sein, bleiben⟩ • zu (1,2) **Ụn·be·rührt·heit** *die*

ụn·be·scha·det, **un·be·scha·det** PRÄPOSITION *mit Genitiv; geschrieben* verwendet, um zu sagen, dass etwas nicht berücksichtigt wird oder nicht gültig ist ≈ *trotz* | *unbeschadet der Bestimmungen von §17*

ụn·be·schol·ten ADJEKTIV mit einem guten Ruf ⟨ein Bürger; ein Leben⟩ • hierzu **Ụn·be·schol·ten·heit** *die*

ụn·be·schrankt ADJEKTIV **ein unbeschrankter Bahnübergang** ein Bahnübergang ohne Schranken

un·be·schrạ̈nkt, **ụn·be·schränkt** ADJEKTIV ≈ *unbegrenzt, uneingeschränkt*

un·be·schreib·lich, **ụn·be·schreib·lich** ADJEKTIV so groß, so intensiv o. Ä., dass man es nicht oder kaum beschreiben kann | *Bei dem Unfall hat er unbeschreibliches Glück gehabt | Der Vortrag war unbeschreiblich langweilig*

ụn·be·schrie·ben ADJEKTIV ⟨Blätter, Seiten⟩ ≈ *leer* ■ **ID** → Blatt

ụn·be·schwert ADJEKTIV ohne Sorgen und Probleme und deshalb fröhlich und glücklich ⟨eine Kindheit; unbeschwert leben können; etwas unbeschwert genießen⟩ • hierzu **Ụn·be·schwert·heit** *die*

un·be·se·hen, **ụn·be·se·hen** ADVERB **jemandem etwas unbesehen glauben** jemandem etwas glauben, ohne es zu prüfen

un·be·sieg·bar, **un·be·sieg·bar** ADJEKTIV ⟨ein Feind, ein Gegner, eine Armee⟩ so, dass man sie nicht besiegen kann • hierzu **Un·be·sieg·bar·keit**, **Un·be·sieg·bar·keit** *die*

un·be·son·nen ADJEKTIV nicht vorher überlegt ⟨eine Tat⟩ • hierzu **Un·be·son·nen·heit** *die*

un·be·sorgt ADJEKTIV *meist prädikativ* **Seien Sie/Sei unbesorgt!** machen Sie sich/mach dir keine Sorgen (darüber)

un·be·stän·dig ADJEKTIV **1** ⟨ein Mensch⟩ so, dass er oft die Meinungen, Haltungen, Pläne o. Ä. ändert **2** ⟨das Wetter⟩ so, dass es weder lange regnerisch noch lange sonnig o. Ä. bleibt ≈ *wechselhaft* • hierzu **Un·be·stän·dig·keit** *die*

un·be·stä·tigt, **un·be·stä·tigt** ADJEKTIV **unbestätigten Meldungen zufolge ...** *geschrieben* nach Meldungen, die von offizieller Seite (noch) nicht bestätigt worden sind

un·be·stech·lich, **un·be·stech·lich** ADJEKTIV **1** so, dass man eine Person mit Geld o. Ä. nicht bestechen ⟨ein Beamter, ein Polizist⟩ ↔ *korrupt* **2** so, dass man eine Meinung, eine Aussage ein Urteil auch dann nicht ändert, wenn andere es wollen ⟨ein Beobachter, ein Kritiker⟩ • hierzu **Un·be·stech·lich·keit**, **Un·be·stech·lich·keit** *die*

★ **un·be·stimmt** ADJEKTIV **1** so, dass man etwas nicht genau bestimmen oder identifizieren kann ⟨Ängste; einen unbestimmten Verdacht hegen⟩ **2** nicht mit ausreichend Details ≈ *ungenau* | *Der Zeuge machte unbestimmte Angaben zum Ablauf des Verbrechens* **3** so, dass es noch nicht feststeht oder noch nicht geregelt ist | *Es ist noch unbestimmt, wann wir in Urlaub fahren* • zu (1,2) **Un·be·stimmt·heit** *die*

un·be·streit·bar, **un·be·streit·bar** ADJEKTIV so (gesichert), dass man nicht daran zweifeln kann ⟨eine Tatsache, ein Erfolg, ein Fortschritt⟩

un·be·strit·ten, **un·be·strit·ten** ADJEKTIV von niemandem bezweifelt ⟨eine Tatsache; etwas bleibt unbestritten⟩ | *Unter den Experten ist unbestritten, dass der Unfall durch einen technischen Defekt verursacht wurde*

un·be·tei·ligt, **un·be·tei·ligt** ADJEKTIV **1** so, dass man kein Interesse an etwas zeigt | *Er stand unbeteiligt dabei, während alle anderen zu helfen versuchten* **2** **(an etwas** (*Dativ*)**) unbeteiligt** so, dass man an etwas nicht teilnimmt | *Bei der Demonstration wurden auch völlig unbeteiligte Passanten verhaftet* | *Er war an dem Überfall unbeteiligt*

un·be·tont ADJEKTIV nicht betont ⟨eine Silbe⟩

un·beug·sam, **un·beug·sam** ADJEKTIV ⟨ein Volk, ein Menschenschlag⟩ so, dass sie niemandem nachgeben

un·be·waff·net ADJEKTIV ohne Waffe

un·be·wäl·tigt, **un·be·wäl·tigt** ADJEKTIV mit Schwierigkeiten oder Problemen verbunden, die noch gelöst werden müssen ⟨ein Problem, Konflikte, jemandes Vergangenheit⟩

un·be·weg·lich, **un·be·weg·lich** ADJEKTIV **1** ohne sich zu bewegen | *Sie blieb völlig unbeweglich stehen* | *Sein Gesichtsausdruck blieb unbeweglich* (und deswegen konnte man nicht sehen, was er fühlte und dachte) **2** so, dass sich etwas nicht (mehr) oder nur schlecht bewegen lässt ≈ *steif, starr* | *Seit dem Unfall ist das Handgelenk unbeweglich* **3** **geistig unbeweglich** nicht fähig, sich schnell auf veränderte Situationen einzustellen • hierzu **Un·be·weg·lich·keit**, **Un·be·weg·lich·keit** *die*

un·be·wegt ADJEKTIV **(von etwas) unbewegt** von etwas nicht beeindruckt, ohne erkennbare emotionale Reaktion | *Mit unbewegter Miene hörte der Angeklagte sich das Urteil an*

un·be·wohnt ADJEKTIV ohne Menschen, die darin wohnen ⟨ein Haus⟩

un·be·wusst ADJEKTIV **1** so, dass man die eigenen Gefühle nicht genau versteht ⟨Ängste, Sehnsüchte, Abneigungen⟩ ≈ *instinktiv* **2** *meist adverbiell* ohne sich darauf zu konzentrieren ⟨etwas unbewusst wahrnehmen⟩ **3** ohne Absicht ≈ *versehentlich* | *jemanden unbewusst kränken*

un·be·zahl·bar, **un·be·zahl·bar** ADJEKTIV **1** so teuer, dass man es nicht oder kaum bezahlen kann ⟨ein Preis⟩ | *Die Mieten in den Großstädten sind unbezahlbar* **2** so wichtig oder wertvoll, dass selbst sehr viel Geld kein Ersatz dafür ist | *Gesundheit ist unbezahlbar* ■ ID **Du bist/Das ist (einfach) unbezahlbar!** *gesprochen, humorvoll* Du bist/Das ist sehr lustig

un·be·zahlt ADJEKTIV **1** (noch nicht bezahlt ⟨Rechnungen⟩ **2** so, dass man kein Geld dafür bekommt ⟨Überstunden, Urlaub⟩

un·be·zähm·bar, **un·be·zähm·bar** ADJEKTIV ⟨jemandes Neugier(de); ein Verlangen⟩ so groß, dass man sie nicht unterdrücken kann • hierzu **Un·be·zähm·bar·keit**, **Un·be·zähm·bar·keit** *die*

Un·bil·den *die*; *Plural* **die Unbilden der Witterung/des Winters** *veraltend* die unangenehmen Seiten des Wetters oder des Winters (wie z. B. Kälte, Glatteis)

Un·bill *die*; (-); *veraltend* **die Unbill** *+Genitiv*/**von etwas** die schlimmen Folgen einer Sache, die man ertragen muss ⟨die Unbill des Krieges, einer Herrschaft, der Tyrannei⟩

un·blu·tig ADJEKTIV ohne, dass Menschen dabei verletzt oder getötet werden ⟨ein Aufstand; etwas verläuft, endet unblutig⟩ | *das unblutige Ende des Geiseldramas*

un·brauch·bar ADJEKTIV **1** nicht mehr zu gebrauchen ≈ *wertlos* | *Das alte Fahrrad ist unbrauchbar* **2** **(für etwas) unbrauchbar** für eine Tätigkeit nicht geeignet | *Er ist fürs Holzhacken unbrauchbar, weil er so ungeschickt ist*

un·bü·ro·kra·tisch ADJEKTIV nicht auf dem normalen Weg der Bürokratie, sondern schnell und unkompliziert ⟨unbürokratische Hilfe leisten; unbürokratisch vorgehen⟩

★ **und** BINDEWORT **1** verwendet, um (in einer Art Aufzählung) einzelne Wörter, Satzteile oder Sätze miteinander zu verbinden | *Susanne und Monika* | *ein Kleid mit roten und schwarzen Streifen* | *Ich habe Klavier gespielt, und er hat gelesen* **2** verwendet, um gleiche Verben miteinander zu verbinden und so zu sagen, dass ein Vorgang sehr lange dauert | *Es schneite und schneite* | *Der Regen wollte und wollte nicht aufhören* | *Er überlegte und überlegte, bis er den Fehler fand* **3** verwendet, um ein Adjektiv mit dessen gesteigerter Form zu verbinden. Dadurch wird eine langsame Steigerung ausgedrückt | *Das Flugzeug stieg hoch und höher/höher und höher* | *Der Lärm wurde stärker und stärker* (Der Lärm wurde immer stärker) **4** verwendet, wenn man beim Rechnen Summen bildet ≈ *plus* ↔ *minus* | *Zwei und zwei ist/ergibt/macht vier* (2 + 2 = 4) **5** verwendet, um einen Teilsatz einzuleiten, der einen Gegensatz oder einen Widerspruch zu dem Vorangehenden enthält | *Ich werde die Prüfung bestehen, und wenn sie noch so schwer ist!* **6** verwendet zwischen Teilsätzen, um so auf eine gedankliche Verbindung hinzuweisen | *Sei doch bitte so nett und reiche mir den Zucker herüber* | *Er ist imstande und macht das auch* | *Es fehlte nicht viel, und ich hätte einen Unfall verursacht* **7** verwendet, um eine Person oder Sache mit einer Eigenschaft oder Tätigkeit zu kombinieren und auszudrücken, dass sie nicht zusammenpassen | *Ich und eine Rede halten? Niemals!* | *Die und schön?* (Diese Frau ist doch nicht schön!) **8** verwendet, um gleiche Wörter miteinander zu verbinden; man drückt damit aus, dass man keine Details nennen will, weil sie im Moment nicht wichtig sind | *Sie sagte, es sei so und so gewesen und damit basta* (Sie sagte, was ihrer Meinung nach geschehen war, und weigerte sich dann, weiter darüber zu diskutieren) | *Er meinte, das ginge aus dem und dem Grund nicht* (Er nannte verschiedene Gründe dafür) **9** **und so weiter** verwendet, um zu sagen, dass man eine Aufzählung um ähnliche Dinge erweitern könnte Abkürzung: *usw.* **10** **und Ähnliche(s)** ≈ *und so weiter* Abkürzung: *u. Ä.* **11** **und anderes mehr** und andere Dinge kommen noch dazu (werden aber nicht genannt) Abkürzung *u. a. m.* **12** **und dergleichen** und ähnliche Dinge, die man nicht nennen kann oder will | *Er besitzt viele Aktien und dergleichen* Abkürzung: *u. dergl.* **13** **... und, und, und** *gesprochen* verwendet, um anzudeuten, dass man noch viel mehr Personen oder Dinge aufzählen könnte | *Da gab es so viele Süßigkeiten: Schokolade und Pralinen und Bonbons und Kekse und Gummibärchen und, und, und*

Ụn·dank *der* **(von jemandem) nur Undank ernten** *geschrieben* für die Hilfe o. Ä. nicht den erwarteten Dank bekommen ▪ ID **Undank ist der Welt(en) Lohn** wenn man hilft oder etwas Gutes tut, bekommt man nur wenig oder keinen Dank

ụn·dank·bar ADJEKTIV **1** nicht dankbar ⟨ein Mensch; undankbar sein⟩ **2** so schwierig oder kompliziert, dass die Mühe sich nicht lohnt ⟨eine Aufgabe⟩ • hierzu **Ụn·dank·bar·keit** *die*

un·de·fi·nier·bar, ụn·de·fi·nier·bar ADJEKTIV ⟨Laute, Geräusche, Gerüche, ein Farbton⟩ so, dass man sie nicht genau bestimmen oder identifizieren kann

un·de·mo·kra·tisch, ụn·de·mo·kra·tisch ADJEKTIV gegen die Prinzipien der Demokratie ⟨eine Haltung; undemokratisch vorgehen⟩

un·dẹnk·bar, ụn·denk·bar ADJEKTIV *meist prädikativ* so schlimm, dass man es nicht für möglich hält ⟨etwas für undenkbar halten; etwas ist, erscheint undenkbar⟩

un·dẹnk·lich ADJEKTIV ▪ ID **seit/vor undenklichen Zeiten** *geschrieben* seit/vor sehr langer Zeit

Un·der·state·ment [andɐ'steitmənt] *das;* (-s, -s) eine Äußerung, bei der man etwas bewusst als weniger wichtig darstellt, als es in Wirklichkeit ist ≈ *Untertreibung*

★ **ụn·deut·lich** ADJEKTIV **1** schlecht zu erkennen ⟨ein Foto; etwas nur undeutlich erkennen können⟩ **2** ohne klare Formen ⟨eine Schrift; undeutlich schreiben⟩ **3** so gesprochen, dass man es schlecht versteht ⟨eine Aussprache⟩ • hierzu **Ụn·deut·lich·keit** *die*

ụn·dicht ADJEKTIV so, dass Wasser oder Luft hindurch kommen können ⟨eine Leitung, ein Ventil, ein Dach, ein Fenster⟩

ụn·dif·fe·ren·ziert ADJEKTIV; *geschrieben* sehr allgemein formuliert, ohne Detail und oberflächlich ⟨eine Kritik, ein Urteil, eine Äußerung; sich undifferenziert über etwas äußern⟩ • hierzu **Ụn·dif·fe·ren·ziert·heit** *die*

Ụn·ding *(das)* ▪ ID **Es ist ein Unding, ...** Es ist dumm, unpassend oder unsinnig, ...

ụn·dip·lo·ma·tisch ADJEKTIV ungeschickt, ohne Takt ⟨sich undiplomatisch verhalten⟩

un·durch·drịng·lich, ụn·durch·dring·lich ADJEKTIV so dicht, dass man nicht hindurchkommt ⟨Dickicht, Gestrüpp, eine Hecke⟩

ụn·durch·läs·sig ADJEKTIV **(für/gegen etwas) undurchlässig** so, dass Wasser, Luft o. Ä. nicht hindurchkommt luftundurchlässig, wasserundurchlässig • hierzu **Ụn·durch·läs·sig·keit** *die*

U

un·durch·schau·bar, ụn·durch·schau·bar ADJEKTIV so, dass man es nicht erkennen kann | *Seine Pläne/Absichten sind undurchschaubar* • hierzu **Un·durch·schau·bar·keit, Ụn·durch·schau·bar·keit** *die*

ụn·durch·sich·tig ADJEKTIV **1** so, dass man nicht hindurchsehen kann ⟨Glas, ein Stoff⟩ **2** *meist abwertend* so, dass man es nicht verstehen kann ⟨Geschäfte; eine undurchsichtige Rolle bei etwas spielen⟩ ≈ *dubios* • hierzu **Ụn·durch·sich·tig·keit** *die*

ụn·eben ADJEKTIV nicht eben ⟨Gelände, eine Straße, ein Weg⟩ ≈ *holperig*

Ụn·eben·heit *die;* (-, -en) eine Stelle (am Boden), die ein bisschen höher oder tiefer ist als ihre Umgebung

ụn·echt ADJEKTIV **1** nicht echt ⟨Schmuck, Haare⟩ ≈ *nachgemacht, künstlich* **2** nicht ehrlich ≈ *falsch, künstlich* | *Ihre Freundlichkeit/ihr Mitgefühl/ihr Lächeln war unecht*

ụn·ehe·lich ADJEKTIV nicht in einer Ehe geboren ⟨ein Kind; unehelich (geboren) sein⟩ • hierzu **Ụn·ehe·lich·keit** *die*

Ụn·eh·re *die* **etwas macht jemandem Unehre; etwas gereicht jemandem zur Unehre** *geschrieben* etwas macht jemandem Schande

ụn·ehr·lich ADJEKTIV **1** nicht ehrlich **2** mit schlechten (oder kriminellen) Absichten ≈ *betrügerisch* | *Geld unehrlich erwerben* • hierzu **Ụn·ehr·lich·keit** *die*

ụn·ei·gen·nüt·zig ADJEKTIV mit der Absicht, anderen Leuten zu helfen (ohne selbst einen Nutzen davon zu haben) ⟨Hilfe; uneigennützig denken, handeln, helfen⟩ ↔ *egoistisch* • hierzu **Ụn·ei·gen·nüt·zig·keit** *die*

ụn·ein·ge·schränkt, un·ein·ge·schrạ̈nkt ADJEKTIV ohne Einschränkung (gültig, vorhanden) ⟨eine Vollmacht; jemandes uneingeschränktes Vertrauen besitzen/genießen; etwas verdient uneingeschränktes Lob; jemandem uneingeschränkt zustimmen⟩

ụn·ei·nig ADJEKTIV *meist prädikativ* **(in etwas** *(Dativ)*) **uneinig** verschiedener Meinung | *In diesem Punkt sind wir beide uns noch uneinig/bin ich mit ihr uneinig* • hierzu **Ụn·ei·nig·keit** *die*

un·ein·nẹhm·bar, ụn·ein·nehm·bar ADJEKTIV ⟨eine Festung, eine Burg, eine Stadt⟩ so, dass man sie nicht erobern kann

ụn·eins ADJEKTIV *meist prädikativ, nur in dieser Form; geschrieben* **1** **eine Person ist mit jemandem (in etwas** *(Dativ)*) **uneins; Personen sind (in etwas** *(Dativ)*) **uneins** zwei oder mehrere Personen haben (in einer Sache) unterschiedliche Meinungen **2** **mit sich** *(Dativ)* **(selbst) uneins sein** mit sich selbst nicht zufrieden sein, nicht wissen, was man will

ụn·ein·sich·tig ADJEKTIV nicht bereit, auf den guten Rat einer anderen Person zu hören oder eigene Fehler zu erkennen • hierzu **Ụn·ein·sich·tig·keit** *die*

ụn·emp·find·lich ADJEKTIV **1** **(gegen etwas) unempfindlich** gegen etwas nicht empfindlich ⟨gegen Hitze, Kälte unempfindlich sein⟩ ≈ *widerstandsfähig* **2** **(gegen etwas) unempfindlich sein** sich von etwas Unangenehmem nicht irritieren lassen ⟨gegen Beleidigungen, Tadel, persönliche Angriffe unempfindlich sein⟩ **3** aus so gutem Material, dass es nicht leicht beschädigt wird ≈ *strapazierfähig* | *Der Teppichboden/das Sofa ist relativ unempfindlich* • hierzu **Ụn·emp·find·lich·keit** *die*

un·ẹnd·lich ADJEKTIV **1** (scheinbar) ohne räumliche Grenzen | *die unendliche Weite des Ozeans* **2** (scheinbar) ohne zeitliches Ende | *Die Zeit des Wartens schien ihm unendlich* **3** sehr groß, stark, intensiv, viel | *unendliche Geduld mit jemandem haben* **4** verwendet, um Adjektive und Verben zu verstärken ≈ *sehr* | *unendlich traurig über etwas sein* | *Sie hat sich unendlich auf das Wiedersehen mit ihm gefreut* **5** größer als jede beliebige Zahl/Größe ⟨eine Größe, Reihe, Zahl⟩ | *eine Reihe geht gegen unendlich* (hat kein Ende) mathematisches Zeichen: ∞

Un·ẹnd·lich·keit *die;* (-) **1** *geschrieben* etwas, das weder räumliche Grenzen noch ein zeitliches Ende hat ≈ *Ewigkeit* **2** eine sehr große räumliche Ausdehnung | *die Unendlichkeit des Meeres* **3** *gesprochen* eine viel zu lange Zeit | *Ich habe fast eine Unendlichkeit auf dich gewartet!*

un·ent·bẹhr·lich, ụn·ent·behr·lich ADJEKTIV **für jeman-**

den/etwas unentbehrlich wirklich notwendig ⟨ein Bestandteil, ein Werkzeug, ein Helfer; sich für unentbehrlich halten; sich (durch seine Leistungen) unentbehrlich machen⟩ ● hierzu **Un·ent·behr·lich·keit**, **Un·ent·behr·lich·keit** *die*

un·ent·gelt·lich, **un·ent·gelt·lich** ADJEKTIV ohne, dass man Geld dafür bezahlen muss bzw. Geld dafür bekommt ⟨etwas unentgeltlich tun⟩ ≈ *kostenlos* | *eine unentgeltliche Reparatur*

★ **un·ent·schie·den** ADJEKTIV **1** noch nicht entschieden ⟨eine Frage, etwas ist noch unentschieden⟩ **2** so, dass beide Spieler oder Mannschaften (noch) die gleiche Zahl von Punkten, Toren o. Ä. haben ⟨ein Spiel steht, endet unentschieden⟩ | *Die beiden Mannschaften trennten sich unentschieden* ● zu (2) **Un·ent·schie·den** *das*

un·ent·schlos·sen ADJEKTIV noch nicht zu einem Entschluss, einer Entscheidung gekommen ⟨ein Mensch; unentschlossen sein, scheinen, wirken⟩ | *Er war noch unentschlossen, ob er das Auto kaufen sollte oder nicht* ● hierzu **Un·ent·schlos·sen·heit** *die*

un·ent·schul·digt ADJEKTIV ohne Entschuldigung ⟨unentschuldigt fehlen, unentschuldigt dem Unterricht fernbleiben⟩

un·ent·wegt, **un·ent·wegt** ADJEKTIV *meist attributiv* **1** so, dass man eine Tätigkeit oder ein Ziel nie aufgibt | *ein unentwegter Kämpfer für den Naturschutz* **2** ohne Pause, ohne Unterbrechung | *Sie redet unentwegt*

un·er·bitt·lich, **un·er·bitt·lich** ADJEKTIV **1** so, dass man eine Ansicht oder ein Urteil auch dann nicht ändert, wenn andere Personen darum bitten ⟨unerbittlich sein, bleiben⟩ **2** hart, heftig und durch nichts mehr zu verhindern | *Der Kampf tobte unerbittlich* ● hierzu **Un·er·bitt·lich·keit**, **Un·er·bitt·lich·keit** *die*

un·er·fah·ren ADJEKTIV **1** **(in etwas** (*Dativ*)**) unerfahren** ohne Erfahrung | *Mich hat ein junger, noch unerfahrener Arzt behandelt* **2** **jung und unerfahren** ohne Lebenserfahrung ● hierzu **Un·er·fah·ren·heit** *die*

un·er·find·lich, **un·er·find·lich** ADJEKTIV **aus unerfindlichen Gründen** aus Gründen, die man nicht kennt oder die man nicht versteht

un·er·freu·lich ADJEKTIV so, dass es eine Person traurig macht oder ärgert ⟨eine Nachricht, ein Zwischenfall⟩ | *jemandem eine unerfreuliche Mitteilung machen müssen*

un·er·füllt ADJEKTIV **1** (noch) nicht erfüllt, noch nicht Wirklichkeit geworden | *Ihre Wünsche/Bitten/Hoffnungen blieben unerfüllt* **2** ohne eine wichtige Aufgabe ⟨ein Leben⟩

un·er·gie·big ADJEKTIV so, dass man keinen oder nur wenig Nutzen davon hat ⟨ein Boden, eine Ölquelle⟩ | *Das Gespräch war unergiebig* ● hierzu **Un·er·gie·big·keit** *die*

un·er·gründ·lich, **un·er·gründ·lich** ADJEKTIV so, dass man den Sinn oder den Grund nicht erkennen kann ⟨ein Geheimnis, ein Rätsel, ein Motiv, ein Blick, ein Lächeln⟩ ≈ *unerklärlich, rätselhaft* ● hierzu **Un·er·gründ·lich·keit**, **Un·er·gründ·lich·keit** *die*

un·er·heb·lich ADJEKTIV **1** *meist prädikativ* ≈ *egal* | *Es ist unerheblich, wann das geschieht, Hauptsache, es wird erledigt* **2** sehr klein und deshalb nicht wichtig ⟨ein Schaden, eine Änderung, ein Unterschied⟩ | *ein nicht unerhebliches Problem* ● hierzu **Un·er·heb·lich·keit** *die*

un·er·hört ADJEKTIV **1** *abwertend* ≈ *empörend, skandalös* | *Du erlaubst Dir ja unerhörte Sachen!* | *Es ist wirklich unerhört, dass er sich nicht bedankt hat!* **2** sehr groß, stark, intensiv o. Ä. | *Bei dem Unfall hatte er unerhörtes Glück* **3** verwendet, um ein Adjektiv oder ein Adverb zu verstärken ≈ *sehr* | *eine unerhört wichtige Angelegenheit*

un·er·kannt ADJEKTIV nicht bekannt oder nicht erkannt | *Der Täter blieb/entkam unerkannt*

un·er·klär·lich, **un·er·klär·lich** ADJEKTIV **(jemandem) unerklärlich** so, dass man keine Gründe dafür finden kann ⟨aus unerklärlichen Gründen⟩ | *Eine unerklärliche Angst befiel sie* | *Es ist mir unerklärlich, wie das Unglück passieren konnte*

un·er·läss·lich, **un·er·läss·lich** ADJEKTIV; *geschrieben* **(für etwas) unerlässlich** unbedingt notwendig ⟨eine Voraussetzung, eine Bedingung; etwas für unerlässlich halten⟩

un·er·laubt ADJEKTIV so, dass jemand keine (gesetzliche) Erlaubnis für etwas hat | *unerlaubter Waffenbesitz* | *ein Grundstück unerlaubt betreten* | *dem Unterricht unerlaubt fernbleiben*

un·er·mess·lich, **un·er·mess·lich** ADJEKTIV; *geschrieben* so (groß), dass man es sich nicht oder kaum vorstellen kann ⟨eine Fülle, ein Schmerz, ein Verlust; Schätze, Reichtümer; jemand/etwas richtet unermesslichen Schaden an; etwas ist von unermesslicher Bedeutung⟩ | *unermessliches Leid verursachen* | *die unermessliche Weite des arktischen Eises*
▪ ID **(bis) ins Unermessliche** *geschrieben* in sehr hohem Maße | *Die Spannung stieg ins Unermessliche* ● hierzu **Un·er·mess·lich·keit**, **Un·er·mess·lich·keit** *die*

un·er·müd·lich, **un·er·müd·lich** ADJEKTIV mit großer Geduld und mit viel Ehrgeiz ⟨ein Helfer; mit unermüdlichem Fleiß; unermüdlich üben⟩ ≈ *ausdauernd* ● hierzu **Un·er·müd·lich·keit**, **Un·er·müd·lich·keit** *die*

un·er·reich·bar, **un·er·reich·bar** ADJEKTIV **1** **(für jemanden) unerreichbar** so, dass es (mit der Hand o. Ä.) nicht erreicht werden kann | *ein Medikament für Kinder unerreichbar aufbewahren* | *Der Schuss war für den Torwart unerreichbar* **2** ⟨ein Ziel⟩ so, dass es nicht erreicht werden kann **3** nicht per Telefon o. Ä. zu erreichen | *Herr Krämer ist im Moment unerreichbar* **4** **in unerreichbarer Ferne** in sehr großer Entfernung ● zu (2) **Un·er·reich·bar·keit**, **Un·er·reich·bar·keit** *die*

un·er·reicht, **un·er·reicht** ADJEKTIV bisher von niemandem oder keiner anderen Person erreicht | *Seine Leistung/sein Rekord ist bisher unerreicht*

un·er·sätt·lich, **un·er·sätt·lich** ADJEKTIV ⟨ein Verlangen, eine Begierde, Neugier, Habgier, ein Wissensdurst⟩ so, dass man immer mehr davon bekommt ● hierzu **Un·er·sätt·lich·keit**, **Un·er·sätt·lich·keit** *die*

un·er·schlos·sen ADJEKTIV **(für etwas) unerschlossen** noch nicht für touristische Zwecke o. Ä. vorbereitet | *für den Tourismus noch unerschlossene Gebiete*

un·er·schöpf·lich, **un·er·schöpf·lich** ADJEKTIV **1** ⟨Vorräte, Reserven; jemandes (finanzielle) Mittel⟩ in so großer Menge vorhanden, dass sie (scheinbar) niemals ganz verbraucht werden **2** so, dass man immer wieder darüber sprechen kann ⟨ein Thema⟩

un·er·schro·cken ADJEKTIV mutig und entschlossen | *ein unerschrockener Kämpfer für Frieden und Freiheit* ● hierzu **Un·er·schro·cken·heit** *die*

un·er·schüt·ter·lich, **un·er·schüt·ter·lich** ADJEKTIV durch nichts zu erschüttern ⟨(ein) Optimismus; unerschütterlich an etwas festhalten⟩ ≈ *stark* | *Sein Vertrauen/sein Wille ist unerschütterlich* ● hierzu **Un·er·schüt·ter·lich·keit**, **Un·er·schüt·ter·lich·keit** *die*

un·er·schwing·lich, **un·er·schwing·lich** ADJEKTIV **(für jemanden) unerschwinglich** so teuer, dass man es nicht kaufen kann | *ein unerschwinglicher Sportwagen*

un·er·sprieß·lich, **un·er·sprieß·lich** ADJEKTIV; *geschrieben* so, dass es keine Freude macht und kein Ergebnis bringt ⟨ein Gespräch, eine Diskussion⟩

un·er·träg·lich, **un·er·träg·lich** ADJEKTIV **1** so unangenehm oder schlimm, dass man es kaum ertragen kann ⟨ei-

U

ne Hitze, Schmerzen, ein Lärm; unerträglich heiß, kalt; etwas ist jemandem unerträglich⟩ | *Unsere Lage ist unerträglich* **2** ≈ *widerlich, unausstehlich* | *Er ist heute mal wieder unerträglich!* ● zu (1) **Un·er·träg·lich·keit**, **Un·er·träg·lich·keit** *die*

★ **un·er·war·tet**, **un·er·war·tet** ADJEKTIV so, dass niemand daran gedacht hat oder darauf vorbereitet war ⟨ein Besuch, eine Nachricht, ein Wiedersehen; etwas kommt (für jemanden) unerwartet; etwas nimmt eine unerwartete Wende⟩ ≈ *überraschend*

un·er·wünscht ADJEKTIV nicht erwünscht ⟨ein Besuch, Gäste; irgendwo unerwünscht sein⟩

★ **un·fä·hig** ADJEKTIV **1** **(zu etwas) unfähig** nicht in der Lage, etwas (oder das Genannte) zu tun | *Er ist unfähig, eine Entscheidung zu treffen* | *Sie ist zu jeder Art von Gewalt unfähig* **2** für die Aufgaben nicht geeignet ⟨ein Mitarbeiter⟩ ● hierzu **Un·fä·hig·keit** *die*

★ **un·fair** ADJEKTIV **1** nicht fair und nicht gerecht oder angemessen ⟨ein Verhalten; zu unfairen Mitteln greifen; jemanden unfair beurteilen⟩ **2** nicht den Regeln des Sports entsprechend ⟨ein Spieler; unfair kämpfen⟩ | *Das Spiel war hart, aber nicht unfair*

★ **Un·fall** *der* bei einem Unfall werden Menschen verletzt oder getötet und/oder Dinge beschädigt oder zerstört ⟨ein leichter, schwerer, tödlicher Unfall; einen Unfall haben, verursachen, verschulden; in einen Unfall verwickelt sein; bei einem Unfall ums Leben kommen; bei einem Unfall tödlich verunglücken; ein Unfall ereignet sich⟩ ≈ *Unglück* **K** Unfallbericht, Unfallfolgen, Unfallhergang, Unfallopfer, Unfallschaden, Unfallskizze, Unfallstatistik, Unfalltod, Unfallursache, Unfallverhütung, Unfallversicherung, Unfallverursacher; Arbeitsunfall, Autounfall, Betriebsunfall, Sportunfall **H** Man spricht besonders dann von einem Unfall, wenn Menschen daran schuld sind, oder wenn Personen durch Vorsicht den Unfall hätten vermeiden können.

Un·fall·flucht *die* ⟨Unfallflucht begehen⟩ ≈ *Fahrerflucht*

un·fall·frei ADJEKTIV *meist attributiv* **unfallfrei fahren** so, dass jemand mit dem Auto, Motorrad o. Ä. in der genannten Zeit keinen Unfall verursacht hat | *Ich fahre schon seit zehn Jahren unfallfrei*

un·fall·träch·tig ADJEKTIV ⟨eine Stelle, eine Kreuzung⟩ so, dass dort immer wieder Unfälle mit Autos geschehen

Un·fall·wa·gen *der* ein Auto, das bei einem Unfall beschädigt wurde

un·fass·bar, **un·fass·bar** ADJEKTIV **(jemandem/für jemanden) unfassbar** (in so großem, meist negativen Ausmaß) so, dass man es kaum glauben oder verstehen kann ⟨Grausamkeit, Leid, eine Schlamperei, eine Tragödie; unfassbar dumm, grausam, schön, viele⟩ | *Wie konnte das nur geschehen? Das ist ja unfassbar!*

un·fehl·bar, **un·fehl·bar** ADJEKTIV **1** in den eigenen Entscheidungen so sicher, dass man keinen Fehler macht ⟨sich für unfehlbar halten⟩ | *Kein Mensch ist unfehlbar* **2** **einen unfehlbaren Geschmack/Instinkt besitzen** sich in Bezug auf den Geschmack oder auf instinktive Entscheidungen niemals täuschen ● zu (1) **Un·fehl·bar·keit**, **Un·fehl·bar·keit** *die*

U

un·fein ADJEKTIV nicht den guten Manieren entsprechend ⟨sich unfein benehmen; etwas ist, gilt als unfein⟩ ↔ *vornehm*

un·fern PRÄPOSITION *mit Genitiv* in der Nähe von **H** auch verwendet mit *von: unfern vom Marktplatz*

un·fer·tig ADJEKTIV **1** angefangen, aber noch nicht fertig | *eine unfertige Arbeit* **2** ⟨Personen⟩ mit wenig Erfahrung

un·flä·tig ADJEKTIV; *geschrieben, abwertend* so, dass es gegen die guten Sitten verstößt ⟨Worte, Reden, Lieder; ein unflätiges Benehmen, Verhalten; jemanden in unflätiger Weise beschimpfen⟩ ● hierzu **Un·flä·tig·keit** *die*

un·för·mig ADJEKTIV dick, breit und ohne schöne Proportionen ⟨eine Gestalt; eine Nase⟩ ● hierzu **Un·för·mig·keit** *die*

un·frei ADJEKTIV **1** ohne persönliche Freiheiten ⟨ein Volk⟩ ≈ *abhängig* **2** **in etwas** (*Dativ*) **unfrei** nicht frei, weil es Einschränkungen gibt oder weil man abhängig ist ⟨in den Entscheidungen, in den Wahlmöglichkeiten unfrei sein⟩ **3** so, dass der Empfänger das Porto zahlt ⟨ein Paket unfrei verschicken⟩

un·frei·wil·lig ADJEKTIV **1** gegen den eigenen Willen, nicht freiwillig ⟨ein Aufenthalt⟩ | *Sie musste unfreiwillig mitgehen* **2** ohne Absicht ⟨Komik, ein Witz⟩ ≈ *versehentlich*

★ **un·freund·lich** ADJEKTIV **1** nicht freundlich ⟨jemanden unfreundlich behandeln; jemandem unfreundlich antworten⟩ ≈ *unhöflich* **2** regnerisch und kalt ⟨ein Klima⟩ | *Das Wetter war recht unfreundlich* ● zu (1) **Un·freund·lich·keit** *die*

Un·frie·de *der* ≈ *Unfrieden*

Un·frie·den *der* ein Zustand, der entsteht, wenn sich Menschen oft streiten ⟨mit jemandem in Unfrieden leben; Unfrieden stiften⟩

un·frucht·bar ADJEKTIV **1** keinen Nachwuchs zeugen können | *Methoden zur Behandlung unfruchtbarer Paare* | *Die normalen Bienen sind unfruchtbar, nur die Königin kann Eier legen* **2** so, dass dort wenig wächst ⟨ein Boden, ein Land, ein Acker⟩ **3** ohne konkrete Ergebnisse ⟨ein Gespräch, eine Diskussion⟩ ● hierzu **Un·frucht·bar·keit** *die*

Un·fug *der*; (-(e)s) **1** ≈ *Unsinn* | *Das ist doch Unfug, was du da sagst!* **2** unpassendes oder übermütiges Benehmen, durch das andere Leute gestört werden ⟨Unfug machen, treiben⟩ **3** **grober Unfug** ein Benehmen, bei dem man aus Leichtsinn andere Leute in Gefahr bringt oder Sachen beschädigt ⟨jemanden wegen groben Unfugs verurteilen⟩

-ung *die*; (-, -en); *im Substantiv, unbetont, sehr produktiv* **1** **Berufung, Nummerierung, Prüfung, Schaffung, Tolerierung** *und andere* bezeichnet den Vorgang, den das Verb ausdrückt | *Die Impfung gegen Masern sollte im ersten Lebensjahr beginnen* (Die Kinder sollten im ersten Lebensjahr zum ersten Mal geimpft werden) **2** **Gruppierung, Tagung, Überlegung, Verstopfung** *und andere* bezeichnet eine Sache, die durch den Vorgang entsteht, den das Verb ausdrückt | *An der nächsten Abzweigung musst du rechts abbiegen* (an der nächsten Straße, die abzweigt)

un·ge·ach·tet, **un·ge·ach·tet** PRÄPOSITION *mit Genitiv; geschrieben* **1** ≈ *trotz* | *ungeachtet der Tatsache, dass …* | *Ungeachtet unserer Aufforderung nahm sie zu diesem Problem nicht Stellung* **2** **dessen ungeachtet** trotz der vorher genannten Sache oder Situation | *Die Demonstrationen haben eine kritische Phase erreicht. Dessen ungeachtet rufen die Anführer weiterhin zu Protesten auf*

un·ge·ahnt, **un·ge·ahnt** ADJEKTIV *meist attributiv* so, dass man ein Ausmaß, eine Intensität o. Ä. nicht voraussehen konnte ⟨Möglichkeiten, Probleme, Schwierigkeiten, Fähigkeiten, Kräfte⟩ | *Da spielte bei der Entscheidung eine ungeahnt große Rolle*

un·ge·be·ten ADJEKTIV nicht eingeladen (und nicht erwünscht) ⟨ein Gast; irgendwo ungebeten erscheinen⟩

un·ge·bil·det ADJEKTIV; *meist abwertend* ohne Bildung und ohne Wissen von Zusammenhängen

un·ge·bo·ren ADJEKTIV **das ungeborene Kind** das Kind im Mutterleib

un·ge·bräuch·lich ADJEKTIV selten verwendet ⟨ein Wort, ein Ausdruck, eine Methode⟩

un·ge·braucht ADJEKTIV noch nicht gebraucht ≈ *unbenutzt* | *ein ungebrauchtes Taschentuch*

un·ge·bro·chen ADJEKTIV trotz großer Leiden, Probleme, Schicksalsschläge o. Ä. nicht geschwächt ⟨jemandes Mut,

Lebenswille ist ungebrochen; mit ungebrochener Energie, Kraft⟩

un·ge·bühr·lich, **un·ge·bühr·lich** ADJEKTIV; *geschrieben* **1** so, dass es gegen die Regeln der Höflichkeit verstößt ⟨ein Benehmen, ein Ton; sich ungebührlich benehmen⟩ **2** weit über das Akzeptable hinausgehend ⟨eine Forderung; ein ungebührlich hoher Preis⟩ • hierzu **Un·ge·bühr·lich·keit**, **Un·ge·bühr·lich·keit** *die*

un·ge·bun·den ADJEKTIV **1** frei, das zu tun, was man will, weil man nicht verheiratet ist oder keine Familie hat ⟨frei und ungebunden leben⟩ | *als Junggeselle ein ungebundenes Leben führen* **2** ohne Einband ⟨ein Buch⟩ • zu (1) **Un·ge·bun·den·heit** *die*

un·ge·deckt ADJEKTIV so, dass nicht genug Geld vorhanden ist, um etwas zu bezahlen oder auszugleichen ⟨ein Defizit, ein Konto, ein Scheck, ein Wechsel⟩

Un·ge·duld *die* **1** die Unfähigkeit, ruhig zu bleiben, wenn man auf jemanden/etwas wartet ⟨voll(er) Ungeduld sein, (auf jemanden/etwas) warten; jemanden befällt eine große Ungeduld; jemandes Ungeduld wächst; vor Ungeduld (fast) vergehen⟩ **2** **Ungeduld (über jemanden/etwas)** die Unfähigkeit, z. B. Fehler und Schwächen anderer Menschen oder Schwierigkeiten zu akzeptieren | *Er konnte seine Ungeduld über ihre Unaufmerksamkeit nicht verbergen* • hierzu **un·ge·dul·dig** ADJEKTIV

un·ge·eig·net ADJEKTIV **(für/zu etwas) ungeeignet** für etwas nicht geeignet | *Er ist für den Beruf des Schauspielers denkbar ungeeignet* | *Diese Methode ist dazu völlig ungeeignet*

★ **un·ge·fähr**, **un·ge·fähr** ADJEKTIV **1** nicht deutlich, nicht klar | *eine ungefähre Vorstellung von etwas haben* | *Bei dem Nebel konnten wir nur die ungefähren Umrisse der Berge erkennen* **2** nicht genau, sondern vielleicht ein bisschen mehr/später oder ein bisschen weniger/früher | *Die Strecke ist ungefähr 10 Kilometer lang* | *Im Zimmer waren ungefähr 20 Personen* | *Er kommt so ungefähr um Mitternacht zurück* ■ ID **nicht von ungefähr** nicht ohne Grund

un·ge·fähr·det, **un·ge·fähr·det** ADJEKTIV *meist adverbiell* ohne in Gefahr zu kommen | *Auf dem Spielplatz können Kinder ungefährdet spielen*

un·ge·fähr·lich ADJEKTIV *meist prädikativ* so, dass keine Gefahr entsteht | *Ein Feuer zu machen ist nicht ganz ungefährlich* • hierzu **Un·ge·fähr·lich·keit** *die*

un·ge·hal·ten ADJEKTIV **(über jemanden/etwas) ungehalten** *geschrieben* voller Ärger über jemanden/etwas ⟨ungehalten auf etwas reagieren⟩ | *Er war sehr ungehalten über den Vorfall* • hierzu **Un·ge·hal·ten·heit** *die*

un·ge·hemmt ADJEKTIV **1** ohne Hemmungen oder Komplexe ⟨ungehemmt über etwas (*Akkusativ*) reden können⟩ **2** nicht in der Lage, sich zu beherrschen ⟨Wut⟩ ≈ *hemmungslos* | *Sie fing ungehemmt zu weinen an*

un·ge·heu·er, **un·ge·heu·er** ADJEKTIV **1** sehr groß, stark oder intensiv | *eine ungeheure Menge Geld* | *die ungeheure Entfernung zwischen der Erde und der Sonne* **2** verwendet, um Adjektive, Adverbien oder Verben zu verstärken ≈ *sehr* | *eine ungeheuer wichtige Nachricht bekommen* | *Ich habe mich ungeheuer über deinen Besuch gefreut* **!** *ungeheuer → ungeheure Angst*

Un·ge·heu·er *das*; (-s, -) **1** ein großes und meist böses Tier, wie es in Märchen, Sagen und Mythen vorkommt | *das Ungeheuer von Loch Ness* **2** ein böser, grausamer Mensch ≈ *Scheusal, Unmensch*

un·ge·heu·er·lich, **un·ge·heu·er·lich** ADJEKTIV; *abwertend* so, dass man sich sehr ärgern muss ⟨eine Behauptung, eine Beschuldigung⟩ ≈ *skandalös, unerhört* | *Das ist ja ungeheuerlich!* • hierzu **Un·ge·heu·er·lich·keit**, **Un·ge·heu·er·lich·keit** *die*

un·ge·hin·dert ADJEKTIV *meist adverbiell* so, dass niemand versucht, etwas zu verhindern | *ungehindert die Grenze passieren*

un·ge·ho·belt, **un·ge·ho·belt** ADJEKTIV; *abwertend* mit schlechten Manieren ⟨ein Bursche, ein Kerl, ein Benehmen⟩

un·ge·hö·rig ADJEKTIV nicht den guten Sitten entsprechend ⟨ein Benehmen, ein Betragen, eine Antwort; sich ungehörig benehmen, betragen⟩ • hierzu **Un·ge·hö·rig·keit** *die*

un·ge·hor·sam ADJEKTIV nicht den Wünschen der Eltern usw. gehorchend

Un·ge·hor·sam *der*; (-s) **1** ein Verhalten, das nicht den Wünschen der Eltern entspricht **2** **(ziviler) Ungehorsam** ein Verhalten, mit dem Bürger aus Protest gegen Gesetze, Anweisungen der Polizei o. Ä. verstoßen

un·ge·kämmt ADJEKTIV (noch) nicht gekämmt ⟨mit ungekämmten Haaren; (noch) ungekämmt sein; ungekämmt herumlaufen⟩

un·ge·klärt ADJEKTIV (noch) nicht geklärt ⟨eine Frage, ein Kriminalfall; aus (noch) ungeklärter Ursache⟩

un·ge·kün·digt ADJEKTIV mit einer Arbeitsstelle, die nicht gekündigt wurde ⟨in einem ungekündigten Arbeitsverhältnis stehen; in ungekündigter Stellung⟩

un·ge·kürzt ADJEKTIV **1** in voller Länge | *Der Film wird in ungekürzter Originalfassung gezeigt* **2** so, dass eine Summe nicht reduziert wurde ⟨etwas wird ungekürzt ausgezahlt⟩

un·ge·le·gen ADJEKTIV **1** **zu ungelegener Stunde** zu einem ungünstigen Zeitpunkt **2** **jemand/etwas kommt einem ungelegen** jemand/etwas kommt oder erscheint zu einem Zeitpunkt, zu dem man schon andere Pläne, Termine oder Probleme hat | *Sie/Ihr Besuch kommt mir sehr ungelegen* | *Die Rechnung kommt mir jetzt ziemlich ungelegen*

un·ge·lenk ADJEKTIV; *geschrieben* **1** unbeholfen, ungeschickt (vor allem in den Bewegungen) **2** ⟨eine Handschrift⟩ so, dass sie zeigt, dass der Betroffene wenig Übung im Schreiben hat

un·ge·lernt ADJEKTIV **ein ungelernter Arbeiter** ein Hilfsarbeiter ohne Ausbildung

un·ge·liebt ADJEKTIV nicht geliebt, nicht gemocht ⟨ein Kind; ein Beruf⟩

un·ge·lo·gen PARTIKEL *betont; gesprochen* verwendet, um eine Aussage zu bekräftigen | *Und dann hat er mich vor die Tür gesetzt. Ungelogen, so war es!*

un·ge·löst ADJEKTIV nicht gelöst ⟨ein Rätsel, ein Problem⟩

Un·ge·mach *das*; (-(e)s); *veraltend* ⟨großes, schweres Ungemach erleiden (müssen)⟩ ≈ *Schwierigkeiten*

un·ge·macht ADJEKTIV **ungemachte Betten** so, dass sie noch nicht in Ordnung gebracht sind, nachdem man darin geschlafen hat

un·ge·mein, **un·ge·mein** ADJEKTIV **1** sehr groß, stark, intensiv o. Ä. ⟨Freude, Wut⟩ | *Er besitzt ungemeines Ansehen bei der Bevölkerung* **2** verwendet, um Adjektive, Adverbien oder Verben zu verstärken ≈ *sehr* | *sich ungemein über etwas freuen* | *Das war ungemein wichtig*

un·ge·müt·lich ADJEKTIV **1** so, dass man sich dort nicht wohlfühlt ⟨ein Zimmer⟩ **2** ohne Freundlichkeit und Verständnis ⟨eine Atmosphäre⟩ ≈ *steif, gezwungen* ■ ID **jemand wird ungemütlich** *gesprochen* jemand wird ärgerlich oder reagiert grob | *Mach schon, oder muss ich erst ungemütlich werden?* • hierzu **Un·ge·müt·lich·keit** *die*

un·ge·nannt ADJEKTIV nicht mit dem Namen bekannt ≈ *anonym* | *Der Spender wollte ungenannt bleiben*

un·ge·nau ADJEKTIV **1** nicht genau ⟨eine Angabe, eine Messung⟩ **2** nicht gewissenhaft, nicht sorgfältig ⟨ungenau arbeiten⟩ ≈ *schlampig* • hierzu **Un·ge·nau·ig·keit** *die*

un·ge·niert, un·ge·niert [-ʒe-] ADJEKTIV ohne Hemmungen ≈ *unbefangen* | *jemanden ungeniert nach seinem Privatleben fragen* | *Sie gähnte ungeniert* ● hierzu **Un·ge·niert·heit, Un·ge·niert·heit** [-ʒe-] *die*

un·ge·nieß·bar, un·ge·nieß·bar ADJEKTIV **1** so, dass es sehr schlecht schmeckt (und daher nicht gegessen wird) | *Diese Beeren/Pilze sind ungenießbar* (Sie sollten nicht gegessen werden) **2** mit schlechtem Geschmack und schlecht zubereitet | *Das Essen in der Kantine ist heute mal wieder ungenießbar!* **3** *abwertend oder humorvoll* sehr schlecht gelaunt | *Der Chef ist zurzeit ungenießbar* ● hierzu **Un·ge·nieß·bar·keit, Un·ge·nieß·bar·keit** *die*

un·ge·nü·gend ADJEKTIV **1** nicht gut genug ≈ *unzureichend* | *Die Räume sind ungenügend belüftet* **2** Ⓓ verwendet als Bezeichnung für die schlechteste Schulnote 6 (auf der Skala von 1 – 6 bzw. *sehr gut* bis *ungenügend*) ℹ → Infos unter **Note**

un·ge·nutzt ADJEKTIV **eine Chance/eine Gelegenheit ungenutzt (vorübergehen) lassen** eine Chance/eine Gelegenheit nicht nutzen

un·ge·ord·net ADJEKTIV ohne Ordnung | *Akten ungeordnet auf dem Schreibtisch liegen lassen*

un·ge·pflegt ADJEKTIV so, dass sich jemand nicht darum kümmert, dass etwas in gutem, ordentlichen oder sauberen Zustand bleibt ⟨eine Frisur, Haare, Kleidung, Zähne⟩ | *Der Garten wirkt sehr ungepflegt, nicht einmal der Rasen ist gemäht*

un·ge·ra·de ADJEKTIV **eine ungerade Zahl** eine Zahl wie 1, 3, 5, 7 *usw.* (die man nicht ohne Rest durch 2 teilen kann)

un·ge·recht ADJEKTIV nicht gerecht ⟨ein Lehrer, ein Richter; eine Note, eine Strafe, ein Urteil; jemanden ungerecht beurteilen, behandeln; ungerecht gegen jemanden sein⟩ ● hierzu **un·ge·rech·ter·wei·se** ADVERB

un·ge·recht·fer·tigt ADJEKTIV so, dass es keinen Grund dafür gibt ⟨ein Verdacht; jemanden ungerechtfertigt beschuldigen, verdächtigen⟩ | *Mein Misstrauen war ungerechtfertigt*

Un·ge·rech·tig·keit *die* **1** *nur Singular* ungerechtes Verhalten | *Sie kritisierte die Ungerechtigkeit ihres Chefs* **2** *nur Singular* die Tatsache, dass etwas ungerecht ist | *Was mich am meisten ärgert, ist die Ungerechtigkeit der ganzen Sache* **3** *meist Plural* ungerechte Zustände ≈ *Unrecht* | *soziale Ungerechtigkeiten abschaffen* **4** eine ungerechte Tat oder Behauptung | *sich Ungerechtigkeiten nicht gefallen lassen*

un·ge·reimt ADJEKTIV ohne Sinn und ohne logischen Zusammenhang ⟨ungereimtes Zeug erzählen; etwas klingt ungereimt⟩ ● hierzu **Un·ge·reimt·heit** *die*

un·gern ADVERB nicht gern ⟨etwas (nur) ungern tun⟩ ≈ *widerwillig*

un·ge·rührt ADJEKTIV *meist prädikativ* ohne ein freundliches Gefühl (wie Mitleid, Rücksicht usw.) ⟨ungerührt bleiben⟩

un·ge·sal·zen ADJEKTIV ohne Salz ⟨Speisen⟩

un·ge·sät·tigt ADJEKTIV; *geschrieben* **ungesättigte Fettsäuren** Fettsäuren, die in manchen Ölen und in Margarine enthalten sind, die der Körper gut verdauen kann und die sehr gesund sind ⟨mehrfach/einfach ungesättigte Fettsäuren⟩

un·ge·sche·hen ADJEKTIV ■ ID **etwas ungeschehen machen** etwas Unangenehmes, das geschehen ist, wieder rückgängig machen | *Ich wünschte, ich könnte alles wieder ungeschehen machen!*

Un·ge·schick *das; nur Singular* ≈ *Ungeschicklichkeit*

Un·ge·schick·lich·keit *die;* (-, -en) **1** *nur Singular* ungeschicktes Verhalten ⟨etwas geschieht, passiert durch jemandes Ungeschicklichkeit⟩ **2** eine ungeschickte Handlung

un·ge·schickt ADJEKTIV **1** nicht fähig, praktische Probleme schnell und einfach zu lösen ⟨ein Mensch⟩ **2** nicht klug, nicht diplomatisch | *Es war ungeschickt von dir, sie nicht einzuladen* **3** nicht geschickt ⟨eine Bewegung; sich (bei etwas) ungeschickt anstellen⟩ **4** nicht elegant, nicht gewandt ⟨eine Formulierung; sich ungeschickt ausdrücken⟩ ● hierzu **Un·ge·schickt·heit** *die*

un·ge·schlacht ADJEKTIV *meist attributiv; abwertend* **1** von großem, plumpem und nicht ästhetischem Körperbau ⟨ein Mann, ein Kerl⟩ | *Er hat ungeschlachte Hände* **2** ⟨ein Benehmen⟩ ≈ *unhöflich*

un·ge·schla·gen ADJEKTIV ohne eine einzige Niederlage ⟨eine Mannschaft; ungeschlagen sein, bleiben⟩ ≈ *unbesiegt*

un·ge·schlif·fen ADJEKTIV *meist attributiv* **1** *abwertend* mit schlechten Manieren ⟨ein Kerl, ein Benehmen⟩ ≈ *taktlos* **2** nicht geschliffen ⟨ein Edelstein⟩ ● zu (1) **Un·ge·schlif·fen·heit** *die*

un·ge·schminkt ADJEKTIV **1** ohne Schminke oder Lippenstift **2** mit allen Nachteilen und Problemen ehrlich dargestellt ⟨die Wahrheit⟩

un·ge·scho·ren ADJEKTIV **ungeschoren bleiben; (noch einmal) ungeschoren davonkommen** bei etwas Glück haben und ohne Schaden oder Strafe bleiben

un·ge·schrie·ben ADJEKTIV **ein ungeschriebenes Gesetz** eine (meist sittliche, moralische) Norm, die allgemein akzeptiert, aber nicht schriftlich formuliert ist

un·ge·schult ADJEKTIV ohne spezielle Ausbildung ⟨Personal⟩

un·ge·setz·lich ADJEKTIV vom Gesetz nicht erlaubt ⟨eine Handlung; ungesetzlich handeln; etwas Ungesetzliches tun⟩ ● hierzu **Un·ge·setz·lich·keit** *die*

un·ge·stillt ADJEKTIV; *geschrieben* nicht befriedigt | *Ihre Neugier/Sehnsucht war noch ungestillt*

un·ge·stört ADJEKTIV durch niemanden, durch nichts gestört ⟨ungestört arbeiten; ungestört sein wollen⟩ | *Komm mit in mein Zimmer, dort können wir uns ungestört unterhalten*

un·ge·straft ADJEKTIV ohne Strafe ⟨(noch einmal) ungestraft davonkommen⟩

un·ge·stüm ADJEKTIV; *geschrieben* sehr lebhaft und temperamentvoll ⟨ein Wesen; jemanden ungestüm begrüßen, umarmen⟩

Un·ge·stüm *das;* (-s); *geschrieben* ein ungestümes Verhalten ⟨jugendliches Ungestüm⟩

un·ge·sühnt ADJEKTIV; *geschrieben* ohne Strafe | *Das Verbrechen darf nicht ungesühnt bleiben*

un·ge·sund ADJEKTIV **1** schlecht für die Gesundheit ⟨ein Klima⟩ ≈ *schädlich* | *Rauchen ist ungesund* **2** so, dass es darauf hindeutet, dass der Betroffene krank ist ⟨eine Gesichtsfarbe, eine Blässe; ungesund aussehen⟩ | *Du siehst ungesund aus* **3** negativ und nicht normal ⟨ein Ehrgeiz, eine Entwicklung⟩

un·ge·süßt ADJEKTIV ohne Zucker ⟨Tee, Kaffee⟩

un·ge·teilt ADJEKTIV ⟨etwas findet ungeteilte Beachtung, Zustimmung; jemandes ungeteilte Aufmerksamkeit haben⟩ ≈ *vollständig, ganz*

un·ge·trübt ADJEKTIV durch nichts Negatives eingeschränkt ⟨Freude, Glück⟩ ● hierzu **Un·ge·trübt·heit** *die*

Un·ge·tüm *das;* (-s, -e) **1** ein großes und hässliches Tier, z. B. im Märchen ≈ *Monster, Ungeheuer* **2** *gesprochen* etwas, das (relativ) groß und hässlich ist ≈ *Monstrum* | *Was hat er da für ein Ungetüm (von einem Hut) auf dem Kopf?*

un·ge·wiss ADJEKTIV **1** so, dass man nicht weiß, wie es sich entwickeln wird ⟨ein Schicksal, eine Zukunft⟩ ≈ *unsicher, fraglich* | *etwas im Ungewissen lassen* (noch nicht entscheiden) | *Es bleibt weiterhin ungewiss, ob das Angebot angenommen wird* | *Es ist noch ungewiss, wie das Spiel ausgeht* **2** **jemanden über etwas** (*Akkusativ*) **im Ungewissen lassen** jemandem nichts Genaues über etwas sagen **3** **sich** (*Dativ*) **über etwas** (*Akkusativ*) **im Ungewissen sein** etwas (noch) nicht entschieden haben **4** *geschrieben* so, dass man es nur schwer beschreiben kann | *Ungewisse Ängste befielen ihn* • zu (1) **Ụn·ge·wiss·heit** *die*

★ **ụn·ge·wöhn·lich** ADJEKTIV **1** anders als sonst, anders als erwartet | *„Er ist noch nicht im Büro." – „Das ist aber ungewöhnlich!"* **2** *nur adverbiell* stärker oder intensiver als normal | *Dieser Winter ist ungewöhnlich mild*

ụn·ge·wohnt ADJEKTIV für jemanden fremd ‹ein Anblick, eine Umgebung; etwas ist für jemanden noch ungewohnt›

ụn·ge·wollt ADJEKTIV ohne Absicht ‹eine Schwangerschaft; ungewollt schwanger werden, kinderlos bleiben› | *Mit seinem unglücklichen Vergleich hat er sie ungewollt beleidigt*

ụn·ge·zählt ADJEKTIV sehr viele ‹Male, Menschen, Opfer› | *Unsere Möglichkeiten sind ungezählt*

Ụn·ge·zie·fer *das*; (-s) Insekten (wie Läuse, Flöhe), die man für schädlich hält (und deshalb tötet) ‹Ungeziefer vernichten› ≈ *Schädlinge* **K** Ungezieferbekämpfung, Ungeziefervernichtung

ụn·ge·zo·gen ADJEKTIV **1** so, dass ein Kind sich nicht verhält, wie es die Erwachsenen oder die Eltern wünschen ≈ *unartig* ↔ *brav* **2** ‹eine Antwort› ≈ *frech* • hierzu **Ụn·ge·zo·gen·heit** *die*

ụn·ge·zü·gelt ADJEKTIV **ein ungezügeltes Temperament besitzen/haben** so lebhaft sein, dass man leicht die Kontrolle über sich verliert

ụn·ge·zwun·gen ADJEKTIV (im Verhalten) natürlich und ohne Hemmungen ‹ein Benehmen; sich ungezwungen benehmen, bewegen, (mit jemandem) unterhalten; frei und ungezwungen reden› • hierzu **Ụn·ge·zwun·gen·heit** *die*

ụn·gif·tig ADJEKTIV ohne Gift ‹Beeren, Pilze›

Ụn·glau·be *der* der Zweifel daran, dass etwas richtig oder wahr ist

ụn·glaub·haft ADJEKTIV so wenig wahrscheinlich, dass man es nicht glauben kann | *Die Handlung des Films war völlig unglaubhaft*

ụn·gläu·big ADJEKTIV **1** *meist attributiv* ‹ein Blick, ein Gesicht› so, dass sie die Zweifel der Betroffenen erkennen lassen | *jemanden/etwas ungläubig betrachten* **2** so, dass man nicht glaubt, was eine Religion lehrt • zu (2) **Ụn·gläu·big·keit** *die*; zu (2) **Ụn·gläu·bi·ge** *der/die*

un·glaub·lich, ụn·glaub·lich ADJEKTIV **1** *abwertend* ≈ *empörend, skandalös, unerhört* | *Das ist ja unglaublich, welche Frechheiten er sich erlaubt!* **2** in so großem Maße, dass es schwer zu glauben ist | *unglaublich schnell* | *Bei dem Unfall hat er unglaubliches Glück gehabt!* | *sich unglaublich verändern*

ụn·glaub·wür·dig ADJEKTIV so, dass man etwas/einer Person nicht glauben kann ‹eine Aussage, ein Zeuge› | *Seine Darstellung ist/klingt unglaubwürdig* • hierzu **Ụn·glaub·wür·dig·keit** *die*

ụn·gleich ■ ADJEKTIV **1** unterschiedlich in Qualität und Anzahl ≈ *verschieden(artig)* | *Er hat zwei ungleiche Socken an* | *Die beiden Brüder sind ein ungleiches Paar* | *Die Bretter sind ungleich lang* **2** **ein ungleicher Kampf** ein Kampf, bei dem einer der Gegner wesentlich stärker ist als der andere

■ ADVERB **3** **ungleich** *+Komparativ* verwendet, um ein Adjektiv zu verstärken | *Sie hat das Problem ungleich besser gelöst als er* • zu (1,2) **Ụn·gleich·heit** *die*

Ụn·gleich·ge·wicht *das* ein nicht ausgewogenes Verhältnis | *Es besteht ein Ungleichgewicht zwischen Einnahmen und Ausgaben*

ụn·gleich·mä·ßig ADJEKTIV **1** nicht in immer gleichen Abständen | *Sein Puls geht ungleichmäßig* **2** nicht zu gleichen Teilen ‹etwas ungleichmäßig verteilen› • hierzu **Ụn·gleich·mä·ßig·keit** *die*

★ **Ụn·glück** *das*; (-(e)s, -e) **1** ein plötzliches Ereignis, bei dem Menschen verletzt oder getötet und/oder Sachen schwer beschädigt oder zerstört werden (wie z. B. ein Erdbeben) ‹ein (schweres) Unglück geschieht, passiert, ereignet sich; ein Unglück verursachen, verschulden; ein Unglück verhindern, verhüten (können)› | *Das Unglück hat mehrere Verletzte gefordert* **K** Unglücksfall, Unglücksnachricht, Unglücksort, Unglücksstelle; Erdbebenunglück, Zugunglück **i** Anstelle des Plurals *Unglücke* wird meist *Unglücksfälle* verwendet. **2** *nur Singular* ein Zustand, in dem Menschen (als Folge eines schlimmen Ereignisses) großen Kummer, Armut oder Krankheit ertragen müssen ‹jemanden/sich ins Unglück bringen/stürzen› | *Der Krieg hat Unglück über das Land gebracht* **3** *nur Singular* etwas Unangenehmes oder Schlechtes, dass einer Person passiert, ohne dass jemand daran Schuld hat ≈ *Pech* | *„Sie hat den Spiegel kaputt gemacht." – „Das bringt Unglück!"* ■ **ID** **Ein Unglück kommt selten allein** wenn man einmal Pech gehabt hat, passieren oft in kurzer Zeit noch andere unangenehme Dinge; **jemand rennt in sein/ins Unglück** *gesprochen* jemand bringt sich selbst in eine schlimme, ungünstige Lage; **zu allem Unglück** was die Sache noch schlimmer macht | *Nachdem mein Auto nicht angesprungen war, bekam ich zu allem Unglück noch einen Strafzettel dazu*; → Glück

★ **ụn·glück·lich** ADJEKTIV **1** traurig und deprimiert ‹einen unglücklichen Eindruck, ein unglückliches Gesicht machen; zutiefst unglücklich sein› **2** (in der gegebenen Situation) nicht günstig ‹ein Zufall, ein Zeitpunkt, ein Zusammentreffen; etwas endet unglücklich, geht unglücklich aus› **3** mit negativen Konsequenzen ‹eine Bewegung, ein Sturz; unglücklich fallen, stürzen› **4** undiplomatisch, sodass es falsch interpretiert werden kann ‹eine Formulierung; sich unglücklich ausdrücken› **5** **unglücklich verliebt** in eine Person verliebt sein, ohne dass diese Person selbst in einen verliebt ist

ụn·glück·li·cher·wei·se ADVERB verwendet, um zu sagen, dass man etwas bedauert ≈ *leider* | *Unglücklicherweise haben wir uns nicht mehr gesehen*

Ụn·glücks·bo·te *der* eine Person, die eine schlechte Nachricht bringt • hierzu **Ụn·glücks·bo·tin** *die*

ụn·glück·se·lig ADJEKTIV **1** *meist attributiv* mit einer negativen oder unangenehmen Wirkung ‹ein Zufall, ein Zusammentreffen› **2** ohne Glück | *Ob er wohl mehr Erfolg haben wird als sein unglückseliger Vorgänger?*

Ụn·glücks·ra·be *der*; *gesprochen* eine Person, die (oft) Pech hat ≈ *Pechvogel*

Ụn·gna·de *die*; *oft ironisch* **(bei jemandem) in Ungnade fallen** sich so benehmen, dass man von anderen Leuten nicht mehr gemocht oder unterstützt wird

ụn·gnä·dig ADJEKTIV nicht in freundlicher, großzügiger Stimmung ‹ungnädig reagieren›

ụn·gül·tig ADJEKTIV den Vorschriften nicht entsprechend und daher nicht wirksam ‹eine Stimme, ein Stimmzettel, eine Fahrkarte; etwas für ungültig erklären› • hierzu **Ụn·gül·tig·keit** *die*

Ụn·guns·ten ■ **ID** **zu jemandes Ungunsten** zu jemandes Nachteil | *sich zu seinen Ungunsten verrechnen*

ụn·güns·tig ADJEKTIV **ungünstig (für jemanden/etwas)** (in der gegebenen Situation oder für einen Zweck) schlecht, mit Nachteilen verbunden | *zu einem ungünstigen Zeitpunkt* | *im ungünstigsten Fall* | *Die Bergleute mussten unter ungünstigen Bedingungen arbeiten* • hierzu **Ụn·güns·tig·keit** *die*

ụn·gut ADJEKTIV *meist attributiv* **1** **ein ungutes Gefühl (bei etwas) haben** instinktiv fühlen, dass etwas kein gutes Ende

U

haben wird **2** ≈ *schlecht* | *Die beiden Brüder haben ein ungutes Verhältnis zueinander* ■ **ID** **Nichts für ungut!** ich habe es nicht böse gemeint

un·halt·bar, **un·halt·bar** ADJEKTIV **1** ⟨Zustände⟩ so (schlecht, ungünstig), dass sie geändert werden müssen **2** ⟨eine Behauptung, eine These, eine Theorie⟩ so falsch oder schlecht, dass man sie nicht akzeptieren kann **3** ⟨ein Schuss⟩ so gut gezielt, dass der Torwart ihn nicht fangen kann

un·hand·lich ADJEKTIV groß und schwer und deshalb schwierig zu verwenden | *Die Bohrmaschine/der Staubsauger/der Koffer ist sehr unhandlich* • hierzu **Un·hand·lich·keit** *die*

Un·heil *das*; (-s); *geschrieben* ein Ereignis, das großen Kummer und großen Schaden bringt ⟨jemand/etwas richtet Unheil an, stiftet Unheil; ein Unheil bricht (über jemanden) herein; das Unheil kommen sehen; Unheil bringend, verkündend⟩ | *Der Krieg hat großes Unheil über das Land gebracht* **K** unheilbringend, unheilverkündend

un·heil·bar, **un·heil·bar** ADJEKTIV ohne Aussicht auf Heilung ⟨eine Krankheit; unheilbar krank sein⟩ • hierzu **Un·heil·bar·keit**, **Un·heil·bar·keit** *die*

un·heil·voll ADJEKTIV ⟨eine Entwicklung, eine Wirkung⟩ so (bedrohlich), dass sie ein Unglück erwarten lassen

★ **un·heim·lich**, **un·heim·lich** ADJEKTIV **1** so, dass es den Menschen Angst macht ⟨eine Erscheinung, eine Gestalt⟩ | *Mir ist unheimlich (zumute)* (ich habe Angst) | *Er ist mir ein bisschen unheimlich* (ich habe irgendwie Angst vor ihm) | *eine unheimliche, dunkle Straße* **2** *gesprochen* das normale Maß weit übersteigend | *unheimlichen Durst haben* | *unheimlich alt sein* | *Ich hab eine unheimliche Angst vor der Prüfung* | *Ich habe mich unheimlich über das Geschenk gefreut*

un·höf·lich ADJEKTIV nicht höflich ⟨ein Kerl, eine Antwort; unhöflich zu/gegenüber jemandem sein⟩ • hierzu **Un·höf·lich·keit** *die*

Un·hold *der*; (-(e)s, -e) **1** ein böser Mensch in Fabeln und Märchen **2** *abwertend* eine Person, die andere Leute quält und verletzt

uni ['yni, y'ni:] ADJEKTIV *meist prädikativ*; *nur in dieser Form* von nur einer einzigen Farbe ⟨Stoffe⟩

★ **Uni** *die*; (-, -s); *gesprochen* Kurzwort für *Universität*

uni·form ADJEKTIV; *geschrieben* **1** in gleicher äußerer Form ≈ *einheitlich* | *eine Siedlung mit uniformen Häusern* **2** *abwertend* ohne individuelle Merkmale ⟨ein Aussehen⟩ • zu (1) **Uni·for·mi·tät** *die*

★ **Uni·form**, **Uni·form** *die*; (-, -en) Kleidung, die in Stoff, Farbe und Form einheitlich gestaltet ist und die z. B. Polizisten oder Soldaten tragen ⟨(eine) Uniform tragen; in Uniform sein, kommen⟩ **K** Uniformjacke, Uniformzwang; Polizeiuniform, Soldatenuniform, Schuluniform

uni·for·miert ADJEKTIV in Uniform ⟨uniformiert sein, erscheinen⟩ • hierzu **Uni·for·mier·te** *der/die*

Uni·kum *das*; (-s, Uni·ka/*gesprochen* -s) **1** *gesprochen meist Singular*; (*Plural: Unikums*) eine Person, die (auf sympathische Art) ein bisschen seltsam und lustig ist **2** (*Plural: Unika*) ein Gegenstand, den es nur einmal gibt

un·in·ter·es·sant ADJEKTIV so, dass vor allem ein Angebot für jemanden nicht attraktiv ist ⟨etwas ist für jemanden (völlig) uninteressant⟩ | *Die Idee ist nicht uninteressant* (Die Idee ist vielleicht ganz gut)

un·in·ter·es·siert ADJEKTIV **uninteressiert (an jemandem/etwas)** ohne Interesse an jemandem/etwas ⟨sich uninteressiert zeigen⟩

★ **Uni·on** *die*; (-, -en) **1** ein Zusammenschluss von mehreren Institutionen oder Staaten zu einer Organisation, die ihre gemeinsamen Interessen verfolgt ⟨die Europäische Union⟩ ≈ *Vereinigung* | *Die Staaten schlossen sich zu einer Union zusammen* **2** **die Union** Ⓓ *nur Singular* die beiden Parteien CDU und CSU **K** Unionsparteien **3** **die Junge Union** Ⓓ *nur Singular* die Nachwuchsorganisation der beiden Parteien CDU und CSU

uni·sex ADJEKTIV *nur in dieser Form* für Frauen und Männer gleich oder in gleicher Weise geeignet ⟨Kleidung, Mode⟩ **K** Unisextarif, Unisextoilette • hierzu **Uni·sex** *der*

uni·so·no ADVERB **1** (in der Musik) einstimmig **2** *geschrieben* so, dass alle derselben Meinung sind | *Sie stimmten dem Antrag unisono zu*

uni·ver·sal [-v-] ADJEKTIV; *geschrieben* alle Bereiche umfassend | *Heute hat keiner ein universales Wissen* | *Die Lösung der Umweltprobleme ist von universalem Interesse* **K** Universalbildung, Universalmittel

Uni·ver·sal·ge·nie [-v-] *das* eine Person, die auf sehr vielen Wissensgebieten große Fähigkeiten oder ein großes Wissen hat

uni·ver·sell [-v-] ADJEKTIV **1** ≈ *universal* **2** ⟨ein universell anwendbares Mittel; ein universell einsetzbares Gerät⟩ ≈ *vielseitig*

★ **Uni·ver·si·tät** [-v-] *die*; (-, -en) **1** eine Institution, an der verschiedene Wissenschaften gelehrt werden und an der Forschungen in diesen Wissenschaften gemacht werden ⟨an der Universität studieren; auf die/zur Universität gehen; an der Universität lehren; Dozent an der Universität sein⟩ | *Er studiert Medizin an der Universität Heidelberg* | *Sie ist als Studentin der Rechtswissenschaften an der Universität Münster immatrikuliert* **K** Universitätsausbildung, Universitätsbibliothek, Universitätsbuchhandlung, Universitätsgelände, Universitätsklinik, Universitätslaufbahn, Universitätsprofessor, Universitätsstadt, Universitätsstudium **i** → Infos unter **Hochschule** **2** das Haus oder die Gebäude, in dem/denen eine Universität ist • zu (1) **uni·ver·si·tär** ADJEKTIV

Uni·ver·sum [-v-] *das*; (-s) ≈ *(Welt)All*

un·ka·putt·bar ADJEKTIV; *humorvoll* so, dass ein Produkt nicht leicht kaputtgeht

un·ken VERB (unkte, hat geunkt) **etwas unken** *gesprochen* etwas Negatives voraussagen (weil man Pessimist ist) | *„Da werden wir aber große Probleme haben.", unkte er* **i** Das Objekt ist oft ein Satz.

un·kennt·lich ADJEKTIV so (verändert), dass es nicht mehr zu erkennen oder identifizieren ist

Un·kennt·lich·keit *die*; (-) so, dass jemand/etwas nicht mehr erkannt werden kann ⟨bis zur Unkenntlichkeit verbrannt; sich/etwas bis zur Unkenntlichkeit verändern⟩

Un·kennt·nis *die*; (-); *geschrieben* **Unkenntnis (über etwas** (*Akkusativ*)**)** der Zustand, wenn man nichts über etwas weiß, etwas nicht kennt ⟨in Unkenntnis der Sachlage, Situation; jemanden in Unkenntnis lassen⟩ | *etwas aus Unkenntnis falsch machen* | *seine Unkenntnis auf diesem Gebiet war ihm peinlich*

Un·ken·ruf *der* **allen Unkenrufen zum Trotz** trotz aller pessimistischen Vorhersagen | *Allen Unkenrufen zum Trotz verlief die Demonstration völlig friedlich*

★ **un·klar** ADJEKTIV **1** nicht deutlich genug, dass man es verstehen kann ⟨sich unklar ausdrücken⟩ ≈ *missverständlich* **2** so, dass man noch nicht weiß, was geschehen ist oder wird | *Es ist noch unklar, wie es dazu kommen konnte* | *Der Ausgang der Sache ist noch völlig unklar* | *Mir ist/bleibt noch unklar, wer das alles machen soll* (ich weiß noch nicht, wer ...) **3** ohne deutliche Umrisse ⟨ein Bild⟩ ≈ *unscharf* **4** **sich** (*Dativ*) **über etwas** (*Akkusativ*) **im Unklaren sein** etwas noch nicht wissen, über etwas (noch) Zweifel haben **5** **jemanden über etwas** (*Akkusativ*) **im Unkla-**

U

ren lassen jemanden über etwas nicht genau oder richtig informieren ● zu (2,3) **Un·klar·heit** *die*

un·klug ADJEKTIV mit wenig Aussichten auf Erfolg und nicht sinnvoll | *Es wäre taktisch unklug von dir, ihm jetzt zu widersprechen*

un·kom·pli·ziert ADJEKTIV **1** leicht zu begreifen, zu handhaben oder durchzuführen ≈ *einfach* | *Das Verfahren ist ganz unkompliziert* **2** so, dass der Kontakt mit jemandem angenehm und ohne Probleme ist ⟨jemand, eine Beziehung, der Umgang mit jemandem ist unkompliziert⟩ **3** ohne zusätzliche medizinische Probleme ⟨ein Bruch, eine Geburt, eine Schwangerschaft⟩

un·kon·ven·ti·o·nell [-tsjo-] ADJEKTIV; *geschrieben* nicht so, wie es bei den meisten anderen Leuten üblich ist ⟨ein Geschmack, eine Meinung, Ansichten⟩ | *Die Wohnung war unkonventionell eingerichtet*

un·kon·zent·riert ADJEKTIV ohne die nötige Konzentration | *unkonzentriert arbeiten* ● hierzu **Un·kon·zent·riert·heit** *die*

Un·kos·ten *die; Plural* Kosten, die man zusätzlich zu den normalen (laufenden) Kosten hat ⟨etwas ist mit (großen, hohen) Unkosten verbunden; jemandem entstehen Unkosten; die Unkosten für etwas tragen⟩ ■ ID **sich (für jemanden/etwas) in Unkosten stürzen** *gesprochen* viel Geld für jemanden/etwas ausgeben

Un·kos·ten·bei·trag *der* eine Summe Geld, die man (als Anteil) für Unkosten zahlt, die bei etwas entstanden sind

Un·kraut *das* **1** *nur Singular* Pflanzen, die (wild) neben den Pflanzen wachsen, die der Mensch angebaut hat ⟨das Unkraut wuchert; (das) Unkraut jäten; das Unkraut vertilgen, mit Herbiziden bekämpfen⟩ **K** Unkrautbekämpfung, Unkrautvertilgung **2** eine einzelne Art von Pflanzen, die (wild) neben den Pflanzen wächst, die der Mensch angebaut hat | *Brennnesseln sind ein Unkraut* ■ ID **Unkraut vergeht nicht** *humorvoll* so jemand (wie ich, er usw.) übersteht alles

un·kri·tisch ADJEKTIV **(jemandem/etwas gegenüber) unkritisch** jemandem/etwas gegenüber nicht kritisch ⟨ein Zeitgenosse, ein Zeitungsleser; eine Meinung unkritisch übernehmen⟩

un·künd·bar, **un·künd·bar** ADJEKTIV nicht kündbar ⟨ein Vertrag⟩ | *Er ist schon so lange bei dieser Firma, dass er praktisch unkündbar ist* ● hierzu **Un·künd·bar·keit**, **Un·künd·bar·keit** *die*

un·kun·dig ADJEKTIV ohne das nötige Wissen | *eine Anleitung für unkundige Benutzer* | *des Lesens unkundig sein* (das Lesen nicht gelernt haben)

un·längst ADVERB vor kurzer Zeit | *Er hat mich unlängst besucht*

un·lau·ter ADJEKTIV *meist attributiv; geschrieben* **1** nicht ehrlich ⟨Absichten, eine Gesinnung⟩ ≈ *betrügerisch* **2** nicht erlaubt ⟨Wettbewerb⟩

un·leid·lich ADJEKTIV unfreundlich und schlecht gelaunt ≈ *unausstehlich*

un·le·ser·lich ADJEKTIV so geschrieben, dass man es sehr schlecht oder kaum lesen kann ⟨eine Handschrift, eine Unterschrift; unleserlich schreiben⟩ ● hierzu **Un·le·ser·lich·keit** *die*

un·lieb·sam ADJEKTIV **1** ⟨etwas hat unliebsame Folgen (für jemanden)⟩ ≈ *unangenehm* **2** nicht gern gesehen, nicht willkommen ⟨Besuch, Gäste⟩

un·lo·gisch ADJEKTIV nicht den Prinzipien der Logik folgend

un·lös·bar, **un·lös·bar** ADJEKTIV so, dass es dafür keine Lösung gibt ⟨ein Problem, ein Rätsel, eine Aufgabe⟩

Un·lust *die; nur Singular* der Mangel an Motivation ⟨Unlust verspüren; die Unlust überwinden⟩ | *mit Unlust an die Arbeit gehen* **K** Unlustgefühl ● hierzu **un·lus·tig** ADJEKTIV

un·mä·ßig ADJEKTIV so, dass etwas viel größer ist, viel öfter oder viel intensiver geschieht als es normal ist | *unmäßige Ansprüche stellen* | *Er trinkt manchmal sehr unmäßig* | *unmäßigen Hunger haben* | *unmäßig dick sein*

Un·men·ge *die* **1** **eine Unmenge (von/an etwas** *(Dativ)*); **eine Unmenge** +*Substantiv gesprochen* sehr viel(e) (von/an etwas) | *Im Urlaub haben wir eine Unmenge (an/von) Geld verbraucht* **2** **in Unmengen** *gesprochen* in sehr großer Zahl

Un·mensch *der; abwertend* eine Person, die grausam gegenüber Menschen oder Tieren ist ■ ID **Ich bin/Man ist ja/doch kein Unmensch** *gesprochen* verwendet, um zu sagen, dass man bereit ist nachzugeben, dass man Verständnis hat o. Ä.

un·mensch·lich, **un·mensch·lich** ADJEKTIV **1** brutal, grausam, ohne Mitgefühl gegenüber Menschen oder Tieren ⟨eine Grausamkeit, eine Tat; jemanden/ein Tier unmenschlich behandeln, quälen⟩ **2** so, dass man unter sehr schlechten Bedingungen leben muss ⟨unter unmenschlichen Bedingungen leben (müssen)⟩ ≈ *menschenunwürdig* **3** *gesprochen* sehr groß, stark, intensiv o. Ä. ⟨eine Hitze, eine Kälte, eine Quälerei⟩ ● zu (1) **Un·mensch·lich·keit**, **Un·mensch·lich·keit** *die*

un·merk·lich, **un·merk·lich** ADJEKTIV so, dass man es nicht oder kaum merkt ⟨eine Veränderung⟩

un·miss·ver·ständ·lich, **un·miss·ver·ständ·lich** ADJEKTIV **1** so deutlich, dass es jeder verstehen muss ⟨eine Formulierung; sich unmissverständlich ausdrücken⟩ **2** sehr energisch ⟨jemandem unmissverständlich die Meinung sagen; jemandem etwas unmissverständlich zu verstehen geben⟩

★ **un·mit·tel·bar** ADJEKTIV **1** so, dass in einer Reihenfolge oder Hierarchie keine andere Person/Sache dazwischenkommt ⟨eine Folge, ein Nachfolger, ein Nachkomme; etwas folgt unmittelbar auf etwas *(Akkusativ)*⟩ ≈ *direkt* | *Die Behörde untersteht unmittelbar dem Ministerium* **2** auf dem kürzesten Weg ≈ *direkt* | *Die Straße führt unmittelbar zum Zoo* **3** ganz nahe (bei jemandem/etwas) ≈ *direkt* | *In unmittelbarer Nähe der Kirche hat es gebrannt* | *Er stand unmittelbar neben ihr* **4** *nur adverbiell* kurze Zeit nach einem anderen Ereignis ⟨unmittelbar danach, darauf⟩ | *etwas steht unmittelbar bevor* (wird sehr bald geschehen)

un·möb·liert ADJEKTIV *meist attributiv* ohne Möbel ⟨ein Zimmer, eine Wohnung⟩

un·mo·dern ADJEKTIV nicht so, wie es gerade üblich, beliebt oder Mode ist ≈ *altmodisch*

★ **un·mög·lich**, **un·mög·lich** ADJEKTIV **1** *meist prädikativ* so, dass man etwas nicht machen, leisten oder herstellen kann ⟨etwas ist technisch unmöglich⟩ ↔ *machbar* | *Was du von mir verlangst, ist völlig unmöglich!* | *Nach dem Bau des Hauses können wir doch unmöglich in Urlaub fahren!* (weil wir ein Haus gebaut haben, können wir jetzt unter keinen Umständen in den Urlaub fahren (weil wir kein Geld dafür haben).) **2** **etwas ist unmöglich** so, dass es nicht wahr oder wirklich passiert sein kann | *Es ist unmöglich, dass Peter in München war. Er war nämlich bei mir in Stuttgart* | *Die Ampel war gleichzeitig rot und grün? Das ist unmöglich!* **3** *gesprochen, abwertend* (in der Art, im Benehmen) von den gesellschaftlichen Normen abweichend ⟨ein Mensch; unmöglich gekleidet sein, aussehen; sich unmöglich benehmen⟩ ■ ID **sich (vor jemandem) unmöglich machen** sich vor anderen lächerlich benehmen ● hierzu **Un·mög·lich·keit**, **Un·mög·lich·keit** *die*

un·mo·ra·lisch ADJEKTIV nicht so, wie es Sitte und Moral fordern ⟨ein Verhalten, ein Lebenswandel⟩ ↔ *anständig*

un·mo·ti·viert ADJEKTIV **1** ohne einen vernünftigen Grund

| *Der Angriff war völlig unmotiviert* **2** nicht bereit, sich anzustrengen | *Die Schüler wirkten gelangweilt und unmotiviert*

ụn·mün·dig ADJEKTIV **1** ⟨ein Kind⟩ so, dass es vor dem Gesetz noch nicht als erwachsen gilt **2** nicht fähig, selbstständig Entscheidungen zu treffen **3** **jemanden für unmündig erklären** *historisch* ≈ *entmündigen*

ụn·mu·si·ka·lisch ADJEKTIV ohne Gefühl für Musik | *Ich bin völlig unmusikalisch*

Ụn·mut *der; geschrieben* ein Gefühl des Ärgers und der Unzufriedenheit ⟨Unmut steigt in jemandem auf; seinem Unmut Luft machen⟩

ụn·nach·ahm·lich, **un·nach·ahm·lich** ADJEKTIV meist auf positive Weise so, dass niemand es nachahmen kann ⟨jemandes Mimik; jemandes unnachahmliche Art, etwas zu tun⟩

ụn·nach·gie·big ADJEKTIV **(jemandem gegenüber) unnachgiebig** so, dass man nicht bereit ist, die Meinung zu ändern oder Kompromisse zu schließen ⟨eine Haltung; sich (in etwas) unnachgiebig zeigen⟩ • hierzu **Ụn·nach·gie·big·keit** *die*

ụn·nach·sich·tig ADJEKTIV **(jemandem gegenüber) unnachsichtig** nicht bereit, Fehler bei anderen Personen nicht so wichtig zu nehmen (und zu verzeihen) • hierzu **Ụn·nach·sich·tig·keit** *die*

un·nah·bar, **ụn·nah·bar** ADJEKTIV nicht bereit, andere Leute mit einem in persönlichen Kontakt treten zu lassen ⟨unnahbar sein, wirken, erscheinen⟩ • hierzu **Un·nah·bar·keit**, **Ụn·nah·bar·keit** *die*

ụn·na·tür·lich ADJEKTIV **1** nicht so wie in der Natur ⟨eine Lebensweise⟩ ≈ *künstlich* **2** *abwertend* nicht so, wie es dem eigenen Charakter entspricht ⟨ein Getue⟩ ≈ *gekünstelt* **3** nicht normal ⟨eine Blässe, eine Röte; jemandes Stimme klingt unnatürlich; jemand verhält sich unnatürlich⟩ • zu (1,2) **Ụn·na·tür·lich·keit** *die*

ụn·nor·mal ADJEKTIV nicht normal ⟨eine Reaktion⟩ | *Diese Hitze ist für März unnormal*

★ **ụn·nö·tig** ADJEKTIV **1** nicht wirklich notwendig ⟨eine Maßnahme für unnötig halten; sich (*Dativ*) unnötige Sorgen, Gedanken (um jemanden) machen⟩ | *sich unnötig in Gefahr bringen* | *Es ist wohl unnötig zu sagen, dass du bei uns jederzeit herzlich willkommen bist* **2** so, dass es Möglichkeiten gibt, das Genannte zu verhindern ⟨ein Fehler, ein Missverständnis⟩ • hierzu **ụn·nö·ti·ger·wei·se** ADVERB

ụn·nütz ADJEKTIV **1** ohne Nutzen ⟨Anstrengungen⟩ **2** ≈ *unnötig, überflüssig* | *Was hast du denn da wieder für unnützes Zeug gekauft?*

UNO, **Uno** ['u:no] *die;* (-) United Nations Organization eine internationale Organisation, deren Ziel es ist, Frieden in der Welt zu schaffen und internationale Probleme zu lösen **i** oft auch: *die Vereinten Nationen* oder (als Abkürzung) *UN*

ụn·or·dent·lich ADJEKTIV **1** so, dass jemand nicht auf Ordnung achtet | *Sie ist schrecklich unordentlich* **2** ohne Ordnung (und Sauberkeit) ⟨ein Zimmer, eine Wohnung⟩ | *Auf meinem Schreibtisch sieht es immer so unordentlich aus!*

★ **Ụn·ord·nung** *die; nur Singular* der Zustand, in dem keine Ordnung und keine Übersicht herrscht ⟨etwas in Unordnung bringen; irgendwo herrscht (eine große, schreckliche) Unordnung⟩

ụn·par·tei·isch ADJEKTIV nicht für oder gegen einen der Gegner in einem Streit o. Ä., sondern neutral ⟨ein Dritter, eine Haltung; unparteiisch sein, urteilen⟩

Ụn·par·tei·ische *der;* (-n, -n) ≈ *Schiedsrichter* **i** *ein Unparteiischer; der Unparteiische; den, dem, des Unparteiischen*

ụn·pas·send ADJEKTIV **1** ⟨eine Bemerkung⟩ so, dass sie nicht zur gegebenen Situation passt **2** ⟨im unpassend(st)en Augenblick kommen⟩ ≈ *ungünstig* **3** **für etwas unpassend** für etwas nicht geeignet | *Dein elegantes Kleid ist völlig unpassend für eine Gartenparty*

ụn·päss·lich ADJEKTIV; *veraltend* **unpässlich sein**; **sich unpässlich fühlen** sich nicht wohlfühlen • hierzu **Ụn·päss·lich·keit** *die*

ụn·per·sön·lich ADJEKTIV **1** so, dass jemand höflich, aber nicht freundlich ist ⟨ein Gespräch, eine Unterhaltung⟩ **2** ohne persönliche, individuelle Elemente | *Der Brief war sehr unpersönlich* **3** drückt aus, dass ein Verb nur das Pronomen *es* als Subjekt haben kann | *„Regnen", „schneien" und „hageln" sind unpersönliche Verben* • zu (1,2) **Ụn·per·sön·lich·keit** *die*

ụn·po·pu·lär ADJEKTIV bei den meisten Leuten nicht beliebt | *Die Regierung ergriff unpopuläre Maßnahmen* • hierzu **Ụn·po·pu·la·ri·tät** *die*

ụn·prak·tisch ADJEKTIV **1** mit wenig oder keinem praktischen Nutzen ⟨ein Gerät⟩ **2** bei der praktischen Arbeit oder beim Planen, Organisieren ohne Geschick

ụn·prob·le·ma·tisch ADJEKTIV ohne Probleme | *Die Umstellung Ihres Büros auf neue Computer dürfte völlig unproblematisch sein*

ụn·pünkt·lich ADJEKTIV nicht pünktlich ⟨unpünktlich sein, kommen⟩ • hierzu **Ụn·pünkt·lich·keit** *die*

ụn·qua·li·fi·ziert ADJEKTIV **1** *abwertend* ⟨eine Bemerkung, Geschwätz⟩ so, dass sie von Dummheit oder Unwissen zeugen **2** ohne spezielle Ausbildung ⟨Arbeit; ein Hilfsarbeiter⟩

Ụn·rast *die; nur Singular; geschrieben* ≈ *Rastlosigkeit*

Ụn·rat *der; nur Singular; geschrieben* ≈ *Abfall, Müll*

ụn·re·a·lis·tisch ADJEKTIV **1** nicht der Wirklichkeit entsprechend ⟨eine Darstellung, eine Einschätzung (der Gegebenheiten)⟩ **2** ⟨Forderungen, Ansprüche, Wünsche⟩ so, dass man sie nicht verwirklichen kann

ụn·recht ADJEKTIV **1** *geschrieben* moralisch und sittlich schlecht ⟨eine Tat; unrecht handeln; etwas Unrechtes tun⟩ ≈ *verwerflich* **2** nicht günstig ⟨zu unrechter Zeit, im unrechten Augenblick kommen⟩ **3** **unrecht/Unrecht haben** bei einem Streit o. Ä. nicht das Recht oder Gesetz auf seiner Seite haben **4** **unrecht/Unrecht haben** sich irren, etwas Falsches glauben | *mit einer Vermutung unrecht haben* **5** **jemandem unrecht/Unrecht tun** jemanden ungerecht beurteilen oder behandeln ■ **ID** → Gut

★ **Ụn·recht** *das; nur Singular* **1** eine (oft böse) Handlung, durch die man anderen Leuten schadet ⟨jemandem ein Unrecht antun, zufügen; ein Unrecht begehen, wiedergutmachen; jemandem widerfährt (ein großes) Unrecht⟩ **i** → auch **unrecht** **2** **zu Unrecht** obwohl ein Vorwurf o. Ä. nicht stimmt ⟨jemanden zu Unrecht beschuldigen, verdächtigen, anklagen⟩ **3** **im Unrecht sein** bei einem (juristischen) Streit o. Ä. nicht im Recht sein **4** **sich (durch/mit etwas) ins Unrecht setzen** *geschrieben* (oft als Reaktion auf eine böse Tat selbst) etwas Unmoralisches oder Böses tun

ụn·recht·mä·ßig ADJEKTIV so, dass man kein Recht darauf hat ⟨Besitz; sich (*Dativ*) etwas unrechtmäßig aneignen⟩ • hierzu **Ụn·recht·mä·ßig·keit** *die*; **ụn·recht·mä·ßi·ger·wei·se** ADVERB

★ **ụn·re·gel·mä·ßig** ADJEKTIV **1** nicht regelmäßig ⟨etwas ist unregelmäßig geformt⟩ **2** in unterschiedlichen Abständen oder Intervallen ⟨der Puls(schlag), die Atmung; unregelmäßig atmen⟩ ↔ *gleichmäßig* **3** so, dass die Formen eines Wortes nicht nach der üblichen Art gebildet werden ⟨eine Form, ein Plural, ein Verb⟩ | *„Schreiben" ist ein unregelmäßiges Verb/wird unregelmäßig gebeugt*

Ụn·re·gel·mä·ßig·keit *die* **1** eine Stelle, die anders ist als ihre Umgebung **2** eine kurze Abweichung vom normalen

U

Rhythmus **3** *meist Plural* ≈ *Betrug* | *Unregelmäßigkeiten in der Buchführung*

un·reif ADJEKTIV **1** (noch) nicht reif ⟨Obst⟩ **2** *meist abwertend* ohne viel Erfahrung, nicht so vernünftig wie andere Leute (mit mehr Erfahrung) ⟨ein Mensch, ein Verhalten⟩ | *Der neue Kollege wirkt noch etwas unreif* • zu (2) **Un·rei·fe** *die*

un·rein ADJEKTIV **1** mit Stoffen, die nicht hineingehören ⟨Luft, Wasser⟩ ≈ *verschmutzt* **2** eine unreine Haut ist trocken, entzündet oder hat Pickel ⟨eine Haut⟩ **3** aus religiösen Gründen (als sündig) zu meiden ⟨Gedanken⟩ **4** nicht genau getroffen ⟨ein Reim, ein Ton⟩ ■ ID **etwas ins Unreine schreiben** einen Entwurf für einen Text schreiben • hierzu **Un·rein·heit** *die*

un·ren·ta·bel ADJEKTIV ⟨ein Betrieb⟩ so, dass sie keinen Gewinn bringen ■ *unrentabel → ein unrentables Geschäft* • hierzu **Un·ren·ta·bi·li·tät** *die*

un·rich·tig ADJEKTIV nicht richtig, nicht korrekt ⟨eine Behauptung, eine Angabe⟩

★ **Un·ru·he** *die*; (-, -n) **1** *nur Singular* ein Zustand, in dem man nervös ist, Sorgen hat o. Ä. ⟨jemanden in Unruhe versetzen⟩ | *Voll Unruhe blickte sie immer wieder auf die Uhr* **2** *nur Singular* störende Geräusche, die dadurch entstehen, dass sich viele Menschen bewegen oder miteinander reden ↔ *Stille* | *Ich kann mich bei dieser Unruhe nicht konzentrieren* **3** *nur Singular* die Situation, dass viele Leute unzufrieden sind | *Das neue Gesetz sorgte für Unruhe im Land* **K** Unruhestifter **4** *nur Plural* Kämpfe auf der Straße aus Protest o. Ä. **K** Studentenunruhen

Un·ru·he·herd *der* ein Land oder Gebiet, in dem es immer wieder zu Kämpfen kommt

★ **un·ru·hig** ADJEKTIV **1** nervös (und voller Sorge oder Angst) | *Sie wurde unruhig, als das Kind nicht aus der Schule heimkam* | *Er sah unruhig aus dem Fenster* **2** so, dass etwas immer wieder gestört oder unterbrochen wird | *einen unruhigen Schlaf haben* | *eine unruhige Nacht verbringen* **3** immer in Bewegung, laut usw. ⟨ein Kind⟩ **4** mit viel Verkehr, viel Lärm ⟨eine Gegend, eine Straße⟩ **5** nicht gleichmäßig ⟨ein Rhythmus, ein Verlauf⟩ **6** mit vielen, kleinen Details, die (für den Betrachter) unangenehm wirken ⟨ein Bild, ein Muster⟩ **7** mit großen (politischen) Veränderungen, vielen Aktivitäten usw. ⟨eine Zeit⟩ **8** mit relativ hohen Wellen ⟨das Meer, die See ist unruhig⟩

un·rühm·lich ADJEKTIV *meist attributiv* so, dass man nicht stolz darauf sein kann ⟨ein Ende; bei etwas eine unrühmliche Rolle spielen⟩

★ **uns** PRONOMEN *1. Person Plural (wir), Akkusativ und Dativ* | *Kannst du uns anrufen?* | *Wir freuen uns sehr* | *Wir umarmten uns* ■ → Tabellen unter **ich** und **sich**

un·sach·ge·mäß ADJEKTIV nicht so, wie es die Sache erfordert oder wie es richtig ist ⟨eine Reparatur⟩ | *die unsachgemäße Handhabung einer Maschine*

un·sach·lich ADJEKTIV mit persönlichen Gefühlen oder Vorurteilen ⟨eine Kritik; unsachlich werden⟩ ↔ *nüchtern, objektiv* • hierzu **Un·sach·lich·keit** *die*

un·sag·bar, un·sag·bar ADJEKTIV **1** sehr groß, sehr intensiv ⟨Angst, Freude, Schmerzen⟩ ≈ *unbeschreiblich* **2** verwendet, um Adjektive, Adverbien oder Verben zu verstärken ≈ *sehr* | *unsagbar frieren* | *Es war unsagbar kalt*

un·säg·lich, un·säg·lich ADJEKTIV; *geschrieben* ≈ *unsagbar*

un·sanft ADJEKTIV grob und ohne Rücksicht ⟨ein Stoß; jemanden unsanft wecken⟩

un·sau·ber ADJEKTIV **1** nicht ordentlich ⟨eine Arbeit⟩ **2** leicht schmutzig | *etwas mit unsauberen Fingern anfassen* **3** nicht ganz legal ⟨unsaubere Geschäfte machen⟩ **4** nicht genau, nicht präzise ⟨eine Definition⟩ | *Der Geiger spielte unsauber* **5** so, dass man nicht auf Sauberkeit achtet • hierzu **Un·sau·ber·keit** *die*

un·schäd·lich ADJEKTIV **1** nicht gefährlich oder giftig | *Dieses Mittel ist für Menschen absolut unschädlich* **2** **jemanden/etwas unschädlich machen** dafür sorgen, dass jemand/etwas keinen Schaden mehr anrichten kann, z. B. einen Verbrecher verhaften • zu (1) **Un·schäd·lich·keit** *die*

un·scharf ADJEKTIV **1** so, dass man die Dinge nicht klar erkennen kann ⟨ein Foto⟩ ≈ *verschwommen* | *das Fernglas ist unscharf eingestellt* **2** nicht präzise ⟨eine Formulierung⟩

un·schätz·bar, un·schätz·bar ADJEKTIV sehr groß ⟨jemandem unschätzbare Dienste/Hilfe erweisen; etwas ist für jemanden/etwas von unschätzbarem Wert⟩

un·schein·bar ADJEKTIV nicht auffällig und so, dass es nicht besonders ist ⟨ein Aussehen⟩ | *Die Nachtigall sieht unscheinbar aus, singt aber sehr schön* • hierzu **Un·schein·bar·keit** *die*

un·schlag·bar ADJEKTIV so, dass andere Leute (z. B. in einem Wettkampf) nicht besser sein oder siegen können ⟨eine Leistung, eine Mannschaft⟩ | *Im Geschichtenerzählen ist sie unschlagbar*

un·schlüs·sig ADJEKTIV noch zu keiner Entscheidung gekommen ⟨sich (*Dativ*) über etwas (*Akkusativ*) *unschlüssig sein*; unschlüssig dastehen⟩ | *Ich bin mir noch unschlüssig, ob ich das Bild kaufen soll oder nicht* | *Er war sich unschlüssig, was zu tun sei* • hierzu **Un·schlüs·sig·keit** *die*

un·schön ADJEKTIV so, dass man sie als unangenehm empfindet ⟨ein Anblick, Szenen, ein Verhalten, ein Vorfall, Wetter⟩

★ **Un·schuld** *die*; *nur Singular* **1** die Tatsache, dass man (vor allem an einem Verbrechen) keine Schuld hat ⟨seine Unschuld beteuern; jemandes Unschuld beweisen⟩ | *Der Richter zweifelte an seiner Unschuld, musste ihn jedoch aus Mangel an Beweisen freisprechen* **K** Unschuldsbeteuerung **2** die Reinheit oder Naivität (aus Mangel an Erfahrung) | *die Unschuld eines kleinen Kindes* **3** *veraltend* der Zustand, noch keine sexuellen Erfahrungen zu haben ⟨die/seine Unschuld verlieren; einem Mädchen die/seine Unschuld nehmen, rauben⟩ ≈ *Jungfräulichkeit* **4** **in aller Unschuld** ohne böse Absicht **5** **eine Unschuld vom Lande** *ironisch oder abwertend* eine junge Frau, die sehr naiv ist

★ **un·schul·dig** ADJEKTIV **1** so, dass man nichts Böses oder Falsches getan hat ⟨unschuldig im Gefängnis sitzen; unschuldig verurteilt werden⟩ | *Der Angeklagte war unschuldig* **2** **unschuldig (an etwas** (*Dativ*)**)** an etwas nicht beteiligt | *Sie war nicht ganz unschuldig an dem Missverständnis* | *Bei dem Attentat wurden auch viele Unschuldige verletzt* **3** noch nicht fähig, Böses zu erkennen ⟨ein Kind⟩ **4** so, als wäre man ohne Schuld und als hätte man mit einem Problem gar nichts zu tun ⟨ein unschuldiges Gesicht machen; jemanden unschuldig ansehen⟩ **5** ohne böse Absicht oder Folgen ⟨eine Bemerkung, eine Frage, ein Vergnügen⟩ ≈ *harmlos* **6** noch ohne sexuelle Erfahrungen ⟨ein Mädchen⟩

Un·schulds·en·gel *der*; *humorvoll oder ironisch* **1** eine Person, die so tut, als könnte sie nichts Böses tun **2** verwendet als Bezeichnung für einen naiven, gutgläubigen Menschen

Un·schulds·lamm *das*; *humorvoll oder ironisch* ≈ *Unschuldsengel*

Un·schulds·mie·ne *die* ein Gesichtsausdruck, der zeigen soll, dass man nichts Böses oder Falsches getan haben kann

un·schulds·voll ADJEKTIV so, als wäre man ohne Schuld ⟨ein Blick⟩ ≈ *treuherzig*

un·schwer ADVERB; *geschrieben* ohne Mühe ⟨etwas unschwer erkennen, feststellen können⟩ ≈ *leicht*

U

un·selbst·stän·dig, **un·selb·stän·dig** ADJEKTIV **1** von anderen Leuten abhängig, weil man kein eigenes Geld oder keine eigene Meinung hat | *Sie ist sehr unselbständig: Sie trifft nie eigene Entscheidungen* **2** **unselb(st)ständige Arbeit** *meist attributiv* Arbeit als Arbeitnehmer (Angestellter oder Arbeiter) • zu (1) **Un·selbst·stän·dig·keit**, **Un·selb·stän·dig·keit** *die*

un·se·lig ADJEKTIV *meist attributiv* mit schlimmen Folgen ⟨eine Leidenschaft, ein Vorfall⟩ ≈ *verhängnisvoll*

★ **un·ser** ■ ARTIKEL *zur 1. Person Plural (wir)* **1** mit *unser* werden solche Dinge, Zustände, Vorgänge, Handlungen oder Personen näher bezeichnet, welche mit der Gruppe, zu welcher der Sprecher gehört (*wir*), in Zusammenhang sind | *Wir tun das für unsere Gesundheit* | *Unsere Kinder sind in der Schule* → Beispiele und Tabelle unter **mein**
■ PRONOMEN **2** *1. Person Plural (wir)* verwendet, um sich auf eine (oft bereits erwähnte) Sache oder Person zu beziehen, die zu der Gruppe gehört, bei denen der Sprecher ist | *Ihre Kinder spielen oft mit (den) unseren* → Beispiele und Tabelle unter **mein** **3** *1. Person Plural (wir), Genitiv* | *Wer erinnert sich unser?* → Tabelle unter **ich**

un·ser·ei·ner *gesprochen* jemand wie ich; Leute wie wir | *Das ist ein ganz vornehmes Lokal. Da wird unsereiner gar nicht reingelassen*

un·ser·eins PRONOMEN *nur in dieser Form; gesprochen* ≈ *unsereiner*

un·se·rer·seits ADVERB was uns betrifft | *Unsererseits gibt es keine Bedenken*

un·se·res·glei·chen PRONOMEN *nur in dieser Form* Leute wie wir

un·se·ret·we·gen ADVERB **1** aus einem Grund, der uns betrifft | *Das Treffen musste unseretwegen verschoben werden* **2** mit unserer Erlaubnis oder Zustimmung | *Unseretwegen dürfen Sie ruhig hier parken* (Wir haben nichts dagegen, dass Sie hier parken)

un·se·ret·wil·len ADVERB; *veraltend* ■ ID **um unseretwillen** ≈ *unseretwegen*

un·se·ri·g-, **Un·se·ri·g-** → unsrig-

un·sert·we·gen → unseretwegen

un·sert·wil·len → unseretwillen

★ **un·si·cher** ADJEKTIV **1** so, dass noch nicht feststeht, wie es enden oder sein wird ⟨eine Zukunft, eine Angelegenheit⟩ | *Es ist noch unsicher, ob sie kommen wird* **2** so, dass man sich darauf nicht verlassen kann ⟨ein Ergebnis, eine Methode⟩ **3** so, dass man etwas nicht genau weiß, sich einer Sache nicht (mehr) sicher ist ⟨(sich (*Dativ*)) unsicher sein⟩ | *jemanden mit vielen Fragen unsicher machen* | *Jetzt bin ich (mir) doch unsicher, ob ich die Tür wirklich abgeschlossen habe* **4** so, dass man sehen kann, dass eine Person Angst hat (weil sie glaubt, dass andere Personen sie nicht mögen oder anerkennen) ⟨ein Auftreten, ein Blick; unsicher lächeln⟩ ≈ *schüchtern* **5** so, dass man etwas (noch) nicht gut kann und Angst davor hat, Fehler zu machen ⟨ein Autofahrer; unsicher auf den Beinen sein; mit unsicheren Schritten⟩ | *Sie ist im Umgang mit kleinen Kindern noch ziemlich unsicher* **6** ⟨eine Gegend, eine Straße, Straßenverhältnisse⟩ ≈ *gefährlich* ■ ID **die Gegend unsicher machen** *gesprochen, humorvoll* (meist in einer Gruppe) sich irgendwo aufhalten, um sich zu amüsieren • hierzu **Un·si·cher·heit** *die*

un·sicht·bar ADJEKTIV mit den Augen nicht wahrzunehmen | *eine unsichtbare Grenze* | *Luft ist unsichtbar* ■ ID **sich unsichtbar machen** *gesprochen, humorvoll* weggehen, um etwas Unangenehmes zu vermeiden • hierzu **Un·sicht·bar·keit** *die*

un·sink·bar ADJEKTIV so, dass es nicht sinken, untergehen kann ⟨ein Schiff⟩ | *Die Titanic galt als unsinkbar*

★ **Un·sinn** *der; nur Singular* **1** eine Aussage, eine Handlung o. Ä., die nicht klug oder vernünftig ist ⟨blanker, glatter, kompletter, purer, schierer Unsinn; Unsinn reden⟩ | *Es war Unsinn, bei diesem schlechten Wetter zum Baden zu gehen* | *Du glaubst doch jeden Unsinn, den man dir erzählt!* | *Ich habe einen großen Unsinn gemacht: Ich habe mein ganzes Geld verspielt* **2** etwas, das man aus Übermut tut ⟨nichts als Unsinn im Kopf haben⟩ | *zusammen mit Freunden viel Unsinn machen/treiben* | *Lass den Unsinn, das kitzelt!* **3** **Unsinn!** *gesprochen* verwendet, um eine Vermutung oder Behauptung entschieden zurückzuweisen | *„Ich bin so hässlich!" – „Unsinn, das stimmt doch gar nicht!"*

un·sin·nig ADJEKTIV **1** ohne Sinn ⟨ein Gerede, ein Verhalten⟩ **2** viel zu hoch ⟨Forderungen⟩ **3** *gesprochen* sehr groß, sehr intensiv ⟨Angst⟩ **4** *gesprochen* in sehr hohem Maße | *unsinnig hohe Mieten* | *sich unsinnig freuen*

Un·sit·te *die* eine schlechte Angewohnheit | *Es ist eine gefährliche Unsitte, Auto zu fahren, wenn man eigentlich dafür zu müde ist*

un·sitt·lich ADJEKTIV so, dass es gegen die (sexuelle) Moral verstößt ⟨ein Antrag, ein Verhalten; sich jemandem unsittlich nähern⟩ • hierzu **Un·sitt·lich·keit** *die*

un·so·li·de ADJEKTIV **1** nicht der üblichen Moral entsprechend ⟨ein Mensch, ein Lebenswandel⟩ **2** finanziell nicht vernünftig und sicher ⟨eine Finanzpolitik, eine Haushaltspolitik⟩ **3** nicht stabil gebaut ⟨eine unsolide Konstruktion⟩

un·so·zi·al ADJEKTIV ohne Rücksicht auf andere Leute, vor allem Schwächere ⟨ein Verhalten⟩

un·sport·lich ADJEKTIV **1** ohne Interesse oder Begabung für Sport | *Ich bin total unsportlich* **2** ⟨ein Verhalten⟩ ≈ *unfair* • hierzu **Un·sport·lich·keit** *die*

uns·re *gesprochen* ≈ *unsere*

uns·rer·seits → unsererseits

uns·res·glei·chen → unseresgleichen

uns·ri·g-, **Uns·ri·g-** PRONOMEN; *veraltend* wie ein Substantiv verwendet für *der/die/das unsere/Unsere* → Beispiele und Tabelle unter **mein**

un·sterb·lich ADJEKTIV **1** ⟨die Götter, die Seele⟩ so, dass sie ewig leben **2** ⟨ein Künstler, ein Meisterwerk⟩ so, dass sie immer bekannt und berühmt sein werden **3** *gesprochen* verwendet, um Adjektive oder Verben zu verstärken ⟨sich unsterblich in jemanden verlieben⟩ ≈ *sehr* • zu (1,2) **Un·sterb·lich·keit** *die*

un·stet ADJEKTIV ohne Ruhe, mit einer deutlichen inneren Unruhe ⟨ein Blick, ein Mensch; ein unstetes Leben führen⟩

un·still·bar, **un·still·bar** ADJEKTIV ⟨eine Sehnsucht, ein Verlangen⟩ so, dass sie nicht erfüllt, gestillt werden können

Un·stim·mig·keit *die; (-, -en); meist Plural* **1** Details (bei einer Rechnung o. Ä.), die nicht übereinstimmen ≈ *Diskrepanz* | *Die Steuerprüfer stießen auf Unstimmigkeiten bei der Abrechnung von Spesen* **2** ein leichter Streit (weil zwei Personen unterschiedliche Meinungen haben) ⟨es kommt zu Unstimmigkeiten⟩

Un·sum·me *die; (-, -n); meist Plural* eine sehr große Summe Geld ⟨etwas kostet, verschlingt Unsummen⟩

Un·sym·path *der; (-en, -en); gesprochen, abwertend* ein unsympathischer Mensch *der Unsympath; den, dem, des Unsympathen*

★ **un·sym·pa·thisch** ADJEKTIV **1** **(jemandem) unsympathisch** nicht nett und angenehm ⟨ein Mensch⟩ **2** **etwas ist jemandem unsympathisch** etwas gefällt jemandem nicht | *Das heiße Wetter in Florida ist mir unsympathisch*

un·ta·de·lig, **un·ta·de·lig**, **un·tad·lig**, **un·tad·lig** ADJEKTIV so, dass man es nicht kritisieren kann ⟨ein Benehmen⟩

U

≈ *einwandfrei*

Ụn·tat *die* eine böse und grausame Tat | *die Untaten des Diktators*

ụn·tä·tig ADJEKTIV *meist prädikativ* ohne etwas zu tun ⟨untätig herumstehen, zusehen müssen⟩ ↔ *aktiv* ● hierzu **Ụn·tä·tig·keit** *die*

ụn·taug·lich ADJEKTIV **untauglich (für etwas)** nicht für etwas geeignet, nicht zu etwas fähig ⟨ein Mittel⟩ | *Sie ist untauglich für schwere körperliche Arbeit* K arbeitsuntauglich, dienstuntauglich

un·teil·bar, ụn·teil·bar ADJEKTIV **1** so, dass es nicht zerteilt werden kann oder darf ⟨ein Ganzes, ein Besitz⟩ **2** ⟨eine Zahl⟩ so, dass man sie nur durch eins oder sich selbst dividieren kann ● hierzu **Un·teil·bar·keit, Ụn·teil·bar·keit** *die*

★ **ụn·ten** ADVERB **1** an einer Stelle, die (meist vom Sprecher oder vom Handelnden aus gesehen) tiefer als eine andere Stelle liegt | *Auf den Bergen liegt noch viel Schnee, aber unten im Tal blühen schon die Bäume* | *Er ging nach unten in den Keller* | *Die Katze sah von unten zu dem Spatz hinauf* **2** an dem Teil, der näher zum Boden hin liegt, an der Unterseite | *Die Tasche hat unten ein Loch* | *Die Papiere liegen ganz unten in meinem Schreibtisch* **3** auf einem Blatt Papier oder in einem geschriebenen Text an einer Stelle, die tiefer liegt oder zu der man beim Lesen erst später kommt | *Die Unterschrift steht links unten, am Ende des Briefes* | *Die Auflösung des Rätsels steht auf Seite zwanzig unten* | *Auf der Landkarte ist Norden oben und Süden unten* **4** weiter im Süden | *Er wohnt jetzt unten in Italien* **5** von niedrigem sozialen Status, einer niedrigen Position in einer Hierarchie ⟨sich von unten hocharbeiten, hochdienen, hochkämpfen⟩ ■ ID **bei jemandem unten durch sein** *gesprochen* die Sympathie einer anderen Person verloren haben

ụn·ten·drụn·ter ADVERB; *gesprochen* unter etwas anderem | *Er lag am Boden, das Fahrrad untendrunter*

ụn·ten·dụrch ADVERB; *gesprochen* unter etwas hindurch | *Er schob den Zettel (unter der Tür) untendurch*

ụn·ten·he·rụm ADVERB; *gesprochen* am oder im unteren Teil einer Sache, vor allem des Körpers

ụn·ten·hịn ADVERB nach unten | *Stelle die Töpfe untenhin in den Schrank*

ụn·ten·rụm ADVERB; *gesprochen* ≈ *untenherum*

★ **ụn·ter**[1] PRÄPOSITION

▸Ort: **1** *mit Dativ* nennt die Lage oder Position an einer tieferen Stelle als die genannte Sache/Person ↔ *auf, über* | *unter der Bettdecke liegen* | *Kartoffeln wachsen unter der Erde* | *Die Katze sitzt unter dem Tisch* → Infos **Präposition** **2** *mit Akkusativ* nennt die Richtung einer Bewegung hin zu einer tiefer gelegenen Stelle ↔ *auf, über* | *einen Eimer unter den Wasserhahn halten* | *unter den Tisch kriechen* | *Die Kinder tauchten sich gegenseitig unter Wasser* → Infos **Präposition** **3** *mit Dativ* drückt aus, dass etwas von der genannten Sache völlig oder teilweise bedeckt ist ↔ *über* | *ein Hemd unter dem Pullover tragen* | *Nach dem Wasserrohrbruch stand der ganze Keller unter Wasser* (war der Boden des Kellers von Wasser bedeckt) **4** *mit Akkusativ* drückt aus, dass eine Sache völlig oder teilweise bedeckt wird ↔ *über* | *Sie legte/schob den Brief unter einen Stapel Papiere*

▸Gruppe, Menge: **5** *mit Dativ* in einer Gruppe oder Menge mit anderen Personen/Dingen | *Ist einer unter euch, der die Antwort kennt?* | *Unter den Äpfeln waren viele faule* **6** *mit Dativ* drückt aus, dass an einer Handlung nur die genannte Gruppe von Personen beteiligt ist ≈ *zwischen* | *Es gab Streit unter den Schülern* | *Teilt die Schokolade unter euch auf* | *An Weihnachten wollen wir lieber unter uns bleiben/sein* | *Unter uns gesagt: Ich glaube, das schafft er nicht* (Das sage ich nur zu dir allein) | *Das muss aber unter uns bleiben* (Das darf keiner erfahren) **7** *mit Akkusativ* drückt aus, dass jemand zu einer Gruppe geht | *sich unter das Publikum mischen* | *Herrscher begeben sich selten unter das Volk* **8** *mit Akkusativ* drückt aus, dass etwas zu einem Teil einer Menge wird | *Zucker unter die Eier rühren*

▸Zuordnung, Kategorie: **9** *mit Dativ* drückt aus, dass jemand/etwas zu einer Kategorie o. Ä. gehört | *ein Bericht unter der Überschrift „Künstler der Gegenwart"* | *Unter welcher Telefonnummer kann ich Sie erreichen?* | *Ich kenne das Tier nur unter seinem lateinischen Namen* **10** *mit Akkusativ* drückt aus, dass die genannte Kategorie o. Ä. für etwas gewählt wird | *etwas unter ein Motto stellen* | *Sind Viren unter die Tiere zu rechnen?*

▸Niveau: **11** *mit Dativ* drückt aus, dass ein Wert oder Niveau niedriger ist als das Genannte ↔ *über* | *etwas unter Preis/Wert verkaufen müssen* (zu einem Preis, der niedriger ist als der eigentliche Wert) | *Eintritt frei für Kinder unter sechs Jahren* | *Seine Leistungen liegen weit unter dem Durchschnitt* **12** *mit Akkusativ* drückt aus, dass ein Wert oder Niveau niedriger wird als das Genannte ↔ *über* | *Die Temperaturen sinken nachts unter den Gefrierpunkt* **13** *admin mit Dativ* zur genannten Zeit geschrieben | *eine Notiz unter dem 20. Mai*

▸Herrschaft, Leitung: **14** *mit Dativ* nennt einen Zustand, in dem die genannte Person, Gruppe oder Institution die Macht, Leitung o. Ä. hat | *Unter wessen Kommando steht die Armee?* | *Deutschland unter Hitler/den Nazis* | *ein Projekt unter der Leitung eines erfahrenen Wissenschaftlers* | *Als Abteilungsleiter hat er 20 Mitarbeiter unter sich* **15** *mit Akkusativ* nennt einen Vorgang, bei dem eine Person, Gruppe oder Institution die Macht, Leitung o. Ä. bekommt | *einen Betrieb unter staatliche Aufsicht stellen*

▸Umstand, Zustand: **16** *mit Dativ* nennt einen Umstand, der für eine Handlung gilt | *unter Tränen gestehen* | *Der Star betrat unter dem Beifall der Zuschauer die Bühne* | *Sie rettete das Kind unter Gefahr für das eigene Leben aus dem brennenden Haus* | *Es gelang ihm, unter einem Vorwand Zutritt zum Haus zu bekommen* **17** *mit Dativ* nennt den Zustand, in dem jemand/etwas ist | *Der Kessel steht unter Druck* | *Er steht unter starker innerer Spannung* **18** *mit Akkusativ* nennt den Zustand, in den jemand/etwas kommt | *eine Pflanze unter Naturschutz stellen* | *jemanden psychisch unter Druck setzen*

★ **ụn·ter**[2] ADVERB weniger als ↔ *über* | *Ich bin noch unter 40* (ich bin noch nicht 40 Jahre alt) | *Es waren unter 100 Leute beim Konzert*

Ụn·ter *der*; (-s, -) eine Karte im deutschen Kartenspiel

★ **ụn·te·r-**[1] ADJEKTIV *meist attributiv, kein Komparativ* **1** tiefer als etwas anderes gelegen ↔ *ober-* | *die unteren Hautschichten* | *ein Buch in die unterste Reihe des Regals stellen* | *den untersten Knopf der Bluse öffnen* **2** näher an der Mündung eines Flusses gelegen ↔ *ober-* | *Der untere Teil des Rheins fließt durch die Niederlande* **3** an einer niedrigen Stelle in einer Skala, einer Hierarchie o. Ä. ↔ *ober-* | *Temperaturen im unteren Bereich* | *die unteren Dienstgrade in der Armee* | *die unterste Schicht der Gesellschaft* ■ ID **das Unterste zuoberst kehren** bei der Suche nach etwas alles durcheinanderbringen

ụn·ter-[2] (*im Verb, betont und trennbar, begrenzt produktiv; Diese Verben werden so gebildet:* unterlegen, legte unter, untergelegt) **1** **etwas unterlegen, unterhalten, unterschieben; jemanden/etwas untertauchen** *und andere* bezeichnet eine Bewegung nach unten, an eine tieferer Stelle als eine Sache/Person | *Er legte beim Malen Zeitungspapier unter, um* *die Tischdecke nicht schmutzig zu machen* (Er legte Zeitungspapier unter das Bild, das er malte) **2** **etwas untergraben, untermischen, unterpflügen, unterrühren** *und andere* drückt aus, dass eine Sache mit einer anderen Sache gemischt wird | *Im Herbst gräbt sie Mist unter, um den Boden zu düngen* (Sie mischt die Erde mit Mist, indem sie gräbt) **3** **jemanden unterbezahlen; etwas unterbelegen; (etwas) unterbelichten; jemanden/etwas unterbewerten** *und andere* drückt aus, dass ein Ausmaß oder eine Menge zu klein ist | *Wir werden alle unterbezahlt* (Wir bekommen alle zu wenig Geld) ⓘ Diese Verben kommen meist im Infinitiv und im Partizip Perfekt vor.

un·ter-[3] *(im Verb, unbetont, nicht trennbar, wenig produktiv; Diese Verben werden so gebildet:* unterführen, unterführte, unterführt) **etwas unterführen, unterfahren, unterqueren** *und andere* bezeichnet eine Bewegung unter einer Sache hindurch | *Beim Bau der neuen Straße musste eine Eisenbahnlinie unterführt werden* (Die Straße musste in einem Tunnel unter der Eisenbahnlinie hindurchgeführt (gebaut) werden)

Un·ter- *im Substantiv, betont, begrenzt produktiv* **1** **der Unterarm, der Unterkiefer, die Unterlippe, der Unterschenkel** *und andere* bezeichnet den Teil eines Körperteils, der tiefer liegt **2** **der Unterbau, der Untergrund, die Unterseite, das Unterteil** bezeichnet Dinge, die unten sind oder nach unten gerichtet sind **3** **das Unterhemd, die Unterhose, der Unterrock, die Unterwäsche** bezeichnet Kleidung, die unter unter anderer Kleidung (direkt auf der Haut) getragen wird **4** **die Unterabteilung, der Untertitel** *und andere* bezeichnet untergeordnete Teile | *ein Unterpunkt zu Punkt 3 der Tagesordnung* **5** **die Unterbeschäftigung, die Unterbezahlung, das Untergewicht, die Unterversorgung** *und andere* mit zu geringer Menge oder Leistung | *die Unterfunktion der Schilddrüse*

Un·ter·arm *der* der Teil des Armes zwischen Hand und Ellbogen

Un·ter·bau *der* **1** der untere, stützende Teil, auf dem Häuser, Straßen, Denkmäler oder Maschinen stehen **2** *nur Singular* ⟨der theoretische Unterbau⟩ ≈ *Basis, Grundlage*

un·ter·be·lich·tet ADJEKTIV zu kurz belichtet ⟨ein Film⟩ ■ ID **Er/Sie ist ein bisschen/ein wenig unterbelichtet** *gesprochen* Er/Sie ist nicht sehr intelligent

un·ter·be·schäf·tigt ADJEKTIV mit weniger Arbeit, als man haben möchte oder könnte ⟨unterbeschäftigt sein⟩ ● hierzu **Un·ter·be·schäf·ti·gung** *die*

un·ter·be·setzt ADJEKTIV mit weniger Personal, als normal ist und nötig wäre | *Das Büro/Die Firma ist unterbesetzt*

un·ter·be·wer·ten VERB (hat unterbewertet) **jemanden/etwas unterbewerten** jemanden/etwas zu gering, zu schlecht bewerten | *jemandes Leistungen unterbewerten* ⓘ meist im Infinitiv oder im Partizip Perfekt verwendet ● hierzu **Un·ter·be·wer·tung** *die*

un·ter·be·wusst ADJEKTIV im Unterbewusstsein (vorhanden)

Un·ter·be·wusst·sein *das; nur Singular* die Gedanken und Gefühle, die man hat, ohne sie genau zu kennen

un·ter·be·zah·len VERB (hat unterbezahlt) **jemand wird/ist unterbezahlt** jemand bekommt für die eigene Arbeit nicht genug Geld ⓘ meist im Passiv ● hierzu **Un·ter·be·zah·lung** *die*

un·ter·bie·ten VERB (unterbot, hat unterboten) **1** **jemanden/etwas unterbieten** für eine Ware oder eine Dienstleistung einen geringeren Preis als eine andere Person verlangen ⟨ein Angebot, jemandes Preis unterbieten⟩ **2** **etwas unterbieten** in einem Wettkampf für einen Lauf o. Ä. schneller sein als andere Leute ⟨einen Rekord, die Bestzeit unterbieten⟩ ■ ID **etwas ist kaum noch zu unterbieten** *abwertend* etwas ist so schlecht, dass es kaum etwas Schlechteres geben kann ● hierzu **Un·ter·bie·tung** *die*

un·ter·bin·den VERB (unterband, hat unterbunden) **etwas unterbinden** so handeln, dass eine Person ihre eigenen Pläne nicht ausführen kann oder aufhören muss, etwas zu tun | *den Missbrauch eines Gesetzes unterbinden* ● hierzu **Un·ter·bin·dung** *die*

un·ter·blei·ben VERB (unterblieb, ist unterblieben) **etwas unterbleibt** etwas tritt nicht ein, wird nicht gemacht | *Eine rechtzeitige Versorgung des Kranken ist leider unterblieben*

Un·ter·bo·den *der* die (äußere) untere Seite des Bodens an einem Auto Ⓚ Unterbodenschutz, Unterbodenwäsche

★ **un·ter·bre·chen** VERB (unterbricht, unterbrach, hat unterbrochen) **1** **etwas unterbrechen** mit einer Handlung für kurze Zeit aufhören | *die Arbeit unterbrechen, um kurz zu telefonieren* **2** **eine Schwangerschaft unterbrechen** eine Schwangerschaft beenden, indem man den Fötus tötet **3** **(jemanden/etwas) unterbrechen** bewirken, dass jemand aufhören muss zu sprechen (z. B. indem man selbst zu sprechen anfängt) ⟨ein Gespräch, eine Unterhaltung unterbrechen; jemanden mitten im Satz unterbrechen⟩ | *jemanden mit einer Zwischenfrage unterbrechen* | *Wo war ich stehen geblieben, als ich vorhin unterbrochen wurde?* | *Darf ich mal kurz unterbrechen?* **4** **(etwas) unterbrechen** bewirken, dass etwas für kurze Zeit aufhört und nicht gleichmäßig weitergeht | *Am Montag war die Stromversorgung für kurze Zeit unterbrochen* | *Wir unterbrechen (die Sendung) für eine Verkehrsdurchsage* ● hierzu **Un·ter·bre·chung** *die*

un·ter·brei·ten VERB (unterbreitete, hat unterbreitet) **jemandem etwas unterbreiten** einer Person etwas erläutern o. Ä., damit sie darüber entscheiden kann ⟨jemandem einen Plan, einen Vorschlag unterbreiten⟩ ● hierzu **Un·ter·brei·tung** *die*

★ **un·ter·brin·gen** VERB *(hat)* **1** **jemanden/etwas (irgendwo) unterbringen** einen Platz für jemanden/etwas finden | *Bringst du die Bücher noch im Koffer unter, oder ist er schon zu voll?* | *Sie konnte ihre Tochter nicht im Kindergarten unterbringen* **2** **jemanden irgendwo unterbringen** eine Person eine Zeit lang irgendwo wohnen lassen oder ihr einen Arbeitsplatz verschaffen | *Flüchtlinge in Lagern unterbringen* **3** **etwas irgendwo unterbringen** etwas an den dafür vorgesehenen Platz bringen oder dort bauen | *Die Schlafsäle sind im ersten Stock untergebracht* ● hierzu **Un·ter·brin·gung** *die*

Un·ter·bruch *der;* Ⓒⓗ ≈ *Unterbrechung*

un·ter·but·tern VERB (butterte unter, hat untergebuttert) **jemanden unterbuttern** *gesprochen* jemanden nicht zur Geltung kommen lassen | *In so einem Riesenbetrieb muss man aufpassen, dass man nicht untergebuttert wird*

★ **un·ter·des, un·ter·des·sen** ADVERB ≈ *inzwischen*

Un·ter·druck *der;* (-(e)s, Un·ter·drü·cke) Luftdruck, der niedriger als der normale Druck ist Ⓚ Unterdruckkammer

un·ter·drü·cken VERB (unterdrückte, hat unterdrückt) **1** **jemanden unterdrücken** eine Person ungerecht behandeln (unter Anwendung von Gewalt o. Ä.), sodass sie sich nicht frei entwickeln kann | *eine Minderheit im Land unterdrücken* | *unterdrückte Völker* **2** **etwas unterdrücken** etwas mit Gewalt verhindern ⟨einen Aufstand, Unruhen unterdrücken⟩ **3** **etwas unterdrücken** durch Selbstbeherrschung erreichen, dass man etwas nicht sagt oder zeigt ⟨einen Schrei, ein Wort, eine Bemerkung, ein Gähnen, seine Wut unterdrücken⟩ **4** **etwas unterdrücken** verhindern, dass etwas bekannt wird | *Die Regierung unterdrückte Informationen über den Unfall im Atomreaktor* ● hierzu **Un·ter-**

U

drü·ckung *die*; zu (1) **Un·ter·drü·cker** *der*

un·ter·durch·schnitt·lich ADJEKTIV weniger oder schlechter als der Durchschnitt ⟨eine Begabung, eine Leistung, eine Bezahlung⟩

★ **un·ter·ei·nan·der** ADVERB **1** eine Person oder Sache unter die andere oder unter der anderen | *mehrere Nägel untereinander in das Brett schlagen* (Nägel in einer geraden Linie von oben nach unten in das Brett schlagen) **2** eine Person mit der anderen und umgekehrt | *sich untereinander gut verstehen* | *die Plätze untereinander tauschen*

un·ter·ei·nan·der- (*im Verb, betont und trennbar, wenig produktiv; Diese Verben werden so gebildet:* untereinanderstehen, standen untereinander, untereinandergestanden) **Dinge liegen, stehen untereinander**; **Dinge untereinanderlegen, untereinanderstellen** *und andere* bezeichnet eine Lage, bei der eine Sache oben ist und mehrere Dinge der gleichen Art darunter | *die Namen in der Liste untereinanderschreiben* (einen Namen in die Liste schreiben und weitere Namen darunter)

un·ter·ent·wi·ckelt ADJEKTIV **1** **(geistig/körperlich) unterentwickelt** geistig/körperlich nicht so weit entwickelt, wie es normal ist ≈ *zurückgeblieben* **2** mit wenig Industrie usw. ⟨ein Gebiet, ein Land⟩ ● zu (1) **Un·ter·ent·wick·lung** *die*

un·ter·er·nährt ADJEKTIV wegen schlechter Ernährung dünn, schwach ● hierzu **Un·ter·er·näh·rung** *die*

Un·ter·fan·gen *das*; (-s, -); *meist Singular* eine (geplante) Handlung, die gefährlich werden kann ⟨ein gewagtes, schwieriges, sinnloses Unterfangen⟩ ≈ *Unternehmen*

un·ter·fas·sen VERB (fasste unter, hat untergefasst) **jemanden unterfassen** den eigenen Arm unter den Arm einer anderen Person schieben oder den Arm der anderen Person von unten greifen (um sie zu stützen) | *mit der Freundin untergefasst spazieren gehen* | *einen alten Mann unterfassen, damit man ihn über die Straße führen kann*

un·ter·for·dern VERB (unterforderte, hat unterfordert) **jemanden unterfordern** einer Person so leichte oder wenig Aufgaben stellen, dass sie sich langweilt (und unzufrieden ist) | *sich in der Schule unterfordert fühlen*

Un·ter·füh·rung *die* ein Weg oder eine Straße, die unter einer anderen Straße o. Ä. hindurchführen **K** Autobahnunterführung, Eisenbahnunterführung, Fußgängerunterführung

★ **Un·ter·gang** *der* **1** *meist Singular* das Verschwinden unter der Oberfläche des Wassers | *der Untergang der Titanic* **2** das Verschwinden hinter dem Horizont ↔ *Aufgang* **K** Monduntergang, Sonnenuntergang **3** *nur Singular* bei einem Untergang wird alles schlechter und zerstört, bis nichts mehr existiert ⟨etwas vor dem Untergang bewahren, retten; etwas ist dem Untergang geweiht; etwas fällt dem Untergang anheim⟩ | *der Untergang des Römischen Reiches* **4** *nur Singular* der Zustand, in dem man alles (meist Geld) verliert ≈ *Ruin* | *Das Glücksspiel war sein Untergang*

un·ter·ge·ben ADJEKTIV **jemandem untergeben sein** jemanden zum Vorgesetzten haben ● hierzu **Un·ter·ge·be·ne** *der/die*

un·ter·ge·hen VERB (*ist*) **1** **jemand/etwas geht unter** jemand/etwas verschwindet unter der Oberfläche des Wassers ⟨ein Schiff⟩ | *Er schrie noch um Hilfe, dann ging er unter* **2** **etwas geht unter** etwas verschwindet hinter dem Horizont ⟨die Sonne, der Mond⟩ **3** **jemand/etwas geht unter** etwas hört auf zu existieren, jemand/etwas wird vernichtet ⟨eine Kultur, ein Reich, die Welt⟩ | *Wenn wir so weitermachen, gehen wir alle unter!* **4** **jemand/etwas geht (in etwas** (*Dativ*)**) unter** jemand/etwas wird nicht mehr bemerkt, weil jemand/etwas anderes zu viel Aufmerksamkeit auf sich lenkt | *Ihre leise Stimme ging in dem Lärm völlig unter* | *Ich kann ihn nicht sehen, er ist in der Menge untergegangen*

un·ter·ge·ord·net ■ PARTIZIP PERFEKT **1** → unterordnen ■ ADJEKTIV **2** weniger wichtig als etwas anderes ⟨von untergeordneter Bedeutung sein; eine untergeordnete Funktion, Stellung haben⟩ ≈ *zweitrangig* **3** von einem anderen Satz abhängig ⟨ein Nebensatz⟩

Un·ter·ge·schoss *das*, **Un·ter·ge·schoß** Ⓐ (in großen Gebäuden) eine Ebene, die unter der Erde (dem Erdgeschoss) liegt ⟨das erste, zweite, dritte Untergeschoß; etwas liegt im Untergeschoß⟩

Un·ter·ge·wicht *das* zu geringes Gewicht | *Anna hat zehn Kilo Untergewicht, bei ihrer Größe sollte sie 10 kg mehr wiegen* ● hierzu **un·ter·ge·wich·tig** ADJEKTIV

un·ter·glie·dern VERB (untergliederte, hat untergliedert) **etwas (in etwas** (*Akkusativ*)**) untergliedern** etwas (in etwas) gliedern | *einen Text in Absätze untergliedern* ● hierzu **Un·ter·glie·de·rung** *die*

un·ter·gra·ben[1] VERB (gräbt unter, grub unter, hat untergegraben) **etwas untergraben** etwas beim Graben mit der Erde mischen ⟨Dünger, Mist, Torf untergraben⟩

un·ter·gra·ben[2] VERB (untergräbt, untergrub, hat untergraben) **etwas untergraben** etwas allmählich zerstören ⟨jemandes Autorität untergraben⟩ ● hierzu **Un·ter·gra·bung** *die*

Un·ter·gren·ze *die* der tiefste Wert o. Ä., der erlaubt oder möglich ist | *Sein Einkommen liegt an der Untergrenze dessen, wovon man leben kann*

Un·ter·grund *der* **1** die oberste Schicht der Erde, auf/in der etwas wächst oder auf der man etwas baut | *Spargel braucht sandigen Untergrund* | *ein Haus auf festen Untergrund bauen* **2** die Fläche, auf der jemand/etwas steht oder auf der sich jemand/etwas bewegt ≈ *Fundament* | *Die Maschine muss auf vollkommen ebenem Untergrund aufgestellt werden* **3** eine Fläche, auf die man eine Farbe streicht, etwas klebt o. Ä. | *den Lack auf trockenem, staubfreiem Untergrund auftragen* **4** ≈ *Hintergrund* | *ein blaues Muster auf gelbem Untergrund* **5** *meist Singular* der Bereich, in dem Menschen heimlich illegale Dinge tun, um der Regierung oder dem Staat zu schaden ⟨im Untergrund arbeiten, leben; in den Untergrund gehen⟩ **K** Untergrundbewegung, Untergrundkämpfer, Untergrundorganisation

Un·ter·grund·bahn *die*; *geschrieben* ≈ *U-Bahn*

un·ter·ha·ken VERB (*hat*) **jemanden unterhaken**; **sich (bei jemandem) unterhaken** *gesprochen* (beim Gehen) den eigenen Arm unter den angewinkelten Arm einer anderen Person schieben | *untergehakt spazieren gehen*

★ **un·ter·halb** PRÄPOSITION *mit Genitiv* tiefer als das Genannte ≈ *unter* | *Schläge unterhalb der Gürtellinie sind beim Boxen verboten* | *Die meisten Vitamine liegen direkt unterhalb der Schale des Apfels* **K** auch verwendet mit *von*: *unterhalb vom Gipfel*

Un·ter·halt *der*; *meist Singular* **1** das, was man zum Leben braucht ⟨zu jemandes Unterhalt beitragen; für jemandes Unterhalt aufkommen, sorgen⟩ ≈ *Lebensunterhalt* **K** Unterhaltskosten **2** das Geld, das jemand an eine andere Person für ihren Unterhalt zahlen muss (meist an den geschiedenen Ehepartner oder die Kinder) ⟨jemandem Unterhalt zahlen; Anspruch auf Unterhalt haben; jemanden auf Unterhalt verklagen⟩ **K** Unterhaltsanspruch, Unterhaltsklage, Unterhaltspflicht, Unterhaltszahlung **3** das Pflegen und Instandhalten einer Sache | *der Unterhalt eines Gebäudes* **K** Unterhaltskosten ● zu (2) **un·ter·halts·be·rech·tigt** ADJEKTIV; zu (2) **un·ter·halts·pflich·tig** ADJEKTIV

★ **un·ter·hal·ten**[1] VERB (unterhält, unterhielt, hat unterhalten) **1**

U

jemand unterhält sich mit jemandem (über Personen/Dinge); Personen unterhalten sich (über Personen/Dinge) zwei oder mehrere Personen sprechen miteinander (vor allem zum Vergnügen) über eine andere Person oder über ein Thema ‹sich angeregt mit jemandem unterhalten› | *sich stundenlang mit einem Freund am Telefon unterhalten* | *Können wir uns irgendwo ungestört darüber unterhalten, wie wir das Geschäft abwickeln wollen?* **2** **jemanden irgendwie unterhalten** jemanden oder sich selbst so beschäftigen, dass die Zeit angenehm schnell vergeht | *Ich habe mich auf dem Fest sehr gut unterhalten* | *In den Pausen wurde das Publikum mit Musik unterhalten* **3** **etwas unterhalten** Geld dafür verwenden, dass etwas in gutem Zustand bleibt ‹eine Anlage, ein Gebäude, eine Straße unterhalten› **4** **jemanden unterhalten** Geld für die Kleidung, Nahrung und Wohnung einer Person zahlen | *eine große Familie zu unterhalten haben* **5** **etwas unterhalten** ein Unternehmen o. Ä. finanzieren und organisieren ≈ *betreiben* | *Die Stadt unterhält eine Omnibuslinie/mehrere Kindergärten* **6** **etwas unterhalten** dafür sorgen, dass etwas auch weiterhin existiert oder sich positiv entwickelt ‹Beziehungen, Kontakte zu jemandem unterhalten; einen Briefwechsel mit jemandem unterhalten› | *ein Feuer unterhalten* (nicht ausgehen lassen) • zu (2) **Un·ter·hal·ter** *der*

un·ter·hal·ten² VERB (hält unter, hielt unter, hat untergehalten) **etwas unterhalten** etwas unter etwas halten | *beim Essen einen Teller unterhalten, damit keine Krümel auf den Boden fallen*

un·ter·halt·sam ADJEKTIV so, dass die Zeit dabei angenehm (schnell) vergeht ‹ein Abend, ein Buch, ein Film› • hierzu **Un·ter·halt·sam·keit** *die*

★ **Un·ter·hal·tung** *die* **1** ≈ *Gespräch* | *eine vertrauliche Unterhaltung mit jemandem haben* K Privatunterhaltung **2** *nur Singular* die Zeit, welche man ohne Arbeit und Pflichten verbringt und Dinge tut, die Spaß machen ‹jemandem gute, angenehme Unterhaltung wünschen› | *zu jemandes Unterhaltung Witze und Geschichten erzählen* K Unterhaltungselektronik, Unterhaltungsindustrie, Unterhaltungsprogramm, Unterhaltungssendung, Unterhaltungsteil **3** *nur Singular* das Finanzieren und Organisieren | *die Unterhaltung einer Schule übernehmen* **4** *nur Singular* das Pflegen, die Aufrechterhaltung einer Sache | *die Unterhaltung diplomatischer Beziehungen*

Un·ter·hal·tungs·mu·sik *die* Musik wie Volksmusik, Schlager, Rock usw. H Abkürzung: *U-Musik*

Un·ter·händ·ler *der* eine Person, die z. B. als Vertreter eines Staates oder einer Gruppe mit deren Gegnern darüber spricht, wie man einen Krieg beenden oder einen Konflikt lösen kann ‹einen Unterhändler entsenden› • hierzu **Un·ter·händ·le·rin** *die*

★ **Un·ter·hemd** *das* ein Hemd (meist ohne Ärmel), das man unter der anderen Kleidung direkt auf der Haut trägt ↔ *Oberhemd*

un·ter·höh·len VERB (unterhöhlte, hat unterhöhlt) **1** **etwas unterhöhlt etwas** etwas lässt ein großes Loch oder eine Höhle unter etwas entstehen | *Der Fluss hat das Ufer unterhöhlt* **2** **etwas unterhöhlen** so handeln, dass eine Schwächung entsteht ≈ *untergraben*

Un·ter·holz *das; nur Singular* die Büsche, die jungen, kleinen Bäume usw., die in einem Wald wachsen | *sich im Unterholz verkriechen*

★ **Un·ter·ho·se** *die* eine meist kurze Hose, die man unter einer anderen Hose, einem Rock o. Ä. direkt auf der Haut trägt ‹kurze, lange Unterhosen tragen›

un·ter·ir·disch ADJEKTIV **1** unter der Oberfläche der Erde ‹ein Gang, ein Kanal› **2** *gesprochen* extrem schlecht | *Die Band war/spielte unterirdisch*

un·ter·jo·chen VERB (unterjochte, hat unterjocht) **ein Volk unterjochen** die Herrschaft über ein Volk ergreifen, das Volk unterdrücken | *ein fremdes Volk unterjochen*

un·ter·ju·beln VERB (*hat*) **jemandem etwas unterjubeln** *gesprochen* dafür sorgen, dass jemand ohne es zu bemerken etwas Unerwünschtes bekommt oder erfährt

un·ter·kel·lern VERB (unterkellerte, hat unterkellert) **etwas unterkellern** einen Keller unter etwas bauen | *Ist das Haus unterkellert?* • hierzu **Un·ter·kel·le·rung** *die*

Un·ter·kie·fer *der* der untere, bewegliche Teil des Kiefers

Un·ter·kleid *das* ≈ *Unterrock*

un·ter·kom·men VERB (*ist*) **1** **irgendwo unterkommen** einen Platz finden, wo man schlafen oder wohnen kann | *Alle Hotels waren belegt, aber wir sind bei Bekannten untergekommen* **2** **bei jemandem unterkommen** im Haus oder in der Wohnung einer anderen Person schlafen und wohnen dürfen **3** **irgendwo unterkommen** irgendwo eine Arbeit finden, angestellt werden | *Wenn es als Lehrer nicht klappt, versuche ich, bei einer Zeitung unterzukommen* ■ **ID** **So (et)was ist mir noch nicht untergekommen!** So etwas habe ich noch nie erlebt

Un·ter·kör·per *der* der untere Teil des Körpers (ab der Taille)

un·ter·krie·chen VERB (*ist*) **irgendwo unterkriechen** *gesprochen* irgendwo Schutz suchen, sich irgendwo verstecken

un·ter·krie·gen VERB (*hat*) **eine Person/Sache kriegt jemanden unter** *gesprochen* eine Person oder Sache bewirkt, dass jemand den Mut verliert, aufgibt o. Ä. | *Lass dich von ihm nicht unterkriegen!* H meist verneint

un·ter·küh·len VERB (unterkühlte, hat unterkühlt) **jemand ist unterkühlt** jemandes Körpertemperatur ist niedriger als normal H meist im Passiv mit dem Hilfsverb *sein* • hierzu **Un·ter·küh·lung** *die*

un·ter·kühlt ■ PARTIZIP PERFEKT **1** → unterkühlen
■ ADJEKTIV **2** nicht aggressiv, aber auch nicht freundlich ≈ *distanziert, reserviert*

★ **Un·ter·kunft** *die*; (-, Un·ter·künf·te) ein Zimmer, eine Wohnung o. Ä., in denen man für kurze Zeit als Gast wohnt | *Bei dieser Arbeit wird eine Unterkunft kostenlos zur Verfügung gestellt* K Notunterkunft

★ **Un·ter·la·ge** *die* **1** etwas, das zum Schutz unter jemanden/etwas gelegt wird | *eine Unterlage zum Schreiben* | *einen Verletzten auf eine weiche Unterlage legen* K Filzunterlage, Gummiunterlage, Schreibunterlage **2** *meist Plural* geschriebene Texte (Akten, Dokumente usw.), die man zum Arbeiten oder als Beweis braucht | *Unterlagen für eine Sitzung zusammenstellen* | *Haben Sie alle erforderlichen Unterlagen für Ihre Bewerbung dabei?* K Arbeitsunterlagen, Bewerbungsunterlagen, Sitzungsunterlagen, Versicherungsunterlagen

Un·ter·lass *der* ■ **ID** **ohne Unterlass** *geschrieben* (in Bezug auf unangenehme Erscheinungen) ohne Pause, ohne Ende | *Es regnete ohne Unterlass*

un·ter·las·sen VERB (unterlässt, unterließ, hat unterlassen) **1** **etwas unterlassen** etwas absichtlich nicht (mehr) tun | *Unterlassen sie bitte Ihre Zwischenrufe!* H meist im Imperativ **2** **etwas unterlassen** etwas, das nötig wäre, nicht tun ≈ *versäumen* | *Er hat es den Dieben leicht gemacht, weil er es unterließ, das Auto abzuschließen* • hierzu **Un·ter·las·sung** *die*

Un·ter·las·sungs·sün·de *die* ein Fehler, der darin besteht, dass man in einer Situation etwas (Wichtiges) nicht getan hat ≈ *Versäumnis*

Un·ter·lauf *der* der Teil eines Flusses in der Nähe der Mün-

U

dung | *am Unterlauf der Donau*

un·ter·lau·fen[1] VERB (unterläuft, unterlief, hat/ist unterlaufen) **1** **etwas unterläuft jemandem** (*ist*) etwas passiert jemandem (unabsichtlich) bei einer Tätigkeit ⟨jemandem unterläuft ein Fehler, ein Irrtum, ein Versehen⟩ **2** **etwas unterlaufen** (*hat*) (vor allem durch einen Trick) bewirken, dass etwas keinen Erfolg oder keine Folgen hat | *ein Verbot unterlaufen*

un·ter·lau·fen[2] ■ PARTIZIP PERFEKT **1** → unterlaufen[1] ■ ADJEKTIV **2** **ein Körperteil ist irgendwie unterlaufen** *meist prädikativ* die Haut an einer Stelle des Körpers ist dunkel, meist weil die Adern darunter verletzt sind ⟨ein Auge ist blutig, rot unterlaufen⟩ K blutunterlaufen

un·ter·le·gen[1] VERB (legte unter, hat untergelegt) **etwas unterlegen** etwas unter jemanden/etwas legen

un·ter·le·gen[2] VERB (unterlegte, hat unterlegt) **etwas mit etwas unterlegen** etwas mit Musik oder einem Text (als Begleitung) ergänzen | *eine Szene mit dramatischer Musik unterlegen* | *ein Lied mit einem neuen Text unterlegen*

un·ter·le·gen[3] ■ PARTIZIP PERFEKT **1** → unterliegen ■ ADJEKTIV **2** **(jemandem/etwas) unterlegen** *meist prädikativ* schwächer als eine andere Person oder Sache ⟨jemandem geistig, körperlich unterlegen sein; dem Gegner zahlenmäßig unterlegen sein⟩ | *Das alte Modell ist dem neuen hinsichtlich der Leistung klar unterlegen* ● zu (2) **Un·ter·le·gen·heit** *die*

Un·ter·leib *der* der untere Teil des menschlichen Körpers (vor allem der Teil um die Geschlechtsorgane) K Unterleibsoperation, Unterleibsschmerzen

un·ter·lie·gen VERB (unterlag, ist unterlegen) **1** **(jemandem) unterliegen** in einem Wettkampf (von jemandem) besiegt werden | *dem Feind unterliegen* **2** **jemand/etwas unterliegt einer Sache** (*Dativ*) jemand/etwas wird von etwas bestimmt | *Das Wetter im April unterliegt starken Schwankungen* | *Sie unterliegt starken Gemütsschwankungen* **3** **einer Sache** (*Dativ*) **unterliegen** etwas erliegen ⟨einem Irrtum, einer Täuschung, einer Versuchung unterliegen⟩

Un·ter·lip·pe *die* die untere Lippe des Mundes | *sich auf die Unterlippe beißen*

★ **un·term** PRÄPOSITION *mit Artikel; gesprochen* unter dem

un·ter·ma·len VERB (untermalte, hat untermalt) **etwas musikalisch/mit Musik untermalen** etwas mit Musik ergänzen oder begleiten | *einen Film musikalisch untermalen* ● hierzu **Un·ter·ma·lung** *die*

un·ter·mau·ern VERB (untermauerte, hat untermauert) **etwas irgendwie untermauern** etwas (mit Argumenten) stützen, sodass es überzeugender wirkt | *eine These mit einer Statistik untermauern* ● hierzu **Un·ter·mau·e·rung** *die*

Un·ter·mie·te *die* **(irgendwo) in/zur Untermiete wohnen** ein Zimmer in einer Wohnung von einer Person gemietet haben, welche die Wohnung selbst gemietet hat ● hierzu **Un·ter·mie·ter** *der*; **Un·ter·mie·te·rin** *die*

un·ter·mi·nie·ren VERB (unterminierte, hat unterminiert) **etwas unterminieren** *geschrieben* ⟨jemandes Ansehen, jemandes Autorität, jemandes Position unterminieren⟩ ≈ *untergraben*

un·ter·mi·schen VERB (*hat*) **etwas (einer Sache** (*Dativ*)**) untermischen** etwas mit etwas (ver)mischen | *die gemahlenen Nüsse (dem Teig) untermischen*

un·tern PRÄPOSITION *mit Artikel; gesprochen* unter den

★ **un·ter·neh·men** VERB (unternimmt, unternahm, hat unternommen) **1** **etwas unternehmen** irgendwohin gehen oder fahren, um sich zu vergnügen ⟨etwas, nichts, einen Ausflug, eine Reise unternehmen⟩ | *Ich habe Lust, heute Abend etwas mit dir zu unternehmen* **2** **(et)was/nichts (gegen jemanden/etwas) unternehmen** etwas/nichts tun, um etwas zu verhindern oder jemanden daran zu hindern, etwas (Negatives) zu tun | *Er hat in dieser Angelegenheit nichts unternommen* | *etwas gegen die Luftverschmutzung unternehmen* **3** **einen Versuch unternehmen (zu** *+Infinitiv*) etwas versuchen **4** **Schritte (gegen jemanden/etwas) unternehmen** so handeln, dass man Nachteile oder Schlechtes verhindert ⟨erste, ernsthafte, konkrete, notwendige, rechtliche Schritte (gegen jemanden/etwas) unternehmen⟩ ● zu (1) **Un·ter·neh·mung** *die*

★ **Un·ter·neh·men** *das*; (-s, -) **1** eine (komplexe) Aktion, mit der man ein Ziel erreichen will ⟨ein gewagtes, schwieriges Unternehmen; ein Unternehmen gelingt, scheitert⟩ **2** eine Firma, ein Betrieb (vor allem in der Industrie und im Handel) ⟨ein privates, staatliches Unternehmen; ein Unternehmen gründen, aufbauen, führen, leiten⟩ K Unternehmensführung, Unternehmensleitung

Un·ter·neh·mens·be·ra·ter *der* eine Person, die beruflich den Leitern eines Unternehmens sagt, wie sie ihren Betrieb am besten führen können ● hierzu **Un·ter·neh·mens·be·ra·te·rin** *die*; **Un·ter·neh·mens·be·ra·tung** *die*

★ **Un·ter·neh·mer** *der*; (-s, -) der Besitzer (und Leiter) einer Firma, eines Unternehmens K Unternehmerorganisation, Unternehmerverband H zu *Unternehmerin* → Info im Eintrag **-in** ● hierzu **Un·ter·neh·me·rin** *die*; **un·ter·neh·me·risch** ADJEKTIV

Un·ter·neh·mungs·geist *der*; *nur Singular* die Lust, das zu tun, was Freude und Vergnügen macht ⟨Unternehmungsgeist haben; voll Unternehmungsgeist sein⟩

Un·ter·neh·mungs·lust *die*; *nur Singular* die Lust, etwas zu tun, um Spaß zu haben ● hierzu **un·ter·neh·mungs·lus·tig** ADJEKTIV

Un·ter·of·fi·zier *der* ein Soldat, der eine kleine Gruppe von Soldaten ausbildet und leitet K Unteroffiziersanwärter, Unteroffizierslehrgang H Abkürzung: *Uffz.*

un·ter·ord·nen VERB (*hat*) **1** **sich (jemandem) unterordnen** eine Person als Anführer oder Leiter akzeptieren und das tun, was sie will ⟨sich nicht unterordnen können⟩ **2** **eine Person/Sache jemandem/etwas unterordnen** eine Person oder Sache unter die Leitung von jemandem oder etwas stellen | *Die Behörde wurde dem Außenministerium untergeordnet* H oft im Passiv **3** **etwas einer Sache unterordnen** etwas wegen einer wichtigeren Sache im Augenblick nicht behandeln oder beachten | *die persönlichen Interessen den Zielen der Partei unterordnen*

Un·ter·ord·nung *die* **die Unterordnung (unter jemanden/etwas)** ein Verhalten, bei dem man das tut, was eine andere Person will | *die Unterordnung unter die Autorität des Vaters*

Un·ter·pfand *das*; *geschrieben* **ein Unterpfand** (*+Genitiv*) etwas, das als Beweis oder Garantie einer Sache gilt | *ein goldener Ring als Unterpfand der Liebe*

un·ter·pri·vi·le·giert ADJEKTIV; *geschrieben* ohne die (sozialen, wirtschaftlichen o. Ä.) Vorteile anderer Leute ⟨Leute, Schichten, Völker⟩ ≈ *benachteiligt* ● hierzu **Un·ter·pri·vi·le·gier·te** *der/die*

Un·ter·re·dung *die*; (-, -en) ein (meist förmliches) Gespräch zwischen wenigen Personen (um ein Problem zu klären) ⟨jemanden um eine Unterredung bitten; mit jemandem eine (lange) Unterredung führen/haben⟩

un·ter·re·prä·sen·tiert ADJEKTIV; *geschrieben* in kleinerer Zahl vorhanden/vertreten, als es (in Relation zur Gesamtzahl) sein sollte oder müsste | *Die Frauen sind im Parlament noch unterrepräsentiert*

★ **Un·ter·richt** *der*; (-(e)s) **Unterricht (in etwas** (*Dativ*)**)** Lehrer geben Schülern Unterricht, damit sie etwas lernen ⟨Unterricht bekommen, nehmen; den Unterricht besuchen; am Unterricht teilnehmen; dem Unterricht fernbleiben; den Unter-

U

richt schwänzen; der Unterricht fällt aus› | *jemandem Unterricht in Englisch geben* | *Unterricht im Geigespielen nehmen* K Unterrichtsfach, Unterrichtsgegenstand, Unterrichtsmaterial, Unterrichtsmethode, Unterrichtsziel; Chemieunterricht, Deutschunterricht, Englischunterricht, Französischunterricht, Geigenunterricht, Geschichtsunterricht, Klavierunterricht, Musikunterricht, Religionsunterricht, Sportunterricht ● hierzu **un·ter·richts·frei** ADJEKTIV

★ **un·ter·rich·ten** VERB (unterrichtete, hat unterrichtet) **1** **(etwas) (an etwas** *(Dativ)***) unterrichten** (an einer Schule o. Ä.) das genannte Fach lehren | *Er unterrichtet (Musik) an der Volksschule* **2** **jemanden (in etwas** *(Dativ)***) unterrichten** einer Person das nötige Wissen eines Faches lehren | *Sie unterrichtet die 11. Klasse (in Englisch)* **3** **jemanden (über etwas** *(Akkusativ)***/von etwas) unterrichten** *geschrieben* jemandem sagen, dass etwas passiert ist ≈ *informieren* | *Hast du ihn vom Tod seines Vaters unterrichtet?* | *Sind Sie bereits unterrichtet?* **4** **sich (über etwas** *(Akkusativ)***) unterrichten** sich Informationen über etwas holen ≈ *informieren* ● zu (3) **Un·ter·rich·tung** *die*

Un·ter·richts·stoff *der* ≈ *Lehrstoff*

Un·ter·richts·stun·de *die* eine Zeiteinheit (meist 45 bis 60 Minuten), in die der Unterricht in den verschiedenen Fächern an der Schule eingeteilt ist

Un·ter·rock *der* eine Art langes Hemd mit Trägern oder ein Rock aus sehr dünnem Stoff. Frauen tragen einen Unterrock unter Kleidern oder Röcken

un·ters PRÄPOSITION *mit Artikel; gesprochen* unter das

un·ter·sa·gen VERB (untersagte, hat untersagt) **(jemandem) etwas untersagen** jemandem etwas (offiziell) verbieten | *Mein Arzt hat mir strengstens untersagt zu rauchen*

Un·ter·satz *der* **1** etwas (z. B. eine kleine Platte), auf das etwas gestellt wird | *die Kanne mit dem heißen Kaffee auf einen Untersatz stellen* **2** **ein fahrbarer Untersatz** *gesprochen, humorvoll* ≈ *Auto*

un·ter·schät·zen VERB (unterschätzte, hat unterschätzt) **1** **jemanden unterschätzen** eine Person oder sich selbst falsch beurteilen, weil man glaubt, dass diese oder man selbst weniger kann oder weiß, als es der Fall ist **2** **etwas unterschätzen** etwas falsch beurteilen, weil man glaubt, dass es leichter, weniger wichtig, geringer o. Ä. ist, als es der Fall ist ‹eine Entfernung, eine Geschwindigkeit, eine Gefahr unterschätzen› ● hierzu **Un·ter·schät·zung** *die*

★ **un·ter·schei·den** VERB (unterschied, hat unterschieden) **1** **jemanden/etwas von einer Person/Sache unterscheiden; Personen/Dinge unterscheiden** erkennen, dass zwei oder mehrere Personen oder Dinge in einigen Merkmalen nicht gleich sind | *Die Zwillinge sind sich so ähnlich, dass man den einen nicht vom anderen/sie nicht unterscheiden kann* | *Er ist farbenblind: Er kann Rot von/und Grün nicht unterscheiden* | *Er kann Gut und Böse nicht unterscheiden* **2** **Dinge unterscheiden** Dinge, die in einigen Merkmalen nicht (oder nur zum Teil) gleich sind, in mehrere Gruppen einteilen | *Wir können hier drei Sorten von Getreide unterscheiden: Weizen, Gerste, Hafer* **3** **etwas unterscheidet eine Person/Sache von jemandem/etwas** die eine Person oder Sache ist im genannten Merkmal anders als eine andere Person oder Sache | *Seine Direktheit unterscheidet ihn von den meisten anderen Kollegen* **4** **Personen/Dinge unterscheiden (können)** Personen/Dinge (meist anhand der Konturen) in einer Gruppe, vor einem Hintergrund o. Ä. erkennen können | *Er konnte in der Dunkelheit zwei Personen unterscheiden, die miteinander sprachen* **5** **zwischen Personen/Dingen unterscheiden (können)** die eine Person/Sache von der anderen genau trennen (und dabei bewerten) | *zwischen Gut und Böse unterscheiden können* | *Er kann nicht zwischen Wichtigem und Unwichtigem unterscheiden* **6** **eine Person/Sache unterscheidet sich (durch etwas/in etwas** *(Dativ)***) von jemandem/etwas; Personen/Dinge unterscheiden sich** eine Person/Sache ist (im genannten Merkmal) anders als eine andere Person oder Sache | *Er unterscheidet sich von seinem Bruder durch seinen Fleiß* | *Worin unterscheiden sich die beiden Bilder?* ● zu (1,2,5) **Un·ter·schei·dung** *die*

Un·ter·schen·kel *der* der Teil des Beines zwischen Knie und Fuß ≈ *Wade* K → Abb. unter **Mensch**

Un·ter·schicht *die* die Gruppe von Menschen in der Gesellschaft, die arm sind, weniger gelernt haben als andere Leute

un·ter·schie·ben VERB (schob unter, hat untergeschoben) **1** **jemandem etwas unterschieben** etwas unter jemanden schieben | *einem Kranken ein Kissen unterschieben* **2** **jemandem etwas unterschieben** lügen und behaupten, dass jemand etwas gesagt oder getan hat | *Das habe ich nie gesagt, das wurde mir untergeschoben* **3** **jemandem etwas unterschieben** durch Lügen, Betrug oder Tricks bewirken, dass jemand etwas Unerwünschtes hat | *jemandem Falschgeld unterschieben*

★ **Un·ter·schied** *der*; (-(e)s, -e) **1** **der Unterschied (zwischen Personen/Sachen** *(Dativ)***)** das (Merkmal), worin zwei oder mehrere Personen oder Sachen nicht gleich sind ‹ein kleiner, feiner, großer, gravierender Unterschied› | *Worin liegt/besteht der Unterschied zwischen dir und mir/uns beiden?* **2** **(zwischen Personen/Sachen) einen Unterschied machen** verschiedene Personen oder Sachen unterschiedlich bewerten **3** **im Unterschied zu jemandem/etwas; zum Unterschied von jemandem/etwas** anders als jemand/etwas | *Im Unterschied zu mir geht sie gern ins Theater* | *Zum Unterschied von gestern ist es heute sehr warm* **4** **ohne Unterschied** ohne Ausnahme | *alle ohne Unterschied* ■ ID **ein Unterschied wie Tag und Nacht** ein sehr großer Unterschied; **der kleine Unterschied** *humorvoll* das Geschlechtsorgan des Mannes als Symbol des Unterschieds zwischen Mann und Frau

★ **un·ter·schied·lich** ADJEKTIV in Bezug auf manche Merkmale anders (als eine andere Person oder Sache) ≈ *verschieden* ↔ *gleich* | *unterschiedliche Ansichten über etwas haben* | *Er behandelt seine Kinder unterschiedlich* ● hierzu **Un·ter·schied·lich·keit** *die*

un·ter·schla·gen VERB (unterschlägt, unterschlug, hat unterschlagen) **1** **etwas unterschlagen** Geld oder wertvolle Dinge, die anderen Leuten gehören, für sich behalten (und nicht zurückgeben o. Ä.) ‹Geld, einen Brief, Dokumente unterschlagen› ≈ *veruntreuen* **2** **(jemandem) etwas unterschlagen** jemandem etwas Wichtiges mit Absicht nicht sagen, obwohl man es müsste ● hierzu **Un·ter·schla·gung** *die*

Un·ter·schleif *der*; (-s, -e); *süddeutsch, geschrieben* ein Betrug bei schriftlichen Prüfungen in der Schule

Un·ter·schlupf *der*; (-(e)s, -e); *meist Singular* **1** **Unterschlupf (vor jemandem/etwas)** ein Ort, an dem man (für kurze Zeit) Schutz findet (meist vor Regen, einem Sturm, einer Gefahr) ‹Unterschlupf suchen; jemandem Unterschlupf gewähren› **2** **Unterschlupf (vor jemandem/etwas)** ein Ort, an dem man sich für kurze Zeit verstecken kann ‹bei jemandem Unterschlupf suchen, finden› | *jemandem Unterschlupf vor der Polizei gewähren* ● hierzu **un·ter·schlüp·fen** VERB *(ist)*

★ **un·ter·schrei·ben** VERB (unterschrieb, hat unterschrieben) **(etwas) unterschreiben** den eigenen Namen unter einen Brief, ein Dokument o. Ä. schreiben (z. B. um damit etwas zu bestätigen) ‹mit vollem Namen unterschreiben; einen

U

Brief, einen Scheck, einen Vertrag unterschreiben⟩

un·ter·schrei·ten VERB (unterschritt, hat unterschritten) **etwas unterschreiten** eine kleinere Menge von etwas brauchen, als geplant oder erlaubt war | *Er hat durch geschicktes Haushalten die veranschlagten Kosten unterschritten* • hierzu **Un·ter·schrei·tung** *die*

★ **Un·ter·schrift** *die* der eigene Name, den man unter einen Brief, ein Dokument o. Ä. schreibt ⟨eine eigenhändige, digitale, unleserliche Unterschrift; eine Unterschrift leisten; die Unterschrift unter etwas setzen; eine Unterschrift fälschen, verweigern; jemandem etwas zur Unterschrift vorlegen; etwas trägt jemandes Unterschrift⟩ K Unterschriftsfälschung

Un·ter·schrif·ten|ak·ti·on *die* eine Aktion, bei der Unterschriften von Personen gesammelt werden, die damit ihren Ärger oder ihre Unzufriedenheit über etwas zum Ausdruck bringen ⟨eine Unterschriftenaktion starten, durchführen⟩ | *eine Unterschriftenaktion gegen eine neue Straße*

Un·ter·schrif·ten|kam·pag·ne *die* ≈ *Unterschriftenaktion*

Un·ter·schrif·ten|samm·lung *die* ≈ *Unterschriftenaktion*

un·ter·schwel·lig ADJEKTIV nicht bewusst vorhanden ⟨Ängste, Hassgefühle⟩

Un·ter·see|boot *das; geschrieben* ≈ *U-Boot*

Un·ter·sei·te *die* die Seite einer Sache, die nach unten zeigt oder gerichtet ist

Un·ter·set·zer *der;* (-s, -) ein kleiner, flacher (oft runder) Gegenstand, auf den man meist Gläser oder Blumentöpfe stellt (z. B. um den Tisch zu schonen) K Bastuntersetzer, Messinguntersetzer, Plastikuntersetzer; Glasuntersetzer, Blumentopfuntersetzer

un·ter·setzt ADJEKTIV nicht sehr groß, aber kräftig ⟨Männer⟩

un·ter·spü·len VERB (unterspülte, hat unterspült) **etwas unterspült etwas** Wasser lässt ein Loch unter etwas entstehen • hierzu **Un·ter·spü·lung** *die*

Un·ter·stand *der* eine Stelle, wo man sich (zum Schutz vor Regen, Schnee oder Gefahr) unterstellen kann

un·ter·ste·hen VERB (unterstand, hat unterstanden) 1 **jemandem/etwas unterstehen** jemanden zum Chef haben oder von einer Institution Anweisungen oder Befehle bekommen | *Dieses Amt untersteht unmittelbar dem Ministerium* 2 **sich unterstehen zu** *+Infinitiv meist im Imperativ* so mutig oder unverschämt sein, etwas zu tun, das verboten ist oder anderen Leuten nicht gefällt | *Untersteh dich ja nicht, das noch einmal zu tun!*

un·ter·stel·len[1] VERB (stellte unter, hat untergestellt) 1 **etwas (irgendwo) unterstellen** etwas in einen Raum stellen, wo es geschützt oder nicht im Weg ist | *die Fahrräder im Keller unterstellen* 2 **sich (irgendwo) unterstellen** sich zum Schutz gegen Regen, Schnee o. Ä. für kurze Zeit unter ein Dach o. Ä. stellen

un·ter·stel·len[2] VERB (unterstellte, hat unterstellt) 1 **eine Person/Sache jemandem/etwas unterstellen** einer Person, einer Behörde o. Ä. erlauben, dass sie einer anderen Person oder Institution Befehle oder Anordnungen geben kann | *Die Werbeabteilung wird jetzt dem Verkaufsleiter unterstellt* H oft im Passiv 2 **jemandem etwas unterstellen** von jemandem etwas Negatives glauben oder behaupten, obwohl man es nicht beweisen kann ⟨jemandem Egoismus, Eigennutz, böse Absichten unterstellen⟩ | *Du willst mir doch wohl nicht unterstellen, dass ich das absichtlich getan habe!* 3 **etwas unterstellen** etwas (als Hypothese) annehmen | *Unterstellen wir einmal, er hätte recht, dann wäre Ihre These falsch*

Un·ter·stel·lung *die* eine ungerechtfertigte Behauptung über jemanden ⟨böswillige Unterstellungen⟩

★ **un·ter·strei·chen** VERB (unterstrich, hat unterstrichen) 1 **etwas unterstreichen** einen Strich unter etwas Geschriebenes ziehen (um es so zu markieren) 2 **etwas unterstreichen** etwas Wichtiges durch Wiederholung o. Ä. betonen ⟨Worte durch (lebhafte) Gesten unterstreichen⟩ ≈ *hervorheben* | *Der Redner unterstrich die Bedeutung des Umweltschutzes* • hierzu **Un·ter·strei·chung** *die*

Un·ter·stu·fe *die* die (drei) untersten Klassen einer Realschule oder eines Gymnasiums

★ **un·ter·stüt·zen** VERB (unterstützte, hat unterstützt) 1 **jemanden unterstützen** einer Person helfen, indem man ihr etwas gibt, das sie braucht ⟨jemanden finanziell, materiell, mit Rat und Tat unterstützen⟩ 2 **jemanden (bei etwas) unterstützen** jemandem bei etwas helfen | *jemanden beim Bau seines Hauses unterstützen* 3 **jemanden/etwas unterstützen** sich für eine Person oder Sache engagieren, damit sie Erfolg haben | *Er will unseren Plan unterstützen* 4 **etwas unterstützt etwas** etwas hilft dabei, dass sich etwas anderes gut entwickelt | *Dieses Mittel unterstützt den Heilungsprozess*

★ **Un·ter·stüt·zung** *die;* (-, -en) 1 *meist Singular* eine Handlung oder ein Verhalten, mit dem man jemandem hilft ⟨jemandem Unterstützung anbieten, zusagen; bei jemandem keine Unterstützung finden⟩ 2 *meist Singular* etwas, mit dem etwas anderes besser funktioniert oder effizienter wirkt | *ein Mittel zur Unterstützung der Abwehrkräfte* 3 eine finanzielle Hilfe (meist vom Staat) ⟨(eine) Unterstützung beantragen, bekommen, beziehen⟩ K Arbeitslosenunterstützung • zu (3) **un·ter·stüt·zungs·be·dürf·tig** ADJEKTIV

Un·ter·such *der;* (-(e)s, -e); CH *geschrieben* ≈ *Untersuchung*

★ **un·ter·su·chen** VERB (untersuchte, hat untersucht) 1 **etwas untersuchen** etwas genau prüfen, um herauszufinden, wie es funktioniert, wirkt o. Ä. ⟨etwas gründlich, eingehend untersuchen⟩ | *Er untersuchte, wie sich ein Reaktorunfall auswirken würde* 2 **etwas untersuchen** versuchen, Informationen über etwas zu bekommen | *Die Polizei untersucht den Mordfall* 3 **etwas (auf etwas** (*Akkusativ*) **(hin) untersuchen** etwas genau prüfen, um darin oder daran etwas zu finden | *die Luft auf Schadstoffe (hin) untersuchen* | *Die Polizei untersuchte das Glas auf Fingerabdrücke (hin)* 4 **jemanden/etwas untersuchen** als Arzt einen Patienten/einen Körperteil genau betrachten und anfassen oder prüfen, um festzustellen, ob er krank oder verletzt ist | *jemandes Lunge genau untersuchen*

★ **Un·ter·su·chung** *die;* (-, -en) 1 die Überprüfung, wie etwas funktioniert, ob etwas in Ordnung ist, wie etwas passiert ist o. Ä. ⟨eine ärztliche, eine polizeiliche Untersuchung; sich einer Untersuchung unterziehen; eine Untersuchung einleiten, anstellen, durchführen, einstellen⟩ ≈ *Prüfung* | *eine genaue Untersuchung der Unglücksursache* | *die Untersuchung des Bluts auf Cholesterin (hin)* K Untersuchungsausschuss, Untersuchungsbefund, Untersuchungsbericht, Untersuchungsergebnis, Untersuchungsmethode, Untersuchungszimmer; Blutuntersuchung, Augenuntersuchung, Herzuntersuchung, Laboruntersuchung 2 eine wissenschaftliche Arbeit über ein Thema auf der Basis der Ergebnisse einer Analyse o. Ä. ⟨eine Untersuchung schreiben, lesen⟩

Un·ter·su·chungs|ge·fan·ge·ne *der/die* eine Person, die im Gefängnis auf ihren Strafprozess wartet ≈ *Untersuchungshäftling*

Un·ter·su·chungs|ge·fäng·nis *das* ein Gefängnis für Untersuchungsgefangene

Un·ter·su·chungs|haft *die* die (vorläufige) Haft eines Beschuldigten bis zu Beginn des Prozesses ⟨jemanden in Untersuchungshaft nehmen; in Untersuchungshaft sein, sitzen; jemanden aus der Untersuchungshaft entlassen⟩ H Abkürzung: *U-Haft* • hierzu **Un·ter·su·chungs|häft·ling** *der*

U

Un·ter·su·chungs|rich·ter *der* der Richter, der den Strafprozess gegen jemanden vorbereitet ● hierzu **Un·ter·su·chungs·rich·te·rin** *die*

Un·ter·ta·ge|bau *der; meist Singular* die Arbeit unter der Erde, durch die Kohle, Erze o. Ä. gewonnen werden

un·ter·tags ADVERB; *süddeutsch* Ⓐ Ⓒⓗ während des Tages ≈ *tagsüber*

un·ter·tan ADJEKTIV **1** **sich** (*Dativ*) **etwas untertan machen** *geschrieben* erreichen, dass man etwas beherrscht | *sich die Natur untertan machen* **2** **jemandem untertan sein** *historisch* von einem Herrscher (vor allem in einem absolutistisch regierten Staat) ganz abhängig sein

Un·ter·tan *der;* (-s/-en, -en); *historisch* ein Einwohner eines Landes, das von einem König o. Ä. regiert wird | *Die Untertanen jubelten der jungen Königin zu* | *Wir sind doch keine Untertanen!* (Wir haben doch Rechte!) **H** *der Untertan; den, dem, des Untertanen* ● hierzu **Un·ter·ta·nin** *die*

un·ter·tä·nig ADJEKTIV; *abwertend* so, dass man durch das eigene Verhalten zeigt, dass man sich ganz nach jemandes Willen richtet ⟨eine Verbeugung; jemanden untertänig um etwas bitten⟩ ● hierzu **Un·ter·tä·nig·keit** *die*

★ **Un·ter·tas·se** *die* **1** ein kleiner, flacher Teller, auf den die Tasse gestellt wird **2** **eine fliegende Untertasse** *humorvoll* ≈ *Ufo*

un·ter·tau·chen VERB **1** **jemanden untertauchen** (*hat*) jemanden mit dem Kopf unter die Wasseroberfläche drücken **2** (*ist*) unter die Wasseroberfläche tauchen **3** **(in etwas** (*Dativ*)**) untertauchen** (*ist*) irgendwo verschwinden | *in der Menschenmenge untertauchen* **4** **(irgendwo) untertauchen** (*ist*) an einen fremden Ort gehen, um dort unter falschem Namen o. Ä. zu leben | *Er ist nach dem Skandal im Ausland untergetaucht*

Un·ter·teil *das* das untere Stück oder Teil einer Sache | *das Unterteil eines Schrankes/Bikinis*

un·ter·tei·len VERB (unterteilte, hat unterteilt) **etwas (in etwas** (*Akkusativ*)**) unterteilen** ein Ganzes in mehrere Teile (ein)teilen | *Die Strecke ist in drei Etappen unterteilt* **H** oft im Passiv mit dem Hilfsverb *sein* ● hierzu **Un·ter·tei·lung** *die*

Un·ter·tel·ler *der; süddeutsch* Ⓐ Ⓒⓗ ≈ *Untertasse*

Un·ter·ti·tel *der* **1** der (kleiner gedruckte) zweite Teil des Titels eines Buches, der meist genauere Informationen über den Inhalt angibt **2** *meist Plural* Texte mit der Übersetzung der Gespräche in einem (fremdsprachigen) Film, die am unteren Rand der Leinwand bzw. des Bildschirms als Schrift erscheinen | *ein Film in englischer Originalfassung mit deutschen Untertiteln*

Un·ter·ton *der* **ein Unterton (von etwas)** etwas, das beim Reden mitklingt und dem Zuhörer die tieferen Gefühle des Sprechers andeutet ⟨etwas mit einem Unterton von Furcht, Ironie, Spott sagen; in jemandes Stimme ist, liegt ein banger, drohender Unterton⟩

un·ter·trei·ben VERB (untertrieb, hat untertrieben) **(etwas) untertreiben** etwas als weniger wichtig, weniger intensiv o. Ä. darstellen, als es wirklich ist | *Er war von der Idee begeistert, und das ist noch untertrieben* ● hierzu **Un·ter·trei·bung** *die*

un·ter·ver·mie·ten VERB (hat untervermietet) **etwas untervermieten** ein Zimmer in einer Wohnung, die man selbst gemietet hat, an eine andere Person weitervermieten **H** meist im Infinitiv oder im Partizip Perfekt verwendet ● hierzu **Un·ter·ver·mie·tung** *die*

un·ter·ver·sorgt ADJEKTIV **(mit etwas) unterversorgt** so, dass nicht genug von etwas Wichtigem vorhanden ist | *Das Herz des Kranken ist mit Sauerstoff unterversorgt* ● hierzu **Un·ter·ver·sor·gung** *die*

un·ter·wan·dern VERB (unterwanderten, haben unterwandert) **Personen unterwandern eine Institution** Mitglieder einer extremen politischen Organisation o. Ä. nehmen über längere Zeit Stellen in einer Institution an, um die Arbeit dort für ihre Ziele zu missbrauchen | *Staatsfeinde haben die Behörde unterwandert* ● hierzu **Un·ter·wan·de·rung** *die*

★ **Un·ter·wä·sche** *die; nur Singular* das, was man unter der Kleidung trägt (Unterhose, Unterhemd, Büstenhalter, Unterrock)

Un·ter·was·ser- *im Substantiv, betont, begrenzt produktiv* **1** **die Unterwasserarchäologie, die Unterwassermassage** *und andere* unter Wasser stattfindend **2** **die Unterwasserkamera, der Unterwasserroboter** *und andere* für die Benutzung unter Wasser geeignet

★ **un·ter·wegs** ADVERB **1** auf dem Weg zu einem Ziel | *Unterwegs traf sie ihren Bruder* **2** **unterwegs sein** auf Reisen sein | *Er ist geschäftlich viel unterwegs* ■ **ID** **Bei ihr ist ein Baby/Kind unterwegs** *gesprochen* Sie ist schwanger

un·ter·wei·sen VERB (unterwies, hat unterwiesen) **jemanden (in etwas** (*Dativ*)**) unterweisen** *geschrieben* jemanden erklären oder zeigen, wie etwas geht ● hierzu **Un·ter·wei·sung** *die*

Un·ter·welt *die; nur Singular* **1** die Verbrecher einer Stadt **2** (in der griechischen Mythologie) das Reich der Toten **H** nur mit dem bestimmten Artikel verwendet

un·ter·wer·fen VERB (unterwirft, unterwarf, hat unterworfen) **1** **Personen/etwas unterwerfen** ein Volk/ein Land o. Ä. im Krieg besiegen und dann über es herrschen ⟨ein Volk, die Aufständischen, ein Land, ein Gebiet unterwerfen⟩ **2** **sich (jemandem) unterwerfen** im Krieg aufhören zu kämpfen und den Feind als Herrscher akzeptieren ⟨sich den Eindringlingen, den Eroberern, den Siegern unterwerfen⟩ **3** **sich einer Sache** (*Dativ*) **unterwerfen** das akzeptieren oder tun, was eine andere Person verlangt ⟨sich jemandes Anordnung, Befehl, Willen unterwerfen⟩

Un·ter·wer·fung *die;* (-, -en); *meist Singular* **1** das Unterwerfen **2** **die Unterwerfung (unter jemanden/etwas)** ein Verhalten, bei dem man alles tut, was eine andere Person will | *die Unterwerfung unter einen Befehl*

un·ter·wor·fen ■ PARTIZIP PERFEKT **1** → unterwerfen ■ ADJEKTIV **2** **einer Sache** (*Dativ*) **unterworfen sein** von etwas abhängig sein | *Die Kleidung ist dem Diktat der Mode unterworfen*

un·ter·wür·fig, un·ter·wür·fig ADJEKTIV; *abwertend* so, dass jemand ohne Rücksicht auf die eigene Würde aus Angst alles tut, was eine andere Person wünscht ⟨eine Haltung; sich unterwürfig verhalten⟩ ● hierzu **Un·ter·wür·fig·keit, Un·ter·wür·fig·keit** *die*

★ **un·ter·zeich·nen** VERB (unterzeichnete, hat unterzeichnet); *geschrieben* **(etwas) unterzeichnen** (etwas) unterschreiben ⟨ein Dokument, einen Vertrag⟩ ● hierzu **Un·ter·zeich·nung** *die*

Un·ter·zeich·ner *der;* (-s, -) eine Person, die etwas unterzeichnet (hat) ● hierzu **Un·ter·zeich·ne·rin** *die*

un·ter·zie·hen[1] VERB (zog unter, hat untergezogen) **1** **etwas unterziehen** ein zusätzliches Kleidungsstück unter einem anderen (meist als Schutz vor Kälte) anziehen | *noch einen Pullover unterziehen* **2** **etwas (unter etwas** (*Akkusativ*)**) unterziehen** beim Kochen oder Backen eine Masse vorsichtig unter eine andere geben (ohne zu rühren) | *Eischnee (unter den Teig) unterziehen*

un·ter·zie·hen[2] VERB (unterzog, hat unterzogen); *geschrieben* **1** **sich einer Sache** (*Dativ*) **unterziehen** etwas tun, das unangenehm oder mit Mühen verbunden ist | *sich einer Operation/einer Untersuchung unterziehen* **2** **jemanden einem Verhör unterziehen** jemanden verhören **3** **jeman-**

U

den/etwas einer Prüfung unterziehen jemanden/etwas prüfen

Ụn·ter·zu·cker *der; nur Singular; gesprochen* ein zu niedriger Gehalt an Zucker im Blut ⟨Unterzucker haben⟩ ≈ *Hypoglykämie*

Ụn·tie·fe *die* eine flache (seichte) Stelle im Wasser (z. B. in einem Fluss oder im Meer)

Ụn·tier *das; abwertend* verwendet, um ein gefährliches, meist großes und hässliches Tier zu bezeichnen | *Vor der Haustür lag ein großer Hund. So ein Untier habe ich noch nie gesehen!*

un·tịlg·bar, **ụn·tilg·bar** ADJEKTIV; *geschrieben* **1** ⟨eine Schuld, eine Schmach⟩ so, dass man sie nicht wiedergutmachen kann **2** ⟨Schulden⟩ so, dass man sie (in einer begrenzten Zeit) nicht abzahlen kann

un·trag·bar, **ụn·trag·bar** ADJEKTIV **1** nicht mehr akzeptabel, nicht mehr zu ertragen ⟨Zustände⟩ | *Wegen des Bestechungsskandals ist er für die Partei untragbar geworden* **2** so, dass es nicht mehr finanziert werden kann ⟨etwas ist finanziell untragbar⟩ | *Die Kosten des Projekts sind untragbar*

un·trẹnn·bar, **ụn·trenn·bar** ADJEKTIV **1** so, dass die einzelnen Personen oder Dinge nicht voneinander getrennt werden können ⟨etwas bildet eine untrennbare Einheit, ein untrennbares Ganzes; mit jemandem/etwas untrennbar verbunden sein⟩ **2** ⟨ein Verb⟩ so, dass die Vorsilbe nicht vom Wortstamm (z. B. *-folgen* in *befolgen*) getrennt werden kann

ụn·treu ADJEKTIV **1** mit sexuellen Beziehungen außerhalb der Ehe oder Partnerschaft ⟨ein Ehemann, eine Ehefrau, ein Lebenspartner, ein Lebensgefährte; jemandem untreu sein, werden⟩ **2** **einer Sache** (*Dativ*) **untreu werden** nicht mehr länger für etwas eintreten, das man bisher für gut oder richtig gehalten hat ⟨den eigenen Grundsätzen, Idealen, Überzeugungen untreu werden⟩

Ụn·treue *die* **1** die Situation, wenn jemand einer Person oder Sache untreu wird **2** das Veruntreuen von Geld, Vermögen o. Ä. | *Der Chef der Buchhaltung wurde wegen Untreue verurteilt*

un·trö̱st·lich, **ụn·tröst·lich** ADJEKTIV **untröstlich (über etwas** (*Akkusativ*)**)** sehr traurig

un·trü̱g·lich, **ụn·trüg·lich** ADJEKTIV *meist attributiv* ⟨ein Beweis, ein Zeichen⟩ so, dass man sich darauf verlassen kann, ganz deutlich

ụn·ty·pisch ADJEKTIV nicht charakteristisch, nicht typisch

un·über·brück·bar, **ụn·über·brück·bar** ADJEKTIV ⟨Differenzen, Gegensätze⟩ so, dass sich Personen nicht einigen können

un·über·hö̱r·bar, **ụn·über·hör·bar** ADJEKTIV so, dass man es zur Kenntnis nehmen muss | *In ihren Worten war ein unüberhörbarer Vorwurf*

ụn·über·legt ADJEKTIV nicht (vorher) überlegt ⟨eine Handlungsweise; unüberlegt handeln; etwas Unüberlegtes tun⟩ ≈ *leichtsinnig* • hierzu **Ụn·über·legt·heit** *die*

un·über·schau·bar, **ụn·über·schau·bar** ADJEKTIV so, dass ziemlich viele Teile oder Dinge da sind und man Schwierigkeiten hat, eine Ordnung o. Ä. zu sehen

un·über·se̱h·bar, **ụn·über·seh·bar** ADJEKTIV **1** ⟨Fehler, Mängel⟩ so (groß, deutlich o. Ä.), dass man sie einfach sehen muss **2** so groß, komplex o. Ä., dass man es nicht mit einem Blick umfassen kann | *Auf dem Platz hatte sich eine unübersehbare Menschenmenge versammelt* **3** in den Folgen noch nicht abzuschätzen | *Die Auswirkungen des Unglücks sind derzeit noch unübersehbar*

ụn·über·sicht·lich ADJEKTIV so verborgen, verdeckt o. Ä., dass man nicht alles (richtig) sehen kann ⟨eine Kurve⟩ | *Der Unfall passierte auf einem unübersichtlichen Abschnitt der Straße* • hierzu **Ụn·über·sicht·lich·keit** *die*

un·über·trẹff·lich, **ụn·über·treff·lich** ADJEKTIV so gut, dass niemand etwas Besseres leisten kann

un·über·trọf·fen, **ụn·über·trof·fen** ADJEKTIV so gut, dass bisher noch niemand/noch nichts besser war ⟨eine Leistung⟩

un·über·wịnd·bar, **ụn·über·wind·bar** ADJEKTIV ≈ *unüberwindlich*

un·über·wịnd·lich, **ụn·über·wind·lich** ADJEKTIV **1** ⟨eine Abneigung, Ängste⟩ so, dass man sie nicht besiegen, nicht überwinden kann **2** ⟨Hindernisse, Probleme, Schwierigkeiten⟩ so groß, dass man sie nicht lösen, nicht überwinden kann **3** ⟨Gegensätze⟩ so, dass sich Personen nicht einigen können **4** ⟨ein Gegner⟩ so, dass er nicht zu besiegen ist

ụn·üb·lich ADJEKTIV *meist prädikativ* nicht üblich ⟨ein Verfahren, ein Vorgehen⟩ ≈ *ungewöhnlich*

un·um·gä̱ng·lich, **ụn·um·gäng·lich** ADJEKTIV nötig und nicht zu vermeiden ⟨etwas für unumgänglich halten⟩ | *Die strengen Maßnahmen waren unumgänglich*

un·um·schrạ̈nkt, **ụn·um·schränkt** ADJEKTIV ohne Einschränkung(en) ⟨eine Vollmacht; unumschränkt herrschen⟩ ≈ *uneingeschränkt*

un·um·stö̱ß·lich, **ụn·um·stöß·lich** ADJEKTIV so, dass man es nicht mehr ändern kann ⟨eine Tatsache⟩ | *jemandes Entschluss steht unumstößlich fest*

un·um·strịt·ten, **ụn·um·strit·ten** ADJEKTIV von allen anerkannt ⟨eine Tatsache⟩

ụn·um·wun·den, **un·um·wụn·den** ADJEKTIV *meist attributiv* so, dass man etwas ehrlich und deutlich sagt ⟨etwas unumwunden eingestehen, zugeben⟩ | *unumwunden sagen, was man denkt*

ụn·un·ter·bro·chen, **un·un·ter·brọ·chen** ADJEKTIV *meist attributiv* ohne eine Pause oder Störung ≈ *dauernd, ständig* | *in ununterbrochener Reihenfolge* | *Es regnete ununterbrochen* | *Sie redet ununterbrochen* | *ununterbrochen im Einsatz sein*

un·ver·ạ̈n·der·lich, **ụn·ver·än·der·lich** ADJEKTIV so, dass man es nicht ändern kann • hierzu **Un·ver·ạ̈n·der·lich·keit**, **Ụn·ver·än·der·lich·keit** *die*

★ **ụn·ver·än·dert**, **un·ver·ạ̈n·dert** ADJEKTIV ohne Veränderung ⟨etwas unverändert lassen⟩ ≈ *gleichbleibend* | *Ihr gesundheitlicher Zustand ist seit Tagen unverändert*

un·ver·ạnt·wort·lich, **ụn·ver·ant·wort·lich** ADJEKTIV so, dass man es nicht rechtfertigen oder verantworten kann ⟨Leichtsinn; jemandes Verhalten ist unverantwortlich⟩ • hierzu **Un·ver·ạnt·wort·lich·keit**, **Ụn·ver·ant·wort·lich·keit** *die*

un·ver·ä̱u·ßer·lich, **ụn·ver·äu·ßer·lich** ADJEKTIV **die unveräußerlichen Rechte des Menschen** *geschrieben* die Rechte des Menschen (auf Freiheit, Unversehrtheit)

un·ver·bẹs·ser·lich, **ụn·ver·bes·ser·lich** ADJEKTIV ⟨ein Optimist, ein Pessimist, ein Dickkopf, ein Nörgler⟩ so stark durch eine Eigenschaft geprägt, dass man sie nicht ändern kann

ụn·ver·bind·lich, **un·ver·bịnd·lich** ADJEKTIV **1** ⟨eine Auskunft, eine Zusage⟩ so, dass sie niemanden zu etwas verpflichten **2** auf distanzierte Art korrekt und höflich ⟨Worte⟩ • hierzu **Ụn·ver·bind·lich·keit**, **Un·ver·bịnd·lich·keit** *die*

ụn·ver·bleit ADJEKTIV ohne Blei ⟨Benzin⟩

ụn·ver·blümt, **un·ver·blü̱mt** ADJEKTIV nicht vorsichtig oder schonend, sondern ganz deutlich, ganz ehrlich ⟨Worte; jemandem unverblümt die Meinung sagen⟩

ụn·ver·braucht ADJEKTIV **1** noch vorhanden ⟨Kräfte, Energien⟩ **2** kühl und sauber ⟨Luft⟩ ≈ *frisch*

U

un·ver·brüch·lich, **un·ver·brüch·lich** ADJEKTIV; *geschrieben* ganz fest ⟨Treue⟩

un·ver·dau·lich, **un·ver·dau·lich** ADJEKTIV **1** ⟨Reste, Bestandteile (der Nahrung)⟩ so, dass sie nicht verdaut werden **2** schwer zu verstehen oder zu lesen ⟨eine Abhandlung, eine Theorie⟩ • hierzu **Un·ver·dau·lich·keit**, **Un·ver·dau·lich·keit** *die*

un·ver·dient, **un·ver·dient** ADJEKTIV nicht (durch die Leistung oder das Verhalten des Betroffenen) verdient, nicht begründet ⟨ein Lob, eine Belohnung, Glück, ein Tadel, eine Strafe, Vorwürfe⟩ • hierzu **un·ver·dien·ter·ma·ßen** ADVERB; **un·ver·dien·ter·wei·se** ADVERB

un·ver·dor·ben ADJEKTIV **1** natürlich und unschuldig oder ohne böse Erfahrungen ⟨ein Kind, ein Naturvolk⟩ **2** ohne sexuelle Erfahrungen ⟨ein Mädchen⟩

un·ver·dros·sen, **un·ver·dros·sen** ADJEKTIV *meist adverbiell* so, dass man beim Planen oder Arbeiten nicht die Lust oder das Interesse daran verliert ⟨unverdrossen weiterarbeiten⟩

un·ver·ein·bar, **un·ver·ein·bar** ADJEKTIV **etwas ist unvereinbar (mit etwas)** zwei oder mehr Dinge sind sehr voneinander unterschieden und passen deshalb auf keinen Fall zusammen ⟨Gegensätze⟩ | *Seine Anschauungen sind mit meinen unvereinbar* • hierzu **Un·ver·ein·bar·keit**, **Un·ver·ein·bar·keit** *die*

un·ver·fälscht, **un·ver·fälscht** ADJEKTIV so, wie es früher (ursprünglich) war ≈ *unverändert* | *die unverfälschte Natur*

un·ver·fäng·lich, **un·ver·fäng·lich** ADJEKTIV ⟨eine Frage, eine Antwort, eine Situation⟩ ≈ *harmlos*

un·ver·fro·ren, **un·ver·fro·ren** ADJEKTIV frech, unverschämt • hierzu **Un·ver·fro·ren·heit**, **Un·ver·fro·ren·heit** *die*

un·ver·gäng·lich, **un·ver·gäng·lich** ADJEKTIV so, dass es immer den Wert behält | *die unvergänglichen Werke der Weltliteratur* • hierzu **Un·ver·gäng·lich·keit**, **Un·ver·gäng·lich·keit** *die*

un·ver·ges·sen ADJEKTIV **(jemandem) unvergessen** (nach langer Zeit) noch in jemandes Erinnerung | *die unvergessene Greta Garbo*

un·ver·gess·lich, **un·ver·gess·lich** ADJEKTIV **(jemandem) unvergesslich** ⟨ein Abend, ein Augenblick, ein Erlebnis⟩ so (schön, gut o. Ä.), dass man sie nicht vergisst

un·ver·gleich·lich, **un·ver·gleich·lich** ADJEKTIV so (ungewöhnlich), dass man es mit nichts vergleichen kann | *ihr unvergleichlicher Humor* | *Es war unvergleichlich schön*

un·ver·hält·nis·mä·ßig, **un·ver·hält·nis·mä·ßig** ADVERB über das normale Maß stark hinausgehend | *Das Kind ist für sein Alter unverhältnismäßig groß*

un·ver·hei·ra·tet ADJEKTIV nicht verheiratet ≈ *ledig*

un·ver·hofft, **un·ver·hofft** ADJEKTIV nicht erwartet ⟨ein Besuch, ein Wiedersehen⟩ ≈ *überraschend* ■ **ID Unverhofft kommt oft** man erlebt immer wieder Überraschungen

un·ver·hoh·len, **un·ver·hoh·len** ADJEKTIV ganz deutlich ⟨Schadenfreude; jemanden mit unverhohlener Neugier mustern, anstarren⟩ | *jemandem unverhohlen sagen, was man denkt*

un·ver·hüllt ADJEKTIV **1** ohne Kleidung ≈ *nackt* **2** ≈ *unverhohlen*

un·ver·käuf·lich, **un·ver·käuf·lich** ADJEKTIV **1** nicht für den Verkauf bestimmt | *Dieses Bild ist ein Erinnerungsstück und deshalb unverkäuflich* **2** ⟨Waren, Gegenstände⟩ so, dass sie niemand kaufen will

un·ver·kenn·bar, **un·ver·kenn·bar** ADJEKTIV so deutlich (zu erkennen), dass es keine Zweifel gibt ≈ *eindeutig* | *Das ist unverkennbar ein Picasso*

un·ver·letz·lich, **un·ver·letz·lich** ADJEKTIV so (wichtig), dass man nichts davon nehmen oder daran ändern darf ⟨Gesetze, Rechte⟩ ≈ *unantastbar* | *die unverletzliche Würde des Menschen* • hierzu **Un·ver·letz·lich·keit**, **Un·ver·letz·lich·keit** *die*

un·ver·letzt ADJEKTIV ohne eine Wunde, ohne Verletzung | *Der Verunglückte konnte unverletzt geborgen werden*

un·ver·meid·lich, **un·ver·meid·lich** ADJEKTIV nicht zu vermeiden (z. B. weil es die Folge einer Sache ist) ⟨ein Fehler, ein Unglück⟩ ■ **ID sich ins Unvermeidliche fügen** das Schicksal akzeptieren, weil man es nicht ändern kann

un·ver·min·dert ADJEKTIV mit gleichbleibender Intensität | *Der Sturm tobt noch mit unverminderter Stärke*

un·ver·mit·telt ADJEKTIV ganz plötzlich | *Unvermittelt fing er an zu schreien*

Un·ver·mö·gen *das; nur Singular; geschrieben* der Mangel an Können ≈ *Unfähigkeit*

un·ver·mu·tet ADJEKTIV ≈ *unerwartet, unverhofft*

un·ver·nünf·tig ADJEKTIV ohne Vernunft ⟨ein Verhalten⟩ | *Wir mussten das so machen, alles andere wäre unvernünftig gewesen* • hierzu **Un·ver·nunft** *die*

un·ver·öf·fent·licht ADJEKTIV (noch) nicht veröffentlicht ⟨ein Manuskript⟩

un·ver·rich·tet ADJEKTIV ■ **ID unverrichteter Dinge** ohne Erfolg oder ohne Ergebnis ⟨umkehren, heimkehren (müssen)⟩

un·ver·rück·bar, **un·ver·rück·bar** ADJEKTIV so (fest oder sicher), dass es durch nichts mehr geändert werden kann ⟨ein Entschluss, eine Entscheidung; etwas steht (für jemanden) unverrückbar fest⟩

★ **un·ver·schämt** ADJEKTIV **1** so frech, dass andere Menschen provoziert oder beleidigt werden ⟨eine Person; unverschämt grinsen⟩ | *Werd bloß nicht unverschämt!* **2** *gesprochen* sehr groß, sehr intensiv | *unverschämtes Glück haben* **3** *gesprochen* in sehr hohem Maße | *Das Kleid war unverschämt teuer* | *Sie sieht unverschämt gut aus* • zu (1) **Un·ver·schämt·heit** *die*

un·ver·schlos·sen, **un·ver·schlos·sen** ADJEKTIV nicht verschlossen ⟨ein Safe, eine Tür⟩

un·ver·schul·det, **un·ver·schul·det** ADJEKTIV so, dass die betroffene Person nicht selbst daran schuld oder dafür verantwortlich ist ⟨Armut; unverschuldet in Not geraten⟩

un·ver·se·hens, **un·ver·se·hens** ADVERB ganz plötzlich, ohne dass jemand vorher etwas bemerkt hatte

un·ver·sehrt ADJEKTIV **1** ohne eine Wunde, ohne Verletzung ⟨unversehrt geborgen werden⟩ **2** ohne Schaden ≈ *unbeschädigt* | *Das Dach blieb bei dem Sturm unversehrt* **3** nicht geöffnet ⟨ein Siegel, eine Packung⟩ • hierzu **Un·ver·sehrt·heit** *die*

un·ver·söhn·lich, **un·ver·söhn·lich** ADJEKTIV **1** nicht bereit, sich zu versöhnen, nachzugeben ⟨Feinde, Gegner; unversöhnlich bleiben⟩ **2** ⟨Gegensätze⟩ so groß, dass sie nicht überbrückt werden können ≈ *unüberwindlich*

un·ver·stan·den ADJEKTIV **sich (von jemandem) unverstanden fühlen** meinen, dass eine andere Person die Probleme, die man hat, nicht versteht | *Er fühlte sich von seiner Frau unverstanden*

un·ver·ständ·lich ADJEKTIV **1** nicht deutlich zu hören oder zu verstehen | *im Schlaf unverständliche Worte vor sich hin murmeln* **2** so, dass man es nicht begreifen, sich es nicht erklären kann ≈ *unbegreiflich* | *Es ist mir unverständlich, wie er einen so wichtigen Termin vergessen konnte* • hierzu **Un·ver·ständ·lich·keit** *die*

Un·ver·ständ·nis *das; nur Singular* das Fehlen von Verständnis für eine Person und ihre Probleme ⟨(bei jemandem) (mit etwas) auf Unverständnis stoßen⟩

U

un·ver·sucht, **un·ver·sucht** ADJEKTIV ■ **ID nichts unversucht lassen** (, um ...) alles tun, was möglich ist, um ein Ziel zu erreichen | *Sie ließ nichts unversucht, um ihn zu erreichen*

un·ver·träg·lich, **un·ver·träg·lich** ADJEKTIV **1** (in Bezug auf Speisen) so, dass man sie nicht essen kann (weil sie schädlich sind) **2** nicht fähig, mit anderen Menschen in Harmonie zu leben ⟨ein Mensch⟩ ≈ *streitsüchtig* ● hierzu **Un·ver·träg·lich·keit**, **Un·ver·träg·lich·keit** *die*

un·ver·wandt ADVERB lange Zeit, ohne Unterbrechung ⟨jemanden/etwas unverwandt ansehen, anstarren⟩

un·ver·wech·sel·bar, **un·ver·wech·sel·bar** ADJEKTIV so typisch, dass man es mit nichts verwechseln kann ≈ *charakteristisch, typisch* | *Ihr Gang/Ihr Parfum/Ihre Stimme ist unverwechselbar* | *Das ist unverwechselbar barocker Stil*

un·ver·wund·bar, **un·ver·wund·bar** ADJEKTIV (in Bezug auf Menschen) so, dass sie nicht verletzt werden können ● hierzu **Un·ver·wund·bar·keit**, **Un·ver·wund·bar·keit** *die*

un·ver·wüst·lich, **un·ver·wüst·lich** ADJEKTIV **1** ⟨ein Material, ein Stoff⟩ so, dass sie nicht oder nur sehr schwer beschädigt oder zerstört werden können **2** ⟨eine Gesundheit, ein Humor⟩ so, dass sie durch nichts gestört oder kaputt gemacht werden | *Er ist einfach unverwüstlich* ● hierzu **Un·ver·wüst·lich·keit**, **Un·ver·wüst·lich·keit** *die*

un·ver·zagt ADJEKTIV *meist adverbiell; veraltend* ohne Angst ● hierzu **Un·ver·zagt·heit** *die*

un·ver·zeih·lich, **un·ver·zeih·lich** ADJEKTIV so (groß), dass es durch nichts entschuldigt werden kann ⟨ein Fehler, ein Irrtum, Leichtsinn, Leichtfertigkeit, Fahrlässigkeit⟩

un·ver·zicht·bar, **un·ver·zicht·bar** ADJEKTIV so, dass man nicht darauf verzichten kann

un·ver·züg·lich, **un·ver·züg·lich** ADJEKTIV *meist adverbiell; geschrieben* ≈ *sofort*

un·voll·en·det, **un·voll·en·det** ADJEKTIV nicht ganz fertig ⟨etwas bleibt unvollendet⟩

un·voll·kom·men, **un·voll·kom·men** ADJEKTIV **1** nicht so gut, wie es sein sollte oder könnte ⟨etwas nur unvollkommen beherrschen⟩ **2** *meist attributiv* nicht komplett ⟨eine Darstellung⟩ ≈ *unvollständig* ● hierzu **Un·voll·kom·men·heit**, **Un·voll·kom·men·heit** *die*

un·voll·stän·dig, **un·voll·stän·dig** ADJEKTIV nicht mit allen Teilen, die dazugehören | *ein unvollständiges Teeservice* | *Die Liste ist noch unvollständig* ● hierzu **Un·voll·stän·dig·keit**, **Un·voll·stän·dig·keit** *die*

un·vor·be·rei·tet ADJEKTIV nicht vorbereitet ⟨eine Rede, ein Vortrag; etwas trifft jemanden unvorbereitet; unvorbereitet in eine Prüfung gehen⟩

un·vor·ein·ge·nom·men ADJEKTIV objektiv, ohne Vorurteile ⟨etwas unvoreingenommen beurteilen⟩ ● hierzu **Un·vor·ein·ge·nom·men·heit** *die*

un·vor·her·ge·se·hen ADJEKTIV nicht erwartet, nicht vorausgesehen ⟨Schwierigkeiten, Probleme, ein Zwischenfall⟩

un·vor·sich·tig ADJEKTIV ohne die nötige Vorsicht oder ohne an die Folgen zu denken ⟨eine Bemerkung⟩ ● hierzu **Un·vor·sich·tig·keit** *die*; **un·vor·sich·ti·ger·wei·se** ADVERB

un·vor·stell·bar, **un·vor·stell·bar** ADJEKTIV **1** **(jemandem) unvorstellbar** so, dass man es sich (trotz aller Fantasie) nicht richtig vorstellen kann | *Es ist (mir) unvorstellbar, wie das passieren konnte* **2** sehr groß, sehr intensiv | *Sie musste unvorstellbare Schmerzen ertragen* **3** verwendet, um Adjektive oder Adverbien zu verstärken ≈ *sehr* | *ein unvorstellbar schönes Erlebnis* | *Er ist unvorstellbar schnell gelaufen*

un·vor·teil·haft ADJEKTIV nicht günstig in Bezug auf jemandes Aussehen ⟨eine Frisur, ein Kleid, ein Mantel; sich unvorteilhaft kleiden⟩

un·wäg·bar, **un·wäg·bar** ADJEKTIV ⟨Risiken⟩ so, dass sie nicht berechnet oder abgeschätzt werden können ● hierzu **Un·wäg·bar·keit**, **Un·wäg·bar·keit** *die*

un·wahr ADJEKTIV nicht wahr ⟨eine Behauptung, eine Geschichte⟩ ≈ *gelogen* | *Was du sagst, ist unwahr*

Un·wahr·heit *die* **1** ⟨jemandem Unwahrheiten erzählen; die Unwahrheit sagen⟩ ≈ *Lüge* **2** *nur Singular* das Unwahrsein | *die Unwahrheit einer Behauptung beweisen*

★ **un·wahr·schein·lich** ADJEKTIV **1** so, dass es mit ziemlicher Sicherheit nicht passieren, eintreten, zutreffen o. Ä. wird ⟨etwas für unwahrscheinlich halten⟩ ≈ *fraglich* | *Es ist unwahrscheinlich, dass er heute noch anruft* | *Ihre Geschichte klingt sehr unwahrscheinlich* **2** *gesprochen* sehr groß, sehr intensiv | *Bei dem Unfall hat er unwahrscheinliches Glück gehabt* **3** *gesprochen* in sehr hohem Maße | *ein unwahrscheinlich hübsches Mädchen* | *Ich hab mich unwahrscheinlich gefreut, dass du mich besucht hast* ● zu (1) **Un·wahr·schein·lich·keit** *die*

un·weg·sam ADJEKTIV ⟨ein Gelände⟩ so, dass man dort nicht oder nur schwer gehen oder fahren kann

un·weib·lich ADJEKTIV; *abwertend* ohne die Eigenschaften, die (nach allgemeiner Ansicht) eine Frau haben sollte

un·wei·ger·lich, **un·wei·ger·lich** ADJEKTIV *meist attributiv* so, dass man es als logische Folge nicht vermeiden oder verhindern kann ≈ *unvermeidlich*

un·weit PRÄPOSITION *mit Genitiv* nicht weit weg von | *Das Dorf liegt unweit einer großen Stadt* ■ auch verwendet mit *von*: *unweit von unserem Hotel*

Un·we·sen *das* **jemand/etwas treibt irgendwo sein Unwesen** jemand/etwas tut etwas Böses (und stört die Ordnung) | *In dieser Gegend treibt eine Diebesbande ihr Unwesen*

un·we·sent·lich ADJEKTIV **1** ⟨eine Änderung, ein Unterschied; etwas ist von unwesentlicher Bedeutung⟩ ≈ *unwichtig* **2** **(nur) unwesentlich** +*Komparativ* (nur) wenig, (nur) ein bisschen | *Er ist nur unwesentlich größer als sie*

Un·wet·ter *das*; (-s, -) ganz schlechtes Wetter mit Sturm, starkem Regen, Hagel usw. ⟨ein schweres, verheerendes Unwetter; ein Unwetter bricht los, richtet große Schäden an⟩ **K** Unwetterwarnung

un·wich·tig ADJEKTIV nicht wichtig ⟨ein Detail, eine Kleinigkeit⟩ | *Es ist vorerst unwichtig, ob du eine gute Note bekommst. Hauptsache, du bestehst die Prüfung* ● hierzu **Un·wich·tig·keit** *die*

un·wi·der·leg·bar, **un·wi·der·leg·bar** ADJEKTIV ⟨ein Beweis, Fakten⟩ so eindeutig, dass man das Gegenteil nicht beweisen kann

un·wi·der·ruf·lich, **un·wi·der·ruf·lich** ADJEKTIV ⟨eine Entscheidung, ein Entschluss; etwas steht unwiderruflich fest⟩ ≈ *endgültig, definitiv*

un·wi·der·spro·chen, **un·wi·der·spro·chen** ADJEKTIV **jemandes Behauptung/Argumentation/Theorie bleibt unwidersprochen** *geschrieben* niemand stellt jemandes Behauptung, Argumentation oder Theorie in Frage

un·wi·der·steh·lich, **un·wi·der·steh·lich** ADJEKTIV **1** so stark, dass sich jemand nicht dagegen wehren kann ⟨ein Verlangen, eine Begierde (nach etwas); Lust (auf etwas)⟩ **2** so (charmant oder attraktiv), dass niemand widerstehen kann ⟨ein Lächeln; sich für unwiderstehlich halten⟩ | *Sein Charme ist unwiderstehlich* ● hierzu **Un·wi·der·steh·lich·keit**, **Un·wi·der·steh·lich·keit** *die*

un·wie·der·bring·lich, **un·wie·der·bring·lich** ADJEKTIV; *geschrieben* so, dass es nicht wiederholt werden kann ⟨ein Augenblick, eine Zeit; vergangen, verloren⟩ | *unwiederbringliche Stunden des Glücks* | *Diese Zeit ist unwiederbringlich dahin/vorbei* ● hierzu **Un·wie·der·bring·lich-**

U

keit, **Ụn·wie·der·bring·lich·keit** *die*

Ụn·wil·le *der; geschrieben* Ärger darüber, dass etwas anders gemacht wird als man will ⟨jemandes Unwillen erregen, hervorrufen; seinen Unwillen (über jemanden/etwas) äußern⟩ ≈ *Missfallen*

Ụn·wil·len *der* ≈ *Unwille*

ụn·wil·lig ADJEKTIV **1** **unwillig (über etwas** (*Akkusativ*)**)** *meist attributiv* von Ärger, Unwillen bestimmt ≈ *verärgert* | *jemanden unwillig ansehen* **2** *meist adverbiell* nicht gern (bereit zu etwas) ≈ *widerwillig* | *einen Befehl nur unwillig ausführen*

ụn·will·kom·men ADJEKTIV **(jemandem) unwillkommen** nicht gern gesehen bei jemandem ⟨ein Besucher, ein Gast; irgendwo unwillkommen sein⟩

ụn·will·kür·lich, **un·will·kür·lich** ADJEKTIV nicht gewollt, nicht bewusst oder nicht überlegt ⟨eine Reaktion; unwillkürlich zusammenzucken; unwillkürlich lächeln, lachen müssen⟩

★ **ụn·wirk·lich** ADJEKTIV; *geschrieben* so, als ob es gar nicht wirklich existieren würde ⟨eine Situation, eine Szene; etwas kommt jemandem unwirklich vor⟩ ● hierzu **Ụn·wirk·lich·keit** *die*

ụn·wirk·sam ADJEKTIV ohne Wirkung ⟨eine Methode, ein Mittel; etwas erweist sich als unwirksam⟩ ● hierzu **Ụn·wirk·sam·keit** *die*

ụn·wirsch ADJEKTIV unfreundlich (meist weil man schlecht gelaunt oder nervös ist) ⟨eine Antwort; jemandem unwirsch antworten; unwirsch sein, reagieren⟩

ụn·wirt·lich ADJEKTIV; *geschrieben* **1** kalt und windig ⟨ein Klima⟩ **2** nicht so (gemütlich), dass man dort gern ist ⟨ein Zimmer; eine Gegend⟩ ● hierzu **Ụn·wirt·lich·keit** *die*

ụn·wirt·schaft·lich ADJEKTIV ohne oder mit nur wenig Gewinn ⟨eine Betriebsführung⟩ ↔ *rentabel* ● hierzu **Ụn·wirt·schaft·lich·keit** *die*

ụn·wis·send ADJEKTIV **1** ohne das nötige Wissen, die nötige Erfahrung ⟨ein Kind; dumm und unwissend sein⟩ **2** über eine Tatsache, ein Ereignis o. Ä. nicht informiert ⟨sich unwissend geben, stellen⟩

Ụn·wis·sen·heit *die;* (-) der Mangel an Informationen und Kenntnissen ⟨etwas aus Unwissenheit falsch machen⟩ ≈ *Unkenntnis*

ụn·wis·sen·schaft·lich ADJEKTIV ⟨eine Behauptung, eine Methode, eine Untersuchung⟩ so, dass sie nicht den Prinzipien oder den Anforderungen der Wissenschaft entsprechen ● hierzu **Ụn·wis·sen·schaft·lich·keit** *die*

ụn·wis·sent·lich ADJEKTIV *meist attributiv; geschrieben* ohne Absicht, ohne es zu wissen

ụn·wohl ADVERB **1** nicht ganz gesund ⟨sich unwohl fühlen⟩ **2** **jemandem ist unwohl** jemand hat das Gefühl, sich erbrechen zu müssen **3** **sich irgendwo/bei jemandem/etwas unwohl fühlen** in jemandes Gegenwart nicht entspannt sein, eine Situation als unangenehm empfinden ⟨sich bei dem Gedanken unwohl fühlen, dass …⟩ | *Er fühlte sich in ihrer Gesellschaft unwohl*

Ụn·wohl·sein *das; nur Singular; geschrieben* eine leichte Störung der Gesundheit ⟨jemanden überfällt, überkommt ein Unwohlsein⟩

Ụn·wucht *die;* (-, -en) ein Rad oder Reifen mit einer Unwucht dreht sich nicht ruhig und gleichmäßig

ụn·wür·dig ADJEKTIV **1** ohne die angemessene Würde, nicht menschenwürdig ⟨jemanden unwürdig behandeln⟩ **2** *geschrieben* **(jemandes/etwas) unwürdig** so, dass die betroffene Person etwas (wegen ihrer schlechten Eigenschaften, Leistungen o. Ä.) nicht verdient ⟨sich jemandes Liebe, Vertrauen unwürdig erweisen; einer Auszeichnung, eines Preises unwürdig sein⟩ **3** **etwas ist jemandes unwürdig** *geschrieben* etwas ist eine Schande für jemanden ⟨ein Verhalten⟩ ● zu (1,2) **Ụn·wür·dig·keit** *die*

Ụn·zahl *die* **eine Unzahl** +*Genitiv*; **eine Unzahl von Personen/Dingen** eine sehr große Zahl oder Menge von Menschen oder Dingen ≈ *Unmenge* | *Er besitzt eine Unzahl von Büchern/alter Bücher* | *Eine Unzahl von Menschen hatte sich auf dem Platz versammelt*

un·zäh·lig, **ụn·zäh·lig** ADJEKTIV *meist attributiv* so viele, dass man sie nicht oder kaum zählen kann | *etwas unzählige Male versuchen*

Ụn·ze *die;* (-, -n) ein (altes) Maß, nach dem man etwas wiegt (ungefähr 28 Gramm) | *eine Unze Gold*

Ụn·zeit (*die*) ■ **ID** **zur Unzeit** *geschrieben* zu einem falschen oder ungünstigen Zeitpunkt ⟨zur Unzeit kommen⟩

ụn·zeit·ge·mäß ADJEKTIV ⟨Ansichten, eine Haltung⟩ so, dass sie nicht zur heutigen (modernen) Zeit passen ≈ *veraltet* ↔ *modern*

un·zer·brẹch·lich, **ụn·zer·brech·lich** ADJEKTIV so, dass es nicht oder nicht leicht bricht ⟨ein Material⟩

ụn·zer·kaut ADJEKTIV *meist adverbiell* ohne zu kauen | *eine Tablette unzerkaut hinunterschlucken*

un·zer·trẹnn·lich, **ụn·zer·trenn·lich** ADJEKTIV ⟨Freunde, ein Paar⟩ so, dass sie alles gemeinsam machen | *Die beiden sind unzertrennlich*

Ụn·zucht *die; nur Singular; geschrieben* sexuelle Handlungen, die bestraft werden können oder die als unmoralisch gelten ⟨gewerbsmäßige, widernatürliche Unzucht; Unzucht mit Abhängigen, mit Minderjährigen⟩

ụn·züch·tig ADJEKTIV; *veraltend* so, dass es gegen die sexuelle Moral verstößt ⟨Gedichte, Lieder, Blicke, Handlungen⟩ ≈ *unsittlich*

ụn·zu·frie·den ADJEKTIV **unzufrieden (mit jemandem/etwas)** (von jemandem, sich selbst oder etwas) enttäuscht, nicht glücklich über einen Zustand o. Ä. ⟨unzufrieden sein, aussehen; ein unzufriedenes Gesicht machen⟩ ● hierzu **Ụn·zu·frie·den·heit** *die*

ụn·zu·gäng·lich ADJEKTIV **1** so, dass man nur schwer dorthin kommen kann ⟨ein Gelände, ein Gebirge⟩ **2** anderen Menschen gegenüber sehr reserviert, nicht kontaktfreudig ⟨ein Mensch, ein Typ⟩ **3** **einer Sache** (*Dativ*) **gegenüber unzugänglich** *geschrieben* nicht gern bereit, etwas zu tun oder zu akzeptieren ⟨jemandes Bitten, Forderungen, Mahnungen, Warnungen gegenüber unzugänglich sein⟩ ● hierzu **Ụn·zu·gäng·lich·keit** *die*

ụn·zu·läng·lich ADJEKTIV; *geschrieben* nicht so gut, wie es sein sollte ≈ *mangelhaft* | *nur unzulängliche Kenntnisse in Geografie besitzen* ● hierzu **Ụn·zu·läng·lich·keit** *die*

ụn·zu·läs·sig ADJEKTIV; *geschrieben* verboten ● hierzu **Ụn·zu·läs·sig·keit** *die*

ụn·zu·mut·bar ADJEKTIV; *geschrieben* so extrem, so schlimm o. Ä., dass man von niemandem erwarten darf, dass er sie akzeptiert oder toleriert ⟨Bedingungen, Forderungen, ein Lärm, ein Preis, etwas als unzumutbar empfinden⟩ ● hierzu **Ụn·zu·mut·bar·keit** *die*

ụn·zu·rech·nungs·fä·hig ADJEKTIV nicht verantwortlich für das eigene Handeln (weil man geistig verwirrt o. Ä. ist) ● hierzu **Ụn·zu·rech·nungs·fä·hig·keit** *die*

ụn·zu·rei·chend ADJEKTIV; *geschrieben* nicht so gut, wie es sein sollte ≈ *mangelhaft* | *Die Bevölkerung wurde nur unzureichend mit Lebensmitteln versorgt*

ụn·zu·sam·men·hän·gend ADJEKTIV ohne logischen Zusammenhang, ohne Sinn ⟨Worte, Sätze⟩

un·zu·stell·bar ADJEKTIV so, dass ein Bote etwas nicht dem Empfänger geben kann ⟨ein Brief, ein Paket, eine Sendung⟩ | *Wenn unzustellbar, zurück an Absender*

ụn·zu·tref·fend ADJEKTIV; *geschrieben* nicht für eine Person oder eine Situation gültig bzw. richtig | *unzutreffende Be-*

hauptungen aufstellen | Unzutreffendes bitte streichen!

un·zu·ver·läs·sig ADJEKTIV ‹ein Mensch› so, dass man sich nicht auf ihn verlassen kann | *Von Karl darfst du nichts erwarten, er ist ziemlich unzuverlässig* • hierzu **Un·zu·ver·läs·sig·keit** *die*

un·zweck·mä·ßig ADJEKTIV nicht so, dass es einen Zweck erfüllt ≈ *ungeeignet* • hierzu **Un·zweck·mä·ßig·keit** *die*

un·zwei·deu·tig ADJEKTIV so, dass man die Bedeutung, den Sinn davon nicht falsch verstehen kann ‹eine Absage› ≈ *eindeutig*

un·zwei·fel·haft, **un·zwei·fel·haft** ADJEKTIV ‹ein Erfolg, ein Sieg› ≈ *gewiss, sicher* | *Sie ist unzweifelhaft sehr begabt*

Up·date ['apdeit] *das;* (-s, -s) eine neue, verbesserte Version eines Computerprogramms

Up·grade ['apgreid] *das;* (-s, -s) eine verbesserte Version einer Software, die man günstig kaufen kann, wenn man bereits eine andere Version besitzt

üp·pig ADJEKTIV **1** in großer Menge oder Fülle (vorhanden) ‹eine Vegetation, eine Blütenpracht; etwas blüht üppig› **2** aus vielen Speisen (bestehend) ‹ein Mahl› **3** *humorvoll* (in Bezug auf den Körper oder Körperteile von Frauen) dick ‹ein Busen; Formen› • hierzu **Üp·pig·keit** *die*

ups! verwendet, wenn man einen dummen Fehler gemacht hat ≈ *hoppla* | *Ups, das hätte ich jetzt nicht sagen sollen!*

ur- *im Adjektiv, betont, begrenzt produktiv* **uralt, urgemütlich, urgesund, urkomisch, urplötzlich** *und andere* in sehr hohem Maße

Ur- *im Substantiv, betont, begrenzt produktiv* **der Urmensch, die Urbevölkerung, das Urmeer, der Urzustand** *und andere* drückt aus, dass etwas am Anfang einer Entwicklung stand

Ur·ab·stim·mung *die* eine Abstimmung der Mitglieder einer Gewerkschaft, ob es einen Streik geben soll oder nicht

Ur·ahn *der* der älteste (oder ein sehr früher) Vorfahr einer Person • hierzu **Ur·ah·ne** *die*

ur·alt ADJEKTIV sehr alt

Uran *das;* (-s) ein radioaktives Metall, das in Atomkraftwerken, für Atombomben o. Ä. verwendet wird **K** Uranaufbereitung, Uranbergwerk, Uranbrennstab, Uranerz, Uranvorkommen **H** chemisches Zeichen: *U*

Ur·angst *die* eine Angst, die der Mensch von Geburt an hat | *die Urangst des Menschen vor der Dunkelheit*

ur·auf·füh·ren VERB (hat uraufgeführt) **etwas wird uraufgeführt** ein Theaterstück, ein Film o. Ä. wird zum ersten Mal aufgeführt **H** nur im Infinitiv oder im Partizip Perfekt verwendet • hierzu **Ur·auf·füh·rung** *die*

ur·ban ADJEKTIV; *geschrieben* ≈ *städtisch*

ur·bar ADJEKTIV ■ **ID etwas urbar machen** eine Fläche mit Bäumen, Pflanzen usw. so bearbeiten, dass man dort Getreide oder Gemüse anbauen kann ‹Land, den Boden urbar machen›

Ur·bild *das* **1** eine wirklich existierende Person oder Sache, nach deren Vorbild z. B. ein Bild, eine Skulptur oder die Figur eines Romans gestaltet ist **2** *geschrieben* eine Person oder Sache, die alle typischen Merkmale ihrer Art hat ≈ *Inbegriff*

ur·ei·gen- ADJEKTIV *meist attributiv* so, dass es wirklich nur die eigene Person betrifft ≈ *privat* | *Ob ich heirate oder nicht, ist meine ureigenste Angelegenheit!* **H** oft im Superlativ zur besonderen Betonung verwendet

Ur·ein·woh·ner *der* ein Mitglied des ersten Volkes, das ursprünglich in einem Gebiet gelebt hat • hierzu **Ur·ein·woh·ne·rin** *die*

Ur·en·kel *der* der Sohn eines Enkels oder einer Enkelin • hierzu **Ur·en·ke·lin** *die*

Ur·fas·sung *die* die erste, ursprüngliche Fassung z. B. eines Romans, eines Dramas oder einer Oper

Ur·ge·schich·te *die; nur Singular* die erste Phase in der Geschichte der Menschheit • hierzu **ur·ge·schicht·lich** ADJEKTIV

Ur·ge·walt *die; geschrieben* die sehr große (elementare) Kraft des Meeres, des Windes, eines Vulkans o. Ä. ‹die entfesselten Urgewalten›

Ur|groß·el·tern *die; Plural* die Eltern des Großvaters oder der Großmutter

Ur|groß·mut·ter *die* die Mutter des Großvaters oder der Großmutter

Ur|groß·va·ter *der* der Vater des Großvaters oder der Großmutter

Ur·he·ber *der;* (-s, -) **1 der Urheber** (+*Genitiv*); **der Urheber von etwas** (*Dativ*) eine Person, die bewirkt, dass etwas geschieht ≈ *Initiator* | *Er war der Urheber der Revolte* **2** ein Künstler (z. B. ein Autor, ein Dichter oder ein Komponist), der ein Werk geschaffen hat • hierzu **Ur·he·be·rin** *die;* **Ur·he·ber·schaft** *die*

Ur·he·ber·recht *das; meist Singular* der rechtliche Schutz geistigen Eigentums **K** Urheberrechtsverletzung • hierzu **ur·he·ber·recht·lich** ADJEKTIV

urig ADJEKTIV *meist attributiv* **1** im Wesen oder Verhalten (auf sympathische Weise) ein bisschen seltsam ‹ein Kauz, ein Typ› **2** ≈ *urtümlich, urwüchsig*

★ **Urin** *der;* (-s) die gelbliche Flüssigkeit, die in den Nieren gebildet wird und mit der Stoffe aus dem Körper ausgeschieden werden ‹Urin ausscheiden› **K** Urinprobe, Urinuntersuchung

Uri·nal *das;* (-s, -e) ≈ *Pissoir*

uri·nie·ren VERB (urinierte, hat uriniert); *geschrieben* die Blase entleeren ‹gegen eine Hauswand, beim Arzt in einen Becher urinieren›

Ur·ins·tinkt *der* ein wichtiger Instinkt, den ein Mensch oder Tier von Geburt an hat

ur·ko·misch ADJEKTIV; *gesprochen* sehr komisch

Ur·kraft *die* die sehr große (elementare) Kraft vor allem des Wassers, des Windes, der Sonne, des Feuers

★ **Ur·kun·de** *die;* (-, -n) ein (amtliches) Dokument, durch das etwas offiziell bestätigt wird ‹eine notariell beglaubigte Urkunde; eine Urkunde (über etwas (*Akkusativ*)) ausstellen, ausfertigen; eine Urkunde fälschen› **K** Urkundenfälschung, Urkundenfälscher; Besitzurkunde, Ernennungsurkunde, Geburtsurkunde, Heiratsurkunde

URKUNDE

ur·kund·lich ADJEKTIV *meist attributiv* in einer Urkunde ‹eine Erwähnung; etwas ist urkundlich belegt, bezeugt› | *Berlin wird 1244 erstmals urkundlich erwähnt*

★ **Ur·laub** *der;* (-(e)s, -e) **1** die Zeit, in der man (im Beruf) nicht arbeiten muss (damit man sich erholen kann) ‹(un)bezahlter, ein mehrwöchiger Urlaub; Urlaub beantragen, bekommen; (sich (*Dativ*)) Urlaub nehmen; in Urlaub gehen; den Urlaub antreten; Urlaub haben, machen; in/im Urlaub sein› | *im Urlaub ans Meer/in die Berge fahren* | *Sie ist gestern gut erholt aus dem Urlaub zurückgekommen* **K** Urlaubsanspruch, Urlaubsantrag, Urlaubsdauer, Urlaubsgesuch, Urlaubsplan, Urlaubsreise, Urlaubssaison, Urlaubstag; Erziehungsurlaub **2** ein Erholungsaufenthalt weg von der Arbeit und weg von zu Hause ‹in Urlaub fahren; irgendwo Urlaub machen, auf/in Urlaub sein› ≈ *Ferien* | *ein kurzer Urlaub am Meer* **K** Urlaubsadresse, Urlaubsanschrift, Urlaubsland,

Urlaubsort, Urlaubsziel; Abenteuerurlaub, Bildungsurlaub, Erholungsurlaub, Kurzurlaub **3** **Urlaub von jemandem/etwas machen** eine Zeit nicht mit jemandem/etwas verbringen, um sich so zu erholen

Ur·lau·ber *der;* (-s, -) eine Person, die gerade den Urlaub irgendwo verbringt ≈ *Tourist* | *Viele Urlauber gehen nach Spanien* ● hierzu **Ur·lau·be·rin** *die*

Ur·laubs·geld *das* eine Summe Geld, die der Arbeitgeber dem Arbeitnehmer für den Urlaub zusätzlich zum Lohn/Gehalt zahlt

ur·laubs·reif ADJEKTIV *meist prädikativ* in einem Zustand, in dem man Urlaub braucht, um sich zu erholen

Ur·laubs·zeit *die* **1** die Zeit, in der jemand Urlaub hat oder macht **2** die Zeit, in der sehr viele Leute Urlaub machen ≈ *Hauptreisezeit, Saison*

Ur·mensch *der* eine frühe Form des Menschen, aus der sich die Menschheit, wie sie jetzt ist, entwickelt hat

Ur·ne *die;* (-, -n) **1** ein Behälter für die Asche eines Toten **K** Urnenbeisetzung, Urnenfriedhof, Urnengrab **2** Kurzwort für *Wahlurne* | *der Gang zu den Urnen* **K** Urnengang

Uro·lo·gie *die;* (-) das Gebiet der Medizin, das sich mit den Erkrankungen der Niere, der Harnblase usw. beschäftigt ● hierzu **Uro·lo·ge** *der;* **Uro·lo·gin** *die;* **uro·lo·gisch** ADJEKTIV

ur·plötz·lich ADJEKTIV *meist attributiv* ganz plötzlich

★ **Ur·sa·che** *die* **die Ursache** (+*Genitiv*) die Ursache sorgt dafür, dass etwas geschieht ⟨die eigentliche, genaue, mögliche, wesentliche Ursache; aus unbekannter, ungeklärter Ursache; Ursache und Wirkung⟩ ≈ *Grund* | *die Ursachen des Feuers ermitteln* | *Bewegungsmangel ist die häufigste Ursache für/von Rückenschmerzen.* **K** Todesursache, Unfallursache, Unglücksursache ■ **ID Keine Ursache!** verwendet als Antwort, nachdem sich jemand bedankt hat

ur·säch·lich ADJEKTIV so, dass der eine Vorgang oder Umstand die Ursache für den anderen Vorgang oder Umstand ist ≈ *kausal* | *Zwischen diesen beiden Phänomenen besteht ein ursächlicher Zusammenhang*

Ur·schrift *die* das Original eines Textes (meist einer Urkunde o. Ä.)

★ **Ur·sprung** *der* der Zeitpunkt oder der Ort, an dem etwas angefangen hat | *Die Ursprünge des Tangos liegen in Argentinien* | *Das Wort „Philosophie" ist griechischen Ursprungs* (kommt aus dem Griechischen) **K** Ursprungsgebiet, Ursprungsland, Ursprungsnachweis

★ **ur·sprüng·lich, ur·sprüng·lich** ADJEKTIV **1** so, wie es zuerst, ganz am Anfang war | *den ursprünglichen Plan ändern* | *Ihr ursprüngliches Misstrauen schwand* | *Er lehnte es ursprünglich ab, aber dann änderte er seine Meinung* (Er lehnte es am Anfang (der Verhandlungen o. Ä.) ab) **2** nicht (vom Menschen) verändert ⟨eine Landschaft⟩ ● zu (2) **Ur·sprüng·lich·keit** *die*

Ur·ständ *(die)* ■ **ID etwas feiert fröhliche Urständ** etwas Negatives, das schon lange vergangen ist, kommt wieder | *Der Rechtsextremismus feiert fröhliche Urständ*

★ **Ur·teil** *das* **1** **ein Urteil (über jemanden/etwas)** die Entscheidung eines Richters (am Ende eines Prozesses) ⟨ein hartes, mildes, gerechtes Urteil; ein Urteil fällen, sprechen, vollstrecken, anfechten, aufheben; gegen ein Urteil Berufung einlegen; ein Urteil ist rechtskräftig⟩ | *Das Urteil lautete auf zehn Jahre Haft* **K** Urteilsbegründung, Urteilsverkündung, Urteilsvollstreckung; Gerichtsurteil, Todesurteil **2** **ein Urteil (über jemanden/etwas)** eine Aussage, mit der man eine Person oder Sache bewertet, nachdem man sie genau geprüft hat ⟨ein fachmännisches Urteil; sich (*Dativ*) ein Urteil bilden, anmaßen; ein Urteil (über jemanden/etwas) abgeben; ein (vernichtendes, vorschnelles) Urteil fällen⟩

U

ur·tei·len VERB (urteilte, hat geurteilt) **(irgendwie) (über jemanden/etwas) urteilen** nach einer genauen Prüfung die eigene Meinung über jemanden/etwas sagen ⟨(un)gerecht, (un)parteiisch, sachlich, abfällig, hart, vorschnell urteilen⟩

ur·teils·fä·hig ADJEKTIV fähig, über jemanden/etwas gerecht zu urteilen ● hierzu **Ur·teils·fä·hig·keit** *die*

Ur·teils·fin·dung *die;* (-, -en) die Bewertung der Fakten, um daraus ein Urteil zu bilden

Ur·teils·spruch *der* der Teil des Urteils mit der schriftlichen Formulierung der Entscheidung

Ur·teils·ver·mö·gen *das; nur Singular* die Fähigkeit, über jemanden/etwas gerecht zu urteilen ⟨ein eingeschränktes Urteilsvermögen⟩

Ur·trieb *der* ein sehr starkes Bedürfnis, das ein Mensch oder ein Tier von Geburt an haben (z. B. Hunger, Durst)

ur·tüm·lich ADJEKTIV noch nicht (von Menschen) verändert ⟨eine Landschaft⟩ ● hierzu **Ur·tüm·lich·keit** *die*

Ur·wald *der* ein dichter Wald (vor allem in den Tropen), den die Menschen nicht (landwirtschaftlich) nutzen ≈ *Dschungel* **K** Urwaldgebiet

ur·wüch·sig ADJEKTIV **1** noch nicht (vom Menschen) verändert ⟨eine Landschaft⟩ ≈ *ursprünglich* **2** nicht durch äußere Einflüsse verändert, sondern ganz durch die eigene Natur bestimmt ⟨ein Mensch, eine Sprache, ein Humor⟩ ● hierzu **Ur·wüch·sig·keit** *die*

Ur·zeit *die* **1** die älteste Zeit in der Entwicklung der Erde oder Menschheit **2** **seit Urzeiten** seit sehr langer Zeit ● zu (1) **ur·zeit·lich** ADJEKTIV

Ur·zu·stand *der* der ursprüngliche, nicht veränderte Zustand ⟨etwas im Urzustand belassen⟩

US- [uːˈ|ɛs-] *im Substantiv, betont, begrenzt produktiv* **der US-Amerikaner, der US-Dollar, die US-Streitkräfte** *und andere* aus/in/von den Vereinigten Staaten von Amerika

USA [uː|ɛsˈ|aː] *die; Plural* die Vereinigten Staaten von Amerika **H** in Komposita meist *US-*

USB [uː|ɛsˈbeː] *ohne Artikel; nur in dieser Form* Universal Serial Bus ein System, mit dem man Geräte, Festplatten o. Ä. sehr einfach an einen Computer anschließen kann, die dann meist sofort funktionieren | *eine externe Festplatte per USB anschließen* **K** USB-Anschluss, USB-Kabel

User [ˈjuːzɐ] *der;* (-s, -) ≈ *Anwender, Benutzer* ● hierzu **Use·rin** [ˈjuːzərɪn] *die*

usur·pie·ren VERB (usurpierte, hat usupiert) **etwas usurpieren** *geschrieben* mit Gewalt die Macht in einem Staat an sich reißen ● hierzu **Usur·pa·tor** *der;* (-s, Usur·pa·to·ren)

Usus *der;* (-) **etwas ist (so) Usus** etwas ist so üblich, etwas ist Brauch

usw. Abkürzung für *und so weiter* → und

Uten·sil *das;* (-s, -ien [-i̯ən]); *meist Plural* Dinge, die man man für eine Tätigkeit braucht **K** Badeutensilien, Malutensilien, Reiseutensilien, Schminkutensilien, Schreibutensilien

Ute·rus *der;* (-, Ute·ri) ≈ *Gebärmutter*

Uto·pie *die;* (-, -n [-ˈpiːən]) **1** Ideen oder Pläne, die so fantastisch sind, dass sie nicht Wirklichkeit werden können | *die Utopie eines Weltfriedens* **2** ein Roman, in dem von einer Utopie erzählt wird ● zu (1) **Uto·pist** *der*

uto·pisch ADJEKTIV nur als Idee, aber nicht in der Wirklichkeit möglich ⟨Erwartungen, Forderungen, Hoffnungen; etwas ist, erscheint utopisch⟩

UV- [uːˈfau̯-] *im Substantiv, betont, nicht produktiv* **der UV-Filter, die UV-Lampe, das UV-Licht, die UV-Strahlen, die UV-Strahlung** *und andere* in Bezug auf ultraviolette Strahlen

Uz *der;* (-es, -e); *meist Singular; norddeutsch* ≈ *Neckerei* ● hierzu **uzen** VERB *(hat)*

V

V, v [fau̯] *das;* (-, -/*gesprochen* -s) der zweiundzwanzigste Buchstabe des Alphabets ⟨ein großes V; ein kleines v⟩ • hierzu **v-för·mig, V-för·mig** ['fau̯-] ADJEKTIV

Va·banque, va banque [va'bã:k, va'baŋk] **Vabanque spielen, va banque spielen** etwas mit sehr hohem Risiko tun [K] Vabanquespiel

vag [v-] ADJEKTIV → vage

Va·ga·bund [v-] *der;* (-en, -en); *veraltend* ≈ *Landstreicher* [i] *der Vagabund; den, dem, des Vagabunden* • hierzu **Va·ga·bun·din** [v-] *die*

va·ga·bun·die·ren [v-] VERB (vagabundierte, hat vagabundiert) wie ein Landstreicher ohne Ziel durch das Land ziehen

★ **va·ge** [v-] ADJEKTIV so, dass etwas nicht genau ist oder dass man es sich kaum vorstellen kann ⟨eine Andeutung, eine Beschreibung, eine Erinnerung, eine Vorstellung⟩ • hierzu **Vag·heit** *die*

Va·gi·na, Va·gi·na [v-] *die;* (-, Va·gi·nen) ≈ *Scheide* • hierzu **va·gi·nal** ADJEKTIV

va·kant [v-] ADJEKTIV; *geschrieben* nicht besetzt ⟨ein Lehrstuhl, eine Stelle⟩ ≈ *frei, offen*

Va·kanz [v-] *die;* (-, -en); *geschrieben* [1] das Fehlen, das Vakantsein [2] eine freie Stelle ⟨eine Vakanz auffüllen⟩

Va·ku·um ['va:kuʊm] *das;* (-s, Va·ku·en/Va·kua) [1] ein Raum(inhalt), in dem (fast) keine Luft ist und deshalb kein Druck oder nur ein sehr niedriger Druck ist ⟨ein Vakuum erzeugen⟩ [K] Vakuumverpackung, vakuumverpackt [2] *geschrieben* eine Leere, vor allem in Bezug auf Geistiges, Gefühle o. Ä.

Va·len·tins·tag [v-] *der* der 14. Februar. An diesem Tag ist es für viele Leute Sitte, der Freundin, der Mutter oder der Ehefrau Blumen zu schenken

Vamp [vɛmp] *der;* (-s, -s) eine Frau, die erotisch wirkt und dadurch für Männer sehr attraktiv ist

Vam·pir [v-] *der;* (-s, -e) [1] ein böser Geist, von dem manche Menschen früher glaubten, dass er in einem toten Körper lebt und Menschen in der Nacht das Blut aussaugt [2] eine große Fledermaus, die vom Blut von Tieren lebt [3] *gesprochen, abwertend* ≈ *Wucherer*

Van·da·le [v-] *der;* (-n, -n); *abwertend* [1] **die Vandalen** *historisch* ein germanischer Volksstamm in Osteuropa [2] *abwertend* eine Person, die Dinge mit Absicht beschädigt oder zerstört ■ **ID sie hausten wie die Vandalen** sie haben (in ihrer Wohnung, bei ihrem Besuch, Fest o. Ä.) viel Dreck und Unordnung gemacht [i] *der Vandale; den, dem, des Vandalen* • zu (2) **Van·da·lis·mus** *der*

★ **Va·nil·le** [va'nɪlə, va'nɪljə] *die;* (-) ein Gewürz für süße Speisen, das aus den Früchten einer tropischen Pflanze gewonnen wird ⟨echte, künstliche Vanille⟩ [K] Vanilleeis, Vanillegeschmack, Vanillepudding, Vanillesoße, Vanillezucker

va·ri·a·bel [v-] ADJEKTIV (variabler, variabelst-); *geschrieben* ⟨eine Größe, eine Kombination, ein Wert⟩ ≈ *veränderlich* ↔ *konstant* [i] *variabel → variable Größen* • hierzu **Va·ri·a·bi·li·tät** *die*

Va·ri·ab·le [v-] *die;* (-n, -n) eine veränderliche Größe ↔ *Konstante* | *die Variablen „x" und „y" einer Gleichung* [i] im Genitiv und Dativ Singular: *der Variablen*

★ **Va·ri·an·te** [v-] *die;* (-, -n) eine von mehreren Möglichkeiten oder eine leicht abweichende Form einer Sache | *regionale Varianten in der Aussprache*

Va·ri·a·ti·on [varia'tsio:n] *die;* (-, -en); *meist Plural* [1] *geschrieben* eine geringe Veränderung ⟨etwas erfährt mehrere Variationen⟩ ≈ *Abwandlung* [K] Variationsmöglichkeit [2] ⟨etwas existiert in mehreren Variationen⟩ ≈ *Variante* [3] **Variationen (über etwas** (*Akkusativ*)**/zu etwas)** Veränderungen des Themas in einem Musikstück (aber so, dass man die Melodie noch erkennen kann)

Va·ri·e·té, Va·ri·e·tee [varie'te:] *das;* (-s, -s) [1] ein Theater, in dem Tänzer, Sänger, Akrobaten usw. auftreten [2] eine Vorstellung in einem Varieté

va·ri·ie·ren VERB [vari'i:rən] (variierte, hat variiert) [1] **etwas variieren** etwas (meist nur wenig) verändern | *ein musikalisches Thema variieren* | *Er variiert das Programm immer wieder, je nachdem, vor welchem Publikum er spielt* [2] **etwas variiert** etwas verändert sich, unterscheidet sich ein wenig | *Die Zahl unserer Mitarbeiter bleibt im Wesentlichen gleich, variiert aber je nach Jahreszeit*

Va·sall [v-] *der;* (-en, -en) [1] *historisch* ≈ *Lehnsmann* [2] *abwertend* eine Person, die von einer anderen Person abhängig ist und dieser immer gehorcht [i] *der Vasall; den, dem, des Vasallen*

★ **Va·se** [v-] *die;* (-, -n) ein Gefäß (z. B. aus Glas oder Porzellan), in das man Wasser füllt und Blumen stellt | *eine Vase mit Tulpen* [K] Blumenvase

VASE

Va·se·li·ne® [v-] *die;* (-) eine weiche, fettige Masse, die man verwendet, um der Haut Fett zu geben oder um Salben o. Ä. zu machen

★ **Va·ter** [f-] *der;* (-s, Vä·ter) [1] ein Mann, der ein Kind gezeugt hat ⟨ein guter, schlechter, liebevoller, strenger Vater; jemandes leiblicher Vater⟩ | *Er ist Vater von drei Kindern* [i] → Abb. unter **Familie** [2] ein Mann, der Kinder so versorgt, als ob er der Vater wäre | *Sie bekamen einen neuen Vater, als ihre Mutter wieder heiratete* [K] Heimvater, Pflegevater, Stiefvater [3] ein männliches Tier, das Junge gezeugt hat | *Bei manchen Fischen übernimmt der Vater die Brutpflege* [K] Vatertier [4] *nur Plural* ≈ *Vorfahren* | *Ob wir das Land unserer Väter jemals wiedersehen?* [5] *nur Singular* verwendet als Anrede für einen katholischen Priester [6] *nur Singular* in christlichen Religionen verwendet als Bezeichnung für Gott ⟨der Vater im Himmel; Im Namen des Vaters und des Sohnes und des Heiligen Geistes⟩ [7] **der (geistige) Vater** +*Genitiv* der Mann, der etwas Wichtiges oder etwas Neues gemacht hat ⟨der geistige Vater einer Idee, eines Plans; die Väter des Grundgesetzes, der Verfassung⟩ [8] **der Heilige Vater** ≈ *Papst* [9] **Vater Staat** *humorvoll* als Bezeichnung für den Staat verwendet, wenn man darüber spricht, dass für die Bürger gesorgt wird • zu (1) **va·ter·los** ADJEKTIV

Vä·ter·chen [f-] *das;* (-s, -) [1] ein alter Mann [2] **Väterchen Frost** *humorvoll* große Kälte

Va·ter·freu·den *die; Plural* **Vaterfreuden entgegensehen** *humorvoll* bald Vater eines Kindes werden

Va·ter·haus *das* das Haus, in dem man aufgewachsen ist und in dem die Eltern wohnen ≈ *Elternhaus*

Va·ter·land *das* verwendet als Bezeichnung für das Land, in dem man geboren und aufgewachsen ist [K] Vaterlandsliebe, Vaterlandsverräter

va·ter·län·disch ADJEKTIV *meist attributiv; veraltend* mit einer sehr positiven Einstellung zum Vaterland ⟨eine Gesinnung, ein Lied⟩ ≈ *patriotisch*

vä·ter·lich [f-] ADJEKTIV [1] ⟨die Erziehung, die Liebe, die Pflichten⟩ *meist attributiv* so, dass etwas von einem Vater getan oder erwartet wird [2] ⟨ein Freund; jemanden väterlich ermahnen, lieben⟩ so, dass man wie ein guter Vater handelt • zu

(2) **Vä·ter·lich·keit** *die*

vä·ter·li·cher·seits [f-] ADVERB (verwendet nach einer Verwandtschaftsbezeichnung) aus der Familie des Vaters | *mein Großvater/ein Onkel väterlicherseits*

Va·ter·schaft *die*; (-, -en); *meist Singular* die Tatsache, dass jemand Vater ist K Vaterschaftsnachweis

Va·ter·stadt *die* die Stadt, in der man geboren oder aufgewachsen ist ≈ *Heimatstadt*

Va·ter·tag *der*; Ⓓ an dem katholischen Feiertag Christi Himmelfahrt machen manche Männer einen Ausflug (und trinken viel Alkohol)

Va·ter·un·ser *das*; (-s, -) ein christliches Gebet, das mit den Worten „Vater unser" beginnt ⟨ein/das Vaterunser aufsagen, beten, sprechen⟩

Va·ti [f-] *der*; (-s, -s); *Kindersprache* ≈ *Papa, Papi*

Va·ti·kan [v-] *der*; (-s) **1** der kleine Staat in Rom in Italien, dessen Oberhaupt der katholische Papst ist K Vatikanstadt, Vatikanstaat **2** die Personen, welche die Leitung der römisch-katholischen Kirche in Rom bilden

V-Aus·schnitt ['fau-] *der* ein Ausschnitt vorne an einem Kleid, Pullover o. Ä. in der Form des Buchstabens V

v. Chr. Abkürzung für *vor Christus* → Christus

ve·gan [v-] ADJEKTIV ohne Produkte von Tieren (Fleisch, Eier und Milch) ⟨Ernährung; vegan leben; sich vegan ernähren⟩ ● hierzu **Ve·ga·ner** *der*; **Ve·ga·ne·rin** *die*

★ **Ve·ge·ta·ri·er** [vege'taːri̯ɐ] *der*; (-s, -) eine Person, die kein Fleisch isst **i** zu *Vegetarierin* → Info im Eintrag **-in** ● hierzu **ve·ge·ta·risch** ADJEKTIV; **Ve·ge·ta·ri·e·rin** [vege'taːri̯ərɪn] *die*

Ve·ge·ta·ti·on [vegeta'tsi̯oːn] *die*; (-, -en); *meist Singular* **1** die Pflanzen, die in einem begrenzten Gebiet wachsen ≈ *Pflanzenwelt* | *die Vegetation des Hochgebirges* K Vegetationszone **2** das Wachstum der Pflanzen ⟨üppige, spärliche Vegetation⟩ K Vegetationsperiode, Vegetationszeit

ve·ge·ta·tiv [vegeta'tiːf] ADJEKTIV **das vegetative Nervensystem** der Teil des Nervensystems, der die Funktion der inneren Organe steuert und nicht mit dem Bewusstsein verbunden ist

ve·ge·tie·ren [v-] VERB (vegetierte, hat vegetiert); *meist abwertend* unter sehr schlechten Bedingungen leben ⟨im Slum vegetieren⟩

ve·he·ment [vehe'mɛnt] ADJEKTIV; *geschrieben* ⟨Proteste; etwas vehement bekämpfen, fordern, kritisieren⟩ ≈ *heftig* ● hierzu **Ve·he·menz** *die*

Ve·hi·kel [ve'hiːkl̩] *das*; (-s, -) **1** *oft abwertend* ein altes oder schlecht funktionierendes Fahrzeug ⟨ein altmodisches, klappriges Vehikel⟩ **2** *geschrieben* etwas, das als Mittel für einen Zweck dient ⟨ein untaugliches Vehikel⟩ | *die Schrift als Vehikel der Überlieferung von Wissen*

Veil·chen [f-] *das*; (-s, -) **1** eine kleine, violette Blume, die im Frühling blüht und intensiv duftet K Veilchenduft, Veilchenstrauß; veilchenblau **2** *gesprochen* ein Bluterguss um ein Auge herum, in der Farbe ähnlich wie ein Veilchen

Vek·tor *der*; (-s, Vek·to·ren) eine Größe, die einen Betrag und eine Richtung hat (und als Pfeil dargestellt wird) K Vektorrechnung

Ve·lo [v-] *das*; (-s, -s); Ⓒⓗ ≈ *Fahrrad*

Ve·lours[1] [ve'luːɐ̯] *der*; (-, -) ein Stoff mit einer rauen, aber weichen Oberfläche K Veloursteppich

Ve·lours[2] [ve'luːɐ̯] *das*; (-, -) ein weiches Leder K Veloursleder

Ve·ne [v-] *die*; (-, -n) eine Ader, in der das Blut zum Herzen hin fließt K Venenentzündung ● hierzu **ve·nös** ADJEKTIV

Ven·til [v-] *das*; (-s, -e) **1** mit Ventilen in Rohren und Schläuchen werden Flüssigkeiten oder Gase dort gehalten oder abgelassen | *das Ventil eines Fahrradreifens öffnen, um die Luft herauszulassen* K Reifenventil, Sicherheitsventil **i** → Abb. unter **Fahrrad** **2** der Teil eines Musikinstruments, z. B. einer Trompete oder einer Orgel, der den Ton verändert **3** **ein Ventil (für etwas)** eine Handlung, mit der man sich von negativen Emotionen und von Aggression befreit

Ven·ti·la·ti·on [vɛntila'tsi̯oːn] *die*; (-) das Bewegen von Luft, damit frische, kühle Luft irgendwohin kommt ≈ *Belüftung* K Ventilationsanlage

Ven·ti·la·tor [v-] *der*; (-s, Ven·ti·la·to·ren) ein Gerät mit einem kleinen Propeller, der die Luft so bewegt, dass frische, kühle Luft irgendwohin gelangt

Ve·nus [v-] *die*; (-) der zweite Planet des Sonnensystems (zwischen Merkur und Erde)

★ **ver-** [f-] (*im Verb, unbetont, nicht trennbar, sehr produktiv; Diese Verben werden so gebildet:* verhungern, verhungerte, verhungert) **1** **etwas verbilligen, verdeutlichen, verflüssigen; (jemanden) verdummen** *und andere* macht aus einem Adjektiv ein Verb und drückt aus, dass eine Person oder Sache in den genannten Zustand kommt | *Der Fotograf vergrößerte das Foto* (Der Fotograf machte das Foto größer) **2** **etwas verfilmen; jemanden versklaven; etwas verdunstet, verkarstet, versteppt** *und andere* macht aus einem Substantiv ein Verb und drückt aus, dass eine Person oder Sache zu dem Genannten wird | *Er beabsichtigt, den Roman zu verfilmen* (Er will aus dem Roman einen Film machen) **3** **jemanden verspotten; sich verplaudern; etwas versaufen, verschweigen** *und andere* verwendet, damit ein Verb, das kein Objekt haben konnte, jetzt eines bekommt | *Karl verspottet oft die Nachbarn* (Karl spottet oft über die Nachbarn) **4** **etwas verdoppeln, verdreifachen, vervierfachen, verfünffachen; etwas verdoppelt, verdreifacht sich** *und andere* drückt aus, dass eine Menge im genannten Maße steigt | *Die Zahl der Besucher hat sich letzten Monat verzehnfacht* (Es sind zehnmal so viele Besucher gekommen wie vorher) **5** **verdursten, verhungern; eine Pflanze vertrocknet** *und andere* drückt aus, dass ein Mensch oder Tier auf die genannte Art stirbt oder eine Pflanze abstirbt **6** **etwas verrutscht, verkocht; jemand verschläft** *und andere* drückt aus, dass das Resultat eines Vorgangs negativ oder nicht gewollt ist | *Das Essen ist total verkocht* (Das Essen hat so lange gekocht, dass es nicht mehr gut schmeckt) **7** **sich verfahren, verhören, verlesen, verrechnen, vertippen** *und andere* drückt aus, dass man bei etwas einen Fehler macht | *Entschuldige, dass ich zu spät komme, ich habe mich in der Zeit verschätzt* (Ich dachte, es wäre noch nicht so spät) **8** **verreisen; jemanden verjagen, verscheuchen, vertreiben; etwas verschieben** *und andere* drückt aus, dass eine Person, ein Tier, ein Fahrzeug o. Ä. einen Ort verlässt | *Durch den Krieg wurden viele Menschen aus ihrer Heimat vertrieben* (Viele Menschen konnten nicht in ihrer Heimat bleiben) **9** **etwas verklingt, verblüht, verglimmt, verhallt** *und andere* drückt aus, dass ein Vorgang zu Ende geht | *Die Kirche war bereits leer, als die letzten Töne der Orgel verklangen* (als die Musik aufhörte) **10** **etwas verchromen, vergolden, versilbern; etwas verminen, verplomben** *und andere* drückt aus, dass etwas eine Schicht eines Materials oder eine Sache bekommt | *Er versiegelte den Brief* (Er machte ein Siegel auf den Brief)

★ **ver·ab·re·den** VERB (verabredete, hat verabredet) **1** **(mit jemandem) etwas verabreden** mit jemandem beschließen, dass man etwas gemeinsam tut ⟨Aktionen, ein Treffen, einen Treffpunkt, einen Termin verabreden⟩ ≈ *vereinbaren* | *Ich habe mit ihm verabredet, dass wir uns um zwei Uhr im Café treffen* | *Sie verabredeten, ihn gemeinsam zu besuchen* **2** **sich (mit jemandem) verabreden** mit jemandem

V

beschließen, dass man sich in der Freizeit trifft **H** Das Verabreden kann kompliziert sein: *Ich habe mich mit ihr* (Person) *für heute um sieben Uhr* (Zeit) *zum Essen* (Ereignis) *im Restaurant/beim Italiener* (Ort) *verabredet.*

Ver·ạb·re·dung *die*; (-, -en) **1** **eine Verabredung (mit jemandem)** ein Treffen, das man mit jemandem beschlossen hat ⟨eine geschäftliche Verabredung; eine Verabredung haben, absagen; zu einer Verabredung zu spät kommen⟩ **2** ⟨eine Verabredung einhalten; sich an eine Verabredung halten⟩ ≈ *Vereinbarung, Abmachung*

ver·ạb·rei·chen VERB (verabreichte, hat verabreicht); *geschrieben* **1** **jemandem etwas verabreichen** jemandem ein Medikament o. Ä. in den Mund oder Körper geben ⟨jemandem eine Spritze, ein Zäpfchen verabreichen⟩ **2** **jemandem eine Tracht Prügel verabreichen** ≈ *verprügeln* ● zu (1) **Ver·ạb·rei·chung** *die*

ver·ạb·scheu·en VERB (verabscheute, hat verabscheut) **jemanden/etwas verabscheuen** Abscheu gegen jemanden/etwas empfinden ● hierzu **ver·ạb·scheu·ens·wert** ADJEKTIV; **Ver·ạb·scheu·ung** *die*; **ver·ạb·scheu·ungs·wür·dig** ADJEKTIV

★ **ver·ạb·schie·den** VERB (verabschiedete, hat verabschiedet) **1** **sich (von jemandem) verabschieden** sich mit einem Gruß von jemandem trennen | *sich mit einem Kuss von den Kindern verabschieden* **2** **jemanden verabschieden** sich mit einem Gruß von einer Person trennen, die weggeht ⟨einen Besucher, einen Gast verabschieden⟩ **3** **jemanden verabschieden** jemanden in den Ruhestand versetzen ⟨einen Offizier, einen Beamten verabschieden⟩ **4** **etwas verabschieden** (nach einer Debatte) etwas offiziell beschließen ⟨ein Gesetz, einen Haushaltsplan verabschieden⟩ ● hierzu **Ver·ạb·schie·dung** *die*

★ **ver·ạch·ten** VERB (verachtete, hat verachtet) **jemanden/etwas verachten** jemanden/etwas für wertlos oder schlecht halten und deshalb stark ablehnen | *jemanden wegen seiner Feigheit verachten* ■ ID **etwas wäre nicht zu verachten** etwas wäre sehr gut oder angenehm | *Ein kühles Bier wäre jetzt nicht zu verachten* ● hierzu **ver·ạch·tens·wert** ADJEKTIV; **Ver·ạch·tung** *die*; **ver·ạch·tungs·voll** ADJEKTIV; **ver·ạch·tungs·wür·dig** ADJEKTIV

ver·ạ̈cht·lich ADJEKTIV **1** voller Verachtung ⟨ein Blick, ein Lächeln, Worte; jemanden verächtlich ansehen⟩ **2** so, dass es Verachtung verdient ⟨eine Eigenschaft, eine Gesinnung⟩ **3** **jemanden/etwas verächtlich machen** voller Verachtung über jemanden/etwas sprechen ● zu (1) **Ver·ạ̈cht·lich·keit** *die*

ver·ạl·bern VERB (veralberte, hat veralbert) **jemanden veralbern** *gesprochen* einer Person zum Spaß Dinge erzählen, die nicht wahr sind. Wenn sie diese glaubt, kann man gemeinsam darüber lachen ● hierzu **Ver·ạl·be·rung** *die*

ver·all·ge·mei·nern VERB (verallgemeinerte, hat verallgemeinert) **(etwas) verallgemeinern** von einer kleinen Zahl von Fällen oder Tatsachen ausgehend ein allgemeines Prinzip formulieren ⟨eine Aussage, eine Beobachtung, ein Ergebnis, eine Feststellung verallgemeinern; vorschnell verallgemeinern⟩ ≈ *generalisieren* ● hierzu **Ver·all·ge·mei·ne·rung** *die*

ver·ạl·tet ADJEKTIV nicht mehr üblich oder auf dem aktuellen Stand der Technik ≈ *überholt* | *Unsere Ausrüstung war hoffnungslos veraltet* | *Diese Bezeichnung ist veraltet und wird heute nicht mehr verwendet*

Ve·rạn·da [v-] *die*; (-, Ve·ran·den) ein Platz mit Dach (und Glaswänden) an einem Haus, an dem man vor Wind geschützt im Freien sitzen kann ⟨sich auf die Veranda setzen⟩

ver·ạ̈n·der·lich ADJEKTIV **1** so, dass es sich oft ändert ⟨das Wetter ist/bleibt veränderlich⟩ ≈ *unbeständig* **2** ≈ *variabel* ● hierzu **Ver·ạ̈n·der·lich·keit** *die*

★ **ver·ạ̈n·dern** VERB (veränderte, hat verändert) **1** **jemanden/etwas verändern** bewirken, dass jemand/etwas anders wird ⟨die Welt verändern wollen⟩ *Das Kind hat unser Leben sehr verändert* **2** **sich verändern** anders werden ⟨sich zum Vorteil/Nachteil, seinen Gunsten/Ungunsten verändern⟩ **3** **sich (beruflich) verändern** den Arbeitsplatz wechseln

★ **Ver·ạ̈n·de·rung** *die* **1** eine Handlung, durch die etwas anders wird ⟨eine Veränderung vornehmen⟩ **2** der Vorgang, der Prozess, durch den etwas anders wird ⟨eine Veränderung tritt ein, geht in jemandem/etwas vor⟩ **3** das Ergebnis einer Veränderung | *Es sind keine Veränderungen sichtbar*

ver·ạ̈ngs·tigt ADJEKTIV voller Angst ⟨ein Kind, ein Tier⟩

ver·ạn·kern VERB (verankerte, hat verankert) **1** **ein Schiff, ein Floß** *o. Ä.* **verankern** ein Schiff, ein Floß o. Ä. mit einem Anker irgendwo festmachen **2** **etwas (irgendwo) verankern** etwas so (im Boden o. Ä.) befestigen, dass es einen festen Halt hat | *Masten fest im Boden verankern* **3** **etwas in etwas** (*Dativ*) **verankern** etwas zum festen Bestandteil eines Dokuments machen ⟨ein Recht, eine Pflicht⟩ | *die in der Verfassung verankerte Religionsfreiheit* ● hierzu **Ver·ạn·ke·rung** *die*

ver·ạn·la·gen VERB (veranlagte, hat veranlagt) **jemanden (zu etwas) veranlagen** jemanden dazu verpflichten, Steuern zu zahlen | *Das Ehepaar wurde gemeinsam zur Einkommenssteuer veranlagt*

ver·ạn·lagt ■ PARTIZIP PERFEKT **1** → veranlagen

■ ADJEKTIV **2** **irgendwie veranlagt** mit der genannten körperlichen oder psychischen Eigenschaft oder Neigung geboren ⟨krankhaft, praktisch, künstlerisch, musisch veranlagt sein⟩

Ver·ạn·la·gung *die*; (-, -en) **1** eine angeborene Eigenschaft, Neigung, Fähigkeit o. Ä. | *eine künstlerische Veranlagung haben* **2** *meist Singular* das Bestimmen der Steuern, die jemand zahlen muss | *die gemeinsame steuerliche Veranlagung von Ehepaaren*

ver·ạn·las·sen VERB (veranlasste, hat veranlasst) **1** **jemanden zu etwas veranlassen** bewirken, dass jemand etwas tut | *Was hat dich (dazu) veranlasst, die Firma zu verlassen?* **2** **etwas veranlassen** jemandem den Auftrag geben, etwas zu tun ≈ *anordnen* | *die Räumung des Saales veranlassen* | *Ich werde veranlassen, dass Sie Ihre Papiere umgehend bekommen* **3** **sich zu etwas veranlasst fühlen/sehen** glauben, dass man einen wichtigen Grund hat, etwas zu tun | *Die Behörden sehen sich (dazu) veranlasst, das Schwimmbad vorübergehend zu schließen*

Ver·ạn·las·sung *die*; (-) **1** ein wichtiger Grund für eine Handlung ⟨es gibt, es besteht Veranlassung; jemand hat keine Veranlassung für etwas/etwas zu tun⟩ | *jemanden ohne jede Veranlassung beschuldigen* | *Er hat keine Veranlassung, einen solchen Schritt zu unternehmen* **2** **auf jemandes Veranlassung (hin)** weil es jemand so will oder so geregelt hat

ver·ạn·schau·li·chen VERB (veranschaulichte, hat veranschaulicht) **(jemandem) etwas veranschaulichen** jemandem eine schwierige Sache erklären, indem man einfache oder konkrete Beispiele gibt, Zeichnungen zeigt o. Ä. ● hierzu **Ver·ạn·schau·li·chung** *die*

ver·ạn·schla·gen VERB (veranschlagt, veranschlagte, hat veranschlagt) **etwas (mit etwas) veranschlagen** eine benötigte Menge vorher ungefähr berechnen und planen | *Wir haben 200 Gramm Fleisch pro Person veranschlagt* | *Wie viel Zeit ist für das Projekt veranschlagt?* | *Die Kosten wurden mit 3.000 € veranschlagt* ● hierzu **Ver·ạn·schla·gung** *die*

★ **ver·ạn·stal·ten** VERB (veranstaltete, hat veranstaltet) **1** **etwas veranstalten** etwas organisieren und durchführen, das

V

für viele Menschen bestimmt ist oder bei dem viele Personen mitmachen ⟨eine Demonstration, ein Fest, ein Preisausschreiben, einen Basar veranstalten⟩ **2** **einen Rummel/ein Theater/einen Zirkus veranstalten** *gesprochen* mit großer Aufregung auf etwas reagieren oder großen Aufwand wegen etwas betreiben ● zu (1) **Ver·an·stal·ter** *der*

★ **Ver·an·stal·tung** *die*; (-, -en) **1** *nur Singular* das Organisieren und Durchführen einer Sache ⟨die Veranstaltung einer Tagung, eines Kongresses, eines Konzerts⟩ **2** etwas, das organisiert und veranstaltet wird, z. B. ein Kongress ⟨eine geschlossene, öffentliche Veranstaltung⟩ K Veranstaltungskalender

ver·ant·wor·ten VERB (verantwortete, hat verantwortet) **1** **etwas verantworten** eine Entscheidung o. Ä. vertreten und auch bereit sein, mögliche negative Folgen zu tragen ⟨etwas zu verantworten haben; etwas nicht verantworten können⟩ | *Kann die Firma eine solche Maßnahme verantworten?* **2** **sich (für etwas) (vor jemandem) verantworten** sich zu Vorwürfen äußern und negative Folgen auf sich nehmen ≈ *rechtfertigen* | *sich für eine Tat vor Gericht verantworten müssen*

★ **ver·ant·wort·lich** ADJEKTIV **1** **für jemanden/etwas verantwortlich** mit der Pflicht, dafür zu sorgen, dass mit einer Person/Sache nichts Unangenehmes geschieht oder dass etwas (richtig) gemacht wird | *sich für den kleinen Bruder verantwortlich fühlen* | *dafür verantwortlich sein, dass eine Maschine gut funktioniert* | *dafür verantwortlich sein zu prüfen, ob etwas richtig ist* **2** **(jemandem (gegenüber) (für eine Person/Sache) verantwortlich** so, dass man die negativen Folgen tragen muss, wenn etwas Unangenehmes geschieht, weil man für eine Person oder Situation verantwortlich ist ⟨der Leiter, der Redakteur⟩ | *Wer zeichnet für den Text verantwortlich?* (Wer hat ihn verfasst, unterschrieben oder steht im Impressum?) | *Sie sind mir (gegenüber) dafür verantwortlich, dass die Lieferung pünktlich erfolgt* **3** **jemand/etwas ist für etwas verantwortlich** eine Person oder Sache ist schuld an etwas Negativem, ist die Ursache davon | *Das kalte Wetter ist für die schlechte Ernte verantwortlich* | *Die Verantwortlichen zur Rechenschaft ziehen* **4** **jemanden/etwas für etwas verantwortlich machen** sagen, dass eine Person/Sache schuld an etwas Negativem ist **5** **jemanden für etwas verantwortlich machen** von einer Person fordern, dass sie die negativen Folgen einer Sache trägt **6** mit wichtigen Entscheidungen verbunden ⟨ein Posten, eine Stellung, eine Tätigkeit⟩ ● hierzu **Ver·ant·wort·lich·keit** *die*

★ **Ver·ant·wor·tung** *die*; (-) **1** **die Verantwortung (für jemanden/etwas)** die Pflicht, dafür zu sorgen, dass einer anderen Person nichts passiert oder dass etwas in Ordnung ist, zustande kommt oder gemacht wird ⟨eine große, schwere Verantwortung; eine Verantwortung übernehmen, haben, tragen, ablehnen; einer Verantwortung nicht gewachsen sein; jemandem eine Verantwortung übertragen; die Verantwortung auf jemanden abwälzen⟩ **2** das Bewusstsein, Verantwortung zu haben, und die Bereitschaft, die Konsequenzen des eigenen Handelns zu tragen ⟨ohne Gefühl für Verantwortung handeln⟩ K Verantwortungsbewusstsein, verantwortungsbewusst **3** **in eigener Verantwortung** so, dass man selbst die Verantwortung übernimmt **4** **jemanden zur Verantwortung ziehen** jemanden die negativen Folgen einer Sache tragen lassen (weil er dafür verantwortlich war) ● zu (1,2) **ver·ant·wor·tungs·voll** ADJEKTIV; zu (2) **ver·ant·wor·tungs·los** ADJEKTIV; zu (2) **Ver·ant·wor·tungs·lo·sig·keit** *die*

Ver·ant·wor·tungs·ge·fühl *das*; *meist Singular* die Bereitschaft, Verantwortung zu übernehmen und entsprechend zu handeln

★ **ver·ar·bei·ten** VERB (verarbeitete, hat verarbeitet) **1** **etwas (zu etwas) verarbeiten** etwas als Material verwenden und daraus Dinge herstellen ⟨gut, schlecht verarbeitet sein⟩ | *Holz zu einem Schrank verarbeiten* | *In einer Schmiede wird Metall verarbeitet* **2** **etwas verarbeiten** etwas zu einem Zweck verändern und verwenden | *in einem Roman Märchenmotive verarbeiten* **3** **etwas verarbeiten** etwas psychisch oder rational bewältigen ⟨einen Eindruck, eine Enttäuschung, ein Erlebnis, eine Information verarbeiten⟩ ● hierzu **Ver·ar·bei·tung** *die*

ver·ar·gen VERB (verargte, hat verargt) **jemandem etwas verargen** *geschrieben* beleidigt sein oder nicht verzeihen wollen, dass jemand etwas getan hat, das man selbst nicht gut findet

ver·är·gern VERB (verärgerte, hat verärgert) **jemanden verärgern** so handeln, dass sich eine Person ärgert | *Sie war über die Bemerkungen sehr verärgert* **!** oft im Passiv mit dem Hilfsverb *sein*

Ver·är·ge·rung *die*; (-) **die Verärgerung (über jemanden/etwas)** ein (starkes) Gefühl von Ärger | *Er ließ sich seine Verärgerung über den Misserfolg nicht anmerken*

ver·ar·men VERB (verarmte, ist verarmt) **1** arm werden und so in Not kommen **2** **etwas verarmt** etwas verliert an Wert | *Der Boden verarmt, wenn er nicht gedüngt wird* **3** **geistig verarmen** die geistigen und intellektuellen Fähigkeiten allmählich verlieren ● zu (1,3) **Ver·ar·mung** *die*

ver·ar·schen VERB (verarschte, hat verarscht) **jemanden verarschen** *gesprochen* ⚠ ≈ *veralbern*

ver·arz·ten VERB (verarztete, hat verarztet) **jemanden/etwas verarzten** einen Verletzten oder einen Kranken/einen verletzten Körperteil behandeln

ver·äs·teln VERB (verästelte sich, hat sich verästelt) **etwas verästelt sich** etwas teilt sich in viele kleine Äste, Wege o. Ä. ⟨ein Baum, ein Fluss, eine Ader, ein Nerv⟩ ● hierzu **Ver·äs·te·lung** *die*

ver·ät·zen VERB (verätzte, hat verätzt) **jemanden/etwas verätzen** jemanden durch Säure o. Ä. verletzen oder etwas durch Säure o. Ä. beschädigen | *Die Säure verätzte ihm die Hände* ● hierzu **Ver·ät·zung** *die*

ver·aus·ga·ben VERB (verausgabte sich, hat sich verausgabt) **sich verausgaben** sich so sehr anstrengen, dass man völlig erschöpft ist ● hierzu **Ver·aus·ga·bung** *die*

ver·äu·ßern VERB (veräußerte, hat veräußert); *geschrieben* **etwas veräußern** ≈ *verkaufen* ● hierzu **Ver·äu·ße·rung** *die*

Verb [v-] *das*; (-s, -en) Verben beschreiben, was getan wird oder geschieht; ihre Form im Satz richtet sich nach der Person, nach der Zahl der Handelnden und nach der Zeit ⟨ein schwaches, starkes, unpersönliches, unregelmäßiges Verb; ein intransitives, transitives, reflexives Verb; ein Verb im Aktiv, Passiv gebrauchen; ein Verb konjugieren⟩ ≈ *Zeitwort* | *„Gebraucht" ist das Partizip Perfekt des Verbs „brauchen"* K Verbform; Funktionsverb, Hilfsverb, Modalverb, Vollverb

ver·bal [v-] ADJEKTIV **1** wie ein Verb, von einem Verb abgeleitet K Verbaladjektiv, Verbalsubstantiv **2** mit Worten, mit der Sprache ⟨einen Streit verbal austragen⟩

ver·ba·li·sie·ren [v-] VERB (verbalisierte, hat verbalisiert) **1** **etwas verbalisieren** etwas in ein Verb umformen ⟨ein Adjektiv verbalisieren⟩ **2** **etwas verbalisieren** *geschrieben* etwas mit Worten sagen ⟨eine Beschwerde, ein Gefühl, ein Problem verbalisieren⟩

ver·bal·lern [f-] VERB (verballerte, hat verballert); *gesprochen* ≈ *verbraten*

ver·ball·hor·nen [f-] VERB (verballhornte, hat verballhornt) **etwas verballhornen** die Schreibung oder die Aussprache eines Wortes (weil man es nicht besser weiß oder zum Spaß)

V

GRAMMATIK

▶ Verben

Regelmäßige und unregelmäßige Verben

Die deutschen Verben werden in **schwache Verben** (regelmäßig) und **starke Verben** (unregelmäßig) unterteilt.

Bei den schwachen Verben wird im **Präteritum** die Silbe **-te** an den Wortstamm angehängt. Das **Partizip Perfekt** bekommt die Vorsilbe **ge-** und die Endung **-t**.
Beispiele:
leben, lebte, gelebt – reden, redete, geredet

Bei den starken Verben ändert sich im **Imperfekt** der Stammvokal. Im **Partizip Perfekt** wird im Allgemeinen die Vorsilbe **ge-** hinzugefügt, es ändert sich der Stammvokal und als Endung kommt die Silbe **-en** dazu.
Beispiele:
finden, fand, gefunden – gehen, ging, gegangen
(→ *Die wichtigsten unregelmäßigen Verben, S. 1336*)

Zusammengesetzte Verben: trennbare Verben

Bei manchen Verben wird in den gebeugten Formen die Vorsilbe abgetrennt, wenn das Verb nicht am Ende des Satzes steht.

Beispiel: **ankommen**
Ich komme morgen um 10 Uhr an.

In Infinitivsätzen wird die Partikel **zu** zwischen die Vorsilbe und den Verbstamm eingeschoben:
Ich werde versuchen, pünktlich anzukommen.

Beim Partizip Perfekt steht die Silbe **-ge-** zwischen der Vorsilbe und dem Verbstamm:
Der Zug ist pünktlich angekommen.

Untrennbare Verben

Bei manchen Verben wird die Vorsilbe nie abgetrennt. Das Partizip Perfekt dieser Verben wird ohne **ge-** gebildet.

Beispiel: **bestimmen**
Er bestimmt, was wir tun müssen.
Er liebt es, zu bestimmen.
Wer hat über den Plan bestimmt?

so ändern, dass sie falsch werden ⟨ein Fremdwort, einen Namen verballhornen⟩ • hierzu **Ver·ball·hor·nung** *die*

★ **Ver·band** [f-] *der*; (-(e)s, Ver·bän·de)
▸für Wunden: **1** ein Stück Stoff o. Ä., das man um den verletzten Teil des Körpers legt ⟨einen Verband anlegen, umbinden, abnehmen, wechseln, erneuern⟩ **K** Verbandskasten, Verbandsmaterial, Verbandsmull, Verbandswatte, Verbandszeug; Gipsverband, Schnellverband, Streckverband, Stützverband, Kopfverband, Wundverband
▸als Gruppe: **2** eine relativ große Organisation, die sich meist aus vielen kleineren Vereinigungen und Organisationen zusammensetzt ⟨einem Verband beitreten, angehören⟩ **K** Verbandsleiter, Verbandsleitung, Verbandsvorsitzende(r), Verbandsvorstand; Journalistenverband, Schriftstellerverband, Sportverband, Wohlfahrtsverband **3** ein Teil einer Armee, der aus verschiedenen Einheiten besteht, die gemeinsam kämpfen ⟨militärische, motorisierte Verbände⟩ **K** Fliegerverband, Flottenverband, Truppenverband **4** **im Verband** in einer großen (geordneten) Gruppe ⟨im Verband fliegen, kämpfen, leben⟩

ver·ban·nen VERB (verbannte, hat verbannt) **1** **jemanden (irgendwohin) verbannen** zur Strafe jemanden zwingen, ein Land zu verlassen und an einem fremden Ort zu leben | *Napoleon wurde auf die Insel St. Helena verbannt* **2** **etwas irgendwohin verbannen** etwas irgendwohin ablegen • zu (1) **Ver·bann·te** *der*

Ver·ban·nung *die*; (-, -en) **1** nur Singular das Verbannen **2** ein Ort weit weg von der Heimat, an dem jemand gezwungen wird zu leben ⟨jemanden in die Verbannung schicken; aus der Verbannung zurückkehren⟩ **K** Verbannungsort **3** das Leben und die Umstände an dem Ort, an den man verbannt wurde ⟨in der Verbannung leben⟩

ver·bar·ri·ka·die·ren VERB (verbarrikadierte, hat verbarrikadiert) **1** **etwas verbarrikadieren** etwas durch Barrikaden verschließen oder versperren ⟨Fenster, Straßen, Türen verbarrikadieren⟩ **2** **sich (irgendwo) verbarrikadieren** Barrikaden bauen, um sich vor jemandem zu schützen

ver·bau·en VERB (verbaute, hat verbaut) **1** **etwas verbauen** etwas beim Bauen verbrauchen | *viel Geld/zehn Sack Zement verbauen* **2** **etwas verbauen** *abwertend* eine Gegend hässlich machen, indem man dort etwas baut, was nicht dahin passt ⟨eine Landschaft, ein Tal verbauen⟩ **3** **(jemandem) etwas verbauen** etwas so bauen, dass eine andere Person dadurch gestört wird ⟨jemandem die Aussicht, einen Weg, einen Zugang verbauen⟩ **4** **jemandem etwas verbauen** *gesprochen* jemandem oder sich selbst eine gute Möglichkeit oder Chance nehmen | *Du verbaust dir damit deine Zukunft*

ver·be·am·ten VERB (verbeamtete, hat verbeamtet) **jemanden verbeamten** jemanden zum Beamten machen | *Er wurde als Staatsanwalt verbeamtet* • hierzu **Ver·be·am·tung** *die*

ver·bei·ßen VERB (verbiss, hat verbissen) **1** **sich** (*Dativ*) **etwas verbeißen** sich so beherrschen, dass man etwas nicht tut oder sagt ⟨sich (*Dativ*) eine Bemerkung, das Lachen, einen Schrei verbeißen⟩ ≈ *unterdrücken* **2** **Rehe/Hirsche** *o. Ä.* **verbeißen etwas** Rehe, Hirsche o. Ä. beschädigen junge Bäume durch Beißen **3** **ein Tier verbeißt sich in jemanden/etwas** ein Tier beißt jemanden oder beißt in etwas und lässt nicht mehr los • zu (2) **Ver·biss** *der*

★ **ver·ber·gen** VERB (verbirgt, verbarg, hat verborgen) **1** **eine Person/Sache (vor jemandem/etwas) verbergen** eine Person oder Sache irgendwohin bringen, stecken oder tun, wo eine andere Leute sie nicht sehen oder finden kann ≈ *verstecken* | *ein Messer im Mantel verbergen* **2** **(jemandem) etwas verbergen; etwas vor jemandem verbergen** keine Informationen über etwas geben, etwas nicht zeigen | *die wahren Gefühle hinter einem falschen Lächeln verbergen* | *Fragen Sie nur! Ich habe nichts zu verbergen.* | *Er hat (vor) seiner Frau verborgen, dass er schwer krank war* **3** **sich irgendwo verbergen** an einen Ort gehen, an dem man von anderen Leuten nicht gesehen wird | *Der Mond verbirgt sich hinter Wolken*

★ **ver·bes·sern** VERB (verbesserte, hat verbessert) **1** **etwas verbessern** etwas so ändern, dass es besser wird | *durch fleißiges Lernen die Leistungen verbessern* **2** **etwas verbessern** die Fehler suchen und ändern, die z. B. in einem Text sind ⟨Fehler, einen Aufsatz, die Hausaufgaben, eine Schulaufgabe verbessern⟩ ≈ *korrigieren* **3** **jemanden verbessern** jemandem sagen, welche Fehler er beim Sprechen oder Schreiben gemacht hat | *Hör endlich auf, mich ständig zu verbessern!* **4** **sich verbessern** sofort das richtige Wort oder die richtige Form sagen, nachdem man beim Sprechen einen Fehler gemacht hat **5** **sich verbessern** in eine bessere soziale oder finanzielle Situation kommen ⟨sich beruflich, durch Heirat verbessern⟩ **6** **sich verbessern** besser werden | *Er hat sich in Latein sehr verbessert*

★ **Ver·bes·se·rung**, **Ver·bess·rung** *die*; (-, -en) **1** das Korrigieren, die Berichtigung | *die Verbesserung eines Fehlers* **2** das Bessermachen | *die Verbesserung der Arbeitsbedingungen* **K** Verbesserungsvorschlag **3** etwas, womit man sich/etwas verbessert | *Das neue Herstellungsverfahren stellt eine entscheidende Verbesserung gegenüber der alten Methode dar* • zu (1,2) **ver·bes·se·rungs·be·dürf·tig** ADJEKTIV; zu (1,2) **ver·bes·se·rungs·fä·hig** ADJEKTIV

ver·beu·gen VERB (verbeugte sich, hat sich verbeugt) **sich (vor jemandem) verbeugen** den Kopf und Oberkörper nach vorne beugen, um höflich zu grüßen oder zu danken ⟨sich vor dem Publikum verbeugen⟩ • hierzu **Ver·beu·gung** *die*

ver·beult ADJEKTIV mit Beulen, beschädigt | *Das Auto hat eine verbeulte Stoßstange*

ver·bie·gen VERB (verbog, hat verbogen) **1 etwas verbiegen** die Form einer Sache verändern, indem man sie biegt ⟨ein Blech, einen Draht, einen Nagel, eine Stoßstange verbiegen⟩ | *ein völlig verbogener Nagel* **2 etwas verbiegt sich** etwas verliert die (gerade) Form | *Die Bretter des Regals haben sich verbogen* **3 sich verbiegen** sich so sehr anpassen, dass man gegen die eigenen Überzeugungen handelt ⟨sich nicht verbiegen lassen⟩ | *Für diesen Posten müsste ich mich völlig verbiegen, da verzichte ich lieber*

ver·bies·tert ADJEKTIV; *gesprochen* voller Ärger, mit schlechter Laune und sehr gereizt ⟨ein Aussehen, ein Gesicht; verbiestert aussehen, sein, reagieren⟩

★ **ver·bie·ten** VERB (verbot, hat verboten) **1 (jemandem) etwas verbieten** bestimmen, dass jemand etwas nicht tun darf oder dass es etwas nicht mehr geben darf ⟨Betreten, Durchfahrt, Fotografieren, Rauchen, Zutritt verboten!; etwas ist gesetzlich, polizeilich verboten⟩ ↔ *erlauben* | *Mein Vater wird mir verbieten, mit dem Moped nach Italien zu fahren* | *Der Film ist für Jugendliche unter sechzehn Jahren verboten* **2 etwas verbietet (jemandem) etwas** etwas bewirkt, dass eine Person etwas nicht tut | *Sein Glaube verbietet ihm, Schweinefleisch zu essen* **3 etwas verbietet sich (von selbst)** es ist ganz klar, dass etwas nicht getan werden darf | *In unserer Situation verbietet es sich von selbst, den Forderungen nachzugeben*

ver·bil·ligt ADJEKTIV billiger als normal ⟨ein Eintritt, ein Preis⟩

★ **ver·bin·den** VERB (verband, hat verbunden) **1 Dinge (zu etwas) verbinden; etwas mit/durch etwas (zu etwas) verbinden** zwei oder mehrere Gegenstände o. Ä. so zusammenbringen oder (aneinander) befestigen, dass sie eine Einheit bilden ↔ *trennen* | *zwei Schnüre durch einen Knoten verbinden* **2 Dinge (zu etwas) verbinden; etwas mit/durch etwas (zu etwas) verbinden** zwei oder mehrere Orte, Dinge o. Ä. in Kontakt miteinander bringen ⟨ein verbindendes Element, Glied⟩ ↔ *trennen* | *zwei Punkte mit/durch einen Strich (miteinander) verbinden* | *Diese Eisenbahnlinie verbindet Hannover mit Bremen* | *Seit 1869 sind Mittelmeer und Rotes Meer durch den Suezkanal (miteinander) verbunden* **3 etwas mit etwas verbinden** die Gelegenheit nutzen und zusammen mit einer Sache auch eine andere tun | *eine Fahrt nach Köln mit einer Besichtigung des Doms verbinden* **4 eine Person/Sache mit jemandem/etwas verbinden** zwei oder mehrere Personen oder Dinge als zusammenhängend oder zusammengehörig ansehen | *Womit verbindest du das Wort „Urlaub"?* | *ein Lied mit schönen Erinnerungen verbinden* **5 (jemandem) etwas verbinden; jemanden (an etwas** *(Dativ)***) verbinden** jemandem oder sich selbst einen Verband anlegen | *jemandem den Arm verbinden* | *eine eiternde Wunde frisch verbinden* | *einen Verletzten (am Kopf) verbinden* **6 jemandem die Augen verbinden** jemandem ein Stück Stoff so vor die Augen binden, dass er nichts mehr sehen kann **7 (jemanden/etwas (mit einer Person/etwas) verbinden** Telefonleitungen so zusammenbringen, dass eine Person mit einer anderen Person am Telefon sprechen kann | *„Ich hätte gern die Verkaufsabteilung gesprochen." – „Moment bitte, ich verbinde!"* **8 etwas verbindet (jemanden mit einer Person/etwas)** etwas stellt eine (gefühlsmäßige) Beziehung zwischen einer Person und einer anderen Person oder einer Sache her | *„Was verbindet dich mit dieser Stadt?" – „Ich bin hier aufgewachsen."* | *Die beiden verband eine herzliche Zuneigung* **9 sich mit jemandem verbinden** *geschrieben* jemanden heiraten **10 Substanzen verbinden sich (zu etwas); etwas verbindet sich mit etwas (zu etwas)** zwei oder mehrere (chemische) Substanzen o. Ä. kommen so (mit etwas) zusammen, dass Neues entsteht | *Wasserstoff verbindet sich mit Sauerstoff zu Wasser*

ver·bind·lich ADJEKTIV **1** höflich und freundlich ⟨ein Lächeln, Worte⟩ | *Der Verkäufer lächelte verbindlich und entschuldigte sich dafür, dass wir hatten warten müssen* **2** so, dass man sich daran halten muss ⟨eine Anordnung, eine Norm, eine Regel, eine Zusage⟩ ≈ *bindend* • hierzu **Ver·bind·lich·keit** *die*

Ver·bind·lich·kei·ten *die; Plural; geschrieben* ⟨Verbindlichkeiten haben; seine Verbindlichkeiten erfüllen, regeln; seinen Verbindlichkeiten nicht nachkommen⟩ ≈ *Schulden*

★ **Ver·bin·dung** *die* **1 eine Verbindung (mit/zu jemandem/etwas** *(Dativ)***); eine Verbindung zwischen Personen/Dingen** *(Dativ)* die Situation, wenn ein Kontakt zwischen Orten oder Personen z. B. durch Straßen, Routen, Fahrzeuge oder Medien möglich ist | *Das Telefon ist ihre einzige Verbindung zur Außenwelt* | *Die Autobahn ist unsere kürzeste Verbindung zur Grenze/in die Stadt/aufs Land* | *Die Fähre ist die einzige Verbindung zur Insel* **K** Verbindungsstraße, Verbindungsstück, Verbindungstür, Verbindungsweg; Bahnverbindung, Busverbindung, Flugverbindung, Funkverbindung, Telefonverbindung, Verkehrsverbindung, Zugverbindung **2 eine Verbindung (mit/zu jemandem/etwas); eine Verbindung (zwischen Personen/Dingen** *(Dativ)***)** ein Zusammenhang oder eine Beziehung zwischen Personen oder Dingen ⟨mit etwas in Verbindung stehen; jemanden/etwas mit einer Person/Sache in Verbindung bringen, setzen⟩ | *Es besteht nur eine lose Verbindung zu ähnlichen Gruppen* | *Es lässt sich eine deutliche Verbindung zwischen Stress und Magengeschwüren feststellen* **3 eine Verbindung (mit/zu jemandem); eine Verbindung (zwischen Personen** *(Dativ)***)** eine Beziehung zwischen Menschen, die sich treffen, Briefe schreiben o. Ä. ⟨Verbindung mit jemandem aufnehmen, haben, halten; sich mit jemandem in Verbindung setzen; mit jemandem in Verbindung treten, stehen, bleiben; die Verbindung mit jemandem abbrechen, verlieren⟩ ≈ *Kontakt* | *Lass uns in Verbindung bleiben!* **4 eine Verbindung (mit jemandem/irgendwohin)** der Kontakt über ein Telefon oder Funk ⟨eine telefonische Verbindung herstellen, bekommen, stören, unterbrechen; die Verbindung ist unterbrochen⟩ | *Die Verbindung war sehr schlecht. Ich konnte kaum verstehen, was er sagte* **5 eine Verbindung (aus etwas und etwas/von etwas mit etwas)** eine Substanz, die entsteht, wenn verschiedene Substanzen chemisch miteinander reagieren ⟨eine chemische, flüchtige, anorganische, organische Verbindung⟩ | *Kochsalz ist eine Verbindung aus Chlor und Natrium/von Chlor mit Natrium* **K** Sauerstoffverbindung, Schwefelverbindung, Stickstoffverbindung **6** *nur Singular* der Vorgang, meist zwei Dinge zusammenzubringen, zu verbinden | *Die Verbindung der beiden Aspekte ist ihm nicht gelungen* **7** eine traditionelle Organisation von Studenten, die oft noch mit Degen kämpfen, um ihren Mut zu beweisen | *eine schlagende Verbindung* (die mit Degen kämpft) | *We-*

gen der nützlichen Kontakte ist er einer Verbindung beigetreten K Studentenverbindung; Verbindungshaus ■ ID **in Verbindung mit** a im Zusammenhang mit | *In Verbindung mit ihrer Tätigkeit als Dolmetscherin kommt sie oft nach Brüssel* b zusammen mit | *Der Studentenausweis ist nur in Verbindung mit dem Personalausweis gültig*

ver·bis·sen ■ PARTIZIP PERFEKT **1** → verbeißen
■ ADJEKTIV **2** hartnäckig, überhaupt nicht bereit aufzugeben ⟨mit verbissenem Fleiß; verbissen kämpfen⟩ **3** voll Ärger und innerer Spannung ⟨ein verbissenes Gesicht machen; verbissen dreinschauen⟩ • zu (2,3) **Ver·bis·sen·heit** *die*

ver·bit·ten VERB (verbat, hat verbeten) **sich** (*Dativ*) **etwas verbitten** sehr deutlich und ernst verlangen, dass jemand aufhört, etwas Lästiges oder Ärgerliches zu tun | *Ich verbitte mir diesen unverschämten Ton!* | *Der Redner verbat sich die Zwischenrufe*

ver·bit·tert ADJEKTIV wegen vieler Enttäuschungen unzufrieden und unfreundlich ⟨ein Mann, eine Frau⟩ • hierzu **Ver·bit·te·rung**

ver·blas·sen VERB (verblasste, ist verblasst) **1** **etwas verblasst** die Farben einer Sache werden heller, weniger intensiv ⟨ein Bild, ein Foto, eine Tapete⟩ **2** **eine Erinnerung verblasst** sie wird schwächer

Ver·bleib *der*; (-(e)s); *geschrieben* **1** der Ort, an dem eine Person oder Sache ist, die man sucht | *Über den Verbleib des gestohlenen Schmucks sind noch keine näheren Einzelheiten bekannt* **2** das Bleiben an einem Ort, in einer Gruppe oder Funktion usw. | *Über seinen weiteren Verbleib im Amt muss noch entschieden werden* | *Akten zum Verbleib ins Archiv bringen*

ver·blei·ben VERB (verblieb, ist verblieben) **1** **etwas verbleibt (jemandem)** etwas bleibt als Rest (für jemanden) übrig | *Nach Abzug der Steuern verbleiben Ihnen 10.000 €* **2** **(mit jemandem) irgendwie verbleiben** eine Diskussion, ein Gespräch mit einem Ergebnis beenden | *„Wie seid ihr gestern verblieben?" – „Wir sind so verblieben, dass wir uns heute Abend noch einmal treffen."* ■ ID **In Erwartung ihrer Antwort/Mit freundlichen Grüßen verbleibe ich Ihr/Ihre** +*Name veraltend* verwendet als sehr höfliche Schlussformel am Ende eines Briefes

ver·bleit ADJEKTIV mit Blei ⟨Benzin⟩

ver·blen·det ADJEKTIV **1** nicht in der Lage, objektiv und vernünftig zu urteilen ⟨ein Fanatiker; ideologisch, vom Hass verblendet⟩ **2** durch eine Schicht bedeckt und nicht mehr sichtbar | *eine mit Holz verblendete Wand* • hierzu **Ver·blen·dung** *die*

ver·bli·chen ADJEKTIV **1** mit der Zeit blass geworden ⟨Farben⟩ **2** *geschrieben, euphemistisch* (vor kurzer Zeit) gestorben • zu (2) **Ver·bli·che·ne** *der/die*; (-n, -n)

ver·blö·den VERB (verblödete, hat/ist verblödet); *gesprochen* **1** **etwas verblödet jemanden** (*hat*) etwas macht jemanden dumm **2** (*ist*) dumm werden ≈ *verdummen* • hierzu **Ver·blö·dung** *die*

ver·blüf·fen VERB (verblüffte, hat verblüfft) **(jemanden) verblüffen** eine Person mit etwas überraschen, womit sie überhaupt nicht gerechnet hat | *Er hat mich durch seine Ehrlichkeit verblüfft* | *zu einem verblüffenden Ergebnis kommen* | *über jemandes Verhalten verblüfft sein* • hierzu **Ver·blüf·fung** *die*

ver·blü·hen VERB (verblühte, ist verblüht) **etwas verblüht** etwas hört auf zu blühen oder fängt an zu welken ⟨Blumen, Blüten, Bäume⟩

ver·blu·ten VERB (verblutete, ist verblutet) **ein Mensch/ein Tier verblutet** ein Mensch/ein Tier verliert so viel Blut, dass er/es stirbt

ver·bo·cken VERB (verbockte, hat verbockt); *gesprochen* **jemand hat etwas verbockt** eine Person hat einen Fehler gemacht und hat deshalb Schuld daran, dass ein Plan o. Ä. nicht funktioniert | *„Hat Anna die Prüfung bestanden?" – „Nein, sie hat's verbockt!"*

ver·bohrt ADJEKTIV; *gesprochen, abwertend* so, dass eine Person auf keinen Fall ihre Meinung ändern will • hierzu **Ver·bohrt·heit** *die*

ver·bor·gen ■ PARTIZIP PERFEKT **1** → verbergen
■ ADJEKTIV **2** weit weg von großen Orten und einsam ⟨eine Landschaft, ein Dorf⟩ **3** nicht leicht zu finden, hören, sehen usw. ⟨eine Gefahr, ein Hinweis, ein Schatz, Talente⟩ **4** **im Verborgenen** ≈ *geheim* **5** **etwas bleibt jemandem/für jemanden verborgen** jemand wird von einer Sache nicht erfahren • zu (2,3) **Ver·bor·gen·heit** *die*

★ **Ver·bot** *das*; (-(e)s, -e) eine Vorschrift, ein Befehl, etwas nicht oder nicht länger zu tun ⟨ein Verbot aussprechen, befolgen, beachten, einhalten, übertreten; jemandem ein Verbot erteilen; gegen ein Verbot verstoßen⟩ K Verbotsschild, Verbotstafel, Verbotszeichen; Ausfuhrverbot, Ausgehverbot, Einfuhrverbot, Einreiseverbot, Parkverbot, Rauchverbot, Spielverbot, Überholverbot • hierzu **ver·bots·wid·rig** ADJEKTIV

★ **ver·bo·ten** ■ PARTIZIP PERFEKT **1** → verbieten
■ ADJEKTIV **2** nicht erlaubt | *Rauchen verboten!* | *In den Autos der Schmuggler fand man verbotene Waffen* **3** *gesprochen* hässlich, lächerlich | *Er/Sie sieht verboten aus*

ver·brä·men VERB (verbrämte, hat verbrämt) **etwas (mit/durch etwas) verbrämen** den negativen Teil einer Sache durch positive Aspekte überdecken | *Unannehmlichkeiten durch schöne Worte verbrämen*

ver·bra·ten VERB (verbrät, verbriet, hat verbraten); *gesprochen* **etwas verbraten** etwas in großer Menge oder sinnloser Weise für einen Zweck ausgeben oder verbrauchen | *Für Verkehrsschilder wird eine Menge Geld verbraten, und für etwas Sinnvolles ist dann kein Geld da*

Ver·brauch *der*; (-(e)s) **1** **der Verbrauch (von/an etwas** (*Dativ*)**)** die Menge, die verbraucht wird ⟨einen geringen, hohen Verbrauch an etwas haben⟩ | *den Verbrauch (an/von Energie) reduzieren* K Benzinverbrauch, Energieverbrauch, Stromverbrauch, Wasserverbrauch H Zwischen *von/an* und der genannten Sache steht kein Artikel. **2** **etwas ist sparsam im Verbrauch** etwas verbraucht nur wenig Strom, Benzin usw.

★ **ver·brau·chen** VERB (verbrauchte, hat verbraucht) **etwas verbrauchen** eine Menge einer Sache für einen Zweck verwenden (bis nichts mehr da ist) ⟨Geld, Kraft, Material, Vorräte verbrauchen⟩ | *im Urlaub zweitausend Euro verbrauchen* | *bei einer Arbeit viel Kraft verbrauchen*

★ **Ver·brau·cher** *der*; (-s, -) eine Person, die Waren kauft und verbraucht ≈ *Konsument* K Verbraucheraufklärung, Verbraucherberatung, Verbraucherschutz H zu *Verbraucherin* → Info im Eintrag **-in** • hierzu **Ver·brau·che·rin** *die*

Ver·brau·cher·zent·ra·le *die*; ⓓ eine Beratungsstelle (des Verbraucherverbandes) für Verbraucher, d. h. die Bürger als Käufer und Konsumenten

ver·braucht ■ PARTIZIP PERFEKT **1** → verbrauchen
■ ADJEKTIV **2** mit wenig Sauerstoff ⟨Luft⟩ **3** durch ein langes, anstrengendes Leben schwach und müde ⟨alt und verbraucht sein⟩

ver·bre·chen VERB (verbricht, verbrach, hat verbrochen); *oft ironisch* **etwas verbrechen** etwas Böses oder Schlechtes tun | *Warum bist du so wütend? Was habe ich denn (Schlimmes) verbrochen?* H meist im Perfekt oder Plusquamperfekt

★ **Ver·bre·chen** *das*; (-s, -) **1** eine (böse) Tat, die gegen das Gesetz verstößt und die vom Staat bestraft wird ⟨ein gemeines, brutales, schweres Verbrechen; ein Verbrechen be-

V

gehen, verüben; ein Verbrechen aufdecken, aufklären, ahnden⟩ | *Mord und andere schwere Verbrechen wurden früher mit dem Tod bestraft* K Verbrechensbekämpfung, Verbrechensverhütung; Gewaltverbrechen, Kriegsverbrechen, Sexualverbrechen **2** *abwertend* verwendet als Bezeichnung für eine Handlung, die man als sehr negativ für die Menschheit oder für die Natur hält | *Es ist ein Verbrechen, durch dieses schöne Tal eine Autobahn zu bauen* ■ ID **Das ist doch kein Verbrechen!** verwendet, um eine Verhalten zu rechtfertigen

★ **Ver·bre·cher** *der;* (-s, -) eine Person, die (regelmäßig) Verbrechen begeht K Verbrecherbande, Verbrecherjagd, Verbrecherkartei; Berufsverbrecher, Gewohnheitsverbrecher, Kriegsverbrecher, Schwerverbrecher H zu *Verbrecherin* → Info im Eintrag **-in** ● hierzu **Ver·bre·che·rin** *die*

ver·bre·che·risch ADJEKTIV **1** ⟨eine Absicht, eine Handlung, ein Verhalten⟩ so, dass es sich dabei um Verbrechen handelt **2** sehr schlimm ⟨Fahrlässigkeit, Leichtsinn⟩ **3** ⟨eine Organisation, ein Regime⟩ so, dass sie auch Verbrechen begehen

★ **ver·brei·ten** VERB (verbreitete, hat verbreitet) **1** **etwas verbreiten** bewirken, dass es etwas in einem größeren Gebiet gibt als vorher | *eine ansteckende Krankheit verbreiten* | *Die Pollen der Blumen werden meist durch Bienen verbreitet* **2** **etwas verbreiten** etwas in der Umgebung wirksam werden lassen ⟨einen Geruch, Kälte, Licht, Wärme verbreiten⟩ | *Dein Parfüm verbreitet einen wunderbaren Duft* **3** **etwas verbreiten** eine Nachricht vielen Menschen mitteilen | *eine Suchmeldung über den Rundfunk verbreiten* | *(die Nachricht) verbreiten, dass die Firma geschlossen wird* **4** **etwas (um sich) verbreiten** bewirken, dass andere Personen ein Gefühl, das man selbst hat, auch empfinden ⟨Gelassenheit, Heiterkeit, Ruhe, Zuversicht (um sich) verbreiten⟩ ≈ *ausstrahlen* **5** **etwas (irgendwo) verbreiten** das genannte Gefühl in anderen Menschen entstehen lassen ⟨Entsetzen, Angst und Schrecken verbreiten; (gute) Stimmung verbreiten⟩ **6** **etwas verbreitet sich irgendwo/über etwas** (*Akkusativ*) etwas kommt an alle Stellen einer Fläche, eines Gebietes, eines Raumes o. Ä. und wird überall wirksam ⟨ein Geruch, eine Krankheit, Qualm⟩ | *Die Seuche verbreitete sich schnell im ganzen/über das ganze Land* **7** **etwas verbreitet sich (irgendwo)** etwas wird vielen Menschen bekannt ⟨eine Nachricht, eine Neuigkeit, ein Gerücht⟩ | *Das Gerücht verbreitete sich wie ein Lauffeuer* (extrem schnell) **8** **sich über etwas** (*Akkusativ*) **verbreiten** *geschrieben* (zu) ausführlich auf ein Thema eingehen ● zu (1 – 7) **Ver·brei·tung** *die*

ver·brei·tern VERB (verbreiterte, hat verbreitert) **1** **etwas verbreitern** etwas breiter machen | *eine Durchfahrt verbreitern* **2** **etwas verbreitert sich** etwas wird breiter | *An der Mündung verbreitert sich der Fluss* ● hierzu **Ver·brei·te·rung** *die*

★ **ver·brei·tet** ■ PARTIZIP PERFEKT **1** → verbreiten
■ ADJEKTIV **2** so, dass es in einem großen Gebiet oder bei vielen Menschen vorkommt | *Diese Ansicht ist sehr verbreitet*

★ **ver·bren·nen** VERB (verbrannte, hat/ist verbrannt) **1** **jemand/etwas verbrennt** (*ist*) eine Person wird durch Feuer getötet, eine Sache wird durch Feuer zerstört | *Das Auto fing nach dem Unfall Feuer und verbrannte* **2** **jemand/etwas verbrennt** (*ist*) eine Person/Sache nimmt durch zu viel Hitze oder Sonnenstrahlen Schaden | *Ich habe den Braten vergessen, jetzt ist er verbrannt und ungenießbar* | *aufpassen, dass man in der Sonne nicht verbrennt* **3** **etwas verbrennt (zu etwas)** (*ist*) eine Substanz wird durch Einwirkung von Hitze oder Sauerstoff (in andere Substanzen) umgewandelt | *Holz verbrennt zu Asche* | *Kohlenhydrate verbrennen im menschlichen Körper zu Kohlensäure und Wasser* **4** **jemanden/etwas verbrennen** (*hat*) durch Feuer bewirken, dass ein Körper oder eine Sache zerstört wird | *Gartenabfälle verbrennen* | *Die Römer verbrannten ihre Toten* | *Er hat sich mit Benzin übergossen und verbrannt* **5** **sich** (*Dativ*) **etwas (an etwas** (*Dativ*)**) verbrennen** (*hat*) sich verletzen oder wehtun, weil man etwas Heißes berührt oder zu lange in der Sonne liegt | *Ich habe mir (am Ofen) die Finger verbrannt* | *Sie hat sich (beim Sonnen) den Rücken verbrannt* **6** **etwas verbrennt Treibstoff** (*hat*) ein Motor verbraucht Treibstoff (wobei Hitze entsteht) **7** **sich (an etwas** (*Dativ*)**/irgendwo) verbrennen** (*hat*) sich verletzen, indem man etwas Heißes berührt ⟨sich an der Herdplatte verbrennen⟩ ■ ID **sich** (*Dativ*) **die Finger/die Pfoten verbrennen** *gesprochen* (*hat*) etwas Unvorsichtiges tun und dadurch Schaden erleiden

Ver·bren·nung *die;* (-, -en) **1** die Handlung, durch die absichtlich eine Person durch Feuer getötet oder eine Sache zerstört wird K Bücherverbrennung, Hexenverbrennung, Müllverbrennung, Totenverbrennung **2** *nur Singular* der chemische Vorgang des Verbrennens | *die Verbrennung von Treibstoff zu Energie* K Verbrennungsmaschine, Verbrennungsmotor **3** eine Wunde, die man durch Feuer oder große Hitze bekommen hat ≈ *Brandwunde* | *schwere Verbrennungen davontragen*

ver·brieft ADJEKTIV schriftlich bestätigt ⟨ein Recht⟩ ≈ *garantiert*

★ **ver·brin·gen** VERB (verbrachte, hat verbracht) **1** **etwas irgendwo verbringen** eine Zeit lang an einem Ort sein | *den Sonntagvormittag im Bett verbringen* | *einen freien Tag am Meer verbringen* **2** **etwas (irgendwie/irgendwo/mit etwas) verbringen** während der genannten Zeit sich irgendwie beschäftigen oder irgendwo sein | *mit Freunden einen schönen Abend verbringen* | *Wie hast du das Wochenende verbracht?* | *Sie verbrachten den ganzen Tag mit Faulenzen/am Computer/vor dem Fernseher* **3** **jemanden irgendwohin verbringen** eine Person mit Zwang oder Gewalt an den genannten Ort bringen

ver·brü·dern VERB (verbrüderte sich, hat sich verbrüdert) **eine Person verbrüdert sich mit jemandem; Personen verbrüdern sich** zwei oder mehr Personen (vorher oft Feinde oder Gegner) schließen Freundschaft ● hierzu **Ver·brü·de·rung** *die*

ver·brü·hen VERB (verbrühte, hat verbrüht) **jemandem etwas verbrühen; jemanden verbrühen** jemanden oder sich selbst mit einer heißen Flüssigkeit oder Dampf verletzen | *Ich habe mir mit dem kochenden Wasser die Hand verbrüht*

ver·bu·chen VERB (verbuchte, hat verbucht) **1** **etwas (irgendwo) verbuchen** etwas in einem Geschäftsbuch oder auf einem Konto eintragen | *eine Einzahlung auf einem Konto verbuchen* **2** **etwas als etwas verbuchen** etwas als etwas beurteilen, werten ⟨etwas als Erfolg, Sieg verbuchen⟩ ● zu (1) **Ver·bu·chung** *die*

Ver·bum [v-] *das;* (-s, Ver·ben/Ver·ba) ≈ *Verb*

ver·bum·meln VERB (verbummelte, hat verbummelt); *gesprochen* **1** **etwas verbummeln** *oft abwertend* die Zeit ohne sinnvolle Beschäftigung verbringen | *den ganzen Vormittag verbummeln* **2** **etwas verbummeln** nicht rechtzeitig an etwas denken, weil man sich nicht darauf konzentriert hat ⟨einen Termin, eine Verabredung verbummeln⟩

Ver·bund *der;* (-(e)s, -e) **1** eine feste Verbindung von Bauteilen o. Ä. K Verbundbauweise, Verbundglas, Verbundstahl **2** **im Verbund** zusammen als Einheit | *mehrere Verkehrsbetriebe, die im Verbund arbeiten* K Verkehrsverbund

★ **ver·bun·den** ■ PARTIZIP PERFEKT **1** → verbinden

V

■ ADJEKTIV **2** **etwas ist mit etwas verbunden** etwas hängt mit etwas zusammen, tritt mit etwas zusammen auf | *Der Aufbruch war mit großer Hektik verbunden* **3** **falsch verbunden sein** die falsche Telefonnummer gewählt haben **4** **jemandem/etwas irgendwie verbunden** mit der genannten Beziehung zu jemandem/etwas ‹jemandem freundschaftlich, in Liebe verbunden sein› | *Sie fühlte sich ihm/der alten Heimat noch sehr verbunden* (Sie hatte noch sehr freundliche Gefühle für ihn/sie) **5** **jemandem sehr verbunden sein** *veraltend* jemandem dankbar sein ● zu (4,5) **Ver·bụn·den·heit** *die*

ver·bün·den VERB (verbündete sich, hat sich verbündet) **eine Person/Sache verbündet sich mit jemandem/etwas (gegen jemanden); Personen/Staaten verbünden sich (gegen jemanden/etwas)** zwei oder mehrere Personen, Staaten o. Ä. schließen ein Bündnis | *sich in einem Krieg mit einem Land gegen ein anderes verbünden* **H** oft im Passiv mit dem Hilfsverb *sein*: *Frankreich und Deutschland sind (miteinander) verbündet* ● hierzu **Ver·bün·de·te** *der/die*

ver·bür·gen VERB (verbürgte, hat verbürgt) **1** **(jemandem) etwas verbürgen** ≈*garantieren* | *in der Verfassung verbürgte Grundrechte* **2** **sich für jemanden/etwas verbürgen** für jemanden/etwas garantieren | *Ich verbürge mich dafür, dass er die Wahrheit sagt*

ver·bürgt ■ PARTIZIP PERFEKT **1** → verbürgen
■ ADJEKTIV **2** als richtig bestätigt ‹eine Nachricht, eine Tatsache›

ver·bü·ßen VERB (verbüßte, hat verbüßt) **etwas verbüßen** eine Zeit lang zur Strafe im Gefängnis sein ‹eine Haftstrafe verbüßen› ● hierzu **Ver·bü·ßung** *die*

ver·chro·men [-k-] VERB (verchromte, hat verchromt) **etwas verchromen** etwas aus Eisen o. Ä. mit einer dünnen Schicht Chrom bedecken ● hierzu **Ver·chro·mung** *die*

★ **Ver·dạcht** *der*; (-(e)s) **1** **ein Verdacht (gegen jemanden)** das Gefühl oder der Gedanke, dass jemand etwas Schlechtes oder Verbotenes getan haben könnte ‹ein (un)begründeter Verdacht; der dringende, nicht der leiseste Verdacht; Verdacht schöpfen, hegen; etwas erregt, erweckt (jemandes) Verdacht; über jeden Verdacht erhaben sein; ein Verdacht fällt auf jemanden, richtet sich gegen jemanden, trifft jemanden› | *jemanden wegen des Verdachts auf Drogenhandel verhaften* **2** die Situation, in der sich eine Person befindet, die verdächtigt wird ‹in Verdacht geraten, kommen; in/unter Verdacht stehen; jemanden in (falschen) Verdacht bringen; jemanden in/im Verdacht haben› | *Er steht in/im Verdacht, den Schmuck gestohlen zu haben* **3** **ein Verdacht (auf etwas** *(Akkusativ)***)** die Vermutung, dass etwas (wahrscheinlich) der Fall ist | *Es besteht der Verdacht, dass sie entführt wurde* | *Man weiß noch nicht, was sie hat, aber es besteht Verdacht auf Krebs* **4** **auf Verdacht** sicherheitshalber, weil es sinnvoll oder nötig sein könnte | *Ich wusste nicht, ob noch Brot da ist, da habe ich einfach eines auf Verdacht gekauft*

ver·däch·tig ADJEKTIV **1** so, dass es Anlass zu Verdacht gibt ‹ein Verhalten; verdächtig aussehen; etwas kommt jemandem verdächtig vor› | *Wenn Sie etwas Verdächtiges hören oder sehen, rufen Sie bitte die Polizei* | *sich durch Flucht verdächtig machen* **2** so, dass man befürchten muss, dass etwas nicht in Ordnung ist ‹ein Geräusch› | *einen verdächtigen Knoten unter der Haut fühlen* **K** krebsverdächtig **3** **(einer Sache** *(Genitiv)***) verdächtig** in Verdacht, ein Verbrechen begangen zu haben | *eines Mordes verdächtig sein* **K** mordverdächtig, tatverdächtig ● zu (3) **Ver·däch·ti·ge** *der/die*

-ver·däch·tig *im Adjektiv, unbetont, begrenzt produktiv* **hitverdächtig, medaillenverdächtig, nobelpreisverdächtig, rekordverdächtig** *und andere* mit guten Aussichten, etwas zu werden oder zu bekommen

★ **ver·däch·ti·gen** VERB (verdächtigte, hat verdächtigt) **jemanden (einer Sache** *(Genitiv)***) verdächtigen** glauben, dass jemand schuldig sein könnte | *jemanden des Diebstahls verdächtigen* | *Sie verdächtigte ihn, gelogen zu haben* ● hierzu **Ver·däch·ti·gung** *die*

ver·dạm·men VERB (verdammte, hat verdammt) **1** **jemanden/etwas verdammen** eine Person oder Sache für sehr unmoralisch halten und deswegen ein sehr negatives Urteil über sie sprechen **2** **jemand ist verdammt** jemand wird (im christlichen Glauben) nach dem Tod von Gott für immer bestraft **3** **jemanden zu etwas verdammen** jemanden zwingen, etwas Unangenehmes zu tun oder zu ertragen **4** **jemand ist zu etwas verdammt** jemand muss etwas Unangenehmes tun oder ertragen ‹jemand ist zum Nichtstun verdammt› **5** **eine Sache ist zu etwas verdammt** etwas Unangenehmes wird mit einer Sache geschehen ‹etwas ist zum Scheitern verdammt› ● hierzu **Ver·dạm·mung** *die*; zu (2) **Ver·dạmm·te** *der/die*; zu (2) **Ver·dạmm·nis** *die*

ver·dạmmt ■ PARTIZIP PERFEKT **1** → verdammen
■ ADJEKTIV **2** *gesprochen, abwertend meist attributiv* verwendet, um großen Ärger auszudrücken | *So ein verdammter Mist!* | *Er ist ein verdammter Idiot* | *Verdammt (nochmal)!* **3** *gesprochen* so, dass das normale Maß überschritten wird | *verdammtes Glück haben* | *Es ist verdammt kalt hier*

ver·dạm·pfen VERB (verdampfte, hat/ist verdampft) **1** **etwas verdampft** *(ist)* eine Flüssigkeit wird zu Dampf | *Beim Kochen verdampft ein Teil des Wassers* **2** **etwas verdampfen** *(hat)* bewirken, dass etwas zu Dampf wird

★ **ver·dạn·ken** VERB (verdankte, hat verdankt) **jemand verdankt einer Person/Sache etwas; jemand hat einer Person/Sache etwas zu verdanken; etwas ist einer Person/Sache zu verdanken** *oft ironisch* die genannte Person oder die genannte Situation ist der Grund für etwas | *Er verdankt sein Leben einem glücklichen Zufall* | *Ich habe nur dir/deiner Hilfe zu verdanken, dass ich rechtzeitig fertig geworden bin* | *Das relativ milde Klima in Irland ist dem Golfstrom zu verdanken*

ver·dạrb *Präteritum, 1. und 3. Person Singular* → verderben

ver·dạt·tert ADJEKTIV; *gesprochen* sehr überrascht

ver·dau·en VERB (verdaute, hat verdaut) **1** **jemand/etwas verdaut (etwas)** die Nahrung wird im Magen und im Darm aufgelöst und verwertet **2** **etwas verdauen** *gesprochen* etwas psychisch oder geistig bewältigen ‹ein Erlebnis, einen Schock verdauen; eine Lektüre verdauen›

ver·dau·lich ADJEKTIV **1** so, dass man es verdauen kann | *Gänsebraten ist schwer verdaulich* | *Kranke sollten nur leicht verdauliche Speisen zu sich nehmen* **2** **leicht/schwer verdaulich** leicht/schwer zu verstehen | *eine leicht verdauliche Lektüre für den Urlaub* | *schwer verdauliche Informationen* ● hierzu **Ver·dau·lich·keit** *die*

★ **Ver·dau·ung** *die*; (-) das Verdauen der Nahrung **K** Verdauungsapparat, Verdauungsorgan, Verdauungsstörung, Verdauungstrakt

Ver·dẹck *das*; (-(e)s, -e) ein bewegliches Dach für ein Auto, einen Kinderwagen o. Ä.

★ **ver·dẹ·cken** VERB (verdeckte, hat verdeckt) **1** **eine Person/Sache verdeckt jemanden/etwas** eine Person oder Sache befindet sich so vor einer anderen Person oder Sache, dass man diese nicht sehen kann | *Die Wolken verdecken die Sonne* **2** **jemanden/etwas (mit etwas) verdecken** eine Person oder Sache mit etwas bedecken, damit man sie nicht mehr sehen kann | *Sie verdeckte das Loch in der Wand mit einem Bild*

ver·dẹckt ■ PARTIZIP PERFEKT **1** → verdecken

■ ADJEKTIV **2** so, dass Polizisten bei der Untersuchung eines Verbrechens nicht als Polizisten zu erkennen sind ⟨ein Ermittler, Ermittlungen⟩

ver·den·ken VERB (verdachte, hat verdacht) **jemandem etwas nicht verdenken können** *geschrieben* Verständnis haben dafür, dass jemand etwas getan hat

Ver·derb ■ ID → Gedeih

★ **ver·der·ben** VERB (verdirbt, verdarb, hat/ist verdorben) **1** **etwas verdirbt** *(ist)* Lebensmittel kommen in einen Zustand, dass man sie nicht mehr essen oder trinken kann | *Die Milch verdirbt, wenn sie nicht gekühlt wird* **2** **jemand/etwas verdirbt (einer Person) etwas** *(hat)* jemand/etwas bewirkt, dass etwas Schönes nicht mehr möglich ist oder eine Person keine Freunde daran hat ⟨jemandem den Appetit, die Freude, die (gute) Laune/Stimmung, den Spaß verderben⟩ | *einen schönen Tag durch einen Streit verderben* | *Der Regen hat uns den Ausflug verdorben* | *Bitte sag mir nicht, wie der Film ausgeht, sonst ist mir die Freude daran verdorben* **3** **jemanden/etwas verderben** *(hat)* den Charakter einer Person oder eine Sache sehr negativ werden lassen | *Das verdirbt den Charakter, wenn du den Kindern keine Grenzen setzt* **4** **sich** *(Dativ)* **die Augen/den Magen verderben** *(hat)* durch das eigene Verhalten bewirken, dass man nicht mehr gut sieht/dass der Bauch wehtut | *Wenn du immer bei schlechtem Licht liest, verdirbst du dir die Augen* **5** **die Preise verderben** *(hat)* Waren billiger verkaufen oder Leistungen billiger anbieten als die Konkurrenz oder als üblich ist **6** **es sich** *(Dativ)* **mit jemandem verderben** *(hat)* die Freundschaft oder Sympathie einer Person durch eigene Schuld verlieren | *Du gibst immer allen recht, weil du es dir mit niemandem verderben willst* ● zu (1) **ver·derb·lich** ADJEKTIV; zu (1) **Ver·derb·lich·keit** *die*

Ver·der·ben *das*; (-s); *geschrieben* ⟨jemanden ins Verderben stürzen; (offenen Auges) in sein/ins Verderben rennen⟩ ≈ *Untergang, Ruin* | *Krieg bringt Tod und Verderben* ● hierzu **ver·der·ben·brin·gend** ADJEKTIV

ver·derbt ADJEKTIV; *veraltend* moralisch schlecht ⟨ein Mensch⟩ ● hierzu **Ver·derbt·heit** *die*

ver·deut·li·chen VERB (verdeutlichte, hat verdeutlicht) **(jemandem) etwas verdeutlichen** jemandem oder sich selbst etwas deutlich(er) oder verständlicher machen | *jemandem ein Problem verdeutlichen* ● hierzu **Ver·deut·li·chung** *die*

ver·dich·ten VERB (verdichtete, hat verdichtet) **1** **etwas verdichtet sich** etwas wird dichter ⟨der Nebel, die Wolken⟩ **2** **etwas verdichtet sich** etwas wird mehr und deutlicher ⟨die Anzeichen, ein Eindruck, die Hinweise, die Indizien, ein Verdacht⟩ **3** **etwas verdichten** etwas mit Druck dichter machen ⟨Dampf, Gase, Flüssigkeiten verdichten⟩

★ **ver·die·nen** VERB (verdiente, hat verdient) **1** **(sich** *(Dativ)***) etwas) verdienen** Geld als Lohn für die Arbeit bekommen ⟨ehrlich verdientes Geld⟩ | *zwölf Euro in der Stunde/pro Stunde/die Stunde verdienen* | *Ich verdiene mir mit Nachhilfestunden ein paar Euro nebenbei* | *Er verdient (sich) seinen Lebensunterhalt als Musiker* | *Obwohl beide verdienen, kommen sie kaum über die Runden, weil die Miete so hoch ist* **2** **(etwas) (bei/mit/an etwas** *(Dativ)***) verdienen** durch ein Geschäft o. Ä. Geld bekommen | *An diesem Auftrag verdiene ich fast 300 Euro* **3** **jemand verdient etwas** eine Person hat etwas gemacht und bekommt dafür (zu Recht) etwas | *Er hat ein Lob/eine Strafe verdient* | *Nach dieser Anstrengung habe ich eine Pause verdient* | *Du hast es eigentlich nicht verdient, dass ich dir helfe* **4** **etwas verdient etwas** eine Situation, ein Zustand ist so, dass die genannte Reaktion vernünftig erscheint | *Seine Beschwerden verdienen nicht, ernst genommen zu werden* ■ ID **Womit habe ich das nur/bloß verdient?** *gesprochen* verwendet, um über eine unangenehme Situation zu klagen, in der man ist ● zu (3) **ver·die·ner·ma·ßen** ADVERB

V

★ **Ver·dienst**[1] *der*; (-(e)s, -e); *meist Singular* **1** das Geld, das man für die Arbeit bekommt K Verdienstausfall, Verdienstbescheinigung, Verdienstgrenze, Verdienstmöglichkeit **i** → Infos unter **Gehalt** **2** das Geld, das man durch den Verkauf von Waren verdient ≈ *Gewinn* K Verdienstspanne

★ **Ver·dienst**[2] *das*; (-(e)s, -e) eine Tat oder eine Leistung, die die Anerkennung anderer findet ⟨jemandem etwas als/zum Verdienst anrechnen⟩ | *Es ist sein Verdienst, dass das Museum gebaut werden konnte* K Verdienstorden ● hierzu **ver·dienst·voll** ADJEKTIV

ver·dient ■ PARTIZIP PERFEKT **1** → verdienen

■ ADJEKTIV **2** *meist attributiv* ⟨ein Forscher, ein Politiker⟩ so, dass sie besondere Verdienste vorweisen können **3** **sich um etwas verdient machen** für eine wichtige Sache viel und gute Arbeit leisten

ver·dirbt *Präsens, 3. Person Singular* → verderben

ver·don·nern VERB (verdonnerte, hat verdonnert) **jemanden zu etwas verdonnern** *gesprochen* jemandem eine Strafe oder eine unangenehme Arbeit geben | *jemanden zu einer hohen Geldstrafe verdonnern*

ver·dop·peln VERB (verdoppelte, hat verdoppelt) **1** **etwas verdoppeln** die Menge, Zahl, Größe o. Ä. zweimal so groß machen | *die Milchproduktion verdoppeln* | *die Anstrengungen verdoppeln* **2** **etwas verdoppelt sich** etwas wird doppelt so viel, so groß o. Ä. ● hierzu **Ver·dop·pe·lung**, **Ver·dopp·lung** *die*

ver·dor·ben PARTIZIP PERFEKT → verderben ● hierzu **Ver·dor·ben·heit** *die*

ver·dor·ren VERB (verdorrte, ist verdorrt) **etwas verdorrt** etwas wird trocken und dürr ⟨eine Pflanze, eine Wiese, ein Zweig⟩

ver·drän·gen VERB (verdrängte, hat verdrängt) **1** **jemand verdrängt eine Person (von/aus etwas)** jemand nimmt den Platz, die Stelle oder die Funktion einer anderen Person ein ⟨jemanden aus seiner Position, von seinem Platz verdrängen⟩ **2** **etwas verdrängt etwas (von/aus etwas)** eine Sache nimmt allmählich die Stelle oder die Funktion einer Sache ein | *Die großen Segelschiffe wurden von Dampfschiffen verdrängt* **3** **etwas verdrängen** etwas psychisch Unangenehmes aus dem Bewusstsein verschwinden lassen | *Sie hat (die Erinnerung an) das schreckliche Erlebnis verdrängt* ● hierzu **Ver·drän·gung** *die*

ver·dre·cken VERB (verdreckte, hat/ist verdreckt); *gesprochen, abwertend* **1** **etwas verdrecken** *(hat)* etwas sehr schmutzig machen **2** **etwas verdreckt** *(ist)* etwas wird sehr schmutzig | *Nach dem Sturm war das Auto völlig verdreckt* **i** meist im Passiv mit dem Hilfsverb *sein*

ver·dre·hen VERB (verdrehte, hat verdreht) **1** **etwas verdrehen** etwas sehr stark oder zu stark drehen ⟨jemandem den Arm verdrehen⟩ | *den Hals verdrehen, um zu sehen, was hinter einem ist* **2** **die Augen verdrehen** die Augen (im Kreis) bewegen, weil man sehr verärgert ist oder sehr viel Angst hat **3** **etwas verdrehen** etwas absichtlich falsch darstellen ⟨die Tatsachen, die Wahrheit verdrehen⟩ **4** **jemand verdreht einer Person den Kopf** *gesprochen* die eine Person macht auf eine andere Person einen so netten und freundlichen Eindruck, dass die zweite Person sich in die erste Person verliebt **5** **das Recht verdrehen** *abwertend* die Gesetze so interpretieren, dass aus dem Recht Unrecht wird (und umgekehrt)

ver·dreht ■ PARTIZIP PERFEKT **1** → verdrehen

■ ADJEKTIV **2** *gesprochen meist prädikativ* unkonzentriert und nicht in der Lage, vernünftig zu denken | *Ich bin heute* *ganz verdreht* • zu (2) **Ver·dreht·heit** *die*

ver·dre·schen VERB (verdrischt, verdrosch, hat verdroschen) **jemanden verdreschen** *gesprochen ≈ verprügeln*

ver·drie·ßen VERB (verdross, hat verdrossen); *geschrieben* **1** **etwas verdrießt jemanden** etwas bewirkt, dass jemand sich ärgert **2** **sich** (*Dativ*) **etwas nicht verdrießen lassen** sich nicht die Freude an etwas nehmen lassen

ver·drieß·lich ADJEKTIV **1** ⟨ein verdrießliches Gesicht machen; verdrießlich dreinschauen⟩ *≈ unzufrieden* **2** *veraltend* so, dass es Ärger macht ⟨eine Angelegenheit, eine Sache⟩ • zu (2) **Ver·drieß·lich·keit** *die*

ver·dross *Präteritum, 3. Person Singular* → verdrießen

ver·dros·sen ■ PARTIZIP PERFEKT **1** → verdrießen ■ ADJEKTIV **2** ⟨ein Gesicht; verdrossen aussehen⟩ *≈ unzufrieden, verärgert* • zu (2) **Ver·dros·sen·heit** *die*

ver·drü·cken VERB (verdrückte, hat verdrückt); *gesprochen* **1** **etwas verdrücken** eine große Menge von etwas essen **2** **sich (irgendwohin) verdrücken** weggehen (ohne dass es andere Leute merken), um nicht arbeiten zu müssen

ver·druckst ADJEKTIV; *gesprochen* sehr unsicher und schüchtern

Ver·druss *der*; (-es) ⟨(jemandem) Verdruss bereiten; zu jemandes Verdruss⟩ *≈ Ärger*

ver·duf·ten VERB (verduftete, ist verduftet); *gesprochen* heimlich oder schnell einen Ort verlassen *≈ verschwinden, abhauen*

ver·dum·men VERB (verdummte, hat/ist verdummt) **1** **etwas verdummt (Personen)** (*hat*) etwas bewirkt, dass die Leute dumm werden | *Zu viel Fernsehen verdummt (die Leute)* **2** (*ist*) dumm werden • hierzu **Ver·dum·mung** *die*

ver·dun·keln VERB (verdunkelte, hat verdunkelt) **1** **etwas verdunkeln** etwas dunkel machen ⟨einen Raum verdunkeln⟩ | *Die Wolken verdunkelten den Himmel* **2** **(etwas) verdunkeln** dafür sorgen, dass kein Licht nach außen dringt | *Im Krieg mussten die Häuser verdunkelt werden* **3** **etwas verdunkelt sich** etwas wird dunkel | *Der Himmel verdunkelt sich. Bald gibt es ein Gewitter* • hierzu **Ver·dun·ke·lung** *die*

ver·dün·nen VERB (verdünnte, hat verdünnt) **etwas (mit etwas) verdünnen** eine Flüssigkeit mit Wasser mischen, damit sie nicht mehr so konzentriert ist | *Farbe mit Wasser verdünnen* | *Lack mit einem Lösungsmittel verdünnen* • hierzu **Ver·dün·nung** *die*

ver·dün·ni·sie·ren VERB (verdünnisierte sich, hat sich verdünnisiert) **sich verdünnisieren** *gesprochen, humorvoll ≈ verduften*

ver·duns·ten VERB (verdunstete, ist verdunstet) **etwas verdunstet** eine Flüssigkeit wird allmählich weniger, weil sie zu Gas wird (aber ohne zu kochen) • hierzu **Ver·duns·tung** *die*

ver·durs·ten VERB (verdurstete, ist verdurstet) sterben, weil man nichts zu trinken hat | *in der Wüste verdursten*

ver·dutzt ADJEKTIV überrascht und verwirrt

ver·eb·ben VERB (verebbte, ist verebbt) **etwas verebbt** etwas wird allmählich schwächer und hört auf ⟨der Beifall, der Lärm; jemandes Begeisterung⟩

ver·edeln VERB (veredelte, hat veredelt) **1** **etwas veredeln** etwas besonders bearbeiten oder es mit wertvollen Stoffen mischen, damit die Qualität besser wird ⟨Gewebe, Kohle, Metalle veredeln⟩ **2** **etwas veredeln** eine Pflanze nützlicher und besser machen, wenn man einen Zweig einer anderen Pflanze in sie pflanzt ⟨Obstbäume, Rosen, Weinstöcke veredeln⟩ • hierzu **Ver·ede·lung** *die*

★ **ver·eh·ren** VERB (verehrte, hat verehrt) **1** **jemanden verehren** jemanden ehren und bewundern | *jemanden als großen Künstler verehren* **2** **jemanden verehren** eine Person als ein höheres Wesen o. Ä. ansehen und zu ihr beten ⟨Heilige verehren; jemanden als (einen) Gott verehren⟩ **3** **jemanden verehren** *veraltend* in jemanden verliebt sein **4** **jemandem etwas verehren** *humorvoll* jemandem etwas schenken • hierzu **Ver·eh·rer** *der*; **Ver·eh·re·rin** *die*; zu (1 – 3) **Ver·eh·rung** *die*

ver·ehrt ■ PARTIZIP PERFEKT **1** → verehren ■ ADJEKTIV **2** verwendet als Teil einer höflichen Anrede | *Meine sehr verehrten Damen und Herren*

ver·ei·di·gen VERB (vereidigte, hat vereidigt) **jemanden vereidigen** jemanden einen Eid sprechen lassen ⟨Rekruten, Soldaten, Zeugen vereidigen⟩ | *ein vereidigter Sachverständiger* • hierzu **Ver·ei·di·gung** *die*

★ **Ver·ein** *der*; (-(e)s, -e) eine Organisation von Leuten mit ähnlichen Interessen oder Zielen ⟨ein eingetragener, gemeinnütziger, wohltätiger Verein; einen Verein gründen; einem Verein beitreten; in einen Verein eintreten; aus einem Verein austreten⟩ | *Mitglied in einem Verein zum Schutz der Vögel sein* K Vereinslokal, Vereinsmitglied, Vereinssatzung, Vereinsvorstand; Alpenverein, Fußballverein, Gesang(s)verein, Schützenverein, Sportverein, Tierschutzverein, Turnverein

ver·ein·bar ADJEKTIV *meist prädikativ* **etwas ist mit etwas vereinbar; Dinge sind (miteinander) vereinbar** zwei oder mehrere Dinge passen zueinander, können miteinander gut kombiniert werden

★ **ver·ein·ba·ren** VERB (vereinbarte, hat vereinbart) **1** **eine Person vereinbart etwas mit jemandem; Personen vereinbaren etwas** Personen legen etwas gemeinsam fest oder entscheiden etwas gemeinsam ⟨einen Termin, einen Treffpunkt, ein Vorgehen vereinbaren⟩ | *Ich habe mit ihm vereinbart, dass ich ihn anrufe/ihn anzurufen* **2** **jemand kann etwas mit einer Sache vereinbaren** etwas ist nach der Meinung einer Person zusätzlich zu etwas oder trotz einer anderen Sache möglich | *So eine Lüge kann ich mit meinem Gewissen nicht vereinbaren* | *Kannst du so ein zeitaufwendiges Hobby denn mit deinen familiären Pflichten vereinbaren?*

★ **Ver·ein·ba·rung** *die*; (-, -en) **eine Vereinbarung (mit jemandem)** etwas, das man gemeinsam besprochen und beschlossen hat ⟨eine Vereinbarung treffen; sich an eine Vereinbarung halten⟩ • hierzu **ver·ein·ba·rungs·ge·mäß** ADVERB

ver·ei·nen VERB (vereinte, hat vereint) **1** **eine Person/Sache mit jemandem/etwas (zu etwas) vereinen; Personen/Dinge (zu etwas) vereinen** *geschrieben* zwei oder mehrere Personen oder Dinge zusammenbringen und zu einer Einheit machen | *mit vereinten Kräften für etwas kämpfen* (gemeinsam für etwas kämpfen) **2** **eine Person/Sache vereint sich mit jemandem/etwas (zu etwas); Personen/Dinge vereinen sich (zu etwas)** *geschrieben* Personen oder Dinge kommen zu einer Gruppe oder zu einem einheitlichen Ganzen zusammen

ver·ein·fa·chen VERB (vereinfachte, hat vereinfacht) **1** **etwas vereinfachen** etwas einfacher machen | *ein Verfahren vereinfachen* **2** **etwas vereinfacht sich** etwas wird einfacher • hierzu **Ver·ein·fa·chung** *die*

ver·ein·heit·li·chen VERB (vereinheitlichte, hat vereinheitlicht) **Dinge vereinheitlichen** Dinge so ändern, dass sie die gleichen Merkmale haben | *Maße vereinheitlichen* • hierzu **Ver·ein·heit·li·chung** *die*

ver·ei·ni·gen VERB (vereinigte, hat vereinigt) **1** **etwas mit etwas vereinigen; Dinge vereinigen** zwei oder mehrere Dinge zu einem Ganzen, zu einer Einheit werden lassen | *Firmen zu einem Konzern vereinigen* **2** **etwas in jemandem/auf jemanden vereinigen** verschiedene Dinge irgendwo zusammenkommen oder gleichzeitig sein lassen | *zwei Ämter in einer/auf eine Person vereinigen* | *die Mehrheit der Wählerstimmen auf sich vereinigen* **3** **eine Person/Sa-**

che vereinigt sich mit jemandem/etwas (zu etwas)**; **Personen/Dinge vereinigen sich (zu etwas)** Personen oder Dinge kommen zu einer Gruppe oder zu einem einheitlichen Ganzen zusammen

★ **Ver·ei·ni·gung** *die*; (-, -en) **1** eine Organisation mit einem (meist politischen) Ziel | *Dem Angeklagten wird die Mitgliedschaft in einer terroristischen Vereinigung vorgeworfen* **2** das Zusammenkommen oder Zusammenbringen von verschiedenen Dingen | *Damals hielt man eine Vereinigung der beiden deutschen Staaten für sehr unwahrscheinlich*

ver·ein·nah·men VERB (vereinnahmte, hat vereinnahmt) **1 jemanden (für sich) vereinnahmen** jemanden so beschäftigen, dass für andere Personen/Dinge keine Zeit mehr hat | *Ich hätte mich nicht so sehr von ihr vereinnahmen lassen sollen* **2 eine Person/Gruppe vereinnahmt jemanden/etwas (für etwas/sich)** eine Person oder Gruppe erklärt (oft nicht zu Recht), dass eine gute Sache oder gute Leistung durch ihre Hilfe entstanden ist (und macht damit für sich selbst Werbung) ⟨etwas parteipolitisch, für die eigenen Zwecke vereinnahmen⟩ | *Der Spitzensportler erklärte, dass er sich nicht für die Ziele der Partei vereinnahmen lassen wolle* **3 etwas vereinnahmen** *geschrieben* etwas als Einnahme haben | *erzielte Gewinne steuerfrei vereinnahmen*

ver·ein·sa·men VERB (vereinsamte, ist vereinsamt) einsam werden | *in der Großstadt völlig vereinsamen* • hierzu **Ver·ein·sa·mung** *die*

Ver·eins·mei·er *der*; (-s, -); *gesprochen, abwertend* eine Person, die sehr/zu gerne und viel in Vereinen aktiv ist • hierzu **Ver·eins·mei·e·rei** *die*

ver·eint ■ PARTIZIP PERFEKT **1** → vereinen
■ ADJEKTIV **2** → Nation

ver·ein·zelt ADJEKTIV *meist attributiv* nur gelegentlich vorkommend ⟨das Auftreten, eine Erscheinung; in vereinzelten Fällen⟩ | *Das Wetter morgen: vereinzelt Niederschläge* | *Solche Fälle kommen nur vereinzelt vor*

ver·ei·sen VERB (vereiste, hat/ist vereist) **1 etwas vereist** (*ist*) etwas bekommt eine Schicht Eis | *eine vereiste Straße* i meist im Passiv mit dem Hilfsverb *sein* **2 etwas vereisen** (*hat*) einen verletzten Teil des Körpers mit großer Kälte behandeln • hierzu **Ver·ei·sung** *die*

ver·ei·teln VERB (vereitelte, hat vereitelt) **etwas vereiteln** verhindern, dass etwas Erfolg hat ⟨ein Attentat, einen Fluchtversuch, einen Plan vereiteln⟩ • hierzu **Ver·ei·te·lung** *die*

ver·ei·tert ADJEKTIV voll Eiter ⟨eine Wunde⟩

ver·en·den VERB (verendete, ist verendet) **ein Tier verendet** ein Tier stirbt

ver·en·gen VERB (verengte sich, hat sich verengt) **etwas verengt sich** etwas wird (an einer Stelle) enger | *Eine Flasche verengt sich am Flaschenhals* • hierzu **Ver·en·gung** *die*

ver·er·ben VERB (vererbte, hat vererbt) **1 jemandem/etwas etwas vererben**; **etwas an jemanden/etwas vererben** bestimmen, dass jemand/eine Institution o. Ä. etwas bekommt, wenn man stirbt | *den Kindern das Vermögen vererben* | *alles Geld an ein Waisenhaus vererben* **2 jemandem etwas vererben**; **etwas an/auf jemanden vererben** durch die Gene eine Eigenschaft an die Nachkommen weitergeben | *einem Kind eine Krankheit vererben* • hierzu **Ver·er·bung** *die*; **ver·erb·bar** ADJEKTIV

★ **ver·fah·ren**[1] VERB (verfährt, verfuhr, hat/ist verfahren) **1 sich (irgendwo) verfahren** (*hat*) aus Versehen in die falsche Richtung fahren | *sich in der Großstadt verfahren* **2 etwas verfahren** (*hat*) beim Fahren die genannte Menge Benzin o. Ä. verbrauchen | *zehn Liter Benzin verfahren* **3 irgendwie verfahren** (*ist*) auf die genannte Art und Weise handeln | *nach einem bestimmten Schema verfahren* | *Wir müssen besprechen, wie wir in solchen Fällen künftig verfahren wollen* **4 mit jemandem/etwas irgendwie verfahren** (*ist*) jemanden/etwas auf die genannte Art und Weise behandeln | *mit einem Ladendieb milde verfahren*

★ **ver·fah·ren**[2] ■ PARTIZIP PERFEKT **1** → verfahren[1]
■ ADJEKTIV **2** mit vielen Problemen, die nur schwer zu lösen sind ⟨eine Situation; etwas ist heillos, hoffnungslos, völlig verfahren⟩ | *Die ganze Angelegenheit ist ziemlich verfahren*

★ **Ver·fah·ren** *das*; (-s, -) **1** die Art und Weise, wie z. B. in der Industrie etwas gemacht wird ⟨ein chemisches, technisches Verfahren; ein Verfahren entwickeln, anwenden, erproben, vereinfachen⟩ ≈ *Methode* | *ein neuartiges Verfahren zur Reinigung von Abwässern* K verfahrenstechnisch; Herstellungsverfahren, Produktionsverfahren, Verarbeitungsverfahren **2 ein Verfahren (gegen jemanden/etwas)** die Untersuchungen, mit denen ein Rechtsfall von einer Behörde oder einem Gericht geklärt wird ⟨ein arbeits-, familien-, straf-, zivilrechtliches Verfahren; ein Verfahren anstrengen, einleiten, eröffnen, aussetzen, abschließen, einstellen, wieder aufnehmen, niederschlagen; ein Verfahren läuft, ist abgeschlossen; in ein (laufendes/schwebendes) Verfahren eingreifen⟩ ≈ *Prozess* | *Gegen ihn ist ein Verfahren wegen Steuerhinterziehung anhängig* (Es läuft und ist noch nicht entschieden) | *Der Angeklagte hat die Kosten des Verfahrens zu tragen* K Berufungsverfahren, Disziplinarverfahren, Strafverfahren; Gerichtsverfahren **3** die Methode, nach der man an etwas arbeitet | *Ihr Antrag wird in einem beschleunigten/vereinfachten Verfahren bearbeitet* K Verfahrensfrage, Verfahrensweise

★ **ver·fal·len** VERB (verfällt, verfiel, ist verfallen) **1 etwas verfällt** etwas wird ungültig oder wertlos ⟨ein Anspruch, eine Briefmarke, eine Fahrkarte, ein Gutschein, ein Pfand, ein Wechsel⟩ i aber: *ein Reisepass/ein Ausweis/eine Kreditkarte läuft ab* **2 etwas verfällt** ein altes Gebäude, das nicht mehr gepflegt oder benutzt wird, fällt allmählich zusammen | *eine stillgelegte Fabrik verfallen lassen* **3 etwas verfällt** etwas kommt in einen schlechten Zustand ⟨die Kunst, die Kultur, die Moral, die Sitten⟩ **4 etwas verfällt** etwas verschwindet allmählich ⟨jemandes Kraft, jemandes Macht, jemandes Gesundheit⟩ **5 jemand verfällt zusehends** jemandes gesundheitlicher Zustand wird von Tag zu Tag schlechter **6 etwas verfällt** etwas verliert die Macht und den Zusammenhalt ⟨ein Imperium, ein Reich⟩ **7 in etwas** (*Akkusativ*) **verfallen** ohne es zu wollen (und ohne es zu bemerken) in den genannten Zustand kommen oder etwas anderes tun, als geplant war | *Vor Aufregung verfiel er mitten in der Rede in seinen Dialekt* **8 jemandem/etwas verfallen** nicht ohne jemanden/etwas leben können, auch wenn man sich selbst dadurch schadet ⟨dem Alkohol, dem Laster, der Sünde, der Trunksucht verfallen⟩ **9 dem Wahnsinn verfallen** wahnsinnig werden
■ ID **dem Tode verfallen sein** *geschrieben* bald sterben müssen • zu (1 – 6) **Ver·fall** *der*

Ver·falls·da·tum *das* das Datum, bis zu dem der Hersteller garantiert, dass Lebensmittel genießbar sind ⟨das Verfallsdatum ist überschritten; auf das Verfallsdatum achten⟩

ver·fäl·schen VERB (verfälschte, hat verfälscht) **etwas verfälschen** etwas falsch darstellen ⟨eine Geschichte, die Wahrheit verfälschen⟩ • hierzu **Ver·fäl·schung** *die*

ver·fan·gen VERB (verfängt sich, verfing sich, hat sich verfangen) **1 sich in etwas** (*Dativ*) **verfangen** in etwas hängen bleiben | *Viele Fische verfingen sich im Netz* **2 sich in Widersprüchen verfangen** etwas erzählen, woran die anderen Leute merken, dass man gelogen hat

ver·fäng·lich ADJEKTIV so, dass etwas für jemanden unangenehm werden könnte und Nachteile bringen könnte ⟨eine Frage, eine Situation⟩ • hierzu **Ver·fäng·lich·keit** *die*

ver·fär·ben VERB (verfärbte, hat verfärbt) **1** **etwas verfärbt sich (irgendwie)** etwas bekommt eine andere Farbe | *Der Himmel verfärbte sich (rot)* **2** **jemand/etwas verfärbt etwas** jemand/etwas bewirkt, dass etwas eine andere Farbe bekommt, ohne dass man dies will | *Die Bluejeans haben die ganze Wäsche verfärbt* • hierzu **Ver·fär·bung** *die*

★ **ver·fas·sen** VERB (verfasste, hat verfasst) **etwas verfassen** sich einen Text ausdenken und aufschreiben ⟨einen Aufsatz, einen Brief, ein Buch, einen Roman verfassen⟩ ≈ *schreiben* • hierzu **Ver·fas·ser** *der*; **Ver·fas·se·rin** *die*

★ **Ver·fas·sung** *die* **1** der allgemeine (gesundheitliche) Zustand einer Person | *Nach dem Strapazen war ich in schlechter körperlicher/nervlicher Verfassung befinden* **2** die Regeln in einem Staat, welche die Form der Regierung und die Rechte und Pflichten der Bürger bestimmen **K** Verfassungsänderung, Verfassungsfeind, Verfassungsgericht, Verfassungsrecht, Verfassungsreform • zu (2) **ver·fas·sungs·wid·rig** ADJEKTIV

Ver·fas·sungs·schutz *der; nur Singular* **1** alle Maßnahmen für den Schutz der Verfassung eines Staates **2** Ⓓ *gesprochen* eine Behörde, die die Aufgabe hat, den Staat vor extremen politischen Gruppen und vor Terroristen zu schützen • zu (2) **Ver·fas·sungs·schüt·zer** *der*

ver·fau·len VERB (verfaulte, ist verfault) **etwas verfault** etwas wird faul und verdirbt | *Wenn es zu viel regnet, verfaulen die Kartoffeln in der Erde*

ver·fech·ten VERB (verficht, verfocht, hat verfochten) **etwas verfechten** eine Meinung, Ansicht o. Ä. energisch verteidigen ⟨eine Lehre, eine Theorie verfechten⟩ • hierzu **Ver·fech·ter** *der*; **Ver·fech·te·rin** *die*

ver·feh·len VERB (verfehlte, hat verfehlt) **1** **eine Person/Sache verfehlt jemanden/etwas** eine Person/Sache trifft das Ziel nicht | *Die Kugel hat ihn knapp verfehlt* | *Der Schuss verfehlte das Tor* **2** **jemanden verfehlen** eine Person nicht treffen, weil man zu einem anderen Zeitpunkt als sie an einem Treffpunkt ist | *Wir wollten uns beim Rathaus treffen, haben uns aber verfehlt* **3** **etwas verfehlt etwas** etwas hat nicht den gewünschten Erfolg | *Die Sitzung hat ihren Zweck verfehlt. Wir sind zu keinem Ergebnis gekommen* **4** **das Thema verfehlen** das Thema vor allem eines Aufsatzes nicht richtig verstehen und deshalb das Thema nicht so bearbeiten, wie es erwartet wird **5** **etwas ist verfehlt** etwas ist falsch, kann nicht zum Ziel führen | *Die Maßnahmen der Regierung sind vollkommen verfehlt* | *Ich halte es für verfehlt, jetzt überstürzt zu handeln* ■ **ID** **Du hast den Beruf verfehlt!** *gesprochen, humorvoll* Du kannst das so gut als wäre das dein Beruf

Ver·feh·lung *die*; (-, -en) eine Handlung, mit der man eine moralische Regel verletzt

ver·fein·det ADJEKTIV drückt aus, dass Personen oder Gruppen Feinde sind oder großen Streit miteinander haben | *miteinander verfeindete Lager* | *Sie sind mit ihren Nachbarn verfeindet*

ver·fei·nern VERB (verfeinerte, hat verfeinert) **1** **etwas verfeinern** etwas feiner, besser machen ⟨etwas verfeinert den Geschmack; ein Gericht, ein Essen, eine Methode, einen Stil verfeinern⟩ | *eine Soße mit Sahne verfeinern* **2** **etwas verfeinert sich** etwas wird feiner, besser • zu (1) **Ver·fei·ne·rung** *die*

ver·femt ADJEKTIV; *geschrieben* mit dem Ruf, schlecht oder unmoralisch zu sein ≈ *geächtet*

ver·fil·men VERB (verfilmte, hat verfilmt) **etwas verfilmen** ein Buch, ein Drama o. Ä. zu einem Film machen ⟨einen Roman verfilmen⟩ • hierzu **Ver·fil·mung** *die*

ver·fil·zen VERB (verfilzte, ist verfilzt) **etwas verfilzt** Haare oder Fasern bilden Knoten, die schwer zu trennen sind ⟨Haare, Wolle, ein Pullover⟩

ver·fins·tern VERB (verfinsterte sich, hat sich verfinstert) **etwas verfinstert sich** etwas wird finster ⟨der Himmel; jemandes Miene, jemandes Gesicht⟩

Ver·flech·tung *die*; (-, -en) eine enge Beziehung zwischen Bereichen, Firmen o. Ä. | *die finanzielle Verflechtung zweier Konzerne*

ver·flie·gen VERB VERB (verflog, hat/ist verflogen) **1** **etwas verfliegt** *(ist)* etwas vergeht schnell ⟨die Zeit, eine Laune, eine Stimmung⟩ | *Seine Begeisterung für schnelle Autos war schon bald wieder verflogen* **2** **etwas verfliegt** *(ist)* etwas verschwindet aus der Luft ⟨der Nebel, der Rauch⟩ **3** **sich verfliegen** *(hat)* aus Versehen in die falsche Richtung fliegen

ver·flie·ßen VERB (verfloss, ist verflossen) ⟨Farben, Konturen, Umrisse⟩ **verfließen (miteinander)** die Grenzen zwischen ihnen sind schlecht zu erkennen

ver·flixt ADJEKTIV **1** *humorvoll* ≈ *verdammt* **2** **verflixt!** *gesprochen* ⚠ ≈ *verdammt*

ver·floch·ten ADJEKTIV eng verbunden | *international verflochtene Märkte* | *ineinander/miteinander verflochtene Wirtschaftszweige*

ver·flos·sen ■ PARTIZIP PERFEKT **1** → verfließen ■ ADJEKTIV **2** *gesprochen meist attributiv* so, dass die Beziehung zu jemandem nicht mehr besteht ⟨ein Freund, eine Freundin⟩ ≈ *ehemalig, früher* • zu (2) **Ver·flos·se·ne** *der/die*

ver·flu·chen VERB (verfluchte, hat verflucht) **jemanden/etwas verfluchen** sich sehr über eine Person oder Sache ärgern und ihr Böses wünschen

ver·flucht ■ PARTIZIP PERFEKT **1** → verfluchen ■ ADJEKTIV **2** *gesprochen* ≈ *verdammt*

ver·flüch·ti·gen VERB (verflüchtigte sich, hat sich verflüchtigt) **1** **etwas verflüchtigt sich** etwas verschwindet aus der Luft ⟨der Nebel, der Rauch, ein Geruch⟩ **2** **etwas verflüchtigt sich** eine Flüssigkeit wird zu Gas ≈ *verdunsten* | *Alkohol verflüchtigt sich leicht*

★ **ver·fol·gen** VERB (verfolgte, hat verfolgt) **1** **jemanden verfolgen** einer Person oder einem Tier bzw. deren Spuren folgen oder sie suchen, um sie zu fangen ⟨einen Verbrecher, eine heiße Spur, Wild verfolgen⟩ **2** **jemanden/etwas verfolgen** hinter einer Person hergehen, herfahren o. Ä., um sie zu beobachten oder weil man etwas von ihr will | *Die Touristen wurden von bettelnden Kindern verfolgt* **3** **jemanden verfolgen** eine Person schlecht behandeln und sie leiden lassen, weil sie eine andere Hautfarbe, Religion oder politische Überzeugung hat ⟨jemanden mit seinem Hass verfolgen; sich verfolgt fühlen⟩ | *politisch Verfolgten Asyl gewähren* | *von einem totalitären Regime verfolgt werden* **4** **etwas verfolgen** voll Interesse zusehen, zuhören oder eine Entwicklung beobachten | *Aufmerksam verfolgte er jede ihrer Bewegungen* | *gespannt die Nachrichten verfolgen* | *einen Prozess von Anfang bis Ende verfolgen* **5** **jemand/etwas verfolgt etwas** versuchen, etwas zu tun oder anzuwenden ⟨eine Absicht, einen Plan, ein Ziel, einen Zweck verfolgen⟩ | *eine liberale Politik verfolgen* | *Welchen Zweck verfolgen deine Andeutungen/verfolgst du mit deinen Andeutungen?* **6** **eine Person/Sache verfolgt jemanden** jemand muss ständig an eine Person/Sache denken ⟨ein Gedanke, eine Vorstellung verfolgt jemanden⟩ **7** **vom Pech/Unglück verfolgt sein** viel Pech haben **8** **etwas wird (irgendwie) verfolgt** etwas wird durch ein Gericht oder die Polizei untersucht ⟨ein Verbrechen, ein Vergehen wird gerichtlich, polizeilich, strafrechtlich verfolgt⟩

Ver·fol·ger *der*; (-s, -) eine Person, die eine andere Person oder ein Tier verfolgt ⟨einen Verfolger abschütteln⟩ ● hierzu **Ver·fol·ge·rin** *die*

Ver·fol·gung *die*; (-, -en) **1** der Vorgang, den Spuren einer Person oder eines Tieres zu folgen und sie zu suchen ⟨die Verfolgung aufnehmen⟩ K Verfolgungsjagd **2** das Verfolgen einer Gruppe von Personen, weil sie eine andere Hautfarbe, Religion oder politische Überzeugung haben | *die Verfolgung von Minderheiten* K Christenverfolgung, Judenverfolgung

Ver·fol·gungs·wahn *der* eine psychische Krankheit, bei der man glaubt, man werde ständig verfolgt und/oder ungerecht behandelt ⟨unter/an Verfolgungswahn leiden⟩

ver·for·men VERB (verformte, hat verformt) **1** **etwas verformt sich** etwas bekommt eine andere Form | *Plastik verformt sich in großer Hitze* **2** **etwas verformen** bewirken, dass etwas eine andere Form bekommt ● hierzu **Ver·for·mung** *die*; **Ver·form·bar·keit** *die*; **ver·form·bar** ADJEKTIV

ver·frach·ten VERB (verfrachtete, hat verfrachtet) **1** **etwas (irgendwohin) verfrachten** etwas als Fracht in ein Fahrzeug laden oder irgendwohin schicken | *Güter in ein Schiff/nach Übersee verfrachten* **2** **jemanden irgendwohin verfrachten** *gesprochen* jemanden irgendwohin bringen | *einen Kranken ins Bett verfrachten* ● hierzu **Ver·frach·tung** *die*

ver·frem·den VERB (verfremdete, hat verfremdet) **etwas verfremden** ein bekanntes Motiv o. Ä. auf außergewöhnliche Weise darstellen, um das Publikum zum Nachdenken anzuregen ● hierzu **Ver·frem·dung** *die*

ver·fres·sen ADJEKTIV; *gesprochen, abwertend* mit der Neigung, oft und sehr viel zu essen ● hierzu **Ver·fres·sen·heit** *die*

ver·früht ADJEKTIV zu früh (geschehend) | *verfrühte Freude*

ver·füg·bar ADJEKTIV vorhanden oder frei, um eingesetzt zu werden | *mit allen verfügbaren Mitteln für etwas kämpfen* | *Bitte halten Sie sich für uns verfügbar* ● hierzu **Ver·füg·bar·keit** *die*

★ **ver·fü·gen** VERB (verfügte, hat verfügt) **1** **etwas verfügen** den offiziellen Befehl zu etwas geben ≈ *anordnen* | *den Bau einer Straße verfügen* | *Das Gericht verfügte, dass …* **2** **über jemanden/etwas verfügen** das Recht oder die Möglichkeit haben, über andere Personen oder Sachen zu bestimmen oder etwas für die eigenen Zwecke zu benutzen | *über seine Zeit frei verfügen können* | *Sie dürfen jederzeit über mein Auto verfügen* **3** **über etwas** (*Akkusativ*) **verfügen** *geschrieben* etwas besitzen | *über ein großes Vermögen verfügen*

★ **Ver·fü·gung** *die* **1** eine Anordnung einer Behörde ⟨eine einstweilige, gerichtliche Verfügung; eine Verfügung erlassen⟩ **2** das Recht oder die Möglichkeit, über eine andere Person oder eine Sache zu bestimmen oder etwas für die eigenen Zwecke zu benutzen ⟨etwas zur Verfügung haben; jemandem zur Verfügung stehen; (jemandem) etwas zur Verfügung stellen; sich (jemandem) zur Verfügung halten; sich zu jemandes Verfügung halten⟩ | *die freie Verfügung über das Vermögen des Vaters haben* | *Halten Sie sich bitte für weitere Auskünfte zur Verfügung* **3** **sein Amt zur Verfügung stellen** von dem Amt, das man hat, zurücktreten

ver·füh·ren VERB (verführte, hat verführt) **1** **jemanden verführen** eine andere Person durch das eigene Verhalten dazu bringen, dass sie Sex haben will **2** **jemanden zu etwas verführen** eine Person dazu bringen, etwas zu tun, das nicht vernünftig ist oder das sie eigentlich nicht tun wollte | *meine Freunde haben mich dazu verführt, ins Casino zu gehen* ● hierzu **Ver·füh·rer** *der*; **Ver·füh·rung** *die*

ver·füh·re·risch ADJEKTIV sehr attraktiv ⟨ein Aussehen, ein Duft, ein Lächeln⟩

ver·füt·tern VERB (verfütterte, hat verfüttert) **etwas (an ein Tier) verfüttern** etwas einem Tier als Futter geben | *Hafer an die Pferde verfüttern*

Ver·ga·be *die*; (-) der Vorgang, einer Person oder Firma z. B. einen Auftrag, einen Preis usw. zu geben K Stellenvergabe

ver·gaf·fen VERB (vergaffte sich, hat sich vergafft) **sich in jemanden vergaffen** *gesprochen!* sich in jemanden verlieben

ver·gäl·len VERB (vergällte, hat vergällt) **jemandem etwas vergällen** jemandem die Freude an etwas nehmen ⟨jemandem das Leben vergällen⟩

ver·ga·lop·pie·ren VERB (vergaloppierte sich, hat sich vergaloppiert) **sich vergaloppieren** *gesprochen* nicht genug nachdenken, bevor man etwas tut oder sagt (und dadurch Fehler machen)

ver·gam·meln VERB (vergammelte, ist vergammelt); *gesprochen* **1** **etwas vergammelt** etwas wird durch zu lange Lagerung schlecht oder unbrauchbar ⟨Lebensmittel⟩ **2** **etwas vergammeln lassen** etwas nicht pflegen

ver·gam·melt ■ PARTIZIP PERFEKT **1** → vergammeln ■ ADJEKTIV **2** *gesprochen* ⟨vergammelt sein, aussehen⟩ ≈ *ungepflegt, schmutzig*

★ **ver·gan·gen** ■ PARTIZIP PERFEKT **1** → vergehen ■ ADJEKTIV **2** *meist attributiv* direkt vor dem aktuellen Zeitpunkt ⟨vergangene Woche, vergangenes Jahr⟩

★ **Ver·gan·gen·heit** *die*; (-) **1** die Zeit, die schon vorbei ist ⟨die jüngste, weit zurückliegende Vergangenheit; etwas liegt in der Vergangenheit; aus (den Fehlern) der Vergangenheit lernen⟩ K Vergangenheitsbewältigung **2** das Leben einer Person oder die Existenz einer Sache in einer früheren Zeit ⟨jemand/etwas hat eine bewegte, dunkle, ruhmreiche, unbewältigte Vergangenheit; sich seiner Vergangenheit schämen; stolz auf seine Vergangenheit sein⟩ **3** die Form eines Verbs, die zeigt, dass eine Handlung oder ein Zustand in der Vergangenheit war ⟨ein Verb in die Vergangenheit setzen; die Formen der Vergangenheit⟩ | *die erste Vergangenheit* (das Präteritum) | *die zweite Vergangenheit* (das Perfekt) | *die dritte Vergangenheit* (das Plusquamperfekt) K Vergangenheitsform **4** **etwas gehört der Vergangenheit an** etwas existiert nicht mehr oder ist nicht mehr üblich

ver·gäng·lich ADJEKTIV so, dass es nur relativ kurze Zeit existiert | *Schönheit ist vergänglich* ● hierzu **Ver·gäng·lich·keit** *die*

ver·ga·sen VERB (vergaste, hat vergast) **jemanden vergasen** jemanden durch giftige Gase töten ● hierzu **Ver·ga·sung** *die*

Ver·ga·ser *der*; (-s, -) der Teil des Motors eines Autos, der das Benzin mit Luft mischt

ver·gaß *Präteritum, 1. und 3. Person Singular* → vergessen

ver·gä·ße *Konjunktiv II, 1. und 3. Person Singular* → vergessen

ver·gat·tern VERB (vergatterte, hat vergattert); *gesprochen* **jemanden zu etwas vergattern** ≈ *verdonnern*

★ **ver·ge·ben** VERB (vergibt, vergab, hat vergeben) **1** **(jemandem) (etwas) vergeben** einer Person nicht mehr böse sein, obwohl man selbst wegen dieser Person einen Schaden hat ≈ *verzeihen* | *Du brauchst dich nicht zu entschuldigen, das ist bereits vergeben und vergessen* **2** **etwas (an jemanden/etwas) vergeben** einer Person oder Firma etwas geben, worum sie sich beworben hat ⟨einen Auftrag (an eine Firma), einen Preis, ein Stipendium, eine Stelle, ein Zimmer vergeben⟩ | *Die Wohnung, die ich haben wollte, ist bereits vergeben* **3** **etwas vergeben** eine günstige Gelegenheit nicht nutzen ⟨eine Chance vergeben⟩ **4** **sich** (*Dativ*) **nichts vergeben, wenn …** dem eigenen Ansehen oder der eigenen Ehre nicht schaden, wenn (man etwas tut) ■ ID **jemand ist bereits/schon vergeben** *gesprochen* die genannte Person ist schon verlobt, verheiratet oder in einer festen Beziehung • zu (1) **Ver·ge·bung** *die*

ver·ge·bens ADVERB ≈ *vergeblich*

★ **ver·geb·lich** ADJEKTIV ohne Erfolg ⟨Mühe, ein Versuch⟩ • hierzu **Ver·geb·lich·keit** *die*

ver·ge·gen·wär·ti·gen VERB (vergegenwärtigte, hat vergegenwärtigt) **sich** (*Dativ*) **etwas vergegenwärtigen** sich einer Sache bewusst werden | *Vergegenwärtigen Sie sich doch einmal, wie gefährlich die Lage ist*

★ **ver·ge·hen** VERB (verging, hat/ist vergangen) **1** **etwas vergeht** (*ist*) etwas geht vorbei, wird zur Vergangenheit | *Wie die Zeit vergeht! Ich muss jetzt wirklich gehen!* | *Wir hatten so viel Spaß, da verging die Zeit wie im Fluge* (verging sehr schnell) **2** **etwas vergeht** (*ist*) etwas hört (allmählich) auf ⟨Schmerzen, eine Wirkung⟩ **3** **jemandem vergeht etwas** (*ist*) jemand verliert ein gutes, positives Gefühl ⟨jemandem vergeht der Appetit; jemandem vergeht die Freude an etwas, die Lust auf etwas⟩ **4** **vor etwas (fast) vergehen** (*ist*) etwas sehr intensiv fühlen ⟨vor Angst, Hunger, Sehnsucht, Ungeduld (fast) vergehen⟩ **5** **sich an jemandem vergehen** (*hat*) an einer anderen Person ein (meist sexuelles) Verbrechen begehen **6** **sich an etwas** (*Dativ*) **vergehen** (*hat*) meist etwas stehlen oder etwas, das einer anderen Person gehört, kaputt machen

Ver·ge·hen *das*; (-s, -) eine Handlung, die gegen ein Gesetz verstößt ⟨ein leichtes, schweres Vergehen⟩

ver·gel·ten VERB (vergilt, vergalt, hat vergolten) **(jemandem) etwas (mit etwas) vergelten** auf eine (meist schlechte) Tat mit einer ähnlichen Tat reagieren

Ver·gel·tung *die*; (-) ⟨Vergeltung üben⟩ ≈ *Rache* K Vergeltungsangriff, Vergeltungsschlag

★ **ver·ges·sen** VERB (vergisst, vergaß, hat vergessen) **1** **(jemanden/etwas) vergessen** eine Person oder Sache aus dem Gedächtnis verlieren und sich nicht mehr an sie erinnern können | *Ich habe ganz vergessen, wie man das macht* | *Ich habe vergessen, wer das Buch haben wollte* | *Mein Vater vergisst leicht* **2** **(jemanden/etwas) vergessen** nicht mehr an jemanden/etwas denken | *Leider habe ich vergessen, dass Oliver gestern Geburtstag hatte* | *Und vergiss nicht, die Blumen zu gießen!* | *Ich glaube, der Kellner hat uns vergessen!* | *Du musst versuchen zu vergessen (was passiert ist)* **3** **etwas (irgendwo) vergessen** nicht daran denken, etwas mitzunehmen, wenn man weggeht, aussteigt o. Ä. | *den Schirm im Zug vergessen* | *den Schlüssel zu Hause vergessen* **4** **sich vergessen** die Kontrolle über sich selbst verlieren | *Als er zum vierten Mal gefoult wurde, vergaß er sich und schlug seinen Gegenspieler* ■ ID **Vergiss es!** *gesprochen* Das hat keinen Sinn, das ist nicht so wichtig; **Das kannst du vergessen!** *gesprochen* Das hat keinen Sinn; **Den/Die/Das kannst du vergessen!** *gesprochen* Er/Sie/Es ist nichts wert, taugt nichts

Ver·ges·sen·heit *die*; (-) **jemand/etwas gerät/kommt in Vergessenheit** an jemanden/etwas denkt niemand mehr, erinnert sich niemand mehr

ver·gess·lich ADJEKTIV so, dass jemand schnell und oft Dinge vergisst • hierzu **Ver·gess·lich·keit** *die*

ver·geu·den VERB (vergeudete, hat vergeudet) **etwas vergeuden** ⟨Energie, Geld, Zeit vergeuden⟩ ≈ *verschwenden* • hierzu **Ver·geu·dung** *die*

ver·ge·wal·ti·gen VERB (vergewaltigte, hat vergewaltigt) **jemanden vergewaltigen** jemanden (meist eine Frau) zum Sex zwingen • hierzu **Ver·ge·wal·ti·gung** *die*; **Ver·ge·wal·ti·ger** *der*

ver·ge·wis·sern VERB (vergewisserte sich, hat sich vergewissert) **sich (einer Sache** (*Genitiv*)**) vergewissern** (noch einmal) prüfen, um sicher zu sein, dass etwas zutrifft, richtig ist o. Ä. | *Ich vergewissere mich immer, dass die Tür wirklich abgeschlossen ist*

ver·gie·ßen VERB (vergoss, hat vergossen) **1** **etwas vergießen** (ohne Absicht) eine Flüssigkeit irgendwohin oder an die falsche Stelle gießen ≈ *verschütten* **2** **Tränen vergießen** ≈ *weinen* ■ ID **Es wurde viel Blut vergossen** Es wurden viele Leute getötet

ver·gif·ten VERB (vergiftete, hat vergiftet) **1** **jemand vergiftet etwas** jemand mischt etwas absichtlich mit Gift | *Jemand hatte den Wein vergiftet* **2** **jemand/etwas vergiftet etwas** jemand/etwas macht etwas giftig | *Mit unseren Autos vergiften wir die Luft* **3** **jemanden vergiften** jemanden, sich selbst oder ein Tier mit Gift töten oder krank machen **4** **jemand/etwas vergiftet etwas** jemand/etwas hat einen negativen, zerstörerischen Einfluss auf etwas | *Mit seinen Intrigen vergiftet er die Atmosphäre in unserer Gruppe*

Ver·gif·tung *die*; (-, -en) **1** *meist Singular* das Vergiften einer Person oder Sache **2** der Zustand, durch Gift krank zu sein ⟨an einer Vergiftung leiden, sterben⟩ K Vergiftungserscheinung, Vergiftungssymptom, Vergiftungstod; Alkoholvergiftung, Arsenvergiftung, Bleivergiftung, Fischvergiftung, Fleischvergiftung, Lebensmittelvergiftung, Pilzvergiftung, Quecksilbervergiftung, Rauchvergiftung

ver·gil·ben VERB (vergilbte, ist vergilbt) **etwas vergilbt** etwas verliert die helle, weiße Farbe und wird gelb ⟨ein Foto, Papier, Vorhänge⟩

Ver·giss·mein·nicht *das*; (-(e)s, -(e)) eine kleine Blume mit kleinen, hellblauen Blüten, die im Frühling blüht

ver·gisst *Präsens, 2. und 3. Person Singular* → vergessen

ver·git·tern VERB (vergitterte, hat vergittert) **etwas vergittern** etwas (zum Schutz o. Ä.) mit einem Gitter versehen | *ein Fenster vergittern*

ver·gla·sen VERB (verglaste, hat verglast) **etwas verglasen** etwas mit einer Glasscheibe versehen ⟨ein Fenster verglasen⟩

★ **Ver·gleich** *der*; (-(e)s, -e) **1** **ein Vergleich (mit jemandem/etwas); ein Vergleich zwischen Personen/Dingen** (*Dativ*) das Betrachten von zwei oder mehreren Personen oder Dingen, um Ähnlichkeiten und Unterschiede herauszufinden ⟨ein passender, treffender, gewagter, schiefer Vergleich; einen Vergleich anstellen, ziehen⟩ | *ein Vergleich hinkt* (passt nicht) | *Im Vergleich zum Vorjahr ist es dieses Jahr trocken und warm* K Vergleichsmaßstab, Vergleichsmöglichkeit **2** ein (feststehender) sprachlicher Ausdruck (z. B. *schwarz wie die Nacht*), der eine Eigenschaft deutlicher und lebendiger macht **3** *admin* die Einigung mit der gegnerischen Partei, damit ein Prozess vor Gericht nicht zu Ende geführt werden muss ⟨einen Vergleich herbeiführen, vorschlagen; sich auf einen Vergleich einigen⟩ K Vergleichsvorschlag ■ ID **Das ist kein Vergleich!** *gesprochen* Das ist viel besser, schlechter o. Ä. als …; **Das hält einem Vergleich nicht stand** Das ist viel schlechter als … • zu (1) **ver·gleich·bar** ADJEKTIV

★ **ver·glei·chen** VERB (verglich, hat verglichen) **1** **eine Person/Sache mit jemandem/etwas vergleichen; Personen/Dinge (miteinander) vergleichen** die Eigenschaften von zwei oder mehreren Personen oder Dingen betrachten, um Ähnlichkeiten und Unterschiede herauszufinden | *die Preise (miteinander) vergleichen, bevor man etwas kauft* **2** **eine Person/Sache mit jemandem/etwas vergleichen** sagen oder denken, dass eine große Ähnlichkeit zwischen den genannten Personen oder Sachen besteht | *Er vergleicht sich gern mit großen Philosophen* **3** **eine Person vergleicht sich mit jemandem; Personen vergleichen sich** *admin* zwei oder mehrere Personen einigen sich, sodass ein Prozess nicht vor Gericht weitergeführt werden muss ■ ID **Das ist nicht zu vergleichen!** Das ist etwas ganz

V

anderes; **eine Person/Sache ist mit jemandem/etwas nicht zu vergleichen** eine Person oder Sache ist sehr verschieden von einer anderen Person oder Sache (z. B. sehr viel besser oder schlechter)

ver·gleichs·wei·se ADVERB im Vergleich mit anderen Personen, Tieren oder Dingen | *Mit zehn Jahren ist ein Hund vergleichsweise alt*

ver·glich *Präteritum, 1. und 3. Person Singular* → vergleichen

ver·glü·hen VERB (verglühte, ist verglüht) **etwas verglüht** etwas löst sich durch starke Hitze auf | *Der Satellit verglühte beim Eintritt in die Erdatmosphäre*

ver·gnü·gen VERB (vergnügte sich, hat sich vergnügt) **sich (mit etwas) vergnügen** auf angenehme Weise (fröhlich) die Zeit verbringen | *sich mit lustigen Spielen vergnügen*

★ **Ver·gnü·gen** *das*; (-s, -) **1** *nur Singular* das Gefühl der Freude und Zufriedenheit, das man empfindet, wenn man etwas Angenehmes tut oder erlebt ⟨etwas bereitet, macht jemandem Vergnügen; etwas aus/zum Vergnügen tun; etwas mit Vergnügen tun; kein, großes Vergnügen an jemandem/etwas haben; Vergnügen an etwas (*Dativ*) finden, bei etwas empfinden⟩ | *Das Baby quietschte vor Vergnügen* | *Es machte ihm Vergnügen, mit dem Kind zu spielen* | *Viel Vergnügen im Urlaub!* K Lesevergnügen **2** etwas, das man tut, weil man dabei Freude oder Spaß hat ≈ *Vergnügungen* **3** **ein teures Vergnügen** *ironisch* eine (unnötig) teure Sache | *Der Urlaub war ein teures Vergnügen. Man hat mir das ganze Auto ausgeraubt!* ■ ID **sich** (*Dativ*) **ein Vergnügen daraus machen, etwas zu tun** Spaß daran haben, etwas Besonderes zu machen oder andere Personen damit zu ärgern | *Er macht sich ein Vergnügen daraus, uns zu schikanieren*

ver·gnüg·lich ADJEKTIV **1** so, dass man Spaß hat ⟨ein Abend, ein Spiel⟩ **2** *veraltend nur adverbiell* ≈ *vergnügt*

ver·gnügt ■ PARTIZIP PERFEKT **1** → vergnügen
■ ADJEKTIV **2** voll Vergnügen ≈ *heiter* | *einen vergnügten Tag zusammen verbringen* | *vergnügt miteinander spielen* ● zu (2) **Ver·gnügt·heit** *die*

Ver·gnü·gun·gen *die*; *Plural* Dinge, die man zum Vergnügen tut ⟨seinen Vergnügungen nachgehen⟩ K Vergnügungsfahrt, Vergnügungsreise, Vergnügungssucht

Ver·gnü·gungs·park *der* ein großes Gelände mit Karussells, Achterbahnen und anderen Möglichkeiten zur Unterhaltung

ver·gol·den VERB (vergoldete, hat vergoldet) **etwas vergolden** etwas mit einer sehr dünnen Schicht von Gold bedecken | *Diese Medaille ist nicht aus massivem Gold, sondern nur vergoldet* ● hierzu **Ver·gol·dung** *die*

ver·gönnt ADJEKTIV **etwas ist jemandem (nicht) vergönnt** *geschrieben* eine Person hat etwas (nicht) bekommen, das sie brauchte oder sich wünschte | *Es war ihr nicht vergönnt, ein hohes Alter zu erreichen* H meist verneint

ver·göt·tern VERB (vergötterte, hat vergöttert) **jemanden vergöttern** eine Person (zu) sehr lieben oder verehren (und deshalb ihre Fehler oder Schwächen nicht erkennen) | *Sie vergöttert ihre Kinder* ● hierzu **Ver·göt·te·rung** *die*

ver·gra·ben VERB (vergräbt, vergrub, hat vergraben) **1** **etwas vergraben** ein Loch in die Erde machen, etwas in das Loch legen und das Loch wieder mit Erde füllen | *Der Hund hat den Knochen im Garten vergraben* **2** **das Gesicht in den Händen vergraben** *geschrieben* (vor Scham, Verzweiflung oder Angst) das Gesicht mit den Händen bedecken **3** **ein Tier vergräbt sich** ein Tier gräbt einen Gang in die Erde und versteckt sich dort ⟨der Hamster, der Maulwurf, die Wühlmaus⟩ **4** **sich in etwas** (*Dativ/Akkusativ*) **vergraben** sich sehr intensiv mit einer Arbeit beschäftigen, sodass man für etwas anderes kaum noch Zeit hat

ver·grämt ADJEKTIV von großem Kummer erfüllt ⟨ein Gesicht, vergrämt aussehen⟩

ver·grau·len VERB (vergraulte, hat vergrault); *gesprochen* **1** **jemanden (mit/durch etwas) vergraulen** unfreundlich sein und dadurch bewirken, dass andere Leute nichts mehr mit einem zu tun haben wollen | *Mit seinem Zynismus hat er allmählich alle Freunde vergrault* **2** **jemandem etwas vergraulen** durch das eigene Verhalten jemandem die Freude an etwas nehmen

ver·grei·fen VERB (vergriff sich, hat sich vergriffen) **1** **sich an etwas** (*Dativ*) **vergreifen** etwas stehlen ⟨sich an fremdem Eigentum vergreifen⟩ **2** **sich an jemandem vergreifen** jemanden verprügeln oder sexuell missbrauchen **3** **sich im Ton vergreifen** etwas zu laut und aggressiv sagen

ver·grif·fen ■ PARTIZIP PERFEKT **1** → vergreifen
■ ADJEKTIV **2** ⟨ein Buch, eine Ware⟩ so, dass alles verkauft ist und auch der Hersteller nichts mehr davon hat ≈ *ausverkauft* ↔ *lieferbar*

★ **ver·grö·ßern** VERB (vergrößerte, hat vergrößert) **1** **etwas vergrößern** etwas größer machen | *ein Zimmer vergrößern, indem man die Wand zum Nebenzimmer herausreißt* **2** **etwas vergrößern** etwas beim Drucken, Kopieren o. Ä. größer machen ⟨ein Foto vergrößern⟩ **3** **etwas vergrößert (irgendwie)** etwas lässt etwas optisch größer erscheinen, als es in Wirklichkeit ist | *Dieses Fernglas vergrößert sehr stark* **4** **etwas vergrößert sich** etwas wird größer | *Die Geschwulst hat sich vergrößert* ● hierzu **Ver·grö·ße·rung** *die*

Ver·grö·ße·rungs·glas *das* ≈ *Lupe*

Ver·güns·ti·gung *die*; (-, -en) ein meist finanzieller Vorteil (aufgrund einer offiziellen Regelung o. Ä.) ⟨jemandem (soziale, steuerliche) Vergünstigungen gewähren; Vergünstigungen haben⟩

ver·gü·ten VERB (vergütete, hat vergütet) **1** **jemandem etwas vergüten** einer anderen Person Geld zahlen, vor allem weil diese einen Schaden oder einen finanziellen Nachteil gehabt hat ⟨jemandem die Unkosten vergüten⟩ **2** **(jemandem) etwas vergüten** *admin* jemanden für eine Arbeit bezahlen ⟨jemandes Arbeit, Leistung vergüten⟩ | *Die Stelle wird mit 3.400 € vergütet* ● hierzu **Ver·gü·tung** *die*

★ **ver·haf·ten** VERB (verhaftete, hat verhaftet) **1** **jemanden verhaften** eine Person ins Gefängnis bringen (weil sie verdächtigt wird, ein Verbrechen begangen zu haben, oder um sie zu bestrafen) | *Die Polizei verhaftete ihn noch am Tatort* H Personen werden (von der Polizei) *verhaftet*, wenn ein Gericht (mit einem Haftbefehl) bestimmt, dass sie ins Gefängnis müssen. Wenn kein Haftbefehl vorliegt, werden verdächtige Personen *festgenommen*. **2** **jemanden verhaften** *gesprochen* ≈ *festnehmen* ● hierzu **Ver·haf·tung** *die*

ver·haf·tet ■ PARTIZIP PERFEKT **1** → verhaften
■ ADJEKTIV **2** **einer Sache** (*Dativ*) **verhaftet (sein)** *geschrieben* so handeln, dass man dabei den genannten Vorstellungen folgt ⟨der Tradition verhaftet (sein)⟩

ver·hal·len VERB (verhallte, ist verhallt) **etwas verhallt** etwas wird immer leiser, bis man es nicht mehr hört ⟨jemandes Rufe, Schritte; das Geläut der Glocken⟩

★ **ver·hal·ten**[1] VERB (verhält, verhielt, hat verhalten) **1** **sich irgendwie verhalten** in der genannten Art und Weise in einer Situation handeln oder reagieren ⟨sich ruhig, still, abwartend, distanziert, reserviert verhalten; sich jemandem gegenüber korrekt verhalten⟩ **2** **etwas verhält sich irgendwie** eine Situation ist so, wie man es sagt | *Die Sache verhält sich ganz anders, als du denkst* **3** **etwas verhält sich zu etwas wie …** etwas steht in dem genannten Verhältnis zu etwas anderem | *3 verhält sich zu 1 wie 6 zu 2* **4** **etwas verhalten** *geschrieben* die Gefühle so kontrollieren, dass man sie nicht durch die genannte Reaktion zeigt ⟨das La-

V

chen, die Tränen, den Zorn nicht mehr verhalten können⟩

ver·hal·ten² ■ PARTIZIP PERFEKT **1** → verhalten¹ ■ ADJEKTIV **2** so (stark unterdrückt), dass eine andere Person es kaum bemerkt ⟨Hass, Wut, Freude, Schadenfreude, Ironie, Spott⟩ **3** sehr leise ⟨mit verhaltener Stimme sprechen⟩ **4** ⟨eine Fahrweise, eine Spielweise⟩ ≈ *defensiv, vorsichtig*

★ **Ver·hal·ten** *das;* (-s) die Art und Weise, wie ein Mensch oder Tier in verschiedenen Situationen handelt oder reagiert ⟨ein kluges, mutiges, seltsames Verhalten zeigen; das Verhalten (gegenüber jemandem) ändern⟩ **K** Verhaltensforscher, Verhaltensforschung, Verhaltensmuster, Verhaltensregel, Verhaltensstörung, Verhaltenstherapie, Verhaltensweise; Fahrverhalten, Freizeitverhalten, Rollenverhalten, Sexualverhalten, Verbraucherverhalten, Wählerverhalten

ver·hal·tens·ge·stört ADJEKTIV mit einem Verhalten, das bei Menschen nicht normal oder üblich ist ⟨ein Kind⟩

★ **Ver·hält·nis** *das;* (-ses, -se) **1** **das Verhältnis (von etwas zu etwas); das Verhältnis zwischen Dingen** (*Dativ*) die Beziehung zwischen zwei oder mehreren Dingen, die man messen oder vergleichen kann ≈ *Relation* | *Saft und Wasser im Verhältnis zwei zu eins (2 : 1) mischen* | *das Verhältnis zwischen Aufwand und Ergebnis* **K** Größenverhältnis, Mischungsverhältnis **2** **ein Verhältnis (zu jemandem/etwas)** die Art der persönlichen Beziehung, die eine Person zu einer anderen Person oder einer Sache hat ⟨ein gutes, schlechtes, persönliches, gespanntes, gestörtes, freundschaftliches Verhältnis zu jemandem haben⟩ | *kein Verhältnis zur modernen Kunst haben* (an moderner Kunst kein Interesse haben) **K** Abhängigkeitsverhältnis, Freundschaftsverhältnis, Vertrauensverhältnis **3** **ein Verhältnis (mit jemandem)** sexuelle Kontakte zu einer Person, mit der man nicht verheiratet ist ⟨ein Verhältnis mit jemandem anfangen, haben⟩

ver·hält·nis·mä·ßig ADVERB im Vergleich zu anderen Personen, Dingen oder Gelegenheiten ≈ *relativ, ziemlich* | *Der Sommer in diesem Jahr war verhältnismäßig warm und trocken*

Ver·hält·nis·mä·ßig·keit *die;* (-); *geschrieben* ≈ *Angemessenheit* | *die Verhältnismäßigkeit der Mittel beachten*

Ver·hält·nis·se *die; Plural* **1** die allgemeine Lage, die äußeren Umstände, die das Leben bestimmen ⟨die klimatischen, politischen Verhältnisse⟩ **2** die sozialen Bedingungen, unter denen jemand lebt ⟨in bescheidenen, gesicherten, geordneten Verhältnissen leben⟩ **3** **über seine Verhältnisse leben** mehr Geld ausgeben, als man hat **K** Besitzverhältnisse, Vermögensverhältnisse

Ver·hält·nis·wort *das;* (-(e)s, Ver·hält·nis·wör·ter) ≈ *Präposition*

★ **ver·han·deln** VERB (verhandelte, hat verhandelt) **1** **(mit jemandem) (über etwas** (*Akkusativ*)**) verhandeln** mit einer Person (meist relativ lange) über etwas sprechen, um ein Problem zu lösen oder um sich mit ihr zu einigen | *Die beiden Staaten verhandeln über neue Möglichkeiten der kulturellen Zusammenarbeit* **2** **ein Gericht verhandelt gegen jemanden** ein Gerichtsprozess wird gegen jemanden geführt | *Das Gericht verhandelt gegen sie wegen Diebstahls* **3** **etwas wird (vor Gericht) verhandelt; in etwas** (*Dativ*) **wird verhandelt** ein Fall wird in einem Prozess vor Gericht behandelt | *Der Rechtsstreit wurde in zweiter Instanz verhandelt* | *Heute wird in der Betrugssache verhandelt*

★ **Ver·hand·lung** *die* **1** *nur Plural* die Diskussionen zu einem Thema (mit der Absicht, ein Ergebnis zu erreichen) | *Die Verhandlungen verliefen ergebnislos* **K** Verhandlungsbasis, Verhandlungsbereitschaft, Verhandlungsgegenstand, Verhandlungsgrundlage, Verhandlungsort, Verhandlungspartner, Verhandlungstaktik; Abrüstungsverhandlungen, Friedensverhandlungen, Koalitionsverhandlungen, Tarifverhandlungen **2** ein Prozess vor Gericht | *Die Verhandlung musste kurz unterbrochen werden* **K** Gerichtsverhandlung ● zu (1) **ver·hand·lungs·be·reit** ADJEKTIV

ver·han·gen ADJEKTIV mit großen grauen Wolken bedeckt ⟨der Himmel ist verhangen⟩ **K** nebelverhangen, wolkenverhangen

ver·hän·gen VERB (verhängte, hat verhängt) **1** **etwas (über jemanden/etwas) verhängen** *geschrieben* eine Strafe oder eine einschränkende Maßnahme aussprechen ⟨eine schwere Strafe (über jemanden) verhängen; nächtliches Ausgehverbot, den Ausnahmezustand (über ein Land) verhängen; einen Strafstoß verhängen⟩ **2** **etwas (mit etwas) verhängen** Vorhänge, Tücher o. Ä. über eine Sache legen, vor eine Sache hängen | *ein Fenster mit Decken verhängen* ● hierzu **Ver·hän·gung** *die*

Ver·häng·nis *das;* (-ses, -se); *geschrieben* ein großes (persönliches) Unglück | *Seine Spielleidenschaft wurde ihm zum Verhängnis*

ver·häng·nis·voll ADJEKTIV so, dass es für jemanden zu einem tragischen Unglück wird ⟨ein Fehler, ein Irrtum; etwas erweist sich als verhängnisvoll⟩

ver·harm·lo·sen VERB (verharmloste, hat verharmlost) **etwas verharmlosen** etwas so darstellen, dass es weniger gefährlich oder schlimm erscheint als es ist | *die Auswirkungen der Luftverschmutzung verharmlosen*

ver·härmt ADJEKTIV von Leiden und Sorgen gezeichnet ⟨eine Frau, ein Gesicht; verhärmt aussehen⟩ ≈ *vergrämt*

ver·har·ren VERB (verharrte, hat verharrt); *geschrieben* **1** **irgendwo/irgendwie verharren** mit einer Bewegung aufhören und kurze Zeit ganz ruhig bleiben oder einen Ort nicht verlassen **2** **in etwas** (*Dativ*) **verharren** in einem seelischen Zustand bleiben ⟨in Hoffnungslosigkeit, Resignation, Trauer, Hoffnung, Optimismus verharren⟩

ver·här·ten VERB (verhärtete, hat verhärtet) **etwas verhärtet sich** (*hat*) etwas wird hart und unbeweglich ⟨Fronten, Positionen; Gesichtszüge, Muskeln⟩ | *Die Haltung der Arbeitgeber gegenüber der Gewerkschaft hat sich verhärtet* ● hierzu **Ver·här·tung** *die*

ver·has·peln VERB (verhaspelte sich, hat sich verhaspelt) **sich verhaspeln** *gesprochen* sich (mehrere Male) versprechen | *sich vor Aufregung verhaspeln*

ver·hasst ADJEKTIV von vielen sehr gehasst ⟨ein Diktator, ein Regime⟩

ver·hät·scheln VERB (verhätschelte, hat verhätschelt) **jemanden verhätscheln** *gesprochen, abwertend* ein Kind oder ein Haustier zu sehr verwöhnen ⟨ein Kind verhätscheln⟩

Ver·hau *der/das;* (-(e)s, -e) **1** ein Hindernis aus vielen Dingen, die durcheinander sind ⟨ein(en) Verhau errichten⟩ **K** Drahtverhau **2** *gesprochen nur Singular* ≈ *Unordnung*

ver·hau·en VERB (verhaute, hat verhauen); *gesprochen* **1** **jemanden verhauen** ≈ *verprügeln* **2** **etwas verhauen** bei einer (schriftlichen) Prüfung ein sehr schlechtes Ergebnis haben | *Ich fürchte, ich hab den Test verhauen* **3** **sich (bei etwas) verhauen** etwas völlig falsch einschätzen, einen Fehler machen

ver·hed·dern VERB (verhedderte sich, hat sich verheddert); *gesprochen* **1** **etwas verheddert sich** etwas bleibt irgendwo hängen, meist weil sich Fäden o. Ä. verwickelt haben | *Der Fallschirm hat sich an einem Ast verheddert* **2** **sich verheddern** sich mehrere Male versprechen (und nicht mehr wissen, wie man weitersprechen soll)

ver·hee·ren VERB (verheerte, hat verheert) **etwas verheert etwas** etwas zerstört ein großes Gebiet | *Das Erdbeben hat weite Gebiete des Landes verheert* ● hierzu **Ver·hee·rung** *die*

V

ver·hee·rend ADJEKTIV **1** mit schlimmen Folgen ⟨ein Brand, ein Feuer, ein Erdbeben, ein Flugzeugabsturz; etwas wirkt sich verheerend (auf jemanden/etwas) aus⟩ ≈ *katastrophal* **2** *gesprochen* sehr schlecht | *Mit seiner neuen Frisur sieht er verheerend aus!* | *Seine Leistungen in der Schule sind verheerend*

ver·heh·len VERB (verhehlte, hat verhehlt) **(jemandem) etwas verhehlen** *geschrieben* jemandem nicht sagen oder zeigen, was man fühlt oder denkt | *jemandem die eigenen Wünsche verhehlen* | *seine Schadenfreude nicht verhehlen können*

ver·hei·len VERB (verheilte, ist verheilt) **etwas verheilt** etwas heilt ganz ⟨eine Wunde, ein Knochenbruch⟩

ver·heim·li·chen VERB (verheimlichte, hat verheimlicht) **(jemandem) etwas verheimlichen** einer Person mit Absicht etwas nicht sagen (das sie aber wissen sollte) ≈ *verschweigen* | *Er hat uns seine schwere Krankheit verheimlicht* ● hierzu **Ver·heim·li·chung** *die*

★ **ver·hei·ra·tet** ADJEKTIV **1** in einer Ehe lebend ⟨eine Frau, ein Mann; glücklich, gut, jung verheiratet sein⟩ ■ Abkürzung: *verh.* **2** **mit etwas verheiratet sein** *gesprochen, humorvoll* etwas zum Mittelpunkt des eigenen Lebens gemacht haben | *Klaus hat nie Zeit für uns, er ist mit seiner Firma verheiratet*

ver·hei·ßen VERB (verhieß, hat verheißen); *geschrieben* **1** **jemandem etwas verheißen** jemandem etwas für die Zukunft voraussagen **2** **etwas verheißt etwas** etwas ist ein Zeichen für ein Ereignis in der Zukunft | *Diese Entwicklung verheißt nichts Gutes*

Ver·hei·ßung *die*; (-, -en) **1** *meist Singular* die Handlung des Verheißens **2** das, was für die Zukunft verheißen, erwartet wurde | *Die Verheißungen erfüllten sich nicht*

ver·hei·ßungs·voll ADJEKTIV so, dass es Glück und Erfolg zu bringen scheint ⟨ein Anfang, ein Morgen; etwas beginnt verheißungsvoll⟩

ver·hei·zen VERB (verheizte, hat verheizt) **1** **etwas verheizen** etwas zum Heizen verwenden ⟨Holz, Briketts verheizen⟩ **2** **jemanden verheizen** *gesprochen, abwertend* eine Person rücksichtslos ausnutzen und dadurch ihre Kräfte erschöpfen

ver·hel·fen VERB (verhilft, verhalf, hat verholfen) **jemandem zu etwas verhelfen** helfen, dass jemand etwas bekommt | *jemandem zu seinem Recht verhelfen*

ver·herr·li·chen VERB (verherrlichte, hat verherrlicht) **jemanden/etwas verherrlichen** jemanden/etwas übertrieben positiv darstellen ⟨den Krieg verherrlichen⟩ ● hierzu **Ver·herr·li·chung** *die*

ver·het·zen VERB (verhetzte, hat verhetzt) **Personen verhetzen** *abwertend* durch böse Worte bewirken, dass eine Gruppe von Personen Hass gegen andere Leute empfindet | *das Volk verhetzen* ● hierzu **Ver·het·zung** *die*

ver·heult ADJEKTIV; *gesprochen* rot und geschwollen, weil man gerade geweint hat ⟨Augen, ein Gesicht; verheult aussehen⟩

ver·he·xen VERB (verhexte, hat verhext) **jemanden/etwas (in etwas** (*Akkusativ*)**) verhexen** jemanden/etwas durch Magie (in etwas) verwandeln ■ **ID Das ist ja wie verhext!** *gesprochen* verwendet, um Ärger darüber auszudrücken, dass etwas nicht gelingt

★ **ver·hin·dern** VERB (verhinderte, hat verhindert) **etwas verhindern** bewirken, dass etwas nicht geschieht oder dass jemand etwas nicht tun kann | *ein Unglück/einen Krieg/einen Unfall verhindern* | *Ich konnte nicht verhindern, dass sie wegfuhr* ● hierzu **Ver·hin·de·rung** *die*

ver·hin·dert ■ PARTIZIP PERFEKT **1** → verhindern ■ ADJEKTIV **2** **(irgendwie) verhindert** (aus den angegebenen Gründen) nicht in der Lage, etwas zu tun oder an etwas teilzunehmen ⟨beruflich, dienstlich, wegen Krankheit verhindert sein⟩ **3** *gesprochen, oft humorvoll meist attributiv* so, dass man Begabung oder Begeisterung für einen Beruf o. Ä. zeigt, ihn aber nicht ausübt | *ein verhinderter Künstler*

ver·höh·nen VERB (verhöhnte, hat verhöhnt) **jemanden verhöhnen** eine Person beleidigen und sich über deren Fehler und Schwächen freuen ≈ *verspotten* ● hierzu **Ver·höh·nung** *die*

ver·hö·kern VERB (verhökerte, hat verhökert) **etwas verhökern** *gesprochen, abwertend* ≈ *verkaufen*

Ver·hör *das*; (-(e)s, -e) **1** das (intensive, gezielte) Fragen durch die Polizei (um zu erfahren, was passiert ist) ⟨jemanden einem Verhör unterwerfen/unterziehen⟩ **2** **jemanden ins Verhör nehmen** *geschrieben* jemanden verhören ■ Man spricht von dem *Verhör* eines Angeklagten, jedoch von der *Vernehmung* eines Zeugen.

ver·hö·ren VERB (verhörte, hat verhört) **1** **jemanden verhören** als Polizist einem Verdächtigen Fragen stellen ■ aber: einen Zeugen *vernehmen* **2** **sich verhören** etwas falsch hören | *Da haben Sie sich wohl verhört!*

ver·hül·len VERB (verhüllte, hat verhüllt) **1** **jemanden/etwas (mit etwas) verhüllen** Stoff, Tücher o. Ä. um jemanden/etwas legen | *das Gesicht mit einem Schleier verhüllen* **2** **etwas verhüllt etwas** etwas bedeckt etwas ganz | *Wolken verhüllten den Gipfel des Berges*

ver·hun·gern VERB (verhungerte, ist verhungert) sterben, weil man nicht genug zu essen hat

ver·hun·zen VERB (verhunzte, hat verhunzt) **etwas verhunzen** *gesprochen, abwertend* eine Arbeit o. Ä. sehr schlecht machen (so, dass das Ergebnis auch schlecht ist)

ver·huscht ADJEKTIV; *gesprochen* ≈ *verdruckst*

ver·hü·ten VERB (verhütete, hat verhütet) **1** **etwas verhüten** verhindern, dass etwas geschieht, das man nicht wünscht ⟨ein Unglück, einen Brand, einen Krieg verhüten⟩ | *Der Unfall hätte verhütet werden können* **2** Maßnahmen ergreifen, damit eine Frau beim Sex nicht schwanger wird | *Habt ihr denn nicht verhütet?* ● hierzu **Ver·hü·tung** *die*

Ver·hü·tungs·mit·tel *das* ein Mittel (z. B. Kondome oder die Pille), das man verwendet, um zu verhindern, dass eine Frau schwanger wird

ve·ri·fi·zie·ren [v-] VERB (verifizierte, hat verifiziert) **etwas verifizieren** *geschrieben* etwas prüfen, um zu sehen, ob es richtig ist ⟨eine Hypothese verifizieren⟩ ● hierzu **Ve·ri·fi·ka·ti·on** *die*; **ve·ri·fi·zier·bar** ADJEKTIV; **Ve·ri·fi·zie·rung** *die*

ver·in·ner·li·chen VERB (verinnerlichte, hat verinnerlicht) **etwas verinnerlichen** *geschrieben* Werte oder Überzeugungen übernehmen und fest daran glauben

★ **ver·ir·ren** VERB (verirrte sich, hat sich verirrt) **1** **sich (irgendwo) verirren** nicht den richtigen Weg finden und somit nicht ans Ziel kommen ≈ *sich verlaufen* | *sich im Wald verirren* **2** **sich irgendwohin verirren** irgendwohin kommen, wohin man eigentlich gar nicht wollte | *sich in einen einsamen Stadtteil verirren*

ver·ja·gen VERB (verjagte, hat verjagt) **jemanden verjagen** eine Person oder ein Tier zwingen, wegzulaufen ≈ *vertreiben* | *den Fuchs (aus dem Hühnerstall) verjagen*

ver·jäh·ren VERB (verjährte, ist verjährt) **etwas verjährt** nach längerer Zeit kann etwas nicht mehr von einem Gericht bestraft oder durchgesetzt werden ⟨eine Straftat, ein Verbrechen; Ansprüche, Schulden⟩ ● hierzu **Ver·jäh·rung** *die*

ver·ju·beln VERB (verjubelte, hat verjubelt) **etwas verjubeln** *gesprochen* viel Geld für unnötige Dinge ausgeben ⟨das Ersparte, das Vermögen verjubeln⟩ ≈ *verschwenden*

ver·jün·gen VERB (verjüngte, hat verjüngt) **1** **etwas verjüngen** etwas mit jüngeren Leuten als bisher besetzen | *den Vor-*

V

stand eines Vereins verjüngen **2** **etwas verjüngt sich** etwas wird (nach oben hin) immer schmaler oder enger • hierzu **Ver·jün·gung** *die*

ver·ka·belt ADJEKTIV **verkabelt sein** *gesprochen* Kabelfernsehen empfangen können • hierzu **ver·ka·beln** VERB *(hat)*

ver·kal·ken VERB (verkalkte, ist verkalkt) **1** **etwas verkalkt** etwas funktioniert nicht mehr richtig, weil sich Kalk darin angesammelt hat ⟨Leitungen, Rohre, die Waschmaschine, die Kaffeemaschine⟩ **2** **etwas verkalkt** meist Arterien verhärten sich durch Ablagerungen von zu viel Kristallen aus Kalk **3** **jemand verkalkt** *gesprochen, abwertend* jemand wird älter und verliert dabei die Fähigkeit, sich zu konzentrieren und sich Dinge zu merken • hierzu **ver·kalkt** ADJEKTIV; **Ver·kal·kung** *die*

ver·kal·ku·lie·ren VERB (verkalkulierte sich, hat sich verkalkuliert) **1** **sich verkalkulieren** bei der Kalkulation einen Fehler machen **2** **sich verkalkulieren** eine Situation nicht richtig beurteilen

ver·kannt ■ PARTIZIP PERFEKT **1** → verkennen
■ ADJEKTIV **2** **ein verkanntes Genie** *oft ironisch* eine Person, deren Genialität nicht bemerkt worden ist oder die glaubt, dass ihre Genialität nicht bemerkt wurde

ver·kappt ADJEKTIV *meist attributiv; meist abwertend* nicht offensichtlich, aber doch zu erkennen | *Er gibt sich tolerant, ist aber in Wirklichkeit ein verkappter Rassist*

ver·ka·tert ADJEKTIV; *gesprochen* in einem schlechten körperlichen und seelischen Zustand, weil man am Tag vorher zu viel Alkohol getrunken hat ⟨verkatert sein, aussehen⟩

★ **Ver·kauf** *der* **1** das Verkaufen von Waren ⟨(jemandem) etwas zum Verkauf anbieten⟩ **K** Verkaufsartikel, Verkaufspreis, Verkaufsstand **2** *nur Singular* die Abteilung eines Unternehmens, die Produkte verkauft | *im Verkauf tätig sein* **K** Verkaufsabteilung, Verkaufsdirektor

★ **ver·kau·fen** VERB (verkaufte, hat verkauft) **1** **(jemandem) etwas) verkaufen; (etwas (an jemanden) verkaufen** einer Person die gewünschte Ware geben und dafür Geld bekommen | *jemandem ein Auto billig verkaufen* | *Er verkauft an seinem Kiosk Zeitungen und Zigaretten* | *Ich wollte das Grundstück unbedingt haben, aber sie will nicht verkaufen* **2** **jemandem etwas als etwas verkaufen** etwas als gut darstellen und dafür sorgen, dass jemand sich dafür interessiert oder es auch gut findet | *Die Regierung will den Bürgern das neue Gesetz als großen Erfolg verkaufen* **3** **sich gut/schlecht verkaufen** sich so verhalten, dass andere Personen den genannten Eindruck haben | *Bei seinem Vorstellungsgespräch hat er sich gut verkauft* **4** **etwas verkauft sich gut/schlecht/...** viele/wenige Personen kaufen die genannte Ware | *Warme Kleidung verkauft sich in diesem milden Winter nur schleppend*

★ **Ver·käu·fer** *der;* (-s, -) **1** eine Person, die beruflich Waren verkauft | *Er arbeitet als Verkäufer in einem Möbelgeschäft* **K** Autoverkäufer, Möbelverkäufer, Zeitungsverkäufer **H** zu *Verkäuferin* → Info im Eintrag **-in** **2** eine Person, die eine Sache verkauft | *Als Verkäufer habe ich bei Onlineauktionen meist gute Erfahrungen gemacht* **H** zu *Verkäuferin* → Info im Eintrag **-in** • hierzu **Ver·käu·fe·rin** *die*

ver·käuf·lich ADJEKTIV **1** zum Verkauf angeboten | *Dieses Bild ist nicht verkäuflich* **2** **gut/schlecht/schwer verkäuflich** so, dass es gerne/nur selten/kaum von Kunden gekauft wird

ver·kaufs·of·fen ADJEKTIV ■ ID **verkaufsoffener Sonntag** ein Sonntag, an dem Geschäfte ausnahmsweise öffnen dürfen

Ver·kaufs·schla·ger *der* ein Produkt, das sehr oft und gern gekauft wird

★ **Ver·kehr** *der;* (-(e)s) **1** die Bewegung der Fahrzeuge auf den Straßen, auf Schienen und der Flugzeuge in der Luft ⟨flüssiger, zähflüssiger, stockender Verkehr; es herrscht starker, reger, wenig Verkehr; der Verkehr bricht zusammen, kommt zum Erliegen; eine Straße für den Verkehr sperren, freigeben⟩ | *An der Unfallstelle regelte ein Polizist den Verkehr* **K** Verkehrsampel, Verkehrsbehinderung, Verkehrsdichte, Verkehrsdurchsage, Verkehrsfluss, Verkehrsfunk, Verkehrshindernis, Verkehrsknotenpunkt, Verkehrslärm, Verkehrsmeldung, Verkehrsminister, Verkehrsministerium, Verkehrsstau, Verkehrsteilnehmer, Verkehrsunfall, Verkehrsunterricht; Flugverkehr, Fernverkehr, Kreisverkehr, Nahverkehr, Schienenverkehr, Stadtverkehr, Straßenverkehr **2** der Kontakt und die Beziehungen, die man zu jemandem hat ⟨den Verkehr mit jemandem abbrechen, wieder aufnehmen⟩ **3** Kurzwort für *Geschlechtsverkehr ≈ Sex* **4** **etwas aus dem Verkehr ziehen** nicht mehr erlauben, dass etwas weiter verwendet wird | *alte Geldscheine aus dem Verkehr ziehen* **5** **jemanden aus dem Verkehr ziehen** *gesprochen, humorvoll* jemanden auf einem Gebiet nicht mehr aktiv sein lassen (meist weil er zu viel Schaden angerichtet hat)

ver·keh·ren VERB (verkehrte, hat/ist verkehrt) **1** **etwas verkehrt (irgendwann)** *(hat/ist)* etwas fährt (regelmäßig) auf einer Strecke ⟨Busse, Straßenbahnen, Züge⟩ | *Die Straßenbahn vom Bahnhof zum Zoo verkehrt alle zehn Minuten* | *Der Zug verkehrt nur an Wochentagen* **2** **mit jemandem (irgendwie) verkehren** *(hat)* mit jemandem Kontakt haben ⟨mit jemandem freundschaftlich, brieflich, nur geschäftlich verkehren⟩ **3** **irgendwo verkehren** *(hat)* irgendwo oder bei jemandem oft zu Gast sein | *In diesem Lokal verkehren hauptsächlich Studenten* **4** **etwas verkehren** *(hat)* etwas (absichtlich) falsch darstellen, völlig verändern ⟨etwas ins Gegenteil verkehren⟩ | *Seine Worte wurden völlig verkehrt* **5** **etwas verkehrt sich** *(hat)* etwas verändert sich so stark, dass es das Gegenteil ausdrückt • zu (4,5) **Ver·keh·rung** *die*

Ver·kehrs- *im Substantiv, unbetont, begrenzt produktiv* **das Verkehrsamt, das Verkehrsbüro, der Verkehrsverein** *und andere* in Bezug auf den Fremdenverkehr

Ver·kehrs·auf·kom·men *das* die Anzahl der Fahrzeuge, die während einer Zeit auf derselben Straße oder im selben Gebiet fahren | *Morgens ist das Verkehrsaufkommen in der Innenstadt/auf den Autobahnen besonders hoch*

ver·kehrs·be·ru·higt ADJEKTIV **eine verkehrsberuhigte Zone** ein Bereich (in der Stadt), in dem die Autos nur langsam fahren dürfen

Ver·kehrs·cha·os [-ka:ɔs] *das* eine Situation, in der so viele Fahrzeuge auf den Straßen sind, dass der Verkehr nicht mehr fließen kann

Ver·kehrs·de·likt *das* ein Verstoß gegen die Regeln im Straßenverkehr

Ver·kehrs·er·zie·hung *die* Unterricht, in dem Kindern gezeigt wird, wie sie sich im Straßenverkehr richtig verhalten

ver·kehrs·güns·tig ADJEKTIV nahe an Haltestellen von Zügen oder Bussen gelegen ⟨eine Lage⟩

Ver·kehrs·la·ge *die* **1** die Lage einer Wohnung, eines Büros o. Ä. in Bezug auf die Verkehrsverbindungen **2** die Situation auf den Straßen | *Gegen Mittag war die Verkehrslage wieder normal*

Ver·kehrs·leit·sys·tem *das* elektronische Anzeigetafeln, die bei Bedarf in Betrieb sind und dann z. B. vor einem Stau warnen, eine Geschwindigkeitsbegrenzung vorschreiben o. Ä.

★ **Ver·kehrs·mit·tel** *das; admin* ein Fahrzeug ⟨ein öffentliches Verkehrsmittel⟩

Ver·kehrs·netz *das* alle Straßen in einem Gebiet, die miteinander verbunden sind

V

Ver·kehrs·op·fer *das* eine Person, die bei einem Unfall im Straßenverkehr verunglückt (und gestorben) ist

Ver·kehrs·re·gel *die; meist Plural* eine von vielen gesetzlichen Vorschriften, wie man sich im Straßenverkehr verhalten muss

ver·kehrs·reich ADJEKTIV mit viel Verkehr ⟨eine Straße⟩

Ver·kehrs·schild *das;* (-(e)s, -er) ≈ *Verkehrszeichen*

ver·kehrs·si·cher ADJEKTIV in einem technisch so guten Zustand, dass es den Verkehr nicht gefährdet ⟨ein Fahrzeug⟩ ● hierzu **Ver·kehrs·si·cher·heit** *die*

Ver·kehrs·sün·der *der* eine Person, die eine Vorschrift im Straßenverkehr verletzt hat K Verkehrssünderkartei ● hierzu **Ver·kehrs·sün·de·rin** *die*

Ver·kehrs·ver·hält·nis·se *die; Plural* ≈ *Verkehrslage*

ver·kehrs·wid·rig ADJEKTIV so, dass es gegen die Regeln des Straßenverkehrs verstößt ⟨ein Verhalten⟩

★ **Ver·kehrs·zei·chen** *das* ein Schild mit einem Symbol, das den Verkehr regelt

ver·kehrt ■ PARTIZIP PERFEKT **1** → verkehren
■ ADJEKTIV **2** anders als gewollt, nicht richtig ⟨etwas verkehrt machen; etwas Verkehrtes tun⟩ ≈ *falsch* | *Ich bin aus Versehen in den verkehrten Zug eingestiegen* | *Deine Uhr geht verkehrt* **3** der richtigen Stelle entgegengesetzt ⟨auf der verkehrten Seite gehen⟩ | *Du hast die Zigarette am verkehrten Ende angezündet* **4** **etwas verkehrt herum anziehen** etwas so anziehen, dass die Innenseite nach außen zeigt | *Du hast den Pullover verkehrt herum angezogen* ● hierzu **Ver·kehrt·heit** *die*

ver·kei·len VERB (verkeilte sich, hat sich verkeilt) **etwas verkeilt sich (in etwas** (*Akkusativ*)**)** etwas schiebt sich so fest in etwas, dass es nur schwer wieder davon getrennt werden kann | *Bei dem Aufprall haben sich zwei Waggons ineinander verkeilt*

ver·ken·nen VERB (verkannte, hat verkannt) **jemanden/etwas verkennen** jemanden/etwas nicht richtig verstehen, etwas nicht erkennen ⟨den Ernst der Lage verkennen⟩ | *Ich habe die Bedeutung seiner Worte völlig verkannt* ● hierzu **Ver·ken·nung** *die*

Ver·ket·tung *die* **eine Verkettung unglücklicher Umstände** *geschrieben* eine Reihe ungünstiger Ereignisse, die gleichzeitig oder kurz nacheinander passieren (und zu einer Katastrophe oder einem Unglück führen), ohne dass eine Person Schuld hat

ver·kla·gen VERB (verklagte, hat verklagt) **jemanden (auf etwas** (*Akkusativ*)**) verklagen** gegen jemanden vor Gericht (in einem Zivilprozess) klagen | *eine Firma auf Schadenersatz verklagen*

ver·klap·pen VERB (verklappte, hat verklappt) **etwas verklappen** meist flüssige chemische Abfälle von einem Schiff ins Meer schütten | *Dünnsäure verklappen* ● hierzu **Ver·klap·pung** *die*

ver·klä·ren VERB (verklärte, hat verklärt) **1** **etwas verklärt etwas** etwas gibt jemandes Gesicht einen glücklichen Ausdruck ⟨ein verklärter Blick⟩ **2** **etwas verklärt sich** etwas bekommt einen glücklichen Ausdruck ⟨jemandes Blick, Gesicht⟩ ● hierzu **Ver·klä·rung** *die*

ver·klau·su·liert ADJEKTIV; *oft abwertend* sehr kompliziert ⟨ein Text, ein Satz⟩ ● hierzu **ver·klau·su·lie·ren** VERB (*hat*); **Ver·klau·su·lie·rung** *die*

ver·klebt ADJEKTIV so schmutzig, dass ein Ding am anderen klebt ⟨Fell, Gefieder, Haare⟩ | *Die Augen waren so verklebt, dass er sie nicht öffnen konnte*

ver·kle·ckern VERB (verkleckerte, hat verkleckert); *gesprochen* **1** **etwas verkleckern** Flecken auf einen Stoff oder eine Fläche machen, meist mit einer Flüssigkeit oder mit Nahrung ⟨das Tischtuch verkleckern⟩ **2** ohne einen Plan Geld für kleine Dinge ausgeben | *Jetzt habe ich schon über 20 € verkleckert*

ver·klei·den VERB (verkleidete, hat verkleidet) **1** **jemanden (als etwas) verkleiden** jemandem oder sich selbst etwas anziehen, um anders auszusehen oder um nicht erkannt zu werden | *sich im Karneval als Prinzessin verkleiden* **2** **etwas (mit etwas) verkleiden** eine Fläche (mit dem genannten Material) bedecken (meist als Schmuck oder Schutz) | *Wände mit Holz verkleiden*

Ver·klei·dung *die;* (-, -en) **1** *meist Singular* die Handlung des Verkleidens **2** die Kleidung usw., mit der man sich verkleidet | *In dieser Verkleidung konnte man sie wirklich nicht erkennen* **3** *meist Singular* das Verkleiden von Flächen, Rohren usw. **4** das Material, mit dem man Flächen, Rohre usw. verkleidet | *eine Verkleidung aus Holz* K Holzverkleidung, Marmorverkleidung, Metallverkleidung

★ **ver·klei·nern** VERB (verkleinerte, hat verkleinert) **1** **etwas verkleinern** etwas kleiner machen | *ein Zimmer verkleinern, indem man eine Wand einzieht* | *die Belegschaft in einem Betrieb verkleinern* **2** **etwas verkleinern** etwas beim Drucken, Kopieren o. Ä. kleiner machen ⟨ein Foto verkleinern⟩ **3** **etwas verkleinert sich** etwas wird kleiner | *Die Geschwulst hat sich verkleinert* ● hierzu **Ver·klei·ne·rung** *die*

ver·klem·men VERB (verklemmte sich, hat sich verklemmt) **etwas verklemmt sich** ein (sonst bewegliches) Teil kommt in eine Position, in der man es nicht mehr bewegen kann | *Das Fenster hat sich verklemmt*

ver·klemmt ■ PARTIZIP PERFEKT **1** → verklemmen
■ ADJEKTIV **2** im Verhalten nicht natürlich und selbstbewusst, sondern schüchtern und ängstlich ⟨(sexuell) verklemmt sein⟩ ≈ *gehemmt* ● zu (2) **Ver·klemmt·heit** *die*

ver·kli·ckern VERB (verklickerte, hat verklickert) **jemandem etwas verklickern** *gesprochen* jemandem etwas erklären oder klarmachen

ver·klin·gen VERB (verklang, ist verklungen) **etwas verklingt** etwas wird leiser, bis man es nicht mehr hört ⟨ein Lied, der Beifall⟩

ver·kna·cken VERB (verknackte, hat verknackt) **jemanden (zu etwas) verknacken** *gesprochen* (als Richter) jemanden zu einer (meist hohen) Strafe verurteilen

ver·knack·sen VERB (verknackste, hat verknackst) **(sich** (*Dativ*)**) etwas verknacksen** *gesprochen* (sich) etwas verstauchen ⟨sich (*Dativ*) den Fuß, das Handgelenk verknacksen⟩

ver·knal·len VERB (verknallte sich, hat sich verknallt) **sich (in jemanden) verknallen** *gesprochen* sich (in jemanden) verlieben

ver·knap·pen VERB (verknappte, hat verknappt) **1** **etwas verknappen** bewirken, dass etwas knapp wird | *das Angebot an Luxusgütern verknappen* **2** **etwas verknappt sich** etwas wird knapp | *Wegen des Boykotts verknappt sich der Vorrat an Öl* ● hierzu **Ver·knap·pung** *die*

ver·knei·fen VERB (verkniff, hat verkniffen) **sich** (*Dativ*) **etwas verkneifen** eine Bemerkung, eine Reaktion o. Ä. unterdrücken | *Ich konnte mir ein Lachen kaum verkneifen*

ver·knif·fen ■ PARTIZIP PERFEKT **1** → verkneifen
■ ADJEKTIV **2** *abwertend* durch ständigen Ärger streng und scharf geworden ⟨ein Gesicht, ein Mund⟩

ver·knö·chert ADJEKTIV; *abwertend* (wegen des Alters) nicht mehr fähig, die eigene Meinung und das Verhalten zu ändern

ver·kno·ten VERB (verknotete, hat verknotet) **1** **etwas mit etwas verknoten; Dinge verknoten** Fäden, Stricke, Bänder o. Ä. durch einen Knoten verbinden **2** **etwas verknotet sich** etwas bildet von selbst einen Knoten | *Der Strick hat sich verknotet*

ver·knüp·fen VERB (verknüpfte, hat verknüpft) **1** **etwas mit et-**

V

was verknüpfen; **Dinge (miteinander) verknüpfen** Fäden, Stricke, Bänder o. Ä. durch einen Knoten miteinander verbinden | *die Enden einer Schnur verknüpfen* **2** **etwas mit etwas verknüpfen**; **Dinge (miteinander) verknüpfen** etwas zugleich mit etwas anderem tun | *die Geschäftsreise mit einem kurzen Urlaub verknüpfen*

ver·knu·sen *norddeutsch, gesprochen* **jemanden/etwas nicht verknusen können** jemanden/etwas nicht ausstehen, nicht leiden können

ver·ko·chen VERB (verkochte, hat/ist verkocht) **1** **etwas zu etwas verkochen** (*hat*) etwas so lange kochen, bis daraus etwas anderes entsteht | *Früchte zu Marmelade verkochen* **2** **etwas verkocht** (*ist*) etwas kocht zu lange

ver·koh·len VERB (verkohlte, hat/ist verkohlt) **1** **etwas verkohlt** (*ist*) etwas wird durch Verbrennen hart und schwarz ⟨das Holz⟩ **2** **jemanden verkohlen** *gesprochen, humorvoll* (*hat*) einer Person aus Spaß etwas Falsches erzählen (und sich über sie lustig machen)

ver·kom·men VERB (verkam, ist verkommen) **1** **jemand/etwas verkommt (zu etwas)** etwas wird nicht gepflegt und kommt deshalb in einen schlechten Zustand | *Sie haben Haus und Garten völlig verkommen lassen* | *ein verkommenes Subjekt* (eine sehr ungepflegte und unmoralische Person) | *Manchmal bekommt man den Eindruck, dass die Bürokratie zu reinem Selbstzweck verkommen ist* **2** **Lebensmittel verkommen** Lebensmittel werden schlecht und sind daher nicht mehr essbar • zu (1) **Ver·kom·men·heit** *die*

ver·kom·pli·zie·ren VERB (verkomplizierte, hat verkompliziert) **etwas verkomplizieren** etwas komplizierter machen, als es in Wirklichkeit ist

ver·kopft ADJEKTIV zu viel Wert auf Verstand und Wissen legend | *Den Unterricht am Gymnasium finden sie zu verkopft*

ver·kor·ken VERB (verkorkte, hat verkorkt) **etwas verkorken** meist eine Flasche mit einem Korken schließen

ver·kork·sen VERB (verkorkste, hat verkorkst); *gesprochen* **1** **(jemandem) etwas verkorksen** ≈ *verderben, vermiesen* | *jemandem den Tag/die Stimmung verkorksen* **2** **etwas verkorksen** eine Arbeit so schlecht machen, dass das Ergebnis nicht verwendet werden kann **3** **jemand ist verkorkst** eine Person verhält sich (oft wegen ihrer Erziehung) seltsam oder hat eine extreme Meinung

ver·kör·pern VERB (verkörperte, hat verkörpert) **1** **jemand/etwas verkörpert etwas** jemand/etwas dient oder gilt als Symbol für etwas | *Die Eule verkörpert die Weisheit* **2** **jemanden/etwas verkörpern** in einem Theaterstück oder Film eine Rolle spielen ≈ *darstellen* | *Es macht ihm Spaß, im Film den Bösewicht zu verkörpern* • hierzu **Ver·kör·pe·rung** *die*

ver·kös·ti·gen VERB (verköstigte, hat verköstigt) **jemanden verköstigen** *geschrieben* jemandem etwas zu essen geben | *zahlreiche Gäste verköstigen müssen*

ver·kra·chen VERB (verkrachte sich, hat sich verkracht) **eine Person verkracht sich mit jemandem**; **Personen verkrachen sich** *gesprochen* zwei oder mehrere Personen bekommen miteinander Streit

ver·kracht ■ PARTIZIP PERFEKT **1** → verkrachen ■ ADJEKTIV **2** *gesprochen* ohne Erfolg im Beruf ⟨eine Existenz, ein Politiker, ein Schauspieler⟩ ≈ *gescheitert*

ver·kraf·ten VERB (verkraftete, hat verkraftet) **etwas verkraften** die geistige Stärke besitzen, mit etwas (sehr) Negativem zurechtzukommen | *Diese Enttäuschung hat er nur schwer verkraftet*

ver·kramp·fen VERB (verkrampfte sich, hat sich verkrampft) **1** **etwas verkrampft sich** die Muskeln eines Körperteils ziehen sich sehr stark zusammen wie in einem Krampf **2** **jemand verkrampft sich** eine Person verhält sich oder wirkt nicht mehr natürlich, vor allem weil sie Angst hat oder unsicher ist • hierzu **Ver·kramp·fung** *die*

ver·krampft ■ PARTIZIP PERFEKT **1** → verkrampfen ■ ADJEKTIV **2** nicht so, wie es dem eigenen Charakter entspricht ⟨ein Lächeln; verkrampft lächeln⟩ ≈ *unnatürlich, gezwungen*

ver·krat·zen VERB (verkratzte, hat verkratzt) **etwas verkratzen** Kratzer in etwas machen | *den Lack am Auto verkratzen*

ver·krie·chen VERB (verkroch sich, hat sich verkrochen) **1** **sich (irgendwo(hin)) verkriechen** irgendwohin kriechen, um sich dort zu verstecken **2** **sich (irgendwo(hin)) verkriechen** irgendwohin gehen, damit man dort etwas allein tun kann ⟨sich im Haus, ins/im Bett, hinter den Büchern/Akten verkriechen⟩

ver·krü·meln VERB (verkrümelte sich, hat sich verkrümelt) **sich (irgendwohin) verkrümeln** *gesprochen* heimlich von irgendwo verschwinden

ver·krümmt ADJEKTIV durch Krankheit krumm ⟨ein Finger, ein Rücken, eine Wirbelsäule⟩

ver·krüp·pelt ADJEKTIV **1** so, dass sie nicht normal gewachsen oder durch einen Unfall schwer beschädigt sind ⟨ein Arm, ein Bein, ein Mensch⟩ **2** schlecht und krumm gewachsen ⟨Bäume⟩

ver·krus·tet ADJEKTIV **1** von einer Kruste bedeckt ⟨eine Wunde⟩ **2** so, dass Veränderungen nicht gewollt sind ⟨Strukturen⟩

★ **ver·küh·len** VERB (verkühlte sich, hat sich verkühlt) **sich verkühlen** eine Erkältung bekommen • hierzu **Ver·küh·lung** *die*

ver·küm·mern VERB (verkümmerte, ist verkümmert) **1** **etwas verkümmert** eine Pflanze oder ein Tier wird unter schlechten Bedingungen schwach und krank | *Ohne frische Erde und Dünger verkümmern deine Zimmerpflanzen* **2** **jemand verkümmert (irgendwo)** jemand ist einsam und traurig oder körperlich schwach und wenig aktiv **3** **etwas verkümmert** etwas wird schwächer, weil es nicht benutzt wird ⟨ein Muskel, ein Talent⟩

★ **ver·kün·den** VERB (verkündete, hat verkündet) **1** **etwas verkünden** etwas öffentlich sagen ⟨ein Urteil, das Wahlergebnis verkünden⟩ | *Auf der anschließenden Feier verkündete er, dass er heiraten wolle* **2** **etwas verkünden** einen (religiösen) Glauben lehren und verbreiten ⟨das Wort Gottes, das Evangelium verkünden⟩ • hierzu **Ver·kün·dung** *die*

ver·kün·di·gen VERB (verkündigte, hat verkündigt) **etwas verkündigen** ≈ *verkünden* • hierzu **Ver·kün·di·gung** *die*

ver·kup·peln VERB (verkuppelte, hat verkuppelt) **eine Person (mit jemandem/an jemanden) verkuppeln** *oft abwertend* einen Mann und eine Frau zusammenbringen, sodass sie sich kennenlernen (und heiraten)

ver·kür·zen VERB (verkürzte, hat verkürzt) **1** **etwas verkürzen** etwas kürzer machen | *ein Brett verkürzen* | *„Bus" ist die verkürzte Form von „Omnibus"* | *Die Arbeitszeit um zwei Stunden auf achtunddreißig Stunden verkürzen* **2** **jemandem die Zeit** o. Ä. **(irgendwie) verkürzen** jemanden oder sich selbst so beschäftigen, dass die Zeit schneller vorbeizugehen scheint | *jemandem mit einer Geschichte die Wartezeit verkürzen* **3** **auf etwas** (*Akkusativ*) **verkürzen** im Wettkampf Punkte machen und dadurch näher an den besseren Gegner kommen | *das dritte Tor schießen und dadurch auf drei zu fünf verkürzen* **4** **etwas verkürzt sich** etwas wird kürzer | *Durch die neue Straße hat sich mein Weg zur Arbeit erheblich verkürzt* • hierzu **Ver·kür·zung** *die*

ver·la·chen VERB (verlachte, hat verlacht) **jemanden verlachen** *geschrieben* ≈ *auslachen*

V

ver·la·den VERB (verlädt/*gesprochen* verladet, verlud, hat verladen) **1** **Personen/Dinge verladen** Menschen, Tiere oder Waren in großer Zahl in/auf ein Fahrzeug laden, um sie zu transportieren ⟨Gepäck, Kohlen, Truppen, Waren verladen⟩ K Verladebahnhof, Verladekran, Verladerampe **2** **jemanden verladen** *gesprochen ≈ betrügen, hereinlegen* ● zu (1) **Ver·la·dung** *die*

★ **Ver·lag** *der*; (-(e)s, -e) ein Betrieb, der Bücher, Zeitungen o. Ä. macht und von Buchhändlern verkaufen lässt ⟨etwas erscheint bei/in einem Verlag, wird von einem Verlag herausgegeben, verlegt; als Lektor, Redakteur bei/in einem Verlag arbeiten⟩ K Verlagsbuchhandlung, Verlagskatalog, Verlagsprogramm, Verlagsprospekt, Verlagsredakteur; Kunstverlag, Lexikonverlag, Musikverlag, Schulbuchverlag, Wörterbuchverlag, Zeitungsverlag

ver·la·gern VERB (verlagerte, hat verlagert) **1** **etwas (irgendwohin) verlagern** die Körperhaltung so ändern, dass das Gewicht auf einem anderen Punkt liegt ⟨das Gewicht, den Schwerpunkt (nach vorn, auf das andere Bein) verlagern⟩ **2** **etwas verlagert sich (irgendwohin)** etwas ändert die Position ⟨ein Hoch(druckgebiet), ein Tief(druckgebiet)⟩ ● hierzu **Ver·la·ge·rung** *die*

ver·lan·den VERB (verlandete, ist verlandet) **ein See verlandet** ein See wird kleiner, trocknet aus

★ **ver·lan·gen** VERB (verlangte, hat verlangt) **1** **etwas (von jemandem) verlangen** einer Person deutlich sagen, dass man etwas von ihr (haben) will oder dass man von ihr gute Leistungen erwartet ≈ *fordern* | *Früher verlangten die Lehrer von ihren Schülern unbedingten Gehorsam* | *Sie verlangte, zu ihm gelassen zu werden* | *Ich verlange, dass du sofort mein Haus verlässt!* H Man *verlangt* oder *fordert*, was man für sein Recht hält. **2** **etwas (für etwas) verlangen** etwas als Preis für eine Ware oder Leistung haben wollen | *Er verlangt 2.000 Euro für das Boot* **3** **etwas verlangen** (als Polizist o. Ä.) einer Person sagen, dass sie etwas zeigen soll ⟨jemandes Ausweis, jemandes Führerschein, jemandes Papiere verlangen⟩ **4** **jemanden verlangen** sagen, dass man mit der genannten Person sprechen will ⟨jemanden am Telefon verlangen⟩ | *Er beschwerte sich beim Kellner über das schlechte Essen und verlangte den Geschäftsführer* **5** **etwas verlangt etwas** das eine macht das andere nötig ≈ *erfordern* | *Sein Beruf verlangt große Geschicklichkeit* | *Diese Aufgabe verlangt äußerste Konzentration* **6** **etwas verlangen** einen Verkäufer, Kellner o. Ä. um etwas bitten | *die Rechnung/ein Kilo Hackfleisch verlangen* **7** **nach jemandem verlangen** sagen, dass eine Person kommen soll, weil man mit ihr sprechen will ⟨nach einem Arzt, nach dem Geschäftsführer verlangen⟩ **8** **nach etwas verlangen** sagen, dass man etwas haben will | *Der Kranke verlangte nach einem Glas Wasser* **9** **eine Person verlangt es nach jemandem/etwas** *geschrieben* eine Person hat Sehnsucht nach jemandem/etwas
■ ID **Das ist doch nicht zu viel verlangt!** Das ist keine große Sache, diesen Wunsch kann man doch ohne Weiteres erfüllen; **Das ist zu viel verlangt!** Das geht zu weit

★ **Ver·lan·gen** *das*; (-s) **1** **ein Verlangen (nach etwas)** ein starkes Bedürfnis, ein starker Wunsch ⟨jemandes Verlangen erregen, wecken; das Verlangen haben, etwas zu tun⟩ ≈ *Sehnsucht* **2** **ein Verlangen (nach jemandem)** starke sexuelle Wünsche ≈ *Begierde* | *jemanden voller Verlangen ansehen* **3** *geschrieben* das, was von jemandem verlangt wird ⟨jemandes Verlangen nachgeben; auf jemandes Verlangen eingehen⟩ ≈ *Forderung* **4** **auf Verlangen** wenn jemand es verlangt oder fordert | *auf Verlangen die Fahrkarte vorzeigen* **5** **auf jemandes Verlangen (hin)** auf Wunsch der genannten Person | *Er hat diesen Beruf nur auf das Verlangen seines Vaters (hin) erlernt*

ver·lan·gend ■ PARTIZIP PRÄSENS **1** → verlangen
■ ADJEKTIV **2** so, dass ein starker Wunsch nach etwas deutlich wird ⟨ein Blick; jemanden/etwas verlangend ansehen; verlangend die Hand/die Arme nach jemandem/etwas ausstrecken⟩

★ **ver·län·gern** VERB (verlängerte, hat verlängert) **1** **etwas (um etwas) verlängern** etwas länger dauern lassen, als es vorgesehen war ⟨eine Frist, den Urlaub, den Aufenthalt verlängern⟩ | *Als das Spiel unentschieden endete, wurde es um zweimal 15 Minuten verlängert* | *Nächste Woche haben wir ein verlängertes Wochenende: Montag ist Feiertag* **2** **etwas (um etwas) verlängern** ein Dokument länger gültig sein lassen als ursprünglich vorgesehen ⟨einen Ausweis, einen Pass verlängern⟩ **3** **etwas (um etwas) verlängern** etwas länger machen | *eine Hose um zwei Zentimeter verlängern* **4** **etwas verlängern** *gesprochen* die Menge einer Flüssigkeit oder einer Speise größer machen, indem man sie mit etwas vermischt ⟨die Soße, die Suppe verlängern⟩

Ver·län·ge·rung *die*; (-, -en) **1** das Verlängern | *die Verlängerung eines Passes beantragen* **2** der Zeitraum, um den etwas verlängert wird | *in der Verlängerung ein Tor schießen* K Verlängerungsfrist, Verlängerungsstück, Verlängerungsteil, Verlängerungswoche, Verlängerungszeit

Ver·län·ge·rungs·schnur *die* ein zusätzliches elektrisches Kabel, mit dem man ein anderes Kabel länger macht

ver·lang·sa·men VERB (verlangsamte, hat verlangsamt) **1** **etwas verlangsamen** bewirken, dass etwas langsamer wird ⟨die Fahrt, den Lauf, den Schritt, das Tempo verlangsamen; einen Ablauf, einen Prozess, einen Rhythmus verlangsamen⟩ **2** **etwas verlangsamt sich** etwas wird langsamer ● hierzu **Ver·lang·sa·mung** *die*

Ver·lass *der* **auf jemanden/etwas ist (kein) Verlass** auf jemanden/etwas kann man sich (nicht) verlassen

★ **ver·las·sen**[1] VERB (verlässt, verließ, hat verlassen) **1** **etwas verlassen** nicht an einem Ort bleiben, sich an einen anderen Ort bewegen | *das Haus durch den Hinterausgang verlassen* | *An der nächsten Ampel verlassen wir die Hauptstraße und biegen nach rechts ab* **2** **etwas verlassen** aufhören, an einem bestimmten Ort zu leben | *Im Jahr 1896 verließ er seine Heimat und wanderte aus* | *Die jungen Vögel verlassen schon bald das Nest und werden flügge* **3** **jemanden verlassen** die Familie, den Ehepartner o. Ä. alleinlassen und nicht mehr für sie sorgen | *Er hat sie wegen einer anderen Frau verlassen* **4** **etwas verlässt jemanden** etwas wird schwächer, verschwindet ⟨die Hoffnung, die Kraft, der Mut verlässt jemanden⟩ **5** **sich auf jemanden/etwas verlassen** annehmen oder darauf vertrauen, dass eine andere Person etwas macht oder dass etwas geschieht | *Du kannst dich auf mich verlassen, ich bin immer für dich da* | *Ich verlasse mich darauf, dass Sie alles vorbereiten*
■ ID **Er/Sie hat uns für immer verlassen** *euphemistisch* Er/Sie ist gestorben; **Verlass dich drauf!**, **Worauf du dich verlassen kannst!** *gesprochen* Das ist sicher oder sehr wahrscheinlich

★ **ver·las·sen**[2] ■ PARTIZIP PERFEKT **1** → verlassen[1]
■ ADJEKTIV **2** ohne Menschen ⟨ein Haus, ein Strand, eine Straße; einsam/leer/still und verlassen⟩ **3** weit (von einer Stadt o. Ä.) entfernt und mit wenigen Straßen ⟨eine Gegend⟩ **4** allein oder einsam und hilflos ⟨verlassen sein; sich verlassen fühlen, vorkommen⟩

Ver·las·sen·schaft *die*; (-, -en); Ⓐ Ⓒⓗ ≈ *Nachlass, Erbschaft*

ver·läss·lich ADJEKTIV ⟨ein Freund, eine Information, ein Zeuge⟩ so, dass man sich auf sie verlassen kann ≈ *zuverlässig* ● hierzu **Ver·läss·lich·keit** *die*

Ver·laub *der* ■ ID **mit Verlaub gesagt** *geschrieben* verwen-

V

det, bevor man etwas sagt, das schockieren kann, das aber gesagt werden muss; **mit Verlaub** *veraltend* wenn es erlaubt ist, wenn Sie gestatten

★ **Ver·lauf** *der;* (-(e)s) **1** die Richtung, in der etwas geht | *den Verlauf einer Grenze festlegen* **2** die Entwicklung einer Situation, einer Krankheit o. Ä. ⟨etwas nimmt einen ungünstigen, unglücklichen, unerwarteten Verlauf; den Verlauf stören; den weiteren Verlauf abwarten⟩ ≈ *Ablauf* | *Zum typischen Verlauf dieser Krankheit gehört hohes Fieber* **3** **im Verlauf** *+Genitiv* während der genannten Zeit, der genannten Handlung o. Ä. | *im Verlauf der Sitzung/des Vormittags*

★ **ver·lau·fen** VERB (verläuft, verlief, hat/ist verlaufen) **1** **etwas verläuft (irgendwie/irgendwohin)** *(ist)* z. B. ein Weg hat die genannte Richtung, geht in die genannte Richtung | *Der Weg verläuft entlang des Waldrandes* | *Die Grenze verläuft mitten durch den Ort* | *Die Linie verläuft parallel zur Achse* **2** **etwas verläuft irgendwie** *(ist)* etwas geschieht auf die genannte Art und Weise ⟨etwas verläuft ergebnislos, ohne Zwischenfälle, glatt, störungsfrei, nach Wunsch; eine tödlich verlaufende Krankheit⟩ | *Die Demonstration verlief ohne Zwischenfälle* **3** **etwas verläuft** *(ist)* Wenn Tinte oder Schrift verläuft, kann man nicht mehr lesen, was da geschrieben stand ⟨Tinte, Farbe, eine Schrift⟩ **4** **etwas verläuft** *(ist)* etwas wird flüssig und verteilt sich ⟨Butter, Margarine, Käse⟩ **5** **jemand verläuft sich** *(hat)* jemand wählt den falschen Weg oder geht in die falsche Richtung und weiß nicht mehr, wo er ist ⟨sich im Wald verlaufen⟩ ≈ *sich verirren* **6** **etwas verläuft sich irgendwo** *(hat)* etwas führt irgendwohin und verschwindet dort ⟨eine Spur, ein Weg verläuft sich im Sand, im Gebüsch⟩ **7** **eine Menschenmenge** *o. Ä.* **verläuft sich** *(hat)* eine große Anzahl von Menschen geht in verschiedene Richtungen auseinander

ver·laust ADJEKTIV mit vielen Läusen ⟨ein Hund, ein Kind; Haare, Kleidung⟩

ver·laut·ba·ren VERB (verlautbarte, hat/ist verlautbart); *geschrieben* **1** **etwas verlautbaren** *(hat)* eine Information (meist öffentlich) bekannt geben, bekannt machen | *nichts von seinen/über seine Absichten verlautbaren* | *Aus Regierungskreisen wird verlautbart, dass …* **2** **es verlautbart** *(ist)* etwas wird öffentlich bekannt | *Es verlautbarte, der Minister könne erst in einer Woche seine Arbeit wieder aufnehmen* • hierzu **Ver·laut·ba·rung** *die*

ver·lau·ten VERB (verlautete, ist verlautet) **1** **etwas (über etwas** *(Akkusativ)*) **verlauten lassen** bekannt geben, bekannt machen | *Hat die Führung des Konzerns etwas über ihre Rationalisierungspläne verlauten lassen?* **2** **es verlautet** es wird bekannt | *Wie (es) aus offiziellen Kreisen verlautete, wird es noch in diesem Jahr zu einem Gipfeltreffen kommen*

ver·le·ben VERB (verlebte, hat verlebt) **etwas verleben** eine Zeit irgendwo oder irgendwie verbringen | *schöne Stunden mit jemandem verleben*

ver·lebt ■ PARTIZIP PERFEKT **1** → verleben ■ ADJEKTIV **2** so, dass man alt und verbraucht aussieht (weil man ungesund oder unvernünftig gelebt hat) ⟨ein Gesicht, verbraucht aussehen⟩

★ **ver·le·gen¹** VERB (verlegte, hat verlegt) **1** **etwas (irgendwohin) verlegen** den Ort ändern, an dem etwas für lange Zeit ist | *den Wohnsitz in eine andere Stadt verlegen* | *Die Haltestelle wurde verlegt* **2** **jemanden (irgendwohin) verlegen** jemanden (z. B. einen Kranken) an einen anderen Ort bringen | *einen Kranken in/auf die Intensivstation verlegen* **3** **etwas (auf etwas** *(Akkusativ)*) **verlegen** den vorgesehenen Zeitpunkt oder Termin für etwas ändern | *Das Rennen wurde wegen des schlechten Wetters auf übermorgen verlegt* **H** Wenn etwas *verlegt* wird, kann es früher oder später stattfinden als geplant. Wenn etwas früher stattfindet, sagt man auch *vorverlegen;* wenn etwas später stattfindet, sagt man auch *verschieben.* **4** **etwas verlegen** etwas auf eine Strecke oder eine Fläche legen und dort festmachen ⟨Fliesen, Gleise, Kabel, Leitungen, ein Parkett, Rohre, einen Teppichboden verlegen⟩ **5** **etwas verlegen** etwas an irgendeinen Ort legen und es nicht mehr finden | *Oma hat ihre Brille verlegt. Hilf ihr bitte suchen!* **6** **jemand/ein Verlag verlegt etwas** der Besitzer eines Verlags/ein Verlag lässt etwas drucken, um es zu verkaufen ⟨Bücher, Zeitschriften verlegen⟩ ≈ *herausbringen* **7** **sich auf etwas** *(Akkusativ)* **verlegen** mit einer neuen Taktik versuchen, das Ziel zu erreichen | *Als seine Überredungskünste nicht wirkten, verlegte er sich aufs Bitten* • zu (1 – 4) **Ver·le·gung** *die*

★ **ver·le·gen²** ADJEKTIV (in einer besonderen Situation) ängstlich und unsicher ⟨ein Blick, ein Lächeln, eine Pause, ein Schweigen; verlegen sein, werden⟩ | *Ihre Blicke machten ihn verlegen* ■ ID **nicht/nie um etwas verlegen sein** etwas immer bereit haben ⟨nicht/nie um eine Antwort, Ausrede verlegen sein⟩

Ver·le·gen·heit *die;* (-, -en) **1** *nur Singular* der Zustand, verlegen zu sein ⟨jemanden (mit etwas) in Verlegenheit bringen⟩ | *Er brachte vor lauter Verlegenheit kein Wort heraus* **K** Verlegenheitsgeste, Verlegenheitspause **2** eine unangenehme Situation ⟨in Verlegenheit sein; in die Verlegenheit kommen, etwas tun zu müssen; jemandem aus einer Verlegenheit helfen⟩

Ver·le·gen·heits·lö·sung *die* ≈ *Notlösung*

Ver·le·ger *der;* (-s, -) ein Verlag oder der Besitzer eines Verlags • hierzu **ver·le·ge·risch** ADJEKTIV

ver·lei·den VERB (verleidete, hat verleidet) **jemandem etwas verleiden** jemandem den Spaß oder die Freude an etwas nehmen

Ver·leih *der;* (-s, -e) **1** *meist Singular* das Verleihen von Gegenständen | *Der Verleih von DVDs erfolgt nur an Erwachsene* **2** ein Betrieb, der Gegenstände gegen Bezahlung verleiht **K** Autoverleih, Bootsverleih, Fahrradverleih, Filmverleih, Kostümverleih, Maskenverleih

★ **ver·lei·hen** VERB (verlieh, hat verliehen) **1** **etwas (an jemanden) verleihen** jemandem etwas für eine Zeit geben (und oft Geld dafür verlangen) | *Da drüben in dem Geschäft verleihen sie Fahrräder* | *Ich verleihe meine Bücher nur noch an Leute, die sorgfältig mit ihnen umgehen* **2** **jemandem etwas verleihen** einer Person einen Preis geben, um sie zu ehren ⟨jemandem einen Preis, einen Orden, einen Titel verleihen⟩ **3** **etwas verleiht jemandem etwas** etwas gibt jemandem etwas Positives ⟨etwas verleiht jemandem neue Kraft, neuen Mut⟩ **4** **den Worten Nachdruck verleihen** etwas (durch Gesten o. Ä.) stark betonen • zu (1) **Ver·lei·her** *der;* zu (2) **Ver·lei·hung** *die*

ver·lei·men VERB (verleimte, hat verleimt) **etwas mit etwas verleimen; Dinge (miteinander) verleimen** mit Leim zusammenkleben | *zwei Bretter miteinander verleimen* • hierzu **Ver·lei·mung** *die*

ver·lei·ten VERB (verleitete, hat verleitet) **jemanden zu etwas verleiten** eine Person dazu bringen, dass sie etwas Dummes oder Verbotenes tut | *Seine Freunde und die gute Stimmung verleiteten ihn dazu, viel Alkohol zu trinken* • hierzu **Ver·lei·tung** *die*

ver·ler·nen VERB (verlernte, hat verlernt) **etwas verlernen** etwas, das man eigentlich kann, allmählich vergessen, weil man es so selten tut

ver·le·sen VERB (verliest, verlas, hat verlesen) **1** **etwas verlesen**

V

etwas laut lesen und dadurch bekannt machen | *die Namen der Gewinner verlesen* **2** **Dinge verlesen** die einzelnen Exemplare prüfen und die schlechten von den guten trennen ⟨Erbsen, Früchte, Salat, Spinat verlesen⟩ **3** **sich verlesen** beim Lesen einen Fehler machen • zu (1) **Ver·le·sung** *die*

ver·letz·bar ADJEKTIV schnell beleidigt ≈ *empfindlich* | *Er ist sehr verletzbar* • hierzu **Ver·letz·bar·keit** *die*

★ **ver·let·zen** VERB (verletzte, hat verletzt) **1** **jemanden verletzen** dem Körper einer Person einen Schaden zufügen ⟨jemanden leicht, schwer, lebensgefährlich, tödlich verletzen⟩ | *jemanden durch einen Schuss ins Bein verletzen* **2** **sich** (*Dativ*) **etwas verletzen; sich (an etwas** (*Dativ*)**) verletzen** (meist unabsichtlich) dem eigenen Körper (durch eine Wunde o. Ä.) schaden | *Ich habe mir bei dem Sturz den Fuß verletzt* | *Du hast dich am Kopf verletzt* **3** **jemand/etwas verletzt eine Person/Sache** jemand/etwas bewirkt, dass eine Person traurig wird, weil sie meint, dass man sie nicht mag oder dass man schlecht von ihr denkt ⟨jemanden tief, zutiefst verletzen; jemandes Ehre, jemandes Eitelkeit, jemandes Gefühle, jemandes Stolz verletzen; sich in der Ehre verletzt fühlen⟩ ≈ *beleidigen* | *verletzende Worte sagen* | *Sein Schweigen verletzte sie* | *Es hat ihn sehr verletzt, dass du ihn ignoriert hast* **4** **etwas verletzen** sich nicht an Regeln, Pflichten oder Konventionen halten ⟨ein Gesetz, das Recht, einen Vertrag, eine Vorschrift verletzen; den Anstand, die Pflicht verletzen⟩ **5** **etwas verletzen** ohne Erlaubnis in ein Gebiet gehen, fahren oder fliegen ⟨die Grenzen, das Hoheitsgebiet, den Luftraum eines Landes verletzen⟩ • zu (3) **Ver·letzt·heit** *die*

ver·letz·lich ADJEKTIV ≈ *verletzbar, empfindlich* • hierzu **Ver·letz·lich·keit** *die*

★ **Ver·letz·te** *der/die*; (-n, -n) eine Person, die körperlich verletzt ist ⟨ein tödlich Verletzter⟩ | *Der Unfall forderte drei Verletzte und einen Toten* K Leichtverletzte, Schwerverletzte H a) *ein Verletzter; der Verletzte; den, dem, des Verletzten*; b) Soldaten, die im Krieg verletzt werden, nennt man *Verwundete*

★ **Ver·let·zung** *die*; (-, -en) **1** eine Wunde o. Ä., eine Stelle am/im Körper, die verletzt ist ⟨leichte, schwere, tödliche Verletzungen davontragen, erleiden; jemandem eine Verletzung zufügen; den Verletzungen erliegen⟩ | *mit lebensgefährlichen Verletzungen ins Krankenhaus eingeliefert werden* K verletzungsanfällig; Armverletzung, Beinverletzung, Knieverletzung, Kopfverletzung, Schussverletzung, Kriegsverletzung **2** eine Handlung, durch die man gegen eine Regel oder Norm verstößt K Pflichtverletzung **3** *nur Singular* das Gehen, Fahren oder Fliegen ohne Erlaubnis im Gebiet eines anderen Staates | *die Verletzung des Luftraumes eines fremden Staates*

ver·leug·nen VERB (verleugnete, hat verleugnet) **1** **jemanden/etwas verleugnen** behaupten, dass man jemanden/etwas nicht habe oder kenne ⟨einen Freund, seine Gesinnung, Gott, seine Ideale verleugnen⟩ **2** **etwas nicht verleugnen können** nicht ändern können, dass etwas bekannt wird ⟨seine Herkunft nicht verleugnen können⟩ **3** **etwas lässt sich nicht verleugnen** etwas kann nicht verborgen werden ⟨jemandes Erziehung, jemandes Herkunft⟩ **4** **sich (selbst) verleugnen** nicht nach den eigenen Gefühlen oder nach der eigenen Überzeugung handeln • zu (1) **Ver·leug·nung** *die*

ver·leum·den VERB (verleumdete, hat verleumdet) **jemanden verleumden** absichtlich falsche oder schlechte Dinge über eine Person sagen, damit sie einen schlechten Ruf bekommt ⟨jemanden in übler Weise, böswillig verleumden⟩ • hierzu **Ver·leum·der** *der*; **ver·leum·de·risch** ADJEKTIV

Ver·leum·dung *die*; (-, -en) **1** *meist Singular* das Verleumden **2** eine Äußerung, mit der man jemanden verleumdet K Verleumdungskampagne, Verleumdungsklage

★ **ver·lie·ben** VERB (verliebte sich, hat sich verliebt) **1** **sich (in jemanden) verlieben** beginnen, Liebe für ein andere Person zu empfinden ⟨hoffnungslos, unsterblich, unglücklich, bis über beide Ohren verliebt sein; jemanden verliebt ansehen; jemandem verliebte Blicke zuwerfen⟩ **2** **zwei Personen verlieben sich** zwei Personen beginnen, Liebe füreinander zu empfinden **3** **sich in etwas** (*Akkusativ*) **verlieben** anfangen, etwas sehr gut zu finden • zu (1) **Ver·lieb·te** *der/die*; zu (1) **Ver·liebt·heit** *die*

★ **ver·lie·ren** VERB (verlor, hat verloren)

▸nicht gewinnen: **1** **(etwas) verlieren** in einem Spiel oder Wettkampf schlechter sein bzw. weniger Tore, Punkte o. Ä. bekommen als der Gegner | *ein Spiel 0 : 4 (null zu vier) verlieren* | *im Tennismatch den ersten Satz verlieren* | *im Boxkampf nach Punkten/durch K.o. verlieren* **2** **(einen Kampf/Krieg) verlieren** in einem Kampf vom Gegner, in einem Krieg vom Feind besiegt werden **3** **(etwas) verlieren** bei etwas keinen Erfolg haben ⟨einen Prozess verlieren⟩ | *Wir haben den Kampf gegen die Seuche verloren* **4** **(etwas) verlieren** Geld zahlen müssen, weil man bei einem Spiel Pech hatte oder schlechter war als der Gegner | *beim Pokern hundert Euro verlieren* **5** **(eine Wette) verlieren** bei einer Wette unrecht haben

▸nicht mehr finden: **6** **etwas verlieren** etwas irgendwo liegen oder fallen lassen und es nicht mehr finden | *Hier hast du den Schlüssel! Verlier ihn nicht!* | *Ich habe beim Skifahren meine Handschuhe verloren* **7** **eine Person verliert jemanden; Personen verlieren sich** Personen, die gemeinsam irgendwohin gehen, werden getrennt und finden einander nicht mehr | *jemanden im Gewühl im Kaufhaus verlieren* | *Sollten wir uns verlieren, treffen wir uns um zwei Uhr hier wieder*

▸nicht mehr haben: **8** **jemanden verlieren** einen Menschen nicht mehr haben, weil er stirbt | *Frau und Kinder durch einen tragischen Unfall verlieren* **9** **jemand verliert einen Freund/jemanden als Freund** eine Person ist nicht mehr jemandes Freund | *durch einen Skandal viele Freunde verlieren* **10** **etwas verlieren** durch Fehler oder negative Umstände etwas Positives nicht mehr haben | *Viele Mitarbeiter haben ihren Job/Arbeitsplatz verloren* | *Die Regierung hat das Vertrauen der Wähler verloren* | *Ich verliere allmählich die Geduld mit dir!*

▸Inhalt, Teil: **11** **etwas verliert etwas** etwas lässt (meist durch ein Loch) eine Flüssigkeit oder ein Gas nach außen kommen | *Das Auto verliert Öl* | *Der Reifen verliert Luft* **12** **jemand/etwas verliert etwas** Blut kommt nach außen oder ein Teil wird vom Körper oder von einer Pflanze getrennt ⟨Haare, einen Zahn verlieren; bei einem Unfall einen Arm, ein Auge, ein Bein verlieren⟩ | *Er hat viel Blut verloren und braucht dringend eine Transfusion* | *Das Bäumchen hat nach dem Umtopfen alle Blätter verloren* **13** **jemand/etwas verliert an etwas** (*Dativ*) jemand/etwas hat (allmählich immer) weniger von einer Sache | *jemand verliert an Macht/Einfluss* | *Der Kaffee hat an Aroma verloren* | *das Thema hat sehr an Aktualität/Bedeutung verloren* **14** **etwas verliert** die Qualität einer Sache wird schlechter | *Wein verliert, wenn er nicht gut gelagert wird*

▸mit sich: **15** **etwas verliert sich irgendwo** etwas verschwindet, ist nicht mehr sichtbar | *Die Spitze des Turms verlor sich im Nebel* | *Der Pfad verlor sich im Wald* **16** **etwas verliert sich** etwas wird schwächer, verschwindet allmählich | *Der unangenehme Geruch des neuen Teppichbodens verliert sich nach ein paar Wochen* **17** **sich in etwas**

V

(*Dativ*) **verlieren** sich intensiv mit etwas beschäftigen und anderes nicht mehr bemerken ‹sich in Erinnerungen, Träumen verlieren; sich (zu sehr) in Details, Einzelheiten, Nebensächlichkeiten verlieren; in Gedanken verloren sein› **18** **Personen verlieren sich irgendwo** wenige Personen können einen großen Raum oder ein Gelände nicht füllen | *Die wenigen Besucher verloren sich in der riesigen Halle*
■ **ID nichts (mehr) zu verlieren haben** in einer Situation sein, die nicht mehr schlechter werden kann; **Es ist noch nicht alles verloren** Es gibt noch Hoffnung, dass eine positive Lösung gefunden wird; **Du hast hier nichts verloren** *gesprochen* Du bist hier nicht erwünscht • zu (1 – 6) **Ver·lie·rer** *der;* zu (1 – 6) **Ver·lie·re·rin** *die*

Ver·lies *das;* (-es, -e) ein Raum (in einem Schloss oder in einer Burg) unter der Erde, in den man früher Gefangene sperrte **K** Burgverlies, Kellerverlies

ver·lin·ken [-ŋk-] VERB (verlinkte, hat verlinkt) **etwas verlinken; irgendwohin verlinken; auf etwas verlinken** auf einer Website, in einer App usw. einen Hyperlink einfügen ‹Bilder, Daten, Informationen, Websites (miteinander) verlinken› | *Die Website der Zeitung verlinkt zusätzliche Informationen* | *Die App verlinkt auf die Homepage der Universität* | *Der Autor hat viele Bilder verlinkt, um die Beschreibungen besser verständlich zu machen*

ver·lischt *Präsens, 3. Person Singular* → verlöschen

ver·lo·ben VERB (verlobte sich, hat sich verlobt) **eine Person verlobt sich mit jemandem; Personen verloben sich** zwei Personen versprechen, dass sie heiraten werden (und geben dies bekannt) • hierzu **Ver·lob·te** *der/die*

Ver·löb·nis *das;* (-ses, -se); *geschrieben* ≈ *Verlobung*

★ **ver·lobt** ■ PARTIZIP PERFEKT **1** → verloben
■ ADJEKTIV **2** **(mit jemandem) verlobt** so, dass man einer anderen Person die Heirat versprochen hat | *Nachdem sie ein Jahr miteinander verlobt waren, heirateten sie* • zu (2) **Ver·lob·te** *der/die*

★ **Ver·lo·bung** *die;* (-, -en) **eine Verlobung (mit jemandem)** das offizielle Versprechen, dass man die genannte Person heiraten wird ‹eine Verlobung bekannt geben, (auf)lösen; Verlobung feiern› **K** Verlobungsanzeige, Verlobungsfeier, Verlobungsring

ver·lo·cken VERB (verlockte, hat verlockt) **etwas verlockt (jemanden) (zu etwas)** etwas wirkt so auf eine Person, dass sie es gern haben oder tun möchte ‹ein verlockendes Angebot; eine verlockende Idee; etwas sieht verlockend aus, klingt verlockend› | *Das schöne Wetter verlockt zum Spazierengehen* • hierzu **Ver·lo·ckung** *die*

ver·lo·gen ADJEKTIV; *abwertend* **1** so, dass eine Person oft lügt **2** nicht echt, voller Lügen ‹Moral› • hierzu **Ver·lo·gen·heit** *die*

ver·lor *Präteritum, 1. und 3. Person Singular* → verlieren

ver·lö·re *Konjunktiv II, 1. und 3. Person Singular* → verlieren

★ **ver·lo·ren** ■ PARTIZIP PERFEKT **1** → verlieren
■ ADJEKTIV **2** *meist prädikativ* einsam und allein ‹verloren aussehen; sich verloren fühlen› ≈ *verlassen* **3** **hoffnungslos/rettungslos verloren sein** *meist prädikativ* völlig hilflos sein und keine Chance haben, gerettet zu werden **4** **jemanden/etwas verloren geben** die Hoffnung aufgeben, dass jemand, man selbst oder etwas noch gerettet werden kann **5** **für jemanden/etwas verloren sein** jemandem/etwas nicht mehr zur Verfügung stehen | *Er ist für unsere Zeitung verloren. Er will jetzt nur noch Bücher schreiben* **6** **etwas ist bei jemandem verloren** etwas hat auf jemanden keine Wirkung | *Bei ihr ist alle Mühe verloren, du kannst sie nicht überzeugen* • zu (2) **Ver·lo·ren·heit** *die*

ver·lo·ren ge·hen, ver·lo·ren·ge·hen VERB (ging verloren, ist verloren gegangen/verlorengegangen) **jemand/etwas geht verloren** jemand/etwas ist nicht mehr zu finden ‹ein Kind› | *Mein Ausweis ist verloren gegangen* ■ **ID An ihm/ihr ist ein(e)** *+Berufsbezeichnung* **verloren gegangen** *gesprochen* Er/Sie wäre im genannten Beruf sehr erfolgreich gewesen | *An ihm ist ein guter Musiker verloren gegangen*

ver·lö·schen VERB (verlischt, verlosch/verlöschte, ist verloschen/verlöscht) **etwas verlischt** etwas erlischt, geht aus ‹ein Feuer, eine Kerze, ein Licht›

ver·lo·sen VERB (verloste, hat verlost) **etwas verlosen** etwas als Preis zur Verfügung stellen und durch Lose bestimmen, wer es bekommt | *eine Weltreise verlosen* • hierzu **Ver·lo·sung** *die*

ver·lot·tern VERB (verlotterte, ist verlottert) **jemand/etwas verlottert** *abwertend* eine Person oder Sache kommt in einen schlechten, unordentlichen Zustand, weil sie sich nicht selbst pflegt oder gepflegt wird ≈ *verwahrlosen*

★ **Ver·lust** *der;* (-(e)s, -e) **1** der Vorgang, bei dem man einen Besitz verliert und deshalb nicht mehr hat ‹ein empfindlicher Verlust› | *den Verlust seines Schlüsselbunds melden* **K** Verlustanzeige, Verlustmeldung **2** das Verlieren eines Körperteils | *der Verlust eines Beines* **3** wenn man eine Person oder eine Sache, die man liebt oder mag, nicht mehr haben kann, ist das ein Verlust ‹ein schmerzlicher, unersetzlicher Verlust› | *der Verlust eines geliebten Menschen* **4** nach einem Verlust hat man etwas eine positive oder nützliche Sache nicht mehr oder weniger davon | *der Verlust von jemandes Vertrauen* | *den Verlust an/von Energie verringern* (die Menge der unnötig verbrauchten Energie) **K** Ehrverlust, Vertrauensverlust; Energieverlust, Gewichtsverlust, Kraftverlust, Prestigeverlust, Spannungsverlust, Stimmenverlust, Substanzverlust, Wärmeverlust; Blutverlust, Wasserverlust **5** *nur Singular* ein Verlust an Zeit bedeutet, dass man mehr Zeit für etwas braucht als geplant **K** Zeitverlust **6** die Situation, wenn eine Firma mehr Geld ausgibt als sie einnimmt ‹ein empfindlicher, finanzieller, hoher, materieller Verlust; Verlust(e) machen; mit Verlust arbeiten; etwas mit Verlust verkaufen› ↔ *Gewinn* **K** Verlustgeschäft **7** *meist Plural* die Soldaten einer Armee, die in einem Krieg oder Kampf sterben ‹hohe Verluste erleiden› **K** Verlustliste, Verlustmeldung

ver·lus·tie·ren VERB (verlustierte sich, hat sich verlustiert); *humorvoll* sich amüsieren, Spaß haben

ver·ma·chen VERB (vermachte, hat vermacht) **jemandem etwas vermachen** ≈ *vererben*

Ver·mächt·nis *das;* (-ses, -se) **1** in einem Vermächtnis bestimmt eine Person, wer nach ihrem Tod welche Teile ihres Vermögens haben soll **2** das, was man jemandem vererbt ≈ *Erbe* **3** **das Vermächtnis** *+Genitiv* die Wirkung und der Einfluss einer großen Persönlichkeit nach deren Tod | *das Vermächtnis Goethes/Picassos*

ver·mäh·len VERB (vermählte sich, hat sich vermählt) **sich vermählen** *geschrieben* ≈ *heiraten* • hierzu **Ver·mäh·lung** *die*

ver·ma·le·deit ADJEKTIV *nur attributiv; veraltend* ≈ *verdammt*

ver·mark·ten VERB (vermarktete, hat vermarktet) **jemanden/etwas vermarkten** jemanden/etwas (durch Werbung o. Ä.) so bekannt oder beliebt machen, dass man dabei Geld verdient • hierzu **Ver·mark·tung** *die*

ver·mas·seln VERB (vermasselte, hat vermasselt) **(jemandem) etwas vermasseln** *gesprochen* sich so ungeschickt verhalten, dass etwas nicht gelingt ‹(jemandem/sich) ein Geschäft, einen Plan, eine Prüfung, eine Chance vermasseln›

ver·meh·ren VERB (vermehrte, hat vermehrt) **1** **etwas vermehren** die Zahl oder den Umfang einer Sache größer machen ≈ *vergrößern* | *das Vermögen vermehren* **2** **Tiere/Pflanzen vermehren sich** wenn sich Tiere und Pflanzen (z. B. durch Sex, durch das Legen von Eiern usw.) vermeh-

V

ren, entstehen junge Tiere und neue Pflanzen ≈ *sich fortpflanzen* | *Wie vermehren sich Schlangen?* 3 **etwas vermehrt sich** etwas wird mehr | *Die Zahl der Erkrankten vermehrte sich sprunghaft* | *Sie beklagte, dass sich die Dummheit vermehrt* • hierzu **Ver·meh·rung** *die*

★ **ver·mei·den** VERB (vermied, hat vermieden) **etwas vermeiden** so handeln, dass etwas Unangenehmes oder Negatives nicht geschieht oder nötig wird | *Die Operation hätte sich vermeiden lassen/hätte vermieden werden können, wenn er früher zum Arzt gegangen wäre* • hierzu **ver·meid·bar** ADJEKTIV; **Ver·mei·dung** *die*

ver·meint·lich ADJEKTIV *meist attributiv* so, dass eine Person oder Sache anders oder eine andere ist, als man glaubt | *sich vor einer vermeintlichen Gefahr fürchten*

ver·mel·den VERB (vermeldete, hat vermeldet) **etwas vermelden** *veraltend* ≈ *melden* ■ ID **nichts zu vermelden haben** *gesprochen* nichts (mit)entscheiden dürfen

ver·men·gen VERB (vermengte, hat vermengt) **etwas mit etwas (zu etwas) vermengen; Dinge (miteinander) (zu etwas) vermengen** verschiedene Dinge durch Rühren, Kneten o. Ä. miteinander mischen | *alle Zutaten (miteinander) zu einem Teig vermengen*

Ver·merk *der;* (-(e)s, -e) eine kurze, schriftliche Bemerkung auf einem Dokument

ver·mer·ken VERB (vermerkte, hat vermerkt) **etwas irgendwo vermerken** eine kurze Bemerkung irgendwohin schreiben ≈ *notieren* | *am Rand eines Manuskripts vermerken, dass etwas geändert werden muss*

ver·mes·sen[1] VERB (vermisst, vermaß, hat vermessen) 1 **etwas vermessen** genau messen, wie groß etwas (z. B. ein Stück Land) ist | *ein Grundstück vermessen* 2 **sich (um etwas) vermessen** beim Messen einen Fehler machen | *sich um zwei Zentimeter vermessen* • zu (1) **Ver·mes·ser** *der*

ver·mes·sen[2] ADJEKTIV unter den Umständen nicht sinnvoll, zu gefährlich oder riskant ⟨eine Behauptung⟩ ≈ *überheblich* • hierzu **Ver·mes·sen·heit** *die*

Ver·mes·sung *die;* (-, -en) das Messen eines Grundstücks o. Ä. K Vermessungsamt, Vermessungsingenieur

ver·mie·sen VERB (vermieste, hat vermiest) **jemandem etwas vermiesen** *gesprochen* jemandem die Freude an etwas nehmen

★ **ver·mie·ten** VERB (vermietete, hat vermietet) **(jemandem) (etwas) vermieten; (etwas) (an jemanden) vermieten** jemanden ein Haus, eine Wohnung oder ein Fahrzeug benutzen lassen und dafür Geld nehmen ⟨ein Haus, ein Zimmer, eine Wohnung vermieten; Boote, Autos vermieten⟩ • hierzu **Ver·mie·ter** *der;* **Ver·mie·te·rin** *die;* **Ver·mie·tung** *die*

ver·min·dern VERB (verminderte, hat vermindert) 1 **etwas vermindern** etwas in der Zahl, Menge, Intensität geringer werden lassen ↔ *verstärken* | *mit einem Schalldämpfer die Lautstärke vermindern* 2 **sich vermindern** in der Zahl, Menge oder Intensität geringer werden • hierzu **Ver·min·de·rung** *die*

ver·mi·nen VERB (verminte, hat vermint) **etwas verminen** ein Gebiet mit Minen versehen | *das Grenzgebiet verminen* • hierzu **Ver·mi·nung** *die*

ver·mi·schen VERB (vermischte, hat vermischt) 1 **etwas mit etwas (zu etwas) vermischen; Dinge (miteinander) (zu etwas) vermischen** Dinge zusammenbringen und mischen | *Wenn man Gelb und Blau (miteinander) vermischt, erhält man Grün* 2 **eine Person/Sache vermischt sich mit jemandem/etwas; Personen/Dinge vermischen sich (miteinander)** Personen oder Dinge kommen zusammen und mischen sich | *Seine Freude vermischte sich mit Ungeduld* • zu (1) **Ver·mi·schung** *die*

ver·mis·sen VERB (vermisste, hat vermisst) 1 **jemanden/etwas vermissen** bedauern, dass jemand/etwas nicht da ist | *Ich habe dich sehr vermisst!* 2 **jemanden/etwas vermissen** feststellen, dass eine Person oder Sache nicht da ist und dass man nicht weiß, wo sie ist | *Ich vermisse meinen Regenschirm! Hast du ihn vielleicht gesehen?*

ver·misst ■ PARTIZIP PERFEKT 1 → vermissen ■ ADJEKTIV 2 so, dass die Familie nicht weiß, wo eine Person ist und fürchtet, dass ihr etwas passiert ist ⟨als vermisst gelten; jemanden als vermisst melden⟩ • zu (2) **Ver·miss·te** *der/die*

★ **ver·mit·teln** VERB (vermittelte, hat vermittelt) 1 **(jemandem) eine Person/Sache vermitteln; eine Person an jemanden vermitteln** jemandem helfen, eine Person oder Sache zu bekommen | *jemandem eine neue Wohnung/eine Arbeitsstelle/einen Babysitter vermitteln* | *einen Arbeitssuchenden an eine Firma vermitteln* 2 **etwas vermitteln** bewirken, dass etwas, an dem verschiedene Leute teilnehmen, zustande kommt ⟨ein Gespräch, ein Geschäft, ein Treffen, eine Ehe vermitteln⟩ 3 **(jemandem) etwas vermitteln** etwas so zeigen oder erklären, dass es eine andere Person versteht, lernt o. Ä. ⟨Kenntnisse, Wissen vermitteln⟩ | *Dieses Buch vermittelt uns einen guten Eindruck vom Leben des Künstlers* 4 **ein Gespräch vermitteln** einen Anruf an ein anderes Telefon weiterleiten 5 **(zwischen Personen** *(Dativ)*) **vermitteln** mit den Gegnern in einem Streit o. Ä. sprechen, damit sie zu einer Lösung des Streits kommen ⟨zwischen den Gegnern, den Kontrahenten, den streitenden Parteien vermitteln; bei/in einem Streit vermitteln⟩ ≈ *schlichten* • zu (1,2,5) **Ver·mitt·ler** *der*

ver·mit·tels(t) PRÄPOSITION *mit Dativ/Genitiv; admin* mit, mittels I → Infos unter **Präposition**

★ **Ver·mitt·lung** *die;* (-, -en) 1 *nur Singular* das Vermitteln | *die Vermittlung von Arbeitskräften* | *Ich bin durch Vermittlung eines Nachbarn mit ihnen zusammengekommen* K Vermittlungsdienst, Vermittlungsgebühr, Vermittlungsprovision, Vermittlungsstelle; Stellenvermittlung 2 der Versuch, durch Gespräche und Verhandlungen einen Streit zwischen zwei Gruppen o. Ä. zu beenden | *die Vermittlung zwischen Streitenden* K Vermittlungsversuch, Vermittlungsvorschlag 3 *nur Singular* die Weitergabe von Informationen o. Ä. ⟨die Vermittlung von Kenntnissen⟩ K Wissensvermittlung 4 eine Telefonzentrale, die Anrufe an die Telefone der zuständigen Mitarbeiter oder Abteilungen eines Betriebs oder einer Behörde weiterleitet ⟨die Vermittlung anrufen; bei der Vermittlung arbeiten⟩

ver·mö·beln VERB (vermöbelte, hat vermöbelt) **jemanden vermöbeln** *gesprochen, oft humorvoll* ≈ *verprügeln*

ver·mo·dern VERB (vermoderte, ist vermodert) **etwas vermodert** etwas wird faul und zerfällt ⟨Laub, Holz⟩

ver·mö·ge PRÄPOSITION *mit Dativ/Genitiv; geschrieben* mithilfe von I → Infos unter **Präposition**

ver·mö·gen VERB (vermag, vermochte, hat vermocht) **etwas vermögen** *geschrieben* in der Lage sein, etwas zu tun | *Niemand vermochte ihn zu retten* | *Ich werde tun, was ich vermag* I meist verneint

★ **Ver·mö·gen** *das;* (-s, -) 1 **ein Vermögen (an etwas** *(Dativ)*) der (große) Besitz einer Person, einer Firma o. Ä. an Geld und wertvollen Dingen ⟨ein Vermögen anhäufen; ein Vermögen an Grundstücken, Briefmarken, Aktien haben; Vermögen haben; mit dem ganzen Vermögen für etwas haften⟩ K Vermögensberater, Vermögensbildung, Vermögenslage, Vermögenssteuer, Vermögensverhältnisse, Vermögenswerte, Vermögenszuwachs 2 **ein Vermögen** *gesprochen* viel Geld | *Der Unfall kostet mich ein Vermögen*

-ver·mö·gen *das;* (-s); *im Substantiv, unbetont, begrenzt pro-*

V

duktiv **Denkvermögen, Durchhaltevermögen, Erinnerungsvermögen, Reaktionsvermögen, Unterscheidungsvermögen, Urteilsvermögen** *und andere* bezeichnet die Fähigkeit, das Genannte zu tun

ver·mö·gend ADJEKTIV mit einem großen Vermögen ≈ *reich*

ver·mum·men VERB (vermummte sich, hat sich vermummt) **1** **sich vermummen** dicke, warme Kleidung anziehen **2** **sich vermummen** Kopf und Gesicht bedecken, damit man nicht erkannt wird | *Die Demonstranten waren vermummt* ● zu (2) **Ver·mum·mung** *die*

ver·murk·sen VERB (vermurkste, hat vermurkst) **etwas vermurksen** *gesprochen* etwas völlig falsch machen

★ **ver·mu·ten** VERB (vermutete, hat vermutet) **1** **(etwas) vermuten** denken, dass etwas möglich oder wahrscheinlich ist | *Ich habe ihn schon lange nicht mehr gesehen. Ich vermute, dass er viel zu tun hat | Die Polizei vermutet ein Verbrechen | Er vermutete, das Problem lösen zu können | „Ob er wohl noch kommt?" – „Ich vermute, ja."* **H** → Infos unter **annehmen** **2** **jemanden/etwas irgendwo vermuten** glauben, dass jemand/etwas irgendwo ist | *jemanden im Keller vermuten* **3** **es ist/steht zu vermuten, dass ...** etwas ist wahrscheinlich | *Es steht zu vermuten, dass das Auto gestohlen ist*

★ **ver·mut·lich** ADJEKTIV möglich oder wahrscheinlich ⟨der Aufenthaltsort, der Täter⟩ | *Sie ist jetzt vermutlich schon zu Hause*

★ **Ver·mu·tung** *die*; (-, -en) das, was jemand für möglich oder wahrscheinlich hält ⟨eine Vermutung haben, aussprechen, äußern; auf Vermutungen angewiesen sein; eine Vermutung liegt nahe⟩ ≈ *Annahme* | *Die Vermutung, dass es sich um einen Rechenfehler handle, hat sich bestätigt*

ver·nach·läs·si·gen VERB (vernachlässigte, hat vernachlässigt) **1** **jemanden/etwas vernachlässigen** sich nicht genügend um jemanden/etwas kümmern | *dem Beruf zuliebe die Familie vernachlässigen | Der Garten sieht sehr ungepflegt und vernachlässigt aus* **2** **etwas vernachlässigen können** etwas nicht beachten müssen, weil es (in einer Situation oder für einen Zweck) nicht wichtig ist ⟨Abweichungen, Ausnahmen vernachlässigen können⟩ ● zu (2) **ver·nach·läs·sig·bar** ADJEKTIV; zu (1) **Ver·nach·läs·si·gung** *die*

ver·na·gelt ADJEKTIV; *gesprochen, abwertend* ≈ *dumm, uneinsichtig* | *Er ist total vernagelt!*

ver·nä·hen VERB (vernähte, hat vernäht) **1** **etwas vernähen** etwas mit Nadel und Faden verschließen ⟨einen Riss, eine Wunde, ein Loch vernähen⟩ **2** **etwas vernähen** am Ende einer Naht den Faden festnähen

ver·nar·ben VERB (vernarbte, ist vernarbt) **etwas vernarbt** etwas heilt so, dass nur noch eine Narbe bleibt ⟨eine Verletzung, eine Wunde⟩ | *die Wunde ist gut vernarbt* ● hierzu **Ver·nar·bung** *die*

ver·narbt ■ PARTIZIP PERFEKT **1** → vernarben
■ ADJEKTIV **2** mit Narben ⟨ein Gesicht, Hände⟩

ver·nar·ren VERB (vernarrte sich, hat sich vernarrt) **sich in jemanden/etwas vernarren** *gesprochen* eine große (oft zu große) Vorliebe für jemanden/etwas entwickeln | *sich in eine Idee vernarren | Er ist ganz in seine kleine Nichte vernarrt* **H** meist im Partizip Perfekt ● hierzu **Ver·narrt·heit** *die*

ver·na·schen VERB (vernaschte, hat vernascht) **1** **jemanden vernaschen** *gesprochen* ⚠ mit jemandem Sex haben **2** **etwas vernaschen** Geld für Süßigkeiten ausgeben ⟨das Taschengeld vernaschen⟩

ver·neh·men VERB (vernimmt, vernahm, hat vernommen) **1** **jemanden vernehmen** (als Polizist oder vor Gericht) einem Zeugen Fragen stellen ⟨einen Zeugen vernehmen; jemanden als Zeugen, zur Sache vernehmen⟩ **2** **etwas vernehmen** *geschrieben* etwas mit den Ohren wahrnehmen ≈ *hören* | *ein schwaches Geräusch vernehmen* **3** **etwas vernehmen** *geschrieben* etwas erfahren ⟨eine Neuigkeit vernehmen⟩ ≈ *hören* | *Wir haben vernommen, dass Sie beabsichtigen, Ihre Praxis zu verkaufen* ● zu (2) **ver·nehm·bar** ADJEKTIV; zu (2) **ver·nehm·lich** ADJEKTIV

Ver·neh·men *das* ■ ID **dem Vernehmen nach** *geschrieben* wie (aus sicherer Quelle) zu erfahren war

Ver·nehm·las·sung *die*; (-, -en); ⓒ ≈ *Stellungnahme*

Ver·neh·mung *die*; (-, -en) die Befragung eines Zeugen (durch die Polizei oder vor Gericht) **K** Vernehmungsprotokoll, Vernehmungsrichter ● hierzu **ver·neh·mungs·fä·hig** ADJEKTIV; **ver·neh·mungs·un·fä·hig** ADJEKTIV

ver·nei·gen VERB (verneigte sich, hat sich verneigt) **sich (vor jemandem) verneigen** ≈ *verbeugen* ● hierzu **Ver·nei·gung** *die*

★ **ver·nei·nen** VERB (verneinte, hat verneint) **1** **etwas verneinen** etwas mit Nein beantworten ⟨eine Frage verneinen; verneinend den Kopf schütteln; eine verneinende Antwort⟩ ↔ *bejahen* **2** **etwas verneinen** etwas mit Wörtern wie *nicht, nichts, nie, niemand, nirgends* usw. negativ formulieren ≈ *negieren* **3** **etwas verneinen** etwas ablehnen, zurückweisen oder als falsch o. Ä. bezeichnen | *Das Gericht verneinte einen Anspruch auf Schadenersatz | die Existenz eines Problems verneinen* ● hierzu **Ver·nei·nung** *die*

ver·net·zen VERB (vernetzte, hat vernetzt) **1** **Dinge vernetzen** Computer miteinander verbinden, sodass sie Daten senden und empfangen können **2** **Personen vernetzen sich (miteinander)** Personen pflegen gute berufliche Beziehungen zueinander | *Als Architekt muss man gut vernetzt sein* ● hierzu **Ver·net·zung** *die*

★ **ver·nich·ten** VERB (vernichtete, hat vernichtet) **jemanden/etwas vernichten** bewirken, dass es jemanden/etwas nicht mehr gibt ≈ *zerstören* | *Das Feuer hat alle Vorräte vernichtet*

ver·nich·tend ■ PARTIZIP PRÄSENS **1** → vernichten
■ ADJEKTIV **2** sehr deutlich und meist mit hohen Verlusten verbunden ⟨eine Niederlage; den Feind vernichtend schlagen⟩ **3** voller Vorwurf und Wut ⟨ein Blick⟩ **4** sehr negativ ⟨eine Kritik⟩

Ver·nich·tung *die*; (-, -en) die Handlung, durch die jemand/etwas vernichtet wird **K** Vernichtungsfeldzug, Vernichtungswerk, Vernichtungswut; Schädlingsvernichtung, Unkrautvernichtung

ver·ni·ckelt ADJEKTIV mit Nickel gegen Rost o. Ä. geschützt ⟨eine Brille, ein Fahrrad⟩

ver·nied·li·chen VERB (verniedlichte, hat verniedlicht) **etwas verniedlichen** ≈ *verharmlosen* ● hierzu **Ver·nied·li·chung** *die*

Ver·nis·sa·ge [vɛrnɪˈsaːʒ(ə)] *die*; (-, -n); *geschrieben* die (feierliche) Eröffnung einer Ausstellung von Bildern oder Skulpturen

★ **Ver·nunft** *die*; (-) **1** die Fähigkeit des Menschen, Situationen, Ereignisse und Dinge mit dem Verstand zu beurteilen und sich danach zu richten (auch wenn es nicht den Gefühlen oder Wünschen entspricht) ⟨Vernunft walten lassen; etwas gegen die Regeln der Vernunft, gegen/wider alle Vernunft tun; ohne Vernunft handeln⟩ **K** Vernunftehe, Vernunftheirat, Vernunftmensch **2** **Vernunft annehmen; (wieder) zur Vernunft kommen** wieder so handeln, wie es der Vernunft entspricht | *Zuerst wollte er trotz seiner Erkältung schwimmen gehen, aber dann hat er doch noch Vernunft angenommen* **3** **jemanden zur Vernunft bringen** bewirken, dass jemand wieder so handelt, wie es der Vernunft entspricht

★ **ver·nünf·tig** ADJEKTIV **1** klug und mit Vernunft | *eine vernünftige Entscheidung treffen | Ich weiß nicht, warum*

V

er seinen Lehrer so provoziert. Er ist sonst eigentlich ganz vernünftig **2** so, wie es jemandes Erwartungen, Wünschen entspricht ≈ *ordentlich* | *zu einem vernünftigen Preis* | *Ich will endlich mal wieder etwas Vernünftiges essen!* • zu (1) **ver·nünf·ti·ger·wei·se** ADVERB

ver·ö̱den VERB (verödete, hat/ist verödet) **1** **etwas verödet** (*ist*) etwas wird unfruchtbar ⟨ein Boden, eine Landschaft⟩ **2** **etwas verödet** (*ist*) etwas wird leer von Menschen ⟨die Stadt, die Straßen⟩ **3** **etwas veröden** (*hat*) eine Ader so behandeln, dass kein Blut mehr durch sie fließt ⟨ein Gefäß, Krampfadern veröden⟩ • hierzu **Ver·ö̱dung** *die*

★ **ver·ọ̈f·fent·li·chen** VERB (veröffentlichte, hat veröffentlicht) **1** **etwas veröffentlichen** ein Buch oder einen Text für ein Buch oder eine Zeitschrift schreiben (die ein Publikum lesen kann) | *Forschungsergebnisse/einen Artikel veröffentlichen* | *Sie hat mehrere Romane veröffentlicht* **2** als Verlag oder Unternehmen Texte für ein Publikum drucken oder ins Internet stellen | *Lexika werden meist nur noch online veröffentlicht* • hierzu **Ver·ọ̈f·fent·li·chung** *die*

ver·ọrd·nen VERB (verordnete, hat verordnet) **1** **(jemandem) etwas verordnen** als Arzt bestimmen, dass ein Patient etwas tun, tragen, einnehmen o. Ä. soll ⟨jemandem Bettruhe, eine Brille, eine Diät, eine Kur, ein Medikament verordnen⟩ ≈ *verschreiben* **2** **etwas verordnen** ≈ *anordnen*

Ver·ọrd·nung *die*; (-, -en) eine vom Staat festgelegte Norm oder Maßnahme

ver·pạch·ten VERB (verpachtete, hat verpachtet) **(jemandem) (etwas) verpachten; (etwas) (an jemanden) verpachten** einer Person erlauben, ein Stück Land oder einen Raum (mit allen Rechten) zu nutzen, und dafür Geld von ihr verlangen ⟨einen Garten, ein Grundstück, einen Hof, ein Lokal verpachten⟩ • hierzu **Ver·pạch·tung** *die*

ver·pạ·cken VERB (verpackte, hat verpackt) **etwas (in etwas** (*Akkusativ*)**) verpacken** etwas in eine (feste) Hülle tun, um es so zu verkaufen oder zu transportieren | *Könnten Sie mir das Buch bitte als Geschenk verpacken?* | *Das Gerät war nicht ordentlich verpackt und wurde beim Transport beschädigt*

★ **Ver·pạ·ckung** *die*; (-, -en) die Hülle, in die man etwas verpackt | *eine Verpackung aus Plastik* **K** Verpackungskosten, Verpackungsmaterial; Originalverpackung, Vakuumverpackung

★ **ver·pạs·sen** VERB (verpasste, hat verpasst) **1** **jemanden/etwas verpassen** nicht zur richtigen Zeit an einem Ort sein und deswegen jemanden nicht treffen oder etwas nicht erreichen ≈ *versäumen* | *Wir sind zu spät ins Kino gegangen und haben den Anfang des Films verpasst* | *Du hast ihn verpasst! Er war vor fünf Minuten noch hier* **2** **etwas verpassen** den richtigen Zeitpunkt für etwas nicht nutzen ⟨eine Chance, eine Gelegenheit verpassen⟩ ≈ *versäumen* | *den Anschluss an die moderne Technik nicht verpassen wollen* | *als Musiker seinen Einsatz verpassen* **3** **jemandem etwas verpassen** *gesprochen* jemanden schlagen, bestrafen o. Ä. ⟨jemandem eine Abreibung, eine Ohrfeige, eine Tracht Prügel, einen Tritt verpassen⟩ | *Der Richter hat ihm fünf Jahre Gefängnis verpasst* **4** **einer Person/Sache etwas verpassen** *gesprochen* schnell entschlossen aktiv werden, so dass eine Person oder Sache etwas (oft Unangenehmes) bekommt | *Der Arzt hat mir eine Spritze verpasst* | *Wir sollten dem Zaun mal einen neuen Anstrich verpassen* **5** **jemandem eins/eine verpassen** *gesprochen* jemandem einen Schlag geben

ver·pạt·zen VERB (verpatzte, hat verpatzt) **etwas verpatzen** *gesprochen* bei etwas meist mehrere Fehler machen und deshalb keinen Erfolg haben ⟨die Prüfung verpatzen⟩

ver·peilt ADJEKTIV; *gesprochen* **1** **verpeilt sein** chaotisch sein, keinen Überblick haben und nicht gut planen können **2** **etwas verpeilt haben** etwas vergessen haben

VERPACKUNG

ver·pẹn·nen VERB (verpennte, hat verpennt) **(etwas) verpennen** *gesprochen* (etwas) verschlafen

ver·pẹs·ten VERB (verpestete, hat verpestet) **jemand/etwas verpestet etwas** *abwertend* jemand/etwas füllt die Luft mit einem unangenehmen Geruch oder mit schädlichen Stoffen ⟨die Luft, ein Zimmer verpesten⟩ | *Die Fabrik verpestet (mit ihren Abgasen) die Luft* | *Du verpestest das ganze Haus mit deinen Zigarren!*

ver·pẹt·zen VERB (verpetzte, hat verpetzt) **eine Person (bei jemandem) verpetzen** *gesprochen, abwertend* (als Schüler) dem Lehrer oder den Eltern sagen, dass ein anderes Kind etwas getan hat, was nicht erlaubt ist

ver·pfän·den VERB (verpfändete, hat verpfändet) **(jemandem) etwas verpfänden** jemandem etwas als Pfand geben | *Er musste das Haus verpfänden, um einen Kredit zu bekommen*

ver·pfei·fen VERB (verpfiff, hat verpfiffen) **eine Person (bei jemandem) verpfeifen** *gesprochen, abwertend* der Polizei o. Ä. verraten, dass ein Freund, ein Bekannter o. Ä. etwas Verbotenes getan hat

ver·pflan·zen VERB (verpflanzte, hat verpflanzt) **1** **etwas verpflanzen** eine Pflanze an einen anderen Ort pflanzen **2** **etwas verpflanzen** als Arzt Gewebe auf einen anderen Teil des Körpers bzw. ein Organ auf einen anderen Menschen übertragen ⟨ein Herz, eine Niere, Haut verpflanzen⟩ ≈ *transplantieren* ● zu (2) **Ver·pflan·zung** *die*

★ **ver·pfle·gen** VERB (verpflegte, hat verpflegt) **jemanden Verpflegen** jemanden oder sich selbst mit Essen versorgen

Ver·pfle·gung *die*; (-) **1** die Versorgung mit Essen | *für die Verpflegung der Soldaten sorgen* **2** das Essen, das man z. B. in einem Hotel bekommt | *Unterkunft und Verpflegung waren sehr gut*

★ **ver·pflich·ten** VERB (verpflichtete, hat verpflichtet) **1** **etwas verpflichtet (jemanden) zu etwas** etwas bewirkt, dass jemand die Pflicht hat, etwas zu tun ⟨zu etwas verpflichtet sein⟩ | *Das Öffnen der Packung verpflichtet zum Kauf/verpflichtet Sie zum Kauf der Ware* **2** **jemanden zu etwas verpflichten** in einem Vertrag bestimmen, dass jemand die Pflicht zu etwas hat | *einen Kunden dazu verpflichten, eine Rechnung innerhalb von 14 Tagen zu zahlen* **3** **jemanden verpflichten** einen Vertrag mit einem Sänger, Musiker, Schauspieler, Spieler o. Ä. schließen (damit er irgendwo auftritt) ≈ *engagieren* | *Der neue Stürmer wurde für zwei Jahre verpflichtet* **4** **sich (zu etwas) verpflichten** fest versprechen, etwas zu tun ⟨sich vertraglich verpflichten⟩ **5** **sich verpflichten** in einem Vertrag versprechen, eine Aufgabe vor allem als Künstler oder Soldat zu übernehmen | *sich auf/für zwei Jahre bei der Bundeswehr verpflichten*

ver·pflich·tend ADJEKTIV so, dass man dazu verpflichtet ist ⟨ein Kurs, eine Prüfung, eine Regelung, eine Versicherung⟩

ver·pflich·tet ■ PARTIZIP PERFEKT **1** → verpflichten
■ ADJEKTIV **2** **(jemandem) zu etwas) verpflichtet** gezwungen sein, etwas zu tun (aus moralischen Gründen oder weil man einer anderen Person etwas schuldet) ⟨sich zu etwas verpflichtet fühlen⟩ | *verpflichtet sein, jemandem zu helfen* | *jemandem zu Dank verpflichtet sein* (jemandem sehr dankbar sein) | *Er fühlte sich (dazu) verpflichtet, ihr zu helfen* **3** **sich jemandem (gegenüber) verpflichtet fühlen** einer Person für etwas dankbar sein und deshalb glauben, dass man ihr auch helfen müsse **4** **jemandem/etwas verpflichtet sein** *geschrieben* das tun, wovon man weiß, dass es eine andere Person gerne so hätte oder dass es notwendig ist

★ **Ver·pflich·tung** *die*; (-, -en) **1** etwas, das man vor allem aus moralischen Gründen tun muss ⟨berufliche, gesellschaftliche, vertragliche Verpflichtungen; eine Verpflichtung eingehen, übernehmen, haben, erfüllen⟩ | *Sie konnte aus terminlichen Schwierigkeiten ihren Verpflichtungen nicht mehr nachkommen* **2** *geschrieben nur Plural* das Geld, das man jemandem noch zahlen muss ≈ *Schulden* K Zahlungsverpflichtungen **3** das Verpflichten und Engagieren (meist eines Künstlers, Spielers o. Ä.) **4** die Handlung, bei der man jemanden dazu bringt, etwas fest zu versprechen

ver·pfu·schen VERB (verpfuschte, hat verpfuscht) **etwas verpfuschen** *gesprochen* etwas durch schlechte Leistungen oder durch Fehler verderben oder kaputt machen ⟨eine Arbeit, die Karriere, das Leben verpfuschen⟩

ver·pis·sen VERB (verpisste sich, hat sich verpisst) **Verpiss dich!** *gesprochen* ⚠ verwendet, um auf grobe Weise jemanden zum Weggehen aufzufordern

ver·pi·xeln VERB (verpixelte, hat verpixelt) **jemanden/etwas verpixeln** bei Video-Aufnahmen werden manchmal Teile eines Bildes (besonders Gesichter) verpixelt und dadurch so verändert, dass man sie nicht erkennen kann

ver·plant ADJEKTIV *meist prädikativ* **1** so dass etwas einem Plan folgt und fast nicht mehr geändert werden kann | *Mein Geld/mein Gehalt/der Tag ist schon verplant* **2** ≈ *chaotisch*

ver·plap·pern VERB (verplapperte sich, hat sich verplappert) **sich verplappern** *gesprochen* ohne Absicht etwas sagen, das geheim bleiben sollte

ver·plem·pern VERB (verplemperte, hat verplempert) **etwas verplempern** *gesprochen* ≈ *verschwenden*

ver·plom·ben VERB (verplombte, hat verplombt) **etwas verplomben** etwas mit einer Plombe verschließen

ver·pönt ADJEKTIV **etwas ist verpönt** etwas gilt als unmoralisch und wird deswegen abgelehnt

ver·pras·sen VERB (verprasste, hat verprasst) **etwas verprassen** *gesprochen* ⟨das Erbe, den Lohn, das Geld verprassen⟩ ≈ *verschwenden*

ver·prel·len VERB (verprellte, hat verprellt) **jemanden verprellen** so unfreundlich zu einer Person sein, dass sie beleidigt ist

ver·prü·geln VERB (verprügelte, hat verprügelt) **jemanden verprügeln** jemanden mehrmals sehr stark schlagen

ver·puf·fen VERB (verpuffte, ist verpufft) **1** **etwas verpufft** etwas explodiert mit einem dumpfen Geräusch ⟨Gas, eine Flamme⟩ **2** **etwas verpufft** etwas hat nicht die gewünschte Wirkung ⟨die Aktion⟩

ver·pul·vern VERB (verpulverte, hat verpulvert) **etwas verpulvern** *gesprochen* ≈ *verprassen*

ver·pup·pen VERB (verpuppte sich, hat sich verpuppt) **eine Raupe/eine Larve verpuppt sich** eine Raupe/eine Larve verwandelt sich in eine Puppe ● hierzu **Ver·pup·pung** *die*

Ver·putz *der*; (-es, -e) die dünne Schicht aus Sand und Zement über den Wänden eines Hauses oder einer Mauer | *den Verputz auftragen*

ver·put·zen VERB (verputzte, hat verputzt) **1** **etwas verputzen** eine dünne Schicht aus Sand und Zement auf den Seiten der Wände in einem Haus oder einer Mauer verteilen ⟨eine Decke, eine Fassade, ein Haus, eine Wand verputzen⟩ **2** **etwas verputzen** *gesprochen* eine große Menge von etwas schnell essen

ver·qualmt ADJEKTIV voller Rauch und Qualm ⟨ein Zimmer, die Luft⟩ ● hierzu **ver·qual·men** VERB *(hat)*

ver·quast ADJEKTIV; *abwertend* sprachlich kompliziert und unverständlich

ver·quer ADJEKTIV; *abwertend* ⟨eine Ansicht, eine Idee, eine Vorstellung⟩ ≈ *seltsam*

ver·quol·len ADJEKTIV stark geschwollen ⟨Augen⟩

ver·ram·meln VERB (verrammelte, hat verrammelt) **etwas verrammeln** *gesprochen* etwas mit großen, schweren Gegenständen fest verschließen ⟨die Tür, das Tor verrammeln⟩

ver·ram·schen VERB (verramschte, hat verramscht) **etwas verramschen** *gesprochen, abwertend* etwas, das man nicht mehr haben will, sehr billig verkaufen ⟨Bücher verramschen⟩

ver·rannt PARTIZIP PERFEKT → verrennen

Ver·rat *der*; (-(e)s) **der Verrat (an jemandem/etwas)** die Weitergabe von Geheimnissen über jemanden/etwas ⟨Verrat begehen, üben; auf Verrat aus sein, sinnen⟩ | *Verrat am Vaterland* K Landesverrat

★ **ver·ra·ten** VERB (verrät, verriet, hat verraten) **1** **(jemandem) etwas verraten** jemandem etwas sagen oder zeigen, das ge-

V

heim bleiben sollte ⟨ein Geheimnis, einen Plan, ein Versteck verraten⟩ | *Soll ich dir verraten, was du zu Weihnachten bekommst?* | *Du darfst Mutter nicht verraten, dass ich in der Disko war* **2** **jemanden verraten; etwas (an jemanden) verraten** durch das Weitergeben von Informationen (meist absichtlich) jemandem/etwas schaden ⟨einen Freund, das Vaterland⟩ | *Er hat Geschäftsgeheimnisse an die Konkurrenz verraten* **3** **(jemandem) etwas verraten** *gesprochen, humorvoll oder ironisch* jemandem etwas sagen | *Verrat mir doch einmal, wie du dir das vorstellst* **4** **etwas verrät etwas** etwas lässt etwas erkennen | *Sein Blick verriet große Angst* **5** **sich durch etwas verraten** ohne Absicht den wahren Charakter, die wahren Absichten o. Ä. erkennen lassen | *Der Täter verriet sich durch seine Nervosität* ▪ **ID** **verraten und verkauft** in einer sehr schwierigen Situation und hilflos ● zu (1,2) **Ver·rä·ter** *der;* zu (1,2) **Ver·rä·te·rin** *die*

ver·rä·te·risch ADJEKTIV **1** ⟨Blicke, Gesten, eine Miene⟩ so, dass man etwas (Negatives) erkennen kann **2** mit Verrat verbunden ⟨ein Plan, eine Tat⟩

ver·ratzt ADJEKTIV *meist prädikativ* ▪ **ID** **verratzt sein** *gesprochen* in einer schlimmen, aussichtslosen Lage sein

ver·rau·chen VERB (verrauchte, ist verraucht) **etwas verraucht** etwas verschwindet allmählich ⟨Ärger, jemandes Wut, jemandes Zorn⟩

ver·räu·chert ADJEKTIV; *gesprochen* voll mit dem Rauch von Tabak ⟨eine Bude⟩

ver·raucht ▪ PARTIZIP PERFEKT **1** → verrauchen ▪ ADJEKTIV **2** voll Rauch ⟨ein Lokal, ein Zimmer⟩

ver·rech·nen VERB (verrechnete, hat verrechnet) **1** **sich verrechnen** beim Rechnen einen Fehler machen | *Die Rechnung kann nicht stimmen, ich muss mich irgendwo verrechnet haben* **2** **sich (mit etwas) verrechnen** etwas falsch einschätzen und deswegen keinen Erfolg haben **3** **etwas (mit etwas) verrechnen** den Betrag einer Rechnung wegen der genannten Sache ändern | *einen Gutschein mit dem Kaufpreis verrechnen* ● zu (3) **Ver·rech·nung** *die*

ver·re·cken VERB (verreckte, ist verreckt); *gesprochen* ⚠ **1** (meist auf schreckliche Weise) sterben ⟨elend(iglich) verrecken⟩ **2** plötzlich nicht mehr funktionieren ⟨ein Auto, ein Motor⟩ ▪ **ID** **nicht ums Verrecken** überhaupt nicht

ver·reg·net ADJEKTIV mit viel Regen und deshalb nicht schön ⟨ein Ausflug, ein Tag, ein Sommer⟩

ver·rei·ben VERB (verrieb, hat verrieben) **etwas (irgendwo) verreiben** etwas durch Reiben irgendwo verteilen | *eine Salbe auf der Haut verreiben*

★ **ver·rei·sen** VERB (verreiste, ist verreist) eine Reise machen ⟨geschäftlich verreisen; verreist sein⟩ | *Sie ist vor zwei Wochen überraschend verreist*

ver·rei·ßen VERB (verriss, hat verrissen) **1** **jemanden/etwas verreißen** eine sehr negative Kritik über jemanden/etwas schreiben ⟨einen Auftritt, einen Film, ein Konzert, ein Buch, eine Inszenierung verreißen⟩ **2** **das Lenkrad/Steuer verreißen** meist aus Schreck plötzlich so stark in eine Richtung lenken, dass das Auto ins Schleudern kommt

ver·ren·ken VERB (verrenkte, hat verrenkt) **1** **jemandem etwas verrenken** etwas so bewegen oder drehen, dass es gedehnt und verletzt wird ⟨jemandem den Arm, den Hals, den Kiefer verrenken⟩ ≈ *verzerren* | *Ich habe mir beim Joggen den Fuß verrenkt* **2** **sich verrenken** Teile des Körpers so stark drehen oder strecken, wie man es sonst nie tut | *sich beim Tanzen verrenken* ● hierzu **Ver·ren·kung** *die*

ver·ren·nen VERB (verrannte sich, hat sich verrannt) **sich (in etwas** (*Akkusativ*)**) verrennen** an etwas festhalten, obwohl es schon klar ist, dass es nicht sinnvoll ist ⟨sich in eine Idee, einen Plan verrennen; sich mit etwas verrannt haben⟩

ver·ren·tet ADJEKTIV in Rente ● hierzu **Ver·ren·tung** *die*

ver·rich·ten VERB (verrichtete, hat verrichtet) **etwas verrichten** *geschrieben* verwendet mit einigen Wörtern, meist um *tun* oder *machen* zu vermeiden ⟨eine Arbeit, einen Dienst verrichten⟩ | *seine Notdurft verrichten* (die Blase bzw. den Darm entleeren) ● hierzu **Ver·rich·tung** *die*

ver·rie·geln VERB (verriegelte, hat verriegelt) **etwas verriegeln** etwas mit einem Riegel schließen ⟨ein Fenster, eine Tür, ein Schloss verriegeln⟩

ver·rin·gern VERB (verringerte, hat verringert) **1** **etwas verringern** etwas kleiner machen ≈ *reduzieren* | *Ein Tempolimit würde die Zahl der Unfälle verringern* **2** **etwas verringert sich** etwas wird geringer ● hierzu **Ver·rin·ge·rung** *die*

ver·rin·nen VERB (verrann, ist verronnen) **etwas verrinnt** *geschrieben* etwas geht (zu schnell) vorbei, vergeht (zu schnell) ⟨die Stunden, die Tage, die Zeit⟩

Ver·riss *der;* (-es, -e) eine sehr negative Kritik an einer künstlerischen Leistung oder an einer wissenschaftlichen Arbeit

ver·ro·hen VERB (verrohte, ist verroht) **jemand/etwas verroht** jemand/etwas wird roh, brutal ⟨die Sitten verrohen⟩ ● hierzu **Ver·ro·hung** *die*

ver·ros·ten VERB (verrostete, ist verrostet) **etwas verrostet** etwas wird rostig und dadurch beschädigt

ver·rot·ten VERB (verrottete, ist verrottet) **1** **etwas verrottet** etwas (Pflanzliches) verwandelt sich in fruchtbare Erde ⟨Laub, Mist⟩ | *Kunststoffe verrotten nicht* **2** immer weniger den sittlichen und moralischen Werten entsprechen | *die verrottete Gesellschaft* ● hierzu **Ver·rot·tung** *die*

ver·rucht ADJEKTIV (moralisch) böse, schlecht ⟨Menschen, Taten⟩ ● hierzu **Ver·rucht·heit** *die*

ver·rü·cken VERB (verrückte, hat verrückt) **etwas verrücken** etwas an einen anderen Ort bewegen oder schieben

★ **ver·rückt** ADJEKTIV **1** ständig nicht fähig, klar zu denken oder vernünftig zu handeln ≈ *wahnsinnig* ◼ von vielen Leuten als ein rücksichtsloses Wort empfunden **2** nervlich so stark belastet, dass man ganz nervös o. Ä. wird ⟨verrückt vor Angst, Schmerzen, Sorgen; etwas macht jemanden verrückt⟩ | *Von dem ewigen Warten im Stau kann man wirklich verrückt werden* | *Der Lärm/Die Ungewissheit macht mich ganz verrückt* **3** ungewöhnlich und meist nicht vernünftig ⟨ein Einfall, ein Gedanke, eine Idee⟩ | *etwas ganz Verrücktes tun wollen* | *Sie trägt gern verrückte Hüte* **4** **wie verrückt** sehr heftig oder intensiv | *Es regnete wie verrückt* | *Ich hab geschuftet wie verrückt* **5** **auf etwas** (*Akkusativ*)**/nach etwas verrückt sein** etwas sehr gern haben oder genießen wollen | *ganz verrückt nach Cowboyfilmen sein* **6** **auf jemanden/nach jemandem verrückt sein** sehr verliebt in jemanden sein ▪ **ID** **Ich 'werd verrückt!** *gesprochen* verwendet, um starke Überraschung auszudrücken

Ver·rück·te *der/die;* (-n, -n); *gesprochen* **1** eine Person, die geistig gestört ist **2** *abwertend* eine Person, die sich nicht normal benimmt **3** **wie ein Verrückter/eine Verrückte** sehr heftig oder intensiv ⟨wie ein Verrückter büffeln, lachen, schreien, schuften⟩ ◼ *ein Verrückter; der Verrückte; den, dem, des Verrückten*

ver·rückt·spie·len VERB (spielte verrückt, hat verrücktgespielt) **1** sich nicht vernünftig und normal benehmen **2** **etwas spielt verrückt** etwas funktioniert nicht mehr normal ⟨ein Auto, eine Uhr⟩

Ver·rückt·wer·den *das* **Das ist zum Verrücktwerden** *gesprochen* das ist so schlimm, dass man verzweifeln könnte

Ver·ruf *der* ▪ **ID** **in Verruf geraten/kommen** einen schlechten Ruf bekommen; **jemanden/etwas in Verruf bringen** bewirken, dass jemand/etwas einen schlechten Ruf bekommt

V

ver·ru·fen ADJEKTIV mit schlechtem Ruf ⟨eine Gegend, ein Lokal⟩

ver·rüh·ren VERB (verrührte, hat verrührt) **etwas (mit etwas) (zu etwas) verrühren** etwas durch Rühren mit etwas mischen | *Eigelb mit Zucker zu einer schaumigen Masse verrühren*

ver·rut·schen VERB (verrutschte, ist verrutscht) **etwas verrutscht** etwas bewegt sich von der richtigen an die falsche Stelle ⟨der Träger an einem Kleid⟩

★ **Vers** [f-] *der;* (-es, -e) **1** eine Zeile mit einem deutlichen Rhythmus, Reim usw. in einem Gedicht oder einem Theaterstück ⟨etwas in Verse bringen, fassen⟩ | *eine Strophe aus/mit sechs Versen* K Versdichtung, Versdrama, Versform **2** *gesprochen* eine Strophe eines Liedes oder eines Gedichtes **3** der kleinste Abschnitt eines Textes der Bibel

ver·sa·gen VERB (versagte, hat versagt) **1** die erwartete Leistung nicht bringen ⟨in einer Prüfung, in der Schule, am Arbeitsplatz versagen⟩ **2** **etwas versagt** etwas bringt die normale Leistung nicht mehr ⟨die Augen, das Herz, die Bremsen⟩ **3** **jemandem etwas versagen** *geschrieben* jemandes Bitte, Wunsch o. Ä. nicht erfüllen ⟨jemandem eine Bitte, den Gehorsam, die Hilfe, einen Wunsch, die Zustimmung versagen⟩ ≈ *verweigern* **4** **sich** (*Dativ*) **etwas versagen** *geschrieben* ≈ *verzichten* **5** **sich jemandem versagen** *geschrieben* nicht bereit sein, einer Person zu helfen

Ver·sa·gen *das;* (-s) **1** ein Fehler in der Bedienung oder im technischen Ablauf eines Geräts oder einer Maschine ⟨menschliches, technisches Versagen⟩ | *Der Unfall kam durch menschliches Versagen zustande* **2** ein Fehler beim Funktionieren eines Systems oder eines Organs K Herzversagen, Kreislaufversagen

Ver·sa·ger *der;* (-s, -); *abwertend* eine Person, die oft oder in wichtigen Dingen nicht die erwartete Leistung bringt

ver·sal·zen VERB (versalzte, hat versalzen/versalzt) **1** **etwas versalzen** zu viel Salz in etwas geben ⟨die Suppe versalzen⟩ **2** **jemandem etwas versalzen** *gesprochen* jemandem die Freude an etwas nehmen ⟨jemandem die Freude, einen Plan versalzen⟩

★ **ver·sam·meln** VERB (versammelte, hat versammelt) **1** **Personen versammeln sich (irgendwo)** Personen treffen sich in einer Gruppe, vor allem um über etwas zu sprechen | *sich in einem Saal zu einer Sitzung versammeln* **2** **Personen irgendwo versammeln** dafür sorgen, dass sich Menschen irgendwo treffen | *Der Lehrer versammelte die Schüler um sich/in der Aula*

★ **Ver·samm·lung** *die;* (-, -en) **1** ein Treffen einer großen Gruppe von Menschen, die über etwas sprechen wollen ⟨eine Versammlung einberufen, eröffnen, abhalten, leiten, auflösen, stören, verbieten; einer Versammlung beiwohnen; auf einer Versammlung sprechen⟩ | *zur Versammlung des Sportvereins gehen* K Versammlungsort; Mitgliederversammlung, Parteiversammlung, Vereinsversammlung **2** die Personen, die an einer Versammlung teilnehmen

Ver·samm·lungs·frei·heit *die; nur Singular* das Recht der Bürger eines Staates, sich (zu politischen Zwecken) zu versammeln

Ver·sand *der;* (-(e)s) **1** das Schicken von Waren an die Leute, die die Waren bestellt haben | *Waren zum Versand verpacken* K Versandabteilung, Versandhandel, Versandkosten; Bahnversand, Postversand, Warenversand **2** eine Abteilung in einem Betrieb, die die Waren versendet ⟨im Versand arbeiten, tätig sein⟩ • zu (1) **ver·sand·be·reit** ADJEKTIV; zu (1) **ver·sand·fer·tig** ADJEKTIV

ver·san·den VERB (versandete, ist versandet) **1** **etwas versandet** etwas füllt sich mit Sand ⟨ein Hafen, ein Flussbett, ein See⟩ **2** **etwas versandet** etwas wird allmählich schwächer (und hört ganz auf) ⟨eine Beziehung, ein Gespräch⟩ • zu (1) **Ver·san·dung** *die*

Ver·sand·haus *das* ein Betrieb, der Waren in einem Katalog anbietet und diese mit der Post o. Ä. an die Leute schickt, die diese Waren bestellen K Versandhauskatalog

ver·sandt PARTIZIP PERFEKT → versenden

Ver·satz·stück *das* eines von mehreren (typischen) Teilen, aus denen man ohne Mühe etwas Neues zusammensetzen kann | *Der Autor jongliert mit Versatzstücken der Genres Horror und Thriller*

ver·sau·beu·teln VERB (versaubeutelte, hat versaubeutelt); *gesprochen!* **etwas versaubeuteln** eine Chance, das Geld oder die Zeit nicht sinnvoll nutzen | *Das Spiel/Das Tor haben wir versaubeutelt* | *Zwei Stunden habe ich mit diesem Mist versaubeutelt!*

ver·sau·en VERB (versaute, hat versaut); *gesprochen, abwertend* **1** **etwas versauen** etwas schmutzig machen **2** **jemandem etwas versauen** jemandem etwas verderben ⟨jemandem einen Plan, den Abend, den Tag versauen⟩ **3** **etwas versauen** etwas sehr schlecht machen ⟨eine Prüfung versauen⟩

ver·sau·ern VERB (versauerte, ist versauert) **irgendwo versauern** *gesprochen* an einem Ort ein langweiliges Leben haben (und darunter leiden)

ver·sau·fen VERB (versäuft, versoff, hat versoffen) **das Geld versaufen** *gesprochen, abwertend* das Geld für Alkohol ausgeben

★ **ver·säu·men** VERB (versäumte, hat versäumt) **1** **etwas versäumen** nicht rechtzeitig an einem Ort sein, um etwas zu erreichen ≈ *verpassen* | *den Bus versäumen* **2** **etwas versäumen** an etwas nicht teilnehmen (können) | *wegen Krankheit den Unterricht versäumen* **3** **etwas versäumen** etwas nicht tun | *seine Pflicht versäumen* | *Sie versäumte, die Bremsen reparieren zu lassen* **4** **etwas versäumen** etwas nicht nutzen ⟨eine Chance, eine Gelegenheit versäumen⟩ **5** **jemand hat viel/nichts versäumt** während eine Person weg war o. Ä., ist viel/nichts Interessantes geschehen | *Schade, dass du nicht dabei warst! Du hast viel versäumt!*

Ver·säum·nis *das;* (-ses, -se) etwas, das man nicht getan hat (aber hätte tun sollen) ≈ *Unterlassung*

ver·scha·chern VERB (verschacherte, hat verschachert) **etwas (an jemanden) verschachern** *gesprochen, abwertend* etwas meist zu einem zu hohen Preis verkaufen

ver·schach·telt ADJEKTIV lang und kompliziert ⟨ein Satz⟩

★ **ver·schaf·fen** VERB (verschaffte, hat verschafft) **1** **jemandem etwas verschaffen** dafür sorgen, dass jemand oder man selbst etwas bekommt | *jemandem einen Job verschaffen* | *Durch Nachhilfestunden verschaffte sie sich das Geld für die Reise* **2** **sich** (*Dativ*) **etwas verschaffen** dafür sorgen, dass andere Leute sich auf die genannte Art verhalten ⟨sich (*Dativ*) Gehör, Respekt verschaffen⟩ **3** **sich** (*Dativ*) **Gewissheit (über etwas** (*Akkusativ*)**) verschaffen** dafür sorgen, dass man eine Situation wirklich richtig einschätzt ■ **ID** **Was verschafft mir die Ehre/das Vergnügen (deines/Ihres Besuches)?** *meist humorvoll* verwendet, um eine Person nach dem Grund des Besuchs zu fragen

ver·schämt ADJEKTIV ⟨ein Blick, ein Lächeln; jemanden verschämt ansehen⟩ ≈ *schüchtern* • hierzu **Ver·schämt·heit** *die*

ver·schan·deln VERB (verschandelte, hat verschandelt) **etwas verschandeln** *gesprochen* bewirken, dass etwas hässlich aussieht • hierzu **Ver·schan·de·lung** *die*

ver·schär·fen VERB (verschärfte, hat verschärft) **1** **etwas verschärfen** etwas strenger machen ⟨die Bestimmungen, die Kontrollen, eine Strafe, die Zensur verschärfen⟩ **2** **etwas**

V

verschärft etwas etwas macht etwas unangenehmer oder schlimmer, als es schon war ⟨etwas verschärft die Lage, eine Krise⟩ **3** **etwas verschärft sich** etwas wird unangenehmer oder bedrohlicher | *Die politische Lage im Nahen Osten hat sich verschärft* ● hierzu **Ver·schär·fung** *die*

ver·schät·zen VERB (verschätzte sich, hat sich verschätzt) **sich verschätzen** bei der Einschätzung einer Sache einen Fehler machen | *sich in der Breite des Schrankes um fünfzehn Zentimeter verschätzen*

ver·schau·keln VERB (verschaukelte, hat verschaukelt) **jemanden verschaukeln** *gesprochen* eine Person täuschen und sie so in eine Situation bringen, die Nachteile für sie hat ≈ *hereinlegen*

ver·schei·den VERB (verschied, ist verschieden); *geschrieben, euphemistisch* ≈ *sterben* | *Herr Braun ist vorigen Monat verschieden* | *der Nachlass der vor Kurzem verschiedenen Tante* ● hierzu **Ver·schie·de·ne** *der/die*

ver·schen·ken VERB (verschenkte, hat verschenkt) **1** **etwas (an jemanden) verschenken** jemandem etwas als Geschenk geben | *das ganze Geld an die Armen verschenken* **2** **etwas verschenken** durch einen (unnötigen) Fehler etwas abgeben oder verlieren | *beim Start zögern und dadurch Zeit verschenken*

ver·scher·beln VERB (verscherbelte, hat verscherbelt) **etwas verscherbeln** *gesprochen* etwas billig verkaufen

ver·scher·zen VERB (verscherzte, hat verscherzt) **1** **sich** (*Dativ*) **etwas verscherzen** etwas durch eigene Schuld verlieren ⟨sich (*Dativ*) eine Gelegenheit, jemandes Gunst, jemandes Wohlwollen verscherzen⟩ **2** **es sich** (*Dativ*) **bei jemandem verscherzen** *gesprochen* jemandes Freundschaft verlieren

ver·scheu·chen VERB (verscheuchte, hat verscheucht) **1** **jemanden verscheuchen** eine Person oder ein Tier fortjagen | *die Fliegen/Vögel verscheuchen* **2** **etwas verscheucht etwas** etwas lässt etwas Unangenehmes schnell verschwinden ⟨etwas verscheucht die Müdigkeit, die Sorgen⟩

ver·schi·cken VERB (verschickte, hat verschickt) **1** **Dinge verschicken** etwas (meist in großer Zahl) irgendwohin schicken ⟨Briefe, Einladungen, Waren verschicken⟩ **2** **jemand wird verschickt** jemand wird zur Erholung irgendwohin geschickt ⟨Kinder, Kranke⟩

★ **ver·schie·ben** VERB (verschob, hat verschoben) **1** **etwas verschieben** etwas an einen anderen Ort schieben | *den Tisch verschieben* **2** **etwas verschieben** etwas zu einem späteren Zeitpunkt tun ⟨etwas auf später verschieben⟩ | *einen Test um zwei Tage verschieben* **3** **etwas verschieben** Daten, Dateien innerhalb des Computers in einem anderen Verzeichnis, Laufwerk o. Ä. speichern **4** **etwas verschieben** etwas illegal transportieren und verkaufen | *Waffen über die Grenze verschieben* **5** **etwas verschiebt sich** etwas findet an einem späteren Zeitpunkt statt als geplant | *Seine Abreise verschiebt sich um eine Woche* **6** **etwas verschiebt sich** etwas bekommt einen neuen Schwerpunkt ⟨das Gleichgewicht, das Kräfteverhältnis⟩ ● zu (2 – 6) **Verschie·bung** *die*

★ **ver·schie·den** ■ PARTIZIP PERFEKT **1** → verscheiden ■ ADJEKTIV **2** **verschieden (von jemandem/etwas)** so, dass die eine Person oder Sache nicht so ist wie eine andere Person oder Sache ≈ *anders* ↔ *gleich* | *Wir waren verschiedener Meinung: Ich fand den Film schlecht, sie fand ihn gut* | *Obwohl sie Geschwister sind, sind sie im Charakter sehr verschieden* | *Die Schuhe sind verschieden groß* | *„Wann kommst du abends nach Hause?" – „Das ist von Tag zu Tag verschieden, mal um fünf, mal um sechs, mal erst um sieben."* **3** **verschiedene Personen/Dinge** mehr als zwei Personen oder Dinge ≈ *mehrere* | *verschiedene Einwände gegen einen Vorschlag haben* **4** **verschiedenste Personen/Dinge** viele unterschiedliche Personen/Dinge | *ein Angebot aus den verschiedensten Gründen ablehnen* | *Diese Küche bekommen Sie in den verschiedensten Ausführungen und Farben* **5** **Verschiedenes** mehr als zwei nicht genau bezeichnete Dinge | *Mir ist noch Verschiedenes unklar* | *An diesem Vorschlag stört mich Verschiedenes* ● zu (2) **ver·schie·den·ar·tig** ADJEKTIV

ver·schie·de·ner·lei ADJEKTIV/PRONOMEN *nur in dieser Form* ≈ *mancherlei, allerlei*

Ver·schie·de·nes *ohne Artikel; nur Singular* verschiedene Dinge ⟨Gleiches und Verschiedenes; Ähnliches und Verschiedenes⟩

ver·schie·dent·lich ADVERB ≈ *mehrmals, öfter(s)*

ver·schie·ßen VERB (verschoss, hat/ist verschossen) **1** **etwas verschießen** (*hat*) etwas beim Schießen verbrauchen | *zehn Pfeile/die ganze Munition verschießen* **2** **etwas verschießen** (*hat*) so schießen, dass man kein Tor erzielt ⟨einen Elfmeter, einen Freistoß verschießen⟩ **3** **etwas verschießt** (*ist*) etwas verliert durch Einwirkung von Licht an Farbe ⟨ein Vorhang⟩

ver·schif·fen VERB (verschiffte, hat verschifft) **Personen/Dinge verschiffen** Menschen, Tiere oder Waren (meist in großer Zahl) mit einem Schiff transportieren ⟨Waren, Truppen, Flüchtlinge verschiffen⟩ ● hierzu **Ver·schif·fung** *die*

ver·schim·meln VERB (verschimmelte, ist verschimmelt) **etwas verschimmelt** etwas schimmelt und wird dadurch schlecht

ver·schis·sen ADJEKTIV ■ **ID** **(es) bei/mit jemandem verschissen haben** *gesprochen* ⚠ durch das eigene Verhalten eine Person so geärgert haben, dass man von ihr nicht mehr gemocht wird

ver·schla·fen[1] VERB (verschläft, verschlief, hat verschlafen) **1** nicht rechtzeitig aufwachen | *zu spät zur Arbeit kommen, weil man verschlafen hat* **2** **etwas verschlafen** eine Zeit verbringen, indem man schläft, träge ist oder nichts tut | *den ganzen Nachmittag verschlafen* **3** **etwas verschlafen** *gesprochen* an etwas nicht rechtzeitig denken ⟨einen Termin verschlafen⟩ ≈ *versäumen* | *Der Sänger hat seinen Einsatz verschlafen*

ver·schla·fen[2] ■ PARTIZIP PERFEKT **1** → verschlafen[1] ■ ADJEKTIV **2** nach dem Schlafen noch nicht richtig wach **3** mit wenig Menschen oder Verkehr auf der Straße | *ein verschlafenes kleines Dorf*

Ver·schlag *der* ein einfacher kleiner Raum aus Brettern | *die Kohlen in einem Verschlag im Keller lagern* **K** Bretterverschlag

ver·schla·gen[1] VERB (verschlägt, verschlug, hat verschlagen) **1** **etwas verschlagen** einen Ball (vor allem beim Tennis, Tischtennis oder Volleyball) nicht richtig treffen, ins Aus schlagen **2** **etwas verschlägt jemandem den Appetit** etwas nimmt jemandem den Appetit ⟨ein Anblick, ein Erlebnis⟩ **3** **es verschlägt jemandem die Sprache/den Atem** eine Person ist so überrascht, dass sie nichts mehr sagen kann **4** **es verschlägt jemanden irgendwohin** jemand kommt durch äußere Umstände irgendwohin | *Nach dem Studium in Stuttgart hat es ihn nach Hamburg verschlagen*

ver·schla·gen[2] ■ PARTIZIP PERFEKT **1** → verschlagen[1] ■ ADJEKTIV **2** *abwertend* böse und schlau ⟨ein Blick⟩ ≈ *hinterhältig*

ver·schlam·pen VERB (verschlampte, hat verschlampt); *gesprochen, abwertend* **1** **etwas verschlampen** etwas irgendwohin legen und später nicht mehr finden **2** **etwas verschlampen lassen** etwas vernachlässigen

★ **ver·schlech·tern** VERB (verschlechterte, hat verschlechtert) **1** **etwas verschlechtern** durch das Verhalten o. Ä. bewirken, dass etwas schlechter wird ⟨eine Lage, einen Zustand verschlechtern⟩ ↔ *verbessern* **2** **etwas verschlechtert sich** etwas wird schlechter ↔ *sich bessern* | *Das Wetter hat sich verschlechtert* **3** **jemand verschlechtert sich** jemand bringt eine schlechtere Leistung o. Ä. als früher ↔ *sich verbessern* • hierzu **Ver·schlech·te·rung** *die*

ver·schlei·ern VERB (verschleierte, hat verschleiert) **1** **etwas verschleiern** etwas mit einem Schleier bedecken ⟨das Gesicht verschleiern⟩ **2** **etwas verschleiern** verhindern, dass etwas (Negatives) öffentlich bekannt wird ⟨einen Skandal, die wahren Absichten verschleiern⟩ **3** **sich verschleiern** das Gesicht mit einem Schleier bedecken • hierzu **Ver·schlei·e·rung** *die*

ver·schleimt ADJEKTIV voll Schleim ⟨Bronchien, Lungen⟩

Ver·schleiß *der*; (-es) **1** die Verschlechterung der Qualität, weil etwas schon lange und schon sehr oft benutzt wurde | *Die Maschine zeigt schon erste Zeichen von Verschleiß* | *der Verschleiß der Gelenke bei alten Menschen* **K** Verschleißerscheinung; Kräfteverschleiß, Materialverschleiß **2** **einen großen Verschleiß an Personen/Dingen haben** *gesprochen* schon nach kurzer Zeit immer wieder jemand Neuen, etwas Neues brauchen | *Du hast aber einen ganz schön großen Verschleiß an Freundinnen!*

ver·schlei·ßen VERB (verschliss, hat/ist verschlissen) **1** **etwas verschleißt** (*ist*) etwas wird durch langen und häufigen Gebrauch oder starke Belastung beschädigt **2** **etwas verschleißen** (*hat*) etwas mit so wenig Sorgfalt benutzen, dass es immer schlechter wird

ver·schlep·pen VERB (verschleppte, hat verschleppt) **1** **jemanden (irgendwohin) verschleppen** jemanden mit Gewalt irgendwohin bringen | *im Krieg verschleppt werden* **2** **etwas verschleppen** eine Krankheit nicht richtig behandeln und deswegen nicht richtig gesund werden | *eine verschleppte Lungenentzündung* **3** **etwas verschleppen** etwas Unangenehmes weiter verbreiten ⟨Bazillen, eine Seuche, Viren verschleppen⟩ • hierzu **Ver·schlep·pung** *die*

ver·schleu·dern VERB (verschleuderte, hat verschleudert) **1** **Dinge verschleudern** etwas sehr billig (in großer Zahl) verkaufen | *Möbel zu Billigpreisen verschleudern* **2** **etwas verschleudern** viel Geld für nutzlose Dinge ausgeben ⟨die Ersparnisse, Steuergelder, ein Vermögen verschleudern⟩

★ **ver·schlie·ßen** VERB (verschloss, hat verschlossen) **1** **etwas verschließen** etwas mit einem Schlüssel o. Ä. schließen ⟨das Haus, die Haustür, das Auto verschließen⟩ **2** **etwas verschließen** etwas fest schließen, sodass es nicht von selbst aufgehen kann | *ein Marmeladenglas mit einem Schraubdeckel verschließen* | *eine Sektflasche mit einem Korken verschließen* **3** **die Augen/Ohren vor etwas** (*Dativ*) **verschließen** so tun, als sehe/höre man etwas nicht | *die Augen vor dem Elend der Flüchtlinge verschließen, um nicht helfen zu müssen* **4** **sich jemandem verschließen** keinen Kontakt mit einer Person haben wollen und ihr nicht zeigen, was man fühlt oder denkt **5** **sich einer Sache** (*Dativ*) **verschließen** etwas nicht sehen oder hören wollen, nicht darauf reagieren wollen | *sich jemandes Leid/jemandes Bitten verschließen* • zu (1,2) **ver·schließ·bar** ADJEKTIV

ver·schlimm·bes·sern VERB (verschlimmbesserte, hat verschlimmbessert) **etwas verschlimmbessern** *gesprochen, abwertend oder humorvoll* etwas verbessern wollen, dabei aber noch mehr Fehler machen ⟨ein Manuskript, einen Fehler verschlimmbessern⟩

ver·schlim·mern VERB (verschlimmerte, hat verschlimmert) **1** **etwas durch etwas verschlimmern** durch das eigene Verhalten o. Ä. etwas schlimmer machen, als es schon ist | *Durch deine Lügen hast du die ganze Sache nur noch verschlimmert* **2** **etwas verschlimmert sich** etwas wird noch schlimmer • hierzu **Ver·schlim·me·rung** *die*

ver·schlin·gen VERB (verschlang, hat verschlungen) **1** **etwas verschlingen** etwas in großen Stücken hinunterschlucken, ohne richtig zu kauen **2** **etwas verschlingt etwas** etwas kostet viel Geld | *Der Bau der Autobahn verschlang Millionen* **3** **etwas verschlingen** *gesprochen* ein Buch sehr schnell lesen, weil es spannend ist

ver·schlos·sen ■ PARTIZIP PERFEKT **1** → verschließen ■ ADJEKTIV **2** ⟨Menschen⟩ so dass sie über ihre Gedanken nicht sprechen und ihre Gefühle nicht zeigen **3** **etwas bleibt jemandem verschlossen** etwas wird von jemandem nicht genutzt oder erkannt ⟨eine Einsicht, eine Erkenntnis, eine Möglichkeit⟩ • zu (2) **Ver·schlos·sen·heit** *die*

ver·schlu·cken VERB (verschluckte, hat verschluckt) **1** **etwas verschlucken** (aus Versehen) etwas schlucken, das keine Nahrung ist | *Das Baby hatte einen Knopf verschluckt* **2** **etwas verschlucken** etwas nicht (deutlich) aussprechen ⟨einen Buchstaben, eine Silbe, ein Wort verschlucken⟩ **3** **etwas verschluckt jemanden/etwas** etwas lässt jemanden/etwas verschwinden ⟨die Dunkelheit, die Nacht; der Nebel verschluckt jemanden/etwas⟩ **4** **sich (an etwas** (*Dativ*)**) verschlucken** wenn man sich beim Essen oder Trinken verschluckt, gerät etwas in die Luftröhre und man bekommt keine Luft und muss husten

Ver·schluss *der* **1** ein Gegenstand (wie z. B. ein Deckel, eine Schnalle oder ein Haken), mit dem man etwas verschließen kann ⟨ein kindersicherer Verschluss⟩ | *den Verschluss einer Halskette öffnen* **K** Flaschenverschluss, Kettenverschluss, Türverschluss, Magnetverschluss, Schraubverschluss, Ventilverschluss **!** → Abb. unter **Deckel** **2** **unter Verschluss** in einem fest verschlossenen Raum oder Behälter ⟨etwas ist unter Verschluss; etwas unter Verschluss aufbewahren, halten⟩

ver·schlüs·seln VERB (verschlüsselte, hat verschlüsselt) **etwas verschlüsseln** man kann z. B. Daten, Fernsehsendungen oder Nachrichten verschlüsseln; dann können sie nur von den Personen empfangen, gelesen oder verstanden werden, für die sie gedacht sind | *eine geheime Botschaft verschlüsseln* | *Die elektronische Steuererklärung wird verschlüsselt an das Finanzamt übermittelt* • hierzu **Ver·schlüs·se·lung** *die*

Ver·schluss·sa·che *die* etwas, das geheim bleiben soll und das deshalb an einem sicheren Ort liegt

ver·schmach·ten VERB (verschmachtete, ist verschmachtet) **1** vor Hunger und Durst sterben ⟨in der Wüste, in einem Verlies verschmachten⟩ **2** *humorvoll* sehr großen Durst haben

ver·schmä·hen VERB (verschmähte, hat verschmäht) **etwas verschmähen** etwas Gutes, das angeboten wird o. Ä., nicht annehmen ⟨jemandes Liebe, ein Angebot verschmähen⟩

ver·schmä·lern VERB (verschmälerte, hat verschmälert) **1** **etwas verschmälern** etwas schmaler machen ⟨einen Durchgang, eine Straße verschmälern⟩ **2** **etwas verschmälert sich** etwas wird schmaler • hierzu **Ver·schmä·le·rung** *die*

ver·schmau·sen VERB (verschmauste, hat verschmaust) **etwas verschmausen** *oft humorvoll, veraltend* etwas mit Genuss aufessen | *einen Kuchen verschmausen*

ver·schmel·zen VERB (verschmilzt, verschmolz, hat/ist verschmolzen) **1** **etwas mit etwas (zu etwas) verschmelzen; Dinge verschmelzen** (*hat*) zwei oder mehrere Dinge schmelzen, damit sie sich miteinander verbinden ⟨Metalle zu einer Legierung verschmelzen⟩ **2** **etwas mit etwas verschmelzen; Dinge verschmelzen** (*hat*) verschiedene Dinge so zusammenbringen oder mischen, dass man sie nicht mehr trennen kann | *Die beiden Unternehmen sollen miteinander verschmolzen werden* **3** **etwas verschmilzt mit etwas (zu etwas); Dinge verschmelzen** (*ist*) zwei oder

V

mehrere Dinge (schmelzen und) mischen sich, sodass man sie nicht mehr trennen kann | *In dem Roman verschmelzen Realität und Fiktion* ● hierzu **Ver·schmel·zung** *die*

ver·schmer·zen VERB (verschmerzte, hat verschmerzt) **etwas verschmerzen können** *oft ironisch* sich mit etwas abfinden können

ver·schmie·ren VERB (verschmierte, hat verschmiert) **1** **etwas verschmieren** (aus Versehen) über eine feuchte Farbe o. Ä. wischen, sodass es Flecken gibt ⟨die Farbe, den Lippenstift, die Schrift verschmieren⟩ **2** **etwas verschmieren** eine weiche Masse, ein Öl o. Ä. auf einer Oberfläche verteilen ⟨die Salbe, das Sonnenöl (auf der Haut) verschmieren⟩ **3** **etwas verschmieren** etwas schmutzig machen, indem man vor allem mit den Fingern Schmutz, etwas Klebriges o. Ä. daraufbringt | *ein Kind, dessen Gesicht mit Schokolade verschmiert ist* **4** **etwas verschmieren** *abwertend* das Aussehen einer Sache verschlechtern, weil man darauf (unordentlich) malt oder schreibt ⟨ein Blatt Papier, die Wände verschmieren⟩ **5** **etwas verschmieren** etwas mit einer weichen Masse füllen und die Oberfläche glatt machen ⟨Fugen, Löcher, Risse, Spalten mit Gips, Mörtel, Kitt verschmieren⟩

ver·schmitzt ADJEKTIV auf lustige Weise schlau ⟨Menschen; ein Blick, ein Lächeln⟩ ≈*pfiffig* ● hierzu **Ver·schmitzt·heit** *die*

ver·schmo·ren VERB (verschmorte, ist verschmort) **1** **etwas verschmort** etwas schmort so lange, bis man es nicht mehr essen kann ⟨ein Braten⟩ **2** **etwas verschmort** etwas wird so heiß, dass man es nicht mehr verwenden kann ⟨ein Kabel, eine Leitung⟩

ver·schmust ADJEKTIV; *gesprochen* ⟨ein Kind, eine Katze⟩ so, dass sie gern schmusen

ver·schmut·zen VERB (verschmutzte, hat/ist verschmutzt) **1** **etwas verschmutzen** (*hat*) etwas schmutzig machen | *beim Spielen die Kleidung verschmutzen* **2** **etwas verschmutzt** (*ist*) etwas wird schmutzig | *Bei Regen verschmutzt das Auto schnell*

Ver·schmut·zung *die*; (-, -en) **1** *meist Singular* eine Handlung, durch die man etwas schmutzig macht **2** etwas, das etwas schmutzig macht | *die Herdplatte von Verschmutzungen befreien* **3** die Belastung der Umwelt durch schädliche Stoffe K Umweltverschmutzung

ver·schnau·fen VERB (verschnaufte, hat verschnauft); *gesprochen* eine Pause machen, um sich ein bisschen auszuruhen K Verschnaufpause

ver·schnei·den VERB (verschnitt, hat verschnitten) **1** **etwas verschneiden** etwas mit anderem, oft billigerem Material mischen | *einen Wein mit anderen Weinen verschneiden* | *Das Heroin war stark verschnitten* **2** **etwas verschneiden** etwas falsch, schlecht schneiden | *Der Friseur hat meine Haare völlig verschnitten*

ver·schneit ADJEKTIV mit einer dicken Schicht Schnee bedeckt ⟨eine Landschaft⟩

Ver·schnitt *der*; (-(e)s, -e) **1** die Reste, die beim Zuschneiden von Stoff, Brettern usw. übrig bleiben **2** eine Mischung aus verschiedenen Weinen, Alkoholsorten oder anderen Substanzen K Rumverschnitt

-ver·schnitt *der*; *im Substantiv, unbetont, begrenzt produktiv; abwertend* drückt aus, dass eine Person oder Sache nur eine schlechte Imitation ist | *Der Held der Geschichte ist ein Supermanverschnitt* | *Der Schauplatz ist ein Mittelalterverschnitt*

ver·schnör·kelt ADJEKTIV mit vielen runden Linien (Schnörkeln) ⟨eine Schrift⟩

ver·schnupft ADJEKTIV *meist prädikativ; gesprochen* **1** mit einem Schnupfen ⟨verschnupft sein⟩ **2** ≈*verärgert, beleidigt*

ver·schol·len ADJEKTIV ⟨ein Flugzeug, ein Schiff, Menschen⟩ so, dass man sie nicht mehr findet | *im Krieg verschollen sein* | *Dieses Kunstwerk gilt schon seit vielen Jahren als verschollen*

ver·scho·nen VERB (verschonte, hat verschont) **1** **eine Person/Sache verschont jemanden/etwas** eine Person oder Sache tut jemandem nichts Böses oder zerstört etwas nicht | *Das schwere Erdbeben hat nur wenige Häuser verschont* **2** **jemand/etwas bleibt (von etwas) verschont** eine Person oder Sache wird von etwas nicht betroffen, nicht geschädigt oder nicht zerstört | *Unser Haus ist von dem Sturm verschont geblieben* **3** **jemanden mit etwas verschonen** jemanden mit etwas Unangenehmem nicht stören | *Verschone mich bitte mit deinen langweiligen Geschichten!* ● hierzu **Ver·scho·nung** *die*

ver·schö·nen VERB (verschönte, hat verschönt) **jemandem etwas (mit etwas) verschönen** jemandem oder sich selbst etwas angenehmer machen (indem man etwas tut, das Freude macht) | *Ich verschöne mir den Tag mit einem Besuch bei Freunden*

ver·schö·nern VERB (verschönerte, hat verschönert) **etwas (mit etwas) verschönern** etwas schmücken und es dadurch schöner machen ● hierzu **Ver·schö·ne·rung** *die*

ver·schos·sen ■ PARTIZIP PERFEKT **1** → verschießen ■ ADJEKTIV **2** **in jemanden verschossen sein** *gesprochen* in jemanden sehr verliebt sein

ver·schrän·ken VERB (verschränkte, hat verschränkt) **die Arme/die Hände/die Beine verschränken** die Arme, die Hände oder die Beine in der Form eines Kreuzes übereinanderlegen | *die Arme vor der Brust verschränken* | *die Hände hinter dem Rücken verschränken* ● hierzu **Ver·schrän·kung** *die*

★ **ver·schrei·ben** VERB (verschrieb, hat verschrieben) **1** **(jemandem) etwas verschreiben** (als Arzt) bestimmen, welche Behandlung oder welche Medikamente der Patient bekommen soll | *Mein Arzt hat mir einen Hustensaft verschrieben* **2** **etwas verschreiben** sehr viel schreiben und etwas dadurch verbrauchen | *einen Kugelschreiber/einen ganzen Block Papier verschreiben* **3** **sich verschreiben** beim Schreiben (aus Versehen) einen Fehler machen **4** **sich einer Sache** (*Dativ*) **verschreiben** *geschrieben* etwas mit großer Leidenschaft und Begeisterung betreiben | *Er hat sich ganz der Astronomie verschrieben* ● zu (1) **Verschrei·bung** *die*

ver·schrei·bungs·pflich·tig ADJEKTIV nur mit einem Rezept vom Arzt zu bekommen ⟨Medikamente⟩ ≈*rezeptpflichtig*

ver·schrien ADJEKTIV **als etwas verschrien**; **irgendwie verschrien** *abwertend* bekannt für schlechte Eigenschaft(en) ≈*verrufen* | *Er ist als Choleriker/als jähzornig verschrien*

ver·schro·ben ADJEKTIV; *meist abwertend* im Wesen und Verhalten nicht normal ⟨eine Alte, ein Alter; verschrobene Ansichten haben⟩ ● hierzu **Ver·schro·ben·heit** *die*

ver·schrot·ten VERB (verschrottete, hat verschrottet) **etwas verschrotten** einen alten oder kaputten Gegenstand aus Metall zu Schrott machen ⟨das Auto verschrotten lassen; Raketen verschrotten⟩ ● hierzu **Ver·schrot·tung** *die*

ver·schüch·tert ADJEKTIV schüchtern und ängstlich gemacht ⟨Kinder⟩

ver·schul·den VERB VERB (verschuldete, hat verschuldet) **1** **etwas verschulden** an einem Problem, Unfall usw. schuld sein | *Er hat den Unfall selbst verschuldet* **2** **sich verschulden** hohe Schulden machen ⟨hoch verschuldet sein; eine hoch verschuldete Firma⟩ | *In den USA muss man sich für die Hochschulausbildung verschulden* ● zu (2) **Verschul·dung** *die*

ver·schus·seln VERB (verschusselte, hat verschusselt); *gesprochen* **1** **etwas verschusseln** ≈ *verlieren* **2** **etwas verschusseln** ≈ *vergessen*

ver·schüt·ten VERB (verschüttete, hat verschüttet) **1** **etwas verschütten** eine Flüssigkeit, ein Pulver o. Ä. ohne Absicht aus einem Gefäß fließen lassen | *Vorsicht, ich habe etwas Kaffee verschüttet* **2** **etwas verschüttet jemanden/etwas** große Massen von Sand, Erde o. Ä. bedecken jemanden/etwas | *Bei der Explosion wurden mehrere Bergleute verschüttet* **H** oft im Passiv • zu (2) **Ver·schüt·tung** *die*; zu (2) **Ver·schüt·te·te** *der/die*

ver·schütt·ge·hen VERB (ging verschütt, ist verschüttgegangen); *gesprochen* **etwas geht (jemandem) verschütt** etwas wird von jemandem verloren, ist verschwunden

ver·schwä·gert ADJEKTIV durch Heirat verwandt | *Ich bin mit ihm verschwägert/Wir sind verschwägert*

ver·schwei·gen VERB (verschwieg, hat verschwiegen) **(jemandem) etwas verschweigen** jemandem etwas mit Absicht nicht sagen | *jemandem die Wahrheit verschweigen*

★ **ver·schwen·den** VERB (verschwendete, hat verschwendet) **1** **etwas verschwenden** viel Geld für unnötige Dinge ausgeben **2** **etwas verschwenden** viel von etwas verbrauchen, ohne dass es einen Nutzen oder Erfolg hat ⟨Zeit, Energie verschwenden⟩ • hierzu **Ver·schwen·dung** *die*; **Ver·schwen·der** *der*

ver·schwen·de·risch ADJEKTIV **1** so, dass eine Person viel Geld für unnötige Dinge ausgibt **2** in großer Menge, mit großem Aufwand, vielen Verzierungen o. Ä. ⟨eine Pracht, ein Stil⟩

ver·schwie·gen ADJEKTIV **1** ⟨ein Mensch⟩ so, dass er Geheimnisse niemand anderem erzählt **2** ⟨eine Bucht, ein Plätzchen⟩ nur von wenigen Menschen besucht und deshalb einsam und ruhig • hierzu **Ver·schwie·gen·heit** *die*

ver·schwim·men VERB (verschwamm, ist verschwommen) **etwas verschwimmt vor jemandes Augen** (*Dativ*) jemand sieht etwas nicht mehr klar und deutlich

★ **ver·schwin·den** VERB (verschwand, ist verschwunden) **1** weggehen, wegfahren o. Ä. und nicht mehr zu sehen sein | *Das Reh verschwand im Wald/in den Wald* | *Die Sonne verschwand hinter den Wolken* **2** für jemanden nicht zu finden sein ⟨auf geheimnisvolle Weise, spurlos verschwinden⟩ | *Ich weiß, dass der Ausweis in der Tasche war. Aber jetzt ist er verschwunden* | *Die Polizei versucht, das rätselhafte Verschwinden der Frau aufzuklären* **3** **etwas verschwindet** etwas hört auf zu existieren ⟨ein Brauch⟩ | *Viele Tierarten, die heute schon selten sind, werden in wenigen Jahrzehnten ganz verschwunden sein* **4** **mal verschwinden (müssen)** *gesprochen* auf die Toilette gehen (müssen) **5** **etwas verschwinden lassen** *gesprochen* etwas stehlen **6** **jemanden/etwas verschwinden lassen** *gesprochen* bewirken, dass eine lästige Person oder Sache nicht mehr da ist, indem man sie tötet oder zerstört ⟨Beweismittel, Zeugen verschwinden lassen⟩ ■ **ID** **Verschwinde!** *gesprochen* Geh weg!

ver·schwin·dend ■ PARTIZIP PRÄSENS **1** → verschwinden ■ ADVERB **2** **verschwindend gering/wenig** sehr gering/wenig | *eine verschwindend geringe Menge Gift*

ver·schwis·tert ADJEKTIV *meist prädikativ*; *geschrieben* **eine Person ist mit jemandem verschwistert**; **Personen sind verschwistert** zwei oder mehrere Personen sind Geschwister

ver·schwit·zen VERB (verschwitzte, hat verschwitzt) **1** **etwas verschwitzen** etwas durch Schweiß feucht machen | *das Hemd verschwitzen* | *Die Jacke ist völlig verschwitzt* **2** **etwas verschwitzen** *gesprochen* ≈ *vergessen* | *den Termin beim Zahnarzt verschwitzen*

ver·schwol·len ADJEKTIV stark geschwollen ⟨ein Gesicht; die Augen⟩

ver·schwom·men ■ PARTIZIP PERFEKT **1** → verschwimmen ■ ADJEKTIV **2** ⟨ein Bild, eine Vorstellung⟩ ≈ *unklar*

ver·schwö·ren VERB (verschwor sich, hat sich verschworen) **eine Person verschwört sich mit jemandem (gegen jemanden/etwas)**; **Personen verschwören sich gegen jemanden/etwas** zwei oder mehrere Personen planen gemeinsam, anderen Personen oder deren Absichten zu schaden • hierzu **Ver·schwö·rer** *der*

Ver·schwö·rung *die*; (-, -en) **eine Verschwörung (gegen jemanden/etwas)** ein geheimer Plan, mit dem mehrere Leute einem politischen Gegner schaden wollen ≈ *Konspiration* | *die Verschwörung gegen den König*

Ver·schwö·rungs·theo·rie *die* der Glaube, dass eine Verschwörung gibt oder dass etwas wegen einer Verschwörung geschieht (obwohl es oft nicht wahr ist) • hierzu **Ver·schwö·rungs·theo·re·ti·ker** *der*; **Ver·schwö·rungs·theo·re·ti·ke·rin** *die*

ver·schwun·den PARTIZIP PERFEKT → verschwinden

ver·se·hen VERB (versieht, versah, hat versehen) **1** **jemanden mit etwas versehen** einer Person etwas geben, das sie braucht ≈ *versorgen* **2** **etwas mit etwas versehen** dafür sorgen, dass etwas irgendwo vorhanden ist | *einen Schrank mit Schnitzereien versehen* **3** **etwas versehen** *geschrieben* eine (berufliche) Aufgabe erfüllen | *seinen Dienst gewissenhaft versehen* **4** **sich mit etwas versehen** sich das nehmen, was man braucht ≈ *versorgen* | *sich für die Reise mit Schecks und Devisen versehen* **5** **sich versehen** *gesprochen* beim Hinsehen einen Fehler machen ■ **ID** **eh man sichs versieht** *veraltend* ganz plötzlich

★ **Ver·se·hen** *das*; (-s, -) **1** ein meist kleiner Fehler (vor allem weil man nicht gut aufgepasst hat) ≈ *Irrtum* **2** **aus Versehen** ohne Absicht | *jemanden aus Versehen stoßen* | *etwas aus Versehen wegwerfen*

ver·se·hent·lich ADJEKTIV ohne Absicht, weil man nicht aufmerksam ist | *versehentlich in den falschen Bus einsteigen*

Ver·sehr·te *der/die*; (-n, -n); *admin* eine Person, die durch eine Verletzung o. Ä. körperlich behindert ist **K** Versehrtensport; Kriegsversehrte **H** *ein Versehrter; der Versehrte; den, dem, des Versehrten*

ver·selbst·stän·di·gen VERB (verselbstständigte sich, hat sich verselbstständigt) **etwas verselbstständigt sich** etwas löst sich aus dem normalen, üblichen Zusammenhang und wird unabhängig und selbstständig • hierzu **Ver·selbst·stän·di·gung** *die*

ver·sen·den VERB (versandte/versendete, hat versandt/versendet) **Dinge (an Personen) versenden** etwas (in großer Zahl, Menge) durch Post oder Bahn an jemanden schicken ⟨Prospekte, Waren⟩

ver·sen·gen VERB (versengte, hat versengt) **(jemandem) etwas versengen** etwas durch Hitze oder Feuer leicht beschädigen | *Wäsche beim Bügeln versengen* | *sich die Haare an einer Kerze versengen*

ver·sen·ken VERB (versenkte, hat versenkt) **1** **etwas versenken** ein Schiff angreifen und so beschädigen, dass es sinkt | *Ein Schiff der gegnerischen Flotte wurde bei dem Gefecht versenkt* **H** Das intransitive Verb ist *(ver)sinken*: *das Schiff (ver)sinkt.* **2** **etwas versenken** bewirken, dass etwas unter der Oberfläche einer Sache verschwindet | *Betonpfeiler in die Erde versenken* **3** **sich in etwas** (*Akkusativ*) **versenken** sich ganz auf etwas konzentrieren | *sich in ein Buch versenken*

Ver·sen·kung *die*; (-, -en) der Teil des Bodens vor allem an einer Bühne, der nach unten gesenkt werden kann ■ **ID** je-

V

mand verschwindet in der Versenkung *gesprochen* jemand erscheint nicht mehr in der Öffentlichkeit (und wird vergessen); **jemand taucht aus der Versenkung auf** *gesprochen* jemand erscheint plötzlich wieder in der Öffentlichkeit

ver·ses·sen ADJEKTIV **auf jemanden/etwas versessen** so, dass man jemanden/etwas dringend haben will | *auf Schokolade versessen sein* | *Er war ganz versessen darauf, mit mir tanzen zu gehen* • hierzu **Ver·ses·sen·heit** *die*

★ **ver·set·zen** VERB (versetzte, hat versetzt) **1** **etwas versetzen** etwas von einer Stelle an eine andere bringen | *eine Mauer (um drei Meter) versetzen* | *die Knöpfe an einer Jacke versetzen* | *einen Baum versetzen* **2** **jemand wird (irgendwohin) versetzt** jemand bekommt von seiner Firma oder Behörde einen anderen Arbeitsplatz | *jemanden in die Zweigstelle nach Dresden/ins Ausland versetzen* | *Wenn er Hauptmann werden will, muss er sich versetzen lassen* **3** **jemand wird versetzt** ein Schüler darf im nächsten Schuljahr die nächste, höhere Klasse besuchen ⟨(nicht) versetzt werden⟩ **4** **etwas versetzen** etwas als Pfand geben, damit man Geld dafür bekommt | *seinen Schmuck versetzen* **5** **jemanden versetzen** *gesprochen* zu einem Treffen mit jemandem nicht kommen, obwohl man es versprochen hat **6** **jemandem/etwas einen Hieb/Schlag/Tritt versetzen** eine Person oder Sache schlagen/treten **7** **jemand/etwas versetzt eine Person/Sache in etwas** (*Akkusativ*) jemand/etwas ist der Grund dafür, dass eine Person oder eine Sache in den genannten Zustand kommt | *etwas versetzt etwas in Bewegung/Schwingung* (etwas bewirkt, dass etwas sich bewegt/schwingt) | *etwas versetzt jemanden in Aufregung/Begeisterung/Erstaunen/Unruhe* (etwas bewirkt, dass jemand sich aufregt/begeistert ist/staunt/unruhig wird) **8** **jemanden in die Lage versetzen, etwas zu tun** *geschrieben* es jemandem möglich machen, etwas zu tun **9** **etwas mit etwas versetzen** eine Flüssigkeit mit etwas vermischen | *Wein mit Wasser versetzen* **10** **sich in jemanden/etwas versetzen** sich vorstellen, an jemandes Stelle oder in einer Situation zu sein ⟨sich in jemandes Lage/Situation versetzen⟩ | *Versuch doch mal, dich in meine Lage zu versetzen!* • zu (1 – 4) **Ver·set·zung** *die*

ver·seu·chen VERB (verseuchte, hat verseucht) **etwas verseucht etwas (mit etwas)** giftige Stoffe oder Bakterien bewirken, dass etwas für die Gesundheit gefährlich ist | *Die Chemiefabrik hat das Grundwasser verseucht* • hierzu **Ver·seu·chung** *die*

Vers·fuß [f-] *der* die kleinste rhythmische Einheit eines Verses

★ **ver·si·chern** VERB (versicherte, hat versichert) **1** **jemanden/etwas (gegen etwas) versichern** eine Versicherung abschließen, damit man im Falle von Krankheit, Unfällen, Schäden usw. nicht so viel Geld bezahlen muss | *Jedes Haus muss gegen Feuer versichert werden* | *Ich hoffe, Sie sind versichert!* **2** **eine Firma versichert jemanden/etwas (gegen etwas)** eine Firma bietet Versicherungen für Personen/Dinge an | *Versichern Sie auch Schäden durch Hochwasser?* **3** **(jemandem) etwas versichern** jemandem erklären, dass etwas ganz sicher so ist, wie man es gesagt hat ⟨(jemandem) hoch und heilig versichern, dass ...⟩ | *Er versicherte mir, dass er ein Spezialist auf diesem Gebiet sei* **4** **sich einer Sache** (*Genitiv*) **versichern** prüfen, ob es ganz sicher ist, dass man etwas bekommt ⟨sich jemandes Freundschaft, jemandes Hilfe, jemandes Schutzes versichern⟩

Ver·si·cher·ten·kar·te *die* eine kleine Karte aus Plastik, auf der die persönlichen Daten gespeichert sind und die beweist, dass man Mitglied bei einer Krankenkasse ist **I** → Infos unter **Krankenversicherung**

★ **Ver·si·che·rung** *die*; (-, -en) **1** **eine Versicherung (gegen etwas)** ein Vertrag mit einer Firma, der man regelmäßig Geld zahlt, damit sie die Kosten übernimmt, die bei einem Schaden entstehen ⟨eine Versicherung abschließen, kündigen⟩ | *eine Versicherung gegen Feuer und Glasschäden* **K** Versicherungsbeitrag, Versicherungsnummer, Versicherungspolice, Versicherungsschutz, Versicherungssumme; Diebstahlversicherung, Haftpflichtversicherung, Hausratversicherung, Kraftfahrzeugversicherung, Krankenversicherung, Lebensversicherung, Reiseversicherung, Reiserücktrittskostenversicherung, Unfallversicherung, Wohngebäudeversicherung **2** eine Firma, mit der man solche Verträge machen kann **K** Versicherungsgesellschaft, Versicherungskaufmann, Versicherungsvertreter

Ver·si·che·rungs·fall *der* ein Schadensfall o. Ä., bei dem die Versicherungsfirma die Kosten übernehmen muss

Ver·si·che·rungs·pflicht *die* die gesetzliche Pflicht, sich gegen etwas zu versichern | *Für Autofahrer besteht Versicherungspflicht* • hierzu **ver·si·che·rungs·pflich·tig** ADJEKTIV

ver·si·ckern VERB (versickerte, ist versickert) **etwas versickert** etwas fließt langsam in die Erde ⟨das Wasser, der Regen⟩

ver·sie·ben VERB (versiebte, hat versiebt); *gesprochen* **1** **etwas versieben** ⟨einen Termin versieben⟩ ≈ *vergessen* **2** **etwas versieben** etwas ohne Erfolg beenden | *eine Prüfung versieben*

ver·sie·geln VERB (versiegelte, hat versiegelt) **1** **etwas versiegeln** eine Oberfläche mit einer Schicht bedecken, die kein Wasser o. Ä. durchlässt ⟨einen Boden, das Parkett versiegeln⟩ | *Weil in der Stadt zu viele Flächen versiegelt sind, konnte das Wasser nicht schnell genug abfließen* **2** **etwas versiegeln** etwas mit einem Siegel verschließen ⟨einen Brief, eine Tür versiegeln⟩ • hierzu **Ver·sie·ge·lung** *die*

ver·sie·gen VERB (versiegte, ist versiegt) **etwas versiegt** *geschrieben* etwas hört auf zu fließen ⟨eine Quelle⟩

ver·siert [v-] ADJEKTIV mit viel Erfahrung und Routine ≈ *routiniert* | *ein versierter Verkäufer* • hierzu **Ver·siert·heit** *die*

ver·sil·bern VERB (versilberte, hat versilbert) **1** **etwas versilbern** etwas mit einer dünnen Schicht Silber bedecken ⟨Bestecke, Schmuck versilbern⟩ **2** **etwas versilbern** *gesprochen* etwas verkaufen, um dafür Geld zu bekommen | *Ich brauche die Bücher nicht mehr, die werden jetzt versilbert* • hierzu **Ver·sil·be·rung** *die*

ver·sin·ken VERB (versank, ist versunken) **1** **jemand/etwas versinkt (in etwas** (*Dativ*)**)** ein Boot (bzw. die Personen darin) kommt (kommen) unter die Wasseroberfläche und verschwindet (verschwinden) allmählich | *Das Boot ist im See versunken* **2** **jemand/etwas versinkt (in etwas** (*Dativ*)**)** eine Person, ein Tier oder ein Gegenstand sinkt in einer weichen Masse ein ⟨bis zu den Knöcheln, Knien im Schnee, Schlamm, Sand, Moor versinken⟩ **3** **etwas versinkt (irgendwo)** etwas geht unter | *Die Sonne versinkt am Horizont* **4** **in etwas** (*Akkusativ*) **versinken** sich immer mehr auf ein Gefühl oder eine Tätigkeit konzentrieren und nichts anders mehr denken ⟨in Trauer, Schwermut, Nachdenken, Grübeln, Schweigen versinken⟩

ver·sinn·bild·li·chen VERB (versinnbildlichte, hat versinnbildlicht) **etwas versinnbildlicht etwas** *geschrieben* das eine ist ein Symbol für das andere Genannte | *Diese Ruinen versinnbildlichen die Zerstörung durch den Krieg* • hierzu **Ver·sinn·bild·li·chung** *die*

★ **Ver·si·on** *die*; (-, -en) **1** **eine Version (von etwas/** *+Genitiv*) eine von mehreren Möglichkeiten, ein Ereignis darzustellen und zu deuten | *die offizielle Version vom Vorfall* | *Die Zeugen lieferten unterschiedliche Versionen vom*

Überfall **2** eine von mehreren Formen eines Textes ⟨eine ältere, deutschsprachige, gedruckte, (un)gekürzte Version; die endgültige, ursprüngliche Version⟩ | *Den beliebten Comic gibt es auf Deutsch auch in einer bayrischen und einer schwäbischen Version* **3** eines von mehreren sehr ähnlichen Produkten ≈ *Variante* | *Dieses Automodell gibt es in einer zweitürigen und einer viertürigen Version*

ver·skla·ven [-vn̩, -fn̩] VERB (versklavte, hat versklavt) **jemanden versklaven** jemanden zum Sklaven machen • hierzu **Ver·skla·vung** *die*

Vers·maß [f-] *das* das rhythmische Schema eines Verses ≈ *Metrum*

ver·snobt ADJEKTIV; *abwertend* mit den Eigenschaften eines Snobs

ver·sof·fen ■ PARTIZIP PERFEKT **1** → versaufen ■ ADJEKTIV **2** *gesprochen, abwertend* so, dass eine Person oft und viel Alkohol trinkt

ver·soh·len VERB (versohlte, hat versohlt) **jemanden versohlen**; **jemandem den Hintern versohlen** *gesprochen, veraltend* ein Kind zur Strafe schlagen

ver·söh·nen VERB (versöhnte, hat versöhnt) **1** **eine Person versöhnt sich mit jemandem**; **Personen versöhnen sich** zwei oder mehrere Personen leben nach einem Streit wieder in Frieden miteinander | *Wollt ihr euch nicht wieder versöhnen?* **2** **eine Person mit jemandem versöhnen** bewirken, dass zwei Personen oder Gruppen einen Streit beenden **3** **etwas versöhnt jemanden mit etwas** etwas bewirkt, dass jemand eine Situation nicht mehr so schlimm findet | *Das tolle Spiel versöhnt mich etwas mit den vielen Niederlagen der letzten Zeit* • zu (1,2) **Ver·söh·nung** *die*

ver·söhn·lich ADJEKTIV so, dass jemand bereit ist, sich zu versöhnen ⟨versöhnliche Worte finden; versöhnlich gestimmt sein⟩

ver·son·nen ADJEKTIV so, dass man intensiv an etwas denkt und alles andere nicht bemerkt

★ **ver·sor·gen** VERB (versorgte, hat versorgt) **1** **jemanden/etwas (mit etwas) versorgen** bewirken, dass eine Sache, eine Person oder man selbst das bekommt, was gebraucht wird | *jemanden mit Nahrung und Kleidung versorgen* | *ein Stadtviertel mit Trinkwasser versorgen* **2** **jemanden/etwas versorgen** dafür sorgen, dass ein Mensch oder ein Tier die nötige Pflege bekommt ⟨ein Kind, einen Kranken, einen Pflegebedürftigen versorgen; ein Haus, einen Garten versorgen; eine Wunde versorgen⟩ • hierzu **Ver·sor·gung** *die*

ver·span·nen VERB (verspannte, hat verspannt) **1** **jemand/etwas verspannt sich**; **jemand/etwas verspannt etwas** die Muskeln eines Körperteils ziehen sich stark zusammen und werden nicht mehr von selbst locker | *Du darfst dich/deine Muskulatur nicht so verspannen* | *Die lange Arbeit am Schreibtisch verspannt den Nacken* **2** **jemand verspannt sich** eine Person verhält sich nicht mehr natürlich, z. B. weil sie unsicher ist oder sich Sorgen macht

ver·spannt ADJEKTIV so, dass Muskeln ständig gespannt sind und man dadurch Schmerzen o. Ä. hat ⟨Muskeln; ein Nacken⟩ ≈ *verkrampft*

Ver·span·nung *die*; (-, -en) der Zustand, in dem Muskeln verspannt sind ⟨Verspannungen lösen⟩

★ **ver·spä·ten** VERB (verspätete sich, hat sich verspätet) **1** **jemand/etwas verspätet sich** jemand/etwas kommt später als geplant | *Er hat sich um zehn Minuten verspätet* **2** **jemand/etwas erscheint verspätet**; **jemand/etwas trifft verspätet ein** eine Person oder Sache kommt später als geplant | *Der Zug traf verspätet ein* | *Sie kam verspätet zur Sitzung*

★ **Ver·spä·tung** *die*; (-, -en) **1** die Zeit, um die man zu spät kommt | *Entschuldigen Sie bitte meine Verspätung!* **2** **etwas hat Verspätung** ein Zug oder Bus fährt, ein Flugzeug fliegt später ab bzw. kommt später an als geplant

ver·spei·sen VERB (verspeiste, hat verspeist) **etwas verspeisen** *geschrieben* etwas (mit Appetit und Vergnügen) essen

ver·spe·ku·lie·ren VERB (verspekulierte sich, hat sich verspekuliert) **jemand hat sich (bei etwas) verspekuliert** jemand hat eine Situation falsch beurteilt (und meist viel Geld verloren)

ver·sper·ren VERB (versperrte, hat versperrt) **1** **etwas versperren** bewirken, dass man an einer Stelle nicht weitergehen oder -fahren kann, weil dort ein Hindernis ist | *Demonstranten versperrten die Zufahrt mit Barrikaden* | *Nach dem Sturm versperrten umgestürzte Bäume die Straße* **2** **eine Person/Sache versperrt jemandem den Blick/die Sicht** nichts sehen können, weil zwischen dem Betrachter und dem Objekt ein großer Gegenstand oder eine Person ist

ver·spie·len VERB (verspielte, hat verspielt) **1** **etwas verspielen** beim Roulette, Poker o. Ä. Geld verlieren ⟨das Vermögen, viel Geld verspielen⟩ **2** **etwas verspielen** durch (leichtsinniges) Verhalten etwas verlieren ⟨das Glück, die Chancen verspielen⟩ ■ ID **bei jemandem verspielt haben** *gesprochen* jemandes Sympathie, Freundschaft oder Vertrauen nicht mehr haben

ver·spielt ■ PARTIZIP PERFEKT ■ → verspielen ■ ADJEKTIV **2** so, dass es immer spielen will ⟨ein Kind, ein Tier⟩ • zu (2) **Ver·spielt·heit** *die*

ver·spon·nen ADJEKTIV ⟨Menschen⟩ ≈ *seltsam, wunderlich*

ver·spot·ten VERB (verspottete, hat verspottet) **jemanden/etwas verspotten** über jemanden/etwas spotten • hierzu **Ver·spot·tung** *die*

★ **ver·spre·chen** VERB (verspricht, versprach, hat versprochen) **1** **(jemandem) etwas versprechen** jemandem sagen, dass man etwas ganz sicher tun wird ⟨jemandem etwas fest, hoch und heilig versprechen; jemandem Hilfe versprechen⟩ | *Mein Onkel hat mir zum Geburtstag ein Fahrrad versprochen* | *Sie hat versprochen, ihm zu helfen* | *Ich habe ihr versprochen, dass ich sie besuchen werde* | *„Kommst du wirklich?" – „Ja, ich verspreche es."* **2** **etwas verspricht etwas** etwas lässt erwarten, dass etwas geschehen wird | *Das verspricht, ein schöner Abend zu werden* **3** **sich** (*Dativ*) **etwas von jemandem/etwas versprechen** glauben, dass eine die genannte Entwicklung stattfinden wird | *Ich verspreche mir von der neuen Regierung eigentlich nur wenig/nichts* **4** **sich versprechen** ohne Absicht etwas anders sagen oder aussprechen, als man wollte | *Er war so nervös, dass er sich ständig versprach*

★ **Ver·spre·chen** *das*; (-s, -) **1** Worte, mit denen eine Person einer anderen Person sagt, dass sie etwas ganz sicher tun wird ⟨jemandem ein Versprechen geben; ein Versprechen abgeben; ein Versprechen erfüllen, halten, brechen⟩ **2** **ein leeres Versprechen** ein Versprechen, das nicht eingehalten wird

Ver·spre·cher *der*; (-s, -) ein Fehler beim Sprechen oder bei der Aussprache eines Wortes ⟨jemandem unterläuft ein Versprecher⟩

Ver·spre·chung *die*; (-, -en); *meist Plural* **jemandem große/leere Versprechungen machen** jemandem viel versprechen, aber dann das Versprechen nicht halten

ver·sprengt ADJEKTIV in verschiedene Richtungen auseinandergetrieben ⟨(ein Trupp) versprengte(r) Soldaten; (eine Herde) versprengte(r) Tiere⟩

ver·sprit·zen VERB (verspritzte, hat verspritzt) **etwas verspritzen** Flüssigkeit in Tropfen in verschiedene Richtungen spritzen ⟨Wasser verspritzen⟩

ver·sprü·hen VERB (versprühte, hat versprüht) **etwas versprü-**

V

hen eine Flüssigkeit in sehr kleinen Tropfen verteilen ⟨ein Pflanzenschutzmittel versprühen⟩

ver·spü·ren VERB (verspürte, hat verspürt) **etwas verspüren** etwas körperlich oder seelisch fühlen ⟨Hunger, Durst, Schmerz, Müdigkeit verspüren; Angst, Reue verspüren⟩ ≈ *empfinden*

ver·staat·li·chen VERB (verstaatlichte, hat verstaatlicht) **die Regierung verstaatlicht etwas** die Regierung macht eine private Firma zum Eigentum des Staates | *Die Eisenbahn wird verstaatlicht* • hierzu **Ver·staat·li·chung** *die*

Ver·städ·te·rung *die*; *nur Singular* die Entwicklung, durch die kleine Orte immer größer und einer Stadt ähnlich werden

★ **Ver·stand** *der*; (-(e)s) die Fähigkeit des Menschen, zu denken und zu urteilen ⟨einen klaren, scharfen, keinen (Funken) Verstand haben; den Verstand gebrauchen⟩ | *Du solltest genug Verstand haben, nicht solche gefährlichen Sachen zu machen* **K** Verstandeskraft, Verstandesschärfe ■ **ID den Verstand verlieren** wegen eines schrecklichen Ereignisses geistig verwirrt, wahnsinnig werden; **eine Person/Sache bringt jemanden um den Verstand** jemand wird nervös oder wütend, weil eine Person oder Sache eine sehr große (psychische) Belastung ist | *Dieser Lärm bringt mich noch um den Verstand!*; **Du bist wohl nicht (ganz/recht) bei Verstand?** was du tust, vorschlägst o. Ä., ist Unsinn

ver·stan·des·mä·ßig ADJEKTIV *meist attributiv*; *geschrieben* mit dem Verstand (und nicht mit dem Gefühl) ⟨etwas verstandesmäßig begreifen, erfassen⟩

ver·stän·dig ADJEKTIV fähig, Situationen vernünftig zu beurteilen ≈ *vernünftig* | *Max ist mit seinen 10 Jahren schon sehr verständig* • hierzu **Ver·stän·dig·keit** *die*

★ **ver·stän·di·gen** VERB (verständigte, hat verständigt) **1 jemanden (über etwas** (*Akkusativ*)**/von etwas) verständigen** jemandem mitteilen, dass etwas geschehen ist ⟨die Polizei verständigen⟩ | *Die Ärzte verständigten die Angehörigen vom Tod des Patienten* | *Hat man Sie darüber verständigt, dass der Kurs ausfällt?* **2 sich (mit jemandem) (irgendwie) verständigen** etwas so sagen oder tun, dass eine andere Person verstehen kann, was man sagen möchte ⟨sich in einer Fremdsprache, sich durch Zeichen verständigen⟩ **3 eine Person verständigt sich mit jemandem (über etwas** (*Akkusativ*)**)**; **Personen verständigen sich (über etwas** (*Akkusativ*)**)** *geschrieben* zwei oder mehrere Personen einigen sich über etwas und lösen oder beseitigen so ein Problem | *sich mit einem Verhandlungspartner über einen strittigen Punkt verständigen*

Ver·stän·di·gung *die*; (-) **1** *geschrieben* die Mitteilung, dass etwas geschehen ist | *die Verständigung der Angehörigen* **2** ein Gespräch, bei dem jeder versteht, was die Person, welche gerade spricht, sagen will | *Die Verständigung mit dem Gast aus Japan war schwierig* **K** Verständigungsmittel, Verständigungsmöglichkeit, Verständigungsschwierigkeiten, Verständigungsversuch **3** *geschrieben* ⟨es kommt zu einer Verständigung über etwas⟩ ≈ *Einigung* • zu (3) **ver·stän·di·gungs·be·reit** ADJEKTIV

★ **ver·ständ·lich** ADJEKTIV **1** deutlich und gut zu hören ⟨eine Aussprache; klar und verständlich sprechen⟩ | *Bei dem Lärm waren ihre Worte für mich kaum verständlich* **2** so, dass der Sinn leicht zu erkennen, verstehen ist ⟨etwas ist leicht, kaum, schwer verständlich; etwas verständlich darstellen, formulieren⟩ | *ein schwer verständlicher wissenschaftlicher Text* **3** so, dass man den Grund dafür erkennt und akzeptiert ⟨eine Forderung, ein Wunsch, eine Sorge, eine Reaktion; etwas ist (jemandem) durchaus verständlich⟩ **4 jemandem etwas verständlich machen** jemandem etwas so erklären, dass er es gut verstehen kann **5 sich (irgendwie) verständlich machen** so sprechen oder sich so verhalten, dass eine andere Person versteht, was man meint ⟨sich durch Zeichen, mit Gesten verständlich machen⟩ • hierzu **Ver·ständ·lich·keit** *die*; zu (3) **ver·ständ·li·cher·wei·se** ADVERB

★ **Ver·ständ·nis** *das*; (-ses) **1 Verständnis (für jemanden/etwas)** die Fähigkeit, jemanden/etwas zu verstehen und zu akzeptieren, was eine andere Person denkt, fühlt oder tut ⟨viel, volles, wenig, kaum, kein Verständnis für jemanden/etwas haben/aufbringen; jemandem/etwas Verständnis entgegenbringen⟩ | *Ich habe durchaus Verständnis für deine Situation* | *Meine Eltern haben kein Verständnis dafür, dass ich mit dem Motorrad nach Sizilien fahren will* **2** *geschrieben* das Verstehen und Begreifen ⟨jemandem das Verständnis eines Textes erleichtern⟩ • zu (1) **ver·ständ·nis·los** ADJEKTIV; zu (1) **Ver·ständ·nis·lo·sig·keit** *die*; zu (1) **ver·ständ·nis·voll** ADJEKTIV

★ **ver·stär·ken** VERB (verstärkte, hat verstärkt) **1 etwas verstärken** etwas kräftiger und stabiler machen ⟨eine Mauer verstärken⟩ **2 etwas (um jemanden/etwas) verstärken** etwas in der Anzahl größer machen | *eine Mannschaft (um einen Spieler) verstärken* | *die Truppen (um tausend Mann) verstärken* **3 etwas verstärken** etwas stärker, intensiver machen ⟨den Druck, die Spannung verstärken; den Ton (durch/über Lautsprecher) verstärken; verstärkte Anstrengungen; sich verstärkt um jemanden/etwas bemühen⟩ **4 etwas verstärkt sich** etwas wird stärker, intensiver ⟨der Lärm, der Sturm, der Druck⟩ • hierzu **Ver·stär·kung** *die*

Ver·stär·ker *der*; (-s, -) ein Gerät zur Verstärkung der Leistung elektrischer Geräte, z. B. von E-Gitarren

ver·stau·ben VERB (verstaubte, ist verstaubt) **etwas verstaubt** etwas wird von Staub bedeckt | *verstaubte Bilderrahmen*

ver·staubt ■ PARTIZIP PERFEKT **1** → verstauben ■ ADJEKTIV **2** *abwertend* ⟨verstaubte Ansichten (über etwas) haben⟩ ≈ *altmodisch, veraltet*

ver·stau·chen VERB (verstauchte, hat verstaucht) **sich** (*Dativ*) **etwas verstauchen** durch eine plötzliche, starke Belastung ein Gelenk oder die Bänder beschädigen ⟨sich den Fuß, den Knöchel verstauchen⟩ • hierzu **Ver·stau·chung** *die*

ver·stau·en VERB (verstaute, hat verstaut) **Dinge (irgendwo) verstauen** Dinge in einen Behälter o. Ä. legen (meist sorgfältig, weil wenig Platz ist) | *das Gepäck im Kofferraum verstauen*

Ver·steck *das*; (-(e)s, -e) ein Ort, an dem jemand/etwas versteckt ist oder an dem jemand/etwas versteckt werden kann ⟨ein gutes, sicheres Versteck kennen⟩ ■ **ID mit jemandem Versteck spielen** jemanden irreführen, täuschen

★ **ver·ste·cken** (versteckte, hat versteckt) **eine Person/Sache (vor jemandem) verstecken** dafür sorgen, dass andere Personen eine Person oder Sache nicht finden können | *Das Kind versteckte sich/seine Puppe hinter einem Busch* | *Was hast du da hinter deinem Rücken versteckt?* ■ **ID sich (mit etwas) (vor jemandem) nicht verstecken müssen/nicht zu verstecken brauchen** (in etwas) ebenso gut sein wie eine andere Person

Ver·ste·cken (*das*); (-s) ein Kinderspiel, bei dem ein Kind die anderen Kinder suchen muss ⟨Verstecken spielen⟩

Ver·steck·spiel *das*; *meist Singular* ein Verhalten, bei dem jemand versucht, jemanden zu täuschen oder jemandem etwas zu verheimlichen ≈ *Heimlichtuerei*

ver·steckt ■ PARTIZIP PERFEKT **1** → verstecken ■ ADJEKTIV **2** nicht ganz deutlich, aber so, dass man es erkennen kann ⟨ein Vorwurf, eine Drohung, ein Hinweis⟩

★ **ver·ste·hen** VERB (verstand, hat verstanden)

▸akustisch: **1 jemanden/etwas verstehen** erkennen, welche Worte jemand spricht oder singt und welchen Sinn sie ergeben ⟨jemanden/etwas gut deutlich, falsch, schlecht, schwer verstehen⟩ | *Bei dem Lärm konnte ich nicht verstehen, was sie sagte | Er nuschelt so, dass ich nur die Hälfte von dem verstehe, was er sagt*

▸inhaltlich: **2** **etwas verstehen** wissen oder erkennen, wie etwas ist oder warum es so ist ≈ *begreifen, kapieren | Verstehst du diese Frage? Ich nicht! | Ich verstehe einfach nicht, wie so ein Fehler möglich war | Verstehst du jetzt, warum ich dich davor gewarnt habe?* **3** **jemanden/etwas verstehen** erkennen, was eine Person mit ihren Worten sagen will oder welchen Sinn ein Text hat | *Ich habe schon verstanden, was du meinst | Wenn ich Sie/das recht verstehe, dann wurden in der Vergangenheit einige Fehler gemacht | Ich glaube, Sie haben mich falsch verstanden* **4** **etwas irgendwie verstehen** die genannte Bedeutung mit einer Äußerung oder mit einem Wort verbinden | *etwas im wörtlichen/übertragenen Sinn verstehen | Jeder versteht das auf seine eigene Weise* **5** **etwas unter etwas verstehen; etwas irgendwie verstehen** eine Bezeichnung in der genannten Bedeutung verwenden | *Was verstehen Sie unter dem Begriff „Revision"? | Unter „VDSL" versteht man eine schnelle Form der Datenübertragung* **6** **etwas versteht sich als etwas** ein Preis, Wert o. Ä. ist etwas, stellt etwas dar | *Das Angebot versteht sich als Gruppentarif | Die aufgeführten Zinssätze verstehen sich als Richtwerte | Die angegebenen Preise verstehen sich als Nettopreise zuzüglich Mehrwertsteuer*

▸emotional, intuitiv: **7** **jemanden/etwas verstehen** die Gründe für das Verhalten einer Person erkennen und das Verhalten akzeptieren | *Ich kann gut verstehen, dass dich das ärgert | Ich verstehe deine ablehnende Haltung nicht, das ist doch eine gute Sache | Sie fühlt sich von ihrem Mann nicht verstanden* **8** **etwas als etwas verstehen** denken, dass eine Äußerung oder Handlung die genannte Funktion hat | *Ich habe das als Drohung verstanden | Darf ich das als Zustimmung verstehen?* **9** **sich als etwas verstehen** etwas als seine Aufgabe, seine Rolle ansehen | *Sie versteht sich eher als Freundin ihrer Kinder denn als Erzieherin | Der Verein versteht sich als Selbsthilfegruppe für Behinderte* **10** **jemand versteht sich mit jemandem irgendwie; Personen verstehen sich irgendwie** die Beziehung zwischen Personen ist von der genannten Art | *Früher gab es schon mal Streit, aber jetzt verstehen wir uns prima | Sie versteht sich mit den Nachbarn nicht besonders* **11** **jemand versteht sich mit jemandem; Personen verstehen sich** zwei oder mehrere Personen haben eine gute Beziehung zueinander | *Verstehst du dich mit dem neuen Kollegen? | Wir verstehen uns nicht mehr*

▸Fähigkeit: **12** **etwas verstehen** etwas gut können, beherrschen ⟨sein Fach, seinen Beruf, sein Handwerk verstehen⟩ | *Er versteht es, sich beliebt zu machen* **13** **etwas/viel/wenig/... von etwas verstehen** auf einem Gebiet die genannte Menge von Wissen und Erfahrung haben | *Sie versteht einiges von moderner Kunst* **14** **sich auf etwas** (*Akkusativ*) **verstehen** etwas gut können | *Sie versteht sich aufs Argumentieren/auf die Kunst des Argumentierens* **15** **sich auf jemanden/etwas** (*Akkusativ*) **verstehen** gut mit jemandem/etwas umgehen können | *Du verstehst dich aber gut auf kleine Kinder!*

■ **ID jemandem etwas zu verstehen geben** jemanden etwas durch indirekte Hinweise wissen lassen; **Das versteht sich von selbst** Das ist selbstverständlich

ver·stei·fen VERB (versteifte, hat/ist versteift) **1** **etwas versteifen** (*hat*) etwas so verändern, dass es steifer, härter oder belastbarer wird **2** **etwas versteift** (*ist*) etwas wird steif ⟨jemandes Gelenke⟩ **3** **sich auf etwas** (*Akkusativ*) **versteifen** (*hat*) etwas genau so haben wollen, wie man es geplant hat ⟨sich auf einen Wunsch, einen Plan, einen Gedanken versteifen⟩ ● hierzu **Ver·stei·fung** *die*

ver·stei·gen VERB (verstieg sich, hat sich verstiegen) **sich zu etwas versteigen** mit einer gewagten Äußerung zu weit gehen ⟨sich zu einer Aussage, einer Behauptung, einer These versteigen⟩

ver·stei·gern VERB (versteigerte, hat versteigert) **etwas versteigern** etwas öffentlich anbieten und an denjenigen verkaufen, der am meisten Geld dafür zahlt ⟨etwas meistbietend versteigern⟩

Ver·stei·ge·rung *die*; (-, -en) **1** eine Veranstaltung, bei der Dinge versteigert werden **K** Zwangsversteigerung **2** *nur Singular* der Vorgang, wenn etwas versteigert wird | *die Versteigerung eines Gemäldes von Picasso*

ver·stei·nert ADJEKTIV **1** zu Stein geworden | *versteinerte Krebse* **2** so, dass sich kein Muskel bewegt (meist als Zeichen von Hass oder Enttäuschung) ⟨eine Miene, ein Gesicht⟩

Ver·stei·ne·rung *die*; (-, -en) ein versteinertes Tier oder eine versteinerte Pflanze ≈ *Fossil*

ver·stel·len VERB (verstellte, hat verstellt) **1** **etwas verstellen** die Position einer Sache ändern ⟨den Rückspiegel, die Kopfstütze, die Rückenlehne verstellen⟩ | *Diesen Schreibtischstuhl kann man in der Höhe verstellen* **2** **etwas verstellen** ein technisches Gerät anders oder falsch einstellen | *Unser Sohn hat wieder mal den Wecker verstellt* **3** **etwas (mit etwas) verstellen** Gegenstände irgendwo hinstellen und dadurch bewirken, dass eine Sperre entsteht ⟨den Eingang, den Ausgang verstellen⟩ ≈ *versperren* **4** **etwas/sich verstellen** sein Verhalten oder etwas mit Absicht so ändern, dass man jemanden täuscht ⟨die Stimme, die Handschrift verstellen⟩ ● zu (2,4) **Ver·stel·lung** *die*; zu (1) **ver·stell·bar** ADJEKTIV

ver·ster·ben VERB (verstirbt, verstarb, ist verstorben); *geschrieben* ≈ *sterben* **H** meist im Partizip Perfekt

ver·steu·ern VERB (versteuerte, hat versteuert) **etwas versteuern** für etwas Steuern zahlen ⟨das Einkommen, eine Erbschaft versteuern⟩ ● hierzu **Ver·steu·e·rung** *die*

ver·stim·men VERB (verstimmte, hat verstimmt) **jemanden verstimmen** eine Person so sehr ärgern, dass sie schlechte Laune bekommt ≈ *verärgern* ↔ *aufheitern*

ver·stimmt ■ PARTIZIP PERFEKT **1** → verstimmen
■ ADJEKTIV **2** so, dass ein Musikinstrument falsch klingt ⟨die Gitarre, der Flügel, das Klavier; etwas ist, klingt verstimmt⟩ **3** ≈ *ärgerlich, verärgert* ● zu (3) **Ver·stim·mung** *die*

ver·stockt ADJEKTIV; *abwertend* (aus Trotz) nicht bereit, einen Irrtum oder Fehler zuzugeben und zu korrigieren ⟨ein Kind; sich verstockt zeigen⟩ ● hierzu **Ver·stockt·heit** *die*

ver·stoh·len ADJEKTIV *meist attributiv* so, dass es andere Leute nicht bemerken ⟨jemandem verstohlene Blicke zuwerfen; jemanden verstohlen ansehen⟩ ≈ *heimlich*

ver·stop·fen VERB (verstopfte, hat verstopft) **1** **etwas verstopfen** etwas in ein Loch o. Ä. stopfen und es dadurch verschließen | *ein Schlüsselloch mit Papier verstopfen* **2** **etwas verstopft etwas** etwas bewirkt, dass nur noch wenig oder nichts mehr durch eine Öffnung, ein Rohr o. Ä. gelangt | *Der Kalk hat die Düse verstopft | eine verstopfte Nase haben*

Ver·stop·fung *die*; (-, -en) **Verstopfung haben/an Verstopfung leiden** den Darm nicht entleeren können

ver·stor·ben PARTIZIP PERFEKT → versterben

★ **Ver·stor·be·ne** *der/die*; (-n, -n); *geschrieben* eine Person, die (vor kurzer Zeit) gestorben ist **H** *ein Verstorbener; der Verstorbene; den, dem, des Verstorbenen*

ver·stört ADJEKTIV seelisch und geistig verwirrt ⟨jemand

V

macht einen verstörten Eindruck; jemanden verstört ansehen⟩ ● hierzu **Ver·stört·heit** *die*

★ **Ver·stoß** *der* **ein Verstoß (gegen etwas)** eine Tat, für die man bestraft werden kann ⟨ein (schwerer) Verstoß gegen das Gesetz, die Regeln⟩ K Regelverstoß

★ **ver·sto·ßen** VERB (verstößt, verstieß, hat verstoßen) **1** **gegen etwas verstoßen** nicht so handeln, wie es eine Regel, ein Gesetz o. Ä. verlangt ⟨gegen eine Vorschrift, eine Regel, ein Gesetz, die Spielregeln, den Anstand, die guten Sitten verstoßen⟩ **2** **jemanden verstoßen** jemanden aus einer Gruppe, vor allem aus der Familie ausschließen ⟨einen Sohn, eine Tochter verstoßen⟩

ver·strah·len VERB (verstrahlte, hat verstrahlt) **etwas ist verstrahlt** etwas ist radioaktiv verseucht ● hierzu **Ver·strah·lung** *die*

ver·strei·chen VERB (verstrich, hat/ist verstrichen) **1** **etwas verstreicht** *geschrieben* (*ist*) die genannte Zeit geht zu Ende, wird Vergangenheit ⟨eine Frist verstreichen lassen⟩ ≈ *vergehen* | *Wie viele Jahre sind seither verstrichen?* **2** **etwas verstreichen** (*hat*) etwas auf eine Oberfläche streichen und dabei gleichmäßig verteilen | *die Farbe mit einem Pinsel auf dem Brett verstreichen*

ver·streu·en VERB (verstreute, hat verstreut) **Dinge verstreuen** Dinge auf einer Fläche verteilen, indem man sie streut oder ohne Ordnung liegen lässt | *Samen auf dem Beet verstreuen* | *Sie hat ihre Kleider im ganzen Zimmer verstreut*

ver·streut ■ PARTIZIP PERFEKT **1** → verstreuen
■ ADJEKTIV **2** einzeln und (innerhalb einer Region) weit voneinander entfernt ⟨Gehöfte, Höfe⟩ | *Die Höfe liegen verstreut*

ver·stri·cken VERB (verstrickte, hat verstrickt) **1** **jemanden in etwas** (*Akkusativ*) **verstricken** etwas tun, was eine andere Person in eine unangenehme Situation bringt ⟨jemanden in eine Angelegenheit verstricken⟩ **2** **sich in etwas** (*Akkusativ*) **verstricken** sich durch das eigene Verhalten in eine unangenehme Lage bringen ⟨sich in Lügen, Widersprüche verstricken⟩ ● hierzu **Ver·stri·ckung** *die*

ver·stüm·meln VERB (verstümmelte, hat verstümmelt) **1** **jemanden verstümmeln** jemanden oder sich selbst verletzen, indem man Teile des Körpers (z. B. einen Arm, eine Hand) abtrennt **2** **etwas verstümmeln** wichtige Teile eines Textes weglassen | *Die Nachricht kam vollkommen verstümmelt an* ● zu (1) **Ver·stüm·me·lung** *die*

ver·stum·men VERB (verstummte, ist verstummt); *geschrieben* **1** aufhören zu sprechen oder zu singen ⟨abrupt, jäh, plötzlich verstummen⟩ **2** **etwas verstummt** Geräusche hören auf ⟨das Gespräch, der Gesang, die Musik, das Geräusch, der Lärm⟩

★ **Ver·such** *der*; (-(e)s, -e) **1** eine Handlung, mit der man versucht, etwas zu tun ⟨ein geglückter, aussichtsloser, vergeblicher, verzweifelter Versuch; einen Versuch machen/wagen; ein Versuch glückt (jemandem), scheitert, misslingt (jemandem), schlägt fehl; etwas ist einen Versuch wert⟩ | *der Versuch der Polizei, die Demonstration aufzulösen* K Fluchtversuch, Mordversuch, Selbstmordversuch **2** **ein Versuch (an/mit jemandem/etwas)** eine oder mehrere Handlungen, mit denen man etwas (wissenschaftlich) prüfen, feststellen oder beweisen will ⟨ein physikalischer, wissenschaftlicher Versuch; einen Versuch vorbereiten, durchführen, abbrechen, auswerten; einen Versuch mit jemandem/etwas anstellen⟩ ≈ *Experiment, Test* | *Versuche an/mit Tieren machen, um die Wirkung eines Medikaments zu testen* K Versuchsabteilung, Versuchsanlage, Versuchsgelände, Versuchsleiter, Versuchsreihe, Versuchsserie; Menschenversuch, Tierversuch, Laborversuch **3** eine sportliche Aktion, durch die man die geforderte Höhe oder Weite erreichen will | *drei Versuche haben* | *Im dritten Versuch übersprang er 2,36 m*

★ **ver·su·chen** VERB (versuchte, hat versucht) **1** **etwas versuchen** sich Mühe geben, etwas (Schwieriges) mit Erfolg zu tun | *Sie versuchte, ihm zu helfen* | *Der Gefangene versuchte zu fliehen* **2** **etwas versuchen** etwas tun, um festzustellen, ob etwas möglich ist | *versuchen, ob der Schlüssel in das Schloss passt* | *„Ich weiß nicht, ob ich das kann!" – „Versuch es doch einfach mal!"* **3** **es mit etwas versuchen** etwas verwenden, um festzustellen, ob es für den gedachten Zweck geeignet ist ≈ *ausprobieren* | *Versuchs doch mal mit der Zange statt mit der Schere!* **4** **jemanden versuchen** *veraltend* jemanden in Versuchung führen **5** **es (noch einmal) mit jemandem versuchen** jemandem (noch einmal) die Chance geben, etwas gutzumachen und sich zu bewähren **6** **(etwas) versuchen** den Geschmack einer Sache prüfen (bevor man mehr davon isst oder trinkt) ≈ *probieren* | *einen Salat versuchen* | *Hier, versuch mal! Schmeckts?* **7** **sich in/an etwas** (*Dativ*) **versuchen** etwas eine kurze Zeit tun, um festzustellen, ob man dafür geeignet ist oder Talent dazu hat | *sich im Kochen/an einem Gedicht versuchen*

Ver·suchs·bal·lon *der* eine Sache, mit der getestet werden soll, ob z. B. eine Maßnahme oder eine Neuerung Aussichten auf Erfolg hätte

Ver·suchs·ka·nin·chen *das*; *abwertend* eine Person, an der man etwas (vor allem Medikamente) testet

Ver·suchs·per·son *die* eine Person, mit der man einen wissenschaftlichen Versuch macht

Ver·suchs·sta·di·um *das* **etwas befindet sich/ist (erst, noch) im Versuchsstadium** *geschrieben* etwas ist in einem Stadium, in dem man noch damit experimentiert (und noch keine sicheren Ergebnisse oder Beweise hat)

ver·sucht ■ PARTIZIP PERFEKT **1** → versuchen
■ ADJEKTIV **2** **versucht sein/sich versucht fühlen zu** *+Infinitiv geschrieben* den starken Wunsch haben, etwas zu tun

Ver·su·chung *die*; (-, -en) der starke Wunsch, etwas zu tun, das man meist aus moralischen Gründen nicht tun will oder nicht tun sollte ⟨eine große, starke Versuchung; in Versuchung geraten/kommen; einer Versuchung erliegen, widerstehen; jemanden in Versuchung bringen/führen⟩

ver·sump·fen VERB (versumpfte, ist versumpft) **1** **etwas versumpft** etwas wird sumpfig ⟨ein Gelände, eine Wiese⟩ **2** **jemand versumpft irgendwo** *gesprochen, humorvoll* eine Person vergisst ihre Pflichten und beschäftigt sich länger als geplant mit etwas Angenehmem | *Ich bin gestern in der Kneipe/vor dem Fernseher versumpft*

ver·sün·di·gen VERB (versündigte sich, hat sich versündigt) **sich (an jemandem/etwas) versündigen** *veraltend* moralisch schlecht handeln und so einer Person oder etwas schaden | *sich an der Natur versündigen* ● hierzu **Ver·sün·di·gung** *die*

ver·sun·ken ■ PARTIZIP PERFEKT **1** → versinken
■ ADJEKTIV **2** **in Gedanken versunken** mit den Gedanken so bei einem Thema, dass man nichts anderes mehr bemerkt ● zu (2) **Ver·sun·ken·heit** *die*

ver·sü·ßen VERB (versüßte, hat versüßt) **jemandem etwas versüßen** etwas tun, das jemandem Freude macht, und so eine bessere, schönere Zeit haben | *Ich gehe jede Woche einmal ins Café. Damit versüße ich mir das Leben*

ver·ta·gen VERB (vertagte, hat vertagt); *geschrieben* **1** **etwas (auf etwas** (*Akkusativ*)**) vertagen** bestimmen, dass eine Sitzung o. Ä. zu einem späteren Zeitpunkt stattfindet ⟨eine Sitzung, eine Verhandlung vertagen⟩ | *Die Debatte wurde auf nächste Woche vertagt* **2** **etwas vertagt sich** ein Gremium, ein Gericht o. Ä. beschließt, dass eine Sitzung unterbrochen und zu einem späteren Zeitpunkt fortgesetzt wird ● hierzu **Ver·ta·gung** *die*

ver·tau·schen VERB (vertauschte, hat vertauscht) [1] **etwas (mit etwas) vertauschen** etwas, das einer anderen Person gehört, (aus Versehen) nehmen und dafür etwas anderes, das sehr ähnlich ist, dalassen | *Er hat unsere Hüte vertauscht* | *Sie hat ihren Mantel mit meinem vertauscht* [2] **etwas mit etwas vertauschen** etwas (meist eine Tätigkeit) beenden oder aufgeben und dafür mit etwas Neuem beginnen | *Er vertauschte seine Arbeitsstelle beim Staat mit einer in der Industrie* ● zu (1) **Ver·tau·schung** *die*

★ **ver·tei·di·gen** VERB (verteidigte, hat verteidigt) [1] **eine Person/etwas (gegen jemanden/etwas) verteidigen** eine Person, sich selbst oder eine Sache gegen einen Angriff schützen, indem man kämpft ⟨das Land, eine Stadt (gegen den Feind, einen Angreifer) verteidigen⟩ ↔ *angreifen* [2] **eine Person/Sache (gegen jemanden/etwas) verteidigen** mit Argumenten erklären, dass ein Verhalten oder eine Meinung richtig war | *jemanden gegen eine Anschuldigung verteidigen* | *seine Thesen verteidigen* [3] **jemanden verteidigen** als Rechtsanwalt einen Angeklagten vor Gericht vertreten [4] **seinen Titel verteidigen** in einem Wettkampf versuchen, einen neuen Gegner zu besiegen und somit weiterhin einen Titel zu behalten [5] **eine Mannschaft verteidigt den Vorsprung/das Unentschieden** eine Mannschaft versucht, den erreichten Spielstand zu halten und nicht schlechter zu werden ● zu (1) **ver·tei·di·gungs·be·reit** ADJEKTIV

Ver·tei·di·ger *der*; (-s, -) [1] eine Person, die sich und andere Leute gegen einen Angriff schützt ↔ *Angreifer* [2] ein Rechtsanwalt, der einen Angeklagten (im Strafprozess) vor Gericht vertritt [3] ein Spieler, der den Gegner daran hindert, ein Tor zu schießen ● hierzu **Ver·tei·di·ge·rin** *die*

★ **Ver·tei·di·gung** *die*; (-) [1] die Handlungen, mit denen man jemanden/etwas in einem Kampf verteidigt [K] Verteidigungsbereitschaft, Verteidigungszustand; Landesverteidigung [2] das Militär (in Zeiten des Friedens) | *immense Summen für die Verteidigung ausgeben* [K] Verteidigungsausgaben, Verteidigungsbündnis, Verteidigungsetat, Verteidigungshaushalt, Verteidigungsminister, Verteidigungsministerium [3] das Verteidigen, Entschuldigen und Protestieren ⟨etwas zu jemandes/seiner Verteidigung sagen, vorbringen⟩ [K] Verteidigungsschrift [4] die Vertretung (durch einen Rechtsanwalt) vor Gericht ⟨das Recht auf Verteidigung; jemandes Verteidigung (vor Gericht) übernehmen; mit jemandes Verteidigung beauftragt sein⟩ [5] der Rechtsanwalt, der einen Angeklagten vor Gericht verteidigt | *Die Verteidigung hat das Wort* [6] die Spieler einer Mannschaft, die den Gegner daran hindern wollen, ein Tor zu erzielen ↔ *Sturm*

★ **ver·tei·len** VERB (verteilte, hat verteilt) [1] **(Dinge) (an Personen) verteilen** mehreren Personen einige Dinge (derselben Art) geben ≈ *austeilen* | *Flugblätter (an Passanten) verteilen* | *Die Lehrerin verteilte Süßigkeiten an die Kinder* [2] **etwas verteilen** eine Menge oder Masse in einzelne Teile teilen und meist gleichmäßig an verschiedene Stellen bringen, legen o. Ä. | *die Kisten gleichmäßig auf dem Lastwagen verteilen* [3] **etwas verteilt sich (irgendwo)** etwas kommt (in ungefähr gleicher Menge oder Zahl) an verschiedene Stellen einer Fläche oder eines Raumes | *Das Wasser verteilte sich auf dem ganzen Boden* | *Die Löcher sind gleichmäßig über den Rasen verteilt* [4] **Personen verteilen sich (irgendwo)** Personen gehen einzeln oder in kleinen Gruppen an verschiedene Plätze | *Die Gäste verteilten sich im ganzen Haus* ● hierzu **Ver·tei·lung** *die*

Ver·tei·ler *der*; (-s, -) [1] eine Person, die etwas an mehrere Personen verteilt [K] Prospektverteiler [2] ein kleines Gerät, das den elektrischen Strom an einer Stelle in verschiedene Richtungen verteilt [K] Verteilerdose, Verteilerkasten; Zündverteiler [3] *admin* eine Liste von Personen, an die ein Brief oder ein Dokument geschickt wird ● zu (1) **Ver·tei·le·rin** *die*

ver·teilt ■ PARTIZIP PERFEKT [1] → verteilen
■ ADJEKTIV [2] an verschiedenen Stellen in einem Gebiet, Raum o. Ä. | *Die Bäume standen ungleichmäßig in der Ebene verteilt*

ver·te·le·fo·nie·ren VERB (vertelefonierte, hat vertelefoniert) **etwas vertelefonieren** *gesprochen* die genannte Geldsumme für das Telefonieren ausgeben | *30 Euro vertelefonieren*

ver·teu·ern VERB (verteuerte, hat verteuert) [1] **etwas verteuert etwas** etwas macht etwas teurer | *Der hohe Ölpreis verteuert die Herstellung von Plastikprodukten* [2] **etwas verteuert sich** etwas wird teurer | *Das Benzin hat sich verteuert* ● hierzu **Ver·teu·e·rung** *die*

ver·teu·feln VERB (verteufelte, hat verteufelt) **jemanden/etwas verteufeln** *abwertend* behaupten, dass jemand/etwas sehr böse, gefährlich oder sehr schlecht sei ● hierzu **Ver·teu·fe·lung** *die*

ver·teu·felt ■ PARTIZIP PERFEKT [1] → verteufeln
■ ADJEKTIV [2] *gesprochen meist attributiv* ⟨eine Situation, eine Angelegenheit, eine Sache⟩ ≈ *schwierig, unangenehm* [3] verwendet, um negative Adjektive zu verstärken ≈ *sehr* | *Ich bin in einer verteufelt schwierigen Lage*

ver·ti·cken VERB (vertickte, hat vertickt); *gesprochen* **etwas verticken** (als Privatperson) etwas verkaufen | *die alte Schallplattensammlung verticken*

ver·tie·fen VERB (vertiefte, hat vertieft) [1] **etwas vertiefen** etwas tiefer machen | *Wir müssen den Kanal vertiefen* [2] **etwas vertiefen** durch Information, durch Lernen oder Üben mehr Wissen bekommen ⟨die Kenntnisse, das Wissen (über jemanden/etwas) vertiefen; den Lehrstoff, den Unterrichtsstoff vertiefen⟩ [3] **etwas vertieft sich** etwas wird tiefer ⟨der Graben, das Loch⟩ [4] **sich in etwas** (*Akkusativ*) **vertiefen** sich ganz auf etwas konzentrieren ⟨sich in ein Buch, eine Zeitung, die Arbeit vertiefen⟩

ver·tieft ■ PARTIZIP PERFEKT [1] → vertiefen
■ ADJEKTIV [2] **in etwas** (*Akkusativ*) **vertieft** ganz auf etwas konzentriert (so dass man die eigene Umgebung nicht bemerkt) ⟨in Gedanken, in das Spiel, in die Zeitung vertieft sein⟩

Ver·tie·fung *die*; (-, -en) [1] eine Stelle in einer Fläche, die tiefer liegt als ihre Umgebung [2] *meist Singular* das Vergrößern des Wissens

ver·ti·kal [v-] ADJEKTIV; *geschrieben* ≈ *senkrecht* ↔ *horizontal, waagerecht*

Ver·ti·ka·le [v-] *die*; (-, -n); *geschrieben* die senkrechte gedachte Linie ↔ *Horizontale* | *etwas in die Vertikale bringen*

ver·til·gen VERB (vertilgte, hat vertilgt) [1] **etwas vertilgen** Insekten, die als schädlich gelten oder Pflanzen, die als nutzlos gelten, mit Gift töten ⟨Schädlinge, Unkraut vertilgen⟩ ≈ *vernichten* [2] **etwas vertilgen** *gesprochen, humorvoll* etwas (auf)essen | *Habt ihr etwa zu dritt den ganzen Kuchen vertilgt?* ● zu (1) **Ver·til·gung** *die*

ver·tip·pen VERB (vertippte sich, hat sich vertippt) **sich vertippen** *gesprochen* beim Tippen falsche Tasten treffen

ver·to·nen VERB (vertonte, hat vertont) **etwas vertonen** zu einem Text oder zu einem Film eine Melodie machen ⟨ein Gedicht vertonen⟩ ● hierzu **Ver·to·nung** *die*

ver·trackt ADJEKTIV; *gesprochen* schwierig und kompliziert ⟨eine Geschichte, eine Situation⟩

★ **Ver·trag** *der*; (-(e)s, Ver·trä·ge) [1] eine Erklärung von zwei oder mehr Personen, dass sie gemeinsam etwas beschlossen haben oder sich über etwas einig sind (meist über Rechte und Pflichten). An diese Erklärung müssen sich alle Partner halten ⟨ein fester, bindender, langfristiger Vertrag; einen Vertrag mit jemandem (ab)schließen; einen Vertrag machen, erfüllen, verletzen, brechen, lösen, kündigen; von einem Vertrag zurücktreten⟩ K Vertragsabschluss, Vertragspartner, Vertragstext; Arbeitsvertrag, Ausbildungsvertrag, Ehevertrag, Friedensvertrag, Kaufvertrag, Mietvertrag, Versicherungsvertrag **2** ein Dokument, in dem steht, worüber sich Personen einig sind, was sie beschlossen haben und welche Rechte und Pflichten sie deshalb haben ⟨einen Vertrag unterschreiben, unterzeichnen⟩ **3** **jemanden unter Vertrag nehmen** einen Künstler, Sportler o. Ä. engagieren **4** **unter Vertrag sein/stehen** als Künstler oder Sportler eine Zeit lang für ein Projekt, einen Verein o. Ä. arbeiten • zu (1) **ver·trags·ge·mäß** ADJEKTIV; zu (1) **ver·trags·wid·rig** ADJEKTIV

★ **ver·tra·gen** VERB (verträgt, vertrug, hat vertragen) **1** **etwas vertragen** etwas essen, trinken, erleben o. Ä. können, ohne sich schlecht zu fühlen oder krank zu werden | *Ich vertrage diese Hitze schlecht/nicht* | *Nimm die Tabletten erst nach dem Essen, dann verträgst du sie besser* | *Er verträgt ziemlich viel* (Er kann viel Alkohol trinken, ohne betrunken zu werden) **2** **etwas vertragen** etwas akzeptieren können, ohne wütend oder beleidigt zu sein | *Ich kann Kritik vertragen, wenn sie berechtigt ist* | *Du verträgst wohl die Wahrheit nicht!* **3** **eine Person verträgt sich mit jemandem**; **Personen vertragen sich** zwei oder mehrere Personen leben in Frieden und Harmonie **4** **eine Person verträgt sich wieder mit jemandem**; **Personen vertragen sich wieder** Personen beenden einen Streit **5** **etwas verträgt sich mit etwas**; **Dinge vertragen sich** zwei oder mehrere Dinge passen gut zueinander | *Viele Medikamente vertragen sich nicht mit Alkohol* H meist verneint

ver·trag·lich ADJEKTIV *meist attributiv* durch einen Vertrag bestimmt ⟨eine Vereinbarung; vertragliche Verpflichtungen eingehen; etwas vertraglich festlegen, regeln, vereinbaren; vertraglich gebunden sein⟩

ver·träg·lich ADJEKTIV **1** so, dass es gut für den Körper ist | *Das Medikament ist gut verträglich* **2** ⟨ein Mensch⟩ so, dass er Harmonie und keinen Streit will ≈ *umgänglich* | *Er ist sehr verträglich* • zu (1) **Ver·träg·lich·keit** *die*

ver·trags·brü·chig ADJEKTIV **vertragsbrüchig werden** *admin* einen Vertrag nicht erfüllen • hierzu **Ver·trags·bruch** *der*

★ **ver·trau·en** VERB (vertraute, hat vertraut) **1** **jemandem vertrauen**; **auf jemanden/etwas vertrauen** fest davon überzeugt sein, dass jemand zuverlässig ist, dass etwas stimmt o. Ä. ⟨jemandem fest, voll, blind, bedingungslos vertrauen; auf Gott vertrauen⟩ | *Ich habe darauf vertraut, dass sie die Wahrheit sagt* **2** **einer Sache** (*Dativ*) **vertrauen**; **auf etwas** (*Akkusativ*) **vertrauen** glauben, dass etwas erfolgreich sein und sich gut entwickeln wird ⟨den eigenen Fähigkeiten, der eigenen Kraft, dem Schicksal vertrauen; auf die Zukunft vertrauen⟩

★ **Ver·trau·en** *das*; (-s) **1** **das Vertrauen (zu jemandem/in jemanden)** der feste Glaube daran, dass jemand zuverlässig ist und nicht lügt o. Ä. ⟨blindes, grenzenloses, unerschütterliches Vertrauen haben; jemandem Vertrauen einflößen; Vertrauen (bei jemandem) erwecken, in jemanden/etwas setzen; jemandem sein Vertrauen schenken; jemandes Vertrauen gewinnen, besitzen, genießen, rechtfertigen, enttäuschen, missbrauchen; jemandem das/sein Vertrauen entziehen; im Vertrauen auf jemanden/etwas⟩ | *Warum liest du heimlich meine Briefe? Hast du denn kein Vertrauen zu mir?* K Vertrauensbeweis, Vertrauensbruch, Vertrauensmissbrauch, Vertrauensperson, Vertrauensverhältnis; Gottvertrauen **2** **das Vertrauen (in etwas** (*Akkusativ*)**)** der feste Glaube daran, dass etwas Erfolg haben und gut für jemanden sein wird | *das Vertrauen in die moderne Technik* | *der Raumfahrt größtes Vertrauen entgegenbringen* **3** **jemandem etwas im Vertrauen sagen** einer Person etwas sagen, das sie anderen Leuten nicht sagen darf **4** **jemanden ins Vertrauen ziehen** einer anderen Person von einem schwierigen persönlichen Problem erzählen (und sie um Rat bitten) **5** **das Parlament spricht jemandem das Vertrauen aus** das Parlament stimmt (als Reaktion auf einen Misstrauensantrag der Opposition) in der Mehrheit dafür, dass eine Regierung im Amt bleiben soll ⟨dem Bundeskanzler, dem Regierungschef das Vertrauen aussprechen⟩ ■ ID **Vertrauen ist gut, Kontrolle ist besser** *humorvoll* Es ist oft besser, ein bisschen misstrauisch zu sein • zu (1) **ver·trau·en·er·we·ckend** ADJEKTIV; zu (1) **ver·trau·ens·wür·dig** ADJEKTIV

Ver·trau·ens·arzt *der*; Ⓓ ein Arzt, der prüft und entscheidet, ob z. B. eine Person so krank ist, dass sie nicht mehr arbeiten kann • hierzu **ver·trau·ens·ärzt·lich** ADJEKTIV

Ver·trau·ens·mann *der*; (-(e)s, Ver·trau·ens·män·ner/Ver·trau·ens·leu·te) eine Person, welche die Interessen einer Gruppe gegenüber höheren Instanzen vertritt

Ver·trau·ens·sa·che *die* **1** **etwas ist Vertrauenssache** etwas ist von dem Vertrauen, das man in eine andere Person hat, abhängig **2** **etwas ist Vertrauenssache** etwas muss geheim bleiben

ver·trau·ens·se·lig ADJEKTIV; *abwertend* naiv und deshalb schnell bereit, anderen Leuten zu vertrauen ⟨ein Mensch⟩ • hierzu **Ver·trau·ens·se·lig·keit** *die*

ver·trau·ens·voll ADJEKTIV **1** voll Vertrauen zu jemandem ⟨sich vertrauensvoll an jemanden wenden⟩ **2** voller Hoffnung, dass alles gut wird ⟨vertrauensvoll in die Zukunft blicken⟩ ≈ *zuversichtlich*

ver·trau·lich ADJEKTIV **1** nicht dafür bestimmt, dass es andere Leute erfahren ⟨Informationen, eine Unterredung; etwas vertraulich behandeln; etwas ist streng vertraulich⟩ ≈ *geheim* **2** wie unter Freunden ⟨in vertraulichem Ton miteinander reden⟩ ≈ *freundschaftlich*

Ver·trau·lich·keit *die*; (-) die Eigenschaft einer Sache, vertraulich zu sein | *die Vertraulichkeit einer Information*

ver·träumt ADJEKTIV **1** so sehr an eine andere Person oder eine Sache denken, dass man die Umgebung nicht mehr bemerkt ⟨verträumt lächelnd in die Ferne blicken⟩ **2** einsam oder ruhig und deswegen schön ⟨ein Dorf, ein Städtchen, ein See⟩ • zu (1) **Ver·träumt·heit** *die*

★ **ver·traut** ■ PARTIZIP PERFEKT **1** → vertrauen
■ ADJEKTIV **2** **(mit jemandem) vertraut** sehr gut bekannt und befreundet | *Ich bin mit ihr sehr vertraut* | *Wir sind sehr vertraut (miteinander)* **3** **(jemandem) vertraut** jemandem so gut bekannt, dass er es nicht als fremd empfindet ⟨ein Gesicht, eine Gestalt, eine Umgebung⟩ | *Plötzlich hörte ich eine mir vertraute Stimme* **4** **mit etwas vertraut sein** etwas gut kennen (und daher können) | *Er ist mit der Maschine vertraut* | *Sie war mit der Arbeit am Computer vertraut* **5** **sich mit etwas vertraut machen** lernen, mit einer Maschine o. Ä. umzugehen oder sich an einem Ort zurechtzufinden | *sich mit den technischen Details vertraut machen* **6** **jemanden mit etwas vertraut machen** jemandem genau sagen und zeigen, wie etwas ist oder funktioniert • zu (2 – 4) **Ver·traut·heit** *die*

Ver·trau·te *der/die*; (-n, -n) ein sehr enger Freund, eine sehr enge Freundin von jemandem H *ein Vertrauter; der Vertraute; den, dem, des Vertrauten*

★ **ver·trei·ben** VERB (vertrieb, hat vertrieben) **1** **jemanden ver-**

V

treiben jemanden oder ein Tier zwingen, den Platz zu verlassen ⟨jemanden von seinem Platz vertreiben⟩ | *Menschen aus ihrer Heimat vertreiben* **2** **jemand/etwas vertreibt etwas** eine Person oder Sache bewirkt, dass etwas nicht mehr da ist, dass etwas verschwindet | *Der Wind vertrieb die Wolken* | *Er erzählte lustige Geschichten, um die schlechte Laune zu vertreiben* **3** **etwas vertreiben** (als Händler) die genannte Ware verkaufen | *Anna vertreibt Kosmetikartikel* **4** **sich** (*Dativ*) **die Zeit (mit etwas) vertreiben** etwas tun, damit die Zeit schneller vergeht | *Ich vertrieb mir die Wartezeit mit Lesen* • zu (1) **Ver·trei·bung** *die*

★ **ver·tre·ten¹** VERB (vertritt, vertrat, hat vertreten) **1** **jemanden vertreten** für eine gewisse Zeit für jemanden die Arbeit machen ⟨jemanden während des Urlaubs vertreten⟩ | *eine erkrankte Kollegin vertreten* **2** **jemanden/etwas vertreten** sich darum kümmern, dass die Interessen einer Person oder einer Gruppe berücksichtigt, respektiert werden | *Die Gewerkschaften vertreten die Interessen der Arbeitnehmer* | *Er wird vor Gericht von seinem Anwalt vertreten* **3** **etwas vertreten** als Vertreter für eine Firma arbeiten **4** **etwas (vor jemandem) vertreten** eine Meinung, Entscheidung, Tat o. Ä. für richtig halten und sie (anderen Personen gegenüber) verteidigen ⟨die Überzeugung, den Standpunkt, die Haltung, den Grundsatz vertreten, dass …; eine These vertreten⟩ **5** **sich** (*Dativ*) **den Fuß vertreten** stolpern und sich das Fußgelenk verletzen **6** **sich** (*Dativ*) **die Beine vertreten** aufstehen und ein bisschen umherlaufen, nachdem man lange gesessen hat

ver·tre·ten² ■ PARTIZIP PERFEKT **1** → vertreten¹
■ ADJEKTIV **2** **(irgendwo) vertreten** *meist prädikativ* (neben anderen Personen) irgendwo anwesend | *Bei dem internationalen Kongress war auch eine britische Delegation vertreten*

★ **Ver·tre·ter** *der*; (-s, -) **1** **ein Vertreter (für etwas)** eine Person, die zu den Kunden kommt, um dort für eine Firma Waren zu verkaufen | *ein Vertreter für Staubsauger* K Vertreterbesuch; Staubsaugervertreter, Versicherungsvertreter, Zeitschriftenvertreter H zu *Vertreterin* → Info im Eintrag **-in** **2** eine Person, die sich um die Interessen anderer Leute kümmert ≈ *Repräsentant* | *Die Abgeordneten sind Vertreter des Volkes* | *führende Vertreter aus Wirtschaft und Industrie* H zu *Vertreterin* → Info im Eintrag **-in** **3** eine Person, die Arbeit für eine andere Person macht, die gerade krank oder in Urlaub ist ≈ *Stellvertreter* H zu *Vertreterin* → Info im Eintrag **-in** **4** eine Person, die typisch ist für einen Stil, eine Bewegung o. Ä. | *Claude Monet als typischer Vertreter des Impressionismus* H zu *Vertreterin* → Info im Eintrag **-in** • hierzu **Ver·tre·te·rin** *die*

Ver·tre·tung *die*; (-, -en) **1** *meist Singular* die Arbeit, die man für eine andere Person macht, weil diese gerade selbst nicht arbeitet (meist, weil sie krank ist, einen wichtigen Termin hat o. Ä.) | *die Vertretung für eine erkrankte Kollegin übernehmen* **2** **jemandes Vertretung**; **die Vertretung (von jemandem/für jemanden)** eine Person, die eine andere Person vertritt | *Dr. Müller ist nächste Woche im Urlaub, da müssen Sie zu seiner Vertretung gehen* **3** eine oder mehrere Personen oder eine Institution, die eine Gruppe von Personen oder einen Staat repräsentieren ≈ *Delegation* | *die Vertretungen der einzelnen Nationen bei der UNO* **4** **in (jemandes) Vertretung** als Vertreter von jemandem H Abkürzung: *i. V.* **5** **die Vertretung für etwas haben** als Vertreter für eine Firma arbeiten

Ver·trieb *der*; (-(e)s) **1** das regelmäßige Verkaufen von Waren | *der Vertrieb von Zeitschriften und Büchern* K Vertriebskosten, Vertriebsnetz; Buchvertrieb, Zeitschriftenvertrieb **2** die Abteilung in einer Firma, die für den Verkauf der Produkte verantwortlich ist ⟨im Vertrieb arbeiten⟩ K Vertriebsabteilung, Vertriebsleiter

Ver·trie·be·ne *der/die*; (-n, -n) eine Person, die wegen eines Krieges o. Ä. gezwungen wurde, ihre Heimat zu verlassen (vor allem Deutsche, die nach 1945 Gebiete östlich der Flüsse Oder bzw. Neiße verlassen mussten) H *ein Vertriebener; der Vertriebene; den, dem, des Vertriebenen*

ver·trim·men VERB (vertrimmte, hat vertrimmt) **jemanden vertrimmen** *gesprochen* ≈ *verprügeln*

ver·trock·nen VERB (vertrocknete, ist vertrocknet) **etwas vertrocknet** etwas wird ganz trocken und stirbt ab ⟨das Gras, der Baum, der Strauch, Beeren, Blätter⟩

ver·trö·deln VERB (vertrödelte, hat vertrödelt) **etwas vertrödeln** *gesprochen, abwertend* Zeit verbringen, ohne etwas Nützliches oder Vernünftiges zu tun ⟨viel Zeit, den ganzen Tag vertrödeln⟩

ver·trös·ten VERB (vertröstete, hat vertröstet) **jemanden (auf etwas** (*Akkusativ*)**) vertrösten** die Wünsche oder Hoffnungen einer anderen Person nicht sofort erfüllen und ihr versprechen, diese später zu erfüllen ⟨jemanden auf einen anderen Tag vertrösten⟩ • hierzu **Ver·trös·tung** *die*

ver·trot·telt ADJEKTIV; *gesprochen, abwertend* ≈ *trottelig*

ver·tun VERB (vertat, hat vertan) **1** **etwas vertun** Zeit und Geld verbrauchen, ohne einen Nutzen davon zu haben ≈ *vergeuden, verschwenden* **2** **sich vertun** *gesprochen* ≈ *irren* | *sich beim Dividieren/Teilen vertun* | *Entschuldigung, ich habe mich in der Tür vertan* (an die falsche Tür geklopft)

ver·tu·schen VERB (vertuschte, hat vertuscht) **etwas vertuschen** *abwertend* etwas tun, damit etwas Negatives nicht öffentlich bekannt wird ⟨eine Affäre, einen Skandal, einen Betrug, eine Manipulation, einen Fehler vertuschen⟩ • hierzu **Ver·tu·schung** *die*

ver·übeln VERB (verübelte, hat verübelt) **jemandem etwas verübeln** jemandem wegen etwas böse sein | *Er verübelt mir, dass ich ihn nicht eingeladen habe*

ver·üben VERB (verübte, hat verübt) **etwas verüben** etwas Böses, Negatives tun ⟨ein Attentat, einen Einbruch, einen Überfall, ein Verbrechen verüben; Selbstmord verüben⟩

ver·ul·ken VERB (verulkte, hat verulkt) **jemanden/etwas verulken** *gesprochen* über jemanden/etwas spotten, sich über jemanden/etwas lustig machen • hierzu **Ver·ul·kung** *die*

ver·un·fal·len VERB (verunfallte, ist verunfallt) ≈ *verunglücken*

ver·un·glimp·fen VERB (verunglimpfte, hat verunglimpft) **jemanden/etwas verunglimpfen** *geschrieben* Schlechtes über eine Person oder Sache erzählen (mit der Absicht, ihr zu schaden)

ver·un·glü·cken VERB (verunglückte, ist verunglückt) **1** einen Unfall haben und dabei verletzt oder getötet werden ⟨mit dem Auto (schwer, tödlich) verunglücken⟩ **2** **etwas verunglückt jemandem** *humorvoll* jemand macht etwas ziemlich schlecht ⟨eine verunglückte Rede, Feier⟩ | *Das Essen ist mir heute verunglückt* H oft im Partizip Perfekt • zu (1) **Ver·un·glück·te** *der/die*

ver·un·rei·ni·gen VERB (verunreinigte, hat verunreinigt); *geschrieben* **1** **jemand/etwas verunreinigt etwas** jemand/etwas macht die Qualität einer Sache (durch giftige Stoffe oder Schmutz) schlechter ⟨Gewässer verunreinigen⟩ | *Abgase verunreinigen die Luft* **2** **jemand verunreinigt etwas** eine Person oder ein Tier macht etwas schmutzig (z. B. den Teppichboden) ≈ *verschmutzen* • hierzu **Ver·un·rei·ni·gung** *die*

ver·un·si·chern VERB (verunsicherte, hat verunsichert) **jemand/etwas verunsichert eine Person (in etwas** (*Dativ*)**)** jemand oder etwas bewirkt, dass eine Person ein bisschen Angst bekommt oder dass sie nicht mehr weiß, was sie glauben soll ⟨jemanden (in seiner Überzeugung) verunsichern⟩ | *die*

Bevölkerung durch Katastrophenmeldungen verunsichern | den Gegner verunsichern • hierzu **Ver·un·si·che·rung** *die*

ver·un·stal·ten VERB (verunstaltete, hat verunstaltet) **etwas verunstaltet jemanden/etwas** etwas macht jemanden/etwas hässlich | *Die Wunden verunstalteten ihr Gesicht* • hierzu **Ver·un·stal·tung** *die*

ver·un·treu·en VERB (veruntreute, hat veruntreut) **etwas veruntreuen** *geschrieben* etwas für sich selbst nehmen, das man für jemanden verwalten sollte ⟨Gelder veruntreuen⟩ ≈ *unterschlagen* • hierzu **Ver·un·treu·ung** *die*

ver·un·zie·ren VERB (verunzierte, hat verunziert) **etwas verunziert etwas** etwas Hässliches ruiniert das Aussehen einer Sache | *Pickel verunzierten sein Gesicht*

★ **ver·ur·sa·chen** VERB (verursachte, hat verursacht) **jemand/etwas verursacht etwas** jemand/etwas ist die Ursache für eine Situation (meist eines Problems oder Unfalls) | *Die Bauarbeiten verursachen viel Lärm | Er hat einen schweren Autounfall verursacht* • hierzu **Ver·ur·sa·cher** *der*; **Ver·ur·sa·che·rin** *die*; **Ver·ur·sa·chung** *die*

★ **ver·ur·tei·len** VERB (verurteilte, hat verurteilt) **1 jemanden (zu etwas) verurteilen** als Richter bestimmen, dass eine Person schuldig ist und für ihre Tat die im Gesetz vorgeschriebene Strafe bekommt | *jemanden zu einer Geldstrafe/zu zehn Jahren Haft verurteilen* **2 jemanden/etwas verurteilen** eine Person oder ihr Verhalten sehr scharf kritisieren ⟨jemandes Verhalten aufs Schärfste verurteilen⟩ **3 zu etwas verurteilt sein** gegen den eigenen Willen etwas tun müssen ⟨jemand ist zum Schweigen, zur Tatenlosigkeit, zur Untätigkeit, zum Warten, zum Zuschauen verurteilt⟩ **4 etwas ist zu etwas verurteilt** es gibt keine Möglichkeit, eine negative Entwicklung o. Ä. zu verhindern oder an einem negativen Zustand etwas zu ändern ⟨etwas ist zum Scheitern, zum Untergang verurteilt⟩ | *Diese Tierart ist zum Aussterben verurteilt* • zu (1,2) **Ver·ur·tei·lung** *die*

ver·viel·fa·chen VERB (vervielfachte, hat vervielfacht) **1 etwas vervielfachen** etwas um ein Vielfaches größer machen | *das Angebot an Waren vervielfachen* **2 etwas vervielfacht sich** etwas wird um ein Vielfaches größer | *Die Zahl der Beschwerden hat sich vervielfacht* • hierzu **Ver·viel·fa·chung** *die*

ver·viel·fäl·ti·gen VERB (vervielfältigte, hat vervielfältigt) **etwas vervielfältigen** Kopien von einem Text machen ⟨einen Text, eine Zeichnung vervielfältigen⟩ • hierzu **Ver·viel·fäl·ti·gung** *die*

ver·voll·komm·nen VERB (vervollkommnete, hat vervollkommnet) **etwas vervollkommnen** etwas noch besser machen, als es schon ist ⟨die Sprachkenntnisse, das Wissen, seine Fähigkeiten vervollkommnen; eine Technik vervollkommnen⟩ • hierzu **Ver·voll·komm·nung** *die*

ver·voll·stän·di·gen VERB (vervollständigte, hat vervollständigt) **1 etwas vervollständigen** etwas vollständig machen ≈ *komplettieren | die Briefmarkensammlung vervollständigen* **2 etwas vervollständigt sich** etwas wird (allmählich) vollständig ⟨eine Sammlung; eine Gruppe⟩ • hierzu **Ver·voll·stän·di·gung** *die*

ver·wach·sen[1] VERB (verwächst, verwuchs, ist verwachsen) **1 etwas verwächst** etwas heilt und ist allmählich nicht mehr zu sehen ⟨die Wunde, die Narbe⟩ **2 eine Person ist mit jemandem/etwas verwachsen** eine Person hat eine sehr enge Beziehung zu jemandem oder etwas entwickelt | *Sie ist mit der Firma ganz verwachsen*

ver·wach·sen[2] ■ PARTIZIP PERFEKT **1** → verwachsen[1] ■ ADJEKTIV **2** schief und krumm gewachsen ⟨ein Baum, ein Mensch⟩

ver·wa·ckeln VERB (verwackelte, hat verwackelt) **ein Bild verwackeln** *gesprochen* beim Fotografieren die Kamera nicht ruhig halten, so dass das Foto nicht gut wird

ver·wäh·len VERB (verwählte sich, hat sich verwählt) **sich verwählen** beim Telefonieren aus Versehen eine falsche Nummer wählen

ver·wah·ren VERB (verwahrte, hat verwahrt) **1 etwas verwahren** etwas an einen Ort legen oder stellen, wo es geschützt und sicher ist | *Geld im Safe sicher verwahren | die Dokumente in der Schublade verwahren* **2 sich gegen etwas verwahren** *geschrieben* scharf gegen etwas protestieren ⟨sich gegen Kritik, einen Vorwurf verwahren⟩ | *Er verwahrte sich entschieden dagegen, als ausländerfeindlich bezeichnet zu werden*

ver·wahr·lo·sen VERB (verwahrloste, ist verwahrlost) **1 jemand verwahrlost** jemand wäscht und pflegt sich nicht und kommt deshalb in einen schlechten, unordentlichen Zustand **2 etwas verwahrlost** etwas wird nicht gepflegt und kommt deshalb in einen schlechten Zustand ⟨ein Haus, einen Garten verwahrlosen lassen⟩ **3 jemand verwahrlost** eine Person kommt in einen schlechten moralischen Zustand, weil sie nicht gut erzogen wurde ⟨Jugendliche⟩ • hierzu **Ver·wahr·lo·sung** *die*

Ver·wah·rung *die*; (-); *geschrieben* **1 jemandem etwas in Verwahrung geben** einer Person etwas geben, damit sie es verwahrt **2 etwas in Verwahrung nehmen** etwas für jemanden verwahren

ver·waist ADJEKTIV **1** so, dass die eigenen Eltern tot sind ⟨ein Kind⟩ **2** ⟨ein Haus, ein Platz, ein Posten⟩ so, dass niemand mehr dort ist

★ **ver·wal·ten** VERB (verwaltete, hat verwaltet) **etwas verwalten** (im Auftrag von jemandem) dafür sorgen und verantwortlich sein, dass in einem bestimmten Bereich alles in Ordnung ist ⟨einen Besitz, ein Vermögen, einen Nachlass, ein Haus, eine Kasse, Gelder, ein Gut (treulich) verwalten⟩

Ver·wal·ter *der*; (-s, -) eine Person, die etwas verwaltet K Gutsverwalter, Hausverwalter, Nachlassverwalter, Vermögensverwalter • hierzu **Ver·wal·te·rin** *die*

★ **Ver·wal·tung** *die*; (-, -en) **1** alle Ämter und Behörden in einer Gemeinde oder in einem Staat ⟨die öffentliche, staatliche, kommunale Verwaltung⟩ K Verwaltungsakt, Verwaltungsbeamte(r), Verwaltungsbezirk, Verwaltungsreform, Verwaltungsvorschrift; Gemeindeverwaltung, Schulverwaltung, Zentralverwaltung **2** *nur Singular* das Verwalten ⟨mit der Verwaltung einer Sache betraut sein, werden; etwas steht unter staatlicher Verwaltung⟩ **3** die Abteilung in einer Firma, die für die Bilanzen und für das Personal verantwortlich ist ⟨in der Verwaltung arbeiten⟩ K Verwaltungsangestellte(r), Verwaltungsaufgaben, Verwaltungsgebäude; Personalverwaltung **4** das Gebäude oder die Räume, in denen die Verwaltung ist

Ver·wal·tungs·ap·pa·rat *der*; *meist Singular*; *oft abwertend* die Ämter und Behörden ⟨ein aufgeblähter Verwaltungsapparat⟩ ≈ *Verwaltung*

★ **ver·wan·deln** VERB (verwandelte, hat verwandelt) **1 etwas verwandelt jemanden/etwas** etwas lässt eine Person oder Sache (in ihrem Wesen oder Aussehen) ganz anders werden | *Das Unglück hat sie völlig verwandelt | Die neue Tapete hat den Raum verwandelt* **2 eine Person/Sache verwandelt jemanden/etwas in etwas** (*Akkusativ*) eine Person oder Sache verändert sich selbst oder andere so, dass sie zu etwas anderem werden | *Durch Erhitzen wird Wasser in Dampf verwandelt | Die Fans verwandelten das Stadion in einen Hexenkessel | Nach den starken Regenfällen verwandelte sich der Bach in einen reißenden Strom | Der Frosch verwandelte sich durch den Kuss in einen Prinzen* **3 einen Elfmeter verwandeln** beim Strafstoß im Fußball den Ball vom Elfmeterpunkt ins Tor schießen ● hierzu **Ver·wand·lung** *die*

★ **ver·wạndt** ■ PARTIZIP PERFEKT **1** → verwenden ■ ADJEKTIV **2** zur gleichen Familie gehörig, mit gleichen Vorfahren ⟨eng, nahe, entfernt, weitläufig verwandt⟩ | *Bist du mit ihr/Seid ihr (miteinander) verwandt?* | *Wir sind weder verwandt noch verschwägert* **3** zur gleichen biologischen Gruppe gehörig ⟨Arten, Tiere, Pflanzen⟩ | *Die Hauskatze ist mit den Löwen und Tigern verwandt* **4** von ähnlicher Art, mit ähnlichen Merkmalen ⟨Begriffe, Berufe, Branchen, Seelen, Sprachen, Themen⟩

★ **Ver·wạnd·te** *der/die*; (-n, -n) eine Person, die mit einer anderen Person verwandt ist ⟨ein enger, naher, entfernter, weitläufiger Verwandter (von jemandem); Verwandte besuchen⟩ K Verwandtenbesuch, Verwandtenkreis ▮ *ein Verwandter; der Verwandte; den, dem, des Verwandten*

Ver·wạndt·schaft *die*; (-, -en) **1** *nur Singular* alle Verwandten, die jemand hat ⟨eine große Verwandtschaft haben; zur Verwandtschaft gehören⟩ **2** **die Verwandtschaft (mit jemandem/etwas); die Verwandtschaft zwischen Personen/Dingen** (*Dativ*) *meist Singular* die Beziehung zwischen verwandten oder ähnlichen Personen oder Dingen K Verwandtschaftsgrad

ver·wạndt·schaft·lich ADJEKTIV in Bezug auf die Verwandtschaft in der Familie ⟨ein Verhältnis⟩

ver·wạr·nen VERB (verwarnte, hat verwarnt) **jemanden verwarnen** als Richter, Polizist usw. einer Person sagen, dass sie sich falsch verhalten hat und ihr mit einer Strafe drohen ⟨jemanden eindringlich, streng, polizeilich verwarnen⟩

Ver·wạr·nung *die*; (-, -en) **1** ein Zettel, mit dem meist ein Polizist eine Person schriftlich verwarnt (z. B. weil sie falsch geparkt hat) ⟨eine gebührenpflichtige Verwarnung⟩ **2** **jemandem eine Verwarnung erteilen** ≈ *verwarnen*

ver·wạ·schen ADJEKTIV **1** durch häufiges Waschen blass geworden ≈ *ausgeblichen* | *verwaschene Jeans* **2** durch den Einfluss von Wasser nicht mehr deutlich ⟨eine Inschrift⟩ **3** ⟨Farben⟩ ≈ *blass*

ver·wạ̈s·sern VERB (verwässerte, hat verwässert) **1** **etwas verwässern** (zu viel) Wasser zu etwas hinzufügen | *den Wein verwässern* **2** **etwas verwässern** eine Aussage weniger deutlich, weniger aggressiv o. Ä. machen als vorher ⟨einen Text verwässern⟩ ● hierzu **Ver·wạ̈s·se·rung** *die*

★ **ver·wẹch·seln** VERB (verwechselte, hat verwechselt) **1** **eine Person/Sache mit jemandem/etwas verwechseln; Personen/Dinge (miteinander) verwechseln** Personen oder Dinge, die einander ähnlich sind, nicht unterscheiden können und deshalb die eine für die andere, das eine für das andere halten | *sich zum Verwechseln ähnlich sein/sehen* | *Ich verwechsle die beiden Zwillingsbrüder immer* | *Ich habe sie mit ihrer Schwester verwechselt* **2** **etwas mit etwas verwechseln; Dinge verwechseln** etwas aus Versehen anstelle von etwas anderem nehmen oder benutzen ⟨Namen, Begriffe verwechseln⟩ ≈ *vertauschen* | *In der Eile verwechselten sie ihre Mäntel* | *Er hat das Salz mit dem Zucker verwechselt* ● hierzu **Ver·wẹchs·lung** *die*

ver·we̲·gen ADJEKTIV so mutig, dass man zu hohem Risiko bereit ist ⟨ein Bursche; ein Plan⟩ ● hierzu **Ver·we̲·gen·heit** *die*

ver·we̲·hen VERB (verwehte, hat/ist verweht) **1** **der Wind verweht etwas** (*hat*) der Wind bewegt etwas weg, lässt etwas verschwinden | *Der Wind hat den Rauch verweht* **2** **etwas verweht** (*ist*) etwas wird vom Wind zugedeckt oder weggeweht | *Die Spuren verwehen im Wind*

ver·weh·ren VERB (verwehrte, hat verwehrt) **jemandem etwas verwehren** *geschrieben* ≈ *verbieten, verweigern* | *fremden Personen den Zutritt zum Haus verwehren* | *Der Arzt hat uns verwehrt, den Kranken zu besuchen*

ver·weich·li·chen VERB (verweichlichte, hat/ist verweichlicht) **1** (*ist*) sich so verändern, dass man körperliche oder psychische Belastungen weniger gut verträgt | *durch ein bequemes Leben verweichlichen* **2** **eine Person/Sache verweichlicht jemanden** (*hat*) eine Person oder Sache bewirkt, dass jemand verweichlicht ● hierzu **Ver·weich·li·chung** *die*

★ **ver·wei·gern** VERB (verweigerte, hat verweigert) **1** **(jemandem) etwas verweigern** einer Person nicht geben oder nicht tun, was sie will oder fordert ⟨die Annahme (eines Briefes), den Befehl, den Gehorsam, die Zustimmung, die Erlaubnis verweigern⟩ **2** **jemandem etwas verweigern** nicht zulassen, dass eine Person etwas tut ↔ *erlauben* | *An der Grenze wurde ihm die Einreise verweigert* **3** **etwas verweigert (jemandem) den Dienst** *geschrieben* etwas funktioniert nicht so, wie es jemand braucht oder will ⟨Maschinen, jemandes Beine⟩ **4** **die Nahrung verweigern** nichts essen, weil man krank ist oder gegen etwas protestieren will **5** **(den Kriegsdienst/Wehrdienst) verweigern** nicht Soldat werden wollen, wenn man vom Staat dazu aufgefordert wird **6** **sich jemandem/etwas verweigern** nicht tun, was gewünscht oder verlangt wird (weil man nicht damit einverstanden ist) | *Ich verweigerte mich seinem Wunsch eines geheimen Treffens* **7** **ein Pferd verweigert** ein Pferd springt nicht über ein Hindernis ● zu (1,2,4 – 6) **Ver·wei·ge·rung** *die*

ver·wei·len VERB (verweilte, hat verweilt) **(irgendwo) verweilen** *geschrieben* eine Zeit lang irgendwo bleiben K Verweildauer

ver·weint ADJEKTIV rot vom Weinen ⟨Augen, ein Gesicht⟩

Ver·weis *der*; (-es, -e) **1** eine Kritik oder ein Tadel, oft in schriftlicher Form ⟨jemandem einen Verweis erteilen; einen Verweis aussprechen; einen Verweis erhalten⟩ **2** **ein Verweis (auf etwas** (*Akkusativ*)**)** ein kurzer Kommentar in einem Buch (wie z. B. „siehe ...", „vergleiche ..."), der dem Leser sagt, wo er weitere Informationen zu einem Thema o. Ä. findet

ver·wei·sen VERB (verwies, hat verwiesen) **1** **(jemanden) auf etwas** (*Akkusativ*) **verweisen** jemanden auf etwas aufmerksam machen | *den Leser auf eine Abbildung verweisen* **2** **jemanden an eine Person/Sache verweisen** einer Person eine andere Person oder Stelle nennen, zu der sie gehen soll (meist um Informationen zu bekommen, einen Antrag zu stellen o. Ä.) | *einen Antragsteller an die zuständige Behörde verweisen* **3** **jemanden** +*Genitiv* **verweisen; jemanden von einem Ort verweisen** jemandem verbieten, irgendwo zu bleiben ⟨jemanden des Landes, von der Schule verweisen⟩ | *Der Spieler wurde nach dem schweren Foul des Feldes verwiesen* **4** **jemanden in die/seine Grenzen/Schranken verweisen** eine Person energisch darauf aufmerksam machen, dass sie sich nicht alles erlauben kann

ver·wẹl·ken VERB (verwelkte, ist verwelkt) **Blumen, Blüten verwelken** Blumen oder Blüten werden welk

ver·wẹnd·bar ADJEKTIV **(für/zu etwas) verwendbar** so, dass es verwendet werden kann ⟨mehrfach, vielseitig verwendbar⟩ ≈ *benutzbar, brauchbar* ● hierzu **Ver·wẹnd·bar·keit** *die*

★ **ver·wẹn·den** VERB (verwendete/verwandte, hat verwendet/verwandt) **1** **etwas (für/zu etwas) verwenden; etwas bei/in etwas** (*Dativ*) **verwenden** etwas zu einem Zweck nehmen und benutzen | *für den/beim Bau eines Hauses nur gute Materialien verwenden* | *ein Motiv in einem Roman verwenden* | *Die Milch ist schlecht geworden, sie ist nicht mehr zu verwenden* **2** **etwas für/zu etwas verwenden; etwas auf etwas** (*Akkusativ*) **verwenden** etwas für einen

V

Zweck verbrauchen | *Den Lottogewinn habe ich dafür verwendet, eine schöne Reise zu machen* | *Er hat viel Zeit darauf verwendet, Arabisch zu lernen* **3** **jemanden/etwas als etwas verwenden; jemanden für/zu etwas verwenden** jemandem/etwas eine Aufgabe oder Funktion geben | *eine Zeitung als Unterlage verwenden* **4** **sich für jemanden/etwas verwenden** *geschrieben* sich um die Interessen einer Person kümmern | *Ich werde mich dafür verwenden, dass Sie den Posten bekommen*

★ **Ver·wen·dung** *die;* (-) **1** **die Verwendung (für/zu etwas); die Verwendung bei/in etwas** (*Dativ*) das Benutzen einer Sache, damit diese eine Aufgabe oder Funktion erfüllt | *Dieses Buch ist zur Verwendung im Unterricht gedacht* | *Bei regelmäßiger Verwendung verhindert diese Zahncreme Parodontose* **K** Verwendungsmöglichkeit, Verwendungsweise, Verwendungszweck **2** **(eine) Verwendung für jemanden/etwas finden** eine Aufgabe, Funktion finden, die man jemandem/etwas geben kann **3** **(keine) Verwendung für jemanden/etwas haben** jemanden/etwas zu einem Zweck (nicht) brauchen können **4** **etwas findet irgendwo Verwendung** etwas wird irgendwo verwendet

ver·wer·fen VERB (verwirft, verwarf, hat verworfen) **etwas verwerfen** etwas nicht akzeptieren, weil man es schlecht findet ⟨einen Gedanken, einen Plan, einen Vorschlag verwerfen⟩ ↔ *annehmen*

ver·werf·lich ADJEKTIV; *geschrieben* moralisch schlecht ⟨Taten, Ansichten⟩ ● hierzu **Ver·werf·lich·keit** *die*

ver·wer·ten VERB (verwertete, hat verwertet) **etwas verwerten** etwas (das nicht mehr benutzt wird), als Material für etwas anderes verwenden | *eine Idee in einem Buch verwerten* | *Altpapier beim Herstellen von Kartons verwerten* ● hierzu **ver·wert·bar** ADJEKTIV; **Ver·wert·bar·keit** *die;* **Ver·wer·tung** *die*

ver·we·sen VERB (verweste, ist verwest) **etwas verwest** ein toter Körper oder Fleisch fängt zu stinken an und zerfällt **H** Pflanzen oder Früchte usw. *verfaulen.*

Ver·we·sung *die;* (-) der Zustand des Verwesens ⟨etwas geht in Verwesung über⟩ **K** Verwesungsgeruch

ver·wi·ckeln VERB (verwickelte, hat verwickelt) **1** **etwas verwickelt sich** etwas kommt durcheinander und ist nur noch schwer zu trennen ⟨ein Faden, eine Schnur, Seile⟩ **2** **etwas verwickelt sich in etwas** (*Dativ*) etwas wickelt sich um etwas und bleibt dort hängen | *Die Drachenschnur hat sich in den Zweigen verwickelt* **3** **sich in Widersprüche verwickeln** etwas sagen, das einer früheren Äußerung oder Einstellung widerspricht **4** **jemanden in etwas** (*Akkusativ*) **verwickeln** jemanden in eine unangenehme Situation bringen ⟨in einen Skandal, in eine Affäre, in einen Unfall verwickelt werden, sein⟩ **H** meist im Passiv **5** **jemanden in etwas** (*Akkusativ*) **verwickeln** eine Handlung (gegen jemandes Willen) mit jemandem beginnen ⟨jemanden in ein Gespräch, in Kämpfe verwickeln⟩

ver·wi·ckelt ■ PARTIZIP PERFEKT **1** → verwickeln
■ ADJEKTIV **2** ⟨ein Fall, eine Geschichte⟩ ≈ *kompliziert*

Ver·wick·lung *die;* (-, -en); *meist Plural* eine komplizierte, unangenehme Situation, an der mehrere Menschen, Institutionen, Länder o. Ä. beteiligt sind ⟨diplomatische, internationale Verwicklungen⟩

ver·wil·dern VERB (verwilderte, ist verwildert) **1** **etwas verwildert** etwas wird nicht gepflegt und wird deshalb von wild wachsenden Pflanzen bedeckt ⟨ein Garten, ein Park⟩ **2** **ein Tier verwildert** ein Haustier lebt wieder wie ein wildes Tier | *verwilderte Katzen im Wald*

ver·win·den VERB (verwand, hat verwunden) **etwas nicht verwinden können** *geschrieben* ein negatives Erlebnis nicht vergessen können ⟨eine Enttäuschung, einen Verlust, eine Kränkung, einen Kummer nicht verwinden können⟩

ver·win·kelt ADJEKTIV eng und mit vielen Ecken und Kurven ⟨Gassen⟩

ver·wir·ken VERB (verwirkte, hat verwirkt); *geschrieben* **1** **ein Recht (auf etwas** (*Akkusativ*)**) verwirken** ein Recht durch eigene Schuld verlieren **2** **sein Leben verwirken** zur Strafe sterben müssen

★ **ver·wirk·li·chen** VERB (verwirklichte, hat verwirklicht) **1** **etwas verwirklichen** etwas Wirklichkeit werden lassen ⟨eine Idee, einen Plan, einen Traum verwirklichen⟩ **2** **etwas verwirklicht sich** etwas wird Wirklichkeit, geschieht tatsächlich ⟨eine Befürchtung, eine Hoffnung, ein Traum, ein Wunsch⟩ **3** **sich verwirklichen** alle Fähigkeiten entwickeln und zeigen können ⟨sich im Beruf, als Künstler verwirklichen⟩ ● hierzu **Ver·wirk·li·chung** *die*

★ **ver·wir·ren** VERB (verwirrte, hat verwirrt) **1** **jemanden verwirren** bewirken, dass jemand nicht mehr klar denken kann | *jemanden mit zu vielen Informationen verwirren* | *jemandem verwirrende Fragen stellen* | *jemanden verwirrt ansehen* **2** **etwas verwirren** Fäden o. Ä. in Unordnung bringen ⟨Fäden, Haare, Garn verwirren⟩ ● zu (1) **Ver·wirrt·heit** *die*

Ver·wir·rung *die;* (-, -en) **1** eine Situation, in der mehrere Menschen verwirrt und aufgeregt sind ⟨allgemeine Verwirrung; irgendwo herrscht Verwirrung; jemand/etwas stiftet Verwirrung, richtet Verwirrung an⟩ **2** *nur Singular* der Zustand, in dem man irritiert und verwirrt ist | *jemanden mit einer Frage in Verwirrung bringen* **3** **geistige Verwirrung** ≈ *Geistesgestörtheit*

ver·wi·schen VERB (verwischte, hat verwischt) **1** **etwas verwischen** eine Sache über eine Oberfläche bewegen und diese dadurch in Form oder Farbe leicht verändern | *versehentlich mit dem Ärmel die Farbe verwischen* **2** **Spuren verwischen** etwas tun, damit Spuren nicht mehr zu sehen sind **3** **etwas verwischt sich** etwas wird undeutlich ⟨Eindrücke, Spuren, Konturen, Unterschiede⟩

ver·wit·tern VERB (verwitterte, ist verwittert) **etwas verwittert** etwas ändert durch den Einfluss des Wetters den Zustand und wird deshalb sehr langsam zerstört ⟨Bauten, Gestein, Mauern⟩ ● hierzu **Ver·wit·te·rung** *die*

★ **ver·wit·wet** ADJEKTIV in dem Zustand, Witwe oder Witwer zu sein ● hierzu **Ver·wit·we·te** *der/die*

ver·wöh·nen VERB (verwöhnte, hat verwöhnt) **1** **jemanden verwöhnen** die Wünsche einer Person öfter erfüllen, als es gut für ihre Erziehung oder ihren Charakter ist ⟨ein Kind verwöhnen⟩ ≈ *verziehen* | *Du bist egoistisch wie ein verwöhntes Kind!* **2** **jemanden verwöhnen** sehr nett zu einer Person sein und ihre Wünsche erfüllen, damit sie sich wohlfühlt | *sich in einem Luxushotel verwöhnen lassen* | *jemanden am Geburtstag mit einem gutem Essen verwöhnen* ● hierzu **Ver·wöh·nung** *die*

ver·wöhnt ■ PARTIZIP PERFEKT **1** → verwöhnen
■ ADJEKTIV **2** nur mit sehr guter Qualität zufrieden ⟨ein Gast, ein Gaumen, ein Geschmack⟩ ≈ *anspruchsvoll* ● zu (2) **Ver·wöhnt·heit** *die*

ver·wor·fen ■ PARTIZIP PERFEKT **1** → verwerfen
■ ADJEKTIV **2** moralisch schlecht ⟨ein Mensch⟩

ver·wor·ren ADJEKTIV in einem Zustand, der keine Ordnung hat und nicht übersichtlich ist ⟨eine Lage, Gedanken, Verhältnisse, Worte⟩ ≈ *unübersichtlich* ● hierzu **Ver·wor·ren·heit** *die*

ver·wund·bar ADJEKTIV ≈ *verletzbar, verletzlich*

ver·wun·den[1] VERB (verwundete, hat verwundet) **jemanden verwunden** jemanden, sich selbst oder ein Tier (vor allem mit einer Waffe) verletzen | *jemanden am Kopf verwunden* | *im Krieg verwundet werden* → verletzen ● hierzu **Ver·wun·de·te** *der/die*

ver·wun·den² PARTIZIP PERFEKT → verwinden

ver·wun·der·lich ADJEKTIV so, dass man sich darüber wundert ≈ *seltsam*

ver·wun·dern VERB (verwunderte, hat verwundert) **etwas verwundert jemanden** etwas bewirkt, dass sich jemand wundert ≈ *erstaunen* | *Die Nachricht verwunderte ihn* | *Es verwundert mich nicht, dass er krank ist*

Ver·wun·de·rung *die;* (-) der Zustand, in dem man sich über jemanden/etwas wundert ‹etwas mit Verwunderung feststellen; etwas geschieht zu jemandes Verwunderung; jemanden voller Verwunderung ansehen›

Ver·wun·dung *die;* (-, -en) **1** die Handlung, jemanden oder sich selbst zu verwunden **2** ≈ *Wunde, Verletzung* | *eine lebensgefährliche Verwundung haben*

ver·wun·schen ADJEKTIV ≈ *verzaubert* | *Der Frosch war ein verwunschener Prinz* | *ein verwunschenes Schloss*

ver·wün·schen VERB (verwünschte, hat verwünscht) **1 jemanden/etwas verwünschen** ≈ *verfluchen* **2 jemanden/etwas verwünschen** ≈ *verhexen, verzaubern* ● hierzu **Ver·wün·schung** *die*

ver·wur·zelt ADJEKTIV **1 irgendwo verwurzelt** irgendwo mit Wurzeln festgewachsen | *Die Bäume sind fest in der Erde verwurzelt* **2 in etwas** (*Dativ*)**/irgendwo verwurzelt** mit einer festen, inneren Bindung an etwas ‹in der Familie, in der Heimat, in Traditionen verwurzelt sein›

ver·wüs·ten VERB (verwüstete, hat verwüstet) **jemand/etwas verwüstet etwas** jemand/etwas zerstört irgendwo viel | *Das Erdbeben hat das Land verwüstet* ● hierzu **Ver·wüs·tung** *die*

ver·za·gen VERB (verzagte, hat verzagt) den Mut verlieren ● hierzu **Ver·zagt·heit** *die*

ver·zäh·len VERB (verzählte sich, hat sich verzählt) **sich verzählen** beim Zählen einen Fehler machen

ver·zah·nen VERB (verzahnte, hat verzahnt) **etwas mit etwas verzahnen; Dinge (miteinander) verzahnen** dafür sorgen, dass sich Dinge in ihrer Wirkung unterstützen, zusammen eine Einheit bilden | *die praktische und theoretische medizinische Ausbildung stärker miteinander verzahnen*

ver·zahnt ADJEKTIV **1 mit etwas verzahnt** in einem engen Zusammenhang mit etwas **2** durch Zahnräder verbunden ● zu (1) **Ver·zah·nung** *die*

ver·zär·teln VERB (verzärtelte, hat verzärtelt); *abwertend* **jemanden verzärteln** ein Kind so erziehen, dass es nicht lernt, wie man sich anstrengt und wie man Enttäuschungen oder Schmerzen aushält

ver·zau·bern VERB (verzauberte, hat verzaubert) **1 jemand verzaubert jemanden/etwas (in jemanden/etwas)** eine Hexe o. Ä. zaubert, dass aus einer Person, einem Tier oder einer Sache jemand/etwas anderes wird | *Die böse Fee verzauberte den Prinzen in einen Frosch* **2 eine Person/Sache verzaubert jemanden** eine Person oder Sache ist so schön o. Ä., dass jemand voller Bewunderung ist ● hierzu **Ver·zau·be·rung** *die*

Ver·zehr *der;* (-s); *geschrieben* die Handlung des Essens | *zum sofortigen Verzehr bestimmt* **K** Verzehrbon, Verzehrgutschein

ver·zeh·ren VERB (verzehrte, hat verzehrt) **1 etwas verzehren** etwas essen (und dazu etwas trinken) **2 etwas verzehrt jemanden/etwas** etwas nimmt jemandem allmählich die Kraft ‹die Leidenschaft, der Kummer, eine Krankheit verzehrt jemanden/jemandes Kräfte› **3 das Feuer verzehrt/die Flammen verzehren etwas** *geschrieben* ein Feuer zerstört, vernichtet etwas **4 sich vor etwas** (*Dativ*) **verzehren** ein so starkes Gefühl haben, dass man darunter leidet ‹sich vor Liebe, Sehnsucht verzehren›

ver·zeich·nen VERB (verzeichnete, hat verzeichnet) **1 jemanden/etwas irgendwo verzeichnen** jemanden/etwas in eine Liste o. Ä. schreiben | *In diesem Buch sind alle bisherigen Nobelpreisträger verzeichnet* **H** meist im Passiv mit dem Hilfsverb *sein* **2 etwas verzeichnen** ≈ *feststellen* | *Wir konnten eine Umsatzsteigerung verzeichnen* | *Es waren keine Fortschritte zu verzeichnen*

Ver·zeich·nis *das;* (-ses, -se) eine Liste mit den Namen von Personen oder Dingen ‹ein alphabetisches, umfangreiches Verzeichnis; ein Verzeichnis erstellen, anfertigen, anlegen; jemanden/etwas in ein Verzeichnis aufnehmen/eintragen, in einem Verzeichnis aufführen› | *das Verzeichnis lieferbarer Buchtitel* **K** Adressenverzeichnis, Hotelverzeichnis, Literaturverzeichnis, Ortsverzeichnis, Straßenverzeichnis, Teilnehmerverzeichnis, Vorlesungsverzeichnis

★ **ver·zei·hen** VERB (verzieh, hat verziehen) **1 (jemandem) (etwas) verzeihen** wenn man einer Person verzeiht, dann ist man ihr nicht mehr böse, obwohl diese Person Unrecht oder Böses getan hat | *jemandem eine Beleidigung verzeihen* | *Ich werde ihm nie verzeihen, dass er mich mit einer anderen Frau betrogen hat* | *Man muss auch mal verzeihen können!* **H** vergleiche **entschuldigen** **2 eine Sünde verzeihen** nach christlichem Glauben kann Gott die Sünden eines Menschen verzeihen ≈ *vergeben* ■ **ID Verzeihen Sie bitte die Störung!** verwendet als höfliche Floskel, wenn man jemanden stören muss, um etwas zu fragen o. Ä.; **Verzeihen Sie bitte** **a** verwendet, um jemanden höflich anzusprechen und eine Frage einzuleiten | *Verzeihen Sie bitte: Welcher Bus fährt denn zum Bahnhof?* **b** verwendet, um jemanden zu bitten, Platz zu machen, damit man vorbeigehen oder sich ebenfalls hinsetzen kann

ver·zeih·lich ADJEKTIV so, dass man jemandem dafür verzeihen kann ‹ein Fehler, ein Irrtum›

★ **Ver·zei·hung** *die;* (-) **1** die Handlung, mit der man jemandem etwas verzeiht ‹jemanden um Verzeihung für etwas bitten› **2** das Verzeihen der Sünden durch Gott ≈ *Vergebung* **3 Verzeihung!** verwendet, um einer Person zu sagen, dass man sie nur aus Versehen gestört, gestoßen o. Ä. hat **4 Verzeihung?** Bitte sagen Sie das noch einmal, ich habe es nicht verstanden!

ver·zer·ren VERB (verzerrte, hat verzerrt) **1 etwas verzerrt (etwas)** etwas gibt die Form oder den Klang einer Sache falsch wieder | *Der Lautsprecher verzerrte ihre Stimme* | *Der Spiegel ist gebogen und verzerrt* **2 (etwas) verzerren** etwas subjektiv darstellen, sodass es nicht so erscheint, wie es wirklich ist | *ein verzerrter Bericht* **H** meist im Passiv mit dem Hilfsverb *sein* **3 sich** (*Dativ*) **etwas verzerren** etwas so anstrengen und spannen, dass man sich verletzt ‹sich (*Dativ*) einen Muskel, eine Sehne verzerren› **4 jemandes Gesicht ist verzerrt** die Muskeln im Gesicht einer Person sind so angespannt, dass sie anders aussieht als normal | *ein vom Schmerz verzerrtes Gesicht* **K** schmerzverzerrt, wutverzerrt **H** meist im Passiv mit dem Hilfsverb *sein* **5 jemandes Gesicht verzerrt sich** jemandes Gesicht ist verzerrt | *Sein Gesicht verzerrte sich vor Angst/Schmerz/Wut* ● hierzu **Ver·zer·rung** *die*

ver·zet·teln VERB (verzettelte sich, hat sich verzettelt) **sich verzetteln** zu viele Dinge gleichzeitig tun und deshalb keines davon richtig tun können

★ **Ver·zicht** *der;* (-(e)s) **der Verzicht (auf jemanden/etwas)** das Verzichten ‹Verzicht leisten; seinen Verzicht erklären› **K** Verzicht(s)erklärung

★ **ver·zich·ten** VERB (verzichtete, hat verzichtet) **(auf jemanden/etwas) verzichten** einen Anspruch oder eine Forderung (freiwillig) aufgeben oder etwas nicht tun | *zugunsten anderer auf einen Anteil verzichten* | *Sie verzichtete auf eine bissige Antwort* | *Wir mussten aus Geldmangel darauf ver-*

zichten, in Urlaub zu fahren

ver·zie·hen[1] VERB (verzog, hat verzogen) **1** **etwas (zu etwas) verziehen** die Muskeln im Gesicht so anspannen, dass man anders aussieht als normal ⟨das Gesicht zu einer Grimasse, Fratze verziehen⟩ | *den Mund zu einem Grinsen verziehen | sich Beleidigungen anhören, ohne eine Miene zu verziehen* (ohne sichtbare Reaktion) **2** **ein Kind verziehen** *abwertend* einem Kind zu viele Wünsche erfüllen und es dadurch egoistisch werden lassen **3** **etwas verzieht sich (zu etwas)** etwas bekommt durch Anspannen der Muskeln eine Form, die anders aussieht als normal ⟨jemandes Gesicht, jemandes Miene, jemandes Mund⟩ | *Seine Miene verzog sich zu einem spöttischen Grinsen | Ihr Mund verzog sich vor Schmerz* **4** **etwas verzieht sich** *gesprochen* etwas bewegt sich an einen anderen Ort ⟨ein Gewitter, der Nebel, der Rauch, die Wolken⟩ **5** **sich (irgendwohin) verziehen** *gesprochen* einen Ort verlassen (und irgendwohin gehen) ≈ *verschwinden* | *Ich verziehe mich jetzt in mein Zimmer*

ver·zie·hen[2] PARTIZIP PERFEKT → verzeihen

ver·zie·ren VERB (verzierte, hat verziert) **etwas (mit etwas) verzieren** etwas durch Schmuck und Ornamente schöner machen ⟨eine Torte verzieren⟩ | *eine mit Ornamenten verzierte Bibel*

Ver·zie·rung *die;* (-, -en) etwas, mit dem etwas verziert ist ≈ *Ornament, Schmuck* | *Verzierungen anbringen*

ver·zin·sen VERB (verzinste, hat verzinst) **1** **die Bank verzinst etwas** die Bank zahlt Zinsen für etwas | *Die Bank verzinst Sparguthaben mit 0,7 %* **2** **etwas verzinst sich** etwas bringt jemandem Zinsen ● hierzu **Ver·zin·sung** *die;* zu (2) **ver·zins·lich** ADJEKTIV

ver·zo·cken VERB (verzockte, hat verzockt); *gesprochen* **etwas verzocken** etwas beim Glücksspiel verlieren

ver·zo·gen ■ PARTIZIP PERFEKT **1** → verziehen[1]
■ ADJEKTIV **2** **(irgendwohin) verzogen** nach einem Umzug eine andere Adresse haben ≈ *umgezogen* | *in eine andere Stadt verzogen sein | Empfänger unbekannt verzogen – zurück an Absender*

ver·zö·gern VERB (verzögerte, hat verzögert) **1** **etwas verzögert sich** etwas geschieht später oder dauert länger als geplant | *Die Ankunft des Zuges wird sich voraussichtlich um 10 Minuten verzögern* **2** **etwas verzögern** bewirken, dass etwas später geschieht als es geplant ist oder erwartet wird | *Technische Schwierigkeiten verzögerten den Start der Rakete* **3** **etwas verzögern** bewirken, dass etwas länger dauert als es geplant ist oder erwartet wird | *Verständigungsschwierigkeiten verzögerten die Verhandlungen* ● hierzu **Ver·zö·ge·rung** *die*

★ **ver·zol·len** VERB (verzollte, hat verzollt) **etwas verzollen** Zoll für etwas bezahlen | *Haben Sie etwas zu verzollen?*

ver·zückt ADJEKTIV voller Begeisterung ⟨ein Lächeln; verzückt lauschen, zuhören⟩ ≈ *entzückt* ● hierzu **Ver·zü·ckung** *die*

Ver·zug *der;* (-(e)s) **1** **(mit etwas) in Verzug geraten/kommen** etwas nicht rechtzeitig tun, bezahlen (können) o. Ä. **2** **(mit etwas) im Verzug sein** etwas noch nicht getan, bezahlt o. Ä. haben | *mit der Miete/den Raten im Verzug sein* K Verzugszinsen; Lieferungsverzug, Zahlungsverzug

ver·zwei·feln VERB (verzweifelte, ist verzweifelt) **(an jemandem/etwas) verzweifeln** die Hoffnung völlig verlieren, dass jemand/etwas besser wird ⟨an den Menschen, am Leben verzweifeln⟩ | *Sie war ganz verzweifelt, weil sie ihre Schulden nicht bezahlen konnte | Ich bin am Verzweifeln!*

★ **ver·zwei·felt** ■ PARTIZIP PERFEKT **1** → verzweifeln
■ ADJEKTIV **2** so, dass sich eine Person um eine Gefahr nicht kümmert, weil sie keine Hoffnung mehr hat ⟨ein Kampf, eine Tat⟩ **3** ohne Hoffnung auf Erfolg ⟨eine Lage, eine Situation⟩

★ **Ver·zweif·lung** *die;* (-) der Zustand, in dem jemand keine Hoffnung mehr hat ⟨von Verzweiflung gepackt werden; jemand/etwas bringt/treibt jemanden zur Verzweiflung⟩ | *Sie weinte aus/vor Verzweiflung* K Verzweiflungstat

ver·zwei·gen VERB (verzweigte sich, hat sich verzweigt) **etwas verzweigt sich** etwas teilt sich in mehrere Zweige oder Richtungen | *An dieser Stelle verzweigen sich die Rohre*

ver·zwickt ADJEKTIV; *gesprochen* ⟨eine Angelegenheit, eine Situation⟩ ≈ *kompliziert*

Ves·per [f-] *die;* (-, -n) **1** ein (katholischer) Gottesdienst meist am Abend K Vesperglocke, Vesperläuten **2** eine kleine Mahlzeit K Vesperbrot, Vesperzeit

Ves·ti·bül [v-] *das;* (-s, -e); *geschrieben* ein großer Vorraum im Theater oder im Hotel

Ve·te·ran [v-] *der;* (-en, -en) **1** ein Mann, der lange Zeit Soldat war oder der in einem Krieg gekämpft hat | *ein Veteran des Vietnamkrieges* K Kriegsveteran H *der Veteran; den, dem, des Veteranen* **2** *oft humorvoll* eine Person, die lange Zeit Mitglied in einer Organisation war

Ve·te·ri·när [v-] *der;* (-s, -e); *geschrieben* ≈ *Tierarzt* K Veterinärmedizin ● hierzu **Ve·te·ri·nä·rin** [v-] *die;* **ve·te·ri·när** ADJEKTIV

Ve·to [v-] *das;* (-s, -s) **ein Veto (gegen etwas)** der offizielle Einspruch eines Mitglieds einer Organisation gegen eine Entscheidung, durch den die Durchführung des Beschlusses verhindert oder verzögert wird ⟨ein/sein Veto einlegen⟩ K Vetorecht

Vet·ter ['fɛtɐ] *der;* (-s, -n) ≈ *Cousin*

Vet·tern·wirt·schaft *die; nur Singular; abwertend* in einer Vetternwirtschaft handeln mächtige Familien so, dass ihre Mitglieder wichtige Posten (in der Politik oder in Firmen) erhalten

vgl. Abkürzung für *vergleiche*, eine Anweisung in einem Buch, an einer anderen Stelle oder in einem anderen Buch etwas nachzuschlagen

VHS [fauha'|ɛs] *die;* (-, -) Abkürzung für *Volkshochschule*

via [v-] PRÄPOSITION +*Akkusativ* so, dass die Reise über den genannten Ort geht, aber nicht dort endet | *ein Flug von Paris nach New York via London*

Via·dukt [v-] *der/das;* (-(e)s, -e) eine Brücke (vor allem für Züge) mit mehreren Bogen, die über ein tiefes Tal führt

vib·rie·ren [v-] VERB (vibrierte, hat vibriert) **1** **etwas vibriert** etwas schwingt mit kleinen (hörbaren) Bewegungen | *eine vibrierende Saite | Der Fußboden vibrierte, als der Zug vorbeifuhr* **2** **eine Stimme vibriert** eine Stimme zittert ● hierzu **Vib·ra·ti·on** *die;* zu (1) **Vib·ra·tor** *der;* (-s, Vib·ra·to·ren)

★ **Vi·deo** [v-] *das;* (-s, -s) **1** *meist ohne Artikel* die Technik, mit der man einen Film auf eine Festplatte o. Ä. speichert oder abspielt ⟨etwas auf/mit Video aufnehmen⟩ K Videoaufnahme, Videofilm, Videokamera, Videoüberwachung **2** *historisch* ein Magnetband, auf das man Filme aufnehmen kann ⟨ein leeres, volles, (un)bespieltes Video; ein Video aufnehmen, abspielen, löschen⟩ K Videoband, Videogerät, Videokassette, Videorekorder **3** *gesprochen* ein Film o. Ä., der sich auf einem Datenträger befindet oder den man im Internet ansehen kann

Vi·deo·clip [v-] *der* ein kurzer Videofilm, vor allem mit einem Lied der Popmusik

★ **Vieh** [fiː] *das;* (-(e)s) **1** alle Nutztiere, die in der Landwirtschaft gehalten werden | *zehn Stück Vieh* K Viehbestand, Viehfutter, Viehhandel, Viehhändler, Viehmarkt, Viehtränke, Viehzucht, Viehzüchter; Federvieh, Kleinvieh, Jungvieh, Mastvieh, Milchvieh, Schlachtvieh, Zuchtvieh **2** **das Vieh** die Rinder | *das Vieh auf die Weide treiben* K Viehherde, Viehweide **3** *gesprochen, oft abwertend* Tiere oder Insekten
■ ID **jemanden wie ein Stück Vieh behandeln** jemanden

schlecht und rücksichtslos behandeln

Vieh·zeug *das; gesprochen, abwertend* Tiere, die man lästig findet (z. B. Fliegen und Mücken)

★ **viel** [f-] (mehr, meist-) ■ ADJEKTIV **1** *+Singular* eine relativ große Menge vom Genannten ↔ *wenig* | *Man soll viel Obst essen* | *Das nimmt viel kostbare Zeit in Anspruch* | *Es gab viel an Regen* | *Diese Arbeit macht viel Schmutz* | *Der viele Schmutz ist das Schlimmste bei dieser Arbeit* **!** Ohne den Artikel steht immer *viel*: *viel Zeit haben*, nach dem Artikel steht eine flektierte Form: *das viele Geld.* **2** *+Plural* eine relativ große Zahl von Personen oder Sachen (die jeweils von der gleichen Art sind) ↔ *wenig* | *Er hat viele gute Freunde* | *Sie freute sich über die vielen Geschenke* | *Die vielen Autos regen mich auf* | *viele Millionen Menschen* **!** Nach dem Artikel steht eine flektierte Form: *die vielen Bücher*; direkt vor Adjektiven (und ohne Artikel) kann auch *viel* stehen: *viel(e) gute Dinge – die vielen guten Dinge.* Mit einem Genitiv nach *viele* oder mit *von* oder *an* kann man Teile von Mengen oder Gruppen angeben: *Viele der Bücher sind beschädigt; Viele von euch kennen mich schon.* **3** verwendet nach manchen Verben zur Angabe einer großen Menge und Zahl einer nicht genannten, aber bekannten Sache | *Er raucht viel* (viele Zigaretten) | *Sie weiß wirklich viel* | *Das kostet ziemlich viel* | *Sei vorsichtig! Es kann viel passieren* **4** verwendet, um ganz allgemein eine große Gruppe oder Menge oder eine große Zahl von Personen oder Dingen zu bezeichnen | *Ich kenne viele, die Schulden haben* (viele Leute) | *Vieles ist sehr zweifelhaft* | *Vielen gehen die Pläne der Regierung zu weit* **5** verwendet bei formelhaften höflichen Redewendungen | *Viel Glück!* | *Viel Spaß!* | *Vielen Dank!* **6** **ein bisschen viel** *gesprochen* ein bisschen zu viel | *Verlangst du nicht ein bisschen viel von den Kindern?*
■ ADVERB **7** *gesprochen ≈ oft, häufig ↔ selten* | *Die Müllers gehen viel ins Theater* | *Unsere Nachbarn fahren viel in Urlaub* | *Ursula ist viel krank* **8** **viel** *+Komparativ* **(als ...)** verwendet, um einen großen Unterschied auszudrücken | *Er ist viel fleißiger als du* | *Es geht ihr jetzt wieder viel besser* **9** in hohem Maße | *Sie sorgt sich viel um ihre Zukunft* | *Das ist bei uns nicht viel anders* | *Hier ist es viel zu kalt* | *Jasmin hat ihr viel geliebtes Kuscheltier verloren* | *Sie ist eine viel beschäftigte Frau* **10** so, dass das Genannte oft geschieht, unter Beteiligung von vielen Leuten ⟨viel begehrt, benutzt, gebraucht, besucht, bewundert, diskutiert, gepriesen⟩ | *eine viel befahrene Straße* | *ein viel gelesenes Buch* | *ein viel zitierter Autor* **!** Die Adjektive können auch mit *viel* zusammengeschrieben werden: *eine vielbeschäftigte Frau*
■ PARTIKEL **11** *gesprochen unbetont* verwendet, um eine rhetorische Frage zu verstärken | *Was soll ich noch viel erzählen, gleich wirst du es selbst erleben* | *Was gibt es da noch viel zu fragen? Tu lieber, was ich sage!*

viel·deu·tig ADJEKTIV so, dass mehrere Interpretationen möglich sind ⟨eine Bemerkung, ein Begriff⟩ ● hierzu **Viel·deu·tig·keit** *die*

vie·le → viel

Viel·eck *das;* (-(e)s, -e) eine geometrische Figur mit vielen Ecken ≈ *Polygon* ● hierzu **viel·eckig** ADJEKTIV

vie·len·orts ADVERB an vielen Orten

vie·ler·lei ADJEKTIV/PRONOMEN *nur in dieser Form* **1** von vielen verschiedenen Arten | *Es gibt vielerlei Arten von Vögeln* | *Ich kenne vielerlei Menschen* **2** viele verschiedene (einzelne) Dinge | *vielerlei wissen*

vie·ler·orts ADVERB → vielenorts

viel·fach ADJEKTIV *meist attributiv* drückt aus, dass sich etwas viele Male wiederholt oder dass etwas in gleicher Form sehr oft vorhanden ist | *ein vielfacher Preisträger* | *ein vielfach ausgezeichneter Film* | *eine Sendung auf vielfachen Wunsch wiederholen* | *ein vielfacher Millionär* (eine Person, die viele Millionen (Euro, Dollar o. Ä.) hat)

Viel·fa·che *das;* (-n, -n) **1** eine Zahl, die eine kleinere Zahl mehrere Male enthält | *4 × 6 = 24; also ist 24 ein Vielfaches von 6* **2** **um ein Vielfaches** *-Komparativ ≈ viel* | *Das ist um ein Vielfaches schwerer als ich dachte* **!** *ein Vielfaches; das Vielfache; den, dem, des Vielfachen*

★ **Viel·falt** *die;* (-) die Fülle von vielen verschiedenen Dingen, Arten, Sorten usw. | *die Vielfalt der Blumen* | *ein Bild mit einer Vielfalt an/von Farben* ● hierzu **viel·fäl·tig** ADJEKTIV; **Viel·fäl·tig·keit** *die*

viel·far·big ADJEKTIV mit vielen Farben | *vielfarbige Blumen*

Viel·fraß *der;* (-es, -e) **1** *abwertend* eine Person, die zu viel isst **2** ein großer Marder, der in kalten Ländern lebt

★ **viel·leicht** [fi'laiçt] ■ ADVERB **1** das Genannte ist möglich | *Vielleicht regnet es morgen* | *Er hat vielleicht recht* **2** drückt aus, dass eine Angabe nur geschätzt ist und nicht richtig sein muss | *Der Baum ist vielleicht zwölf Meter hoch* | *Ich habe vielleicht noch zehn Euro übrig*
■ PARTIKEL *unbetont* **3** verwendet in der Form einer Frage, um jemanden höflich um etwas zu bitten *≈ bitte* | *Können Sie mir vielleicht sagen, wie spät es ist?* | *Wären Sie vielleicht so nett, mir zu helfen?* **4** verwendet in Fragen oder Feststellungen, um zu sagen, dass man keine Geduld mehr hat | *Würdest du vielleicht endlich mal still sein?* | *Vielleicht ist jetzt bald Schluss!* **5** verwendet in rhetorischen Fragen, um zu sagen, dass man eine negative Antwort erwartet | *Gefällt dir ihre schreckliche Frisur vielleicht?* | *Glaubst du vielleicht, ich habe Angst vor dir?* **6** verwendet in Ausrufesätzen, um die Aussage zu verstärken | *Das ist vielleicht kalt hier!* | *Gestern war vielleicht ein (hektischer) Tag!* | *Der hat vielleicht (dumm) geschaut!*

viel·mals ADVERB verwendet, um höfliche Grüße, Entschuldigungen o. Ä. zu verstärken | *Ich danke Ihnen vielmals* | *Entschuldigen Sie bitte vielmals!*

viel·mehr, viel·mehr ADVERB verwendet nach einer verneinten Aussage, um diese zu korrigieren oder um einen Gegensatz auszudrücken | *Sie ist nicht nur fleißig, sie hat vielmehr auch eigene Ideen*

viel·sa·gend, viel sa·gend ADJEKTIV so, dass etwas ohne Worte deutlich ausgedrückt wird ⟨ein Blick, eine Geste; vielsagend lächeln, schweigen⟩

viel·schich·tig ADJEKTIV mit vielen verschiedenen Aspekten ⟨ein Problem⟩ *≈ komplex* ● hierzu **Viel·schich·tig·keit** *die*

viel·sei·tig ADJEKTIV **1** in Bezug auf viele verschiedene Dinge ⟨Anregungen, Erfahrungen, Interessen, ein Angebot, eine Auswahl; vielseitig interessiert sein⟩ **2** fähig oder geeignet, viele verschiedene Dinge zu tun oder viele Aufgaben zu erfüllen ⟨eine Begabung, ein Mensch; jemand ist vielseitig begabt; etwas ist vielseitig verwendbar⟩ | *Dieses Gerät können sie vielseitig verwenden* ● hierzu **Viel·sei·tig·keit** *die*

viel·ver·spre·chend, viel ver·spre·chend ADJEKTIV so, dass man etwas sehr Gutes, Positives erwarten kann | *ein vielversprechendes Zeichen* | *Der Tag fing mit schönem Wetter und einem guten Frühstück sehr vielversprechend an*

Viel·völ·ker|staat *der* ein Staat, in dem viele Völker (mit verschiedenen Sprachen und Sitten) leben | *Die Sowjetunion war ein Vielvölkerstaat*

★ **Viel·zahl** *die; nur Singular* eine große Zahl verschiedener Dinge/Personen | *eine Vielzahl von Büchern/ungelöster Probleme haben*

★ **vier** ZAHLWORT **1** (als Zahl, Ziffer) 4 | *zwei plus/und zwei ist/macht/gibt vier* (2 + 2 = 4) **!** → Anhang **Zahlen** **2** **um vier**

V

gesprochen um 4 oder um 16 Uhr | *Wir treffen uns heute um vier* **3** **vier (Jahre alt) sein** vor vier Jahren geboren worden sein | *Mein kleiner Bruder ist erst vier* **4** beim Sport verwendet, um die Zahl der Punkte oder Tore anzugeben | *den Gegner mit vier zu zwei (4 : 2) schlagen* | *Das Spiel endet vier zu vier (4 : 4) unentschieden* ■ **ID** **alle viere von sich** *(Dativ)* **strecken** *gesprochen* sich ausruhen; **auf allen vieren (gehen/krabbeln/kriechen)** sich wie ein kleines Kind auf Händen und Füßen bewegen

★ **Vier** *die;* (-, -en) **1** die Zahl 4 **2** jemand/etwas mit der Ziffer/Nummer 4 | *Die Vier hat das Rennen gewonnen* | *Die Drei, die Vier und die Sechs fahren zum Bahnhof* **3** die Schulnote 4 | *Er hat in Mathematik eine Vier*

Vier·bei·ner *der;* (-s, -); *humorvoll* ein Haustier mit vier Beinen, meist ein Hund

★ **Vier·eck** *das;* (-s, -e) eine Fläche, die von vier geraden Linien begrenzt ist | *Quadrate, Rechtecke und Trapeze sind Vierecke* ● hierzu **vier·eckig** ADJEKTIV

Vie·rer *der;* (-s, -) **1** *gesprochen* die Ziffer 4 **2** *gesprochen* etwas, das mit der Zahl 4 bezeichnet wird, meist ein Bus oder eine Straßenbahn | *Mit dem Vierer nach Hause fahren* **3** *gesprochen* die Schulnote 4 | *Ich habe in Deutsch einen Vierer* **4** *gesprochen* vier richtige Zahlen im Lotto **5** ein Boot für vier Ruderer

vier·hän·dig ADJEKTIV *meist attributiv* zu zweit ⟨vierhändig Klavier spielen⟩

vier·hun·dert ZAHLWORT (als Zahl) 400

Vier·kant|schlüs·sel *der* ein Werkzeug (mit einer quadratischen Öffnung an einem Ende), mit dem man z. B. die Räder eines Autos abmontieren kann

★ **viert** ADJEKTIV **1** in einer Reihenfolge an der Stelle vier | *der vierte Januar* | *Heinrich der Vierte* (Heinrich IV.) | *Er beendete das Rennen als Vierter* **2** **der vierte Teil (von etwas)** ¼ **3** **zu viert** (mit) insgesamt 4 Personen | *zu viert in Urlaub fahren* | *Heute Abend sind wir zu viert*

vier·tau·send ZAHLWORT (als Zahl) 4000

vier·tel ['fɪrtl̩] ADJEKTIV *nur in dieser Form* **1** den vierten Teil eines Ganzen bildend ≈ ¼ | *ein viertel Liter/Zentner* **H** Häufige Maßangaben werden meist zusammengeschrieben *Viertelliter, Viertelstunde* usw. **2** **drei viertel** verwendet, um drei Viertel eines Ganzen zu bezeichnen | *Die Flasche ist noch drei viertel voll* **3** **viertel eins/zwei/…** *gesprochen* verwendet, um zu sagen, dass es 45 Minuten vor der genannten Uhrzeit ist | *viertel sieben* (06:15 oder 18:15 Uhr) **4** **drei viertel eins/zwei/…** verwendet, um zu sagen, dass es 15 Minuten vor der genannten Uhrzeit ist | *drei viertel sieben* (06:45 oder 18:45 Uhr)

★ **Vier·tel** ['fɪrtl̩] *das;* (-s, -) **1** der vierte Teil (¼) einer Sache, die man messen kann | *ein Viertel der Strecke hinter sich haben* **K** Vierteljahr, Viertelliter, Viertelpfund, Viertelstunde, Viertelzentner **2** ein Gebiet in einer Stadt **K** Bahnhofsviertel, Geschäftsviertel, Hafenviertel, Neubauviertel, Villenviertel; Stadtviertel **3** **Viertel nach eins/zwei/…** *gesprochen* eine Uhrzeit 15 Minuten nach der genannten Stunde | *Viertel nach sieben* (07:15 oder 19:15 Uhr) **4** **Viertel vor eins/zwei/…** *gesprochen* eine Uhrzeit 15 Minuten vor der genannten Stunde | *Viertel vor sieben* (06:45 oder 18:45 Uhr) **5** ¼ Liter Wein ⟨ein Viertel (Wein) bestellen, trinken⟩ **6** ≈ *Viertelnote* **7** **drei Viertel** *gesprochen* 15 Minuten vor der vollen Stunde | *Der Bus kommt um fünf vor drei Viertel*

Vier·tel·fi·na·le ['fɪrtl̩-] *das* der Teil eines Wettbewerbs, in dem die letzten acht Spieler oder Mannschaften um den Einzug in die nächste Runde (das Halbfinale) kämpfen ⟨ins Viertelfinale einziehen; im Viertelfinale ausscheiden⟩

vier·teln ['fɪrtl̩n] VERB (viertelte, hat geviertelt) **etwas vierteln** etwas in vier gleiche Stücke teilen | *einen Apfel vierteln*

Vier·tel·no·te ['fɪrtl̩-] *die* die Note ♩, die den vierten Teil des Wertes einer ganzen Note hat

★ **Vier·tel·stun·de** *die* ein Zeitraum von 15 Minuten **H** aber: *eine halbe Stunde*

vier·tens ADVERB verwendet bei einer Aufzählung, um anzuzeigen, dass etwas an 4. Stelle kommt

Vier·vier·tel|takt [fiːɐ̯'fɪrtl̩-] *der* ein Takt, der (wie z. B. beim Foxtrott) aus den Werten von vier Viertelnoten besteht

★ **vier·zehn** ['fɪr-] ZAHLWORT (als Zahl) 14 **H** → Anhang **Zahlen** und Beispiele unter **vier**

★ **vier·zig** ['fɪr-] ZAHLWORT **1** (als Zahl) 40 **H** → Anhang **Zahlen** und Beispiele unter **vier** **2** **Anfang/Mitte/Ende vierzig sein** ungefähr 40 bis 43/44 bis 46/47 bis 49 Jahre alt sein

Vier·zig ['fɪr-] *die;* (-, -en); *meist Singular* **1** die Zahl 40 **2** jemand/etwas mit der Zahl/Nummer 40

vier·zi·ger ['fɪr-] ADJEKTIV *meist attributiv; nur in dieser Form* die zehn Jahre (eines Jahrhunderts oder eines Menschenlebens) von 40 bis 49 | *in den vierziger Jahren des 18. Jahrhunderts* | *er ist in den/seinen Vierzigern* **K** Vierzigerjahre

Vier·zi·ger ['fɪr-] *der;* (-s, -); *gesprochen* eine Person, die zwischen 40 und 49 Jahre alt ist **K** Endvierziger, Mittvierziger ● hierzu **Vier·zi·ge·rin** ['fɪr-] *die*

Vier·zig·stun·den|wo·che [fɪr-] *die* eine Arbeitszeit von 40 Stunden pro Woche

vif [v-] ADJEKTIV; *veraltend* ≈ *schlau, clever*

Vig·net·te [vɪn'jɛtə] *die;* (-, -n) ein Aufkleber als Nachweis dafür, dass man die Gebühr für die Benutzung einer Autobahn, eines Tunnels usw. gezahlt hat

Vi·kar [v-] *der;* (-s, -e) **1** ein evangelischer Theologe nach dem ersten Examen, der einem Pfarrer hilft, bevor er selbst Pfarrer wird **2** der Stellvertreter eines katholischen Pfarrers ● zu (1) **Vi·ka·rin** *die*

Vil·la [v-] *die;* (-, Vil·len) ein großes, sehr teures Haus mit einem großen Garten **K** Villengegend, Villenviertel; Luxusvilla

Vi·o·la [v-] *die;* (-, Vi·o·len) ≈ *Bratsche*

★ **vi·o·lett** [v-] ADJEKTIV von der Farbe, die aus einer Mischung von Blau und Rot entsteht ● hierzu **Vi·o·lett** *das*

Vi·o·li·ne [v-] *die;* (-, -n) ≈ *Geige* **K** Violinkonzert, Violinsonate

Vi·o·lin·schlüs·sel [v-] *der* der Notenschlüssel 𝄞, der auf der Linie der Note *g* steht

Vi·o·lon·cel·lo [vi̯olɔn'tʃɛlo] *das;* (-s, Vi·o·lon·cel·li) ≈ *Cello*

Vi·per [v-] *die;* (-, -n) eine giftige Schlange

Vi·ren [v-] *die; Plural* → Virus

Vi·ren·scan·ner [-skɛne] *der;* (-s, -) ein Programm für einen Computer, gefährliche Programme auf Computern erkennt und entfernt

vir·tu·ell [v-] ADJEKTIV **1** vom Computer so dargestellt, dass es fast echt erscheint ⟨Realität, eine Welt⟩ | *ein virtueller Rundgang durchs Museum* **2** nur im Internet, nicht in der realen Welt ⟨Beziehungen, Kontakte, Geld, ein Handelsplatz⟩

vir·tu·os [v-] ADJEKTIV so, dass eine Person etwas (z. B. eine musikalische Technik) sehr gut beherrscht ⟨ein Geiger, ein Pianist, ein Spiel, eine Leistung; virtuos spielen⟩ ● hierzu **Vir·tu·o·si·tät** *die;* **Vir·tu·o·se** *der;* **Vir·tu·o·sin** *die*

vi·ru·lent [v-] ADJEKTIV fähig, Krankheiten entstehen zu lassen ⟨Bakterien, Viren⟩ ● hierzu **Vi·ru·lenz** *die*

★ **Vi·rus** [v-] *das/der;* (-, Vi·ren) **1** ein sehr kleiner Organismus, der in die Zellen von Menschen, Tieren und Pflanzen eindringt und dort Krankheiten verursachen kann **K** Viruserkrankung, Virusgrippe, Virusinfektion; Aidsvirus, Grippevirus **2** ein verstecktes Computerprogramm, das zur teilweisen oder völligen Zerstörung der vorhandenen Daten führt

Vi·sa [v-] *Plural* → Visum

Vi·sa·ge [vi'zaːʒə] *die;* (-, -n); *gesprochen, abwertend* ≈ *Gesicht*

★ **vis-a-vis, vis-à-vis** [viza'viː] ADVERB; *veraltend* ≈ *gegenüber*

Vi·sier [v-] *das;* (-s, -e) **1** eine Vorrichtung am hinteren Ende des Laufs eines Gewehrs (Kimme und Korn), die man beim Zielen in eine Linie bringen muss ⟨ein Tier ins Visier bekommen, im Visier haben⟩ **2** der Teil eines Helms (z. B. bei Motorradfahrern und bei der Ritterrüstung), der direkt vor dem Gesicht ist ■ **ID jemanden/etwas ins Visier nehmen** **a** die eigene Aufmerksamkeit auf jemanden/etwas richten **b** jemanden/etwas kritisieren

Vi·si·on [v-] *die;* (-, -en); *geschrieben* **1** *meist Plural* eine Vorstellung, die nur in der Fantasie existiert ⟨(religiöse) Visionen haben⟩ ≈ *Halluzination* **2** eine Idee oder Vorstellung von einer Sache in der Zukunft | *die Vision einer friedlichen Welt* ● zu (2) **vi·si·o·när** ADJEKTIV

Vi·si·te [v-] *die;* (-, -n) der (regelmäßige) Besuch des Arztes bei den Patienten in einer Klinik ⟨zur Visite kommen; Visite machen⟩

Vi·si·ten·kar·te [v-] *die* eine kleine Karte, auf die meist jemandes Name, Titel und Adresse gedruckt sind ⟨jemandem seine Visitenkarte überreichen⟩

vi·su·ell [v-] ADJEKTIV *meist attributiv; geschrieben* mit den Augen ⟨Eindrücke; Wahrnehmungen⟩

★ **Vi·sum** [v-] *das;* (-s, Vi·sa/Vi·sen) ein Eintrag (meist ein Stempel) im Reisepass, mit dem jemandem erlaubt wird, in einen Staat zu reisen ⟨ein Visum beantragen; jemandem ein Visum ausstellen, erteilen; ein Visum läuft ab⟩ **K** Visum(s)antrag, Visum(s)pflicht, Visum(s)zwang

vi·tal [v-] ADJEKTIV **1** gesund und voller Kraft und Energie ⟨ein Mensch⟩ **2** *geschrieben meist attributiv* sehr wichtig für das Leben ⟨jemandes Bedürfnisse, Interessen; eine Frage von vitaler Bedeutung⟩ ● zu (1) **Vi·ta·li·tät** *die*

Vi·ta·min [v-] *das;* (-s, -e) **1** *oft Plural* Obst und Gemüse enthalten Vitamine, die für die Gesundheit sehr wichtig sind | *die Vitamine B und C* **K** Vitamingehalt, Vitaminmangel, Vitaminpräparat, Vitaminspritze, Vitamintablette **2** **Vitamin B** [beː] *humorvoll* gute Beziehungen zu Personen, die wichtige Dinge entscheiden ⟨Vitamin B haben⟩ ● zu (1) **vi·t·a·min·arm** ADJEKTIV; zu (1) **vi·t·a·min·reich** ADJEKTIV

Vit·ri·ne [v-] *die;* (-, -n) **1** ein Kasten aus Glas, in dem meist wertvolle Dinge gezeigt (ausgestellt) werden ≈ *Schaukasten* | *Im Museum stehen Vitrinen mit römischen Münzen* **2** ein Schrank, dessen Tür aus Glas ist | *kostbare Gläser in der Vitrine aufbewahren*

Vi·ze ['fiːtsə] *der;* (-s, -s); *gesprochen* ≈ *Stellvertreter*

Vi·ze- ['fiːtsə-] *im Substantiv, betont, begrenzt produktiv* **1** **der Vizekanzler, der Vizekonsul, der Vizepräsident** *und andere* bezeichnet den Stellvertreter der genannten Person **2** **der Vizemeister, der Vizeweltmeister** im Sport an zweiter Stelle der Rangliste

Vlies [f-] *das;* (-es, -e) eine Schicht aus der Wolle eines Schafes oder aus vielen Fäden ⟨ein dichtes Vlies⟩ **K** Vliestuch

V-Mann ['fau-] *der;* (-(e)s, V-Män·ner/V-Leu·te) eine Person, die in einer Organisation Mitglied ist, um heimlich für die Polizei o. Ä. Informationen zu sammeln ≈ *Informant*

★ **Vo·gel** [f-] *der;* (-s, Vö·gel) **1** ein Tier mit Federn, Flügeln und einem Schnabel, das Eier legt. Die meisten Vögel können fliegen ⟨der Vogel fliegt, flattert, schlägt mit den Flügeln, singt, zwitschert, nistet, brütet, mausert sich, wird flügge⟩ **K** Vogelart, Vogelei, Vogelfänger, Vogelfutter, Vogelgesang, Vogelgezwitscher, Vogelkäfig, Vogelkunde, Vogelmist, Vogelnest, Vogelruf, Vogelschar, Vogelschutzgebiet, Vogelschwarm, Vogelstimme, Vogelzüchter; Greifvogel, Singvogel, Zugvogel **2** **ein lustiger/komischer/seltsamer/schräger Vogel** *gesprochen, meist humorvoll* eine Person, die lustig oder seltsam ist ■ **ID (jemandem) den/einen Vogel zeigen** mit dem Zeigefinger an die Stirn tippen, um einer Person zu zeigen, dass man sie für dumm oder verrückt hält; **Er/Sie hat einen Vogel** *gesprochen, abwertend* Er/Sie hat seltsame, verrückte Ideen; **(mit etwas) den Vogel abschießen** *gesprochen* (meist auf negative Weise) die Vorschläge oder Ideen der anderen übertreffen; **Da haut's einem doch den Vogel raus!** *gesprochen* Das ist kaum zu glauben

Vo·gel·bau·er *das/der; veraltend* ein Käfig für Vögel

Vo·gel·bee·re *die* die runde, rote Frucht der Eberesche

vo·gel·frei ADJEKTIV *historisch* ohne den Schutz des Gesetzes ≈ *geächtet* | *Robin Hood wurde für vogelfrei erklärt* ■ **ID jemanden für vogelfrei halten** glauben, man könne jemanden belästigen oder beleidigen, ohne negative Folgen befürchten zu müssen

Vo·gel·häus·chen *das* **1** eine Art kleines Haus aus Holz auf einer langen Stange, in das man Körner als Futter für Vögel legt **2** eine Art kleines Haus aus Holz, das man meist an Bäume hängt, damit Vögel darin ein Nest bauen können

vö·geln VERB (vögelte, hat gevögelt); *gesprochen* ⚠ **1** **(jemanden) vögeln** mit jemandem Sex haben **2** **(mit jemandem) vögeln** mit jemandem Sex haben

Vo·gel·per·spek·ti·ve *die* **aus der Vogelperspektive** von oben ⟨etwas aus der Vogelperspektive sehen, betrachten⟩

Vo·gel·scheu·che *die* eine Stange mit alten Kleidern, die man auf ein Feld stellt, um die Vögel zu erschrecken, damit sie die Saat nicht fressen

Vo·gel-Strauß-Po·li·tik *die; nur Singular* **jemand betreibt (eine) Vogel-Strauß-Politik** jemand tut so, als ob die vorhandenen Probleme oder Gefahren gar nicht da wären

vo·gel·wild ADJEKTIV; *gesprochen* **1** ohne Ordnung und System ≈ *chaotisch* | *Das ging alles vogelwild durcheinander* **2** ungewöhnlich und erstaunlich | *Wir haben zehn zu null gewonnen, vogelwild!*

Vogt [f-] *der;* (-(e)s, Vög·te) **1** *historisch* (im Mittelalter) ein Beamter für die Verwaltung **K** Burgvogt, Reichsvogt, Stadtvogt **2** Ⓒⓗ ≈ *Vormund*

Vo·ka·bel [v-] *die;* (-, -n) ein einzelnes Wort (meist einer Fremdsprache) ⟨Vokabeln lernen; jemanden/jemandem die Vokabeln abfragen⟩ **K** Vokabelheft

Vo·ka·bu·lar [v-] *das;* (-s, -e); *geschrieben* ≈ *Wortschatz*

Vo·kal [v-] *der;* (-s, -e) ein Laut, der so gebildet wird, dass der Atem ohne Hindernisse aus Kehle und Mund kommen kann, z. B. [a, e, i, o, u] ≈ *Selbstlaut* ↔ *Konsonant* ● hierzu **vo·ka·lisch** ADJEKTIV

Vo·lant [vo'lãː] *der;* (-s, -s) ein langer, relativ schmaler Streifen Stoff, der zusammengezogen wird und meist auf den Saum von Röcken genäht wird

Vo·li·e·re [vo'lieːrə] *die;* (-, -n) ein sehr großer Vogelkäfig (meist im Freien), in dem die Vögel fliegen können

★ **Volk** [f-] *das;* (-(e)s, Völ·ker) **1** alle Menschen mit derselben Sprache, Kultur und Geschichte (die in einem Staat zusammenleben) ⟨ein freies, unterdrücktes Volk⟩ | *das deutsche/italienische/polnische Volk* | *die Völker Afrikas* **K** Völkerfreundschaft, Völkergemisch, Völkermord; Bergvolk, Inselvolk, Kulturvolk **2** *nur Singular* alle Einwohner, Bürger eines Landes oder Staates ⟨das Volk aufwiegeln; das Volk erhebt sich⟩ ≈ *Bevölkerung* | *Das Parlament wird vom Volk gewählt* **K** Volksaufstand, Volksbewegung, Volkscharakter, Volksgesundheit, Volksschicht, Volkssouveränität, Volksvertreter **3** *nur Singular* die unteren sozialen Schichten der Bevölkerung ⟨das einfache Volk; ein Mann aus dem Volke⟩ **4** *nur Singular* viele Menschen an einem Ort ⟨sich unters Volk mischen⟩ | *Das Volk hat sich auf dem Platz versammelt* **K** Volksmassen, Volksmeinung, Volksmenge **5** verwendet, um eine Gruppe von Personen zu bezeichnen ⟨ein blödes,

V

dummes, faules, lästiges Volk⟩ | *Lasst mich doch in Ruhe, albernes Volk!* | *Auf dem Festival war viel junges Volk* **H** oft in Verbindung mit negativen Adjektiven **6** **das auserwählte Volk** die Juden **7** **fahrendes Volk** *veraltet oder abwertend* Artisten eines Zirkus, Schausteller o. Ä.

Völ·ker·ball *der; nur Singular* ein Ballspiel (meist von Kindern gespielt), bei dem zwei Mannschaften, die in zwei Feldern stehen, versuchen, möglichst viele gegnerische Spieler mit dem Ball zu treffen

Völ·ker·kun·de *die; nur Singular* die Wissenschaft, die Kulturen beschreibt und vergleicht ≈ *Ethnologie* • hierzu **Völ·ker·kund·ler** *der;* **Völ·ker·kund·le·rin** *die;* **völ·ker·kund·lich** ADJEKTIV

Völ·ker·recht *das; nur Singular* das internationale Recht, das die Beziehungen zwischen einzelnen Staaten regelt • hierzu **Völ·ker·recht·ler** *der;* **Völ·ker·recht·le·rin** *die;* **völ·ker·recht·lich** ADJEKTIV

Völ·ker·ver·stän·di·gung *die* ein friedlicher Kontakt zwischen Völkern ⟨etwas dient der Völkerverständigung⟩

Völ·ker·wan·de·rung *die; historisch* die Wanderung der germanischen Stämme nach Süden und Westen im 4. bis 6. Jahrhundert nach Christus ■ **ID** **Das ist ja eine richtige Völkerwanderung!** eine große Anzahl von Menschen bewegen sich in dieselbe Richtung

völ·kisch ADJEKTIV **1** *veraltet* ⚠ zum (deutschen) Volk gehörig **H** Dieses Wort wird nur noch in Texten über den Nationalsozialismus verwendet. **2** eine nationalistische und rassistische Ideologie vertretend ⟨die Bewegung, das Denken, der Nationalismus⟩ ■ **ID** **der Völkische Beobachter** *historisch* die Zeitung der NSDAP

Volks·ab·stim·mung *die* die direkte Abstimmung der Bürger über eine wichtige politische Frage ≈ *Plebiszit*

Volks·be·geh·ren *das* der Antrag eines Teils der Bevölkerung, dass über eine wichtige politische Frage in einer Volksabstimmung entschieden werden sollte

Volks·ent·scheid *der* die Entscheidung über eine wichtige politische Frage durch das Volk

Volks·fest *das* eine öffentliche Veranstaltung (im Freien), bei der es Karussells, Bierzelte o. Ä. gibt | *Das Oktoberfest in München ist ein Volksfest*

Volks·front *die; historisch* ein Bündnis linker, kommunistischer Parteien und Organisationen in den 1930er Jahren

Volks|hoch·schu·le *die* eine Institution, in der Erwachsene (neben ihrer beruflichen Arbeit) Vorträge über verschiedene Themen hören und Kurse (z. B. in Fremdsprachen) besuchen können, um sich weiterzubilden **H** Abkürzung: *VHS*

Volks·kam·mer *die; historisch* das Parlament der DDR

Volks·krank·heit *die* eine Krankheit, die in der Bevölkerung sehr verbreitet ist | *Rheuma ist eine Volkskrankheit*

Volks·kun·de *die; nur Singular* die Wissenschaft, die sich mit der Kultur und dem Leben eines Volkes beschäftigt • hierzu **Volks·kund·ler** *der;* **Volks·kund·le·rin** *die;* **volks·kund·lich** ADJEKTIV

Volks·lauf *der* ein Wettbewerb, bei dem jeder mitmachen kann und bei dem man eine lange Strecke laufen oder gehen muss

Volks·lied *das* ein altes, meist relativ einfaches Lied, das im Volk überliefert wurde

Volks·mund *der* **1** **im Volksmund** wie es mündlich überliefert ist **2** **im Volksmund** in der typischen Sprache (dem Sprachgebrauch) des Volkes

Volks·mu·sik *die* eine Musik (meist mit einfachen Liedern), die für eine Gegend typisch ist

volks·nah ADJEKTIV ⟨Politiker⟩ so, dass sie oft in der Öffentlichkeit auftreten und mit den Bürgern über (deren) Probleme sprechen

Volks·re·de *die* ■ **ID** **Volksreden halten** *abwertend* lange (und belehrend) über etwas sprechen

Volks·re·pu·blik *die* eine Bezeichnung, die für manche Staaten verwendet wird | *die Volksrepublik China* **H** Abkürzung: *VR*

Volks·schu·le *die; veraltend* **1** Ⓓ die Grund- und Hauptschule **K** Volksschulbildung, Volksschullehrer **2** Ⓐ die Schule, die die Kinder die ersten vier Jahre besuchen **3** ⒸⒽ die Schule, die die Kinder neun Jahre lang besuchen • hierzu **Volks·schü·ler** *der;* **Volks·schü·le·rin** *die*

Volks·stück *das* ein Theaterstück, meist mit einem lustigen, einfachen Inhalt (in dem oft Dialekt gesprochen wird)

Volks·tanz *der* ein (traditioneller) Tanz, der für eine Gegend typisch ist | *böhmische Volkstänze*

Volks|trau·er·tag *der;* Ⓓ der Sonntag vor dem 1. Advent, an dem man an die Toten beider Weltkriege und die Opfer des Nationalsozialismus denkt

Volks·tum *das;* (-s) die typischen Sitten und Bräuche eines Volkes oder der Menschen einer Gegend

volks·tüm·lich ADJEKTIV **1** bei vielen Leuten bekannt und beliebt ⟨ein Lied, ein Schauspieler⟩ **2** leicht zu verstehen ⟨ein Vortrag⟩ • zu (1) **Volks·tüm·lich·keit** *die*

Volks·ver·dum·mung *die* **Volksverdummung betreiben** *abwertend* (als Politiker) die Bürger absichtlich nicht richtig informieren

Volks·ver·het·zung *die* **Volksverhetzung betreiben** *abwertend* (durch Reden o. Ä.) Feindschaft und Gefühle von Hass gegen eine Gruppe von Menschen erzeugen

Volks·ver·tre·ter *der* ≈ *Abgeordnete(r), Parlamentarier* • hierzu **Volks·ver·tre·te·rin** *die*

Volks·ver·tre·tung *die* ≈ *Parlament*

Volks·wei·se *die* die Melodie eines Volksliedes

Volks·wirt *der* eine Person, die Volkswirtschaftslehre studiert hat

Volks·wirt·schaft *die* **1** die gesamte Wirtschaft eines Staates **2** *nur Singular* ≈ *Volkswirtschaftslehre* • hierzu **volks·wirt·schaft·lich** ADJEKTIV; **Volks·wirt·schaft·ler** *der;* **Volks·wirt·schaft·le·rin** *die*

Volks·wirt·schafts|leh·re *die; meist Singular* die Wissenschaft, die untersucht, wie die Wirtschaft eines Staates funktioniert

Volks·zäh·lung *die* die offizielle Zählung der Einwohner eines Staates

★ **voll** [f-] ADJEKTIV (voller, vollst-) **1** so, dass nichts oder keine Person mehr darin Platz hat ↔ *leer* | *Dein Glas ist ja noch voll* | *Die vollen Taschen waren ganz schön schwer* | *Es ist unhöflich zu sprechen, wenn man den Mund voll hat* **2** **etwas ist voll/voller** +*Substantiv* viele Personen oder Dinge sind an der genannten Stelle, in dem genannten Gebäude oder Behälter | *Der Gehsteig war voll/voller Laub* | *Das Diktat war voller Fehler* | *Das Stadion war voller Menschen* | *Die Kiste war voller Bücher* **3** **etwas voll** +*Substantiv* so viel von etwas, wie in den genannten Behälter o. Ä. passt | *Sie aß einen Teller voll Nudeln* | *Er brachte uns eine Tüte voll Äpfel* | *„Wie viele Bücher willst du verkaufen?" – „Drei Kisten voll!"* **4** so, dass nichts fehlt ⟨ein volles Dutzend; ein voller Erfolg; jemandem die volle Wahrheit sagen; für etwas den vollen Preis zahlen müssen; für etwas die volle Verantwortung tragen, übernehmen; für etwas vollstes Verständnis haben⟩ ≈ *ganz, vollständig* | *Ich habe eine volle Stunde auf dich gewartet* | *Die Turbinen arbeiteten mit voller Kraft* **5** **voll sein** *gesprochen* nichts mehr essen können, weil der Magen schon voll ist **6** **voll sein** *gesprochen!* völlig betrunken sein **7** ein wenig dick ⟨ein Gesicht; voller werden⟩ **8** **volles Haar** viele, dicht wachsende Haare auf dem Kopf **9** kräftig und laut (tönend) ⟨ein Klang, Töne; etwas tönt voll⟩ **10** *gesprochen* von jungen Menschen verwendet, um Adjektive und manche Verben zu verstärken | *Das Lied bringts voll!* (Das Lied ist sehr gut) | *Das ist voll süß von dir!* (Das ist sehr lieb von dir) **11** **voll und ganz** ohne Einschränkung | *Ich kann dich voll und ganz verstehen* **12** (mit Adjektiven in der Form des Partizip Perfekts) vollständig ⟨voll automatisiert, bepackt, besetzt⟩ | *ein voll klimatisiertes Gebäude* **H** Die genannten Adjektive können auch mit *voll* zusammengeschrieben werden: *ein vollbesetzter Bus.*

■ **ID** **aus dem 'Vollen schöpfen (können)** etwas, das in großer Menge da ist, verwenden können, ohne damit sparen zu müssen; **jemanden/etwas nicht für 'voll nehmen (können)** jemanden/etwas nicht ernst nehmen (können)

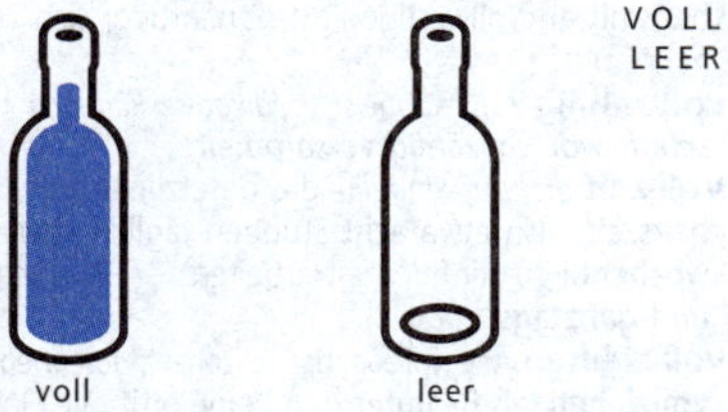

voll-¹ [f-] (*im Verb, betont und trennbar, begrenzt produktiv; Diese Verben werden so gebildet:* vollstopfen, stopfte voll, vollgestopft) **etwas vollladen, vollpacken, vollstellen, vollstopfen, volltanken** *und andere* drückt aus, dass etwas mit einer Sache gefüllt wird | *Er pumpte das Becken voll* (Er pumpte so viel Wasser in das Becken, bis dieses voll war) **H** aber: *das Auto zu voll laden, zu voll tanken*

voll-² [f-] *im Adjektiv, betont, begrenzt produktiv* **vollelastisch, vollgefressen, vollgepumpt, vollgestopft, vollgetankt** *und andere* ganz oder in sehr hohem Maße | *ein vollfetter Käse* | *ein vollgültiges Mitglied* **H** Die genannten Adjektive müssen mit *voll* zusammengeschrieben werden.

-voll [f-] *im Adjektiv nach Substantiv, unbetont, begrenzt produktiv* **liebevoll, mitleidsvoll, sehnsuchtsvoll, taktvoll, temperamentvoll, vertrauensvoll** *und andere* so, dass das Genannte (in großer Zahl, in hohem Maße) vorhanden ist | *ein qualvoller Tod* | *respektvoll miteinander umgehen* | *rücksichtsvoll sein*

voll·auf, voll·auf ADVERB ⟨vollauf mit etwas beschäftigt, zufrieden sein⟩ ≈ *völlig*

Voll·bart *der* ein Bart, der das Kinn, die Oberlippe und die Wangen bedeckt • hierzu **voll·bär·tig** ADJEKTIV

voll·be·schäf·tigt ADJEKTIV **vollbeschäftigt sein** den ganzen Tag (und nicht nur halbtags) im Beruf arbeiten

Voll·be·schäf·ti·gung *die; nur Singular* der Zustand der Wirtschaft, in dem (fast) alle Arbeit haben oder finden ⟨es herrscht Vollbeschäftigung⟩

Voll·be·sitz *der* **im Vollbesitz seiner (geistigen) Kräfte** *geschrieben* in einem Zustand, in dem man logisch und klar denken kann

voll·blü·tig ADJEKTIV ⟨ein Pferd⟩ so gezüchtet, dass es als Rennpferd verwendet und deshalb für viel Geld verkauft werden kann • hierzu **Voll·blut(·pferd)** *das*

Voll·brem·sung *die* eine Art des Bremsens, bei der ein Auto o. Ä. so schnell wie möglich zum Halten kommt ⟨eine Vollbremsung machen⟩

voll·brin·gen VERB (vollbrachte, hat vollbracht) **etwas vollbringen** *geschrieben* etwas (Wichtiges, Außergewöhnliches) tun ⟨eine Meisterleistung, ein gutes Werk vollbringen⟩

voll·bu·sig ADJEKTIV mit einem großen Busen

Voll·dampf (*der*) **mit Volldampf** *gesprochen* mit höchster Geschwindigkeit, mit aller Energie ⟨mit Volldampf voraus⟩

Völ·le·ge·fühl *das; nur Singular* das Gefühl, dass der Magen (unangenehm) voll ist ⟨(ein) Völlegefühl haben⟩

voll·en·den VERB (vollendete, hat vollendet) **etwas vollenden** *geschrieben* etwas Großes oder Schwieriges, das man angefangen hat, erfolgreich zu einem Ende bringen ⟨einen Bau, ein Werk vollenden⟩ • hierzu **Voll·en·dung** *die*

voll·en·det ■ PARTIZIP PERFEKT **1** → vollenden ■ ADJEKTIV **2** ⟨ein Gastgeber, ein Gentleman, eine Dame⟩ ≈ *perfekt* • zu (2) **Voll·en·dung** *die*

voll·ends ADVERB völlig, ganz und gar | *Jetzt hast du mich vollends aufgeweckt!* | *Jetzt ist sie vollends beleidigt*

★ **vol·ler** ADJEKTIV **1** *Komparativ* → voll **2** *nur in dieser Form* voll mit etwas ⟨voller Dreck, Farbe, Fett, Menschen, Sand⟩ | *Lisa umarmte Peter voller Freude* **H** nur vor einem Substantiv verwendet

Völ·le·rei *die; (-); geschrieben, abwertend* übermäßiges Essen und Trinken

Vol·ley·ball ['vɔli-] *der* **1** *ohne Artikel, nur Singular* ein Ballspiel, bei dem zwei Mannschaften versuchen, einen Ball mit den Händen über ein Netz zu spielen ⟨Volleyball spielen⟩ **K** Volleyballfeld, Volleyballmannschaft **2** der Ball, der beim Volleyball verwendet wird

voll·fres·sen VERB (*hat*) **sich vollfressen** *gesprochen, abwertend* sehr viel essen

voll·füh·ren VERB (vollführte, hat vollführt) **etwas vollführen** etwas (z. B. eine schwierige körperliche Bewegung) ausführen ⟨einen Sprung, Freudentänze, ein Kunststück vollführen⟩

Voll·gas (*das*) **1** **Vollgas geben** so auf das Gaspedal treten, dass ein Fahrzeug so schnell wie möglich fährt **2** **(mit) Vollgas fahren** so schnell fahren wie möglich

voll·hau·en VERB (*hat*) **sich** (*Dativ*) **den Bauch vollhauen** *gesprochen, abwertend* sehr viel essen

Voll·idi·ot *der; gesprochen, abwertend* ≈ *Dummkopf, Trottel*

★ **völ·lig** ADJEKTIV *meist attributiv* im höchsten möglichen Maß, Grad ≈ *ganz* | *Es herrschte völlige Stille* | *Das habe ich völlig vergessen!* | *Es ist mir völlig egal, ob du das glaubst oder nicht*

voll·jäh·rig ADJEKTIV in dem Alter, ab dem man z. B. wählen und ohne die Erlaubnis der Eltern heiraten darf ⟨volljährig sein⟩ ↔ *minderjährig* • hierzu **Voll·jäh·rig·keit** *die*

Voll·kas·ko (*die*); (-); *gesprochen* Kurzwort für *Vollkaskoversicherung*

Voll·kas·ko·ver·si·che·rung *die* eine Form der Versicherung für Autos o. Ä., bei der das Auto gegen alle Schäden (auch gegen diejenigen, an welchen der Fahrer selbst Schuld hat) versichert ist

★ **voll·kom·men** ADJEKTIV **1** ohne Fehler oder Schwächen ⟨ein Kunstwerk⟩ ≈ *perfekt* | *Kein Mensch ist vollkommen* **2** ≈ *völlig, vollständig* | *Das ist doch vollkommener Unsinn!* | *Ich bin vollkommen anderer Meinung als du* • zu (1) **Voll·kom·men·heit** *die*

Voll·korn- *im Substantiv, betont, begrenzt produktiv* **das Vollkornbrot, das Vollkorngebäck, der Vollkornkuchen, die Vollkornnudeln** *und andere* aus Vollkornmehl

Voll·korn|mehl *das* ein Mehl aus grob gemahlenen ganzen Getreidekörnern

voll·krie·gen VERB (*hat*) **1** **etwas vollkriegen** *gesprochen* einen Behälter mit etwas ganz füllen können | *das Körbchen mit Heidelbeeren vollkriegen* **2** **den Hals nicht vollkriegen** *gesprochen* nie zufrieden sein mit dem, was man bekommt

voll·lau·fen VERB (*ist*) **1** **etwas läuft voll** ein Behälter füllt sich mit Flüssigkeit, die meist aus einer Leitung kommt ⟨die Badewanne, das Becken⟩ **2** **sich volllaufen lassen** *gesprochen* sich betrinken

V

voll·ma·chen VERB *(hat); gesprochen* **1** **etwas vollmachen** etwas ganz füllen | *die Gießkanne vollmachen* **2** **jemanden/etwas vollmachen** jemanden, sich selbst oder etwas mit etwas schmutzig machen | *Du hast dich mit Marmelade vollgemacht!* **3** **ein Baby, ein Kind macht die Hosen voll** ein Baby oder ein kleines Kind lässt Kot, Urin in die Hose, die Windeln kommen

Voll·macht *die;* (-, -en) **die Vollmacht (für/zu etwas)** eine schriftliche Erlaubnis, die eine erste Person einer zweiten Person gibt, wenn sie Dinge nicht selbst tun kann, weil sie z. B. krank ist oder keine Zeit hat. Mit der Vollmacht darf die zweite Person z. B. für die erste Person Post abholen, Geld vom Konto abheben o. Ä. ⟨jemandem eine Vollmacht ausstellen, geben, erteilen, übertragen; jemanden mit (weitreichenden) Vollmachten ausstatten; (die) Vollmacht für/zu etwas erhalten, haben⟩

voll·ma·len VERB *(hat)* **etwas vollmalen** malen und damit meist ein Papier (ganz) bedecken ⟨ein Blatt vollmalen⟩

★ **Voll·milch** *die* Milch, die ca. 3,5 % Fett hat K Vollmilchschokolade

★ **Voll·mond** *der; nur Singular* der Mond, wenn man ihn als runde Scheibe sieht ⟨es ist Vollmond⟩ | *Heute haben wir Vollmond*

Voll·nar·ko·se *die* eine Narkose, bei der jemand bewusstlos ist ≈ *Allgemeinanästhesie*

★ **Voll·pen·si·on** *die; nur Singular* ein Zimmer in einem Hotel o. Ä. mit Frühstück, Mittag- und Abendessen ⟨ein Zimmer mit Vollpension; Vollpension buchen⟩

Voll·pfos·ten *der; gesprochen* ≈ *Dummkopf, Idiot*

voll·qual·men VERB *(hat)* **jemandem die Bude vollqualmen** *gesprochen, abwertend* so viel rauchen, dass jemandes Zimmer ganz mit Tabakrauch gefüllt ist

Voll·rausch *der* der Zustand, in dem jemand völlig betrunken ist

voll·sau·gen VERB *(hat)* **etwas saugt sich (mit etwas) voll** etwas nimmt sehr viel Flüssigkeit in sich auf | *Der Schwamm saugt sich mit Wasser voll*

voll·schlank ADJEKTIV; *humorvoll* ⟨eine Frau, eine Figur⟩ ≈ *dick* H meist für Frauen verwendet

voll·schmie·ren VERB *(hat); gesprochen* **1** **etwas vollschmieren** (auf unordentliche Weise) sehr viel auf etwas schreiben oder malen ⟨ein Blatt vollschmieren⟩ **2** **sich vollschmieren** sich mit etwas schmutzig machen, das flüssig oder klebrig ist

voll·schrei·ben VERB *(hat)* **etwas vollschreiben** meist Papier ganz mit Buchstaben, Text bedecken ⟨ein Blatt, ein Heft vollschreiben⟩

voll·sprit·zen VERB *(hat)* **jemanden/etwas vollspritzen** *gesprochen* eine Flüssigkeit über eine Person oder Sache spritzen und sie damit (überall) nass machen

★ **voll·stän·dig** ADJEKTIV **1** so, dass kein Teil fehlt ⟨ein Register, ein Verzeichnis; Angaben⟩ | *eine vollständige Ausgabe der Werke Goethes* **2** ohne Rest ≈ *völlig, total* | *Die Stadt wurde durch das Erdbeben fast vollständig zerstört* ● zu (1) **Voll·stän·dig·keit** *die*

voll·stre·cken VERB (vollstreckte, hat vollstreckt) **ein Urteil, eine Strafe wird (an jemandem) vollstreckt** das Urteil eines Gerichts wird in die Tat umgesetzt ● hierzu **Voll·stre·ckung** *die*

Voll·tref·fer *der;* (-s, -) **1** ein Schlag oder Schuss mitten ins Ziel | *Der Boxer landete einen Volltreffer* **2** *gesprochen* etwas, das sehr viel Erfolg hat ≈ *Hit, Renner* | *Das neue Album der Band ist ein Volltreffer*

voll·trun·ken ADJEKTIV völlig betrunken ● hierzu **Voll·trun·ken·heit** *die*

Voll·ver·samm·lung *die* eine Versammlung, an der alle Mitglieder einer Organisation o. Ä. teilnehmen können ⟨eine Vollversammlung einberufen⟩

Voll·wai·se *die* ein Kind, dessen Vater und Mutter tot sind ⟨Vollwaise sein⟩

Voll|wasch·mit·tel *das* ein Waschmittel, mit dem man jede Art von Wäsche bei jeder Temperatur waschen kann

Voll·wert- *Substantiv, betont, begrenzt produktiv* **die Vollwerternährung, das Vollwertgericht, die Vollwertkost, die Vollwertküche, das Vollwertprodukt** *und andere* mit/aus Lebensmitteln, die wenig bearbeitet und verfeinert sind und daher sehr gesund sind (z. B. Vollkornbrot, rohes Obst und Gemüse)

voll·wer·tig ADJEKTIV *meist attributiv* **1** mit dem gleichen Wert oder mit der gleichen Bedeutung wie eine andere Person oder Sache ⟨ein Ersatz⟩ **2** in Bezug auf gesunde Lebensmittel ⟨vollwertige Kost, Ernährung; sich vollwertig ernähren⟩

voll·zäh·lig ADJEKTIV *meist prädikativ* ≈ *komplett* | *Die Mannschaft war vollzählig versammelt*

Voll·zeit *die; nur Singular* die gesetzliche oder übliche Arbeitszeit (also etwa acht Stunden täglich bzw. 40 Stunden wöchentlich) ⟨(in) Vollzeit arbeiten⟩ H → auch **ganztägig** und **ganztags**

voll·zie·hen VERB (vollzog, hat vollzogen); *geschrieben* **1** **etwas vollziehen** (als Beamter o. Ä.) eine offizielle Handlung ausführen ⟨eine Amtshandlung, die Trauung vollziehen⟩ **2** **die Ehe vollziehen** nach der Heirat Sex mit dem Ehepartner haben (sodass die Ehe gültig ist) **3** **etwas vollzieht sich** etwas geschieht in einer Zeit ⟨ein Wandel, eine Entwicklung, ein Prozess⟩ ● hierzu **Voll·zug** *der*

Vo·lon·tär [v-] *der;* (-s, -e) eine Person, die eine Zeit lang für wenig Geld arbeitet, um Erfahrung in einem Beruf zu bekommen ● hierzu **Vo·lon·tä·rin** *die*

Vo·lon·ta·ri·at [v-] *das;* (-(e)s, -e) **1** die Zeit, in der jemand als Volontär arbeitet **2** die Stelle eines Volontärs

Volt [v-] *das;* (-(e)s, -) die Einheit, mit der elektrische Spannung gemessen wird | *Die Bahn fährt mit einer Spannung von 16000 Volt* H Abkürzung nach Zahlen: *V*

★ **Vo·lu·men** [v-] *das;* (-s, -/Vo·lu·mi·na) **1** der Inhalt eines geometrischen Körpers (der in Kubikzentimetern, Kubikmetern usw. gemessen wird) ≈ *Rauminhalt* | *das Volumen eines Würfels berechnen* **2** die gesamte Menge einer Sache (oft in der genannten Zeit) K Exportvolumen, Handelsvolumen, Kreditvolumen

vo·lu·mi·nös [v-] ADJEKTIV; *geschrieben* ⟨eine Abhandlung, ein Buch⟩ ≈ *groß, umfangreich*

★ **vom** [f-] PRÄPOSITION *mit Artikel* von dem H In Wendungen wie *vom Lande stammen, vom Fach sein* und *Der Wind weht vom Meer* kann *vom* nicht durch *von dem* ersetzt werden.

★ **von** [f-] PRÄPOSITION *mit Dativ*

▸Richtung: **1** aus der genannten Richtung | *Von vorne sieht das Haus gut aus, von hinten nicht so sehr* | *Von hier oben sieht alles im Tal so klein aus* | *Die von rechts kommenden Fahrzeuge haben hier Vorfahrt* | *Von der Straße her hörte man lautes Lachen*

▸Ort: **2** nennt den Ort oder den Punkt, wo etwas anfängt | *Von hier ist es nicht mehr weit zum Bahnhof* | *Wir reisten von Genua aus mit dem Schiff weiter* | *Lies den Text von hier ab bitte noch einmal!* | *von München nach Stuttgart fahren* | *ein Buch von Anfang bis Ende lesen* | *von einer Seite zur anderen springen* **3** nennt die Sache oder Stelle, wo etwas war/ist, das entfernt wurde/wird | *ein Stück von der Wurst abschneiden* | *einen Topf vom Herd nehmen* | *sich den Schweiß von der Stirn abwischen*

▸Zeit: **4** nennt den Zeitpunkt, an dem etwas anfängt | *Das*

Festival dauerte von Freitag bis Sonntag | Er musste von Jugend an schwer arbeiten | Von morgen an/ab rauche ich nicht mehr **5** **von … auf** *+Akkusativ* in der Nacht zwischen den genannten Tagen | *In der Nacht vom ersten auf den zweiten März hat es geschneit | Kann ich von Freitag auf Samstag bei euch übernachten?* **6** **von … her** seit der genannten Zeit | *Er kennt sie von der Schulzeit her*

▸handelnde Person: **7** nennt in Passivkonstruktionen die Person, das Tier, die Maschine o. Ä., die eine Handlung ausführen | *von einer Schlange gebissen werden | Das Baby wird von der Mutter gefüttert | Die Münzen werden von dieser Maschine sortiert und gezählt* **8** nennt die Personen, Tiere o. Ä., die etwas getan, geschaffen haben oder der Grund für etwas sind | *ein Brief von meiner Schwester | die Dramen von Shakespeare | Bisse von Katzen entzünden sich oft*

▸Beziehung, Besitz: **9** drückt aus, dass Personen/Dinge zusammengehören | *Sie ist eine Schulkameradin von Susanne | Er ist ein Freund von mir | Sie ist Mutter von drei Söhnen | Ich habe nur die Hälfte von dem Film gesehen | Das ist das Auto von meinem Vater* **10** nennt die Gruppe oder das Ganze, zu dem jemand/etwas gehört | *Jeder von uns hat seine Fehler | 10 Prozent von 200 sind 20* **H** zu 8 und 9: Die Verbindung mit *von* anstelle des Genitivs ist in der gesprochenen Sprache sehr häufig: *Goethes Werke/die Werke von Goethe; Rainers Mutter/die Mutter von Rainer*

▸Eigenschaft: **11** verwendet, um die Größe, die Dauer, das Alter, die Menge, die Zahl o. Ä. anzugeben | *ein Schrank von drei Meter Länge | eine Reise von zwei Tagen | ein Kind im Alter von acht Jahren | eine Gruppe von acht Personen* **12** verwendet, um eine Eigenschaft oder einen Zustand zu nennen | *eine Frau von besonderer Klugheit | ein Mann von kräftiger Statur | eine Nachricht von großer Wichtigkeit | Wasser von hoher Temperatur | Das war schlau von dir* **13** nennt das Material, aus dem etwas besteht | *ein Tasche von feinstem Leder | Schmuck von reinem Gold* **14** drückt aus, dass eine Bezeichnung zu der genannten Person oder Sache passt | *Er ist ein Koloss von einem Mann | Das ist ein Kunstwerk von einem Kleid*

▸Zusammenhang: **15** nennt die Person oder Sache, an die man denkt oder über die man spricht | *Ich weiß von ihm nur, dass er aus Berlin kommt | Wir haben gerade von ihr geredet* **16** nennt den Zusammenhang, aus dem eine Person oder Sache bekannt ist oder in dem sie wichtig ist | *Ist das da drüben nicht die Frau von gestern/vom Bahnhof? | Das sind die Themen von morgen! | Ich kenne ihn vom Sportverein/nur vom Sehen* **17** nennt den Grund für eine Sache ≈ *wegen* | *müde von der Arbeit sein | Sie erwachte vom Gezwitscher der Vögel* **18** verwendet, um eine Ergänzung anzuschließen | *aufgrund von Indizien verurteilt werden | infolge von Unfällen | Er hängt finanziell von seinen Eltern ab | die finanzielle Abhängigkeit von den Eltern | finanziell von seinen Eltern abhängig sein*

▸sonstige Verwendungen: **19** **von … zu …** drückt aus, dass eine Reihenfolge aus mehreren Teilen besteht | *Sie ging mit der Unterschriftenliste von Haus zu Haus* (zu vielen Häusern nacheinander) | *Es ging ihm von Tag zu Tag besser* (Es ging ihm jeden Tag etwas besser als am Tag davor) **20** als Teil des Namens von Adeligen verwendet | *Walther von der Vogelweide | Otto von Bismarck*

■ **ID** **von jemandem aus** **a** drückt aus, dass jemand einverstanden ist | *Von mir aus können wir gerne noch warten | Von ihm aus ist alles genehmigt* **b** drückt aus, dass jemand etwas selbst entscheidet oder freiwillig tut | *Wir haben von uns aus auf das Geld verzichtet | Sie hat von sich aus ein Praktikum gemacht*

★ **von·ei·nan·der** ADVERB eine Person/Sache von der anderen (drückt eine Gegenseitigkeit aus) | *Wir hatten lange nichts mehr voneinander gehört | Wir mussten uns bald wieder voneinander verabschieden | Die Teile vorsichtig voneinander lösen*

von·nö·ten ■ **ID** **etwas ist vonnöten** *geschrieben* etwas wird dringend gebraucht, ist nötig | *Eile ist hier vonnöten*

von·sei·ten, von Sei·ten PRÄPOSITION *mit Genitiv* ≈ *aufseiten, seitens*

von·stat·ten·ge·hen VERB (ging vonstatten, ist vonstattengegangen); *geschrieben* **etwas geht irgendwie vonstatten** etwas läuft irgendwie ab | *Die Bauarbeiten gehen zügig vonstatten*

★ **vor** [f-] ■ PRÄPOSITION

▸Ort: **1** *mit Dativ* nahe bei einer Person/Sache, so dass man das Gesicht oder die vordere Seite sieht ↔ *hinter* | *Er saß vor dem Fernseher | vor dem Spiegel stehen | auf dem Platz vor der Kirche* **2** *mit Dativ* nahe bei einer Person/Sache, so dass man den Rücken oder die hintere Seite sieht ↔ *hinter* | *Er stand vor mir in der Schlange | Vor uns waren noch zwei Autos | Sie lief weit vor den anderen* **H** → Infos unter **Präposition** **3** *mit Akkusativ* in die Nähe oder in Richtung auf die Seite, die näher oder vorne ist ↔ *hinter* | *Er setzte sich vor den Fernseher | Sie stellte die Blumen vors/vor das Fenster | sich vor den Spiegel stellen* **H** → Infos unter **Präposition**

▸Zeit: **4** *mit Dativ* früher als der genannte Vorgang, der genannte Zeitpunkt ↔ *nach* | *sich vor dem Essen die Hände waschen | Es ist zehn (Minuten) vor elf (Uhr)* **5** *mit Dativ* zu einem Zeitpunkt in der Vergangenheit mit dem genannten Abstand zu heute ↔ *nach* | *vor langer Zeit | vor zwei Wochen/14 Tagen | Er hat vor fünf Minuten angerufen* **6** *mit Dativ* in einer Reihenfolge früher als andere(s) ↔ *nach* | *Er erreichte das Ziel vor seinem Konkurrenten | Halt, ich komme vor dir dran! | Er hat vor mir geheiratet* **7** *mit Dativ* etwas ist in naher Zukunft zu erwarten oder zu tun | *Jetzt liegt eine schöne Zeit vor dir | Wir stehen vor einer schweren Entscheidung*

▸Grund: **8** *mit Dativ, ohne Artikel* nennt den Grund für einen körperlichen oder psychischen Zustand | *vor Angst/Kälte zittern | vor Freude strahlen | vor Schmerzen stöhnen | starr vor Schreck sein*

▸Anwesenheit: **9** *mit Dativ* nennt Personen, die bei etwas auch anwesend sind | *Der Chor sang vor einem großen Publikum*

▸als Ergänzung: **10** *mit Dativ* verwendet, um Ergänzungen anzuschließen | *sich vor einem bissigen Hund fürchten | die Angst vor der Einsamkeit | vor jemandem fliehen | Abscheu vor Gewalt empfinden*

■ ADVERB **11** nach vorn | *Freiwillige vor! | einen Schritt vor machen*

★ **vor-** [f-] (*im Verb, betont und trennbar, wenig produktiv; Diese Verben werden so gebildet:* vortreten, trat vor, vorgetreten) **1** **vorfahren, vorgehen, vorkommen, vorsehen** *und andere* nach vorn oder zur Vorderseite | *Der Hauptmann ließ die Soldaten einzeln vortreten* (Die Soldaten mussten einzeln aus der Reihe nach vorn, hin zum Hauptmann treten) **2** **etwas vorverlegen, vorziehen; (etwas) vorkochen, vorheizen; vorarbeiten** *und andere* drückt aus, dass etwas früher als geplant oder zur Vorbereitung geschieht | *Für das Fest morgen habe ich schon vorgekocht* (Das Essen für morgen habe ich schon heute gekocht, sodass ich es morgen nur noch warm zu machen brauche) **3** **(jemandem) etwas vormachen, vorsingen, vorspielen, vorturnen** *und andere* drückt aus, dass etwas so gemacht wird, wie es von anderen Personen wiederholt werden soll | *Ich spreche euch langsam vor und ihr sprecht mir bitte nach* (Ihr wiederholt genau das, was ich sage)

Vor- [f-] *im Substantiv, betont, sehr produktiv* **1 die Vorarbeit, die Vorrede, die Voruntersuchung, die Vorverhandlung** *und andere* so, dass eine Handlung als Vorbereitung auf etwas dient **2 der Vorbau, das Vordach, der Vorgarten, das Vorhaus, der Vorhof, der Vorraum, die Vorstadt** *und andere* so, dass etwas räumlich vor etwas anderem (z. B. einem Platz, Gebäude) liegt, zu dem es gehört **3 der Vorabend, die Voranmeldung, das Vorleben, der Vorfilm, der Vormonat, das Vorjahr, der Vortag** *und andere* drückt aus, dass etwas zeitlich vor etwas anderem liegt

vor·ab ADVERB im Voraus | *die Presse vorab informieren*

Vor·abend *der* **1 der Vorabend** (+*Genitiv*) der Abend vor einem Tag, an dem ein besonderes (festliches) Ereignis stattfindet | *am Vorabend ihrer Hochzeit* **2 der Vorabend** +*Genitiv* die Zeit kurz vor einem wichtigen historischen Ereignis | *am Vorabend der Französischen Revolution*

Vor·abend- *im Substantiv, unbetont, begrenzt produktiv* **1 das Vorabendprogramm, die Vorabendsendung, die Vorabendserie** *und andere* am Abend zwischen sechs und acht Uhr im Fernsehen gezeigt **2 Vorabend-Check-in, Vorabendgottesdienst, Vorabendmesse** *und andere* am Abend zuvor

Vor·ah·nung *die* das Gefühl, dass etwas (meist Unangenehmes) passieren wird ⟨Vorahnungen haben; jemanden befällt eine (böse) Vorahnung⟩

vo·ran ADVERB an der Spitze (einer Gruppe)

vo·ran|ge·hen VERB (ging voran, ist vorangegangen) **1 etwas geht voran** etwas macht Fortschritte | *Die Arbeiten am Bau gehen gut voran* **2 etwas geht einer Sache** (*Dativ*) **voran** etwas liegt zeitlich vor etwas | *Dem Sieg ging ein hartes Training voran* | *an den vorangegangenen Tagen* H meist im Partizip Perfekt **3 (jemandem/etwas) vorangehen** an der Spitze (einer Gruppe) gehen | *einer Prozession vorangehen*

vo·ran|kom·men VERB (kam voran, ist vorangekommen) **1** einem Ziel näher kommen | *Wir sind mit dem Auto gut vorangekommen* **2 jemand/etwas kommt voran** jemand/etwas macht Fortschritte ⟨jemand/etwas kommt gut, schlecht, mühsam voran⟩

Vor|an·kün·di·gung *die* die Ankündigung einer Sache, meist lange bevor sie stattfindet | *die Vorankündigung eines Gastspiels*

vo·ran|schrei·ten VERB (schritt voran, ist vorangeschritten); *geschrieben* ≈ *vorangehen*

vo·ran|stel·len VERB (stellte voran, hat vorangestellt) **einer Sache** (*Dativ*) **etwas voranstellen** etwas an den Anfang einer Sache stellen | *einem Vortrag einige Bemerkungen voranstellen*

vo·ran|trei·ben VERB (trieb voran, hat vorangetrieben) **etwas vorantreiben** bewirken, dass sich etwas schnell entwickelt ⟨eine Entwicklung, einen Prozess vorantreiben⟩ ≈ *beschleunigen*

Vor|an·zei·ge *die* meist eine Anzeige, ein Plakat oder ein kurzer Film, in denen z. B. ein Buch oder ein Film, die bald erscheinen werden, kurz vorgestellt werden

Vor·ar·beit *die* eine Arbeit, durch die eine größere Arbeit vorbereitet wird ⟨gute Vorarbeit leisten⟩

vor·ar·bei·ten VERB (*hat*) **1** eine Zeit lang an etwas länger arbeiten, damit man später mehr Zeit für etwas anderes hat ⟨einen Tag vorarbeiten⟩ **2 sich vorarbeiten** sich sehr anstrengen, um einen Ort oder eine bessere Position zu erreichen | *Der Rennfahrer hat sich vom sechsten auf den vierten Platz vorgearbeitet*

Vor·ar·bei·ter *der* der Leiter einer Gruppe von Arbeitern • hierzu **Vor·ar·bei·te·rin** *die*

★ **vo·raus** [fo'raus] ADVERB **1 (jemandem/etwas) voraus** vor allen anderen in einer Gruppe | *Wir liefen Vater entgegen, der Hund* (*uns allen*) *voraus* **2 eine Person/Sache ist jemandem/etwas voraus** eine Person oder Sache ist viel klüger, schneller, fortschrittlicher o. Ä. als eine andere Person oder Sache | *Einstein war in seinem Denken seiner Zeit weit voraus* **3 im Voraus** zeitlich vor einer anderen Handlung oder einem anderen Ereignis oder bevor es passieren müsste ⟨etwas im Voraus bezahlen; vielen Dank im Voraus⟩

vo·raus- (*im Verb, betont und trennbar, begrenzt produktiv; Diese Verben werden so gebildet:* vorausgehen, ging voraus, vorausgegangen) **1 vorauslaufen, vorauseilen, vorausfahren, vorausreiten** *und andere* bezeichnet eine Bewegung in die gleiche Richtung wie eine andere Person oder Sache, aber weiter vorne | *Das Kind lief voraus, die Eltern kamen langsam nach* (Das Kind lief vor den Eltern her) **2 etwas voraus(be)zahlen, vorausberechnen; (etwas) vorausplanen** *und andere* drückt aus, dass etwas früher getan wird, als es sein müsste | *Er hat die Miete für Februar schon im Januar vorausbezahlt* (Er hat die Miete für Februar schon vorher bezahlt)

vo·raus·ah·nen VERB (*hat*) **etwas vorausahnen** fühlen, dass etwas (meist Unangenehmes) passieren wird ⟨ein Unglück vorausahnen⟩

vo·raus·bli·ckend ADJEKTIV ≈ *vorausschauend*

★ **vo·raus·ge·hen** VERB (*ist*) **1 (jemandem/etwas) vorausgehen** vor allen anderen in einer Gruppe oder früher als andere Leute irgendwohin gehen | *Ihr könnt ja noch bleiben. Ich gehe schon mal voraus!* **2 etwas geht einer Sache** (*Dativ*) **voraus** etwas ereignet sich früher als etwas anderes

★ **vo·raus·ge·setzt** ■ PARTIZIP PERFEKT **1** → voraussetzen ■ BINDEWORT **2 vorausgesetzt** (, **dass** ...) verwendet, um einen Nebensatz einzuleiten, der eine Annahme oder Bedingung enthält | *Morgen fahren wir zum Baden, vorausgesetzt, dass es nicht regnet/vorausgesetzt, es regnet nicht* | *Besseres Wetter vorausgesetzt kann das Rennen morgen beginnen*

vo·raus·ha·ben VERB (*hat*) **jemandem/etwas etwas voraushaben** in Bezug auf das Genannte besser sein als eine andere Person/Sache | *Er hat dem Konkurrenten die Erfahrung voraus*

Vo·raus·sa·ge *die;* (-, -n) **eine Voraussage (über etwas** (*Akkusativ*)) eine Aussage über ein Ereignis in der Zukunft ⟨Voraussagen machen; eine Voraussage erfüllt sich, tritt ein⟩

vo·raus·sa·gen VERB (*hat*) **(jemandem) etwas voraussagen** sagen, wie etwas in der Zukunft sein wird ⟨jemandem eine große Zukunft voraussagen⟩ • hierzu **vo·raus·sag·bar** ADJEKTIV

vo·raus·schau·end ADJEKTIV so, dass man überlegt, welche Folgen eine Planung in der Zukunft haben könnte ⟨eine Planung, eine Politik; vorausschauend handeln⟩

vo·raus·schi·cken VERB (*hat*) **etwas vorausschicken** etwas sagen, bevor man zum eigentlichen Thema kommt | *„Ich muss vorausschicken, dass ...“* H weitere Verwendungen → **voraus-**

vo·raus·se·hen VERB (*hat*) **etwas voraussehen** ahnen oder sehen können, wie etwas werden oder sich entwickeln wird ⟨eine Entwicklung voraussehen⟩ ≈ *abschätzen* | *Es war vorauszusehen, dass dieses Projekt scheitern würde* • hierzu **vo·raus·seh·bar** ADJEKTIV

★ **vo·raus·set·zen** VERB (*hat*) **1 etwas voraussetzen** glauben, dass etwas sicher oder vorhanden ist ⟨etwas stillschweigend, als bekannt, als selbstverständlich voraussetzen⟩ | *Ich setze voraus, dass Sie Englisch können* **2 jemand/et-**

was setzt etwas voraus eine Person oder Sache verlangt etwas als notwendige Bedingung | *Diese Tätigkeit setzt gründliche IT-Kenntnisse voraus*

★ **Vo·raus·set·zung** *die;* (-, -en) **1** etwas, das man als Grundlage für weitere Handlungen oder Überlegungen usw. nimmt ⟨von falschen Voraussetzungen ausgehen⟩ **2** **die Voraussetzung (für etwas)** etwas, das vorhanden sein muss, um etwas anderes möglich zu machen ⟨die Voraussetzungen (für etwas) sind erfüllt, gegeben; unter der Voraussetzung, dass …⟩

Vo·raus·sicht *die;* (-) **1** **aller Voraussicht nach** ≈ *wahrscheinlich* **2** **in weiser Voraussicht** *humorvoll* weil man die Ahnung oder das Gefühl hat, dass etwas geschieht | *In weiser Voraussicht habe ich meinen Regenschirm mitgenommen*

★ **vo·raus·sicht·lich** ADJEKTIV *meist attributiv* sehr wahrscheinlich | *Der Zug hat voraussichtlich fünf Minuten Verspätung*

Vor|aus·wahl *die; meist Singular* die erste Auswahl aus einer großen Anzahl von Personen oder Sachen, bevor die eigentliche (endgültige) Auswahl stattfindet ⟨eine Vorauswahl treffen⟩

vo·raus·zah·len VERB *(hat)* **etwas vorauszahlen** etwas vorher bezahlen • hierzu **Vo·raus·zah·lung** *die*

Vor·bau *der;* (-(e)s, -ten) ein Teil eines Hauses, der weiter vorn liegt als der Rest des Hauses

vor·bau·en VERB **(einer Sache** *(Dativ)*) **vorbauen** so handeln, dass man vor möglichen Gefahren oder Schäden sicher ist ■ ID **Der kluge Mann baut vor** wer klug ist, überlegt vorher die Konsequenzen des eigenen Handelns

Vor·be·dacht *der; geschrieben* **mit Vorbedacht** nachdem man es sich genau überlegt hat ⟨etwas mit Vorbedacht sagen⟩

Vor·be·din·gung *die* ≈ *Voraussetzung*

Vor·be·halt *der;* (-(e)s, -e) **1** **ein Vorbehalt (gegen jemanden/etwas)** Zweifel oder Bedenken gegenüber einer Person oder Sache ⟨Vorbehalte haben⟩ **2** eine Forderung, von der man etwas abhängig macht | *den Vertrag nur unter dem Vorbehalt unterschreiben, dass …* **3** **mit/unter/ohne Vorbehalt** mit/ohne Einschränkung | *Die Erlaubnis wurde nur unter Vorbehalt erteilt* | *Ich stimme Ihnen ohne Vorbehalt zu* • zu (1) **vor·be·halt·los** ADJEKTIV

vor·be·hal·ten VERB (behält vor, behielt vor, hat vorbehalten) **sich** *(Dativ)* **etwas vorbehalten** ausdrücklich sagen, dass man unter Umständen das Genannte tun wird ⟨sich *(Dativ)* gerichtliche Schritte (gegen jemanden) vorbehalten⟩ ■ ID **etwas ist/bleibt jemandem vorbehalten** *geschrieben* etwas ist das Recht einer Person | *Es bleibt Ihnen vorbehalten, ob Sie dem Vorschlag zustimmen*

vor·be·halt·lich *geschrieben* ■ PRÄPOSITION *mit Genitiv* **1** nur dann, wenn das Genannte auch tatsächlich geschieht | *vorbehaltlich der Zustimmung der Präsidentin* ■ ADJEKTIV **2** mit einer Einschränkung, unter einer Bedingung ⟨eine Genehmigung; etwas vorbehaltlich genehmigen⟩

★ **vor·bei** ADVERB **1** **(an jemandem/etwas) vorbei** beschreibt eine Bewegung in Richtung auf eine Person/Sache zu und danach auf geradem Weg wieder von ihr weg | *Bevor wir winken konnten, war der Bus schon wieder an uns vorbei* **2** zu Ende | *Der Sommer/Die Gefahr ist vorbei*

★ **vor·bei-** *(im Verb, betont und trennbar, begrenzt produktiv; Diese Verben werden so gebildet:* vorbeifahren, fuhr vorbei, vorbeigefahren) **an jemandem/etwas vorbeigehen, vorbeilaufen, vorbeirennen; jemanden/etwas vorbeiführen, vorbeilassen; etwas führt an etwas vorbei** *und andere* beschreibt die genannte Bewegung in Richtung auf eine Person/Sache zu und danach auf geradem Weg wieder von ihr weg | *Er fuhr an mir vorbei ohne anzuhalten*

vor·bei·brin·gen VERB *(hat)* **jemandem etwas vorbeibringen** *gesprochen* zu einer Person gehen und ihr etwas bringen

vor·bei·ge·hen VERB *(ist)* **etwas geht vorbei** etwas geht zu Ende ⟨die Schmerzen, das Leid, der Kummer⟩ **H** weitere Verwendungen → **vorbei-**

vor·bei·kom·men VERB *(ist)* **1** **(an jemandem/etwas) vorbeikommen** an eine Stelle kommen und weitergehen oder weiterfahren | *Auf der Fahrt bin ich an einem Unfall vorbeigekommen* **2** **(an jemandem/etwas) vorbeikommen** an einer engen Stelle, an einem Hindernis weitergehen oder weiterfahren können | *Stell das Auto nicht in die Einfahrt, sonst kommt keiner mehr vorbei!* **3** **(bei jemandem) vorbeikommen** *gesprochen* einen kurzen Besuch (bei jemandem) machen

vor·bei·re·den VERB *(hat)* **1** **an etwas** *(Dativ)* **vorbeireden** über etwas reden, ohne über das Wichtigste zu sprechen ⟨am eigentlichen Problem vorbeireden⟩ **2** **Personen reden aneinander vorbei** zwei oder mehrere Personen sprechen über etwas und missverstehen sich, weil jeder etwas anderes meint

vor·bei·schau·en VERB *(hat)* **(bei jemandem) vorbeischauen** *gesprochen* jemanden kurz besuchen | *Ich schaue morgen früh mal kurz bei dir vorbei, bevor ich zur Arbeit gehe*

vor·bei·schie·ßen VERB *(hat)* **(an jemandem/etwas) vorbeischießen** schießen und das Ziel nicht treffen

vor·be·las·tet ADJEKTIV von Anfang an durch etwas Negatives belastet ⟨eine Beziehung, erblich vorbelastet sein⟩

Vor·be·mer·kung *die* meist einige (einleitende) Sätze am Anfang eines Buches oder eines Vortrags

★ **vor·be·rei·ten** VERB (bereitete vor, hat vorbereitet) **1** **etwas vorbereiten** die notwendigen Arbeiten schon vorher machen, damit später etwas schneller und ohne Probleme abläuft ⟨das Essen, ein Fest, eine Feier, eine Reise vorbereiten; eine Rede gut vorbereiten⟩ **2** **jemanden (auf etwas** *(Akkusativ)*) **vorbereiten** (vor einer Prüfung, einem Wettkampf o. Ä.) die notwendigen Arbeiten machen, damit eine Person oder man selbst das Beste leisten kann | *sich auf eine Prüfung vorbereiten* | *einen Sportler intensiv auf einen Wettkampf vorbereiten*

★ **vor·be·rei·tet** ■ PARTIZIP PERFEKT **1** → vorbereiten ■ ADJEKTIV **2** **(auf jemanden/etwas) vorbereitet** so, dass man jemanden/etwas erwartet und deshalb nicht überrascht ist | *Nanu, Heinz ist ja auch hier: Darauf war ich nicht vorbereitet*

★ **Vor·be·rei·tung** *die;* (-, -en) die Arbeit(en), mit denen man sich selbst, eine andere Person oder etwas vorbereitet oder auf etwas vorbereitet ⟨Vorbereitungen (für etwas) treffen; die Vorbereitungen sind in vollem Gange⟩ **K** Vorbereitungskurs, Vorbereitungsphase, Vorbereitungszeit; Reisevorbereitungen, Unterrichtsvorbereitung, Wettkampfvorbereitung

Vor·be·spre·chung *die* eine Besprechung zur Vorbereitung auf etwas oder auf die eigentliche Besprechung | *eine kurze Vorbesprechung mit dem Chef haben*

vor·be·stel·len VERB (bestellte vor, hat vorbestellt) **etwas vorbestellen** ≈ *bestellen* • hierzu **Vor·be·stel·lung** *die*

vor·be·straft ADJEKTIV bereits früher wegen einer Straftat verurteilt ⟨(mehrfach) vorbestraft sein⟩ • hierzu **Vor·be·straf·te** *der/die*

vor·beu·gen VERB *(hat)* **1** **einer Sache** *(Dativ)* **vorbeugen** durch Maßnahmen oder Verhaltensweisen verhindern, dass etwas Negatives geschieht ⟨einer Krankheit, einer Gefahr, einem Streit vorbeugen⟩ | *vorbeugende Maßnahmen ergreifen* **K** Vorbeugemaßnahme **2** **etwas/sich vorbeu-**

V

gen einen Körperteil oder den ganzen Körper nach vorn beugen ⟨den Kopf, den Oberkörper, sich (weit) vorbeugen⟩

Vor·beu·gung *die*; (-) **die Vorbeugung (gegen etwas)** Maßnahmen, die verhindern sollen, dass etwas Negatives geschieht | *die Vorbeugung gegen Grippe*

★ **Vor·bild** *das* **1** **ein Vorbild (für jemanden)** eine Person, die man (wegen guter Eigenschaften oder Fähigkeiten) so bewundert, dass man so werden will wie sie ⟨ein leuchtendes, schlechtes Vorbild; jemandem als Vorbild dienen, ein Vorbild sein; sich (*Dativ*) jemanden zum Vorbild nehmen; einem Vorbild nacheifern⟩ **2** eine Person oder Sache, die als Muster für etwas dient | *eine Romanfigur nach historischem Vorbild* ● hierzu **vor·bild·haft** ADJEKTIV

vor·bild·lich ADJEKTIV so, dass eine Person oder ein Verhalten für andere Personen ein Vorbild ist ⟨eine Mutter, ein Vater, ein Ehemann, ein Lehrer, eine Erziehung, eine Ordnung; sich vorbildlich verhalten⟩

Vor·bil·dung *die*; *nur Singular* Wissen und Fähigkeiten, die man schon hat, bevor man meist einen Beruf oder eine Ausbildung beginnt ≈ *Vorkenntnisse*

Vor·bo·te *der* ein Zeichen oder Geschehen, in welchem man eine zukünftige Entwicklung oder ein zukünftiges Ereignis sieht ⟨ein Vorbote des Todes, des Winters, des Krieges⟩ ≈ *Anzeichen*

vor·brin·gen VERB (*hat*) **etwas vorbringen** etwas (mit Nachdruck, gezielt) sagen, äußern ⟨eine Frage, eine Anschuldigung (gegen jemanden), ein Anliegen vorbringen⟩

Vor·dach *das* ein Dach meist über Eingangstüren, das nach vorn ragt

★ **vor·de·r-** [f-] ADJEKTIV *meist attributiv* da, wo vorne ist ↔ *hinter-* | *die vorderen Räder des Autos* | *einen Platz in der vordersten Reihe haben* K Vorderachse, Vordereingang, Vorderfront, Vorderrad, Vorderreifen, Vorderteil, Vordertür

Vor·der·an·sicht *die* die Ansicht von vorn | *die Vorderansicht eines Hauses*

Vor·der·bein *das* eines der beiden vorderen Beine von Tieren mit vier Beinen

★ **Vor·der·grund** *der*; *nur Singular* der Teil eines Raumes oder Bildes, der näher beim Betrachter liegt ■ **ID jemand/etwas steht im Vordergrund** jemand/etwas ist sehr wichtig und wird von allen beachtet; **jemanden in den Vordergrund stellen/rücken/spielen/drängen** *abwertend* bewirken, dass jemand oder man selbst von allen beachtet wird (meist indem man andere Leute verdrängt); **etwas in den Vordergrund stellen/rücken** etwas als sehr wichtig darstellen ⟨eine Frage, einen Diskussionspunkt, ein Problem in den Vordergrund stellen/rücken⟩; **jemand/etwas tritt in den Vordergrund** jemand/etwas wird sehr wichtig

vor·der·grün·dig ADJEKTIV **1** ohne einen tieferen Sinn ⟨eine Geschichte, ein Film⟩ **2** so, dass man die eigentliche Absicht sofort erkennt ⟨ein Argument, eine Frage, ein Verhalten⟩

Vor·der·mann *der*; (-(e)s, Vor·der·män·ner) eine Person, die in einer Reihe oder Gruppe direkt vor einer anderen Person steht, sitzt o. Ä. ■ **ID etwas auf Vordermann bringen** *gesprochen* etwas in Ordnung bringen, putzen o. Ä. | *das Zimmer wieder auf Vordermann bringen*; **jemanden auf Vordermann bringen** *gesprochen* jemanden dazu bringen, Disziplin zu halten

Vor·der·schin·ken *der* Schinken aus der Schulter des Schweins

★ **Vor·der·sei·te** *die* die Seite einer Sache, die vorne ist ⟨die Vorderseite eines Gebäudes⟩ ↔ *Rückseite*

Vor·der·sitz *der* einer der vorderen Sitze in einem Auto o. Ä.

vor·drän·geln VERB (*hat*) **sich vordrängeln** *gesprochen* ≈ *vordrängen*

vor·drän·gen VERB (*hat*) **1** **sich vordrängen** sich in einer Menschenmenge nach vorn, vor andere Leute schieben **2** **sich vordrängen** *gesprochen, abwertend* sich so verhalten, dass man sehr wichtig erscheint ⟨sich gern, immer vordrängen⟩

vor·drin·gen VERB (*ist*) **1** **in etwas** (*Akkusativ*) **vordringen** Hindernisse und Widerstände überwinden und so an den genannten Ort kommen | *in den Weltraum vordringen* | *in die Tiefe der Meere vordringen* **2** **in etwas** (*Akkusativ*) **vordringen** Hindernisse und Widerstände überwinden und so Informationen über die genannte Sache bekommen | *in neue Wissensgebiete vordringen* **3** **(irgendwie) vordringen** sich langsam und mit großer Mühe (z. B. durch dicht gewachsene Sträucher oder hohen Schnee) nach vorne bewegen | *Die Forscher drangen nur langsam durch den Urwald vor* **4** **etwas dringt vor** ≈ *sich ausbreiten*

vor·dring·lich ADJEKTIV; *geschrieben* sehr wichtig und deshalb als Erstes zu behandeln ⟨eine Angelegenheit, ein Problem, eine Aufgabe; etwas vordringlich behandeln⟩

Vor·druck *der*; (-(e)s, -e) ≈ *Formular*

vor·ehe·lich ADJEKTIV *meist attributiv* vor der Ehe ⟨Beziehungen, Sex, Geschlechtsverkehr⟩

vor·ei·lig ADJEKTIV zu schnell und ohne gründliche Überlegung ⟨ein Entschluss, ein Schritt; etwas voreilig entscheiden; voreilig handeln⟩

vor·ei·nan·der ADVERB eine Person der anderen Person gegenüber und umgekehrt ⟨Personen haben Angst, Hochachtung, Respekt voreinander⟩ | *Sie verbargen ihre wahren Gefühle voreinander*

vor·ein·ge·nom·men ADJEKTIV; *geschrieben* **(gegen jemanden/etwas) voreingenommen**; **(jemandem/etwas gegenüber) voreingenommen** mit Vorurteilen und deshalb nicht objektiv, fair ● hierzu **Vor·ein·ge·nom·men·heit** *die*

vor·ent·hal·ten VERB (enthält vor, enthielt vor, hat vorenthalten) **jemandem etwas vorenthalten** einer Person etwas nicht geben oder sagen, das ihr gehört oder das sie wissen müsste | *jemandem Informationen vorenthalten* ● hierzu **Vor·ent·hal·tung** *die*

Vor·ent·schei·dung *die* ein Zwischenergebnis (meist während eines sportlichen Wettkampfes), das erkennen lässt, wie die endgültige Entscheidung sein wird ⟨die Vorentscheidung ist gefallen⟩

Vor·ent·wurf *der* ein erster Entwurf (zur Probe)

vor·erst ADVERB in der unmittelbar nächsten Zeit ≈ *vorläufig* | *vorerst ändert sich nichts*

vor·ex·er·zie·ren VERB (exerzierte vor, hat vorexerziert) **(jemandem) etwas vorexerzieren** jemandem genau und mehrere Male zeigen, wie etwas gemacht wird

Vor·fahr *der*; (-en, -en) eine Person, von der man abstammt (und die vor langer Zeit gelebt hat) | *Viele seiner Vorfahren waren Musiker* H *der Vorfahr; den, dem, des Vorfahren*

Vor·fah·re *der*; (-n, -n) → Vorfahr

vor·fah·ren VERB (*ist*) **1** **jemand/ein Auto** *o. Ä.* **fährt (irgendwo) vor** jemand fährt mit dem Auto o. Ä. meist vor den Eingang eines Gebäudes und hält dort, um eine Person ein- oder aussteigen zu lassen **2** **bis zu etwas vorfahren** bis zu der genannten Stelle geradeaus fahren | *Sie müssen bis zum Stoppschild vorfahren und dann links abbiegen* **3** ≈ *vorausfahren*

★ **Vor·fahrt** *die*; (-) das Recht (z. B. eines Autofahrers), als Erster fahren zu dürfen ⟨die Vorfahrt beachten, verletzen; jemandem die Vorfahrt lassen, nehmen⟩ | *Wer von rechts kommt, hat Vorfahrt* K Vorfahrtsrecht, Vorfahrtsregelung,

Vorfahrtsschild, Vorfahrtszeichen; vorfahrt(s)berechtigt

Vor·fahrts|stra·ße *die* eine Straße, auf der man Vorfahrt hat

★ **Vor·fall** *der* ein Ereignis, das meist als negativ empfunden wird ⟨ein aufsehenerregender, merkwürdiger, peinlicher, unangenehmer Vorfall⟩

vor·fal·len VERB *(ist)* **1** nach vorne fallen **2** **etwas fällt vor** etwas Unangenehmes, Peinliches oder Trauriges geschieht plötzlich | *Ihr seht alle so erschrocken aus, was ist denn vorgefallen?* **H** meist im Partizip Perfekt

Vor·feld *das*; (-(e)s) **im Vorfeld (von etwas)** während etwas Wichtiges vorbereitet wird | *Im Vorfeld der Wahlen kam es zu Unruhen*

vor·fin·den VERB *(hat)* **jemanden/etwas (irgendwie) vorfinden** feststellen, dass jemand/etwas (in dem genannten Zustand) da ist | *viel Arbeit vorfinden* | *etwas so vorfinden, wie man es erwartet hatte*

Vor·freu·de *die*; *meist Singular* **die Vorfreude (auf etwas** *(Akkusativ)*) die Freude, die man hat, wenn man etwas Angenehmes erwartet ⟨die Vorfreude auf Weihnachten, auf die Ferien⟩

vor·füh·len VERB *(hat)* **bei jemandem (wegen etwas) vorfühlen** vorsichtig versuchen, die Meinung einer Person zu erfahren, bevor man sie um etwas bittet | *Hast du schon bei deinen Eltern wegen deiner Pläne vorgefühlt?*

Vor·führ·ef·fekt *der* verwendet, um zu sagen, dass etwas oft gerade dann nicht funktioniert oder geschieht, wenn man es anderen zeigen will

vor·füh·ren VERB *(hat)* **1** **(jemandem) etwas vorführen** einem Publikum etwas zeigen ⟨einen Film, Kunststücke, ein Theaterstück, neue Modelle vorführen⟩ **2** **(jemandem) etwas vorführen** jemandem zeigen, wie man etwas macht oder wie etwas funktioniert | *dem Kunden vorführen, wie man das Gerät bedient* **K** Vorführmodell ● hierzu **Vor·füh·rung** *die*

Vor·ga·be *die* eine Bestimmung, eine Richtlinie o. Ä., die Maße, Mengen, Grenzen o. Ä. von vornherein festlegt ⟨die Vorgabe beachten; sich an die Vorgaben halten⟩ **K** Gesetzesvorgabe, Zielvorgabe

★ **Vor·gang** *der* **1** etwas, das über eine relativ lange Zeit geschieht oder geschehen ist ⟨ein einfacher, komplizierter Vorgang; ein Vorgang spielt sich (folgendermaßen) ab; einen Vorgang beobachten, beschreiben, schildern⟩ **2** eine Entwicklung, bei der sich etwas verändert ⟨ein betrieblicher, biologischer, historischer, interner, natürlicher, seelischer Vorgang⟩ ≈ *Prozess* | *Er erforscht die chemischen Vorgänge bei der Fotosynthese* **K** Arbeitsvorgang, Denkvorgang, Entwicklungsvorgang, Verbrennungsvorgang, Verdauungsvorgang **3** *admin* alle Akten, die einen Fall z. B. in der Verwaltung oder bei Gericht betreffen ⟨einen Vorgang bearbeiten⟩

★ **Vor·gän·ger** *der*; (-s, -) **jemandes Vorgänger** eine Person, die eine Stellung, ein Amt o. Ä. direkt vor einer anderen Person hatte ⟨der Vorgänger im Amt⟩ **H** zu *Vorgängerin* → Info im Eintrag **-in** ● hierzu **Vor·gän·ge·rin** *die*

vor·gau·keln VERB (gaukelte vor, hat vorgegaukelt) **jemandem etwas vorgaukeln** einer Person etwas absichtlich so schildern, dass sie angenehme (aber falsche) Hoffnungen o. Ä. bekommt | *jemandem große Gewinnchancen vorgaukeln*

vor·ge·ben VERB *(hat)* **1** **(jemandem) etwas vorgeben** etwas als Richtlinie, Vorgabe bestimmen ⟨sich an die vorgegebenen Normen halten⟩ **2** **etwas vorgeben** etwas behaupten, das nicht wahr ist (um sich zu entschuldigen oder um das eigene Verhalten zu erklären) | *Er gab vor, den Zeugen noch nie gesehen zu haben* **3** **(jemandem) etwas vorgeben** *gesprochen* einer Person, hinter der man sitzt, etwas geben

Vor·ge·bir·ge *das* ein Gebirge, das vor einem höheren Gebirge liegt

vor·geb·lich ADJEKTIV *meist attributiv* ≈ *angeblich*

vor·ge·fasst ADJEKTIV *meist attributiv* so, dass es schon feststeht, bevor man genauer darüber nachdenkt ⟨ein Plan, ein Urteil, eine Meinung⟩

vor·ge·fer·tigt ADJEKTIV **1** ⟨Bauelemente, Bauteile⟩ so hergestellt, dass sie nur noch montiert werden müssen **2** *oft abwertend* so, dass man nicht mehr selbst nachdenken oder etwas formulieren muss ⟨Meinungen, Phrasen, Textbausteine⟩

Vor·ge·fühl *das*; *meist Singular* **ein Vorgefühl (von etwas)** eine Ahnung oder ein Gefühl, dass etwas geschehen wird ⟨ein banges, unheimliches Vorgefühl; im Vorgefühl des Glücks, des Triumphs⟩ | *Er hatte das Vorgefühl, dass etwas Schreckliches passieren würde*

★ **vor·ge·hen** VERB *(ist)* **1** **eine Uhr geht vor** eine Uhr geht zu schnell und zeigt eine spätere Zeit als die richtige Zeit an | *Mein Wecker geht etwa 5 Minuten vor* **2** **etwas geht vor** etwas geschieht (zu einem Zeitpunkt) | *Was geht hier eigentlich vor?* | *Keiner weiß, was in einem Kind vorgeht* (was ein Kind denkt und fühlt) | *Niemand wird erfahren, was hier vorgegangen ist* **3** **irgendwie vorgehen** in der genannten Art und Weise handeln oder entsprechende Mittel anwenden ⟨brutal, energisch, geschickt, schlau, zögernd, raffiniert vorgehen⟩ | *Um das Problem zu lösen, muss man schrittweise vorgehen* **K** Vorgehensweise **4** **gegen jemanden/etwas vorgehen** gegen eine Person oder Sache aktiv werden ⟨gerichtlich gegen jemanden vorgehen⟩ | *gegen die Mückenplage mit Insektenspray vorgehen* | *Die Polizisten gingen mit Wasserwerfern gegen die Demonstranten vor* **5** **jemand/etwas geht vor** eine Person oder Sache ist wichtiger als eine andere Person oder Sache | *Sicherheit geht vor!* **6** *gesprochen* (meist als Erster) in einer Reihe vor einer anderen Person gehen ≈ *vorausgehen* | *Er hielt ihr die Türe auf und sagte: „Bitte, gehen Sie vor!"* | *Geh schon mal vor, ich komme gleich nach* **7** **(irgendwohin) vorgehen** *gesprochen* nach vorne gehen | *bis zur vordersten Reihe vorgehen* ● zu (3,4) **Vor·ge·hen** *das*

vor·ge·la·gert ADJEKTIV **einer Sache** *(Dativ)* **vorgelagert** ⟨Inseln⟩ so, dass sie vor einer Küste liegen | *die der deutschen Küste vorgelagerten Inseln*

Vor·ge·schich·te *die*; *nur Singular* **1** der früheste Zeitraum in der Geschichte der Menschen, von dem es keine schriftlichen Dokumente gibt **2** alles, was in einer Angelegenheit vor dem jetzigen Zeitpunkt geschehen ist ⟨die Vorgeschichte einer Krankheit, eines Ereignisses, einer Entscheidung; etwas hat eine lange Vorgeschichte⟩ ● hierzu **vor·ge·schicht·lich** ADJEKTIV

Vor·ge·schmack *der* **ein Vorgeschmack (von etwas)** ein Eindruck von einer Sache, der zeigt, wie das Ganze einmal sein wird ⟨einen Vorgeschmack von etwas bekommen; jemand/etwas gibt jemandem einen kleinen Vorgeschmack von etwas⟩

Vor·ge·setz·te *der/die*; (-n, -n) eine Person, die in einer Firma, beim Militär, in einem Amt o. Ä. einen höheren Rang hat und so bestimmt, was andere Leute machen müssen ⟨ein unmittelbarer Vorgesetzter⟩ **H** *ein Vorgesetzter; der Vorgesetzte; den, dem, des Vorgesetzten*

★ **vor·ges·tern** ADVERB vor zwei Tagen | *die Zeitung von vorgestern* ■ **ID von vorgestern sein** *gesprochen* nicht über die neueste Entwicklung informiert sein ● hierzu **vor·gest·rig** ADJEKTIV

vor·glü·hen VERB *(hat)*; *gesprochen* vor dem Ausgehen zu Hause Alkohol trinken, um in Stimmung zu kommen

V

und Geld zu sparen

vor·grei·fen VERB *(hat)* **1** **(jemandem) vorgreifen** *geschrieben* schneller oder früher als eine andere Person etwas sagen oder tun ≈ *zuvorkommen* | *Ich möchte Ihnen nicht vorgreifen, aber wir sollten zunächst vielleicht doch über die Finanzierung des Projekts sprechen* **2** **einer Sache** *(Dativ)* **vorgreifen** *geschrieben* handeln, bevor die Umstände günstig sind oder etwas entschieden ist ⟨einem Beschluss, einer Entscheidung, einer Stellungnahme vorgreifen⟩ **3** bei einem Bericht oder einer Erzählung von etwas sprechen, das erst später kommen sollte ≈ *vorwegnehmen* • hierzu **Vor·griff** *der*

★ **vor·ha·ben** VERB (hat vor, hatte vor, hat vorgehabt) **etwas vorhaben** die Absicht haben, etwas zu tun ⟨viel, nichts Besonderes vorhaben⟩ | *Was hast du am Sonntag vor?* | *Er hat vor, sein Haus zu verkaufen*

★ **Vor·ha·ben** *das*; (-s, -); *geschrieben* etwas, das man tun will ⟨ein ehrgeiziges, teures Vorhaben; ein Vorhaben umsetzen, verwirklichen, aufgeben; jemanden von einem Vorhaben abbringen; ein Vorhaben scheitert⟩ ≈ *Plan* K Bauvorhaben, Forschungsvorhaben

vor·hal·ten VERB *(hat)* **1** **(jemandem) etwas vorhalten** etwas vor jemanden oder sich selbst halten ⟨sich *(Dativ)* beim Gähnen die Hand vorhalten; jemandem einen Spiegel vorhalten⟩ **2** **jemandem etwas vorhalten** einer Person sehr direkt sagen, was sie falsch gemacht hat **3** **Personen/Dinge vorhalten** *admin* dafür sorgen, dass genügend Mitarbeiter, Waren usw. da sind, um in einer Situation schnell handeln zu können **4** **etwas hält** *+Zeitangabe* **vor** etwas reicht für die genannte Zeit | *Wie viele Stunden hält die Wirkung vor?* | *Das Essen hielt nicht lange vor* (Wir bekamen bald wieder Hunger) H meist verneint

Vor·hal·tung *die*; (-, -en) **jemandem (wegen etwas) Vorhaltungen machen** jemandem Vorwürfe machen

★ **vor·han·den** ADJEKTIV so, dass es da ist, existiert | *Die vorhandenen Freikarten waren schnell vergeben* | *Vom Vermögen seines Vaters ist nichts mehr vorhanden* • hierzu **Vor·han·den·sein** *das*

★ **Vor·hang** *der*; (-(e)s, Vor·hän·ge) **1** ein langes Stück Stoff, das meist neben einem Fenster hängt und das man vor das Fenster ziehen kann ⟨einen Vorhang aufziehen, zuziehen; die Vorhänge öffnen, schließen, aufhängen, abnehmen⟩ K Vorhangring, Vorhangstange, Vorhangstoff; Plüschvorhang, Samtvorhang **2** der Vorhang vor der Bühne eines Theaters ⟨der Vorhang fällt, geht auf, hebt sich, senkt sich, öffnet sich⟩ **3** **der Eiserne Vorhang** *historisch* verwendet als Bezeichnung für die (ideologische) Grenze zwischen den Ländern des Westens und des Ostens nach dem 2. Weltkrieg

Vor·hän·ge|schloss *das* ein Schloss, das nicht in einer Tür eingebaut ist, sondern das davorgehängt wird

Vor·haut *die* die Haut, die den vorderen Teil des Penis bedeckt

vor·hei·zen VERB *(hat)* **etwas vorheizen** meist den Backofen, das Backrohr vor dem Backen warm werden lassen

★ **vor·her, vor·her** ADVERB vor dem genannten oder bekannten Zeitpunkt ⟨kurz vorher; am Tag vorher; zwei Wochen vorher⟩ | *Das hättest du schon 'vorher sagen müssen!* | *Konntest du dir das nicht 'vorher überlegen?*

vor·her·be·stimmt ADJEKTIV **es ist (jemandem) vorherbestimmt, dass ...** etwas ist jemandes Schicksal

vor·he·ri·g- ADJEKTIV *meist attributiv* vor der eigentlichen Handlung ⟨ohne vorherige Warnung; nur nach vorheriger Anmeldung, Absprache⟩

Vor·herr·schaft *die*; *nur Singular*; *geschrieben* die Macht in der Politik, in der Wirtschaft oder in der Kultur (von der andere Leute abhängig sind) ⟨die Vorherrschaft anstreben, ausüben, erlangen; um die Vorherrschaft kämpfen, streiten⟩ ≈ *Vormachtstellung*

vor·herr·schen VERB *(hat)* **etwas herrscht vor** etwas ist stärker oder weiter verbreitet als etwas Ähnliches ⟨eine Ansicht, ein Geschmack, eine Meinung, eine Mode, ein Klima⟩

Vor·her·sa·ge *die*; (-, -n) **die Vorhersage (über etwas** *(Akkusativ)***)** eine Aussage über zukünftige Entwicklungen o. Ä. ⟨eine langfristige Vorhersage⟩ | *die Vorhersage für das Wetter morgen* | *Die Vorhersage über den Ausgang der Wahlen hat sich bestätigt* K Wettervorhersage

vor·her·sa·gen VERB (sagte vorher, hat vorhergesagt) **(jemandem) etwas vorhersagen** (jemandem) sagen, dass etwas später geschehen wird ⟨ein Gewitter, eine Katastrophe, einen Schneesturm vorhersagen⟩ H aber: *Du hättest mir 'vorher sagen müssen, was ich einkaufen soll. Jetzt ist es zu spät* • hierzu **vor·her·sag·bar** ADJEKTIV

★ **vor·her·se·hen** VERB (sieht vorher, sah vorher, hat vorhergesehen) **etwas vorhersehen** wissen, was in der Zukunft geschieht | *Er konnte nicht vorhersehen, welche Folgen die Erfindung haben würde* | *Wir haben nicht vorgesehen, dass sich das Produkt so gut verkaufen würde* • hierzu **vor·her·seh·bar** ADJEKTIV

★ **vor·hin, vor·hin** ADVERB vor wenigen Minuten, gerade (eben) | *Vorhin schien noch die Sonne, und jetzt regnet es schon wieder*

Vor·hi·nein ADVERB **im Vorhinein** schon vorher ⟨etwas im Vorhinein ablehnen, verurteilen⟩

Vor·hof *der* **1** ein kleiner Hof vor einem großen Gebäude ⟨der Vorhof eines Tempels, einer Burg⟩ **2** eine der beiden Kammern des Herzens, in die das Blut fließt, das vom Körper zum Herzen kommt

Vor·hut *die*; (-) eine Gruppe von Soldaten, die der Truppe vorausmarschiert oder vorausfährt (um den Weg zu erkunden und zu sichern)

★ **vo·ri·g-** ADJEKTIV *meist attributiv* direkt vor dem jetzigen Zeitpunkt o. Ä. ↔ *nächst-* | *vorige Woche* | *vorigen Januar* | *voriges Mal* | *die vorige Ausgabe der Zeitung* | *der vorige Präsident* | *im Dezember vorigen Jahres*

vor·in·stal·liert ADJEKTIV ⟨ein Betriebssystem, eine App⟩ bereits auf die Festplatte o. Ä. eines Computers kopiert, wenn man diesen neu kauft, und sofort benutzbar | *Auf diesem Computer ist keine Software vorinstalliert*

Vor·jahr *das* das vorige, vergangene Jahr K Vorjahresernte, Vorjahressieger • hierzu **vor·jäh·ri·g-** ADJEKTIV

vor·jam·mern VERB *(hat)* **jemandem etwas vorjammern** *gesprochen* sich bei jemandem laut und lange über etwas beklagen

vor·kämp·fen VERB *(hat)* **sich irgendwohin vorkämpfen** unter großen Schwierigkeiten zu einer Stelle kommen | *Die Feuerwehr kämpfte sich zum Zentrum des Brandes vor*

Vor·kämp·fer *der* eine Person, die viel dafür tut, dass eine Idee oder eine Lehre bekannt wird ≈ *Wegbereiter* • hierzu **Vor·kämp·fe·rin** *die*

vor·kau·en VERB *(hat)* **jemandem etwas vorkauen** *gesprochen* jemandem etwas sehr lange und mit vielen Details erzählen oder erklären

Vor·keh·rung *die*; (-, -en); *meist Plural* eine der Maßnahmen, die vor etwas schützen sollen ⟨Vorkehrungen treffen⟩

Vor·kennt·nis *die*; *meist Plural* Kenntnisse, die man bereits hat, bevor man einen Kurs besucht oder mit einer neuen Arbeit beginnt | *Dieser Sprachkurs ist für Teilnehmer mit Vorkenntnissen*

vor·knöp·fen VERB *(hat)* **1** **sich** *(Dativ)* **jemanden vorknöpfen** *gesprochen* jemanden für einen Fehler oder für falsches

Verhalten tadeln oder kritisieren **2** **sich** (*Dativ*) **etwas vorknöpfen** *gesprochen, humorvoll* sich mit etwas beschäftigen | *Jetzt werde ich mir das Kreuzworträtsel vorknöpfen*

vor·ko·chen VERB (*hat*) **(etwas) vorkochen** die Speisen für eine Mahlzeit vorher kochen, sodass man sie später nur warm zu machen braucht

★ **vor·kom·men** VERB (*ist*) **1** **etwas kommt irgendwo vor** etwas existiert irgendwo oder ist vorhanden | *Koalas kommen nur in Australien vor* **2** **etwas kommt (jemandem) vor** etwas passiert, geschieht (jemandem) | *So etwas/So eine Unverschämtheit ist mir noch nie vorgekommen!* | *Es kann schon mal vorkommen, dass man keine Lust zum Arbeiten hat* **3** **eine Person/Sache kommt jemandem irgendwie vor** eine Person/Sache macht den genannten Eindruck auf jemanden ⟨jemand/etwas kommt jemandem bekannt, eigenartig, komisch, merkwürdig, seltsam vor⟩ | *Es kam mir verdächtig vor, dass er seinen Namen nicht nennen wollte* | *Es kam mir (so) vor, als ob er das alles so geplant hätte* **4** **jemand kommt sich** (*Dativ*) **irgendwie vor** jemand hat das Gefühl, irgendwie zu sein | *In dem luxuriösen Hotelzimmer kam ich mir wie ein König vor* (fühlte ich mich verwöhnt wie ein König) **5** *gesprochen* nach vorne kommen ■ ID **Wie kommst 'du mir eigentlich vor?** *gesprochen* verwendet, um einer Person zu sagen, dass man ihr Verhalten unverschämt findet

★ **Vor·kom·men** *das;* (-s, -) **1** das Vorhandensein von Bodenschätzen (meist in großer Menge) **K** Erzvorkommen, Goldvorkommen, Kohlevorkommen, Kupfervorkommen **2** *nur Singular* das Vorhandensein einer Sache | *Das Vorkommen von Schlangen in diesem Gebiet ist normal*

Vor·komm·nis *das;* (-ses, -se); *geschrieben* etwas meist Unangenehmes oder Ärgerliches, das geschieht ≈ *Vorfall* | *Die Kundgebung verlief ruhig und ohne besondere Vorkommnisse*

Vor·kriegs- *im Substantiv, betont, begrenzt produktiv* **die Vorkriegsära, die Vorkriegsgeneration, die Vorkriegszeit, die Vorkriegsverhältnisse** *und andere* vor dem Beginn eines Krieges, vor allem des zweiten Weltkrieges

vor·la·den VERB (*hat*) **jemand wird vorgeladen** jemand wird offiziell aufgefordert, vor Gericht oder bei der Polizei zu erscheinen ⟨jemand wird als Zeuge, zur Verhandlung vorgeladen⟩ • hierzu **Vor·la·dung** *die*

★ **Vor·la·ge** *die* **1** *nur Singular* das Zeigen und Vorlegen eines Dokuments | *etwas zur Vorlage beim Standesamt benötigen* | *etwas nur gegen Vorlage der Quittung erhalten* **2** ein Plan oder ein Muster, nach dem man etwas (meist in Handarbeit) herstellt | *Halte dich genau an die Vorlage!* | *Ich habe den Pullover zu eng gestrickt, weil ich keine Vorlage hatte* **K** Bastelvorlage, Malvorlage, Stickvorlage, Zeichenvorlage **3** *admin* der Entwurf für ein neues Gesetz **K** Gesetzesvorlage

vor·las·sen VERB (*hat*) **jemanden vorlassen** *gesprochen* (vor allem in einem Geschäft oder an einem Schalter) erlauben, dass jemand früher als man selbst bedient o. Ä. wird | *jemanden an der Kasse im Supermarkt vorlassen*

Vor·lauf *der* **1** ein Lauf in der ersten Runde eines Wettlaufs, bei dem man sich für die weitere Teilnahme am Wettlauf qualifiziert ⟨schon im Vorlauf ausscheiden⟩ **2** *nur Singular* eine Schaltung eines Kassetten- oder Videogeräts usw., bei der das Band sich sehr schnell vorwärtsbewegt

vor·lau·fen VERB (*ist*); *gesprochen* **1** nach vorne laufen **2** ≈ *vorauslaufen*

Vor·läu·fer *der* **1** **ein Vorläufer** (*+Genitiv*) eine Person, die als Erste eine später weit verbreitete Idee, einen Stil, eine Weltanschauung o. Ä. hatte | *ein Vorläufer der abstrakten Malerei* **2** **ein Vorläufer** (*+Genitiv*) eine frühe, noch wenig entwickelte, einfache Form eines Geräts o. Ä. | *der Phonograph von Edison als Vorläufer des Plattenspielers* • zu (1) **Vor·läu·fe·rin** *die*

★ **vor·läu·fig** ADJEKTIV nur für kurze Zeit gültig, nicht endgültig ⟨eine Genehmigung, ein Ergebnis, eine Regelung⟩ | *Er wohnt vorläufig bei seinem Freund, bis er eine eigene Wohnung findet* • hierzu **Vor·läu·fig·keit** *die*

vor·laut ADJEKTIV so, dass man überall die eigene Meinung sagt, auch wenn man nicht danach gefragt wurde ⟨ein Kind, ein Schüler; vorlaut fragen⟩

vor·le·gen VERB (*hat*) **1** **(jemandem/einer Behörde** *o. Ä.*) **etwas vorlegen** ein Dokument zu einer Behörde o. Ä. bringen (vor allem wenn man einen Antrag stellen will) ⟨(jemandem) ein Attest, Beweismaterial, eine Bescheinigung, die Papiere, die Zeugnisse vorlegen⟩ **2** **jemandem etwas (zu etwas) vorlegen** *geschrieben* einer Person etwas geben, damit sie es bearbeiten kann | *jemandem einen Brief zur Unterschrift vorlegen* **3** **(jemandem) etwas vorlegen** etwas der Öffentlichkeit bekannt machen ⟨ein Buch, wichtige Ergebnisse vorlegen⟩ | *Der Autor legt seinen zweiten Roman vor* **4** **ein scharfes Tempo vorlegen** *gesprochen* (zu Beginn eines Wettkampfs o. Ä.) ganz schnell sein

Vor·leis·tung *die; geschrieben* eine Leistung oder Arbeit, bevor ein Vertrag geschlossen wird | *Keiner der Verhandlungspartner war zu Vorleistungen bereit*

★ **vor·le·sen** VERB (*hat*) **(jemandem) (etwas) vorlesen** etwas laut lesen, damit andere Leute es hören | *den Kindern Märchen vorlesen* **K** Vorlesewettbewerb

Vor·le·sung *die* **eine Vorlesung (über etwas** (*Akkusativ*)**)** ein Vortrag oder eine Reihe von Vorträgen über ein Thema, die ein Professor regelmäßig für die Studenten hält ⟨eine Vorlesung halten; in die Vorlesung gehen; eine Vorlesung besuchen⟩ **K** Vorlesungsbeginn, Vorlesungsverzeichnis

vor·le·sungs·frei ADJEKTIV ⟨die Zeit⟩ so, dass während dieser Zeit an den Universitäten keine Vorlesungen o. Ä. stattfinden

vor·letz·t- ADJEKTIV *meist attributiv* **1** direkt vor dem Letzten einer Reihe oder Gruppe | *auf der vorletzten Seite der Zeitung* | *Der Letzte und der Vorletzte der Tabelle steigen ab* **2** zeitlich direkt vor dem letzten | *vorletzte Woche* (nicht letzte Woche, sondern die Woche davor) | *vorletzten Mittwoch*

★ **Vor·lie·be** *die; meist Singular* **eine Vorliebe (für jemanden/Dinge)** ein besonderes Interesse für eine Person oder Sache | *Er hat eine Vorliebe für alte Lokomotiven* | *Sie trägt mit Vorliebe kurze Röcke* (Sie trägt am liebsten kurze Röcke)

vor·lieb·neh·men VERB (nimmt vorlieb, nahm vorlieb, hat vorliebgenommen) **mit jemandem/etwas vorliebnehmen** *geschrieben* mit jemandem/etwas zufrieden sein, obwohl man eine andere Person oder Sache erwartet oder gewollt hat | *mit einer kleinen Wohnung vorliebnehmen müssen*

vor·lie·gen VERB (*hat*) **1** **etwas liegt (jemandem) vor** etwas ist zu jemandem gebracht worden, um geprüft oder bearbeitet zu werden ⟨ein Antrag, eine Anfrage, ein Gutachten, Pläne⟩ | *Uns liegen so viele Bestellungen vor, dass sich die Lieferung etwas verzögern wird* **2** **etwas liegt vor** etwas ist fertig gedruckt, veröffentlicht ⟨ein Buch⟩ | *Die neueste Ausgabe des Wörterbuchs liegt jetzt vor* **3** **etwas liegt (gegen jemanden) vor** etwas, das für die Beurteilung, Bewertung einer Sache wichtig ist, ist vorhanden oder bekannt ⟨Anhaltspunkte, Gründe, der Verdacht⟩ | *Er wurde freigelassen, da gegen ihn nichts vorlag* **4** **etwas liegt vor** es handelt sich um etwas ⟨Brandstiftung, ein Irrtum, ein Missverständnis⟩ | *Ein Verschulden des Taxifahrers liegt nicht vor*

vor·lü·gen VERB *(hat)* **jemandem etwas vorlügen** *gesprochen* jemandem Lügen erzählen

vorm PRÄPOSITION *mit Artikel; gesprochen* vor dem

vor·ma·chen VERB *(hat)* **1** **(jemandem) etwas vormachen** einer Person zeigen, wie etwas gemacht wird, damit sie es dann auch selbst kann ≈*vorführen* | *(jemandem) einen Handstand vormachen* | *jemandem vormachen, wie man ein Rad wechselt* **2** **jemandem etwas vormachen** *gesprochen* jemanden mit Lügen oder mit einem Trick täuschen | *Ich lasse mir nichts vormachen!* | *Mir kann keiner was vormachen!* **3** **sich** *(Dativ)* **etwas vormachen** von etwas (meist Positivem) überzeugt sein, das nicht der Wirklichkeit entspricht | *Mach dir nichts vor, du hast keine Chance, die Stelle zu bekommen!* | *Wir wollen uns doch nichts vormachen!* (Lasst uns doch offen miteinander reden!)

Vor·macht *die; nur Singular* ≈*Vorherrschaft, Hegemonie* **K** Vormachtstellung

vor·ma·li·g- ADJEKTIV *meist attributiv; geschrieben* ≈*ehemalig*

vor·mals ADVERB; *geschrieben* ≈*früher, ehemals*

Vor·marsch *der* **1** die Bewegung der Truppe in die Richtung des Feindes ⟨Truppen sind auf dem Vormarsch⟩ **2** **etwas ist auf dem Vormarsch**; **etwas befindet sich auf dem Vormarsch** etwas breitet sich aus, etwas wird überall bekannt ⟨eine Idee, eine Mode, eine Seuche⟩

★ **vor·mer·ken** VERB *(hat)* **1** **sich** *(Dativ)* **etwas vormerken** etwas aufschreiben, damit man später daran denkt ⟨einen Termin, eine Bestellung vormerken⟩ **2** **jemanden (als/für etwas) vormerken** aufschreiben, dass jemand an etwas Interesse hat oder an etwas teilnehmen möchte ⟨sich als Teilnehmer vormerken lassen; jemanden für einen Kurs vormerken⟩ **K** Vormerkbuch • hierzu **Vor·mer·kung** *die*

Vor·mie·ter *der* der Mieter, der direkt vor einem anderen Mieter in einer Wohnung wohnte • hierzu **Vor·mie·te·rin** *die*

★ **Vor·mit·tag** *der* **1** die Zeit zwischen dem Morgen und 12 Uhr mittags ⟨am Vormittag⟩ **K** Montagvormittag, Sonntagvormittag **2** ungefähr in der Zeit zwischen 8 Uhr morgens und 12 Uhr mittags ⟨gestern, heute, morgen Vormittag⟩ **H** mit den Namen von Wochentagen zusammengeschrieben: *Er kam Sonntagvormittag*

★ **vor·mit·tags** ADVERB am Vormittag

Vor·mund *der;* (-(e)s, -e/Vor·mün·der) eine Person oder Behörde, die für ein Kind die Eltern vertritt und wichtige Entscheidungen trifft ⟨jemanden zu jemandes Vormund bestellen⟩

Vor·mund·schaft *die;* (-, -en) **die Vormundschaft für/über jemanden** das rechtliche Verhältnis zu einem Kind, für das eine Person oder Behörde anstelle der Eltern wichtige Entscheidungen trifft | *Als seine Eltern starben, übernahm sein Onkel/das Jugendamt die Vormundschaft für ihn* **K** Vormundschaftsgericht

★ **vorn** ADVERB **1** vorn ist da, wo unser Gesicht, Brust und Bauch sind ↔*hinten* | *Der Rock ist vorn länger als hinten* | *Der Wind kam von vorn* | *nach vorn sehen* **2** vorn ist da, wo etwas anfängt ↔*hinten* | *Der kleine Junge steht am liebsten vorn neben dem Busfahrer* | *Der Haupteingang ist vorn, auf der Straßenseite* | *weiter vorn im Buch* **3** **vorn sein/liegen** bei einem Wettkampf in Führung sein, einen Vorsprung haben **4** **von vorn** von Anfang an ⟨wieder von vorn anfangen (müssen)⟩ **5** **von vorn bis hinten** *gesprochen* vollständig, von Anfang bis Ende ≈*ganz* | *Was er sagt, ist von vorn bis hinten erlogen!*

★ **Vor·na·me** *der* der Name, den man zusätzlich zum Familiennamen bekommt und mit dem man in der Familie und von Freunden angeredet wird | *Sein Vorname ist Hans* | *Mit Vornamen heißt er Hans*

★ **vor·ne** ADVERB → vorn

★ **vor·nehm** ADJEKTIV **1** sehr gepflegt und sehr teuer ⟨eine Einrichtung, ein Geschäft, ein Hotel, eine Straße, ein Stadtviertel; vornehm wohnen; vornehm gekleidet⟩ ≈*elegant* **2** mit hoher sozialer Stellung ⟨eine Familie, die Gesellschaft⟩ **3** mit gutem und großzügigem Charakter ⟨ein Mensch, eine Gesinnung, eine Haltung⟩ **4** **vornehm tun** *gesprochen, abwertend* sich so verhalten, als wäre man Mitglied einer höheren sozialen Schicht • zu (1,2) **Vor·nehm·heit** *die*

vor·neh·men VERB *(hat)* **1** **etwas vornehmen** *geschrieben* (als Beamter o. Ä.) etwas Wichtiges oder Offizielles tun ⟨eine Amtshandlung, Kontrollen, eine Untersuchung, die Trauung vornehmen⟩ **2** **sich** *(Dativ)* **jemanden vornehmen** *gesprochen* jemanden streng tadeln oder kritisieren | *Er nahm sich seinen Sohn wegen der schlechten Noten gründlich vor* **3** **sich** *(Dativ)* **etwas vornehmen** etwas planen oder beschließen | *Nimm dir nicht zu viel vor!* | *Für das neue Jahr hat er sich vorgenommen, mit dem Rauchen aufzuhören* **4** **sich** *(Dativ)* **etwas vornehmen** sich mit etwas (gründlich) beschäftigen • hierzu **Vor·nah·me** *die*

vor·nehm·lich ADVERB; *geschrieben* ≈*hauptsächlich, insbesondere*

vor·ne·weg ADVERB ≈*vorweg*

vorn·he·rein ADVERB **von vornherein** von Anfang an ⟨etwas von vornherein ablehnen, sagen, wissen⟩

vorn·über ADVERB nach vorne

vorn·über|beu·gen VERB (beugte sich vornüber, hat sich vornübergebeugt) **sich vornüberbeugen** sich nach vorne beugen

vorn·weg, vorn·weg ADVERB ≈*vorweg*

★ **Vor·ort** *der* ein (meist kleiner) Ort am Rande einer großen Stadt ↔*Zentrum* | *Wohnst du im Zentrum von Köln oder in einem Vorort?* **K** Vorortbahn, Vorortstraße, Vorortverkehr, Vorortzug; Arbeitervorort, Villenvorort

Vor·platz *der* ein freier Platz vor einem großen Gebäude **K** Bahnhofsvorplatz

vor·pre·schen VERB *(ist); gesprochen* **1** sich mit hoher Geschwindigkeit nach vorne bewegen ⟨ein Angreifer, ein Läufer, ein Sprinter⟩ **2** in einer Verhandlung, Besprechung o. Ä. etwas zu früh sagen

vor·pro·gram·miert ADJEKTIV so, dass es mit Sicherheit geschehen wird ⟨ein Erfolg, ein Konflikt, eine Niederlage⟩

Vor·rang *der* **Vorrang (vor jemandem/etwas)** die größere Bedeutung als eine andere Person oder Sache ⟨Vorrang gegenüber, vor jemandem/etwas haben; jemandem den Vorrang streitig machen⟩ **K** Vorrangstellung

vor·ran·gig ADJEKTIV **1** so, dass es wichtiger als etwas anderes ist ⟨ein Anliegen, eine Aufgabe⟩ **2** *nur adverbiell* zuerst, als Erstes ⟨etwas vorrangig behandeln, erledigen⟩ • zu (1) **Vor·ran·gig·keit** *die*

★ **Vor·rat** *der;* (-(e)s, Vor·rä·te) eine Menge einer Sache, die man lagert, damit man immer genug davon hat ⟨ein begrenzter, unerschöpflicher Vorrat; ein Vorrat an/von Getreide, Lebensmitteln, Kohlen; der Vorrat geht zur Neige, ist aufgebraucht; einen Vorrat anlegen, aufbrauchen⟩ ≈*Reserve* **K** Vorratsglas, Vorratskammer, Vorratskeller, Vorratsraum; Getreidevorrat, Holzvorrat, Lebensmittelvorrat, Warenvorrat, Wintervorrat

VORRATSGLAS

vor·rä·tig ADJEKTIV *meist prädikativ* im Lager vorhanden ⟨Wa-

V

ren, Produkte sind vorrätig; etwas vorrätig haben⟩

Vor·raum *der* ein kleiner Raum vor einer Wohnung, einem Amts- oder Dienstzimmer | *Bitte warten Sie im Vorraum!*

vor·rech·nen VERB *(hat)* 1 **(jemandem) etwas vorrechnen** etwas langsam rechnen, um jemandem zu zeigen, wie man es machen muss | *Wer kann die Aufgabe an der Tafel vorrechnen?* 2 **jemandem etwas vorrechnen** ganz genau aufzählen, was man jemandem vorzuwerfen hat | *Sein Chef rechnete ihm vor, was alles falsch gemacht worden war*

Vor·recht *das* ein besonderes Recht, das nur wenige haben ⟨ein Vorrecht genießen; jemandem ein Vorrecht einräumen⟩ ≈ *Privileg*

Vor·re·de *die* 1 *gesprochen* einleitende Sätze, die jemanden auf eine Mitteilung vorbereiten sollen | *Erzähl, was los war, und halte keine langen Vorreden!* 2 *veraltend* ≈ *Vorwort*

★ **Vor·rich·tung** *die;* (-, -en) eine Konstruktion an einem größeren Gegenstand, die eine Hilfsfunktion hat | *Der Lastwagen hat eine Vorrichtung zum Kippen* K Bremsvorrichtung, Drehvorrichtung, Haltevorrichtung

vor·rü·cken VERB *(hat/ist)* 1 **etwas vorrücken** *(hat)* etwas nach vorne schieben | *Bevor die Maler kommen, müssen wir die Möbel vorrücken* 2 **etwas rückt vor** *(ist)* etwas bewegt sich langsam voran ⟨der Uhrzeiger, die Stunden, die Zeit⟩ 3 **Personen rücken vor** *(ist)* mehrere Personen bewegen sich mit kleinen Schritten nach vorne 4 **jemand/eine Mannschaft** *o. Ä.* **rückt vor** *(ist)* jemand/eine Mannschaft o. Ä. kommt auf einen höheren Rang | *Unsere Mannschaft ist auf den ersten Platz vorgerückt* 5 **Truppen/Soldaten rücken vor** *(ist)* Truppen, Soldaten marschieren in die Richtung des Feindes ■ **ID in vorgerücktem Alter** *geschrieben* in einem ziemlich hohen Alter; **zu/in vorgerückter Stunde** *geschrieben* ziemlich spät

Vor·ru·he·stand *der* wenn man in den Vorruhestand geht, hört man wenige Jahre früher auf, im Beruf zu arbeiten; man bekommt dann in dieser Zeit oder auf Dauer weniger Rente als andere

Vor·run·de *die* 1 die Spiele der ersten Hälfte der Meisterschaft 2 die Spiele der ersten Runde eines Turniers K Vorrundenspiel

vors PRÄPOSITION *mit Artikel; gesprochen* vor das

vor·sa·gen VERB *(hat)* 1 **(jemandem) (etwas) vorsagen** einem Mitschüler heimlich eine Antwort (auf eine Frage des Lehrers) sagen 2 **(jemandem) etwas vorsagen** etwas sagen, das andere wiederholen sollen | *Der Lehrer sagt den englischen Satz langsam vor, die Schüler sprechen ihn nach* 3 **sich** *(Dativ)* **etwas vorsagen** etwas leise vor sich hin sagen, um es nicht zu vergessen ⟨sich *(Dativ)* eine Adresse, eine Telefonnummer, Vokabeln vorsagen⟩

Vor·sai·son *die* die Zeit (direkt vor der Hauptsaison), in der es noch ziemlich wenig Tourismus gibt K Vorsaison(s)preis

Vor·satz *der* 1 ein Prinzip oder eine Idee, an die man sich in Zukunft halten will ⟨einen Vorsatz fassen; viele gute Vorsätze haben; bei seinem Vorsatz bleiben⟩ | *Er hat den festen Vorsatz, weniger zu arbeiten* 2 **mit/ohne Vorsatz** *geschrieben* mit/ohne Absicht

vor·sätz·lich ADJEKTIV *meist attributiv; geschrieben* mit voller Absicht ⟨jemanden vorsätzlich beleidigen; etwas vorsätzlich beschädigen⟩ ≈ *absichtlich* ↔ *versehentlich* • hierzu **Vor·sätz·lich·keit** *die*

Vor·schau *die* **eine Vorschau (auf etwas** *(Akkusativ)***)** eine Ankündigung von Sendungen im Fernsehen oder Veranstaltungen | *eine Vorschau auf das heutige Abendprogramm* K Programmvorschau

Vor·schein *der; geschrieben* 1 **etwas kommt zum Vorschein** etwas wird sichtbar | *Die Sonne kam kurz hinter den Wolken zum Vorschein* 2 **etwas zum Vorschein bringen** etwas irgendwo herausholen, sodass man es sehen kann

vor·schi·cken VERB *(hat)* 1 **jemanden vorschicken** einer Person sagen, was sie tun soll, weil man selbst nicht tun kann oder nicht tun möchte | *Sie schicken immer ihren kleinen Bruder vor, wenn sie vom Opa Süßigkeiten wollen* 2 **etwas vorschicken** *gesprochen* etwas im Voraus irgendwohin schicken

vor·schie·ben VERB *(hat)* 1 **etwas vorschieben** etwas nach vorne schieben ⟨den Hut, die Mütze, die Unterlippe vorschieben⟩ 2 **etwas vorschieben** meist einen Riegel vor eine Tür oder ein Tor schieben, damit sie fest verschlossen sind 3 **etwas vorschieben** *geschrieben* einen Grund angeben, der nicht wahr ist ⟨Kopfschmerzen, eine Verabredung, eine dringende Besorgung vorschieben⟩ ≈ *vorschützen* 4 **jemanden vorschieben** *geschrieben* jemanden für sich handeln lassen, damit es so aussieht, als habe man selbst nichts damit zu tun ⟨einen Strohmann vorschieben⟩

vor·schie·ßen VERB *gesprochen* 1 **jemandem etwas vorschießen** *(hat)* einer Person sofort einen Teil der Geldsumme geben, die sie erst später ganz bekommen soll | *Kannst du mir zehn Euro (von meinem Taschengeld) vorschießen?* 2 **jemand/etwas schießt irgendwo vor** *(ist)* jemand/etwas bewegt sich sehr schnell nach vorn

★ **Vor·schlag** *der* der Rat oder die Empfehlung an jemanden, etwas zu tun ⟨ein annehmbarer, diskutabler, guter, konkreter, konstruktiver Vorschlag; jemandem einen Vorschlag machen; einen Vorschlag ablehnen, annehmen; auf einen Vorschlag eingehen⟩ | *Auf Vorschlag der Versammlung wurde eine Prüfung der Finanzen beschlossen* K Kompromissvorschlag, Verbesserungsvorschlag, Wahlvorschlag ■ **ID ein Vorschlag zur Güte** ein Vorschlag, wie man sich ohne Streit einigen könnte

★ **vor·schla·gen** VERB *(hat)* 1 **(jemandem) etwas vorschlagen** jemandem einen Rat oder eine Empfehlung geben | *Er schlug einen Kompromiss vor* | *Er schlägt vor, das Spiel abzubrechen* | *Ich schlage vor, dass wir umkehren* 2 **jemanden (für/als etwas) vorschlagen** jemanden für eine Aufgabe, als Kandidaten o. Ä. empfehlen | *Sie hat Herrn Müller für den Posten des Kassenprüfers vorgeschlagen* | *Er wurde als neuer Trainer vorgeschlagen* K Vorschlagsrecht

vor·schnell ADJEKTIV zu schnell und ohne genug Überlegung ⟨eine Antwort, ein Entschluss; vorschnell handeln, urteilen, entscheiden⟩

vor·schrei·ben VERB *(hat)* 1 **jemandem etwas vorschreiben** jemandem zeigen, wie man etwas schreiben muss | *den Schülern ein schwieriges Wort vorschreiben* 2 **(jemandem) etwas vorschreiben** einer Person sagen oder befehlen, was sie tun muss ≈ *anordnen, bestimmen* | *jemandem vorschreiben, wie er sich verhalten soll/was er zu tun hat* | *jemandem die Route vorschreiben, die er fahren muss* | *sich von jemandem nichts vorschreiben lassen* | *Das Gesetz schreibt vor, dass ...*

★ **Vor·schrift** *die* Vorschriften bestimmen, was man in einem speziellen Fall tun muss ⟨gesetzliche, strenge Vorschriften; eine Vorschrift erlassen, beachten, einhalten, missachten; jemandem Vorschriften machen; gegen die Vorschriften verstoßen; sich an die Vorschriften halten; etwas genau nach Vorschrift tun⟩ ■ **ID** → Dienst

vor·schrifts·ge·mäß ADJEKTIV ≈ *vorschriftsmäßig*

vor·schrifts·mä·ßig ADJEKTIV so, wie es in den Vorschriften steht ⟨jemand ist vorschriftsmäßig abgesichert, gekleidet, angegurtet; etwas ist vorschriftsmäßig verpackt; etwas vorschriftsmäßig ausfüllen, bedienen, lagern, melden⟩

vor·schrifts·wid·rig ADJEKTIV nicht so, wie es in der Vorschrift steht ⟨Überholen, ein Verhalten; vorschriftswidrig parken⟩

Vor·schub *der* **eine Person/Sache leistet jemandem/etwas Vorschub** *geschrieben* eine Person oder Sache hilft, dass jemand oder etwas sich (negativ) entwickelt oder dass etwas Negatives Erfolg hat | *Wer das Auto nicht abschließt, leistet den Dieben Vorschub*

Vor·schul·al·ter *das* das Alter eines Kindes, kurz bevor es in die Schule kommt (also 5 – 6 Jahre) ⟨ein Kind erreicht das Vorschulalter; ein Kind im Vorschulalter⟩

★ **Vor·schu·le** *die; nur Singular* in der Vorschule werden Kinder, die 5–6 Jahre alt sind und besonderen Bedürfnisse haben, ein Jahr lang auf die Schule vorbereitet **K** Vorschulerziehung, Vorschulkind

Vor·schuss *der* eine Summe Geld, die man als Teil z. B. eines Honorars schon vorher bekommt ⟨sich (*Dativ*) einen Vorschuss geben lassen; um einen Vorschuss von hundert Euro bitten⟩ **K** Vorschusszahlung

Vor·schuss|lor·bee·ren *die; Plural; humorvoll* Lob, das man im Voraus gibt oder erhält ⟨Vorschusslorbeeren ernten⟩ | *Der junge Pianist brachte nicht die Leistung, die man nach den Vorschusslorbeeren erwartet hatte*

vor·schüt·zen VERB *(hat)* **etwas vorschützen** *geschrieben* etwas Falsches als Ausrede angeben | *Er ist gar nicht krank, er schützt die Grippe bloß vor*

vor·schwär·men VERB *(hat)* **einer Person (von jemandem/etwas) vorschwärmen** (einer Person) begeistert von jemandem oder etwas erzählen | *Sie hat uns von ihrem neuen Freund vorgeschwärmt* | *Er schwärmt mir immer vor, wie schön es im Urlaub war*

vor·schwe·ben VERB *(hat)* **etwas schwebt jemandem vor** etwas ist in jemandes Vorstellung als Ziel oder als Ideal vorhanden

vor·schwin·deln VERB *(hat)* **jemandem etwas vorschwindeln** *gesprochen* jemandem etwas erzählen, das nicht wahr ist

vor·se·hen VERB *(hat)* **1** **etwas vorsehen** *geschrieben* ≈ *planen, beabsichtigen* | *Für morgen ist eine Bootsfahrt vorgesehen* | *Es war vorgesehen, dass uns der Bus am Hotel abholt* **H** meist im Passiv mit dem Hilfsverb *sein* **2** **jemanden für etwas vorsehen** planen, jemandem eine Funktion zu geben | *Man hat ihn für die Stelle des Inspektors vorgesehen* **3** **sich (vor jemandem/etwas) vorsehen** *geschrieben* in Bezug auf jemanden/etwas vorsichtig sein | *Bei Leuten wie ihm musst du dich vorsehen*

Vor·se·hung *die; (-); geschrieben* (nach Ansicht mancher Leute) eine höhere Macht, welche das Schicksal der Menschen und der ganzen Welt lenkt ⟨die göttliche Vorsehung⟩

vor·set·zen VERB *(hat)* **1** **einen Fuß vorsetzen** mit einem Fuß einen Schritt nach vorn machen **2** **jemandem etwas vorsetzen** jemandem etwas zu Essen oder zu Trinken anbieten, meist ohne Alternative und ohne vorher gefragt zu haben ⟨jemandem ein Essen, ein Getränk vorsetzen⟩ **3** **jemandem etwas vorsetzen** *gesprochen, abwertend* etwas Schlechtes liefern, zeigen oder anbieten | *So ein miserables Programm haben wir noch nirgends vorgesetzt bekommen!*

★ **Vor·sicht** *die; nur Singular* **1** ein Verhalten, bei dem man sehr darauf achtet, dass kein Unfall und kein Schaden entsteht ⟨größte, äußerste Vorsicht; Vorsicht üben, Vorsicht walten lassen; zur Vorsicht mahnen; etwas mit der gebotenen, nötigen Vorsicht tun⟩ **K** Vorsichtsmaßnahme, Vorsichtsmaßregel **2** **Vorsicht!** verwendet, um jemanden vor einer Gefahr zu warnen | *Vorsicht, bissiger Hund!* | *Vorsicht, Stufe!* | *Vorsicht, der Zug fährt ab!* ■ **ID** **Vorsicht ist die Mutter der Porzellankiste!** *gesprochen, humorvoll* Man sollte immer vorsichtig sein; **Vorsicht ist besser als Nachsicht** Man soll von Anfang an vorsichtig sein; **jemand/etwas ist (nur) mit Vorsicht zu genießen** man muss jemandem/einer Sache gegenüber misstrauisch sein

★ **vor·sich·tig** ADJEKTIV man ist vorsichtig, wenn man so handelt, dass möglichst keinen Unfall oder Schaden gibt | *Du solltest auf diesen glatten Straßen etwas vorsichtiger fahren!* | *Vorsichtig geschätzt wird das etwa zwei Stunden dauern* | *Sie formulierte ihre Kritik äußerst vorsichtig* ● hierzu **Vor·sich·tig·keit** *die*

vor·sichts·hal·ber ADVERB aus Vorsicht, um ganz sicher zu sein ≈ *sicherheitshalber* | *Du solltest vorsichtshalber einen Sitzplatz in dem Zug reservieren lassen*

Vor·sil·be *die* ≈ *Präfix* | *„Vor-", „ent-" und „ab-" sind häufige Vorsilben im Deutschen*

vor·sin·gen VERB *(hat)* **1** **(jemandem) etwas vorsingen** etwas singen, um eine Person zu unterhalten oder damit diese Person es lernt **2** **irgendwo vorsingen** irgendwo singen, um das eigene Können prüfen zu lassen | *Er muss heute in der Oper vorsingen* **3** **irgendwo vorsingen** *gesprochen, humorvoll* ein Vorstellungsgespräch haben

vor·sint·flut·lich ADJEKTIV; *humorvoll* sehr altmodisch ⟨ein Hut, eine Methode, Ansichten, ein Modell⟩

Vor·sitz *der; meist Singular* das Leiten einer Konferenz, einer Versammlung o. Ä. ⟨den Vorsitz haben, führen, abgeben, niederlegen⟩ | *Der Ausschuss tagte unter (dem) Vorsitz von Frau Dr. Weber*

★ **Vor·sit·zen·de** *der/die;* (-n, -n) eine Person, die eine Konferenz oder Versammlung leitet **H** *ein Vorsitzender; der Vorsitzende; den, dem, des Vorsitzenden*

Vor·sor·ge *die; meist Singular* **1** alle Maßnahmen, durch die man verhindern will, dass eine Gefahr oder eine schlimme Situation entsteht ⟨Vorsorge für etwas treffen⟩ **K** Vorsorgemaßnahme **2** alle Maßnahmen, die eine schwere Krankheit verhindern sollen **K** Vorsorgeuntersuchung; Krebsvorsorge

vor·sor·gen VERB *(hat)* **(für etwas) vorsorgen** Maßnahmen für (spätere) schwierige Situationen oder für Gefahren treffen | *Er hat für das Alter vorgesorgt*

Vor·sor·ge·voll·macht *die* eine Erklärung, die man für den Fall schreibt, dass man einmal sehr krank sein könnte und dann vielleicht nicht mehr selbst über seine medizinische Versorgung entscheiden kann **H** vergleiche **Patientenverfügung**

vor·sorg·lich ADJEKTIV *meist attributiv* als Vorsichtsmaßnahme | *Nach dem Unfall hat die Polizei die Straße vorsorglich gesperrt*

Vor·spann *der;* (-(e)s, -e) der erste Teil eines Films, in dem die Schauspieler, der Regisseur, der Produzent, die Bühnenbildner usw. genannt werden

★ **Vor·spei·se** *die* ein kleines Essen, das man vor dem Hauptgericht isst

vor·spie·geln VERB *(hat)* **jemandem etwas vorspiegeln** *geschrieben* ≈ *vortäuschen*

Vor·spie·ge·lung *die* **unter Vorspiegelung falscher Tatsachen** *geschrieben* wobei die Person gelogen oder die anderen getäuscht hat

Vor·spiel *das* **1** das Vorspielen | *beim Vorspiel viele Fehler machen* **2** **das Vorspiel (zu etwas)** ein kurzes Musikstück, das z. B. eine Oper einleitet ≈ *Ouvertüre* | *das Vorspiel zu „Lohengrin"* **3** eine Szene auf der Bühne, die ein Theaterstück einleitet ≈ *Prolog* **4** Küsse und gegenseitiges Streicheln vor dem Sex **5** ein Spiel, das vor dem eigentlichen Spiel stattfindet

vor·spie·len VERB *(hat)* **1** **(jemandem) (etwas) vorspielen; (etwas) vor jemandem vorspielen** vor Zuhörern auf einem Musikinstrument etwas spielen | *Kannst du (uns) ein Stück auf dem Akkordeon vorspielen?* **2** **(jemandem) etwas vorspielen; etwas vor jemandem vorspielen** vor Zuschauern Theater spielen ≈ *aufführen* | *Die Schüler wollen einen Sketch vorspielen* **3** **jemandem etwas vorspielen** sich absichtlich so verhalten, dass andere Leute etwas glauben, das nicht wahr ist | *Er ist gar nicht so mutig, er spielt uns das nur vor* **4** **irgendwo vorspielen** irgendwo ein Instrument spielen, um das eigene Können prüfen zu lassen | *bei den Philharmonikern vorspielen*

vor·spre·chen VERB *(hat)* **1** **(jemandem) etwas vorsprechen** etwas sprechen, das andere Leute lernen oder wiederholen sollen ≈ *vorsagen* | *Sein Papagei spricht alles nach, was man ihm vorspricht* **2** **(jemandem) (etwas) vorsprechen** bei einer Bewerbung oder Prüfung einen Text vor jemandem sprechen | *Bei der Abschlussprüfung musste er den Monolog des Hamlet vorsprechen* **3** **(bei jemandem/irgendwo) (wegen etwas) vorsprechen** *geschrieben* mit einem Anliegen zu einer Behörde oder zum Chef bzw. zur Chefin gehen ⟨in einer Angelegenheit vorsprechen⟩ | *Er hat beim Personalchef wegen einer Anstellung vorgesprochen* • zu (3) **Vor·spra·che** *die*

vor·sprin·gen VERB *(ist)* **etwas springt vor** etwas steht aus einer senkrechten Fläche heraus ⟨ein Erker, ein Dach, ein Felsen; ein vorspringendes Kinn⟩

★ **Vor·sprung** *der* **1** der Abstand, den jemand vor anderen Leuten hat ⟨ein knapper Vorsprung; den Vorsprung ausbauen, vergrößern⟩ | *Im Ziel hatte er einen Vorsprung von 20 Sekunden* K Zeitvorsprung **2** ein höherer Stand der Entwicklung (als andere) ⟨ein wissenschaftlicher, technischer Vorsprung⟩ K Entwicklungsvorsprung, Informationsvorsprung, Wissensvorsprung **3** ein Teil einer Sache, der aus einer senkrechten Fläche heraussteht K Bergvorsprung, Dachvorsprung, Felsvorsprung, Mauervorsprung

Vor·stadt *die* ≈ *Vorort* K Vorstadttheater, Vorstadtkino • hierzu **Vor·städ·ter** *der*; **vor·städ·tisch** ADJEKTIV

★ **Vor·stand** *der* eine Gruppe von Personen, die gemeinsam ein Unternehmen, einen Verein o. Ä. leiten ⟨in den Vorstand gewählt werden; dem Vorstand angehören; im Vorstand sitzen⟩ | *Die Mitglieder des Vereins wählten einen neuen Vorstand* K Vorstandsetage, Vorstandsmitglied, Vorstandssitzung, Vorstandsvorsitzende(r), Vorstandswahl; Betriebsvorstand, Gemeindevorstand, Parteivorstand, Vereinsvorstand

vor·ste·hen VERB *(hat/ist)* **1** **etwas steht vor** *(ist)* etwas steht aus einer Fläche oder Reihe heraus ⟨eine Mauer, ein Gebäude; vorstehende Zähne⟩ | *Ich habe mir an einem vorstehenden Nagel den Strumpf zerrissen* **2** **jemand steht einer Sache** *(Dativ)* **vor** *geschrieben (hat)* jemand leitet etwas ⟨einem Institut, einer Gesellschaft, einer Gemeinde vorstehen⟩ • zu (1) **Vor·ste·her** *der*; zu (1) **Vor·ste·he·rin** *die*

★ **vor·stel·len** VERB *(hat)* **1** **(jemandem) eine Person vorstellen** jemandem sagen, wie eine Person oder man selbst heißt und wer sie/man ist | *Darf ich Ihnen meinen Kollegen Herrn Scholz vorstellen?* | *Er stellte sich (den Wählern) als Kandidat für die Bürgermeisterwahl vor* **2** **(jemandem) etwas vorstellen** etwas einem Kunden, einem Publikum o. Ä. zeigen, damit es bekannt wird ⟨ein Kunstwerk, ein Modell, ein Produkt⟩ | *Der Autor stellte bei dieser Lesung seinen neuen Roman vor* **3** **sich** *(Dativ)* **jemanden/etwas (irgendwie) vorstellen** ein Bild, eine Vorstellung von einer Person oder Sache haben, die man noch nicht kennt ⟨sich *(Dativ)* etwas lebhaft, kaum, nur schwer vorstellen können⟩ | *Wie stellst du dir unseren gemeinsamen Urlaub eigentlich vor?* | *Unseren neuen Skilehrer hatten wir uns ganz anders vorgestellt* **4** **sich** *(Dativ)* **etwas unter etwas** *(Dativ)* **vorstellen** Assoziationen mit einem Wort oder Begriff verbinden | *Kannst du dir unter „Quasar" etwas vorstellen?* **5** **etwas vorstellen** meist ein Bein oder den Fuß nach vorne bewegen **6** **etwas vorstellen** die Zeiger einer Uhr weiterdrehen, sodass sie eine spätere Zeit anzeigen | *Wenn die Sommerzeit beginnt, müssen alle Uhren (um) eine Stunde vorgestellt werden* **7** **sich (bei jemandem/irgendwo) vorstellen** zu einer Firma o. Ä. gehen, bei der man sich um eine Stelle beworben hat, um sich persönlich bekannt zu machen | *Bitte stellen Sie sich mit Ihren Zeugnissen beim Personalchef vor!* ■ **ID Stell dir vor, …** als Einleitung verwendet, wenn man etwas Überraschendes erzählen will • zu (3) **vor·stell·bar** ADJEKTIV

vor·stel·lig ADJEKTIV **bei jemandem vorstellig werden** *veraltend* sich (in einer Angelegenheit) persönlich an jemanden oder an eine Behörde wenden

★ **Vor·stel·lung** *die* **1** ein persönliches Gespräch bei einer Bewerbung um eine Stelle | *Ich habe eine Einladung zur persönlichen Vorstellung bei dem neuen Verlag bekommen* K Vorstellungsgespräch **2** *oft Plural* das Bild, das man sich in Gedanken von jemandem/etwas macht ⟨eine deutliche, falsche, genaue, klare, vage Vorstellung; sich *(Dativ)* eine Vorstellung von jemandem/etwas machen; seine Vorstellungen verwirklichen⟩ | *Das Stadion entspricht genau den Vorstellungen des Architekten* | *Nach seiner Vorstellung sollten seine Mitarbeiter mindestens eine Fremdsprache sprechen* K Gehaltsvorstellung, Glücksvorstellung, Idealvorstellung, Preisvorstellung **3** *nur Singular* etwas, das man sich wünscht oder das man nur in Gedanken sieht ⟨etwas existiert nur in jemandes Vorstellung⟩ ≈ *Fantasie* K Vorstellungsgabe, Vorstellungskraft, Vorstellungsvermögen, Vorstellungswelt; Wahnvorstellung, Wunschvorstellung, Zukunftsvorstellung **4** die Aufführung eines Theaterstücks o. Ä. ⟨eine Vorstellung ankündigen, absagen, besuchen, geben; die Vorstellung findet statt, fällt aus, ist ausverkauft⟩ K Vorstellungsbeginn, Vorstellungsende; Abendvorstellung, Nachmittagsvorstellung, Galavorstellung, Wohltätigkeitsvorstellung, Theatervorstellung, Zirkusvorstellung ■ **ID nur eine kurze Vorstellung geben** *humorvoll* nur kurze Zeit irgendwo arbeiten oder der Freund/Partner einer Person sein; **eine starke/schwache Vorstellung geben** eine gute/schlechte Leistung bringen

Vor·stop·per *der*; (-s, -); *veraltet* (beim Fußball) ein Verteidiger, der gegen den Mittelstürmer des Gegners spielt

Vor·stoß *der* **1** das Vorstoßen ⟨einen Vorstoß abwehren, unternehmen, wagen, zurückschlagen; ein Vorstoß in feindliches Gebiet⟩ **2** **(bei jemandem) einen Vorstoß unternehmen** versuchen zu erreichen, dass jemand einer Bitte o. Ä. zustimmt | *Er will bei seinem Vater einen Vorstoß wegen eines eigenen Autos machen*

vor·sto·ßen VERB **1** **jemanden/etwas vorstoßen** *(hat)* jemanden/etwas nach vorn stoßen **2** **irgendwohin vorstoßen** *(ist)* sich (unter oft gefährlichen Bedingungen) in ein unbekanntes Gebiet bewegen ≈ *vordringen* | *tief in das Innere des Dschungels vorstoßen* | *Amundsen gelang es, bis zum Südpol vorzustoßen* **3** **irgendwohin vorstoßen** *(ist)* Dinge erforschen und neues Wissen erhalten **4** **irgendwohin vorstoßen** *(ist)* im Krieg einen Angriff machen und die genannten Gebiete des Feindes erobern

Vor·stra·fe *die* eine (gerichtliche) Strafe, die jemand vor einem früheren Zeitpunkt bekommen hat K Vorstrafenregister

vor·stre·cken VERB *(hat)* **1** **etwas/sich vorstrecken** meist einen Körperteil/den ganzen Körper nach vorn strecken | *Er musste sich/die Arme weit vorstrecken, um den Ball zu fangen* **2** **jemandem etwas vorstrecken** einer Person eine Summe Geld leihen, damit diese etwas bezahlen kann

Vor·stu·fe *die* **eine Vorstufe** (*+Genitiv*) (innerhalb einer Entwicklung) eine Stufe oder ein Stadium, die direkt vor einer anderen Stufe oder einem anderen Stadium liegen | *eine frühe Vorstufe des heutigen Menschen*

Vor·tag *der* der Tag vor einem oft besonderen Tag ‹am Vortag von Weihnachten; am Vortag der Hochzeit›

vor·tas·ten VERB (*hat*) **sich (irgendwohin) vortasten** sich tastend vorwärtsbewegen

vor·täu·schen VERB (*hat*) **(jemandem) etwas vortäuschen** bewirken, dass jemand etwas glaubt, das nicht wahr ist | *Er hat den Unfall nur vorgetäuscht* | *Er täuschte vor, einen Unfall gehabt zu haben* ● hierzu **Vor·täu·schung** *die*

★ **Vor·teil** *der* **1** etwas (z. B. ein Umstand, eine Eigenschaft), das für eine Person günstig ist und ihr etwas erleichtert ‹ein finanzieller, materieller Vorteil; einen Vorteil aus etwas ziehen; nur den eigenen Vorteil im Sinn haben; nur auf den eigenen Vorteil bedacht sein; gegenüber jemandem im Vorteil sein› ↔ *Nachteil* | *Es ist für ihn/für seinen Beruf von Vorteil, dass er zwei Fremdsprachen spricht* **2** die Eigenschaft(en) einer Sache, durch die sie besser ist als andere ‹die Vor- und Nachteile einer Sache abwägen; etwas bietet viele Vorteile› ↔ *Nachteil* | *Das neue Auto hat den großen Vorteil, weniger Benzin zu verbrauchen* **3** **jemand hat sich zu seinem Vorteil verändert** eine Person hat sich so entwickelt, dass andere Leute sie mehr schätzen als früher

vor·teil·haft ADJEKTIV **1** so, dass es einen Nutzen bringt oder für jemanden gut ist ‹ein Geschäft, ein Angebot, ein Kauf; etwas vorteilhaft kaufen, verkaufen; etwas wirkt sich vorteilhaft aus› | *Es kann nur vorteilhaft (für dich) sein, frühzeitig mit dem Training anzufangen* **2** **sich vorteilhaft kleiden** Kleidungsstücke anziehen, die für die eigene Figur günstig sind

★ **Vor·trag** *der*; (-(e)s, Vor·trä·ge) **1** **ein Vortrag (über jemanden/etwas)** eine ziemlich lange Rede vor einem Publikum über ein Thema ‹ein Vortrag über ein Thema; einen Vortrag besuchen› | *Er hat einen interessanten Vortrag über seine Reise nach Indien gehalten* K Vortragsabend, Vortragsraum, Vortragsreihe, Vortragsreise, Vortragssaal, Vortragszyklus; Diavortrag, Lichtbildvortrag **2** *nur Singular* die Art und Weise, wie man bei einem Vortrag spricht, ein Lied singt oder ein Musikstück spielt ‹ein ausdrucksvoller, flüssiger, gekonnter, klarer, stockender Vortrag› | *Die Sängerin überzeugte durch ihren meisterhaften Vortrag* K Vortragsanweisung, Vortragskunst, Vortragstechnik, Vortragsweise

vor·tra·gen VERB (*hat*) **1** **(jemandem) etwas vortragen** vor jemandem etwas sprechen, singen oder spielen ‹ein Gedicht, eine Klaviersonate, ein Lied, Verse vortragen› | *ein Stück auf der Gitarre vortragen* **2** **(jemandem) etwas vortragen** *geschrieben* jemandem offiziell oder öffentlich über etwas berichten ‹jemandem seine Ansicht, seine Bedenken, seine Forderung, seine Wünsche vortragen› | *Auf dem Kongress wird er die Ergebnisse seiner Forschungen vortragen* **3** **etwas vortragen** etwas nach vorn tragen

vor·treff·lich ADJEKTIV; *geschrieben* sehr gut ≈ *hervorragend* | *ein vortrefflicher Tänzer* ● hierzu **Vor·treff·lich·keit** *die*

vor·tre·ten VERB (*ist*) einen oder wenige Schritte nach vorn gehen | *Er trat einen Schritt vor* | *Wer aufgerufen wird, soll vortreten!*

★ **Vor·tritt** *der*; *nur Singular* **1** **jemandem den Vortritt lassen** aus Höflichkeit jemanden als Ersten durch eine Tür in einen Raum, ein Zimmer o. Ä. gehen lassen **2** **jemandem den Vortritt lassen** jemandem erlauben, etwas als Erster zu tun

vo·rü·ber ADVERB; *geschrieben* ≈ *vorbei*

vo·rü·ber|fah·ren VERB (fährt vorüber, fuhr vorüber, ist vorübergefahren) **irgendwo vorüberfahren** ≈ *vorbeifahren*

vo·rü·ber|ge·hen VERB (ging vorüber, ist vorübergegangen) **1** **an jemandem/etwas vorübergehen** ≈ *vorbeigehen* **2** **etwas geht vorüber** etwas geht vorbei, hört auf ‹eine Gefahr, der Kummer, die Schmerzen›

★ **vo·rü·ber|ge·hend** ADJEKTIV nur für kurze Zeit ‹vorübergehend geschlossen; eine Abwesenheit, eine Wetterbesserung› | *Die Flüchtlinge sind vorübergehend in einem Lager untergebracht*

vo·rü·ber|zie·hen VERB (zog vorüber, ist vorübergezogen) **(an, vor jemandem) vorüberziehen** ≈ *vorbeiziehen*

★ **Vor·ur·teil** *das* **ein Vorurteil (gegen jemanden/etwas); ein Vorurteil (über jemanden/etwas)** eine feste, meist negative Meinung über Menschen oder Dinge, von denen man nicht viel weiß oder versteht ‹ein gängiges, hartnäckiges, weitverbreitetes Vorurteil; Vorurteile gegen Fremde, gegen Ausländer; ein Vorurteil ausräumen, entkräften, widerlegen, bestätigen; Vorurteile abbauen, haben› ● hierzu **vor·ur·teils·frei** ADJEKTIV; **vor·ur·teils·los** ADJEKTIV; **Vor·ur·teils·lo·sig·keit** *die*

Vor·vä·ter *die*; (-); *Plural*; *geschrieben* ≈ *Ahnen, Vorfahren*

Vor·ver·gan·gen·heit *die*; *meist Singular* ≈ *Plusquamperfekt*

★ **Vor·ver·kauf** *der*; *nur Singular* der Verkauf von Eintrittskarten in den Tagen oder Wochen vor der Veranstaltung | *Im Vorverkauf waren die Karten 10 % teurer* K Vorverkaufskasse, Vorverkaufspreis; Kartenvorverkauf

vor·ver·le·gen VERB (verlegte vor, hat vorverlegt) **1** **etwas vorverlegen** etwas weiter nach vorn legen | *Bei dem Umbau der Straße wird die Haltestelle um 10 Meter vorverlegt* **2** **etwas vorverlegen** etwas auf einen früheren Zeitpunkt legen | *Dieses Jahr wird der Anfang der Ferien um eine Woche vorverlegt* ● zu (2) **Vor·ver·le·gung** *die*

vor|vor·ges·tern ADVERB; *gesprochen* vor drei Tagen

vor|vor·letz·t- ADJEKTIV *meist attributiv*; *gesprochen* **1** in einer Position vor dem Vorletzten einer Reihe oder Gruppe | *die vorvorletzte Seite* **2** so, dass es vor drei Wochen, Monaten, Jahren o. Ä. stattfand | *Das war vorvorletztes Jahr/vorvorletzten Montag*

vor·wa·gen VERB (*hat*) **sich irgendwohin vorwagen** den Mut haben, irgendwohin (meist nach vorn) zu gehen, jemanden anzusprechen o. Ä.

★ **Vor·wahl** *die* **1** eine Wahl, in der bestimmt wird, welche Kandidaten an den eigentlichen Wahlen teilnehmen **2** die Telefonnummer, die man wählt, um jemanden in einer anderen Stadt oder in einem anderen Land zu erreichen | *Die Vorwahl von München ist 089, die von Frankfurt ist 069* K Vorwahlnummer

vor·wäh·len VERB (*hat*) **etwas vorwählen** (beim Telefonieren) vor der gewünschten (örtlichen) Nummer eine kurze Nummer für einen Ort oder ein Land wählen | *Für England musst du 0044 vorwählen*

Vor·wand *der*; (-(e)s, Vor·wän·de) eine Begründung für ein Verhalten, die nicht der Wahrheit entspricht ‹etwas zum Vorwand nehmen; etwas als Vorwand benutzen› ≈ *Ausrede* | *Unter dem Vorwand, krank zu sein, blieb er zu Hause*

vor·wär·men VERB (*hat*) **etwas vorwärmen** etwas warm machen, bevor es benutzt wird ‹die Teekanne, das Bett vorwärmen›

vor·war·nen VERB (*hat*) **jemanden vorwarnen** jemanden schon früh vor einer kommenden Gefahr warnen oder über etwas informieren, was geschehen wird | *Du hättest mich ruhig vorwarnen können, dass deine Eltern zu Besuch kommen* ● hierzu **Vor·war·nung** *die*

★ **vor·wärts, vor·wärts** ADVERB **1** in die Richtung nach vorn ‹einen Salto, einen Sprung, einen Schritt vorwärts machen› **2** weiter in Richtung auf ein Ziel | *Die Meisterprüfung ist* *ein wichtiger Schritt vorwärts auf dem Weg zur beruflichen Selbstständigkeit*

vor·wärts-, **vor·wärts-** (*im Verb, betont und trennbar, wenig produktiv; Diese Verben werden so gebildet:* vorwärtsschreiten, schritt vorwärts, vorwärtsgeschritten) **1** **vorwärtsgehen, vorwärtskommen; sich/etwas vorwärtsbewegen; (sich) vorwärtsdrängen** *und andere* bezeichnet eine Bewegung nach vorn, näher zu einem Ziel hin ↔ *rückwärts-* | *Wir kamen im dichten Wald nur langsam vorwärts* **2** **mit etwas vorwärtskommen; etwas geht/schreitet vorwärts; etwas vorwärtsbringen, vorwärtstreiben** *und andere* bezeichnet eine Entwicklung auf ein Ziel hin | *Mit seiner Heilung geht es nur langsam vorwärts* (Es geht ihm nur langsam besser, er wird nur langsam gesund)

Vor·wärts·gang *der* einer der Gänge eines Fahrzeuges, den man einlegt, um vorwärts zu fahren | *Sein Auto hat fünf Vorwärtsgänge*

vor·weg ADVERB **1** bevor man etwas anderes tut ⟨etwas vorweg feststellen, klären⟩ **2** vorn, voraus, als Erster ⟨vorweg marschieren⟩ | *Der Festzug zog durch die Stadt, die Blaskapelle vorweg*

vor·weg|neh·men VERB (nimmt vorweg, nahm vorweg, hat vorweggenommen) **etwas vorwegnehmen** etwas, das eigentlich erst später gesagt oder getan werden soll, schon tun oder sagen ⟨den Ausgang, den Schluss einer Geschichte vorwegnehmen; das Ergebnis vorwegnehmen⟩ • hierzu **Vor·weg·nah·me** *die*

vor·weg|schi·cken VERB (schickte vorweg, hat vorweggeschickt) **etwas vorwegschicken** ≈ *vorausschicken*

vor|weih·nacht·lich ADJEKTIV typisch für die Zeit vor Weihnachten ⟨eine Beschäftigung, der Reiseverkehr, eine Stimmung⟩

Vor|weih·nachts·zeit *die; nur Singular* die Zeit vor Weihnachten ≈ *Adventszeit*

vor·wei·sen VERB (*hat*) **1** **etwas vorweisen** *geschrieben* ⟨einen Pass, eine Vollmacht⟩ ≈ *vorzeigen* **2** **etwas vorweisen (können)** die genannten Kenntnisse o. Ä. auf einem Gebiet haben ⟨Kenntnisse, Fähigkeiten vorweisen (können)⟩ ■ ID **etwas vorweisen können, etwas vorzuweisen haben** **a** sehr gute Fähigkeiten (auf einem Gebiet) haben | *Er hat nichts vorzuweisen* **b** bereits wichtige Dinge getan (oder etwas sehr gut gemacht) haben

★ **vor·wer·fen** VERB (*hat*) **1** **jemandem etwas vorwerfen** einer Person deutlich sagen, welche Fehler sie gemacht hat ⟨jemandem Faulheit, Feigheit, Leichtsinn, Untreue, Verrat vorwerfen⟩ | *Er wirft dir vor, nicht die Wahrheit zu sagen* | *Ich lasse mir nicht vorwerfen, ich sei an allem schuld/dass ich an allem schuld sei* **2** **etwas einem Tier vorwerfen** etwas einem Tier zum Fressen hinwerfen ■ ID **Ich habe mir nichts vorzuwerfen!** Ich habe nichts Falsches getan

★ **vor·wie·gend** ADVERB; *geschrieben* in den meisten Fällen, zum größten Teil | *Er hat vorwiegend Jugendbücher geschrieben* | *Auf den Bergen wird es morgen vorwiegend sonnig sein*

vor·wit·zig ADJEKTIV; *geschrieben* ⟨ein Kind, ein Schüler⟩ frech und vorlaut • hierzu **Vor·wit·zig·keit** *die*

Vor·wo·che *die* die Woche vor der jetzigen Woche

Vor·wort *das*; (-(e)s, -e) ein meist kurzer Text am Anfang eines Buches, in dem das Buch kurz vorgestellt wird

★ **Vor·wurf** *der* **der Vorwurf (gegen jemanden)** eine Äußerung, mit der man einer Person deutlich sagt, welche Fehler sie gemacht hat ⟨ein absurder, (un)berechtigter, schwerwiegender Vorwurf; einen Vorwurf entkräften, zurückweisen; Vorwürfe gegen jemanden erheben; jemandem Vorwürfe, etwas zum Vorwurf machen; sich gegen einen Vorwurf verwahren⟩ | *Er musste sich gegen den Vorwurf verteidigen, Gelder der Firma unterschlagen zu haben* • hierzu **vor·wurfs·voll** ADJEKTIV

Vor·zei·chen *das* **1** ein Ereignis, das anzeigt oder andeutet, dass etwas Bestimmtes geschehen wird ⟨ein böses, gutes, günstiges, untrügliches Vorzeichen⟩ ≈ *Omen* | *Das Erscheinen eines Kometen galt früher als ein schlimmes Vorzeichen* **2** *geschrieben nur Plural* die äußeren Bedingungen ⟨etwas findet unter negativen, veränderten Vorzeichen statt⟩ **3** die Zeichen + und –, mit denen man positive und negative Zahlen unterscheidet ⟨ein negatives, positives Vorzeichen⟩ **4** die Zeichen ♯ oder ♭ auf einer Notenlinie, die die nachfolgenden Noten (auf dieser Linie) um einen halben Ton höher bzw. tiefer machen

vor·zeich·nen VERB (*hat*) **1** **etwas vorzeichnen** etwas als Skizze zeichnen ≈ *skizzieren* **2** **jemandem etwas vorzeichnen** etwas zeichnen, um jemandem zu zeigen, wie man es macht • zu (1) **Vor·zeich·nung** *die*

vor·zeig·bar ADJEKTIV so gut, dass man die Person oder Sache mit Stolz zeigen kann ⟨ein Ergebnis, Kinder⟩

vor·zei·gen VERB (*hat*) **(jemandem) etwas vorzeigen** jemandem etwas zum Prüfen oder Beurteilen zeigen ⟨den Ausweis, die Fahrkarte, den Führerschein, den Pass vorzeigen; etwas auf Verlangen, unaufgefordert vorzeigen⟩

Vor·zeit *die; nur Singular* die früheste Zeit in der Entwicklung des Menschen ⟨in grauer, ferner Vorzeit⟩ ≈ *Urzeit* K Vorzeitmensch • hierzu **vor·zeit·lich** ADJEKTIV

vor·zei·ten ADVERB; *geschrieben* vor langer Zeit

vor·zei·tig ADJEKTIV *meist attributiv* vor der geplanten oder erwarteten Zeit ⟨die Abreise, die Entlassung; vorzeitig altern, aus dem Dienst ausscheiden, in Rente gehen, pensioniert werden⟩

★ **vor·zie·hen** VERB (*hat*) **1** **eine Person/Sache (jemandem/etwas) vorziehen** die (zuerst) genannte Person oder Sache lieber mögen oder für besser halten als eine andere | *das Tennisturnier dem Spielfilm vorziehen* | *Er hat es vorgezogen, wegen seiner Erkältung zu Hause zu bleiben* **2** **etwas vorziehen** etwas früher stattfinden lassen als geplant | *Wir ziehen einen aktuellen Bericht über das Unglück vor und bringen den Spielfilm danach* **3** **jemanden/etwas vorziehen** jemanden/etwas nach vorn ziehen | *Kannst du deinen Sitz ein wenig vorziehen?*

Vor·zim·mer *das* der Raum vor dem Büro des Chefs, in dem meist die Sekretärin arbeitet ⟨im Vorzimmer warten⟩

Vor·zug *der* **1** *nur Singular* wenn man zwischen verschiedenen Dingen oder Personen wählen kann und eine Person oder Sache am besten findet, dann gibt man ihr den Vorzug ⟨den Vorzug gegenüber anderen verdienen; einen Vorzug genießen; jemandem/etwas den Vorzug einräumen⟩ | *einem von mehreren Bewerbern den Vorzug geben* **2** eine positive Eigenschaft einer Person oder Sache (im Vergleich mit anderen) ≈ *Vorteil* | *Diese Route hat den Vorzug, dass sie viel kürzer ist als die andere*

vor·züg·lich ADJEKTIV; *geschrieben* ⟨ein Tänzer, ein Wein; vorzüglich kochen; etwas schmeckt vorzüglich⟩ ≈ *hervorragend, ausgezeichnet* • hierzu **Vor·züg·lich·keit** *die*

vor·zugs·wei·se ADVERB; *geschrieben* vor allem ≈ *hauptsächlich* | *Er sammelt vorzugsweise ausländische Briefmarken*

vo·tie·ren [v-] VERB (votierte, hat votiert) **für/gegen jemanden/etwas votieren** *besonders* Ⓐ Ⓒⓗ, *sonst geschrieben* sich für oder gegen jemanden/etwas entscheiden

Vo·tum [v-] *das*; (-s, Vo·ten/Vo·ta) **1** **ein Votum (für/gegen jemanden/etwas)** *geschrieben* eine Entscheidung für/gegen jemanden/etwas | *Das Ergebnis der Umfrage ist ein eindeutiges Votum für die Regierung* **2** **sein Votum (für/gegen jemanden/etwas) abgeben** bei einer Wahl oder einer Abstimmung (für/gegen jemanden/etwas) stimmen

V

Voy·eur [vọa'jø:ɐ̯] *der*; (-s, -e); *abwertend* **1** eine Person, die es erregend findet, andere Personen (heimlich) beim Küssen, beim Sex oder beim Ausziehen zu beobachten **2** eine Person, die gern zusieht, wenn andere Menschen etwas Peinliches tun oder etwas Unangenehmes erleben • hierzu **Voy·eu·rin** *die*; **Voy·eu·rịs·mus** *der*; **voy·eu·rịs·tisch** ADJEKTIV

vul·gär [v-] ADJEKTIV; *geschrieben* ⟨ein Ausdruck, ein Fluch, ein Mensch, ein Wort⟩ so, dass sie gegen die guten Sitten und gegen den guten Geschmack verstoßen ≈ *ordinär* • hierzu **Vul·ga·ri·tät** *die*

Vul·kan [v-] *der*; (-(e)s, -e) ein Berg, aus dem eine heiße Flüssigkeit (Lava) und heiße Gase kommen können ⟨ein aktiver, tätiger, erloschener Vulkan; ein Vulkan bricht aus⟩ K Vulkanausbruch, Vulkaninsel, Vulkankrater

vul·ka·nisch [v-] ADJEKTIV **1** durch den Ausbruch eines Vulkans entstanden ⟨Ablagerungen, Gestein⟩ **2** mit Vulkanausbrüchen verbunden ⟨Aktivitäten⟩

vul·ka·ni·sie·ren [v-] VERB (vulkanisierte, hat vulkanisiert) **etwas vulkanisieren** Gegenstände aus Gummi (z. B. Reifen, Schläuche) kann man durch Vulkanisieren mit einem besonderen Klebstoff reparieren • hierzu **Vul·ka·ni·sa·ti·on** *die*

W

W, w [ve:] *das*; (-, -/ *gesprochen auch* -s) der dreiundzwanzigste Buchstabe des Alphabets ⟨ein großes W; ein kleines w⟩

Waa·ge *die*; (-, -n) **1** ein Gerät, mit dem man das Gewicht von Gegenständen oder Personen bestimmt ⟨eine genaue, zuverlässige, elektronische Waage; eine Waage eichen, einstellen; sich auf die Waage stellen⟩ | *Die Waage zeigt 30 kg an* K Waagebalken; Briefwaage, Gepäckwaage, Haushaltswaage **2** *nur Singular* das Sternzeichen für die Zeit vom 24. September bis 23. Oktober i → Abb. unter **Sternzeichen** **3** eine Person, die in der Zeit vom 24. September bis 23. Oktober geboren ist | *Er ist (eine) Waage* ■ **ID Die Vor- und Nachteile halten sich/einander die Waage** es gibt (bei einem Vorhaben o. Ä.) genauso viele Vorteile wie Nachteile

★ **waa·ge·recht**, **waag·recht** ADJEKTIV parallel zum Boden ≈ *horizontal* | *Weinflaschen sollen waagerecht gelagert werden* • hierzu **Waa·ge·rech·te**, **Waag·rech·te** *die*

Waag·scha·le *die* die Schale an einer Waage zum Auflegen der Gewichte oder der Last ■ **ID etwas in die Waagschale werfen** in Bezug auf eine Entscheidung etwas Wichtiges tun, sagen; **etwas fällt in die Waagschale** etwas ist wichtig (für eine Entscheidung)

wạb·be·lig, **wạbb·lig** ADJEKTIV ⟨Pudding, Gelee, Fett⟩ weich und so, dass sie sich leicht hin und her bewegen • hierzu **wạb·beln** VERB *(hat)*

Wa·be *die*; (-, -n) eine sechseckige Zelle aus Wachs, in der die Bienen den Honig speichern • hierzu **wa·ben·för·mig** ADJEKTIV

wa·bern VERB (waberte, hat/ist gewabert); *geschrieben* **etwas wabert** etwas bewegt sich ziellos in der Luft ⟨Nebel, Qualm, Rauch⟩

★ **wạch** ADJEKTIV (wacher, wachst-) **1** *meist prädikativ* nicht (mehr) schlafend ⟨wach sein, werden, bleiben; sich wach halten; jemanden wach rütteln⟩ | *Sie lag die ganze Nacht wach* **2** geistig rege, intelligent und interessiert ⟨etwas wach verfolgen⟩ **3** **etwas wird (in jemandem) wach** jemand erinnert sich wieder an etwas, fühlt etwas wieder | *Bei diesem Geruch werden angenehme Erinnerungen in mir wach*

Wạch·ab·lö·sung *die* **1** der Wechsel der Gruppe von Personen, die etwas bewachen **2** der Wechsel an der Leitung z. B. einer Regierung, Partei

Wa·che *die*; (-, -n) **1** *nur Singular* das Beobachten von Gebäuden oder Personen, um mögliche Gefahren zu erkennen und zu verhindern ⟨Wache haben, halten, stehen; die Wache übernehmen, übergeben; auf Wache sein⟩ | *Vor dem Kasernentor stehen Soldaten (auf) Wache* K Wachdienst, Wachhund, Wachposten **2** eine Person oder eine Gruppe von Personen, die auf Wache ist K Wachmann, Wachmannschaft **3** eine Dienststelle der Polizei ⟨jemanden auf die Wache bringen⟩

wa·chen VERB (wachte, hat gewacht) **1** *geschrieben* nicht schlafen, sondern wach sein oder bleiben **2** **bei jemandem wachen; an jemandes Bett wachen** auf einen Kranken aufpassen **3** **über jemanden/etwas wachen** auf jemanden/etwas gut aufpassen und so auch schützen **4** **über etwas** *(Akkusativ)* **wachen** kontrollieren, ob Regeln usw. befolgt werden ⟨über die Einhaltung von Regeln, Gesetzen, Vorschriften wachen⟩

wạch·ha·ben·d- ADJEKTIV *meist attributiv* so, dass ein Offizier gerade Wache/Wachdienst hat • hierzu **Wạch·ha·ben·de** *der/die*

wạch·hal·ten VERB (hält wach, hielt wach, hat wachgehalten) **etwas wachhalten** dafür sorgen, dass etwas nicht vergessen wird ⟨jemandes Andenken, die Erinnerung an jemanden/etwas, seinen Hass wachhalten⟩ i **aber:** *ich konnte mich nur mit Mühe wach halten* (getrennt geschrieben)

wạch·lie·gen VERB ≈ *wach liegen*

Wa·chol·der *der*; (-s, -) ein Baum oder Strauch, dessen Beeren als Gewürz oder zur Herstellung von Schnaps verwendet werden K Wacholderbeeren, Wacholderstrauch, Wacholderschnaps

wạch·ru·fen VERB (rief wach, hat wachgerufen) **etwas ruft etwas (in jemandem) wach** etwas bewirkt, dass jemand wieder an etwas denkt oder etwas fühlt ⟨etwas ruft Gefühle, (alte) Erinnerungen wach⟩

wạch·rüt·teln VERB (rüttelte wach, hat wachgerüttelt) **jemanden wachrütteln** jemanden auf Missstände aufmerksam machen und sein Gewissen wecken

Wachs [vaks] *das*; (-es, -e) **1** *nur Singular* aus Wachs macht man z. B. Kerzen K Wachsabdruck, Wachsfigur; Bienenwachs, Kerzenwachs **2** eine weiche Masse, ähnlich dem Wachs, mit der man den Fußboden, die Möbel usw. pflegt i Der Plural bezeichnet verschiedene Arten von Wachs. ■ **ID weich wie Wachs sein** so, dass eine Person oft ihre Meinung ändert, je nach der Situation

wach·sam ['vax-] ADJEKTIV aufmerksam, damit man Gefahren erkennen kann ⟨etwas wachsam beobachten, verfolgen⟩ • hierzu **Wạch·sam·keit** *die*

★ **wach·sen**[1] ['vaksn̩] VERB (wächst, wuchs, ist gewachsen) **1** **jemand/etwas wächst** ein Kind, ein (junges) Tier oder eine Pflanze wird größer (und kräftiger) | *Unser Sohn wächst und wächst* | *Sie ist fünf Zentimeter gewachsen* **2** **etwas wächst** etwas wird länger ⟨der Bart, die Fingernägel⟩ **3** **irgendwie wachsen** beim Größerwerden die genannte Gestalt oder Haltung bekommen ⟨jemand ist schön, schlank gewachsen⟩ | *Der Baum ist krumm gewachsen* **4** **eine Pflanze wächst irgendwo** eine Pflanze kommt an der genannten Stelle, im genannten Gebiet o. Ä. vor | *Unkraut wächst überall* **5** **etwas wächst** etwas vermehrt sich, etwas wird größer ⟨das Vermögen, eine Familie, Stadt⟩ **6** **et-**

W

was wächst etwas wird intensiver, stärker ⟨Lärm, Schmerz, Begeisterung, Interesse, Hass⟩ ■ **ID an einer Aufgabe wachsen** beim Ausführen einer (schwierigen) Aufgabe dazulernen oder besser werden; **jemandem gewachsen sein** jemandem Widerstand leisten können; **einer Sache** (*Dativ*) **gewachsen sein** in der Lage sein, etwas Schwieriges zu tun; → Kopf

wach·sen[2] ['vaksn̩] VERB (wachste, hat gewachst) **etwas wachsen** etwas zur Pflege mit Wachs einreiben

wäch·sern ['vɛks-] ADJEKTIV **1** aus Wachs gemacht **2** gelblich wie Wachs ≈ *bleich* | *ein wächsernes Gesicht*

wächst [vɛkst] *Präsens, 2. und 3. Person Singular* → wachsen[1]

Wach·stu·be ['vax-] *die* **1** ein Raum, in dem die Personen sind, die Wache haben **2** eine Dienststelle der Polizei

Wachs·tuch ['vaks-] *das* ein Textilstoff, der auf einer Seite mit einer wasserdichten Schicht überzogen ist

★ **Wachs·tum** ['vaks-] *das*; (-s) der Vorgang des Größerwerdens, des Wachsens ⟨im Wachstum zurückgeblieben sein; etwas fördert, beschleunigt, hemmt das Wachstum⟩ | *Das Wachstum des Tumors ist zum Stillstand gekommen* | *Das wirtschaftliche Wachstum verlangsamt sich* K Wachstumshormon, Wachstumsstörung; wachstumsfördernd, wachstumshemmend

Wachs·tums·ra·te ['vaks-] *die* die Zunahme der Produktion in der Wirtschaft (in Prozent gemessen) | *eine Wachstumsrate von 3 %*

Wach·tel *die*; (-, -n) ein kleiner Vogel, der auf Wiesen und Feldern lebt und der als Delikatesse gilt

Wäch·ter *der*; (-s, -) **1** eine Person, die jemanden/etwas bewacht K Nachtwächter, Parkwächter **2 ein Wächter** +*Genitiv* verwendet, um zu sagen, dass die genannte Person, Institution o. Ä. sich für die genannten Werte einsetzt | *die Presse als Wächter der Demokratie* • hierzu **Wäch·te·rin** *die*

Wacht·meis·ter *der* **1** *gesprochen* ≈ *Polizist* **2** *admin* ein Polizist des untersten Dienstgrades

wach·wer·den VERB ≈ *wach werden*

wa·cke·lig → wacklig

Wa·ckel·kon·takt *der* wenn ein Gerät einen Wackelkontakt hat, wird der Strom im Gerät immer wieder unterbrochen

wa·ckeln VERB (wackelte, hat/ist gewackelt) **1 etwas wackelt** (*hat*) etwas ist nicht stabil oder fest ⟨ein Stuhl, eine Leiter, ein Zahn⟩ | *Setz dich nicht auf den Stuhl, er wackelt!* **2 etwas wackelt** (*hat*) etwas bewegt sich leicht wegen einer Erschütterung ⟨das Haus, die Wände⟩ **3 mit etwas** (*Dativ*) **wackeln** (*hat*) etwas leicht hin und her bewegen ⟨mit dem Kopf, mit dem Zeigefinger wackeln⟩ | *Der Hund wackelte mit dem Schwanz* **4 irgendwohin wackeln** *gesprochen* (*ist*) mit unsicheren Schritten gehen **5 etwas wackelt** *gesprochen* (*hat*) etwas ist in der Gefahr, erfolglos zu werden oder verloren zu gehen ⟨ein Plan, eine Firma, ein Arbeitsplatz, eine Stellung⟩

wa·cker ADJEKTIV **1** *veraltend* ≈ *ehrbar, rechtschaffen* | *ein wackerer Bürger* **2** tüchtig, tapfer ⟨sich wacker verteidigen, halten⟩

wack·lig ADJEKTIV **1** nicht fest stehend, nicht stabil ⟨ein Tisch, eine Leiter, ein Zahn⟩ **2** *gesprochen* schwach, meist wegen Krankheit oder im Alter ⟨wacklig auf den Beinen sein⟩ **3** nicht glaubwürdig oder überzeugend ⟨ein Argument, eine Begründung⟩

Wa·de *die*; (-, -n) die hintere Seite des Unterschenkels beim Menschen ⟨stramme, muskulöse Waden⟩ K Wadenkrampf, Wadenstrumpf, Wadenwickel **i** → Abb. unter **Mensch**

Wa·den·bein *das* der dünnere der beiden Knochen zwischen Knie und Fuß

★ **Waf·fe** *die*; (-, -n) eine Waffe ist ein Gerät, das man benutzt, um zu kämpfen, z. B. ein Gewehr, eine Kanone, eine Pistole, ein Schwert, ein Speer ⟨konventionelle, atomare, nukleare, chemische, taktische, strategische Waffen; eine Waffe (bei sich) tragen; eine Waffe auf/gegen jemanden richten⟩ | *einen Stein als Waffe benutzen* K Waffenabkommen, Waffenbesitz, Waffendepot, Waffenhandel, Waffenhändler, Waffenlager; Atomwaffe, Feuerwaffe, Schusswaffe
■ **ID** ▸Waffe als Objekt: **die Waffen niederlegen** aufhören zu kämpfen; **die Waffen strecken** einsehen, dass man besiegt ist; **jemandem selbst die Waffen liefern** so argumentieren, dass es der Gegner nicht schwer hat, als der Bessere zu erscheinen;
▸andere Verwendungen: **die Waffen ruhen** die Kämpfe sind unterbrochen; **jemanden mit seinen eigenen Waffen schlagen** jemanden mit dessen eigenen Mitteln schlagen

Waf·fel *die*; (-, -n) ein flaches, süßes Gebäck, das auf beiden Seiten ein Muster aus viereckigen Vertiefungen hat ■ **ID einen an der Waffel haben** *gesprochen* verrückt sein

Waf·fen·ge·walt *die* die Anwendung von Waffen ⟨etwas mit Waffengewalt erzwingen, verteidigen⟩

Waf·fen·ru·he *die* eine zeitlich begrenzte Unterbrechung der Kämpfe ⟨die Waffenruhe einhalten, stören, brechen⟩

Waf·fen·schein *der* eine Genehmigung zum Besitz von Schusswaffen

★ **Waf·fen·still·stand** *der* wenn es zu einem Waffenstillstand kommt, beschließen die gegeneinander kämpfenden Feinde das Ende der Kämpfe (oft mit dem Ziel, den Krieg zu beenden) ⟨Waffenstillstand schließen; den Waffenstillstand einhalten, brechen⟩ K Waffenstillstandsabkommen, Waffenstillstandsverhandlungen

wa·ge·hal·sig → waghalsig

wa·ge·mu·tig ADJEKTIV mit dem Mut zum Risiko • hierzu **Wa·ge·mut** *der*

★ **wa·gen** VERB (wagte, hat gewagt) **1 etwas wagen** genug Mut haben, um etwas zu tun ⟨einen Blick, einen Versuch, eine Wette, einen Sprung, ein Spiel wagen⟩ | *Ich wagte nicht, ihm zu widersprechen* **2** (**für jemanden/etwas**) **etwas wagen** etwas riskieren, um ein Ziel zu erreichen | *Für die Rettung der Opfer hat er sein Leben gewagt* **3 sich irgendwohin wagen** den Mut haben, irgendwohin zu gehen | *sich nachts nicht mehr auf die Straße wagen* **4 sich an etwas** (*Akkusativ*) **wagen** den Mut haben, eine schwierige Aufgabe zu übernehmen ■ **ID Wer nichts wagt, der nichts gewinnt!** verwendet als Ermunterung zu einem riskanten, aber auch Erfolg versprechenden Unternehmen; **Frisch gewagt ist halb gewonnen!** verwendet als Ermutigung, eine Arbeit mit Zuversicht zu beginnen

wä·gen VERB (wog/wägte, hat gewogen) **etwas wägen** *geschrieben* meist jemandes Worte o. Ä. genau prüfen und abschätzen ■ **ID Erst wägen, dann wagen!** verwendet als Aufforderung, vor einer Handlung erst nachzudenken

★ **Wa·gen** *der*; (-s, -/ *süddeutsch* Ⓐ Wä·gen) **1** ein Fahrzeug auf Rädern zum Transport von Personen oder schweren Dingen K Eisenbahnwagen, Güterwagen, Pferdewagen, Straßenbahnwagen, U-Bahn-Wagen **2** *gesprochen* ≈ *Auto* | *Er ist mit dem Wagen da* **3 der Große Wagen** ein Sternbild (aus sieben Sternen) am nördlichen Himmel **4 der Kleine Wagen** ein Sternbild (aus sieben Sternen), nahe dem Polarstern ■ **ID sich nicht vor jemandes Wagen spannen lassen** sich nicht für die Ziele einer anderen Person benutzen lassen

Wa·gen·he·ber *der*; (-s, -) ein Gerät, mit dem man ein Auto heben kann (z. B. um ein Rad zu wechseln)

Wa·gen·pa·pie·re *die*; *Plural* Fahrzeugschein und Fahrzeugbrief eines Autos

Wa·gen·park *der* alle Fahrzeuge, die einer Firma, einer Be-

W

hörde o. Ä. gehören

★ **Wag·gon** [va'gɔŋ, va'gõ:, va'go:n] *der*; (-s, -s) ein Wagen der Eisenbahn ⟨einen Waggon anhängen, abkuppeln⟩ K Eisenbahnwaggon, Güterwaggon

wag·hal·sig ADJEKTIV sehr mutig, aber dabei auch leichtsinnig | *in waghalsiger Fahrt* ● hierzu **Wag·hal·sig·keit** *die*; **Wa·ge·hals** *der*

Wag·nis *das*; (-ses, -se) eine Handlung, die riskant und gefährlich ist

Wa·gon *der* → Waggon

★ **Wahl** *die*; (-, -en) **1** **die Wahl(en) zu etwas** *meist Plural* das Verfahren, bei dem Personen für ein politisches Amt gewählt werden ⟨die Wahlen zum Parlament⟩ K Wahlausgang, Wahlbeteiligung, Wahlbetrug, Wahlergebnis, Wahlmanipulation, Wahlniederlage, Wahlprognose, Wahlpropaganda, Wahlsieg, Wahlsieger; Mehrheitswahl, Stichwahl, Verhältniswahl, Landtagswahl **2** **die Wahl von jemandem zu etwas**; **die Wahl** *+Genitiv* die demokratische Entscheidung, dass jemand ein Amt bekommt ⟨die Wahl annehmen⟩ | *Er gab ein Interview über seine überraschende Wahl zum neuen Parteivorsitzenden* **3** *meist Singular* der Vorgang, die Stimme für eine Person, Partei o. Ä. abzugeben | *Ich muss noch zur Wahl* **4** *nur Singular* die Entscheidung zwischen verschiedenen Möglichkeiten ⟨eine Wahl treffen; vor der Wahl stehen; die Wahl fällt jemandem schwer⟩ | *Sie haben die freie Wahl zwischen mehreren Modellen* | *Sie stellte mich vor die Wahl, zu bleiben oder zu gehen* | *Ich stand vor der Wahl,ob ich mich wehren oder nachgeben wollte* K Wahlfreiheit, Wahlmöglichkeit **5** **erste/zweite/dritte Wahl** sehr gute/mittlere/schlechte Qualität | *Dieses Obst ist erste Wahl* | *Äpfel erster Wahl* ■ ID **Wer die Wahl hat, hat die Qual** *oft humorvoll* Die Wahl zwischen so viele Möglichkeiten fällt schwer; **keine andere Wahl haben** etwas machen müssen; **jemanden/etwas in die engere Wahl ziehen** jemanden/etwas für eine endgültige Auswahl in Betracht ziehen

Wahl·al·ter *das* das Alter, das jemand mindestens haben muss, um wählen zu dürfen

wähl·bar ADJEKTIV dazu berechtigt, gewählt zu werden ● hierzu **Wähl·bar·keit** *die*

wahl·be·rech·tigt ADJEKTIV mit dem Recht, zu wählen ● hierzu **Wahl·be·rech·ti·gung** *die*

★ **wäh·len** VERB (wählte, hat gewählt) **1** **(jemanden/etwas (zu etwas) wählen** bei einer Wahl die Hand heben oder Namen auf einer Liste ankreuzen, um mit anderen Leuten zusammen zu entscheiden, wer ein Amt ausüben soll | *Die Partei hat ihn zum Vorsitzenden gewählt* | *Wir gehen morgen wählen* **2** **(etwas) wählen** sich für eine von mehreren Möglichkeiten entscheiden | *Er hat den falschen Beruf gewählt* | *Du kannst unter den angebotenen Zimmern frei wählen* **3** **(etwas) wählen** sich im Restaurant für eine angebotene Speise entscheiden | *Haben Sie schon gewählt?* **4** **(eine Nummer) wählen** am Telefon die Ziffern einer Telefonnummer drücken

★ **Wäh·ler** *der*; (-s, -) eine Person, die bei einer Wahl ihre Stimme abgibt oder abgegeben hat I zu *Wählerin* → Info im Eintrag **-in** ● hierzu **Wäh·le·rin** *die*

wäh·le·risch ADJEKTIV *meist prädikativ* anspruchsvoll, nicht leicht zufriedenzustellen

Wäh·ler·schaft *die*; (-); *meist Singular* alle Wähler

Wahl·fach *das* ein Unterrichtsfach, an dem Schüler oder Studenten freiwillig teilnehmen können

★ **Wahl·gang** *der* eine Abstimmung von mehreren, wenn beim ersten Mal niemand die nötige Mehrheit bekommt | *Er wurde erst im zweiten Wahlgang gewählt*

Wahl·ge·heim·nis *das*; *meist Singular* die Regelung, nach der man anonym wählen darf ⟨das Wahlgeheimnis bewahren, brechen⟩

★ **Wahl·kampf** *der* der Kampf der Parteien oder Kandidaten bei einer Wahl um die Stimmen der Wähler ⟨einen Wahlkampf führen⟩

wahl·los ADJEKTIV *meist adverbiell* ohne zu überlegen und auszuwählen | *Er schaut wahllos alles im Fernsehen an*

Wahl·pa·ro·le *die* eine kurze Aussage von Parteien, die sich im Wahlkampf befinden

Wahl·recht *das* **1** das Recht, zu wählen **2** die rechtlichen Vorschriften, die Wahlen betreffen **3** **aktives Wahlrecht** das Recht, jemanden zu wählen **4** **passives Wahlrecht** das Recht, gewählt zu werden

Wahl·spruch *der* eine kurze und gut formulierte Aussage, nach der sich jemand richtet ≈ *Motto*

Wahl·ur·ne *die* ein geschlossener Behälter mit einem schmalen Schlitz oben, in den die Stimmzettel bei Wahlen eingeworfen werden

wahl·wei·se ADJEKTIV *meist adverbiell* je nach Wunsch | *Das Auto wird wahlweise mit drei oder fünf Türen geliefert*

Wahn *der*; (-(e)s) eine unrealistische, oft krankhafte Vorstellung oder Hoffnung ⟨ein religiöser Wahn⟩ | *Er lebt in dem Wahn, ständig beobachtet zu werden* K Wahnvorstellung

wäh·nen VERB (wähnte, hat gewähnt); *geschrieben* **1** **jemanden irgendwo wähnen** glauben, dass jemand irgendwo ist **2** **sich irgendwie wähnen** glauben, dass der genannte Zustand auch wirklich so ist (und dabei unrecht haben) ⟨sich im Recht, in Sicherheit wähnen⟩

★ **Wahn·sinn** *der*; *nur Singular* **1** *gesprochen* etwas, das völlig unsinnig, nicht vernünftig oder nicht verständlich ist ⟨heller, reiner, purer Wahnsinn⟩ K Wahnsinnstat **2** *gesprochen* verwendet, um Begeisterung auszudrücken | *Wahnsinn, was für ein tolles Geschenk!* K Wahnsinnsidee, Wahnsinnsglück **3** eine Krankheit, wegen der man nicht mehr vernünftig denken und handeln kann I medizinischer Fachausdruck: *Geisteskrankheit* ■ ID **Bist du des Wahnsinns (fette Beute)?**, **Bist du vom Wahnsinn umzingelt?** *gesprochen, humorvoll* Wie kommst du auf so eine verrückte Idee?

★ **wahn·sin·nig** ADJEKTIV; *gesprochen* **1** unvernünftig oder gefährlich ⟨ein Plan, ein Unternehmen⟩ **2** das normale Maß weit überschreitend ⟨Schmerzen, Angst, Glück⟩ | *Ich habe wahnsinnigen Hunger* | *sich wahnsinnig freuen* | *wahnsinnig verliebt sein* **3** an einer Krankheit leidend, wegen der man nicht mehr richtig oder vernünftig denken kann | *Er ist wahnsinnig geworden* ■ ID **Das macht mich wahnsinnig!** *gesprochen* Ich halte das nicht mehr aus!

Wahn·sinns- *im Substantiv, betont, sehr produktiv; gesprochen* **die Wahnsinnshitze, die Wahnsinnsmusik, der Wahnsinnspreis, die Wahnsinnsstimmung** *und andere* außergewöhnlich gut, hoch oder intensiv

Wahn·witz *der*; (-es) völliger Unsinn ● hierzu **wahn·wit·zig** ADJEKTIV

★ **wahr** ADJEKTIV **1** so, wie es in Wirklichkeit ist oder war | *eine wahre Geschichte* | *An diesem Bericht ist kein Wort wahr* | *der wahre Grund von etwas* **2** *nur attributiv* so, wie man es sich nur wünschen kann ⟨ein Freund, die Liebe, das Glück⟩ **3** *meist attributiv* verwendet, um eine Aussage zu betonen ⟨etwas ist ein wahres Glück, ein wahres Wunder, eine wahre Wohltat⟩ | *eine wahre Flut von Briefen* (sehr viele Briefe) | *ein wahrer Sturm der Begeisterung* (sehr lauter und intensiver Beifall) **4** **nicht wahr?** verwendet am Ende eines Satzes, wenn man hofft, dass eine andere Person zustimmt oder einverstanden ist | *Du kommst doch morgen, nicht wahr?* ■ ID **Das ist das einzig Wahre!** Das ist das Richtige; **etwas wahr werden lassen/etwas wahr machen** etwas in die Tat umsetzen; **So wahr ich lebe/hier stehe!**

W

verwendet zur Bekräftigung einer Aussage; **Das ist schon/bald nicht mehr wahr** *gesprochen* Das ist schon sehr lange her; **Das ist nicht wahr!**, **Das kann/darf doch nicht wahr sein!** verwendet, um Entsetzen oder Erstaunen auszudrücken

wa·h·ren VERB (wahrte, hat gewahrt) **1** **etwas wahren** so handeln, dass etwas erhalten bleibt ⟨die Autorität, den Anstand, den Ruf, ein Geheimnis wahren⟩ **2** **etwas wahren** ⟨seine Interessen/Rechte, seinen Vorteil wahren⟩ ≈ *verteidigen, schützen* • hierzu **Wah·rung** *die*

wäh·ren VERB (währte, hat gewährt); *geschrieben* **etwas währt** +*Zeitangabe* etwas dauert die angegebene Zeit | *ein zehn Jahre währender Krieg* | *Was lange währt, wird endlich gut!*

★ **wäh·rend** ■ PRÄPOSITION *mit Genitiv/gesprochen auch Dativ* **1** im Laufe der genannten Zeit, zur gleichen Zeit wie die genannte Tätigkeit o. Ä. ⟨während des Sommers, der Ferien, der letzten Jahre, des Essens⟩ H → Infos unter **Präposition** ■ BINDEWORT **2** die beschriebenen Vorgänge oder Ereignisse geschehen zur gleichen Zeit | *Während ich koche, kannst du den Tisch decken* | *Während wir beim Essen saßen, läutete das Telefon* **3** die beschriebenen Tatsachen, Vorgänge o. Ä. stehen im Gegensatz zueinander | *Während sie sehr sparsam ist, kauft er sich das teuerste Handy*

wäh·rend·dem ADVERB; *gesprochen* ≈ *währenddessen*

wäh·rend·des·sen ADVERB in dieser Zeit | *Ich muss noch den Salat machen. Währenddessen kannst du ja den Tisch decken*

wahr·ha·ben VERB ■ ID **etwas nicht wahrhaben wollen** etwas nicht zugeben wollen oder nicht verstehen wollen, dass etwas so ist | *Er will seine Schuld nicht wahrhaben* | *Er wollte nicht wahrhaben, dass seine Kinder erwachsen waren*

wahr·haft ADJEKTIV **1** *meist attributiv* so, wie es sein soll oder wie man es möchte **2** **wahrhaft** +*Adjektiv* verwendet, um zu betonen, dass die genannte Eigenschaft wirklich vorhanden ist | *ein wahrhaft gelungenes Fest* | *Er ist wahrhaft fleißig*

wahr·haf·tig ■ ADJEKTIV **1** *geschrieben* so, dass jemand immer die Wahrheit sagt und aufrichtig ist ■ ADVERB **2** verwendet zur Bekräftigung einer Aussage | *Dazu ist es jetzt wahrhaftig zu spät!* • zu (1) **Wahr·haf·tig·keit** *die*

★ **Wahr·heit** *die*; (-, -en) **1** *nur Singular* das, was wirklich geschehen ist **2** eine Aussage, die etwas so beschreibt, wie es wirklich ist ⟨die Wahrheit sagen, verschweigen, herausfinden; eine traurige, bittere Wahrheit⟩ K Wahrheitsgehalt, Wahrheitssuche **3** eine Aussage, die allgemein als richtig angesehen wird | *eine alte Wahrheit* (eine seit Langem akzeptierte Aussage) | *Es ist eine anerkannte Wahrheit, dass Intelligenz gefördert werden kann* ■ ID **in Wahrheit** in Wirklichkeit; **bei der Wahrheit bleiben** nicht lügen; **hinter die Wahrheit kommen** *gesprochen* die Wahrheit herausfinden; **jemandem die Wahrheit ins Gesicht sagen/schleudern** einer Person etwas Unangenehmes (über sie selbst) sagen; **jemand nimmt es mit der Wahrheit nicht so genau** jemand schwindelt oder lügt oft; **um die Wahrheit zu sagen** verwendet als Einleitung einer Aussage, die (angeblich) die Wahrheit enthält

wahr·heits·ge·mäß ADJEKTIV der Wahrheit entsprechend

wahr·heits·ge·treu ADJEKTIV ≈ *wahrheitsgemäß*

Wahr·heits·lie·be *die*; (-) die Eigenschaft, dass man immer versucht, die Wahrheit zu sagen • hierzu **wahr·heits·lie·bend** ADJEKTIV

wahr·lich ADVERB ≈ *wirklich* | *Das ist wahrlich kein Vergnügen!*

wahr·ma·chen VERB ≈ *wahr machen*

wahr·nehm·bar ADJEKTIV so, dass man sie wahrnehmen kann ⟨ein Geräusch, ein Unterschied; kaum, deutlich wahrnehmbar⟩

★ **wahr·neh·men** VERB (nimmt wahr, nahm wahr, hat wahrgenommen) **1** **etwas wahrnehmen** wenn man etwas wahrnimmt, dann sieht, hört, riecht, schmeckt oder fühlt man es ⟨einen Geruch, ein Geräusch, einen Lichtschein wahrnehmen⟩ | *Sie war so konzentriert, dass sie kaum wahrnahm, dass es immer kälter wurde* **2** **jemanden/etwas wahrnehmen** eine Person/Sache beachten, auf sie reagieren | *Sie ist ein stilles Kind und wird von den anderen kaum wahrgenommen* **3** **etwas wahrnehmen** etwas nutzen ⟨eine Chance, eine Gelegenheit, ein Recht, einen Vorteil wahrnehmen⟩ **4** **etwas wahrnehmen** eine Aufgabe oder eine (meist vertragliche oder gesellschaftliche) Verpflichtung erfüllen ⟨eine Pflicht, eine Verantwortung wahrnehmen⟩ ≈ *übernehmen* **5** **etwas wahrnehmen** *geschrieben* dafür sorgen, dass die Interessen einer Person berücksichtigt oder beachtet werden ⟨jemandes Angelegenheiten, Geschäfte, Interessen wahrnehmen⟩ ≈ *vertreten* **6** **einen Termin wahrnehmen** zum vereinbarten Termin z. B. zu einem Arzt oder Anwalt gehen

Wahr·neh·mung *die*; (-, -en) **1** das Erfassen mit den Sinnen, das Wahrnehmen K Wahrnehmungsfähigkeit, Wahrnehmungsvermögen; Sinneswahrnehmung **2** das, was man wahrnimmt ≈ *Beobachtung* **3** **die Wahrnehmung** +*Genitiv*/**von etwas** *nur Singular* die Übernahme einer Sache ⟨die Wahrnehmung von Verantwortung; die Wahrnehmung einer Pflicht⟩ **4** *nur Singular* das Ausführen einer Verpflichtung ⟨die Wahrnehmung eines Termins⟩

wahr·sa·gen VERB (wahrsagte/sagte wahr, hat wahrgesagt/gewahrsagt) **(jemandem) (etwas) wahrsagen** Aussagen über die Zukunft machen (z. B. aufgrund von jemandes Handlinien, aufgrund von Spielkarten usw.) • hierzu **Wahr·sa·ger** *der*; **Wahr·sa·ge·rin** *die*; **Wahr·sa·gung** *die*

★ **wahr·schein·lich** ADJEKTIV so, dass etwas mit ziemlicher Sicherheit der Fall ist, war oder sein wird ⟨eine Ursache⟩ | *Es ist sehr wahrscheinlich, dass er recht hat* | *Wahrscheinlich ist sie krank*

★ **Wahr·schein·lich·keit** *die*; (-, -en); *meist Singular* der Grad der Möglichkeit, dass etwas der Fall ist, war oder sein wird ⟨eine geringe, hohe Wahrscheinlichkeit; mit großer, größter, an Sicherheit grenzender Wahrscheinlichkeit; es besteht die Wahrscheinlichkeit, dass ...⟩ K Wahrscheinlichkeitsgrad H Plural nur in Fachsprachen

★ **Wäh·rung** *die*; (-, -en) **1** die Art von Geld, die in einem Staat verwendet wird | *in europäischer Währung bezahlen* **2** das System, mit dem das Geldwesen in einem Staat geordnet wird K Währungspolitik, Währungsreform **3** **eine harte Währung** eine Währung, deren Wert über lange Zeit stabil und hoch ist

Wäh·rungs·ein·heit *die* ≈ *Währung*

Wäh·rungs·fonds *der* **der Internationale Währungsfonds** ein Fonds, der zur Stabilisierung verschiedener Währungen und Wechselkurse dient

Wäh·rungs·sys·tem *das* das System, das das Geldwesen eines Landes oder mehrerer Länder regelt

Wäh·rungs·uni·on *die*; *meist Singular* **1** die Einführung einer gemeinsamen Währung für mehrere Länder ⟨die europäische Währungsunion⟩ **2** eine Gemeinschaft von Ländern, die durch eine Währungsunion entstanden ist

Wahr·zei·chen *das* ein Bauwerk, eine Gestalt aus der Sage o. Ä., die oft im Zusammenhang mit einer Stadt oder Gegend abgebildet werden | *Der Eiffelturm ist das Wahrzeichen von Paris*

Waid·mann *der* → Weidmann

Wai·se *die*; (-, -n) ein Kind, dessen Eltern gestorben sind ‹Waise sein; (zur) Waise werden› K Waisenheim, Waisenkind, Waisenrente

Wai·sen·kna·be *der*; *veraltend* ein Junge, dessen Eltern gestorben sind ■ ID **gegen jemanden ein/der reinste Waisenknabe sein** *gesprochen* bei Weitem nicht so schlimm sein wie eine andere Person

Wal *der*; (-(e)s, -e) ein sehr großes Tier, das im Ozean lebt. Wale sehen aus wie Fische, sind aber Säugetiere K Walfang, Waljagd H In der gesprochenen Sprache sagt man oft *Walfisch*.

★ **Wald** *der*; (-(e)s, Wäl·der) **1** ein relativ großes Gebiet, in dem sehr viele Bäume wachsen ‹ein dichter, dunkler, lichter Wald; einen Wald bewirtschaften, abholzen, roden› K Waldameise, Waldbrand, Waldgebiet, Waldrand, Waldschäden, Waldweg; Laubwald, Mischwald, Nadelwald **2** **ein Wald von Dingen** eine unübersichtliche große Menge gleicher Dinge | *ein Wald von Verkehrsschildern* K Antennenwald, Schilderwald ■ ID **den Wald vor (lauter) Bäumen nicht sehen** *gesprochen* vor (unwichtigen) Einzelheiten das Wichtigste nicht sehen; **Wie man in den Wald hineinruft, schallt es heraus** wenn man selbst freundlich und höflich ist, reagieren andere Personen ebenso

Wald·fee *die* ■ ID **Holla, die Waldfee!** *gesprochen* **a** drückt Überraschung über eine gute Leistung oder schnellen Erfolg aus **b** *ironisch* drückt aus, dass man etwas albern, lächerlich findet

Wald·horn *das* ein Blasinstrument (aus Metall), dessen Rohr rund gebogen ist

Wald·lauf *der* ein sportlicher Lauf im Wald oder freien Gelände ‹einen Waldlauf machen›

Wald·meis·ter *der* eine kleine Pflanze, die im Wald wächst und als Aroma verwendet wird

Wald·schrat *der*; (-(e)s, -e) **1** eine Sagengestalt, die im Wald lebt ≈ *Troll, Kobold* **2** *gesprochen, abwertend oder humorvoll* ein Mann mit Bart und langen Haaren und nicht üblicher Kleidung

wal·ken[1] VERB (walkte, hat gewalkt) **1** **etwas walken** etwas meist durch Kneten weich und geschmeidig machen ‹Leder, Wäsche, Teig walken› **2** **etwas walken** Metall durch Walzen laufen lassen und dabei glätten ‹Blech› **3** **jemanden walken** *gesprochen* ≈ *verprügeln*

wal·ken[2] ['vɔːkn̩] VERB (walkte, hat/ist gewalkt) **(irgendwohin) walken** (*mit Richtungsangabe nur: ist*) mit zwei Stöcken in schnellem Tempo gehen, als Freizeitsport im Freien ● hierzu **Wal·king** ['vɔː-] *das*

Wal·kie-Tal·kie ['wɔːkɪ'tɔːkɪ] *das*; (-(s), -s) ein kleines, tragbares Funkgerät, durch das man über eine längere Entfernung mit jemandem sprechen kann

Wall *der*; (-(e)s, Wäl·le) eine Mauer oder ein Hügel zum Schutz vor Gefahren außen um etwas herum ‹einen Wall errichten›

wal·lend ADJEKTIV *meist attributiv* **1** ‹Haare, Kleider› so, dass sie in Locken oder in langen Falten herabfallen **2** ‹ein Gewässer› in starker Bewegung, mit Wellen an der Oberfläche

Wall·fah·rer *der* eine Person, die an einer Wallfahrt teilnimmt ● hierzu **Wall·fah·re·rin** *die*

Wall·fahrt *die* eine Wanderung oder Fahrt zu einem heiligen Ort ‹auf Wallfahrt gehen› ≈ *Pilgerfahrt* | *eine Wallfahrt nach Lourdes* K Wallfahrtskirche, Wallfahrtsort, Wallfahrtsstätte ● hierzu **wall·fah·ren** VERB (*ist*)

Wal·lung *die*; (-, -en) **1** eine starke Bewegung einer Flüssigkeit, die an der Oberfläche sichtbar wird **2** ≈ *Erregung, Aufregung*

Wal·nuss, **Wal·nuss** *die* eine essbare Nuss, die an einem Baum wächst K Walnussbaum, Walnusskern

Wal·pur·gis·nacht *die* die Nacht zum 1. Mai, in der sich (wie manche Leute früher geglaubt haben) die Hexen zum Tanz treffen

Wal·ross, **Wal·ross** *das* eine sehr große Robbe mit langen Stoßzähnen

wal·ten VERB (waltete, hat gewaltet) **1** **etwas walten lassen** gerecht sein oder keine (harte) Strafe erteilen ‹Gerechtigkeit, Gnade, Milde walten lassen› **2** **seines Amtes walten** die Aufgaben eines Amtes ausführen

Wal·ze *die*; (-, -n) **1** ein Teil eines Gerätes oder einer Maschine, das die Form eines Zylinders hat und mit dem man etwas pressen, glätten, transportieren o. Ä. kann ‹die Walze einer Druckmaschine, eines Laserdruckers› **2** ein Fahrzeug mit einer schweren Walze K Dampfwalze, Straßenwalze

wal·zen VERB (walzte, hat gewalzt) **(etwas) walzen** etwas mit einer Walze bearbeiten oder glätten ‹einen Acker, eine Straße walzen› K Walzblech, Walzeisen, Walzstahl H Die 2. Person Singular Präsens lautet *du walzt*.

★ **wäl·zen** VERB (wälzte, hat gewälzt) **1** **etwas (irgendwohin) wälzen** etwas Schweres bewegen, indem man es (mit großer Mühe) rollt ‹ein Fass, einen großen Stein wälzen› **2** **etwas in etwas** (*Dativ*) **wälzen** flache Stücke meist von Fleisch oder Teig auf Mehl oder Zucker usw. legen und darin wenden | *das Fleisch in Paniermehl wälzen* **3** **etwas auf jemanden wälzen** eine andere Person etwas Negatives, Unangenehmes tragen lassen ‹die Verantwortung, die Kosten auf jemanden wälzen› **4** **etwas wälzen** *gesprochen* sich intensiv mit etwas beschäftigen ‹einen Plan, ein Problem wälzen› **5** **etwas wälzen** *gesprochen* in Büchern, Akten o. Ä. gründlich nach Informationen suchen **6** **sich wälzen** sich im Liegen hin und her drehen ‹sich vor Schmerzen am Boden wälzen› **7** **etwas wälzt sich irgendwohin** etwas bewegt sich in großer Menge und meist mit großer Kraft irgendwohin ‹eine Lawine, eine Menschenmenge, Wassermassen›

Wal·zer *der*; (-s, -) ein Tanz im Dreivierteltakt (bei dem man sich mit dem Partner meist drehend bewegt) | *einen Wiener Walzer tanzen* K Walzertakt

Wäl·zer *der*; (-s, -); *gesprochen* ein sehr dickes Buch ‹einen dicken Wälzer lesen›

Wam·pe *die*; (-, -n); *gesprochen, abwertend* ein dicker Bauch

wand *Präteritum, 1. und 3. Person Singular* → winden

★ **Wand** *die*; (-, Wän·de) **1** Wände sind die festen Seiten, die ein Zimmer oder Haus hat | *ein Bild an die Wand hängen* | *den Schrank an die Wand schieben* K Wandfarbe; Außenwand, Hauswand, Trennwand, Zimmerwand **2** **eine spanische Wand** ≈ *Paravent* **3** Kurzwort für *Felswand* | *Kletterhilfen an einer Wand anbringen* K Nordwand

■ ID ▸Präposition + Wand: **etwas an/gegen/vor die Wand fahren** Fehler machen, sodass etwas ruiniert oder kaputt wird; **jemanden an die Wand spielen** als Schauspieler, Musiker oder Sportler sehr viel besser spielen als jemand; **jemanden an die Wand stellen** jemanden erschießen und so hinrichten; **gegen eine Wand reden** reden, ohne das Interesse des Zuhörers zu haben;

▸andere Verwendungen: **die eigenen vier Wände** ein eigenes Haus, eine eigene Wohnung; **(vor Zorn/vor Ärger) die Wand/die Wände hochgehen** *gesprochen* sich sehr ärgern, sehr wütend sein; **Hier haben die Wände Ohren** Hier hören andere Leute zu, ohne dass man es weiß; **feiern/lachen/schreien, dass die Wände wackeln** *gesprochen* sehr laut feiern/lachen/schreien

★ **Wan·del** *der*; (-s) der Übergang von einem Zustand in einen anderen ‹ein grundlegender, radikaler, tiefgreifender Wandel; ein demographischer, gesellschaftlicher, technologi-

W

scher Wandel; ein Wandel tritt ein, vollzieht sich; etwas unterliegt dem Wandel, ist im Wandel begriffen; etwas ist dem Wandel unterworfen⟩ ≈ *Veränderung* ■ **ID im Wandel der Zeit(en)** im Lauf der Geschichte mit ihren vielen Veränderungen

wan·deln VERB (wandelte, hat/ist gewandelt) **1** **etwas wandelt sich** *(hat)* etwas ändert sich deutlich | *Meine Einstellung dazu hat sich gewandelt* | *Das Klima wandelt sich* **2** **etwas wandeln** *geschrieben (hat)* ≈ *ändern* **3** *geschrieben (ist)* langsam und ohne bestimmtes Ziel herumgehen | *Durch diese Straßen ist einst Goethe gewandelt* ● zu (1,2) **wan·del·bar** ADJEKTIV

Wan·de·rer *der;* (-s, -) eine Person, die (gerne) wandert ● hierzu **Wan·de·rin, Wand·re·rin** *die*

wan·der·lus·tig ADJEKTIV mit viel Freude am Wandern ● hierzu **Wan·der·lust** *die*

★ **wan·dern** VERB (wanderte, ist gewandert) **1** eine relativ lange Strecke zu Fuß gehen, außerhalb der Stadt und weil man sich erholen will K Wanderkarte, Wanderkleidung, Wanderrucksack, Wanderurlaub, Wanderweg, Wandersmann **2** regelmäßig von einem Ort zum nächsten ziehen ⟨Nomaden, ein Zirkus⟩ K Wandervogel, Wanderzirkus **3** **jemand/etwas wandert irgendwohin** jemand/etwas wird irgendwohin gebracht ⟨jemand wandert ins Gefängnis; etwas wandert in den Müll/Abfall⟩

Wan·der·po·kal *der* ein Pokal, der jedes Jahr an den neuen Sieger des jeweiligen Turniers weitergegeben wird

Wan·der·schaft *die;* (-, -en); *meist Singular; historisch* das Umherziehen der jungen Handwerker, um an anderen Orten ihren Beruf zu erlernen ■ **ID auf Wanderschaft sein** *gesprochen* unterwegs sein

★ **Wan·de·rung** *die;* (-, -en) **1** das Wandern zu Fuß ⟨eine Wanderung machen⟩ **2** weite Strecken, die manche Tiere laufen, schwimmen usw. | *die Wanderung der Lachse*

Wand·lung *die;* (-, -en) **1** *geschrieben* ⟨eine Wandlung zum Guten, zum Bösen⟩ ≈ *Veränderung, Wandel* **2** (nach katholischem Glauben) die Verwandlung von Brot und Wein während des Abendmahls in Leib und Blut von Jesus Christus

Wand·ma·le·rei *die* ein Gemälde, das direkt auf eine Wand gemalt wird

Wand·schirm *der* ≈ *Paravent*

Wand·schrank *der* ein Schrank, der in die Wand eingebaut ist

wand·te *Präteritum, 1. und 3. Person Singular* → wenden

Wand·tep·pich *der* ein Teppich, der zum Schmuck an der Wand hängt

Wand·uhr *die* eine besondere Art von Uhr, die an der Wand hängt

Wan·ge *die;* (-, -n); *geschrieben* ≈ *Backe* | *ein Kuss auf die Wange* ■ **ID jemandes Wangen brennen/glühen** jemandes Gesicht ist rot geworden

wan·kel·mü·tig ADJEKTIV so, dass jemand die Meinung oft ändert und sich nicht entscheiden kann ● hierzu **Wan·kel·mut** *der;* **Wan·kel·mü·tig·keit** *die*

wan·ken VERB (wankte, hat/ist gewankt) **1** **jemand wankt** *(hat)* sich hin und her bewegen, als ob man umfallen könnte **2** **etwas wankt** *(hat)* sich neigen und umzustürzen drohen ⟨ins Wanken kommen, geraten⟩ | *Der Mast des Schiffes wankte im Sturm* **3** *(ist)* gehen und sich dabei so stark hin und her bewegen, dass man beinahe zu Boden fällt **4** *(hat)* unsicher werden ⟨in der eigenen Meinung wankend werden, nicht wanken; ins Wanken geraten⟩ **5** **etwas wankt** *(hat)* etwas ist in Gefahr ⟨jemandes Position, jemandes Stellung⟩

★ **wann** ADVERB/FRAGEWORT **1** zu welcher Zeit, zu welchem Zeitpunkt | *Wann fährt der Zug ab?* H auch in indirekten Fragen: *Ich weiß nicht, wann er kommt;* → Infos unter **Fragewort** **2** **seit wann** seit welcher Zeit, seit welchem Zeitpunkt | *Seit wann kennst du ihn?* **3** unter welchen Bedingungen | *Wann setzt man ein Komma?* ■ **ID dann und wann** nicht oft ≈ *manchmal*

★ **Wan·ne** *die;* (-, -n) ein ziemlich großer Behälter für eine Flüssigkeit, meist in einer länglichen Form und oben offen, z. B. eine Wanne im Badezimmer K Wannenbad; Badewanne, Ölwanne, Plastikwanne

Wanst *der;* (-(e)s, Wäns·te); *gesprochen, abwertend* ein dicker Bauch

Wan·ze *die;* (-, -n) **1** ein flaches Insekt, das Pflanzensäfte oder das Blut von Menschen und Tieren saugt K Wanzenplage; Bettwanze, Hauswanze **2** ein kleines Mikrofon, das z. B. in einem Zimmer versteckt wird, wenn man dort Gespräche abhören will

Wap·pen *das;* (-s, -) ein Zeichen in der Form eines Schildes, das als Symbol für eine Familie, einen Staat usw. dient | *einen Adler im Wappen führen* K Wappenkunde, Wappenspruch; Familienwappen, Stadtwappen, Zunftwappen

wapp·nen VERB (wappnete sich, hat sich gewappnet) **sich (mit etwas) gegen/für etwas wappnen** sich für etwas rüsten, sich gut auf etwas vorbereiten ⟨sich für/gegen eine Gefahr, einen Sturm, einen Angriff wappnen; sich gegen Kritik wappnen⟩

war *Präteritum, 1. und 3. Person Singular* → sein[1]

warb *Präteritum, 1. und 3. Person Singular* → werben

★ **Wa·re** *die;* (-, -n) **1** eine Sache, die produziert wird, um verkauft zu werden ⟨Waren herstellen, verkaufen, liefern, bestellen, im Preis herabsetzen⟩ | *Reduzierte Ware ist vom Umtausch ausgeschlossen* K Warenangebot, Warenbestand, Warengutschein, Warenmuster, Warenprobe, Warensortiment, Warentest; Schmuggelware, Backwaren, Eisenwaren, Exportwaren, Gebrauchtwaren **2** **heiße Ware** *nur Singular* Dinge, die geschmuggelt oder gestohlen wurden

wä·re *Konjunktiv II, 1. und 3. Person Singular* → sein[1]

Wa·ren·ab·kom·men *das* ein Abkommen zwischen Staaten über den gegenseitigen Handel mit Waren

Wa·ren·aus·tausch *der* der Handel mit Waren zwischen Staaten

★ **Wa·ren·haus** *das; geschrieben* ≈ *Kaufhaus*

Wa·ren·korb *der* **1** eine Art Korb zum Tragen (oder auf Rädern zum Schieben) für die Waren, die man in einem Geschäft aussucht und kaufen will ⟨etwas in den Warenkorb legen⟩ **2** wenn man im Internet Waren kaufen will, wählt man sie aus und fügt sie zu einer Liste (dem Warenkorb) hinzu ⟨etwas in den Warenkorb legen⟩ **3** die Preise ausgewählter Waren, mit denen man die allgemeine Preisentwicklung während eines Zeitraums berechnet

Wa·ren·la·ger *das* ein (großes) Gebäude, in dem Waren gelagert werden

Wa·ren·zei·chen *das* ≈ *Markenzeichen*

warf *Präteritum, 1. und 3. Person Singular* → werfen

★ **warm** ADJEKTIV (wärmer, wärmst-) **1** mit/von relativ hoher Temperatur, aber nicht heiß ⟨das Essen warm machen, halten⟩ ↔ *kühl* | *ein warmes Bad nehmen* | *die ersten warmen Tage nach dem Winter genießen* K handwarm, körperwarm **2** gegen Kälte schützend ⟨Kleidung; eine Decke; sich warm anziehen⟩ **3** so, dass das Essen gekocht und noch warm ist ⟨eine Mahlzeit, eine Speise; warm essen⟩ ↔ *kalt* **4** so, dass in der Miete die Heizkosten schon enthalten sind | *„Die Wohnung kostet 800 Euro Miete." – „Warm oder kalt?"* K Warmmiete **5** so freundlich und höflich, dass man sich wohlfühlt ⟨eine Begrüßung, Worte⟩ **6** so, dass Farben relativ kräftig und nicht mit Weiß oder Schwarz ge-

mischt sind | *ein warmes Gelb/Rot* 7 (*meist im Superlativ*) voll Eifer und Interesse ⟨wärmstes Interesse für etwas zeigen⟩ 8 **jemandem ist warm** jemand findet es angenehm warm oder ein bisschen zu warm, wo er ist 9 **sich warm laufen/machen** vor einem Wettbewerb Gymnastik machen und langsam laufen, bis die Muskeln locker sind 10 **etwas warm laufen lassen** den Motor eines Autos zu einem frühen Zeitpunkt starten, damit er schon warm ist, wenn man losfährt 11 **etwas warm stellen** Speisen oder Getränke an einen Ort stellen, wo sie warm bleiben
■ ID **Mit ihm/ihr kann ich nicht warm werden** Ich finde ihn/sie einfach nicht sympathisch

Wąrm·blü·ter *der*; (-s, -) ein Tier, dessen Körpertemperatur immer fast gleich bleibt (z. B. Vögel, Säugetiere) • hierzu **wąrm·blü·tig** ADJEKTIV

★ **Wär·me** *die*; (-) 1 eine nicht sehr hohe, meist als angenehm empfundene Temperatur K Wärmegewitter, Wärmeperiode; wärmebedürftig; Körperwärme 2 die Energie, die durch die Bewegung von Atomen und Molekülen entsteht ⟨Wärme entwickelt sich, wird freigesetzt⟩ K Wärmekraftwerk, Wärmepumpe, Wärmetechnik 3 Freundlichkeit ⟨menschliche Wärme; jemand strahlt Wärme aus⟩

wär·men VERB (wärmte, hat gewärmt) 1 **jemand wärmt jemanden/etwas** eine Person sorgt dafür, dass sie selbst oder eine andere Person nicht mehr friert oder dass eine Sache warm wird | *dem Baby das Fläschchen wärmen* | *Sie wickelte das Kind in eine Decke, um es zu wärmen* | *Er wärmte sich am Feuer* 2 **etwas wärmt (jemanden/etwas)** etwas bewirkt, dass jemand/etwas warm wird | *eine wärmende Jacke anziehen* | *Der Ofen wärmt das Zimmer gut*

Wärm·fla·sche *die* ein Behälter (meist aus Gummi), der mit heißem Wasser gefüllt wird, um das Bett zu wärmen

Wąrm·front *die* warme Luftmassen, die in ein Gebiet mit kälterer Luft dringen

wąrm·hal·ten VERB (hält warm, hielt warm, hat warmgehalten) **sich** (*Dativ*) **jemanden warmhalten** *gesprochen* zu einer Person freundlich sein, damit man von ihr später unterstützt wird i aber: *das Essen warm halten* (getrennt geschrieben)

wąrm·her·zig ADJEKTIV sehr freundlich und mitfühlend • hierzu **Wąrm·her·zig·keit** *die*

Wąrm·luft *die*; *nur Singular* warme Luft

wąrm·ma·chen VERB ≈ *warm machen*

wąrm·stel·len VERB ≈ *warm stellen*

wärms·tens ADVERB ⟨(jemandem) jemanden/etwas wärmstens empfehlen⟩ ≈ *sehr*

Wąrm·was·ser *das*; *nur Singular* Wasser, das (von einer Heizung o. Ä.) warm gemacht wurde

wąrm·wer·den VERB ≈ *warm werden*

Wąrn·an·la·ge *die* eine Warnanlage gibt bei Gefahren, Einbrüchen o. Ä. akustische und optische Signale

Wąrn·blink|an·la·ge *die* mit der Warnblinkanlage kann man (z. B. bei einer Panne oder nach einem Unfall) andere Autofahrer durch deutliche Lichtzeichen warnen

Wąrn·drei·eck *das* ein dreieckiges Schild (weiß mit rotem Rand), das man im Auto mitnehmen muss (und z. B. bei einer Panne oder einem Unfall hinter dem Auto aufstellt)

WARNDREIECK

★ **wąr·nen** VERB (warnte, hat gewarnt) 1 **(eine Person) (vor jemandem/etwas) warnen** jemandem sagen, dass etwas oder eine Person gefährlich ist | *Vor Taschendieben wird gewarnt!* | *Jugendliche vor Drogen warnen* | *Er warnte uns davor, bei dem unsicheren Wetter eine Bergtour zu machen* K Warnruf, Warnsignal 2 **jemanden warnen** jemandem drohen | *Ich warne dich: Lass das!*

Wąrn·schild *das* ein Schild, das vor einer Gefahr warnt | *Der Autofahrer missachtete das Warnschild*

Wąrn·schuss *der* ein Schuss in die Luft als Signal dafür (z. B. an einen Fliehenden), dass man bereit ist, auf ihn zu schießen ⟨einen Warnschuss abgeben⟩

Wąrn·streik *der* eine relativ kurze Unterbrechung der Arbeit als Drohung, dass man auch zu einem längeren Streik bereit wäre

★ **Wąr·nung** *die*; (-, -en) 1 **eine Warnung (vor jemandem/etwas)** ein Hinweis auf eine Gefahr ⟨eine Warnung vor dem Sturm, dem Hochwasser; Warnung vor dem Hunde!⟩ K Hochwasserwarnung, Lawinenwarnung, Sturmwarnung 2 eine dringende Aufforderung oder Drohung, etwas nicht zu tun ⟨eine nachdrückliche, eindringliche Warnung⟩ | *Das ist meine letzte Warnung!*

Wąrn·zei·chen *das* 1 ein Verkehrszeichen, das vor einer Gefahr warnt 2 ein optisches oder akustisches Signal, das vor einer Gefahr warnt | *mit der Hupe ein Warnzeichen geben*

Wąr·te *die*; (-, -n) **von meiner Warte aus** von meinem Standpunkt aus gesehen

Wąr·te·lis·te *die* eine Liste von Personen, die auf etwas warten, z. B. auf einen Platz in einem Kurs; wenn ein Platz frei wird, bekommt ihn die erste Person auf der Liste

★ **wąr·ten** VERB (wartete, hat gewartet) 1 **(auf jemanden/etwas) warten** nichts tun, nicht weggehen o. Ä., bis jemand kommt oder etwas geschieht ⟨auf den Zug warten; warten, bis man abgeholt wird⟩ | *Ich warte schon seit zwei Stunden auf dich!* | *Wir haben zwei Stunden auf ihn gewartet* K Wartehalle, Warteraum, Wartesaal, Warteschlange, Wartezeit 2 **mit etwas (auf jemanden) warten** etwas noch nicht tun oder erst dann tun, wenn eine andere Person kommt | *Wir warten mit dem Essen auf dich* 3 **etwas wartet (auf jemanden)** etwas ist schon bereit | *Beeil dich, das Essen wartet!* 4 **etwas wartet (auf jemanden)** etwas muss (noch) getan werden ⟨eine Arbeit, eine Pflicht⟩ 5 **etwas warten** etwas pflegen und kontrollieren, damit es funktioniert ⟨eine Maschine, ein Auto, eine technische Anlage warten⟩ ■ ID **Da kannst du lange warten!** *gesprochen* Das geschieht wahrscheinlich nie; **Darauf habe ich gerade noch gewartet!** *gesprochen* Das passt mir gar nicht!; **Darauf habe ich schon (lange) gewartet** Ich habe schon gewusst, dass das passieren wird; **etwas lässt lange auf sich warten** es wird nicht schnell realisiert; **Na warte!**, **Warte nur!** *gesprochen* verwendet als eine meist scherzhafte Drohung; **Warte mal!** *gesprochen* Warte einen Augenblick!; **Worauf wartest du noch?** *gesprochen* Tu doch endlich etwas!

Wär·ter *der*; (-s, -) eine Person, die etwas pflegt oder jemanden/etwas bewacht K Gefängniswärter, Leuchtturmwärter, Museumswärter, Zoowärter • hierzu **Wär·te·rin** *die*

Wąr·te·saal *der* ein Raum in einem Bahnhof o. Ä., in dem Reisende warten können

Wąr·te·schlei·fe *die* 1 eine zusätzliche Runde, die ein Flugzeug fliegt, weil es noch nicht landen darf ⟨eine Warteschleife fliegen⟩ 2 die Situation, wenn man am Telefon Musik oder eine automatische Ansage hört, während man warten muss, bis man mit einem Mitarbeiter einer Firma sprechen kann ⟨in der Warteschleife hängen⟩

Wąr·te·zim·mer *das* ein Raum (in der Praxis eines Arztes), in dem die Patienten darauf warten, dass der Arzt sie behandelt

Wąr·tung *die*; (-, -en) das Pflegen und Kontrollieren von Geräten K Wartungsarbeiten, Wartungspersonal; wartungsfrei, wartungsfreundlich

★ **wa·rum** [va'rʊm] ■ FRAGEWORT **1** verwendet, um nach dem Grund für etwas zu fragen | *Warum muss ich immer alles machen?* i auch in indirekten Fragen: *Ich weiß nicht, warum sie nicht gekommen ist;* → Infos unter **Fragewort**
■ BINDEWORT **2** **der Grund, warum** … der Grund, aus dem … ■ ID **Warum nicht gleich (so)?** Das hätte man doch sofort so machen können!; **Warum (auch/denn) nicht?** Es spricht doch nichts dagegen!

War·ze *die;* (-, -n) eine kleine, runde Wucherung auf der Haut, z. B. an den Händen und im Gesicht (oft mit rauer Oberfläche)

★ **was** ■ PRONOMEN *nur in dieser Form* **1** verwendet, um sich auf die Aussage des Hauptsatzes zu beziehen | *Ich will Schauspieler werden, was meine Eltern aber gar nicht gut finden* (…, aber meine Eltern finden das gar nicht gut) **2** verwendet, um sich auf ein einzelnes Wort des Hauptsatzes zu beziehen | *Das ist alles, was ich weiß* | *Einiges, was er gesagt hat, war ganz interessant* | *das Beste, was ich je gesehen habe* | *Das ist das Schlimmste, was passieren konnte* **3** *gesprochen* verwendet, wenn man eine Sache nicht genauer bezeichnen will/kann oder erst später nennt ≈ *etwas* | *Ich will euch mal was erzählen* | *Das ist was ganz anderes* | *Weißt du was Neues?*
■ FRAGEWORT **4** verwendet, um nach einer Sache oder einem Vorgang oder Zusammenhang zu fragen | *Was möchtest du trinken?* | *Was soll ich anziehen?* | *Weißt du, was sie zu mir gesagt hat?* | *Was bedeutet dieses Wort?* | *Was verstehen Sie unter „Demokratie"?* i auch in indirekten Fragen: *Ich weiß nicht, was das bedeuten soll;* → Infos unter **Fragewort** **5** **was kostet …?** *gesprochen* wie viel kostet …? **6** **was ist etwas?** Welche Bedeutung hat das genannte Wort, wie wird es erklärt? | *Was ist Literatur?* **7** **was ist jemand?** Welchen Beruf hat die genannte Person? | *Was ist dein Vater?* | *Was willst du einmal werden?* **8** *gesprochen* in rhetorischen Fragen verwendet, mit denen man jemanden kritisiert | *„Was musst du dich denn nachts so rumtreiben?"* **9** **…, was?** *gesprochen* am Ende eines Satzes verwendet, wenn man hofft, dass eine andere Person zustimmt oder einverstanden ist | *Das macht Spaß, was?* **10** **an was, auf was, aus was** *usw. gesprochen* anstelle von Fragewörtern mit *wo(r)-* verwendet | *Um was handelt es sich denn?* | *Ich weiß nicht, auf was ihr noch wartet* **11** **was für …?** *gesprochen* verwendet, um nach der Art oder den Eigenschaften einer Person/Sache zu fragen | *Was für ein Mensch könnte so etwas machen?* | *Was für einen Wein möchtest du?* | *Was für Preise gibt es zu gewinnen?* | *„Ich hab CDs für dich dabei." – „Was denn für welche?"*
■ ID **Was?** *gesprochen* a verwendet, um Erstaunen auszudrücken | *Was, das weißt du noch nicht?* | *Was, du rauchst nicht mehr?* b verwendet, um jemanden zu bitten, etwas noch einmal zu sagen i Diese Verwendung gilt als unhöflich, man sagt stattdessen besser *Wie bitte?*; **Was ist los?** Was ist passiert?; **Was dann?** Was sollen wir dann tun, was wird dann sein?; **Was nun?** Was sollen wir jetzt tun?; **'Was du nicht sagst!** Das kann ich kaum glauben; **Was macht …?** Wie geht es …?; **Was ich noch sagen/fragen/wissen wollte** da ist etwas, was ich noch sagen/fragen/wissen wollte

Wasch·an·la·ge *die* eine große Anlage, in der Autos gewaschen werden

wasch·bar ADJEKTIV so, dass es gewaschen werden kann, ohne beschädigt zu werden ‹ein Stoff›

Wasch·bär *der* ein kleiner Bär, der in Nordamerika lebt und einen langen, buschigen Schwanz hat

★ **Wasch·be·cken** *das* Waschbecken haben einen Wasserhahn und einen Abfluss. Man wäscht sich dort Hände und Gesicht oder putzt sich die Zähne

Wasch·be·ton *der* dekorativer Beton, aus dessen Oberfläche viele Kieselsteine ragen K Waschbetonplatten

Wasch·brett·bauch *der; gesprochen* der Bauch eines gut trainierten Mannes mit deutlich sichtbaren Muskeln

★ **Wä·sche** *die;* (-, -n) **1** *nur Singular* das Bettzeug, die Tücher, die Tischdecken usw., die im Haushalt verwendet werden K Bettwäsche, Tischwäsche **2** *nur Singular* alle Textilien, die gewaschen werden (sollen) oder gewaschen worden sind ‹frische, saubere, schmutzige Wäsche; die Wäsche waschen, spülen, schleudern, aufhängen, stärken, bügeln› | *Das Hemd ist in der Wäsche* (in dem Korb mit den Sachen, die gewaschen werden sollen) K Wäschekorb, Wäscheleine; Buntwäsche, Feinwäsche, Kochwäsche **3** *nur Singular* Kurzwort für *Unterwäsche* ‹frische Wäsche anziehen; die Wäsche wechseln› **4** der Vorgang, eine Person oder ein Auto zu waschen | *das Auto nach der Wäsche mit Wachs behandeln* ■ ID **Da wird viel schmutzige Wäsche gewaschen** *abwertend* Es wird vor anderen Leuten über private Dinge gestritten oder gesprochen; **dumm aus der Wäsche gucken/schauen** *gesprochen* völlig überrascht und verwirrt aussehen

wasch·echt ADJEKTIV **1** ‹ein Kleidungsstück, Farbe› so, dass sie sich beim Waschen nicht verändern **2** *gesprochen nur attributiv* ≈ *typisch* | *ein waschechter Berliner*

WÄSCHEKLAMMER

Wä·sche·klam·mer *die* eine Klammer aus Holz oder Plastik zum Befestigen der nassen Wäsche an der Wäscheleine

★ **wa·schen** VERB (wäscht, wusch, hat gewaschen) **1** **(etwas) waschen** etwas mit Waschmittel und Wasser sauber machen ‹die Wäsche, das Auto waschen› K Waschpulver, Waschtag **2** **jemanden waschen; (jemandem) etwas waschen** jemanden, sich selbst oder etwas mit Wasser und Seife sauber machen | *einem Kind die Haare waschen* | *Habt ihr euch auch die/eure Hände gewaschen?* **3** **etwas waschen** ‹Kohle, Erz, Gold› mit Wasser oder Flüssigkeit von anderen Bestandteilen befreien **4** **Geld waschen** Geld, das man durch Straftaten bekommt, in legale Geschäfte investieren, um die Herkunft des Geldes zu verbergen ■ ID **etwas hat sich gewaschen** *gesprochen* etwas ist sehr streng oder heftig ‹eine Strafe, eine Prüfung› | *Der Sturm hatte sich wirklich gewaschen!*

Wä·sche·rei *die;* (-, -en) ein Betrieb, in dem Wäsche gegen Bezahlung gewaschen wird

Wä·sche·trock·ner *der* **1** eine Maschine (im Haushalt), die nasse Wäsche trocknet **2** ein Gestell, an das man nasse Wäsche zum Trocknen hängt

Wasch·kü·che *die* **1** ein Raum, der für das Waschen von Wäsche vorgesehen ist **2** *gesprochen* dichter Nebel

Wasch·lap·pen *der* **1** ein Lappen aus dickem, weichem Stoff, mit dem man sich wäscht **2** *gesprochen, abwertend* ein feiger oder schwacher Mann

★ **Wasch·ma·schi·ne** *die* eine Maschine (im Haushalt), mit der man die Wäsche wäscht

★ **Wasch·mit·tel** *das* ein Pulver oder eine Flüssigkeit, mit denen man Wäsche wäscht K Feinwaschmittel, Vollwaschmittel

Wasch·sa·lon *der* ein Laden, in dem man gegen Bezahlung Waschmaschinen benutzen kann

Wasch·stra·ße *die* eine Anlage, durch die Autos langsam hindurchgerollt und automatisch gewaschen werden

W

wäscht *Präsens, 3. Person Singular* → waschen

Wa·schung *die;* (-, -en) das rituelle, medizinische o. Ä. Waschen des Körpers K Fußwaschung

Wasch·weib *das; gesprochen, abwertend* eine Person, die viel über die Angelegenheiten anderer Leute erzählt

★ **Was·ser** *das;* (-s, -/Wäs·ser) **1** *nur Singular* Wasser fällt als Regen vom Himmel und füllt Flüsse, Seen und Meere ⟨Wasser verdunstet, verdampft, gefriert, kocht, siedet, tropft, rinnt, fließt⟩ K Wasserdampf, Wasserflasche, Wasserkessel, Wassermangel, Wasserpflanze, Wasserverschmutzung; wasserdicht; Grundwasser, Leitungswasser, Regenwasser; Heilwasser, Trinkwasser H chemische Formel: H_2O **2** *gesprochen (Plural: Wässer)* Mineralwasser (oft mit Kohlensäure) zum Trinken ⟨ein Glas, eine Kiste, eine Flasche (mit) Wasser⟩ | *Ein Wasser bitte!* K Wasserglas **3** **die Wasser** *+Genitiv Plural* Wassermassen | *die Wasser des Meeres* **4** *nur Singular* ≈ *Tränen* | *Ihm schoss das Wasser in die Augen* **5** *gesprochen nur Singular* ≈ *Schweiß* | *Das Wasser tropfte ihm von der Stirn* **6** *gesprochen nur Singular* ≈ *Urin* | *Wasser lassen* (die Blase entleeren) | *das Wasser nicht halten können* (nicht verhindern können, dass Urin aus dem Körper fließt) **7** **hartes/weiches Wasser** *nur Singular* Wasser, das viel/wenig Kalk enthält **8** **fließendes Wasser** *(Plural: Wasser)* ein Fluss, Bach o. Ä. **9** **mit fließendem Wasser** mit Wasser direkt aus dem Wasserhahn ⟨ein Haus, ein Zimmer⟩ **10** **ein stehendes Wasser** *(Plural: Wasser)* ein Teich oder See **11** **stilles Wasser** *(Plural: Wässer)* Mineralwasser ohne Kohlensäure zum Trinken ≈ *Tafelwasser* **12** **ein stilles Wasser** *gesprochen, humorvoll (Plural: Wasser)* eine ruhige Person (mit verborgenen Fähigkeiten o. Ä.) **13** **Wasser abstoßend/abweisend** so, dass ein Material kein Wasser aufnimmt

■ ID ▸Präposition plus Wasser: **bei Brot und Wasser sitzen** *veraltet* im Gefängnis sein; **Wasser in den Beinen haben** *gesprochen* geschwollene Beine haben, weil sich Flüssigkeit dort ansammelt; **etwas fällt ins Wasser** *gesprochen* etwas Geplantes kann nicht ausgeführt werden; **jemand kocht auch nur mit Wasser** jemand macht etwas auch nicht besser als andere; **sich** ⟨mühsam, gerade, kaum noch⟩ **über Wasser halten können** gerade noch genug Geld haben, um leben zu können; **etwas ist/steht unter Wasser** der Boden ist mit Wasser bedeckt; **etwas wird unter Wasser gesetzt** ein Raum wird mit Wasser gefüllt oder der Fußboden mit Wasser bedeckt;

▸andere Verwendungen: **Stille Wasser sind/gründen tief** Gerade bei zurückhaltenden Personen findet man überraschende Fähigkeiten; **mit allen Wassern gewaschen sein** wegen der eigenen Erfahrungen viele Tricks kennen; **jemandem nicht das Wasser reichen können** bei weitem nicht so gut sein wie ein anderer; **jemandem steht/geht das Wasser bis zum Hals** *gesprochen* jemand hat enorme (meist finanzielle) Probleme; **etwas ist Wasser auf jemandes Mühle** etwas ist so, dass man es als Unterstützung für die eigene Sache gut verwenden kann; **Bis dahin fließt noch viel Wasser den Berg/Rhein** *o. Ä.* **hinunter** Bis dahin vergeht noch viel Zeit; **jemandem läuft das Wasser im Mund zusammen** *gesprochen* jemand bekommt großen Appetit, große Lust auf etwas

-was·ser *das;* (-s, -wäs·ser) **1** **Kirschwasser, Zwetschgenwasser** *und andere* ein starkes, farbloses alkoholisches Getränk mit dem genannten Aroma **2** **Haarwasser, Rasierwasser, Rosenwasser** *und andere* eine farblose, parfümierte Flüssigkeit mit Alkohol, die zur Pflege der Haut oder Haare dient | *Kölnisch Wasser*

W

was·ser·ab·sto·ßend, **was·ser·ab·wei·send** ADJEKTIV so, dass ein Material kein Wasser aufnimmt

was·ser·arm ADJEKTIV ⟨eine Gegend, Landschaft⟩ so, dass sie wenig Wasser haben ● hierzu **Was·ser·ar·mut** *die*

Was·ser·auf·be·rei·tung *die* die Reinigung von Wasser, um es (z. B. als Trinkwasser) wiederzuverwenden K Wasseraufbereitungsanlage

Was·ser·ball *der* **1** ein großer Ball aus Gummi, der für Ballspiele im Wasser geeignet ist **2** *nur Singular* ein Ballspiel zwischen zwei Mannschaften im Wasser ⟨Wasserball spielen⟩

Was·ser·bett *das* ein Bett, dessen Matratze mit Wasser gefüllt ist

Wäs·ser·chen ■ ID **aussehen, als ob man kein Wässerchen trüben könnte** sehr harmlos aussehen

was·ser·dicht ADJEKTIV ⟨eine Jacke, eine Uhr⟩ so, dass in sie kein Wasser eindringen kann

Was·ser·fall *der* fließendes Wasser, das steil über Felsen herabfällt ■ ID **wie ein Wasserfall reden** *gesprochen* ununterbrochen erzählen

★ **Was·ser·far·be** *die* eine Farbe zum Malen auf Papier, die mit wenig Wasser gemischt wird

was·ser·fest ADJEKTIV ⟨ein Stoff, ein Material⟩ so, dass die Einwirkung von Wasser sie nicht verändert

Was·ser·hahn *der* wenn man einen Wasserhahn öffnet, fließt Wasser aus einer Leitung in eine Wanne, ein Waschbecken o. Ä.

wäs·se·rig → wässrig

Was·ser·kopf *der* **1** wenn ein Kind einen Wasserkopf hat, ist der Kopf zu groß, weil zu viel Flüssigkeit darin ist **2** ein Wasserkopf ist auch, wenn die Verwaltung einer Sache mit zu viel Personal und Aufwand betrieben wird

Was·ser·kraft *die; nur Singular* die Energie, die in fließendem Wasser ist

Was·ser·lauf *der* **1** ein fließendes Gewässer **2** der Verlauf eines Baches oder Flusses

was·ser·lös·lich ADJEKTIV ⟨eine Tablette⟩ so, dass sie sich in Wasser auflöst

Was·ser·mann *der;* (-(e)s, Was·ser·män·ner) **1** *nur Singular* das Sternzeichen für die Zeit vom 20. Januar bis 18. Februar H → Abb. unter **Sternzeichen** **2** eine Person, die in der Zeit vom 20. Januar bis 18. Februar geboren ist | *Sie ist (ein) Wassermann*

wäs·sern VERB (wässerte, hat gewässert) **1** **etwas wässern** etwas in Wasser legen, damit es weich oder sauber wird **2** **etwas wässern** etwas sehr stark gießen ⟨Pflanzen⟩

Was·ser·pfei·fe *die* wenn man eine Wasserpfeife raucht, strömt der Rauch aus einem Schlauch und wird im Wasser gekühlt ≈ *Shisha*

Was·ser·rat·te *die* **1** eine Ratte, die am Wasser lebt **2** *humorvoll* ein Kind, das sehr gern und viel im Wasser ist

Was·ser·scha·den *der* ein Schaden, der durch Wasser (vor allem in einem Haus) entstanden ist

Was·ser·schei·de *die* eine Art Grenze in der Natur. Auf der einen Seite fließt alles Wasser in die eine Richtung, auf der anderen Seite der Grenze in eine andere Richtung

was·ser·scheu ADJEKTIV **wasserscheu sein** nicht gern schwimmen oder sich nicht gern waschen ● hierzu **Was·ser·scheu** *die*

Was·ser·ski[1] *der* ein breiter Ski, auf dem man sich über das Wasser ziehen lassen kann

Was·ser·ski[2] *(das); nur Singular* eine Sportart, bei der man sich auf Wasserskiern meist von einem Boot ziehen lässt ⟨Wasserski fahren⟩

Was·ser·spie·gel *der* **1** die glatte Oberfläche eines Gewässers **2** ≈ *Wasserstand*

Was·ser·sport *der* ein Sport, der im oder auf dem Wasser ausgeübt wird

Was·ser·stand *der* die Höhe einer Wasseroberfläche

Was·ser·stoff *der; nur Singular* ein Gas, das sich zusammen mit Sauerstoff zu Wasser verbindet [H] chemisches Zeichen: *H*

Was·ser·stoff·bom·be *die* eine Bombe, deren Sprengkraft auf der Fusion von Atomkernen des Wasserstoffs beruht [H] Kurzwort: *H-Bombe*

Was·ser·stra·ße *die* ein Fluss, der von vielen Schiffen befahren wird | *Der Rhein ist eine wichtige Wasserstraße*

Was·ser·sucht *die* eine krankhafte Ansammlung von Flüssigkeit im Körper ≈ *Hydropsie*

Was·ser·trä·ger *der* eine Person, die damit zufrieden ist, einer anderen Person dabei zu helfen, erfolgreich zu sein

Was·ser·waa·ge *die* ein Gerät, mit dem man feststellen kann, ob eine Fläche genau waagrecht bzw. senkrecht ist. Eine kleine Luftblase zeigt die Lage an

Was·ser·wer·fer *der* ein Fahrzeug der Polizei, das mit starken Wasserstrahlen die Leute bei Krawallen vertreibt

Was·ser·werk *das; meist Plural* eine Einrichtung in einem Ort, die die Häuser mit Wasser versorgt

Was·ser·zei·chen *das* eine Markierung in einem Papier, einer Banknote o. Ä., die gesehen werden kann, wenn man das Papier usw. gegen das Licht hält

wäss·rig ADJEKTIV **1** ⟨eine Suppe⟩ so, dass sie zu viel Wasser enthält und daher fade schmeckt **2** ⟨Augen⟩ so, dass sie sehr feucht sind

Wat·sche *die;* (-, -n); *süddeutsch* Ⓐ, *gesprochen* ≈ *Ohrfeige*

wat·scheln VERB (watschelte, ist gewatschelt) **eine Ente/Person watschelt** eine Ente oder eine Person geht so, dass der ganze Körper sich dabei auch stark nach rechts und links bewegt [H] bei Menschen sehr negativ oder abwertend

Watt[1] *das;* (-(e)s, -en) ein Teil der Küste, der mit Schlamm bedeckt und bei Ebbe nicht überflutet ist

Watt[2] *das;* (-s, -) eine physikalische Einheit, mit der man die Leistung misst | *eine Glühbirne mit 20 Watt* [K] Kilowatt, Megawatt [H] Abkürzung nach Zahlen: *W*

Wat·te *die;* (-) eine weiche und lockere Masse aus vielen Fasern | *eine Wunde mit Watte abtupfen* | *Puder mit Watte auftragen* | *Die Schultern des Mantels sind mit Watte gefüttert* [K] Wattebausch

wat·tiert ADJEKTIV mit Watte gepolstert ⟨ein Anorak, eine Jacke⟩

wau! verwendet, um das Bellen eines Hundes nachzuahmen

Wau·wau *der;* (-s, -s); *Kindersprache* verwendet als Bezeichnung für einen Hund

★ **WC** [veːˈtseː] *das;* (-(s), -(s)) ≈ *Toilette, Klo*

Web *das;* (-(s)) der Bereich des Internets, wo man sich Informationen holen, Filme ansehen, Spiele spielen usw. kann ⟨im Web surfen⟩ ≈ *World Wide Web; WWW* [K] Webadresse, Webseite

Web·cam [-kɛm] *die;* (-, -s) eine Kamera am Computer, mit der man Videos direkt an einen anderen Computer übertragen kann (meist über das Internet)

★ **we·ben** VERB (webte/wob, hat gewebt/gewoben) **1** **(etwas) weben** einen Stoff, einen Teppich o. Ä. machen, indem man mit einer Maschine Fäden miteinander kreuzt ⟨einen Teppich weben; Tuch weben⟩ [K] Webgarn, Webwaren **2** **eine Spinne webt ein Netz** eine Spinne macht ein Netz

We·ber *der;* (-s, -) ein Handwerker, der Stoffe und Teppiche webt • hierzu **We·be·rin** *die*

We·be·rei *die;* (-, -en) eine Fabrik oder Werkstatt, in der Stoffe oder Teppiche hergestellt werden

We·ber·knecht *der* eine Spinne mit sehr langen, dünnen Beinen

Web·sei·te *die* → Website [H] Manche Leute verwenden *Webseite* auch als Bezeichnung für diejenige Information aus dem Internet, die gerade auf dem Bildschirm zu sehen ist

Web·site [ˈvɛpsait] *die;* (-, -s) mehrere Dateien, die zusammengehören und im Internet unter derselben Adresse stehen. Sie geben Informationen über ein Thema, eine Firma, eine Behörde o. Ä. ⟨eine Website einrichten, aufrufen, besuchen⟩ ≈ *Internetauftritt* | *Auf der Website der Bahn finden Sie die aktuellen Fahrpläne und Fahrpreise* | *Mehr Informationen zu diesem Thema gibt es auf den jeweiligen Seiten unserer Website* | *Die Website ist derzeit nicht erreichbar*

Web·stuhl *der* eine Maschine, mit der man weben kann ⟨ein mechanischer, elektrischer Webstuhl⟩

★ **Wech·sel** [-ks-] *der;* (-s, -) **1** eine (meist relativ schnelle) Veränderung eines Zustands ⟨ein plötzlicher, jäher Wechsel; ein Wechsel tritt ein⟩ | *der plötzliche Wechsel (in) seiner Laune* [K] Temperaturwechsel, Wetterwechsel **2** die Situation, wenn verschiedene Phasen einer Entwicklung regelmäßig aufeinanderfolgen | *der Wechsel der Jahreszeiten* **3** das Wechseln (oft des Berufs) | *sein Wechsel (vom Finanzministerium) ins Außenministerium* [K] Berufswechsel, Ortswechsel, Schulwechsel, Wohnungswechsel **4** das Ersetzen eines Gegenstands oder einer Person ⟨der Wechsel eines Autoreifens; ein Wechsel im Kabinett; einen Wechsel vornehmen⟩ **5** ein Dokument, mit dem jemand verspricht, einer anderen Person innerhalb einer angegebenen Zeit eine festgelegte Summe Geld zu zahlen ⟨einen Wechsel ausstellen⟩ | *Der Wechsel wird am 1. Juni fällig* (Das Geld muss am 1. Juni bezahlt werden)

Wech·sel·bad [-ks-] *das* **1** *meist Plural* Bäder in abwechselnd heißem und kaltem Wasser ⟨Wechselbäder machen⟩ **2** **im Wechselbad der Gefühle** im ständigen Auf und Ab zwischen sehr positiven und sehr negativen Gefühlen

Wech·sel·be·zie·hung [-ks-] *die* eine gegenseitige Beziehung ⟨Themen, Erscheinungen stehen in Wechselbeziehung miteinander/zueinander⟩

Wech·sel·fäl·le [-ks-] *die; Plural* ■ ID **die Wechselfälle des Lebens** unerwartete Ereignisse, die in jemandes Leben auftreten

★ **Wech·sel·geld** [-ks-] *das; nur Singular* Geld, das man zurückbekommt, wenn man mit einem Geldschein oder Geldstück bezahlt, dessen Wert über dem geforderten Preis liegt

wech·sel·haft [-ks-] ADJEKTIV ⟨Launen, das Wetter⟩ so, dass sie sich häufig verändern • hierzu **Wech·sel·haf·tig·keit** *die*

Wech·sel·jah·re [-ks-] *die; Plural* wenn eine Frau in die Wechseljahre kommt oder in den Wechseljahren ist, kann sie nicht mehr schwanger werden ≈ *Menopause*

Wech·sel·kurs [-ks-] *der* der Preis, der jeweils für den Kauf oder Verkauf einer fremden Währung gültig ist

★ **wech·seln** [-ks-] VERB (wechselte, hat/ist gewechselt)

▸Ersatz: **1** **etwas wechseln** (*hat*) die eine Sache durch die andere Sache mit derselben Funktion ersetzen ⟨einen Reifen, die CD, die DVD, das Hemd wechseln⟩ **2** **etwas (in etwas** (*Akkusativ*)**) wechseln** (*hat*) Geld einer Währung gegen Geld einer anderen Währung tauschen | *Argentinische Pesos in Euro wechseln* [K] Wechselkurs **3** **(jemandem) etwas (in etwas** (*Akkusativ*)**) wechseln** (*hat*) jemandem für Münzen oder Geldscheine Geld in kleineren (oder größeren) Einheiten, aber im gleichen Wert geben | *Kannst du mir fünfzig Euro wechseln?* [K] Wechselautomat

▸Änderung: **4** **etwas wechseln** (*hat*) z. B. eine Arbeitsstelle oder Wohnung aufgeben und dafür eine neue wählen ⟨die Arbeitsstelle, den Beruf, das Studienfach, den Wohnort

W

wechseln〉 | *Er hat seinen Glauben gewechselt* (Er hat seine Religion geändert) | *Als es ihr zu persönlich wurde, hat sie schnell das Thema gewechselt* (Sie hat über ein anderes Thema gesprochen) **5** **jemanden wechseln** (*hat*) einen neuen Partner, Arzt, Freund usw. wählen **6** **etwas wechselt** (*hat*) etwas ändert sich 〈das Wetter, die Temperatur, die Mode〉 **7** **(irgendwohin) wechseln** (*hat/ist*) eine neue Arbeit in einem anderen Bereich beginnen | *Er wechselte ins Außenministerium*

▸Gegenseitigkeit: **8** **jemand wechselt mit jemandem Blicke/Briefe; Personen wechseln Blicke/Briefe** (*hat*) Personen sehen einander kurz an/schreiben einander Briefe **9** **jemand wechselt mit jemandem Worte; Personen wechseln Worte** (*hat*) Personen sprechen kurz miteinander

wẹch·selnd [-ks-] ADJEKTIV *meist attributiv* einmal so und einmal anders ≈ *unterschiedlich* | *mit wechselndem Erfolg*

wẹch·sel·sei·tig [-ks-] ADJEKTIV so, dass bei einer Beziehung die Dinge oder Partner gegenseitig aufeinander wirken • hierzu **Wẹch·sel·sei·tig·keit** *die*

Wẹch·sel·strom [-ks-] *der* elektrischer Strom, dessen Stärke und Richtung sich periodisch ändert und der gewöhnlich im Haushalt verwendet wird ↔ *Gleichstrom*

Wẹch·sel·stu·be [-ks-] *die* ein Büro an Bahnhöfen und Grenzübergängen, in dem man Geld wechseln kann

wẹch·sel·voll [-ks-] ADJEKTIV 〈die Geschichte einer Stadt〉 so, dass sie häufig zwischen gut und schlecht abwechselt

Wẹch·sel·wäh·ler [-ks-] *der* eine Person, die nicht immer dieselbe Partei wählt • hierzu **Wẹch·sel·wäh·le·rin** *die*

wẹch·sel·wei·se [-ks-] ADVERB abwechselnd oder aufeinanderfolgend | *Er arbeitet wechselweise für Film und Theater*

Wẹch·sel·wir·kung [-ks-] *die* bei einer Wechselwirkung wirken die beteiligten Personen oder Sachen gegenseitig aufeinander | *die Wechselwirkung zwischen Mensch und Umwelt*

Wẹch·te *die*; (-, -n) eine große Menge Schnee am Rand von Hängen, die leicht abrutschen kann ≈ *Wehe*

★ **wẹ·cken** VERB (weckte, hat geweckt) **1** **jemanden wecken** eine Person, die schläft, wach machen | *Wecke mich bitte um sieben Uhr* **2** **etwas (in/bei jemandem) wecken** bewirken, dass jemand etwas (meist eine emotionale Reaktion) spürt 〈jemandes Neugier, Leidenschaft wecken; in/bei jemandem den Wunsch nach etwas wecken〉

★ **Wẹ·cker** *der*; (-s, -) eine Uhr, die zu einer vorher eingestellten Zeit läutet und den Schlafenden weckt 〈der Wecker rasselt, klingelt〉 | *den Wecker auf acht Uhr stellen* ■ ID **Er/Sie geht/fällt mir auf den Wecker** *gesprochen* Er/Sie ist mir sehr lästig

We̱·del *der*; (-s, -) **1** ein Büschel aus Federn o. Ä., das an einem Stiel befestigt ist **2** ein Ast mit Blättern oder Nadeln daran, den man von einem Baum abgeschnitten hat **K** Tannenwedel, Palmwedel

we̱·deln VERB (wedelte, hat/ist gewedelt) **1** **ein Hund wedelt mit dem Schwanz** (*hat*) ein Hund bewegt den Schwanz hin und her **2** **mit etwas wedeln** (*hat*) etwas durch die Luft hin- und herbewegen | *Sie wedelte einladend mit einem Geldschein* **3** (*ist*) beim Skifahren kurze Schwünge mit den parallel geführten Skiern machen **4** **etwas von etwas wedeln** (*hat*) etwas von einer Sache durch schnelles Hin- und Herbewegen eines Tuches o. Ä. entfernen | *den Staub vom Regal wedeln*

★ **we̱·der** BINDEWORT **weder ... noch (... noch)** die eine Sache ist nicht der Fall und die andere (oder noch zusätzlich Genanntes) auch nicht | *Er wollte weder essen noch* (*wollte er*) *trinken* | *Ich habe dafür weder Zeit noch Geld* (*noch Lust*)

★ **wẹg** ADVERB **1** nicht mehr da | *Der Zug ist schon weg!* | *Meine Schmerzen sind weg* | *Bei so vielen Gästen war der Kuchen ganz schnell weg* **2** **weg von jemandem/etwas** in eine Richtung, die sich von jemandem/etwas entfernt ≈ *fort* | *Nichts wie weg von hier!* (Lass/Lasst uns schnell weggehen) **3** verwendet, um jemanden aufzufordern, wegzugehen oder etwas zu entfernen | *Hände weg!* | *Weg mit der Pistole!* **4** **weit weg** in einer relativ großen Entfernung | *Ist das Theater weit weg?* ■ ID **weg sein** *gesprochen* nicht bei Bewusstsein sein; **(ganz) weg sein von etwas** *gesprochen* (sehr) begeistert von etwas sein; **etwas war schnell weg** etwas wurde schnell verkauft oder gegessen

★ **We̱g** *der*; (-(e)s, -e) **1** ein relativ schmaler Streifen des Bodens, auf dem man durch ein Gelände fahren oder gehen kann 〈ein steiniger, schmaler, befahrbarer Weg〉 **K** Wegkreuzung; Feldweg, Fußgängerweg, Privatweg, Radweg, Spazierweg, Waldweg, Wanderweg **!** Wege sind schmaler als Straßen und meist nicht geteert. **2** die Entfernung, die man gehen oder fahren muss, um einen Ort zu erreichen 〈ein langer, weiter Weg〉 **3** die Richtung und der Verlauf einer Strecke hin zu einem Ort 〈jemandem den Weg zeigen, beschreiben; nach dem Weg fragen〉 | *Ich finde nicht mehr den Weg zum Hotel zurück* | *Ich bin gerade auf dem Weg zur Schule/ zur Arbeit/nach Berlin* (Ich gehe/fahre gerade dorthin) | *Die Tasche hat er auf dem Weg zur Schule verloren* **K** Heimweg, Rückweg, Schulweg **4** die Art und Weise, in der man vorgeht, um eine Angelegenheit zu regeln oder ein Problem zu lösen 〈auf friedlichem, gerichtlichem, schriftlichem, diplomatischem Weg; einen Weg suchen, finden〉 **K** Rechtsweg, Verhandlungsweg **5** **der Weg zu etwas** das, was man machen muss, um das geplante Ziel zu erreichen 〈der Weg zum Erfolg/zum Glück〉

■ ID ▸Präposition plus Weg: **sich auf dem Weg der Besserung befinden, auf dem Weg der Besserung sein** wieder gesund werden 〈der Patient, der Kranke〉; **eine Person ist auf dem besten Weg(e) zu** *+Infinitiv* eine Person gerät (meist durch ihr eigenes Verhalten) wahrscheinlich in eine sehr schlechte Lage o. Ä. | *Er ist auf dem besten Weg, zum Alkoholiker zu werden*; **sich auf den Weg machen** gerade einen Ort verlassen, um irgendwohin zu gehen, zu fahren oder zu reisen | *Er machte sich auf den Weg nach Hause*; **einer Sache** (*Dativ*) **aus dem Weg gehen** etwas Unangenehmes vermeiden; **einer Person aus dem Weg gehen** vermeiden, einer Person zu begegnen; **einer Person nicht über den Weg trauen** zu einer Person kein Vertrauen haben; **etwas aus dem Weg räumen** ein Hindernis beseitigen; **eine Person aus dem Weg räumen** *gesprochen* **⚠** eine Person ermorden; **eine Person steht/ist jemandem im Weg** eine Person hindert eine andere Person, das zu tun, was diese will; **etwas in die Wege leiten** etwas vorbereiten und beginnen, daran zu arbeiten; **eine Person ist mir über den Weg gelaufen** *gesprochen* ich bin einer Person zufällig begegnet;

▸Weg als Objekt: **sich** (*Dativ*) **einen Weg durch etwas bahnen** sich den nötigen Platz verschaffen, um durch etwas sehr Dichtes zu gelangen 〈durch das Gestrüpp, eine Menschenmenge, das Chaos〉; **seine eigenen Wege gehen** sich von jemandem lösen oder trennen (z. B. dem Partner, den Eltern) und unabhängig handeln; **den Weg des geringsten Widerstandes gehen** das tun, was die wenigsten Schwierigkeiten bereitet, aber meist nicht das Beste ist; **einer Person/Sache den Weg bereiten/ebnen** die Voraussetzungen für den Erfolg einer Person oder Sache schaffen; **Er/Sie wird seinen/ihren Weg (schon) machen** *gesprochen* Er/Sie wird im Leben vorankommen; **seines Weges gehen** *geschrieben* weitergehen, ohne auf das Geschehen oder auf andere Personen zu achten;

▸andere Verwendungen: **Da führt kein Weg dran vorbei** *ge-*

sprochen Das kann man nicht vermeiden; **jemandes letzter Weg** jemandes Beerdigung

★ **weg-** *(im Verb, betont und trennbar, sehr produktiv; Diese Verben werden so gebildet:* weggehen, ging weg, weggegangen) **1** **wegfahren, wegfliegen, weggehen; jemanden/etwas wegschieben; etwas weggeben, wegstellen, wegwischen; jemanden wegjagen** *und andere* so, dass sich jemand selbst von einem Ort oder einer Stelle entfernt oder dass eine Person/Sache von einem Ort entfernt wird | *Das Auto rutschte auf dem Glatteis einfach weg* (Das Auto rutschte zur Seite, von der Straße) | *Die Gefangene wurde aus dem Gefängnis weggebracht* **2** **etwas weglegen, wegrationalisieren, wegschütten, wegwerfen** *und andere* drückt aus, dass etwas nicht mehr benötigt wird (und man sich deshalb davon trennt) | *Den Wintermantel kannst du jetzt weghängen* (Du kannst ihn bis zum nächsten Winter in den Schrank hängen) **3** **(jemandem) etwas wegfressen, wegsaufen, wegtrinken** *und andere* so, dass etwas immer weniger wird, bis gar nichts mehr (für andere Leute) übrig ist | *Paul hat (seinen Schwestern) den ganzen Kuchen weggegessen* (Paul hat den ganzen Kuchen allein gegessen)

weg·be·kom·men VERB *(hat)* ≈ *wegkriegen*

Weg·be·rei·ter *der;* (-s, -) eine Person, die es durch Handlungen oder Ideen möglich macht, dass sich etwas Neues durchsetzt | *ein Wegbereiter der Demokratie*

weg·blei·ben VERB *(ist)* nicht (mehr) kommen oder nicht (mehr) an etwas teilnehmen ■ **ID** → Spucke

weg·drü·cken VERB *(hat)* **1** **jemanden/etwas wegdrücken** so gegen eine Person oder Sache drücken, dass sie an einen anderen Platz bewegt werden **2** **jemanden/etwas wegdrücken** auf etwas drücken oder klicken, um eine Funktion zu beenden, besonders um einen Anruf am Handy abzulehnen | *Ich habe mehrmals versucht, sie anzurufen, aber sie hat mich immer weggedrückt* **3** **etwas wegdrücken** mit Absicht nicht mehr an unangenehme Gefühle oder Erlebnisse denken <eine Erinnerung, einen Gedanken, die Tränen wegdrücken>

We·ge·la·ge·rer *der;* (-s, -); *historisch* ≈ *Straßenräuber*

★ **we·gen** PRÄPOSITION *mit Genitiv/gesprochen auch Dativ* **1** verwendet, um den Grund für etwas anzugeben | *Wegen des schlechten Wetters wurde der Start verschoben* | *Wegen seiner Verletzung konnte er nur sehr langsam gehen* | *Wegen Umbau(s) geschlossen* | *Wegen Peter mussten wir eine Stunde warten* **i** → Infos unter **Präposition** **2** **wegen mir/dir/ihm/...** *gesprochen* mit der Erlaubnis oder der Zustimmung der genannten Person | *Wegen uns könnt ihr gerne noch bleiben, wir haben Zeit* **3** **von Amts/Staats wegen** im Auftrag einer Behörde/des Staates ■ **ID Von wegen!** **a** verwendet, um Widerspruch oder Ablehnung auszudrücken | *„Ist viel Brot übrig geblieben?" – „Von wegen, es hat nicht einmal für alle gereicht!"* **b** verwendet, um Ärger darüber auszudrücken, dass etwas nicht wie angekündigt oder versprochen geschehen ist | *Von wegen, er macht das schon! Bis heute ist nichts geschehen* (obwohl er es versprochen hat)

Weg·fahr·sper·re *die* ein Zubehör für Autos, das bewirken soll, dass ein Dieb nicht mit dem Auto wegfahren kann

weg·fal·len VERB *(ist)* **etwas kann wegfallen** etwas kann aus einem Text o. Ä. entfernt werden

weg·ge·ben VERB *(hat)* **etwas weggeben** etwas einer anderen Person geben, weil man es nicht mehr braucht oder nicht mehr haben will

★ **weg·ge·hen** VERB *(ist)* **1** einen Ort verlassen | *Geh weg vom Fenster!* | *Wir sollten von hier weggehen und woanders ein neues Leben anfangen* **2** **etwas geht weg** *gesprochen* etwas verschwindet | *Das Fieber ging bald wieder weg* ■ **ID etwas geht weg wie warme Semmeln/wie geschnitten Brot** *gesprochen* etwas findet sehr schnell viele Käufer oder Abnehmer; **Geh mir (bloß) weg mit ...!** *gesprochen* Lass mich in Ruhe mit ...

weg·ha·ben VERB *(hat)* **etwas weghaben** etwas entfernt haben ■ **ID einen (Schlag) weghaben** *gesprochen* irgendwie verrückt sein; **in Geografie o. Ä. hat er/sie ganz schön was weg** *gesprochen* in Geografie o. Ä. kennt er/sie sich sehr gut aus

weg·hal·ten VERB *(hat)* **1** **eine Person/Sache von jemandem/etwas weghalten** dafür sorgen, dass ein Abstand entsteht oder erhalten bleibt | *den Telefonhörer vom Ohr weghalten* | *den Gegner vom eigenen Tor weghalten* **2** **sich von jemandem/etwas weghalten** keinen Kontakt zu jemandem suchen, einer Sache nicht zu nahe kommen

weg·kom·men VERB *(ist)* **1** einen Ort verlassen können | *Ich bin erst nachts aus dem Büro weggekommen* **2** **eine Person kommt von jemandem/etwas weg** *gesprochen* eine Person löst sich oder befreit sich von jemandem/etwas **3** **etwas kommt weg** *gesprochen* etwas wird gestohlen | *In unserer Firma kommt dauernd Geld weg* **4** **jemand kommt gut/schlecht bei etwas weg** *gesprochen* jemand wird bei etwas gut/schlecht behandelt **5** **jemand kommt über etwas nicht weg** *gesprochen* jemand muss ständig an einen großen Verlust o. Ä. denken ■ **ID Mach, dass du wegkommst!** *gesprochen* ≈ *Verschwinde!*

weg·kön·nen VERB *(hat); gesprochen* **1** einen Ort verlassen können | *Ich kann jetzt nicht weg, weil noch viel zu tun ist!* **2** **etwas kann weg** etwas kann weggeräumt, weggeworfen o. Ä. werden

★ **weg·las·sen** VERB *(hat)* **1** **jemanden weglassen** *gesprochen* zulassen oder erlauben, dass jemand einen Ort verlässt **2** **etwas weglassen** etwas nicht erwähnen, verwenden o. Ä.

★ **weg·lau·fen** VERB *(ist)* **1** **(vor jemandem/etwas) weglaufen** laufen und so einen Ort verlassen, vor jemandem/etwas fliehen | *Die Kinder klingelten an der Tür und liefen dann schnell weg* | *vor einem Hund weglaufen* **2** **ein Kind läuft (aus/von etwas)/(jemandem) weg** ein Kind bleibt nicht dort, wo es hingehört oder bei der Person, die sich um das Kind kümmert | *Das Kind ist von zu Hause/aus dem Heim weggelaufen* | *Na, Kleiner, bist du deiner Mama weggelaufen?* **3** **jemandem weglaufen** *gesprochen* den Partner verlassen | *Ihm ist die Frau weggelaufen* **4** **vor etwas weglaufen** versuchen, eine unangenehme Sache zu vermeiden | *Er läuft vor der Verantwortung weg* ■ **ID Das läuft dir/uns/... nicht weg!** Das kannst du/können wir/... auch später tun

weg·ma·chen VERB *(hat); gesprochen* **1** **etwas wegmachen** ≈ *entfernen* **2** **sich** *(Dativ)* **ein Kind wegmachen lassen** ein Kind abtreiben lassen

weg·müs·sen VERB *(hat); gesprochen* **1** weggehen, wegfahren o. Ä. müssen **2** **etwas muss weg** etwas muss irgendwohin gebracht werden | *Die Ware muss heute noch weg* **3** **etwas muss weg** etwas muss entfernt werden

★ **weg·neh·men** VERB *(hat)* **1** **jemandem etwas wegnehmen** etwas von jemandem nehmen, sodass er es nicht mehr hat | *Mama, Benny hat mir meinen Ball weggenommen!* | *Die Hecke ist zu hoch geworden und nimmt uns zu viel Licht weg* **2** **etwas nimmt viel Platz weg** etwas benötigt viel Platz | *Das Bett nimmt viel Platz in dem kleinen Zimmer weg* **3** **das Gas wegnehmen** den Fuß vom Gaspedal nehmen oder weniger Gas geben **i** weitere Verwendungen → **weg-**

weg·rei·ßen VERB *(hat)* **1** **etwas wegreißen** etwas zerstören <ein Haus, ein Gebäude> ≈ *abreißen* **2** **jemandem etwas wegreißen** jemandem etwas schnell und plötzlich wegnehmen **3** **die Strömung** *o. Ä.* **reißt jemanden/etwas weg** die Strömung o. Ä. trägt jemanden/etwas sehr schnell mit sich fort

weg·schi·cken VERB *(hat)* **1** **jemanden wegschicken** einer Person sagen, dass sie weggehen soll **2** **etwas wegschicken** etwas durch die Post o. Ä. irgendwohin bringen lassen

weg·schlie·ßen VERB *(hat)* **etwas wegschließen** etwas in einen Schrank o. Ä. tun, den man abschließen kann

weg·schnap·pen VERB *(hat)* **jemandem etwas wegschnappen** *gesprochen* etwas schnell an sich nehmen, sodass es andere Leute nicht mehr haben können | *jemandem ein gutes Geschäft/einen Posten wegschnappen*

weg·ste·cken VERB *(hat)*; *gesprochen* **1** **etwas wegstecken** etwas schnell irgendwohin stecken **2** **jemand kann/muss eine Menge/(et)was/viel wegstecken** jemand kann/muss viel Unangenehmes ertragen | *Der kann aber eine Menge wegstecken!*

weg·ster·ben VERB *(ist)*; *gesprochen* **1** **Personen sterben weg** Personen sterben der Reihe nach | *Fast das ganze Dorf ist schon weggestorben* **2** **jemandem wegsterben** durch den Tod jemanden allein zurücklassen | *Ihr ist vor Kurzem der Mann weggestorben*

Weg·stre·cke *die* der Teil eines Weges, den man zurücklegen muss | *eine Wegstrecke von drei Kilometern*

weg·tre·ten VERB *(hat/ist)* **1** **einen Ball** *o. Ä.* **wegtreten** *(hat)* einem Ball o. Ä. einen Stoß mit dem Fuß geben **2** **(von etwas) wegtreten** ein kurzes Stück (von etwas) nach hinten gehen **3** *(ist)* auf ein Kommando hin eine Formation von Soldaten verlassen und sich wieder normal bewegen | *Wegtreten!* **4** **(geistig) weggetreten sein** *(ist)* einer anderen Person für kurze Zeit nicht mehr zuhören und an gar nichts denken

weg·wei·send ADJEKTIV **wegweisend (für jemanden/etwas)** wichtig, weil dadurch zukünftige Entscheidungen oder Entwicklungen bestimmt werden ⟨eine Rede, ein Urteil⟩

Weg·wei·ser *der*; (-s, -) ein Schild, das die Richtung und Entfernung zu einer Stadt oder zu einem Ziel anzeigt

★ **weg·wer·fen** VERB *(hat)* **1** **etwas wegwerfen** etwas, das man nicht mehr haben will, zum Müll tun | *Abfälle/kaputtes Spielzeug wegwerfen* **2** **etwas wegwerfen** etwas, das man in der Hand hält, von sich weg irgendwohin werfen | *Igitt, pfui, wirf das weg!* **3** **etwas wegwerfen** etwas sinnlos verschwenden | *Ich habe gutes Geld für diesen Quatsch weggeworfen* | *Wirf dein Leben doch nicht weg!* (Suche dir sinnvollere Ziele, achte besser auf dich)

Weg·werf|ge·sell·schaft *die*; *abwertend* eine Gesellschaft, in der viele Waren nur kurze Zeit oder einmal benutzt und dann weggeworfen werden

Weg·werf|men·ta·li·tät *die*; *abwertend* die Einstellung, ältere Sachen wegzuwerfen und neue zu kaufen, bevor es nötig oder sinnvoll ist

weg·zie·hen *(hat/ist)* *(ist)* die Wohnung verlassen und an einen anderen Ort ziehen **H** weitere Verwendungen → weg-

weh [veː] ADJEKTIV *meist attributiv* so, dass jemand an einer Stelle/einem Körperteil Schmerzen hat ⟨ein Arm, ein Bein, ein Finger, ein Zahn⟩ ≈ *schmerzend* | *einen wehen Zeh haben* **H** → auch **wehtun** ■ **ID** **jemandem ist weh ums Herz** jemand ist traurig; **O weh!/Ach weh!** Wie traurig/schlimm!

★ **-weh** *das*; (-s); *im Substantiv, unbetont, begrenzt produktiv, nur Singular* **Bauchweh, Halsweh, Kopfweh** *und andere* Schmerzen an dem genannten Körperteil

we·he! ['veːə] verwendet als Drohung | *Wehe (dir), wenn du gelogen hast!*

We·he ['veːə] *die*; (-, -n) **1** *meist Plural* das schmerzhafte Zusammenziehen der Muskeln in der Gebärmutter, kurz vor und während der Geburt des Kindes ⟨die Wehen setzen ein; Wehen bekommen, haben⟩ **2** Schnee oder Sand, den der Wind zu einem großen Haufen geweht hat **K** Schneewehe

★ **we·hen** VERB ['veːən] (wehte, hat geweht) **1** **etwas weht eine Sache irgendwohin** der Wind oder der Sturm bewegt etwas irgendwohin | *Der Wind wehte die welken Blätter auf den Rasen* **2** **etwas weht (irgendwoher)** der Wind oder der Sturm bläst (aus einer Richtung) | *Heute weht ein starker Wind (aus Osten)* **3** **etwas weht im Wind** etwas bewegt sich im Wind | *Die Fahnen wehten im Wind*

Weh·ge·schrei *das* lautes Klagen wegen seelischer oder körperlicher Schmerzen

Weh·kla·ge *die*; *geschrieben* ≈ *Wehgeschrei*

weh·kla·gen VERB (wehklagte, hat gewehklagt); *geschrieben* **(über etwas** *(Akkusativ)***) wehklagen** wegen eines seelischen Schmerzes laut jammern

weh·lei·dig ADJEKTIV; *abwertend* **1** ⟨ein Mensch, ein Kind⟩ zu empfindlich und so, dass sie auch über kleine Schmerzen klagen **2** jammernd, um Mitleid zu erregen ⟨eine Stimme⟩ • hierzu **Weh·lei·dig·keit** *die*

Weh·mut *die*; *nur Singular* eine leichte Trauer bei der Erinnerung an etwas Vergangenes ⟨Wehmut erfasst, ergreift jemanden; voll Wehmut an etwas denken⟩

weh·mü·tig ADJEKTIV voller Wehmut | *wehmütig lächeln* • hierzu **Weh·mü·tig·keit** *die*

Wehr[1] *die* **sich zur Wehr setzen** sich verteidigen | *sich gegen einen Räuber zur Wehr setzen*

Wehr[2] *das*; (-(e)s, -e) eine Art Mauer, mit der das Wasser in einem Bach oder Fluss gestaut wird (um den Wasserstand zu regeln)

Wehr·be·auf·trag·te *der*; ⓓ ein Beauftragter des Bundestages mit der Aufgabe, die Einhaltung der Grundrechte in der Bundeswehr zu überwachen **H** *ein Wehrbeauftragter; der Wehrbeauftragte; den, dem, des Wehrbeauftragten*

★ **Wehr·dienst** *der*; *nur Singular* eine Ausbildung und der Dienst als Soldat in einer Armee | *Seit 2011 ist der Wehrdienst in Deutschland freiwillig* **K** Wehrdienstverweigerer, Wehrdienstverweigerung

★ **weh·ren** VERB (wehrte, hat gewehrt) **1** **sich (gegen jemanden/etwas) wehren** sich gegen einen Angriff schützen, indem man zu kämpfen beginnt ⟨sich heftig, tapfer, vergeblich wehren⟩ ≈ *sich verteidigen* **2** **sich gegen etwas wehren** mit Argumenten erklären, dass ein Verhalten oder eine Meinung richtig war ⟨sich gegen Vorwürfe, Verdächtigungen wehren⟩ ■ **ID** **Wehret den Anfängen!** verwendet als Aufforderung, eine negative Entwicklung schon am Anfang aufzuhalten

wehr·fä·hig ADJEKTIV für fähig erklärt, den Wehrdienst zu leisten ≈ *tauglich*

wehr·haft ADJEKTIV; *veraltend* **1** fähig, sich zu verteidigen ⟨ein Mensch, ein Tier⟩ **2** gut befestigt ⟨eine Burg⟩

wehr·los ADJEKTIV unfähig, sich zu verteidigen oder etwas gegen eine Gefahr zu tun ⟨gegen jemanden/etwas wehrlos sein; etwas wehrlos über sich ergehen lassen⟩ • hierzu **Wehr·lo·sig·keit** *die*

Wehr·macht *die*; *nur Singular*; *historisch* die deutschen Streitkräfte in der Zeit von 1935–1945

Wehr·pflicht *die* die Pflicht junger Bürger in manchen Ländern, eine Zeit lang als Soldaten Dienst zu tun | *Die Wehrpflicht wurde in Deutschland 2011 abgeschafft* • hierzu **wehr·pflich·tig** ADJEKTIV

★ **weh·tun**, **weh tun** VERB (tut weh, tat weh, hat wehgetan/weh getan) **1** **jemandem wehtun** jemandem einen körperlichen oder seelischen Schmerz zufügen | *Deine Bemerkung hat mir wehgetan* | *Lass das, du tust mir weh!* **2** **etwas tut**

(jemandem) weh etwas ist in einem Zustand, in dem jemand Schmerzen spürt | *Mein rechter Fuß tut weh* | *Mir tut der Kopf weh* | *Wo tut es weh?*

Weh·weh·chen [ve've:çən] *das;* (-s, -); *gesprochen, ironisch* nicht sehr schlimme Schmerzen, über die der Betroffene aber ständig klagt | *Der mit seinen Wehwehchen!*

Weib *das;* (-(e)s, -er) **1** *gesprochen, abwertend* ≈ *Frau* **2** *veraltet* eine Frau oder Ehefrau

Weib·chen *das;* (-s, -) ein weibliches Tier | *Ist dein Hase ein Männchen oder ein Weibchen?*

Wei·ber·feind *der; abwertend* ein Mann, der Frauen hasst oder verachtet und sie daher meidet

wei·bisch ADJEKTIV; *abwertend* ⟨ein Mann⟩ so, dass er nicht diejenigen Eigenschaften hat, die als typisch männlich gelten

★ **weib·lich** ADJEKTIV **1** Frauen und Mädchen sind weiblich, sie gehören zum weiblichen Geschlecht ↔ *männlich* **2** (bei Tieren) von dem Geschlecht, das Junge bekommen oder Eier legen kann **3** (bei Pflanzen) von der Sorte, die Früchte bildet **4** zu Mädchen oder Frauen gehörend ⟨eine Stimme, ein Vorname⟩ **5** typisch oder üblich für Frauen ⟨eine Eigenschaft⟩ **6** in der Grammatik mit dem Artikel *die* verwendet ⟨ein Substantiv, ein Artikel⟩ ≈ *feminin* I → Infos unter **Geschlecht**

Weibs·bild *das; gesprochen, abwertend* verwendet als Schimpfwort für eine Frau

★ **weich** ADJEKTIV **1** so, dass etwas leicht geformt werden kann und bei Druck nachgibt ⟨eine Masse, ein Teig⟩ ↔ *hart* **2** so, dass es angenehm ist, etwas zu berühren ⟨Wolle, das Fell, Samt⟩ ↔ *rau* K samtweich, seidenweich **3** elastisch und so, dass man bequem darauf sitzen oder liegen kann ⟨ein Bett, ein Kissen, eine Matratze, ein Sessel⟩ **4** sehr reif oder lange gekocht und daher leicht zu kauen ⟨eine Birne, eine Tomate; weich gedünstet, gekocht⟩ | *Das Gemüse ist noch nicht weich* **5** mit freundlichen Gefühlen, voll Mitleid, Verständnis und Großzügigkeit ⟨ein weiches Herz/Gemüt haben⟩ | *Für diese Verhandlungen ist er zu weich* (Er gibt zu leicht nach, ist zu großzügig) **6** mit runden, nicht eckigen Formen und daher freundlich wirkend ⟨ein Gesicht⟩ **7** so, dass Töne angenehm klingen ⟨eine Stimme, ein Klang⟩ **8** angenehm für die Augen ⟨eine Farbe, das Licht⟩ **9** mit schwacher Wirkung und nicht so gefährlich ⟨Drogen⟩ **10** **jemand wird weich** jemand gibt nach

Wei·che *die;* (-, -n) **1** über Weichen an Schienen fahren Züge, Straßenbahnen o. Ä. auf ein anderes Gleis ⟨die Weichen stellen⟩ K Weichensteller, Weichenwärter **2** *meist Plural* die Flanke bei einem Pferd ■ **ID die Weichen für etwas stellen** etwas tun oder entscheiden, um einem Plan o. Ä. die gewünschte Richtung zu geben

wei·chen VERB (wich, ist gewichen) **1** **(vor) jemandem/etwas weichen** (gegenüber einem stärkeren Gegner) kapitulieren und weggehen ⟨(vor) dem Gegner, einer Übermacht weichen; der Gewalt weichen müssen⟩ **2** **nicht von irgendwo weichen** *geschrieben* an der genannten Stelle bleiben | *Sie wich nicht von seiner Seite* **3** **etwas weicht (von jemandem)** etwas verliert (langsam) die Wirkung | *Allmählich wich die Angst* **4** **etwas weicht einer Sache** (*Dativ*) *geschrieben* etwas macht Platz für etwas anderes, etwas wird durch etwas anderes ersetzt | *Der Winter wich dem Frühling* **5** **etwas weicht** *geschrieben* etwas verschwindet ⟨die Nacht, der Nebel⟩

weich·her·zig ADJEKTIV ≈ *mitleidig* ● hierzu **Weich·her·zig·keit** *die*

weich·lich ADJEKTIV; *abwertend* **1** charakterlich nicht stark **2** körperlich schwach **3** nicht streng genug ⟨Erziehung⟩

Weich·ling *der;* (-s, -e); *abwertend* ein weichlicher Mann

Weich·sel [-ks-] *die besonders süddeutsch* ≈ *Sauerkirsche* K Weichselbaum, Weichselkirsche

Weich·spü·ler *der* ein flüssiges Mittel, das man in das Wasser gibt, damit die Wäsche weicher wird

Weich·tei·le *die; Plural* der weiche Teil des Körpers am Bauch, wo keine Knochen sind

Weich·tier *das* ein Tier ohne Skelett

weich·wer·den VERB ≈ *weich werden*

Wei·de *die;* (-, -n) **1** ein Stück Land, das mit Gras bewachsen ist und auf dem Kühe, Pferde, Schafe o. Ä. fressen ⟨die Tiere auf die Weide treiben⟩ K Weidefläche, Weideland **2** ein Baum mit langen, biegsamen Zweigen, der meist in der Nähe von Flüssen und Seen wächst K Weidenbaum

wei·den VERB (weidete, hat geweidet) **1** **ein Tier weidet** ein Tier ist auf der Weide und frisst Gras ⟨Kühe, Schafe, Pferde⟩ **2** **sich an etwas** (*Dativ*) **weiden** *geschrieben, oft abwertend* sich an etwas freuen, meist weil es anderen Leuten schlecht geht | *Er weidete sich an ihrer Angst*

Wei·den·kätz·chen *das* die grauen Blüten von Weiden, die weich wie ein Pelz sind

weid·lich ADVERB; *veraltend* in vollem Maße, gründlich

Weid·mann *der;* (-(e)s, Weid·män·ner) von Jägern verwendet als Bezeichnung für einen Jäger ● hierzu **weid·män·nisch** ADJEKTIV

Weid·manns·heil! von Jägern verwendet als Gruß bei der Jagd

★ **wei·gern** VERB (weigerte sich, hat sich geweigert) **sich weigern (zu** +*Infinitiv*) nicht bereit sein, etwas zu tun | *Er weigert sich zu gehorchen* ● hierzu **Wei·ge·rung** *die*

Wei·he ['vaiə] *die;* (-, -n) eine kirchliche Zeremonie, bei der man um den Segen Gottes für jemanden/etwas bittet K Priesterweihe, Altarweihe

★ **wei·hen** VERB ['vaiən] (weihte, hat geweiht) **1** **etwas weihen** (als katholischer Geistlicher) einem Gegenstand die Weihe geben **2** **jemanden (zu etwas) weihen** (als katholischer Geistlicher) jemandem eine Weihe geben ⟨jemanden zum Priester, zum Bischof weihen⟩ **3** **jemandem jemanden/etwas weihen** (als katholischer Geistlicher) eine Person, ein Gebäude o. Ä. in den Dienst (eines) Gottes stellen | *Dieser Tempel war dem Jupiter geweiht* **4** **jemandem/etwas etwas weihen** einer Sache oder einer Person mit sehr viel Zeit und Kraft helfen | *Er hatte sein Leben der Forschung geweiht* **5** **jemand ist dem Tod geweiht** *euphemistisch* jemand wird bald sterben **6** **ein Volk/ein Reich** *o. Ä.* **ist dem Untergang geweiht** ein Volk, ein Reich o. Ä. wird untergehen **7** **sich jemandem/etwas weihen** alle Kraft für jemanden/etwas geben oder opfern

Wei·her ['vaiə] *der;* (-s, -); *besonders süddeutsch* ein meist natürlicher, kleiner See ≈ *Teich* K Dorfweiher, Fischweiher

wei·he·voll ['vaiə-] ADJEKTIV; *geschrieben* sehr feierlich

Weih·nacht *die;* (-) ≈ *Weihnachten* | *jemandem eine gesegnete Weihnacht wünschen* K Weihnachtseinkäufe, Weihnachtsfeier, Weihnachtsfest, Weihnachtsgeschenk, Weihnachtslied, Weihnachtsplätzchen ● hierzu **weih·nacht·lich** ADJEKTIV

weih·nach·ten VERB **es weihnachtet** es wird bald Weihnachten sein

★ **Weih·nach·ten** (*das*); (-, -); *meist Singular* **1** der 25. Dezember, an dem die christliche Kirche die Geburt von Jesus Christus feiert **2** die Zeit vom Heiligen Abend (24. Dezember) bis zum zweiten Weihnachtsfeiertag (26. Dezember) ⟨zu/an, nach, vor, über Weihnachten; sich (*Dativ*) etwas zu Weihnachten wünschen; jemandem etwas zu Weihnachten schenken⟩ | *Frohe Weihnachten und ein glückliches neues Jahr!* **3** **grüne/weiße Weihnachten** Weihnachten ohne/mit Schnee I → Info-Fenster nächste Seite

W

LANDESKUNDE

▶ Weihnachten

Der Abend des 24. Dezember heißt **Heiligabend** oder **Weihnachtsabend**. Es ist Brauch, an diesem Tag den **Weihnachtsbaum** mit Lichtern, bunten Glaskugeln, Figuren und Lametta zu schmücken. In einigen Familien wird eine **Weihnachtskrippe** aufgestellt.

Am späten Nachmittag findet die Bescherung statt: Es werden **Weihnachtslieder** gesungen, zu den bekanntesten gehören **O Tannenbaum** und **Stille Nacht, Heilige Nacht**. Danach bekommen vor allem die Kinder Geschenke, die ihnen in Süddeutschland das **Christkind**, im Norden Deutschlands der **Weihnachtsmann** bringt. Viele Menschen gehen spät abends zur **Christmette** in die Kirche.

Die beiden **Weihnachtsfeiertage**, den 25. und 26. Dezember, verbringt man meist im Kreis der Familie. Mittags gibt es ein besonderes Festessen, oft Gänsebraten oder Karpfen. Nachmittags wird zum Kaffee das in der Adventszeit vorbereitete typische Weihnachtsgebäck, verschiedene Sorten **Plätzchen**, **Lebkuchen** und **Christstollen** angeboten. Auch an diesen Tagen finden in den Kirchen besondere Gottesdienste statt.

Weih·nachts·abend *der* der Abend des 24. Dezember ≈ *Heilig(er) Abend*

Weih·nachts·bä·cke·rei *die* das Backen von besonderem Gebäck für Weihnachten

Weih·nachts·baum *der* eine Fichte, Tanne o. Ä., die während der Weihnachtszeit aufgestellt wird und mit Kerzen, Figuren o. Ä. geschmückt ist

Weih·nachts·fei·er *die* eine Feier für die Mitarbeiter am Arbeitsplatz im Dezember

Weih·nachts·fei·er·tag *der* **der erste/zweite Weihnachtsfeiertag** der 25./26. Dezember

Weih·nachts·geld *das; meist Singular* zusätzliches Geld, das Arbeitnehmer zu Weihnachten erhalten

Weih·nachts·ge·schäft *das* der Verkauf von Waren für Weihnachten | *Das Weihnachtsgeschäft läuft gut*

Weih·nachts·mann *der* eine Gestalt, ähnlich wie der Nikolaus, die (im Glauben der Kinder) zu Weihnachten Geschenke bringt | *Wir warten auf den Weihnachtsmann!* **I** → Infos unter **Nikolaus** und **Weihnachten**

Weih·nachts·markt *der* ein Markt in der Zeit vor Weihnachten, auf dem Süßigkeiten, Spielzeug usw. verkauft werden

Weih·nachts·pa·pier *das* bunt bedrucktes Papier zum Einwickeln von Weihnachtsgeschenken

Weih·nachts·py·ra·mi·de *die* ein Gestell mit weihnachtlichen Figuren auf mehreren Etagen und Propeller an der Spitze. Die Etagen mit den Figuren drehen sich, wenn man Kerzen unten an der Pyramide anzündet

Weih·nachts·stern *der* **1** ein sehr heller Stern, der bei der Geburt von Jesus Christus leuchtete **2** ein sternförmiger Schmuck für den Weihnachtsbaum **3** eine Zimmerpflanze mit roten sternförmigen Blättern ≈ *Christstern*

Weih·nachts·zeit *die* Weihnachten und die Tage davor (ab 1. Advent) und danach (bis 6. Januar)

Weih·rauch *der; nur Singular* **1** ein Harz, das einen aromatischen Duft entwickelt, wenn es brennt **2** der aromatische Rauch des Weihrauchs

Weih·was·ser *das* Wasser, das von einem katholischen Priester gesegnet wurde ⟨etwas mit Weihwasser besprengen⟩ **K** Weihwasserbecken, Weihwasserkessel

★ **weil** BINDEWORT verwendet, um eine Begründung einzuleiten | *Er kann nicht kommen, weil er krank ist* | *„Warum gehst du schon?" – „Weil ich noch einkaufen muss."* **I** In der gesprochenen Sprache steht das Verb oft nicht am Ende des Satzes: *Er kann nicht kommen, weil er ist krank.*

Weil·chen *das;* (-s) eine relativ kurze Zeit | *Es wird noch ein Weilchen dauern*

★ **Wei·le** *die;* (-) eine Zeit von unbestimmter Dauer ⟨eine kleine, ganze, geraume Weile⟩ | *Er kam nach einer Weile zurück*

wei·len VERB (weilte, hat geweilt); *geschrieben* **irgendwo weilen** sich irgendwo aufhalten | *Der Dichter weilte drei Jahre in Italien* ■ **ID jemand weilt nicht mehr unter uns/den Lebenden** jemand ist tot

Wei·ler *der;* (-s, -) ein kleines Dorf mit nur wenigen Häusern | *ein einsamer Weiler*

★ **Wein** *der;* (-(e)s, -e) **1** ein alkoholisches Getränk, das aus Weintrauben hergestellt wird ⟨ein lieblicher, leichter, herber, trockener, schwerer Wein; Wein kosten, probieren, panschen⟩ **K** Weinbecher, Weinfass, Weinflasche, Weinglas, Weinhandlung, Weinhändler, Weinkenner, Weinlokal, Weinsorte; Rotwein, Tischwein, Weißwein **I** Den Plural verwendet man nur, um über verschiedene Sorten von Wein zu sprechen **2** *nur Singular* der Strauch, an dem Weintrauben wachsen ⟨Wein anbauen⟩ ≈ *Weinrebe* **K** Weinblatt, Weinlaub, Weinranke **3** *nur Singular* die Weintrauben ⟨Wein ernten; der Wein ist reif⟩ ■ **ID Im Wein ist Wahrheit** wer Wein o. Ä. getrunken hat, erzählt einiges, was er sonst nicht erzählen würde; **jemandem reinen Wein einschenken** einer Person die für sie unangenehme Wahrheit sagen; **junger Wein in alten Schläuchen** etwas, das neu zu sein scheint, aber nicht viele Veränderungen bringt

Wein·bau *der; nur Singular* das Anpflanzen und Pflegen von Weinreben ⟨Weinbau betreiben⟩ **K** Weinbaugebiet

Wein·bau·er *der* ≈ *Winzer*

Wein·berg *der* ein Stück Land, das mit Weinreben bepflanzt ist

Wein·berg·schne·cke *die* eine essbare Schnecke

Wein·brand *der* Branntwein, der aus Wein gewonnen wird

★ **wei·nen** VERB (weinte, hat geweint) **1** **(aus/vor etwas** *(Dativ)***) weinen** Tränen in den Augen haben (und schluchzen), weil man traurig ist oder Schmerzen hat ⟨aus Angst, vor Kälte, vor Kummer, vor Schmerzen weinen⟩ | *Das ist nicht schlimm, deswegen brauchst du doch nicht zu weinen!* **2** **um jemanden weinen** sehr traurig sein (und weinen), weil man jemanden durch Tod oder Trennung verloren hat **3** **bittere Tränen weinen** heftig weinen ■ **ID Das ist zum Weinen!** *gesprochen* Das ist sehr schlecht oder sehr enttäuschend

wei·ner·lich ADJEKTIV dem Weinen nahe ⟨eine Stimme, ein Tonfall, ein Gesicht⟩

Wein·jahr *das* **ein gutes/schlechtes Weinjahr** ein Jahr mit guter/schlechter Weinlese

Wein·kar·te *die* eine Liste der Weine in einer Gaststätte

Wein·kel·ler *der* ein Keller, in dem Wein gelagert wird

Wein·krampf *der* sehr heftiges Weinen | *von einem Weinkrampf geschüttelt werden*

Wein·le·se *die* die Ernte der Weintrauben

Wein·pro·be *die* das Probieren verschiedener Weine ⟨eine Weinprobe machen⟩

Wein·re·be *die* die Pflanze, aus deren Beeren Wein hergestellt wird

wein·rot ADJEKTIV dunkelrot

wein·se·lig ADJEKTIV in heiterer Stimmung, nachdem man viel Wein getrunken hat

Wein·stein *der; nur Singular* eine harte Substanz, die

manchmal im Wein entsteht

Wein·stock *der* die Pflanze, aus deren Beeren Wein hergestellt wird

Wein·stra·ße *die* eine Straße, die durch ein bekanntes Weinbaugebiet führt ⟨die Badische, Steirische Weinstraße⟩

Wein·stu·be *die* ein Lokal, in dem man Wein trinkt

Wein·trau·be *die; meist Plural* die meist grünen oder roten Beeren des Weinstocks, die an einem Stiel wachsen

WEINTRAUBEN

★ **wei·se** ADJEKTIV **1** klug und erfahren ⟨ein weiser alter Mann; weise handeln, urteilen⟩ **2** ⟨ein Rat, ein Spruch⟩ so, dass sie Weisheit und Erfahrung enthalten

★ **Wei·se**[1] *die;* (-, -n) **1** *meist Singular* verwendet, um zu sagen, wie etwas geschieht oder gemacht wird ⟨auf andere, geheimnisvolle, unterschiedliche, wundersame Weise; auf diese Art und Weise; in gewohnter, gleicher Weise⟩ | *So lernen Kinder auf spielerische Weise | Das funktioniert in 'der Weise, dass ...* **2** eine meist einfache Melodie | *alte Weisen singen/spielen* **3** **in gewisser Weise** ≈ *irgendwie* **4** **in keinster Weise** überhaupt nicht

Wei·se[2] *der;* (-n, -n) ein gelehrter und erfahrener Mensch **H** *ein Weiser; der Weise; den, dem, des Weisen* ■ **ID die Drei Weisen aus dem Morgenland** die Heiligen Drei Könige (in der Bibel)

-wei·se *im Adjektiv, unbetont, sehr produktiv, meist adverbiell* **1** **aushilfsweise, ausnahmsweise, leihweise, probeweise, versuchsweise, zwangsweise** *und andere* drückt aus, auf welche Art und Weise etwas geschieht oder gemacht wird **2** **dutzendweise, stückweise, literweise, haufenweise, kiloweise, portionsweise, schrittweise, stufenweise** *und andere oft humorvoll oder ironisch* verwendet, um die genannte Menge oder das Maß zu bezeichnen | *etwas kommt massenweise vor | etwas pfundweise essen | nur zentimeterweise vorankommen | stundenweise irgendwo arbeiten* **3** **bedauerlicherweise, dummerweise, glücklicherweise, seltsamerweise, möglicherweise, notwendigerweise, vernünftigerweise** *und andere* drückt aus, wie man eine Situation bewertet, einschätzt | *erfreulicherweise nicht verletzt sein | merkwürdigerweise verschwunden sein | etwas unbegreiflicherweise behaupten | etwas überflüssigerweise hinzufügen*

wei·sen VERB (wies, hat gewiesen) **1** **(jemandem) etwas weisen** *geschrieben* jemandem etwas zeigen ⟨den Weg, die Richtung weisen⟩ **2** **jemanden von/aus etwas weisen** befehlen, dass jemand einen Ort oder eine Institution verlässt | *Er wurde von/aus der Schule gewiesen* **3** **etwas (weit) von sich** (*Dativ*) **weisen** etwas entschieden ablehnen ⟨einen Verdacht, eine Vermutung⟩ **4** **irgendwohin weisen** *geschrieben* irgendwohin zeigen | *Die Magnetnadel weist nach Norden | Alle wiesen mit dem Finger auf ihn*

★ **Weis·heit** *die;* (-, -en) **1** *nur Singular* die große Erfahrung, durch welche eine Person gelassen gute Entscheidungen trifft (besonders bei älteren Menschen) **2** eine Aussage, die Weisheit enthält ■ **ID Behalte deine Weisheit für dich!** *gesprochen, ironisch* Deine Ratschläge werden nicht gebraucht; **Er/Sie hat die Weisheit nicht (gerade) mit Löffeln gefressen** *gesprochen, ironisch* Er/Sie ist nicht sehr klug; **(nicht) der Weisheit letzter Schluss** (nicht) die ideale Lösung; **mit seiner Weisheit am Ende sein** nicht mehr wissen, was man tun soll

Weis·heits·zahn *der* einer der vier hinteren Backenzähne des Menschen, die man meist erst als Erwachsener bekommt

weis·ma·chen VERB (machte weis, hat weisgemacht) **jemandem etwas weismachen (wollen)** jemanden dazu bringen (wollen), etwas zu glauben, was nicht der Wirklichkeit entspricht

★ **weiß** ■ PRÄSENS, 1. UND 3. PERSON SINGULAR **1** → wissen ■ ADJEKTIV **2** von der Farbe von Schnee oder Milch ⟨blendend, strahlend weiß; weiß wie (der) Schnee⟩ ↔ *schwarz* **3** (in Bezug auf Menschen einer europäischen Rasse) mit heller Haut ⟨die Hautfarbe⟩ ■ **ID weiß wie die Wand** sehr blass; → Maus, Tod

★ **Weiß** *das;* (-(es), -); *meist Singular* **1** die Farbe von frisch gefallenem Schnee **2** *ohne Artikel* der Spieler bei einem Brettspiel, der mit den hellen Figuren bzw. auf den hellen Feldern spielt | *Weiß ist am Zug* **3** **in Weiß** in weißer Kleidung | *Sie heiratet in Weiß* Sie trägt bei der Hochzeit ein weißes Brautkleid)

weis·sa·gen VERB (weissagte, hat geweissagt) **(jemandem) etwas weissagen** jemandem etwas vorhersagen ⟨ein Ereignis, die Zukunft weissagen⟩ ≈ *prophezeien* ● hierzu **Weis·sager** *der;* **Weis·sa·ge·rin** *die;* **Weis·sa·gung** *die*

Weiß·bier *das* helles Bier, das aus Weizen gebraut ist ≈ *Weizen(bier)*

WEISSBIER

weiß·blond ADJEKTIV sehr hellblond ⟨Haar⟩

★ **Weiß·brot** *das* ein helles Brot, das aus Weizenmehl gemacht wird **K** → Infos unter **Brot**

Wei·ße *der/die;* (-n, -n) ein Mensch mit der hellen Hautfarbe, die z. B. für Europäer typisch ist **H** *ein Weißer; der Weiße; den, dem, des Weißen*

Weiß·glut *die; nur Singular* das sehr helle Glühen von stark erhitztem Metall ■ **ID jemanden zur Weißglut bringen/treiben** jemanden zur größten Wut reizen

Weiß·gold *das* ein silbriges Metall, das aus einer Verbindung von Gold mit Silber und Platin besteht

Weiß·kohl *der; nur Singular; norddeutsch* ein weißlicher oder hellgrüner Kohl

Weiß·kraut *das; nur Singular; süddeutsch* Ⓐ ≈ *Weißkohl*

★ **weiß·lich** ADJEKTIV fast weiß

weiß·wa·schen VERB (wäscht weiß, wusch weiß, hat weißgewaschen) **jemanden (von etwas) weißwaschen** jemanden oder sich selbst von einem Verdacht befreien **H** meist im Infinitiv oder im Perfekt

Weiß·wurst *die; süddeutsch* Ⓐ eine aus Kalbfleisch hergestellte Wurst, die in Wasser heiß gemacht wird

Wei·sung *die;* (-, -en); *admin* ≈ *Befehl, Anweisung* **K** Weisungsbefugnis; weisungsbefugt, weisungsberechtigt

★ **weit** ADJEKTIV (weiter, weitest-) **1** so, dass eine Entfernung groß ist | *Der Sender reicht ziemlich weit | Er wohnt ziemlich weit von hier | Das Ziel ist noch weit (entfernt/weg)* **2** verwendet mit einer Maßangabe, um eine Distanz anzugeben | *Er springt sechs Meter weit | Sie warf den Ball 30 Meter weiter | Wie weit ist es noch bis zum Bahnhof?* **3** so, dass Kleidung nicht eng am Körper liegt | *ein zu weites Kleid enger machen* **4** so, dass etwas eine große Fläche bedeckt ⟨das Meer, ein Tal, die Wälder⟩ | *hinaus aufs weite Meer fahren/in die große, weite Welt ziehen* (weit weg von zu Hause/vom Ufer (dorthin, wo es viel Neues zu erleben gibt) **5** **weit älter/größer/schöner/...** verwendet, um zu sagen, dass ein Unterschied groß ist | *Ich hatte mit weit höheren Kosten/mit weit mehr gerechnet | Sie singt weit besser als er* **6** *meist adverbiell* mit großem zeitlichen Abstand oder Unterschied | *weit nach Mitternacht | Das hätten wir schon*

weit früher wissen sollen **7** *meist adverbiell* an einem späten Punkt einer Entwicklung | *Die Verhandlungen sind schon weit fortgeschritten* **8** **bei Weitem/weitem** mit großem Abstand | *Sie ist bei Weitem die Beste gewesen* **9** **von Weitem/weitem** aus großer Entfernung | *Man konnte schon von Weitem sehen, dass …* **10** **von weit her** von weit entfernten Orten | *Die Gäste waren von weit her angereist* **11** **weit und breit** in der ganzen Umgebung | *So einen schönen Baum findest du sonst weit und breit nicht*
■ **ID** ▸weit plus Verb: **Das führt zu weit** Das ist zu umständlich, das gehört nicht zum Thema; **eine Person hat es weit gebracht** jemand hat im Leben oder im Beruf viel geleistet oder erreicht; **Da ist er/sie zu weit gegangen!** Das hätte er/sie nicht tun oder sagen dürfen; **Das geht zu weit!** Das ist nicht mehr akzeptabel; **weit gereist** so, dass jemand schon in vielen Ländern gewesen ist | *ein weit gereister Mann*; **weit hergeholt** nicht zum Thema gehörend ‹Argumente, ein Beispiel›; **das Weite suchen** *gesprochen* davonlaufen;
▸andere Verwendungen: **eine Person/Sache ist viel weiter als jemand/etwas** eine Person/Sache hat mehr Fortschritte (in einer Entwicklung) gemacht als jemand/etwas; **mit etwas ist es nicht weit her** etwas ist nicht sehr gut; **so weit, so gut** bis hierher oder bis jetzt ist alles in Ordnung

WEIT
ENG

weit eng

-weit *im Adjektiv, unbetont, begrenzt produktiv* **bundesweit, europaweit, landesweit, weltweit** *und andere* drückt die räumliche Ausdehnung einer Sache aus

weit·ab ADVERB **weitab von** in relativ großer Entfernung von ‹weitab von der Stadt, vom Lärm›

weit·aus ADVERB verwendet, um ein Adjektiv (im Komparativ oder Superlativ) zu verstärken ‹weitaus besser, schneller; weitaus das Sicherste›

Weit·blick *der; nur Singular* die Fähigkeit, kommende Entwicklungen richtig zu beurteilen | *ein Politiker mit großem Weitblick*

weit·bli·ckend, weit bli·ckend ADJEKTIV (weiter blickend/weitblickender, weitestblickend-/weitblickendst-) mit der Fähigkeit, kommende Entwicklungen richtig zu beurteilen

★ **Wei·te** *die*; (-, -n) **1** eine sehr große Fläche ‹die Weite des Meeres› | *die endlose Weite der Sahara* **2** ein nicht genau bezeichneter Ort, der sehr weit weg ist ≈ *Ferne* | *in die Weite schauen* **3** eine gemessene Entfernung | *Beim Diskuswerfen wurden Weiten bis zu 70 m erzielt* **4** die Größe eines Kleidungsstücks in Bezug auf den Umfang | *ein Rock mit verstellbarer Weite* **5** die Öffnung, der Durchmesser ‹die Weite eines Gefäßes, eines Rohrs› **6** **die lichte Weite** die Entfernung von Innenrand zu Innenrand einer Öffnung

wei·ten VERB (weitete, hat geweitet) **1** **etwas weiten** ein Kleidungsstück so ändern, dass es größer wird und nicht zu eng am Körper ist **2** **etwas weitet sich** etwas wird in der Fläche größer | *Seine Augen weiteten sich vor Entsetzen*

★ **wei·ter** ■ ADVERB **1** so, dass jemand/etwas nicht aufhört ≈ *weiterhin* | *Die Probleme werden weiter bestehen* | *Wenn es weiter so stark schneit …* **2** verwendet, um die Fortsetzung einer Handlung zu bezeichnen | *Bitte weiter!* | *Halt, nicht weiter!* **3** zusätzlich ≈ *außerdem* | *Was (geschah) weiter?* | *Außer ihr war weiter niemand gekommen* **4** **nichts weiter (als)** nichts anderes ≈ *nur* | *Das ist nichts weiter als ein Versehen* | *Er ist ein Lügner, nichts weiter* **5** **und so weiter** → und
■ ADJEKTIV *meist attributiv* **6** neu hinzukommend, zusätzlich | *Ein weiteres Problem ist das Geld* **7** später in einem Text, Gespräch oder Geschehen | *die weitere Entwicklung abwarten* | *Im weiteren Verlauf des Interviews/Im Weiteren äußerte sich der Botschafter zufrieden über …* **8** **ohne Weiteres/weiteres** einfach so, ohne Schwierigkeiten | *Sie könnte das ohne Weiteres tun* | *Sie können hier nicht so ohne Weiteres reinplatzen!* **9** **bis auf Weiteres/weiteres** bis etwas anderes mitgeteilt wird ≈ *vorläufig* **10** **des Weiteren** ≈ *außerdem, zusätzlich* | *Die Halle muss komplett renoviert werden. Des Weiteren ist die Zufahrt neu zu bauen*
■ **ID** **Das ist nicht weiter schlimm** Das macht nichts; **Wenn es weiter nichts ist** *oft ironisch* Das ist gar kein Problem

★ **wei·ter-** (*im Verb, betont und trennbar, sehr produktiv; Diese Verben werden so gebildet:* weitergehen, ging weiter, weitergegangen) **1** **weiterfahren, weitergehen, weiterkommen, weiterlaufen; jemanden/etwas weiterschleppen, weitertreiben** *und andere* drückt aus, dass eine Bewegung oder ein Transport fortgesetzt wird, oft nach einer Pause | *Am Montag reisen wir nach Paris weiter* **2** **weiterarbeiten, weiterbestehen, weiterreden, weiterschlafen; etwas weiterbehandeln, weiterverarbeiten; sich/etwas weiterentwickeln** *und andere* drückt aus, dass eine Handlung oder ein Vorgang fortgesetzt wird oder dass ein Zustand andauert | *Das Feuer brannte weiter* (Das Feuer hörte nicht auf zu brennen) **3** **(jemandem) etwas weitererzählen, weitergeben, weitervererben; jemanden/etwas weiterschicken, weitervermitteln** *und andere* drückt aus, dass man selbst auch etwas tut (was auf ähnliche Weise vorher von anderen Leuten getan wurde) | *Ich habe das Buch zweimal geschenkt bekommen. Eines schenke ich weiter* (Ich schenke eines der Bücher einer anderen Person)

Wei·ter- *im Substantiv, betont, begrenzt produktiv* **1** **die Weiterbeförderung, die Weiterfahrt, der Weiterflug, der Weitertransport, die Weiterreise** *und andere* bezeichnet die Fortsetzung einer Fortbewegung oder des Transports einer Sache (meist nach einer Pause) **2** **die Weiterbehandlung, die Weiterverarbeitung** *und andere* bezeichnet die Fortsetzung einer Arbeit oder eines Vorgangs (meist in einem neuen Stadium) **3** **die Weiterempfehlung, die Weitergabe, die Weiterleitung, die Weitervermittlung** drückt aus, dass etwas, das eine Person hat, an eine andere Person gegeben, vermittelt o. Ä. wird

★ **wei·ter·bil·den** VERB (*hat*) **sich weiterbilden** einen Kurs machen oder Fachbücher lesen, um das berufliches Wissen zu erweitern und zu aktualisieren • hierzu **Wei·ter·bil·dung** *die*

wei·ter·brin·gen VERB (*hat*) **Das bringt mich/uns nicht weiter** das hilft mir/uns auch nicht sehr (bei der Lösung eines Problems)

wei·ter·emp·feh·len VERB (*hat*) **(jemandem) eine Person/Sache weiterempfehlen** eine Person oder Sache, mit der man gute Erfahrungen gemacht hat, auch anderen Leuten empfehlen

wei·ter·füh·ren VERB (*hat*) **1** **etwas weiterführen** etwas fortsetzen | *Die Verhandlungen werden morgen weitergeführt* **2** **Das führt uns nicht weiter** das hilft uns nicht

wei·ter·füh·rend ■ PARTIZIP PRÄSENS **1** → weiterführen
■ ADJEKTIV **2** **eine weiterführende Schule** eine Schule, die

W

zu einem Abschluss führt, der über die allgemeine Schulpflicht hinausgeht (z. B. Realschule, Gymnasium)

★ **wei·ter·ge·ben** VERB *(hat)* **1** **etwas (an jemanden) weitergeben** etwas, das man selbst von einer Person bekommen hat, einer anderen Person geben | *Sie nahm sich eines der Blätter und gab die restlichen weiter* **2** **etwas (an jemanden) weitergeben** jemandem etwas mitteilen | *Gebt die Informationen bitte an diejenigen weiter, die heute fehlen*

★ **wei·ter·ge·hen** VERB *(ist)* **1** nicht an einem Ort bleiben, nicht stehen bleiben | *Bitte gehen Sie weiter, hier gibt es nichts zu sehen* | *Wollen wir hier Rast machen oder weitergehen?* **H** aber: *Ich kann weiter gehen als du* (getrennt geschrieben) **2** nach einer Pause einen Weg fortsetzen | *Wir ruhten uns eine Weile aus und gingen dann weiter* **3** **etwas geht weiter** etwas wird fortgesetzt, hört nicht auf | *Nach einer kurzen Pause geht das Konzert weiter* | *So kann das nicht weitergehen!* (Das muss sich ändern) | *Wie soll das mit uns nur weitergehen?* (Wie wird sich unsere Beziehung noch entwickeln?)

wei·ter·hel·fen VERB *(hat)* **eine Person/Sache hilft jemandem weiter** eine Person/Sache hilft jemandem, Probleme zu lösen | *Die Information hilft mir leider auch nicht weiter* **H** aber: *Ich werde dir auch künftig weiter helfen* (getrennt geschrieben)

★ **wei·ter·hin** ADVERB **1** auch in der Zukunft | *Diese Probleme wird es wohl auch weiterhin geben* | *Weiterhin viel Erfolg!* **2** auch jetzt noch | *Er weigert sich weiterhin, seine Mittäter zu nennen* **3** ≈ *außerdem, zusätzlich* | *Gesperrt sind folgende Pässe: Achenpass, Arlberg, Brenner, weiterhin Semmering, Simplon und St.Gotthard*

★ **wei·ter·kom·men** VERB *(ist)* **1** einen Weg fortsetzen können | *Hier ist der Weg überschwemmt, da kommen wir nicht weiter* **2** **mit etwas weiterkommen** bei etwas Fortschritte machen | *Seid ihr bei der Lösung der Aufgabe weitergekommen?* | *Ich möchte gern beruflich weiterkommen* ■ **ID** **Mach, dass du weiterkommst!** *gesprochen!* Verschwinde!

★ **wei·ter·ma·chen** VERB *(hat); gesprochen* **(mit etwas) weitermachen** eine Tätigkeit fortsetzen | *Lasst uns weitermachen, damit wir bald fertig werden* ■ **ID** **Mach nur so weiter!** *ironisch* Wenn du dein Verhalten nicht änderst, wirst du Ärger mit mir oder Probleme bekommen

wei·ters ADVERB; Ⓐ ≈ *außerdem*

wei·ter·se·hen VERB; *gesprochen* **dann sehen wir weiter/dann werden wir weitersehen** dann werden wir sehen oder entscheiden, was zu tun ist

wei·ter·wis·sen VERB *(hat)* **1** wissen, was in einer schwierigen Situation zu tun ist **2** **nicht mehr weiterwissen** ratlos oder verzweifelt sein

weit·ge·hend, weit ge·hend ADJEKTIV (weiter gehend/weitgehender, weitestgehend/weitgehendst-) **1** so, dass etwas viele Veränderungen bewirkt ⟨Pläne, Ideen⟩ **2** so, dass sie jemandem in großem Maße gegeben werden ⟨eine Unterstützung, eine Vollmacht⟩ **H** aber: *eine zu weit gehende Maßnahme* (getrennt geschrieben) **3** *nur adverbiell* ≈ *größtenteils* | *Die Unterlagen sind weitgehend in Ordnung* **H** immer zusammengeschrieben

weit·ge·reist ADJEKTIV ≈ *weit gereist*

weit·grei·fend, weit grei·fend ADJEKTIV (weiter greifend/weitgreifender, weitestgreifend-/weitgreifendst-) so, dass große Veränderungen oder Entwicklungen damit verbunden sind ⟨Pläne, Ideen⟩

weit·her·zig ADJEKTIV (weitherziger, weitherzigst) ≈ *großzügig* • hierzu **Weit·her·zig·keit** *die*

weit·hin ADVERB **1** bis in große Entfernung ⟨etwas ist weithin zu hören, weithin sichtbar⟩ **2** in hohem Maße | *Das ist weithin sein Verdienst*

weit·läu·fig ADJEKTIV (weitläufiger, weitläufigst-) **1** nach allen Richtungen ausgedehnt ⟨Anlagen, ein Gebäude⟩ **2** ausführlich und umständlich ⟨eine Schilderung, eine Beschreibung⟩ **3** **weitläufig verwandt** *meist adverbiell* entfernt verwandt • hierzu **Weit·läu·fig·keit** *die*

weit·ma·schig ADJEKTIV (weitmaschiger, weitmaschigst-) mit großen Zwischenräumen ⟨ein Netz⟩

weit·räu·mig ADJEKTIV (weiträumiger, weiträumigst-) ⟨eine Siedlung, ein Gebäude⟩ so, dass sie viel Platz einnehmen oder bieten | *Die Siedlung ist weiträumig angelegt* • hierzu **Weit·räu·mig·keit** *die*

weit·rei·chend, weit rei·chend ADJEKTIV (weiter reichend/weitreichender, weitestreichend-/weitreichendst-) ⟨Konsequenzen, Maßnahmen⟩ so, dass sie für einen großen Bereich von Bedeutung sind

weit·schwei·fig ADJEKTIV (weitschweifiger, weitschweifigst-) sehr ausführlich und umständlich • hierzu **Weit·schwei·fig·keit** *die*

Weit·sicht *die* ≈ *Weitblick*

weit·sich·tig ADJEKTIV (weitsichtiger, weitsichtigst-) **1** ≈ *weitblickend* **2** **weitsichtig sein** nahe Dinge nicht gut sehen (also z. B. beim Lesen Schwierigkeiten haben), ferne Dinge aber gut sehen • zu (2) **Weit·sich·tig·keit** *die*

weit·sprin·gen VERB (sprang weit, ist weitgesprungen) Weitsprung betreiben **H** meist im Infinitiv verwendet • hierzu **Weit·sprin·gen** *das*; **Weit·sprin·ger** *der*; **Weit·sprin·ge·rin** *die*

Weit·sprung *der; nur Singular* eine Disziplin in der Leichtathletik, bei der man versucht, mit einem Sprung möglichst weit zu springen

weit·ver·brei·tet, weit ver·brei·tet ADJEKTIV (weiter verbreitet/weitverbreiteter-, weitestverbreitet-/weitverbreitetst-/am meisten verbreitet) **1** an vielen Orten vorhanden oder erhältlich ⟨Pflanzen, eine Tierart; eine Zeitung⟩ **2** bei vielen Menschen anzutreffen ⟨eine Ansicht, eine Meinung⟩ | *ein weitverbreiteter Irrtum*

weit·ver·zweigt, weit ver·zweigt ADJEKTIV (weiter verzweigt/weitverzweigter, weitestverzweigt-/weitverzweigtest-/am weitesten verzweigt) mit vielen Verbindungen nach allen Seiten ⟨ein Straßennetz; Handelsbeziehungen⟩ | *ein weitverzweigtes Eisenbahnnetz*

Weit·win·kel|ob·jek·tiv *das* ein Objektiv, mit dem man (in Bezug auf die Breite) mehr fotografieren kann als mit einem normalen Objektiv

Wei·zen *der;* (-s) eine Getreideart, aus deren Körnern helles Brot gemacht wird **K** Weizenähre, Weizenbier, Weizenernte, Weizenfeld, Weizenkorn, Weizenmehl

Wei·zen·bier *das* ein Bier, das mit Weizen gebraut ist und relativ viel Kohlensäure hat

★ **welch** ■ FRAGEWORT **1** verwendet, um nach einer einzelnen Person/Sache aus einer Gruppe zu fragen | *Welches Buch gehört dir?* | *Welches von den Bonbons möchtest du?* | *Welcher von euch beiden war das?* **H** auch in indirekten Fragen: *Ich weiß nicht, welchen Grund er dafür hat;* → Infos unter **Fragewort**

■ ARTIKEL/PRONOMEN **2** verwendet vor allem in Ausrufen, um ein Substantiv oder ein Adjektiv zu intensivieren | *Welche Begeisterung!* | *Welch seltener Gast!* | *Welch eine schöne Überraschung!* **H** Vor einem unbestimmten Artikel bleibt *welch* ohne Endung: *Welch eine (schöne) Frau!* Auch direkt und alleine vor dem Substantiv kann *welch* stehen: *Welch Anblick!*; dieser Gebrauch ist aber veraltend oder literarisch. Üblich ist z. B. *welche Freunde, welcher Unsinn;* zur Flexion → Tabelle unter **dieser**. **3** verwendet als Einleitung in Relativsätzen, um sich auf die gerade genannte

W

Person/Sache zu beziehen | *Erfindungen, welche unser Leben verändern* | *Das ist die Schule, an welcher ich Abitur gemacht habe* | *Hier ist das Buch, über welches wir gesprochen haben* ▪ In dieser Verwendung steht statt *welch-* oft eine Form von *der, die* oder *das.* **4** verwendet in Nebensätzen, um sich auf eine Person/Sache zu beziehen, die zur genannten Gruppe, Art oder Sorte gehört | *Es ist egal, welches Material man nimmt* | *Man sieht, welche Mühe er sich gegeben hat* **5** alleine verwendet, um sich auf eine unbestimmte Zahl oder Menge von Personen/Sachen zu beziehen | *„Ich habe kein Geld mehr." – „Macht nichts, ich habe noch welches!"* | *„Sind genug Gabeln auf dem Tisch?" – „Ich glaube, da fehlen noch welche"*

wel·cher·lei PRONOMEN von welcher Art auch immer | *Es ist gleichgültig, welcherlei Entschuldigungen angeführt wurden* | *Ich liebe Nüsse, egal welcherlei*

welk ADJEKTIV nicht mehr frisch ⟨Blumen, Blätter, Gemüse, Laub⟩ ≈ *schlaff*

wel·ken VERB (welkte, ist gewelkt) **1** **etwas welkt** etwas wird welk ⟨Blumen, Blätter, Laub⟩ **2** **etwas welkt** *geschrieben* etwas vergeht ⟨Jugend, Schönheit⟩

Well·blech *das* sehr starkes, gewelltes Blech K Wellblechdach, Wellblechhütte

★ **Wel·le** *die*; (-, -n) **1** *meist Plural* z. B. wenn starker Wind geht, gibt es im Wasser Wellen ⟨stürmische, schäumende, leichte, starke Wellen; die Wellen brechen sich⟩ | *Nach dem Sturm waren die Wellen zu hoch zum Baden* K Flutwelle **2** Wellen im Haar sind Haare, die nicht gerade sind, sondern leichte Bögen haben **3** *meist Plural* die Art, wie sich Licht, Schall und andere Formen von Energie ausbreiten K Lichtwelle, Radiowelle, Schallwelle **4** der Bereich der Länge von Funkwellen, in dem ein Radiosender sein Programm sendet ≈ *Frequenz* K Kurzwelle, Langwelle, Mittelwelle, Ultrakurzwelle **5** **eine Welle** +*Genitiv*/**von etwas** ein Gefühl oder Verhalten, das plötzlich entsteht und sich rasch ausbreitet ⟨eine Welle der Begeisterung, der Hilfsbereitschaft⟩ **6** **grüne Welle** eine besondere Schaltung von Verkehrsampeln, die einen flüssigen Verkehr möglich macht, sodass man nicht oft halten muss ⟨grüne Welle haben⟩ ■ ID **etwas schlägt hohe Wellen** etwas erregt großes Aufsehen

-wel·le *die*; *im Substantiv, unbetont, begrenzt produktiv, meist Singular* **1** **Flüchtlingswelle, Protestwelle** *und andere* drückt aus, dass viele Personen plötzlich das Gleiche tun **2** **Grippewelle, Verhaftungswelle** *und andere* drückt aus, dass viele Leute von etwas betroffen sind **3** **Drogenwelle, Reisewelle, Sexwelle** *und andere* drückt aus, dass das Interesse vieler Personen für eine Sache für eine Zeit und Gesellschaft typisch ist **4** **Hitzewelle, Kältewelle** *und andere* drückt aus, dass das genannte Wetter lange anhält und intensiv ist

wel·len VERB (wellte, hat gewellt) **1** **das Haar wellen** das Haar in Wellen legen ⟨sich (*Dativ*) das Haar wellen lassen⟩ **2** **etwas wellt sich** etwas nimmt eine gebogene Form an | *Feuchtes Papier wellt sich*

Wel·len·be·reich *der* ein bestimmter Bereich der Radiowellen | *in einem Wellenbereich von 100 – 150 kHz senden*

Wel·len·bre·cher *der*; (-s, -) ein Damm oder eine Mauer zum Schutz vor den Wellen

Wel·len·gang *der*; *meist Singular* die Bewegung der Wellen im Meer ⟨hoher, starker Wellengang⟩

Wel·len·kamm *der* der höchste Teil einer Welle im Meer

Wel·len·län·ge *die* die Frequenz von Radiowellen | *Auf welcher Wellenlänge sendet Radio Luxemburg?* ■ ID **Wir haben die gleiche Wellenlänge**, **Wir liegen auf der gleichen Wellenlänge** Wir haben viel gemeinsam und verstehen uns gut

Wel·len·sit·tich *der* ein kleiner Papagei, der oft im Käfig gehalten wird

wel·lig ADJEKTIV mit einer Form, die aus meist vielen kleinen Kurven besteht, die auf und ab gehen

Well·ness *die*; *nur Singular* ein Zustand, in dem man sich körperlich gesund, fit und wohl fühlt. Einrichtungen für Touristen bieten unter diesem Begriff Massagen, Bäder, Gymnastik und Aktionen an K Wellnesshotel, Wellnessoase, Wellnessurlaub

Well·pap·pe *die* Pappe aus drei Schichten Papier, bei der die mittlere Schicht zu Wellen gelegt ist; man benutzt Wellpappe zum Verpacken

Wel·pe *der*; (-n, -n) das Junge von Hund, Fuchs, Wolf ▪ *der Welpe; den, dem, des Welpen*

Wels *der*; (-es, -e) ein Fisch, der im Süßwasser lebt und bis zu drei Meter lang werden kann

★ **Welt** *die*; (-, -en) **1** *nur Singular* die Erde oder ein großer Teil der Erde ⟨die Welt kennenlernen; um die Welt reisen⟩ **2** *nur Singular* das Leben, die Lebensverhältnisse ⟨die Welt verändern⟩ **3** *nur Singular* ein besonderer Lebensbereich, ein Interessengebiet ⟨die Welt des Kindes, der Mode, der Antike⟩ | *Seine Welt ist die Musik* **4** *nur Singular* viele Menschen in vielen Ländern | *Diese Nachricht hat die Welt erschüttert* **5** *nur Singular* eine besondere Gruppe von Menschen ⟨die gelehrte, vornehme Welt⟩ **6** *meist Singular* der Planet Erde mit dem gesamten Weltall ≈ *Universum* | *die Entstehung der Welt* **7** ein Planetensystem außerhalb unseres eigenen | *Vielleicht gibt es Leben in fernen Welten* **8** **die Alte Welt** der Teil der Erde, der im Altertum und im Mittelalter bekannt war **9** **die Neue Welt** Amerika (als Kontinent) **10** **die Dritte/Vierte Welt** die armen/ärmsten Länder der Erde

■ ID ▸Präposition plus Welt: **ein Kind kommt auf die/zur Welt** ein Kind wird geboren; **eine Frau bringt ein Kind auf die/zur Welt** eine Frau gebärt ein Kind; **aus aller Welt** von überall her; **etwas aus der Welt schaffen** etwas beseitigen; **viel in der Welt herumgekommen sein** viele Länder gesehen haben; **Wie/Wo/Was/Warum in aller Welt ...?** verwendet, um Fragen und Ausrufen besonderen Nachdruck zu geben; **jemand lebt in einer anderen Welt** jemand weiß wenig über Ereignisse und Zustände, die ihn nicht persönlich betreffen; **ein Gerücht/Kind in die Welt setzen** ein Gerücht verbreiten/ein Kind bekommen; **Nicht um alles in der Welt!**, **Um nichts in der Welt!** Auf gar keinen Fall!; **mit sich** (*Dativ*) **und der Welt zufrieden sein** mit dem eigenen Leben zufrieden sein;

▸Welt als Subjekt, im Nominativ: **Die Welt ist doch ein Dorf!** Auch in den entferntesten Ländern trifft man Bekannte; **Vornehm geht die Welt zugrunde** *ironisch* verwendet, um zu kritisieren, dass jemand zu viel Geld ausgibt; **Welten liegen zwischen ihnen**, **Welten trennen sie** Sie sind völlig verschieden; **für jemanden bricht eine Welt zusammen** jemand ist tief enttäuscht;

▸andere Verwendungen: **eine Welt für sich** ein Bereich mit besonderen Merkmalen | *Das Theater ist eine Welt für sich, mit ganz eigenen Regeln* | *Sie leben dort in einer Welt für sich, völlig abgeschnitten von allem*; **eine verkehrte Welt** eine Situation, in der alles anders ist, als es sein sollte; **Ich verstehe die Welt nicht mehr** Ich bin entsetzt/sehr enttäuscht; **Das kostet nicht die Welt** *gesprochen* Das kostet nicht viel; **Was kostet die Welt?** als Kritik verwendet, wenn reiche Personen meinen, mit Geld alles kaufen zu können; **eine Welt von** ⟨Feinden, Vorurteilen⟩ sehr viele

-welt *die*; *im Substantiv, unbetont, begrenzt produktiv, nur Singular* **Damenwelt, Fachwelt, Geschäftswelt, Männerwelt, Pflanzenwelt, Tierwelt** *und andere* verwendet, um alle Personen oder Arten einer Gruppe oder eines Bereichs zu bezeichnen

wẹlt·ab·ge·wandt ADJEKTIV ohne Interesse für das, was außerhalb des eigenen Lebens passiert

Wẹlt·all *das* der gesamte Weltraum mit allen Sternen, Planeten, Monden usw. ≈ *Universum, Kosmos*

wẹlt·an·schau·lich ADJEKTIV *meist attributiv* auf einer Weltanschauung beruhend ⟨Differenzen⟩

Wẹlt·an·schau·ung *die*; (-, -en) eine Ansicht über den Sinn des Lebens und die Stellung des Menschen in der Welt

wẹlt·be·kannt ADJEKTIV den meisten Menschen bekannt

wẹlt·be·rühmt ADJEKTIV berühmt in weiten Teilen der Welt

wẹlt·bes·t- ADJEKTIV *meist attributiv* besser als alle anderen Leute auf der Welt | *die weltbesten Sprinter* K Weltbestleistung, Weltbestzeit

wẹlt·be·we·gend ADJEKTIV von weltweiter Bedeutung ⟨eine Idee⟩

Wẹlt·bild *das*; *meist Singular* die Vorstellung, die sich jemand von der Welt und den Menschen macht | *das Weltbild des Kopernikus* | *das mittelalterliche Weltbild*

Wẹlt·bür·ger *der* eine Person, die nicht national denkt und die für alle Kulturen offen ist • hierzu **wẹlt·bür·ger·lich** ADJEKTIV; **Wẹlt·bür·ger·tum** *das*

Wẹlt·er·folg *der* ein Produkt, ein Lied o. Ä. das den Menschen in vielen Ländern gut gefällt | *Das Musical „My Fair Lady" war ein Welterfolg*

wẹlt·er·schüt·ternd ADJEKTIV sehr wichtig ⟨eine Neuigkeit⟩ ! meist verneint oder ironisch gebraucht

wẹlt·fremd ADJEKTIV mit Ansichten, die wenig Erfahrung und Kenntnis der Welt zeigen

Wẹlt·ge·schich·te *die* 1 *nur Singular* die soziale und kulturelle Geschichte der Menschen 2 ein Buch über diese Entwicklung ■ ID **in der Weltgeschichte herumreisen** *gesprochen* viele Reisen in ferne Länder machen

wẹlt·ge·wandt ADJEKTIV erfahren, höflich und geschickt im Verhandeln • hierzu **Wẹlt·ge·wandt·heit** *die*

Wẹlt·han·del *der* die Handelsbeziehungen zwischen den Ländern der Erde K Welthandelsabkommen, Welthandelsflotte, Welthandelskonferenz

Wẹlt·kar·te *die* eine Landkarte, die die ganze Welt zeigt

Wẹlt·klas·se *(die)* **Weltklasse sein/zur Weltklasse gehören** zu den Besten in der Welt gehören

★ **Wẹlt·krieg** *der* einer der beiden großen Kriege im 20. Jahrhundert | *der Erste Weltkrieg (1914 – 1918)* | *der Zweite Weltkrieg (1939 – 1945)*

Wẹlt·ku·gel *die* eine Darstellung der Erde als Kugel ≈ *Globus*

Welt|kul·tur·er·be *das*; *nur Singular* Kunstwerke, Bauwerke und Städte, welche die UNESCO für kulturell besonders wichtig erklärt hat

Wẹlt·la·den *der* ein Geschäft, in welchem solche Waren verkauft werden, für welche die Hersteller (in armen Ländern) angemessen und fair bezahlt worden sind

wẹlt·läu·fig ADJEKTIV; *geschrieben* ≈ *weltgewandt* • hierzu **Wẹlt·läu·fig·keit** *die*

wẹlt·lich ADJEKTIV 1 zum normalen Leben gehörig ⟨Genüsse⟩ 2 nicht zur Kirche gehörig ⟨ein Bauwerk⟩

Wẹlt·li·te·ra·tur *die*; *nur Singular* die bedeutendste und weltweit bekannte Literatur aller Völker | *Thomas Manns „Die Buddenbrooks" gehört zur Weltliteratur/ist ein Stück Weltliteratur*

Wẹlt·macht *die* ein Staat mit großem politischen und wirtschaftlichen Einfluss auf viele Länder | *die Weltmacht USA*

Wẹlt·mann *der*; *nur Singular* eine Person, die viel Erfahrung und Charme hat und souverän wirkt • hierzu **wẹlt·män·nisch** ADJEKTIV

Wẹlt·markt *der* der internationale Markt, auf dem die Staaten dieser Welt ihre Waren handeln K Weltmarktpreis

Wẹlt·meer *das* ≈ *Ozean*

Wẹlt·meis·ter *der* der beste Sportler oder die beste Mannschaft auf der Welt in einer Disziplin | *Weltmeister im Kugelstoßen* K Weltmeistertitel; Schachweltmeister, Fußballweltmeister • hierzu **Wẹlt·meis·te·rin** *die*

Wẹlt·meis·ter·schaft *die* 1 ein Wettkampf, in dem der Weltmeister festgestellt wird 2 *meist Singular* der Sieg bei einer Weltmeisterschaft

wẹlt·of·fen ADJEKTIV voll Interesse für alles, was in der Welt geschieht ⟨eine Haltung, eine Einstellung⟩

Wẹlt·po·li·tik *die* die internationale Politik • hierzu **wẹlt·po·li·tisch** ADJEKTIV

Wẹlt·rang *(der)* **von Weltrang** in der ganzen Welt anerkannt ⟨ein Wissenschaftler, ein Orchester von Weltrang⟩

★ **Wẹlt·raum** *der*; *nur Singular* der unendliche Raum außerhalb der Erdatmosphäre ⟨den Weltraum erforschen; in den Weltraum vorstoßen⟩ K Weltraumforschung

Wẹlt·reich *das* ein großes (politisches) Reich, das viele Länder umfasst | *das römische Weltreich*

Wẹlt·rei·se *die* eine Reise um die ganze Welt (oder um einen großen Teil der Welt) • hierzu **Wẹlt·rei·sen·de** *der/die*

Wẹlt·re·kord *der* die beste Leistung der Welt (meist in einer Sportart) ⟨Weltrekord im Hochsprung; einen Weltrekord aufstellen, brechen; den Weltrekord halten, innehaben⟩ K Weltrekordinhaber

Wẹlt·re·kord·ler *der*; (-s, -) eine Person, die den Weltrekord hält • hierzu **Wẹlt·re·kord·le·rin** *die*

Wẹlt·ruf *(der)* eine Person oder Sache hat Weltruf, wenn man sie in vielen Teilen der Welt kennt und schätzt ⟨Weltruf genießen⟩ | *ein Pianist von Weltruf*

Wẹlt·ruhm *der* ≈ *Weltruf*

Wẹlt·schmerz *der*; *nur Singular*; *geschrieben* eine traurige, verzweifelte Stimmung einer Person, die mit der Welt unzufrieden ist ⟨Weltschmerz haben⟩

Wẹlt·si·cher·heits·rat *der* eine Institution der Vereinten Nationen, die den Frieden sichern soll

Wẹlt·spra·che *die* eine Sprache, die in vielen Ländern gesprochen wird und international wichtig ist ⟨die Weltsprache Englisch⟩

Wẹlt·stadt *die* eine Großstadt von internationaler Bedeutung | *die Weltstadt New York* • hierzu **wẹlt·städ·tisch** ADJEKTIV

Wẹlt·un·ter·gang *der*; *nur Singular* das Ende dieser Welt

Wẹlt·un·ter·gangs|stim·mung *die*; *meist Singular* eine sehr pessimistische oder depressive seelische Verfassung ⟨in Weltuntergangsstimmung sein⟩

Wẹlt·ver·bes·se·rer *der*; (-s, -); *meist abwertend* eine Person, welche die ganze Welt(ordnung) nach ihren eigenen Vorstellungen verändern möchte • hierzu **Wẹlt·ver·bes·se·rin** *die*

★ **wẹlt·weit** ADJEKTIV *meist attributiv* auf der ganzen Welt (vorhanden o. Ä.) ⟨etwas ist weltweit verbreitet, anerkannt, bekannt⟩

Wẹlt·wirt·schaft *die*; *meist Singular* die internationale Wirtschaft K Weltwirtschaftskonferenz, Weltwirtschaftskrise

Wẹlt·wun·der *das* 1 etwas ganz Besonderes oder Wunderbares 2 eines der sieben bekanntesten Bauwerke oder Kunstwerke der Antike

wem → wer

Wem·fall *der* ≈ *Dativ*

wen → wer

★ **Wẹn·de** *die*; (-, -n) 1 *nur Singular* eine entscheidende Änderung ⟨eine Wende in der Entwicklung, im Leben, in der Politik; eine Wende tritt ein, wird herbeigeführt; eine Wende (vom Schlechten) zum Guten, Besseren⟩ 2 **die Wende** die Änderungen in den politischen, wirtschaftlichen und sozialen Verhältnissen nach dem Zusammenbruch des kommunistischen Systems, vor allem in der früheren DDR **3** *nur Singular* der Übergang zwischen zwei Zeitabschnitten | *um die Wende des 20. Jahrhunderts* K Jahreswende, Jahrhundertwende **4** der Punkt einer Strecke, an dem ein Sportler im Wettkampf wieder umkehren muss **5** das Umkehren eines Sportlers an der Wende

Wen·de·hals *der; abwertend* eine Person, die ihre Überzeugung schnell ändert, wenn es ihr Vorteile bringt

Wen·de·kreis *der* **1** der engste Kreis, den ein Fahrzeug fahren kann **2** **nördlicher/südlicher Wendekreis** der Breitengrad, auf dem die Sonne bei der jeweiligen Sonnenwende im Zenit steht

Wen·del·trep·pe *die* eine Treppe, deren meist schmale Stufen in der Form einer Spirale angeordnet sind

Wen·de·ma·nö·ver *das* ein Vorgang, bei dem man mit einem Fahrzeug wendet

★ **wen·den** VERB (wendete/wandte, hat gewendet/gewandt) **1** **etwas wenden** (*wendete*) die Rückseite oder Unterseite einer Sache nach vorne bzw. oben drehen ⟨ein Blatt Papier, einen Braten wenden⟩ | *das Heu zum Trocknen wenden* **2** **etwas wenden** (*wendete*) die innere Seite eines Kleidungsstücks zur äußeren Seite machen ⟨einen Mantel wenden⟩ **3** **etwas/sich irgendwohin wenden** (*wendete/wandte*) etwas/sich in die genannte Richtung drehen | *den Blick zur Seite wenden* | *Sie wandte ihre Augen nicht vom Fenster* | *An der Kreuzung wenden Sie sich nach rechts* **4** **Schaden/Unheil/... von jemandem wenden** *geschrieben* (*wendete/wandte*) verhindern, dass eine Person etwas Negatives erlebt **5** (*wendete*) (mit dem Auto, beim Schwimmen usw.) kurz stoppen und sich danach in die entgegengesetzte Richtung zurückbewegen **6** **sich an jemanden wenden** (*wendete/wandte*) jemanden um Rat und Hilfe bitten | *Sie können sich in dieser Angelegenheit jederzeit an mich wenden* **7** **sich (mit Kritik) gegen jemanden/etwas wenden** (*wendete/wandte*) jemanden/etwas kritisieren **8** **etwas wendet sich an jemanden** etwas ist für eine Person oder Gruppe bestimmt | *Das Buch wendet sich an alle Hobbyfotografen* **9** **etwas wendet sich** (*wendete*) etwas ändert sich völlig ⟨das Glück, das Schicksal⟩ | *Das Blatt hat sich gewendet* (Es ist alles anders geworden)

▪ **ID Bitte wenden!** Lesen Sie bitte auf der Rückseite des Blattes weiter H Abkürzung: *b. w.*

Wen·de·punkt *der* **1** der Punkt, an dem eine Bewegung die entgegengesetzte Richtung nimmt | *der nördliche/südliche Wendepunkt der Sonne* **2** ein Zeitpunkt, an dem eine wichtige Veränderung geschieht | *an einem Wendepunkt angelangt/angekommen sein*

wen·dig ADJEKTIV **1** leicht zu lenken ⟨ein Auto, ein Boot⟩ **2** körperlich oder geistig sehr beweglich | *ein wendiger Mittelstürmer* • hierzu **Wen·dig·keit** *die*

Wen·dung *die;* (-, -en) **1** eine Änderung der Richtung, eine Drehung ⟨eine Wendung nach links, rechts, um 180°⟩ **2** ≈ *Redewendung*

Wen·fall *der* ≈ *Akkusativ*

★ **we·nig** ADJEKTIV **1** so, dass nur eine geringe Menge oder Anzahl da ist | *Er zeigte wenig Interesse an dem Angebot* | *Es besteht wenig Aussicht, dass sich das Wetter bessert* | *Er hat nur noch wenig(e) Chancen auf den Titel* | *Wenige Tage später war alles vorbei* | *die wenigen jungen Mitarbeiter* | *Unsere Mannschaft konnte die wenigen guten Möglichkeiten nicht nutzen* | *Sie verdient wenig* | *Er hat viele Freunde, aber nur wenige waren bei seiner Party* H Vor einem Substantiv im Singular steht die Form *wenig*: *wenig Hoffnung, wenig Rücksicht*. In der gesprochenen Sprache kann *wenig* auch vor Substantiven im Plural (im Nominativ und Akkusativ) stehen. **2** **die wenigsten** nur eine sehr geringe Anzahl | *Viele wollten helfen, aber nur die wenigsten haben tatsächlich etwas getan* (nur sehr wenige) **3** in geringem Maß ≈ *kaum* | *Das Lied ist nur wenig bekannt* | *Das hat ihn wenig interessiert* **4** relativ selten | *Diese Pflanzen kommen hier wenig vor* **5** **ein wenig** +*Substantiv* eine ziemlich kleine Menge einer Sache ≈ *etwas, ein bisschen* | *Kann ich noch ein wenig Butter haben?* | *Ich brauche noch ein wenig Zeit* **6** **ein wenig** +*Adjektiv* in geringem Maße, aber deutlich erkennbar | *Ich muss sagen, ich bin ein wenig enttäuscht* | *Sie reagierte ein wenig erstaunt* **7** **nicht wenig** ≈ *sehr* | *Ich muss sagen, ich bin nicht wenig überrascht*

★ **we·ni·ger** ▪ ADJEKTIV/ADVERB **1** *Komparativ* → wenig ▪ BINDEWORT **2** *gesprochen* drückt aus, dass eine Zahl abgezogen wird ≈ *minus* | *Fünf weniger drei ist zwei*

We·nig·keit *die* **meine Wenigkeit** *gesprochen, humorvoll* ich

★ **we·nigs·tens** ADVERB **1** verwendet, um über die kleinste Zahl, Summe, Dauer oder die geringste Anforderung zu sprechen | *Du könntest dich wenigstens entschuldigen, wenn du schon zu spät kommst* | *Wir wollen wenigstens drei Wochen verreisen* **2** verwendet als tröstende oder aufmunternde Einschränkung einer negativen Aussage | *Bei dem Unfall gab es hohen Sachschaden, aber wenigstens wurden keine Menschen verletzt* | *Wenigstens regnet es nicht, wenn es schon so kalt ist!* **3** verwendet, um eine Aussage einzuschränken | *Das Haus kostet fast eine Million, wenigstens sagt das der Makler* | *Er ist schon ziemlich alt, glaube ich wenigstens*

★ **wenn** BINDEWORT **1** der Nebensatz mit *wenn* nennt eine Voraussetzung oder Bedingung | *Wenn du magst, zeige ich dir, wie das geht* | *Das lernst du ganz schnell, wenn du fleißig übst* | *Wenn nötig, kann der Vorgang wiederholt werden* **2** zusammen mit dem Konjunktiv II wird ausgedrückt, dass eine Voraussetzung nicht erfüllt wird und etwas daher nicht geschieht | *Wenn ich Zeit hätte, würde ich Urlaub machen* (Ich habe keine Zeit und werde deshalb keinen Urlaub machen) | *Wenn er schlau wäre, hätte er den Vertrag nicht unterschrieben* (Weil er nicht schlau ist, hat er den Vertrag unterschrieben) **3** der Nebensatz mit *wenn* nennt einen nicht sehr wahrscheinlichen, möglichen Fall und der Hauptsatz etwas, was in diesem Fall geschieht oder geschehen soll ≈ *falls* | *Wenn sie anrufen sollte, sagst du, dass ich nicht da bin* **4** der Nebensatz mit *wenn* nennt einen Zeitpunkt oder eine Zeit in der Zukunft | *Ich rufe euch an, wenn ich in Hamburg angekommen bin* | *Ich komme zu dir, wenn ich mit meiner Arbeit hier fertig bin* **5** der Nebensatz mit *wenn* nennt eine Situation, in der etwas immer der Fall ist | *Wenn ich in Paris bin, gehe ich immer in den Louvre* | *Jedes Mal, wenn das Telefon läutet, glaube ich, dass sie es ist* **6** verwendet, um sich auf einen Zeitpunkt oder eine Zeit zu beziehen, zu denen etwas der Fall ist | *In dem Moment, wenn der Startschuss fällt, musst du voll konzentriert sein* **7** **wenn ... auch** verwendet, um zu sagen, dass etwas getan wird, passiert oder irgendwie ist, obwohl die Umstände ungünstig sind | *Wenn der Urlaub auch kurz war, so habe ich mich doch gut erholt* | *Ich versuche abzunehmen, wenn es mir auch schwerfällt* **8** **wenn ... bloß/doch/nur** verwendet, um einen Wunsch auszudrücken | *Wenn sie bloß/doch/nur endlich käme!* **9** **als/wie wenn** verwendet, um eine Situation oder Sache mit einer anderen zu vergleichen, die möglich, aber nicht wirklich ist | *Das Buch sieht aus, wie/als wenn es noch neu wäre* (es ist aber schon gebraucht) | *Nachhilfe ist immer noch besser, als wenn du* *das Jahr wiederholen müsstest* (Schlimmer als Nachhilfe wäre es, das Jahr wiederholen zu müssen)

wenn·gleich BINDEWORT ≈ *obwohl*

wẹnn·schon BINDEWORT; *gesprochen* ■ **ID Wennschon, dennschon!** Wenn etwas getan werden muss, dann soll man es auch richtig tun; **(Na,) wennschon!** Na und? Das macht doch nichts!

★ **wer** (wen, wem, wessen) ■ FRAGEWORT **1** verwendet, um nach einer Person oder mehreren Personen zu fragen | *Wer mag noch ein Stück Kuchen?* | *Wen möchten Sie sprechen?* | *Wem soll ich das Buch geben?* | *Wessen Brille ist das?* **i** auch in indirekten Fragen: *Ich habe keine Ahnung, wer das getan hat; Ich weiß nicht, wen Sie meinen;* → Infos unter **Fragewort**
■ PRONOMEN **2** jede Person, auf die das Genannte zutrifft | *Wer das behauptet, lügt* | *Wer so erkältet ist, sollte zu Hause bleiben* **3** *gesprochen* eine Person, die man nicht kennt oder deren Namen man nicht nennen will ≈ *jemand* | *Da hat wer für dich angerufen* | *Ich muss wen finden, der den Kühlschrank reparieren kann* ■ **ID jemand 'ist wer** *gesprochen* jemand hat großen Erfolg | *Sie hat sich sehr anstrengen müssen, aber jetzt ist sie wer*

Wẹr·be·agen·tur *die* ein Unternehmen, das für Produkte anderer Firmen die Werbung macht

Wẹr·be·ak·ti·on [-tsi̯oːn] *die* bei einer Werbeaktion wird für kurze Zeit für ein Produkt besondere Werbung gemacht. Oft kann man das Produkt in dieser Zeit für einen günstigeren Preis kaufen

Wẹr·be·feld·zug *der* ≈ *Werbeaktion*

Wẹr·be·fern·se·hen *das* der Teil des Fernsehprogramms, in dem die Werbung kommt

Wẹr·be·ge·schenk *das* ein Geschenk, das die Kunden und Geschäftsfreunde einer Firma erhalten

Wẹr·be·kam·pag·ne [-'panjə] *die* ≈ *Werbeaktion*

Wẹr·be·mit·tel *das; meist Plural* alle Dinge, die benutzt werden, um Werbung zu machen, z. B. Plakate, Filme

★ **wẹr·ben** VERB (wirbt, warb, hat geworben) **1 eine Person (für jemanden/etwas) werben** versuchen, eine Person zu finden, die ein Produkt kauft, eine Idee unterstützt o. Ä. ⟨neue Abonnenten (für eine Zeitung), Käufer werben; Helfer (für eine Aufgabe) werben⟩ **2 (für etwas) werben** ein Produkt, ein Vorhaben, eine Idee o. Ä. so vorteilhaft beschreiben, dass sich andere Leute dafür interessieren | *für eine Zigarettenmarke werben* **3 um etwas werben** sich bemühen, etwas zu bekommen ⟨um Freundschaft, Vertrauen werben⟩ | *Die Kandidaten werben um die Gunst der Wähler* **4 um jemanden werben** sich bemühen, die Zuneigung oder Liebe einer Person für sich zu gewinnen ● zu (1) **Wẹr·ber** *der*

Wẹr·be·pau·se *die* eine Unterbrechung des Fernsehprogramms für Werbespots | *in der Werbepause auf die Toilette gehen*

Wẹr·be·trä·ger *der* ein Medium (z. B. Fernsehen, eine Zeitung), in dem für ein Produkt geworben wird

Wẹr·be·trom·mel *die* ■ **ID die Werbetrommel (für jemanden/etwas) rühren** kräftig für jemanden/etwas werben

wẹr·be·wirk·sam ADJEKTIV erfolgreich werbend ⟨ein Plakat, eine Anzeige⟩ ● hierzu **Wẹr·be·wirk·sam·keit** *die*

★ **Wẹr·bung** *die;* (-) **1** eine Aktion (z. B. eine Anzeige in der Zeitung, ein Spot im Fernsehen), mit der man versucht, Leute für ein Produkt zu interessieren ⟨Werbung für jemanden/etwas machen⟩ **K** Werbungsausgaben, Werbungsmaßnahmen **2** das Werben von Kunden, Mitgliedern usw. **3** das Werben um eine Person, die man liebt oder heiraten möchte ⟨jemandes Werbung annehmen, ausschlagen⟩

Wẹr·bungs·kos·ten *die; Plural* **1** die Kosten für die Werbung **2** Kosten, die man im Zusammenhang mit dem Beruf hat und die man von der Steuer absetzen kann

Wẹr·de·gang *der;* (-s) die Reihenfolge der beruflich wichtigen Ereignisse im Leben einer Person ⟨der berufliche, künstlerische, politische, schulische Werdegang einer Person⟩

★ **wẹr·den**[1] VERB (wird, wurde, ist geworden) **1** *Adjektiv* + **werden** die genannte Eigenschaft bekommen oder in den genannten Zustand kommen | *Ich werde allmählich müde* | *Deine Kinder sind aber groß geworden!* **2 etwas** (*Nominativ*) **werden** einen Beruf erlernen oder aufnehmen | *Sie wird Lehrerin* | *Was willst du einmal werden?* **3 etwas** (*Nominativ*) **werden** in die genannte Beziehung zu einer Person kommen | *Sie wird in wenigen Wochen Mutter* (wird ein Kind bekommen) | *Willst du meine Frau werden?* (Willst du mich heiraten?) | *Wir wurden schon bald Freunde* **4** *Zahl* + **werden** (beim nächsten Geburtstag) das genannte Alter erreichen | *Ich werde 40* (Ich bin noch kurze Zeit 39) | *Wenn sie 18 wird, will sie eine große Party feiern* **5 etwas wird etwas** (*Nominativ*); **etwas wird zu etwas** etwas entwickelt sich zur genannten Sache, in der genannten Weise | *Ich hoffe, der Plan wird bald Wirklichkeit* | *Das frühe Aufstehen ist für mich zur Gewohnheit/Routine geworden* | *Das Pendeln zur Arbeit wird allmählich zur Belastung* **6 jemand wird zu etwas** eine Person erreicht die genannte (soziale oder berufliche) Stellung | *Er wurde zu einem der reichsten Männer der Welt* **7 eine Person wird wie jemand** eine Person wird jemandem immer ähnlicher | *Er wird schon ganz wie sein Vater* **8 etwas wird (et)was/nichts** *gesprochen* etwas gelingt/gelingt nicht | *Sind die Fotos was geworden?* | *Das wird doch nichts!* **9 es wird etwas/irgendwie** die genannte Zeit oder Situation beginnt ⟨es wird Tag, Nacht, Frühling, Sommer⟩ | *Es wird schon spät, wir sollten gehen* | *Draußen wird es schon hell/dunkel* | *Es wird allmählich heiß hier, dreh doch bitte die Heizung runter* **10 jemandem wird (es) irgendwie** jemand empfindet das genannte Gefühl | *jemandem wird (es) schlecht/übel* (jemand glaubt, er muss erbrechen) | *Wenn dir kalt wird, kannst du die Heizung anmachen*
■ **ID Das wird schon wieder** *gesprochen* verwendet, um jemanden zu trösten oder zu beruhigen; **Daraus wird nichts** Das wird nicht gemacht; **Was soll bloß (daraus) werden?** Wie soll es weitergehen?; **Was ist aus** +*Name* **geworden?** Was macht +*Name* heute?; **Was ist bloß aus** +*Name* **geworden?** +*Name* hat sich sehr zum Schlechteren entwickelt; **Das wird (et)was werden!** *ironisch* Das wird Probleme geben; **Was nicht ist, kann noch werden** Man soll die Hoffnung nicht aufgeben; **etwas ist im Werden** etwas entsteht gerade; → bald

★ **wẹr·den**[2] HILFSVERB (wird, wurde, ist *Partizip Perfekt* + worden) **1 werden** +*Infinitiv* verwendet zur Bildung des Futurs | *Er wird dir helfen* | *Morgen werde ich die Arbeit beendet haben* **2 werden** +*Infinitiv* verwendet, um eine Vermutung auszudrücken | *Sie wird es wohl vergessen haben* (Sie hat es wahrscheinlich vergessen) **3 werden** +*Infinitiv* verwendet, um einen Wunsch auszudrücken | *Ihm wird doch nichts passiert sein!* (Ich hoffe, dass ihm nichts passiert ist) **4 würde(n)** +*Infinitiv* verwendet zur Bildung des Konjunktivs II | *Ich würde gern kommen, wenn ich Zeit hätte* | *Würden Sie mir bitte die Tür aufhalten?* **5 werden** +*Partizip Perfekt* verwendet zur Bildung des Passivs | *Wir werden beobachtet* | *Es ist zwar schon mehrmals gesagt worden, aber ich möchte es doch noch einmal betonen: …* **i** Das Partizip Perfekt ist in diesem Fall *worden*, nicht *geworden*. Vergleiche: *Sie ist Direktorin geworden/Sie ist zur*

W

Direktorin befördert worden. **6** **werden** *+Partizip Perfekt* verwendet, um eine energische Aufforderung auszudrücken | *Jetzt wird nicht mehr geredet!*

Wer·fall *der* ≈ *Nominativ*

★ **wer·fen** VERB (wirft, warf, hat geworfen) **1** **(etwas) (irgendwohin) werfen** z. B. einen Stein oder Ball mit einer starken Bewegung des Arms aus der Hand fliegen lassen ⟨etwas in die Höhe/Luft werfen; gut, weit werfen können⟩ | *Er warf den Diskus 60 Meter weit* | *Sie warf ihre Tasche in die Ecke* | *Die Kinder warfen mit Schneebällen* | *Lass uns eine Münze werfen: Bei Zahl fange ich an und bei Kopf du* **2** **ein Tier wirft (Junge)** ein Tier gebärt | *Die Hündin hat (vier Junge) geworfen* **3** **jemanden/etwas irgendwohin werfen** eine Person oder Sache fallen oder mit Schwung irgendwohin gelangen lassen | *Bomben auf eine Stadt werfen* | *Der Sturm warf Ziegel vom Dach* | *Er wurde aus dem Sattel/vom Fahrrad geworfen* **4** **jemanden irgendwohin werfen** jemanden zwingen, ein Haus, eine Firma o. Ä. zu verlassen | *einen Betrunkenen aus dem Lokal werfen* | *Als sie die Miete nicht mehr zahlen konnten, warf der Vermieter sie aus ihrer Wohnung/auf die Straße* **5** **etwas werfen** den Ball, Würfel usw. so werfen, dass man in einem Spiel oder Wettkampf Punkte erzielt ⟨einen Korb, ein Tor, einen neuen Rekord werfen; beim Würfeln eine Eins, Zwei usw. werfen⟩ **6** **etwas an die Wand werfen** Bilder an die Wand projizieren **7** **einen Blick irgendwohin werfen** kurz die Augen auf etwas richten **8** **etwas wirft Licht/Schatten (irgendwohin)** etwas lässt Licht/Schatten irgendwohin gelangen | *Der Baum wirft zu viel Schatten* **9** **sich irgendwohin werfen** mit Absicht und Schwung eine fallende Bewegung machen | *Sie warf sich erschöpft aufs Bett/jubelnd in seine Arme*

Werft *die*; (-, -en) eine Anlage, in der Schiffe gebaut und repariert werden

★ **Werk** *das*; (-(e)s, -e) **1** eine große (meist künstlerische oder wissenschaftliche) Leistung | *ein Werk der Weltliteratur* | *die Werke Michelangelos* **K** Meisterwerk, Kunstwerk **2** *nur Singular* alle Werke, die von einem Künstler o. Ä. geschaffen wurden | *das Werk Picassos* **K** Gesamtwerk **3** *nur Singular* etwas, das jemand getan oder hergestellt hat | *Das Attentat war ein Werk der Terroristen* | *Der Aufbau dieser Organisation war sein Werk* **4** eine Fabrik mit allen Gebäuden und technischen Anlagen | *Der Konzern will mehrere Werke schließen* **K** Werk(s)angehörige(r), Werk(s)arzt, Werk(s)halle, Werk(s)tore; Elektrizitätswerk, Gaswerk, Stahlwerk, Wasserwerk ■ **ID** **ein gutes Werk tun** einer anderen Person aus Nächstenliebe helfen; **sich ans Werk machen** mit der Arbeit beginnen; **jemand war am Werk** ein Person oder ein Tier hat etwas getan, ist für etwas verantwortlich | *Da waren Diebe/Marder am Werk!*

-werk *das*; (-(e)s); *im Substantiv, unbetont, begrenzt produktiv, nur Singular* **1** **Astwerk, Balkenwerk, Blattwerk, Gitterwerk, Regelwerk** *und andere* mehrere Dinge der genannten Art, die zusammengehören **2** **Backwerk, Flechtwerk** *und andere* Produkte der genannten handwerklichen Tätigkeit oder zum genannten Zweck | *Es gab allerlei Kuchen und Naschwerk* (Dinge zum Naschen)

Werk·bank *die* ein sehr stabiler Arbeitstisch in einer Werkstatt

werk·ei·gen ADJEKTIV einem Werk gehörend

wer·keln VERB (werkelte, hat gewerkelt) **(an etwas** *(Dativ)***) werkeln** kleine handwerkliche Arbeiten machen, meist als Laie

wer·ken VERB (werkte, hat gewerkt); *oft ironisch* handwerklich, körperlich arbeiten

Wer·ken *das*; (-s) ein Unterrichtsfach, in dem Schüler mit Holz, Ton usw. praktisch arbeiten **K** Werklehrer, Werkunterricht

werk·ge·treu ADJEKTIV der Absicht des Komponisten entsprechend ● hierzu **Werk·treue** *die*

Werk·meis·ter *der* ein Facharbeiter, der eine Arbeitsgruppe in einem Werk leitet ● hierzu **Werk·meis·te·rin** *die*

Werk·schutz *der* die Personen, die für den Schutz eines Betriebs verantwortlich sind

★ **Werk·statt** *die*; (-, Werk·stät·ten) **1** *meist Singular* der Arbeitsraum meist eines Handwerkers | *Ledertaschen aus eigener Werkstatt* **K** Autowerkstatt, Schneiderwerkstatt, Schusterwerkstatt, Reparaturwerkstatt **2** *meist Plural* eine Gemeinschaft von Handwerkern und Künstlern

Werk·stät·te *die* ≈ *Werkstatt*

Werk·stoff *der* ein festes Material wie Holz, Stein oder Kunststoff, aus dem Waren hergestellt werden

Werk·stück *das* ein unfertiger Gegenstand, an dem noch gearbeitet werden muss

★ **Werk·tag** *der* ein Tag, an dem die Leute arbeiten, also Montag bis Samstag, im Gegensatz zu Sonntag und Feiertagen ≈ *Wochentag*

★ **werk·tags** ADVERB an Werktagen | *Dieser Bus verkehrt nur werktags*

werk·tä·tig ADJEKTIV so, dass eine Person einen Beruf ausübt ● hierzu **Werk·tä·ti·ge** *der/die*; **Werk·tä·tig·keit** *die*

★ **Werk·zeug** *das*; (-s, -e) **1** ein Gegenstand (z. B. ein Hammer, eine Zange), den man benutzt, um eine Arbeit leichter oder überhaupt machen zu können | *Manche Vögel sind intelligent genug, Werkzeuge zu benutzen* **2** *nur Singular* alle Werkzeuge für eine Tätigkeit | *Ich muss erst mein Werkzeug aus dem Auto holen* **K** Werkzeugkasten **3** **jemanden als Werkzeug benutzen** jemanden benutzen, um ein Ziel zu erreichen

Wer·mut *der*; (-s, -s) **1** eine Gewürz- und Heilpflanze **2** ein starker Wein, der mit Wermut gewürzt ist

Wer·muts·trop·fen *der* etwas Unangenehmes, das die Freude an einem schönen Ereignis verringert

★ **wert** ADJEKTIV **1** **etwas ist etwas wert** etwas hat den genannten finanziellen Wert ⟨etwas ist viel, nichts wert⟩ | *Mein altes Auto ist noch 1.500 Euro wert* | *Das alte Ding ist doch keinen Cent/Pfennig wert!* (Es ist völlig wertlos) **2** **etwas ist (jemandem) etwas** *(Akkusativ)* **wert** etwas ist in der Qualität o. Ä. so gut, dass der Preis, die damit verbundene Anstrengung o. Ä. nicht zu viel dafür sind | *Berlin ist immer eine Reise wert* | *Die Karten fürs Konzert sind mir das Geld wert* **3** **etwas ist (jemandem) viel/wenig wert** etwas ist für jemanden wichtig/nicht wichtig | *Diese Auskunft war mir viel wert* **4** **jemand/etwas ist einer Sache** *(Genitiv)* **wert** *geschrieben* jemand/etwas ist gut genug für eine Person/Sache, verdient Aufmerksamkeit usw. | *Ich bin deiner (Liebe) nicht wert!* | *Ist das denn überhaupt der Mühe wert?* | *„Vielen Dank für Ihre Hilfe!" – „Nicht der Rede wert."* (Es war nur eine Kleinigkeit)

★ **Wert** *der*; (-(e)s, -e) **1** *nur Singular* der Preis, den etwas kostet oder kosten würde ⟨etwas fällt, steigt im Wert⟩ | *Juwelen im Wert von 3.000 Euro* **2** die Nützlichkeit und Qualität einer Sache ⟨der erzieherische, geistige, künstlerische, praktische Wert⟩ | *Diese Informationen sind leider ohne Wert für uns, weil wir sie nicht veröffentlichen dürfen* **K** Unterhaltungswert **3** *meist Plural* Dinge, die wertvoll sind | *bleibende/unvergängliche Werte schaffen* | *Wir müssen materielle und geistige/ideelle Werte schützen* | *Im Krieg gingen unermessliche Werte verloren* **4** das Ergebnis einer Messung oder Untersuchung, in Zahlen ausgedrückt | *Die Temperatur erreicht morgen Werte um 30 °C* **K** Durchschnittswert, Höchstwert, Rekordwert, Vorjahreswert; Messwert, Schätz-

W

WERKZEUG

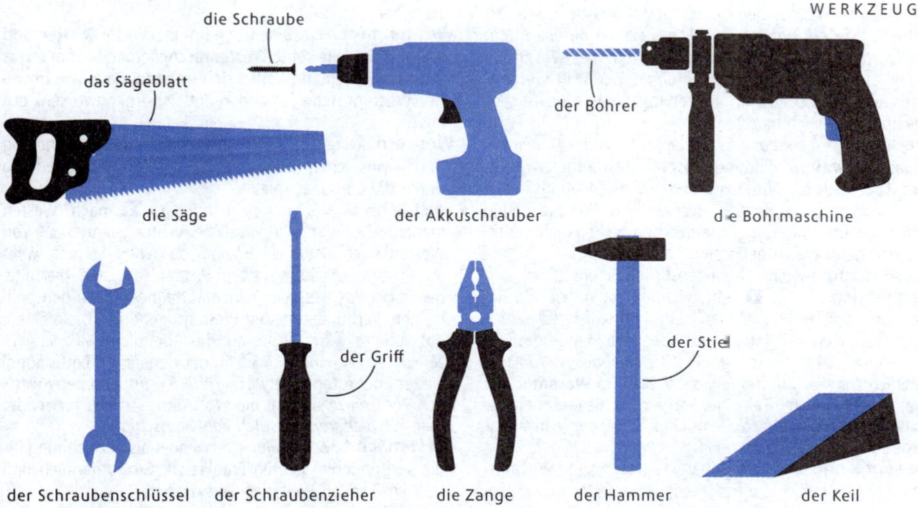

wert, Umfragewert ■ **ID (großen/viel) Wert auf etwas** (*Akkusativ*) **legen** etwas für (sehr) wichtig halten; **keinen (gesteigerten) Wert auf etwas** (*Akkusativ*) **legen** etwas nicht haben wollen oder nicht für wichtig halten; **einer Sache** (*Dativ*) **(großen/keinen) Wert beimessen/beilegen** etwas als (sehr/nicht) wichtig ansehen; **etwas hat keinen/wenig Wert** etwas nützt nichts/wenig, ist nicht sinnvoll | *Es hat wenig Wert, die Übung zu wiederholen, wenn du dich nicht konzentrierst*; **etwas (weit) unter Wert verkaufen** etwas zu einem (viel) zu niedrigen Preis verkaufen

-wert *im Adjektiv, unbetont, begrenzt produktiv* **bewundernswert, empfehlenswert, erwähnenswert, lesenswert** *und andere* drückt aus, dass eine Person oder Sache es verdient, dass das Genannte geschieht, oder dass es sich lohnen würde, etwas zu tun | *eine nachahmenswerte Tat* | *ein sehenswerter Film* | *eine wissenswerte Tatsache*

Wert·ar·beit *die; meist Singular* ein Produkt, das wegen des Materials und der Qualität der Herstellung einen hohen Wert hat

wer·ten VERB (wertete, hat gewertet) **1** **etwas als etwas werten** ein Urteil über etwas abgeben | *Die Verhandlungen wurden als Erfolg gewertet* **2** **(etwas) werten** als Punktrichter eine sportliche Übung benoten

wert·frei ADJEKTIV nicht subjektiv oder persönlich, ohne Vorurteil

Wert·ge·gen·stand *der* ein Gegenstand, der großen finanziellen Wert besitzt | *Bargeld und Wertgegenstände*

-wer·tig *im Adjektiv, unbetont, begrenzt produktiv* **1** **gleichwertig, hochwertig, minderwertig** *und andere* mit einer Qualität der genannten Art **2** **einwertig, zweiwertig, mehrwertig** *und andere* drückt aus, dass sich etwas mit der genannten Zahl von Wasserstoffatomen verbinden kann

wert·los ADJEKTIV **1** ohne finanziellen Wert | *Die Aktien sind in kurzer Zeit praktisch wertlos geworden* **2** **wertlos (für jemanden)** so, dass es keinen Nutzen oder Vorteil bringt

Wert·mar·ke *die* eine Marke, die man kauft, um sie auf einen Fahrausweis o. Ä. zu kleben, der dann wieder für eine bestimmte Zeit gültig ist | *ein Behindertenausweis mit Wertmarke für kostenlose Fahrten im Nahverkehr*

Wert|maß·stab *der* Kriterien, mit deren Hilfe der ideelle Wert einer Sache beschrieben wird | *Andere Kulturen haben andere Wertmaßstäbe*

Wert·min·de·rung *die*; (-, -en) der Verlust an finanziellem Wert

Wert·pa·pier *das* eine Urkunde, die einen Geldwert hat oder Rechte enthält, z. B. eine Aktie K Wertpapierbörse, Wertpapierkauf, Wertpapierverkauf

Wert·schät·zung *die; nur Singular; geschrieben* ⟨hohe Wertschätzung genießen; sich jemandes Wertschätzung erfreuen⟩ ≈ *Hochachtung* ● hierzu **wert·schät·zen** VERB (*hat*)

Wert·stoff *der*; (-s, -e) gebrauchtes Material (z. B. Altglas, Altpapier), das wieder neu verwertet werden kann

Wert·stoff|hof *der* eine Sammelstelle, an der gebrauchte Gegenstände oder gebrauchtes Material gesammelt werden, damit man es recyceln kann

Wer·tung *die*; (-, -en) **1** die Beschreibung einer Sache (oft einer Leistung) mit einer Aussage darüber, wie gut oder schlecht sie ist ≈ *Beurteilung* | *Diese Äußerung soll keine Wertung Ihrer Leistung darstellen* **2** die Vergabe von Punkten o. Ä. für eine sportliche Leistung in einem Wettkampf K Einzelwertung, Mannschaftswertung **3** ein einzeln bewerteter Teil eines Wettkampfs oder eine Aufgabe ⟨eine Wertung gewinnen⟩ K Bergwertung ■ **ID in der Wertung vorne/hinten liegen** in einem Wettbewerb gut/schlecht platziert sein

Wert·ur·teil *das* ein Urteil über den Wert einer Sache ⟨ein Werturteil abgeben⟩

★ **wert·voll** ADJEKTIV **1** von großem (finanziellem oder geistigem) Wert ⟨Schmuck⟩ **2** sehr nützlich ⟨ein Hinweis, ein Rat, ein Ergebnis⟩

Wert·vor·stel·lung *die* die Vorstellung davon, was einen ideellen Wert oder einen Wert in Geld darstellt

Wert·zu·wachs *der* der Betrag, um den der Geldwert einer Sache gestiegen ist ⟨der Wertzuwachs eines Unternehmens, einer Aktie, eines Grundstücks⟩

★ **We·sen** *das*; (-s, -) **1** **das Wesen** +*Genitiv*/**von etwas** *nur Singular* das, was für etwas charakteristisch ist und es von anderen Sachen unterscheidet | *Es liegt im Wesen der Demokratie, dass die Wahlen frei und geheim sind* **2** *nur Singular* die charakterlichen Eigenschaften einer Person ⟨ein angenehmes, einnehmendes Wesen haben⟩ **3** etwas, das in irgendeiner (oft nur gedachten) Gestalt existiert oder erscheint | *an ein höheres, göttliches Wesen glauben* | *ein außerirdisches Wesen* **4** **ein kleines/hilfloses Wesen** ein Baby, ein kleines Kind oder ein junges Tier ■ **ID viel Wesens/kein Wesen aus/um/von etwas machen** etwas sehr wichtig/nicht wichtig nehmen

-we·sen *das; im Substantiv, unbetont, sehr produktiv, nur Singular* **Bauwesen, Bildungswesen, Gesundheitswesen, Transportwesen, Verlagswesen, Versicherungswesen** *und andere* verwendet als Bezeichnung für alle Dinge und Vorgänge, die zum genannten beruflichen oder gesellschaftlichen Bereich gehören

We·sens·zug *der* eine charakteristische Eigenschaft

★ **we·sent·lich** ADJEKTIV **1** sehr wichtig ⟨ein Anteil, ein Bestandteil, ein Element, ein Punkt, ein Unterschied⟩ **2** *nur adverbiell* so, dass ein Unterschied oder eine Menge groß ist ⟨wesentlich älter, besser, größer⟩ | *Der Hinweis trug wesentlich zur Klärung des Falles bei* ■ **ID im Wesentlichen** was den wichtigsten Teil einer Sache oder die Mehrheit der Fälle betrifft; **um ein Wesentliches** *+Komparativ* mit sehr großem Unterschied | *um ein Wesentliches billiger*

We·sent·li·che *das;* (-n) das Charakteristische und Wichtigste einer Sache ⟨sich auf das Wesentliche beschränken, konzentrieren; das Wesentliche hervorheben, erkennen⟩ **H** *Wesentliches; das Wesentliche; dem, des Wesentlichen*

Wes·fall *der ≈ Genitiv*

★ **wes·halb** ■ FRAGEWORT **1** verwendet, um nach dem Grund für etwas zu fragen *≈ warum* | *Weshalb hast du das getan?* **H** auch in indirekten Fragen: *Ich weiß nicht, weshalb sie nicht gekommen ist*

■ BINDEWORT **2** verwendet, um in einem Nebensatz die Folge einer Sache zu nennen, die im Hauptsatz steht | *Es hatte frisch geschneit, weshalb Lawinengefahr bestand*

WESPE

Wes·pe *die;* (-, -n) ein schwarz-gelb gestreiftes Insekt mit giftigem Stachel | *von einer Wespe gestochen werden* **K** Wespenstich

Wes·pen·nest *das* das Nest von Wespen ■ **ID in ein Wespennest stechen, sich mit etwas ins Wespennest setzen** sich viele Menschen zum Gegner machen, indem man ein heikles Thema anspricht o. Ä.

Wes·pen·tail·le *die* eine sehr schmale Taille

★ **wes·sen** → wer

Wes·si *der;* (-s, -s); *gesprochen, oft abwertend oder humorvoll* verwendet, um einen Bewohner aus den alten Bundesländern der Bundesrepublik Deutschland zu bezeichnen

★ **West**[1] *ohne Artikel; nur in dieser Form* die Richtung, in der die Sonne am Abend zu sehen ist ⟨Wind aus, von West; ein Kurs nach West⟩ ↔ *Ost* | *von West nach Ost* **K** Westeuropa, Westküste

West[2] *der;* (-s) *≈ Westwind*

West|deutsch·land *(das)* **1** das (geografisch) westliche Deutschland **2** verwendet als inoffizielle Bezeichnung für das Gebiet der Bundesrepublik Deutschland vor 1990 • hierzu **west·deutsch** ADJEKTIV

★ **Wes·te** *die;* (-, -n) **1** ein ärmelloses Kleidungsstück, das bis zur Hüfte reicht und über Hemd oder Bluse getragen wird **K** Anzugweste **2** eine Jacke aus Wolle o. Ä. **K** Strickweste ■ **ID eine weiße Weste haben** unschuldig sein

★ **Wes·ten** *der;* (-s) **1** die Himmelsrichtung des Sonnenuntergangs ⟨im, gegen, aus, von, nach Westen⟩ ↔ *Osten* **2** der westliche Teil eines Gebietes | *im Westen der Stadt* **3** die USA und die Länder Westeuropas (als politische Verbündete) **4** das Abendland ↔ *Orient* **5** **der Wilde Westen** der westliche Teil der USA zur Zeit der Besiedlung durch die Europäer

Wes·ten·ta·sche *die* eine Tasche in einer Weste ■ **ID jemand kennt etwas wie seine Westentasche** jemand kennt etwas sehr genau; **jemand kennt sich irgendwo aus wie in seiner Westentasche** jemand kennt sich irgendwo sehr gut aus

Wes·tern *der;* (-s, -) ein Film oder Roman, dessen Handlung in den westlichen Teilen der USA zur Zeit der Besiedlung durch die Europäer spielt

★ **west·lich** ■ ADJEKTIV *meist attributiv* **1** nach Westen (gerichtet) ⟨ein Kurs; in westliche Richtung fahren⟩ **2** von Westen nach Osten ⟨ein Wind; der Wind kommt, weht aus westlicher Richtung⟩ **3** im Westen ⟨ein Land, die Seite, der Teil⟩ | *das westliche Afrika/Mittelmeer* **4** zu den politischen Verbündeten des Westens gehörig ⟨Diplomaten; das Bündnis⟩ **5** in Bezug auf das Abendland ↔ *asiatisch*

■ PRÄPOSITION *mit Genitiv* **6** (in der genannten Entfernung) weiter im Westen als etwas ↔ *östlich* | *fünf Kilometer westlich der Grenze* **H** Folgt ein Wort ohne Artikel, verwendet man *westlich von: westlich von Deutschland.*

West·mäch·te *die;* (-); *Plural* verwendet als Bezeichnung für die verbündeten Staaten Frankreich, Großbritannien und USA im Zweiten Weltkrieg und danach

west·öst·lich ADJEKTIV *meist attributiv* von Westen nach Osten gerichtet ⟨eine Luftströmung⟩

west·wärts ADVERB in Richtung nach Westen

West·wind *der* ein Wind aus Westen

★ **wes·we·gen** ADVERB ■ FRAGEWORT **1** aus welchem Grund *≈ warum* | *Weswegen hat er das getan?* **H** auch in indirekten Fragen: *Sie wollte nicht sagen, weswegen sie sich getrennt haben*

■ BINDEWORT **2** aus dem genannten Grund | *Es gab einen Stau, weswegen der Bus Verspätung hatte*

★ **Wett·be·werb** *der;* (-s, -e) **1** eine Veranstaltung, bei der die Teilnehmer ihre Leistungen auf einem Gebiet untereinander vergleichen und bei der es für die besten oft Preise gibt ⟨einen Wettbewerb veranstalten; einen/in einem Wettbewerb gewinnen⟩ **K** Wettbewerbsbedingungen, Wettbewerbsteilnehmer; Architekturwettbewerb, Fotowettbewerb, Schönheitswettbewerb **2** *nur Singular* der Kampf um Vorteile zwischen Personen, Institutionen oder Firmen ⟨fairer, harter, unlauterer Wettbewerb; mit jemandem in Wettbewerb treten⟩ • hierzu **Wett·be·wer·ber** *der*

wett·be·werbs·fä·hig ADJEKTIV in der Lage, im wirtschaftlichen Wettbewerb zu bestehen ⟨ein Betrieb⟩ • hierzu **Wett·be·werbs·fä·hig·keit** *die*

Wett·bü·ro *das* ein Büro, in dem man für Pferderennen usw. Wetten abschließen kann

★ **Wet·te** *die;* (-, -n) **1** **eine Wette (um etwas)** eine Vereinbarung zwischen zwei oder mehr Personen, dass diejenige, deren Behauptung nicht richtig ist, etwas zahlen oder leisten muss ⟨(mit jemandem) eine Wette abschließen, eingehen; eine Wette gewinnen, verlieren⟩ | *eine Wette um eine Flasche Wein* **2** der Versuch, den Sieger oder das Ergebnis eines Wettbewerbs vorauszusagen (um so Geld zu gewinnen) ⟨eine Wette abschließen⟩ **3** **um die Wette** so, dass alle versuchen, schneller als die anderen zu sein ⟨mit jemandem um die Wette fahren, laufen, schwimmen⟩ **K** Wettfahrt, Wettrennen, Wettrudern

Wett·ei·fer *der* das Bemühen, etwas besser als andere Leute zu machen

wett·ei·fern VERB (wetteiferte, hat gewetteifert) **(mit jemandem) um etwas wetteifern** versuchen, andere Leute zu übertreffen und dadurch etwas zu gewinnen | *Die beiden Sänger wetteifern um die Gunst des Publikums*

wet·ten VERB (wettete, hat gewettet) **1** **(mit jemandem)**

W

(etwas) wetten; **(mit jemandem) um etwas wetten** eine Wette machen, den Einsatz für eine Wette angeben | *Was wettest du?* | *Wollen wir wetten?* | *Ich wette mit dir (um) 10 Euro, dass Inter Mailand gewinnt.* **2** **wetten, (dass) ...** zum Ausdruck bringen, dass man sich einer Sache ganz sicher ist | *Ich wette, dass sie nicht kommt* | *Ich wette, sie kommt nicht* **3** **auf etwas** (*Akkusativ*) **wetten** bei einem Wettrennen einen Tipp abgeben ‹auf ein Pferd wetten› ■ ID **Wetten, dass?** *gesprochen* verwendet, um zu sagen, dass man sich einer Sache ganz sicher ist | *„Er macht das nie!" – „Wetten, dass?"*

★ **Wet·ter** *das*; (-s) **1** das Wetter ist der Zustand in der Atmosphäre der Erde (mit Sonnenschein, Wind, Regen, Schnee, Wolken, Wärme, Kälte usw.) ‹regnerisches, trübes, schönes Wetter; das Wetter ist beständig, wechselhaft, schlägt um› | *Wie wird das Wetter morgen?* K Wetteraussichten, Wetterbeobachtung, Wetterbesserung, Wetterverschlechterung; Frühlingswetter, Herbstwetter, Sommerwetter, Winterwetter; Regenwetter, Tauwetter; Ausflugswetter, Badewetter, Reisewetter **2** ≈ *Gewitter* | *Ich glaube, heute gibt es noch ein Wetter*

Wet·ter·amt *das* eine staatliche Institution, die das Wetter erforscht und vorhersagt

★ **Wet·ter·be·richt** *der* aktuelle Informationen im Fernsehen, Radio usw., wie das Wetter in verschiedenen Regionen gerade ist (und wie sich in den nächsten Tagen wahrscheinlich entwickeln wird)

wet·ter·be·stän·dig ADJEKTIV ‹ein Anstrich, ein Material› so, dass sie durch das Wetter nicht beschädigt werden

wet·ter·fest ADJEKTIV so, dass sie für schlechtes Wetter gut geeignet sind ‹die Ausrüstung, die Kleidung›

Wet·ter·frosch *der*; *humorvoll* ≈ *Meteorologe*

wet·ter·füh·lig ADJEKTIV **1** ‹ein Mensch› so, dass das Wetter einen starken Einfluss auf ihn hat **2** ‹ein Mensch› so, dass er eine Wetteränderung im Voraus spürt ● hierzu **Wet·ter·füh·lig·keit** *die*

Wet·ter·kar·te *die* eine Landkarte, auf der das Wetter in den verschiedenen Gebieten angegeben ist

Wet·ter·kun·de *die*; *meist Singular* ≈ *Meteorologie*

Wet·ter·la·ge *die* der allgemeine Zustand des Wetters in einem relativ großen Gebiet

Wet·ter·leuch·ten *das* das Aufleuchten entfernter Blitze am Himmel, bei dem man den Donner aber nicht hört

wet·tern VERB (wetterte, hat gewettert) **(gegen, über jemanden/etwas) wettern** über jemanden/etwas heftig schimpfen

Wet·ter·prog·no·se *die*; Ⓒⓗ ≈ *Wettervorhersage*

Wet·ter·sa·tel·lit *der* ein Satellit, der die Wetterlage beobachtet und die Wetterstationen informiert

Wet·ter·sei·te *die* die Seite (eines Berges, Hauses o. Ä.), die der Himmelsrichtung zugekehrt ist, aus der das schlechte Wetter kommt

Wet·ter·sta·ti·on [-tsi̯o:n] *die* **1** ein Schaukasten mit Thermometer, Barometer und Hygrometer **2** ein meist kleineres Gebäude zur Beobachtung des Wetters

Wet·ter·sturz *der* ein plötzliches und starkes Sinken der Lufttemperatur

Wet·ter·um·schlag *der* eine plötzliche Änderung (meist Verschlechterung) des Wetters

Wet·ter·vor·her·sa·ge *die* eine Aussage darüber, wie das Wetter wird (auf der Grundlage meteorologischer Informationen)

★ **Wett·kampf** *der* ein (meist sportlicher) Kampf um die beste Leistung K Wettkampfsport ● hierzu **Wett·kämp·fer** *der*; **Wett·kämp·fe·rin** *die*

★ **Wett·lauf** *der* die Situation, bei der mehrere Personen so schnell laufen, wie sie können, um so herauszufinden, wer am schnellsten ist ■ ID **ein Wettlauf mit der Zeit** eine Situation, wenn die Zeit sehr knapp ist, um etwas noch zu schaffen ● hierzu **Wett·läu·fer** *der*; **Wett·läu·fe·rin** *die*

wett·ma·chen VERB (machte wett, hat wettgemacht) **jemand/etwas macht etwas wett** eine Person oder eine gute Eigenschaft sorgt dafür, dass ein Schaden oder Fehler nicht wichtig ist ‹einen Mangel, einen Verlust wettmachen› ≈ *ausgleichen*

Wett·rüs·ten *das* das Bestreben vieler Staaten, mehr und gefährlichere Waffen zu bekommen als die anderen Staaten

Wett·streit *der* das Bemühen, andere zu übertreffen ‹mit jemandem im Wettstreit um etwas liegen›

wet·zen VERB (wetzte, hat/ist gewetzt) **1** **etwas wetzen** (*hat*) ein Messer o. Ä. an einem harten Gegenstand reiben, damit es scharf wird und besser schneidet ‹ein Messer, eine Klinge wetzen; eine Katze wetzt die Krallen› K Wetzstahl, Wetzstein **2** *gesprochen* (*ist*) schnell laufen ≈ *rennen*

WG [ve:ˈge:] *die*; (-, -s); *gesprochen* Abkürzung für *Wohngemeinschaft*

Whirl·pool [ˈwə:lpu:l] *der*; (-s, -s) ein Becken zum Baden, in dem das Wasser mit Düsen zum Sprudeln gebracht wird

wich *Präteritum, 1. und 3. Person Singular* → weichen

Wich·se [-ks-] *die*; (-, -n); *gesprochen* **1** ≈ *Schuhcreme* **2** *nur Singular* ‹Wichse beziehen› ≈ *Prügel*

wich·sen VERB [-ks-] (wichste, hat gewichst) **1** **etwas wichsen** etwas mit Schuhcreme einreiben ‹Schuhe wichsen› K Wichsbürste, Wichslappen **2** *gesprochen* ▲ sich als Mann selbst sexuell befriedigen

Wich·ser [-ks-] *der*; (-s, -); *gesprochen* ▲ verwendet als Schimpfwort für einen Mann

Wicht [-çt] *der*; (-(e)s, -e) **1** *gesprochen* ein klein gewachsener Mensch, ein kleines Kind **2** *abwertend* verwendet als Schimpfwort

Wich·tel [-çt-] *der*; (-s, -) eine kleine Gestalt in Märchen, von der man sagt, dass sie den Menschen gern hilft oder Streiche spielt

★ **wich·tig** ADJEKTIV **1** **wichtig (für jemanden/etwas)** mit großer Wirkung auf eine Situation, mit deutlichen Folgen | *Diese Entscheidung war wichtig für die Zukunft* | *Es ist wichtig, dass wir uns einigen* | *Ich muss dir etwas Wichtiges sagen* K lebenswichtig **2** **wichtig (für jemanden/etwas)** mit großem Einfluss oder viel Macht | *Er kennt viele wichtige Leute* **3** **jemandem wichtig** so, dass jemand großen Wert auf etwas legt | *Mir ist nicht wichtig, wie ein Mann aussieht, sondern welchen Charakter er hat* ■ ID **(Das ist) nur halb so wichtig** *gesprochen* Das ist von relativ geringer Bedeutung; **etwas wichtig nehmen** etwas für entscheidend halten; **nichts Wichtigeres zu tun haben als ...** etwas sehr schnell tun (was man besser nicht getan hätte) | *Er hatte nichts Wichtigeres zu tun, als gleich die Presse zu informieren*

★ **Wich·tig·keit** *die*; (-) die Eigenschaft, wichtig zu sein ‹etwas ist von großer Wichtigkeit für jemanden/etwas; die Wichtigkeit einer Sache für etwas›

wich·tig·ma·chen VERB (machte sich wichtig, hat sich wichtiggemacht) **sich (mit etwas) wichtigmachen** ≈ *prahlen, angeben*

Wich·tig·tu·er *der*; (-s, -); *abwertend* eine Person, die so tut, als ob sie sehr wichtig wäre ● hierzu **Wich·tig·tu·e·rei** *die*; **Wich·tig·tu·e·rin** *die*; **wich·tig·tu·e·risch** ADJEKTIV

wich·tig·tun VERB (tut wichtig, tat wichtig, hat wichtiggetan) **(sich) (mit etwas) wichtigtun** ≈ *prahlen, angeben*

Wi·cke *die*; (-, -n) eine kletternde Pflanze mit meist weißen oder rosa Blüten, die der Erbse ähnlich ist

Wi·ckel *der*; (-s, -) **1** ein feuchtes Tuch, das man z. B. um die Brust legt, um das Fieber zu senken ⟨jemandem einen Wickel machen, anlegen⟩ K Brustwickel, Wadenwickel **2** etwas Gewickeltes, Zusammengerolltes **3** ein Gegenstand, auf den etwas gewickelt wird K Lockenwickel ■ ID **jemanden am/beim Wickel haben** jemanden scharf kritisieren; **etwas am/beim Wickel haben** sich mit einem Thema o. Ä. intensiv beschäftigen

Wi·ckel·kind *das* ein Kind, das noch Windeln braucht

★ **wi·ckeln** VERB (wickelte, hat gewickelt) **1** **etwas um etwas wickeln** eine Schnur, einen Verband usw. mit einer drehenden Bewegung mehrmals um etwas legen | *eine Schnur auf eine Rolle wickeln* | *einen Verband um das verletzte Bein wickeln* **2** **ein Kind wickeln** einem Kleinkind eine saubere Windel anlegen K Wickelkommode, Wickeltisch **3** **etwas in etwas** (*Akkusativ*) **wickeln** etwas in Papier verpacken **4** **jemanden in etwas** (*Akkusativ*) **wickeln** eine Decke o. Ä. um eine Person oder sich selbst legen **5** **jemanden/etwas aus etwas wickeln**; **etwas von etwas wickeln** die Sache, die um eine Person/Sache gewickelt ist, entfernen | *ein Bonbon aus dem Papier wickeln* | *den Verband wieder vom Arm wickeln* **6** **etwas wickelt sich um jemanden/etwas** etwas legt sich um jemanden/etwas | *Die Leine wickelte sich um die Beine des Hundes*

Wid·der *der*; (-s, -) **1** ein männliches Schaf ≈ *Schafbock* **2** *nur Singular* das Sternzeichen für die Zeit vom 21. März bis 20. April i → Abb. unter **Sternzeichen** **3** eine Person, die in der Zeit vom 21. März bis 20. April geboren ist | *Sie ist (ein) Widder*

★ **wi·der** PRÄPOSITION +*Akkusativ* **1** bezeichnet einen Gegensatz, Widerspruch o. Ä. | *Wider Erwarten habe ich die Prüfung bestanden* | *Ich wurde wider Willen dort festgehalten* (obwohl ich es nicht wollte) | *Wider besseres Wissen behauptete er, dass …* (obwohl er wusste, dass das falsch ist) **2** *geschrieben* nennt die Sache, der jemand nicht folgt, an die sich jemand nicht hält ≈ *gegen* | *wider die Vorschriften handeln* | *Das ist doch wider jegliche Vernunft!* (Das ist völlig unvernünftig) | *Das können Sie nicht tun, das ist wider unsere Abmachung!*

wi·der·bors·tig ADJEKTIV ≈ *widerspenstig*

wi·der·fah·ren VERB (widerfährt, widerfuhr, ist widerfahren) **etwas widerfährt jemandem** *geschrieben* etwas ereignet sich und betrifft jemanden ⟨ihm ist Unheil, Unrecht, etwas Seltsames widerfahren⟩

Wi·der·ha·ken *der* eine Spitze bei Pfeilen, Angelhaken o. Ä., die so geformt ist, dass sie leicht eindringt, aber schwer herauszuziehen ist

Wi·der·hall *der*; *geschrieben* **1** ⟨der Widerhall eines Schusses, ferner Stimmen⟩ ≈ *Echo* **2** ≈ *Beachtung* | *Der Aufruf fand großen Widerhall*

wi·der·hal·len VERB (hallte wider, hat widergehallt) **1** **etwas hallt wider** etwas kommt wie ein Echo zurück ⟨eine Stimme, ein Rufen⟩ **2** **etwas hallt von etwas wider** ein Raum o. Ä. ist meist von Geräuschen oder Klängen erfüllt

wi·der·le·gen VERB (widerlegte, hat widerlegt) **jemanden/etwas widerlegen** beweisen, dass etwas nicht richtig oder wahr ist, dass jemand nicht recht hat ⟨eine Behauptung, eine Ansicht, eine Theorie widerlegen⟩ • hierzu **wi·der·leg·bar** ADJEKTIV

wi·der·lich ADJEKTIV **1** sehr unsympathisch ⟨ein Mensch, ein Benehmen⟩ **2** so, dass man davor Ekel empfindet ⟨ein Anblick, ein Gestank⟩ • hierzu **Wi·der·lich·keit** *die*

Wi·der·ling *der*; (-s, -e); *gesprochen, abwertend* eine Person, die man sehr unsympathisch findet

wi·der·na·tür·lich ADJEKTIV; *abwertend* dem natürlichen, üblichen Empfinden entgegengesetzt ⟨ein Verhalten⟩ • hierzu **Wi·der·na·tür·lich·keit** *die*

wi·der·recht·lich ADJEKTIV gegen Gesetze oder Verordnungen verstoßend | *Parken verboten! Widerrechtlich abgestellte Fahrzeuge werden entfernt*

Wi·der·re·de *die* das Aussprechen einer entgegengesetzten Meinung ⟨ohne Widerrede; keine Widerrede dulden⟩ ≈ *Widerspruch*

Wi·der·ruf *der* eine Erklärung, dass das, was man behauptet, erlaubt oder versprochen hat, nicht mehr gültig ist ■ ID **bis auf Widerruf gestattet** so lange erlaubt, bis das Gegenteil bekannt gemacht wird • hierzu **wi·der·ruf·lich** ADJEKTIV

wi·der·ru·fen VERB (widerrief, hat widerrufen) **(etwas) widerrufen** etwas für nicht mehr gültig erklären ⟨eine Aussage, eine Behauptung, ein Geständnis widerrufen⟩

Wi·der·sa·cher *der*; (-s, -); *geschrieben* ⟨ein persönlicher, politischer Widersacher⟩ ≈ *Gegner, Feind* • hierzu **Wi·der·sa·che·rin** *die*

wi·der·set·zen VERB (widersetzte sich, hat sich widersetzt) **sich jemandem/etwas widersetzen** jemandes Anordnungen oder einer Vorschrift nicht folgen (und etwas anderes tun)

Wi·der·sinn *der*; *nur Singular*; *geschrieben* ≈ *Unsinn, Absurdität*

wi·der·sin·nig ADJEKTIV dem Sinn einer Sache entgegengesetzt ⟨eine Behauptung, ein Plan⟩ ≈ *absurd*

wi·der·spens·tig ADJEKTIV **1** so, dass eine Person/ein Tier nicht gehorchen will ⟨ein Jugendlicher, ein Kind, ein Pferd⟩ **2** schwer glatt zu machen ⟨Haare⟩ • zu (1) **Wi·der·spens·tig·keit** *die*

wi·der·spie·geln VERB (spiegelte wider, hat widergespiegelt) **1** **etwas spiegelt etwas wider** etwas reflektiert etwas | *Das Wasser spiegelte die Lichter wider* **2** **etwas spiegelt etwas wider** etwas bringt etwas deutlich und anschaulich zum Ausdruck | *Seine Memoiren spiegeln die Verhältnisse der Epoche wider* **3** **etwas spiegelt sich irgendwo wider** man kann etwas irgendwo wie in einem Spiegel sehen ⟨ein Gesicht spiegelt sich im Wasser, See, Glas wider⟩ **4** **etwas spiegelt sich irgendwo wider** etwas kommt irgendwo zum Ausdruck | *In dem Gemälde spiegelt sich die Stimmung des Künstlers wider*

★ **wi·der·spre·chen** VERB (widerspricht, widersprach, hat widersprochen) **1** **(jemandem/etwas) widersprechen** jemandes Meinung für falsch erklären und eine andere vertreten ⟨einer Äußerung, einer Behauptung widersprechen⟩ | *Ich muss Ihnen leider widersprechen* **2** **etwas widerspricht einer Sache** (*Dativ*) etwas passt nicht zu etwas anderem | *Seine Aussage widerspricht den Tatsachen* | *Das widerspricht unseren bisherigen Erfahrungen* **3** **sich** (*Dativ*) **widersprechen** etwas sagen, das nicht zu dem passt, was man bereits vorher gesagt hat | *Du widersprichst dir doch ständig!*

★ **Wi·der·spruch** *der* **1** *nur Singular* das Aussprechen einer anderen Meinung ⟨keinen Widerspruch dulden; auf Widerspruch stoßen⟩ | *Seine unvernünftigen Ansichten reizen zum Widerspruch* **2** die Situation, dass eine Sache nicht zur anderen passt ⟨etwas ist voller Widersprüche⟩ ≈ *Gegensatz* | *Ihr Verhalten befindet sich im Widerspruch zu den von ihr vertretenen Ansichten* | *Seine Ansichten standen in krassem Widerspruch zur öffentlichen Meinung* **3** *admin nur Singular* der Antrag an ein Gericht oder eine Behörde, eine Entscheidung noch einmal zu überprüfen, weil man für falsch hält ⟨Widerspruch gegen etwas einlegen; über einen Widerspruch entscheiden⟩ | *Wir haben vier Wochen Zeit für den Widerspruch*

wi·der·sprüch·lich ADJEKTIV **1** so, dass (sich) der Sprecher dabei selbst widerspricht ⟨Angaben, Aussagen⟩ **2** so, dass Meinungen o. Ä. gegensätzliche Positionen enthalten

● hierzu **Wi·der·sprüch·lich·keit** *die*

wi·der·spruchs·los ADJEKTIV *meist adverbiell* so, dass man nicht widerspricht | *Er nimmt alles widerspruchslos hin*

★ **Wi·der·stand** *der* **1** **Widerstand gegen jemanden/etwas** *nur Singular* Handlungen, mit denen man sich gegen eine Person oder Situation wehrt ⟨bewaffneter, zäher, verzweifelter, schwacher, starker Widerstand; (jemandem) Widerstand leisten; auf Widerstand stoßen; den Widerstand aufgeben⟩ **2** eine Sache, die eine Person daran hindert, etwas zu tun | *Wir konnten das Projekt allen Widerständen zum Trotz rechtzeitig abschließen* | *Er wählte den Weg des geringsten Widerstands* (Er entschied sich für die Sache, bei der er am wenigsten Schwierigkeiten erwartete) **3** *nur Singular* der Kampf gegen eine diktatorische Regierung oder eine Besatzungsmacht ⟨den Widerstand organisieren; sich dem Widerstand anschließen⟩ K Widerstandskampf, Widerstandskämpfer **4** *nur Singular* eine Kraft, die eine Bewegung bremst | *an der Kurbel drehen, bis man einen Widerstand spürt* K Luftwiderstand, Reibungswiderstand, Strömungswiderstand **5** *nur Singular* die Eigenschaft eines Materials, das Fließen des elektrischen Stroms zu hemmen K Widerstandsmesser **6** ein Bauelement in einem Stromkreis mit einem elektrischen Widerstand **7** **passiver Widerstand** Widerstand ohne die Anwendung von Gewalt **8** **Widerstand gegen die Staatsgewalt** die Straftat, wenn sich eine Person dagegen wehrt, dass ein Polizist sie festnehmen will

Wi·der·stands·be·we·gung *die* eine Gruppe von Menschen, die gegen eine diktatorische Regierung oder eine Besatzungsmacht Widerstand leistet | *die Widerstandsbewegung gegen den Nationalsozialismus*

wi·der·stands·fä·hig ADJEKTIV fähig, Belastungen zu ertragen, ohne Schaden zu nehmen ⟨gesundheitlich widerstandsfähig; widerstandsfähig gegen Krankheiten⟩ ● hierzu **Wi·der·stands·fä·hig·keit** *die*

Wi·der·stands·kraft *die* die Fähigkeit, sich gegen Krankheiten o. Ä. zu wehren

wi·der·stands·los ADJEKTIV *meist prädikativ* **1** so, dass man keinen Widerstand leistet ⟨sich widerstandslos ergeben, festnehmen lassen⟩ **2** *nur adverbiell* ohne auf Widerstand zu treffen | *Die Truppen haben das Dorf widerstandslos erobert*

wi·der·ste·hen VERB (widerstand, hat widerstanden) **1** **jemandem/etwas widerstehen** sich gegen jemanden/etwas erfolgreich wehren **2** **etwas widersteht einer Sache** (*Dativ*) etwas hält etwas aus | *Dieser Kunststoff widersteht stärksten Belastungen* **3** **jemandem/etwas widerstehen** den Prinzipien treu bleiben und nicht nachgeben ⟨einem Verlangen, einer Verlockung widerstehen⟩ **4** **etwas widersteht jemandem** etwas erregt in jemandem Ekel oder Widerwillen **5** **nicht widerstehen können** zu etwas (Angenehmem) nicht nein sagen können | *Ich sollte weniger essen, aber bei Schokolade kann ich nicht widerstehen*

wi·der·stre·ben VERB (widerstrebte, hat widerstrebt) **etwas widerstrebt jemandem** etwas ist gegen jemandes Prinzipien oder Anschauungen | *Dieser Luxus widerstrebt ihr* | *Es widerstrebt ihm, Schulden zu machen*

Wi·der·streit *der; nur Singular; geschrieben* ⟨ein Widerstreit der Gefühle, Meinungen; Widerstreit zwischen Furcht und Hoffnung⟩ ≈ *Konflikt*

wi·der·wär·tig ADJEKTIV ≈ *widerlich* ● hierzu **Wi·der·wär·tig·keit** *die*

Wi·der·wil·le *der; nur Singular* eine starke Abneigung ⟨einen (ausgesprochenen) Widerwillen gegen etwas haben, empfinden⟩

wi·der·wil·lig ADJEKTIV **1** *meist attributiv* ⟨eine Antwort⟩ so, dass man dabei Widerwillen spüren lässt **2** *nur adverbiell* ≈ *ungern* | *etwas (nur) widerwillig tun*

★ **wid·men** VERB (widmete, hat gewidmet) **1** **jemandem etwas widmen** jemanden mit einem Kunstwerk, einer wissenschaftlichen Arbeit o. Ä. ehren | *Beethoven widmete dem Kaiser Napoleon seine dritte Symphonie* **2** **sich/etwas einer Person/Sache widmen** viel Zeit und Kraft für eine Person, ein Ziel o. Ä. verwenden | *Sie hat ihr Leben der medizinischen Forschung gewidmet* | *Im Urlaub möchte ich mich einmal intensiv den Kindern/meinen Hobbys widmen*

Wid·mung *die;* (-, -en) **eine Widmung (an jemanden)** persönliche Worte, die man in ein Buch schreibt, das man jemandem schenkt

wid·rig ADJEKTIV ungünstig ⟨Bedingungen, Umstände, ein Schicksal⟩

-wid·rig *im Adjektiv, unbetont, begrenzt produktiv* **1** **gesetzeswidrig, sittenwidrig, verfassungswidrig, verkehrswidrig** *und andere* drückt aus, dass etwas gegen ein Gesetz verstößt **2** **befehlswidrig, ordnungswidrig, regelwidrig, vertragswidrig** *und andere* drückt aus, dass etwas der genannten Sache nicht entspricht

wid·ri·gen·falls ADVERB; *admin* im Falle, dass eine Anordnung nicht befolgt wird ≈ *andernfalls*

Wid·rig·keit *die;* (-, -en) eine Schwierigkeit, die jemanden daran hindert, etwas zu tun | *mit Widrigkeiten fertig werden*

★ **wie** ■ FRAGEWORT

▸Beschreibung: **1** verwendet, um zu fragen, auf welche Weise etwas geschieht oder geschehen ist | *Wie hat sie reagiert?* | *Wie hast du das gemacht?* ℹ auch in indirekten Fragen: *Ich weiß nicht, wie das passieren konnte* **2** verwendet, um nach Eigenschaften oder Zuständen, nach den näheren Umständen zu fragen | *Wie war das Wetter?* | *Wie ist er so als Chef?* | *Willst du nicht wissen, wie es im Urlaub war?* **3** **wie** *+Adjektiv/Adverb* verwendet, um nach Maßen, der Menge, dem Ausmaß o. Ä. zu fragen | *Wie alt bist du?* | *Wie groß ist deine Wohnung?* | *Ich konnte nicht sagen, wie schnell ich gefahren war* **4** **Wie spät ist es?** verwendet, um nach der Uhrzeit zu fragen

■ ADVERB

▸Verstärkung: **5** **wie** *+Adjektiv/Adverb gesprochen* verwendet, um ein Adjektiv oder Adverb zu verstärken | *Wie schade, dass es regnet!* (Es ist sehr schade, dass es regnet) | *Wie lästig das doch ist, wenn der Zug nie pünktlich kommt* **6** **…, wie?** *gesprochen* verwendet, um eine rhetorische Frage zu verstärken. Man drückt damit meist Ärger aus | *Du glaubst wohl, du kannst alles, wie?* **7** **Und wie!** *gesprochen* verwendet, um eine bejahende Antwort zu verstärken | *„Möchtet ihr ins Kino gehen?" – „Und wie!"* (Ja, sehr gern)

■ BINDEWORT

▸Vergleich: **8** verwendet, um einen Vergleich herzustellen | *Er ist stark wie ein Bär* | *Sie ist so alt wie ich* | *Sie arbeitet nicht so gut wie du* **9** verwendet, um einen Nebensatz einzuleiten, der einen Vergleich ausdrückt | *Er kann fast so schnell tippen, wie ich rede* **10** **(so) …, wie …** verwendet, um eine nähere Erklärung oder Ergänzung einzuleiten | *Es kam alles so, wie ich es vorausgesagt hatte* | *Ich kann mich (so) anziehen, wie ich will* | *Alles verläuft wie geplant*

▸Aufzählung: **11** verwendet, um Beispiele oder Aufzählungen einzuleiten | *Manche Tiere, wie (z. B.) Bären oder Hamster, halten einen Winterschlaf* **12** und auch | *Sie war als Politikerin wie als Künstlerin sehr erfolgreich* | *Das Auto war innen wie außen völlig verdreckt* **13** *gesprochen* in einem Vergleich nach Adjektiven in der Form des Komparativs verwendet | *Meine Schwester ist jünger*

W

wie ich | Ich bin größer wie Du
‣Zeit: **14** *gesprochen* zu dem Zeitpunkt, als | *Wie ich heimkomme, steht die Polizei vor meiner Tür*
‣Menge, Zahl: **15** **wie viel(e)** (in direkten und indirekten Fragen) verwendet, um nach einer Menge oder Zahl zu fragen | *Wie viel(e) Leute kommen zu deiner Party?* | *Wie viel ist 39 geteilt durch 13?* | *„Wie viel wiegst du?" – „So etwa 75 Kilo."* **16** **wie viel** *+Adjektiv im Komparativ* verwendet, um nach dem Grad eines Unterschieds zu fragen | *Wie viel älter als dein Bruder bist du?* **17** **wie viel auch (immer)** drückt aus, dass es gleichgültig ist, wie groß die Menge oder Zahl ist | *Wie viel diese Schuhe auch (immer) kosten, ich kaufe sie mir auf jeden Fall*
‣Wahrnehmung: **18** verwendet, um in einem Nebensatz zu beschreiben, was man wahrnimmt | *Hörst du, wie der Wind heult?* | *Ich sah noch, wie der Zug den Bahnhof verließ* | *Er fühlte, wie seine Hände zitterten*
■ ID **Wie du mir, so ich dir!** drückt aus, dass man sich im Recht fühlt, wenn man nicht nett zu derjenigen Person ist, von der man schlecht behandelt wurde

Wie *das* **auf das Wie kommt es an** es ist wichtig, auf welche Art etwas gemacht wird

★ **wie·der** ADVERB **1** verwendet, um zu sagen, dass etwas nicht zum ersten Mal, sondern noch einmal geschieht ⟨immer wieder; schon wieder; nie wieder; wieder einmal; etwas wieder aufbauen, aufführen, aufnehmen, einführen, eröffnen, tun; jemanden wieder eingliedern⟩ | *Wann gehen wir wieder einmal schwimmen?* | *Die neue Platte ist wieder ein Erfolg* **H** Die hier genannten Verben können auch mit *wieder* zusammengeschrieben werden, wenn *wieder* unbetont ist **2** verwendet, um zu sagen, dass ein früherer Zustand hergestellt wird | *die Gefangenen wieder freilassen* | *Es geht dir bald wieder besser* | *Kann man den Fahrradschlauch wieder flicken?* **3** verwendet, um einen Gegensatz oder einen Widerspruch zu betonen ≈*andererseits* | *Das Gerät arbeitet schneller, ist dafür aber wieder teurer* **4** *gesprochen* verwendet, um den Ton einer Aussage zu verschärfen | *Wo kommst du wieder her!* | *Was soll denn das wieder heißen!* | *Das ist wieder typisch!*

★ **wie·der-** (*im Verb, betont und trennbar, sehr produktiv; Diese Verben werden so gebildet:* wiedergewinnen, gewann wieder, wiedergewonnen) **1** **etwas wiedererlangen, wiedererobern, wiedergewinnen, wiederkriegen** *und andere* drückt aus, dass jemand etwas zurückbekommt oder noch einmal bekommt | *Ich hoffe, ich bekomme die Bücher, die ich ihm geliehen habe, wieder* (Ich hoffe, er gibt mir meine Bücher zurück) **2** **(jemandem) etwas wiederbeschaffen, wiederbringen, wiedererstatten** *und andere* drückt aus, dass jemand etwas einer anderen Person zurückgibt | *Kannst du mir etwas Geld leihen? Ich gebe es dir morgen wieder* **3** **jemandem/etwas wiederbegegnen; etwas wiederentdecken, wiederverwenden, wiederverwerten** *und andere* drückt aus, dass etwas noch einmal geschieht | *Sie wurde als Vorsitzende wiedergewählt* (Sie war bereits Vorsitzende und wurde jetzt noch einmal gewählt) **H** In der Bedeutung „noch einmal" werden *wieder* und das Verb getrennt geschrieben, wenn (auch) das Verb betont ist: *Wir haben ˈwieder geˈwonnen; Ich würde ihn ˈnicht wieder ˈwählen.*

Wie·der- *im Substantiv, betont und unbetont, begrenzt produktiv* **1** drückt aus, dass eine Aktion noch einmal durchgeführt wird | *die Wiederaufnahme von diplomatischen Beziehungen* | *die Wiederaufführung eines Theaterstücks* | *die Wiederaufrüstung nach dem Krieg* | *die Wiedereinführung einer früheren Regelung* | *die Wiederverheiratung einer Person* | *die Wiederwahl eines Politikers* **2** drückt aus, dass ein früherer Zustand noch einmal hergestellt wird | *der Wiederaufbau/die Wiederentstehung des im Krieg zerstörten Schlosses* | *die Wiedereingliederung von Haftentlassenen in die Gesellschaft* | *die Wiedererlangung des verlorenen Selbstbewusstseins* | *die Wiedererstarkung der Wirtschaft* | *der Wiedergewinn der Freiheit* | *die Wiederherstellung eines Zustands*

wie·der·auf·be·rei·ten VERB (bereitete wieder auf, hat wiederaufbereitet) **etwas wiederaufbereiten** etwas Gebrauchtes so bearbeiten, dass es wieder verwendet werden kann ⟨Atommüll wiederaufbereiten⟩ ● hierzu **Wie·der·auf·be·rei·tung** *die*

Wie·der·auf·be·rei·tungs|an·la·ge *die* **1** eine Fabrik, in der ausgebrannte Brennstäbe von Atomkraftwerken erneuert werden **2** eine technische Ausrüstung, mit der man Abwasser reinigen kann, sodass man es wiederverwenden kann

wie·der·auf·tau·chen VERB (*ist*) **jemand/etwas taucht wieder auf** jemand/etwas ist plötzlich und überraschend wieder da | *Nach Jahren tauchte er wieder auf* | *Ist dein Schlüssel wiederaufgetaucht?* **H** aber: *Das U-Boot wird bald wieder auftauchen* (getrennt geschrieben)

wie·der·be·le·ben VERB (belebte wieder, hat wiederbelebt) **1** **jemanden wiederbeleben** wenn jemand nicht mehr atmet oder sein Herz nicht mehr schlägt, kann man versuchen, ihn wiederzubeleben **2** **alte Bräuche Traditionen wiederbeleben** alte Bräuche oder Traditionen wieder aktiv pflegen **H** aber: *die Wirtschaft wieder beleben* (getrennt geschrieben) ● hierzu **Wie·der·be·le·bung** *die*

Wie·der·be·le·bungs|ver·such *der* der Versuch, jemanden wiederzubeleben | *ein sofort eingeleiteter Wiederbelebungsversuch*

Wie·der·ein·stieg *der* ein neuer Anfang nach einer langen Pause, besonders in einem Beruf ⟨ein erfolgreicher, gelungener, schwieriger Wiedereinstieg⟩ | *der Wiedereinstieg in den Beruf nach der Babypause*

Wie·der·ein·tritt *der* das erneute Eintreten in etwas, das man vorher verlassen hat, das erneute Hineingelangen in etwas ⟨der Wiedereintritt in eine Partei⟩ | *der Wiedereintritt der Raumfähre in die Erdatmosphäre*

wie·der·er·ken·nen VERB (*hat*) **jemanden/etwas wiedererkennen** jemanden/etwas (nach längerer Abwesenheit) noch erkennen | *Ich habe sie kaum wiedererkannt!*

wie·der·fin·den VERB (*hat*) **1** **jemanden/etwas wiederfinden** eine Person oder Sache, die man zuvor längere Zeit gesucht hat, finden **2** **sich (irgendwo) wiederfinden** überrascht feststellen, dass man irgendwo ist | *sich nach einem Unfall in einer Klinik wiederfinden*

★ **wie·der·ge·ben** VERB (*hat*) **1** **etwas wiedergeben** über etwas berichten, was man selbst erlebt, gelesen, gehört o. Ä. hat | *Er gab den Inhalt des Vortrags sinngemäß wieder* **2** **etwas (mit etwas) wiedergeben** etwas anders ausdrücken oder übersetzen | *Wie gibt man diese Redewendung im Deutschen wieder?* **3** **etwas wiedergeben** etwas künstlerisch darstellen | *Die friedliche Abendstimmung ist in dem Gemälde gut wiedergegeben* **4** **etwas gibt etwas wieder** etwas macht Klänge, Farben o. Ä. hörbar/sichtbar | *Der Lautsprecher gibt die Bässe zu stark wieder* **H** weitere Verwendungen → **wieder-** ● hierzu **Wie·der·ga·be** *die*

Wie·der·ge·burt *die; meist Singular* **1** die Vorstellung in manchen Religionen, dass man nach dem Tod mehrmals wieder als Mensch oder als Tier geboren wird **2** die Erneuerung einer Sache ⟨die Wiedergeburt der Antike; eine geistige Wiedergeburt⟩

wie·der·ge·win·nen VERB (*hat*) **Rohstoffe** *o. Ä.* **wiedergewinnen** durch ein besonderes technisches Verfahren neue

Rohstoffe o. Ä. aus Abfällen, Altpapier o. Ä. gewinnen **H** weitere Verwendungen → **wieder-** • hierzu **Wie·der·ge·win·nung** *die*

Wie·der·gut·ma·chung *die* **1** meist Geld, das eine Person bekommt, weil sie einen Schaden hatte, an dem andere schuld sind **2** *historisch* finanzielle und politische Leistungen der Bundesrepublik Deutschland wegen der Verbrechen des Nationalsozialismus (vor allem gegenüber Israel, Polen und der Sowjetunion) • hierzu **wie·der·gut·ma·chen** VERB *(hat)*

wie·der·ha·ben VERB *(hat)* **1 etwas wiederhaben** etwas wieder bei sich haben **2 etwas wiederhaben wollen/können/...** etwas zurückbekommen wollen/können/... | *Das Buch will ich aber wiederhaben!* **3 jemanden wiederhaben** mit jemandem wieder zusammen sein | *Bald habt ihr euch wieder*

wie·der·her·stel·len VERB *(hat)* **jemanden/etwas wiederherstellen** etwas wieder in einen früheren Zustand bringen, einen Kranken wieder gesund machen ⟨Daten, die Ordnung wiederherstellen; jemandes Gesundheit wiederherstellen⟩ **H** aber: *Dieses Modell wird jetzt wieder hergestellt* (= von Neuem produziert; getrennt geschrieben)

wie·der·hol·bar ADJEKTIV ⟨eine Erfahrung, ein Experiment⟩ so, dass sie wiederholt werden können • hierzu **Wie·der·hol·bar·keit** *die*

★ **wie·der·ho·len** VERB (wiederholte, hat wiederholt) **1 etwas wiederholen** etwas noch einmal machen, sagen, tun ⟨eine Durchsage, eine Sendung, ein Experiment, einen Appell, einen Hilferuf wiederholen⟩ **2 etwas wiederholen** etwas, das man lernen muss, üben, indem man es noch einmal liest, spricht o. Ä. ⟨unregelmäßige Verben wiederholen⟩ **3 etwas wiederholen** noch einmal an etwas teilnehmen ⟨eine Klasse, eine Prüfung, einen Kurs wiederholen⟩ **4 jemand wiederholt sich** jemand erzählt mehrmals das Gleiche | *Der Redner wiederholte sich ständig* **5 etwas wiederholt sich** etwas erscheint immer wieder ⟨ein Muster, eine Figur⟩ **6 etwas wiederholt sich** etwas ereignet sich noch einmal | *Die damaligen Zustände dürfen sich nicht wiederholen* • hierzu **Wie·der·ho·lung** *die*

★ **wie·der·holt** ■ PARTIZIP PERFEKT **1** → wiederholen
■ ADJEKTIV **2** *meist attributiv* verwendet, um zu sagen, dass etwas noch einmal gemacht, gesagt usw. wurde ⟨eine Aufforderung, eine Warnung⟩ **3** *geschrieben nur adverbiell* mehr als zweimal | *Er hat wiederholt versucht, die Regierung zu stürzen*

Wie·der·ho·lungs·fall *der* **im Wiederholungsfall/für den Wiederholungsfall** ⟨eine Strafe androhen⟩ für den Fall, dass etwas Verbotenes noch einmal getan wird (eine Strafe androhen)

Wie·der·ho·lungs·zei·chen *das* zwei doppelte senkrechte Striche mit Doppelpunkten. Noten zwischen den zwei Doppelstrichen müssen wiederholt werden

★ **Wie·der·hö·ren** *das* ■ **ID Auf Wiederhören!** verwendet, um sich am Telefon von jemandem zu verabschieden

wie·der·käu·en VERB (käute wieder, hat wiedergekäut) **1 etwas wiederkäuen** *abwertend* etwas, das andere Leute bereits gesagt haben, ständig wiederholen **2 ein Schaf/ein Rind käut wieder** ein Schaf, ein Rind o. Ä. bringt bereits gekautes Futter aus dem Magen wieder ins Maul und kaut es nochmals • zu (2) **Wie·der·käu·er** *der*

Wie·der·kehr *die;* (-) **1** *geschrieben* das Zurückkommen | *Seit seiner Wiederkehr ist er irgendwie anders* **2** das erneute Vorkommen eines Kalendertags oder eines Datums, an dem sich in einem früheren Jahr etwas ereignet hat | *Die zehnte Wiederkehr seines Todestages*

★ **wie·der·keh·ren** VERB (kehrte wieder, ist wiedergekehrt); *geschrieben* **1** ≈ *zurückkommen* | *Er ist nie aus dem Krieg wiedergekehrt* **2 etwas kehrt wieder** etwas wiederholt sich oder geschieht (immer) wieder | *ein ständig wiederkehrendes Thema* | *eine nie wiederkehrende Gelegenheit*

wie·der·ken·nen VERB *(hat); gesprochen* **jemanden/etwas wiederkennen** ≈ *wiedererkennen*

★ **wie·der·kom·men** VERB *(ist)* **1** ≈ *zurückkommen* | *Wann kommt ihr abends wieder?* **2** noch einmal kommen | *Kommen Sie bitte morgen wieder!*

Wie·der·schau·en *(das)* **Auf Wiederschauen!** *süddeutsch* Ⓐ verwendet als höflicher Gruß zum Abschied

★ **Wie·der·se·hen** *das;* (-s) das Treffen einer Person, die man längere Zeit nicht gesehen hat **K** Wiedersehensfreude ■ **ID Auf Wiedersehen!** verwendet, um sich von jemandem zu verabschieden

wie·der·se·hen VERB *(hat)* **jemanden/etwas wiedersehen** jemanden/etwas erneut sehen oder besuchen | *Ich hoffe, dass wir uns bald wiedersehen* ■ **ID das Buch** *o. Ä.* **habe ich nie wiedergesehen** das Buch o. Ä., das ich jemandem ausgeliehen habe, habe ich nie zurückbekommen

wie·de·rum ADVERB; *geschrieben* **1** verwendet, um zu sagen, dass etwas nicht zum ersten Mal geschieht | *Wiederum war es der Torhüter, der den Ausgleich verhinderte* **2** ≈ *hingegen* | *Ich wiederum bin der Meinung, dass ...*

Wie·der·ver·ei·ni·gung *die; meist Singular* der Vorgang, wenn vor allem zwei Teile eines Staates oder Familienmitglieder, die getrennt wurden, wieder zusammenkommen | *die Wiedervereinigung Deutschlands*

wie·der·ver·kau·fen VERB *(hat)* **etwas wiederverkaufen** etwas verkaufen, das man extra zu diesem Zweck gekauft hat ≈ *weiterverkaufen* | *von einer Reise Kunstgegenstände zum Wiederverkaufen mitbringen* **H** Wenn sowohl *wieder* als auch das Verb betont sind, wird getrennt geschrieben *Sie müssen ihr Haus wieder verkaufen.*

wie·der·ver·wert·bar ADJEKTIV ⟨eine Verpackung⟩ so, dass man sie recyceln kann

Wie·ge *die;* (-, -n) **1** ein kleines Bett für ein Baby. Wiegen sind so gebaut, dass man sie schaukeln kann **2** *geschrieben* der Ort, an dem etwas beginnt | *Griechenland ist die Wiege der abendländischen Kultur* ■ **ID jemandem ist etwas in die Wiege gelegt worden** jemand hat eine Fähigkeit schon seit der Geburt

★ **wie·gen¹** VERB (wog, hat gewogen) **1 jemanden/etwas wiegen** (mit einer Waage) das Gewicht von Personen oder Dingen feststellen | *einen Säugling/ein Paket wiegen* | *Wann hast du dich das letzte Mal gewogen?* **2 jemand/etwas wiegt** +*Gewichtsangabe* jemand/etwas hat das genannte Gewicht | *Er wiegt 80 kg*

★ **wie·gen²** VERB (wiegte, hat gewiegt) **1 jemanden wiegen** jemanden sanft hin und her bewegen ⟨ein Kind (in den Armen, in der Wiege) wiegen⟩ **2 sich wiegen** sich selbst relativ langsam und rhythmisch hin und her bewegen | *sich zu den Klängen der Musik wiegen* | *einen wiegenden Gang haben*

Wie·gen·fest *das; geschrieben oder humorvoll* ≈ *Geburtstag*

Wie·gen·lied *das* ein Lied, das man einem kleinen Kind vorsingt, damit es einschläft

wie·hern [ˈviːɐn] VERB (wieherte, hat gewiehert) **1 ein Pferd wiehert** ein Pferd gibt die Laute von sich, die für seine Art typisch sind **2 vor Lachen vor Vergnügen wiehern** *gesprochen* laut und intensiv lachen

Wie·ner¹ *der;* (-s, -) eine Person, die in der Stadt Wien wohnt oder dort geboren ist • hierzu **Wie·ne·rin** *die*

Wie·ner² *die;* (-, -); *meist Plural* eine dünne Wurst aus Rind- und Schweinefleisch, die zum Essen im Wasser heiß gemacht wird ⟨ein Paar Wiener⟩

wie·nern VERB (wienerte, hat gewienert) **etwas wienern** *veraltend* etwas (durch Reiben) sauber putzen ≈ *polieren*
wies *Präteritum, 1. und 3. Person Singular* → weisen
★ **Wie·se** *die;* (-, -n) eine relativ große Fläche, auf der Gras und Blumen wachsen
Wie·sel *das;* (-s, -) ein kleines und sehr schnelles Raubtier mit braunrotem (im Winter weißem) Fell | *Sie ist flink wie ein Wiesel*
wie·sel·flink ADJEKTIV sehr schnell und geschickt in den Bewegungen
★ **wie·so** ADVERB/FRAGEWORT; *gesprochen* ≈ *warum* | *Wieso hast du das getan?* | *Er sagte mir, wieso er sie angelogen hatte*
wie·vielt **zu wievielt?** zu wie vielen Personen? | *Zu wievielt wart ihr in Paris?*
wie·viel·t- ADJEKTIV *meist attributiv;* (*in direkten Fragen*) verwendet, um nach der Zahl in einer Reihenfolge zu fragen | *Die wievielte Zigarette ist das heute schon?* ■ ID **Den Wievielten haben wir heute?** Welches Datum ist heute?
wie·weit FRAGEWORT ≈ *inwieweit*
wie·wohl BINDEWORT; *geschrieben* ≈ *obwohl*
Wi-Fi®, **Wi·fi** ['vaifai, 'viːfi] *das;* (-(s), -s) (öffentliches) WLAN
Wig·wam *der;* (-s, -s) das Zelt der mancher nordamerikanischen Stämme
Wi·ki *das;* (-s, -s) eine Sammlung von Informationen zu einem Thema im Internet, die von den Benutzern selbst erstellt und bearbeitet werden | *ein Wiki zu einem Computerspiel*
★ **wild** ADJEKTIV (wilder, wildest-) **1** in einem natürlichen Zustand, nicht von Menschen geschaffen oder verändert ⟨Gegenden, Pflanzen, Tiere⟩ K Wildbach, Wildfrucht, Wildpflanze, Wildtier; wildlebend, wildwachsend **2** unkontrolliert (und heftig, schnell oder laut), durch nichts abgeschwächt oder eingeschränkt ⟨Toben, Treiben; eine Flucht, eine Jagd, ein Sturm, eine Verfolgung; Anschuldigungen, Verwünschungen; ein Bart, eine Mähne⟩ | *wild wucherndes Gestrüpp* | *Er erzählte wild gestikulierend aufgeregt von dem Unfall* | *Die Wikinger stellt man sich als wilde Kerle vor, ständig kämpfend und streitend* | *Nicht so wild, du musst sanft sein!* **3** ⟨jemanden wild machen; wild werden⟩ ≈ *wütend* **4** nicht offiziell beschlossen oder genehmigt ⟨eine Ehe, eine Müllkippe, ein Streik⟩ **5** an einem Ort, der nicht dafür vorgesehen ist ⟨wild baden, campen, parken, pinkeln, zelten⟩ **6** *veraltend, oft abwertend* ⚠ auf einer sogenannten niedrigen kulturellen Entwicklungsstufe ⟨ein Volksstamm⟩ Diese Verwendung wird als rassistisch empfunden. ■ ID **wild entschlossen** unvernünftigerweise fest entschlossen; **wild sein auf etwas** (*Akkusativ*) etwas unbedingt haben oder tun wollen; **wie wild** äußerst heftig | *Sie schrien wie wild;* **etwas ist nicht so/halb so wild** *gesprochen* etwas ist nicht so schlimm
★ **Wild** *das;* (-(e)s) **1** frei lebende Tiere, die gejagt werden ⟨das Wild hegen⟩ | *äsendes Wild* (Gras fressendes Wild) K Wilddieb; wildreich; Großwild, Rehwild **2** Fleisch von Wild K Wildbraten
Wild- *im Substantiv, betont, begrenzt produktiv* **die Wildente, die Wildgans, das Wildpferd, das Wildrind, das Wildschwein** *und andere* bezeichnet Tierarten, die in der freien Natur leben, nicht von Menschen gezüchtet sind
Wild·bahn *die* **ein Tier lebt in freier Wildbahn** ein Tier lebt in der freien Natur
Wild·bret *das;* (-s) das Fleisch von Wildtieren (z. B. Hirsch, Reh, Wildschwein usw.), das man isst ≈ *Wild*
Wil·de *der/die;* (-n, -n); *veraltend, oft abwertend* ein Angehöriger eines Volksstammes, der von anderen Kulturen als nicht zivilisiert angesehen wird *ein Wilder; der Wilde; den, dem, des Wilden* ■ ID **wie ein Wilder** völlig rücksichtslos | *wie ein Wilder fahren* | *sich wie ein Wilder benehmen*
wil·dern VERB (wilderte, hat gewildert) **1** ohne Erlaubnis jagen **2** **ein Hund wildert** ein Hund streunt herum, greift andere Tiere an und tötet sie | *wildernde Hunde* • zu (1) **Wil·de·rer** *der;* zu (1) **Wil·de·rei** *die*
wild·fremd ADJEKTIV; *gesprochen* jemandem völlig unbekannt ⟨ein Mensch, eine Stadt⟩
Wild·hü·ter *der;* (-s, -) eine Person, die für das Wild in einem Jagdgebiet sorgt
Wild·le·der *das* Leder, dessen Oberfläche nicht glatt sondern rau ist K Wildlederschuhe • hierzu **wild·le·dern** ADJEKTIV
wild·ma·chen VERB ≈ *wild machen*
Wild·nis *die;* (-, -se) **1** ein Gebiet, in dem keine Menschen wohnen und das auch vom Menschen nicht verändert worden ist **2** *abwertend meist Singular* ein Grundstück oder Garten, die niemand pflegt und wo viele Pflanzen wachsen
Wild·park *der* eine durch einen Zaun abgeschlossene Fläche, auf der Wild gehalten wird
Wild·was·ser *das* ein Fluss oder Bach im Gebirge, der meist eine starke Strömung hat
Wild·wech·sel *der* der Pfad, auf dem das Wild innerhalb eines begrenzten Gebiets immer wieder geht
Wild·west- *im Substantiv, betont, begrenzt produktiv* **der Wildwestfilm, der Wildwestroman, die Wildwestromantik** mit inhaltlichem Bezug zu den Verhältnissen im westlichen Teil der USA zur Zeit der Besiedlung durch die Europäer
Wild·wuchs *der;* (-es, Wildwüchse) eine Entwicklung, die in diesem Umfang nicht gewünscht und kaum beherrscht wird | *der Wildwuchs der Verordnungen*
will *Präsens, 1. und 3. Person Singular* → wollen[1]
★ **Wil·le** *der;* (-ns) **1** die Fähigkeit des Menschen, sich für oder gegen etwas zu entscheiden ⟨einen schwachen, starken Willen haben⟩ | *einen eisernen Willen haben* (einen sehr starken Willen haben) K Willensfreiheit, Willensschwäche, Willensstärke, willensschwach, willensstark *der Wille; den, dem Willen; des Willens* **2** eine feste Absicht ⟨den Willen haben, etwas zu tun⟩ K Willensäußerung, Willenserklärung; Arbeitswille, Einsatzwille **3** das, was jemand wirklich erleben, haben oder tun will ⟨den Willen durchsetzen; jemandem seinen Willen aufzwingen⟩ **4** **der gute Wille** die Bereitschaft, auf jemandes Wünsche zu achten oder jemandem zu helfen **5** **der Letzte/letzte Wille** das Testament ■ ID **jemandem seinen Willen lassen** jemanden tun lassen, was er will; **Es war kein böser Wille** Es geschah nicht mit Absicht; **es am guten Willen fehlen lassen** sich nicht ernsthaft für etwas engagieren; **jemandem zu Willen sein** tun, was eine andere Person will; **Wo ein Wille (ist), da (ist auch) ein Weg** Wenn man etwas wirklich tun will, findet man dazu auch eine Möglichkeit
★ **wil·len** PRÄPOSITION *mit Genitiv* **um jemandes/etwas willen** *geschrieben* wegen der genannten Person oder Sache | *Tu es um unserer Freundschaft willen* | *um des lieben Friedens willen* (damit es keinen Streit gibt) ■ ID **Um Gottes/Himmels willen!** verwendet, um Entsetzen auszudrücken oder etwas energisch zurückzuweisen
wil·len·los ADJEKTIV ⟨ein Mensch⟩ so, dass er alles über sich ergehen lässt und ohne eigenen Willen ist
wil·lens ADJEKTIV **willens sein zu** *+Infinitiv* die Absicht haben oder bereit sein, etwas zu tun | *Unter diesen Bedingungen bin ich willens zu helfen*
wil·lent·lich ADVERB; *geschrieben* ≈ *absichtlich*
will·fäh·rig ADJEKTIV; *geschrieben, abwertend* so, dass man das tut, was ein anderer wünscht, ohne Fragen nach dem

W

Zweck oder der Moral zu stellen | *Er ließ sich als willfähriger Komplize benutzen*

wil·lig ADJEKTIV; *auch abwertend* bereit, das zu tun, was andere Leute erwarten ⟨ein Kind, ein Schüler; jemandem willig folgen⟩

-wil·lig *im Adjektiv, unbetont, begrenzt produktiv; geschrieben* **1** **arbeitswillig, heiratswillig, opferwillig, zahlungswillig** *und andere* mit dem Wunsch oder der Bereitschaft, etwas zu tun **2** **bereitwillig, böswillig, gutwillig** *und andere* mit der genannten Art von Willen, persönlicher Einstellung

★ **will·kom·men** ADJEKTIV **1** erwünscht, angenehm ⟨eine Abwechslung, eine Gelegenheit, eine Pause⟩ | *Spenden sind jederzeit willkommen* **2** **(jemandem) willkommen** (bei jemandem) gern gesehen, beliebt ⟨ein Gast⟩ | *Du bist uns immer herzlich willkommen* ■ ID **Herzlich willkommen!** verwendet zur Begrüßung nach längerer Trennung oder bei offiziellen Anlässen; **jemanden willkommen heißen** *geschrieben* jemanden (offiziell) begrüßen; **Willkommen im Klub!** *gesprochen* verwendet, wenn jemand über eine unangenehme Situation klagt, die man aus eigener Erfahrung gut kennt

★ **Will·kom·men** *das; (-s); geschrieben* die freundschaftliche Begrüßung, wenn jemand (zu Besuch) kommt ⟨jemandem ein herzliches Willkommen bieten⟩ K Willkommensgruß, Willkommenstrunk

Will·kom·mens·kul·tur *die* die Bereitschaft, Menschen aus fremden Kulturen im eigenen Land aufzunehmen, ihnen zu helfen und sie zu integrieren

Will·kür *die; (-)* ein Handeln einer mächtigen Person ohne Rücksicht auf Moral, Regeln oder Gesetze ⟨jemandes Willkür ausgeliefert, ausgesetzt sein; ein Akt der Willkür⟩ | *die Bevölkerung vor polizeilicher Willkür schützen* K Willkürakt, Willkürherrschaft, Willkürmaßnahme

will·kür·lich ADJEKTIV **1** einer persönlichen Meinung folgend, die sich nicht an irgendwelche Regeln hält oder auf objektiven Kriterien beruht ⟨eine Bewertung, eine Benotung⟩ **2** dem Zufall folgend, zufällig ⟨eine Verteilung, eine Auswahl⟩ **3** vom bewussten Willen gesteuert ● hierzu **Will·kür·lich·keit** *die*

willst *Präsens, 2. Person Singular* → wollen¹

wim·meln VERB (wimmelte, hat gewimmelt) **1** **Menschen, Insekten** *o. Ä.* **wimmeln** Menschen, Insekten o. Ä. bewegen sich rasch und ungeordnet in großer Zahl | *Vom Turm aus sieht man die Menschen wie Ameisen wimmeln* **2** **etwas wimmelt von Personen/Tieren/Dingen** etwas enthält eine große Anzahl von Personen/Tieren/Dingen | *Der See wimmelt von Fischen* **3** **es wimmelt von Personen/Tieren/Dingen** eine große Anzahl von Personen/Tieren/Dingen ist irgendwo | *In dem Text wimmelt es von Fremdwörtern*

wim·mern VERB (wimmerte, hat gewimmert) leise, klagende Töne von sich geben, leise jammern

Wim·pel *der; (-s, -)* eine kleine, meist dreieckige Fahne

Wim·per *die; (-, -n)* eines der kurzen, leicht gebogenen Haare am vorderen Rand des Augenlids H → Abb. unter **Auge** ■ ID **ohne mit der Wimper zu zucken** ohne Gefühle zu zeigen, kaltblütig

Wim·pern·tu·sche *die* eine farbige Substanz, die mit einer kleinen Bürste auf die Wimpern aufgetragen wird, um diese kräftiger erscheinen zu lassen

★ **Wind** *der; (-(e)s, -e)* **1** die spürbare Bewegung oder Strömung der Luft im Freien ⟨ein schwacher, starker, stürmischer Wind; der Wind weht, bläst, legt sich; der Wind kommt von Osten⟩ K Windrichtung; windgeschützt **2** *gesprochen oft Plural* ≈ *Blähungen*
■ ID ▸Präposition plus Wind: **bei Wind und Wetter** bei jedem, auch bei schlechtem Wetter; **etwas in den Wind schlagen** einen Rat, eine Warnung o. Ä. nicht beachten; **Personen sind in alle Winde zerstreut** Personen, die früher zusammengehörten, leben jetzt weit voneinander entfernt ⟨die Familie, die Kinder, die Freunde⟩;
▸Wind als Objekt: **jemand bekommt Wind von etwas** jemand erfährt etwas, das er eigentlich nicht wissen sollte; **frischen Wind in etwas** *(Akkusativ)* **bringen** etwas erneuern oder beleben; **(viel) Wind machen um etwas** etwas übertreiben; **viel Wind um nichts machen** wegen einer Kleinigkeit viel Aufhebens machen; **jemandem den Wind aus den Segeln nehmen** einer Person durch eine unerwartete Aussage o. Ä. die Grundlage für ihre Argumente oder ihre Meinung nehmen;
▸Wind als Subjekt: **Ich weiß schon, woher der Wind weht** Ich weiß über etwas Bescheid; **Daher weht/bläst der Wind!** So ist das also!; **Hier weht jetzt ein neuer/anderer Wind** Hier herrscht nun ein neuer (meist strengerer) Stil

Wind·beu·tel *der* ein feines, leichtes Gebäck, das mit Schlagsahne gefüllt ist

Win·de *die; (-, -n)* **1** ein Gerät, mit dem man durch Drehen einer Kurbel Lasten hebt oder zieht K Seilwinde **2** eine Kletterpflanze

Win·del *die; (-, -n); meist Plural* Babys und kleine Kinder tragen Windeln, bis sie lernen, die Toilette zu benutzen ⟨(einem Baby) die Windel(n) wechseln⟩ K Windelhöschen

★ **win·den** VERB (wand, hat gewunden) **1** **eine Pflanze windet sich (um etwas)** eine Pflanze wächst um eine Stange o. Ä. herum **2** **ein Tier windet sich (irgendwohin)** eine Schlange, ein Wurm o. Ä. bewegt sich kriechend in kleinen Kurven **3** **etwas windet sich (irgendwohin)** etwas führt in vielen kleinen Kurven irgendwohin ⟨ein Weg, ein Pfad, ein Bach⟩ **4** **sich (vor etwas** *(Dativ)*) **winden** den Rücken krumm machen und die Muskeln anspannen, weil man starke Schmerzen hat ⟨sich vor Schmerzen, Krämpfen winden⟩ **5** **sich winden** ausweichende Antworten geben **6** **etwas irgendwohin winden** etwas mit einer Winde irgendwohin transportieren oder ziehen **7** **etwas (zu etwas) winden** etwas durch Drehen oder Flechten (zu etwas) formen ⟨Blumen zu einem Kranz winden⟩ **8** **(sich** *(Dativ)*) **etwas um/in etwas** *(Akkusativ)* **winden** etwas durch Drehen oder Binden befestigen ⟨sich *(Dativ)* ein Tuch um den Kopf winden; sich *(Dativ)* ein Band ins Haar winden⟩ **9** **jemandem etwas aus der Hand winden** an etwas drehen und ziehen, bis es jemand loslassen muss | *Sie wand ihm das Messer aus der Hand*

Win·des·ei·le *die* **Windeseile** sehr schnell

Wind·fang *der* ein kleiner Raum zwischen Haus- und Wohnungstür (zum Schutz vor Kälte)

Wind·ho·se *die* ein Wirbelwind, der Sand und Staub kreisförmig nach oben weht

Wind·hund *der* **1** ein relativ großer, sehr dünner Hund, der schnell laufen kann **2** *gesprochen, abwertend* ein leichtsinniger, unzuverlässiger Mann

win·dig ADJEKTIV **1** mit relativ starkem Wind **2** *gesprochen, abwertend meist attributiv* sehr zweifelhaft ⟨ein Plan, ein Alibi⟩ **3** *gesprochen, abwertend meist attributiv* ⟨eine Bude, ein Haus⟩ so, dass sie keinen soliden Eindruck machen

Wind·ja·cke *die* eine leichte Jacke (aus imprägniertem Material) zum Schutz gegen Regen

Wind·jam·mer *der; (-s, -)* ein großes Segelschiff

Wind·ka·nal *der* im Windkanal wird getestet, wie sich Fahrzeuge oder Flugzeuge bei hohen Geschwindigkeiten verhalten

Wind·kraft|an·la·ge *die* eine technische Anlage (ein Windrad), die aus Wind Energie produziert

Wind·licht *das* ein Behälter aus Glas, in dem eine Kerze vor

Wind geschützt wird

Wịnd·müh·le *die* eine Mühle (mit großen Flügeln), die vom Wind angetrieben wird ■ ID **gegen Windmühlen kämpfen** ohne Aussicht auf Erfolg gegen etwas kämpfen

Wịn·dpark *der* eine große Fläche mit Windrädern, zur Erzeugung von Strom

Wịnd·po·cken *die; Plural* eine ungefährliche Infektionskrankheit (vor allem bei Kindern), bei der man auf der Haut juckende Bläschen bekommt

Wịnd·rad *das* **1** eine Maschine, deren Flügel durch den Wind gedreht werden und die so Energie erzeugt **2** ein Spielzeug für Kinder, das wie ein kleines Windrad aussieht

WINDRAD

Wịnd·ro·se *die* ein Stern mit vier großen Spitzen und vier kleinen Spitzen, die in die vier Himmelsrichtungen und die vier Richtungen dazwischen zeigen

Wịnd·schat·ten *der* **im Windschatten von jemandem/etwas** während des Fahrens hinter jemandem/etwas (sodass man selbst weniger Luftwiderstand hat)

wịnd·schief ADJEKTIV (oft durch Einwirkung des Windes) schief, ungerade geworden ⟨ein Haus, ein Baum⟩

Wịnd·schutz|schei·be *die* die vordere Glasscheibe des Autos ≈ *Frontscheibe* [H] → Abb. unter **Auto**

Wịnd·stär·ke *die* die Geschwindigkeit des Windes (meist auf einer Skala von 1 bis 12 gemessen) | *Der Sturm blies mit Windstärke 9 | ein Orkan von Windstärke 12*

wịnd·still ADJEKTIV ohne jede Bewegung der Luft • hierzu **Wịnd·stil·le** *die*

Wịnd·stoß *der* ein kurzer, kräftiger Wind

Wịn·dung *die;* (-, -en) **1** *meist Plural* eine Bewegung, bei welcher der Körper sich biegt und dreht und über den Boden gleitet **2** *meist Plural* eine von vielen engen Kurven oder Biegungen eines Flusses, einer steilen Straße usw.

Wink [vɪŋk] *der;* (-(e)s, -e) **1** ein Zeichen, das jemandem durch eine kurze Bewegung des Kopfes, der Augen oder der Hand gegeben wird **2** ⟨einen Wink erhalten, bekommen, verstehen⟩ ≈ *Hinweis, Tipp* ■ ID **ein Wink des Himmels/Schicksals** ein Ereignis im Leben, das man als wegweisend versteht; **ein Wink mit dem Zaunpfahl** eine deutliche Aufforderung dazu, dass man etwas tun oder sagen soll, welche aber das Gewollte nicht ausdrücklich nennt

★ **Win·kel** [ˈvɪŋkl̩] *der;* (-s, -) **1** wenn sich zwei Linien oder Flächen an einem Punkt treffen, bilden sie zwischen sich einen Winkel ⟨ein Winkel von 45°⟩ | *Die Winkel im Dreieck ergeben zusammen 180°* [K] Winkelmessung **2** **ein spitzer/stumpfer Winkel** ein Winkel von weniger/mehr als 90° **3** **ein rechter Winkel** ein Winkel von 90° **4** ein dreieckiges Instrument für geometrische Zeichnungen **5** der Raum, der dort entsteht, wo Wände oder Kanten zusammenkommen ≈ *Ecke* | *Die Karte lag im hintersten Winkel der Schublade* **6** ein Platz oder Ort, der meist ruhig und einsam ist | *in einem abgelegenen Winkel des Waldes* **7** **jemand/etwas ist/liegt im toten Winkel** eine Person oder Sache ist in einer Position, in der sie vor allem vom Fahrer nicht gesehen werden kann

Win·kel·ad·vo·kat [ˈvɪŋkl̩-] *der; abwertend* ein schlechter Rechtsanwalt • hierzu **Wịn·kel·ad·vo·ka·tin** *die*

win·ke·lig [ˈvɪŋk-] → winklig

Win·kel·mes·ser [ˈvɪŋkl̩-] *der* eine Scheibe mit einer kreisförmigen Skala (von 0 bis 180 Grad), mit der Winkel gemessen werden

Win·kel·zug [ˈvɪŋkl̩-] *der; meist abwertend* ein schlaues Vorgehen, mit dem man das eigene Ziel meist indirekt erreicht

★ **win·ken** VERB [ˈvɪŋkn̩] (winkte, hat gewinkt/*gesprochen auch* gewunken) **1** **(jemandem) (mit etwas) winken** die Hand oder ein kleines Tuch o. Ä. heben und durch die Luft bewegen, um jemanden zu grüßen ⟨mit dem Taschentuch winken; jemandem zum Abschied winken⟩ **2** **jemandem/etwas winken** jemanden durch eine Bewegung der Hand auffordern zu kommen ⟨dem Kellner, einem Taxi winken⟩ **3** **etwas winkt jemandem** etwas steht als mögliche Belohnung für jemanden in Aussicht | *Dem Sieger winkt ein hoher Gewinn* **4** **jemanden/etwas irgendwohin winken** einer Person winken, um sie aufzufordern, irgendwohin zu fahren o. Ä. | *Die Polizei winkte den Wagen an den Straßenrand* ■ ID **jemandem mit dem Zaunpfahl winken** jemanden dazu auffordern, etwas zu tun oder zu sagen, ohne dabei aber das Gewollte ausdrücklich zu nennen

wink·lig [ˈvɪŋk-] ADJEKTIV mit vielen Winkeln und Ecken ⟨eine Stadt, eine Gasse, eine Wohnung⟩

wịn·seln VERB (winselte, hat gewinselt) **1** **ein Hund winselt** ein Hund macht hohe, jammernde Töne **2** **(um etwas) winseln** *abwertend* jammernd um etwas bitten ⟨um Gnade winseln⟩

★ **Wịn·ter** *der;* (-s, -) die Jahreszeit, in der es am kältesten ist und am frühesten dunkel wird. In Europa dauert der Winter von Ende Dezember bis Ende März | *Wir fahren jeden Winter zum Skilaufen* [K] Winterabend, Winterzeit

Wịn·ter·an·fang *der* der Beginn des Winters (am 21. und 22. Dezember)

wịn·ter·fest ADJEKTIV **1** vor Kälte schützend ⟨Kleidung⟩ **2** ≈ *winterhart*

Wịn·ter·gar·ten *der* ein heizbarer Raum, der direkt an das Haus gebaut ist und der viele Fenster hat, sodass man dort Zimmerpflanzen halten kann

Wịn·ter·ge·trei·de *das* Getreide, das im Herbst gesät wird

wịn·ter·hart ADJEKTIV fähig, die Kälte im Winter zu ertragen ⟨Pflanzen⟩ ≈ *winterfest*

wịn·ter·lich ADJEKTIV **1** typisch für den Winter ⟨Temperaturen, eine Landschaft⟩ **2** den Bedingungen im Winter angepasst ⟨Kleidung⟩

Wịn·ter·olym·pi·a·de *die; meist Singular* die Olympischen Spiele für den Wintersport

Wịn·ter·rei·fen *der* ein Autoreifen, der für das Fahren auf Schnee oder Eis gut geeignet ist

Wịn·ter·schlaf *der* ein schlafähnlicher Zustand mancher Tiere während des Winters | *Der Hamster hält einen Winterschlaf*

Wịn·ter·se·mes·ter *das* das Halbjahr von Oktober bis März an Universitäten

Wịn·ter·spie·le *die; Plural* ≈ *Winterolympiade*

WINKEL

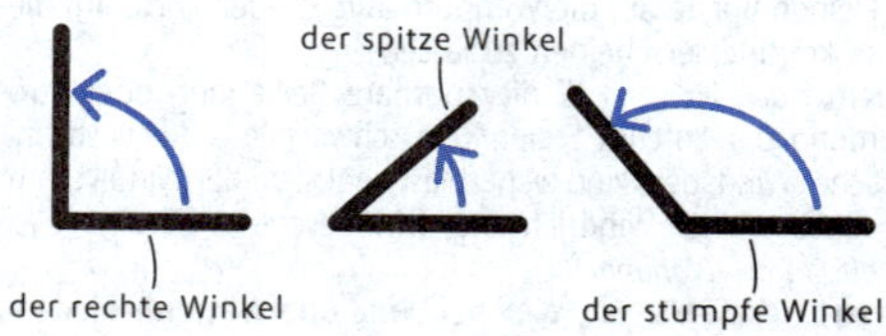

Win·ter·sport *der* der Sport, den man auf Schnee oder Eis treibt ⟨Wintersport treiben⟩

Win·zer *der*; (-s, -) eine Person, die Weinreben anbaut und dann Wein herstellt ≈ *Weinbauer* • hierzu **Win·ze·rin** *die*

win·zig ADJEKTIV **1** sehr klein ⟨Bakterien⟩ **2** sehr gering, ohne Bedeutung ⟨ein Unterschied⟩ • hierzu **Win·zig·keit** *die*

Wip·fel *der*; (-s, -) das obere Ende eines Baumes [K] Baumwipfel

Wip·pe *die*; (-, -n) zwei Kinder können auf einer Wippe abwechselnd nach oben und unten schwingen

wip·pen VERB (wippte, hat gewippt) **1** auf einer Wippe o. Ä. auf und ab schaukeln **2** **mit etwas wippen** einen Körperteil leicht und regelmäßig auf und ab bewegen ⟨mit den Beinen wippen; ein wippender Gang⟩ **3** **etwas wippt** etwas schwingt leicht hin und her oder auf und ab ⟨der Rock wippt beim Gehen⟩

★ **wir** PRONOMEN *1. Person Plural* **1** verwendet, wenn man von zwei oder mehr Personen spricht, zu denen man selbst gehört | *Wir gehen heute Abend ins Kino* | *Was sollen wir jetzt machen?* | *Geh du schon mal vor, wir anderen kommen dann nach* [i] → Tabelle unter **ich** **2** verwendet von einem Redner oder Autor, um nicht in der 1. Person Singular zu sprechen | *Im nächsten Abschnitt gehen wir auf dieses Problem noch näher ein* **3** manchmal verwendet, wenn Erwachsene mit einem Kind oder Ärzte mit einem Patienten sprechen | *Wie haben wir denn heute Nacht geschlafen?*

Wir·bel *der*; (-s, -) **1** eine schnelle, kreisende Bewegung vor allem der Luft oder des Wassers [K] Wirbelsturm; Wasserwirbel, Luftwirbel **2** ein aufgeregtes Durcheinander, Hektik ⟨einen großen Wirbel veranstalten⟩ **3** die Stelle auf der Kopfhaut, von der aus die Haare in verschiedene Richtungen wachsen [K] Haarwirbel **4** ein einzelner Knochen der Wirbelsäule oder einer ähnlichen Verbindung von Knochen [K] Wirbelknochen; Brustwirbel, Lendenwirbel **5** der Teil eines Saiteninstruments in der Form einer Schraube, um die das Ende der Saite gewickelt ist [ID] **viel Wirbel um jemanden/etwas machen** großes Aufsehen wegen jemandem/etwas machen; **viel Wirbel um nichts** viel Aufhebens um etwas Unwichtiges

wir·bel·los ADJEKTIV ohne Wirbelsäule | *Insekten sind wirbellose Tiere*

wir·beln VERB (wirbelte, hat/ist gewirbelt) **1** **jemanden/etwas irgendwohin wirbeln** (*hat*) jemanden/etwas schnell und in Kurven oder Kreisen bewegen | *Der Wind wirbelte die Blätter durch die Luft* **2** **(irgendwohin) wirbeln** (*ist*) sich schnell und meist drehend bewegen | *Konfetti wirbelten durch die Luft* | *Sie wirbelte über die Tanzfläche*

★ **Wir·bel·säu·le** *die*; *meist Singular* eine Reihe von Knochen, die beweglich miteinander verbunden sind und die den Rücken stützen

★ **Wir·bel·tier** *das* ein Tier, das eine Wirbelsäule hat

Wir·bel·wind *der* ein starker, kreisförmiger, drehender Wind

wirbt *Präsens, 3. Person Singular* → werben

wird *Präsens, 3. Person Singular* → werden[1]

wirft *Präsens, 3. Person Singular* → werfen

★ **wir·ken** VERB (wirkte, hat gewirkt) **1** **etwas wirkt irgendwie (auf jemanden/etwas)** etwas hat den genannten Einfluss auf jemanden/etwas ⟨etwas wirkt anregend, beruhigend, berauschend, heilend⟩ | *Kaffee wirkt auf die meisten Menschen anregend* **2** **etwas wirkt (gegen etwas/irgendwie)** etwas heilt (die genannte Krankheit), hat (den genannten) Erfolg | *ein abschreckend wirkendes Beispiel* | *Diese Tabletten wirken schmerzlindernd/gegen Kopfschmerzen* | *Ich habe den Kindern mit Fernsehverbot gedroht, das hat gewirkt* **3** **eine Person/Sache wirkt irgendwie (auf jemanden)** eine Person oder Sache macht den genannten Eindruck (auf jemanden) ⟨bedrohlich, fröhlich, merkwürdig, müde, traurig wirken⟩ **4** **jemand wirkt (als etwas/irgendwo)** *geschrieben* jemand engagiert sich für eine gute Sache, in einem sozialen Beruf o. Ä. | *Albert Schweitzer wirkte als Arzt und Missionar* | *die Stätten des Wirkens des großen Musikers* **5** **jemand/etwas wirkt (wahre) Wunder** jemand leistet etwas Ungewöhnliches (und meist Unerwartetes); etwas hat eine sehr positive, erfreuliche Wirkung **6** **etwas wirken** (unterschiedliche) Fäden miteinander zu einem festen Stoff (mit einem Muster) verbinden ⟨eine Tischdecke, einen Teppich wirken⟩ ≈ *weben*

★ **wirk·lich** ADJEKTIV **1** der Realität entsprechend, tatsächlich vorhanden | *Es ist wirklich so geschehen, es war kein Traum* **2** *meist attributiv* mit den (meist guten) Eigenschaften, die man sich vorstellt ⟨ein Freund, ein Künstler, ein Erfolg, eine Hilfe⟩ ≈ *echt* **3** *nur adverbiell* verwendet, um eine Aussage zu verstärken | *Das weiß ich wirklich nicht* | *Das tut mir wirklich leid*

★ **Wirk·lich·keit** *die*; (-, -en); *meist Singular* **1** das, was tatsächlich existiert ≈ *Realität* [K] wirklichkeitsnah **2** **in Wirklichkeit** so, wie die Dinge wirklich sind [ID] **der Wirklichkeit ins Auge sehen** die Wirklichkeit so akzeptieren (müssen), wie sie ist

wirk·lich·keits·fremd ADJEKTIV **1** ⟨Pläne, Ideale, Vorstellungen⟩ so, dass sie nicht in Erfüllung gehen können, weil die Bedingungen dafür nicht gegeben sind **2** ⟨ein Mensch⟩ so, dass er die Wirklichkeit nicht (an)erkennt

wirk·lich·keits·ge·treu ADJEKTIV der Realität genau entsprechend ⟨eine Zeichnung, eine Nachbildung⟩

★ **wirk·sam** ADJEKTIV **1** so, dass etwas die gewünschte Wirkung hat ⟨ein Medikament; eine Maßnahme⟩ **2** nach bestehenden Gesetzen gültig ⟨eine Kündigung, ein Vertrag; etwas wird wirksam⟩ ≈ *rechtsgültig* • hierzu **Wirk·sam·keit** *die*

Wirk·stoff *der* eine Substanz, die für das Funktionieren des Organismus wesentlich ist (z. B. ein Hormon) oder die als Medikament wirkt

★ **Wir·kung** *die*; (-, -en) **1** eine Veränderung, die als Folge einer Ursache zu beobachten ist oder geschieht | *ein Medikament mit fiebersenkender Wirkung* | *Die Maßnahme zeigte keine positive/wenig Wirkung* | *So kann die Salbe ihre volle Wirkung entfalten* **2** der Eindruck, den eine Person oder Sache bei jemandem hinterlässt | *Er hat eine ziemliche Wirkung auf sie gehabt* (Er hat sie stark beeindruckt) **3** verwendet, um den Zeitpunkt zu nennen, ab dem ein Gesetz, eine Regelung usw. gilt | *Das Gesetz trat mit Wirkung vom 1. Juli 1990 in Kraft* | *Er wurde mit sofortiger Wirkung entlassen*

Wir·kungs·grad *der* die Relation zwischen der aufgewandten Leistung und dem Nutzen einer Maschine ≈ *Effektivität* | *etwas erreicht einen hohen Wirkungsgrad*

Wir·kungs·kreis *der* ≈ *Wirkungsbereich*

wir·kungs·los ADJEKTIV so, dass sie ohne Wirkung bleiben, kein Ergebnis aufweisen ⟨ein Medikament, eine Maßnahme⟩ • hierzu **Wir·kungs·lo·sig·keit** *die*

Wir·kungs·stät·te *die*; *geschrieben* der Ort, an dem meist ein Künstler arbeitet

wir·kungs·voll ADJEKTIV ⟨eine Maßnahme⟩ so, dass sie eine starke Wirkung erzielt ≈ *effizient*

wirr ADJEKTIV so, dass man keine Ordnung, kein System sehen kann ⟨ein Durcheinander, Gedanken, Haare; wirres Zeug reden; wirr im Kopf sein, werden⟩ | *Die Haare hingen im wirr in die Stirn* | *Die Geschichte ist ziemlich wirr*

Wir·ren *die*; *Plural* ungeordnete politische und soziale Verhältnisse | *die Wirren der Nachkriegszeit*

W

Wirr·kopf *der; abwertend* eine Person, die unklar und wirr denkt • hierzu **wirr·köp·fig** ADJEKTIV

Wirr·warr *der;* (-s) ein Durcheinander, eine Unordnung | *ein Wirrwarr von Stimmen*

Wir·sing *der;* (-s) dunkelgrüner Kohl, dessen einzelne Blätter sehr starke kleine Wellen haben

wirst *Präsens, 2. Person Singular* → werden[1]

★ **Wirt** *der;* (-(e)s, -e) **1** Kurzwort für *Gastwirt* K Wirtshaus i zu *Wirtin* → Info im Eintrag **-in** **2** ein Organismus, in dem andere Tiere oder Pflanzen leben und von dem sie sich ernähren | *Bandwürmer benutzen Menschen und Tiere als Wirt* • zu (1) **Wir·tin** *die*

★ **Wirt·schaft** *die;* (-, -en) **1** *meist Singular* alle Firmen, Geschäfte, Institutionen und Maßnahmen, die mit der Herstellung und Verteilung von Waren zu tun haben ⟨die Wirtschaft ankurbeln, lenken; in der Wirtschaft tätig sein; die kapitalistische, sozialistische Wirtschaft; eine blühende, stagnierende Wirtschaft⟩ K Wirtschaftsaufschwung, Wirtschaftsminister, Wirtschaftswachstum; Weltwirtschaft **2** Kurzwort für *Gastwirtschaft* ⟨in die Wirtschaft gehen⟩ **3** *veraltet nur Singular* ≈ *Haushalt* K Wirtschaftsbuch **4** *nur Singular* das sinnvolle (und sparsame) Verwenden von Geld ■ **ID Eine schöne Wirtschaft!** *gesprochen* Was für eine Unordnung!

wirt·schaf·ten VERB (wirtschaftete, hat gewirtschaftet) **(mit etwas) wirtschaften** vorhandene (finanzielle) Mittel planvoll einteilen und sparsam verwenden, um möglichst viel Nutzen zu erzielen ⟨gut, schlecht wirtschaften; mit Gewinn wirtschaften⟩

Wirt·schaf·te·rin *die;* (-, -nen) **1** ≈ *Haushälterin* **2** eine Frau, die in einem Hotel oder einem Heim das Einkaufen und die Versorgung organisiert

★ **wirt·schaft·lich** ADJEKTIV **1** *meist attributiv* in der Wirtschaft, zu ihr gehörend ⟨die Lage, die Situation, die Verhältnisse⟩ ≈ *ökonomisch* **2** die Finanzen, das Geld betreffend ⟨eine Notlage; es geht jemandem wirtschaftlich gut/schlecht⟩ ≈ *finanziell* **3** sparsam, nicht verschwenderisch ⟨wirtschaftlich mit etwas umgehen⟩ **4** so, dass man damit Geld verdient und keine Verluste macht ⟨ein Geschäft, eine Produktion; wirtschaftlich arbeiten⟩ • zu (3,4) **Wirt·schaft·lich·keit** *die*

Wirt·schafts·flücht·ling *der* eine Person, die nicht aus politischen Gründen, sondern vor der Armut aus ihrem Land in ein anderes flieht i dieses Wort wird oft abwertend gebraucht für Personen, die in Deutschland um Asyl bitten, aber nicht beweisen können, dass ihr Leben in Gefahr war

Wirt·schafts·geld *das* ≈ *Haushaltsgeld*

Wirt·schafts·prü·fer *der* ein Experte (mit einer besonderen Ausbildung und mit einer Zulassung vom Staat), der die Bilanzen von Firmen prüft • hierzu **Wirt·schafts·prü·fe·rin** *die*

Wirt·schafts·raum *der* **1** ein Gebiet, das wirtschaftlich zusammenhängt | *der Wirtschaftsraum Ruhrgebiet* **2** *meist Plural* die Räume in einem großen Betrieb, Krankenhaus o. Ä., in denen gekocht, gewaschen wird o. Ä.

Wirt·schafts·stand·ort *der* ein Land, ein Gebiet oder eine Stadt, in denen Firmen Arbeitsplätze schaffen, Steuern zahlen usw.

Wirt·schafts·wis·sen·schaft *die; meist Plural* eine wissenschaftliche Disziplin, in der Volks-, Betriebs- und Finanzwirtschaft betrieben wird

Wirt·schafts·wun·der *das* **1** ein überraschend schnelles Wachsen der wirtschaftlichen Produktion **2** **das Wirtschaftswunder** die schnelle wirtschaftliche Entwicklung in der Bundesrepublik Deutschland nach 1948

Wirt·schafts·zweig *der* ein Bereich der Wirtschaft | *Die Stahlindustrie ist ein wichtiger Wirtschaftszweig*

Wirts·haus *das* ≈ *Gasthaus*

wi·schen VERB (wischte, hat/ist gewischt) **1** **etwas wischen** *(hat)* etwas durch Reiben mit einem (nassen) Tuch sauber machen ⟨den Tisch, den Boden, die Treppe wischen; sich *(Dativ)* die Stirn, den Mund wischen; Staub wischen; sich *(Dativ)* den Schweiß von der Stirn wischen; die Krümel vom Tisch wischen⟩ K Wischlappen, Wischtuch **2** **jemandem eine wischen** *gesprochen (hat)* jemandem eine Ohrfeige geben **3** **(mit etwas) über etwas wischen** *(hat)* etwas mit leichtem Druck über eine Fläche bewegen | *mit dem Ärmel über das Fenster wischen* **4** *(hat)* mit dem Finger über einen Touchscreen fahren, um die Ansicht zu verändern oder eine Aktion auszuführen **5** **irgendwohin wischen** *gesprochen (ist)* sich schnell, geschickt und leise irgendwohin bewegen

Wi·scher *der;* (-s, -) Kurzwort für *Scheibenwischer*

wisch·fest ADJEKTIV so, dass es nicht durch Wischen entfernt werden kann | *eine wischfeste Farbe*

Wi·schi·wa·schi *das;* (-s); *gesprochen, abwertend* Äußerungen oder Regelungen, die nicht klar und eindeutig sind | *Alles, was er sagte, war nur Wischiwaschi* • hierzu **wi·schi·wa·schi** ADJEKTIV

wis·pern VERB (wisperte, hat gewispert) **(etwas) wispern** etwas sehr leise sagen ⟨jemandem etwas ins Ohr wispern⟩ ≈ *flüstern*

Wiss·be·gier, **Wiss·be·gier·de** *die;* (-) der starke Wunsch, viel zu erfahren und zu wissen ⟨von Wissbegier(de) besessen sein⟩ • hierzu **wiss·be·gie·rig** ADJEKTIV

★ **wis·sen** VERB (weiß, wusste, hat gewusst) **1** **etwas wissen** durch allgemeine Kenntnisse, durch Lesen o. Ä. gewisse Informationen haben (die richtig sind oder die man für richtig hält) ⟨die Antwort, die Lösung (eines Rätsels), einen Rat wissen⟩ | *Weißt du, wie alt er ist?* | *Ich weiß nicht mehr, wo ich den Schlüssel hingelegt habe* i vergleiche **kennen** **2** **(et)was/viel/wenig/nichts über jemanden/etwas wissen** viele/einige/keine Informationen über eine Person/Sache haben | *Niemand weiß etwas über unseren Plan* **3** **etwas wissen**; **(et)was/nichts) von jemandem/etwas wissen** (etwas/nichts) über jemanden/etwas erfahren haben | *Er hat von der Sache (nichts) gewusst* | *Wenn das dein Vater wüsste, dann …* **4** **etwas zu** *+Infinitiv* **wissen** wissen, welches Verhalten falsch und welches richtig ist und entsprechend handeln | *Als Arzt muss man mit Menschen umzugehen wissen* | *Ich weiß mich zu benehmen* | *Sie wusste dem Problem zu begegnen* **5** **jemanden in Sicherheit/Gefahr/… wissen** wissen, dass jemand in Sicherheit/Gefahr/… ist **6** **um etwas wissen** sich der Bedeutung und der Folgen einer Sache bewusst sein | *Ich weiß um die Wichtigkeit Ihres Anliegens* ■ **ID Ich weiß (schon)!** *gesprochen* verwendet, um zu sagen, dass man ungeduldig ist, weil man eine Information bereits kennt; **Weißt du/Wissen Sie, …** verwendet im Gespräch, um einen neuen Gedanken einzuleiten | *Weißt du, im Grunde hat er recht*; **Was ich nicht weiß, macht mich nicht heiß** Worüber man nichts erfährt, braucht man sich nicht aufzuregen; **von jemandem/etwas nichts (mehr) wissen wollen** mit jemandem/etwas nichts (mehr) zu tun haben wollen; **etwas (genau) wissen wollen** eine Entscheidung schnell herbeiführen wollen; **Was weiß ich!** *gesprochen* Ich weiß es nicht und es interessiert mich auch nicht; **Nicht, dass ich wüsste!** Das weiß ich nicht (und ich glaube es auch nicht); **Weiß Gott/Weiß der Himmel/Teufel, wo/wann/wer** *usw. gesprochen* drückt aus, dass man etwas nicht weiß und deswegen ratlos oder ärgerlich ist | *Weiß der Teufel, wohin der Schlüssel schon wieder verschwunden ist!*

★ **Wis·sen** *das;* (-s) **1** **das Wissen in etwas** *(Dativ)* alle Kenntnisse (auf einem Gebiet oder überhaupt) ⟨großes, umfassendes Wissen; sich (*Dativ*) Wissen aneignen; das Wissen in Biologie, Mathematik⟩ K Wissensgebiet; Grundwissen, Schulwissen, Spezialwissen **2** **das Wissen über etwas** (*Akkusativ*)/**von etwas** die Kenntnis einer Tatsache, einer Situation o. Ä. | *Sein Wissen über die Zusammenhänge in diesem Fall ist von großer Bedeutung* **3** **das Wissen um etwas** *geschrieben* die bewusste Kenntnis einer Tatsache, einer Situation o. Ä. | *Trotz seines Wissens um die Brisanz der Sache hat er mit der Presse geredet* ■ ID **Wissen ist Macht** Durch Wissen kann man Macht erlangen; **meines/unseres Wissens** soviel ich weiß/soviel wir wissen H Abkürzung: *m. W.* oder *u. W.*; **etwas gegen/wider sein besseres Wissen tun** etwas tun, obwohl man weiß, dass es falsch oder unrecht ist; **etwas nach bestem Wissen und Gewissen tun** etwas voll bewusst und in voller Verantwortung tun; **ohne jemandes Wissen** ohne dass jemand davon weiß

wis·sen las·sen, **wis·sen·las·sen** VERB (ließ wissen, hat wissen lassen/wissenlassen) **jemanden etwas wissen lassen** einer Person etwas mitteilen

★ **Wis·sen·schaft** *die*; (-, -en) **1** alle Tätigkeiten, die mit dem systematischen Erforschen verschiedener Bereiche der Welt zusammenhängen, um diese besser verstehen und erklären zu können K Naturwissenschaft, Literaturwissenschaft, Sprachwissenschaft **2** ein Bereich, der mit den Methoden der Wissenschaft erforscht wird | *Die Biogenetik ist eine relativ junge Wissenschaft*

★ **Wis·sen·schaft·ler** *der*; (-s, -) eine Person mit einem Hochschulstudium, die in einer Wissenschaft arbeitet ⟨ein bedeutender, herausragender, anerkannter Wissenschaftler⟩ H zu *Wissenschaftlerin* → Info im Eintrag **-in** • hierzu **Wis·sen·schaft·le·rin** *die*

★ **wis·sen·schaft·lich** ADJEKTIV **1** so, dass dort Wissenschaft veröffentlicht oder diskutiert wird ⟨eine Tagung, eine Zeitschrift⟩ **2** auf den Prinzipien einer Wissenschaft basierend ⟨eine Untersuchung, eine Methode; wissenschaftlich arbeiten, denken⟩ | *eine wissenschaftlich fundierte These*

Wis·sen·schafts·the·o·rie *die* eine theoretische Darstellung der Voraussetzungen, Methoden und Ziele wissenschaftlicher Arbeit

Wis·sens·durst *der*; *geschrieben* das Verlangen, Wissen zu erwerben ⟨seinen Wissensdurst stillen; vor Wissensdurst brennen⟩

wis·sens·wert ADJEKTIV ⟨eine Tatsache⟩ so wichtig, dass man sie kennen sollte

wis·sent·lich ADJEKTIV wenn man etwas wissentlich tut, weiß man, dass man es besser nicht tun sollte | *einer Behörde gegenüber wissentlich falsche Angaben machen*

wit·tern VERB (witterte, hat gewittert) **1** **ein Tier wittert jemanden/etwas** ein Tier nimmt jemanden/etwas am Geruch wahr | *Der Hund witterte das Reh* **2** **etwas wittern** das Gefühl haben, dass etwas geschehen wird oder dass etwas möglich ist ⟨eine Gefahr, eine Chance, eine Sensation, ein Geschäft, einen Vorteil wittern⟩

Wit·te·rung *die*; (-) **1** das Wetter, wie es zu einer bestimmten Zeit ist | *die derzeitige kühle Witterung* | *Das Fest findet je nach Witterung drinnen oder draußen statt* K witterungsbedingt **2** die Fähigkeit von Tieren, jemanden/etwas zu wittern K Witterungsvermögen **3** der Geruch von jemandem/etwas, der durch Witterung wahrgenommen wird ⟨ein Tier nimmt die Witterung auf, verliert die Witterung⟩ **4** die Fähigkeit, eine Situation oder Möglichkeiten schon an kleinen Zeichen zu erkennen ≈ *Spürsinn* | *Er hat eine besondere Witterung für gefährliche Situationen*

Wit·we *die*; (-, -n) eine Frau, deren Ehemann gestorben ist K Witwenrente, Witwenschleier • hierzu **Wit·wen·schaft** *die*; **Wit·wen·tum** *das*

Wit·wer *der*; (-s, -) ein Mann, dessen Ehefrau gestorben ist

★ **Witz** *der*; (-es, -e) **1** eine kurze Geschichte mit einem überraschenden Ende, über das man lachen muss ⟨einen Witz erzählen; ein geistreicher, politischer, unanständiger Witz⟩ **2** *nur Singular* die Fähigkeit, etwas treffend und geistreich erzählen zu können ⟨Witz und Verstand haben; einen scharfen Witz haben; mit viel Witz erzählen⟩ **3** *veraltet nur Singular* ≈ *Verstand, Klugheit* ■ ID **der Witz einer Sache** das Wesentliche einer Sache; **Du machst/Sie machen (wohl) Witze!**, **Das ist (ja wohl) ein Witz!** drückt aus, dass man sehr erstaunt oder entsetzt ist über etwas, was jemand sagt oder man gerade erfahren hat. Man erwartet dabei die Bestätigung, dass die Information richtig ist; **ohne Witz** im Ernst

Witz·bold *der*; (-(e)s, -e); *gesprochen* **1** eine Person, die oft Witze macht **2** *abwertend* eine Person, die man nicht ernst nimmt, weil sie inkompetent ist

wit·zeln VERB (witzelte, hat gewitzelt) **(über jemanden/etwas) witzeln** witzige Bemerkungen über jemanden, Anspielungen auf etwas machen

Witz·fi·gur *die*; *abwertend* eine Person, die sich oft lächerlich macht oder lächerlich wirkt

★ **wit·zig** ADJEKTIV so, dass jemand oder etwas eine andere Person zum Lachen bringt ■ ID **'Sehr witzig!'** *gesprochen, ironisch* Das finde ich gar nicht lustig

witz·los ADJEKTIV *gesprochen* sinnlos, keinen Erfolg versprechend | *Es ist völlig witzlos, ihn überzeugen zu wollen*

WLAN ['ve:lan] *das*; (-(s), -s) ein Netzwerk von Computern, die über Funk miteinander und mit dem Internet verbunden sind K WLAN-Netz, WLAN-Router, WLAN-Verbindung

WM [ve:'|ɛm] *die*; (-, -s) Abkürzung für *Weltmeisterschaft* K WM-Finale, WM-Qualifikation, WM-Titel; Fußball-WM, Handball-WM, Leichtathletik-WM

★ **wo** ■ FRAGEWORT **1** verwendet, um nach einem Ort, einem Platz oder einer Stelle zu fragen | *Wo seid ihr gewesen?* | *Wo wohnst du?* H auch in indirekten Fragen: *Sie wollte wissen, wo ich herkomme*; → Infos unter **Fragewort**

■ ADVERB **2** verwendet wie ein Pronomen, um sich auf einen Ort o. Ä. zu beziehen, der bereits genannt wurde oder der aus dem Zusammenhang bekannt ist | *Das war in Wien, wo sie seit vier Jahren lebte* | *das Café, wo wir uns immer treffen* (das Café, in dem wir uns treffen) | *Wo ich herkomme, ist alles anders* (dort, wo ich herkomme) H Manche finden nur die Verwendung in einem nicht notwendigen Nebensatz (wie im ersten Beispiel) korrekt. **3** **jetzt/nun, wo ...** nachdem das geschehen ist, was in dem Nebensatz mit *wo* beschrieben wird | *Jetzt, wo ihr euch ausgesprochen habt, könnt ihr das Problem sicher lösen*

■ BINDEWORT **4** *gesprochen, oft ironisch* verwendet, um eine Begründung einzuleiten, die bekannt ist, aber trotzdem genannt wird | *Du sollst im Bett bleiben, wo du doch krank bist* **5** *gesprochen* ≈ *obwohl* | *Jetzt bist du mir böse, wo ich doch so nett zu dir war*

wo-, **wo·r-** *mit Präposition, meist unbetont*

▸im Fragewort: **1** **wobei, wofür, womit, wonach, wovor** *und andere* in direkten und indirekten Fragen verwendet | *Wodurch unterscheiden sich die beiden Vorschläge?* (durch welche Elemente?) | *Wofür/Wozu brauchst du das?* (für welchen/zu welchem Zweck?) | *Ich weiß nicht, woraus der Teig besteht* (aus welchen Zutaten) H Das *-r-* wird hinzugefügt, wenn die Präposition mit einem Vokal anfängt: *worauf, worin*. *Wo* ist meist unbetont und die Präposition betont. Um genauer nachzufragen, kann man aber auch *wo* betonen: *„Er hat den Nagel mit seinem*

W

Schuh in die Wand geschlagen." – „'Womit hat er den Nagel in die Wand geschlagen?" – „Du hast schon richtig gehört: mit seinem Schuh!"; → Infos unter **Fragewort**
▸im Bindewort: **2** **wodurch, wogegen, wonach, worauf** *und andere* verwendet, um den Bezug zu einem Substantiv oder Pronomen oder zwischen zwei Satzteilen herzustellen | *Das ist genau das, worauf ich gewartet habe* (Auf diese Situation habe ich gewartet) | *ein Ereignis, wovon man noch lange sprechen wird* (von dem man noch lange sprechen wird) | *Wir mussten vier Stunden in der Hitze gehen, wonach wir alle ganz kaputt waren* | *Sie kommt oft zu spät, worüber sich aber niemand aufregt*

★ **wo·an·ders** ADVERB an einem anderen Ort, an einer anderen Stelle

wo·an·ders·hin ADVERB in eine andere Richtung, an einen anderen Ort

wob *Präteritum, 1. und 3. Person Singular* → weben

★ **wo·bei, wo·bei** ■ FRAGEWORT **1** bei welcher Sache oder Tätigkeit | *„Wobei hast du dir das Bein gebrochen?" – „Beim Skifahren!"* H auch in indirekten Fragen: *Ich weiß nicht, wobei ich ihm helfen soll*
■ BINDEWORT **2** bei der genannten Sache oder Tätigkeit | *Er rechnete die Kosten zusammen, wo'bei er aber einen Fehler machte* **3** *gesprochen* verwendet, um einen Gedanken einzuleiten, der eine andere, neue Entscheidung, Meinung, Entwicklung enthält | *Ich kann mir keine Urlaubsreise leisten. Wo'bei: Wer will schon verreisen, wenn das Wetter hier so gut ist?*

★ **Wo·che** *die*; (-, -n) **1** die Zeit von sieben Tagen und Nächten K Ferienwoche **2** die Zeit von Montag bis einschließlich Sonntag ⟨Anfang, Mitte, Ende der Woche; seit, vor, in, nach einer Woche⟩ K Wochenanfang, Wochenbeginn, Wochenmitte ■ ID **die Woche über**, **unter/während der Woche** in der Zeit von Montag bis Freitag und nicht am Wochenende

Wo·chen·bett *das; nur Singular* die Zeit , während der sich eine Mutter von der Geburt eines Kindes erholt ⟨im Wochenbett sein⟩

Wo·chen·end|bei·la·ge *die* ein zusätzlicher Unterhaltungsteil in der Samstagsausgabe einer Tageszeitung

★ **Wo·chen·en·de** *das* Samstag und Sonntag (als die Tage, an denen die meisten nicht im Beruf arbeiten) ⟨übers Wochenende verreisen⟩ K Wochenendausflug

Wo·chen·end|haus *das* ein kleines Haus außerhalb der Stadt, in dem man die Freizeit verbringt

Wo·chen·kar·te *die* eine im Preis reduzierte Fahrkarte für Bus oder Bahn, die eine Woche gültig ist

★ **wo·chen·lang** ADJEKTIV *meist attributiv* mehrere Wochen dauernd

Wo·chen·markt *der* ein Markt, der jede Woche einmal stattfindet ⟨auf dem Wochenmarkt einkaufen⟩

Wo·chen·schau *die*; (-); *historisch* ein kurzer Film im Kino über aktuelle Ereignisse der Woche

★ **Wo·chen·tag** *der* **1** einer der sieben Tage, aus denen eine Woche besteht **2** einer der Tage von Montag bis Samstag, an denen die Geschäfte geöffnet sind ≈ *Werktag*

★ **wö·chent·lich** ADJEKTIV in jeder Woche, jede Woche wieder | *wöchentliche Kontrollen* | *Er kommt wöchentlich auf Besuch*

-wö·chent·lich *im Adjektiv, unbetont, wenig produktiv, meist attributiv* **zweiwöchentlich, dreiwöchentlich, vierwöchentlich** *und andere* in Abständen, die jeweils die genannte Zahl von Wochen dauern

Wo·chen·zei·tung *die* eine Zeitung oder Zeitschrift, die einmal pro Woche erscheint

-wö·chig *im Adjektiv, unbetont, wenig produktiv, meist attributiv* **einwöchig, zweiwöchig, dreiwöchig, mehrwöchig** *und andere* die genannte Zahl von Wochen dauernd oder alt

Wöch·ne·rin *die*; (-, -nen) eine Frau im Wochenbett

★ **wo·durch, wo·durch** ■ FRAGEWORT **1** durch welche Sache, Handlung o. Ä. | *Wodurch unterschieden sich die beiden Bilder?* H auch in indirekten Fragen: *Mich würde interessieren, wodurch der Unfall verursacht wurde*
■ BINDEWORT **2** durch die genannte Sache, Handlung o. Ä. | *Sie hat unreifes Obst gegessen, wo'durch sie Durchfall bekam*

★ **wo·für, wo·für** ■ FRAGEWORT **1** für welche Sache, welchen Zweck o. Ä. | *Wofür hast du das Geld ausgegeben?* H auch in indirekten Fragen: *Ich wüsste nicht, wofür ich mich entschuldigen soll*
■ BINDEWORT **2** für die genannte Sache, Handlung o. Ä. | *Er gab ihr zehn Euro, wo'für sie ihm bei den Hausaufgaben half*

wog *Präteritum, 1. und 3. Person Singular* → wiegen[1]

Wo·ge *die*; (-, -n); *geschrieben* **1** eine große, starke Welle **2** **eine Woge** +*Genitiv* ein (meist weit verbreitetes) starkes Gefühl ⟨Wogen der Begeisterung, der Empörung; eine Woge des Hasses⟩ K Beifallswoge ■ ID **die Wogen glätten sich** nach einem Streit, einer Unruhe o. Ä. tritt wieder Ruhe ein

★ **wo·ge·gen, wo·ge·gen** ■ FRAGEWORT **1** gegen welche Sache | *Wogegen protestieren sie?* H auch in indirekten Fragen: *Ich weiß nicht, wogegen das Mittel helfen soll*
■ BINDEWORT **2** gegen die genannte Sache | *Er verlangte eine Entschädigung, wo'gegen eigentlich nichts einzuwenden war*

wo·gen VERB (wogte, hat gewogt) **1** **etwas wogt** etwas bewegt sich wie eine große Welle | *Das Getreide wogt im Wind* | *das wogende Meer* **2** **etwas wogt** *geschrieben* etwas tobt, wütet | *Der Kampf wogte hin und her*

★ **wo·her, wo·her** ■ FRAGEWORT **1** von welchem Ort, aus welcher Richtung | *Woher kommst du?* H auch in indirekten Fragen: *Er fragte, woher wir unseren Wein beziehen*; → Infos unter **Fragewort** **2** fragt nach der Quelle, Herkunft oder Ursache | *Woher weißt du das?* (Von wem weißt du das?)
■ BINDEWORT **3** von dem genannten Ort, aus der genannten Richtung | *Er ging dorthin zurück, wo'her er gekommen war*

★ **wo·hin, wo·hin** ADVERB ■ FRAGEWORT **1** in welche Richtung, zu welchem Ziel | *Wohin gehst du?* H auch in indirekten Fragen: *Ich wüsste gern, wohin diese Straße führt*; → Infos unter **Fragewort**
■ BINDEWORT **2** in die genannte Richtung, zu dem genannten Ziel | *Sie kam aus Kanada zurück, wo'hin sie als Jugendliche ausgewandert war* ■ ID **Ich muss mal wohin** *gesprochen* Ich muss auf die Toilette gehen

wo·hin·ge·gen ≈ *wogegen*

★ **wohl** ■ ADVERB
▸gut: **1** (*wohler, am wohlsten*) körperlich und geistig fit und gesund ⟨jemandem ist (nicht) wohl⟩ | *Ist Ihnen nicht wohl?* (Ist Ihnen schlecht?) **2** (*besser, am besten*) genau und sorgfältig oder wie es sein sollte ⟨etwas wohl überlegen, planen⟩ H → auch **wohl-** **3** **jemandem ist nicht (ganz) wohl bei etwas** jemand hat Zweifel oder ein wenig Angst bei etwas | *Mir ist nicht ganz wohl bei dieser Sache!* **4** **es sich** (*Dativ*) **wohl sein lassen** etwas genießen, vor allem das Essen und die Getränke | *Guten Appetit, lass es dir wohl sein!* **5** **Wohl bekomms!** *gesprochen* vom Gastgeber verwendet zu Beginn des gemeinsamen Essens oder Trinkens
▸Vermutung: **6** *unbetont* etwas ist wahrscheinlich der Fall ≈ *vermutlich* | *Sie wird wohl den Zug verpasst haben* **7** *unbetont* drückt in Fragesätzen aus, dass man unsicher ist oder etwas befürchtet | *Ob er wohl weiß, dass wir hier*

sind? | Wie mag es ihr wohl gehen?
▸Gegensatz: **8** *betont* drückt aus, dass etwas wahr ist, es aber keinen Einfluss auf eine Situation hat | *Er weiß wohl, wo der Schlüssel ist, aber er sagt es uns nicht | Wohl wissend, dass sein Geld zur Neige ging, gönnte er sich diesen Luxus* (obwohl er wusste …) **9** **wohl aber** verwendet nach einer verneinten Aussage, um einen Gegensatz zu verstärken | *Der Norden ist nicht sehr dicht besiedelt, wohl aber der Süden* **10** **wohl oder übel** ob man will oder nicht | *Die Rechnung werden wir wohl oder übel bezahlen müssen*
■ PARTIKEL
▸verstärkend: **11** *unbetont* (in Ausrufen) verwendet, um einen subjektiven Kommentar zu verstärken | *Du bist wohl übergeschnappt! | Er spinnt wohl! | Ich werde wohl ins Kino gehen dürfen, oder? | Das kann man wohl sagen!* (Das ist ganz richtig) **12** *unbetont* verwendet, wenn jemand nicht gehorcht, um mit Strafe zu drohen | *Willst du wohl deine Hausaufgaben machen!* **13** **Sehr wohl!** *veraltend* zur Bestätigung verwendet, dass man einen Auftrag oder Befehl gehört hat und ausführen will

★ **Wohl** *das;* (-(e)s) der Zustand, in dem man gesund und zufrieden oder glücklich ist 〈das Wohl der Familie; sich um jemandes Wohl sorgen/kümmern〉 ■ ID **für das leibliche Wohl der Gäste sorgen** sich um das Essen und die Getränke für die Gäste kümmern; **zu jemandes Wohl** zu jemandes Nutzen, Vorteil; **Zum Wohl!** ≈ *Prost!*

wohl- *im Adjektiv, betont, begrenzt produktiv* drückt aus, dass der genannte Zustand in einem angenehmen Maß erreicht wurde oder vorhanden ist | *ein wohldurchdachter Plan | ein wohlerzogenes Kind | wohlformulierte Sätze | eine wohlgeformte Figur | ein wohlgemeinter Rat | eine wohlklingende Stimme | ein wohlriechendes Parfüm | ein wohlschmeckendes Gericht | ein wohlvorbereiteter Ausflug* **!** Die hier genannten Adjektive können auch getrennt geschrieben werden.

wohl·an! *veraltend* verwendet als Aufforderung, etwas zu tun

wohl·auf ADVERB; *geschrieben* **wohlauf sein** gesund sein

Wohl·be·fin·den *das* der Zustand, in dem man sich körperlich und seelisch gut fühlt

Wohl·be·ha·gen *das; nur Singular* ≈ *Wohlbefinden*

wohl·be·hal·ten ADJEKTIV *meist prädikativ; geschrieben* gesund und ohne einen Unfall 〈wohlbehalten ankommen, eintreffen, zurückkehren〉

Wohl·er·ge·hen *das* ≈ *Wohlbefinden*

Wohl·fahrt *die; nur Singular; geschrieben* **1** das (finanzielle und soziale) Wohl des einzelnen Bürgers und aller Bürger 〈die Wohlfahrt des Staates; die öffentliche Wohlfahrt〉 **2** *veraltend* Hilfe für die Armen

Wohl·fahrts|staat *der* ein Staat mit hoher sozialer Sicherheit für die Bürger | *Schweden gilt als Muster eines Wohlfahrtsstaates*

Wohl·fühl- *im Substantiv, betont, begrenzt produktiv* **Wohlfühlhotel, Wohlfühlgewicht, Wohlfühltemperatur, Wohlfühlurlaub** *und andere* wenn eine Person an dem genannten Ort ist oder die genannte Sache hat oder erlebt, dann geht es ihr gut und sie fühlt sich wohl

wohl·füh·len VERB (fühlte sich wohl, hat sich wohlgefühlt/wohl gefühlt) **1** **sich wohlfühlen** sich körperlich und geistig fit und gesund fühlen | *Ich fühle mich heute nicht ganz wohl* **2** **sich (irgendwo/bei etwas) wohlfühlen** an einem Ort oder in einer Situation ein positives Gefühl haben | *Ich hoffe, Sie fühlen sich bei uns wohl | Ich fühle mich nicht wohl bei dem Gedanken* **K** Wohlfühleffekt, Wohlfühlgewicht, Wohlfühltemperatur **!** *sich wohlfühlen*, aber: *sich sehr wohl fühlen* (getrennt geschrieben)

Wohl·ge·fal·len *das* große Freude, großes Gefallen 〈Wohlgefallen an jemandem/etwas finden〉 ■ ID **etwas löst sich in Wohlgefallen auf** ein Problem verschwindet zur allgemeinen Zufriedenheit ● hierzu **wohl·ge·fäl·lig** ADJEKTIV

wohl·ge·lit·ten ADJEKTIV von allen gern gemocht und hoch geschätzt 〈eine Person〉

wohl·ge·merkt ADVERB verwendet, um eine Aussage zu verstärken | *Er war, wohlgemerkt, erst 18 Jahre alt*

Wohl·ge·ruch *der; geschrieben* ein guter, angenehmer Geruch

wohl·ge·setzt, **wohl ge·setzt** ADJEKTIV; *geschrieben* gut formuliert 〈in wohlgesetzten Worten〉

wohl·ge·sinnt, **wohl·ge·son·nen** ADJEKTIV **jemandem wohlgesinnt sein** eine freundliche Einstellung zu jemandem haben

wohl·ha·bend ADJEKTIV so, dass jemand in guten finanziellen Verhältnissen lebt ≈ *vermögend, begütert*

wohl·ig ADJEKTIV so, dass man etwas als angenehm, wohltuend empfindet 〈ein Gefühl, Wärme〉

Wohl·klang *der; meist Singular* ein angenehmer, harmonischer Klang

wohl·mei·nend ADJEKTIV mit guter, freundlicher Absicht

Wohl·sein (*das*) ■ ID **Zum Wohlsein!** ≈ *Prost!*

★ **Wohl·stand** *der; nur Singular* die Situation, wenn alles reichlich vorhanden ist, was man zum Leben braucht 〈im Wohlstand leben; es zu Wohlstand bringen〉

Wohl·tat *die* **1** *geschrieben* eine Tat, mit der man vor allem einer Person hilft, die in finanzieller Not ist 〈jemandem eine Wohltat erweisen〉 **2** *nur Singular* etwas, das man nach einer Anstrengung o. Ä. als sehr angenehm empfindet | *Eine Tasse Kaffee wäre jetzt eine Wohltat*

Wohl·tä·ter *der* eine Person, die anderen Leuten etwas Gutes tut ● hierzu **Wohl·tä·te·rin** *die*

wohl·tä·tig ADJEKTIV **für einen wohltätigen Zweck** 〈arbeiten/sammeln〉 um dadurch Menschen, die in Not sind, zu helfen ● hierzu **Wohl·tä·tig·keit** *die*

wohl·tu·end ADJEKTIV so, dass man etwas (vor allem nach einer Anstrengung o. Ä.) als angenehm und erholsam empfindet 〈Ruhe, Wärme; etwas als wohltuend empfinden〉

wohl·tun VERB (tut wohl, tat wohl, hat wohlgetan) **etwas tut (jemandem) wohl** etwas ist (für jemanden) gut oder angenehm | *Die Pause hat (mir) wohlgetan* **!** aber: *Das hat sie sehr wohl getan* (getrennt geschrieben)

wohl·ver·dient ADJEKTIV 〈eine Belohnung, Strafe〉 so, dass es allgemein als richtig oder gerecht angesehen wird, wenn jemand sie erhält | *Er geht bald in den wohlverdienten Ruhestand*

Wohl·ver·hal·ten *das* das Verhalten, das andere Leute von einer Person erwarten und wünschen | *Ihre Eltern machten die Erlaubnis von ihrem Wohlverhalten abhängig*

wohl·weis·lich ADVERB so, dass es sinnvoll und zweckmäßig ist, das Genannte zu tun oder nicht zu tun (weil sonst Ärger oder Schaden entstehen könnte) 〈wohlweislich schweigen, nichts sagen〉

Wohl·wol·len *das;* (-s) eine Einstellung zu einer Person oder Sache, die positiv, freundlich ist und guten Willen zeigt 〈jemandem/etwas Wohlwollen entgegenbringen〉 ● hierzu **wohl·wol·lend** ADJEKTIV

Wohn·be·rech·ti·gungs|schein *der; admin* eine Person, die einen solchen Schein von einer Behörde hat, darf eine Wohnung mieten, die mit Geld vom Staat gebaut wurde **!** Abkürzung: *WBS*

★ **Wohn·block** *der;* (-s, -s) ein großes Gebäude mit mehreren Stockwerken, in dem viele Wohnungen sind

★ **woh·nen** VERB (wohnte, hat gewohnt) **1** **irgendwo wohnen** an einem Ort, in einem Gebäude zu Hause sein 〈in der

Stadt, in einem Wohnblock wohnen⟩ **2** **zur Miete wohnen** das Haus, die Wohnung o. Ä. nicht besitzen, sondern darin nur gegen eine Miete wohnen dürfen **3** **irgendwo wohnen** für relativ kurze Zeit irgendwo ein Zimmer haben, um zu übernachten | *Wenn ich in Hamburg bin, wohne ich immer im selben Hotel*

Wohn·ge·bäu·de *das* ein Haus, in dem man wohnt

Wohn·ge·biet *das* ein Teil meist einer Stadt, in dem hauptsächlich Wohnhäuser sind ⟨ein reines Wohngebiet⟩

★ **Wohn·ge·mein·schaft** *die* eine Gruppe von Personen (die aber keine Familie sind), die in einer Wohnung zusammenleben und einen gemeinsamen Haushalt führen ⟨in eine Wohngemeinschaft einziehen⟩ [H] Abkürzung: *WG*

wohn·haft ADJEKTIV *meist prädikativ; admin* **irgendwo wohnhaft** mit dem Wohnsitz am genannten Ort [H] meist in Konstruktionen wie *Herr X, wohnhaft in Köln*

Wohn·kü·che *die* ein Zimmer, das Wohnzimmer und Küche zugleich ist

Wohn·la·ge *die* die Gegend, in der man wohnt ⟨eine gute, teure Wohnlage; ein Haus in bester Wohnlage⟩

wohn·lich ADJEKTIV so eingerichtet, dass man gern darin wohnt ⟨ein Zimmer, eine Wohnung⟩ • hierzu **Wohn·lich·keit** *die*

Wohn·mo·bil *das;* (-s, -e) ein großes Auto mit Betten, mit einer kleinen Küche usw., sodass man damit reisen und darin übernachten kann

Wohn·ort *der* eine Stadt oder ein Dorf, in dem jemand wohnt

Wohn·sitz *der; admin* **1** jemandes Wohnort (und volle Adresse) **2** **ohne festen Wohnsitz** ohne Wohnung (und deshalb ohne feste Anschrift)

Wohn·stra·ße *die* eine Straße mit Häusern, in denen nur Wohnungen (und keine Betriebe) sind

★ **Woh·nung** *die;* (-, -en) die Zimmer in einem Haus, die zusammengehören und in denen eine Person oder Familie lebt ⟨eine Wohnung mieten, einrichten, beziehen, kündigen; aus einer Wohnung ausziehen⟩ [K] Wohnungsbau, Wohnungseinrichtung, Wohnungsmiete, Wohnungstür; Zweizimmerwohnung, Dreizimmerwohnung; Eigentumswohnung

Wohn·vier·tel *das* ein Teil einer Stadt, in dem fast nur Wohnhäuser sind

Wohn·wa·gen *der* ein Anhänger für ein Auto, in dem man auf Reisen wohnen kann

★ **Wohn·zim·mer** *das* der Raum in einer Wohnung, in dem man sich vor allem zur Unterhaltung und Entspannung aufhält

wöl·ben VERB (wölbte, hat gewölbt) **1** **etwas wölbt sich (über etwas** (*Akkusativ*)**)** etwas steht über etwas anderem in der Form eines Bogens | *Die Brücke wölbt sich über den Fluss* **2** **etwas wölbt sich** etwas ist nicht mehr eben ⟨Bretter⟩ **3** **etwas wölben** etwas so bauen, dass es die Form eines Bogens hat

Wöl·bung *die;* (-, -en) ein Teil meist eines Gebäudes, der die Form eines Bogens hat ⟨die Wölbung einer Kuppel, einer Decke, eines Torbogens⟩

Wolf *der;* (-(e)s, Wöl·fe) das große Raubtier aus der biologischen Familie der Hunde ⟨ein Rudel Wölfe⟩ [K] Wolfsrudel ■ ID **hungrig sein/Hunger haben wie ein Wolf** sehr hungrig sein; **ein Wolf im Schafspelz** eine Person, die einen harmlosen Eindruck macht, aber trotzdem böse oder gefährlich ist; **mit den Wölfen heulen** sich den anderen Menschen anpassen • hierzu **Wöl·fin** *die;* **wöl·fisch** ADJEKTIV

Wolf·ram *das;* (-s) ein weiß glänzendes Metall, das z. B. in Glühbirnen verwendet wird [H] chemisches Zeichen: *W*

Wolfs·hund *der* ≈ *Schäferhund*

★ **Wol·ke** *die;* (-, -n) **1** eine große (meist weiße oder graue) Menge von sehr kleinen Wassertropfen, die hoch in der Luft schwebt ⟨Wolken ziehen auf, stehen am Himmel⟩ | *Die Berge sind in Wolken gehüllt* [K] Wolkenbildung, Wolkenhimmel, Wolkenwand, wolkenbedeckt, wolkenfrei; Gewitterwolke, Schönwetterwolke **2** eine Menge kleiner Teilchen einer Sache, die in der Luft schwebt oder sich in einer Flüssigkeit ausbreitet [K] Duftwolke, Dunstwolke, Rauchwolke, Staubwolke, Tabakwolke ■ ID **auf/über den Wolken schweben** die Dinge nicht realistisch sehen; **aus allen Wolken fallen** *gesprochen* wegen einer unerwarteten Nachricht o. Ä. sehr überrascht sein

Wol·ken·bruch *der* plötzlicher, sehr starker Regen, der aber nicht sehr lange dauert

Wol·ken·krat·zer *der;* (-s, -) ein sehr hohes Hochhaus | *die Wolkenkratzer von Manhattan*

Wol·ken·ku·ckucks·heim *das* ■ ID **in einem Wolkenkuckucksheim leben** *geschrieben* naive, unrealistische Vorstellungen vom Leben haben

wol·ken·los ADJEKTIV ohne Wolken ⟨der Himmel⟩

wol·kig ADJEKTIV **1** ⟨der Himmel⟩ so, dass er ganz oder zum großen Teil mit Wolken bedeckt ist **2** in der Form einer Wolke | *Der Rauch stieg wolkig empor*

★ **Wol·le** *die;* (-, -n) **1** *nur Singular* die weichen Haare vor allem von Schafen, aus denen Garn gemacht wird ⟨Wolle spinnen⟩ [K] Schafwolle, Schurwolle **2** die langen Fäden aus Wolle, die man beim Stricken, Weben o. Ä. verwendet ⟨ein Knäuel Wolle⟩ | *einen Pullover aus Wolle stricken* [K] Wollfaden, Wollrest; Strickwolle, Stopfwolle **3** ein Gewebe, das aus Wolle hergestellt wurde ⟨reine Wolle; aus 50 % Wolle⟩ [K] Wolldecke, Wollmantel, Wolljacke, Wollstoff, Wollwaren **4** *gesprochen* sehr dichte Haare ■ ID **sich mit jemandem in die Wolle kriegen** *gesprochen* mit jemandem streiten • zu (3) **wol·len** ADJEKTIV

★ **wol·len**[1] MODALVERB (will, wollte, hat wollen) **1** *Infinitiv* + **wollen** die Absicht oder den Wunsch haben, etwas zu tun oder zu erleben | *Wir wollten in den Ferien ans Meer fahren* [H] → Infos unter **Modalverb** **2** **jemand will etwas haben/werden** jemand hat den Wunsch, etwas zu bekommen oder werden | *Meine Tochter will unbedingt einen Hund haben* | *Sie will Ärztin werden* **3** **wir wollen** +*Infinitiv* als Aufforderung an eine Gruppe verwendet, etwas zu tun | *Wir wollen nun auf sein Wohl trinken* **4** **ich wollte (nur)** +*Infinitiv* verwendet als Einleitung einer höflichen Bitte oder Frage | *Ich wollte nur mal fragen, wann ihr fertig seid* | *Ich wollte Sie bitten, ob Sie mir vielleicht helfen könnten* **5** **wollen Sie (bitte)** +*Infinitiv* verwendet als höfliche Aufforderung an jemanden, etwas zu tun | *Wollen Sie bitte Platz nehmen!* | *Wenn Sie mir bitte folgen wollen!* **6** **willst du/wollt ihr** +*Infinitiv* verwendet als energische Aufforderung an jemanden, etwas zu tun | *Wollt ihr endlich/wohl aufhören zu streiten!* **7** **jemand will etwas sein** *meist ironisch* verwendet, um jemandes Fähigkeiten auf einem Gebiet zu kritisieren | *Der will Redakteur sein? Er hat doch keine Ahnung!* **8** **jemand will (etwas)** +*Partizip Perfekt* **haben** eine Person behauptet etwas, das man ihr aber nicht glaubt | *Trotz der Dunkelheit will er die Autonummer erkannt haben* **9** **etwas will nicht** +*Infinitiv* etwas funktioniert oder geschieht nicht so, wie man es sich wünscht | *Das Fenster wollte nicht zugehen* | *Es will und will einfach nicht regnen!* **10** **etwas will** +*Partizip Perfekt* **sein** eine Handlung ist nicht so einfach, wie jemand vielleicht glaubt | *Skifahren will gelernt sein* | *Das Geld dafür will auch erst einmal verdient werden*

★ **wollen**[2] VERB (will, wollte, hat gewollt) **1** **etwas wollen** einen Wunsch haben oder äußern | *Jetzt willst du sicher einen*

Kaffee | *Was hat er gewollt?* | *Ich will, dass ihr mich in Ruhe lasst!* **2** **etwas will etwas** etwas braucht etwas | *Kakteen wollen wenig Wasser* **3** drückt als Antwort auf eine Ablehnung oder ein Verbot einen trotzigen Wunsch aus | *„Du darfst keine Süßigkeiten mehr haben!" – „Aber ich will!"* **4** **irgendwohin wollen** irgendwohin gehen, fahren o. Ä. wollen | *Wir wollen nach Köln. Können Sie uns mitnehmen?* **5** **etwas will nicht mehr so (recht)** etwas funktioniert nicht mehr (gut) | *Meine Beine wollen einfach nicht mehr so* ■ ID **Da ist nichts mehr zu wollen** Daran kann man nichts mehr ändern **i** Als allein verwendetes Verb ist die Form im Perfekt *gewollt*; als Modalverb zusammen mit einem Infinitiv ist es *wollen*: *Ich hätte lieber in die Berge gewollt/in die Berge fahren wollen.*

wọl·lig ADJEKTIV **1** aus Wolle bestehend ‹ein wolliger Pullover› **2** ‹ein Fell, Haar› so, dass sie sich wie Wolle anfühlen

Wọll·milch·sau *die* ■ ID **eine eierlegende Wollmilchsau** *humorvoll* eine Person oder Sache, die alle denkbaren Bedürfnisse erfüllt

Wọl·lust *die*; *nur Singular*; *veraltend* ein starkes Gefühl der (sexuellen) Lust • hierzu **wọl·lüs·tig** ADJEKTIV

★ **wo·mịt, wọ·mit** ■ FRAGEWORT **1** mit welcher Sache, Handlung o. Ä. | *Womit habt ihr euch dort denn den ganzen Tag beschäftigt?* **i** auch in indirekten Fragen: *Ich weiß nicht, womit ich das verdient habe*

■ BINDEWORT **2** mit der genannten Sache, Handlung o. Ä. | *Die Verhandlungen waren nicht erfolgreich, wo'mit allerdings zu rechnen gewesen war*

★ **wo·mög·lich** ADVERB vielleicht, möglicherweise | *Das war womöglich ein Irrtum*

★ **wo·nạch, wọ·nach** ■ FRAGEWORT **1** nach welcher Sache, Tätigkeit o. Ä. | *Wonach suchst du?* **i** auch in indirekten Fragen: *Ich weiß jetzt, wonach ich mich richten muss*

■ BINDEWORT **2** nach der genannten Sache, Tätigkeit o. Ä. | *Wir mussten vier Stunden in der Hitze gehen, wo'nach wir alle ganz kaputt waren*

Wọn·ne *die*; (-, -n) ein Zustand, in dem man sehr glücklich und zufrieden ist **K** Wonnegefühl

wọn·nig ADJEKTIV ‹ein Baby, ein Kind› so, dass sie viel Freude hervorrufen

★ **wo·rạn, wọ·ran** ■ FRAGEWORT **1** an welche(r) Sache o. Ä. | *Woran denkst du gerade?* **i** auch in indirekten Fragen: *Ich weiß nicht, woran es liegt, dass wir keinen Erfolg haben*

■ BINDEWORT **2** an die genannte/an der genannten Sache | *Das ist ein Erlebnis, wo'ran ich mich gern erinnere*

★ **wo·rauf, wọ·rauf** ■ FRAGEWORT **1** auf welche/welcher Sache | *Worauf wartest du noch?* **i** auch in indirekten Fragen: *Sag mir bitte, worauf ich mich verlassen kann*

■ BINDEWORT **2** auf die genannte/auf der genannten Sache | *Er nahm einen Zettel, wo'rauf er sich Notizen machte* | *Die Konjunktur hat sich erholt, wo'rauf wir gehofft haben*

wo·rauf·hịn, wọ·rauf·hin ■ FRAGEWORT **1** aus welchem Grund oder Anlass | *Woraufhin hat er das gesagt?* **i** auch in indirekten Fragen: *Ich weiß nicht mehr, woraufhin wir das entschieden haben*

■ BINDEWORT **2** verwendet, um einen Nebensatz einzuleiten, der eine Reaktion auf etwas nennt | *Er beschimpfte uns, wo'raufhin wir alle das Haus verließen*

★ **wo·raus, wọ·raus** ■ FRAGEWORT **1** aus welcher Sache, Tätigkeit o. Ä. | *Woraus wird Bier gemacht?* **i** auch in indirekten Fragen: *Er hat nicht gesagt, woraus seine Aufgaben bestehen*

■ BINDEWORT **2** aus der genannten Sache, Situation o. Ä. | *Er ist nicht gekommen, wo'raus ich schließe, dass er Wichtigeres zu tun hat*

★ **wo·rịn, wọ·rin** ■ FRAGEWORT **1** in welcher Sache, Tätigkeit o. Ä. | *Worin besteht das Problem?* **i** auch in indirekten Fragen: *Ich weiß nicht, worin sich die beiden unterscheiden*

■ BINDEWORT **2** in der genannten Sache, Tätigkeit o. Ä. | *Auf dem Tisch stand eine Schüssel, wo'rin Äpfel lagen* | *Franz will bei uns mitfahren, wo'rin ich kein Problem sehe*

Work·shop ['vøːɐ̯kʃɔp] *der*; (-s, -s) ein Treffen, bei dem die Teilnehmer über ein Thema lernen und Ideen sammeln | *der Workshop „Yoga für Anfänger"*

Work·sta·tion ['vøːɐ̯ksteiʃn̩] *die*; (-, -s) ein Computer an einem Arbeitsplatz, der an ein Netzwerk angeschlossen ist

★ **Wọrt** *das*; (-(e)s, Wor·te/Wör·ter) **1** (*Plural: Wörter*) wenn wir sprechen, reihen wir Wörter zu Sätzen aneinander; jedes Wort hat seine eigene Bedeutung | *Computer ist ein Wort, das aus dem Englischen kommt* **K** Wortbedeutung, Wortbetonung, Wortgebrauch **2** (*Plural: Worte*) Worte sind die Dinge, die wir jemandem sagen oder die wir schreiben ‹ein deutliches, ernstes, offenes Wort mit jemandem reden; Worte mit jemandem wechseln; etwas mit keinem Wort erwähnen; nach Worten suchen; jemandem fehlen die Worte› **K** Wortgefecht **3** (*Plural: Worte*) ein Zitat einer bekannten Person | *in Schillers Worten* **4** *nur Singular* die Äußerung gegenüber einer Person, dass man etwas ganz sicher tun wird ‹sein Wort geben, halten, brechen› ≈ *Versprechen* | *Ich bin bei ihm im Wort* (Ich habe ihm etwas versprochen) **K** Ehrenwort **5** **ein geflügeltes Wort** ein bekanntes Zitat **6** **das Wort Gottes** ≈ *Bibel*

■ ID ▸Wort als Subjekt: **jemandem bleibt das Wort im Hals/in der Kehle stecken** jemand kann (vor Schreck, aus Überraschung) nicht sprechen; **etwas ist jemandes letztes Wort** jemand hat sich endgültig entschieden; **Das letzte Wort ist noch nicht gesprochen** etwas ist noch nicht endgültig entschieden; **Ein Wort gab das andere** Es kam zu einem Streit; **Dein Wort in Gottes Ohr!** verwendet, wenn man hofft, dass das, was eine andere Person gerade gesagt hat, auch Wirklichkeit wird;

▸Wort als Objekt: **jemandem das Wort abschneiden** jemanden unterbrechen; **ums Wort bitten**, **sich zu Wort melden** in einer Diskussion deutlich machen, dass man etwas sagen möchte; **für jemanden ein gutes Wort einlegen** versuchen, einer Person in einer Sache zu helfen, indem man anderen Leuten etwas Gutes über sie sagt; **jemandem das Wort entziehen/verbieten** jemanden nicht länger sprechen lassen; **das Wort ergreifen** beginnen, über etwas zu sprechen; **jemandem das Wort erteilen/geben** (in einer Diskussion) jemanden zu einem Thema sprechen lassen; **jemand will/muss das letzte Wort haben** jemand will unbedingt zeigen, dass er recht hat; **jemand hat das Wort** jemand ist in einer Diskussion an der Reihe zu sprechen; **das große Wort haben/führen** bei einem Gespräch am meisten sagen; **jedes Wort auf die Goldwaage legen** **a** jemandes Worte sehr genau nehmen **b** sehr sorgfältig überlegen, bevor man etwas sagt; **Du nimmst mir das Wort aus dem Mund** Du sagst genau das, was ich auch gerade sagen wollte; **jemandem das Wort im Mund umdrehen** etwas, das jemand gesagt hat, absichtlich falsch verstehen (und wiedergeben); **kein Wort über etwas** (*Akkusativ*) **verlieren** etwas überhaupt nicht erwähnen;

▸Präposition plus Wort: **aufs Wort gehorchen/folgen** ohne Zögern gehorchen; **Das glaube ich (ihm/ihr** *usw.*) **aufs Wort** ich habe keine Zweifel daran, dass das Gesagte wahr/richtig ist; **in Worten** nicht in Ziffern geschrieben | *25, in Worten fünfundzwanzig*; **jemandem ins Wort fallen** eine Person, die etwas sagt, unterbrechen; **mit 'einem Wort** kurz gesagt, zusammenfassend; **mit anderen Worten**

W

anders gesagt; **(kaum/nicht) zu Wort kommen** in einem Gespräch (keine/wenig) Gelegenheit bekommen, auch etwas zu sagen | *Du lässt mich überhaupt nicht zu Wort kommen!*

WORTSCHATZ

▶ Worte – Wörter

Es gibt zwei Pluralformen von **Wort**.

Wörter …

… verwendet man, wenn man die einzelnen Teile eines Satzes meint, zwischen denen man beim Schreiben Zwischenräume lässt und die für sich allein eine Bedeutung haben:
Der Aufsatz soll aus ungefähr 300 Wörtern bestehen.
Unsere Tochter spricht noch keine Sätze, nur einzelne Wörter.
Es gibt mehrere schwedische Wörter für „Großmutter".

Worte …

… verwendet man, wenn damit eine Äußerung gemeint ist, die jemand gemacht hat:
Sie fasste ihre Empörung in deutliche Worte.
Der Pfarrer sprach am Grab tröstende Worte.
Er macht nicht viele Worte (= spricht wenig), **aber er hilft gern.**

★ **Wọrt·art** *die* die grammatische Kategorie eines Wortes | *Substantiv, Verb und Adjektiv sind die wichtigsten Wortarten*

Wọrt·bil·dung *die* das Bilden von Wörtern durch Zusammensetzung (z. B. Haustür) oder mit Vorsilben oder Nachsilben (z. B. verändern, Schönheit)

Wọrt·bruch *der* eine Handlung, die anders ist als versprochen wurde ⟨Wortbruch begehen⟩ • hierzu **wọrt·brü·chig** ADJEKTIV

Wört·chen *das* ■ ID **ein Wörtchen mitzureden haben** an einer Entscheidung mitwirken; **Mit 'dir habe ich noch ein Wörtchen zu reden** Ich muss dir zu etwas deutlich meine Meinung sagen

★ **Wör·ter·buch** *das* ein Buch, in dem die Wörter einer Sprache, einer Fachsprache oder zweier Sprachen (alphabetisch) aufgeführt und erklärt oder übersetzt sind ⟨ein einsprachiges, zweisprachiges, deutsch-italienisches, medizinisches Wörterbuch; etwas in einem Wörterbuch nachschlagen⟩ **!** Ein *Wörterbuch* beschreibt die Sprache, ein *Lexikon* die Dinge und Sachverhalte.

Wọrt·fa·mi·lie *die* alle Bildungen, die zum gleichen Wortstamm gehören | *Fahren, führen und Fahrt gehören zur gleichen Wortfamilie*

Wọrt·füh·rer *der* ein Mitglied einer Gruppe, das (im Auftrag der Gruppe) für diese spricht, verhandelt ≈ *Sprecher*

wọrt·ge·treu ADJEKTIV so, dass die Worte des Originals exakt wiedergegeben werden ⟨etwas wortgetreu übersetzen, wiedergeben⟩

Wọrt·ge·walt *die; meist Singular* die Fähigkeit, die Sprache überzeugend und wirkungsvoll zu benutzen ⟨mit großer Wortgewalt⟩ • hierzu **wọrt·ge·wal·tig** ADJEKTIV

wọrt·ge·wandt ADJEKTIV ⟨ein Redner, ein Schriftsteller⟩ so, dass sie gut und überzeugend sprechen oder schreiben

wọrt·karg ADJEKTIV **1** ⟨ein Mensch⟩ so, dass er wenig spricht **2** ⟨eine Unterhaltung, ein Brief⟩ so, dass sie wenig Worte enthalten

Wọrt·klau·be·rei *die; (-, -en); abwertend* ≈ *Haarspalterei*

Wọrt·laut *der* der wörtliche Text ⟨der genaue Wortlaut eines Briefes, einer Rede⟩ | *eine Erklärung im (vollen) Wortlaut veröffentlichen*

GRAMMATIK

▶ Die Wortarten

In diesem Wörterbuch werden die folgenden Wortarten unterschieden:

das Substantiv

der Teller; die Katze; das Haus

das Pronomen

- **Sie geht noch zur Schule.**
- **Die Arbeit überlasse ich gerne anderen.**
- **Das Auto, das ich kaufen wollte, war zu teuer.**

das Verb

in Berlin abfahren; den Fernseher einschalten; zum Supermarkt gehen; die Hausaufgaben machen; mit jemandem sprechen; einen Anhänger ziehen

das Adjektiv

ein großes Auto; die Aussicht ist schön

das Adverb

- **Gestern hat es stark geregnet.**
- **Ich habe meine Handschuhe irgendwo vergessen.**

die Präposition

aus Glas; für die Kinder; unter dem Tisch; auf dem Stuhl

das Bindewort (die Konjunktion)

- **Alexander und Marion haben geheiratet.**
- **Er hat angerufen, weil er nicht kommen kann.**
- **Heute scheint die Sonne, aber morgen regnet es.**

der Artikel

der Stuhl; die Uhr; das Telefon; eine Orange; dieser Tisch

das Fragewort

- **Wer fährt uns nach Magdeburg?**
- **Was hast du heute gemacht?**
- **Wann kommt Karl nach Hause?**
- **Wohin soll ich das Buch legen?**

das Zahlwort

drei Äpfel und vier Bananen; dreihundert Besucher; Tausende Demonstranten

die Partikel

- **Ich kann ja kaum noch sprechen.**
- **Mach bitte das Fenster zu!**
- **Das musst du dir unbedingt ansehen!**
- **Ich habe gleich tausend Euro gewonnen!**

★ **wọ̈rt·lich** ADJEKTIV dem Originaltext exakt entsprechend ⟨etwas wörtlich übersetzen, zitieren⟩ ■ ID **etwas (allzu) wörtlich nehmen** etwas zu genau nehmen

wọrt·los ADJEKTIV ohne Worte, schweigend • hierzu **Wọrt·lo·sig·keit** *die*

Wọrt·mel·dung *die* die Bitte (meist durch Heben der Hand) bei einer Versammlung, etwas sagen zu dürfen ⟨eine Wortmeldung liegt vor; eine Wortmeldung zurückziehen⟩

wọrt·reich ADJEKTIV mit vielen Worten (und meist etwas umständlich) ⟨eine Entschuldigung, eine Erklärung⟩

Wọrt·schatz *der; meist Singular* **1** alle Wörter einer Sprache oder Fachsprache K Fachwortschatz **2** **aktiver Wortschatz** alle Wörter, die jemand zum Sprechen benutzt **3** **passiver Wortschatz** alle Wörter, die jemand in ihrer Bedeutung kennt (aber nicht selbst benutzt)

Wọrt·spiel *das* die witzige, spielerische Verwendung eines Wortes oder von Wörtern, bei der der Witz meist dadurch entsteht, dass mehrere Bedeutungen möglich sind

Wọrt·stel·lung *die; meist Singular* die Reihenfolge der Wörter im Satz

Wọrt·wahl *die; nur Singular* die Worte, die man für einen Text oder eine Rede wählt ⟨eine sorgfältige Wortwahl⟩

Wọrt·wech·sel *der* ein Streit, der mit Worten ausgetragen wird

wort·wọ̈rt·lich ADJEKTIV verwendet, um *wörtlich* zu verstärken

wo·rü̲·ber, **wo̲·rü·ber** ■ FRAGEWORT **1** über welche/welcher Sache | *Worüber lachst du?* **H** auch in indirekten Fragen: *Ich weiß nicht, worüber er so traurig ist* ■ BINDEWORT **2** über die genannte/über der genannten Sache | *das Bett, wo'rüber ein Kreuz hing* | *der Schreibtisch, wo'rüber sie ein Familienfoto hängte* | *Sie kommt oft zu spät, wo'rüber sich aber niemand aufregt*

★ **wo·rụm**, **wo̲·rum** ■ FRAGEWORT **1** um welche Sache | *Worum streiten sie sich?* **H** auch in indirekten Fragen: *Ich weiß nicht, worum es bei dem Gespräch ging* ■ BINDEWORT **2** um die genannte Sache | *das Geschenk, worum eine Schleife gebunden war* | *Sie haben ein schönes Haus, wo'rum ich sie beneide*

★ **wo·rụn·ter**, **wo̲·run·ter** ■ FRAGEWORT **1** unter welche/welcher Sache oder welchen Sachen | *Ich finde das Buch nicht. Worunter ist es eingeordnet?* **H** auch in indirekten Fragen: *Ich weiß nicht, worunter die Münze versteckt ist* ■ BINDEWORT **2** unter die genannte/unter der genannten Sache oder Sachen | *Auf dem Tisch lag ein Stapel Bücher, wo'runter ich den Brief schob* | *Sie müssen beide viele Überstunden machen, wo'runter ihre Beziehung leidet*

★ **wo·vọn**, **wo̲·von** ■ FRAGEWORT **1** von welcher Sache | *Wovon sprecht ihr?* **H** auch in indirekten Fragen: *Ich weiß nicht mehr, wovon ich geträumt habe* ■ BINDEWORT **2** von der genannten Sache | *Es gab Erdbeerkuchen, wo'von ich nie genug bekomme* | *Sie hat viele Jahre geraucht, wo'von sie dann auch Lungenkrebs bekam*

wo·vo̲r, **wo̲·vor** ■ FRAGEWORT **1** vor welche(r) Sache | *Wovor läufst du denn davon?* **H** auch in indirekten Fragen: *Ich weiß nicht, wovor er solche Angst hat* ■ BINDEWORT **2** vor die genannte oder vor der genannten Sache | *die Tür, wo'vor er einen Riegel schob* | *Jetzt ist geschehen, wo'vor ich immer gewarnt habe*

★ **wo·zu̲**, **wo̲·zu** ■ FRAGEWORT **1** zu welcher Sache, zu welchem Zweck | *Wozu braucht man das?* **H** auch in indirekten Fragen: *Ich weiß nicht, wozu ich mir überhaupt die Mühe mache* ■ BINDEWORT **2** zu der genannten Sache | *Es gab Entenbraten, wo'zu Rotwein getrunken wurde* | *Sie könnten verkaufen, wo'zu ich Ihnen aber nicht raten würde*

Wrack [vrak] *das;* (-s, -s) **1** ein stark beschädigtes Schiff, Flugzeug oder Auto, das nicht mehr verwendet werden kann **K** Flugzeugwrack, Schiffswrack **2** **ein (menschliches) Wrack** eine Person, die wegen einer Krankheit oder einer Sucht keine Kraft mehr hat

wrang [vraŋ] *Präteritum, 1. und 3. Person Singular* → wringen

wrin·gen ['vrɪŋən] VERB (wrang, hat gewrungen) **etwas wringen** nasse Wäsche, einen nassen Lappen o. Ä. mit beiden Händen so drehen, dass das Wasser herausgepresst wird

Wu̲·cher *der;* (-s) wenn jemand viel zu viel Geld für etwas verlangt (das andere Personen dringend brauchen), ist das Wucher | *Wenn es nicht genug Wohnungen gibt, wird mit der Miete oft Wucher getrieben* **K** Wucherpreis, Wucherzinsen; Mietwucher, Preiswucher, Zinswucher

Wu̲·che·rer *der;* (-s, -) eine Person, die Wucherpreise oder -zinsen verlangt • hierzu **Wu̲·che·rin** *die*

wu̲·chern VERB (wucherte, hat/ist gewuchert) **1** **etwas wuchert** *(hat/ist)* etwas wächst sehr stark und unkontrolliert (und verdrängt oder gefährdet so andere Dinge) ⟨Unkraut, ein Geschwür, ein Tumor⟩ **2** **(mit etwas) wuchern** *(hat)* Wucher treiben

Wu̲·che·rung *die;* (-, -en) **1** *nur Singular* das schnelle und unkontrollierte Wachsen von (meist krankem) menschlichem, tierischem oder pflanzlichem Gewebe **2** eine Schwellung, die durch eine Wucherung entstanden ist ⟨eine gutartige, harmlose, bösartige Wucherung⟩ ≈ *Geschwulst, Tumor*

wuchs [vu:ks] *Präteritum, 1. und 3. Person Singular* → wachsen[1]

Wuchs [vu:ks] *der;* (-es) **1** das Wachsen und Größerwerden **2** ⟨von schlankem, zartem, kräftigem Wuchs sein⟩ ≈ *Gestalt, Erscheinung*

-wüch·sig [-vy:ksıç, -ık] *im Adjektiv, unbetont, nicht produktiv* **großwüchsig, kleinwüchsig, schlankwüchsig, schnellwüchsig, zwergwüchsig** *und andere* drückt aus, dass eine Person oder Sache in der genannten Art gewachsen ist oder wachsen wird

Wụcht *die;* (-) die Kraft bei einem starken Schlag, Wurf, Stoß usw. ⟨mit voller Wucht⟩ ■ **ID etwas ist eine Wucht** *gesprochen* etwas ist großartig, toll

wụch·ten VERB (wuchtete, hat gewuchtet) **1** **etwas irgendwohin wuchten** einen schweren Gegenstand mit großer Anstrengung (irgendwohin) heben | *Er wuchtete den Koffer auf den Gepäckträger* **2** **den Ball irgendwohin wuchten** den Ball schnell und mit großer Kraft irgendwohin schlagen oder schießen | *den Ball ins Tor wuchten* **3** **einen Reifen wuchten** die Felgen eines Reifens durch kleine Gewichte verändern, sodass der Reifen sich gleichmäßig dreht

wụch·tig ADJEKTIV **1** ⟨ein Schlag, Hieb, Stoß, Wurf⟩ so, dass dabei viel Kraft eingesetzt wurde **2** groß und massig ⟨ein Schrank⟩

Wü̲hl·ar·beit *die; abwertend* Tätigkeiten, mit denen versucht wird, einer anderen Person (meist politisch) zu schaden

wü̲h·len VERB (wühlte, hat gewühlt) **1** **jemand wühlt (mit etwas) in etwas** *(Dativ)* jemand oder ein Tier gräbt (mit den Händen bzw. mit der Schnauze oder den Pfoten) im Erdboden ⟨im Schlamm, im Sand wühlen⟩ **2** **irgendwo (nach etwas) wühlen** in einer Menge von Gegenständen etwas suchen und dabei Unordnung machen **3** **ein Loch in die Erde wühlen** durch Wühlen ein Loch in die Erde machen **4** **ein Tier/etwas wühlt sich irgendwohin** ein Tier/etwas gräbt sich durch Wühlen in oder durch etwas | *Der Bagger wühlte sich in die Erde* | *Das Schwein wühlte sich durch den schlammigen Boden* **5** **sich durch etwas wühlen** etwas mit großer Anstrengung leisten ⟨sich durch viel Arbeit wühlen⟩

Wü̲hl·maus *die* ein Nagetier, das einer Maus ähnlich sieht und unter der Erde Gänge gräbt

Wü̲hl·tisch *der* ein Tisch im Kaufhaus, auf dem sehr billige Waren, oft Textilien, angeboten werden

Wụlst *der;* (-(e)s, Wüls·te/Wuls·te), **Wụlst** *die;* (-, Wüls·te/Wuls·te) eine Stelle, die länglich und dick ist und sich wie eine Falte z. B. auf Leder, Stoff oder auf der Haut bildet

wụls·tig ADJEKTIV ⟨Lippen, ein Nacken⟩ so, dass sie einen Wulst bilden oder als längliche, dicke Schwellung hervortreten

wụnd ADJEKTIV (wunder, wundest-) **1** so, dass Stellen am Körper durch Reibung an der Hautoberfläche verletzt oder entzündet sind ⟨Füße, Knie⟩ | *Ich habe mich am neuen Sat-*

W

tel wund gerieben **2** **jemand liegt sich wund** jemand bekommt durch langes Liegen im Bett wunde Stellen an der Haut ■ **ID sich** (*Dativ*) **die Füße wund laufen** *gesprochen* [a] sehr viel herumgehen müssen, meist um etwas zu besorgen [b] durch viel Laufen wunde Füße bekommen; **sich** (*Dativ*) **die Finger wund schreiben** *gesprochen* sehr viel schreiben

Wụnd·brand *der* eine Wunde, die sich so schlimm entzündet, dass ein Teil des Körpers abstirbt und schwarz wird

★ **Wụn·de** *die*; (-, -n) **1** eine Verletzung der Haut (und des Gewebes, das darunterliegt) ⟨eine offene, klaffende, tiefe, frische Wunde; die Wunde blutet, eitert, nässt, schmerzt, brennt, heilt, vernarbt; eine Wunde behandeln, versorgen, desinfizieren, verbinden, nähen; eine Wunde am Kopf, am Finger⟩ [K] Wundbehandlung, Wundpuder, Wundversorgung; Brandwunde, Quetschwunde, Schnittwunde, Schürfwunde, Kopfwunde **2** **eine alte Wunde** ein unangenehmes Erlebnis, das man lange Zeit nicht vergessen kann ⟨an alte Wunden rühren, eine alte Wunde aufreißen⟩

★ **Wụn·der** *das*; (-s, -) **1** ein Ereignis, bei dem göttliche oder übernatürliche Kräfte beteiligt sind ⟨die Wunder Jesu; an Wunder glauben⟩ [K] Wunderglaube, Wunderheiler, Wunderheilung, Wunderzeichen **2** ein Ereignis, das zu einem glücklichen Ende führt (das man eigentlich nicht erwarten konnte) | *Es war ein Wunder, dass sie den Flugzeugabsturz überlebte* **3** ein außergewöhnliches Werk, Produkt o. Ä. ⟨ein Wunder der Technik, der Natur; ein Wunder an Genauigkeit⟩ [K] Wunderwerk ■ **ID Es ist kein Wunder, dass ...** Es überrascht nicht, dass ...; **Kein Wunder!** Das ist keine Überraschung; **etwas wirkt (wahre) Wunder** etwas hat eine sehr gute Wirkung ⟨eine Medizin, ein Rat⟩; **Du wirst noch dein blaues Wunder erleben!** *gesprochen* Du wirst sicher etwas Unangenehmes erleben!

wụn·der- *im Adjektiv, unbetont, nicht produktiv* **wunderhübsch, wunderschön** in hohem Maße

Wụn·der- *im Substantiv, betont, begrenzt produktiv* **die Wunderdroge, das Wundermittel, die Wunderwaffe** *und andere* drückt aus, dass das Genannte eine sehr starke Wirkung hat

★ **wụn·der·bar** ADJEKTIV **1** wie bei einem Wunder, übernatürlich erscheinend | *Auf wunderbare Weise wurde er wieder gesund* **2** herrlich, großartig ⟨das Wetter, ein Konzert⟩ **3** auf sehr angenehme Weise | *ein wunderbar erfrischendes Getränk*

Wụn·der·ker·ze *die* ein Draht, der mit einer besonderen Masse umgeben ist, die brennt und kalte Funken gibt

Wụn·der·kind *das* ein Kind, das sehr früh außergewöhnliche Fähigkeiten zeigt | *Mozart war ein Wunderkind*

wụn·der·lich ADJEKTIV sonderbar, seltsam ⟨eine Idee; ein Mensch⟩

★ **wụn·dern** VERB (wunderte, hat gewundert) **1** **etwas wundert jemanden** etwas erstaunt, überrascht jemanden sehr | *Sein schlechtes Benehmen wunderte seine Eltern sehr* **2** **sich (über jemanden/etwas) wundern** über jemanden/etwas sehr erstaunt, überrascht sein | *Ich wundere mich über seine Kochkünste* | *Er wunderte sich (darüber), dass alles so gut klappte* **3** **sich wundern** *süddeutsch* ⓒⓗ sich erstaunt, überrascht fragen ⟨sich wundern, warum/wie etwas geschah⟩ **4** **es wundert jemanden (, dass ...); jemanden wundert, dass ...** es erstaunt oder überrascht jemanden sehr | *Es wunderte ihn, dass kein Brief gekommen war* ■ **ID Er/Sie wird sich noch wundern** Er/Sie wird noch etwas Unangenehmes erleben; **Ich muss mich doch sehr (über dich) wundern** Das hätte ich nicht (von dir) gedacht

Wụn·der·tü·te *die* eine Tüte, von der man beim Kaufen nicht weiß, welche kleine Überraschung darin ist

wụn·der·voll ADJEKTIV ≈ *wunderbar*

Wụnd·fie·ber *das* ein Fieber, das nach der Infektion einer Wunde auftritt

wụnd·lau·fen VERB ≈ *wund laufen*

wụnd·lie·gen VERB ≈ *wund liegen*

wụnd·rei·ben VERB ≈ *wund reiben*

wụnd·schrei·ben VERB ≈ *wund schreiben*

Wụnd|starr·krampf *der; nur Singular* eine Krankheit, bei der nach der Infektion einer Wunde Muskelkrämpfe, Fieber und Atemnot auftreten [i] medizinischer Fachausdruck: *Tetanus*

★ **Wụnsch** *der*; (-(e)s, Wün·sche) **1** **der Wunsch (nach etwas)** eine Sache, die jemand gerne haben möchte (oder die Vorstellung davon) ⟨ein geheimer, unerfüllbarer, dringender Wunsch; einen Wunsch haben, äußern; jemandem einen Wunsch erfüllen, abschlagen; sich nach jemandes Wünschen richten⟩ | *der Wunsch nach Frieden* | *Mein einziger Wunsch ist ein schöner Urlaub* | *Hast du einen Wunsch für Weihnachten?* (Was möchtest du als Geschenk?) **2** *meist Plural* vor allem in festen Wendungen verwendet, mit denen man gratuliert o. Ä. | *Die besten Wünsche zum Geburtstag/zur Hochzeit!* | *Alle guten Wünsche für die Zukunft!* [K] Glückwunsch, Segenswunsch **3** **etwas verläuft nach Wunsch** etwas geschieht so, wie man es wollte **4** **auf Wunsch** wenn man es so will | *Auf Wunsch liefern wir frei Haus* **5** **ein frommer Wunsch** eine Hoffnung oder eine gute Idee, die nicht Wirklichkeit werden kann ■ **ID Hier war der Wunsch der Vater des Gedankens** Diese Idee oder Hoffnung ist unrealistisch

Wụnsch·bild *das* eine Vorstellung von Personen oder Dingen, welche durch die eigenen Wünsche bestimmt ist

Wụnsch·den·ken *das* eine Denkweise, die von Träumen und Idealvorstellungen geprägt ist | *Das ist reines Wunschdenken!*

Wün·schel·ru·te *die* ein Zweig, ungefähr in der Form eines Y, mit dem manche Menschen feststellen können, wo viel Wasser unter der Erde ist [K] Wünschelrutengänger

★ **wün·schen** VERB (wünschte, hat gewünscht) **1** **sich** (*Dativ*) **etwas (von jemandem) (zu etwas) wünschen** den Wunsch haben (und meist auch aussprechen), dass man etwas bekommen könnte | *Sie wünschte sich von den Eltern eine Torte zum Geburtstag* | *Was wünscht du dir denn zu Weihnachten?* **2** **jemandem etwas wünschen** hoffen, dass jemand eine positive Sache erlebt (und ihm dies sagen) | *Ich wünsche ihr, dass sie es schafft* | *Er wünschte mir viel Glück* [i] oft in festen Wendungen verwendet: *jemandem guten Appetit, gute Fahrt, einen guten Tag, viel Erfolg, alles Gute zum Geburtstag wünschen* **3** **etwas wünschen** *geschrieben* deutlich sagen, dass man etwas haben will oder dass man eine Leistung erwartet ≈ *verlangen* | *Sie wünscht, nicht gestört zu werden* | *Ich wünsche, dass dies sofort geändert wird!* ■ **ID Was wünschen Sie?** (*als Frage des Verkäufers*) Was möchten Sie kaufen?; → übrig

wün·schens·wert ADJEKTIV so, dass man sich darüber freuen würde, wenn es einträte, realisiert würde o. Ä.

wụnsch·ge·mäß ADJEKTIV so, wie man es sich gewünscht oder erhofft hat

Wụnsch·kind *das* ein Kind, das die Eltern gezeugt haben, weil sie es wollten

Wụnsch·kon·zert *das* eine Sendung im Rundfunk oder im Fernsehen, bei der sich die Hörer die Musik aussuchen können

wụnsch·los ADJEKTIV **wunschlos glücklich sein** zufrieden sein mit dem, was man hat

Wụnsch·traum *der* eine positive Vorstellung, von welcher man sehr hofft, dass sie Wirklichkeit wird (was aber meist nicht realisierbar ist)

Wụnsch·vor·stel·lung *die* ≈ *Wunschtraum*

Wụnsch·zet·tel *der* ein Blatt Papier, auf das ein Kind schreibt, was es sich zu Weihnachten wünscht ■ **ID etwas steht auf jemandes Wunschzettel** jemand möchte etwas haben

wụr·de *Präteritum, 1. und 3. Person Singular* → werden[1]

wụ̈r·de *Konjunktiv, 1. und 3. Person Singular* → werden[1]

★ **Wụ̈r·de** *die*; (-, -n) **1** *nur Singular* der (innere) Wert, den man als Mensch hat und den andere Menschen respektieren sollen ⟨jemandes Würde achten, verletzen, antasten⟩ | *Die Würde des Menschen gilt als unantastbar* **K** Menschenwürde **2** *nur Singular* ein starker, positiver Eindruck, durch den man Respekt für eine Person empfindet **3** *nur Singular* der Respekt, den man vor manchen Institutionen hat (und die damit verbundenen Pflichten) ⟨die Würde des Gerichts⟩ **4** ein Amt oder Titel mit hohem Ansehen ⟨die Würde eines Bischofs; akademische, geistliche Würden⟩ ■ **ID etwas ist unter jemandes Würde** eine Person tut etwas nicht, weil sie sonst die Selbstachtung verlieren würde

wụ̈r·de·los ADJEKTIV ⟨ein Verhalten⟩ so, dass es nicht der menschlichen Würde entspricht | *etwas als würdelos empfinden*

Wụ̈r·den·trä·ger *der* eine Person, die ein hohes, ehrenvolles Amt hat | *geistliche und weltliche Würdenträger* • hierzu **Wụ̈r·den·trä·ge·rin** *die*

wụ̈r·de·voll ADJEKTIV mit Würde, sich des eigenen Wertes oder Ansehens bewusst

wụ̈r·dig ADJEKTIV **1** so ernst und feierlich, wie es dem Anlass entspricht ⟨eine Ansprache, ein Verhalten⟩ **2** mit der Autorität einer Person, die respektiert wird **3** ⟨ein Gegner, Nachfolger⟩ so, dass sie die gleiche Kraft oder Qualität wie die Vergleichsperson haben **4** **jemandes/etwas würdig sein** etwas zu Recht bekommen, etwas verdienen ⟨jemandes Vertrauen, Freundschaft würdig sein; einer Ehre, eines Amtes würdig sein⟩

-wụ̈r·dig *im Adjektiv, unbetont, begrenzt produktiv* **1** **auszeichnungswürdig, erhaltungswürdig, förderungswürdig, verehrungswürdig** *und andere* drückt aus, dass eine Person oder Sache es verdienen würde, wenn das Genannte geschähe **2** **kritikwürdig, verabscheuungswürdig** *und andere* drückt aus, dass das Genannte berechtigt ist

wụ̈r·di·gen VERB (würdigte, hat gewürdigt) **1** **jemanden/etwas würdigen** jemanden/etwas anerkennen und in angemessener Weise loben ⟨jemandes Leistungen, Verdienste würdigen; einen Künstler, einen Wissenschaftler würdigen⟩ **2** **jemanden keines Blickes/keiner Antwort würdigen** (auf oft arrogante Weise) jemanden nicht ansehen/jemandem nicht antworten • zu (1) **Wụ̈r·di·gung** *die*

★ **Wụrf** *der*; (-(e)s, Wür·fe) **1** die Tätigkeit (der Vorgang oder das Ergebnis) des Werfens ⟨zu einem Wurf ausholen, ansetzen; ein weiter Wurf⟩ | *Ihr gelang ein Wurf von über 80 m* **K** Wurfbahn, Wurfscheibe; Ballwurf, Diskuswurf, Hammerwurf, Speerwurf, Steinwurf **2** die Tätigkeit (und das Ergebnis) des Würfelns **3** **jemandem gelingt ein großer Wurf** jemandes (künstlerisches oder wissenschaftliches) Werk ist ein großer Erfolg **4** die jungen Tiere, die das Muttertier auf einmal zur Welt gebracht hat ⟨ein Wurf Katzen, Hunde, Ferkel⟩

Wụ̈r·fel *der*; (-s, -) **1** ein Würfel hat sechs quadratische und gleich große Seiten, die in rechten Winkeln zueinander stehen (und ist dreidimensional) **K** Würfelkante, würfelförmig **2** ein kleiner Würfel (aus Holz oder hartem Kunststoff), der zum Spielen verwendet wird und auf dessen Seitenfläche Punkte (eins bis sechs) sind ⟨den Würfel werfen; der Würfel zeigt eine Sechs⟩ **3** etwas (z. B. ein Stück Fleisch, Gemüse, Obst o. Ä.) von der (ungefähren) Form eines Würfels ⟨Fleisch, Zwiebeln in Würfel schneiden⟩ **K** Würfelzucker ■ **ID Die Würfel sind gefallen** Die Sache ist endgültig entschieden

wụ̈r·fe·lig ADJEKTIV in der Form eines Würfels

wụ̈r·feln VERB (würfelte, hat gewürfelt) **1** **(um etwas) würfeln** ein Spiel mit Würfeln (um Geld o. Ä.) machen **K** Würfelbecher, Würfelglück, Würfelspiel **2** **etwas würfeln** beim Würfeln das genannte Ergebnis erzielen ⟨eine Fünf würfeln⟩ **3** **etwas würfeln** etwas in Würfel schneiden ⟨Zwiebeln, Fleisch würfeln; etwas grob, fein würfeln⟩

Wụ̈r·ge·mal *das*; (-(e)s, -e) Flecke an der Haut, die zurückbleiben, wenn jemand gewürgt wurde

wụ̈r·gen VERB (würgte, hat gewürgt) **1** **jemanden würgen** versuchen, eine Person zu töten oder ihr Schmerzen zu bereiten, indem man ihr die Kehle zusammendrückt ⟨jemanden am Hals würgen; jemanden bis zur Bewusstlosigkeit würgen; jemanden zu Tode würgen⟩ **K** Würgegriff **2** **etwas würgt jemanden** etwas ist an der Kehle, am Hals sehr eng ⟨der Kragen, das Halsband⟩ **3** **etwas würgt jemanden** jemand kann etwas nur sehr schwer schlucken ⟨ein zu großer Bissen⟩ **4** **(an etwas** (*Dativ*)**) würgen** etwas nur schwer hinunterschlucken können, weil es zäh ist, schlecht schmeckt oder zum Erbrechen führen könnte • zu (1) **Wụ̈r·ger** *der*

★ **Wụrm** *der*; (-(e)s, Wür·mer) **1** Würmer sehen wie kleine Schlangen aus und leben in der Erde oder in Äpfeln, Himbeeren, im Darm von Tieren usw. ⟨ein Wurm windet sich, krümmt sich; etwas ist von Würmern befallen; ein Tier hat Würmer⟩ **K** Wurmbefall, Wurmerkrankung; Holzwurm, Mehlwurm, Regenwurm **2** *gesprochen* eine Person, die man verachtet oder mit der man Mitleid hat ⟨ein armseliger, elender Wurm⟩ **3** *gesprochen (auch: das Wurm)* ein kleines Kind | *So ein niedlicher/niedliches Wurm!* ■ **ID Da ist der Wurm drin** *gesprochen* Da ist etwas nicht in Ordnung, da stimmt etwas nicht; **Dem muss man die Würmer aus der Nase ziehen** *gesprochen* Den muss man lange fragen, bis man eine Antwort bekommt

wụr·men VERB (wurmte, hat gewurmt); *gesprochen* **1** **etwas wurmt jemanden** etwas ärgert jemanden | *Die schlechte Note hat ihn sehr gewurmt* **1** kein Passiv **2** **es wurmt jemanden, dass ...** es ärgert jemanden, dass ...

Wụrm·fort·satz *der* ein länglicher Stück Gewebe am Blinddarm ≈ *Appendix*

wụr·mig ADJEKTIV mit einem oder mehreren Würmern darin ⟨ein Apfel, eine Himbeere⟩

wụrm·sti·chig ADJEKTIV mit Würmern darin ⟨Holz⟩ ≈ *wurmig*

★ **Wụrst** *die*; (-, Würs·te) **1** eine Masse aus gehacktem Fleisch, Innereien und Gewürzen, die in eine dünne Hülle oder Haut aus Darm oder Kunststoff gefüllt und gekocht oder geräuchert gegessen wird ⟨eine Scheibe Wurst; ein Brot mit Wurst belegen⟩ **K** Wurstaufschnitt, Wurstbrot, Wursthaut, Wurstplatte, Wurstsalat, Schnittwurst, Streichwurst **2** verwendet als Bezeichnung für etwas in der Form einer länglichen Rolle ■ **ID eine Person/Sache ist jemandem Wurst/Wurscht** *gesprochen* eine Person oder Sache ist jemandem gleichgültig; **Jetzt gehts um die Wurst!** Jetzt wird sich die Sache entscheiden

★ **Wụ̈rst·chen** *das*; (-s, -) **1** eine kleine Wurst, die meist paarweise verkauft und warm (mit Senf) gegessen wird | *Wiener Würstchen* **K** Würstchenbude, Würstchenstand **2** *gesprochen* ein bemitleidenswerter, armer, unbedeutender Mensch ⟨ein armes, kleines Würstchen⟩

wụrs·teln [-st-, -ʃt-] VERB (wurstelte, hat gewurstelt); *gesprochen, abwertend* ohne Plan und System (und daher meist ohne Erfolg) arbeiten

Wụ̈r·ze *die*; (-, -n) **1** ein Pulver oder eine Flüssigkeit, mit de-

W

nen man den Geschmack von Speisen und Getränken verändert oder verbessert **2** das Aroma, der Geruch von Speisen, Getränken ⟨die Würze des Weines, von Kräutern⟩ **3** *gesprochen ≈ Pfiff, Spritzigkeit* | *einer Geschichte die notwendige Würze geben*

★ **Wur·zel** *die;* (-, -n) **1** Pflanzen haben Wurzeln, mit denen sie im Boden festgewachsen sind und Wasser und Nahrung aus der Erde bekommen ⟨eine Pflanze schlägt, treibt Wurzeln⟩ **K** Wurzelspross, Wurzelstock; Baumwurzel, Graswurzel **2** Zähne und Haare haben Wurzeln, mit denen sie im Körper festgewachsen sind | *Der Zahnarzt bohrte bis an die Wurzel* **K** Haarwurzel, Zahnwurzel **3** die mathematische Größe, die als √ geschrieben wird ⟨die Wurzel ziehen⟩ | *Die Wurzel aus 9 ist 3* ($\sqrt{9} = 3$) **K** Wurzelrechnung; Quadratwurzel ■ **ID** **jemand schlägt irgendwo Wurzeln** jemand lässt sich irgendwo dauerhaft nieder; **die Wurzel allen Übels** die Ursache, der Ursprung meist einer Reihe von Problemen; **das Übel an der Wurzel packen** den Ursprung eines Problems o. Ä. zu beseitigen versuchen

Wur·zel·be·hand·lung *die* eine medizinische Maßnahme an einer erkrankten Zahnwurzel

wur·zel·los ADJEKTIV **1** ohne Wurzel ⟨ein Zahn⟩ **2** *geschrieben* ohne Heimat ⟨ein Mensch⟩

wur·zeln VERB (wurzelte, hat gewurzelt) **1** **eine Pflanze wurzelt irgendwie/irgendwo** eine Pflanze ist durch die Wurzeln mit dem Boden, der Erde fest verbunden ⟨eine Pflanze wurzelt tief, flach; eine Pflanze wurzelt im Boden⟩ **2** **etwas wurzelt tief in jemandem** ein Gefühl, eine Einstellung o. Ä. ist in jemandem sehr stark vorhanden ⟨das Misstrauen, Vorurteile⟩ **3** **etwas wurzelt in etwas** (*Dativ*) etwas hat in etwas den Ursprung, die Wurzel

Wur·zel·werk *das; nur Singular* alle Wurzeln einer Pflanze

Wur·zel·zei·chen *das* das Zeichen √, das angibt, dass von der folgenden Zahl die Wurzel gezogen werden muss | $\sqrt{4} = 2$

★ **wür·zen** VERB (würzte, hat gewürzt) **1** **(etwas) (mit etwas) würzen** den Geschmack einer Speise oder eines Getränks durch Gewürze verbessern ⟨etwas scharf, stark, pikant würzen⟩ | *eine Soße mit Kräutern würzen* **2** **etwas (mit etwas) würzen** in einem Text Worte verwenden, die eine besondere Wirkung haben ⟨mit Humor gewürzt⟩

wür·zig ADJEKTIV **1** mit kräftigem Geschmack oder Geruch **2** mit Gewürzen verbessert | *Die Suppe schmeckt sehr würzig* **3** leicht obszön, etwas unanständig ⟨Witze, ein Lied, eine Erzählung⟩

wusch *Präteritum, 1. und 3. Person Singular* → waschen

wu·sche·lig ADJEKTIV dicht und lockig ⟨Haar⟩

wu·schig ADJEKTIV; *gesprochen* **1** nervös und verwirrt | *Du machst mich ganz wuschig mit diesem Hin und Her* **2** sexuell erregt **3** ⟨Fell, Haare⟩ *≈ wuschelig*

wuss·te *Präteritum, 1. und 3. Person Singular* → wissen

wüss·te *Konjunktiv II, 1. und 3. Person Singular* → wissen

wüst ADJEKTIV **1** ⟨eine Gegend, ein Land⟩ so, dass Menschen dort nicht wohnen oder siedeln (können) **2** sehr unordentlich ⟨ein Durcheinander; Dinge liegen wüst durcheinander⟩ **3** aggressiv und schlimm ⟨eine Drohung, ein Lärm, eine Schlägerei; Treiben⟩

Wust *der;* (-(e)s); *abwertend* eine wirre, ungeordnete Menge einer Sache ⟨ein Wust an Papier, von Notizen, Gedanken, Zahlen; in einem Wust von etwas ersticken⟩

★ **Wüs·te** *die;* (-, -n) in der Wüste wachsen kaum Pflanzen, meist weil es nur Sand und Steine gibt | *die Wüste Sahara* **K** Wüstenklima, Wüstenlandschaft, Wüstenwind; Eiswüste, Salzwüste, Sandwüste ■ **ID** **jemanden in die Wüste schicken** jemanden (vor allem einen hohen Politiker oder Funktionär) entlassen

Wüst·ling *der;* (-s, -e) ein sehr grober, rücksichtsloser Mensch (vor allem in sexueller Beziehung)

★ **Wut** *die;* (-) **Wut (auf jemanden/etwas); Wut (über etwas** (*Akkusativ*)**)** das heftige Gefühl, z. B. wenn andere gemein oder ungerecht zu uns sind ⟨voll(er) Wut; in Wut kommen, geraten⟩ **K** Wutausbruch **H** *Wut* und *Zorn* sind stärkere Gefühle als *Ärger*. *Wut* wird eher in der gesprochenen Sprache und *Zorn* eher in der geschriebenen Sprache verwendet. ■ **ID** **eine Wut (im Bauch) haben** *gesprochen* wütend sein

-wut *die; im Substantiv, unbetont, begrenzt produktiv* **Arbeitswut, Kaufwut, Kontrollwut, Sammelwut, Zerstörungswut** *und andere* ein starkes Verlangen nach oder eine zu intensive Beschäftigung mit der genannten Tätigkeit | *Viele Grünflächen sind der Bauwut der Stadtväter zum Opfer gefallen*

Wut·an·fall *der* plötzlich auftretende Wut ⟨einen Wutanfall bekommen, haben⟩ *≈ Wutausbruch*

Wut·bür·ger *der* ein bisher nicht politisch engagierter, oft älterer Bürger, der öffentlich gegen politische Entscheidungen demonstriert, die ihn verärgern

wü·ten VERB (wütete, hat gewütet) **1** **jemand wütet** jemand wendet (vor Wut) Gewalt an und zerstört dabei Dinge **2** **etwas wütet** etwas wirkt heftig und zerstört deshalb Dinge ⟨ein Feuer, ein Sturm, ein Unwetter, eine Krankheit⟩ | *Sie versuchte, die in ihrem Bauch wütenden Schmerzen zu ignorieren*

★ **wü·tend** ADJEKTIV **1** **wütend (auf jemanden/etwas)** voller Wut gegenüber jemandem/etwas | *Ist sie immer noch wütend auf mich?* **2** **wütend über etwas** (*Akkusativ*) voller Wut wegen eines Vorfalls | *Sie war schrecklich wütend darüber, dass ich sie belogen habe*

wut·ent·brannt ADJEKTIV sehr zornig, äußerst wütend ⟨sich wutentbrannt auf jemanden stürzen; wutentbrannt auf jemanden losgehen⟩

Wü·te·rich *der;* (-s, -e); *abwertend* eine Person, die vor Wut schreit, Gewalt anwendet oder Dinge zerstört

-wü·tig *im Adjektiv, unbetont, begrenzt produktiv* **arbeitswütig, kaufwütig, schießwütig, schreibwütig, tanzwütig** *und andere* von allzu großer Lust oder Leidenschaft erfüllt, das Genannte zu tun

wut·schnau·bend ADJEKTIV *≈ wutentbrannt*

Wutz *die;* (-, -en); *regional, gesprochen* **1** *≈ Schwein* **2** *abwertend oder humorvoll* eine Person, die schmutzig ist oder sexuell anzügliche Scherze macht

WWW Abkürzung für *World Wide Web ≈ Internet*

X

X, x [ɪks] *das;* (-, -) **1** der vierundzwanzigste Buchstabe des Alphabets ⟨ein großes X; ein kleines x⟩ **2** *großgeschrieben* verwendet anstelle eines Namens, wenn der Name beliebig ist oder nicht genannt werden soll | *Nehmen wir einmal den Fall, dass im Land X ein Bürgerkrieg ausbricht …* | *Frau X, die hier nicht genannt werden möchte, sagte dazu: …* **3** *gesprochen kleingeschrieben* ≈ *viele* | *Ich warte schon seit x Stunden auf dich!* **4** *kleingeschrieben* in der Mathematik verwendet als Zeichen für eine unbekannte oder veränderliche Größe/Zahl | *eine Gleichung mit den zwei Unbekannten x und y* **5** **der Tag/die Stunde X** verwendet, wenn man den genauen Zeitpunkt eines Ereignisses noch nicht kennt oder nicht nennen will ◼ ID **jemandem ein X für ein U vormachen (wollen)** jemanden auf nicht sehr geschickte Weise täuschen (wollen) ● zu (1) **x-för·mig, X-för·mig** [ˈɪks-] ADJEKTIV

x-Ach·se [ˈɪks-] *die* die waagrechte Achse in einem Koordinatensystem ≈ *Abszissenachse*

Xan·thip·pe [ksanˈtɪpə] *die;* (-, -n); *abwertend* eine streitsüchtige Frau

X-Bei·ne [ˈɪks-] *die; Plural* Beine, deren Unterschenkel nach außen zeigen, wenn sich die Knie berühren ● hierzu **x-bei·nig, X-bei·nig** [ˈɪks-] ADJEKTIV

x-be·lie·big [ˈɪks-] ADJEKTIV *meist attributiv; gesprochen* egal, wer oder welche(r, -s) ≈ *irgendein* | *eine x-beliebige Zahl nennen* | *Das kann man an jedem x-beliebigen Tag beobachten* | *Da kannst du jeden x-Beliebigen fragen*

X-Chro·mo·som [ˈɪks-] *das* eines der beiden Chromosomen, die das Geschlecht bestimmen ↔ *Y-Chromosom*

Xe·no·pho·bie *die;* (-); *geschrieben* ≈ *Fremdenhass* ● hierzu **xe·no·phob** ADJEKTIV

x-fach [ˈɪks-] ADJEKTIV *meist adverbiell; gesprochen* viele Male | *x-fach erprobt/überprüft*

x-fa·che [ˈɪks-] *das;* (-n); *gesprochen* eine um viele Male größere Anzahl, Menge | *Heute zahlt man dafür das x-fache von damals* **!** *ein x-faches; das x-fache; den, dem, des x-fachen*

x-mal [ˈɪks-] ADVERB; *gesprochen* viele Male ≈ *tausendmal* | *Den Film habe ich schon x-mal gesehen* | *Ich habe dir schon x-mal gesagt, dass du damit aufhören sollst!*

x-t- [ˈɪkst-] ADJEKTIV; *gesprochen* verwendet, um eine große, unbestimmte Ordnungszahl zu bezeichnen | *Das ist schon das x-te Buch zu diesem Thema* | *Das höre ich jetzt zum x-ten Mal*

XXL [ɪks|ɪksˈ|ɛl] **1** eine internationale Größe für Kleidung, die viel größer als normal ist **2** vor allem in der Werbung verwendet, um zu sagen, dass etwas sehr groß ist | *ein Schnitzel (in) XXL*

Xy·lo·fon, Xy·lo·phon [-f-] *das;* (-s, -e) ein Musikinstrument aus einer Reihe oder mehreren Reihen verschieden großer, flacher Holz- oder Metallstäbe, die mit zwei Stäben angeschlagen werden. Diese zwei Stäbe haben am Ende eine Kugel ⟨(auf dem) Xylofon spielen⟩

Y

Y, y [ˈʏpsilɔn] *das;* (-, -/*gesprochen auch* -s) der fünfundzwanzigste Buchstabe des Alphabets ⟨ein großes Y; ein kleines y⟩

y-Ach·se [ˈʏpsilɔn-] *die* die senkrechte Achse in einem Koordinatensystem ≈ *Ordinatenachse*

Ya̱cht [j-] *die* → Jacht

Yan·kee [ˈjɛŋki] *der;* (-s, -s); *oft abwertend* ein Bürger (des nördlichen Teils) der USA

Y-Chro·mo·som [ˈʏpsilɔn-] *das* eines der beiden Chromosomen, die das Geschlecht bestimmen ↔ *X-Chromosom*

Ye̱·ti [j-] *der;* (-s, -s) ein Wesen, von dem manche Leute glauben, dass es im Himalaja lebe und dass es wie ein großer Affe aussehe ≈ *Schneemensch*

Yo̱·ga [j-] *das/der;* (-(s)) **1** eine indische Philosophie, die lehrt, wie man durch Meditation und Übungen zufrieden leben kann ⟨ein Anhänger des Yoga⟩ **2** die Übungen des Yoga ⟨Yoga betreiben⟩ **K** Yogaübung

Y̱p·si·lon *das;* (-(s), -s) der Buchstabe *Y, y*

Yuc·ca [ˈjʊka] *die;* (-, -s) eine kleine Palme, die man oft als Topfpflanze in der Wohnung hat **K** Yuccapalme

Yup·pie [ˈjʊpi, ˈjapi] *der;* (-s, -s), *meist abwertend* ein junger Mensch, der Wert auf die berufliche Karriere und ein gutes Einkommen legt und der meist modernen Trends folgt (und viel Geld dafür ausgibt)

Z

Z, z [tsɛt] *das;* (-, -/ *gesprochen auch* -s) der letzte Buchstabe des Alphabets ⟨ein großes Z; ein kleines z⟩

zack! sehr schnell, mit Schwung | *Zack, die Tür ist zu!* | *Ich bin gleich fertig, das geht bei mir zack, zack* | *Zack, zack, beeil dich mal!*

Za̱ck *der; gesprochen* ◼ ID **auf Zack sein** etwas gut machen oder gut können | *in Mathe auf Zack sein;* **etwas auf Zack bringen** bewirken, dass etwas funktioniert; **jemanden auf Zack bringen** (meist durch Drohungen oder Befehle) bewirken, dass jemand die gewünschte Leistung bringt

Za̱·cke *die;* (-, -n) eine von mehreren Spitzen am Rand eines meist flachen Gegenstandes oder einer flachen Form ⟨die Zacken einer Krone, einer Säge, einer Gabel, eines Kammes⟩ | *ein Stern mit fünf Zacken* | *ein grünes Blatt mit vielen kleinen Zacken*

Za̱·cken *der;* (-s, -); *besonders süddeutsch* Ⓐ, *gesprochen* ≈ *Zacke* ◼ ID **Da bricht dir kein Zacken aus der Krone** *gesprochen* Es ist nicht zu viel von dir verlangt

za̱·ckig ADJEKTIV **1** mit (vielen) Zacken ⟨ein Felsen⟩ **2** *gesprochen* schnell und ruckartig ⟨Bewegungen⟩

zag·haft ADJEKTIV aus Angst (und Unsicherheit) langsam und sehr vorsichtig ⟨Schritte, ein Versuch; zaghaft klopfen, eintreten⟩ ● hierzu **Zag·haf·tig·keit** *die*

★ **zä̱h, zä̱·he** ADJEKTIV (*selten* zäher, *selten* zäh(e)st-) **1** ⟨Fleisch⟩ so, dass es auch nach langem Kochen nicht weich wird | *Das Fleisch ist zäh wie Leder* **2** ⟨Harz, Honig⟩ so, dass sie schwer und langsam fließen ≈*dickflüssig* K zähflüssig **3** so gesund und voller Kraft, dass Anstrengungen lange ertragen werden können ⟨ein Mensch, ein Bursche; eine zähe Natur haben⟩ **4** so, dass der Betroffene oder eine Sache auch über längere Zeit nicht an Kraft verliert ⟨Fleiß, Widerstand⟩ | *an etwas zäh festhalten* **5** langsam, mit großer Anstrengung | *nur zäh vorankommen* • zu (3,4) **Zä·hig·keit** *die*

★ **Zahl** *die*; (-, -en) **1** mit Zahlen kann man rechnen, Dinge zählen und Größen und Werte bestimmen ⟨eine einstellige, zweistellige, mehrstellige Zahl; eine hohe, große, niedrige, kleine Zahl⟩ | *die Zahl 1* | *die Zahlen von 1 bis 100* K Zahlenangabe, Zahlenfolge, Zahlenkolonne, Zahlenkombination, Zahlenlotterie, Zahlenreihe, Zahlensymbolik, Zahlensystem; Bruchzahl, Kubikzahl, Quadratzahl; Kardinalzahl, Ordinalzahl; Jahreszahl, Kennzahl, Lottozahlen, Maßzahl, Seitenzahl **2** ein schriftliches Zeichen für eine Zahl | *eine Zahl schreiben* **i** *Ziffern* sind einzelne Symbole, größere *Zahlen* bestehen aus mehreren Ziffern **3** **die Zahl** (+*Genitiv*); **die Zahl (von Personen/Dingen)** *nur Singular* die Größe einer Gruppe, die aus einzelnen Personen/Dingen besteht, die man zählen kann ≈*Anzahl* | *Die Besucher kamen in großer Zahl* | *Die Zahl der Mitglieder hat sich in den letzten zehn Jahren verdoppelt* K Abonnentenzahl, Besucherzahl, Einwohnerzahl, Geburtenzahl, Mitgliederzahl, Stückzahl **4** **die arabischen Zahlen** die Ziffern 1, 2, 3 usw. **5** **die römischen Zahlen** die Ziffern I, II, III, IV usw. **6** **eine positive/negative Zahl** eine Zahl, deren Wert größer/kleiner als null ist **7** **eine gerade Zahl** eine Zahl wie 2, 4, 6 usw. (die man durch 2 dividieren kann) **8** **eine ungerade Zahl** eine Zahl wie 1, 3, 5 usw. (die man nicht durch 2 dividieren kann) **9** **eine natürliche Zahl** eine positive Zahl, die kein Bruch ist

■ ID **in den roten Zahlen sein**, **rote Zahlen schreiben** finanzielle Verluste haben ⟨ein Betrieb, ein Geschäft⟩; **in den schwarzen Zahlen sein**, **schwarze Zahlen schreiben** keine finanziellen Verluste machen; **keine Zahlen nennen** *geschrieben* keine genauen Angaben über die Zahlen einer Sache machen

WORTSCHATZ

▶ Die Zahlen

Große Zahlen können mit Leerstellen in Dreiergruppen gegliedert werden: 4 380 000 (gesprochen: vier Millionen dreihundertachtzigtausend). **Geldbeträge** werden durch Punkte in Dreiergruppen gegliedert: 5.380.200 €

Dezimalbrüche werden mit Komma dargestellt: 1,5 (gesprochen: eins Komma fünf)

Zahlen wie 1765 werden als Zahl „eintausend siebenhundert fünfundsechzig" und als Jahreszahl „siebzehnhundert fünfundsechzig" gesprochen.

Zahl·ad·jek·tiv *das* ein Wort, das eine Zahl bezeichnet, z. B. eins, (der) erste ≈*Zahlwort*

zahl·bar ADJEKTIV *meist prädikativ* so, dass eine Rechnung o. Ä. zum genannten Termin gezahlt werden muss ≈*fällig* | *zahlbar binnen drei Wochen*

zähl·bar ADJEKTIV **1** ⟨eine Menge⟩ so, dass man sie in Zahlen ausdrücken kann **2** ⟨ein Substantiv⟩ so, dass es eine zählbare Menge ausdrückt | *„Obst" ist ein nicht zählbares Substantiv*

zäh·le·big ADJEKTIV **1** ⟨Gewohnheiten, Vorurteile, Ansichten⟩ so, dass sie lange bestehen **2** ⟨Tiere, Pflanzen⟩ so, dass sie auch unter schlechten Bedingungen lange leben können

★ **zah·len** VERB (zahlte, hat gezahlt) **1** **(jemandem) etwas) (für etwas) zahlen** (jemandem) Geld für eine Arbeit, eine Ware o. Ä. geben ⟨viel, wenig (für etwas) zahlen; in Euro, Schweizer Franken zahlen; bar, mit Karte zahlen; im Voraus, in Raten zahlen; die Miete, eine Rechnung, eine Strafe, Steuern, Zoll zahlen⟩ | *Wir müssen erst zahlen* | *Ich habe 200 Euro für das Ticket gezahlt* | *Er zahlt mir zehn Euro dafür, dass ich ihm helfe* **2** **(jemanden) zahlen** jemandem für eine Leistung Geld geben ⟨gut, schlecht zahlen⟩ | *Sie zahlt (ihre Angestellten) recht gut* ■ ID **Bitte zahlen!**, **Zahlen bitte!** verwendet, wenn man in einem Restaurant o. Ä. um die Rechnung bittet

★ **zäh·len** VERB (zählte, hat gezählt)

▸mit Zahlen: **1** **(jemanden/etwas) zählen** feststellen, wie viele Personen oder Dinge irgendwo vorhanden sind ⟨Geld zählen; falsch, richtig zählen⟩ | *ein Gerät, das die vorbeifahrenden Autos zählt* | *Bei der Inventur müssen alle Artikel gezählt werden* **2** die Zahlen (meist ab eins) in der richtigen Reihenfolge (kennen und) sagen | *rückwärts zählen* (z. B. von 10 bis 1) | *Ich zähle bis drei, dann lauft ihr los* | *Kannst du schon bis 10 zählen?*

▸Wert, Bedeutung: **3** **etwas zählt etwas** etwas hat in einem Spiel oder Wettkampf den angegebenen Wert | *Das Ass zählt elf Punkte/zählt mehr als die Dame* | *Ein Sieg zählt in der Liga drei Punkte, ein Unentschieden einen* **4** **etwas zählt (viel/wenig/nicht)** etwas wird in der genannten Weise als wichtig beachtet | *In seinem Job zählt nur Leistung* **5** **etwas zählt (nicht)** etwas ist (nicht) gültig | *Der Wurf zählt nicht! Der Würfel ist auf den Boden gefallen*

▸Alter, Größe: **6** **jemand zählt** +*Altersangabe geschrieben* jemand hat das genannte Alter | *Er zählt 80 Jahre* **7** **etwas zählt** +*Mengenangabe geschrieben* etwas hat die genannte Anzahl oder Menge von Personen/Dingen | *Der Verein zählt 2000 Mitglieder* **8** **Personen/Dinge zählen nach Hunderten/Tausenden/...** *geschrieben* eine Gruppe oder Menge ist so groß, dass man die Personen/Dinge nicht mehr einzeln zählt | *Die Erdbebenopfer zählen nach Tausenden*

▸Zugehörigkeit: **9** **jemand zählt zu etwas** jemand ist Teil einer Gruppe | *Er zählt zu den reichsten Männern der Welt* | *Sie zählt zur Elite im Land* **10** **jemanden/etwas zu etwas zählen** meinen, dass jemand/etwas zu der genannten Gruppe von Personen oder Dingen gehört | *Kritiker zählen sie zu den bedeutendsten zeitgenössischen Autorinnen*

▸Zuverlässigkeit: **11** **auf jemanden/etwas zählen (können)** sich auf jemanden/etwas verlassen (können) | *Sie können auf unsere Unterstützung zählen*

■ ID **die Stunden/Tage zählen** ungeduldig auf etwas warten | *Er zählt schon die Tage/Stunden bis Weihnachten*; → drei • zu (1 – 3) **Zäh·lung** *die*

Zah·len·dre·her *der*; (-s, -) zwei oder mehr Ziffern, die aber eine andere Reihenfolge haben als die Zahl, die eigentlich gemeint ist, z. B. *2108* statt *2018* oder *96* statt *69*

zah·len·mä·ßig ADJEKTIV *meist attributiv* in Bezug auf die Anzahl | *die zahlenmäßige Überlegenheit der feindlichen Truppen*

Zah·len·schloss *das* ein Schloss (z. B. für Fahrräder), das so konstruiert ist, dass man es nur durch die Einstellung vorher festgelegter Zahlen öffnen kann

Zäh·ler *der*; (-s, -) **1** ein Gerät, das (an)zeigt, wie groß die Menge oder Anzahl von etwas ist oder wie viel von etwas verbraucht wurde ⟨den Zähler ablesen⟩ K Zählerstand; Gaszähler, Kilometerzähler, Stromzähler, Wasserzähler **2** die Zahl über dem Strich in einem Bruch | *Der Zähler in $\frac{7}{8}$ ist 7* **3** *gesprochen* (im Sport) ein Punkt oder Treffer

zahl·los ADJEKTIV so viele, dass man sie kaum oder nicht mehr zählen kann | *Nach der Sendung gab es zahllose Beschwerden*

★ **zahl·reich** ADJEKTIV in einer großen Anzahl (vorkommend) | *Am Wochenende kam es zu zahlreichen Unfällen*

Zahl·tag *der* der Tag, an dem etwas (meist jemandes Lohn) regelmäßig gezahlt wird

★ **Zah·lung** *die*; (-, -en) **1** der Vorgang, wenn man für eine Ware, eine Leistung o. Ä. zahlt ⟨die Zahlung der Löhne, der Miete, der Zinsen; die Zahlung erfolgt monatlich, in Raten, bar, mit Karte; eine Zahlung leisten; die Zahlungen einstellen⟩ | *Er wurde zur Zahlung einer Geldstrafe verurteilt* K Zahlungsaufforderung, Zahlungsaufschub, Zahlungsbedingung, Zahlungsfrist; Barzahlung, Ratenzahlung, Vorauszahlung, Gehaltszahlung, Pachtzahlung, Steuerzahlung **2** **etwas in Zahlung nehmen** eine gebrauchte Ware als Teil der Zahlung für eine neue Ware akzeptieren | *Der Autohändler hat meinen alten Wagen beim Kauf des neuen in Zahlung genommen* **3** **(jemandem) etwas in Zahlung geben** einem Geschäft eine gebrauchte Ware als Teil der Zahlung für eine neue Ware geben

Zah·lungs·bi·lanz *die* **1** das Verhältnis zwischen den Einnahmen und Ausgaben eines Staates beim Export und Import **2** **eine positive/negative Zahlungsbilanz** eine Zahlungsbilanz, die einen Gewinn/Verlust aufweist

zah·lungs·fä·hig ADJEKTIV ⟨ein Kunde⟩ so, dass er genug Geld hat, um etwas zu bezahlen ≈ *solvent* • hierzu **Zah·lungs·fä·hig·keit** *die*

zah·lungs·kräf·tig ADJEKTIV ⟨ein Kunde⟩ so, dass er sich auch teure Dinge kaufen kann

Zah·lungs·mit·tel *das* etwas, womit man etwas bezahlen kann (z. B. Bargeld, Kreditkarten o. Ä.)

zah·lungs·un·fä·hig ADJEKTIV ⟨ein Schuldner⟩ so, dass er nicht genug Geld hat, um etwas (meist eine Schuld) zu bezahlen ≈ *insolvent* • hierzu **Zah·lungs·un·fä·hig·keit** *die*

Zah·lungs·ver·kehr *der*; *nur Singular* die Bewegung von Geld von einem Besitzer zum nächsten ⟨der bargeldlose Zahlungsverkehr⟩ K Barzahlungsverkehr

zah·lungs·wil·lig ADJEKTIV bereit zu zahlen ⟨ein Kunde, ein Gast⟩ H meist verneint

Zahl·wort *das* ein Wort, das eine Zahl bezeichnet, z. B. *eins, zwei, drei, vier* usw. | *Für die Zahl „2" verwendet man das Zahlwort „zwei"*

zahm ADJEKTIV (zahmer, zahmst-) **1** verwendet, wenn einzelne Tiere einer wild lebenden Art an Menschen gewöhnt sind und keine Angst vor ihnen haben | *Er hat ein zahmes Eichhörnchen, das er selbst großgezogen hat* **2** gemäßigt und nicht heftig, streng, aggressiv o. Ä. ⟨eine Kritik, ein Protest⟩ | *Sie kritisierte die Gegenmaßnahmen als zu zahm* | *Für seine Verhältnisse reagierte er sehr zahm*

zäh·men VERB (zähmte, hat gezähmt) **1** **ein Tier zähmen** ein Tier, das sonst wild lebt, daran gewöhnen, mit Menschen zusammen zu sein und Befehlen zu gehorchen | *einen Wolf zähmen* **2** **sich/etwas zähmen** *geschrieben* bewirken, dass man ein Gefühl o. Ä. unter Kontrolle hat ⟨die Ungeduld, die Neugier, die Leidenschaft zähmen⟩ • hierzu **Zäh·mung** *die*; **zähm·bar** ADJEKTIV; **Zähm·bar·keit** *die*

★ **Zahn** *der*; (-(e)s, Zäh·ne) **1** Zähne brauchen wir zum Beißen und Kauen ⟨regelmäßige, schiefe Zähne; sich (*Dativ*) die Zähne putzen; ein Zahn hat ein Loch, schmerzt, tut weh, wackelt, fällt aus; ein Zahn muss gebohrt, gefüllt, gezogen werden⟩ | *ein Tier mit scharfen Zähnen* | *Das Baby bekommt schon Zähne* K Zahnarzt, Zahnbürste, Zahncreme, Zahnpflege, Zahnschmerzen, Zahnweh, Zahnwurzel; Backenzahn, Eckzahn, Elefantenzahn, Giftzahn, Goldzahn, Haifischzahn, Reißzahn, Schneidezahn, Stoßzahn, Vorderzahn H zu *Zahnbürste* → Abb. unter **Bürste** **2** einer der spitzen Teile an Kämmen, Sägen usw. **3** **die dritten Zähne** ein künstliches Gebiss **4** **ein irrer/höllischer/... Zahn** *gesprochen* eine sehr hohe Geschwindigkeit | *einen irren Zahn draufhaben* (sehr schnell fahren) | *einen Zahn zulegen* (noch) schneller fahren, gehen oder arbeiten) K Wahnsinnszahn

■ ID ▸Zahn als Objekt: **sich** (*Dativ*) **an jemandem/etwas die Zähne ausbeißen** sich sehr anstrengen, aber keinen Erfolg haben; **jemandem die Zähne zeigen** jemandem zeigen, dass man sich wehren kann; **jemandem einen Zahn ziehen** jemandem eine Hoffnung nehmen; **die Zähne zusammenbeißen** etwas Unangenehmes tapfer tun oder ertragen;

▸andere Verwendungen: **bis an die Zähne bewaffnet** mit vielen Waffen, schwer bewaffnet; **jemandem auf den Zahn fühlen** kritisch prüfen, was jemand denkt, kann oder tut; **der Zahn der Zeit** die Kräfte, welche die Dinge allmählich (im Laufe der Zeit) zerstören | *An diesem Bauwerk nagt der Zahn der Zeit* • zu (1) **zahn·los** ADJEKTIV

Zahn·be·lag *der*; *meist Singular* eine gelbliche Schicht, die sich auf den Zähnen bilden kann

Zäh·ne·klap·pern *das*; (-s) das schnelle Aufeinanderschlagen der Zähne, wenn man vor Angst oder Kälte zittert • hierzu **zäh·ne·klap·pernd** ADJEKTIV

zäh·ne·knir·schend ADJEKTIV *meist attributiv* so, dass man etwas tut und dabei deutlich zeigt, dass man es nicht tun will

zah·nen VERB (zahnte, hat gezahnt) **ein Baby zahnt** ein Baby bekommt die ersten Zähne

Zahn·fleisch *das*; *nur Singular* das ziemlich feste Fleisch im Mund, aus dem die Zähne gewachsen sind K Zahnfleischbluten, Zahnfleischentzündung, Zahnfleischschwund ■ ID **auf dem Zahnfleisch daherkommen/kriechen** *gesprochen* sehr erschöpft sein

Zahn·fül·lung *die* ≈ *Plombe*

Zahn·lü·cke *die* eine Lücke (im Gebiss), die dort entsteht, wo ein Zahn fehlt

★ **Zahn·pas·ta** *die*; (-, -s/Zahn·pas·ten); *meist Singular* eine weiche Masse, die man (aus einer Tube) auf die Zahnbürste drückt, um die Zähne zu putzen K Zahnpastatube

Zahn·rad *das* ein Rad mit Zacken, das (als Teil einer Maschine) beim Drehen ein anderes solches Rad bewegen kann K Zahnradbahn, Zahnradgetriebe

ZAHNRAD

Zahn·schmelz *der* die weiße, harte Schicht, die die Oberfläche der Zähne bildet

Zahn·sei·de *die*; *meist Singular* ein dünner Faden, den man zwischen den Zähnen hindurchbewegt, um sie zu säubern

Zahn·span·ge *die* ein Gestell aus Draht und Plastik, das schiefe Zähne an den richtigen Platz drückt

Zahn·stein *der*; *nur Singular* harter Zahnbelag, der meist vom Zahnarzt entfernt werden muss

Zahn·sto·cher *der*; (-s, -) ein kleiner, spitzer Stab (meist aus Holz), mit dem man kleine Reste von Speisen entfernt, die zwischen den Zähnen sind

Zahn·tech·ni·ker *der* eine Person, die (beruflich) künstliche Gebisse macht • hierzu **Zahn·tech·ni·ke·rin** *die*

Zam·pa·no *der*; (-s, -s); *gesprochen* ein selbstbewusster und erfolgreicher Mann, der sich für wichtig hält ⟨den großen Zampano spielen⟩

Zan·der *der*; (-s, -) ein großer Fisch (ähnlich einem Barsch)

★ **Zan·ge** *die*; (-, -n) **1** mit Zangen kann man z. B. Nägel aus dem Holz ziehen, Drähte schneiden oder fest sitzende Metallteile greifen und drehen | *die Nägel mit einer Zange aus der Wand ziehen* K Gebäckzange, Kohlenzange, Kuchenzange, Zuckerzange; Beißzange, Geburtszange, Greifzange **2** *meist Plural* Krebse und Skorpione haben Zangen, mit denen sie ihre Beute greifen ≈ *Schere* ■ ID **jemanden in die Zange nehmen** massiven Druck auf eine Person ausüben, (z. B. um Informationen von ihr zu bekommen); **jemanden in der Zange haben** eine Person so fest unter Kontrolle haben, dass sie das tun muss, was man von ihr will • zu (1) **zan·gen·för·mig** ADJEKTIV

ZANGE

Zank *der*; (-(e)s) **der Zank (um/über jemanden/etwas)** ein Streit mit Worten

Zank·ap·fel *der*; *nur Singular* das Thema, das der Anlass zu einem Streit ist

zan·ken VERB (zankte, hat gezankt) **1** **(mit jemandem) (um/über etwas** (*Akkusativ*)**) zanken** *gesprochen* (mit Worten) streiten und so jemanden tadeln und kritisieren ⟨mit den Kindern zanken⟩ **2** **Personen zanken sich (um/über etwas** (*Akkusativ*)**)** einen Streit haben | *Die beiden Jungen zankten sich um den Fußball* **3** **sich mit jemandem (um/über etwas** (*Akkusativ*)**) zanken** mit jemandem einen Streit haben

zän·kisch ADJEKTIV ⟨eine Frau⟩ so, dass sie oft mit anderen Leuten streitet

Zäpf·chen *das*; (-s, -) **1** ein Medikament, das in den After eingeführt wird (und so vom Körper aufgenommen wird) ⟨ein fiebersenkendes, schmerzstillendes Zäpfchen⟩ K Fieberzäpfchen **2** ein kleines, fleischiges Stück, das am Ende des Gaumens im Mund ist ≈ *Uvula*

zap·fen VERB (zapfte, hat gezapft) **etwas zapfen** Flüssigkeit aus einem großen Gefäß, z. B. einem Fass (durch einen Hahn) fließen lassen ⟨Bier, Wein, Benzin zapfen; Wein in Flaschen zapfen⟩ K Zapfhahn

★ **Zap·fen** *der*; (-s, -) **1** die Früchte von Nadelbäumen heißen Zapfen K Fichtenzapfen, Kiefernzapfen, Tannenzapfen **2** ein kurzer, dicker Stab, mit dem man das Loch im unteren Teil eines Fasses schließt • zu (1) **zap·fen·för·mig** ADJEKTIV

Zap·fen·streich *der* **1** *nur Singular* die Zeit, zu der Soldaten am Abend in der Kaserne sein müssen **2** ein musikalisches Signal, das den Zapfenstreich ankündigt **3** *humorvoll* die Zeit, zu der man abends nach Hause oder ins Bett geht

Zapf·säu·le *die* aus einer Zapfsäule (an der Tankstelle) wird das Benzin in ein Fahrzeug gefüllt

zap·pe·lig ADJEKTIV ⟨ein Kind⟩ so, dass es nicht still sitzen kann oder will

zap·peln VERB (zappelte, hat gezappelt) **1** aufgeregt oder unruhig sein und kurze schnelle Bewegungen machen, vor allem mit den Armen und Beinen | *Das Baby zappelte mit den Beinen* | *Viele Fische zappelten im Netz* **2** **jemanden zappeln lassen** jemanden lange auf eine Entscheidung oder Nachricht warten lassen

Zap·pel·phi·lipp [-f-] *der*; (-s, -e/-s); *abwertend oder humorvoll* ein Kind, das nie ruhig sitzt

zap·pen ['tsapn̩, 'zɛpn̩] VERB (zappte, hat gezappt) mit der Fernbedienung in kurzen Abständen (wahllos) von einem Fernsehsender zum nächsten schalten

zap·pen·dus·ter ADJEKTIV *meist prädikativ*; *gesprochen* **1** völlig dunkel **2** so, dass es keine Hoffnung gibt, aussichtslos ⟨es sieht zappenduster aus⟩

zapp·lig → zappelig

Zar *der*; (-en, -en); *historisch* der Herrscher in Russland vor der Revolution K Zarenherrschaft, Zarenreich **H** *der Zar; den, dem, des Zaren* • hierzu **Za·rin** *die*

-zar *der*; *im Substantiv, unbetont, nicht produktiv* **Filmzar, Modezar, Pressezar** *und andere* eine Person, die viel Geld hat und in einem Bereich sehr mächtig ist

za·ris·tisch ADJEKTIV von einem Zaren oder einer Zarin regiert ⟨das zaristische Russland⟩

★ **zart** ADJEKTIV (zarter, zartest-) **1** leicht oder sanft und voller Liebe oder Rücksicht ⟨eine Berührung, ein Kuss⟩ | *Sie küsste ihn zart auf die Stirn* **2** fein und schmal ⟨Arme, Finger, ein Gesicht, ein Kind⟩ **3** glatt und weich ⟨die Haut⟩ **4** sehr dünn ⟨Spitzen; ein Stoff, ein Gewebe⟩ **5** noch sehr jung ⟨eine Knospe, eine Pflanze⟩ | *im zarten Alter von fünf Jahren* **6** sehr weich und daher leicht zu kauen ⟨Fleisch, Gemüse⟩ **7** nur schwach und von geringer Intensität ⟨eine Farbe, ein Ton⟩

zart·be·sai·tet, zart be·sai·tet ADJEKTIV; *meist abwertend* so, dass die eigenen Gefühle sehr leicht verletzt werden können ⟨ein Mensch, ein Gemüt⟩ ≈ *empfindsam*

zart·bit·ter ADJEKTIV ein bisschen bitter ⟨Schokolade⟩

zart·füh·lend, zart füh·lend ADJEKTIV mit großer Rücksicht auf die Gefühle anderer Leute ≈ *rücksichtsvoll, taktvoll*

zart·glied·rig ADJEKTIV mit zarten, schmalen Gliedern ⟨ein Mensch; Finger, Hände⟩

★ **zärt·lich** ADJEKTIV **1** so, dass dabei Liebe oder Zuneigung ruhig und sanft, nicht heftig ausgedrückt wird ⟨ein Blick, ein Kuss, Worte; jemanden zärtlich streicheln, berühren, ansehen, anlächeln⟩ **2** so, dass man darauf achtet, dass es einer geliebten Person gut geht ⟨ein Vater, eine Mutter; voll zärtlicher Sorge sein⟩ ≈ *fürsorglich*

Zärt·lich·keit *die*; (-, -en) **1** *nur Singular* ein starkes Gefühl der Liebe, verbunden mit dem Wunsch, dieses Gefühl zu zeigen ⟨eine große Zärtlichkeit für jemanden empfinden; jemanden voll Zärtlichkeit ansehen; in jemandes Blick liegt (eine große) Zärtlichkeit⟩ **2** *meist Plural* Küsse, Umarmungen o. Ä., mit denen man einer Person zeigt, dass man sie gernhat

Zas·ter *der*; (-s); *gesprochen* ≈ *Geld*

Zä·sur *die*; (-, -en); *geschrieben* der Punkt in einer Entwicklung, an dem diese unterbrochen oder in eine völlig andere Richtung gelenkt wird ⟨eine Zäsur setzen⟩ ≈ *Einschnitt*

Zau·ber *der*; (-s) **1** eine Handlung, bei der der Eindruck entsteht, als habe jemand besondere (übernatürliche) Kräfte ⟨einen Zauber anwenden; einen Zauber über jemanden aussprechen⟩ ≈ *Magie* K Zauberbann, Zauberbuch, Zauberkunst, Zauberkünstler, Zauberkunststück, Zauberstab, Zaubertrank, Zaubertrick, Zauberwirkung, Zauberwort **2** eine Eigenschaft, die Bewunderung erregt ≈ *Magie* | *der Zauber des verschneiten Waldes* | *der Zauber ihrer Stimme* **3** *gesprochen, abwertend* Handlungen und Dinge, die man als überflüssig und lästig ansieht **4** **(ein) fauler Zauber** *gesprochen, abwertend* etwas, durch das jemand getäuscht werden soll

★ **Zau·be·rer** *der*; (-s, -) **1** eine Person in einem Märchen o. Ä., die magische, übernatürliche Kräfte hat ⟨ein böser, guter Zauberer⟩ ≈ *Magier* **H** zu *Zauberin/Zaubrerin* → Info im Eintrag **-in** **2** eine Person, die Zaubertricks vorführt ≈ *Zauberkünstler* **H** zu *Zauberin/Zaubrerin* → Info im Eintrag **-in** • hierzu **Zau·be·rin, Zaub·re·rin** *die*

Zau·ber·for·mel *die* **1** (meist geheimnisvolle) Worte, die jemand bei einem übernatürlichen Zauber sagt **2** etwas, das anscheinend alle Probleme auf einmal löst ≈ *Patentlösung* | *Die neue Zauberformel heißt „Energie sparen"*

zau·ber·haft ADJEKTIV (zauberhafter, zauberhaftest-) sehr schön (und angenehm) | *In diesem Kleid siehst du zauberhaft aus*

Zau·ber·hand *die* ■ **ID** **wie von/durch Zauberhand** plötzlich und ohne dass man es erklären kann | *Wie von Zauberhand waren plötzlich alle Wolken verschwunden*

Zau·ber·kas·ten *der* ein Kasten für Kinder mit Gegenständen, die man für Zaubertricks benutzt

Zau·ber·kraft *die* eine magische Kraft, die der genannte Gegenstand hat (wie manche glauben) ⟨ein Amulett, ein Ritual mit Zauberkraft⟩

zau·bern VERB (zauberte, hat gezaubert) **1** **(etwas) zaubern** einen Zauber machen (und so etwas entstehen lassen) ≈ *hexen* | *Regen zaubern* | *Hexen können angeblich zaubern* **2** **(etwas) zaubern** etwas so geschickt tun, dass andere Leute glauben, man könne zaubern | *ein Kaninchen aus dem Hut zaubern* **3** **etwas (aus etwas) zaubern** (oft unter schwierigen Bedingungen) in kurzer Zeit etwas machen | *Auf dem Campingplatz hat sie uns ganz schnell ein Essen gezaubert*

Zau·ber·spruch *der* die geheimnisvollen Worte bei einem übernatürlichen Zauber

Zau·ber·wort *das*; (-(e)s, -e) ≈ *Zauberformel*

zau·dern VERB (zauderte, hat gezaudert) zu vorsichtig sein und zu lange warten, bis man etwas tut oder sich entscheidet • hierzu **Zau·de·rer** *der*

Zaum *der*; (-(e)s, Zäu·me) ≈ *Zaumzeug* ■ **ID** **jemanden/etwas im Zaum(e) halten** die Kontrolle über jemanden, sich selbst oder etwas behalten | *Die Kinder konnten vor Weihnachten ihre Neugier kaum im Zaum halten*

zäu·men VERB (zäumte, hat gezäumt) **ein Pferd zäumen** einem Pferd das Zaumzeug um den Kopf legen

Zaum·zeug *das* die Bänder aus Leder, die man einem Pferd um den Kopf legt, um es (durch die Zügel) führen zu können

★ **Zaun** *der*; (-(e)s, Zäu·ne) **1** Zäune aus Draht, Stäben oder Brettern dienen als Grenze um Grundstücke oder Gärten ⟨ein elektrischer Zaun; ein Zaun aus Maschendraht, Latten; einen Zaun aufstellen, errichten⟩ | *einen Zaun um den Garten ziehen* (aufstellen) K Zaunlatte; Bretterzaun, Drahtzaun, Holzzaun, Lattenzaun; Gartenzaun, Weidezaun **2** **ein lebender Zaun** eine Hecke ■ **ID** **einen Streit vom Zaun brechen** plötzlich zu streiten beginnen

zaun·dürr ADJEKTIV; *gesprochen* sehr mager

Zaun·gast *der* eine Person, die bei einer Veranstaltung, z. B. einem Fußballspiel, von außerhalb des Zauns zuschaut (und so keinen Eintritt zahlen muss)

Zaun·kö·nig *der* ein kleiner Vogel mit braunen Federn

Zaun·pfahl *der* die Pfähle eines Zauns stützen ihn in größeren Abständen zueinander ■ **ID** → Wink, winken

Zau·sel *der*; (-s, -); *gesprochen, abwertend oder humorvoll* ein alter, ungepflegter oder seltsamer Mann | *Disco ist doch nichts für so alte Zausel wie uns!*

z. B. Abkürzung für *zum Beispiel*

ZDF [tsɛtdeːˈ|ɛf] *das*; (-(s)); ⓓ Zweites Deutsches Fernsehen **1** ein Fernsehsender der Bundesrepublik Deutschland **2** das Fernsehprogramm, das vom ZDF gesendet wird H → Infos unter **Fernsehen**

Ze·bra *das*; (-s, -s) ein Tier in Afrika (ähnlich einem kleinen Pferd), dessen Fell weiße und braune oder schwarze Streifen hat

Ze·bra·strei·fen *der* weiße Streifen auf der Straße, die anzeigen, wo die Fußgänger über die Straße gehen dürfen (und die Autos deshalb halten müssen)

Zẹch·bru·der *der*; *gesprochen, abwertend* eine Person, die oft und viel Alkohol trinkt

Zẹ·che *die*; (-, -n) **1** das Geld, das man in einem Lokal für das, was man gegessen und getrunken hat, zahlen muss ⟨die Zeche bezahlen⟩ K Zechpreller **2** **eine große Zeche machen** in einem Lokal viel essen und trinken **3** ⟨eine Zeche stilllegen; auf einer Zeche arbeiten⟩ ≈ *Bergwerk* ■ **ID** **die Zeche (be)zahlen müssen** (als Einziger) die negativen Folgen einer Sache ertragen müssen; **die Zeche prellen** in einem Lokal die Rechnung nicht bezahlen

zẹ·chen VERB (zechte, hat gezecht); *meist humorvoll* mit anderen Leuten zusammen viel Alkohol trinken • hierzu **Zẹ·cher** *der*

Zẹ·cke *die*; (-, -n) ein kleines Insekt vor allem in Gras und in Büschen, das sich in die Haut von Menschen und Tieren beißt und sich mit Blut vollsaugt ⟨von einer Zecke gebissen werden⟩ K Zeckenbiss, Zeckenimpfung

Ze·der *die*; (-, -n) **1** ein hoher Baum, dessen Zweige wie ein flaches Dach wachsen und der vor allem am Mittelmeer vorkommt K Zedernholz **2** das duftende Holz einer Zeder

★ **Zeh** *der*; (-s, -en) ≈ *Zehe*

Ze·he [ˈtseːə] *die*; (-, -n) **1** einer der fünf beweglichen Teile am vorderen Ende des Fußes (vor allem bei Menschen und Affen) ⟨die große, kleine Zehe⟩ K Zehennagel H → Abb. unter **Fuß** **2** einer der vielen kleinen Teile beim Knoblauch | *eine Zehe Knoblauch* K Knoblauchzehe ■ **ID** **jemandem auf die Zehen treten** a jemanden kränken b jemanden unter Druck setzen

Ze·hen·spit·zen [ˈtseːən-] *die*; Plural ■ **ID** **sich auf die Zehenspitzen stellen** sich auf die Zehen stellen und so strecken, dass man etwas größer ist; **auf Zehenspitzen** leise und vorsichtig, um nicht bemerkt zu werden ⟨auf Zehenspitzen gehen, hereinschleichen⟩

★ **zehn** ZAHLWORT (als Zahl) 10 H → Anhang **Zahlen** und Beispiele unter **vier**

Zehn *die*; (-, -en) **1** die Zahl 10 **2** jemand/etwas mit der Zahl/Nummer 10

Zeh·ner *der*; (-s, -) **1** *gesprochen* die Zahl 10 **2** *gesprochen* ein Geldschein im Wert von 10 Euro, Franken o. Ä. **3** eine Münze im Wert von 10 Cent, Pfennig, Rappen o. Ä. **4** *nur Plural* (in einer Zahl mit mehreren Stellen) die zweite Stelle (von rechts) vor dem Komma | *beim Addieren alle Hunderter, alle Zehner, alle Einer untereinanderschreiben* K Zehnerstelle

Zehn·kampf *der* ein Wettkampf mit zehn verschiedenen Disziplinen (der Leichtathletik • hierzu **Zehn·kämp·fer** *der*

★ **zehnt** ADJEKTIV **1** in einer Reihenfolge an der Stelle 10 ≈ *10.* H → Beispiele unter **viert-** **2** **der zehnte Teil (von etwas)** ≈ ⅒ **3** **zu zehnt** (mit) insgesamt 10 Personen | *Wir sind zu zehnt* | *zu zehnt am Tisch sitzen*

zehn·tau·send ZAHLWORT (als Zahl) 10000 ■ **ID** **die oberen zehntausend** die reichsten und elegantesten Leute in einer Gesellschaft

zehn·tel ADJEKTIV *meist attributiv; nur in dieser Form* den 10. Teil einer Menge bildend ≈ ⅒

★ **Zehn·tel** *das*; (-s, -) der 10. Teil einer Menge | *ein Zehntel der Strecke hinter sich haben* K Zehntelsekunde

zehn·tens ADVERB verwendet bei einer Aufzählung, um anzuzeigen, dass etwas an 10. Stelle kommt

zeh·ren VERB (zehrte, hat gezehrt) **1** **von etwas zehren** *geschrieben* sich von etwas ernähren, von etwas leben ⟨von Vorräten, Ersparnissen zehren⟩ | *Im Winterschlaf zehren die Tiere von dem Fett, das sie sich im Herbst angefressen haben* **2** **von etwas zehren** gern an etwas Vergangenes denken und sich daran freuen | *Von diesem Urlaub werde ich noch lange zehren* **3** **etwas zehrt (an jemandem/etwas)** etwas nimmt jemandem die körperliche oder seelische Kraft | *Die Sorgen um das Geschäft haben sehr an seiner Gesundheit gezehrt*

★ **Zei·chen** *das*; (-s, -) **1** Zeichen schreibt oder zeichnet man, um auf etwas aufmerksam zu machen, hinzuweisen | *Der Wanderweg ist mit blauen Zeichen markiert* K Zeichenerklärung; Erkennungszeichen, Merkzeichen **2** ein Zeichen, dessen Bedeutung oder Zweck allgemein bekannt ist und mit dem man so Informationen geben kann ≈ *Symbol* | *Das Zeichen „=" steht für Summen oder Gleichheit* | *H_2O ist das chemische Zeichen für Wasser* K Additionszeichen, Divisionszeichen, Gleichheitszeichen, Minuszeichen, Multiplikationszeichen, Pluszeichen, Subtraktionszeichen; Abkürzungszeichen, Korrekturzeichen, Notenzeichen, Wiederholungszeichen; Verbotszeichen, Verkehrszeichen; Firmenzeichen, Warenzeichen **3** eine Bewegung, ein Blick o. Ä., mit denen man anderen Personen etwas mitteilt ⟨ein heimliches, verabredetes Zeichen; auf ein Zeichen hin etwas tun; jemandem ein Zeichen geben/machen⟩ | *Auf sein Zeichen hin liefen alle los und versteckten sich* **4** ein Geräusch oder etwas, das man sieht und das eine Information gibt | *Dieser Ton ist das Zeichen dafür, dass der Akku fast leer ist* K Feuerzeichen, Klingelzeichen, Leuchtzeichen, Rauchzeichen; Pausenzeichen **5** etwas, an dem man erkennt, in welchem Zustand sich jemand/etwas befindet ⟨ein deutliches, sicheres, untrügliches Zeichen⟩ | *Er hält Freundlichkeit für ein Zeichen von Schwäche* K Alarmzeichen, Warnzeichen **6** Kurzwort für *Satzzeichen* K Anführungszeichen, Ausrufezeichen, Fragezeichen **7** Kurzwort für *Sternzeichen* und *Tierkreiszeichen* | *im Zeichen des Stiers geboren sein* **8** **zum Zeichen** *+Genitiv*; **zum Zeichen, dass ...** als (symbolische) Geste | *Zum Zeichen der Versöhnung gab sie ihm die Hand*

■ ID **die Zeichen der Zeit erkennen** die Situation zu einem Zeitpunkt richtig einschätzen (und entsprechend handeln); **ein Zeichen setzen** etwas tun, was für andere ein Vorbild ist

Zei·chen- *im Substantiv, betont, begrenzt produktiv* **der Zeichenblock, der Zeichenlehrer, das Zeichenpapier, der Zeichenstift, der Zeichenunterricht** in Bezug auf das Zeichnen von Bildern, Grafiken

Zei·chen·satz *der* alle Zeichen (Buchstaben, Zahlen, Sonderzeichen), die eine Einheit bilden (wie z. B. die Buchstaben des lateinischen, kyrillischen, arabischen Alphabets)

Zei·chen·set·zung *die; meist Singular* **1** die Regeln, die bestimmen, wie man die Satzzeichen (Punkt, Komma usw.) verwenden muss **2** die Anwendung der Zeichensetzung ≈ *Interpunktion*

Zei·chen·spra·che *die* die Kommunikation durch die Bewegungen der Hände usw. anstatt mit gesprochenen Worten (besonders bei Menschen, die nicht sprechen oder hören können)

Zei·chen·trick·film *der* ein Film, der aus sehr vielen Zeichnungen besteht, die sich zu bewegen scheinen

★ **zeich·nen** VERB (zeichnete, hat gezeichnet) **1** **(jemanden/etwas) zeichnen** mit einem Stift auf Papier Striche machen, sodass ein Bild entsteht ⟨ein Porträt, eine Karikatur, einen Plan, einen Entwurf zeichnen⟩ H Man zeichnet mit Stiften und malt mit Pinseln. **2** **jemand ist von etwas gezeichnet** bei einer Person sind deutliche Spuren einer Krankheit o. Ä. zu sehen | *von Erschöpfung/einer langen Krankheit gezeichnet sein* **3** **ein** *+Adjektiv* **Bild** (*+Genitiv*/**von etwas**) **zeichnen** etwas in der angegebenen Weise beschreiben | *ein düsteres Bild der Zukunft zeichnen* **4** **etwas zeichnen** *veraltend* etwas unterschreiben **5** **etwas zeichnen** sich durch den Kauf von Wertpapieren an einer Firma beteiligen ⟨Aktien, Anteile zeichnen⟩ **6** **als etwas zeichnen** in der genannten Funktion die Verantwortung für etwas übernehmen ⟨als Herausgeber zeichnen⟩

Zeich·ner *der*; (-s, -) **1** eine Person, die vor allem beruflich (künstlerische) Zeichnungen macht | *Wir brauchen einen guten Zeichner für das Buch* **2** **ein technischer Zeichner** eine Person, die beruflich Pläne für Gebäude, Maschinen usw. zeichnet ● hierzu **Zeich·ne·rin** *die*

zeich·ne·risch ADJEKTIV *meist attributiv* **1** in Bezug auf die Kunst des Zeichnens ⟨ein Talent, eine Begabung, Fähigkeiten⟩ **2** in Form von Zeichnungen ⟨eine Darstellung, die Unterlagen⟩

★ **Zeich·nung** *die*; (-, -en) **1** das Bild, das entsteht, wenn jemand zeichnet ⟨eine flüchtige, genaue, künstlerische, technische Zeichnung; eine Zeichnung entwerfen, anfertigen, ausführen⟩ K Bleistiftzeichnung, Federzeichnung, Kohlezeichnung, Kreidezeichnung, Tuschzeichnung **2** die Farben und Muster von Fell, Haut, Federn o. Ä. eines Tieres | *ein Schmetterling mit einer auffälligen Zeichnung der Flügel* K Fellzeichnung **3** die Darstellung oder Beschreibung von jemandem/etwas (z. B. in einem Roman) ⟨eine (un)realistische, lebendige, lebensechte, übertriebene Zeichnung (der Figuren)⟩ **4** der Vorgang, Aktien usw. zu kaufen ⟨die Aktien, die Anleihen liegen zur Zeichnung auf⟩ K Zeichnungsfrist

zeich·nungs·be·rech·tigt ADJEKTIV ⟨eine Person⟩ so, dass sie das Recht oder die Vollmacht hat, wichtige Briefe oder Schecks für eine Firma o. Ä. zu unterschreiben ● hierzu **Zeich·nungs·be·rech·tig·te** *der/die*; **Zeich·nungs·be·rech·ti·gung** *die*

Zei·ge·fin·ger *der* der Finger neben dem Daumen ⟨mit dem Zeigefinger auf etwas zeigen, deuten; mahnend, warnend den Zeigefinger erheben⟩ H → Abb. unter **Hand**

★ **zei·gen** VERB (zeigte, hat gezeigt)

▸sehen lassen: **1** **(jemandem) (etwas) zeigen** jemanden etwas sehen lassen | *dem Polizisten seinen Ausweis zeigen* | *Zeig doch mal, was du da hast!* | *Sind die Bilder gut geworden? Zeig mal!* | *Der Hund zeigte knurrend seine Zähne* **2** **etwas zeigt jemanden/etwas** auf einem Bild kann man jemanden/etwas sehen | *Das Foto zeigt meine Eltern bei ihrer Hochzeit* **3** **sich (irgendwo) zeigen** irgendwohin gehen, wo man von anderen Leuten gesehen wird | *Sie zeigt sich kaum in der Öffentlichkeit* **4** **etwas zeigt sich (irgendwo)** etwas ist irgendwo zu sehen | *Am Himmel zeigten sich die ersten Wolken* **5** **jemandem etwas zeigen** eine Person durch ein Gebiet, Gebäude o. Ä. führen und sie Dinge sehen lassen, die dort interessant sind | *Der Makler hat uns ein paar schöne Wohnungen gezeigt* | *Unsere Freunde haben uns die Stadt/die Sehenswürdigkeiten gezeigt* | *Komm, ich zeige dir, wo du schlafen kannst* **6** **etwas zeigen** im Kino, Fernsehen, Theater o. Ä. das Publikum etwas sehen lassen | *Wir zeigen das Fußballspiel um 22:00 in der Sportschau*

▸mit dem Finger, Stock, Zeiger: **7** **auf jemanden/etwas zeigen; irgendwohin zeigen** den Finger, einen Stock o. Ä. auf ein Ziel richten und jemanden auf etwas aufmerksam machen | *Sie zeigte auf ihn und sagte: „Er war es."* | *Er zeigte zum Himmel und sagte: „Sieh mal!"* K Zeigestab, Zeigestock **8** **etwas zeigt irgendwohin** ein Zeiger, Pfeil o. Ä. deutet in eine Richtung oder gibt einen gemessenen Wert an | *Der Pfeil zeigt zum Ausgang* | *Die Kompassnadel zeigt nach Norden* **9** **etwas zeigt etwas** ein Messgerät gibt einen Wert mit Zeigern, Ziffern o. Ä. an | *Die Uhr zeigt fünf vor zwölf* | *Die Waage zeigte 65 Kilo* | *Der Tachometer zeigt die Geschwindigkeit, mit der man fährt*

▸erklären: **10** **jemandem etwas zeigen** jemandem mit Worten und Bewegungen der Arme erklären, wo etwas ist und wie man dorthin kommt | *jemandem den Weg zeigen* | *jemandem zeigen, in welche Richtung er gehen muss* | *jemandem zeigen, wie er zum Bahnhof kommt* **11** je-

mandem etwas zeigen einer Person erklären, wie etwas geht, indem man es vor ihren Augen macht und die Handlungen kommentiert | *jemandem zeigen, wie man einen Reifen wechselt* **12** **jemandem etwas zeigen** jemandem helfen, etwas zu erkennen | *jemandem die Vorteile eines Smartphones zeigen*

▸sichtbar werden lassen: **13** **jemand zeigt etwas; jemand zeigt sich irgendwie** eine Person handelt so, dass man deutlich erkennt, was sie fühlt, was sie kann oder welche Eigenschaften sie hat | *Er zeigte kein Verständnis für unsere Probleme* | *Sie hat bei der Krankheit viel Mut gezeigt* | *Zeig mal, was du kannst!* | *Sie zeigte sich großzügig und schenkte ihm hundert Euro* **14** **etwas zeigt etwas** etwas lässt etwas erkennen | *Ihr Gesicht zeigte ihr großes Interesse* | *Hat die Behandlung schon Wirkung gezeigt?* | *Die Erfahrung zeigt, dass so etwas selten funktioniert* **15** **etwas zeigt sich** etwas wird deutlich | *Es muss sich erst zeigen, ob die Idee wirklich gut war* | *Es hat sich gezeigt, dass ich recht hatte* **16** **es jemandem zeigen** *gesprochen* einer Person beweisen, dass sie unrecht hat, schwächer ist o. Ä. | *Dem werde ich es zeigen! Was der kann, kann ich schon lange!*

★ **Zei·ger** *der*; (-s, -) **1** die Zeiger von Uhren bewegen sich über das Zifferblatt und zeigen die Stunden und Minuten (und Sekunden) an | *Die Zeiger stehen auf zwei Uhr* **K** Minutenzeiger, Sekundenzeiger, Stundenzeiger, Uhrzeiger **2** Messgeräte haben oft einen Zeiger, der auf einen Wert in einer Skala zeigt **3** **der große Zeiger** der Zeiger einer Uhr, der die Minuten anzeigt ≈ *Minutenzeiger* **4** **der kleine Zeiger** der Zeiger einer Uhr, der die Stunden anzeigt ≈ *Stundenzeiger*

zei·hen VERB (zieh, hat geziehen) **jemanden einer Sache** (*Genitiv*) **zeihen** *veraltend* behaupten, dass jemand etwas Schlechtes oder ein Verbrechen getan hat ⟨jemanden des Meineids, der Lüge zeihen⟩

★ **Zei·le** *die*; (-, -n) **1** eine von mehreren (tatsächlichen oder gedachten) parallelen Linien auf einem Blatt Papier, auf denen man schreibt **2** eine Reihe von Wörtern, die in einem gedruckten oder geschriebenen Text nebeneinanderstehen **K** Zeilenabstand; Briefzeile, Druckzeile, Liedzeile, Schlusszeile, Textzeile, Zwischenzeile **3** *meist Plural* ein meist kurzer Text in einem Brief oder auf einer Karte | *Danke für deine lieben Zeilen!* ■ **ID** **(etwas) zwischen den Zeilen lesen** eine Aussage in einem Text erkennen, die nicht direkt ausgesprochen ist

-zei·lig *im Adjektiv, unbetont, begrenzt produktiv* **einzeilig, zweizeilig, dreizeilig, mehrzeilig** *und andere* mit der genannten Anzahl oder Menge von Zeilen | *ein zehnzeiliger Absatz*

★ **zeit** PRÄPOSITION *mit Genitiv* ■ **ID** **zeit meines/seines/... Lebens** das ganze Leben lang | *Sie träumte zeit ihres Lebens von einem Haus* **!** aber: *zeitlebens*

★ **Zeit** *die*; (-, -en) **1** *nur Singular* wir messen die Zeit, die vergeht, in Stunden, Tagen, Jahren usw. ⟨die Zeit vergeht, verrinnt, verstreicht, scheint stillzustehen; die Zeit vergeht rasch, schnell, langsam, wie im Flug(e)⟩ **K** Zeitablauf, Zeitabschnitt, Zeiteinheit **2** *nur Singular* eine Zeit oder eine Phase, die mit einem Ereignis oder Zustand verbunden ist ⟨die schönste Zeit des Lebens/im Leben; in Zeiten der Not, des Überflusses; eine schöne, unangenehme Zeit verleben, verbringen; es gibt Zeiten, in denen ...; zu der Zeit als/da ...; seit der/jener Zeit; etwas ist (erst) kurze, (schon) lange Zeit her; auf/für kurze, für einige Zeit verreisen; etwas in kürzester Zeit tun; vor/seit/nach kurzer, langer Zeit; in letzter, nächster Zeit; in der letzten, nächsten Zeit⟩ | *sich an die Zeit der Kindheit erinnern* | *Die Wochen nach dem Tod ihres Vaters waren eine schreckliche Zeit für sie* | *Es wird einige Zeit dauern, bis hier wieder Pflanzen wachsen können* **K** Adventszeit, Faschingszeit, Osterzeit, Weihnachtszeit; Arbeitszeit, Ferienzeit, Urlaubszeit; Kinderzeit, Jugendzeit, Schulzeit, Studienzeit **3** **Zeit (für jemanden/etwas); Zeit zu** *+Infinitiv nur Singular* die Zeit, die für etwas zur Verfügung steht oder die man für etwas braucht ⟨viel, wenig, keine Zeit haben; die/seine Zeit nützen, vergeuden, einteilen, mit etwas verbringen/zubringen; viel Zeit (und Mühe) auf etwas (*Akkusativ*) verwenden; etwas braucht, kostet, erfordert (viel) Zeit; etwas dauert seine Zeit; jemandem fehlt die Zeit; jemandem bleibt noch (etwas) Zeit; sich (*Dativ*) (kaum) (die) Zeit für etwas nehmen, gönnen⟩ | *Papi, hast du jetzt Zeit für mich?* | *Wir haben noch genug Zeit, in Ruhe zu frühstücken* | *Ich gebe Ihnen sechs Monate Zeit* (Sie müssen in sechs Monaten fertig sein, liefern) | *Wir haben die vorgesehene Zeit bereits überschritten* (wir sind mit etwas nicht pünktlich fertig geworden) | *Die Zeit ist um!* (der vorgesehene Zeitraum ist vorbei) | *Dafür brauche ich noch mehr Zeit* | *Bis der Zug fährt, haben wir noch eine Stunde Zeit* **K** Zeitaufwand, Zeitbedarf, Zeiteinteilung, Zeitersparnis, Zeitgewinn, Zeitmangel, Zeitplan, Zeitspanne, Zeitvergeudung, Zeitverlust, Zeitverschwendung; Ausbildungszeit, Besuchszeit, Redezeit, Sendezeit, Sprechzeit **4** das Ergebnis einer Messung der Zeit, die jemand für eine bestimmte Leistung braucht (z. B. im Sport) ⟨die Zeit stoppen, nehmen, messen; eine gute, schlechte Zeit laufen, fahren, schwimmen; etwas in einer bestimmten Zeit tun, schaffen, erledigen⟩ **K** Zeitmessung, Zeitunterschied; Bestzeit, Fahrzeit, Laufzeit, Rekordzeit, Siegerzeit **5** ein Abschnitt der Geschichte ⟨vergangene, kommende, (zu)künftige Zeiten; in unserer Zeit; zu allen Zeiten; eine Sage aus alter Zeit/aus alten Zeiten⟩ ≈ *Epoche* | *die Zeit vor der Französischen Revolution* | *zur Zeit der Reformation* | *zu Goethes Zeit/Zeiten* | *in der Zeit, als Bücher noch mit der Hand geschrieben wurden* **K** Zeitdokument, Zeitenwende; Barockzeit, Biedermeierzeit, Reformationszeit, Renaissancezeit; Bronzezeit, Eiszeit, Eisenzeit, Steinzeit; Friedenszeit, Kriegszeit, Krisenzeit, Nazizeit, Ritterzeit **6** *nur Singular* die Zeit kurz vor bis kurz nach der Gegenwart ⟨der Geschmack, der Stil der Zeit; in der heutigen Zeit⟩ **K** Zeitgeschehen, Zeitgeschmack, Zeitkritik; zeitgemäß **7** *nur Singular* die Zeit, die auf einer Uhr angezeigt wird ⟨die genaue Zeit haben, wissen wollen; jemanden nach der Zeit fragen; jemandem die (genaue) Zeit sagen; Ort und Zeit (einer Versammlung) festlegen; eine Zeit ausmachen, verabreden; sich (*Plural*) auf eine Zeit einigen; die Uhr zeigt die (genaue) Zeit an; die Zeit ansagen⟩ ≈ *Uhrzeit* | *Um welche Zeit wollte sie kommen?* **K** Zeitangabe, Zeitansage; Abfahrt(s)zeit, Abflug(s)zeit, Ankunftszeit, Ladenschlusszeit **8** die Uhrzeit in einer Zone der Erde (nach einem künstlichen System eingeteilt) | *die mitteleuropäische Zeit* **K** Zeitunterschied, Zeitverschiebung; Sommerzeit, Winterzeit **9** die Zeit, zu oder in der etwas passiert oder gemacht wird ⟨zu jeder Zeit; zur rechten Zeit; zu bestimmten Zeiten; vor der (festgelegten) Zeit; feste Zeiten einhalten; die Zeit zwischen Mittag und Abend⟩ **K** Essenszeit, Frühstückszeit, Schlafenszeit **10** *nur Singular* die Situation oder Gelegenheit, die richtig oder passend für ein bestimmtes Ereignis oder eine Handlung ist ⟨für etwas ist die Zeit gekommen, steht die Zeit bevor; die Zeit ist (noch nicht) reif für etwas⟩ | *Es ist jetzt nicht die Zeit, darüber zu sprechen* **11** eine Form des Verbs, die anzeigt, ob etwas in der Vergangenheit, der Gegenwart oder der Zukunft abläuft oder passiert ≈ *Tempus* **K** Zeitform

■ **ID** ▸Präposition plus Zeit: **es ist an der Zeit** jetzt muss etwas getan werden; **auf Zeit** (nur) für eine bestimmte Dauer ⟨ein Vertrag auf Zeit; jemanden auf Zeit einstellen, anstellen⟩; **für alle Zeiten** für immer | *für alle Zeiten von jemandem/etwas genug haben*; **im Laufe der Zeit** langsam, nach und nach, allmählich | *Im Laufe der Zeit wird sie es schon lernen*; **in jüngster Zeit** während der letzten Wochen oder Tage; **Spare in der Zeit, dann hast du in der Not!** Spare Geld in der Zeit, in welcher es dir (finanziell) gut geht; **in meinen/deinen/... besten Zeiten** als es mir/dir/... sehr gut ging; **mit der Zeit** langsam, allmählich; **mit der 'Zeit gehen** sich so verhalten (in der Kleidung, Sprache usw.), wie es modern ist; **seit ewigen Zeiten (nicht mehr)** *gesprochen* seit Langem (nicht mehr); **von Zeit zu Zeit** ≈ *manchmal*; **zu gegebener Zeit** *geschrieben* zu dem richtigen oder passenden Zeitpunkt | *Sie werden zu gegebener Zeit informiert*; **zu 'meiner Zeit** als ich jung war; **Alles zu seiner Zeit!** Man soll nichts zu schnell tun; **zur Zeit** *+Name im Genitiv* zu der Zeit, als etwas geschah, als jemand lebte **!** *zur Zeit Goethes* aber: *Ich bin zurzeit (= jetzt) krank*;

▸Zeit als Subjekt, im Nominativ: **Zeit ist Geld** Zeit ist wertvoll und sollte sinnvoll genutzt werden; **Kommt Zeit, kommt Rat** Es ergibt sich vielleicht eine Lösung für ein Problem, wenn man nur geduldig wartet; **Die Zeiten ändern sich** Die gesellschaftlichen Normen, Verhältnisse und Bräuche ändern sich; **(Die) Zeit heilt (alle) Wunden** Schmerzen und Trauer lassen irgendwann einmal nach; **Die Zeit drängt** Wir müssen uns beeilen, wir haben nicht mehr viel Zeit; **es ist/wird (höchste) Zeit** jetzt muss etwas (dringend) getan werden | *Meine Haare sind schon so lang, es wird Zeit, zum Friseur zu gehen/dass ich zum Friseur gehe*; **jemandem läuft die Zeit davon** die Zeit vergeht so schnell, dass jemand (wahrscheinlich) nicht erledigen kann, was er sich vorgenommen hat; **jemandes Zeit ist gekommen** *geschrieben* jemand kann oder sollte jetzt aktiv werden; **seine Zeit für gekommen halten** glauben, dass es richtig ist, jetzt zu handeln;

▸Zeit als Objekt: **Das hat Zeit** Das kann man auch später tun; **jemandem Zeit lassen (zu** *+Infinitiv*) jemandem die Möglichkeit geben, etwas in Ruhe zu tun; **sich** (*Dativ*) **(bei/mit etwas) Zeit lassen** etwas in Ruhe tun; **sich** (*Dativ*) **(für jemanden/etwas) Zeit nehmen**, **sich** (*Dativ*) **die Zeit nehmen zu** *+Infinitiv* sich einen Freiraum schaffen, um etwas zu tun, das man tun will oder muss; **keine Zeit verlieren (dürfen)** etwas so bald wie möglich tun (müssen) | *Wenn wir noch rechtzeitig zum Bahnhof kommen wollen, dürfen wir keine Zeit mehr verlieren*;

▸andere Verwendungen: **eine Zeit lang** für relativ kurze Zeit; **(Ach) du liebe Zeit!** *gesprochen* verwendet, um auszudrücken, dass man erschrocken ist; **eine ganze Zeit** *gesprochen* relativ lange

★ **Zeit·al·ter** *das* ein relativ langer Abschnitt in der Geschichte ≈ *Epoche* | *im Zeitalter der Computertechnik* **K** Atomzeitalter, Computerzeitalter, Maschinenzeitalter

Zeit·ar·beit *die* ein System, bei dem eine Person bei einer Firma angestellt ist, welche diese Person dann bei verschiedenen anderen Firmen arbeiten lässt

zeit·auf·wän·dig, **zeit·auf·wen·dig** ADJEKTIV so, dass man viel Zeit dafür braucht ⟨eine Arbeit⟩

zeit·be·dingt ADJEKTIV so, wie in einer genannten Zeit üblich (wegen der sozialen, politischen usw. Situation) ⟨Anschauungen⟩

Zeit·be·griff *der; meist Singular* das Gefühl dafür, wie lange etwas dauert ⟨keinen Zeitbegriff (mehr) haben; jeden, den Zeitbegriff verlieren⟩

Zeit·bom·be *die* eine Bombe mit einer Uhr, welche die Bombe zur eingestellten Zeit explodieren lässt ■ ID **Die Zeitbombe tickt**, **Wir sitzen auf einer Zeitbombe** wir sind in einer sehr gefährlichen Situation

Zeit·druck *der; nur Singular* der Druck, den man spürt, wenn man in kurzer Zeit viel tun muss ⟨unter Zeitdruck stehen; in Zeitdruck geraten⟩

Zeit·er·schei·nung *die* etwas, das nur in einer Epoche vorkommt und für diese typisch ist

Zeit·fra·ge *die* **1** ein Problem, das zur gegenwärtigen Zeit aktuell und wichtig ist ⟨zu aktuellen Zeitfragen Stellung nehmen⟩ **2** **es ist eine reine Zeitfrage** es hängt nur davon ab, ob genug Zeit dafür da ist

Zeit·geist *der; nur Singular* die wichtigen Meinungen, die für eine Epoche typisch sind

★ **zeit·ge·mäß** ADJEKTIV ⟨eine Ansicht, ein Ideal⟩ so, dass sie zu den Vorstellungen der Zeit (Gegenwart) passen

Zeit·ge·nos·se *der* **1** eine Person, die in derselben Zeit wie eine andere Person lebt oder gelebt hat **2** **ein unangenehmer Zeitgenosse** *abwertend* eine Person, die von anderen Leuten wegen ihrer Art nicht gemocht wird ● zu (1) **Zeit·ge·nos·sin** *die*

zeit·ge·nös·sisch ADJEKTIV **1** aus der gleichen (historischen) Epoche, aus der gleichen Zeit ⟨eine Abbildung, eine Darstellung, Quellen, Berichte⟩ **2** aus der Gegenwart, von heute ⟨die Literatur, die Musik, die Kunst⟩

Zeit·ge·schich·te *die; nur Singular* das (historische) Geschehen der letzten Jahre (und Jahrzehnte), vor allem seit dem Zweiten Weltkrieg ● hierzu **zeit·ge·schicht·lich** ADJEKTIV

zeit·gleich ADJEKTIV mit der gleichen Zeit ⟨zeitgleich (mit jemandem) ins Ziel kommen⟩

Zeit·grün·de *die; Plural* **aus Zeitgründen** aus Mangel an Zeit

zei·tig ADJEKTIV *meist attributiv* am Anfang des genannten oder gedachten Zeitabschnitts ⟨zeitig aufstehen, losgehen, schlafen gehen⟩

zei·ti·gen VERB (zeitigte, hat gezeitigt) **etwas zeitigt etwas** *geschrieben* etwas hat etwas als Resultat | *Die Maßnahmen zeitigten Wirkung*

Zeit·kar·te *die; geschrieben* eine Fahrkarte, mit der man während einer begrenzten Zeit (z. B. innerhalb eines Monats) so oft fahren kann, wie man will

Zeit·kon·to *das* Angestellte, die nicht jeden Tag die gleiche Zeit arbeiten, haben ein Zeitkonto. So kann man feststellen, ob sie bisher mehr oder weniger Stunden gearbeitet haben als vorgesehen ist

Zeit·lang *die* ■ ID **eine Zeitlang** für relativ kurze Zeit

zeit·le·bens ADVERB während des ganzen Lebens | *Sie haben zeitlebens in Armut gelebt*

★ **zeit·lich** ADJEKTIV *meist attributiv* in Bezug darauf, wie lange etwas dauert und in welcher Reihenfolge es geschieht ⟨der Ablauf, die Reihenfolge; ein großer/kleiner zeitlicher Abstand; etwas zeitlich begrenzen⟩ ■ ID **Er/Sie hat das Zeitliche gesegnet** *euphemistisch* Er/Sie ist gestorben

zeit·los ADJEKTIV nicht von einer Mode oder Zeit abhängig ⟨ein Modell, ein Stil, eine Idee, eine Philosophie, Kunst⟩ ● hierzu **Zeit·lo·sig·keit** *die*

Zeit·lu·pe *die; meist Singular* ein Verfahren, bei dem man im Film Bewegungen viel langsamer zeigt, als sie in Wirklichkeit sind | *das entscheidende Tor in Zeitlupe wiederholen* **K** Zeitlupenwiederholung

Zeit·lu·pen|tem·po *das; nur Singular; meist abwertend* **im Zeitlupentempo** sehr langsam

zeit·nah ADJEKTIV **1** mit kurzem Zeitabstand | *zeitnahe Berichterstattung* **2** mit Fragen und Themen, die in der Gegenwart von Bedeutung sind ⟨ein Bühnenstück, eine Aufführung, eine Problematik⟩ **3** ≈ *bald* | *Über das weitere Vorgehen sollte möglichst zeitnah entschieden werden*

Zeit·not *die; meist Singular* Bedrängnis wegen Mangel an Zeit ⟨in Zeitnot sein, geraten; sich in Zeitnot befinden⟩

★ **Zeit·punkt** *der* **der Zeitpunkt (für etwas)**; **der Zeitpunkt** *+Genitiv* der Moment, in dem etwas geschieht (oder geschehen soll) ⟨ein geeigneter, günstiger, passender Zeitpunkt; den richtigen, rechten Zeitpunkt abwarten, verpassen, versäumen; bis zu diesem Zeitpunkt; von diesem Zeitpunkt an; zum jetzigen Zeitpunkt⟩ | *der Zeitpunkt, zu dem der Vertrag ausläuft* | *den Start auf einen späteren Zeitpunkt verschieben* | *Zum Zeitpunkt des Unglücks befanden sich 200 Personen im Zug* | *Jetzt ist nicht der rechte Zeitpunkt* ***dafür**, sich **zu** beklagen*

Zeit·raf·fer *der;* (-s) ein Verfahren, bei dem man im Film Bewegungen viel schneller zeigt, als sie in Wirklichkeit sind

zeit·rau·bend, **Zeit rau·bend** ADJEKTIV so, dass man sehr viel Zeit dafür braucht ⟨eine Arbeit, eine Tätigkeit⟩

★ **Zeit·raum** *der* ein (oft relativ langer) Abschnitt der Zeit | *eine Entwicklung über einen langen Zeitraum hinweg beobachten* | *Die Garantie gilt für einen Zeitraum von fünf Jahren ab Kaufdatum* | *Der Umsatz ist gegenüber dem gleichen Zeitraum des Vorjahres um 2 % gestiegen*

Zeit·rech·nung *die; meist Singular* die Zählung der Jahre von dem Ereignis an, das man beim Datum angibt | *Unsere Zeitrechnung beginnt mit der Geburt von Jesus Christus*

★ **Zeit·schrift** *die* ein Heft mit Fotos, Werbung und verschiedenen Texten zur Information und Unterhaltung, das regelmäßig erscheint ⟨eine medizinische, wissenschaftliche Zeitschrift⟩ | *eine Zeitschrift für Kunst und Literatur* K Fachzeitschrift, Fernsehzeitschrift, Filmzeitschrift, Frauenzeitschrift, Jugendzeitschrift, Literaturzeitschrift, Modezeitschrift, Musikzeitschrift

zeit·spa·rend, **Zeit spa·rend** ADJEKTIV (zeitsparender/mehr Zeit sparend, zeitsparendst-/am meisten Zeit sparend) so, dass man dazu weniger Zeit braucht als andere Leute, als früher, als vorgesehen o. Ä. ⟨ein Gerät, eine Methode⟩ **i** *eine äußerst zeitsparende Lösung* (= zusammengeschrieben), aber: *eine viel Zeit sparende Lösung* (getrennt geschrieben)

Zeit·ta·fel *die* eine Tabelle, in der die wichtigen Ereignisse einer historischen Epoche stehen

★ **Zei·tung** *die;* (-, -en) **1** in der Zeitung kann man jeden Tag lesen, was gerade in der Welt geschehen ist ⟨eine überregionale, regionale, lokale Zeitung; eine Zeitung herausgeben, verlegen, drucken; eine Zeitung bestellen, abonnieren, beziehen; Zeitungen austragen; etwas in der Zeitung lesen; etwas aus der Zeitung erfahren; etwas steht in der Zeitung; eine Annonce, ein Inserat in die Zeitung setzen⟩ K Zeitungsabonnement, Zeitungsannonce, Zeitungsanzeige, Zeitungsartikel, Zeitungsausschnitt, Zeitungsausträger, Zeitungsbericht, Zeitungsinserat, Zeitungskiosk, Zeitungskorrespondent, Zeitungsleser, Zeitungsmeldung, Zeitungsnotiz, Zeitungspapier, Zeitungsverkäufer; Abendzeitung, Morgenzeitung, Sonntagszeitung, Tageszeitung, Wochenzeitung; Gewerkschaftszeitung, Parteizeitung, Sportzeitung, Wirtschaftszeitung **2** ein Verlag, der eine Zeitung produziert ⟨bei einer Zeitung arbeiten; von der Zeitung sein, kommen; eine Zeitung gründen⟩

Zeit·ver·trag *der* ein Vertrag, mit dem jemand für eine relativ kurze Zeit irgendwo angestellt wird

Zeit·ver·treib *der;* (-(e)s, -e); *meist Singular* **1** ≈ *Hobby* **2** **zum Zeitvertreib** damit man sich nicht langweilt

zeit·wei·lig ADJEKTIV **1** *meist attributiv* nur für eine begrenzte Zeit (gültig) ⟨eine Verfügung, eine Anordnung⟩ **2** *nur adverbiell* immer wieder für kurze Zeit, gelegentlich

★ **zeit·wei·se** ADVERB **1** für kurze Zeit | *Die Pässe sind bei Schneefall zeitweise gesperrt* **2** immer wieder, zu verschiedenen Zeiten | *Das kommt zeitweise vor, aber zum Glück nicht besonders oft*

Zeit·wort *das;* (-(e)s, Zeit·wör·ter) ≈ *Verb*

Zeit·zeu·ge *der* eine Person, die ein historisches Ereignis selbst erlebt hat und davon berichtet | *Interviews mit Zeitzeugen* | *eine Dokumentation mit Erinnerungen von Zeitzeugen* ● hierzu **Zeit·zeu·gin** *die*

Zeit·zo·ne *die* ein Gebiet (das durch Längengrade festgelegt ist), in dem die gleiche Uhrzeit gilt

Zeit·zün·der *der* ein Zünder mit einer Uhr, der bewirkt, dass eine Bombe o. Ä. nach einer vorher eingestellten Zeit explodiert

ze·leb·rie·ren VERB (zelebrierte, hat zelebriert) **1** **etwas zelebrieren** als katholischer Priester einen Gottesdienst halten ⟨die Messe zelebrieren⟩ **2** **etwas zelebrieren** *geschrieben, ironisch* etwas übertrieben feierlich tun

★ **Zel·le** *die;* (-, -n) **1** ein sehr kleiner Raum in einem Gefängnis oder Kloster, in dem jemand lebt ⟨eine kahle, enge, dunkle Zelle; einen Gefangenen in eine Zelle bringen, führen, sperren⟩ K Dunkelzelle, Einzelzelle, Gefängniszelle, Kerkerzelle, Klosterzelle, Todeszelle **2** unser Körper besteht aus vielen Millionen winziger Zellen ⟨lebende, tote Zellen; die Zellen wachsen (nach), sterben ab, teilen sich⟩ K Zellgewebe, Zellkern, Zellmembran, Zellplasma, Zellstoffwechsel, Zellteilung, Zellwachstum; Blutzelle, Eizelle, Gehirnzelle, Keimzelle, Nervenzelle, Samenzelle, Krebszelle **3** die Waben im Bienenstock bestehen aus einzelnen Zellen **4** elektrische Batterien bestehen aus Zellen, in denen der Strom produziert wird K Lichtzelle, Fotozelle **5** eine kleine Gruppe von Menschen, die als Teil einer geheimen, verbotenen Organisation politisch arbeiten

Zel·lo·phan [-'faːn] *das;* (-s) ≈ *Cellophan®* K Zellophantüte

Zell·stoff *der; nur Singular* **1** eine weiche Masse, die man aus Holz gewinnt und zur Herstellung von Papier verwendet K Zellstofffabrik **2** ein weicher Stoff, der Blut (und andere Flüssigkeiten) schnell aufsaugt und in der Medizin verwendet wird | *ein Verband aus Zellstoff*

Zel·lu·loid [-'lɔyt] *das;* (-(e)s) ein elastischer Kunststoff (aus dem man früher Filme gemacht hat) K Zelluloidstreifen

Zel·lu·lo·se *die;* (-) das Material, aus dem die Zellwände von Pflanzen bestehen

★ **Zelt** *das;* (-(e)s, -e) in einem Zelt aus festem Stoff kann man im Freien vor Regen geschützt sitzen und schlafen ⟨ein Zelt aufstellen, aufbauen, abbauen⟩ | *ein Campingplatz für tausend Zelte* K Zeltlager, Zeltplane, Zeltplatz, Zeltstange; Beduinenzelt, Indianerzelt, Bierzelt, Festzelt, Zirkuszelt ■ **ID** **die Zelte irgendwo aufschlagen** an einen Ort ziehen, um dort zu leben; **die Zelte abbrechen** einen Ort verlassen, an dem man gewohnt hat

Zelt·bahn *die* ein Stück Stoff für ein Zelt

★ **zel·ten** VERB (zeltete, hat gezeltet) in einem Zelt schlafen, Urlaub machen | *auf einem Campingplatz zelten* | *im Urlaub (am Meer) zelten*

Ze·ment *der;* (-(e)s) ein feines, graues Pulver, aus dem man Beton oder Mörtel machen kann K Zementboden, Zementsack, Zementwerk; zementgrau

ze·men·tie·ren VERB (zementierte, hat zementiert) **1** **etwas zementieren** eine Fläche mit einer Zementmischung fest und glatt machen | *ein zementierter Weg* **2** **etwas zementieren** *geschrieben* durch das eigene Handeln bewirken, dass ein schlechter Zustand weiter besteht | *soziale Unterschiede zementieren* ● zu (2) **Ze·men·tie·rung** *die*

Ze·nit, **Ze·nit** *der;* (-(e)s) **1** der höchste Punkt am Himmel (vom Blickpunkt des Betrachters aus) ⟨die Sonne steht im Zenit; die Sonne hat den Zenit überschritten⟩ **2** ⟨im Zenit des Erfolges, Ruhmes⟩ ≈ *Höhepunkt*

zen·sie·ren VERB (zensierte, hat zensiert) **1** **(jemanden/etwas)**

Z

zensieren als Lehrer die schriftliche Arbeit eines Schülers bewerten (und eine Note geben) ⟨einen Aufsatz zensieren; streng, milde zensieren⟩ **2** **(etwas) zensieren** einen Text, einen Film o. Ä. prüfen, ob sie politischen, moralischen oder religiösen Grundsätzen entsprechen (und dann entscheiden, ob das Publikum alles sehen darf)

Zen·sor *der*; (-s, Zen·so·ren) eine Person, die etwas (politisch usw.) zensiert

Zen·sur *die*; (-, -en) **1** *meist Singular* das Zensieren ⟨etwas unterliegt der Zensur; eine (scharfe, strenge) Zensur ausüben; die Zensur einführen, aufheben, abschaffen; etwas der Zensur unterwerfen⟩ **K** Briefzensur, Filmzensur, Postzensur, Pressezensur, Theaterzensur, Militärzensur, Polizeizensur **2** *meist Singular* das Amt (die Behörde), das die Zensur durchführt **3** die Note, mit der die Leistung eines Schülers bewertet wird ⟨eine gute, schlechte Zensur⟩

zen·su·rie·ren VERB (zensurierte, hat zensuriert); Ⓐ Ⓒ ≈ *zensieren*

Zen·ti·li·ter *der/das* ein hundertstel Liter **H** Abkürzung: *cl*

★ **Zen·ti·me·ter** *der* ein hundertstel Meter | *30 cm Stoff* | *eine Schnur von neun Zentimetern Länge* **K** Zentimetermaß; Kubikzentimeter, Quadratzentimeter **H** Abkürzung nach Zahlen: *cm*

★ **Zent·ner** *der*; (-s, -) **1** 50 Kilogramm | *zwei Zentner Kartoffeln* **K** Zentnergewicht, Zentnerlast, zentnerschwer **H** Abkürzung nach Zahlen: *Z.* oder *Ztr.* **2** Ⓐ Ⓒ 100 Kilogramm **H** Abkürzung nach Zahlen: *q*

zent·ner·wei·se ADVERB in großen Mengen (mit viel Gewicht) | *Er kauft zentnerweise Fleisch ein*

★ **zent·ral** ADJEKTIV **1** ungefähr in der Mitte eines Ortes, also dort, wo die meisten wichtigen Gebäude sind ⟨eine Lage; etwas ist zentral gelegen; zentral wohnen⟩ **2** von großem Einfluss auf andere Personen oder Dinge und deshalb sehr wichtig ⟨eine Frage, ein Problem; etwas ist von zentraler Bedeutung⟩ **K** Zentralfigur, Zentralproblem **3** von einer höheren (vor allem staatlichen) Stelle gemacht oder geleitet ⟨eine Planung; etwas zentral organisieren, lenken, verwalten; eine zentral geleitete Industrie⟩ **K** Zentralausschuss, Zentralgewalt, Zentralorgan, Zentralrat, Zentralverband, Zentralverwaltung

Zent·ral- *im Substantiv, betont, nicht produktiv* **Zentralafrika, Zentralamerika, Zentralasien** bezeichnet (ungefähr) den mittleren Teil des genannten Gebietes

Zent·ra·le *die*; (-, -n) **1** der Teil einer (größeren) Organisation, der die Planung leitet und die Arbeit organisiert und steuert | *Die Zentrale hat beschlossen, den bisherigen politischen Kurs beizubehalten* **K** Bankzentrale, Parteizentrale **2** die Stelle in einer Firma, einer Behörde, bei der man Informationen erhalten kann **K** Informationszentrale, Nachrichtenzentrale, Sendezentrale, Telefonzentrale

★ **Zent·ral·hei·zung** *die* ein System, bei dem die Wärme von einem großen Heizkessel im Keller in mehrere Zimmer oder Wohnungen geleitet wird

zent·ra·li·sie·ren VERB (zentralisierte, hat zentralisiert) **etwas zentralisieren** etwas so organisieren oder verwalten, dass eine einzige Stelle dafür verantwortlich ist ⟨die Verwaltung, die Wirtschaft zentralisieren⟩ • hierzu **Zent·ra·li·sa·ti·on** *die*; **Zent·ra·li·sie·rung** *die*

Zent·ra·lis·mus *der*; (-) eine Form der Verwaltung eines Staates, bei der die wichtigen Fragen nur von zentralen Stellen entschieden werden ↔ *Föderalismus* • hierzu **zent·ra·lis·tisch** ADJEKTIV

Zent·ral·ko·mi·tee *das* das höchste (leitende) Gremium einer kommunistischen Partei **H** Abkürzung: *ZK*

Zent·ral·ner·ven·sys·tem *das* die Nerven, die (zusammen) von Gehirn und Rückenmark ausgehen

Zent·ri·fu·gal·kraft *die* ≈ *Fliehkraft*

Zent·ri·fu·ge *die*; (-, -n) ein Gerät, mit dem durch schnelles Drehen die Bestandteile eines Gemisches voneinander getrennt werden

★ **Zent·rum** *das*; (-s, Zent·ren) **1** der Punkt, der von allen Seiten gleich weit entfernt ist ⟨das Zentrum eines Kreises, eines Erdbebens⟩ ≈ *Mittelpunkt* **K** Erdbebenzentrum, Kreiszentrum **2** die Gegend in der Mitte einer Stadt, in der die wichtigsten Geschäfte usw. sind ≈ *Innenstadt* **3** ein Bereich oder ein Ort, der für eine Tätigkeit sehr wichtig ist ⟨ein kulturelles, industrielles Zentrum; ein Zentrum der Macht, der Wirtschaft⟩ **K** Einkaufszentrum, Erholungszentrum, Handelszentrum, Industriezentrum, Kulturzentrum, Modezentrum, Pressezentrum, Touristenzentrum, Urlaubszentrum, Vergnügungszentrum, Verwaltungszentrum **4** **jemand/etwas steht im Zentrum** (+*Genitiv*/**von etwas**) jemand/etwas wird am meisten beachtet | *Er stand im Zentrum der Aufmerksamkeit*

-zent·rum *das*; *im Substantiv, unbetont, begrenzt produktiv* **1** **Forschungszentrum, Rechenzentrum, Rehabilitationszentrum** *und andere* verwendet als Bezeichnung einer Institution, in der viele verschiedene Arbeiten ausgeführt werden **2** **Freizeitzentrum, Jugendzentrum, Kulturzentrum, Sportzentrum** *und andere* verwendet als Bezeichnung eines Gebäudes, in dem man verschiedenen Freizeitbeschäftigungen nachgehen kann

Zep·pe·lin [-li:n] *der*; (-s, -e) ein Luftfahrzeug in der Form einer langen, ziemlich flachen Ellipse, das mit Gas gefüllt ist und von einem Motor angetrieben wird

Zep·ter *der/das*; (-s, -) ein Stab, den Kaiser und Könige als Symbol ihrer Macht tragen ■ **ID** **das Zepter schwingen** *humorvoll* die Macht haben

zer- (*im Verb, unbetont, nicht trennbar, begrenzt produktiv; Diese Verben werden so gebildet:* zerbeißen, zerbiss, zerbissen) **1** **etwas zerbeißen, zerbrechen, zerhacken, zerreiben, zerreißen, zersägen** *und andere* drückt aus, dass eine Person oder ein Tier auf die genannte Art verletzt wird bzw. dass eine Sache in kleine Teile geteilt oder völlig kaputt gemacht wird | *Er zerbiss die Tablette* (Er biss die Tablette in kleine Stücke) **2** **etwas zerbröckelt, zerbröselt, zerplatzt, zerreißt** *und andere* drückt aus, dass sich etwas in der genannten Art in kleine Teile trennt oder auflöst | *Die Vase fiel zu Boden und zerbrach* (Die Vase fiel zu Boden und brach in viele einzelne Teile)

★ **zer·bre·chen** VERB (zerbrach, hat/ist zerbrochen) **1** **etwas zerbricht** (*ist*) etwas bricht in mehrere Teile und geht so kaputt | *Die Vase ist vom Tisch gefallen und zerbrochen* **2** **etwas zerbricht** *geschrieben* (*ist*) eine Beziehung zwischen Menschen scheitert ⟨eine Ehe, eine Freundschaft⟩ **3** **an etwas** (*Dativ*) **zerbrechen** (*ist*) so großen Kummer haben, dass man sich nicht mehr davon erholt | *Sie ist am Tod ihres Kinder zerbrochen* **4** **etwas zerbrechen** (*hat*) meist etwas fallen lassen, sodass es in einzelne Teile bricht | *eine Tasse/einen Teller zerbrechen* ■ **ID** **sich** (*Dativ*) **über etwas** (*Akkusativ*) **den Kopf zerbrechen** (*hat*) sehr intensiv über etwas nachdenken

zer·brech·lich ADJEKTIV **1** so, dass etwas (leicht) zerbrechen kann ⟨Glas⟩ **2** mit einem zarten, schwachen Körper ⟨eine Frau, ein Kind, eine Figur⟩ • hierzu **Zer·brech·lich·keit** *die*

zer·dep·pern VERB (zerdepperte, hat zerdeppert) **etwas zerdeppern** *gesprochen* etwas durch Werfen o. Ä. in Stücke brechen ⟨Porzellan⟩ ≈ *zerschlagen*

zer·drü·cken VERB (zerdrückte, hat zerdrückt) **1** **etwas zerdrücken** etwas durch Drücken zu einem Brei machen ⟨ein Ei, Kartoffeln (mit der Gabel) zerdrücken⟩ **2** **etwas zerdrücken** etwas durch Drücken aus der Form bringen ⟨Kleidung zer-

Z

drücken⟩ 3 **etwas zerdrücken** etwas durch Drücken platt machen ⟨Blumen zerdrücken⟩

Ze·re·a·li·en [-jən] *die; Plural* verschiedene Sorten von Getreide, die in Form von Flocken besonders zum Frühstück gegessen werden | *ein Müsli aus Joghurt, verschiedenen Zerealien, Früchten und Nüssen*

★ **Ze·re·mo·nie** [tseremo'niː, -'moːnjə] *die;* (-, -n [-'niːən, -'moːnjən]) eine meist lange und feierliche Handlung mit festen und traditionellen Regeln ⟨eine religiöse, kirchliche Zeremonie⟩ | *die Zeremonie der Trauung* K Zeremonienmeister; Begrüßungszeremonie, Bestattungszeremonie, Trauungszeremonie • hierzu **ze·re·mo·ni·ell** ADJEKTIV

Ze·re·mo·ni·ell *das;* (-s, -e); *geschrieben* die festen Formen und Regeln bei feierlichen Handlungen ⟨das diplomatische, militärische, höfische Zeremoniell⟩

zer·fah·ren ADJEKTIV nervös, wirr und ohne Konzentration ⟨zerfahren wirken; einen zerfahrenen Eindruck machen⟩ • hierzu **Zer·fah·ren·heit** *die*

Zer·fall *der;* (-(e)s) 1 der (meist lange dauernde) Prozess, bei dem sich etwas in einzelne Teile auflöst 2 das Ende eines Reichs o. Ä. K Zerfallserscheinung 3 eine chemische Reaktion, bei der sich ein Stoff in verschiedene Substanzen auflöst K Zerfallsprodukt, Zerfallsprozess; Atom(kern)zerfall

★ **zer·fal·len** VERB (zerfällt, zerfiel, ist zerfallen) 1 **etwas zerfällt** etwas löst sich in einzelne Teile auf ⟨eine alte Mauer, ein altes Bauwerk zerfällt; etwas zerfällt in/zu Staub⟩ 2 **etwas zerfällt** etwas wird schwächer und existiert dann nicht mehr ⟨ein Imperium, ein Weltreich⟩ 3 **etwas zerfällt (zu etwas)** ein meist radioaktiver Stoff bildet Teilchen (spaltet sie ab) und wird so zu einem anderen Stoff 4 **etwas zerfällt in etwas** (*Akkusativ*) etwas setzt sich aus mehreren Abschnitten o. Ä. zusammen | *Der Vorgang zerfällt in mehrere Phasen*

zer·fet·zen VERB (zerfetzte, hat zerfetzt) 1 **etwas zerfetzen** etwas mit großer Kraft in Stücke reißen | *Er zerfetzte den Brief* 2 **ein Tier zerfetzt jemanden/etwas** ein Tier reißt jemanden/etwas in Stücke 3 **jemanden/etwas zerfetzen** jemanden/etwas in der Öffentlichkeit sehr streng kritisieren

zer·fled·dert ADJEKTIV durch häufigen Gebrauch beschädigt ⟨ein Buch⟩

zer·flei·schen VERB (zerfleischte, hat zerfleischt) 1 **ein Tier zerfleischt jemanden** ein Tier verletzt eine Person oder ein anderes Tier durch Bisse schwer oder tödlich 2 **etwas zerfleischt jemanden** ein sehr starkes (negatives) Gefühl quält jemanden ⟨Eifersucht⟩ 3 **sich (in/vor etwas** (*Dativ*)**) zerfleischen** sich seelisch quälen ⟨sich vor Eifersucht zerfleischen⟩

zer·flie·ßen VERB (zerfloss, ist zerflossen) 1 **etwas zerfließt** etwas wird flüssig ⟨Butter⟩ 2 **etwas zerfließt** eine Farbe bildet (vor allem auf weichem Papier) unscharfe Linien | *Die Tinte zerfließt* 3 **jemand zerfließt in/vor etwas** (*Dativ*) *gesprochen, abwertend* jemand zeigt das genannte Gefühl zu stark ⟨jemand zerfließt in/vor Mitleid⟩

zer·fres·sen VERB (zerfrisst, zerfraß, hat zerfressen) 1 **Motten zerfressen etwas** Motten fressen Löcher in einen Stoff | *ein von Motten zerfressener Mantel* 2 **etwas zerfrisst etwas** Säure oder Rost zerstören etwas

zer·furcht ADJEKTIV (zerfurchter, zerfurchtest-) mit vielen tiefen Falten ⟨eine Stirn, ein Gesicht⟩

zer·ge·hen VERB (zerging, ist zergangen) **etwas zergeht** eine feste Substanz wird flüssig ⟨eine Tablette in Wasser, Butter in der Pfanne zergehen lassen⟩ ■ **ID** → Zunge

zer·glie·dern VERB (zergliederte, hat zergliedert) **etwas zergliedern** etwas in einzelne Teile aufteilen und analysieren ⟨ein Problem, ein Thema, einen Vorgang, einen Satz, einen Text zergliedern⟩ • hierzu **Zer·glie·de·rung** *die*

zer·klei·nern VERB (zerkleinerte, hat zerkleinert) **etwas zerkleinern** aus etwas kleine(re) Stücke machen | *Nüsse zerkleinern* • hierzu **Zer·klei·ne·rung** *die*

zer·klüf·tet ADJEKTIV mit vielen tiefen Spalten und Schluchten ⟨ein Gebirge, eine Landschaft⟩ • hierzu **Zer·klüf·tung** *die*

zer·knautscht ADJEKTIV voller Knicke, (wie) zusammengedrückt ⟨ein Kissen, ein Mantel, ein Gesicht, eine Nase⟩

zer·knirscht ADJEKTIV (zerknirschter, zerknirschtest-) so, dass man weiß und es auch zeigt, dass man etwas falsch gemacht hat ⟨ein zerknirschtes Gesicht machen⟩ • hierzu **Zer·knir·schung** *die*

zer·knit·tern VERB (zerknitterte, hat zerknittert) **etwas zerknittern** einen Stoff oder Papier zusammendrücken, sodass viele (unregelmäßige) Falten entstehen

zer·knül·len VERB (zerknüllte, hat zerknüllt) **etwas zerknüllen** etwas so in der Hand zusammendrücken, dass eine Kugel entsteht ⟨ein (Stück) Papier, einen Brief zerknüllen⟩

zer·las·sen VERB (zerlässt, zerließ, hat zerlassen) **etwas zerlassen** etwas warm machen, sodass es flüssig wird ⟨Fett, Butter, Margarine⟩ | *zerlassene Butter*

zer·lau·fen VERB (zerläuft, zerlief, ist zerlaufen) **etwas zerläuft** *gesprochen* etwas zerfließt

★ **zer·le·gen** VERB (zerlegte, hat zerlegt) 1 **etwas zerlegen** alle Teile eines Gegenstands voneinander trennen, ohne sie zu beschädigen ⟨etwas in Einzelteile zerlegen⟩ | *einen Motor/eine Uhr zerlegen* | *Den Schrank kann man für den Transport zerlegen* 2 **etwas zerlegen** Geflügel, einen Fisch o. Ä. in Portionen aufteilen • hierzu **Zer·le·gung** *die;* zu (1) **zer·leg·bar** ADJEKTIV

zer·le·sen ADJEKTIV zerrissen und schmutzig, weil oft darin gelesen wurde ⟨eine Illustrierte, ein Buch⟩

zer·lumpt ADJEKTIV (zerlumpter, zerlumptest-) alt und zerrissen ⟨Kleidung⟩

zer·mal·men VERB (zermalmte, hat zermalmt) **etwas zermalmt jemanden/etwas** etwas sehr Schweres zerstört eine Sache oder tötet eine Person, weil es auf sie fällt

zer·man·schen VERB (zermanschte, hat zermanscht) **etwas zermanschen** *gesprochen* etwas so pressen, dass es zu einem Brei wird ⟨Kartoffeln, Bananen⟩

zer·mar·tern VERB (zermarterte, hat zermartert) **sich** (*Dativ*) **den Kopf/das Hirn zermartern** sehr angestrengt und intensiv nachdenken

zer·mür·ben VERB (zermürbte, hat zermürbt) **etwas zermürbt (jemanden)** etwas strengt eine Person über lange Zeit sehr an, nimmt ihr die Hoffnung o. Ä. und macht sie dadurch schwach | *Das lange Warten ist zermürbend* H oft im Partizip Präsens

zer·pflü·cken VERB (zerpflückte, hat zerpflückt) 1 **etwas zerpflücken** etwas in kleine Stücke reißen ⟨eine Blume, Salatblätter zerpflücken⟩ 2 **etwas zerpflücken** *meist abwertend* etwas ganz genau analysieren, um es scharf zu kritisieren ⟨eine Rede, jemandes Äußerung zerpflücken⟩

zer·plat·zen VERB (zerplatzte, ist zerplatzt) **etwas zerplatzt** ein Luftballon o. Ä. geht kaputt

zer·quet·schen VERB (zerquetschte, hat zerquetscht) 1 **jemanden/etwas zerquetschen** jemanden durch starkes Drücken o. Ä. schwer verletzen oder etwas stark beschädigen bzw. zerstören | *Er wurde von einem Lastwagen an die Wand gedrückt und zerquetscht* 2 **etwas zerquetscht jemandem etwas** etwas verletzt einen Körperteil von jemandem durch starken Druck

Zerr·bild *das* eine (absichtlich) falsche Beschreibung oder Schilderung einer Sache | *ein Zerrbild der wahren Zustände geben*

zer·re·den VERB (zerredete, hat zerredet) **mehrere Personen zerreden etwas** mehrere Personen reden so lange über etwas, bis sich niemand mehr dafür interessiert ⟨ein Gedicht, ein Buch, ein Thema zerreden⟩

★ **zer·rei·ßen** VERB (zerriss, hat/ist zerrissen) **1** **etwas zerreißen** (*hat*) etwas in zwei oder mehrere Stücke reißen **2** **ein Tier zerreißt jemanden** (*hat*) ein Tier reißt ein anderes Tier oder einen Menschen in Stücke **3** **etwas zerreißt jemanden/etwas** (*hat*) ein Geschoss, eine Explosion o. Ä. reißt jemanden/etwas in Stücke | *Bei der Bombenexplosion hat es ihn zerrissen* | *Die Kugel hat ihm die Wade zerrissen* **4** **sich** (*Dativ*) **etwas zerreißen** (*hat*) ein Stück der eigenen Kleidung beschädigen | *sich beim Klettern die Hose zerreißen* **5** **etwas zerreißt** (*ist*) etwas trennt sich plötzlich in zwei oder mehrere Teile oder bekommt Risse | *Papier/Dieser Stoff zerreißt leicht* **6** **sich (für jemanden/etwas) zerreißen** *gesprochen* (*hat*) sich (bei etwas) sehr große Mühe geben, sich für jemanden sehr stark einsetzen ■ **ID** **Ich kann mich doch nicht zerreißen!** *gesprochen* Ich kann nicht alles zur gleichen Zeit tun; **jemanden zerreißt es (fast) (vor Lachen)** *gesprochen* jemand muss sehr laut lachen

Zer·reiß·pro·be *die* eine Situation, in der eine wichtige Entscheidung fällt und für die man viel psychische Kraft braucht

zer·ren VERB (zerrte, hat gezerrt) **1** **jemanden/etwas in etwas** (*Akkusativ*) **zerren; jemanden/etwas aus etwas** (*Dativ*) **zerren** eine Person gegen ihren Willen oder etwas mit großer Kraft in/aus etwas ziehen | *jemanden mit Gewalt aus dem Auto/ins Haus zerren* **2** **sich** (*Dativ*) **etwas zerren** etwas so anstrengen und spannen, dass man sich verletzt ⟨sich (*Dativ*) einen Muskel, eine Sehne zerren⟩ **3** **jemanden vor Gericht zerren** *abwertend* jemanden vor ein Gericht bringen **4** **etwas an die Öffentlichkeit zerren** *abwertend* etwas, das für jemanden unangenehm oder peinlich ist, in einer Zeitung, im Fernsehen oder im Internet bekannt machen **5** **an jemandem/etwas zerren** (immer wieder) stark an jemandem/etwas ziehen ⟨an jemandes Ärmel zerren⟩ | *Der Hund zerrte an der Leine*

zer·rin·nen VERB (zerrann, ist zerronnen) **1** **etwas zerrinnt** etwas wird (vor allem durch Wärme) flüssig ⟨der Schnee, das Eis⟩ **2** **etwas zerrinnt** *geschrieben* etwas wird nicht Wirklichkeit ⟨eine Hoffnung; jemandes Träume, jemandes Ideale⟩

zer·ris·sen ■ PARTIZIP PERFEKT **1** → zerreißen
■ ADJEKTIV **2** so, dass man sich für nichts entscheiden kann und unter diesem Zustand leidet ⟨(innerlich) zerrissen sein⟩ • zu (2) **Zer·ris·sen·heit** *die*

Zer·rung *die*; (-, -en) eine Verletzung eines Muskels oder einer Sehne, die entsteht, wenn diese zu stark gedehnt worden sind [K] Muskelzerrung, Sehnenzerrung

zer·rüt·ten VERB (zerrüttete, hat zerrüttet) **1** **etwas zerrüttet jemanden/etwas** etwas strengt jemanden/etwas so stark an, dass für immer Schäden bleiben ⟨jemanden körperlich, seelisch zerrütten; eine zerrüttete Gesundheit; zerrüttete Nerven haben⟩ **2** **etwas ist zerrüttet** ein Verhältnis zwischen Menschen ist so schlecht, dass es zu Ende geht ⟨eine zerrüttete Ehe; zerrüttete Verhältnisse⟩ [H] meist im Partizip Perfekt oder im Passiv mit dem Hilfsverb *sein* • hierzu **Zer·rüt·tung** *die*

zer·schel·len VERB (zerschellte, ist zerschellt) **etwas zerschellt** etwas stößt sehr heftig gegen etwas und bricht dadurch in Stücke | *Das Flugzeug zerschellte an den Felsen*

zer·schla·gen[1] VERB (zerschlägt, zerschlug, hat zerschlagen) **1** **etwas zerschlagen** etwas auf etwas werfen, fallen lassen oder auf etwas schlagen, sodass es in Stücke bricht ⟨einen Teller, eine Fensterscheibe zerschlagen⟩ **2** **jemanden/etwas zerschlagen** eine Armee o. Ä. im militärischen Kampf besiegen und vernichten **3** **die Polizei zerschlägt etwas** die Polizei deckt eine kriminelle Organisation auf und verhindert so weitere Verbrechen ⟨einen Spionagering, die Rauschgiftmafia zerschlagen⟩ **4** **etwas zerschlägt sich** eine Ansicht führt nicht zu dem gewollten Ergebnis ⟨jemandes Pläne, Hoffnungen, Ideale⟩ • zu (2,3) **Zer·schla·gung** *die*

zer·schla·gen[2] ■ PARTIZIP PERFEKT **1** → zerschlagen[1]
■ ADJEKTIV **2** sehr müde und schwach ≈ *erschöpft*

zer·schlis·sen ADJEKTIV (vom langen Tragen) an vielen Stellen dünn geworden ⟨Ärmel, Kleidung⟩

zer·schmet·tern VERB (zerschmetterte, hat zerschmettert) **etwas zerschmettert etwas** etwas trifft etwas mit voller Wucht und zerstört es dadurch | *Sein Knie wurde von einer Gewehrkugel zerschmettert*

zer·schnei·den VERB (zerschnitt, hat zerschnitten) **1** **etwas zerschneiden** etwas in zwei oder mehrere Teile schneiden **2** **etwas zerschneiden** etwas durch Schneiden beschädigen **3** **sich** (*Dativ*) **etwas zerschneiden** sich an einem Körperteil verletzen, weil man in Kontakt mit einem sehr spitzen, scharfkantigen Gegenstand kommt

zer·schun·den ADJEKTIV mit vielen Narben, Wunden o. Ä. ⟨Knie, Ellbogen, Arme, Beine⟩

zer·set·zen VERB (zersetzte, hat zersetzt) **1** **etwas zersetzt etwas** etwas löst etwas durch chemische Reaktionen (in die Bestandteile) auf | *Manche Metalle werden von Säuren völlig zersetzt* **2** **etwas zersetzen** *abwertend* durch Ideen und politische Handlungen die bestehende Ordnung o. Ä. zerstören ⟨zersetzende Kritik⟩ [H] meist im Partizip Präsens **3** **etwas zersetzt sich** etwas löst sich durch chemische Reaktionen (in die Bestandteile) auf • hierzu **Zer·set·zung** *die*

zer·sie·deln VERB (zersiedelte, hat zersiedelt) **etwas zersiedeln** etwas durch das Bauen von zu vielen Häusern hässlich machen ⟨eine Landschaft zersiedeln⟩ • hierzu **Zer·sie·de·lung** *die*

zer·sprin·gen VERB (zersprang, ist zersprungen) **etwas zerspringt** etwas bricht in Stücke oder Scherben ⟨das Porzellan, die Vase, die Tasse, der Teller, die Steinplatte⟩

zer·stamp·fen VERB (zerstampfte, hat zerstampft) **1** **etwas zerstampfen** auf etwas so lange mit einem Gerät stoßen, bis es in sehr kleine Teile zerfallen ist ⟨Kartoffeln, Tomaten zerstampfen⟩ **2** **etwas zerstampfen** auf etwas so lange treten oder mit etwas stoßen, bis es zerstört ist

zer·stäu·ben VERB (zerstäubte, hat zerstäubt) **etwas zerstäuben** eine Flüssigkeit in sehr kleine Tropfen teilen (meist mit einem Gas oder mit Druck) • hierzu **Zer·stäu·bung** *die*

Zer·stäu·ber *der*; (-s, -) ein Gerät, mit dem man eine Flüssigkeit in die Luft sprüht [K] Parfümzerstäuber

zer·stie·ben VERB (zerstob, ist zerstoben) **etwas zerstiebt** etwas fliegt in kleinen Teilchen in alle Richtungen ⟨Funken, der Schnee, Wassertropfen⟩

★ **zer·stö·ren** VERB (zerstörte, hat zerstört) **1** **jemand/etwas zerstört etwas** eine Person oder Sache beschädigt etwas so, dass man es nicht mehr reparieren kann ⟨etwas völlig, restlos, mutwillig zerstören⟩ | *Im Krieg wurden viele Häuser durch Bomben völlig zerstört* **2** **jemand/etwas zerstört etwas** eine Person oder Sache bewirkt, dass es etwas Positives nicht mehr gibt ⟨jemandes Glück, den Frieden, jemandes Hoffnungen zerstören⟩ | *Seine Lügen haben mein Vertrauen zerstört* • hierzu **Zer·stö·rung** *die*

Zer·stö·rer *der*; (-s, -) **1** ein mittelgroßes Kriegsschiff **2** eine Person, die etwas zerstört (hat) • zu (2) **Zer·stö·re·rin** *die*

zer·stö·re·risch ADJEKTIV ⟨eine Kraft, eine Aktion, eine Wut⟩ so, dass sie zu Zerstörung führen

Zer·stö·rungs·wut *die*; *nur Singular* ein starker Wunsch oder ein Trieb, Dinge zu zerstören

Z

zer·sto·ßen VERB (zerstößt, zerstieß, hat zerstoßen) **etwas zerstoßen** etwas durch feste Stöße zu ganz kleinen Teilen machen ⟨Gewürze zerstoßen⟩

zer·strei·ten VERB (zerstritt sich, hat sich zerstritten) **eine Person zerstreitet sich mit jemandem; Personen zerstreiten sich** zwei oder mehrere Personen streiten so miteinander, dass die Beziehung schlecht wird und bleibt

zer·streu·en VERB (zerstreute, hat zerstreut) **1** **etwas zerstreut etwas** der Wind o. Ä. verteilt kleine oder leichte Sachen über eine relativ große Fläche **2** **die Polizei zerstreut Personen** die Polizei sorgt dafür, dass eine Gruppe von Menschen auseinandergeht | *Die Polizei zerstreute die Demonstranten* **3** **etwas zerstreuen** bewirken, dass bei einer anderen Person ein negatives Gefühl verschwindet ⟨jemandes Zweifel, Sorgen, Ängste zerstreuen⟩ **4** **Menschen zerstreuen sich** eine große Menschenmenge geht auseinander

zer·streut ■ PARTIZIP PERFEKT **1** → zerstreuen
■ ADJEKTIV **2** so, dass man an etwas ganz anderes denkt, während man etwas tut ⟨ein Mensch; zerstreut lächeln, antworten, nicken, wirken⟩ **3** ⟨zerstreut liegende Häuser, Höfe⟩ so, dass sie einzeln und weit voneinander entfernt liegen • hierzu **Zer·streut·heit** *die*

Zer·streu·ung *die;* (-, -en) **1** etwas, das zur Unterhaltung dient, vor allem damit man nicht an Probleme usw. denkt ⟨Zerstreuung suchen, finden; für Zerstreuung sorgen; jemandem Zerstreuung bieten⟩ **2** *nur Singular* das Auseinandertreiben einer Gruppe von Menschen **3** *nur Singular* das Auseinandergehen einer Gruppe von Menschen

zer·stü·ckeln VERB (zerstückelte, hat zerstückelt) **etwas zerstückeln** *abwertend* etwas in viele Teile oder kleine Stücke teilen ⟨ein Land, eine Fläche zerstückeln⟩ • hierzu **Zer·stü·cke·lung** *die*

zer·tei·len VERB (zerteilte, hat zerteilt) **1** **etwas zerteilen** etwas meist durch Schneiden, Brechen o. Ä. in mehrere Stücke teilen ⟨Fleisch, Geflügel zerteilen; ein Fluss zerteilt das Land⟩ **2** **etwas zerteilt sich** etwas löst sich allmählich auf ⟨der Nebel, die Wolken⟩

★ **Zer·ti·fi·kat** *das;* (-(e)s, -e) **1** eine Urkunde für eine bestandene Prüfung **2** ein Wertpapier (Anteil an einer Investmentgesellschaft) **3** ein Blatt Papier, auf dem jemand bestätigt, dass etwas echt ist ≈ *Bescheinigung* K Echtheitszertifikat

zer·tre·ten VERB (zertritt, zertrat, hat zertreten) **etwas zertreten** auf etwas mit dem Fuß treten und es dadurch stark beschädigen, zerstören oder töten ⟨ein Saatbeet, Blumen, einen Käfer, eine Spinne zertreten⟩

zer·trüm·mern VERB (zertrümmerte, hat zertrümmert) **etwas zertrümmern** etwas mit großer Kraft oder Gewalt zerbrechen oder in Stücke schlagen • hierzu **Zer·trüm·me·rung** *die*

Zer·würf·nis *das;* (-ses, -se); *geschrieben* ein sehr heftiger Streit meist zwischen Lebenspartnern, nach dem sie meist auseinandergehen ⟨ein häusliches, eheliches Zerwürfnis; ein tiefes, schweres Zerwürfnis⟩

zer·zau·sen VERB (zerzauste, hat zerzaust) **jemanden zerzausen; (jemandem) etwas zerzausen** jemandem die Haare in Unordnung bringen ⟨jemandem das Haar/die Haare zerzausen; jemandes Haar(e) zerzausen⟩

Ze·ter ■ ID **Zeter und Mordio schreien** mit lauter Stimme schimpfen und protestieren

ze·tern VERB (zeterte, hat gezetert) laut schimpfen oder jammern

★ **Zet·tel** *der;* (-s, -) ein (kleines) Blatt Papier für/mit Notizen | *An der Tür hing ein Zettel mit der Aufschrift „Komme gleich"* K Notizzettel

★ **Zeug** *das;* (-(e)s) **1** *gesprochen, meist abwertend* etwas, das man nicht mit der eigentlichen Bezeichnung nennt (z. B. weil die Bezeichnung nicht wichtig ist oder man die Sache lästig/schlecht findet) | *Hier liegt so viel Zeug herum, räum bitte auf!* | *„Magst du einen Likör?" – „Nein, so süßes Zeug trinke ich nicht."* **2** *gesprochen, abwertend* eine Äußerung, die nicht klug oder vernünftig ist ⟨dummes Zeug reden⟩ ≈ *Unsinn* **3** *veraltet* Stoff für Kleider **4** *veraltet* ≈ *Kleidung, Kleider* ■ ID **jemandem (et)was am Zeug flicken** etwas Negatives über jemanden sagen; **jemand hat (nicht) das Zeug zu/für etwas** jemand hat (nicht) die nötigen Fähigkeiten für etwas | *Er hat das Zeug zum Musiker*; **jemandem fehlt das Zeug zu/für etwas** jemand hat nicht die nötigen Fähigkeiten für etwas; **was das Zeug hält** mit aller Kraft | *Heute muss ich arbeiten, was das Zeug hält*; **sich (für jemanden/etwas) ins Zeug legen** sich viel Mühe geben (und alles tun, um jemandem zu helfen oder etwas zu erreichen)

-zeug *das; im Substantiv, unbetont, begrenzt produktiv; gesprochen* **Badezeug, Flickzeug, Malzeug, Nähzeug, Schreibzeug, Strickzeug, Turnzeug, Waschzeug** *und andere* die Gegenstände, die man für die genannte Tätigkeit braucht

★ **Zeu·ge** *der;* (-n, -n) **1** Zeugen sind Personen, die dabei sind, wenn etwas geschieht, aber selbst nicht an der Sache beteiligt sind ⟨ein unfreiwilliger, zufälliger Zeuge (einer Sache); Zeuge eines Gesprächs, eines Einbruchs, eines Verkehrsunfalls sein, werden⟩ K Augenzeuge, Ohrenzeuge, Tatzeuge, Unfallzeuge H a) *der Zeuge; den, dem, des Zeugen*; b) zu *Zeugin* → Info im Eintrag **-in** **2** Zeugen sind Personen, die bei der Polizei oder vor Gericht Fragen zu einem Fall beantworten ⟨ein Zeuge der Anklage, der Verteidigung; ein zuverlässiger, glaubwürdiger Zeuge; als Zeuge aussagen, auftreten, erscheinen, vorgeladen werden; Zeugen beibringen, (vor)laden, vernehmen; jemanden als Zeugen hören, einvernehmen; den Zeugen vereidigen⟩ | *Die Aussage des Zeugen belastete den Angeklagten schwer* K Zeugenaussage, Zeugenbefragung, Zeugeneid, Zeugeneinvernahme, Zeugenvernehmung, Zeugenvorladung; Belastungszeuge, Entlastungszeuge, Hauptzeuge H a) *der Zeuge; den, dem, des Zeugen*; b) zu *Zeugin* → Info im Eintrag **-in** **3** bei manchen Vorgängen werden Zeugen gebraucht, damit diese juristisch gültig sind ⟨ein Testament vor Zeugen abfassen, eröffnen; etwas im Beisein von Zeugen tun⟩ | *bei einem Vertragsabschluss/bei einer Trauung als Zeuge fungieren* (als Zeuge dabei sein) K Taufzeuge, Trauzeuge H a) *der Zeuge; den, dem, des Zeugen*; b) zu *Zeugin* → Info im Eintrag **-in** • hierzu **Zeu·gin** *die*

★ **zeu·gen** VERB (zeugte, hat gezeugt) **1** **ein Kind zeugen** (als Mann oder Paar) durch Sex ein Kind entstehen lassen H eine Frau *empfängt* ein Kind **2** **etwas zeugt etwas** *geschrieben* etwas produziert etwas, bringt etwas hervor | *Neid zeugt oft Hass* **3** **etwas zeugt von etwas** etwas ist ein Zeichen für etwas, macht etwas deutlich | *Ihre Reaktion zeugt nicht gerade von Begeisterung*

Zeu·gen·bank *die* eine Bank im Gerichtssaal, auf der die Zeugen sitzen ⟨auf der Zeugenbank sitzen⟩

Zeu·gen·stand *der; meist Singular* der Platz im Gerichtssaal, an dem die Zeugen (vor dem Richter) stehen oder sitzen, wenn sie sprechen ⟨jemanden in den Zeugenstand rufen; in den Zeugenstand treten; im Zeugenstand sitzen⟩

Zeug·haus *das; historisch* ein Haus für die Waffen einer Stadt

★ **Zeug·nis** *das;* (-ses, -se) **1** eine Urkunde, auf der in Form von Noten steht, wie gut die Leistungen eines Schülers, Lehrlings o. Ä. waren K Zeugnisausgabe, Zeugnismappe, Zeugnisnote; Abiturzeugnis, Abschlusszeugnis, Prüfungszeugnis, Schulzeugnis, Halbjahreszeugnis, Jahreszeugnis, Zwischenzeugnis **2** eine schriftliche Bescheinigung, die ein

Arbeiter oder Angestellter vom Arbeitgeber (als Beweis für die Leistungen) bekommt, wenn er die Firma verlässt ⟨jemandem ein Zeugnis ausstellen⟩ K Arbeitszeugnis **3** der Bericht eines Experten über eine Person oder einen Vorgang oder Zusammenhang nach sorgfältiger wissenschaftlicher Untersuchung ⟨ein ärztliches, amtliches Zeugnis⟩ ≈ *Gutachten* K Gesundheitszeugnis **4** *geschrieben* etwas, an dem man erkennt, in welchem Zustand eine Person oder eine Sache ist ≈ *Anzeichen* **5** **ein Zeugnis der Vergangenheit** ein Gegenstand, der zeigt, wie das Leben vor langer Zeit war ■ ID **etwas ist (ein) beredtes Zeugnis von etwas** etwas zeugt von etwas, etwas ist ein Zeichen von etwas

Zeugs *das;* (-); *gesprochen, abwertend* ≈ *Zeug*

Zeu·gung *die;* (-) der Vorgang des Zeugens von Kindern K Zeugungsakt, Zeugungsfähigkeit, Zeugungstermin, Zeugungsunfähigkeit; zeugungsfähig, zeugungsunfähig

z. H., z. Hd. Abkürzung für *zu Händen* ■ ID → Hand

Zi·cke *die;* (-, -n) **1** eine weibliche Ziege **2** **(dumme) Zicke** *gesprochen, abwertend* ≈ *Ziege* ■ ID **Zicken machen** *gesprochen* dumme Dinge tun und damit jemandem Schwierigkeiten machen

zi·ckig ADJEKTIV; *gesprochen, abwertend* ⟨ein Mädchen, eine Frau⟩ schnippisch und launenhaft

Zick·lein *das;* (-s, -) eine junge Ziege

Zick·zack **im Zickzack** in einer Linie, die dauernd von links nach rechts und wieder nach links geht ⟨im Zickzack fahren⟩ K Zickzackkurs, Zickzacklinie • hierzu **zick·zack** ADVERB

★ **Zie·ge** *die;* (-, -n) **1** ein mittelgroßes Tier mit Hörnern, das gut auf steilen Wiesen klettern kann und das wegen der Milch gehalten wird ⟨die Ziege meckert; Ziegen halten, hüten, melken⟩ K Ziegenbock, Ziegenherde, Ziegenkäse, Ziegenleder, Ziegenmilch **2** *gesprochen, abwertend* verwendet als Schimpfwort für ein Mädchen oder eine Frau ⟨eine alberne, blöde, dumme Ziege⟩

ZIEGE

Zie·gel *der;* (-s, -) **1** Ziegel sind die Steine, mit denen man die Mauern von Häusern baut ⟨Ziegel formen, brennen; etwas aus Ziegeln mauern⟩ K Ziegelbau, Ziegelbrennerei, Ziegelmauer, Ziegelstaub, ziegelrot; Lehmziegel, Tonziegel, Mauerziegel **2** Ziegel sind die flachen Platten, die auf den Dächern von Häusern liegen ⟨ein Dach, ein Haus mit Ziegeln decken⟩ K Ziegeldach; Dachziegel

Zie·ge·lei *die;* (-, -en) ein Betrieb, der Ziegel produziert

Zie·gel·stein *der* ein einzelner Ziegel

Zie·gen·pe·ter *der;* (-s); *veraltend* ≈ *Mumps*

zieh *Präteritum, 1. und 3. Person Singular* → ziehen

★ **zie·hen** VERB (zog, hat/ist gezogen)

▸mit den Händen, mit Kraft: **1** **jemand/etwas zieht (jemanden/etwas)** (*hat*) eine Person, ein Tier oder Fahrzeug bewegt Personen/Dinge hinter sich her in die gleiche Richtung | *ein von Hunden gezogener Schlitten* | *Du schiebst, und ich ziehe!* **2** **(jemanden/etwas irgendwohin/irgendwoher) ziehen** (*hat*) jemanden/etwas mit den Händen festhalten und näher zu sich bewegen | *jemanden zu sich ins Boot ziehen* | *einen Fisch aus dem Wasser/an Land ziehen* | *Sie zog mit aller Kraft* **3** **etwas ziehen** (*hat*) etwas greifen und irgendwohin bewegen | *die Mütze tief in die Stirn ziehen* | *Er zog grüßend seinen Hut (vom Kopf)* **4** **etwas (aus etwas) ziehen** (*hat*) etwas durch Ziehen aus etwas nehmen ⟨(jemandem) einen Zahn ziehen; etwas aus der Tasche, den Nagel aus der Wand, den Korken aus der Flasche ziehen⟩ | *Bevor du den Computer aufschraubst, musst du den Stecker ziehen* **5** **etwas ziehen; an etwas** (*Dativ*) **ziehen** (*hat*) einen Mechanismus durch Ziehen betätigen ⟨die Handbremse, die Notbremse ziehen; an der Glocke, an der Klingel, an der Schnur ziehen⟩ **6** **etwas ziehen** (*hat*) etwas durch Ziehen befestigen und spannen ⟨eine Schnur, eine Leine, einen Draht ziehen⟩ **7** **an jemandem/etwas ziehen** (*hat*) versuchen, jemanden/etwas zu sich her zu bewegen | *Der Hund zog an der Leine* **8** **jemanden an etwas** (*Dativ*) **ziehen** (*hat*) jemanden irgendwo greifen und dann ziehen ⟨jemanden am Ärmel, an den Haaren ziehen⟩

▸an einen Ort: **9** **irgendwohin ziehen** (*ist*) den Wohnsitz an einen anderen Ort verlegen ⟨in die Stadt, aufs Land, nach Stuttgart/Italien /... ziehen⟩ **10** **irgendwohin ziehen** (*ist*) sich (in einer Gruppe) irgendwohin bewegen | *Junge Handwerker zogen früher oft durchs Land* | *Die Demonstranten zogen vors/zum Rathaus* | *Die Vögel ziehen im Herbst nach Süden* **11** **jemanden zieht es irgendwohin** (*hat*) jemand hat den Wunsch, zum genannten Ort oder Ziel zu gehen, fahren | *Im Sommer zieht es mich immer ans Meer* **12** **etwas zieht irgendwohin** (*ist*) etwas bewegt sich irgendwohin | *Der Rauch zog ins Wohnzimmer* **13** **es zieht** (*hat*) kalte Luft strömt durch oder in einen Raum, sodass es unangenehm ist | *Bitte mach das Fenster zu, es zieht!*

▸Spielfigur, Waffe, Gewinner, Karte: **14** **(etwas) (irgendwohin) ziehen** (*hat*) eine Spielfigur bewegen | *den Turm/mit dem Turm ziehen* **15** **(etwas) ziehen** (*hat*) schnell zur Waffe greifen ⟨die Pistole, den Revolver, das Schwert ziehen⟩ **16** **jemanden/etwas ziehen** (*hat*) aus einer Menge von Zahlen, Karten o. Ä. eine (oder mehrere) herausnehmen und so einen Gewinner feststellen ⟨die Lottozahlen, den Gewinner ziehen⟩ | *Zieh eine Karte!* (Wähle eine Karte von denen, die ich dir hinhalte)

▸Funktion, Erfolg: **17** **etwas zieht gut/schlecht/nicht** (*hat*) etwas hat genug/nicht genug Luft zum Brennen ⟨der Ofen, der Kamin, die Pfeife⟩ **18** **etwas zieht gut/schlecht/nicht** (*hat*) etwas hat viel Kraft und funktioniert gut/schlecht ⟨das Auto, der Motor⟩ **19** **etwas zieht** (*hat*) etwas hat den gewünschten Erfolg ⟨eine Masche, ein Trick⟩ | *Komplimente ziehen bei mir nicht* ▮ meist verneint

▸Pflanzen: **20** **Pflanzen ziehen** (*hat*) Samen in die Erde legen und die daraus wachsenden Pflanzen pflegen, bis sie größer sind

▸Kleidung: **21** **etwas über/unter etwas** (*Akkusativ*) **ziehen** (*hat*) ein Kleidungsstück anziehen, sodass es über/unter einem anderen ist | *einen Pullover über das Hemd ziehen* | *eine Strumpfhose unter die Jeans ziehen*

▸Schmerzen: **22** **jemandem zieht es irgendwo** (*hat*) jemand hat am genannten Körperteil Schmerzen ⟨jemandem zieht es im Rücken, im Kreuz⟩

▸Tee: **23** **der Tee zieht** (*hat*) die Teeblätter o. Ä. bleiben im heißen Wasser, bis der Tee genug Geschmack und Wirkung hat | *den Tee drei Minuten ziehen lassen und dann abgießen* | *Ich habe den Tee aufgegossen, jetzt muss er noch ziehen*

▸Gesichtsausdruck: **24** **etwas ziehen** (*hat*) den Gesichtsausdruck stark verändern ⟨Grimassen ziehen; die Mundwinkel nach unten, die Stirn in Falten ziehen⟩ | *Jetzt zieh nicht so ein langes Gesicht/so einen Flunsch, wir können den Ausflug ja morgen nachholen*

▸saugen: **25** **an etwas** (*Dativ*) **ziehen** (*hat*) Rauch oder Flüssigkeit in den Mund saugen ⟨an einer Zigarette, an einem Strohhalm ziehen⟩

▸bauen, zeichnen, herstellen: **26** **etwas ziehen** (*hat*) eine Linie

zeichnen ⟨eine Linie, einen Strich, einen Kreis ziehen⟩ **27** **etwas ziehen** (*hat*) etwas bauen, errichten, herstellen ⟨einen Graben, einen Zaun ziehen; Kerzen ziehen⟩ | *eine Mauer um den Garten ziehen*
▸Dauer, Länge: **28** **etwas zieht sich** (*hat*) etwas dauert sehr lange oder dehnt sich über eine lange Strecke | *Die Rede zieht sich vielleicht!* (Die Rede ist sehr lang)
▸Folge, Wirkung: **29** **jemand/etwas zieht etwas auf sich** (*hat*) eine Person oder Sache ist so oder verhält sich so, dass sie zum Mittelpunkt oder Ziel einer Sache wird ⟨jemandes Aufmerksamkeit, die Blicke auf sich ziehen⟩ | *Pass auf, dass du nicht den Unmut des Chefs auf dich ziehst* (dass du nicht den Chef verärgerst) **30** **etwas zieht etwas nach sich** (*hat*) etwas hat etwas als Folge | *Die Verletzung zog eine lange Behandlung nach sich*
▸zur Umschreibung: **31** **etwas ziehen** (*hat*) verwendet zusammen mit einem Substantiv, um ein Verb zu umschreiben | *Lehren aus etwas ziehen* (aus etwas lernen) | *Schlüsse aus etwas ziehen* (etwas aus etwas schließen) | *Vergleiche ziehen* (Dinge/Personen miteinander vergleichen) | *etwas in Zweifel ziehen* (etwas bezweifeln)

Zieh·har·mo·ni·ka *die* ≈ *Akkordeon*

Zieh·mut·ter *die; veraltend* ≈ *Pflegemutter*

Zie·hung *die;* (-, -en) das Ziehen von Losen, Nummern usw. | *die Ziehung der Lottozahlen*

Zieh·va·ter *der; veraltend* ≈ *Pflegevater*

★ **Ziel** *das;* (-(e)s, -e) **1** die Stelle, an der ein Rennen endet (und die Zeit gemessen wird) ⟨als Erster, Zweiter ins Ziel kommen, am Ziel ankommen⟩ ↔ *Start* | *Sie ging als Erste durchs Ziel* (kam zuerst dort an) K Zielfoto, Zielgerade, Zielkamera, Zielkurve, Ziellinie, Zielrichter; Endziel, Etappenziel **2** der Ort, den jemand am Ende einer Reise, Fahrt, Wanderung o. Ä. erreichen will ⟨am Ziel ankommen; mit unbekanntem Ziel abreisen⟩ K Zielbahnhof, Zielflughafen; Ausflugsziel, Fahrtziel, Marschziel, Reiseziel, Wanderziel; Fernziel, Nahziel **3** das, was ein Pfeil, Schuss o. Ä. treffen soll ⟨ein bewegliches, festes Ziel; das Ziel treffen, verfehlen, anvisieren; (jemandem) ein gutes Ziel bieten; am Ziel vorbeischießen⟩ | *ein Schuss mitten ins Ziel* **4** **das Ziel** (+*Genitiv*) das, was eine Person mit ihren Handlungen erreichen möchte ⟨klare, langfristige, kurzfristige, weit gesteckte Ziele; die politischen, militärischen, wirtschaftlichen Ziele eines Landes; ein Ziel anstreben, verfolgen, erreichen, verwirklichen; etwas zum Ziel haben; sich (*Dativ*) ein Ziel/etwas zum Ziel stecken, setzen; sich von seinem Ziel (nicht) abbringen lassen; etwas führt zum Ziel; das Ziel seiner Wünsche erreichen⟩ | *Sein Ziel ist, Politiker zu werden* K Arbeitsziel, Berufsziel, Erziehungsziel, Lebensziel, Studienziel, Hauptziel, Lohnziel, Produktionsziel ■ ID **über das Ziel hinausschießen** bei etwas (stark) übertreiben oder viel zu weit gehen

ziel·be·wusst ADJEKTIV so, dass ganz deutlich ist, was eine Person erreichen möchte ⟨ein Handeln, ein Vorgehen; etwas zielbewusst ansteuern, anstreben, vorantreiben; zielbewusst auf etwas hinarbeiten⟩ ≈ *entschlossen*

zie·len VERB (zielte, hat gezielt) **1** **(auf jemanden/etwas) zielen** eine Waffe o. Ä. so auf eine Person oder Sache richten, dass man sie mit dem Schuss trifft ⟨gut, schlecht, genau zielen; ein gut gezielter Schuss, Wurf⟩ | *auf ein Reh zielen* K Zielvorrichtung **2** **auf jemanden/etwas zielen** jemanden/etwas mit einer Äußerung meinen bzw. sich mit einer Äußerung auf jemanden/etwas beziehen | *Seine kritischen Bemerkungen zielten auf gewisse Arbeitskollegen* **3** **etwas zielt auf etwas** (*Akkusativ*) eine Handlung hat den genannten Zweck | *Die Maßnahmen zielen auf die Verbesserung der sozialen Bedingungen*

Ziel·fern·rohr *das* ein Fernrohr (an einem Gewehr), mit dem man besser zielen kann

ziel·füh·rend ADJEKTIV sinnvoll und so, dass ein Erfolg sicher oder sehr wahrscheinlich ist ⟨Verhandlungen, Gespräche, eine Planung⟩

Ziel·grup·pe *die* eine Gruppe von Menschen mit ähnlichen Eigenschaften, die als Konsumenten eines Produkts angesprochen werden sollen

ziel·los ADJEKTIV ohne Ziel und Richtung ⟨ein Mensch; ziellos leben, umherirren⟩ • hierzu **Ziel·lo·sig·keit** *die*

Ziel·schei·be *die* **1** eine Scheibe, Platte o. Ä. mit Kreisen, an der man das Zielen übt **2** **zur Zielscheibe des Spottes/der Kritik werden** derjenige sein, gegen den sich der Spott/die Kritik richtet

Ziel·set·zung *die* ⟨eine klare, realistische, politische Zielsetzung⟩ ≈ *Absicht, Plan*

ziel·si·cher ADJEKTIV **1** geübt im Zielen, daher sicher im Schießen, Werfen usw. ⟨ein Schütze⟩ **2** *meist adverbiell* mit dem genauen Wissen, was man tun muss, um das eigene Ziel zu erreichen ⟨zielsicher vorgehen⟩ • zu (1) **Ziel·si·cher·heit** *die*

ziel·stre·big ADJEKTIV mit dem festen Willen, das gewollte Ergebnis der Handlungen zu erreichen ⟨ein Mensch; zielstrebig handeln, vorgehen; auf jemanden/etwas zielstrebig zugehen⟩ • hierzu **Ziel·stre·big·keit** *die*

Ziel·was·ser *das;* (-s, Ziel·wäs·ser); *humorvoll* ein alkoholisches Getränk, das vor der Jagd, dem Schießen o. Ä. getrunken wird ■ ID **kein Zielwasser getrunken haben** *gesprochen* das Ziel nicht treffen

zie·men VERB (ziemte sich, hat sich geziemt) **etwas ziemt sich** *veraltend* etwas gehört sich **H** meist verneint

★ **ziem·lich** ■ ADVERB **1** im Vergleich zu anderen Personen, Dingen oder Gelegenheiten ≈ *relativ* | *ein ziemlich heißer Tag* | *ziemlich viel trinken* | *Diese Aufgabe ist ziemlich schwierig* **2** **(so) ziemlich** *gesprochen* ≈ *fast* | *Sie hat so ziemlich alles, was man sich wünschen kann* | *Er war mit seiner Geduld ziemlich am Ende*
■ ADJEKTIV **3** *gesprochen meist attributiv* relativ groß | *etwas mit ziemlicher Sicherheit wissen* | *eine ziemliche Menge Geld* | *mit ziemlicher Geschwindigkeit* **4** *geschrieben, veraltend* der jeweiligen Situation oder dem sozialen Status angemessen

zie·pen VERB (ziepte, hat geziept); *besonders norddeutsch* **1** **jemanden (an etwas** (*Dativ*)**) ziepen** jemanden kurz an den Haaren (oder einem anderen Körperteil) ziehen **2** **etwas ziept** etwas macht einen kurzen Schmerz (z. B. wenn man beim Kämmen an einem Knoten hängen bleibt)

Zier *die;* (-); *veraltend* ≈ *Zierde*

Zier- *im Substantiv, betont, begrenzt produktiv* **der Zierfisch, die Zierleiste, die Ziernaht, die Zierpflanze, der Zierstrauch** *und andere* verwendet, um Dinge oder Tiere zu bezeichnen, die man wegen ihrer Schönheit und nicht wegen ihres praktischen Nutzens hat oder verwendet

Zier·de *die;* (-, -n); *meist Singular* etwas, das etwas anderes schöner aussehen lässt ≈ *Schmuck* | *Der alte Brunnen ist eine Zierde für das Dorf*

zie·ren VERB (zierte, hat geziert) **1** **etwas ziert etwas** *geschrieben* etwas dient als Schmuck oder Zierde | *Goldene Ringe zierten ihre Hände* **2** **sich zieren** *abwertend* etwas nicht tun wollen (weil man Angst hat, sich schämt, zu stolz dafür ist o. Ä.)

zier·lich ADJEKTIV **1** mit feinen, schlanken Gliedern ⟨eine Gestalt, eine Figur; Hände; zierlich (gebaut) sein⟩ | *eine zierliche alte Dame* **2** so, dass die Bewegungen geschickt und elegant sind ⟨eine Bewegung, ein Knicks; sich zierlich verneigen⟩ ≈ *graziös* • hierzu **Zier·lich·keit** *die*

Zier·rat *der; (-(e)s, -e); geschrieben ≈ Verzierung, Dekoration*

★ **Zif·fer** *die; (-, -n)* **1** ein geschriebenes Zeichen, das für eine Zahl steht | *eine Zahl mit vier Ziffern* **2** *gesprochen ≈ Zahl* **3** **die arabischen Ziffern** die Zeichen 1, 2, 3, 4 usw. **4** **die römischen Ziffern** die Zeichen I, II, III, IV usw. **5** eine Ziffer, die einen Abschnitt in einem Gesetzestext bezeichnet | *Paragraf 5, Ziffer 9 der Verordnung*

Zif·fer·blatt *das* der flache Teil einer Uhr, auf dem die Stunden im Kreis angeordnet sind

zig *gesprochen* sehr viele | *Er hat zig Freundinnen*

★ **Zi·ga·ret·te** *die; (-, -n)* eine kleine Rolle Tabak, die in eine Hülle aus Papier eingewickelt ist und die man raucht ⟨eine starke, leichte, nikotinarme Zigarette; eine Zigarette anzünden, rauchen, ausdrücken; an einer Zigarette ziehen; eine Zigarette mit, ohne Filter; eine Schachtel Zigaretten⟩ K Zigarettenasche, Zigarettenautomat, Zigarettenetui, Zigarettenfabrik, Zigarettenpapier, Zigarettenqualm, Zigarettenrauch, Zigarettensorte, Zigarettenstummel, Zigarettentabak; Filterzigarette

Zi·ga·ril·lo *der/das; (-s, -s)* eine kurze, dünne Zigarre

★ **Zi·gar·re** *die; (-, -n)* eine Rolle aus braunen Tabakblättern, die man raucht K Zigarrenfabrik, Zigarrenqualm, Zigarrenrauch, Zigarrensorte, Zigarrentabak; Havannazigarre

Zi·geu·ner *der; (-s, -); gesprochen* ⚠ ein rassistisches Wort für Sinti und Roma K Zigeunermusik, Zigeunersprache • hierzu **Zi·geu·ne·rin** *die*

zig·fach *gesprochen* ⟨etwas zigfach vergrößern⟩ *≈ vielfach* | *Das kostet heute ein Zigfaches*

zig·mal ADVERB; *gesprochen* sehr oft

Zig·tau·send, **zig·tau·send** ZAHLWORT *nur in dieser Form; gesprochen* viele (Tausend)

Zig·tau·sen·de, **zig·tau·sen·de** ZAHLWORT; *gesprochen* viele Tausende H → **Tausende**

★ **Zim·mer** *das; (-s, -)* **1** ein Raum in einer Wohnung oder in einem Haus, in dem man arbeitet, schläft usw. ⟨ein helles, freundliches, geräumiges Zimmer; ein leeres, möbliertes Zimmer; ein Zimmer einrichten, tapezieren; ein Zimmer lüften; ein Zimmer (ver)mieten⟩ | *eine Wohnung mit zwei Zimmern, Küche, Bad und WC* K Zimmerbeleuchtung, Zimmerpflanze, Zimmerdecke, Zimmertür, Zimmervermietung; Arbeitszimmer, Badezimmer, Esszimmer, Gästezimmer, Kinderzimmer, Schlafzimmer, Wohnzimmer, Konferenzzimmer, Krankenzimmer, Wartezimmer **2** ein Raum in einem Hotel o. Ä., in dem Gäste z. B. im Urlaub wohnen ⟨ein Zimmer reservieren, bestellen, nehmen; auf/in sein Zimmer gehen; sich (*Dativ*) etwas aufs Zimmer bringen lassen⟩ | *ein Zimmer mit Dusche und WC* | *Haben Sie noch Zimmer frei?* K Zimmerkellner, Zimmernummer; Fremdenzimmer, Hotelzimmer, Einbettzimmer, Einzelzimmer, Doppelzimmer **3** die Möbel für ein Zimmer K Zimmereinrichtung; Bauernzimmer, Jugendzimmer, Kinderzimmer, Schlafzimmer, Wohnzimmer

Zim·mer- *im Substantiv, betont, begrenzt produktiv* **1** **der Zimmergeselle, das Zimmerhandwerk, der Zimmermeister, die Zimmerwerkstatt** stellt einen Bezug auf das Handwerk des Zimmermanns her **2** **der Zimmergenosse, der Zimmerservice, die Zimmertür, die Zimmerpflanze** *und andere* zu einem Zimmer gehörend **3** **die Zimmerantenne, die Zimmerpflanze** *und andere* für Räume in einem Haus gedacht oder geeignet

Zim·me·rer *der; (-s, -) ≈ Zimmermann* K Zimmererarbeit, Zimmererhandwerk • hierzu **Zim·me·rin** *die*

Zim·mer·flucht *die* eine Reihe von Zimmern, die miteinander durch Türen verbunden sind

Zim·mer|laut·stär·ke *die; nur Singular* eine so niedrige Lautstärke, dass man außerhalb des Zimmers nichts hört (und so andere Leute nicht gestört werden) | *das Radio auf Zimmerlautstärke stellen/drehen*

★ **Zim·mer·mäd·chen** *das* eine Frau, die in einem Hotel o. Ä. die Zimmer aufräumt, die Betten macht usw.

Zim·mer·mann *der; (-(e)s, Zim·mer·leu·te)* eine Person, die beruflich beim Bau eines Hauses die Arbeiten macht, die mit Holz zu tun haben (vor allem den Dachstuhl)

zim·mern VERB *(zimmerte, hat gezimmert)* **(etwas) zimmern** etwas (ohne Maschinen) aus Holz machen ⟨einen Tisch, einen Stuhl, eine Bank zimmern⟩ | *ein grob gezimmerter Schrank*

Zim·mer·tem·pe·ra·tur *die* die Wärme (ca. 20 °C), die ein (bewohntes) Zimmer gewöhnlich hat ⟨etwas bei Zimmertemperatur lagern, aufbewahren⟩

-zim·mer·woh·nung *die; im Substantiv, unbetont, begrenzt produktiv* **Einzimmerwohnung, Zweizimmerwohnung, Dreizimmerwohnung** *usw.* eine Wohnung mit der genannten Zahl von Zimmern (wobei Küche, Bad, Toilette usw. nicht mitgezählt werden)

zim·per·lich ADJEKTIV; *abwertend* sehr empfindlich (schon bei geringen Schmerzen) | *Sei nicht so zimperlich, eine Spritze tut doch gar nicht weh!* • hierzu **Zim·per·lich·keit** *die*

Zimt *der; (-(e)s)* ein gelblich braunes Gewürz, das als Pulver oder in kleinen Stangen für süße Speisen verwendet wird | *Milchreis mit Zimt und Zucker bestreuen* K Zimtstange

Zink *das; (-(e)s)* ein Metall, das besonders zum Schutz vor Rost verwendet wird K Zinkblech, Zinklegierung, Zinkoxid, Zinksalbe, Zinksalz, Zinkverbindung H chemisches Zeichen: *Zn*

Zin·ke *die; (-, -n)* einer der schmalen, spitzen Teile bei einer Gabel oder einem Kamm K Gabelzinke, Rechenzinke

zin·ken VERB *(zinkte, hat gezinkt)* **etwas zinken** Spielkarten außen so markieren, dass man sie erkennen kann

Zin·ken *der; (-s, -)* **1** *≈ Zinke* **2** *gesprochen, oft abwertend* eine meist große Nase K Riesenzinken

Zinn *das; (-(e)s)* **1** ein weiches Metall, das wie Silber glänzt und das man leicht formen kann K Zinnbergwerk; Lötzinn H chemisches Zeichen: *Sn* **2** Gegenstände, vor allem Geschirr, aus Zinn K Zinnbecher, Zinnfigur, Zinnkrug, Zinnschale, Zinnteller; Tafelzinn

Zin·ne *die; (-, -n); meist Plural* viereckige Blöcke auf den Mauern einer Burg (hinter denen die Verteidiger geschützt waren)

Zin·no·ber *der; (-s, -)* **1** ein helles, gelbliches Rot K zinnoberrot **2** *gesprochen, abwertend nur Singular* unnötige Aufregung ⟨Zinnober wegen etwas machen⟩

★ **Zins**[1] *der; (-es, -en); meist Plural* Zinsen zahlt man z. B., wenn man sich Geld leiht, und bekommt man, wenn man bei einer Bank Geld spart ⟨hohe, niedrige Zinsen; etwas bringt, trägt Zinsen; jemandem Zinsen zahlen⟩ | *Wie hoch sind die Zinsen bei diesem Sparvertrag?* | *Für den Kredit zahlen wir leider sehr hohe Zinsen* K Zinserhöhung, Zinspolitik, Zinsrechnung, Zinssenkung, Zinswucher; Bankzinsen, Kreditzinsen, Verzugszinsen; Habenzins, Sollzins

Zins[2] *der; (-es, -e)* **1** *süddeutsch* Ⓐ㊉ ⟨den Zins zahlen⟩ *≈ Miete* K Mietzins, Pachtzins, Jahreszins, Monatszins **2** *historisch ≈ Abgabe, Steuer*

Zins·ab·schlag *der;* Ⓓ die Prozente, die eine Bank für die Steuern von den Zinsen abzieht, die eine Person bekommt

Zin·ses·zins *der* das Geld, das man von der Bank für die Zinsen bekommt, die bei ihr (liegen) bleiben K Zinseszinsrechnung

Zins·fuß *der ≈ Zinssatz*

zins·güns·tig ADJEKTIV so, dass man dafür niedrige Zinsen zahlt (bei einem Kredit) bzw. hohe Zinsen bekommt (bei Ersparnissen) ⟨ein Kredit, ein Darlehen, ein Sparvertrag,

Wertpapiere⟩
Zins·satz *der* die Höhe der Zinsen (in Prozent) | *ein Zinssatz von drei Prozent*
Zi·o·nis·mus *der;* (-) *historisch* eine politische Bewegung mit dem Ziel, für die Juden einen unabhängigen Staat (Israel) zu schaffen ● hierzu **Zi·o·nist** *der;* **zi·o·nis·tisch** ADJEKTIV
Zip·fel *der;* (-s, -) **1** das Ende eines Tuchs oder an der Kleidung | *die Zipfel eines Taschentuchs* | *eine lustige Mütze mit langem Zipfel* K Zipfelmütze; Bettzipfel, Hemdzipfel, Rockzipfel, Schürzenzipfel, Wurstzipfel **2** *gesprochen* ⚠ ≈ *Penis*
★ **zir·ka** ADVERB **zirka** +*Zahl/Maßangabe* nicht genau, sondern vielleicht etwas mehr oder weniger ≈ *ungefähr* | *Ich bin in ca. einer Stunde zurück* | *Er wiegt ca. 80 Kilo* H Abkürzung: *ca.*
Zir·kel *der;* (-s, -) **1** ein Gerät, ungefähr von der Form eines umgekehrten V, mit dem man Kreise zeichnen kann ⟨mit dem Zirkel einen Kreis ziehen, schlagen⟩ K Zirkelkasten **2** eine Gruppe von Personen, die ein gemeinsames Hobby oder gemeinsame Interessen haben (und sich daher oft treffen) K Literaturzirkel
Zir·kel·schluss *der* ein Argument, bei dem man das, was man beweisen will, schon voraussetzt
zir·ku·lie·ren VERB (zirkulierte, hat zirkuliert) **1** **etwas zirkuliert** etwas bewegt sich (in einem System oder Raum) im Kreis | *Das Blut zirkuliert im Körper* | *einen Ventilator einschalten, damit die Luft besser zirkuliert* **2** **etwas zirkuliert** etwas wird von einer Person zu einer anderen Person usw. weitergegeben ⟨Gerüchte⟩ ● hierzu **Zir·ku·la·ti·on** *die*
★ **Zir·kus** *der;* (-, -se) **1** ein Unternehmen, das die Leute mit Akrobatik, Clowns, dressierten Tieren usw. unterhält K Zirkusclown, Zirkusdirektor, Zirkuspferd, Zirkusreiter; Staatszirkus **2** eine einzelne Vorstellung eines Zirkus | *Der Zirkus beginnt um 20 Uhr* K Zirkusvorstellung **3** das Zelt, in dem man die Akrobaten, Clowns und dressierten Tiere eines Zirkus sehen kann K Zirkuszelt **4** *gesprochen, abwertend* unnötige Aufregung ⟨einen großen Zirkus machen/veranstalten⟩
zir·pen VERB (zirpte, hat gezirpt) **etwas zirpt** ein Insekt oder ein Gerät gibt ein hohes, reibendes Geräusch von sich ⟨ein Grashüpfer, eine Grille, ein Heimchen⟩
zi·scheln VERB (zischelte, hat gezischelt) **(etwas) zischeln** wütend flüstern
zi·schen VERB (zischte, hat/ist gezischt) **1** **etwas zischen** (*hat*) etwas in ärgerlichem, scharfem Ton sagen | *„Hau ab", zischte sie wütend* **2** **ein Tier zischt** (*hat*) eine Gans, eine Schlange o. Ä. gibt schnell hintereinander Laute von sich, die wie *s, sch* oder *z* klingen K Zischlaut **3** **etwas zischt** etwas produziert Laute, die wie *s, sch* oder *z* klingen | *Heißes Fett zischt, wenn Wasser dazukommt* **4** **irgendwohin zischen** *gesprochen* (*ist*) sich sehr schnell bewegen **5** **ein Bier zischen** *gesprochen* (*hat*) ein Bier trinken
Zis·ter·ne *die;* (-, -n) ein großer Brunnen in der Erde, in dem man Regenwasser sammelt
Zi·ta·del·le *die;* (-, -n) ≈ *Festung*
★ **Zi·tat** *das;* (-(e)s, -e) eine Äußerung, die man wörtlich aus einem (meist bekannten) Text nimmt | *ein Zitat aus Shakespeares „Hamlet"* K Zitatenlexikon; Goethezitat, Shakespearezitat
Zi·ther [-te] *die;* (-, -n) ein Musikinstrument mit bis zu 40 Saiten, die gezupft werden. Es hat die Form eines flachen Kastens und liegt auf dem Schoß des Spielers oder auf einem Tisch ⟨(die) Zither spielen⟩ K Zitherspiel, Zitherspieler
★ **zi·tie·ren** VERB (zitierte, hat zitiert) **1** **(jemanden/etwas) zitieren** jemandes Worte genau wiedergeben **2** **jemanden irgendwohin zitieren** jemandem den Befehl geben, an den genannten Ort zu kommen | *Der Schüler wurde zur Direktorin zitiert*
Zit·ro·nat *das;* (-(e)s) die mit Zucker konservierte Schale von Zitronen, die man für Kuchen verwendet ⟨Orangeat und Zitronat⟩
★ **Zit·ro·ne** *die;* (-, -n) eine kleine Frucht mit einer dicken gelben Schale, die sehr sauer schmeckt ⟨eine Zitrone auspressen⟩ K Zitronenbaum, Zitronenbonbon, Zitroneneis, Zitronenkern, Zitronenlimonade, Zitronenpresse, Zitronensaft, Zitronensäure, Zitronenschale, Zitronenscheibe; zitronengelb

ZITRONE

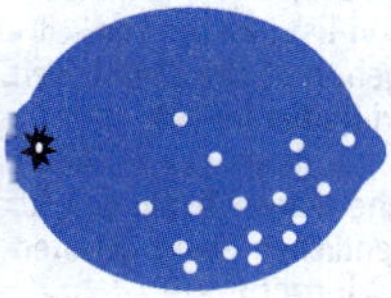

Zit·ro·nen·fal·ter *der* ein Schmetterling mit leuchtend gelben Flügeln
Zit·rus·frucht *die* eine von mehreren ähnlichen Früchten mit viel Vitamin C, die meist eine dicke, gelbe oder orange Schale und viel Saft haben, z. B. Orangen, Zitronen, Grapefruits
zit·te·rig ADJEKTIV → zittrig
★ **zit·tern** VERB (zitterte, hat gezittert) **1** (meist aus Angst, Nervosität oder Schwäche) schnelle, kleine, unkontrollierte Bewegungen machen ⟨vor Angst, Wut, Nervosität, Kälte zittern; am ganzen Körper zittern⟩ | *Seine Hände zitterten* **2** **jemandes Stimme zittert** jemandes Stimme klingt brüchig oder nicht gleichmäßig | *Ihre Stimme zitterte vor Zorn* **3** **vor jemandem/etwas zittern** vor jemandem/etwas große Angst haben
zitt·rig ADJEKTIV **1** ⟨Hände, Finger⟩ so, dass sie (oft) zittern **2** schwach und in der Tonhöhe schwankend ⟨eine Stimme⟩
Zit·ze *die;* (-, -n) eines der Organe bei weiblichen Säugetieren, an denen die Jungen Milch trinken
Zi·vi [-v-] *der;* (-s, -s); *historisch, gesprochen* ein junger Mann, der Zivildienst leistet
★ **zi·vil** [-v-] ADJEKTIV *meist attributiv* **1** nicht für das Militär bestimmt, nicht zum Militär gehörig ⟨die Luftfahrt; etwas dient zivilen Zwecken⟩ | *Er ist im zivilen Leben Elektrotechniker, bei der Armee war er Funker* K Zivilanzug, Zivilbehörde, Zivilberuf, Zivilbevölkerung, Zivilgefangene(r), Zivilkleidung, Zivilleben, Zivilluftfahrt, Zivilperson, Zivilschutz **2** nicht zu teuer ⟨Preise⟩
Zi·vil [-v-] *das;* (-s) **1** vor allem Polizisten, Priester, Richter und Soldaten tragen im Beruf eine besondere Kleidung. Wenn sie das nicht tun, sind sie in Zivil ⟨Zivil tragen; in Zivil sein; ein Offizier in Zivil⟩ K Zivilkleidung, Zivilbeamte(r), Zivilfahnder, Zivilstreife **2** Ⓒ ≈ *Familienstand*
Zi·vil·cou·ra·ge [tsi'vi:lkuraʒə] *die* der Mut, das zu sagen und zu tun, was man für richtig und wichtig hält (auch wenn man dadurch einen Nachteil hat) ⟨Zivilcourage beweisen, zeigen, haben, besitzen⟩ | *die Zivilcourage haben zu widersprechen*
Zi·vil·ge·richt [-v-] *das* ein Gericht, das sich mit Fällen des Zivilrechts beschäftigt
Zi·vil|ge·setz·buch [-v-] *das;* Ⓒ das Gesetzbuch über das bürgerliche Recht H Abkürzung *ZGB*
★ **Zi·vi·li·sa·ti·on** [tsiviliza'tsi̯o:n] *die;* (-, -en) **1** *nur Singular* die Stufe in der Entwicklung der Gesellschaft, auf der es technischen Fortschritt, soziale und politische Ordnung und kulturelles Leben gibt **2** eine Gesellschaft in einer Phase ihrer Entwicklung, in der eine besondere Form der Zivilisation herrscht K Zivilisationsschäden
Zi·vi·li·sa·ti·ons·krank·heit [tsiviliza'tsi̯o:ns-] *die* eine Krankheit (wie z. B. eine Allergie), die für die moderne Zivilisation typisch ist

zi·vi·li·sa·to·risch [-v-] ADJEKTIV für die Zivilisation typisch oder durch sie entstanden ⟨eine Entwicklung; Schäden, Krankheiten⟩

zi·vi·li·siert [-v-] ADJEKTIV (zivilisierter, zivilisiertest-) **1** höflich, mit guten Manieren | *Kannst du dich nicht ein bisschen zivilisierter benehmen?* **2** mit einem relativ hohen Maß an Zivilisation ⟨ein Staat, ein Land⟩

Zi·vi·list [-v-] *der*; (-en, -en) eine Person, die nicht zum Militär gehört **G** *der Zivilist; den, dem, des Zivilisten* • hierzu **Zi·vi·lis·tin** [-v-] *die*

Zi·vil·pro·zess [-v-] *der* ein Prozess, in dem das Gericht solche Klagen behandelt, die nicht zum Strafrecht oder öffentlichen Recht gehören

Zi·vil·recht [-v-] *das; meist Singular* die Gesetze, die Handlungen und Beziehungen privater Personen betreffen und nicht zum Strafrecht gehören • hierzu **zi·vil·recht·lich** ADJEKTIV

Zo·bel *der*; (-s, -) **1** Zobel sind Marder mit einem wertvollen Fell, aus dem früher Pelzkrägen für Könige usw. gemacht wurden **K** Zobelfell, Zobelpelz **2** ein Pelz aus dem Fell des Zobels **K** Zobeljacke, Zobelkragen, Zobelmantel

zo·ckeln VERB (zockelte, ist gezockelt); *gesprochen* ≈ *zuckeln*

zo·cken VERB (zockte, hat gezockt); *gesprochen* **1** mit Karten, Würfelspiele o. Ä. spielen, um Geld zu gewinnen **2** ein hohes Risiko eingehen | *Ich zocke jetzt einfach mal* • hierzu **Zo·cker** *der*

Zo·fe *die*; (-, -n); *historisch* eine Frau, die eine reiche, meist adelige Dame bediente

Zoff *der*; (-s); *gesprochen* Streit, Zank, Ärger ⟨mit jemandem Zoff bekommen, haben; es gibt Zoff⟩

zog *Präteritum, 1. und 3. Person Singular* → ziehen

zö·ge *Konjunktiv II, 1. und 3. Person Singular* → ziehen

zö·ger·lich ADJEKTIV nur langsam, zögernd

★ **zö·gern** VERB (zögerte, hat gezögert) **zögern zu** +*Infinitiv*; **(mit etwas) zögern** etwas (noch) nicht tun, weil man Angst hat oder weil man nicht weiß, ob es richtig ist usw. | *Er zögerte lange mit der Antwort* | *Er zögerte nicht, die Frage zu beantworten*

Zög·ling *der*; (-s, -e); *veraltend* ein Kind oder ein junger Mensch, die in einem Heim oder Internat erzogen werden

Zö·li·bat *das/der*; (-(e)s) **1** die Verpflichtung katholischer Priester, immer ehelos zu bleiben **2** **im Zölibat leben** das Zölibat befolgen

★ **Zoll**[1] *der*; (-(e)s, Zöl·le) **1** eine Art Steuer, die man einem Staat zahlen muss, wenn man manche Waren über die Grenze bringt ⟨Zoll (be)zahlen; Zoll erheben, verlangen; auf einer Ware liegt ein hoher, niedriger, kein Zoll; die Zölle senken, anheben, abschaffen⟩ **K** Zollfahnder, Zollfahndung, Zollgesetz, Zollhoheit, Zollrecht, Zolltarif; Ausfuhrzoll, Einfuhrzoll, Exportzoll, Grenzzoll, Importzoll, Schutzzoll **2** *historisch* der Preis, den man zahlen musste, wenn man eine Brücke, Straße o. Ä. benutzte **K** Zolleinnehmer, Zollstraße; Brückenzoll, Straßenzoll **3** *nur Singular* die Behörde, welche die Vorschriften ausführt, die für Zölle gelten **K** Zollabfertigung, Zollamt, Zollbeamte(r), Zollbehörde, Zollformalitäten

★ **Zoll**[2] *der*; (-(e)s, -) ein Längenmaß, das man heute fast nur in englischsprachigen Ländern verwendet **K** zollbreit, zolllang **H** 1 Zoll = 2.54 cm

zol·len VERB (zollte, hat gezollt) **jemandem/etwas Respekt, Achtung, Anerkennung zollen** *geschrieben* jemandem/etwas Respekt, Achtung, Anerkennung zeigen

zoll·frei ADJEKTIV ⟨Waren, Güter⟩ so, dass man dafür keinen Zoll zahlen muss

Zoll·kon·trol·le *die* eine Kontrolle bei der Einreise in ein Land, ob Personen Waren in ihrem Gepäck haben, für welche sie Zoll bezahlen müssen

Zöll·ner *der*; (-s, -); *gesprochen* ein Beamter (der Zollbehörde) vor allem an einer Staatsgrenze • hierzu **Zöll·ne·rin** *die*

zoll·pflich·tig ADJEKTIV ⟨Waren, Güter⟩ so, dass man dafür Zoll zahlen muss

Zoll·stock *der* ein Stab zum Messen (mit einer Einteilung in Zentimeter und Millimeter), den man zusammenklappen kann ≈ *Meterstab*

Zom·bie *der*; (-s, -s) **1** eine zum Leben erweckte, willenlose Leiche (z. B. in einem Horrorfilm) **2** *gesprochen, abwertend* ein Mensch, der so aussieht und wirkt wie ein Zombie

★ **Zo·ne** *die*; (-, -n) **1** ein (meist geografisches) Gebiet im genannten Zustand oder mit der genannten Lage | *eine entmilitarisierte/atomwaffenfreie Zone* | *die tropische/arktische Zone* **K** Besatzungszone, Dreimeilenzone, Erdbebenzone, Freihandelszone, Gefahrenzone, Gefechtszone, Gewitterzone, Gletscherzone, Grenzzone, Hochdruckzone, Kaltluftzone, Kampfzone, Klimazone, Pufferzone, Sperrzone, Uferzone, Waldzone, Zeitzone **2** ein (begrenztes) Gebiet, in dem besondere Preise (z. B. für das Telefonieren und die öffentlichen Verkehrsmittel) gelten **K** Zonentarif; Gebührenzone, Fernzone, Nahzone, Tarifzone **3** **die Zone** *historisch, gesprochen* Kurzwort für *Ostzone*

★ **Zoo** *der*; (-s, -s) im Zoo kann man viele verschiedene Tiere in Käfigen und Gehegen sehen ⟨einen Zoo besuchen; in den Zoo gehen⟩ **K** Zoobesucher, Zoodirektor, Zootier

Zoo·lo·gie [tsoo-] *die*; (-) die Wissenschaft, die sich mit den Tieren und ihrer Art zu leben beschäftigt ≈ *Tierkunde* • hierzu **Zoo·lo·ge** *der*; **Zoo·lo·gin** *die*

zoo·lo·gisch [tsoo-] ADJEKTIV *meist attributiv* die Zoologie betreffend → Garten

Zoom [zu:m] *der*; (-s, -s) **1** ein Objektiv, das man stufenlos verstellen kann, um nahe oder ferne Objekte zu fotografieren/filmen **2** **Zoom auf jemanden/etwas** die Handlung, ein Objekt mit einem Zoom näher heranzuholen

Zopf *der*; (-(e)s, Zöp·fe) **1** lange Haare, die in drei gleich starke Teile gebunden (geflochten) sind ⟨Zöpfe flechten, tragen⟩ **B** → Abb. unter **flechten** **2** ein meist süßes Brot in der Form eines breiten Zopfes **K** Mohnzopf, Nusszopf **3** **ein alter Zopf** etwas, das jeder schon weiß und das niemanden mehr interessiert

★ **Zorn** *der*; (-(e)s) **Zorn (auf jemanden/über etwas** (*Akkusativ*)**)** das heftige Gefühl, wenn z. B. andere Personen gemein oder ungerecht zu uns sind ⟨geballter, gerechter, heiliger, ohnmächtiger Zorn; jemanden packt der Zorn; in Zorn geraten; etwas erregt jemandes Zorn⟩ ≈ *Wut* | *Der Politiker hat te sich den Zorn der Wähler zugezogen* | *Der Zorn der Zuschauer richtete sich gegen den Schiedsrichter* **K** Zornesröte, Zornestränen; zornbebend, zornrot, zornschnaubend

Zor·nes·ader *die* eine (senkrechte) Ader auf der Stirn, die bei manchen Leuten sichtbar wird, wenn sie wütend sind

★ **zor·nig** ADJEKTIV voller Zorn ⟨ein Mensch; zornig sein, werden⟩ ≈ *wütend*

Zo·te *die*; (-, -n); *abwertend* ein Witz (über ein sexuelles Thema), der als unanständig empfunden wird • hierzu **zo·tig** ADJEKTIV

zot·teln VERB (zottelte, ist gezottelt); *gesprochen, humorvoll* langsam gehen oder fahren, sich nicht beeilen | *Es wird Zeit, dass wir allmählich nach Hause zotteln*

Zot·teln *die*; *Plural*; *gesprochen, abwertend* lange, meist unordentliche oder schmutzige Haare • hierzu **zot·te·lig**, **zott·lig** ADJEKTIV

zot·tig ADJEKTIV **1** mit dichten und wirren Haaren ⟨ein Fell, ein Pelz⟩ **2** *abwertend* lang und unordentlich ⟨Haare, eine Mähne, ein Bart⟩

z. T. Abkürzung für *zum Teil* → Teil

★ **zu** [tsuː, tsʊ] ■ PRÄPOSITION *mit Dativ*
▸Richtung, Ziel: **1** nennt das Ziel einer Bewegung | *zum Bahnhof fahren* | *schnell zur Seite springen* | *Ich muss noch schnell zur Bank* **2** in die Nähe der genannten Person, Sache oder Gruppe | *Setz dich doch ein bisschen zu mir* | *Sie legte den Stift zurück zu den anderen in die Schachtel* **3** nennt den Ort, auf den eine Sache gerichtet ist | *die Tür zum Keller* | *ein Fenster zum Hof* | *die Wand zum Nachbarhaus* **4** durch die genannte Öffnung | *Sie ging zur Tür hinein/hinaus* | *Er warf einen Blick zum Fenster hinaus* **5** nennt eine Veranstaltung oder Institution als Ziel, zu dem man einmal oder regelmäßig geht oder fährt | *Kommst du auch zu der Party?* | *Ich muss um acht los zur Arbeit* | *Gehst du schon zur Schule oder noch in den Kindergarten?*
▸Lage, Ort: **6** nennt den Ort, wo eine Person oder Sache ist bzw. wo etwas geschieht | *zu Hause sein* | *die Zimmer zu ebener Erde* (im Erdgeschoss) | *Sportarten zu Wasser, zu Lande und in der Luft* | *Zur Linken sehen Sie das Rathaus und zur Rechten das Naturkundemuseum* (Auf der linken Seite ..., auf der rechten Seite ...)
▸Zeit: **7** nennt einen Zeitpunkt, an dem etwas geschieht, gilt oder existiert | *Zu Beginn war ich noch etwas unsicher* | *Kommst du zu Ostern nach Hause?* | *Die Wohnung kann zum 15. April bezogen werden* | *Das hat es noch zu keiner Zeit gegeben*
▸Menge, Zahl, Preis: **8** nennt die Zahl der beteiligten Personen ⟨zu zweit, zu dritt, zu viert, zu Tausenden⟩ **9** nennt eine Menge oder die Größe einer Einheit ⟨zum Teil, zur Hälfte, zur Gänze⟩ | *Tüten zu 200 Gramm* | *Wir geben Benzin nur in Kanistern zu 50 Litern ab* **10** nennt den Preis einer Ware | *Im Kaufhaus werden Socken zu 4 Euro das Paar angeboten* | *zu einem vernünftigen/zum halben Preis* **11** stellt die Zahl der Tore oder Punkte gegenüber, die zwei Gegner in einem Wettkampf erzielen | *Das Fußballspiel endete drei zu zwei* (3 : 2) | *Das Match steht momentan 21 zu 16*
▸Zweck, Absicht: **12** nennt den Anlass oder Zweck einer Handlung | *jemandem etwas zum Geburtstag schenken* | *etwas nur zum Spaß/Vergnügen tun* | *zu Ehren der Gäste eine Rede halten*
▸Ergebnis: **13** nennt das Ergebnis eines Vorgangs oder einer Handlung | *jemanden zum Lachen/zum Weinen/zur Verzweiflung bringen* | *zu einem Ergebnis kommen* | *zum Dieb werden* | *etwas zerfällt zu Staub* **14** nennt ein Gefühl als Folge eines Vorgangs oder einer Situation | *Zu meinem großen Ärger kam der Zug zu spät an* | *War alles zu Ihrer Zufriedenheit?*
▸Mittel: **15** nennt etwas, das man für einen Zweck benutzt oder benötigt | *Nimm dieses Messer zum Schneiden* | *Zum Fotografieren braucht man eine gute Kamera*
▸als Ergänzung: **16** verwendet, um Adjektive oder Substantive mit Verben zu ergänzen | *Er ist fähig, das zu tun* | *Sie war bemüht, ihm zu gefallen* | *Du bist noch zu jung zum Wählen* | *Es ist mir eine Freude, Sie kennenzulernen!* | *Es ist eine Kunst, mit ihr gut auszukommen* | *das Recht zu leben, wie es einem gefällt* **17** bildet zusammen mit einem Verb einen Nebensatz, der als Objekt ein Verb ergänzt | *Er versuchte, ruhig zu bleiben* | *Sie erlaubte ihrer kleinen Tochter, einen Hund zu kaufen*
▸Sonstiges: **18** nennt eine Sache oder einen Umstand, die in einer Situation gelten | *Er hat sich zu Recht/Unrecht beschwert* (mit/ohne guten Grund) | *Wir können Ihnen ein Angebot zu guten Konditionen machen* **19** nennt etwas, das man mit einer Sache kombinieren kann | *Zu Fisch trinkt man Weißwein, zu Wild Rotwein* | *Die Schuhe passen nicht zu diesem Kleid* **20** verwendet im Namen von Gaststätten o. Ä. | *der „Gasthof zum Ochsen"* | *das „Hotel zur Post"* **21** **zum Ersten/Zweiten/Dritten** (*usw.*) erstens/zweitens/drittens (usw.) → Letzt
■ ADVERB *unbetont* **22** in Richtung auf die genannte Sache | *Die Zimmer der Straße zu sind recht laut* | *Mit der Firma geht es allmählich dem Ende zu* **23** **zu** *+Adjektiv* so, dass es nicht mehr normal, erlaubt, in Ordnung, passend o. Ä. ist | *Du bist zu spät gekommen! Der Film hat schon angefangen* | *Das Wasser ist mir noch zu kalt zum Baden* | *Du wiegst zu wenig für deine Größe* | *Für mich ist dieses Geschäft viel zu teuer* **24** verwendet, um jemanden aufzufordern, etwas zu schließen | *Tür zu, es zieht!* **25** **etwas ist zu** *gesprochen* etwas ist geschlossen, verschlossen oder verstopft, etwas ist nicht offen oder geöffnet | *Das Fenster ist zu* | *Die Bank war schon zu, ich konnte das Geld nicht mehr einzahlen* | *Meine Nase ist völlig zu und ich habe Kopfweh* **26** **jemand ist zu** *gesprochen* jemand hat viel Alkohol getrunken oder Drogen genommen
■ BINDEWORT **27** **zu** *+Infinitiv/Partizip Präsens* drückt aus, dass etwas getan werden muss oder notwendig ist | *Ich habe noch viel zu lernen* | *Da wären noch ein paar Fragen zu klären* | *die noch zu klärenden Fragen* **28** **zu** *+Infinitiv*; **zu** *+Partizip Präsens* drückt aus, dass etwas möglich ist | *Das Problem ist leicht zu lösen* | *Hier gibt es immer viel zu sehen* | *die zu erwartende Flut von Protesten* **29** **zu** *+Infinitiv* verwendet, um ein Verb im Infinitiv als Ergänzung oder Objekt anzuschließen | *Zimmer zu vermieten* | *Es fängt an zu regnen* | *Er gab uns zu verstehen, dass er nicht an einer Zusammenarbeit interessiert ist*
■ ID **Nur zu!**, **Immer zu!** *auch ironisch* drückt aus, dass man einverstanden ist oder dass es wahrscheinlich keine Probleme geben wird, wenn die angesprochene Person etwas tut oder mit etwas weitermacht; **Was zu viel ist, ist zu viel!** Ich kann/will das nicht mehr ertragen!

★ **zu-** (*im Verb, betont und trennbar, sehr produktiv; Diese Verben werden so gebildet:* zumachen, machte zu, hat zugemacht) **1** **etwas zudecken, zuklappen, zukleben, zuschaufeln, zuschrauben** *und andere* drückt aus, dass etwas, das offen war, geschlossen, bedeckt oder gefüllt wird | *Der See ist zugefroren* (Der See ist ganz mit Eis bedeckt) **2** **auf jemanden/etwas zufahren, zufliegen, zukommen, zulaufen** *und andere* nennt die Richtung mit einer Person oder Sache als Ziel | *Er ging auf die Frau zu* **3** **jemandem zujubeln, zulächeln, zunicken, zuwinken**; **jemandem etwas zuflüstern, zurufen** *und andere* drückt aus, dass sich jemand durch Worte oder eine Geste an eine Person wendet | *Sie zwinkerte ihrem Mann verstohlen zu* (Sie zwinkerte und wollte ihrem Mann damit heimlich etwas sagen) **4** **zubeißen, zugreifen, zupacken, zuschnappen** *und andere* drückt aus, dass eine Person oder ein Tier etwas schnell und plötzlich mit Energie und Willenskraft tut | *Als sie die Schlange sah, nahm sie einen Stock und schlug zu* (Sie schlug schnell und fest mit dem Stock auf die Schlange) **5** **(jemandem) etwas zubilligen, zuerkennen, zusichern, zuspielen, zuteilen** *und andere* drückt aus, dass jemand etwas bekommt | *Die Wohnung wurde ihnen vom Gemeindeamt zugewiesen* (Das Gemeindeamt entschied, dass sie diese Wohnung bekommen) **6** **etwas zugeben, zugießen, zukaufen**; **(jemandem) etwas zurechnen** *und andere* drückt aus, dass eine vorhandene Gruppe oder Menge größer wird | *Mehl und Butter kneten und etwas Milch zugeben* (Milch mit dem Mehl und der Butter mischen) **7** **etwas zufeilen, zurichten, zusägen, zuspitzen** *und andere* drückt aus, dass man eine Sache in die genannte Form, den genannten Zustand bringt | *Sie schneidet den*

Stoff für ein Kleid zu (Sie schneidet den Stoff in Teile, aus denen sie ein Kleid nähen will)

zu·al·ler·erst ADVERB; *gesprochen* als Erstes überhaupt

zu·al·ler·letzt ADVERB; *gesprochen* als Letztes überhaupt

zu·bau·en VERB *(hat)* **etwas zubauen** meist ein freies Grundstück dadurch füllen, dass man dort ein Haus baut

Zu·be·hör *das;* (-(e)s) einzelne Gegenstände, die zu einem technischen Gerät, einer Maschine o. Ä. gehören (und mit denen man das Gerät besser oder anders nützen kann) | *eine Nähmaschine mit allem Zubehör* K Autozubehör, Bootszubehör, Campingzubehör, Kraftfahrzeugzubehör

zu·bei·ßen VERB *(hat)* **1** **ein Tier beißt zu** ein Tier beißt jemanden/etwas mit den Zähnen **2** die Zähne kräftig aufeinanderpressen

zu·be·kom·men VERB (bekam zu, hat zubekommen) **etwas zubekommen** *gesprochen* etwas schließen können | *den Schrank nicht zubekommen, weil die Tür klemmt*

★ **zu·be·rei·ten** VERB (bereitete zu, hat zubereitet) **etwas zubereiten** Speisen (meist durch Kochen) zum Essen fertig machen | *das Mittagessen zubereiten* | *Weißt du, wie man Wild zubereitet?* ● hierzu **Zu·be·rei·tung** *die*

zu·be·to·nie·ren VERB (betonierte zu, hat zubetoniert) **etwas zubetonieren** eine Fläche ganz mit (Häusern aus) Beton bedecken

zu·bil·li·gen VERB *(hat)* **jemandem etwas zubilligen** jemandem ein Recht o. Ä. gewähren ⟨jemandem ein Recht, eine Erleichterung, mildernde Umstände zubilligen⟩ ● hierzu **Zu·bil·li·gung** *die*

zu·bin·den VERB *(hat)* **etwas zubinden** Bänder, Schnüre usw. so binden, dass etwas geschlossen oder fest ist | *einen Sack zubinden*

zu·blei·ben VERB *(ist)* **etwas bleibt zu** *gesprochen* etwas bleibt geschlossen

zu·blin·zeln VERB *(hat)* **jemandem zublinzeln** jemandem mit den Augen (durch Zwinkern) ein Zeichen geben ⟨jemandem freundlich, aufmunternd, ermutigend zublinzeln⟩

zu·brin·gen VERB *(hat)* **1** **den Abend, den Tag, die Woche** *usw.* **(mit etwas) zubringen** während der genannten Zeit etwas tun oder in einem Zustand sein | *Die letzte Woche habe ich mit Grippe im Bett zugebracht* | *den Abend damit zubringen zu lernen* **2** **etwas zubringen** *gesprochen* etwas schließen können

Zu·brin·ger *der;* (-s, -) **1** eine Straße, die andere Straßen (oder einen Ort) mit der Autobahn verbindet K Zubringerstraße; Autobahnzubringer **2** ein Bus o. Ä., der Personen an den Ort bringt, von dem sie ihre Reise mit einem anderen Verkehrsmittel (vor allem einem Flugzeug) fortsetzen K Zubringerbus, Zubringerdienst, Zubringerverkehr

zu·but·tern VERB *(hat)* **1** **(jemandem) etwas zubuttern** jemanden mit Geld unterstützen | *Seine Eltern haben ihm 1.000 Euro für das Auto zugebuttert* **2** **etwas zubuttern** mehr Geld für etwas ausgeben, als man damit verdient | *Die Stadt muss für den Betrieb des Schwimmbads einiges zubuttern*

Zuc·chi·ni [tsʊˈkiːni] *die;* (-, -); *meist Plural* eine lange, grüne Frucht, ähnlich wie eine Gurke, die man als Gemüse isst

Zucht *die;* (-, -en) **1** das Züchten | *Die Zucht von Pandabären ist sehr schwierig* K Zuchterfolg, Zuchtperle; Bienenzucht, Fischzucht, Hundezucht, Blumenzucht, Gemüsezucht, Perlenzucht **2** ein Betrieb, in dem Tiere oder Pflanzen gezüchtet werden | *eine Zucht für Pudel haben* **3** Tiere oder Pflanzen, die durch Zucht entstanden sind (und besondere Eigenschaften haben) | *eine Zucht Rennpferde* | *Kakteen aus verschiedenen Zuchten* **4** *veraltend nur Singular* ⟨Zucht und Ordnung⟩ ≈ *Disziplin, Gehorsam*

Zucht- *im Substantiv, betont, nicht produktiv* **der Zuchtbulle, der Zuchteber, der Zuchthengst, die Zuchtstute, das Zuchttier** *und andere* verwendet, um Tiere zu bezeichnen, die zum Züchten gehalten werden

★ **züch·ten** VERB (züchtete, hat gezüchtet) **Tiere/Pflanzen züchten** Tiere oder Pflanzen halten, um weitere junge Tiere bzw. neue Pflanzen meist mit besonderen Eigenschaften zu bekommen | *Kakteen züchten* | *Rinder mit hoher Fleischqualität züchten* ● hierzu **Züch·ter** *der;* **Züch·te·rin** *die;* **Züch·tung** *die*

Zucht·haus *das* **1** *historisch* ein Gefängnis für Leute, die schwere Verbrechen begangen hatten K Zuchthausstrafe **2** *gesprochen* ein Gefängnis

Zucht·häus·ler *der;* (-s, -); *veraltend* eine Person, die im Zuchthaus oder Gefängnis ist oder war ● hierzu **Zucht·häus·le·rin** *die*

züch·tig ADJEKTIV; *veraltend oder humorvoll* so, wie es den guten Sitten entspricht ⟨ein Mädchen; die Beine züchtig übereinanderschlagen; die Augen züchtig niederschlagen⟩ ● hierzu **Züch·tig·keit** *die*

züch·ti·gen VERB (züchtigte, hat gezüchtigt) **jemanden züchtigen** *geschrieben* eine Person strafen, vor allem indem man sie schlägt ⟨jemanden mit der Rute/Peitsche züchtigen⟩ ● hierzu **Züch·ti·gung** *die*

zu·ckeln VERB (zuckelte, ist gezuckelt) **irgendwo(hin) zuckeln** *gesprochen* langsam gehen oder fahren

zu·cken VERB (zuckte, hat gezuckt) **1** eine kurze, schnelle Bewegung machen (die man nicht kontrollieren kann) | *Er zuckte, als ihm der Arzt die Spritze gab* **2** **etwas zuckt** etwas leuchtet kurz (mehrmals hintereinander) ⟨Blitze, Flammen⟩ **3** **mit den Schultern/Achseln zucken** die Schultern kurz heben und damit sagen, dass man etwas nicht weiß oder dass man kein Interesse hat

zü·cken VERB (zückte, hat gezückt) **1** **etwas zücken** eine Waffe schnell in die Hand nehmen, um zu kämpfen ⟨das Schwert, den Dolch, die Pistole zücken⟩ **2** **etwas zücken** *humorvoll* etwas aus einer Tasche nehmen, um es zu verwenden ⟨die Brieftasche, den Füller zücken⟩

★ **Zu·cker** *der;* (-s, -) **1** *nur Singular* eine weiße oder braune Substanz (in Form von Pulver, kleinen Kristallen oder Würfeln), mit der man Speisen und Getränke süß macht ⟨brauner, weißer, feiner Zucker; ein Stück, ein Löffel Zucker; etwas mit Zucker süßen; süß wie Zucker⟩ | *Nehmen Sie Zucker in den/zum Tee?* | *Ich trinke den Kaffee ohne Zucker* K Zuckerdose, Zuckerglasur, Zuckerguss, Zuckerraffinerie, Zuckerstreuer, Zuckerwasser; Kandiszucker, Kristallzucker, Puderzucker, Staubzucker, Würfelzucker; Rohrzucker, Rübenzucker **2** eine von mehreren süß schmeckenden chemischen Substanzen, die in Pflanzen gebildet werden K Fruchtzucker, Traubenzucker, Malzzucker **3** *gesprochen nur Singular* ⟨Zucker haben; an Zucker leiden, erkrankt sein⟩ ≈ *Diabetes* ● zu (1,2) **zu·cker·hal·tig** ADJEKTIV; zu (1) **zu·cke·rig, zuck·rig** ADJEKTIV

Zu·cker·brot *das* **mit Zuckerbrot und Peitsche** *meist humorvoll* je nach Situation oder je nach Laune abwechselnd mit freundlichen Worten und Versprechungen bzw. mit Drohungen und Strafen

Zu·cker·krank·heit *die; nur Singular* ≈ *Diabetes* ● hierzu **zu·cker·krank** ADJEKTIV

Zu·ckerl *das;* (-s, -(n)) **1** *süddeutsch* Ⓐ, *gesprochen* ≈ *Bonbon* **2** ein relativ unwichtiges Ereignis, das man aber als positiv empfindet

zu·ckern VERB (zuckerte, hat gezuckert) **etwas zuckern** etwas mit Zucker süß machen ≈ *süßen* | *den Kaffee zuckern*

Zu·cker·rohr *das; nur Singular* eine hohe, tropische Pflanze mit dicken Stängeln, aus denen man Zucker macht K Zuckerrohrplantage

Zu̧·cker·rü·be *die* eine Rübe, aus der man Zucker macht

Zu̧·cker·spie·gel *der; meist Singular* die Menge an Zucker, die jemand im Blut oder Harn hat

zu̧·cker·sü̲ß ADJEKTIV **1** sehr süß | *Die Trauben sind zuckersüß* **2** *meist abwertend* viel zu freundlich und höflich und dabei nicht ehrlich

Zu̧·cker·wat·te *die; meist Singular* eine Süßigkeit aus Zucker, die wie Watte aussieht und die man auf Jahrmärkten kaufen kann

Zu̧·ckung *die;* (-, -en) eine schnelle, kurze, unkontrollierte Bewegung des Körpers oder von Teilen des Körpers ⟨nervöse, krampfartige, leichte Zuckungen haben⟩ ■ **ID jemand/etwas liegt in den letzten Zuckungen** *gesprochen* jemand/etwas hat nicht mehr viel Kraft, Macht, Geld usw.

zu̲·de·cken VERB *(hat)* **1** **etwas zudecken** einen Deckel o. Ä. über etwas legen | *den Topf zudecken* **2** **jemanden zudecken** eine Decke über jemanden oder sich selbst legen

★ **zu·de̲m** ADVERB; *geschrieben* verwendet, um zu sagen, dass zu dem bereits Genannten noch etwas zusätzliches hinzukommt ≈ *außerdem*

zu̲·dre·hen VERB *(hat)* **1** **etwas zudrehen** etwas dadurch schließen, dass man an einem kleinen Rad, einer Kurbel, einer Schraube o. Ä. dreht | *den Wasserhahn zudrehen* **2** **jemandem den Rücken/das Gesicht zudrehen** sich so drehen, dass der Rücken/das Gesicht zu jemandem gewendet ist **3** **sich jemandem zudrehen** sich so drehen, dass man jemanden ansieht

zu̲·dring·lich ADJEKTIV **1** ≈ *aufdringlich* **2** **zudringlich werden** jemanden sexuell belästigen ● hierzu **Zu̲·dring·lich·keit** *die*

zu̲·drü·cken VERB *(hat)* **1** **etwas zudrücken** etwas dadurch schließen, dass man darauf drückt | *eine schwere Tür zudrücken* **2** kräftig drücken

★ **zu·ei·na̲n·der** ADVERB eine Person/Sache zu der anderen (drückt eine Gegenseitigkeit aus) | *Seid nett zueinander!*

zu·ei·na̲n·der·fin·den VERB (fanden zueinander, haben zueinandergefunden) **zwei Personen finden zueinander** zwei Personen bauen eine enge Beziehung zueinander auf

zu·ei·na̲n·der·ge·hö·ren VERB (gehörten zueinander, haben zueinandergehört) **Personen/Dinge gehören zueinander** zwei (oder mehr) Personen oder Dinge bilden ein Paar, eine Einheit oder ein Ganzes | *Wir gehören zueinander wie Topf und Deckel*

zu·ei·na̲n·der·hal·ten VERB (hielten zueinander, haben zueinandergehalten) **Personen halten zueinander** zwei oder mehrere Personen helfen und unterstützen sich gegenseitig

zu·ei·na̲n·der·pas·sen VERB (passten zueinander, haben zueinandergepasst) **1** **Personen passen zueinander** zwei oder mehrere Personen haben ähnliche Interessen, Meinungen und Temperamente **2** **Dinge passen zueinander** Dinge machen zusammen einen harmonischen Eindruck | *Manche Farben passen gut/schlecht zueinander*

zu·ei·na̲n·der·ste·hen VERB (standen zueinander, haben/sind zueinandergestanden) **Personen stehen zueinander** Personen sind der gleichen Meinung, helfen und unterstützen einander ≈ *zusammenhalten* | *In dieser schwierigen Situation müssen wir zueinanderstehen*

zu̲·er·ken·nen VERB (erkannte zu, hat zuerkannt) **jemandem etwas zuerkennen** bestimmen (vor allem durch den Beschluss eines Gerichtes), dass jemand etwas bekommt ⟨jemandem einen Preis, ein Recht, eine Entschädigung zuerkennen⟩ ● hierzu **Zu̲·er·ken·nung** *die*

★ **zu·e̲rst, zu·e̲rst** ADVERB **1** (als Erstes) vor allen anderen Tätigkeiten | *Ich möchte mir zuerst die Hände waschen* | *Zuerst muss man Butter und Zucker schaumig rühren, dann das Mehl dazugeben* **2** als Erster, Erste oder Erstes | *Sie war zuerst da* | *Spring du zuerst!* **3** zum ersten Mal | *Die Atombombe wurde zuerst von den Amerikanern gebaut* **4** während der ersten Zeit ≈ *anfangs* | *Zuerst hat die Wunde sehr wehgetan*

zu̲·fah·ren VERB *(ist)* **1** **auf jemanden/etwas zufahren** in die Richtung einer Person oder Sache fahren **2** *gesprochen* losfahren oder weiterfahren | *Los, fahr doch zu!*

Zu̲·fahrt *die* eine Straße oder ein Weg zu einem Ort oder Haus (aber nicht weiter als bis dorthin) K Zufahrtsstraße, Zufahrtsweg

★ **Zu̲·fall** *der* etwas, das einfach so geschehen ist und das auch ganz anders hätte kommen können ⟨ein seltsamer, merkwürdiger, (un)glücklicher Zufall; etwas ist (reiner/purer) Zufall; etwas dem Zufall überlassen, verdanken⟩ | *Es war reiner Zufall, dass ich die Schlüssel gefunden habe, ich hatte gar nicht danach gesucht* K Zufallsbekanntschaft, Zufallsfund, Zufallstreffer; zufallsbedingt

zu̲·fal·len VERB *(ist)* **1** **etwas fällt zu** etwas schließt sich mit einer schnellen Bewegung | *Die Tür fiel plötzlich zu* **2** **etwas fällt jemandem zu** etwas wird jemandes Eigentum | *Nach dem Tod des Vaters fiel den Kindern das gesamte Vermögen zu* **3** **etwas fällt jemandem zu** etwas muss von jemandem getan werden | *Mir fiel es/die Aufgabe zu, ihm unseren Plan zu erklären* **4** **etwas fällt jemandem zu** jemand braucht sich nicht anzustrengen, um etwas zu bekommen oder zu erledigen ■ **ID jemandem fallen die Augen zu** eine Person ist sehr müde, sodass sie fast einschläft

★ **zu̲·fäl·lig** ADJEKTIV **1** durch einen Zufall | *Wir haben uns zufällig auf der Straße getroffen* **2** *gesprochen* in einer Frage verwendet, um eine höfliche Bitte auszudrücken | *Weißt du zufällig, wann der letzte Bus fährt?* ● hierzu **zu̲·fäl·li·ger·wei·se** ADVERB; zu (1) **Zu̲·fäl·lig·keit** *die*

zu̲·flie·gen VERB *(ist)* **1** **auf jemanden/etwas zufliegen** in die Richtung einer Person oder Sache fliegen **2** **ein Vogel fliegt jemandem zu** ein Vogel, der einem Besitzer entkommen ist, fliegt zu einer anderen Person und bleibt dort **3** **etwas fliegt jemandem zu** jemand bekommt oder erreicht etwas, ohne sich dafür anstrengen zu müssen | *Meiner Schwester fliegt alles zu, sie muss kaum lernen* **4** **etwas fliegt zu** *gesprochen* etwas fällt zu ⟨eine Tür, ein Fenster⟩

zu̲·flie·ßen VERB *(ist)* **1** **etwas fließt einer Sache** (*Dativ*) **zu** etwas fließt in einen Fluss, in ein Meer o. Ä. | *Die Donau fließt dem Schwarzen Meer zu* **2** **etwas fließt jemandem/etwas zu** jemand/eine Organisation bekommt etwas (in Form von Geld) | *Die Einnahmen fließen einem wohltätigen Verein zu*

Zu̲·flucht *die;* (-, -en); *meist Singular* **1** ein Ort, an dem eine Person Schutz vor einer Gefahr findet ⟨irgendwo Zuflucht suchen, finden⟩ K Zufluchtsort, Zufluchtsstätte **2** eine Person, die einer anderen Person hilft, wenn diese in Gefahr oder in Not ist ⟨jemandem Zuflucht geben, bieten, gewähren; bei jemandem Zuflucht suchen, finden⟩ **3** **zu etwas Zuflucht nehmen** *geschrieben* etwas verwenden, weil man glaubt, dass es hilft ⟨zu einer Lüge, zum Alkohol, zu Drogen Zuflucht nehmen⟩

Zu̲·fluss *der* **1** ein Bach, Fluss o. Ä., der in einen anderen Bach, Fluss, in einen See usw. fließt | *Der See hat mehrere Zuflüsse* **2** *meist Singular* das Zufließen von Geld | *der Zufluss von Spenden*

zu̲·flüs·tern VERB *(hat)* **jemandem etwas zuflüstern** jemandem etwas leise sagen

★ **zu·fo̲l·ge** PRÄPOSITION *mit Dativ, nachgestellt* verwendet, um sich auf jemandes Angaben oder auf einen Text zu beziehen | *Dem Zeugen zufolge/Seiner Aussage zufolge hatte der Radfahrer keine Schuld an dem Unfall*

★ **zu·frie·den** ADJEKTIV **zufrieden (mit jemandem/etwas)**; **zufrieden über etwas** (*Akkusativ*) froh, dass alles so ist, wie man es will (sodass man also keine neuen Wünsche hat und nichts kritisieren muss) ⟨ein zufriedenes Gesicht machen; zufrieden sein, aussehen, wirken⟩ | *mit jemandes Leistungen zufrieden sein* | *Ich bin sehr zufrieden (darüber), dass alles geklappt hat* ● hierzu **Zu·frie·den·heit** *die*

zu·frie·den·ge·ben VERB (gibt sich zufrieden, gab sich zufrieden, hat sich zufriedengegeben) **sich mit etwas zufriedengeben** etwas als genug oder ausreichend akzeptieren | *Ich gebe mich auch mit einer kleinen Wohnung zufrieden, wenn sie nur einen Balkon hat*

zu·frie·den·las·sen VERB (lässt zufrieden, ließ zufrieden, hat zufriedengelassen) **jemanden zufriedenlassen** *gesprochen* jemanden in Ruhe lassen (und nicht stören) | *Ach, lass ihn doch zufrieden!*

zu·frie·den·stel·len, **zu·frie·den stel·len** VERB (stellte zufrieden, hat zufriedengestellt/zufrieden gestellt) **jemanden zufriedenstellen** jemandes Wünsche oder Erwartungen erfüllen ⟨die Kunden zufriedenstellen; zufriedenstellende Leistungen⟩ **!** oft im Partizip Präsens

zu·frie·ren VERB (*ist*) **etwas friert zu** etwas wird ganz von Eis bedeckt ⟨ein Weiher, ein See⟩

★ **zu·fü·gen** VERB (*hat*) **1** **jemandem etwas zufügen** bewirken, dass jemand etwas Unangenehmes empfindet, Schaden hat o. Ä. ⟨jemandem Leid, Schmerzen, Unrecht, eine Niederlage zufügen⟩ **2** **(einer Sache** (*Dativ*)**) etwas zufügen** eine Substanz in eine Mischung oder Speise tun ● hierzu **Zu·fü·gung** *die*

Zu·fuhr *die*; (-) der Vorgang, bei dem Luft, Flüssigkeiten o. Ä. irgendwohin fließen oder gebracht werden (wo sie gebraucht werden) K Benzinzufuhr, Blutzufuhr, Energiezufuhr, Luftzufuhr, Nahrungszufuhr, Sauerstoffzufuhr, Stromzufuhr, Wärmezufuhr, Wasserzufuhr

zu·füh·ren VERB (*hat*) **1** **(einer Sache** (*Dativ*)**) etwas zuführen** etwas zu etwas fließen lassen oder bringen (und es damit versorgen) | *einem Gerät Strom zuführen* | *Der Gewinn aus diesem Konzert wird wohltätigen Zwecken zugeführt* **2** **eine Person/Sache jemanden/etwas zuführen** dafür sorgen, dass eine Person oder Sache zu einer anderen Person oder Sache kommt | *einer Firma neue Kunden zuführen* **3** verwendet, zusammen mit einem Substantiv, um ein Verb zu umschreiben | *jemanden der verdienten Strafe zuführen* (jemanden bestrafen) | *etwas einer Lösung zuführen* (etwas lösen) | *etwas einer Verwendung zuführen* (etwas (für einen Zweck) verwenden) **4** **etwas führt auf etwas** (*Akkusativ*) **zu** etwas führt in die Richtung einer Person oder Sache oder nimmt die genannte Entwicklung | *Der Weg führt direkt auf das Schloss zu* ● zu (1) **Zu·füh·rung** *die*

★ **Zug** *der*; (-(e)s, Zü·ge)
▸Fahrzeug: **1** Züge bestehen aus einer Lokomotive o. Ä. und mehreren Waggons und fahren auf Schienen ⟨(mit dem) Zug fahren; den Zug nehmen, benutzen; den Zug erreichen, versäumen, verpassen; der Zug fährt/läuft (im Bahnhof) ein, hält, fährt ab⟩ | *der Zug nach Wien* | *der Zug aus Mainz* K Zugabteil, Zugpersonal, Zugrestaurant, Zugunglück, Zugverkehr, Zugverspätung; Güterzug, Hochgeschwindigkeitszug, Schnellzug, S-Bahn-Zug, U-Bahn-Zug; Frühzug, Nachtzug, Nahverkehrszug, Sonderzug
▸als Gruppe: **2** eine lange Reihe von Menschen, die miteinander in dieselbe Richtung gehen | *Immer mehr Menschen schlossen sich dem Zug von Flüchtlingen an* K Brautzug, Demonstrationszug, Fackelzug, Fastnachtszug, Festzug, Flüchtlingszug, Hochzeitszug, Karnevalszug, Maskenzug, Trauerzug
▸Bewegung: **3** *nur Singular* die Bewegung (z. B. von Vögeln oder Wolken) über eine weite Entfernung hinweg | *der Zug der Vögel in den Süden* K Vogelzug **4** die Bewegung einer Figur an einen anderen Platz bei einem Brettspiel, wie z. B. Schach ⟨ein kluger, geschickter, guter Zug; den nächsten Zug tun/machen⟩ | *jemanden in fünf Zügen besiegen* **5** die Bewegung mit den Armen beim Schwimmen | *ein paar Züge schwimmen* **6** *nur Singular* eine Strömung von meist kühler Luft, die man als unangenehm empfindet ⟨im Zug sitzen; empfindlich gegen Zug sein⟩ K Zugluft **7** *nur Singular* die Strömung der Luft in einem Ofen ⟨der Ofen hat einen guten, einen schlechten, keinen Zug⟩
▸charakteristisch: **8** ein (typisches) Merkmal im Aussehen oder Charakter einer Person, einer Stadt, einer Landschaft | *einen verbitterten Zug um den Mund haben* | *Dieses Stadtviertel trägt noch dörfliche Züge* K Charakterzug, Gesichtszug, Wesenszug **9** *meist Plural* die charakteristische Form der Linien beim Schreiben oder Zeichnen ⟨etwas in/mit schönen, klaren, feinen, groben, kräftigen Zügen schreiben, zeichnen⟩ K Namenszug, Schriftzug
▸sonstige Verwendungen: **10** die Wirkung einer Kraft, die etwas in eine Richtung zieht ↔ *Druck* | *der Zug der Schwerkraft* **11** ein großer Schluck | *einen kräftigen Zug aus der Flasche tun* | *Er leerte das Glas in wenigen Zügen* **12** das Einatmen von Tabakrauch ⟨einen Zug an einer Zigarette, Zigarre, Pfeife tun, machen⟩ K Lungenzug
■ ID ▸mit Präposition: **am Zug sein** an der Reihe sein und handeln müssen; **im Zuge** +*Genitiv geschrieben* im Zusammenhang mit einer Sache oder als Folge davon | *Im Zuge der Ermittlungen wurden Bestechung und Betrug festgestellt*; **in 'einem Zug** ohne Pause oder Unterbrechung | *ein Buch in einem Zug lesen*; **Er/Sie sitzt im falschen Zug** *gesprochen* Er/Sie irrt sich, hat einen Fehler gemacht; **in großen/groben Zügen** nur das Wichtigste, ohne Einzelheiten ⟨berichten, erzählen⟩; **in den letzten Zügen liegen** *gesprochen* nicht mehr viel Kraft, Macht, Geld o. Ä. haben; **etwas in 'vollen Zügen genießen** etwas sehr genießen; **Zug um Zug** eines nach dem anderen (ohne Unterbrechung); **zum Zug kommen** die Möglichkeit haben, jetzt zu handeln;
▸andere Verwendungen: **'Der Zug ist abgefahren!** *gesprochen* Dafür ist es schon zu spät

Zu·ga·be *die* **1** ein Musikstück, das am Ende eines Konzerts (zusätzlich zum Programm) gespielt wird ⟨eine Zugabe fordern, geben⟩ **2** **Zugabe!** oft ruft das Publikum am Ende eines Konzerts o. Ä. „Zugabe!", wenn es noch mehr Stücke hören will **3** das Hinzufügen, Zugeben | *Sand und Zement unter Zugabe von Wasser gleichmäßig mischen*

★ **Zu·gang** *der* **1** **ein Zugang (zu etwas)** der Weg, der zu einem Gebäude oder Gebiet führt | *Alle Zugänge zur Fabrik waren von Streikenden besetzt* K Zugangsstraße, Zugangsweg **2** **der Zugang (zu jemandem/etwas)** *nur Singular* die Möglichkeit, mit jemandem/etwas Kontakt zu bekommen oder in etwas hineinzukommen | *Sie verschafften sich gewaltsam Zugang zum Gebäude* | *Sie wollte ihrem geschiedenen Mann den Zugang zum Kind verwehren* **3** **der Zugang (zu etwas)** die Möglichkeit, in einem elektronischen System Daten abzurufen oder einzugeben | *Ihr Zugang wird bald freigeschaltet* K Zugangsberechtigung, Zugangsbeschränkung, Zugangsdaten; Internetzugang **4** **der Zugang (zu jemandem/etwas)** *nur Singular* die Möglichkeit oder Fähigkeit, jemanden/etwas zu verstehen | *Er fand einfach keinen Zugang zu ihr/zu dem Buch* **5** **Zugänge (zu etwas)** die Menschen oder Dinge, die zu einer vorhandenen Anzahl hinzukommen K Neuzugang

★ **zu·gäng·lich** ADJEKTIV **1** **zugänglich (für jemanden/etwas)**

so, dass man dahin gehen (und es betreten, benutzen, anschauen o. Ä.) kann | *etwas der breiten Öffentlichkeit zugänglich machen* 2 bereit, sich für Menschen oder Dinge zu interessieren oder Eindrücke zu empfangen | *Sie ist für alles, was mit Kunst zu tun hat, sehr zugänglich* • hierzu **Zu·gäng·lich·keit** *die*

Zu·gangs·da·ten *die; Plural* Daten wie Benutzername und Passwort, die man braucht, um auf ein elektronisches System zuzugreifen

Zug·be·glei·ter *der* eine Person, die in Zügen die Fahrkarten kontrolliert • hierzu **Zug·be·glei·te·rin** *die*

Zug·brü·cke *die; historisch* eine Brücke über den Graben einer Burg, die man in die Höhe ziehen konnte, wenn z. B. Feinde kamen

★ **zu·ge·ben** VERB *(hat)* 1 **etwas zugeben** sagen, dass man etwas getan hat, was böse oder nicht richtig war | *Sie gab den Fehler zu | Sie gab zu, die Uhr gestohlen zu haben | Gib doch zu, dass du gelogen hast! | Ich muss zugeben, dass ich das Problem falsch eingeschätzt habe* 2 **(einer Sache** *(Dativ)*) **etwas zugeben** etwas mit einer Masse oder anderen Zutaten mischen | *Das Eiweiß zu einer festen Masse schlagen und den Zucker nach und nach zugeben*

zu·ge·ge·ben ■ PARTIZIP PERFEKT 1 → zugeben
■ PARTIKEL 2 *betont* verwendet, um eine Aussage einzuleiten, die man zwar (aus Gerechtigkeit) erwähnt, die aber nichts an der Hauptaussage ändert | *Zugegeben, ihr habt euch viel Mühe gemacht, aber es hat nichts genützt*

zu·ge·ge·be·ner·ma·ßen ADVERB; *geschrieben* wie man zugeben muss | *Er hat zugegebenermaßen nur zwei Tage für die Prüfung gelernt*

zu·ge·gen ADJEKTIV ■ ID **zugegen sein** *geschrieben* anwesend sein

★ **zu·ge·hen** VERB *(ist)* 1 **auf jemanden/etwas zugehen** in die Richtung einer Person oder Sache gehen | *Sie ging entschlossen auf ihn zu* 2 **auf jemanden zugehen** mit jemandem (wieder) Kontakt suchen (vor allem nach einem Streit) | *Wenn keiner auf den anderen zugeht, wird es nie zu einer Versöhnung kommen* 3 **etwas geht zu** *gesprochen* etwas schließt sich oder kann geschlossen werden | *Der Koffer geht nicht zu* 4 **etwas geht jemandem zu** *admin* jemand bekommt etwas (mit der Post) geschickt | *Das Antwortschreiben geht Ihnen in den nächsten Tagen zu* 5 **etwas geht einer Sache** *(Dativ)* **zu; etwas geht auf etwas** *(Akkusativ)* **zu** etwas wird bald den genannten Zeitpunkt erreichen ⟨etwas geht dem Ende, dem Höhepunkt zu⟩ | *Es geht schon auf Mitternacht zu* 6 **es geht irgendwie zu** etwas geschieht in der genannten Art und Weise | *Auf unseren Partys geht es immer sehr lustig zu* 7 **irgendwo geht es zu (wie im Taubenschlag)** *gesprochen* an dem genannten Ort o. Ä. ist (sehr) viel los | *Bei meinen Eltern geht es ganz schön zu!*

Zu·geh·frau *die; besonders süddeutsch* Ⓐ eine Frau, die an manchen Tagen im Haushalt hilft und dafür Geld bekommt

zu·ge·hö·rig ADJEKTIV 1 *nur attributiv* so, dass es zu etwas dazugehört | *Die Firma lieferte die Bretter ohne die zugehörigen Schrauben* 2 **sich einer Sache** *(Dativ)* **zugehörig fühlen** das Gefühl haben, dass man ein Teil der genannten Gruppe ist | *Sie fühlen sich einer Minderheit zugehörig* • hierzu **Zu·ge·hö·rig·keit** *die*

zu·ge·knöpft ■ PARTIZIP PERFEKT 1 → zuknöpfen
■ ADJEKTIV 2 *gesprochen* ⟨ein Mensch⟩ so, dass er Kontakte meidet und wenig spricht | *Sie war so zugeknöpft, dass sie uns nicht einmal ihren Namen sagte*

Zü·gel *der;* (-s, -); *meist Plural* die Riemen, mit denen man Pferde am Kopf führt und lenkt ⟨die Zügel locker, kurz halten, (fest, straff) anziehen; ein Pferd am Zügel führen⟩ ■ ID **die Zügel (fest) in der Hand haben** eine Situation (streng) unter Kontrolle haben; **die Zügel straffer ziehen** strenger darauf achten, dass Ordnung und Gehorsam herrschen; **die Zügel schleifen/schießen lassen** alles so geschehen lassen, wie es kommt (anstatt zu versuchen, es zu kontrollieren); **die Zügel kurz halten** streng sein

zü·gel·los ADJEKTIV (zügelloser, zügellosest-) so, dass sich jemand alle Wünsche erfüllt und sich nicht auf vernünftige Weise beherrscht ⟨ein Leben, ein Mensch; Ehrgeiz, Gier, Leidenschaft⟩ • hierzu **Zü·gel·lo·sig·keit** *die*

zü·geln VERB (zügelte, hat gezügelt) **etwas/sich zügeln** vor allem negative Gefühle unter Kontrolle haben und sich beherrschen (können) ⟨die Begierde, die Eifersucht, den Zorn, den Hunger zügeln⟩ • hierzu **Zü·ge·lung** *die*

zu·ge·sel·len VERB (gesellte sich zu, hat sich zugesellt) **sich jemandem/etwas zugesellen** *geschrieben* zu jemandem/etwas kommen, um eine Weile zu bleiben

Zu·ge·ständ·nis *das* 1 **ein Zugeständnis (an jemanden/etwas)** etwas, das man (meist nach einem Streit oder nach einer Verhandlung) tut, gibt oder erlaubt, damit die andere Person einen Vorteil hat ⟨jemandem Zugeständnisse machen, abringen⟩ 2 **ein Zugeständnis an etwas** *(Akkusativ)* etwas, das man macht, um sich anzupassen | *ein Zugeständnis an die Mode/an die Sitten*

zu·ge·ste·hen VERB (gestand zu, hat zugestanden) **jemandem etwas zugestehen** einer Person etwas erlauben oder geben, auf das sie ein Recht hat

zu·ge·tan ADJEKTIV *meist prädikativ* **jemandem/etwas zugetan sein** jemanden/etwas gern mögen ⟨jemandem herzlich, liebevoll, in Liebe zugetan sein⟩

Zu·ge·winn|ge·mein·schaft *die* eine gesetzliche Regelung, nach der (bei einer Scheidung) die Ehepartner das Vermögen behalten, das sie vor der Ehe hatten, und alles teilen, was sie seit der Heirat erworben haben ℹ Die Zugewinngemeinschaft ist der Normalfall; wer das nicht will, vereinbart *Gütertrennung*

Zug·füh·rer *der* 1 eine Person, die im Zug die Aufsicht hat 2 eine Person, die eine relativ kleine militärische Einheit führt • hierzu **Zug·füh·re·rin** *die*

zu·gig ADJEKTIV so, dass immer ein leichter, unangenehmer Wind zu spüren ist | *ein zugiger Durchgang*

zü·gig ADJEKTIV relativ schnell (und ohne Unterbrechung oder Stockung) | *mit der Arbeit zügig vorankommen* • hierzu **Zü·gig·keit** *die*

Zug·kraft *die* 1 die Kraft, mit der etwas irgendwohin gezogen wird 2 *nur Singular* die Fähigkeit, viele Menschen zu interessieren oder zu begeistern | *ein Film mit großer Zugkraft* • zu (2) **zug·kräf·tig** ADJEKTIV

★ **zu·gleich** ADVERB 1 genau zur selben Zeit ≈ *gleichzeitig* | *Ich kann nicht zugleich essen und sprechen* 2 drückt aus, dass beides zutrifft ≈ *auch* | *Die Kanne ist praktisch und zugleich schön | Sie ist Komponistin und Sängerin zugleich* ℹ meist nach dem Substantiv verwendet

Zug·luft *die; nur Singular* eine strömende und kühle Luft, die als unangenehm empfunden wird (vor allem in einem Haus)

Zug·ma·schi·ne *die* 1 ein Lastwagen ohne Ladefläche, der einen Anhänger zieht 2 ≈ *Traktor*

Zug·pferd *das* 1 ein Pferd, das einen Wagen, Pflug o. Ä. zieht 2 eine Person oder Sache, durch die viele Leute angelockt werden (z. B. zu einer Veranstaltung)

zu·grei·fen VERB *(hat)* 1 etwas mit der Hand greifen und festhalten oder sich nehmen | *Greift ruhig zu, es sind genug Kekse für alle da* 2 ein Angebot nutzen | *Heute für den halben Preis, greifen Sie zu!* 3 **auf etwas** *(Akkusativ)* **zugreifen** ein elektronisches System benutzen und Daten abrufen oder eingeben | *Der Anschluss ist gestört, ich konnte heute nicht aufs Internet zugreifen*

Zu·griff *der* **1** **der Zugriff (auf etwas** (*Akkusativ*)**)** die Möglichkeit, in einem elektronischen System Daten abzurufen oder einzugeben ≈ *Zugang* | *Hacker haben sich Zugriff auf ihr Benutzerkonto verschafft* K Zugriffsberechtigung, Zugriffsmöglichkeit **2** wenn die Polizei einen Verbrecher festnimmt, macht sie einen Zugriff | *Der Einsatzleiter rief: „Zugriff!"*

★ **zu·grun·de, zu Grun·de** ADVERB **1** **(an etwas** (*Dativ*)**) zugrunde gehen** (durch etwas) sterben oder zerstört werden | *Die Tiere hatten kein Wasser mehr und gingen jämmerlich zugrunde* **2** **jemanden/etwas zugrunde richten** bewirken, dass jemand/etwas nicht mehr existieren kann ≈ *ruinieren* | *Die Firma wurde vom schlechten Management zugrunde gerichtet* **3** **etwas liegt einer Sache** (*Dativ*) **zugrunde** etwas ist die Grundlage oder Basis einer Sache | *Unserer Schätzung liegen die aktuellen Zahlen zugrunde* **4** **etwas (einer Sache** (*Dativ*)**) zugrunde legen** etwas als Grundlage (für einen Beweis, eine Behauptung) benützen

Zug·tier *das* ein Tier (z. B. ein Ochse oder ein Pferd), das einen Wagen, Pflug o. Ä. zieht

zu·gu·cken VERB (*hat*); *gesprochen* ≈ *zusehen*

★ **zu·guns·ten, zu Guns·ten** PRÄPOSITION *mit Dativ/Genitiv* zum Vorteil von | *eine Sammlung zugunsten der Welthungerhilfe* | *den Kindern zugunsten/zu Gunsten der Kinder* H → Infos unter **Präposition**

zu·gu·te·hal·ten VERB (hält zugute, hielt zugute, hat zugutegehalten); *geschrieben* **1** **jemandem etwas zugutehalten** eine Entschuldigung oder Erklärung dafür geben, dass eine Person einen Fehler oder etwas Negatives gemacht hat | *Es stimmt, dass sie wenig arbeitet, aber du musst ihr zugutehalten, dass sie lange krank war* **2** **sich** (*Dativ*) **etwas/viel auf etwas** (*Akkusativ*) **zugutehalten** auf etwas stolz/sehr stolz sein | *Er hält sich viel auf seine Sportlichkeit zugute*

zu·gu·te·kom·men VERB (kam zugute, ist zugutegekommen) **1** **etwas kommt jemandem/etwas zugute** eine Person hat einen Vorteil wegen etwas oder eine Tätigkeit gelingt besser wegen etwas | *Die Einnahmen aus dem Konzert sollen den Flüchtlingen zugutekommen* **2** **jemandem etwas zugutekommen lassen** etwas tun, das für jemanden einen selbst gut und angenehm ist | *Arbeite nicht so viel! Lass dir auch einmal etwas zugutekommen!*

zu·gu·te·tun VERB (tut zugute, tat zugute, hat zugutegetan) **1** **jemandem etwas zugutetun** etwas tun, damit eine andere Person oder man selbst einen Vorteil hat **2** **sich** (*Dativ*) **etwas/viel auf etwas** (*Akkusativ*) **zugutetun** ≈ *zugutehalten*

Zug·vo·gel *der* ein Vogel, der im Herbst aus dem Norden in ein warmes Land fliegt und im Frühling wieder zurückkehrt | *Schwalben sind Zugvögel*

Zug·zwang *der*; *meist Singular* die Notwendigkeit, in einer Situation zu handeln oder sich zu entscheiden ⟨unter Zugzwang stehen; in Zugzwang geraten, sein⟩

zu·ha·ben VERB (*hat*); *gesprochen* **1** **etwas zuhaben** etwas geschlossen haben | *die Fenster/die Augen zuhaben* **2** **etwas hat zu** etwas ist geschlossen ⟨ein Geschäft, ein Laden, ein Lokal, ein Amt⟩ **3** **jemand hat zu** jemandes Geschäft, Amt, Büro o. Ä. ist geschlossen | *Der Friseur hat montags zu*

zu·hal·ten VERB (*hat*) **1** **(jemandem) etwas zuhalten** etwas (z. B. mit der Hand) ganz bedecken ⟨jemandem die Augen, den Mund, die Nase, die Ohren zuhalten⟩ | *Wenn ich ins Wasser springe, halte ich mir die Nase zu* **2** **etwas zuhalten** durch Drücken oder Ziehen dafür sorgen, dass etwas geschlossen bleibt ⟨eine Tür zuhalten⟩ **3** **auf jemanden/etwas zuhalten** *geschrieben* in die Richtung fahren, laufen o. Ä., wo jemand/etwas ist

Zu·häl·ter *der*; (-s, -) ein Mann, der von dem Geld lebt, das durch Prostitution verdient wird

zu·hän·gen VERB (hängte zu, hat zugehängt) **etwas zuhängen** etwas verdecken, indem man eine Decke o. Ä. davor- oder darüberhängt

zu·hau·en VERB (haute zu, hat zugehauen/*süddeutsch* Ⓐ zugehaut) **1** *gesprochen* ≈ *zuschlagen* **2** **etwas zuhauen** etwas mit Werkzeugen in die gewünschte Form bringen ⟨Holz, Stein zuhauen⟩

zu·hauf ADVERB; *geschrieben* in großer Menge oder Zahl

zu·hau·se ADVERB dort, wo man wohnt ⟨zuhause sein, arbeiten⟩

★ **Zu·hau·se** *das*; (-s) das Haus, die Wohnung oder der Ort, wo man lebt oder wo man aufgewachsen ist (und sich wohlfühlt) ⟨ein schönes, kein Zuhause haben; irgendwo, bei jemandem ein zweites Zuhause finden⟩ H aber: *Ich bin jetzt zu Hause*

Zu·hil·fe·nah·me *die*; (-); *geschrieben* **1** **unter Zuhilfenahme** +*Genitiv*/**von etwas** ≈ *mit* **2** **ohne Zuhilfenahme** +*Genitiv* / **von etwas** ohne etwas zu verwenden ≈ *ohne* H Genitiv folgt meist, wenn ein Adjektiv vor dem Substantiv steht: *Die Fabrik wurde unter Zuhilfenahme fremder Geldmittel/von Spendengeldern gebaut.*

★ **zu·hö·ren** VERB (*hat*) **(jemandem/etwas) zuhören** bewusst (hin)hören ⟨aufmerksam, genau zuhören; nicht richtig zuhören⟩ | *Sie hörte der Diskussion schweigend zu* ■ **ID** **Jetzt hör mir mal 'gut zu!** *gesprochen* verwendet, um eine Ermahnung einzuleiten • hierzu **Zu·hö·rer** *der*; **Zu·hö·re·rin** *die*

zu·ju·beln VERB (*hat*) **Personen jubeln jemandem zu** eine große Anzahl von Personen bringt ihre Freude über jemanden laut zum Ausdruck | *Die Menge jubelte dem Sieger zu*

zu·keh·ren VERB (*hat*) **jemandem den Rücken zukehren** sich so drehen, dass man den Rücken zu jemandem hat

zu·klap·pen VERB **1** **etwas zuklappen** (*hat*) etwas schließen (wobei meist ein knallendes oder dumpfes Geräusch entsteht) ⟨ein Buch zuklappen⟩ **2** **etwas klappt zu** (*ist*) etwas schließt sich (und dabei entsteht meist ein knallendes Geräusch)

zu·kle·ben VERB (*hat*) **etwas zukleben** etwas mit Klebstoff schließen oder verdecken | *einen Brief zukleben*

zu·knal·len VERB **1** **etwas zuknallen** (*hat*) etwas mit einer heftigen Bewegung so schließen, dass ein lautes Geräusch entsteht | *vor Wut die Tür zuknallen* **2** **etwas knallt zu** (*ist*) etwas schließt sich so, dass ein lautes Geräusch entsteht

zu·knei·fen VERB (*hat*) **den Mund/die Augen zukneifen** den Mund/die Augen schließen und fest zusammenpressen

zu·knöp·fen VERB (*hat*) **etwas zuknöpfen** etwas mit Knöpfen schließen ⟨den Mantel, die Jacke zuknöpfen⟩

zu·kom·men VERB (*ist*) **1** **auf jemanden/etwas zukommen** von einem Ort zu (oder in die Nähe von) einer Person oder Sache kommen **2** **etwas kommt auf jemanden zu** etwas wird für jemanden zu einer Aufgabe, zu einem Problem | *Nächstes Jahr kommen eine Menge Ausgaben auf uns zu* **3** **etwas kommt jemandem zu** *geschrieben* jemand bekommt etwas | *Wem soll dann das Haus zukommen?* **4** **jemandem etwas zukommen lassen** jemandem etwas bringen, geben oder schenken | *Er lässt den Armen immer wieder Spenden zukommen* **5** **etwas auf sich zukommen lassen** warten, wie sich etwas entwickelt (ohne dass man selbst handelt oder plant)

zu·krie·gen VERB (*hat*) **etwas zukriegen** *gesprochen* etwas schließen können

★ **Zu·kunft** *die*; (-) **1** die Zeit, die noch nicht da ist; die kommende Zeit ⟨die nächste, nahe, ferne Zukunft; etwas liegt in der Zukunft⟩ | *Pläne für die Zukunft machen* | *Das Ziel liegt noch in ferner Zukunft* | *Ich bin neugierig, was die Zukunft bringen wird* (was in der Zukunft geschehen wird) **K** Zukunftsangst, Zukunftsaussichten, Zukunftsforschung, Zukunftsperspektive; zukunftsorientiert **2** das, was (mit jemandem/etwas) in der Zukunft geschehen wird | *die Zukunft voraussagen können* **K** Zukunftsroman **3** positive Aussichten für die persönliche Entwicklung in der Zukunft ⟨keine, eine Zukunft haben; mit, ohne Zukunft; eine erfolgreiche, gesicherte, glückliche, große Zukunft⟩ | *eine glänzende/rosige Zukunft* (eine erfolgreiche/angenehme Zukunft) | *ein Beruf mit Zukunft* | *Ihr wurde eine große Zukunft als Pianistin prophezeit* | *Er denkt überhaupt nicht an seine Zukunft* **4** die Form eines Verbs, die ausdrückt, dass etwas in der Zukunft geschehen wird ≈ *Futur* **5** **in Zukunft** von jetzt an ■ **ID** **jemandem/etwas gehört die Zukunft** jemand/etwas hat gute Aussichten auf Erfolg

★ **zu·künf·tig** ADJEKTIV *meist attributiv* **1** in der Zukunft oder zur Zukunft gehörig ⟨die Entwicklung, die Gesellschaft, Generation⟩ | *Die zukünftigen Ereignisse werden zeigen, wer recht hat* | *Sei bitte zukünftig etwas vorsichtiger* **2** **seine zukünftige Frau** die Frau, die er heiraten wird **3** **ihr zukünftiger Mann** der Mann, den sie heiraten wird

Zu·künf·ti·ge *der/die; (-n, -n); gesprochen, humorvoll* ≈ *Verlobte(r)* **H** *mein Zukünftiger/meine Zukünftige; der/die Zukünftige; ihren, ihrem, ihres Zukünftigen/seiner Zukünftigen*

zu·kunfts·fä·hig ADJEKTIV so, dass das Genannte auch in Zukunft Erfolg haben kann, sinnvoll oder nützlich sein kann ⟨eine Politik, ein Unternehmen, eine Entwicklung, Erfindung⟩

Zu·kunfts·mu·sik *die; nur Singular; meist abwertend* etwas, das es (in der Wirklichkeit) noch lange nicht geben wird | *Seine Pläne sind reine Zukunftsmusik*

zu·kunfts·träch·tig ADJEKTIV mit guten Aussichten auf eine erfolgreiche Zukunft ⟨eine Entwicklung, eine Neuerung⟩

zu·kunft(s)·wei·send ADJEKTIV ⟨Entscheidungen, Ideen⟩ so, dass sie zeigen und bestimmen, wie Dinge in der Zukunft aussehen werden

Zu·la·ge *die* Geld, das man zusätzlich zum normalen Lohn oder Gehalt bekommt | *eine Zulage für Nachtarbeit* **K** Gehaltszulage; Erschwerniszulage, Gefahrenzulage, Kinderzulage

zu·lan·gen VERB *(hat); gesprochen* **1** eine große Menge von etwas (vor allem Essen), das man angeboten bekommt, nehmen ⟨kräftig, tüchtig zulangen⟩ **2** ≈ *zupacken*

zu·läng·lich ADJEKTIV; *geschrieben* ≈ *ausreichend, genügend* ● hierzu **Zu·läng·lich·keit** *die*

★ **zu·las·sen** VERB *(hat)* **1** **etwas zulassen** etwas erlauben, gestatten | *Ich werde nie zulassen, dass du allein verreist* | *Unser Einkommen lässt keinen Luxus zu* **2** **eine Behörde lässt jemanden/etwas (zu/für etwas) zu** eine Behörde o. Ä. erlaubt jemandem/etwas, an etwas teilzunehmen ⟨jemanden zur Prüfung, zum Studium zulassen; ein Auto (für den Verkehr) zulassen⟩ **3** **etwas zulassen** *gesprochen* etwas nicht öffnen

★ **zu·läs·sig** ADJEKTIV (von einer Behörde) erlaubt ↔ *unzulässig* | *die zulässige Geschwindigkeit überschreiten* | *Es ist nicht zulässig, aus diesem Stoff Medikamente herzustellen* ● hierzu **Zu·läs·sig·keit** *die*

Zu·las·sung *die; (-, -en)* **1** die Erlaubnis, an etwas teilzunehmen o. Ä. ⟨jemandem eine Zulassung erteilen, verweigern; eine Zulassung beantragen⟩ **K** Zulassungsstelle, Zulassungsverfahren; Erstzulassung, Neuzulassung, Prüfungszulassung **2** *gesprochen* ≈ *Fahrzeugschein*

zu·las·ten, zu Las·ten PRÄPOSITION *mit Genitiv* **1** **etwas geht zulasten** *+Genitiv* etwas ist von Nachteil für jemanden/etwas | *Die Reform ging zulasten des Steuerzahlers/der Altersversorgung* **2** etwas muss von jemandem bezahlt werden **H** auch verwendet mit *von*: *eine Abbuchung zulasten von Peter Meier*

Zu·lauf *der* **etwas hat viel/großen Zulauf** etwas wird von vielen Menschen besucht o. Ä.

zu·lau·fen VERB *(ist)* **1** **auf jemanden/etwas zulaufen** in Richtung zu einer Person oder Sache laufen **2** **ein Tier läuft jemandem zu** ein Tier kommt zu einem fremden Menschen und bleibt dort | *Uns ist ein Kater zugelaufen* **3** **jemandem laufen Anhänger/Kunden/Patienten zu** jemand hat sehr viele Anhänger usw. **4** *gesprochen* ≈ *loslaufen, weiterlaufen* | *Lauf zu, sonst fährt der Zug davon!* **H** meist im Imperativ **5** **etwas läuft irgendwie zu** etwas hat an einem Ende eine spitze oder schmale Form | *Der Rock läuft unten eng zu*

zu·le·gen VERB *(hat); gesprochen* **1** **sich** *(Dativ)* **etwas zulegen** sich etwas kaufen **2** **jemand hat sich etwas zugelegt** *humorvoll* jemand hat etwas bekommen | *Er hat sich einen Bart/einen Schnupfen zugelegt* **3** das Tempo steigern und schneller fahren, laufen, arbeiten o. Ä. ⟨einen Zahn zulegen⟩

zu·lei·de, zu Lei·de ADVERB ■ **ID** **jemandem/einem Tier etwas/nichts zuleide tun** etwas/nichts tun, was jemandem/einem Tier schadet oder wehtut

zu·lei·ten VERB *(hat)* **jemandem/etwas etwas zuleiten** bewirken, dass etwas zu einer Person oder an eine Stelle kommt | *einem Gerät Strom zuleiten* | *einer Zeitung Informationen zuleiten* ● hierzu **Zu·lei·tung** *die*

★ **zu·letzt** ADVERB **1** (als Letztes) nach allen anderen Tätigkeiten | *die Teile aussägen, glätten und zuletzt bemalen* **2** als Letzte(r) oder Letztes | *Für den, der zuletzt kommt, gibt es keinen Sitzplatz mehr* **3** das Mal direkt vor dem aktuellen Zeitpunkt/Mal | *Wann warst du zuletzt beim Arzt?* **4** während der Zeit direkt vor dem Ende | *Zuletzt hat er sich überhaupt nicht mehr angestrengt* **5** **bis zuletzt** bis zum letzten Moment | *Wir hofften bis zuletzt, dass sie wieder gesund würde* ■ **ID** **nicht zuletzt** (zu einem großen Teil) auch | *Dass die Ernte so schlecht war, lag nicht zuletzt an dem viel zu warmen Winter*

★ **zu·lie·be** PRÄPOSITION *mit Dativ, nachgestellt* **1** **jemandem zuliebe** um einer Person eine Freude zu machen oder ihr zu helfen | *Das habe ich doch dir zuliebe getan!* **2** **einer Sache** *(Dativ)* **zuliebe** wegen der genannten Sache | *Sie hat ihrer Karriere zuliebe auf Kinder verzichtet*

Zu·lie·fer·be·trieb *der* ein Betrieb, der Waren produziert und liefert, die ein anderer Betrieb als Teile für größere Geräte oder Maschinen braucht

★ **zum** PRÄPOSITION MIT ARTIKEL **1** zu dem | *zum Rathaus fahren* **H** In Wendungen wie *zum Beispiel, etwas zum Vergnügen tun* oder *zum Schwimmen gehen* kann *zum* nicht durch *zu dem* ersetzt werden. **2** **zum einen …** verwendet, um eines von mehreren Dingen zu nennen oder zwei Dinge gegenüberzustellen | *Das liegt zum einen am guten Ruf der Universität* | *Die Folge davon sind zum einen niedrige Preise, zum andern/aber auch/ außerdem …*

★ **zu·ma·chen** VERB *(hat)* **1** **etwas zumachen** etwas schließen ↔ *öffnen* | *Mach bitte die Tür zu, es zieht* **2** **(etwas) zumachen** ein Geschäft o. Ä. für kurze Zeit oder für immer schließen | *Wir machen über Mittag zu* | *Er musste (den Laden) zumachen, weil er finanzielle Schwierigkeiten hatte* **3** **etwas macht zu** etwas ist nicht mehr für Kunden offen | *Die Bank macht heute um vier Uhr zu* | *Der Blumenladen musste leider zumachen, den gibt es nicht mehr* **4** *beson-*

ders norddeutsch, gesprochen sich beeilen | *Mach zu, wir warten alle nur auf dich!*

zu·mal *geschrieben* ■ PARTIKEL *betont und unbetont* **1** vor allem ≈*besonders* | *Der Smog ist hier schlimm, zumal in der Stadt* | *Sie geht gern in die Berge, zumal im Sommer* ■ BINDEWORT **2** vor allem weil | *Niemand warf ihm den Fehler vor, zumal er sonst so zuverlässig ist*

zu·mau·ern VERB *(hat)* **etwas zumauern** eine Öffnung (in einer Mauer) mit Ziegeln o. Ä. schließen ⟨ein Fenster, eine Tür zumauern⟩

zu·meist ADVERB; *geschrieben* ≈*meistens, meist*

★ **zu·min·dest** PARTIKEL *betont und unbetont* **1** verwendet, um zu sagen, dass etwas das Minimum ist, was man erwarten kann ≈*wenigstens* | *Du hättest dich zumindest bedanken müssen, wenn du die Einladung schon nicht annimmst* **2** verwendet als tröstende oder aufmunternde Einschränkung einer negativen Aussage ≈*wenigstens* | *Bei dem Sturm wurden viele Häuser beschädigt, aber zumindest wurde niemand verletzt* **3** verwendet, um eine Aussage einzuschränken | *Der Film ist sehr gut, zumindest sagt das Christa* | *Sie hat morgen Geburtstag, glaube ich zumindest*

zu·mül·len VERB (müllte zu, hat zugemüllt); *gesprochen, abwertend* **1** **etwas zumüllen** wenn etwas zugemüllt wird, sammelt sich dort viel Müll | *Mein Postfach ist mit Spam zugemüllt* | *Nach dem sonnigen Tag waren die Liegewiesen im Park völlig zugemüllt* **2** **jemanden zumüllen** längere Zeit mit jemandem sprechen, der kein Interesse daran hat | *Er hat mich wieder stundenlang mit seinen Problemen zugemüllt*

zu·mu·te, zu Mu·te ADVERB **jemandem ist irgendwie zumute** eine Person ist in einer solchen Stimmung, dass sie das Genannte haben oder tun möchte | *Im Moment ist mir nicht nach Späßen zumute* | *Ihr ist zum Weinen zumute*

zu·mu·ten VERB (mutete zu, hat zugemutet) **jemandem etwas zumuten** von jemandem oder sich selbst etwas fordern, was eigentlich zu schwer, zu viel o. Ä. ist | *Du kannst doch einem so kleinen Kind nicht zumuten, dass es allein zu Hause bleibt/allein zu Hause zu bleiben* • hierzu **zu·mut·bar** ADJEKTIV

Zu·mu·tung *die;* (-, -en); *abwertend* etwas, das sehr stört oder das man kaum ertragen kann ⟨etwas als Zumutung empfinden⟩ | *Einen solchen Lärm zu machen, das ist doch eine Zumutung!* | *Dieses Zimmer ist eine Zumutung!*

★ **zu·nächst** ADVERB **1** als Erstes | *Zunächst (einmal) will ich mich ausruhen* **2** am Anfang, zu Beginn | *Wir hatten zunächst gezögert, dem Vorschlag zuzustimmen* **3** was die nächste Zeit betrifft ≈*vorerst* | *Ich mache mir da zunächst keine Sorgen*

★ **Zu·nah·me** *die;* (-, -n) das Zunehmen | *Für die nächsten Jahre ist mit einer weiteren Zunahme des Verkehrs zu rechnen* K Bevölkerungszunahme, Geburtenzunahme, Gewichtszunahme

Zu·na·me *der* ≈*Familienname, Nachname*

zün·deln VERB (zündelte, hat gezündelt); *süddeutsch* Ⓐ mit Streichhölzern o. Ä. spielen (und dabei Feuer machen) ⟨Kinder⟩

zün·den VERB (zündete, hat gezündet) **1** **etwas zündet** etwas kommt durch brennendes Gas (und kleine, schnelle Explosionen) in Bewegung oder beginnt zu arbeiten ⟨eine Rakete, ein Motor⟩ **2** **etwas zündet** etwas bewirkt, dass Menschen begeistert sind und (vor allem geistig) aktiv werden ⟨eine Ansprache, eine Rede; jemandes Worte⟩ **i** meist im Partizip Präsens **3** **etwas zünden** bewirken, dass ein Sprengstoff explodiert oder dass ein Gas o. Ä. zu brennen anfängt ⟨eine Bombe, eine Rakete, eine Sprengladung zünden⟩ ■ ID **bei jemandem hat es gezündet** *gesprochen, humorvoll* jemand hat etwas endlich verstanden

Zun·der *der;* (-s, -) leicht brennbares Material, das man früher verwendete, um Feuer zu machen ⟨etwas ist trocken, etwas brennt wie Zunder⟩ ■ ID **jemand kriegt Zunder, es gibt Zunder** *gesprochen* jemand wird scharf kritisiert oder geschlagen; **jemandem Zunder geben** *gesprochen* jemanden scharf kritisieren oder schlagen

Zün·der *der;* (-s, -) **1** der Teil einer Bombe o. Ä., der die Explosion auslöst **2** Ⓐ *nur Plural* ≈*Zündhölzer*

Zünd·fun·ke, Zünd·fun·ken *der* ein Funke, der z. B. im Motor eines Autos die Mischung aus Luft und Benzin zündet

★ **Zünd·holz** *das;* (-es, Zünd·höl·zer) ≈*Streichholz* K Zündholzschachtel

Zünd·ker·ze *die* ein kleines Teil z. B. im Motor eines Autos, das den Funken produziert, durch den die Mischung aus Luft und Benzin explodiert | *die Zündkerzen auswechseln (lassen)*

Zünd·schloss *das* ein Schalter (z. B. im Auto), in den man den Schlüssel steckt (und umdreht), um den Motor zu starten

Zünd·schlüs·sel *der* ein Schlüssel, mit dem man (im Zündschloss) ein Auto startet

Zünd·schnur *die* ein Faden, den man an dem einen Ende anzündet und der dann weiterbrennt, bis er am anderen Ende Dynamit o. Ä. zum Explodieren bringt

Zünd·stoff *der; nur Singular* etwas, das in der Öffentlichkeit zu heftigen Diskussionen oder Konflikten führt

Zün·dung *die;* (-, -en) **1** der Vorgang, durch den etwas gezündet wird | *die Zündung einer Rakete* K Fehlzündung **2** eine Anlage, die z. B. den Motor eines Autos (durch den elektrischen Strom der Batterie) startet

★ **zu·neh·men** VERB *(hat)* **1** **etwas nimmt zu** etwas wird größer, stärker, intensiver o. Ä. | *Die Zahl der Studenten nimmt ständig zu* | *Die Nachfrage nahm so stark zu, dass wir mit der Produktion kaum folgen konnten* **2** (dicker und) schwerer werden | *Er hat mindestens 20 Kilo zugenommen* | *Das Baby nimmt nicht so schnell zu, wie es sollte* **3** **jemand nimmt an etwas** *(Dativ)* **zu** jemand gewinnt mehr von der genannten Sache | *jemand nimmt an Erfahrung/Einfluss/Macht zu* **4** **der Mond nimmt zu** der Mond ist in der Phase, in der man täglich mehr davon sieht | *bei zunehmendem Mond* **5** **mit zunehmendem Alter** wenn man älter wird **6** **in zunehmendem Maße** immer mehr

zu·neh·mend ■ PARTIZIP PRÄSENS **1** → zunehmen ■ ADVERB **2** immer mehr | *Ihr gesundheitlicher Zustand bessert sich zunehmend*

zu·nei·gen VERB *(hat); geschrieben* **1** **einer Sache** *(Dativ)* **zuneigen** zu etwas neigen, tendieren | *fortschrittlichen Ansichten zuneigen* **2** **sich jemandem/etwas zuneigen** sich in Richtung auf jemanden/etwas beugen **3** **etwas neigt sich dem Ende zu** etwas wird bald zu Ende sein ⟨das Jahr, der Tag, der Urlaub⟩

★ **Zu·nei·gung** *die;* (-) **Zuneigung (zu jemandem/für jemanden)** die Sympathie, die ein Mensch für jemanden empfindet ⟨Zuneigung empfinden; jemandem seine Zuneigung schenken, zeigen, beweisen⟩

Zunft *die;* (-, Zünf·te) **1** *historisch* eine Organisation von Handwerkern, welche früher die Qualität und die Preise der Produkte kontrollierte und die Ausbildung junger Menschen regelte ⟨die mittelalterlichen Zünfte⟩ K Zunftmeister, Zunftordnung; Bäckerzunft, Schneiderzunft, Handwerkszunft **2** *humorvoll* eine Gruppe von Leuten mit demselben Beruf ⟨die Zunft der Ärzte, der Gelehrten⟩ | *die schreibende*

Zunft (Schriftsteller und Journalisten)

zünf·tig ADJEKTIV; *gesprochen* so, wie es sein soll, gut und richtig | *ein zünftiges Fest*

★ **Zun·ge** *die*; (-, -n) **1** mit der Zunge schmeckt man Speisen. Die Zunge bewegt man beim Essen und Sprechen im Mund ⟨sich (*Dativ*) auf/in die Zunge beißen; eine belegte Zunge haben⟩ **K** Zungenspitze, Zungenwurzel **2** die Zunge mancher Tiere, die man isst **K** Kalbszunge, Rinderzunge, Schweinezunge, Pökelzunge **3** *literarisch* ≈ *Sprache* **4** **etwas zergeht (einem) auf der Zunge** etwas Essbares ist sehr weich, zart, mild o. Ä. **5** **mit der Zunge anstoßen** *gesprochen* ≈ *lispeln* **6** **jemandem die Zunge herausstrecken/zeigen** die Zunge aus dem Mund strecken, um einer Person zu zeigen, dass man sie verachtet, über sie triumphiert o. Ä.

■ ID ▸Zunge als Objekt: **Ich würde mir lieber die Zunge abbeißen (als … zu sagen)** Ich werde unter keinen Umständen etwas sagen, verraten o. Ä.; **Da bricht man sich die Zunge!** *gesprochen* Das Wort kann man kaum aussprechen; **eine schwere Zunge haben** sehr viel Alkohol getrunken haben und deshalb langsam und mit Mühe sprechen; **eine spitze/boshafte Zunge haben** oft böse Dinge sagen; **seine Zunge hüten** etwas (Böses) nicht sagen, obwohl man es gern täte; **etwas löst jemandem die Zunge** z. B. Alkohol, Geld bewirkt, dass jemand (lockerer oder unvorsichtiger) redet; **sich** (*Dativ*) **die Zunge verbrennen** etwas sagen und deshalb Nachteile haben; **sich** (*Dativ*) **etwas auf der Zunge zergehen lassen** etwas voller Genuss aussprechen oder sagen; **seine Zunge zügeln/im Zaum halten** etwas (Böses) nicht sagen, obwohl man es gern täte;
▸Präposition plus Zunge: **sich** (*Dativ*) **auf die Zunge beißen** sich nur mit Mühe beherrschen und etwas nicht sagen; **Es liegt mir auf der Zunge!**, **Ich habs auf der Zunge!** ich bin sicher, dass ich es weiß, aber es fällt mir im Moment nicht ein; **etwas brennt jemandem auf der Zunge** jemand hat den starken Wunsch, etwas zu sagen;
▸andere Verwendungen: **böse Zungen** Menschen, die schlecht über andere Personen reden, um diesen zu schaden ⟨böse Zungen behaupten, dass …⟩; **mit hängender Zunge** *gesprochen* ganz außer Atem; **jemandem hängt die Zunge aus dem Hals** *gesprochen* jemand ist (z. B. vom Laufen) erschöpft (und durstig)

zün·geln VERB (züngelte, hat gezüngelt) **1** **ein Tier züngelt** eine Schlange o. Ä. bewegt die Zunge schnell vor und zurück **2** **Flammen züngeln (irgendwohin)** Flammen bewegen sich

Zun·gen·bre·cher *der*; (-s, -); *humorvoll* etwas, das wegen vieler ähnlicher Laute schwierig auszusprechen ist • hierzu **zun·gen·bre·che·risch** ADJEKTIV

Zun·gen·kuss *der* ein Kuss, bei dem sich die Zungen derjenigen berühren, die sich küssen

Zun·gen·schlag *der* **ein falscher Zungenschlag** etwas, was jemand falsch sagt, ohne es zu wollen

Züng·lein *das*; (-s, -) ■ ID **jemand/etwas ist das Zünglein an der Waage** bei einer schwierigen Entscheidung wird eine Person oder Sache sehr wichtig und bestimmt daher die Entscheidung

zu·nich·te ADJEKTIV ■ ID **etwas ist zunichte** *geschrieben* etwas ist zerstört ⟨jemandes Hoffnungen, jemandes Pläne⟩

zu·nich·te·ma·chen VERB (machte zunichte, hat zunichtegemacht); *geschrieben* **etwas zunichtemachen** ⟨jemandes Hoffnungen, Pläne, Absichten, Vorstellungen zunichtemachen⟩ ≈ *zerstören, vernichten*

zu·nich·te·wer·den VERB (wird zunichte, wurde zunichte, ist zunichtegeworden); *geschrieben* **etwas wird zunichte** etwas wird zerstört ⟨jemandes Hoffnungen, jemandes Pläne⟩

zu·nut·ze, zu Nut·ze ADVERB ■ ID **sich** (*Dativ*) **etwas zunutze machen** einen Vorteil aus etwas ziehen | *sich die Errungenschaften der Technik zunutze machen*

zu·oberst ADVERB (in einem Haufen oder Stapel) ganz oben

★ **zu·ord·nen** VERB (*hat*) **jemanden/etwas einer Sache/Person** (*Dativ*) **zuordnen** entscheiden oder feststellen, dass eine Person oder Sache zu einer Person, Sache oder Kategorie gehört | *Katzen werden den Raubtieren zugeordnet* | *Die Polizei konnte mehrere Einbrüche der Bande zuordnen* | *Die Daten müssen eindeutig einer bestimmten Person zugeordnet werden können* • hierzu **Zu·ord·nung** *die*

zu·pa·cken VERB (*hat*) **1** (schnell und) fest nach etwas greifen | *mit beiden Händen kräftig zupacken* **2** eine (körperliche) Arbeit mit viel Energie machen | *Wenn wir alle fest zupacken, dann ist das Zimmer bald tapeziert*

zu·par·ken VERB (*hat*) **etwas zuparken** das Auto so abstellen (parken), dass es andere Leute stört, am Fahren hindert o. Ä. | *eine Einfahrt zuparken*

zu·pass·kom·men VERB (kam zupass, ist zupassgekommen); *geschrieben* **etwas kommt jemandem zupass** etwas ist günstig für jemanden, passt zu jemandes Plänen

zup·fen VERB (zupfte, hat gezupft) **1** **(sich** (*Dativ*)**) etwas (aus etwas) zupfen** mehrmals leicht an etwas ziehen, um es von irgendwo zu entfernen ⟨Unkraut zupfen⟩ | *einen Faden aus der Jacke zupfen* | *sich mit der Pinzette die Augenbrauen zupfen* **2** **(etwas) zupfen** ein Musikinstrument spielen, indem man mit den Fingern kurz an den Saiten zieht ⟨die Gitarre, die Geige, die Zither, die Harfe zupfen⟩ | *die Saiten der Mandoline zupfen* **K** Zupfinstrument **3** **(jemanden) an etwas** (*Dativ*) **zupfen** mit den Fingern (jemanden oder sich selbst) leicht an etwas ziehen ⟨sich (nachdenklich/nervös) am Bart zupfen⟩

zu·pros·ten VERB (prostete zu, hat zugeprostet) **jemandem zuprosten** das Glas heben und zu jemandem „Prost!" o. Ä. sagen

★ **zur, zur** PRÄPOSITION *mit Artikel* zu der | *zur Tür hinausgehen* **H** In Wendungen wie *sich zur Ruhe begeben* oder *etwas zur Genüge kennen* kann *zur* nicht durch *zu der* ersetzt werden.

zu·ran·de, zu Ran·de ADVERB ■ ID **mit jemandem/etwas zurande kommen** wissen, wie man einen schwierigen Menschen behandelt oder wie man eine schwierige Aufgabe bewältigt; **etwas zurande bringen** etwas trotz großer Schwierigkeiten machen können

zu·ra·te, zu Ra·te ADVERB **1** **jemanden zurate ziehen** mit einer Person sprechen, um deren Meinung zu hören ⟨einen Arzt, einen Fachmann⟩ **2** **etwas zurate ziehen** etwas verwenden, um eine Information zu bekommen ⟨ein Buch, ein Lexikon⟩ ■ ID **mit sich** (*Dativ*) **zurate gehen** über etwas nachdenken, um eine Entscheidung treffen zu können

zu·ra·ten VERB (*hat*) **jemandem (zu etwas) zuraten** jemandem raten, etwas zu tun | *Der Job ist gut, ich kann dir nur zuraten, ihn zu nehmen*

zu·rech·nen VERB (*hat*) **jemanden/etwas einer Sache** (*Dativ*) **zurechnen** jemanden/etwas etwas zuordnen | *einen Maler den Impressionisten zurechnen* • hierzu **Zu·rech·nung** *die*

zu·rech·nungs·fä·hig ADJEKTIV in der Lage, normal und klar zu denken und deshalb (vor dem Gesetz) für die eigenen Handlungen verantwortlich ↔ *unzurechnungsfähig* • hierzu **Zu·rech·nungs·fä·hig·keit** *die*

zu·recht- (*im Verb, betont und trennbar, begrenzt produktiv; Diese Verben werden so gebildet:* zurechtschneiden, schnitt zurecht, hat zurechtgeschnitten) **1** **etwas zurechtbiegen, zurechtfeilen, zurechthobeln, zurechtstutzen** *und andere* drückt aus, dass man etwas in die gewünschte Form bringt

| *Sie schnitt die Blätter zurecht* (Sie schnitt an den Blättern, bis diese die gewünschte Form hatten) **2** **etwas zurechthängen, zurechtlegen, zurechtrücken** *und andere* drückt aus, dass etwas an den gewünschten Platz kommt | *Er rückte die Krawatte zurecht* (Er schob die Krawatte in die Mitte)

zu·rẹcht·bie·gen VERB *(hat)* **(sich** *(Dativ)***) etwas zurechtbiegen** *gesprochen* etwas so formulieren oder interpretieren, dass es für die eigenen Zwecke passt | *die Wahrheit zurechtbiegen* **H** weitere Verwendungen → **zurecht-**

zu·rẹcht·fin·den VERB *(hat)* **sich (irgendwo) zurechtfinden** in einer fremden Umgebung oder bei einer neuen Tätigkeit o. Ä. die Bedingungen richtig einschätzen, bewältigen o. Ä. | *sich in einer fremden Stadt zurechtfinden* | *Es dauerte lange, bis ich mich in der neuen Situation zurechtfand*

zu·rẹcht·kom·men VERB *(ist)* **1** **(mit jemandem/etwas) zurechtkommen** ohne große Schwierigkeiten mit jemandem/etwas fertig werden | *Kommst du mit dem Apparat zurecht?* **2** **(zu etwas) zurechtkommen** pünktlich kommen | *Wenn wir zur Eröffnung zurechtkommen wollen, müssen wir uns beeilen*

zu·rẹcht·le·gen VERB *(hat)* **sich** *(Dativ)* **eine Ausrede/eine Entschuldigung** *o. Ä.* **zurechtlegen** sich (im Voraus) ausdenken, warum man etwas nicht tun will oder etwas nicht getan hat **H** weitere Verwendungen → **zurecht-**

zu·rẹcht·ma·chen VERB *(hat)* **1** **etwas zurechtmachen** *gesprochen* etwas so ändern, dass es für den geplanten Zweck bereit ist ≈ *vorbereiten* | *das Zimmer für die Gäste zurechtmachen* **2** **jemanden zurechtmachen** jemanden oder sich selbst (mit Schmuck, Kleidern, Make-up usw.) schön machen

zu·rẹcht·rü·cken VERB *(hat)* **etwas zurechtrücken** eine Handlung, die nicht gut oder nicht richtig gemacht wurde (oder etwas, das falsch verstanden wurde), wieder in Ordnung bringen | *eine Angelegenheit mit diplomatischem Geschick zurechtrücken* **H** weitere Verwendungen → **zurecht-**

zu·rẹcht·stut·zen VERB *(hat)* **jemanden zurechtstutzen** ≈ *tadeln* **H** weitere Verwendungen → **zurecht-**

zu·rẹcht·wei·sen VERB *(hat)* **jemanden zurechtweisen** einer Person mit strengen Worten sagen, dass sie etwas falsch gemacht hat ⟨jemanden scharf, barsch, streng zurechtweisen⟩ ● hierzu **Zu·rẹcht·wei·sung** *die*

zu·rẹcht·zim·mern VERB *(hat)* **etwas zurechtzimmern** *gesprochen, meist abwertend* etwas aus Holzbrettern machen, meist ohne dass man es gut kann | *ein Regal zurechtzimmern*

zu·re·den VERB *(hat)* **jemandem zureden** mit einer Person lange oder oft (und ernst) reden, damit sie etwas tut ⟨jemandem gut zureden⟩ | *Ich habe ihr lange zureden müssen, bis sie endlich zum Arzt ging*

zu·rei·chend ADJEKTIV; *geschrieben* ≈ *genügend, hinreichend*

zu·rei·ten VERB **1** **ein Pferd zureiten** *(hat)* ein Pferd so reiten, dass es sich daran gewöhnt und gehorcht **2** **auf jemanden/etwas zureiten** *(ist)* in Richtung auf eine Person/Sache reiten

zu·rich·ten VERB *(hat)* **1** **etwas zurichten** etwas in eine Form bringen oder für den Gebrauch, die Benutzung vorbereiten ⟨Leder, Bleche zurichten; das Essen zurichten⟩ **2** **jemanden/etwas irgendwie zurichten** jemanden verletzen oder etwas beschädigen ⟨jemanden/etwas arg, schlimm, übel zurichten⟩

zụ̈r·nen VERB (zürnte, hat gezürnt) **(jemandem) zürnen** *geschrieben* zornig, voll Ärger (über jemanden) sein

zu·rol·len VERB **1** **jemandem etwas zurollen; etwas auf jemanden/etwas zurollen** *(hat)* etwas in die Richtung rollen, in der jemand/etwas ist **2** **etwas rollt auf jemanden/etwas zu** *(ist)* etwas rollt in die Richtung, in der eine Person oder eine Sache ist

★ **zu·rụ̈ck** ADVERB **1** (wieder) dorthin (zu dem Ausgangspunkt), woher man/es gekommen ist ↔ *hin* | *Zum Bahnhof sind wir mit der Straßenbahn gefahren, den Weg zurück sind wir zu Fuß gegangen* | *Zwei Fahrkarten nach Essen und zurück!* **2** **(von etwas) zurück sein** wieder zu Hause sein ⟨von einer Reise, Fahrt, einem Spaziergang, der Arbeit zurück sein⟩

Zu·rụ̈ck *das* **es gibt kein Zurück** eine Situation ist so, dass man eine Entscheidung nicht ändern oder eine Entwicklung nicht stoppen kann

★ **zu·rụ̈ck-** *(im Verb, betont und trennbar, sehr produktiv; Diese Verben werden so gebildet:* zurückgehen, ging zurück, ist zurückgegangen*)* **1** **zurückfahren, zurückgehen, zurücklaufen; jemanden/etwas zurückbringen, zurückholen, zurückschicken** *und andere* drückt aus, dass eine Person oder Sache wieder an den Ort (oder in die Stellung) kommt, wo sie vorher war | *Sie kommt morgen vom Urlaub zurück* **2** **zurückfallen; jemanden/etwas zurückdrängen, zurückschieben; sich zurücklehnen** *und andere* bezeichnet eine Bewegung von vorne nach hinten | *Als er den tiefen Abgrund vor sich sah, ging er aus Vorsicht einen Schritt zurück* **3** **etwas (von jemandem) zurückbekommen, zurückfordern, zurückgeben, zurückkaufen, zurückverlangen** *und andere* drückt aus, dass etwas wieder zu der Person kommt oder kommen soll, (zu) welcher es gehört | *Er möchte die Bücher, die er uns geliehen hat, bald wieder zurückhaben* **4** **(jemandem) zurücklächeln, zurückrufen, zurückschlagen, zurückwinken** *und andere* drückt aus, dass jemand auf eine Handlung mit derselben Handlung reagiert | *Ich habe freundlich gegrüßt, aber niemand hat zurückgegrüßt* (Niemand hat mit einem Gruß reagiert) **5** **(auf etwas) zurückblicken, zurückschauen; (an etwas) zurückdenken** *und andere* drückt aus, dass man sich mit der Vergangenheit beschäftigt | *Versetzen wir uns einmal in die Zeit der Romantik zurück* (Versuchen wir, uns die Zeit der Romantik vorzustellen)

zu·rụ̈ck·be·hal·ten VERB (behält zurück, behielt zurück, hat zurückbehalten) **1** **(sich** *(Dativ)***) etwas zurückbehalten** etwas für eine begrenzte Zeit anderen Leuten nicht geben | *etwas als Pfand zurückbehalten* **2** **etwas von etwas zurückbehalten** von einer Sache für immer einen Schaden haben | *von einer Operation eine Narbe zurückbehalten*

★ **zu·rụ̈ck·be·kom·men** VERB (bekam zurück, hat zurückbekommen) **1** **etwas (von jemandem) zurückbekommen** etwas, das man einer Person gegeben hat, wieder von ihr bekommen | *Wann bekomme ich endlich die Bücher zurück, die ich dir geliehen habe?* **2** **etwas zurückbekommen** etwas als Wechselgeld von jemandem bekommen | *Ich habe Ihnen einen Hunderter gegeben, also bekomme ich noch 45 Euro zurück* **3** **etwas zurückbekommen** *gesprochen* etwas wieder in die Stellung bringen können, in der es vorher war | *den Hebel zurückbekommen*

zu·rụ̈ck·be·or·dern VERB (beorderte zurück, hat zurückbeordert) **jemanden zurückbeordern** *geschrieben* einer Person den Befehl geben, wieder dorthin zu gehen, wo sie vorher war | *die Botschafter aus dem Krisengebiet zurückbeordern*

zu·rụ̈ck·be·ru·fen VERB (berief zurück, hat zurückberufen) **jemanden zurückberufen** *geschrieben* jemandem befehlen, irgendwohin zurückzukommen ⟨Diplomaten zurückberufen⟩

zu·rụ̈ck·beu·gen VERB *(hat)* **sich/etwas zurückbeugen** sich/etwas nach hinten beugen

zu·rụ̈ck·bil·den VERB *(hat)* **etwas bildet sich zurück** etwas wird (wieder) kleiner ⟨eine Geschwulst, ein Muskel, eine Narbe⟩

zu·rụ̈ck·bin·den VERB *(hat)* **etwas zurückbinden** etwas so binden, dass es hinten bleibt ⟨sich *(Dativ)* die Haare zurückbinden⟩

zu·rụ̈ck·blei·ben VERB *(ist)* **1** an einem Ort bleiben, während eine andere Person irgendwohin fährt oder geht | *Er durfte ausreisen, aber seine Frau und die Kinder mussten zu Hause zurückbleiben* **2** **(hinter jemandem) zurückbleiben** Abstand zu einer anderen Person bekommen, weil man langsamer als sie ist, geht oder fährt | *Wir waren so langsam, dass wir ständig hinter dem Rest der Gruppe zurückblieben* **3** **etwas bleibt (von etwas) zurück** etwas bleibt für immer (vor allem als Schaden oder Narbe) | *Von dem Unfall sind schreckliche Narben zurückgeblieben* **4** **(in etwas** *(Dativ)***) (hinter jemandem/etwas) zurückbleiben** in der Entwicklung weniger weit als normal oder erwartet sein ⟨hinter den Erwartungen zurückbleiben; geistig zurückgeblieben⟩

zu·rụ̈ck·blen·den VERB *(hat)* in einem Film eine oder mehrere Szenen zeigen, die in der Vergangenheit spielen

zu·rụ̈ck·bli·cken VERB *(hat)* **1** **(zu jemandem/etwas) zurückblicken; (auf etwas** *(Akkusativ)***) zurückblicken** (sich umdrehen und) eine Person oder Sache ansehen, von der man sich gerade entfernt | *Er blickte noch einmal auf die Stadt zurück* **2** **auf etwas** *(Akkusativ)* **zurückblicken** an eine vergangene Zeit denken | *Wenn ich auf die letzten zwei Jahre zurückblicke, dann kann ich große Fortschritte feststellen* **3** **auf etwas** *(Akkusativ)* **zurückblicken können** etwas erlebt oder hinter sich gebracht haben | *auf ein erfülltes Leben zurückblicken können*

zu·rụ̈ck·brin·gen VERB *(hat)* **jemanden/(jemandem) etwas zurückbringen** eine Person oder Sache wieder zu dem Menschen oder an den Ort bringen, wo sie vorher war | *das geliehene Fahrrad zurückbringen*

zu·rụ̈ck·den·ken VERB *(hat)* **an jemanden/etwas zurückdenken** daran denken, wie jemand/etwas früher war | *Ich denke gern an meine Schulzeit zurück*

zu·rụ̈ck·drän·gen VERB *(hat)* **1** **Personen zurückdrängen** mehrere Personen nach hinten drängen oder dorthin, wo sie vorher waren | *Die Polizei musste die Menge zurückdrängen* **2** **etwas zurückdrängen** verhindern, dass etwas eine große Wirkung hat ⟨Gefühle zurückdrängen⟩

zu·rụ̈ck·dre·hen VERB *(hat)* **etwas zurückdrehen** etwas (durch Drehen) so bewegen, dass es nach hinten oder dorthin kommt, wo es vorher war | *den Minutenzeiger der Uhr zurückdrehen*

zu·rụ̈ck·dür·fen VERB *(hat)*; *gesprochen* zurückkommen, zurückgehen o. Ä. dürfen ⟨in die Heimat zurückdürfen⟩

zu·rụ̈ck·er·hal·ten VERB (erhält zurück, erhielt zurück, hat zurückerhalten) **etwas zurückerhalten** *geschrieben* ≈ *zurückbekommen*

zu·rụ̈ck·er·in·nern VERB (erinnerte sich zurück, hat sich zurückerinnert) **sich (an jemanden/etwas) zurückerinnern** daran denken, wie jemand/etwas früher war

zu·rụ̈ck·er·obern VERB (eroberte zurück, hat zurückerobert) **etwas zurückerobern** etwas wieder in den eigenen Besitz bringen, das man (vor allem durch Krieg oder durch geschäftlichen Wettbewerb) verloren hatte • hierzu **Zu·rụ̈ck·er·obe·rung** *die*

★ **zu·rụ̈ck·er·stat·ten** VERB (erstattete zurück, hat zurückerstattet) **(jemandem) etwas zurückerstatten** jemandem das Geld, das er für etwas bezahlt hat, zurückgeben ≈ *zurückzahlen* | *jemandem die Kosten für eine Dienstreise zurückerstatten* • hierzu **Zu·rụ̈ck·er·stat·tung** *die*

zu·rụ̈ck·er·war·ten VERB (erwartete zurück, hat zurückerwartet) **jemanden irgendwann zurückerwarten** davon ausgehen, dass jemand zur angegebenen Zeit wieder zurückkommt ⟨jemanden bald zurückerwarten⟩

★ **zu·rụ̈ck·fah·ren** VERB **1** *(ist)* wieder dorthin fahren, wo man vorher war | *Sie ist (den ganzen Weg) allein zurückgefahren* | *mit dem Zug nach Hause zurückfahren* **2** *(ist)* rückwärts, nach hinten fahren | *ein Stück zurückfahren, um leichter aus der Parklücke herauszukommen* **3** *(ist)* den Kopf und Oberkörper schnell und plötzlich nach hinten bewegen, weil man erschrocken ist | *Sie öffnete die Tür und fuhr entsetzt zurück, als sie sah, was geschehen war* **4** **jemanden/etwas zurückfahren** *(hat)* eine Person/Sache mit einem Fahrzeug dorthin bringen, wo sie vorher war | *Wartest du bitte auf mich und fährst mich nachher wieder zurück?* **5** **etwas zurückfahren** *(hat)* die Leistung einer technischen Anlage niedriger schalten | *das Atomkraftwerk bei einem Defekt zurückfahren*

zu·rụ̈ck·fal·len VERB *(ist)* **1** nach hinten oder dorthin fallen, wo man vorher war ⟨sich im Sessel zurückfallen lassen⟩ **2** vor allem in einem sportlichen Wettkampf allmählich hinter den Besten zurückbleiben | *auf den vierten Platz zurückfallen* **3** **in etwas** *(Akkusativ)* **zurückfallen** sich wieder auf dieselbe, meist schlechte Art wie vorher verhalten ⟨in seine alten Fehler, Gewohnheiten zurückfallen⟩ **4** **etwas fällt an jemanden zurück** etwas kommt wieder in jemandes Besitz, vor allem nach dem Tod des früheren Besitzers **5** **etwas fällt auf jemanden zurück** etwas hat eine unangenehme Wirkung für den, der die Verantwortung (dafür) hat | *Wenn meine Kollegen schlampig arbeiten, fällt das auf mich zurück*

zu·rụ̈ck·fin·den VERB *(hat)* **1** **(den Weg) zurückfinden** den Ort finden, an dem man vorher war | *Sie brauchen mich nicht zu begleiten, ich finde allein (den Weg) in die Stadt zurück* **2** **zu jemandem zurückfinden** (meist voller Reue) wieder zu einer Person kommen, die man verlassen hat | *Sie hat zu ihrem Mann zurückgefunden*

zu·rụ̈ck·flie·gen VERB **1** **jemanden/etwas zurückfliegen** *(hat)* eine Person oder Sache mit einem Flugzeug dorthin bringen, wo sie vorher war **2** *(ist)* dorthin fliegen, wo man vorher war

zu·rụ̈ck·flie·ßen VERB *(ist)* **etwas fließt zurück** etwas fließt oder kommt wieder dorthin, wo es vorher war | *Nicht gebrauchtes Wasser fließt in den Speicher zurück* | *Ein Teil des investierten Geldes fließt an die Firma zurück*

zu·rụ̈ck·for·dern VERB *(hat)* **etwas (von jemandem) zurückfordern** verlangen, dass man etwas von jemandem wiederbekommt | *das geliehene Geld zurückfordern*

zu·rụ̈ck·fra·gen VERB *(hat)* auf eine Frage mit einer anderen Frage antworten

zu·rụ̈ck·füh·ren VERB *(hat)* **1** **jemanden irgendwohin zurückführen** eine Person dorthin bringen, wo sie vorher war | *Er führte seine Partnerin nach dem Tanz wieder an ihren Tisch zurück* **2** **etwas auf etwas** *(Akkusativ)* **zurückführen** die Ursache, den Grund oder den Ausgangspunkt einer Sache in etwas sehen | *Die Krankheit ist darauf zurückzuführen, dass er sich zu wenig bewegt* **3** **etwas führt irgendwohin zurück** etwas geht in die Richtung, aus der man gekommen ist | *Führt dieser Weg ins Dorf zurück?*

★ **zu·rụ̈ck·ge·ben** VERB *(hat)* **1** **(jemandem) etwas zurückgeben** einer Person etwas geben, das man vorher von ihr genommen, geliehen, gekauft o. Ä. hat | *Gib mir sofort mein Geld zurück!* **2** **jemand/etwas gibt einer Person etwas zurück** jemand/etwas bewirkt, dass eine Person wieder ein positives Gefühl hat ⟨jemandem das Selbstvertrauen, seine Sicherheit zurückgeben⟩ **3** **etwas zurückgeben** *ge-*

schrieben etwas antworten | *„Nein!", gab sie zurück*

★ **zu·rụ̈ck·ge·hen** VERB *(ist)* **1** dorthin gehen, wo man vorher war | *Ich denke, es wird Zeit, dass wir zum Hotel zurückgehen* **2** einen oder mehrere Schritte nach hinten machen ↔ *vorgehen* | *Bitte gehen Sie ein bisschen zurück und machen Platz für die Sanitäter* **3** **(irgendwohin) zurückgehen** wieder dorthin gehen, wo man gelebt hat, bevor man eine längere Zeit woanders war | *Sie wird nach dem Studium in ihre Heimatstadt zurückgehen* **4** **etwas zurückgehen lassen** meist eine Speise nicht annehmen, weil sie nicht so ist, wie man es wünscht | *das Essen in einem Restaurant zurückgehen lassen* **5** **etwas geht zurück** etwas wird im Grad, Ausmaß geringer ≈ *sinken* ↔ *steigen* | *Die Temperaturen werden in der Nacht auf Werte zwischen 5 und 2 Grad zurückgehen* **6** **etwas geht auf jemanden/etwas zurück** etwas ist aus etwas entstanden oder von jemandem gegründet worden | *Die Stadt geht auf eine römische Siedlung zurück*

zu·rụ̈ck·ge·win·nen VERB *(hat)* **etwas zurückgewinnen** etwas, das man verloren hatte, erneut gewinnen, bekommen ⟨die Freiheit, das Selbstvertrauen, jemandes Vertrauen zurückgewinnen⟩

zu·rụ̈ck·ge·zo·gen ■ PARTIZIP PERFEKT **1** → zurückziehen ■ ADJEKTIV **2** *meist attributiv* mit wenig Kontakt zu anderen Menschen ⟨zurückgezogen leben; ein zurückgezogenes Leben führen⟩ • zu (1) **Zu·rụ̈ck·ge·zo·gen·heit** *die*

zu·rụ̈ck·grei·fen VERB *(hat)* **auf jemanden/etwas zurückgreifen** jemandes Hilfe suchen oder etwas verwenden, weil die Situation es erfordert | *auf die Ersparnisse zurückgreifen müssen*

zu·rụ̈ck·ha·ben VERB *(hat)* **etwas zurückhaben wollen/können** *gesprochen* etwas wiederbekommen wollen/können | *das geliehene Geld wieder zurückhaben wollen*

★ **zu·rụ̈ck·hal·ten** VERB *(hat)* **1** **jemanden zurückhalten** jemanden nicht weggehen, wegfahren o. Ä. lassen ≈ *aufhalten* | *jemanden an der Grenze zurückhalten, um seine Papiere zu kontrollieren* **2** **etwas zurückhalten** etwas (absichtlich) nicht anderen Leuten geben oder verkaufen ⟨Informationen zurückhalten⟩ | *Sie wollen die Waren so lange zurückhalten, bis der Preis auf das Doppelte gestiegen ist* **3** **etwas zurückhalten** Gefühle nicht zeigen ⟨den Zorn, die Wut zurückhalten⟩ **4** **jemanden (von etwas) zurückhalten** jemanden an einer Handlung hindern oder von etwas abhalten | *jemanden von einer Dummheit zurückhalten* **5** **sich (mit etwas) zurückhalten** nicht so handeln, wie man es gern täte ≈ *sich beherrschen* | *sich beim Essen zurückhalten* | *Ich musste mich zurückhalten, um nicht zu schreien/weinen* **6** **sich zurückhalten** sich passiv verhalten | *sich bei/in einer Diskussion zurückhalten*

★ **zu·rụ̈ck·hal·tend** ■ PARTIZIP PRÄSENS **1** → zurückhalten ■ ADJEKTIV **2** so, dass jemand nicht gern selbst im Mittelpunkt des Interesses steht ⟨ein Mensch, ein Verhalten, ein Wesen⟩ ≈ *bescheiden* **3** *meist prädikativ* ohne Interesse oder Begeisterung | *Die Reaktion auf das Angebot war sehr zurückhaltend* • zu (2,3) **Zu·rụ̈ck·hal·tung** *die*

zu·rụ̈ck·ho·len VERB *(hat)* **jemanden/etwas zurückholen** eine Person holen und wieder dorthin bringen, wo sie vorher war

zu·rụ̈ck·kau·fen VERB *(hat)* **etwas zurückkaufen** etwas wieder kaufen, das man vorher verkauft hat

★ **zu·rụ̈ck·keh·ren** VERB *(ist)*; *geschrieben* **1** **(von/aus etwas) (zu jemandem/nach etwas) zurückkehren** (wieder) dorthin kommen, wo man vorher war | *von einer Reise nach Hause zurückkehren* | *zu den Eltern zurückkehren* **2** **etwas kehrt zurück** etwas erreicht wieder den Zustand, den es vorher hatte | *Erst lange nach dem Unfall kehrte seine Erinnerung ganz zurück*

★ **zu·rụ̈ck·kom·men** VERB *(ist)* **1** **(von/aus etwas) (nach etwas/zu jemandem) zurückkommen** wieder dorthin kommen, wo man vorher war | *von einem Spaziergang zurückkommen* | *Wann kommst du heute aus der Arbeit zurück?* **2** **auf etwas** *(Akkusativ)* **zurückkommen** von etwas sprechen, das man bereits einmal erwähnt hat | *Auf diesen Punkt komme ich später noch zurück* **3** **auf jemanden/etwas zurückkommen** jemandes Hilfe, ein Angebot o. Ä. erst (einige Zeit) später annehmen | *Wir werden zu gegebener Zeit auf Ihr Angebot zurückkommen*

zu·rụ̈ck·kön·nen VERB *(hat)*; *gesprochen* **1** dorthin gehen oder fahren können, wo man vorher war **2** **nicht mehr zurückkönnen** die eigene Entscheidung o. Ä. nicht mehr ändern können | *Wenn der Vertrag unterschrieben ist, kannst du nicht mehr zurück* **!** meist verneint

zu·rụ̈ck·krie·gen VERB *(hat)* **etwas zurückkriegen** *gesprochen* ≈ *zurückbekommen*

zu·rụ̈ck·las·sen VERB *(hat)* **1** **jemanden/etwas zurücklassen** von einem Ort weggehen oder wegfahren und jemanden/etwas dortlassen | *Als sie flüchteten, mussten sie ihren gesamten Besitz in der Heimat zurücklassen* **2** **eine Person lässt jemanden zurück** eine Person stirbt und die genannten Personen in der Familie müssen jetzt ohne sie leben | *Der Verunglückte lässt eine Frau und drei Kinder zurück* **3** **etwas lässt etwas zurück** etwas hat etwas als Folge oder Wirkung | *Die Wunde ließ eine Narbe zurück* | *Das Gespräch hat bei mir ein unangenehmes Gefühl zurückgelassen* **4** **jemanden zurücklassen** *gesprochen* erlauben, dass jemand zurückgeht oder -fährt

zu·rụ̈ck·le·gen VERB *(hat)* **1** **etwas zurücklegen** etwas wieder dorthin legen, wo es vorher war | *Der Kassierer legte das Geld nach dem Zählen wieder in den Tresor zurück* **2** **(jemandem) etwas zurücklegen; etwas (für jemanden) zurücklegen** wenn man sich in einem Geschäft etwas zurücklegen lässt, kauft man es nicht gleich, sondern später | *Ich habe heute zu wenig Geld bei mir, können Sie mir das Kleid bis morgen zurücklegen?* **3** **sich** *(Dativ)***/etwas zurücklegen** sich/einen Körperteil nach hinten legen | *den Kopf zurücklegen und in die Höhe schauen* **4** **etwas zurücklegen** eine Strecke gehen, fahren, fliegen o. Ä. | *Wir legten pro Tag 80 km mit dem Fahrrad zurück* **5** **etwas zurücklegen** Geld für später sparen

zu·rụ̈ck·leh·nen VERB *(hat)* **sich/etwas zurücklehnen** sich/den Körper beim Sitzen schräg nach hinten lehnen | *sich im Sessel zurücklehnen*

★ **zu·rụ̈ck·lie·gen** VERB *(hat/ist)* **1** **etwas liegt schon ein Jahr/ein paar Jahre/lange/... zurück** etwas ist vor relativ langer Zeit (der genannten Zeit) geschehen **!** bei einer kürzeren Zeit sagt man: *Es ist schon zwei Stunden/Tage her* **2** **(hinter jemandem) zurückliegen** in einem (sportlichen) Wettkampf hinter jemandem (meist dem Führenden) liegen | *Die österreichische Mannschaft liegt in der Gesamtwertung um zehn Punkte zurück*

zu·rụ̈ck·mel·den VERB *(hat)* **1** **sich zurückmelden** jemandem sagen, dass man wieder da ist | *Hast du dich schon beim Chef zurückgemeldet?* **2** **sich zurückmelden** sich als Student für ein weiteres Semester anmelden

zu·rụ̈ck·neh·men VERB *(hat)* **1** **etwas zurücknehmen** etwas, das man einer Person gegeben oder verkauft hat, wieder nehmen und ihr das Geld geben, das sie dafür bezahlt hat | *Fehlerhafte Waren werden vom Hersteller zurückgenommen* **2** **etwas zurücknehmen** sagen, dass eine Äußerung, eine Behauptung o. Ä. nicht mehr gilt (z. B. weil sie falsch war oder weil sie einem leidtut) **3** **etwas zurücknehmen** erklären, dass etwas nicht mehr gilt ⟨einen Antrag, eine Klage, einen Auftrag zurücknehmen⟩ **4** **etwas zurücknehmen** einen Arm, ein Bein o. Ä. nach hinten bewegen • zu (1 – 3) **Zu·rück·nah·me** *die*

zu·rück·rei·chen VERB *(hat)* **etwas reicht in etwas** *(Akkusativ)* **zurück**; **etwas reicht bis zu etwas zurück** etwas beginnt zu dem genannten Zeitpunkt oder existiert seit dem genannten Zeitpunkt | *Die Anfänge der Stadt reichen in die Römerzeit zurück* **!!** weitere Verwendungen → **zurück-**

zu·rück·ru·dern VERB *(ist/hat)* **jemand rudert (mit etwas) zurück** *(ist/hat)* eine Person (oft in der Politik) hat gesagt oder versprochen, dass sie etwas tun werde und muss nun erklären, dass sie es doch nicht tun wird | *Nach heftiger Kritik auch aus den eigenen Reihen ruderte der Minister wieder zurück* **!!** weitere Verwendungen → **zurück-**

zu·rück·ru·fen VERB *(hat)* **1** **jemanden zurückrufen** eine Person rufen, damit sie zurückkommt | *die Kinder ins Haus zurückrufen* **2** **jemanden zurückrufen** jemandem befehlen, wieder zurückzukommen ⟨Truppen, Angreifer zurückrufen⟩ **3** **jemandem etwas ins Gedächtnis zurückrufen** jemanden oder sich selbst an etwas erinnern oder bewusst an etwas Vergangenes denken **4** **etwas zurückrufen** jemandem mit einem Ruf antworten | *„Wann kommst du wieder?", rief sie. – „Morgen!", rief er zurück* **5** **(jemanden) zurückrufen** eine Person, die telefoniert hat, später selbst anrufen | *Herr Braun ist im Moment nicht da, kann er (Sie) zurückrufen?*

zu·rück·schal·ten VERB *(hat)* (im Auto) einen niedrigeren Gang einlegen | *vom dritten in/auf den zweiten Gang zurückschalten*

zu·rück·schau·en VERB *(hat)*; *süddeutsch* Ⓐ ≈ *zurückblicken*

zu·rück·scheu·en VERB *(ist)* **vor etwas** *(Dativ)* **zurückscheuen** etwas nicht tun, weil man Angst vor den Folgen hat

zu·rück·schi·cken VERB *(hat)* **jemanden/etwas zurückschicken** eine Person/Sache wieder dorthin schicken, woher sie gekommen ist

zu·rück·schie·ben VERB *(hat)* **1** **etwas zurückschieben** etwas nach hinten schieben oder dorthin schieben, wo es vorher war **2** **etwas zurückschieben** etwas zur Seite ziehen oder schieben ⟨den Vorhang, einen Riegel zurückschieben⟩

zu·rück·schla·gen VERB *(hat)* **1** **jemanden/etwas zurückschlagen** eine Attacke, einen Angriff abwehren und den Feind zum Rückzug zwingen ⟨den Gegner, einen feindlichen Angriff zurückschlagen⟩ **2** **einen Ball zurückschlagen** einen Ball mit der Hand, mit einem Schläger dorthin schlagen, woher er gekommen ist **3** **die Decke, den Kragen** *o. Ä.* **zurückschlagen** den oberen Teil einer Decke, eines Kragens o. Ä. so umklappen, dass man die Unter- bzw. Innenseite sieht **4** eine Person schlagen, nachdem man von ihr zuerst geschlagen wurde **5** sich (meist als Reaktion auf einen Angriff o. Ä.) wehren

zu·rück·schnei·den VERB *(hat)* **etwas zurückschneiden** etwas durch Schneiden kürzer machen ⟨den Rasen, die Haare, die Äste zurückschneiden⟩

zu·rück·schnel·len VERB *(ist)* **etwas schnellt zurück** etwas meist Elastisches bewegt sich schnell und plötzlich wieder dorthin, wo es vorher war

zu·rück·schrau·ben VERB *(hat)* **1** **etwas zurückschrauben** sich mit weniger begnügen, als man eigentlich wollte ⟨seine Erwartungen, seine Ansprüche⟩ **2** **etwas zurückschrauben** etwas reduzieren ⟨jemandes Lohn, die Gehälter zurückschrauben⟩

zu·rück·schre·cken VERB (schreckt zurück/*veraltend* schrickt zurück, schreckte zurück/*veraltend* schrak zurück, ist zurückgeschreckt) **1** sich plötzlich nach hinten bewegen, weil man einen Schrecken bekommen hat | *Er schreckte zurück, als er die Spinne sah* **2** **vor etwas** *(Dativ)* **zurückschrecken** etwas nicht tun, weil man Angst vor den Folgen hat | *vor einem Verbrechen zurückschrecken*

zu·rück·seh·nen VERB *(hat)* **sich irgendwohin zurücksehnen** den starken Wunsch haben, noch einmal an einem Ort zu sein, in einer vergangenen Zeit zu leben, etwas wieder zu haben o. Ä. | *sich nach der verlorenen Heimat zurücksehnen*

zu·rück·sen·den VERB (sandte/sendete zurück, hat zurückgesandt/zurückgesendet) **etwas zurücksenden** *geschrieben* etwas wieder dorthin schicken, woher es gekommen ist

zu·rück·set·zen VERB *(hat)* **1** **jemanden zurücksetzen** jemanden oder sich selbst nach hinten setzen oder wieder dorthin setzen, wo er oder man selbst vorher war | *Setz dich sofort auf deinen Stuhl zurück!* **2** **etwas zurücksetzen** etwas nach hinten versetzen | *die Rosenbüsche einen Meter zurücksetzen* **3** **jemanden zurücksetzen** jemanden schlechter (vor allem weniger freundlich und aufmerksam) behandeln als andere Leute ⟨sich zurückgesetzt fühlen⟩ **4** mit einem Auto ein kurzes Stück nach hinten fahren, rückwärts fahren • zu (3) **Zu·rück·set·zung** *die*

zu·rück·sin·ken VERB *(ist)* sich nach hinten lehnen o. Ä. | *Sie sank vor Erschöpfung tief in den Sessel zurück*

zu·rück·spie·len VERB *(hat)* **(etwas) zurückspielen** einen Ball nach hinten (oder dahin woher er gekommen ist) schießen, werfen usw. ⟨den Ball zurückspielen⟩

zu·rück·sprin·gen VERB *(ist)* **jemand/etwas springt zurück** eine Person oder eine Sache springt nach hinten oder dorthin, wo sie vorher war

★ **zu·rück·ste·cken** VERB *(hat)* **1** **etwas zurückstecken** etwas wieder dorthin stecken, wo man es herausgeholt hat | *Steck dein Geld wieder zurück, heute zahle ich* **2** mit weniger zufrieden sein, als man gewollt und erwartet hat ⟨zurückstecken müssen⟩

zu·rück·ste·hen VERB *(hat/ist)* **1** **etwas steht ein bisschen/etwas** *o. Ä.* **(von etwas) zurück** etwas steht in Bezug auf eine Linie, Reihe usw. weiter hinten | *Unser Haus steht zehn Meter von der Straße zurück* **2** **jemand muss (hinter jemandem) zurückstehen** eine Person bekommt nicht das, was sie haben möchte, weil es eine andere Person bekommt **3** **etwas muss (hinter etwas** *(Dativ)***) zurückstehen** etwas kann (zunächst) nicht getan werden, weil eine andere Sache wichtiger ist **4** **(weit) hinter jemandem zurückstehen** (viel) schlechter sein als eine andere Person

zu·rück·stel·len VERB *(hat)* **1** **etwas zurückstellen** etwas nach hinten stellen oder dorthin stellen, wo es vorher war | *die Butter nach dem Frühstück in den Kühlschrank zurückstellen* **2** **etwas zurückstellen** die Angabe (der Zeit) auf einer Uhr so ändern, dass sie eine frühere Zeit zeigt ⟨die Uhr, die Zeiger zurückstellen⟩ | *Beim Wechsel zur Winterzeit stellt man die Uhren eine Stunde zurück* **3** **jemanden zurückstellen** beschließen, dass jemand für eine Zeit etwas nicht tun muss | *Sie ist noch nicht reif für die Schule, wir lassen sie ein Jahr zurückstellen* **4** **etwas zurückstellen** etwas noch nicht tun, weil etwas anderes wichtiger ist | *Das Buch muss bis Mitte Februar fertig sein, bis dahin müssen wir alles andere zurückstellen* **5** **(jemandem) etwas zurückstellen**; **etwas (für jemanden) zurückstellen** ≈ *zurücklegen* • zu (2 – 4) **Zu·rück·stel·lung** *die*

zu·rück·sto·ßen VERB **1** **jemanden/etwas zurückstoßen** *(hat)* eine Person oder Sache (mit einem Stoß) nach hinten oder dorthin bewegen, wo sie vorher war **2** **jemanden zurückstoßen** *(hat)* einer Person deutlich zeigen, dass man sie (oder ihr Verhalten) nicht mag | *Er liebt sie immer noch, obwohl sie ihn ständig zurückstößt* **3** *(ist)* (mit einem Auto) ein kurzes Stück nach hinten fahren ≈ *zurücksetzen*

zu·rück·strah·len VERB (*hat*) **etwas strahlt etwas zurück** etwas reflektiert etwas

zu·rück·strö·men VERB (*ist*) **1** **Personen strömen zurück** viele Personen bewegen sich wieder dorthin, wo sie vorher waren | *Am Sonntagabend strömen die Ausflügler in die Stadt zurück* **2** **eine Flüssigkeit strömt zurück** eine Flüssigkeit fließt wieder dorthin, wo sie vorher war

zu·rück·stu·fen VERB (*hat*) **jemanden zurückstufen** jemanden in eine Gruppe einteilen, in welcher man weniger Geld verdient ⟨jemanden in eine niedrigere Lohngruppe, Gehaltsstufe zurückstufen⟩ • hierzu **Zu·rück·stu·fung** *die*

zu·rück·trei·ben VERB **1** **Personen/Tiere zurücktreiben** (*hat*) mehrere Personen/Tiere nach hinten treiben (rückwärts treiben) oder wieder dorthin treiben, wo sie vorher waren | *die Schafe auf die Wiese zurücktreiben* **2** **etwas treibt zurück** (*ist*) etwas bewegt sich (mit der Strömung, dem Wind) wieder dorthin, wo es vorher war

★ **zu·rück·tre·ten** VERB (*ist*) **1** einen oder wenige Schritte nach hinten machen | *Der Zug fährt ein. Bitte treten Sie (von der Bahnsteigkante) zurück* **2** **(von etwas) zurücktreten** eine (meist politische) Position oder Funktion aufgeben, ein Amt niederlegen | *Er ist so verärgert, dass er von seinem Amt als Vorsitzender zurücktreten will* **3** **(von etwas) zurücktreten** erklären, dass etwas nicht mehr gilt ⟨von einem Vertrag, einer Abmachung, vom Kauf zurücktreten⟩ **4** **etwas tritt hinter etwas** (*Akkusativ*)**/gegenüber etwas zurück** etwas ist weniger wichtig als etwas anderes | *Sie haben nur ein Ziel: reich zu werden. Alles andere muss dahinter zurücktreten*

zu·rück·tun VERB (*hat*) **etwas zurücktun** *gesprochen* etwas wieder dorthin legen oder stellen, wo es vorher war

zu·rück·ver·fol·gen VERB (verfolgte zurück, hat zurückverfolgt) **etwas (bis in etwas** (*Akkusativ*)**) zurückverfolgen** die historische Entwicklung einer Sache (bis zum Anfang) verfolgen | *Diese Tradition lässt sich bis ins Mittelalter zurückverfolgen*

zu·rück·ver·lan·gen VERB (verlangte zurück, hat zurückverlangt) **etwas (von jemandem) zurückverlangen** ≈ *zurückfordern*

zu·rück·ver·set·zen VERB (versetzte zurück, hat zurückversetzt) **1** **etwas versetzt jemanden in etwas** (*Akkusativ*) **zurück** etwas gibt jemandem das Gefühl, in einer vergangenen Zeit zu sein | *Die Musik versetzte mich in meine Jugend zurück* **2** **sich in etwas** (*Akkusativ*) **zurückversetzen** sich vorstellen, dass man wieder in einer früheren Zeit ist | *Versetz dich in die 60er Jahre zurück!*

zu·rück·wei·chen VERB (*ist*) **1** **(vor jemandem/etwas) zurückweichen** aus Angst, Entsetzen o. Ä. ein paar Schritte (von jemandem/etwas weg) nach hinten treten ⟨entsetzt, erschrocken zurückweichen⟩ | *vor dem fahrenden Auto zurückweichen* **2** **vor etwas** (*Dativ*) **zurückweichen** so handeln, dass man etwas Unangenehmem aus dem Weg geht | *vor einer Auseinandersetzung zurückweichen*

zu·rück·wei·sen VERB (*hat*) **1** **jemanden zurückweisen** eine Person (vor allem an einer Grenze) wieder dorthin schicken, von wo sie gekommen ist **2** **jemanden/etwas zurückweisen** (jemandem) deutlich zeigen, dass man etwas nicht erfüllen, annehmen, beantworten usw. will ⟨eine Bitte, eine Forderung, ein Ansinnen, einen Antrag, einen Vorschlag, eine Entschuldigung zurückweisen⟩ ≈ *ablehnen* | *Sie weist niemanden zurück, der mit einer Bitte zu ihr kommt* **3** **etwas zurückweisen** energisch zum Ausdruck bringen, dass etwas nicht wahr (oder gerechtfertigt) ist ⟨einen Verdacht, einen Vorwurf, eine Anschuldigung, eine Äußerung, eine Behauptung zurückweisen; etwas entschieden zurückweisen⟩ • hierzu **Zu·rück·wei·sung** *die*

zu·rück·wer·fen VERB (*hat*) **1** **etwas zurückwerfen** etwas nach hinten oder dorthin werfen, von wo es gekommen ist **2** **etwas wirft etwas zurück** etwas spiegelt oder reflektiert etwas **3** **etwas wirft jemanden/etwas zurück** etwas bringt jemanden/etwas in eine schlechtere Lage als bisher | *Durch die Inflation wurde die Wirtschaft des Landes weit zurückgeworfen*

zu·rück·wir·ken VERB (*hat*) **etwas wirkt (auf jemanden/etwas) zurück** etwas wirkt auch auf die Person oder Sache, von der die Wirkung ursprünglich ausgegangen ist

zu·rück·wün·schen VERB (*hat*) **1** **jemanden/etwas zurückwünschen** wünschen, dass jemand wieder da wäre bzw. dass man etwas wieder hätte | *seine Unabhängigkeit und Freiheit zurückwünschen* **2** **sich irgendwohin zurückwünschen** wünschen, dass man irgendwo wäre, wo man einmal war | *sich in die Heimat zurückwünschen*

★ **zu·rück·zah·len** VERB (*hat*) **1** **(jemandem) etwas zurückzahlen** das Geld, das man von einer Person, einer Bank o. Ä. geliehen hat, dieser wieder geben ⟨Schulden, ein Darlehen, einen Kredit (ratenweise) zurückzahlen⟩ **2** **jemandem etwas zurückzahlen** *gesprochen* sich an jemandem für etwas rächen

★ **zu·rück·zie·hen** VERB **1** **sich zurückziehen** (*hat*) an einen Ort gehen, wo man allein ist, oder sich so verhalten, dass man nur wenig Kontakt zu Menschen hat ⟨zurückgezogen leben⟩ | *Er hat sich auf eine Hütte in den Bergen zurückgezogen* **2** **sich (von/aus etwas) zurückziehen** (*hat*) bei etwas nicht mehr aktiv sein ⟨sich aus der Politik, vom Geschäft, vom Hochleistungssport zurückziehen⟩ **3** **Soldaten ziehen sich zurück** (*hat*) Soldaten gehen vom Ort der Kämpfe weg **4** **etwas zurückziehen** (*hat*) erklären, dass man etwas nicht mehr will ⟨eine Anmeldung, einen Antrag, eine Kandidatur, eine Klage zurückziehen⟩ **5** **jemanden/etwas zurückziehen** (*hat*) jemanden/etwas nach hinten ziehen oder von etwas weg ⟨die Gardine, die Vorhänge zurückziehen⟩ | *Als das Kind dem Feuer zu nahe kam, zog ich es zurück* **6** **Soldaten zurückziehen** (*hat*) Truppen den Befehl geben, sich aus einem Gebiet zu entfernen (und ins Land dahinter zu gehen) | *die an der Grenze stationierten Truppen zurückziehen* **7** **irgendwohin zurückziehen** (*ist*) den Wohnsitz wieder an einen Ort verlegen, an dem man früher einmal gelebt hat | *Wir möchten nie mehr in die Stadt zurückziehen* **8** **es zieht jemanden irgendwohin zurück** (*hat*) jemand spürt das Verlangen, an den genannten Ort zurückzukehren | *Mich zieht es in die Heimat zurück*

zu·ru·fen VERB (*hat*) **jemandem etwas zurufen** (aus relativ großer Entfernung) jemandem etwas mit lauter Stimme sagen • hierzu **Zu·ruf** *der*

★ **zur·zeit** ADVERB zum aktuellen Zeitpunkt ≈ *gerade* | *Ich bin zurzeit krank* ▮ Abkürzung: *zz.* oder *zzt.*; aber: *zur Zeit Goethes*

Zu·sa·ge *die* **1** die positive Antwort auf eine Einladung oder ein Angebot ⟨eine Zusage geben, bekommen, erhalten⟩ **2** das Versprechen, das zu tun, was sich jemand wünscht | *Wir haben die Zusage des Chefs, dass unser Budget nicht gekürzt wird*

zu·sa·gen VERB (*hat*) **1** **(jemandem) (etwas) zusagen** einer Person sagen oder versprechen, dass man tun wird oder dass geschehen wird, was sie will | *jemandem seine Unterstützung zusagen* | *Er sagte zu, den Vortrag zu halten* | *Sie bekommt den Job, sie haben ihr schon zugesagt* | *Fast alle, die ich eingeladen habe, haben zugesagt* **2** **eine Person/Sache sagt jemandem zu** eine Person/Sache ist so, wie es sich jemand wünscht

★ **zu·sam·men** ADVERB **1** nicht allein, sondern mit einer anderen Person bzw. mit anderen Personen ≈ *gemeinsam* | *Wir fuhren zusammen in Urlaub, trennten uns aber nach ein paar Tagen* | *Ihr Bruder war mit mir zusammen in der Schule* **2** als Ganzes oder Einheit betrachtet ≈ *insgesamt* | *Alles zusammen hat einen Wert von 10.000 Euro* | *Er wiegt mehr als wir beide zusammen* **3** **eine Person ist mit jemandem zusammen; Personen sind zusammen** zwei oder mehrere Personen verbringen Zeit miteinander | *Wir waren gestern den ganzen Abend zusammen und spielten Karten* **4** **eine Person ist mit jemandem zusammen; zwei Personen sind zusammen** zwei Personen sind befreundet und haben eine sexuelle Beziehung

★ **zu·sam·men-** (*im Verb, betont und trennbar, sehr produktiv; Diese Verben werden so gebildet:* zusammenbrechen, brach zusammen, zusammengebrochen) **1** **Personen bleiben, leben, sitzen zusammen** *und andere* drückt aus, dass Personen oder Dinge nicht allein, sondern (in Gemeinschaft) mit anderen Personen oder Dingen sind | *Sie wohnt mit zwei Freundinnen zusammen* **2** **Personen/Dinge finden, kommen zusammen; Personen/Dinge zusammenführen** *und andere* drückt aus, dass sich Personen oder Dinge treffen und so ein Ganzes oder eine Gruppe bilden | *Die beiden Flüsse fließen hier zusammen* (Sie treffen sich hier und fließen als ein einziger Fluss weiter) **3** **Dinge zusammenbetteln, zusammenfegen, zusammentragen** *und andere* drückt aus, dass aus vielen kleinen Mengen eine große Menge entsteht | *Die alte Frau hat viel Geld zusammengespart* **4** **Dinge zusammenbauen, zusammenheften, zusammenkleben** *und andere* drückt aus, dass einzelne Teile zu einem Gegenstand gemacht werden | *Die Decke ist aus verschiedenen Stoffresten zusammengenäht* **5** **etwas zusammendrücken, zusammenfalten, zusammenlegen** *und andere* drückt aus, dass durch den Vorgang jemand/etwas weniger Platz braucht, kleiner wird | *Sie versteckte sich hinter einem Busch und kauerte sich zusammen* (Sie hockte hinter dem Busch und versuchte, dabei so klein wie möglich zu sein) **6** **Personen drängen, drücken, pressen sich zusammen** *und andere* drückt aus, dass Personen, Tiere oder Dinge nur sehr wenig Raum zur Verfügung haben | *Über 50 Leute standen zusammengepfercht in dem winzigen Zimmer* (Sie standen dicht beieinander und hatten viel zu wenig Platz) **7** **zusammenbrechen, zusammensacken; etwas bricht, kracht zusammen** *und andere* drückt aus, dass jemand/etwas (krank, verletzt, beschädigt o. Ä.) nach unten fällt | *Das Dach der Almhütte ist unter der Last des Schnees zusammengefallen* **8** **etwas zusammenbasteln, zusammenlügen, zusammenschreiben** *und andere gesprochen, meist abwertend* drückt aus, dass etwas schnell und schlecht gemacht wird | *Was redest du denn da zusammen!* (Was redest du für dummes Zeug!)

★ **zu·sam·men·ar·bei·ten** VERB (*hat*) **eine Person arbeitet mit jemandem (an etwas** (*Dativ*)**) zusammen; Personen arbeiten (an etwas** (*Dativ*)**) zusammen** zwei oder mehr Personen arbeiten am gleichen Ziel oder Projekt **!** aber: *Wir haben in einem Zimmer zusammen gearbeitet* (= gemeinsam; getrennt geschrieben) • hierzu **Zu·sam·men·ar·beit** *die*

zu·sam·men·bal·len VERB (*hat*) **1** **etwas zusammenballen** eine Hand zur Faust machen ⟨die Hände (zur Faust) zusammenballen⟩ ≈ *ballen* **2** **etwas zusammenballen** etwas zu einer festen, meist runden Masse formen ⟨Schnee, Papier zusammenballen⟩ **3** **etwas ballt sich zusammen** etwas bildet eine große, dichte Masse ⟨Wolken⟩

zu·sam·men·bau·en VERB (*hat*) **etwas zusammenbauen** etwas aus einzelnen Teilen bauen ⟨ein Auto, ein Radio, ein Bett zusammenbauen⟩ • hierzu **Zu·sam·men·bau** *der*

zu·sam·men·bei·ßen VERB (*hat*) **1** **die Zähne zusammenbeißen** die Zähne (bei Schmerzen) fest aufeinanderdrücken **2** **die Zähne zusammenbeißen** etwas Unangenehmes tapfer ertragen

zu·sam·men·bin·den VERB (*hat*) **etwas zusammenbinden** einzelne Teile so binden, dass sie ein Ganzes bilden ⟨das Haar, die Haare, Fäden zusammenbinden⟩

zu·sam·men·blei·ben VERB (*ist*) **1** **eine Person bleibt mit jemandem zusammen; Personen bleiben zusammen** zwei oder mehr Personen bleiben irgendwo und verbringen gemeinsam die Zeit | *Nach dem Vortrag blieben einige Zuhörer noch länger zusammen* **2** **eine Person bleibt mit jemandem zusammen; zwei Personen bleiben zusammen** zwei Personen leben weiterhin gemeinsam als Paar | *Karl und Inge wollen zusammenbleiben*

zu·sam·men·brau·en VERB (*hat*) **1** **etwas zusammenbrauen** *gesprochen, humorvoll* aus verschiedenen Stoffen, Wasser usw. meist ein Getränk mischen oder machen ⟨einen Cocktail, einen Liebestrank zusammenbrauen⟩ **2** **etwas braut sich zusammen** etwas (meist Unangenehmes oder Gefährliches) entsteht langsam ⟨ein Gewitter, ein Unwetter, ein Unheil⟩

★ **zu·sam·men·bre·chen** VERB (*ist*) **1** **jemand bricht zusammen** jemand verliert plötzlich die psychische oder körperliche Kraft (und wird ohnmächtig, fällt auf den Boden oder beginnt zu weinen) ⟨vor Schmerzen, unter einer Last zusammenbrechen⟩ **2** **etwas bricht zusammen** etwas funktioniert als System (oder Kreislauf) nicht mehr ⟨die Stromversorgung, das Telefonnetz, der Verkehr, der Kreislauf⟩ **3** **etwas bricht zusammen** etwas zerfällt in einzelne Teile und stürzt auf den Boden ≈ *einstürzen* | *Diese alten Mauern brechen bald zusammen* **4** **jemandes Widerstand bricht zusammen** jemand kann sich gegen etwas nicht mehr wehren • hierzu **Zu·sam·men·bruch** *der*

★ **zu·sam·men·brin·gen** VERB (*hat*) **1** **eine Person mit jemandem zusammenbringen; Personen zusammenbringen** zwei oder mehrere Personen miteinander bekannt machen **2** **Dinge zusammenbringen** die nötige Menge von etwas finden oder beschaffen | *Ich weiß nicht, wie ich das Geld für die nächste Miete zusammenbringen soll* **3** **etwas zusammenbringen** *gesprochen* etwas formulieren oder tun können | *keinen ganzen Satz zusammenbringen* | *Sie bringt es nicht zusammen, fünf Minuten ruhig zu sitzen*

zu·sam·men·drü·cken VERB (*hat*) **1** **etwas zusammendrücken** auf etwas drücken, sodass es (flach und) kleiner wird **2** **Dinge zusammendrücken** ein Ding gegen das andere drücken

zu·sam·men·fah·ren VERB **1** **(jemanden/etwas) zusammenfahren** *gesprochen* (*hat*) (bei einem Unfall) mit dem Auto gegen eine Person oder Sache fahren und sie dabei verletzen oder beschädigen | *Er übersah beim Abbiegen den Radfahrer und fuhr ihn zusammen* **2** (vor Schreck) eine plötzliche, unkontrollierte Bewegung mit dem Körper machen ⟨vor Schreck, Entsetzen zusammenfahren⟩ **!** aber: *Wir sind zusammen* (= gemeinsam) *gefahren* (getrennt geschrieben)

zu·sam·men·fal·len VERB (*ist*) **1** **etwas fällt (in sich) zusammen** etwas löst sich in einzelne Teile auf und fällt zu Boden ⟨etwas fällt wie ein Kartenhaus in sich zusammen⟩ | *Die Mauer bröckelt überall ab. Sie fällt bald zusammen!* **2** **etwas fällt (in sich) zusammen** etwas sinkt in sich und wird so kleiner ⟨der Kuchen, das Feuer⟩ **3** **etwas fällt zusammen** etwas wird schwächer und verliert (an) Gewicht ⟨ein zusammengefallenes Gesicht⟩ **4** **etwas fällt mit etwas zusammen; Dinge fallen zusammen** etwas geschieht zur gleichen Zeit wie etwas anderes ⟨Ereignisse, Termine, Veranstaltungen⟩ | *Dieses Jahr fällt mein Geburtstag mit Ostern zusammen*

zu·sam·men·fal·ten VERB *(hat)* **1** **etwas zusammenfalten** etwas so falten, dass es kleiner wird ⟨die Zeitung, einen Brief, eine Serviette, das Tischtuch zusammenfalten⟩ **2** **die Hände zusammenfalten** die Handflächen aneinanderlegen **3** **jemanden zusammenfalten** *gesprochen ≈ tadeln*

★ **zu·sam·men·fas·sen** VERB *(hat)* **1** **etwas zusammenfassen** das Wichtigste aus einem längeren Text (meist am Schluss) noch einmal in wenigen Sätzen wiederholen ⟨eine Rede, einen Vortrag, ein Buch zusammenfassen⟩ | *Sie fasste ihre Ansichten zum Schluss in drei Thesen zusammen* **2** **Dinge (in etwas** *(Akkusativ)***/zu etwas) zusammenfassen** aus einzelnen Gruppen oder Teilen ein Ganzes bilden | *Die über das ganze Land verstreuten Gruppen wurden zu einer Partei zusammengefasst* • hierzu **Zu·sam·men·fas·sung** *die*

zu·sam·men·fe·gen VERB *(hat)* **(etwas) zusammenfegen** *besonders norddeutsch ≈ zusammenkehren*

zu·sam·men·fin·den VERB *(hat)* **Personen finden sich zusammen** sich treffen und gemeinsam etwas tun

zu·sam·men·fli·cken VERB *(hat)*; *gesprochen* **1** **etwas zusammenflicken** *meist abwertend* etwas schnell (und nicht ordentlich) flicken oder reparieren | *einen Mantel notdürftig zusammenflicken* **2** **etwas zusammenflicken** *meist abwertend* etwas schnell herstellen (z. B. einen Text) **3** **jemanden/etwas (wieder) zusammenflicken** *meist humorvoll* jemandes (meist relativ große) Verletzungen (durch Nähen o. Ä.) wieder in Ordnung bringen

zu·sam·men·flie·ßen VERB *(ist)* **1** **ein Fluss fließt mit einem Fluss zusammen**; **zwei Flüsse fließen zusammen** zwei Flüsse treffen sich und fließen als ein Fluss weiter **2** **Farben/Klänge fließen zusammen** Farben oder Klänge mischen sich miteinander

★ **zu·sam·men·fü·gen** VERB *(hat)* **Dinge zusammenfügen** *geschrieben* aus einzelnen Teilen ein Ganzes meist bauen oder basteln *≈ zusammensetzen* • hierzu **Zu·sam·men·fü·gung** *die*

zu·sam·men·füh·ren VERB *(hat)* **1** **Personen zusammenführen** dafür sorgen, dass sich Menschen treffen (und zusammenbleiben) | *Unsere Organisation versucht, durch den Krieg getrennte Familien zusammenzuführen* **2** **zwei Wege/Straßen führen zusammen** zwei Wege oder Straßen treffen aufeinander und führen als ein Weg oder eine Straße weiter • zu (1) **Zu·sam·men·füh·rung** *die*

★ **zu·sam·men·ge·hö·ren** VERB *(hat)* **Personen/Dinge gehören zusammen** zwei (oder mehr) Personen oder Dinge bilden ein Paar, eine Einheit oder ein Ganzes | *Der Tisch und die Stühle gehören zusammen* • hierzu **zu·sam·men·ge·hö·rig** ADJEKTIV; **Zu·sam·men·ge·hö·rig·keit** *die*

zu·sam·men·ge·wür·felt ADJEKTIV **(bunt) zusammengewürfelt** so, dass die anwesenden Personen bzw. die dazugehörigen Dinge sehr verschieden sind oder nicht zusammenpassen ⟨eine Gruppe, eine Gesellschaft, eine Mischung⟩

zu·sam·men·ha·ben VERB *(hat)* **Personen/Dinge zusammenhaben** *gesprochen* alle nötigen Personen oder Sachen für einen Zweck gefunden oder gesammelt haben | *Wir haben jetzt genügend Spieler für ein Match zusammen*

zu·sam·men·hal·ten VERB *(hat)* **1** **etwas zusammenhalten** bewirken, dass etwas ein Ganzes oder mit anderen Dingen verbunden bleibt | *Die Bretter werden durch Schrauben zusammengehalten* **2** **Personen/Tiere zusammenhalten** dafür sorgen, dass eine Gruppe von Menschen oder Tieren nicht auseinandergeht | *Es ist schwer, die Mannschaft zusammenzuhalten* **3** **das Geld zusammenhalten** das Geld nicht ausgeben, sondern sparen **4** **Personen halten zusammen** Personen verstehen sich gut und unterstützen sich gegenseitig | *Die Gruppe hielt zusammen, und keiner verriet den andern* • zu (4) **Zu·sam·men·halt** *der*

★ **Zu·sam·men·hang** *der* **1** **der Zusammenhang (mit etwas)**; **der Zusammenhang (zwischen Dingen** *(Dativ)***)** eine Beziehung oder Verbindung zwischen Dingen, Ereignissen oder Tatsachen ⟨ein direkter, loser, unmittelbarer, historischer Zusammenhang; einen Zusammenhang herstellen; einen, keinen Zusammenhang sehen, erkennen; die größeren Zusammenhänge sehen; etwas im Zusammenhang sehen; jemanden/etwas in Zusammenhang mit etwas bringen; jemanden/etwas in/im Zusammenhang mit etwas nennen⟩ | *Zwischen Lungenkrebs und Rauchen besteht ein enger Zusammenhang* | *Ihr Rücktritt steht in/im Zusammenhang mit dem Bestechungsskandal* **K** Gedankenzusammenhang, Satzzusammenhang, Sinnzusammenhang, Wortzusammenhang **2** **etwas aus dem Zusammenhang reißen** ein Äußerung einer Person in einem anderen, nicht passenden Zusammenhang verwenden ⟨Worte, ein Zitat⟩ **3** **in diesem Zusammenhang ...** verwendet, um einen Kommentar zu dem einzuleiten, was vorher gesagt wurde | *In diesem Zusammenhang ist zu erwähnen, dass ...* • zu (1) **zu·sam·men·hang(s)·los** ADJEKTIV

★ **zu·sam·men·hän·gen** VERB (hing zusammen, hat/ist zusammengehangen) **1** **etwas hängt mit einer Sache zusammen** etwas ist die Folge oder das Ergebnis einer Sache oder der Grund dafür | *Die hohe Anzahl der Verkehrsunfälle hängt unter anderem damit zusammen, dass die Leute zu schnell fahren* | *der Verpackungsmüll und die damit zusammenhängenden Probleme* **2** **etwas hängt mit etwas zusammen**; **Dinge hängen zusammen** Dinge sind miteinander fest verbunden | *Die Blätter des Buches hängen nur noch lose zusammen*

zu·sam·men·hän·gend ■ PARTIZIP PRÄSENS **1** → zusammenhängen
■ ADJEKTIV **2** so formuliert, dass sich eine Einheit bildet ⟨eine Darstellung, ein Bericht; etwas zusammenhängend erzählen, darstellen, schreiben⟩

zu·sam·men·kau·fen VERB *(hat)* **Dinge zusammenkaufen** *gesprochen, abwertend* ohne Überlegung (meist in mehreren Geschäften) ganz verschiedene Dinge kaufen | *Was hast du denn da zusammengekauft, das brauchen wir doch alles nicht!* **H** aber: *Meine Schwester und ich haben das Geschenk zusammen gekauft* (= gemeinsam; getrennt geschrieben)

zu·sam·men·keh·ren VERB *(hat)* **(etwas) zusammenkehren** *besonders süddeutsch* Ⓐ etwas mit einem Besen zu einem Haufen schieben ⟨Laub, Dreck, Staub zusammenkehren⟩

★ **zu·sam·men·klap·pen** VERB **1** **etwas zusammenklappen** *(hat)* Dinge wie Liegestühle, Taschenmesser usw. kann man nach der Benutzung zusammenklappen, damit sie kleiner werden **2** *gesprochen (ist)* die geistigen oder körperlichen Kräfte verlieren und deshalb ohnmächtig werden, auf den Boden fallen oder heftig zu weinen beginnen *≈ zusammenbrechen* | *Meine Mutter ist vor Erschöpfung zusammengeklappt* • zu (1) **zu·sam·men·klapp·bar** ADJEKTIV

zu·sam·men·kle·ben VERB **1** **Dinge zusammenkleben** *(hat)* etwas (mit Klebstoff) so verbinden, dass die Teile fest gefügt sind | *die Scherben / zerbrochene Vase zusammenkleben* **2** **etwas klebt mit etwas zusammen**; **Dinge kleben zusammen** *(ist)* zwei oder mehrere Dinge sind (meist mit Klebstoff) fest verbunden | *Die beiden Buchseiten kleben zusammen*

zu·sam·men·knei·fen VERB *(hat)* **Dinge zusammenkneifen** etwas durch Pressen oder Drücken fest schließen ⟨die Augen, die Lippen, den Mund zusammenkneifen⟩

zu·sạm·men·knül·len VERB *(hat)* **etwas zusammenknüllen** ein Stück Papier oder Stoff mit der Hand so zusammendrücken, dass es nicht mehr flach und glatt ist ⟨einen Zettel, einen Brief, Papier, die Serviette, das Taschentuch zusammenknüllen⟩

★ **zu·sạm·men·kom·men** VERB *(ist)* **1 eine Person kommt mit jemandem zusammen; Personen kommen zusammen** zwei oder mehrere Personen treffen sich (meist um etwas gemeinsam zu tun) | *Sie kamen jeden Tag zusammen, um für die Prüfung zu lernen* **!** aber: *wir sind zu'sammen ge'kommen* (= gemeinsam; getrennt geschrieben) **2 etwas kommt mit etwas zusammen; Dinge kommen zusammen** etwas geschieht gleichzeitig mit etwas anderem (meist Unangenehmem) | *Schlechtes Wetter, Kopfweh und viel Arbeit: Heute kommt wieder alles zusammen* **3 etwas kommt zusammen** eine Menge wird größer | *Bei der Sammlung ist viel Geld zusammengekommen*

zu·sạm·men·kra·chen VERB *(ist); gesprochen* **1 etwas kracht zusammen** etwas bricht mit einem lauten Geräusch zusammen **2 eine Person/ein Fahrzeug kracht mit jemandem/einem Fahrzeug zusammen; Fahrzeuge krachen zusammen** ⟨Autofahrer/Fahrzeuge krachen zusammen⟩ ≈ *zusammenstoßen*

zu·sạm·men·krat·zen VERB *(hat)* **Dinge zusammenkratzen** *gesprochen* etwas, von dem nicht viel da ist, sammeln | *Wir haben für diese Reise unsere ganzen Ersparnisse zusammengekratzt*

zu·sạm·men·krüm·men VERB *(hat)* **sich zusammenkrümmen** ⟨sich vor Schmerz zusammenkrümmen⟩ ≈ *krümmen*

Zu·sạm·men·kunft *die*; (-, Zu·sam·men·künf·te) ein Treffen von Personen, die sich versammelt haben, um etwas zu tun

zu·sạm·men·läp·pern VERB *(hat)* **das läppert sich zusammen** *gesprochen* die vielen kleinen Mengen einer Sache bilden zusammen mit der Zeit eine größere Menge | *Er bittet mich immer wieder um ein paar Euro. Mit der Zeit läppert sich das zusammen*

zu·sạm·men·lau·fen VERB *(ist)* **Personen laufen (irgendwo) zusammen** viele Menschen laufen von verschiedenen Seiten zu einem Ort und treffen sich dort | *Die Menschen liefen auf dem Dorfplatz zusammen* **!** aber: *Wenn du willst, können wir beim nächsten Training zusammen laufen* (= gemeinsam; getrennt geschrieben)

★ **zu·sạm·men·le·ben** VERB *(hat)* **eine Person lebt mit jemandem zusammen; Personen leben zusammen** meist zwei Personen wohnen als Paar oder Freunde in einer gemeinsamen Wohnung • hierzu **Zu·sạm·men·le·ben** *das*

★ **zu·sạm·men·le·gen** VERB *(hat)* **1 etwas zusammenlegen** die einzelnen Teile einer Sache so legen oder falten, dass es möglichst klein und flach wird ⟨die Zeitung, die Serviette, die Kleider, die Wäsche zusammenlegen⟩ **2 Dinge zusammenlegen** verschiedene Dinge so verbinden (oder organisieren), dass sie ein Ganzes bilden ⟨Termine, Veranstaltungen, Gruppen⟩ | *Die beiden Kurse hatten so wenige Teilnehmer, dass sie zusammengelegt wurden* **3 Personen zusammenlegen** mehrere Menschen gemeinsam in einem Raum unterbringen | *Wegen Platzmangels mussten jeweils fünf Patienten in einen/einem Raum zusammengelegt werden* **4 Personen legen (für etwas) zusammen** mehrere Personen bringen gemeinsam das Geld auf, das man für einen Zweck braucht | *Peter hatte sein Geld vergessen, und wir mussten für seine Fahrkarte zusammenlegen* • zu (1,2) **zu·sạm·men·leg·bar** ADJEKTIV; zu (1,2) **Zu·sạm·men·le·gung** *die*

zu·sạm·men·nä·hen VERB *(hat)* **etwas zusammennähen** ein Kleidungsstück o. Ä. dadurch zu einem Ganzen machen, dass man die verschiedenen Teile (durch Nähen) miteinander verbindet

★ **zu·sạm·men·neh·men** VERB *(hat)* **1 Dinge zusammennehmen** verschiedene Dinge im Ganzen, als Einheit betrachten | *Wenn man alle Kosten zusammennimmt, muss ich im Monat 1000 Euro für die Wohnung zahlen* **2 etwas zusammennehmen** etwas auf einen Zweck, ein Ziel konzentrieren ⟨den ganzen Mut, den Verstand, die ganze Kraft zusammennehmen⟩ **3 sich zusammennehmen** die Gefühle und Reaktionen unter Kontrolle haben | *Nimm dich doch zusammen und schrei nicht so!*

zu·sạm·men·pa·cken VERB *(hat)* **1 Dinge zusammenpacken** alle Dinge, die man für etwas braucht, sammeln und in einen Koffer, eine Tasche o. Ä. tun | *die Schulsachen für den nächsten Tag zusammenpacken* **2** (nach einer Arbeit) alle Dinge, die man gebraucht hat, wieder an ihren Platz tun | *zusammenpacken und nach Hause gehen* **3 zusammenpacken können** *gesprochen* aufgeben müssen | *Nach diesem Skandal kann er zusammenpacken*

★ **zu·sạm·men·pas·sen** VERB *(hat)* **1 etwas passt mit etwas zusammen; Dinge passen zusammen** man kann die genannten Sachen miteinander verbinden, weil sie eine bestimmte Größe oder Form haben | *Die Teile passen nicht zusammen* **2 etwas passt mit etwas zusammen; Dinge passen zusammen** Dinge machen zusammen einen harmonischen Eindruck | *Manche Farben passen gut/schlecht zusammen* **3 jemand passt mit jemandem zusammen; Personen passen zusammen** Personen haben ähnliche Interessen, Meinungen und Temperamente | *Christine und Ralf haben viele gemeinsame Interessen und passen auch sonst gut zusammen*

zu·sạm·men·pral·len VERB *(ist)* **eine Person/ein Fahrzeug o. Ä. prallt mit jemandem/einem Fahrzeug o. Ä. zusammen; Personen/Fahrzeuge o. Ä. prallen zusammen** zwei oder mehrere Personen oder Fahrzeuge o. Ä. stoßen heftig gegeneinander • hierzu **Zu·sạm·men·prall** *der*

zu·sạm·men·pres·sen VERB *(hat)* **1 Dinge zusammenpressen** zwei Teile einer Sache fest aufeinanderdrücken ⟨die Lippen zusammenpressen⟩ **2 etwas zusammenpressen** mit Kraft auf etwas pressen oder drücken (sodass es kleiner und meist flacher wird)

zu·sạm·men·raf·fen VERB *(hat)* **1 Dinge zusammenraffen** in großer Eile alles nehmen, was man gerade in die Hand bekommt | *Voller Wut raffte sie ihre Kleider zusammen und packte die Koffer* **2 etwas zusammenraffen** *abwertend* etwas mit großer Gier und Energie sammeln ⟨Geld, Besitz, ein Vermögen zusammenraffen⟩ **3 etwas zusammenraffen** ein weites Kleidungsstück mit den Händen hochhalten, damit man nicht stolpert o. Ä. | *beim Einsteigen ins Auto den Rock zusammenraffen*

zu·sạm·men·rau·fen VERB *(hat)* **eine Person rauft sich mit jemandem zusammen; Personen raufen sich zusammen** *gesprochen* zwei oder mehrere Personen lernen, sich trotz anfänglicher Meinungsverschiedenheiten gegenseitig zu akzeptieren | *Das junge Paar musste sich erst zusammenraufen*

zu·sạm·men·rech·nen VERB *(hat)* **Zahlen, Summen** *o. Ä.* **zusammenrechnen** ≈ *addieren*

zu·sạm·men·rei·men VERB *(hat)* **sich** *(Dativ)* **etwas zusammenreimen** *gesprochen* eine mögliche Erklärung für etwas finden

★ **zu·sạm·men·rei·ßen** VERB *(hat)* **sich zusammenreißen** *gesprochen* mit großer Anstrengung vermeiden, starke Emotionen zu zeigen oder etwas Unangenehmes zu sagen

Z

zu·sạm·men·rol·len VERB *(hat)* **1** **etwas zusammenrollen** etwas so zusammenlegen, dass es die Form einer Rolle bekommt | *den Teppich zusammenrollen und auf die Schulter nehmen* **2** **sich zusammenrollen** sich krumm machen und den Kopf nahe zu den Beinen legen | *Der Hund rollte sich zum Schlafen zusammen*

zu·sạm·men·rot·ten VERB *(hat)* **Personen rotten sich zusammen** *meist abwertend* mehrere Menschen bilden eine aggressive Gruppe mit der Absicht, etwas auch mit Gewalt zu erreichen | *Die Aufständischen rotteten sich vor dem Schloss zusammen*

zu·sạm·men·rü·cken VERB **1** **Dinge zusammenrücken** *(hat)* zwei oder mehrere Dinge so stellen oder rücken, dass sie eng beieinander sind | *die Tische zusammenrücken, damit die ganze Gruppe zusammensitzen kann* **2** **Personen rücken zusammen** *(ist)* Personen setzen sich oder stellen sich so, dass sie eng beieinander sind | *Wenn wir ein bisschen zusammenrücken, dann haben alle auf der Bank Platz*

zu·sạm·men·ru·fen VERB *(hat)* **Personen zusammenrufen** verschiedenen Leuten sagen, dass sie zu einem Zeitpunkt an einen Ort kommen sollen, um sich dort zu treffen

zu·sạm·men·sa·cken VERB *(ist)*; *gesprochen* **1** ≈ *zusammenbrechen* **2** **etwas sackt (in sich) zusammen** etwas stürzt ein, etwas bricht zusammen

zu·sạm·men·schei·ßen VERB *(hat)* **jemanden zusammenscheißen** *gesprochen* ▲ jemanden mit sehr lauter Stimme heftig kritisieren und schimpfen

zu·sạm·men·schie·ben VERB *(hat)* **Dinge zusammenschieben** mehrere Dinge so schieben, dass sie nahe beieinander sind | *die Bänke so zusammenschieben, dass sie eine lange Reihe bilden*

zu·sạm·men·schla·gen VERB *(hat)* **1** **die Hacken/Absätze/Hände zusammenschlagen** die Hacken/Absätze/Hände so bewegen, dass sie sich mit einem kurzen, deutlichen Geräusch berühren **2** **etwas zusammenschlagen** *gesprochen* etwas kaputt schlagen **3** **jemanden zusammenschlagen** *gesprochen* eine Person so brutal schlagen, dass sie (verletzt) zusammenbricht

zu·sạm·men·schlie·ßen VERB *(hat)* **1** **Dinge zusammenschließen** zwei oder mehrere Dinge mit einem Schloss verbinden ⟨Fahrräder zusammenschließen⟩ **2** **Personen/Institutionen** *o. Ä.* **schließen sich zusammen** Personen/Institutionen o. Ä. bilden eine Gemeinschaft, um so ein gemeinsames Ziel zu erreichen | *In der EU haben sich 14 Staaten zusammengeschlossen* • zu (2) **Zu·sạm·men·schluss** *der*

zu·sạm·men·schmel·zen VERB *(ist)* **1** **etwas schmilzt zusammen** etwas schmilzt und wird dadurch kleiner oder weniger ⟨der Schnee⟩ **2** **etwas schmilzt zusammen** etwas wird weniger ⟨Ersparnisse, Geld, Vorräte⟩

zu·sạm·men·schnei·den VERB *(hat)* **etwas zusammenschneiden** Film- oder Tonaufnahmen verändern

zu·sạm·men·schnü·ren VERB *(hat)* **1** **etwas zusammenschnüren** um etwas eine Schnur wickeln, damit es zusammen bleibt | *das Altpapier zu kleinen Bündeln zusammenschnüren* **2** **die Angst schnürt jemandem die Kehle zusammen** eine Person hat in einer Situation solche Angst, dass sie kaum atmen oder sprechen kann

zu·sạm·men·schrau·ben VERB *(hat)* **Dinge zusammenschrauben** zwei oder mehrere Dinge mit Schrauben verbinden | *Bretter zusammenschrauben*

zu·sạm·men·schre·cken VERB (schreckt zusammen/*veraltend* schrickt zusammen, schreckte zusammen/*veraltend* schrak zusammen, ist zusammengeschreckt) vor Angst o. Ä. plötzlich eine heftige (unkontrollierte) Bewegung mit dem Körper machen

zu·sạm·men·schrei·ben VERB *(hat)* **1** **etwas zusammenschreiben** etwas als ein Wort schreiben | *„Heimkommen" schreibt man zusammen, „nach Hause kommen" nicht* **2** **etwas zusammenschreiben** einen schriftlichen Text verfassen, indem man aus verschiedenen Büchern, Zeitschriften usw. das nimmt und verbindet, was einem relevant, nützlich o. Ä. erscheint ⟨eine Rede, einen Vortrag, ein Referat zusammenschreiben⟩ **3** **etwas zusammenschreiben** *gesprochen, abwertend* etwas (schnell) schreiben, ohne lange darüber nachzudenken | *Was hast du denn da für einen Unsinn zusammengeschrieben?* • zu (1) **Zu·sạm·men·schrei·bung** *die*

zu·sạm·men·schwei·ßen VERB *(hat)* **1** **Dinge zusammenschweißen** zwei oder mehrere Dinge fest durch Schweißen miteinander verbinden ⟨Rohre, Schienen, Metallstücke zusammenschweißen⟩ **2** **etwas schweißt (Personen) zusammen** etwas bewirkt, dass sich Personen eng verbunden fühlen

★ **Zu·sạm·men·sein** *das*; (-s) ein Treffen, bei dem Menschen privat miteinander reden, etwas trinken, spielen o. Ä. ⟨ein gemütliches, geselliges Zusammensein⟩ | *zu einem zwanglosen Zusammensein bei Kaffee und Kuchen einladen*

★ **zu·sạm·men·set·zen** VERB *(hat)* **1** **etwas zusammensetzen** etwas aus verschiedenen kleinen Teilen bauen ≈ *zusammenbauen* | *Er nahm das Radio auseinander, aber dann konnte er es nicht mehr zusammensetzen* **2** **etwas setzt sich aus Personen/Dingen zusammen** etwas besteht aus verschiedenen Personen oder Teilen | *Das Theaterstück setzt sich aus drei kurzen Szenen zusammen* **3** **eine Person setzt sich mit jemandem zusammen**; **Personen setzen sich zusammen** zwei oder mehrere Personen treffen sich, um über etwas zu sprechen ⟨sich zu Verhandlungen, zu Beratungen, zu einer Besprechung zusammensetzen⟩ | *Wir sollten uns nächste Woche zusammensetzen und einen Plan erarbeiten* • zu (1,2) **Zu·sạm·men·set·zung** *die*

zu·sạm·men·sin·ken VERB *(ist)* **(in sich) zusammensinken** in die Richtung zum Boden oder auf den Boden sinken ⟨ohnmächtig zusammensinken; zusammengesunken dasitzen⟩

zu·sạm·men·sit·zen VERB *(hat/ist)* **1** **eine Person sitzt mit jemandem zusammen**; **Personen sitzen zusammen** zwei oder mehrere Personen sitzen gemeinsam irgendwo und reden o. Ä. | *Er sitzt gern mit Freunden bei einem Bier zusammen* **2** **Personen sitzen zusammen** zwei oder mehrere Personen sitzen nebeneinander ⟨im Kino, im Theater, in der Schule zusammensitzen⟩

Zu·sạm·men·spiel *das*; *nur Singular* **1** die Art, wie Spieler (einer Mannschaft, eines Orchesters o. Ä.) harmonieren und das Spiel miteinander gestalten | *Das Zusammenspiel der Mannschaft muss noch verbessert werden* **2** die Art, wie Vorgänge oder Kräfte aufeinander reagieren und voneinander abhängen | *das Zusammenspiel von Angebot und Nachfrage auf dem freien Markt*

zu·sạm·men·spie·len VERB *(hat)* **1** **Personen spielen irgendwie zusammen** zwei oder mehr Personen harmonieren auf die genannte Art und Weise **2** **Dinge spielen zusammen** Dinge wirken (gegenseitig) aufeinander ℹ aber: *Wir wollen zusammen spielen* (= miteinander; getrennt geschrieben)

zu·sạm·men·stau·chen VERB *(hat)* **jemanden zusammenstauchen** *gesprochen* jemanden mit lauten Worten heftig tadeln oder kritisieren

zu·sạm·men·ste·cken VERB *(hat/ist)* **1** **Dinge zusammenstecken** *(hat)* zwei oder mehrere Dinge miteinander verbinden, vor allem indem man Nadeln o. Ä. in sie steckt | *ein Kleid/Stoffteile mit Stecknadeln zusammenstecken*

| *die Haare zusammenstecken* **2** **eine Person steckt mit jemandem zusammen; Personen stecken zusammen** *gesprochen (hat/ist)* zwei oder mehrere Personen sind oft zusammen (und denken sich z. B. heimlich etwas aus) | *Sie stecken ununterbrochen zusammen! Was die wohl anstellen?*

zu·sam·men·ste·hen VERB *(hat/ist)* **1** **eine Person steht mit jemandem zusammen; Personen stehen zusammen** zwei oder mehrere Personen stehen nebeneinander | *Wir standen noch lange vor dem Kino zusammen und diskutierten* **2** **Personen stehen zusammen** zwei oder mehrere Personen halten zusammen

★ **zu·sam·men·stel·len** VERB *(hat)* **1** **etwas zusammenstellen** etwas planen und organisieren ⟨ein Menü, ein Programm, eine Reise zusammenstellen⟩ **2** **Dinge zusammenstellen** zwei oder mehrere Dinge so stellen, dass sie nahe beieinander sind ⟨die Betten, die Stühle, die Tische zusammenstellen⟩ ● zu (1) **Zu·sam·men·stel·lung** *die*

★ **zu·sam·men·sto·ßen** VERB *(ist)* **1** **eine Person/Sache stößt mit jemandem/etwas zusammen; Personen/Dinge stoßen zusammen** zwei oder mehrere Personen, Fahrzeuge o. Ä. stoßen beim Gehen oder Fahren gegeneinander | *Die Autos sind frontal zusammengestoßen* | *An dieser Kreuzung ist gestern ein Pkw mit einem Motorrad zusammengestoßen* **2** **etwas stößt mit etwas zusammen; Dinge stoßen zusammen** zwei oder mehrere Dinge treffen sich an einer Linie oder in einem Punkt | *Am Bach stoßen die Grundstücke zusammen* ● zu (1) **Zu·sam·men·stoß** *der*

zu·sam·men·stür·zen VERB *(ist)* **etwas stürzt (in sich) zusammen** etwas bricht zusammen, stürzt ein ⟨das Haus, der Turm, das Gerüst, die Tribüne⟩

zu·sam·men·su·chen VERB *(hat)* **Dinge zusammensuchen** die Gegenstände oder Teile, die man für einen Zweck braucht und die sich an verschiedenen Orten befinden, an denselben Ort bringen | *das Spielzeug der Kinder zusammensuchen müssen* **!** aber: *Lass uns zusammen suchen* (= gemeinsam; getrennt geschrieben)

★ **zu·sam·men·tra·gen** VERB *(hat)* **Dinge zusammentragen** Dinge, die man an verschiedenen Stellen findet, sammeln oder an denselben Ort bringen | *Material für eine Dissertation zusammentragen* | *Brennholz für den Winter zusammentragen* **!** aber: *Wir können die Kiste zusammen tragen* (= zu zweit; getrennt geschrieben)

★ **zu·sam·men·tref·fen** VERB *(ist)* **1** **eine Person trifft mit jemandem zusammen; Personen treffen zusammen** zwei oder mehrere Personen begegnen sich | *Wir trafen zufällig mit alten Freunden zusammen* **2** **etwas trifft mit etwas zusammen; Dinge treffen zusammen** etwas geschieht gleichzeitig mit etwas anderem ● hierzu **Zu·sam·men·tref·fen** *das*

zu·sam·men·tre·ten VERB **1** **Personen treten zusammen** *(ist)* mehrere Personen versammeln sich (als Mitglieder einer Organisation, Institution o. Ä.), um etwas Bestimmtes zu tun | *Das Gericht wird morgen zusammentreten, um das Urteil zu verkünden* **2** **jemanden zusammentreten** *gesprochen (hat)* so lange und heftig auf eine Person treten, bis sie schwer verletzt ist

zu·sam·men·trom·meln VERB *(hat)* **Personen zusammentrommeln** *gesprochen, meist humorvoll* viele Personen auffordern, an einen Ort zu kommen, um sich dort zu treffen

zu·sam·men·tun VERB *(hat)* **eine Person/Sache tut sich mit jemandem/etwas zusammen; Personen/Dinge tun sich zusammen** *gesprochen* zwei oder mehrere Personen, Organisationen o. Ä. werden Partner, um für ein gemeinsames Ziel zu arbeiten | *Vor den Wahlen haben sich die kleinen Parteien zusammengetan, um gemeinsam einen Sitz im Parlament zu erkämpfen*

zu·sam·men·wach·sen VERB *(ist)* **1** **etwas wächst mit etwas zusammen; Dinge wachsen zusammen** zwei oder mehrere Dinge bilden (allmählich) (wieder) ein Ganzes | *Die gebrochenen Knochen sind wieder gut zusammengewachsen* | *Die beiden Dörfer wachsen immer mehr zusammen* **2** **Personen wachsen zusammen** zwei oder mehrere Personen werden allmählich zu (engen) Freunden

zu·sam·men·wir·ken VERB *(hat)* **1** **Personen wirken zusammen** *geschrieben* zwei oder mehrere Personen arbeiten gemeinsam an etwas | *Für diese Platte haben zahlreiche Stars zusammengewirkt* **2** **Dinge wirken zusammen** verschiedene Faktoren, Umstände o. Ä. haben einen Einfluss auf eine Sache

★ **zu·sam·men·zäh·len** VERB *(hat)* **(Dinge/Zahlen) zusammenzählen** eine Summe errechnen ≈ *addieren* | *Nun zähl mal zusammen!*

★ **zu·sam·men·zie·hen** VERB **1** **eine Person zieht mit jemandem zusammen; Personen ziehen zusammen** *(ist)* zwei oder mehrere Personen nehmen gemeinsam eine Wohnung, um dort zu leben **2** **etwas zieht sich zusammen** *(hat)* etwas wird kleiner oder enger | *Rauchen bewirkt, dass sich die Blutgefäße zusammenziehen* **3** **ein Gewitter/Unwetter zieht sich zusammen** die Zahl der dunklen Wolken am Himmel nimmt zu **4** **etwas zusammenziehen** *(hat)* etwas (durch Ziehen) kleiner oder enger machen | *die Schlinge um den Hals des Tieres zusammenziehen* **5** **Personen zusammenziehen** *(hat)* Soldaten aus verschiedenen Richtungen an einen Ort bringen | *an der Grenze Truppen zusammenziehen* **6** **(Zahlen) zusammenziehen** *(hat)* beim Rechnen die Summe von Zahlen bilden ≈ *addieren*

zu·sam·men·zim·mern VERB *(hat)* **etwas zusammenzimmern** *gesprochen, abwertend* etwas meist aus Holz schnell und unfachmännisch bauen | *ein Bücherregal zusammenzimmern*

zu·sam·men·zu·cken VERB *(ist)* aus Schreck oder Schmerz eine schnelle (unkontrollierte) Bewegung mit dem Körper machen

★ **Zu·satz** *der* **1** eine Substanz, die einer anderen hinzugefügt wird, um diese zu verändern oder irgendwie zu beeinflussen | *Viele Lebensmittel enthalten Zusätze wie Konservierungsmittel und Farbstoffe* **K** Zusatzstoff **2** etwas Neues, mit dem man vor allem einen Text ergänzt oder etwas erklärt ≈ *Ergänzung* | *einen Zusatz zu einem Gesetz verabschieden* **K** Zusatzabkommen, Zusatzantrag, Zusatzbestimmung **3** *nur Singular* das Hinzufügen einer Substanz zu einer anderen | *das Wasser durch Zusatz von Chlor desinfizieren*

Zu·satz- *im Substantiv, betont, begrenzt produktiv* **das Zusatzgerät, der Zusatzscheinwerfer, die Zusatzsteuer, das Zusatzteil, die Zusatzversicherung** *und andere* drückt aus, dass etwas zu etwas bereits Vorhandenem hinzukommt oder etwas ergänzt

★ **zu·sätz·lich** ADJEKTIV **zusätzlich (zu jemandem/etwas)** drückt aus, dass jemand/etwas (als Ergänzung) zu den bereits vorhandenen Personen/Dingen hinzukommt ⟨eine Belastung; Kosten⟩ | *Zusätzlich zu den eingeladenen Gästen sind noch ein paar Nachbarn gekommen* | *ein paar Stunden zusätzlich arbeiten*

Zu·satz·stoff *der* eine Substanz, die bei der Herstellung einer Ware zur Verbesserung der Eigenschaften hinzugefügt wird, z. B. Konservierungsmittel, Farbstoff, Parfüm **K** Lebensmittelzusatzstoff

Zu·satz·zahl *die* eine Zahl, die beim Lotto zusätzlich zu den sechs Gewinnzahlen gezogen wird

zu·schan·den, zu Schan·den ADVERB **1** drückt aus, dass etwas dabei zerstört wird ⟨etwas geht/wird zuschanden; etwas zuschanden machen⟩ ≈ *zunichte* | *jemandes Hoffnungen zuschanden machen* **2** drückt in Verbindung mit einem Verb aus, dass dabei jemand/etwas großen Schaden erleidet (und meist nicht mehr zu gebrauchen ist) ⟨ein Auto zuschanden fahren; ein Pferd zuschanden reiten; jemanden/etwas zuschanden richten⟩

zu·schan·zen VERB (schanzte zu, hat zugeschanzt) **jemandem etwas zuschanzen** *gesprochen* auf indirekte Weise dafür sorgen, dass eine Person etwas bekommt, auf was sie (eigentlich) keinen Anspruch hat | *den Freunden Geld zuschanzen*

★ **zu·schau·en** VERB *(hat); gesprochen* **(jemandem/etwas) zuschauen; (jemandem) bei etwas zuschauen** ≈ *zusehen*

★ **Zu·schau·er** *der;* (-s, -) eine Person, die bei etwas (im Fernsehen oder bei einer Veranstaltung) zusieht ⟨ein unfreiwilliger Zuschauer⟩ | *Die Zuschauer klatschten Beifall* | *Bei den Proben können wir keine Zuschauer gebrauchen* **K** Zuschauerraum, Zuschauertribüne, Zuschauerzahl • hierzu **Zu·schau·e·rin** *die*

zu·schi·cken VERB *(hat)* **(jemandem) etwas zuschicken** jemandem etwas schicken, senden | *jemandem eine Rechnung zuschicken*

zu·schie·ben VERB *(hat)* **1** **jemandem etwas zuschieben** etwas zu jemandem hinschieben **2** **jemandem die Schuld/die Verantwortung zuschieben** dafür sorgen, dass jemand die Verantwortung für etwas Unangenehmes übernehmen muss **i** weitere Verwendungen → zu-

zu·schie·ßen VERB **1** **jemandem (vernichtende/wütende) Blicke zuschießen** *(hat)* jemanden wütend ansehen **2** **(jemandem/etwas) etwas zuschießen** einer Person Geld geben und ihr so helfen | *Der Sponsor schießt dem Verein noch 30.000 Euro zu* **3** **auf jemanden/etwas zuschießen** *(ist)* sich sehr schnell in Richtung auf jemanden/etwas bewegen | *Das Auto schoss auf den Baum zu*

★ **Zu·schlag** *der* **1** ein Betrag, der zu einer Gebühr, einem Gehalt, einem Preis o. Ä. hinzukommen kann | *einen Zuschlag für Nachtarbeit bekommen* | *Der Film kostet einen Zuschlag wegen Überlänge* **2** **der Zuschlag (für etwas)** die Erklärung, dass jemand/eine Firma o. Ä. eine Ware (bei einer Auktion) bzw. einen Auftrag (z. B. bei einem Bauprojekt o. Ä.) bekommt (weil sie das beste Angebot gemacht haben) ⟨jemandem den Zuschlag geben; den Zuschlag bekommen⟩ • zu (1) **zu·schlag·frei** ADJEKTIV; zu (1) **zu·schlag·pflich·tig** ADJEKTIV

★ **zu·schla·gen** VERB **1** **etwas schlägt zu** *(ist)* etwas wird mit Schwung und lautem Geräusch geschlossen | *Als der Sturm aufkam, schlug das Fenster zu* **2** *(hat)* einen Schlag ausführen | *Schlag zu, wenn du dich traust!* **3** *(hat)* plötzlich angreifen, gegen jemanden aktiv o. Ä. werden | *Die Polizei hatte die Schmuggler lange beobachtet, bevor sie in einem günstigen Augenblick zuschlug und alle verhaftete* **4** *gesprochen (hat)* etwas schnell kaufen oder nehmen, bevor es eine andere Person tun kann | *Bei so einem günstigen Angebot muss man einfach zuschlagen!* **5** **etwas zuschlagen** *(hat)* etwas mit Schwung schließen, sodass dabei ein lautes Geräusch entsteht | *Sie schlug ihr Buch zu und sah mich an* | *Der Wind hat die Tür zugeschlagen* **6** **jemandem etwas zuschlagen** *(hat)* bei einer Versteigerung jemandem den Zuschlag für etwas geben **7** **jemandem etwas zuschlagen** *(hat)* bei einem (behördlichen) Auswahlverfahren entscheiden, welche Firma den Auftrag bekommt **8** **auf etwas** *(Akkusativ)* **etwas zuschlagen; einer Sache** *(Dativ)* **etwas zuschlagen** *(hat)* den Preis einer Sache um die genannte Summe erhöhen | *auf den Preis 10 % Provision zuschlagen*
■ **ID** **Das Schicksal hat zugeschlagen** etwas Schlimmes ist geschehen

zu·schlie·ßen VERB *(hat)* **etwas zuschließen** etwas mit einem Schlüssel schließen ⟨das Auto, die Haustür, den Koffer, die Wohnung zuschließen⟩

zu·schnap·pen VERB **1** **ein Tier schnappt zu** *(hat)* ein Tier beißt plötzlich nach jemandem/etwas | *Der Hund schnappte zu und biss ihn in den Arm* **2** **etwas schnappt zu** *(ist)* etwas schließt sich plötzlich ⟨eine Falle⟩ | *Die Tür ist zugeschnappt. Hast du den Schlüssel?*

zu·schnei·den VERB *(hat)* **etwas zuschneiden** die Stoffstücke, die man braucht, um etwas zu nähen, mit der Schere in die richtige Größe bringen | *einen Rock zuschneiden*
■ **ID** **etwas ist auf jemanden/etwas zugeschnitten** etwas ist so gestaltet, dass es für jemanden/etwas gut passt | *Das Programm war ganz auf den Geschmack junger Leute zugeschnitten*

zu·schnei·en VERB *(ist)* **etwas ist zugeschneit** etwas ist ganz von Schnee bedeckt (oder versperrt) | *Die Einfahrt ist zugeschneit*

Zu·schnitt *der* **1** *meist Singular* das Sägen, Schneiden o. Ä. zu einer Form oder auf eine Größe | *der Zuschnitt von Brettern* **2** die Form, die etwas durch einen Zuschnitt bekommen hat | *der elegante Zuschnitt eines Kleides* **3** *meist Singular* ≈ *Format, Rang* | *eine Veranstaltung internationalen Zuschnittes*

zu·schnü·ren VERB *(hat)* **1** **etwas zuschnüren** etwas mit einer Schnur fest schließen ⟨ein Bündel, ein Paket, die Schuhe zuschnüren⟩ ≈ *zubinden* **2** **die Angst schnürt jemandem die Kehle zu** eine Person hat in einer Situation solche Angst, dass sie kaum sprechen kann

zu·schrau·ben VERB *(hat)* **etwas zuschrauben** etwas mit Schrauben oder durch Drehen eines Verschlusses schließen | *das Marmeladenglas zuschrauben*

zu·schrei·ben VERB *(hat)* **1** **jemandem etwas zuschreiben** die Meinung vertreten, dass etwas das Werk der genannten Person ist | *Dieses Musikstück wird Mozart zugeschrieben* **2** **jemandem/etwas etwas zuschreiben** glauben, dass jemand/etwas die genannten Eigenschaften oder Qualitäten hat | *Die Eingeborenen schreiben dieser Pflanze eine besondere Wirkung zu*

zu·schrei·en VERB *(hat)* **jemandem etwas zuschreien** *gesprochen* etwas laut zu jemandem rufen

Zu·schrift *die* ein Brief als Reaktion auf eine Annonce, eine Fernsehsendung o. Ä. | *zahlreiche Zuschriften auf ein Inserat erhalten* **K** Leserzuschrift

zu·schul·den, zu Schul·den ADVERB **sich** *(Dativ)* **etwas/nichts zuschulden kommen lassen** etwas/nichts tun, das verboten oder moralisch schlecht ist

★ **Zu·schuss** *der* **ein Zuschuss (für/zu etwas)** Geld, das eine Person oder Organisation bekommt, damit sie etwas finanzieren kann ≈ *Unterstützung* | *einen Zuschuss zu den Baukosten bekommen* | *staatliche Zuschüsse für das Theater*

zu·schus·tern VERB (schusterte zu, hat zugeschustert) **jemandem etwas zuschustern** *gesprochen* (vor allem heimlich) dafür sorgen, dass jemand einen Vorteil bekommt ⟨jemandem einen Auftrag, einen Job, einen Posten zuschustern⟩

zu·schüt·ten VERB *(hat)* **1** **etwas zuschütten** etwas mit Erde, Steinen o. Ä. füllen ⟨eine Grube, ein Loch zuschütten⟩ **2** **etwas zuschütten** *gesprochen* Flüssigkeit (meist in ziemlich großer Menge) hinzugeben **3** **jemanden mit etwas zuschütten** *gesprochen* jemandem zu große Mengen einer Sache geben oder schicken | *Wir wurden mit Anfragen zugeschüttet*

zu·se·hen VERB *(hat)* **1** **(jemandem/etwas) zusehen;**

Z

(jemandem) bei etwas zusehen aufmerksam mit Blicken verfolgen, wie jemand etwas tut oder wie etwas geschieht | *bei einem Fußballspiel zusehen* | *jemandem bei der Arbeit zusehen* | *Sieh zu, wie ich das mache, damit du es lernst!* **2** **(bei etwas) zusehen** etwas geschehen lassen, ohne etwas dagegen zu tun oder ohne aktiv zu werden | *Wir mussten hilflos zusehen, wie unser Haus abbrannte* **3** **zusehen, dass/wie/ob** o. Ä. ... sich bemühen, etwas zu erreichen | *Sieh zu, dass du rechtzeitig fertig wirst!* | *Ich muss zusehen, dass ich den Zug erreiche*

zu·se·hends ADVERB so, dass die Veränderungen, die dabei stattfinden, auch auffallen | *Das Wetter wird zusehends besser*

Zu·se·her *der;* Ⓐ ≈ *Zuschauer*

zu·sen·den VERB (sandte/sendete zu, hat zugesandt/zugesendet) **jemandem etwas zusenden** ≈ *(zu)schicken* | *jemandem einen Brief zusenden* • hierzu **Zu·sen·dung** *die*

zu·set·zen VERB *(hat)* **1** **(einer Sache** *(Dativ)***) etwas zusetzen** eine Substanz einer anderen hinzugeben und damit mischen | *einem Saft Zucker zusetzen* **2** **jemandem (mit etwas) zusetzen** jemanden dringend bitten oder auffordern, etwas zu tun ⟨jemandem mit Bitten, Forderungen, Fragen zusetzen⟩ **3** **etwas setzt jemandem (stark/sehr) zu** etwas ist für jemanden sehr lästig oder anstrengend | *Die Hitze setzte ihm stark zu* | *Der Stress setzte ihr so zu, dass sie krank wurde*

zu·si·chern VERB *(hat)* **jemandem etwas zusichern** einer Person (offiziell) versprechen, dass sie etwas bekommen wird ⟨jemandem etwas vertraglich zusichern⟩ • hierzu **Zu·si·che·rung** *die*

zu·sper·ren VERB *(hat)* **(etwas) zusperren** *süddeutsch* Ⓐ ≈ *abschließen, zuschließen* | *eine Tür zusperren*

zu·spie·len VERB *(hat)* **1** **(jemandem (etwas) zuspielen** den Ball o. Ä. zu einem anderen Spieler der eigenen Mannschaft schießen oder werfen **2** **jemandem etwas zuspielen** geschickt dafür sorgen, dass jemand etwas (Geheimes) erfährt ⟨jemandem Informationen, eine Nachricht zuspielen⟩ • zu (1) **Zu·spiel** *das*

zu·spit·zen VERB *(hat)* **1** **etwas zuspitzen** einen Stock o. Ä. mit einer Spitze versehen **2** **etwas spitzt sich zu** etwas wird gefährlicher oder schlimmer ⟨der Konflikt, die Krise, die Lage⟩ • zu (2) **Zu·spit·zung** *die*

zu·spre·chen VERB *(hat)* **1** **eine Person/Sache spricht jemandem etwas zu** eine Behörde, ein Richter o. Ä. entscheidet offiziell, dass jemand etwas bekommen soll ⟨jemandem ein Erbe, einen Preis, ein Recht zusprechen⟩ | *Nach der Scheidung sprach das Gericht (das Sorgerecht für) die Kinder der Mutter zu* **2** **einer Sache** *(Dativ)* **(irgendwie) zusprechen** von etwas (sehr viel) essen oder trinken | *Die Gäste sprachen dem Essen tüchtig zu* **3** **jemandem (etwas) zusprechen** freundlich mit einer Person reden, damit sie (positive) Gefühle bekommt ⟨jemandem Mut, Trost zusprechen; jemandem beruhigend, besänftigend, gut zusprechen⟩

Zu·spruch *der; nur Singular; geschrieben* **1** ≈ *Trost* **2** **etwas findet/hat großen, regen, viel Zuspruch; etwas erfreut sich großen Zuspruchs** etwas ist sehr beliebt, wird von vielen Leuten besucht, benutzt o. Ä.

★ **Zu·stand** *der* **1** der Zustand einer Sache ist z. B. welche Form sie hat, ob sie neu, ganz, beschädigt oder kaputt usw. ist | *Bei null Grad Celsius geht Wasser vom flüssigen in den festen Zustand über und wird zu Eis* | *Das Haus befindet sich in einem sehr schlechten Zustand. Es müsste dringend renoviert werden* **2** der Zustand einer Person ist, wie es ihr körperlich oder psychisch geht ≈ *Verfassung* | *Hat sich sein gesundheitlicher Zustand gebessert?* **K** Geisteszustand, Gesundheitszustand, Straßenzustand, Dauerzustand, Idealzustand **3** *meist Plural* die allgemeine Lage oder die äußeren Umstände, die das Leben bestimmen ⟨die politischen, sozialen, wirtschaftlichen Zustände in einem Land⟩ ≈ *Situation* | *Unter diesen Bedingungen kann ich nicht arbeiten. Die Zustände sind unerträglich* | *Katastrophale Zustände führten zu einem Bürgerkrieg* **K** Alarmzustand, Ausnahmezustand, Kriegszustand ■ **ID** **Zustände bekommen/kriegen** *gesprochen* über etwas entsetzt sein und wütend o. Ä. werden | *Wenn deine Mutter diese Unordnung sieht, bekommt sie Zustände!*; **Das ist doch kein Zustand!** *gesprochen* Das muss anders werden

★ **zu·stan·de, zu Stan·de** ADVERB **1** **etwas kommt zustande** etwas entsteht oder gelingt (vor allem trotz Schwierigkeiten) | *Nach langen Verhandlungen kam der Vertrag doch noch zustande* **2** **etwas zustande bringen** bewirken, dass etwas gelingt | *Du hast doch noch nie etwas Vernünftiges zustande gebracht!* • zu (1) **Zu·stan·de·kom·men** *das*

★ **zu·stän·dig** ADJEKTIV **(für jemanden/etwas) zuständig** verpflichtet und berechtigt, die vorgesehenen Entscheidungen zu treffen oder etwas zu tun ⟨der Beamte, die Behörde, das Gericht, die Stelle⟩ | *für die Bearbeitung eines Falles zuständig sein* | *Wer ist dafür zuständig, dass wir so lange warten mussten?* | *Das Standesamt ist dafür zuständig, Geburtsurkunden auszustellen* • hierzu **Zu·stän·dig·keit** *die*; **Zu·stän·dig·keits·be·reich** *der*

Zu·stands·pas·siv *das* eine besondere Form des Passivs, die das Ergebnis einer Handlung im Passiv angibt und die mit dem Hilfsverb *sein* gebildet wird **H** vergleiche *Mein Auto ist gestohlen* und *Mein Auto wurde gestohlen*; → Infos unter **Passiv**

zu·stat·ten·kom·men VERB (kam zustatten, ist zustattengekommen) **etwas kommt jemandem/etwas zustatten** etwas ist ein Vorteil für jemanden/etwas ≈ *nützen* | *Du solltest ein paar Sprachen lernen. Das wird dir im Berufsleben zustattenkommen*

zu·ste·cken VERB *(hat)* **jemandem etwas zustecken** jemandem etwas heimlich geben | *Ihre Mutter steckte ihr immer wieder Geld zu*

zu·ste·hen VERB *(hat/ist)* **etwas steht jemandem zu** jemand hat das Recht, etwas zu bekommen | *Der Ehefrau steht die Hälfte des Erbes zu*

zu·stei·gen VERB *(ist)* **(irgendwo) zusteigen** an der Stelle, an der ein Fahrzeug hält, in das Fahrzeug einsteigen | *Noch jemand zugestiegen? Die Fahrkarten bitte!*

★ **zu·stel·len** VERB *(hat)* **1** **eine Person/etwas stellt (jemandem) etwas zu** ein Postbote o. Ä./eine Behörde gibt jemandem etwas | *jemandem einen Bescheid zustellen* | *Eilbriefe werden sofort zugestellt, wenn sie beim zuständigen Postamt eintreffen* **K** Zustellbezirk, Zustellgebühr, Zustellvermerk **2** **etwas zustellen** eine Öffnung schließen oder verdecken, indem man etwas davorstellt | *eine Tür mit einem Schrank zustellen* • zu (1) **Zu·stel·ler** *der*; zu (1) **Zu·stel·le·rin** *die*; zu (1) **Zu·stel·lung** *die*

zu·steu·ern VERB **1** **eine Person/Sache steuert auf jemanden/etwas zu** *(ist)* ein Fahrer lenkt ein Fahrzeug in die Richtung, in der eine Person oder Sache ist | *Das Auto steuerte auf den Abgrund zu* **2** **etwas steuert auf etwas** *(Akkusativ)* **zu** etwas entwickelt sich in Richtung auf etwas | *Das Land steuert auf eine Katastrophe zu* **3** **etwas auf jemanden/etwas zusteuern** *(hat)* etwas in die Richtung von jemandem/etwas lenken | *Er steuerte das Boot auf das Ufer zu*

★ **zu·stim·men** VERB *(hat)* **1** **(jemandem) zustimmen** sagen (oder deutlich machen), dass man der gleichen Meinung wie eine andere Person ist ⟨zustimmend nicken⟩ | *Ich kann Ihnen da nur zustimmen, Sie haben vollkommen recht* **2** (einer Sache (*Dativ*)) **zustimmen** sagen, dass man etwas als richtig ansieht ⟨einem Antrag, einem Vorschlag zustimmen⟩

★ **Zu·stim·mung** *die* **1** **die Zustimmung (zu etwas)** das Zustimmen ⟨etwas findet allgemeine, jemandes Zustimmung⟩ **2** **die Zustimmung (zu etwas)** das offizielle Einverständnis, dass jemand etwas tun darf ⟨die Zustimmung geben, verweigern; jemandem/etwas die Zustimmung versagen; jemandes Zustimmung einholen⟩ ≈ *Erlaubnis*

zu·stop·fen VERB (*hat*) **etwas (mit etwas) zustopfen** *gesprochen* eine Öffnung zumachen, indem man etwas hineinstopft | *ein Loch mit Lumpen zustopfen* | *sich die Ohren mit Watte zustopfen*

zu·stöp·seln VERB (stöpselte zu, hat zugestöpselt) **etwas zustöpseln** etwas mit einem Stöpsel, Korken o. Ä. verschließen | *den Abfluss in der Badewanne zustöpseln*

zu·sto·ßen VERB **1** **jemand stößt zu** (*hat*) eine Person oder ein Tier greift eine andere Person oder ein Tier an | *mit einem Messer zustoßen* | *Die Schlange stieß zu* **2** **etwas zustoßen** (*hat*) etwas schließen, indem man dagegen stößt ⟨eine Tür mit dem Fuß zustoßen⟩ **3** **jemandem stößt etwas zu** (*ist*) eine Person hat einen Unfall | *Hoffentlich ist ihm/ihr nichts zugestoßen* | *wenn mir etwas zustößt* (wenn ich sterben sollte)

zu·strö·men VERB (*ist*) **1** **etwas strömt einer Sache** (*Dativ*) **zu**; **etwas strömt irgendwoher zu** Luft, Wasser o. Ä. bewegt sich und kommt zu etwas anderem hinzu | *Kalte Meeresluft strömt aus dem Norden zu* **2** **Personen strömen einer Sache** (*Dativ*) **zu**; **Personen strömen auf etwas** (*Akkusativ*) **zu** viele Personen bewegen sich zu demselben Ziel hin | *Die Zuschauer strömten dem/auf den Ausgang zu* • hierzu **Zu·strom** *der*

zu·stür·zen VERB (*ist*) **auf jemanden/etwas zustürzen** plötzlich und schnell zu jemandem/etwas laufen | *Voller Panik stürzten die Menschen auf den Ausgang zu*

zu·ta·ge, zu Ta·ge ADVERB **1** **etwas kommt/tritt zutage** etwas wird sichtbar oder deutlich **2** **etwas zutage bringen/fördern** etwas (z. B. ein Geheimnis, einen Skandal) der Öffentlichkeit bekannt machen | *Das Gerichtsverfahren brachte die Wahrheit zutage*

Zu·tat *die*; (-, -en); *meist Plural* die Dinge, die man braucht, um etwas zu kochen, zu backen o. Ä. | *die Zutaten für einen Kuchen abwiegen* **K** Backzutaten

zu·tei·len VERB (*hat*) **jemandem etwas zuteilen** jemandem eine Sache geben, die Teil einer Menge ist | *Gleich nach der Ankunft wurden uns unsere Zimmer zugeteilt* | *Ich soll abspülen. Welche Aufgabe hat sie dir zugeteilt?* • hierzu **Zu·tei·lung** *die*

zu·teil·wer·den VERB (wird zuteil, wurde zuteil, ist zuteilgeworden); *geschrieben* **etwas wird jemandem zuteil** jemand bekommt etwas Angenehmes | *Ihr wurde ein großes Glück zuteil*

zu·tex·ten VERB (*hat*); *gesprochen, abwertend* **jemanden zutexten** längere Zeit mit einer Person sprechen und diese kaum zu Wort kommen lassen

zu·tiefst ADVERB sehr (intensiv) ⟨zutiefst beleidigt, bewegt, gekränkt, gerührt, erschüttert sein; etwas zutiefst bedauern, verabscheuen⟩

zu·tra·gen VERB (*hat*) **1** **etwas trägt jemandem etwas zu** etwas bringt etwas zu jemandem (hin) | *Der Wind trug mir Stimmen zu* **2** **jemandem etwas zutragen** *meist abwertend* jemandem etwas berichten **3** **es trug sich zu, dass ...** *geschrieben* verwendet in Märchen o. Ä., um ein besonderes Ereignis einzuleiten | *Nun trug (es) sich zu, dass der König starb und eine große Not über das Land hereinbrach* • zu (2) **Zu·trä·ger** *der*

zu·träg·lich ADJEKTIV; *geschrieben* **jemandem/etwas zuträglich** gut für jemanden/etwas | *Das raue Klima war ihm nicht zuträglich* • hierzu **Zu·träg·lich·keit** *die*

zu·trau·en VERB (*hat*) **jemandem etwas zutrauen** glauben, dass jemand oder man selbst fähig ist, etwas (meist Schwieriges oder Böses) zu tun | *Traust du ihm so eine Lüge zu?* | *Er traute ihr nicht zu, das Problem zu lösen* | *Du kannst es schon, du musst es dir nur zutrauen!*

Zu·trau·en *das*; (-s) **Zutrauen (zu jemandem)** die Überzeugung, dass man sich auf jemanden verlassen oder jemandem trauen kann ⟨Zutrauen fassen, gewinnen; das Zutrauen verlieren⟩ ≈ *Vertrauen*

zu·trau·lich ADJEKTIV ohne Angst oder Scheu ⟨Tiere⟩ | *Die Katze kam zutraulich zu uns her und ließ sich streicheln* • hierzu **Zu·trau·lich·keit** *die*

★ **zu·tref·fen** VERB (*hat*) **1** **etwas trifft zu** etwas ist richtig ⟨eine Annahme, eine Aussage, eine Behauptung, ein Vorwurf⟩ ≈ *stimmen* | *Sein Verdacht erwies sich als zutreffend* **2** **etwas trifft auf jemanden/etwas zu** etwas gilt für jemanden/etwas ■ **ID** **Zutreffendes bitte ankreuzen!** *admin* verwendet auf Formularen als Aufforderung, diejenige der genannten Möglichkeiten zu wählen, die im eigenen Fall gilt

zu·trei·ben VERB (*hat*) **1** **jemanden auf eine Person/etwas zutreiben** eine Person oder ein Tier in die Richtung treiben, in der eine andere Person, ein anderes Tier oder etwas ist | *die Kühe auf das Tor zutreiben* **2** **auf jemanden/etwas zutreiben** (*ist*) in Richtung zu jemandem/etwas hintreiben | *Das Boot trieb auf den Wasserfall zu*

zu·tre·ten VERB **1** **auf jemanden/etwas zutreten** (*ist*) in die Richtung auf etwas/zu jemandem hingehen **2** (*hat*) mit dem Fuß nach jemandem/etwas stoßen

Zu·tritt *der*; *nur Singular* **1** **Zutritt (zu etwas)** das Betreten eines Raumes oder Gebiets ⟨jemandem den Zutritt gewähren, verweigern, verwehren, verbieten⟩ | *Zutritt für Unbefugte verboten!* **2** **Zutritt (zu etwas) (haben)** die Erlaubnis (haben), ein Gebäude, einen Raum o. Ä. zu betreten

Zu·tun *das*; (-s) **ohne jemandes Zutun** ohne dass die genannte Person aktiv eingreift | *Der Vertrag kam ohne mein Zutun zustande*

zu·un·guns·ten, zu Un·guns·ten PRÄPOSITION *mit Dativ/Genitiv* zum Nachteil von | *eine Entscheidung zuungunsten des Angeklagten* **I** → Infos unter **Präposition**

zu·un·terst ADVERB (nach) ganz unten ⟨zuunterst liegen; etwas zuunterst legen⟩

★ **zu·ver·läs·sig** ADJEKTIV so, dass man sich auf eine Person oder Sache verlassen kann ⟨ein Mensch, ein Freund, ein Auto, eine Maschine⟩ | *Der Motor funktioniert zuverlässig* • hierzu **Zu·ver·läs·sig·keit** *die*

Zu·ver·sicht *die*; (-) der feste Glaube daran, dass etwas Positives geschehen wird ⟨voll(er) Zuversicht sein⟩ ≈ *Optimismus* | *voller Zuversicht einer Entscheidung entgegensehen* • hierzu **zu·ver·sicht·lich** ADJEKTIV; **Zu·ver·sicht·lich·keit** *die*

Zu·viel *das*; (-s) **ein Zuviel (an jemandem/etwas)** eine zu große Menge | *Ein Zuviel an Schlaf ist auch nicht gut*

★ **zu·vor** ADVERB zeitlich vor etwas anderem ≈ *vorher* | *Nach der Reparatur klang das Radio schlechter als zuvor* | *Nie zuvor gab es hier so wenig Wasser*

zu·vor·derst ADVERB ganz vorne ⟨zuvorderst sitzen, stehen⟩

zu·vor·kom·men VERB (kam zuvor, ist zuvorgekommen) **1** **jemandem zuvorkommen** eher und schneller als eine andere Person handeln (und dadurch einen Vorteil haben) | *Er wollte dieses schöne Grundstück auch kaufen, aber ich bin ihm zuvorgekommen* **2** **einer Sache** (*Dativ*) **zuvorkommen** (schnell) handeln, bevor etwas geschehen kann | *Er ist seiner Entlassung zuvorgekommen, indem er selbst kündigte*

zu·vor·kom·mend ■ PARTIZIP PRÄSENS 1 → zuvorkommen ■ ADJEKTIV 2 **zuvorkommend (gegen jemanden/gegenüber jemandem)** höflich und hilfsbereit ⟨ein Gastgeber, ein Verkäufer; jemanden zuvorkommend bedienen, behandeln⟩

★ **Zu·wachs** *der;* (-es) die Menge, um die etwas größer wird ≈ *Zunahme* | *Der Umsatz hatte letztes Jahr einen Zuwachs von drei Prozent* K Zuwachsrate; Bevölkerungszuwachs, Kapitalzuwachs, Umsatzzuwachs, Vermögenszuwachs ■ ID **Zuwachs bekommen/erwarten** *humorvoll* ein Kind bekommen/erwarten

zu·wach·sen VERB *(ist)* 1 **etwas wächst zu** etwas heilt ⟨eine Wunde⟩ 2 **etwas wächst zu** etwas wird durch das Wachsen von Pflanzen verdeckt o. Ä. ⟨der Garten, ein Haus, ein Weg⟩

zu·wan·dern VERB *(ist)* **Personen wandern zu** eine Gruppe von Personen zieht in ein Gebiet, um dort zu leben | *Das Dorf wächst, weil viele Leute aus der Stadt zuwandern* • hierzu **Zu·wan·de·rer** *der;* **Zu·wan·de·rin** *die;* **Zu·wan·de·rung** *die*

zu·war·ten VERB *(hat)* (in Ruhe) warten, bis etwas kommt oder geschieht

zu·we·ge, zu We·ge ADVERB ■ ID **etwas zuwege bringen** etwas Schwieriges erreichen | *eine Einigung zuwege bringen*

zu·wei·len ADVERB; *geschrieben* ≈ *manchmal*

zu·wei·sen VERB *(hat)* **jemandem etwas zuweisen** offiziell bestimmen, dass jemand etwas bekommen soll ⟨jemandem eine Arbeit, eine Aufgabe, einen Platz zuweisen⟩ • hierzu **Zu·wei·sung** *die*

zu·wen·den VERB (wandte/wendete zu, hat zugewandt/zugewendet) 1 **sich/etwas jemandem/etwas zuwenden** sich/etwas in die Richtung zu jemandem/etwas hindrehen ⟨jemandem/etwas das Gesicht, den Rücken zuwenden⟩ | *Sie wandte sich ihrem Nachbarn zu und flüsterte ihm etwas ins Ohr* 2 **sich/etwas jemandem/etwas zuwenden** die Konzentration auf jemanden/etwas richten | *Sie wendet sich ganz ihrer neuen Aufgabe zu* 3 **jemandem/etwas etwas zuwenden** jemandem/einem Verein o. Ä. Geld geben

Zu·wen·dung *die;* (-, -en) 1 *nur Singular* Aufmerksamkeit und eine freundliche und liebevolle Behandlung ⟨viel Zuwendung brauchen⟩ 2 Geld, das man jemandem oder einer Institution schenkt ⟨jemandem eine Zuwendung (in Höhe von …) machen⟩

Zu·we·nig *das;* (-s) ■ ID **ein Zuwenig (an jemandem/etwas)** eine zu kleine Zahl oder Menge (von Personen/Sachen) ↔ *Zuviel*

zu·wer·fen VERB *(hat)* 1 **jemandem etwas zuwerfen** etwas so werfen, dass eine andere Person es fangen kann | *Wirf mir den Ball zu!* 2 **etwas zuwerfen** etwas mit Schwung schließen | *In seiner Wut warf er die Tür zu* 3 **jemandem Blicke/einen Blick zuwerfen** eine Person ansehen, um ihr dadurch etwas zu sagen | *jemandem drohende Blicke/einen warnenden Blick zuwerfen*

zu·wi·der ■ ADVERB 1 **eine Person/Sache ist jemandem zuwider** eine Person/Sache ruft in jemandem starke Abneigung hervor | *Diese Person/Ihre Heuchelei ist mir ganz zuwider*
■ PRÄPOSITION *mit Dativ, nachgestellt* 2 im Widerspruch zu Erwartungen, Vorschriften o. Ä. | *Dieses Verhalten ist den Spielregeln zuwider*

zu·wi·der·han·deln VERB (handelte zuwider, hat zuwidergehandelt) **einer Sache** *(Dativ)* **zuwiderhandeln** *admin* gegen einen Befehl, ein Verbot o. Ä. verstoßen | *einem Gesetz zuwiderhandeln* • hierzu **Zu·wi·der·han·deln·de** *der/die;* **Zu·wi·der·hand·lung** *die*

zu·wi·der·lau·fen VERB (läuft zuwider, lief zuwider, ist zuwidergelaufen); *geschrieben* **etwas läuft einer Sache** *(Dativ)* **zuwider** etwas entspricht nicht bestimmten Normen, Wünschen o. Ä. | *Es läuft seinen eigenen Interessen zuwider, wenn er das Haus verkauft*

zu·win·ken VERB *(hat)* **jemandem zuwinken** jemanden aus relativ großer Entfernung durch eine Bewegung der Hand grüßen

zu·zah·len VERB *(hat)* **(etwas) zuzahlen** noch etwas (zusätzlich) zahlen | *Für den Intercity müssen Sie vier Euro zuzahlen* | *Muss man hier (noch was) zuzahlen?*

zu·zei·ten ADVERB ≈ *manchmal, zuweilen* H aber: *zu Zeiten Goethes*

zu·zie·hen VERB *(hat)* 1 **etwas zuziehen** etwas schließen, indem man daran zieht ⟨einen Knoten, einen Vorhang zuziehen⟩ | *eine Tür hinter sich zuziehen* 2 **jemanden zuziehen** ≈ *hinzuziehen* | *einen Spezialisten zur Beratung zuziehen* 3 **sich** *(Dativ)* **etwas zuziehen** (oft durch eigene Schuld) etwas Unangenehmes bekommen | *sich eine Grippe zuziehen* | *sich jemandes Zorn zuziehen* 4 **(von irgendwoher) zuziehen** *(ist)* neu an einen Ort kommen, um dort zu wohnen | *aus der Stadt zuziehen* 5 **der Himmel zieht sich zu; es zieht sich zu** *(hat)* der Himmel wird von Wolken bedeckt • zu (2) **Zu·zie·hung** *die;* zu (4) **Zu·zug** *der*

zu·züg·lich PRÄPOSITION *mit Dativ/Genitiv; geschrieben* drückt aus, dass etwas (zu etwas anderem) hinzukommt ≈ *mit, plus* | *Die Miete zuzüglich der Nebenkosten beträgt 900 Euro* | *zuzüglich Porto* H → Infos unter **Präposition**

zu·zwin·kern VERB *(hat)* **jemandem zuzwinkern** in die Richtung einer Person zwinkern, um ihr etwas zu sagen | *jemandem freundlich zuzwinkern*

zwa·cken VERB (zwackte, hat gezwackt); *gesprochen* ≈ *zwicken, kneifen*

zwang *Präteritum, 1. und 3. Person Singular* → zwingen

★ **Zwang** *der;* (-(e)s, Zwän·ge) 1 der Druck, der durch Androhung oder Anwendung von Gewalt entsteht und der bewirkt, dass der Betroffene etwas tut, was er nicht tun möchte ⟨Zwang auf jemanden ausüben; etwas unter Zwang tun⟩ K Zwangsherrschaft, Zwangsmittel 2 ein sehr starker Drang, etwas zu tun, den man mit Vernunft oder Logik nicht kontrollieren kann | *unter einem inneren Zwang handeln* K Zwangshandlung, Zwangsidee, Zwangsneurose, Zwangsvorstellung 3 *meist Plural* ein sehr starker Einfluss (der meist durch die gesellschaftlichen Normen entsteht) | *gesellschaftlichen Zwängen ausgesetzt sein* 4 *meist Plural* Umstände, auf die man keinen Einfluss hat und welche die Handlungsweise bestimmen ⟨wirtschaftliche Zwänge⟩ K Zwangslage, Zwangspause

-zwang *der; im Substantiv, unbetont, begrenzt produktiv* **Frackzwang, Uniformzwang, Impfzwang, Visumzwang** *und andere* verwendet, um zu sagen, dass etwas durch eine Regelung vorgeschrieben ist

zwän·ge *Konjunktiv II, 1. und 3. Person Singular* → zwingen

zwän·gen VERB (zwängte, hat gezwängt) 1 **etwas irgendwohin zwängen** etwas mit Mühe in etwas hinein- oder durch etwas hindurchpressen | *noch einen Pullover in den vollen Koffer zwängen* | *die Füße in zu kleine Schuhe zwängen* 2 **sich irgendwohin zwängen** sich mit Mühe durch eine enge Öffnung o. Ä. drücken | *sich durch ein Loch im Zaun zwängen*

zwang·haft ADJEKTIV (zwanghafter, zwanghaftest-) ⟨Verhalten⟩ so, dass es durch die Vernunft oder den Willen nicht kontrolliert werden kann | *Sie leidet unter dem zwanghaften Bedürfnis, sich ständig zu waschen*

zwang·los ADJEKTIV (zwangloser, zwanglosest-) 1 natürlich und locker ⟨ein Benehmen, ein Gespräch, ein Treffen⟩ 2 nicht streng geplant und daher nicht regelmäßig ⟨eine Anordnung, eine Reihenfolge⟩ • zu (1) **Zwạng·lo·sig·keit** *die*

Zwạngs- *im Substantiv, betont, begrenzt produktiv* **die Zwangsmaßnahme, der Zwangsumtausch, die Zwangsversteigerung** *und andere* verwendet, um zu sagen, dass etwas durch eine Regelung vorgeschrieben ist

Zwạngs·ar·beit *die; meist Singular* eine Strafe, bei der man unter schlechten Bedingungen schwere körperliche Arbeit leisten muss | *zu zehn Jahren Zwangsarbeit verurteilt werden* • hierzu **Zwạngs·ar·bei·ter** *der;* **Zwạngs·ar·bei·te·rin** *die*

Zwạngs·er·näh·rung *die* die (künstliche) Ernährung von einer Person, die sich weigert, etwas zu essen

Zwạngs·ja·cke *die* **1** eine Jacke mit sehr langen Ärmeln, die auf dem Rücken zusammengebunden werden; damit soll verhindert werden, dass psychisch kranke Patienten sich selbst oder andere verletzen **2** **jemandem eine Zwangsjacke anlegen** eine Person in eine unangenehme Situation bringen, in der sie etwas tun muss, was sie nicht will

zwạngs·läu·fig ADJEKTIV *meist attributiv* so, dass nichts anderes möglich ist ⟨eine Entwicklung, ein Ergebnis, Folgen⟩ | *So leichtsinnig wie er ist, musste er ja zwangsläufig einmal einen Unfall haben* • hierzu **Zwạngs·läu·fig·keit** *die*

zwạngs·wei·se ADVERB durch Anwendung von Zwang ⟨jemanden zwangsweise ernähren, umsiedeln; etwas zwangsweise räumen⟩

★ **zwạn·zig** ZAHLWORT **1** (als Zahl) 20 ℹ → Anhang **Zahlen** und Beispiele unter **vier** **2** **Anfang/Mitte/Ende zwanzig sein** ungefähr 20 bis 23/24 bis 26/27 bis 29 Jahre alt sein

Zwạn·zig *die; (-, -en); meist Singular* **1** die Zahl 20 **2** jemand/etwas mit der Zahl/Nummer 20

zwạn·zi·ger ADJEKTIV *meist attributiv; nur in dieser Form* die zehn Jahre (eines Jahrhunderts oder Menschenlebens) zwischen 20 und 29 | *ein Mann in den/seinen Zwanzigern* | *in den zwanziger Jahren des 19. Jahrhunderts* K Zwanzigerjahre

Zwạn·zi·ger *der; (-s, -); gesprochen* **1** eine Person, die zwischen 20 und 29 Jahre alt ist **2** ein Geldschein im Wert von 20 Euro, Dollar, Franken usw. **3** eine Münze im Wert von 20 Cent o. Ä. • zu (1) **Zwạn·zi·ge·rin** *die*

zwạn·zigs·t- ADJEKTIV **1** in einer Reihenfolge an der Stelle 20 ≈ *20.* **2** **der zwanzigste Teil (von etwas)** ≈ *1/20*

★ **zwar** ADVERB **1** verwendet bei Feststellungen, bei denen man etwas zugibt oder als Grund akzeptiert (und nach denen ein Nebensatz mit *aber* oder *doch* steht) | *Er war zwar krank, aber er ging trotzdem zur Arbeit* | *Ich habe zwar wenig Zeit, aber ich helfe dir (trotzdem)* **2** **und zwar** verwendet, um etwas näher zu bestimmen ≈ *nämlich* | *Wir kaufen einen Hund, und zwar einen Dackel* **3** **und zwar** *gesprochen* als Einleitung verwendet, wenn man zu reden beginnt | *Und zwar habe ich eine Frage: …*

★ **Zwẹck** *der; (-(e)s, Zwe·cke)* **1** das, was man mit einer Handlung erreichen will ⟨einen Zweck verfolgen, erreichen; etwas hat einen Zweck; etwas erfüllt/verfehlt seinen Zweck; etwas dient einem Zweck, zum Zweck der/des …; etwas zu einem Zweck tun; etwas für seine Zwecke nutzen⟩ ≈ *Ziel* | *Der Zweck dieser Übung ist, die Muskeln zu stärken* | *Rechtfertigt der Zweck alle Mittel?* **2** *oft Plural* das Benutzen einer Sache für eine Aufgabe oder Funktion | *ein Gerät für medizinische Zwecke* K Verwendungszweck, Forschungszwecke, Geschäftszwecke, Privatzwecke, Reklamezwecke, Unterrichtszwecke, Versuchszwecke **3** *nur Singular* ≈ *Sinn* | *Es hat keinen Zweck mehr, das Radio noch zu reparieren. Es ist schon zu alt* | *Es hat wohl wenig Zweck, wenn ich noch auf ihn warte* ■ ID **Das ist ja (gerade) der Zweck der Übung!** Genau das soll damit erreicht werden; **Der Zweck heiligt die Mittel** *oft ironisch* Es kommt auf den Erfolg an, nicht darauf, wie er erreicht wurde

zwẹck·be·stimmt ADJEKTIV so, dass der Zweck im Vordergrund steht ⟨ein Handeln, ein Verhalten⟩

Zwẹck·den·ken *das; nur Singular* ein Denken, bei dem alles nur nach der Nützlichkeit bewertet wird

zwẹck·dien·lich ADJEKTIV für den genannten Zweck nützlich ⟨Angaben, Hinweise⟩ ≈ *sachdienlich* • hierzu **Zwẹck·dien·lich·keit** *die*

Zwe̱·cke *die; (-, -n)* Kurzwort für *Reißzwecke*

zwẹck·ent·frem·den VERB (zweckentfremdete, hat zweckentfremdet) **etwas zweckentfremden** etwas zu einem anderen als dem ursprünglichen Zweck verwenden | *eine Garage als Büro zweckentfremden* • hierzu **Zwẹck·ent·frem·dung** *die*

zwẹck·frei ADJEKTIV ohne Zweck, ohne die Absicht einer sofortigen Anwendung ⟨Forschung⟩

zwẹck·fremd ADJEKTIV für einen anderen als den geplanten Zweck ⟨eine Verwendung⟩

zwẹck·ge·bun·den ADJEKTIV nur für einen einzigen Zweck bestimmt ⟨Gelder⟩

zwẹck·ge·mäß ADJEKTIV **1** dem vorgesehenen Zweck entsprechend | *die zweckgemäße Verwendung von Geldern* **2** ≈ *zweckmäßig*

zwẹck·los ADJEKTIV (zweckloser, zwecklosest-) so, dass es keinen Erfolg haben kann ≈ *sinnlos* | *Es ist zwecklos, um Hilfe zu rufen. Hier kann uns keiner hören* • hierzu **Zwẹck·lo·sig·keit** *die*

zwẹck·mä·ßig ADJEKTIV für einen Zweck gut geeignet ⟨Kleidung⟩ ≈ *praktisch* • hierzu **zwẹck·mä·ßi·ger·wei·se** ADVERB; **Zwẹck·mä·ßig·keit** *die*

zwẹcks PRÄPOSITION *mit Genitiv/gesprochen auch Dativ; admin* zum Zweck (der, des …) | *eine Maßnahme zwecks größerer Sicherheit* ℹ Das folgende Substantiv wird ohne Artikel verwendet; → Infos unter **Präposition**

zwẹck·wid·rig ADJEKTIV zu einem ganz anderen Zweck als ursprünglich gedacht ⟨eine Verwendung⟩

★ **zwei** ZAHLWORT (als Zahl, Ziffer) 2 ℹ → Anhang **Zahlen** und Beispiele unter **vier** ■ ID **für zwei arbeiten/essen/trinken/…** sehr viel mehr als üblich arbeiten/essen/trinken/…

Zwei *die; (-, -en)* **1** die Zahl 2 **2** jemand/etwas mit der Ziffer/Nummer 2 **3** die Schulnote 2

Zwei·bett|zim·mer *das* ein Zimmer im Hotel oder Krankenhaus mit zwei einzelnen Betten

zwei·deu·tig ADJEKTIV **1** auf zwei Arten zu verstehen, erklärbar ⟨eine Antwort⟩ **2** mit (versteckten) sexuellen Anspielungen ⟨eine Bemerkung, ein Witz⟩ ≈ *doppeldeutig* • hierzu **Zwei·deu·tig·keit** *die*

Zwei·drit·tel|mehr·heit *die* eine Mehrheit von zwei Dritteln der Stimmen | *Für Satzungsänderungen ist eine Zweidrittelmehrheit erforderlich*

zwei·ei·ig ADJEKTIV aus zwei Eizellen entstanden ⟨Zwillinge⟩ ↔ *eineiig*

Zwei·er *der; (-s, -); gesprochen* ≈ *Zwei*

Zwei·er·be·zie·hung *die* eine enge Beziehung zwischen zwei Partnern ⟨eine Zweierbeziehung mit jemandem eingehen, aufnehmen⟩

zwei·er·lei ADJEKTIV/PRONOMEN *nur in dieser Form* **1** von unterschiedlicher Art | *zweierlei Strümpfe anhaben* → Maß[1] **2** **es ist zweierlei, ob … oder …** es sind zwei verschiedene Dinge, ob … oder …

Zwei·er·rei·he *die* eine Reihe, bei der jeweils zwei Personen/Dinge nebeneinanderstehen ⟨sich in Zweierreihen hintereinander aufstellen⟩

Zwei·fa·mi·li·en|haus *das* ein Haus mit zwei Wohnungen

★ **Zwei·fel** *der;* (-s, -) **1** **Zweifel (an etwas** (*Dativ*)) das Gefühl, dass etwas nicht wahr oder richtig sein könnte ⟨berechtigter, quälender, nicht der geringste/leiseste Zweifel; einen Zweifel hegen, haben; Zweifel kommen jemandem, steigen in jemandem auf; Zweifel regt sich bei jemandem; über allen/jeden Zweifel erhaben sein; etwas unterliegt keinem Zweifel⟩ | *An seiner Ehrlichkeit besteht kein Zweifel* | *Er wurde von Zweifeln geplagt, ob er sich richtig verhalten hatte* | *Mir kommen allmählich Zweifel daran, dass wir uns richtig verhalten haben* **2** **(sich** (*Dativ*)**) über etwas** (*Akkusativ*) **im Zweifel sein** etwas nicht sicher wissen oder noch nicht entschieden haben | *Ich bin mir noch darüber im Zweifel, welchen Computer ich kaufen will* **3** **etwas steht außer Zweifel** etwas steht sicher fest, ist gewiss **4** **ohne Zweifel** ganz sicher | *Das wird ohne Zweifel geschehen* **5** **keinen Zweifel an etwas** (*Dativ*) **lassen** etwas entschieden zum Ausdruck bringen | *Sie ließ keinen Zweifel daran, dass sie ihn nicht mehr sehen wollte* **6** **jemanden über etwas** (*Akkusativ*) **im Zweifel lassen** einer Person etwas nicht erzählen oder nicht deutlich zeigen **7** **etwas in Zweifel ziehen** vermuten oder sagen, dass etwas möglicherweise nicht wahr ist ■ **ID** **im Zweifel für den Angeklagten** *oft ironisch* verwendet, um zu sagen, dass eine Entscheidung gegen den Betroffenen falsch oder zu streng sein könnte

zwei·fel·haft ADJEKTIV (zweifelhafter, zweifelhaftest-) **1** *meist prädikativ* nicht sicher, noch nicht entschieden | *Es ist zweifelhaft, ob wir den Plan durchführen können* | *Das Ergebnis ist noch zweifelhaft* **2** ⟨eine Entscheidung, eine Lösung⟩ nicht gut und möglicherweise nicht richtig **3** nicht echt, angenehm oder passend ⟨ein Kompliment, ein Vergnügen⟩ **4** *meist attributiv* vermutlich nicht (ganz) legal ⟨eine Herkunft, ein Geschäft⟩ ≈ *dubios*

zwei·fel·los ADVERB ganz sicher ≈ *bestimmt* | *Das stimmt zweifellos*

★ **zwei·feln** VERB (zweifelte, hat gezweifelt) **1** **an jemandem/etwas zweifeln** nicht sicher sein, ob man jemandem oder an etwas glauben oder auf jemanden/etwas vertrauen kann | *Ich zweifle nicht daran, dass er es ehrlich meint* | *Sie zweifelte am Erfolg seiner Bemühungen* **2** **an sich** (*Dativ*) **zweifeln** an Selbstbewusstsein verlieren und Selbstzweifel haben | *Wenn du etwas erreichen willst, darfst du nicht so viel an dir zweifeln*

Zwei·fels·fall *der* **im Zweifelsfall** wenn nicht sicher ist, wie man sich entscheiden soll | *Im Zweifelsfall kaufe lieber zu viel als zu wenig!* | *Im Zweifelsfall rufen Sie mich bitte an!* ■ **ID** **im Zweifelsfall für den Angeklagten** wenn man nicht sicher weiß, ob eine Person schuldig ist, entscheidet man zu ihren Gunsten

zwei·fels·frei ADJEKTIV so, dass man keine Zweifel daran haben kann ⟨ein Beweis; etwas ist zweifelsfrei erwiesen⟩

zwei·fels·oh·ne ADVERB ≈ *sicher, zweifellos*

Zweif·ler *der;* (-s, -) eine Person, die (oft) Zweifel hat

zwei·flü·ge·lig, zwei·flüg·lig ADJEKTIV *meist attributiv* mit zwei Flügeln ⟨ein Gebäude, eine Tür; ein Insekt⟩

Zwei·fron·ten|krieg *der* ein Kampf gegen zwei Feinde oder an zwei verschiedenen Seiten

★ **Zweig** *der;* (-(e)s, -e) **1** ein kleiner Ast ⟨ein blühender, grüner, dürrer Zweig; einen Zweig abbrechen⟩ **K** Blütenzweig, Birkenzweig, Buchenzweig, Eichenzweig **2** ein relativ selbstständiger Bereich | *ein neuer Zweig der Elektroindustrie* | *Zoologie und Botanik sind Zweige der Biologie* **K** Zweigbetrieb, Zweiggeschäft, Zweigniederlassung, Zweigwerk; Forschungszweig, Geschäftszweig, Industriezweig, Wirtschaftszweig ■ **ID** **auf keinen grünen Zweig kommen** keinen Erfolg haben

zwei·ge·teilt ADJEKTIV in zwei (selbstständige) Teile getrennt

zwei·glei·sig ADJEKTIV mit zwei Gleisen ⟨eine Bahnlinie⟩ ■ **ID** **zweigleisig fahren** *oft abwertend* sich zwei verschiedene Möglichkeiten offenhalten und (parallel) erproben

Zweig·stel·le *die* eine Filiale meist einer Bank, eines Betriebs o. Ä.

zwei·hun·dert ZAHLWORT (als Zahl) 200

Zwei·kampf *der* ein Kampf zwischen zwei Menschen ⟨jemanden zum Zweikampf herausfordern⟩ ≈ *Duell*

Zwei·mas·ter *der;* (-s, -) ein Schiff mit zwei Masten

Zwei·par·tei·en|sys·tem *das* ein politisches System mit nur zwei großen Parteien

zwei·pha·sig ADJEKTIV **1** mit zwei Phasen ⟨Strom⟩ **2** in zwei Abschnitten ⟨eine Ausbildung⟩

zwei·po·lig ADJEKTIV mit zwei Polen ⟨ein Magnet⟩

Zwei·rad *das* ein Fahrzeug mit zwei Rädern (z. B. ein Fahrrad, ein Motorrad)

Zwei·rei·her *der;* (-s, -) ein Anzug für Herren, dessen Jackett zwei Reihen Knöpfe nebeneinander hat • hierzu **zwei·rei·hig** ADJEKTIV

Zwei·sam·keit *die;* (-) **in trauter Zweisamkeit** zu zweit, ohne andere Personen, die stören könnten

zwei·schnei·dig ADJEKTIV *meist attributiv* mit Vorteilen, aber auch mit Nachteilen ⟨eine Angelegenheit, eine Sache⟩ ■ **ID** **ein zweischneidiges Schwert** eine Sache, die vielleicht Vorteile hat, aber durchaus negative Folgen haben könnte

zwei·sei·tig ADJEKTIV **1** *meist attributiv* zwei Seiten lang ⟨ein Artikel⟩ **2** *meist attributiv* so, dass zwei Gruppen beteiligt sind ≈ *bilateral*

zweit ■ **ID** **zu zweit** mit zwei Personen, als Paar | *Wir sind zu zweit*

★ **zwei·t-**[1] ADJEKTIV in einer Reihenfolge an der Stelle zwei ≈ *2.* **I** → Beispiele unter **viert-**

zweit-[2] *im Adjektiv, betont, sehr produktiv* **zweitälteste, zweitbeste, zweitgrößte, zweithöchste, zweitlängste** *und andere* verwendet zusammen mit einem Superlativ, um zu sagen, dass jemand/etwas in einer Reihenfolge an der Stelle 2 steht

zwei·tau·send ZAHLWORT (als Zahl) 2000

Zwei·tei·lung *die* eine (strikte) Trennung in zwei Teile, oft Hälften | *die Zweiteilung eines Landes*

★ **zwei·tens** ADVERB drückt bei Aufzählungen aus, dass etwas an 2. Stelle kommt

zweit·klas·sig ADJEKTIV; *abwertend* nicht sehr gut ⟨ein Hotel, ein Künstler⟩

zweit·ran·gig ADJEKTIV weniger wichtig als andere Dinge ⟨ein Problem; etwas ist von zweitrangiger Bedeutung⟩ ≈ *sekundär*

Zweit·schlüs·sel *der* ≈ *Ersatzschlüssel, Reserveschlüssel*

Zweit·schrift *die* ≈ *Kopie*

Zweit·stim·me *die;* Ⓓ die Stimme bei einer Wahl, die man einer Partei (und nicht einem einzelnen Kandidaten) gibt

Zweit·wa·gen *der* ein zweites Auto (meist innerhalb einer Familie)

Zweit·woh·nung *die* eine zweite Wohnung, die man z. B. am Wochenende oder im Urlaub benutzt

Zwerch·fell *das* die Muskeln und Sehnen, die Brust und Bauch innen voneinander trennen ≈ *Diaphragma*

zwerch·fell·er·schüt·ternd ADJEKTIV *meist attributiv* **1** sehr heftig ⟨ein Lachen⟩ **2** sehr komisch ⟨ein Witz⟩

Zwerg *der;* (-(e)s, -e) **1** eine Figur aus Märchen oder Sagen, die wie ein sehr kleiner Mann aussieht, oft mit langem Bart und spitzer Mütze ↔ *Riese* | *das Märchen von Schneewittchen und den sieben Zwergen* **2** *abwertend* ein kleiner Mensch **3** *gesprochen* als liebevolle Bezeichnung für Kinder verwendet | *Ich bringe schon mal die Zwerge ins Bett*

Zwerg- *im Substantiv, betont, begrenzt produktiv* **das Zwerghuhn, das Zwergkaninchen, die Zwergkiefer, die Zwergmaus, der Zwergpudel, der Zwergstrauch** *und andere* von einer Art, die wesentlich kleiner ist als normal **H** nicht abwertend verwendet

zwer·gen·haft ADJEKTIV; *oft abwertend* sehr klein ⟨ein Mensch, ein Tier; ein Wuchs⟩

Zwerg·staat *der; oft abwertend* ein sehr kleines Land

Zwet·sche *die;* (-, -n) **1** eine kleine, dunkelblaue Pflaume **K** Zwetschenbaum, Zwetschenkern, Zwetschenkuchen, Zwetschenmus, Zwetschenschnaps **2** der Baum, der Zwetschen als Früchte trägt

ZWETSCHE
ZWETSCHGE

Zwetsch·ge *die;* (-, -n); *süddeutsch* Ⓐ ≈ *Zwetsche*

Zwi·ckel *der;* (-s, -) ein Stück Stoff in der Form eines Dreiecks (oder Vierecks), das man in die Kleidung (vor allem unter dem Arm oder zwischen den Beinen) näht, um sie dort stabiler oder weiter zu machen

zwi·cken VERB (zwickte, hat gezwickt) **1** **(jemanden (irgendwohin) zwicken** ein Stück der Haut zwischen zwei Finger nehmen, kurz daran ziehen und so drücken, dass es leicht wehtut ≈ *kneifen* | *Er zwickte sie in den Arm* | *Zwick mich, wenn ich einschlafe!* **2** **etwas zwickt (jemanden) (irgendwo)** ein Kleidungsstück ist an einer Stelle zu eng | *Die Hose zwickt zwischen den Beinen* **3** **etwas zwickt (jemanden)** *oft humorvoll* etwas macht jemandem Schmerzen | *Mein Rheuma zwickt (mich) heute wieder* **4** **jemandem irgendwohin zwicken** (jemanden/sich (irgendwohin) zwicken | *Sie zwickte ihm in den Arm*

Zwick·müh·le *die* **in der Zwickmühle sein/sitzen** *gesprochen* in einer unangenehmen Situation sein, in der jede mögliche Entscheidung Nachteile hat

Zwie·back *der;* (-(e)s, -e/Zwie·bä·cke); *meist Singular* ein trockenes, hartes Gebäck (in viereckigen Scheiben), das sehr lange haltbar ist

★ **Zwie·bel** *die;* (-, -n) **1** ein Gemüse mit intensivem Geruch und Geschmack, das aus vielen Häuten besteht ⟨eine scharfe, milde Zwiebel; Zwiebeln hacken, (in Ringe/Würfel) schneiden⟩ | *Tomatensalat mit Zwiebeln* **K** Zwiebelkuchen, Zwiebelring, Zwiebelschale, Zwiebelsuppe; Gemüsezwiebel **2** Blumen wie Tulpen und Krokusse wachsen aus Zwiebeln **K** Zwiebelblume, Zwiebelgewächs; Blumenzwiebel, Tulpenzwiebel

ZWIEBEL

ZWIEBELTURM

zwie·beln VERB (zwiebelte, hat gezwiebelt) **jemanden zwiebeln** *gesprochen* ≈ *schikanieren*

Zwie·bel·turm *der* meist ein Kirchturm o. Ä. mit einem Dach, welches die ungefähre Form einer großen Zwiebel hat

Zwie·ge·spräch *das; geschrieben* eine Unterhaltung zwischen zwei Personen

Zwie·licht *das; nur Singular* das relativ schwache Licht während der Dämmerung | *etwas im Zwielicht nicht genau erkennen* **ID** **jemand/etwas gerät ins Zwielicht** jemand/etwas wird mit etwas Illegalem in Verbindung gebracht

zwie·lich·tig ADJEKTIV so, dass sie mit illegalen Geschäften o. Ä. in Verbindung gebracht werden ⟨eine Gegend, ein Lokal, eine Gestalt⟩

Zwie·spalt *der;* (-(e)s, Zwie·späl·te); *meist Singular* das Gefühl, sich nicht für eine von zwei Möglichkeiten entscheiden zu können | *im Zwiespalt sein, was zu tun ist*

zwie·späl·tig ADJEKTIV **1** mit verschiedenen Gefühlen, die einander widersprechen **2** so, dass man nicht weiß, ob man etwas gut oder schlecht finden soll ⟨ein Charakter⟩ ≈ *kontrovers* • hierzu **Zwie·späl·tig·keit** *die*

Zwie·spra·che *die; meist Singular* **(stumme) Zwiesprache mit jemandem halten** *geschrieben* sich (in Gedanken) mit jemandem unterhalten

Zwie·tracht *die;* (-); *geschrieben* **Zwietracht unter/zwischen Personen** *(Dativ)* ein Zustand, in dem die Menschen sich nicht einig sind (und sich streiten) ⟨Zwietracht säen, stiften⟩ | *Unter ihnen herrschte/war Zwietracht*

Zwil·lich *der;* (-s) ein fester, haltbarer Stoff, aus dem man Kleidung für die Arbeit macht **K** Zwillichhose

Zwil·ling *der;* (-s, -e) **1** eines von zwei Kindern einer Mutter, die zur gleichen Zeit geboren worden sind ⟨eineiige, zweieiige Zwillinge⟩ **K** Zwillingsbruder, Zwillingsschwester **2** *nur Plural, ohne Artikel* das Sternzeichen für die Zeit von 21. Mai bis 21. Juni **H** → Abb. unter **Sternzeichen** **3** eine Person, die in der Zeit von 21. Mai bis 21. Juni geboren ist | *Er ist (ein) Zwilling*

Zwin·ge *die;* (-, -n) ein Werkzeug, mit dem man Bretter o. Ä. fest zusammenpresst **K** Schraubzwinge

★ **zwin·gen** VERB (zwang, hat gezwungen) **1** **jemanden zu etwas zwingen** jemanden durch Drohungen, Gewalt o. Ä. dazu bringen, etwas zu tun | *Er zwang uns, ihm Geld zu geben* **2** **etwas zwingt jemanden zu etwas** etwas macht das genannte Verhalten notwendig | *Der Sturm zwang uns (dazu,) umzu kehren* **3** **jemanden irgendwohin zwingen** jemanden gewaltsam an den genannten Ort oder in die genannte Position bringen | *jemanden zu Boden zwingen* **4** **sich zu etwas zwingen** streng gegen sich selbst sein und etwas tun, was man nicht mag | *sich zur Ruhe zwingen* | *sich zwingen, wach zu bleiben*

zwin·gend ■ PARTIZIP PRÄSENS **1** → zwingen
■ ADJEKTIV **2** ⟨ein Grund, eine Notwendigkeit⟩ so, dass sie keine (andere) Wahl lassen **3** ganz überzeugend ⟨ein Argument⟩

Zwin·ger *der;* (-s, -) ein großer Käfig für Hunde **K** Hundezwinger

zwin·kern VERB (zwinkerte, hat gezwinkert) eines oder beide Augen (mehrmals) kurz schließen, meist um so jemandem etwas zu signalisieren ⟨nervös, freundlich zwinkern; mit dem Auge, mit den Augen zwinkern⟩ | *Das war nur ein Scherz von ihm. Hast du nicht gesehen, wie er gezwinkert hat?* **H** Man *zwinkert* mit Absicht und *blinzelt*, wenn das Licht zu hell ist

zwir·beln VERB (zwirbelte, hat gezwirbelt) **etwas zwirbeln** etwas (schnell) zwischen den Fingern drehen ⟨eine Haarsträhne, den Schnurrbart zwirbeln⟩

Zwirn *der;* (-(e)s) festes Garn zum Nähen, das aus mehreren Fäden gedreht ist

★ **zwi·schen** PRÄPOSITION

▸Ort: **1** *mit Dativ* an einer Stelle mit den genannten Dingen/Personen auf zwei Seiten | *eine Nadel zwischen Daumen und Zeigefinger halten* | *Enten haben Schwimmhäute zwischen den Zehen* | *Sie saß zwischen ihrem Mann (auf* *der rechten Seite) und ihrem Sohn (auf der linken Seite)* **K** Zwischenmauer, Zwischenschicht, Zwischenstück, Zwischenteil, Zwischentür, Zwischenwand **H** → Infos unter **Präposition** **2** *mit Akkusativ* hin zu einer Stelle mit den genannten Dingen/Personen auf zwei Seiten | *einen Faden zwischen die Finger nehmen* | *Das Auto zwischen zwei andere parken* **H** → Infos unter **Präposition** **3** *mit Dativ* von einem Punkt oder Ort zum anderen | *Der Abstand zwischen den Autos verringerte sich* | *Zwischen den Tischen ist nicht viel Platz*

▸Gruppe, Menge: **4** *mit Dativ* (an einer Stelle) in einer Gruppe oder Menge | *Der Ausweis war zwischen den Papieren in der Schublade* | *Erkennst du ihn auf dem Foto zwischen all seinen Schulkameraden?* **5** *mit Akkusativ* in eine Gruppe, Menge hinein | *Die Polizisten in Zivil mischten sich zwischen die Demonstranten* | *Er mischte die Karte zwischen die anderen*

▸Zeit: **6** *mit Dativ* innerhalb der genannten Zeitpunkte | *Wir lernten uns zwischen Ostern und Pfingsten kennen* | *Er hat irgendwann zwischen dem 1. und 15. Mai Geburtstag* **7** *mit Akkusativ* in einen Zeitraum hinein, der innerhalb der genannten Zeitpunkte liegt | *den Urlaub zwischen Ende Januar und Mitte Februar legen*

▸Grenze: **8** *mit Dativ* innerhalb der genannten Grenzen oder Werte | *Temperaturen zwischen zehn und fünfzehn Grad* | *Preise zwischen zwanzig und dreißig Euro*

▸Beziehung: **9** *mit Dativ* verwendet, um Beziehungen zu beschreiben | *das Vertrauen zwischen alten Freunden* | *Herrscht noch immer Streit zwischen dir und ihm?* **10** *mit Dativ* verwendet, um Alternativen oder Gegensätze aufeinander zu beziehen | *Man muss zwischen Gut und Böse unterscheiden können* | *Er schwankte zwischen Hoffnung und Verzweiflung* **H** *Zwischen* steht immer mit Angaben im Plural oder mit zwei Angaben im Singular, die mit *und* verbunden sind: *Sie musste sich zwischen zwei Farben/zwischen Gelb und Grün entscheiden.*

Zwi·schen- *im Substantiv, betont, sehr produktiv* **1** **der Zwischenbericht, die Zwischenbilanz, das Zwischenergebnis** *und andere* drückt aus, dass das genannte Ergebnis oder Ereignis nur vorläufig gilt | *Das Ergebnis der Zwischenprüfung im zweiten Lehrjahr fließt nicht in die Endnote mit ein* **2** **das Zwischenlager, die Zwischenlösung, die Zwischenregelung** *und andere* drückt aus, dass etwas nur kurze Zeit, vorübergehend gilt oder genutzt wird | *Ich sehe diesen Job nur als Zwischenbeschäftigung an, bis ich etwas Besseres finde* **3** **der Zwischenaufenthalt, die Zwischenbemerkung, der Zwischenhalt** *und andere* drückt aus, dass etwas einen Vorgang unterbricht | *Wir fliegen ohne Zwischenstopp nach Tokio*

Zwi·schen·ding *das; gesprochen* **ein Zwischending (zwischen Dingen** *(Dativ)***)** etwas, das weder ganz das eine noch ganz das andere ist

zwi·schen·drein ADVERB **1** ≈ *dazwischen* | *Die Eltern lagen im Bett und das Kind legte sich zwischendrein* **2** ≈ *zwischendurch*

zwi·schen·drin ADVERB; *gesprochen* **1** ≈ *dazwischen* | *Die Papiere waren in der Schublade, sein Ausweis zwischendrin* **2** ≈ *zwischendurch* | *zwischendrin eine Pause machen*

zwi·schen·durch ADVERB **1** einmal oder mehrere Male während der genannten Zeit oder Situation | *Sie arbeiteten von acht bis fünfzehn Uhr und machten zwischendurch nur eine kurze Pause zum Essen* | *Während das Gulasch kocht, muss man zwischendurch mehrmals umrühren* **2** ≈ *dazwischen* | *Auf dem Beet wachsen Rosen und Tulpen, zwischendurch auch ein paar Narzissen*

Zwi·schen·fall *der* **1** ein plötzliches, meist unangenehmes Ereignis (meist während eines anderen Vorgangs) ⟨ein bedauerlicher, peinlicher Zwischenfall⟩ **2** *meist Plural* ⟨etwas verläuft ohne Zwischenfälle⟩ ≈ *Unruhen* | *Kam es während der Demonstration zu Zwischenfällen?*

Zwi·schen·fra·ge *die* eine Frage, mit der man eine andere Person nach einem Detail fragt, während diese gerade spricht | *Erlauben Sie mir eine Zwischenfrage?*

Zwi·schen·grö·ße *die* (bei Schuhen, Kleidern) eine Größe, die zwischen den normalen Größen liegt

Zwi·schen·händ·ler *der* ein Händler, der die Produkte von einem Hersteller an die vielen einzelnen Händler weiterverkauft, die sie dann in ihren Läden anbieten • hierzu **Zwi·schen·händ·le·rin** *die;* **Zwi·schen·han·del** *der*

Zwi·schen·hoch *das* ein Hoch, das zwischen zwei Tiefs nur kurze Zeit wirksam ist

Zwi·schen·la·ger *das* ein Raum oder ein Ort, in/an dem etwas eine Zeit lang gelagert wird ⟨ein Zwischenlager für atomaren Abfall⟩ • hierzu **Zwi·schen·la·ge·rung** *die;* **zwi·schen·la·gern** VERB *(hat)*

zwi·schen·lan·den VERB (landete zwischen, ist zwischengelandet) **(irgendwo) zwischenlanden** bei einem langen Flug unterwegs einmal landen (z. B. damit das Flugzeug aufgetankt werden kann) | *auf dem Flug nach New York in London zwischenlanden* • hierzu **Zwi·schen·lan·dung** *die*

Zwi·schen·lauf *der* ein Wettlauf, in dem die Läufer, die sich in den Vorläufen durchgesetzt haben, versuchen, sich für den Endlauf zu qualifizieren

Zwi·schen|mahl·zeit *die* eine kleine Mahlzeit am Vormittag oder Nachmittag

zwi·schen·mensch·lich ADJEKTIV *meist attributiv* zwischen einzelnen Menschen, von Mensch zu Mensch ⟨Beziehungen, Kontakte, Probleme⟩

Zwi·schen·raum *der* **1** **ein Zwischenraum (zwischen Dingen** *(Dativ)***)** der freie Platz zwischen zwei Dingen auf einem Blatt Papier ≈ *Abstand* | *einen großen Zwischenraum zwischen den Zeilen lassen* **2** **ein Zwischenraum (zwischen Dingen** *(Dativ)***)** der Abstand zwischen zwei Dingen | *Der Zwischenraum zwischen dem ersten und dem zweiten Auto wurde immer kleiner*

zwi·schen·rein ADVERB; *gesprochen* ≈ *zwischendrein*

Zwi·schen·ruf *der* eine relativ laute Bemerkung, mit der man jemanden bei einer Rede unterbricht • hierzu **Zwi·schen·ru·fer** *der*

Zwi·schen·spiel *das* **1** ein kleines Stück, das eine Aufführung o. Ä. unterbricht **2** ein relativ unbedeutender Vorgang

Zwi·schen·zeit *die* **1** **in der Zwischenzeit** in der Zeit zwischen zwei Zeitpunkten oder Ereignissen ≈ *inzwischen, währenddessen* **2** die Zeit, die ein Sportler für den ersten Teil einer Rennstrecke braucht ⟨eine gute, schlechte Zwischenzeit haben, fahren, laufen⟩

zwi·schen·zeit·lich ADJEKTIV; *geschrieben* in der Zeit, die seitdem vergangen ist | *Zwischenzeitlich hat sich die Lage verändert*

Zwi·schen·zeug·nis *das* **1** ein Schulzeugnis, das es nach der ersten Hälfte des Schuljahres gibt **2** ein Brief als Beweis der bisherigen Leistungen, den man vom Arbeitgeber bekommen kann, ohne dass man seine Stelle kündigt

Zwist *der;* (-(e)s, -e); *geschrieben* ein kleiner Streit ⟨einen Zwist mit jemandem haben; einen Zwist begraben⟩

Zwis·tig·kei·ten *die; Plural; geschrieben* ≈ *Streitigkeiten*

zwit·schern VERB (zwitscherte, hat gezwitschert) **ein Vogel zwitschert (etwas)** ein Vogel singt | *Die Lerche zwitscherte ihr Lied* ■ **ID** **einen zwitschern** *gesprochen* Alkohol trinken

Zwit·ter *der;* (-s, -) ein Mensch, ein Tier oder eine Pflanze, die zugleich männlich und weiblich sind **H** Solche Menschen nennt man heute *intersexuell*.

zwo ZAHLWORT; *gesprochen* ≈ *zwei* **H** *Zwo* wird vor allem am Telefon für *zwei* verwendet, damit die andere Person es nicht (aus Versehen) mit *drei* verwechselt.

★ **zwölf** ZAHLWORT (als Zahl) 12 **H** → Anhang **Zahlen** und Beispiele unter **vier** ■ ID **Es ist kurz/fünf vor zwölf** Es ist schon fast zu spät, um etwas Schlimmes zu verhindern

Zwölf *die*; (-, -en) **1** die Zahl 12 **2** jemand/etwas mit der Ziffer/Nummer 12

Zwölf·fin·ger|darm *der* der erste Teil des Dünndarms nach dem Magen

zwölft ADJEKTIV **1** in einer Reihenfolge an der Stelle 12 ≈ *12.* **H** → Beispiele unter **viert-** **2** **der zwölfte Teil (von etwas)** ≈ 1/12 **3** **zu zwölft** (mit) insgesamt zwölf Personen | *Wir sind zu zwölft* | *zu zwölft am Tisch sitzen*

zwölf·tel ADJEKTIV *meist attributiv*; *nur in dieser Form* den zwölften Teil einer Menge bildend ≈ 1/12

Zwölf·tel *das*; (-s, -) der 12. Teil einer Menge

zwölf·tens ADVERB verwendet bei einer Aufzählung, um anzuzeigen, dass etwas an 12. Stelle kommt

zwot *gesprochen* ≈ *zweit* → zwo

zwo·tens ADVERB; *gesprochen* ≈ *zweitens* → zwo

Zy·an·ka·li *das*; (-s) ein starkes Gift (aus Blausäure)

Zyk·len ['tsy:k-, 'tsʏk-] *Plural* → Zyklus

zyk·lisch ['tsy:k-, 'tsʏk-] ADJEKTIV **etwas verläuft zyklisch** etwas (z. B. eine Krankheit, eine Krise) ist in regelmäßigen Abständen da und dann wieder verschwunden; etwas nimmt zu und dann wieder ab

Zyk·lon *der*; (-s, -e) ein heftiger Wirbelsturm in den Tropen

Zyk·lop *der*; (-en, -en) (in der griechischen Mythologie) ein Riese mit nur einem Auge in der Mitte der Stirn **H** *der Zyklop; den, dem, des Zyklopen*

Zyk·lus ['tsy:-] *der*; (-, Zyk·len) **1** *geschrieben* etwas, das sich regelmäßig wiederholt ⟨etwas unterliegt einem Zyklus; etwas läuft in einem Zyklus ab⟩ ≈ *Kreislauf* | *der Zyklus der Jahreszeiten* **2** eine Reihe von Werken eines Künstlers oder von Veranstaltungen, die inhaltlich zusammenhängen **K** Bilderzyklus, Liederzyklus **3** die Zeit vom ersten Tag der Menstruation (einer Frau) bis zur nächsten Menstruation ⟨einen (un)regelmäßigen, kurzen, langen Zyklus haben⟩ **K** Menstruationszyklus, Monatszyklus

Zy·lin·der [tsi-, tsy-] *der*; (-s, -) **1** ein geometrischer Körper in Form eines Rohrs o. Ä., das an beiden Enden geschlossen ist **2** ein Rohr, in dem sich bei Benzinmotoren ein Kolben auf und ab bewegt | *ein Motor mit vier Zylindern* **K** Zylinderblock **3** ein steifer, meist schwarzer Hut für Männer, der oben wie ein breites Rohr aussieht ⟨Frack und Zylinder tragen⟩ | *Der Zauberer zog ein Kaninchen aus dem Zylinder* **K** Zylinderhut • zu (1) **zy·lind·risch** ADJEKTIV

zy·nisch ADJEKTIV so, dass die Schwächen und Probleme anderer Leute und Situationen auf verletzende, spöttische Art kritisiert oder ausgenutzt werden • hierzu **Zy·ni·ker** *der*

Zy·nis·mus *der*; (-, Zy·nis·men) **1** *nur Singular* die Einstellung oder die Art eines Zynikers | *jemanden voller Zynismus ansehen* **2** *meist Plural* eine spöttische Bemerkung eines Zynikers | *eine Rede voller Zynismen*

Zyp·res·se *die*; (-, -n) ein hoher, schmaler Baum (vor allem in den Mittelmeerländern), dessen Nadeln wie Schuppen übereinanderliegen **K** Zypressenhain, Zypressenholz

Zys·te ['tsʏs-] *die*; (-, -n) eine kranke Stelle im Gewebe von Lebewesen, die mit Flüssigkeit gefüllt ist

Anhang

Geografische Namen

Land / Gebiet / Region	Einwohner	Adjektiv
Abchasien	Abchasier, -in	abchasisch
Afghanistan	Afghane, Afghanin	afghanisch
Afrika	Afrikaner, -in	afrikanisch
Ägypten	Ägypter, -in	ägyptisch
Albanien	Albaner, -in	albanisch
Algerien	Algerier, -in	algerisch
Amerika	Amerikaner, -in	amerikanisch
Andalusien	Andalusier, -in	andalusisch
Andorra	Andorraner, -in	andorranisch
Angola	Angolaner, -in	angolanisch
Arabien	Araber, -in	arabisch
Argentinien	Argentinier, -in	argentinisch
Armenien	Armenier, -in	armenisch
Aserbaidschan	Aserbaidschaner, -in	aserbaidschanisch
Asien	Asiat, Asiatin	asiatisch
Äthiopien	Äthiopier, -in	äthiopisch
Australien	Australier, -in	australisch
Baden	Badener, -in	badisch
das Baltikum	Balte, Baltin	baltisch
Bangladesch	Bangladescher, -in	bangladeschisch
Bayern	Bayer, -in	bay(e)risch
Belgien	Belgier, -in	belgisch
Birma	Birmane, Birmanin	birmanisch
Böhmen	Böhme, Böhmin	böhmisch
Bolivien	Bolivianer, -in	bolivianisch
Bosnien	Bosnier, -in	bosnisch
Brandenburg	Brandenburger, -in	brandenburgisch
Brasilien	Brasilianer, -in	brasilianisch
die Bretagne	Bretone, Bretonin	bretonisch
Bulgarien	Bulgare, Bulgarin	bulgarisch
Burgund	Burgunder, -in	burgundisch
Chile	Chilene, Chilenin	chilenisch
China	Chinese, Chinesin	chinesisch

Land / Gebiet / Region	Einwohner	Adjektiv
Costa Rica	Costa-Ricaner, -in	costa-ricanisch
Dänemark	Däne, Dänin	dänisch
(*die* Bundesrepublik) Deutschland	Deutsche(r), Deutsche	deutsch
die Dominikanische Republik	Dominikaner, -in	dominikanisch
Ecuador	Ecuadorianer, -in	ecuadorianisch
Elfenbeinküste	Ivorer, -in	ivorisch
El Salvador	Salvadorianer, -in	salvadorianisch
das Elsass	Elsässer, -in	elsässisch
England	Engländer, -in	englisch
Estland	Este, Estin / Estländer, -in	estnisch / estländisch
Europa	Europäer, -in	europäisch
Finnland	Finne, Finnin	finnisch
Flandern	Flame, Flämin	flämisch
Franken	Franke, Fränkin	fränkisch
Frankreich	Franzose, Französin	französisch
Friesland	Friese, Friesin	friesisch
Gemeinschaft Unabhängiger Staaten (GUS)	Einwohner(in) der GUS	
Georgien	Georgier, -in	georgisch
Ghana	Ghanaer, -in	ghanaisch
Griechenland	Grieche, Griechin	griechisch
Grönland	Grönländer, -in	grönländisch
Großbritannien	Brite, Britin	britisch
Guatemala	Guatemalteke, Guatemaltekin	guatemaltekisch
Guinea	Guineer, -in	guineisch
Haiti	Haitianer, -in	haitianisch / haitisch
Hawaii	Hawaiianer, -in	hawaiisch / hawaiianisch
Herzegowina	Herzegowiner, -in	herzegowinisch
Hessen	Hesse, Hessin	hessisch

Land / Gebiet / Region	Einwohner	Adjektiv
Holland	Holländer, -in	holländisch
Holstein	Holsteiner, -in	holsteinisch
Indien	Inder, -in	indisch
Indonesien	Indonesier, -in	indonesisch
(*der*) Irak	Iraker, -in	irakisch
(*der*) Iran	Iraner, -in	iranisch
Irland	Ire, Irin	irisch
Island	Isländer, -in	isländisch
Israel	Israeli, -n	israelisch
Italien	Italiener, -in	italienisch
Japan	Japaner, -in	japanisch
(*der*) Jemen	Jemenit, -in	jemenitisch
Jordanien	Jordanier, -in	jordanisch
Jugoslawien *historisch*	Jugoslawe, Jugoslawin	jugoslawisch
Kambodscha	Kambodschaner, -in	kambodschanisch
Kamerun	Kameruner, -in	kamerunisch
Kanada	Kanadier, -in	kanadisch
die Kanarischen Inseln,		
Kanaren	Kanarier, -in	kanarisch
Kasachstan	Kasache, Kasachin	kasachisch
Kastilien	Kastilier, -in	kastilisch
Katalonien	Katalane, Katalanin	katalanisch
Kenia	Kenianer, -in	kenianisch
Kirgisistan / Kirgisien	Kirgise, Kirgisin	kirgisisch
Kolumbien	Kolumbianer, -in	kolumbianisch
(*der*) Kongo	Kongolese, Kongolesin	kongolesisch
Korea	Koreaner, -in	koreanisch
Korsika	Korse, Korsin	korsisch
(*der/das*) Kosovo	Kosovare, Kosovarin	kosovarisch
Kreta	Kreter, -in	kretisch
Kroatien	Kroate, Kroatin	kroatisch
Kuba	Kubaner, -in	kubanisch
Kurdistan	Kurde, Kurdin	kurdisch

Land / Gebiet / Region	Einwohner	Adjektiv
Laos	Laote, Laotin	laotisch
Lappland	Lappe, Lappin / Lappländer, -in	lappländisch
Lettland	Lette, Lettin	lettisch
(*der*) Libanon	Libanese, Libanesin	libanesisch
Libyen	Libyer, -in	libysch
Liechtenstein	Liechtensteiner, -in	liechtensteinisch
Litauen	Litauer, -in	litauisch
Lothringen	Lothringer, -in	Lothringer / lothringisch
Luxemburg	Luxemburger, -in	Luxemburger / luxemburgisch
Madagaskar	Madagasse, Madagassin	madagassisch
Mähren	Mähre, Mährin	mährisch
Makedonien	Makedonier, -in	makedonisch
Malaysia	Malaysier, -in	malaysisch
Malta	Malteser, -in	maltesisch
die Mandschurei	Mandschure, Mandschurin	mandschurisch
Marokko	Marokkaner, -in	marokkanisch
Mauretanien	Mauretanier, -in	mauretanisch
Mazedonien	Mazedonier, -in	mazedonisch
Mecklenburg	Mecklenburger, -in	mecklenburgisch
Mexiko	Mexikaner, -in	mexikanisch
Moldau	Moldauer, -in	moldauisch
Monaco	Monegasse, Monegassin	monegassisch
die Mongolei	Mongole, Mongolin	mongolisch
Montenegro	Montenegriner, -in	montenegrisch
Mosambik	Mosambikaner, -in	mosambikanisch
Myanmar	Myanmare, Myanmarin	myanmarisch
Namibia	Namibier, -in	namibisch
Nepal	Nepalese, Nepalesin	nepalesisch
Neuseeland	Neuseeländer, -in	neuseeländisch
Nicaragua	Nicaraguaner, -in	nicaraguanisch
die Niederlande	Niederländer, -in	niederländisch
Niedersachsen	Niedersachse, -sächsin	niedersächsisch
Niger	Nigrer, Nigrerin	nigrisch

Land / Gebiet / Region	Einwohner	Adjektiv
Nigeria	Nigerianer, -in	nigerianisch
Nordkorea	Nordkoreaner, -in	nordkoreanisch
die Normandie	Normanne, Normannin	normannisch
Norwegen	Norweger, -in	norwegisch
die Oberpfalz	Oberpfälzer, -in	Oberpfälzer / oberpfälzisch
Österreich	Österreicher, -in	österreichisch
Pakistan	Pakistaner, -in / Pakistani	pakistanisch
Palästina	Palästinenser, -in	palästinensisch / palästinisch
Panama	Panamaer, -in	panamaisch
Paraguay	Paraguayer, -in	paraguayisch
Persien	Perser, -in	persisch
Peru	Peruaner, -in	peruanisch
die Pfalz (Rheinland)	Pfälzer, -in / (Rheinpfälzer, -in)	pfälzisch / (rheinpfälzisch)
die Philippinen	Philippiner, -in	philippinisch
Polen	Pole, Polin	polnisch
Pommern	Pommer, -in	pommersch
Portugal	Portugiese, Portugiesin	portugiesisch
Preußen *historisch*	Preuße, Preußin	preußisch
die Provence	Provenzale, Provenzalin	provenzalisch
Rheinland	Rheinländer, -in	rheinländisch
Rumänien	Rumäne, Rumänin	rumänisch
Russland	Russe, Russin	russisch
Saarland	Saarländer, -in	saarländisch
Sachsen	Sachse, Sächsin	sächsisch
Sardinien	Sarde, Sardin / Sardinier, -in	sardi(ni)sch
Saudi-Arabien	Saudi / Saudi-Araber, -in	saudi-arabisch
Schlesien	Schlesier, -in	schlesisch
Schleswig	Schleswiger, -in	schleswig(i)sch
Schottland	Schotte, Schottin	schottisch
Schwaben	Schwabe, Schwäbin	schwäbisch
Schweden	Schwede, Schwedin	schwedisch
die Schweiz	Schweizer, -in	schweizerisch / Schweizer

Land / Gebiet / Region	Einwohner	Adjektiv
(*der*) Senegal	Senegalese, Senegalesin	senegalesisch
Serbien	Serbe, Serbin	serbisch
Sibirien	Sibir(i)er, -in	sibirisch
Siebenbürgen	Siebenbürger, -in	Siebenbürger
Singapur	Singapurer, -in	singapurisch
Sizilien	Sizilianer, -in	sizilianisch
Skandinavien	Skandinavier, -in	skandinavisch
die Slowakische Republik (SR) / *die* Slowakei	Slowake, Slowakin	slowakisch
Slowenien	Slowene, Slowenin	slowenisch
Somalia	Somali / Somalier, -in	somalisch
die Sowjetunion (UdSSR) *historisch*	Sowjetbürger, -in *historisch*	sowjetisch *historisch*
Spanien	Spanier, -in	spanisch
Sri Lanka	Sri-Lanker, -in	sri-lankisch
Südafrika	Südafrikaner, -in	südafrikanisch
(*der*) Sudan	Sudanese, Sudanesin	sudanesisch
Südkorea	Südkoreaner, -in	südkoreanisch
Südtirol	Südtiroler, -in	Südtiroler
Syrien	Syrer, -in	syrisch
Tadschikistan	Tadschike, Tadschikin	tadschikisch
Taiwan	Taiwaner / Taiwanese, Taiwanesin	taiwanisch / taiwanesisch
Tansania	Tansanier, -in	tansanisch
Thailand	Thai / Thailänder, -in	thailändisch
Thüringen	Thüringer, -in	thüringisch
Tibet	Tibeter, -in / Tibetaner, -in	tibetisch / tibetanisch
die Tschechische Republik (ČR) / Tschechien	Tscheche, Tschechin	tschechisch
die Tschechoslowakei (ČSFR) *historisch*	Tschechoslowake, -kin *historisch*	tschechoslowakisch *historisch*
Tunesien	Tunesier, -in	tunesisch
die Türkei	Türke, Türkin	türkisch
Turkmenistan / Turkmenien	Turkmene, Turkmenin	turkmenisch

Land / Gebiet / Region	Einwohner	Adjektiv
Uganda	Ugander, -in	ugandisch
die Ukraine	Ukrainer, -in	ukrainisch
Ungarn	Ungar, -in	ungarisch
Uruguay	Uruguayer, -in	uruguayisch
Usbekistan	Usbeke, Usbekin	usbekisch
Venezuela	Venezolaner, -in	venezolanisch
die Vereinigten Arabischen Emirate	Araber, -in	arabisch
die Vereinigten Staaten (von Amerika) (USA)	Amerikaner, -in / US-Bürger, -in	(US-)amerikanisch
Vietnam	Vietnamese, Vietnamesin	vietnamesisch
Wales	Waliser, -in	walisisch
Weißrussland	Weißrusse, Weißrussin	weißrussisch
Westfalen	Westfale, Westfälin	westfälisch
Württemberg	Württemberger, -in	württembergisch
Zaire *historisch*	Zairer, -in	zairisch
Zypern	Zypriot(e), -in / Zyprer, -in	zypriotisch / zyprisch

Die meisten Gebiets- und Ländernamen sind im Deutschen sächlich und werden in der Regel ohne Artikel gebraucht, z. B. *Frankreich, Deutschland, Italien.* (Ausnahme z. B.: *das Frankreich Napoleons* = Frankreich zur Zeit Napoleons).

Bei denjenigen Namen, die immer mit dem Artikel verwendet werden, wird dieser in der Liste auch immer angegeben, z. B. *die* Schweiz, *das* Elsass.

Bei Ländernamen ohne Artikel verwendet man die Präpositionen **in** (bei Inseln **auf**) auf die Frage **wo?** bzw. **nach** auf die Frage **wohin**?:
Ich lebe in England / auf Kreta; Ich fahre oft nach Spanien.

Bei Ländernamen mit Artikel wird auf die Frage **wo**? bzw. **wohin**? nur **in** gebraucht: *Sie lebt in der Schweiz; Er fährt oft in die Türkei.*

Städte und ihre Einwohner

Stadt	Einwohner	Stadt	Einwohner
Aachen	Aachener, -in	Madrid	Madrider, -in
Amsterdam	Amsterdamer, -in	Mailand	Mailänder, -in
Athen	Athener, -in	Moskau	Moskauer, -in
Basel	Bas(e)ler, -in	München	Münch(e)ner, -in
Belgrad	Belgrader, -in	Neapel	Neapolitaner, -in
Berlin	Berliner, -in	New York	New Yorker, -in / New-Yorker, -in
Bern	Berner, -in		
Bonn	Bonner, -in	Nürnberg	Nürnberger, -in
Bozen	Bozener, -in	Oslo	Osloer, -in
Brüssel	Brüsseler, -in	Paris	Pariser, -in
Budapest	Budapester, -in	Peking	Pekinger, -in
Bukarest	Bukarester, -in	Petersburg	Petersburger, -in
Den Haag	Den-Haager, -in / Den Haager, -in	Prag	Prager, -in
		Pressburg (Bratislava)	Pressburger, -in
Dresden	Dresd(e)ner, -in		
Dublin	Dubliner, -in	Riga	–
Edinburg(h)	Edinburg(h)er, -in	Rom	Römer, -in
Florenz	Florentiner, -in	Rostock	Rostocker, -in
Frankfurt	Frankfurter, -in	Sofia	–
Genf	Genfer, -in	Stockholm	Stockholmer, -in
Hamburg	Hamburger, -in	Straßburg	Straßburger, -in
Helsinki	–	Stuttgart	Stuttgarter, -in
Kairo	Kairoer, -in	Tallinn	–
Kapstadt	Kapstädter, -in	Teheran	Teheraner, -in
Kiew	Kiewer, -in	Tokio	Tokioer, -in / Tokioter, -in
Köln	Kölner, -in	Valetta	–
Kopenhagen	Kopenhagener, -in	Venedig	Venezianer, -in
Leipzig	Leipziger, -in	Vilnius	–
Lissabon	Lissabonner, -in	Warschau	Warschauer, -in
London	Londoner, -in	Wien	Wiener, -in
Ljubljana (Laibach)	(Laibacher, -in)	Zagreb	–
Luxemburg	Luxemburger, -in	Zürich	Zür(i)cher, -in

Wenn Bezeichnungen wie *Römer, Mailänder* usw. nicht üblich sind, sagt man *Einwohner(in) von* + Städtename (*Einwohner(in) von Sofia, Ankara* usw.).
Aber: *Göttingen → Göttinger(in), Sigmaringen → Sigmaringer(in).*

Bundesländer und Kantone

Deutschland: Bundesländer

Baden-Württemberg
Bayern
Berlin
Brandenburg
Bremen
Hamburg
Hessen
Mecklenburg-Vorpommern
Niedersachsen
Nordrhein-Westfalen
Rheinland-Pfalz
Saarland
Sachsen
Sachsen-Anhalt
Schleswig-Holstein
Thüringen

Österreich: Bundesländer

Burgenland
Kärnten
Niederösterreich
Oberösterreich
Salzburg
Steiermark
Tirol
Vorarlberg
Wien

Schweiz: Kantone

Aargau
Appenzell Ausserrhoden
Appenzell Innerrhoden
Basel-Landschaft
Basel-Stadt
Bern
Freiburg
Genf
Glarus
Graubünden
Jura
Luzern
Neuenburg
Nidwalden
Obwalden
Sankt Gallen
Schaffhausen
Schwyz
Solothurn
Tessin
Thurgau
Uri
Waadt
Wallis
Zug
Zürich

Die wichtigsten unregelmäßigen Verben

Infinitiv	Präsens (*3. Person Singular*)	Präteritum (*3. Person Singular*)	Perfekt (*3. Person Singular*)
backen	bäckt / backt	backte	hat gebacken
bedürfen	bedarf**	bedurfte	hat bedurft
befehlen	befiehlt	befahl	hat befohlen
beginnen	beginnt	begann	hat begonnen
beißen	beißt	biss	hat gebissen
bergen	birgt	barg	hat geborgen
bersten	birst	barst	ist geborsten
betrügen	betrügt	betrog	hat betrogen
bewegen*	bewegt	bewog	hat bewogen
biegen	biegt	bog	hat / ist gebogen
bieten	bietet	bot	hat geboten
binden	bindet	band	hat gebunden
bitten	bittet	bat	hat gebeten
blasen	bläst	blies	hat geblasen
bleiben	bleibt	blieb	ist geblieben
braten	brät	briet	hat gebraten
brechen	bricht	brach	hat / ist gebrochen
brennen	brennt	brannte	hat gebrannt
bringen	bringt	brachte	hat gebracht
denken	denkt	dachte	hat gedacht
dreschen	drischt	drosch	hat gedroschen
dringen	dringt	drang	ist gedrungen
dürfen	darf**	durfte	hat gedurft
empfangen	empfängt	empfing	hat empfangen
empfehlen	empfiehlt	empfahl	hat empfohlen
empfinden	empfindet	empfand	hat empfunden
erklimmen	erklimmt	erklomm	hat erklommen
erlöschen	erlischt	erlosch	ist erloschen
erschallen	erschallt	erscholl	ist erschollen
erschrecken*	erschrickt	erschrak	ist erschrocken
erwägen	erwägt	erwog	hat erwogen

* Hier gibt es auch eine regelmäßige Form. Vgl. dazu das jeweilige Stichwort im Hauptteil.

Infinitiv	Präsens (*3. Person Singular*)	Präteritum (*3. Person Singular*)	Perfekt (*3. Person Singular*)
essen	isst	aß	hat gegessen
fahren	fährt	fuhr	hat / ist gefahren
fallen	fällt	fiel	ist gefallen
fangen	fängt	fing	hat gefangen
fechten	ficht	focht	hat gefochten
finden	findet	fand	hat gefunden
flechten	flicht	flocht	hat geflochten
fliegen	fliegt	flog	hat / ist geflogen
fliehen	flieht	floh	ist geflohen
fließen	fließt	floss	ist geflossen
fressen	frisst	fraß	hat gefressen
frieren	friert	fror	hat gefroren
gären	gärt	gärte / (gor)	hat / ist gegoren
gebären	gebiert	gebar	hat geboren
geben	gibt	gab	hat gegeben
gedeihen	gedeiht	gedieh	ist gediehen
gehen	geht	ging	ist gegangen
gelingen	gelingt	gelang	ist gelungen
gelten	gilt	galt	hat gegolten
genesen	genest	genas	ist genesen
genießen	genießt	genoss	hat genossen
geraten	gerät	geriet	ist geraten
geschehen	geschieht	geschah	ist geschehen
gewinnen	gewinnt	gewann	hat gewonnen
gießen	gießt	goss	hat gegossen
gleichen	gleicht	glich	hat geglichen
gleiten	gleitet	glitt	ist geglitten
glimmen	glimmt	glomm / glimmte	hat geglommen / geglimmt
graben	gräbt	grub	hat gegraben
greifen	greift	griff	hat gegriffen
haben	hat***	hatte	hat gehabt
halten	hält	hielt	hat gehalten
hängen*	hängt	hing	hat gehangen
hauen	haut	haute / (hieb)	hat gehauen
heben	hebt	hob	hat gehoben

Infinitiv	Präsens (*3. Person Singular*)	Präteritum (*3. Person Singular*)	Perfekt (*3. Person Singular*)
heißen	heißt	hieß	hat geheißen
helfen	hilft	half	hat geholfen
kennen	kennt	kannte	hat gekannt
klingen	klingt	klang	hat geklungen
kneifen	kneift	kniff	hat gekniffen
kommen	kommt	kam	ist gekommen
können	kann**	konnte	hat gekonnt
kriechen	kriecht	kroch	ist gekrochen
laden	lädt	lud	hat geladen
lassen	lässt	ließ	hat gelassen
laufen	läuft	lief	ist gelaufen
leiden	leidet	litt	hat gelitten
leihen	leiht	lieh	hat geliehen
lesen	liest	las	hat gelesen
liegen	liegt	lag	hat gelegen
lügen	lügt	log	hat gelogen
mahlen	mahlt	mahlte	hat gemahlen
meiden	meidet	mied	hat gemieden
melken	milkt / melkt	melkte / (molk)	hat gemelkt / gemolken
messen	misst	maß	hat gemessen
misslingen	misslingt	misslang	ist misslungen
mögen	mag**	mochte	hat gemocht
müssen	muss**	musste	hat gemusst
nehmen	nimmt	nahm	hat genommen
nennen	nennt	nannte	hat genannt
pfeifen	pfeift	pfiff	hat gepfiffen
preisen	preist	pries	hat gepriesen
quellen	quillt	quoll	ist gequollen
raten	rät	riet	hat geraten
reiben	reibt	rieb	hat gerieben
reißen	reißt	riss	hat / ist gerissen
reiten	reitet	ritt	hat / ist geritten
rennen	rennt	rannte	ist gerannt
riechen	riecht	roch	hat gerochen
ringen	ringt	rang	hat gerungen
rinnen	rinnt	rann	ist geronnen

Infinitiv	Präsens (*3. Person Singular*)	Präteritum (*3. Person Singular*)	Perfekt (*3. Person Singular*)
rufen	ruft	rief	hat gerufen
salzen	salzt	salzte	hat gesalzen
saufen	säuft	soff	hat gesoffen
saugen	saugt	sog / saugte	hat gesogen / gesaugt
schaffen	schafft	schuf	hat geschaffen
scheiden	scheidet	schied	hat / ist geschieden
scheinen	scheint	schien	hat geschienen
schelten	schilt	schalt	hat gescholten
schieben	schiebt	schob	hat geschoben
schießen	schießt	schoss	hat / ist geschossen
schinden	schindet	schindete	hat geschunden
schlafen	schläft	schlief	hat geschlafen
schlagen	schlägt	schlug	hat geschlagen
schleichen	schleicht	schlich	ist geschlichen
schleifen*	schleift	schliff	hat geschliffen
schließen	schließt	schloss	hat geschlossen
schlingen	schlingt	schlang	hat geschlungen
schmeißen	schmeißt	schmiss	hat geschmissen
schmelzen	schmilzt	schmolz	ist geschmolzen
schneiden	schneidet	schnitt	hat geschnitten
schreiben	schreibt	schrieb	hat geschrieben
schreien	schreit	schrie	hat geschrien
schreiten	schreitet	schritt	ist geschritten
schweigen	schweigt	schwieg	hat geschwiegen
schwellen	schwillt	schwoll	ist geschwollen
schwimmen	schwimmt	schwamm	hat / ist geschwommen
schwinden	schwindet	schwand	ist geschwunden
schwingen	schwingt	schwang	hat geschwungen
schwören	schwört	schwor	hat geschworen
sehen	sieht	sah	hat gesehen
sein	ist****	war	ist gewesen
senden	sendet	sandte / sendete	hat gesandt / gesendet
singen	singt	sang	hat gesungen
sinken	sinkt	sank	ist gesunken
sinnen	sinnt	sann	hat gesonnen
sitzen	sitzt	saß	hat gesessen

Infinitiv	Präsens (*3. Person Singular*)	Präteritum (*3. Person Singular*)	Perfekt (*3. Person Singular*)
sollen	soll**	sollte	hat gesollt
spalten	spaltet	spaltete	hat gespalten
speien	speit	spie	hat gespien
spinnen	spinnt	spann	hat gesponnen
sprechen	spricht	sprach	hat gesprochen
sprießen	sprießt	spross	ist gesprossen
springen	springt	sprang	ist gesprungen
stechen	sticht	stach	hat gestochen
stecken	steckt	steckte / (stak)	hat gesteckt
stehen	steht	stand	hat gestanden
stehlen	stiehlt	stahl	hat gestohlen
steigen	steigt	stieg	ist gestiegen
sterben	stirbt	starb	ist gestorben
stinken	stinkt	stank	hat gestunken
stoßen	stößt	stieß	hat / ist gestoßen
streichen	streicht	strich	hat gestrichen
streiten	streitet	stritt	hat gestritten
tragen	trägt	trug	hat getragen
treffen	trifft	traf	hat getroffen
treiben	treibt	trieb	hat getrieben
treten	tritt	trat	hat / ist getreten
trinken	trinkt	trank	hat getrunken
trügen	trügt	trog	hat getrogen
tun	tut	tat	hat getan
verderben	verdirbt	verdarb	hat / ist verdorben
verdrießen	verdrießt	verdross	hat verdrossen
vergessen	vergisst	vergaß	hat vergessen
verlieren	verliert	verlor	hat verloren
verlöschen	verlischt	verlosch	ist verloschen
verzeihen	verzeiht	verzieh	hat verziehen
wachsen	wächst	wuchs	ist gewachsen
wägen	wägt	wog	hat gewogen
waschen	wäscht	wusch	hat gewaschen
weben	webt	wob	hat gewoben
weichen	weicht	wich	ist gewichen
weisen	weist	wies	hat gewiesen

Infinitiv	Präsens (*3. Person Singular*)	Präteritum (*3. Person Singular*)	Perfekt (*3. Person Singular*)
wenden	wendet	wandte / wendete	hat gewandt / gewendet
werben	wirbt	warb	hat geworben
werden	wird***	wurde	ist geworden
werfen	wirft	warf	hat geworfen
wiegen	wiegt	wog	hat gewogen
winden	windet	wand	hat gewunden
wissen	weiß**	wusste	hat gewusst
wollen	will**	wollte	hat gewollt
ziehen	zieht	zog	hat / ist gezogen
zwingen	zwingt	zwang	hat gezwungen

** 1. Person Singular wie 3. Person Singular: ich darf, ich kann ich mag usw.

*** 2. Person Singular: du hast, du wirst

**** ich bin, du bist, wir sind, ihr seid, sie sind

Zahlen

Grundzahlen

1	eins, ein
2	zwei
3	drei
4	vier
5	fünf
6	sechs
7	sieben
8	acht
9	neun
10	zehn
11	elf
12	zwölf
13	dreizehn
14	vierzehn
15	fünfzehn
16	sechzehn
17	siebzehn
18	achtzehn
19	neunzehn
20	zwanzig
21	einundzwanzig
22	zweiundzwanzig
23	dreiundzwanzig
24	vierundzwanzig
25	fünfundzwanzig
26	sechsundzwanzig
27	siebenundzwanzig
28	achtundzwanzig
29	neunundzwanzig
30	dreißig
40	vierzig
50	fünfzig
60	sechzig
70	siebzig
80	achtzig
90	neunzig
100	(ein)hundert
101	(ein)hunderteins
102	(ein)hundertzwei
200	zweihundert
300	dreihundert
1 000	(ein)tausend
2 000	zweitausend
10 000	zehntausend
20 000	zwanzigtausend
100 000	(ein)hunderttausend
1 000 000	eine Million
1 000 000 000	eine Milliarde

Ordnungszahlen

1. (der, die, das) erste
2. (der, die, das) zweite
3. (der, die, das) dritte
4. (der, die, das) vierte
5. (der, die, das) fünfte
6. (der, die, das) sechste
7. (der, die, das) siebte
8. (der, die, das) achte
9. (der, die, das) neunte
10. (der, die, das) zehnte
11. (der, die, das) elfte
12. (der, die, das) zwölfte
13. (der, die, das) dreizehnte
14. (der, die, das) vierzehnte
15. (der, die, das) fünfzehnte
16. (der, die, das) sechzehnte
17. (der, die, das) siebzehnte
18. (der, die, das) achtzehnte
19. (der, die, das) neunzehnte
20. (der, die, das) zwanzigste
21. (der, die, das) einundzwanzigste
22. (der, die, das) zweiundzwanzigste
23. (der, die, das) dreiundzwanzigste
24. (der, die, das) vierundzwanzigste
25. (der, die, das) fünfundzwanzigste
26. (der, die, das) sechsundzwanzigste
27. (der, die, das) siebenundzwanzigste
28. (der, die, das) achtundzwanzigste
29. (der, die, das) neunundzwanzigste

30. (der, die, das) dreißigste
40. (der, die, das) vierzigste
50. (der, die, das) fünfzigste
60. (der, die, das) sechzigste
70. (der, die, das) siebzigste
80. (der, die, das) achtzigste
90. (der, die, das) neunzigste
100. (der, die, das) (ein)hundertste
101. (der, die, das) hunderterste
102. (der, die, das) hundertzweite
200. (der, die, das) zweihundertste
300. (der, die, das) dreihundertste
1 000. (der, die, das) (ein)tausendste
2 000. (der, die, das) zweitausendste
10 000. (der, die, das) zehntausendste
20 000. (der, die, das) zwanzigtausendste
100 000. (der, die, das) hunderttausendste
1 000 000. (der, die, das) millionste
1 000 000 000. (der, die, das) milliardste

Das Buchstabieralphabet

A	[aː]	Anton, (CH) Anna
B	[beː]	Berta
C	[tseː]	Cäsar
Ch		Charlotte
D	[deː]	Dora, (CH) Daniel
E	[eː]	Emil
F	[ɛf]	Friedrich
G	[geː]	Gustav
H	[haː]	Heinrich
I	[iː]	Ida
J	[jɔt]	Julius, (CH) Jakob
K	[kaː]	Kaufmann, (A) Konrad, (CH) Kaiser
L	[ɛl]	Ludwig, (CH) Leopold
M	[ɛm]	Martha, (CH) Marie
N	[ɛn]	Nordpol, (CH) Niklaus
O	[oː]	Otto
P	[peː]	Paula, (CH) Peter
Q	[kuː]	Quelle, (CH) Quasi
R	[ɛr]	Richard, (CH) Rosa
S	[ɛs]	Samuel, (A) Siegfried, (CH) Sophie
Sch		Schule
T	[teː]	Theodor
U	[uː]	Ulrich
V	[fau]	Viktor
W	[veː]	Willhelm
X	[ɪks]	Xanthippe, (A) (CH) Xaver
Y	['ʏpsilɔn]	Ypsilon, (CH) Yverdon
Z	[tset]	Zacharias, (A) (CH) Zürich
Ä, ä	[ɛː]	Ärger, (CH) Äsch
Ö, ö	[øː]	Ökonom, (A) Österreich, (CH) Örlikon
Ü, ü	[yː]	Übermut, (A) Übel
ß	[ɛs'tset]	Eszett, (A) scharfes S

Notizen

Notizen

Tipps für die Benutzung

Jedes Stichwort in Blau auf einer neuen Zeile

Flạch·bild·schirm *der* ein moderner Bildschirm für Fernseher oder Computer, der nur wenige Zentimeter dick ist
Flạch·dach *das* ein Dach, das horizontal auf einem Gebäude liegt, ohne schräge Flächen

Sternchen markieren deutschen Zentralwortschatz

★ **Ju̲·gend·li·che** *der/die*; (-n, -n) eine Person, die kein Kind mehr, aber noch kein Erwachsener ist ■ *ein Jugendlicher; der Jugendliche; den, dem, des Jugendlichen*

Möglichkeiten der Silbentrennung

au·dio·vi·su·ẹll ADJEKTIV *meist attributiv* zugleich akustisch und optisch wirksam ⟨Medien, der Unterricht⟩

Hochgestellte Ziffern für gleich aussehende Stichwörter mit unterschiedlicher Bedeutung

★ **be·tre̲·ten¹** VERB (betritt, betrat, hat betreten) **etwas betreten** in einen Raum hineingehen ⟨ein Zimmer betreten⟩ ↔ *verlassen*

★ **be·tre̲·ten²** ADJEKTIV mit einem Gesichtsausdruck, der verrät, dass man sich schämt oder etwas peinlich findet ⟨ein betretenes Gesicht machen; betreten lächeln, schweigen⟩ ≈ *verlegen* • hierzu **Be·tre̲·ten·heit** *die*

Ausspracheangaben in internationaler Lautschrift bei Wörtern, deren Aussprache Probleme bereiten könnte

Note·book ['noutbʊk] *das*; (-s, -s) ein kleiner, tragbarer PC

Log·gia ['lɔdʒa] *die*; (-, Log·gi·en ['lɔdʒi̯ən]) ein großer Balkon oder eine Terrasse mit Dach und Säulen oder Pfeilern

Angabe des bestimmten Artikels bei Substantiven

Nụtz·pflan·ze *die* eine Pflanze, die man anbaut, vor allem um sie zu essen

Angabe der Wortart

fạr·ben·froh ADJEKTIV mit vielen (leuchtenden) Farben ≈ *bunt* | *Sie bevorzugt farbenfrohe Kleidung*

Genitiv Singular und Nominativ Plural in runden Klammern

Mas·seur [ma'søːɐ̯] *der*; (-s, -e) eine Person, die beruflich andere Personen massiert • hierzu **Mas·seu̲·rin** *die*

3. Person Singular Präsens, Präteritum und Perfekt in runden Klammern

★ **be·tre̲·ten¹** VERB (betritt, betrat, hat betreten) **etwas betreten** in einen Raum hineingehen ⟨ein Zimmer betreten⟩ ↔ *verlassen*

Hinweise zum Sprachgebrauch

Jạ̈n·ner *der*; (-s, -); *meist Singular*; Ⓐ ≈ *Januar*

Ka·lo·ri̲·en·bom·be *die*; *gesprochen* eine Speise oder ein Getränk, die viele Kalorien enthalten

★ **krạft** PRÄPOSITION *mit Genitiv*; *admin geschrieben* wegen etwas ≈ *aufgrund* | *etwas kraft seines Amtes entscheiden*

hẹl·le ADJEKTIV; *humorvoll oder ironisch* ⟨jemand ist helle⟩ ≈ *klug, intelligent*

Definitionen in Normalschrift

Ener·gie̲·spar|lam·pe *die* ein Leuchtmittel, das wenig Strom verbraucht

He·li·kop·ter *der;* (-s, -) ≈ *Hubschrauber*	Synonyme
Ark·tis *die;* (-) das Gebiet um den Nordpol ↔ *Antarktis*	Antonyme
Tur·bu·len·zen *die; Plural* 1 starke Strömungen in der Luft 2 turbulente Ereignisse	Arabische Ziffern zur Bedeutungsunterscheidung
grin·sen VERB (grinste, hat gegrinst) mit breit auseinandergezogenen Lippen (meist mit spöttischer Absicht) lächeln ⟨frech, höhnisch, schadenfroh, spöttisch grinsen; jemanden grinsend ansehen; ein grinsendes Gesicht⟩ | *Er verzog sein Gesicht zu einem breiten Grinsen*	Typische Verbindungen in spitzen Klammern
über·ar·bei·tet ■ PARTIZIP PERFEKT 1 → überarbeiten ■ ADJEKTIV 2 geprüft und verbessert | *eine aktualisierte und inhaltlich überarbeitete Neuauflage* 3 von zu viel Arbeit sehr erschöpft und anfällig für Krankheiten | *Er ist total überarbeitet*	Beispiele in Kursivschrift
satt·se·hen VERB (sieht sich satt, sah sich satt, hat sich sattgesehen) 1 **sich an etwas** (*Dativ*) **sattgesehen haben** etwas oft oder schon zu oft gesehen haben 2 **sich an etwas** (*Dativ*) **nicht sattsehen können** etwas immer wieder ansehen wollen, weil es einem so gut gefällt	Muster zur Satzbildung in fetter Schrift
Ge·he·ge *das;* (-s, -) ein Gelände mit einem Zaun, in dem Tiere gehalten werden, z. B. in einem Zoo ■ ID **jemandem ins Gehege kommen** *gesprochen* jemandes Absichten und Pläne stören	Redewendungen nach ■ ID in fetter Schrift
pan·zern VERB (panzerte, hat gepanzert) **etwas panzern** etwas mit festen Teilen aus Metall schützen ⟨ein gepanzertes Schiff, Auto⟩ i meist im Passiv mit dem Hilfsverb *sein*	Wichtige Zusatzinformation nach i
★ **Fahr·kar·te** *die* wenn man mit dem Bus, mit dem Zug usw. fahren will, muss man eine Fahrkarte kaufen ⟨eine Fahrkarte lösen, entwerten (lassen)⟩ K **Fahrkartenautomat, Fahrkartenkontrolle, Fahrkartenschalter; Busfahrkarte, Straßenbahnfahrkarte, Zugfahrkarte**	Komposita mit dem Stichwort nach K
lang·le·big ADJEKTIV ⟨Geräte, Motoren, Apparate⟩ fähig, lange Zeit voll zu funktionieren ● hierzu **Lang·le·big·keit** *die*	Abgeleitete Wörter
Christ·met·te [k-] *die* der Gottesdienst am späten Abend des 24. Dezember i → Infos unter **Weihnachten**	Verweise auf Info-Fenster, Abbildungen, Grundformen oder andere Stichwörter
Wind·schutz|schei·be *die* die vordere Glasscheibe des Autos ≈ *Frontscheibe* i → Abb. unter **Auto**	
wird *Präsens, 3. Person Singular* → **werden**[1]	